Lisa zum Abschluß
der Ausbildung und
als Begleiter für
die praktische ärztliche
Tätigkeit!

Bredenbeck, 18-12-2010

Papa

Laufs/Kern
Handbuch des Arztrechts

Handbuch des Arztrechts

begründet
von

Prof. Dr. Dr. h. c. Adolf Laufs
Universität Heidelberg

Prof. Dr. Wilhelm Uhlenbruck
Richter am Amtsgericht i. R.
Honorarprofessor an der Universität zu Köln

herausgegeben
von

Prof. Dr. Dr. h. c. Adolf Laufs

und

Prof. Dr. Bernd-Rüdiger Kern

und bearbeitet
von

Prof. Dr. Thomas Clemens
RiBSG

Dr. Udo Degener-Hencke
Ministerialrat
Bundesministerium für Gesundheit

Prof. Dr. Bernd-Rüdiger Kern
Universität Leipzig

Dr. Dieter Krauskopf
Rechtsanwalt
AOK-Direktor a. D

Prof. Dr. Dr. h. c. Adolf Laufs
Universität Heidelberg

Prof. Dr. Gerhard H. Schlund
Vorsitzender Richter am
Oberlandesgericht a. D.
Honorarprofessor an der TU München

Dr. Gernot Steinhilper
Rechtsanwalt

Prof. Dr. Dr. Klaus Ulsenheimer
Rechtsanwalt
apl. Professor an der Universität München

4., neubearbeitete Auflage

Verlag C. H. Beck München 2010

Verlag C. H. Beck im Internet:
beck.de

ISBN 978 3 406 58771 9

© 2010 Verlag C. H. Beck oHG
Wilhelmstraße 9, 80801 München

Druck und Bindung: Bercker Graphischer Betrieb GmbH & Co. KG
Hoogeweg 100, 47623 Kevelar
Satz: ottomedien
Marburger Straße 11, 64289 Darmstadt

Gedruckt auf säurefreiem, alterungsbeständigem Papier
(hergestellt aus chlorfrei gebleichtem Zellstoff)

Vorwort

Nach seinem thematischen Zuschnitt verdiente dieses Handbuch wohl durchaus den von literarischen Wettbewerbern bevorzugten Titel „Medizinrecht". Aber es bewahrt seinen alten Namen, um damit die Subjekte zu bezeichnen, die noch immer in der Mitte des Gesundheitsbetriebes stehen: den Arzt, die Ärztin und damit zugleich und begriffsnotwendig deren Patienten oder Patientinnen. Die ärztlichen Rechte, wie etwa das der Therapiefreiheit, sind im Grunde gebundene, fremdnützige, dem Wohl und Willen der Kranken verpflichtet. Salus et voluntas aegroti suprema lex. Wer immer Pflichten und Rechte der Ärzte und der übrigen Gesundheitsberufe bemisst, entscheidet mit über Wohl und Wehe der kranken oder gesundheitlich vorsorgenden Menschen.

Der rechtlichen Vorgaben bestehen mittlerweile viel zu viele, auch ändern sie sich viel zu schnell. Die Bearbeiter dieses Handbuchs sind den ungezählten Rechtsänderungen seit der letzten Auflage aus dem Jahre 2002 bis zum Frühjahr, oft bis zu den Druckkorrekturen im Sommer 2009 gefolgt, freilich nicht immer in gleicher Geschwindigkeit. Sie wissen ein Lied von der fortwährenden Reform der Reformen zu singen. Es galt, die Entwicklungen aufzunehmen, sie kritisch zu bedenken und einzuordnen, auch Bewährtes und bedenkenswert Gebliebenes festzuhalten. Arztrechtliche Themen reichen vielfach in philosophische und rechtspolitische Grundfragen der Gegenwart hinein und damit zugleich in die Debatte um Inhalt und Reichweite des Grundrechteschutzes. Auch hier hatten die Autoren Positionen zu markieren, um zur Wahrheitsfindung und Meinungsbildung beizutragen.

Das Recht spiegelt den Wandel des ärztlichen Berufsbildes nicht nur, es verändert dieses auch. Eine verantwortliche Rechtspolitik und Rechtsfindung darf die Gefahren der sich vollziehenden Ökonomisierung und Administrierung des ärztlichen Berufes nicht übersehen, weil sie den Kranken zum Nachteil gereichen können.

Tempus fugit. Verdienstvolle Mitarbeiter sind leider altershalber ausgeschieden, der Mitbegründer des Werkes Wilhelm Uhlenbruck schon bei der letzten Auflage, nunmehr auch der Meister des Krankenhausrechts Herbert Genzel. Neue kompetente Autoren ließen sich erfreulicherweise für das Gemeinschaftswerk gewinnen. Die aufwendige Gesamtredaktion hat dankenswerterweise Bernd-Rüdiger Kern übernommen, der als Herausgeber auch für die künftigen Auflagen verantwortlich bleiben wird. Sehr zu danken ist den wissenschaftlichen Mitarbeitern am Lehrstuhl Professor Kern: Frau Peggy Cziesla, Frau Sibylle Gründel, Herrn Erik Hahn, Frau Doreen Nagel, Frau Ulrike Rau, Frau Katrin Schwarz und Frau Katharina Winkler.

Der Unterzeichnete wird sich zurückziehen. Beim Erscheinen des Handbuches in mein fünfundsiebzigstes Jahr vorgerückt, würde ich (um den Heidelberger Professor Karl Salomo Zachariä, Handbuch des Französischen Civilrechts, Vorrede zur 4. Auflage 1837, anzuführen) „eines zu stolzen Vertrauens auf den Absatz der neuen sehr starken Auflage beschuldigt werden können, wenn ich hoffen wollte, eine weitere Ausgabe des Werkes besorgen zu können oder zu müssen".

Herausgeber und Autoren danken dem Hause Beck und Frau Christina Wolfer für verlegerische Geduld und tatkräftige Förderung.

Heidelberg, im Herbst 2009   Adolf Laufs

Inhaltsübersicht

	Seite
Vorwort	V
Inhaltsübersicht	VII
Inhaltsverzeichnis	XIII
Abkürzungsverzeichnis	LIX
Kurz-Literaturverzeichnis	LXXVII

1. Kapitel. Grundlagen des Arztrechts *(Laufs)*

§ 1. Idee und Aufgabe des Arztes	1
§ 2. Arzt, Kranker, Gesellschaft	11
§ 3. Die Freiheit des ärztlichen Berufs	18
§ 4. Berufsethik: Schutz der Persönlichkeit der Kranken	31

Anhang zu Kapitel 1: (Muster-)Berufsordnung für die deutschen Ärztinnen und Ärzte (MBO-Ä 2006) ... 48

2. Kapitel. Grundbegriffe des Arztrechts *(Laufs)*

§ 5. Die Rechtsquellen	61
§ 6. Die Elemente der Rechtfertigung ärztlichen Handelns	69

3. Kapitel. Die ärztliche Ausbildung

§ 7. Medizinstudium *(Laufs)*	87
§ 8. Die Approbation *(Laufs)*	97
§ 9. Die Promotion *(Schlund)*	105

4. Kapitel. Ärztliches Berufs- und Standesrecht

§ 10. Heilkunde und Heilpraktikergesetz *(Laufs)*	115
§ 11. Fort- und Weiterbildung *(Laufs)*	122
§ 12. Ärztliche Berufe *(Laufs)*	138
§ 13. Standesorganisationen *(Laufs)*	151
§ 14. Berufspflichten und Berufsgerichtsbarkeit *(Laufs)*	161
§ 15. Werbeverbot und Wettbewerbsrecht *(Laufs)*	171
§ 16. Der Ärztestreik *(Kern)*	185
§ 17. Ärztlicher Notfalldienst *(Laufs)*	188
§ 17a. Notarzt/Rettungsdienst *(Kern)*	194

5. Kapitel. Rechtsfragen der Arztpraxis *(Schlund)*

§ 18. Formen der Ausübung ärztlicher Tätigkeit	220
§ 19. Die Praxisveräußerung	233
§ 20. Der Arzt als Arbeitgeber	244
§ 21. Arzt und Berufshaftpflichtversicherung	247

6. Kapitel. Das Kassenarztrecht/Vertragsarztrecht

§ 22. Die Entwicklung des Kassen-/Vertragsarztrechts *(Krauskopf)*	257
§ 23. Vertragsarztrechtsänderungsgesetz (VÄndG), GKV-Wettbewerbsstärkungsgesetz (GKV-WSG), GKV-OrgWG *(Steinhilper)*	275

Inhaltsübersicht

§ 24. Das Finanzierungssystem mit Grundfragen zur Honorierung, Bürokratisierung, Überregulierung und Therapiefreiheit, sowie das vertragsarztrechtliche Vierecksverhältnis *(Clemens)* 305
§ 25. Status des Vertragsarztes, seine Rechte und Pflichten *(Steinhilper)* 323
§ 26. Pflicht des Vertragsarztes zur persönlichen Leistungserbringung *(Steinhilper)* 337
§ 27. Rechtsbeziehungen zwischen den Partnern des Kassen-/Vertragsarztrechts *(Krauskopf/Clemens)* 352
§ 28. Die Kassenärztlichen Vereinigungen und die Kassenärztlichen Bundesvereinigungen *(Steinhilper)* 359
§ 29. Teilnahme von Ärzten/Zahnärzten/Psychotherapeuten und ärztlichen Einrichtungen *(Krauskopf/Clemens)* 377
§ 30. Landes- und Bundesausschüsse/Richtlinien *(Krauskopf/Clemens)* 415
§ 31. Ärztliche Kooperationsformen im Vertragsarztrecht *(Steinhilper)* 430
§ 32. Vertragssystem *(Krauskopf/Clemens)* 452
§ 33. Schiedsämter und Schiedsstellen *(Clemens)* 463
§ 34. Honorarverteilung und Honorarbegrenzung früher und heute *(Clemens)* 469
§ 35. Sachlich-rechnerische Richtigstellungen und Plausibilitätsprüfungen (§ 106a SGB V) *(Clemens/Steinhilper)* 504
§ 36. Wirtschaftlichkeitsprüfungen (Honorarverkürzungen und Regresse) *(Clemens)* 535
§ 37. Stellung zur Bekämpfung von Fehlverhalten im Gesundheitswesen (§ 81a und § 197a SGB V) *(Steinhilper)* 575

7. Kapitel. Die Rechtsbeziehungen zwischen Arzt und Patient *(Kern)*

§ 38. Der Arztvertrag 581
§ 39. Die Parteien des Arztvertrages 609

8. Kapitel. Das Zustandekommen des Arztvertrages *(Kern)*

§ 40. Der Abschluss des Arztvertrages 623
§ 41. Die Form des Arztvertrages 634
§ 42. Der Inhalt des Arztvertrages 635
§ 43. Der fehlerhafte Arztvertrag 639
§ 44. Die Beendigung des Arztvertrages 643

9. Kapitel. Die Pflichten des Arztes aus Behandlungsübernahme und Behandlungsvertrag *(Kern)*

§ 45. Die Pflicht des Arztes zur persönlichen Leistung 647
§ 46. Die Anamnese 651
§ 47. Die ärztliche Untersuchungspflicht 653
§ 48. Die Diagnosestellung 658
§ 49. Die Pflicht zur Indikationsstellung 663
§ 50. Die ärztliche Behandlung 665
§ 51. Das Ausstellen von Attesten und Bescheinigungen 668
§ 52. Rezeptur- und Verschreibung 671
§ 53. Die Anwendung der medizinischen Technik 675
§ 54. Die Pflicht des Arztes zur Einhaltung fester Bestelltermine 676
§ 54a Die ärztliche Pflicht zur Nachsorge und Kontrolle 677
§ 54b Der Behandlungsabbruch 679

10. Kapitel. Die ärztliche Dokumentationspflicht *(Schlund)*

§ 55. Die Pflicht des Arztes zur Dokumentation 684
§ 56. Das Einsichtsrecht des Patienten in die Krankenunterlagen 694

11. Kapitel. Die ärztliche Aufklärungspflicht *(Laufs)*

§ 57. Ausgangspunkte 705
§ 58. Die therapeutische Aufklärung (Sicherungsaufklärung) 711
§ 59. Die Selbstbestimmungsaufklärung 716

Inhaltsübersicht

§ 60.	Die Risikoaufklärung des Weiteren und im Besonderen	723
§ 61.	Sonderlagen: Fortpflanzungsmedizin. Neulandmedizin. Behandlungsfehler. Wirtschaftliche Bewandtnisse	732
§ 62.	Die Art und Weise der Aufklärung. Aufklärungsformulare	741
§ 63.	Rechtsfolgen unzulänglicher Aufklärung	747
§ 64.	Grundregeln zur Aufklärungspflicht des Arztes	752

12. Kapitel. Die ärztliche Schweigepflicht

§ 65.	Entwicklung und allgemeine Grundsätze der Schweigepflicht *(Schlund)*	762
§ 66.	Der objektive Tatbestand der §§ 203, 204 StGB *(Ulsenheimer)*	765
§ 67.	Offenbarungspflichten und -befugnisse, Rechtfertigungsgründe *(Ulsenheimer)*	772
§ 68.	Der subjektive Tatbestand der §§ 203, 204 StGB *(Ulsenheimer)*	778
§ 69.	Die personelle Reichweite der §§ 203, 204 StGB; Täterschaft und Teilnahme *(Ulsenheimer)*	779
§ 70.	Sonderformen ärztlicher Tätigkeit im Bereich der Verschwiegenheitsverpflichtung *(Schlund)*	780
§ 71.	Spezifische ärztliche Mitteilungsmöglichkeiten *(Schlund)*	787
§ 72.	Beschlagnahme und Herausgabe von Krankenunterlagen. Datenschutz *(Schlund)*	801
	Anhang zu § 72: Stellungnahme der Zentralen Ethikkommission zur Verwendung von patientenbezogenen Informationen für die Forschung in der Medizin und im Gesundheitswesen	810
§ 73.	Rechtsfolgen des Bruchs ärztlicher Verschwiegenheit und bei Verstößen gegen den BDSG *(Schlund)*	822

13. Kapitel. Die Pflichten des Patienten aus dem Arztvertrag *(Kern)*

§ 74.	Grundsätze	823
§ 75.	Die Zahlungspflicht des Patienten und das Arzthonorar GOÄ und GOZ	825
§ 76.	Die Obliegenheit zur Duldung von Behandlungsmaßnahmen	849
§ 77.	Die Obliegenheit zur Offenbarung	855
§ 78.	Weisungsrecht und Befolgungspflicht des Patienten	857

14. Kapitel. Die öffentlich-rechtlichen Rahmenbedingungen des Beziehungssystems Krankenhaus/Arzt/Patient *(Genzel/Degener-Hencke)*

§ 79.	Die Bedeutung der Einrichtungen der stationären Versorgung	865
§ 80.	Die Aufgaben der Krankenhäuser im gesundheitlichen Versorgungssystem	895
§ 81.	Die Strukturen der stationären Versorgung	916
§ 82.	Das Recht der Krankenhausfinanzierung	927
§ 83.	Die Rechtsbeziehungen zwischen den gesetzlichen Krankenkassen und den Krankenhäusern	1015

15. Kapitel. Die Rechtsbeziehungen zwischen Arzt und Krankenhaus
(Genzel/Degener-Hencke)

§ 84.	Die Organisation und Struktur des ärztlichen Dienstes im Krankenhaus	1060
§ 85.	Die ärztlichen Leitungsstrukturen im Krankenhaus	1077
§ 86.	Dienstrecht der Ärzte des Krankenhauses	1086
§ 87.	Besondere Leistungsvergütungen im ärztlichen Dienst (Liquidationsrecht)	1115

16. Kapitel. Die Rechtsbeziehungen zwischen Patient und Krankenhaus/Krankenhausarzt

§ 88.	Rahmenbedingungen einer Krankenhausaufnahme *(Genzel/Degener-Hencke)*	1143
§ 89.	Die einzelnen Vertragstypen der Krankenhausbehandlung *(Genzel/Degener-Hencke)*	1147
§ 90.	Rechtliche Grenzen der Wirksamkeit von Krankenhausaufnahmeverträgen *(Kern)*	1157
§ 91.	Die Testamentserrichtung im Krankenhaus *(Kern)*	1162
§ 92.	Die Verwahrungspflicht des Krankenhausträgers *(Schlund)*	1168

IX

Inhaltsübersicht

17. Kapitel. Die vertragliche Haftpflicht des Arztes und des Krankenhausträgers *(Laufs/Kern)*

§ 93. Vertragshaftung und Deliktshaftung 1179
§ 94. Kläger, Passivlegitimation und Haftungsgrundlagen 1187
§ 95. Schadensumfang 1192
§ 96. Verjährung 1195
§ 97. Die medizinischen Standards. Behandlungsfehler 1198
§ 98. Fahrlässigkeiten – zur Kasuistik 1207
§ 99. „Kind als Schaden" 1214
§ 100. Horizontale und vertikale Arbeitsteilung. Die Anfängeroperation 1219
§ 101. Organisationspflichten 1226
§ 102. Wirtschaftlichkeitsgebote und Fahrlässigkeit 1238

18. Kapitel. Die deliktische Haftpflicht des Arztes und des Krankenhausträgers *(Laufs/Kern)*

§ 103. Tatbestandliche Grundlagen 1243
§ 104. Haftung für Hilfspersonen. Organhaftung 1249
§ 105. Beamtete Ärzte 1255
§ 106. Zurechnung 1258

19. Kapitel. Die Beweislast im Arzthaftpflichtprozess *(Laufs/Kern)*

§ 107. Grundregeln. Arztrechtliche Besonderheiten 1262
§ 108. Anscheinsbeweis 1269
§ 109. Voll beherrschbare Risiken 1273
§ 110. Grobe Behandlungsfehler 1278
§ 111. Dokumentationsmängel 1288

20. Kapitel. Prozessuale Fragen der Arzthaftung

§ 112. Zivilrechtlicher Haftungsprozess und strafrechtliche Verantwortung *(Ulsenheimer)* 1293
§ 113. Die ärztlichen Schieds- und Gutachterstellen *(Ulsenheimer)* 1299
§ 114. Verfahrensrechtliche Einzelfragen *(Ulsenheimer)* 1306
§ 115. Die Passivlegitimation des beklagten Arztes *(Schlund)* 1322

21. Kapitel. Der Arzt als Sachverständiger und Gutachter *(Schlund)*

§ 116. Begriff, Wesen und Aufgabe des gerichtlichen Sachverständigen 1340
§ 117. Als gerichtliche Sachverständige in Betracht kommende Personen 1343
§ 118. Verhältnis des Sachverständigen zum Gericht 1345
§ 119. Auswahl des Sachverständigen 1346
§ 120. Ablehnung des Sachverständigen 1347
§ 121. Pflicht zur Übernahme von Begutachtungen 1350
§ 122. Einzelne Pflichten des Sachverständigen bei der Begutachtung 1351
§ 123. Aufbau und Inhalt des Gutachtens 1357
§ 124. Entschädigung des Gutachters und Sachverständigen 1358
§ 125. Folgen der Pflichtverletzung für den Sachverständigen 1360

22. Kapitel. Besondere ärztliche Eingriffe und Sonderprobleme

§ 126. Die Sterilisation *(Ulsenheimer)* 1372
§ 127. Die Kastration *(Ulsenheimer)* 1384
§ 128. Intersexualität und Transsexualität *(Ulsenheimer)* 1388
§ 129. Fortpflanzungs- und Genmedizin *(Laufs)* 1393
Anhang zu § 129: Richtlinien zur Durchführung der assistierten Reproduktion 1425
§ 130. Heilversuch und klinisches Experiment *(Laufs)* 1443

Inhaltsübersicht

Anhang 1 zu § 130: World Medical Association Declaration of Helsinki: Recommendations guiding physicians in biomedical research involving human subjects 1472
Anhang 2 zu § 130: Erklärung von Helsinki 1474
§ 131. Die zivilrechtliche Problematik der Organstransplantation *(Ulsenheimer)* 1477
§ 132. Die ärztliche Sterbehilfe *(Ulsenheimer)* 1493
  ua mit abgedruckt: Grundsätze der Bundesärztekammer zur ärztlichen
  Sterbebegleitung
§ 133. Die Leichenschau *(Ulsenheimer)* 1516
§ 134. Arzt und Drogenwesen *(Ulsenheimer)* 1533
§ 135. Arzneimittelrecht *(Ulsenheimer)* 1540
§ 136. Strahlenschutz, Röntgenverordnung und ihr Verhältnis zum Medizinproduktegesetz
  (Ulsenheimer) 1556
§ 137. Rechtsprobleme der Geriatrie *(Ulsenheimer)* 1562

23. Kapitel. Der Arzt im Strafrecht *(Ulsenheimer)*

§ 138. Die strafrechtliche Beurteilung ärztlicher Heilbehandlung (ärztliche Eigenmacht) 1569
§ 139. Die fahrlässige Körperverletzung 1577
§ 140. Die fahrlässige Tötung 1614
§ 141. Die ärztliche Hilfeleistungspflicht (§ 323 c StGB) 1637
§ 142. Strafrechtliche Aspekte der Organstransplantation 1657
§ 143. Der Schwangerschaftsabbruch 1671
§ 144. Strafrechtliche Haftung des medizinischen Sachverständigen 1703
§ 145. Strafrechtliche Folgen der Verletzung der ärztlichen Schweigepflicht 1708
§ 146. Ausstellen unrichtiger Gesundheitszeugnisse (§ 278 StGB) 1712
§ 147. Strafbare Verschreibung von Betäubungsmitteln 1718
§ 148. Klinische Arzneimittelprüfung 1731
§ 149. Ärztliche Sterbehilfe 1743
§ 150. Arzt und Straßenverkehr 1758
§ 151. Abrechnungsbetrug 1772
§ 152. Industriesponsoring und Vorteilsannahme/Bestechlichkeit 1801
§ 153. (Vertragsarzt-)Untreue 1842
§ 154. Strafbare Werbung und gewerbliche Betätigung des Arztes 1847
§ 155. Zwangsbehandlung und Strafvollzug 1861

Sachverzeichnis 1879

Rechtsprechung – auf beiliegender CD-Rom
(Die Kapitel 24–26 sind ausschließlich auf beiliegender CD-Rom enthalten)

Detaillierte Inhaltsübersicht der Rechtsprechungskapitel 24 bis 26

24. Kapitel. Rechtsprechung zu typischen Fallgruppen der Haftung für Behandlungsfehler *(Kern)*

§ 156. Therapiewahl
§ 157. Arbeitsteilung und Übernahmeverschulden
§ 158. Diagnosefehler
§ 159. Behandlungsfehler
§ 160. Operationszwischenfälle
§ 161. Besondere ärztliche Eingriffe
§ 162. Schadensminderungspflicht

Inhaltsübersicht

25. Kapitel. Rechtsprechung zu typischen Fallgruppen der Haftung für mangelhafte Einwilligung und Aufklärung *(Kern)*

§ 163. Einwilligung
§ 164. Aufklärung. Allgemeine Regeln
§ 165. Selbstbestimmungsaufklärung
§ 166. Operationsabbruch, Operationserweiterung
§ 167. Beratungspflicht
§ 168. Aufklärung über wirtschaftliche Belange

26. Kapitel. Rechtsprechung zu typischen Fallgruppen der Haftung nach ärztlichen Fachbereichen in alphabetischer Ordnung *(Kern)*

§ 169. Allgemeinmedizin
§ 170. Anästhesie
§ 171. Chiropraktik
§ 172. Chirurgie
§ 173. Durchgangsarzt
§ 174. Gesundheitsamt
§ 175. Gynäkologie
§ 176. Hautarzt
§ 177. HNO-Bereich
§ 178. Internistischer Bereich
§ 179. Kinderheilkunde
§ 180. Kosmetische/Plastische Chirurgie
§ 181. Labormedizin
§ 182. Naturheilkunde
§ 183. Neurochirurgie
§ 184. Neurologie
§ 185. Notarzt
§ 186. Ophthalmologie
§ 187. Orthopädie
§ 188. Pathologie
§ 189. Proktologie
§ 190. Psychiatrie
§ 191. Psychotherapie
§ 192. Radiologie
§ 193. Unfallchirurgie
§ 194. Urologie
§ 195. Zahnmedizin

Inhaltsverzeichnis

	Seite
Vorwort	V
Inhaltübersicht	VII
Inhaltsverzeichnis	XIII
Abkürzungsverzeichnis	LIX
Kurz-Literaturverzeichnis	LXXVII

1. Kapitel. Grundlagen des Arztrechts *(Laufs)*

§ 1. Idee und Aufgabe des Arztes	1
I. Paradigmenwechsel in der postmodernen Medizin	2
II. Ausgangspunkte	5
III. Zum Krankheitsbegriff	9
§ 2. Arzt, Kranker, Gesellschaft	11
I. Medizin im Sozialstaat	12
1. Daseinsfürsorge	12
2. Räson des Sozialnutzens	13
II. Das Krankheits- und das Behandlungsvolumen	13
1. Krankheitsvolumen	13
2. Behandlungsvolumen	13
III. Der einzelne Patient und die Gesellschaft	14
1. Individual- und Gemeininteresse	14
2. Kostendruck	14
IV. Ärzte und Juristen	16
1. Rechtskontrolle	16
2. Zusammenwirken von Ärzten und Juristen	17
§ 3. Die Freiheit des ärztlichen Berufs	18
I. Die freien Berufe	19
1. Beschränkungen	19
2. Kriterien	20
3. Gewerbesteuerfreiheit	20
4. Merkmale	21
5. Normative Bedeutung	21
6. Kammern	21
II. Die freien Heilberufe und die Freiheit des Arztes	21
1. Akademiker und Nichtakademiker	21
2. BÄO	22
3. Standesrecht	22
4. Dienstherren und Arbeitgeber	23
III. Therapiefreiheit: Methodenwahl und Verfahrensqualität	24
1. Drei Elemente	24
2. Grenzen der staatlichen Gewalt	25
3. Standard	25
4. Umfassende ärztliche Kenntnisse	26
5. Abwägungen	27
6. Außenseiter	27
7. GKV	28
IV. Berufsfreiheit und Einstandspflicht	29
1. Freiheitssichernde Haftpflicht	29
2. Verschuldensprinzip	30
V. Freiheitsgarantie und Gesetzesbindung	30

Inhaltsverzeichnis

§ 4. Berufsethik: Schutz der Persönlichkeit der Kranken	31
I. Neue Herausforderungen	33
1. Sittliche Grundregeln	33
2. Im Zeichen des technischen Fortschritts	33
3. Gegenseitigkeit	35
4. Neue Horizonte	35
5. Gesamtentwürfe, Güterabwägung	36
6. Kehrseiten der Fortschritte	37
II. Die hippokratische Tradition und deren Fortbildung	38
1. Der Hippokratische Eid	38
2. Genfer Arztgelöbnis	40
3. Biomedizinkonvention	40
4. Kanadische Regeln	41
5. Nürnberger Kodex und Deklara	41
6. Erklärung von Hawaii	42
7. Die Würde des Kranken	43
8. Grundgesetz	43
9. Dissense	44
10. Interdisziplinäre Prozesse	45
11. Ethik-Kommissionen	46
12. Individuum und Allgemeinheit	47
Anhang zu Kapitel 1: (Muster-)Berufsordnung für die deutschen Ärztinnen und Ärzte (MBO-Ä 2006)	48

2. Kapitel. Grundbegriffe des Arztrechts *(Laufs)*

§ 5. Die Rechtsquellen	61
I. Gesetze	62
1. Recht	62
2. Arztrecht, Gesundheitsrecht, europäisches Recht	63
3. Bundesgesetzgebung	64
4. Landesrecht	64
II. Satzungen	65
1. Berufs- und Weiterbildungsordnung	65
2. Grenzen	65
III. Die richterliche Spruchpraxis	65
1. Rechtsfindung	65
2. Rechtsfortbildung	66
3. Empfehlungen, Vereinbarungen, Richt- und Leitlinien	67
4. DDR-Rechtsangleichung	68
§ 6. Die Elemente der Rechtfertigung ärztlichen Handelns	69
I. Die drei Grunderfordernisse	70
1. Einführung	70
2. Indikation, informed consent, lex artis	70
II. Der ärztliche Heilauftrag	71
1. Grenzsituationen	71
2. Professionalisierung	71
3. Geltung des Rechts	73
4. Lebensschutz, Sterbehilfe	73
5. Konflikte am Lebensbeginn	75
6. Deutscher Ärztetag und Fortpflanzungsmedizin	76
7. Grenzen des Satzungsrechts	76
8. Mittelknappheit	77
9. Wunscherfüllende Medizin	78
III. Die Einwilligung des Patienten nach Aufklärung (informed consent, le consentement libre et éclairé)	78
1. Ein Hauptthema	78

Inhaltsverzeichnis

    2. Risikoaufklärung 79
    3. Im Schadensprozess 79
    4. Wilhelm Kahls Lehre 80
    5. Karl Binding 80
    6. Reichsgericht und Heileingriff als Körperverletzung 80
    7. Persönlichkeitsrecht 81
    8. Iatrogene Gefahren 81
    9. Dokumentation, Beweislast 81
 IV. Die ärztliche Sorgfaltspflicht nach der lex artis 82
    1. Medizinischer Sorgfaltsmaßstab 82
    2. Therapeutische Aufklärung 83
    3. Therapiefreiheit und Sorgfaltspflichten 83
    4. Qualitätssicherung 84
    5. Normierungen 85

3. Kapitel. Die ärztliche Ausbildung

§ 7. Medizinstudium *(Laufs)* 87
  I. Das Ausbildungsziel 88
    1. Daueraufgabe 88
    2. Wissenschaftliche und praktische Ausbildung 89
 II. Der Ausbildungsgang, insbesondere Studium und Famulatur im Grundriss 90
    1. ÄAppO 90
    2. Studienjahre 90
    3. Akademischer Unterricht, Krankenhaus 90
    4. Famulatur 91
 III. Das praktische Jahr 91
    1. Ausbildung am Patienten 91
    2. Ausbildungszeit 92
    3. Öffentlich-rechtliches Ausbildungsverhältnis 92
    4. Haftung 93
 IV. Der Arzt im Praktikum (AiP) – aufgegeben 93
    1. Ärztliche Tätigkeiten 93
    2. Praxisbezogenheit 94
    3. Rechte und Pflichten eines Arztes 94
    4. Aufhebung 2004 95
  V. Prüfungsregeln in Stichworten 95
    1. Zwei staatliche Prüfungen 95
    2. TMPP 96
    3. Multiple choice 96
    4. Gerichtskontrolle 96
    5. Mündliche Examen 96
    6. Versagung der Zulassung 97

§ 8. Die Approbation *(Laufs)* 97
  I. Begriff 97
    1. Staatliche Erlaubnis 97
    2. Berechtigung 97
    3. DDR 98
 II. Erteilung 98
    1. Voraussetzungen 98
    2. EU/EWR 100
    3. Leistungen in der DDR 100
    4. Ausländer 100
 III. Rücknahme und Widerruf der Approbation 101
    1. Rücknahme 101
    2. Widerruf 102
    3. Verfassungsmäßigkeit 102

Inhaltsverzeichnis

IV.	Das Ruhen der Approbation	103
	1. Berufsausübungsverbot	103
	2. Voraussetzungen	103
V.	Die Wiedererteilung der Approbation	104
VI.	Approbationsbehörde und Strafgericht	104
	1. Gerichtliches Berufsverbot	104
	2. Berufsrechtlicher Überhang	104

§ 9. Die Promotion *(Schlund)* ... 105
    I. Der akademische Grad ... 106
    II. Verleihung des medizinischen Doktorgrades ... 106
    III. Führung des Doktorgrades ... 107
    IV. Entziehung der Doktorwürde ... 108
    V. Die Genehmigung zur Führung und die Fühurng ausländischer akademischer Grade ... 110
    VI. Strafbarkeit ... 112
    VII. Der ehrenhalber verliehene Doktorgrad („Dr hc") ... 112

4. Kapitel. Ärztliches Berufs- und Standesrecht

§ 10. Heilkunde und Heilpraktikergesetz *(Laufs)* ... 115
    I. Das Heilpraktikergesetz (HeilpraktG) ... 115
        1. Ratio legis und GG ... 115
        2. Fortgeltung ... 116
        3. Mängel ... 117
    II. Ärzte und Heilpraktiker ... 118
        1. Qualifikation? ... 118
        2. Arzt und Heilpraktiker ... 118
        3. Werbung ... 119
        4. Zusammenwirken von Ärzten und Heilpraktikern ... 120
        5. Problematische Qualifikation ... 120
        6. Sorgfaltspflichten ... 121

§ 11. Fort- und Weiterbildung *(Laufs)* ... 122
    I. Die ärztliche Fortbildung ... 123
        1. MBO, SGB V ... 123
        2. Schritthalten ... 123
        3. Inhalt ... 124
    II. Die ärztliche Weiterbildung ... 125
        1. Spezialisierung und Vertiefung ... 125
        2. Facharztbeschluss ... 126
        3. Weiterbildungsordnungen ... 127
        4. Ziel ... 127
        5. Rechtsstellung des Arztes in Weiterbildung ... 129
        6. DDR, Ausland ... 129
        7. Normierung ... 131
        8. Neue Fachgebiete ... 134
        9. Ermächtigungserfordernis, Weiterbildungsstätten ... 135
        10. Regelungen, Abgrenzungen ... 135

§ 12. Ärztliche Berufe *(Laufs)* ... 138
    I. Einheit in der Vielheit ... 139
        1. Trends ... 139
        2. Gemeinsamkeiten ... 140
    II. Krankenhausärzte ... 140
        1. Ambulante und klinische Ärzte ... 140
        2. Leitende Klinikärzte ... 141
        3. Nachgeordnete Klinikärzte ... 142
        4. Belegärzte ... 143
        5. Gastärzte ... 143

Inhaltsverzeichnis

   III. Beamtete Ärzte im öffentlichen Dienst 144
        1. Beamtete Ärzte 144
        2. Amtsärzte 144
        3. Andere Dienststellen 144
        4. Anstaltsärzte im Justizvollzugsdienst 146
        5. Ärzte im Dienste der Bundeswehr und des Bundesgrenzschutzes 146
   IV. Der Betriebsarzt 147
   V. Ärzte im sozialrechtlich bestimmten Dienst 148
        1. Vertragsärzte, Netzärzte, Knappschaftsärzte 148
        2. Medizinischer Dienst 149
        3. D- und H-Ärzte 150
        4. Versorgungsärzte 151
   VI. Ein weites Feld 151

§ 13. Standesorganisationen *(Laufs)* 151
   I. Landesärztekammern 152
        1. Körperschaften des öffentlichen Rechts 152
        2. Aufgaben 153
        3. Pflichtmitgliedschaft 154
        4. Rechtsaufsicht 155
   II. Die Bundesärztekammer 156
        1. Verfassung 156
        2. Gremien 156
   III. Die kassenärztliche Bundesvereinigung 157
   IV. Kassenärztliche Vereinigungen 158
        1. Mitglieder 158
        2. Sicherstellungsauftrag 158
        3. Einstandspflicht 158
        4. Durchbrochener Kollektivvertrag 158
   V. Verbände mit freiwilliger Mitgliedschaft 159
        1. Berufspolitik 159
        2. Fachverbände 160
        3. Internationale Zusammenschlüsse 160

§ 14. Berufspflichten und Berufsgerichtsbarkeit *(Laufs)* 161
   I. Grundlagen 162
        1. Generalklauseln 162
        2. Grundwerte 162
        3. Berufsbezogenes und außerberufliches Verhalten 163
   II. Statuierte Berufspflichten 164
        1. Statuierte Berufspflichten 164
        2. Satzungen 164
        3. Behandlungspflicht 165
        4. Berufspflichten aus allgemeinem Recht 166
   III. Berufsgerichte 166
        1. Rechtsgrundlage 166
        2. Verfahren 167
        3. Berufsgerichtliche Maßnahmen 168
        4. Berufsrechtlicher Überhang 168
        5. Außerberufliches Fehlverhalten 170
        6. Strafverfahren, kassenärztliches Disziplinarverfahren 170
   IV. Beständigkeit und Wandel der Berufspflichten 171

§ 15. Werbeverbot und Wettbewerbsrecht *(Laufs)* 171
   I. Das Verbot der Eigenwerbung 172
        1. Berufsrecht 172
        2. Begründung 174
        3. Ärztliche und zugleich gewerbliche Tätigkeiten 175
   II. Sanatoriumswerbung und Institutswerbung 175
        1. UWG und HWG 175

Inhaltsverzeichnis

2. Freistellung	175
3. Fremd- oder fachsprachliche Bezeichnungen	176
4. Gewerbliche Tätigkeiten	177
III. Werbeverbot und Wettbewerbsrecht in den Grundlinien	177
1. Wettbewerbsrecht	177
2. Berufswidriges Werben	177
3. Medienauftritte	179
4. Praxisschild	181
5. Wettbewerbsdruck	181
IV. Fremdwerbung für gewerbliche Unternehmen	181
1. Arzneimittel	181
2. Fremdwerbung	182
V. Gebotene Strenge?	182
1. Lockerung?	182
2. Unnachgiebiges Wettbewerbsrecht?	183
3. Wettbewerbsklauseln	183
4. Weitere Konkurrenzverbote	184

§ 16. Der Ärztestreik *(Kern)* 185
  I. Einleitung 185
  II. Der Begriff des Ärztestreiks 185
  III. Die Rechtmäßigkeit des Ärztestreiks 186
  IV. Grenzen ärztlichen Streikrechts 187

§ 17. Ärztlicher Notfalldienst *(Laufs)* 188
  I. Begriff und Rechtsgrundlagen 188
      1. Not- oder Bereitschaftsdienst 188
      2. Teilnahmepflicht 188
      3. Kassenärztliche Versorgung 189
      4. Gemeinsame Notfalldienstordnungen 189
  II. Befreiung vom Notfalldienst 189
      1. Ausnahmsweise Befreiung 189
      2. Befreiungsgründe 190
      3. Kassenärztliche Vereinigung 191
      4. Belegarzt 191
      5. Gleichbehandlung 192
  III. Inhalt 192
      1. Dringliche Erstversorgung 192
      2. Standards 192
      3. Bestehende Behandlungspflichten 193
      4. Haftung 193

§ 17a. Notarzt/Rettungsdienst *(Kern)* 194
  I. Einleitung 195
  II. Notarzt 196
      1. Qualifikation 196
      2. Aufgabe 196
  III. Leitender Notarzt 197
  IV. Nichtärztliche Heilberufe im Rettungsdienst 198
      1. Rettungsassistent 198
      2. Rettungssanitäter 199
      3. Rettungshelfer 199
  V. Grundsätze notfallmedizinischer Versorgung 199
      1. Räumliche Grenzen 199
      2. Strafrechtliche Grenzen 200
      3. Grundlage notärztlichen Handelns 200
      4. Behandlungspflichten und -fehler 200
      5. Arbeitsteilung 203
      6. Dokumentationspflicht 206
  VI. Aufklärung 207

Inhaltsverzeichnis

      1. Grundlagen 207
      2. Adressat der Aufklärung 207
      3. Beratung/therapeutische Aufklärung 208
      4. Mutmaßliche Einwilligung 208
      5. Selbstbestimmungsaufklärung 208
  VII. Rechtliche Sonderstellung des Rettungsdienstes im Straßenverkehr 210
      1. Allgemeines 210
      2. Wegerecht 210
      3. Sonderrecht 211
      4. Reichweite von Wege- und Sonderrecht 212
      5. Verstöße 212
 VIII. Haftung 213
      1. Haftung bei privatrechtlicher Tätigkeit 213
      2. Haftung bei öffentlich-rechtlicher Tätigkeit 214
   IX. Rettungsdienst und Strafrecht 214
    X. Verhalten bei Zwischenfällen 217
   XI. Notfalleinsätze durch andere Ärzte 217

5. Kapitel. Rechtsfragen der Arztpraxis *(Schlund)*

§ 18. Formen der Ausübung ärztlicher Tätigkeit 220
    I. Die Arztpraxis 220
      1. Begriff 220
      2. Rechtsnatur der Arztpraxis 221
   II. Die ärztliche Gruppenpraxis 223
      1. Die Praxisgemeinschaft 225
        a) Begriff 225
        b) Rechtform 226
        c) Sonstige Formen der Praxisgemeinschaft 226
      2. Die Gemeinschaftspraxis 227
        a) Begriff 227
        b) Rechtsform der Gemeinschaftspraxis 227
        c) Rechtsbeziehungen 228
      3. Die Ärzte-GmbH 229
  III. Die ärztliche Zweigpraxis 231
      1. Begriff 231
      2. Die Zulässigkeit einer Zweigpraxis 232
      3. Die Genehmigung zur Ausübung einer Zweigpraxis .. 232
        a) Voraussetzungen für die Erteilung der Genehmigung 232
        b) Widerruf der Genehmigung 232
      4. Niederlassungsfreiheit und Zweigpraxis im EU-Bereich 233

§ 19. Die Praxisveräußerung 233
    I. Gegenstand der Praxisveräußerung 234
   II. Der Vertrag über die Praxisveräußerung 237
  III. Die Bestimmung des Kaufpreises 240
  IV. Datenschutz bei Praxisübergabe 242
    V. Praxistausch 243
  VI. Tod des Praxisinhabers 243

§ 20. Der Arzt als Arbeitgeber 244
    I. Allgemeines 245
   II. Die arbeitsrechtliche Stellung ärztlicher Mitarbeiter in der Praxis 245
  III. Die arbeitsrechtliche Stellung nichtärztlicher Mitarbeiter in der Praxis 246
  IV. Auswirkung des arbeitsrechtlichen Beschäftigungsförderungsgesetzes 247

§ 21. Arzt und Berufshaftpflichtversicherung 247
    I. Allgemeines 248
   II. Die Pflicht des Arztes zum Abschluss einer Berufshaftpflichtversicherung 249
  III. Die Obliegenheitspflichten des Arztes im Rahmen der Berufshaftpflichtversicherung .. 252

Inhaltsverzeichnis

1. Anzeigepflicht	252
2. Schadensminderungspflicht	253
3. Verbot der Anerkennung einer Schadensersatzpflicht	253
IV. Die Berufshaftpflichtversicherung des nachgeordneten ärztlichen Dienstes im Krankenhaus	254
V. Die Versicherung von Sonderrisiken	255

6. Kapitel. Das Kassenarztrecht/Vertragsarztrecht

§ 22. Die Entwicklung des Kassen-/Vertragsarztrechts *(Krauskopf)* 257
    I. Ärzte 258
        1. Anfänge der kassenärztlichen Versorgung 258
        2. Gesetz betreffend die Krankenversicherung der Arbeiter 258
        3. Vertrags-System des Kassenarztrechts (KAR) 259
        4. Kostendämpfungsgesetze 260
        5. Einheitlicher Bewertungsmaßstab (EBM) 261
        6. Gesetz zur Strukturreform im Gesundheitswesen (GRG) 261
        7. Gesundheitsstrukturgesetz (GSG) 263
        8. Entwurf eines GKV-Weiterentwicklungsgesetzes 264
        9. Krankenhausgesetze 265
      10. Beitragsentlastungsgesetz 265
      11. 1. GKV-Neuordnungsgesetz 266
      12. 2. GKV-Neuordnungsgesetz 267
      13. Psychotherapeutengesetz 267
      14. Korrekturgesetze 268
      15. GKV-Gesundheitsreformgesetz 2000 268
      16. Gesetze zur Euro-Einführung, zur Einmalzahlung, zur Rechtsangleichung 270
      17. Gesetze zur Ablösung der Budgets, zur Einführung des Wohnortprinzips 270
      18. Gesetz zur Festsetzung von Festbeträgen, zur Begrenzung der Arznei-Ausgaben . . 271
      19. GKV-Modernisierungsgesetz (GMG) 272
    II. Zahnärzte 273
        1. Anfänge der kassenzahnärztlichen Versorgung 273
        2. Auswirkung der Kostendämpfung auf die Kassenzahnärzte 274
        3. Zahnersatz erneut als Sachleistung 274
        4. GKV-Modernisierungsgesetz führt (erneut) zu Festzuschüssen 274

§ 23. Vertragsarztrechtsänderungsgesetz (VÄndG), GKV-Wettbewerbsstärkungsgesetz (GKV-WSG), GKV-OrgWG *(Steinhilper)* 275
    I. Vertragsarztrechtsänderungsgesetz (VÄndG) 275
        1. Ausgangslage 276
        2. Entstehung und Ziele des VÄndG 277
        3. Wegfall des Eignungsausschusses (§ 20 Abs 2 Ärzte-ZV) 279
        4. Tätigkeit an weiteren Orten (§ 24 Abs 3 Ärzte-ZV) 279
          a) Zweigpraxis 280
          b) Ausgelagerte Praxisstätte 282
        5. Der angestellte Arzt in der vertragsärztlichen Versorgung (§ 95 Abs 9 und 9 a SGB V) 282
        6. Berufsausübungsgemeinschaft (§ 33 Abs 1 Ärzte-ZV) 285
          a) Teilberufsausübungsgemeinschaft 285
          b) Überörtliche Berufsausübungsgemeinschaft 286
        7. Teilzulassung (hälftiger Versorgungsauftrag; § 95 Abs 3 S. 1 SGB V) 287
    II. GKV-Wettbewerbsstärkungsgesetz (GKV-WSG) zum 1. 4. 2007 288
        1. Gesundheitsreform 2007 289
        2. Ziele des GKV-WSG 289
        3. Honorarreform 2009 290
          a) Regelungsgegenstand und Zeitplan 290
          b) Auswirkungen in der Praxis und Kritik 292
        4. Exkurs: Gesundheitsfonds (§§ 270–272 SGB V) 294
        5. Zeitplan für die Umsetzung der Gesundheitsreform nach dem GKV-WSG 295

Inhaltsverzeichnis

      6. Morbiditätsbedingte Gesamtvergütung (§§ 87a–d SGB V) 296
      7. Änderung der Organisationsstruktur 298
      8. Gemeinsamer Bundesausschuss (§ 91 SGB V) 298
      9. Weitere Öffnung der Krankenhäuser zur ambulanten vertragsärztlichen Versorgung (§ 116b Abs 2–4 SGB V) 299
     10. Weitere Änderungen des Vertragsarztrechts durch das GKV-WSG 300
 III. Gesetz zur Weiterentwicklung der Organisationsstrukturen in der Gesetzlichen Krankenversicherung (GKV-OrgWG) zum 1.1.2009 302
 IV. Weitere Änderungen von Rechtsgrundlagen 303
      1. Qualitätssteuerung durch Sondervereinbarung nach § 136 Abs 4 SGB V 303
      2. Neuordnung der vertragsärztlichen Vergütung 2010 (NVV) 304

§ 24. Das Finanzierungssystem (mit Grundfragen zur Honorierung, Bürokratisierung, Überregulierung und Therapiefreiheit) sowie das vertragsarztrechtliche Viereckverhältnis *(Clemens)* 305
   I. Grundfragen der Finanzierung 306
  II. Grundfragen der Honorierung 307
      1. Zur Frage unzureichender vertragsärztlicher Honorierung 308
      2. Klarstellungen zu einigen Fragen der Honorierung 309
 III. Zusammenhang zwischen Finanzierung der GKV und Honorierung der Ärzte; Fragen der Rationierung 312
 IV. Systemwechsel hin zu einheitlichen Versicherungsprämien? 314
  V. Bürokratisierung und Überregulierung; Undurchschaubarkeit des GKV-Systems . . . 315
 VI. Zum Stellenwert der Therapiefreiheit 316
VII. Das vertragsarztrechtliche Viereckverhältnis 317
VIII. Weitere Fragen 322

§ 25. Status des Vertragsarztes, seine Rechte und Pflichten *(Steinhilper)* 323
   I. Vertragsarzt als Freiberufler 324
  II. Rechte des Vertragsarztes 325
 III. Pflichten des Vertragsarztes 327
      1. Untersuchungs- und Behandlungspflicht des Arztes 329
      2. Pflicht zur Teilnahme am organisierten Notfalldienst (§§ 75 Abs 1, 76 Abs 1 SGB V) 330
      3. Vertragsärztliche Fortbildungspflicht (§ 95 d SGB V) 330
      4. Pflicht zur Vertretung bei Abwesenheit in der Praxis 331
      5. Medizinische Aufklärungspflicht des Arztes 331
      6. Wirtschaftliche Aufklärungspflicht des Arztes 333
      7. Ärztliche Dokumentationspflicht 334
 IV. Folgen eines Verstoßes gegen vertragsärztliche Pflichten 335
  V. Ende der Rechte und Pflichten des Vertragsarztes 336

§ 26. Pflicht des Vertragsarztes zur persönlichen Leistungserbringung *(Steinhilper)* 337
   I. Allgemeines 338
  II. Die Regelungen im Einzelnen 339
      1. Vertragsarztrecht 339
      2. Ärztliches Berufsrecht 341
      3. Behandlungsvertrag 341
      4. Gemeinsame Erklärung von BÄK und KBV (1988 und 2008) 341
      5. Zum Umfang der persönlichen Leistungserbringungspflicht 342
      6. Persönliche Leistungserbringungspflicht des ermächtigten Krankenhausarztes . . 345
      7. Der Grundsatz der persönlichen Leistungserbringungspflicht bei angestellten Ärzten 345
 III. Delegierbarkeit ärztlicher und nichtärztlicher Leistungen in der vertragsärztlichen Versorgung 348
 IV. Verstöße gegen die Pflicht zur persönlichen Leistungserbringung bleiben nicht folgenlos 350
      1. Honorarrückforderung 350
      2. Disziplinarverfahren 351
      3. Verfahren zur Entziehung der Zulassung 351
      4. Ermittlungs- und Strafverfahren 351

Inhaltsverzeichnis

    5. Verfahren vor dem Berufsgericht 352
    6. Verfahren zur Entziehung der Approbation 352

§ 27. Rechtsbeziehungen zwischen den Partnern des Kassen-/Vertragsarztrechts
(Krauskopf/Clemens) 352
  I. Der Vertragsarzt und seine Kassenärztliche Vereinigung (KV) 353
    1. Zwangsmitgliedschaft der Ärzte, Zahnärzte und Psychotherapeuten 353
    2. Rechte und Pflichten aus der Mitgliedschaft 353
  II. Der Vertragsarzt und sein Kassenpatient 354
    1. Zivilrechtliche oder öffentlich-rechtliche Vertragsbeziehung? 354
    2. Öffentlich-rechtliche Anbahnung der Arzt-Patienten-Beziehung 354
    3. Dokumentations- und Verschwiegenheitspflicht 355
  III. Der Vertragsarzt und die Krankenkassen 356
    1. Sicherstellung der vertragsärztlichen Versorgung 356
    2. Wenige direkte Beziehungen 356
    3. Neue Beziehungsformen bei Modellvorhaben und integrierter Versorgung . . 356
  IV. Die Kassenärztliche Vereinigung und die Krankenkassen 357
    1. Verhandlungs- und Abschlusskompetenz 357
    2. Zahlung der Gesamtvergütung 357
    3. Datenaustausch nach §§ 294 ff SGB V 358

§ 28. Die Kassenärztlichen Vereinigungen und die Kassenärztlichen Bundesvereinigungen *(Steinhilper)* 359
  I. Kassenärztliche Vereinigung (KV) 360
    1. Rechtsstatus 360
    2. Mitgliedschaft 360
    3. Rechtsaufsicht 362
    4. Organe 363
      a) Vertreterversammlung 363
      b) Vorstand 364
    5. Aufgaben der KV und Reformbestrebungen 366
      a) Sicherstellungsauftrag (§ 75 Abs 1 Satz 1 SGB V) 367
      b) Exkurs: kollektiver Zulassungsverzicht (§§ 96b, 72a, 13 SGB V; § 28 Ärzte-ZV) . 367
      c) Gewährleistungsverpflichtung (§ 75 Abs 1 Satz 2 SGB V) 370
      d) Interessenvertretung (§ 75 Abs 2 SGB V) 371
    6. Dienstleistungsgesellschaften (§ 77a SGB V) 372
  II. Kassenärztliche Bundesvereinigungen (KBV/KZBV) 273
  III. Gemeinsamer Bundesausschuss (G-BA) 374
    1. Rechtsgrundlage und Zuständigkeiten 374
    2. Institut für Qualität und Wirtschaftlichkeit im Gesundheitswesen (IQWiG) . . 376

§ 29. Teilnahme von Ärzten/Zahnärzten/Psychotherapeuten und ärztlichen Einrichtungen *(Krauskopf/Clemens)* 377
  I. Einleitung 378
  II. Zulassung 379
    1. Definition der Zulassung 379
    2. Zulassungsausschüsse 379
    3. Berufungsausschüsse 379
    4. Verfahren vor den Ausschüssen 379
    5. Geschäftsführung für die Ausschüsse 380
    6. Arztregister und Zahnarztregister 380
    7. Bundesregister der KBV/KZBV 381
    8. Zulassungsantrag 381
    9. Beschluss des Zulassungsausschusses 381
    10. Sitz des Vertragsarztes 381
    11. Residenzpflicht 382
    12. Zweigpraxen, ausgelagerte Praxisräume, angestellte Ärzte 382
    13. Kooperationsformen (Praxisgemeinschaft, Berufsausübungsgemeinschaft, MVZ) . 382
  III. Bedarfsplanung 384
    1. Grundsatz 384

Inhaltsverzeichnis

	2. Unterversorgung	384
	3. Überversorgung	385
	4. Verhältniszahlen	385
	5. Frühere Regelung der Überversorgung	385
	6. Heutige Regelung der Überversorgung	386
	7. Ausnahmeregelungen (ambulantes Operieren, Dialyseversorgung)	388
	8. Sonderbedarfszulassung	388
	9. Erweiterung zur Gemeinschaftspraxis/Berufsausübungsgemeinschaft	389
	10. Praxisnachfolge	389
	11. Zulassung durch Belegarztvertrag	391
	12. Früher vorgesehene umfassende Bedarfszulassung (§ 102 SGB V aF)	391
IV.	Weitere Zulassungsvoraussetzungen	392
	1. Umfang und Art zulässiger Nebenbeschäftigungen	392
	2. Frühere Altersgrenzen (55 Jahre, 68 Jahre)	394
V.	Ermächtigung	395
	1. Grundsatz und Rechtsgrundlagen	395
	2. Formen der Ermächtigung und Stufenfolge	395
	3. Persönliche Ermächtigungen für Krankenhausärzte	395
	4. Persönliche Ermächtigungen für andere Ärzte	396
	5. Ermächtigungen für ärztlich geleitete Einrichtungen (Hochschulambulanzen, Psychiatrische Institutsambulanzen, Sozialpädiatrische Zentren)	396
	6. Ermächtigungen für Krankenhäuser in unterversorgten Bereichen und für Behinderteneinrichtungen	400
	7. Tätigkeiten von Krankenhäusern im Rahmen strukturierter Behandlungsprogramme und bei Katalogkrankheiten (hochspezialisierte Leistungen, seltene Erkrankungen)	400
	8. Ambulanzleistungen für Sterilisation und Schwangerschaftsabbruch	400
	9. Sonstige Tatbestände (§§ 115a, 115b SGB V)	401
VI.	Ruhen der Zulassung	401
	1. Die drei Fälle eines Ruhens	401
	2. Wirkung des Ruhens	401
	3. Verfahrensrechtliche und inhaltliche Voraussetzungen	402
	4. Fallbeispiele für Ruhen	403
	5. BSG-Verfahren	403
	6. Ruhen von Sonderbedarfszulassungen und Ermächtigungen	404
	7. Ruhen der halben Zulassung	404
VII.	Beendigung der Teilnahme an der vertragsärztlichen Versorgung	405
	1. Die möglichen Fälle einer Beendigung	405
	2. Nicht-mehr-Ausüben/Verzicht/Wegzug	405
	3. Nicht(mehr)Vorliegen der Zulassungsvoraussetzungen	406
	4. Gröbliche Pflichtverletzungen – Fallbeispiele	407
	5. Wohlverhalten	410
	6. Wiederzulassung	412
	7. Wiederzulassung nach Kollektivverzicht	412
VIII.	Teilnahme der Psychotherapeuten an der vertragsärztlichen Versorgung	413
	1. Typen von Psychotherapeuten und von Behandlungsverfahren	413
	2. Hauptprobleme bei der Zulassung	413
	3. Sonderbedarfszulassungen	414
	4. Ermächtigungen	414
	5. Zulassungsentziehung	414
	6. Psychotherapeutische Behandlungsverfahren	415

§ 30. Landes- und Bundesausschüsse/Richtlinien *(Krauskopf/Clemens)* 415
  I. Allgemeines 416
  II. Landesausschüsse 416
    1. Zusammensetzung der Landesausschüsse 416
    2. Kostentragung 417
    3. Beteiligungsfähigkeit 417
    4. Aufgabenbereiche (insbesondere Bedarfsplanung) 417

Inhaltsverzeichnis

    5. Aufgehobene Großgeräteplanung 418
    6. Zunehmende Einschränkung der Bedarfsplanung 418
  II. Gemeinsamer Bundesausschuss/Richtlinien 418
    1. Besetzung des GBA 418
    2. Geschäftsführung/Aufsicht/Geschäftsordnung/Verfahrensordnung/
       Mitgliederverordnung 419
    3. Rechtsfähigkeit 419
    4. Steuerungsfunktion 419
    5. Steuerung durch Richtlinien 419
    6. Rechtsnatur der Richtlinien 420
    7. Grenzen der Rechtssetzungsbefugnis durch Richtlinien 421
    8. Aufzählung wichtiger Richtlinien 422
    9. Richtlinie zur Bewertung von Untersuchungs- und Behandlungsmethoden 423
   10. Arzneimittel-Richtlinie und Eingrenzung von Arzneimittelausgaben 424
   11. Heilmittel (Richtlinie/Rahmenempfehlungen) und Hilfsmittel
       (Hilfsmittelverzeichnis/Verträge) 427
   12. Richtlinie für die stationäre Versorgung 428
   13. Psychotherapie-Richtlinie 428
   14. Rechtsmittel gegen Richtlinien 429
   15. Kartellrecht (Rechtsschutz/Sozialgerichtsbarkeit/Europarecht) 430

§ 31. Ärztliche Kooperationsformen im Vertragsarztrecht *(Steinhilper)* 430
   I. Ausgangslage 431
  II. Kooperationsmöglichkeiten in der ambulanten vertragsärztlichen Versorgung 432
    1. Gemeinschaftspraxis/Berufsausübungsgemeinschaft 433
    2. Medizinisches Versorgungszentrum (MVZ) 440
    3. Praxisgemeinschaft 444
    4. Apparategemeinschaft 445
    5. Laborgemeinschaft 445
    6. Partnerschaftsgesellschaft 447
 III. Angestellte Ärzte für die ambulante vertragsärztliche Versorgung (§ 95 Abs 9 und
    9a SGB V, § 32b Ärzte-ZV) 447
 IV. Weitere Kooperationsformen 450

§ 32. Vertragssystem *(Krauskopf/Clemens)* 452
   I. Allgemeines 453
    1. Funktion: Verträge als Ergänzung zu Gesetz und Richtlinien 453
    2. Schnelle, flexible und sachkompetente Rechtskonkretisierung 453
    3. Mehrstufiger Kollektivismus 453
    4. Rechtsnatur und Normenrang 453
  II. Verträge auf Bundesebene 454
    1. Bewertungsmaßstäbe EBM und Bema 454
    2. Bundesmantelverträge 455
    3. Normenrang der Bundesmantelverträge 455
    4. Regelungskompetenz der Vertragspartner 455
    5. Inhalt der Bundesmantelverträge (obligatorischer und normativer Teil) 456
    6. Weiterer Regelungsinhalt der Bundesmantelverträge 456
    7. Rechtsverbindlichkeit der Bundesmantelverträge für alle Versorgungsbeteiligten . 456
    8. Sonstige Verträge auf Bundesebene (Rahmenverträge Apotheker,
       Rahmenvereinbarung Pflegedienste für häusliche Krankenpflege,
       Vereinbarungen Krankenhausbereich) 457
 III. Gesamtverträge 457
    1. Vertragsparteien 457
    2. Historie und Begriff 457
    3. Vertragsgegenstand und -inhalt 457
 IV. Weitere Vereinbarungen zwischen KV/KZV mit KK(-Verbänden); vor allem
    Arznei- und Heilmittelvereinbarungen sowie Honorarverteilung 458
    1. Weitere Regelungsgegenstände 458
    2. Verträge im Bereich veranlasster Leistungen (Arznei-, Verband- und Heilmittel) . 458

Inhaltsverzeichnis

       3. Verträge im Honorarbereich (Konkretisierungen zu den Regelleistungsvolumina) . 458
  V. Gesamtvergütungsvereinbarungen und Angemessenheit der Vergütung 459
  VI. Dreiseitige Verträge 460
       1. § 115 SGB V: Inhalt/Rechtsnatur/Rechtsbindung 460
       2. Belegarztwesen 461
       3. § 115a SGB V: Vor- und nachstationäre Behandlungen 461
       4. § 115b SGB V: Ambulantes Operieren im Krankenhaus 462
       5. Fazit 462
  VII. Rechtsfolgen bei Nichtzustandekommen von Verträgen; Rechtsschutz 462

§ 33. Schiedsämter und Schiedsstellen *(Clemens)* 463
  I. Allgemeines 463
       1. Entwicklung und Funktion der Schiedsämter 463
       2. Schiedsämter auf Landes- und auf Bundesebene; Schiedsstellen 464
       3. Besetzung der Schiedsämter 464
       4. Schiedsamtsfähige Verträge 464
       5. Vorläufige Weitergeltung des bisherigen Vertrags 466
       6. Verfahren: Kündigungsmitteilung/Antrag/Einigungsversuch/Schiedsspruch/
          Aufsicht/Vertragsauslegung 466
       7. Schiedsspruch als Verwaltungsakt; gerichtliche Kontrolldichte 467
       8. Festsetzung durch Aufsichtsbehörde 468
  II. Landes- und Bundesschiedsämter 468
       1. Landesschiedsämter 468
       2. Bundesschiedsämter 468
  III. Landes- und Bundesschiedsstellen 468
       1. Landesschiedsstellen Versorgungsverträge Krankenhaus und dreiseitige Verträge . . 468
       2. Landesschiedsstellen Krankenhaus Krankenhausentgelte 469
       3. Landesschiedsstellen Pflegeversicherung 469
       4. Bundesschiedsstellen: Krankenhaus/Zahnarztbereich/Apotheker/häusliche
          Krankenpflege 469

§ 34. Honorarverteilung und Honorarbegrenzung früher und heute *(Clemens)*. 469
A. Honorierungssystem bisher und heute 470
B. Honorarverteilung und Honorarbegrenzungen im früheren System 471
  I. Gleicher Rechtsmaßstab für HVM und HVV 471
  II. Ausgestaltung von Honorarverteilungsregelungen; Rechtsmaßstäbe des § 85
     Abs 4 S. 3 ff SGB V; Grundsatz der Honorarverteilungsgerechtigkeit 472
       1. Topfbildungen und Punktwertabfall 474
       2. Fallwert-, Fallzahl- und Punktzahl-Begrenzungen 480
       3. Sonderproblematik der Notwendigkeit von Spezialregelungen für Aufbaupraxen
          und andere besondere Fallkonstellationen; allgemeine Härteklausel 485
       4. Stützpunktwerte und Frage von Stützpflichten 492
       5. Sonstige Begrenzungen des Honorarvolumens 500
       6. Fristen für die Einreichung vertragsärztlicher Abrechnungen 501
       7. Abrechnungsausschluss wegen Einschaltung privater Abrechnungsstelle 502
       8. Sonstiges 502
C. Honorarverteilung und Honorarbegrenzungen in dem seit 2009 geltenden System 502

§ 35. Sachlich-rechnerische Richtigstellungen und Plausibilitätsprüfungen
(§ 106a SGB V) *(Clemens/Steinhilper)*. 504
A. Zur Einführung 505
B. Die Abrechnungsprüfung (sachlich-rechnerische Richtigstellung und Plausibilitäts-
   prüfung) 507
  I. Sachlich-rechnerische Richtigstellungen 507
       1. Auslegung von EBM- bzw Bema-Leistungstatbeständen 508
       2. Weitere Fallgruppen 512
       3. Vertrauensschutz gegenüber sachlich-rechnerischen Richtigstellungen? 525
       4. Sonderfall des grob fahrlässigen Fehlansatzes 527
       5. Speziell: Kein Schutz vor Rückforderung durch rechtswidrig erlangten, nicht
          rückwirkend aufhebbaren Status 528

Inhaltsverzeichnis

6. Berechnung der Richtigstellungssumme	529
II. Plausibilitätsprüfungen	531
1. Rechtsgrundlagen	531
2. Mindestzeiten für Tages- und Quaratalsprofile	531
3. Folgen einer implausiblen Abrechnung	532

§ 36. Wirtschaftlichkeitsprüfungen (Honorarverkürzungen und Regresse) *(Clemens)* ... 535

I. Allgemeines zur Wirtschaftlichkeitsprüfung	536
1. Prüfmethoden der Wirtschaftlichkeitsprüfung	537
2. Grundsätzliche Einwendungen gegen Wirtschaftlichkeitsprüfungen, insbesondere gegen solche nach Durchschnittswerten	541
3. Sonderkompetenz der Krankenkassen für Wirtschaftlichkeitsprüfungen	541
4. Sonderkompetenz der Prüfgremien für sachlich-rechnerische Richtigstellungen (sog Randzuständigkeit)	542
5. Fragen der Abgrenzung von sachlich-rechnerischen Richtigstellungen	543
II. Honorarkürzungen aufgrund Wirtschaftlichkeitsprüfung	544
1. Einzelfallprüfungen und Durchschnittsprüfungen	544
2. Die einzelnen Prüfungsschritte der Durchschnittsprüfung	544
III. Regresse im Verordnungsbereich: Vor allem Durchschnitts- und Richtgrößen-Prüfungen	544
1. Begrenzung aller Regresse auf Nettobelastung	555
2. Regresse aufgrund Durchschnittsprüfungen	557
3. Verordnungsprüfungen auf der Grundlage elektronischer Daten	559
4. Regresse aufgrund Richtgrößen-Prüfungen	560
5. Zusätzliche Hinweise zu Verordnungsregressen bei Sprechstundenbedarf	565
IV. Zusätzliche Regressgefahren im Arzneiverordnungsbereich; Einzelfallprüfungen wegen Fehlens der Arzneimittelzulassung, wegen Off-Label-Use und wegen AMRL-Verordnungsausschlusses	567
1. Regresse wegen Fehlens der Arzneimittelzulassung	567
2. Regresse wegen unzulässigen Off-Label-Use	568
3. Regresse wegen AMRL-Verordnungsausschlusses	574

§ 37. Stellung zur Bekämpfung von Fehlverhalten im Gesundheitswesen (§ 81a und § 197a SGB V) *(Steinhilper)* ... 575

I. Ausgangslage	575
II. Rechtsgrundlage für Stellen zur Bekämpfung von Fehlverhalten	576
III. Zuständigkeiten nach dem Gesetz	577
IV. Anzeigepflicht	578
V. Pflicht zur Zusammenarbeit	579

7. Kapitel. Die Rechtsbeziehungen zwischen Arzt und Patient *(Kern)*

§ 38. Der Arztvertrag ... 581

I. Besonderheiten der Vertragsbeziehungen zwischen Arzt und Patient	582
1. Fehlende gesetzliche Regelung des Arztvertrages	585
2. Der Arztvertrag als Dienstvertrag	585
3. Der Arztvertrag ist kein Werkvertrag	586
4. Die Berücksichtigung werkvertraglicher Elemente	587
5. Der Arztvertrag ist kein Vertrag sui generis	588
II. Besondere Formen des Arztvertrages	588
1. Der Zahnarztvertrag	588
2. Die Schönheitsoperation	592
3. Der Vertrag über die Durchführung einer Sterilisation	593
a) Der Sterilisationsvertrag als Dienstvertrag	593
b) Die Wirksamkeit des Sterilisationsvertrages	594
4. Der Vertrag über die Durchführung einer Kastration	595
5. Der Vertrag über eine operative Geschlechtsänderung	595
6. Der Vertrag über einen Schwangerschaftsabbruch	596
7. Schwangerschaftsberatungsvertrag	598
8. Vertrag über die Durchführung einer pränatalen Diagnostik	598

Inhaltsverzeichnis

    9. Alle auf Schwangerschaftsverhütung gerichteten Verträge 599
  10. Der Vertrag über eine künstliche Befruchtung 599
       a) Die künstliche Insemination 599
          α) Verträge über eine homologe künstliche Insemination 600
          β) Verträge über eine heterologe künstliche Insemination 601
       b) Der Vertrag zwischen Arzt und Keimzellenspender 602
  11. Vertrag über eine In-vitro-Fertilisation 603
  12. Der Vertrag über ein Humanexperiment 605
  13. Vertragliche Vereinbarungen über die Verwendung von Körpermaterialien 607
  14. Der Vertrag über eine Organentnahme 607
       a) Organentnahme beim toten Spender 607
       b) Lebendspende 607
       c) Der Vertrag über die Implantation eines gespendeten Organs 607
       d) Die Implantation künstlicher Organe 608
  15. Untersuchungsverträge 608
  16. Der verkürzte Versorgungsweg 608

§ 39. Die Parteien des Arztvertrages 609
    I. Vorbemerkung 609
   II. Das Behandlungsverhältnis beim Privatpatienten 610
     1. Frei praktizierender Arzt und Privatpatient 610
     2. Parteien bei gemeinsamer Ausübung ärztlicher Tätigkeit 610
       a) Praxisgemeinschaft 610
       b) Gemeinschaftspraxis 610
  III. Die Parteien bei Behandlung von Kassenpatienten 611
  IV. Die Parteien bei der Behandlung von Bewusstlosen, Geschäftsunfähigen
      und beschränkt Geschäftsfähigen 612
   V. Die ärztliche Behandlung von Angehörigen 614
  VI. Die Behandlung von Minderjährigen 616
     1. Der Minderjährige als Vertragsschließender 616
     2. Die Eltern als Vertragsschließende 617
       a) Vertragsparteien bei bestehender Ehe der Eltern 618
       b) Vertragsparteien bei Getrenntleben der Eltern 619
       c) Vertragsparteien bei geschiedener Ehe der Eltern 619
       d) Innenverhältnis bei geschiedener Ehe der Eltern 619
       e) Vertragsparteien bei nichtehelicher Lebensgesellschaft 620
 VII. Die Behandlung von Arztkollegen und ihren Angehörigen 620
VIII. Vertrag mit Schutzwirkung zugunsten Dritter 620
  IX. Patient und Durchgangsarzt 620
   X. Hoheitliche Tätigkeiten des Arztes, insbesondere die ärztliche Behandlung
      von Soldaten durch Truppenärzte 621

8. Kapitel. Das Zustandekommen des Arztvertrages *(Kern)*

§ 40. Der Abschluss des Arztvertrages 623
    I. Allgemeines 623
   II. Kontrahierungszwang des Arztes? 624
     1. Abschlussfreiheit und Privatpatient 624
     2. Abschlussfreiheit und Kassenpatient 625
     3. Abschlusspflicht in Notfällen 627
  III. Das Zustandekommen des Arztvertrages 627
  IV. Die Arten der Krankenhausaufnahmeverträge 629
   V. Der Abschluss des Krankenhausaufnahmevertrages 630
  VI. Der Vertragsschluss über Wahlbehandlung und Zusatzleistungen 632
 VII. Vertragsschluss bei ärztlicher Notfallbehandlung 632
VIII. Inanspruchnahme eines Laborarztes 633
  IX. Der Vertragsschluss mit einem Konsiliararzt 633

§ 41. Die Form des Arztvertrages 634

Inhaltsverzeichnis

§ 42. Der Inhalt des Arztvertrages 635
    I. Grundsätze 635
    II. Die ärztliche Behandlungspflicht 635
    III. Therapiefreiheit und Wirtschaftlichkeitsgebot 637

§ 43. Der fehlerhafte Arztvertrag 639
    I. Der nichtige ärztliche Behandlungsvertrag 639
        1. Nichtigkeit wegen Geschäftsunfähigkeit des Patienten 639
            a) Altersbedingte Geschäftsunfähigkeit 639
            b) Krankheitsbedingte Geschäftsunfähigkeit 639
            c) Willenserklärungen bei Bewusstlosigkeit oder vorübergehender
               Störung der Geistestätigkeit 640
        2. Die Nichtigkeit des Arztvertrages aus sonstigen Gründen 640
    II. Bestätigung des nichtigen Arztvertrages 641
    III. Das Rechtsverhältnis zwischen Arzt und Patient beim fehlerhaften Arztvertrag 642

§ 44. Die Beendigung des Arztvertrages 643
    I. Die Beendigung durch Zeitablauf 643
    II. Beendigung durch Vertragserfüllung 643
    III. Die Kündigung des Arztvertrages 643
        1. Die Kündigung durch den Patienten 644
            a) Die Kündigung durch den Privatpatienten 644
            b) Die Kündigung durch den Kassenpatienten 644
        2. Die Kündigung durch den Arzt 644
        3. Wirksamwerden der Kündigung 646
    IV. Beendigung durch den Tod 646
    V. Die Aufhebung des Arztvertrages 646

9. Kapitel. Die Pflichten des Arztes aus Behandlungsübernahme und Behandlungsvertrag *(Kern)*

§ 45. Die Pflicht des Arztes zur persönlichen Leistung 647
    I. Begriff der persönlichen Leistung 647
    II. Delegierbare ärztliche Leistungen 648
        1. Nicht delegationsfähige Leistungen 648
        2. Generell delegationsfähige Leistungen 649
        3. Im Einzelfall delegationsfähige Leistungen 649
    III. Die Pflicht des liquidationsberechtigten Krankenhausarztes zur persönlichen Leistung . 651

§ 46. Die Anamnese 651
    I. Begriff 651
    II. Die Rechtspflicht des Arztes zur Erhebung der Anamnese 652
    III. Die Arten der Anamnese 652
    IV. Die Anamnesetechnik 652

§ 47. Die ärztliche Untersuchungspflicht 653
    I. Der Begriff der ärztlichen Untersuchung 653
    II. Besondere Arten der ärztlichen Untersuchung 654
        1. Die Vorsorge- und Früherkennungsuntersuchung 654
        2. Untersuchungsverträge 655
        3. Die Untersuchung auf HTLV-III-Infektion (AIDS) 656
        4. Die Nach- und Kontrolluntersuchung 657

§ 48. Die Diagnosestellung 658
    I. Die Pflicht des Arztes zur Diagnosestellung 658
    II. Verbot der Ferndiagnose 659
    III. Begriff der Diagnose 659
    IV. Diagnosearten 660
    V. Die Rechtspflicht des Arztes zur Mitteilung der Diagnose 661
    VI. Die Pflicht des Arztes zur Diagnoserevision 661
    VII. Pränatale Diagnostik 662

Inhaltsverzeichnis

§ 49. Die Pflicht zur Indikationsstellung 663
    I. Begriff 663
    II. Grenzen der medizinischen Indikation 663
    III. Eingriffe ohne Indikation 664

§ 50. Die ärztliche Behandlung 665
    I. Rechtsgrundlage der Behandlungspflicht, Methodenfreiheit 665
    II. Die Pflicht zur rechtzeitigen Behandlung 666
    III. Begriff der ärztlichen Behandlung 666
    IV. Das Verbot der Fernbehandlung 666
    V. Grenzen ärztlicher Behandlungspflicht 667
        1. Das Selbstbestimmungsrecht des Patienten 667
        2. Grenzen der Behandlungspflicht bei missgebildeten Neugeborenen 668

§ 51. Das Ausstellen von Attesten und Bescheinigungen 668
    I. Die Rechtspflicht des Arztes zur Ausstellung von Attesten und Bescheinigungen 668
    II. Begriff und Rechtsnatur 669
    III. Inhalt und Erscheinungsformen des ärztlichen Attests 669
    IV. Form und Inhalt des ärztlichen Attests 669
    V. Das Verbot von unrichtigen Gesundheitszeugnissen oder Gefälligkeitsattesten 670
    VI. Die Ausstellung von Arbeitsunfähigkeitsbescheinigungen 670

§ 52. Rezeptur und Verschreibung 671
    I. Begriff 671
    II. Rechtsnatur der ärztlichen Verschreibung 671
    III. Rechtsgrundlagen 671
    IV. Form der Verschreibung 673
    V. Grenzen der Verschreibungspflicht 673

§ 53. Die Anwendung der medizinischen Technik 675
    I. Die Pflicht zur Anwendung des medizinisch-technischen Standards 675
    II. Sicherheitsvorschriften zugunsten des Patienten 675
    III. Die Pflicht zur Wartung und Kontrolle des medizinisch-technischen Geräts 676

§ 54. Die Pflicht des Arztes zur Einhaltung fester Bestelltermine 676

§ 54a Die ärztliche Pflicht zur Nachsorge und Kontrolle 677
    I. Begriff 677
    II. Der Inhalt der Nachsorgepflicht 678
    III. Die Rehabilitation als Nachsorge 679

§ 54b. Der Behandlungsabbruch 679
    I. Behandlungsabbruch und Kündigung 679
    II. Gründe für den Behandlungsabbruch 680
    III. Behandlungsabbruch bei schwerstgeschädigten Neugeborenen 680
    IV. Der Behandlungsabbruch bei einer Schwangeren 681
    V. Der Behandlungsabbruch beim sterbenden Patienten 681

10. Kapitel. Die ärztliche Dokumentationspflicht *(Schlund)*

§ 55. Die Pflicht des Arztes zur Dokumentation 684
    I. Vertragliche, deliktische und standesrechtliche Grundlagen 684
    II. Art, Inhalt und Umfang der Dokumentationspflicht 686
        1. Die Dokumentationszwecke 686
        2. Inhalt und Umfang der Dokumentationspflicht 688
        3. Form der Dokumentation 690
        4. Zeitpunkt der Dokumentation 691
    III. Aufbewahrungsfristen 691

§ 56. Das Einsichtsrecht des Patienten in die Krankenunterlagen 694
    I. Rechtsgrundlagen 694
    II. Die Arten der Einsichtsrechte 695

Inhaltsverzeichnis

  1. Das außerprozessuale Einsichtsrecht des Patienten 695
    a) Grundlagen 695
    b) Einschränkungen des Einsichtsrechts 696
  2. Das vorprozessuale Einsichtsrecht des Patienten 696
  3. Das prozessuale Einsichtsrecht des Patienten 697
  4. Art der Einsichtnahme 698
  5. Das Einsichtsrecht nach dem Tode des Patienten 699
  6. Einsichtsrecht des Rechnungshofes 700
  7. Berichtigung unrichtiger Dokumentation 700
  8. Dokumentation bei ambulantem Operieren 700
  9. Aufbewahrungspflichten 700

11. Kapitel. Die ärztliche Aufklärungspflicht *(Laufs)*

§ 57. Ausgangspunkte 705
 I. Zur ärztlichen Aufgabe 705
  1. Die Notwendigkeit des Gesprächs 705
  2. Aufklärung nach den individuellen Bedürfnissen der Patienten 706
 II. Ärzte und Juristen 706
  1. Maß der Aufklärung als Gratwanderung 706
  2. Ärztliche Kritik 708
  3. Prüfung der ärztlichen Aufklärungspflicht durch die Rechtsprechung 708
 III. Der rechtliche Grund 709
  1. Die Aufklärung als vertragliche Pflicht des Arztes 709
  2. Das Selbstbestimmungsrecht 709
  3. Das Fehlen einer allgemeinen gesetzlichen Regelung 710

§ 58. Die therapeutische Aufklärung (Sicherungsaufklärung) 711
 I. Begriff 711
  1. Beratung 711
  2. Überwindung der Behandlungsverweigerung 711
 II. Führung des Patienten 712
  1. Aufgabe des Arztes 712
  2. Eigenverantwortlichkeit des Patienten 712
 III. Diagnose, Medikation, Prophylaxe 713
  1. Aufgabe des Arztes 713
  2. Mitwirkung des Patienten 714
 IV. Straßenverkehr, Gesundheitserziehung 715
  1. Teilnahme am Straßenverkehr 715
  2. Gesundheitserziehung 715
 V. Die Reichweite der therapeutischen Aufklärungspflicht 715

§ 59. Die Selbstbestimmungsaufklärung 716
 I. Grundfragen 716
  1. Einwilligung 716
  2. Beweislast 717
  3. Das rechte Maß 718
 II. Arten der Selbstbestimmungsaufklärung 720
  1. Begrifflichkeit 720
  2. Diagnoseaufklärung 720
  3. Verlaufsaufklärung 721
  4. Risikoaufklärung 722

§ 60. Die Risikoaufklärung des Weiteren und im Besonderen 723
 I. Grundregeln 724
  1. Risiken 724
  2. Typische Risiken 724
 II. Methodenwahl, Behandlungsalternativen 725
  1. Wahlfreiheit des Arztes 725
  2. Echte Alternativen 727

Inhaltsverzeichnis

III. Diagnostische Eingriffe	728
IV. Mutmaßliche Einwilligung, intraoperative Aufklärung	729
1. Der bewusstlose Patient	729
2. Operationserweiterung	729
V. Einschränkungen der Selbstbestimmungsaufklärung	730
1. Der informierte Kranke	730
2. Der Verzicht des Patienten	731
3. Therapeutische Rücksichten	731
4. Zusammenarbeit	732

§ 61. Sonderlagen: Fortpflanzungsmedizin. Neulandmedizin. Behandlungsfehler. Wirtschaftliche Bewandtnisse ... 732
    I. Fortpflanzungsmedizin ... 732
    II. Neulandmedizin: Heilversuch und wissenschaftliches Experiment ... 734
    III. Behandlungsfehler; wirtschaftliche Bewandtnisse ... 739
        1. Aufklärung über Behandlungsfehler ... 739
        2. Wirtschaftliche Bewandtnisse ... 739

§ 62. Die Art und Weise der Aufklärung. Aufklärungsformulare ... 741
    I. Wer klärt auf? Wann und wie ist aufzuklären? Aufklärungsadressaten ... 741
        1. Aufklärungspflichtiger ... 741
        2. Form der Aufklärung ... 742
        3. Zeitpunkt der Aufklärung ... 743
        4. Aufzuklärender ... 744
    II. Aufklärungsformulare ... 746
        1. Mündliche Aufklärung ... 746
        2. Aufklärungsformulare ... 746

§ 63. Rechtsfolgen unzulänglicher Aufklärung ... 747
    I. Bei Verletzung der therapeutischen Aufklärungspflicht ... 748
    II. Bei Verletzung der Pflicht zur Selbstbestimmungsaufklärung ... 748
        1. Verletztes Rechtsgut ... 748
        2. Hypothetische Einwilligung ... 749
        3. Rechtswidrigkeitszusammenhang ... 749

§ 64. Grundregeln zur Aufklärungspflicht des Arztes ... 752

12. Kapitel. Die ärztliche Schweigepflicht

§ 65. Entwicklung und allgemeine Grundsätze der Schweigepflicht *(Schlund)* ... 762
    I. Geschichtliches ... 762
    II. Allgemeines ... 764
    III. Geschütztes Rechtsgut ... 765

§ 66. Der objektive Tatbestand der §§ 203, 204 StGB *(Ulsenheimer)* ... 765
    I. Der Begriff des Geheimnisses ... 767
    II. Berufsspezifisch bedingte Kenntniserlangung ... 769
    III. Tathandlung ... 770
    IV. Die postmortale Schweigepflicht ... 770

§ 67. Offenbarungspflichten und -befugnisse, Rechtfertigungsgründe *(Ulsenheimer)* ... 772
    I. Gesetzliche Offenbarungspflichten ... 772
    II. Gesetzliche Offenbarungsrechte ... 774
    III. Rechtfertigungsgründe ... 774
        1. Einwilligung des Patienten ... 774
        2. Mutmaßliche Einwilligung ... 775
        3. Rechtfertigender Notstand nach § 34 StGB ... 775
        4. Wahrnehmung berechtigter Interessen ... 778

§ 68. Der subjektive Tatbestand der §§ 203, 204 StGB *(Ulsenheimer)* ... 778

Inhaltsverzeichnis

§ 69. Die personelle Reichweite der §§ 203, 204 StGB; Täterschaft und Teilnahme *(Ulsenheimer)* 779

§ 70. Sonderformen ärztlicher Tätigkeit im Bereich der Verschwiegenheitsverpflichtung *(Schlund)* 780
- I. Amts- und Vertrauensarzt 780
- II. Betriebsarzt 780
- III. Anstaltsarzt im Justizvollzugsdienst 781
- IV. Musterungs- und Truppenarzt 783
- V. Arzt als Sachverständiger 784
- VI. Arzt als Forscher 784
- VII. Arzt als Wissenschaftler 786
- VIII. Leichenschauarzt 787

§ 71. Spezifische ärztliche Mitteilungsmöglichkeiten *(Schlund)* 787
- I. Von Arzt zu Arzt 788
- II. Versicherungsgesellschaften 788
- III. Arbeitgeber des Patienten 789
- IV. Krankenhausträger und Krankenhausaufsicht 789
- V. Behörden aller Art 792
- VI. Sozialversicherungsträger, gesetzliche Krankenkassen, Berufsgenossenschaften 792
- VII. Ehepartner und nahe Angehörige 793
- VIII. Polizeivollzugsorgane 793
- IX. Ärztliche und nichtärztliche Mitarbeiter 794
- X. Gerichte 794
- XI. Privatärztliche und gewerbliche Verrechnungsstellen 795
- XII. Schwangerschaftsabbruch 798
- XIII. Kindesmisshandlungen 799
- XIV. Gründung einer Praxisgemeinschaft 799
- XV. Ansteckende Erkrankungen 799
- XVI. Bei Fehlbildungen Neugeborener 800
- XVII. Simulation einer Erkrankung 800

§ 72. Beschlagnahme und Herausgabe von Krankenunterlagen. Datenschutz *(Schlund)* 801
- I. Beschlagnahme von Krankenunterlagen 801
- II. Herausgabe von ärztlichen Krankenunterlagen 802
- III. Datenschutz und Schweigepflicht in der Medizin 804
  1. Allgemeines 804
  2. Verhältnis von Datenschutzrechten und ärztlicher Schweigepflicht 806
  3. Auswirkung des Datenschutzrechts auf das Arzt-Patienten-Verhältnis 807
     - a) Datenerhebung 807
     - b) Datenspeicherung 807
     - c) Datenübermittlung 807
     - d) Zweckbindung personenbezogener Daten 808
     - e) Datenschutzkontrolle 808
  4. Einzelprobleme im Bereich medizinischer Forschung und Datenschutz 809
     - a) Krebsregister 809
     - b) Datenerhebung und Dialysepatienten 810
     - c) Perinatologische Erhebung 810
     - d) Einsicht in Todesbescheinigungen 810
     - e) Ethische Grundsätze 810

Anhänge zu § 72 810

§ 73. Rechtsfolgen des Bruchs ärztlicher Verschwiegenheit und bei Verstößen gegen den BDSG *(Schlund)* 822
- I. Strafrechtlich 822
- II. Zivilrechtlich 822

Inhaltsverzeichnis

13. Kapitel. Die Pflichten des Patienten aus dem Arztvertrag *(Kern)*

§ 74. Grundsätze ... 823
- I. Haupt- und Nebenpflichten ... 823
- II. Mitwirkungs„pflicht" (Compliance) und weitere Obliegenheiten ... 823
  1. Compliance ... 823
  2. Sonstige Mitwirkungspflichten des Patienten ... 824

§ 75. Die Zahlungspflicht des Patienten und das Arzthonorar GOÄ und GOZ ... 825
- I. Rechtsgrundlagen des ärztlichen Vergütungsanspruchs ... 826
- II. Die Honorarvereinbarung für ambulante ärztliche Leistungen nach § 2 GOÄ ... 829
- III. Das Arzthonorar nach der GOÄ mit Ausnahme der Vergütung für stationäre Leistungen ... 830
  1. Medizinisch notwendige Leistungen nach den Regeln der ärztlichen Kunst ... 830
  2. Begründungspflicht bei Überschreiten der Schwellenwerte bei Honorarvereinbarungen ... 831
  3. Die Berechnung der Gebühren ... 831
  4. Fälligkeit und Verjährung des Vergütungsanspruchs ... 834
  5. Abrechnung bei Kostenerstattung ... 835
  6. Ansprüche aus Geschäftsführung ohne Auftrag und ungerechtfertigter Bereicherung ... 835
  7. Die unentgeltliche Behandlung von Arztkollegen und deren Angehörigen ... 836
  8. Honorarvorschuss ... 836
  9. Honoraranspruch bei Behandlungsmisserfolgen ... 836
  10. Abtretung ärztlicher Honorarforderungen ... 838
- IV. Verzug des Patienten ... 839
  1. Vor Vertragsschluss ... 839
  2. Ausbleiben des Patienten bei bestehendem Arztvertrag ... 839
- V. Honorarschuldner ... 842
- VI. Die Privatliquidation des Zahnarztes ... 843
- VII. Gebühren der Tierärzte ... 845
- VIII. Honorarvereinbarungen der Krankenhausärzte ... 845

§ 76. Die Obliegenheit zur Duldung von Behandlungsmaßnahmen ... 849
- I. Begriff der Duldungsobliegenheit ... 850
  1. Allgemeines ... 850
  2. Rechtliche Grundfragen ... 850
  3. Folgen der Verweigerung ... 851
- II. Gesetzliche Duldungspflichten ... 851
  1. Die Zwangsbehandlung ... 851
  2. Nichterzwingbare Duldungspflichten ... 853
  3. Die Duldungspflicht im Rahmen der allgemeinen Schadensminderungspflicht ... 854

§ 77. Die Obliegenheit zur Offenbarung ... 855
- I. Inhalt ... 855
- II. Folgen der Nichtbeachtung ... 856
- III. Offenbarung als (echte) Nebenpflicht ... 857

§ 78. Weisungsrecht und Befolgungspflicht des Patienten ... 857
- I. Weisungsrecht des Patienten ... 857
  1. Allgemeines ... 857
  2. Grenzen des Weisungsrechts ... 859
  3. Abgrenzungsfragen ... 860
- II. Die Obliegenheit zur Befolgung ärztlicher Anordnungen ... 860
  1. Allgemeines ... 860
  2. Verletzung der Befolgungsobliegenheit ... 860
  3. Fallgruppen ... 861

Inhaltsverzeichnis

14. Kapitel. Die öffentlich-rechtlichen Rahmenbedingungen des Beziehungssystems Krankenhaus/Arzt/Patient *(Genzel/Degener-Hencke)*

§ 79. Die Bedeutung der Einrichtungen der stationären Versorgung 865
    I. Verlagerung von Kompetenzen auf die Bundesebene und auf die Krankenkassen 869
        1. Ausgangslage 869
        2. Rahmenvorgaben des Bundes 870
            a) Beispiel Qualitätssicherung 871
            b) Beispiel Integrierte Versorgung 871
            c) Beispiel Krankenhausplanung 872
        3. Grunddaten der Krankenhausversorgung 872
    II. Die Stellung der stationären Versorgung im Gesundheitssystem 873
    III. Einrichtungen der stationären Versorgung 875
        1. Legaldefinition der Krankenhäuser im KHG 875
        2. Krankenhausbegriff im GKV-Leistungsrecht 876
        3. Legaldefinition der Vorsorge- oder Rehabilitationseinrichtungen 877
    IV. Einteilung der medizinischen stationären Versorgungseinrichtungen 879
        1. Ziel- und Zwecksetzung 879
        2. Aufgabenstellung 880
        3. Betriebliche Funktion 880
        4. Trägerschaft und Betriebsform 881
        5. Anforderungs- und Versorgungsstufen 883
        6. Aufgaben im Rahmen der GKV 884
    V. Abgrenzung zu anderen Einrichtungen der medizinischen und sozialen Versorgung 884
        1. Ambulante ärztliche Leistungserbringung 884
            a) Zulassung und Ermächtigung 884
            b) Hochschulambulanzen und Psychiatrische Institutsambulanzen 885
            c) Sozialpädiatrische Zentren 886
            d) Ermächtigung von Krankenhausärzten 886
            e) Ermächtigung von Krankenhäusern 888
            f) Bisherige Polikliniken in den neuen Ländern 888
            g) Vergütungsregelungen 888
        2. Soziale Versorgungseinrichtungen 890

§ 80. Die Aufgaben der Krankenhäuser im gesundheitlichen Versorgungssystem 895
    I. Der verfassungsrechtliche Sicherstellungsauftrag 896
        1. Die Bedeutung der Grundrechte 896
        2. Die Bedeutung des Sozialstaatsprinzips 897
        3. Der sozialstaatliche Gewährleistungsauftrag 899
    II. Die bundes- und landesrechtliche Konkretisierung des sozialstaatlichen Sicherstellungsauftrags 900
        1. Die Krankenhaus-Neuordnung 1984 901
        2. Die Auswirkungen der Gesundheits-Strukturreform 1992 auf die Krankenhäuser 901
        3. Die Regelungen für den Krankenhausbereich im Rahmen der dritten Stufe der Gesundheitsreform 1997 902
        4. Die Regelungen für den Krankenhausbereich im GKV-Gesundheitsreformgesetz 2000 902
        5. Das Gesetz zur Modernisierung der gesetzlichen Krankenversicherung 2003 und die Krankenhäuser 903
        6. Das Gesetz zur Stärkung des Wettbewerbs in der gesetzlichen Krankenversicherung 2007 und die Krankenhäuser 904
        7. Das Krankenhausfinanzierungsreformgesetz 2009 906
        8. Das Landeskrankenhausrecht 906
    III. Die Aufnahme- und Behandlungspflicht 908
        1. Aufnahmepflicht eines Krankenhauses 908
        2. Aufnahmepflicht bei Vorsorge- oder Rehabilitationseinrichtungen 910
        3. Behandlungspflicht der Krankenhausärzte 910

Inhaltsverzeichnis

IV. Die Nachrangigkeit der Krankenhausbehandlung	910
V. Krankenhausgesetze der Länder und Krankenhausaufsicht	911
1. Landesrecht	912
2. Rechtsaufsicht	913
3. Aufsicht über die Einhaltung des Versorgungsauftrages/Abweisung von Patienten	914

§ 81. Die Strukturen der stationären Versorgung ... 916
- I. Der Grundsatz der Trägerpluralität ... 916
- II. Verfassungsrechtliche Sonderstellung von Krankenhäusern ... 917
  - 1. Staatliche Krankenhäuser ... 917
  - 2. Kommunale Krankenhäuser ... 917
  - 3. Freigemeinnützige Krankenhäuser ... 918
  - 4. Kirchliche Krankenhäuser ... 921
    - a) Umfang des verfassungsrechtlichen Garantiebereiches ... 921
    - b) Verfassungsrechtliche Schranken der Kirchenautonomie ... 922
  - 5. Private Krankenhäuser ... 924
- III. Zur Krankenhausfusionskontrolle durch das Bundeskartellamt ... 925
  - 1. Keine Bereichsausnahme von der Fusionskontrolle ... 925
  - 2. Gesundheitsversorgungs-Sicherstellungsklausel ... 926

§ 82. Das Recht der Krankenhausfinanzierung ... 927
- I. Bedeutung und Zielsetzung des Krankenhausfinanzierungsgesetzes ... 929
  - 1. Ziel und Zweck des KHG ... 929
  - 2. Anwendungsbereich des KHG ... 930
  - 3. Nicht förderfähige Einrichtungen ... 930
  - 4. Geltung des Pflegesatzrechts ... 931
  - 5. Duales Finanzierungssystem ... 932
  - 6. Zur Selbstkostendeckung ... 933
- II. Die staatliche Krankenhausplanung ... 934
  - 1. Funktion der Krankenhauspläne ... 934
  - 2. Inhalt der Krankenhauspläne ... 935
    - a) Aufbaustufen der Krankenhausplanung ... 935
    - b) Landesgesetzliche Vorgaben ... 936
  - 3. Rechtliche Bedeutung der Krankenhauspläne ... 939
    - a) Rechtsnatur des Krankenhausplanes ... 939
    - b) Planungsumsetzung ... 940
    - c) Zur Rechtsstellung des Krankenhausträgers und zum Planungsermessen ... 941
  - 4. Investitionsprogramme und Krankenhausplanung ... 943
  - 5. Planung und öffentliche Förderung von Ausbildungsstätten ... 944
  - 6. Planungs- und Förderverfahren ... 944
- III. Die Krankenhausinvestitionsförderung ... 945
  - 1. Duales Finanzierungssystem seit 1972 ... 946
  - 2. Einzelförderung und Pauschalförderung ... 948
    - a) Investitionskosten ... 948
    - b) Einzelförderung ... 949
    - c) Pauschalförderung ... 950
  - 3. Rechtsanspruch auf Investitionsförderung ... 951
    - a) Rückgang der Fördermittel seit 1994 ... 951
    - b) Aufnahme in den Krankenhausplan ... 952
    - c) Aufnahme in das Investitionsprogramm ... 952
    - d) Zeitpunkt der Einzelförderung und Haushaltsvorbehalt ... 953
    - e) Teilweise Förderung einer Investition ... 954
    - f) Ausgliederung und Fremdbewirtschaftung (Outsourcing) ... 954
    - g) Mitnutzung für den ambulanten Bereich der Krankenhäuser ... 956
  - 4. Gemeinsam finanziertes Krankenhausinvestitionsprogramm für die neuen Länder ... 957
  - 5. Investitionsförderung für Universitätsklinika ... 958
  - 6. Investitionsförderung und EU-Beihilfenaufsichtsrecht ... 959

Inhaltsverzeichnis

    IV. Allgemeine Krankenhausleistungen, Wahlleistungen, belegärztliche Leistungen und Kostenerstattung der Ärzte 961
        1. Allgemeine Krankenhausleistungen 961
        2. Wahlleistungen 963
            a) Abschluss einer Wahlleistungsvereinbarung 964
            b) Art der Wahlleistungen 965
            c) Krankenhausbehandlungsvertrag und Wahlleistungsvereinbarung 966
            d) Ärztliche Wahlleistung und persönliche Leistungserbringung 966
            e) Abrechnungsfähigkeit der ärztlichen Wahlleistung nach der GOÄ 967
            f) Angemessenheit der Entgelte bei der Komfortunterbringung und der ärztlichen Wahlleistung 969
            g) Wahlarztkette 970
            h) Abrechnung 971
        3. Belegärztliche Leistungen 972
        4. Kostenerstattung der Ärzte 973
            a) Ambulante ärztliche Leistungen 974
            b) Belegärztliche Leistungen 975
            c) Wahlärztliche Leistungen 975
            d) Sonstige ärztliche Leistungen 976
    V. Die Finanzierung über die Pflegesätze 976
        1. Pflegesätze 976
        2. Grundsatz der Beitragssatzstabilität 981
        3. Krankenhausbudgets 982
        4. Vergütung nach der Bundespflegesatzverordnung für psychiatrische und psychosomatische Einrichtungen 985
            a) Vereinbarung eines leistungsgerechten Budgets 985
            b) Budgetberichtigung auf Grund der Tariflohnentwicklung 987
            c) Bildung und Berechnung tagesgleicher Pflegesätze 988
            d) Entwicklung eines neuen pauschalierenden Vergütungssystems 989
        5. Vergütung nach dem Krankenhausentgeltgesetz für DRG-Krankenhäuser 989
            a) Diagnosis Related Groups – Kernelemente der DRG-Systeme 990
            b) Gesetzliche Vorgaben: Fallpauschalen-Katalog, Zusatzentgelte, Abrechnungsbestimmungen, Zu- und Abschläge, Sicherstellungszuschlag, krankenhausindividuelle Entgelte 992
            c) Landesbasisfallwert 995
            d) Konvergenzphase 2005–2009/2010 999
            e) Beleihung der Deutschen Krankenhausgesellschaft und der Landeskrankenhausgesellschaft mit Hoheitsbefugnissen 999
            f) Innovationsentgelte/Finanzierung neuer Untersuchungs- und Behandlungsmethoden 1002
            g) Kostenerstattung aus wahlärztlicher Leistung im DRG-System 1006
            h) G-DRG-System 2009 und 2010 Vereinbarungen der Selbstverwaltungspartner auf der Bundesebene 1007
        6. Schiedsstellenverfahren und Genehmigungsverfahren 1011
            a) Festsetzung der Pflegesätze durch die Schiedsstelle 1011
            b) Genehmigung der vereinbarten oder festgesetzten Pflegesätze durch die Landesbehörde 1013
            c) Erhöhte Eigenverantwortung und Deregulierung durch Wegfall des Genehmigungserfordernisses? 1014

§ 83. Die Rechtsbeziehungen zwischen den gesetzlichen Krankenkassen und den Krankenhäusern 1015
    I. Gemeinsame Gewährleistungspflicht von Krankenkassen und Krankenhausträgern und GKV-Zulassung der Krankenhäuser im Überblick 1016
        1. Zulassung ohne Vertrag mit den Krankenkassen 1017
        2. Echte Vertragskrankenhäuser 1018
        3. Zulassung als Transplantationszentrum 1018
        4. Kostenerstattungskrankenhäuser 1018
        5. Bundeswehrkrankenhäuser 1019

Inhaltsverzeichnis

    6. Krankenhäuser als Eigeneinrichtungen von Krankenkassen 1019
    7. Praxiskliniken 1020
    8. Vorsorge- und Rehabilitationseinrichtungen 1020
II. Zum Leistungsrecht der GKV 1021
    1. Leistungsanspruch des Versicherten auf Krankenhausbehandlung 1021
       a) Sachleistung und Kostenerstattung 1022
       b) Krankenhausbehandlungsbedürftigkeit und Abgrenzung zwischen vollstationärer, teilstationärer und ambulanter Krankenhausbehandlung 1022
       c) Konkrete Leistungspflicht 1026
       d) Tragende Grundsätze zur Leistungserbringung 1027
    2. Leistungsbegrenzung durch das Wirtschaftlichkeitsgebot 1032
       a) Umfassende Geltung im Recht des GKV 1032
       b) Ausschluss neuer und alter Untersuchungs- und Behandlungsmethoden/ Alleinverwerfungskompetenz des Gemeinsamen Bundesausschusses 1034
    3. Der Leistungsanspruch des Versicherten auf medizinische Rehabilitation 1035
    4. GKV-Versorgungsverträge zur stationären Behandlung/Leistungstransparenz . . . 1037
III. Krankenhausambulante Leistungserbringung: Gesetzliche Zulassung im SGB V/ Zulassungsentscheidung der Krankenhausplanungsbehörde/Zulassung über GKV-Einzelvertrag 1040
    1. Ambulantes Operieren 1041
    2. Ambulante Erbringung hochspezialisierter Leistungen 1042
       a) Einschränkung des gesetzlichen Leistungskataloges durch den G-BA 1043
       b) Zulassung durch das Land 1044
       c) Mindestmengenregelung des G-BA 1045
       d) Vorrang vor der persönlichen Ermächtigung eines Krankenhausarztes 1046
       e) Überweisung durch einen Vertragsarzt 1047
       f) Versorgung mit Arzneimitteln 1047
    3. Teilnahme an strukturierten Behandlungsprogrammen 1047
IV. Integrierte Versorgung 1048
    1. Kernregelungen 1049
    2. Wesensmerkmale einer integrierten Versorgung 1050
    3. Bachtung der Grenzen des stationären Versorgungsauftrages 1051
    4. Ambulante Integrationsleistungen durch Krankenhäuser 1051
    5. Automatische Zulassung zur ambulanten Erbringung von Katalogleistungen nach § 116 b Abs 3 SGB V 1052
    6. Befugnis zur Abweichung vom geltenden Recht 1052
    7. Gemeldete Integrationsverträge 1053
V. Abgrenzung zum Sicherstellungsauftrag der Kassenärztlichen Vereinigungen 1053
    1. Sicherstellungsauftrag und Verzahnung zwischen ambulanter und stationärer Versorgung am Beispiel der vor- und nachstationären Behandlung im Krankenhaus . . 1053
    2. Vor- und nachstationäre Behandlung in der Vertragsarztpraxis im Auftrag des Krankenhauses 1055
    3. Arzneimittelversorgung durch die Krankenhausapotheke 1056
    4. Verordnung besonderer Arzneimittel und nachstationärer Behandlung 1057

15. Kapitel. Die Rechtsbeziehungen zwischen Arzt und Krankenhaus
(Genzel/Degener-Hencke)

§ 84. Die Organisation und Struktur des ärztlichen Dienstes im Krankenhaus 1060
  I. Grundsätze 1060
    1. Behandlungsaufgaben des ärztlichen Dienstes 1061
    2. Überwachungsaufgaben des ärztlichen Dienstes 1061
    3. Koordinationsaufgaben des ärztlichen Dienstes 1063
    4. Führungsaufgaben des ärztlichen Dienstes 1063
    5. Ökonomische Mitverantwortung des ärztlichen Dienstes 1063
  II. Die besonderen Bedingungen ärztlichen Handelns im Krankenhaus 1064
    1. Die besondere Zielsetzung 1064
    2. Die Besonderheiten ärztlicher Entscheidungsprozesse 1065

Inhaltsverzeichnis

    3. Die Spezialisierung in der Medizin 1066
    4. Die rechtlichen Determinanten ärztlichen Handelns 1067
    5. Die ärztliche Verantwortungskompetenz und die Beteiligung am Risikomanagement 1067
III. Die Gliederung des ärztlichen Dienstes 1068
    1. Übertragung von Aufgaben 1068
    2. Gestaltungsmittel der Betriebsorganisation 1069
    3. Struktur des ärztlichen Dienstes 1069
IV. Liberalisierung des Vertragsarztrechts – Auswirkungen auf die Krankenhäuser am Beispiel ambulanter und stationärer Operationen im Krankenhaus 1070
    1. Konsiliarärzte 1070
    2. Belegärzte 1071
    3. Krankenhausambulante Operationen durch Vertragsärzte 1071
        a) Kein sozialrechtliches/krankenhausrechtliches Verbot 1071
        b) Mengenausweitung beim krankenhausambulanten operieren 1073
    4. Stationäre Operationen durch Vertragsärzte 1074
        a) Kein sozialrechtliches/krankenhausrechtliches Verbot 1074
        b) Änderung des vertragsarztrechtlichen Zulassungsrechts 1075
        c) Erweitertes Honorararzt-Modell vor dem Durchbruch 1076

§ 85. Die ärztlichen Leitungsstrukturen im Krankenhaus 1077
I. Die Organisationsstruktur des Krankenhauses 1077
    1. Das Beziehungssystem Krankenhaus 1077
    2. Die Gliederungsstruktur des Krankenhauses 1079
    3. Etwaige Schwachstellen der Organisationsstruktur 1079
    4. Die Auswirkungen der Reformgesetzgebung auf die Krankenhäuser 1080
II. Landesgesetzliche Vorgaben für die Leitungsstruktur 1081
    1. Landeskrankenhausgesetze mit Regelungen zur Leitungsstruktur 1081
    2. Trägerautonomie und Leitungsstruktur 1083
III. Auswahl und Bestellung von Krankenhausärzten 1083
    1. Der leitende Arzt des Krankenhauses (Ärztlicher Direktor) 1084
    2. Der leitende Arzt einer Fachabteilung oder eines Instituts (Chefarzt) 1085
    3. Die übrigen Krankenhausärzte 1086

§ 86. Dienstrecht der Ärzte des Krankenhauses 1086
I. Grundsätze zum Dienstrecht 1087
    1. Krankenhausärzte als Beamte 1088
        a) Chefarztposition in der Hochschulmedizin 1088
        b) Besonderes Dienst- und Treueverhältnis 1089
        c) Hauptamt und Nebentätigkeit 1089
        d) Organisationsrechte des Dienstherrrn 1090
        e) Besoldung 1090
    2. Krankenhausärzte als Arbeitnehmer 1093
        a) Allgemeiner Inhalt des Arbeitsvertrages 1094
        b) Tarifverträge 1094
        c) Besonderheiten für leitende Krankenhausärzte 1095
        d) Besonderheiten für nachgeordnete Ärzte 1101
II. Die Rechtsbeziehungen der Belegärzte zum Krankenhaus 1111
    1. Gegenstand und Rechtsnatur des Vertragsverhältnisses 1111
    2. Vertragsgrundlagen und Vertragsgestaltung 1112
III. Die Rechtsbeziehungen der Honorarärzte zum Krankenhaus 1113
    1. Gegenstand und Rechtsnatur des Vertragsverhältnisses 1113
    2. Vertragsgrundlagen und Vertragsgestaltung 1114

§ 87. Besondere Leistungsvergütungen im ärztlichen Dienst (Liquidationsrecht) 1115
I. Das Liquidationsrecht der leitenden Krankenhausärzte 1116
    1. Entwicklung des Liquidationsrechts 1116
    2. Rechtsdogmatische Begründung des Liquidationsrechts 1118
II. Die Ausübung des Liquidationsrechts 1119
    1. Zustimmung des Krankenhausträgers 1119

Inhaltsverzeichnis

      2. Umfang des Liquidationsrechts 1120
      3. Persönliche Leistungserbringung 1121
          a) Delegation und Stellvertretung 1122
          b) Vertreterklausel in AGB und als Individualabrede 1123
      4. GOÄ und persönliche Leistungserbringung 1124
          a) Gebührenrechtliche Grundsätze 1124
          b) Ständiger ärztlicher Vertreter 1125
      5. Abrechnungsverfahren 1127
          a) Stationärer Bereich 1127
          b) Ambulanter Berecih 1128
  III. Abgabenpflicht der liquidationsberechtigten leitenden Krankenhausärzte . . 1129
      1. Rechtlichen Grundlage 1129
      2. Inhalt der Abgabenregelung 1131
          a) Abgabenregelungen für beamtete leitende Krankenhausärzte 1132
          b) Abgabenregelungen für angestellte leitende Krankenhausärzte 1134
          c) Exkurs: Abgabenregelungen für Belegärzte 1135
      3. Anpassungsgrundsätze 1136
      4. Besondere Abgabenregelungen 1137
  IV. Mitarbeiterbeteiligung 1138
      1. Standesrecht 1138
      2. Landesgesetzliche Grundlagen 1138
      3. Vertragliche Regelungen 1141

16. Kapitel. Die Rechtsbeziehungen zwischen Patient und Krankenhaus/Krankenhausarzt

§ 88. Rahmenbedingungen einer Krankenhausaufnahme *(Genzel/Degener-Hencke)* 1143
    I. Die allgemeinen Rechtsbeziehungen zum Krankenhausträger 1143
   II. Die Erbringung der Krankenhausleistungen 1144
  III. Zu den rechtlichen Gestaltungsmöglichkeiten 1144
  IV. Feststellung des fehlenden Versicherungsschutzes 1146

§ 89. Die einzelnen Vertragstypen der Krankenhausbehandlung *(Genzel/Degener-Hencke)* . 1147
    I. Grundfragen zu den vertraglichen Leistungen 1147
   II. Die einzelnen Vertragstypen 1149
      1. Der totale Krankenhausaufnahmevertrag 1149
      2. Der gespaltene Krankenhausaufnahmevertrag 1150
      3. Der totale Krankenhausaufnahmevertrag mit Arztzusatzvertrag 1151
  III. Die Pflicht zum Abschluss eines Krankenhausaufnahmevertrages 1153
  IV. Privatpatienten-Kliniken im System des Krankenhausrechts 1154
      1. Übereinstimmung mit Krankenhausrecht und Sozialversicherungsrecht . . 1154
      2. Landesrechtliche Regelungen 1155
      3. Vertragsarztrecht 1156
      4. Exkurs: Patientenhotels 1156

§ 90. Rechtliche Grenzen der Wirksamkeit von Krankenhausaufnahmeverträgen *(Kern)* 1157
    I. Verwendung vorformulierter Krankenhausaufnahmeverträge 1158
   II. Rechtliche Mängel beim Vertragsschluss 1158
      1. Allgemeines 1158
      2. Wahlleistungsvereinbarungen 1158
  III. Verstöße gegen das AGBG (jetzt §§ 305–310 BGB) 1159

§ 91. Die Testamentserrichtung im Krankenhaus *(Kern)* 1162
    I. Organisatorische Maßnahmen des Krankenhauses 1163
   II. Die ordentliche Testamentserrichtung 1163
  III. Die Nottestamente 1164
  IV. Testierfähigkeit 1165
   V. Die Haftung des Krankenhauses für Organisationsmängel 1166
  VI. Erbeinsetzung des behandelnden Arztes 1166

Inhaltsverzeichnis

§ 92. Die Verwahrungspflicht des Krankenhausträgers *(Schlund)* 1168
   I. Krankenhausaufnahmevertrag 1168
      1. Privatrechtsvertrag 1168
      2. Dienstvertrag 1169
   II. Pflicht zur Verwahrung eingebrachter Sachen des Patienten 1169
      1. Verwahrungsvertrag 1169
      2. Stationäre Unterbringung 1170
   III. Empfehlungen der Deutschen-Krankenhaus-Gesellschaft (DKG) 1170
      1. Eingebrachte Sachen 1170
      2. „Wertsachen" 1171
      3. 6-Wochen-Frist 1171
   IV. Haftungsfreizeichnung 1171
      1. § 16 der DKG-Bedingungen 1171
      2. Einbeziehungsvoraussetzungen 1171
   V. Rechtsprechungsbeispiele 1172
      1. OLG Karlsruhe NJW 1975, 597 1172
      2. LG Hannover ArztR 1983, 289 1173
      3. LG Dortmund VersR 1987, 1023 1173
      4. AG Frankfurt ArztR 1989, 163 1173
      5. OLG Hamburg MedR 1991, 38 1174
      6. LG Bochum MedR 1993, 147 1174
      7. LG Nürnberg-Fürth ArztR 1994, 65 1174
      8. OLG Köln ArztR 1999, 73 1174
      9. LG Hannover MedR 2000, 88 1175

17. Kapitel. Die vertragliche Haftpflicht des Arztes und des Krankenhausträgers *(Laufs/Kern)*

§ 93. Vertragshaftung und Deliktshaftung 1179
   I. Die Flut der Arzthaftpflichtprozesse. Ausgangspunkte 1179
      1. Anstieg der Zahl der Haftpflichtprozesse 1179
      2. Verschuldensprinzip 1180
      3. Qualitätsabsicherung 1182
   II. Vertragliche und deliktische Haftpflicht des Arztes – einander angenähert 1184
      1. Anspruchskonkurrenz, Auswirkungen der BGB-Reformen 1184
      2. Angleichung durch die Rechtsprechung 1185
      3. Verlust von Heilungschancen 1185
      4. Haftungsbeschränkungen 1186
      5. Expertenstatus des Arztes und Selbstbestimmungsrecht des Patienten 1187

§ 94. Kläger, Passivlegitimation und Haftungsgrundlagen 1187
   I. Aktivlegitimation 1187
   II. Anspruchsgrundlagen 1188
   III. Der Kreis möglicher Haftpflichtschuldner 1188
      1. Überblick 1188
      2. Fehler eines Erfüllungs- oder Verrichtungsgehilfen 1188
      3. Krankenhausträger 1189
      4. Selbstliquidierende Ärzte und Belegärzte 1190
      5. Instituts- und Chefarztambulanzen 1190
      6. Beamtete Ärzte 1191
      7. Hebammen 1192

§ 95. Schadensumfang 1192
   I. Materieller Schadensersatz 1192
   II. Schmerzensgeld 1193
   III. Mitverschulden und Schadensermittlungspflicht des Patienten 1194

§ 96. Verjährung 1195

Inhaltsverzeichnis

§ 97. Die medizinischen Standards. Behandlungsfehler 1198
    I. Ausgangspunkte 1198
    II. Der ärztliche Behandlungsfehler (Arztfehler) 1199
        1. Definition als schuldhafte Standardunterschreitung 1199
        2. Einbeziehung des medizinischen Sachverständigen 1200
        3. Die berufsfachlich gebotene Sorgfalt 1201
        4. Fortentwicklung des Standards und Fortbildung des Arztes 1201
        5. Sorgfaltsmaßstab, Leitlinien 1202
        6. Übernahmeverschulden 1203
        7. Unterlassen, Einsatz besonderer Kenntnisse 1204
        8. Sorgfaltsmaßstab und Risiko 1205
        9. Äußere und innere Sorgfalt 1205
    III. Methodenwahl und Verfahrensqualität 1205
        1. Grundsatz ärztlicher Therapiefreiheit 1205
        2. Sorgfaltsanforderungen bei Therapiewahl, neuer Behandlungs- und Außenseitermethoden 1206

§ 98. Fahrlässigkeiten – zur Kasuistik 1207
    I. Ausgangspunkte 1207
    II. Diagnosefehler 1208
        1. Überblick 1208
        2. Einzelfallbetrachtung 1209
        3. Befunderhebungsfehler 1209
        4. Gerichtliche Leitsätze 1210
    III. Therapiefehler 1211
        1. Persönliche Untersuchung, Behandlung und therapeutische Aufklärung 1211
        2. Methodenwahl 1211
        3. Einsatz von Apparaten 1212
        4. Rezeptierung und Medikation 1212
        5. Narkose 1213
    IV. Nachsorge 1213
    V. Verstöße gegen nachwirkende Pflichten aus der Behandlung 1214

§ 99. „Kind als Schaden" 1214
    I. Grundsätzliches 1214
    II. Die Haftungstatbestände 1216
        1. Schwangerschaftsabbruch 1216
        2. Fehlerhafte genetische Beratung 1218
        3. Fehlgeschlagene Sterilisation und Empfängnisverhütung 1218
    III. Schadensumfang 1219

§ 100. Horizontale und vertikale Arbeitsteilung. Die Anfängeroperation 1219
    I. Arbeitsteilung 1220
        1. Überblick 1220
        2. Horizontale Arbeitsteilung 1220
        3. Fallgruppen horizontaler Arbeitsteilung 1221
        4. Vertikale Arbeitsteilung 1222
        5. Haftung bei Delegationsfehlern 1223
        6. Klinische Kontrollmechanismen 1223
        7. Medizinstudenten 1223
        8. Hebammen 1224
        9. Integrierte Versorgung 1224
    II. Die Anfängeroperation 1224

§ 101. Organisationspflichten 1226
    I. Organisatorisches Fehlverhalten als Behandlungsfehler 1227
    II. Organisationspflichten im engeren Sinne (des Krankenhausträgers) 1228
        1. Allgemeines 1228
        2. Wahl der zweckmäßigen Rechtsform 1228
        3. Sicherstellung der sozialrechtlichen Befugnis zu ambulanten Operationen 1229

Inhaltsverzeichnis

   4. Erstellen eines Haushalts- bzw. Wirtschaftsplans 1229
   5. Vorhalten eines hinreichenden Personalstandes 1229
   6. Vorhalten hinreichender Sachausstattung 1230
   7. Aufbewahrung der Krankenunterlagen, Dokumentation 1230
   8. Verkehrssicherungspflichten 1230
   9. Schutz der Patienten vor Selbstschädigungen 1231
   10. Sicherung des Patienteneigentums 1232
   11. Betriebliche Organisation für Haftungsfälle 1232
   12. Qualitätssicherung 1233
   13. Kontrolle des Chefarztes 1233
  III. Organisationspflichten im weiteren Sinne (des Krankenhauses) 1233
   1. Grundsätzliches 1233
   2. Remonstrationspflicht des Chefarztes 1233
   3. Dienstanweisungen, Überwachung des nachgeordneten Personals 1233
   4. Verantwortung für den Sacheinsatz, Zugänglichkeit von Operationsräumen . . . 1234
   5. Krankenhaushygiene 1235
   6. Vereinbarung und Überwachung von Arztterminen 1235
   7. Dienstanweisungen bezüglich der Aufklärungspflicht 1235
  IV. Haftung bei Organisationspflichtverletzung 1237

§ 102. **Wirtschaftlichkeitsgebote und Fahrlässigkeit** 1238

18. Kapitel. Die deliktische Haftpflicht des Arztes und des Krankenhausträgers *(Laufs/Kern)*

§ 103. **Tatbestandliche Grundlagen** 1243
  I. Ausgangspunkte 1243
   1. Schwerpunktverlagerung des Haftungsrechts 1243
   2. Die Rechtsgutsverletzung als Grundlage der deliktischen Haftung 1243
  II. Zurechnungszusammenhang, Kausalität 1245
   1. Sorgfaltspflichten und Behandlungsübernahme 1245
   2. Vorwurf des pflichtwidrigen Unterlassens 1245
   3. Haftungsgrund 1246
   4. Die besondere Anfälligkeit des Patienten 1246
   5. Grenzen der Einstandspflicht bei einer späteren Zweitschädigung 1246
  III. Der geschützte Personenkreis 1247
   1. Kreis der Ersatzberechtigten 1247
   2. Schutz der Leibesfrucht 1248
   3. Die deliktische Ersatzfähigkeit von Schäden Dritter 1248

§ 104. **Haftung für Hilfspersonen. Organhaftung** 1249
  I. Haftung für den Verrichtungsgehilfen 1250
   1. Bedeutung des § 831 BGB 1250
   2. Reichweite der Haftung 1250
   3. Tatbestandsverwirklichung der unerlaubten Handlung durch den Verrichtungsgehilfen 1251
   4. Geschäftsherr und Verrichtungsgehilfe 1251
  II. Organhaftung 1253
   1. Dogmatik der Organhaftung 1253
   2. Einzelfälle 1253
   3. Organhaftung bei Verstößen gegen die ärztliche Aufklärungspflicht 1254

§ 105. **Beamtete Ärzte** 1255
  I. Die deliktsrechtliche Einstandspflicht des beamteten Arztes 1255
   1. Grundlagen der deliktischen Haftung des Beamten 1255
   2. Voraussetzungen der Eigenhaftung und Verweisungsprivileg 1255
   3. Verweisungsprivileg und vertragliche Haftung 1256
  II. Haftung bei hoheitlicher ärztlicher Tätigkeit 1257
   1. Heilbehandlung als hoheitliche Tätigkeit 1257
   2. Einzelfälle 1257

Inhaltsverzeichnis

§ 106. Zurechnung ... 1258
    I. Grundsatz der Erforderlichkeit der Kausalität ... 1258
    II. Bedeutung des Kausalzusammenhangs ... 1258
    III. Das rechtmäßige Alternativverhalten und Kausalitätsabbruch ... 1258
    IV. Haftung für psychische Verläufe ... 1259
    V. Kausalität und Mitverschulden ... 1260

19. Kapitel. Die Beweislast im Arztpflichtprozess *(Laufs/Kern)*

§ 107. Grundregeln. Arztrechtliche Besonderheiten ... 1262
    I. Haftungsverlagerung durch beweisrechtliche Mittel ... 1262
        1. Grundsätze der Beweislastverteilung ... 1262
        2. Besonderheiten des Arzthaftpflichtprozesses ... 1264
        3. Aufklärungsrüge ... 1265
    II. Ausgangsregeln ... 1267
        1. Beweislast (für die anspruchsbegründenden Voraussetzungen) ... 1267
        2. Beweisantritt ... 1267
        3. Beweisvereitelung ... 1268

§ 108. Anscheinsbeweis ... 1269
    I. Allgemeines zu den §§108 und 109 ... 1269
        1. Anforderungen an den prima-facie-Beweis ... 1269
        2. Wirkungen des Anscheinsbeweises ... 1270
    II. Kasuistik ... 1270
        1. Zulassung des Anscheinsbeweises ... 1270
        2. Ablehnung des Anscheinsbeweises ... 1272

§ 109. Voll beherrschbare Risiken ... 1273
    I. Grundsatz ... 1273
        1. Arzteigenes Risiko ... 1273
        2. Horizontale und vertikale Arbeitsteilung ... 1274
    II. Richterliche Spruchpraxis ... 1275
        1. Beweislastumkehr bei Mangelhaftigkeit technischer Geräte ... 1275
        2. Weitere praxisrelevante Fallgruppen ... 1275
        3. Zusammenfassung ... 1277

§ 110. Grobe Behandlungsfehler ... 1278
    I. Verschieben der Beweislast aus Billigkeitsgründen ... 1278
        1. Beweislastumkehr ... 1278
        2. Beweiserleichterungen bei Verletzung von Kontrollpflichten ... 1280
    II. Der grobe und schwere Behandlungsfehler ... 1280
        1. Der schwere Behandlungsfehler als juristisches Urteil ... 1280
        2. Feststellung des schweren Arztfehlers ... 1280
    III. Kasuistik ... 1281
        1. Diagnose-, Befunderhebungs- und Befundsicherungsirrtümer ... 1281
        2. Fehler der Therapie ... 1284
    IV. Umfang der Beweislastumkehr ... 1287

§ 111. Dokumentationsmängel ... 1288
    I. Zur sachlichen Dokumentationspflicht ... 1288
    II. Beweisrecht ... 1289
        1. Inhalt, Umfang und Aufbewahrungsdauer der ärztlichen Dokumentation ... 1289
        2. Lückenhafte und fehlende Dokumentation ... 1290
        3. Folgen mangelhafter Dokumentation ... 1290
        4. Abschließende Bemerkung ... 1291

Inhaltsverzeichnis

20. Kapitel. Prozessuale Fragen der Arzthaftung

§ 112. Zivilrechtlicher Haftungsprozess und strafrechtliche Verantwortung
(Ulsenheimer) 1293
- I. Die forensische Bedeutung des Arzthaftungsrechts 1294
  1. Die steigende Zahl von Klagen und Strafverfahren 1294
  2. Gründe für diese Entwicklung 1294
     a) Das schwindende Vertrauensverhältnis Arzt – Patient 1294
     b) Übermäßige Ansprüche, Leistungsexplosion und Arbeitsteilung 1295
     c) Presseberichte, Konkurrenzdenken, Rechtsschutzversicherungen, ua 1295
  3. Das Strafverfahren als Vorspann des Zivilprozesses 1296
- II. Unabhängigkeit der zivil- und strafrechtlichen Haftung 1296
  1. Unterschiedliche Haftungsvoraussetzungen 1296
  2. Unterschiedliche Beweislastregelungen 1297
  3. Unterschiedliche Prozessmaximen 1297
- III. Aussetzung des Zivilprozesses bei anhängigem Ermittlungsverfahren 1297
- IV. Strafanzeige und ihre Folgen 1298

§ 113. Die ärztlichen Schieds- und Gutachterstellen *(Ulsenheimer)* ... 1299
- I. Zielsetzung und Zuständigkeiten 1301
  1. Schlichtungsstellen und Gutachterkommissionen 1301
  2. Sachliche Zuständigkeit der Gutachterkommissionen und Schlichtungsstellen ... 1302
  3. Die Besetzung der Kommissionen und Schlichtungsstellen 1302
- II. Gemeinsame Verfahrensprinzipien 1303
  1. Die Freiwilligkeit 1303
  2. Die Unverbindlichkeit 1303
  3. Die Gebührenfreiheit 1303
- III. Rechtliche Folgeprobleme der Gutachterkommissions- und Schlichtungsverfahren ... 1304
  1. Die Verjährungsproblematik 1304
  2. Rechtshängigkeit 1304
  3. Strafantragsfrist 1305
- IV. Die Gutachterkommissionen und Schlichtungsstellen im Lichte der Kritik 1305

§ 114. Verfahrensrechtliche Einzelfragen *(Ulsenheimer)* 1306
- I. Zuständigkeitsfragen 1307
- II. Substantiierungspflicht und Amtsermittlung 1308
- III. Beweissicherungsverfahren 1311
- IV. Beweismittel, Sachverständigenanhörung und Obergutachten 1312
  1. Beweismittel 1312
  2. Mündliche Anhörung des Sachverständigen 1313
  3. Einholung eines Obergutachtens 1316
- V. Prozesskostenhilfe 1316
- VI. Berufungsrechtliche Einzelfragen 1317
- VII. Verzicht auf die Einrede der Verjährung 1319
- VIII. Besondere Anwaltspflichten 1319
- IX. Schweigepflichtsentbindung 1321

§ 115. Die Passivlegitimation des beklagten Arztes *(Schlund)* 1322
- I. Allgemeines 1323
- II. Anspruchsgegner bei ambulanter Behandlung 1323
  1. Einzelpraxis 1323
  2. Gemeinschaftspraxis 1324
  3. Praxisgemeinschaft 1324
  4. Partnerschaft 1325
  5. Konsiliarius 1325
  6. Krankenhaus 1325
  7. Hoheitliche Tätigkeit 1327
- III. Anspruchsgegner bei stationärer Behandlung 1328
  1. Totaler Krankenhausaufnahmevertrag 1328
  2. Gespaltener Krankenhausaufnahmevertrag 1329

Inhaltsverzeichnis

    3. Totaler Krankenhausaufnahmevertrag mit Arztzusatzvertrag 1330
    4. Hoheitliche Tätigkeit 1330
  IV. Anspruchsgegner bei unentgeltlicher Behandlung 1330
  V. Anspruchsgegner bei Tätigkeit beamteter Chefärzte 1331
  VI. Anspruchsgegner bei Universitätskliniken 1331
  VII. Rechtsprechungsgrundsätze zur Passivlegitimation im Arzthaftungsprozess 1332

21. Kapitel. Der Arzt als Sachverständiger und Gutachter *(Schlund)*

§ 116. Begriff, Wesen und Aufgabe des gerichtlichen Sachverständigen 1340
  I. Allgemeines 1340
    1. Gesetzliche Definition 1340
    2. Aufgabe 1341
  II. Unterschied zum Zeugen und sachverständigen Zeugen 1342
    1. Unterscheidung des Sachverständigen zum Zeugen 1342
    2. Beweismittel im Gerichtsverfahren 1342
    3. Sachverständiger Zeuge 1342

§ 117. Als gerichtliche Sachverständige in Betracht kommende Personen 1343
  I. Einzelgutachter und Sachverständiger 1343
    1. Allgemeines 1343
    2. Der öffentlich bestellte Sachverständige 1343
    3. Den öffentlich bestellten Sachverständigen gleichgestellte Personen 1343
    4. Sachverständiger mit hoheitlicher Funktion 1344
    5. Freie Sachverständige 1344
  II. Gutachten von Behörden und (Universitäts-)Kliniken 1344
    1. Behörden und sonstige öffentliche Stellen 1344
    2. Beauftragung durch Klinik 1344

§ 118. Verhältnis des Sachverständigen zum Gericht 1345
  I. Die Hilfsfunktion 1345
    1. Gehilfe des Gerichts 1345
    2. Verfahrensfehler 1345
  II. Abweichende Entscheidungen 1345

§ 119. Auswahl des Sachverständigen 1346
  I. Funktion des Gerichts 1346
  II. Beweisbeschluss 1346

§ 120. Ablehnung des Sachverständigen 1347
  I. Absolute Ablehnungsgründe 1347
    1. Partei des Verfahrens 1347
    2. Ehegatte, Verwandtschaft 1347
  II. Besorgnis der Befangenheit 1347

§ 121. Pflicht zur Übernahme von Begutachtungen 1350
  I. Rechtsgrundlagen 1350
  II. Verweigerungsgründe 1350
    1. Ärztliche Schweigeverpflichtung 1350
    2. Frühere Patientenbehandlung 1350
    3. Arbeitsüberlastung 1350

§ 122. Einzelne Pflichten des Sachverständigen bei der Begutachtung 1351
  I. Objektivität und Neutralität 1351
    1. Objektive und unparteiliche Grundhaltung 1351
    2. Absolute Neutralität 1352
  II. Exakte Beantwortung der gerichtlich gestellten Fragen 1352
    1. Exakte Fragebeantwortung 1352
    2. Ausnahme: Strafprozess 1352
    3. Keine Stellungnahme zu Rechtsfragen 1353

Inhaltsverzeichnis

  III. Aktuelles Fachwissen und Beschaffung des Tatsachenstoffes 1353
    1. Aktuelles Fachwissen 1353
    2. Beschaffung des Tatsachenstoffes 1353
  IV. Kollegiales Verhalten 1353
    1. ISv § 15 BOÄ (nF) 1353
    2. Keine falsch verstandene Kollegialität 1354
  V. Eigenverantwortliche Erstellung und Erstattung des Gutachtens 1354
    1. Pflicht zur persönlichen Gutachtenserstattung 1354
    2. Wissenschaftliche Mitarbeiter 1354
  VI. Kompetenzüberschreitung als Fehlerquelle medizinischer Gutachten 1355
    1. Überschreitung der Fachkompetenz 1355
    2. Keine enge Auslegung eigener Auffassung 1355
  VII. Schweigepflicht 1356
  VIII. Erscheinen vor Gericht 1356
    1. Höchstpersönliche Erscheinungspflicht bei Gericht 1356
    2. Recht zur Verweigerung des Gutachtens 1356
  IX. Rechtliches Gehör im Arzthaftpflichtprozess 1356
  X. Rechtzeitige Erstellung und Vorlage des Gutachtens 1357
    1. Termin- und fristgerechte Gutachtenserstellung 1357
    2. Bei Fristversäumung Ordnungsgeld 1357
    3. Erscheinen vor Gericht 1357

§ 123. Aufbau und Inhalt des Gutachtens 1357
  I. Grundzüge 1357
  II. Sprache 1358

§ 124. Entschädigung des Gutachters und Sachverständigen 1358
  I. Rechtsgrundlagen 1358
    1. GOÄ bzw IVEG 1358
    2. Bei Dienstaufgaben keine Entschädigung 1359
  II. IVEG 1359
    1. Leistungsentschädigung 1359
    2. Grad der erforderlichen Fachkenntnis 1359
    3. Durchschnittlicher Stundensatz 1359
    4. Behörden im Verwaltungsverfahren 1360

§ 125. Folgen der Pflichtverletzung für den Sachverständigen 1360
  I. Strafrechtliche Verfolgung 1361
  II. Zivilrechtliche Haftung 1361
    1. Die Rechtslage bis 1. 8. 2002 1361
      a) Unerlaubte Handlung 1361
      b) Fahrlässige Verletzung 1361
      c) § 823 Abs 2 BGB iVm Schutzgesetzen 1362
      d) Keine Haftung iSv § 823 Abs 2 BGB mangels Beeidigung 1362
      e) Im Interesse der Rechtssicherheit 1363
      f) Frage der Ursächlichkeit 1363
    2. Die Rechtslage seit dem 1. 8. 2002 1364
  III. Amtspflichtverletzung 1364
    1. Amtspflichtverletzung iSv § 839a BGB 1364
    2. Ausnahmen 1364
    3. Vorsatz und grobe Fahrlässigkeit 1365
  IV. Ausschluss der Haftung 1365
    1. Vertragliche Vereinbarung bei Privatgutachten 1365
    2. Kein Haftungsausschluss bei Verstoß gegen §§ 138, 242 BGB 1365
  V. Verjährung des Schadensersatzanspruchs 1365
    1. Bei deliktischen Ansprüchen in drei Jahren (§ 195 BGB) 1365
    2. Bei vertraglichen Ansprüchen in zwei Jahren (§§ 634, 634a BGB) 1366
  VI. Juristische Wertung von ärztlichen Gutachten durch das Gericht 1366
    1. Generelles 1366
    2. Vorbemerkung 1366

Inhaltsverzeichnis

    3. Verhaltensregeln 1367
    4. Schlussthesen 1369

22. Kapitel. Besondere ärztliche Eingriffe und Sonderprobleme

§ 126. Die Sterilisation *(Ulsenheimer)* 1372
  I. Begriff und Geschichte 1372
    1. Begriff 1372
    2. Historisches 1373
    3. Die aktuelle Rechtproblematik 1373
  II. Zivilrechtliche Probleme der Sterilisation 1374
  III. Die fehlgeschlagene Sterilisation 1377
  IV. Die Beratungspflicht des Arztes im Rahmen des Sterilisationsvertrages .. 1378
  V. Der Umfang des Schadesersatzanspruches 1378
  VI. Die Sterilisation einwilligungsunfähiger Personen 1379
  VII. Zur Strafbarkeit der Sterilisation 1382

§ 127. Die Kastration *(Ulsenheimer)* 1384
  I. Begriff 1384
  II. Die rechtliche Zulässigkeit der Kastration beim Menschen 1384
    1. Die Kastration aus medizinischen Gründen 1384
    2. Die Kastration zur Eindämmung des Geschlechtstriebs 1384
    3. Andere Behandlungsmethoden gegen die Auswirkungen eines abnormen Geschlechtstriebs 1386
  III. Zur Strafbarkeit der Kastration 1386

§ 128. Intersexualität und Transsexualität *(Ulsenheimer)* 1388
  I. Der Begriff der Transsexualität und Intersexualität 1389
  II. Die rechtliche Problematik der Transsexualität 1390
    1. Geschichte 1390
    2. Das Transsexuellengesetz (TSG) 1390

§ 129. Fortpflanzungs- und Genmedizin *(Laufs)* 1393
  I. Ausgangspunkte 1398
    1. Ambivalenzen 1398
    2. Rechtsquellen 1398
    3. Lebensschutz 1398
    4. Entwicklungslogik 1399
  II. Kontroversen 1400
    1. Grunddissense 1400
    2. Reformvorschläge 1401
    3. Aufgabe des Gesetzgebers 1401
  III. Ärzte und Reproduktionsverfahren 1402
    1. Verfahrensarten 1402
    2. Ärztekammern 1403
    3. Kinderrechte 1403
  IV. Bedenken 1403
    1. Heilauftrag? 1403
    2. Instrumentalisierung 1404
  V. Das Embryonenschutzgesetz 1404
    1. Strafrecht 1404
    2. Klonen 1405
    3. Chimären- und Hybridbildung 1405
    4. Spermienselektion 1406
    5. Kryokonservierung 1406
    6. Arztvorbehalt 1406
    7. Embryonenverbrauch 1407
    8. Überzählige Embryonen 1408
  VI. Präimplanationsdiagnostik 1408

Inhaltsverzeichnis

	1. Das Dilemma	1408
	2. Geltendes Recht	1409
VII.	Stammzellen	1411
	1. Stammzellengesetz	1411
	2. Kritik	1412
	3. Therapeutisches Klonen	1412
VIII.	Der Rechtsstatus des Embryos	1412
	1. Kernfrage	1412
	2. Abstufungen	1413
	3. BVerfG	1414
	4. Widersprüche	1415
IX.	Kostenübernahme	1415
	1. GKV	1415
	2. PKV	1418
X.	Genmedizin	1419
	1. Querschnittsdisziplin	1419
	2. Somatische Gentherapie	1420
	3. Präkonzeptionelle Beratung	1420
	4. Recht auf Nichtwissen	1421
	5. Pränataldiagnostik	1421
	6. Genetische Informationen	1422
	7. Rechtspolitik	1422
	8. Das neue GenDG	1423

Anhang zu § 129: Richtlinien zur Durchführung der assistierten Reproduktion 1425

§ 130. Heilversuch und klinisches Experiment *(Laufs)* 1443
    I. Grundlagen 1446
        1. Ausgangspunkte 1446
        2. Standard und Experiment 1449
        3. Heilversuch und klinisches Experiment 1449
    II. Heilversuch und klinisches Experiment nach dem Arzneimittelgesetz ... 1450
        1. Unterschiedliche Rechtsregeln 1450
        2. Klinische Versuche am Kranken 1451
        3. Klinische Experimente 1452
        4. Kinder und Jugendliche 1452
    III. Standesregeln und Selbstkontrolle 1453
        1. Deklaration von Helsinki 1453
        2. Beratung 1454
        3. USA 1454
        4. Berufsordnung 1454
        5. Ethik-Kommission im AMG 1455
        6. Kernaufgaben 1458
        7. Diskurs 1458
    IV. Zur Legitimation des medizinischen Neulandschrittes 1458
        1. Die Grundelemente 1458
        2. Missbräuche 1459
        3. GKV 1459
        4. Einwilligung 1460
    V. Kontrollierte Studien 1461
        1. Randomisation 1461
        2. Vermittelnde Verfahren 1461
        3. Aufklärung 1462
    VI. Kontrollierte Arzneimittelprüfungen im Besonderen 1463
    VII. Humangewebe. Leichen 1467
    VIII. Versicherung, Haftung 1468
        1. Probandenversicherung 1468
        2. Haftpflicht 1468
    IX. Notwendig: Bedachtnahme auf die Grenzen der Fortschritte 1470

Inhaltsverzeichnis

Anhang 1 zu § 130: World Medical Association Declaration of Helsinki: Recommendations guiding physicians in biomedical research involving human subjects 1472

Anhang 2 zu § 130: Erklärung von Helsinki 1474

§ 131. Die zivilrechtliche Problematik der Organstransplantation *(Ulsenheimer)* 1477
    I. Begriff und medizinische Möglichkeiten 1479
    II. Rechtsgrundlagen 1480
    III. Anwendungsbereich 1482
    IV. Aufklärung der Bevölkerung, Organspenderegister, Organspendeausweis 1483
    V. Organ- oder Gewebeentnahme mit Einwilligung des Organspenders 1483
    VI. Organ- und Gewebeentnahme mit Zustimmung anderer Personen 1485
    VII. Nachweisverfahren und Auskunftspflicht 1485
    VIII. Organentnahme aus rechtfertigendem Notstand 1486
    IX. Organ- und Gewebeentnahme bei lebenden Organspendern 1487
    X. Entnahme, Vermittlung und Übertragung bestimmter Organe 1489
    XI. Meldungen, Rückverfolgung, Datenschutz, Dokumentation, Fristen, Richtlinien zum Stand der Erkenntnisse der medizinischen Wissenschaft 1490
    XII. Verbot des Organ- und Gewebehandels 1491
    XIII. Die Xenotransplantation 1491

§ 132. Die ärztliche Sterbehilfe *(Ulsenheimer)* 1493
ua mit abgedruckt: **Grundsätze der Bundesärztekammer zur ärztlichen Sterbebegleitung**
    I. Allgemeine Problematik der Lebenserhaltungspflicht und Selbstbestimmung 1497
    II. Begriff der Sterbehilfe 1500
    III. Gesetzliche und standesrechtliche Regelungen 1501
        1. Schweizerische Akademie der Medizinischen Wissenschaften 1502
        2. Grundsätze der BÄK zur Sterbebegleitung 1504
        3. Resolution der Dt. Ges. für Chirurgie 1509
        4. Leitlinien der DGAI 1509
        5. Leitsätze des DGHS 1510
    IV. Die zivilrechtliche Pflicht des Arztes zur Hilfe im Sterben 1510
    V. Das „Patiententestament" (Patientenverfügung) 1511
    VI. Die Betreuungsverfügung 1514
    VII. Genehmigung des Betreuungsgerichts 1514
    VIII. Die Vorsorgevollmacht 1515
    IX. Strafrechtliche Grenzen ärztlicher Sterbehilfe 1516

§ 133. Die Leichenschau *(Ulsenheimer)* 1516
    I. Begriff der Leichenschau 1520
    II. Gesetzliche Regelungen 1520
    III. Verpflichtung zur Leicheschau 1526
    IV. Die Zulässigkeit klinischer Sektionen 1528
        1. Der Patient willigt in die Sektion ein 1530
        2. Die Zustimmung der Angehörigen 1531
        3. Klinische Sektionen zu Forschungszwecken 1532
    V. Die anatomische Sektion 1532
    VI. Entnahme von Organen nach dem Transplantationsgesetz 1533
    VII. Die Zulässigkeit von Crash-Tests mit Leichen 1533

§ 134. Arzt und Drogenwesen *(Ulsenheimer)* 1533
    I. Rechtsgrundlagen 1535
    II. Begriff der Betäubungsmittel 1535
    III. Die ärztliche Verschreibung und Verabreichung von Betäubungsmitteln 1536
    IV. Einschränkung der Therapiefreiheit durch BtMG und BtMVV 1537

§ 135. Arzneimittelrecht *(Ulsenheimer)* 1540
    I. Gesetzliche Grundlagen 1542
    II. Der Begriff des Arzneimittels 1546
    III. Anforderungen an Arzneimittel 1548

Inhaltsverzeichnis

IV. Die Zulassung von Arzneimitteln	1551
V. Ärztliches Verhalten bei Verordnung von Arznei-, Heil- und Hilfsmitteln	1553

§ 136. Strahlenschutz-, Röntgenverordnung und ihr Verhältnis zum Medizinproduktegesetz *(Ulsenheimer)* ... 1556
- I. Atomgesetz ... 1557
- II. Strahlenschutzverordnung ... 1558
- III. Röntgenverordnung ... 1558
- IV. Auswirkungen und Schutzzweck des MPG ... 1560
  1. Sonderregelungen für Strahlenschutz und Röntgen ... 1560
  2. Schutzzweck des MPG ... 1560
  3. Klinische Prüfung ... 1561
  4. Ethik-Kommissionen ... 1561

§ 137. Rechtsprobleme der Geriatrie *(Ulsenheimer)* ... 1562
- I. Begriff ... 1562
- II. Die Aufgaben der Geriatrie ... 1563
- III. Rechtliche Probleme der Geriatrie ... 1563

23. Kapitel. Der Arzt im Strafrecht *(Ulsenheimer)*

§ 138. Die strafrechtliche Beurteilung ärztlicher Heilbehandlung (ärztliche Eigenmacht) 1569
- I. Die beiden gegensätzlichen Grundthesen in Rechtsprechung und Lehre ... 1571
- II. Die Auffassung der Judikatur ... 1571
- III. Die Grundposition der herrschenden Lehre im Schrifttum ... 1573
- IV. Differenzierungen in der Literatur: „Handlungs-" und „Erfolgstheorie" ... 1574
  1. Die „Handlungstheorie" ... 1574
  2. Die „Erfolgstheorie" ... 1574
  3. „Körperbezogene Selbstbestimmung" als Schutzgut ... 1575
- V. Zusammenfassung zum Meinungsstand ... 1575

§ 139. Die fahrlässige Körperverletzung ... 1577
- I. Geschütztes Rechtsgut und Systematik der Körperverletzungsdelikte ... 1581
  1. Schutzgut und Tatobjekt ... 1581
  2. Zur Problematik pränataler Verletzungen ... 1583
  3. Gliederung der Körperverletzungstatbestände ... 1584
- II. Die tatbestandlichen Voraussetzungen der fahrlässigen Körperverletzung ... 1586
  1. Körperliche Misshandlung und Gesundheitsbeschädigung ... 1586
  2. Körperverletzung durch Unterlassen ... 1588
  3. Die Verletzung der im Verkehr erforderlichen Sorgfalt ... 1589
     - a) Begriffsbestimmung der Fahrlässigkeit ... 1589
     - b) Das Übernahmeverschulden ... 1594
     - c) Die typischen Fehlerquellen ... 1594
     - d) Einzelfragen bei besonderen ärztlichen Eingriffen ... 1595
  4. Zur Kausalität der Pflichtwidrigkeit ... 1595
  5. Objektive Vorhersehbarkeit und Schutzzweckzusammenhang ... 1596
- III. Probleme der Rechtswidrigkeit ... 1596
  1. Die Voraussetzungen rechtfertigender Einwilligung des Patienten ... 1596
     - a) Verfügungsbefugnis und Einwilligungsfähigkeit ... 1597
     - b) Formfreiheit und Freiheit von Willensmängeln ... 1600
     - c) Die Aufklärung als Wirksamkeitsvoraussetzung der Einwilligung ... 1602
     - d) Subjektives Rechtfertigungselement und Ausschluss der Rechtfertigung bei Sittenwidrigkeit der Tat ... 1602
     - e) Keine „Vernunftshoheit" des Arztes ... 1605
  2. Die mutmaßliche Einwilligung ... 1606
  3. Sonstige Rechtfertigungsgründe ... 1609
- IV. Zur Schuldfrage ... 1610
- V. Irrtumsprobleme, insbesondere bei Einwilligung und mutmaßlicher Einwilligung ... 1610
  1. Tatbestandsirrtum ... 1610
  2. Verbotsirrtum ... 1611

Inhaltsverzeichnis

VI. Die fahrlässige Körperverletzung als Privatklage- und relatives Antragsdelikt (§§ 230 StGB, 374 Abs 1 Nr 4 StPO)	1612
1. Zulässigkeit der Privatklage	1612
2. Zur Auslegung des § 230 StGB	1612

§ 140. Die fahrlässige Tötung ... 1614

- I. Der Tatbestand der fahrlässigen Tötung ... 1617
  - 1. Tatobjekt und Anwendungsbereich der Norm ... 1617
  - 2. Tathandlung ... 1618
    - a) Aktives Tun oder Unterlassen ... 1618
    - b) Die Abgrenzung von Tun und Unterlassen und ihre praktische Bedeutung ... 1619
    - c) Die Garantenstellung des Arztes ... 1621
    - d) Die Verletzung der objektiv erforderlichen Sorgfalt ... 1622
  - 3. Kausalität zwischen sorgfaltswidrigem Verhalten des Arztes und Tod des Patienten . 1627
    - a) Naturwissenschaftlicher und rechtlicher Urachenzusammenhang (Pflichtwidrigkeitszusammenhang) ... 1627
    - b) Anforderungen an den Kausalitätsnachweis ... 1629
  - 4. Schutzzweckzusammenhang und objektive Voraussehbarkeit des Erfolges ... 1633
    - a) Der Schutzbereich der Norm ... 1633
    - b) Objektive Voraussehbarkeit ... 1633
- II. Rechtswidrigkeits- und Schuldfragen ... 1634
  - 1. Rechtfertigungsgründe ... 1634
  - 2. Voraussetzungen des Schuldvorwurfs ... 1635
    - a) Subjektive Erkennbarkeit und Erfüllbarkeit der Pflicht ... 1635
    - b) Subjektive Voraussetzbarkeit des Erfolgs ... 1636
    - c) Unzumutbarkeit normgemäßen Verhaltens ... 1636
- III. Verjährung ... 1637

§ 141. Die ärztliche Hilfeleistungspflicht (§ 323 c StGB) ... 1637

- I. Allgemeine Grundlagen ... 1638
  - 1. Hilfspflicht und Garantenpflicht – zur Deliktsnatur des § 323 c StGB ... 1638
    - a) Hilfspflicht und Garantenpflicht ... 1638
    - b) Garantenstellung ... 1639
    - c) Nothilfepflicht ... 1640
  - 2. Historische Entwicklung, Strafgrund und Schutzgegenstand der Vorschrift ... 1640
    - a) Hilfspflicht für jedermann ... 1640
    - b) Kein Schutzgesetz iSd § 823 Abs 2 BGB ... 1640
  - 3. Keine Sonder- oder erweiterte Berufpflicht für Ärzte ... 1641
  - 4. Unzulässige Anwendung des § 323 c StGB als „Auffangtatbestand" ... 1641
    - a) Hilfe zur Verhinderung weiterer Schäden ... 1642
    - b) Vorsatzerfordernis ... 1642
    - c) Keine Gesinnungsstrafe ... 1642
- II. Der objektive Tatbestand ... 1642
  - 1. „Bei einem Unglücksfall" ... 1643
    - a) Begriffsdefinition ... 1643
    - b) Beispiele ... 1644
    - c) Notwendigkeit sofortiger Hilfe ... 1645
    - d) Das „Näheverhältnis" ... 1646
  - 2. Die Erforderlichkeit der Hilfeleistung ... 1647
    - a) Objektive Beurteilung ... 1647
    - b) Voraussetzung: Rettungschancen ... 1648
    - c) Einzelfallabhängigkeit ... 1649
    - d) Ablehnung medizinisch erforderlicher Maßnahmen ... 1651
  - 3. Die Zumutbarkeit der Hilfeleistung ... 1652
- III. Der subjektive Tatbestand, Tatbestands- und Verbotsirrtum ... 1655
- IV. Subsidiarität des § 323 c StGB ... 1656

§ 142. Strafrechtliche Aspekte der Organtransplantation ... 1657

- I. Zur Rechtsentwicklung ... 1659
- II. Die verschiedenen Fallkonstellationen ... 1660

Inhaltsverzeichnis

    III. Die Organentnahme vom Toten 1661
        1. Die Rechtslage vor Inkrafttreten des TPG 1661
            a) Keine Strafbarkeit nach §§ 211 ff, 223 ff StGB 1661
            b) Kein Eigentumsschutz 1662
            c) Keine Ehrbezogenheit 1662
            d) Zum Tatbestand des § 168 StGB 1662
        2. Die gegenwärtige Rechtslage 1664
            a) Die erweiterte Zustimmungslösung 1664
            b) Befragung der Angehörigen 1665
    IV. Die Organentnahme vom lebenden Spender 1666
        1. Tatbestandsmäßigkeit nach §§ 223, 226 StGB 1666
        2. Einwilligung als Rechtfertigungsgrund 1666
        3. Wirksamkeitserfordernis der Einwilligung 1666
        4. Unwirksamkeit der Einwilligung Minderjähriger 1667
        5. Unwirksamkeit der Einwilligung in die Tötung 1667
        6. Freiwilligkeitserfordernis 1667
        7. Beachtung der „guten Sitten" 1667
        8. Keine Pflicht zur Entnahme 1668
        9. Strafbarkeit der Organentnahme 1668
    V. Die Implantation fremder Organe 1669
    VI. Strafbarkeit des Organ- und Gewebehandels 1669
    VII. Weitere Straf- und Bußgeldvorschriften 1670

§ 143. Der Schwangerschaftsabbruch 1671
    I. Zur Entwicklungsgeschichte des heutigen Abtreibungsstrafrechts 1678
    II. Übersicht über die Regelungsmaterie 1681
        1. Straflosigkeit nidationshindernder Maßnahmen 1681
        2. Straflosigkeit fahrlässiger Abtreibung 1684
        3. Der Grundsatz der Strafbarkeit des Schwangerschaftsabbruchs
            (§ 218 Abs 1 S 1 StGB) und seine Ausnahmen 1684
        4. Die Strafbarkeit des Arztes 1684
            a) Der abbrechende Arzt 1684
            b) Abbruch trotz fehlender Indikationsstellung 1684
            c) Der „Indikationsarzt" 1684
            d) Der „Beratungsarzt" 1685
            e) Personenidentität zwischen Beratungs-, „Indikations"- und abbrechendem
                Arzt 1685
    III. Einzelfragen 1685
        1. Abgrenzung der Abtreibung von den Tötungs- bzw Körperverletzungsdelikten .. 1685
        2. Tatobjekt und Schutzgut des § 218 StGB 1686
        3. Die Tathandlung des § 218 StGB 1687
        4. Täterschaft und Teilnahme 1688
            a) Täterschaft 1688
            b) Anstiftung und Beihilfe 1689
        5. Die subjektive Tatseite 1689
        6. Der Versuch des Schwangerschaftsabbruchs 1690
        7. Der Strafrahmen 1690
        8. Der Tatbestandsausschluss gemäß § 218a Abs 1 StGB 1691
        9. Der Rechtswidrigkeitsausschluss nach § 218a Abs 2 und 3 StGB 1691
            a) Einwilligung der Schwangeren 1692
            b) Arztvorbehalt 1693
            c) Die Rechtsnatur der Indikationen des § 218a StGB 1693
            d) Medizinisch-soziale und kriminologische Indikatoren 1693
            e) Irrtumsfragen 1698
            f) Rechtsfolgen für die Beteiligten 1698
            g) Die Krankenhauspflicht 1699
        10. Weigerungsrecht des Arztes und des ärztlichen Hilfspersonals 1699
        11. Schwangerschaftsabbruch ohne ärztliche Feststellung 1701
        12. Ärztliche Pflichtverletzungen bei einem Schwangerschaftsabbruch .. 1701

13. Beratung der Schwangeren in einer Not- und Konfliktlage 1702
14. Verbotene Werbung 1703

§ 144. Strafrechtliche Haftung des medizinischen Sachverständigen 1703
I. Strafbarkeit wegen Aussagedelikten (§§ 153, 154, 156, 163 StGB) 1704
   1. Die falsche Aussage als gemeinsames Tatbestandsmerkmal 1705
       a) Der Falschheitsbegriff 1705
       b) Der Begriff „Aussage" 1705
   2. Zuständige Stellen 1706
   3. Vorsatz und Fahrlässigkeit 1706
   4. Versuch und Vollendung 1706
   5. Konkurrenzfragen 1707
II. Sonstige in Betracht kommende Straftatbestände 1707
   1. Strafvereitelung (§ 258 StGB) 1707
   2. Betrug (§ 263 StGB) bzw Beihilfe zum Betrug (§ 27, 263 StGB) 1707
   3. Falsche Verdächtigung (§ 164 StGB) 1707
   4. Freiheitsberaubung (§ 239 StGB) 1707
   5. Ausstellen unrichtiger Gesundheitszeugnisse (§ 278 StGB) 1707
   6. Verletzung der Schweigepflicht (§ 203 Abs 1 StGB) 1707
   7. Fahrlässige Tötung oder fahrlässige Körperverletzung (§§ 222, 229 StGB) 1708

§ 145. Strafrechtliche Folgen der Verletzung der ärztlichen Schweigepflicht 1708
I. Die einschlägigen Straftatbestände 1708
II. Praktische Bedeutung, Strafbarkeitsvoraussetzung und Folgen 1709
   1. Vorsatz und Irrtumsfragen 1709
   2. Strafantrag als Strafverfolgungsvoraussetzung 1710
   3. Verletzung der Schweigepflicht durch Amtsträger (§ 203 Abs 2, § 353 b Abs 1 StGB) . 1711
   4. Verjährung 1712
   5. Berufsverbot und berufsgerichtliches Verfahren 1712

§ 146. Ausstellen unrichtiger Gesundheitszeugnisse (§ 278 StGB) 1712
I. Die Tathandlung 1713
II. Tatobjekt: Das unrichtige „Gesundheitszeugnis" 1714
III. Täterkreis 1716
IV. Subjektiver Tatbestand 1716
V. Konkurrenzen, Strafmaß, Verjährung 1717

§ 147. Strafbare Verschreibung von Betäubungsmitteln 1718
I. Ärztliche Verschreibung, Verabreichung oder Überlassung von Betäubungsmitteln 1719
   1. Gesetzeszweck 1719
   2. Das Ärzteprivileg des § 13 BtMG 1720
   3. Begriffsbestimmungen 1720
       a) Verschreiben 1720
       b) Verabreichen 1721
       c) Überlassen 1721
       d) Begründetheit der Behandlung 1721
II. Rechtsfolgen vorschriftswidriger ärztlicher Verschreibung, Verabreichung
oder Überlassung von Betäubungsmitteln 1723
   1. Strafbarkeit des Arztes nach § 29 Abs 1 S 1 Ziffer 6 a und b, Abs 3, Abs 4 BtMG 1723
       a) Echtes Sonderdelikt 1723
       b) Objektiver Tatbestand 1723
       c) Ambulante Substitutionstherapie 1723
       d) Subjektiver Tatbestand 1725
       e) Einwilligung des Patienten 1725
       f) Irrtumsfälle 1725
       g) Versuchsstrafbarkeit 1726
       h) Strafschärfungen und -minderungen 1726
   2. Strafbarkeit nach § 29 Abs 1 S 1 Ziffer 14 BtMG 1726
   3. Ordnungswidrigkeiten 1726
   4. Strafbarkeit des Arztes nach §§ 222, 223 ff, 229 StGB 1727

Inhaltsverzeichnis

    a) Vorsätzliche und fahrlässige Körperverletzung 1727
    b) Einwilligung in ein Tun oder Unterlassen 1728
    c) Das Prinzip der Selbstverantwortung und seine Folgen 1729

§ 148. Klinische Arzneimittelprüfung 1731
 I. Die Zielsetzungen des AMG 1734
 II. Präklinische und klinische Prüfung 1734
  1. Die präklinische Prüfung (§ 40 Abs 1 Nr 5 AMG) 1734
  2. Die klinische Prüfung (§ 40 AMG) 1735
    a) Vier Prüfungsphasen 1735
    b) Experiment und Heilversuch 1736
    c) Vergleichbarkeit und Zufallsauswahl 1737
  3. Klinische Prüfverfahren und Placebo-Effekt 1737
    a) Der „offene" Versuch 1737
    b) Der „einfache Blindversuch" 1737
    c) Der „Doppelblindversuch" 1737
 III. Strafrechtliche Probleme 1738
  1. Die Strafvorschriften des AMG 1738
    a) Rechtsnatur und Adressaten des § 96 Nr 10 AMG 1738
    b) Allgemeine und besondere Tatbestandsvoraussetzungen 1738
    c) Klinische Prüfung an Gesunden 1738
    d) Klinische Prüfung an Kranken 1739
  2. Sanktionen nach § 96 Nr 11 und § 97 Abs 2 Nr 9 und 31 1739
  3. Klinische Prüfung an Geschäftsunfähigen 1739
    a) Die frühere Mindermeinung 1740
    b) Die iSd hL geänderte Rechtslage 1740
  4. Zur strafrechtlichen Problematik der Verwendung von Placebo-Präparaten 1740
    a) Gabe eines Placebo 1741
    b) Unterlassung der Placebogabe 1741
    c) Mutmaßliche Einwilligung 1742
  5. Off-Label Use versus Standardpräparat 1742
  6. Off-Label Use 1742
  7. BtMG lex specialis gegenüber AMG 1743
  8. Strafbarkeit des Doping 1743

§ 149. Ärztliche Sterbehilfe 1743
 I. Die maßgeblichen Orientierungspunkte und Differenzierungen 1748
  1. Vorrangigkeit des Lebensschutzes 1748
  2. Grenzen der Behandlungspflicht 1748
  3. Rechtswidrigkeit der Selbsttötung 1748
  4. Teilnahme am Selbstmord ein Berufsvergehen 1748
  5. Pflicht zur Basisversorgung 1749
  6. Maßgeblichkeit der medizinischen Indikation 1749
  7. Aktive-passive, direkte-indirekte Sterbehilfe 1750
    a) Direkte aktive Sterbehilfe 1750
    b) Indirekte aktive Sterbehilfe 1750
    c) Passive Sterbehilfe 1751
    d) Unterlassen trotz Handeln 1753
    e) Extremsituation 1754
  8. Verbot des Handelns gegen den Patientenwillen 1755
  9. Sonderbehandlung des Selbstmörders 1755
 II. Die ärztliche Hilfeleistungspflicht gegenüber dem Selbstmörder 1755
  1. Selbstmord als „Unglücksfall" 1755
  2. Haftung wegen eines unechten Unterlassungsdelikts 1756
  3. Rettungspflichten gegenüber bewusstseinsklaren Suizidenten 1757
 III. Grenzen der Behandlungspflicht bei schwerstgeschädigten Neugeborenen 1757

§ 150. Arzt und Straßenverkehr 1758
 I. Allgemeine Verkehrsmedizin 1760
 II. Verkehrsmedizinische Aufklärungs- und Hinweispflichten des Arztes 1760

Inhaltsverzeichnis

 III. Verkehrssicherheit und ärztliche Schweigepflicht 1766
 IV. Rechtfertigung ärztlicher Verkehrsverstöße 1768
 V. Ärztliche Hilfspflicht und Wartepflicht nach Verkehrsunfällen 1770
 VI. Ärztliche Zwangsmaßnahmen 1770
 VII. Ärztliche Sonderrechte 1772

§ 151. Abrechnungsbetrug 1772
 I. Begriff und empirischer Hintergrund 1775
 II. Die typischen Fallgestaltungen im Vertragsarztbereich 1778
 III. Untypische Fallgestaltungen im Vertragsarztbereich 1779
 IV. Rechtliche Würdigung 1779
  1. Die tatbestandlichen Voraussetzungen 1779
  2. Beweisprobleme 1785
 V. Abrechnungsbetrug im GOÄ-Liquidationsbereich 1787
 VI. Sonstige Tatbestände 1789
 VII. Prozessuale Fragen 1789
  1. Der „Anfangsverdacht" 1789
  2. Durchsuchung und Beschlagnahme 1789
  3. Probleme der Sachverhaltsermittlung und Schadensfeststellung 1791
  4. Einzelfälle 1792
 VIII. Strafrechtliche, berufsrechtliche und vertragsarztrechtliche Folgen des Abrechnungsbetruges 1794
  1. Freiheitsstrafe und (oder) Geldstrafe 1794
  2. Berufsverbot 1794
  3. Berufsgerichtliche Sanktionen 1795
  4. Rücknahme, Widerruf und Ruhen der Approbation 1796
  5. Die kassenarztrechtlichen Folgen des Abrechnungsbetrugs 1798
   a) Rückerstattung des Honorars 1798
   b) Disziplinarverfahren 1798
   c) Verfahren vor dem Zulassungsausschuss 1798
 IX. Ausblick 1800

§ 152. Industriesponsoring und Vorteilsannahme/Bestechlichkeit 1801
 I. Einleitung 1804
 II. Einzelfälle betreffend Ärzte (Vorteilsannahme und Bestechlichkeit) 1807
 III. Einzelfälle betreffend Firmenangehörige (Vorteilsgewährung und Bestechung) 1816
 IV. Erläuterungen zu den einschlägigen Tatbeständen (§§ 331 und 332 StGB) 1817
  1. Vorteilsannahme (§ 331 StGB) 1817
   a) Der Amtsträgerbegriff 1817
   b) Das Tatbestandsmerkmal „Dienstausübung" 1819
   c) Der Vorteilsbegriff 1820
   d) Das Tatbestandsmerkmal der „Unrechtsvereinbarung" 1826
   e) Vorsatz und Irrtumsfälle 1828
  2. Vollendung, Beendigung und Verjährung 1829
  3. Der Rechtfertigungsgrund der Genehmigung nach § 331 Abs 3 StGB 1829
  4. Der Tatbestand der Bestechlichkeit (§ 332 StGB) 1831
 V. Bestechlichkeit im geschäftlichen Verkehr (§ 299 Abs 1 StGB) 1833
  1. Das geschützte Rechtsgut 1833
  2. Sonderdelikt für Angestellte und Beauftragte 1833
  3. Geschäftlicher Betrieb 1835
  4. Der Begriff des Vorteils 1836
  5. Die „unlautere" Bevorzugung 1836
  6. Vorsatz und Irrtum 1836
  7. Strafantrag und „besonderes öffentliches Interesse" 1836
  8. Privatklagedelikt 1837
  9. Genehmigung ohne Rechtfertigungswirkung 1837
 VI. Grundprinzipien der Zusammenarbeit von Arzt und Industrie 1837
  1. Das Trennungsprinzip 1838
  2. Das Transparenzprinzip 1838
  3. Das Dokumentationsprinzip 1838
  4. Das Prinzip der Bargeldlosigkeit 1838

Inhaltsverzeichnis

	5. Das Prinzip der Kontendistanz	1838
	6. Das Prinzip der Fremdnützigkeit	1838
	7. Das Prinzip der Verhältnismäßigkeit	1838
VII.	Dienst-, berufs- und disziplinarrechtliche Aspekte des Industriesponsoring	1838
	1. Beamtete Ärzte	1838
	2. Angestellte Ärzte	1839
	3. Berufsrechtliche Schranken	1839

§ 153. (Vertragsarzt-)Untreue ... 1842
  I. Zur tatbestandlichen Weite des § 266 StGB ... 1842
    1. Die Grundsatzentscheidung zur Drittmitteleinwerbung ... 1843
    2. Keine Vermögensbetreuungspflicht des Vertragsarztes (LG Halle) ... 1843
    3. Keine spezifische Vermögensbetreuungspflicht des Chefarztes (LG Mainz) ... 1844
    4. Keine Untreue durch vertretbaren Vergleich ... 1844
  II. Der Vertragsarzt als Vertreter der Krankenkassen ... 1845
    1. Untreue durch nicht indizierte Verschreibung ... 1845
    2. Untreue durch Verordnung überteuerten Praxisbedarfs ... 1845
    3. Untreue durch vollmachtslosen Vertreter ... 1845
    4. Untreue durch Nichtangabe von Erstattungen ... 1846
    5. Kritik an der BGH-Judikatur ... 1846

§ 154. Strafbare Werbung und gewerbliche Betätigung des Arztes ... 1847
  I. Werbung und Standesrecht ... 1849
    1. Das allgemeine Werbeverbot für Ärzte ... 1849
    2. Ausnahmen vom allgemeinen Werbeverbot und Umgehungsversuche ... 1852
  II. Strafbare ärztliche Werbung ... 1854
    1. Strafbarkeit nach § 16 Abs 1 UWG ... 1854
      a) Zum objektiven Tatbestand ... 1854
      b) Der subjektive Tatbestand (Vorsatzerfordernis und Irrtumsproblematik) ... 1855
    2. §§ 3, 14 Heilmittelwerbegesetz (HWG) ... 1856
    3. Ordnungswidrigkeiten nach HWG ... 1859
    4. Straftaten und Ordnungswidrigkeiten nach der Gewerbeordnung ... 1860
    5. Werbung für den Abbruch der Schwangerschaft ... 1860

§ 155. Zwangsbehandlung und Strafvollzug ... 1861
  I. Begriffsbestimmung und Problemstellung ... 1863
    1. Begriffsbestimmung ... 1863
    2. Die besondere Problematik der Zwangsbehandlung im Strafvollzug ... 1864
  II. Die gesetzliche Regelung ... 1864
    1. Die Rechtsentwicklung ... 1864
    2. Die geltende Rechtslage ... 1865
    3. Kritik der gesetzlichen Regelung ... 1867
      a) Offenheit des Zumutbarkeitsbegriffs ... 1867
      b) Die Verhältnismäßigkeitsschranke ... 1868
      c) Alternative Zwangsmaßnahmen ... 1869
      d) Die „freie Willensbestimmung" ... 1869
      e) Ärztliche Anordnungskompetenz ... 1870
    4. Kein Zwangsernährungsrecht ... 1871
    5. Einzelfragen ... 1872
      a) Zwangsweise medizinische Untersuchungen ... 1872
      b) Die Selbstmordproblematik ... 1875
      c) Behandlungsverweigerung ... 1875
      d) §§ 63, 64 StGB keine Rechtsgrundlage für ärztliche Eingriffe ... 1876
      e) Umfang der Behandlung ... 1876
      f) Ärztliche Schweigepflicht ... 1876
      g) Gesetzliche Offenbarungsbefugnisse ... 1878
      h) Prüfung der Haft-, Vollzugs- und Gewahrsamspflicht ... 1878

Sachverzeichnis ... 1879

Inhaltsverzeichnis

Rechtsprechung – auf beiliegender CD-Rom
(Die Kapitel 24–26 sind ausschließlich auf beiliegender CD-Rom enthalten)

Detaillierte Inhaltsübersicht der Rechtsprechungskapitel 24 bis 26

24. Kapitel. Rechtsprechung zu typischen Fallgruppen der Haftung für Behandlungsfehler *(Kern)*

- § 156. Therapiewahl
- § 157. Arbeitsteilung und Übernahmeverschulden
- § 158. Diagnosefehler
- § 159. Allgemeine Behandlungsfehler
- § 160. Operationszwischenfälle
- § 161. Besondere ärztliche Eingriffe
- § 162. Schadensminderungspflicht

25. Kapitel. Rechtsprechung zu typischen Fallgruppen der Haftung für mangelhafte Einwilligung und Aufklärung *(Kern)*

- § 163. Einwilligung
- § 164. Aufklärung, Allgemeine Regeln
- § 165. Selbstbestimmungsaufklärung
- § 166. Operationsabbruch, Operationserweiterung
- § 167. Beratungspflicht
- § 168. Aufklärung über wirtschaftliche Belange

26. Kapitel. Rechtsprechung zu typischen Fallgruppen der Haftung nach ärztlichen Fachbereichen in alphabetischer Ordnung *(Kern)*

- § 169. Allgemeinmedizin
- § 170. Anästhesie
- § 171. Chiropraktik
- § 172. Chirurgie
- § 173. Durchgangsarzt
- § 174. Gesundheitsamt
- § 175. Gynäkologie
- § 176. Hautarzt
- § 177. HNO-Bereich
- § 178. Internistischer Bereich
- § 179. Kinderheilkunde
- § 180. Kosmetische/Plastische Chirurgie

Inhaltsverzeichnis

§ 181. Labormedizin
§ 182. Naturheilkunde
§ 183. Neurochirurgie
§ 184. Neurologie
§ 185. Notarzt
§ 186. Ophthalmologie
§ 187. Orthopädie
§ 188. Pathologie
§ 189. Proktologie
§ 190. Psychiatrie
§ 191. Psychotherapie
§ 192. Radiologie
§ 193. Unfallchirurgie
§ 194. Urologie
§ 195. Zahnmedizin

Abkürzungsverzeichnis
ä, ö, ü sind wie a, o, u eingegliedert

aA	andere(r) Ansicht
AABG	Arzneimittelausgaben-Begrenzungsgesetz
AAK	Atemalkoholkonzentration
aaO	am angegebenen Ort
ÄAppO	Approbationsordnung für Ärzte
ÄArbVtrG	Gesetz über befristete Arbeitsverträge mit Ärzten in der Weiterbildung
ABAG	Gesetz zur Ablösung des Arznei- und Heilmittelbudgets (Arzneimittelbudget-Ablösungsgesetz – ABAG) v 19. 12. 2001 (BGBl I S. 3773)
ABGB	Allgemeines Bürgerliches Gesetzbuch Österreich
abgedr	abgedruckt
AbgrV	Verordnung über die Abgrenzung der im Pflegesatz nicht zu berücksichtigenden Investitionskosten von den pflegesatzfähigen Kosten der Krankenhäuser (Abgrenzungsverordnung)
AbkÄBg	Abkommen Ärzte-Berufsgenossenschaften
abl	ablehnend(en)
ABl	Amtsblatt
ÄBl	Ärzteblatt (Zeitschrift)
ABl EG	Amtsblatt der Europäischen Gemeinschaften; ab 1968: Ausgabe C: Mitteilungen und Bekanntmachungen Ausgabe L: Rechtsvorschriften
Abs	Absatz
Abschn	Abschnitt
Abt	Abteilung
AcP	Archiv für civilistische Praxis (Zeitschrift)
ADAC	Allgemeine Deutsche Automobil-Club e.V.
ADHS	Aufmerksamkeitsdefizit-Hyperaktivitätssyndrom
aE	am Ende
AE	Alternativentwurf
AEKV	Arzt-Ersatzkassen-Vertrag
aF	alte Fassung
AFG	Arbeitsförderungsgesetz
AG	Aktiengesellschaft, Amtsgericht, Ausführungsgesetz
AGB	Allgemeine Geschäftsbedingungen
AGBG	Gesetz zur Regelung des Rechts der Allgemeinen Geschäftsbedingungen
AGG	Allgemeines Gleichbehandlungsgesetz
AG-KHG	Gesetz zur Ausführung des Krankenhausfinanzierungsgesetzes
ÄGuV	Gebühren- und Vertragsrecht Ärzte
AHB	Allgemeine Haftpflichtversicherungs-Bedingungen
AHRS	Ankermann/Kullmann (Hrsg.), Arzthaftpflicht-Rechtsprechung. Ergänzbare Rechtsprechungssammlung zur gesamten Arzthaftpflicht einschließlich der Haftung von Krankenhausträger
AIDS	Acquired Immune Deficiency Syndrome
AIFO	Aids-Forschung (Zeitschrift)
ains (Anästh u Intensivmed) . . .	Anästhesiologie, Intensivmedizin, Notfallmedizin, Schmerztherapie (Zeitschrift)
AiP	Arzt im Praktikum
allg	allgemein
allgM	allgemeine Meinung
ALR	Allgemeines Landesrecht für die Preußischen Staaten von 1794

Abkürzungen

aM	am Main
aM	anderer Meinung
ÄM	Ärztliche Mitteilungen (ab 1964 Deutsches Ärzteblatt)
AMG	Arzneimittelgesetz
AMRL	Arzneimittel-Richtlinien des Bundesausschusses der Ärzte und Krankenkassen
AmtlBegr	Amtliche Begründung
AmtsBl	Amtsblatt
AMVV	Verordnung über die Verschreibungspflicht von Medikamenten
Anästh u Intensivmed	Anästhesiologie und Intensivmedizin (Zeitschrift der Deutschen Gesellschaft für Anästhesiologie und Intensivmedizin; Berufsverband Deutscher Anästhesisten)
Anästhesist	Der Anästhesist (Zeitschrift der Deutschen Gesellschaft für Anästhesie und Wiederbelebung)
ÄndG	Änderungsgesetz
ÄndVO	Änderungsverordnung
angef	angeführte
Anh	Anhang
Anl	Anlage
Anm	Anmerkung(en)
AnwBl	Anwaltsblatt (Zeitschrift)
AO	Abgabenordnung
AOK	Allgemeine Ortskrankenkasse(n)
AOLG	Arbeitsgemeinschaft der Obersten Landesgesundheitsbehörden
AOP	Ambulantes Operieren und stationsersetzende Eingriffe im Krankenhaus
AöR	Archiv des öffentlichen Rechts (Zeitschrift)
AP	Arbeitsrechtliche Praxis, Nachschlagewerk des Bundesarbeitsgerichts
ÄP	Ärztliche Praxis (Zeitschrift)
ApG, ApothG, ApoG	Gesetz über das Apothekenwesen
A+R	Zeitschrift für Arzneimittelrecht und Arzneimittelpolitik
ArbG, ArbGericht	Arbeitsgericht
ArbStoffV, ArbStoffVO	Arbeitsstoffverordnung
ArbuR	Arbeit und Recht
ArbZG	Arbeitszeitgesetz
Arch Gyn	Archives of Gynecology and Obstetrics (Zeitschrift)
AR-DRG	Australian Refined Diagnosis Related Groups
ArGe	Arbeitsgemeinschaft
Art	Artikel
ArVNG	Arbeiterrentenversichungs-Neuregelungsgesetz
Ärzte-ZV, ÄrzteZV	Zulassungsverordnung für Vertragsärzte
ArzthaftungsR	Arzthaftungsrecht
ArzthaftpflichtR	Arzthaftpflichtrecht
ArztKG	Der Arzt im Krankenhaus und im Gesundheitswesen (Zeitschrift)
Ärztl	Ärztliche
ÄrztlBerufsR	Ärztliches Berufsrecht
ArztR	Arztrecht (Zeitschrift)
arztrechtl	arztrechtliche
ASiG	Gesetz über Betriebsärzte, Sicherheitsingenieure und andere Fachkräfte für Arbeitssicherheit
AT	Allgemeiner Teil
AtomG	Atomgesetz
au	arbeitsunfähig
AU	Arbeitsunfähigkeit
AUB	Allgemeinen Unfallversicherungsbedingungen
Aufl	Auflage
AuK	Arzt und Krankenhaus (Zeitschrift)
Ausg	Ausgabe

Abkürzungen

AusR	Der Arzt und sein Recht, zitiert nach Jahrgang und Seite
Aussch	Ausschuss, Ausschüsse
AutVerschr	Verordnung über die automatische Verschreibungspflicht
AVB	Allgemeine Vertragsbedingungen
AVB/P	Allgemeine Versicherungsbedingungen für klinische Prüfungen von Arzneimitteln
AVG	Angestelltenversicherungsgesetz
AVR	Arbeitsvertragsrichtlinien
A & W	Arzt & Wirtschaft: erfolgreiches Praxismanagement (Zeitschrift)
AWB	Anwendungsbeobachtungen
AWMF	Arbeitsgemeinschaft der Wissenschaftlichen Medizinischen Fachgesellschaften
Az, AZ	Aktenzeichen
AZR	Arzt Zahnarzt Recht (Zeitschrift)
b	bei
BA	Bundesanstalt für Arbeit; Der Blutalkohol (Zeitschrift)
BABl	Bundesarbeitsblatt
BADK	Bundesarbeitsgemeinschaft Deutscher Kommunalversicherer
Bad.-Württ., bad-württ, BaWü, BW	Baden-Württemberg, baden-württembergisch
BAföG	Bundesausbildungsförderungsgesetz
BAG	Bundesarbeitsgericht
BAGE	Entscheidungen des Bundesarbeitsgerichts
BAK	Blutalkoholkonzentration
BÄK	Bundesärztekammer
BAnz	Bundesanzeiger (mit Beilage)
BÄO	Bundesärzteordnung
BAT	Bundesangestelltentarifvertrag
Bay, bay	Bayern, bayerisch
BB	Der Betriebs-Berater (Zeitschrift)
BBesG	Bundesbesoldungsgesetz
BBG	Bundesbeamtengesetz
BBiG	Berufsbildungsgesetz
BBR	Bundesamt für Bauwesen und Raumordnung
Bd	Band
BDA	Berufsverband Deutscher Anästhesisten
BDC	Berufsverband der Deutschen Chirurgen
BDO	Bundesdisziplinarordnung
BDSG	Bundesdatenschutzgesetz
BeamtStG	Beamtenstatusgesetz
BeamtVG	Gesetz über die Versorgung der Beamten und Richter des Bundes
bearb	bearbeitet
BeckRS	Beck-Rechtsprechung
BedarfsplRl-Ä	Bedarfsplanungs-Richtlinie-Ärzte
Begr	Begründung
Beil	Beilage
Beitr	Beitrag
BeitrEntlG	Gesetz zur Entlastung der Beiträge in der gesetzlichen Krankenversicherung
Bek	Bekanntmachung
BEMA	Bewertungsmaßstab zahnärztlicher Leistungen
Berl	Berlin
BerufG	Berufsgericht
BerufsGE	Heile/Mertens/Pottschmidt/Wandtke (Hrsg), Sammlung von Entscheidungen der Berufsgerichte für die Heilberufe
berufsrechtl	berufsrechtliche(n)
BErzGG	Bundeserziehungsgeldgesetz
Beschl	Beschluss
Bespr	Besprechung

Abkürzungen

BestattG, BestG	Bestattungsgesetz
BestV	Verordnung zur Durchführung des Bestattungsgesetzes
betr	betrifft, betreffend
BetrVerfG, BetrVG	Betriebsverfassungsgesetz
BeurkG	Beurkundungsgesetz
BewHi	Bewährungshilfe (Zeitschrift)
BezBerufsG f Ärzte	Bezirksberufsgericht für Ärzte
BfA	Bundesversicherungsanstalt für Angestellte
BfArM	Bundesinstitut für Arzneimittel und Medizinprodukte
BFH	Bundesfinanzhof
BFHE	Sammlung der Entscheidungen des Bundesfinanzhofs
BG	Berufsgenossenschaft(en), die BG (früher: Die Berufsgenossenschaft, Zeitschrift)
BGA	Bundesgesundheitsamt
BGB	Bürgerliches Gesetzbuch
BGBl I, II, III	Bundesgesetzblatt Teil I, II, III
BGH	Bundesgerichtshof
BGHSt	Entscheidungen des Bundesgerichtshofes in Strafsachen
BGHWarn	Rechtsprechung des Bundesgerichtshofs in Zivilsachen (Warneyer)
BGHZ	Entscheidungen des Bundesgerichtshofes in Zivilsachen
BGV	Berufsgenossenschaftliche Vorschriften
BHÄV	Bayrischer Hausärzteverband
BKA	Bundeskriminalamt
BKatV	Bußgeldkatalog-Verordnung
BKK	Die Betriebskrankenkasse (Zeitschrift)
BKVO	Berufskrankheitenverordnung
Bln	Berlin
BlnÄBl	Berliner Ärzteblatt (Zeitschrift)
BMA	Bundesminister(ium) für Arbeit und Sozialordnung
BMÄ	Bewertungsmaßstab für kassenärztliche Leistungen
BMELV	Bundesminister(ium) für Ernährung, Landwirtschaft und Verbraucherschutz
BMFJ	Bundesminister(ium) für Frauen und Jugend
BMFS	Bundesminister(ium) für Familie und Senioren
BMFT	Bundesminister(ium) für Forschung und Technologie
BMG	Bundesminister(ium) für Gesundheit
BMJ	Bundesminister(ium) der Justiz
BMU	Bundesminister(ium) für Umwelt
BMV-Ä	Bundesmantelvertrag-Ärzte
BMV-Z	Bundesmantelvertrag-Zahnärzte
BMZ	Bewertungsmaßstab für kassenzahnärztliche Leistungen
BNHO	Berufsverband der niedergelassenen Hämatologen und Onkologen
BOZ	Berufsordnung für Zahnärzte (in der Fassung der vom Deutschen Ärztetag beschlossenen Musterberufsordnung)
BPersVG	Bundespersonalvertretungsgesetz
BPflV	Bundespflegesatzverordnung
BPI	Bund Pharmazeutischer Industrie
BQS	Bundesgeschäftsstelle Qualitätssicherung
BR	Bundesrat
BRAO	Bundesrechtsanwaltsordnung
Brbg, Bbg	Brandenburg
BR Deutschland, BRD	Bundesrepublik Deutschland
BR-Drucks	Bundesratsdrucksache
BReg	Bundesregierung
Breith	Breithaupt, Sammlung von Entscheidungen aus dem Sozialrecht
Brem, brem	Bremen, bremisch
BrMedJ	British Medical Journal (Zeitschrift)
BRRG	Beamtenrechtsrahmengesetz
Brsg	Breisgau

Abkürzungen

BSG	Bundessozialgericht
BSGE	Entscheidungssammlung des Bundessozialgerichts
BSHG	Bundessozialhilfegesetz
BSichG	Gesetz zur Sicherung der Beitragssätze in der gesetzlichen Krankenversicherung und in der gesetzlichen Rentenversicherung
BStatG	Bundesstatistikgesetz
BT	Bundestag, Besonderer Teil
BT-Drucks	Bundestagsdrucksache
BTM	Betäubungsmittel
BtMÄG	Betäubungsmitteländerungsgesetz
BtMÄndV	Verordnung zur Änderung betäubungsmittelrechtlicher Vorschriften
BtMG	Gesetz über den Verkehr mit Betäubungsmitteln
BtMVV	Betäubungsmittelverschreibungsverordnung
BUBRL	Richtlinie zur Bewertung medizinischer Untersuchungs- und Behandlungsmethoden
Buchholz	Sammel- und Nachschlagewerk der Rechtsprechung des Bundesverwaltungsgerichts
Buchst	Buchstabe
BVerfG	Bundesverfassungsgericht
BVerfGE	Entscheidungssammlung des Bundesverfassungsgerichts
BVerfGG	Bundesverfassungsgerichtsgesetz
BVerwG	Bundesverwaltungsgericht
BVerwGE	Entscheidungen des Bundesverwaltungsgerichts
BVFG	Gesetz über die Angelegenheiten der Vertriebenen und Flüchtlinge (Bundesvertriebenengesetz)
BVG	Bundesversorgungsgesetz
BW, bw	Baden-Württemberg, baden-württembergisch
bzw	beziehungsweise
ca	cirka
CDU/CSU	Christlich Demokratische Union Deutschlands/Christlich-Soziale Union in Bayern
Chirurg	Der Chirurg. Zeitschrift für alle Gebiete der operativen Medizin (Berufsverband der Deutschen Chirurgen e. V.)
CR	Computer und Recht (Zeitschrift)
CT	Computertomographie
CTA	Chirurgisch-Technische Assistent(in)
CTG	Kardiotokographie
d	der, die, das, des, durch
D	Deutsche
DÄBl	Deutsches Ärzteblatt (Zeitschrift)
DAI	Deutsches Anwaltsinstitut
DAR	Deutsches Autorecht (Zeitschrift)
DÄT	Deutscher Ärztetag
DAV	Deutscher Anwaltsverein, Rundbrief des Deutschen Instituts für Vormundschaftswesen
DAVorm	Der Amtsvormund (Zeitschrift)
DAZ	Deutsche Apotheker Zeitung
DB	Der Betrieb (Zeitschrift)
DDR	Deutsche Demokratische Republik
ders	derselbe
DeutschVersR	Deutsches Versicherungsrecht (Zeitschrift)
DGAI	Deutsche Gesellschaft für Anästhesiologie und Intensivmedizin e.V.
DGHS	Deutsche Gesellschaft für humanes Sterben
DGK	Deutschen Gesellschaft für Kardiologie
dgl	dergleichen
DGMR	Deutsche Gesellschaft für Medizinrecht
dh	das heißt

Abkürzungen

dies	dieselbe(n)
DIMDI	Deutsches Institut für Medizinische Dokumentation und Information
DIR	Deutsches IVF-Register
Diss	Dissertation
DJT	Deutscher Juristentag
DKG	Deutsche Krankenhausgesellschaft
DKG-NT	Tarif der Deutschen Krankenhausgesellschaft für die Abrechnung erbrachter Leistungen und für die Erstattung vom Arzt an das Krankenhaus
DKI	Deutsches Krankenhaus Institut e.V.
DKVG	Deutsche Krankenhaus Verlagsgesellschaft
DM	Deutsche Mark
DMP	Disease-Management-Programm
DMW	Deutsche Medizinische Wochenschrift (Zeitschrift)
DNA	Desoxyribonukleinsäure (deoxyribonucleic acid)
DÖD	Der öffentliche Dienst (Zeitschrift)
DOK	Deutsche Ortskrankenkasse, Die Ortskrankenkasse (Zeitschriften)
DÖV	Die öffentliche Verwaltung (Zeitschrift)
DR	Deutsches Recht (Zeitschrift)
DRG	Diagnosis Related Groups (Fallpauschalen)
DRiZ	Deutsche Richterzeitung
DRK	Deutsches Rotes Kreuz
Drs	Drucksachen
DSO	Deutsche Stiftung Organtransplantation
DStR	Deutsches Steuerrecht (Zeitschrift)
dt	deutsch(e)
Dt	Deutsche
Dtsch zahnärztl Z	Deutsche Zahnärztliche Zeitschrift
dtv	Deutscher Taschenbuch Verlag
DtZ	Deutsch-Deutsche Rechts-Zeitschrift
DUD	Datenschutz und Datensicherheit
DVBl	Deutsches Verwaltungsblatt (Zeitschrift)
DVO-GesVereinhG	Durchführungsverordnung zum Gesetz über die Vereinheitlichung des Gesundheitswesens
DVO-GFaG	Durchführungsverordnung zum Gesetz über die Führung akademischer Grade
DZSM	Deutsche Zeitschrift für Sportmedizin
ebd, ebda	ebenda
EBE	Eildienst Bundesgerichtliche Entscheidungen
EBM	Einheitlicher Bewertungsmaßstab für ärztliche Leistungen (früher gem. § 368 g Abs 4 RVO, jetzt gem. § 87 SGB V)
EDTA	European Dialysis and Transplant Association
EDV	Elektronische Datenverarbeitung
EEG	Elektroenzephalografie
EFZG	Gesetz über die Zahlung des Arbeitsentgelts
EG	Europäische Gemeinschaften, Einführungsgesetz
EGMR	Europäischer Gerichtshof für Menschenrechte
E-GO	Ersatzkassen-Gebührenordnung (neu)
EGStGB	Einführungsgesetz zum Strafgesetzbuch
EGV	Vertrag zur Gründung der Europäischen Gemeinschaft
EGZPO	Gesetz, betreffend die Einführung der Zivilprozessordnung
EIFT	In-vitro-Fertilisation mit intratubarem Embryotransfer
Einf	Einführung
Einl	Einleitung
EinV	Vertrag zwischen der Bundesrepublik Deutschland und der Deutschen Demokratischen Republik über die Herstellung der Einheit Deutschlands – Einigungsvertrag
EKD	Evangelische Kirche in Deutschland
EKG	Elektrokardiogramm
EKV-Ä	Ersatzkassen-Vertrag Ärzte

Abkürzungen

elterl	elterlich
EMEA	Europäische Arzneimittel-Agentur (The European Agency for the Evaluation of Medicinal Products)
EMRK	Europäische Kommission für Menschenrechte
EMRÜ	Europäisches Menschenrechtsübereinkommen
EMU	Anordnung über die „Erweiterung der materiellen Unterstützung" 1974 (DDR)
EntgFG	Gesetz über die Zahlung des Arbeitsentgelts an Feiertagen und im Krankheitsfall
entspr	entsprechend
EPH-Gestose	Edema (Ödeme), Proteinurie, Hypertonie – Gestose
ErbGesG	Gesetz zur Verhütung erbkranken Nachwuchses
erg	ergänzend
Erg-Lfg	Ergänzungslieferung
erhebl	erhebliche(n/r)
Erl	Erläuterung
ErsK	Ersatzkasse(n), Die Ersatzkasse (Zeitschrift)
ESchG	Embryonenschutzgesetz
eSET	electiv Single-Embryo-Transfer
ESK	Entscheidungssammlung Krankenhaus
EStG	Einkommensteuergesetz
ESVGH	Entscheidungen des Hessischen Verwaltungsgerichtshofs und des Verwaltungsgerichtshofs in Baden-Württemberg
ET	Embryonentransfer
etc	et cetera
Ethik Med	Ethik in der Medizin (Zeitschrift)
EU	Europäische Union
EuBestG	EU-Bestechungsgesetz
EU-DSRL	Europäische Datenschutzrichtlinie
EuGH	Europäischer Gerichtshof
EuGHE	Sammlung der Rechtsprechung des Gerichtshofes der Europäischen Gemeinschaften
EuGMR	Europäischer Gerichtshof für Menschenrechte
EuGRZ	Europäische Grundrechte-Zeitschrift
EuR	Zeitschrift Europarecht
EUREPORTsocial	Europäisches Nachrichtenmagazin der Deutschen Sozialversicherung
Europ Gem	Europäische Gemeinschaft
EuZW	Europäische Zeitschrift für Wirtschaftsrecht
eV	eingetragener Verein
EWG	Europäische Wirtschaftsgemeinschaft
EWiG	Entscheidungen zum Wirtschaftsrecht (Zeitschrift)
EWR	Abkommen über den Europäischen Wirtschaftsraum
f	(nur die) folgende Seite oder der folgende Paragraph
f	für
Fak	Fakultät
FallpauschalenG	Fallpauschalengesetz
FA Medizinrecht	Handbuch des Fachanwalts Medizinrecht
FamilienR	Familienrecht
FamRZ	Zeitschrift für das gesamte Familienrecht
FAZ	Frankfurter Allgemeine Zeitung
FDP	Freie Demokratische Partei
ff	folgende Seiten oder Paragraphen
Ffm	Frankfurt am Main
FS	Festschrift
FGG	Gesetz über die Angelegenheiten der freiwilligen Gerichtsbarkeit
FKK	Freikörperkultur
Fn	Fußnote
FPG	Gesetz zur Einführung des diagnose-orientierten Fallpauschalensystems für Krankenhäuser (Fallpauschalengesetz – FPG) v 23. 4. 2002 (BGBl I S. 1412)
FPÄndG	Fallpauschalenänderungsgesetz

Abkürzungen

FPR	Familie Partnerschaft Recht (Zeitschrift)
FPV	Fallpauschalenvereinbarung 2009
Frauenarzt	Der Frauenarzt (Zeitschrift)
FuR	Familie und Recht (Zeitschrift)
f & w	führen und wirtschaften im Krankenhaus (Zeitschrift)
G	Gesetz
GA	Goltdammer's Archiv für Strafrecht (Zeitschrift)
G-BA	Gemeinsame Bundesausschuss
GBl	Gesetzblatt
GBK	Gemeinsame Betriebskrankenkasse Köln
GBl-DDR I, II	Gesetzblatt DDR, Teil 1, 2
GbR	Gesellschaft bürgerlichen Rechts
GCP-Verordnung, GCP-VO	Verordnung über die Anwendung der Guten Klinischen Praxis bei der Durchführung von klinischen Prüfungen mit Arzneimitteln zur Anwendung am Menschen
G-DRG	German-Diagnosis Related Groups
geänd	geändert
Gebfra	Geburtshilfe und Frauenheilkunde (Zeitschrift)
Gedächtnisschr	Gedächtnisschrift
GedS	Gedenkschrift
Gegenw	Gegenwart
gem	gemäß
GenDG	Gesetz über genetische Untersuchungen bei Menschen (Gendiagnostikgesetz)
GenSt, GenStA	Generalstaatsanwaltschaft
GenTG	Gentechnikgesetz
Gerichtl, ger	gerichtlich(en)
ges	gesetzlich
GeschlKrG	Geschlechtskrankheitengesetz
Ges	Gesellschaft
GesetzE	Gesetzesentwurf, -entwürfe
GesR	Zeitschrift für Gesundheitsrecht
GewArch, GewA	Gewerbearchiv (Zeitschrift)
GewO	Gewerbeordnung
GewStG	Gewerbesteuergesetz
GFaG	Gesetz über die Führung akademischer Grade
GG	Grundgesetz für die Bundesrepublik Deutschland
G + G	Gesundheit und Gesellschaft (Zeitschrift)
GIFT	Intratubarer Gametentransfer
GKV	Gesetzliche Krankenversicherung
GKV-NOG	Neuordnungsgesetz zur Gesetzlichen Krankenversicherung
GKV-OrgWG	Gesetz zur Weiterentwicklung der Organisationsstrukturen in der gesetzlichen Krankenversicherung
GKV-RefG	Gesetz zur Reform der gesetzlichen Krankenversicherung ab dem Jahr 2000 (GKV-Gesundheitsreformgesetz 2000)
GKV-SolG	Gesetz zur Stärkung der Solidarität in der gesetzlichen Krankenversicherung
GKV-WSG	Gesetz zur Stärkung des Wettbewerbs in der gesetzlichen Krankenversicherung
GmbH	Gesellschaft mit beschränkter Haftung
GmbHR	GmbH-Rundschau (Zeitschrift)
GMG	Gesetz zur Modernisierung der gesetzlichen Krankenversicherung
GOÄ	Gebührenordnung für Ärzte
GOZ	Gebührenordnung für Zahnärzte
GPK	Gesellschaft für medizinische Prävention und Kommunikation
GPSG	Geräte- und Produktsicherheitsgesetz für Arzneimittel und Medizinprodukte
GRG	Gesetz zur Strukturreform im Gesundheitswesen (Gesundheits-Reformgesetz)
GRUR	Gewerblicher Rechtsschutz und Urheberrecht (Zeitschrift)
GSG	Gerätesicherheitsgesetz; Gesetz zur Sicherung und Strukturverbesserung der gesetzlichen Krankenversicherung (Gesundheitsstrukturgesetz)

Abkürzungen

GV NW	Gesetz- und Verordnungsblatt für das Land Nordrhein-Westfalen. Ausgabe A
GVBl	Gesetz- und Verordnungsblatt
GVG	Gerichtsverfassungsgesetz
GVOBl SH	Gesetz- und Verordnungsblatt für Schleswig-Holstein. Ausgabe A
GWB	Gesetz gegen Wettbewerbsbeschränkungen
GwG	Gesetz über das Aufspüren von Gewinnen aus schweren Straftaten (Geldwäschegesetz)
gynäkol prax	Gynäkologische Praxis (Zeitschrift)
H	Hessisches
hA	herrschende Ansicht
HAH-Titer	Hämagglutinationshemmer
Hamb	Hamburg(er)
HBFG	Hochschulbauförderungsgesetz
Hbg, hbg	Hamburg, hamburgisch
Hdb, Hb	Handbuch
HebG, HebammenG	Hebammengesetz
HeilbG	Heilberufegesetz
HeilbGE	Entscheidungen der Berufsgerichte für die Heilberufe
HeilbKG	Heilberufekammergesetz
HeilpraktG	Heilpraktikergesetz
Hess, hess	Hessen, hessisch
HGB	Handelsgesetzbuch
HIV	Humane Immundefizienz-Virus
HK-AKM	Heidelberger Kommentar Arztrecht Krankenhausrecht Medizinrecht
hL	herrschende Lehre
hM	herrschende Meinung
HNO-Arzt	Hals-Nasen-Ohren-Arzt
höchstrichterl	höchstrichterlich(e)
HPV	Humane Papillomviren
HRG	Hochschulrahmengesetz
HRR	Höchstrichterliche Rechtsprechung
Hrsg, hrsg	Herausgeber, herausgegeben
HS	Halbsatz
HTLV	Humanes T-lymphotropes Virus
HUK	Haftpflicht-Unterstützungs-Kasse
HVM	Honorarverteilungsmaßstab
HVV	Honorarverteilungsvertrag
HWG	Gesetz über die Werbung auf dem Gebiete des Heilwesens
HWS	Halswirbelsäule
HWSt	Handbuch Wirtschaftsstrafrecht
iaR	in aller Regel
ICSI	Intrazytoplasmatische Spermatozoeninjektion
idF	in der Fassung
idR	in der Regel
idS	in diesem Sinne
ieS	im engeren Sinne
IfSG, IfSchG	Gesetz zur Verhütung und Bekämpfung von Infektionskrankheiten beim Menschen (Infektionsschutzgesetz – IfSG) v 20. 7. 2000 (BGBl I S. 1045)
IGeL	Individuelle Gesundheitsleistung
IKK	Innungskrankenkasse
im	intramuskulär
IMABE	Institut für medizinische Anthropologie und Bioethik
ImpfG	Impfgesetz
InEK	Institut für das Entgeltsystem im Krankenhaus
InfektionsschutzG	Gesetz zur Verhütung und Bekämpfung von Infektionskrankheiten beim Menschen, Infektionsschutzgesetz

Abkürzungen

insbes	insbesondere
InsBüro	Zeitschrift für Insolvenzsachbearbeitung und Entschuldungsverfahren
InsO	Insolvenzordnung
Inst	Institut
IQWiG	Institut für Qualität und Wirtschaftlichkeit im Gesundheitswesen
IRB	Institutional Review Board
iS	im Sinne
iSd	im Sinne der(s)
iSv	im Sinne von
iv	intravenös
IVEG	Insolvenzverwalter- und Entlohnungsgesetz
IVF	In-vitro-Fertilisation
iVm	in Verbindung mit
iwS	im weiteren Sinne
JA	Juristische Arbeitsblätter (Zeitschrift)
Jahrb, Jb	Jahrbuch
JAMA	The Journal of the American Medical Association
JArbSchG	Jugendarbeitsschutzgesetz
JArbSchUV	Verordnung über die ärztlichen Untersuchungen nach dem Jugendarbeitsschutzgesetz
JBl	Juristische Blätter (Zeitschrift)
JMBl, JBl	Justizministerialblatt
JR	Juristische Rundschau (Zeitschrift)
JStVollzG	Jugendstrafvollzugsgesetz
Jura	Juristische Ausbildung (Zeitschrift)
JurDis	Juristische Dissertationen
JurisPR	Juris Praxisreport (Online-Zeitschrift)
Jur-Vereinigung LebensR	Juristenvereinigung Lebensrecht
JuS	Juristische Schulung (Zeitschrift)
JVA	Justizvollzugsanstalt
JVBl	Justizverwaltungsblatt
JW	Juristische Wochenschrift (Zeitschrift)
JWG	Gesetz für Jugendwohlfahrt
JZ	Juristenzeitung
KAiG	Konzertierte Aktion im Gesundheitswesen
Kap	Kapitel
kassenärztl	kassenärztlich
KassKomm	Kasseler Kommentar
KastrG	Kastrationsgesetz
KBV	Kassenärztliche Bundesvereinigung
KEA	Krankenhaus-Entgelt-Ausschuss
KG	Kammergericht (Berlin), Kammergesetz
KH	Das Krankenhaus (Zeitschrift)
KHAV	Krankenhausaufnahmevertrag
KHA	Der Krankenhausarzt (Zeitschrift)
KHBV	Krankenhausbuchführungsverordnung
KHE	Entscheidungen zum Krankenhausrecht
KHEntgG	Gesetz über die Entgelte für voll- und teilstationäre Krankenhausleistungen (Krankenhausentgeltgesetz – KHEntgG) v 23. 4. 2002 (BGBl I S. 1412); verkündet als Art 5 des FPG
KHG	Gesetz zur wirtschaftlichen Sicherung der Krankenhäuser und Regelung der Krankenhauspflegesätze (Krankenhausfinanzierungsgesetz) v 29. 6. 1972 (BGBl I S. 1009)
KHGG	Krankenhausgestaltungsgesetz
KHKG	Krankenhauskostendämpfungsgesetz (KHG 1981)
KHNG	Krankenhausneuregelungsgesetz (KHG 1984)

Abkürzungen

KHR	Krankenhaus Recht (Zeitschrift)
KHRG	Gesetz zum ordnungspolitischen Rahmen der Krankenhausfinanzierung ab dem Jahr 2009 (Krankenhausfinanzierungsreformgesetz)
KHStatV	Verordnung über die Bundesstatistik für Krankenhäuser, Krankenhausstatistik-Verordnung
KJ	Kritische Justiz (Zeitschrift)
KK	Krankenkasse(n)
KK	Karlsruher Kommentar zur StPo
KliFoRe	Klinische Forschung und Recht (Zeitschrift)
klin	klinisch
Klin Onkologie	Zeitschrift für Krebsforschung und klinische Onkologie
KMR	Kleinknecht/Müller/Reitberger – Kommentar zu StPO
Knie-TEP	Kniegelenk-Totalendoprothese
Komm	Kommentar
KrG	Krankenhausgesetz
krit	kritisch
KritJ	Kritische Justiz (Zeitschrift)
KritV	Kritische Vierteljahresschrift für Gesetzgebung und Rechtswissenschaft (Zeitschrift)
KrPflG	Krankenpflegegesetz
KRS	Behrends/Gerdelmann, Krankenhaus-Rechtsprechung. Ergänzbare Sammlung der Entscheidungen aus dem gesamten Krankenhauswesen
KrV	Die Krankenversicherung (Zeitschrift)
KSchG	Kündigungsschutzgesetz
KStG	Körperschaftssteuergesetz
KSVG	Künstlersozialversicherungsgesetz
ku	Krankenhausumschau (Zeitschrift)
KV	Kassenärztliche Vereinigung
KVEG	Gesetz zur Ergänzung und Verbesserung der Wirksamkeit kostendämpfender Maßnahmen in der Krankenversicherung, Kostendämpfungs-Ergänzungsgesetz
KVWG	Krankenversicherungs-Weiterentwicklungsgesetz
KVWL	Kassenärztliche Vereinigung Westfalen-Lippe
KWMBl	Amtsblatt der Bayerischen Staatsministerien für Unterricht und Kultus und Wissenschaft und Kunst
kzä	kassenzahnärztlich
KZBV	Kassenzahnärztliche Bundesvereinigung
KZV	Kassenzahnärztliche Vereinigung
LAG	Landesarbeitsgericht
LAGE	Landesarbeitsgerichtsentscheidung
LÄK	Landesärztekammer
LBerufsG f Heilber	Landesberufsgericht für Heilberufe
LBG	Landesbeamtengesetz
LDSG	Landesdatenschutzgesetz
Lehrb	Lehrbuch
Lfg	Lieferung
LFZ	Lohnfortzahlung
LFZG	Lohnfortzahlungsgesetz
LG	Landgericht
li	linke
LK	Leipziger Kommentar
LKA	Leistungs- und Kalkulationsaufstellung
LKG, LKHG	Landeskrankenhausgesetz
LM, LMK	Lindenmaier-Möhring, Nachschlagewerk des Bundesgerichtshofes
LMBG	Lebensmittel- und Bedarfsgegenständegesetz
LMK	Landeszentrale für Medien und Kommunikation
Losebl	Loseblattsammlung
LPartG	Gesetz über die Eingetragene Lebenspartnerschaft, Lebenspartnerschaftsgesetz

Abkürzungen

Ls	Leitsatz
LSA	Land Sachsen-Anhalt
LSG	Landessozialgericht
LT-Drucks	Landtags-Drucksache(n)
LVA	Landesversicherungsanstalt(en)
LVwG	Landesverwaltungsgesetz
m	mit
MAfA	Medizinische Assistent(in) für Anästhesie
max.	maximal
MBKK	Musterbedingungen für die Krankheitskosten- und Krankenhaustagegeldversicherung
MBO	Musterberufsordnung
MBO-Ä	Musterberufsordnung Ärzte, hier abgedruckt als Anhang zum 1. Kapitel
MBO-Z	Musterberufsordnung Zahnärzte
MDC	Major Diagnostic Category
MdE	Minderung der Erwerbsfähigkeit
MDK	Medizinischer Dienst der Krankenversicherung
MDR	Monatsschrift für Deutsches Recht (Zeitschrift)
m.E.	meines Erachtens, mit Einschränkung(en)
med.	medizinisch
MedGV	Verordnung über die Sicherheit medizinisch-technischer Geräte
MedizinR	Medizinrecht
MedKlin	Medizinische Klinik (Zeitschrift)
MedR	Medizinrecht (Zeitschrift)
MedSach	Der medizinische Sachverständige. Mit Beilage: REHA (Zeitschrift)
MedWelt	Die Medizinische Welt (Zeitschrift)
mg	Milligramm
MHK	Management Handbuch Krankenhaus
Min., min.	Minuten, minimal
MinBl	Ministerialblatt
mitget	mitgeteilt
Mitt	Mitteilungen
MittHV	Mitteilungen des Hochschullehrerverbandes (Zeitschrift)
MKG-Chirurg	Mund-Kiefer-Gesichts-Chirurg
MM	Medizinische Materialien
mmHg	Millimeter Quecksilbersäule
MMW	Münchener Medizinische Wochenschrift (Zeitschrift)
MonSchrKrim	Monatsschrift für Kriminologie und Strafrechtsreform (Zeitschrift)
MPBetreibV	Verordnung über das Errichten, Betreiben und Anwenden von Medizinprodukten
MPG	Medizinproduktegesetz
MPVerschrV	Verordnung über die Verschreibungspflicht von Medizinprodukten
Mrd	Milliarden
MRT	Magnet-Resonanz-Topograph
MSchrKrim, MSchrKrimBiol	Monatsschrift für Kriminologie und Strafrechtsreform (Zeitschrift)
MTA	Medizinisch-technische(r) Assistent(in)
MTRA	Medizinisch-technische(r) Radiologieassistent(in)
MuBO	Musterberufsordnung Ärzte
MünchHdbArbR	Münchener Handbuch zum Arbeitsrecht
MünchKomm	Münchener Kommentar zum Bürgerlichen Gesetzbuch
MuWO	Muster-Weiterbildungsordnung
M-V, MV	Mecklenburg-Vorpommern
MVZ	Medizinisches Versorgungszentrum
MWBO	(Muster-)Weiterbildungsordnung
mwN	mit weiteren Nachweisen
mWv	mit Wirkung vom

Abkürzungen

N	Niedersachsen
NA-Beschl	Nichtannahmebeschluss
nachst	nachstehend
NAV	Verband der niedergelassenen Ärzte
Nds, nds	Niedersachsen, niedersächsisch
NdsRpfl	Niedersächsische Rechtspflege (Zeitschrift)
nF	neue Fassung
NF	Neue Folge
NJOZ	Neue Juristische Online-Zeitschrift
NJW	Neue Juristische Wochenschrift (Zeitschrift)
NJWE-VHR, NJW-RR	NJW – Rechtsprechungsreport (Zeitschrift)
NJW-VHR	Neue Juristische Wochenschrift Entscheidungsdienst Versicherungs- und Haftungsrecht (Zeitschrift)
NK	Neue Kriminalpolitik (Zeitschrift)
NOG	Neuordnungsgesetz
NotZ	Zeitschrift für das Notariat
Nr	Nummer(n)
NRW	Nordrhein-Westfalen
NStZ	Neue Zeitschrift für Strafrecht (Zeitschrift)
NStZ-RR	NStZ – Rechtssprechungsreport (Zeitschrift)
NUB	Neue Untersuchungs-oder Behandlungsmethode
NVwZ	Neue Zeitschrift für Verwaltungsrecht
NVwZ-RR	NVwZ – Rechtsprechungsreport (Zeitschrift)
NW, nw	Nordrhein-Westfalen, nordrhein-westfälisch
NZA	Neue Zeitschrift für Arbeits- und Sozialrecht
NZM	Neue Zeitschrift für Miet- und Wohnungsrecht
NZS	Neue Zeitschrift für Sozialrecht
NZV	Neue Zeitschrift für Verkehrsrecht
o	oben
oa	oben angegeben
ObLGSt	Entscheidungen des Obersten Landesgerichts in Strafsachen
ObLGZ	Entscheidungen des Obersten Landesgerichts in Zivilsachen
öff	öffentlich
OGH	Oberster Gerichtshof (Österreich)
OGHSt	Entscheidung(en) des Obersten Gerichtshofs in Strafsachen für die Britische Zone; Oberster Gerichtshof in Strafsachen der Republik Österreich
OHG	Offene Handelsgesellschaft
oJ	ohne Jahr
ÖJZ	Österreichische Juristen-Zeitung
OLG	Oberlandesgericht
OLGZ, ObLGZ	Entscheidungen der Oberlandesgerichte in Zivilsachen
OP	Operation
Öst, öst	Österreich, österreichisch
OTA	Operationstechnische Assistentinnen/Assistenten
OTC	„over the counter"
OVG	Oberverwaltungsgericht
OWiG	Gesetz über Ordnungswidrigkeiten
PACS	Picture Archiving and Communication System
PartGG	Gesetz über Partnerschaftsgesellschaften Angehöriger Freier Berufe (Partnerschaftsgesellschaftsgesetz)
PET	Positronen-Emissions-Tomographie
Pf	Pfennige
Pflege-PR	Pflege-Personalregelung
PflegeR, PflR	Pflegerecht (Zeitschrift)
PflegeVG	Gesetz zur sozialen Absicherung des Risikos der Pflegebedürftigkeit
PfWG	Pflege-Weiterentwicklungsgesetz

Abkürzungen

PharmR, PharmaR	Pharma Recht (Zeitschrift)
PID	Präimplantationsdiagnostik
PJ	Praktisches Jahr
PKD	Polkörperdiagnostik
PKR	Pflege- und Krankenhausrecht (Zeitschrift)
PKV	Private Krankenversicherung
pm	post menstruationem
poln	polnisch
Prot	Protokoll(e)
PSA	Prostataspezifisches Antigen
Pschyrembel	Pschyrembel, Klinisches Wörterbuch
PStG	Personenstandsgesetz
PStV	Verordnung zur Ausführung des Personenstandsgesetzes
Psych-PV	Verordnung über Maßstäbe und Grundsätze für den Personalbedarf in der stationären Psychiatrie, Psychiatrie-Personalverordnung
PsychThG	Gesetz über die Berufe des Psychologischen Psychotherapeuten und des Kinder- und Jugendlichenpsychotherapeuten (Psychotherapeutengesetz)
PZ	Pharmazeutische Zeitung
Q-med	QualitätsManagement in Klinik und Praxis (Zeitschrift)
RabelsZ	Zeitschrift für ausländisches und internationales Privatrecht
RAG ARS	Reichsarbeitsgericht, Arbeitsrechts-Sammlung
RÄO	Reichsärzteordnung
RArbBl	Reichsarbeitsblatt
RBerG	Rechtsberatungsgesetz
rd	rund
RdA	Recht der Arbeit (Zeitschrift)
RDG	Rettungsdienstgesetz
RDJ	Recht der Jugend und des Bildungswesens
RdM	Recht der Medizin (Zeitschrift, Österreich)
RdNr	Randnummer(n)
Rdschr	Rundschreiben
RDV	Recht der Datenverarbeitung
re	rechte
rechtl	rechtlich
RefE	Referentenentwurf
RegE	Regierungsentwurf
RettAssG	Gesetz über den Beruf der Rettungsassistentin und des Rettungsassistenten
RFH	Reichsfinanzhof
RG	Richtgrößen
RGBl I, II	Reichsgesetzblatt Teil I, II
RG HRR	Reichsgericht Höchstrichterliche Rechtsprechung (Zeitschrift bis 1942)
RG JW	Reichsgericht Juristische Wochenschrift (Zeitschrift)
RGRK	Reichsgerichtsräte-Kommentar
RGSt	Entscheidung des Reichsgerichts in Strafsachen
RGZ	Entscheidungen des Reichsgerichts in Zivilsachen
rhein	rheinisch(es)
Rhein, RhPf, Rh-Pf, rhpf, RPf	Rheinland-Pfalz, rheinland-pfälzisch
RIAS	Rundfunk im amerikanischen Sektor
RiStBV	Richtlinien für das Strafverfahren und das Bußgeldverfahren
RIW	Recht der internationalen Wirtschaft (Zeitschrift)
RKnG	Reichsknappschaftsgesetz
RL	Richtlinie des europäischen Parlaments und des Rates
RöArzt	Röntgenarzt
RPG	Recht in Politik und Gesundheitswesen (Zeitschrift)

Abkürzungen

RöV, RöntgVO, RÖV, RöVO	Röntgenverordnung
r + s	Recht und Schaden (Zeitschrift)
RS	Rechtssammlung (bereinigte Sammlung des Landesrechts, Verlag C. H. Beck)
RSA-RefG	Risikostrukturausgleich – Reformgesetz
Rspr, Rechtspr	Rechtsprechung
RuP	Recht und Politik (Zeitschrift)
RuS	Recht und Schaden (Zeitschrift)
RVO	Reichsversicherungsordnung
S	Saarländisches
S.	Satz, Seite
s	siehe
sa	siehe auch
SA	Sachsen-Anhalt
sachl.-rechn.	sachlich-rechnerisch(e)
Sächs, sächs	sächsisch(e), sächsisches
Saarl, saarl	Saarland, saarländisch
SAMW	Schweizerische Akademie der Medizinischen Wissenschaften
SÄZ	Schweizerische Ärztezeitung
SBZ	Sowjetische Besatzungszone Deutschlands
SchH, SchlH	Schleswig-Holstein
SchKG	Gesetz zur Vermeidung und Bewältigung von Schwangerschaftskonflikten (Schwangerschaftskonfliktgesetz)
SchlHA	Schleswig-Holsteinische Anzeigen
Schriftenr	Schriftenreihe
SchRModG	Schuldrechtsmodernisierungsgesetz
SchuldR	Schuldrecht
SchwbG	Schwerbehindertengesetz
SchwKonflG	Gesetz zur Vermeidung und Bewältigung von Schwangerschaftskonflikten (Schwangerschaftskonfliktgesetz)
selb	selbiger
SeuchRNeuG	Seuchenrechtsneuordnungsgesetz
SFHÄndG	Schwangeren- und Familienhilfeänderungsgesetz
SFHG	Schwangeren- und Familienhilfegesetz
SG	Sozialgericht(e)
SGb	Sozialgerichtsbarkeit, Die Sozialgerichtsbarkeit (Zeitschrift)
SGB	Sozialgesetzbuch
SGB I	Sozialgesetzbuch – Allgemeiner Teil
SGB IV	Sozialgesetzbuch – Gemeinsame Vorschriften für die Sozialversicherung
SGB V	Sozialgesetzbuch – Gesetzliche Krankenversicherung
SGB VI	Sozialgesetzbuch – Gesetzliche Rentenversicherung
SGB VII	Sozialgesetzbuch – Gesetzliche Unfallversicherung
SGB X	Sozialgesetzbuch – Verwaltungsvorschriften
SGB XI	Sozialgesetzbuch – Soziale Pflegeversicherung
SGG	Sozialgerichtsgesetz
SH, sh	Schleswig-Holstein, schleswig-holsteinisch
SK-StGB, SK	Systematischer Kommentar zum Strafgesetzbuch
Sog, sogen	sogenannt(e/er)
SoldG	Gesetz über die Rechtsstellung der Soldaten
SozKV	Soziale Krankenversicherung. Pflegeversicherung. Kommentar
SozR	Sozialrecht, Rechtsprechung und Schrifttum, bearbeitet von den Richtern des Bundessozialgerichts
SozSich	Soziale Sicherheit (Zeitschrift)
Sp	Spalt(e)
SPD	Sozialdemokratische Partei Deutschlands
SpuRt	Zeitschrift für Sport und Recht
Sr	Sonderregelung zum BAT
SRH	Sozialrechtshandbuch

Abkürzungen

StA	Staatanwaltschaft
StAZ	Das Standesamt (Zeitschrift)
Stbg	Die Steuerberatung (Zeitschrift)
std, st	ständige
StenBer	Stenographische Berichte
StGB	Strafgesetzbuch
StGB-E	Strafgesetzbuch-Entwurf
STIKO	Ständige Impfkommission
StPO	Strafprozessordnung
str	strittig
StraFo	Strafverteidiger Forum
StrafR	Strafrecht
SträG	Strafrechtsänderungsgesetz
StrahlenschutzVO, StrlSchV, StrlSchVO	Strahlenschutzverordnung
StrRG	Strafrechtsreformgesetz
StV	Strafverteidiger (Zeitschrift)
StVO	Straßenverkehrsordnung
StVollzG	Strafvollzugsgesetz
StuB	Zeitschrift Unternehmenssteuern und Bilanzen
Stuttg	Stuttgart
StVZO	Straßenverkehrs-Zulassungs-Ordnung
su	siehe unten
SubvG	Gesetz gegen missbräuchliche Inanspruchnahme von Subventionen
SV	Sachverständiger
SVG	Gesetz über die Versorgung für die ehemaligen Soldaten der Bundeswehr und ihre Hinterbliebenen
SZ	Süddeutsche Zeitung
TdL	Tarifgemeinschaft deutscher Länder
TFG	Gesetz zur Regelung des Transfusionswesens (Transfusionsgesetz – TFG)
Thür	Thüringisches
TPG	Gesetz über die Spende, Entnahme und Übertragung von Organen (Transplantationsgesetz)
TSG	Transsexuellengesetz
TÜV	Technischer Überwachungs-Verein
TV-Ärzte	Tarifvertrag für Ärztinnen und Ärzte an Universitätskliniken
TV-Ärzte/VKA	Tarifvertrag für Ärztinnen und Ärzte an kommunalen Krankenhäusern
TV-L	Tarifvertrag für den öffentlichen Dienst der Länder
TVöD	Tarifvertrag für den öffentlichen Dienst
TzBtG	Gesetz über Teilzeitarbeit und befristete Arbeitsverträge
u	und
ua	und andere, unter anderem(n)
uÄ	und Ähnliche(s)
UPR	Umwelt- und Planungsrecht
Urt	Urteil
USA	Vereinigte Staaten von Amerika
USK	Urteilssammlung für die gesetzliche Krankenversicherung
UStG	Umsatzsteuergesetz
usw	und so weiter
uU	unter Umständen
UWG	Gesetz gegen unlauteren Wettbewerb
v	vor, von, vom (nur bei Zitaten, nicht im fortlaufenden Satz)
VA	Verwaltungsakt
VAG	Versicherungsaufsichtsgesetz
VÄndG	Vertragsänderungsgesetz, Vertragsarztrechtsänderungsgesetz

Abkürzungen

VBE	Vereinbarung zur Bestimmung von Besonderen Einrichtungen für das Jahr 2009
VBL	Versorgungsanstalt des Bundes und der Länder
VBlBW	Verwaltungsblätter für Baden-Württemberg
VdAK	Verband der Angestellten Krankenkassen eV
Vdek	Verband der Ersatzkassen e.V.
Verf	Verfasser
VersR	Versicherungsrecht (Zeitschrift)
VersWirtsch	Versicherungswirtschaft (Zeitschrift)
VfGH, VGH	Verfassungsgerichtshof
VG	Verwaltungsgericht
VGH	Verwaltungsgerichtshof
vgl	vergleiche
vH	vom Hundert
VKBl	Verkehrsblatt (Zeitschrift)
VLK	Verband der Leitenden Krankenhausärzte Deutschlands
VO	Verordnung(en)
VO (EWG) Nr	Verordnung der EWG Nummer
Vorb, Vorbem	Vorbemerkung
vorst	vorstehend
VRS	Verkehrsrechtssammlung (Zeitschrift)
VSSR	Vierteljahresschrift für Sozialrecht (Zeitschrift)
VuR	Verbraucher und Recht (Zeitschrift)
VV	Verwaltungsvorschrift
VVDStRL	Veröffentlichungen der Vereinigung der Deutschen Staatsrechtslehrer
VwGO, VerwGO	Verwaltungsgerichtsordnung
VwVfG	Verwaltungsverfahrensgesetz
Westf	Westfälisches
WHO	Weltgesundheitsorganisation
Wiss	Wissenschaft
WissHG	Gesetz über die wissenschaftlichen Hochschulen
WissR	Wissenschaftsrecht (Zeitschrift)
WissZeitVG	Wissenschaftszeitvertragsgesetz
wistra	Zeitschrift für Wirtschaft, Steuer und Strafrecht
Wochenschr	Wochenschrift
WPflG	Wehrpflichtgesetz
WRP	Wettbewerb in Recht und Praxis (Zeitschrift)
WRV	Weimarer Reichsverfassung
WzS	Wege zur Sozialversicherung
z	zur, zum
Z	Ziffer
ZaeF, ZaeFQ, ZaeFQu, Zahnärzte-ZV	Zulassungsverordnung für Kassenzahnärzte
ZahnHKG/ZHG	Gesetz über die Ausübung der Zahnheilkunde
ZAkDR	Zeitschrift der Akademie für Deutsches Recht
ZärztlFortb	Zeitschrift für ärztliche Fortbildung und Qualitätssicherung
zB	zum Beispiel
ZBR	Zeitschrift für Beamtenrecht
ZDG	Gesetz über den Zivildienst der Kriegsdienstverweigerer
ZEFQ	Zeitschrift für Evidenz, Fortbildung und Qualität im Gesundheitswesen
ZEV	Zeitschrift für Erbrecht und Vermögensnachfolge
ZFA	Zeitschrift für Arbeitsrecht
Zfärztl Fortbild	Zeitschrift für ärztliche Fortbildung
ZfJ	Zentralblatt für Jugendrecht
ZfL	Zeitschrift für Lebensrecht
ZfS, ZFS	Zeitschrift für Schadensrecht

Abkürzungen

ZGB	Zivilgesetzbuch der DDR
ZHG	Gesetz über die Ausübung der Zahnheilkunde
ZHR	Zeitschrift für das gesamte Handels- und Wirtschaftsrecht
Ziff	Ziffer
ZIFT	intratubarer Zygotentransfer
ZIP	Zeitschrift für Wirtschaftrecht
zit	zitiert
ZJS	Zeitschrift für das juristische Studium
ZM	Zahnärztliche Mitteilung (Zeitschrift)
ZME	Zentrum für Medizinische Ethik e.V.
ZMGR	Zeitschrift für das gesamte Medizin- und Gesundheitsrecht
ZOÄ	Zulassungsordnung für Ärzte
ZPO	Zivilprozessordnung
ZRP	Zeitschrift für Rechtspolitik (Beilage zu: Neue Juristische Wochenschrift)
ZSEG	Gesetz über die Entschädigung von Zeugen und Sachverständigen
ZStrW, ZStW	Zeitschrift für die gesamte Strafrechtswissenschaft
zT	zum Teil
ZTR	Zeitschrift für Tarifrecht
zugl	zugleich
zust	zustimmend
zutr	zutreffend
zzgl	zuzüglich
ZZP	Zeitschrift für Zivilprozess

Kurz-Literaturverzeichnis

Andreas, Manfred; Debong, Bernhard; Bruns, Wolfgang; Handbuch Arztrecht in der Praxis, 2001.
Dahm/Möller/Ratzel, Rechtshandbuch Medizinische Versorgungszentren, 2005.
Dettmeyer, Reinhard; Medizin & Recht: Rechtliche Sicherheit für den Arzt. Grundlagen. Fallbeispiele und Lösungen. Medizinrechtliche Antworten, 2. Aufl., 2006.
Deutsch, Erwin; Spickhoff, Andreas; Medizinrecht: Arztrecht, Arzneimittelrecht, Medizinprodukterecht und Transfusionsrecht, 6. Aufl., 2007.
Ehlers, Alexander P. F.; Broglie, Maximilian G. (Hrsg.); Arzthaftungsrecht, 4. Aufl., 2007.
Eser, Albin; v Lutterotti, Markus; Sporken, Paul; Lexikon Medizin Ethik Recht, 1989.
Frahm, Wolfgang; Nixdorf, Wolfgang, Arzthaftungsrecht, 3. Aufl. 2005,
Geiß, Karlmann; Greiner, Hans-Peter; Arzthaftpflichtrecht, 6. Aufl., 2009.
Giesen, Dieter; Arzthaftungsrecht. Die zivilrechtliche Haftung aus medizinischer Behandlung in der Bundesrepublik Deutschland, in Österreich und der Schweiz, 5. Aufl., 2007.
Halbe, Bernd; Schirmer, Horst D. (Hrsg.); Handbuch Kooperationen im Gesundheitswesen, 11. Aufl., 2009.
Katzenmeier, Christian; Arzthaftung, 2002.
Laufs, Adolf; Katzenmeier, Christian; Lipp, Volker; Arztrecht, 6. Aufl. 2009.
Meier, Sybille M.; Stellpflug, Martin H.; Tadayon, Ajang (Hrsg.); Handbuch Medizinrecht. Grundlagen, Rechtsprechung, Praxis, 12. Aktualisierung, Dezember 2008.
Narr, Helmut; Hess, Rainer; Schirmer, Horst D.; Ärztliches Berufsrecht, 2. Aufl.,18. Erg.-Lief., Stand 2008.
Quaas, Michael; Zuck, Rüdiger; Medizinrecht, 2. Aufl., 2008.
Ratzel, Rudolf; Lippert, Hans-Dieter; Kommentar zur Musterberufsordnung der deutschen Ärzte (MBO), 5. Aufl., 2010.
Ratzel, Rudolf; Luxenburger, Bernd (Hrsg.); Handbuch Medizinrecht, 2007.
Rehborn, Martin; Arzt Patient Krankenhaus, 3. Aufl., 2000.
Rieger, Hans-Jürgen; Dahm, Franz Josef; Steinhilper, Gernot (Hrsg.); Heidelberger Kommentar. Arztrecht, Krankenhausrecht, Medizinrecht, 25. Erg.-Lief., Stand 2008. (zit. HK-AKM).
Ries, Hans Peter; Schnieder, Karl-Heinz; Althaus, Jürgen; Großbölting, Ralf; Voß, Martin; Arztrecht Praxishandbuch für Mediziner, 2. Aufl., 2007.
Roxin, Claus; Schroth Ulrich (Hrsg.); Handbuch des Medizinstrafrechts, 3. Aufl., 2007.
Saalfrank, Valentin (Hrsg.); Handbuch der Medizin und Gesundheitsrechts, Stand 2007.
Schnapp, Friedrich E.; Wigge, Peter (Hrsg.); Handbuch des Vertragsarztrechts, 2. Aufl., 2006.
Steffen, Erich; Pauge, Burkhard; Arzthaftungsrecht, 10. Aufl., 2006.
Taupitz, Jochen; Die Standesordnungen der freien Berufe. Geschichtliche Entwicklung, Funktionen, Stellung im Rechtssystem,1991.
Terbille, Michael (Hrsg.); Medizinrecht, Münchener Anwalts-Handbuch, 2009.
Thürk, Walter (Hrsg.); Recht im Gesundheitswesen, Textsammlung, Stand 2008.
Ulsenheimer, Klaus; Arztstrafrecht in der Praxis, 4. Aufl., 2008.
Wenzel, Frank (Hrsg.); Handbuch des Fachanwalts Medizinrecht, 2. Aufl., 2009.
Wetzel, Helmut; Liebold Rolf, Kommentar zu EBM und GOÄ, Stand 2006.
Winkhart-Martis, Martina; Martis, Rüdiger; Arzthaftungsrecht, Fallgruppenkommentar, 3.Aufl., 2009.

(Ausführliche Literaturhinweise finden Sie vor jedem Kapitel bzw. jedem Paragraphen)

1. Kapitel. Grundlagen des Arztrechts

§ 1 Idee und Aufgabe des Arztes

Inhaltsübersicht

		RdNr
I.	Paradigmenwechsel in der postmodernen Medizin	1
II.	Ausgangspunkte	7
III.	Zum Krankheitsbegriff	17

Schrifttum: *Ackerknecht,* Geschichte der Medizin, 7. Aufl 1992; *Anschütz,* Ärztliches Handeln. Grundlagen, Möglichkeiten, Grenzen, Widersprüche, 1987; Arbeitskreis Medizinerausbildung der Robert Bosch Stiftung – Murrhardter Kreis (Hrsg), Das Arztbild der Zukunft, Analysen künftiger Anforderungen an den Arzt, Konsequenzen für die Ausbildung und Wege zu ihrer Reform, 3. Aufl 1995; *Becker,* Der Einbruch der Naturwissenschaft in die Medizin, 2008; *Becker/Schipperges* (Hrsg), Krankheitsbegriff, Krankheitsforschung, Krankheitswesen, 1995; *Duttge* (Hrsg), Perspektiven des Medizinrechts im 21. Jahrhundert, 2007; *v Engelhardt/Hartmann* (Hrsg), Klassiker der Medizin, 1991; *Engst,* Patientenpflichten und -lasten. Eine rechtsdogmatische und systematische Untersuchung zur Mitwirkungsverantwortung eines Patienten im Rahmen der medizinischen Behandlung, 2008; *Eser/v Lutterotti/Sporken* (Hrsg), Lexikon Medizin, Ethik, Recht, 1989; *Gadamer,* Apologie der Heilkunst, in: Kleine Schriften I, Philosophie, Hermeneutik, 1967; *Gesellsetter,* Die Annäherung des Freien Arztberufes an das Gewerbe. Eine verfassungs-, sozial- und berufsrechtliche Untersuchung, 2007; *Greulich/Berchtold/Löffel* (Hrsg), Disease Management. Patient und Prozess im Mittelpunkt, 2000; *Häfner* (Hrsg), Gesundheit – unser höchstes Gut?, 1999; *Hartmann,* Ärztliche Anthropologie. Das Problem des Menschen in der Medizin der Neuzeit, 1973; *ders,* Krankheit, in: Staatslexikon III, 7. Aufl 1987, Sp 694; *Hellner,* Arzt Kranker Krankheit, 1970; *Honnefelder/Rager* (Hrsg), Ärztliches Urteilen und Handeln. Zur Grundlegung einer medizinischen Ethik, 1994; *Jaspers,* Der Arzt im technischen Zeitalter. Technik und Medizin, Arzt und Patient, Kritik der Psychotherapie, 1986; *Joerden* (Hrsg), Der Mensch und seine Behandlung in der Medizin. Bloß ein Mittel zum Zweck?, 1999; *Jonas,* Technik, Medizin und Ethik. Zur Praxis des Prinzips Verantwortung, 1987; *Kahlke/Reiter-Theil* (Hrsg), Ethik in der Medizin, 1995; *Käser,* Arzt, Tod und Text. Grenzen der Medizin im Spiegel deutschsprachiger Literatur, 1998; *Kaufmann,* Die Ausübung medizinischer Berufe im Lichte des EG-Vertrages, MedR 2003, 82; *Kirchhof,* Ärztliches Handeln zwischen Forschung und Erneuerung, MedR 2007, 147; *Koelbing,* Die ärztliche Therapie. Grundzüge ihrer Geschichte, 1985; *Kongreßgesellschaft für ärztliche Fortbildung e V,* Medizin in Forschung und Praxis 1990. 30 Jahre ärztliche Fortbildung in Berlin, 1990; *Küchenhoff,* Arztrecht, in: Staatslexikon I, 6. Aufl 1957, Sp 601; *Künschner,* Wirtschaftlicher Behandlungsverzicht und Patientenauswahl. Knappe medizinische Ressourcen als Rechtsproblem, 1992; *Lanzerath,* Krankheit und ärztliches Handeln, 2000; *Laufs,* Arztrecht und Grundgesetz, in: *Mußgnug* (Hrsg), Rechtsentwicklung unter dem Grundgesetz, Ringvorlesung jur. Fak. Heidelberg, 1990, S. 145–163; *ders,* Medizin und Recht im Wandel der Zeit, in: *Müller-Graff/Roth* (Hrsg), Recht und Rechtswissenschaft. Signaturen und Herausforderungen zum Jahrtausendbeginn, Ringvorlesung jur. Fak. Heidelberg, 2000, S. 217–235; *ders.,* Zur Entwicklung des Arztberufes im Spiegel des Rechts, FS Jayme, 2004, B. 2, S. 1501; *ders.,* Arzt zwischen Heilberuf, Forschung und Dienstleistung, in *Thomas* (Hrsg.), Ärztliche Freiheit und Berufsethos, 2005, 77; *Lindemann,* Die Grenzen des Sozialen. Zur sozio-technischen Konstruktion von Leben und Tod in der Intensivmedizin, 2002; *Lukowsky,* Philosophie des Arzttums, 1966; *Niederlag/Lemke/Nefiodow/Grönemeyer* (Hrsg), Hochtechnologiemedizin im Spannungsfeld zwischen Ökonomie, Recht und Ethik, 2005; *Oberender,* Gesundheitspolitik: zwischen Solidarität und Markt, 2003; *Pichelmaier/Kienzle,* Rechte und Pflichten des Arztes, FS Deutsch, 2009, 415; *Pitschas,* Zur Rolle des „Patienten" im Wandel des Gesundheitssystems. Stärkt die Gesundheitsreform 2007 die verfassungsverbürgte Patientenkompetenz?, VSSR 2007, 319; *Preusker,* Vom Gesundheitswesen zum Gesundheitsmarkt. Das Gesundheitssystem der Bundesrepublik Deutschland, 2007; *Rössler/Waller* (Hrsg), Medizin zwischen Geisteswissenschaft und Naturwissenschaft, 1989; *Rothschuh* (Hrsg), Was ist Krankheit? Erscheinung, Erklärung, Sinngebung, 1975; *Schaefer*, Plädoyer für eine neue Medizin, 1979; *ders*, Der Krankheitsbegriff, in: *Blohmke* ua (Hrsg), Handbuch der Sozialmedizin III, 1976; *Schipperges*, Medizinische Dienste im Wandel, 1975; *ders*, Der Arzt von morgen. Von der Heiltechnik zur Heilkunde, 1982; *ders*, Krankheit und Kranksein im Spiegel der Geschichte, 1999; *Schipperges/ Seidler/Unschuld* (Hrsg), Krankheit, Heilkunst, Heilung, 1978; *Schlemmer* (Hrsg), Haben wir die richtige Medizin?, 1975; *K W Schmidt*, Therapieziel und Menschenbild. Zur ethischen Problematik therapeutischer Eingriffe und deren Zielsetzungen, 1996; *Seidler*, Geschichte der Pflege des kranken Menschen, 5. Aufl 1980; *ders*, Arzt, in: Staatslexikon I, 7. Aufl 1987, Sp 364; *Siegrist*, Ungleiche Gesundheitschancen in modernen Gesellschaften, 2007; *Vilmar*, Chirurgie zwischen Kostendruck und Humanität, MedR 1986, 283–288; *Vogd*, Die Organisation Krankenhaus im Wandel. Eine dokumentarische Evaluation aus Sicht der ärztlichen Akteure, 2006; *Ulsenheimer*, Grenzen der ärztlichen Behandlungspflicht vor dem Hintergrund begrenzter finanzieller Ressourcen, FS Kohlmann, 2003, 319; *Weide*, Managed Care – Vorsicht, Lebensgefahr!, MedR 2001, 72–76; *V v Weizsäcker*, Der kranke Mensch. Eine Einführung in die medizinische Anthropologie, 1951.

I. Paradigmenwechsel in der postmodernen Medizin

1   Im Zuge des technisch-naturwissenschaftlichen, des ökonomischen, des gesellschaftlichen und demographischen Wandels hat sich das Berufsbild des Arztes – auch im Spiegel des Rechts[1] – in jüngster Zeit tief verändert.[2] Auf einem durch ungleiche Gesundheitschancen[3] gekennzeichneten Gesundheitsmarkt[4] betätigen sich die Ärzte als an das Gewerbe angenäherte[5] „Dienstleister neuer Prägung"[6] im Zeichen des Mediziner-Marketing.[7] Die Effizienzgebote einer ökonomisierten Gesellschaft treiben die Spezialisten zur Kooperation in unterschiedlichen Gesellschaftsformen[8] und in die entsprechenden Steuermodelle.[9] Zur herkömmlichen Gemeinschaftspraxis[10] kamen die Ärztegesellschaft mbH unter Einschluss auch anderer „Leistungserbringer"[11] und die medizinischen Versorgungszentren.[12] Das Ertragsfeld weitete sich nicht nur durch die Teilnahme am Vertrieb von Gesundheitsprodukten aus,[13] sondern viel mehr noch durch die wunscherfüllende Medizin, das

---

[1] *Laufs*, Zur Entwicklung des Arztberufes im Spiegel des Rechts, FS Jayme, 2004, Bd. 2, 1501; *ders*, Arzt zwischen Heilberuf, Forschung und Dienstleistung, in: *Thomas* (Hrsg), Ärztliche Freiheit und Berufsethos, 2005, S. 77.

[2] *Duttge* (Hrsg), 2007. Das richtige Maß gebieten die „Gesundheitspolitischen Leitsätze der deutschen Ärzteschaft. Ulmer Papier", 2008, vgl. BÄK: Tätigkeitsbericht 2008, 17 f.

[3] *Siegrist*, 2007; *Lauterbach*, Der Zweiklassenstaat. Wie die Privilegierten Deutschland ruinieren, 2. Aufl 2007; *Brink/Eurich/Hädrich/Langer/Schröder* (Hrsg), Gerechtigkeit im Gesundheitswesen, 2006; *Schimmelpfeng-Schütte*, Soziale Gerechtigkeit und Gesundheitswesen ZRP 2006, 180.

[4] *Preusker* (Hrsg), 2007; *Oberender*, 203.

[5] *Gesellensetter*, 207.

[6] *Ratzel/Lippert*, Das Berufsrecht der Ärzte nach den Beschlüssen des 17. Deutschen Ärztetages in Bremen, MedR 2004, 525.

[7] *Barth*, Mediziner-Marketing. Vom Werbeverbot zur Patienteninformation, 1999.

[8] *Krahe*, Ärztliche Kooperationsformen in den USA und in Deutschland, MedR 2006, 691; *Halbe/Schirmer* (Hrsg), Handbuch Kooperationen im Gesundheitswesen. Rechtsformen und Gestaltungsmöglichkeiten, 2008.

[9] *Braun/Richter*, Gesellschaftsrechtliche und steuerrechtliche Grundfragen der Ärzte-GmbH, MedR 2005, 685.

[10] Zu den Beteiligungsfragen *Haack* MedR 2005, 631.

[11] *Häußermann/Dollmann* MedR 2005, 255; vgl auch *Koller*, Ärztliche Kooperationsformen unter haftungs- und berufsrechtlichen Gesichtspunkten. Von der Einzelpraxis zum Unternehmensnetzwerk, 2007; *Katzenmeier* MedR 2004, 34.

[12] Nach dem GKV-Modernisierungsgesetz 2003: Ambulante Versorgung durch interdisziplinäre Zusammenarbeit von ärztlichen und nichtärztlichen Heilberufen; vgl *Wigge* MedR 2004, 123; s ferner *Dahm*, Vertragsgestaltung bei Integrierter Versorgung am Beispiel „Prosper – Gesund im Verbund" MedR 2005, 121; *Reichert*, Das medizinische Versorgungszentrum in Form einer GmbH, 2008. Zu MVZ-Trägergesellschaften *Meschke*, MedR 2009, 263. – Zu den Anforderungen an eine Integrierte Versorgung im Krankenhaus BSG, MedR 2009, 110.

[13] *Thünken* MedR 2007, 578.

1. Kapitel. Grundlagen des Arztrechts

Enhancement, das jenseits ärztlicher Indikation dem Begehren, nicht mehr der Bedürftigkeit folgt.[14] Ungewohnt ist die Beteiligung Dritter an den wirtschaftlichen Ergebnissen ärztlicher Tätigkeit.[15]

Die chronische Unterfinanziertheit des deutschen Gesundheitssystems führt zunehmend zu Bedrängnissen in Krankenhäusern[16] und Praxen. Unablässig dreht die Legislative an den Stellschrauben der Gesetzlichen Krankenversicherung,[17] ohne durchgreifende Abhilfe zu schaffen. Das Übermaß an Regulierung droht Freiberuflichkeit wie Therapiefreiheit zu ersticken. Der Gemeinsame Bundesausschuss, juristische Person des öffentlichen Rechts, steht als „zentrale korporative Superorganisation"[18] mit demokratisch fragwürdig legitimierter Normsetzungskompetenz für kollektive Bindungen.[19] Vor dem Hintergrund begrenzter finanzieller Ressourcen stellt sich die dramatische Frage nach den Grenzen ärztlicher Behandlungspflicht.[20] Es drohen ärztliche Behandlungsfehler durch wirtschaftlich motiviertes Unterlassen.[21] Kassenarztrecht und Haftpflichtrecht gerieten in ein Spannungsverhältnis.[22] Das alte Problem der Triage wird ein alltägliches der Rationierung,[23] die den Arzt überfordert. Es droht überdies die Regressgefahr im Rahmen von Richtgrößenprüfungen nach dem vertrackten § 84 SGB V.

Das Bild des Arztes gewinnt neuartige Züge, nicht zuletzt durch die Möglichkeiten der Hochtechnologiemedizin[24] mit ihren erfinderischen Verfahren bis hin zur Telemedizin,[25] am meisten wohl durch die am Menschen forschende, ethisch heikle Biomedizin mit ihren fließenden Grenzen.[26] Die Grenze zwischen Personen und Sachen droht sich aufzulösen. „Leben wird nach Art vorhandener Dinge begriffen, und damit auch unser eigenes Leben."[27] Mögliches Herstellen tritt an die Stelle spontanen Werdens, in der Gynä-

---

[14] *Eberbach*, FS Hirsch, 2008, 365; *ders* MedR 2008, 325; *Nitschmann*, Chirurgie für die Seele? Eine Fallstudie zu Gegenstand und Grenzen der Sittenwidrigkeitsklausel, ZStW 119, 2007, 547; *Beck*, Enhancement – die fehlende rechtliche Debatte einer gesellschaftlichen Entwicklung, MedR 2006, 95; vgl auch *Lorz*, Arzthaftung bei Schönheitsoperationen, 2007.

[15] *Gummert/Meier* MedR 2007, 75.

[16] Eindrucksvoll *Vogd*, 2006.

[17] Vgl neuerdings etwa *Orlowski/Wasem*, Gesundheitsreform 2007 (GKV-WSG). Änderungen und Auswirkungen auf einen Blick, 2007.

[18] *Fischer* MedR 2006, 509. Vgl. neuerdings auch *Hess*, in: HK–AKM 2045 (2009), mit Auflistung der bisher beschlossenen Richtlinien.

[19] Zum GBA *Hase* MedR 2005, 391; *Hess* MedR 2005, 385; *Kingreen* MedR 2007, 457; *Pitschas* MedR 2006, 451; *Plagemann* MedR 2005, 401; *Schimmelpfeng-Schütte* NJW 2006, 21; *dies* MedR 2006, 519; *Schrinner* MedR 2005, 397; *Ziermann*, Inhaltsbestimmung und Abgrenzung der Normsetzungskompetenzen des Gemeinsamen Bundesausschusses und der Bewertungsausschüsse im Recht der Gesetzlichen Krankenversicherung, 2007; vgl auch *Sawicki*, Aufgaben und Arbeit des Instituts für Qualität und Wirtschaftlichkeit im Gesundheitswesen MedR 2005, 389.

[20] *Ulsenheimer*, FS Kohlmann, 2003, 319.

[21] *Kreße* MedR 2007, 393; vgl auch *Lesinski-Schiedat*, Sparzwang contra Heilauftrag aus ärztlicher Sicht MedR 2007, 345; *Kluth*, Ärztliche Berufsfreiheit unter Wirtschaftlichkeitsvorbehalt? Eine Analyse der Auswirkungen des Gesundheitsmodernisierungsgesetzes auf die ärztliche Berufsfreiheit und die wirtschaftliche Risikoverteilung im Gesundheitswesen MedR 2005, 65.

[22] *Kern* MedR 2004, 300; *ders*, ZaeFQ 2004, 222; zur Kontrolle medizinischer Standards durch die Sozialgerichtsbarkeit *Engelmann* MedR 2006, 245.

[23] *Huster/Strech/Marckmann/Freyer/Börchers/Neumann/Wasem/Held*, Implizite Rationierung als Rechtsproblem. Ergebnisse einer qualitativen Interviewstudie zur Situation in deutschen Krankenhäusern MedR 2007, 703; *Brech*, Triage und Recht. Patientenauswahl beim Massenanfall Hilfsbedürftiger in der Katastrophenmedizin, 2008.

[24] *Niederlag/Lemke/Nefiodow/Grönemeyer* (Hrsg), 2005.

[25] *Niederlag/Dierks/Rienhoff/Lemke* (Hrsg), Rechtliche Aspekte der Telemedizin, 2006; *Fischer*, Ärztliche Verhaltenspflichten und anzuwendendes Recht bei grenzüberschreitender telemedizinischer Behandlung, in: FS Laufs, 2006, 781.

[26] *Zuck*, Biomedizin als Rechtsgebiet, MedR 2008, 57.

[27] *Fuchs*, „Lebenswissenschaften" und Lebenswelt, Scheidewege 34, 2004, 127, 128 f.

kologie Erzeugen an die Stelle von Zeugen. In der Intensivmedizin[28] kann sich das Leben des todgeweihten Patienten zu einer Apparatur verdinglichen. In der Forschung werden der Embryo und der einwilligungsunfähige Proband zum Objekt. „Die Biotechniken zerlegen das kontinuierliche Werden des Lebens in feststellbare Einzelzustände. So produzieren sie hybride Existenzformen, wie den kryokonservierten Embryo und den hirntoten Menschen, die sich in unsere lebensweltliche Erfahrung nicht mehr einordnen lassen."[29] Auch die Neurowissenschaften stellen die lebensweltliche Selbsterfahrung infrage und erklären das personale Handeln zu einer Abfolge physiologisch-neuronaler Ereignisse.[30] Die postmodernen Fragen, die diese Gegenstände aufwerfen, beschäftigen nicht nur Ärzte, Naturwissenschaftler und Philosophen in einem interdisziplinären Dialog,[31] sondern in ungewöhnlichem Maß auch eine breite Öffentlichkeit.

4 Im verrechtlichten Gesundheitssystem verändert sich auch die Rolle des Patienten. Es treffen ihn wachsende Pflichten und Lasten,[32] andererseits erhält er mehr Rechte auch in der Sozialversicherung.[33] Eine durch die Gesundheitsreform 2007 gestärkte Kompetenz vermehrt den Schutz des Patienten, auch wenn gewisse Defizite bleiben: Zur Verbesserung tragen bei „insbesondere der Ausbau der Patientenbeteiligung an Leistungsentscheidungen auf den Ebenen der **Systemverantwortung** einerseits und die Stärkung der **individuellen Gesundheitsverantwortung** andererseits".[34]

5 Zum neuen Bild gehören eine heftige Medizinkritik[35] und schon fast alltäglich gewordene Strafprozesse gegen Ärzte.[36] Viel schwerer lasten auf den Ärzten die Bürokratie mit einem Zuviel an Papierarbeit und das steuernde und bis zur Undurchschaubarkeit komplizierte sozialversicherungsrechtliche Abrechnungssystem. Die Kassenärztlichen Vereinigungen befinden sich ihrerseits in einem „partiellen Systemwandel".[37] Je mehr Einzel- und Gruppenverträge die Kassen entgegen dem Prinzip des Kollektivabschlusses und im Widerspruch zum herkömmlichen Sicherstellungsauftrag abschließen, umso mehr stellt sich die Frage, welche substanziellen Aufgaben außerhalb des Wettbewerbsfeldes den Kassenärztlichen Vereinigungen noch bleiben, um die Selbstverwaltung, die demokratische Partizipation und die gesetzliche Pflichtmitgliedschaft verfassungsrechtlich legitim erscheinen zu lassen.

6 Die Paradigmenwechsel in der postmodernen Medizin reißen das Recht gleichsam mit, und umgekehrt wirkt das Recht seinerseits auf die Entwicklung ein. Dabei gewinnt

---

[28] *Lindemann*, 2002.

[29] *Fuchs*, Scheidewege 34, 2004, 127, 128 f.

[30] *Geyer* (Hrsg), Hirnforschung und Willensfreiheit. Zur Deutung der neuesten Experimente, 2004; *Gestrich/Wabel* (Hrsg), Freier oder unfreier Wille? Handlungsfreiheit und Schuldfähigkeit im Dialog der Wissenschaften, 2005.

[31] Man sehe etwa die reichhaltigen Bände des „Jahrbuchs für Wissenschaft und Ethik", zuletzt Bd. 12, 2007.

[32] *Engst*, 2008; *Michna/Oberender/Schultze/Wolf* (Hrsg), „... und ein langes gesundes Leben." Prävention auf dem Prüfstand: Wie viel organisierte Gesundheit – wie viel Eigenverantwortung?, 2006.

[33] *Pitschas* VSSR 2007, 319 – Instruktiv *Hart*, Patientenrechte, in: HK–AKM, 4015 (2009): Europäische Entwicklung, Autonomierechte, Qualitätsrechte und Patientensicherheit, Einsichtsrechte.

[34] *Pitschas*, wie vorherige Fn S. 334.

[35] Beispiele: *Bartens*, Das Ärztehasserbuch. Ein Insider packt aus, 2007; *Weiss*, Korrupte Medizin. Ärzte als Komplizen der Konzerne. – Zum Gesundheitsmarkt zwischen Kooperation und Korruption *Stumpf/Voigts*, MedR 2009, 207. – Kritisch für eine ganzheitliche Medizin *Hontschik*, Körper, Seele, Mensch. Versuch über die Kunst des Heilens, 2006.

[36] *Badle*, Betrug und Korruption im Gesundheitswesen. Ein Erfahrungsbericht aus der staatsanwaltlichen Praxis NJW 2008, 1028; *Ellbogen*, Die Anzeigepflicht der Kassenärztlichen Vereinigungen nach § 81 a IV SGB V und die Voraussetzungen der Strafvereitelung gemäß § 258 I StGB MedR 2006, 457; *Ellbogen/Wichmann*, Zu Problemen des ärztlichen Abrechnungsbetruges, insbesondere der Schadensberechnung MedR 2007, 10; *Verrel*, Überkriminalisierung oder Übertreibung? Die neue Furcht vor der Korruptionsstrafbarkeit in der Medizin, MedR 2003, 319; *Tag/Tröger/Taupitz* (Hrsg), Drittmitteleinwerbung – Strafbare Dienstpflicht?, 2004.

[37] *Kluth*, Kassenärztliche Vereinigung – Körperschaften des öffentlichen Rechts MedR 2003, 123.

neben der Fülle der deutschen Rechtsregeln die der europäischen[38] zunehmend Gewicht. Der Erhalt einer leistungsfähigen Ärzteschaft, so konstatierte das BVerfG zu Recht,[39] sei ein wichtiges Verfassungsgut. Wenn es in seiner Eigenart erhalten werden soll, müssen die philosophischen und rechtlichen Grundlagen bewusst bleiben. Nur auf den bewährten Fundamenten lassen sich die Herausforderungen der Postmoderne bestehen.

II. Ausgangspunkte

1. Seit alters gründet die **Idee des Arztes** auf Wissenschaft und Humanität. Naturwissenschaftliche Erkenntnis und Nächstenliebe leiten den berufenen Arzt gleichermaßen. Nüchternes Wissen und technisches Können dürfen ihn nie die Würde des selbstentscheidenden Kranken und den unersetzlichen Wert jedes einzelnen Menschen vergessen lassen. „Das Verhältnis von Arzt und Patient ist in der Idee der Umgang zweier vernünftiger Menschen, in dem der wissenschaftliche Sachkundige dem Kranken hilft" *(Karl Jaspers)*. Die Hilfe des Arztes gilt nicht nur dem Fall eines Allgemeinen, sondern stets einem Individuum. Der gewissenhafte ärztliche Helfer fasst den Lebenslauf ins Auge, vermag den Umgang des Kranken mit seiner Krankheit zu gestalten. Der Arzt darf sich freilich nicht die Rolle des Seelsorgers anmaßen, auch wenn er glaubt, die Krankheit solle den Betroffenen zum Sinn des Lebens führen. „Eine Heilung", so schreibt *Hans Carossa* im Arzt Gion, „aus der nur der frühere Zustand wieder hervorgeht und nicht ein starkes Mehr an Lebensgeist, ist eben keine; und andrerseits: Erneuerungen eines Wesens, wie wären sie möglich ohne zeitweiliges Erkranken?"

Der Arzt wirkt durch **Sachkunde,** die Objektivierung voraussetzt und also Distanz braucht. „Es gilt nur den Abstand zu finden, dann kann einer viel für den anderen tun" *(Hans Carossa)*. Andererseits wendet der Arzt seine Wissenschaft an in einer übergreifenden menschlichen Gemeinschaft mit dem Leidenden. Daher gehört zum Wesen des Heilkundigen „eine emotionale Komponente, ohne welche die echte Arzt-Patienten-Beziehung kaum möglich ist" *(Werner Wachsmuth)*. Auf Grund der Wissenschaft überschreitet die ärztliche Kunst alle Wissenschaft auch durch den glücklichen Griff, nämlich die mittels langer Erfahrung „ermöglichte Beobachtung und Erwartung, die ihre Gründe nicht restlos bewusst gegenwärtig hat" *(Karl Jaspers)*.

2. Den Gegenstand der Medizin bildet der gesunde, der krankgewordene, der zu heilende und der genesende Mensch. „Die damit verbundenen **Grundverhältnisse** lassen sich als **anthropologische Leitlinien** über die verschiedensten Kulturen und bis in die ältesten Zeiten verfolgen" *(Heinrich Schipperges)*. So hat denn auch die Scholastik die Medizin bestimmt als die Wissenschaft von dem Zustand, dem Verlust und der Wiederherstellung der Gesundheit. Anthropologische Grundmuster des Vertrauens, der Solidarität, der Verantwortlichkeit finden sich je und je. Die ärztliche Tätigkeit beruht ihrem bleibenden Wesen nach auf einem spezifischen Helfen, das heilen will. Dabei kommt es nicht auf glanzvolle Theorien, sondern auf erfolgreiches Handeln an. Immer weiß sich der Arzt dabei als Diener und Dolmetscher der Natur, „naturae minister et interpres". Der praktizierende Arzt therapiert, das heißt nach dem ursprünglichen Wortsinne: er dient. Er kuriert, das bedeutet, er lässt Fürsorge walten. Auch die Grenzfragen der ärztlichen Kunst lassen sich in nahezu allen Texten der älteren Heilkulturen nachweisen. Deontologische Regeln schützen das ungeborene Leben, verpflichten zum Schweigen und zur Aufklärung, betonen den Wert des Einzellebens, haben zum Inhalt den Imperativ „nil nocere" und bezeichnen detaillierte Maßnahmen der Sterbehilfe. Bereits altägyptische Quellen belegen bestimmte Indi-

---

[38] *Kaufmann* MedR 2003, 82; *Eichenhofer,* Auswirkungen europäischen Rechts auf das deutsche Gesundheitswesen. Chancen und Risiken der Diskussion um „Doc Morris" MedR 2007, 329; *Haage,* Die Richtlinie 2005/36/EG über die Anerkennung von Berufsqualifikationen. Rechtsfolgen für die Zulassung insbesondere als Ärztin/Arzt MedR 2008, 70.

[39] BVerfGE 103, 172, 186; vgl auch *Steiner,* Das Bundesverfassungsgericht und die Volksgesundheit MedR 2003, 1.

kationen mit dem Verdikt: „ein Leiden, das du nicht behandeln sollst!" Wer die ärztliche Profession ausübt, muss ihre Grenzen kennen und respektieren; dies lehrte früh auch die griechisch-arabische Heilkunde, unter deren Einfluss sich die Heilkunst der mittelalterlichen Klosterärzte zu akademischem Rang und wissenschaftlicher Würde erhob.

10 Die Tat des praktizierenden Arztes besteht im **Eingriff**: mit dem Wort, der Arznei oder dem Medikament, mit Stahl oder Strahl. Der Eingriff trifft nicht nur den Leidenden oder Ratsuchenden, sondern auch seine Familie, sein persönliches Umfeld. Den Eingriff begleitet das Risiko, die Möglichkeit des Miss- oder Fehlgriffs. Deswegen bedarf er des rechtfertigenden Grundes, der Apologetik. Damit stellt sich die Frage nach dem allem Tun zugrundeliegenden Wertsystem. Wer die Not wenden will, muss wissen, wie das Bessere, Rechte und Heile aussieht. Er muss über einen **grundsätzlichen Entwurf** verfügen, aus dem sich die Richtlinien für das Ob, Wie und Wozu entnehmen lassen. Dieser ideelle Hintergrund zeigt historisch neben Zügen starker Kontinuität auch solche des Wandels. So hat im 19. Jahrhundert die bürgerliche Wohlfahrtspolitik den christlichen Liebesdienst mehr und mehr ersetzt. An die Stelle karitativer Hospitäler traten humanitäre Krankenanstalten, die sich neuerdings verändern in Versorgungszentren mit umfassendem medizinischem Service. Die umwälzenden Fortschritte der Technik, das Spezialistentum und die Arbeitsteilung haben das altvertraute Bild und die lange tradierte Idee des Arztes an manchen Stellen verblassen lassen oder neuen Funktionen angepasst. „Mit der Differenzierung der Wissenschaften innerhalb einer pluralistischen Gesellschaft ist es ... immer schwieriger geworden, das Ziel der Medizin von einem oberen Bezugssystem her zu bestimmen und den Zweck des ärztlichen Handelns eindeutig zu definieren" *(Heinrich Schipperges).*

11 3. Die **Professionalisierung** der Heilberufe seit dem Entstehen der Universitäten und dem Aufblühen der Wissenschaften erfährt im Zeitalter der apparativen Medizin einen Umbruch. Der Arzt versieht seinen Dienst in den immer ausgedehnteren therapeutischen Prozessen mehr und mehr **an der Seite nichtärztlicher Experten:** Eine wachsende Zahl von Physikern, Pharmakologen, Chemikern, Bioingenieuren, Psychologen, Psychotherapeuten und Sozialpädagogen dringt in die klinischen Stäbe ein.

Der aus dem Amerikanischen stammende Begriff **„Disease Management"** bezeichnet die Vernetzung aller am Behandlungsgeschehen Beteiligten im Dienst einer optimalen Versorgung des Patienten auf sparsame Weise. Es geht um „verbindliche und integrale Behandlungs- und Betreuungsprozesse über ganze Krankheitsverläufe und über institutionelle Grenzen hinweg, welche auf Grund medizinischer Evidenz festgelegt und bezüglich Qualität, Ergebnissen und Kosten innerhalb definierter Rahmen liegen".[40] Danach trifft der Arzt wichtige Entscheidungen nicht mehr allein, sondern gemeinsam mit einem Team von Fachleuten. Dieses Programm schränkt die klinische Freiheit des einzelnen Arztes ein und bringt ein Mehr an Kontrolle, an Administration, an ökonomischen Vorgaben. Die in Sorgfaltspflichten eingebundene ärztliche Therapiefreiheit wie die Pflicht des Arztes zur persönlichen Leistungserbringung und das Recht des Patienten auf freie Arztwahl, auch die Verantwortlichkeiten bei der vertikalen und der horizontalen Arbeitsteilung dürfen sich aber durch verstärktes Zusammenwirken und verdichtete Kommunikation zwischen den „Gesundheitsfachpersonen" von Rechts wegen nicht verlieren.

Die ärztlichen Tätigkeitsfelder erweitern und differenzieren sich zunehmend und schnell. Unter Bedachtnahme auf die Vielfalt der krankheitsbedingenden Einflüsse steht dem Arzt ein wachsendes therapeutisches Spektrum zu Gebote. Dabei hat er sich seiner eigenen Fähigkeiten immer angespannter zu vergewissern und mit seinem Patienten einen sich notwendig verstärkenden Vorsorge- und Risikodialog zu führen. Die öffentliche Verantwortung der Ärzteschaft wird gewichtiger. Das zeigt sich beim kassenärztlichen Sicher-

---

[40] *Greulich/Berchtold/Löffel* (Hrsg), 2000, 1; vgl auch den kritischen Bericht von *Weide* über die Managed Care Organizations in den USA MedR 2001, 72 ff.

stellungsauftrag, in der öffentlichen Gesundheitsverwaltung, im sozial-medizinischen und gewerbeärztlichen Dienst, auch bei den privatrechtlich angestellten Betriebsärzten und Arbeitsmedizinern, nicht zuletzt bei den für Effektivität und Wirtschaftlichkeit ihrer Häuser verantwortlichen Klinikern. Auch neue Tätigkeitsformen verändern das Arztbild.[41] Die andauernde Debatte um Hochschulmedizin und Studienreform[42] und die unter Teilnahme der Öffentlichkeit geführten lebhaften Diskussionen um ethisch-normative Grund- und Grenzfragen[43] belegen die Dynamik des Wandels.

Ihre Schlüsselrolle im Gesundheitsdienst wird die Ärzteschaft nur behaupten, wenn sie neben fachlicher Kompetenz die Fähigkeit beweist, den Bedürfnissen des einzelnen Kranken wie dem Gemeinwohl gerecht zu werden.[44] Dabei muss die auf Wissenschaft gegründete professionelle Eigenart deutlich bleiben auch im Zusammenwirken mit anderen Gesundheitsberufen, etwa den Psychologischen Psychotherapeuten und insbesondere auch dem aufstrebenden Pflegedienst.[45]

4. Arztsein bedeutet einen Beruf eigener Art: ausgefüllt von Naturerkenntnis, Menschenkenntnis und Kunstfertigkeit *(Viktor von Weizsäcker)*. „In der Vereinigung dieser Eigenschaften unterscheidet er sich von jedem Techniker und auch von jedem Geisteswissenschaftler" *(Felix Anschütz)*.

Der Arzt hat Situationen, Gegebenheiten und Gefahren zu erkennen und zu begreifen durch Einsatz seiner **theoretischen Kenntnis** und seines **praktischen Erfahrungswissens**. Das Handeln fordert ihm persönliche Fertigkeiten und Fähigkeiten beim Gebrauch seiner Hilfsmittel ab. Als Berater und Begleiter soll der Arzt den Patienten führen, fördern und gesundheitlich erziehen, ihn auch als aufgeklärten Partner ernst nehmen. „Alle diese Anteile durchdringen sich und weisen erneut auf, dass das Wirken des Arztes weder vom Inhalt noch vom Verhalten aus sich selbst heraus entworfen werden kann. Es erhält seine Bedeutung und seine Kompetenz erst durch die Anerkennung des Partners und der Gemeinschaft und bedarf hierfür der wissenschaftlichen, rechtlichen und sittlichen Rechtfertigung" *(Eduard Seidler)*.

Im Verhältnis zwischen Arzt und Patienten wirkt der therapeutische Optimismus als ein Grundelement, als bestimmende und treibende Kraft. „Aber er muss durch kritisches und ärztliches Denken gezügelt werden: Derjenige Arzt ist der beste, dem es gelingt, Zuversicht und Zurückhaltung in ein heilsames therapeutisches Gleichgewicht zu bringen" *(Huldrych M. Koelbing)*.[46]

---

[41] *Becker/Schipperges* (Hrsg), 1995. Herausfordernd: Arbeitskreis Medizinerausbildung der Robert Bosch Stiftung – Murrhardter Kreis (Hrsg), 3. Aufl 1995.

[42] Vgl die Beiträge von *Meinhold, Strehl, Zöllner, Hinrichsen, Wirsching* und *Fischer:* Forschung und Lehre 11 (1995), 606 ff; zur bezeichnenden Problematik des AiP und dessen Aufgabe *Haage* MedR 2004, 533. Die BÄK hält den Bologna-Prozess und insbesondere die Bachelor-/Masterstruktur für ungeeignet, Tätigkeitsbericht 2008, 49.

[43] Anschaulich-praktisch *Kahlke/Reiter-Theil* (Hrsg), 1995; zur Integration von philosophischer Ethik in die praktische Medizin *Vollmann* EthikMed 1995, 181 ff; vgl ferner *Beckmann* (Hrsg), Fragen und Probleme einer medizinischen Ethik, 1996; *Honnefelder/Rager* (Hrsg), 1994; *Eibach*, Klinisches „Ethik-Komitee" und „ethisches Konsil" im Krankenhaus. Empfehlungen zu Einrichtung und Arbeitsweise Zeitschr f med Ethik 2004, 21; *Dörries/Neitzke/Simon/Vollmann* (Hrsg), Klinische Ethikberatung. Ein Praxisbuch, 2008.

[44] § 1 Abs 1 BÄO.

[45] *Stellpflug/Berns*, Musterberufsordnung für die Psychologischen Psychotherapeuten und Kinder- und Jugendlichenpsychotherapeuten. Text und Kommentierung, 2006; *Grusdat/Wolters/Domscheit,* in: *Robert Bosch Stiftung* (Hrsg), Pflegeförderung: Zur Situation in der BRep Dtschld, 1993; *dies,* Pflege braucht Eliten. Denkschrift zur Hochschulausbildung für Lehr- und Leitungskräfte in der Pflege, 1993 (dazu Tagungsbericht, 1993). – Zum Rettungsassistenten im Zusammenhang mit der Defibrillation *Lippert* MedR 1995, 235 ff.

[46] *Laufs,* Medizin und Recht, in: *Rössler/Waller* (Hrsg), Medizin zwischen Geisteswissenschaft und Naturwissenschaft, 1989, 105, 114 f, mwN.

15 5. Die Medizin hat während der letzten Jahre geradezu **sprunghafte Fortschritte** gemacht – in Prävention, Diagnostik, Therapie und Rehabilitation. Mit den Qualitätssprüngen gingen im medizinischen Betrieb einher weit reichende Spezialisierungen und sich fortsetzende Arbeitsteilungen mit ihren Nachteilen für das persönliche Verhältnis zwischen Arzt und Patient. Die Zahl der berufstätigen Ärzte schnellte in drei Jahrzehnten seit 1960 von knapp achtzigtausend auf annähernd zweihunderttausend empor,[47] ohne dass diese Zunahme ihr Ende erreicht hätte. Nicht zuletzt dank der medizinischen Errungenschaften stieg und steigt die Lebenserwartung in Deutschland beträchtlich.[48] Freilich wächst damit zugleich die Zahl alter, multimorbider Menschen. Nicht nur die überalterte Gesellschaft fordert die medizinischen Dienste heraus. Auch die Hauptkrankheiten schlechthin, nämlich Herz-Kreislauf-, Stoffwechsel- und Krebsleiden, blieben bisher wie manche Infektionskrankheiten unbesiegt. Aids[49] und Drogenerkrankungen werden an Gewicht zunehmen. „Die Technik hat in der Prävention dieser Krankheiten versagt. Kurative Erfolge sind nur in Einzelfällen möglich."[50] Mit großem Nachdruck verlangen die neuen Bedrohungen nach medizinischen Aufbrüchen, die zusätzlich große Summen verschlingen und den Probanden und Patienten bei wissenschaftlichen Studien auch Opfer abverlangen. Viele invasive Verfahren belasten den Patienten zugleich und bleiben von Gefahr begleitet. Die Notwendigkeit, **Vorteile gegen Risiken abzuwägen** und mit Gefahren umzugehen,[51] ist das Signum der modernen Medizin. Investitionserfordernisse und Konkurrenzdruck führen zu neuen kooperativen Organisationsformen, die ihrerseits der Anonymisierung und Kommerzialisierung des Arzt-Patient-Verhältnisses Vorschub leisten. Der durch immer weiter erhöhte medizinische Standards, ausgreifende Bedürfnisse und Begehrlichkeiten im Publikum, auch durch die Arztdichte mancherorts verursachte Kostendruck verformt das traditionsreiche deutsche Sozialversicherungssystem. Der Wandel vom Kassenarzt zum Vertragsarzt[52] läuft auf anderes hinaus, als die Worte verheißen: ein Weniger an ärztlicher Berufsfreiheit. Es droht systemwidriger Formenmissbrauch: „Er liegt vor, wenn zwar formal am Beruf des selbstständigen Vertragsarztes festgehalten wird, tatsächlich aber rechtliche Bindungen in einem Umfang vorgesehen werden, wie sie dem öffentlichen Dienst entsprechen oder nahe kommen."[53] Umso wichtiger ein Satz aus dem Gesundheitspolitischen Programm der deutschen Ärzteschaft von 1994: „Im Konflikt zwischen Patienten- und Gemeinschaftsinteresse muss der Arzt die Interessen des Patienten wahren und die Regeln der ärztlichen Kunst einhalten."[54]

---

[47] *Beske/Brecht/Reinkemeier*, Das Gesundheitswesen in Deutschland, 1993, 177. Am 31.12.1996 (am 31.12.1990) gab es in Deutschland 279 335 (237 750) berufstätige Ärzte, davon 112 660 (92 290) niedergelassene und 135 341 (118 090) in Krankenhäusern tätige (Quelle: Kassenärztliche Bundesvereinigung u BÄK). 1999 gab es 291 171 berufstätige Ärzte, davon 137 466 stationär, 125 981 ambulant und 27 724 bei Behörden oder an anderen Stellen tätige (Tätigkeitsbericht der BÄK 1999/2000, S. 23); die Zahlen für das Jahr 2000: 294 676, 139 477, 128 488, 26 722 (Tätigkeitsbericht der BÄK 2000/2001, S. 23); die Zahlen für das Jahr 2006: 311 230, 148 322, 136 105, 26 803; für das Jahr 2007: 314 912, 150 644, 137 538, 26 730; für das Jahr 2008: 319 697, 153 799, 27 568 (Tätigkeitsbericht der BÄK 2006, 21 f, 2007, 439, 2008, 412).

[48] *Miegel/Wahl*, Das Ende des Individualismus, 1993, 71, 78. Lehrreich in diesem Zusammenhang die vom BPI hrsg „Pharma Daten".

[49] Über Rechtsfragen zu HIV-Infektion und Aids-Erkrankung *Laufs/Reiling*, Der Arzt und sein Recht 1994, H 5, 3 ff, H 6, 3 ff.

[50] *Giertler*, Ärztliches Handeln im Spannungsfeld von Kritik und Anerkennung in der modernen Gesellschaft, Renovatio 50 (1994), 82, 87.

[51] „Moderner Lehre nach kommt es nicht auf die Verhinderung, sondern auf die Minimierung und Beherrschung der Gefahr an": *Deutsch* NJW 1993, 1506, 1510.

[52] *Schulin* VSSR 1994, 357 ff.

[53] *Schulin* VSSR 1994, 357, 378 f; vgl auch *Bogs*, FS Thieme, 1993, S. 715 ff; ferner *Hörnemann*, Kassenarzt als Freier Beruf, 1994; *Seer* MedR 1995, 131 ff.

[54] Tätigkeitsbericht der BÄK 2006, S. 31.

1. Kapitel. Grundlagen des Arztrechts

Ihre Errungenschaften und Fortschritte in allen Fächern befähigen die Medizin zu unermesslichen Wohltaten und Hilfen für den vorsorgenden und kranken Menschen. Trotz aller Erfolge blieben die Ärzte indessen in dem **Dilemma,** das technisch Mögliche nur **in den Grenzen des Erlaubten und Gesollten** zu unternehmen und mit den Kehrseiten und Nachteilen neuer Verfahren, den Nebenwirkungen von Medikationen fertig zu werden. Die Zunahme der Diagnostik führt zur Dominanz der Laborbefunde und bildgebenden Techniken mitunter auf Kosten umfassender persönlicher Konsultationen. Unpersönliche Apparatemedizin und die iatrogenen Gefahren der Klinik verstärken Ablehnung und Skepsis im Publikum, verstärken den Zug zu alternativen Methoden und Heilpraktikern. Die verbreitete Nichtbefolgung (Non-compliance) ärztlicher Anweisungen gibt Anlass zur Besorgnis.

III. Zum Krankheitsbegriff

1. „Krankheiten sind vom Kranken oder seiner mitmenschlichen Umgebung als Missbefinden, auffällige Zeichen, Funktionsstörungen, Stimmungs- und Verhaltensänderungen erlebte und beobachtete oder von einem Untersucher festgestellte **Abweichungen von Normen**" *(Fritz Hartmann).* Unter dem Einfluss der Naturwissenschaften und Rudolf Virchows hat der Krankheitsbegriff um die Mitte des 19. Jahrhunderts „eine vorher nicht gekannte wissenschaftliche Grundlage erhalten" *(Becker).* Die Versuche, Gesundsein und Kranksein begrifflich eindeutig zu trennen, blieben alle unbefriedigend; sie können nur den Rahmen abstecken für die Verständigung zwischen dem Patienten, dem Arzt und der Solidargemeinschaft. Die Heilkunst umfasst, so schon die Lehre des Hippokrates, dreierlei: die Krankheit, den Kranken und den Arzt. „Arzt, Kranker, Krankheit, dreieinig sind sie, nicht zu trennen" *(Hans Hellner).* Der Wandel des Morbiditätsspektrums verändert auch das Arztbild.

2. Die verschiedenen und wechselnden Definitionen von Krankheit oder Gesundheit bezeugen auf ihre Weise die Modifikationen und den Wechsel, denen auch die Idee des Arzttums unterliegt. Zu allen Zeiten versuchten Nachdenkliche, ein der **Vielfalt individueller Krankheitsprozesse** (Nosoi) gemeinsames Charakteristikum zu finden, das Kriterium zu entdecken, das den kranken vom gesunden Zustand unterscheidet. Ein allgemeines krankmachendes Prinzip boten in archaischer Kultur die Dämonen, bei Hippokrates die fehlerhafte Mischung der vier Körpersäfte, das gestörte Gefüge der morphologischen Körperelemente etwa nach der Zellulartheorie Virchows, eine Verkehrtheit der Lebensprozesse oder gar die Entartetheit der Gesellschaft. Unerfüllbare Ansprüche weckt, und die Bereitschaft zur Selbsthilfe dämpft die Formel, mit der die Constitution of the **World Health Organization** die Gesundheit beschreibt: „Health is a state of complete physical, mental and social well-being and not merely the absence of disease or infirmity."[55]

Lässt sich ein knapp gefasster, eindeutiger und umfassender Begriff nicht aufstellen,[56] so verlangen jedenfalls neben dem somatischen der sensorisch-subjektive, ferner der geis-

---

[55] Kritisch dazu etwa *Bachmann* MMW 1977, 349, ferner *v Engelhardt,* in: *Schlicht/Dickhuth* (Hrsg), Gesundheit für alle. Fiktion oder Realität, 1999, S. 34: „Was für diese Definition spricht, ist ihr umfassender Charakter, Gesundheit und Krankheit werden nicht nur auf Biologie beschränkt, sondern mit der sozialen und geistigen Welt in Verbindung gebracht. Was an dieser Definition nicht überzeugt, ist ihre anthropologische Armut, ist ihr utopisches oder unrealistisches Verständnis von Gesundheit". Kritisch zum Begriff „Lebensqualität" *Raspe* MedR 1990, 1ff und *Schmidt,* Therapieziel und Menschenbild, 1996, S. 181 ff, der in überzeugender Analyse zu der „ernüchternden Erkenntnis" gelangt, „dass ein klar umrissenes Kriterium ‚Lebensqualität', welches bei der konkreten therapeutischen Entscheidung in der Klinik eine Hilfe sein könnte, nicht verfügbar ist". Vgl ferner *Schölmerich/Thews* (Hrsg), „Lebensqualität" als Bewertungskriterium in der Medizin, 1990.

[56] *Schipperges,* Motivation und Legitimation des ärztlichen Handelns, in: *Schipperges/Seidler/ Unschuld* (Hrsg), Krankheit, Heilkunst, Heilung, 1978, S. 485: „Es ist sicherlich kein Zufall, dass es

tig-sittliche und der soziale Aspekt Aufmerksamkeit. Es lässt sich mit *Hans Schaefer* sagen, „dass **Befinden und Befund** gemeinsam nicht nur die Diagnose liefern, sondern auch die Einordnung eines Individuums in die Klasse der ‚Kranken' bestimmen". Vor allem das Merkmal der **Hilfsbedürftigkeit** des kranken Menschen ist von Bedeutung. „Eine Krankheit wird ... unter den Bedingungen unserer Lebenswirklichkeit niemals nur als ein natürliches Lebensphänomen betrachtet, sondern immer zugleich als ein Zustand, der nicht sein soll, mithin als ein Zustand, der ein gezieltes Eingreifen nicht lediglich ermöglicht oder erlaubt, sondern geradezu fordert."[57]

20 3. Der Begriff „Krankheit" spielt im **Rechtsleben** eine gewichtige Rolle und verlangt dort nach praktikabler Definition, die in den Gesetzen fehlt. Auch hier kommt es auf den jeweiligen Zusammenhang und Blickwinkel an. In einer vielzitierten Formel hat der BGH unter den Begriff gefasst „jede, also auch eine nur unerhebliche oder vorübergehende **Störung der normalen Beschaffenheit** oder der normalen Tätigkeit des Körpers, die geheilt werden kann".[58] Es ging in jenem Erkenntnis um die Kaiserliche Verordnung betreffend den Verkehr mit Arzneimitteln. Als Heilmittel bezeichnete die Verordnung „Mittel zur Beseitigung oder Linderung von Krankheiten bei Menschen oder Tieren". Bei seiner weiten Interpretation ließ sich der Strafsenat vom Zweck der Vorschriften über den Arzneimittelhandel leiten. Er stellte darauf ab, „dass das Publikum vor den Gefahren und Schäden, die unsachgemäß hergestellte Arzneimittel sowie eine unzuverlässige ... Behandlung mit ihnen hervorrufen können, soweit wie möglich geschützt wird". Dieser Ansatz gebiete einen „uneingeschränkten Krankheitsbegriff". Eine allgemein gültige Begriffsbestimmung gebe es nicht.

Krankheitsbegriff und Indikationskonzept hängen zusammen, wobei beide an Eindeutigkeit eingebüßt haben, weil die Medizin zunehmend in Zustände und Befindlichkeiten des Menschen eingreifen kann, die vordem nicht dem Krankheits-Gesundheitsschema zugeordnet wurden. Lässt sich aus der Interventionsmöglichkeit eine Zuordnung zu diesem Schema rechtfertigen?[59]

21 Mehr als neun von zehn Menschen haben in Deutschland im Falle der Krankheit einen Rechtsanspruch auf Leistungen durch einen Versicherer. Dabei gewinnt der Krankheitsbegriff seinen Gehalt durch das Kriterium der **Behandlungsbedürftigkeit.** Als Krankheit gilt darum auch ein Frühstadium, das abwendbare Beschwerden oder Arbeitsunfähigkeit erwarten lässt. Indessen: „Die Praxis in der Anwendung der RVO einerseits, der ‚soziale Wandel' andererseits haben die Zahl der **Grenzfälle** anwachsen lassen, in denen eine ätiologische Diagnostik total, eine pathologische weitgehend versagt, die Entscheidung über gesund oder krank also in einem vagen, nirgends definierbaren Ermessensspielraum getroffen werden muss" *(Hans Schaefer).* Immer mehr Formen von Unwohlsein, Gebrechlichkeit, Unzufriedenheit begründen die Morbidität und drängen zur Krankheit. Sie stel-

---

keine hinlängliche Definition von Krankheit oder Gesundheit gibt. Mit der Gesundheit verhält es sich wie mit der Schönheit: Wie viele Schönheiten – einer Figur, eines Gesichts, einer Haltung, einer Landschaft, eines Bildes! Und wie verschieden sie alle: in Ländern und Zeiten, von Jahr zu Jahr, von Saison zu Saison! Ein jeder hat seine eigene Möglichkeit, schön zu sein. Jeder Mensch und jede Landschaft haben ihre eigene Konstitution, ihren eigenen Habitus, ihre Konstellation! Und so haben wir es immer wieder auch mit unserer eigenen Gesundheit zu tun, von der wir abweichen oder der wir näher kommen, die wir jedenfalls nie haben. Und so gibt es im Grunde nur jene Gesundheiten, zu denen der Mensch unterwegs ist, wie wir auch die Krankheiten – um mit Kierkegaard zu reden – immer nur als kritische ‚Stadien auf dem Lebenswege' erleben werden." Vgl auch *Schipperges*, Krankheit und Kranksein im Spiegel der Geschichte, 1999, ferner *Lanzerath*, Krankheit und ärztliches Handeln. Zur Funktion des Krankheitsbegriffs in der medizinischen Ethik, 2000.

[57] *Wieland*, in: *Becker/Schipperges* (Hrsg), Krankheitsbegriff, Krankheitsforschung, Krankheitswesen, 1995, S. 73.

[58] BGH NJW 1958, 916; vgl ferner OLG Karlsruhe VersR 1991, 912. Zu den Krankheitsbegriffen im Recht *Seewald*, Art. Krankheit, Lexikon Medizin, Ethik, Recht, 1989, Sp 651 ff.

[59] *Damm/Schulte*, Indikation und informed consent, KritV 2, 2005, 101, 102.

len Mediziner wie Juristen vor die Aufgabe, ausufernde Ansprüche einzudämmen und für das rechte Maß des Erträglichen und Zumutbaren einzutreten.

Sozialversicherungsrechtlich versteht die vorherrschende Ansicht unter Krankheit einen regelwidrigen Körper- und Geisteszustand, der therapeutische Maßnahmen gebietet oder in Arbeitsunfähigkeit wahrnehmbar zutage tritt.

Das BSG stellt bei der Frage nach dem Vorliegen eines regelwidrigen Körper- oder Geisteszustands in ständiger Spruchpraxis darauf ab, „ob der Zustand vom Leitbild des gesunden Menschen abweicht, ob also der Versicherte zur Ausübung der normalen psycho-physischen Funktionen in der Lage ist oder nicht".[60]

§ 2 Arzt, Kranker, Gesellschaft

Inhaltsübersicht

	RdNr
I. Medizin im Sozialstaat	1
1. Daseinsfürsorge	1
2. Räson des Sozialnutzens	2
II. Das Krankheits- und das Behandlungsvolumen	5
1. Krankheitsvolumen	5
2. Behandlungsvolumen	6
III. Der einzelne Patient und die Gesellschaft	7
1. Individual- und Gemeininteresse	7
2. Kostendruck	8
IV. Ärzte und Juristen	10
1. Rechtskontrolle	10
2. Zusammenwirken von Ärzten und Juristen	12

Schrifttum: *Arbeitsgemeinschaft Rechtsanwälte im Medizinrecht eV* (Hrsg), Medizinische Notwendigkeit und Ethik. Gesundheitschancen in Zeiten der Ressourcenknappheit, 1999; *Badura/Hart/Schellschmidt,* Bürgerorientierung des Gesundheitswesens. Selbstbestimmung, Schutz, Beteiligung, 1999; *Baier,* Medizin im Sozialstaat. Medizinsoziologische und medizinpolitische Aufsätze, 1978; *ders,* Gesundheit als organisiertes Staatsziel oder persönliches Lebenskonzept? Zur Sozialgeschichte und Soziologie des Wohlfahrtsstaates, in: *Häfner* (Hrsg), Gesundheit unser höchstes Gut?, 1999, S. 31–56; *Beske/Brecht/Reinkemeier,* Das Gesundheitswesen in Deutschland. Struktur, Leistungen, Weiterentwicklung, 1993; *Depner,* Ärztliche Ethik und Gesellschaftsbild. Eine soziologische Untersuchung zur Entwicklung des Selbstverständnisses von Medizinstudenten und Ärzten, 1974; *Dierks,* Das Sozialrecht als Kostenkontrolle im Gesundheitswesen? Kritische Anmerkungen zur Normgebung, in *Duttge* (Hrsg), Perspektiven des Medizinrechts im 21. Jahrhundert, 2007, S. 37; *Eichenhofer,* Menschenrecht auf soziale Sicherheit, VSSR 2007, 87; *Feuerstein/Kuhlmann* (Hrsg), Rationierung im Gesundheitswesen, 1998; *Francke/Hart,* Bürgerbeteiligung im Gesundheitswesen, 2001; *Freidson,* Dominanz der Experten. Zur sozialen Struktur medizinischer Versorgung, hrsg u übersetzt v *Rohde,* 1975; *ders,* Der Ärztestand. Berufs- und wissenschaftssoziologische Durchleuchtung einer Profession, 1979; *Hartmann,* Medizin in Bewegung – Arzt im Umgang, 1975; *Herder-Dorneich/Schuller* (Hrsg), Die Ärzteschwemme, 1985; *Herfarth/Buhr* (Hrsg), Möglichkeiten und Grenzen der Medizin, 1994; *Illich,* Die Enteignung der Gesundheit. „Medical Nemesis", 1975; *Kopetzki/Zahrl* (Hrsg), Behandlungsanspruch und Wirtschaftlichkeitsgebot, 1998; *Krämer,* Die Krankheit des Gesundheitswesens. Die Fortschrittsfalle der modernen Medizin, 1989; *Kurzrock* (Hrsg), Medizin: Ethos und soziale Verantwortung, 1978; *K-D Müller,* Zwischen Hippokrates und Lenin. Gespräche mit ost- und westdeutschen Ärzten über ihre Zeit in der SBZ und DDR, 1994; *Nagel/Fuchs* (Hrsg), Rationalisierung und Rationierung im deutschen Gesundheitswesen, 1998; *Oberender/Fibelkorn,* Ein zukunftsfähiges deutsches Gesundheitswesen, 1997; *Plagemann,* Aufsicht über die Sozialversicherung im 21. Jahrhundert – Von der Staatsaufsicht zur Gewährleistungspflicht, VSSR 2007, 121; *Rompf,* 125 Jahre Kaiser-

---

[60] *Schneider,* Handbuch des Kassenarztrechts, 1994, S. 112. – Eine gesetzliche Definition von Krankheiten oder Behinderungen im Rahmen der Pflegeversicherung enthält § 14 Abs 2 SGB XI.

liche Botschaft – die Entstehung und Entwicklung des Kassenrechts, VSSR 2007, 1; *Schlemmer* (Hrsg), Haben wir die richtige Medizin?, 1975; *Schlicht/Dickhut* (Hrsg), Gesundheit für alle: Fiktion oder Realität?, 1999; *H-L Schreiber*, Notwendigkeit und Grenzen rechtlicher Kontrolle der Medizin, 1984 (Göttinger Universitätsreden 71); *Sommer*, Gesundheitssysteme zwischen Plan und Markt, 1999; *Taupitz/Brewe* (Hrsg), Biomedizin im Zeitalter der Globalisierung und Medizinische Versorgung in Zeiten knapper Kassen: Herausforderungen für Recht und Ethik, 2001; *Thomas* (Hrsg), Ärztliche Freiheit und Berufsethos, 2005; *Voß*, Kostendruck und Ressourcenknappheit im Arzthaftungsrecht, 1999; *Vosteen*, Rationierung im Gesundheitswesen und Patientenschutz, 2001; *Wachsmuth*, Die chirurgische Indikation. Rechtsnorm und Realität, FS Bockelmann, 1979, S. 473–480; *V v Weizsäcker*, Soziale Krankheit und soziale Gesundung, 2. Aufl 1955; *Wilkinson*, Kranke Gesellschaften. Soziales Gleichgewicht und Gesundheit, 2001; *Wunderli/Weisshaupt* (Hrsg), Medizin im Widerspruch, 1977, § 2 Arzt, Kranker, Gesellschaft.

I. Medizin im Sozialstaat

1 **1. Daseinsfürsorge.** Mit gutem Grund hat *Horst Baier* sein erhellendes Buch zum vorstehenden Thema den Ärzten gewidmet, „die im Fortschritt der Wissenschaft, unter dem Druck des Sozialstaates, bei der Verteidigung ihres Berufes unbeirrt dem Wohl des Einzelnen folgen". Der Sozialstaat mit seinem **dichten Netz von Sicherheiten** für die Wechselfälle des Lebens einer erdrückenden Mehrheit, mit seinen breiten Stützen in Wirtschaft und Verwaltung bildet nicht mehr nur den Rahmen, sondern die Grundlage ärztlicher Tätigkeit. „Wer krank und was krank ist, wie diagnostiziert und therapiert werden muss, mit welchen Maßnahmen die Wiedereingliederung der Geheilten in die Arbeitswelt geschehen und Rückfälle verhütet werden sollen, mit welchen Mitteln des Sozialbudgets in welcher Höhe der Arzt bezahlt werden kann, das bestimmt heute ein System von Rechtsnormen, von behördlichen und körperschaftlichen Akten, von zwingenden wissenschaftlichen Verhaltensvorschriften." Der moderne Arzt muss erkennen, dass sich die bisher naturwissenschaftliche Medizin auf Staat und Gesellschaft ausweitet und neue Noxenfelder umfasst. In der „gemachten Gesellschaft", in der bewusster politischer Wille und unbewusste Mentalitäten ungleich stärker als in der vorindustriellen Epoche Grundbedingungen für Gesundheit wie Krankheit setzen, treten neben die somatischen Ätiologien die **sozialen Teleologien.** Die Erkenntnis der Gesellschaftlichkeit von Krankheit und Gesundheit setzt dem ärztlichen Handeln zusätzliche Ziele und fordert den Einsatz des Arztes in den gesellschaftlichen und öffentlich-rechtlichen Verbänden, etwa beim Für und Wider um die poliklinischen Ambulatorien, das klassenlose Krankenhaus, den medizinischen Studiengang, das Mehr an Sozial- und Arbeitsmedizin, überhaupt die Reorganisation der Gesundheitspflege und nicht zuletzt die Rationalisierung und Rationierung im deutschen Gesundheitswesen.

2 Vor dem Hintergrund einer umfassenden öffentlichen **Daseinsfür- und -vorsorge,** des international- und europarechtlich anerkannten Menschenrechts auf soziale Sicherheit,[1] entwickelt sich die naturwissenschaftliche zur sozialen Medizin. Neue Fächer und Disziplinen deuten den Wandel an, etwa die Arbeits-, Sozial-, Versicherungs- und Rechtsmedizin, die Sozialpsychiatrie und -gynäkologie. Die medizinische Forschung wie der ärztliche Dienst geraten mehr und mehr unter den Primat der Sozialpflichtigkeit. Sozialpolitik und Gesundheitswesen verschränken sich immer enger.

3 Das wachsende **Sicherheitsbedürfnis** des Menschen in der Massengesellschaft weitet das System der sozialen Daseinsvorsorge stetig aus. Das dynamische System gesundheitlicher Lebenssicherung prägt die Mentalität des Patienten, ja auch bestimmte Krankheitsbilder. Den sozialen Versorgungsstaat kennzeichnen bevormundende Bürokratien und eine Fülle angestellten oder beamteten Personals. Unter dem 27. Mai 1787 zu Neapel notierte *Goethe* im Blick auf den erwarteten dritten Teil von *Herders* Ideen zur Philosophie der Geschichte der Menschheit: „Er wird gewiss den schönen Traumwunsch der Menschheit, dass es dereinst besser mit ihr werden solle, trefflich ausgeführt haben. Auch, muss

---

[1] *Eichenhofer* VSSR 2007, 87.

1. Kapitel. Grundlagen des Arztrechts

ich selbst sagen, halt' ich es für wahr, dass die Humanität endlich siegen wird, nur fürcht' ich, dass zu gleicher Zeit die Welt ein großes Hospital und einer des anderen humaner Krankenwärter sein werde."[2] *Juli Zeh* entwirft in „Corpus Delicti" (2009) das Science-Fiction-Szenario einer umfassend präventiven Gesundheitsdiktatur irgendwann im 21. Jahrhundert.

2. Räson des Sozialnutzens. Die Sozialversicherten finanzieren mit ihren Beiträgen einen gewaltigen **medizinisch-bürokratischen Apparat** und liefern sich ihm zugleich durch zunehmende Abhängigkeit von seinen Funktionen aus. Die Entwicklung der Versichertengemeinschaft „zur Klientel des Sozialstaats, des Bürgers zum Sozialpatienten"[3] lässt sich durchaus mit *Ivan Illichs* pointiertem Wort bezeichnen: Enteignung der Gesundheit.[4] In einer technisch machbar wie ökonomisch berechenbar erscheinenden Gesundheitspflege gerät auch die Ärzteschaft unter die Räson des Sozialnutzens und der Wirtschaftlichkeit. Der Staat lenkt den ärztlichen Berufsnachwuchs bürokratisch durch zentralisierte und formalisierte Verfahren. Die Kostenexplosion im Gesundheitswesen engt die ärztliche Berufsfreiheit ein. Eine wachsende Zahl gesetzlicher und verbandsrechtlicher Vorgaben steuert das Handeln des Arztes und überlagert oder verformt das überlieferte Berufsethos. **Widersprüche und Interessenkonflikte** durchziehen den sich ausweitenden, die Volkswirtschaft stark belastenden Gesundheitsbetrieb.

II. Das Krankheits- und das Behandlungsvolumen

1. Das **Krankheitsvolumen** wächst bei steigender Lebenserwartung und Vermehrung der ärztlichen Dienste.[5] Der Krankheitsbegriff weitet sich aus, und außerdem nehmen die Krankheiten insgesamt zu. Das Krankheitsspektrum verschiebt sich von den – teilweise aber wieder zunehmenden – klassischen Infektionen zu den chronischen Zivilisationsschäden und Süchten. Der Altersaufbau einer schrumpfenden Bevölkerung verändert sich fortschreitend, wobei der Anteil der jüngeren Jahrgänge sich drastisch verkleinert. Umweltbelastungen verstärken den Trend zu chronischen Leiden. Die Berufskrankheiten gewinnen an Gewicht. Die Perfektion der Technik lässt weitere psychische Belastungen erwarten.

2. Auch das **Behandlungsvolumen,** die Inanspruchnahme der ärztlichen Dienste, vergrößert sich. Die Angebote der Apparate- und Präparate-Medizin steigern sich fortwährend und wecken neue Ansprüche in einer alternden, medizinisch darum immer bedürftigeren Bevölkerung. Die weiterschreitende Spezialisierung und Intensivierung macht das Organisationsgefüge des Medizinbetriebs immer komplexer und aufwendiger, wobei die Versicherungen und die forensischen Maßnahmen am Prozess der Medikalisierung mitwirken: an der „bewussten Einbindung des Menschen von der Geburt bis zum Tode in ein System medizinisch-ärztlicher Leistungen und Kontrollen, die zu einem tief greifenden Mentalitätswandel in der Bevölkerung geführt haben" *(Heinrich Schipperges).* Die hohe und manchenorts sich weiter steigernde Arztdichte (bei Unterversorgung in

---

[2] *Goethe,* Italienische Reise, hrsg v *v Einem,* 1978, S. 332.
[3] *Baier,* Medizin im Sozialstaat, 1978, S. 66.
[4] *Illich,* Die Enteignung der Gesundheit. „Medical Nemesis", 1975. Kritisch *Schaefer* DÄBl 1975, 1889.
[5] Zum Folgenden vgl *Beske/Brecht/Reinkemeier,* Das Gesundheitswesen in Deutschland, 1993; BMG (Hrsg), Daten des Gesundheitswesens, Ausgabe 1995; BÄK, Tätigkeitsbericht 2000/2001 dem Deutschen Ärztetag 2001 in Ludwigshafen vorgelegt von Vorstand und Geschäftsführung (S. 699); Bundesverband der Pharmazeutischen Industrie eV (Hrsg), Pharma Daten, 30. Aufl 2000. Siehe ferner *Schipperges,* Ärzteschwemme – Gründe, Folgen, Rezepte: Fünf Thesen zum Problem der overeducation, in: *Herder-Dorneich/Schuller* (Hrsg), Die Ärzteschwemme, 1985, S. 87 ff; vgl auch die Kritik *Krämers,* Die Krankheit des Gesundheitswesens. Die Fortschrittsfalle der modernen Medizin, 1989; *Arnold,* Die Gesundheitsversorgung zwischen Utopie und zunehmendem Kostendruck, 1997.

manchen Landstrichen vor allem des Ostens) spielt bei den Vorgängen eine erhebliche Rolle. Andererseits führte das gestiegene Behandlungsvolumen zur „Kostendämpfungspolitik" zulasten der Versorgungsaufgaben von Ärzten und Krankenhäusern.[6]

III. Der einzelne Patient und die Gesellschaft

7 **1. Individual- und Gemeininteresse.** Wenn der Kranke mit seinem Leiden die Hilfe des Arztes sucht, dann erscheint er in seiner **persönlichen Bedürftigkeit** und Eigenart nicht als Exponent der Gesellschaft. Der Leitsatz „salus aegroti suprema lex" meint den einzelnen Patienten und ist keine Gemeinwohlformel. **Individualinteresse und Gemeinnutz** decken sich nicht. Wohl soll der Arzt die gesellschaftlichen Zusammenhänge der Krankheit mit ins Kalkül ziehen, und gewiss darf er sich nicht als Handlanger maßlosen individuellen Eigennutzes missbrauchen lassen. Aber seine eigentliche Aufgabe besteht in der Hilfe für den Kranken, mit dem ihn eine Gemeinschaft im Zeichen der humanitas und des Rechts[7] verbindet. Diese Gemeinschaft hat grundsätzlich Vorrang in der Konkurrenz mit gesellschaftlichen Erfordernissen. Anders könnten sich die Freiheit des Patienten und die Freiheit des Arztes schwerlich verwirklichen. Vertrauen wie Zuwendung lassen sich nur in Freiheit vollziehen.

8 **2. Kostendruck.** Die vorrangige Sorge des Arztes um den **einzelnen Patienten** bleibt freilich eingebettet in die Verantwortlichkeit für die anderen und die späteren Kranken. „Der Arzt dient der Gesundheit des einzelnen Menschen und des gesamten Volkes", so postuliert es das Gesetz.[8]
Die seit Jahren herrschende Unterfinanzierung der gesetzlichen Krankenversicherung gefährdet aber den altbewährten Vorrang und führt zur **implizierten Rationierung.** „Für die Patienten besteht das Risiko, dass sich aufgrund des **ökonomischen Drucks** bei pauschalierten Vergütungsformen der medizinische Leistungsstandard senkt und es aus wirtschaftlichen Gründen zu Leistungsverkürzungen kommt."[9] Dem Arzt droht die Funktion einer verteilenden Instanz auf unterster Ebene im System der Daseinsvorsorge einer medikalisierten Gesellschaft. Die im ärztlichen Heilauftrag und im Berufsgesetz seit jeher angelegte Spannung erhöht sich. Die deutsche Ärzteschaft hat sich in ihrem gesundheitspolitischen Programm zum herkömmlichen prinzipiellen Vorrang des Individualinteresses bekannt[10] und damit der These eines Übergangs „vom Primat des Individuums zum Primat der Gesellschaft"[11] eine Absage erteilt: „Im Konflikt zwischen Patienten- und Gemeinschaftsinteresse muss der Arzt die Interessen des Patienten wahren und die Regeln der ärztlichen Kunst einhalten. Für eine optimale Patientenversorgung muss er auf medizinisch-wissenschaftlicher Grundlage Entscheidungen über das medizinisch Notwendige treffen, auch – und gerade dann – wenn die Kluft zwischen medizinisch Sinnvollem, menschlich Vertretbarem und medizinisch-technisch Machbarem wächst."[12] Im Ringen um das individuell Notwendige steht ein Grundpfeiler des ärztlichen Dienstes zur Debatte: die durch die Art 12 und 5 GG

---

[6] Vgl. die Daten und Materialien in den alljährlich erscheinenden, aber wohl in der Öffentlichkeit zu wenig beachteten Tätigkeitsberichten der BÄK. – Zur Sozialepidemiologie das Buch von *Wilkinson*, Unhealthy Societies, 1996 (deutsch: Kranke Gesellschaften, 2001). Grundthese: „Unter den modernen Industriegesellschaften sind nicht die reichsten die gesündesten, sondern diejenigen mit den geringsten Einkommensunterschieden zwischen Arm und Reich."
[7] *Wiethölter* hat das treffliche Wort geprägt: „Arzt und Patient als Rechtsgenossen" (Titel seiner Studie zur Aufklärungspflicht des Arztes, 1962).
[8] § 1 Abs 1 Bundesärzteordnung (BÄO).
[9] *Genzel* MedR 1995, 43, 53.
[10] Beschluss des dt Ärztetages Mai 1994, L 1.4, DÄBl 1994, Supplement zu H 24, 3.
[11] *Engler*, Leviathan 4 (1994), 470, 477.
[12] Die Ärzteschaft wendet sich gegen das Rationieren, nicht das Rationalisieren. Vgl. auch *Seewald/Schoefer* (Hrsg), Zum Wert unserer Gesundheit. Der Arzt zwischen Rationierung und Rationalisierung, 2008.

gewährleistete Therapiefreiheit, das Pendant zu Autonomie und Gesundheit des – auch sozialversicherten – Patienten, die unter dem Schutz der Art 1 und 2 GG stehen.[13]

In einem wegweisenden Beschluss zur Leistungspflicht der gesetzlichen Krankenversicherung bei neuen Behandlungsmethoden hat das BVerfG die Position des Patienten zu Recht gestärkt: „Es ist mit den Grundrechten aus Art 2 I GG in Verbindung mit dem Sozialstaatsprinzip und aus Art 2 II 1 GG nicht vereinbar, einen gesetzlich Krankenversicherten, für dessen lebensbedrohliche oder regelmäßig tödliche Erkrankung eine allgemein anerkannte, medizinischem Standard entsprechende Behandlung nicht zur Verfügung steht, von der Leistung einer von ihm gewählten, ärztlich angewandten Behandlungsmethode auszuschließen, wenn eine nicht ganz entfernt liegende Aussicht auf Heilung oder auf eine spürbar positive Einwirkung auf den Krankheitsverlauf besteht."[14]

Bei seiner Fürsorge zum Vorteil des individuellen Patienten hat der Arzt stets auch auf das **Gemeinwohl** Bedacht zu nehmen, etwa die Indikation für bestimmte Heilverfahren streng zu stellen, um die Solidargemeinschaft der Versicherten oder den Staat nicht über Gebühr zu belasten. Wie der Beruf des Rechtsanwalts, so dient auch der des Arztes neben individuellen zugleich öffentlichen Interessen. Das Reichsgericht hat dies früh festgestellt: „Das eigentliche und entscheidende Gepräge beider Berufe liegt darin, dass sie fundamentale, allgemeine, öffentliche Zwecke, nämlich die der Gesundheitspflege und der Rechtspflege, auf Grund staatsseitig geforderter und gewährleisteter wissenschaftlicher Vorbildung unter besonderer Verantwortung zu erfüllen haben."[15]

Die doppelte Aufgabe mit dem prinzipiellen Vorrang des einzelnen Kranken erschweren die **Sparzwänge**. Die „Explosion des Machbaren" überfordert die Gesundheitskassen. Wird eine Zuteilungsmedizin die Einheit der Rechtsordnung sprengen, weil die Regeln des Bürgerlichen Rechts sich nicht mehr mit den Vorgaben des Sozialrechts decken? Zahlreiche Autoren befassten sich mit dem Dilemma. „Der große Kostentreiber ist der medizinische Fortschritt selbst" – „Medizin muss rationiert werden".[16] Während es den Ärzten obliege, so *Wilhelm Uhlenbruck*,[17] den Begriff der Krankheit und der Behandlungsbedürftigkeit „auf ein vernünftiges und bezahlbares Maß zurückzuführen", sei die Justiz gehalten, den haftpflichtrechtlichen Begriff des medizinischen Leistungsstandards „den tatsächlichen und finanziellen Gegebenheiten anzupassen". Dies bedeute „keineswegs eine Verminderung jener Sorgfaltsmaßstäbe, die im Interesse der Patienten geboten sind. Nur muss nicht jedes Krankenhaus die gleiche apparative Ausstattung besitzen wie eine Universitätsklinik." Doch wo des Näheren liegen die Grenzen der Reduktion? „Wegen des verfassungsrechtlichen Schutzes der Gesundheit darf ... ein – im Einzelfall schwer zu definierender – Mindeststandard nicht unterschritten werden."[18] Eine strenge Ansicht postuliert:

---

[13] BSG NZS 1994, 125. – „Art 2 Abs 2 S 1 GG gibt jedermann das Recht auf Leben und körperliche Unversehrtheit. Diese Verbürgung wird berührt, wenn staatliche Regelungen dazu führen, dass einem kranken Menschen eine nach dem Stand der medizinischen Forschung prinzipiell zugängliche Therapie, mit der eine Verlängerung des Lebens, mindestens aber eine nicht unwesentliche Minderung des Leidens verbunden ist, versagt bleibt": BVerfG NJW 1999, 3399 = MedR 2000, 28 (zur Organentnahme bei lebenden Personen nach dem Transplantationsgesetz).
[14] BVerfG NJW 2006, 891. Dazu und zu den finanziellen Grenzen unseres Gesundheitssystems *Spickhoff*, NJW 2006, 1630, mw Nachw.; weiterführend *Ramm*, Sozialstaatsprinzip und Recht auf Gesundheit, VSSR 2008, 203. Vgl. ferner LSG Schlesw.-Holst., MedR 2009, 244 (Kostenerstattungsanspruch des GKV-Patienten für eine PET).
[15] RGZ 66, 143, 148 f (Urteil von 1907. Es ging um die Sittenwidrigkeit einer Konkurrenzklausel unter Vertragsstrafe).
[16] *Krämer* MedR 1996, 1 ff – Zu Rationalisierung und Rationierung, Kostendruck und Standard *Laufs* NJW 1994, 1565 f, NJW 1996, 1575, NJW 1997, 1610, NJW 1998, 1755, NJW 1999, 1767, NJW 2000, 1763 f Kritisch *Braun/Kühn/Reiners,* Das Märchen von der Kostenexplosion, 1998; vgl ferner die in den vorstehenden Lit. verz. genannten Titel.
[17] MedR 1995, 427, 437.
[18] *Rieger* MedR 1996, 147, unter Hinweis auf entsprechend verstärkte Informationspflichten des Arztes. Vgl ferner Arbeitsgem Rechtsanwälte im Medizinrecht (Hrsg), Die Budgetierung des Gesundheitswesens. Wo bleibt der med Standard?, 1997.

"Die haftungsrechtlichen Maßstäbe des Rechtsgüterschutzes zugunsten von einzelnen Patienten erlauben keine Senkung des ärztlichen Standards aus allgemeinen Wirtschaftlichkeitsgründen."[19]

Wenn der Arzt aus guten Gründen dem **Standard verpflichtet**[19a] bleiben soll, darf er nicht in die Rolle einer verteilenden Instanz geraten. „Rationalisierungsmaßnahmen sollten indirekt in Form von Sparbeschlüssen auf einer möglichst hohen hierarchischen Ebene getroffen werden. Auf diese Weise wird der Arzt durch die politisch vorgenommene ex ante-Beschränkung seiner Handlungsmöglichkeiten zumindest partiell von direkten Rationalisierungsentscheidungen entlastet, also davon, Entscheidungen über das Überleben konkreter, identifizierbarer Menschenleben treffen zu müssen."[20]

Unter dem Gebot der Rationalisierung und des Prozessmanagements im Krankenhaus steht der Arzt im allgemeinen wie in seinem eigenen Interesse.[21] Die Budgetierung mit der Folge härteren Ringens um Honorarverteilung[22] und Wirtschaftlichkeitsprüfung[23] engt die Berufsfreiheit ein wie die Novelle zur Gebührenordnung der privatärztlich Tätigen etwa durch weitere erhebliche Einschränkungen bei der Honorarabrede namentlich im Bereich der wahlärztlichen Leistungen.[24]

IV. Ärzte und Juristen

10   **1. Rechtskontrolle.** Wie andere Professionen sehen sich auch die medizinischen einem engen Geflecht rechtlicher Normen unterworfen. Der Rechtsstaat erfordert **Kontrollen durch Behörden und Gerichte,** also durch Juristen. Wer öffentliche Mittel verwaltet und ausgibt, schuldet Rechenschaft. Wem höchste Lebensgüter und Rechte anvertraut sind, der muss sein Tun an strengen Maßstäben messen lassen. Auch die erforderliche

---

[19] *Hart* MedR 1996, 60, 71. *Künschner,* Wirtschaftlicher Behandlungsverzicht und Patientenauswahl, 1992, S. 381: „Das Wirtschaftlichkeitsgebot soll unnütze und überteuerte Therapien aus dem Leistungsbereich der gesetzlichen Krankenversicherung herausnehmen, nicht aber entscheidende gesundheitsverbessernde oder lebenswichtige Therapien einem allgemeinen Kostenvorbehalt unterwerfen." *Steffen/Pauge,* Arzthaftungsrecht, 10. Aufl 2006, RdNr 134: Es „kann der rechtliche Sorgfaltsmaßstab die allgemeinen Grenzen im System der Krankenversorgung, selbst wenn es Grenzen der Finanzierbarkeit und der Wirtschaftlichkeit sind, nicht völlig vernachlässigen. Solche Defizite eignen sich ebenso wenig wie das Krankheitsrisiko zur haftungsrechtlichen Abwälzung auf den Arzt".

[19a] *Lilie/Bernat/Rosenau* (Hrsg), Standardisierung in der Medizin als Rechtsproblem, 2009; *Kifmann/Rosenau,* Qualitätsstandards für medizinische Behandlungen, in: *Möllers* (Hrsg), Standardisierung durch Markt und Recht, 2008, 49.

[20] *Oberender,* FS Gitter, 1995, S. 701, 707.

[21] *Lang,* Steuersparen und Kostensenken als Arzt, 1996; *Greulich/Thiele/Thiex-Kreye,* Prozeßmanagement im Krankenhaus, 1997; vgl ferner *Fleischhauer,* Probleme d Kostenbegrenzung durch Prioritätensetzung – ein Blick über die Grenzen, Jahrb f Wiss u Ethik 2, 1997, S. 137 ff; vgl auch die Stellungnahme der Zentralen Ethikkommission zu Prioritäten in der medizinischen Versorgung im System der GKV, DÄBl 2000, A 1017 ff.

[22] Vgl die Schwerpunkthefte MedR 1996, 147 ff (H 4), und MedR 2000, 157 ff (H 4), zum Recht der vertragsärztlichen Honorarverteilung und zur Mengensteuerung. Zur Angemessenheit der kassenärztlichen Vergütung *Isensee* und *Fiedler/Hess,* VSSR 1995, 321 ff; vgl ferner *Pitschas,* FS Boujong, 1996, S. 613 ff (Plädoyer für die Freiberuflichkeit).

[23] *Ehlers* (Hrsg), Praxis der Wirtschaftlichkeitsprüfung. Vertragsärzte/Vertragszahnärzte, 1996; vgl ferner *Rath,* Arzneimittelbudget und die neuen Arzneimittelrichtlinien in der Wirtschaftlichkeitsprüfung, MedR 1999, 245 ff; *Stelzl,* Wirtschaftlichkeitsprüfung in der vertragszahnärztlichen Parodontosebehandlung, MedR 1999, 173 ff; *Boßmann,* Die Wirtschaftlichkeit und die Prüfung in der vertragsärztlichen Versorgung, 10. Aufl 1999. Aus der Judikatur etwa BSG MedR 1996, 138 (Strukturmerkmale von Praxisbesonderheiten) und BSG MedR 1996, 136 (Vergleichsgruppen-Bildung). Umfassend *Dahm,* Heidelberger Kommentar, 5560 (2004).

[24] Zur Novellierung der GOÄ *Kraemer* NJW 1996, 764 f; *Taupitz* MedR 1996, 533 ff, *Andreas* ArztR 1996, 67 ff; vgl ferner *Lieber* (Bearb), GOÄ, 3. Aufl 1996; kritisch *Braun/Kühn/Reiners,* Das Märchen von der Kostenexplosion, 1998; ausführlich zur GOÄ und ihren Problemen: Tätigkeitsbericht 2006 der BÄK S. 344 ff u 2007, S. 341 ff u 2008, S. 327 ff (Reformkonzept).

Rechtskontrolle hat indessen ihren Preis. Im Haushaltswesen gefährdet sie das Arztgeheimnis, dem die Datentechnik ihrerseits Abbruch tut. Soll der Arzt sich als Sachverständiger (oder Beklagter) in Gerichtsverfahren stellen, so bedeutet diese Bürgerpflicht eine gefährliche Berufslast dann, wenn die Zahl der Prozesse und ihr Gewicht über Gebühr ansteigen. In den Vereinigten Staaten drohte das lawinenartige Anschwellen der Arzthaftpflichtprozesse das Gesundheitswesen zu zerrütten, eine „defensive medicine" hervorzurufen. Wenn in der Bundesrepublik Deutschland Ähnliches nicht zu befürchten steht, weil andere Voraussetzungen insbesondere im Gerichtsverfassungs-, Kosten- und Beweisrecht herrschen, so stieg doch auch hier die Zahl der Verfahren und mehr noch das Schadensvolumen, wobei freilich die Spruchpraxis der Gerichte sich im Ganzen als maßvoll und im Dienste der Patientenbelange unabdingbar geboten erweist. Deutschland nimmt bei aller Kritik im Einzelnen „hinsichtlich der weit reichenden, intensiven und ausdifferenzierten Patientenrechte in Europa eine gut begründete Spitzenposition ein".[25] Die rechtsfortbildenden Leistungen der Straf- wie der Ziviljustiz, auch der öffentlich-rechtlichen Gerichtsbarkeit, weisen das Arztrecht wesentlich als Patientenschutzrecht aus. Sind die individuellen Patientenrechte in Deutschland gesichert, so bedürfen die weithin fehlenden **kollektiven Bürgerrechte** auf Beteiligung an Entscheidungen des Medizin- und Gesundheitssystems der Diskussion, wie *Francke* und *Hart* sie angeregt haben.

Die Prozessbereitschaft wuchs auch hierzulande aus verschiedenen Gründen. Der oft von populären Erfolgsberichten erwartungsvoll gestimmte Patient zeigt sich vielfach nicht bereit, seine Krankheit als Schicksal anzunehmen. Er will sich oft nicht mit unvermeidlichen Einbußen abfinden, die sich im Zuge diagnostischer oder therapeutischer Maßnahmen einstellen. Dabei haben die Gefahren der modernen Medizin gewiss zugenommen, was die notwendig aggressive Krebstherapie zeigt, die stets Folgen hinterlässt.

2. Zusammenwirken von Ärzten und Juristen. Nicht erst im Zeichen verbreiteter öffentlicher Medizin-Kritik haben sich die Ärzteschaft und ihre Fachpresse für die **rechtliche Seite des Gesundheitswesens** aufgeschlossen. Die alte medicina forensis erweiterte sich zu einer Disziplin, die arztrechtliche Themen schlechthin erörtert und lehrt.[25a] Medizinische Zeitschriften stellen ihre Spalten in den Dienst auch der juristischen Information des Arztes. Andererseits teilen maßgebende Mediziner ihre Erfahrungen und Einsichten einem über den Kreis der Fachgenossen hinausreichenden Publikum mit, so dass sich auch der Jurist besser denn je über die Bewandtnisse und Probleme der anderen Fakultät unterrichten kann. Symposien und Arbeitsgemeinschaften bauen Verständigungsschwierigkeiten ab, wobei verantwortliche Medizin-Journalisten sie unterstützen.[26] Die Kommunikation über die Berufsgrenzen hinweg bleibt eine fortwährende, gewichtige Aufgabe. Denn die **Unterschiede** der Denk- und Arbeitsweise **von Ärzten und Juristen** bergen die Gefahr des Missverständnisses und der Spannung. Der Jurist dient dem Recht in seiner Allgemeingültigkeit, der Arzt steht dem unverwechselbaren Individuum in seiner je besonderen Hilfsbedürftigkeit gegenüber, die sich oft nur schwer in normative Tatbestände fassen lässt. Der Arzt entscheidet – vielfach in Zeitnot – ex ante, der Richter ex post. Der Jurist verfährt kühl logisch und distanziert, der Arzt engagiert und nicht ohne Emotion.[27]

---

[25] *Hanika,* MedR 1999, 149, 161. Zur Rechtsvergleichung auch *Bernat,* European Journal of Health Law 1998, 117; *Fischer/Lilie,* Ärztliche Verantwortung im europäischen Rechtsvergleich, 1999. Zur Entwicklung in Deutschland vgl etwa die Zahlen und Nachweise bei *Ehlers,* Die ärztliche Aufklärung vor medizinischen Eingriffen, 1987, S. 8 ff. Aufschlussreich zur Arzthaftung in ihrer gesellschaftlichen Bedeutung *Franzki* Versicherungsmed 1990, 2 f, ferner Laryng Rhinol Otol 1987, 397, kritischer MedR 1994, 171 ff; *Ulsenheimer,* Ausgreifende Arzthaftpflichtjudikatur und Defensivmedizin – ein Verhältnis von Ursache und Wirkung, 1997; *Pelz* DRiZ 1998, 473, 481.
[25a] *Laufs,* Gerichtsmedizin, HRG, 2. Aufl 9. Lieferung, 2009, Sp. 165.
[26] *G Schreiber* (Hrsg), Vorsicht Medizin. Beobachtungen – Konsequenzen, 1975.
[27] Treffend *Wachsmuth,* FS Bockelmann, 1979, S. 473–474.

13 Die Medizin bedarf der rechtlichen Kontrolle, für deren Umfang es keine Zauberformel gibt. Eine völlige rechtliche Organisation des Verhältnisses zwischen Arzt und Patient empfiehlt sich indes keineswegs. Es bleibt „nur der steinige Weg der Klärung der Gegensätze, der Kenntnis der unterschiedlichen Ausgangspunkte und Methoden von Medizin und Recht sowie des Versuchs einer jedenfalls teilweisen Einigung im Interesse der gemeinsamen Aufgaben beider im Ansatz sich so fremden Disziplinen".[28]

14 3. Die meisten Ärzte sehen sich in einem Dickicht der Juristen gefangen, vor allem in den fast undurchdringlichen Vorschriften des SGB V, in welches das GRG 1988 die GKV einfügte. Seit der Durchführungsgesetzgebung zum Einigungsvertrag 1990 ergingen in dichter Folge Reformgesetze – GSG (1992), BeitrEntlG (1996), GKV-NOG 1 und 2 (1997), GKV-SolG (1998), GKV-RefG (2000), RSA-RefG (2001), BSichG (2002), GMG (2003), VÄndG (2006), GKV-WSG (2007)[29] – eine die Ärzteschaft bedrückende, von politischen Kräften und Interessenverbänden bestimmte, doch immer von Juristen ins Werk gesetzte und kommentierte Paragraphenlast. Sie signalisiert die Krise des Gesundheitssystems und die Krise des Rechts, das in politischer Bewegung und Prozeduralisierungen aufgeht und nur vorübergehende Regelfestsetzung ist.[30]

§ 3 Die Freiheit des ärztlichen Berufs

Inhaltsübersicht

	RdNr
I. Die freien Berufe	1
1. Beschränkungen	1
2. Kriterien	2
3. Gewerbesteuerfreiheit	3
4. Merkmale	5
5. Normative Bedeutung	6
6. Kammern	7
II. Die freien Heilberufe und die Freiheit des Arztes	8
1. Akademiker und Nichtakademiker	8
2. BÄO	9
3. Standesrecht	12
4. Dienstherren und Arbeitgeber	13
III. Therapiefreiheit: Methodenwahl und Verfahrensqualität	14
1. Drei Elemente	14
2. Grenzen der staatlichen Gewalt	16
3. Standard	17
4. Umfassende ärztliche Kenntnisse	18
5. Abwägungen	19
6. Außenseiter	20
7. GKV	22
IV. Berufsfreiheit und Einstandspflicht	23
1. Freiheitssichernde Haftpflicht	23
2. Verschuldensprinzip	24
V. Freiheitsgarantie und Gesetzesbindung	25

---

[28] *H-L Schreiber,* Notwendigkeit und Grenzen rechtlicher Kontrolle der Medizin, 1984, S. 48.
[29] Vgl die Auflösung und Erläuterung von *Becker/Kingreen* in der Einführung zu: SGB V, Öffentliches Gesundheitswesen, Textausgabe, 15. Aufl 2008, S XII ff.
[30] Näher *Laufs,* in *Thomas* (Hrsg), Ärztliche Freiheit und Berufsethos, 2005, S. 82 ff.

1. Kapitel. Grundlagen des Arztrechts § 3

Schrifttum: *Brandstetter,* Der Erlass von Berufsordnungen durch die Kammern der freien Berufe, 1971; *Deneke,* Die freien Berufe, 1956; *ders,* Freie Berufe, in: Staatslexikon II, 7. Aufl 1986, Sp 675; *Deutsch/Kleinsorge/Scheler* (Hrsg), Verbindlichkeit der medizinisch-diagnostischen und therapeutischen Aussage, 1983; *Fleischmann,* Die freien Berufe im Rechtsstaat. Eine Untersuchung von Begriff und Wesen der freien Berufe und ihrer verfassungsrechtlichen Stellung nach dem Grundgesetz unter besonderer Berücksichtigung der freien Heil- und Beratungsberufe, 1970; *Francke,* Ärztliche Berufsfreiheit und Patientenrechte, 1994; *Ganster,* Freier Beruf und Kapitalgesellschaft – das Ende der freien Professionen. Eine umfassende juristische Analyse zum scheinbar unaufhaltsamen Siegeszug der Kapitalgesellschaften in den freien Professionen, 2000; *Geiger,* Wie frei ist der Arzt?, FS Stein, 1969, S. 83–98; *Gesellensetter,* Die Annäherung des Freien Arztberufes an das Gewerbe. Eine verfassungs-, sozial- und berufsrechtliche Untersuchung, 2007; *Herrmann/Backhaus* (Hrsg), Staatlich gebundene Freiberuflichkeit im Wandel, 1998; *Laufs,* Berufsfreiheit und Persönlichkeitsschutz im Arztrecht, 1982; *ders,* Zum Wandel des ärztlichen Berufsrechts, FS Geiger, 1989, S. 228–239; *ders,* Zur Freiheit des Arztberufs, FS Deutsch, 1999, S. 625–633; *ders,* Immer weniger Freiheit ärztlichen Handelns, NJW 1999, 2717–2719; *Lücke,* Die Hierarchie des Ärztlichen Dienstes im Spannungsfeld von Direktionsrecht und freiem Beruf, 1995; *Neuhaus* (Hrsg), Pluralität in der Medizin – der geistige und methodische Hintergrund, 1980; *Pitschas,* Das Recht der Freien Berufe, in: *R Schmidt* (Hrsg), Öffentliches Wirtschaftsrecht, BT II, 1996, S. 17–108; *ders,* Gesundheitswesen zwischen Staat und Markt, in: *Häfner* (Hrsg), Gesundheit unser höchstes Gut?, 1999, S. 169–194; *Quaas,* Zur Berufsfreiheit des Freiberuflers, insbesondere der Ärzte, MedR 2001, 34–37; *Rancke,* Die freien Berufe zwischen Arbeits- und Wirtschaftsrecht, 1978; *Ratzel/Lippert,* Kommentar zur Musterberufsordnung der deutschen Ärzte (MBO), 2. Aufl 1998; *Rittner,* Unternehmen und freier Beruf als Rechtsbegriffe, 1962; *Schneider,* Konfliktlösung: ärztliche Berufsfreiheit versus Regelungen der Qualitätssicherung – Vorschläge aus juristischer Sicht, MedR 1998, 151–154; *Scholz,* Kommentar zu Art 12 GG, in: *Maunz/Dürig/Herzog* ua, Grundgesetz Kommentar (Stand des Beitrags noch immer 1981); *Siebert,* Strafrechtliche Grenzen ärztlicher Therapiefreiheit, 1983; *Sodan,* Freie Berufe als Leistungserbringer im Recht der gesetzlichen Krankenversicherung. Ein verfassungs- und verwaltungsrechtlicher Beitrag zum Umbau des Sozialstaats, 1997; *Steindorff,* Freie Berufe – Stiefkinder der Rechtsordnung?, 1980; *Steiner,* Zur Lage des Arztes als freier Beruf, FS Deutsch, 2009, 635; *Taupitz,* Die Standesordnungen der freien Berufe. Geschichtliche Entwicklung, Funktionen, Stellung im Rechtssystem, 1991; *Tettinger,* Kammerrecht, 1997; *ders,* Grundfragen zahnärztlicher Freiberuflichkeit, MedR 2001, 287–294; *Wunderlich,* Die Rechtsstellung des Betriebsarztes. Der angestellte Betriebsarzt im Spannungsfeld zwischen Arbeitgeber und Betriebsrat, 1995.

I. Die freien Berufe

1. Beschränkungen. Begonnen sei mit dem Hinweis auf das eingangs genannte neue Buch von *Catrin Gesellensetter,* weil es in eindrucksvollem Gesamtbild mit vielen Belegen den Dirigismus zeigt, der die nicht mehr wie ehedem freien Ärzte gleichsam gefangen hält. Die Autorin sieht qualitative Einschränkungen der Freiberuflichkeit bei der vertragsärztlichen Tätigkeit deutlich hervortreten. In der Praxisgebühr erkennt sie einen Eingriff in die Berufsausübungsfreiheit. „Budgetierungen und Honorarverteilungsmechanismen gefährden die Freiheit der Entscheidung über die ärztliche Therapie und damit ein Kernelement der ärztlichen Freiberuflichkeit". Die Streichung von Leistungen aus dem oder die Nicht-Aufnahme in den Katalog der Gesetzlichen Krankenkassen bedeuteten erhebliche Einschnitte in die ärztliche Behandlungsfreiheit. Jede Rationierung stehe in diametralem Widerspruch zum ärztlich-deontologischen Selbstverständnis und beschneide die ärztliche Berufsfreiheit „in einem nicht hinzunehmenden Maß". Richtlinien, Leitlinien und sozialrechtliche Einschränkungen setzten die Therapiefreiheit zugunsten einer Nutzen/Risiko-Optimierung unter Druck. Diene das Instrument der Qualitätssicherung als Mittel zur Verwaltung verminderter Ressourcen, gehe diese Art der Drittkontrolle zulasten elementarer Merkmale freier Berufsausübung. Die Beitragsstabilität dürfe nicht Vorrang vor dem Anspruch auf angemessene vertragsärztliche Vergütung gewinnen; Restriktionen zulasten der Vertragsärzte ließen sich mit dem Berufsbild des freiberuflich arbeitenden Arztes nicht in Einklang bringen. Die Entscheidung über das Leistungsspektrum einer Praxis müsse beim einzelnen Arzt bleiben. Der „Markt für medizinische Dienstleistungen" habe „in weiten Teilen einen Zustand erreicht, der Marketing und Werbung notwendig macht". Das Verbot der kooperativen Berufsausübung in der Rechtsform der GmbH halte, so die Autorin, einer verfassungsrechtlichen Überprüfung nicht stand. Die Zunahme von Selektivkontrakten berge die Gefahr unausgewogener Verhandlungsmacht, verschärfe das ökonomische Diktat und gehe zulasten der Freiberuflichkeit. Auch in den Gestaltungsformen der Integrierten Versorgung vermöchten ökonomische Zwänge langfristig die Leistungserbringung zu überlagern und die freie Berufsausübung der Ärzte zu beeinträchtigen. Die Neuerungen des GMG verstärkten diese Tendenz. Vielleicht ist der freie Beruf des Arztes durch das SGB V „zum staatlich gebundensten Beruf unter den nichtstaatlichen Berufen geworden" (*Udo Steiner*).

2 **2. Kriterien.** Unter **berufssoziologischen und gesellschaftsfunktionalen Gesichtspunkten** treten in der Ausübung eines freien Berufs die Entscheidungsfreiheit, die auch wirtschaftlich unabhängige Position und die Qualifikation der Tätigkeit als persönliche und geistige Leistung hervor. Die freiberufliche Aufgabe unterscheidet sich danach von der materiellen Wertschöpfung selbstständiger gewerblicher Tätigkeit einerseits wie von den weisungsgebundenen Diensten der Beamten und Arbeitnehmer andererseits. „Die Inhalte freiberuflicher Tätigkeit sind nicht mit der Produktion standardisierter Waren für allgemeine Gütermärkte beschreibbar, sondern werden durch *in eigener Person* und Verantwortlichkeit erbrachte Leistungen für individuelle Nachfrager (Patienten, Klienten, Mandanten) geprägt" (*J. F. V. Deneke*). Der Betreiber eines großen medizinischen Laborbetriebes, der für professionelle Nachfrager arbeitet, wird danach nicht mehr als Freiberufler gelten können. Wer die Bindung an berufliche Traditionen und standesethische Normen zu den Kriterien zählt, wird dem Merkmal der wirtschaftlichen Selbständigkeit weniger Gewicht beimessen. Dann können sich auch unselbstständig arbeitende Berufsangehörige wie angestellte und beamtete Ärzte zu den Freiberuflern rechnen.

Das Partnerschaftsgesellschaftsgesetz in seiner 1998 zweimal und zuvor 1994, zuletzt 2008 novellierten Fassung anerkennt den Typus des Freien Berufs. Nach § 1 Abs 1 können sich Angehörige Freier Berufe in der Partnerschaft zur Ausübung ihrer Tätigkeit gesellschaftlich zusammenschließen. § 1 Abs 2 S 1 bestimmt: „Die Freien Berufe haben im Allgemeinen auf der Grundlage besonderer beruflicher Qualifikation oder schöpferischer Begabung die persönliche, eigenverantwortliche und fachlich unabhängige Erbringung von Dienstleistungen höherer Art im Interesse der Auftraggeber und der Allgemeinheit zum Inhalt".

3 **3. Gewerbesteuerfreiheit. Wirtschaftsrechtlich und sozioökonomisch** lassen sich mithilfe des Einkommensteuergesetzes[1] die freien Berufe ebenfalls ausgrenzen. Die zu den „Katalogberufen" gehörenden Professionen eigenverantwortlicher Arbeit unterliegen nicht der Gewerbesteuer. Im Bemühen um Aufnahme in die enumerative Liste suchen neuentstehende Berufe ihre Anerkennung zu finden und ihren Charakter zu erweisen.

4 Im Einzelnen freilich zeigen sich die Grenzen als durchaus fließende. Der Begriff des „freien Berufs" ist – auch nach der Spruchpraxis des Bundesverfassungsgerichts (BVerfG)[2] – zunächst von soziologischer Qualität. Er entwickelt sich wesentlich aus der Berufsrealität und aus den gesellschaftlichen Funktionen einzelner Professionen. Die konstituieren-

---

[1] § 18 Abs 1 Nr 1 EstG; vgl auch BFH MedR 1991, 50: „Der durch die Zahl der Aufträge und der angestellten Mitarbeiter gekennzeichnete Umfang der Praxis eines einzelnen Arztes für Laboratoriumsmedizin lässt sich nicht beliebig vergrößern, ohne dass seine Freiberuflichkeit infrage gestellt ist." – „Führt der technische Fortschritt dazu, dass die persönliche, individuelle Dienstleistung – von Ausnahmefällen abgesehen – durch EDV-Programme ersetzt wird, so handelt es sich nicht mehr um die die Ausübung des freien Berufs prägende eigenverantwortliche Tätigkeit": BFH NJW 1995, 3078, 3080 (Arzt für Laboratoriumsmedizin).

[2] BVerfGE 10, 354, 364 = NJW 1960, 619, 620; BVerfGE 11, 105, 117 = NJW 1960, 1099, 1100.

den Qualifikationsmerkmale, die **Funktions- und Statuselemente** können sich unterschiedlich zusammenfügen und verändern, einzelne Professionen in das System der freien Berufe hineinwachsen oder aus ihm wieder herausfallen lassen.

4. Merkmale. Zu den **wichtigsten Merkmalen** des freien Berufs gehören „ein Maß grundsätzlich-ethischer Berufsauffassung **(Berufsethos),** ein Maß entsprechender persönlicher wie sachlicher Berufsunabhängigkeit, ein Maß besonderer Verantwortung für die Allgemeinheit sowie ein spezifisches Vertrauensverhältnis zum Mandanten, Klienten, Patienten" *(Rupert Scholz).* Der freie Beruf werde qualifiziert, so das BVerfG, „durch ein hohes Maß an Verantwortlichkeit und eigenem **Risiko** in wirtschaftlicher Beziehung, eigener Verantwortlichkeit vor allem bei der Ausübung des Berufs selbst",[3] ferner durch eine „regelmäßig ... unabhängige und **eigenverantwortliche Stellung**"[4] und durch **spezielle Sachkunde.** Diese Merkmale und Elemente des freien Berufs prägen auch dessen berufsrechtliche Stellung.

5. Normative Bedeutung. Die soziologisch fassbaren Berufseigenschaften gewinnen dem offenen und freiheitlichen Berufsbegriff des Art 12 Abs 1 GG gemäß auch **normative Bedeutung.** Das BVerfG hat dies anerkannt, indessen hinzugesetzt, aus der rechtlichen Begrifflichkeit des „freien Berufs" ließen sich „präzise normative Wirkungen für seine Behandlung im Recht schwerlich ableiten".[5] Dieser Klassifizierung gegenüber bleibt zu betonen, „dass die grundsätzliche rechtliche Verbindlichkeit solcher Berufseigenschaften von der öffentlichen Gewalt gemäß Art 12 Abs 1 GG unmittelbar beachtet werden muss. Dies hat vor allem Bedeutung für Gesetzgebungen berufsbildprägender Art". Eine institutionelle, objektiv bestandsschützende Garantie der „freien Berufe" lässt sich aber aus Art 12 Abs 1 GG nicht ableiten.[6]

6. Kammern. Ein weiteres Kennzeichen der „freien Berufe" liegt in deren berufsständischem, organisationsrechtlichem Gefüge. Die öffentlich-rechtlichen **Berufskammern** sichern eine gesteigerte Verantwortlichkeit für das Gemeinwohl, wie die berufsständische Autonomie. Die berufsrechtlichen Kompetenzen, die den Institutionen der Selbstverwaltung gegenüber ihren Mitgliedern zukommen, bemessen sich nach Art 12 Abs 1 GG.[7] Bei der Frage, ob er bestimmte Professionen und welche er in berufsständischen Selbstverwaltungsformen berufen solle, steht dem Gesetzgeber ein breiter Gestaltungsspielraum offen. „Die staatliche Organisationsgewalt sieht sich namentlich bei der Begründung von öffentlich-rechtlichen Berufskörperschaften soweit unbeschränkt, wie solche Organisationsstrukturen und öffentlich-rechtlich gestalteten Selbstverwaltungsaufgaben dem jeweiligen Beruf adäquat sind."[8]

II. Die freien Heilberufe und die Freiheit des Arztes

1. Akademiker und Nichtakademiker. Zum **Kreis der freien Heilberufe,** der nach seiner Mitgliederzahl die größte Berufsgruppe unter den freien Berufen darstellt, gehören die Ärzte,[9] die Zahnärzte und die Tierärzte, die Psychologischen Psychotherapeuten, Kinder- und Jugendlichenpsychotherapeuten, außerdem die – steuerrechtlich freilich dem Handel zugeordneten – Apotheker. Von den nichtakademischen Heilberufen zählen Masseure, medizinische Bademeister, Hebammen, Krankengymnasten und ähnliche

---

[3] BVerfGE 9, 339, 351 = NJW 1959, 1579, 1580.
[4] BVerfGE 33, 367, 381; vgl auch BVerfGE 16, 286, 294 = NJW 1963, 1667, 1668; auch *Sodan,* Freie Berufe als Leistungserbringer im Recht der gesetzlichen Krankenversicherung, 1997, S. 13 ff, 63 ff.
[5] BVerfGE 10, 354, 364 = NJW 1960, 619, 620.
[6] *Scholz,* Kommentar zu Art 12, RdNr 256 f, 271.
[7] *Scholz,* Kommentar zu Art 12, RdNr 259, 294 ff.
[8] *Scholz,* Kommentar zu Art 12, RdNr 259.
[9] „Freiberuflichkeit statt Staatsmedizin" lautete die Botschaft des Außerordentlichen Deutschen Ärztetags 2006, vgl Tätigkeitsbericht 2006 der BÄK, auch 2008, 15.

Dienste zu den freien Berufen, sofern sie ihre Tätigkeit wirtschaftlich selbstständig ausüben. Wegen ihrer medizinisch unzulänglichen Berufsausbildungs- und Berufszugangsregeln lassen sich im Hinblick auf die hohen Standards in den anderen Heilberufen die Heilpraktiker nicht zu den freien Berufen rechnen.

9   **2. BÄO.** Nach dem Gesetz, der **Bundesärzteordnung,**[10] ist der ärztliche ein „seiner Natur nach" **freier Beruf;** dies bedeutet: seinem inneren Wesen, seinem eigentlichen Sinn gemäß.[11] Die Formel schwächt nicht, sondern verstärkt die dem Arztberuf immanente Freiheit.[12] Verlöre die Ärzteschaft diese Freiheit, so büßte sie damit ihre Eigenart ein. Die Freiheit des ärztlichen Berufs muss darum als institutionell gesichert gelten.

10   Auch der Kassenarzt nimmt voll an dieser Garantie teil. „Die Krankenversicherung bedient sich", so das BVerfG,[13] „des freien Berufes der Ärzte zur Erfüllung ihrer Aufgaben; sie baut nicht nur ihr Kassenarztsystem auf dem Arztberufe als einem freien Berufe auf, indem sie das Vorhandensein eines solchen Berufes praktisch und rechtlich voraussetzt und sich zunutze macht, sondern sie belässt auch die Tätigkeit als Kassenarzt im Rahmen dieses freien Berufes."

11   Zu den freien Berufen gehören sowohl die selbstständig praktizierenden, niedergelassenen als auch die – zahlenmäßig überwiegenden[14] – in Krankenhäusern, Sanatorien oder bei Privaten angestellten Ärzte wie die öffentlich bediensteten Medizinalbeamten. Die Norm des § 1 Abs 2 BÄO soll nach Ansicht des Gesundheitsausschusses des Deutschen Bundestages die „Freiheit des ärztlichen Tuns" umfassend auf allen medizinischen Feldern gewährleisten.[15]

12   **3. Standesrecht.** Die Freiheit des ärztlichen Berufs ergibt sich aus dem **Standesrecht.** Dieses regelt die Berufspflichten und -rechte, ohne nach selbstständigen, angestellten oder beamteten Ärzten zu unterscheiden. Nach der Berufsordnung[16] gilt das vom Hip-

---

[10] § 1 Abs 2 Halbs 2 BÄO. Die BÄO v. 2.10.1961 (BGBl I S.1857) idF d Bekanntmachung v 16.4.1987 (BGBl I S.1218), zuletzt geändert durch G v 2.12.2007 (BGBl I S. 2686, bei *Thürk* 21-1.); vgl *Laufs,* Zum Wandel des ärztlichen Berufsrechts, in: FS Geiger, 1989, S. 228 ff mwN.

[11] *Laufs,* Arzt und Krankenhaus 1981, 259; im Kommentar zu BÄO (Das dt BundesR, 824. Lieferung 1999, betont *Haage* zu Recht, „dass die Freiheit ärztlichen Handelns gewährleistet sein muss, unabhängig davon, in welcher Form der Beruf ausgeübt wird".

[12] So schon *Narr* ÄrztlBerufsR, 2. Aufl 1988, RdNr 37 ff, auch zum Folgenden.

[13] BVerfGE 11, 30 = NJW 1960, 715. – Vgl auch BVerfG NJW 1963, 1667.

[14] Vgl die Zahlen im vorstehenden § 1 Fn 47. Die Zahl der angestellten und beamteten Ärzte an Krankenhäusern betrug bereits im Jahre 1985 77 758 gegenüber 67 363 freiberuflich tätigen, im Jahre 1987 82 850 gegenüber 70 277 (vgl med intern Nr 128 v 16.12.1988). Die Freiberuflichkeit auch des angestellten Arztes setzt den Direktionsrechten des Arbeitgebers und des Vorgesetzten Grenzen nach dem Maß fachlicher Kompetenz und Gewissenhaftigkeit. Der als Arbeitnehmer tätige Betriebsarzt kann der Gefahr sachwidriger Einflußnahme ausgesetzt sein. „Das Direktions- und Überwachungsrecht findet seine Grenze in der gesetzlich garantierten Unabhängigkeit des Betriebsarztes. Fachliche Weisungen dürfen dem Betriebsarzt in seinem gesetzlichen Aufgabenbereich nicht erteilt werden", *Wunderlich,* Die Rechtsstellung des Betriebsarztes, 1995, S. 341.

[15] *Schiwy,* Deutsches Arztrecht, Kommentar, Bd 1, Stand 1.1.2001, Anm 4 zu § 1 BÄO. An der Freiberuflichkeit des Krankenhaus- und des Vertragsarztes zweifeln *Ratzel/Lippert,* Kommentar zur MBO-Ä, 4. Aufl 2006, S. 32 f.

[16] In der Fassung der Beschlüsse des 100. Deutschen Ärztetags 1997 in Eisenach, dazu *Laufs,* NJW 1997, 3071 ff; geändert durch die Beschlüsse des 103. Deutschen Ärztetages 2000 in Köln, des 105. Deutschen Ärztetags 2002 in Rostock, des 106. Deutschen Ärztetags 2003 in Köln, des 107. Deutschen Ärztetages 2004 in Bremen und durch den Beschluss des Vorstandes der BÄK am 24.11.2006, hier abgedruckt als Anhang zum Kapitel 1. – Rechtswirkung entfaltet die (Muster-)Berufsordnung, wenn die Kammerversammlungen der Ärztekammern sie als Satzung beschlossen und die Aufsichtsbehörden sie genehmigten. – Auf das in manchem anders gelagerte Standesrecht der Rechtsanwälte und dessen Problematik sei hier nur knapp hingewiesen. Nach den Wirtschaftsprüfern haben auch die Rechtsanwälte – angestoßen durch Beschlüsse des BVerfG (E 76, 171 = NJW 1988, 191 und 76, 196 = NJW 1988, 194) – nach langen Beratungen 1996 die satzungsförmigen

1. Kapitel. Grundlagen des Arztrechts § 3

pokratischen Eid[17] abgeleitete Gelöbnis „für jede Ärztin und jeden Arzt". „Ärztinnen und Ärzte üben ihren Beruf", so bestimmt die Ordnung, „nach ihrem Gewissen, den Geboten der ärztlichen Ethik und der Menschlichkeit aus." Das Arztrecht nimmt die berufsethischen Grundsätze in sich auf und gibt dem ärztlichen Gewissen ausdrücklich Raum. Die Spruchpraxis unserer Gerichte, auch der höchsten, hat diesen Zusammenhang mehrfach bestätigt.[18] Die berufsethisch begründete, verantwortliche Freiheit des Entschlusses bildet ein Hauptmerkmal der Arbeit des Arztes, unabhängig davon, in welchem beruflichen Status er sich befindet. Kein Arzt braucht sich zu bestimmten Methoden oder zu seinem Gewissen widersprechenden Maßnahmen drängen oder gar zwingen zu lassen. Der Gesetzgeber selbst hat diesen Grundsatz wieder bestätigt, indem er bestimmte, dass niemand verpflichtet ist, an einem Schwangerschaftsabbruch mitzuwirken.[19] Das **Weisungsrecht des Dienstherrn** allgemein im Beamten- oder Angestelltenverhältnis und die Direktionsbefugnis des Arbeitgebers oder Vorgesetzten finden ihre Grenze an dem Freiheitsraum, den die Bundesärzteordnung allen Ärzten gewährt. Wer als Arzt ein Dienst- oder Arbeitsverhältnis eingeht, bleibt unter den Geboten des ärztlichen Berufsethos und den ärztlichen Berufsregeln.[20] Freilich können die ärztlichen Grundpflichten in Kollision geraten mit Ansprüchen des Dienstherrn oder Arbeitgebers. Mögen die Belange des Dienst- oder Arbeitsrechts im Allgemeinen prinzipiell den Vorrang haben, so gilt dies aber dann nicht, wenn ihnen der ernsthafte und wohlerwogene ärztliche Entschluss unausweichlich entgegensteht.

4. Dienstherren und Arbeitgeber. So können Dienstherr und Arbeitgeber zwar Art, Ort und Zeit der Arbeit näher bestimmen, soweit das Betriebsverfassungsrecht nicht entgegensteht, auch die Betriebsabläufe steuern und im Rahmen der Aus- und Weiterbildung fachliche Anweisungen erteilen. Die Direktionsbefugnis findet indessen allgemein dort ihre Grenze, wo eine Weisung dem Bediensteten oder Arbeitnehmer nach der Billigkeit nicht mehr zugemutet werden kann. Arbeitsbezogene, organisationsgebundene und arbeitsbegleitende Weisungen können den Arzt von Rechts wegen nicht davon abhalten, dem Wohl des anvertrauten Patienten den Vorzug zu geben. „Es stellt grundsätzlich keinen wichtigen Grund zur fristlosen Kündigung dar, wenn sich ein angestellter Arzt, der sich bei seinem Arbeitgeber wiederholt und vergeblich um die Beseitigung bestehender Mängel bemüht hat, bei einem dadurch hervorgerufenen Interessenkonflikt zwischen seiner sich aus dem Arbeitsvertrag ergebenden Treuepflicht gegenüber dem Arbeitgeber

---

berufsrechtlichen Regeln beschlossen, die das Berufsrecht der BRAO ausfüllen und ergänzen; vgl *Kleine-Cosack* NJW 1997, 1257 ff; Berufsordnung und Fachanwaltsordnung für Rechtsanwälte als Beilage zu Heft 19, 1997 der NJW. – Gut eingeführt ist inzwischen der Fachanwalt für Medizinrecht; vgl Fachanwaltsordnung idF v. 1.7.2006, § 14 b.

[17] Vgl die Aufschlüsse im folgenden § 4 und neuerdings *Duttge,* Der hippokratische Eid im Selbstbild des modernen Menschen, in: *ders* (Hrsg), Perspektiven des Medizinrechts im 21. Jahrhundert, 2007, S. 1 ff.

[18] *Laufs,* Recht und Gewissen des Arztes, Heidelberger Jahrb 1980, 1 ff.

[19] Freistellungsklausel seit Art 2 des 5. Gesetzes zur Reform des Strafrechts von 1974, nun § 12 Abs 1 SchKG. Die Weigerung bedarf keiner Begründung. § 12 Abs 2 SchKG schränkt das Weigerungsrecht nur für die Fälle der strengen medizinischen Indikation dahin ein, dass in diesen Fällen eine Mitwirkung nicht verweigert werden darf, wenn sie zur Rettung des Lebens der Frau notwendig ist. Den angestellten Arzt können aus einer Weigerung keine Rechtsnachteile treffen. Das Weigerungsrecht ist grundsätzlich unabdingbar. Indessen: Die Bereitschaft zu indizierten Schwangerschaftsabbrüchen darf eine Ausschreibung für die Position eines gynäkologischen Chefarztes voraussetzen. Vgl. *Ratzel/Lippert,* Kommentar zur MBO, 4. Aufl 2006, § 14 RdNr 19, mit Rechtsprechungsnachw.

[20] „Im Rahmen des Vertrages kann der Arbeitgeber dem Arbeitnehmer aufgrund seines Direktionsrechtes die Arbeiten zuweisen": *Schaub,* Arbeitsrechts-Handbuch, 9. Aufl 2000, § 45 RdNr 23, § 31 RdNr 31. Andererseits verdient d Gewissenskonflikt d forschenden Arztes Rücksicht: BAG MedR 1990, 288 (Art 4 GG, § 102 BetrVG, § 315 BGB; subjektiver Gewissensbegriff).

einerseits und dem Wohl und der Gesundheit der ihm anvertrauten Patienten andererseits, entsprechend seiner ärztlichen Verantwortung zugunsten seiner Patienten entscheidet. Der Sicherheit, dem Wohl und der Gesundheit der Patienten kommt absoluter Vorrang zu."[21]

III. Therapiefreiheit: Methodenwahl und Verfahrensqualität

1. Drei Elemente. Das Erste und das Zweite Gesetz zur Neuordnung von Selbstverwaltung und Eigenverantwortung in der gesetzlichen Krankenversicherung[22] haben so wenig wie die nachfolgenden Reformgesetze die verfassungsrechtlichen Bedenken gestillt, denen der Umbau des Sozialstaats begegnet.[23] Es „lassen sich grundlegende Veränderungen sowie Verschärfungen reglementierender Eingriffe in die freie ärztliche Berufsausübung nicht übersehen".[24] Ein bürokratisch steuerndes, verwaltungswirtschaftlich geprägtes Vertragsarztrecht drängt wesentliche Elemente der Freiberuflichkeit und beruflichen Unabhängigkeit zurück. Im Zeichen fortschreitender medizinischer Spezialisierung mit Fachgebietsbegrenzungen, ausgreifender Budgetierung mit Verschreibungsregeln, externer oder gar fachfremder Qualitätskontrollen und des Verrechtlichungsprozesses überhaupt[25] erfahren viele Ärzte ihre Berufsarbeit mehr als gebundene denn als freie. Umso angezeigter erscheint es, das Kernstück der ärztlichen Profession, die **Therapiefreiheit,**[26] wieder in sein angestammtes Recht einzusetzen. Es umfasst drei Elemente:[27] Der Arzt hat darüber zu entscheiden, ob überhaupt eine Behandlung stattfinden solle. Kein Arzt darf zu einer seinem Gewissen widersprechenden Methode oder zu einer bestimmten Arzneimitteltherapie gezwungen werden. Schließlich bleibt es stets seine Aufgabe, die ihm geeignet erscheinende diagnostische oder therapeutische Methode auszuwählen.[28] Die grundgesetzliche Berufsausübungsfreiheit umfasst die therapeutische Eigenverantwortlichkeit und die Unabhängigkeit gegenüber fachlichen Weisungen.[29] Die Therapiefreiheit besteht kraft Gesetzes[30] und kraft Kammersatzungsrechtes.[31] Die Berufsfreiheit, die es dem Arzt erlaubt,

---

[21] LAG BW BB 1974, 369.

[22] Vom 23. 6. 1997, BGBl I, 1518 u 1520. – Die durch das Gesundheitsstrukturgesetz mit Wirkung vom 1. 1. 1999 eingeführte Altersgrenze von 68 Jahren für die Zulassung zur vertragsärztlichen Versorgung ist verfassungsgemäß: BVerfG NJW 1998, 1776; vgl auch BSGE 73, 223 u BSGE 80, 9, ferner *Gitter,* FS *Söllner,* 2000, S. 367 ff.

[23] *Sodan,* Freie Berufe als Leistungserbringer im Recht der gesetzlichen Krankenversicherung, 1997; *Hagedorn,* SGb 1997, 316 ff (zu dem Gutachten *Friaufs);* vgl ferner *Laufs,* NJW 2000, 1758 f; *Gesellensetter,* Die Annäherung des Freien Arztberufes an das Gewerbe, 2007, S. 84 ff.

[24] *Pitschas,* Das Recht der Freien Berufe, in: *Schmidt* (Hrsg), Öffentliches WirtschaftsR, BT II, 1996, S. 17 ff, 91; *ders,* in: *Häfner* (Hrsg), Gesundheit unser höchstes Gut?, 1999, S. 187, zur verfassungsrechtlichen Problematik der Richtgrößen („Fremdsteuerung": „gegeben ist damit ein Eingriff in die Freiheit der Berufsausübung. Bei hoher Intensität der Steuerung mag auch die Berufswahlfreiheit betroffen sein").

[25] Auf die Gefährdung der Berufsfreiheit durch die sozialrechtlichen Vorschriften zur Qualitätssicherung macht *Schneider,* MedR 1998, 151 ff, aufmerksam; vgl auch *Wienke/Lippert/Eisenmenger* (Hrsg), Die ärztliche Berufsausübung in den Grenzen der Qualitätssicherung, 1998. Über Verrechtlichung und Deregulierung aus wirtschaftsrechtlicher Sicht fundiert *Müller-Graff,* in: *Vollkommer* (Hrsg), 1945–1995. Zum Verhältnis von Staat und Gesellschaft in den letzten fünfzig Jahren, 1996, S. 7 ff.

[26] *Francke,* Ärztliche Berufsfreiheit und Patientenrechte, 1994; *Dahm,* Heidelberger Kommentar, 5090 (2001); *Laufs* ArztR 5. Aufl 1993, RdNr 42 ff, 484 ff; *Schumann,* Die Therapiefreiheit des Arztes bei der Anwendung der von ihm selbst hergestellten Arzneimittel, FS H F Gaul, 1997, S. 705 ff.

[27] *Zuck* NJW 1991, 2933 ff.

[28] *Steffen/Pauge,* ArzthaftungsR. Neue Entwicklungslinien der BGH-Rechtsprechung, 10. Aufl 2006, RdNr 157 ff; vgl ferner *Katzenmeier,* Arzthaftung, 2002, S. 304 ff.

[29] *Hufen* MedR 1996, 394, 396.

[30] § 1 Abs 2 BÄO.

[31] Vgl § 2 Abs 1 MBO-Ä. Vgl. auch § 1 Abs 1, § 2 Abs 4 MBO-Ä.

1. Kapitel. Grundlagen des Arztrechts 15–17 § 3

unter besonderen Umständen einen Patienten zurückzuweisen, hat ihr Gegenstück im Recht des Patienten auf freie Arztwahl.

Der Gesetzgeber kann die Berufsausübungsfreiheit auch des Arztes aus vernünftigen Erwägungen des Gemeinwohls – zum Schutz der Volksgesundheit wie individueller Güter von Patienten – einschränken. Zu beachten bleibt, „dass der Schutz dieser Güter auch mit dem Schutz der ärztlichen **Therapiefreiheit** parallel laufen kann, insbesondere dann, wenn der Schutz dieser Güter die Zurverfügungstellung medizinischer Leistungen erfordert oder deren unangemessene Einschränkung verbietet".[32] Dieser Hinweis bekräftigt die Einsicht, nach der die Therapiefreiheit kein Privileg des Arztes, sondern in ihrem letzten Grund ein **fremdnütziges Recht** darstellt. Sie erlaubt es dem Arzt unabhängig von der Fessel normierender Vorschriften, nach pflichtgemäßem und gewissenhaftem Ermessen im Einzelfall diejenigen therapeutischen Maßnahmen zu wählen, die nach seiner Überzeugung unter den gegebenen Umständen die besten Wirkungen für seinen Patienten erwarten lassen.

Die Dynamik der medizinischen Wissenschaft und Technik stellt unablässig neue Heilverfahren und -mittel zu Gebote. Anderseits wendet sich eine wachsende Zahl Leidender von der vorherrschenden medizinischen Praxis ab, um Hilfe bei „Naturheilverfahren" und „alternativen Methoden" zu suchen. Vor diesem Hintergrund gewinnt die Frage nach der ärztlichen Therapiefreiheit,[33] nach dem Spielraum der Methodenwahl zunehmendes Gewicht. Die Wahl des medizinischen Verfahrens erfordert einen ärztlichen Entschluss, der eine Vielzahl prognostisch einzuschätzender physischer, psychischer und sozialer Bewandtnisse berücksichtigt und die Chancen gegen die Risiken abwägt. Der auf medizinische Erfahrung und Berufsethos gegründete ärztliche Entschluss bedarf einer zusätzlichen Legitimation, nämlich des Einverständnisses des aufgeklärten Kranken. Dabei reicht die Aufklärungspflicht grundsätzlich umso weiter, je weniger sich der Arzt eingeführter und fachlich weithin anerkannter Methoden bedient. 15

2. Grenzen der staatlichen Gewalt. Die **staatliche Gewalt,** auch die judikative, kann und darf sich **nicht** zum **Richter im medizinischen Methodenstreit** aufwerfen. „Der Staat darf die Vorstellungen von Arzt und Patient über den richtigen therapeutischen Weg nicht durch eigene therapeutische Vorstellungen verdrängen."[34] Indessen kann der Gesetzgeber, verfassungsrechtlich bedenkenfrei, unter dem Gesichtspunkt der Gefahrenabwehr das therapeutische Angebot begrenzen und Zonen gesteigerter Risiken ausweisen, um sie dem Bestimmungsrecht von Ärzten und Patienten zu entziehen. Aber er darf die Gesundheitspflege nicht auf solche Heilverfahren beschränken, deren Wirksamkeit zuvor staatlich bestätigt worden ist. 16

3. Standard. Zur Freiheit der Methodenwahl gehört als unausweichliches Korrelat die **Verbindlichkeit von Sorgfaltspflichten,** welche die Verfahrensqualität gewährleisten.[35] Das Maß für die Grenzen ärztlicher Therapiefreiheit setzen die objektiven Sorgfaltsanforderungen, die an die Methodenwahl zu stellen bleiben. „Zwar muss der Arzt nicht stets den sichersten therapeutischen Weg wählen; ein höheres Risiko muss aber in den besonderen Sachzwängen des konkreten Falls oder in einer günstigeren Heilungsprognose eine sachliche Rechtfertigung finden."[36] Die gebotene Sorgfalt bemisst sich 17

---

[32] *Hart* MedR 1996, 60, 66.
[33] Instruktiv *Siebert*, Strafrechtliche Grenzen ärztlicher Therapiefreiheit, 1983, *ders,* MedR 1983, 216 ff.
[34] *Gallwas* NJW 1976, 1134 f. Zum „Stand der medizinischen Wissenschaft" als Rechtsbegriff *Kriele* NJW 1976, 355 ff.
[35] *Deutsch/Kleinsorge/Scheler* (Hrsg), Verbindlichkeit der medizinisch-diagnostischen und therapeutischen Aussage, 1983; vgl auch die Beiträge von *Schreiber* ua im VII. Teil d Sammelbandes v *Häring* (Hrsg), Chirurgie und Recht, 1993, ferner *Laufs* NJW 1997, 1609 (auch zur Aufklärung).
[36] BGH NJW 1987, 2927, auch zum Inhalt eines Arztbriefes.

nach dem jeweiligen medizinischen Standard.[37] „**Standard** in der Medizin repräsentiert den jeweiligen Stand naturwissenschaftlicher Erkenntnis und ärztlicher Erfahrung, der zur Erreichung des ärztlichen Behandlungszieles erforderlich ist und sich in der Erprobung bewährt hat."[38]

Der Standardbegriff ist für den Prozess der Normbildung in Medizin und Recht zentral. „Die **Leitlinie** ist medizinisch verbindlich, wenn sie dem Standard entspricht und ist rechtlich verbindlich, weil sie dem Standard entspricht."[39] Im besonderen Einzelfall mag dessen Eigenart wegen der Arzt begründeterweise von der Leitlinie abweichen – ein dokumentationspflichtiger Vorgang. Der Umfang der in der GKV zu erbringenden Leistungen ist allerdings nicht allein gemäß den medizinischen Standards unter Berücksichtigung des medizinischen Fortschritts festzulegen.[40] Das Gesetz bestimmt zugleich, dass die Leistungen ausreichend, zweckmäßig und wirtschaftlich sein müssen; sie dürfen das Maß des Notwendigen nicht überschreiten. Der Standardbestimmung freilich fällt der Vorrang zu.[41]

Den Arzt kann geradezu die Pflicht treffen, von der Kunstregel abzuweichen, wenn er nach gewissenhaftem Bedenken zu dem Schluss gelangt, einer anderen Methode folgen zu müssen. Die Therapiefreiheit findet aber jedenfalls dort ihre Grenze, wo die Überlegenheit eines anderen Verfahrens allgemein anerkannt ist. „Dieses in einem solchen Falle nicht anzuwenden, wäre ein Behandlungsfehler, der auch durch die Einwilligung des Patienten nicht ausgeschlossen wird."[42]

Zu den Voraussetzungen einer **verantwortlichen Therapiewahl** zählt die genaue und umfassende Erhebung der Befunde.[43] Jeder Krankheitsverdacht erfordert eine Basisuntersuchung. Die Notwendigkeit weiterführender diagnostischer Maßnahmen folgt aus der Schwere der Erkrankung. Mit zunehmender Krankheitsintensität besteht ein größer werdender ärztlicher Konsens in der Indikationsstellung zu bestimmten diagnostischen Maßnahmen. Der Konsens verdichtet sich in bestimmten Fällen bis zur Verbindlichkeit. Der Arzt muss die Grenzen seiner Erfahrung und diagnostischen Fähigkeiten erkennen und darlegen, um die Inanspruchnahme weiterer indizierter Verfahren zu ermöglichen. Der Arzt hat den Kranken grundsätzlich vollständig, bestmöglich und persönlich zu untersuchen, wobei diese Pflicht abhängt von den Umständen, insbesondere den verfügbaren Hilfsmitteln und dem Willen des Patienten.

18 **4. Umfassende ärztliche Kenntnisse.** Nur der Arzt kann befugterweise bei seinem therapeutischen Entschluss einen **Beurteilungsspielraum**[44] in Anspruch nehmen, der

---

[37] *Uhlenbruck* ArztR 1989, 233, 238; *Groß*, Ärztlicher Standard, Sorgfaltspflichten, Befundsicherung, Dokumentation und Beweislast, 1997; *ders* VersR 1996, 657 ff, 663, mit dem Hinweis, „dass die Rechtsprechung den Ärzten im Normalfall keine Verhaltensanforderungen vorgeben darf, sondern die vom Recht an den Arzt zu stellenden Anforderungen aus dem medizinischen Standard zu entnehmen sind".

[38] *Carstensen* DÄBl 1989, A 2431, 2432; *Hart* MedR 1998, 8, 9. „Haftungsrelevante Standards sind nichts anderes als die erforderliche Sorgfalt im Rahmen des § 823 Abs 1 BGB": *Deutsch* JZ 1997, 1030, 1033. Zum Standard auch *Buchborn* MedR 1993, 328 ff. Zur Zeitbezogenheit des Standards *Deutsch/ Spickhoff*, MedizinR, 6. Aufl 2008, S. 143 f. Vgl. ferner *Lilie/Bernat/Rosenau* (Hrsg), Standardisierung in der Medizin als Rechtsproblem, 2009.

[39] *Hart*, in: *ders* (Hrsg), Ärtliche Leitlinien im Medizin- und Gesundheitsrecht. Recht und Empirie professioneller Normbildung, 2005, S. 115; vgl ferner *Laufs*, in: *Berg/Ulsenheimer* (Hrsg), Patientensicherheit, Arzthaftung, Praxis- und Krankenhausorganisation, 2006, S. 253 ff.

[40] Wie es § 2 Abs 1 S. 3 SGB V nahe zu legen scheint.

[41] § 12 Abs 1 S. 1 SGB V. *Engelmann* in seinem Aufsatz über die Kontrolle medizinischer Standards durch die Sozialgerichtsbarkeit: MedR 2006, 245 ff, 246. – Zu den Richtlinien des Gemeinsamen Bundesausschusses § 92 SGB V; zur Kasuistik *Plagemann* MedR 2005, 401 ff.

[42] *Rumler-Detzel* VersR 1989, 1008, 1009. – Über Schulmedizin u. andere Heilmethoden *Gross*, in: *Resch* (Hrsg), Gesundheit, Schulmedizin, andere Heilmethoden, 1988, S. 215 ff

[43] Das Folgende nach *Schölmerich*, in: *Deutsch/Kleinsorge/Scheler* (Hrsg) (wie Fn 35), S. 69 ff.

[44] *Siebert* (Fn 33) S. 51 ff.

genaue Kenntnisse über die von ihm bevorzugte Methode und weiter fachliche Übersicht besitzt. „Anhänger von medizinischen Außenseitermethoden und Neulandbehandlungen müssen darüber hinaus die konkurrierenden Verfahren der Schulmedizin sowie die wissenschaftlichen Grundlagen der eigenen Heilmethode kennen. Die Sachkunde über die Schulmedizin muss sogar so weit gehen, dass der Arzt genau zu wissen hat, wie die Schulmedizin den Kranken im konkreten Einzelfall behandeln würde. Der Patient, der sich der Behandlung eines medizinischen Außenseiters anvertraut, muss alle Umstände seines Falles kennen."[45]

5. Abwägungen. Den Kern einer verantwortlichen Therapiewahl bildet die gewissenhafte Abwägung der **Vorteile und Gefahren** bei der ins Auge gefassten Methode in Kenntnis aller ernsthaft in Betracht kommenden Verfahren, insbesondere der eingeführten. Das Fehlen eigener Sachkunde und Fähigkeiten oder deren Unzulänglichkeit verpflichtet den Arzt dazu, einen Konsiliarius beizuziehen oder den Kranken an einen kundigeren Kollegen oder Spezialisten zu überweisen. Je angefochtener oder umstrittener eine gewählte medizinische Methode, je stärker der Arzt von eingeführten oder als anerkannt geltenden Heilverfahren abweichen möchte, das heißt von dem, was der Patient erwarten darf, und je tiefer der Arzt in Neuland vorstoßen will, desto weiter reichen die Informationspflichten.

6. Außenseiter. Der Arzt, der einer **aussichtslosen therapeutischen Methode** folgt, handelt standes- und sittenwidrig mit der Folge seiner Strafbarkeit wegen Körperverletzung. Denn der Einwilligung in einen gegen die **guten Sitten** verstoßenden Eingriff fehlt die rechtfertigende Kraft (§ 228 StGB). Das rechtliche Verdikt der Sittenwidrigkeit darf seine Funktion trotz brüchiger Moralität und wirtschaftlicher Verlockungen auch bei Auswüchsen des **Enhancement** nicht verlieren. „Das Beispiel der freiwilligen **Amputation auf Wunsch** belegt, dass § 228 StGB als Plattform dienen kann, auf der sich außergewöhnliche Problemstellungen im Zusammenspiel von tatsächlicher, moralischer und rechtlicher Dimension entwickeln lassen."[46]

Vertreter medizinischer **Außenseitermethoden** und neuartiger Heilverfahren handeln fehlerhaft, wenn sie eine Behandlung nicht abbrechen, obwohl deren Fehlschlag objektiv erkennbar geworden ist. Der für den ärztlichen Dienst erforderliche Freiraum entbindet nicht von der berufserforderlichen Umsicht. Das Verschuldensprinzip gibt dem Arzt die Handlungsfreiheit, solange er den Sorgfaltspflichten seines Berufes genügt.[47] Hinter Verfahren der „alternativen Medizin"[48] oder der „unkonventionellen Krebsbehandlung"[49] verbergen sich nicht selten paramedizinische Praktiken und höchst schädliche Quacksalbereien. Die zunehmende Kurpfuscherei von Geistheilern[50] und anderen verstiegenen Dilettanten oder betrügerischen Scharlatanen gefährdet die Volksgesundheit und verlangt rechtliche Abwehr, deren Wirksamkeit durch die Existenz staat-

---

[45] *Siebert* MedR 1983, 219.
[46] *Nitschmann,* Chirurgie für die Seele? Eine Fallstudie zu Gegenstand und Grenzen der Sittenwidrigkeitsklausel, ZStW 2007, 547, 591.
[47] Vgl *v Caemmerer* RabelsZ 1978, 23 f.
[48] Kritisch zu dem Begriff *Oepen,* Der Praktische Arzt 1983, 2215 ff; *dies* (Hrsg), Unkonventionelle medizinische Verfahren. Diskussion aktueller Aspekte, 1993; *Bock,* Wissenschaftliche und alternative Medizin, 1993; *Jütte,* Geschichte der Alternativen Medizin. Von der Volksmedizin zu den unkonventionellen Therapien von heute, 1996. Siehe ferner *Klinger,* Strafrechtliche Kontrolle medizinischer Außenseiter, 1995; vgl auch OLG Karlsruhe NJW 1996, 1140 (Arztkritik durch Stiftung Warentest: „Hildegard-Medizin"). Außenseitermethoden haben Verfechter auch an den Universitäten: *Ostendorf,* Versicherungsmedizin 1993, 85 ff.
[49] Zur Analyse umstrittener Methoden *Oepen* (Hrsg), An den Grenzen der Schulmedizin, 1985.
[50] *Wimmer,* Beiträge zur gerichtlichen Medizin XLI, 1983, S. 435 ff; zu den Kompetenzgrenzen medizinischer und theologischer Heilbehandler *Oepen,* Internistische Praxis 1983, 777 ff.

lich approbierter **Heilpraktiker** gemindert wird.[51] In einer Zeit, die widerhallt von Ansprüchen und öffentlichen Kontroversen, tun sich Ärzte und Zahnärzte schwer, stets den richtigen Weg zu finden, das rechte Maß[52] zu treffen. Der auch vor dem Publikum ausgetragene Streit um Gesundheitsrisiken durch zahnärztliche Materialien bietet dafür ein Beispiel.[53]

22 **7. GKV.** Die Therapiefreiheit gilt gleichfalls unter den **Vorgaben der Gesetzlichen Krankenversicherung,** auch wenn deren Leistungspflicht sich nicht eindeutig umgrenzt zeigt.[54] „Rechtssicherheit und Vertrauensschutz sprechen für die allgemeinverbindliche Fixierung eines Leistungskataloges, der nicht durch Einzelentscheidungen von Sozialgerichten zerlegt wird."[55] Die gesetzlichen Merkmale stoßen sich: Eine bedarfsgerechte oder humane[56] Leistung ist nicht ohne weiteres eine wirtschaftliche; eine solche ebenso wenig zwangsläufig eine nach den Regeln der ärztlichen Kunst, und eine besondere Therapiemethode kann einer Leistung nach dem allgemein anerkannten Stand der medizinischen Erkenntnisse ebenso widersprechen wie diese ihrerseits einer ärztlichen Maßnahme, die den medizinischen Fortschritt darstellt. Kann der Arzt dem sozialversicherten Patienten Außenseiterverfahren, unorthodoxe, unkonventionelle, alternative oder besondere Heilmethoden[57] angedeihen lassen? In der **Judikatur des BSG** zeichne sich ab, „dass bei sachgerechter Bestimmung des Qualitäts- und Wirksamkeitsmaßstabes des § 2 Abs 1 S. 3 SGB V lediglich vereinzelt vertretene Meinungen und dementsprechend nur im Einzelfall (scheinbar) erfolgreiche Therapiemethoden in der Regel vom Leistungskatalog der gesetzlichen Krankenkassen ausgenommen sein dürften".[58] In der Literatur finden sich die Kriterien „einer ernstzunehmenden Chance auf einen Therapieerfolg"[59] oder einer ernstzunehmenden wissenschaftlichen Erfolgsaus-

---

[51] *Wimmer,* FS Schmidt, 1983, S. 450 ff – Zum Recht der Heilpraktiker *Arndt,* Heilpraktikerrecht, 1985. *Eberhardt* VersR 1986, 110 ff plädiert mit guten Gründen für die gleichen Sorgfaltsanforderungen wie bei den Ärzten; für invasive Methoden ebenso BGH MedR 1991, 195. Qualifizierte Ausbildung und Prüfung der Heilpraktiker schlägt vor *Ehlers,* Medizin in den Händen von Heilpraktikern – „Nicht-Heilkundigen", 1995.

[52] *Mras,* Untersuchung zum Maß ärztlichen Handelns. Das ärztliche Handeln im Zielkonflikt zwischen personellem Wohl und medizinischer Vernunft, 1993; *Herfarth/Buhr* (Hrsg), Möglichkeiten und Grenzen der Medizin, 1994.

[53] *Staehle* DÄBl 1994, A 495 ff; vgl auch *Halbach* und *Häfner* DÄBl 1994, A 502 ff und 507 ff.

[54] Vgl SGB V §§ 2, 12, 28, 34, 135. – Das 2002 in Kraft getretene Arzneimittelausgaben-Begrenzungsgesetz „hat der ärztlichen Therapiefreiheit nicht den Todesstoß versetzt": *Kamps,* MedR 2002, 193, 194.

[55] Das spreche tendenziell für eine zurückgenommene gerichtliche Kontrolldichte, als Kompensation dafür aber für eine verstärkte demokratische Verfahrensteilhabe. Derzeit gehe der Trend aber in die andere Richtung: *Kingreen,* Gerichtliche Kontrolle von Kriterien und Verfahren im Gesundheitsrecht, MedR 2007, 457, 464.

[56] § 70 Abs 2 SGB V.

[57] Die Terminologie schwankt, die Sache ist höchst kompliziert.

[58] *v Wulffen,* SGb 1996, 250, 253; einengend BSG MedR 1996, 373 (m krit Anm *Schroeder-Printzen*). Nach neuem Recht gehöre eine Behandlungsmethode „erst dann zum Leistungsumfang der gesetzlichen Krankenversicherung, wenn die Erprobung abgeschlossen ist und über Qualität und Wirkungsweise der neuen Methode zuverlässige, wissenschaftlich nachprüfbare Aussagen gemacht werden können" („einwandfrei geführte Statistiken"!). Vgl auch LSG Niedersachsen NZS 1997, 78 L, ferner *Wölk* MedR 1995, 492 ff. – Zu den verordnungsfähigen Arzneimitteln vgl § 31 SGB V. – Zum BeihilfeR BVerwG NJW 1996, 801: „Eine Behandlungsmethode ist dann wissenschaftlich nicht allgemein anerkannt, wenn eine Einschätzung ihrer Wirksamkeit und Geeignetheit durch die in der jeweiligen medizinischen Fachrichtung tätigen Wissenschaftler nicht vorliegt oder wenn die überwiegende Mehrheit der Wissenschaftler die Erfolgsaussichten als ausgeschlossen oder jedenfalls gering beurteilt."

[59] *Schmidt-Rögnitz,* Die Gewährung von alternativen sowie neuen Behandlungs- und Heilmethoden durch die gesetzliche Krankenversicherung, 1996.

1. Kapitel. Grundlagen des Arztrechts

sicht.[60] Das **BVerfG**[61] hat in einem zu Recht vielbeachteten und gut aufgenommenen Beschluss die Leistungspflicht der Gesetzlichen Krankenversicherung bei neuen Behandlungsmethoden zu Gunsten lebensbedrohlich Erkrankter bejaht.

Eine medizinisch notwendige Heilbehandlung in der **privaten Krankenversicherung** liegt nach fester Spruchpraxis des BGH[62] „jedenfalls dann vor, wenn es nach den objektiven medizinischen Befunden und Erkenntnissen im Zeitpunkt der Vornahme der ärztlichen Behandlung vertretbar war, sie als notwendig anzusehen". Grundsätzlich sind „auch alternative Methoden der Heilmedizin erstattungsfähig, vorausgesetzt, sie stehen in ihrer Wirksamkeit den von der Schulmedizin gebilligten Methoden gleich".[63] Methoden ohne wissenschaftlichen Ansatz und ohne nachvollziehbare Einwirkungen auf das Krankheitsbild[64] bleiben ebenso ausgeschlossen wie Wunderheilungen.[65] Der sorgsame Arzt wird seinem sozialversicherten Patienten den angezeigten Weg zu der bevorzugten Therapie durch den Hinweis auf die Möglichkeit der Privatliquidation eröffnen. Die ärztliche Aufklärungspflicht erstreckt sich prinzipiell auch auf die wirtschaftlichen Bewandtnisse: Eigenanteil, Selbstbehalt und Kostenerstattung.[66]

Auch **im Krankenhaus** darf das **Wirtschaftlichkeitsgebot** die ärztliche Therapiefreiheit nicht ersticken. Die Beratungs- und Formulierungshilfe **Chefarzt-Vertrag**[67] der Deutschen Krankenhaus-Gesellschaft[68] gibt vorsichtig abgewogene Maßgaben an die Hand. Beim internen abteilungsbezogenen Budget hat der Arzt „auf dessen Einhaltung hinzuwirken". Über Mehrkosten verursachende neue Methoden „hat der Arzt Einvernehmen mit dem Krankenhausträger herbeizuführen, soweit nicht die medizinische Notwendigkeit in Einzelfällen solche Maßnahmen oder Methoden unabdingbar macht".

IV. Berufsfreiheit und Einstandspflicht

1. Freiheitssichernde Haftpflicht. Der Berufsfreiheit des Arztes dient das **Haftpflichtrecht**. Die Einstandspflicht des Arztes folgt dem allgemeinen Vertrags- und Deliktsrecht, das der Verschuldensgrundsatz prägt. Die schuldabhängige Haftpflicht hat ihren guten Sinn. Das Verschuldensprinzip ist im deutschen Recht außerhalb des Unfallrechts überall maßgebend. Hier bleibt seine Funktion, den erforderlichen Freiraum für die Betätigung des Einzelnen zu sichern, von unveränderter Wichtigkeit. Wer die verkehrs-

---

[60] *Péntek*, Die Leistungspflicht der Gesetzlichen Krankenversicherung bei der Anwendung von Außenseitermethoden in der Medizin, 1996. – Vgl auch *Sommer*, in: Brennpunkte des SozialR 1995 (1996), S. 195 ff; zur satzungsmäßigen Kostenerstattung für Außenseitermethoden auf Grund der Erprobungsregelungen gem §§ 63 ff SGB V infolge einer praktischen Konkordanz im Sozialrecht *Rompf* NZS 1997, 16 ff; zur Akupunktur und zur aktiv-spezifischen Immuntherapie in der vertragsärztlichen Versorgung *Zuck*, NJW 2001, 869 f. – Der Ausschluss der Heilpraktiker von der selbstständigen Behandlung sozialversicherter Patienten ist, so das BVerfG NJW 1998, 1775, geeignet und auch erforderlich, das Ziel der GKV zu verwirklichen, den Versicherten eine möglichst sachkundige Behandlung zukommen zu lassen.
[61] „Nikolausbeschluss" v. 6. 12. 2005, NJW 2006, 891.
[62] BGH NJW 1996, 3074 = VersR 1996, 1224.
[63] *Pauly*, VersR 1996, 1323, 1328. Vgl auch LG München NJW 1996, 2435; OLG München NJW 1996, 2434 (HIV).
[64] OLG Celle NJW-RR 1996, 97.
[65] LG Köln VersR 1996, 1266.
[66] Nach gesetzlicher und privater Versicherung mit Grund differenzierend und umfassend *Michalski* VersR 1997, 137 ff. Zur Pflicht des Heilpraktikers, wirtschaftlich aufzuklären: AG Göppingen NJW-RR 1996, 346.
[67] Dessen für die Betroffenen bewegendstes Thema ist die chefärztliche Entwicklungsklausel; dazu *Böhmann*, MedR 2007, 465.
[68] 6. Aufl 2002 (mit der Abschaffung des Liquidationsrechts des Chefarztes). Zum Wirtschaftlichkeitsgebot § 3. – Umfassend zum Recht des Chefarztes *Bender*, in: *Rieger/Dahm/Steinhilper* (Hrsg), Heidelberger Kommentar. Arztrecht, Krankenhausrecht, Medizinrecht, 1280 (2007).

erforderliche Sorgfalt übt, wer die Standards seines Berufes einhält, kann sich frei einlassen, ohne eine Sanktion befürchten zu müssen.

2. Verschuldensprinzip. Die Haftpflicht des Arztes soll dem Patienten Schadenslasten aus Qualitätsmängeln der medizinischen Behandlung abnehmen, nicht zuletzt über die nun auch im Vertragsrecht geltende Schmerzensgeldsanktion[69] Ausgleich und Genugtuung verschaffen – eine Funktion, der in der rechtspolitischen Diskussion hoher Wert zukommt.[70] Die Einstandspflicht setzt einen schuldhaften Arztfehler voraus. Der schuldhafte Arztfehler muss beim Patienten einen Schaden herbeigeführt haben. Genauer: Der Arzt hat für sein schuldhaft verfehltes Tun oder Unterlassen einzustehen, wenn der Behandlungsfehler geeignet war, den beim Patienten eingetretenen Schaden unter normalen Umständen herbeizuführen. Als Schuldform erscheint die Fahrlässigkeit, das Außerachtlassen der im Verkehr erforderlichen Sorgfalt.[71] Das Verschuldensprinzip gilt unangefochten bei allen freiberuflichen Tätigkeiten des Arztes, Anwalts, Wirtschaftsprüfers, Ingenieurs oder Architekten. „Sie alle müssen zur Sicherung ihrer Handlungs- und Entscheidungsfreiheit", wie *Ernst von Caemmerer* zu Recht feststellte, „von Haftung frei sein, wenn sie den Anforderungen ihres Berufes entsprechend die erforderliche Sorgfalt beobachtet haben."[72]

V. Freiheitsgarantie und Gesetzesbindung

Die Berufsfreiheit entbindet den Arzt nicht vom geltenden Recht, auch dort nicht, wo er es als Last oder Fessel empfinden mag. Die Rechtsregeln zum Arztvertrag, zur Aufklärungspflicht, zur beruflichen Sorgfalt, zum Schweigegebot, zur Neulandmedizin verlangen Gehorsam. Die Persönlichkeitsrechte des Patienten, dessen Autonomie und Integrität hat der Arzt uneingeschränkt zu achten. Der Arzt darf sich bei seiner beratenden, diagnostischen, therapierenden oder forschenden Tätigkeit im Namen der Berufsfreiheit **keinesfalls zum Herrn des Geschehens** und der Geschicke des Kranken aufwerfen. Zwar führen rechtliche Ge- und Verbote den Arzt je und je in Spannungsverhältnisse, mitunter in Gewissenskonflikte. Doch dadurch werden die Rechtsregeln nicht kompromittiert oder gar in ihrer Allgemeingültigkeit angefochten. Mag sich der eine oder andere Richterspruch zur Selbstbestimmungsaufklärung als überspitzt erweisen, so lassen sich die Rechtsregeln zum Schutz der Patientenautonomie doch nicht als für den Arzt schlechthin uneinlösbar abtun und verwerfen.[73] Klagen über die Verrechtlichung der Medizin[74] verkennen, soweit sie nicht nur Überspanntheiten angreifen, die Notwendigkeit rechtlicher Gebundenheit von Arzt und Patient in einer hochdifferenzierten, pluralistischen, rechts- und sozialstaatlich verfassten Gemeinschaft. Das Recht steht dem Vertrauensverhältnis zwischen ihnen nicht entgegen, sondern fundiert es.

---

[69] § 253 BGB (mit Art 229 § 8 EGBGB).

[70] *Laufs/Dierks/Wienke/Graf-Baumann/Hirsch* (Hrsg), Die Entwicklung der Arzthaftung, 1997, mit Analysen, rechtspolitischen Beiträgen und Empfehlungen. Instruktiv *Katzenmeier*, Arzthaftung, 2002.

[71] § 276 BGB. Anders als im Strafrecht gilt ein objektiv abstrakter (typisierender) Sorgfaltsmaßstab.

[72] Wie Fn 47. – Über Entwicklung und Stand der Arzthaftung unterrichten gut die einschlägigen Beiträge in FS Deutsch (hrsg von *Ahrens/von Bar/Fischer/Spickhoff/Taupitz*, 1999, S. 429 ff) und FS Geiß (hrsg von *Brandner/Hagen/Stürner*, 2000, S. 345 ff).

[73] Bedenken wecken die Auskünfte von *Ehlers*, Die ärztliche Aufklärung vor medizinischen Eingriffen, 1987, u *Lange*, Die Klinik. Was Patienten nicht wissen, 1987, S. 68 ff; vgl *Laufs*, Die ärztliche Aufklärungspflicht – Grund, Inhalt und Grenzen, RPG 1997, 3 ff und das anspruchsvolle Buch des Mediziners *Peintinger*, Therapeutische Partnerschaft. Aufklärung zwischen Patientenautonomie und ärztlicher Selbstbestimmung, 2003; zu der innovativen Monographie *Laufs*, MedR 2004, 288.

[74] *Buchborn* MedR 1984, 126 ff, um nur eine Stimme zu nennen.

§ 4 Berufsethik: Schutz der Persönlichkeit des Kranken

Inhaltsübersicht

	RdNr
I. Neue Herausforderungen	1
1. Sittliche Grundregeln	1
2. Im Zeichen des technischen Fortschritts	3
3. Gegenseitigkeit	4
4. Neue Horizonte	5
5. Gesamtentwürfe, Güterabwägung	8
6. Kehrseiten der Fortschritte	11
II. Die hippokratische Tradition und deren Fortbildung	13
1. Der Hippokratische Eid	13
2. Genfer Arztgelöbnis	16
3. Biomedizinkonvention	17
4. Kanadische Regeln	18
5. Nürnberger Kodex und Deklara	19
6. Erklärung von Hawaii	21
7. Die Würde des Kranken	23
8. Grundgesetz	25
9. Dissense	28
10. Interdisziplinäre Prozesse	30
11. Ethik-Kommissionen	33
12. Individuum und Allgemeinheit	36

Schrifttum: *Altner,* Leben in der Hand des Menschen. Die Brisanz des biotechnischen Fortschritts, 1998; *Bauer* (Hrsg), Medizinische Ethik am Beginn des 21. Jahrhunderts. Theoretische Konzepte, Klinische Probleme, Ärztliches Handeln, 1998; *Bayertz/Schmidtke/Schreiber* (Hrsg), Somatische Gentherapie – medizinische, ethische und juristische Aspekte des Gentransfers in menschliche Körperzellen, 1995; *Bernat,* Anfang und Ende des menschlichen Lebens. Eine internationale juristische Bibliographie, 1994; *Birnbacher,* Medizin-Ethik, 1986; *Blühdorn/Ritter* (Hrsg), Recht und Ethik. Zum Problem ihrer Beziehung im 19. Jahrhundert, 1970; *Böhme* (Hrsg), Das Bild des Menschen in der Medizin, 1979; *Bork,* Das Verfahren vor den Ethik-Kommissionen der medizinischen Fachbereiche, 1984; *Brand,* Ärztliche Ethik im 19. Jahrhundert, 1977; *Breuer,* Person von Anfang an? Der Mensch aus der Retorte und die Frage nach dem Beginn des menschlichen Lebens, 1995; *Bruaire,* Medizin und Ethik, 1982; *Büchner,* Der Eid des Hippokrates: Die Grundgesetze der ärztlichen Ethik, 1945; *Capelle* (Übers), Hippokrates. Fünf auserlesene Schriften, 2. Aufl 1984; *Carmi/Schneider/Hefez* (Hrsg), Psychiatry – Law and Ethics, 1986; *Deichgräber,* Der hippokratische Eid. Text griechisch und deutsch, Interpretation, Nachleben, 4. Aufl 1983; *Doerr/Jacob/Laufs* (Hrsg), Recht und Ethik in der Medizin, 1982; *Depner,* Ärztliche Ethik und Gesellschaftsbild. Eine soziologische Untersuchung zur Entwicklung des Selbstverständnisses von Medizinstudenten und Ärzten, 1974; *Düwell/Mieth* (Hrsg), Ethik in der Humangenetik, 1998; *Duttge* (Hrsg), Perspektiven des Medizinrechts im 21. Jahrhundert, 2007; *Eibach,* Menschenwürde an den Grenzen des Lebens. Einführung in Fragen der Bioethik aus christlicher Sicht, 2000; *Emmrich* (Hrsg), Im Zeitalter der Biomacht. 25 Jahre Gentechnik – eine kritische Bilanz, 1999; *Eser,* Der Arzt zwischen Eigenverantwortung und Recht. Zur Problematik „ärztlichen Ermessens", FS Auer, 1980, S. 166–189; *ders* (Hrsg), Biomedizin und Menschenrechte. Die Menschenrechtskonvention des Europarates zur Biomedizin, 1999; *Frewer,* Medizin und Moral in Weimarer Republik und Nationalsozialismus, 2000; *Frewer/Eickhoff* (Hrsg), „Euthanasie" und die aktuelle Sterbehilfe-Debatte. Die historischen Hintergründe medizinischer Ethik, 2000; *Fritsche,* Grenzbereich zwischen Leben und Tod. Klinische, juristische und ethische Probleme, 2. Aufl 1979; *Fuchs,* Widerstreit und Kompromiss. Wege des Umgangs mit moralischem Dissens in bioethischen Beratungsgremien und Foren der Urteilsbildung, 2006; *Furkel/Jacquot/Jung* (Hrsg), Bioéthique. Les enjeux du progrès scientifique – France, Allemagne, 2000; *Gordijn/ten Have* (Hrsg), Medizinethik und Kultur. Grenzen medizinischen Handelns in Deutschland und den Niederlanden, 2000; *F. Hart-*

mann, Der ärztliche Heilauftrag. Die Entwicklung der Idee des abendländischen Arzttums aus ihren weltanschaulich-anthropologischen Voraussetzungen bis zum Beginn der Neuzeit, 1956; *Heile/Mertens/Pottschmidt/Wandtke* (Hrsg), Sammlung von Entscheidungen der Berufsgerichte für die Heilberufe, Stand 1999 (drei Ordner); *Herberer/Opderbecke/Spann* (Hrsg), Ärztliches Handeln – Verrechtlichung eines Berufsstandes, FS Weißauer, 1986; *Hildt,* Hirngewebetransplantation und personale Identität, 1996; *Höffe,* Medizinische Ethik, in: Staatslexikon III, 7. Aufl 1987, Sp 1069–1074; *Honnefelder/Rager* (Hrsg), Ärztliches Urteilen und Handeln. Zur Grundlegung einer medizinischen Ethik, 1994; *Jonas,* Ärztliche Kunst und menschliche Verantwortung, Renovatio 39, 1983, 229–237; *ders,* Das Prinzip Verantwortung. Versuch einer Ethik für die technologische Zivilisation, 1984; *Kath. Ärztearbeit Deutschlands* (Hrsg), Medizinische Ethik, Aspekte, Kriterien, Perspektiven, 1982; *Keyserlingk,* Sanctity of life or quality of life in the context of ethics, medicine and law, 1979; *Kirchhof,* Die Aufgaben des Bundesverfassungsgerichts in Zeiten des Umbruchs, NJW 1996, 1497–1505; *ders,* Medizin zwischen Ethik, Recht und Vorbehalt des Möglichen, in: FS Laufs, 2006, 931; *Kleeberg* (Hrsg), Eide und Bekenntnisse in der Medizin. Eine Anthologie, 1979; *Klingenstein* (Hrsg), Krise des Fortschritts, 1984; *Knoepffler/Haniel* (Hrsg), Menschenwürde und medizin-ethische Konfliktfälle, 2000; *Koslowski/Kreuzer/Löw* (Hrsg), Die Verführung durch das Machbare. Ethische Konflikte in der modernen Medizin und Biologie, 1983; *Krauß,* Medizinischer Fortschritt und ärztliche Ethik, 1974; *Kuhlmann,* Abtreibung und Selbstbestimmung. Die Intervention der Medizin, 1996; *Kurzrock* (Hrsg), Medizin: Ethos und soziale Verantwortung, 1978; *Laufs,* Recht und Medizin im Zeichen des technischen Fortschritts. Aufgaben und Antworten aus der Sicht des Juristen, 1978; *ders,* Recht und Gewissen des Arztes, in: Heidelberger Jahrb XXIV, 1980, 1–5; *ders,* Recht und Ethik des Arztes. Harmonie und Widersprüche, ZFA 1983, 979–984; *ders,* Das Menschenrechtsübereinkommen zur Biomedizin und das deutsche Recht, NJW 1997, 776–777; *Leist* (Hrsg), Um Leben und Tod. Moralische Probleme bei Abtreibung, künstlicher Befruchtung, Euthanasie und Selbstmord, 1990; *Löw,* Zum Verhältnis von Naturwissenschaft und Ethik, Scheidewege 16, 1986/87, 30–45; *ders,* Die moralische Dimension von Organtransplantationen, Scheidewege 17, 1987/88, 16–48; *Lown,* Die verlorene Kunst des Heilens, 2002; *Luhmann,* Vertrauen. Ein Mechanismus der Reduktion sozialer Komplexität, 2. Aufl 1973; *Lukowsky,* Philosophie des Arzttums, 1966; *Magin,* Ethos und Logos in der Medizin. Das anthropologische Verhältnis von Krankheitsbegriff und medizinischer Ethik, 1981; *Maio* (Hrsg), Der Status des extrakorporalen Embryos. Perspektiven eines interdisziplinären Zugangs, 2007; *Marquard/Staudinger* (Hrsg), Anfang und Ende des menschlichen Lebens. Medizin-ethische Probleme, 1987; *Mohr,* Natur und Moral. Ethik in der Biologie, 1987; *Müller/Olbing* (Hrsg), Ethische Probleme in der Pädiatrie und ihren Grenzgebieten, 1982; *Nogradi-Häcker,* Die Personwerdung des Menschen. Zur Ethik Peter Singers, 1994; *Peintinger,* Therapeutische Partnerschaft. Aufklärung zwischen Patientenautonomie und ärztlicher Selbstbestimmung, 2003; *Rager* (Hrsg), Beginn, Personalität und Würde des Menschen, 1997; *Reiter,* Klonen von Tieren und Menschen. Bioethik auf der Suche nach ethischen Grenzen, Stimmen der Zeit 215, 1997, 363–374; *Riecker,* Wissen und Gewissen. Über die Ambivalenz und die Grenzen der modernen Medizin, 2000; *Rittner/Schneider/Schölmerich* (Hrsg), Genomanalyse und Gentherapie: medizinische, gesellschaftspolitische, rechtliche und ethische Aspekte, 1997; *Rössler,* Abschied vom Hippokratischen Eid?, ÄBl Bad-Württ 12, 1997 (Ethik i d Med 62); *Sailer,* Medizin in christlicher Verantwortung. Sittliche Orientierungen in päpstlichen Verlautbarungen und Konzilsdokumenten, 1982; *Sass* (Hrsg), Bioethik in den USA, Methoden, Themen, Positionen, 1988; *Sauer* (Hrsg), Normen im Konflikt. Grundfragen einer erneuerten Ethik, 1977; *Schaefer,* Medizinische Ethik, 1983; *Schipperges,* Möglichkeiten, Grenzen und Rechtfertigung des ärztlichen Handelns, Gynäkologie u Geburtshilfe 1978, 17–31; *ders,* Medizin-Technik und Arzt-Ethik im Dilemma, Scheidewege 15, 1985/86, 142–162; *Schlaudraff* (Hrsg), Ethik in der Medizin, 1987; *Seidler,* Diesseits von Hippokrates, Anmerkungen zur aktuellen Bedeutung des Hippokratischen Eides, Med Ethik 31 (Sonderbeil ÄBl BW 4/1989); *Schlenker,* Das „berufsunwürdige Handeln" des Arztes, 1973; *KW Schmidt,* Therapieziel und Menschenbild. Zur ethischen Problematik therapeutischer Eingriffe und deren Zielsetzungen. Eine Auseinandersetzung aus evangelischer Sicht, 1996; *Schöne-Seifert/Krüger* (Hrsg), Humangenetik – ethische Probleme der Beratung, Diagnostik und Forschung, 1993; *Schröder,* Kommissionskontrolle in Reproduktionsmedizin und Gentechnologie, 1992; *Storer/Wing* (Hrsg), Decision Making in Medicine: the practice of its ethics, 1979; *Spaemann,* Über den Begriff der Menschenwürde, Scheidewege 15, 1985/86, 20–36; *ders,* Personen. Versuche über den Unterschied zwischen „etwas" und „jemand", 2. Aufl 1998; *ders/Fuchs* (Hrsg), Töten oder sterben lassen?, 1997; *Sporken,* Die Sorge um den kranken Menschen. Grundlagen einer neuen medizinischen Ethik, 3. Aufl 1986; *Stork,* Einführung in die Philosophie der Technik, 1977; *Straßburger,* Die Inkorporation der Deklaration von Helsinki in das ärztliche Berufs- und Standesrecht. Verfassungsrechtliche Aspekte, MedR 2006, 462-471; *Strasser/Starz* (Hrsg), Personsein aus bioethischer

Sicht, 1997; *Struck* (Hrsg), FS Szydzik, 1980; *Szydzik* (Hrsg), Die Sorge um den Kranken. Gemeinsame Aufgabe von Ärzten, Seelsorgern, Pflegeberufen, 1978; *Thomas* (Hrsg), Ärztliche Freiheit und Berufsethos, 2005; *Tölle-Kastenbein,* Das Genfer Arztgelöbnis und der Hippokratische Eid, 1978; *Trockel,* Zur Frage der Rezeption ärztlicher Standesethik, NJW 1971, 1057–1061; *Tröhler/Reiter-Theil* (Hrsg), Ethik und Medizin 1947–1997. Was leistet die Kodifizierung von Ethik?, 1997; *Wachsmuth,* Über die ärztliche Verantwortung, in: Georgia Augusta Nr 30, 1979, 5–14; *Wettstein,* Leben- und Sterbenkönnen. Gedanken zur Sterbebegleitung und zur Selbstbestimmung der Person, 2. Aufl 1997; *Wieland,* Strukturwandel der Medizin und ärztliche Ethik. Philosophische Überlegungen zu Grundfragen einer praktischen Wissenschaft, 1986; *Wiesing,* Zur Verantwortung des Arztes, 1995; *ders* (Hrsg.), Diesseits von Hippokrates. 20 Jahre Beiträge zur Ethik in der Medizin im Ärzteblatt Baden-Württemberg, 2003; *Wilmanns,* Der Hippokratische Eid – geschichtliches Dokument mit überzeitlicher Geltung, BayÄBl 1997, 294–303; *Winslade,* Ethics and Ethos in Psychiatry: Historical Patterns and Conceptual Changes, 1981; *Wolff,* Abschied von Hippokrates. Ärztliche Ethik zwischen Hippokratischem Eid und Genfer Gelöbnis, 1981.

I. Neue Herausforderungen

1. Sittliche Grundregeln. Die Arztethik hat zum Inhalt die durch den Stand anerkannten, den einzelnen Standesgenossen **sittlich bindenden Grundregeln** des Berufs. Sie festzustellen, fällt in einer pluralistischen Gesellschaft schwer, bei der die weltanschaulichen Gegensätze in alle Felder des Lebens und Denkens hineinreichen. Ein Sachkundiger sprach geradezu von der „Konfusion, die bereits über den Begriff Medizinische Ethik" herrsche, und beklagte, „dass uns die Entwicklungen nur mangelhaft auf unsere heutigen Aufgaben vorbereitet, dh ethisch fundiert" hätten.[1] „Widerstreit und Kompromiss" kennzeichnen die Suche nach „Wegen des Umganges mit moralischem Dissens in bioethischen Beratungsgremien und Foren der Urteilsbildung".[2] Desto notwendiger erscheint das Bemühen um die ethischen Grundlagen. Denn der Mensch lebt mit der Aufgabe, sich immer wieder zu entscheiden, dementsprechend zu handeln und sein Leben einzurichten. Sollen die Entschlüsse nicht beliebig und unorientiert ausfallen, müssen ihnen Richtlinien für das Handeln zu Grunde liegen. Das gilt gerade für eine Epoche, in der alles Tun des Menschen, im privaten wie im öffentlichen Leben, der Ratlosigkeit oder einer als Schrankenlosigkeit missverstandenen Freiheit ausgeliefert zu sein scheint. Der Arzt, dem die Berufspraxis alltäglich schicksalsschwere Entschlüsse im Dienste anderer abverlangt, bedarf in gesteigerter Weise einer ihn leitenden Gesinnung und der Ermutigung zu einer Medizin mit menschlichem Gesicht, wie sie der Kardiologe von Weltrang *Bernard Lown* in seinem Buch über „Die verlorene Kunst des Heilens" vorstellt.

Richtlinien für das Handeln lassen sich aus der kritisch befragten Tradition gewinnen. Althergebrachte Grundsätze bestimmen in starkem Maß das ärztliche **Berufsethos.** Eine zweite Quelle bildet der Glaube, der sich letztlich nicht vor der Wissenschaft auszuweisen braucht. Christliche Gebote prägen die hergebrachte Arztethik mit. Endlich lässt sich im philosophischen Gedanken nach Maßstäben und Richtlinien suchen. Auch eine **skeptische Ethik**[3] vermag Grundentschlüsse und Grundhaltungen durchaus einleuchtend zu entwickeln und nahezubringen. Vielfach fließen Tradition, Religion und Philosophie untrennbar zusammen wie bei dem Wertsystem, das der staatlichen Verfassung zu Grunde liegt und seinerseits auf das Berufsethos zurückwirkt.

2. Im Zeichen des technischen Fortschritts. Die beschleunigten **wissenschaftlichen wie technischen Fortschritte** haben das ärztliche Handeln tief greifend verändert. Die Medizin hat in vielerlei Hinsicht ihre engeren, naturwissenschaftlichen Fachgrenzen überschritten und ist in einen öffentlichen Diskurs über alle ihre Grundlagen, Traditionen und Methoden geraten. Die sich weiter steigernden Möglichkeiten der Medizin, in das

---

[1] *Seidler* ÄBl Bad-Württ 1977, H 4.
[2] So Titel und Untertitel des Buches von *Fuchs,* 2006.
[3] Im Sinne *Weischedels,* 1976.

Leben einzugreifen und es umzugestalten, die wachsende Komplexität des klinischen Betriebs, das unaufhaltsame Ausholen der biomedizinischen Disziplinen stellen den Sinn ärztlichen Handelns unaufhörlich in Frage, während eine allgemeine Unsicherheit die Gewissen ergreift und die Prinzipien ins Wanken geraten, die lange Zeit die Verantwortlichkeiten bestimmten. Die medizinischen Wahlmöglichkeiten vervielfachen sich, die Bedrohlichkeit ihrer Folgen wächst, während die Gründe für die Entscheidungen an Klarheit und Schlüssigkeit verlieren. Überlieferte normative Maßstäbe finden Widerspruch, Wertfragen bleiben umstritten. Die **zwei Kulturen** der literarisch-geisteswissenschaftlichen und der naturwissenschaftlich-technischen Intelligenz[4] scheinen noch unversöhnt.

Ob es human sei, künstlich befruchtete menschliche Eier wie Rahmspinat ins Tiefkühlfach auf Vorrat zu legen oder mit Schläuchen und elektrischem Strom nur die dauernde Bewusstlosigkeit Todgeweihter zu verlängern? „Die Welt ist aus den Fugen. Niemand ist da, sie wieder einzurichten."[5] Werden Ethik und Recht die machtvollen, im **internationalen wissenschaftlich-technischen Wettbewerb** vorandrängenden neuen naturwissenschaftlichen und medizinischen Verfahren, auch etwa des Klonens von Tieren und Menschen,[6] noch binden können oder wird die Theorie der **Eigengesetzlichkeit der technischen Fortschritte** an Wahrscheinlichkeit gewinnen?[7] Die Ohnmacht des Staates „gegenüber den explosiven Vorgängen, welche die Durchbildung der Technik zur Folge hat", sei längst offensichtlich, urteilte *Friedrich Georg Jünger*.[8] *Arnold Gehlen* sieht den Naturforscher durch die wissenschaftliche Forschung entmündigt.[9] Denn weder stelle er die Probleme, noch entschließe er sich zu der Anwendung des Erkannten: „Was Problem werden muss, folgt aus dem schon Erkannten, und es liegt in der Logik des Experimentes, dass die exakte Erkenntnis bereits die Beherrschung des Effekts einschließt. Der Entschluss zur Anwendung des Erkannten erübrigt sich, er fällt aus, er wird dem Forscher vom Objekt abgenommen." Der Zusammenhang von Wissenschaft, Applikation und Auswertung bilde längst auch eine automatisierte und ethisch indifferente Superstruktur. *Ernst Forsthoff*[10] gelangte zu der Einsicht, „dass der Staat außerstande wäre, den technischen Prozess in die Schranken zu verweisen, welche die Humanität … gebietet. Denn solche Schranken zu setzen, würde bedeuten, Herrschaftsfunktionen gegenüber der Industriegesellschaft auszuüben. Dazu bedarf es einer eigenständigen Macht, die dem Staate fehlen muss, der seine Stabilität und Funktionsfähigkeit der Industriegesellschaft verdankt."

Resignation indessen steht dem Juristen nicht an. Er hat vielmehr die Aufgabe, der Erweiterung naturwissenschaftlicher Eingriffsmöglichkeiten und biomedizinischer Optionen, auch den dadurch geweckten individuellen Wünschen bis hin zum Enhancement die durch Verfassung und Recht gebotenen Grenzen zu setzen. Die Möglichkeiten der maschinellen Aufrechterhaltung von Vitalfunktionen, des Organersatzes, der Psychopharmaka, der modernen Diagnostik, neues Wissen über den Zusammenhang von Zeugung und Embryonalentwicklung und über die Hirnfunktionen und nicht zuletzt die Aussichten der Gentechnik erfordern „eine Neudefinition der Ziele der Medizin", des ärztlichen

---

[4] *Kreuzer* (Hrsg), Die zwei Kulturen. Literarische und naturwissenschaftliche Intelligenz. *CP Snows* These in der Diskussion, 1987.

[5] *Schuller* FAZ v 27. 8. 1996. – Eine allgemeine Theorie des evolutionären Wandels werde wie eine universelle Säure in alle Disziplinen eindringen und das Bild vom Menschen, von der Natur und der Schöpfung zersetzen: vgl *Frühwald*, in: Glanzlichter der Wissenschaft, ein Almanach, 1998, S. 47 ff (51). Siehe zur Arztethik, zur Medizin im Umbruch und zu den brüchigen Fundamenten auch die Hinweise von *Laufs*, NJW 1998, 1750 f; NJW 1999, 1758; NJW 2000, 1757.

[6] *Reiter*, Stimmen der Zeit 1997, 363.

[7] Instruktiv *van der Pot*, Die Bewertung des technischen Fortschritts. Eine systematische Übersicht der Theorien, 2 Bde, 1985.

[8] *F G Jünger*, Die Perfektion der Technik, 5. Aufl 1968, S. 197.

[9] Die Seele im technischen Zeitalter, 1969, S. 54.

[10] Der Staat der Industriegesellschaft, 1971, S. 168.

1. Kapitel. Grundlagen des Arztrechts 4–7 §4

Auftrags. „Diese Definitionskompetenz begründet außerordentliche – gegenwärtig noch maßstablose und deswegen potenziell maßlose – Mächtigkeiten. Das BVerfG wird sich darauf einzurichten haben, im Rahmen seiner Garantenstellung für **Individualität, Identität, Freiheit und Selbstbestimmung des Menschen** diese Entwicklung ohne Ängstlichkeit und ohne gestalterischen Ehrgeiz zu begleiten. Vielleicht wird die Frage nach dem ‚Menschenbild des Grundgesetzes' eine Renaissance erleben."[11]

3. Gegenseitigkeit. Trotz der asymmetrischen Position von Hilfe und Not und trotz des Kommunikationsgefälles bleibt das Verhältnis zwischen Arzt und Patient auf Gegenseitigkeit und auf ein Wechselspiel von Verantwortung und Vertrauen zu gründen. Auch der Patient hat sittlichen Ansprüchen zu genügen. „Das personale **Ethos des Arztes und des Patienten** kann sich nur dann angemessen entwickeln, wenn auch der **institutionelle Rahmen** den sittlichen Grundsätzen der medizinischen Ethik entspricht" *(Otfried Höffe).*

4. Neue Horizonte. Wenn die Medizin **neue berufsethische Fragen** aufwirft, so stellt sie damit sich und anderen Fächern nicht nur die Anfrage, die Sätze der allgemeinen Moral auf ein engeres Feld zu erstrecken. „In Wahrheit geht es um den empfindlichen, entscheidenden und wichtigen Bereich, in dem sich die Erneuerung der Ethik als erforderlich und dringlich erweist. Denn es handelt sich hier um das Wesentlichste, um Leben und Tod, um das Sinnganze unserer Existenz. Es ist daher töricht, sich einzubilden, im juristischen und politischen Bereich könnten Normen noch lebendig bleiben, wenn sie dort untergehen, wo das Sein des Menschen infrage und auf die Probe gestellt wird" *(Claude Bruaire).*

Lange galt der Arzt als Helfer der Natur: **medicus curat, natura sanat.** Als Norm für die Zielsetzung ärztlicher Kunst diente die Natur. Heute reklamieren indessen auch Ziele, die über diese Norm hinausgehen oder ihr gar zuwiderlaufen, vielfach im Zeichen des problematischen Schlagworts **Lebensqualität**[12] die ärztliche Kunst für sich. In weiten Teilen der Welt gehören die kosmetische Chirurgie und **die verstümmelnden Eingriffe,** etwa der Sexualmedizin, zum tatsächlichen Bild der ärztlichen Kunst. Medizinische Überschreitungen der Naturnorm finden sich auch beim Kampf gegen den Tod. „Selbst die ernsteste aller ärztlichen Aufgaben, die Abwendung vorzeitigen Todes, kann die Kunst statt der Natur zum Maßstab dafür machen, was ‚vorzeitig' ist, und in heroischen Techniken der Lebensverlängerung oder Sterbensverzögerung sich über das natürliche Maß menschlicher Endlichkeit hinwegsetzen" *(Hans Jonas).*

Ein neuer Horizont der Verantwortlichkeit eröffnet sich auch im Blick auf das Gemeinwohl: Der Arzt muss sich fragen, ob neue Techniken von sehr hohem **Aufwand** etwa in der Transplantationsmedizin die Allgemeinversorgung bei der Begrenztheit der Mittel nicht über Gebühr einschränken. Das Problem kann den Arzt zur Teilnahme an der öffentlichen Diskussion führen. Damit tritt der prinzipielle politische Bezug der Medizin in den Blick. Das gesellschaftliche Umfeld des ärztlichen Dienstes darf nicht alternativen Bewegungen allein überlassen bleiben. So hat der ganze Berufsstand auch die Aufgabe, „viel deutlicher als bislang hervorzuheben, dass Menschen auch an **Umweltfaktoren** krank werden". Er muss „nachdrücklicher als bisher auf Beseitigung der schädlichen Noxen dringen". Allerdings darf sich der Arzt dabei nur im Rahmen gesicherter wissenschaftlicher Erkenntnis bewegen.[13]

---

[11] *Kirchhof* NJW 1996, 1497, 1503, unter Hinweis auf die Rechtsprechung des BVerfG, auch auf BVerfGE 4, 7 (15 f) = NJW 1954, 1235.
[12] Aufschlussreich zu diesem schwer fasslichen Wertbegriff *KW Schmidt,* Therapieziel und ‚Menschenbild', 1996, S. 181 ff; vgl ferner *Ravens-Sieberer/Cieza* (Hrsg), Lebensqualität und Gesundheitsökonomie in der Medizin, 2000; außerdem die Beiträge in: BÄK (Hrsg), Fortschritt und Fortbildung in der Medizin Bd 25 (2001/2002), 2001.
[13] *Affemann,* Der Mensch als Maßstab. Von der Notwendigkeit der Humanisierung des Gesundheitswesens, in: *Ciba-Geigy* (Hrsg), Volkskrankheiten in der Industriegesellschaft, 1982, S. 71, 77.

8 **5. Gesamtentwürfe, Güterabwägung.** Ethik bedeutet Lehre vom sittlichen Handeln des Menschen. „Sittliches Handeln ist das aus dem **Gewissensanspruch** erwachsende und vor diesem Anspruch auch verantwortete menschliche Verhalten in Gesinnung und Tat."[14] Die Ethik bedarf eines **Gesamtentwurfes** des menschlichen Lebens und seines Sinnes. Das Moralische ist keineswegs ein Aspekt neben anderen, sondern eine bestimmte Weise, die verschiedenen Gesichtspunkte eines Themas zur Kenntnis zu nehmen, sie zu ordnen und sie für die Praxis wirksam werden zu lassen. Sittlich handelt, wer sich in umfassendem Sinne sachgerecht verhält. „Sittliches Verhalten ist also dasjenige Verhalten, das die Gesamtheit der Aspekte einer Sache nach dem ihnen eigenen Gewicht im Handeln zur Geltung kommen lässt" *(Robert Spaemann)*.

9 Auch der Arzt kann sittlich nur entscheiden, wenn er die menschliche Existenz in ihren Grundbedürfnissen und mit ihren Grundrechten umfassend zu sehen gelernt hat. „Sittliche Entscheidungen sind praktisch immer das Produkt einer **Güterabwägung.** Und ein solch abwägendes Entscheiden ist nur möglich auf dem Hintergrund einer langen reflektierten Erfahrung im Umgang mit den dem Menschen notwendig zustehenden Rechten."[15] Dazu gehört die Wahrnehmung der individuellen Wertvorstellungen des Patienten durch den Arzt in einem partnerschaftlich orientierten gemeinsamen Entscheidungsprozess.[16]

10 Beim ärztlichen Dienst, so urteilte das **BVerwG,** stehe „die Gewissensentscheidung des einzelnen Berufsangehörigen im Zentrum der Arbeit". „In den entscheidenden Augenblicken seiner Tätigkeit" befinde sich der Arzt „in einer unvertretbaren Einsamkeit, in der er – gestützt auf sein fachliches Können – allein auf sein Gewissen gestellt ist." Die **Freiheit der Gewissensentscheidung** bilde „als ein Kernstück der ärztlichen Ethik eine immanente und wesenseigene Beschränkung jeder berufsständischen Rechtsetzungsgewalt".[17] Mit diesen Gründen gab das Gericht dem Begehren eines Psychiaters statt, der sich aus Gewissensgründen nicht zum allgemeinen Notfalldienst heranziehen lassen wollte. Der **BGH** hat erkannt, „dass das Verhältnis zwischen Arzt und Patient ein starkes Vertrauen voraussetzt, dass es in starkem Maße in der menschlichen Beziehung wurzelt, in die der Arzt zu dem Kranken tritt, und dass es daher weit **mehr als eine juristische Vertragsbeziehung** ist".[18] Auch das **BVerfG** hat sich im tragenden Teil seines Beschlusses zur Wirkung der Grundrechte und allgemeinen Verfassungsgrundsätze im Arzthaftpflichtprozess auf den Heidelberger Altmeister des Arztrechts *Eberhard Schmidt* berufen: „Die Standesethik steht nicht isoliert neben dem Recht, sie wirkt allenthalben und ständig in die rechtlichen Beziehungen des Arztes zum Patienten hinein. Was die Standesethik vom Arzte fordert, übernimmt das Recht weithin zugleich als rechtliche Pflicht. Weit mehr als sonst in den sozialen Beziehungen des Menschen fließt im ärztlichen Berufsbereich **das Ethische mit dem Rechtlichen zusammen.**" Dies gelte, so das höchste deutsche Gericht, heute ebenso wie ehedem.[19] Die Standespflicht, so das OVG Lüneburg, durchdringe das öffentliche Dienstrecht: So unterliegt auch der beamtete Arzt der Schweige-

---

[14] *Böckle,* in: *Müller/Olbing* (Hrsg), Ethische Probleme in der Pädiatrie und ihren Grenzgebieten, 1982. S. 19. Vgl zum Folgenden *Laufs,* Medizin und Recht, in: *Rössler/Waller* (Hrsg), Medizin zwischen Geisteswissenschaft und Naturwissenschaft, 1989, S. 105, 116 ff.

[15] *Böckle* (Fn 14) S. 21. Die Diskussion wird auch und besonders in Deutschland mit großem Ernst geführt. Belege dafür finden sich nicht zuletzt in dem von *Honnefelder/Sturma* hrsg Jahrbuch für Wissenschaft und Ethik, zuletzt Bd 13, 2008.

[16] *Peintinger,* Therapeutische Partnerschaft. Aufklärung zwischen Patientenautonomie und ärztlicher Selbstbestimmung, 2003.

[17] BVerwGE 27, 303 = NJW 1968, 218. Zur Ablehnung von Arzneimittelversuchen durch angestellte Ärzte aus Gewissensgründen vgl BAG MedR 1990, 288.

[18] BGHZ 29, 46, 53 = NJW 1959, 811, 813.

[19] BVerfGE 52, 131 = NJW 1979, 1925, 1930; *Schmidt,* Der Arzt im Strafrecht, in: *Ponsold,* Lehrbuch der gerichtlichen Medizin, 2. Aufl 1957, S. 2. – Auch der BGH hat dem ärztlichen Gewissen Raum gegeben, vgl etwa NJW 1983, 2627, 2629 (Offenlegen von Unterlagen).

1. Kapitel. Grundlagen des Arztrechts §4

pflicht. Die Stadt als Dienstherr des Chefanästhesisten einer kommunalen Anstalt darf von dem Arzt ohne Zustimmung der behandelnden Personen nicht die Herausgabe von Anästhesieprotokollen verlangen, um aufgrund der darin enthaltenen Angaben mit den Kostenträgern abzurechnen.[20]

Das Recht anerkennt das Berufsethos als „komplementären Ordnungsfaktor" und setzt es voraus. „Die egalitäre, relativ immobile, erst ab einer bestimmten Schwellenhöhe eingreifende Rechtsordnung könnte die Ordnungsaufgaben des Berufsethos nicht vollständig selbst erfüllen."[21] Die Bezogenheit freiberuflichen Handelns auf menschliche Grundwerte verweist die Professionsangehörigen stärker als andere auf ethische Maximen. Gegenüber der Lückenhaftigkeit des Rechts halten die ethischen Kataloge ein umfassenderes, spezifisches und oft detailliertes Regelungssystem bereit, das auch darum in den Vordergrund rückt. Die Fortschritte der Medizin drängen dem Arzt Konflikte auf, die sich juristisch nur schwer, mitunter im Grunde gar nicht widerspruchsfrei lösen lassen, die aber im konkreten Fall einen Bescheid erfahren müssen. Der unter den Ge- und Verboten des geltenden Rechts stehende Arzt hat dessen allgemeine Regeln im Licht ethischer Maßgaben auszufüllen.[22] An den Grenzen des Rechts, die er je und je erreicht, sieht sich der verantwortliche Arzt auf seinen Gewissensentschluss verwiesen. Auch das Gewissen bedarf der Ausbildung.

Mag der akademische Unterricht „die geistigen, historischen und ethischen Grundlagen ärztlichen Verhaltens"[23] noch nicht überall auf das Beste vermitteln, so hat das rationale Bemühen um diese doch vielfältigen Ertrag gebracht, der auch die juristische Auseinandersetzung fördert. Die Zahl arztethischer Publikationen steigt rasch an.[24] Standardisierte Verfahren für den Vollzug ethischer Gebote finden Eingang in die Praxis.[25]

6. Kehrseiten der Fortschritte. Das Arztrecht zeigt sich danach auf die Berufsethik angewiesen und in sie eingebettet. **Dissense und Aporien** in den ethischen Grundfragen des ärztlichen Dienstes beeinträchtigen das Berufsrecht. Es wäre schon viel gewonnen, wenn die Ärzteschaft entschlossen ablehnte, was sie nicht billigen kann, indem sie jedenfalls einer Heuristik der Furcht folgte, wie *Hans Jonas* sie lehrt.[26] Wer als Arzt oder Jurist auf die Risiken und **Kehrseiten der Fortschritte** Bedacht nimmt, kann in den Verdacht geraten, er schüre technikfeindliche Emotionen und bestärke irrationale Ängste. Doch seit Menschengedenken gilt als ein Ursprung der Fähigkeit des Menschen, Gefahren zu erkennen und ihnen zu wehren, eine emotio, nämlich die Bereitschaft zur Sorge und zum Vorausempfinden unheilvoller Konsequenzen.[27] „Wir

---

[20] OVG Lüneburg NJW 1975, 2263. Das BVerfG aber gesteht Rechnungshöfen im Rahmen ihres allgemeinen Prüfungsauftrages die Befugnis zu, Einsicht in die Krankenakten von Psychiatriepatienten einer Universitätsklinik zu nehmen (BVerfG NJW 1997, 1633). Dagegen überzeugend *Heintzen/Lilie* NJW 1997, 1601ff: Ein unbegrenztes Prüfungsrecht greife unverhältnismäßig in die Arzt-Patienten-Beziehung ein. – Vgl auch BGHSt 38, 144 = NJW 1992, 763 = MedR 1992, 334, dazu *Lorenz* MDR 1992, 313ff (Fall Theissen: Beschlagnahme von Karteikarten bei Verdacht d Schwangerschaftsabbruchs).

[21] *Taupitz,* Die Standesordnungen der freien Berufe. Geschichtliche Entwicklung, Funktionen, Stellung im Rechtssystem, 1991, S. 546.

[22] *Taupitz* (Fn 21) S. 191.

[23] § 1 Abs 1 ÄAppO (Stand 2007). Kritisch angesichts des Schwindens der historischen Fundamente *Seidler* ÄBl Bad-Württ 12, 1997 (Ethik i d Med 62).

[24] Zum Aufbau einer Informations- und Dokumentationsstelle *Elsner/Meinecke/Reiter-Theil,* EthikMed 1992, 79ff.

[25] *Sass/Viefhus,* Differential-ethische Methodik in der biomedizinischen Ethik, 1992; darin der „Bochumer Arbeitsbogen für medizinethische Praxis"; vgl auch *Mertens,* Renovatio 1992, 49ff; *Spaemann,* Scheidewege 22, 1992/93, 82ff.

[26] Das Prinzip Verantwortung. Versuch einer Ethik f d technologische Zivilisation, 1984, S. 63f.

[27] *Hennis,* Wurzeln und Grenzen der Modernität, in: *Klingenstein* (Hrsg), Krise des Fortschritts, 1984, S. 139, 150.

brauchen die Bedrohung des Menschenbildes ..., um uns im Erschrecken davor eines wahren Menschenbildes zu versichern."[28]

12 Der Physiker *Max Born* hat von der „Zerstörung der Ethik durch die Naturwissenschaft" gesprochen. Die **Abwertung der Ethik** sei „die Folge der Länge und Kompliziertheit des Weges zwischen einer menschlichen Betätigung und ihrem Endeffekt".[29] Wer verantwortlich handeln will, muss sich in der Tat um die Erkenntnis der Folgen seines Tuns und Lassens bemühen, die näheren wie ferneren Konsequenzen abschätzen – eine Aufgabe, deren Schwierigkeiten gewiss weiter wachsen werden und die der Arzt aber nicht unerfüllt lassen darf, wenn er dem Gebot der Legitimation seines Verhaltens genügen will. Eine ethische Frage aufnehmen und bescheiden kann nur, wer den ihr zugrundeliegenden Sachverhalt zu analysieren und Unterscheidungen zu treffen versteht. Ein Musterbeispiel solcher differenzierenden und Zusammenhänge herstellenden Gedankenarbeit bietet der preisgekrönte Aufsatz von *Reinhard Löw* über „die moralische Dimension von **Organtransplantationen**", die neben ethischen auch eine Mehrzahl schwierigster Rechtsfragen aufwerfen.[30]

II. Die hippokratische Tradition und deren Fortbildung

13 **1. Der Hippokratische Eid.** Unter den **Quellen der ärztlichen Berufsethik** nimmt der **Eid des Hippokrates** den ersten Rang ein. Er lautet in der Übersetzung von *Karl Deichgräber* wie folgt:

„Ich schwöre bei Apollon dem Arzt und Asklepios und Hygieia und Panakeia und allen Göttern und Göttinnen, indem ich sie zu Zeugen rufe, dass ich nach meinem Vermögen und Urteil diesen Eid und diese Vereinbarung erfüllen werde:

Den, der mich diese Kunst gelehrt hat, gleichzuachten meinen Eltern und ihm an dem Lebensunterhalt Gemeinschaft zu geben und ihn Anteil nehmen zu lassen an dem Lebensnotwendigen, wenn er dessen bedarf, und das Geschlecht, das von ihm stammt, meinen männlichen Geschwistern gleichzustellen und sie diese Kunst zu lehren, wenn es ihr Wunsch ist, sie zu erlernen, ohne Entgelt und Vereinbarung und an Rat und Vortrag und jeder sonstigen Belehrung teilnehmen zu lassen meine und meines Lehrers Söhne sowie diejenigen Schüler, die durch Vereinbarung gebunden und vereidigt sind nach ärztlichem Brauch, jedoch keinen anderen.

---

[28] *Jonas,* Das Prinzip Verantwortung, 1984, S. 63.

[29] In: *Kreuzer* (Hrsg) (Fn 4) S. 257. – Wozu eigentlich Medizinethik?, so fragt der Strafrechtler *Scheffler* polemisch in: *Joerden* (Hrsg), Der Mensch und seine Behandlung in der Medizin, 1999, S. 67 ff. – Vgl. ferner zu den Lehren der Verantwortungsethik und des Konsequentialismus krit. *Wieland,* Verantwortung – Prinzip der Ethik?, 1999 („Abhängig von Voraussetzungen, die sie nicht legitimieren kann, taugt die Verantwortungsethik nur zu einer Ethik der zweiten Linie"); *Nida-Rümelin,* Kritik des Konsequentialismus. Studienausgabe, 1995 („Vernünftigerweise tut man das, was die besten Folgen hat. Diese scheinbar trivial richtige These ist falsch").

[30] Scheidewege 17, 1987/88, 16 ff; vgl ferner den Sammelbd mit dem Ertrag des 3. Einbecker Workshops d DGMR (Schriftenr MedR): *Hiersche/Hirsch/Graf-Baumann* (Hrsg), Rechtliche Fragen der Organtransplantation, 1990; zu dem Gesetz über die Spende, Entnahme und Übertragung von Organen (Transplantationsgesetz – TPG, BGBl 1997, S. 2631 idF v 16. 2. 2001, zuletzt geändert durch das Gewebegesetz v 20. 7. 2007, BGBl 2007, S. 1574) die Kommentare v *Nickel/Schmidt-Preisigke/Sengler,* 2001 und Höfling (Hrsg.), 2003. Vgl. ferner *Fateh-Moghadam,* Die Einwilligung in die Lebendorganspende. Die Entfaltung des Paternalismusproblems im Horizont differenter Rechtsordnungen am Beispiel Deutschlands und Englands, 2008; *Rosenberg,* Die postmortale Organtransplantation. Eine „gemeinschaftliche Aufgabe" nach § 11 Abs 1 S. 1 Transplantationsgesetz. Kompetenzen und Haftungsrisiken im Rahmen der Organspende, 2008; *Clement,* Der Rechtsschutz der potenziellen Organempfänger nach dem Transplantationsgesetz. Zur rechtlichen Einordnung der verteilungsrelevanten Regelungen zwischen öffentlichem und privatem Recht, 2007; *Gutmann/Schneewind/Schroth/Schmidt/Elsässer/Land/Hillebrand,* Grundlagen einer gerechten Organverteilung, Medizin, Psychologie, Recht, Ethik, Soziologie, 2003; *Breyer/van den Daele/Engelhard/Gubernatis/Kliemt/Kopetzki/Schlitt/Taupitz,* Organmangel. Ist der Tod auf der Warteliste unvermeidbar?, 2006; *Lautenschläger,* Der Status ausländischer Personen im deutschen Transplantationssystem, 2009; Gonzáles, Xenotransplantation: Prävention des xenogenen Infektionsrisikos. Eine Untersuchung zum deutschen und spanischen Recht, 2008.

1. Kapitel. Grundlagen des Arztrechts   14, 15 § 4

Die Verordnungen werde ich treffen zum Nutzen der Kranken nach meinem Vermögen und Urteil, mich davon fernhalten, Verordnungen zu treffen zu verderblichem Schaden und Unrecht.
Ich werde niemandem, auch auf eine Bitte nicht, ein tödlich wirkendes Gift geben und auch keinen Rat dazu erteilen; gleicherweise werde ich keiner Frau ein fruchtabtreibendes Zäpfchen geben: Heilig und fromm werde ich mein Leben bewahren und meine Kunst.
Ich werde niemals Kranke schneiden, die an Blasensteinen leiden, sondern dies den Männern überlassen, die dies Gewerbe versehen.
In welches Haus immer ich eintrete, eintreten werde ich zum Nutzen des Kranken, frei von jedem willkürlichen Unrecht und jeder Schädigung und den Werken der Lust an den Leibern von Frauen und Männern, Freien und Sklaven.
Was immer ich sehe und höre, bei der Behandlung oder außerhalb der Behandlung, im Leben der Menschen, so werde ich von dem, was niemals nach draußen ausgeplaudert werden soll, schweigen, indem ich alles Derartige als solches betrachte, das nicht ausgesprochen werden darf.
Wenn ich nun diesen Eid erfülle und nicht breche, so möge mir im Leben und in der Kunst Erfolg beschieden sein, dazu Ruhm unter allen Menschen für alle Zeit; wenn ich ihn übertrete und meineidig werde, dessen Gegenteil."

Ursprung und Wortlaut dieses eindrucksvollen promissorischen Eides gründen auf Umständen, die in ihrer Besonderheit nicht wiederkehren. Seine **Zeitbedingtheiten** machen den Eid zu einem historischen Dokument, das sich nur aus der Eigenart einer ganz bestimmten geschichtlichen Wirklichkeit erschließt. Neben der Zeitbedingtheit kennzeichnet dieses iusiurandum seine **Musterhaftigkeit,** die sich in der römischen Kaiserzeit, bei den arabischen Medizinern des Mittelalters, bei der christlichen Interpretation und in neuzeitlichen Doktoreiden gleichermaßen bewährte. Die Kernstücke des Gelöbnisses erwiesen sich als von den jeweiligen Zeitumständen unabhängige Aussagen. Der Eid des Hippokrates galt über Jahrhunderte hinweg als Botschaft zeitlos gültiger Gesinnung und ärztlicher Ethik bei Juden, Christen, Muslimen und Atheisten, bei den Ärzten der Renaissance, des Barocks und der Aufklärung; ferner galten wesentliche Stücke vornehmlich auch bei den Ärzten in sozialistischen Staatsverfassungen. 14

Heinrich Schipperges hat bei seiner der Tradition wie dem Fortschritt genügenden Interpretation die folgenden **fünf Maximen als dauerhaften Inhalt** des Hippokratischen Eides herausgestellt: 15

„1. Der Zweck des ärztlichen Handelns ist der Heilerfolg, die Effizienz der medizinischen Praxis. Heilkunst und Heiltechnik ermöglichen ein gesundes Leben als Grundlage sinnvoller Daseinsgestaltung.
2. Der Arzt dient in allem Tun ausschließlich dem Leben; er wird nicht vergiften noch sonst irgendwie schaden wollen.
3. Arzt ist, wer sein gesamtes Leben der Heilkunst widmet, es demnach zu einem Beruf macht, der wiederum zu einem eigenen Stand führt.
4. Der Arzt leistet seinen Patienten einen personalen Dienst, übt daher auch Diskretion und lässt dem Kranken seine personale Freiheit.
4. Der Bedürftigkeit des Kranken wird durch sachgerechtes Handeln entsprochen. Medizin wird eo ipso zur Wissenschaft, bleibt sich aber der Bindung an absolute Normen bewusst."[31]

In seinem Beitrag „Der hippokratische Eid im Selbstbild des modernen Menschen"[32] hat *Gunnar Duttge* wohlbegründet auf „Unverfügbares im Wandel" hingewiesen: „das humanistische Erbe, das es im Zeitalter der biotechnologischen Herausforderung zu bewahren gilt: im medizinischen Kontext also die Begründung und Wahrung eines spezifischen Vertrauensverhältnisses, resultierend aus einer dem Arzt als Arzt wie selbstverständlich zukommenden Glaubwürdigkeit".

---

[31] *Schipperges,* in: *Koslowski/Kreuzer/Löw* (Hrsg), Die Verführung durch das Machbare, 1983, S. 15. Ähnlich faßt *Seidler* in seinen „Anmerkungen zur aktuellen Bedeutung des Hippokratischen Eides" dessen aktuellen Anspruch zusammen: „Der Arzt soll Leben schützen, seinem Patienten nicht schaden, das Wohl des Kranken voranstellen, die Menschenwürde im Kranken achten, durch Kompetenz und Gewissensfähigkeit selbst vertrauenswürdig sein."

[32] In: *Duttge* (Hrsg), Perspektiven des Medizinrechts im 21. Jahrhundert, 2007, S. 1, 18 f.

16 **2. Genfer Arztgelöbnis.** Der Geist des hippokratischen Eides bestimmt auch das moderne **Genfer Arztgelöbnis** von 1948, dessen im Jahre 1983 revidierter englischer Text den folgenden Wortlaut hat:

„I solemnly pledge myself to consecrate my life to the service of humanity.
I will give to my teachers the respect and gratitude which is their due.
I will practice my profession with conscience and dignity. The health of my patient will be my first consideration.
I will respect the secrets which are confided in me, even after the patient has died.
I will maintain by all the means in my power the honor and the noble traditions of the medical profession.
My colleagues will be my brothers.
I will not permit considerations of religion, nationality, race, party politics or social standing to intervene between my duty and my patient.
I will maintain the utmost respect for human life from its beginning even under threat and I will not use my medical knowledge contrary to the laws of humanity.
I make these promises solemnly, freely and upon my honor."[33]

17 **3. Biomedizinkonvention.** Respekt verdienen auch die in den vergangenen zwanzig Jahren erarbeiteten zahlreichen Beschlüsse und Empfehlungen der Parlamentarischen Versammlung und des Ministerkomitees des **Europarates** auf dem Gebiet der biomedizinischen Wissenschaften.[34] Nach langen, auch von deutschen konstruktiven Einwänden begleiteten Vorbereitungen hat der Europarat in Straßburg am 19. 11. 1996 die **Biomedizin-Konvention** verabschiedet: Convention for the protection of human rights and dignity of the human being with regard to the application of biology and medicine (Convention on human rights and biomedicine).[35] Die deutsche Bundesregierung hatte sich der Stimme enthalten, weil die Debatte in den Parlamenten und in der Öffentlichkeit hierzulande noch nicht abgeschlossen sei; die Stimmenthaltung präjudiziere die spätere deutsche Entscheidung über Unterzeichnung und Ratifikation des Übereinkommens nicht, das auf augenfällige Weise die Reihe der aufgenommenen Themen unvollständig lässt. Vor allem bleibt der Schutz des menschlichen Lebens an seinem Beginn und an seinem Ende vernachlässigt. Die Tötung Ungeborener – eine offene Wunde der deutschen wie der europäischen Rechtskultur – erfährt keinen eingrenzenden Bescheid. Die Abtreibungsproblematik besteht auch bei der Pränataldiagnostik mit ihrem „grundsätzlichen Makel"[36] eines Tests auf Leben und Tod im Zeichen der sich erweiternden Kluft zwischen den Möglichkeiten der Diagnose und denen der Therapie.[37]

---

[33] World Medical Association, 1948, Urtext bei *Reiser/Dyck/Curran*, Ethics in Medicine, Historical Perspectives and Contemporary Concerns, 1977; neuere Fassung bei *Giesen*, International Medical Malpractice Law, 1988, Appendix II, S. 728. – Vgl außerdem die deutsche Fassung des Handbuchs der Deklarationen des Weltärztebundes, 1999. – Über Gegenwarts- und Zukunftsfragen aus der Sicht des Weltärztebundes *Kloiber*, in *Duttge* (Hrsg), Perspektiven des Medizinrechts im 21. Jahrhundert, 2007, S. 61 ff.

[34] Vgl das Verzeichnis in dem sehr instruktiven, von *Gethmann/Honnefelder* hrsg Jahrb für Wissenschaft und Ethik Bd I, 1996, S. 195 f

[35] *Laufs* NJW 1997, 776; NJW 2000, 1764 f mwN; kritisch *Kern*, MedR 1998, 485 ff; umfassend *Eser* (Hrsg), Biomedizin und Menschenrechte, 1999. Vgl ferner *Bach/de Kleine* (Hrsg), Auf dem Weg in die totale Medizin? Eine Handreichung zur „Bioethik"-Debatte, 1999; gehaltvoll *Taupitz* (Hrsg), Das Menschenrechtsübereinkommen zur Biomedizin des Europarates – taugliches Vorbild für eine weltweit geltende Regelung? The Convention on Human Rights and Biomedicine of the Council of Europe – a Suitable Model for World-wide Regulation?, 2002. Darin Hrsg S. 485: ... „in manchen Punkten bieten die deutschen Regelungen einen weitergehenden Schutz. Eine Absenkung des Schutzstandards ist aber nicht zu befürchten, da Art 27 MRB den Mitgliedstaaten ausdrücklich höhere Schutzstandards erlaubt".

[36] *Beck-Gernsheim* Soziale Welt 47, 1996, 284 ff, 288.

[37] *Hepp*, Der Frauenarzt 1996, 678 ff.

1. Kapitel. Grundlagen des Arztrechts 18, 19 § 4

4. Kanadische Regeln. Dem Genfer Gelöbnis schließen sich **Sätze kanadischer Ver-** 18
fasser an, die klug bestimmen, was ein Kodex ethischer Regeln leisten kann:

"As ye would that men should do to you, do ye even so to them", is a Golden Rule for all men. A Code of Ethics for physicians can only amplify or focus this and other golden rules and precepts to the special relations of practice. As a stream cannot rise above its source, so a code cannot change a low-grade man into a high-grade doctor, but it can help a good man to be a better man and a more enlightened doctor. It can quicken and inform a conscience, but not create one. Only in a few things can it decree ‚thou shalt' or ‚thou shalt not', but in many things it can urge ‚thou shouldst', or ‚thou shouldst not'. While the highest service they can give to humanity is the only worthwhile aim for those of any profession, it is so in a special sense for physicians, since their services concern immediately and directly the health of the bodies and minds of men."

5. Nürnberger Kodex und Deklara. Früh haben sich Verantwortliche um die Vor- 19
aussetzungen und **Grenzen der experimentellen Medizin** bemüht. In der Weimarer Zeit leitete das Reichsministerium des Innern nach Vorschlägen des Reichsgesundheitsrates den Landesregierungen Richtlinien zu für neuartige Heilbehandlungen und für die Vornahme wissenschaftlicher Versuche am Menschen[38] – Regeln, die mit ihren Distinktionen und Maßgaben bereits das Wesentliche treffen. Die Untaten **nationalsozialistischer Ärzte** veranlassten das amerikanische Militärtribunal,[39] im **Nürnberger Codex**[40] zehn universell geltende Grundsätze für den medizinischen Versuch am Menschen aufzustellen. Mit seiner **Deklaration von Helsinki** beschloss der Weltärztebund ein nach Quelle, Inhalt und Funktion überstaatliches Instrument, das er in revidierter Gestalt 1975 zu Tokio, 1983 zu Venedig, 1989 zu Hongkong, 1996 in Somerset West (Südafrika), 2000 in Edinburgh (Schottland), 2002 in Washington und 2004 in Tokio erneuerte.[41] Der Bundesminister für Jugend, Familie und Gesundheit hat die revidierte Deklaration von Helsinki zusammen mit einer anderen Empfehlung des Weltärztebundes über den Gebrauch psychotroper Arzneimittel 1976 im Bundesanzeiger veröffentlicht.[42] und damit den Rang dieses Werkes unterstrichen. Auch wenn die Deklaration nicht die bindende Kraft von Rechtsnormen besitzt, sondern nur empfehlenden Charakter trägt,

---

[38] DMW 1931, 509; wieder abgedr bei *Deutsch,* Das Recht der klinischen Forschung am Menschen, 1979, S. 173; dort auch eine preußische Anweisung an Klinikvorsteher aus dem Jahre 1900; zum Folgenden *ders,* S. 123 ff. Zur Neulandmedizin vgl nachstehenden § 130 mwN.

[39] *Mitscherlich/Mielke* (Hrsg, Komment), Medizin ohne Menschlichkeit. Dokumente des Nürnberger Ärzteprozesses, Ausg 1995. Vgl außerdem die Nachweise bei *Laufs,* Medizin und Recht im Zeichen des technischen Fortschritts, 1978, S. 17. Wichtig ferner: *Kudlien,* Ärzte im Nationalsozialismus, 1985; *Lifton,* Ärzte im Dritten Reich, 1988; *Klee,* Was sie taten, was sie wurden. Ärzte, Juristen und andere Beteiligte am Kranken- oder Judenmord, 1986; *Schmuhl,* Rassenhygiene, Nationalsozialismus, Euthanasie. Von der Verhütung zur Vernichtung ‚lebensunwerten Lebens' 1890–1945, 1987; *Bastian,* Furchtbare Ärzte. Medizinische Verbrechen im Dritten Reich, 1995; *Klier,* Die Kaninchen von Ravensbrück. Medizinische Versuche an Frauen in der NS-Zeit, 1994. Vgl ferner *Benzenhöfer,* Der gute Tod? Euthanasie und Sterbehilfe in Geschichte und Gegenwart, 1999; *Frewer/Eickhoff* (Hrsg), „Euthanasie" und die aktuelle Sterbehilfe-Debatte. Die historischen Hintergründe medizinischer Ethik, 2000. Siehe ferner *Süß,* Der „Volkskörper" im Krieg. Gesundheitspolitik, Gesundheitsverhältnisse und Krankenmord im nationalsozialistischen Deutschland 1939–1945, 2003; *Spring,* Zwischen Krieg und Euthanasie. Zwangssterilisationen in Wien 1940–1945, 2009.

[40] NJW 1949, 377; bei *Deutsch* (Fn 38) S. 176 f u *Giesen* (Fn 33), App I, S. 727.

[41] Der englische Text – bis der jüngere sich in Deutschland durchgesetzt hat: beider Fassungen, von 1996 und 2000, im Anhang zum nachfolgenden § 130. Die neuen Internet – Fundstellen bei *Straßburger,* MedR 2006, 462. – Kritisches zur Rezeption der Texte der „Non-Governmental-Organization" DÄBl 1996, A 3258 f. Zur Edinburgher Fassung der Deklaration *Deutsch,* NJW 2001, 857 ff; *Taupitz,* MedR 2001, 277 ff. Vgl ferner *Deutsch/Taupitz* (Hrsg), Forschungsfreiheit und Forschungskontrolle in der Medizin. Zur geplanten Revision der Deklaration von Helsinki, 2000.

[42] Jahrg 28 Nr 152 v 14. 8. 1976, 3; die genannten Codes of Ethics of the World Medical Association in der englischen Originalfassung bei *Giesen,* Die zivilrechtliche Haftung des Arztes bei neuen Behandlungsmethoden und Experimenten, 1976, S. 132 ff u in dem in Fn 33 genannten Werk (die Revidierte Deklaration von Helsinki 1975/83, App VII, S. 731 ff).

verlangt und erfährt sie Respekt. Sie ergänzt das geltende Recht und dient seiner Interpretation. Die Einleitung schließt mit dem Satz: „Forscher sollten sich der in ihren eigenen Ländern sowie der auf internationaler Ebene für die Forschung am Menschen geltenden ethischen, gesetzlichen und verwaltungstechnischen Vorschriften bewusst sein. Landesspezifische, ethische, gesetzliche oder verwaltungstechnische Vorschriften dürfen jedoch die in der vorliegenden Deklaration genannten Bestimmungen zum Schutz der Menschen in keiner Weise abschwächen oder aufheben."

Nach § 15 Abs 4 der Musterberufsordnung beachten Ärztinnen und Ärzte bei der Forschung am Menschen die in der Deklaration niedergelegten Grundsätze für die medizinische Forschung am Menschen.[43] Freilich begegnet die Inkorporation der Deklaration in das ärztliche Berufs- und Standsrecht verfassungsrechtlichen Bedenken im Blick auf den Bestimmtheitsgrundsatz, das Demokratie- und Rechtsstaatsprinzip, den Publikationsgrundsatz; auch besteht das Problem der Normenkollision.[44]

20 Das **Statut von Helsinki** beginnt mit einer trefflichen Definition des ärztlichen Berufs, die für alle seine Felder Gültigkeit beansprucht: „Es ist die Pflicht des Arztes, die Gesundheit der Menschen zu fördern und zu erhalten. Der Erfüllung dieser Pflicht dient der Arzt mit seinem Wissen und Gewissen."

21 **6. Erklärung von Hawaii.** Leitlinien einer fachspezifischen Berufsethik hat die Generalversammlung des Weltverbandes für **Psychiatrie** in der **Erklärung von Hawaii**[45] als für alle Fachgenossen verbindlich festgelegt. „Der Psychiater soll", so steht im ersten der zehn Punkte, „in Übereinstimmung mit den anerkannten Prinzipien seiner Wissenschaft und der ärztlichen Ethik nach bestem Wissen und Können den Interessen seiner Patienten dienen". Den sozialen Bezug der ärztlichen Tätigkeit bringt der folgende Satz zum Ausdruck:

22 „Das allgemeine Wohl und eine gerechte Verteilung der für die Gesundheitspflege insgesamt verfügbaren Mittel soll er dabei stets angemessen berücksichtigen." Indessen: „Jedem Patienten ist die Therapie mit den für ihn größten Erfolgsaussichten anzubieten." Dem Vertrauensverhältnis zwischen Patient und Arzt widmet das Statut eine Reihe ausgewogener Regeln, die auch die Aufklärungspflicht deutlich ansprechen. Die Erklärung von Hawaii gründet die Therapie auf eine beiderseits verpflichtende Abrede zwischen Patient und Arzt. „Zwangsmaßnahmen sind stets nur im wohlverstandenen Interesse des Patienten und immer nur so lange wie unbedingt erforderlich anzuwenden. Der Psychiater soll sich um Aufklärung und Einverständnis von Vertrauenspersonen des Patienten wie auch um dessen nachträgliche Zustimmung bemühen." Wenn die Leitlinien die Zwangsunterbringung an ein gerichtliches Erkenntnis binden oder wenn sie die Pflicht des Psychiaters zur Verschwiegenheit einschärfen, dann geben sie nur – teilweise verkürzt – wieder, was bereits das geltende Recht verlangt. Bemerkenswert enge Grenzen ziehen die Vorschriften der experimentellen Medizin: „Im Rahmen klinischer, insbesondere therapeutischer Forschungsprojekte ist jedem Patienten die bestmögliche Behandlung zu bieten. Seine Teilnahme muss freiwillig sein. Er hat Anspruch auf volle Information über Ziele, Verfahrensweisen, Risiken und Unbequemlichkeiten." Das Statut setzt also beim psychiatrischen Patienten oder Probanden die Fähigkeit zur Einsicht in die experimentelle Maßnahme und zur Selbstbestimmung voraus. Ein allgemeines Grundprinzip verlautbart das Statut, wenn es fortfährt: „Stets muss ein vernünftiges Verhältnis zwischen den kalkulierbaren Risiken oder Belästigungen für den Patienten und dem mutmaßlichen Nutzen der Untersuchung bestehen."

---

[43] *Latzel/Lippert,* Kommentar zur Musterberufsordnung für Ärzte, 4. Aufl 2006, § 15 RdNr 23 f; zur zeitweiligen Aussetzung der Bestimmung *Lippert,* MedR 2003, 681.

[44] *Straßburg,* MedR 2006, 462, 471.

[45] Übersetzung *Ehrhardt* DÄBl 1977, 2872 f. Gewichtig der Sammelbd von *Koch/Reiter-Theil/Helmchen* (eds), Informed Consent in Psychiatry. European Perspectives of Ethics, Law and Clinical Practice, 1996.

1. Kapitel. Grundlagen des Arztrechts

7. Die Würde des Kranken. Im Grunde geht es bei den wesentlichen Standespflichten des Arztes, wie sie in den dem hippokratischen Eid verwandten Berufsordnungen erscheinen,[46] um den **Schutz der Persönlichkeit des Kranken,**[47] letztlich um den Respekt vor **seiner Würde.** Angesichts der neuen Möglichkeiten der Biomedizin gilt es, der Instrumentalisierung des Menschen zu wehren. Die Selbstinstrumentalisierung etwa bei der Organspende aus ökonomischen Gründen oder die Aufopferung menschlicher Embryonen bei bestimmten Verfahren der artifiziellen Reproduktion verstoßen gegen die Fassung des Kantschen **Kategorischen Imperativs,** nach welcher der Mensch immer auch als Zweck, niemals nur als Mittel betrachtet werden dürfe. Ein noch so guter Zweck kann niemals ein Mittel heiligen, das in sich schlecht ist. Die Individualität, die unverwechselbare Einmaligkeit der Person, und das Instrumentalisierungsverbot stehen dem Klonen, dem genetischen Kopieren, von Menschen entgegen.[48]

Eine kontrovers diskutierte Hauptfrage geht dahin, wieweit sich die „**Anerkennung menschlicher Würde** in den Lebensprozess jedes Menschen hinein erstrecken muss, damit sie auch wahr bleibt. Genügt es, wie vertreten wird, wenn die Anerkennung und Achtung der Würde erst an einer bestimmten Stelle im Lebensprozess des Menschen einsetzt, dieser Lebensprozess davor aber verfügbar bleibt, oder muss diese Anerkennung und Achtung vom Ursprung an, dem ersten Beginn dieses menschliches Lebens, bestehen?"[49]

„Ein Menschenleben ist anderen Zwecken inkommensurabel; durch seine Würde scheidet der Mensch aus jeder abwägenden Berechnung aus, weil er selbst Maßstab der Berechnung ist. Der Mensch hat Würde, weil er selbst nicht nur einen Teil der Wirklichkeit darstellt, sondern in seinem verantwortlichen Handeln auf das Ganze der Wirklichkeit bezogen ist" *(Reinhard Löw).*

8. Grundgesetz. Freilich blieben bisher insbesondere für **Fortpflanzungsmedizin wie Gentechnologie**[50] juristisch zweifelhaft und streitig die Reichweite und Tragfähigkeit der verfassungsrechtlich unverrückbaren Pfeiler des **Grundgesetzes,** auf welche die richterliche Spruchpraxis wesentliche Stücke des Arztrechts, wie die Aufklärungs- und Dokumentationspflicht, stützt. Der nach Art 79 Abs 3 des Grundgesetzes unabänderlich geltende Art 1 Abs 1 unserer Verfassung gebietet: „Die **Würde des Menschen** ist unantastbar. Sie zu achten und zu schützen ist Verpflichtung aller staatlichen Gewalt." *Ernst Benda,* der Vorsitzende der einschlägigen, ministeriell bestellten Arbeitsgruppe, vertritt die Ansicht, die neue Gefährdungsdimension lasse sich nur durch Art 1 GG wirklich erfassen. Das Bild des Menschen, wie es der Verfassung zu Grunde liege, sei der wesent-

---

[46] Text im Anhang zu diesem Kapitel.
[47] *Laufs,* Schutz der Persönlichkeitssphäre und ärztliche Heilbehandlung, VersR 1972, 1 ff.
[48] *Reiter,* Stimmen der Zeit 1997, 363 ff; *Kersten,* Das Klonen von Menschen. Eine verfassungs-, europa- und völkerrechtliche Kritik, 2004.
[49] *Böckenförde,* Menschenwürde als normatives Prinzip. Die Grundrechte in der bioethischen Debatte, JZ 2003, 809, 812, in Auseinandersetzung auch mit der Neukommentierung des Art 1 Abs 1 GG durch *Herdegen, Maunz-Dürig,* GG-Kommentar, RdNr 56, 65–66 (Stand 2003).
[50] Vgl zur Rechtsentwicklung die Nachweise bei *Laufs,* Rechtliche Grenzen der Fortpflanzungsmedizin, 1987, u NJW 1986, 1515 f, NJW 1987, 1450 f, NJW 1988, 1499 ff, NJW 1989, 1523 f, NJW 1990, 1512, NJW 1991, 1517 f, NJW 1992, 1532 f, NJW 1993, 1500, NJW 1995, 1593, NJW 1996, 1574, NJW 1997, 1617 f, NJW 1998, 1753 f, NJW 1999, 1762 f, NJW 2000, 1765 f; *Spickhoff,* NJW 2002, 1767, NJW 2003, 1710, NJW 2005, 1702, NJW 2007, 1636 f, NJW 2008, 1642 f; vgl ferner etwa *Bernat* (Hrsg), Die Reproduktionsmedizin am Prüfstand von Recht und Ethik, 2000; *Gottschalk* (Hrsg), Das Gen und der Mensch. Ein Blick in die Biowissenschaften, 2000; *Graumann,* Die somatische Gentherapie. Entwicklung und Anwendung aus ethischer Sicht, 2000; *Hartleb,* Grundrechtsschutz in der Petrischale. Grundrechtsträgerschaft und Vorwirkungen bei Art 2 Abs 2 GG und Art 1 Abs 1 GG, 2006; *Laufs,* Auf dem Wege zu einem Fortpflanzungsmedizingesetz? Grundfragen der artifiziellen Reproduktion aus medizinrechtlicher Sicht, 2003; *Winter/Fenger/Schreiber* (Hrsg), Genmedizin und Recht. Rahmenbedingungen und Regelungen für Forschung, Entwicklung, Klinik, Verwaltung, 2001. Zur Fortpflanzungsmedizin und zum neuen GenDG nachstehend § 129.

liche Bezugspunkt unserer verfassungsrechtlichen Ordnung. Werde es verändert, hülfen die einzelnen Grundrechte nichts mehr. Diese Position verdient Beifall.[51] Wer ihr beipflichtet, muss erkennen, dass er der Disposition des volksgewählten Parlaments entzieht, was er als Inhalt des Art 1 des GG feststellt, worüber am Ende das BVerfG entscheidet. Er darf nicht der Gefahr erliegen, durch unmittelbaren Zugriff auf Art 1 die einzelgesetzlichen Regeln zu übergehen und die Grundnorm der Verfassung zu überfordern und dadurch abzuwerten.[52] Freilich kann auch eine säkularisierte Rechtsgemeinschaft nicht umhin, sich über ihr Menschenbild zu verständigen. Aber es darf ein prozesshafter Begriff und ein gestufter Schutz der Menschenwürde nicht zum Instrument der Biopolitik werden. Neben der Würde des Menschen darf **das menschliche Leben** als ein Höchstwert innerhalb der Ordnung des GG nicht verblassen: ein Höchstwert, der den Staat zum umfassenden Schutz verpflichtet.[53]

26 Der Zweite Senat des **BVerfG** hat in seinem Urteil zum Abhörstreit erklärt, es hänge alles von der Festlegung ab, „unter welchen Umständen die Menschenwürde verletzt sein kann. Offenbar", so der Senat, „lässt sich das nicht generell sagen, sondern immer nur in Ansehung des konkreten Falles. Allgemeine Formeln wie die, der Mensch dürfe nicht zum bloßen Objekt der Staatsgewalt herabgewürdigt werden, können lediglich die Richtung andeuten, in der Fälle der Verletzung der Menschenwürde gefunden werden können."[54] Der Mensch sei, so das höchste Gericht weiter, nicht selten bloßes Objekt nicht nur der Verhältnisse und der gesellschaftlichen Entwicklung, sondern auch des Rechts, insofern er ohne Rücksicht auf seine Interessen sich fügen müsse. Eine Verletzung der Menschenwürde könne darin allein nicht gefunden werden. Hinzukommen müsse, dass er einer Behandlung ausgesetzt werde, die seine **Subjektqualität prinzipiell infrage stelle,** oder dass in der Behandlung im konkreten Fall eine willkürliche Missachtung der Würde des Menschen liege.

27 Dem Votum der drei abweichenden Richter genügte dies nicht.[55] Alle Staatsgewalt habe den Menschen in seinem Eigenwert, seiner Eigenständigkeit zu achten und zu schützen. Er dürfe nicht unpersönlich, nicht wie ein Gegenstand behandelt werden, auch wenn es nicht aus Missachtung des Personenwertes, sondern in guter Absicht geschehe. Der Erste Senat habe dies dahin formuliert, es widerspreche der menschlichen Würde, den Menschen zum bloßen Objekt staatlichen Handelns zu machen und kurzerhand von Obrigkeits wegen über ihn zu verfügen. Damit werde keineswegs lediglich die Richtung angedeutet, in der sich Fälle der Würdeverletzung finden ließen. Es sei vielmehr ein in Art 1 Abs 1 GG wurzelnder Grundsatz, der unmittelbare Maßstäbe setze.

28 **9. Dissense.** In existentiellen Grundfragen stimmen die **Maßgaben der Kirchen** und die der Werteordnung des Grundgesetzes entsprechende pluralistische Ethik weitgehend überein. Unsere Verfassung hat ethische Postulate in Recht umgesetzt, die in wesentlichen Zügen dem Menschenbild entsprechen, das sich in den Verlautbarungen der Kirchen wiederfinden lässt.[56] Allerdings bestehen auch tiefe Widersprüche zwischen der kirchlichen Lehre zur Schutzwürdigkeit des ungeborenen Lebens und der Rechtspraxis.

---

[51] *Benda*, Gentechnologie und Recht – die rechtsethische Sicht, in: Gesellschaft f Rechtspolitik Trier (Hrsg), Bitburger Gespräche, Jahrb 1986/1, S. 17 ff, 27. Aus der neueren Literatur etwa *Herdegen*, Die Menschenwürde im Fluss des bioethischen Diskurses, JZ 2001, 773–779; vortrefflich *Benda*, NJW 2001, 2147 f.

[52] Bedenkenswert *Graf Vitzthum* ZRP 1987, 33 ff; ferner *Wachsmuth/Schreiber* Mitt d Dt Ges f Chirurgie 5, 1986, 154 ff

[53] Art 2 Abs 2 S. 1; *Antoni in Hömig* (Hrsg), GG-Kommentar, 8. Aufl 2007, Art 2 RdNr 11.

[54] BVerfGE 30, 1, 25 f = NJW 1971, 275 ff.

[55] BVerfGE 30, 1, 39 f = NJW 1971, 275, 281; vgl dazu auch *Dürigs* Plädoyer in: Festgabe Maunz, 1971, S. 41 ff.

[56] *Giesen*, in: *Wehowsky* (Hrsg), Lebensbeginn und menschliche Würde. Stellungnahmen zur Instruktion der Kongregation für die Glaubenslehre vom 22.2. 1987 = Gentechnologie, Chancen und Risiken 14, 1987, 116, mwN; vgl auch die Gemeinsame Erklärung des Rates der Evangelischen

1. Kapitel. Grundlagen des Arztrechts 29–32 §4

Überdies zeigt sich die **Ärzteschaft** selbst in den Grundfragen des **Lebensschutzes** 29 tief **gespalten**. Das erweist sich seit Jahren bei der Abtreibung. Die Berufsordnung hat das unbedingte Tötungsverbot des Hippokratischen Eides verlassen. Einerseits verpflichtet sie den Arzt auf den Schutz des keimenden Lebens, andererseits verweist sie für den **Schwangerschaftsabbruch** auf die Vorschriften des Strafgesetzbuchs. Während viele Ärzte zum Verhängnis einer ungehemmten Abtreibungspraxis beitragen, stehen andere der verfassungsrechtlich zweifelhaften, weit gefassten sozialmedizinischen Indikation ablehnend gegenüber. Die Hunderttausende alljährlich vor ihrer Geburt getöteten Menschenleben werfen einen tiefen Schatten auch auf die Verfahren der künstlichen Fortpflanzung. Die Vorstellung von der Verfügbarkeit menschlichen Lebens hat sich stark ausgebreitet und erfährt durch die artifizielle Reproduktion einen weiteren Schub.[57] Das Schwangeren- und Familienhilfeänderungsgesetz 1995[58] mit seiner tief widersprüchlichen, nur wenig verhüllten Fristenlösung[59] hat das Verhängnis nicht bannen können.

10. Interdisziplinäre Prozesse. Die **Krise des Arzttums** und die **Krise des Rechts** 30 besitzen eine gemeinsame Wurzel: Sie liegt in der **„technischen Realisation"** *(Ernst Forsthoff).*[60] Die sich um ihrer selbst willen produzierenden technischen Prozesse wecken immer neue Bedürfnisse und schaffen immer neue Probleme. Die Technik löst aber selbst nur technische Probleme, weder gesellschaftliche, noch politische, weder philosophische, noch rechtliche. Die tradierten Wertmaßstäbe zur Lösung Letzterer indes erweisen sich als ungenügend oder haben gar an Geltungskraft verloren.

Aus sich selbst heraus kann die Medizin ihre Aufgabe nicht bestimmen, ihre Grenzen 31 nicht festlegen. Sie bedarf dabei der Hilfe durch die **sinngebenden Geisteswissenschaften**. Die neuen, herausfordernden Phänomene der Naturwissenschaften erfordern eine geistige Durchdringung der Sachverhalte, an der neben den Medizinern auch Theologen, Philosophen und Juristen mitwirken müssen. Nur rationale Verfahren gemeinsamer, fächerübergreifender Analyse der Probleme können zu Synthesen führen, Regeln entwickeln und Konsense hervorbringen. Solche aufwendigen Prozesse brauchen Zeit. Manches Problem scheint unlösbar. Bisher fehlt es trotz vieler interdisziplinärer Kolloquien und Kommissionen an ausreichenden Verfahren zur **Gewinnung normativer Standards** unterhalb oder zur Ausfüllung des Gesetzes, auch vielfach an der Geduld mancher vorwärtsdrängender Forscher. Ohne gelegentliches nachdenkliches Innehalten der Naturwissenschaftler und Techniker lassen sich konsensfähige Lösungen nicht erreichen.

Letztlich darf auch der **Gesetzgeber** nicht schweigen. Gesetzesregeln können zwar 32 nur in begrenztem Umfang dazu beitragen, ethisch begründete Verhaltensweisen zu formen und durchzusetzen. Doch beeinflusst schon die bloße Existenz von Sanktionen etwa auf dem Feld des Lebensschutzes die Wertvorstellungen und Verhaltensweisen der Bürger.[61]

Kirche in Deutschland und der Deutschen Bischofskonferenz: Gott ist ein Freund des Lebens. Herausforderungen und Aufgaben beim Schutz des Lebens, 1990; ferner Im Sterben: Umfangen vom Leben, 1996. Wieviel Wissen tut uns gut? Chancen und Risiken der voraussagenden Medizin, 1997; Xenotransplantation, 1998 (Gemeinsame Texte 6, 11, 13); vgl auch *Spieker,* Kirche und Abtreibung in Deutschland. Ursachen und Verlauf eines Konfliktes, 201.

[57] *Laufs,* Der Arzt – Herr über Leben und Tod?, FS Mikat, 1989, S. 145–163; *Stürner,* Die Unverfügbarkeit ungeborenen menschlichen Lebens und die menschliche Selbstbestimmung, JZ 1990, 709 ff.

[58] Zu Recht kritisch *Tröndle* NJW 1995, 3009 ff.

[59] *Laufs* NJW 1995, 3042 f, kritisch zu den Schwächen und Brüchen des geltenden Rechts die im 18. Jg. vierteljährlich erscheinende, von der Juristen-Vereinigung Lebensrecht hrsg Zeitschrift Lebensrecht.

[60] Der Staat der Industriegesellschaft, 1971. Vgl auch *Laufs,* Der ärztliche Heilauftrag aus juristischer Sicht, 1989, und dessen Nachweise in *Thomas* (Hrsg.), Ärztliche Freiheit und Berufsethos, 2005, S. 82 f.

[61] BVerfGE 39, 1, 57 = NJW 1975, 573 ff.

33 **11. Ethik-Kommissionen.** Die Neulandmedizin unterwirft sich seit Jahren mit Erfolg der interdisziplinären Kontrolle durch unabhängige, inzwischen öffentlich-rechtlich verfasste **Ethik-Kommissionen**.[62] Die durch Ärzte verschiedener Fächer und Geisteswissenschaftler, insbesondere Juristen, Theologen und Philosophen, besetzte Ethik-Kommission wirkt präventiv. Sie nimmt in einer Art Stellvertreterfunktion die schutzwürdigen Interessen der Probanden und Patienten wahr. Daneben bezweckt sie den Schutz der Forschungsinstitution und des Forschers vor Regressansprüchen. Die Inanspruchnahme des Prüferkollegiums ist dem Forscher und Arzt berufsrechtlich und arzneimittelgesetzlich bindend vorgeschrieben. Weil die Gremien bei geeigneter Zusammensetzung ein Instrument der Verkehrssicherung bilden, besteht für Forschung betreibende Institutionen zudem eine haftungsrechtlich relevante Sorgfaltspflicht, Ethik-Kommissionen einzurichten, – für die Wissenschaftler, schwierige Vorhaben prüfen zu lassen. Auf das positive Votum – die zustimmende Bewertung nach § 40 AMG – einer nach Landesrecht gebildeten Kommission der Ärztekammer oder der Fakultät darf der Wissenschaftler grundsätzlich vertrauen, auch wenn er stets für sein Tun und Lassen selbst verantwortlich bleibt. Die Stellungnahmen der Kommissionen besitzen nach dem durch die 12. Novelle zum Arzneimittelgesetz geschaffenen neuen Bild doch wohl Verwaltungsaktcharakter.[63] Als öffentlich-rechtlich verfasstes Kollegialorgan folgt die Ethik-Kommission Verfahrensregeln, die rechtsstaatlichen Erfordernissen genügen und zu angemessenen Ergebnissen in angemessener Zeit führen müssen. Gewissenhafte Selbstkontrolle bildet das unumgängliche Korrelat der Berufsfreiheit des Forschers und Arztes.

34 Nach verbreiteter Ansicht bewähren sich die Ethik-Kommissionen als selbstverwaltete wissenschaftliche Instanzen der Prüfung, der kritischen Konsultation und der Selbstvergewisserung nicht nur bei klinischen Studien und Humanexperimenten, sondern ebenso bei **arztrechtlichen Grenzfragen,** etwa in der Intensivmedizin. Auch bei schwierigen Konflikten finden die Kommissionen nach gründlicher Auseinandersetzung je und je zu einhelligen Voten. Selbstverständlich ergehen auch Mehrheitsentscheidungen, wobei das Minderheitenvotum dem Antragsteller mitgeteilt werden soll. Im Rahmen des geltenden Rechts entwickeln die Gremien Verfahrensweisen, Kriterien und Standards von zugleich medizinischer wie juristischer Bedeutung. Ihr durch die Berufsordnung und die Novelle 1994 zum AMG zusätzlich fundiertes und bestärktes Wirken kann das Vorbild abgeben für eine sich **vertiefende Kommunikation** zwischen der Medizin und den Geistes- und Sozialwissenschaften. Eine solche Kommunikation leistet auch die unabhängige Zentrale Kommission zur Wahrung ethischer Grundsätze in der Medizin und ihren Grenzgebieten (Zentrale Ethikkommission) bei der Bundesärztekammer im Dienste von Stellungnahmen und Beurteilungen.

35 Die Arbeit der Ethik-Kommissionen, die nach Eintritt in ihr konstitutionelles Zeitalter stark zugenommen hat, auch die der sich ausbreitenden **Klinischen Ethikberatung**,[63a] verlangt hohen Aufwand, vor allem an Zeit. Die wissenschaftlich voranschreitenden Ärzte müssen sich dazu bereitfinden, innezuhalten, die prüfenden und beratenden Kollegen wie die nichtmedizinischen Beisitzer müssen neben ihrer hauptamtlichen Tätigkeit eine

---

[62] Zu den Anfängen *Toellner* (Hrsg), Die Ethik-Kommission in der Medizin. Problemgeschichte, Aufgabenstellung, Arbeitsweise, Rechtsstellung und Organisationsformen Medizinischer Ethik-Kommissionen, 1990; *v d Daele/Müller-Salomon,* Die Kontrolle der Forschung am Menschen durch Ethikkommissionen, 1990; zur Entwicklung etwa *Stamer,* Die Ethik-Kommissionen in Baden-Württemberg: Verfassung und Verfahren, 1998; *Freund,* Aus der Arbeit einer Ethik-Kommission: Zur Steuerung von Wissenschaft durch Organisation, MedR 2001, 65ff; vgl ferner den nachstehenden § 130, mit Bibliographie auch der neuen Titel.

[63] *Deutsch,* Das neue Bild der Ethikkommission, MedR 2006, 411, 415; *van der Sanden,* Haftung medizinischer Ethik-Kommissionen bei klinischer Arzneimittelprüfung, 2008, S. 46ff.

[63a] *Dörries/Neitzke/Simon/Vollmann,* Klinische Ethikberatung, 2008; *Eibach,* Zeitschr f med Ethik 50, 2004, 21. – Zur „Zentralen Kommission zur Wahrung ethischer Grundsätze in der Medizin und ihren Grenzgebieten" bei der BÄK vgl. Tätigkeitsbericht 2008 der BÄK, 157, 443f, 554.

beträchtliche ehrenamtliche Last tragen. Die Destinatäre problematischer Heilverfahren, die Patienten, haben einen Aufschub möglicherweise rettender Hilfe hinzunehmen, und die pharmazeutischen Unternehmer müssen gleichfalls die kosten- und zeitaufwendige Kontrolle hinnehmen und ermöglichen. Aber normative und sachliche Klärung und Läuterung sind nur um den **Preis einer Verlangsamung der technischen Fortschritte** zu erreichen. Diese fällt in unserer schnelllebigen Zeit schwer. „Kultur ist geduldig. Technik ist ungeduldig. Ungeduld ist der Stempel und das Stigma dieser Zeit", schrieb der Rechtsphilosoph *Gustav Radbruch* in seinen posthum veröffentlichten Aphorismen über die Ungeduld.[64]

12. Individuum und Allgemeinheit. Das Verhältnis zwischen dem Arzt und dem einzelnen Patienten steht im Vordergrund der tradierten Berufsregeln. Mehr und mehr überlagern und durchdringen **Belange der Allgemeinheit** im Sozialrecht, auch im Berufsrecht dieses individuelle Verhältnis. Neben den Interessen des aktuellen Patienten machen sich diejenigen anderer und künftiger Kranker geltend, nicht nur in der Neulandmedizin. „Die heutige und vermutlich auch die zukünftige Medizin kann ihren Schwerpunkt nicht mehr mit der Eindeutigkeit in der Behandlung individueller Patienten zu finden glauben, wie dies der Medizin früherer Zeiten möglich war. Dies liegt nicht nur an der Entwicklung einer nicht mehr primär am Individuum orientierten öffentlichen Gesundheitspflege. Deren Gewicht dürfte sich im Laufe der Entwicklung in dem Maße vergrößern, in dem die Forschung neue Möglichkeiten schafft, auf die Morbidität innerhalb eines Gemeinwesens mit generalpräventen Maßnahmen Einfluss zu nehmen. Denn Denkweisen und Methoden, die nicht mehr primär an der individuellen Person orientiert sind, sind längst auch in den Raum eingedrungen, in dem man sich darum bemüht, Medizin im Blick auf das Leitbild der personalen Kommunikation zwischen Arzt und Patient zu praktizieren."[65]

---

[64] Vgl FS Emge, 1960.
[65] *Wieland,* Strukturwandel der Medizin und ärztliche Ethik, 133.

Anhang zu Kapitel 1

(Muster-)Berufsordnung für die deutschen Ärztinnen und Ärzte
– MBO-Ä 2006 –

Inhaltsübersicht

A. **Präambel**

B. **Regeln zur Berufsausübung**

I. Grundsätze
- § 1 Aufgaben der Ärztinnen und Ärzte
- § 2 Allgemeine ärztliche Berufspflichten
- § 3 Unvereinbarkeiten
- § 4 Fortbildung
- § 5 Qualitätssicherung
- § 6 Mitteilung von unerwünschten Arzneimittelwirkungen

II. Pflichten gegenüber Patientinnen und Patienten
- § 7 Behandlungsgrundsätze und Verhaltensregeln
- § 8 Aufklärungspflicht
- § 9 Schweigepflicht
- § 10 Dokumentationspflichten
- § 11 Ärztliche Untersuchungs- und Behandlungsmethoden
- § 12 Honorar und Vergütungsabsprachen

III. Besondere medizinische Verfahren und Forschung
- § 13 Besondere medizinische Verfahren
- § 14 Erhaltung des ungeborenen Lebens und Schwangerschaftsabbruch
- § 15 Forschung
- § 16 Beistand für Sterbende

IV. Berufliches Verhalten

1. Berufsausübung
- § 17 Niederlassung und Ausübung der Praxis
- § 18 Berufliche Kooperation
- § 18a Ankündigung von Berufsausübungsgemeinschaften und sonstigen Kooperationen
- § 19 Beschäftigung angestellter Praxisärztinnen und -ärzte
- § 20 Vertretung
- § 21 Haftpflichtversicherung
- § 22 und § 22a aufgehoben
- § 23 Ärztinnen und Ärzte im Beschäftigungsverhältnis
- § 23a Ärztegesellschaften
- § 23b Medizinische Kooperationsgemeinschaft zwischen Ärztinnen und Ärzten und Angehörigen anderer Fachberufe
- § 23c Beteiligung von Ärztinnen und Ärzten an sonstigen Partnerschaften
- § 23d Praxisverbund
- § 24 Verträge über ärztliche Tätigkeit
- § 25 Ärztliche Gutachten und Zeugnisse
- § 26 Ärztlicher Notfalldienst

2. Berufliche Kommunikation
- § 27 Erlaubte Information und berufswidrige Werbung
- § 28 Verzeichnisse

3. Berufliche Zusammenarbeit mit Ärztinnen und Ärzten
- § 29 Kollegiale Zusammenarbeit

4. Wahrung der ärztlichen Unabhängigkeit bei der Zusammenarbeit mit Dritten
- § 30 Zusammenarbeit der Ärztinnen und Ärzte mit Dritten
- § 31 Unerlaubte Zuweisung von Patientinnen und Patienten gegen Entgelt
- § 32 Annahme von Geschenken und anderen Vorteilen
- § 33 Ärzteschaft und Industrie
- § 34 Verordnungen, Empfehlungen und Begutachtung von Arznei-, Heil- und Hilfsmitteln
- § 35 Fortbildungsveranstaltungen und Sponsoring

C. **Verhaltensregeln (Grundsätze korrekter ärztlicher Berufsausübung)**
- Nr 1 Umgang mit Patientinnen und Patienten
- Nr 2 Behandlungsgrundsätze
- Nr 3 Umgang mit nichtärztlichen Mitarbeiterinnen und Mitarbeitern

D. **Ergänzende Bestimmungen zu einzelnen ärztlichen Berufspflichten**

I. Regeln der beruflichen Kommunikation, insbesondere zulässiger Inhalt und Umfang sachlicher Informationen über die berufliche Tätigkeit

Nrn 1–6 aufgehoben

Berufsordnung für die deutschen Ärzte

Anhang zu Kapitel 1

II. Formen der Zusammenarbeit (Gemeinschaftspraxis, Partnerschaft, Medizinische Kooperationsgemeinschaft, Praxisverbund)
Nrn 7–11 aufgehoben

III. Pflichten bei grenzüberschreitender ärztlicher Tätigkeit
Nr 12 Praxen deutscher Ärztinnen und Ärzte in anderen EU-Mitgliedstaaten

Nr 13 Grenzüberschreitende ärztliche Tätigkeit von Ärztinnen und Ärzten aus anderen EU-Mitgliedstaaten

IV. Pflichten in besonderen medizinischen Situationen
Nr 14 Schutz des menschlichen Embryos
Nr 15 In-vitro-Fertilisation, Embryotransfer

Gelöbnis

Für jede Ärztin und jeden Arzt gilt folgendes Gelöbnis:
„Bei meiner Aufnahme in den ärztlichen Berufsstand gelobe ich, mein Leben in den Dienst der Menschlichkeit zu stellen.
Ich werde meinen Beruf mit Gewissenhaftigkeit und Würde ausüben.
Die Erhaltung und Wiederherstellung der Gesundheit meiner Patientinnen und Patienten soll oberstes Gebot meines Handelns sein.
Ich werde alle mir anvertrauten Geheimnisse auch über den Tod der Patientin oder des Patienten hinaus wahren.
Ich werde mit allen meinen Kräften die Ehre und die edle Überlieferung des ärztlichen Berufes aufrechterhalten und bei der Ausübung meiner ärztlichen Pflichten keinen Unterschied machen weder nach Religion, Nationalität, Rasse noch nach Parteizugehörigkeit oder sozialer Stellung.
Ich werde jedem Menschenleben von der Empfängnis an Ehrfurcht entgegenbringen und selbst unter Bedrohung meine ärztliche Kunst nicht in Widerspruch zu den Geboten der Menschlichkeit anwenden.
Ich werde meinen Lehrerinnen und Lehrern sowie Kolleginnen und Kollegen die schuldige Achtung erweisen. Dies alles verspreche ich auf meine Ehre."

A. Präambel

Die auf der Grundlage der Kammer- und Heilberufsgesetze beschlossene Berufsordnung stellt die Überzeugung der Ärzteschaft zum Verhalten von Ärztinnen und Ärzten gegenüber den Patientinnen und Patienten, den Kolleginnen und Kollegen, den anderen Partnerinnen und Partnern im Gesundheitswesen sowie zum Verhalten in der Öffentlichkeit dar. Dafür geben sich die deutschen Ärztinnen und Ärzte die nachstehende Berufsordnung. Mit der Festlegung von Berufspflichten der Ärztinnen und Ärzte dient die Berufsordnung zugleich dem Ziel,
– das Vertrauen zwischen Ärztinnen und Ärzten und Patientinnen und Patienten zu erhalten und zu fördern;
– die Qualität der ärztlichen Tätigkeit im Interesse der Gesundheit der Bevölkerung sicherzustellen;
– die Freiheit und das Ansehen des Arztberufes zu wahren;
– berufswürdiges Verhalten zu fördern und berufsunwürdiges Verhalten zu verhindern.

B. Regeln zur Berufsausübung

I. Grundsätze

§ 1. Aufgaben der Ärztinnen und Ärzte. (1) Ärztinnen und Ärzte dienen der Gesundheit des einzelnen Menschen und der Bevölkerung. Der ärztliche Beruf ist kein Gewerbe. Er ist seiner Natur nach ein freier Beruf.

(2) Aufgabe der Ärztinnen und Ärzte ist es, das Leben zu erhalten, die Gesundheit zu schützen und wiederherzustellen, Leiden zu lindern, Sterbenden Beistand zu leisten und an der Erhaltung der

natürlichen Lebensgrundlagen im Hinblick auf ihre Bedeutung für die Gesundheit der Menschen mitzuwirken.

§ 2 Allgemeine ärztliche Berufspflichten. (1) Ärztinnen und Ärzte üben ihren Beruf nach ihrem Gewissen, den Geboten der ärztlichen Ethik und der Menschlichkeit aus. Sie dürfen keine Grundsätze anerkennen und keine Vorschriften oder Anweisungen beachten, die mit ihren Aufgaben nicht vereinbar sind oder deren Befolgung sie nicht verantworten können.

(2) Ärztinnen und Ärzte haben ihren Beruf gewissenhaft auszuüben und dem ihnen bei ihrer Berufsausübung entgegengebrachten Vertrauen zu entsprechen.

(3) Zur gewissenhaften Berufsausübung gehören auch die Grundsätze korrekter ärztlicher Berufsausübung in Kapitel C.

(4) Ärztinnen und Ärzte dürfen hinsichtlich ihrer ärztlichen Entscheidungen keine Weisungen von Nichtärzten entgegennehmen.

(5) Ärztinnen und Ärzte sind verpflichtet, sich über die für die Berufsausübung geltenden Vorschriften unterrichtet zu halten.

(6) Unbeschadet der in den nachfolgenden Vorschriften geregelten besonderen Auskunfts- und Anzeigepflichten haben Ärztinnen und Ärzte auf Anfragen der Ärztekammer, welche diese zur Erfüllung ihrer gesetzlichen Aufgaben bei der Berufsaufsicht an die Ärztinnen und Ärzte richtet, in angemessener Frist zu antworten.

§ 3 Unvereinbarkeiten. (1) Ärztinnen und Ärzten ist neben der Ausübung ihres Berufs die Ausübung einer anderen Tätigkeit untersagt, welche mit den ethischen Grundsätzen des ärztlichen Berufs nicht vereinbar ist. Ärztinnen und Ärzten ist auch verboten, ihren Namen in Verbindung mit einer ärztlichen Berufsbezeichnung in unlauterer Weise für gewerbliche Zwecke herzugeben. Ebenso wenig dürfen sie zulassen, dass von ihrem Namen oder vom beruflichen Ansehen der Ärztinnen und Ärzte in solcher Weise Gebrauch gemacht wird.

(2) Ärztinnen und Ärzten ist untersagt, im Zusammenhang mit der Ausübung ihrer ärztlichen Tätigkeit Waren und andere Gegenstände abzugeben oder unter ihrer Mitwirkung abgeben zu lassen sowie gewerbliche Dienstleistungen zu erbringen oder erbringen zu lassen, soweit nicht die Abgabe des Produkts oder die Dienstleistung wegen ihrer Besonderheiten notwendiger Bestandteil der ärztlichen Therapie sind.

§ 4 Fortbildung. (1) Ärztinnen und Ärzte, die ihren Beruf ausüben, sind verpflichtet, sich in dem Umfange beruflich fortzubilden, wie es zur Erhaltung und Entwicklung der zu ihrer Berufsausübung erforderlichen Fachkenntnisse notwendig ist.

(2) Auf Verlangen müssen Ärztinnen und Ärzte ihre Fortbildung nach Absatz 1 gegenüber der Ärztekammer durch ein Fortbildungszertifikat einer Ärztekammer nachweisen.

§ 5 Qualitätssicherung. Ärztinnen und Ärzte sind verpflichtet, an den von der Ärztekammer eingeführten Maßnahmen zur Sicherung der Qualität der ärztlichen Tätigkeit teilzunehmen und der Ärztekammer die hierzu erforderlichen Auskünfte zu erteilen.

§ 6 Mitteilung von unerwünschten Arzneimittelwirkungen. Ärztinnen und Ärzte sind verpflichtet, die ihnen aus ihrer ärztlichen Behandlungstätigkeit bekannt werdenden unerwünschten Arzneimittelwirkungen der Arzneimittelkommission der deutschen Ärzteschaft mitzuteilen (Fachausschuss der Bundesärztekammer).

II. Pflichten gegenüber Patientinnen und Patienten

§ 7 Behandlungsgrundsätze und Verhaltensregeln. (1) Jede medizinische Behandlung hat unter Wahrung der Menschenwürde und unter Achtung der Persönlichkeit, des Willens und der Rechte der Patientinnen und Patienten, insbesondere des Selbstbestimmungsrechts, zu erfolgen.

(2) Ärztinnen und Ärzte achten das Recht ihrer Patientinnen und Patienten, die Ärztin oder den Arzt frei zu wählen oder zu wechseln. Andererseits sind – von Notfällen oder besonderen rechtlichen Verpflichtungen abgesehen – auch Ärztinnen und Ärzte frei, eine Behandlung abzulehnen. Den begründeten Wunsch der Patientin oder des Patienten, eine weitere Ärztin oder einen weiteren Arzt zuzuziehen oder einer anderen Ärztin oder einem anderen Arzt überwiesen zu werden, soll die behandelnde Ärztin oder der behandelnde Arzt in der Regel nicht ablehnen.

Berufsordnung für die deutschen Ärzte **Anhang zu Kapitel 1**

(3) Ärztinnen und Ärzte dürfen individuelle ärztliche Behandlung, insbesondere auch Beratung, weder ausschließlich brieflich noch in Zeitungen oder Zeitschriften noch ausschließlich über Kommunikationsmedien oder Computerkommunikationsnetze durchführen.

(4) Angehörige von Patientinnen und Patienten und andere Personen dürfen bei der Untersuchung und Behandlung anwesend sein, wenn die verantwortliche Ärztin oder der verantwortliche Arzt und die Patientin oder der Patient zustimmen.

§ 8 Aufklärungspflicht. Zur Behandlung bedürfen Ärztinnen und Ärzte der Einwilligung der Patientin oder des Patienten. Der Einwilligung hat grundsätzlich die erforderliche Aufklärung im persönlichen Gespräch vorauszugehen.

§ 9 Schweigepflicht. (1) Ärztinnen und Ärzte haben über das, was ihnen in ihrer Eigenschaft als Ärztin oder Arzt anvertraut oder bekannt geworden ist – auch über den Tod der Patientin oder des Patienten hinaus –, zu schweigen. Dazu gehören auch schriftliche Mitteilungen der Patientin oder des Patienten, Aufzeichnungen über Patientinnen und Patienten, Röntgenaufnahmen und sonstige Untersuchungsbefunde.

(2) Ärztinnen und Ärzte sind zur Offenbarung befugt, soweit sie von der Schweigepflicht entbunden worden sind oder soweit die Offenbarung zum Schutze eines höherwertigen Rechtsgutes erforderlich ist. Gesetzliche Aussage- und Anzeigepflichten bleiben unberührt. Soweit gesetzliche Vorschriften die Schweigepflicht der Ärztin oder des Arztes einschränken, soll die Ärztin oder der Arzt die Patientin oder den Patienten darüber unterrichten.

(3) Ärztinnen und Ärzte haben ihre Mitarbeiterinnen und Mitarbeiter und die Personen, die zur Vorbereitung auf den Beruf an der ärztlichen Tätigkeit teilnehmen, über die gesetzliche Pflicht zur Verschwiegenheit zu belehren und dies schriftlich festzuhalten.

(4) Wenn mehrere Ärztinnen und Ärzte gleichzeitig oder nacheinander dieselbe Patientin oder denselben Patienten untersuchen oder behandeln, so sind sie untereinander von der Schweigepflicht insoweit befreit, als das Einverständnis der Patientin oder des Patienten vorliegt oder anzunehmen ist.

§ 10 Dokumentationspflicht. (1) Ärztinnen und Ärzte haben über die in Ausübung ihres Berufes gemachten Feststellungen und getroffenen Maßnahmen die erforderlichen Aufzeichnungen zu machen. Diese sind nicht nur Gedächtnisstützen für die Ärztin oder den Arzt, sie dienen auch dem Interesse der Patientin oder des Patienten an einer ordnungsgemäßen Dokumentation.

(2) Ärztinnen und Ärzte haben Patientinnen und Patienten auf deren Verlangen grundsätzlich in die sie betreffenden Krankenunterlagen Einsicht zu gewähren; ausgenommen sind diejenigen Teile, welche subjektive Eindrücke oder Wahrnehmungen der Ärztin oder des Arztes enthalten. Auf Verlangen sind der Patientin oder dem Patienten Kopien der Unterlagen gegen Erstattung der Kosten herauszugeben.

(3) Ärztliche Aufzeichnungen sind für die Dauer von zehn Jahren nach Abschluss der Behandlung aufzubewahren, soweit nicht nach gesetzlichen Vorschriften eine längere Aufbewahrungspflicht besteht.

(4) Nach Aufgabe der Praxis haben Ärztinnen und Ärzte ihre ärztlichen Aufzeichnungen und Untersuchungsbefunde gemäß Absatz 3 aufzubewahren oder dafür Sorge zu tragen, dass sie in gehörige Obhut gegeben werden. Ärztinnen und Ärzte, denen bei einer Praxisaufgabe oder Praxisübergabe ärztliche Aufzeichnungen über Patientinnen und Patienten in Obhut gegeben werden, müssen diese Aufzeichnungen unter Verschluss halten und dürfen sie nur mit Einwilligung der Patientin oder des Patienten einsehen oder weitergeben.

(5) Aufzeichnungen auf elektronischen Datenträgern oder anderen Speichermedien bedürfen besonderer Sicherungs- und Schutzmaßnahmen, um deren Veränderung, Vernichtung oder unrechtmäßige Verwendung zu verhindern. Ärztinnen und Ärzte haben hierbei die Empfehlungen der Ärztekammer zu beachten.

§ 11 Ärztliche Untersuchungs- und Behandlungsmethoden. (1) Mit Übernahme der Behandlung verpflichten sich Ärztinnen und Ärzte den Patientinnen und Patienten gegenüber zur gewissenhaften Versorgung mit geeigneten Untersuchungs- und Behandlungsmethoden.

(2) Der ärztliche Berufsauftrag verbietet es, diagnostische oder therapeutische Methoden unter missbräuchlicher Ausnutzung des Vertrauens, der Unwissenheit, der Leichtgläubigkeit oder der Hilflosigkeit von Patientinnen und Patienten anzuwenden. Unzulässig ist es auch, Heilerfolge, insbesondere bei nicht heilbaren Krankheiten, als gewiss zuzusichern.

Anhang zu Kapitel 1   1. Kapitel. Grundlagen des Arztrechts

§ 12 Honorar und Vergütungsabsprachen. (1) Die Honorarforderung muss angemessen sein. Für die Bemessung ist die Amtliche Gebührenordnung (GOÄ) die Grundlage, soweit nicht andere gesetzliche Vergütungsregelungen gelten. Ärztinnen und Ärzte dürfen die Sätze nach der GOÄ nicht in unlauterer Weise unterschreiten. Bei Abschluss einer Honorarvereinbarung haben Ärztinnen und Ärzte auf die Einkommens- und Vermögensverhältnisse der oder des Zahlungspflichtigen Rücksicht zu nehmen.

(2) Ärztinnen und Ärzte können Verwandten, Kolleginnen und Kollegen, deren Angehörigen und mittellosen Patientinnen und Patienten das Honorar ganz oder teilweise erlassen.

(3) Auf Antrag eines Beteiligten gibt die Ärztekammer eine gutachterliche Äußerung über die Angemessenheit der Honorarforderung ab.

III. Besondere medizinische Verfahren und Forschung

§ 13 Besondere medizinische Verfahren. (1) Bei speziellen medizinischen Maßnahmen oder Verfahren, die ethische Probleme aufwerfen und zu denen die Ärztekammer Empfehlungen zur Indikationsstellung und zur Ausführung festgelegt hat, haben Ärztinnen und Ärzte die Empfehlungen zu beachten.

(2) Soweit es die Ärztekammer verlangt, haben Ärztinnen und Ärzte die Anwendung solcher Maßnahmen oder Verfahren der Ärztekammer anzuzeigen.

(3) Vor Aufnahme entsprechender Tätigkeiten haben Ärztinnen und Ärzte auf Verlangen der Ärztekammer den Nachweis zu führen, dass die persönlichen und sachlichen Voraussetzungen entsprechend den Empfehlungen erfüllt werden.

§ 14 Erhaltung des ungeborenen Lebens und Schwangerschaftsabbruch. (1) Ärztinnen und Ärzte sind grundsätzlich verpflichtet, das ungeborene Leben zu erhalten. Der Schwangerschaftsabbruch unterliegt den gesetzlichen Bestimmungen. Ärztinnen und Ärzte können nicht gezwungen werden, einen Schwangerschaftsabbruch vorzunehmen oder ihn zu unterlassen.

(2) Ärztinnen und Ärzte, die einen Schwangerschaftsabbruch durchführen oder eine Fehlgeburt betreuen, haben dafür Sorge zu tragen, dass die tote Leibesfrucht keiner missbräuchlichen Verwendung zugeführt wird.

§ 15 Forschung. (1) Ärztinnen und Ärzte müssen sich vor der Durchführung biomedizinischer Forschung am Menschen – ausgenommen bei ausschließlich epidemiologischen Forschungsvorhaben – durch eine bei der Ärztekammer oder bei einer Medizinischen Fakultät gebildeten Ethik-Kommission über die mit ihrem Vorhaben verbundenen berufsethischen und berufsrechtlichen Fragen beraten lassen. Dasselbe gilt vor der Durchführung gesetzlich zugelassener Forschung mit vitalen menschlichen Gameten und lebendem embryonalem Gewebe.

(2) Zum Zwecke der wissenschaftlichen Forschung und Lehre dürfen der Schweigepflicht unterliegende Tatsachen und Befunde grundsätzlich nur so weit offenbart werden, als dabei die Anonymität der Patientin oder des Patienten gesichert ist oder diese oder dieser ausdrücklich zustimmt.

(3) In Publikationen von Forschungsergebnissen sind die Beziehungen der Ärztin oder des Arztes zum Auftraggeber und dessen Interessen offenzulegen.

(4) Ärztinnen und Ärzte beachten bei der Forschung am Menschen die in der Deklaration von Helsinki des Weltärztebundes niedergelegten ethischen Grundsätze für die medizinische Forschung am Menschen.

§ 16 Beistand für Sterbende. Ärztinnen und Ärzte dürfen – unter Vorrang des Willens der Patientin oder des Patienten – auf lebensverlängernde Maßnahmen nur verzichten und sich auf die Linderung der Beschwerden beschränken, wenn ein Hinausschieben des unvermeidbaren Todes für die sterbende Person lediglich eine unzumutbare Verlängerung des Leidens bedeuten würde.

Ärztinnen und Ärzte dürfen das Leben der oder des Sterbenden nicht aktiv verkürzen. Sie dürfen weder ihr eigenes noch das Interesse Dritter über das Wohl der Patientin oder des Patienten stellen.

Berufsordnung für die deutschen Ärzte	**Anhang zu Kapitel 1**

IV. Berufliches Verhalten
1. Berufsausübung

§ 17 Niederlassung und Ausübung der Praxis. (1) Die Ausübung ambulanter ärztlicher Tätigkeit außerhalb von Krankenhäusern einschließlich konzessionierter Privatkliniken ist an die Niederlassung in einer Praxis (Praxissitz) gebunden, soweit nicht gesetzliche Vorschriften etwas anderes zulassen.

(2) Ärztinnen und Ärzten ist es gestattet, über den Praxissitz hinaus an zwei weiteren Orten ärztlich tätig zu sein. Ärztinnen und Ärzte haben Vorkehrungen für eine ordnungsgemäße Versorgung ihrer Patientinnen und Patienten an jedem Ort ihrer Tätigkeiten zu treffen.

(3) Die Ausübung ambulanter ärztlicher Tätigkeit im Umherziehen ist berufsrechtswidrig. Zum Zwecke der aufsuchenden medizinischen Gesundheitsversorgung kann die Ärztekammer auf Antrag der Ärztin oder des Arztes von der Verpflichtung nach Absatz 1 Ausnahmen gestatten, wenn sichergestellt ist, dass die beruflichen Belange nicht beeinträchtigt werden und die Berufsordnung beachtet wird.

(4) Der Praxissitz ist durch ein Praxisschild kenntlich zu machen.
Ärztinnen und Ärzte haben auf ihrem Praxisschild
- den Namen,
- die (Fach-)Arztbezeichnung,
- die Sprechzeiten sowie
- ggf. die Zugehörigkeit zu einer Berufsausübungsgemeinschaft gem. § 18 a anzugeben.

Ärztinnen und Ärzte, welche nicht unmittelbar patientenbezogen tätig werden, können von der Ankündigung ihres Praxissitzes durch ein Praxisschild absehen, wenn sie dies der Ärztekammer anzeigen.

(5) Ort und Zeitpunkt der Aufnahme der Tätigkeiten am Praxissitz sowie die Aufnahme weiterer Tätigkeiten und jede Veränderung haben Ärztinnen und Ärzte der Ärztekammer unverzüglich mitzuteilen.

§ 18 Berufliche Kooperationen. (1) Ärztinnen und Ärzte dürfen sich zu Berufsausübungsgemeinschaften, Organisationsgemeinschaften, Kooperationsgemeinschaften und Praxisverbünden zusammenschließen. Der Zusammenschluss zur gemeinsamen Ausübung des Arztberufs kann zum Erbringen einzelner Leistungen erfolgen, sofern er nicht lediglich einer Umgehung des § 31 dient. Eine Umgehung liegt insbesondere vor, wenn sich der Beitrag der Ärztin oder des Arztes auf das Erbringen medizinisch-technischer Leistungen auf Veranlassung der übrigen Mitglieder einer Teil-Berufsausübungsgemeinschaft beschränkt oder der Gewinn ohne Grund in einer Weise verteilt wird, die nicht dem Anteil der von ihnen persönlich erbrachten Leistungen entspricht. Die Anordnung einer Leistung, insbesondere aus den Bereichen der Labormedizin, der Pathologie und der bildgebenden Verfahren, stellt keinen Leistungsanteil im Sinne des Satzes 3 dar. Verträge über die Gründung von Teil-Berufsausübungsgemeinschaften sind der Ärztekammer vorzulegen.

(2) Ärztinnen und Ärzte dürfen ihren Beruf einzeln oder gemeinsam in allen für den Arztberuf zulässigen Gesellschaftsformen ausüben, wenn ihre eigenverantwortliche, medizinisch unabhängige sowie nicht gewerbliche Berufausübung gewährleistet ist. Bei beruflicher Zusammenarbeit, gleich in welcher Form, hat jede Ärztin und jeder Arzt zu gewährleisten, dass die ärztlichen Berufspflichten eingehalten werden.

(3) Die Zugehörigkeit zu mehreren Berufsausübungsgemeinschaften ist zulässig. Die Berufsausübungsgemeinschaft erfordert einen gemeinsamen Praxissitz. Eine Berufsausübungsgemeinschaft mit mehreren Praxissitzen ist zulässig, wenn an dem jeweiligen Praxissitz verantwortlich mindestens ein Mitglied der Berufsausübungsgemeinschaft hauptberuflich tätig ist.

(4) Bei allen Formen der ärztlichen Kooperation muss die freie Arztwahl gewährleistet bleiben.

(5) Soweit Vorschriften dieser Berufsordnung Regelungen des Partnerschaftsgesellschaftsgesetzes (Gesetz über Partnerschaftsgesellschaften Angehöriger Freier Berufe [PartGG] vom 25. 7. 1994 – BGBl I S. 1744) einschränken, sind sie vorrangig aufgrund von § 1 Absatz 3 PartGG.

(6) Alle Zusammenschlüsse nach Absatz 1 sowie deren Änderung und Beendigung sind der zuständigen Ärztekammer anzuzeigen. Sind für die beteiligten Ärztinnen und Ärzte mehrere Ärztekammern zuständig, so ist jede Ärztin und jeder Arzt verpflichtet, die für ihn zuständige Kammer auf alle am Zusammenschluss beteiligten Ärztinnen und Ärzte hinzuweisen.

§ 18 a Ankündigung von Berufsausübungsgemeinschaften und sonstigen Kooperationen. (1) Bei Berufsausübungsgemeinschaften von Ärztinnen und Ärzten sind – unbeschadet des

Anhang zu Kapitel 1 1. Kapitel. Grundlagen des Arztrechts

Namens einer Partnerschaftsgesellschaft oder einer juristischen Person des Privatrechts – die Namen und Arztbezeichnungen aller in der Gemeinschaft zusammengeschlossenen Ärztinnen und Ärzte sowie die Rechtsform anzukündigen. Bei mehreren Praxissitzen ist jeder Praxissitz gesondert anzukündigen. § 19 Absatz 4 gilt entsprechend. Die Fortführung des Namens einer/eines nicht mehr berufstätigen, einer/eines ausgeschiedenen oder verstorbenen Partnerin/Partners ist unzulässig.

(2) Bei Kooperationen gemäß § 23 b muss sich die Ärztin oder der Arzt in ein gemeinsames Praxisschild mit den Kooperationspartnern aufnehmen lassen. Bei Partnerschaften gemäß § 23 c darf die Ärztin oder der Arzt, wenn die Angabe ihrer oder seiner Berufsbezeichnung vorgesehen ist, nur gestatten, dass die Bezeichnung „Ärztin" oder „Arzt" oder eine andere führbare Bezeichnung angegeben wird.

(3) Zusammenschlüsse zu Organisationsgemeinschaften dürfen angekündigt werden. Die Zugehörigkeit zu einem Praxisverbund gemäß § 23 d kann durch Hinzufügen des Namens des Verbundes angekündigt werden.

§ 19 Beschäftigung angestellter Praxisärztinnen und -ärzte. (1) Ärztinnen und Ärzte müssen die Praxis persönlich ausüben. Die Beschäftigung ärztlicher Mitarbeiterinnen und Mitarbeiter in der Praxis setzt die Leitung der Praxis durch die niedergelassene Ärztin oder den niedergelassenen Arzt voraus. Die Ärztin oder der Arzt hat die Beschäftigung der ärztlichen Mitarbeiterin oder des Mitarbeiters der Ärztekammer anzuzeigen.

(2) In Fällen, in denen der Behandlungsauftrag der Patientin oder des Patienten regelmäßig nur von Ärztinnen und Ärzten verschiedener Fachgebiete gemeinschaftlich durchgeführt werden kann, darf eine Fachärztin oder ein Facharzt als Praxisinhaberin oder Praxisinhaber die für sie oder ihn fachgebietsfremde ärztliche Leistung auch durch eine angestellte Fachärztin oder einen angestellten Facharzt des anderen Fachgebiets erbringen.

(3) Ärztinnen und Ärzte dürfen nur zu angemessenen Bedingungen beschäftigt werden. Angemessen sind insbesondere Bedingungen, die der beschäftigten Ärztin oder dem beschäftigten Arzt eine angemessene Vergütung gewähren sowie angemessene Zeit zur Fortbildung einräumen und bei der Vereinbarung von Wettbewerbsverboten eine angemessene Ausgleichszahlung vorsehen.

(4) Über die in der Praxis tätigen angestellten Ärztinnen und Ärzte müssen die Patientinnen und Patienten in geeigneter Weise informiert werden.

§ 20 Vertretung. (1) Niedergelassene Ärztinnen und Ärzte sollen grundsätzlich zur gegenseitigen Vertretung bereit sein; übernommene Patientinnen und Patienten sind nach Beendigung der Vertretung zurückzuüberweisen. Ärztinnen und Ärzte dürfen sich grundsätzlich nur durch eine Fachärztin oder einen Facharzt desselben Fachgebiets vertreten lassen.

(2) Die Beschäftigung einer Vertreterin oder eines Vertreters in der Praxis ist der Ärztekammer anzuzeigen, wenn die Vertretung in der Praxisausübung insgesamt länger als drei Monate innerhalb von zwölf Monaten dauert.

(3) Die Praxis einer verstorbenen Ärztin oder eines verstorbenen Arztes kann zugunsten ihres Witwers oder seiner Witwe oder eines unterhaltsberechtigten Angehörigen in der Regel bis zur Dauer von drei Monaten nach dem Ende des Kalendervierteljahres, in dem der Tod eingetreten ist, durch eine andere Ärztin oder einen anderen Arzt fortgesetzt werden.

§ 21 Haftpflichtversicherung. Ärztinnen und Ärzte sind verpflichtet, sich hinreichend gegen Haftpflichtansprüche im Rahmen ihrer beruflichen Tätigkeit zu versichern.

§ 22 und § 22 a – aufgehoben –

§ 23 Ärztinnen und Ärzte im Beschäftigungsverhältnis. (1) Die Regeln dieser Berufsordnung gelten auch für Ärztinnen und Ärzte, welche ihre ärztliche Tätigkeit im Rahmen eines privatrechtlichen Arbeitsverhältnisses oder öffentlich-rechtlichen Dienstverhältnisses ausüben.

(2) Auch in einem Arbeits- oder Dienstverhältnis darf eine Ärztin oder ein Arzt eine Vergütung für ihre oder seine ärztliche Tätigkeit nicht dahingehend vereinbaren, dass die Vergütung die Ärztin oder den Arzt in der Unabhängigkeit ihrer oder seiner medizinischen Entscheidungen beeinträchtigt.

§ 23 a Ärztegesellschaften. (1) Ärztinnen und Ärzte können auch in der Form der juristischen Person des Privatrechts ärztlich tätig sein. Gesellschafter einer Ärztegesellschaft können nur Ärztinnen und Ärzte sowie Angehörige der in § 23 b Absatz 1 Satz 1 genannten Berufe sein. Sie müssen in der Gesellschaft beruflich tätig sein. Gewährleistet sein muss zudem, dass

Berufsordnung für die deutschen Ärzte **Anhang zu Kapitel 1**

a) die Gesellschaft verantwortlich von einer Ärztin oder einem Arzt geführt wird; Geschäftsführer müssen mehrheitlich Ärztinnen und Ärzte sein,
b) die Mehrheit der Gesellschaftsanteile und der Stimmrechte Ärztinnen und Ärzten zustehen,
c) Dritte nicht am Gewinn der Gesellschaft beteiligt sind,
d) eine ausreichende Berufshaftpflichtversicherung für jede/jeden in der Gesellschaft tätige Ärztin/ tätigen Arzt besteht.

(2) Der Name der Ärztegesellschaft des Privatrechts darf nur die Namen der in der Gesellschaft tätigen ärztlichen Gesellschafter enthalten. Unbeschadet des Namens der Gesellschaft können die Namen und Arztbezeichnungen aller ärztlichen Gesellschafter und der angestellten Ärztinnen und Ärzte angezeigt werden.

§ 23 b Medizinische Kooperationsgemeinschaft zwischen Ärztinnen und Ärzten und Angehörigen anderer Fachberufe. (1) Ärztinnen und Ärzte können sich auch mit selbstständig tätigen und zur eigenverantwortlichen Berufsausübung befugten Berufsangehörigen anderer akademischer Heilberufe im Gesundheitswesen oder staatlicher Ausbildungsberufe im Gesundheitswesen sowie anderen Naturwissenschaftlerinnen und Naturwissenschaftlern und Angehörigen sozialpädagogischer Berufe – auch beschränkt auf einzelne Leistungen – zur kooperativen Berufsausübung zusammenschließen (medizinische Kooperationsgemeinschaft). Die Kooperation ist in der Form einer Partnerschaftsgesellschaft nach dem PartGG oder aufgrund eines schriftlichen Vertrages über die Bildung einer Kooperationsgemeinschaft in der Rechtsform einer Gesellschaft bürgerlichen Rechts oder einer juristischen Person des Privatrechts gem. § 23 a gestattet. Ärztinnen und Ärzten ist ein solcher Zusammenschluss im Einzelnen nur mit solchen anderen Berufsangehörigen und in der Weise erlaubt, dass diese in ihrer Verbindung mit der Ärztin oder dem Arzt einen gleichgerichteten oder integrierenden diagnostischen oder therapeutischen Zweck bei der Heilbehandlung, auch auf dem Gebiete der Prävention und Rehabilitation, durch räumlich nahes und koordiniertes Zusammenwirken aller beteiligten Berufsangehörigen erfüllen können. Darüber hinaus muss der Kooperationsvertrag gewährleisten, dass
a) die eigenverantwortliche und selbstständige Berufsausübung der Ärztin oder des Arztes gewahrt ist;
b) die Verantwortungsbereiche der Partner gegenüber den Patientinnen und Patienten getrennt bleiben;
c) medizinische Entscheidungen, insbesondere über Diagnostik und Therapie, ausschließlich die Ärztin oder der Arzt trifft, sofern nicht die Ärztin oder der Arzt nach ihrem oder seinem Berufsrecht den in der Gemeinschaft selbstständig tätigen Berufsangehörigen eines anderen Fachberufs solche Entscheidungen überlassen darf;
d) der Grundsatz der freien Arztwahl gewahrt bleibt;
e) die behandelnde Ärztin oder der behandelnde Arzt zur Unterstützung in seinen diagnostischen Maßnahmen oder zur Therapie auch andere als die in der Gemeinschaft kooperierenden Berufsangehörigen hinzuziehen kann;
f) die Einhaltung der berufsrechtlichen Bestimmungen der Ärztinnen und Ärzte, insbesondere die Pflicht zur Dokumentation, das Verbot der berufswidrigen Werbung und die Regeln zur Erstellung einer Honorarforderung, von den übrigen Partnerinnen und Partnern beachtet wird;
g) sich die medizinische Kooperationsgemeinschaft verpflichtet, im Rechtsverkehr die Namen aller Partnerinnen und Partner und ihre Berufsbezeichnungen anzugeben und – sofern es sich um eine eingetragene Partnerschaftsgesellschaft handelt – den Zusatz „Partnerschaft" zu führen.

Die Voraussetzungen der Buchstaben a–f gelten bei der Bildung einer juristischen Person des Privatrechts entsprechend. Der Name der juristischen Person muss neben dem Namen einer ärztlichen Gesellschafterin oder eines ärztlichen Gesellschafters die Bezeichnung „Medizinische Kooperationsgemeinschaft" enthalten. Unbeschadet des Namens sind die Berufsbezeichnungen aller in der Gesellschaft tätigen Berufe anzukündigen.

(2) Die für die Mitwirkung der Ärztin oder des Arztes zulässige berufliche Zusammensetzung der Kooperation im Einzelnen richtet sich nach dem Gebot des Absatzes 1 Satz 3; es ist erfüllt, wenn Angehörige aus den vorgenannten Berufsgruppen kooperieren, die mit der Ärztin oder dem Arzt entsprechend ihrem oder seinem Fachgebiet einen gemeinschaftlich erreichbaren medizinischen Zweck nach der Art ihrer beruflichen Kompetenz zielbezogen erfüllen können.

§ 23 c Beteiligung von Ärztinnen und Ärzten an sonstigen Partnerschaften. Ärztinnen und Ärzten ist es gestattet, in Partnerschaften gemäß § 1 Absatz 1 und Absatz 2 PartGG mit Angehörigen anderer Berufe als den in § 23 b beschriebenen zusammenzuarbeiten, wenn sie in der Part-

Anhang zu Kapitel 1 1. Kapitel. Grundlagen des Arztrechts

nerschaft nicht die Heilkunde am Menschen ausüben. Der Eintritt in eine solche Partnerschaftsgesellschaft ist der Ärztekammer anzuzeigen.

§ 23 d Praxisverbund. (1) Ärztinnen und Ärzte dürfen, auch ohne sich zu einer Berufsausübungsgemeinschaft zusammenzuschließen, eine Kooperation verabreden (Praxisverbund), welche auf die Erfüllung eines durch gemeinsame oder gleichgerichtete Maßnahmen bestimmten Versorgungsauftrags oder auf eine andere Form der Zusammenarbeit zur Patientenversorgung, zB auf dem Felde der Qualitätssicherung oder Versorgungsbereitschaft, gerichtet ist. Die Teilnahme soll allen dazu bereiten Ärztinnen und Ärzten ermöglicht werden; soll die Möglichkeit zur Teilnahme beschränkt werden, zB durch räumliche oder qualitative Kriterien, müssen die dafür maßgeblichen Kriterien für den Versorgungsauftrag notwendig und nicht diskriminierend sein und der Ärztekammer gegenüber offengelegt werden. Ärztinnen und Ärzte in einer zulässigen Kooperation dürfen die medizinisch gebotene oder von der Patientin oder dem Patienten gewünschte Überweisung an nicht dem Verbund zugehörige Ärztinnen und Ärzte nicht behindern.

(2) Die Bedingungen der Kooperation nach Absatz 1 müssen in einem schriftlichen Vertrag niedergelegt werden, der der Ärztekammer vorgelegt werden muss.

(3) In eine Kooperation nach Absatz 1 können auch Krankenhäuser, Vorsorge- und Rehabilitationskliniken und Angehörige anderer Gesundheitsberufe nach § 23 b einbezogen werden, wenn die Grundsätze nach § 23 b gewahrt sind.

§ 24 Verträge über ärztliche Tätigkeit. Ärztinnen und Ärzte sollen alle Verträge über ihre ärztliche Tätigkeit vor ihrem Abschluss der Ärztekammer vorlegen, damit geprüft werden kann, ob die beruflichen Belange gewahrt sind.

§ 25 Ärztliche Gutachten und Zeugnisse. Bei der Ausstellung ärztlicher Gutachten und Zeugnisse haben Ärztinnen und Ärzte mit der notwendigen Sorgfalt zu verfahren und nach bestem Wissen ihre ärztliche Überzeugung auszusprechen. Gutachten und Zeugnisse, zu deren Ausstellung Ärztinnen und Ärzte verpflichtet sind oder die auszustellen sie übernommen haben, sind innerhalb einer angemessenen Frist abzugeben. Zeugnisse über Mitarbeiterinnen und Mitarbeiter sowie Ärztinnen und Ärzte in Weiterbildung müssen grundsätzlich innerhalb von drei Monaten nach Antragstellung, bei Ausscheiden unverzüglich, ausgestellt werden.

§ 26 Ärztlicher Notfalldienst. (1) Niedergelassene Ärztinnen und Ärzte sind verpflichtet, am Notfalldienst teilzunehmen. Auf Antrag einer Ärztin oder eines Arztes kann aus schwerwiegenden Gründen eine Befreiung vom Notfalldienst ganz, teilweise oder vorübergehend erteilt werden. Dies gilt insbesondere:
– wenn sie oder er wegen körperlicher Behinderung hierzu nicht in der Lage ist,
– wenn ihr oder ihm aufgrund besonders belastender familiärer Pflichten die Teilnahme nicht zuzumuten ist,
– wenn sie oder er an einem klinischen Bereitschaftsdienst mit Notfallversorgung teilnimmt,
– für Ärztinnen ab dem Zeitpunkt der Bekanntgabe ihrer Schwangerschaft und bis zu 12 Monaten nach der Entbindung sowie für weitere 24 Monate, soweit nicht der andere Elternteil die Versorgung des Kindes gewährleistet,
– für Ärzte ab dem Tag der Geburt des Kindes für einen Zeitraum von 36 Monaten, soweit nicht der andere Elternteil die Versorgung des Kindes gewährleistet,
– für Ärztinnen und Ärzte über 65 Jahre.

(2) Für die Einrichtung und Durchführung eines Notfalldienstes im Einzelnen sind die von der Ärztekammer erlassenen Richtlinien maßgebend. Die Verpflichtung zur Teilnahme am Notfalldienst gilt für den festgelegten Notfalldienstbereich.

(3) Die Einrichtung eines Notfalldienstes entbindet die behandelnden Ärztinnen und Ärzte nicht von ihrer Verpflichtung, für die Betreuung ihrer Patientinnen und Patienten in dem Umfange Sorge zu tragen, wie es deren Krankheitszustand erfordert.

(4) Ärztinnen und Ärzte haben sich auch für den Notfalldienst fortzubilden, wenn sie gemäß Absatz 1 nicht auf Dauer von der Teilnahme am Notfalldienst befreit sind.

2. Berufliche Kommunikation

§ 27 Erlaubte Information und berufswidrige Werbung. (1) Zweck der nachstehenden Vorschriften der Berufordnung ist die Gewährleistung des Patientenschutzes durch sachgerechte und angemessene Information und die Vermeidung einer dem Selbstverständnis der Ärztin oder des Arztes zuwiderlaufenden Kommerzialisierung des Arztberufs.

Berufsordnung für die deutschen Ärzte **Anhang zu Kapitel 1**

(2) Auf dieser Grundlage sind Ärztinnen und Ärzte sachliche berufsbezogene Informationen gestattet.

(3) Berufswidrige Werbung ist Ärztinnen und Ärzten untersagt. Berufswidrig ist insbesondere eine anpreisende, irreführende oder vergleichende Werbung. Ärztinnen und Ärzte dürfen eine solche Werbung durch andere weder veranlassen noch dulden.

Werbeverbote aufgrund anderer gesetzlicher Bestimmungen bleiben unberührt.

(4) Ärztinnen und Ärzte können
1. nach der Weiterbildungsordnung erworbene Bezeichnungen,
2. nach sonstigen öffentlich-rechtlichen Vorschriften erworbene Qualifikationen,
3. Tätigkeitsschwerpunkte

und
4. organisatorische Hinweise

ankündigen.

Die nach Nr 1 erworbenen Bezeichnungen dürfen nur in der nach der Weiterbildungsordnung zulässigen Form geführt werden. Ein Hinweis auf die verleihende Ärztekammer ist zulässig.

Andere Qualifikationen und Tätigkeitsschwerpunkte dürfen nur angekündigt werden, wenn diese Angaben nicht mit solchen nach geregeltem Weiterbildungsrecht erworbenen Qualifikationen verwechselt werden können.

(5) Die Angaben nach Absatz 4 Nr 1 bis 3 sind nur zulässig, wenn die Ärztin oder der Arzt die umfassten Tätigkeiten nicht nur gelegentlich ausübt.

Ärztinnen und Ärzte haben der Ärztekammer auf deren Verlangen die zur Prüfung der Voraussetzungen der Ankündigung erforderlichen Unterlagen vorzulegen. Die Ärztekammer ist befugt, ergänzende Auskünfte zu verlangen.

§ 28 Verzeichnisse. Ärztinnen und Ärzte dürfen sich in Verzeichnisse eintragen lassen, wenn diese folgenden Anforderungen gerecht werden:
1. sie müssen allen Ärztinnen und Ärzten, die die Kriterien des Verzeichnisses erfüllen, zu denselben Bedingungen gleichermaßen mit einem kostenfreien Grundeintrag offenstehen,
2. die Eintragungen müssen sich auf die ankündigungsfähigen Informationen beschränken, und
3. die Systematik muss zwischen den nach der Weiterbildungsordnung und nach sonstigen öffentlich-rechtlichen Vorschriften erworbenen Qualifikationen einerseits und Tätigkeitsschwerpunkten andererseits unterscheiden.

3. Berufliche Zusammenarbeit mit Ärztinnen und Ärzten

§ 29 Kollegiale Zusammenarbeit. (1) Ärztinnen und Ärzte haben sich untereinander kollegial zu verhalten. Die Verpflichtung der Ärztin oder des Arztes, in einem Gutachten, auch soweit es die Behandlungsweise einer anderen Ärztin oder eines anderen Arztes betrifft, nach bestem Wissen ihre ärztliche Überzeugung auszusprechen, bleibt unberührt. Unsachliche Kritik an der Behandlungsweise oder dem beruflichen Wissen einer Ärztin oder eines Arztes sowie herabsetzende Äußerungen über deren oder dessen Person sind berufsunwürdig.

(2) Es ist berufsunwürdig, eine Kollegin oder einen Kollegen aus ihrer oder seiner Behandlungstätigkeit oder als Mitbewerberin oder Mitbewerber um eine berufliche Tätigkeit durch unlautere Handlungen zu verdrängen. Es ist insbesondere berufsunwürdig, wenn sich Ärztinnen und Ärzte innerhalb eines Zeitraums von einem Jahr ohne Zustimmung der Praxisinhaberin oder des Praxisinhabers im Einzugsbereich derjenigen Praxis niederlassen, in welcher sie in der Aus- oder Weiterbildung mindestens drei Monate tätig waren. Ebenso ist es berufsunwürdig, in unlauterer Weise eine Kollegin oder einen Kollegen ohne angemessene Vergütung oder unentgeltlich zu beschäftigen oder eine solche Beschäftigung zu bewirken oder zu dulden.

(3) Ärztinnen und Ärzte, die andere Ärztinnen und Ärzte zu ärztlichen Verrichtungen bei Patientinnen und Patienten heranziehen, denen gegenüber nur sie einen Liquidationsanspruch haben, sind verpflichtet, diesen Ärztinnen und Ärzten eine angemessene Vergütung zu gewähren. Erbringen angestellte Ärztinnen und Ärzte für liquidationsberechtigte Ärztinnen und Ärzte abrechnungsfähige Leistungen, so ist der Ertrag aus diesen Leistungen in geeigneter Form an die beteiligten Mitarbeiterinnen und Mitarbeiter abzuführen.

(4) In Gegenwart von Patientinnen und Patienten oder Nichtärzten sind Beanstandungen der ärztlichen Tätigkeit und zurechtweisende Belehrungen zu unterlassen. Das gilt auch für Ärztinnen und Ärzte als Vorgesetzte und Untergebene und für den Dienst in den Krankenhäusern.

(5) Die zur Weiterbildung befugten Ärztinnen und Ärzte haben im Rahmen der gegebenen Möglichkeiten ärztlichen Mitarbeiterinnen und Mitarbeitern unbeschadet deren Pflicht, sich selbst

um eine Weiterbildung zu bemühen, in dem gewählten Weiterbildungsgang nach Maßgabe der Weiterbildungsordnung weiterzubilden.

4. Wahrung der ärztlichen Unabhängigkeit bei der Zusammenarbeit mit Dritten

§ 30 Zusammenarbeit von Ärztinnen und Ärzten mit Dritten. (1) Die nachstehenden Vorschriften dienen dem Patientenschutz durch Wahrung der ärztlichen Unabhängigkeit gegenüber Dritten.

(2) Ärztinnen und Ärzten ist es nicht gestattet, zusammen mit Personen, die weder Ärztinnen oder Ärzte sind, noch zu ihren berufsmäßig tätigen Mitarbeiterinnen und Mitarbeitern gehören, zu untersuchen oder zu behandeln. Dies gilt nicht für Personen, welche sich in der Ausbildung zum ärztlichen Beruf oder zu einem medizinischen Assistenzberuf befinden.

(3) Die Zusammenarbeit mit Angehörigen anderer Gesundheitsberufe ist zulässig, wenn die Verantwortungsbereiche der Ärztin oder des Arztes und des Angehörigen des Gesundheitsberufs klar erkennbar voneinander getrennt bleiben.

§ 31 Unerlaubte Zuweisung von Patientinnen und Patienten gegen Entgelt. Ärztinnen und Ärzten ist es nicht gestattet, für die Zuweisung von Patientinnen und Patienten oder Untersuchungsmaterial ein Entgelt oder andere Vorteile sich versprechen oder gewähren zu lassen oder selbst zu versprechen oder zu gewähren.

§ 32 Annahme von Geschenken und anderen Vorteilen. Ärztinnen und Ärzten ist es nicht gestattet, von Patientinnen und Patienten oder Anderen Geschenke oder andere Vorteile für sich oder Dritte zu fordern, sich oder Dritten versprechen zu lassen oder anzunehmen, wenn hierdurch der Eindruck erweckt wird, dass die Unabhängigkeit der ärztlichen Entscheidung beeinflusst wird. Eine Beeinflussung liegt dann nicht vor, wenn der Wert des Geschenkes oder des anderen Vorteils geringfügig ist.

§ 33 Ärzteschaft und Industrie. (1) Soweit Ärztinnen und Ärzte Leistungen für die Hersteller von Arznei-, Heil- und Hilfsmitteln oder Medizinprodukten erbringen (zB bei der Entwicklung, Erprobung und Begutachtung), muss die hierfür bestimmte Vergütung der erbrachten Leistung entsprechen.

Die Verträge über die Zusammenarbeit sind schriftlich abzuschließen und sollen der Ärztekammer vorgelegt werden.

(2) Die Annahme von Werbegaben oder anderen Vorteilen ist untersagt, sofern der Wert nicht geringfügig ist.

(3) Ärztinnen und Ärzten ist es nicht gestattet, für den Bezug der in Absatz 1 genannten Produkte, Geschenke oder andere Vorteile für sich oder einen Dritten zu fordern. Diese dürfen sie auch nicht sich oder Dritten versprechen lassen oder annehmen, es sei denn, der Wert ist geringfügig.

(4) Die Annahme von geldwerten Vorteilen in angemessener Höhe für die Teilnahme an wissenschaftlichen Fortbildungsveranstaltungen ist nicht berufswidrig. Der Vorteil ist unangemessen, wenn er die Kosten der Teilnahme (notwendige Reisekosten, Tagungsgebühren) der Ärztin oder des Arztes an der Fortbildungsveranstaltung übersteigt oder der Zweck der Fortbildung nicht im Vordergrund steht. Satz 1 und 2 gelten für berufsbezogene Informationsveranstaltungen von Herstellern entsprechend.

§ 34 Verordnungen, Empfehlungen und Begutachtung von Arznei-, Heil- und Hilfsmitteln. (1) Ärztinnen und Ärzten ist es nicht gestattet, für die Verordnung von Arznei-, Heil- und Hilfsmitteln oder Medizinprodukten eine Vergütung oder andere Vorteile für sich oder Dritte zu fordern, sich oder Dritten versprechen zu lassen oder anzunehmen.

(2) Ärztinnen und Ärzten dürfen Ärztemuster nicht gegen Entgelt weitergeben.

(3) Ärztinnen und Ärzten ist es nicht gestattet, über Arznei-, Heil- und Hilfsmittel, Körperpflegemittel oder ähnliche Waren Werbevorträge zu halten oder zur Werbung bestimmte Gutachten zu erstellen.

(4) Ärztinnen und Ärzte dürfen einer missbräuchlichen Anwendung ihrer Verschreibung keinen Vorschub leisten.

(5) Ärztinnen und Ärzten ist nicht gestattet, Patientinnen und Patienten ohne hinreichenden Grund an bestimmte Apotheken, Geschäfte oder Anbieter von gesundheitlichen Leistungen zu verweisen.

Berufsordnung für die deutschen Ärzte **Anhang zu Kapitel 1**

§ 35 Fortbildungsveranstaltungen und Sponsoring. Werden Art, Inhalt und Präsentation von Fortbildungsveranstaltungen allein von einem ärztlichen Veranstalter bestimmt, so ist die Annahme von Beiträgen Dritter (Sponsoring) für Veranstaltungskosten in angemessenem Umfang erlaubt. Beziehungen zum Sponsor sind bei der Ankündigung und Durchführung offen darzulegen.

C. Verhaltensregeln
(Grundsätze korrekter ärztlicher Berufsausübung)

Nr 1 Umgang mit Patientinnen und Patienten. Eine korrekte ärztliche Berufsausübung verlangt, dass Ärztinnen und Ärzte beim Umgang mit Patientinnen und Patienten
– ihre Würde und ihr Selbstbestimmungsrecht respektieren,
– ihre Privatsphäre achten,
– über die beabsichtigte Diagnostik und Therapie, ggf. über ihre Alternativen und über ihre Beurteilung des Gesundheitszustandes in für die Patientinnen und Patienten verständlicher und angemessener Weise informieren und insbesondere auch das Recht, empfohlene Untersuchungs- und Behandlungsmaßnahmen abzulehnen, respektieren,
– Rücksicht auf die Situation der Patientinnen und Patienten nehmen,
– auch bei Meinungsverschiedenheiten sachlich und korrekt bleiben,
– den Mitteilungen der Patientinnen und Patienten gebührende Aufmerksamkeit entgegenbringen und einer Patientenkritik sachlich begegnen.

Nr 2 Behandlungsgrundsätze. Übernahme und Durchführung der Behandlung erfordern die gewissenhafte Ausführung der gebotenen medizinischen Maßnahmen nach den Regeln der ärztlichen Kunst. Dazu gehört auch
– rechtzeitig andere Ärztinnen und Ärzte hinzuzuziehen, wenn die eigene Kompetenz zur Lösung der diagnostischen und therapeutischen Aufgabe nicht ausreicht,
– rechtzeitig die Patientin oder den Patienten an andere Ärztinnen und Ärzte zur Fortsetzung der Behandlung zu überweisen,
– dem Wunsch von Patientinnen und Patienten nach Einholung einer Zweitmeinung sich nicht zu widersetzen,
– für die mit- oder weiterbehandelnden Ärztinnen und Ärzte die erforderlichen Patientenberichte zeitgerecht zu erstellen.

Nr 3 Umgang mit nichtärztlichen Mitarbeiterinnen und Mitarbeitern. Eine korrekte ärztliche Berufsausübung verlangt auch, dass Ärztinnen und Ärzte bei der Ausübung ihrer ärztlichen Tätigkeit
– nichtärztliche Mitarbeiterinnen und Mitarbeiter nicht diskriminieren und insbesondere die arbeitsrechtlichen Bestimmungen beachten.

D. Ergänzende Bestimmungen zu einzelnen ärztlichen Berufspflichten

I. Regeln der beruflichen Kommunikation, insbesondere zulässiger Inhalt und Umfang sachlicher Informationen über die berufliche Tätigkeit

Nr 1–6 – aufgehoben –

II. Formen der Zusammenarbeit (Gemeinschaftspraxis, Partnerschaft, Medizinische Kooperationsgemeinschaft, Praxisverbund)

Nr 7–11 – aufgehoben –

III. Pflichten bei grenzüberschreitender ärztlicher Tätigkeit

Nr 12 Praxen deutscher Ärztinnen und Ärzte in anderen EU-Mitgliedstaaten. Führen Ärztinnen und Ärzte neben ihrer Niederlassung oder neben ihrer ärztlichen Berufstätigkeit im Geltungsbereich dieser Berufsordnung in einem anderen Mitgliedstaat der Europäischen Union eine Praxis oder üben sie dort eine weitere ärztliche Berufstätigkeit aus, so haben sie dies der Ärztekammer anzuzeigen. Ärztinnen und Ärzte haben Vorkehrungen für eine ordnungsgemäße Versorgung ihrer Patientinnen und Patienten am Ort ihrer Berufsausübung im Geltungsbereich dieser Berufs-

Anhang zu Kapitel 1   1. Kapitel. Grundlagen des Arztrechts

ordnung während ihrer Tätigkeit in den anderen Mitgliedstaaten zu treffen. Die Ärztekammer kann verlangen, dass Ärztinnen und Ärzte die Zulässigkeit der Eröffnung der weiteren Praxis nach dem Recht des betreffenden Mitgliedstaats der Europäischen Union nachweisen.

Nr 13 Grenzüberschreitende ärztliche Tätigkeit von Ärztinnen und Ärzten aus anderen EU-Mitgliedstaaten. Werden Ärztinnen und Ärzte, die in einem anderen Mitgliedstaat der Europäischen Union niedergelassen sind oder dort ihre berufliche Tätigkeit entfalten, vorübergehend im Geltungsbereich dieser Berufsordnung grenzüberschreitend ärztlich tätig, ohne eine Niederlassung zu begründen, so haben sie die Vorschriften dieser Berufsordnung zu beachten. Dies gilt auch, wenn Ärztinnen und Ärzte sich darauf beschränken wollen, im Geltungsbereich dieser Berufsordnung auf ihre Tätigkeit aufmerksam zu machen; die Ankündigung ihrer Tätigkeit ist ihnen nur in dem Umfang gestattet, als sie nach dieser Berufsordnung erlaubt ist.

IV. Pflichten in besonderen medizinischen Situationen

Nr 14 Schutz des menschlichen Embryos. Die Erzeugung von menschlichen Embryonen zu Forschungszwecken sowie der Gentransfer in Embryonen und die Forschung an menschlichen Embryonen und totipotenten Zellen sind verboten. Verboten sind diagnostische Maßnahmen an Embryonen vor dem Transfer in die weiblichen Organe; es sei denn, es handelt sich um Maßnahmen zum Ausschluss schwerwiegender geschlechtsgebundener Erkrankungen im Sinne des § 3 Embryonenschutzgesetz.

Nr 15 In-vitro-Fertilisation, Embryotransfer. (1) Die künstliche Befruchtung einer Eizelle außerhalb des Mutterleibes und die anschließende Einführung des Embryos in die Gebärmutter oder die Einbringung von Gameten oder Embryonen in den Eileiter der genetischen Mutter sind als Maßnahme zur Behandlung der Sterilität ärztliche Tätigkeiten und nur nach Maßgabe des § 13 zulässig. Die Verwendung fremder Eizellen (Eizellenspende) ist bei Einsatz dieser Verfahren verboten.

(2) Ärztinnen und Ärzte können nicht verpflichtet werden, an einer In-vitro-Fertilisation oder einem Embryotransfer mitzuwirken.

2. Kapitel. Grundbegriffe des Arztrechts

§ 5 Die Rechtsquellen

Inhaltsübersicht

	RdNr
I. Gesetze	1
1. Recht	1
2. Arztrecht, Gesundheitsrecht, europäisches Recht	2
3. Bundesgesetzgebung	3
4. Landesrecht	4
II. Satzungen	5
1. Berufs- und Weiterbildungsordnung	5
2. Grenzen	7
III. Die richterliche Spruchpraxis	8
1. Rechtsfindung	8
2. Rechtsfortbildung	9
3. Empfehlungen, Vereinbarungen, Richt- und Leitlinien	11
4. DDR-Rechtsangleichung	12

Schrifttum: *Ankermann/Kullmann* ua (Hrsg), Arzthaftpflicht-Rechtsprechung (AHRS). Ergänzbare Rechtsprechungssammlung zur gesamten Arzthaftpflicht einschließlich der Haftung von Krankenhausträgern für die juristische Praxis sowie für Ärzte, Krankenhäuser, Ärztliche Standesorganisationen, Sozialversicherungsträger, Private Krankenversicherungen und Haftpflichtversicherer, Teil I: Entscheidungen 1949 – 1992, Stand 1996, Teil II: Entscheidungen 1. 1. 1993–31. 12. 1999, Stand 2005, Teil III: Entscheidungen ab 1. 1. 2000, Stand 2008; Ärztliches Zentrum f Qualität in der Medizin (Hrsg), Kompendium Q-M-A, 3. Aufl. 2008; *Axer,* Normsetzung der Exekutive in der Sozialversicherung, 2000; *Behrends/Gerdelmann* (Hrsg), Krankenhaus-Rechtsprechung (KRS). Ergänzbare Sammlung der Entscheidungen aus dem gesamten Krankenhauswesen. Teil II: Urteile 1995–2003, Stand 2005, Teil III: Urteile ab 1. 1. 2004, Stand 2008; *Bülow/Ring,* Heilmittelwerbegesetz. Gesetz über die Werbung auf dem Gebiete des Heilwesens (HWG), Kommentar, 3. Aufl 2005; *Butzer/Kaltenborn,* Die demokratische Legitimation des Bundesausschusses der Ärzte und Krankenkassen, MedR 2001, 333–342; *Deutsch,* Die internationale Dimension des Medizinrechts, in: *Lilie/Bernat/Rosenau* (Hrsg), Standardisierung in der Medizin als Rechtsproblem, 2009, 31; *Deutsch/Spickhoff,* Medizinrecht. Arztrecht, Arzneimittelrecht, Medizinprodukterecht und Transfusionsrecht, 6. Aufl 2008; *Francke,* Sozialrechtliche Rezeption ärztlicher Leitlinien, SGb 2000, 159–165; *Giesen,* Arzthaftungsrecht. Die zivilrechtliche Haftung aus medizinischer Behandlung in der Bundesrepublik Deutschland, in Österreich und der Schweiz, 5. Aufl 2007; *ders,* International Medical Malpractice Law. A Comparative Law Study of Civil Liability Arising from Medical Care, 1988; *Gross,* Die Persönliche Freiheit des Patienten. Zur öffentlich-rechtlichen Normierung des medizinischen Behandlungsverhältnisses, 1977; *Hakenberg,* Europarechtliche Perspektiven der ärztlichen Berufsausübung, MedR 2000, 55–62; *Hanika,* Europäische Gesundheitspolitik. Stärkung der Kompetenzen der Europäischen Union im Gesundheitswesen durch die Neufassung des Artikels 152 EG-Vertrag, MedR 1998, 193–196; *ders,* Patientencharta. Stärkung der Rechte der Patienten bei der Reform der Gesundheitssysteme in Europa – Herausforderungen für Deutschland, MedR 1999, 149–161; *Hart,* Ärztliche Leitlinien-Definitionen, Funktionen, rechtliche Bewertungen, MedR 1998, 8–16; *ders,* Evidenz-basierte Medizin und Gesundheitsrecht. Überlegungen zu rechtlichen Konsequenzen der Verwissenschaftlichung der Medizin, MedR 2000, 1–5; *ders (Hrsg),* Ärztliche Leitlinien. Empirie und Recht professioneller Normsetzung, 2000, *ders* (Hrsg), Ärztliche Leitlinien im Medizin- und Gesundheitsrecht. Recht und Empirie professioneller Normbildung, 2005; *Heile/Mertens/Pottschmidt/Wandtke* (Hrsg), Sammlung von Entscheidungen der Berufsgerichte für die Heilberufe, Stand 1999 (drei Ordner); *Hirsch,* Einfluß der EG auf nationale Gesundheitssysteme, MedR 2000, 586–590; *Honsell* (Hrsg), Handbuch des

§ 5 1 § 5 Die Rechtsquellen

Arztrechts, 1994; *Jung,* Das Recht auf Gesundheit, 1982; *Jung/Meiser/E Müller* (Hrsg), Aktuelle Probleme und Perspektiven des Arztrechts, 1989; *Kamps/Laufs* (Hrsg), Arzt- und Kassenarztrecht im Wandel (FS Narr), 1988; *Kern/Schaefer,* Verschuldensunabhängige Haftung bei Gesundheitsschäden infolge medizinischer Maßnahmen in den neuen Bundesländern, MedR 1996, 452–453; *Kingreen,* Medizinrecht und Gesundheitsrecht, FS Deutsch, 2009, 283; *Kloesel/Cyran/Feiden/Pabel,* Arzneimittelrecht, Kommentar mit amtlichen Begründungen, weiteren Materialien und einschlägigen Rechtsvorschriften sowie Sammlungen gerichtlicher Entscheidungen, 2007 (Loseblatt-Ausgabe, 12 Ordner, 107. Erg.-Lfg 2007); *Korff,* Normen als Regelwerke menschlichen Handelns, Jahres- u Tagungsber d Görres-Gesellschaft 1996, 59–75; *Laufs,* Medizin und Recht, in: *Rössler/Waller* (Hrsg), Medizin zwischen Geisteswissenschaft und Naturwissenschaft, 1989, S. 105–131; *ders,* Zum Wandel des ärztlichen Berufsrechts, in: Festschr Geiger, 1989, S. 228–239; *ders,* Arztrecht und Grundgesetz, in: *Mußgnug* (Hrsg), Rechtsentwicklung unter dem Grundgesetz, Ringvorlesung d jur Fak Heidelberg, 1990, S. 145–163; *ders,* Medizinrecht – eine neue juristische Disziplin?, in: *Lilie/Bernat/Rosenau* (Hrsg), Standardisierung in der Medizin als Rechtsproblem, 2009, 19; *Mück,* Die rechtliche Entwicklung des Arzt-Patient-Verhältnisses in der DDR, 1982; *Narr/Hess/Nösser/Schirmer,* Ärztliches Berufsrecht, 2. Aufl 18. Erg.-Lfg 2005; *Ollenschläger,* Leitlinien in der Medizin – Chance oder Risiko für Arzt und Patient?, chefarzt aktuell, Nr 1, 2001, 4–7; *Opderbecke/Weißauer* (Begr), *Deutsche Gesellschaft für Anästhesiologie und Intensivmedizin sowie Berufsverband Deutscher Anästhesisten (Hrsg),* Entschließungen, Empfehlungen, Vereinbarungen. Ein Beitrag zur Qualitätssicherung in der Anästhesiologie, 4. Aufl 2006; *Ratzel,* Grenzüberschreitender Gesundheitsmarkt innerhalb der EU, neue Chancen für Patienten und Leistungserbringer, MedR 1999, 510–512; *Ratzel/Lippert,* Kommentar zur Musterberufsordnung der deutschen Ärzte (MBO), 4. Aufl 2006; *Ratzel/Luxenburger* (Hrsg), Handbuch Medizinrecht, 2008; *Rieger/Dahm/Steinhilper* (Hrsg), Heidelberger Kommentar. Arztrecht, Krankenhausrecht, Medizinrecht, 25. ErgLief. Stand 2008 (drei Ordner); *Roxin/Schroth* (Hrsg), Handbuch des Medizinstrafrechts, 3. Aufl 2007; *Saalfrank* (Hrsg), Handbuch des Medizin- und Gesundheitsrechts (Loseblatt-Ausgabe, zwei Ordner, Stand 2007); *Schimmelpfeng-Schütte,* Richtliniengebung durch den Bundesausschuß der Ärzte und Krankenkassen und demokratische Legitimation, NZS 1999, 530–538; *Schirmer,* Verfassungsrechtliche Probleme der untergesetzlichen Normsetzung im Kassenarztrecht, MedR 1996, 404–417; *Schiwy/Dalichau/Brack,* Deutsches Arztrecht. Kommentar der Bundesärzteordnung und Sammlung des Medizinalrechts, Loseblatt-Ausgabe, 4 Ordner, 84. Erg-Lfg Dez 2007; *Schnapp,* Geltung und Auswirkung des Gesetzesvorbehalts im Vertragsarztrecht, MedR 1996, 418–424; *ders,* Die Richtlinien im Kassenarztrecht (§ 92 SGB V) auf dem verfassungsrechtlichen Prüfstand, in: FS Krasney, 1997, 437–462; *Schorn/Baumann,* Medizinprodukte-Recht. Recht, Materialien, Kommentar, Stand 22. Erg-Lfg 2007 (4 Ordner); *Schreiber,* Strafrecht der Medizin, in: 50 Jahre BGH, Festgabe aus der Wissenschaft, 2000, S. 503–526; *Stellamor/Steiner,* Handbuch des österreichischen Arztrechts, 2 Bde, 1999; *Stellpflug/Meier/Tadayon* (Hrsg), Handbuch Medizinrecht. Grundlagen, Rechtsprechung, Praxis (Loseblatt-Ausgabe, zwei Ordner, 12. Aktualisierung Dezember 2008); *Stellpflug/Berns,* Musterberufsordnung für die Psychologischen Psychotherapeuten und Kinder- und Jugendlichenpsychotherapeuten, Text und Kommentierung, 2006; *Tag,* Internationale Medizin – Nationale Standardbildung? Möglichkeiten und Grenzen eines globalen Medizinrechts, in: *Lilie/Bernat/Rosenau* (Hrsg), Standardisierung in der Medizin als Rechtsproblem, 2009, 163; *Taupitz,* Rechtliche Bindungen des Arztes: Erscheinungsweisen, Funktionen, Sanktionen, NJW 1986, 2851–2861; *ders,* Die Standesordnungen der freien Berufe, 1991; *Terbille* (Hrsg), Medizinrecht, Münchener Anwalts-Handbuch, 2009; *Thürk* (Hrsg), Recht im Gesundheitswesen, Textsammlung, Stand 125. Lief./Stand 2007 (drei Ordner); *Wenzel* (Hrsg), Handbuch des Fachanwalts Medizinrecht, 2007; *Wigge,* Evidenz-basierte Richtlinien und Leitlinien. Qualitätssicherungs- oder Steuerungsinstrumente in der GKV?, MedR 2000, 574–585; *Wimmer,* Rechtsstaatliche Defizite im vertragsärztlichen Berufsrecht, NJW 1995, 1577–1584; *ders,* Verfassungsrechtliche Anforderungen an untergesetzliche Rechtsetzung im Vertragsarztrecht, MedR 1996, 425–429; *Zuck,* Biomedizin als Rechtsgebiet, MedR 2008, 57.

I. Gesetze

1 **1. Recht. Das Recht hat die Aufgabe,** Konflikte im menschlichen Zusammenleben zu vermeiden und zu lösen. Das Recht besteht aus Normen, die das menschliche Verhalten in der menschlichen Gemeinschaft regeln. Die Rechtsnorm zeichnet sich dadurch aus, dass sie allgemein verbindlich gilt und dass Sanktionen ihre Geltung erzwingen. Das Recht soll der guten Ordnung wie der Gerechtigkeit dienen. Die Rechtsnorm oder der Rechts-

2. Kapitel. Grundbegriffe des Arztrechts

satz ist „eine innerhalb einer organisierten menschlichen Gemeinschaft geltende, auf ihrem Willen beruhende Verhaltensnorm, die unter gewissen Voraussetzungen ein bestimmtes äußeres Verhalten bindend vorschreibt, das heißt mit einem vom Willen der Unterworfenen unabhängigen Geltungsanspruch" *(Heinrich Lehmann).*

2. Arztrecht, Gesundheitsrecht, europäisches Recht. Das **Arztrecht** umfasst die **Summe der Rechtsnormen,** unter denen der Arzt und seine Berufstätigkeit stehen. Es erscheint freilich weder in einem abgeschlossenen System noch in einer umfassenden Kodifikation, wenngleich zahlreiche Gesundheits- und Berufsgesetze, Verordnungen und besondere Satzungen erlassen sind; hervorzuheben ist das SGB V, insbesondere dessen drittes und viertes Kapitel. Immerhin enthalten die großen Zivil-, Straf- und Verfahrensgesetze verstreut Vorschriften, die sich im Besonderen an den Arzt richten. Doch wesentliche Fragen, die ärztliches Handeln aufwirft, müssen ihre Antwort aus dem Recht für jedermann, etwa den allgemein geltenden Sätzen des BGB oder des StGB, finden. Nicht zuletzt bleibt auf die wesentlichen verfassungsrechtlichen Grundlagen des Medizinrechts hinzuweisen, die sich aus den **Grundrechtsgewährleistungen** ergeben (insbesondere auf Art 1, 2 und 12 GG), außerdem auf die europarechtlichen Grundfreiheiten (insbesondere Art 49, 50 EGV). Neben dem Arztrecht im engeren Sinne und mit diesem verflochten steht das bundesgesetzlich kodifizierte Arzneimittel- und Medizinprodukterecht.[1] Der **umfassendere Begriff des Medizinrechts** umschließt diese drei Felder und weitere Vorschriften im Dienste der Gesundheit.[2] Dazu zählen auch zunehmend Normen der Europäischen Union. Im Gleichklang mit den ausländischen Rechten hat das deutsche Medizinrecht alte fachliche Einteilungen überwunden: Öffentliches Recht, Zivilrecht und Strafrecht fließen in ihm zusammen.[3] Der weiteste Begriff **Gesundheitsrecht** umgreift alle Rechtsregeln im Dienste der Gesundheit. Auch hier gewinnt das **europäische Recht** zunehmend an Gewicht. Der neugefasste Art 152 EG-Vertrag stärkt die Kompetenzen der Europäischen Union im Gesundheitswesen durch eine konkrete Kompetenzzuweisung, insbesondere die Verpflichtung der Gemeinschaft, bei allen ihren Maßnahmen ein hohes Gesundheitsschutzniveau zu gewährleisten. Auch wenn die Gemeinschaft auf dem Gebiet des Gesundheitswesens insgesamt nur beschränkte Zuständigkeiten besitzt, wird sich ihr rechtspolitischer Einfluss wie auf anderen Feldern weiter verstärken.[4]

---

[1] Vgl die vorstehend genannten Titel von *Bülow/Ring, Kloesel/Cyran/Feiden/Pabel* und *Schorn,* neuerdings auch *Deutsch/Lippert* (Hrsg), Kommentar zum Arzneimittelgesetz, 2. Aufl 2007.

[2] **Arztrecht** im weiteren Sinne, sofern die Normen den Arzt als Mittelpunkt des Gesundheitssystems berühren, also insoweit etwa auch Krankenhaus- und Sozialversicherungsrecht (besonders des SGB V, dazu *Heinze,* MedR 1996, 252 ff). *Sodan,* bei Wenzel (Hrsg), Handbuch, S. 1, fasst den Begriff **Medizinrecht** wie folgt: Darunter „lässt sich die Summe derjenigen Normen verstehen, die sich unmittelbar oder mittelbar auf die Heilkunde beziehen. Dazu gehören alle Regelungen, welche die Entwicklung, Herstellung und Anwendung medizinischer Regelungen, welche die Entwicklung, Herstellung und Anwendung medizinischer Güter und Dienstleistungen sowie die Forschung in diesem Bereich betreffen". Das Handbuch folgt mit dem dargebotenen Stoff den „nachzuweisenden besonderen Kenntnisse im Medizinrecht", wie die Fachanwaltsordnung von 2006 sie vorgibt. *Kingreen* rechnet zum **Gesundheitsrecht** „die Gesamtheit der öffentlich-rechtlichen Normen über die krankenversicherungsrechtliche Stellung der Versicherten, die Organisation und Finanzierung der Krankenkassen und den berufs- und sozialversicherungsrechtlichen Status der in der Gesundheitsversorgung tätigen Personen und Einrichtungen" (FS Deutsch, 292). Zur Instabilität des Medizinrechts, insbes des Rechts der Biomedizin *Zuck* MedR 2008, 57, 61.

[3] *Deutsch,* MedizinR, RdNr 3. – Programmatisch insoweit der Titel der monatlich erscheinenden Zeitschrift „Medizinrecht" (MedR).

[4] Vgl die vorstehend verzeichneten Aufsätze von *Hakenberg, Hanika, Hirsch* und *Ratzel* und die in § 1 genannten Titel. Zum Vorschlag der Europäischen Kommission für eine Richtlinie über die Ausübung der Patientenrechte in der grenzüberschreitenden Patientenversorgung *Röbke,* MedR 2009, 79. Zur Richtlinie 2005/36/EG über die Anerkennung von Berufsqualifikationen *Haage,* MedR 2008, 70. Vgl. auch Tätigkeitsbericht 2008 der BÄK, 25 ff.

3 **3. Bundesgesetzgebung.** Neben dem bürgerlichen Recht, dem Strafrecht, dem Strafvollzug und dem gerichtlichen Verfahren − Materien, die auch durch spezielle Regeln wie die Vorschriften zum Berufsgeheimnis den ärztlichen Dienst prägen − gehören zur **konkurrierenden Gesetzgebung des Bundes** „Maßnahmen gegen gemeingefährliche oder übertragbare Krankheiten bei Menschen und Tieren, Zulassung zu ärztlichen und anderen Heilberufen und zum Heilgewerbe, sowie das Recht des Apothekenwesens, der Arzneien, der Medizinprodukte, der Heilmittel, der Betäubungsmittel und der Gifte", sowie „die wirtschaftliche Sicherung der Krankenhäuser und die Regelung der Krankenhauspflegesätze",[5] außerdem − von besonderer Bedeutung − die Regelung der Sozialversicherung,[6] ferner − seit 1994 − „die medizinisch unterstützte Erzeugung menschlichen Lebens, die Untersuchung und die künstliche Veränderung von Erbinformationen sowie Regelungen zur Transplantation von Organen, Geweben und Zellen".[7] Auf diesen und anderen Feldern hat der Bundesgesetzgeber seine Kompetenz genutzt und eine Fülle von Vorschriften erlassen, die den ärztlichen Beruf und nichtärztliche Professionen betreffen.[8] Zu den Gesetzen im materiellen Sinne gehören auch die Rechtsverordnungen. Das Bundesrecht umfasst zahlreiche Verordnungen, die dem Gesundheitsdienst gelten. So ergingen etwa auf Grund der Bundesärzteordnung, des fundamentalen Berufsgesetzes, die Gebührenordnung für Ärzte,[9] auf Grund des Sozialgesetzbuches V die Zulassungsverordnung für Vertragsärzte, auf Grund des Atomgesetzes die Strahlenschutz- und Röntgenverordnung.[10]

4 **4. Landesrecht.** Dem **Landesrecht** vorbehalten bleiben die Regeln der **Berufsausübung:** die öffentliche Berufsvertretung, die Berufspflichten, die Weiterbildung und die Berufsgerichtsbarkeit. Die Rechtsregeln dazu finden sich in den Kammergesetzen der

---

[5] Art 74 Nr 19 u 19a GG; zu den verfassungsrechtlichen Grundlagen des Medizinrechts *Sodan*, bei *Wenzel* (Hrsg), Handbuch, S. 3 ff.

[6] Art 74 Nr 12 GG. Die zahlreichen Reformgesetze aus jüngerer Zeit kommen in einer Übersicht *Becker/Kingreen* in der Einführung zu ihrer Ausgabe des SGB V (Stand 27. Nov. 2007), 2008, S. XIV f.

[7] Art 74 Nr 26 GG.

[8] Umfassend die Sammlung von *Thürk*, mit den Novellen. − Genannt seien nur das Embryonenschutzgesetz v 13. 12. 1990 (BGBl I 2746), das Medizinproduktegesetz v 2. 8. 1984 (BGBl I 1963), das Transplantationsgesetz v 11. 11. 1997 (BGBl I 2631), dazu die Kommentare von *Nickel/Schmidt-Preisigke/Sengler*, 2001, *Höfling* (Hrsg), 2003; vgl zuletzt auch *Fateh-Moghadam*, Die Einwilligung in die Lebendorganspende, 2008, und das Transfusionsgesetz v 1. 7. 1998 (BGBl I 1752), dazu *Deutsch/Bender/Eckstein/Zimmermann*, Transfusionsrecht, 2. Aufl 2007. Auch nichtärztliche Heilberufe wurden kodifiziert, vgl das Masseur- und Physiotherapeutengesetz v 31. 5. 1994 (BGBl I 1084) und das zum 1. 1. 1999 in Kraft getretene Psychotherapeutengesetz v 16. 6. 1998 (BGBl I 1311), vgl dazu *Haage* MedR 1998, 291 ff, *Schirmer* MedR 1998, 435 ff und *Plagemann*, MedR 1999, 413 ff., außerdem *Stellpflug/Berns*, Musterberufsordnung für die Psychologischen Psychotherapeuten und Kinder- und Jugendlichenpsychotherapeuten, Text und Kommentierung, 2006. − *Schneider* MedR 1998, 151 ff, erkennt die „äußerst bedenkliche Tendenz" des Bundesgesetzgebers mit seiner sozialrechtlichen Kompetenz, die Landesgesetzgeber mit ihrer gesundheitsrechtlichen Grundzuständigkeit und die Ärztekammern einzuengen etwa bei der Qualitätssicherung; ähnlich die Beschlüsse der DGMR, MedR 1997, 570.

[9] Dazu BVerfGE 68, 319 = NJW 1985, 2185. − Am 1. 1. 1996 trat die 4. VO zur Änderung der GOÄ vom 18. 12. 1995 in Kraft (BGBl I, 1861). Daraufhin wurde die GOÄ unter dem 9. 2. 1996 neu bekanntmacht (BGBl I, 210), geändert durch Gesetze v 22. 12. 1999 (BGBl I, 2626) u 4. 12. 2001 (BGBl I, 3320). Vgl ferner die Hinweise von *Laufs* NJW 1997, 1618, auch *Taupitz* zur Vertragsfreiheit im privatärztlichen Gebührenrecht MedR 1996, 533 ff. Eingehend zum Vergütungsrecht der Heilberufe *Hess*, in: *Wenzel* (Hrsg), Handbuch des Fachanwalts, Kap 7, S. 965 ff. Zum Dauerthema GOÄ auch Tätigkeitsbericht d BÄK 2008, 327 ff.

[10] Beide Verordnungen auch bei *Schorn* (vgl vorst Litverz), C 6.2 und C 6.3 und in der 2001, 2002, 2003 und 2005 novellierten Gestalt auch bei *Thürk*, 52-1-1 u 2. Zur RöntgenVO *Weißauer* Anästhes und Intensivmed 1990, 353; *Kramer/Zerlett*, Röntgenverordnung, Kommentar, 3. Aufl 1991; *Hinrichs/Peinsipp/Roos/Weimer* RÖV, Textausgabe mit amtl Begründung und Erläuterungen, 4. Aufl 1997; *dies*, StrlSchV, 4. Aufl 1997.

2. Kapitel. Grundbegriffe des Arztrechts   5–8 § 5

Länder. Bestimmen die Bundesärzteordnung und die Approbationsordnung die subjektiven fachlichen Voraussetzungen für die Ausübung des ärztlichen Berufes und das Verfahren der Erteilung und Rücknahme der Approbation, so schreibt die Weiterbildungsordnung die Konditionen vor, unter denen der Arzt neben seiner Berufsbezeichnung zusätzliche Merkmale führen darf, die auf gesteigerte Kenntnisse und Fähigkeiten hinweisen. Die Berufsordnung legt fest, was der Arzt im Einzelnen bei der Ausübung seines Berufes zu beachten und unter Vermeidung berufsgerichtlicher Sanktionen zu unterlassen hat.

II. Satzungen

1. Berufs- und Weiterbildungsordnung. Die ärztlichen Berufsregeln erscheinen 5 im Wesentlichen in der Gestalt unmittelbar rechtsverbindlicher autonomer Satzungen der Ärztekammern in den Ländern. Satzungen sind Rechtsvorschriften, die eine dem Staat eingeordnete juristische Person des öffentlichen Rechts aufgrund gesetzlicher Ermächtigung im Rahmen der ihr gesetzlich verliehenen Autonomie erlässt zur Regelung eigener, nicht unmittelbar staatlicher Angelegenheiten mit Wirksamkeit für die ihr angehörigen und unterworfenen Personen.[11] Die **Kammergesetze** der Länder **ermächtigen** die Ärztekammern zum Erlass von Satzungen über bestimmte, im Einzelnen aufgeführte Gegenstände, darunter die Berufsordnung und die Weiterbildungsordnung. Die Kammern folgen dabei im Dienste der Rechtseinheit regelmäßig Musterentwürfen des Deutschen Ärztetages, des privatrechtlich organisierten Standesparlaments. Die Satzungen der Ärztekammern gewinnen durch die Genehmigung der staatlichen Aufsichtsbehörde ihre Rechtsverbindlichkeit.

Indem die öffentlich-rechtlich verfasste Ärzteschaft sich ihrer gesetzlich eingeräumten 6 Satzungsgewalt bedient, bewahrt sie ihre Berufsfreiheit. Der Berufsstand hat nicht nur das Recht und die Pflicht, die fachlichen Standards für Prophylaxe, Diagnose und Therapie auszubilden und fortzuentwickeln, sondern auch die Aufgabe, im Rahmen der Gesetze angemessene Regeln für die **Organisation der Ärzteschaft** wie für den ärztlichen Dienst eigenverantwortlich aufzustellen.

2. Grenzen. Die Grenzen der Satzungsgewalt hat das **BVerfG** in seinem Facharzt- 7 beschluss[12] umrissen: Der Gesetzgeber darf sich seiner Rechtsetzungsbefugnis nicht völlig entäußern und seinen Einfluss auf den Inhalt der von den körperschaftlichen Organen zu erlassenden Normen nicht gänzlich preisgeben. Dies folgt sowohl aus dem Prinzip des Rechtsstaats wie aus dem der Demokratie. Die Rechtsetzungsautonomie der Kammern stößt auf umso engere Grenzen, je stärker die Regelung in Grundrechte der Verbandsmitglieder eingreift oder außenstehende Dritte berührt. Grundsätzlich können der Satzungsautonomie nur berufsständisch-interne Regeln entspringen. So kommt es der Standesvertretung nicht zu, über die Grenzlinien zu bestimmen, innerhalb derer der Schutz des menschlichen Lebens gewährleistet bleiben muss.[13]

III. Die richterliche Spruchpraxis

1. Rechtsfindung. Die richterliche Rechtsfindung beschränkt sich nicht auf den 8 bloßen Gesetzesvollzug; sie erweist sich zugleich auch immer als Rechtsschöpfung. Der

---

[11] BVerfGE 10, 20, 49 = DÖV 1959, 690, 694.
[12] BVerfGE 33, 125, 156 ff = NJW 1972, 1504, 157. Zur Regelung des Facharztwesens besitzt der Bund keine Gesetzgebungszuständigkeit nach Art 74 Nr 19 GG. Das Facharztwesen darf nicht ausschließlich der Regelung durch Satzungen der Ärztekammern (Facharztordnungen) überlassen werden. Mindestens die „statusbildenden" Bestimmungen muss der Gesetzgeber selbst treffen. – Zur Reichweite der Satzungskompetenz d Ärztekammern *Laufs/Reiling*, Ethik-Kommissionen – Vorrecht der Ärztekammern? Arzt- u verfassungsrechtliches Gutachten zur Rechtsgültigkeit des neuen § 1 Abs 4 der BO d Landesärztekammer BW, 1991 (Auszüge in MedR 1991, 1 ff).
[13] Vgl die Nachweise bei *Laufs*, Rechtliche Grenzen der Fortpflanzungsmedizin, 1987, S. 19 f.

Richter schafft Recht freilich grundsätzlich[14] nur für den zu entscheidenden Fall. Im gewaltenteiligen Rechtsstaat bleibt es dem Richter verwehrt, in Konkurrenz mit dem volksgewählten Parlament Recht zu setzen. Gleichwohl hat sich angesichts der prägenden Kraft forensischer Rechtsfortbildung[15] der Terminus „Richterrecht" eingeführt. „In theory, judges do not make law. They only expound it. But as no one knows what the law is until the judges expound it, it follows that they make it."[16] Bei öffentlich umkämpften und ethisch umstrittenen Fragen bleibt den Zivilgerichten freilich Zurückhaltung auferlegt, jedenfalls in dem Sinne, „dass eine Fortbildung des Rechts im Wege höchstrichterlicher Rechtsfortbildung dort nicht in Betracht kommt, wo die Neugestaltung überholten Gesetzesrechts von einer politischen Grundentscheidung abhängig ist und diese Entscheidung zu sachlich unterschiedlichen Regelungen führen kann".[17]

9   **2. Rechtsfortbildung. Den Kern des Arztrechts** formte die **richterliche Spruchpraxis,** in den letzten Jahrzehnten mehr der Zivil- als der Strafgerichte. „Ein großer, ja der größte Teil der modernen Arzthaftung ist Rechtsprechungsrecht: typisierte Kasuistik der Zivilgerichte."[18] Die Judikatur vornehmlich des BGH entfaltete unter Rückgriff auf die Wertentscheidungen der Verfassung in Artikel 1 und 2 des GG die Aufklärungs- und die Dokumentationspflicht des Arztes, das Recht des Patienten auf Einsicht in die Krankenunterlagen und den Schutz der ärztlichen Schweigepflicht. Auf der Grundlage medizinischer Standards und Möglichkeiten füllte die Spruchpraxis den insoweit offenen Tatbestand des § 823 Abs 1 BGB, indem sie die ungeschriebenen Sorgfaltspflichten[19] im Einzelnen bestimmte. Durch spezifische Maßgaben des Beweislastrechts unter Berücksichtigung des Verschuldensgrades und der ärztlichen Dokumentationspflicht verteilen die Gerichte das Haftpflichtrisiko auf durchaus eigenartige Weise. So erweist sich der Kern des Arztrechts als wesentlich durch die Gerichte gestaltet.

10   Die **richterliche Rechtsfortbildung** auf dem Feld der Haftpflicht und des Persönlichkeitsschutzes hat sich, abgesehen von gewissen Überspannungen vornehmlich bei der Aufklärungspflicht, im Ganzen bewährt. Gesetzgeberische Eingriffe empfehlen sich im Allgemeinen nicht.[20] Mancher Satz der rechtsfortbildenden höchstrichterlichen Spruchpraxis hat gewohnheitsrechtliche Geltung gewonnen kraft tatsächlicher, nicht bloß vorüber-

---

[14] Die Besonderheiten der Verfassungsgerichtsbarkeit können hier außer Betracht bleiben.
[15] § 132 Abs 4 GVG. „Mit der Spannung von erlaubter schöpferischer Rechtsfortbildung einer- und unerlaubter Rechtsschöpfung andererseits verantwortungsvoll umzugehen, ist sicher eine Bürde des Richteramts": *Wenzel,* Die Bindung des Richters an Gesetz und Recht, NJW 2008, 345, 349.
[16] *Lord Denning,* The changing Law, 1953.
[17] Jahresbericht des BGH NJW 1970, 1305.
[18] *Isele,* Grundsätzliches zur Haftpflicht des Arztes, in: *Mergen* (Hrsg), Die juristische Problematik in der Medizin Bd 3, 1971, S. 12. In zahlreichen Entscheidungen hat auch das BVerfG das Arztrecht ausgeformt; vgl *Laufs,* Arztrecht und Grundgesetz, vorst Litverz.
[19] *v Caemmerer,* Wandlungen des Deliktsrechts, 1964, S. 80.
[20] Vgl *Deutsch/Geiger,* Medizinischer Behandlungsvertrag. Empfiehlt sich eine besondere Regelung der zivilrechtlichen Beziehung zwischen dem Patienten und dem Arzt im BGB?, in: *Bundesminister der Justiz* (Hrsg), Gutachten und Vorschläge zur Überarbeitung des Schuldrechts Bd II, 1981, S. 1055. Zurzeit sei „nicht eine Reform an Haupt und Gliedern angezeigt, vielmehr sind eher Randkorrekturen vorzunehmen und nur dort, wo sie dringend notwendig scheinen", S. 1090. Vgl ferner *Köhler/Baron v Maydell* (Hrsg), Arzthaftung, Patientenversicherung, Versicherungsschutz im Gesundheitssektor, 1997. Zur Debatte um eine Reform der Arzthaftung *Laufs,* NJW 1996, 2413 f, NJW 1998, 1755, NJW 2000, 1761. Vgl. ferner *Laufs/Dierks/Wienke/Graf-Baumann/Hirsch* (Hrsg), Die Entwicklung der Arzthaftung, 1997. Für ein „integratives Medizinrecht" *Taupitz* ZRP 1997, 161 ff. Zur Reform des Arztstrafrechts *Schreiber,* Festschr Hirsch, 1999, S. 713 ff. Siehe außerdem *Katzenmeier,* Arzthaftung, 2002; *Steffen/Pauge,* Arzthaftungsrecht, 10. Aufl 2006. „Auf absehbare Zeit erscheint eine Verdrängung der Arzthaftung durch eine Unfallversicherung nicht angebracht"; *Deutsch/Spickhoff,* Medizinrecht, S. 157, RdNr 238.

2. Kapitel. Grundbegriffe des Arztrechts **11 § 5**

gehender gleichmäßiger Übung, die einem Geltungswillen in der Rechtsgemeinschaft folgt.
  Nicht allein die ordentliche Justiz formt das Arztrecht aus. Zunehmenden Einfluss gewinnen auch andere Rechtszüge, vornehmlich die Verwaltungs- und Sozialgerichtsbarkeit. Die Maßgaben der Verfassung und die Eigenart des ärztlichen Dienstes stellen die wesentlichen gemeinsamen Ausgangspunkte für die verschiedenen Gerichtszweige auf dem Feld des Medizinrechts dar.

3. Empfehlungen, Vereinbarungen, Richt- und Leitlinien. Verlautbarungen von **11** Fachgesellschaften, Grundsätze, Übereinkünfte und Richtschnuren der Berufsorganisationen im Interesse eines dem Stande der medizinischen Wissenschaft und Erfahrung entsprechenden, Gefahren minimierenden, auch den rechtlichen Erfordernissen genügenden ärztlichen Dienstes haben eine große praktische Bedeutung, aber **keinen Rechtssatzcharakter** im Sinne von Rechtsquellen. „Ärztliche Leitlinien nutzen der Qualitätssicherung ärztlichen Handelns; sie riskieren die ärztliche Therapiefreiheit und die Wahlfreiheit von Patienten. Sie können Standards ärztlicher Behandlung neu entwickeln, vorhandene Standards verbessern und vorhandene Standards bestätigen. Sie können innovieren, rationalisieren, generalisieren, orientieren, und sie setzen möglicherweise verbindliche professionelle Regeln, die je nach ihrer Ausgestaltung zur Befolgung zwingen, Begründungen bei Abweichungen erfordern oder als Empfehlungen beachtet werden wollen".[21] Sie prägen Regeln aus, akzentuieren Rechtspflichten oder markieren rechtliche Grenzen[22] und gewinnen juristische Relevanz über § 276 BGB aF (ähnlich § 276 nF), sofern sie die verkehrserforderliche, das heißt die fachgerechte Sorgfalt markieren, konstituieren oder fortbilden. Richtlinien sind mehr als Entscheidungshilfen; sie vermögen den Arzt aber nicht von zwingenden Rechtsvorschriften zu entbinden. „Die Leitlinie ist medizinisch verbindlich, wenn sie dem Standard entspricht und ist rechtlich verbindlich, weil sie dem Standard entspricht" (Hart, 2005, S. 115).
  Nimmt das Satzungsrecht der Berufsordnung einer Kammer auf Richtlinien Bezug,[23] so erhalten diese durch die statische oder gar dynamische[24] **Verweisung** nicht den Rang

---

[21] *Hart*, in *ders* (Hrsg), Ärztliche Leitlinien, 2000, S. 9. Vgl ferner *ders* (Hrsg), Ärztliche Leitlinien im Medizin- und Gesundheitsrecht, Recht und Empirie professioneller Normbildung, 2005; außerdem *Nagel/Fuchs* (Hrsg), Leitlinien und Standards im Gesundheitswesen, 1997. Beurteilungskriterien für Leitlinien DÄBl 1997, A 2154 f, ferner die „Checkliste Methodische Qualität von Leitlinien" der Ärztlichen Zentralstelle Qualitätssicherung (gemeinsame Einrichtung von BÄK und KBV), DÄBl 2000, A 1170. Kritisch für die GKV *Wigge*, MedR 2000, 574 ff. Die qualitätssichernde Funktion von Leitlinien betont *Wienke*, MedR 1998, 172 ff. Zur Leitlinie als Verhaltensanweisung mit gesteigertem normativen Gehalt unter Berufung auf *Korff: Deutsch* JZ 1997, 1032. Kritisch zu den Richtlinien der BÄK zum Gentransfer in menschliche Körperzellen *Vesting* NJW 1997, 1609 ff. Über ärztliche Leitlinien und Arzthaftung *Dressler*, FS Geiß, 2000, S. 379 ff, über Standard und Leitlinien in der Chirurgie *Schreiber*, in: *Waclawiczek/Boeckl* (Hrsg), Standards in der Chirurgie, 2000, 8 ff. Zur haftungsrechtlichen Relevanz medizinischer Leitlinien *Laufs*, in: *Berg/Ulsenheimer* (Hrsg), Patientensicherheit, Arzthaftung, Praxis- und Krankenhausorganisation, 2006, 253 ff. Vgl. ferner *Igloffstein*, Regelwerke für die humanmedizinische Individualbehandlung. Eine Untersuchung der zivil-, straf- und berufsrechtlichen Bedeutung medizinischer Richt- und Leitlinien, 2003.

[22] Vgl zur Grenze der Behandlungspflicht und zur Begleitung Todkranker und Sterbender die Fundstellen bei *Laufs*, NJW 1996, 763, NJW 1999, 1761 f, außerdem *Obderbecke/Weißauer*, MedR 1998, 395 ff. Siehe ferner die Nachweise bei *Taupitz*, Die Standesordnungen der freien Berufe, S. 301. Vgl außerdem etwa auch die Stellungnahme des Wissenschaftlichen Beirats der Bundesärztekammer „Kriterien des Hirntodes", DÄBl 1997, A 1296 ff u § 16 TPG mit der Vermutung des Abs 2; Stellungnahme der „Zentralen Ethikkommission bei der Bundesärztekammer zum Schutz nicht-einwilligungsfähiger Personen in der medizinischen Forschung", DÄBl 1997, A 1011 ff.

[23] MBO-Ä §§ 13 Abs 1, 15 Abs 4, 26 Abs 2. Zu Recht kritisch *Vesting*, MedR 1998, 168 ff, der normative Bindung allein dem genehmigten Satzungsrecht zuerkennt. Kritisch zur Leitlinienflut *Ulsenheimer* BayÄBl 1998, 51 ff.

[24] Einbeziehung aller künftigen Änderungen oder Regelungen.

von Satzungsvorschriften: Die Vertreterversammlung als Satzungsgeber hat das Regelwerk weder beraten, noch beschlossen, vielleicht sogar noch nicht einmal gekannt.[25]

4. DDR-Rechtsangleichung. Eine große **Herausforderung** lag in der Aufgabe, die **Einheit** auf dem Felde des Arztrechts im Zuge der deutschen Vereinigung praktisch herzustellen.[26]

Auch in der ehemaligen **DDR** bildete die **Regulierung von Patientenschäden** ein gewichtiges Thema, freilich in einem ganz anderen Ausgleichs- und Haftpflichtsystem.[27] Den medizinischen Dienst versahen fast ausschließlich staatliche Gesundheitseinrichtungen auf sozialversicherungsrechtlicher Grundlage. Der Patient konnte Ausgleichs- oder Haftpflichtansprüche allein gegen die **Gesundheitseinrichtung** erheben, die auch in erster Linie die Beweislast trug. Für die Schadensmeldung galt das Offizialprinzip. Der Vorgang gelangte über den Kreisarzt an die Bezirksgutachterkommission[28] und an die Staatliche Versicherung. Gegen einen ablehnenden Bescheid konnte der geschädigte Patient Klage beim Kreisgericht erheben. Neben den Haftpflichtansprüchen aus ärztlichen Pflichtverletzungen standen Ausgleichsansprüche bei pflichtgemäßer Behandlung.[29] Im Rahmen des „medizinischen Betreuungsverhältnisses" trafen den Patienten Informations- und Verhaltenspflichten.[30] Die **restituierte ärztliche Freiberuflichkeit** in der vergangenen DDR folgt dem nun in ganz Deutschland geltenden Haftpflichtsystem des BGB.[31]

---

[25] Vgl *Wimmer* im Zusammenhang mit der untergesetzlichen Rechtsetzung im Vertragsarztrecht, MedR 1996, 425, 427 f, auch NJW 1995, 1577 ff. Zur Problematik der Richtlinien der zur Rechtsetzung befugten Kammern *Taupitz,* wie Fn 22, S. 776 ff. – Zur verfassungsrechtlichen Legitimation der Normenverträge im Kassenarztrecht *Schirmer,* MedR 1996, 404 ff. Zur Richtliniengebung durch den Bundesausschuß der Ärzte und Krankenkassen vor allem zu deren fragwürdiger demokratischer Legitimation *Schimmelpfeng-Schütte,* NZS 1999, 530 ff, und *Butzer/Kaltenborn,* MedR 2001, 333 ff. Vgl ferner *Laufs,* NJW 1999, 1759, und *Schneider-Danwitz/Glaeske,* MedR 1999, 164 ff („Viagra").

[26] Zur rechtlichen Entwicklung des Verhältnisses zwischen Arzt und Patient in der ehem DDR die Monographie v *Mück.* Zur Rechtsangleichung *Schirmer* MedR 1991, 55 ff. Aufschlußreiche Erfahrungsberichte bietet *K-D Müller,* Zwischen Hippokrates und Lenin. Gespräche mit ost- und westdeutschen Ärzten über ihre Zeit in der SBZ und DDR, 1994.

[27] Instruktiv *Schmauss* VersR 1989, 664 ff, und *Könning* VersR 1990, 238 ff; *Macke,* Festschr Steffen, 1995, S. 289 ff; *Franzki,* Festschr Remmers, 1995, S. 467 ff. Zur Gesundheitsversorgung in der DDR *Weber* DÄBl 1990, A 996 ff.

[28] Die Organisation der ärztlichen Begutachtung bildete eine eigene Sparte im Gesundheitswesen der DDR.

[29] EMU (Erweiterung der materiellen Unterstützung der Bürger bei Schäden infolge medizinischer Eingriffe).

[30] Zur Frage nach der Existenz einer Gesundheitspflicht *Patzig* EthikMed 1989, 3 ff.

[31] Vgl Anlage I zum Einigungsvertrag. Besondere Bestimmungen zur Überleitung von Bundesrecht gemäß Art 8 und Art 11 des Vertrages, Kap III Sachgebiet B (Bürgerliches Recht), Abschnitt II, Art 231 § 4: „Haftung juristischer Personen für ihre Organe. Die §§ 31 und 89 des BGB sind nur auf solche Handlungen anzuwenden, die am Tag des Wirksamwerdens des Beitritts oder danach begangen werden."
§ 6: „Verjährung. Die Vorschriften des BGB über die Verjährung finden auf die am Tag des Wirksamwerdens des Beitritts bestehenden und noch nicht verjährten Ansprüche Anwendung. Der Beginn, die Hemmung und die Unterbrechung der Verjährung bestimmen sich jedoch für den Zeitraum vor dem Wirksamwerden des Beitritts nach den bislang für das in Artikel 3 des Einigungsvertrages genannte Gebiet geltenden Rechtsvorschriften.
Ist die Verjährungsfrist nach dem BGB kürzer als nach den Rechtsvorschriften, die bislang für das in Artikel 3 des Einigungsvertrages genannte Gebiet galten, so wird die kürzere Frist von dem Tag des Wirksamwerdens des Beitritts an berechnet. Läuft jedoch die in den Rechtsvorschriften, die bislang für das in Artikel 3 des Einigungsvertrages genannte Gebiet galten, bestimmte längere Frist früher als die im BGB bestimmte kürzere Frist ab, so ist die Verjährung mit dem Ablauf der längeren Frist vollendet.
Die Absätze 1 und 2 sind entsprechend auf Fristen anzuwenden, die für die Geltendmachung, den Erwerb oder den Verlust eines Rechts maßgebend sind."

2. Kapitel. Grundbegriffe des Arztrechts § 6

Am 6. 5. 1994 erließ der Bundesgesetzgeber auf Initiative des Bundesrates ein „Gesetz über den Abschluss von Unterstützungen der Bürger der ehemaligen Deutschen Demokratischen Republik bei Gesundheitsschäden infolge medizinischer Maßnahmen". Das Unterstützungsabschlussgesetz verfolgt das Ziel, die „Anordnung über eine erweiterte materielle Unterstützung für Bürger bei Gesundheitsschäden infolge medizinischer Maßnahmen" aus dem Jahr 1987 dem Einigungsvertrag gemäß inhaltlich auslaufen zu lassen und abzuschließen.[32]

Im Ganzen kann das große Werk der Rechtsangleichung, nicht zuletzt dank der Anstrengungen der ostdeutschen Ärzteschaft, als gelungen gelten.

§ 6 Die Elemente der Rechtfertigung ärztlichen Handelns

Inhaltsübersicht

		RdNr
I.	Die drei Grunderfordernisse	1
	1. Einführung	1
	2. Indikation, informed consent, lex artis	2
II.	Der ärztliche Heilauftrag	3
	1. Grenzsituationen	3
	2. Professionalisierung	5
	3. Geltung des Rechts	9
	4. Lebensschutz, Sterbehilfe	10
	5. Konflikte am Lebensbeginn	12
	6. Deutscher Ärztetag und Fortpflanzungsmedizin	15
	7. Grenzen des Satzungsrechts	16
	8. Mittelknappheit	17
	9. Wunscherfüllende Medizin	21
III.	Die Einwilligung des Patienten nach Aufklärung (informed consent, le consentement libre et éclairé)	22
	1. Ein Hauptthema	22
	2. Risikoaufklärung	23
	3. Im Schadensprozess	25
	4. Wilhelm Kahls Lehre	26
	5. Karl Binding	27
	6. Reichsgericht und Heileingriff als Körperverletzung	28
	7. Persönlichkeitsrecht	29
	8. Iatrogene Gefahren	30
	9. Dokumentation, Beweislast	31
IV.	Die ärztliche Sorgfaltspflicht nach der lex artis	32
	1. Medizinischer Sorgfaltsmaßstab	32
	2. Therapeutische Aufklärung	33
	3. Therapiefreiheit und Sorgfaltspflichten	35
	4. Qualitätssicherung	38
	5. Normierungen	39

Art 232 § 1: „Allgemeine Bestimmungen für Schuldverhältnisse. Für ein Schuldverhältnis, das vor dem Wirksamwerden des Beitritts entstanden ist, bleibt das bisherige für das in Artikel 3 des Einigungsvertrages genannte Gebiet geltende Recht maßgebend."
§ 10: „Unerlaubte Handlungen. Die Bestimmungen der §§ 823 bis 853 des BGB sind nur auf Handlungen anzuwenden, die am Tag des Wirksamwerdens des Beitritts oder danach begangen werden."

[32] Die Einzelheiten bei *Kern/Schaefer* MedR 1996, 452 f.

Schrifttum: *Bockelmann,* Strafrecht des Arztes, 1968; *Damm/Schulte in den Bäumen,* Indikation und informed consent. Indikatoren eines Gestaltwandels von Medizin und Medizinrecht, KritV 2, 2005, 101; *Deutsch/Spickhoff,* Medizinrecht. Arztrecht, Arzneimittelrecht, Medizinprodukterecht und Transfusionsrecht, 6. Aufl 2008; *Deutsch/Schreiber* (Hrsg), Medical Responsibility in Western Europe, 1985; *Eberbach,* Enhancement oder Die Grenzen des Dienstvertragsrechts bei der wunscherfüllenden Medizin, in: FS Günther Hirsch, 2008, S. 365; *Ebermayer,* Der Arzt im Recht. Rechtliches Handbuch für Ärzte, 1930; *Engisch,* Die rechtliche Bedeutung der ärztlichen Operation, in: *Stich/Bauer* (Hrsg), Fehler und Gefahren bei chirurgischen Operationen, 4. Aufl 1958, S. 1521–1557; *Eser* (Hrsg), Recht und Medizin (Wege der Forschung), 1990; *Faulstich,* Hungersterben in der Psychiatrie 1914–1949. Mit einer Topographie der NS-Psychiatrie, 1998; *Friedrich/Matzow* (Hrsg), Dienstbare Medizin. Ärzte betrachten ihr Fach im Nationalsozialismus, 1992; *Giesen,* Arzthaftungsrecht. Die zivilrechtliche Haftung aus medizinischer Behandlung in der Bundesrepublik Deutschland, in Österreich und der Schweiz, 5. Aufl 2307; *Göckenjan,* Kurieren und Staat machen. Gesundheit und Medizin in der bürgerlichen Welt, 1985; *Heinze,* Die rechtlichen Rahmenbedingungen der ärztlichen Heilbehandlung, MedR 1996, 252–257; *Huerkamp,* Der Aufstieg der Ärzte im 19. Jahrhundert. Vom gelehrten Stand zum professionellen Experten: Das Beispiel Preußens, 1985; *Jütte* (Hrsg), Geschichte der deutschen Ärzteschaft, 1997; *Klee,* „Euthanasie" im NS-Staat. Die „Vernichtung lebensunwerten Lebens", 1983; *Kudlien,* Ärzte im Nationalsozialismus, 1985; *Koelbing,* Die ärztliche Therapie. Grundzüge ihrer Geschichte, 1985; *Kern/Laufs,* Die ärztliche Aufklärungspflicht. Unter besonderer Berücksichtigung der richterlichen Spruchpraxis, 1983; *Laufs,* Rechtliche Grenzen der Fortpflanzungsmedizin, 1987; *ders,* Der ärztliche Heilauftrag aus juristischer Sicht, 1989; *ders,* Die Entwicklung des Arztrechts, jeweils H 24 d NJW 1976–2000; *Liertz/Paffrath,* Handbuch des Arztrechts, 1938; *Mück,* Die rechtliche Entwicklung des Arzt-Patient-Verhältnisses in der DDR, 1982; *Nitschmann,* Chirurgie für die Seele? Eine Fallstudie zu Gegenstand und Grenzen der Sittenwidrigkeitsklausel, ZStW 119, 2007, 547; *E Schmidt,* Der Arzt im Strafrecht, in: *Ponsolds* Lehrbuch der gerichtlichen Medizin, 2. Aufl 1957, S. 1–79; *ders,* Empfiehlt es sich, dass der Gesetzgeber die Frage der ärztlichen Aufklärungspflicht regelt?, Gutachten f d 44. Deutschen Juristentag, 1962; *Seidler,* Der politische Standort des Arztes im Zweiten Kaiserreich, in: *Mann/Winau* (Hrsg), Medizin, Naturwissenschaft, Technik und das Zweite Kaiserreich, 1977, S. 87–101; *Taupitz,* Das Berufsrisiko des Arztes: Entwicklung, Steuerung und Risikominimierung, MedR 1995, 475–482; *Thomas* (Hrsg), Menschlichkeit der Medizin, 1993; *Tröndle,* Antworten auf Grundfragen. Ausgewählte Beiträge eines Strafrechtskommentators aus drei Jahrzehnten, 1999; *Ulsenheimer,* Arztstrafrecht in der Praxis, 4. Aufl 2008.

I. Die drei Grunderfordernisse

1. Einführung. Das ärztliche Handeln muss, wenn es beruflich legitim sein und vor dem Recht bestehen soll, **drei Grundvoraussetzungen** genügen. Erstens erfordert der ärztliche Eingriff eine Indikation, das heißt, der berufliche Heilauftrag muss die vorgesehene Maßnahme umfassen und gebieten. Inhalt und Umfang des Heilauftrages bemessen sich nach fachmedizinischen wie berufsethischen Maßgaben. Prognostisch muss der Eingriff eine Besserung beim Kranken erwarten oder jedenfalls erhoffen lassen. Zweitens bedarf der Arzt der Einwilligung seines aufgeklärten Patienten oder jedenfalls dessen mutmaßlicher Einwilligung oder der Zustimmung des gesetzlichen Vertreters, des Betreuers oder des Vormundschaftsgerichts. Der informed consent bildete das wohl umstrittenste und am meisten diskutierte Thema des jüngeren Arztrechts.[1] Drittens schließlich hat der Arzt beim Vollzug seines Eingriffs den fachlichen Regeln und wachsenden Sorgfaltspflichten zu genügen.

2. Indikation, informed consent, lex artis. Die drei zusammenhängenden, nebeneinander erforderlichen Elemente rechtmäßigen ärztlichen Eingreifens – **Indiziertheit, Einwilligung nach Aufklärung und Verfahren lege artis** – haben ihre historischen Voraussetzungen, und ihre Standards befinden sich weiter im Fluss. Die Perfektion der

---

[1] Zur jüngeren Entwicklung die Nachweise von *Laufs,* NJW 1996, 1577 f, NJW 1997, 1613 ff, NJW 1998, 1755 f, NJW 1999, 1765 f, NJW 2000, 1760 f; *Spickhoff,* NJW 2001, 1760 ff, NJW 2002, 1762 f, NJW 2003, 1707 f, NJW 2004, 1716 f, NJW 2005, 1698 f, NJW 2006, 1634 ff, NJW 2007, 1632 f, NJW 2008, 1640 f.

2. Kapitel. Grundbegriffe des Arztrechts 3–6 §6

Technik[2] gebietet immer erneute Bedachtnahme auf den Schutz des Patienten, dessen Persönlichkeitsrechte in einer weithin verwalteten, verplanten, automatisierten, naturwissenschaftlich-technisch schnell fortschreitenden Zivilisation gesteigerte Vorsicht verlangen. Die notwendige rechtliche Kontrolle der Medizin darf indessen nicht zu einer vollständigen juristischen Organisation des Verhältnisses zwischen Arzt und Patient führen, weil in ihr der Dienst et corde et manu erstickte. Für den angemessenen Umfang der Rechtskontrolle gibt es keine einprägsame Formel. Nur ein behutsames, differenziertes Erwägen vermag die Spannungen auszugleichen. Der Blick auf die drei genannten Elemente rechtmäßigen ärztlichen Verhaltens erleichtert die Durchdringung der Probleme. Sie bleiben gleichsam die Archimedischen Punkte im juristischen Dickicht des Rechts- und Sozialstaats.

II. Der ärztliche Heilauftrag

1. Grenzsituationen. Er richtet sich nach **naturwissenschaftlich-medizinischen Standards** und nach den **sittlichen Ansprüchen** des Berufs. „Ärztinnen und Ärzte üben ihren Beruf", so die Muster-Berufsordnung, „nach ihrem Gewissen, den Geboten der ärztlichen Ethik und der Menschlichkeit aus."[3] Das Recht nimmt arztethische Grundsätze in sich auf und gibt – wie gezeigt – dem Gewissen des Arztes Raum. 3

Mit den medizinischen Errungenschaften haben sich auch die Konflikte vermehrt, die den Gewissensentschluss des Arztes herausfordern. „Wenn man als alter Arzt", so berichtet der Chirurg *Werner Wachsmuth* in der Summe seines Lebenswerkes,[4] „mehr als ein halbes Jahrhundert diese rasante, mit der industriellen Revolution einhergehende Entwicklung sehenden Auges miterlebt hat, erkennt man, fern von modischer Technikfeindlichkeit und romantischer Verklärung früherer Zustände, die zunehmende Zahl von tiefgreifenden ärztlichen Konfliktsituationen." Diese führen im heutigen Berufsalltag des Arztes nicht selten an die Grenzen des Rechts in fast allen Fächern, nicht nur in der Intensiv- und der Transplantationsmedizin, in der Pränataldiagnostik oder bei den klinischen Studien. 4

2. Professionalisierung. Die Berufsregel setzt einen **durchgeformten Berufsstand** voraus. Zu einem solchen stiegen die Ärzte **im 19. Jahrhundert** auf. Im Prozess der Professionalisierung gewannen sie ein tendenzielles Monopol auf dem Markt für medizinische Dienstleistungen, eine durch wissenschaftliche Spezialausbildung begründete Expertenposition, hohen Sozialstatus und weitgehende berufliche Autonomie, nämlich die Freiheit von Kontrollen durch berufsfremde Instanzen.[5] 5

Die deutsche Ärzteschaft formierte sich im Verlauf des vorigen Jahrhunderts. Nur eine einheitlich ausgebildete, homogene Berufsgruppe konnte das Gebiet der medizinischen Dienste erweitern. Die unterschiedlich instruierten und verschieden berechtigten niederen 6

---

[2] So der Titel des Buches von *Friedrich Georg Jünger*, 5. Aufl 1968.
[3] MBO § 2 Abs 1. Über das sich mächtig ausweitende medizinische Tätigkeitsfeld bereits *Laufs*, Der ärztliche Heilauftrag aus juristischer Sicht, 1989; vgl ferner zur Entwicklung des Berufsstandes das eingangs genannte Buch von *Jütte*, zur ärztlichen Selbstverwaltung *Taupitz*, MedR 1998, 1ff. „§ 2 MBOÄ konkretisiert die Programmnorm des § 1 im Hinblick auf die Berufspflichten des Arztes"; ausführlich dazu *Ratzel/Lippert*, Kommentar, 37 ff.
[4] Reden und Aufsätze 1930–1984, 1985, 295.
[5] Instruktiv *Huerkamp*, Der Aufstieg der Ärzte im 19. Jahrhundert. Vom gelehrten Stand zum professionellen Experten: Das Beispiel Preußens, 1985; vgl auch *Göckenjan*, Kurieren und Staat machen. Gesundheit und Medizin in der bürgerlichen Welt, 1985. Zur Wandlung des Arztideals *Diepgen* Universitas 5, 1950, 1331 ff, 1461 ff. Siehe ferner *Labisch/Spree* (Hrsg), Medizinische Deutungsmacht im sozialen Wandel des 19. und frühen 20. Jahrhunderts, 1989; *Seidler*, Der politische Standort des Arztes in Zweiten Kaiserreich, in: *Mann/Winau* (Hrsg), Medizin, Naturwissenschaft, Technik und das Zweite Kaiserreich, 1977, 87 ff.

Ärztekategorien mussten weichen. Das preußische Reglement von 1852[6] ließ nur noch den durch die Universität geformten „praktischen Arzt, Wundarzt und Geburtshelfer" gelten. Hinzu kam eine stark wachsende Nachfrage nach den Diensten der akademischen Ärzte infolge des Ausgreifens der Gesundheitspolizei und des sich ausbreitenden Versicherungsschutzes. Das durch die Universität vermittelte **professionelle Expertenwissen**, mehr und mehr Naturwissenschaft anstelle von Philosophie und anderer Geisteswissenschaft, verlieh dem Arzte eine Dominanz, die sein Verhältnis zum Patienten prägte. Die Vorgaben der **Krankenkassen** und die gesellschaftliche Überlegenheit des Arztes gegenüber den Patienten, die zunehmend auch aus den Unterschichten kamen, taten ein Übriges, um die Autorität der Mediziner zu erhöhen. Zu den preußisch-deutschen Besonderheiten, die den **Aufstieg der deutschen Ärzte** von dem ihrer englischen oder amerikanischen Kollegen unterschieden, gehört die herausragende Rolle des Staates im Prozess der Professionalisierung. Das Studium der Ärzte fand in staatlich finanzierten und kontrollierten Universitäten statt. Der Staat überwachte die Zulassung der Ärzte und ihr berufliches Verhalten. Er erließ **Medizinalordnungen** mit Qualifikationserfordernissen und Kompetenzgrenzen. Die Honoraransprüche richteten sich nach staatlich festgelegten Taxen. Die Eingebundenheit in öffentliches Recht: der Diensteid, die disziplinarische Gleichstellung mit den Beamten, die unentgeltlich zu leistenden Dienste für Behörden, etwa das Abfassen von Sanitätsberichten, ließen den Arzt als Staatsdiener erscheinen.[7]

7   Seit den vierziger Jahren des 19. Jahrhunderts, gesteigert seit der bürgerlichen Revolution, stieß dieses Verhältnis zum Staat auf zunehmende Kritik der Ärzte, die sich auch entschieden gegen die Pflicht zur Hilfeleistung wehrten. Diese Pflicht hatte das preußische Strafgesetzbuch 1851 sanktioniert. Dessen § 200 lautete:[8] „Medizinalpersonen, welche in Fällen einer dringenden Gefahr ohne hinreichende Ursache ihre Hülfe verweigern, sollen mit Geldbuße von zwanzig bis zu fünfhundert Thalern bestraft werden." Durch diesen **gesetzlichen Heilauftrag** und die aus ihm folgenden Interventionen sahen die Ärzte sich über Gebühr eingeschränkt. Ihre Wortführer zogen gegen einen solchen **Kurierzwang** zu Felde, der nach ihrer Ansicht dem richterlichen Ermessen zu breiten Raum und vielfach zu Denunziationen Anlass gab, auch – wie es hieß – „dem Arzte eine ganz unerhörte Ausnahmestellung von allen übrigen Ständen der Gesellschaft" anweise.[9] Auf Betreiben vornehmlich der Berliner Medizinischen Gesellschaft und im Zusammenhang mit dem Erlass der Gewerbeordnung des Norddeutschen Bundes im Jahre 1869 fiel der Kurierzwang, außerdem das in § 199 des preußischen Strafgesetzbuches enthaltene **Kurpfuschereiverbot**,[10] das sich gegen Heilmaßnahmen nicht vorschriftsmäßig Approbierter wandte. Für eine vom Staat unabhängige Position gaben die Wortführer der Ärzte das Kurpfuschereiverbot preis, wobei sie den liberalen Grundsatz bemühten, jedermann müsse das Recht zustehen, sich von dem Helfer behandeln zu lassen, zu dem er das meiste Vertrauen habe. Kurz, alle Zwangsmaßregeln und Konzessionshürden sollten als „Überbleibsel eines

---

[6] *v Rönne*, Das Staats-Recht der Preußischen Monarchie Bd 2, 1872, 213 f. Vgl allgemein auch *Finkenrath*, Die Medizinalreform. Die Geschichte der ersten deutschen ärztlichen Standesbewegung von 1800 bis 1850, 1929; *Pistor*, Die Organisation des Medizinalwesens und des ärztlichen Standes, in: Zentralkomm f d ärztl Fortbildungswesen in Preußen (Hrsg), Ärztliche Rechtskunde. Zwölf Vorträge, 1907, 162 ff.

[7] Zum Ganzen *Huerkamp* (Fn 5). Zum Aufstieg der modernen Gerichtsmedizin (seit 1968 Rechtsmedizin) im 19. Jahrhundert *Mallach* (Hrsg), Geschichte der Gerichtlichen Medizin im deutschsprachigen Raum, 1996; *Madea* (Hrsg), 100 Jahre Deutsche Gesellschaft für Gerichtliche Medizin/Rechtsmedizin. Vom Gründungsbeschluss 1904 zur Rechtsmedizin des 21. Jahrhunderts, 2004.

[8] *Beseler*, Kommentar über das StGB für die Preußischen Staaten, Teil 2, 1851, 383 ff; *Goltdammer*, Die Materialien zum StGB für die Preußischen Staaten, Teil 2, 1852, 432 f; *Oppenhoff*, Das StGB für die Preußischen Staaten, 1861, 307.

[9] *Huerkamp* (Fn 5), 256. Zur Standespolitik allgemein der Protagonist *Richter*, Schriften zur Medicinalreform, 1865.

[10] Vgl Fn 8: *Beseler*, 382 f; *Goltdammer*, 430 ff; *Oppenhoff*, 303 ff.

2. Kapitel. Grundbegriffe des Arztrechts

Bevormundungssystems" der Vergangenheit angehören. Die Gewerbeordnung von 1869 erklärte die ärztliche Tätigkeit zum Gewerbe, das jeder ausüben konnte. Nur der Titel Arzt blieb den Approbierten vorbehalten und geschützt.[11]

Längst bevor die **Reichsärzteordnung von 1935** die Ärzte aus der **Gewerbeordnung** wieder herausnahm,[12] hatte sich Widerspruch gegen das Gesetz von 1869 zu Wort gemeldet. Denn der Status des freien Gewerbetreibenden brachte dem Arzt auch Nachteile: die ungehinderte Konkurrenz durch Laienheiler und weniger Einfluss auf die staatliche Medizinalpolitik. Außerdem fehlte ein Ersatz für die frühere staatliche Kontrolle über die Medizinalpersonen. Deswegen bemühte sich die organisierte Ärzteschaft zunehmend darum, ihren durch die Gewerbeordnung definierten rechtlichen Status zu revidieren – nicht ohne Erfolg. Die meisten deutschen Staaten, Preußen 1887, führten das Kammersystem ein, das die Ärzteschaft an der öffentlichen Gesundheitspolitik beteiligte.[13] Außerdem erhielten die Ärzte nach dem Vorbild der Anwälte staatlich beaufsichtigte Ehrengerichte.[14] Der **professionellen Autonomie** durchaus zugute kam auch die **gesetzliche Krankenversicherung,**[15] die dem ärztlichen Beruf ein breites Feld erschloss und eine immer stärker zu Buch schlagende materielle Grundlage verschaffte. Im Ringen der Berufsorganisationen mit den Kassen setzten die Ärzte ihren Anspruch auf den Status autonomer professioneller Experten erfolgreich durch.

3. Geltung des Rechts. Der Weg aus der Gebundenheit einer beamtenähnlichen Medizinalperson zum Glied eines freien Berufsstandes führte den Arzt unter die **Ge- und Verbote des für jedermann geltenden Rechts,** in dessen allgemeine Normen und Wertungen die Regeln der Profession einflossen. Danach bestimmten sich grundsätzlich auch Inhalt und Ausmaß des Heilauftrages oder der ärztlichen Haftpflicht.

4. Lebensschutz, Sterbehilfe. Nach tief begründeter hippokratischer Tradition **darf der Arzt den Tod keinesfalls bringen.**[16] Seit alters steht der Arzt ein für das Leben. Lange bildete die Frage nach den Grenzen des Lebensschutzes kein grundsätzliches Problem. Sie geht im Zeichen der technischen Fortschritte dahin, ob und in welchem Ausmaß Grenzräume am Anfang und am Ende des menschlichen Lebens bestehen, in denen bestimmte Formen leiblicher Existenz als verfügbar erscheinen. So brauchte der Gesetzgeber der Jahrhundertwende den Todesrealbegriff nicht zu bestimmen, die **Todeszeit** nicht an feste Merkmale zu binden. In seinem „System des heutigen Römischen Rechts" schrieb *Friedrich Carl von Savigny* 1840: „Der Tod, als die Gränze der natürlichen Rechtsfähigkeit, ist ein so einfaches **Naturereignis,** dass derselbe nicht, so wie die Geburt, eine

---

[11] Identisch mit § 29 RGewO; dazu *Kah,* Die Gewerbe-Ordnung des Deutschen Reichs, Erläuterung, 1873, 48 ff, 51.

[12] § 85 RÄO v 13.12.1935, RGBl I, 1433. Vgl *Landmann-Rohmer,* Gewerbeordnung, Kommentar, neubearb v *Eyermann/Fröhler,* Bd 1, 11. Aufl 1956, § 29 Nr 3.

[13] Zur Entwicklung der berufsständischen Selbstverwaltung *v Eyll,* in: *Jeserich/Pohl/v Unruh* (Hrsg), Deutsche Verwaltungsgeschichte Bd 3, 1984, 71 ff, 82 f.

[14] Vgl die dreibändige Edition *Heile/Mertens/Pottschmidt/Wandtke* (Hrsg), Sammlung von Entscheidungen der Berufsgerichte für die Heilberufe, Stand 1999; *Markwardt,* Vergleichende Untersuchung der Rechtsprechung des BGH und der Berufsgerichte zur Strafbarkeit und Ahndung des ärztlichen Behandlungsfehlers, 1994.

[15] Vgl das nachstehende 6. Kap: *Krauskopf* zum Vertragsarztrecht.

[16] „Ich werde nie jemandem ein tödlich wirkendes Gift geben, auch auf eine Bitte nicht und auch keinen Rat dazu erteilen"; *Deichgräber,* Der hippokratische Eid, 4. Aufl 1983, 31. – Die Verbrechen im Zeichen des Hakenkreuzes mahnen; vgl neben den bereits genannten Titeln (§ 4 Fn 39) den Bd Medizin im Nationalsozialismus, 1988 (Kolloquien d Instituts f Zeitgeschichte). – Vgl allgemein *Bernat,* Anfang und Ende des menschlichen Lebens. Eine übernationale juristische Bibliographie, 1994; *Eser/Koch* (Hrsg), Materialien zur Sterbehilfe, 1991. Vgl. auch *Schumann,* Dignitas-Voluntas-Vita. Überlegungen zur Sterbehilfe aus rechtshistorischer, interdisziplinärer und rechtsvergleichender Sicht, 2006.

genauere Feststellung seiner Elemente nöthig macht."[17] Der Gesetzgeber konnte sich auf die Medizin verlassen, die mit dem klinischen Tod, dem Herz- und Atemstillstand, ein augenfälliges und auch juristisch brauchbares Kriterium besaß. Inzwischen hat die Wirklichkeit des Todes ein differenzierteres Gesicht gewonnen. Vor einigen Jahrzehnten stellten die Chancen der künstlichen **Reanimation** wie das steigende Bedürfnis nach frühzeitiger **Transplantation** noch voll vitaler Organe den klinischen Tod gleichermaßen in Frage. Die weltweit anerkannte Konvention und das deutsche Transplantationsgesetz von 1997 (TPG) bestätigten das **normative Datum** des Hirntodes; es markiert überzeugend die Scheidelinie.[18] Die Kriterien und Methoden der Hirntodfeststellung – medizinisch-empirische Größen – dürfen diese normative Grenze nicht verletzen.

Schwierige Fragen, vor denen der Arzt in der Grenzzone zwischen Leben und Tod steht, haben inzwischen tragfähige Bescheide erfahren, in denen Medizin und Recht zusammenkommen und die Indikation bestimmen.[19] Weil ein rechtlich geschütztes Interesse an der **Lebensfristung durch Sterbensverlängerung** fehlt, braucht der Arzt durch therapeutisch nutzlose Maßnahmen das bloße Sterben nicht zu verlängern. Das mit juristischen Mitteln kaum mehr erfassbare Risiko einer unbeabsichtigten Lebensverkürzung, das mit dringenden Injektionen schmerzstillender Mittel einhergeht, darf der behutsame Arzt eingehen.[20]

11   Ärzte und Juristen haben vorbildlich zusammengewirkt bei der Resolution zur Behandlung Todkranker und Sterbender der Deutschen Gesellschaft für Chirurgie[21] und bei den **Richtlinien für die Sterbehilfe** der Bundesärztekammer[22] – Maßgaben, die medizinischen Erfordernissen zu genügen und zugleich das Recht zu wahren suchen. Das gilt

---

[17] Bd 2, 17.
[18] *Laufs*, Der Nervenarzt 1985, 399 ff. Vgl ferner *Bundesärztekammer* ua (Hrsg), Weißbuch. Anfang und Ende menschlichen Lebens. Medizinischer Fortschritt und ärztliche Ethik, 1988, 123 ff; außerdem die Stellungnahme d Wiss Beirats d BÄK: Kriterien d Hirntodes. Entscheidungshilfen z Feststellung d Hirntodes, DÄBl 1997, A 1296; zur gewachsenen Rolle der BÄK § 16 TPG. Siehe ferner die bibliographischen Nachweise bei *Laufs*, NJW 1995, 1593 f, NJW 1996, 1579, NJW 1997, 1617, NJW 1998, 1754 f. – § 3 Abs 2 Nr 2 TPG: „der endgültige, nicht behebbare Ausfall der Gesamtfunktionen des Großhirns, des Kleinhirns und des Hirnstamms". Vgl ferner *Kühl*, StGB-Kommentar, 26. Aufl 2007, RdNr 4 vor § 211, auch mit den kritischen Stimmen.
[19] Erhellend *v Lutterotti*, Menschenwürdiges Sterben. Kann sich die Gesellschaft auf das Gewissen des Arztes verlassen?, 2. Aufl 1987. – Vgl ferner den Alternativentwurf eines Gesetzes über Sterbehilfe, 1986, und die Verhandlungen des 56. DJT 1987 (Nachweise bei *Laufs* NJW 1987, 1451 f und NJW 1988, 1502 f, außerdem NJW 1996, 763 f und 1573 f, NJW 1997, 1616, NJW 1998, 1752 f, NJW 1999, 1761 f, NJW 2000, 1765). Vgl auch *A W Müller*, Tötung auf Verlangen – Wohltat oder Untat, 1997, ferner: *Frewer/Eickhoff* (Hrsg), „Euthanasie" und die aktuelle Sterbehilfe-Debatte. Die historischen Hintergründe medizinischer Ethik, 2000; *Gordijn/ten Have* (Hrsg), Medizinethik und Kultur. Grenzen medizinischen Handelns in Deutschland und den Niederlanden, 2000; *Reuter*, Die gesetzliche Regelung der aktiven ärztlichen Sterbehilfe des Königsreichs der Niederlande – ein Modell für die Bundesrepublik Deutschland?, 2. Aufl 2002. Siehe auch *Taupitz* (Hrsg), Zivilrechtliche Regelungen zur Absicherung der Patientenautonomie. Eine internationale Dokumentation, 2000, ferner neuerdings *Duttge* ua, Preis der Freiheit. Zum Abschlussbericht der Arbeitsgruppe „Patientenautonomie am Lebensende", 2004; *Kettler/Simon/Anselm/Lipps/Duttge* (Hrsg), Selbstbestimmungen am Lebensende, 2006; *Schmidt-Recla*, Voluntas et vita: Tertium non datur. Über Behandlungsabbruch, Patientenverfügung und artifizielle Ernährung, MedR 2008, 181 ff.
[20] BGHSt 42, 301 = NJW 1997, 807: „Eine ärztlich gebotene schmerzlindernde Medikation entsprechend dem erklärten oder mutmaßlichen Patientenwillen wird bei einem Sterbenden nicht dadurch unzulässig, dass sie als unbeabsichtigte, aber in Kauf genommene unvermeidbare Nebenfolge den Todeseintritt beschleunigen kann (im Anschluss an BGHSt 37, 376 = NJW 1991, 2357); dazu *Verrel* MedR 1997, 248 ff.
[21] Abgedr in dem in Fn 18 genannten Weißbuch, 161 ff.
[22] Mit Kommentar im DÄBl 1979, 957 ff; Weißbuch (Fn 18), 156 ff. Die BÄK aktualisierte ihre Richtlinien unter dem Eindruck einer anhaltenden öffentlichen Debatte: DÄBl 1993, A 2404 f. Die medizinisch-ethischen Richtlinien für die ärztliche Betreuung sterbender und zerebral schwerstge-

auch für die nach intensiver, öffentlicher Diskussion von der Bundesärztekammer publizierten Grundsätze zur ärztlichen Sterbebegleitung. Sie lehnen die aktive Sterbehilfe kategorisch ab und verwehren auch den Behandlungsabbruch. Allerdings stellt sich die Frage nach der einseitigen („objektiven") Begrenzung ärztlicher Lebenserhaltung mit ihren noch bestehenden begrifflichen Unsicherheiten weiterhin.[23] Wenn lebensverlängernde, intensiv-medizinische Eingriffe nicht mehr angezeigt sind, treten palliativ-medizinische und pflegerische Maßnahmen an ihre Stelle.[24]

5. Konflikte am Lebensbeginn. Wohl problematischer, weil noch stärker vom Dissens betroffen, stellen sich die **Konflikte am Beginn des menschlichen Lebens** dar. Was in der Aufklärungsepoche galt, hat seine Selbstverständlichkeit eingebüßt. „Die allgemeinen Rechte der Menschheit", so das Preußische Allgemeine Landrecht 1794, „gebühren auch den noch ungebornen Kindern, schon von der Zeit ihrer Empfängniß."[25] In den offiziösen Anmerkungen zum Feuerbachschen Strafgesetzbuch Bayerns aus dem Jahre 1813 findet sich der Satz: „Daß an Embryonen sowohl als an abgelebten Greisen und den Tod erwartenden Kranken oder des Todes schuldigen Verbrechern, desgleichen an allen Menschen ohne Unterschied der Nation, Religion, Standes und Alters das Verbrechen der Tötung begangen werden könne, ist mit dem Worte Mensch ausgesprochen."[26]

Die Berufsordnung für die deutschen Ärzte kennt das **Gelöbnis:** „Ich werde jedem Menschenleben von der Empfängnis an Ehrfurcht entgegenbringen." Sie setzt das Thema dann an anderer Stelle fort mit den Worten: „Ärztinnen und Ärzte sind grundsätzlich verpflichtet, das ungeborene Leben zu erhalten. Der Schwangerschaftsabbruch unterliegt den gesetzlichen Bestimmungen."[27] Mit diesem jüngeren, salvatorischen Zusatz zog sich die Standesvertretung auf ein Gesetz zurück, welches das zweite Fristenregelungsurteil des BVerfG[28] in wesentlichen Teilen für verfassungswidrig erklärte. Das diesem Erkenntnis folgende Schwangeren- und Familienhilfeänderungsgesetz von 1995[29] brachte ein Beratungskonzept, das die Fristenlösung nur wenig verhüllte und die **Abtreibungspraxis** nicht durchgreifend veränderte. Ärzte tragen zu diesem Verhängnis bei. Die Ärzteschaft zeigt sich in dieser Grundfrage des Lebensschutzes gespalten: Es gibt Ärzte, die den weitgefassten gesetzlichen Möglichkeiten des § 218a StGB ablehnend gegenüberstehen, und solche, die sie nutzen oder gar gerichtlich einen Rechtsanspruch darauf geltend machen, als Einrichtung für die Vornahme ambulanter Schwangerschaftsabbrüche zugelassen zu

---

schädigter Patienten der Schweizerischen Akademie der Medizinischen Wissenschaften in: NJW 1996, 767 ff.

[23] *Duttge*, NStZ 2006, 479 ff.

[24] DÄBl 1998, A 2365, mit einleitendem Kommentar von *Beleites*; NJW 1998, 346. Der neue Text folgt der Rechtsprechung (insbes BGHSt 40, 257 = NJW 1995, 204) und den Richtlinien der Schweizerischen Akademie d Med Wiss (NJW 1996, 767 ff), indem er die Autonomie des Patienten betont und Patientenverfügungen, Betreuungsverfügungen und Vorsorgevollmachten Raum gibt. Vgl auch die Nachweise von *Laufs*, NJW 1999, 1761 f und *Spickhoff*, NJW 2005, 1703.

[25] ALR I 1 § 10. Ähnlich das ABGB, vgl *Selb*, in: *IMABE* u a (Hrsg), Der Status des Embryos, 1989, 170 ff.

[26] Vgl auch *Laufs*, Medizin und Recht im Zeichen des technischen Fortschritts, 1978 (Akademie-Rede), 10 ff, ferner *Spaemann*, Personen. Versuche über den Unterschied zwischen „etwas" und „jemand", 2. Aufl 1998.

[27] Gelöbnis; § 14 Abs 1 MBO-Ä; eingehend kommentiert von *Ratzel/Lippert*.

[28] BVerfGE 88, 203 = NJW 1993, 1751.

[29] BGBl I, 1050. Zu dem gesamten, hochproblematischen Komplex *Tröndle/Fischer*, StGB-Kommentar, 5. Aufl 2008, vor § 218; *Lackner/Kühl*, StGB-Kommentar, 26. Aufl 2007, vor § 218. Vgl auch *Kuhlmann*, Abtreibung und Selbstbestimmung. Die Intervention der Medizin, 1996; ferner die bibliographischen Nachweise bei *Laufs* NJW 1995, 1591 f, NJW 1996, 1573, NJW 1997, 1616; NJW 1998, 1752; außerdem *Ellwanger* (Hrsg), Schwangerschaftskonfliktgesetz, 1997. Zu den bayer Sonderregelungen *Lackner/Kühl*, kritisch hingegen *Seckler* NJW 1996, 3049 ff.

werden. Die neue Muster-Berufsordnung hat die Gespaltenheit der Ärzteschaft noch akzentuiert, indem sie dem Satz: „Der Arzt kann nicht gezwungen werden, einen Schwangerschaftsabbruch vorzunehmen", den Zusatz beigab: „oder ihn zu unterlassen."[30]

14   Die zweifelhafte höchstrichterliche Spruchpraxis zu den **Nachkommenschaftsschäden** schwächt den ohnehin bemessenen Schutz des ungeborenen Lebens zusätzlich.[31] Den Arzt, der den Weg zum Schwangerschaftsabbruch übersieht und nicht eröffnet, treffen harte Rechtsfolgen, nämlich eine Unterhaltslast, den fahrlässig einen Abort verursachenden Mediziner nicht. – Ärzte sehen sich vermehrt von jüngeren Schwangeren gedrängt, eine Indikation zur Amniocentese zu stellen. Dieser risikobelastete diagnostische Eingriff gefährdet aber den Nasciturus unabhängig von dem Befund. Die Fortschritte bei der Diagnostik genetischer Krankheiten in der pränatalen Medizin führen Ärzte und Eltern vor Entscheidungen um Leben und Tod.[32]

15   **6. Deutscher Ärztetag und Fortpflanzungsmedizin.** Weit vorgewagt hatte sich der **Deutsche Ärztetag** mit seinen Beschlüssen im Jahr 1985 **zur In-vitro-Fertilisation und zum Embryotransfer,**[33] die er – unter Einschränkungen – als ärztliche Tätigkeiten zur Therapie der Sterilität anerkannte, ohne die Ergebnisse der erst in Gang gekommenen rechtlichen Diskussionen auch nur abzuwarten.[34] Die extrakorporale Befruchtung zeigt den Mediziner in der neuen Rolle eines Schöpfers, der mit aufwendigen naturwissenschaftlichen Mitteln, durch Kontrollen und Selektionen im wahrsten Sinne des Wortes kreativ verfährt und der damit mehr ist als ein minister naturae.[35] Noch hat der Bundesgesetzgeber von seiner Kompetenz für ein Fortpflanzungsmedizingesetz keinen Gebrauch gemacht.

16   **7. Grenzen des Satzungsrechts.** Die Hauptsorge hat dem **Geschick des Embryos** zu gelten. „Da jedes menschliche Leben Würde besitzt, muss Würde auch der Eizelle vom

---

[30] § 14 Abs 1 MBO-Ä.
[31] Übersichtlich und zustimmend *Grunsky* Jura 1987, 82; *Waibl* NJW 1987, 1513; zu Recht kritisch und ablehnend *Stürner* Jura 1987, 75; vgl ferner die ebenso tiefschürfende wie scharfsinnige Kritik von *Picker,* Schadensersatz für das unerwünschte Kind (wrongful birth), AcP 195, 1995, 483–547, auch *ders,* Schadensersatz für das unerwünschte eigene Leben: wrongful life, 1995, mit Rez *Laufs* NJW 1996, 1585 f, auch 1573; ferner *Laufs* NJW 1998, 796 ff. Die umfangreiche Literatur wächst weiter an wie die ausgedehnte Judikatur (vgl die Nachweise von *Spickhoff,* NJW 2005, 1699 f und NJW 2007, 1633 f).
[32] Zu den rechtlichen Problemen der Pränataldiagnostik *Laufs* MedR 1990, 231 ff, NJW 1998, 1753 f, NJW 1999, 1762 f, NJW 2000, 1765 f mwN; *Hepp,* Der Frauenarzt 1996, 678 ff; *Schroeder-Kurth,* Selbstbestimmung und Manipulation. Zum menschenwürdigen Umgang mit den Möglichkeiten der medizinischen Genetik, 1996. Vgl ferner *Gerl-Falkowitz,* auch *Wildfeuer* in: Zeitschr f med Ethik 1997, 103 ff, 131 ff, u *Honecker* ebenda, 1997, 199 ff.
[33] *Laufs,* Fortpflanzungsmedizin und Arztrecht, 1992, *Bernat* (Hrsg), Die Reproduktionsmedizin am Prüfstand von Recht und Ethik, 2000. Vgl ferner die Dokumentation *Eser/Koch/Wiesenbart* (Hrsg), Regelungen der Fortpflanzungsmedizin und Humangenetik, 2 Bde, 1990, außerdem die Beiträge von *Strowitzki/Hepp, Wuermeling, Autiero* und *Bauer,* in: Zeitschr f med Ethik 1996, 253 ff. Siehe neuerdings *Felberbaum/Bühler/van der Ven,* Das Deutsche IVF-Register 1996–2006, 2007.
[34] BO § 6 a aF, sodann § 9 der Fassungen 1993 (DÄBl 1994, A 54) und 1995 (DÄBl 1996, A 408). Die MBO-Ä 1997 enthält die Spezialvorschrift in den ergänzenden Bestimmungen zu einzelnen ärztlichen Berufspflichten (D), Nr 15. Richtlinien d BÄK DÄBl 1985, 1691 ff, Fortschreibung DÄBl 1988, 3605 ff und – nach den Maßgaben des Embryonenschutzgesetzes – geändert DÄBl 1994, A 58 ff und DÄBl 1996, A 415 ff. Maßgebend sind inzwischen nur noch die „Richtlinien zur Durchführung der assistierten Reproduktion": DÄBl 1998, A 3166 ff. Der Ärztetag handelte, um der Entwicklung nicht ganz außer Kontrolle geraten zu lassen und erkennbaren Mißbräuchen entgegenzuwirken. Das Embryonenschutzgesetz v 13.12.1990 (BGBl I 2746) hat die Rechtslage geklärt und verändert; Kommentar von *Keller/Günther/Kaiser,* 1992, vgl nachst § 129 VI, dort die neuere Literatur, auch zur Stammzellen-Problematik. Zu DNr 15 der MuBo der Kommentar von *Ratzel/Lippert,* 437 ff.
[35] Die herkömmliche Rolle des Arztes.

2. Kapitel. Grundbegriffe des Arztrechts 17–19 § 6

Augenblick der Befruchtung an – und unabhängig von der Art der Befruchtung – zukommen." *Wolfgang Graf Vitzthum* hat das Verdienst, diesen Hauptsatz prinzipiell für die Gentechnologie und die Reproduktionsmedizin entfaltet zu haben.[36] Artikel 1 Abs 1 des Grundgesetzes zieht den faszinierenden und die Biowissenschaft verlockenden Verfahren Grenzen. So verletzt jedenfalls die embryonenverbrauchende Forschung die menschliche Würde und das Recht auf Leben. Die „Richtlinien zur Forschung an frühen menschlichen Embryonen" des Wissenschaftlichen Beirats der Bundesärztekammer vom Oktober 1985[37] ließen sich von diesem Satz nicht leiten; sie zeigten sich vielmehr beherrscht von zahlreichen Dissensen.[38] Die Standesvertretung erwies sich außerdem als für die vielschichtige Problematik nicht kompetent. Die Bundesärztekammer hat nicht die Befugnis, in **Mustersatzungen** und **Empfehlungen** die Schnittpunkte festzulegen, innerhalb derer der unabdingbare Schutz der Menschenwürde und des Lebensrechts stattfinden muss. Die Ärztekammern in den Ländern erlassen als Berufsvertretungen und Körperschaften des öffentlichen Rechts Satzungen, die neben anderen Inhalten auch die Berufsordnung zum Gegenstand haben. Selbstverständlich müssen sich die berufsordnenden **Kammersatzungen im Rahmen von Gesetz und Verfassung** halten. Sie dürfen jedenfalls nicht definieren, was menschliches Leben ist und innerhalb welcher Grenzen der Arzt es zu respektieren hat.

8. Mittelknappheit. Auch der Hinweis auf das Gewissen des einzelnen sittlich handelnden Arztes genügt hier nicht. Die unüberschreitbaren **Grenzen möglicher Gewissensbetätigung** liegen dort, wo die elementaren Zwecke des Staates unmittelbar bedroht sind; dazu gehören die Sicherheit von Leben und Freiheit der Person, die Gewährleistung der unbedingt zu schützenden Rechte der Einzelnen.[39] Sie zu bestimmen, ist eine Hauptfunktion der allgemeinen Verfassungs- und Rechtsordnung. 17

Die Frage gewinnt zunehmend an Gewicht, wieweit die Befugnis der Ärzteschaft und ihrer Mitglieder reicht, die Inhalte des Heilauftrags zu bestimmen und Konflikte nach eigenen Regeln und Kriterien autonom zu entscheiden. 18

Bei der **Begrenztheit der Mittel** führt hoher **Aufwand** an der einen Stelle oft zwangsläufig an der anderen zu Engpässen oder Mängeln. Darum wird der Arzt in Zukunft bei seiner Indikationsstellung mehr noch als bisher nicht nur den möglichen Nutzen für den individuellen Kranken, sondern auch die Konsequenzen für die Gesellschaft in ihrer Gesamtheit zu bedenken haben: Es gilt, überall möglichst präzise Indikationen für erfolgversprechende diagnostische und therapeutische Verfahren zu gewinnen.[40] 19

---

[36] MedR 1985, 249; ferner *Büchner,* Der Mensch in der Sicht moderner Medizin, 2. Aufl 1985. BVerfGE 88, 203, Leits 1: „Menschenwürde kommt schon dem ungeborenen menschlichen Leben zu". Vgl neuerdings *Hartleb,* Grundrechtsschutz in der Petrischale. Grundrechtsträgerschaft und Vorwirkungen bei Art 2 Abs 2 GG und Art 1 Abs 1 GG, 2006; *Maio* (Hrsg), Der Status des extrakorporalen Embryos. Perspektiven eines interdisziplinären Zugangs, 2007. Wichtig auch *Kersten,* Das Klonen von Menschen. Eine verfassungs-, europa- und völkerrechtliche Kritik, 2004. Gewichtig der Aufsatz von *Böckenförde,* Menschenwürde als normatives Prinzip. Die Grundrechte in der bioethischen Debatte, JZ 2003, 809 ff.

[37] DÄBl 1985, 3757.

[38] Kritisch zur Standesauffassung im Allgemeinen *Kaufmann,* Schuld und Strafe, 2. Aufl 1983, 177.

[39] *Böckenförde,* Das Grundrecht der Gewissensfreiheit, in: VVDStRL 28, 1970, 33, 59.

[40] Vgl etwa *Lawin/Huth* (Hrsg), Grenzen der ärztlichen Aufklärungs- und Behandlungspflicht, 1982, insbes 115 *(Opderbecke).* Anderseits: „Der konkrete Patient ist nicht Teil einer unbestimmten Menge, für die der Arzt Verantwortung hat, sondern er ist in der Behandlungssituation selbst ganzer und ausschließlicher Gegenstand der Verantwortung", so *Spaemann* in seinem Aufsatz über die Herausforderung des ärztlichen Berufsethos, Scheidewege 22, 1992/93, 82 ff, 89 f. Vgl auch *Goetze,* Arzthaftungsrecht und kassenärztliches Wirtschaftlichkeitsgebot, 1989; *Künschner,* Wirtschaftlicher Behandlungsverzicht und Patientenauswahl, 1992; *Ulsenheimer/Berg,* Medizinischer Standard und Organisationsverantwortung in Zeiten knapper finanzieller Ressourcen, in: *Berg/Ulsenheimer* (Hrsg),

20 Vielfach wird der Arzt, etwa in der Intensiv- und der Neulandmedizin,[41] bei seinen Entschlüssen die Alternativen und Prognosen zu berücksichtigen haben, auf einen Beurteilungsspielraum angewiesen bleiben. Daneben werden sich vermehrt Probleme stellen, die eine Teilnahme der Versicherten- und der Rechtsgemeinschaft gebieten.

21 **9. Wunscherfüllende Medizin.** Die Indikation als normative Voraussetzung ärztlicher Intervention verliert in dem Maße an Gewicht, in dem neben der traditionellen indikationsgebundenen Medizin eine neue **wunscherfüllende Medizin** Raum gewinnt, die nicht der Bedürftigkeit des Kranken oder des in seiner Gesundheit gefährdeten Menschen abhilft, sondern dem Begehren, der bloßen Nachfrage folgt. Dabei scheint nicht mehr das Ob als vielmehr nur noch das Wie in ärztlicher Verantwortung zu stehen. Darunter fallen verschiedenartige Eingriffe. Bei der Blut- und Organspende unter Lebenden stehen jedenfalls die vitalen Bedürfnisse anderer Menschen auf dem Spiel. Bei der Wunschsectio[42] mag der Arzt immerhin noch Kontraindikationen abwägen. Bei der rituellen Beschneidung[43] geht es um religiöse Grundbedürfnisse. Das **Enhancement** in seiner vollen Ausprägung begegnet bei den kosmetisch-ästhetischen Operationen. Beim Schwangerschaftsabbruch, bei der artifiziellen Reproduktion und beim Doping drohen strafrechtliche Grenzen. Das gilt auch für die Wunschamputation, die das Verdikt der Sittenwidrigkeit nach § 228 StGB auf sich zieht.[44] Nicht in diesen Zusammenhang gehört das Handauflagen von Wunderheilern, das nicht als Ausübung der Heilkunde, der Medizin gilt und darum auch nicht nach dem Heilpraktikergesetz erlaubnispflichtig ist.[45]

Es „spricht viel dafür, einem weiteren Abdriften der Medizin in eine indikationslose Dienstleistungsveranstaltung entgegenzuwirken. Der traditionelle Heilauftrag sollte als paradigmatische Leitgröße entschieden im Zentrum gehalten werden. Daraus folgt, dass auch weiterhin nicht die Grundregeln der Indikationsmedizin, sondern Ausweitungstendenzen der **Wunschmedizin rechtfertigungsbedürfig** sind".[46]

III. Die Einwilligung des Patienten nach Aufklärung (informed consent, le consentement libre et éclairé)

22 **1. Ein Hauptthema.** Diese Ebene medizinischer Legitimation gehört seit den späten fünfziger Jahren **zu den am meisten erörterten Themen** des Arztrechts, ohne dass die dichte Folge von Judikaten und Beiträgen zum Abschluss gekommen wäre. Den Hintergrund bildet die Autonomie als zentraler Begriff im Selbstverständnis der Moderne. Voluntas aegroti prima lex. Die Aufklärungspflicht ist eine rechtliche Vorgabe: den Ärzten

---

Patientensicherheit, Arzthaftung, Praxis- und Krankenhausorganisation, 2006, 259 ff; *Arnold*, Die medizinische Versorgung zwischen Utopie und zunehmendem Kostendruck, 1997. Vgl im Übrigen die Literaturangaben § 2.

[41] *Kleinsorge/Hirsch/Weißauer* (Hrsg), Forschung am Menschen, 1985; *Jung*, Die Zulässigkeit biomedizinischer Versuche am Menschen. Eine rechtsvergleichende Untersuchung, 1996; *Lippert/Eisenmenger* (Hrsg), Forschung am Menschen. Der Schutz des Menschen – die Freiheit des Forschers, 1999; *Staak* ua, in: *Madea/Winter/Schwonzen/Radermacher* (Hrsg), Innere Medizin und Recht, 1996, 202 ff. Die neuere Literatur in § 130.

[42] *Ulsenheimer*, Geburtshilfe und Frauenheilkunde 2000, 61.

[43] LG Frankenthal MedR 2005, 243 (Problemstellung *Kern*); OLG Frankfurt aM NJW 2007, 3580, dazu *Kern/Köhler*, Beschneidung in Deutschland. Religionsfreiheit oder Körperverletzung, ÄBl Sachsen 2006, S104f; *Putzke*, NJW 2008, 1568. Zur Genitalbeschneidung bei Mädchen *Beck/Freundl*, Jb f Wissenschaft u Ethik 13, 2008, 225.

[44] *Nitschmann*, Chirurgie für die Seele? Eine Fallstudie zu Gegenstand und Grenzen der Sittenwidrigkeitsklausel, ZStW 119, 2007, 547 ff.

[45] BVerfG NJW 2004, 2890.

[46] *Damm/Schulte in den Bäumen*, Indikation und informed consent, KritV 2, 2005, 101, 135. – „Eine wertfreie Unterscheidung von Therapie und Enhancement scheitert": *Hornbergs-Schwetzel*, Jb f Wissenschaft u Ethik 13, 2008, 207, 219. – Ästhetische Operationen unterliegen der Umsatzsteuerpflicht, FG Köln MedR 2008, 690 (Problemstellung *Hohmann*).

2. Kapitel. Grundbegriffe des Arztrechts

von Juristen auferlegt.[47] Der Arzt soll, so die Grundregel, seinen Patienten persönlich und mündlich so unterrichten, dass dieser im Großen und Ganzen oder in groben Zügen erfährt, was mit ihm geschehen werde, und im Besitz dieses Wissens seinen eigenen Entschluss abwägen und damit seine Geschicke selbst mitbestimmen kann. Die **Kontroversen** gehen hauptsächlich um das **Maß der Risikoaufklärung** über Gefahren und mögliche vorübergehende oder dauerhafte Einbußen, die auch ein fehlerfreier Eingriff mit sich bringen kann. Im Schadensprozess trägt der Arzt, anders als im traditionellen französischen und nordamerikanischen Recht,[48] die Beweislast dafür, dass er hinlänglich aufgeklärt habe. Die Beweisvorsorge, die das deutsche Richterrecht dem Arzt auferlegt, hat den medizinischen Alltag verändert.

2. Risikoaufklärung. Die Grenzen der im Dienst der Selbstbestimmung des Kranken stehenden **Risikoaufklärung** lassen sich nur schwer bestimmen. Das Spannungsverhältnis zwischen salus und voluntas aegroti widerstrebt glatten Auflösungen.[49] Während der Arzt sich bei der Aufklärung über die allgemeinen, mit jedem Eingriff oder mit einer Vielzahl solcher verbundenen Risiken durchaus zurückhalten darf, müssen seine Aufschlüsse über die spezifischen Gefahren, die mit bestimmten Eingriffen einhergehen, nach der Spruchpraxis umso strengeren Ansprüchen genügen. Die Aufklärungspflicht besteht auch bei äußerst seltenen typischen Risiken, eingeschränkt freilich beim vital indizierten, dringenden Eingriff, wenn dem Rettung suchenden Patienten keine Wahl bleibt. Schwierigkeiten bereitet Ärzten wie Juristen nach wie vor die Abgrenzung der allgemeinen von den typischen Risiken.

Das Postulat, der **Patient solle entscheiden,** machte es sich zu einfach. Je bedrohlicher das Krankheitsbild und je komplexer die vorgeschlagene Therapie, desto mehr sieht sich der Patient – wenn er nicht dem Gleichgewicht der Schrecken vor der Prognose seiner Krankheit und den Risiken ihrer Behandlung überlassen bleiben soll – darauf angewiesen, von dem der salus aegroti verpflichteten Arzt intellektuell und psychologisch zu dem aus medizinischer Sicht richtigen Entschluss hingeführt zu werden. Der Patient darf vom Arzt Aufklärung wie Orientierung erwarten, Information wie Rat und Hilfe. Wenngleich sich die Gegensätze zwischen Medizinern und Juristen entspannt und sich manche Übereinkünfte gefunden haben, geht das Ringen um das rechte Maß der Aufklärung forensisch wie literarisch weiter. Die Frage bleibt, welche Information der einzelne Kranke in seiner individuellen Situation wann braucht, welche ihm zuträglich ist und welche er aufnehmen und verarbeiten kann und zu welchem Zeitpunkt er sie erhalten soll.

3. Im Schadensprozess. Im **Schadensprozess** hat sich die **Aufklärungsrüge** aus verschiedenen Wurzeln zu einem **Auffangtatbestand** entwickeln können, der dem klagenden Patienten eine weitere Prozesschance verschafft, wenn er einen Behandlungsfehler

---

[47] Auch wenn die Berufsordnung bemerkenswerterweise diese Pflicht erst spät – 1988 – in § 1a aufgenommen hat, ist sie von den Ärzten längst grundsätzlich anerkannt; MBO-Ä 1997, § 8, mit den Empfehlungen DÄBl 1990, A 1279ff; dazu *Rahel/Lippert*, Kommentar zur MuBo, 98 ff – „Der ethische Grundauftrag der heutigen Medizin liegt eindeutig in dem Wert, den es der Sprache bemisst oder verweigert": *Malherbe,* zitiert von *Peintinger,* Therapeutische Partnerschaft, Aufklärung zwischen Patientenautonomie und ärztlicher Selbstbestimmung, 2003, 437.

[48] Vgl *Eberhardt,* Selbstbestimmungsrecht des Patienten und ärztliche Aufklärungspflicht im Zivilrecht Frankreichs und Deutschlands, 1968; *Linzbach,* Informed Consent. Die Aufklärungspflicht des Arztes im amerikanischen und im deutschen Recht, 1980; *Roßner,* Begrenzung der Aufklärungspflicht des Arztes bei Kollision mit anderen ärztlichen Pflichten. Eine medizinrechtliche Studie mit vergleichenden Betrachtungen des nordamerikanischen Rechts, 1998. *Deutsch/Spickhoff,* Medizinrecht, RdNr 329, verweisen auf eine neuere Entscheidung des Franz. Kassationshofs, die den alten Kurs aufgibt und dem Arzt die Beweislast auferlegt.

[49] Salus ex voluntate, voluntas pro salute, salus et voluntas: *Wiethölter,* in: Stiftung z Förderung d wiss Forschung über Wesen u Bedeutung d freien Berufe (Hrsg), Die Aufklärungspflicht des Arztes, 1962, 71, 111.

nicht zur Überzeugung des Gerichts darzutun vermag. Steht heute das **Beweisrecht** als Grund dieser forensischen Verschiebung im Vordergrund, so lassen sich daneben auch historische Ursachen für das starke Vordringen der Aufklärungspflicht erkennen. Wenn der Gedanke eines zum Eingriff legitimierenden ärztlichen Berufsrechts sich nicht durchsetzen konnte, obwohl einflussreiche Gelehrte ihn um die Jahrhundertwende vertraten, so stand dies ganz im Einklang mit dem Geist der Gewerbeordnung und dem Bestreben der Mediziner, unter dem allgemeinen Recht zu stehen.

26   **4. Wilhelm Kahls Lehre.** In seiner berühmten Abhandlung „Der Arzt im Strafrecht"[50] vertrat *Wilhelm Kahl* noch im Jahr 1909 die Ansicht, der ärztlichen Operation fehle „jede innere **Korrelation zur Körperverletzung**". „Der positive Grund und Titel ihrer Berechtigung" liege nicht in der Einwilligung des Patienten, sondern „in dem **staatlich anerkannten Berufsrecht,** in der im öffentlichen Interesse der Gesundheitspflege geübten Tätigkeit des Arztes". Bezeichnenderweise hielt *Kahl* die Gewerbeordnung hinsichtlich der Gesundheitspflege für verfehlt: „Der ärztliche Beruf ist nach meiner Auffassung seinem Wesen nach kein Gewerbe, sondern eine auf wissenschaftlicher Grundlage ruhende Kunst. Ich würde es", so *Kahl*, „als großen Fortschritt begrüßen, wenn die Ordnung der Rechtsverhältnisse der Ärzte aus der Reichsgewerbeordnung entnommen und die Freigabe der Ausübung der Heilkunde zum Nutzen der Menschheit zurückgezogen würde."

27   **5. Karl Binding.** In seinem Handbuch des Strafrechts lehrte *Karl Binding* zunächst, dem approbierten Arzt seien alle Mittel, die ihm die Wissenschaft zur Erreichung seines Zweckes zu Gebote stelle, anzuwenden erlaubt.[51] In seinem späteren Lehrbuch des gemeinen deutschen Strafrechts (Besonderer Teil) rückte *Binding* von diesem „ärztlichen **Berufsrecht zu objektiv körperverletzenden Handlungen**" ab. Er vertrat nun die Ansicht, auch Schwere und Schmerz des medizinischen Eingriffs machten diesen nicht zur Körperverletzung. „Arzten" heiße heilen: „Die ärztliche Tätigkeit ward stets als Ganzes betrachtet und der fatale Teil einfach von der Heilbehandlung konsumiert. Die angemessene Aktion des Arztes bildet nach Volks- und Rechts-Anschauung in der Tat keine Unterart der Gesundheitsverletzung, sondern ihr Gegenteil: Sie ist grundsätzlich Gesundheitsmehrung."[52] Indem die Carolina, die Peinliche Gerichtsordnung des alten Reiches von 1532, in Artikel 134 die Tötung durch den Arzt „aus unfleiss oder unkunst" mit Strafe bedrohte,[53] habe sie wenigstens die zweckmäßige Behandlung durch den Arzt voll anerkannt.

28   **6. Reichsgericht und Heileingriff als Körperverletzung.** Das **Reichsgericht** indessen schlug seit 1894 einen anderen Kurs ein.[54] Nach seiner durch den Bundesgerichtshof fortgeführten Rechtsprechung erfüllt der gebotene, kunstgerecht ausgeführte ärztliche **Heileingriff** den äußeren **Tatbestand der Körperverletzung.** Danach bedarf der Arzt, um gerechtfertigt zu sein, der Einwilligung des Patienten, die ihrerseits eine vorausgehende Aufklärung erfordert. Die Einwände renommierter Strafrechtslehrer der folgenden Generation wie *Eberhard Schmidt* und *Karl Engisch* gegen die Körperverletzungs-

---

[50] Zeitschr f d gesamte Strafrechtswiss Bd 29, 1909, 351, 370. Zum Folgenden vgl auch *Eser* (Hrsg), Recht und Medizin, 1990, 12 ff.

[51] Bd 1, 1885. In seinem Gutachten zum 44. DJT 1962 beklagt *Eberhard Schmidt*, „dass der sehr gesunde Gedanke eines ärztlichen Berufsrechts, zu dem *Kahl* in seiner bekannten Schrift ‚Der Arzt im Strafrecht' (1909, S. 21 ff) Vorzügliches geschrieben hat, zu kurz gekommen ist."

[52] Bd 1, 2. Aufl 1902 (Neudruck 1969), 53 ff, 56 (Fn 1).

[53] *Kehr*, Ärztliche Kunstfehler und mißbräuchliche Heilbehandlung. Eine strafrechtsdogmatische Untersuchung zu Art 134 der Carolina, iur Diss Marburg 1972. Vgl zuletzt *Laufs/Eichener*, FS Niederländer, 1991, 71–96.

[54] RGSt 25, 375. Zur Entwicklung *E Schmidt*, Empfiehlt es sich, dass der Gesetzgeber die Fragen der ärztlichen Aufklärung regelt?, 1962 (Gutachten z 44. DJT).

doktrin verfingen nicht. Wer medizinisch richtig handele, könne niemals, so die Opposition mit Grund, das Interesse verletzen, das der Einzelne an der Erhaltung seines Lebens und seiner Gesundheit habe, das Interesse also, in dessen Dienst der Arzt sein ganzes Wirken stelle. Auch der Versuch der Strafrechtsreformer, die eigenmächtige Heilbehandlung aus dem Tatbestand der Körperverletzung herauszulösen und selbstständig zu pönalisieren, führte nicht zum Ziel. Inzwischen ist die alte, in den sechziger Jahren und in neuerer Zeit noch einmal kurz aufgeflammte Kontroverse Rechtsgeschichte.[55]

7. Persönlichkeitsrecht. Das verfehlte Leitbild vom Heileingriff als Körperverletzung hat die Entwicklung der ärztlichen Aufklärungspflicht begünstigt. Hinzu kamen zwei weitere Momente, die auch die **Ausbildung des allgemeinen Persönlichkeitsrechts** bewirkten:[56] der Grundrechtsschutz durch die Verfassung und die Gefahren der modernen Technik. Mit dem grundgesetzlich gewährleisteten Selbstbestimmungsrecht und der personalen Würde des Patienten verträgt sich längst nicht mehr ein ärztliches Berufsverständnis, wie es uns in der medizinischen Vademecum-Literatur der Jahrhundertwende entgegentritt: „Der Arzt sei bestimmt und sicher in seinen Anordnungen, er befehle, und je kürzer der Befehl, desto pünktlicher kann er befolgt werden, desto mehr Vertrauen wird der Arzt dem Patienten einflößen."[57]

Jüngere Gesetze zum Gesundheitsrecht geben der ärztlichen Aufklärungspflicht breiten Raum, etwa § 40 AMG und zuletzt § 9 gen DG.

8. Iatrogene Gefahren. Die vielfach hilfreichen diagnostischen und therapeutischen Verfahren der **invasiven Medizin** fordern vom Patienten **Opfer**. Viele lebenserhaltende Operationen gehen mit Verstümmelungen und iatrogenen Gefahren einher, die den Preis für die medizinische Wohltat darstellen. Die Indikation eröffnet damit eine durchaus fragwürdige Alternative, der das ärztliche Geheiß allein nicht mehr gerecht werden kann.

9. Dokumentation, Beweislast. Die Zivilgerichte haben die Aufklärungspflicht in Schadensprozessen entfaltet. Dort formten sie auch die immer gewichtiger werdende ärztliche **Dokumentationspflicht** und das Recht des Patienten auf Einsicht in die Krankenunterlagen aus.[58] Die richterliche Rechtsfortbildung der Berufshaftpflicht im Dienste eines gerechten Interessenausgleichs bedient sich des **Beweisrechts**[59] als eines elastischen

---

[55] Kritisch zur Spruchpraxis auch *Laufs* NJW 1969, 529 ff u NJW 1974, 2025 ff mwN u RPG 1997, 3 ff. Eingehend zu dem letzten, nicht weit gediehenen Gesetzesvorhaben *Katzenmeier* ZRP 1997, 156 ff u *Cramer*, FS Lenckner, 1998, 761 ff, ferner *Rinio*, RuP 1998/2, 97 ff. Für die Schaffung eines selbstständigen Straftatbestandes der eigenmächtigen medizinischen Behandlung *Hartmann*, Eigenmächtige und fehlerhafte Heilbehandlung. Betrachtungen zu §§ 229, 230 des Entwurfes eines Sechsten Strafrechtsreformgesetzes, 1999. *Tag*, Der Körperverletzungstatbestand im Spannungsfeld zwischen Patientenautonomie und Lex artis, 2000, sieht die Notwendigkeit eines Straftatbestandes der eigenmächtigen Heilbehandlung sowie der fehlerhaften Heilbehandlung mangels einer Regelungslücke nicht. In seinem kritischen Beitrag (FS Geiß, 2000, 353 ff) fordert *Büttner* wohlbegründet, „die Folgen ärztlicher Aufklärungsversäumnisse nach den Regeln eines zeitgemäßen Berufshaftungsrechts zu behandeln". – Der 52. DJT 1978 hielt ergänzende Gesetzesregeln zur Einwilligungserfordernis und zur ärztlichen Aufklärungspflicht nicht für angezeigt, NJW 1978, 2193.

[56] Vgl *v Caemmerer*, FS v Hippel, 1967, 27, 31.

[57] *Wolff*, Der praktische Arzt und sein Beruf. Vademecum für angehende Praktiker, 1896, 112; vgl auch *Schweninger*, Der Arzt, 1906 (74: „Der Arzt soll ein Herrscher sein"); *Pagel*, Medicinische Deontologie. Ein kleiner Katechismus für angehende Praktiker, 1897 (41 f: „Dem Kranken gegenüber ist der Arzt seines Vertrauens ein Souverän ..").

[58] Vgl die Nachweise, auch zu den Annexen Arztgeheimnis und Datenschutz, von *Laufs* NJW 1998, 1758, NJW 1999, 1767 f, NJW 2000, 1767 f. Aus der Perspektive des BGH konzis *Groß*, Ärztlicher Standard, Sorgfaltspflichten, Befundsicherung, Dokumentation und Beweislast, 1997.

[59] Grundlegend und kritisch: *D Franzki*, Die Beweisregeln im Arzthaftungsprozess. Eine prozessrechtliche Studie unter Berücksichtigung des amerikanischen Rechts, 1982; *Kaufmann*, Die Beweislastproblematik im Arzthaftungsprozess, 1984; kritisch *Sick*, Beweisrecht im Arzthaftpflichtprozess, 1986; *Fastenrath*, Arzthaftpflichtprozess und Beweislastverteilung, 1990; *G Müller* NJW 1997, 3049 ff.

Mittels vornehmlich im Arztfehlerprozess, den spezifische Beweisnöte auf beiden Seiten kennzeichnen. Das Gebot der **Waffengleichheit im Verfahren** verlangt eine behutsame Verteilung der Beweislast, die der Spruchpraxis im Ganzen bisher gelang, wobei sich je und je Anlass zu ausgleichenden Verfeinerungen bietet: So hält der Bundesgerichtshof zum Beispiel in einem Erkenntnis[60] den Einwand des Arztes für berechtigt, der Patient hätte sich auch bei ordnungsgemäßer Aufklärung zu dem sich später als verhängnisvoll erweisenden Eingriff entschlossen. Die Beweislast liegt beim Arzt, doch können den Patienten Substantiierungspflichten treffen. Das gelte jedenfalls dann, „wenn die Gründe für eine Ablehnung der Behandlung angesichts der Schwere der Erkrankung und der angewendeten, als Methode der Wahl anerkannten Therapie mit einer günstigen Erfolgsprognose und im Regelfall verhältnismäßig geringen Belastungen für den Patienten nicht ohne weiteres zutage liegen". Bei allen Haftpflichtverlagerungen durch beweisrechtliche Mittel[61] im Arztfehlerprozess muss, auch wenn die Spruchpraxis gelegentlich in die Nähe zur Gefährdungshaftung gerät, das **gesetzliche Verschuldensprinzip** gewahrt bleiben,[62] das dem Arzt die Handlungs- und Entschlussfreiheit sichert, indem es ihn von Haftung frei sein lässt, wenn er die erforderliche Sorgfalt beobachtet und seinen Weg dokumentiert, insbesondere das Krankenblatt[63] gewissenhaft geführt hat.

IV. Die ärztliche Sorgfaltspflicht nach der lex artis

1. Medizinischer Sorgfaltsmaßstab. Den **Sorgfaltsmaßstab** bestimmen die Gerichte nicht selbst. Sie stellen vielmehr nach einem Zwischenfall darauf ab, wie sich ein gewissenhafter Arzt in der gegebenen Lage verhalten hätte. Die Gerichte verlangen vom Arzt, sich an die in seinem Fach entwickelten Regeln zu halten. Es zeigt sich die Grundtendenz, „dass die Rechtsprechung den Ärzten im Normalfall keine Verhaltensanforderungen vorgeben darf, sondern die vom Recht an den Arzt zu stellenden Anforderungen aus dem medizinischen Standard zu entnehmen sind".[64] Während der moderne – anders als der ältere[65] – Gesetzgeber und unsere Justiz sich nahezu jeder Reglementierung in der Kernzone der ärztlichen Berufstätigkeit enthalten, überziehen sich die medizinischen Fachgebiete selbst im Zuge ihres Fortschreitens mit einem immer engeren und angespannteren Netzwerk von Kunst- und Sorgfaltsregeln. Diese **durch die medizinische Wissenschaft selbst geschaffenen,** zunehmend anspruchsvolleren **Maßgaben** bezeichnen für die Gerichte die nach § 276 BGB gebotene verkehrserforderliche Sorgfalt. Grundsätzlich galt dies schon im gemeinen Recht des 19. Jahrhunderts.[66] Nach dem Doktoreid hatte der Arzt „in Ausübung der Kunst" das zu befolgen, „was Erfahrung und treue Beobachtung der Natur im Fortschreiten mit den Entdeckungen der Zeit" ihn lehrten. Zwar sollte der Arzt nur wegen

---

– Grundsätzlich braucht der Arzt seine Schuldlosigkeit nicht zu beweisen: *R Weber* NJW 1997, 761 ff. Trefflich *Katzenmeier,* Arzthaftung, 2002, 417 ff. Zum Arzthaftungsprozessrecht die jüngeren Hinweise von *Spickhoff* NJW 2006, 1636.

[60] BGH NJW 1984, 1397, 1399 mit Anm *Deutsch* (Aufklärung über das Risiko einer Strahlenbehandlung). Zu den Voraussetzungen einer hypothetischen Einwilligung zuletzt BGH MedR 2008, 158 (Problemstellung *Pauly*).

[61] *Stoll* AcP 176, 1976, 145 ff.

[62] *Laufs,* Unglück und Unrecht. Ausbau oder Preisgabe des Haftungssystems?, 1994.

[63] Vgl etwa BGH NJW 1985, 1399 = JZ 1986, 241 mit Anm *Giesen* (schriftliche Aufzeichnungen im Krankenblatt über die Durchführung des Aufklärungsgesprächs).

[64] *Groß* VersR 1996, 657, 663.

[65] Zum frühmittelalterlichen Recht aufschlussreich *Niederhellmann,* Arzt und Heilkunde in den frühmittelalterlichen Leges. Eine wort- und sachkundige Untersuchung, 1983.

[66] Vgl zum Folgenden *Zimmermann* AcP 56, NF 6, 1873, 222, 230 f; *Rabel,* Die Haftpflicht des Arztes, 1904, berichtet von den „eindringlichen Vorstellungen der Versicherungsgesellschaften", welche die Ärzte „auf die im BGB begründete berufliche Haftpflicht" hinwiesen und zum Abschluß von Versicherungen aufforderten. Das neue Gesetz hatte die Rechtslage indessen nicht grundlegend verändert.

schweren Verschuldens haften. Indessen verfiel „die Unkenntnis dessen, was alle approbierten Ärzte wissen müssen, ... dem Gebiet der **culpa lata**". So nahm und nimmt mit der wachsenden Perfektion auch die **Verrechtlichung der Medizin** gleichsam von innen her zu, ein – wie manche Ärzte nicht ohne Grund finden – gefährlicher **circulus vitiosus**, den die gleichfalls fortschreitende Spezialisierung und Arbeitsteilung noch verschärfen.[67]

2. Therapeutische Aufklärung. Unter Zutun der Juristen und in der fürsorglichen Mentalität des Versorgungsstaates wächst auch das Maß an Zuspruch, Beratung und Kontrolle, das der Arzt dem Patienten zuteil werden lassen soll. Die **therapeutische Aufklärung oder Sicherheitsaufklärung** dient im gesundheitlichen Interesse des Patienten der Gefahrenabwehr. Der Arzt hat zu versuchen, den Kranken für das Notwendige zu gewinnen, also etwa „das Widerstreben des Patienten gegen eine Operation zu überwinden. Weigert sich der Patient und bringt er diese Weigerung durch Verlassen des Krankenhauses zum Ausdruck, so hat der Arzt ihn auf die Gefahr dieser Weigerung aufmerksam zu machen und ihm die Folgen nicht rechtzeitiger Operation vor Augen zu führen."[68] Urteile dieser Art ergehen immer wieder. Erhalte der behandelnde Mediziner, so der Bundesgerichtshof in einem gynäkologischen Fall, einen Arztbericht, der für die Weiterberatung und Fortführung der Therapie der Kranken neue und bedeutsame Untersuchungsergebnisse enthält, die eine alsbaldige Vorstellung der Patientin bei dem Behandelnden unumgänglich machen, so habe er diese auch dann unter kurzer Mitteilung des Sachverhalts einzubestellen, wenn er ihr aus anderen Gründen die Wahrnehmung eines Arzttermins angeraten hatte.[69]

Wann der Arzt seinen Patienten zu bestimmten Schritten aufzufordern, ihn zurückzurufen oder zu warnen hat, ergibt sich aus dem **Behandlungsvertrag** und der **letzten Konsultation**. Sie legen fest, worauf der Kranke in seiner Eigenart vertrauen darf. Dabei muss auch hier ein hohes Maß an Selbstbestimmung und Eigenverantwortlichkeit des Patienten gewahrt bleiben. Der Arzt darf nicht in die Rolle eines Vormundes und dauerhaften Aufpassers geraten.

3. Therapiefreiheit und Sorgfaltspflichten. Als unausweichliches **Korrelat der Therapiefreiheit**[70] gewinnen die Sorgfaltspflichten, welche die **Verfahrensqualität** sichern, wachsendes Gewicht. Die Freiheit der Methodenwahl zeigt sich eingebettet in berufsrechtlich zwingende Verhaltensregeln, die sie binden, aber nicht aufheben. Der Grundsatz, dass der Arzt „auf **eigene wissenschaftliche Überzeugung** verwiesen" sei, gilt seit langem; er findet sich bereits ausgeführt etwa in der „Allgemeinen Encyclopädie der Wissenschaften und Künste" aus dem Anfang des vorigen Jahrhunderts.[71] „Auch die Wahl der Therapie muss der Arzt grundsätzlich nach seinem ärztlichen Beurteilungsermessen aufgrund der jeweils verschiedenen Gegebenheiten des konkreten Behandlungsfalles und seiner eigenen Erfahrung und Geschicklichkeit in der Behandlungsmethode treffen können."[72] Die höchstrichterliche Spruchpraxis anerkennt den Grundsatz der ärztlichen Therapiefreiheit, verlangt aber vom **Außenseiter** einen sachlichen Grund für die von ihm mit Überzeugung praktizierte Methode, die er bei erkennbarer Erfolglosigkeit abzubrechen hat. Auch hat der von den eingeführten Standards abrückende Arzt die

---

[67] *Weißauer*, Der Beruf des Chirurgen im Jahre 2000. Aus juristischer Sicht, Inf d Berufsverb d Dt Chirurgen eV Nr 7, 1985, 93 ff.
[68] Vgl etwa OLG Stuttgart MedR 1985, 175; vgl auch OLG Frankfurt MedR 1987, 187 (zur Pflicht der Klinik, Patienten einzubestellen).
[69] BGH MedR 1985, 272.
[70] Die Ausgangspunkte markierten zuerst *Siebert*, Strafrechtliche Grenzen ärztlicher Therapiefreiheit, 1983 (Zusammenfassung MedR 1983, 216 ff); vgl ferner *Deutsch/Kleinsorge/Scheler* (Hrsg), Verbindlichkeit der medizinisch-diagnostischen und therapeutischen Aussage, 1983; *Neuhaus* (Hrsg), Pluralität in der Medizin, der geistige und methodische Hintergrund, 1980.
[71] Hrsg v *Ersch/Gruber* 5. Teil, 1820, 36 (Arzt).
[72] *Steffen/Pauge*, ArzthaftungsR, 10. Aufl 2006, RdNr 157.

Methoden zu vergleichen und bei weitaus überwiegender **Wirksamkeit eines Verfahrens** dieses anzuwenden. Das Recht verpflichtet den Arzt nicht auf die wie immer bestimmte schulmedizinische oder anerkannte oder den Stand der medizinischen Wissenschaft repräsentierende Methode. Sonst bliebe ihm der Neulandschritt oder Heilversuch verwehrt, auch käme der Wille des Kranken zu kurz. „Haftungsrechtlich ist der Arzt auch nicht auf sein Fachgebiet festgelegt *(Kurierfreiheit)*. Er muss aber, wenn er sich auf ein anderes Fachgebiet begibt, dessen Standard garantieren."[73]

36 Der Arzt muss die von ihm bevorzugte Methode genau kennen und darüber hinaus fachliche Übersicht besitzen. Anhänger medizinischer **Außenseitermethoden** und von **Neulandverfahren** müssen außerdem die konkurrierenden Lehren der Schulmedizin sowie die wissenschaftlichen Grundlagen ihres Vorgehens kennen. Die Kenntnis der Schulmedizin muss sogar so weit gehen, dass der Arzt zu wissen hat, wie diese den Kranken im konkreten Einzelfall behandelte.

37 Den Kern einer verantwortlichen Therapiewahl bildet die gewissenhafte Abwägung der **Vorteile und Gefahren** bei der ins Auge gefassten Methode in Kenntnis aller ernsthaft in Betracht kommenden Verfahren, insbesondere der eingeführten. Das Fehlen eigener Sachkunde und Fähigkeiten oder deren Unzulänglichkeit verpflichtet den Arzt dazu, einen Konsiliarius beizuziehen oder den Kranken an einen kundigeren Kollegen oder Spezialisten zu überweisen. Der Arzt, der einer aussichtslosen therapeutischen Methode folgt, handelt standes- und sittenwidrig mit der Folge seiner Strafbarkeit wegen Körperverletzung.

38 **4. Qualitätssicherung.** Der Versuch, Risiken zu mindern, kennzeichnet die Geschichte der Medizin und deren Fortschreiten, das seinerseits auf Wagnissen gründet. Die Medizin bekämpft Gefahren und bringt selbst solche mit sich.[74] Die **Risikohaftigkeit menschlichen Daseins** rührt her von der existentiellen Abhängigkeit, letztlich der Unverfügbarkeit des Lebens und der Geschicke. Das haben Ärzte, Patienten und Juristen zu respektieren. Der angemessene Umgang mit Risiken setzt vor allem **Erfahrung** voraus. Erfahrung und Gewissenhaftigkeit prägen den guten Arzt, der aus Fehlern in seinem Fache und Beinahefehlern **Vermeidungsstrategien**[75] entwickelt und für seinen Dienst als notwendig anerkennt. Der richtige Umgang mit Risiken und Gefahren verweist zuerst auf die Pflichten des Arztes, dann aber auch auf Pflichten und Obliegenheiten des Patienten.[76] Die Patientenrechte[77] stehen dieser nicht zu vernachlässigenden Perspektive durchaus nicht im Wege.

Wichtig bleibt immer das **persönliche Miteinander** von Arzt und Patient, zu dessen Förderung und Schutz das grundsätzliche Verbot der Fernbehandlung besteht.[78]

---

[73] *Steffen/Dressler,* ArzthaftungsR, 9. Aufl 2002, RdNr 162. – Methodenwahl und Aufklärungspflicht hängen zusammen, vgl bereits BGH NJW 1976, 365; BGH NJW 1978, 587; BGH VersR 1981, 691.

[74] Es fehlt nicht an Stimmen, die auf die Risiken der Medizin aufmerksam machen; vgl *Heyll,* Risikofaktor Medizin, 1993. – Anregend und instruktiv Hoechst AG (Hrsg), Das Risiko und seine Akzeptanz. Hoechst-Gespräch 1988, 1989, auch *Fischer* (Hrsg), Mannheimer Gespräche. Auf der Suche nach der verlorenen Sicherheit, 1991. Die beiden Bände sind nicht die ersten oder letzten Belege für die Bereitschaft Verantwortlicher der pharmazeutischen Industrie, kritisch nachzudenken.

[75] Vortrefflich im Dienst der Qualitätssicherung das Buch der Mediziner *Hansis/Hansis,* Der ärztliche Behandlungsfehler. Verbessern statt streiten, 2. Aufl 2001. Vgl außerdem etwa *Berg/Ulsenheimer* (Hrsg), Patientensicherheit, Arzthaftung, Praxis- und Krankenhausorganisation, 2006, ein Gemeinschaftswerk von Medizinern und Juristen. Zu den Bemühungen um Qualitätsmanagement und Qualitätssicherung durch den Arzt: Tätigkeitsbericht 2008 der BÄK, 237.

[76] *Conti,* Die Pflichten des Patienten im Behandlungsvertrag, 2000.

[77] *Francke/Hart,* Charta der Patientenrechte, 1999.

[78] § 7 Abs 2 MBO. – Vgl auch *Kroha,* Ärztliche Online-Beratung. Ein europäischer Rechtsvergleich mit Lösungsvorschlag, 2007; u *Kern,* MedR 2001, 495.

5. Normierungen. Wer heute das Verhältnis zwischen Arzt und Recht im Ganzen überblickt, den beeindruckt der **Zuwachs an normativen Fragen.** Medizinische Verheißungen können in Drohungen umschlagen, neue naturwissenschaftliche Möglichkeiten sich mit Verhängnissen verbinden. Die medizinischen Sorgfaltspflichten steigen und müssen doch wohlbemessen bleiben. Die Angewiesenheit auf normative Antworten wird die Medizin wieder näher an die Geisteswissenschaften heranbringen. Das akademische Medizinstudium wird sich stärker als bisher diesem Prozess öffnen müssen.

3. Kapitel. Die ärztliche Ausbildung

§ 7 Medizinstudium

Inhaltsübersicht

	RdNr
I. Das Ausbildungsziel	1
1. Daueraufgabe	1
2. Wissenschaftliche und praktische Ausbildung	2
II. Der Ausbildungsgang, insbesondere Studium und Famulatur im Grundriss	3
1. ÄAppO	3
2. Studienjahre	4
3. Akademischer Unterricht, Krankenhaus	7
4. Famulatur	9
III. Das praktische Jahr	12
1. Ausbildung am Patienten	12
2. Ausbildungszeit	14
3. Öffentlich-rechtliches Ausbildungsverhältnis	16
4. Haftung	21
IV. Der Arzt im Praktikum (AiP) – aufgegeben	22
1. Ärztliche Tätigkeiten	22
2. Praxisbezogenheit	23
3. Rechte und Pflichten eines Arztes	25
4. Aufhebung 2004	27
V. Prüfungsregeln in Stichworten	29
1. Zwei staatliche Prüfungen	29
2. TMPP	30
3. Multiple choice	31
4. Gerichtskontrolle	32
5. Mündliche Examen	33
6. Versagung der Zulassung	34

Schrifttum: Arbeitskreis Medizinerausbildung der Robert Bosch Stiftung – Murrhardter Kreis (Hrsg), Das Arztbild der Zukunft. Analysen künftiger Anforderungen an den Arzt. Konsequenzen für die Ausbildung und Wege zu ihrer Reform, 3. Aufl 1995; *Arnold,* Der Arztberuf, 1988; *Baur,* Die Rechtsstellung des Arztes im Praktikum (AiP), MedR 1989, 111–118; *Güntert/Wanner/Brauer/ Stobrawa,* Approbationsordnung für Ärzte, BÄO, 2003; *Clade,* Reform des Medizinstudiums. Auf der Zielgeraden, DÄBl 2001, A 2019–2023; *Fleischhauer,* Der Staat und die Ausbildung zum Arzt. Ein Rückblick, 1996; *Godry,* Qualitätssicherung durch Berufszulassung. Zur Problematik der Gleichwertigkeit ärztlicher und zahnärztlicher Ausbildung im Ausland, MedR 2001, 348; *Haage,* Gleichwertigkeit der ärztlichen Ausbildung, MedR 1996, 121–124; *ders,* Endgültiges Nichtbestehen einer ärztlichen Prüfung, MedR 1996, 459–462; *ders,* Reform des Medizinstudiums, MedR 1998, 209–214; *ders,* Die Achte Änderungsverordnung zur Approbationsordnung für Ärzte, MedR 1999, 112–116; *ders,* Studienzugang für Heilberufe ohne Abitur?, MedR 1997, 72–75; *ders,* Approbation, Approbationsordnung für Ärzte, in: *Rieger/Dahm/Steinhilper,* Heidelberger Kommentar, 160, 170, 2003 (HK-AKM); *ders,* Der AiP entfällt zum 1. Oktober 2004 – Gesetz zur Änderung der Bundesärzteordnung und andere Gesetze, MedR 2004, 533; *ders,* Die Richtlinie 2005/36/EG über die Anerkennung von Berufsqualifikationen – Rechtsfolgen für die Zulassung insbesondere als Ärztin/Arzt, MedR 2008, 70; *Jäkel,* Berufszugangsregelungen für Ärzte: Bundesärzteordnung und Approbationsordnung, in: *Stellpflug/Meier/Tadayon* (Hrsg), Handbuch Medizinrecht, 5. Aktualisierung März 2007, B 2000; *Karpen,* Berufslenkung durch Qualifikationshürden. Zur Verfassungswidrigkeit der Arzt im Praktikum-Regelung, 1989; *Matthiessen,* Die vergütungsrechtliche Behandlung früherer Tätigkeitszeiten als

§ 7 1

„Arzt im Praktikum" im Geltungsbereich der TV-Ärzte, MedR 2008, 492-498; *Richter,* Mehr Praxis, weniger Multiple Choice, DÄBl 2001, A 2020–2021; *Riedel/Ewert,* Verfassungsrechtliche Aspekte der Verlängerung der ärztlichen Ausbildung, NJW 1989, 745–751; *Rieger,* Die Rechtsstellung des Arztes im Praktikum, DMW 1988, 1204–1207; *Steudel/Golling,* Medizinstudium und ärztliche Weiterbildung, 4. Aufl 1989; *Zimmerling/Brehm,* Prüfungsrecht, 3. Aufl 2007; *Zimmerling,* Prüfungsunfähigkeit und (amts-)ärztliches Attest, MedR 2001, 634–637.

I. Das Ausbildungsziel

1   **1. Daueraufgabe.** Wer den ärztlichen Beruf ausüben will, bedarf nach § 2 Abs 1 **Bundesärzteordnung** (BÄO)[1] der Approbation als Arzt: der beschränkte Arztvorbehalt des deutschen Rechts. Danach bedeutet die Praktizierung des ärztlichen Berufs die „Ausübung der Heilkunde unter der Berufsbezeichnung **Arzt** oder **Ärztin**".[2] Diese Bezeichnung darf nur führen, wer als Arzt approbiert ist. In beschränktem Maß dürfen daneben Heilpraktiker[3] die Heilkunde ausüben – anders als nach französischem, österreichischem und schweizerischem Recht.

Die BÄO[4] ermächtigt das Bundesministerium für Gesundheit dazu, „durch Rechtsverordnung mit Zustimmung des Bundesrates in einer **Approbationsordnung** für Ärzte die Mindestanforderungen an das Studium der Medizin einschließlich der praktischen Ausbildung in Krankenhäusern und anderen geeigneten Einrichtungen der ärztlichen Krankenversorgung sowie das Nähere über die ärztliche Prüfung und über die Approbation" zu regeln. Darin liegt eine fortdauernde Aufgabe.

Die Ansprüche, denen der ärztliche Dienst zu genügen hat, befinden sich in stetem Wandel, der sich in den letzten Jahrzehnten verstärkte. Wissenschaftliche Fortschritte, sozialpolitische Entwicklungen, ökonomische Bewandtnisse gestalten das Gesundheitssystem um. Veränderungen des Morbiditätsspektrums, des Verhältnisses zwischen Arzt und Patient in psycho-sozialer, ethischer und rechtlicher Hinsicht, der Zuwachs an Wissen und technischen Möglichkeiten prägen die Medizin. Die Verantwortlichen zuerst in der Lehre, dann auch in den rechtsetzenden Instanzen haben die dauerhafte Aufgabe, die Medizinerausbildung nach Inhalt und Form den neuen Erfordernissen anzupassen und sie auf der Höhe der Zeit zu halten. In den späten neunziger Jahren verstärkte sich das Bemühen um eine verbesserte, zeitgerechte Medizinerausbildung.[5] An dem Ringen beteiligten sich neben parlamentarischen Kräften des Bundestages und dem Bundesrat vornehmlich die Bundesärztekammer, die Deutschen Ärztetage und der Medizinische Fakultätentag. Folgende Ziele standen im Mittelpunkt der Bestrebungen:

Als zentrales praxisbezogenes Ausbildungselement soll der Unterricht am Krankenbett stehen: effektuiert durch die notwendige und zweckmäßige **Verringerung** der Gruppengröße **der Studierenden** über angepasste Kapazitätsverordnungen der Länder. Dabei soll die Zahl der Studienanfänger um 20 % reduziert werden, damit im Rahmen der verfügbaren Plätze eine ordnungsgemäße Ausbildung gewährleistet werde. Die Universitäten erhalten ein Mitspracherecht bei der Auswahl ihrer Medizinstudenten. Künftig sollen klinische Inhalte bereits Bestandteil des Grundlagenstudiums, der Unterricht fachübergreifend gestaltet und die berufspraktische Qualifikation erhöht werden. Die künftige Einbeziehung außeruniversitärer Krankenhäuser und ärztlicher Praxen in die praktische Ausbildung will die neue Approbationsordnung nicht vorzeichnen. Eine grundlegende

---

[1] In der Fassung v 16.4.1987, BGBl I, 1218, zuletzt geändert durch Ges v 2.12.2007, BGBl I, 2686; bei *Thürk,* 21-1. Zum Folgenden auch *Haage,* Heidelberger Kommentar, u *Quaas/Zuck,* Medizinrecht, 2. Aufl. 2008, S. 218 ff. Siehe ferner Tätigkeitsbericht 2008 d BÄK zu Reformfragen und gegen Bachelor/Master in der Medizin.
[2] § 2 Abs 5 BÄO.
[3] Nach dem Heilpraktikergesetz v 17.2.1939, RGBl 1939, 251; vgl *Deutsch/Spickhoff,* Medizinrecht, 6. Aufl 2008, 47 ff.
[4] § 4 Abs 1.
[5] Vgl die Nachweise in der Vorauflage, insbes *Haage* MedR 1998, 209 ff.

3. Kapitel. Die ärztliche Ausbildung

Neustrukturierung des Prüfungssystems wird angestrebt, indem die Zahl der Staatsprüfungen sich von vier auf zwei verringern soll und die mündlichen Teile der Prüfungen einen Vorrang vor den schriftlichen Teilen eingeräumt erhalten sollen. Wesentliche Teile der Prüfungen sollen die Universitäten in eigener Verantwortung wahrnehmen.

Den Vollzug der beabsichtigten Verbesserung des Studiums und der geplanten Reduzierung der Studentenzahl durch die Länder vorausgesetzt, erschien dem Bundesgesetzgeber eine Beibehaltung der **AiP-Zeit (Arzt im Praktikum) nicht mehr erforderlich.** Indes verstärkte dieser im Entwurf nicht angelegte Folgeentscheid den Wettbewerb der Absolventen um Weiterbildungsstellen nicht nur in der Übergangsphase, da die im Vergleich zum AiP deutlich höhere Vergütung des Arztes in der Weiterbildung eine umfassende Substitution der AiP- durch Weiterbildungsstellen nicht erwarten lässt. Festgehalten werden soll am **Praktischen Jahr,** das am Ende des Studiums als zusammenhängende Praxisphase abzuleisten ist. Die gebotene Spezialisierung bleibt nach dem Studium zu leisten.

Bezeichnenderweise gestand der Verordnungsentwurf den Universitäten **weiterreichende Modellversuche** zur Erprobung künftiger innovativer Reformschritte zu. Nützlich erschien die durch den Gesundheitsausschuss des Bundesrates erfolgte Änderung, eine **Zielevaluation** festzuschreiben.

Am 11. Februar 1999 erging endlich die Achte Verordnung zur Änderung der Approbationsordnung für Ärzte,[6] die im Vorgriff auf eine Gesamtreform des Medizinstudiums eine Modellklausel vorwegnahm.[7] Danach kann ein Land einen Modellstudiengang zulassen, der von der Approbationsordnung insbesondere in der Struktur und bei den Prüfungen abweicht. Der Zweite Abschnitt der Ärztlichen Prüfung führt dann die Studierenden aus dem Regel- und dem Modellstudiengang wieder zusammen. Der Zweite und der Dritte Abschnitt der Ärztlichen Prüfung, insbesondere der bundesweit einheitliche schriftliche Examensteil, bieten objektive Evaluationsparameter für den Erfolg der Modellstudiengänge, von dem für den Fortgang der Gesamtreform im Bundesrat viel abhängen wird.

2. Wissenschaftliche und praktische Ausbildung. Die neue, 2002 verordnete und seitdem mehrmals geänderte **Approbationsordnung** für Ärzte bestimmt in § 1 Abs 1 das **Ausbildungsziel** wie folgt:[8] „Ziel der ärztlichen Ausbildung ist der wissenschaftlich und praktisch in der Medizin ausgebildete Arzt, der zur eigenverantwortlichen und selbstständigen ärztlichen Berufsausübung, zur Weiterbildung und zu ständiger Fortbildung befähigt ist. Die Ausbildung soll grundlegende Kenntnisse, Fähigkeiten und Fertigkeiten in allen Fächern vermitteln, die für eine umfassende Gesundheitsversorgung der Bevölkerung erforderlich sind. Die Ausbildung zum Arzt wird auf wissenschaftlicher Grundlage und praxis- und patientenbezogen durchgeführt. Sie soll

- das Grundlagenwissen über die Körperfunktionen und die geistig-seelischen Eigenschaften des Menschen,
- das Grundlagenwissen über die Krankheiten und den kranken Menschen,
- die für das ärztliche Handeln erforderlichen allgemeinen Kenntnisse, Fähigkeiten und Fertigkeiten in Diagnostik, Therapie, Gesundheitsförderung, Prävention und Rehabilitation,
- praktische Erfahrungen im Umgang mit Patienten, einschließlich der fächerübergreifenden Betrachtungsweise von Krankheiten und der Fähigkeit, die Behandlung zu koordinieren,
- die Fähigkeit zur Beachtung der gesundheitsökonomischen Auswirkungen ärztlichen Handelns,

---

[6] BGBl I, 140; dazu *Haage* MedR 1999, 122 ff.
[7] § 36 ÄAppO (aufgehoben durch Ges v 21.7.2004, BGBl I, 1776).
[8] ÄAppO idF d Bekanntmachung v 27.6.2002 (BGBl I, 2405), zuletzt geändert durch Ges v 2.12.2007 (BGBl I, 2686); bei *Thürk,* 21-1-4.

- Grundkenntnisse der Einflüsse von Familie, Gesellschaft und Umwelt auf die Gesundheit, die Organisation des Gesundheitswesens und die Bewältigung von Krankheitsfolgen,
- die geistigen, historischen und ethischen Grundlagen ärztlichen Verhaltens

auf der Basis des aktuellen Forschungsstandes vermitteln. Die Ausbildung soll auch Gesichtspunkte ärztlicher Qualitätssicherung beinhalten und die Bereitschaft zur Zusammenarbeit mit anderen Ärzten und mit Angehörigen anderer Berufe des Gesundheitswesens fördern. Das Erreichen dieser Ziele muss von der Universität regelmäßig und systematisch bewertet werden."

II. Der Ausbildungsgang, insbesondere Studium und Famulatur im Grundriss

3   **1. ÄAppO.** Die **Approbationsordnung** für Ärzte (**ÄAppO**) regelt das Medizinstudium **bundeseinheitlich.** Die Grundlage dieser Verordnung bildet die Bundesärzteordnung (BÄO).[9] Die Verordnungsermächtigung in § 4 Abs 1 BÄO genügt den Erfordernissen des Art 80 Abs 1 GG.[10]

4   **2. Studienjahre.** Die Approbationsordnung unterteilt das Medizinstudium nicht mehr in Semester, sondern in **Studienjahre.**[11] Das Studium erfolgt an einer wissenschaftlichen Hochschule und dauert sechs Jahre. Es umfasst eine zusammenhängende praktische Ausbildung (Praktisches Jahr) von 48 Wochen, eine Ausbildung in Erster Hilfe, einen Krankenpflegedienst von drei Monaten, eine Famulatur von vier Monaten und die Ärztliche Prüfung, die in zwei Abschnitten abzulegen ist.

5   Die **Regelstudienzeit**[12] beträgt einschließlich der Zeit für den Zweiten Abschnitt der Ärztlichen Prüfung sechs Jahre und drei Monate. Die in der Approbationsordnung vorgesehenen Studienzeiten sind Mindestzeiten.[13]

6   Die **Prüfungen** hat der Student oder die Studentin nach folgendem Plan zu absolvieren:[14] Der Erste Abschnitt der Ärztlichen Prüfung wird abgelegt nach einem Medizinstudium von zwei Jahren. Sie umfasst einen schriftlichen und einen mündlich-praktischen Teil. Dem Zweiten Abschnitt unterziehen sich die Kandidaten und Kandidatinnen nach einem Studium der Medizin von weiteren vier Jahren einschließlich eines praktischen Jahres nach Bestehen des Ersten Abschnitts der Ärztlichen Prüfung.

7   **3. Akademischer Unterricht, Krankenhaus.** Im **akademischen Unterricht** hat neben den praktischen Übungen, Kursen und Seminaren die vorbereitende und begleitende systematische Vorlesung ihren festen Platz. Der Unterricht soll sich, soweit möglich und zweckmäßig, nicht am einzelnen Fachgebiet, sondern am Lehrgegenstand ausrichten. Die Novelle von 1989 betonte bereits das Gebot praktischer Anschaulichkeit und, vornehmlich für das Unterweisen am Patienten, die Arbeit in kleinen Gruppen von Studierenden.[15] Die in der Teilnehmerzahl begrenzten Seminare haben „den Studierenden wichtige medizinische Zusammenhänge zu vermitteln. Die Seminare umfassen auch die Vorstellung von Patienten. Die Studierenden haben durch eigene Beiträge vor allem fächerübergreifende Probleme und Beziehungen zwischen medizinischen Grundlagen und klinischen Anwendungen zu verdeutlichen".[16]

---

[9] Ges v 2.10.1961 (BGBl I, 1857), zuletzt geändert durch Ges v 2.12.2007 (BGBl I, 2686); bei *Thürk*, 21-1.
[10] BVerfGE 80, 1 = NVwZ 1989, 850 = MedR 1989, 312.
[11] § 1 Abs 2 ÄAppO.
[12] Nach § 10 Abs 2 HRG.
[13] BVerwG NJW 1986, 800.
[14] § 1 Abs 3 ÄAppO.
[15] § 2 Abs 2 ÄAppO.
[16] § 2 Abs 4 ÄAppO.

3. Kapitel. Die ärztliche Ausbildung

Die Approbationsordnung regelt im Einzelnen die **praktische Ausbildung in den** 8
Krankenhäusern der Universität und in solchen Häusern, die nicht Krankenanstalten der Hochschule sind, die Ausbildung in Erster Hilfe, den Krankenpflegedienst und die Famulatur,[17] die den Zweck verfolgt, „die Studierenden mit der ärztlichen Patientenversorgung in Einrichtungen der ambulanten und stationären Krankenversorgung vertraut zu machen".

4. Famulatur. Der **Famulus** bleibt Student und darf keine selbstständigen Tätigkeiten 9
ausüben. Insbesondere Injektionen gehören nicht in seine Hand. Alle übertragenen Aufgaben hat der ausbildende Arzt zu beaufsichtigen und zu überwachen. Die Famulatur beim niedergelassenen Arzt soll sich nicht auf die Sprechstunde beschränken, sondern auch Krankenbesuche und den Notfalldienst einschließen. Die Famulatur dient der Information des Studenten, nicht der Mitarbeit in der Praxis.

Auch wenn Absprachen über den Vollzug erfolgen sollen, begründet die **Famulatur** 10
kein Arbeitsverhältnis zwischen dem niedergelassenen Arzt und dem famulierenden Studenten. Der Famulus genießt als Student Krankenversicherungsschutz.[18] Ebenso wenig wie der Absolvent des praktischen Jahres ist er angestelltenversicherungspflichtig. Gegen Berufskrankheiten und Berufs- wie Wegeunfälle ist der Famulus versichert.[19] Weil er zu den Mitarbeitern in der Praxis zählt, umfasst ihn die vom Arzt oder Krankenhaus abgeschlossene Berufshaftpflichtversicherung mit. Ähnlich wie beim Absolventen des praktischen Jahres gilt auch für den famulierenden Studenten nur eine eingeschränkte Haftpflicht.

Einige Kassenärztliche Vereinigungen gewähren Famuli bei einem praktischen Arzt 11
oder Allgemeinarzt kleinere monatliche **Zuschüsse.** Krankenanstalten dürfen weder Geld- noch Sachleistungen an Famuli gewähren. Weil der Famulus sich in der Ausbildung befindet und die Famulatur von Gesetzes wegen abzuleisten hat, steht ihm grundsätzlich kein Anspruch auf Taschengeld gegen den Praxisinhaber zu. Die Partner sollten die Frage indessen vor der beiderseitigen Zusage klären, um späteren Mißhelligkeiten vorzubeugen.

Nach Beendigung der Famulatur hat der ausbildende Arzt dem Studenten ein formularmäßiges Zeugnis auszustellen.

III. Das praktische Jahr

1. Ausbildung am Patienten. Diese im Zuge der großen Ausbildungsreform 1970 ein- 12
geführte praktische Phase – ein Hauptpostulat des Wissenschaftsrates – „beginnt nicht vor Ablauf von zwei Jahren und zehn Monaten nach Bestehen des Ersten Abschnitts der Ärztlichen Prüfung". Sie findet statt „in den Krankenhäusern der Universität oder in anderen von der Universität im Einvernehmen mit der nach Landesrecht zuständigen Stelle bestimmten Krankenhäusern oder, soweit es sich um das Wahlfach Allgemeinmedizin handelt, auf Grund einer Vereinbarung, in geeigneten allgemeinmedizinischen Praxen".[20] Das praktische Jahr gliedert sich in eine Ausbildung von je sechzehn Wochen in Innerer

---

[17] §§ 3–7 ÄAppO. – Zu Rechtsfragen einer Organisationsreform der Hochschulmedizin *Balders* WissR 1998, 91 ff; *Sandberger* Forschung & Lehre 1997, 568 ff; *Heintzen* DÖV 1997, 530 ff; *Leuze* MedR 1996, 493 ff; zu den ärztlichen Leitungs- und Organisationsstrukturen im modernen Krankenhaus *Genzel/Siess* MedR 1999, 1 ff – „Leider müsse festgestellt werden, dass die Umsetzung der neuen praxisnahen Approbationsordnung vor dem Hintergrund des steigenden Bettenabbaus und des hoch selektionierten Patientenkollektivs an den Universitätskliniken zunehmend gefährdet ist": Tätigkeitsbericht der BÄK 2006, 318.
[18] § 5 Abs 1 Ziff 9 SGB V.
[19] Automatische Unfallversicherung des Lehrkrankenhauses.
[20] Dies und das Folgende nach § 3 ÄAppO. Dazu *Haage*, Praktisches Jahr (PJ), in: HK-AKM, 4220 (2006).

Medizin, in Chirurgie und wahlweise in der Allgemeinmedizin oder in einem der übrigen klinisch-praktischen Fachgebiete.

13 Während der Ausbildung, „in deren **Mittelpunkt die Ausbildung am Patienten** steht", soll der Studierende die während des vorhergehenden Studiums erworbenen ärztlichen Kenntnisse, Fähigkeiten und Fertigkeiten vertiefen und erweitern. Er soll lernen, sie auf den einzelnen Krankheitsfall anzuwenden. Zu diesem Zweck soll er entsprechend seinem Ausbildungsstand unter Anleitung, Aufsicht und Verantwortung des ausbildenden Arztes ihm zugewiesene ärztliche Verrichtungen durchführen. Er soll „in der Regel ganztägig an allen Wochenarbeitstagen im Krankenhaus anwesend sein. Zur Ausbildung gehört die Teilnahme der Studierenden an klinischen Konferenzen, einschließlich der pharmakotherapeutischen und klinisch-pathologischen Besprechungen. Um eine ordnungsgemäße Ausbildung zu sichern, soll die Zahl der Studierenden zu der Zahl der zur Verfügung stehenden Krankenbetten mit unterrichtsgeeigneten Patienten in einem angemessenen Verhältnis stehen. Die Studierenden dürfen nicht zu Tätigkeiten herangezogen werden, die ihre Ausbildung nicht fördern."[21] Ein Anspruch eines Studenten der Zahnmedizin auf Bereitstellung eines vollständig ausgestatteten Ausbildungs- und Behandlungsplatzes durch die Universität besteht jedoch nicht.[22]

14 **2. Ausbildungszeit.** Die Arbeit im praktischen Jahr beginnt mit einer ärztlichen Untersuchung, einer Belehrung über die Vorschriften der ärztlichen Schweigepflicht und des Datenschutzes sowie mit dem Hinweis auf die Gebotenheit einer möglichst vollen Integration in den Stationsdienst. Für den Absolventen gilt danach die ärztliche **Dienstzeit** als Ausbildungszeit, wobei dem **Eigenstudium** täglich ungefähr zwei Stunden vorbehalten bleiben. Das Eigenstudium kann auch zusammengelegt an maximal einem dafür freien Tag pro Woche erfolgen.

15 Der Student kann, soweit Gleichwertigkeit gegeben ist, das praktische Jahr **auch im Ausland** absolvieren. Weil das praktische Jahr als integraler Bestandteil des Studiums zur ärztlichen Ausbildung gehört, gilt die Vorschrift über die Anrechnung von Studienzeiten und Prüfungen.[23] Das BVerwG ließ offen, ob nach endgültigem Scheitern in der Ärztlichen Prüfung ein im Ausland neu begonnenes und erfolgreich abgeschlossenes vollständiges Medizinstudium einen Anspruch auf Approbation begründet. Jedenfalls sei dann beim **Gleichwertigkeitsvergleich** bezüglich der Studiendauer das im Geltungsbereich der BÄO durchlaufene Medizinstudium nicht berücksichtigungsfähig.[24]

Die Fortsetzung eines vor dem 3. 10. 1990 in der ehemaligen DDR begonnenen oder fortgesetzten Medizinstudiums richtet sich aufgrund der durch den Einigungsvertrag eingeführten Bestimmung des § 14a Abs 4 S. 1 BÄO bis zum 31. 12. 1998 nach dem Studien- und Prüfungsrecht der DDR. Die Approbationsordnung für Ärzte gilt insoweit nicht. Von einem Studium sind auch diejenigen nicht ausgeschlossen, die vor dem 3. 10. 1990 bereits in der Bundesrepublik Deutschland endgültig im Medizinstudium gescheitert sind. Die Bestimmung des § 20 Abs 1 S. 2 ÄAppO über das Verbot weiterer Prüfungen greift nicht ein.[25]

16 **3. Öffentlich-rechtliches Ausbildungsverhältnis.** Während des praktischen Jahres befindet sich der Absolvent in einem öffentlich-rechtlichen, auf dem studentischen Status beruhenden **Ausbildungsverhältnis.** Dem früheren Medizinalassistenten steht der Absolvent des praktischen Jahres schon deshalb nicht gleich, weil er sich nur unselbständig betätigen darf.[26]

---

[21] § 3 Abs 4 ÄAppO.
[22] VGH BW DVBl 1994, 651 = MedR 1994, 150.
[23] § 12 Abs 1 ÄAppO; vgl dazu *Haage*, Ausbildungsrecht Medizin, 1997, 93 ff.
[24] BVerwGE 98, 180 = NJW 1995, 2426; vgl auch *Haage* MedR 1996, 121 ff.
[25] OVG Thür MedR 1997, 370 = DÖV 1996, 796.
[26] *Narr/Hess/Schirmer*, ÄrztlBerufsR (bereits 1989), RdNr 181 mwN; *Haage*, wie Fn 20, RdNr 10.

3. Kapitel. Die ärztliche Ausbildung 17–22 § 7

„Die praktische Ausbildung in der Krankenanstalt ist **Teil des Studiums** und damit 17
Unterrichtsveranstaltung": „Studierende, die an dieser praktischen Ausbildung teilnehmen, haben keinen Anspruch auf eine angemessene Vergütung als Praktikanten."[27] Sie stehen **nicht in** einem **arbeitnehmerähnlichen Rechtsverhältnis**, das sie zur Arbeit verpflichtet. Die Normen des Arbeitsrechts gelten darum für sie nicht. Auch das Mutterschutzgesetz findet auf Absolventen des praktischen Jahres keine Anwendung.[28]

Der Absolvent des praktischen Jahres bleibt während dieser Zeit Student in einem 18
schulischen, nicht betrieblichen Ausbildungsverhältnis, auf das sich die Regeln des Berufsbildungsgesetzes nicht anwenden lassen.[29] Für ihn gilt die ärztliche Dienstzeit als Ausbildungszeit.

Eingeschriebene Studenten der staatlichen und der staatlich anerkannten Hochschulen 19
sowie Personen, die eine in der Studien- und Prüfungsordnung vorgeschriebene berufspraktische Tätigkeit verrichten, unterliegen der Krankenversicherungspflicht in der studentischen Krankenversicherung. Ein Student hat sich selbst zu versichern, wenn ihn die Familienversicherung der Eltern nicht einschließt. Berufsunfälle und -krankheiten einschließlich der Wegeunfälle sichert die Unfallversicherung des Lehrkrankenhauses ab.[30]

Urlaub im arbeitsrechtlichen Sinne steht dem Absolventen des praktischen Jahres nicht 20
zu. Fehlzeiten bis zu zwanzig Ausbildungstagen werden angerechnet, darüber hinausgehende sind nachzuholen.[31]

4. Haftung. Die Antwort auf die Frage nach der **Haftpflicht der Absolventen des** 21
praktischen Jahres und nach dem anzulegenden **Sorgfaltsmaßstab** ergibt sich aus deren Status. Der Absolvent des praktischen Jahres bleibt Student, der sich nur auf Anweisung sowie unter Anleitung und Aufsicht des zuständigen Arztes betätigen darf, ohne jede Freiheit zu selbstständigem ärztlichem Handeln. Er hat jeden Anschein zu vermeiden, er sei Arzt. Der von ihm verlangte Sorgfaltsmaßstab richtet sich darum **nicht** nach dem objektiv-typisierten **Standard der Ärzte**.[32] Der Absolvent des praktischen Jahres hat nur für solche Schäden einzustehen, die er mittels seiner bereits erworbenen Fertigkeiten, Kenntnisse, Einsichten und Erfahrungen vermeiden konnte. Zu verlangen ist die Sorgfalt, die sich von einem ordentlichen, pflichtgetreuen Durchschnittsstudenten in der konkreten Ausbildungsphase und Situation erwarten ließ. Aus der Fürsorgepflicht des Krankenhausträgers folgt dessen Verpflichtung, den Absolventen des praktischen Jahres grundsätzlich von dieser Haftung freizustellen. Andererseits hat der Träger des Lehrkrankenhauses einen inhaltsgleichen Freistellungsanspruch gegen das Land, in dessen Auftrag er die Ausbildung durchführt.[33] Überschreitet der Student den ihm zugewiesenen Aufgabenkreis eigenmächtig oder fügt er einem Patienten vorsätzlich Schaden zu, so haftet er unmittelbar. Die eingeschränkte Haftbarkeit enthebt den Studenten der Notwendigkeit einer eigenen Haftpflichtversicherung, obwohl manche Gesellschaften die Möglichkeit einer solchen anbieten.

IV. Der Arzt im Praktikum (AiP) – aufgegeben

1. Ärztliche Tätigkeiten. An das Hochschulstudium schloss sich eine achtzehnmona- 22
tige Tätigkeit als Arzt im Praktikum an.[34] Wer das Medizinstudium durch Bestehen des

---

[27] BAG NJW 1981, 2534 (zu §§ 19, 10 Abs 1 BBiG).
[28] *Narr/Hess/Schirmer* (Fn 26) RdNr 183.
[29] *Narr/Hess/Schirmer* (Fn 36) RdNr 184; BAG NJW 1981, 2534.
[30] § 5 Abs 1 Ziff 9 u 10 SGB V; *Haage*, wie Fn 20, RdNr 12.
[31] § 3 Abs 3 ÄAppO.
[32] *Narr/Hess/Schirmer* (Fn 26) RdNr 187; *Haage*, wie Fn 20, RdNr 14 u 15.
[33] *Narr/Hess/Schirmer* (Fn 26) RdNr 187.
[34] Zur Rechtsstellung *Baur* MedR 1989, 111 ff, auch *Opderbecke/Weißauer* MedR 1989, 306 ff. Zur Frage der Verfassungswidrigkeit der AiP-Regelung bejahend *Karpen*; *Riedel/Ewert* NJW 1989, 745 ff und verneinend VG Freiburg MedR 1991, 46.

Dritten Abschnitts der Ärztlichen Prüfung erfolgreich bestand, hatte seit dem 1. 7. 1988 als weiteren Teil der Ausbildung nach § 3 Abs 1 Nr 5 BÄO aF diese Phase zu absolvieren. Die ÄAppO aF bestimmte dazu:[35] „Der Arzt im Praktikum wird im Hinblick auf das in Satz 5 genannte Ausbildungsziel unter Aufsicht von Ärzten, die eine Approbation als Arzt oder eine Erlaubnis zur vorübergehenden Ausübung des Ärztlichen Berufs nach § 10 Abs 1 BÄO besitzen, ärztlich tätig. Er hat seine Kenntnisse und praktischen Fähigkeiten zu vertiefen. Ihm ist ausreichend Gelegenheit zu geben, **ärztliche Tätigkeiten auszuüben und allgemeine ärztliche Erfahrungen zu sammeln.** Er soll die ihm zugewiesenen ärztlichen Tätigkeiten mit einem dem wachsenden Stand seiner Kenntnisse und Fähigkeiten entsprechenden Maß an Verantwortlichkeit verrichten. Er soll nach Beendigung der Tätigkeit als Arzt im Praktikum in der Lage sein, den ärztlichen Beruf eigenverantwortlich und selbstständig auszuüben; Art und Umfang der Aufsicht sollen dem entsprechen."

23 2. **Praxisbezogenheit.** Die **Praxisbezogenheit** der ärztlichen Ausbildung stellte seit langem einen wesentlichen Programmpunkt dar.[36] Die AiP-Zeit sollte das **Praxisdefizit** des überfüllten Hochschulunterrichts ausgleichen. Zur achtzehnmonatigen AiP-Phase trat eine einjährige Vorbereitungszeit für die Zulassung als Vertragsarzt, wobei sich nur sechs Monate der AiP-Tätigkeit anrechnen ließen.[37] So blieb insgesamt eine mindestens zweijährige praktische Tätigkeit nach dem Studium gewährleistet.

24 Ungewiss erschien, ob Reformen der ÄAppO in ausreichendem Maße zu einer frühzeitigen Verzahnung von wissenschaftlichem Unterricht und Unterweisung am Krankenbett führen können, die in der Folge einen Verzicht auf die AiP-Zeit rechtfertige.

25 3. **Rechte und Pflichten eines Arztes.** Aus dem Status des Arztes im Praktikum ergaben sich die Inhalte seines Dienstes und die Grenzen seiner Kompetenz. Der Mediziner erhielt nach Abschluss des Studiums eine **widerrufliche Erlaubnis zur vorübergehenden Ausübung des ärztlichen Berufs.**[38] Diese Erlaubnis berechtigte ihn dazu, unter der Aufsicht eines approbierten Arztes ärztliche Tätigkeiten zu verrichten und ärztliche Erfahrungen zu sammeln.[39] Der AiP hatte im Übrigen die **Rechte und Pflichten eines Arztes.**[40] Er sollte die ihm zugewiesenen ärztlichen Tätigkeiten mit einem dem wachsenden Stand seiner Kenntnisse und Fähigkeiten entsprechenden Maß an Eigenverantwortlichkeit verrichten.[41] Je weiter der AiP fachlich fortschritt, desto mehr durfte er tun.

26 Nach der Einführung der „AiP"-Phase gelangte die **Richtlinie 86/457/EWG**[42] zur Umsetzung, welche die spezifische Ausbildung in der **Allgemeinmedizin als Mindestvoraussetzung für die Aufnahme einer vertragsärztlichen Tätigkeit** verpflichtend machte. Der Zugang des Arztes zum Sozialversicherungssystem erforderte die Weiterbildung.[43] Damit hatten Mediziner, die sich als Vertragsärzte niederlassen wollten, zumindest eine zweijährige spezifische allgemeinmedizinische Ausbildung, welche die Länder in

---

[35] § 34 b; die §§ 34–38 aufgehoben durch Art 3 Nr 9 Ges v 21. 7. 2004, BGBl I, 1776.
[36] Vgl die geschichtlichen Hinweise bei *Baur* MedR 1989, 112 und *Karpen*, 9 ff.
[37] Eine Rolle spielte der Erlass der EG-Richtlinie Allgemeinmedizin (75/363/EWG, jetzt 93/16/EWG), nach dem die Mitgliedstaaten zu gewährleisten haben, dass sich ab 1990 ein Mediziner nur dann noch als Allgemeinarzt niederlassen kann, wenn er nach einem Hochschulstudium von mindestens sechs Jahren eine mindestens zweijährige Vollzeitausbildung zum Arzt für Allgemeinmedizin absolviert hat.
[38] § 10 Abs 4 BÄO aF.
[39] § 4 Abs 4 BÄO aF.
[40] § 10 Abs 6 BÄO aF.
[41] § 34 b ÄAppO. – Die Arbeitsgemeinschaft Medizinrecht in der Deutschen Gesellschaft für Gynäkologie und Geburtshilfe erließ eigene Empfehlungen für den Einsatz des AiP in der Geburtshilfe: Frauenarzt 1998, 1371 f.
[42] ABl EG Nr L 267, S. 26.
[43] § 95a SGB V.

3. Kapitel. Die ärztliche Ausbildung   27–29 § 7

eigenen Gesetzen der europäischen Richtlinie gemäß eingeführt hatten, oder eine Weiterbildung zum Facharzt nachzuweisen. Dadurch war für den Großteil der Ärzte eine ausreichende praktische Erfahrung am Patienten gewährleistet und die Notwendigkeit der „AiP"-Phase entkräftet.

4. Aufhebung 2004. Das **Gesetz zur Änderung der Bundesärzteordnung und anderer Gesetze** schaffte den Arzt im Praktikum mit Wirkung zum 1. Oktober 2004 ab.[44] Verbesserte Studiengänge, die Pflichtweiterbildung für die vertragsärztliche Tätigkeit und beginnender Ärztemangel in den Krankenhäusern hatten darauf hingewirkt. Die amtliche Begründung zum Gesetzentwurf erklärte:[45] „Auf Grund des prognostizierten Zuwachses von Studierenden, die ihr Studium nicht abschließen oder nicht in die kurative Tätigkeit gehen, war in Folge des in bestimmten Regionen zu erwartenden Ärztemangels ein möglichst schneller Wegfall der „AiP"-Phase vorzusehen, um die Attraktivität der kurativen ärztlichen Berufsausübung gerade zu Beginn der praktischen ärztlichen Tätigkeit zu verbessern."

Mit der Aufgabe des „AiP" gelangt die deutsche Medizinerausbildung nach einem sechsjährigen Studium zum Abschluss. Damit entfällt auch die Anrechnung der „AiP"-Zeit auf die spezifische Ausbildung in der **Allgemeinmedizin.** Nach der Richtlinie 93/16/EWG[46] bedarf es einer Weiterbildung mit dem Abschluss „Facharzt/Fachärztin für Allgemeinmedizin". Danach erfordert der Zugang zur gesetzlichen Krankenversicherung mindestens einen Abschluss des Medizinstudiums und den Abschluss der Weiterbildung in der Allgemeinmedizin. Die vom Deutschen Ärztetag beschlossene Änderung der Muster-Weiterbildungsordnung durch die Einführung des Facharztes (der Fachärztin) für Innere und Allgemeinmedizin[47] überlagerte die Umstellung.

V. Prüfungsregeln in Stichworten

1. Zwei staatliche Prüfungen. Die jüngste **Reform** des Medizinstudiums hat das **Prüfungssystem** erheblich **verändert.** Die Hochschulen sollten mehr Autonomie erhalten, die Zahl der Prüfungen und der Anteil des Antwort-Wahl-Verfahrens sollten reduziert werden. Seit dem Inkrafttreten der neuen ÄAppO vom 27. Juni 2002[48] am 1. Oktober 2003 gibt es nur noch zwei staatliche Prüfungen und keine Vorprüfung mehr. Nach einem Studium von zwei Jahren findet bereits der Erste Abschnitt der Ärztlichen Prüfung mit schriftlichen und mündlich-praktischen Aufgaben statt.

Die in der **ÄAppO vorgesehenen** beiden **Prüfungen**[49] haben die Kandidaten vor der nach Landesrecht zuständigen Stelle, nämlich vor dem Landesprüfungsamt abzulegen.[50] Es handelt sich dabei um Staats-, nicht um Hochschulprüfungen. Neben den schriftlichen und mündlich-praktischen Teilen der Staatsprüfung haben die Kandidaten zuvor „die erfolgreiche Teilnahme ... an den vorgeschriebenen Unterrichtsveranstaltungen" nachzuweisen, welche die Hochschulen durchführen und verantworten. Um zu den beiden Abschnitten der Ärztlichen Prüfung zugelassen zu werden, müssen die Studenten also zahlreiche Kurse und Praktika regelmäßig und erfolgreich besucht haben. Die Verfahren der **Erfolgskontrollen** in Kursen und Praktika unterscheiden sich von Hochschule zu Hochschule und von Fach zu Fach.

---

[44] Ausführlich zu dem Gesetz, seinen Folgen und den europarechtlichen Zusammenhängen *Hagge* MedR 2004, 533–540. Zur ungeklärten vergütungsrechtlichen Behandlung früherer AiP-Tätigkeiten nach dem TV-Ärzte *Matthiessen* MedR 2008, 492.
[45] BR-Dr 824/03.
[46] Vgl *Haage* MedR 2004, 535.
[47] (Hausarzt/Hausärztin), Weiterbildungsordnung Abschnitt B, 12.1 (Stand 2007). Die Umsetzung in das Landesrecht verlief uneinheitlich.
[48] BGBl 2405.
[49] Eingehend *Haage,* in: HK-AKM, 540 (2003).
[50] §§ 8 ff ÄAppO.

30 **2. TMPP.** Examiniert wird in beiden Abschnitten der Ärztlichen Prüfung sowohl schriftlich als auch mündlich-praktisch.[51] Das **Institut für medizinische und pharmazeutische Prüfungsfragen** (IMPP), eine von den Bundesländern durch Staatsvertrag gegründete rechtsfähige Anstalt des öffentlichen Rechts mit Sitz in Mainz,[52] erarbeitet im Zusammenwirken mit Fachwissenschaftlern der Hochschulen einheitliche Prüfungsfragen und Gegenstandskataloge. Die **Examensfragen** „müssen auf die für den Arzt allgemein erforderlichen Kenntnisse abgestellt sein und zuverlässige Prüfungsergebnisse ermöglichen.[53] Das IMPP stellt nach Zuarbeit von Hochschullehrern die Prüfungsfragen zusammen, testet sie und erarbeitet die bundeseinheitlichen Prüfungs-Sets. Für die Prüfungsgegenstände im Einzelnen gelten die Prüfungsstoffkataloge der besonderen Prüfungsbestimmungen."[54]

31 **3. Multiple choice.** Es gilt das in seinem alten Ausmaß durchaus problematische System der **Antwort-Wahl-Verfahren (multiple choice):** „In der schriftlichen Prüfung hat der Prüfling unter Aufsicht schriftlich gestellte Aufgaben zu lösen. Er hat dabei anzugeben, welche der mit den Fragen vorgelegten Antworten er für zutreffend hält."[55] Das Antwort-Wahl-Verfahren begegnet als Form der Ärztlichen Prüfung keinen verfassungsrechtlichen Bedenken.[56] Dabei hat der Kandidat bestanden, wenn er „mindestens 60 Prozent der gestellten Prüfungsfragen zutreffend beantwortet hat oder wenn die Zahl der vom Prüfling zutreffend beantworteten Fragen um nicht mehr als 22 Prozent die durchschnittlichen Prüfungsleistungen der Prüflinge unterschreitet, die nach der Mindeststudienzeit von zwei Jahren beim Ersten Abschnitt der Ärztlichen Prüfung und sechs Jahren beim Zweiten Abschnitt der Ärztlichen Prüfung erstmals an der Prüfung teilgenommen haben".[57]

32 **4. Gerichtskontrolle.** Die zentralen Prüfungen für Studierende der Medizin in der Form des Antwort-Wahl-Verfahrens erfordern besondere **verfahrensrechtliche Vorkehrungen,** mit dem Ziel, die Folgen fehlerhaft gestellter Aufgaben auszugleichen und auf diese Weise das Grundrecht der Berufsfreiheit (Art 12 Abs 1 GG) wirksam zu schützen. Ob Antwort-Wahl-Aufgaben zuverlässige Prüfungsergebnisse ermöglichen, haben die Gerichte zu kontrollieren. Darüber hinaus obliegt ihnen eine Vertretbarkeitskontrolle hinsichtlich der Lösungen (Art 19 Abs 4 GG). Entspricht eine Antwort gesicherten medizinischen Erkenntnissen, die im Fachschrifttum bereits veröffentlicht und Kandidaten des entsprechenden Prüfungsabschnitts im Regelfall ohne besondere Schwierigkeit zugänglich waren, so darf sie nicht als falsch gewertet werden.[58]

33 **5. Mündliche Examen.** Mittels des Antwort-Wahl-Verfahrens lässt sich vornehmlich **kognitives Wissen** abfragen. Der ärztliche Beruf erfordert wesentlich **auch andere Fähigkeiten,** denen die Ausbildung zu dienen hat: Beobachten und zielsicheres Reagieren, Denken in größeren Zusammenhängen, die Kunst der Gesprächsführung. Darum und weil sie zudem die praktische Ausbildung stärken, erhielten die mündlichen Examen vor einer Prüfungskommission seit der Reform 1986 ein deutlich höheres Gewicht.[59]

---

[51] § 13 ÄAppO; zum Rücktritt von der Ärztlichen Vorprüfung BVerwG NJW 1996, 2439.
[52] Vgl § 14 Abs 3 ÄAppO.
[53] § 14 Abs 2 ÄAppO.
[54] §§ 22, 28 ÄAppO.
[55] § 14 Abs 1 ÄAppO.
[56] BVerfGE 80, 1 = NVwZ 1989, 850 = MedR 1989, 312.
[57] § 14 Abs 6 ÄAppO. Zur Frage der systemwidrigen Mehrfachlösung BVerwGE 98, 210 = DVBl 1995, 1350.
[58] BVerfGE 84, 59 = NJW 1991, 2008; BVerwG NJW 1997, 314; zum Rücktritt von der Ärztlichen Vorprüfung BVerwG NJW 1996, 2439; zum wichtigen Grund beim Rücktritt im medizinischen Prüfungsrecht (ÄAppO aF § 18 I; VwGO § 86) OVG NRW MedR 2007, 51.
[59] §§ 15 ff ÄAppO.

3. Kapitel. Die ärztliche Ausbildung　　　　　　　　　　　　　　1, 2　§ 8

6. Versagung der Zulassung. Im Rahmen der Zulassung zur ärztlichen Vorprüfung ist § 11 Nr 4 ÄAppO mit dem Grundrecht auf Freiheit der Berufswahl nach Art 12 Abs 1 GG vereinbar, wenn die Begriffe „Unwürdigkeit" und „Unzuverlässigkeit" verfassungskonform ausgelegt und angewendet werden.[60] Dabei sind unterschiedliche Maßstäbe an diese Zulassungsvoraussetzungen je nach Art der abzulegenden ärztlichen Prüfung nicht zu stellen.   34

§ 8 Die Approbation

Inhaltsübersicht

	RdNr
I. Begriff	1
1. Staatliche Erlaubnis	1
2. Berechtigung	2
3. DDR	3
II. Erteilung	4
1. Voraussetzungen	4
2. EU/EWR	13
3. Leistungen in der DDR	17
4. Ausländer	18
III. Rücknahme und Widerruf der Approbation	23
1. Rücknahme	23
2. Widerruf	28
3. Verfassungsmäßigkeit	30
IV. Das Ruhen der Approbation	31
1. Berufsausübungsverbot	31
2. Voraussetzungen	32
V. Die Wiedererteilung der Approbation	34
VI. Approbationsbehörde und Strafgericht	35
1. Gerichtliches Berufsverbot	35
2. Berufsrechtlicher Überhang	38

I. Begriff

1. Staatliche Erlaubnis. Nach Art 74 I Nr 19 GG steht dem Bund eine konkurrierende Gesetzgebungskompetenz zur Regelung der Zulassung zu ärztlichen und anderen Heilberufen zu. Darauf gründet die Bundesärzteordnung. Dem Verfassungsgeber stand das Ziel eines bundeseinheitlichen Arztbildes vor Augen. Die Approbation bedeutet die **staatliche Erlaubnis** zur Ausübung eines akademischen Heilberufes. Einer Approbation bedürfen Ärzte, Apotheker, Zahn- und Tierärzte.[1]   1

2. Berechtigung. Die ärztliche Approbation vermittelt die Erlaubnis zur dauernden, unbeschränkten, eigenverantwortlichen und selbstständigen Ausübung der Heilkunde unter der **Berufsbezeichnung Arzt oder Ärztin**.[2] Die ärztliche Approbation berechtigt auch zur Ausübung der Zahnheilkunde.[3]   2

---

[60] BVerwGE 94, 352 = NJW 1994, 1601 = MedR 1994, 409. Vgl auch nachst § 8 RdNr 5 ff.

[1] Zum früher gebräuchlichen Terminus Bestallung vgl *Brauer/Stobrawa* ÄAppO – BÄO, 1994. Zur Approbation ausführlich *Haage*, in: HK-AKM, 160 (2003).

[2] § 2 Abs 5 BÄO.

[3] § 1 Abs 1 S. 1 ZahnHKG; zu Approbation und Zulassung von Psychotherapeuten *Plagemann/Kies* MedR 1999, 413 ff; zur Approbation als Psychologischer Psychotherapeut nach der Übergangsvorschrift des § 12 PsychThG BVerwG MedR 2003, 640 (Problemstellung *Lepper-Hasche*); vgl auch OVG Bremen MedR 2003, 185 (Problemstellung *Plagemann*) u VGH Bad-Württ MedR 2006, 730 (Problemstellung *Hespeler*); ferner BVerwG MedR 2005, 297 (Problemstellung *Stock*, Nichtpsycho-

3. DDR. In der **ehemaligen DDR** führte das Medizinstudium über eine Diplomarbeit zum akademischen Grad des „Diplom-Mediziners", der neben den medizinischen Doktorgrad trat. Nach dem Erwerb des akademischen Grades „Diplom-Mediziner" und Absolvierung des Hochschulstudiums einschließlich des einjährigen klinischen Praktikums, der Pflichtassistenz, erhielten Bewerber auf Antrag die Approbation, die zur Ausübung des Arztberufes in der DDR ermächtigte und der ärztlichen Approbation in der Bundesrepublik Deutschland entsprach.[4]

II. Erteilung

1. Voraussetzungen. Nach § 3 Abs 1 BÄO haben Deutsche, Staatsangehörige eines der anderen Mitgliedstaaten der Europäischen Union oder eines anderen Vertragsstaates des Abkommens über den Europäischen Wirtschaftsraum oder eines Vertragsstaates, dem Deutschland und die Europäische Gemeinschaft oder Deutschland und die Europäische Union vertraglich einen entsprechenden Rechtsanspruch eingeräumt haben oder heimatlose Ausländer einen **Rechtsanspruch auf Erteilung der Approbation,** wenn folgende **Voraussetzungen** erfüllt sind:[5]

a) Der Antragsteller darf sich nicht eines Verhaltens schuldig gemacht haben, „aus dem sich seine **Unwürdigkeit oder Unzuverlässigkeit** zur Ausübung des ärztlichen Berufs ergibt".[6] Die Unwürdigkeit oder die Unzuverlässigkeit[7] führen zu einem abschlägigen Bescheid, ferner möglicherweise zur Rücknahme und zum Widerruf der Approbation[8] sowie zur Nichtzulassung zur ärztlichen Prüfung.[9] Vor der Versagung der Approbation, insbesondere wegen Unwürdigkeit oder Unzuverlässigkeit, hat die Behörde den Antragsteller zu hören.[10]

Unwürdigkeit liegt vor, wenn der Antragsteller oder Arzt durch sein Verhalten nicht das zur Ausübung des ärztlichen Berufs erforderliche Ansehen und Vertrauen beim Publikum besitzt.[11] Sie muss gerade hinsichtlich der Berufsausübung und der Zugehörigkeit zum ärztlichen Stand bestehen. Dabei kommt es auf **das berufliche Gesamtverhalten** des Arztes an.

Eine Unwürdigkeit zur Ausübung des ärztlichen Berufs ist anzunehmen, wenn der Arzt infolge seines Tuns und Lassens nicht mehr die für seinen Dienst notwendige Integrität und Glaubwürdigkeit sowie den erforderlichen guten Ruf besitzt. Auch ein außerhalb des eigentlichen Berufsfeldes liegendes Fehlverhalten des Arztes kann die zur Versagung oder zum Widerruf der Approbation führende Annahme der Unwürdigkeit oder Unzuverlässigkeit rechtfertigen. Ein sich durch eine Serie von Straftaten erweisender Hang zur Missachtung der Rechtsordnung kann die Unzuverlässigkeit und Unwürdigkeit zur Aus-

---

logen: Sozialrechtliches „Gerechtigkeitsdefizit" approbationsrechtlich nicht behebbar); OVG Nds MedR 2007, 447 (Problemstellung *Haage,* Approbation als Psychologische Psychotherapeutin mit Studium im Ausland).

[4] Die Approbationsordnung für Ärzte in der DDR vom 13. 1. 1977 (GBl I 30), geändert durch AnO Nr 2 vom 24. 8. 1981 (GBl I 346), kannte daneben eine zweite Approbation, die zur Ausübung ärztlicher Tätigkeit in einem medizinisch-theoretischen Fachgebiet berechtigte. Eingehend zu den Approbationen nach DDR-Recht und der Rechtsangleichung durch den Einigungsvertrag *Schirmer* MedR 1990, 55 ff und 1. Aufl. § 8 VII Anhang: Neues Recht nach dem Einigungsvertrag.

[5] *Haage,* Ausbildungsrecht Medizin, 1997, 21 ff u HK-AKM, 160, wie Fn 1, RdNr 5 ff.

[6] § 3 Abs 1 Nr 2 BÄO.

[7] Unbestimmte Rechtsbegriffe, die in vollem Umfang der gerichtlichen Überprüfung unterliegen, vgl BVerwGE 45, 162 = NJW 1974, 1634.

[8] § 5 BÄO.

[9] § 11 Nr 4 ÄAppO; BVerwGE 94, 352 = NJW 1994, 1601 = MedR 1994, 409.

[10] § 3 Abs 4 BÄO.

[11] BVerwG NJW 1993, 806; VGH Bay MedR 1991, 94; VGH BW MedR 1994, 158; vgl zu Doping *Linck* MedR 1993, 55, 56.

3. Kapitel. Die ärztliche Ausbildung 8–12 § 8

übung des ärztlichen Berufs begründen, auch wenn die Delikte nicht unmittelbar das Verhältnis zum Patienten berühren.[12] „Von einem Arzt erwartet man wegen des Vertrauensverhältnisses, das die Beziehung zwischen einem Arzt und seinen Patienten in aller Regel voraussetzt, nicht nur eine sorgfältige, ordnungsgemäße Behandlung, sondern auch eine sonst integre Berufsausübung, wozu . . . auch gehört, dass der Arzt den vermögensrechtlichen Interessen des Patienten nicht Schaden zufügt. Es besteht ein unlösbarer Zusammenhang zwischen ärztlich und wirtschaftlich korrektem Verhalten bei der Prüfung der Frage, ob und unter welchen Voraussetzungen ein Arzt zur ärztlichen Tätigkeit noch geeignet ist."[13]

Als **unzuverlässig** hat der Antragsteller oder Arzt zu gelten, der nicht die charakterliche Gewähr für die ordnungsgemäße Ausübung der Heilkunde bietet. Die Frage der Zuverlässigkeit eines Arztes oder Zahnarztes beurteilt sich danach, „ob die Persönlichkeit des Betroffenen bei Würdigung des ihm zur Last gelegten Fehlverhaltens noch eine ordnungsgemäße Ausübung des ärztlichen oder zahnärztlichen Berufs gewährleistet und dem Berufsbild entspricht oder ob das notwendige Vertrauensverhältnis zwischen Arzt oder Zahnarzt und Patienten nicht mehr entstehen kann und es wahrscheinlich ist, dass bei Ausübung der ärztlichen oder zahnärztlichen Praxis einzelne Patienten oder die Allgemeinheit gefährdet werden".[14] 8

Dem Begriff der Unzuverlässigkeit wohnt ein **prognostisches Element** inne; es geht wesentlich um den Blick in die Zukunft: Wird der Berufsbewerber oder der belastete Arzt nach den gesamten Umständen wahrscheinlich nicht willens oder nicht in der Lage sein, künftig seine beruflichen Pflichten zu erfüllen? 9

Jedoch hängt die Frage, ob sich ein Mediziner der Ausübung des ärztlichen Berufes als „unwürdig" erwiesen hat, nicht von der Prognose ab, ob er in Zukunft seine beruflichen Pflichten zuverlässig erfüllen werde. Die „Unwürdigkeit" unterscheidet sich von der „Unzuverlässigkeit" darin, dass für Erstere eine Zukunftsprognose nicht von Bedeutung ist.[15] 10

b) Der Antragsteller darf „nicht **in gesundheitlicher Hinsicht** zur Ausübung des Berufs **ungeeignet**" sein.[16] Die Auslegung der Rechtsbegriffe erfolgt allein durch die zuständige Landesbehörde. „Auch nach der neuen Formulierung dürfte eine Nichteignung vorliegen, wenn eine nicht nur vorübergehende schwere Störung vorliegt, die die Ausübung ärztlicher Tätigkeit unmöglich macht oder schwer behindert."[17] Dies ist gegeben, wenn ein Arzt an einer schweren Psychose aus dem schizophrenen Formenkreis leidet.[18] Dabei braucht die Schwäche keinen Krankheitswert zu besitzen. Es gilt, auf die besonderen Anforderungen des Arztberufs und der Gesundheitspflege abzustellen. 11

c) Der Antragsteller muss nach einem Hochschulstudium der Medizin von mindestens sechs Jahren, von denen mindestens acht, höchstens zwölf Monate auf eine praktische Ausbildung in Krankenhäusern oder geeigneten Einrichtungen der ärztlichen Kranken- 12

---

[12] VGH BW NJW 1995, 804; BVerwG NVwZ-RR 1996, 477.
[13] VGH Kassel NJW 1986, 2390 = MedR 1986, 156; vgl ferner aus der Rücknahme- und Wiederrufspraxis OVG Bremen MedR 2003, 118 (Zahnarzt; Straftat gegen die sexuelle Selbstbestimmung eines Kindes); VGH Bad-Württ MedR 2004, 66 (gewerbsmäßig begangene Vermögens- und Urkundsdelikte); OVG Rhpf MedR 2006, 301 (Missbrauch notärztlicher Pflichten und der Pflicht zur gewissenhaften Medikation über längere Zeit und mehrfach geahndet); OVG Lüneburg MedR 2007, 369 (altersbedingte Berufsunfähigkeit und missbräuchliche Abgabe von Schmerz- und Betäubungsmitteln).
[14] VGH BW NJW 1987, 1502 = MedR 1987, 116.
[15] BVerwG NJW 1993, 86.
[16] § 3 Abs 1 S. 1 Nr 3 BÄO; speziell zur Taubheit VGH BW MedR 1990, 202; VG Sigmaringen MedR 1990, 205.
[17] *Haage,* wie Fn 1, RdNr 9.
[18] BVerwGE 94, 352.

versorgung entfallen müssen, die **ärztliche Prüfung** im Geltungsbereich der BÄO bestanden haben.[19] Als neue Berufszulassungsvoraussetzung wird in die BÄO aufgenommen, dass der Antragsteller „über die für die Ausübung der Berufstätigkeit erforderlichen **Kenntnisse der deutschen Sprache**" verfügen muss.[20]

13   2. **EU/EWR.** Eine in einem der übrigen **Mitgliedstaaten der Europäischen Union oder der Europäischen Wirtschaftsgemeinschaft** abgeschlossene ärztliche Ausbildung wird anerkannt,[21] wenn der Bewerber sie durch Vorlage eines ärztlichen Diploms, Prüfungszeugnisses oder eines sonstigen Befähigungsnachweises des betreffenden Mitgliedstaates nachweist.[22]

14   Wenn die Voraussetzungen nach § 3 Abs 1 Ziff 1 bis 5 BÄO vorliegen, der Bewerber also Deutscher, Angehöriger eines Mitgliedstaates der EU oder des EWR oder gleichgestellter heimatloser Ausländer, zudem würdig und zuverlässig, gesund und suchtfrei ist, außerdem in der Bundesrepublik Deutschland sein Medizinstudium erfolgreich beendet oder ein anerkanntes EU- oder EWR-Diplom vorzuweisen und die erforderlichen deutschen Sprachkenntnisse hat, besteht ein **Rechtsanspruch** auf Erteilung der Approbation.

15   Ein Rechtsanspruch besteht auch dann, wenn der Antragsteller bei Vorliegen der übrigen Voraussetzungen eine außerhalb der Bundesrepublik Deutschland abgeschlossene **gleichwertige Ausbildung** erworben oder eine bis zum Hochschulabschluss gediehene, aber nicht vollständig abgeschlossene ärztliche Ausbildung in der Bundesrepublik Deutschland vollendet hat.[23] Auch insoweit ist die Gleichwertigkeit des Ausbildungsstandes erforderlich. Der nach § 3 Abs 2 S. 1 Nr 1 BÄO vorzunehmende Vergleich des aufgrund eines Medizinstudiums im Ausland erzielten Ausbildungsstandes mit dem durch ein Studium in der Bundesrepublik vermittelten Ausbildungsstand stellt nicht auf die individuellen Kenntnisse und Fähigkeiten des Antragstellers, sondern ausschließlich auf objektive Umstände des jeweiligen Ausbildungsganges ab.[24]

16   Deutsche Staatsangehörige haben mit den in der Bundesrepublik Deutschland ausgestellten Diplomen, Prüfungszeugnissen und sonstigen Befähigungsnachweisen ihrerseits einen Rechtsanspruch auf **Anerkennung** dieser Ausbildungsnachweise in den anderen Staaten der EU oder des EWR.[25]

17   3. **Leistungen in der DDR.** Die Voraussetzungen für die Anerkennung des in der **DDR** begonnenen oder abgeschlossenen Medizinstudiums sind in den Übergangs- und Schlussvorschriften der BÄO detailliert geregelt.

18   4. **Ausländer,** die keinem Mitgliedstaat der EU oder des EWR angehören, haben keinen Rechtsanspruch auf Erteilung der Approbation, unabhängig davon, ob sie die Ausbildung zum Arzt in der Bundesrepublik oder im Ausland absolvierten. Sie können indessen die Approbation aufgrund einer Ermessensentscheidung erhalten, entweder „in

---

[19] § 3 Abs 1 S. 1 Nr 4 BÄO.
[20] § 3 Abs 1 S 1 Nr 5; *Haage,* MedR 2007, 70, 73 im Zusammenhang mit der Richtlinie 2005/36/EG über die Anerkennung von Berufsqualifikationen.
[21] Sie gilt als Ausbildung im Sinne der Nummer 4 des § 3 Abs 1 S. 1 BÄO.
[22] § 3 Abs 1 S. 2 ff u Abs 1a BÄO.
[23] § 3 Abs 2 Nr 1 u 2 BÄO; nicht erforderlich ist, dass der Antragsteller ausschließlich außerhalb des Geltungsbereichs der BÄO seine medizinische Ausbildung absolviert hat (BVerwGE 98, 180 = NJW 1995, 2426). – Zur Gleichwertigkeit der Ärztlichen Vorprüfung BVerwG NJW 1998, 843 und zur Zahnärztlichen Vorprüfung BVerwG NJW 1997, 1650 (krit dazu *Haage* NJW 1997, 2439 f). Zur Problematik der Gleichwertigkeit ärztlicher und zahnärztlicher Ausbildungen im Ausland *Godry* MedR 2001, 348–353, mit dem Vorschlag „einer Rechtsanpassung, die eine umfassende subjektive Überprüfung des Kenntnisstandes ermöglicht".
[24] BVerwGE 92, 88 = NJW 1993, 3005 = MedR 1993, 397; krit dazu *Haage* MedR 1996, 121 ff u 459 ff; vgl auch BVerwGE 102, 44 = NJW 1997, 1650 = MedR 1997, 120.
[25] Richtlinie des Rates v 5. 4. 1993 (93/16/EWG), ABl EG Nr L 165, S. 1.

besonderen Einzelfällen" oder „aus Gründen des öffentlichen Gesundheitsinteresses".[26] Für die Annahme eines „besonderen Einzelfalles" spielt die Integration des Antragstellers in die hiesigen Berufs- und Lebensverhältnisse eine Rolle.[27] Für das Vorliegen eines besonderen Einzelfalles gelten strenge Anforderungen. Die Verwaltungspraxis der Länder hat hierzu in Übereinstimmung mit der Judikatur Grundsätze entwickelt.[28]

Die **Entscheidung der Gesundheitsbehörde** über einen solchen Approbationsantrag „unterliegt hinsichtlich der Beurteilung, ob ein ‚besonderer Einzelfall' oder ‚Gründe des öffentlichen Gesundheitsinteresses' vorliegen, der vollen **gerichtlichen Nachprüfung.** Im Übrigen ist die Entscheidung als Ermessensentscheidung nur nach den insoweit geltenden Grundsätzen zu überprüfen."[29] **19**

Ein **besonderer Einzelfall** liegt etwa vor, wenn der Ausländer mit einer Deutschen verheiratet ist und sich aufgrund langjährigen Aufenthalts und ärztlicher Berufserfahrungen im Geltungsbereich der BÄO in die deutschen Verhältnisse eingelebt hat.[30] Eine zweite Fallgruppe umfasst die Sachverhalte, in denen der Antragsteller wegen mehrfacher Verlängerungen seiner Berufserlaubnis nach § 10 Abs 3 BÄO Vertrauensschutz genießt.[31] **20**

Auch bei Vorliegen eines besonderen Einzelfalles kann die Behörde im Rahmen ihres Ermessens die **Approbation** des Ausländers von Rechts wegen **versagen,** wenn Gründe der Gesundheitsverwaltung oder andere öffentliche Belange entgegenstehen. Dazu gehören Aspekte der Gesundheitspolitik, fehlende Gegenseitigkeit oder ein zu hoher Bestand deutscher Ärzte. Die Behörde kann auch erwägen, ob statt der Approbation eine (beschränkbare) Erlaubnis nach § 10 BÄO den Interessen der Gesundheitsverwaltung im Einzelfall besser genüge.[32] **21**

Einem Ausländer kann die Approbation auch aus Gründen des **„öffentlichen Gesundheitsinteresses"** erteilt werden. Als Kriterium kommt in Betracht der in der jeweiligen Region vorherrschende Bedarf an niedergelassenen wie klinischen Ärzten der Fachrichtung des Antragstellers; der Bedarf muss sich als auf absehbare Zeit nicht behebbar darstellen. Die Berufung eines Hochschullehrers von internationalem Rang könnte im Einzelfall ein öffentliches Gesundheitsinteresse an einer Approbation begründen. Bei Vorliegen eines solchen Interesses bleibt der Behörde wiederum ein Ermessensspielraum, unter Umständen auch ein Auswahlermessen im Blick auf mehrere ausländische Ärzte.[33] **22**

III. Rücknahme und Widerruf der Approbation

1. Rücknahme. Die Rücknahme beseitigt die Approbation und die mit ihr verbundene Rechtsposition mit rückwirkender Kraft, während der Widerruf die Rechte aus der Approbation für die Zukunft aufhebt.[34] **23**

Fehlten unabdingbare Voraussetzungen im Zeitpunkt ihrer Erteilung, so führt dies zwingend zur **Rücknahme** der Approbation, wobei es auf ein Verschulden des Betroffenen nicht ankommt. Nach § 5 Abs 1 S. 1 BÄO **ist** von der Behörde die Approbation **24**

---

[26] § 3 Abs 3 BÄO. „In Deutschland absolvierte Aus- und Weiterbildungszeiten eines ausländischen Arztes können für sich gesehen keinen ‚besonderen Einzelfall' im Sinne des § 3 Abs 3 S 1 BÄO begründen": OVG NRW MedR 2000, 333 (Problemstellung *Hespeler*).
[27] BVerwG MedR 1992, 53.
[28] *Haage,* wie Fn 1, RdNr 13.
[29] BVerwGE 45, 162 = NJW 1974, 1634.
[30] Wie Fn 29. „Eine Verwaltungspraxis, wonach bei einem ausländischen Arzt eine Integration in die hiesigen Berufs- und Lebensverhältnisse (erst) nach einer mindestens achtjährigen ärztlichen Tätigkeit in Deutschland angenommen werden kann, ist, jedenfalls bei Hinzutreten weiterer Umstände wie zB der Ehe mit einer Deutschen, sachgerecht": OVG NRW MedR 2000, 333.
[31] Vgl *Schiwy/Dalichau/Brack,* Deutsches Arztrecht, Stand 2001 BÄO § 3, 4.1 RdNr 24 ff.
[32] Wie Fn 29.
[33] *Narr/Hess/Schirmer* ÄrztlBerufsR, RdNr 58.
[34] Vgl zu den Einzelheiten *Haage,* wie Fn 1, RdNr 29 f, 31 f.

zurückzunehmen, wenn bei ihrer Erteilung die ärztliche Prüfung nicht bestanden oder die ärztliche Ausbildung nicht abgeschlossen worden war.

25 Nach § 5 Abs 1 S. 2 und 3 BÄO **kann** die Behörde die Approbation zurücknehmen, wenn der Antragsteller im Zeitpunkt der Erteilung nicht Deutscher, nicht EU- oder EWR-Staatsangehöriger und auch nicht heimatloser Ausländer war, wenn der Betroffene bei Erteilung der Approbation zur Ausübung des ärztlichen Berufes unwürdig oder unzuverlässig war, wenn der Betroffene bei Erteilung der Approbation wegen eines körperlichen Gebrechens oder wegen Schwäche seiner geistigen oder körperlichen Kräfte oder wegen einer Sucht zur Ausübung des ärztlichen Berufs unfähig oder ungeeignet war, wenn eine in der ehemaligen DDR oder eine außerhalb der Bundesrepublik Deutschland abgeschlossene oder nicht vollständig beendete ärztliche Ausbildung nicht gleichwertig war. Die typischen Fälle bilden Rücknahmen infolge festgestellter Unwürdigkeit und Unzuverlässigkeit.

26 Bei Vorliegen eines dieser Gründe hat die Behörde nach pflichtgemäßem Ermessen zu entscheiden, ob sie die Approbation zurücknehmen oder belassen will, wobei sie den Grundsatz der **Verhältnismäßigkeit** zu beachten hat. Bei der Rücknahme wegen Unwürdigkeit, Unzuverlässigkeit, Unfähigkeit oder Ungeeignetheit gilt es, auf die Eignung zum ärztlichen Dienst abzustellen. Die Rücknahme muss sich als die einzige angemessene Möglichkeit darstellen, die Allgemeinheit vor Gefahren durch eine Berufstätigkeit des betroffenen Arztes zu schützen.[35]

27 Irrtümer oder Fehlurteile der Behörde dürfen nicht zulasten des Betroffenen gehen. Hat der Antragsteller hingegen die Behörde getäuscht, so wird die Rücknahme der Approbation kaum als ermessensfehlerhaft erscheinen.

28 **2. Widerruf.** Der **Widerruf** entzieht eine einmal rechtmäßig erteilte Rechtsposition, weil nachträglich Gründe eintraten, die der Fortdauer der Approbation entgegenstehen. Der Widerruf kann den Betroffenen ebenso existentiell treffen wie die Rücknahme. Darum gilt auch hier derselbe strenge Maßstab. Nach dem Grundsatz der Verhältnismäßigkeit muss der Widerruf das mildeste geeignete Mittel sein, Gefahren vom Einzelnen oder von der Allgemeinheit abzuwenden.

29 Die Bundesärzteordnung kennt nur den **zwingenden Widerrufsgrund,** dass ein Arzt sich nach Erteilung der Approbation eines Verhaltens schuldig gemacht hat, aus dem sich seine **Unwürdigkeit oder Unzuverlässigkeit** ergibt.[36] Die Behörde **kann** die Approbation widerrufen, wenn der Arzt „in gesundheitlicher Hinsicht zur Ausübung des ärztlichen Berufs ungeeignet" geworden ist.[37] Schwebt ein Strafverfahren gegen den Arzt, so bleibt dessen Abschluss abzuwarten, bevor die Behörde die Approbation widerrufen kann.[38]

30 **3. Verfassungsmäßigkeit.** Die Regelung der BÄO über den Widerruf der Approbation ist wegen des geänderten Zulassungsrechts, insbesondere der Möglichkeit von Zulas-

---

[35] BVerwGE 25, 201 = NJW 1967, 314.

[36] § 5 Abs 2 S. 1 iVm § 3 Abs 1 S. 1 Nr 2 BÄO; für die im Rahmen des Widerrufs nach diesen Vorschriften geforderte Prognose zur Beurteilung der Zuverlässigkeit ist auf die Umstände im Zeitpunkt des Abschlusses des Verwaltungsverfahrens abzustellen: BVerwG MedR 1998, 142.

[37] § 5 Abs 2 S. 2 iVm § 3 Abs 1 S. 1 Nr 3 BÄO; zum Approbationsentzug wegen Unwürdigkeit und zum Anspruch auf Wiedererteilung der Approbation *Braun/Gründel* MedR 2001, 396–41.

[38] Dies folgt aus § 5 Abs 2 S. 1 iVm § 6 Abs 1 Nr 1 BÄO. – „§ 5 Abs 2 S. 1 BÄO schließt für einen auf ihn gestützten Widerruf einer ärztlichen Approbation die Anwendbarkeit der (Ausschluss-)Frist der §§ 4 Abs 2 S. 2, 48 Abs 4 VwVfG aus": BVerwG MedR 1998, 142 (Problemstellung *Jungemann*); vgl aber auch OVG NRW MedR 2005, 105 zur Wertung eines im Strafverfahren gestellten Wiederaufnahmeantrags bei der Beurteilung berufsrechtlicher Maßnahmen: Widerruf der Approbation mit Anordnung der sofortigen Vollziehung nach Ausspruch eines teilweisen Berufsverbots im Strafverfahren.

sungsbeschränkungen nach § 103 SGB V, nicht unverhältnismäßig und damit verfassungswidrig geworden.[39]

IV. Das Ruhen der Approbation

1. Berufsausübungsverbot. Die **stets im Ermessen der Behörde** liegende Anordnung des Ruhens der Approbation dient dem Zweck, in unklaren oder eiligen Fällen einem Arzt die Ausübung der Berufstätigkeit im Interesse der Allgemeinheit für bestimmte oder unbestimmte Zeit zu versagen. Der Adressat bleibt Arzt und Mitglied seiner Kammer, darf aber den ärztlichen Beruf nicht mehr ausüben.[40] Die Ruhensanordnung bewirkt ein **vollständiges vorübergehendes Berufsausübungsverbot**, das sich nicht nur auf einzelne Tätigkeiten wie das Rezeptieren bezieht. Verstößt der Arzt gegen das Verbot, macht er sich strafbar. Dazu muss die Ruhensanordnung für sofort vollziehbar erklärt worden sein oder unanfechtbar geworden sein.[41] Die Behörde kann zulassen, dass ein Kollege die Praxis des Arztes, dessen Approbation ruht, für einen amtlich bestimmten Zeitraum weiterführt. Die Behörde hat die Anordnung aufzuheben, wenn deren Voraussetzungen nicht mehr vorliegen. 31

2. Voraussetzungen. Die Behörde kann nach § 6 BÄO das Ruhen der Approbation anordnen, wenn „gegen den Arzt wegen des Verdachts einer Straftat, aus der sich seine Unwürdigkeit oder Unzuverlässigkeit zur Ausübung des ärztlichen Berufs ergeben kann, ein Strafverfahren eingeleitet ist", oder wenn „nachträglich eine der Voraussetzungen nach § 3 Abs 1 S. 1 Nr 3 BÄO weggefallen ist", oder wenn „Zweifel bestehen, ob die Voraussetzungen des § 3 Abs 1 S. 1 Nr 3 noch erfüllt sind und der Arzt sich weigert, sich einer von der zuständigen Behörde angeordneten amts- oder fachärztlichen Untersuchung zu unterziehen", oder „wenn sich ergibt, dass der Arzt nicht über die Kenntnisse der deutschen Sprache verfügt, die für die Ausübung der Berufstätigkeit in Deutschland erforderlich sind". 32

Das Ruhen der Approbation trifft den belasteten Arzt regelmäßig schwer, ja existentiell. Darum muss ein **überragendes unabweisbares Interesse der Allgemeinheit** an einer solchen Maßnahme bestehen.[42] Das öffentliche Interesse kann die **sofortige Vollziehung** der Ruhensanordnung durch behördlichen Ausspruch gebieten.[43] Erforderlich ist eine Interessenabwägung zwischen der durch Art 12 Abs 1 GG gewährleisteten Freiheit der Berufswahl und den schutzwürdigen öffentlichen Belangen.[44] Der sofortige Vollzug erweist sich dann als notwendig, wenn die weitere Tätigkeit des Arztes eine Gefahr für die Allgemeinheit oder für den Einzelnen nach sich zöge. 33

---

[39] BVerwG MedR 1997, 170. § 5 Abs 2 BÄO enthält eine abschließende bundesrechtliche Regelung, die gemäß Art 31 GG den Landesverwaltungsverfahrensgesetzen vorgeht, weshalb eine Ausschlussfrist für den Widerruf nicht eingreift (VGH BW MedR 1994, 158; BVerwG NJW 1998, 2756 = MedR 1998, 142 (Problemstellung *Jungemann*).

[40] § 6 BÄO. Dazu eingehend *Haage*, wie Fn 1, RdNr 37 ff.

[41] § 13 BÄO.

[42] Beispiele: Ruhen der Approbation bei Verdacht der Begehung sexueller Übergriffe in der Praxis (VG Stuttgart MedR 2000, 142), bei Alkoholsucht (OVG Sachsen-Anhalt MedR 2000, 239), bei ärztlichem Behandlungsfehler (VG Leipzig MedR 2000, 336), bei Straftaten gegen die Ehre und Würde von Personen (OVG NRW MedR 2007, 611). Keine Ruhensanordnung bei fahrlässiger Tötung durch Operationsfehler (VG Leipzig MedR 2000, 336). Für die Verhängung eines vorläufigen Berufsverbots gegen einen Rechtsanwalt nach § 150 BRAO hat das BVerfG verlangt, dass eine solche Maßnahme nur zur Abwehr konkreter Gefahren für wichtige Gemeinschaftsgüter geboten sei (BVerfGE 44, 105 = NJW 1977, 892).

[43] § 80 VwGO.

[44] OVG NW MedR 1997, 34.

V. Die Wiedererteilung der Approbation

34 Die zuständige Behörde kann nach § 8 BÄO bei Personen, die einen Antrag auf Wiedererteilung der Approbation stellen, nachdem diese wegen Fehlens einer der Voraussetzungen (Würdigkeit, Zuverlässigkeit und gesundheitliche Eignung) zurückgenommen oder widerrufen oder auf die nach § 9 BÄO verzichtet worden war, die Entscheidung zurückstellen und zunächst eine **Erlaubnis** zur Ausübung des ärztlichen Berufs bis zu einer Dauer von zwei Jahren erteilen. Die Behörde darf die Berufserlaubnis nur widerruflich und befristet gewähren und sie, wie diejenige nach § 10 BÄO, auf bestimmte Tätigkeiten und Beschäftigungsstellen beschränken.[45]

Die Wiedererteilung erfordert eine Prognose. Bei einem Arzt, der zahlreiche Taten des Abrechnungsbetrugs begangen hat, ist ein längerer Reifeprozess für die Wiedererlangung der Zuverlässigkeit erforderlich.[46] Die Wiederherstellung der Approbation scheitert an der Unwürdigkeit, wenn diese weder im Zeitpunkt der Widerspruchsentscheidung noch in dem der gerichtlichen Entscheidung geschwunden ist.[47] Die Befugnis eines Staatsangehörigen eines Mitgliedstaates der Europäischen Union zur vorübergehenden Ausübung des ärztlichen oder zahnärztlichen Berufs in Deutschland wird durch das Ruhen einer ihm erteilten deutschen Approbation nicht berührt.[48]

VI. Approbationsbehörde und Strafgericht

35 **1. Gerichtliches Berufsverbot.** Wird ein Arzt wegen einer rechtswidrigen Tat, die er unter Missbrauch seines Berufs oder unter grober Verletzung der mit diesem verbundenen Pflichten beging, verurteilt oder nur deshalb nicht verurteilt, weil seine Schuldunfähigkeit erwiesen oder nicht auszuschließen ist, so kann ihm das **Gericht die Ausübung** des Berufes für die Dauer von einem Jahr bis zu fünf Jahren **verbieten,** wenn die Gesamtwürdigung von Täter und Tat die Gefahr weiterer rechtswidriger Taten bei fortgesetzter Berufstätigkeit erkennen lässt. Das Strafgericht kann auch ein **Berufsverbot** für immer anordnen, wenn zu erwarten steht, dass die gesetzliche Höchstfrist zur Abwehr der von dem Täter drohenden Gefahr nicht ausreichen werde.[49]

36 Ähnlich wie die verwaltungsrechtliche Ruhensanordnung tastet auch das strafgerichtliche Berufsverbot die Approbation selbst nicht an. Es handelt sich vielmehr um einen Entzug der auf die Approbation gegründeten Befugnis zur Ausübung des ärztlichen Berufs. Auch für das Berufsverbot gilt der Grundsatz der Verhältnismäßigkeit.[50]

37 Unter **Missbrauch seines Berufes** begeht der Arzt eine Straftat, wenn er unter bewusster Missachtung der ihm in der Allgemeinheit gestellten Aufgaben seine Profession dazu ausnutzt, einen ihr zuwiderlaufenden Zweck zu verfolgen. Der Täter muss die **professionell gegebene Möglichkeit** bei seiner Berufstätigkeit bewusst und auch planmäßig zu Straftaten ausnutzen. „Ein Missbrauch des Berufs liegt nur dann vor, wenn die Tat in einem inneren Zusammenhang mit der Berufsausübung steht. Es genügt nicht, dass der Beruf rein äußerlich die Möglichkeit gibt, bestimmte strafbare Handlungen zu begehen."[51]

38 **2. Berufsrechtlicher Überhang.** Umstritten bleibt die Frage, ob und in welchem Umfang ein **strafrichterliches Berufsverbot die Approbationsbehörde bindet.** Die

---

[45] *Haage,* wie Fn 1, RdNr 42; vgl ferner *Braun/Gründel* MedR 2001, 396 ff.
[46] VG Stuttgart MedR 2007, 125 (Problemstellung *Bartels*).
[47] VG Frankfurt aM MedR 2004, 695 (Problemstellung *Haage*).
[48] BGH MedR 2006, 109 m Anm *Haage* MedR 2006, 170. Zum Vorrang des EU-Rechts im Approbationsrecht VG Augsburg MedR 2007, 200 (Problemstellung *Brehm/Karasek*).
[49] § 70 StGB. „Als Maßregel hat das Berufsverbot Sicherungsfunktion; seine Anordnung aus Schuldgründen ist nicht zulässig", *Kühl,* StGB-Kommentar, 26. Aufl 2007, § 70, RdNr 1.
[50] § 62 StGB.
[51] BGH NJW 1983, 2099; VGH BW MedR 1994, 158.

3. Kapitel. Die ärztliche Ausbildung   § 9

Verwaltungsbehörde kann nach allgemeiner Ansicht die Approbation zurücknehmen oder widerrufen, wenn der Strafrichter kein Berufsverbot verhängte. Hat das Strafgericht indessen alle Gesichtspunkte, die es für eine standesrechtliche Ahndung in Betracht zu ziehen gilt, bereits geprüft und dabei auf die entscheidenden berufspolitischen Gesichtspunkte Bedacht genommen, so bleibt die Verwaltungsbehörde nach dem in dem Grundsatz „ne bis in idem" enthaltenen Prinzip der Rechtskraft an weiteren, darüber hinausgehenden berufsrechtlichen Maßnahmen gehindert.[52] Denn nur ein **berufsrechtlicher Überhang** rechtfertige eine zusätzliche Verwaltungsmaßnahme. Die Behörde hat in jedem Einzelfall zu prüfen, ob nach einer strafgerichtlichen Verurteilung ein solcher spezieller Überhang besteht, der eine zusätzliche Maßnahme gebietet, wie die Rücknahme oder den Widerruf der Approbation.

§ 9 Die Promotion

Inhaltsübersicht

		RdNr
I.	Der akademische Grad	1
II.	Verleihung des medizinischen Doktorgrades	2
III.	Führung des Doktorgrades	3
IV.	Entziehung der Doktorwürde	7
V.	Die Genehmigung zur Führung und die Führung ausländischer akademischer Grade	16
VI.	Strafbarkeit	31
VII.	Der ehrenhalber verliehene Doktorgrad („Dr hc")	32

Schrifttum: *Ackermann,* Zur Eintragungsfähigkeit des Doktorgrades, StAZ 1962, 16–18; *Bewart,* Der gesetzliche Anspruch auf einen akademischen Grad mit bestandenem Ersten Juristischen Staatsexamen, BayVBl 2005 S. 648–656; *Bleek/Mertens,* Fragwürdige „Wende" bei den akademischen Titeln, MittHV 1993, 201–203; *Ehrenforth,* Bundesvertriebenengesetz, Kommentar 1959; Forschung & Lehre Heft 8/2006, 453 Die Honorarprofessur in den Bundesländern; *Gaaz,* Die Eintragung akademischer Grade in Personenstandsbüchern und -urkunden, StAZ 1985 S. 189–194; *Geck,* Promotionsordnungen und Grundgesetz, Schriftenreihe Annales Universitatis Saraviensis Heft 24, 1966; *Hailbronner/Calliess,* Zusammenwirken von Hochschule und Staat beim Promotionszugang für Fachhochschulabsolventen, DÖV 1996, 345–355; *Hansalek,* Bachelor- und Masterabschlüsse in der beruflichen Bildung – Ein strafrechtliches Problem, IR 2006 S. 17–21; *Heberer,* Das ärztliche Berufs- und Standesrecht z. vollständig neu bearbeitete Auflage 2001 unter VI. Promotion S. 104–117; *Hönn,* Akademische Grade, Amts-, Dienst- und Berufsbezeichnungen sowie Titel (Namensattribute) in der Firma in firmen- und wettbewerbsrechtlicher Sicht, ZHR 1989, 386–422; *Jansen,* Doktortitel in: LIA Dez. 2001 unter Nr 1500 S. 1–5; *ders,* Professorentitel in LIA Nov. 2001 unter Nr 4410 S. 1–3; *Kahle,* Der Missbrauch von Titeln, Berufsbezeichnungen und Abzeichen – Rechtsgut, Schutzzweck und Anwendungsbereich des § 132 a StGB, 1995; *Kern,* Zum Weiterführen der Amtsbezeichnung „Professor" nach der Entlassung aus dem Beamtenverhältnis, MedR 1988, 242–244; *Klinkhammer,* Vorkehrungen gegen unredlich erworbene Doktortitel, DÄBl 1994, A 3000–3001; *Kobusch,* Die Rechte an Pflichtexemplaren, Forschung & Lehre 1999, 586–588; Leipziger Kom. zum StGB (zu § 132 a StGB) 10. Aufl. 1988; *Lorenz,* Die Entziehung des Doktorgrades – ein altes Instrument in neuer Funktion, DVBl 2005 S. 1242–1246; *Majer,* Namensrecht – Einheit oder Vielfalt? oder: Zur Bedeutung des Doktorgrades im Verfassungsrecht, in *Umbach/Urban/Fritz/Böttcher/v Bargen* (Hrsg), Das wahre Verfassungsrecht, 1984, 337 ff; *Maurer,* Promotion, in: Handbuch des Wissenschaftsrechts Bd 1, VI Akademische Grade und Würden 1982, 831–853; *ders,* Der im Ausland erworbene Professorentitel, MedR 1991, 293–300; *ders,* Der im In- oder Ausland ehrenhalber verliehene Doktorgrad („Dr hc"), Wissenschaftsrecht 29. Bd Heft 4 1996, 320–345; *Messing/Huber,* Die Doktorarbeit, 3. überarbeitete und erweiterte Auflage 2004; *Ostermeyer/Hartmer,* Der Professorentitel – ein „Muster ohne Wert"? MittHV 1993, 204–207; *Prieß,* Die

---

[52] BVerwGE 15, 282 = NJW 1963, 875. Ebenso ausführlich *Narr/Hess/Schirmer* (Fn 33) RdNr 99.

Genehmigung zur Führung ausländischer akademischer und staatlicher Grade gem. § 2 I GFaG, NVwZ 1991, 111–116; *Ratzel/Lippert*, Kom. zur Musterberufsordnung der deutschen Ärzte (MBO) 3. Aufl. 2002 unter D Nr 2 „Praxisschilder"; *Rieger*, Lexikon des Arztrechts, 1984, RdNr 566 ff; *Schöner*, Das Recht der akademischen Grade in der Bundesrepublik Deutschland, 1969; *Starosta*, Die Aberkennung akademischer Grade, DÖV 1987, 1050–1052; *Theuss*, Die Vorschriften über die Führung ausländischer akademischer Grade: Endgültiger Abschied vom GFaG?, Verwaltungs-Archiv 1995, 579–599; *Thieme*, Deutsches Hochschulrecht 2. Aufl 1986; *ders*, Professor aD, MittHV 1993, 208–210; *Wichardt*, Verleihung und Entziehung des Doktorgrades, 1976; *Ziekow*, Die Befugnis zur Führung der im Ausland erworbenen Bezeichnung „Professor" im Inland, NVwZ 1999, 834–837; *Zimmerling*, Akademische Grade und Titel 2. Aufl 1995; *ders*, Die Führung des im Ausland erworbenen Professorentitels in Baden-Württemberg, MedR 1997, 257–264.

I. Der akademische Grad

1 Der akademische Grad wird definiert als eine von einer wissenschaftlichen Hochschule für eine wissenschaftliche Leistung verliehene Bezeichnung.[1] Zu den akademischen Graden gehören der Magister-, der Diplom- und der Doktorgrad, wobei Letzterer der Bedeutsamste ist.[2] Ein einmal erworbener akademischer Grad bleibt grundsätzlich unverlierbar.

II. Verleihung des medizinischen Doktorgrades

2 Auch der medizinische Doktorgrad („Dr med", „Dr med dent") ist damit ein akademischer Grad, der von den medizinischen Fakultäten der Hochschulen und Universitäten (in Deutschland 36) verliehen wird.[3] Rechtsgrundlage hierfür sind einmal die rahmenrechtliche Regelung des § 18 HRG (vom 19. 1. 1976 (BGBl I 18) idF der Bekanntmachung vom 9. 4. 1987 (BGBl I 1170)), die entsprechenden Hochschulgesetze der Länder (RdNr 7) sowie die **Promotionsordnungen** der jeweiligen Hochschulen. Voraussetzung für eine Zulassung zur medizinischen Promotion ist ua die erfolgreiche Ablegung sämtlicher in der Studienordnung vorgesehener ärztlicher Prüfungen.[4] Der Erwerb der ärztlichen **Approbation** ist hierfür jedoch nicht erforderlich.[5] Hat der Bewerber sämtliche Zulas-

---

[1] Vgl hierzu *Starosta* DÖV 1987, 1050.

[2] Nach einer Veröffentlichung in der Medical Tribune vom 3. 2. 1989 (S. 43) verlassen jährlich etwa 13 000 Hochschulabsolventen die Universitäten mit dem Doktor-Titel; einer Notiz in der Süddeutschen Zeitung vom 12./13. 9. 1998 (S. 40) haben nach einer statistischen Erhebung von den 31- bis 35-jährigen Ärztinnen und Ärzten 46 Prozent keinen Doktortitel. Der Doktortitel ist durch § 132a Abs 1 Nr 1 StB **strafrechtlich** geschützt (vgl beispielsweise LG Saarbrücken NJW 1976, 1160, BayObLG NJW 1978, 2348, BGHJZ 1982, 773, AG Ulm MedR 1985, 189); eine unberechtigte Führung wird zudem **standesrechtlich** geahndet (so VG Münster Westf ÄBl 1993, 323).

[3] Dies ist absolut hM und unbestreitbar (vgl hierzu statt vieler *Zimmerling*, Akademische Grade und Titel, 2. Aufl 1995, RdNr 16 und 51), sodass die Bemerkung von *Lippert* in seiner Besprechung der 1. Aufl dieses Handbuchs in NJW 1992, 2943 mehr als unverständlich ist. Zum akademischen Grad eines Dr (med) habil vgl insbesondere *Zimmerling*, 2. Aufl 1995 RdNr 49–58. Durch Änderung des Art 91 Abs 1 des Bayerischen Hochschulgesetzes (v 1. 10. 1998) wurde der vormals geltende Satz 2 gestrichen. Er lautete „Durch die Habilitation erlangt der Bewerber den akademischen Grad eines habilitierten Doktors". Seither kann in Bayern der Dr habil nicht mehr verliehen werden. Mit Gesetz zur Änderung des Bayerischen Hochschulgesetzes und des Bayerischen Hochschullehrergesetzes vom 9.7.2003 (BY GVBl 427ff) wurde Art 91 hinsichtlich des Habilitationsverfahrens neu gefasst.

[4] Die Promotionsordnung etwa der Medizinischen Fakultät der Ludwig-Maximilians-Universität München vom 1. 6. 1983 idF vom 1. 6. 2005 sieht in II § 2 Abs 2 für den Erwerb des Grades eines Dr med allein 15 verschiedene Erfordernisse vor; die Promotionsordnung der Technischen Universität München vom 1. 8. 2001 idF vom 15. 12. 2007 deren sechs. In Bayern regelt zudem noch Art 86 des Bayerischen Hochschulgesetzes (BayHSchG) idF der Bekanntmachung vom 8. 12. 1988 (GVBl 399) die Verleihung akademischer Grade; zuletzt geändert am 1.12. 1993 (GVBl 953).

[5] *Rieger*, RdNr 566.

3. Kapitel. Die ärztliche Ausbildung 3–5 § 9

sungsvoraussetzungen erfüllt, hat er einen Rechtsanspruch auf **Aufnahme** als **Doktorand** oder auf **Zulassung zur Promotion**.[6]

III. Führung des Doktorgrades

Der Bewerber um den akademischen Grad eines Doktors der Medizin darf diesen erst **3** führen, wenn und sobald ihm die **Promotionsurkunde ausgehändigt** wurde. Dies erfordert nicht nur eine positive Bewertung der eingereichten schriftlichen Arbeit („Dissertation"), mit den möglichen Bewertungen „summa cum laude", „magna cum laude", „cum laude" oder „rite"[7] (mit „insufficienter" wird eine **unzulängliche** Arbeit bewertet),[8] sondern auch das Bestehen einer mündlichen Prüfung sowie der rechtzeitigen Ablieferung (meist innerhalb von sechs Monaten) der von Fakultät zu Fakultät verschieden hohen Anzahl von Pflichtexemplaren.[9]

Der berechtigte Träger eines Doktortitels braucht in der Regel diesem nicht die **Fakul-** **4** **tätsbezeichnung** (Dr med, Dr med dent) hinzuzufügen. Kapitel D Ziffer I Nr 2 der Berufsordnung für die deutschen Ärztinnen und Ärzte – MBO–Ä–1997 – idF der Beschlüsse des 100. Deutschen Ärztetages 1997 in Eisenach, geändert durch die Beschlüsse des 103. Deutschen Ärztetages 2000 in Köln, sieht jedoch wie alle anderen Berufsordnungen vor, dass Arzt- oder Praxisschilder zwar Zusätze über medizinische akademische Grade und ärztliche Titel enthalten dürfen, dass **andere akademische Grade** aber nur iVm der Fakultätsbezeichnung genannt werden dürfen.[10]

Mit der Verleihung und mit dem Recht zur Führung des Doktorgrades wird dieser **5** – im Gegensatz zum akademischen Titel eines Diplomingenieurs – auch in den **Pass** und **Personalausweis** eingetragen,[11] obschon er nach gefestigter höchstrichterlicher

---

[6] VGH Mannheim JZ 1981, 661. Die Promotionvorbereitung gilt als Berufsausbildung (so BFH NJW 2004, 3447).

[7] Die Promotionsordnung der Technischen Universität München sieht demgegenüber in § 10 Abs 2 eine Notengebung von 1 bis 5 (5 für eine nicht mehr ausreichende Leistung); die Note 4.3 kennzeichnet bereits eine nicht mehr ausreichende Leistung.

[8] Begehrt der Promotionsbewerber im Wege einer allgemeinen Leistungsklage die Verbesserung der für eine Dissertation erteilten Note, ohne den Bescheid über das Gesamtergebnis der Promotion anzugreifen, so besteht nur dann ein Rechtsschutzbedürfnis, wenn er nachweisen kann, dass die Bewertung seiner Dissertation für sein berufliches Fortkommen von Bedeutung ist (VGH BW DÖV 1982, 164).

[9] Zur Frage der Rechte an diesen Pflichtexemplaren s *Kobusch*, Forschung & Lehre 1999, 576 ff; zur Führung des medizinischen Doktorgrades s insbesondere *Heberer*, Das ärztliche Berufs- und Standesrecht 2. Aufl, Kapitel VI Nr 3 S. 107 ff.

[10] Zur Frage der Weiterführung der Amtsbezeichnung „Professor" nach der Entlassung aus dem Beamtenverhältnis vgl *Kern* MedR 1988, 242; zur Führung von Professorentiteln auf Briefbögen, Rezeptvordrucken und Praxisschildern BayObLG ArztR 1987, 130; sowie BGH NJW 1990, 918; zur Frage der unzulässigen Bezeichnung als Professor (einer ausländischen Universität) in der Werbung s auch BGH EBE/BGH 1997, 414; zuletzt geändert vom 20.7.2007 (BGBl I S. 1566). Die von einer medizinischen Fakultät einer ausländischen wissenschaftlichen Hochschule verliehene Bezeichnung „Professor" muss mit einem auf die Herkunft hinweisenden Zusatz geführt werden. So BayVerfG BayVBl 2004, 46; ein Arzt ist berechtigt, den nur von einer Fachhochschule verliehenen Professorentitel (Prof hc) als akademischen Titel auch im ärztlich-beruflichen Bereich zu führen, so VG Oldenburg, MedR 2002, 35. Wird der von einer ausländischen medizinischen Akademie angeblich verliehene Professorentitel ohne die förmliche Zustimmung des zuständigen deutschen Ministeriums geführt, so verstößt dies gegen die guten Sitten im Wettbewerb, so OLG Köln, AusR 2002, 148; vgl hierzu ferner *Hans*, OLG Hamburg, MedR 2002, 657; sowie OLG NRW ArztR 2006, 73. Zur Führung eines gleichwertigen Titels eines ausländischen Professorentitels s. Bayer. Landesberufsgericht für die Heilberufe ArztR 2003, 21; zur Werbung mit im Ausland verliehener Ehrenprofessur sei verwiesen auf das Urteil des Hanseatischen Oberlandesgerichts Hamburg vom 20.2.2002 (ArztR 2003, 77).

[11] BayVGH BayVBl 1982, 534; zur Eintragung akademischer Grade in Personenstandsbücher und -urkunden vgl BayObLG MDR 1990, 635; sowie § 4 Abs 1 S. 2 Nr 3 PaßG idF v 19. 4. 1986

Rechtsprechung und Literatur[12] **kein Namensbestandteil** ist. Darf der Doktorgrad in der Bundesrepublik nur mit Beifügung der Fakultät und der Verleihungshochschule geführt werden,[13] dann wird dieser jedoch nicht in Reisepass und Personalausweis eingetragen. Dies hat das Bundesverwaltungsgericht so entschieden.[14]

6   Selbst wenn der Doktortitel dem Träger einen bestimmten Rang im sozialen Leben verleiht, stellt zB das Weglassen des Doktortitels gegenüber dem promovierten Dienstvorgesetzten in der Regel jedoch keinen Verstoß gegen das beamtenrechtliche Gebot zu achtungs- und vertrauenswürdigem Verhalten dar.[15]

IV. Entziehung der Doktorwürde

7   Die Rechtsgrundlage hinsichtlich der **Entziehung** akademischer Grade bot bis vor einiger Zeit bundesweit das Gesetz über die Führung akademischer Grade vom 7. 6. 1939[16] (§ 4 Abs 1 Satz 1 GFaG) und in organisatorischer Hinsicht die dazu ergangene Durchführungsverordnung vom 21. 7. 1939.[17] In den vergangenen Jahren haben jedoch zahlreiche Bundesländer von ihrer Gesetzgebungskompetenz Gebrauch gemacht und das GFaG durch **eigene** Landes-Hochschulgesetze ersetzt. Als Erstes geschah dies in Schleswig-Holstein durch das HSGSH vom 2. 5. 1973 (GVBl 153, 182), sodann in Niedersachsen durch das Gesetz vom 30. 3. 1985 (GVBl 246, 254), in Bremen durch das BremHG idF der Bekanntmachung vom 20. 12. 1988 (GBl der Freien Hansestadt Bremen 1989, 24, 49, 71); in Nordrhein-Westfalen wurden die DVO-GFaG durch die VO vom 6. 11. 1986 (GVBl 700), sowie das GFaG selbst durch Art VIII des ÄndG zum WissHG vom 20. 10. 1987 (GVBl 366) förmlich aufgehoben. In Bayern hat man das GFaG durch das Gesetz zur Änderung des Bayerischen HochschulG vom 25. 7. 1988 (GVBl 213) mWv 1. 10. 1988 aufgehoben. In Berlin enthält das Berliner HochschulG (seit 1990) eine eigenständige Regelung, ohne allerdings dadurch das GFaG förmlich außer Kraft gesetzt zu haben. Das Hamburgische HSchG wurde durch das Hochschulrechtsänderungsgesetz (HÄndG) vom 18. 4. 1991 (GVBl 139) mit den §§ 62 a bis 62 c ergänzt, in denen nunmehr das Recht der „deutschen Grade" sowie der „ausländischen Grade" geregelt werden. Durch Art 8 dieses HÄndG wurde das GFaG – jedoch nicht auch die DVO-GFaG – formell aufgehoben. Zuletzt hat noch das Land Baden-Württemberg durch das Gesetz zur Änderung des Hochschulgesetzes vom 31. 12. 1994 (GVBl I, 673) das GFaG sowie dessen DVO förmlich beseitigt, und zwar mit Wirkung ab 1. 1. 1995. Zugleich wurde auch noch das Recht der akademischen Grade durch Art 1 Nr 22 neu geregelt, indem in das Universitätsgesetz die §§ 55 a–55 d UGBW (GBl 673) eingefügt wurden.

8   In der früheren DDR galt das GFaG sowie dessen DVO bis zum 31. 8. 1956. Es wurde sodann durch die Verordnung über die Verleihung akademischer Grade vom 6. 9. 1956 (GBl I, 745, 747) außer Kraft gesetzt.

9   Das GFaG sowie dessen DVO gelten heute damit nur noch in den Bundesländern Rheinland-Pfalz, Saarland sowie Hessen weiter, und zwar gemäß Art 123 Abs 1, 70 Abs 1 GG als Landesrecht.[18]

(BGBl I 537), zuletzt geändert vom 20. 7. 2007 (BGBl I S. 1566) und § 1 Abs 2 S. 2 Nr 3 PersonalausweisG idF v 21. 4. 1986 (BGBl I 584) idF vom 20. 7. 2007 (BGBl I, 1566); sowie OVG Berlin JZ 1956, 485.

[12] BVerwGE 5, 291; BGHZ 38, 380; *Zimmerling* (Fn 3) RdNr 64.
[13] Vgl hierzu besonders § 9 RdNr 16 ff.
[14] BVerwG NJW 1989, 1686; BayVerfGH BayVBl 1985, 275; ein akademischer Grad darf in Personenstandsbücher und Urkunden nur mit Einwilligung des Betroffenen eingetragen werden (so das BayObLG MDR 1990, 635); vgl hierzu auch *Ackermann*, Das Standesamt 1962, 16 ff.
[15] VG München BayVBl 1989, 25; vgl hierzu auch noch *Gaaz* StAZ 1985, 189, 191.
[16] RGBl I 985.
[17] RGBl I 1326.
[18] Einzelheiten bei *Starosta* (Fn 1) 1050; BVerwG EuGRZ 1988, 472, 475; vgl zu dem allen *Zimmerling* (Fn 3) RdNr 86 ff.

Soweit es sich um den **Entzug** von akademischen Graden handelt, ist dieser ua in den 10
einzelnen Ländern in folgenden Bestimmungen geregelt:
Baden-Württemberg § 55 c UGBW;
Bayern Art 89 BayHSchG;
Berlin § 34 Abs 8 BerlHG;
Mecklenburg-Vorpommern § 25 LHGMV;
Niedersachsen § 22 Abs 5 und 6 NHG;
Sachsen § 40 SHG;
Sachsen-Anhalt § 26 HGSA;
Schleswig-Holstein §§ 116, 117 SchHLVwG;
Thüringen § 134 ThürHG iVm dem Thüringischen Verwaltungsverfahrensgesetz vom 7. 8. 1991.

Als **Entziehungsgründe** sind in den Gesetzen ua vorgesehen: der Fall der **Täuschung** 11 und des **Irrtums** über wesentliche Verleihungsvoraussetzungen. Einen weiteren Aberkennungsgrund stellt(e) nach der reichsgesetzlichen Vorschrift auch die **Unwürdigkeit** des Inhabers des akademischen Grades dar, die durch ein Verhalten vor oder nach der Verleihung indiziert sein kann.[19]

Täuschungstatbestände und Irrtümer über wesentliche Verleihungsvoraussetzungen 12 dürften in der Praxis der Entziehungsverfahren keine Schwierigkeiten bereiten. Wenn der Bewerber, der nach der jeweiligen Promotionsordnung gewisse Kriterien erfüllt haben muss, diese zu Unrecht als gegeben vortäuscht, oder der Promotionsausschuss sich über einzelne dieser Voraussetzungen irrt, wird in aller Regel gegen eine Entziehung des Doktorgrades keine Gegenposition erfolgreich bezogen werden können.

Weitaus schwieriger stellt sich die Entscheidung aber beim Entzug wegen nachträg- 13 licher **Unwürdigkeit** dar. Denn der Begriff der Unwürdigkeit ist mehrdeutig. Das heißt, es lassen sich nur schwer einheitliche Kriterien finden, nach denen im Einzelfall die Würdigkeit des Trägers eines Grades beurteilt werden kann.

Nach einer Literaturmeinung[20] kann nur derjenige als unwürdig (iS des GFaG) angese- 14 hen werden, der die ranghöchsten Rechtsgüter seiner Mitmenschen, nämlich das durch Art 2 Abs 2 S. 1 GG geschützte Recht auf Leben und körperliche Unversehrtheit, vorsätzlich oder nachhaltig verletzt hat. Dies bedeutet konkret, dass eine für eine akademische Gradentziehung ausreichende Unwürdigkeit erst dann angenommen werden kann und darf, wenn der Träger des Grades **rechtskräftig** wegen eines vorsätzlichen Tötungsdelikts (auch gegen das ungeborene Leben), wegen eines Delikts gegen die körperliche Unversehrtheit (den Körperverletzungsdelikten sind auch Straftaten nach dem Gesetz über den Verkehr mit Betäubungsmitteln gleichzusetzen), das mit einer Mindeststrafe von einem Jahr bedroht ist, oder wegen Vergewaltigung verurteilt worden ist.

Nach einer Entscheidung des Bundesverwaltungsgerichts[21] genügt hingegen zu einer 15 Doktorgradentziehung etwa auch schon eine antisemitische Buchpublikation („Der Auschwitz-Mythos, Legende oder Wirklichkeit? Eine kritische Bestandsaufnahme"), die den Straftatbestand des § 130 StGB (Volksverhetzung) und des § 131 StGB (Aufstachelung zum Rassenhass) erfüllt. Nach Ansicht des OVG Berlin[22] erweist sich zB der Inhaber des wissenschaftlichen Grades eines Doktors der Rechte zu dessen weiterer Führung unwürdig, wenn er durch ein grob unredliches Verhalten dem mit der Führung dieses akademischen Grades verbundenen Anspruch wissenschaftlicher Lauterkeit zB durch nachhaltige entgeltliche Unterstützung von Täuschungshandlungen bei juristischen Staatsprüfungen zuwiderhandelt. Dabei muss es sich nicht um ein strafbares Verhalten handeln.

---

[19] *Starosta* (Fn 1) S. 1051; vgl. auch noch *Lorenz*, DVBl 2005, 1242 ff; sowie *Heberer*, S. 109 ff.
[20] *Starosta* (Fn 1) S. 1052.
[21] EuGRZ 1988, 472 ff; zur Entziehung des Doktorgrades wegen Unwürdigkeit bei unzulässiger Examenshilfe vgl OVG Berlin, Urteil vom 26. 4. 1990 – 3 B 19 Ha, JuS 1990 Heft 11, S. XIII.
[22] NVwZ 1991, 188; vgl hierzu auch noch BVerwG NVwZ 1992, 1201.

V. Die Genehmigung zur Führung und die Führung ausländischer akademischer Grade

16 Sofern das GFaG noch gilt, bedürfen gemäß § 2 Abs 1 Satz 1 GFaG deutsche Staatsangehörige, die einen akademischen Grad einer **ausländischen** Hochschule erworben haben, zur Führung dieses Grades in der Bundesrepublik der Genehmigung der zuständigen Behörde. Gemäß § 2 Abs 2 GFaG kann diese Genehmigung ganz allgemein erteilt werden. § 3 GFaG sieht vor, dass die Bestimmungen des § 2 auch auf Ausländer entsprechend Anwendung finden.[23]

17 Für das Genehmigungsverfahren – auch Nostrifikationsverfahren genannt – ist nach Art 129 Abs 2 GG derjenige Kultus- oder Wissenschaftsminister bzw -Senator zuständig, in dessen Bundesland der Antragsteller seinen Wohnsitz oder dauerhaften Aufenthalt hat.

18 In der KMK-Vereinbarung vom 28. 4. 1977 idF vom 13. 5. 1985[24] über die Erteilung von Genehmigungen zur Führung **ausländischer** akademischer Grade sowie zur Führung entsprechender **ausländischer** Bezeichnungen werden die Kriterien der Vergleichbarkeit von deutschen mit ausländischen Hochschulen des Näheren definiert.[25]

19 In den Bundesländern gelten hinsichtlich der Genehmigung zur **Führung ausländischer** Hochschulgrade die nachfolgenden Vorschriften:

Baden-Württemberg § 55 b UGBW;
Bayern Art 88 Abs 1 S. 2 BayHSchG;
Berlin § 34 Abs 6 und 7 BerlHG;
Brandenburg § 24 BbHG iVm § 7 der Verordnung über das Verfahren der Zustimmung und der Form der Führung ausländischer Grade vom 30. 8. 1994;
Bremen § 64 Satz 3 BremHG iVm § 1 Abs 2 der Verordnung vom 8. 2. 1989;
Hamburg § 62 b HambHG;
Mecklenburg-Vorpommern § 24 LHGMV;
Niedersachsen § 29 Abs 2 und 3 NHG;
Nordrhein-Westfalen § 141 Abs 2 UGNW iVm § 2 der Verordnung über die Führung akademischer Grade vom 23. 12. 1987;
Sachsen § 38 SHG;
Sachsen-Anhalt § 25 HGSA;
Schleswig-Holstein § 121 HSGSH 1979 und letztlich
Thüringen § 27 ThürHG.

---

[23] Hält sich der Ausländer in der Bundesrepublik ausschließlich im amtlichen Auftrag oder nur vorübergehend und nicht zu Erwerbszwecken auf, genügt es, wenn er nach dem Recht seines Heimatstaates zur Führung des akademischen Grades befugt ist (vgl hierzu *Zimmerling* [Fn 3] RdNr 100).

[24] Zum Inhalt dieser Vereinbarung vgl *Zimmerling* (Fn 3) RdNr 105; die Kultusministerkonferenz der Länder (KMK) hat die Führung ausländischer Hochschulgrade grundlegend revidiert und damit erleichtert. Der neue Beschluss sieht für eine ganze Reihe europäischer Staaten die Führung des Doktorgrades in der deutschen Abkürzung „Dr" (ohne fachlichen Zusatz) vor. Bisher wurde die Führung des Doktortitels nur in der Originalform (zB „MD") gestattet. Der Beschluss der KMK umfasst zwei umfangreiche Listen, in denen diejenigen Hochschulgrade aufgeführt werden, die allgemein (Staaten der EU bzw des EWR) oder im Einzelfallverfahren (osteuropäische Staaten, USA und Kanada) zur Führung genehmigt werden. Die Listen enthalten die genauen Bezeichnungen der Abschlüsse und die Hochschulen, an denen sie verliehen werden. Dies soll nach Auskunft der KMK dazu beitragen, die internationale Kompatibilität ausländischer und deutscher Studiensysteme zu unterstreichen. (Quelle: KMK, 7. 5. 1999).

[25] Für die in Frankreich, den Niederlanden, Österreich und der Schweiz verliehenen akademischen Grade gelten Besonderheiten. Diese Grade werden in der Bundesrepublik ohne Weiteres anerkannt; vgl hierzu auch *Jansen*. LdA Dezember 2001 unter Nr 1500 S. 3.

3. Kapitel. Die ärztliche Ausbildung

Die **Genehmigung** zum **Führen ausländischer** Titel und Grade wird wie folgt erteilt: 20
Ein ausländischer Titel darf idR nur geführt werden, wenn die zuständige Behörde die entsprechende Genehmigung erteilt hat.[26] Dabei gilt: Der ausländische Doktortitel muss regelmäßig in einer Form geführt werden, die auf die verleihende ausländische Institution rückschließen lässt. Sofern aber der zugrunde liegende ausländische Abschluss dem in einer deutschen Hochschule **materiell gleichwertig** ist, kann der ausländische Doktortitel in der Form des entsprechenden deutschen Titels, jedoch mit dem Hinweis auf die verleihende ausländische Universität, geführt werden.

Beispiele: Der an der Universität Straßburg erworbene Titel „docteur en médecine" darf in der Form: „Doktor der Medizin/Univ Straßburg" oder abgekürzt: „Dr med/Univ Straßburg" geführt werden.[27]

Der Inhaber eines ausländischen Doktortitels, dessen zugrunde liegender Universitäts- 21 abschluss dem an einer deutschen Hochschule materiell **nicht gleichwertig** ist, darf diesen Titel in der Bundesrepublik nur in der **Originalform** und in der im betreffenden Land üblichen Abkürzungsform, jedoch jeweils mit Angaben der verleihenden Universität führen.[28]

Beispiele: Der an der Universität Genua erworbene Titel „Dottore in Medicina e Chirurgia" muss in **dieser** Form und **mit** dem **Zusatz** „Univ. Genua" oder in der Abkürzung „Dott/Univ Genua", der an der Kath Universität in Rom oder in Prag erworbene Titel muss in der Form: Dott (Univ Cattolica-Rom) bzw Dr med (MU Dr/Univ-Prag) geführt werden.

Dies ist jedoch in der Rechtsprechung **äußerst umstritten.** Während der VGH Mann- 22 heim diese Ansicht vertritt, stellte sich der BayVGH in seinem Urteil vom 9. 4. 1984[29] in Übereinstimmung mit dem OVG Münster (Urteil vom 20. 8. 1984)[30] auf den Standpunkt, der an einer italienischen Universität zum Doktor der Tiermedizin promovierte Kläger dürfe im Inland den Doktorgrad auch in der Abkürzung „Dr med vet" und mit dem **Zusatz** der verleihenden Universität führen.

Hinsichtlich der allgemeinen Genehmigung zum Führen ausländischer akademischer 23 Grade aus **Frankreich,** den **Niederlanden, Österreich** und der **Schweiz** sei zB auf die Bekanntmachung des Bayer. Staatsministeriums für Wissenschaft und Kunst vom 4. 4. 1989 (Nr III/4 – 6/1484)[31] verwiesen.

Danach können in **Österreich** erworbene akademische Grade in der Bundesrepublik 24 ohne Angabe der verleihenden Hochschule geführt werden, wenn sie von einer der in dieser Bekanntmachung einzeln aufgeführten Universitäten, Akademien oder Hochschulen verliehen wurden.

---

[26] Gemäß Art 88 Abs 1 S. 3 BayHSchG gilt dies nicht für die von ausländischen Hochschulen oder ausländischen Stellen verliehene Bezeichnung „Professor". Dies ist deshalb so geregelt, weil inländische Professorentitel keine akademischen Grade sind, sodass insoweit für ausländische Professorentitel kein Regelungsbedarf bestand; vgl hierzu aber auch BVerwG NJW 1988, 1340; BGH ArztR 1990, 68; die Genehmigung eines im Ausland erworbenen *Ehren*doktortitels wegen besonderer Verdienste ist nur dann gerechtfertigt, wenn derartige Verdienste zum einen im Zusammenhang mit den an der verleihenden Universität vermittelten Fachrichtungen stehen und zum anderen von ihrer Intensität und Bedeutung her auf einer Stufe mit Doktortiteln ehrenhalber stehen, die auf Grund wissenschaftlicher Leistungen verliehen werden (VG Koblenz, NVwZ 1998, 98). Zur Genehmigung zur Führung eines ausländischen akademischen Grades vgl auch VGH Mannheim, NVwZ 1996, 491; zur Führung des österreichischen akademischen Grades eines „Magister der Rechtswissenschaften" sei auf den Beschluss des VGH München vom 9. 4. 1998 (NJW 1998, 2842) verwiesen.

[27] *Rieger*, RdNr 567; *Jansen* 2.

[28] VGH Bad-Württ vom 20. 9. 1983; DVBl 1984, 273.

[29] NJW 1985, 1417 = DVBl 1985, 67.

[30] ArztR 1985, 89.

[31] KWMBl Nr 7/1989, 76 ff.

25 Für die in der **Schweiz** erworbenen akademischen Grade gilt, dass diese in der Originalform, aber mit Angabe der verleihenden (in der Bekanntmachung des näheren beschriebenen) Hochschulen und Universitäten geführt werden können.

26 Für die akademischen Grade der **Ukrainischen Freien Universität** München verbleibt es bei der bisherigen zusatzführenden Abkürzung: Dr ... „UFU".

27 Für **Vertriebene und ehemalige DDR-Bürger** mit Doktortitel unterbleibt weiterhin ein Hinweis auf die verleihende Hochschule oder Universität, denn gemäß Art 133 des BayHSchG können die nach § 92 BVFG Berechtigten und deren Abkömmlinge, die aufgrund einer abgeschlossenen Hochschulausbildung vor der Vertreibung, Aussiedlung oder Zuwanderung im Herkunftsland einen akademischen Grad erworben haben, dessen materielle Gleichwertigkeit mit einem im Geltungsbereich des Grundgesetzes vorgesehenen akademischen Grad nachgewiesen ist, auf Antrag die Genehmigung erhalten, ihren akademischen Grad in der Form des gleichwertigen akademischen Grades im Geltungsbereich des Grundgesetzes zu führen.

28 Für die ehemalige DDR gilt: Der gemäß § 3 der VO über akademische Grade vom 6. 11. 1968[32] erworbene Titel eines „Dr med"[33] ist kein ausländischer akademischer Grad und darf deshalb **ohne Genehmigungen** und **ohne Zusatz** in der Bundesrepublik geführt werden.

29 Dies galt jedoch **nicht** für den in der ehemaligen DDR möglichen akademischen Grad eines „**Dipl Mediziner**"; dieser kann in der Bundesrepublik nicht in einen „Dr med" „umgewandelt" werden.[34]

30 **Asylberechtigte** haben nach einem Beschluss des BVerwG[35] keinen Anspruch darauf, bei der Genehmigung zur Führung eines ausländischen akademischen Grades wie ein Vertriebener deutscher Staats- oder Volkszugehörigkeit behandelt zu werden.

VI. Strafbarkeit

31 Die unberechtigte Führung eines Doktor- (wie auch eines Professoren-)Titels ist gem § 132 a StGB strafbar. An dieser Stelle sei nur beispielhaft auf die Entscheidungen des LG Saarbrücken,[36] des BayObLG,[37] des BGH[38] und des AG Ulm[39] verwiesen. Demgegenüber meint das OLG Düsseldorf (NJW 2000, 1052): „Das Führen im Ausland erworbener akademischer Grade und Titel im Inland ist nicht unbefugt und damit nicht tatbestandsmäßig im Sinne der Strafvorschrift des § 132 a I Nr 1 StGB, wenn die erforderliche Genehmigung des Ministeriums für Wissenschaft und Forschung des Landes erteilt worden ist und der Grad oder Titel in der genehmigten Form – etwa durch Sichtbarmachen der Herkunft des Grades oder Titels durch einen auf den Staat der Verleihung hinweisenden Klammerzusatz – geführt wird."

VII. Der ehrenhalber verliehene Doktorgrad („Dr hc")

32 Die rechtliche Qualifikation des ehrenhalber verliehenen Doktorgrades – „Dr hc" – ist offen. Es besteht wissenschaftlicher Streit darüber, ob der „Dr hc" überhaupt als akade-

---

[32] GBl DDR II 1022; vgl hierzu auch *Heberer*, 114.
[33] Während in verschiedenen westdeutschen Bundesländern nach durchgeführter Habilitation die Berechtigung besteht (in Bayern bis zur Änderung des Bayerischen Hochschulgesetzes [Art 91 Abs 1] zum 1. 10. 1998), dieselbe mit der Führung des Dr med habil (und dgl) nach außen zu kennzeichnen, bestand in der ehemaligen DDR die Übung, dies mit Dr sc med bzw Dr sc jur auszudrücken.
[34] VG Würzburg ArztR 1984, 275.
[35] DVBl 1982, 735.
[36] NJW 1976, 1160.
[37] NJW 1978, 2348.
[38] JZ 1982, 773 = BGHSt 31, 61.
[39] MedR 1985, 189.

mischer Grad zu qualifizieren ist oder nicht. Dies ist entscheidend für die weitere Frage, ob der im **Ausland** erworbene Ehrendoktorgrad genehmigungsfrei in der Bundesrepublik Deutschland geführt werden darf, gegebenenfalls sogar in der deutschen Version des „Dr hc", und nach welchen Kriterien eine derartige Führungsgenehmigung (in einem sog Nostrifikationsverfahren) zu erteilen wäre. Zudem hängt von der Klärung dieser Rechtsfrage die weitere ab, ob bei der Führung eines im Ausland erworbenen Ehrendoktorgrades ohne Genehmigung der Wissenschaftsverwaltung sich der Titelführer gemäß § 132a StGB strafbar macht oder nicht.[40]

Es würde zu weit führen, diese Rechtsfrage hier zu vertiefen. Der VGH Kassel kam in mehreren Entscheidungen[41] in einer Analyse hessischer Promotionsordnungen zu der Ansicht, dass der Ehrendoktorgrad in Deutschland idR aufgrund einer wissenschaftlichen Leistung verliehen werde; der im Ausland verliehene Ehrendoktorgrad hingegen „minderwertig" sei und daher in Deutschland **nicht** in Form des entsprechenden deutschen Grades — sowohl in der Lang- als auch in der Abkürzungsform — geführt werden dürfe. Wesentlich zurückhaltender ist hingegen die Rechtsprechung des OVG Münster. Nach dieser ist die Ehrenpromotion in Deutschland eine akademische Auszeichnung zur Würdigung besonderer Verdienste des Geehrten.

Zimmerling[42] kommt in einer wohlabgewogenen kritischen Analyse sämtlicher Landeshochschulgesetze und zahlreicher Promotionsordnungen von medizinischen Fakultäten verschiedener Universitäten zu der Auffassung, dass der „Ehrendoktor" keinesfalls als akademischer Grad anzusehen sei. Er stützt seine Ansicht ua darauf, dass die Durchführungsverordnungen der Länder bei einem im Ausland erworbenen akademischen Grad lediglich den Nachweis von „Verdiensten" und nicht notwendig die Erbringung einer „eigenen wissenschaftlichen Leistung" voraussetzen und nach den Promotionsordnungen mancher deutschen Universitäten die Vergabe des „Ehrendoktors" von keiner — erst recht nicht von wissenschaftlichen — Voraussetzungen abhängt.[43] Es erscheint damit offen, ob diese Rechtsansicht eines Fachmannes auf dem Gebiet akademischer Titel und Grade von der Rechtsprechung übernommen wird.

---

[40] So *Zimmerling* WissR 29. Band 1996, 320.
[41] Vgl Zitate bei *Zimmerling* (Fn 38) in Fn 32 und 93.
[42] Vgl *Zimmerling* (Fn 38) S. 320 ff.
[43] Vgl *Zimmerling* (Fn 38) S. 333; vgl hierzu noch *Jansen,* 4 ff; sowie *Heberer,* 112 ff.

4. Kapitel. Ärztliches Berufs- und Standesrecht

§ 10 Heilkunde und Heilpraktikergesetz

Inhaltsübersicht

	RdNr
I. Das Heilpraktikergesetz (HeilpraktG)	1
1. Ratio legis und GG	1
2. Fortgeltung	4
3. Mängel	6
II. Ärzte und Heilpraktiker	7
1. Qualifikation?	7
2. Arzt und Heilpraktiker	8
3. Werbung	10
4. Zusammenwirken von Ärzten und Heilpraktikern	14
5. Problematische Qualifikation	15
6. Sorgfaltspflichten	16

Schrifttum: *Arndt,* Heilpraktikerrecht, 1985; *Bock,* Wissenschaftliche und alternative Medizin, 1993; *Bockelmann,* Das Ende des Heilpraktikergesetzes, NJW 1966, 1145–1190; *Buchner,* Das Heilpraktikergesetz, in *Stellpflug/Meier/Tadayon* (Hrsg.), Handbuch Medizinrecht, 9. Aktualisierung April 2008, B 4000; *Eberhardt,* Die zivilrechtliche Haftung des Heilpraktikers, VersR, 1986, 110–116; *Ehlers,* Medizin in den Händen von Heilpraktikern – „Nicht-Heilkundigen", 1995; *Gleißner/Klein,* Private Standesregeln im Wettbewerbsrecht. Die Berufsordnung der Heilpraktiker, 1990; *Jütte,* Geschichte der Alternativen Medizin. Von der Volksmedizin zu den unkonventionellen Therapien von heute, 1996; *Klinger,* Strafrechtliche Kontrolle medizinischer Außenseiter, 1995; *Koudmani,* Strafrechtlicher Schutz der ärztlichen Approbation – de lege loda und de lege ferenda, MedR 2006, 90–95; *D Müller,* Die Behandlung der Immunschwäche AIDS durch den Heilpraktiker, MedR 1991, 71–74; *Oepen* (Hrsg), An den Grenzen der Schulmedizin, 1985; *Rieger/Hespeler/Küntzel,* Heilpraktiker in: Heidelberger Kommentar, 2460 (2001); *Schiwy/Dalichau/Brack,* Deutsches Arztrecht. Sammlung des gesamten Medizinalrechts des Bundes und der Länder mit Kommentar, 3 Ordner, Stand 1.1.2001; *Taupitz,* Der Heilpraktiker aus der Sicht des Haftungsrechts: „Arzt", „Mini-Arzt" oder „Laie"?, NJW 1991, 1505–1510; *ders,* Arzt und Heilpraktiker im Doppelberuf?, MedR 1993, 219–224; *Wegener,* Was ist Heilkunde? Heilpraktikergesetz, Rechtssystem und Gesetzessprache, MedR 1990, 250–252; *Wimmer,* Medizinjuristisches zum gegenwärtigen paramedizinischen Kurpfuschertum, in: FS Georg Schmidt, 1982, 450–461; *Wölk,* Paramedizinische Therapie und Rechtsprechung, MedR 1995, 492–496.

I. Das Heilpraktikergesetz (HeilpraktG)

1. Ratio legis und GG. Das ungereimte Nebeneinander von wissenschaftlich fundierter, staatlich überwachter Ausbildung zum Arzt und voraussetzungsloser Erlaubnis zur Ausübung der Heilkunde erklärt sich wesentlich aus der Änderung, die das Heilpraktikergesetz[1] im Zeichen des Grundgesetzes erfuhr.[2] Dieses Gesetz über die berufsmäßige Aus- **1**

---

[1] V 17.2.1939 (RGBl I 251); BGBl III 2122-2; zuletzt geändert durch Ges v 23.10.2001 (BGBl I 2702); in: *Thürk* (Hrsg), Recht im Gesundheitswesen, Nr 23-1; dort (Nr 23-1-1) auch die Erste DurchführungsVO v 18.2.1939 (RGBl I 259), zuletzt geändert durch VO v 4.12.2002 (BGBl I, 4456).

[2] Zur Rechtsgeschichte auch BVerfGE 78, 179 = MedR 1988, 299: Nach diesen bundesverfassungsgerichtlichen Beschlüssen war das HeilpraktG auf psychotherapeutisch tätige Diplom-Psychologen anwendbar. Kritisch zum gesetzlichen Heilkundebegriff im Blick auf die apparative Legasthenielbehandlung *Schulte/Wächter* MedR 2000, 78 ff.

übung der Heilkunde ohne Bestallung beendete 1939 die Epoche der allgemeinen Kurierfreiheit. § 1 Abs 1 HeilpraktG führte einen generellen **Erlaubniszwang** für die Ausübung der Heilkunde ohne Bestallung ein. § 1 Abs 2 HeilpraktG bestimmt die Ausübung der **Heilkunde** als jede berufs- oder gewerbsmäßig vorgenommene Tätigkeit zur Feststellung, Heilung oder Linderung von Krankheiten, Leiden oder Körperschäden bei Menschen, auch wenn sie im Dienste von anderen ausgeübt wird. Als einheitliche Berufsbezeichnung legt § 1 Abs 3 HeilpraktG die Bezeichnung „Heilpraktiker" fest, und § 5 Abs 1 HeilpraktG bedroht denjenigen mit Strafe, der ohne Erlaubnis die Heilkunde ausübt.[3]

2   Der **Gesetzgeber** verfolgte das Ziel, im Interesse der Volksgesundheit den Berufsstand der Heilpraktiker auf lange Sicht zu beseitigen und ein **Ärztemonopol** einzuführen. Die bereits tätigen Heilpraktiker erhielten die Möglichkeit, ihren Beruf weiter auszuüben, sofern sie nicht als ungeeignet anzusehen waren. Sie sollten keine öffentlich-rechtliche Anerkennung oder Bestallung, sondern nur eine staatliche Erlaubnis zur weiteren Tätigkeit in ihrem bisherigen Beruf erhalten. Beruflichen Nachwuchs sollte es nicht geben; alle Schulen und Ausbildungsstätten fanden ihr Ende, und Neueinrichtungen verbot das Gesetz (§ 4 HeilpraktG). Weil der Gesetzgeber lediglich den Besitzstand wahren wollte, ließ § 2 Abs 1 HeilpraktG nur noch in besonders begründeten Ausnahmefällen die Erlaubnis für Personen zu, welche die Heilkunde bisher nicht ausgeübt hatten. Vorschriften über eine berufsqualifizierende Ausbildung und Prüfung enthielt das Gesetz seinem Zweck gemäß nicht. Nach der Zweiten DurchführungsVO[4] durfte die Behörde keine Erlaubnis erteilen, „wenn sich aus einer Überprüfung der Kenntnisse und Fähigkeiten des Antragstellers durch das Gesundheitsamt ergibt, dass die Ausübung der Heilkunde durch den Betreffenden eine Gefahr für die Volksgesundheit bedeuten würde". Diese Kontrolle galt keineswegs als eine Art Fachprüfung, aus der ein Befähigungsnachweis oder eine Approbation hätte folgen können. Die Überprüfung heilkundlicher Kenntnisse und Fähigkeiten sollte allein zur Abwehr gesundheitspolitischer Gefahren erfolgen.

3   Kraft der grundgesetzlich gewährleisteten **Berufsfreiheit** gewann das **HeilpraktG einen anderen Charakter.** Das BVerwG entschied 1957, § 2 Abs 1 verstoße gegen Art 12 Abs 1 GG, soweit er die Erlaubnis für die Zukunft nur noch in „besonders begründeten Ausnahmefällen" zuließ und sie darüber hinaus in das Ermessen der Gesundheitsbehörde stellte.[5] Das Gericht erachtet die als vorkonstitutionell beurteilte Norm indes nicht für nichtig, sondern im Wege **verfassungskonformer Auslegung** mit der Maßgabe für gültig, dass jeder Antragsteller zur berufsmäßigen Ausübung der Heilkunde ohne Bestallung zuzulassen sei, sofern er den Zulassungserfordernissen des Heilpraktikerrechts genüge.

4   **2. Fortgeltung.** Gegen die Spruchpraxis der Fachgerichte und die Verwaltungspraxis, die das Heilpraktikergesetz nach Art 123 Abs 1 GG und Art 125 iVm Art 74 Nr 19 GG als weitergeltendes Bundesrecht behandeln, bestehen, so das BVerfG,[6] aus verfassungsrechtlicher Sicht keine Bedenken. Das Ziel des Gesetzes, die Volksgesundheit durch einen Erlaubniszwang für Heilbehandler ohne Bestallung zu schützen, ist danach durch Art 12 Abs 1 GG gedeckt. Die **Volksgesundheit** sei ein gewichtiges Gemeinschaftsgut, zu dessen Schutz eine solche Berufszulassungsschranke nicht außer Verhältnis stehe. Zwar sei die ursprüngliche, auf die Beseitigung des Heilpraktikerstandes gerichtete Funktion des Gesetzes durch die nach Inkrafttreten des GG in jahrzehntelanger Praxis vollzogene Umgestaltung des § 2 Abs 1 HeilpraktG von einer repressiven Ausnahmevorschrift zu einer Anspruchsnorm geändert worden. Der mit dem Erlaubniszwang verfolgte Zweck, die Patienten keinen ungeeigneten Heilbehandlungen auszuliefern, behalte aber seine Berechtigung.

---

[3] Die Anwendung von § 5 HPG auf Personen, die alle Voraussetzungen des § 3 BÄO erfüllen und lediglich einen Antrag auf Erteilung der Approbation nicht gestellt haben, begegnet schwerwiegenden Bedenken: *Koudmani* MedR 2006, 90.

[4] Vom 3. 7. 1941 (RGBl I 368).

[5] BVerwGE 4, 250.

[6] BVerfGE 78, 179 = MedR 1988, 299.

Auch die Anwendung des somit fortgeltenden § 1 Abs 1 HeilpraktG, so das **BVerfG** 5 weiter, auf **psychotherapeutisch tätige Diplom-Psychologen** sei mit Art 12 Abs 1 GG vereinbar. Sie führe insbesondere nicht zu einer verfassungswidrigen Veränderung oder Festlegung eines vorgegebenen Berufsbildes. Für verfassungsrechtlich bedenklich hält das Gericht aber den in § 1 Abs 3 HeilpraktG statuierten Zwang, die **Berufsbezeichnung „Heilpraktiker"** zu führen: „Mit diesem Begriff sind in der Tat fest umrissene Vorstellungen verbunden, die mit der Tätigkeit des akademisch ausgebildeten Psychotherapeuten so gut wie nichts zu tun haben. Es besteht auch kein sachlicher Grund, die Berufsbezeichnung auf das gesamte Berufsfeld der nichtapprobierten Heilbehandler anzuwenden. Obwohl ihre Wirkung für die Diplom-Psychologen dadurch abgeschwächt wird, dass sie ihren akademischen Grad führen dürfen, bleibt sie irreführend." Das BVerfG hält die behördliche Praxis für richtig, die von akademisch gebildeten **Psychotherapeuten** das Führen der Bezeichnung „Heilpraktiker" nicht mehr verlangt.[7] Nun regelt das Psychotherapeutengesetz zwei neue Heilberufe mit Approbation.[8] Nach einem Beschluss des BVerfG[9] verändert das Psychotherapeutengesetz weder das Tätigkeitsspektrum von psychotherapeutisch tätigen Heilpraktikern, noch das Kostenerstattungsverfahren.

3. Mängel. Die **Ungereimtheiten des Gesetzes** beginnen bereits mit den **Mängeln** 6 **der Legaldefinition** des Begriffs der Heilkunde. Sie haben ihren Grund darin, „dass die gesetzliche Begriffsbestimmung gerade auf dasjenige Merkmal verzichtet, welches allein dazu taugt, eine einleuchtende sachliche Unterscheidung von heilkundlichen und nichtheilkundlichen Verrichtungen zu begründen. Das ist die Erforderlichkeit ärztlichen Fachwissens."[10] Die Gerichte sind denn auch über den Wortlaut des Gesetzes hinausgegangen. Das **BVerwG** hat das zusätzliche Erfordernis der **Erlaubnispflicht** aufgestellt für Tätigkeiten, die ihrer Methode nach der ärztlichen Krankenbehandlung gleichkommen und ärztliche Fachkenntnisse voraussetzen sowie gesundheitliche Schäden verursachen können.[11] Das Bedürfnis, auch unseriöse, vorgebliche Heiler den Regeln des HeilpraktG zu unterwerfen, bewog den **BGH** zu seiner **Eindruckstheorie.** Unter Heilkunde sei jedes Tun zu verstehen, das bei den Behandelnden den Eindruck erweckt, es ziele darauf ab, sie zu heilen oder ihnen gesundheitliche Erleichterungen zu verschaffen. Dazu kann auch gehören das Insspielbringen angeblich übernatürlicher Gewalten mit vermeintlich oder vorgetäuscht übersinnlichen Kräften, denn ein solches Treiben kann den Zielen des HeilpraktG in hohem Maß zuwiderlaufen und erhebliche Gefahren heraufbeschwören.[12]

Der Erlaubnispflicht nach dem HeilpraktG unterfallen nur solche Handlungen, die gesundheitliche **Schäden verursachen können.** An einer solchen Gefahr kann es im Einzelfall fehlen, etwa wenn ein „Wunderheiler" sich auf objektiv unschädliche Methoden beschränkt und den Behandelten eindringlich darauf hinweist, dass der Arzt nicht zu ersetzen, sondern tunlichst aufzusuchen sei.[13]

---

[7] Leitsatz 2 der Beschlüsse des BVerfGE 78, 179 = MedR 1988, 299: „Das in § 2 Abs 1 Buchstabe b der ersten DurchführungsVO zum HeilpraktG geregelte Verbot, Ausländern eine Heilpraktikererlaubnis zu erteilen, ist von der ursprünglichen Ermächtigung heute nicht mehr gedeckt." Vgl dazu auch OVG NRW MedR 1991, 151.

[8] V 16.6.1998, BGBl I 1311; dazu *Haage* MedR 1998, 291ff; *Schirmer* MedR 1998, 435ff; *Stellpflug/Berns,* Musterberufsordnung für die Psychologischen Psychotherapeuten und Kinder- und Jugendlichenpsychotherapeuten – Text und Kommentierung, 2006.

[9] BVerfG NJW 1999, 2729.

[10] *Bockelmann* NJW 1966, 1145, 1146; vgl ferner *Eberhardt* VersR 1986, 110f.

[11] BVerwG NJW 1959, 833; BVerwG NJW 1966, 418 (Erlaubnispflicht für operative Eingriffe zu kosmetischen Zwecken).

[12] BGH NJW 1956, 313; BGH NJW 1978, 599 (Strafbarkeit des „Wunderheilers" nach § 5 HeilpraktG). Vgl ferner die Hinweise von *Koudmani* MedR 2006, 95.

[13] LG Verden MedR 1998, 183 (m Problemstellung u Anm v *Taupitz*). Vgl. ferner OVG NRW MedR 2000, 46 (Problemstellung *Taupitz.* Erlaubnispflichtige Ausübung der Heilkunde durch „Wunderheiler": „Reiki-Spende"), und OVG NRW MedR 1998, 571 (Problemstellung *Taupitz.*

Der BGH hat zwei von **Augenoptikern** erbrachte Leistungen: die berührungslose Augeninnendruckmessung und die Prüfung des Gesichtsfeldes mittels Computermessung als erlaubnispflichtige Heilkundeausübung beurteilt. Denn von solchen Untersuchungen könnten gesundheitliche Gefahren ausgehen, weil sich die Kunden bei normalem Befund gesund wähnten und keinen Arzt aufsuchten, obwohl doch nur dieser eine Krankheit zuverlässig auszuschließen vermöge.[14]

II. Ärzte und Heilpraktiker

7 **1. Qualifikation?** Der Begriff der Heilkunde im HeilpraktG bezeichnet im Kern auch die ärztliche Tätigkeit.[15] Indessen unterscheiden sich Ärzte und Heilpraktiker grundlegend. Der Arztberuf gründet auf fortzubildender Fachkunde und statusbegründender Approbation. Dem Heilpraktiker hingegen fehlt eine gesetzlich vorgeschriebene **Qualifikation**. Der **Erlaubnisvorbehalt** in § 1 Abs 2 HeilpraktG gewährleistet sie nicht. Die Überprüfung der heilkundlichen Kenntnisse und Fähigkeiten von Heilpraktikern am Maßstab der Gefahrenabwehr erfolgt durchaus uneinheitlich. Inhalt, Umfang und Verfahren der Überprüfung unterscheiden sich vielfach von Bundesland zu Bundesland und von Gesundheitsamt zu Gesundheitsamt.[16] Zwar verfolgen die privatrechtlich organisierten Heilpraktikerverbände die selbstgestellte Aufgabe, ihre Mitglieder fachlich aus- und fortzubilden. Auch haben sie gemeinsam eine Berufsordnung verabschiedet, die den Heilpraktiker zur ständigen Fortbildung verpflichtet. Indessen gehören nicht alle Heilpraktiker den Berufsorganisationen an, auch bleibt es zweifelhaft, wie die Verbände die Fortbildungspflicht gewährleisten können. Gewiss können einzelne Heilpraktiker eine erhebliche Qualifikation erreichen, etwa durch ein teilweise absolviertes Medizinstudium, durch den Besuch von Heilpraktikerschulen und Lernen aus eigenem Antrieb. Für die Heilpraktiker schlechthin lässt sich aber keine gesetzlich normierte, nachprüfbare oder allgemeinverbindliche Qualifikation feststellen.

8 **2. Arzt und Heilpraktiker.** Darum gilt der Heilpraktiker, ein Nichtarzt, nach ständiger Spruchpraxis des BSG[17] für eine selbstständige Ausübung vertragsärztlicher Tätigkeit als fachlich nicht genügend geeignet. Auch insofern zeigt sich der **tiefe Unterschied zwischen den beiden Berufen.** Der Arzt- und der Heilpraktikerberuf lassen sich nicht miteinander vereinbaren. „Dass nach § 1 Abs 1 HeilpraktG ein Arzt selbst nicht als Heilpraktiker tätig sein kann, ist nur eine logische Folge der zentralen Stellung, die er in der Heilkunde innehat. Die ärztliche Bestallung umfasst jede Heilpraktikertätigkeit und schließt eine besondere Erlaubnis für sie damit notwendig aus."[18]

„Wunderheiler", „Ausstrahlung seiner Hände"). Vgl auch BVerfG NJW 2004, 2890: „Wunderheiler" nicht schlechthin Heilbehandler, Näheres nachstehende RdNr 15 f.

[14] BGH NJW 1999, 865 = MedR 1999, 462 (Problemstellung *Taupitz*). Der Einsatz von Laser-Ohrakupunktur zur Raucherentwöhnung setzt eine Erlaubnis nach dem HeilpraktG voraus, OVG NRW MedR 2009, 235 (Problemstellung *Rieger*). – Für die selbständige Behandlung des Physiotherapeuten ist keine Kenntnisüberprüfung nach dem HeilpraktG erforderlich, VG Stuttgart MedR 2009, 238 (Problemstellung *Bartels*).

[15] *Narr* ÄrztlBerufsR, Stand 1988, Bd I, RdNr 10: Diagnostik und Therapie menschlicher Leiden und Krankheiten. – Der Äsculap-Stab mit Schlange ist als Zeichen nicht allein Ärzten und ärztlichen Verbänden vorbehalten: LG Dortmund MedR 2001, 93, zu § 132a Abs 1 Nr 4 StGB.

[16] Darum fordert *Arndt* eine bundeseinheitliche „Überprüfungsordnung für Heilpraktiker" in der Gestalt einer RechtsVO. *Ehlers*, 1995, fordert für den Zugang zur Heilkunde „eine qualifizierte Ausbildung und Prüfung". – Zur sittlichen Zuverlässigkeit VG Stuttgart MedR 2000, 277 (Verabreichung von Rauschmitteln).

[17] BSGE 48, 47. – Der Ausschluss der Heilpraktiker von der Kassenzulassung (Teilnahme an der kassenärztlichen Versorgung) ist mit Art 12 Abs 1 und Art 3 Abs 1 GG vereinbar, BVerfG NJW 1988, 2292. – Die Krankenhilfe nach dem Bundessozialhilfegesetz umfasst nicht die Behandlung durch Heilpraktiker; vgl *Narr* (Fn 15), RdNr 25.

[18] BVerwGE 26, 254, 256 = NJW 1967, 1525, 1526.

Die **Unvereinbarkeit von ärztlicher Approbation und Heilpraktikererlaubnis** 9
gebietet eine Entscheidung für den einen oder den anderen Beruf. Einem approbierten
Arzt, der seinen ärztlichen Beruf weiter ausüben will, steht kein Anspruch darauf zu, eine
Erlaubnis nach § 1 Abs 1 HeilpraktG zu erhalten.[19] Eine Gemengelage ist von vornherein
grundsätzlich auszuschließen.[20] Andererseits kann die Behörde eine einmal rechtmäßig
erteilte Heilpraktikererlaubnis nicht allein deswegen widerrufen, weil der Erlaubnisinhaber nach deren Erteilung zusätzlich auch die Approbation verliehen erhielt: Der Schutzzweck des Heilpraktikergesetzes deckte eine solche Maßnahme nicht.[21]

Die Inkompatibilität verbietet es dem Arzt auch, eine Heilpraktikertätigkeit anzukündigen. Der Hinweis auf eine von einem Arzt im Allgemeinen nicht erwartete Diagnose- oder Behandlungsmethode widerspräche dem Verbot berufswidriger Werbung, dem der Arzt grundsätzlich unterliegt.[22]

3. Werbung. Im Unterschied zu Ärzten können **Heilpraktiker** auch als **Gewerbe-** 10
treibende gelten: „Der Zugang zu diesem Beruf ist durch das HeilpraktG lediglich von einer Erlaubnis abhängig gemacht, die ohne den Nachweis einer allgemeinen fachlichen Qualifikation erlangt werden kann. Eine Überprüfung erfolgt im Wesentlichen nur in Bezug auf die Kenntnis der Seuchengesetze und der Vorschriften über die Anzeigepflicht hinsichtlich gemeingefährlicher und übertragbarer Krankheiten. Die Erlaubnis ist lediglich dann zu versagen, wenn sich aus einer Überprüfung der Kenntnisse und Fähigkeiten durch das Gesundheitsamt ergibt, dass die Ausübung der Heilkunde durch den Antragsteller eine Gefahr für die Volksgesundheit bedeuten würde.[23] Auch gibt es kein allgemein verbindliches Standesrecht der Heilpraktiker oder einen Zusammenschluss in einer öffentlich-rechtlichen Körperschaft."[24]

Das grundsätzlich **für Ärzte** – nach den von den Landesärztekammern erlassenen 11
Berufsordnungen – **bestehende Werbeverbot gilt nicht für Heilpraktiker:** „Die ärztliche Standesordnung, deren Ausbildung und Durchsetzung in erster Linie den öffentlich-rechtlichen Landesärztekammern obliegt, kann ... nicht ohne weiteres zur Beurteilung des (Wettbewerbs-)Verhaltens von Heilpraktikern als Nicht-Standesangehörigen herangezogen werden. Allein der Umstand, dass sich die Heilpraktiker ebenfalls in einem Heilberuf betätigen und das Zulassungsverfahren für diese Tätigkeit ... eine zwar begrenzte, aber doch nicht völlig unbedeutende Schutzfunktion für die Volksgesundheit besitzt,[25] genügt noch nicht, Berufsrechte und -pflichten der Ärzteschaft auf die Heilpraktiker zu übertragen und sie generell dem ärztlichen Standesrecht zu unterstellen. Das schließt jedoch nicht aus, einzelne – im ärztlichen Standesrecht niedergelegte – Grundsätze, wie das Werbeverbot, auch für die Berufsausübung der Heilpraktiker heranzuziehen, soweit

---

[19] VG München MedR 1996, 229, mit im Wesentlichen zust Anm v *Taupitz,* 234 f. Ein Heilpraktiker kann eine ärztliche Approbation erhalten und darf beide Erlaubnisse nebeneinander haben: *Deutsch/Spickhoff,* Medizinrecht, RdNr 68 mit weiteren Hinweisen.

[20] *Taupitz* will dem Inhaber beider Erlaubnisse lediglich die gleichzeitige reale Ausübung beider Berufe verwehren. – Ein Zahnarzt benötigt dann eine Heilpraktikererlaubnis und kann eine solche erhalten, wenn er über die herkömmliche zahnmedizinische Behandlung hinausgehende ganzheitliche Therapiemethoden verfolgt: OVG NRW MedR 1999, 187 (Problemstellung *Taupitz*).

[21] HessVGH MedR 1993, 240 (problematisch) m zust Bespr v *Taupitz* MedR 1993, 219 ff, der zwischen der Inhaberschaft der Erlaubnis und der tatsächlichen Ausübung der Heilkunde unterscheidet.

[22] *Narr* (Fn 15), RdNr 23.

[23] BVerwG NJW 1973, 579 (Erlaubnispflicht für gewerbsmäßige Entfernung von Warzen und Leberflecken).

[24] Überzeugend LG Tübingen NJW 1983, 2093, im Zusammenhang des § 196 Abs 1 Nr 1 BGB aF.

[25] BGH NJW 1981, 2008. (Unlauter iSd § 1 UWG handelt, wer heilkundliche Tätigkeit im geschäftlichen Verkehr zu Wettbewerbszwecken ausübt, ohne den Mindestanforderungen des Zulassungsverfahrens zu genügen.)

§ 10 12–15   § 10 Heilkunde und Heilpraktikergesetz

die Einhaltung dieser Grundsätze auch durch die Heilpraktiker einer einheitlichen und gefestigten Standesüberzeugung der Heilpraktikerschaft entspricht und ihre Verletzung vom Standpunkt der Allgemeinheit als Verstoß gegen das allgemeine Anstandsgefühl anzusehen ist."[26]

12 Es bleibt also im Einzelfall zu entscheiden, ob und in welchem Umfang das Werbeverbot für Ärzte auch für Werbemaßnahmen der Heilpraktiker gilt, wobei der Qualifikationsunterschied auch hier eine Rolle spielen muss. Irreführende Werbung freilich sind unzulässig. Das **Heilmittelwerbegesetz**[27] gilt indessen uneingeschränkt auch für Heilpraktiker, wobei ein Verstoß zugleich § 1 UWG verletzt.

13 Heilpraktiker dürfen rechtmäßig erworbene **akademische Grade,** auch den Titel eines Doktors der Medizin, führen. Einen strafbaren Verstoß gegen § 132 a StGB bedeutet es, wenn die Führung des Doktortitels den Anschein erweckt, der Heilpraktiker sei zur Ausübung des ärztlichen Berufs berechtigt. Stets bleibt der Heilpraktiker verpflichtet, sich als solchen zu bezeichnen.

14 **4. Zusammenwirken von Ärzten und Heilpraktikern.** „Ärztinnen und Ärzten ist es nicht gestattet", so bestimmt die Berufsordnung,[28] „zusammen mit Personen, die weder Ärzte noch Ärztinnen sind, noch zu ihren berufsmäßig tätigen Mitarbeiterinnen und Mitarbeitern gehören, zu untersuchen oder zu behandeln". Dieses verfassungskonforme[29] **Verbot** schließt auch das **Zusammenwirken von Ärzten und Heilpraktikern** aus. Es gilt nur für eine gemeinsame, gleichzeitig oder nacheinander erfolgende Heiltätigkeit. Keine gemeinsame und damit unzulässige Zusammenarbeit liegt vor, wenn ein Arzt auf Wunsch eines Patienten diagnostische Leistungen erbringt, die dann in die Hand des den Kranken behandelnden Heilpraktikers gelangen.[30] Erlaubt sind auch Vorträge von Ärzten in Heilpraktikerschulen und Vortragsprogramme in Volkshochschulen zusammen mit Heilpraktikern.[31]

15 **5. Problematische Qualifikation.** Berufspraxis wie Berufsrecht der Heilpraktiker führen in juristische Verlegenheiten und tiefe Widersprüche. Der staatlichen Erlaubnis geht **keine eigentliche Fachprüfung** voraus. Die Gesundheitsbehörde überprüft die heilkundlichen Kenntnisse und Fähigkeiten nur in sehr begrenztem Rahmen, vornehmlich im Blick auf das Seuchenrecht. Auch hat die Behörde zu prüfen, ob der Bewerber die Grenzen der Heilbefugnis eines Heilpraktikers kennt. Doch in den sechzig Jahren seit Erlass des HeilpraktG hat sich das Krankheitspanorama[32] verändert, hat die Zivilisationsmorbidität den Infektionen den Rang abgelaufen. Herz-Kreislauf-Krankheiten, Karzinome, Diabetes bedrohen die Volksgesundheit ungleich stärker als die Infektionen. Die neuen Zivilisationsseuchen erfordern eine ganzheitliche Therapie durch wissenschaftlich umfassend ausgebildete Mediziner, nicht durch Heilpraktiker. Viele der Letzteren leisten zwar beachtliche Hilfe, indem sie sich ihren Patienten unter hohem Zeitaufwand und sehr persönlich zuwenden, auch Kranke stützen, denen die Schulmedizin keine Heilung brachte. Aber nicht wenige betätigen sich auf eine Weise, die sie in die Nähe paramedizinischen Kurpfuschertums bringt.[33] Die zunehmende **Kurpfuscherei** von Geistheilern

---

[26] BGH NJW 1982, 1331. Vgl ferner *Narr* (Fn 15), RdNr 22.
[27] HWG v 11. 7. 1965 (BGBl I 604) idF d Bekanntmachung v 19. 10. 1994 (BGBl I 3068), zuletzt geändert durch Ges v 29. 8. 2005 (BGBl I 2570); dazu der Kommentar *v Bülow/Ring*, vgl insbes § 12 RdNr 7.
[28] § 30 Abs 2 S 1 MBO; dazu *Ratzel/Lippert*, Kommentar, 362 f.
[29] BayVerfG DÖV 1966, 793.
[30] *Rieger/Hespeler/Küntzel*, RdNr 25.
[31] *Rieger/Hespeler/Küntzel* (Fn 30).
[32] Vgl etwa *Schipperges*, Der Arzt von morgen. Von der Heiltechnik zur Heilkunde, 1982, insbes 94 ff.
[33] Vgl die Beiträge v *Gertler/Mattig, Koch, Oepen/Prokop,* und *Wimmer*, in: FS Georg Schmidt, 1983, 426 ff.

4. Kapitel. Ärztliches Berufs- und Standesrecht　　　　　　　　　　16　§ 10

und anderen verstiegenen Dilettanten oder betrügerischen Scharlatanen gefährdet die Volksgesundheit und verlangt rechtliche Abwehr, deren Wirksamkeit durch die Existenz staatlich zugelassener und damit legitimierter Heilpraktiker gemindert wird.

Allerdings verstößt es gegen Art 12 Abs 1 GG, wenn Strafgerichte die Tätigkeit eines **„Wunderheilers"**, der Behandlungen Schwerkranker durch „Handauflegen" vornimmt, als „Ausübung der Heilkunde" im Sinne des Heilpraktikergesetzes ansehen und daraus die Erlaubnispflicht und damit zusammenhängend die strafrechtliche Ahndung ableiten, solange der Akteur nicht den Eindruck erweckt, ein nach heilkundlichen Maßstäben Geprüfter zu sein.[34]

6. Sorgfaltspflichten. Schwierigkeiten bereitet nicht zuletzt die Frage nach der **Einstandspflicht der Heilpraktiker,** insbesondere das Problem des Maßstabs der Haftung.[35] Die Insuffizienz der Rechtsgrundlagen für die Tätigkeit der Heilpraktiker erweist sich auch hier. Es fehlt eine gesetzlich bestimmte Qualifikation. Der Vorschlag qualifizierter Ausbildung und Prüfung der Heilpraktiker[36] vermag die Widersprüche nicht aufzulösen. Viele der von Heilpraktikern bevorzugten diagnostischen und therapeutischen Verfahren müssen als medizinische Außenseitermethoden gelten. Ihr Ausweis als Naturheilkunde erscheint problematisch. Das Fehlen allgemeinverbindlicher fachlicher Standards und einer durchgehenden Verkehrsauffassung in der heterogen zusammengesetzten Heilpraktikerschaft erschwert es, die beruflich generell erforderliche Sorgfalt zu bestimmen: Anders als die Ärzteschaft kann die Heilpraktikerschaft im Rahmen des § 276 Abs 1 S. 2 BGB aF (§ 276 Abs 1 S. 1 HS 1 nF) eine maßgebende Verkehrsauffassung nicht ausbilden und fortentwickeln. So bleibt nur der grundsätzliche Rückgriff auf die Sorgfaltsanforderungen, die nach der Spruchpraxis zum Arzthaftpflichtrecht für Mediziner gelten.[37]

Trotz des Bemühens der Zulassungsbehörden, ungeeignete Bewerber durch Eignungsprüfungen auf berufsbezogene Fachkenntnisse abzuweisen,[38] bleibt die **Kluft zwischen** der heilkundlichen **Qualifikation der Heilpraktiker** einerseits, **der Ärzte** andererseits. Der Schutz des kranken Menschen gebietet hier wie dort strenge Sorgfaltspflichten, die sich freilich wegen der unterschiedlichen Zulassungsvoraussetzungen und Verkehrserwartungen nicht decken.[39] Jedenfalls treffen den Heilpraktiker, der Eingriffe vornimmt, insoweit die nämlichen Sorgfaltspflichten im Blick auf Kenntnisstand, Erfahrung und Fortbildung wie den Arzt für Allgemeinmedizin, der sich solcher Methoden bedient.[40] Wünscht ein krebskranker Patient von einem Heilpraktiker eine Behandlung, welche die vorbehandelnden Mediziner nicht anwendeten, dann trifft den Ersteren nicht die Pflicht, den Kranken auf die überlegen Diagnose- und Therapiemöglichkeiten hinzuweisen. Freilich darf

---

[34] BVerfG NJW 2004, 2890.
[35] *Eberhardt* VersR 1986, 110 ff, mit vielen Belegen und weiterführenden Nachweisen. Vgl auch *Meyer-George,* Die zivilrechtliche Haftung des Heilpraktikers, 1988.
[36] *Ehlers,* 1995.
[37] *Eberhardt* (Fn 35). So auch der BGH MedR 1991, 195 = NJW 1991, 1535: Der invasive Methoden anwendende Heilpraktiker hat insoweit dieselben Sorgfaltspflichten zu erfüllen, auch hinsichtlich seiner Fortbildung, wie ein Arzt für Allgemeinmedizin, der sich solcher Verfahren bedient.
[38] Bay VGH NJW 1991, 1558. – Vgl auch BVerwG MedR 1992, 52 und VGH BW MedR 1992, 54 (Heilmagnetisieren ist erlaubnispflichtige Ausübung der Heilkunde). Zur Erteilung einer beschränkten Heilpraktikererlaubnis VGH BW MedR 1997, 555 (m zust Problemstellung *Taupitz;* Versagung, wenn der Bewerber wegen einer hochgradigen Sehbehinderung nicht alle erforderlichen Diagnosen erstellen kann).
[39] Gegen die Identifikationsthese *Taupitz* NJW 1991, 1505 ff.
[40] Vgl BGH NJW 1991, 1535 = MedR 1991, 195 (Ohrakupunktur, Ozoninjektion, Ionenbestrahlung). *Deutsch/Spickhoff,* Medizinrecht, RdNr 70, S. 51 verweisen auf OLG Bamberg, VersR 2002, 323, wonach selbst beim geringfügigen Eingriff invasiver Art der Heilpraktiker den gleichen Anforderungen unterliegt wie ein Arzt. Darum haftet er für die Folgen einer nicht indizierten Injektion eines Vitaminpräparates (Spritzenabszess).

§ 11

auch ein Heilpraktiker eine Methode nicht anwenden, wenn er keinerlei Anhaltspunkte für deren Wirksamkeit hat.[41]

Der Heilpraktiker darf das Unterlassen der Inanspruchnahme notwendiger ärztlicher Hilfe keinesfalls veranlassen oder stärken.[42]

Den Heilpraktiker trifft die Pflicht, seinen Patienten auf die Grenzen seines Bemühens und etwa fehlende Wirksamkeitsnachweise aufmerksam zu machen. Die **Aufklärungspflicht** besteht also auch für Heilpraktiker.

Nicht einheitlich entscheiden die Gerichte über die **Erstattung von Kosten** der Heilpraktikertherapien.[43]

§ 11 Fort- und Weiterbildung

Inhaltsübersicht

	RdNr
I. Die ärztliche Fortbildung	1
1. MBO, SGB V	1
2. Schritthalten	4
3. Inhalt	7
II. Die ärztliche Weiterbildung	10
1. Spezialisierung und Vertiefung	10
2. Facharztbeschluss	13
3. Weiterbildungsordnungen	15
4. Ziel	17
5. Rechtsstellung des Arztes in Weiterbildung	20
6. DDR, Ausland	22
7. Normierung	28
8. Neue Fachgebiete	36
9. Ermächtigungserfordernis, Weiterbildungsstätten	38
10. Regelungen, Abgrenzungen	42

Schrifttum: Bundesärztekammer (Hrsg), Tätigkeitsbericht 2007, 61–77, 2008, 47–64 (Ärztliche Ausbildung, Weiterbildung und Fortbildung); *Haage,* Befristungsmöglichkeiten für Arbeitsverträge mit Ärzten in der Weiterbildung, MedR 1998, 109–122; *Hespeler/Rieger,* Weiterbildung, in: Heidelberger Kommentar (HK-AKM) 5490 (2001); *Hoppe,* Die Weiterbildungsordnung, DÄBl 1997, A 2483–2491; *Huber,* Satzungsautonomie und ärztliche Weiterbildung. Zur Gültigkeit der „Residenz-Klausel" für Kur- und Badeärzte, 1997; *Jaeger,* Ärztliches Weiterbildungsrecht im Spannungsfeld zwischen deutschem und europäischem Recht, 2007; Kongreßgesellschaft für ärztliche Fortbildung eV Berlin (Hrsg), Medizin in Forschung und Praxis. 30 Jahre ärztliche Fortbildung in Berlin, 1990; *N H Müller,* Befristung in der Weiterbildung, MedR 1997, 461; *ders,* Weiterbildungsbefristungsgesetz, MedR 1998, 59; *Narr/Hess/Schirmer,* Ärztliches Berufsrecht, Bd II, 2. Aufl 13. Erg-Lfg Stand 1997, RdNr B328–B333 (Fortbildung), Bd I, 14. Erg-Lfg Stand 2000, RdNr W1–W135 mit umfänglichem Quellenanhang; *Narr,* Die fachgebundene röntgendiagnostische Weiterbildung in Kliniken und Krankenhäusern mit zentralen Röntgenabteilungen, MedR 1985, 111–117; *Peikert,* Fachfremdheit im Sinne des Weiterbildungsrechts, MedR 2000, 123–128; *Ratzel,* Fachgebietsgrenzen bei der Erbringung von Laborleistungen, MedR 1994, 4–6; *Ratzel/Lippert,* Kommentar zur Musterberufsordnung der deutschen Ärzte, 4. Aufl 2006, insbes 57–63 u passim; *Schirmer,* Rechtsvereinheitlichung im Ärztlichen Berufsrecht und Kassenarztrecht aus Anlass der Herstellung der Einheit Deutschlands, MedR 1991, 55–66; *Schneider,* Rechtsfragen zur Hausarzt- und Facharzt-

---

[41] OLG München VersR 1991, 471.
[42] VGH BW MedR 2009, 108 (Problemstellung *Wever*), auch zum Widerruf der Heilpraktikererlaubnis.
[43] *Lanz* VersR 1992, 1331 f. Vgl auch *Wölk* MedR 1995, 492 ff, ferner *Hege* DÄBl 1995, A 2312 ff, außerdem BVerfG MedR 1998, 269: kein Leistungsanspruch aus Verfassungsrecht.

4. Kapitel. Ärztliches Berufs- und Standesrecht   1–4 § 11

regelung, MedR 1995, 175–179; *Scholz,* Ärztliche Weiterbildung in medizinischen Versorgungszentren, in: FS Deutsch, 2009, 481; *Scholze/Finkeißen,* Ärztliche Fortbildungspflicht in Deutschland, MedR 2004, 141-148; *Schwerdtfeger,* Weiterbildungsnormen der Ärztekammern auf dem rechtlichen Prüfstand, 1989; *Seewald,* Auswirkungen des neuen Weiterbildungsrechts auf die Beurteilung der Fachfremdheit ärztlicher Leistungen, VSSR 2008, 131; *Steffen,* Der sogenannte Facharztstatus aus der Sicht der Rechtsprechung des BGH, MedR 1995, 360–361; *Uhlenbruck,* Ärztliche Fortbildungspflicht und Vertragsverletzung, DMW 1968, 2136–2137; *Opderbecke/Weißauer,* Facharztqualität versus formelle Facharztqualifikation, MedR 1993, 2–7; *dies,* Eine erneute Entscheidung des BGH zur „Facharztqualität", MedR 1993, 447–451.

I. Die ärztliche Fortbildung

1. MBO, SGB V. Medizinische Wissenschaft und Praxis befinden sich in fortwähren- 1 dem Wandel. Stetig ergeben sich diagnostische und therapeutische Fortschritte, aber auch iatrogene Gefahren. Es geht um „die kontinuierliche Auffrischung und Erweiterung von medizinischem Wissen und Fähigkeiten" (BÄK). Nur der Arzt, der die neuen Errungenschaften und Risiken in seinem Fachgebiet ständig verfolgt, kann seinem Beruf gerecht werden. Die Fortbildung gehört zur **Berufsausübung.** Die Länder und die Landesärztekammern haben darum die Aufgabe, die Fortbildung in ihren Kammer- und Heilberufsgesetzen und in ihren Berufsordnungen zu regeln.

Die **Muster-Berufsordnung** für die deutschen Ärztinnen und Ärzte (seit 1997) bestimmt in ihrem

§ 4: „(1) Ärztinnen und Ärzte, die ihren Beruf ausüben, sind verpflichtet, sich in dem 2 Umfange beruflich fortzubilden, wie es zur Erhaltung und Entwicklung der zu ihrer Berufsausübung erforderlichen Fachkenntnisse notwendig ist. (2) Auf Verlangen müssen Ärztinnen und Ärzte ihre Fortbildung nach Absatz 1 gegenüber der Ärztekammer durch ein Fortbildungszertifikat einer Ärztekammer nachweisen." § 26 Abs 4 bestimmt: „Ärztinnen und Ärzte haben sich auch für den Notfalldienst fortzubilden, wenn sie gemäß Abs 1 nicht auf Dauer von der Teilnahme am Notfalldienst befreit sind." Neben der Fortbildung trifft den Arzt nach § 5 die Pflicht, „an den von der Ärztekammer eingeführten Maßnahmen zur Sicherung der Qualität der ärztlichen Tätigkeit teilzunehmen und der Ärztekammer die hierfür erforderlichen Auskünfte zu erteilen".

Neben der allgemeinen berufsrechtlichen Fortbildungspflicht besteht eine besondere 3 für den **Vertragsarzt**:[1] Die Satzungen der Kassenärztlichen Vereinigungen müssen Regeln enthalten über die Fortbildung der Ärzte auf dem Gebiet der vertragsärztlichen Tätigkeit. Weil die ärztliche mit der vertragsärztlichen Tätigkeit im Wesentlichen zusammenfällt, wird es dabei hauptsächlich um kassentechnische Kenntnisse gehen, insbesondere um Abrechnungs- und Formularkunde, aber auch um kassenärztliche Ausprägungen des medizinischen Dienstes bei Früherkennungs- und Vorsorgeprogrammen, im Notfalldienst und bei der Qualitätssicherung. Deshalb haben die Kassenärztlichen Vereinigungen – am besten in Zusammenarbeit mit den Ärztekammern – geeignete Fortbildungsveranstaltungen für Vertragsärzte durchzuführen.

2. Schritthalten. Der Arzt, der sich fortbildet, vertieft und erweitert ständig und be- 4 rufsbegleitend seine Fertigkeiten und Kenntnisse in dem Bemühen, mit der **Entwicklung der Medizin** und insbesondere seines eigenen Faches Schritt zu halten und den sich **stetig verändernden Standards** gewachsen zu bleiben. Der Arzt hat sich dabei bis an die Grenzen des Zumutbaren über die Erkenntnisse und Erfahrungen der Wissenschaft unterrichtet zu halten.[2] Die Auswahl der Quellen und **Informationsmittel** steht grundsätzlich im Ermessen des einzelnen Arztes. Es gehört zu den wichtigsten Aufgaben der

---

[1] § 81 Abs 4 SGB V. Bedenken im Blick auf EU-Recht: *Maus* DÄBl 1998, A 245; zu der noch beschränkten Kompetenz der EG auf dem Gebiet des Gesundheitswesens *Hirsch* MedR 2000, 586 ff.
[2] BGH VersR 1968, 2761; BGH VersR 1977, 546; OLG Saarbrücken VersR 1991, 1289.

Ärztekammern und Fachgesellschaften, die Fortbildung ihrer Mitglieder zu fördern und dadurch die Standards mit auszubilden. Die Bundesärztekammer hat zahlreiche Leitsätze, Empfehlungen, Richtlinien und Programme zur ärztlichen Fortbildung vorgelegt, auch einen Deutschen Senat für ärztliche Fortbildung eingerichtet.[3] Es gilt für alle Verantwortlichen, die Anstrengungen fortzusetzen. Die Diskussion um die Einführung einer „Approbation auf Zeit" wird erst verstummen, wenn Fortbildung und Qualitätssicherung zeitgemäß hohe medizinische Qualifikationen gewährleisten.

5   Die **Pflicht, sich fortzubilden,** gilt für das jeweilige **Fachgebiet** des einzelnen Arztes. Ärzte mit einer Gebietsbezeichnung haben sich auf ihrem Felde weiterzubilden, sich außerdem für die Teilnahme am allgemeinen Notfalldienst einsatzfähig zu halten. Dies folgt aus dem Grundsatz der Gebietsbegrenzung und der Arbeitsteilung unter Spezialisten.

6   Die Fortbildungspflicht besteht auch im Hinblick auf den Katastrophenfall. **Unglücksfälle und Katastrophen,** die als Schadensereignisse eine Vielzahl von Personen betreffen, erfordern nicht nur organisatorische Vorkehrungen, sondern auch spezielle ärztliche Kenntnisse. Sie zu erwerben, verlangt bereits die jedem ärztlichen Dienst innewohnende Hilfeleistungspflicht.

7   **3. Inhalt.** Wie alle anderen fachlichen Standards bemessen sich auch die **Inhalte und Ausmaße der ärztlichen Fortbildungspflicht** zuerst nach dem Urteil verantwortlicher und kompetenter Mediziner.[4] Das Gebotene ergibt sich aus der Entwicklung der Medizin selbst. Kammern, Fachverbände und wissenschaftliche Autoren haben auf das Erforderliche hinzuweisen. So gilt es etwa, neue Verfahren zur Kenntnis zu nehmen und anzuwenden, mit denen sich Schäden durch die eingeführte Methode verhindern lassen, oder begründete Bedenken zu berücksichtigen, die unter bestimmten Umständen gegen eine diagnostische oder therapeutische Maßnahme bestehen. Der einzelne Arzt hat sich über den Stand der Wissenschaft in seinem Gebiet auf dem Laufenden zu halten. Diese Arbeit gehört zu der **verkehrserforderlichen Sorgfalt** nach § 276 BGB, die der Arzt bei seinem Dienst anzuwenden hat.

8   Verhaltensmaßregeln im Einzelnen lassen sich konkret schwer festlegen.[5] Die Schnelligkeit der medizinischen Fortschritte und die Gefahren nicht weniger apparativer und pharmazeutischer Mittel erweitern und verstärken die Fortbildungspflicht. Der Einwand des Zeitmangels und beruflicher Überlastung leistet ihr von Rechts wegen keinen Abbruch. **Das Maß beruflicher Sorgfalt** wird auch auf diesem Felde durch die Anschauungen des engeren Verkehrskreises mitbestimmt. So sind etwa an die Fortbildungspflicht eines vielbeschäftigten Landarztes geringere Anforderungen zu stellen als an diejenige des Spezialisten in einer Stätte der Maximalversorgung.

9   Bei der Frage nach dem gebotenen fortbildenden **Leseaufwand**[6] lässt sich die Kenntnis ausländischer Publikationen nicht ohne weiteres verlangen,[7] ebenso wenig die Lektüre einer bestimmten Fachzeitschrift.[8] Indessen kommt es entscheidend auf die Umstände des Einzelfalles, insbesondere auf die **Position des Arztes** und die **Art seines Dienstes** an.

---

[3] Vgl den Tätigkeitsbericht 2008 der BÄK, 58 ff.

[4] Im Haftpflichtprozess wird das Gericht auch bei der Frage, ob der beklagte Arzt seiner Fortbildungspflicht genügte, regelmäßig den medizinischen Sachverständigen bemühen.

[5] Praktisch nützlich die Texte und Materialien der BÄK, Tätigkeitsberichte, zuletzt 2008, wie Fn 3. – Kritik und Verbesserungsvorschläge auch für Akkreditierung und Zertifizierung des Sachverständigenrats für die Konzertierte Aktion im Gesundheitswesen in dessen Gutachten 2000/2001, Bedarfsgerechtigkeit und Wirtschaftlichkeit, Bd II: Qualitätsentwicklung in Medizin und Pflege, 59 ff.

[6] Krit *Wilts/Kleinewefers,* in *Mergen* (Hrsg), Die juristische Problematik in der Medizin III, 1971, 34 ff.

[7] Vgl BGH VersR 1962, 155. Zur Lektüre ausländischer Fachzeitschriften ist jedenfalls der Allgemeinmediziner nicht verpflichtet, vgl *Steffen/Pauge,* ArzthaftungsR, 10. Aufl 2006, RdNr 169. Vgl auch *Ratzel/Lippert,* Kommentar, § 4 RdNr 11.

[8] OLG Hamburg VersR 1965, 861.

„Wenn von einem Arzt auch nicht gefordert werden kann, zu seiner Weiterbildung sämtliche medizinischen Fachzeitschriften zu halten und zu lesen, muss doch von ihm verlangt werden, dass er jedenfalls von dem Inhalt der Fachzeitschriften Kenntnis nimmt, die er selbst für so wichtig ansieht, dass er sie hält."[9] Niedergelassene Ärzte brauchen Spezialveröffentlichungen nicht durchweg regelmäßig zu lesen.[10] Den Arzt trifft die Pflicht, **die jeweils neueste Auflage** eines medizinischen Lehrbuchs zu beschaffen und zu lesen, jedenfalls dann, wenn es sich um ein für sein Arbeitsgebiet unentbehrliches Standardwerk handelt. Stets hat der Arzt „mit der eigenen Leistung auf der Höhe der Zeit zu bleiben".[11] „Der Arzt sollte zur Verfolgung der wissenschaftlichen Diskussion einer Methode im Ausland jedenfalls dann verpflichtet sein, wenn er diese Methode anwenden will und sie sich noch in der medizinisch-wissenschaftlichen Erprobung befindet. Eine längere Karenzzeit bis zur Aufnahme der wissenschaftlichen Diskussion durch die Praxis billigt der BGH grundsätzlich nicht zu."[12]

II. Die ärztliche Weiterbildung

1. Spezialisierung und Vertiefung. Wer als Arzt die Heilkunde ausüben will, bedarf der Erlaubnis (der Approbation, vordem einer Bestallung). Als Allgemeinarzt oder als Chirurg oder als Internist darf sich nur der Mediziner bezeichnen, der eine Anerkennung für das jeweilige Gebiet vorweisen kann. Während die Bundesärzteordnung die Ausbildung zum Arzt und die Erteilung der Approbation bundesgesetzlich regelt, richtet sich die Weiterbildung in einem bestimmten Gebiet nach Landesrecht und autonomen Satzungen der Ärztekammern. Die Approbation spricht eine staatliche Behörde, die Anerkennung einer **Gebietsbezeichnung** dann die **Ärztekammer** aus. Fachgebietseinteilungen der Landesärztekammern sind statusrelevante Berufsausübungsregelungen, welche die fachliche Qualität der ärztlichen Leistungen im Interesse des Gesundheitsschutzes gewährleisten sollen.

Seit 1975 bestimmen **europäische Richtlinien** die Weiterbildung in zunehmendem Maß, und seit den 1990er Jahren hat sich der Charakter der ärztlichen Weiterbildung stark verändert.[13] Sie ist ein unentbehrliches Element für die Ausübung des Arztberufs geworden, wann das Sozialrecht wesentlich beitrug: § 95a SGB V schreibt für den Zugang zur vertragsärztlichen Versorgung den erfolgreichen Abschluss einer Facharztweiterbildung vor.

Von der berufsrechtlichen Weiterbildung ist die vertragsarztrechtliche Qualifikation für die Ausführung und Abrechnung von Leistungen im Zeichen erhöhter Anforderungen zu unterscheiden.[14] Neben dem Facharztrecht der Ärztekammern hat der **Fachkundenachweis** aus Gründen der Gefahrenabwehr nach dem Atomgesetz und der Strahlenschutzverordnung Bestand. Der Fachkundenachweis „zielt im Gegensatz zum Facharztrecht nicht darauf, Qualifikationen zu ordnen und für Außenstehende erkennbar zu machen, also im Einzelfall den Erwerb einer werbenden Qualifikation zu ermöglichen, wie sie mit dem Führen einer Facharztbezeichnung verbunden ist".[15]

---

[9] OLG Hamm VersR 1965, 1108.
[10] BGH VersR 1972, 1075; BGHZ 113, 297 = NJW 1991, 1535, 1537: Geboten ist „das regelmäßige Lesen einschlägiger Fachzeitschriften auf dem entsprechenden Gebiet".
[11] BGH VersR 1977, 546. Vgl auch BGH VersR 1968, 276, 277: Der Mediziner hat „sich über die Erkenntnisse und Erfahrungen der ärztlichen Wissenschaft auf diesem für seine Krankenhaustätigkeit wesentlichen Gebiet der Anaesthesie pflichtgemäß unterrichtet zu halten".
[12] *Steffen/Pauge* (Fn 7), RdNr 169, unter Berufung auf ua BGH VersR 1987, 414.
[13] Ausführlich *Jaeger*, Ärztliches Weiterbildungsrecht im Spannungsfeld zwischen deutschem und europäischem Recht, 2007. – Zur Weiterbildung in med Versorgungszentren *Scholz*.
[14] § 135 Abs 2 SGB V; *Narr/Hess/Schirmer*, RdNr W 37; LSG BW MedR 1994, 163.
[15] *Kamps* in seiner Problemstellung zu BVerwG MedR 1996, 37 = NJW 1996, 798 (Fachkunde nach § 6 Abs 2 StrlSchVO).

11 Am Ende der ärztlichen Ausbildung steht die Approbation; die Weiterbildung endet mit der Anerkennung einer **Gebietsbezeichnung.** Die Approbation verbrieft ein Grundwissen, das für die Ausübung der Heilkunde am Menschen unter der Bezeichnung Arzt ausreicht. Die Weiterbildung dient der **Spezialisierung und Vertiefung** medizinischer Kompetenz auf einem eingegrenzten Fachgebiet. Wer sich als Gebietsarzt qualifiziert hat, der übt im Unterschied zum Arzt keinen besonderen eigenen Beruf aus. Die gebietsärztliche Tätigkeit hat vielmehr nur als eine Ausprägung des einheitlichen Arztberufs zu gelten.

12 Die **unterschiedliche gesetzgeberische Zuständigkeit** für die ärztliche Ausbildung einerseits, für die ärztliche Weiterbildung andererseits folgt aus der Verteilung der legislativen Kompetenzen zwischen dem Bund und den Ländern.[16] „Die Regelung der ärztlichen Weiterbildung nach Erteilung der Approbation und damit die gesamte Regelung des Facharztwesens gehört ... zur ausschließlichen Gesetzgebungszuständigkeit der Länder."[17] Das Facharztwesen dürfe der Landesgesetzgeber indessen, so das BVerfG,[18] nicht ausschließlich der Regelung durch Satzungen der Ärztekammern (Facharztordnungen) überlassen. Mindestens die **statusbildenden Vorschriften** müsse **der Gesetzgeber** selbst treffen. Dazu gehören „etwa diejenigen Regeln, welche die Voraussetzungen der Facharztanerkennung, die zugelassenen Facharztrichtungen, die Mindestdauer der Ausbildung, das Verfahren der Anerkennung, die Gründe für eine Zurücknahme der Anerkennung sowie endlich auch die allgemeine Stellung der Fachärzte innerhalb des gesamten Gesundheitswesens". Diese Gegenstände also hat das Landesparlament „in den Grundzügen durch ein förmliches Gesetz" festzulegen.

13 2. Facharztbeschluss. In seinem genannten **Facharztbeschluss**[19] hat das BVerfG weiter entschieden, die **Pflicht des Arztes,** sich im Rahmen einer Gebietsbezeichnung **auf ein Gebiet zu beschränken,** sei grundsätzlich sachgerecht, weil eine solche Regel vernünftigen Erwägungen des Gemeinwohls entspreche. Jede Einschränkung der freien Betätigung im Beruf stehe jedoch unter dem Gebot der Verhältnismäßigkeit. „Diesem Grundsatz", so das BVerfG, „wird das Verbot der Betätigung außerhalb des Fachgebiets nur gerecht, wenn es als allgemeine Richtlinie gilt und nicht als eine auch einzelne Ausnahmefälle ausschließende Regel aufgefasst wird." Das Verbot kann also nur grundsätzlich gelten. „Nur bei einer solchen Auslegung löst sich auch der Widerspruch, der zwischen einem ausnahmslos geltenden Verbot und der grundsätzlichen Heranziehung der Fachärzte zum Not- und Bereitschaftsdienst bestehen würde."

14 Auch das Verbot, mehrere Gebietsbezeichnungen gleichzeitig zu führen, anerkannte das BVerfG prinzipiell. Schlechthin darf ein solches Verbot aber nicht gelten. Das **Führen mehrerer Gebietsbezeichnungen** lässt sich jedenfalls dann nicht verbieten, wenn es sich um nahe verwandte Gebiete handelt und um Fächerkombinationen, die sich zu einer ein-

---

[16] Art 74 Ziff 19 GG gibt dem Bund die konkurrierende Gesetzgebung über die Zulassung zu den Heilberufen. Dabei gilt der Begriff der Zulassung als eng zu fassender: „Er ist wortgetreu auszulegen und umfasst im Wesentlichen die Vorschriften, die sich auf Erteilung, Zurücknahme und Verlust der Approbation oder auf die Befugnis zur Ausübung des ärztlichen Berufs beziehen" (BVerfGE 33, 125 = NJW 1972, 1504, 1505; st Rechtspr). – Die Monographie von *Schwerdtfeger* erörtert im Blick auf die Mindestuntersuchungszahlen für die internistische Weiterbildung die Regelungskompetenzen und die Grenzen des Weiterbildungsrechts nach Art 12 Abs 1 GG.

[17] BVerfGE 33, 125 = NJW 1972, 1504, 1505. – Zu den Rechtsquellen des Weiterbildungs- oder Facharztrechts zählt neben den Ländergesetzen und den Kammersatzungen mit zunehmendem Gewicht das Europäische Gemeinschaftsrecht. Zuletzt hat die Richtlinie 2005/36/EG über die Anerkennung von Berufsqualifikationen auch Änderungen im Weiterbildungsrecht erfordert. Diese können aber nicht durch Bundesrecht, sondern müssen im Landes- und Kammersatzungsrecht erfolgen. So hat der 110. Deutsche Ärztetag im Mai 2007 zu Münster entsprechende Änderungen der MWBO beschlossen; vgl *Haage* MedR 2008, 70, 75.

[18] BVerfGE 33, 125 = NJW 1972, 1504. Zum Facharztbeschluss *Starck* NJW 1972, 1489 ff; vgl ferner *Seeger* NJW 1974, 1410 ff.

[19] Das Gericht verwendet den alten Ausdruck „Facharzt".

4. Kapitel. Ärztliches Berufs- und Standesrecht 15–17 § 11

heitlichen Fachpraxis mit funktionell aufeinander bezogenen Einzeltätigkeitsgebieten ausgestalten lassen. Zu denken ist in diesem Zusammenhang beispielsweise an Innere Medizin und Röntgenologie.[20]

3. Weiterbildungsordnungen. Nach kontroversen Entwürfen und Debatten haben alle Länder das Feld im Sinne des bundesverfassungsgerichtlichen Facharztbeschlusses neu und im Wesentlichen übereinstimmend gesetzlich bestellt. Danach hat der Arzt sich grundsätzlich auf sein **Fachgebiet zu beschränken.** Die Prüfung wurde generell eingeführt; in Baden-Württemberg gilt etwa die Besonderheit eines Fachgespräches vor einem Ausschuss. Überall spielen die vorgelegten Zeugnisse für die Anerkennung eine maßgebende Rolle. Die Ärztekammern selbst erlassen die **Prüfungsordnungen als autonome Satzungen.** Während der Weiterbildungszeit hat der Arzt die Weiterbildungsstätte mindestens einmal zu wechseln. 15

Auf der Grundlage der statusbildenden landesgesetzlichen Normen beschloss der Deutsche Ärztetag 1976 eine neue **Musterweiterbildungsordnung (MWBO),** die mit ihren inzwischen durch das Parlament der deutschen Ärzteschaft beschlossenen Änderungen und Ergänzungen von den Landesärztekammern in allen wesentlichen Punkten als Satzungsrecht übernommen worden ist.[21] Sie gilt inzwischen in der Fassung der Beschlüsse des 95. Deutschen Ärztetages 1992, des 99. Deutschen Ärztetages 1996, des 100. Deutschen Ärztetages 1997, des 106. Deutschen Ärztetages 2003 und des 110. Deutschen Ärztetages 2007. Die **MWBO** enthält in ihrem **Paragraphenteil** die grundlegenden Bestimmungen über Ziel, Struktur, Verfahren und Prüfung. Es folgen allgemeine Bestimmungen zu den Abschnitten B und C. Der weitaus umfänglichste Abschnitt, nämlich B, regelt die 32 Gebiete mit den Facharzt- und Schwerpunktkompetenzen nach Ziel, Dauer und Inhalt. Der Abschnitt C gilt den Zusatz-Weiterbildungen. 16

4. Ziel. Als **Ziel der Weiterbildung,** einer **berufsbegleitenden notwendigen Qualifizierung im Dienst der Qualitätssicherung,** bestimmt die Musterordnung den „geregelten Erwerb festgelegter Kenntnisse, Erfahrungen und Fertigkeiten, um nach Abschluss der Berufsausbildung besondere ärztliche Kompetenzen zu erlangen. Die Weiterbildung dient der Sicherung der Qualität ärztlicher Berufsausübung" (§ 1). Die erfolgreich abgeschlossene Weiterbildung „führt zur Facharztbezeichnung in einem Gebiet, zur Schwerpunktbezeichnung im Schwerpunkt eines Gebietes oder zur Zusatzbezeichnung" (§ 2). Die Weiterbildung „erfolgt im Rahmen angemessen vergüteter ärztlicher Berufstätigkeit unter Anleitung zur Weiterbildung befugter Ärzte oder durch Unterweisung in anerkannten Weiterbildungskursen". Den Abschluss bildet grundsätzlich eine Prüfung. Die Ordnung weist die 32 Gebiete mit ihren Schwerpunkten[22] von der Anästhesiologie 17

---

[20] Nach § 7 Abs 1 MWBO kann die Ärztekammer auf Antrag „das Führen einer weiteren Bezeichnung gestatten".

[21] Fundstellen bei *Narr/Hess/Schirmer;* sie bieten die ausführlichste Darstellung der gesamten Materie wie nunmehr auch die Fundstellen für die landesgesetzlichen Facharztregelungen im Einzelnen, RdNr N 14. Die Weiterbildungsordnung nach den Beschlüssen des 95., des 99. und des 100. Deutschen Ärztetages stellt lediglich eine Empfehlung an die Landesärztekammern dar, diese in verbindliches Satzungsrecht umzusetzen. Die Novellierung durch den 100. Deutschen Ärztetag 1997 (für die Allgemeinmedizin) in: DÄBl 1997, A 1657 ff; vgl auch die ergänzenden Beschlüsse des Vorstandes der Bundesärztekammer v 1992 (Empfehlungen an die Landesärztekammern zur Einführung bestimmter Untersuchungs- und Behandlungsmethoden in Gebieten [Fachkunde] nach § 3 Abs 2 MWBO, v 1997 (Empfehlung der Einführung einer Fachkunde „Echokardiographie" im Gebiet „Innere Medizin") und v 1998 (Einführung einer Fachkunde „Suchtmedizinische Grundversorgung"); zu Reformplänen *Korzilius* DÄBl 1998, A 1443; die MWBO 2003 im HK-AKM, R 150. Zur Überarbeitung: Tätigkeitsbericht 2008 d BÄK, 15.

[22] Die Facharztkompetenzen etwa der Chirurgie: Allgemeine Chirurgie, Gefäßchirurgie, Herzchirurgie, Kinderchirurgie, Orthopädie und Unfallchirurgie, Plastische und Ästhetische Chirurgie, Thoraxchirurgie, Visceral Chirurgie.

bis zur Urologie, sowie die Zusatz-Weiterbildungen mit zahlreichen Disziplinen von Ärztlichen Qualitätsmanagement bis zur Tropenmedizin aus und umreißt Art, Inhalt, Dauer und zeitlichen Ablauf der Weiterbildung. In den Gebieten und Teilgebieten hat sich der Arzt **grundsätzlich ganztägig** und in hauptberuflicher Position weiterzubilden. Eine Tätigkeit in eigener Praxis, als Gastarzt oder Volontär lässt sich regelmäßig nicht anrechnen. Eine vollbeschäftigte Chefärztin kann sich nicht ganztägig und hauptberuflich zum Erwerb einer Zusatzbezeichnung „Physikalische Therapie" weiterbilden.[23]

18 Die Weiterbildungsordnung legt die **Fachgebietsbezeichnungen** und deren Kombinationsmöglichkeiten fest, ferner die **Weiterbildungsstätten**: „Die Weiterbildung zum Facharzt und in Schwerpunkten wird unter verantwortlicher Leitung der von der Ärztekammer befugten Ärzte in einer zugelassenen Weiterbildungsstätte durchgeführt." „Eine zugelassene Weiterbildungsstätte ist eine Universitäts- oder Hochschulklinik sowie eine hierzu (von der Ärztekammer) zugelassene Einrichtung der ärztlichen Versorgung. Zu den Einrichtungen der ärztlichen Versorgung zählt auch die Praxis eines niedergelassenen Arztes."[24] Der **ermächtigte Arzt** muss fachlich und persönlich geeignet sein und eine mehrjährige Tätigkeit nach Abschluss der entsprechenden Weiterbildung nachweisen können. Die **Befugnis** kann **nur für eine Facharztweiterbildung** erteilt werden.[25] Der befugte Arzt hat die Pflicht, die Weiterbildung persönlich zu leiten und inhaltlich ordnungsgemäß zu gestalten.[26] Er hat dem sich weiterbildenden Arzt ein Zeugnis auszustellen, das die erworbenen Kenntnisse und Fähigkeiten darlegt und die Eignung ausführlich beurteilt.[27] Die **mündliche Prüfung** findet vor einem Prüfungsausschuss statt, den die Ärztekammer bildet.[28]

19 Die erfolgreich durchlaufene Weiterbildung schließt ab mit der **Anerkennung einer Gebiets-, Schwerpunkts- oder Zusatzbezeichnung** durch die zuständige Ärztekammer. Die Entscheidung über die Anerkennung einer Gebiets- oder Schwerpunktsbezeichnung trifft die **Ärztekammer** aufgrund der vorgelegten Zeugnisse und einer sie ergänzenden Prüfung vor dem Prüfungsausschuss. Die Prüfung bedarf einer Zulassung, über welche die Ärztekammer entscheidet.[29] „Wer die innerhalb eines Schwerpunktes vorge-

---

[23] OVG Lüneburg MedR 2007, 444; vgl auch *Narr/Hess/Schirmer* RdNr W 54. – Nds OVG MedR 1995, 160 (Facharzt für Allgemeinmedizin); BVerwG MedR 2000, 91 (Ausbildung zum „Praktischen Arzt"). – Die Teilzeitweiterbildung ist anzurechnen, „wenn sie mindestens die Hälfte der regelmäßigen Arbeitzeit beträgt", § 4 Abs 6 MWBO.

[24] §§ 5 und 6 MWBO.

[25] § 5 Abs 2 MWBO – Eine Weiterbildungsermächtigung ist nicht nur dann zu versagen, wenn die Eignung fehlt, sondern bereits dann, wenn sie nicht positiv festgestellt werden kann. Ein Kolloquium ist ein geeignetes Beweismittel, um Zweifel an der Eignung zu beheben, vgl VGH BW MedR 1991, 43. Nicht jede untergeordnete Pflichtverletzung im Rahmen der Weiterbildung rechtfertigt die Schlussfolgerung fehlender persönlicher Eignung des Weiterbilders, VG Sigmaringen MedR 1998, 370 (Problemstellung *Hespeler*). Zur persönlichen Eignung eines zur Weiterbildung berechtigten Arztes gehört, dass dieser die Aufgabe der Anleitung in zeitlich angemessener Form wahrnehmen kann, VG Saarl MedR 2001, 154. Die Ärztekammer kann nach ihrem Ermessen Einzel- oder Gruppenprüfungen vorsehen. Die Prüfung der Zeugnisse über die durchlaufene Weiterbildung und die Prüfung der Kenntnisse in einem Fachgespräch stehen selbstständig nebeneinander, VG Karlsruhe MedR 1998, 145 (Problemstellung *Hespeler*). – Zur Nachprüfung für „Altrechtsinhaber" nach der Zytologie-Vereinbarung LSG Berlin MedR 1998, 429 (Problemstellung *Ratzel*). – Auf die Erteilung einer Weiterbildungsermächtigung besteht kein Rechtsanspruch. Prinzipiell folgt die Erteilung dem hierarchischen Prinzip, VG Freiburg MedR 1996, 235. – Zum Zusammenhang zwischen der Erteilung einer Weiterbildungsermächtigung und der Zulassung als Weiterbildungsstätte Hess VGH MedR 1997, 29. – Zur Erforderlichkeit einer Weiterbildungsermächtigung im Rahmen einer Weiterbildung in einem zur Weiterbildung geeigneten Betrieb vgl Hamb OVG MedR 1998, 37.

[26] § 5 Abs 3 MWBO.

[27] § 9 MWBO.

[28] §§ 13, 14 MWBO: Prüfungsausschuss und Widerspruchsausschuss, Prüfung.

[29] § 12 Abs 1 MWBO.

schriebenen Weiterbildungsinhalte und -zeiten abgeleistet und in einer Prüfung die dafür erforderliche Kompetenz nachgewiesen hat, erhält eine Schwerpunktbezeichnung." Entsprechendes gilt für die Zusatz-Weiterbildung.[30]

Nach ständiger gerichtlicher Spruchpraxis kann das Vertragsarztrecht über das ärztliche Berufsrecht hinausgehende Qualifikationsforderungen stellen.[31] Andererseits nimmt das Vertragsarztrecht auch Bezug auf die nach landesrechtlichem ärztlichen Berufsrecht erworbenen Qualifikationen und hält diese unter bestimmten Voraussetzungen für notwendig wie ausreichend.[32]

Durch die berufsrechtliche Weiterbildung gewinnt der Arzt eine Rechtsposition, die zugleich eine besondere Rechtsstellung im Wettbewerb bietet und gewährleisten soll. Die Weiterbildung vermittelt dem Arzt damit ein Abwehrrecht zum Schutz dieser besonderen Rechtsstellung.[33]

5. Rechtsstellung des Arztes in Weiterbildung. Der sich grundsätzlich ganztägig **20** und in hauptberuflicher Position weiterbildende Arzt steht regelmäßig in einem Arbeits- oder Dienstverhältnis mit dem Träger der Weiterbildungsstätte. Die **Rechtsstellung des Arztes in der Weiterbildung** richtet sich nach dem Arbeits- oder Dienstvertrag. Bestimmt dieser, wie oftmals, nichts über die Weiterbildung, so stehen dem Arzt insoweit auch keine Ansprüche gegen seinen Arbeitgeber zu. Wegen der privatrechtlichen Natur des Arbeitsverhältnisses kann der Arzt das Begehren auf Zulassung zur Weiterbildung nicht auf dem Verwaltungsrechtsweg verfolgen.[34]

Die **Rechtsbeziehungen** zwischen dem zur Weiterbildung ermächtigten Arzt und **21** dem Weiterzubildenden tragen **öffentlich-rechtlichen Charakter.**[35] Denn maßgebend sind die Berufs- und Weiterbildungsordnungen, also Satzungen von Körperschaften des öffentlichen Rechts für ihre Mitglieder.

Es gehört zu den Pflichten des weiterbildenden Arztes, dem Weiterzubildenden die Möglichkeit zu geben, den Ansprüchen des Verfahrens zu genügen, ihn also etwa die erforderliche Anzahl von Operationen oder fachverbundenen Röntgendiagnosen leisten zu lassen. Verstößt der weiterbildende Arzt gegen diese Pflicht, so verletzt er das Berufsrecht, was eine berufsgerichtliche Ahndung zur Folge haben kann. Darüber hinaus verletzt der ermächtigte Arzt eine ihm dem Weiterzubildenden gegenüber obliegende öffentlich-rechtliche Pflicht, deren Erfüllung sich durch eine Verpflichtungsklage beim Verwaltungsgericht erzwingen lässt, wobei der Weiterzubildende auch einen Antrag auf Erlass einer einstweiligen Anordnung stellen kann.

6. DDR, Ausland. Anders als die Bundesrepublik Deutschland kannte die ehe- **22** malige **DDR** eine **Pflichtweiterbildung,** die nach der Approbation begann und einheitlich für alle Fachrichtungen mindestens vier und höchstens fünf Jahre betrug. Sie schloss ab mit einem Kolloquium und der staatlichen Anerkennung als „Facharzt für ...". Der aus Ostdeutschland kommende Arzt hatte seine Anerkennungsurkunde und seine Stationszeugnisse der zuständigen Ärztekammer vorzulegen, die prüfte, ob ein gleichwertiger Weiterbildungsgang vorlag.[36] Die grundsätzlich in einem mündlichen Termin

---

[30] § 2 Abs 4 MWBO.
[31] BVerfG MedR 2004, 608 (Kernspintomographievereinbarung); BSG MedR 2005, 480 (Schmerztherapievereinbarung, Problemstellung *Steck*).
[32] § 135 Abs 2 S 2 SGB V.
[33] VGH BW MedR 2004, 451 (Einführung der Fachkunden „Röntgendiagnostik" und „Magnetresonanztomographie" für nichtradiologische Fachgebiete in der WB – zulässig).
[34] OVG Münster NJW 1983, 1390: Für das Begehren auf Zulassung zur ärztlichen Weiterbildung durch eine privatrechtlich organisierte Institution ist der Verwaltungsrechtsweg nicht gegeben.
[35] Zutreffend *Hespeler/Rieger* RdNr 48; SH OVG MedR 1997, 557; anders OVG Münster NJW 1983, 1390.
[36] Vgl § 16 Abs 4 MWBO aF (1987). – Zur Rechtsvereinheitlichung *Schirmer* MedR 1991, 55 ff, 59 f.

erfolgende **Gleichwertigkeitsprüfung** hatte sich auch darauf zu erstrecken, ob der Antragsteller wenigstens die Grundzüge des westdeutschen Berufs-, Sozialversicherungs- und Arzneimittelrechts kannte. Ergab sich die Gleichwertigkeit, so bestand ein Rechtsanspruch auf Anerkennung, ohne dass die Kammer zuvor, wie bei Ausländern, in jedem Falle eine zwölfmonatige Weiterbildung für das erstrebte Fachgebiet in der Bundesrepublik Deutschland verlangen durfte. Die Anerkennung wirkte auch hier ex nunc. Ließ sich die Gleichwertigkeit der Weiterbildung in der ehemaligen DDR nicht feststellen, so hatte der Prüfungsausschuss festzulegen, ob und welche Weiterbildungszeiten der Bewerber noch abzuleisten und welchen besonderen Ansprüchen er zu genügen hatte.

23   Nach Art 3 des **Einigungsvertrages** gilt mit dem Wirksamwerden des Beitritts der DDR zur Bundesrepublik Deutschland am 3. Oktober 1990 in den neuen Bundesländern das Grundgesetz, aus dessen Art 73, 74 Nr 19 sich schlüssig ergibt, dass das ärztliche Kammer- und Weiterbildungsrecht zur ausschließlichen Gesetzgebungskompetenz der Länder gehört. Demzufolge galten nach Art 9 EinV das Kammergesetz der DDR vom 13. Juli 1990 (GBl I S. 711) wie die Facharztordnung von 1978/1986 in den neuen Bundesländern als Landesrecht für eine Übergangszeit fort. Für die alte Facharztordnung ergaben sich nach Art 9 Abs 1 S. 1 EinV infolge der gebotenen Anpassungen an das Grundgesetz, das Bundesrecht sowie das Recht der EG indessen einige Modifikationen: Die Rechtsfolge der sich aus dem bisherigen Regelwerk ergebenden eingeschränkten Berufsausübungserlaubnis kraft der Approbation entfiel ebenso wie die Pflicht zur Weiterbildung, die erst zur selbstständigen ärztlichen Tätigkeit in einer Fachrichtung ermächtigte. Auch die staatliche Leitung und Planung bestanden nicht mehr; an die Stelle staatlicher Instanzen traten die Landesärztekammern. Aus der Überleitung der BÄO folgte für die ehemalige DDR der Wandel der Approbation zur Berufszulassungsvoraussetzung und der Facharztausbildung zu einer freiwilligen Weiterbildung.

24   Die Berechtigung zur weiteren Führung in der DDR erworbener Facharztanerkennungen richtet sich nach Landesrecht.[37] Allein in Sachsen und Thüringen werden nur in anderen Kammerbezirken vorgesehene Facharztbezeichnungen in der Regel anerkannt. In den übrigen Bundesländern können in einem anderen Land erworbene Bezeichnungen grundsätzlich nur dann weitergeführt werden, wenn die Weiterbildungsordnung dies vorsieht.[38] Nach einer Entscheidung des BVerfG[39] indessen gebieten es weder das föderale Prinzip noch wettbewerbsrechtliche Gesichtspunkte, einem Arzt das Führen seiner rechtmäßig in der DDR erworbenen Facharztanerkennung zu versagen. Denn der Entscheidung, sich als Facharzt zu betätigen, wohnen Elemente inne, die der Berufswahl nahekommen, weshalb das Führen einer in einem rechtsförmlichen Verfahren erworbenen Facharztqualifikation nur durch Gemeinwohlbelange von erheblichem Gewicht untersagt werden könne: „Es gibt keine vernünftigen Erwägungen des Gemeinwohls dafür, alle Facharztbezeichnungen, die nicht in der Weiterbildungsordnung eines Landes enthalten sind, ohne Rücksicht auf den Informationswert für den Patienten generell zu verbieten."

25   Eine **Weiterbildung im Ausland** außerhalb eines Mitgliedstaates der Europäischen Union und außerhalb der anderen Vertragsstaaten des Abkommens über den Europäischen Wirtschaftsraum kann die zuständige Ärztekammer ganz oder teilweise anrechnen, wenn sie den Grundsätzen ihrer Weiterbildungsordnung entspricht und der Antragsteller eine Weiterbildung von mindestens zwölf Monaten in einer angestrebten Facharzt- oder Schwerpunkt – Weiterbildung in der Bundesrepublik Deutschland – abgeleistet hat. Gleiches gilt für die **Weiterbildung in einem Mitgliedstaat der Europäischen Union oder einem anderen Vertragsstaat des Abkommens über den Europäischen Wirt-**

---

[37] § 14 Abs 1 S 3 BÄO idF des EinV v 31. 8. 1990 (Anlage I Kap X Sachgebiet D Abschnitt II Nr 1 g).
[38] Vgl etwa §§ 41, 32 KammerG BW.
[39] BVerfG MedR 2000, 479 (Problemstellung *Hespeler;* „Facharzt für Sportmedizin" in BW).

schaftsraum, wenn ein Arzt sie ableistete, der nicht Staatsangehöriger eines Mitgliedslandes oder eines anderen Vertragstaates ist.[40]

Ein deutscher Bewerber mit gleichwertiger ausländischer Weiterbildung außerhalb eines EU-Staates hat entgegen der Ermessensregelung in § 19 MWBO einen **Rechtsanspruch auf Anrechnung** dieser Zeit, der sich aus Art 12 Abs 1 S.1 GG und aus § 3 Abs 2 BÄO ergibt und einen Rechtsanspruch auf die Approbation. Was für deren Erwerb gilt, beansprucht erst recht Gültigkeit für die Weiterbildung mit dem Ziel des Erwerbs einer Gebietsbezeichnung.[41] Gleichwohl muss auch ein deutscher Bewerber, dessen ausländische Weiterbildungszeit volle Anerkennung erfuhr, zusätzlich eine mindestens zwölfmonatige Weiterbildungszeit auf dem angestrebten Gebiet, Schwerpunkt oder Bereich in der Bundesrepublik Deutschland ableisten. Diese verfassungskonforme Vorschrift verfolgt das Ziel, den Bewerber mit der Praxis der Krankenversorgung und den maßgebenden arzt- und sozialversicherungsrechtlichen Regeln vertraut werden zu lassen.

Wer als Staatsangehöriger eines Mitgliedsstaates der EU oder eines anderen Vertragsstaats des Abkommens über den Europäischen Wirtschaftsraum den Befähigungsnachweis für eine Facharztweiterbildung, einen Schwerpunkt oder eine Zusatz-Weiterbildung innehat, die nach der Richtlinie 93/16/EWG des Rates[42] oder nach dem Ankommen über den Europäischen Wirtschaftsraum gegenseitig anerkannt werden, erhält auf Antrag die Anerkennung für eine entsprechende Weiterbildung und das Recht zum Führen der zugehörigen Bezeichnung, soweit die WBO die Anerkennung ermöglicht. Wurde die Mindestdauer der Weiterbildung nach den europäischen Maßgaben nicht erfüllt, kann die Ärztekammer „von dem Arzt eine entsprechende Bescheinigung der zuständigen Stelle des Heimat- oder Herkunftsstaates darüber verlangen, dass die betreffende ärztliche Tätigkeit tatsächlich und rechtmäßig während eines Zeitraums ausgeübt worden ist, die der doppelten Differenz zwischen der tatsächlichen Dauer der Weiterbildung und der Mindestdauer der Weiterbildung entspricht".[43]

7. Normierung. Die ärztliche Weiterbildung und deren Recht befinden sich im Fluss, dessen Verlauf vornehmlich die Fortschritte der Medizin und Versorgungsbedürfnisse bestimmen.[44] So können sich auch **neue Gebiete, Facharzt- und Schwerpunktkompetenzen, auch Zusatzweiterbildungen** empfehlen.

Entsprechend den Mindestanforderungen des bundesverfassungsgerichtlichen Grundsatzbeschlusses beschränkte sich der Gesetzgeber darauf, Fachrichtungen zu bestimmen; er überließ es den **Ärztekammern,** die Bezeichnungen im Einzelnen sachkundig und zeitgerecht festzulegen. Die **Bezeichnungen** in den Gebieten, Schwerpunkten und Bereichen bestimmt die Ärztekammer in den Fachrichtungen konservative, operative, nervenheilkundliche, theoretische und ökologische Medizin sowie methodisch-theoretische Medizin und in Verbindung dieser Fachrichtungen, wenn dies im Hinblick auf die medizinische Entwicklung und eine angemessene ärztliche Versorgung erforderlich erscheint.

Der Inhalt einer Arztbezeichnung bestimmt sich allein nach den Definitionen in den Weiterbildungsordnungen als Satzungen. **Kammerrichtlinien** können inhaltlich nicht

---

[40] § 19 MWBO.
[41] *Narr* RdNr 402.
[42] „Richtlinien zur Erleichterung der Freizügigkeit der Ärzte und zur gegenseitigen Anerkennung ihrer Diplome, Prüfungszeugnisse und sonstigen Befähigungsnachweise" v 5. 4. 1993 (Richtlinie 93/16/EWG, AmtsBl EG Nr L 165/1); geändert durch die Richtlinie 2001/19 EG des Europäischen Parlaments und des Rates v 14. 5. 2001(AmtsBl EG Nr L 206/1).
[43] § 18 Abs 1 MWBO. § 18 enthält weiter umfängliche Vorschriften über Anrechnungen ua.
[44] Zu den europäischen Perspektiven *Hoppe* DÄBl 1997, A 2483, 2491, der seinen Überblick mit folgenden Sätzen schließt: „Weiterbildung ist faktisch integraler Bestandteil der Bildung im Arztberuf, so dass von einer Freiwilligkeit bei der Ableistung von Weiterbildung und der Führung von Bezeichnungen nur noch sehr eingeschränkt die Rede sein kann. Entsprechende Folgen für die Gestaltung des Weiterbildungswesens werden unvermeidlich sein."

über die Regeln in der Weiterbildungsordnung hinausgehen, weil anderenfalls das landesrechtliche Genehmigungserfordernis für die Satzungen eine Aushöhlung erführe.[45]

30 Die Ärztekammern können die Bezeichnungen nicht nach freiem Belieben festsetzen oder aufheben. Es besteht vielmehr eine **Rechtsbindung,** nach der ein Beschluss abhängt nicht nur von der medizinischen Entwicklung und von der Gebotenheit im Hinblick auf eine angemessene Versorgung der Bevölkerung, sondern auch vom Recht der Europäischen Gemeinschaft,[46] ferner davon, ob dem auf sein Gebiet beschränkten Arzt eine ausreichende wirtschaftliche Lebensgrundlage gewährleistet bleibt.[47]

31 Streit besteht darüber, ob die Kammerorgane bei Vorliegen der normativen Erfordernisse eine Pflicht trifft, entsprechende Bezeichnungen einzuführen, oder ob ihnen ein **Satzungsermessen** zusteht mit einer gewissen Bandbreite möglicher und dann allesamt richtiger Entscheidungen. Letztere Ansicht verdient den Vorzug.[48] Auf jeden Fall besteht **kein Normsetzungsanspruch des einzelnen Bürgers,** etwa auf Einführung der Bezeichnung „Onkologie" durch die Ärztekammer. „Eine Pflichtstellung nimmt die Kammer als autonomer Berufsverband nach der gesetzlichen Aufgabenzuweisung zuvörderst gegenüber ihren Mitgliedern ein ... und im Übrigen nur insoweit, als ihr die Wahrung der Belange der Allgemeinheit auf dem Gebiet der Gesundheitsfürsorge übertragen ist. Schon dies schließt es aus, dass ein Nichtmitglied Anspruch auf eine bestimmte Normsetzungstätigkeit haben könnte."[49] Hinzu kommt, dass die Kammer eine neue Gebietsbezeichnung nicht schon dann einführen kann, wenn sie im Interesse der ärztlichen Versorgung liegt, sondern nur dann, wenn auch die **medizinische Entwicklung** sie erfordert. Dies festzustellen, verlangt ein vorausschauendes, richtungweisendes, wertendes Urteil medizinischer Sachverständiger. Im Sinne einer Einführung der Bezeichnung „Onkologie" lässt es sich nicht treffen. Die organ- und gebietsübergreifenden Krebserkrankungen gebieten eine interdisziplinäre Zusammenarbeit, die nicht auf einen gewissen Arzt mit einer bestimmten Gebiets-, Schwerpunkts- oder Zusatzbezeichnung beschränkt werden kann.

32 Einer Vorgabe der **EG-Ärzte-Richtlinien**[50] folgend haben die Länder in den Kammer- und Heilberufsgesetzen, auch im Wege des Sondergesetzes, Regeln über eine „spezifische Ausbildung in der Allgemeinmedizin" erlassen, die sich von den Vorschriften zur Weiterbildung zum Facharzt für Allgemeinmedizin unterscheiden. Es handelte sich um eine zweijährige allgemeinmedizinische Ausbildung, welche die Landesgesetze weithin abschließend entsprechend den EG-Richtlinien regelten. Sie endete mit der Anerkennung als „Praktischer Arzt" oder „Praktische Ärztin". Überleitungsvorschriften ermöglichten das Weiterführen dieser schon vor Inkrafttreten der Neuregelungen gebräuchlichen Bezeichnungen.[51]

---

[45] VGH BW MedR 1998, 185. – Zu den bw Richtlinien über die Zuordnung von Zusatzbezeichnungen zu Gebieten krit VG Stuttgart MedR 2000, 376: Weil es sich bei der „Umweltmedizin" um einen Querschnittsbereich handelt, „der in alle oder zumindest in eine Vielzahl von Gebieten fällt, kann diese Zusatzbezeichnung auch zusammen mit der Gebietsbezeichnung ‚Urologie' geführt werden".

[46] Vgl § 32 Abs 2 KG BW.

[47] BVerfGE 33, 125, 167 = NJW 1972, 1504, 1508.

[48] *Eggstein* MedR 1986, 89 f; enger *Narr* RdNr 323. Der Wortlaut des § 32 Abs 2 KG BW schließt ein negatives Normsetzungsermessen jedenfalls nicht aus, VGH BW MedR 1986, 89, 92.

[49] VGH BW MedR 1986, 89, 92, auch zum Folgenden.

[50] Richtlinie 93/16/EWG, insbes Art 30 ff. Dazu Richtlinie 2001/19/EG v 14. 5. 2001 (ABl EG Nr L 206/1) mit Umsetzungsbedarf für Bund und Länder.

[51] *Narr/Hess/Schirmer* RdNr W 17. Zu den vertragsarztrechtlichen Folgeregelungen der EU-Richtlinienbestimmungen über die spezifische Ausbildung in der Allgemeinmedizin (§ 95 a SGB V); *dies* RdNr W 18. – Kritisch zur Neugliederung des Arztsystems nach dem Gesundheitsstrukturgesetz (Hausarzt – Facharzt) *Schneider* MedR 1995, 175 ff; vgl auch *Ebsen* VSSR 1996, 351 ff.

Inzwischen sind europa- wie berufsrechtlich **neue Regeln zur Führung der Be-** 33
zeichnung „Facharzt für Allgemeinmedizin" eingeführt.[52] Ein Recht dazu ergibt sich
weder aus einer Eintragung in ein Arztregister eines anderen EU-Mitgliedstaates bei kurzfristigem Aufenthalt dort, noch aus den Umsetzungspflichten der Länder im Hinblick auf
die Richtlinie 2001/19/EG. „Die nunmehr in der Richtlinie 2005/36 EG verankerten
Grundsätze der Diplomanerkennung für die besondere Ausbildung in der Allgemeinmedizin (Art 28) setzen neben den dort weiter genannten Voraussetzungen eine mindestens
dreijährige Vollzeitausbildung voraus. In Deutschland ist diese Rechtsnorm durch die
fünfjährige Weiterbildung zum ‚Facharzt für Allgemeinmedizin' in den Weiterbildungsordnungen der Landesärztekammern umgesetzt und so auch gegenüber der Europäischen
Kommission notifiziert. Nur wer die Voraussetzungen von Art 28 der Richtlinie 2005/36/
EG erfüllt, hat einen Anspruch, ein entsprechendes Diplom zu erhalten und es in einem
anderen Mitgliedsstaat anerkannt zu bekommen."

Die jüngste MWBO unterscheidet im Gebiet „Innere Medizin und Allgemeinmedizin"
den „Facharzt Innere und Allgemeinmedizin (Hausarzt)" vom Facharzt Innere Medizin
mit Schwerpunkt zum Beispiel Angiologie oder Rheumatologie. Der Weiterbildungsinhalt für Hausärzte umfasst den Erwerb von Kenntnissen, Erfahrungen und Fertigkeiten
in

- den gemeinsamen Inhalten für die im Gebiet enthaltenen Facharzt- und Schwerpunktkompetenzen
- der primäre Diagnostik, Beratung und Behandlung bei allen auftretenden Gesundheitsstörungen und Erkrankungen im unausgelesenen Patientengut
- der Integration medizinischer, psychischer und sozialer Belange im Krankheitsfall
- der Langzeit- und familienmedizinischer Betreuung
- Erkennung und koordinierte Behandlung von Verhaltensauffälligkeiten im Kindes- und Jugendalter
- interdisziplinärer Koordination einschließlich der Einbeziehung weiterer ärztlicher, pflegerischer und sozialer Hilfen in Behandlungs- und Betreuungskonzepte, insbesondere bei multimorbiden Patienten
- der Behandlung von Patienten in ihrem familiären Umfeld und häuslichen Milieu, in Pflegeeinrichtungen sowie in ihrem weiteren sozialen Umfeld einschließlich der Hausbesuchstätigkeit
- gesundheitsfördernden Maßnahmen, zB auch im Rahmen gemeindenaher Projekte
- Vorsorge- und Früherkennungsuntersuchungen
- der Erkennung von Suchtkrankheiten und Einleitung von spezifischen Maßnahmen
- der Erkennung, Beurteilung und Behandlung der Auswirkungen von Umwelt und milieubedingten Schäden einschließlich Arbeitsplatzeinflüssen
- der Behandlung von Erkrankungen des Stütz- und Bewegungsapparates unter besonderer Berücksichtigung funktioneller Störung
- den für die hausärztliche Versorgung erforderlichen Techniken der Wundversorgung und der Wundbehandlung, der Inzision, Extraktion, Exstirpation und Probeexzision auch unter Anwendung der Lokal- und peripheren Leitungsanästhesie.

Dieser **umfassende Auftrag** deutet auf den **hohen Anspruch,** den das Fach Allge- 34
meinmedizin an den Arzt stellt, der sich mit diesem Ziel weiterbildet und der auf diesem
universalen Feld arbeitet.[53] Der Allgemeinarzt muss als **Generalist** zum Zusammenwirken mit Medizinern anderer Gebiete, nicht zuletzt auch mit Fürsorgern, Sozialpädagogen
und anderen helfenden Berufen fähig bleiben. Ein Übermaß an Kenntnissen in Spezial-

---

[52] Das Folgende nach *Haage*, Problemstellung zu einem umfangreichen Beschluss des VGH BW zur Rücknahme der Berechtigung MedR 2007, 192; vgl dazu auch Tätigkeitsbericht der BÄK 2007, 65.

[53] Zum Bild der Allgemeinmedizin in Europa *Mattern,* in: *Kamps/Laufs* (Hrsg), FS Narr, 1988, 95 ff, mit Hinweis auf weiterführende Literatur.

und Organfächern darf die Weiterbildungsordnung dem Allgemeinmediziner deshalb nicht abverlangen. Ein zu fachspezifisch angelegtes Programm läge weder im Sinn beruflicher und kompetenter Breite der Allgemeinärzte noch im Interesse ausgewogener medizinischer Versorgung des Publikums. Die Universalität schließt gewisse Schwerpunkte etwa in der Prävention, der Rehabilitation, der Epidemiologie und medizinischen Soziologie, in der Geriatrie, in der Sozialmedizin und der Sozialpsychiatrie keineswegs aus.[54] Wichtig bleibt die Fähigkeit zur interdisziplinären Zusammenarbeit auf der Basis der Erst- und Grundversorgung der kranken Menschen in ihrem gesellschaftlichen Zusammenhang.

35 Dem **Führen einer weiteren Gebietsbezeichnung** steht die Pflicht des Arztes entgegen, sich zu beschränken. Ein Allgemeinarzt, der zugleich eine zusätzliche Gebietsbezeichnung führte, könnte sich als solcher fachübergreifend betätigen, müsste sich aber gleichzeitig auf das andere Gebiet beschränken – eine unsinnige Lage. Auch ließe sich die Pflicht zur Fortbildung in der Allgemeinmedizin und in einem zusätzlichen Fachgebiet schwerlich erfüllen. Es muss also auch für den Allgemeinmediziner beim Grundsatz der Gebietsbeschränkung bleiben.

36 **8. Neue Fachgebiete.** Wenn die Medizin im Wege der **Spezialisierung** ihre Felder erweitert und vertieft, wenn die Kammern diese in die Weiterbildungsordnung aufnehmen, Inhalte und Umfänge der neuen Fachgebiete und Schwerpunkte festlegen, dann entstehen neue Qualitätsstandards, die den ärztlichen Dienst gezielt verbessern. Haben sich Spezialdisziplinen mit dem Ziel des Qualitätsgewinns aus einem Haupt- oder Muttergebiet abgespalten und verselbstständigt, so bilden sie die Kernbereiche neuer Fachbezirke. Im alten Hauptgebiet bestehen sie allenfalls noch am Rande fort. Beispiele für diesen Prozess bilden die Anästhesiologie und die Radiologie.[55] Die Schaffung dieser medizinischen Disziplinen hat zur Folge, dass die **primäre fachliche Kompetenz** in diesen Gebieten den Anästhesiologen und den Radiologen zukommt. Sie haben wie andere Gebietsärzte Anspruch auf Respektierung des ihnen durch das Weiterbildungsrecht zugewiesenen Feldes. Nur wenn alle Ärzte die Gebietszuständigkeiten beachten und die Grenzen des eigenen Faches einhalten, kann die **interdisziplinäre Zusammenarbeit als tragende Maxime** des Weiterbildungsrechts zum Nutzen der Kranken gelingen.

37 Die genannten Grundsätze führen zu Konsequenzen für die Anlage der **Weiterbildung in den Kliniken.** Verfehlt wäre es, etwa dem Leiter einer zentralen Röntgenabteilung eines Krankenhauses nur noch die Weiterbildung derjenigen Ärzte zuzugestehen, die Radiologen werden wollen, und die strahlenmedizinische Weiterbildung für alle anderen Gebiete dem jeweiligen Gebietsarzt zuzuteilen. Führten nämlich der Internist, der Orthopäde, der Chirurg und der Gynäkologe unter Inanspruchnahme der zentralen Röntgeneinrichtung ihre jeweils gebietsspezifische Weiterbildung selber durch, bliebe für den Radiologen kaum mehr etwas übrig, was letztlich dessen eigenes Fach infrage stellte.[56]

Die Kammern und die von ihnen ermächtigten Ärzte haben die Aufgabe, für einen zeitgerechten Abschluss der Weiterbildung Sorge zu tragen. Der Klinikträger als Arbeitgeber darf die Anforderungen an eine ordnungsgemäße Weiterbildung nicht unzumutbar beeinträchtigen. Brächte der Einsatz des weiterzubildenden Arztes ein unbeherrschbares Risiko zulasten des Patienten mit sich, geht dessen Sicherheit vor. Streitigkeiten aus dem Weiterbildungsverhältnis gehören wegen dessen öffentlich-rechtlichen Charakters vor das Verwaltungsgericht.[57]

---

[54] Die Pioniere des Faches: *Häussler*, Die Weiterbildung zum Arzt für Allgemeinmedizin, 1969; *Hamm*, Allgemeinmedizin, 1992. – Zur hausarztzentrierten Versorgung § 73 Abs 1 (1 b).
[55] Vgl den instruktiven Aufsatz v *Narr*, MedR 1985, 111 ff, auch zum Folgenden.
[56] *Narr* aaO.
[57] *Ratzel/Lippert*, Kommentar zur MBO, § 29 RdNr 11; vgl auch BAG NJW 1990, 2955.

9. Ermächtigungserfordernis, Weiterbildungsstätten. Ärzte, die mehrere Jahre 38 lang in einem bestimmten medizinischen Gebiet oder Teilgebiet gearbeitet haben, nicht aber unter der Leitung eines ermächtigten Arztes standen, können sich diese Tätigkeit nicht als abweichenden gleichwertigen Weiterbildungsgang anrechnen lassen. Das Fehlen eines befugten Weiterbilders lässt sich nicht ersetzen. Die Anleitung durch einen dafür qualifizierten und förmlich anerkannten Arzt bildet die konstitutive Voraussetzung für eine berufsrechtliche Anerkennung der Weiterbildung.[58]

Die mit dem **Ermächtigungserfordernis** abzusichernde herausragende Fähigkeit für 39 die Weiterbildung lässt sich nicht auf andere Weise als gewährleistet beurteilen. Nachdem das Kammergesetz und die Weiterbildungsordnung einen formalisierten Verfahrensgang für die Ermächtigung qualifizierter weiterbildender Ärzte zu Gebote stellt, bedeutete es eine Umgehung dieses Verfahrens und die Verlagerung primärer Entscheidungskompetenzen von Fachgremien der Ärztekammer auf die Verwaltungsgerichte, wenn diese inzident in einem Rechtsstreit mithilfe von Sachverständigen die Qualifikation des anleitenden Arztes überprüfen könnten.[59]

Eine Tätigkeit als Stationsarzt, die ein zivildienstleistender Arzt im Einverständnis mit 40 dem Bundesamt für den Zivildienst unter der Anleitung eines zur Weiterbildung ermächtigten Arztes in einer anerkannten Weiterbildungsstätte ausübt, lässt sich grundsätzlich als Weiterbildungszeit anrechnen.[60] Zwar kann **ärztliche Arbeit im Ersatzdienst** nicht als hauptberufliche, vollbezahlte Tätigkeit gelten. Bei Vorliegen der übrigen Voraussetzungen lässt sich dieser Dienst aber als gleichwertiger abweichender Weiterbildungsgang werten, wenn die Tätigkeit unter verantwortlicher Anleitung eines zur Weiterbildung ermächtigten Arztes stand, der von Rechts wegen dienstliche und fachliche Weisungen erteilen konnte.

In diesem Zusammenhang spielt auch das Fehlen einer Planstelle keine Rolle. Das **Zulas-** 41 **sungsverfahren der Weiterbildungsstätten** als institutionelle Prüfung der Weiterbildungsmöglichkeiten darf nicht in ein Verfahren zur Kontingentierung von Weiterbildungsplätzen umschlagen.[61] Die Planmäßigkeit im Sinne der Zugewiesenheit einer Arztstelle mit anhaftender Ausbildungsmöglichkeit bildet kein rechtliches Erfordernis der Weiterbildung; Weiterbildungsstellen sind weder aus-, noch dem Bewerber zuzuweisen. Der Umfang der Ermächtigung des Weiterbilders hängt zwar davon ab, inwieweit er die Lehrinhalte mit den vorhandenen Patienten und der gegebenen Ausstattung vermitteln kann, nicht aber von der Anzahl der sich Weiterbildenden. Der Umfang der Ermächtigung lässt sich von Rechts wegen nicht auf eine bestimmte Anzahl weiterzubildender Ärzte begrenzen.

10. Regelungen, Abgrenzungen. Die **Kammer- und Heilberufsgesetze der Län-** 42 **der geben** im Einzelnen vor, welche **Regeln** die von den Ärztekammern zu erlassenden Weiterbildungsordnungen enthalten müssen. Danach hat die **Satzung** den Inhalt und die Mindestdauer der Weiterbildung, insbesondere Inhalt, Dauer und Reihenfolge der einzelnen Weiterbildungsabschnitte, sowie Dauer und besondere Anforderungen der verlängerten Weiterbildung nach erfolglos absolvierter Prüfung festzulegen. Dabei fordert der

---

[58] VGH BW MedR 1985, 132: „Eine ärztliche Tätigkeit im Inland, die nicht unter der Anleitung eines zur Weiterbildung ermächtigten Facharztes gestanden hat, ist keine Weiterbildung, in einem von § 34 und § 35 abweichenden gleichwertigen Weiterbildungsgang iS v § 36 Abs 4 S 1 KG."
[59] Wie Fn 58.
[60] VGH BW MedR 1985, 130, zu § 34 Abs 4 KG BW. – Vgl auch VGH BW MedR 1994, 493 (Arbeitsmedizin, Innere Medizin, Zusatzbezeichnung „Flugmedizin"). – Für die Weiterbildung zum Erwerb der Zusatzbezeichnung „Betriebsmedizin" bedarf es nicht der Tätigkeit bei einem von der Ärztekammer (Hamburg) zur Weiterbildung ermächtigten Arzt, wenn der in der Weiterbildung Befindliche nach einer Bescheinigung gemäß § 3 Abs 3 der Unfallverhütungsvorschrift „Betriebsärzte" als Betriebsarzt in einem geeigneten Betrieb tätig ist: OVG Hamburg MedR 1998, 37 (Problemstellung *Hespeler*).
[61] *Eggstein*, Problemstellung zu dem in Fn 60 zitierten Urteil VGH BW MedR 1994, 493.

Umstand sein Recht, dass sich die Weiterbildung im Zuge einer hauptamtlich am Krankenhaus abzuleistenden ärztlichen Tätigkeit aufgrund eines Arbeitsvertrages vollzieht. Damit verträgt sich eine satzungsrechtliche Aufgliederung der Weiterbildung in einzelne Weiterbildungsabschnitte nach Inhalt, Funktion und Zeit schlecht.[62] Ebenso wenig wie in der Juristenausbildung etwa der Rechtsanwalt als Ausbilder vorgeschrieben erhält, in welcher Reihenfolge er den Referendar mit bestimmten Rechtsangelegenheiten beauftragt, kann der Chefarzt die Auflage erhalten, den Assistenzarzt in bestimmter Reihenfolge mit gewissen medizinischen Funktionen zu betrauen.

43 Das **„Gesetz über befristete Arbeitsverträge mit Ärzten in der Weiterbildung",**[63] das mit dem Ablauf des Jahres 1997 außer Kraft treten sollte, gilt mit gewissen, dem Weiterbildungsrecht folgenden Modifikationen nun unbefristet.[64] Weiterbildungspositionen, so die Auffassung des Gesetzgebers,[65] lassen sich nur auf der Grundlage befristeter Arbeitsverträge zu Gebote stellen: „Um die Möglichkeiten einer kontinuierlichen Weiterbildung einer großen Zahl von Studienabsolventen der Medizin zu erhalten und zu verbessern und die Bereitstellung von Weiterbildungsstellen zu erleichtern, wird durch dieses Gesetz die Weiterbildung als Befristungsgrund für Arbeitsverträge weiterhin zugelassen."[66]

44 In der **vertragsärztlichen Praxis** darf nur die **Anstellung** des Arztes eine Genehmigung erfahren, der über eine abgeschlossene Weiterbildung auf demselben Fachgebiet verfügt wie der Praxisinhaber. Nur bei **Fachgebietsgleichheit** lässt sich die Beschäftigung angestellter Ärzte mit der Konzeption einer fachlich gegliederten ärztlichen Versorgung und einer daran anknüpfenden fachgruppenbezogenen Bedarfsbehandlung vereinbaren.[67]

Ein berufsrechtliches **Wettbewerbsverbot,** das es dem zum Facharzt Weitergebildeten untersagt, sich im Einzugsgebiet der Weiterbildungspraxis niederzulassen, erfordert eine angemessene Karenzzeit von nicht mehr als einem Jahr. Längere Fristen verlangen jedenfalls einen Vertrag.[68]

45 Nach ständiger Spruchpraxis erfordert die Behandlung im Krankenhaus den **Facharztstandard.** Dem Weiterbildungsassistenten ist ein seinem Ausbildungsstand und seinen Leistungen entsprechendes Maß an Selbständigkeit zuzugestehen, um das Ziel der Weiterbildungszeit zu erreichen. Anweisung und Überwachung müssen aber dann, wenn es angezeigt ist, die fachärztliche Qualität gewährleisten.[69]

---

[62] Vgl *Narr* RdNr 312 u *Hess* MedR 1985, 117 ff, gegen VGH Kassel MedR 1985, 87. – Vgl ferner Hamb OVG MedR 1995, 280 (WO, Richtlinien zum Inhalt der Weiterbildung); Bay VGH MedR 1996, 225 (zu den formellen und materiell-rechtlichen Anforderungen an ein Fachgespräch); OVG NW MedR 1993, 273 (zur Antragsfrist bei neu eingeführten Facharztbezeichnungen); VG Koblenz MedR 1993, 443 (zur Erteilung einer Weiterbildungsermächtigung für die Weiterbildung in Bereichen, Zusatzbezeichnung).

[63] V 15.5.1986, BGBl I, 742, **zuletzt geändert durch G v 12.4.2007**, BGBl I, 506, bei *Thürk* (Hrsg), Recht im Gesundheitswesen, Bd 1, 21–12. Fehlen dem Assistenten bis zum Ende des Arbeitsverhältnisses noch einige Operationen, so kann er allein deswegen den Abschluss eines neuen befristeten Arbeitsverhältnisses vom Klinikträger nicht verlangen, BAG NJW 1990, 2955.

[64] *N H Müller* MedR 1997, 461; *ders* MedR 1998, 59; *Haage* MedR 1998, 109 ff.

[65] BR-Drucks 606/97, 4, zu Ges v 16.12.1997, BGBl I 2994. – „Damit stellt die Absolvierung der ärztlichen Weiterbildung in einem Gebiet, Schwerpunkt, einer fakultativen Weiterbildung, einem Bereich oder einer Fachkunde einen sachlichen Grund für eine Befristung eines Arbeitsvertrages dar", *Hespeler/Rieger* RdNr 47.

[66] Aus der Judikatur: BAG MedR 1997, 364.

[67] BSG MedR 1997, 132; vgl ferner BSG MedR 1997, 136.

[68] BGH NJW 1997, 799; *Spoerr/Brinker/Diller* NJW 1997, 3056 ff. – Die WBO enthält weithin wertneutrale Normen, deren Verletzung noch nicht ohne Weiteres als unlauter und damit wettbewerbswidrig gelten kann, sondern nur dann, wenn sie einheitlicher Berufsauffassung widerspricht: SH OLG MedR 1998, 559 (Problemstellung *Hespeler*): Durchführung von Untersuchungen mit Magnet-Resonanz-Topographen (MRT) durch Orthopäden.

[69] Übersicht bei *Narr/Hess/Schirmer* RdNr W 55 f; vgl im Übrigen nachstehenden § 100, ferner die vorstehend genannten Titel von *Opderbecke/Weißauer* und *Steffen*.

4. Kapitel. Ärztliches Berufs- und Standesrecht 45 § 11

Im Weiterbildungsrecht führen **Übergangsbestimmungen** immer wieder zu Rechtsstreitigkeiten vor Gericht.[70] Der neue § 20 MWBO enthält detaillierte „Allgemeine Übergangsbestimmungen". Auch die Frage der **Fachfremdheit** im Sinne des Weiterbildungsrechts wirft Probleme auf. „Aus der Tatsache, dass eine Leistung ausdrücklich einem Fachgebiet zugeordnet wurde, kann nicht der Schluss gezogen werden, dass diese Leistung für alle übrigen Fachgebiete fachfremd sei."[71] Nicht gerechtfertigt wäre der Schluss, alles, was nicht Inhalt der Weiterbildung sei, könne nicht Inhalt des Fachgebietes sein: „Dies folgt bereits daraus, dass die Inhalte und Ziele der Weiterbildung nur einen Mindeststandard der Weiterbildung beschreiben. Fehlen einem Arzt die danach für ein Fachgebiet erforderlichen Kenntnisse, ist er nicht zur Führung der entsprechenden Gebietsbezeichnung berechtigt. Allein hierauf beschränkt sich der Regelungszweck der auf Qualitätssicherung der fachärztlichen Tätigkeit angelegten Ziele und Inhalte der Weiterbildung. Eine Aussage dazu, ob darüber hinausgehende Fertigkeiten und Kenntnisse in der Nutzung diagnostischer Methoden, die der Erkennung fachspezifischer Erkrankungen dienen und unter ‚Inhalt und Ziel der Weiterbildung' nicht ausdrücklich benannt sind, gebietsfremd sind, trifft die WBO nicht. Ein anderes Verständnis wäre auch nicht sinnvoll, weil die Erkennung und Behandlung von Erkrankungen einer ständigen medizinischen Weiterentwicklung unterliegen und schon aus diesem Grunde nicht davon ausgegangen werden kann, dass die Mindestvorgaben unter ‚Inhalt und Ziel der Weiterbildung' abschließende gebietsdefinierende Vorgaben enthalten, mithin auch der Anwendung medizinisch sinnvoller Entwicklungen entgegenstehen sollen. Ein solches Verständnis wäre auch nicht praktikabel, da [es] von der Bekl. [Ärztekammer] entsprechend dem medizinischen Standard eine ständige Aktualisierung der WBO verlangen würde. Es stünde auch mit der Systematik des HeilBerG (NRW), [das] in § 42 Abs 2 Nrn 1 und 4 eindeutig zwischen dem Inhalt und Umfang des Gebietes und dem Inhalt und der Mindestdauer der Weiterbildung differenziert, nicht im Einklang. Auch ein Blick auf § 135 SGB V, der für neue Untersuchungs- und Behandlungsmethoden den Nachweis der vertragsärztlichen Qualifikationen verlangt, bestätigt dieses Verständnis. Er geht selbstverständlich davon aus, dass die Nichtbenennung einer Behandlungs- und Untersuchungsmethode im jeweiligen Fachgebiet nicht dazu führt, dass es sich um eine gebietsfremde Methode handelt."[72]

Ein jüngeres Urteil nahm die oft gestellte Frage, wer das bildgebende Verfahren der MRT-Diagnostik als fachkonforme Leistung erbringen darf, erneut auf: Das baden-württembergische Kammergesetz enthält in § 37 Abs 1 das **Verbot gebietsfremder Tätigkeit**. Ein Facharzt für Chirurgie mit Schwerpunktbezeichnung Unfallchirurgie darf danach ohne Zusatzweiterbildung „Magnetresonanztomographie" MRT-Leistungen nicht erbringen und nicht abrechnen.[73]

Regelungen in der Weiterbildungsordnung, die das Führen von Zusatzbezeichnungen beschränken, bedürfen einer kammergesetzlichen Grundlage.[74] Das Verlangen des Nach-

---

[70] Vgl VGH BW MedR 1999, 86 und 2000, 274 (Facharzt für Allgemeinmedizin); VG Stuttgart MedR 1998, 481 („überwiegende Tätigkeit"); VG Koblenz MedR 2000, 145 (Psychotherapeutische Medizin); VGH BW MedR 2001, 146 (zugleich zur Zuständigkeit des Weiterbildungsausschusses); VG Sigmaringen MedR 2003, 119 (Zusatzbezeichnung „Notfallmedizin", WBO der LÄK BW 2000); VGH BW MedR 2004, 167 („Hygiene und Umweltmedizin", WBO BW); VGH BW MedR 2005, 50 („Physikalische und Rehabilitative Medizin", WBO der LÄK BW 1995); OVG Nds MedR 2005, 299 („Klinische Geriatrie", WBO der ÄK Nds); VGH BW MedR 2006, 730 (Psychotherapeutische Medizin, WBO der LÄK BW 1995).
[71] *Peikert* MedR 2000, 123ff, 128.
[72] VG Münster MedR 1999, 284 (Problemstellung *Peikert*): Gebietszugehörigkeit von MRT-Leistungen zum Fach der Orthopäden; vgl andererseits BSG MedR 2000, 278 (Problemstellung *Boni*): Unzulässigkeit schmerztherapeutischer Neurolyse durch Anästhesisten).
[73] LG Mannheim MedR 2008, 93 (Problemstellung u ergänzende, zustimmende Anm v *Kiesecker*). – Scharfsichtig zur Beurteilung der Fachfremdheit ärztlicher Leistungen im Zeichen des Weiterbildungsrechts *Seewald*.
[74] Bay VGH MedR 2003, 462 („Phlebologie". Problemstellung *Hesperler*).

weises einer abgeschlossenen Gebietsweiterbildung als Voraussetzung für die Anerkennung einer Fachkunde stellt eine zulässige Berufsausübungsregelung dar.[75] „Regelungen über zusätzliche Bezeichnungen eines Arztes sind, da sie die Tätigkeit im Grundsätzlichen nicht tangieren, solche der Berufsausübung." Gegen derartige Vorschriften bestehen keine verfassungsrechtlichen Bedenken, „soweit vernünftige Erwägungen des Gemeinwohls sie zweckmäßig erscheinen lassen, wenn die gewählten Mittel zur Erreichung des verfolgten Zwecks geeignet und auch erforderlich sind und wenn bei einer Gesamtabwägung zwischen der Schwere des Eingriffs und dem Gewicht der ihn rechtfertigenden Gründe die Grenze der Zumutbarkeit noch gewahrt wird". Weiterbildungsordnungen mit zusätzlichen Bezeichnungen nützen dem Gemeinwohl, weil sie ärztliche Qualifikationen erkennbar machen und damit dem Schutz des Patienten dienen.[76]

§ 12 Ärztliche Berufe

Inhaltsübersicht

	RdNr
I. Einheit in der Vielheit	1
1. Trends	1
2. Gemeinsamkeiten	2
II. Krankenhausärzte	5
1. Ambulante und klinische Ärzte	5
2. Leitende Klinikärzte	6
3. Nachgeordnete Klinikärzte	11
4. Belegärzte	13
5. Gastärzte	14
III. Beamtete Ärzte im öffentlichen Dienst	15
1. Beamtete Ärzte	15
2. Amtsärzte	16
3. Andere Dienststellen	18
4. Anstaltsärzte im Justizvollzugsdienst	24
5. Ärzte im Dienste der Bundeswehr und des Bundesgrenzschutzes	27
IV. Der Betriebsarzt	28
V. Ärzte im sozialrechtlich bestimmten Dienst	32
1. Vertragsärzte, Netzärzte, Knappschaftsärzte	32
2. Medizinischer Dienst	34
3. D- und H-Ärzte	36
4. Versorgungsärzte	37
VI. Ein weites Feld	38

Schrifttum: Handbücher und Lexika bleiben hier ungenannt. – *Ahrens,* Praxisgemeinschaft in Ärztehäusern mit Fremdgeschäftsführung, MedR 1992, 141-146; *Arnold,* Der Arztberuf. Eine Einführung in das Studium und in die Probleme der Medizin für den Arzt von morgen, 1988; *Bachmann/Dalichau/Schiwy/Grüner* (Hrsg), Das grüne Gehirn. Der Arzt des öffentlichen Gesundheitswesens. Sammlung von medizinisch-fachlichen Erläuterungen und Rechtsgrundlagen mit Kommentaren zu den Aufgaben des öffentlichen Gesundheitswesens, Stand 2001; *Cramer,* Der Medizinische Dienst der Krankenversicherung, 1998; *Dahm,* Ärztliche Kooperationsgemeinschaften und Beteili-

---

[75] VG Braunschweig MedR 2003, 187 („Suchtmedizinische Grundversorgung". Problemstellung *Hespeler).*
[76] OVG NRW MedR 2007, 743, 745 („Betriebsmedizin". Problemstellung Hespeler); zur Angabe von Tätigkeitsschwerpunkten vgl VGH BW MedR 2003, 236 („Oralchirurgie", Problemstellung *Rieger);* LandesberufsG für Heilberufe beim OVG NRW MedR 2004, 343 („Diabetologe DDG – Schwerpunktpraxis Diabetes". Problemstellung *Balzer).*

4. Kapitel. Ärztliches Berufs- und Standesrecht 1 § 12

gungsmodelle – im Spannungsfeld der Berufsordnung („MRT-Koop" ua), MedR 1998, 70-74; Bundesärztekammer (Hrsg), Tätigkeitsbericht 2007, ersch 2008; *Dahm/Lück,* Der Chefarzt: „Leitender Angestellter" im Sinne von § 5 Abs 3 BetrVG oder nur „leitender Abteilungsarzt"?, MedR 1992, 1-7; *Ehmann,* Praxisgemeinschaft/Gemeinschaftspraxis, MedR 1994, 141-149; Geschäftsführender Ausschuß der Arbeitsgemeinschaft Medizinrecht im DAV (Hrsg), Psychotherapeutengesetz. Ärztliche Kooperationsformen, 2000; *Genzel,* Die Durchbrechung der Sektoralen Grenzen bei der Erbringung von Gesundheitsleistungen durch die Reformgesetzgebung insbesondere durch das GKV-Modernisierungsgesetz 2003, in: FS Laufs, 2006, 817; *Häußermann/Dollmann,* Die Ärztegesellschaft mbH – Kooperation von Ärzten und anderen Leistungserbringern in einer juristischen Person des Privatrechts, MedR 2005, 255-261; *Katzenmeier,* Kapitalgesellschaften auf dem Gebiet der Heilkunde, MedR 1998, 113-118; *Krafczyk,* Praxisgemeinschaften im Zwielicht. Ein Situationsbericht, MedR 2003, 313-319; *Krieger,* Partnerschaftsgesellschaftsgesetz, MedR 1995, 95-98; *Lang,* Sektorale Trennung von ambulanter und stationärer Krankenbehandlung in der gesetzlichen Krankenversicherung – Koordinationsprobleme und Lösungsoptionen, VSSR 2008, 111; *Laufs,* Die Ärzte-GmbH und das Berufsrecht, MedR 1995, 11-16; *Leuze,* Die derzeitigen und künftigen Leitungsstrukturen in der Hochschulmedizin unter besonderer Berücksichtigung des Verwaltungsdirektors, MedR 1996, 493-497; *Meier,* Arbeitnehmerstatus von „locum-Ärzten" an Krankenhäusern?, MedR 2007, 709-715; *Moll,* Der Chefarzt als leitender Angestellter iS des Kündigungsschutzgesetzes, MedR 1997, 293-300; *Möller,* Vertragsärztliche Leistungserbringungsgemeinschaften, MedR 1998, 60-64; *ders,* Gemeinschaftspraxis zwischen Privatarzt und Vertragsarzt, MedR 2003, 195-199; *ders,* Auswirkungen des VÄndG auf medizinische Versorgungszentren, MedR 2007, 263-270; *Müsch,* Berufskrankheiten. Ein medizinisch-juristisches Nachschlagewerk, 2006; *Narr/Hess/Schirmer,* Ärztliches Berufsrecht, 2. Aufl 14. Erg-Lfg 2000; *Opderbecke,* Arzt und Krankenpflege: Konfliktfelder und Kompetenzen, MedR 1996, 542-545; *Preißler,* Verzahnung, Vernetzung und andere neue ärztliche Kooperationsformen, MedR 1998, 90-92; *Preusker* (Hrsg), Das deutsche Gesundheitssystem verstehen. Stukturen und Funktionen im Wandel, 2008; *Rieger* (Hrsg), Lexikon des Arztrechts, 2. Aufl 2001; *ders,* Die Heilkunde-GmbH in der Rechtsprechung unter besonderer Berücksichtigung des Verfassungsrechts, MedR 1995, 87-90; *ders,* Vernetzte Praxen, MedR 1998, 75-81; *Saenger,* Gesellschaftsrechtliche Binnenstruktur der ambulanten Heilkundegesellschaft, MedR 2006, 138-146; *Schachtner,* Ärztliche Praxis. Die gestaltende Kraft der Metapher, 1999; *Schirmer,* Berufsrechtliche und kassenarztrechtliche Fragen der ärztlichen Berufsausübung in Partnerschaftsgesellschaften, MedR 1995, 341-352 und 383-390; *Steffen,* Arzt und Krankenpflege: Konfliktfelder und Kompetenzen, MedR 1996, 265-266; *Taupitz,* Zur Verfassungswidrigkeit des Verbots, ärztliche Praxen in Form einer juristischen Person des Privatrechts zu führen, NJW 1996, 3033-3042; *ders,* Rechtsmedizin im Spannungsfeld zwischen Recht und Medizin, MedR 1999, 95-99; *Thürk* (Hrsg), Recht im Gesundheitswesen, Textsammlung, 3 Ordner, Stand 127. Lief, 2008.

I. Einheit in der Vielheit

1. Trends. Dem Arzt bieten sich zahlreiche **unterschiedliche Tätigkeitsfelder.** Die 1
Spezialisierung hat einen hohen Grad erreicht und schreitet weiter voran. Die klinisch geprägte Weiterbildung eröffnet den Zugang zu 32 medizinischen Fachgebieten mit zahlreichen Schwerpunkten und außerdem zu Zusatz-Weiterbildungen. Seit dem Jahre 1976 übersteigt die Zahl der in Krankenhäusern beschäftigten Ärzte jene der niedergelassenen.[1] Das Gefüge der Ärzteschaft in Deutschland kennzeichnen die folgenden Angaben (Zahlen in Tausend, Stand 2007): Gesamtzahl 413,7, Berufstätige 314,9, davon ambulant 137,5 (Privatärzte 7,3, Vertragsärzte 119,8, Angestellte und Praxisassistenten 10,4), stationär 150,6 (Leitende Ärzte 15,0, Nichtleitende Ärzte 135,6), bei Behörden oder Körperschaften 9,8, andere Tätigkeitsfelder 17,0.[2]

Es zeigen sich vier Trends: Die Abwanderung von Ärzten verharrt nach wie vor auf hohem Niveau. Die Zuwanderung ist weiter sehr hoch, vor allem aus Österreich, Griechenland und den osteuropäischen Ländern. Der Anteil der Frauen wächst weiterhin. Im

---

[1] Statistiken der BÄK im Tätigkeitsbericht 2007 (ersch 2008), 83 ff.
[2] Zum Vergleich auch *Arnold,* 1988, 96. Leider nahm die Berufsnot besonders des Nachwuchses aus verschiedenen Gründen zu; vgl *Clade* DÄBl 1997, A 1101; *Flenker/Schwarzenau* DÄBl 1998, A 85 ff.

ambulanten Dienst ist die Zahl der angestellten Ärzte im Vergleich zum Vorjahr um knapp 15 % auf 10 406 angestiegen.

Die wissenschaftlichen Fortschritte, das Ausgreifen der sozialstaatlichen Daseinsvorsorge und das Wachstum der Ärzteschaft[3] erweitern den Raum der Medizin und differenzieren sie weiter aus. Auch wenn die Lage der öffentlichen Finanzen dem Ausbau der Krankenhausstellen entgegensteht, wird sich das Zahlenverhältnis zwischen niedergelassenen und bediensteten Ärzten weiter zu Gunsten Letzterer verschieben. Angestellte und beamtete Ärzte erfüllen eine große Zahl der unterschiedlichsten Funktionen.

2   **2. Gemeinsamkeiten.** Über der Mannigfaltigkeit der ärztlichen Dienste darf deren **gemeinsame Grundlage** nicht aus dem Blick geraten. Das zersplitterte, in die verschiedenen juristischen Fächer hineinreichende, unübersichtliche Gesundheitsrecht mit seinem Kernstück des Arztrechts erfordert das Bemühen um die tragenden Fundamente und Zusammenhänge. Die ärztliche Berufsethik bildet eine verbindende Grundlage, in der auch die Berufsfreiheit des Arztes wurzelt. Die **Berufsordnung** gilt grundsätzlich für alle Ärztinnen und Ärzte, auch im Rahmen neuer Kooperations- und Gesellschaftsformen. Die Berufsordnung ist das gemeinsame Band, das die heterogene Ärzteschaft zusammenhält.[4]

3   Nach § 1 BÄO ist der ärztliche ein „seiner Natur nach" **freier Beruf,** wobei es auf die wirtschaftliche Selbständigkeit nicht ankommt. Die Freiheit ergibt sich aus dem ärztlichen Standesrecht, das die Berufspflichten und -rechte regelt, ohne nach niedergelassenen, angestellten oder beamteten Ärzten zu unterscheiden. Das Gelöbnis gilt nach der Berufsordnung „für jede Ärztin und jeden Arzt". Jeder Arzt hat seine Aufgabe nach seinem Gewissen und nach den Geboten der ärztlichen Ethik und der Menschlichkeit zu erfüllen.[5]

4   Der Arzt darf einen **Anstellungsvertrag** nur abschließen, wenn dieser die Grundsätze der Berufsordnung wahrt:[6] Das Berufsrecht gilt auch für Ärzte, die ihre ärztliche Tätigkeit in privatrechtlichen Arbeits- oder öffentlich-rechtlichen Dienstverhältnissen ausüben. Der Arzt darf keine Vergütung vereinbaren, die ihn in der Unabhängigkeit seiner medizinischen Entscheidungen beeinträchtigt. Den Arzt trifft die Pflicht, alle Verträge über seine ärztliche Tätigkeit vor dem Abschluss der Ärztekammer vorzulegen, die prüft, ob die beruflichen Belange gewahrt bleiben. Auch diese Regel der Berufsordnung zeigt die Verbundenheit aller ärztlichen Professionen durch das gemeinsame Standesrecht.

II. Krankenhausärzte

5   **1. Ambulante und klinische Ärzte.** Neben anderen Ursachen bewirkte die früh in Deutschland eingeführte gesetzliche Krankenversicherung die deutliche Grenze zwischen dem ambulanten medizinischen Dienst durch **niedergelassene Vertragsärzte,** die ihre Praxis auf eigenes wirtschaftliches Risiko betreiben, und der stationären Versorgung, die den **in Kliniken tätigen Krankenhausärzten** obliegt. Für sie galt das auf den Einzelarzt zugeschnittene, neu geschaffene Kassenarztrecht nicht unmittelbar. Zum Aufstieg der Krankenhäuser führten vornehmlich die medizinischen Errungenschaften der Asepsis und der Anästhesie. „Damit wurde ein Krankenhausaufenthalt auch für die wohlhabendere Bevölkerung zu einem sachlichen Erfordernis und damit akzeptabel: Das moderne Krankenhaus als ein Ort eines inzwischen besonders differenzierten und komplizierten medizinischen Leistungsgeschehens war entstanden."[7] Als Träger der Anstalten und damit als

---

[3] *Herder-Dorneich/Schuller* (Hrsg), Die Ärzteschwemme, 1985.
[4] Zur Muster-Berufsordnung (100. Deutscher Ärztetag 1997), NJW 1997, 3076 ff, vgl *Laufs* NJW 1997, 3071 ff; hier zitiert die Fassung von 2006; vgl Anhang zu vorstehendem Kap 1.
[5] § 2 Abs 1 MBO.
[6] §§ 19, 22 MBO.
[7] *Arnold* 95. Vgl ferner *Lippert/Kern,* Arbeits- und Dienstrecht der Krankenhausärzte von A–Z, 2. Aufl 1993. Zur Überwindung der sektoralen Grenzen *Genzel.* Vgl auch *Lang.*

4. Kapitel. Ärztliches Berufs- und Standesrecht   6–8 § 12

Dienstherren und Arbeitgeber der Krankenhausärzte traten immer zahlreicher neben kirchliche Institutionen die öffentliche Hand, insbesondere Kommunen, und auch Privatunternehmer. Krankenhausärzten kommen im hierarchischen und fachlichen Gefüge der Anstalt die unterschiedlichsten Aufgaben zu.

2. Leitende Klinikärzte. Ärztlicher Direktor, Chefarzt, Oberarzt. Ärztlicher Direktor[8] heißt der Mediziner, der den nach Disziplinen und Subdisziplinen in Abteilungen und Stationen gegliederten, meist hierarchisch geordneten Krankenhausbetrieb insgesamt ärztlich zu organisieren und zu beaufsichtigen hat und der zugleich in aller Regel eine Fachabteilung als Chefarzt leitet. Der ärztliche Direktor ist der Leitende Arzt des gesamten Krankenhauses. Die Aufgaben[9] reichen weit, von der Gewährleistung förderlichen Zusammenwirkens der Abteilungen, der Hygiene, der Fachaufsicht über die technischen und pflegerischen Dienste und der Sicherung der Dokumentation bis hin zur Bedachtnahme auf den Stellenplan und den Sachbedarf. Gegenüber den anderen Chefärzten und den ärztlicher Aufsicht unterstellten nichtärztlichen Mitarbeitern steht dem Ärztlichen Direktor im Rahmen seiner Aufgaben ein Weisungsrecht zu. 6

Der **Ärztliche Direktor** ist angestellter oder beamteter Arzt. Seine Position bedeutet „kein Amt im statusrechtlichen, sondern lediglich ein solches im funktionellen Sinne".[10] 7

Der überwiegende Sprachgebrauch bezeichnet als **Chefarzt**[11] den ärztlichen Leiter einer Krankenhaus- oder Fachabteilung. Der Chefarzt steht meist in einem privatrechtlichen Anstellungs-, seltener in einem Beamtenverhältnis. „Sofern Chefärzten im Dienstvertrag die Befugnis zur Einstellung und/oder Entlassung der Mitarbeiter des ärztlichen Dienstes ihrer Abteilung eingeräumt wird, sind sie aufgrund ihrer Führungs- und Schlüsselfunktion im Krankenhaus als **leitende Angestellte** anzusehen. Diese Feststellung gilt erst recht, wenn sie zusätzlich eine in irgendeiner Form echte Budgetverantwortung übernehmen."[12] Im Rahmen seiner medizinisch-fachlichen Aufgaben bleibt der Chefarzt völlig **weisungsfrei**. Weder dem Dienstherrn im Angestellten- oder Beamtenverhältnis, noch dem Ärztlichen Direktor steht insoweit ein Weisungsrecht zu.[13] Dieser Umstand steht der Annahme eines abhängigen Arbeitsverhältnisses nicht entgegen,[14] sowenig wie das dem Chefarzt zusätzlich zur Vergütung eingeräumte Recht zur **Eigenliquidation.** Der Gefahr von Fehlsteuerungen sucht die Krankenhausseite dadurch zu begegnen, dass der Chefarzt- 8

---

[8] Zur Rechtsstellung *Sachweh/Debong* ArztR 1993, 141 ff. – Zu den ärztlichen Leitungs- und Organisationsstrukturen im modernen Krankenhaus *Genzel/Siess* MedR 1999, 1 ff.
[9] *Hoffmann/Jeute/Baur* AuK 1981, 20 ff.
[10] BVerfGE 52, 303, 354 = NJW 1980, 1327, 1332 (Beschl zum Liquidationsrecht der Chefärzte).
[11] Oder Leitender Abteilungsarzt. Zur Zukunft der Chefarzttätigkeit *Junghanns* ArztR 2000, 88 ff; über den Chefarzt und seine Mitarbeiter *Andreas* ArztR 2000, 4 ff; zur Zulässigkeit frühzeitiger Altersgrenzen *Boecken* ArztR 2000, 60 ff; vgl auch BAG ArztR 2001, 39 (zur beamtenähnlichen Besoldung angestellter Chefärzte). – Vgl *Kistner,* Wahlbehandlung und direktes Liquidationsrecht des Chefarztes. Vertragsgestaltung, Haftung und Regreß, 1990, ferner ausführlich *Bender,* HK-AKM, 1280 (2007) (zum angestellten wie zum beamteten Chefarzt); *Weber/Müller,* Chefarzt- und Belegarztvertrag (RWS-Vertragsmuster Bd 10), 1999; zum Chefarztvertrag eingehend *Hörle/Steinmeister,* in: *Wenzel* (Hrsg), Handbuch des Fachanwalts Medizinrecht, Kap 13 RdNr 52 ff, Mustervertrag RdNr 292; zur chefärztlichen Entwicklungsklausel *Hümmerich/Bergwitz* MedR 2005, 185 u *Böhmann* MedR 2007, 465.
[12] So zutreffend *Moll* MedR 1997, 293, 300, für das KSchG; zum BetrVG *Dahm/Lück* MedR 1992, 1 ff; das ArbZG findet gemäß § 18 Abs 1 Nr 1 keine Anwendung auf leitende Angestellte sowie Chefärzte.
[13] BVerfGE 16, 286, 294 = NJW 1963, 1667, 1668.
[14] BAGE 11, 225 = NJW 1961, 2085: „Daß der Chefarzt eines Krankenhauses oder einer Abteilung eines Krankenhauses bei seiner rein ärztlichen Tätigkeit, d.h. bei der Behandlung der Patienten, eigenverantwortlich und an Weisungen des Krankenhausträgers nicht gebunden ist, schließt nicht aus, daß sein Beschäftigungsverhältnis dennoch ein Arbeitsverhältnis sein kann. Ein Arbeitsverhältnis ist es dann, wenn der Chefarzt im übrigen wesentlich weisungsgebunden und damit vom Krankenhausträger persönlich abhängig ist."

vertrag das Liquidationsrecht durch eine **Beteiligungsvergütung** ersetzt und die betriebswirtschaftliche Lenkung über Zielvereinbarungen anstrebt. Der Muster-Chefarztvertrag der DKG hat 2002 das Liquidationsrecht des Chefarztes aufgegeben.[15] In der Regel legt ein privatrechtlicher Anstellungs- oder Chefarztvertrag die gegenseitigen Pflichten und Rechte schriftlich fest, auch eine Entwicklungsklausel, mit der sich der Krankenhausträger das Recht vorbehält, die Organisation zu ändern, ohne den Bestand des Arbeitsverhältnisses anzutasten. Für den Chefarzt einer Krankenhausabteilung gilt das **Kündigungsschutz**gesetz dann **nicht,** wenn er eine leitende Position einnimmt, was zutrifft, „wenn er im Außenverhältnis befugt ist, die Einstellung und Entlassung von Arbeitnehmern vorzunehmen".[16]

9 Gegenüber seinen ärztlichen Mitarbeitern steht dem Chefarzt im Rahmen seiner medizinisch-fachlichen Verantwortlichkeit ein **Weisungsrecht** zu, das die nachgeordneten Kollegen aber nicht von der Pflicht entbindet, sich selbst kritisch einzuschätzen und begründete Bedenken vorzutragen.

10 Der **Oberarzt** fungiert als ständiger Vertreter des Chefarztes und ist in aller Regel Gebietsarzt. Als Angestellter unterliegt er dem BAT. Zu seinen Hauptaufgaben gehört es, die auf seinem Feld meist in der Weiterbildung tätigen Ärzte zu beraten und zu überwachen. An der vertragsärztlichen Versorgung kann er teilnehmen, wenn er die Voraussetzungen dafür erfüllt.[17]

11 3. **Nachgeordnete Klinikärzte. Assistenzärzte, Ärzte in der Weiterbildung, AiP, Wissenschaftliche Mitarbeiter.** Der **Assistenzarzt** ist als Angestellter an einem Krankenhaus unter Aufsicht, Weisung und Verantwortung des leitenden Arztes tätig und zwar in der Regel zum Zwecke der Weiterbildung. Anders als der Arzt im Praktikum lässt sich der als Approbierter bereits voll verantwortlich handelnde, in der freiwilligen Weiterbildung stehende Assistenzarzt nicht zu den Ärzten in der Ausbildung im Sinne der Ausnahmevorschrift des Art 1 Abs 3 der **Richtlinie 93/104/EG** rechnen. Auch für den Assistenzarzt werden darum die Maßgaben aus dem Arbeitszeit-Urteil des EuGH zum Bereitschaftsdienst[18] gelten.[19] Die **Ärzte in der Weiterbildung** stehen zugleich in einem befristeten öffentlich-rechtlichen Weiterbildungsverhältnis.[20] Trotz der Weisungsunterworfenheit trifft den Assistenzarzt die Pflicht, sich ein eigenes Urteil über die Krankheit des Patienten und über die Wirksamkeit und Gefährlichkeit der vom Chefarzt angeordneten Maßnahmen zu bilden und Bedenken vorzutragen. Hat der Assistenzarzt eine Station zu leiten und zu beaufsichtigen, auch die dort anfallenden Aufgaben zu versehen, so hat er die Funktion eines Stationsarztes.

Die ehemaligen **Ärzte im Praktikum (AiP),** Pflichtmitglieder der Ärztekammer und des ärztlichen Versorgungswerkes mit allen daraus folgenden Rechten und Pflichten, wurden auf der Grundlage eines bürgerlich-rechtlichen Vertragsverhältnisses, nämlich

---

[15] *Bender,* HK-AKM, 1280, RdNr 32 ff; vgl auch *ders,* Liquidationsrecht, HK-AKM, 3420 (2004). Für eine Vertretung des Chefarztes bei der Erbringung wahlärztlicher Leistungen ohne Verlust des Honoraranspruchs bleibt nur ein begrenzter Raum: *Miebach/Patt* NJW 2000, 3377 ff; vgl ferner *Kuhla* NJW 2000, 841 ff; zur Möglichkeit einer vertragsgerechten Wahlleistung, die den Honoraranspruch des Wahlarztes trotz dessen Abwesenheit auslöst *Biermann/Ulsenheimer/Weißauer* MedR 2000, 107 ff; vgl ferner *Jansen* MedR 1999, 555 ff.

[16] LAG Nürnberg MedR 1999, 231 (m Problemstellung *Baur* zu § 14 Abs 2 KSchG).

[17] § 116 SGB V; vgl auch *Dahm* MedR 1989, 180 ff; *Schirmer* MedR 1989, 267 ff; *Kern* DÄBl 2007 A 3359.

[18] Das Gericht sieht in seinem Urteil v 3. 10. 2000 (ArztR 2000, 335) den Bereitschaftsdienst vollständig als Arbeitszeit im Sinne der Arbeitszeitrichtlinie an vgl. dazu § 86 RdNr 40 ff.

[19] *Höveler* ArztR 2001, 32 ff.

[20] Zum Weiterbildungsbefristungsgesetz v 16. 12. 1997 (BGBl I 2994, geändert durch G v 30. 11. 2000, BGBl I 1638, bei *Thürk,* 21-12); vgl *N H Müller* MedR 1997, 461 und 1998, 59 sowie *Haage* MedR 1998, 109 ff. – Zur Befristung von Arbeitsverträgen mit Assistenzärzten (ÄArbVtrG u BeschFG) *Kuhla/Schleusener* MedR 1999, 24 ff.

eines besonderen Ausbildungsvertrages, tätig und verrichteten unter Aufsicht voll ausgebildeter Ärzte die zugewiesenen Aufgaben mit einem dem wachsenden Stand der Kenntnisse und Fähigkeiten entsprechenden Maß an Verantwortung. Ihre Vergütung entsprach nicht der von Assistenzärzten, sondern richtete sich nach eigenen tariflichen Regelungen, die dem Ausbildungsstand und der Einsatzfähigkeit nicht angemessen schienen. Der AiP entfiel zum 1. Oktober 2004.[21]

Wissenschaftliche Mitarbeiter betätigen sich in der Hochschulmedizin. Ihnen obliegen wissenschaftliche Dienstleistungen sowie Tätigkeiten in der Krankenversorgung.[22] Sie bilden neben den Professoren und den Hochschulassistenten eine dritte Gruppe des wissenschaftlichen Stammpersonals an den Universitäten. Die Wissenschaftlichen Mitarbeiter können als Beamte auf Zeit oder Lebenszeit[23] oder als Angestellte bedienstet sein.

4. Belegärzte. Der Krankenhausträger kann das Belegarztsystem als besondere Form stationärer ärztlicher Versorgung einrichten und einem Arzt das Recht einräumen, eigene Patienten in Räumen und Einrichtungen der Anstalt stationär zu behandeln. Mit seiner Belegtätigkeit setzt der Arzt im Allgemeinen seinen überwiegenden ambulanten Dienst in freier Kassenpraxis fort. Nach § 121 Abs 2 SGB V sind Belegärzte „nicht am Krankenhaus angestellte Vertragsärzte, die berechtigt sind, ihre Patienten (Belegpatienten) im Krankenhaus unter Inanspruchnahme der hierfür bereitgestellten Dienste, Einrichtungen und Mittel vollstationär oder teilstationär zu behandeln, ohne hierfür vom Krankenhaus eine Vergütung zu erhalten". Der Belegarztvertrag ist ein bürgerlich-rechtlicher Kontrakt eigener Art,[24] kraft dessen Krankenhaus und Arzt im Dienste der Gesundheit des Patienten als gleichgestellte Partner zusammenwirken, wobei der Belegarzt für seine Fehler allein einzustehen hat. Als Belegarzt eignet sich ein Mediziner nicht, dessen Wohnung und Praxis nicht so nahe beim Krankenhaus liegen, dass die unverzügliche und angemessene Versorgung der von ihm ambulant und stationär zu behandelnden Patienten gewährleistet ist.[25]

In Krankenhäusern hat ein im europäischen Ausland verbreitetes Modell der Beschäftigung von **Honorarvertretern, „locum-Ärzten",** Eingang gefunden: freie Mitarbeiterverhältnisse zur Budgetentlastung. Ob im Einzelfall ein solches oder ein Arbeitsverhältnis entsteht, hängt von der Ausgestaltung des Vertrags ab.[26]

5. Gastärzte. Nach einer Definition des Deutschen Ärztetages[27] handelt es sich beim Gastarzt um einen Mediziner, „der zur Erweiterung und Vertiefung seiner beruflichen Fähigkeiten oder zur Erlernung einer besonderen medizinischen Technik unentgeltlich und nicht in hauptberuflicher Stellung an einer Klinik weilt, um die von ihm angestrebten Fertigkeiten zu erlernen. Der Gastarzt hat das Recht, zu kommen und zu gehen, wie er es selber für richtig hält. Er nimmt an Bereitschaftsdiensten und Rufbereitschaften nicht teil." Vielfach betätigen sich Gastärzte im Rahmen des Deutschen Akademischen

---

[21] *Haage* MedR 2004, 533 ff, auch HK-AKM, 350, u vorst § 7 RdNr 22 ff.
[22] § 53 Abs 2 S 2 HRG.
[23] Etwa als Akademische Räte.
[24] BGH NJW 1972, 1128 m Anm v *Hepp,* ebenda 1514 ff; OLG Koblenz NJW 1990, 1534 (weder Organ noch Verrichtungsgehilfe der Klinik). Zur Stellung und Haftung des Belegarztes im Verhältnis zum Krankenhausträger *Franzki/Hansen* NJW 1990, 737 ff; kritisch zum Belegarztsystem BGH NJW 1990, 2317 (Wettbewerbssenat). Umfassend informativ Arbeitsgem Rechtsanwälte im Medizinrecht eV (Hrsg), Das Belegarztsystem. Risiko für Arzt, Krankenhaus und Patient?, 1994; vgl ferner *Dolinski,* Der Belegarzt – vertragliche und haftungsrechtliche Probleme insbesondere am Beispiel des Gynäkologen und Geburtshelfers als Belegarzt, 1996; *Peikert,* HK-AKM, 805 (2002); *K Müller,* Die freiberufliche Hebamme als Erfüllungs- und Verrichtungsgehilfin eines Belegarztes MedR 1996, 208 ff.
[25] LSG SH u LSG BW MedR 2000, 383 u 385 (Problemstellung *Harneit.* Zu SGB V § 121; BMV-Ä § 39 Abs 4 Nr 3; EKV-Ä § 31 Abs 4 Nr 3).
[26] *Meier* MedR 2007, 709.
[27] 86. Deutscher Ärztetag DÄBl 1983, 54; *Narr/Hess/Schirmer,* 1997, RdNr W 54.

Austauschdienstes. Sie gehen als solche kein Arbeitsverhältnis ein. Ihr Dienst lässt sich als nichthauptberuflicher regelmäßig nicht auf Weiterbildungszeiten anrechnen. Der voll integrierte und tätige, aber für seinen Dienst nicht bezahlte Gastarzt freilich kann sich seine Tätigkeit auf die Weiterbildung anrechnen lassen bei dem Nachweis, dass er die geforderten Kenntnisse vermittelt erhielt und erlernte.

III. Beamtete Ärzte im öffentlichen Dienst

15   **1. Beamtete Ärzte.** Außer der besonderen Gruppe der Hochschullehrer und Hochschulassistenten gibt es zahlreiche andere **beamtete Ärzte.** Zu ihnen gehören alle Mediziner, die ihr Amt mit Rücksicht auf ihre Ausbildung als Arzt übertragen erhielten. Für den beamteten Arzt gelten einerseits die beamtenrechtlichen Vorschriften, andererseits die Regeln des ärztlichen Berufsrechts. Beamtete Ärzte wirken auf mannigfachen Tätigkeitsfeldern etwa als Amts-, Anstalts-, Schul-, Gewerbe-, Vertrauens-, Versorgungs-, Arbeitsamts-, Truppen- und Polizeiärzte.

16   **2. Amtsärzte.** Amtsärzte heißen die **Leiter staatlicher oder kommunaler Gesundheitsämter.**[28] Deren Funktionen bestimmen die Aufgaben der Amtsärzte, die eine besondere Qualifikation aufweisen müssen, nämlich neben Approbation und Doktortitel eine erfolgreiche amtsärztliche Prüfung und eine fünfjährige praktische Tätigkeit als Arzt. Als Verwaltungsbeamter untersteht der Amtsarzt den Weisungen seiner Vorgesetzten; in ärztlichen Angelegenheiten indessen entscheidet er eigenverantwortlich frei. Er verrichtet ärztliche Tätigkeit nach § 2 Abs 5 BÄO und gehört darum der Ärztekammer als Pflichtmitglied an.[29]

17   Gesteigerte Sorgfaltspflichten obliegen dem Amtsarzt bei der **Abgabe von Zeugnissen,** denen regelmäßig hohes Gewicht zukommt.[30] Bei der Einstellungsuntersuchung trägt er in Ausübung schlicht hoheitlicher Tätigkeit Amtspflichten auch gegenüber dem zu untersuchenden Bewerber.[31] Auch der Amtsarzt unterliegt grundsätzlich der Schweigepflicht.[32] Aus dieser ergeben sich rechtliche Konsequenzen für die Weitergabe amtsärztlicher Gutachten an den Dienstherrn.[33]

Wenn der Arzt ein öffentliches Amt ausübt oder öffentliche Heilfürsorge leistet, entsteht ein öffentlich-rechtliches Verhältnis, innerhalb dessen der Staat nach **Amtshaftungsgrundsätzen** haftet, § 839 BGB, Art 34 GG. Dies gilt nicht nur für den Amtsarzt, der Einstellungsuntersuchungen durchführt, sondern auch für den **Notarzt** im Rettungsdiensteinsatz, wenn dieser insgesamt hoheitlicher Betätigung zuzurechnen ist, was sich aus den Rettungsdienstgesetzen der Länder ergibt.[34]

18   **3. Andere Dienststellen. Weitere Arztberufe im Dienst öffentlicher Behörden.** Der haupt- oder nebenberuflich[35] auf Grund eines Anstellungsvertrages bei einem Gesundheitsamt beschäftigte Mediziner hieß **Hilfsarzt.**[36] **Schulärzte** betätigen sich in

---

[28] Ehedem § 2 Ges über d Vereinh d Gesundheitswesens v 3. 7. 1934, RGBl I 531. Zum Amtszahnarzt *Ziermann*, HK-AKM, 70 (2008).
[29] Vgl BVerwGE 39, 100 = NJW 1972, 350.
[30] Zur Reichweite der Amtspflicht BGH NJW 1994, 2415.
[31] OLG Düsseldorf VersR 1980, 774.
[32] Amtsverschwiegenheit (§ 39 BRRG); Wahrung des Sozialgeheimnisses (§ 35 Abs 1 SGB I, dazu *Lang*, Das Recht auf informationelle Selbstbestimmung des Patienten und die ärztliche Schweigepflicht in der gesetzlichen Krankenversicherung, 1997, 65 ff); strafrechtliche Schweigepflicht des Amtsträgers (§ 203 Abs 2 Nr 1 StGB); allgemeine ärztliche Schweigepflicht nach § 203 Abs 1 Nr 1 StGB; letztere besteht dann nicht, wenn dem Amtsarzt in seiner Eigenschaft als Amtsträger ein fremdes Geheimnis zur Kenntnis gelangt.
[33] *C Müller* NJW 1966, 1152 ff.
[34] *Deutsch/Spickhoff,* Medizinrecht, RdNr 130.
[35] Dafür kommen insbesondere niedergelassene Ärzte in Betracht.
[36] § 11 Abs 2 1. DVO GesVereinhG. *Rieger*, Lexikon d Arztrechts, 1984, RdNr 867.

4. Kapitel. Ärztliches Berufs- und Standesrecht   19–23 § 12

der zur Kompetenz der Gesundheitsämter gehörenden Schulgesundheitspflege, entweder als beamtete oder eigens bestellte, etwa niedergelassene Ärzte.[37] Der Schularzt behandelt die Schulkinder nicht eigentlich, sondern untersucht und überwacht deren Gesundheitszustand, er berät und belehrt auch Eltern und Lehrer. Zu seinem gesundheitsfürsorgerischen und -erzieherischen Dienst gehört auch sein Beitrag im Kampf gegen den Drogenmissbrauch.[38]

Der meist privatrechtlich angestellte **Arbeitsamtsarzt** steht im hauptamtlichen ärztlichen Dienst der Arbeitsverwaltung. Außerdem bedienen sich die Arbeitsämter neben- oder freiberuflich tätiger Vertragsärzte zur Erstattung von Gutachten. Die Arbeitsamtsärzte führen Tauglichkeitsuntersuchungen durch, wirken bei der beruflichen Wiedereingliederung von Schwerbehinderten mit, erstatten Gutachten im Rahmen der Arbeitslosenversicherung und -hilfe. Dabei haben sie „nicht nur die Pflicht dem Arbeitsamt gegenüber, das Vorhandensein der Voraussetzungen für die Gewährung von Arbeitslosenunterstützung nachzuprüfen, sondern auch die Amtspflicht gegenüber dem Arbeitssuchenden, ihn in diesem Rahmen seinem Gesundheitszustand entsprechend richtig zu beurteilen".[39] Die zuständige Ärztekammer kann Arbeitsamtsärzte auf Antrag zur Weiterbildung im Gebiet Arbeitsmedizin oder im Bereich Betriebsmedizin ermächtigen. Eine Zulassung als Vertragsarzt kommt für Arbeitsamtsärzte grundsätzlich nicht in Betracht.

19

Als Leiter des hafenärztlichen Dienstes erfüllt der **Hafenarzt** Funktionen vornehmlich der Gesundheits- und Hygieneaufsicht im Seehafen und auf eingelaufenen Schiffen, der Gesundheitsberatung für Seeleute und Reeder, der Kontrolle und Einweisung von Schiffsärzten. Der Hafenarzt nimmt Aufgaben des öffentlichen Gesundheitsdienstes wahr und hat regelmäßig die Rechtsstellung eines Beamten.[40]

20

Demgegenüber arbeitet der **Schiffsarzt** als Angestellter. „Schiffe mit mehr als 75 Personen sind bei Reisen in der Mittleren und Großen Fahrt sowie bei Probefahrten mit einem Schiffsarzt zu besetzen."[41] Der Schiffsarzt hat den Kapitän über die gesundheitlichen Verhältnisse an Bord zu unterrichten, ein Kranken- und ein Gesundheitstagebuch zu führen, desgleichen ein Betäubungsmittelbuch, die Arzneimittel zu verwalten, die Mannschaft und Fahrgäste medizinisch zu versorgen.

21

Wie der Hafen-, so gehört auch der **Flughafenarzt** zum öffentlichen Gesundheitsdienst.[42] Die beiden Berufe ähneln sich in ihren Aufgaben.

Entsprechendes gilt für die **Bahn-**[43] **und die Postärzte,** deren Rechtsstellung sich weithin entspricht. Den vielfach hauptberuflich angestellten Ärzten stehen auch hier neben- und freiberufliche Kollegen zur Seite. Die Heilbehandlung gehört nicht zu den Aufgaben des bahn- und postärztlichen Dienstes.

22

Die staatlichen **Gewerbeärzte** beraten und unterstützen als Landesbeamte die für den Arbeitsschutz zuständigen Behörden insbesondere der Gewerbe- und Bergaufsichtsämter, überwiegend ohne Eingliederung in dieselben. Die Rechtsgrundlage für den gewerbeärztlichen Dienst enthält die Gewerbeordnung.[44] Das Tätigkeitsfeld umfasst[45] arbeitsmedi-

23

---

[37] § 4 Abs 6 1. DVO GesVereinhG.
[38] *Rieger* DMW 1972, 1165 f.
[39] BGH NJW 1953, 458.
[40] *Kaerger,* Allgemeinhygienische und sozialhygienische Aufgaben des hafenärztlichen Dienstes eines größeren Seehafens, 1977.
[41] § 15 Abs 1 KrFürsKSchVO. Die VO über die Krankenfürsorge auf Kauffahrteischiffen v 25. 4. 1972 (BGBl I 734), zuletzt geändert 2007 (BGBl I, 2221), bei *Thürk,* 53, 2, 1. – Vgl auch das Seemannsgesetz von 1957, zuletzt geändert 2005 (BGBl I 1530), ebenda 53-2.
[42] Vgl *Koch* MMW 1964, 433 ff.
[43] *Wirth* Die Bundesbahn 1979, 507 ff.
[44] §§ 120 b ff, 139 b GewO und die danach erlassenen Dienstanweisungen; *Rieger,* wie Fn 36, RdNr 724 f.
[45] Vgl *Rieger,* wie Fn 36, RdNr 725 mit Literaturangaben. – Zur Ablösung der arbeitsschutzrechtlichen Bestimmungen der Gewerbeordnung durch das Arbeitsschutzgesetz v 21. 8. 1996 (BGBl I 1246) vgl *Vogl* NJW 1996, 2753 ff.

zinische Beratung und Unterstützung der Gewerbeaufsichtsbeamten, die Kontrolle des gesetzlichen Arbeitsschutzes, Mitwirkung bei der Durchführung der Berufskrankheiten-Verordnung, Ermächtigung von Ärzten zur Durchführung gesetzlich vorgeschriebener Vorsorge- und Überwachungsuntersuchungen, Dienste im Interesse der Arbeitssicherheit, Aufklärung auf dem Gebiet des medizinischen Arbeitsschutzes.

24 **4. Anstaltsärzte im Justizvollzugsdienst.** Die **Anstaltsärzte** – primär Beamte oder auch nebenamtliche, niedergelassene Vertragsärzte – stehen im Dienst der gebotenen staatlichen Fürsorgepflicht für Strafgefangene und Untersuchungshäftlinge. Die Vollzugsbehörde hat die Pflicht, für die körperliche und geistige Gesundheit des Gefangenen zu sorgen.[46] Sie kommt dieser Fürsorgepflicht nach, indem sie die ärztliche Versorgung einrichtet und unterhält, wobei der **Angleichungsgrundsatz** Gleichwertigkeit fordert: die Äquivalenz der intramuralen medizinischen Versorgung mit der dem Bürger in Freiheit gewährten.[47] Die Leistungen sollen also im Wesentlichen denen der gesetzlichen Krankenversicherung entsprechen.[48] Freie Arztwahl freilich besteht grundsätzlich nicht.[49] Der Anstaltsarzt unterliegt prinzipiell der Amtsverschwiegenheit und der ärztlichen Schweigepflicht. Die Frage nach der Erlaubtheit des Bruchs der Schweigepflicht im Einzelfall kann den Anstaltsarzt ebenso in Gewissenskonflikte führen wie die Notwendigkeit medizinischer Hilfe für einen widerstrebenden Gefangenen.[50]

25 Für Fehler des Anstaltsarztes hat das Land nach **Amtshaftungsgrundsätzen**[51] einzustehen und zwar auch dann, wenn es sich um einen nebenberuflich tätigen, niedergelassenen Arzt handelt.[52] Steht ein beamteter Arzt in seiner dienstrechtlich genehmigten eigenen Praxis seinen Privat- und Ersatzkassenpatienten in üblichem Maß zu Gebote, so kann ihm die Zulassung zur sozialversicherungsrechtlichen Vertragsarztpraxis nicht mit dem Argument versperrt bleiben, er sei schon voll ausgelastet.[53]

26 Ein Arzt, der den Justizbehörden und Gerichten als medizinischer Sachverständiger dient, wird auch als **Gerichtsarzt** bezeichnet, ohne dass es freilich eine einheitliche Rechtsgrundlage für diesen Dienst gäbe.[54]

27 **5. Ärzte im Dienste der Bundeswehr und des Bundesgrenzschutzes.** Der **Arzt der Bundeswehr** verrichtet eine diagnostisch-gutachterliche Tätigkeit und gehört der Verwaltung an. Der Musterungsarzt, der Beamter oder Angestellter im Haupt- oder Nebenberuf sein kann, untersucht Wehrpflichtige und beurteilt deren Wehrdiensttauglichkeit und -fähigkeit.[55] Außerdem versorgt er die Zivilbediensteten der Bundeswehr ärztlich. Die Rechtsstellung gleicht derjenigen des Sanitätsoffiziers, der als **Truppenarzt** oder in Krankenhäusern und Instituten der Bundeswehr Dienst tut und als Pflichtmitglied der Ärztekammer angehört. Der Sanitätsoffizier ist Arzt und Soldat: Für ihn gilt das Soldatengesetz wie das ärztliche Berufsrecht, woraus sich Spannungen ergeben können.[56] Der

---

[46] §§ 56 ff StVollzG.
[47] *Callies/Müller-Dietz*, StVollzG Komm, 10. Aufl 2005, § 56 RdNr 1; *Hillenkamp*, Gesundheitsfürsorge im Strafvollzug, in: FS Laufs, 2006, 881; *ders*, Eckpfeiler der Intramuralen Medizin in Deutschland, in: *Schüler-Springorum/Nedopil* (Hrsg), FS Hisao Katoh, 2008, 148, 155; *Tag/Hillenkamp* (Hrsg), Intramurale Medizin im internationalen Vergleich, 2008.
[48] §§ 58 f StVollzG.
[49] *Kirschke*, Medizinische Versorgung im Strafvollzug, 2003, 91 ff. *Hillenkamp*, Der Arzt im Strafvollzug. Rechtliche Stellung im medizinischen Auftrag, in: *Hillenkamp/Tag* (Hrsg), Intramurale Medizin – Gesundheitsfürsorge zwischen Heilauftrag und Strafvollzug, 2005, 11, 22 ff.
[50] Vgl § 101 StVollzG.
[51] Art 34 GG iVm § 839 BGB.
[52] BGH NJW 1982, 1328. Vgl auch *Schlosshauer-Selbach* NJW 1982, 1305 ff.
[53] BSG NJW 1975, 1477.
[54] Näheres bei *Rieger* (Fn 36) RdNr 710.
[55] § 17 Wehrpflichtgesetz.
[56] Auch im Verhältnis des Truppenarztes zu dem von ihm behandelten Soldaten kann eine durch das ärztliche Berufsgeheimnis abgeschirmte Vertrauenszone entstehen. Über deren Grenzen hat der

4. Kapitel. Ärztliches Berufs- und Standesrecht   28, 29 § 12

Grenzschutzsanitätsoffizier versieht als Beamter truppenärztlichen Dienst; daneben obliegen ihm untersuchende und begutachtende Aufgaben und solche der Gesundheitsfürsorge.

IV. Der Betriebsarzt

Die Rechtsgrundlage für die Tätigkeit des **Betriebsarztes** findet sich in dem **„Gesetz** 28 über Betriebsärzte, Sicherheitsingenieure und andere Fachkräfte für Arbeitssicherheit" (ASiG) aus dem Jahr 1973.[57] Danach sollen arbeitsmedizinisch fachkundige Betriebsärzte den Arbeitgeber „beim **Arbeitsschutz** und bei der **Unfallverhütung** unterstützen" (§ 1). Die Gebietsbezeichnung **Arbeitsmedizin** umschließt „die Wechselbeziehungen zwischen Arbeit, Beruf und Gesundheit". Die Muster-Weiterbildungsordnung nennt unter den Zusatzbezeichnungen auch die **Betriebsmedizin.** Sie „umfasst die Vorbeugung und Erkennung von durch das Arbeitsgeschehen verursachten Erkrankungen sowie Maßnahmen zur Unfallverhütung". Die unter dieser Bezeichnung tätigen Ärzte sollen die Möglichkeit erhalten, ihren bisherigen Dienst für die Gebietsbezeichnung **„Arbeitsmedizin",** ein präventiv-medizinisches Fach, anerkennen zu lassen (Stufenkonzept). Die Betriebsärzte haben den Arbeitgeber und die sonst für den Arbeitsschutz und die Unfallverhütung Verantwortlichen zu beraten, die Arbeitnehmer zu untersuchen, arbeitsmedizinisch zu beurteilen und zu beraten sowie die Befunde zu erfassen und auszuwerten, die Durchführung des Arbeitsschutzes und der Unfallverhütung zu überwachen, schließlich darauf hinzuwirken, dass alle Beschäftigten den Geboten des Arbeitsschutzes und der Unfallverhütung genügen.[58] Abgesehen von Notfällen obliegt dem Betriebsarzt also kein behandelnder, sondern ein vorbeugender und **beratender Dienst.** Es kann die ausgeübte Tätigkeit als angestellter Betriebsarzt verbunden mit einer vertragsärztlichen Tätigkeit die Gefahr von Interessen- und Pflichtenkollisionen begründen, was die Ablehnung des Zulassungsantrages zu rechtfertigen vermag.[59]

Der Arbeitgeber hat Betriebsärzte **schriftlich zu bestellen** und ihnen ihre gesetzlichen 29 Aufgaben zu übertragen, „soweit dies erforderlich ist im Hinblick auf 1. die Betriebsart und die damit für die Arbeitnehmer verbundenen Unfall- und Gesundheitsgefahren, 2. die Zahl der beschäftigten Arbeitnehmer und die Zusammensetzung der Arbeitnehmerschaft, 3. die Betriebsorganisation, insbesondere im Hinblick auf die Zahl und die Art der für den Arbeitsschutz und die Unfallverhütung verantwortlichen Personen." Der Arbeitgeber hat die von ihm bestellten Betriebsärzte „bei der Erfüllung ihrer Aufgaben zu unterstützen; insbesondere ist er verpflichtet, ihnen, soweit dies zur Erfüllung ihrer Aufgaben erforderlich ist, Hilfspersonal sowie Räume, Einrichtungen, Geräte und Mittel zur Verfügung zu stellen".[60]

Truppenarzt im Einzelfall nach pflichtgemäßem Ermessen zu entscheiden: BDH (Wehrdienstsenat) NJW 1963, 49. — „Die ärztliche Behandlung von Soldaten durch Truppenärzte im Rahmen der gesetzlichen Heilfürsorge ist Wahrnehmung einer hoheitlichen Aufgabe und damit Ausübung eines öffentlichen Amtes": BGHZ 108, 230 = NJW 1990, 760; vgl zur ärztlichen Behandlung von Soldaten durch Truppenärzte auch § 39 RdNr 39 ff.

[57] BGBl I 1885, zuletzt geändert durch VO v 31. 10. 2006, BGBl I 2407. — Zum Arbeitsschutzgesetz von 1996 Habich, HK-AKM, 180 (2006). Insgesamt 12 873 Ärztinnen und Ärzte hatten zum 31. 12. 1998 eine betriebsärztliche Qualifikation. Es bestand noch großer Bedarf; vgl Maas DÄBl 1998, A 1076. Die jüngste Statistik über Ärzte mit arbeitsmedizinischer Fachkunde im Tätigkeitsbericht der BÄK 2008, 132. Danach versorgen aktuell 12 266 Ärztinnen und Ärzte mit arbeitsmedizinischer Fachkunde die Beschäftigten in den Betrieben. — Zur Haftung des Betriebsarztes Gitter RdA 1983, 156 ff; zum Eigentum an Aufzeichnungen des Betriebsarztes Rieger DMW 1995, 1183 f. — Zur betriebsärztlichen Versorgung (betriebliche Fort- und Weiterbildung, Berufsausübung) vgl zuletzt Tätigkeitsbericht 2008 der BÄK, 132 ff.

[58] § 3 ASiG.
[59] BVerwG ArztR 1998, 92 = DMW 1998, 266 m Anm Rieger.
[60] § 2 ASiG.

30 Die Bestellung fällt vielfach mit der Begründung eines Arbeits- oder Dienstverhältnisses zusammen. Der Arbeitgeber kann Ärzte haupt- oder nebenberuflich heranziehen. Die **Rechtsstellung** des Betriebsarztes richtet sich nach dem jeweiligen **Vertrag.**[61] Hauptamtlich angestellte Betriebsärzte sind Arbeitnehmer mit allen daraus folgenden Pflichten und Rechten. Als leitender Angestellter im Sinne des Betriebsverfassungsgesetzes wird der Betriebsarzt nicht ohne weiteres gelten können.[62] **Nebenberufliche Betriebsärzte,** die ihre Haupttätigkeit etwa als niedergelassene Ärzte ausüben, haben regelmäßig den Status eines freien Mitarbeiters; es kann aber auch nach dem Umfang des Dienstes ein arbeitsrechtliches Angestelltenverhältnis gegeben sein. Ein Kriterium bildet das Maß der persönlichen und wirtschaftlichen Abhängigkeit.[63]

31 Als Betriebsärzte darf der Arbeitgeber nur Personen bestellen, „die berechtigt sind, den ärztlichen Beruf auszuüben, und die über die zur Erfüllung der ihnen übertragenen Aufgaben erforderliche arbeitsmedizinische Fachkunde verfügen".[64] Die Betriebsärzte „sind bei der Anwendung ihrer arbeitsmedizinischen Fachkunde **weisungsfrei**": Die Direktions- und Überwachungsrechte finden ihre „Grenze in der gesetzlich garantierten Unabhängigkeit des Betriebarztes. Fachliche Weisungen dürfen dem Betriebsarzt in seinem gesetzlichen Aufgabenbereich nicht erteilt werden. Allerdings ist der Arbeitgeber kraft seiner **Organisationsgewalt** berechtigt, die arbeitsmedizinische Betreuung auf den Betriebsablauf abzustimmen. Unzulässige fachliche Weisungen sind unwirksam und brauchen nicht befolgt zu werden."[65] Betriebsärzte sind „nur ihrem ärztlichen Gewissen unterworfen und haben die Regeln der ärztlichen **Schweigepflicht** zu beachten".[66] Die allgemeinen Grundsätze gelten also auch für den Betriebsarzt. Erhobene Umstände, die für die Beurteilung der Geeignetheit des Arbeitnehmers nichts bedeuten, hat der Betriebsarzt für sich zu behalten. Stets kann der Arbeitnehmer der Weitergabe der im Rahmen des Untersuchungszwecks erhobenen Befunde an den Arbeitgeber widersprechen. Umfassende Entbindungserklärungen darf der Arbeitgeber dem Arbeitnehmer nicht abverlangen. Der Arbeitgeber hat alles zu unterlassen, was die ärztliche Schweigepflicht beeinträchtigen könnte. Bei den gesetzlich vorgeschriebenen speziellen arbeitsmedizinischen Vorsorgeuntersuchungen wird regelmäßig eine konkludente Einwilligung des Arbeitnehmers in die Weitergabe des Ergebnisses an den Arbeitgeber anzunehmen sein, sofern der Arbeitnehmer zuvor ausreichend darüber informiert worden war. Widerspricht der Arbeitnehmer der Weitergabe, darf der Betriebsarzt den Arbeitgeber grundsätzlich nicht unterrichten. Der Arbeitnehmer hat freilich die daraus folgenden arbeitsrechtlichen Nachteile zu tragen.[67]

V. Ärzte im sozialrechtlich bestimmten Dienst

32 **1. Vertragsärzte, Netzärzte, Knappschaftsärzte.** Im umfassenden Sinne bezeichnet der Begriff Kassen- oder nunmehr Vertragsarzt den zur ambulanten ärztlichen Versorgung von Anspruchsberechtigten der gesetzlichen Krankenkassen einschließlich der Ersatzkassen berechtigten Arzt. Im engsten Sinne meinte das Wort nur den zum ärztlichen Dienst für Anspruchsberechtigte der früheren RVO-Kassen zugelassenen Arzt. Die spezifischen

---

[61] Auch hierfür gibt es Musterverträge, anzufordern bei den Landesärztekammern; Abdrucke (für haupt- wie nebenberufliche Abschlüsse) bei *Narr/Hess/Schirmer,* RdNr 1300f. – Es gibt auch Unternehmen, die durch angestellte Ärzte und Sicherheitsfachkräfte die den Arbeitgebern obliegenden arbeitsmedizinischen und sicherheitstechnischen Aufgaben erfüllen; vgl OLG Frankfurt aM MedR 1999, 468 (Werbung durch überbetrieblichen arbeitsmedizinischen Dienst).
[62] LAG BW DB 1978, 497; *Budde* BB 1983, 1797.
[63] Näheres bei *Rieger* (Fn 36) RdNr 415.
[64] § 4 ASiG; vgl dazu die Vereinbarung DÄBl 1979, 600.
[65] *Wunderlich,* Die Rechtsstellung des Betriebsarztes. Der angestellte Betriebsarzt im Spannungsverhältnis zwischen Arbeitgeber und Betriebsrat, 1995, 341f.
[66] § 8 Abs 1 ASiG.
[67] *Klöcker* MedR 2001, 183ff; vgl auch *Schal,* Die Schweigepflicht des Betriebsarztes, 1989. *Ratzel/Lippert,* Kommentar zur Musterberufsordnung, § 9 RdNr 8.

4. Kapitel. Ärztliches Berufs- und Standesrecht   33–35 § 12

Pflichten und Rechte der am vertragsärztlichen Dienst teilnehmenden Ärzte ergeben sich aus dem **SGB V,** den Satzungen und Richtlinien der Kassenärztlichen Vereinigungen, den Richtlinien des Bundesausschusses der Ärzte und Krankenkassen und aus den Verträgen der Kassenärztlichen Vereinigungen mit den Verbänden der Krankenkassen.[68] **Netz-Ärzte** (§ 73 a SGB V) werden im Rahmen ihrer Kassenzulassung tätig bei Modellprojekten, die auf Errichtung eines Praxisverbundes durch Haus- und Fachärzte abzielen. In einem räumlich begrenzten Versorgungsgebiet überweist ein Hausarzt seine Patienten zur ambulanten Behandlung an Fachärzte, die diese wiederum zur hausärztlichen Betreuung an die im Netz tätigen Hausärzte abgeben, wobei die Behandlung bei gemeinsamer Nutzung von Personal und Einrichtungen erfolgt.[69]

Der für den Träger der knappschaftlichen Krankenversicherung zur Versorgung der Anspruchsberechtigten in einem bestimmten Gebiet freiberuflich tätige Mediziner heißt **Knappschaftsarzt.**[70] Wo kein Sprengelarztsystem besteht, erfolgt die Versorgung der knappschaftlich Versicherten durch Vertragsärzte im Rahmen des Knappschaftsvertrages.   33

2. Medizinischer Dienst. Vertrauensärzte, Medizinischer Dienst, Vertragsärzte.   34
Die Landesversicherungsanstalten unterhielten als Träger einer Gemeinschaftsaufgabe der Krankenversicherung **vertrauensärztliche Dienste** mit begutachtend tätigen Ärzten. Als Hauptaufgabe oblag dem vertrauensärztlichen Dienst die medizinische Begutachung[71] der je und je sich stellenden Frage nach der Arbeitsunfähigkeit als Voraussetzung der Gewähr von Krankengeld. Hinzu trat die Begutachung im Zusammenhang mit Rehabilitationsmaßnahmen. Die von der Selbstverwaltung in der gesetzlichen Krankenversicherung erarbeiteten Neuansätze zu den Aufgaben wie zum Organisationsgefüge des vertrauensärztlichen Dienstes hat der Gesetzgeber aufgegriffen. Die neuen Vorschriften zum **medizinischen Dienst** der Krankenversicherung finden sich im neunten Kapitel des SGB V (§§ 275–283). Sie regeln die Aufgaben und die Organisation.[72]

Auch private Versicherungsgesellschaften bedienen sich ihrer **Vertrauensärzte.** Außerdem heißen die im eigenen vertrauensärztlichen Dienst der Arbeits- und Versorgungsämter tätigen Mediziner Vertrauensärzte.

Mehrdeutig gebraucht findet sich auch der Begriff **Vertragsarzt.** Er umfasst einmal   35
alle Ärzte, die für eine Behörde oder privatrechtliche Institution auf der Grundlage eines freien Dienst- oder Arbeitsvertrages eine Tätigkeit entfalten. In der gesetzlichen Krankenversicherung bezeichnet der Begriff zum anderen nun die an der Versorgung der Anspruchsberechtigten von Krankenkassen beteiligten meist niedergelassenen Ärzte.[73] Dieser

---

[68] Vgl Kap 6: Vertragsarztrecht. Übersichtlich *Bedei/Kamps,* Der Arzt in der vertragsärztlichen Versorgung, 7. Aufl 2003.

[69] Zu den anstehenden Fragen *Rieger* MedR 1998, 75 ff; *Preißler* MedR 1998, 90 ff; vgl ferner *Ratajcak,* Rechtliche Gestaltung eines Praxisnetzes, *Krauskopf,* Bedeutung der Praxisnetze aus Sicht der Krankenkassen, in: *Luxenburger* (Bearb), Psychotherapeutengesetz. Ärztliche Kooperationsformen, 2000, 105 ff, 141 ff. Zu Praxisnetz/Praxisverbund: Anwendungsbereich, berufsrechtliche Anforderungen und zivilrechtliche Gestaltungsmöglichkeiten neuerdings *Quaas/Zuck,* Medizinrecht, 2. Aufl 2008, 328 ff.

[70] „Sprengelarzt". §§ 204 ff RKnG, dazu ausführlich *Dahm,* HK-AKM 2910 (2001). Vgl auch § 76 Abs 5 SGB V: freie Arztwahl. Zum Modellprojekt Integrierte Versorgung („prosper") der Bundesknappschaft und des Bundesverbandes der Knappschaftsärzte *Dahm* MedR 2005, 121 ff.

[71] Vgl nun *Sikorski* MedR 2001, 188 ff; zu den Rechtsgrundlagen für das Anfordern medizinischer Unterlagen durch den MDK *ders* MedR 1999, 449 ff; über die Pflicht des Vertragszahnarztes zur Herausgabe von Behandlungsunterlagen an den MDK Bayer. LSG MedR 2000, 285.

[72] In jedem Land besteht eine Arbeitsgemeinschaft der Krankenkassen in Gestalt einer rechtsfähigen Körperschaft des öffentlichen Rechts, § 278 SGB V. Vgl *Cramer,* 1998. Zur Einschaltung des Medizinischen Dienstes durch die Krankenkassen nach §17a Abs 2 KHG aF *Rasmussen* MedR 1999, 16 ff. Zum MDK auch *Quaas/Zuck* (Fn 69) 120 mwNachw.

[73] In einem weiteren Sinne auch Ärzte, die Anspruchsberechtigte anderer Kostenträger zu deren Bedingungen behandeln.

ein Gleichgewichtsverhältnis der Parteien andeutende Begriff darf indessen nicht darüber hinwegtäuschen, dass Ärzte in der Selbständigkeit ohne eine Kassenzulassung regelmäßig wirtschaftlich nicht bestehen können.[74]

Nicht allein wirtschaftliche Gründe bewegen niedergelassene Ärzte dazu, neben der verbreiteten Tätigkeit in Praxisgemeinschaft oder Gemeinschaftspraxis mit Kollegen,[75] **neue Formen der gemeinschaftlichen Berufsausübung** wie die Partnerschaftsgesellschaft[76], Ärzte-GmbH[77], vertragsärztliche Leistungserbringungsgemeinschaft[78], medizinische Versorgungszentren[79] oder ärztliche Kooperationsgemeinschaft und Beteiligungsmodelle[80] anzustreben. Auch besteht die Möglichkeit der medizinischen Kooperationsgemeinschaft mit Angehörigen anderer Fachberufe.[81]

36   **3. D- und H-Ärzte. Durchgangsärzte, Heilbehandlungsärzte.** Als Beauftragter der gesetzlichen Unfallversicherungsträger, der Berufsgenossenschaften, entscheidet der öffentlich-rechtlich bestellte „**D-Arzt**" im Zuge der privatrechtlich geprägten Erstversorgung darüber, ob als Folge eines Arbeitsunfalles oder einer Berufskrankheit eine berufsgenossenschaftlich getragene Heilbehandlung erfolgen soll, oder ob eine kassenärztliche Krankenpflege genügt. Mit seiner Entscheidung über das Ob und Wie einer Therapie bindet der D-Arzt die Berufsgenossenschaft, wobei er ein öffentliches Amt ausübt. Nimmt er die gebotene Heilbehandlung in die eigene Hand, so endet damit im Verhältnis zum Patienten seine hoheitliche Tätigkeit.[82]

Der niedergelassene „**H-Arzt**" wirkt an der berufsgenossenschaftlichen Heilbehandlung mit. Er verfügt über besondere Kenntnisse und Erfahrungen bei der Behandlung Unfallverletzter sowie eine entsprechend ausgestattete Praxis und hat sich durch formlosen Antrag erfolgreich um die Teilnahme an der Durchführung der Heilbehandlung für die Berufsgenossenschaften beworben.[83]

---

[74] Vgl die Kritik von *Schulin*, Wandel vom Kassenarzt zum Vertragsarzt – Definition oder Statusänderung?, VSSR 1994, 357 ff.

[75] *Ehmann* MedR 1994, 141 ff; *Ahrens* MedR 1992, 141 ff; *Haack* MedR 2005, 631; *Krafczyk* MedR 2003, 313 ff; *Möller* MedR 2003, 195 ff (Privatarzt und Vertragsarzt); *Ratzel/Möller/Michels* MedR 2006, 377 (Teilgemeinschaftspraxis). Die Berufsordnungen haben sich den Berufsausübungsgemeinschaften, Organisationsgemeinschaften, Kooperationsgemeinschaften und Praxisverbänden geöffnet, vgl § 18 MBO und den Kommentar dazu von *Ratzel/Lippert*. *Krahe* MedR 2005, 691 (Rechtsvergleich USA–Deutschland).

[76] *Krieger* MedR 1995, 95 ff; *Schirmer* MedR 1995, 341 ff u 383 ff.

[77] *Laufs* MedR 1995, 11 ff; *Rieger* MedR 1995, 87 ff; *Taupitz* NJW 1996, 3033 ff; *ders,* in: FS Geiß, 2000, 503–515; *Katzenmeier* MedR 1998, 113 ff; *Braun/Richter* MedR 2005, 685; *Häußermann/Dollmann* MedR 2005, 255; *Saenger* MedR 2006, 138. Dazu § 23a MBO mit Kommentar von *Ratzel/Lippert*.

[78] *Möller* MedR 1998, 60 ff.

[79] *Wigge* MedR 2004, 123; *Möller* MedR 2007, 263; *Krauskopf,* in: FS Laufs, 2006, 953. – Zu den Anforderungen an eine Integrierte Versorgung im Krankenhaus BSG MedR 2009, 110.

[80] *Dahm* MedR 1998, 70 ff; vgl ferner *Burghardt/Dahm* MedR 1999, 485 ff (über investive Beteiligungen) u *Möller* MedR 1999, 493 ff (über „Nullbeteiligungsgesellschaften"). Zum Job-Sharing in der Vertragsarztpraxis: *Gleichner* MedR 2000, 399 ff.

[81] § 23b MBO.

[82] Vgl. *Steffen/Pauge,* Arzthaftungsrecht, 10. Aufl 2006, RdNr 7; BGHZ 126, 297 = NJW 1994, 2417. Zum Durchgangsarzt auch § 39 RdNr 38. Nach § 28 Abs 1 S. 1 SGB VII wird die ärztliche und zahnärztliche Behandlung von Ärzten und Zahnärzten erbracht. Ist wegen Art und Schwere des Versicherungsfalles besondere unfallmedizinische Behandlung angezeigt, wird diese unter Einschränkung der freien Arztwahl gewährt (vordem § 537 Nr 2a u § 646 RVO, §§ 557 ff RVO). Vgl das Abkommen Ärzte-Unfallversicherungsträger 1984 (DÄBl 1984, 2111 ff), geändert seit 1.7.1992 (DÄBl 1992, A$_1$ 2224 f). Vgl *Bischoff,* Zur Haftung des Durchgangsarztes, FS Steffen, 1995, 57 ff; BGHZ 126, 297 = NJW 1994, 2417 = LM § 556 RVO Nr 2 m Anm *Gounalakis.*

[83] In Fällen fehlerhafter Behandlung sind originäre Schadensersatzansprüche der Berufsgenossenschaft gegen den D-Arzt wohl zu verneinen, vgl *Bischoff* (Fn 82) 63 f.

4. Kapitel. Ärztliches Berufs- und Standesrecht § 13

4. Versorgungsärzte. Landesärzte, Versorgungsärzte, Heimärzte. Landesärzte 37
sind von den Ländern im Interesse der Eingliederung Behinderter bestellte Ärzte mit
besonderen Erfahrungen in der Hilfe für Behinderte.[84] Den Dienst versehen beamtete oder
– im Nebenberuf – freie Ärzte, auch Klinikdirektoren. **Versorgungsärzte** heißen die bei
den Versorgungsämtern haupt- oder nebenberuflich tätigen Ärzte. Sie erstatten Gutachten
und führen die Heilbehandlung in den Einrichtungen der Versorgungsverwaltung durch.
Der **Heimarzt** hat die Aufgabe, die Bewohner von Alten- und Pflegeheimen ständig
haupt- oder nebenberuflich zu versorgen, wobei die freie Arztwahl möglichst gewährleistet bleiben soll.

VI. Ein weites Feld

Dem approbierten Arzt stehen viele Möglichkeiten, die unterschiedlichsten Berufswege 38
offen. Die vorstehende Übersicht hat nur einige von ihnen angedeutet. Daneben bieten
sich **weitere ärztliche Funktionen in Verwaltung, Wirtschaft und Forschung** an.[85]
Der Ausbau des Sozialstaates, die fortschreitende wissenschaftliche Spezialisierung und die
Differenzierung der Arbeitswelt schaffen weitere berufliche Alternativen für den Arzt,
unterwerfen sein Verhältnis zum Patienten aber im Interesse übergreifender Verbände und
Gemeinschaften auch zusätzlichen Regeln, die in Konflikte führen können. Umso nachdrücklicher gilt es, an den ärztlichen Pflichten auf allen Tätigkeitsfeldern festzuhalten und
das Vertrauensverhältnis zwischen Ärzten und Patienten überall zu schützen. Der **Arzt
bleibt Arzt,** auch wenn er seinen Beruf nicht als Niedergelassener oder in einem herkömmlichen Dienstverhältnis, sondern in spezieller Funktion und Rechtsposition ausübt.
Im Blick auf die herkömmlichen Grundpflichten, die für alle Mitglieder des Standes gelten, sollte vom ärztlichen Beruf im Singular und von den ärztlichen Tätigkeiten, weniger
von den ärztlichen Berufen gesprochen werden.

§ 13 Standesorganisationen

Inhaltsübersicht

	RdNr
I. Landesärztekammern	1
1. Körperschaften des öffentlichen Rechts	1
2. Aufgaben	2
3. Pflichtmitgliedschaft	7
4. Rechtsaufsicht	11
II. Die Bundesärztekammer	13
1. Verfassung	13
2. Gremien	15
III. Die kassenärztliche Bundesvereinigung	19
IV. Kassenärztliche Vereinigungen	20
1. Mitglieder	20
2. Sicherstellungsauftrag	21
3. Einstandspflicht	23
4. Durchbrochener Kollektivvertrag	24
V. Verbände mit freiwilliger Mitgliedschaft	25
1. Berufspolitik	26
2. Fachverbände	29
3. Internationale Zusammenschlüsse	33

---

[84] § 126 a BSHG.
[85] Vgl etwa §§ 40 f AMG.

§ 13 1

Schrifttum: *Arnold/Brauer/Deneke/Fiedler,* Der Beruf des Arztes in der Bundesrepublik Deutschland, 1984; *Baier,* Medizin im Sozialstaat. Medizinsoziologische und medizinpolitische Aufsätze, 1978; Bundesärztekammer (Hrsg), Tätigkeitsbericht 2007, dem 111. Deutschen Ärztetag 2008 vorgelegt, und Tätigkeitsbericht 2008; *Eggstein,* Die Landesärztekammern und ihre Aufgaben, ÄBl BW 1986, 382–391; *v Eyll,* Berufsständische Selbstverwaltung, in: *Jeserich/Pohl/v Unruh* (Hrsg), Deutsche Verwaltungsgeschichte Bd 5, 1987, S. 349–367; *Fleischmann,* Die freien Berufe im Rechtsstaat, 1970; *Hendler,* Selbstverwaltung als Ordnungsprinzip, 1984; *Hess,* Bundesärztekammer (BÄK), in: *Rieger/ Dahm/Steinhilper* (Hrsg), Heidelberger Kommentar. Arztrecht, Krankenhausrecht, Medizinrecht (HK-AKM), 1160 (2009); *Hörnemann,* Die Selbstverwaltung der Ärztekammern. Spannungen und Wechselwirkungen von Fremd- und Selbstkontrolle des Arztberufes, 1989; *Höwing,* Qualitätssicherung ärztlichen Handelns als Aufgabe der ärztlichen und kassenärztlichen Selbstverwaltung, 1990; *Huerkamp,* Der Aufstieg der Ärzte im 19. Jahrhundert, 1985; *Jütte* (Hrsg), Geschichte der deutschen Ärzteschaft, 1997; *Kleine-Cosack,* Berufsständische Autonomie und Grundgesetz, 1986; *Narr/Hess/ Schirmer,* Ärztliches Berufsrecht, 2. Aufl Stand 1994, RdNr B17 ff; *Kiesecker/Rieger,* in: *Rieger* (Hrsg), Lexikon des Arztrechts, 2. Aufl 2001, 420; *Pitschas,* Recht der Freien Berufe, 1–126, in: *R Schmidt* (Hrsg), Öffentliches Wirtschaftsrecht, Bes Teil 2, 1996; *Preusker* (Hrsg), Taschenkalender Gesundheitsmarkt 2008 (mit wichtigen Adressen); *Ratzel/Lippert,* Kommentar zur Musterberufsordnung der deutschen Ärzte (MBO), 4. Aufl 2006; *Sodan,* Freie Berufe als Leistungserbringer im Recht der gesetzlichen Krankenversicherung, 1997; *Stobrawa,* Die ärztlichen Organisationen. Entstehung und Struktur, 2. Aufl 1989; *Taupitz,* Die Standesorganisationen der freien Berufe. Geschichtliche Entwicklung, Funktionen, Stellung im Rechtssystem, 1991; *ders,* Ärztliche Selbstverwaltung an der Schwelle zum 21. Jahrhundert, DÄBl 1997, A 3078–3090; *ders,* Die Zukunft der ärztlichen Selbstverwaltung, MedR 1998, 1–7; *Tettinger,* Kammerrecht: das Recht der wirtschaftlichen und freiberuflichen Selbstverwaltung, 1997; *Vogt,* Ärztliche Selbstverwaltung im Wandel. Eine historische Dokumentation am Beispiel der Ärztekammer Nordrhein, 1998; *Weskott,* Berufsaufsicht der Ärzte und Psychotherapeuten. Deutschland und Großbritannien im Spannungsfeld der Berufsanerkennungsrichtlinie (2005/36/EG), 2009.

I. Landesärztekammern

1. Körperschaften des öffentlichen Rechts. Im Zuge der Medizinalreform-Debatten und kraft ihrer Professionalisierung und ihres Aufstiegs während des 19. Jahrhunderts erwirkte die Ärzteschaft staatlich anerkannte **Standesvertretungen,** die ihr Einfluss auf die öffentliche Gesundheitspflege verschafften, andererseits die Selbstverwaltung und Eigenverantwortlichkeit eines freien Berufs von Rechts wegen gewährten. In den sechzehn Ländern der Bundesrepublik Deutschland bestehen derzeit siebzehn **Ärztekammern als Körperschaften des öffentlichen Rechts,** das heißt als mitgliedschaftlich verfasste, unabhängig vom Wechsel der Mitglieder bestehende Organisationen, deren Existenz nicht auf der Privatautonomie, sondern auf einem Hoheitsakt, nämlich einem Gesetz gründet und die im öffentlichen Interesse liegende Aufgaben unter staatlicher Aufsicht erfüllen. Die Bundesärztekammer ist demgegenüber ein privatrechtlicher Zusammenschluss der Landesärztekammern, freilich zunehmend mit öffentlichen Aufgaben betraut. Die Kammern nehmen eigene Aufgaben wahr im Zeichen des Autonomiegedankens, des Subsidiaritätsprinzips und des Gemeinwohlbezuges, wobei der parlamentarische Gesetzgeber die wesentlichen Entscheidungen selbst zu treffen, Aufgaben und Befugnisse in den Grundzügen vorzugeben hat. Die Ärztekammern haben ihre Rechtsgrundlage in den Kammer- oder Heilberufsgesetzen der einzelnen Bundesländer.[1] Im Einzelnen weichen die Kammergesetze zwar voneinander ab, doch im Wesentlichen stimmen sie überein. Die Übertragung berufsständischer öffentlicher Aufgaben auf körperschaftlich verfasste juristi-

---

[1] In BW etwa gilt das „Gesetz über die öffentliche Berufsvertretung, die Berufspflichten, die Weiterbildung und die Berufsgerichtsbarkeit der Ärzte, Zahnärzte, Tierärzte, Apotheker und Dentisten (Heilberufe-Kammergesetz)" idF v 16. 3. 1995 (GBl 314), geändert durch das Euroumstellungsgesetz BW v 20.11.2001 (GBl 605), zuletzt geändert durch das Gesetz zur Änderung heilberuflicher Vorschriften v 11.10.2007 (GBl 473). Die Kammer- und Heilberufsgesetze mit Fundstellen verzeichnet *Kiesecker,* Ärztekammer, in: HK-AKM, 420 (2002). – Zum Recht der fünf Landesärztekammern in den neuen Bundesländern vgl umfassend *Schirmer* MedR 1991, 55 ff.

sche Personen setzt die **Pflichtmitgliedschaft** aller Angehörigen der Profession voraus. Als Körperschaften des öffentlichen Rechts sind die Ärztekammern einerseits ihren Mitgliedern, andererseits dem umfassenden Gemeinwesen verpflichtet. Ihre Aufgabe der berufsspezifischen Interessenwahrnehmung können die Kammern auch durch die **eigene Mitgliedschaft** in einem dafür geeigneten privatrechtlichen **Verband** wahrnehmen.[2]

2. Aufgaben. Den **Ärztekammern** obliegen **umfangreiche Aufgaben.** Sie haben die Pflichten ihrer Mitglieder durch Berufsordnungen zu regeln und deren Einhaltung zu überwachen. Dabei wirken außer den Berufsgerichten auch die durch die Kammern getragenen Ethik-Kommissionen mit. Neben der den Mitgliedern geltenden **Rechtsetzungs- und Aufsichtsfunktion** haben die Kammern die Aufgabe, die berufsständischen Interessen der Ärzte in der Öffentlichkeit zu vertreten. Dieser Auftrag umfasst auch die Herausgabe von Zeitschriften, die im Wesentlichen der **Information** der Kammermitglieder über berufsbezogene Themen und Vorgänge dient. Die beruflichen Belange ihrer Mitglieder verfolgt die Kammer auch, wenn sie Abwehransprüche geltend macht, die sich aus der Ausstrahlung des ärztlichen Werbeverbotes auf das allgemeine Wettbewerbsrecht ergeben.[3] Die wirtschaftlichen Belange der Gesamtheit ihrer Mitglieder nehmen die Kammern auftragsgemäß wahr, wenn sie **Versorgungswerke** und Fürsorgeeinrichtungen unterhalten und etwa Gruppenversicherungsverträge mit privaten Krankenversicherern abschließen.

Die Kammern haben die **berufliche Fortbildung** ihrer Mitglieder zu regeln und zu fördern, etwa durch Veranstaltungen und Publikationen. Sie haben ferner die **Weiterbildung** im vorgegebenen gesetzlichen Rahmen zu ordnen und einzelne Ärzte für diese zu ermächtigen, auch die **Prüfungs- und Anerkennungsverfahren** zu vollziehen. Ferner obliegt es den Kammern, Arzthelferinnen beruflich aus- und fortbilden zu lassen, auch durch Zuschüsse an unterrichtende Ärzte.

Zu den Aufgaben der Kammern gehört es weiter, den öffentlichen Gesundheitsdienst zu unterstützen, etwa auf Verlangen der zuständigen Behörde Fachgutachten beizubringen oder **Sachverständige zu benennen.** Weil der ärztliche Dienst eng mit den Fragen der Gesundheits- und Sozialpolitik zusammenhängt, kann und soll die Kammer nach Beratungen in ihren Gremien zu einschlägigen Problemen Position beziehen, etwa Gesetzesvorhaben mit ihrem Votum begleiten. Ein **allgemeinpolitisches Mandat** aber haben die Kammerorgane **nicht.** Die Ärztekammer darf sich also keineswegs in allgemeinpolitische Fragen einlassen, die nicht mehr im Zusammenhang mit den gesetzlichen Aufgaben der Kammer stehen, sondern die das einzelne Mitglied als Staatsbürger angehen. Stets darf sich die Ärztekammer nur berufsbezogen äußern.[4] Die Zuständigkeit

---

[2] HessVGH MedR 2005, 173 (Mitgliedschaft einer Ärztekammer im Verband Freier Berufe) (Problemstellung *Hespeler*). – Die Pflichtmitgliedschaft des Arztes in einer Ärztekammer ist mit dem GG vereinbar u verstößt nicht gegen das Recht der Versammlungs- und Vereinigungsfreiheit nach Art 11 Abs 1 EMRK: VG Göttingen MedR 2009, 54 (Problemstellung *Kiesecker*).
[3] Zu den Verbänden zur Bekämpfung des unlauteren Wettbewerbs, die den Unterlassungsanspruch aus § 1 UWG geltend machen können, gehören auch die Ärztekammern.
[4] BVerwGE 64, 298 = NJW 1982, 1300: „Eine berufsständische Kammer nimmt ein ihr nicht zustehendes allgemeinpolitisches Mandat auch dann wahr, wenn sie in den von ihr herausgegebenen Verbandszeitschriften Beiträge allgemeinpolitischen Inhalts veröffentlicht." Dazu *M Borchmann* MedR 1983, 18 ff. – Die Bestellung eines Beauftragten für ärztliche Friedensarbeit beansprucht ein allgemeinpolitisches Mandat und ist darum unzulässig, VG Berlin MedR 1993, 76. Durch eine mitgliedschaftliche Betätigung bei einem Landesverband der Freien Berufe überschreitet die Ärztekammer den ihr gesetzlich zugemessenen Aufgabenkreis, OVG Bremen MedR 1993, 441 (Förderung auch der Belange anderer Berufsgruppen und nur eines Teils der Kammerangehörigen). Eine Heilberufskammer überschreitet ihre Aufgaben, wenn sie sich an der Aktion eines Dachverbandes beteiligt, mit der Patienten anlässlich der Behandlung dazu aufgefordert werden, eine Protestpostkarte mit kritischen Aussagen zur Reform des Krankenversicherungsrecht zu unterzeichnen, OVG NRW MedR 1999, 573 (Problemstellung *Godry*).

der Heilberufskammern beschränkt sich „auf die **Kontrolle und Überwachung der Einhaltung berufs- und standesrechtlicher Regelungen** durch ihre Mitglieder; eine Kompetenz, anstelle oder neben der zuständigen staatlichen Ordnungsbehörde Eingriffsverwaltungsakte im Bereich der Gefahrenabwehr zu erlassen, kommt den Heilberufskammern nicht zu".[5] Bei der Wahrnehmung der beruflichen Belange ihrer Mitglieder darf die Kammer grundsätzlich auch Partei gegen den Staat ergreifen, allerdings nur in den Grenzen, welche „die grundgesetzliche Ordnung der Ausübung des körperschaftlichen Selbstverwaltungsrechts zum sachlich gebotenen Schutz anderer Rechtsgüter setzt".[6]

5   Die Schlichtung von Streitigkeiten zwischen Ärzten gehört zur Aufgabe der Kammern. Zulässigerweise und freiwillig haben sie es übernommen, **Gutachterkommissionen und Schlichtungsstellen** für ärztliche Behandlungsfehler einzurichten.[7]

6   Die Kammer hat nicht die gesetzliche Kompetenz, einzelne Mitglieder in wirtschaftlichen Angelegenheiten, etwa Vertragssachen, zu vertreten. Darum beschränkt sich die Prüfungspflicht bei Verträgen auf die Wahrung der beruflichen Belange.[8] Die Kammer hat auch nicht die Aufgabe, bei der Berufung von Chefärzten eines Krankenhauses oder bei der fachlichen Beurteilung eines Bewerbers mitzuwirken.[9] Der Kammer als berufsständischer Selbstverwaltungskörperschaft kommen unmittelbar gegenüber Außenstehenden **Eingriffsrechte** oder eine Art Rechtsaufsicht **nicht** zu.

Bewegt sich eine Körperschaft innerhalb des ihr zugewiesenen Aufgabenfeldes, so ist die Frage der **Zweckmäßigkeit** der Maßnahmen grundsätzlich allein ihre Sache. Überschreitet sie ihre Grenzen, so bleibt den Mitgliedern die **Unterlassungsklage**.[10]

7   **3. Pflichtmitgliedschaft.** Für die Ärztekammer gilt das – freilich unterschiedlich ausgestaltete – **Prinzip der Pflichtmitgliedschaft,** aus dem eine Meldepflicht folgt. Soweit es dafür auf die ärztliche Berufsausübung ankommt, hat die richterliche Spruchpraxis entschieden, dass hierunter nicht nur die therapeutische Tätigkeit des praktizierenden Arztes fällt, der Begriff vielmehr auch die Tätigkeit aller im öffentlichen Gesundheitswesen,[11] in Forschung und Lehre beschäftigten Ärzte, ferner die Sanitätsoffiziere umfasst.[12] Die Pflichtmitgliedschaft besteht auch für beamtete Ärzte. Ausländische Ärzte

---

[5] OVG NRW MedR 1999, 144 (Problemstellung *Taupitz*: Werbeverbot einer Apothekerkammer an die Adresse eines Apothekers). – *Weskott* zeigt, „dass mit der gemeinschaftsrechtlichen Durchdringung des Rechts der reglementierten Berufe neue Verantwortungsbereiche der Heilberufekammern in Deutschland entstehen".

[6] OVG Münster NJW 1981, 640 (Unzulässiger Aufruf zur Niederlegung der Kassenzulassung durch eine Zahnärztekammer im Kampf gegen das Krankenkassen-Kostendämpfungsgesetz).

[7] Kritisch zu diesem Aufgabenfeld die Arbeitsgemeinschaft Rechtsanwälte im Medizinrecht eV (Hrsg), Gutachterkommissionen und Schlichtungsstellen – Anspruch, Praxis, Perspektiven, 1990. In Frage gestellt werden insbesondere die Objektivität und Neutralität der Kommissionen sowie die fachmedizinische Qualität der den Bescheiden zugrundeliegenden Gutachten. Vgl demgegenüber aber DGMR MedR 1996, 350. – Die Ärztekammer ist bei einem Verfahren vor der Gutachterkommission gegenüber dem beteiligten Arzt nach pflichtgemäßem Ermessen dazu verpflichtet, Auskunft über die Namen des Vorsitzenden und der beteiligten ärztlichen Gutachter zu erteilen, OVG NRW MedR 1998, 575. Vgl im Übrigen das umfassende Buch v *Weizel*, Gutachter-Kommissionen und Schlichtungsstellen für Arzthaftpflichtfragen, 1999. Statistische Aufschlüsse im Tätigkeitsbericht d BÄK 2008, 164 ff.

[8] § 24 MBO: „Ärztinnen und Ärzte sollen alle Verträge über ihre ärztliche Tätigkeit vor ihrem Abschluss der Ärztekammer vorlegen, damit geprüft werden kann, ob die beruflichen Belange gewahrt sind."

[9] Darum ist die Klage einer Bezirksärztekammer auf Feststellung der Rechtswidrigkeit eines Stadtratsbeschlusses über die Besetzung einer Fachabteilungsleiterstelle eines städtischen Krankenhauses unzulässig: OVG Koblenz NJW 1976, 1164.

[10] VG Wiesbaden MedR 2007, 198 (Problemstellung *Kiesecker*).

[11] BVerwGE 39, 100 = NJW 1972, 350 (Medizinalbeamte).

[12] *Kiesecker*, wie Fn 1, 420, RdNr 30.

4. Kapitel. Ärztliches Berufs- und Standesrecht

ohne deutsche Approbation sind nach den meisten Kammergesetzen Mitglied der Ärztekammer, wenn sie eine Berufserlaubnis[13] besitzen.

Das **Rechtsverhältnis zwischen der Kammer und ihren Mitgliedern** trägt hoheitlichen Charakter. Die Entscheidungen der Ärztekammer ergehen als Verwaltungsakte, gegen die der Rechtsweg zu den Verwaltungsgerichten führt. Grundsätzlich gelten die Verwaltungsverfahrensgesetze der Länder.

Zu den Pflichten des Mitglieds gehört es, Anfragen der Kammer oder ihrer Untergliederungen zu beantworten. Die Kammer hat die Befugnis, **Verstöße eines Mitglieds** zu rügen, sofern nicht ein berufsgerichtliches Verfahren geboten erscheint. Der Patient eines Arztes hat keinen Anspruch auf ein Tätigwerden des Vorstands der Ärztekammer im Rahmen der standesrechtlichen Überwachungspflicht.[14] Auch der einzelne Arzt kann von der Kammer kein Einschreiten gegen ein anderes Mitglied verlangen. Überschreitet die Kammer ihre Zuständigkeit,[15] so kann sich das einzelne Mitglied dagegen mit der verwaltungsrechtlichen Unterlassungsklage wehren.

Das Mitglied schuldet den **Kammerbeitrag,** das heißt seinen Anteil an der Umlage des körperschaftlichen Kostenaufwandes. Der tatsächliche, aufgabenadäquate Aufwand der Kammer begrenzt die Summe der Beiträge. Die Repartition der Ausgaben hat sich zu richten nach dem allgemeinen Gleichheitssatz und nach dem Äquivalenzprinzip, nach dem die Beitragshöhe nicht in einem Missverhältnis zum Wert der Mitgliedschaft stehen darf. Im Rahmen dieser Grundsätze können die Beitragsordnungen verschiedene typisierende und pauschalierende Ausgestaltungen erfahren.[16]

Nach einem Urteil des BFH[17] haben die **Finanzbehörden** grundsätzlich die Befugnis, von einer Rechtsanwaltskammer **Auskünfte** über für die Besteuerung erhebliche Sachverhalte eines Kammermitglieds einzuholen; die Vorschriften der Berufsordnung über die Verschwiegenheitspflicht des Kammervorstands stehen dem nicht entgegen. Dies gilt mutatis mutandis auch für die Kammern der Heilberufe.

4. Rechtsaufsicht. Als berufsständische Selbstverwaltungskörperschaften und Träger mittelbarer Staatsverwaltung regeln die Ärztekammern nach den Vorgaben der Gesetze ihre Verfassung, die Rechte und Pflichten ihrer Mitglieder und den Vollzug ihrer Aufgaben durch **Satzungen.** Als **Hauptorgane** fungieren nach allen Kammer- und Heilberufsgesetzen die von den Mitgliedern in unmittelbarer, geheimer (freier) und gleicher Wahl

---

[13] § 10 BÄO (2006).
[14] Vgl VGH BW NJW 1982, 2011 (für die Rechtsanwaltskammer).
[15] Etwa durch ein unzulässiges Zeitungsabonnement für Kammermitglieder (BVerwGE 64, 115 = NJW 1982, 1298) oder durch unzulässige Wahrnehmung eines allgemeinpolitischen Mandats (BVerwGE 64, 298 = NJW 1982, 1300).
[16] Vgl etwa OVG Koblenz NJW 1977, 2129: „Eine Zahnärztekammer ist berechtigt, von einem Zahnarzt, der hauptberuflich Sanitätsoffizier ist und nebenberuflich eine Privatpraxis betreibt, den vollen Mitgliedsbeitrag für selbstständige Zahnärzte zu erheben." – Es verstößt indes gegen den Gleichheitsgrundsatz, in der ärztlichen Praxis stehende Mediziner und in theoretischen Fächern lehrende und forschende Hochschulmediziner in gleichem Maße zum Kammerbeitrag heranzuziehen: BVerwGE 92, 24 = NJW 1993, 3003. Vgl ferner VG Braunschweig MedR 1995, 283. – Der approbierte, in der Industrie tätige Arzt übt seinen Beruf nach der Beitragsordnung der LÄK BW nur dann aus, wenn seine Tätigkeit ihr Gepräge gerade durch die Anwendung oder (Mit-) Verwendung ärztlichen Wissens erfährt: VG Karlsruhe MedR 2008, 751 (Problemstellung *Kiesecker*). – Nimmt der Beitragspflichtige eine ordnungsgemäße Selbstveranlagung nicht vor und fehlen hinreichende Anhaltspunkte für eine Schätzung, dann kann die Beitragsveranlagung verfassungsrechtlich unbedenklich auf der Grundlage eines fiktiven Einkommens erfolgen: VerfGH Berlin MedR 1997, 79. Zur Zulässigkeit umsatzbezogener und typisierender Beitragsbemessung VGH BW MedR 1999, 189 (Problemstellung *Seizinger*). Das Datenschutzrecht steht dem Einkommensnachweis zur Bemessung des Kammerbeitrags nicht entgegen, VerfGH Berlin MedR 1997, 79 u VG Dresden MedR 1999, 191. – Zum Kammerbeitrag als Verbandslast *Tettinger*, FS Kruse, 2001, 79 ff. Vgl ferner *Kiesecker/Rieger*, Ärztekammerbeitrag, in: HK-AKM, 430 (2002), mit vielen Nachweisen.
[17] MedR 2007, 507 (Problemstellung *Kamps*).

berufene Vertreterversammlung mit legislativer Funktion und der aus deren Mitte gewählte Vorstand.

12 Die Ärztekammern unterstehen der **staatlichen Rechtsaufsicht,** jedoch keiner Zweckmäßigkeitskontrolle. Die Aufsichtsbehörde hat bei der Gesetzmäßigkeitskontrolle zu überwachen, ob die Ärztekammer die ihr von Rechts wegen obliegenden Pflichten erfüllt, ihre Kompetenzen einhält und die gesetzlichen Verfahrensvorschriften beachtet. Staatsaufsichtsbehördliche Maßnahmen gegenüber öffentlich-rechtlichen Körperschaften sind Verwaltungsakte und können eine Heilberufskammer in ihren eigenen Rechten verletzen. Rechtsbehelfe gegen eine derartige Aufsichtsverfügung sind zulässig.[18]

II. Die Bundesärztekammer

13 **1. Verfassung.** Die **Bundesärztekammer (BÄK)** als Arbeitsgemeinschaft der deutschen Ärztekammern ist ein freiwilliger privatrechtlicher Zusammenschluss der Landesärztekammern der Bundesrepublik Deutschland in der Rechtsform eines **nicht rechtsfähigen Vereins,** der freilich jüngst den Rang einer **gesetzlich beauftragten und ermächtigten Institution** gewann.[19] Die BÄK ging aus der 1947 gegründeten „Arbeitsgemeinschaft der westdeutschen Ärztekammern" hervor. Aufsichtsbefugnisse gegenüber den rechtlich selbstständigen Landesärztekammern stehen ihr nicht zu. Der einzelne Arzt gehört ihr nur mittelbar als Mitglied seiner Landesärztekammer an.

14 Nach ihrer **Satzung**[20] soll die Bundesärztekammer mit ihrer Geschäftsstelle in Berlin für den ständigen **Erfahrungsaustausch** unter den Ärztekammern und für die gegenseitige Abstimmung ihrer Ziele und Tätigkeiten sorgen. Sie soll weiter das Zusammengehörigkeitsgefühl aller deutschen Ärzte und ihrer Organisationen pflegen, den Meinungs- und Erfahrungsaustausch zwischen den Ärztekammern vermitteln und diese **beraten,** die Ärztekammern über alle für deren Mitglieder bedeutsamen Vorgänge auf dem Gebiet des Gesundheitswesens und des sozialen Lebens unterrichten; sie soll ferner auf eine möglichst **einheitliche Regelung der ärztlichen Berufspflichten** und der Grundsätze für die ärztliche Fortbildung auf allen Gebieten hinwirken, die ärztliche Fortbildung fördern, die beruflichen **Interessen der Ärzteschaft bundesweit** wahren, Beziehungen zur medizinischen Wissenschaft und zu ärztlichen Vereinigungen des Auslands herstellen, außerdem Tagungen zur öffentlichen Erörterung gesundheitlicher Probleme veranstalten.

15 **2. Gremien.** Der **Vorstand der BÄK** besteht aus dem Präsidenten, zwei Vizepräsidenten, den Präsidenten der Landesärztekammern kraft Amtes und zwei weiteren Ärztinnen oder Ärzten. Ihm stehen zur Seite eine Geschäftsführung und gesonderte Beratungsgremien. Dazu gehören die von den Ärztekammern sachverständig beschickten ständigen Konferenzen, die durch den Vorstand berufenen **Fachausschüsse** und einzelne Vorstandsreferate. Als **Einrichtungen** mit eigenen Statuten oder Geschäftsordnungen wirken unter anderen der Deutsche Senat für ärztliche Fortbildung, die Arzneimittelkommission der deutschen Ärzteschaft,[21] der Wissenschaftliche Beirat der Bundesärzte-

---

[18] OVG Brandenburg MedR 1998, 223 (Problemstellung *Ranft*).

[19] Bundesunmittelbare Körperschaften und Anstalten des öffentlichen Rechts können nach Art 87 Abs 3 GG nur für Angelegenheiten errichtet werden, für die dem Bund die Gesetzgebungskompetenz zusteht. Da die ärztliche Berufsausübung in der Zuständigkeit des Landesgesetzgebers liegt, besteht keine Möglichkeit, eine Bundesärztekammer in der Rechtsform einer Körperschaft des öffentlichen Rechts zu schaffen. – Die BÄK erfuhr ihre Rangerhöhung durch die §§ 137 a, 137 b des 2. GKV-Neuordnungsgesetzes und auch § 16 TPG, vgl dazu *Taupitz* MedR 1998, 1, 2 Fn 23.

[20] Text in der v 104. Deutschen Ärztetag 2001 beschlossenen Fassung in: Bundesärztekammer – Deutscher Ärztetag (Hrsg), Tätigkeitsbericht. Ausführlich zur Organisation zuletzt Tätigkeitsbericht d BÄK 2008, 479 ff. Vgl neuerdings auch: eingehend *Hess*, mit Literatur und Satzungstext.

[21] Ihre Ziele: rationale Arzneiverordnung, objektive Arzneimittelinformation, Arzneimittelsicherheit, Spontanerfassung unerwünschter Arzneimittelwirkungen, ua darüber ausführlich BÄK (Hrsg), Tätigkeitsbericht 2007, 297 ff (Allgemeine Aufgaben, Arzneiverordnung in der Praxis, Leit-

kammer,[22] die Deutsche Akademie für Allgemeinmedizin, die Deutsche Akademie der Gebietsärzte, die Zentrale Kommission zur Wahrung ethischer Grundsätze in der Medizin und ihren Grenzgebieten bei der Bundesärztekammer (Zentrale Ethikkommission), die Ständige Kommission Organtransplantation.[23]

Der **Deutsche Ärztetag** als Hauptversammlung und oberstes **beschlussfassendes Gremium der BÄK** tagt in der Regel einmal jährlich. Ihm gehören die Delegierten an, welche die Landesärztekammern im Verhältnis zur Zahl der ihnen angehörenden Ärzte entsenden. Der Deutsche Ärztetag hat die Aufgabe, die Satzung aufzustellen, den Präsidenten, die zwei Vizepräsidenten und die zwei weiteren Ärztinnen und Ärzte in den Vorstand der BÄK zu wählen, die Ausschüsse zu bilden, den Haushaltsvoranschlag zu genehmigen und die Jahresrechnung entgegenzunehmen.

Die **Beschlüsse des Deutschen Ärztetages** binden weder die einzelnen Landesärztekammern noch deren Mitglieder rechtlich. Es handelt sich vielmehr um Empfehlungen, über deren Annahme die Vertreterversammlungen der Landesärztekammern autonom entscheiden. Mit seinen empfehlenden Beschlüssen trägt der Deutsche Ärztetag wesentlich zur Rechtseinheit, insbesondere auf dem Felde der Berufsordnung, bei. Die von ihm beschlossene Musterberufsordnung mit den Novellen findet regelmäßig im Wesentlichen übereinstimmende Aufnahme in das Satzungsrecht der Landesärztekammern.

BÄK und Kassenärztliche Bundesvereinigung haben **gemeinsame Ausschüsse** eingerichtet, bedienen sich einer gemeinsamen Rechtsabteilung und einer gemeinsamen Pressestelle. Sie geben gemeinsam das wöchentlich erscheinende Deutsche Ärzteblatt heraus und tragen zusammen den Arzneimittel-Informationsdienst eV.

III. Die Kassenärztliche Bundesvereinigung

Die **Kassenärztlichen Vereinigungen (KVen)** sind ebenso wie die Landesärztekammern **Körperschaften des öffentlichen Rechts.** Ihnen gehören die zugelassenen Ärzte jedes Landes an im Dienste der ihnen durch das Vertragsarztrecht übertragenen Aufgaben der kassenärztlichen Versorgung.[24] Die Kassenärztlichen Vereinigungen bilden zusammen wiederum eine Körperschaft des öffentlichen Rechts: die **Kassenärztliche Bundesvereinigung (KBV).**[25] Deren Selbstverwaltungsorgane sind die Vertreterversammlung und der hauptamtliche Vorstand.[26] Die KBV schließt im Rahmen des auch ihr obliegenden Sicherstellungs- und Gewährleistungsauftrags[27] mit den Spitzenverbänden der Krankenkassen (ab 1.7.2008: dem Spitzenverband Bund) Bundesmantelverträge.[28] Sie berät, unterstützt und informiert die KVen. Außerdem führt sie das Bundesarztregister, zu dem die KVen Eintragungen und Veränderungen in ihren Arztregistern mitteilen.[29]

---

linienarbeit, Arzneiverordnungen, Wirkstoff aktuell, Pharmakovigilanz, nationale Versorgungsleitlinien, Internet und Newsletter, Beratung).

[22] Seine Aufgabe ist es, die BÄK in allen medizinisch-wissenschaftlichen Grundsatz- wie Einzelfragen zu beraten.

[23] Zu allem eingehend der in Fn 20 genannte Tätigkeitsbericht.

[24] § 77 SGB V; vgl *G Schneider,* Handbuch des Kassenarztrechts, 1994, 87 ff; *Quaas/Zuck,* Medizinrecht, 2. Aufl 2008, 417 ff.

[25] § 77 Abs 4, 5 SGB V.

[26] § 79 Abs 1 SGB V.

[27] § 75 Abs 1 SGB V.

[28] Vgl Bundesmantelvertrag-Ärzte (BMV-Ä); §§ 82 Abs 1, 87 Abs 1 SGB V; *Quaas/Zuck,* wie Fn 24, 136 ff.

[29] § 10 Ärzte-ZV v 2.12.2007 (BGBl I, 2686), zuletzt geändert d G v 2.12.2007 (BGBl I, 2686), bei *Thürk* (Hrsg), 21-2-1; *G Schneider* (Fn 24) 321 ff.

IV. Kassenärztliche Vereinigungen

20 **1. Mitglieder.** Sie umfassen alle zur kassenärztlichen Versorgung zugelassenen Ärzte, die im Rahmen der vertragsärztlichen Versorgung in den zugelassenen medizinischen Versorgungszentren tätigen angestellten Ärzte, die bei Vertragsärzten nach § 95 Abs 9 und 9a angestellten Ärzte und die an der vertragsärztlichen Versorgung teilnehmenden ermächtigten Krankenhausärzte.[30] Das Fünfte Buch des SGB und Satzungen regeln die Rechte und Pflichten der Mitglieder. Die Vertreterversammlung und der Vorstand bilden die Organe einer KV.[31]

21 **2. Sicherstellungsauftrag.** Die KV hat die **kassenärztliche Versorgung** sicherzustellen, ferner gegenüber den Krankenkassen zu gewährleisten, dass die kassenärztliche Versorgung den gesetzlichen und vertraglichen Erfordernissen genügt.[32] Dazu gehören die Honorarberichtigung, die Wirtschaftlichkeitsprüfung und der Arzneimittelregress. Weiter haben die Vereinigungen die Rechte der Vertragsärzte gegenüber den Krankenkassen wahrzunehmen,[33] insbesondere die Abrechnung für ihre Mitglieder durchzuführen, angemessene Vertrags- und Honorarkonditionen zu vereinbaren, auch Rat und Informationen zu erteilen.

22 Um die **Zulassung als Vertragsarzt** kann sich der Arzt bewerben, der seine Eintragung in ein Arzt- oder Zahnarztregister nachweist. Die KVen führen für jeden Zulassungsbezirk solche Arztregister. Die Eintragung erfolgt auf Antrag, wenn der Arzt die gesetzlichen Voraussetzungen erfüllt, insbesondere approbiert und weitergebildet ist.[34]

23 **3. Einstandspflicht** Die KV trifft gegenüber ihren Mitgliedern und nach außen eine **Einstandspflicht** nach Amtshaftungsgrundsätzen.[35] Die KV haftet gegenüber den Krankenkassen für Schäden, die diesen aus einer schuldhaften Verletzung kassenärztlicher Pflichten durch Vertragsärzte entstehen, soweit sie Rückgriff gegen ihr Mitglied durch Aufrechnung gegen Honoraransprüche nehmen kann. Auch ein Behandlungsfehler kann einen Verstoß gegen vertragsärztliche Pflichten darstellen. Dabei steht der Geltendmachung des öffentlich-rechtlichen Schadensersatzanspruchs durch die Krankenkasse gegenüber der KV[36] nicht entgegen, dass der Kasse möglicherweise ein auf sie nach § 116 SGB X übergegangener zivilrechtlicher Anspruch[37] zusteht.[38]

24 **4. Durchbrochener Kollektivvertrag.** Die Aufgaben der Kassenärztlichen Vereinigungen verändern sich auf zwei Feldern: „Sie sind zum einen **nicht mehr alleiniger Vertragspartner** der Verbände der Krankenkassen, dh das **Prinzip des Kollektivvertrages** wird **durchbrochen.** Zum anderen geht auch der Sicherstellungsauftrag des § 75 SGB V partiell auf die Krankenkassen über."[39] Viele Ärzte betreiben den Ausstieg, ambulante Versorgungsverträge dringen vor. So mag sich demnächst die Frage stellen, ob und

---

[30] § 77 Abs 3 SGB V (auch zu den außerordentlichen Mitgliedern).
[31] Zu den Amtspflichten der rechtsetzenden Organe der KV (§§ 368, 368a, 368f, 368g RVO; jetzt: §§ 72 ff SGB V) BGHZ 81, 21 = NJW 1981, 2000.
[32] Sicherstellungsauftrag und Gewährleistungspflicht, § 75 Abs 1 SGB V.
[33] § 75 Abs 2 S 1 SGB V.
[34] §§ 95 Abs 2, 95a SGB V. Zur Vertragsärztlichen Zulassung im Einzelnen *Schneider* (Fn 24) 318 ff; *Quaas/Zuck*, wie Fn 24, 431 ff.
[35] § 839 BGB iVm Art 34 GG.
[36] Nach den Maßgaben der Bundesmantelverträge; zu diesen ausführlich neben *Quaas/Zuck* (Fn 24) auch *Hess*, in: *Wenzel* (Hrsg), Handbuch des Fachanwalts Medizinrecht, 76 ff.
[37] Zivilrechtlicher Anspruch des Versicherten gegen den Vertragsarzt, vermittelt über § 76 Abs 4 SGB V.
[38] BSGE 55, 144 = NJW 1984, 1422; dazu *Plagemann* NJW 1984, 1377 ff und *Natter* NJW 1986, 1529 f. Vgl auch BGHZ 126, 297 = NJW 1994, 2417 (Schadensersatzansprüche des Unfallversicherungsträgers gegen einen Durchgangsarzt aus fehlerhafter Behandlung).
[39] *Kluth* MedR 2003, 123.

inwieweit sich der Fortbestand dieser Körperschaften des öffentlichen Rechts mit gesetzlicher Pflichtmitgliedschaft verfassungsrechtlich noch legitimieren lässt.

V. Verbände mit freiwilliger Mitgliedschaft

Sie lassen sich **gliedern**[40] in Verbände zur Vertretung aller ärztlichen Interessen und mit berufspolitisch-wirtschaftlicher Zielsetzung, zur Vertretung der Belange von Arztgruppen, gegliedert nach der Stellung der Ärzte im Beruf, der wissenschaftlich-medizinischen Fachrichtung und sonstigen Merkmalen und Interessenlagen.

1. Berufspolitik. Berufspolitisch-wirtschaftliche Ziele verfolgt der **Marburger Bund-Verband der angestellten und beamteten Ärzte Deutschlands eV**. Er ist seit 1948 auf der Grundlage des späteren Tarifvertragsgesetzes die einzige tariffähige Gewerkschaft der angestellten Ärzte sowie seit den sechziger Jahren die Interessenvertretung der beamteten Ärzte. Der Marburger Bund vermag als Ärztegewerkschaft satzungsgemäß auch Medizinstudenten zu organisieren. Als mitgliederstarker Verband gewann der in vierzehn Landesverbänden föderalistisch aufgebaute Bund starkes Gewicht, auch mit Beiträgen zu den Reformdebatten. Zu seinen Aufgaben gehört es, Tarifverträge und andere Abkommen mit Arbeitgebern und deren Verbänden abzuschließen, als Teilnehmer an der „Tarifgemeinschaft für Angestellte im öffentlichen Dienst" als Verhandlungspartner der öffentlichen Arbeitgeber in Bund, Ländern und Gemeinden mitzuwirken, seine Mitglieder in Ärztekammern und Kassenärztlichen Vereinigungen zu vertreten, mitzuarbeiten an der ärztlichen Aus-, Fort- und Weiterbildung, schließlich die Mitglieder berufs-, arbeits-, sozialversicherungs- und beamtenrechtlich zu beraten. Die Verbandszeitung heißt: „marburger bund – Ärztliche Nachrichten".[41]

Der **Verband der niedergelassenen Ärzte Deutschlands eV (NAV – Virchow-Bund)** vertritt die Interessen der niedergelassenen Ärzte aller Fachgebiete gegenüber Parlamenten, Regierungen, Behörden und sonstigen Organisationen im In- und Ausland. Zu seinen Aufgaben gehört auch die Mitgliederberatung.[42] Als Publikationsorgan erscheint die Zeitschrift „der niedergelassene arzt".

Der 1900 gegründete, 1936 aufgelöste und 1949 wiedergegründete, derzeit – ohne Berücksichtigung der korporativen – ungefähr 40 000 Mitglieder zählende **Hartmannbund-Verband der Ärzte Deutschlands** vertritt im Unterschied zu anderen Verbänden freier Mitglieder die beruflichen, wirtschaftlichen und sozialen Interessen aller ärztlichen Berufs- und Fachgruppen.[43] Seine Tradition und der Verbandszweck rücken ihn der Bundesärztekammer nahe. Zu den Kammern und Kassenärztlichen Vereinigungen steht er in einem Kooperations-, manchmal auch Spannungsverhältnis. Als höchstes Beschlussorgan fungiert die Hauptversammlung. Der geschäftsführende Vorstand, die Vorsitzenden der Landesverbände,[44] zusätzlich die von den Landesverbänden gewählten Delegierten, zwei kooperative Mitglieder und zwei Vertreter der Arbeitskreise bilden den Gesamtvorstand. Der Hartmannbund veröffentlicht die Verbandsnachrichten in dem monatlich erscheinenden „Hartmannbund Magazin". Zu den satzungsgemäßen Aufgaben des Verbandes gehören die Ordnung der Sozialversicherung und der öffentlichen Gesundheitspflege, die

---

[40] Nach *Stobrawa*, 1989, 78 ff. Zu den berufsständischen Verbänden mit freiwilliger Mitgliedschaft *Quaas/Zuck* (Fn 24) 256 f.

[41] Zur Bedeutung *Jütte*, Geschichte der deutschen Ärzteschaft, 1997, 204 u passim. Adresse: http://www.marburger-bund.de. Vgl ferner auch *Dahm*, in: HK-AKM, 3440 (2001).

[42] Die Mitgliedschaft (ungefähr 20 000) ist hier wie bei den folgenden Vereinigungen eine freiwillige. Adresse: http://www.medinek.com/nav/index.htm. Vgl auch *Dahm*, in: HK-AKM, 5280 (2001).

[43] Zur Entwicklung vgl *Jütte*, Geschichte der deutschen Ärzteschaft, 1997, 50 ff und passim. Adresse: http://www.hartmannbund.de. Vgl auch *Dahm*, in: HK-AKM, 2330 (2001).

[44] Die alle eigene Geschäftsstellen unterhalten.

Wahrung der Unabhängigkeit der Berufsausübung, der freien Arztwahl und der Niederlassungsfreiheit.

29   2. **Fachverbände.** Auch die **medizinischen Fächer** haben eigene Verbände ausgebildet. Sie haben sich im Berufsverband der praktischen Ärzte und Ärzte für Allgemeinmedizin Deutschlands **(BPA)** eV und in der Gemeinschaft fachärztlicher Berufsverbände **(GFB)** zusammengeschlossen. Dazu gehören im Einzelnen etwa der Berufsverband Deutscher Internisten eV, der Berufsverband der Deutschen Chirurgen eV, der Berufsverband der Ärzte für Orthopädie eV.[45]

30   Zur Kategorie der **Verbände mit ärztlich-medizinischen Aufgaben** zählen auch der Verband Deutscher Betriebs- und Werksärzte eV, der Deutsche Sportärztebund eV, ferner andere fachlich spezialisierte Ärztegruppen, die sich nicht zur Schulmedizin rechnen, ohne jedoch Außenseitermethoden zu verfolgen; dazu rechnen die homöopathischen Ärzte[46] und Vertreter verschiedener Naturheilverfahren.[47]

31   Mit den an die großen ärztlichen Organisationen angeschlossenen Stiftungen schuf sich die Ärzteschaft **Institutionen im Dienste der medizinischen Wissenschaft und Lehre,** der Erforschung der Praxis und der ärztlichen Versorgung des Publikums.[48] Daneben besteht eine große Zahl weiterer freiwilliger wissenschaftlich-medizinischer Zusammenschlüsse, zusammengefasst in der Arbeitsgemeinschaft der wissenschaftlich-medizinischen Fachgesellschaften **(AWMF).**[49] Zu dieser gehört auch der Arbeitskreis Ärzte und Juristen. Einen Dachverband bildet ferner der Deutsche Medizinische Fakultätentag, der sich autonom und unabhängig um den hohen Rang akademischer Forschung und Lehre, auch der Krankenversorgung in den Universitätskliniken bemüht.

32   Mit ihren Erfahrungsberichten, Stellungnahmen und Vorschlägen tragen die fachlich bestimmten, freiwilligen ärztlichen Organisationen wesentlich zur **Qualitätskontrolle der Medizin** und zur Ausbildung der Standards bei. Sie ergänzen auf diese Weise die Verbände mit Pflichtmitgliedschaft.

33   3. **Internationale Zusammenschlüsse.** Die **internationale Zusammenarbeit** auch der Ärzte gewann in jüngster Zeit stark an Gewicht. Im Ständigen Ausschuss der Europäischen Ärzte, 1957 als beratendes Gremium gebildet, vertreten repräsentative nationale Organisationen der Ärzteschaften in den Ländern der Europäischen Union ihre Standpunkte zu gesundheits-, sozial- und berufspolitischen Themen im Dienste gemeinsamer hoher Standards und der Freizügigkeit. Dieses Comité permanent hat die 1975 verabschiedete Richtlinie des Rates für die gegenseitige Anerkennung der Diplome, Prüfungszeugnisse und sonstigen Befähigungsnachweise des Arztes und Maßnahmen zur Erleichterung der tatsächlichen Ausübung des Niederlassungsrechts und des Rechts auf freien Dienstleistungsverkehr[50] als Pionierleistung gefördert.

---

[45] Zu den Vereinigungen, die eine bestimmte Gruppe von Medizinern vertreten, gehört etwa auch der Verband der leitenden Krankenhausärzte.

[46] Organisiert im Deutschen Zentralverein Homöopathischer Ärzte eV.

[47] Der Zentralverband der Ärzte für Naturheilverfahren eV umfasst eine große Zahl medizinischer Gesellschaften und Arbeitsgemeinschaften, desgleichen auch die Hufelandgesellschaft für Gesamtmedizin eV mit ihren Verbänden; vgl die Verzeichnisse bei *Stebner,* Das Recht der biologischen Medizin Bd 1, 1992, 345 f.

[48] Genannt seien die Hans Neuffer-Stiftung, die Hartmannbund-Einrichtungen „Ärzte helfen Ärzten" und die Friedrich Thieding-Stiftung, ferner die Brendan-Schmittmann-Stiftung des Verbandes der niedergelassenen Ärzte.

[49] Sie zählt ungefähr 153 Mitglied-Organisationen. Adresse: http://www.awmf-online.de mit zahlreichen Verweisen. Satzung v 13. 5. 2006 (letzte Änderung 12. 5. 2007) veröffentlicht unter http://www.uni-duesseldorf.de/AWMF/awmf-frp.htm. Zur Tätigkeit BÄK (Hrsg), Tätigkeitsbericht 2007 (erschienen 2008), 128 ff u 2008 (erschienen 2009), 106 ff.

[50] Anerkennungsrichtlinie 75/362 EWG; dazu *Narr,* ÄrztlBerufsR, Stand 1982, RdNr 53. Zu den europäischen Aktivitäten der Ärzteschaft der Tätigkeitsbericht 2007 (erschienen 2008) der BÄK,

4. Kapitel. Ärztliches Berufs- und Standesrecht § 14

Die Bundesärztekammer gehört seit 1951 als Mitglied dem **Weltärztebund** (World 34 Medical Association, WMA) an, dessen berufsethische Deklarationen weltweit beachtete Maßstäbe setzen.[51] Das Genfer Gelöbnis des Weltärztebundes von 1948 hat dem Hippokratischen Eid eine moderne Fassung gegeben, auf der das den meisten ärztlichen Berufsordnungen vorangestellte Gelöbnis gründet. Maßstäbe gesetzt haben auch die Revidierte Deklaration von Lissabon über die Rechte der Patienten (1995) und die revidierte Deklaration von Helsinki mit ethischen Grundsätzen für die medizinische Forschung am Menschen (2004).[52]

§ 14 Berufspflichten und Berufsgerichtsbarkeit

Inhaltsübersicht

	RdNr
I. Grundlagen	1
1. Generalklauseln	1
2. Grundwerte	2
3. Berufsbezogenes und außerberufliches Verhalten	5
II. Statuierte Berufspflichten	9
1. Statuierte Berufspflichten	9
2. Satzungen	11
3. Behandlungspflicht	12
4. Berufspflichten aus allgemeinem Recht	14
III. Berufsgerichte	15
1. Rechtsgrundlage	15
2. Verfahren	16
3. Berufsgerichtliche Maßnahmen	22
4. Berufsrechtlicher Überhang	23
5. Außerberufliches Fehlverhalten	27
6. Strafverfahren, kassenärztliches Disziplinarverfahren	28
IV. Beständigkeit und Wandel der Berufspflichten	29

Schrifttum: *Bettermann/Walter,* Berufsgerichtsbarkeit und Berufszulassung der Ärzte, NJW 1963, 1649–1665; *Franzki,* Verhalten des Arztes im Konfliktfall, MedR 2000, 464–467; *Heile/Mertens/Pottschmidt/Wandtke* (Hrsg), Sammlung von Entscheidungen der Berufsgerichte für die Heilberufe, 3 Ordner, Stand 1999; *Laufs,* Zum Wandel des ärztlichen Berufsrechts, FS Geiger, 1989, 228–239; *ders,* Der ärztliche Heilauftrag aus juristischer Sicht, 1989; *Markwardt,* Vergleichende Untersuchung der Rechtsprechung des BGH und der Berufsgerichte zur Strafbarkeit und Ahndung des ärztlichen Behandlungsfehlers, 1995; *Pellegrino,* Einleitung: Die medizinische Ethik in den USA, in: *Sass* (Hrsg), Bioethik in den USA. Methoden, Themen, Positionen, mit besonderer Berücksichtigung der Problemstellungen in der BRD, 1988, 1–18; *Quaas/Zuck,* Medizinrecht, 2. Aufl. 2008, § 12, 218 ff, 233 ff; *Schipperges,* Die Technik der Medizin und die Ethik des Arztes. Es geht um den Patienten, 1988; *Schlenker,* Das „berufsunwürdige Handeln" des Arztes, o J; *Seidler,* Diesseits von Hippokrates. Anmerkungen zur aktuellen Bedeutung des Hippokratischen Eides, Sonderbeil 31 ÄBl BW 4/89; *Steiner,* Zur Lage des Arztes als freiem Beruf, in: FS Deutsch, 2009, 635; *Vogel,* Entwicklungslinien in der ärztlichen Berufsgerichtsbarkeit, FS Narr, 1988, 129–143; *Weissauer/Poellinger,* Ist eine Regelung der ärztlichen Berufspflichten durch Berufsordnungen oder Ärztekammern mit Art 12 Abs 1 GG vereinbar?, 1961.

---

40 ff; dort auch Hinweis auf die „Ärzte-Richtlinie" 93/16/EWG des Rates und die Richtlinie 2005/36 EG über die Anerkennung von Berufsqualifikationen (darüber *Haage* MedR 2008, 70). Vgl ferner *Blaurock* (Hrsg), Der Binnenmarkt und die Freiheit der freien Berufe in Deutschland und Schweden, 1997.

[51] Handbuch der Deklarationen, deutsche Fassung, Oktober 1999. Vgl ferner die Angaben in den jährlichen Tätigkeitsberichten der BÄK, zuletzt 2007 (2008), 53 f u 2008 (2009), 39 f.

[52] Beide Texte bei *Deutsch/Spickhoff,* Medizinrecht, 6. Aufl 2008, 973 ff.

I. Grundlagen

1 **1. Generalklauseln.** Das Wirken des Arztes erfährt seine Bestimmung nicht allein aus sich selbst heraus. „Es erhält seine Bedeutung und seine Kompetenz erst durch die **Anerkennung des Partners und der Gemeinschaft** und bedarf hierfür der wissenschaftlichen, rechtlichen und sittlichen Rechtfertigung."[1] Die ärztliche Berufsausübung gründet auf einer langen wissenschaftlichen und geistigen **Tradition.** Der Dienst des Arztes steht in der Pflicht des einzelnen bedürftigen Menschen wie der Gesamtheit und verlangt gleichermaßen sachliche und ethische Kompetenz. Eine Hauptquelle der abendländischen Medizingeschichte bildet der **Hippokratische Eid.** Manche seiner Aussagen zeigen historische Gebundenheit, andere enthalten wesentliche Elemente zeitlos richtigen ethischen Verhaltens gegenüber dem Kranken. Fundamental-ethische Ansprüche finden sich in gleichsinnigen Texten anderer Traditionen und Epochen. „Wir müssen daher aus den Selbstverpflichtungen der Ärzte aller Zeiten die **Konstanten** herauslesen; sie beschreiben in grundsätzlicher und daher auch für uns gültiger Weise den ethischen Anspruch der Begegnung von Not und Hilfe. Der Arzt soll: Leben schützen; seinem Patienten nicht schaden; das Wohl des Kranken voranstellen; die Menschenwürde im Kranken achten; durch Kompetenz und Gewissensfähigkeit selbst vertrauenswürdig sein."[2] Die in den Kammer- und Heilberufsgesetzen enthaltenen **Generalpflichtenklauseln** bedürfen der Konkretisierung und Ausfüllung. Die in den Berufsordnungen aufgeführten Einzelpflichten erschöpfen den Inhalt des geschuldeten ärztlichen Dienstes keineswegs.[3] Auch sie bleiben auf Ergänzungen und Fortbildungen angewiesen. Dabei stehen Berufsethik und Berufsrecht in unauflöslichem, wechselbezüglichem Zusammenhang.

2 **2. Grundwerte. Gesellschaftlicher Wandel** verändert auch die Medizin und den ärztlichen Dienst. „Mächtige soziale Faktoren bestimmten und bestimmen, ob Menschen krank werden oder nicht, und wie und mit welchen Ergebnissen sie behandelt werden. Ein Arzt kann nicht früh genug die Tatsache würdigen, dass sein Beruf Teil und Produkt der Gesellschaft ist, und dass dieser immer mit Religion, Philosophie, Wirtschaft, Politik und der ganzen menschlichen Kultur eng verbunden war und bleibt."[4] Die **technische Realisation**[5] erweitert das Feld des Machbaren und weckt Bedürfnisse, die so stark sind, dass ihnen die Befriedigung nicht versagt bleiben kann. Zugleich mit den technischen Möglichkeiten verschieben sich die **Wertvorstellungen**[6] und verändert sich das Grundverhältnis zwischen Arzt und Patient. Der Arzt hat der Gesundheit des einzelnen Menschen und des gesamten Volkes zu dienen, so der erste Satz der BÄO. Die Gewichte indessen scheinen sich mehr und mehr auf dessen zweiten Teil zu verlagern.[7]

---

[1] *Seidler,* Artikel Arzt, Staatslexikon I, 7. Aufl 1985, Sp 366.
[2] *Seidler* ÄBl BW 4/89.
[3] *Rieger,* Lexikon des Arztrechts (1. Aufl 1984) RdNr 390: „Die Nennung der Einzelpflichten in der Berufsordnung ist nicht abschließend, sondern immer nur beispielhaft."
[4] *Ackerknecht,* Geschichte der Medizin, 7. Aufl 1992, 5. – Eindrucksvoll zum Wandel der Medizinethik und zu deren Bruchlinien *Pellegrino* in der in der Literaturübersicht angezeigten Einleitung. Instruktiv der Überblick zu den medizinethischen Grundlagen von *Vollmann,* Aufklärung und Einwilligung in der Psychiatrie. Ein Beitrag zur Ethik in der Medizin, 2000, 1 ff.
[5] *Forsthoff,* Der Staat der Industriegesellschaft, 1971. Vgl auch *Jaspers,* Der Arzt im technischen Zeitalter, Ausgabe 1986.
[6] *Würtenberger,* Zeitgeist und Recht, 2. Aufl 1991; dazu wertvoll *Rüthers* ZRP 1988, 283 ff. Aus der umfangreichen Literatur wenigstens: *Schünemann/Müller/Philipps* (Hrsg), Das Menschenbild im weltweiten Wandel der Grundrechte, 2002; *Häberle,* Das Menschenbild im Verfassungsstaat, 3. Aufl 2005; *Böckenförde,* Menschenwürde als normatives Prinzip. Die Grundrechte in der bioethischen Debatte, JZ 2003, 809–815.
[7] *Wieland,* Strukturwandel der Medizin und ärztliche Ethik, 1986, insbes 133.

4. Kapitel. Ärztliches Berufs- und Standesrecht   3–7 § 14

Ein Paradigmawechsel[8] deutet sich auch an im Verhältnis des Arztes zum menschlichen Leben.[9]

Bei den **Problemen des Lebensschutzes** geht es um das Sinnganze der menschlichen 3 Existenz. An ihnen erweisen sich die Grundkonsense wie die sittlichen Bruchlinien einer Gemeinschaft. Das sozialethische Bewusstsein schwankt auch auf dem Feld des Lebensschutzes, vornehmlich am Anfang und Ende menschlicher Existenz. Umso notwendiger erscheint die den inneren Frieden und die Gemeinschaft gewährleistende Funktion des Rechts. Die in der **Verfassung** normierten **Grundwertentscheidungen** bilden den gemeinsamen sozialethischen Nenner der pluralistischen Gesellschaft.[10] Zu diesen Grundwerten gehören die Würde und das Leben des Menschen.

Im Zeichen sich ändernder Verhältnisse hat der ärztliche Stand die meist altüberlieferten 4 **Berufspflichten fortzubilden** und neuen Erfordernissen behutsam anzupassen, wobei er immer an die Rechtsordnung und vornehmlich an das Grundgesetz gebunden bleibt. Umgekehrt prägen verantwortliche ärztliche Maßgaben das positive Recht mit aus, indem sie bei dessen Auslegung und Anwendung im Einzelfall mit einfließen und insbesondere die tatbestandsarmen Normen oder Generalklauseln ausfüllen helfen.

3. Berufsbezogenes und außerberufliches Verhalten. Nach wie vor finden sich in 5 den Kammer- und Heilberufsgesetzen **Generalklauseln,** die den ärztlichen Pflichtenkatalog zusammenfassend umschreiben. So kennt das baden-württembergische Heilberufe-Kammergesetz[11] wie andere Kammergesetze, die auf einer gemeinsam erarbeiteten Richtlinie der Gesundheitsministerkonferenz der Länder beruhen, den Satz: „Die Kammermitglieder sind verpflichtet, ihren Beruf gewissenhaft auszuüben und dem ihnen in Zusammenhang mit dem Beruf entgegengebrachten Vertrauen zu entsprechen."

Nach dieser Generalpflichtenklausel gilt **allein berufsbezogenes,** nicht privates, zu miss- 6 billigendes **Verhalten als pflichtwidrig** und damit der Berufsgerichtsbarkeit unterworfen. Das Verfassungsrecht gebot dem Gesetzgeber eine solche Einengung nicht. Im **Facharztbeschluss** hat das BVerfG ausgeführt:[12] „Es entspricht der Natur allen Standesrechts, dass die Berufspflichten der Standesangehörigen nicht in einzelnen Tatbeständen erschöpfend umschrieben werden können, sondern in einer Generalklausel zusammengefasst sind, welche die Berufsangehörigen zu gewissenhafter Berufsausübung und zu achtungs- und vertrauenswürdigem Verhalten innerhalb und *außerhalb* des Berufs anhält, die nähere Bestimmung der sich hieraus ergebenden einzelnen Pflichten aber der Aufsichtspraxis der Standesorgane und der Rechtsprechung der Berufsgerichte überlässt. In Rechtsprechung und Schrifttum ist anerkannt, dass eine solche Generalklausel auch gegenüber dem Verfassungsgebot des Art 103 Abs 2 GG als Grundlage für eine berufsgerichtliche Bestrafung ausreicht."

Die eingeengte ärztliche Generalpflichtenklausel hat im Berufsrecht der Anwälte, Wirt- 7 schaftsprüfer, Steuerberater und im Dienstrecht der Beamten keine Parallele. Die Bundesrechtsanwaltsordnung etwa enthält den Satz: „Ein außerhalb des Berufs liegendes Verhalten eines Rechtsanwalts, das eine rechtswidrige Tat oder eine mit Geldbuße bedrohte Handlung darstellt, ist eine anwaltsgerichtlich zu ahndende Pflichtverletzung, wenn es nach den Umständen des Einzelfalls in besonderem Maße geeignet ist, Achtung und Vertrauen der Rechtsuchenden in einer für die Ausübung der Anwaltstätigkeit bedeutsamen Weise zu beeinträchtigen."[13] In der Tat kann **außerberufliches Verhalten** das für den pro-

---

[8] *Th S Kuhn,* Die Struktur wissenschaftlicher Revolutionen, 2. Aufl 1992.
[9] Man lese *Robert Spaemann* (Personen. Versuche über den Unterschied zwischen „etwas" und „jemand", 2. Aufl 1998) einerseits, *Helga Kuhse* und *Peter Singer* (Individuen, Menschen, Personen. Fragen des Lebens und Sterbens, 1999) andererseits.
[10] *Isensee* NJW 1977, 545 ff.
[11] § 29.
[12] BVerfGE 33, 125, 164 = NJW 1972, 1504, 158.
[13] § 113 Abs 2 BRAO, neugef durch G v 2. 9. 1994, zuletzt geändert durch G v 12. 12. 2007, BGBl I, 2840.

fessionellen Dienst erforderliche Vertrauen einschränken oder gar zerstören. Darum lässt sich auch aus der eingeengten ärztlichen Generalpflichtenklausel nicht schlechthin schließen, alle privaten Vorgänge blieben ohne Rückwirkung auf das berufliche Ansehen des Arztes und ganz außerhalb der berufsgerichtlichen Ahndung.[14]

8   Freilich muss das außerberufliche Verhalten des Arztes, wenn es denn als Verstoß gegen die Standespflicht gelten soll, das Empfinden Dritter erheblich verletzen. „Mit Rücksicht auf den Wandel in der disziplinaren Wertung kann außerberufliches Verhalten eines Arztes ... nur dann noch als ein Berufsvergehen angesehen werden, wenn es nach den Umständen des Einzelfalles in besonderem Maße geeignet ist, Achtung und Vertrauen, die der ärztliche Beruf erfordert, in einer für die Ausübung oder das Ansehen dieses Berufes bedeutsamen Weise zu beeinträchtigen."[15]

II. Statuierte Berufspflichten

9   **1. Statuierte Berufspflichten** Die vornehmste Aufgabe des Arztes ist es, das **Leben zu erhalten,**[16] die Gesundheit zu schützen und wiederherzustellen und Leiden zu lindern. Dabei hat er die Autonomie des Kranken insbesondere durch dessen **Aufklärung** zu achten. Den Arzt trifft die **Pflicht, sich beruflich fortzubilden** und sich dabei auch über die für die Berufspraxis geltenden Vorschriften zu unterrichten, auch an der Qualitätssicherung teilzunehmen und selbst zur Fortentwicklung der Wissenschaft beizutragen. Der Arzt in eigener Praxis hat über die in Ausübung seines Berufs getroffenen Befunde und Maßnahmen **Aufzeichnungen** zu fertigen. Weiter hat der Arzt die Pflicht, am **Notfalldienst** teilzunehmen und sich dafür fortzubilden, auch **unerwünschte Arzneimittelwirkungen** der Arzneimittelkommission der deutschen Ärzteschaft mitzuteilen.

10   Die Berufsordnung kann **weitere Pflichten** im Einzelnen aufstellen und insbesondere Vorschriften statuieren über die Verschwiegenheit, das Ausstellen von Gutachten und Zeugnissen, über Praxisankündigungen und -schilder, die Durchführung von Sprechstunden, die gemeinsame Ausübung der Berufstätigkeit, den Abschluss einer ausreichenden Haftpflichtversicherung, die Angemessenheit und Nachprüfbarkeit des Honorars, die Verordnung und Empfehlung von Heil- und Hilfsmitteln, das berufliche Verhalten gegenüber anderen Berufsangehörigen und Angehörigen anderer Berufe, über die Beschäftigung von Vertretern, Assistenten und sonstigen Mitarbeitern sowie die Ausbildung der Famuli und Praktikanten, schließlich zur Ausbildung von Helferberufen, nicht zuletzt zur Einhaltung der Fortbildungspflicht.[17]

In ihrem medizinrechtlichen Handbuch fassen Deutsch und Spickhoff das Wesentliche knapp und treffend zusammen: „Im Vordergrund der ärztlichen Tätigkeit stehen Helfen, Schützen, Nicht-Täuschen. Für den Patienten gilt entsprechend: Ansprechen, Vertrauen, Befolgen."

11   **2. Satzungen.** Zuständig für den **Erlass von Satzungen,** also auch der Berufsordnung, sind die Vertreterversammlungen der Landesärztekammern.[18] Ihre Zuständigkeit

---

[14] Zutreffend *Narr/Hess/Schirmer*, ÄrztlBerufsR, 2. Aufl 1994, Bd II, RdNr B 87.
[15] OVG Münster, LBerufsG f Heilber NJW 1976, 2317. (Ein 62-jähriger Arzt hatte die von ihren Eltern ihm als ihrem Hausarzt in einer kleineren Gemeinde für eine Reise anvertraute 13-jährige Zeugin mit an einen FKK-Strand genommen und sie veranlasst, sich zu entkleiden, auch ihre Brust mit einem Sonnenschutzmittel eingerieben.)
[16] Wichtige Denkanstöße in: *Duttge* (Hrsg), Ärztliche Behandlung am Lebensende, 2008.
[17] § 31 Abs 2 Ziff 2 HeilbKG BW, geändert durch das Gesetz zur Änderung heilberufsrechtlicher Vorschriften vom 11. 10. 2007, GBl BW 473.
[18] § 9 Abs 2 HeilbKG BW, um ein Beispiel zu nennen. – Mustersatzungen im Dienst einheitlicher Rechtsfortbildung leistet die BÄK, eine Arbeitsgemeinschaft, zu der sich die öffentlich-rechtlichen Kammern privatrechtlich zusammengeschlossen haben (was sie dürfen: vgl etwa § 4 Abs 2 HeilbKG BW).

umfasst auch den Erlass von Regeln der Berufsausübung auf dem Feld der Neulandmedizin. Nach der Muster-Berufsordnung[19] trifft den Arzt die Pflicht, „sich vor der Durchführung biomedizinischer Forschung am Menschen – ausgenommen bei ausschließlich epidemiologischen Forschungsvorhaben – durch eine bei der Ärztekammer oder einer Medizinischen Fakultät gebildete **Ethik-Kommission** über die mit seinem Vorhaben verbundenen berufsethischen und berufsrechtlichen Fragen beraten zu lassen. Dasselbe gilt vor der Durchführung gesetzlich zugelassener Forschung mit vitalen menschlichen Gameten und lebendem embryonalen Gewebe." Mit der Übernahme dieser Berufspflicht in das Satzungsrecht der Ärztekammern verlieren die freien Ethik-Kommissionen ihr Tätigkeitsfeld, während die Inanspruchnahme der auf Maßgaben des öffentlichen Rechts beruhenden, in das Organisationsgefüge korporativer Träger hoheitlicher Gewalt einbezogenen Instanzen mit ihren ehrenamtlich tätigen Sachverständigen erheblich anwächst.[20] Die öffentlich-rechtlich legitimierten kritischen Konsiliargremien, deren Bescheide neuerdings als Verwaltungsakte binden[21] und also rechtlich wirken,[22] liegen im Sinne der unverzichtbaren berufsständischen Selbstkontrolle und dienen dem Gemeinwohl. Die Berufspflicht zur Konsultation einer öffentlich-rechtlich begründeten Ethik-Kommission bei klinischen Experimenten und Heilversuchen hat danach keinen geringen Rang.

3. Behandlungspflicht. Auch im Arztrecht besteht grundsätzlich die **Vertragsautonomie.**[23] Dem Recht des Patienten auf freie Arztwahl entspricht die Freiheit des Arztes, sich nur der Patienten anzunehmen, die er nach pflichtgemäßem Ermessen behandeln will. „Ärztinnen und Ärzte", so die Berufsordnung,[24] „achten das Recht ihrer Patientinnen und Patienten, die Ärztin oder den Arzt frei zu wählen oder zu wechseln. Andererseits sind – von Notfällen oder besonderen rechtlichen Verpflichtungen abgesehen – auch der Ärztinnen und Ärzte frei, eine Behandlung abzulehnen." Nach der Berufsregel darf der Arzt bei der Annahme Kranker also keineswegs unsachlich und willkürlich verfahren. Deren Hilfsbedürftigkeit vermag ihn durchaus zu verpflichten. Es gilt wohl grundsätzlich „eine allgemeine **Berufspflicht zur Übernahme erbetener Behandlungen**".[25] Für den **Vertragsarzt** ergibt sich dies aus dem Gesetz. Seine Zulassung bewirkt nach § 95 Abs 3 SGB V das Recht und die Pflicht, an der vertragsärztlichen Versorgung teilzunehmen. Der Vertragsarzt hat darum kraft seiner Zulassung alle Kassenpatienten im Rahmen der gesetzlichen und vertraglichen Vorschriften in Erfüllung einer öffentlich-rechtlichen Pflicht zu behandeln. Er darf seine **Hilfe nicht verweigern,** will er sich nicht Disziplinarmaßnahmen zuziehen. Nur ein triftiger Grund erlaubt es dem Vertragsarzt, etwa einen HIV-positiven Patienten zurückzuweisen oder zu verabschieden.[26]

Lässt sich ein **Vertrauensverhältnis** nicht begründen oder fortsetzen, trägt der um Zuwendung Gebetene bereits eine Überlast oder verlangt der Patient nicht angezeigte Dienste oder Ungebührliches oder befolgt er ärztliche Anordnungen nicht, so darf sich

---

[19] § 15 Abs 1; abzulehnen die Ausnahme der „ausschließlich epidemiologischen Forschungsvorhaben", denn auch diese können personenbezogen sein und also das Persönlichkeitsrecht berühren (vgl BO BW 1998, § 15).
[20] Dagegen *Rupp,* Hdb d Umwelt- u Technikrechts 1990, 23 ff; *Pfeiffer* VersR 1990, 685 ff; 1991, 613 ff; anders als Rupp und Pfeiffer: *Schröder* VersR 1990, 243 ff und *Laufs/Reiling* in ihrem Gutachten 1990 (auszugsweise veröffentlicht in MedR 1991, 1 ff). Vgl ferner die Nachweise bei *Laufs* NJW 1995, 1590, 1592, auch *Deutsch/Lippert,* Ethikkommission und klinische Prüfung, 1998; *Wilkening* MedR 2001, 301 ff; *Deutsch/Spickhoff,* Medizinrecht, 6. Aufl 2008, RdNr 1347 ff, S 772 ff.
[21] Vgl dazu *Kern* MedR 2008, 631 ff.
[22] Vornehmlich haftungsrechtlich, § 276 BGB, Art 34 GG, § 839 BGB.
[23] *Deutsch/Spickhoff,* Medizinrecht, RdNr 20.
[24] MBO § 7 Abs 2.
[25] *Luig,* Der Arztvertrag, in: Vertragsschuldverhältnisse, 1974, 230.
[26] *Laufs* NJW 1987, 2257, 2262. – Über die Vertragsabschlussfreiheit des Arztes bei gestörtem Vertrauensverhältnis zum Patienten *Hecker* MedR 2001, 224 ff; zur Behandlungsverweigerung bei Kassenpatienten *Krieger* MedR 1999, 519 ff.

der Arzt verschließen. Auch der Privatarzt bedarf solcher sachlichen Gründe, wenn er von Rechts wegen erlaubtermaßen einen um Hilfe bittenden Kranken abweisen will. Zwar begrenzen und ordnen seit der Errungenschaft der Kurierfreiheit, seit dem Wandel des Mediziners vom bestallten Offizianten zum freien Arzt, nicht mehr staatliche Medizinalordnungen die Rechte und Pflichten des Standes im Einzelnen, doch hat staatliche Billigung dessen eigenen, selbst ausgebildeten Standards und berufsethischen Maßgaben in ihren wesentlichen Zügen auch rechtlich verpflichtende Wirkung verschafft. Deshalb bindet die Berufsregel, die dem Arzt allgemein die **Annahme Hilfsbedürftiger** gebietet, ihn nicht nur, wie von alters her,[27] sittlich,[28] sondern auch rechtlich: Wesentliche berufsethische Maßgaben konstituieren zugleich Rechtspflichten des Arztes.[29]

14   **4. Berufspflichten aus allgemeinem Recht.** Die wichtigsten **Berufspflichten** ergeben sich schon **aus dem allgemeinen Recht,** aus den Normen des Grundgesetzes, des BGB, des StGB. Ein Beispiel bietet die ärztliche **Schweigepflicht.** Die richterliche Rechtsfortbildung prägt die mannigfachen gesetzlich begründeten **Sorgfaltspflichten** mit aus, die sich im Zuge der wissenschaftlich-technischen Fortschritte stetig erhöhen. Die Regeln der Berufsordnung ergänzen und erweitern die gesetzlichen Pflichten. Auch geben sie Letzteren vielfach konkreten Inhalt, ohne sie jedoch einschränken oder verkürzen zu können. So ging ein Vorschlag etwa dahin, die satzungsgebende Berufskörperschaft möge die bundesrechtlich bestehende ärztliche Schweigepflicht dergestalt konkretisieren und inhaltlich ausmessen, dass sie die Übergabe der Krankenunterlagen in die Hand des Praxisnachfolgers an vorausgehende öffentliche Hinweise binde, die es den Patienten ermöglichen sollen, zu widersprechen.[30]

III. Berufsgerichte

15   **1. Rechtsgrundlage.** Die beruflichen Spruchinstanzen ahnden als Gerichte für besondere Sachgebiete Verstöße von nichtbeamteten Angehörigen der Heilberufe[31] gegen ihre Berufspflichten. Die **Rechtsgrundlage** dafür findet sich in den Kammer- oder Heilberufsgesetzen der Bundesländer.[32] Die Landesgesetzgeber gestalten sie nicht einheitlich.

---

[27] Zu den sittlichen Pflichten des Arztes allgemein vgl auch *Diepgen,* Die Theologie und der ärztliche Stand, 1922, insbes 43; aus der älteren Literatur eingehend *Lampe,* De honore, privilegiis et iuribus singularibus medicorum, 1736, 144 f. Der Arzt darf angesichts der Pest den Kranken nicht entfliehen.
[28] „Die Behandlungspflicht, die Verpflichtung des Arztes, jedem hilfsbedürftigen Kranken zu helfen, gilt im Grundsatz uneingeschränkt": *Lukowsky,* Philosophie des Arzttums, 1966, 220.
[29] BVerfGE 52, 131 = NJW 1979, 1925, 1930, unter Berufung auf *E Schmidt.*
[30] Dazu *Laufs* MedR 1989, 309 f; anders aber BGH NJW 1992, 737; vgl ferner *Rieger,* Rechtsfragen beim Verkauf und Erwerb einer ärztlichen Praxis, 4. Aufl 1999, 35 ff. Zu Schweigepflicht und Datenschutz in der medizinischen Forschung *Helle* MedR 1996, 13 ff; zur Auskunftspflicht des Arztes gegenüber Leistungsträgern des SGB *Kamps/Kiesecker* MedR 1997, 216 ff.
[31] Ärzte, Zahnärzte, Apotheker, Beamte unterliegen als Ärzte, anders als ihre angestellten und niedergelassenen Kollegen, dem berufsgerichtlichen Verfahren bei der Kammer nicht. „Für sie gilt ausschließlich das Disziplinarrecht des Dienstherrn, auch für im Dienst begangene berufsunwürdige Handlungen", *Lippert,* in *Ratzel/Lippert,* Kommentar zur Musterberufsordnung, § 2 RdNr 33. – Vgl andererseits auch § 81 Abs 5 SGB V. Zur ärztlichen Berufsgerichtsbarkeit eingehend schon *Narr/Heß/Schirmer* (Fn 14) RdNr B 77 ff. – Im berufsgerichtlichen Verfahren ist für eine Anwendung des Gesetzes über die Entschädigung für Strafverfolgungsmaßnahmen kein Raum: Bay LBerufsG f d Heilberufe NJW 1997, 2465.
[32] Art 101 Abs 2 GG: „Gerichte für besondere Sachgebiete können nur durch Gesetz errichtet werden." Es geht um Spruchkörper, „die im Rahmen ihrer Zuständigkeit an die Stelle der sonst und im Allgemeinen zuständigen Gerichte treten, die aber gesetzlich im Voraus für bestimmte Sachgebiete generell zur Entscheidung berufen sind, ohne dass der Gleichheitssatz für alle in Betracht kommenden Personen verletzt ist" (*Maunz,* in: *Maunz/Dürig/Herzog/Scholz/Lerche/Papier/Randelzhofer/Schmidt-Aßmann,* GG Kommentar, Art 101 RdNr 4, unter Hinweis auf BVerfGE 10, 212).

Die Berufsgerichte sind überwiegend der Verwaltungsgerichtsbarkeit, in Bayern der ordentlichen Justiz, in Schleswig-Holstein der Dienststrafkammer für Beamte angegliedert. In Baden-Württemberg, Niedersachsen und dem Saarland bestehen die Spruchinstanzen als selbstständige Gerichte bei den Ärztekammern. Überall kommt den Mitgliedern der Berufsgerichte volle sachliche und persönliche **Unabhängigkeit** zu. Auch wo die Berufsgerichte als selbstständige Institutionen bestehen, unterliegen ihre Organe dem entscheidenden Einfluss des Staates: Die zuständigen staatlichen Behörden entscheiden über die Bestellung der Mitglieder der Berufsgerichte in eigener Verantwortung.[33] „Ein von einer Standesorganisation getragenes besonderes Gericht kann ... nur dann als staatliches Gericht angesehen werden, wenn seine Bindung an den Staat auch in personeller Hinsicht hinreichend gewährleistet ist."[34]

2. Verfahren. Das – an den Strafprozess angelehnte – berufsgerichtliche Verfahren kennt **zwei Instanzen.** Die Berufsgerichte erster Instanz sind meist besetzt mit einem auf Lebenszeit ernannten Berufsrichter der allgemeinen Gerichtsbarkeit als Vorsitzenden und zwei Ärzten als Beisitzern.[35] Die Berufungsinstanzen umfassen jeweils fünf Mitglieder, wobei das Verhältnis zwischen Berufsrichtern und Ärzten schwankt. Die zweite Instanz darf eine Entscheidung der ersten nicht zum Nachteil des Beschuldigten ändern, wenn die Berufung nur zu dessen Gunsten erfolgte.[36]

Der Vorstand der Ärztekammer, in Baden-Württemberg der Kammeranwalt, leitet das Verfahren ein, das nicht öffentlich abläuft. Hängt wegen desselben Sachverhalts ein Strafprozess an, so steht dieser bis zu seinem Ausgang dem berufsgerichtlichen Verfahren entgegen. Das Berufsgericht hat ein laufendes Verfahren auszusetzen, wenn ein Strafprozess dazwischen kommt. Im berufsgerichtlichen Verfahren braucht sich der beschuldigte Arzt nicht zu äußern, worüber er zu belehren ist. Er kann sich zu den gegen ihn erhobenen Vorwürfen auch schriftlich einlassen. Ferner kann er sich eines Rechtsbeistandes bedienen.

Zeugen wie **Sachverständige** trifft grundsätzlich die Pflicht, vor dem Berufsgericht zu erscheinen und – auch eidlich – auszusagen. Verweigern sie ihr Erscheinen oder die Auskunft, so gelten die Vorschriften der StPO entsprechend. „Wahrheitsgemäße Zeugenaussagen und nach bestem Wissen und Gewissen erstattete Sachverständigengutachten verletzen nicht die Pflicht zu rücksichtsvollem Verhalten gegenüber Kollegen, es sei denn, dass eine Äußerung ohne jeden inneren Zusammenhang mit dem Beweisthema steht oder als Formalbeleidigung anzusehen ist."[37]

Im ersten Rechtszug ist das **Berufsgericht** örtlich **zuständig,** in dessen Bezirk das Kammermitglied seinen Beruf ausübt, oder, wenn es nicht praktiziert, seinen Wohnsitz hat.[38] Verzieht ein Arzt nach einer berufsunwürdigen Tat in einen anderen Kammerbezirk, so ist für die Ahndung nicht die bisherige, sondern die Kammer zuständig, in welcher sich der Arzt nunmehr als neues Mitglied betätigt. Nur diese Kammer hat die Gerichtshoheit über den Arzt inne und diese auch auszuüben. Denn ein Wechsel der Kammerzugehörigkeit tilgt die Berufsunwürdigkeit einer Tat grundsätzlich nicht.[39]

---

[33] Vgl etwa § 21 Abs 4 HeilbKG BW; BVerfGE 27, 355, 361 ff.
[34] BVerfGE 18, 241, 253 = NJW 1965, 343, 344.
[35] In Berlin judizieren zwei Richter und drei Ärzte. Das berufsgerichtliche Verfahren kennt die Bestellung eines Pflichtverteidigers nicht: OVG NW MedR 1994, 197. Zu den Wirksamkeitsvoraussetzungen für die Einlegung des Rechtsmittels der Berufung LBerufsG f Heilber b OVG NW MedR 1995, 293, LBerufsG f Heilber b OVG NW NJW 1996, 2444.
[36] Verbot der reformatio in peius. – Zur Wiederaufnahme berufsgerichtlicher Verfahren Bay LBerufsG f Heilber MedR 1998, 433; vgl auch MedR 2000, 591.
[37] Gerichtshof f Heilber Nds MedR 1983, 185.
[38] Vgl etwa § 60 Abs 1 HeilbKG BW.
[39] Zum Geltungsbereich der Berufsordnung mit unterschiedlichen Fallvarianten die berufsgerichtliche Spruchpraxis bei *Heile/Mertens/Pottschmidt/Wandtke* (Hrsg), B 2 Nr 1–18.

20 Die strafprozessualen Regeln über die Einstellung des Verfahrens[40] lassen sich, sofern landesgesetzliche Vorschriften fehlen, entsprechend anwenden. Dritte, auch Anzeigeerstatter, dürfen die berufsgerichtlichen Akten grundsätzlich nicht einsehen.[41] Im Amtshilfeverfahren dürfen die Berufsgerichtsakten nur an die ersuchende Behörde gelangen, wenn der Beschuldigte zugestimmt hat. Auch über die Anhängigkeit selbst darf keine Nachricht erfolgen.[42] Das Berufsgericht bestimmt in seiner abschließenden Erkenntnis, wer die Kosten des Verfahrens, Gebühren und Auslagen zu tragen hat.

21 Berufsgerichtliche Entscheidungen gelten als richterliche Erkenntnisse, nicht als Verwaltungsakte. Die Entscheidungen der Landesberufsgerichte, also der zweiten Instanz, sind endgültig. Der Rechtsweg zu den Verwaltungsgerichten steht daher nicht offen. Mit dem Vorwurf der Grundrechtsverletzung kann indessen das BVerfG angerufen werden.[43]

22 **3. Berufsgerichtliche Maßnahmen.** Als Folge berufsunwürdiger Handlungen kommen folgende **berufsgerichtliche Maßnahmen** in Betracht:[44] eine Warnung, ein Verweis, eine Geldbuße bis zu 50 000,– Euro, die Aberkennung der Mitgliedschaft in den Organen der Kammer sowie in deren Unterorganisationen, die Aberkennung des Wahlrechts und der Wählbarkeit im Rahmen der Kammer-Selbstverwaltung bis zur Dauer von fünf Jahren. Geldbuße, Aberkennung der Mitgliedschaft und des Wahlrechts kann das Berufsgericht nebeneinander verhängen. Indessen kann das Berufsgericht die **Berufsausübung nicht untersagen;** die Regelungen der Berufszulassung fallen in die Bundeskompetenz, der Landesgesetzgeber vermag eine solche Sanktion also nicht einzuführen.

23 **4. Berufsrechtlicher Überhang.** Ähnlich wie bei der Frage, ob und in welchem Umfang der Erlass eines strafrichterlichen Berufsverbotes die Approbationsbehörde bindet,[45] stellt sich beim berufsgerichtlichen Verfahren das Problem, ob der **Verfassungsrechtssatz,** nach dem **niemand** wegen derselben Tat aufgrund der allgemeinen Strafgesetze **mehrmals bestraft** werden darf,[46] einer berufsgerichtlichen Verurteilung im Wege steht, wenn ein ordentliches Gericht den Arzt wegen derselben Tat bereits bestrafte.[47]

24 In einem grundlegenden Beschluss hat das **BVerfG** ausgeführt:[48] „Eine Handlung kann sowohl ein **Strafgesetz** als auch die Berufspflichten verletzen. So wird das Trunkenheitsdelikt eines Arztes auch ein Disziplinarverstoß sein können, wenn auch nicht die Verletzung einer spezifischen Arztpflicht, so doch ein Verstoß gegen die allgemeinen Pflich-

---

[40] Vgl § 153a StPO. – Ein berufsgerichtliches Verfahren ist wegen eines nicht behebbaren Verfahrenshindernisses einzustellen, wenn ihm keinerlei Ermittlungen der Kammer vorausgingen: LBerufsG f Heilber b OVG RPf MedR 1994, 67 – BerufsG f Heilberufe Meiningen: Nichteröffnung eines heilberufsgerichtlichen Verfahrens bei offensichtlicher Unbegründetheit des Verdachts eines Pflichtverstoßes (L) MedR 2007, 297.

[41] *Rieger* (Fn 3) RdNr 376.

[42] „Eine Behörde, die einer anderen Behörde ohne Einwilligung des betroffenen Beamten mitteilt, dass gegen diesen ein Disziplinarverfahren anhängig sei, macht sich regelmäßig schadensersatzpflichtig", OLG Hamm NJW 1971, 468.

[43] *Narr/Hess/Schirmer* (Fn 14) RdNr B 83; BVerfGE 33, 125 = NJW 1972, 154. – Zur Frage der Öffentlichkeit berufsgerichtlicher Verfahren *Vogel,* FS Narr, 143.

[44] Vgl etwa § 58 HeilbKG BW.

[45] Vgl BVerwG NJW 1963, 875: Habe das Strafgericht alle Gesichtspunkte, die für eine standesrechtliche Ahndung in Betracht zu ziehen sind, bereits geprüft und dabei den entscheidenden berufspolitischen Erwägungen Rechnung getragen, so sei die Verwaltungsbehörde nach dem in dem Grundsatz „ne bis in idem" enthaltenen Prinzip der Rechtskraft an weiteren darüber hinausgehenden berufsrechtlichen Maßnahmen gehindert. Vgl dazu *Narr,* ÄrztlBerufsR, Stand 1983, RdNr 99 u vorst § 8 RdNr 32 f.

[46] Art 103 Abs 3 GG (ne bis in idem).

[47] *Narr/Hess/Schirmer* (Fn 14) RdNr B 79; *Vogel,* FS Narr, S 130 ff. Zur bundesrechtlichen Problematik landesrechtlicher Vorschriften über berufsgerichtliche Maßnahmen, welche die Berufsausübung des verurteilten Arztes beeinflussen, *Bettermann/Walter* NJW 1963, 1649 ff.

[48] BVerfGE 27, 180 = NJW 1970, 507, m krit Anm *Kreuzer.*

4. Kapitel. Ärztliches Berufs- und Standesrecht

ten, alles zu unterlassen, was das **Ansehen des Berufsstandes** gefährdet. Trotz strafgerichtlicher Verurteilung zu einer Geldstrafe kann es geboten sein, durch die Auferlegung einer Geldbuße noch besonders zum Bewusstsein zu bringen, dass die Tat nach dem Verständnis der Berufsgenossen ‚berufsunwürdig' ist (§ 38 KG BW [aF]). Bei einem typischen Arztdelikt (zB Verletzung der ärztlichen Schweigepflicht) ist das im Grund nicht anders. Zwar ist die Berufszugehörigkeit Voraussetzung einer Bestrafung und wird dementsprechend in Betracht gezogen. Gleichwohl kann es aber auch hier notwendig sein, über die in der Strafe liegende allgemeine Missbilligung der Verletzung des Rechtsgutes hinaus die **besondere Missbilligung** wegen der Verletzung der Berufspflicht zum Ausdruck zu bringen und mit dieser Reaktion einer Minderung des Ansehens der Ärzteschaft entgegenzuwirken. Es kann infolgedessen nicht gegen die auf die Gerechtigkeit gegründeten Grundsätze der Rechtsstaatlichkeit verstoßen, wenn zusätzlich zu einer Geldstrafe noch eine Geldbuße, die unter einem anderen Aspekt gerechtfertigt ist, verhängt wird.

Ob **der besondere Grund und Zweck** der Berufsgerichtsbarkeit durch eine strafrechtliche Verurteilung etwa schon erfüllt und erreicht wurde, ist eine **Frage des Einzelfalles,** die nicht allgemein beantwortet werden kann. Es ist denkbar, dass eine strafgerichtliche Verurteilung auch den disziplinarischen Erfordernissen gerecht wird. Da im Bereich des Disziplinarrechts das Opportunitätsprinzip gilt, obliegt es bei vorangegangenem Strafverfahren den berufsständischen Organen zu prüfen, ob eine Disziplinarmaßnahme zusätzlich notwendig ist."

Nur wenn sich ein besonderer, durch das Strafurteil nicht gesühnter „Überhang"[49] erkennen lässt, darf das Berufsgericht zusätzlich eine Sanktion verhängen. Ein solcher **berufsrechtlicher Überhang** besteht nur, wenn das dem Arzt zur Last gelegte Verhalten den Kern seiner berufsrechtlichen Pflichten berührt. Dabei ist jedoch zu beachten, dass vielfach bereits durch die strafgerichtliche Ahndung die berufsrechtlichen Belange hinreichend gewahrt werden. „Nur wo dies ausnahmsweise nicht der Fall ist, so insbesondere dann, wenn der berufsrechtliche Unrechts- und Schuldgehalt der Tat erheblich über den strafrechtlichen hinausgeht, wenn also der Umstand, dass die Tat zugleich eine Berufspflichtverletzung enthält, ein zusätzliches Ahndungsbedürfnis hervorruft, dem – da außerhalb des Strafzwecks liegend – nicht bereits bei der Strafzumessung Rechnung getragen werden konnte, ist neben der strafrechtlichen Verurteilung auch eine berufsrechtliche Ahndung möglich."[50]

Für eine berufsrechtliche **Ahndung** bleibt auch **nach** einem **Freispruch im Strafprozess** Raum, wenn dieselben Tatsachen, die Gegenstand des Strafverfahrens waren, ein Berufsvergehen enthalten, ohne den Tatbestand einer Strafvorschrift zu erfüllen; freilich darf das Strafgesetz den berufsrechtlichen Unrechts- und Schuldgehalt nicht abdecken.[51]

Dieser Grundgedanke findet sich auch im baden-württembergischen Kammergesetz:[52] „Hat das Strafverfahren mit Freisprechung oder Einstellung des Verfahrens wegen feh-

---

[49] *Ratzel/Lippert*, Kommentar zur Musterberufsordnung, § 15 RdNr 50, § 34 RdNr 14.
[50] Bay LandesberufsG f d Heilberufe MDR 1988, 1078; vgl ferner OVG Münster MedR 1991, 106 u 156. Zum berufsrechtlichen Überhang auch LBerufsG f Heilber b Hess VGH MedR 1995, 250 (Problemstellung *Hespeler*). „Die zusätzliche berufsrechtliche Maßnahme rechtfertigt sich neben der sachgleichen Kriminalstrafe nur als eng begrenzte Ausnahme, die im Hinblick auf das Erfordernis einer zusätzlichen Pflichtenmahnung die konkrete Befürchtung voraussetzt, dass sich der Beschuldigte auch künftig nicht seinen Pflichten entsprechend verhalten werde", Bayer LBerufsG f Heilber, *Heile/Mertens/Pottschmidt/Wandtke* (Hrsg), B 1.2 Nr 40. Vgl ferner OVG NRW MedR 2004, 327: Tatübergreifende berufsrechtliche Aspekte – Überhang – wurden vom strafrechtlichen Berufsverbot nicht abgedeckt und erlaubten weitergehende approbationsrechtliche Maßnahmen (Ruhensanordnung mit sofortiger Vollziehung); BerufsG f Heilberufe beim VG Frankfurt aM MedR 2006, 70 (Problemstellung *Kazem*: Berufspflichtenverstoß durch Alkoholeinfluss im Notdienst).
[51] Gerichtshof f d Heilberufe Nds MedR 2007, 454 (Problemstellung *Rieger*) (Berufsgerichtsverfahren gegen Frauenarzt nach Freispruch im Strafverfahren wegen Vornahme sexueller Handlungen an Patientin).
[52] § 56 Abs 3.

lenden Tatbestandes oder Beweises geendet, so ist auch für das berufsgerichtliche Verfahren entschieden, dass eine Straftat nicht vorliegt. Wenn die Handlungen, wegen deren das Strafverfahren eingeleitet war, trotzdem als berufsunwürdig anzusehen sind, so hat sich der Beschuldigte noch im berufsgerichtlichen Verfahren zu verantworten."

27   **5. Außerberufliches Fehlverhalten.** Mit Recht trat der Hessische VGH der Ansicht entgegen, das Vertrauensverhältnis zwischen Arzt und Patient und das hohe Ansehen, das die Heilberufe beim Publikum genießen, beruhten allein auf dem Vertrauen in die Heilkunst der Ärzte und erstreckten sich kaum auf Tätigkeiten außerhalb der Heilbehandlung, weshalb eine besondere persönliche Integrität in der Regel nur bei der Ausübung des ärztlichen Dienstes vorausgesetzt werde.[53] Auch ein **außerhalb der Berufsarbeit liegendes Fehlverhalten** kann danach die zum Widerruf der Approbation führende Annahme der Unzuverlässigkeit oder Unwürdigkeit rechtfertigen. Eine strafgerichtliche Verurteilung wegen Betruges ist daher grundsätzlich geeignet, einen Arzt als unwürdig zur Ausübung des ärztlichen Berufes erscheinen zu lassen. Eine Berufsunwürdigkeit liegt vor, wenn der Arzt wegen seines Verhaltens das zur Ausübung des ärztlichen Dienstes erforderliche Ansehen und Vertrauen nicht mehr besitzt.[54]

28   **6. Strafverfahren, kassenärztliches Disziplinarverfahren.** Entscheidungen des Strafgerichts oder der Staatsanwaltschaft binden die Berufsgerichte grundsätzlich nicht. So kann ein Sachverhalt trotz Freispruchs oder Einstellung des strafgerichtlichen Verfahrens berufsrechtlich durchaus relevant bleiben.[55] Verhängt das Strafgericht ein **Berufsverbot** (§ 70 StGB), so ergibt sich keine Konkurrenzfrage, weil das Berufsgericht eine solche Sanktion nicht anordnen kann. Anders steht es im Verhältnis zur Approbationsbehörde: Das Strafurteil bindet die Approbationsbehörde dann, wenn das Gericht alle für eine berufsrechtliche Maßnahme in Betracht zu ziehenden Gesichtspunkte prüfte und die entscheidenden Erwägungen im Kern vorwegnahm.[56] Für das Verhältnis zwischen dem berufsgerichtlichen Prozess und dem beamtenrechtlichen Disziplinarverfahren bietet das Landesrecht eigene, im Einzelnen unterschiedliche Regeln.[57] Ein **kassenärztliches Disziplinarverfahren** findet dann statt, wenn der Verdacht besteht, der Arzt habe spezifisch kassenärztliche Pflichten verletzt, also etwa gegen den Bundesmantelvertrag-Ärzte oder Satzungen der Kassenärztlichen Vereinigungen verstoßen. Der Vorwurf eines Verstoßes gegen die allgemeinen Gebote oder Verbote der Berufsordnung gehört grundsätzlich vor die Berufsgerichte. Nur wenn ein kassenarztrechtlicher Überhang[58] besteht, kommt ein kassenärztliches Disziplinarverfahren in Betracht. Bei Berufsvergehen, die zugleich wettbewerbsrechtliche Verstöße – etwa gegen das Werbeverbot – enthalten, besteht für die Ärztekammer neben der Möglichkeit zur Einleitung eines berufsgerichtlichen Verfahrens die Klagebefugnis nach § 13 UWG.

---

[53] MedR 1986, 156 gegen VGH BW, Urt v 29. 9. 1981, ESVGH 31, 319 (Ls).
[54] Hess VGH NJW 1986, 2390 = MedR 1986, 156; danach haben die Begriffe „Unzuverlässigkeit" und „Unwürdigkeit" in § 3 Abs 1 Nr 2 BÄO jeweils eine eigenständige Bedeutung. Die krankhafte Spielleidenschaft eines Arztes ist geeignet, die Annahme seiner Unzuverlässigkeit zur Ausübung des ärztlichen Berufs zu begründen.
[55] Vgl etwa § 56 Abs 3 HeilbKG BW; § 74 Abs 2 HeilbG NW.
[56] *Rieger* (Fn 3) RdNr 91 mwN; anders indes *Rieger/Kiesecker,* Berufsverbot, in: HK-AKM, 940 (2001) RdNr 4: Das strafgerichtliche Berufsverbot unterscheide sich wesentlich von berufszulassungsrechtlichen Maßnahmen der Approbationsbehörde, wie etwa dem Widerruf der Approbation.
[57] Vgl etwa § 57 HeilbKG BW; § 43 Abs 1 HeilbG RhPf; § 49 Abs 2 HeilbG Hessen. Zur eingeschränkten Berufsgerichtsbarkeit bei beamteten Ärzten auch LBerufsG b OVG NW MedR 1996, 20.
[58] *Rieger* (Fn 3) RdNr 564.

IV. Beständigkeit und Wandel der Berufspflichten

Die wissenschaftlichen und technischen Fortschritte, der moralische Pluralismus, die Demokratisierung und wirtschaftliche Triebkräfte **verändern** auch die **ärztliche Berufsethik** und damit auch die Berufspflichten – nicht nur in den USA, auch in der Bundesrepublik Deutschland.[59] Die altehrwürdigen hippokratischen Texte erwähnen nicht einmal die großen neuen Themen der Patientenautonomie und der sozialen Verantwortlichkeit des Arztes. Lange als unumstößlich erhobene Maximen, etwa zum Schutz des ungeborenen Lebens und des Patientengeheimnisses, erfuhren weitreichende Einschränkungen und Durchbrechungen. Zahlreiche Fragen, welche die moderne Medizin aufwirft, wecken Dissense.[60] Indessen sind es nicht die – sich gelegentlich dramatisch stellenden – Grenzfragen einer ausgreifenden, oft ambivalenten Wissenschaft und Technik, welche die Berufsgerichte, Disziplinarbehörden und die ordentliche Justiz, auch die Verwaltungsgerichtsbarkeit, beschäftigen. Im Alltag dieser Instanzen geht es vielmehr um Nachlässigkeit und Eigennutz, um Vertrauensbruch und Anmaßung. Dabei besteht über die zu wahrenden Standards regelmäßig Konsens unter den Verantwortlichen. Die Fülle der **berufsgerichtlichen Sprüche** belegt eindrucksvoll den **Fortbestand dieser Standards,** der grundlegenden Ansprüche, denen die ärztliche Berufsarbeit genügen muss. Es geht zuerst darum, Missbräuchen zu wehren und die Vertrauenswürdigkeit der Ärzteschaft zu bewahren. Darüber und über die Maßstäbe besteht weithin Einvernehmen. Die Kammern und die Berufsgerichte werden ihrer hohen Aufgabe, die beruflichen Standards aufrechtzuerhalten, gerecht. Sie sollen auch in der Zukunft mit Strenge über die ärztlichen Berufspflichten wachen.

29

§ 15 Werbeverbot und Wettbewerbsrecht

Inhaltsübersicht

	RdNr
I. Das Verbot der Eigenwerbung	1
1. Berufsrecht	1
2. Begründung	3
3. Ärztliche und zugleich gewerbliche Tätigkeiten	6
II. Sanatoriumswerbung und Institutswerbung	7
1. UWG und HWG	7
2. Freistellung	8
3. Fremd- oder fachsprachliche Bezeichnungen	10
4. Gewerbliche Tätigkeiten	11
III. Werbeverbot und Wettbewerbsrecht in den Grundlinien	12
1. Wettbewerbsrecht	12
2. Berufswidriges Werben	13
3. Medienauftritte	16
4. Praxisschild	20
5. Wettbewerbsdruck	21
IV. Fremdwerbung für gewerbliche Unternehmen	22
1. Arzneimittel	22
2. Fremdwerbung	24
V. Gebotene Strenge?	26
1. Lockerung?	26
2. Unnachgiebiges Wettbewerbsrecht?	27
3. Wettbewerbsklauseln	28
4. Weitere Konkurrenzverbote	29

---

[59] Prägnant *Pellegrino* in der eingangs genannten Einleitung zu *Sass* (Hrsg), Bioethik in den USA, 1988.
[60] Vgl etwa *Laufs,* Der Arzt – Herr über Leben und Tod?, FS Mikat, 1989, 145–163; *ders* NJW 1996, 763 f und 1995, 3042 f, ferner 1997, 776 f, 1999, 1758 und 2000, 1757.

Schrifttum: *Bahner,* Das neue Werberecht für Ärzte, 2. Aufl 2003; *Balzer,* Arzt- und Klinikwerberecht, 2004; *Barth,* Mediziner-Marketing: Vom Werbeverbot zur Patienteninformation, 1999; *Bonvie,* Die Umgehung des ärztlichen Werbeverbots – Von der Rechtsprechung sanktioniert?, MedR 1994, 308–313; *Bülow/Ring,* Heilmittelwerbegesetz – Kommentar, 1996; *Ehlers,* Das Bild des Arztes in der Öffentlichkeit. Arzt und Werbung, FS Deutsch, 1999, 531–544; *Engler/Geserich/Räpple/Rieger,* Werben und Zuwenden im Gesundheitswesen, 2. Aufl 2000; *Geiger,* Ärzte – Rankings – Fluch oder Segen für Patienten?, MedR 2005, 208–215; *Gleißner-Klein,* Private Standesregeln im Wettbewerbsrecht. Die Berufsordnung der Heilpraktiker, 1990; *Gröning,* Kommentar zum Heilmittelwerberecht, 1998; *Jaeger,* Informationsanspruch des Patienten – Grenzen der Werbung im Gesundheitswesen, MedR 2003, 263–268; *Jarass,* Die freien Berufe zwischen Standesrecht und Kommunikationsfreiheit, NJW 1982, 1833–1840; *Laufs,* Werbende Ärzte?, NJW 2001, 1768–1770; *Leisner,* Berufsordnungsrecht und Werbeverbote, 1984; *Lorz,* Die Erhöhung der verfassungsgerichtlichen Kontrolldichte gegenüber berufsrechtlichen Einschränkungen der Berufsfreiheit. Eine Analyse am Beispiel der berufsrechtlichen Werbeverbote, NJW 2002, 169–174; *Mahlberg,* Rechtliche Grenzen unentgeltlicher Zuwendungen an Ärzte, MedR 1999, 299–303; *Morawietz,* Nachvertragliche Wettbewerbsverbote beim Ausscheiden aus einer ärztlichen Gemeinschaftspraxis, NJW 2008, 3263; *Papier/Petz,* Rechtliche Grenzen des ärztlichen Werbeverbotes, NJW 1994, 1553–1562; *Piper,* Zur wettbewerbs- und berufsrechtlichen Bedeutung des Berufsverbots der ärztlichen Berufsordnungen, FS Brandner, 1996, 449–472; *Poschenrieder,* Werbebeschränkungen für Arzneimittel. Inhaltliche Bestimmungen und Überprüfung auf höherrangigem Recht, 2008; *Ratzel,* Ärztliches Werbeverbot und neue Kooperationsformen, MedR 1995, 91–94; *Ratzel,* in: *Ratzel/Lippert,* Kommentar zur Musterberufsordnung der deutschen Ärzte, 4. Aufl 2006, 317–345 (zu §§ 27 u 28); *Ratzel/Lippert,* Das Werberecht der Ärzte nach den Beschlüssen des 105. Deutschen Ärztetages in Rostock, MedR 2002, 607–615; *Rieger,* Werbung und gewerbliche Unternehmen auf dem Gebiet der Heilkunde, MedR 1995, 468–474; *ders,* Aktuelle Entwicklungen im ärztlichen Werberecht unter besonderer Berücksichtigung der Klinikwerbung, in: FS Laufs, 2006, 1025; *Ring,* Wettbewerbsrecht der freien Berufe. Unlauterer Wettbewerb durch standeswidriges Verhalten, 1989; *ders,* Werberecht der Ärzte, 2000; *Römermann/Schulte,* Werberecht und Verbot der überörtlichen Gemeinschaftspraxis nach der neuen ärztlichen Musterberufsordnung, MedR 2001, 178–182; *M Schmidt,* Standesrecht und Standesmoral. Ein Beitrag zu den rechtlichen Grenzen der Wettbewerbsregulierung durch Standesorganisationen, 1993; *Schulte,* Das standesrechtliche Werbeverbot für Ärzte unter Berücksichtigung wettbewerbs- und kartellrechtlicher Bestimmungen, 1992; *Simon/Schmittmann,* Rechtliche Rahmenbedingungen für Internet-Präsentationen von Krankenhäusern unter besonderer Berücksichtigung des ärztlichen Berufsrechts, MedR 2001, 228–234; *Spoerr/Brinker/Diller,* Wettbewerbsverbote zwischen Ärzten, NJW 1997, 3056–3061; *Steiner,* Zur Lage des Arztes als freiem Beruf, in: FS Deutsch, 2009, 635; *Taupitz,* Die Ärzte-GmbH und das ärztliche Werbeverbot, FS Geiss, 2000, 503–515.

I. Das Verbot der Eigenwerbung

1. Berufsrecht. Die Berufsordnung untersagt dem Arzt, berufswidrig für sich zu werben und sich anzupreisen. Die **Musterberufsordnung**[1] bestimmt dazu:

§ 27
Erlaubte Information und berufswidrige Werbung

(1) Zweck der nachstehenden Vorschriften der Berufsordnung ist die Gewährleistung des Patientenschutzes durch sachgerechte und angemessene Information und die Vermeidung einer dem Selbstverständnis der Ärztin oder des Artzes zuwiderlaufenden Kommerzialisierung des Arztberufs.

(2) Auf dieser Grundlage sind Ärztinnen und Ärzte sachliche berufsbezogene Informationen gestattet.

(3) Berufswidrige Werbung ist Ärztinnen und Ärzten untersagt. Berufwidrig ist insbesondere eine anpreisende, irreführende oder vergleichende Werbung. Ärztinnen und Ärzte dürfen eine solche Werbung durch andere weder veranlassen noch dulden. Werbeverbote aufgrund anderer gesetzlicher Bestimmungen bleiben unberührt.

---

[1] Hinweise und Erläuterungen zu den §§ 27 ff der (Muster-)Berufsordnung, beschlossen von den Berufsordnungsgremien der Bundesärztekammer am 12. 8. 2003, sind in Heft 5 des Deutschen Ärzteblattes vom 30. 1. 2004 erschienen. – Aufschlussreich der neue Kommentar von *Ratzel* (vgl Litverz). Der Text wie im Anhang zu Kap 1.

4. Kapitel. Ärztliches Berufs- und Standesrecht   1   § 15

(4) Ärztinnen und Ärzte können
   1. nach der Weiterbildungsordnung erworbene Bezeichnungen,
   2. nach sonstigen öffentlich-rechtlichen Vorschriften erworbene Qualifikationen,
   3. Tätigkeitsschwerpunkte und
   4. organisatorische Hinweise
   ankündigen.
   Die nach Nr. 1 erworbenen Bezeichnungen dürfen nur in der nach der Weiterbildungsordnung zulässigen Form geführt werden. Ein Hinweis auf die verleihende Ärztekammer ist zulässig.
   Andere Qualifikationen und Tätigkeitsschweprunkte dürfen nur angekündigt werden, wenn diese Angaben nicht mit solchen nach geregeltem Weiterbildungsrecht erworbenen Qualifikationen verwechselt werden.
(5) Die Angaben nach Absatz 4 Nr. 1 bis 3 sind nur zulässig, wenn die Ärztin oder der Arzt die umfassten Tätigkeiten nicht nur gelegentlich ausübt.
(6) Ärztinnen und Ärzte haben der Ärztekammer auf deren Verlangen die zur Prüfung der Voraussetzungen der Ankündigung erforderlichen Unterlagen vorzulegen. Die Ärztekammer ist befugt, ergänzende Auskünfte zu verlangen.

§ 28
Verzeichnisse

Ärztinnen und Ärzte dürfen sich in Verzeichnisse eintragen lassen, wenn diese folgenden Anforderungen gerecht werden:
1. sie müssen allen Ärztinnen und Ärzten, die die Kriterien des Verzeichnisses erfüllen, zu denselben Bedingungen gleichermaßen mit einem kostenfreien Grundeintrag offenstehen,
2. die Eintragungen müssen sich auf die ankündigungsfähigen Informationen beschränken und
3. die Systematik muss zwischen den nach der Weiterbildungsordnung und nach sonstigen öffentlich-rechtlichen Vorschriften erworbenen Qualifikationen einerseits und Tätigkeitsschwerpunkten anderseits unterscheiden.

Die unaufhaltsame, durch das BVerfG forensisch begünstigte Abschwächung des berufsrechtlichen Werbeverbots[2], die Vielzahl der Richtersprüche[3] zu diesem Thema und die ihnen folgenden einschneidenden Beschlüsse des Rostocker Ärztetags 2002[4] werfen ein bezeichnendes Licht auf den Wandel des ärztlichen Berufs. Zurückhaltung und Unaufdringlichkeit kennzeichnen den ärztlichen Dienst; Werbung lässt sich schwerlich damit vereinbaren. Andererseits gilt es, **die veränderten, neuartigen Rahmenbedingungen** zu berücksichtigen, unter denen viele ärztliche Tätigkeiten erfolgen müssen. Das Publi-

---

[2] Dafür *Papier/Petz* NJW 1994, 1553 ff; *Böhm* ZRP 1994, 388 ff; *Barth,* 1999 („Das Patientengrundrecht auf freie Arztwahl verlangt nach detaillierten Informationen über die Qualität ärztlicher Strukturen, Prozesse und Ergebnisse", 544). Vgl auch LG Kiel MedR 1999, 279 m Problemstellung *Rieger* (Arzt-Such-Service). – Beim Streit um Heilverfahren verdienen die Meinungs- und Wissenschaftsfreiheit Respekt – das Wettbewerbsrecht gebietet kein Schweigen, *Rüßmann* NJW 1997, 1620 ff. Beachtlich andererseits *Bonvie* MedR 1994, 308 ff; vgl auch *M Schmidt*, 1993; dazu *Taupitz* RabelsZ 1995, 342 ff.

[3] Vgl etwa VGH Mannheim MedR 1994, 492 (Zulassung weiterer Praxisschilder); LBerufsG f Heilberufe beim OVG RhPf MedR 1995, 125 (Verstoß durch Gewährung eines Interviews); LG Hamburg MedR 1995, 118 (Werbung für Hypnose mittels Video); VG Schleswig MedR 1995, 85 (Pflicht zur Führung der Berufsbezeichnung „Heilpraktiker"). „Ärztlicher Hotelservice": Nicht ohne weiteres wettbewerbswidrige Werbung eines Bereitschaftsdienstes für Privatpatienten: BGH NJW 1999, 3416 = MedR 2000, 134. Vgl ferner BGH NJW 1999, 3414 = MedR 2000, 132 m Problemstellung *Rieger* (zulässige Werbung durch Notfalldienst für Privatpatienten). Entscheidend war in beiden Fällen das Angebot kostenintensiver Dienste, die ein einzelner Arzt nicht erbringen könnte und die öffentliche Hinweise erfordern. – Empfehlung über Telefonberatungsgesellschaft: LG Heidelberg MedR 1999, 420. – Ferner: BGH NJW 1997, 2679 = MedR 1998, 131 m Anm *Taupitz* („Die besten Ärzte Deutschlands"); OLG Nürnberg NJW-RR 1998, 113 = MedR 1998, 133 (Problemstellung *Röver*) (Werbebroschüre eines Belegkrankenhauses); OLG Düsseldorf NJW 1997, 1644 (Werbung einer „zahnärztlichen Privatpraxis"). Vgl andererseits zur wettbewerbsrechtlichen Zulässigkeit der Abgabe von Hörgeräten in HNO-Praxis LG Dortmund MedR 1998, 36 (Problemstellung *Arning*).

[4] *Ratzel/Lippert* MedR 2002, 67.

kumsinteresse in einer durch verdichtete Kommunikation geprägten Gesellschaft verlangt nach Hinweisen und Aufschlüssen. In einem sich verschärfenden Wettbewerb um Patienten gewinnt das Interesse an sachdienlichen Informationen zusätzlich an Gewicht. Gesteigerte Konkurrenz lässt sich allein als Leistungswettbewerb akzeptieren. Dieser freilich erfordert die Transparenz der Leistungsangebote, vor allem bei hochspezialisierten und kostenintensiven Diensten. Der betriebswirtschaftliche Aufwand und der innovative Antrieb des Spezialisten drängen an die Öffentlichkeit, um die potenziell vorhandene Nachfrage zu finden. Ein striktes Werbeverbot, das die in diesem Sinne sachdienliche Information unterbände, träfe ärztliche Anbieter wie Patienten empfindlich, störte außerdem das Fortschreiten der Medizin.

2   Die Grenzen der beruflichen Außendarstellung sind kaum noch zu kontrollieren und durchzusetzen, jedenfalls kaum mehr mit den Instrumenten des Standesrechts. „Das BVerfG (E 111, 366, 367) hat es – in Kenntnis dieser Schwierigkeiten – nicht beanstandet, dass die Zivilgerichte den Kammern freier Berufe auch ohne gesetzliche Grundlage die **Klagebefugnis nach § 13 Abs 2 UWG** wegen einer Verletzung von Berufspflichten zugestanden haben, die zugleich wettbewerbswidrig ist."[5]

3   **2. Begründung.** Die in den Berufsordnungen normierte Pflicht der Ärzte, berufswidrige Werbung zu unterlassen, regelt in verfassungsrechtlich unbedenklicher Weise die **Berufsausübung:**[6] Das allgemeine Verbot berufswidriger Werbung für Ärzte betrifft lediglich die Art und Weise der Berufsausübung, ohne dass ihm statusbildender Charakter zukäme. „Zwar beeinflussen Werbebeschränkungen auch das Bild des Arztes in der Öffentlichkeit. Doch handelt es sich um herkömmliche Beschränkungen, die für eine eigenverantwortliche Ordnung durch Berufsverbände durchaus geeignet erscheinen. Denn das Verbot der Arztwerbung bewegt sich auf der untersten Eingriffsstufe des Art 12 Abs 1 GG, wenn berücksichtigt wird, dass dem Arzt bestimmte Ankündigungen mit werbendem Charakter erlaubt bleiben und dass das Werbeverbot bei Buchveröffentlichungen einschränkend auszulegen ist." Werbeverbote für freie Berufe, welche die Berufsausübung beschränken, sind dann zulässig, wenn hinreichende Gründe des Gemeinwohls sie rechtfertigen und wenn sie dem Grundsatz der Verhältnismäßigkeit genügen.

4   Ausreichende **Gründe für ein berufsrechtliches Werbeverbot für Ärzte** hat das BVerfG in den folgenden Motiven gesehen:[7] Das Werbeverbot will eine Verfälschung des Berufsbildes durch den Gebrauch von Werbemethoden, wie ihn die gewerbliche Wirtschaft übt, verhindern. Kranke lassen sich leicht beeinflussen und verunsichern und sollen darum vor Anpreisungen bewahrt bleiben. Das berufsrechtliche Werbeverbot will also das Publikum schützen und das Vertrauen der Patienten darauf erhalten, der Arzt werde nicht aus Gewinnstreben bestimmte diagnostische und therapeutische Maßnahmen vornehmen oder gewisse Medikamente eigennützig verordnen.

5   Freilich: Die Strenge des berufsrechtlichen Werbeverbots schwächt sich ab. Die Spruchpraxis des BVerfG zum Werbeverbot der freien Berufe hat die vordem geltenden Grundsätze in den letzten Jahren gelockert und diese Tendenz fortgesetzt. Ein Beschluss[8] erging zu folgendem Fall: Ärzte einer radiologischen Gemeinschaftspraxis benutzten für ihre Korrespondenz mit medizinischen Kollegen Briefbogen, auf denen sich ein Hinweis auf ihre Sprechstundenzeiten befand mit dem Zusatz „CT und Nuklearmedizin nach telefonischer Voranmeldung". Das Berufs- und das Landesberufsgericht sahen darin einen Verstoß gegen das ärztliche Werbeverbot. Es gebe indessen, so das BVerfG, „keine vernünftigen Erwägun-

---

[5] *Steiner*, FS Deutsch, 33. – Über die Krankenkassen zwischen Wirtschaftlichkeitsgebot und Wettbewerbsrecht *Beuthien* MedR 1994, 253 ff.

[6] BVerfGE 71, 162 = MedR 1986, 128; 85, 248 = NJW 1992, 2341, auch zum Folgenden (Standeswidrige Werbung durch Ärzte; unverhältnismäßige Einschränkung der Grundrechte aus Art 12 Abs 1 S 1 und Art 5 Abs 1 S 1 GG durch verfehlte Auslegung des Werbeverbots).

[7] Wie vorherige Fn; vgl ferner *Ring*, Werberecht der Ärzte, 39 ff.

[8] BVerfG NJW 1993, 2988 = MedR 1993, 348.

gen des Gemeinwohls dafür, alle Angaben und Zusätze, die nicht als zulässige Berufsqualifikation oder als Titel auf einem Praxisschild erscheinen dürfen, ohne Rücksicht auf ihren Sinn und Zweck sowie ihren Informationswert für Dritte generell zu verbieten". Für interessengerechte und sachangemessene Informationen, die keinen Irrtum erregen, müsse im rechtlichen und geschäftlichen Verkehr Raum bleiben. In diesem verfassungskonformen Sinne seien die berufsrechtlichen Regeln auszulegen. In dem entschiedenen Falle ging es zwar um Mitteilungen von Arzt zu Arzt; die verfassungsgerichtlichen Sentenzen haben freilich auch Bedeutung für den Verkehr der Ärzte mit dem Publikum.[9]

3. Ärztliche und zugleich gewerbliche Tätigkeiten. Ärzte dürfen nicht nur in **kapitalgesellschaftlich verfassten Krankenhäusern** wirken, sondern auch selbst **Kliniken und Sanatorien** betreiben, obwohl es sich dabei um gewerbliche, auf Gewinn ausgerichtete Unternehmen handelt. Der Gesetzgeber, der die Berufsbilder rechtlich zu ordnen hat, sah davon ab, eine ärztliche und eine gewerblich-unternehmerische Tätigkeit für unvereinbar zu erklären. Damit erfahren die kommerziellen Interessen stärker Rücksicht, als dies bei niedergelassenen Ärzten geschieht. „Wenn aber Ärzte befugt sind", so das BVerfG,[10] „sich trotz ihrer Eigenschaft als Freiberufler gewerblich auf dem Gebiet des Heilwesens zu betätigen, dann führt dies zwangsläufig zu einer **Verquickung ärztlicher und gewerblicher Tätigkeiten,** mit der Folge, dass zwischen niedergelassenen Ärzten und ärztlichen Inhabern von Sanatorien – auch rechtlich relevante – Unterschiede entstehen und dass sich das Werbeverbot für die zweite Gruppe nicht mehr voll rechtfertigen lässt. Das Standesrecht hat dem bereits dadurch Rechnung getragen, dass es einen gewissen Spielraum für mittelbare Werbung lässt und Ankündigungen für unbedenklich hält, bei denen Sanatorien neben dem ärztlichen Inhaber oder leitenden Arzt das Hauptindikationsgebiet nennen."

II. Sanatoriumswerbung und Institutswerbung

1. UWG und HWG. Als gewerbliche Unternehmen dürfen **Sanatorien** werben, soweit nicht die freie Berufsausübung durch Gesetze oder auf gesetzlicher Grundlage Beschränkungen erfährt. Weder das Gesetz gegen den unlauteren Wettbewerb **(UWG)** noch das Heilmittelwerbegesetz **(HWG)** untersagt es Sanatorien, die keinen Arztnamen verwenden, wahrheitsgemäß und in sachlicher Form mehr als ein einziges Hauptindikationsgebiet sowie ihre spezifische Behandlungsmethode anzugeben.[11] In der Tat werben Sanatorien in erheblichem Umfang auf solche Weise. Denn Sanatorien arbeiten meist mit größerem personellen und sachlichen Aufwand und sehen sich im Interesse ihrer wirtschaftlichen Existenz darauf angewiesen, ihr Angebot bekannt zu machen. Auch besteht ein Bedürfnis des Publikums, sich über das Vorhandensein von Sanatorien, deren Indikationsgebiete und therapeutische Verfahren zu informieren.

2. Freistellung. Kuranstalten, zu denen auch Sanatorien gehören, erfahren sogar eine **Freistellung** von dem in § 12 HWG enthaltenen absoluten Werbeverbot, das einer Verleitung Kranker zur Selbstbehandlung entgegenwirken soll und das demgemäß bei ernsthaften, in einer Anlage genannten Krankheiten grundsätzlich jegliche Werbung für

---

[9] *Rieger* DMW 1993, 1500. Vgl aber OLG Hamburg MedR 1997, 177.
[10] NJW 1986, 1536 f (Werbung für Sanatorien).
[11] BVerfG NJW 1986, 1536. Das BVerfG (NJW 2000, 2734) hat unter Berufung auf Art 12 Abs 1 GG ein Urteil des BGH (NJW 1999, 1784 = LM H.6/1999 § 1 UWG Nr 788 m Anm *Ulrich*) aufgehoben, dem der folgende Leitsatz voransteht: „Eine GmbH, die durch einen Vertragszahnarzt ambulante Implantatbehandlungen und prothetische Behandlungen erbringt, daneben aber Patienten die Möglichkeit stationärer Aufnahme nach einer Zahnbehandlung bietet, handelt wettbewerbswidrig, wenn sie in einem Werbeblatt im Wesentlichen die ambulanten zahnärztlichen Leistungen anpreisend bewirbt. Auch der für sie tätige Zahnarzt handelt wettbewerbsrechtlich unlauter, wenn er eine solche Werbung duldet." Vgl auch Fn 48.

Arzneimittel und Behandlungen außerhalb der Fachkreise untersagt. Diese **Begünstigung von Kuranstalten** lässt sich damit begründen, dass die hier durchgeführten Behandlungen regelmäßig ohnehin von Ärzten veranlasst und von Heilkundigen überwacht werden, und dass daher die Verhinderung von Selbstbehandlungen weniger dringlich erscheint.[12]

9   Im Unterschied zu Krankenhäusern, die in der Regel der Behandlung akut erkrankter bettlägeriger Patienten dienen, gelten als Kuranstalten und Sanatorien solche Häuser, „die Personen aufnehmen, die eines Krankenhausaufenthaltes nicht oder nicht mehr bedürfen und regelmäßig auch nicht bettlägerig sind, die sich aber aus Gründen der Behandlung chronischer Erkrankungen oder zur Vorbeugung oder Nachsorge in eine stationäre Behandlung begeben. Dabei wird der Heilerfolg – die Wiederherstellung oder Bewahrung der Gesundheit oder die Besserung oder Linderung von Leiden – von bestimmten, durch den Anstaltsaufenthalt bedingten Umständen, wie Herauslösung aus der gewohnten Umgebung, Ruhe, Fernhaltung störender Umwelteinflüsse, zweckmäßige Ernährung und geregelte Lebensweise, erwartet, darüber hinaus und in Verbindung damit auch von den bei den jeweiligen Sanatoriumsgästen individuell angezeigten und ärztlicherseits planmäßig überwachten und durchgeführten Heilanwendungen."[13] Bei den Heilanwendungen braucht es sich nicht um den Gebrauch natürlicher Mittel und Verfahren zu handeln; „vielmehr genügen Behandlungen, die in irgendeiner Weise auf eine Normalisierung der funktionellen und koordinativen Leistungen des Gesamtorganismus zielen; denn ein solcher Heilerfolg wird ... von einer Kuranstalt normalerweise erwartet. Zum Wesen der Kuranstalt gehört auch nicht, dass die angebotenen stationären Aufenthalte ganz oder überwiegend längerfristig sind; vielmehr können auch kurze stationäre Behandlungen dem von der Kuranstalt erwarteten Vorbeugungs- oder Heilerfolg ausreichend dienlich sein."[14] Die so charakterisierten Kuranstalten und Sanatorien genießen also den Vorzug, gemäß § 12 Abs 2 S. 2[15] HWG Werbung betreiben zu dürfen.

10   **3. Fremd- oder fachsprachliche Bezeichnungen.** Nach dem **HWG** darf außerhalb der Fachkreise für Arzneimittel, Verfahren, Behandlungen, Gegenstände oder andere Mittel nicht geworben werden „mit fremd- oder fachsprachlichen Bezeichnungen, soweit sie nicht in den allgemeinen deutschen Sprachgebrauch eingegangen sind".[16] Forensisch spielte dieses Verbot wiederholt eine Rolle im Zusammenhang mit der Werbung von Sanatorien und Instituten. Nach der Spruchpraxis des BGH gelten fremd- oder fach-

---

[12] BVerfG NJW 1986, 1536 f mwN. Zum Ganzen *Rieger* MedR 1995, 468 ff: Bei aller sachlichen Berechtigung der Liberalisierungstendenzen dürfe jedoch nicht vergessen werden, dass das Werbeverbot nicht zuletzt der Volksgesundheit diene und so Elemente des Verbraucherschutzes und den Gedanken der Qualitätssicherung enthalte; vgl auch *Bonvie* MedR 1994, 308 ff, ferner BerufsG f Heilber b d VG Münster MedR 1995, 253, 254.

[13] BGH MedR 1989, 39 unter Berufung auf BGHZ 87, 215, 225 f.

[14] BGH MedR 1989, 328, 330.

[15] § 12 lautet: „Außerhalb der Fachkreise darf sich die Werbung für Arzneimittel und Medizinprodukte nicht auf die Erkennung, Verhütung, Beseitigung oder Linderung der in Abschnitt A der Anlage zu diesem Gesetz aufgeführten Krankheiten oder Leiden bei Menschen beziehen, die Werbung für Arzneimittel außerdem nicht auf die Erkennung, Verhütung, Beseitigung oder Linderung der in Abschnitt B dieser Anlage aufgeführten Krankheiten oder Leiden beim Tier ...". (Abs 1). „Die Werbung für andere Mittel, Verfahren, Behandlungen oder Gegenstände außerhalb der Fachkreise darf sich nicht auf die Erkennung, Beseitigung oder Linderung dieser Krankheiten oder Leiden beziehen. Dies gilt nicht für die Werbung für Verfahren oder Behandlungen in Heilbädern, Kurorten und Kuranstalten." (Abs 2). Dazu der Kommentar von *Bülow/Ring*. Das oft, zuletzt durch G v 26. 4. 2006 (BGBl I, 984) geänderte HWerbG bei *Thürk* 438-1.

[16] § 11 Ziff 6. – Zu § 11 Ziff 1 u 2 vgl etwa BGH NJW 1998, 1796 (Werbung mit fachlicher Erprobung – Naturheilmittel); BGH NJW 1998, 1797 (Lebertran II); BGH NJW 1998, 3412 (kein Werbeverbot für Packungsbeilagen zu nicht verschreibungspflichtigen Humanarzneimitteln). Zur Apothekerwerbung durch Briefe an Ärztinnen und Ärzte OVG Münster MedR 1999, 144 (Problemstellung *Taupitz*).

4. Kapitel. Ärztliches Berufs- und Standesrecht   11–13 § 15

sprachliche Bezeichnungen dann als in den allgemeinen Sprachgebrauch eingegangen, wenn die Personen, an die sich die Werbung richtet, sie verstehen.[17] Das Verbot setzt voraus, dass die Werbung dem Publikum bereits selbst vermittelt, welche Heilwirkungen es erwarten darf, wenn es sich dem angepriesenen Heilmittel zuwendet. Ein Verstoß scheidet aus, wenn sich der potenzielle Interessent einer beworbenen Therapie nicht ohne vorherige Konsultation eines Arztes zuwenden kann.[18]

4. Gewerbliche Tätigkeiten. Eine **gewerbliche Tätigkeit** im Rahmen eines Instituts bleibt Ärzten, auch niedergelassenen, nicht verwehrt. Dürfen aber Ärzte solche Tätigkeiten ausüben, kann es ihnen nicht grundsätzlich und generell verwehrt bleiben, unter ihrem Namen mit anderen Instituten gleicher Art in Wettbewerb zu treten. Dabei haben sie freilich die berufsrechtlichen Werbebeschränkungen zu beachten. Die Benennung eines Mediziners als leitender Arzt eines gewerblichen Instituts auf dessen Eingangsschild oder Briefbögen verletzt das Berufsrecht aber nicht. „In den Fällen dieser Art ist die von solchen Maßnahmen ausgehende Werbewirkung, da sie unvermeidliche Folge der auch unter Namensnennung erlaubten Teilnahme des gewerblichen Instituts am Wettbewerb ist, hinzunehmen."[19]   **11**

III. Werbeverbot und Wettbewerbsrecht in den Grundlinien

1. Wettbewerbsrecht. Verstöße gegen diejenigen ärztlichen Standesregeln, die das Ausmaß erlaubter Werbung festlegen, gelten zugleich als unlauter im Sinne des § 1 **UWG**[20], „soweit sie geeignet sind, dem Verletzer ungerechtfertigte Wettbewerbsvorteile vor seinen ärztlichen Kollegen zu verschaffen".[21] Nach fester Spruchpraxis liegt in der Verletzung des berufsrechtlichen Werbeverbots zugleich unlautere Wettbewerbshandlung iS des § 4 Nr 1 iVm § 3 UWG und unterliegen auch Angehörige der freien Berufe, insbesondere Ärzte, den Regeln des UWG, sofern es sich nicht um die Kundgabe rein fachlicher Ansichten handelt. So gilt auch für sie das Verbot irreführender Werbung.[22] Im Übrigen gehen die ärztlichen Berufsregeln dem **allgemeinen Wettbewerbsrecht** grundsätzlich vor, jedenfalls soweit sie in zulässiger Weise den Wettbewerb unter den Berufsangehörigen regeln.[23]   **12**

2. Berufswidriges Werben. Das **Werben** oder das – nachdrücklichere – Anpreisen stellt eine aktive Tätigkeit[24] dar, dazu bestimmt, bei dem Angesprochenen einen Mangel an   **13**

---

[17] BGH MedR 1989, 328 (Werbung für bestimmte Behandlungsmethoden und zum Begriff Kuranstalt. „Chelat-Therapie", „THX").

[18] KG MedR 1989, 331 (Zulässigkeit der Sanatoriumswerbung durch schlichte Aufzählung von Therapiearten ohne Hinweis auf deren Anwendungsmöglichkeiten – „Neuraltherapie" –).

[19] BGH NJW 1989, 2324 = MedR 1990, 39 (Zur Frage der verbotswidrigen Werbung um Patienten bei der Tätigkeit eines Arztes im Rahmen eines gewerblichen Instituts für kosmetische Chirurgie und Psychotherapie). – Überbetriebliche arbeitsmedizinische Unternehmen haben grundsätzlich das Recht, für ihre Dienste in Kreisen der Wirtschaft zu werben, OLG Frankfurt aM MedR 1999, 468 m iE zust Anm *Rieger* auch zu der Frage, in welcher Form geworben werden darf. – Zur unzulässigen Vermischung von Werbung und Funktion bei seiner Arztsoftware SG Berlin MedR 2009, 303.

[20] Vom 3.7.2004 (BGBl I S 1414), zuletzt geändert durch Art 5 G v 21.12.2006 (BGBl S 3367). – Zur Strafbarkeit nach dem unter Umsetzung europarechtlicher Richtlinien durch Gesetz v 3.7.2004 neu gefassten UWG *Geilen*, in: *Wenzel* (Hrsg), Handbuch des Fachanwalts Medizinrecht, 2007, 434 ff.

[21] BGH NJW 1971, 1889; BGH EWiR (19) 1998, 909 f (berufswidrig, wenn Arzt Informationsmaterial zu einer von ihm entwickelten, angebotenen und angewandten Krebstherapie an potenzielle Patienten versendet); vgl zu dem gesamten Komplex *Ring*, Wettbewerbsrecht der freien Berufe, 1989.

[22] OLG Frankfurt NJW 1975, 599 (Unzulässige Bezeichnung einer Belegarzt-Praxis als „Klinik") mwN; vgl auch BGH NJW 1990, 1529 (Wettbewerbsförderungsabsicht).

[23] *Rieger*, Werbeverbot, in: HK-AKM, 5530 (2001) RdNr 6. BGH GRUR 1987, 178, 179 unter 3 a; *Taupitz* ZHR 153 (1989), 681 ff, 701 unter 3.

[24] Begriffsnotwendig kann nicht durch ein Unterlassen geworben werden; vgl dazu (und im Übrigen) *Ring*, Werberecht der Ärzte, 35.

Bereitschaft zu überwinden. Dem Werbenden geht es darum, Vertrauen zu erwecken und einen positiven Eindruck zu erreichen, um den Umworbenen zu einem bestimmten Verhalten zu bewegen. „Bei der Werbung handelt es sich keineswegs nur um ein Bekanntmachen iS einer Mitteilung, vielmehr kommt noch eine willensbeeinflussende Mitwirkung des Werbenden hinzu."[25]

14 Das Werbeverbot richtet sich an den **Arzt als Person,** auch den **Belegarzt,** und das **Verbot** trifft nicht jede, sondern **lediglich die berufswidrige Werbung.**[26] Neue Kooperationsformen erfordern eine differenzierende Betrachtungsweise.[27] Duldet eine Vertragsärztin die Anzeigenwerbung einer GmbH für von ihr für diese ausschließlich ambulant zu erbringende Leistungen der kosmetischen Chirurgie, so verstößt sie gegen das standesrechtliche Werbeverbot und zugleich gegen § 1 UWG – auch dann, wenn sie vertragsmäßig für ihren Dienst nur ein Pauschalhonorar bezieht. Auch die dem berufsrechtlichen Werbeverbot für Ärzte nicht unterliegende Kapitalgesellschaft haftet als wettbewerbsrechtliche Störerin, wenn ihre Anzeigenwerbung den Wettbewerbsverstoß der Vertragsärztin überhaupt erst ermöglichte.[28] Der Arzt kann dem Werbeverbot nicht dadurch entgehen, dass er zum Zweck der **Umgehung** eine Gesellschaft gründet, sich gleichsam hinter diese zurückzieht und sie werben lässt.[29] Jedoch scheint das Maß zulässiger „Werbung durch gewerbliche Unternehmen auf dem Gebiet der Heilkunde"[30] noch nicht einheitlich und abschließend bestimmt. Sollte das Werbeverbot durch die höchstrichterliche Spruchpraxis weitere Lockerungen erfahren, so werden Gerichte und Ärztekammern doch die Grenzen zu respektieren haben, die das berechtigte Patienteninteresse und die Volksgesundheit gebieten.

15 **Sachlich notwendige Hinweise** und Aufklärungen bleiben selbst dann erlaubt, wenn sie im Nebeneffekt werbend wirken, wobei dieser freilich durchaus hinter das Informationsinteresse zurücktreten muss.[31] Dabei darf die sachliche Information keineswegs von nicht notwendigen, eigenständigen und – wie neuerdings hinzusetzen – dominanten Elementen der Werbung begleitet werden.[32] Der werbende Charakter eines auf einem Arzt-Interview gründenden **Presseartikels** kann aus der Gegenüberstellung einer die herkömmliche Therapie mit Suggestivbegriffen schlechtweg verdammenden Äußerung des Arztes und einer Beschreibung hervorgehen, mit der er die günstigen Effekte der von ihm praktizierten Methode hervorhebt.[33] Ein Vereinsarzt verstößt gegen das Werbeverbot, wenn er sich zusammen mit Spielern im Vereinsmagazin abbilden lässt und die Bildunterschrift seinen Namen mit einem lobenden Hinweis enthält.[34] Einem Arzt bleibt es unbe-

---

[25] LBerufsG f Heilber b OVG Münster NJW 1970, 535, 536 (Pressebericht über Arztpraxis als verbotene Werbung).
[26] BVerfG NJW 1994, 1591 = MedR 1994, 325 (Werbung durch Zusätze auf dem Praxisschild). – Belegärztliche Tätigkeiten unterliegen grundsätzlich dem Werbeverbot. „Der Belegarzt, der veranlasst oder duldet, dass Patienten, die sich auf Grund einer Werbeanzeige des (Beleg-)Krankenhauses melden, an seine Praxis weitergeleitet werden, verstößt gegen das ärztliche Werbeverbot": BGH NJW 2000, 1789 = MedR 2000, 533, m krit Anm *Lehment*.
[27] Instruktiv und krit *Ratzel* MedR 1995, 91 ff.
[28] BGH NJW 1995, 785 = MedR 1995, 113 m Anm *Rieger*. Vgl auch OLG Hamburg MedR 1995, 115; ferner OLG Hamburg MedR 1994, 451; LG Hamburg MedR 1995, 82; OLG Köln NJW 1994, 3017.
[29] *Rieger*, Lexikon des Arztrechts, 1984, RdNr 1903.
[30] Dazu einlässlich *Rieger* MedR 1995, 468 ff; vgl ferner *ders* DMW 1995, 268 ff u 1219 ff; 1996, 110 ff.
[31] *Rieger* (Fn 29) RdNr 1904 mwN. Trotz des Werbeeffekts besteht ein sachlich begründetes, rechtlich vorrangiges Bedürfnis der Allgemeinheit daran, von der Presse über spezialisierte, besonders qualifizierte Fachärzte mit ihren Namen unterrichtet zu werden: OLG München MedR 1999, 76 (Focus II) m Anm *Barth*. Anders lag der Fall BGH NJW 1997, 2679 = MedR 1998, 131 (Focus I) m zust Anm *Taupitz*: „Die besten Ärzte Deutschlands" – eine sittenwidrige Förderung fremden Wettbewerbs.
[32] LBerufsG f Heilber b OVG Koblenz NJW 1995, 1633.
[33] LBerufsG f Heilber b OVG Münster NJW 1995, 2432.
[34] BezBerufsG f Ärzte Tübingen MedR 1995, 252.

nommen, seine Krebstherapie in geeigneter Form zu verteidigen. Er darf aber nicht den unrichtigen Eindruck erwecken, das Deutsche Krebsforschungszentrum habe seine Methode bestätigt.[35] Die für eine bestimmte Therapie werbende Verwendung des Professorentitels kann auch dann zulässig sein, wenn dieser für Leistungen auf dem Gebiet der Physik zuerkannt worden war.[36] Verlautbarungen innerhalb von Fachkreisen trifft das ärztliche Werbeverbot nicht, wenn die Kundgaben das Publikum in seinen gesundheitlichen Interessen nicht berühren. Durch Informationen über Heilmittel oder -verfahren in Wort, Ton, Schrift und Bild verletzt der Arzt das Werbeverbot nur dann, wenn die Hinweise geeignet erscheinen, für die eigene Praxis zu werben. Wissenschaftliche Publikationen, insbesondere in Fachzeitschriften über neue Methoden und technische Verfahren, fallen nicht unter den Begriff der Werbung. Gleiches gilt für objektive Information der Öffentlichkeit. „Werbenden Charakter tragen nur solche Darstellungen, die einen Arzt im Verhältnis zu den anderen Ärzten besonders hervorheben und den Eindruck erwecken, nur er im Verhältnis zu anderen Fachkollegen sei in der Lage, entsprechende Behandlungen durchzuführen."[37]

3. Medienauftritte. Gegen das ehedem ausdrückliche **Verbot der berufswidrigen mittelbaren Werbung** (§ 27 Abs 2 MBO-Ä aF) verstößt der Arzt, wenn er Dritte Reklame für sich machen lässt oder solche duldet, wenn sie ohne sein Zutun erfolgt. Beim **Auftreten in den Medien** (die alte Spezialnorm entfiel) bewegen sich die Angehörigen der freien Berufe, insbesondere Ärzte, „zwischen Standesrecht und Kommunikationsfreiheit".[38] Die vom Vorstand der BÄK beschlossenen „Richtlinien für die publizistische Tätigkeit von Ärzten"[39] setzten dafür Maßstäbe. Danach hat bei ärztlichen Publikationen medizinischen Inhalts und bei Interviews die Sache, nicht die Person im Vordergrund zu stehen. Grundsätzlich hat der Arzt neue medizinische Erkenntnisse in der Fachliteratur bekannt zu machen. Das gewachsene und weiter steigende Bedürfnis des Publikums nach fachlich begründeten, auch gesundheitserzieherischen und der Vorsorge dienenden Fachinformationen erfordert andererseits die Mitarbeit von Ärzten in den Massenmedien. Ärzte dürfen diesem Bedürfnis entgegenkommen, wenn sie es dabei streng vermeiden, sich selbst herauszustellen und anzupreisen. Der informierende Arzt darf seinen Namen nicht wiederholen, betonen oder sonst auffällig hervorheben. Sein Bild darf der ärztliche Autor nur dann verwenden, wenn dies zur Art des Mediums gehört oder aus anderen Gründen sachlich gerechtfertigt erscheint.[40]

Das BVerfG hat die von Art 12 GG gebotenen Grenzen erneut und wieder gegen die berufsgerichtliche Rechtsprechung betont: **„Image- und Sympathiewerbung"** in der Presse seien nicht schlechthin unzulässig, sowenig wie eine Mitteilung mit Werbewirksamkeit und Emotionalität. Nach der Spruchpraxis des BVerfG „ist der Wortsinn einzelner Passagen stets grundrechtsfreundlich im Kontext des gesamten Inhalts auszulegen". Stehen „Informationen über Inhalt, Bedeutung und Möglichkeiten der praktizierten

---

[35] OLG München MDR 1995, 62. Vgl auch OLG München ArztR 1996, 107, 18.
[36] BGH NJW 1995, 3054 = MedR 1995, 400 („Sauerstoff-Mehrschritt-Therapie nach Prof Manfred von Ardenne").
[37] *Narr*, ÄrztlBerufsR, Stand 1988, Bd II, RdNr 1181.
[38] *Jarass* NJW 1982, 1833 ff; zum Verbot mittelbarer Werbung vgl OVG Hamburg MedR 1997, 417.
[39] DÄBl 1979, 112.
[40] *Rieger* (Fn 29) RdNr 1913. Die Häufigkeit der Nennung des Arztnamens in einer Zeitungsanzeige oder Pressepublikation kann ein Kriterium für die Unzulässigkeit bilden, LBerufsG für Heilberufe beim OVG Koblenz ArztR 2000, 17. – Steht die Person eines Arztes, seine Praxis mit Ausstattung und Personal im Vordergrund eines redaktionellen Tageszeitungsberichts, so greift das Werbeverbot, BerufsG f Heilber b VG Köln NJW 1999, 884. Problematisch VG Münster MedR 1999, 146 (Problemstellung *Koch*): Verbot der Werbung für oder durch Dritte in Arztpraxen. Vgl ferner Landesber G f Heilberufe b OVG Koblenz ArztR 1998, 144.

Behandlung" im Vordergrund der medialen Präsentation, so komme es weder zu einer unerwünschten Kommerzialisierung des Arztberufs, noch zu einer Beeinträchtigung des Vertrauens zu diesem im Publikum.[41]

17 Der Arzt darf **öffentliche Berichte** über seine Tätigkeit nicht einfach **dulden.** Das Berufsrecht stellt vielmehr im Interesse von Allgemeinheit, Patienten und Ärzteschaft hohe Ansprüche an die Pflicht des Arztes, nach Kräften auf das Unterbleiben jeglicher berufswidriger Werbung für seine Tätigkeit hinzuwirken. Danach hat sich der Arzt im Allgemeinen bei Interviews oder der Weitergabe von Informationen anderer Art ein Prüfungsrecht vorzubehalten, wenn nach Art und Inhalt des Mitgeteilten oder hinsichtlich der Gegebenheiten beim Adressaten die Möglichkeit eines Berichts mit werbendem Charakter nicht ganz fernliegt.[42]

18 In diesen Grenzen soll sich der Arzt vor allgemein zugänglichen Publikationen generell das Recht vorbehalten, vorab Einsicht zu nehmen und **Korrekturen** anzubringen. Das gilt insbesondere dann, wenn er als Ratgeber in Publikumszeitschriften mitwirkt. Als Beantworter von Leser- oder Hörerfragen darf der Arzt nur auftreten, wenn seine Beiträge sich in den Zusammenhang eines wissenschaftlichen Programms fügen und persönlich zurückhaltend bleiben.

19 Es geht bei der **Abgrenzung des Zulässigen** um „eine **wertende Betrachtung** im Rahmen des gesamten Lebensvorgangs" unter Bedachtnahme auf Anlass, Mittel, Zweck, Begleitumstände und Auswirkungen des Wettbewerbsverhaltens.[43] Die Gerichte entschieden jüngst etwa über Arztwerbung im Briefkopf oder durch Eintrag im Telefonbuch[44] und in den „Gelben Seiten",[45] über ophthalmologische Werbung für Excimer-Laser,[46] bildliche Darstellungen im Klinikprospekt[47] und Werbung durch eine **Heilkunde-GmbH**,[48] über Zahnärzte im Internet,[49] zur Frage der Zulässigkeit des Gebrauchs der

---

[41] BVerfG MedR 2006, 107 (Problemstellung *Pauly*) = NJW 2006, 282. Auf diesem Kurs bedenklich fortfahrend OVG Münster (Landesberufsger f Heilberufe) NJW 2007, 3144: Zur Mitwirkung eines Schönheitschirurgen an einer Fernsehsendung über einen Urlaubstrend („Fettabsaugen auf Mallorca"). – Vgl auch die Hinweise von *Spickhoff* NJW 2008, 1638.

[42] LBerufsG f Heilber b OVG Koblenz NJW 1989, 2344; BGH NJW 1987, 2297 (Bildbericht über einen Arzt in einer Illustrierten, Arztinterview); vgl auch LBerufsG f Heilber b OVG Koblenz NJW 1990, 1555; anderes kann etwa dann gelten, wenn der Arzt sich wegen einer vorangegangenen kritischen Auseinandersetzung mit seiner Person und seinen Heilmethoden zur Mitwirkung an einer Pressepublikation entschließt: BVerfG NJW 1992, 2341.

[43] Umfassend zum Thema *Piper*, in: FS Brandner, 1996, 449, 455.

[44] ÄrztlBerufsG Nds MedR 1996, 285. Seine apparative Ausstattung und sein therapeutisches Angebot darf der Arzt nicht im Branchentelefonbuch präsentieren. Anderes soll nur gelten, wenn Apparatur und Praxis sich auf berufsrechtlich zulässige Weise an verschiedenen Orten befinden – ein heikles Kriterium, BVerwG NJW 1998, 2759 = MedR 1998, 220 (Problemstellung *Bonvie*): Kardiologische Praxis mit Herzkatheter-Messplatz in größerer räumlicher Entfernung; dazu *Rieger* DMW 998, 918.

[45] OVG Hamburg MedR 1996, 524; *Rieger* DtMedWochenschr 1996, 1309; dazu das vorstehend genannte Urt d BVerwG NJW 1998, 2759 = MedR 1998, 220 ff.

[46] LBerufsG Stuttgart ArztR 1996, 177 = DMW 1996, 110 m Anm *Rieger*.

[47] OLG München NJW-RR 1996, 683.

[48] LG Hamburg MedR 1996, 522 (Problemstellung *Bonvie*); vgl auch vorstehende Fn 11. – „Wenn den Inhabern von Sanatorien und Kliniken prinzipiell ein Mehr an Werbemöglichkeiten zugestanden wird als niedergelassenen Ärzten, so gibt es keinen sachlichen Grund, bei diesem Mehr wiederum zu unterscheiden zwischen Anzeigenwerbung und direkter Einzelwerbung", *Rieger* MedR 1999, 470. Vgl ferner LG Baden-Baden MedR 1999, 565 m Problemstellung *Reiling*.

[49] LG Trier WRP 1996, 1231; OLG Koblenz MedR 1998, 29. Zur Werbung eines Zahnarztes im Internet („Das Praxisteam", „Unsere Dienstleistungen", „Praxis-Shop") einschränkend OLG Koblenz MedR 1998, 29 m abl Anm *Heinrich*: das Urteil werde „der fortschreitenden Entwicklung der Informationstechnologie und den Besonderheiten des Mediums Internet in keiner Weise gerecht". Vgl auch OLG Hamburg ArztR 1998, 229.

Bezeichnung „Klinik" im Firmennamen eines Zahnbehandlungen anbietenden Unternehmens.⁵⁰

4. Praxisschild. Auf seinem **Praxisschild** hat der Arzt seinen Namen und die Benennung als Arzt oder eine Bezeichnung nach der Weiterbildungsordnung anzugeben und die Sprechstunden anzukündigen.⁵¹ Außerdem darf das Schild Zusätze über medizinische akademische Grade, ärztliche Titel, Privatwohnung und Fernsprechnummer sowie einen Hinweis auf die Zulassung zu Krankenkassen oder als Durchgangsarzt enthalten. Andere akademische Grade darf der Arzt nur im Zusammenhang mit der Fakultätsbezeichnung nennen. Diese und andere Maßgaben konkretisieren das allgemeine berufsrechtliche Werbeverbot und bezeichnen die Ausnahmen, unter denen Kundgaben über die ärztliche Tätigkeit auf dem Praxisschild zulässigerweise erscheinen dürfen. Die Regeln zum Praxisschild waren die umfänglichsten der Muster-Berufsordnung. Die richterliche Spruchpraxis⁵² und die Satzungsgeber hatten sich je und je mit ihnen zu befassen.

5. Wettbewerbsdruck. Der wachsende **Konkurrenzdruck** verschärft den Wettbewerb unter den Ärzten und verleitet dazu, in unzulässiger Weise auf sich aufmerksam zu machen. Als Unternehmer wie als aktiver Teilnehmer an den Massenmedien gerät der Arzt in die Gefahr, die strikt gebotene persönliche Zurückhaltung aufzugeben und den Gepflogenheiten der Wirtschaft und des Kommunikationsbetriebes zu erliegen. In einer ausgedehnten und weiter zunehmenden und doch **weniger strengen Judikatur** bemühen sich die ordentlichen Gerichte, die Verwaltungsgerichte und nicht zuletzt die Berufsgerichte⁵³ nicht ohne Erfolg darum, die berufsrechtlichen Grenzen ärztlicher Werbung zu behaupten und einzuschärfen. Eine weitere **Lockerung** oder gar Preisgabe des Werbeverbotes veränderte das Berufsbild des Arztes wesentlich und brächte beträchtliche Gefahren für den Gesundheitsdienst und am Ende für die Volksgesundheit mit sich.

IV. Fremdwerbung für gewerbliche Unternehmen

1. Arzneimittel. Die Musterberufsordnung bestimmt in § 34 unter der Überschrift **Verordnungen, Empfehlungen und Begutachtung von Arznei-, Heil- und Hilfsmitteln:**

---

⁵⁰ BGH NJW 1996, 3083 = MedR 1996, 563 (Problemstellung *Röver*) = DMW 1996, 1480f m Anm *Rieger*.

⁵¹ Die „Schilderordnung" D I Nr 2 MBO wurde ersatzlos gestrichen; vgl *Ratzel*, in: *Ratzel/Lippert*, Kommentar zur Musterberufsordnung, § 27/28 RdNr 15, 336. Das Informationsbedürfnis der Patienten kann unter Umständen mehrere Praxisschilder rechtfertigen, LBerufsG für Heilberufe beim OVG Koblenz NJW 1999, 3429.

⁵² Zur Zulässigkeit des Zusatzes „Schmerzambulanz" etwa BVerwG MedR 1989, 202. Vgl auch OVG Hamburg MedR 1997, 177. – Die Anbringung eines Schildes mit der Aufschrift „Ärztehaus" ist unzulässig: LG Cottbus NJW 1997, 2458. – Problematisch die plakative Darstellung des Namens „Gesundheitszentrum": LG Cottbus NJW 1997, 2459. Es ist aber wegen des Bedeutungswandels des Begriffs „Zentrum" keine irreführende wettbewerbswidrige Werbung mehr, wenn sich ein medizinisches Versorgungszentrum „Rheumazentrum" nennt, LG Erfurt MedR 2008, 619 (Problemstellung *Hünicke*). – Die Bezeichnung einer Gemeinschaftspraxis zweier Fachärzte für Allgemeinmedizin als „Hausarztzentrum" unterliegt grundsätzlich keinen berufsrechtlichen Bedenken, LandesberufsG f Heilberufe beim OVG NRW MedR 2009, 191 (Problemstellung *Rieger*). Über die Zulässigkeit von Zwangsmaßnahmen durch die Ärztekammer zur Beseitigung eines berufsordnungswidrigen Zustandes (Entfernung eines Praxisschildes) OVG Lüneburg MedR 1989, 99. Zu den Angaben „Paradontologie" und „Implantologie" auf dem Praxisschild eines Zahnarztes als Werbung vgl OLG Düsseldorf NJW 1997, 1644. „Implantologie" auf Briefbögen und Praxisschildern von Zahnärzten zur Bezeichnung des Tätigkeitsschwerpunkts zulässig: BVerfG NJW 2001, 2788.

⁵³ Vgl die umfangreiche Kasuistik (Titel Werbung) bei *Heile/Mertens/Pottschmidt/Wandtke* (Hrsg), Sammlung von Entscheidungen der Berufsgerichte für die Heilberufe, Teil 2 u 3, Stand 1999. Siehe ferner die zahlreichen Hinweise bei *Narr* und *Rieger*. Instruktiv *Rüßmann*, Umstrittene Heilungsmethoden – ein Problem des Wettbewerbsrechts?, NJW 1997, 1620ff.

(1) Ärztinnen und Ärzten ist es nicht gestattet, für die Verordnung von Arznei-, Heil- und Hilfsmitteln oder Medizinprodukten eine Vergütung oder andere Vorteile für sich oder Dritte zu fordern, sich oder Dritten versprechen zu lassen oder anzunehmen.
(2) Ärztinnen und Ärzte dürfen Ärztemuster nicht gegen Entgelt weitergeben.
(3) Ärztinnen und Ärzten ist es nicht gestattet, über Arznei-, Heil- und Hilfsmittel, Körperpflegemittel oder ähnliche Waren Werbevorträge zu halten oder zur Werbung bestimmte Gutachten zu erstellen.
(4) Ärztinnen und Ärzte dürfen einer missbräuchlichen Anwendung ihrer Verschreibung keinen Vorschub leisten.
(5) Ärztinnen und Ärzten ist nicht gestattet, Patientinnen und Patienten ohne hinreichenden Grund an bestimmte Apotheken, Geschäfte oder Anbieter von gesundheitlichen Leistungen zu verweisen.

23 Diese Vorschriften ergänzen § 27 MBO-Ä. Während § 27 die **Eigenwerbung** für den Arzt verbietet, erklärt § 34 die **Fremdwerbung** des Arztes für Heil- und Hilfsmittel, Körperpflegemittel oder ähnliche Waren zugunsten des Herstellers für unzulässig. Produzenten können ein starkes Interesse daran haben, den Absatz ihrer Erzeugnisse durch ärztliche – provisionsbelohnte – Empfehlungen und Gutachten zu steigern. Das gilt vornehmlich auf dem Feld der kosmetischen Industrie. Werbevorträge berichten den Zuhörern mit dem Zweck, sie zum Kauf der vorgestellten Präparate zu veranlassen. Werbung sucht den Adressaten bewusst oder unbewusst zu beeinflussen und dadurch den Absatz eines bestimmten Produktes zu fördern.

24 2. **Fremdwerbung.** Auch bei der **Fremdwerbung** stellt sich die Frage nach der Grenze zwischen erlaubter sachlicher Unterrichtung und verbotener geschäftlicher Beeinflussung. „Der Unterschied zwischen zulässiger sachlicher Information und unzulässiger Werbung liegt darin, dass sachliche Information vom Verkaufserfolg unabhängig ist und diesem Zweck auch gar nicht dienen will, während Werbung immer und vorrangig den Verkaufserfolg erstrebt und hinter diesem Zweck die objektive Sachaufklärung über das Produkt zurücksteht."[54]

25 Das **Führen des medizinischen Doktortitels** als Bestandteil der eigenen Firma hat dann als standeswidrig zu gelten, wenn der Träger dadurch mit Tätigkeiten in Verbindung gebracht werden kann, die sich mit dem Ansehen und der Würde des Arztes nicht vereinbaren lassen.[55] Der Arzt darf sich im gewerblichen Wettbewerb nicht mittels des Doktortitels ungerechtfertigte Vorteile verschaffen. Die Hergabe des medizinischen Doktortitels für einen Dritten zu Wettbewerbszwecken verstößt schlechthin gegen die Standesregel.[56]

V. Gebotene Strenge?

26 1. **Lockerung?** Es fehlt nicht an Stimmen, die im Zeichen der Grundrechte für eine Lockerung der berufsrechtlichen Fesseln beim ärztlichen Wettbewerb eintreten.[57] „Der Markt für medizinische Dienstleistungen hat in weiten Teilen einen Zustand erreicht, der Marketing und Werbung notwendig macht."[58] Gewiss haben sich Werberestriktionen nach

---

[54] *Narr* (Fn 37) RdNr 1204. Vgl. auch *Ratzel/Lipperts* Kommentar zu § 34 MBO. – Kann ein Arzt wegen seines ausgeprägten Vertrauensverhältnisses zu einem Apotheker sicher sein, mit einer Verschreibungszuweisung zu diesem den Erfolg der Drogentherpaie nicht zu gefährden, so handelt er nicht wettbewerbswidrig, wenn er die Patienten ausschließlich diesem Apotheker zuweist: OLG Schleswig NJW 1995, 3064. – Zu den erweiterten Werbemöglichkeiten der Apotheker *Ring* NJW 1997, 768 ff.
[55] *Narr* (Fn 37) RdNr 1207.
[56] BGH BB 1961, 268.
[57] *Jarass* NJW 1982, 1833 ff; *Papier/Petz* NJW 1994, 1553 ff.
[58] *Gesellensetter*, Die Annäherung des Freien Arztberufes an das Gewerbe. Eine verfassungs-, sozial- und berufsrechtliche Untersuchung, 2007, 242, 143 ff.

dem Funktionalitätsprinzip zu richten; sie sind also nur dann und insoweit zulässig, als sie der Allgemeinheit die beste Versorgung mit freiberuflichen Diensten zu gewährleisten suchen. Auch hat sich jede Beschränkung der Wettbewerbs- und Werbetätigkeit an sachgerechten und vernünftigen Erwägungen oder vorrangigen Interessen des Gemeinwohls zu orientieren und auf das unbedingt Erforderliche zu beschränken. Die Grundrechte der Standesgenossen auf freie Berufsausübung nach Art 12 Abs 1 GG sowie auf freie Meinungsäußerung nach Art 5 Abs 1 S. 1 GG kommen bei Restriktionen als Prüfungsmaßstab in Betracht. So hat das BVerfG betont:[59] „Eine Auslegung des ärztlichen Werberverbots durch die Gerichte, die dem Arzt die Mitwirkung bei redaktionellen Presseberichten über seine berufliche Tätigkeit ausnahmslos verbietet, wenn er sich nicht deren Prüfung und Genehmigung vorbehalten hat, schränkt die Grundrechte aus Art 12 I 1 und Art 5 I 1 GG unverhältnismäßig ein."

2. Unnachgiebiges Wettbewerbsrecht? Andererseits, so bleibt zu bedenken, charakterisieren die Werbeverbote des Berufsrechts die freien im Unterschied zu den gewerblichen Berufen: Öffentlich-rechtliche Wettbewerbsrestriktionen beschränken die freiberuflich Tätigen aufgrund besonderer Pflichtgebundenheit im Interesse des Gemeinwohls, während für die Gewerbetreibenden allein die beschränkenden Regeln des allgemeinen Wettbewerbsrechts gelten. Die Strenge des Werbeverbots rechtfertigt sich aus der Eigenart des ärztlichen Dienstes, der immer ganz dem individuellen Gesundheitsinteresse wie der Volksgesundheit verpflichtet bleibt. Dieser Dienst besitzt zwar seine wirtschaftliche Seite; aber sein Anspruch reicht weiter. An ihm gilt es trotz ausgreifender Kommerzialisierung aller Lebensfelder festzuhalten, und dazu gehört ein im Kern unnachgiebiges Wettbewerbsrecht.

3. Wettbewerbsklauseln. Je härter die Konkurrenz, desto gewichtiger werden die **Wettbewerbsregeln.** Wettbewerbsklauseln in Praxisübernahmeverträgen verstoßen nicht schlechthin gegen die guten Sitten.[60] Einerseits darf die Abrede den Verpflichteten in der Berufsausübung nicht übermäßig beschränken. Andererseits darf der Vertrag dem legitimen Interesse des **Erwerbers einer Arztpraxis** am ungestörten Aufbau eines Vertrauensverhältnisses zu den übernommenen Patienten Raum geben. Das **Konkurrenzverbot** muss sich örtlich in etwa mit dem Einzugsgebiet der verkauften Praxis decken. Zeitlich besteht ein schutzwürdiges Interesse des Begünstigten nur für die Phase, in der die vom Veräußerer geschaffenen Beziehungen zu den Patienten fortwirken.[61]

Die ärztliche Berufsordnung kann ohne Verfassungsverstoß eine Regel enthalten, derzufolge sich ein Weiterbildungsassistent nicht im Einzugsgebiet der weiterbildenden Praxis niederlassen darf. Das **Konkurrenzverbot** ist allerdings zeitlich beschränkt.[62]

Nur unter besonderen Umständen liegt in der Mitgliederinformation einer Kassenärztlichen Vereinigung über die Wirtschaftlichkeit ärztlicher Verordnungen ein Wettbewerbsverstoß.[63] Wettbewerbswidrig handelt ein Krankenhausarzt, der ohne Ermächtigung oder

---

[59] BVerfGE 85, 248 = NJW 1992, 2341 = MedR 1992, 209 (Problemstellung *Reiling*) = DMW 1992, 1413 m Anm *Rieger*.

[60] „Grundsätzlich sind Wettbewerbsabreden auch unter Ärzten zulässig": BGH NJW 1989, 763. Zu den Grenzen BGH NJW 1986, 2944 (RA-Praxis).

[61] OLG Karlsruhe MedR 1995, 156. – Keine geltungserhaltende Reduktion für sittenwidriges nachvertragliches Wettbewerbsverbot im Gesellschaftsvertrag (Tierarztpraxis): BGH NJW 1997, 3089. Zur vollständigen Nichtigkeit eines Wettbewerbsverbots für einen ausscheidenden Arzt aus einer Gemeinschaftspraxis LG Lüneburg MedR 1997, 221.

[62] BGH NJW 1997, 799 = MedR 1997, 117 (Problemstellung *Taupitz*); kritisch dazu *Spoerr/Brinker/Diller* NJW 1997, 3056 ff; vgl § 29 Abs 2 MBO. Zum ärztlichen Wettbewerbsverbot im gesperrten Planungsbereich OLG München MedR 1996, 567; zur wettbewerbsrechtlichen Zulässigkeit eines pathologischen Laborbotendienstes BGH NJW 1996, 3081. Zum Konkurrenzverbot mit vielen Judikatur-Hinweisen in ihrem Kommentar *Ratzel* und *Lippert*, § 18, 18a RdNr 33 f, § 29 RdNr 7 (*Ratzel*).

[63] OLG Hamburg MedR 1992, 344.

unter Überschreitung seines Ermächtigungskataloges an der vertragsärztlichen Versorgung teilnimmt. Dem dadurch beeinträchtigten niedergelassenen Arzt steht ein Schadensersatzanspruch zu.[64] Rechtsverstöße können in der Gewährung von **Preisnachlässen** und Zuwendungen liegen.[65] Zum leidigen Gebrauch ausländischer Professorentitel in der Arztwerbung hat der BGH seine Judikatur gefestigt.[66] Als nicht irreführend kann der Vereinsname „Ärztetag für Medizin ohne Nebenwirkungen" gelten.[67]

Der zunehmende Konkurrenzdruck infolge erhöhter Kassenzulassungen aufgrund des Gesundheitsstrukturgesetzes, einer budgetierten Gesamtvergütung und der oft erheblich eingeschränkten Ermächtigungen von Krankenhausärzten lässt Mediziner innerhalb der engen berufsrechtlichen Grenzen[68] nach Wegen suchen, einmal behandelte Patienten an sich zu binden. Es stellt sich die Frage, ob und inwieweit eine **Wiedereinbestellung** von Patienten erlaubt,[69] ob die **Hilfsmittelversorgung** zulässig ist,[70] und ob **Patienteninformationsschreiben** berufsrechtswidrige Werbung darstellen.[71] Lässt ein Arzt Informationsmaterial über eine von ihm entwickelte, angebotene und angewandte Krebstherapie auf Anforderung an Kranke versenden, die nicht seine Patienten sind, doch werden können, so wirbt er damit berufswidrig und handelt dadurch auch wettbewerbswidrig.[72] Die Verwendung der Angabe „Traditionelle chinesische Medizin" auf Briefköpfen einer Zahnarztpraxis, auch im Rahmen des Versands von Schreiben an Patienten, ist unzulässig.[73]

29 **4. Weitere Konkurrenzverbote.** Der zunehmende Konkurrenzdruck und die Restriktionen bei den Kassenvergütungen veranlassen manchen Arzt, einen Ausgleich über **Leistungen jenseits der eigenen Fachgrenzen** zu gewinnen. Das Berufsrecht zieht diesem Streben jedoch feste Grenzen. So dürfen Augen- und Hals-Nasen-Ohren-Ärzte ihre Patienten nicht unmittelbar und unter Ausschluss von Optikern und Akustikern mit Kontaktlinsen und Hörgeräten versorgen: Berufs- und Handwerksrecht stehen dem entgegen.[74] Die Abgrenzung verbotener Provision[75] von zulässigem Honorar für ärztliche Dienste erfordert eine genaue Analyse der jedem Einzelfall zu Grunde liegenden Abrede.[76] Die schlüssige Vereinbarung gegenseitiger Patientenüberweisungen durch die Gesellschafter einer Praxisgemeinschaft verstößt gegen das Berufsrecht.[77] **Niederlassungsverbote**[78] finden ihre Legitimation allein in dem anerkennenswerten Bestreben des von ihnen Begünstigten, sich vor der illoyalen Verwertung seiner Arbeitserfolge

---

[64] OLG Stuttgart MedR 1993, 142.
[65] *Dahm* MedR 1992, 250 ff.
[66] BGH NJW 1992, 2358 = MedR 1993, 108.
[67] BayObLG NJW 1992, 2362.
[68] § 29 MBO.
[69] Differenzierende Antworten gibt *Kamps* MedR 1994, 194 ff.
[70] Ablehnend *Schwannecke/Webers* NJW 1998, 2697 ff.
[71] Mit Grund streng Hans. OLG Hamburg MedR 2000, 195 (Information über ein neu eingeführtes Diagnoseverfahren zur Knochendichtemessung: nicht erlaubt).
[72] BGH NJW 1998, 3414 = MedR 1999, 70 (Problemstellung *Taupitz*) = EWiR 1998, 909 m zust Anm *Ring*.
[73] Hans. OLG Hamburg MedR 2000, 329 (Problemstellung *Taupitz*). – Zur grafischen Gestaltung von Briefbögen OLG München ArztR 2000, 71.
[74] *Schwannecke/Webers* NJW 1998, 2697 ff. Keine durchschlagenden rechtlichen Bedenken gegen den verkürzten Versorgungsweg erkennt *Kern* NJW 2000, 833 ff; vgl ferner OLG Hamm NJW 1998, 2749; OLG Nürnberg MedR 1998, 522; zu unerlaubten optometrischen Leistungen durch Optiker BGH NJW 1999, 865.
[75] §§ 31, 34 I MBO.
[76] *Bonvie* MedR 1999, 64 ff.
[77] LG Heidelberg MedR 1998, 273 (Problemstellung *Reiling*); § 31 MBO; vgl. auch *Stumpf/Voigts* MedR 2009, 207.
[78] *Spoerr/Brinker/Diller* NJW 1997, 3056 ff.

durch den anderen Teil zu schützen oder sich sonst vor Missbräuchen zu seinen Lasten zu bewahren.[79] Berufsrechtliche **Wettbewerbsverbote zulasten des aus- oder weitergebildeten Arztes** müssen sich streng am Verhältnismäßigkeitsgrundsatz orientieren, dürfen also insbesondere auch in zeitlicher Hinsicht nicht über das Erforderliche hinausgehen.[80] **Nachvertragliche Wettbewerbsverbote**, die den aus einer **Gemeinschaftspraxis** ausscheidenden Arzt verpflichten, müssen gleichfalls streng im Rahmen des Erforderlichen und Verhältnismäßigen bleiben.[81]

§ 16 Der Ärztestreik

Inhaltsübersicht

	RdNr
I. Einleitung	1
II. Der Begriff des Ärztestreiks	2
III. Die Rechtmäßigkeit des Ärztestreiks	3
IV. Grenzen ärztlichen Streikrechts	4

Schrifttum: *Burkardt,* Ärztliche Standespflichten und Streikrecht der Kassenärzte und der in Krankenhäusern privatrechtlich angestellten Ärzte, 1971; *dies,* Ärztliche Standespflichten und Streikrecht der Kassenärzte und der in Krankenhäusern privatrechtlich angestellten Ärzte, ArztR 1971, 115 ff.; *Plaut,* Der Gewerkschaftskampf der deutschen Ärzte, 1913; *Puppe,* Die Bestrebungen der deutschen Ärzte zu gemeinsamer Wahrung ihrer wirtschaftlichen Interessen, 1911; *Reuß,* Der Ärztestreik, RdA 1972, 321 ff.; *Uhlenbruck,* Der Ärztestreik als Mittel kollektiver Interessenwahrung, RdA 1972, 327 ff.; *ders,* Besteht ein Streikrecht für deutsche Ärzte? in: KHA 1967, 370 ff.; *ders,* Zum Streikrecht angestellter Ärzte in öffentlichen Krankenhäusern, mb-der Arzt im Krankenhaus- und Gesundheitswesen, 1972, 27 ff.; *Uhlenbruck/Künzel,* in: *Rieger/Dahm/Steinhilper* (Hrsg), Heidelberger Kommentar. Arztrecht – Krankenhausrecht – Medizinrecht (HK-AKM), Losebl Stand: Mai 2009, 460; *Zacher,* Der Ärztestreik als Rechtsproblem, Zeitschrift für Sozialreform, Heft 3 1966, 129 ff.

I. Einleitung

Im Jahre 2006 fanden erstmals in der Geschichte der Bundesrepublik Deutschland *bundesweite kollektive* Arbeitsniederlegungen von angestellten Ärzten an Universitätskliniken, Landeskrankenhäusern und kommunalen Kliniken statt. Auch Vertragsärzte und Privatärzte schlossen zeitweise ihre Praxen. Es kam zu Kundgebungen in zahlreichen deutschen Großstädten, an denen zT mehrere tausend Ärzte teilnahmen.[1] Daraufhin setzte eine öffentliche Diskussion über die Rechtmäßigkeit derartiger Kampfmaßnahmen von Ärzten ein.[2]

II. Der Begriff des Ärztestreiks

Der Ärztestreik ist eine durch die geschichtliche Entwicklung, die Besonderheiten des Heilberufes und das Spezifische ärztlicher Heiltätigkeit geprägte Form kollektiver ärztlicher Repression, die je nach Art der Maßnahme, Zielsetzung und Adressat im Einzelfall kollektive Meinungsäußerung grundsätzlich freiberuflich Tätiger, politische Demonstration,

---

[79] Zum ärztlichen Wettbewerbsverbot im gesperrten Planungsbereich LG Limburg MedR 1997, 221 (Problemstellung *Plagemann*); zur Konkurrentenklage gegen Zulassungsverzichts-Widerruf des Ex-Praxispartners LSG BW MedR 1997, 377 (Problemstellung *Clemens*).
[80] BGH NJW 1997, 799 (Laborärzte).
[81] *Morawietz* NJW 2008, 3263.
[1] Vgl dazu den Tätigkeitsbericht der Bundesärztekammer 2006, 2007, 431 ff.
[2] Vgl vorherige Fn; *Krahforst* Brandenburgisches Ärzteblatt 2006, 10 f.

Boykott der Krankenkassen, Arbeitskampf ieS oder gar **politischer Kampfstreik** sein kann, der mit dem Verdikt grundsätzlicher Verfassungswidrigkeit behaftet ist.[3]

Durch den Begriff „**Streik**" werden auch alle Maßnahmen erfasst, die als Kampfstufen einer kollektiven Arbeitseinstellung aus dem Gesichtspunkt der ultima ratio vorgeschaltet sind. Die einzelnen Mittel reichen vom Protest und der Demonstration über den Boykott der Kassen und den politischen Streik bis hin zur **kollektiven Arbeitseinstellung** angestellter Krankenhausärzte.[4]

Auch Praxisschließungen von Vertragsärzten und Privatärzten als Ausdruck des Ärzteprotests können als „streikähnliche" Maßnahmen unter den weiten Begriff des Ärztestreiks gefasst werden.[5]

III. Die Rechtmäßigkeit des Ärztestreiks

3   Das in Art 9 Abs 3 GG verankerte **Recht zum Arbeitskampf** gilt grundsätzlich auch für angestellte Ärzte.[6] Weder aus dem hippokratischen Eid noch aus Grundsätzen der ärztlichen Ethik oder aus der MBO ergibt sich ein Streikverbot für Ärzte. Standesrichtlinien oder Beurfsordnungen vermögen **kein Streikverbot für die Ärzte** zu postulieren. Allerdings ist der Umfang der ärztlichen **Streikfreiheit** durch die spezifischen Besonderheiten des ärztlichen Berufs und des ärztlichen Heilauftrags **begrenzt**.

Zudem ist bei jeder Arbeitskampfmaßnahme zu beachten, dass keine Friedenspflicht aus einem noch gültigen Tarifvertrag bestehen darf.[7] Allerdings führt ein bestehender Tarifvertrag mit einer anderen Gewerkschaft nicht automatisch zu einem Ausschluss der Streikbefugnis. Der insoweit bisher gültige Grundsatz der **Tarifeinheit**[8] wird von der Rechtsprechung in verschiedenen Fällen immer weiter aufgegeben,[9] zuletzt auch für abgrenzbare, zahlenmäßig relevante Gruppen von Arbeitnehmern mit besonderer Funktion, Tätigkeit und Ausbildung – wie zB Ärzte, Piloten, Lokführer.[10] Einige Arbeitsgerichte[11] vertreten zudem, dass der Grundsatz der Tarifeinheit bei Arbeitskampfmaßnahmen generell nicht anwendbar sei, weil vor Abschluss der beabsichtigten Tarifverträge nicht entschieden werden kann, welcher der speziellere ist und später Vorrang haben wird.

---

[3] Vgl *Uhlenbruck/Künzel,* in: HK-AKM, 460 RdNr 2; *Zacher* Zeitschr f Sozialreform 1966, 134; *Burkardt* ArztR 1971, 115; einschränkend *Reuß* DVBl 1968, 57, 59; *G Küchenhoff* Zeitschr f d ges Arztrecht (ZAR) 1951, 53 u 70; *ders* RdA 1955, 413 ff; *ders* Staatslexikon Bd 1 „Arztrecht" Sp 601 ff.

[4] Zu den einzelnen Erscheinungsformen des „Streiks" vgl *Uhlenbruck* RdA 1972, 327 ff; *Uhlenbruck/Künzel,* in: HK-AKM, 460 RdNr 3 ff.

[5] *Krahforst* Brandenburgisches Ärzteblatt 2006, 10 f.

[6] *Uhlenbruck* RdA 1927, 330 ff; *ders* mb-der arzt 1972, 28 ff; *Uhlenbruck/Künzel,* in: HK-AKM, 460 RdNr 9; *Jung* MMW 1982, 87 ff.

[7] BAG NZA 1985, 504, 506; NZA 1989, 969, 970; LAG Köln NZA 2006, 62 f; LAG Hessen NZA-RR 2005, 262; ArbG Kiel ZTR 2006, 488-491 (= Urteil v 30.6.2006, Az 1 Gn 11 b/06 (juris)).

[8] Entwickelt vom BAG für Fälle der Tarifkonkurrenz und -pluralität. Der Grundsatz der Tarifeinheit besagt vereinfacht, dass in einem Arbeitsverhältnis und in einem Betrieb nur ein Tarifvertrag (der speziellere) angewendet werden soll. Vgl ua BAG NZA 1991, 736 ff; NZA 1994, 1038 ff; NZA 2002, 1406 f.

[9] ZB BAG Urteil v 11.2.2004, Az 4 AZR 94/03 (juris, RdNr 35) und BAG NZA 1993, 405 f für den Fall, dass mehrere selbstständige Arbeitgeber in einem Betrieb bzw Konzern verbunden sind sowie BAG Urteil v 20.8.1986, Az 4 AZR 272/85 (juris, RdNr 35) für den Fall der gewillkürten Tarifpluralität; vgl zur neueren Entwicklung in der Rechtsprechung allgemein *Bayreuther* NZA 2006, 642–646; *Franzen* RdA 2008, 193–205 und *Jacobs* NZA 2008, 325–333.

[10] LAG Köln NZA 2006, 62, 63; in diese Richtung auch BAG NZA 2005, 697 ff und BAG Beschl v 28.3.2006, Az 1 ABR 58/04, AP TVG § 2 Tariffähigkeit Nr 4 mit der Zulassung von Spartengewerkschaften.

[11] LAG Hessen NZA-RR 2005, 262; ArbG Kiel ZTR 2006, 488–491.

IV. Grenzen ärztlichen Streikrechts

Das Recht der angestellten Ärzte auf kollektive Kampfmaßnahmen zur Durchsetzung wirtschaftlicher Interessen findet seine Grenzen an den Rechten anderer, der verfassungsmäßigen Ordnung und dem Sittengesetz (Art 2 Abs 1 GG).[12] Aber auch hier kann in begrenztem Umfang eine Rechtsgutverletzung unter dem Gesichtspunkt der Zweck/Mittel-Relation im Einzelfall gerechtfertigt sein. Während **Honorarforderungen** niemals Angriffe gegen das Leben und die körperliche Unversehrtheit anderer rechtfertigen können, kann dies bei akuter Gefährdung der ärztlichen Versorgung durchaus anders sein. So ist zB ein katastrophaler Ärztemangel in Krankenhäusern durchaus geeignet, Kampfmaßnahmen der Ärzte zu rechtfertigen, wenn eine akute Gefährdung der ärztlichen Versorgung in Krankenhäusern besteht.[13] Der **Ärztestreik in der Form des Behandlungsstreiks** sollte **immer ultima ratio** kollektiver Maßnahmen der Ärzte sein. Die Ausübung ärztlichen Streikrechts findet weiterhin ihre Grenze in den generellen Schrankenvorbehalten, wie den allgemeinen Gesetzen, den Rechten Dritter, der Sozialpflichtigkeit und dem Verbot des Rechtsmissbrauchs. Der Arzt wird von seiner allgemeinen Verpflichtung zur Hilfeleistung nach **§ 323 c StGB** nicht befreit.

Bei angestellten Krankenhausärzten darf der Streik niemals dazu führen, dass eine Beeinträchtigung oder Gefährdung der **notwendigen ärztlichen Versorgung** in der Klinik eintritt. Zur ärztlichen Krankenhausversorgung gehört im Streikfall auch die Vorsorge für mögliche Notfälle, die durch Bereitschaftsdienst sicherzustellen ist. Unzulässig sind daher Arbeitskampfmaßnahmen, durch die Leben, Körper oder Gesundheit von Patienten gefährdet oder gar geschädigt werden. Ein Organisationsfehler kann im Ergebnis zulasten der streikenden Ärzte gehen,[14] wiewohl der Krankenhausträger nach außen haftet.

Soweit **Ärzte im nichtstationären Bereich** beschäftigt werden, also in der Forschung, Industrie oder Verwaltung, gelten die vorstehenden Einschränkungen nicht. Hier richtet sich die Zulässigkeit von Kampfmaßnahmen nach den allgemeinen Regeln des Arbeitsrechts.[15]

Auf kollektive Protestmaßnahmen von Ärzten mit ausschließlicher **Privatpraxis** finden die arbeitsrechtlichen Grundsätze keine Anwendung. Sie sind lediglich Ausdruck der freien Meinungsäußerung und daher ohne weiteres zulässig, solange die ärztliche Versorgung von Notfallpatienten gewährleistet ist.[16]

Für **Vertragsärzte** (Kassenärzte) kann **bei offenbaren Missständen** in der gesetzlich garantierten kassenärztlichen Versorgung mit gesundheitlichen Gefahren für den einzelnen Patienten oder die Allgemeinheit **als letztes Mittel** auch der „Scheine-Streik" im „Kassenkampf" infrage kommen.[17] Sollten sich mehrere Ärzte für einen kollektiven Verzicht auf ihre Zulassung als Vertrags(zahn)arzt entscheiden, dürfen sie frühestens nach sechs Jahren erneut zugelassen werden, wenn die Aufsichtsbehörde aufgrund der Verzichtsaktion zumindest für einen Planungsbereich eine Gefährung der Sicherstellung der Versorgung der Versicherten festgestellt hat.[18]

---

[12] Vgl genauer *Kluth*, in: Berliner Kommentar zum Grundgesetz Art 9 Abs 3 RdNr 211 ff; *Scholz*, in: *Maunz/Dürig* Grundgesetzkommentar Art 9 RdNr 336 ff.
[13] Einzelheiten bei *Uhlenbruck/Künzel*, in: HK-AKM, 460 RdNr 10.
[14] *Uhlenbruck/Künzel*, in: HK-AKM, 460 RdNr 10, 17.
[15] Vgl. dazu *Kluth* (Fn 12) RdNr 115 ff mwN; *Bepler*, in: *Gagel* SGB III – Arbeitsförderung (Kommentar) Vorb vor § 146.
[16] *Uhlenbruck/Künzel*, in: HK-AKM, 460 RdNr 14.
[17] *Uhlenbruck/Künzel*, in: HK-AKM, 460 RdNr 15.
[18] BSG Urteile v 17.6.2009, Az B 6 KA 14/08 R, B 6 KA 16/08 R, B 6 KA 18/08, vgl BSG-Pressemitteilung Nr 22 v 17.6.2009.

§ 17 Ärztlicher Notfalldienst

Inhaltsübersicht

	RdNr
I. Begriff und Rechtsgrundlagen	1
1. Not- oder Bereitschaftsdienst	1
2. Teilnahmepflicht	2
3. Kassenärztliche Versorgung	3
4. Gemeinsame Notfalldienstordnungen	6
II. Befreiung vom Notfalldienst	7
1. Ausnahmsweise Befreiung	7
2. Befreiungsgründe	8
3. Kassenärztliche Vereinigung	12
4. Belegarzt	16
5. Gleichbehandlung	18
III. Inhalt	19
1. Dringliche Erstversorgung	19
2. Standards	20
3. Bestehende Behandlungspflichten	22
4. Haftung	23

I. Begriff und Rechtsgrundlagen

1. Not- oder Bereitschaftsdienst. Der ärztliche Notfalldienst soll als organisierte Hilfe die **ambulante Versorgung in dringenden Fällen** außerhalb der üblichen Sprechstunden gewährleisten.[1] Er bietet anders als der Rettungsdienst die typischen Mittel des niedergelassenen Arztes, also normalerweise keine optimale Versorgung. Die Terminologie schwankt; synonym gebraucht erscheinen auch die Begriffe Not- oder Bereitschaftsdienst.

2. Teilnahmepflicht. Die Pflicht zur Teilnahme am allgemeinen ärztlichen Notfalldienst für alle niedergelassenen Ärzte folgt unmittelbar aus den **Kammer- oder Heilberufsgesetzen**.[2] Auf dieser verfassungsrechtlich einwandfreien gesetzlichen Grundlage[3] haben die **Berufsordnungen** der Ärztekammern den Notfalldienst nach dem Vorbild der Mustersatzung[4] im Einzelnen vorgeschrieben. „Die Sorge für einen allgemeinen ärztlichen Notfalldienst ist öffentliche Aufgabe." Danach trifft die Kammer aufgrund der

---

[1] Vgl zum Folgenden *Narr/Hess/Schirmer*, ÄrztlBerufsR (Stand 1997), RdNr B 478 ff; *Rieger*, Lexikon, 1. Aufl 1984, RdNr 1271 ff; *Eberle* NJW 1973, 2225 ff; *Nellessen* NJW 1979, 1919 f; *Martens* NJW 1970, 494 ff. Vgl ferner *Heile/Mertens/Pottschmidt/Wandtke*, Sammlung von Entscheidungen der Heilberufsgerichte, Stand 1999, Bd II, A 2.12 Nr 1–24; *Deutsch/Spickhoff*, Medizinrecht, RdNr 39 f (S 29 f). – „Empfehlungen für Richtlinien für den ärztlichen Notfalldienst der Bundesärztekammer und der Kassenärztlichen Bundesvereinigung" bei *Ratzel/Lippert*, Kommentar zur Musterberufsordnung, 472 ff. Zum Bereitschaftsdienst als „abgeschwächter Form der Arbeitsleistung außerhalb der regelmäßigen Arbeitszeit in Krankenhäusern, Arztpraxen und sonstigen Einrichtungen zur stationären und ambulanten Krankenversorgung" *Rieger/Krieger*, in: HK-AKM, 830, (2001).

[2] Etwa § 30 Abs 3 S 2 Heilberufe-KG BW; VGH BW MedR 1999, 228.

[3] Vgl den Facharztbeschluss d BVerfGE 33, 125, 160 = NJW 1972, 1504, 1507; ferner BVerwGE 41, 261, 263 = NJW 1973, 576, 577: „Ein funktionsfähiger ärztlicher Notfalldienst ist für die Volksgesundheit ebenso wie für die Gesundheit jedes einzelnen Bürgers von größter, ja lebenswichtiger Bedeutung. Schon deswegen darf der Gesetzgeber diesen Regelungskomplex nicht vollständig der Selbstverwaltung der berufsständischen Körperschaft überlassen."

[4] MBO § 26; Richtlinien für den ärztlichen Notfalldienst: DÄBl 1978, 1681 ff.

ihnen gesetzlich auferlegten Mitwirkung bei der öffentlichen Gesundheitspflege die Pflicht, den Notfalldienst einzurichten.[5]

3. Kassenärztliche Versorgung. Nach § 75 Abs 1 S. 2 nF SGB V umfasst der Sicherstellungsauftrag der Kassenärztlichen Vereinigungen „auch die vertragsärztliche Versorgung zu den sprechstundenfreien Zeiten (Notdienst), nicht jedoch die notärztliche Versorgung im Rahmen des Rettungsdienstes, soweit Landesrecht nichts anderes bestimmt".[6] Dieser Notfalldienst setzt die **Kassenärztliche Versorgung rund um die Uhr** fort.

„Bei der Durchführung des Notfalldienstes handelt es sich um eine gemeinsame Aufgabe aller Kassenärzte, mit der Folge, dass auch **alle Kassenärzte** zur Mitwirkung heranzuziehen sind, und zwar in einer alle gleichmäßig belastenden Weise. Persönliche Verhältnisse des einzelnen Arztes bleiben dabei grundsätzlich unberücksichtigt."[7] Die Pflicht zur Teilnahme am Notfalldienst folgt aus der Zulassung als Vertragsarzt.

Ein Arzt, der nach erlangter Approbation und abgeleisteter kassenärztlicher Vorbereitungszeit als Praktiker an der kassenärztlichen Versorgung teilnehmen darf, ist in aller Regel auch geeignet für den Notfalldienst. Dies gilt grundsätzlich auch für **Ärzte mit einer Gebietsbezeichnung.**[8] Beim Notfalldienst sehen sich Ärzte wie Gebietsärzte von Krankheits- oder Leidenszuständen herausgefordert, mit denen jeder Mediziner in seiner täglichen Praxis fertig werden muss. Gefordert sind dabei Sofortmaßnahmen im Sinne einer vorläufigen Versorgung. Die Ausübung des ärztlichen Notdienstes setzt freilich voraus, dass der teilnehmende Arzt eine **Arztpraxis** unterhält oder dass ihm zumindest eine solche zu Gebote steht.[9]

4. Gemeinsame Notfalldienstordnungen. Die Zuständigkeiten von Ärztekammer und Kassenärztlicher Vereinigung zur Einrichtung eines Notfalldienstes „stehen nicht im Verhältnis der Subsidiarität zueinander", sondern selbstständig nebeneinander.[10] Indessen haben beide Körperschaften fast überall im Rahmen ihrer Satzungsautonomie **gemeinsame Notfalldienstordnungen** beschlossen, die technische Regeln für den Vollzug enthalten sowie die Pflichten und Rechte des Notfallarztes im Einzelnen festlegen.

II. Befreiung vom Notfalldienst

1. Ausnahmsweise Befreiung. Ärzte drängen häufig in den Notdienst, um ihr Einkommen zu verbessern. Voraussetzung dafür ist freilich ihre **Geeignetheit.** Ärzte, denen die konkrete Eignung zum Dienst für den Patienten fehlt, sind von der Teilnahme auszuschließen.[11] Ein Arzt kann sich vom Notfalldienst ganz, teilweise oder vorübergehend befreien lassen, wenn **schwerwiegende Gründe** die Entpflichtung rechtfertigen. „Unter Umständen müssen Ärztekammern oder Kassenärztliche Vereinigungen von sich aus von einer Heranziehung absehen, auch ohne dass der Arzt einen solchen Antrag stellt."[12] Die Gerichte sehen sich häufig mit Rechtsstreitigkeiten um die Ausnahme von der Notfall-

---

[5] VGH München NJW 1979, 614.
[6] Dazu *Krasney* NJW 1968, 1742. Vgl ferner *Maaß* NJW 1989, 2928 mwN.
[7] BSG MedR 1987, 122. Über die vertragsärztliche Pflicht zur Teilnahme am Notfalldienst eingehend *Narr/Hess/Schirmer* (Fn 1) RdNr B 480 ff.
[8] LSG BW MedR 1986, 348 (Ls). – Soweit ein fachärztlicher Notfalldienst von der Kassenärztlichen Vereinigung noch nicht eingerichtet ist, sind die Fachärzte ungeachtet der Trennung der hausvon der fachärztlichen Versorgung zur Teilnahme am hausärztlichen Notfalldienst verpflichtet. Die Kassenärztliche Vereinigung ist nicht berechtigt, von den unmittelbar patientenbezogen tätigen Arztgruppen allein die Hautärzte generell von der Teilnahme am Notdienst zu befreien; BSG MedR 2007, 504 (Problemstellung *Schabram*).
[9] BSG MedR 2006, 491 (Problemstellung *Dahm*).
[10] BSG NJW 1973, 1437.
[11] LSG Schleswig-Holst MedR 2007, 676 (Problemstellung *Steinhilper*).
[12] *Martens* NJW 1970, 494, 496.

dienstpflicht befasst. Die Vorschriften, die eine Befreiung vorsehen, sind als Ausnahmeregeln grundsätzlich eng auszulegen.

8 2. **Befreiungsgründe.** Nach dem **Berufsrecht**[13] kann der Arzt Befreiung erlangen, „wenn er wegen **körperlicher Behinderung**" den Dienst nicht zu leisten vermag, oder „wenn ihm aufgrund besonders belastender familiärer Pflichten die Teilnahme nicht zuzumuten ist", ferner „wenn er an einem klinischen Bereitschaftsdienst mit Notfallversorgung teilnimmt". Ein schwerwiegender Grund besteht auch „für **Ärztinnen** ab dem Zeitpunkt der Bekanntgabe ihrer Schwangerschaft und bis zu zwölf Monate nach der Entbindung".

9 Mit dem Einwand **mangelnder fachlicher Geeignetheit** wird sich ein Arzt nur höchst ausnahmsweise befreien können. Denn jeder Arzt hat aufgrund seiner allgemeinen Ausbildung grundsätzlich die Fähigkeit, Notfalldienst zu leisten.[14] Macht ein Arzt geltend, er habe seine Geeignetheit für den allgemeinen Not- und Bereitschaftsdienst dadurch verloren, dass er nach der Approbation nur fachärztlich gearbeitet habe, so trägt er dafür die Feststellungslast.[15]

10 Der Einwand genereller fachlicher Ungeeignetheit hat durch die berufs- wie kassenrechtliche **Pflicht** des Arztes, **sich fortzubilden,**[16] wesentlich an Gewicht verloren. Fehlt einem Arzt die objektive Fähigkeit zur Teilnahme am Notfalldienst, so hat er sich in angemessener Frist die erforderlichen Kenntnisse zu verschaffen, so dass allenfalls eine vorübergehende Befreiung in Betracht kommt.

11 Behauptet ein Arzt, er werde durch die Teilnahme am Notfalldienst in seiner Gewissensfreiheit beeinträchtigt, so reicht dieser Vortrag für den Nachweis von **Gewissensgründen** in keinem Fall aus. „Die Anerkennung von Gewissensgründen setzt deren Objektivierbarkeit voraus. Den an das Vorliegen eines Gewissenskonflikts zu stellenden Beweisanforderungen kann nur genügt werden, wenn gewisse objektive, **konkrete Anhaltspunkte** dargetan und erwiesen sind, die zur Überzeugung des Tatrichters eine echte Gewissensnot bei dem betreffenden Arzt zu motivieren vermögen. Der **subjektive Befreiungsgrund des ärztlichen Gewissenskonflikts** steht mit dem **objektiven Befreiungsgrund der Nichteignung** des Arztes für den Notfalldienst in engem sachlichem Zusammenhang. „Zu Recht hat das BSG[17] darauf hingewiesen, dass diejenigen Tat-

---

[13] MBO § 26 Abs 1. Für den Regelungsinhalt der Notfalldienstordnung und bei ihrer Handhabung bestehen weitreichende Beurteilungsspielräume. Eine Befreiung kommt grundsätzlich nur für solche Ärzte in Betracht, die auch in ihrer vertragsärztlichen Tätigkeit eingeschränkt sind: LSG BW MedR 1997, 139. Sieht eine gemeinsame Notdienstordnung von Ärztekammern und KV eine Befreiung aus gesundheitlichen Gründen nur dann vor, wenn die Erkrankung zu einer entsprechenden Einschränkung des Praxisumfangs geführt hat, so ist eine solche Regelung mit übergeordnetem Recht vereinbar: SG Dortmund MedR 1993, 160.

[14] „Ein Arzt, der die Voraussetzungen für die Zulassung als Kassenarzt erfüllt, ist in aller Regel auch geeignet, am kassenärztlichen Not- und Bereitschaftsdienst teilzunehmen; das gilt auch für Fachärzte", BSGE 44, 252 = NJW 1978, 1213. „Geeignet ist, wer mit praxisbezogener Sachkunde den typischen Notfallsituationen des Bereitschaftsdienstes in der Regel wenigstens mit Sofortmaßnahmen bis zum Einsetzen der normalen ärztlichen Versorgung gerecht zu werden vermag", BSGE 33, 165, 167 = NJW 1972, 357, 359. Keine Befreiung bei ausschließlich homöopathisch ausgerichteter privatärztlicher Tätigkeit: VG Sigmaringen MedR 1997, 280; vgl ferner VGH BW MedR 1999, 228: „Beantragt eine der KV nicht angehörende Ärztin, die erstmals im Alter von 55 Jahren eine fachlich, personell, zeitlich und räumlich nur ganz eingeschränkte ärztliche Tätigkeit aufgenommen hat, die Befreiung von der Teilnahme am ärztlichen Notfalldienst, so kann das Befreiungsermessen auf Null reduziert sein, wenn die Sicherstellung des ärztlichen Notfalldienstes durch die Befreiung nicht gefährdet wird."

[15] BSGE 44, 252 = NJW 1978, 1213.

[16] MBO § 4. Vgl dazu BSGE 44, 252, 258 = NJW 1978, 1213, 1215. – § 26 Abs 4: „Ärztinnen und Ärzte haben sich auch für den Notfalldienst fortzubilden, wenn sie gemäß Abs 1 nicht auf Dauer von der Teilnahme am Notfalldienst befreit sind".

[17] NJW 1972, 357.

sachen, die eine Befreiung vom Bereitschaftsdienst aus Gewissensgründen zu rechtfertigen vermögen, sich nicht selten mit denen berühren, die die fehlende Eignung des Arztes für diesen Dienst begründen. Dabei ist eine – nur ausnahmsweise – fehlende Eignung des Arztes für sich allein ein Befreiungsgrund. Ist sie erwiesen, so kommt es auf das Vorliegen eines Gewissenskonfliktes des Arztes, der oft gerade in der fehlenden objektiven Eignung eine Ursache hat, nicht mehr entscheidend an."[18]

3. Kassenärztliche Vereinigung. Richtet die **Kassenärztliche Vereinigung** einen Notfalldienst im Rahmen ihres Sicherstellungsauftrages, oft durch eine gemeinsame, von Ärztekammer und KV aufgestellte Notfalldienstordnung[19], ein, so erstrecken sich die **Pflicht und** das **Recht des Vertragsarztes,** an der kassenärztlichen Versorgung teilzunehmen, auch auf diesen Dienst. Allerdings braucht die Kassenärztliche Vereinigung auf der Erfüllung dieser Pflicht nicht zu bestehen, wenn genügend **Vertragsärzte freiwillig** teilnehmen. Das bedeutet indessen nicht, dass die nicht teilnehmenden Vertragsärzte auch von dem **finanziellen Aufwand** für diesen Dienst freizustellen wären. Dieser bleibt vielmehr von allen Vertragsärzten zu tragen im Wege einer **Umlage** nach einheitlich geltendem Maßstab. „Eine Beschränkung der Umlage auf die am Notfalldienst teilnehmenden Kassenärzte ist nur in Bezug auf solche Aufwendungen zulässig, die diesen Ärzten zum Vorteil gereichen."[20]

Die Kassenärztliche Vereinigung kann den Notfalldienst kraft ihres gesetzlichen Auftrages im Rahmen ihrer Satzungsautonomie selbstständig regeln und dabei auch der Verwaltung einen Ermessensspielraum gewähren. Eine **Satzungsregelung für die Freistellung** vom Notfalldienst ist hinreichend bestimmt, wenn sie die Befreiung von einem wichtigen Grund und außerdem davon abhängig macht, dass die Durchführung des Notfalldienstes nicht gefährdet wird.

Einzelne Vertragsärzte brauchen nicht zulasten ihrer Kollegen von kassenärztlichen Pflichten freigestellt zu werden, wenn sie im Übrigen ihrer **beruflichen Tätigkeit uneingeschränkt** nachgehen, also die wirtschaftlichen Möglichkeiten des freien Berufes voll nutzen und sich deshalb finanziell nicht schlechter, vielleicht sogar besser stellen als ihre Kollegen, auf deren Kosten sie die Befreiung begehren.

Es steht im Einklang mit übergeordnetem Recht, wenn die Satzung die Freistellung von beruflichen und wirtschaftlichen Verhältnissen des Arztes, insbesondere **von dessen Honorarumsatz, abhängig** macht. Die Freistellung braucht also von Rechts wegen nicht allein von den gesundheitlichen Bewandtnissen des Vertragsarztes abzuhängen, sondern sie kann auch davon abhängen, ob die gesundheitlichen Verhältnisse sich nachteilig auf die allgemeine berufliche Tätigkeit auswirken, die Praxis deutlich einschränken.[21]

4. Belegarzt. Ein **höheres Lebensalter** diesseits von 65 gibt dem Arzt grundsätzlich noch keinen Rechtsanspruch auf Befreiung vom Notfalldienst, jedenfalls solange er noch die volle Kassenzulassung besitzt und seine Praxis ganz ausübt. Auch in diesem Zusammenhang bietet die Honorarabrechnung Anhaltspunkte.

Ein **Belegarzt,** der an Wochenenden und Feiertagen im Rahmen seines Bereitschaftsdienstes im Krankenhaus Eilfälle zu versorgen, also stationären Notfalldienst zu verrichten

---

[18] BVerwGE 33, 165 = NJW 1973, 576, 578.
[19] Zu den Einzelheiten, auch den getrennten Rechtswegen vor den Verwaltungs- oder Sozialgerichten, je nachdem, ob Kammer oder KV den Heranziehungsbescheid erließen: *Hess*, in: *Wenzel* (Hrsg), Handbuch des Fachanwalts Medizinrecht, 2007, Kap 2 RdNr 371, S 134.
[20] BSG NJW 1988, 2972.
[21] BSG MedR 1987, 122. (Ein mit seiner Ehefrau in Gemeinschaftspraxis wirkender Kassenarzt beantragte aus gesundheitlichen Gründen nicht nur die Befreiung vom Notfalldienst, sondern auch von den Kosten für einen Vertreter. Ein Kassenarzt, so das Gericht, der keinen deutlichen Rückgang seines Praxisumfangs wegen der geltend gemachten Krankheit vorweisen kann, hat die Kosten für einen Vertreter im Notfalldienst zu tragen.)

hat, kann sich vom allgemeinen Notfalldienst befreien lassen.[22] Die freiwillige Mitgliedschaft bei der Kassenärztlichen Vereinigung freilich erhöht die Pflicht. „Ein Kassenarzt, der, ohne als Belegarzt anerkannt zu sein, zusammen mit anderen Ärzten eine Privatklinik betreibt und am Bereitschaftsdienst dieser Klinik teilnimmt, kann nicht allein deswegen beanspruchen, vom kassenärztlichen Not- und Bereitschaftsdienst befreit zu werden."[23] Weil die stationäre Tätigkeit des Vertragsarztes gegenüber der ambulanten Praxis von nachgeordnetem Rang sein muss, darf der belegärztliche Dienst die Pflichten aus der ambulanten kassenärztlichen Funktion nicht verkürzen. Darum halten die Gerichte einen Kassenarzt, der zugleich als Belegarzt an einem Krankenhaus arbeitet, grundsätzlich für uneingeschränkt verpflichtet, am Kassenärztlichen Notfalldienst teilzunehmen.[24]

Die Inanspruchnahme durch eine öffentliche Tätigkeit im Allgemeininteresse, vornehmlich **ehrenamtliche berufspolitische Arbeit,** befreit nicht schlechthin. Vielmehr kommt es auf die Umstände des Einzelfalles, die örtlichen Verhältnisse und die Arztdichte an.

18 **5. Gleichbehandlung.** Das **BVerwG** hat zu Recht betont, der Notfalldienst müsse als Gemeinschaftsaufgabe möglichst gerecht und gleichmäßig auf alle dafür in Betracht kommenden Ärzte verteilt werden. „Der einzelne Arzt hat einen Anspruch darauf, dass er nicht in stärkerem Maße als andere Ärzte in gleicher Lage für den Notfalldienst herangezogen wird. Der Grundsatz der **Gleichbehandlung** und die Abwehr unverhältnismäßiger Eingriffe in die Berufsfreiheit fallen insoweit zusammen: Der Eingriff ist unverhältnismäßig, der den einzelnen Arzt stärker als andere Ärzte trifft."[25]

III. Inhalt

19 **1. Dringliche Erstversorgung.** Der Notfalldienst ist **kein regelmäßiger Kundendienst** (*Helmut Narr*) an arbeitsfreien Tagen zur beliebigen Inanspruchnahme durch alle Patienten ohne ernstlichen Anlass. Der Notfalldienst verfolgt vielmehr den Zweck, Notfälle zu versorgen und lebenserhaltende Maßnahmen zu veranlassen. Er gilt also plötzlich eintretenden Ereignissen, die einen sofortigen ärztlichen Einsatz gebieten. Der ärztliche Notfalldienst tritt auf den Plan bei Unglücksfällen, akut auftretenden Krankheiten und bedrohlichen Schwächezuständen, auch bei sich verschlechternden Leiden. Es geht im Wesentlichen um **dringliche Erstversorgung** und **gebotene Sofortmaßnahmen.** Die ärztliche Hilfe für den bewusstlosen oder sonst nicht ansprechbaren Patienten geschieht, wenn nicht ein gesetzlicher Vertreter den Behandlungsvertrag schließt, nach den Regeln der erlaubten **Geschäftsführung ohne Auftrag** (§§ 677, 683 BGB). „Der Behandlungsrahmen ist dadurch eingeengt, dass zunächst nur die vital oder absolut indizierten Maßnahmen zu treffen sind; nur relativ indizierte, mit erheblicheren Risiken verbundene Behandlungsmaßnahmen sind der Entscheidung des Patienten vorbehalten."[26]

Nur wenn ein sofort versorgungsbedürftiger Notfall vorliegt, kann der Arzt für fachfremde Leistungen eine Vergütung erhalten. Die Kompetenz zur Notfallbehandlung unterliegt strengen Anforderungen. Die Unzumutbarkeit für den Patienten, noch einen fachlich zuständigen Arzt aufzusuchen oder von dem aufgesuchten fachfremden Arzt dorthin verwiesen zu werden, unterliegt der **Dokumentationspflicht**.[27]

20 **2. Standards.** Weil der Notfalldienst anderen Zwecken dient als die reguläre ärztliche Behandlung, darf der Patient von ihm **keine optimale Therapie** erwarten. Der Notfall-

---

[22] BVerwGE 41, 261, 270 = NJW 1973, 576, 578; allg Ansicht.
[23] BSGE 44, 260 = NJW 1978, 1215 (Ls).
[24] *Rieger* DMW 1974, 2190 u Lexikon RdNr 1281. – Eine Reihe schwerwiegender Gründe nennt § 26 Abs 1 MBO.
[25] BVerwGE 41, 261, 270 = NJW 1973, 576, 579.
[26] *Steffen/Pauge*, Arzthaftungsrecht, 10. Aufl 2006, RdNr 63, S 31.
[27] LSG BW MedR 1996, 569.

dienstarzt muss indessen den typischen Notfallsituationen des medizinischen Alltags abhelfen können. Es genügt nicht, dass der zu Gebote stehende Arzt „immer noch besser als ein Laie" medizinische Hilfe zu leisten vermag. Wer in dringenden Fällen den Aufruf zu ärztlicher Hilfe erfährt, der muss zu dieser unmittelbar befähigt sein. „Für Eil- und Notfälle kann der Standard nur dort herabgesetzt werden, wo eine sorgfältige Organisation und Vorbereitung für sie nicht vorsorgen kann."[28]

Der zum Notfalldienst eingeteilte Arzt hat **ständig verfügbar** zu bleiben. Er hat seinen Dienst vom **Praxisort,** nicht vom Wohnsitz aus wahrzunehmen, denn nur so lässt sich der Notfallarzt schnell erreichen.[29] Zur gebotenen **telefonischen Erreichbarkeit** gehört auch die Besetzung der Praxis mit einer **kompetenten Auskunftsperson,** die den auf Besuchsfahrt befindlichen Arzt unterrichtet oder eine andere wirksame Hilfe vermitteln kann. Ein automatischer Rufbeantworter genügt nicht.[30]

Auch in der **Gemeinschaftspraxis** trifft die Pflicht zum Notfalldienst den einzelnen Arzt. Die Partner können diesen Dienst kollegial unter sich aufteilen, wobei die Erreichbarkeit am Ort der Gemeinschaftspraxis stets gesichert bleiben muss.

Die Art der gebotenen Präsenz richtet sich nach den örtlichen Gegebenheiten. Wo etwa – wie in Großstädten – **Notfallambulanzen** bestehen und die Bereitschaftsärzte nur zum Hintergrunddienst eingeteilt sind, kommt es weniger auf den Abrufort an. In keinem Fall dürfen vermeidbare Zeitverluste den Arzt beim Notruf das jeweils gebotene Maß an Einsatzbereitschaft verfehlen lassen.

3. Bestehende Behandlungspflichten. Der Notfalldienst entpflichtet die übrigen Ärzte keineswegs schlechthin. Vielmehr trifft den **behandelnden Arzt weiterhin die Pflicht,** für die Betreuung seiner Patienten „in dem Umfange Sorge zu tragen, wie es deren Krankheitszustand erfordert".[31] Dieses Gebot folgt aus dem altehrwürdigen humanitären Grundsatz, unter dem der Arzt steht: salus aegroti suprema lex.[32] Die Behandlungspflicht besteht im Grundsatz uneingeschränkt. So darf der Schwerkranke mit der tätigen Fürsorge seines Arztes auch an dessen sprechstundenfreien Tagen rechnen oder jedenfalls mit dessen Bereitschaft, eine angemessene Aushilfe einzurichten.

Der Notfalldienst soll kein dauerhaftes Verhältnis zwischen Arzt und Patient begründen. Hilft der Notfallarzt einem Patienten, der bereits in Behandlung eines anderen, nicht erreichbaren Mediziners steht, so hat er nach seinem Einsatz den **Kollegen** baldmöglichst **zu unterrichten** und ihm grundsätzlich die **weitere Behandlung zu überlassen,** sofern der Patient sich nicht anders entscheidet.[33]

4. Haftung. Für schuldhafte Versäumnisse, Missgriffe und Fehlentschlüsse hat der Notfallarzt zivil- wie strafrechtlich einzustehen. Das Maß der **verkehrserforderlichen Sorgfalt** folgt aus der Eigenart des Notfalldienstes. Dabei wird kaum jemals eine körperliche Untersuchung fehlen dürfen. Jedenfalls das Grundrepertoire medizinischer Erkenntnismittel wird der Arzt einzusetzen haben. So gehört es zu den Pflichten des Notfallarztes, der einem ihm bisher unbekannten, chronisch herzlungen-kranken siebenundsiebzigjährigen Patienten beistehen soll, eine körperliche Untersuchung mindestens

---

[28] OLG Stuttgart MedR 1997, 275 (Grober Diagnosefehler im Notfalldienst).
[29] Außerdem ergibt sich dieses Erfordernis aus der Pflicht des Arztes, am Ort der Niederlassung tätig zu werden. Vgl *Rieger* DMW 1974, 261; *Narr/Hess/Schirmer* (Fn 1) RdNr B 487; § 24 Abs 2 Ärzte-ZV.
[30] Vgl LSG BW DMW 1980, 1408. – Zur Frage nach den Grenzen des Werbeverbots vgl § 15.
[31] MBO § 26 Abs 3.
[32] Aus der reichen Literatur sei lediglich genannt *Lukowsky,* Philosophie des Arzttums, 1966, insbes 40, 220.
[33] MBO d 98. Dt Ärztetages, DÄBl 1996, A 407, § 20 Abs 2; seit der neuen MBO-Ä 1997 nicht mehr enthalten, doch aus dem Kollegialitäts- wie dem Fürsorgeprinzip folgend.

§ 17a   24   § 17a Notarzt/Rettungsdienst

durch Zählen des Pulses, Blutdruckmessung sowie Abhorchen von Herz und Lunge vorzunehmen.[34]

24   Die **Kunst angemessenen Entscheidens** bewährt sich auch beim Notfalldienst, wenn der Arzt es einerseits vermeidet, in **Bagatellfällen** das Krankenhaus zu bemühen und damit die öffentliche Krankenpflege zu stören, und wenn er anderseits **Notwendiges nicht verzögert**.[35] Die Intensität und Art der Beschwerden können den Arzt dazu verpflichten, den Verlauf zu beobachten und etwa bei einem zweiten Krankenbesuch weitere diagnostische und therapeutische Schritte zu unternehmen und den Patienten in ein Krankenhaus einzuweisen.[36]

Vergütungsfragen aus dem ärztlichen Notfalldienst bilden immer wieder den Gegenstand gerichtlicher Entscheidungen.[37]

§ 17a Notarzt/Rettungsdienst

Inhaltsübersicht

		RdNr
I.	Einleitung	1
II.	Notarzt	4
	1. Qualifikation	4
	2. Aufgabe	8
III.	Leitender Notarzt	10
IV.	Nichtärztliche Heilberufe im Rettungsdienst	11
	1. Rettungsassistent	11
	2. Rettungssanitäter	18
	3. Rettungshelfer	19
V.	Grundsätze notfallmedizinischer Versorgung	20
	1. Räumliche Grenzen	20
	2. Strafrechtliche Grenzen	21
	3. Grundlage notärztlichen Handelns	22
	4. Behandlungspflichten und -fehler	23
	5. Arbeitsteilung	37
	6. Dokumentationspflicht	48
VI.	Aufklärung	50
	1. Grundlagen	50
	2. Adressat der Aufklärung	51
	3. Beratung/ therapeutische Aufklärung	52
	4. Mutmaßliche Einwilligung	54
	5. Selbstbestimmungsaufklärung	56
VII.	Rechtliche Sonderstellung des Rettungsdienstes im Straßenverkehr	61
	1. Allgemeines	61
	2. Wegerecht	62
	3. Sonderrecht	64
	4. Reichweite von Wege- und Sonderrecht	66
	5. Verstöße	67

---

[34] HambBerGH f d Heilber NJW 1989, 2967. – Zu den Anforderungen, denen ein für den Notfalldienst eingeteilter Arzt für Allgemeinmedizin genügen muss, wenn er zu einem Patienten gerufen wird, der sich in schlechter psychischer Verfassung befindet BGH NJW 1998, 814.

[35] OLG Düsseldorf NJW 1975, 2247.

[36] Wie vorherige Fn.

[37] Vgl etwa BSGE 71, 117 = NJW 1993, 812; BSG MedR 1994, 76; LSG NW MedR 1995, 36; vgl ferner LBerufsG f Ärzte in Stuttgart, in: *Heile/Mertens/Pottschmidt/Wandtke* (Hrsg), Sammlung von Entscheidungen der Berufsger f d Heilberufe Bd II, A 2.12; zum Vergütungsanspruch des Nichtvertragsarztes für die Notfallbehandlung eines Kassenpatienten auch BVerfG NJW 2000, 3439.

4. Kapitel. Ärztliches Berufs- und Standesrecht   1–3 § 17a

VIII. Haftung	69
1. Haftung bei privatrechtlicher Tätigkeit	70
2. Haftung bei öffentlich-rechtlicher Tätigkeit	75
IX. Rettungsdienst und Strafrecht	77
X. Verhalten bei Zwischenfällen	84
XI. Notfalleinsätze durch andere Ärzte	88

Schrifttum: *Ahnefeld/Lippert,* Notarzt und Rettungsdienst – medizinische, organisatorische und juristische Fragen, FS Weißauer, 1986, 1–11; *Boll,* Strafrechtliche Risiken bei Hilfeleistung ohne Arzt, Notfall & Rettungsmed 2003, 345–352; *Braig,* Zivilrechtliche Aspekte rettungsdienstlicher Einsätze, 2007; *Dettmeyer,* Medizin & Recht, 2006; *Deutsch/Spickhoff,* Medizinrecht, 2008; *Esch,* Rechtsfragen der Erbringung und Vergütung rettungsdienstlicher Leistungen, 2005; *Fehn,* Zur Dokumentationspflicht und -pflichtverletzung des Notarztes und des nichtärztlichen Assistenzpersonals im Rettungsdienst, Der Notarzt 2008, 169–174; *ders,* Zur rechtlichen Zulässigkeit einer arztfreien Analgosedierung im Rettungsdienst, Der Notarzt 2009, 1–10; *Kern,* Die Selbstbestimmungsaufklärung unter Einbeziehung des nichtärztlichen Pflegepersonals, FS Weißauer, 1986, 71–87; *ders,* Die neuere Entwicklung in der Rechtsprechung zur Aufklärungspflicht, GesR 2009, 1–11; *ders,* Delegation ärztlicher Leistungen, Ärzteblatt Sachsen 2008, 48–52; *ders/Laufs,* Die ärztliche Aufklärungspflicht, 1983; *ders/Hahn/Peters,* Rechtliche Aspekte, in Wölfl/Matthes (Hrsg), Unfallrettung, 2010; *Killinger,* Die Besonderheiten der Arzthaftung im medizinischen Notfall, 2009; *Lippert,* Rechtsprobleme bei der Durchführung von Notarzt und Rettungsdienst, NJW 1982, 2089–2094; *ders,* § 26 Rdnrn 15–18, 315f, in Ratzel/Lippert, Kommentar zur Musterberufsordnung der deutschen Ärzte (MBO), 2006; *ders/Weißauer,* Das Rettungswesen. Organisation, Medizin, Recht, 1984; *Lissel,* Rettungsdienst und Notarzt, in Ratzel/Luxenburger, Handbuch Medizinrecht, 2008; *ders,* Strafrechtliche Verantwortung in der präklinischen Notfallmedizin, 2001; *Neupert,* Steine, auf die man bauen kann? Rechtliche Schwachpunkte der Rettungsassistentenausbildung, Notfall & Rettungsmed 2005, 44–48; *Rieger,* Rettungsdienst, in Rieger/Dahm/Steinhilper, Heidelberger Kommentar. Arztrecht, Krankenhausrecht, Medizinrecht, 2001, Beitrag 4540; *Roßner,* Verzicht des Patienten auf eine Aufklärung durch den Arzt, NJW 1990, 2291–2296; *Roth,* Der Arzt als Samariter und das Haftungsrecht, NJW 2006, 2814–2817; *Schlund,* Juristische Einzelaspekte beim Notarzteinsatz, ArztR 2004, 244–249; *Ufer,* Die Patientenübergabe aus juristischer Sicht, Rettungsdienst 1994, 837–841.

I. Einleitung

Vom Notfalldienst der frei niedergelassenen Ärzte, die dabei einer berufs- und kassenärztlichen Pflicht folgen, ist der Rettungsdienst zu unterscheiden, bei dem es sich um eine öffentliche Aufgabe handelt, „die in erster Linie dazu dient, bei Notfallpatienten Maßnahmen zur Erhaltung des Lebens oder zur Vermeidung gesundheitlicher Schäden einzuleiten, sie transportfähig zu machen und unter sachgerechter Betreuung in ein für die weitere Versorgung geeignetes Krankenhaus zu befördern".[1] „Aufgabe des Rettungsdienstes ist die Sicherstellung einer bedarfsgerechten Versorgung der Bevölkerung mit Leistungen der Notfallrettung und des Krankentransportes zu sozial tragbaren Nutzungsentgelten."[2]   1

Die Aufgabe, die zum Einsatz mit Notarztwagen im Rahmen des Rettungsdienstes erforderlichen Notärzte zu Gebote zu stellen, obliegt der KV aufgrund ihres Sicherstellungsauftrages als Amtspflicht.[3]   2

Präklinische Notfallmedizin bleibt heute ebenso wenig von rechtlichen Fragestellungen verschont, wie andere – vor allem operative – Fächer. Der Satz „necessitas non habet legem" gilt nicht für den medizinischen Notfall. Demzufolge ist auch eine zunehmende Zahl von medizinrechtlichen Auseinandersetzungen in der präklinischen Notfallmedizin festzustellen. Fragen der zivilrechtlichen Haftung und strafrechtlichen Verantwortlichkeit   3

---

[1] *Narr/Hess/Schirmer,* RdNr B 493 f. Aus der Judikatur BVerwGE 97, 79 = NJW 1995, 3067 (Beteiligung); BVerwGE 99, 10 = NJW 1996, 1608 (Zulassung); BVerwG NJW 1996, 1610 (Gebührerhebung).
[2] § 1 Abs 1 bad-württ Gesetz über den Rettungsdienst (RDG) idF v 16. 7. 1998, GBl 437.
[3] BGHZ 120, 184 = NJW 1993, 1526.

nehmen auch in diesem Segment der Medizin weiter zu. In diesem Zusammenhang liegen nur wenige verlässliche Zahlen vor; im Rahmen einer bundesweiten Multicenterstudie im Auftrag des BMGS betrafen im Zeitraum 1990 bis 2000 von 4.450 untersuchten Behandlungsfehlervorwürfen 108 Fälle den Notarzt und 25 Fälle den Rettungsassistenten.[4]

II. Notarzt

4 **1. Qualifikation.** Unter einem Notarzt wird ein Arzt verstanden, der im Rettungsdienst tätig ist und über spezielle **Zusatzqualifikationen** aus dem Bereich der Rettungsmedizin verfügt. Sie richten sich aufgrund der Länderkompetenz im Bereich der Durchführung und Organisation des Rettungsdienstes als Teil des Gefahrenabwehrrechts[5] nach den jeweiligen Rettungsdienstgesetzen der einzelnen Bundesländer. Vorausgesetzte Qualifikationen sind etwa der Fachkundenachweis[6] „Arzt im Rettungsdienst", die Zusatzbezeichnung „Rettungsmedizin" bzw. „Notfallmedizin"[7] oder ein sonstiger vergleichbarer Befähigungsnachweis.[8] Möglich ist zudem etwa auch der Erwerb der ergänzenden Qualifikation „Neugeborenen-Notarzt". Obgleich sich einige Fachgesellschaften spätestens seit 2006 für eine Einführung des Facharztes für Notfallmedizin einsetzen und dabei insbesondere auf den Vergleich im europäischen Kontext verweisen, nach dem in immerhin 11 von 27 Mitgliedsstaaten der Europäischen Gemeinschaft Notfallpatienten von speziell notfallmedizinisch ausgerichteten Fachärzten versorgt werden, steht eine entsprechende Lösung in Deutschland noch aus.[9]

5 Das bedeutet aber nicht, dass es an einer speziellen Ausbildung fehlt. Notärzte haben die Pflicht, sich fortzubilden. Ist die Beteiligung am Notarzteinsatz Teil der Dienstaufgabe, so kann sich eine entsprechende Verpflichtung zur Fortbildung aus dem Arbeitsvertrag ergeben.[10] Der Notarzt hat dann für eine entsprechende Qualifikation und Fortbildung Sorge zu tragen.[11] Zusätzlich zur notfallmedizinischen Befähigung muss der Notarzt über Kenntnisse im Hinblick auf die Besonderheiten der notwendigen Geräte und Fahrzeuge sowie die Versorgungsstrukturen der umliegenden und zur Weiterbehandlung in Frage kommenden Kliniken verfügen.[12]

6 Das gilt allerdings nicht für Ärzte, deren Tätigkeit in einem völlig anderen, nicht notfallmedizinisch relevanten Fachgebiet liegt; sie sind zum Erwerb besonderer rettungsdienstlicher Kenntnisse grundsätzlich nicht verpflichtet.

7 Zur Entscheidung über das „Ob" eines Notarzteinsatzes steht den Notdienstzentralen und Rettungsleitstellen der von der Bundesärztekammer am 23.11.2001 beschlossene „Indikationskatalog für den Notarzteinsatz" zur Verfügung, der sowohl patientenzustands- als auch situationsbezogene Indikationen enthält. In einigen Bundesländern wurde der „Indikationskatalog für den Notarzteinsatz" in Form einer Rechtsvorschrift – zumeist in den Verordnungen über den Landesrettungsdienstplan – verbindlich für die Beteiligten am Notarztdienst erlassen.[13]

8 **2. Aufgabe.** Die **Aufgabe** des Notarztdienstes besteht darin, dem Notfallpatienten im Zusammenwirken mit den übrigen Beteiligten des Rettungsdienstes notfallmedizi-

---

[4] *Preuß/Dettmeyer/Madea*, 2005, 35.
[5] *Denninger* DÖV 1987, 981, 985.
[6] *Schuster* DMW 1989, 1544.
[7] *Rieger*, RdNr 29.
[8] *Lissel*, Handbuch Medizinrecht, § 23 RdNr 38.
[9] Dazu *Fleischmann* Rettungsdienst 2007, 36 ff.
[10] *Rieger*, RdNr 31.
[11] Zu den tarif- und arbeitsrechtlichen Voraussetzungen vgl TvöD-BT-K, § 42, Protokollerklärung zu Abs 2: „Eine Ärztin/ein Arzt, die/der nach der Approbation noch nicht mindestens ein Jahr klinisch tätig war, ist grundsätzlich nicht zum Einsatz im Rettungsdienst heranzuziehen."
[12] *Fehn/Lechleuthner* MedR 2000, 114, 115.
[13] Beispielsweise SächsLRettDPVO vom 5.12.06 (SächsGVBl S 532).

nisch qualifizierte, ärztliche Hilfe zukommen zu lassen.[14] Der Notarzt bildet mit den übrigen am Rettungsdienst beteiligten Personen eine Funktionseinheit.[15] Er ist medizinischer Leiter des rettungsdienstlichen Einsatzes[16] und trägt dabei die Verantwortung für die Durchführung aller diagnostischen und therapeutischen Maßnahmen.[17] Während des Einsatzes ist er zu diesem Zweck gegenüber anderen im Rettungsdienst tätigen Personen in fachlicher Hinsicht weisungsberechtigt.[18] Hergeleitet wird dieses Weisungsrecht entweder unmittelbar aus den entsprechenden Landesgesetzen oder aus einer konkludenten Erklärung des Arbeitgebers des Rettungsdienstpersonals, welches allein durch die Teilnahme am Rettungsdienst erklärt, sich in medizinisch-fachlicher Hinsicht den Anordnungen des Notarztes zu unterwerfen. Hingegen ist der Notarzt in medizinischen Fragen selbst weisungsfrei.[19] Daneben gehört auch die Überprüfung bzw Herstellung der Transportfähigkeit, die Anordnung des Transportes und erforderlichenfalls die Transportbegleitung zu seinen Aufgaben.[20]

Praktische Probleme ergeben sich insbesondere hinsichtlich des Transportziels. Insoweit ist auch davon auszugehen, dass diese Entscheidung einzig und allein dem am Einsatzort tätigen Notarzt obliegt, der aufgrund der von ihm festgestellten Befunde und Diagnosen ein geeignetes Krankenhaus auswählen muss. Insoweit ist die Bestimmung des Transportziels als Bestandteil der notärztlichen Vor-Ort-Versorgung des Patienten anzusehen.[21]

III. Leitender Notarzt

Im Fall eines Massenanfalls mit einer Vielzahl von Verletzten oder Erkrankten sowie bei außergewöhnlichen Notfällen und Gefahrenlagen soll in Übereinstimmung mit der Empfehlung der Bundesärztekammer zur Fortbildung zum leitenden Notarzt vom 25. 2. 1988 die Koordination der ärztlichen Versorgung einem leitenden Notarzt zugewiesen werden.[22] Dieser benötigt eine offizielle Bestallung durch den Träger des Rettungsdienstes. Er muss jedoch hauptberuflich weder für den Rettungsdienst, ein Krankenhaus oder einen Hilfsdienst tätig sein, vielmehr kann es sich bei dem leitenden Notarzt auch um einen niedergelassenen Arzt handeln.[23] Neben der vorrangigen koordinativen[24] Funktion hat der leitende Notarzt die Aufgabe, ärztliche und nichtärztliche Heilmaßnahmen zu überwachen.[25] Zu diesem Zweck ist er hinsichtlich medizinisch-organisatorischer Erwägungen gegenüber den anderen Rettungskräften weisungsbefugt.[26] Weitere Aufgaben können ihm durch den Träger des Rettungsdienstes zugewiesen werden.[27] Zusätzlich zur notärztlichen Qualifikation, über welche auch ein leitender Notarzt verfügen muss, benötigt dieser einsatztaktische und organisatorische Kenntnisse.[28] Die Einzelheiten regeln auch hier die Rettungsdienstgesetze der Länder.

---

[14] *Lippert* NJW 1982, 2089, 2090; BGH NJW 1993, 1526; 2003, 1184, 1185; 2005, 429, 431.
[15] BGH NJW 2003, 1184, 1186; 2005, 429, 431.
[16] *Braig*, Zivilrechtliche Aspekte rettungsdienstlicher Einsätze, 22; *Fehn/Lechleuthner* MedR 2000, 114, 115.
[17] *Braig*, 19; *Lissel*, Strafrechtliche Verantwortung in der präklinischen Notfallmedizin, 18.
[18] *Rieger*, RdNr 33; *Ufer* Rettungsdienst 1994, 47, 48; BGH NJW 2003, 1184, 1185.
[19] *Lippert* NJW 1982, 2089, 2092; *Peters* Notfall & Rettungsmed 2007, 237, 238.
[20] *Lissel*, Strafrechtliche Verantwortung, 18.
[21] So auch *Fehn* Zeitschrift Polizei & Wissenschaft 2009, 30 ff.
[22] So etwa § 10 Abs 2 S 1 SächsRettDG.
[23] *Petersen* NZV 1997, 249, 252.
[24] *Ahnefeld/Lippert*, FS Weißauer, 1, 11.
[25] *Lissel*, Handbuch Medizinrecht, § 23 RdNr 39.
[26] *Lissel*, Handbuch Medizinrecht, § 23 RdNr 49.
[27] § 10 Abs 2 S 2 SächsRettDG.
[28] *Ahnefeld/Lippert*, FS Weißauer, 1, 11; *Lissel*, Handbuch Medizinrecht, § 23 RdNr 39.

IV. Nichtärztliche Heilberufe im Rettungsdienst

11 **1. Rettungsassistent.** Bei dem **Rettungsassistenten** handelt es sich um den einzigen anerkannten Ausbildungsberuf im Rettungswesen. Der Rettungsassistent ist Helfer des Arztes.[29] Die berufzugangsregelnde Rechtsgrundlage findet sich im RettAssG, welches als Vorschrift des Bundesrechts auf der konkurrierenden Normsetzungskompetenz für die Zulassung zu ärztlichen und anderen Heilberufen aus Art 74 Abs 1 Nr 19 GG beruht. Eine Bundeskompetenz zur Regelung der Berufsausübung des Rettungsassistenten besteht dagegen nicht.[30]

12 Nach bestandener Prüfung ist dem Antragsteller nach § 2 Abs 1 RettAssG die nach § 1 Abs 1 RettAssG erlaubnispflichtige Berechtigung zur Führung der Bezeichnung Rettungsassistentin oder Rettungsassistent zu erteilen, sofern die nach § 2 Abs 1 Nr 1–4 RettAssG notwendigen Voraussetzungen erfüllt sind. Hierzu zählen neben der nach § 2 Abs 1 Nr 1 RettAssG erforderlichen Berufsqualifikation sowohl die gesundheitliche und sprachliche Eignung als auch die nach § 2 Abs 1 Nr 2 RettAssG geforderte Zuverlässigkeit zur Ausübung des Berufes.

13 Eine außerhalb des Geltungsbereichs des RettAssG abgeschlossene Ausbildung wird nach § 2 Abs 2 RettAssG vorbehaltlich ihrer Gleichwertigkeit anerkannt. Zudem können auch andere Ausbildungen und praktische Tätigkeiten nach § 8 Abs 1 RettAssG vorbehaltlich ihrer Gleichwertigkeit ganz oder teilweise auf die Dauer des Lehrgangs nach § 4 RettAssG oder die praktische Tätigkeit gemäß § 7 RettAssG angerechnet werden, wobei Gleichwertigkeit gemäß § 10 Abs 1 RettAssG iVm § 3 RettAssAPrV gegeben ist, wenn der Antragsteller während dieser Tätigkeit überwiegend auf dem Rettungs- und Notarztwagen eingesetzt war.[31] Die Auslegung des ausfüllungsbedürftigen Begriffs „überwiegend" als 4/6 der Notfallrettungszeit ist in diesem Zusammenhang sachgemäß.[32] Eine Anrechnungshöchstgrenze für die praktische Tätigkeit besteht nicht.[33] Außerdem ist es für eine Anrechnung nach § 8 Abs 2 S 2 RettAssG nicht erforderlich, dass ein Berichtsheft vorgelegt oder ein Abschlussgespräch nach § 2 Abs 2 S 2 Nr 1 und 2 RettAssAPrV geführt wurde.[34]

14 Für den Berufszugang ist neben den Anrechnungsvorschriften die Übergangsregel des § 13 Abs 1 RettAssG von Bedeutung, nach der Antragstellern, die vor Inkrafttreten dieses Gesetzes eine Ausbildung als Rettungssanitäter nach dem 520-Stunden-Programm erfolgreich abgeschlossen oder mit einer solchen Ausbildung begonnen und diese nach Inkrafttreten des Gesetzes erfolgreich abgeschlossen haben, eine Erlaubnis nach § 1 erhalten, wenn sie eine mindestens 2.000 Stunden umfassende Tätigkeit im Rettungsdienst abgeleistet haben und die Voraussetzungen nach § 2 Abs 1 Nr 2 und 3 RettAssG vorliegen. Die landesrechtlich vor Inkrafttreten des RettAssG den Absolventen einer Ausbildung nach dem 520-Stunden-Programm gleichgestellten Antragsteller sind nach § 13 Abs 2 RettAssG entsprechend zu behandeln. Dagegen führen erhöhte Anforderungen des Landesrechts nicht zu einer Verschärfung der Voraussetzungen von § 13 Abs 1 RettAssG.[35]

15 Aus den landesrechtlichen Rettungsgesetzen (zB § 5 Abs 5 NWRettG) ergibt sich die Pflicht der Rettungssanitäter zur Fortbildung. Die Verletzung der Fortbildungspflicht führt nicht automatisch zu einem Beschäftigungsverbot.[36]

16 Die gesundheitliche Eignung ist dabei nicht bereits dann zu verneinen, wenn Schwierigkeiten bei der Vornahme bestimmter Einzeltätigkeiten bestehen. Vielmehr darf der An-

---

[29] BVerwG NJW 1995, 3070, 3071.
[30] *Pitz* Notfall & Rettungsmed 2005, 129 ff.
[31] Kritisch gegenüber einer Beschränkung auf diese Voraussetzung: *Neupert*, Notfall & Rettungsmed 2005 44, 47.
[32] BVerwG GewArch 2009, 123 ff.
[33] BVerwG GewArch 2009, 123 ff.
[34] BVerwG Buchholz 418.15 Rettungswesen Nr 10.
[35] BVerwG NVwZ-RR 2005, 185, 186.
[36] BAG NJW 2009, 2907, 2908.

tragsteller nicht in der Lage sein, das Kernspektrum des Tätigkeitsfeldes eines Rettungsassistenten zu erfüllen.[37] Hierzu gehören die nach § 3 RettAssG im Rahmen der Legaldefinition des Ausbildungsziels beschriebenen Tätigkeiten, wie die Durchführung lebensrettender Maßnahmen bei Notfallpatienten am Notfallort bis zur Übernahme der Behandlung durch den Arzt, die Herstellung der Transportfähigkeit, die Beobachtung und Aufrechterhaltung lebenswichtiger Körperfunktionen während des Transports zum Krankenhaus sowie die Beförderung kranker, verletzter und sonstiger hilfsbedürftiger Personen, auch soweit sie nicht Notfallpatienten sind, unter sachgerechter Betreuung.[38]

Die Erlaubnis ist aufgrund von Unzuverlässigkeit des Antragstellers im Sinne des § 2 Abs 1 Nr 2 RettAssG zu versagen, wenn Tatsachen die Annahme rechtfertigen, der Betreffende werde in Zukunft die berufsspezifischen Vorschriften und Pflichten nicht beachten. Abzustellen ist bei der somit vorzunehmenden Prognose auf den durch die Art, Schwere und Anzahl der Verstöße manifest gewordenen Charakter.[39] Nicht entscheidend ist insoweit, dass sich der Antragsteller bisher zumindest gegenüber Patienten stets beanstandungsfrei verhalten hat.[40] 17

2. Rettungssanitäter. Neben dem Rettungsassistenten gehört auch der **Rettungssanitäter** zu den nichtärztlichen Beteiligten im Rettungsdienst. Zwischen beiden besteht in dienstlicher Hinsicht ein Weisungsverhältnis, nach dem der Rettungssanitäter die Anweisungen des Rettungsassistenten befolgen muss.[41] Im Unterschied zu letzterem handelt es sich bei dem Rettungssanitäter allerdings um keinen anerkannten Ausbildungsberuf. Die landesrechtlich[42] zT gleichwohl vorgesehene Ausbildung und Prüfung richtet sich nach den Grundsätzen zur Ausbildung des Personals im Rettungsdienst (520-Stunden-Programm) des Bund-Länderausschusses „Rettungswesen" vom 20. 9. 1977. Der Rettungssanitäter stellt nach dem Regelungsplan des RettAssG allerdings kein bloßes Durchgangsstadium in Form eines Ausbildungsteils auf dem Weg zum Rettungsassistenten dar, vielmehr handelt es sich um eine vollwertige Berufstätigkeit.[43] Die Aufgabe des Rettungssanitäters liegt in der Unterstützung von Notarzt und Rettungsassistenten.[44] 18

3. Rettungshelfer. Bei einem **Rettungshelfer** handelt es sich um die Tätigkeit im Rettungsdienst mit der geringsten berufsspezifischen Qualifikation. Aufgrund dieser geringeren Ausbildung sind Rettungshelfer nicht zur alleinigen Überwachung von Notfallpatienten geeignet. Ihr Einsatz erfolgt daher vorwiegend als Fahrer von Krankentransportfahrzeugen.[45] Im Gegensatz zum Rettungssanitäter finden sich für den Berufszugang des Rettungshelfers nur sehr wenige gesetzliche Regelungen.[46] 19

V. Grundsätze notfallmedizinischer Versorgung

1. Räumliche Grenzen. Der zu einem Einsatz gerufene Notarzt darf die Behandlung des Patienten grundsätzlich nicht verweigern. Im Gegensatz zum Arzt-Patienten-Verhältnis unter „normalen" Umständen stellt sich nämlich die Frage nach den Voraussetzungen einer zulässigen Behandlungsablehnung in diesem Fall nicht, da allein das Vorliegen einer Notfallsituation hier die Behandlungspflicht begründet.[47] Ausnahmen können sich aller- 20

---

[37] VG Augsburg Urt v 6. 9. 2004 – Az: Au 7 K 04.671.
[38] VG Augsburg Urt v 6. 9. 2004 – Az: Au 7 K 04.671.
[39] VG Mainz GesR 2005, 281, m Anm *Lissel* Notfall & Rettungsmed 2006, 252.
[40] VG Mainz GesR 2005, 281
[41] *Neupert* Notfall & Rettungsmed 2005, 44, 46.
[42] Vgl etwa § 12 Abs 2 S 1 SächsRettDG; BayRettSanV.
[43] *Neupert* Notfall & Rettungsmed 2005, 44, 46.
[44] OVG Lüneburg NdsVBl 2007, 78.
[45] *Lissel*, Strafrechtliche Verantwortung, 16.
[46] Beispiele bei *Lissel*, Handbuch Medizinrecht, § 23 RdNr 46.
[47] Vgl unten § 40 RdNr 9.

dings etwa daraus ergeben, dass es sich bei der Versorgung durch den Rettungsdienst teilweise um eine hoheitliche Tätigkeit handelt, die grundsätzlich auf die Grenzen der Bundesrepublik Deutschland beschränkt ist.[48] Einem deutschen, hoheitlich tätigen Notarzt ist es daher ohne das Bestehen einer völkerrechtlichen Regelung[49] nicht zuzumuten, einen deutschen Staatsangehörigen im Ausland ärztlich zu versorgen. Das gilt umso mehr, wenn ihm die Hilfeleistung durch eine nicht medizinische Entscheidungen betreffende und damit verbindliche[50] Weisung der Rettungsleitstelle untersagt wurde. Findet eine grenzüberschreitende Notfallversorgung statt, so gilt dabei der Grundsatz, dass der Standard des Landes maßgeblich ist, in dem die medizinische Leistung erbracht wird.[51] Probleme können sich hier insbesondere aufgrund der variierenden Ausbildung und Kompetenzen des nichtärztlichen Rettungsdienstpersonals ergeben.

21   **2. Strafrechtliche Grenzen.** Im Gegensatz zur Behandlungspflicht ist es indes unmöglich aus der Notfallsituation auch den Reflex eines Behandlungsrechts herzuleiten. Auch im Rettungsdienst kommt die von der Rechtsprechung[52] und weiten Teilen der Literatur[53] vertretene Körperverletzungsdoktrin zur Anwendung,[54] nach der auch ein medizinisch gebotener und fachgerecht ausgeführter ärztlicher Eingriff selbst dann als tatbestandsmäßige Körperverletzung gilt, wenn er erfolgreich Heilzwecken dient. Aus diesem Grund bedarf es der rechtfertigenden Einwilligung des Patienten nach dessen, dem Selbstbestimmungsrecht dienenden,[55] ausreichender Aufklärung.[56]

22   **3. Grundlage notärztlichen Handelns.** Umstritten ist, inwieweit die notärztliche Versorgung auf einem privatrechtlichen Behandlungsvertrag beruht oder ob ein solcher durch den staatlichen Zweck der Gefahrenabwehr ausgeschlossen ist.[57] Zumindest bei einer hoheitlichen Organisation des Rettungsdienstes spricht die auch vom BGH präferierte einheitliche[58] Betrachtung der Notfallrettung gegen bürgerlichrechtliche Elemente innerhalb der Rechtsbeziehung zum Patienten. Grundsätzlich denkbar ist ein Vertrag hingegen bei privatrechtlichem Handeln des Rettungsdienstes,[59] wobei allerdings auch dort der Rechtsbindungswille des Patienten zweifelhaft bleibt. Dieser wird nämlich nur in den seltensten Fällen von der jeweiligen Organisationsform wissen und sich daher überwiegend im Rahmen staatlicher Versorgung wähnen.

23   **4. Behandlungspflichten und -fehler.** Die am Rettungsdienst beteiligten Personen unterliegen einer Vielzahl von Anforderungen, wobei an erster Stelle die vor und während des Einsatzes bestehende Pflicht zur Überprüfung der zu verwendenden **medizinisch-technischen Geräte** zu nennen ist.[60] Diese Aufgabe kann auf nichtärztliches Personal übertragen werden, das der Arzt zu überwachen hat.[61] Zwar ist es aufgrund des hohen Technisierungsgrades der Medizin nicht zu erwarten, dass ein Arzt alle tech-

---

[48] Vgl LG Görlitz MedR 2005, 172 m Anm *Peters*, 173.
[49] Übersicht über die bestehenden Abkommen: *Meuthen/Schlechtriemen/Gerigk/Schäfer/Moecke* Notfall & Rettungsmed 2006, 679, 682.
[50] *Peters* MedR 2005, 173.
[51] *Meuthen/Schlechtriemen/Gerigk/Schäfer/Moecke* Notfall & Rettungsmed 2006, 679, 683.
[52] RGSt 25, 375; BGH NJW 1958, 267; 1959, 825; 1962, 682; 1988, 2310.
[53] Nachweise siehe unten § 103 RdNr 3.
[54] *Koppensteiner* Notfall & Rettungsmed 2009, 56, 60.
[55] *Kern* GesR 2009, 1; unten § 57 RdNr 16 f.
[56] Vgl unten § 103 RdNr 3.
[57] Generell ablehnend etwa: *Fehn/Lechleuthner* MedR 2000, 114, 115. Für einen Vertrag hingegen *Braig*, 41 ff, 118 ff.
[58] BGH NJW 2003, 1184, 1185 f.
[59] Allgemein zum Zustandekommen des Arztvertrages vgl unten § 40 RdNr 12 ff.
[60] *Lissel*, Strafrechtliche Verantwortung, 156 f; BGH NJW 1978, 584, 585.
[61] BGH NJW 1975, 2245, 2246.

nischen Einzelheiten der ihm verfügbaren Geräte erfasst und verwendbar zur Verfügung hat.[62] „Das befreit ihn aber nicht von der Pflicht, sich mit der Funktionsweise insbesondere von Geräten, deren Einsatz für den Patienten vitale Bedeutung hat, wenigstens insoweit vertraut zu machen, wie dies einem naturwissenschaftlich und technisch aufgeschlossenen Menschen möglich und zumutbar ist."[63] Entsprechend der Indikation sind vorhandene „Geräte auch einzusetzen, wenn dadurch die Heilungschancen verbessert und unerwünschte Nebenwirkungen erkannt und abgewendet werden können".[64] Unterlässt das Rettungsteam trotz des Verdachts auf Kammerflimmern das Anlegen und Schreiben eines EKG, so liegt darin ein Befunderhebungs- bzw -sicherungsmangel. Die Nichtdurchführung der Defibrillation stellt beim Auftreten von Kammerflimmern einen groben Behandlungsfehler dar.[65] Versäumt es das am Notfallort anwesende Rettungspersonal, zusätzlich erforderliches Personal oder technisches Gerät nachzuordern und fordert so etwa trotz eines unklaren Krankheitsbildes keinen Notarzt an, so liegt auch darin ein Behandlungsfehler.[66]

Der Notarzt darf sich nicht darauf beschränken, die akuten Symptome zu behandeln, sondern hat im Rahmen seiner umfassenden Pflicht zur **Diagnosestellung** das Krankheitsbild – soweit ihm dieses möglich ist – vollständig zu ermitteln.[67] Dazu ist es erforderlich, dass nach weiteren Erkrankungen gefragt wird.[68] Eine fehlerhafte Untersuchung stellt grundsätzlich einen Behandlungsfehler dar. Auch das Vorliegen eines Notfalls führt dabei grundsätzlich nicht zum Absenken des Sorgfaltsmaßstabs.[69]

Anderes kann jedoch in Situationen wie Großschadensereignissen gelten, bei denen dem Rettungspersonal anderenfalls Unmögliches abverlangt würde.[70] In diesem Fall sind die Anforderungen an die Besonderheiten der Situation anzupassen.[71] Zu berücksichtigen ist dabei allerdings, inwieweit die Möglichkeit und Verpflichtung bestand, sich auf die konkrete Art des Notfalls vorzubereiten.[72] War das der Fall, so ist der Sorgfaltsmaßstab nicht herabzusetzen.[73] Eine vitale Indikation beim zu behandelnden Patienten ist jedenfalls geeignet, zumindest die Anforderungen an die gründliche Anamnese abzusenken bzw sogar deren Notwendigkeit entfallen zu lassen.[74] Auch eine fehlerhafte Einschätzung und Festlegung von Behandlungsprioritäten kann einen Behandlungsfehler begründen.[75]

Reanimationsmaßnahmen darf das Rettungsdienstpersonal nur unterlassen bzw einstellen, sofern sichere Todeszeichen festzustellen sind. Im Zweifel ist zu reanimieren.[76] Nicht in jedem Fall kann jedoch vom Vorliegen eines groben Behandlungsfehlers ausgegangen werden, wenn der zu einem Notfallpatienten gerufene Arzt Reanimationsmaßnahmen entgegen der Leitlinie für Wiederbelebung und Notfallversorgung nicht fortführt, weil er den Patienten irrtümlich für tot gehalten hat.[77]

Ein Fehler in der **Behandlung des Notfallpatienten** liegt vor, wenn dieser ohne vorhergehende Herstellung der Transportfähigkeit in die weiterbehandelnde Einrichtung ver-

---

[62] BGH NJW 1975, 2245, 2246; 1978, 584, 585.
[63] BGH NJW 1978, 584, 585.
[64] BGH NJW 1988, 2948, 2950; 1989, 2321, 2322.
[65] OLG Köln VersR 2004, 1459. Zur Defibrillation vgl *Lippert* MedR 1995, 235.
[66] *Lissel*, Strafrechtliche Verantwortung, 157 f.
[67] KG runds 1987, 222, 223; OLG Stuttgart VersR 1994, 313, 315 f.
[68] KG runds 1987, 222, 223.
[69] OLG Stuttgart VersR 1994, 313, 315; Urt v 27. 8. 1987 – Az: 14 U 19/87.
[70] *Boll* MedR 2002, 232, 233.
[71] *Deutsch/Spickhoff*, Medizinrecht, RdNr 656 ff.
[72] Vgl *Deutsch/Spickhoff*, Medizinrecht, RdNr 662.
[73] OLG Stuttgart NJW-RR 1997, 1114, 1116.
[74] BGH NJW 1959, 825, 826.
[75] *Lissel*, Strafrechtliche Verantwortung, 155.
[76] *Dettmeyer*, 293; vgl *Verhoff/Risse/Lasczkowski/Dettmeyer* Notfall & Rettungsmed 2008, 1.
[77] OLG Hamm VersR 2000, 1373 f.

bracht wird.[78] Ebenfalls fehlerhaft ist eine vollständig unterlassene aber notwendige Einweisung, sowie die Verweigerung des Transports.[79] Das für den Transport verantwortliche Personal ist verpflichtet, den Transportweg für den Patientenstuhl oder die Trage vorab zu prüfen und den Patienten entsprechend zu sichern. Trägt das Rettungspersonal ungeeignetes Schuhwerk und kommt es beim Transport zu einem rutschbedingten Unfall, so gilt der Anscheinsbeweis zugunsten eines kausalen Zusammenhangs zwischen einer möglichen Verletzung und der mangelhaften Ausrüstung.[80] Nach den Grundsätzen des voll beherrschbaren Risikos[81] spricht eine tatsächliche Vermutung für ein Verschulden des Begleitpersonals, wenn sich der Notfallpatient beim Einschieben der Liege in ein Krankentransportfahrzeug mit dem Kopf an der Oberkante des Fahrzeugs stößt, auch wenn er sich plötzlich aufgerichtet hat.[82]

28 Der Patient ist im erforderlichen Maße zu überwachen. Die Anforderung an die Intensität und Dauer der Überwachung im Rettungsdienst übersteigt die Überwachungspflicht bei einem stationären Aufenthalt erheblich.[83]

29 Als fehleranfällig und damit häufiger Anlass eines Behandlungsfehlers erweist sich auch die **Übergabe** an die **weiterbehandelnde Einrichtung**.[84] So ist diese nicht nur über die Ankunftszeit[85] und den aktuellen Zustand des Notfallpatienten zu informieren, sondern auch hinsichtlich der Diagnose, notwendiger Daten, des Verletzungshergangs bzw des Krankheitsverlaufs und der bereits notfallmedizinisch durchgeführten Behandlungsmaßnahmen zu unterrichten.[86] Die Übergabe entlässt das Rettungsdienstpersonal nur dann aus der Verantwortung, wenn die fachliche Qualifikation auf der Übernehmerseite gewährleistet ist.[87] Eine ordnungsgemäße Übergabe setzt dabei voraus, dass der Patient auch tatsächlich an das geeignete Krankenhauspersonal übergeben und nicht einfach unbetreut im Aufnahmebereich abgestellt wird.[88] Oftmals ist es zudem aus medizinischen Gründen geboten, dass das nichtärztliche Rettungsdienstpersonal den Notfallpatienten im Krankenhaus direkt an einen Arzt übergibt. Das gilt etwa, wenn eine ärztliche Untersuchung bisher unterblieben ist, oder das Rettungsdienstpersonal im Rahmen seiner Notkompetenz tätig wurde.[89]

30 In jedem Fall ist aber eine Einweisung in ein zur Durchführung der erforderlichen Behandlung ungeeignetes Krankenhaus fehlerhaft.[90] Für die fernmündliche Auseinandersetzung mit der zur Weiterbehandlung vorgesehen Einrichtung über deren Eignung zur Aufnahme des Patienten steht dem Notarzt ein **Einschätzungsvorrang** zu. Der Notarzt hat den Patienten bereits selbst untersucht und verfügt daher über die größere Sachnähe. Wird im Rahmen der späteren Untersuchung deutlich, dass aus medizinischer Sicht die Verlegung in eine andere Einrichtung erforderlich ist, befreit das die angefahrene Klinik gleichwohl nicht von ihrer Pflicht zur Notfallversorgung. Anderes gilt jedoch, wenn gerade die unverzügliche Verlegung medizinisch indiziert ist.

31 Ein Recht der Klinik, die Versorgung von Notfallpatienten aus Kapazitätsgründen abzulehnen, besteht grundsätzlich nicht. Krankenhäusern kommt im medizinischen Notfall am Ende der Rettungskette eine monopolartige Stellung zu, die sie unabhängig von ihrem

---

[78] *Lissel*, Strafrechtliche Verantwortung, 154.
[79] *Lissel*, Strafrechtliche Verantwortung, 158.
[80] *Spengler* Rettungs-Magazin, Januar/Februar 2008, 53.
[81] Vgl dazu unten § 109.
[82] OLG Hamm VersR 2007, 1525.
[83] *Lissel*, Strafrechtliche Verantwortung, 152.
[84] Vgl etwa OLG Stuttgart VersR 1979, 630f.
[85] OLG Stuttgart VersR 1979, 630.
[86] *Lissel*, Strafrechtliche Verantwortung, 159.
[87] *Lissel*, Strafrechtliche Verantwortung, 159; vgl *Ufer* Rettungsdienst 1994, 47, 50.
[88] Vgl OLG Köln VersR 1989, 750; 1990, 444; LG Koblenz Notfallmedizin 1990, 668.
[89] *Ufer* Rettungsdienst 1994, 47, 50.
[90] *Kleinewefers/Sparwasser* VersR 1990, 1205, 1207.

individuellen Versorgungsauftrag zur Aufnahme verpflichtet.[91] Das gilt selbst dann, wenn die reguläre Auslastungsgrenze erreicht ist.[92] Auch in diesem Fall muss zumindest eine Erstversorgung des Patienten erfolgen, denn die Hilfeleistungspflicht des Aufnahmearztes erfordert nicht (in jedem Fall) eine regelrechte Behandlung, sondern nur die Prüfung, ob sofort etwas geschehen muss und eine eventuell erforderliche erste Hilfe.[93]

Ist im Anschluss daran eine stationäre Aufnahme aufgrund absoluter Kapazitätserschöpfung unmöglich, so besteht zumindest eine Pflicht zur fachgerechten Verlegung des Patienten, die ebenfalls eine Untersuchung voraussetzt.[94] „Wenn schon der ungewöhnliche Fall eintritt, daß ein Schwerverletzter von einem Krankenhaus abgewiesen werden muß, so darf das doch nur geschehen, wenn der über die Aufnahme entscheidende Arzt sich die Gewißheit verschafft hat, daß im Augenblick Hilfe nicht erforderlich und der Weitertransport zu verantworten ist. Diese Gewißheit kann sich der Arzt nur verschaffen, wenn er selbst den Zustand des Angelieferten prüft."[95] Die Pflicht des Aufnahmearztes zur eigenen Untersuchung ist noch stärker, wenn bisher keine ärztliche Untersuchung des Patienten erfolgt ist.[96]

Eine Ausnahme von dieser Aufnahmepflicht gegenüber Notfallpatienten wird man allerdings für den Fall annehmen müssen, in dem die gewählte Klinik ganz offensichtlich nicht in der Lage, ist eine Notfallversorgung zu leisten, weil etwa keine Möglichkeit zur Durchführung einer speziellen Notoperation besteht.[97]

Die genannten Grundsätze folgen teilweise aus den Krankenhausgesetzen der Länder, in allen anderen Fällen entspringen sie unmittelbar aus der durch das Strafrecht geschützten Hilfeleistungspflicht.[98] Bedient sich das Krankenhaus im Rahmen der Verlegung erneut des Rettungsdienstes, so resultiert daraus eine Haftungstrennung mit der Folge, dass das Krankenhaus für das fehlerhafte „Ob" und der Rettungsdienst für das fehlerhafte „Wie" der Verlegung einzustehen hat.[99]

Lässt es die gesundheitliche Lage eines notfallmedizinisch versorgten Patienten zu, dass er an einen Familienangehörigen und damit an einen medizinischen Laien übergeben wird, so ist im Fall fortbestehenden Versorgungsbedarfs sicherzustellen, dass sich der Übernehmer auch tatsächlich zur weiteren Betreuung bereit erklärt hat.[100]

Besonders problematisch sind die Konstellationen, in denen eine weitergehende Befunderhebung (Ausschlussdiagnostik) in einem Krankenhaus dringend erforderlich ist, und der Patient nur wenig Bereitschaft zeigt, in ein Krankenhaus gebracht zu werden. Diesbezüglich hat der BGH seine Rechtsprechung fortgesetzt und entschieden, dass ein Arzt bei differenzialdiagnostischen Anzeichen für eine Herzerkrankung (hier zB einen akuten Herzinfarkt) zur Befunderhebung und damit zur Einweisung des Patienten ein Krankenhaus verpflichtet sein kann.[101] Das bedeutet für den Notarzt im konkreten Fall, den Patienten beispielsweise nicht zu fragen, ob er in ein Krankenhaus „gehen wolle" sondern auch mit Begriffen zu arbeiten, wie zB „Ich weise Sie ein". Dann wäre es Sache des Patienten, die konkrete Krankenhauseinweisung zu verweigern.

5. Arbeitsteilung. Der Notarzt wirkt als Teil des Rettungsdienstes mit den übrigen Beteiligten gemeinsam an der Rettung des Notfallpatienten mit. Dabei gilt gegenüber

---

[91] *Killinger*, Die Besonderheiten der Arzthaftung im medizinischen Notfall, RdNr 158.
[92] Vgl OLG Köln NJW 1957, 1609 (1610).
[93] OLG Köln NJW 1957, 1609 (1610).
[94] Dazu *Killinger*, RdNr 366 ff.
[95] OLG Köln NJW 1957, 1609 (1610). So auch *Rieger* DMW 1991, 1610, 1611.
[96] Vgl *Killinger*, RdNr 366.
[97] *Rieger* DMW 1991, 1610; OLG Hamm MedR 2008, 210.
[98] *Rieger* DMW 1991, 1610 f.
[99] *Killinger*, RdNr 369.
[100] *Ufer* Rettungsdienst 1994, 47, 48.
[101] BGH Beschl VersR 2008, 221 f.

dem Träger des Rettungsdienstes der Vertrauensgrundsatz,[102] nach dem sich der Notarzt ohne entgegenstehende Anzeichen darauf verlassen darf, dass der Rettungsdienst ordentlich organisiert wird und ihm befähigtes Personal in einem einsatzbereiten, vollständig und funktionstüchtig ausgestatteten Fahrzeug zur Verfügung steht.[103] In gleicher Weise darf das nichtärztliche Personal auf die Befähigung des Notarztes vertrauen.

38 Hinsichtlich der **Verantwortlichkeit** und **Einsatzleitung** gilt, dass diese der jeweils bestausgebildeten Person am Notfallort zusteht;[104] bei gleichmäßiger Ausbildung besteht demnach grundsätzlich hierarchische Gleichberechtigung. Treffen mehrere nach diesem Richtsatz gleichberechtigte Einsatzgruppen zeitlich versetzt beim Patienten ein, so besteht ein Entscheidungsvorrang der länger betreuenden Gruppe.[105] Haben Rettungsassistenten oder Sanitäter bereits vor der Ankunft des Notarztes Feststellungen getroffen und Versorgungsmaßnahmen eingeleitet, so ist der die Behandlung übernehmende Notarzt vollständig darüber zu unterrichten. Das gilt insbesondere für invasive Maßnahmen und aufgetretene Komplikationen.[106]

39 Ähnliches gilt nach der notfallmedizinischen Versorgung bei der Übergabe vom behandelnden Notarzt an den nichtärztlichen Rettungsdienst. Mitzuteilen sind hier insbesondere alle für den Transport bedeutsamen Informationen, wie etwaige Komplikationsrisiken.[107]

40 Wird ein Notfallpatient vom Hausarzt an den Notarzt übergeben, so handelt es sich dabei um **horizontale Arbeitsteilung**,[108] mit der Folge, dass zwischen ihnen der Vertrauensgrundsatz gilt. Der Notarzt darf sich demnach darauf verlassen, dass der zuvor behandelnde Arzt im Rahmen seiner Zuständigkeit die erforderliche Sorgfalt walten ließ[109] und ihm alle zur Behandlung wesentlichen Informationen gegeben hat.[110] Der Vertrauensgrundsatz findet seine Grenzen, wenn Zweifel an der Richtigkeit der Entscheidung auftreten oder wenn „die von den beteiligten Ärzten angewendeten Maßnahmen [zwar] für sich genommen jeweils beanstandungsfrei waren, [...] das besondere Risiko sich [aber] erst aus der Kombination der beiderseitigen Maßnahmen ergeben hat".[111] Insbesondere muss der übernehmende Notarzt neuen, eigenen Verdachtsdiagnosen nachgehen, auch wenn ein voruntersuchender Facharzt diese Diagnose nicht gestellt hat.[112]

41 Hinsichtlich des arbeitsteiligen Zusammenwirkens zwischen **Notarzt und nichtärztlichem Rettungsdienstpersonal** gilt, dass alle Maßnahmen, die wegen ihrer Schwierigkeiten, ihrer Gefährlichkeit oder wegen der Unvorhersehbarkeit etwaiger Reaktionen ärztliches Fachwissen voraussetzen, vom Arzt persönlich durchzuführen sind.[113] Sie sind damit nicht delegationsfähig. Die gleichwohl erfolgte Übertragung einer generell oder im Einzelfall nicht delegierbaren Aufgabe auf nichtärztliches Personal stellt einen Behandlungsfehler dar.[114] Die Feststellung, was im Einzelfall zu den delegationsfähigen Aufgaben zu rechnen ist, obliegt der Medizin, die das durch Übung der Ärzte und ihr folgend durch Leitlinien der Berufsverbände vornimmt.[115]

---

[102] *Ahnefeld/Lippert*, FS Weißauer, 1; *Rieger*, RdNr 32.
[103] *Lippert* NJW 1982, 2089, 2091.
[104] *Ufer* Rettungsdienst 1994, 47, 48.
[105] *Lissel*, Strafrechtliche Verantwortung, 168.
[106] *Ufer* Rettungsdienst 1994, 47, 48.
[107] *Ufer* Rettungsdienst 1994, 47, 49.
[108] *Ufer* Rettungsdienst 1994, 47, 49.
[109] Vgl BGH NJW 1980, 650; 1991, 1539; OLG Hamm MedR 1999, 35; OLG Oldenburg MedR 1999, 36.
[110] Insoweit ist von einer konkludenten Schweigepflichtentbindung auszugehen.
[111] BGH NJW 1999, 1779 = MedR 1999, 321. Hierzu *Katzenmeier* MedR 2004, 34, 35.
[112] BGH NJW 1997, 3090.
[113] *Fehn* Der Notarzt 2009, 1, 5; *Kern* Ärzteblatt Sachsen 2008, 48, 51.
[114] Vgl dazu unten § 100 RdNr 17.
[115] *Kern* Ärzteblatt Sachsen 2008, 48, 51.

Zu Unrecht wird dazu für den Bereich der Rettungsmedizin allerdings teilweise auf **42** den Maßnahmenkatalog der Bundesärztekammer zur Notkompetenz im Rettungsdienst[116] abgestellt.[117] Delegation und Handeln im Rahmen der Notkompetenz sind streng voneinander abzugrenzen. Die Aufzählung der Bundesärztekammer dient der Darstellung von Tätigkeiten, welche der Rettungsassistent ausnahmsweise selbständig durchführen darf, wenn ärztliche Hilfe nicht rechtzeitig zu erreichen ist. Der Umkehrschluss ergibt demnach, dass diese Maßnahmen nach Auffassung der medizinischen Fachwelt dem Notarzt im Grundsatz gerade vorbehalten bleiben sollen. Das gilt umso mehr unter Berücksichtigung der Tatsache, dass auch die Bundesärztekammer ausdrücklich zwischen Delegation und Notkompetenz unterscheidet und so keineswegs einen gemeinsamen Katalog delegations- und notkompetenzfähiger Maßnahmen aufgestellt hat. Eine Aussage über das Einhalten des Standards bei Vornahme durch einen Rettungsassistenten ist der Stellungnahme daher nicht zu entnehmen.[118] Generell ist das nichtärztliche Personal hingegen zur selbständigen Durchführung von Pflege- und behandlungsvorbereitenden Maßnahmen berechtigt.[119]

Neben der grundsätzlichen Delegationsfähigkeit zählt zu den weiteren Zulässigkeits- **43** voraussetzungen, dass der Adressat die Maßnahme beherrscht und der Notarzt sich zuvor von dessen Fähigkeiten und Kenntnissen überzeugt hat.[120] Ein Rettungsassistent, der sich die Durchführung einer Maßnahme übertragen lässt, deren Anforderungen er mit seinen Kenntnissen und Fertigkeiten nicht gerecht wird, riskiert die Haftung aufgrund eines Übernahmeverschuldens. Er muss den Notarzt daher deutlich auf seinen Kenntnismangel hinweisen.[121] Seitens des delegierenden Notarztes muss eine ordnungsgemäße Überwachung sichergestellt sein.[122] Das nichtärztliche Personal darf sich grundsätzlich auf die Anweisungen des Arztes verlassen; anderes gilt jedoch immer dann, wenn es Maßnahmen vornehmen soll, bei denen es erkennt, dass diese therapeutisch nicht geboten sind.[123]

Obgleich ein funktionsfähiges Rettungswesen ohne die Mitwirkung von Notärzten **44** undenkbar erscheint,[124] geschieht es häufig, dass das nichtärztliche Personal erhebliche Zeit vor dem Notarzt beim Patienten eintrifft. Das gilt insbesondere für das in Form des Rendez-vous-Systems organisierte Notarztmodell, bei dem der Notarzt getrennt vom Rettungswagen zum Notfallort fährt und sich so nach Abschluss der ärztlichen Tätigkeit zum nächsten Einsatzort begeben kann, ohne erst die weiterbehandelnde Klinik anfahren zu müssen. Ist ärztliche Hilfe in diesem Moment nicht erreichbar, die Vornahme ärztlicher Maßnahmen aber unbedingt geboten, so muss sie ausnahmsweise auch von nichtärztlichen Rettungskräften im Rahmen der **Notkompetenz** durchgeführt werden können. Bedeutung kommt dieser insbesondere für die Strafbarkeit des nichtärztlichen Rettungspersonals zu, das den Tatbestand des § 5 HeilprG verwirklicht, wenn es entgegen § 1 Abs 1 HeilprG iVm § 2 Abs 1 BÄO Heilkunde ausübt, ohne Arzt zu sein. Die gesetzliche Grundlage der Notkompetenz findet sich im rechtfertigenden Notstand des § 34 StGB, der zwar nicht die Verwirklichung des Tatbestandes, dafür aber die Rechtswidrigkeit des Handelns entfallen lässt. Selbst wenn man mit Teilen der Literatur[125] die Einschlägigkeit des HeilprG für diese Situationen ablehnt, bleibt Raum für eine Rechtfertigung im Rahmen von ande-

---

[116] Bundesärztekammer MedR 1993, 42.
[117] So etwa bei *Lissel*, Strafrechtliche Verantwortung, 171.
[118] *Ohr* Notfall & Rettungsmed 2005, 440, 442.
[119] *Lippert* NJW 1982, 2089, 2091.
[120] *Ahnefeld/Lippert*, FS Weißauer, 1, 5.
[121] *Lissel*, Strafrechtliche Verantwortung, 173.
[122] *Lippert* Notfall & Rettungsmed 2003, 50, 51.
[123] Vgl *Kern* Ärzteblatt Sachsen 2008, 48, 52.
[124] BGH NJW 2003, 1184, 1185 f; 2005, 429, 431.
[125] Vgl etwa: *Boll*, Strafrechtliche Probleme bei Kompetenzüberschreitungen nichtärztlicher medizinischer Hilfspersonen in Notsituationen, 164 ff; *Fehn* Der Notarzt 2009, 1, 3; *Lippert* NJW 1982, 2089, 2091.

ren Verstößen gegen den Arztvorbehalt wie etwa nach § 29 Abs 1 Nr 6b iVm § 13 Abs 1 S 1 BtmG. Voraussetzung des rechtfertigen Notstandes ist das Vorliegen einer Notstandslage, also einer gegenwärtigen Gefahr für Leben oder Leib des Patienten, die sich nur unter der Verletzung geringer zu wichtender Interessen abwenden lässt. Die vorzunehmende Notstandshandlung muss dabei geeignet, erforderlich und angemessen sein.[126]

45 Die Bundesärztekammer fordert in ihrem bereits erwähnten Maßnahmenkatalog zur Notkompetenz, dass der Rettungsassistent am Notfallort auf sich allein gestellt ist und ärztliche Hilfe, etwa durch An- oder Nachforderung des Notarztes, nicht rechtzeitig erreichbar ist. Zudem müssen die Maßnahmen, die er aufgrund eigener Diagnosestellung und therapeutischer Entscheidung durchführt, zur unmittelbaren Abwehr von Gefahren für das Leben oder die Gesundheit des Notfallpatienten dringend erforderlich sein. Das gleiche Ziel darf durch weniger eingreifende Maßnahmen nicht erreicht werden können und die Hilfeleistung muss nach den besonderen Umständen des Einzelfalles für den Rettungsassistenten zumutbar sein.[127] Als im Rahmen der Notkompetenz zulässige Maßnahmen werden die Intubation ohne Relaxantien, die Venenpunktion, die Applikation kristalloider Infusionen, die Applikation ausgewählter Medikamente und die Frühdefibrillation genannt, wobei aufgrund des Angemessenheitsgrundsatzes von § 34 StGB der jeweils am wenigsten beeinträchtigende, aber noch geeignete Eingriff zu wählen ist. Wie im Fall der Delegation ärztlicher Aufgaben muss der Rettungsassistent auch die im Rahmen der Notkompetenz vorgenommenen Maßnahme beherrschen, Kenntnisse eines Facharztes können dabei freilich nicht verlangt werden.[128]

46 Keineswegs ist die Stellungnahme der Bundesärztekammer jedoch geeignet, den darüber hinausgehenden Anwendungsbereich des § 34 StGB einzuschränken, indem sie die Strafbarkeitsgrenzen rechtsverbindlich konkretisiert.[129] Ist demnach ein Rettungsdienstmitarbeiter unter den Voraussetzungen des rechtfertigenden Notstandes ausreichend qualifiziert, um einen grundsätzlich unter dem Arztvorbehalt stehenden Eingriff durchzuführen, obwohl er kein Rettungsassistent, sondern etwa nur Rettungssanitäter oder gar Rettungshelfer ist, so kann auch er gerechtfertigt sein.[130] Gleiches gilt für die Vornahme nicht im Katalog aufgenommener Maßnahmen durch einen Rettungsassistenten, die dieser zuverlässig beherrscht.[131]

47 Die Notkompetenz entfaltet nicht nur im Strafrecht Wirkung, sondern ihr kommt auch zivil- und dabei insbesondere haftungsrechtliche Bedeutung zu. Ein in diesem Kompetenzrahmen vorgenommener Eingriff wird weder die Voraussetzung des § 823 BGB erfüllen,[132] noch kann allein aufgrund des eigentlich bestehenden Verstoßes gegen den Arztvorbehalt der Vorwurf der Sorgfaltswidrigkeit gegenüber dem Rettungsdienstpersonal erhoben werden.[133] Hiervon abzugrenzen ist die Haftung für einen Behandlungsfehler aufgrund eines nicht *lege artis* vorgenommenen Eingriffs; sie bleibt weiterhin möglich.

48 **6. Dokumentationspflicht.** Sowohl der Notarzt als auch das nichtärztliche Personal des Rettungsdienstes unterliegen der Dokumentationspflicht. Hinsichtlich des Notarztes ergibt sich diese zumindest aus dem ärztlichen Berufsrecht oder gegebenenfalls aus den entsprechenden Regeln in den Rettungsdienstgesetzen der Länder. Letzte ordnen diese Verpflichtung teilweise auch ausdrücklich für das nichtärztliche Personal an. So ist etwa nach Art 46 Abs 1 S 1 BayRDG „das im Rettungsdienst mitwirkende ärztliche und

---

[126] *Lissel*, Handbuch Medizinrecht, § 23 RdNr 54.
[127] BÄK MedR 1993, 42.
[128] *Ohr* Notfall & Rettungsmed 2005, 440, 442.
[129] Vgl *Boll* Notfall & Rettungsmed 2003, 345, 346; BGH NJW 1991, 2359.
[130] *Braig*, 187 f; vgl *Boll* Notfall & Rettungsmed 2003, 345, 349 f.
[131] *Boll* MedR 2002, 232, 234.
[132] Allgemein gegen eine zivilrechtliche Haftung in diesem Fall: *Lippert* Notfall & Rettungsmed 2003, 50, 52.
[133] *Ohr* Notfall & Rettungsmed 2005, 440, 442.

nichtärztliche Personal [...] verpflichtet, Einsätze und die dabei getroffenen aufgabenbezogenen Feststellungen und Maßnahmen zu dokumentieren". Fehlt es in einem Bundesland an einer solchen Regel, so besteht die Dokumentationspflicht dort gleichwohl, ist aber bei Zugrundeliegen eines privatrechtlichen Vertrages aus diesem, anderenfalls aus dem Patienteninteresse herzuleiten.[134]

Die selbständigen Dokumentationspflichten von Notarzt und nichtärztlichem Rettungsdienstpersonal verbieten es ihnen nicht, eine gemeinsame Dokumentation anzufertigen. Die Dokumentation dient der Therapie- und – in diesem Rahmen – der Beweissicherung, sowie der Rechenschaftslegung und muss sich auf Anamnese, Diagnose und Therapie erstrecken.[135] Im rettungsdienstlichen Einsatz sind dabei Einwilligungsmängel, aufgetretene Komplikationen und insbesondere die Durchführung einer ärztlichen Maßnahme durch nichtärztliches Personal im Rahmen der Notkompetenz von herausgehobener Bedeutung.[136] Eine ordnungsgemäße Dokumentation setzt voraus, dass sie in unmittelbarem zeitlichen Zusammenhang mit der Behandlung vorgenommen wird, wobei es in unkomplizierten Fällen gestattet sein soll, dass sie auch nachträglich aus dem Gedächtnis erfolgt.[137] Das gilt auch für die ärztlichen und nichtärztlichen Mitarbeiter des Rettungsdienstes, deren Dokumentation als Teil des Einsatzes zu bewerten ist und die sich daher grundsätzlich nicht unter Verweis auf den nächsten anstehenden Einsatz oder die Notwendigkeit der Wiederherstellung ihrer Einsatzfähigkeit von dieser Pflicht befreien können.[138] Im Notfall genießt die Lebensrettung allerdings in jedem Fall Vorrang vor der Erfüllung der Dokumentationspflicht.

VI. Aufklärung

1. Grundlagen. Bei der Aufklärungspflicht des Arztes wird zwischen der therapeutischen Aufklärung – welche die Absicherung der Therapie oder eines anderen Behandlungserfolges zum Ziel hat – und der Selbstbestimmungsaufklärung – die der Erlangung eines qualifizierten „Ja" des Patienten dient – unterschieden. Letztere lässt sich darüber hinaus in Diagnoseaufklärung, Verlaufsaufklärung und Risikoaufklärung unterteilen.[139] Im Rahmen der Diagnoseaufklärung ist der Notfallpatient darüber zu informieren, dass er an einer behandlungsbedürftigen Krankheit leidet. Durch die Verlaufsaufklärung soll der Patient dagegen in Grundzügen[140] erfahren, was mit ihm geschehen wird. Die Information über den Ablauf von Diagnostik und Therapie braucht also nicht alle Einzelheiten zu umfassen. Die Risikoaufklärung soll dem Patienten Informationen über mögliche dauernde oder vorübergehende Nebenfolgen, die sich auch bei der Anwendung der allergrößten ärztlichen Sorgfalt, bei fehlerfreier Durchführung nicht mit Gewissheit ausschließen lassen,[141] verschaffen. Das bedeutet, dass über (eventuell) zu begehende Behandlungsfehler nicht aufzuklären ist.[142]

2. Adressat der Aufklärung ist grundsätzlich der Patient selbst. Ist dieser nicht einwilligungsfähig, so hat sich die Aufklärung an den Sorgeberechtigten zu richten, sofern er in der Rettungssituation zugegen ist. Ist der nicht einwilligungsfähige Patient zumindest befähigt, der Aufklärung zu folgen, ist auch er aufzuklären.[143]

---

[134] *Fehn* Der Notarzt 2008, 169, 170.
[135] Vgl unten § 55 RdNr 5, 9.
[136] *Fehn* Der Notarzt 2008, 169, 171.
[137] Vgl unten § 55 RdNr 12.
[138] *Fehn* Der Notarzt 2008, 169, 172.
[139] *Kern* GesR 2009, 1, 2.
[140] KG GesR 2004, 369.
[141] BGH VersR 1962, 155, 156.
[142] *Kern* GesR 2009, 1, 2.
[143] *Kern* GesR 2009, 1, 2.

52 **3. Beratung/therapeutische Aufklärung.** Aufzuklären ist auch über die Risiken einer eventuellen Behandlungsablehnung,[144] wie etwa im Fall der Verweigerung des Transports in die Klinik zur weiterführenden Diagnostik und Behandlung. Zwar hat der Arzt eine ernsthafte Weigerung des Patienten als verbindlich zu respektieren,[145] seine Führsorgepflicht gebietet es ihm jedoch, in bedrohlichen Fällen „nach einiger Zeit erneut auf den Patienten einzuwirken oder den Nachbehandler darauf hinzuweisen, daß die notwendige Befunderhebung an einer Weigerung des Patienten gescheitert ist".[146] Über allgemein bekannte Verläufe braucht dabei allerdings nicht aufgeklärt zu werden.[147] Ist aufgrund der Behandlungsablehnung einer Schwangeren eine Drittschädigung zu erwarten, weil eine akute Gefährdung des Fetus vorliegt, so darf sich der Arzt nicht auf entsprechende „Hinweise und gutes Zureden" beschränken. Vielmehr wird von ihm „eine laute drastische Intervention – bis hin zum Eklat – erwartet", um den Widerstand zu überwinden.[148]

53 Eine Verpflichtung des Notarztes zur Aufklärung über die nach der Einweisung in eine geeignete Einrichtung erfolgende Weiterbehandlung besteht nicht.[149]

54 **4. Mutmaßliche Einwilligung.** Befindet sich der Patient mit vitaler oder absoluter Indikation in einem nichteinwilligungsfähigen Zustand, so kann der Arzt von einer, ihn ebenfalls rechtfertigenden, mutmaßlichen Einwilligung ausgehen, sofern die Nichtbehandlung zu einem schweren Siechtum führt und kein gegenteiliger und im einwilligungsfähigen Zustand erklärter Wille ersichtlich ist.[150] Ähnliches kann gelten, wenn sich ein schwer geschockter Notfallpatient in einem mental unzugänglichen Zustand befindet.[151]

55 Andere Grundsätze können dagegen zur Anwendung kommen, wenn nichtärztliches Personal an der Versorgung des Notfallpatienten beteiligt ist. So kann etwa eine mutmaßliche Einwilligung zur Behandlung durch nichtärztliches Personal nicht angenommen werden, wenn im Hinblick auf die konkrete Notfallsituation ohne Gefährdung des Patienten auf das Eintreffen des Notarztes gewartet werden kann[152]

56 **5. Selbstbestimmungsaufklärung.** Bei der Aufklärungspflicht handelt es sich um eine **originär ärztliche Pflicht**,[153] weshalb eine Delegation an nichtärztliche Heilberufe grundsätzlich ausscheidet.[154] Anderes kann allerdings für Situationen mit einer Vielzahl von Verletzten gelten, in denen die Aufklärung anderenfalls vollständig unterbleiben müsste.[155] Nimmt nichtärztliches Personal aufklärungsbedürftige Eingriffe selbständig – etwa im Rahmen der Notkompetenz – wahr, so obliegt ihm auch insoweit die Aufklärung des Patienten.[156]

57 **Unterbleiben** kann ein Aufklärungsgespräch, soweit der zu behandelnde Patient bereits hinreichend informiert und ein auszugleichendes Wissensdefizit demnach nicht vorhanden ist.[157] Stets ist der Arzt jedoch verpflichtet, sich über den vorhandenen Wissens-

---

[144] Vgl unten § 58 RdNr 3; BGH VersR 1954, 98, 99. Vgl auch LG Memmingen VersR 1981, 585. Für Österreich: *Koppensteiner* Notfall & Rettungsmed 2009, 56, 58.
[145] *Deutsch/Spickhoff*, RdNr 659; *Schlund* ArztR 2004, 244, 248.
[146] OLG Köln VersR 1996, 1021.
[147] OLG Schleswig NJW 2002, 227.
[148] OLG Düsseldorf GesR 2008, 19.
[149] *Lissel*, Strafrechtliche Verantwortung, 53 f.
[150] *Steffen/Pauge*, Arzthaftungsrecht, RdNr 419; OLG Celle VersR 1984, 444, 445 f.
[151] *Schlund* ArztR 2004, 244, 248.
[152] *Boll* Notfall & Rettungsmed 2003, 345, 348.
[153] OLG Karlsruhe VersR 1998, 718.
[154] *Deutsch/Spickhoff*, RdNr 137; *Kern* GesR 2009, 1, 2.
[155] *Kern*, FS Weißauer, 71, 85.
[156] *Lissel,* Strafrechtliche Verantwortung, 53.
[157] *Kern* GesR 2009, 1, 3; vgl BGH VersR 1961, 1036, 1038; 1990, 2928, 2929.

stand zu informieren.[158] Ebenfalls entbehrlich ist eine Aufklärung, wenn der Patient darauf verzichtet hat, was allerdings nur möglich ist, wenn er weiß, worauf er verzichtet. Daher bedarf es in diesem Fall zumindest einer Grundaufklärung.[159]

Gerade aus den **besonderen Bedingungen des Rettungseinsatzes** können sich 58 zudem weitere Umstände ergeben, die Auswirkungen auf die Notwendigkeit und den Umfang des Aufklärungserfordernisses entfalten. Das ist etwa der Fall, wenn eine entsprechende Kontraindikation gegeben ist, der Patient also durch die Aufklärung ernsthaft beeinträchtig würde und damit nicht unerhebliche körperliche oder psychische Schäden davontrüge.[160] Nach Auffassung der Rechtsprechung sind die dafür erforderlichen Voraussetzungen allerdings sehr eng zu verstehen, so dass eine Pflicht zur Aufklärung nur dann entfallen soll, wenn diese das Leben oder die Gesundheit des Patienten ernstlich gefährdet.[161]

Außerdem kann die **besondere Dringlichkeit** der rettungsdienstlichen Maßnahme, 59 welche sich sowohl nach den sachlichen als auch den zeitlichen Voraussetzungen bemisst,[162] zu einer Abmilderung der Aufklärungsanforderungen führen.[163] Je dringlicher die Indikation ist, desto geringere Anforderungen sind an die Aufklärung zu stellen.[164] Ein Bewusstloser kann und muss nicht aufgeklärt werden. Ein Arzt, dessen Patient nach seiner Ansicht lebensbedrohlich erkrankt ist, braucht „mit der Einwilligung nicht viel Umstände zu machen". Vielmehr genügt es, wenn der Patient in einer solchen Situation nach der Mitteilung des bevorstehenden Eingriffs nicht widerspricht.[165] So muss etwa bei einem nach Luft ringenden Patienten nur der Hinweis erfolgen, dass sofort eine erstickungsverhindernde Tracheotomie durchgeführt wird.[166] Nicht zulässig ist es jedoch, die Aufklärung durch den Hinweis, es bestehe höchste Lebensgefahr, zu verkürzen, wenn eine vitale Indikation überhaupt nicht gegeben ist.[167] Eine Beschränkung des Aufklärungsumfangs kann sich mithin gerade im rettungsdienstlichen Einsatz auch daraus ergeben, dass die diagnostischen Möglichkeiten aufgrund temporärer und situativer Umstände erheblich eingeschränkt sind. In diesem Fall ist jedoch zumindest über die bestehende Unsicherheit aufzuklären.[168]

Von besonderer Relevanz für den rettungsdienstlichen Einsatz ist auch die Frage nach 60 der **Aufklärung über Alternativen**. Im Gegensatz zur regulären Behandlungssituation, bei der über die unterschiedlichen Behandlungsalternativen aufzuklären ist,[169] verfolgt die Behandlung durch den Notarzt überwiegend das Ziel der Lebensrettung unter den besonderen Voraussetzungen der Notfallsituation. Echte Alternativen fehlen hier häufig ebenso, wie die Möglichkeit der Behandlung durch eine andere Person oder in einer anderen Einrichtung.[170] Aufgrund der Bedeutung einer schnellstmöglich erfolgenden Behandlung des Notfallpatienten ist dieser grundsätzlich in die nächstgelegene zur Weiterbehandlung geeignete Einrichtung zu transportieren.[171] Einem so versorgten Notfallpatienten bleibt zunächst keine Wahl, wo und von wem er behandelt werden will. „Er muß die personellen

---

[158] Vgl unten § 60, RdNr 16.
[159] Fraglich, vgl dazu *Kern/Laufs*, Die ärztliche Aufklärungspflicht, 119; *Lissel*, Strafrechtliche Verantwortung, 58; *Roßner* NJW 1990, 2291, 2294 f.
[160] *Deutsch/Spickhoff*, RdNr 321; unten § 60 RdNr 19 f. *Lissel*, Strafrechtliche Verantwortung, 58.
[161] BGHZ NJW 1959, 811; BGHZ 29, 176, 182; 90, 103, 109 f.
[162] BGH NJW 1973, 556, 557.
[163] *Lissel*, Strafrechtliche Verantwortung, 60 f.; vgl *Steffen/Pauge*, Arzthaftungsrecht, RdNr 373b.
[164] *Kern* GesR 2009, 1, 6.
[165] BGH NJW 1959, 825.
[166] *Kern/Laufs*, Die ärztliche Aufklärungspflicht, 68.
[167] BGH VersR 1989, 478.
[168] *Lissel*, Strafrechtliche Verantwortung, 62.
[169] *Kern* GesR 2009, 1, 7.
[170] *Lissel*, Strafrechtliche Verantwortung, 62.
[171] *Lissel*, Strafrechtliche Verantwortung, 157.

und technischen Verhältnisse hinnehmen, wie er sie vorfindet, und kann nicht den Standard einer Spezialklinik erwarten, wenn er [...] in ein kleineres Krankenhaus kommt. Darüber braucht er ebenfalls nicht besonders aufgeklärt zu werden, weil die äußeren Umstände offenbar sind, sofern der Patient noch aufnahmefähig ist. Nur dann, wenn eine Behandlung gerade durch einen Spezialisten angezeigt ist, weil eine ausreichende Versorgung und Behandlung im Einweisungskrankenhaus nicht gewährleistet ist, und eine Verlegung des Patienten verantwortet werden kann, ist dessen Entscheidung darüber einzuholen."[172]

VII. Rechtliche Sonderstellung des Rettungsdienstes im Straßenverkehr

61 **1. Allgemeines.** Charakteristisch für den rettungsdienstlichen Einsatz ist die besondere Dringlichkeit des Tätigwerdens, was dadurch erschwert wird, dass die Behandlerseite den Notfallpatienten zunächst einmal aufsuchen muss. Um hier gleichwohl eine zeitnahe notfallmedizinische Versorgung zu gewährleisten, ist der Rettungsdienst mit Sonderbefugnissen im Straßenverkehr ausgestattet. Vorrangig zu nennen sind hier das Wege- und das Sonderrecht.

62 **2. Wegerecht.** Das aus § 38 Abs 1 StVO stammende **Wegerecht** räumt den Fahrzeugen des Rettungsdienstes einen Vorrang in der Straßennutzung ein, indem es alle übrigen Verkehrsteilnehmer dazu verpflichtet, „sofort freie Bahn zu schaffen". Es besteht für diese folglich die Pflicht, auf einen ihnen grundsätzlich weiterhin zustehenden Vorrang vorübergehend zu verzichten.[173] Voraussetzung ist eine Sachlage, in der „Eile geboten ist, um Menschenleben zu retten oder schwere gesundheitliche Schäden abzuwenden". Im Fall einer Seuchenerkrankung legitimiert zudem auch die Abwendung einer „Gefahr für die öffentliche Sicherheit und Ordnung" im Sinne des § 38 Abs 1 S 1 Alt 2 StVO die Nutzung des Wegerechts.[174] Weiterhin bedarf es des kombinierten Einsatzes von blauem Blinklicht und Einsatzhorn. Findet die Einsatzfahrt nur unter Nutzung des blauen Blinklichts oder des Einsatzhorns statt, so scheidet ein Berufen auf das Wegerecht aus.[175] Eine Verwendung dieser Warnsignale stellt ohne das Vorliegen der Vorraussetzung des § 38 Abs 1 StVO gemäß § 49 Abs 3 Nr 3 Alt 1 StVO eine Ordnungswidrigkeit dar. Der Fahrer des Rettungsfahrzeugs darf sich jedoch ohne besseres Wissen hinsichtlich dieser Vorraussetzungen auf die ihm durch die Rettungsleitstelle übermittelten Informationen verlassen. Eigenen Erkenntnissen darf er sich dabei aber nicht verschließen.[176] Rechtfertigt die medizinische Indikation eine Nutzung von Wege- und Sonderrecht, so ist der Notarzt berechtigt, dem Fahrer entsprechende Weisungen zu erteilen.[177]

63 Das Wegerecht des § 38 Abs 1 StVO entbindet den Fahrer des Einsatzfahrzeugs nicht von der Verpflichtung zur Einhaltung der Verkehrsregeln. Das gilt insbesondere auch für das Rücksichtnahmegebot[178] des § 1 Abs 1 StVO. Er darf das Wegerecht daher weder mit Zwang durchsetzen, noch darf er sich ohne weiteres auf dessen Einhaltung durch die übrigen Verkehrsteilnehmer verlassen.[179] Aufgrund der durch die Inanspruchnahme des Wegerechts gesteigerten Unfallgefahr obliegt dem Einsatzfahrer eine erhöhte Sorgfaltspflicht.[180] So ist dem Wegerechtsfahrzeug die Einfahrt in eine durch rote Ampel gesperrte Kreuzung erst erlaubt, wenn sich der Führer des Fahrzeugs davon überzeugt hat, dass sich der Verkehr

---

[172] BGH NJW 1982, 2121, 2122 f.
[173] OLG Jena MDR 2007, 884.
[174] Vgl dazu Art 13 Abs 7 GG.
[175] *Lissel* Notfall & Rettungsmed 2009, 218, 219; KG 2003, 382; 2006, 307, 308; OLG Köln NZV 1996, 237.
[176] *Hempel* Notfall & Rettungsmed 2007, 367, 368.
[177] Vgl *Müller* SVR 2006, 250, 251.
[178] OLG Jena MDR 2007, 884.
[179] *Hempel* Notfall & Rettungsmed 2007, 367, 369.
[180] *Lissel* Notfall & Rettungsmed 2009, 218, 219.

darauf eingestellt hat, ihm Vorrang einzuräumen.[181] Außerdem ist es für die Inanspruchnahme des Wegerechts erforderlich, dass der Fahrer des Einsatzfahrzeuges die Signale Martinshorn und Blaulicht rechtzeitig – also circa 10 Sekunden – vor der Überquerung der für ihn maßgeblichen Haltelinie einschaltet und diese bis zum Verlassen des Kreuzungsbereichs eingeschaltet lässt. „Nur ein längere Zeit vor einer Kreuzung eingeschaltetes Einsatzhorn muss grundsätzlich von einem aufmerksamen Verkehrsteilnehmer wahrgenommen werden".[182]

3. Sonderrecht. Vom Wegerecht ist das aus § 35 Abs 5a StVO stammende **Sonderrecht** für Fahrzeuge des Rettungsdienstes abzugrenzen, das dem Einsatzfahrer zusteht, wenn „höchste Eile geboten ist, um Menschenleben zu retten oder schwere gesundheitliche Schäden abzuwenden". Es entbindet ihn von der Pflicht zur Einhaltung der Vorschriften der StVO; von der Beachtung des allgemeinen Rücksichtnahmegebots ist er jedoch nicht befreit.[183] Die Ausübung des Sonderrechts ist gemäß § 35 Abs 8 StVO an die gebührende „Berücksichtigung der öffentlichen Sicherheit und Ordnung" gebunden. Hier gilt die Faustregel: Je stärker die Fahrweise den Regeln der StVO entgegenläuft, desto größer ist die dem Sonderrechtsfahrer obliegende Sorgfaltspflicht.[184] Hinsichtlich der Kenntnis der Voraussetzungen gelten die Ausführungen zum Wegerecht entsprechend. Aufgrund des gravierenden Eingriffs in die Sicherheit des Straßenverkehrs unterliegt der Sonderrechtsfahrer zudem dem Prinzip des Übermaßverbotes, was ihm jeweils nur den mildesten noch geeigneten Eingriff und damit nur einen zwingend erforderlichen StVO-Verstoß erlaubt. Die Fahrweise darf folglich nicht außer Verhältnis zu der zu erfüllenden hoheitlichen Aufgabe stehen.[185] Eine dem Notarzt auch unter rettungsmedizinischen Gesichtspunkten mögliche, verkehrsverstoßfreie Anfahrt schließt insoweit das Sonderrecht des Fahrers aus.[186] Ein Einsatz von Blaulicht und Martinshorn ist für das Geltendmachen des Sonderrechts nicht erforderlich, der Fahrer muss aber gerade in diesem Fall damit rechnen, dass ihn andere Fahrzeuge nicht ohne weiteres wahrnehmen und beispielsweise in die Kreuzung einfahren.[187] Je stärker er demnach von den Regeln der StVO abweichen möchte, desto mehr muss er Warnzeichen geben.[188] Die Sorgfaltspflicht kann daher auch den Sonderrechtsfahrer in bestimmten Konstellationen zur Verwendung von Blaulicht und/oder Martinshorn zwingen. Selbst wenn diese Grundsätze vom Einsatzfahrer berücksichtigt werden, bedeutet das jedoch nicht, „dass er ‚blindlings' oder ‚auf gut Glück' in eine Kreuzung bei rotem Ampellicht einfahren darf. Er darf vielmehr auch unter Inanspruchnahme von Sonderrechten bei rotem Ampellicht erst dann in die Kreuzung einfahren, wenn er sich davon überzeugt hat, dass ihn alle anderen Verkehrsteilnehmer wahrgenommen und sich auf seine Absicht eingestellt haben. Erst unter diesen Voraussetzungen darf er darauf vertrauen, dass ihm von den anderen Verkehrsteilnehmern freie Fahrt gewährt wird."[189] Dabei kann es ihm gegebenenfalls sogar zugemutet werden, das Einsatzfahrzeug beim Einfahren in den Kreuzungsbereich nahezu zum Stillstand zu bringen.[190]

Das Sonderrecht verpflichtet die übrigen Verkehrsteilnehmer nicht, dem Einsatzfahrzeug freie Bahn zu schaffen, weshalb trotz der grundsätzlichen Unabhängigkeit von Son-

---

[181] BGH NJW 1975, 648, 649; OLG Dresden Schaden-Praxis 1996, 235; OLG Celle Schaden-Praxis 1999, 224; OLG Jena MDR 2007, 884.
[182] KG NZV 2008, 149f.
[183] *Hempel* Notfall & Rettungsmed 2007, 367, 369.
[184] KG NZV 2005, 636; 2008, 147f.
[185] KG NZV 2005, 636; NZV 2008, 147, 148.
[186] *Hempel* Notfall & Rettungsmed 2007, 367, 369.
[187] KG NZV 2008, 147, 148.
[188] KG NZV 2008, 149, 150.
[189] KG NZV 2008, 149, 150.
[190] *Lissel* Notfall & Rettungsmed 2009, 218, 219.

der- und Wegerecht oftmals nur die gemeinsame Nutzung beider das schnellstmögliche Erreichen des Notfallpatienten gewährleistet. Die Berechtigung im Sinne des § 35 Abs 5a StVO ist an Fahrzeuge des Rettungsdienstes geknüpft; das Sonderrecht wird also fahrzeug- und nicht personenbezogen gewährt. Notarztfahrzeuge und Krankenwagen sind solche Fahrzeuge des Rettungsdienstes. Dagegen wird ein normaler PKW nicht durch die Besetzung durch einen Notarzt zum Notarzteinsatzfahrzeug.[191]

66 **4. Reichweite von Wege- und Sonderrecht.** In der Literatur und Rechtsprechung ist umstritten, inwieweit auch das den Rettungswagen **begleitende Notarzteinsatzfahrzeug** auf dem Rückweg Sonder- und Wegerecht in Anspruch nehmen kann, wenn der Notarzt zur Wahrnehmung einer notwendigen Transportbegleitung in den Rettungswagen umgestiegen ist. Teilweise wird hierzu in enger Anlehnung an den Wortlaut der StVO ausgeführt, dass ein Wegerecht für die Rückfahrt nur dann bestehe, wenn auch bei dieser die gesetzlich normierten Voraussetzungen im Einzelfall vorlägen.[192] Das kann bei Abstellen auf eine konkrete Gefährdung regelmäßig aber nur auf den Rettungswagen zutreffen, der einen Notfallpatienten zur Weiterbehandlung transportiert. Zumindest bei Anerkennung beider Fahrzeuge aufgrund ihrer zT unterschiedlichen technischen und medikamentösen Ausstattung als „medizinische Einheit", weil etwa die Diagnose eine Versorgungsnotwendigkeit mittels beider Fahrzeuge auf dem Rückweg wahrscheinlich macht, spricht viel dafür, auch dem nur begleitenden Notarztwagen Sonder- und Wegerecht zuzusprechen.[193] Auch kann die konkrete Gefahr eines durch ständiges Anfahren und Abbremsen des Krankentransportfahrzeugs hervorgerufenen Transporttraumas durch ein „räumendes" Vorausfahren des Notarzteinsatzfahrzeugs erheblich verringert werden.[194] Liegt also eine medizinische Indikation vor, welche einen schonenden Transport unumgänglich macht, so sprechen die besseren Argumente für ein extensives Verständnis des Sonder- und Wegerechts. Hinsichtlich des Ausnahmecharakters der §§ 35, 38 StVO erscheinen dagegen Bestrebungen, die bloße Notwendigkeit der Aufrechterhaltung der Einsatzfähigkeit des Notarzteinsatzfahrzeugs und damit die Eindämmung der nur abstrakten Gefahr einer notärztlichen Unterversorgung als ausreichende Grundlage von Sonder- und Wegerecht anzunehmen zumindest bedenklich.[195] Darüber hinaus ist strittig, inwiefern Sonder- und Wegerecht auch grundsätzlich zur Herstellung der Einsatzfähigkeit genutzt werden können, wenn etwa der Fahrer des Einsatzfahrzeugs den Notarzt vor der Anfahrt des Patienten noch abholen muss, das Notarztfahrzeug als Kurier notfallmedizinisch dringend benötigter Medikamente oder Blutkonserven dient oder zwischen den Einsätzen die Wache anfährt, um seine eigenen Material- und Medikamentenvorräte aufzufüllen.[196]

67 **5. Verstöße.** Im Gegensatz zu Verstößen gegen die StVO werden **Verstöße** gegen andere gesetzliche Vorschriften durch § 35 Abs 5a StVO nicht legitimiert. Denkbar erscheint im Zusammenhang mit einer Einsatzfahrt insbesondere eine Verwirklichung des Tatbestands des unerlaubten Entfernens vom Unfallort nach § 142 StGB, die etwa in Betracht kommt, wenn der Rettungswagen auf dem Weg zu einem schweren Notfall mit einem anderen Fahrzeug kollidiert und die Fahrt unverzüglich fortsetzt, ohne zuvor eine Feststellung nach § 142 Abs 1 StGB zu ermöglichen. Daneben kommt auch eine Strafbarkeit nach § 315c StGB wegen der Gefährdung des Straßenverkehrs in Frage. Liegen in diesem Fall jedoch die Voraussetzungen des § 34 StGB vor, so kann sich der Fahrer auf

---

[191] *Cimolino/Dickmann* NZV 2008, 118, 119.
[192] BayObLG VRS 59, 385; insoweit ablehnend: *Wasielewski*, Sonderrechte im Einsatz 2005, 27.
[193] *Müller* SVR 2006, 250, 252.
[194] *Spengler* Rettungs-Magazin, März/April 2006, 78.
[195] So aber *Cimolino/Dickmann* NZV 2008, 118, 119 ff mwN; *Spengler*, Rettungs-Magazin, März/April 2006, 78.
[196] Dazu *Cimolino/Dickmann* NZV 2008, 118, 121 f.

den rechtfertigenden Notstand berufen. Zu beachten ist außerdem die Parallelregelung des § 16 OwiG.

Die Einhaltung der Grenzen des Wege- und Sonderrechts entfaltet zudem auch Wirkung auf der zivilrechtlichen Ebene. So ist im Fall einer Haftung für die Verursachung eines Verkehrsunfalls ein eventueller Verstoß im Rahmen des Mitverschuldens und bei der entsprechenden Gewichtung der Betriebsgefahr nach § 17 Abs 1 StVG zu berücksichtigen.

VIII. Haftung

Die Haftung im Rettungsdienst kann auf einer Vielzahl von Grundlagen beruhen, die sich maßgeblich nach der Frage richten, ob die Betätigung öffentlich- oder privatrechtlich erfolgt.[197] Dabei ist es erforderlich, zwischen der Haftung für Fehler des Notarztes und der Haftung für Fehler des sonstigen Rettungsdienstpersonals zu differenzieren.

1. Haftung bei privatrechtlicher Tätigkeit. Erweist sich die Tätigkeit des **Notarztes** als privatrechtlich, so kommt – vorbehaltlich der genannten Schwierigkeiten des Vertragsschlusses – eine vertragliche Haftung gemäß §§ 280ff BGB in Betracht. Die Person des Vertragspartners und damit auch des Haftungsschuldners bestimmt sich danach, ob der Notarzt seinen Dienst für ein Krankenhaus oder als niedergelassener Arzt bzw im Rahmen einer Nebentätigkeit leistet.[198] Nur in den beiden letztgenannten Fällen kommt der Vertrag direkt mit dem Notarzt zustande.[199] Ist die Wahrnehmung des Notarztdienstes dagegen Dienstaufgabe des Krankenhausarztes und haben Rettungs- und Notarztdienst denselben Träger, so liegt ein totaler Rettungsvertrag mit dem Träger vor.[200]

Ist der Patient nicht ansprechbar und dadurch der Abschluss eines Behandlungsvertrages ausgeschlossen, ist an eine Geschäftsführung ohne Auftrag zu denken, deren Haftungsregel sich gemäß §§ 677, 280 Abs 1 BGB ebenfalls nach den vertraglichen Grundsätzen richtet. Das Haftungsprivileg des § 680 BGB gilt für den Notarzt in der Eigenschaft eines professionellen Nothelfers jedoch nicht.[201]

In jedem Fall haftet der Arzt aber gemäß §§ 823ff BGB deliktisch, sofern er den Tatbestand einer unerlaubten Handlung verwirklicht. Ist er dabei als Verrichtungsgehilfe des Krankenhauses einzustufen, so haftet dessen Träger nach § 831 BGB, ihm bleibt allerdings die Exkulpationsmöglichkeit des § 831 Abs 1 S 2 BGB. Für die Haftung des Arztes sind zudem die Grundsätze der Arbeitnehmerhaftung zu berücksichtigen; der Notarzt haftet demzufolge nach außen, ihm steht aber unter Umständen ein Freistellungsanspruch gegen seinen Arbeitgeber zu.[202]

Wird das **sonstige Rettungsdienstpersonal** privatrechtlich tätig, so kommt auch hier eine vertragliche Haftung in Betracht. Vertragspartner ist in diesem Fall der Träger des Rettungsdienstes, der das Rettungsdienstpersonal als Erfüllungsgehilfe im Sinne des § 278 BGB bei der Erfüllung seiner vertraglichen Pflichten einsetzt.[203] Kommt ein solcher Vertrag nicht zustande, weil etwa der Patient nicht ansprechbar, ein Transport in die Klinik zur Weiterbehandlung aus notfallmedizinischen Gesichtspunkten aber dringend geboten ist, so kommt auch hier eine Haftung im Rahmen einer Geschäftsführung ohne Auftrag in Betracht. Daneben haftet der einzelne Mitarbeiter des Rettungsdienstes im Fall der Begehung einer unerlaubten Handlung auch deliktisch gemäß §§ 823ff BGB. Sofern er

---

[197] *Lissel*, Handbuch Medizinrecht, § 23 RdNr 61.
[198] Zur Unterscheidung und Grundlage beider Notarztmodelle: *Lissel*, Handbuch Medizinrecht, § 23 RdNr 16 f; *Rieger*, RdNr 14 ff; *Schlund* ArztR 2004, 244, 245.
[199] *Braig*, 117.
[200] *Rieger*, RdNr 42.
[201] *Braig*, 149 ff; *Deutsch/Spickhoff*, RdNr 100; unten, § 43 RdNr 13; *Roth* NJW 2006, 2814, 2816; OLG München NJW 2006, 1883, 1885. *Lippert* NJW 1982, 2089, 2093 hält die Anwendung des § 680 hingegen zwar für problematisch aber richtig.
[202] Dazu *Lippert* VersR 2004, 839, 841.
[203] *Braig*, 168.

dabei im Einzelfall als Verrichtungsgehilfe des Rettungsdienstträgers anzusehen ist, haftet dieser aus § 831 BGB.

74 Daneben wird das Rettungsdienstpersonal teilweise auch unterstützend bei der Behandlung durch den Notarzt tätig. In diesem Fall ist es als Erfüllungsgehilfe im Rahmen des Behandlungsvertrages anzusehen, so dass dem jeweiligen Vertragspartner (Arzt oder Krankenhaus) das Verschulden über § 278 BGB zuzurechnen ist. Darüber hinaus ist auch hier eine Haftung nach § 831 BGB denkbar.

75 **2. Haftung bei öffentlich-rechtlicher Tätigkeit.** Ist die Wahrnehmung des Rettungsdienstes als hoheitliche Tätigkeit einzustufen, so finden die Grundsätze der Amtshaftung gemäß § 839 Abs 1 S 1 BGB iVm Art 34 GG Anwendung. Infolgedessen trifft die Haftung im Fall einer Schädigung durch Mitarbeiter diese nicht persönlich, sondern den Träger des Rettungsdienstes.[204] Nichts anderes kann auch für den Notarzt gelten. Nach Auffassung des BGH entspricht es „dem hoheitlichen Charakter der Durchführung rettungsdienstlicher Aufgaben sowohl im Ganzen wie im Einzelfall [...], dass auch die ärztliche Tätigkeit im Rahmen eines rettungsdienstlichen Einsatzes als Ausübung eines öffentlichen Amtes zu beurteilen ist". Damit wurde die frühere Rechtsprechung, „nach der die Tätigkeit des Notarztes im Verhältnis zum Notfallpatienten auch dann auf einem privatrechtlichen Rechtsverhältnis gründet, wenn in dem betreffenden Bundesland der Rettungsdienst öffentlich-rechtlich organisiert ist", ausdrücklich aufgegeben.[205] Ist demnach der Rettungsdienst eines Bundeslandes in öffentlich-rechtlicher Form organisiert, was in der Literatur für einen Großteil der Bundesländer mit steigender Tendenz bejaht wird,[206] so übt auch der Notarzt hoheitliche Tätigkeit aus.[207] Bundesweit finden unbestritten die Amtshaftungsgrundsätze auf den leitenden Notarzt Anwendung.[208]

76 Der Träger des Rettungs- und/oder Notarztdienstes kann als Haftungsschuldner gemäß Art 34 S 2 GG den Schädiger in Regress nehmen, sofern diesem Vorsatz oder grobe Fahrlässigkeit zur Last fällt.

IX. Rettungsdienst und Strafrecht

77 Für die rettungsdienstliche Tätigkeit ist eine Vielzahl von Strafnormen von Bedeutung. Dabei ist an erster Stelle darauf hinzuweisen, dass die am Einsatz beteiligten Personen nicht nur durch **aktives Tun** den Tatbestand einer Straftat verwirklichen können, sondern nach § 13 Abs 1 StGB auch ein Begehen durch **Unterlassen** in Betracht kommt. Die dafür erforderliche **Garantenstellung** hatte der Bundesgerichtshof für Rettungssanitäter ausdrücklich aus dem „Ergreifen ihrer Schutzaufgabe" abgeleitet und ausgeführt, dass das dadurch entstandene „Obhutsverhältnis gegenüber dem Betroffenen [...] wesentlich von der Pflicht bestimmt war, diesen vor weiteren gesundheitlichen Beeinträchtigungen zu bewahren".[209] Das gilt erst recht für den Notarzt. Zu Recht wird unter Verweis auf das Vertrauen des Patienten, der nach der Übernahme der Versorgung durch den Rettungsdienst davon überzeugt ist, dass er sich nicht anderweitig um Hilfe bemühen muss, darauf hingewiesen, dass die Garantenstellung nicht erst mit dem Eintreffen beim Notfallpatienten, sondern bereits mit der Übernahme des konkreten Einsatzes beginnt.[210] Hier schafft bereits die Schutzzusage hinreichendes rechtliches Vertrauen.[211] Darüber hinaus begründet

---

[204] *Fehn/Lechleuthner* MedR 2000, 114, 122; *Bloch* NJW 1993, 1513; *Rieger*, RdNr 34.
[205] BGH NJW 2003, 1184, 1185.
[206] *Fehn/Lechleuthner* MedR 2000, 114, 117 ff.
[207] Unten § 105; BGH NJW 2003, 1184; 2005, 429 ff.
[208] *Lippert* VersR 2004, 839, 840 f; *Lissel*, Handbuch Medizinrecht, § 23 RdNr 63; BGH NJW 2003, 1184, 1186.
[209] BGH Urt v 25. 4. 2001 – Az: 1 Str 130/01.
[210] Vgl *Lissel*, Strafrechtliche Verantwortung, 92.
[211] *Täg*, Körperverletzungstatbestand, 411.

schon die generelle Übernahme einer Tätigkeit im Rettungsdienst eine Garantenstellung im Hinblick auf die Übernahme einer konkreten Notfallversorgung.[212] Das gilt allerdings nur für die räumlich abgrenzbare Personengruppe im jeweiligen Rettungsdienstbereich für den der Notarzt die Versorgung übernommen hat. Dabei gilt der für den kassenärztlichen Notfalldienst ebenso anerkannte Grundsatz, dass ein Arzt, der „den Schutz der Bevölkerung gegenüber gesundheitlichen Gefahren übernimmt, [...] für pflichtwidriges Unterlassen ebenso einstehen [muss] wie für tätiges Handeln".[213] Anderweitige Hilfe ist für den Patienten in der Notfallsituation nicht oder nur schwer zu erlangen. Mit der generellen Annahme der Garantenpflicht des Notarztes ist bei ihm insofern von einem unechten Unterlassungsdelikt auszugehen, nicht hingegen von dem echten Unterlassungsdelikt des § 323c StGB. Letzteres spielt im Rettungsdienst grundsätzlich nur eine untergeordnete Rolle, etwa wenn die territoriale Zuständigkeit nicht gegeben oder der für die Tatbestandsverwirklichung der Körperverletzungs- oder Tötungsdelikte erforderliche Erfolg nicht eingetreten oder zuzurechnen ist. Neben der grundsätzlichen Verpflichtung zum Tätigwerden bewirkt die Garantenstellung auch eine Erhöhung der Zumutbarkeitsschwelle und verlangt damit die Inkaufnahme größerer Opfer im Rahmen der Rettungshandlung.[214]

Im Verlauf der Behandlung kommt dagegen vorrangig den **Körperverletzungsdelik-** 78 **ten** der §§ 223 ff StGB, sowie der **fahrlässigen Tötung** nach § 222 StGB Bedeutung zu. Ferner ist an eine Strafbarkeit wegen Aussetzung nach § 221 Abs 1 Nr 2 BGB zu denken, die vorliegen würde, wenn ein am Rettungsdienst Beteiligter den Notfallpatienten in einer hilflosen Lage im Stich lässt, und ihn dadurch der Gefahr des Todes oder einer schweren Gesundheitsschädigung aussetzt.

Bei der Verwirklichung der **unterlassenen Hilfeleistung** nach § 323c StGB[215] ist von 79 Bedeutung, dass allein die Untätigkeit des Hilfeleistungspflichtigen, unabhängig vom Eintritt eines tatbestandlichen Erfolges, mit Strafe bedroht ist. Voraussetzung ist dafür zunächst das Vorliegen eines Unglücksfalls, was nicht für jede Form von Körperverletzung oder Erkrankung zu bejahen ist.[216] Vielmehr bedarf es eines plötzlich eintretenden Ereignisses, das erheblichen Schaden an Menschen oder Sachen herbeiführt und weiteren Schaden zu verursachen droht.[217] Aus diesem Grund stellen auch schwere Erkrankungen nicht ohne weiteres einen Unglücksfall dar.[218] Anderes gilt jedoch, wenn sich die ernstzunehmende Krankheit plötzlich und rasch verschlimmert.[219] So sind etwa „sich steigernde und nahezu unerträglich gewordene Schmerzen in der Bauchhöhle [...] in der Regel als Unglücksfall im Sinne des § 330 c [heute: § 323c] StGB anzusehen".[220] Ebenso wurde ein Unglücksfall von der Rechtsprechung beispielsweise angenommen, wenn der Patient einen Herzinfarkt erlitten hat,[221] bei einer Eileiterschwangerschaft mit der begründeten Gefahr einer Ruptur des Eileiters und der Folge des zeitnahen Verblutens,[222] bei einer plötzlichen Verschlimmerung eines Herzleidens mit andauernder Atemnot,[223] bei einer

---

[212] Vgl *Laufs*, Arztrecht, RdNr 134; *Lippert* NJW 1982, 2089, 2091; *Lissel*, Strafrechtliche Verantwortung, 93.
[213] Für den Notfalldienst: BGH NJW 1955, 718, 719; Ebenso: OVG RP MedR 2006, 301. Kritisch gegenüber diesem Grundsatz *Tag*, Körperverletzungstatbestand, 411 ff.
[214] *Lissel*, Strafrechtliche Verantwortung, 117 f.
[215] Dazu *Bock* Notfall & Rettungsmed 2005, 286, 287.
[216] OLG Düsseldorf NJW 1991, 2979; OLG Hamm NJW 1975, 604, 605.
[217] BGH NJW 1952, 1062; 1954, 1049; KG Urt v 24.11.2000, Az: (3) 1 Ss 330/00 (93/00); OLG Düsseldorf NJW 1991, 2979; RGSt 75, 68, 70.
[218] BGH NJW 1954, 1049; OLG Hamm NJW 1975, 604, 605; RGSt 75, 68.
[219] BGH NJW 1954, 1049; 1983, 350, 351; NStZ 1985, 409; OLG Hamm NJW 1975, 604, 605.
[220] OLG Hamm NJW 1975, 604, 605.
[221] BGH NStZ 1985, 409.
[222] BGH NJW 1983, 350, 351.
[223] OLG Düsseldorf NZV 1995, 81.

Bronchitiserkrankung eines Kindes mit hohem Fieber (41–42 Grad), Atemnot und Zuckungen am gesamten Körper,[224] bei einer Geburt mit Schieflage des Kindes mit Armvorfall,[225] beim plötzlichen Auftreten stärkster Schmerzen bei einem Krebspatienten[226] und bei einem zusammenbrechenden Patienten, dessen Puls aussetzt und dessen Gesicht blau anläuft, wobei ihm Blut aus Nase und Mund läuft.[227] Die Tatsache, dass der schadensgeneigten Situation ein gescheiterter Suizidversuch vorausgeht, schließt einen Unglücksfall nicht aus.[228] Bei einer normal verlaufenden Schwangerschaft ist dagegen kein Unglücksfall anzunehmen, solange sie nicht plötzlich in eine kritische Phase eintritt oder einzutreten droht.[229] In einer Situation in der ein rettungsdienstlicher Einsatz erforderlich ist, sind die Voraussetzungen des Unglücksfalls im Sinne des § 323c StGB regelmäßig gegeben.[230]

80 Darüber hinaus muss die Hilfeleistung anlässlich des **Unglücksfalls** unterlassen worden sein, was schon gegeben ist, wenn der abwesende Hilfepflichtige telefonisch zum Unglücksort gerufen wurde.[231] Strafbar ist zudem nur das Unterlassen einer erforderlichen und zumutbaren Hilfeleistung, deren Umfang sich nach den individuellen Fähigkeiten der hilfepflichtigen Person richtet. Den Arzt treffen im Rahmen von § 323c StGB zwar keine berufsspezifischen Sonderpflichten,[232] gleichwohl kann und muss ein Notarzt oder nichtärztlicher Mitarbeiter des Rettungsdienstes aufgrund seiner Qualifikation regelmäßig in anderem Umfang Hilfe leisten als ein medizinischer Laie.[233] Nimmt er in diesem Fall eine ihm mögliche Rettungshandlung nicht vor, so gilt, dass auch „Scheinmaßnahmen eines in Wirklichkeit zur Hilfeleistung nicht Bereiten" den Tatbestand des § 323c StGB verwirklichen.[234]

81 Das Merkmal der **Erforderlichkeit** setzt voraus, dass ohne die Hilfeleistung eine zusätzliche Gefährdung des Patienten zu erwarten ist, er also weder hinreichend ärztlich versorgt, noch in der Lage ist, sich selbst in angemessener Weise zu helfen.[235] Zugleich wird dadurch die Hilfeleistungspflicht auf jene Fälle begrenzt, in denen überhaupt noch eine Einflussnahmemöglichkeit des Notarztes bzw der nichtärztlichen Rettungskräfte besteht.[236] Allerdings genügt es für die Pflicht zur Hilfeleistung, dass sich die Maßnahmen zur Schmerzlinderung eignet, obgleich der Tod des Patienten nicht mehr abzuwenden ist.[237] Ist der Patient allerdings schon gestorben, so scheidet eine Hilfeleistungspflicht notwendigerweise aus.[238] Zu Recht wird in der Literatur darauf hingewiesen, dass sich die Hilfeleistungspflicht im Rettungswesen auch auf den Transport zur weiterbehandelnden Einrichtung erstreckt, insofern er medizinisch indiziert ist.[239] Letztlich muss die Rettungsmaßnahme auch zumutbar sein, wobei die Schwelle im Rahmen von § 323c StGB erheblich niedriger anzusetzen ist, als bei einem unechten Unterlassungsdelikt infolge der Garantenstellung.[240] Entscheidungserheblich sind etwa „die Größe der Gefahr" für den

---

[224] BGH NJW 1962, 1212 ff.
[225] RGSt 75, 160, 162.
[226] AG Augsburg Urt v 15.07.2004, Az: Cs 400 Js 123521/03 = ZMGR 2005, 70 ff.
[227] LG Görlitz MedR 2005, 172.
[228] BGH NJW 1954, 1049; 1959, 1738, 1739; 1984, 2639, 2641; zutreffende Kritik bei *Lissel*, Strafrechtliche Verantwortung, 108 ff.
[229] OLG Düsseldorf NJW 1991, 2979; Urt v 13.1.1995, Az: 1 Ws 1041/94.
[230] *Lissel*, Strafrechtliche Verantwortung, 99.
[231] *Bock* Notfall & Rettungsmed 2005, 286, 288; *Lissel*, Strafrechtliche Verantwortung, 101 f.
[232] BGH NJW 1983, 350, 351.
[233] *Bock* Notfall & Rettungsmed 2005, 286, 287.
[234] BGH NJW 1966, 1172, 1173.
[235] *Lissel*, Strafrechtliche Verantwortung, 114.
[236] *Bock* Notfall & Rettungsmed 2005, 286, 290.
[237] BGH NJW 1960, 1261, 1262.
[238] LG Görlitz MedR 2005, 172.
[239] Vgl *Lissel*, Strafrechtliche Verantwortung, 115.
[240] *Lissel*, Strafrechtliche Verantwortung, 116.

Hilfebedürftigen,²⁴¹ die Befähigung des Verpflichteten,²⁴² sowie die konkrete Erfolgsaussicht der Rettungshandlung²⁴³. Nicht zuzumuten ist es etwa einem nichtschwindelfreien Notarzt von einer Feuerwehrleiter auf ein Baugerüst zu steigen.²⁴⁴

Bereits während des Aufsuchens des Notfallpatienten und der gegebenenfalls erforderlichen Zugangsverschaffung kommt zudem die Verwirklichung eines **Hausfriedensbruchs** nach § 123 StGB bzw eine Sachbeschädigung nach § 303 StGB in Betracht. Liegen dabei die an anderer Stelle erörterten Voraussetzungen des rechtfertigenden Notstandes vor, so ist der Handelnde allerdings nach § 34 StGB gerechtfertigt. Gleiches gilt etwa auch für eine erforderliche Beschädigung der Kleidung des Patienten während der Notfallversorgung. **82**

Zuletzt ist darauf hinzuweisen, dass im StGB zwei Straftatbestände existieren, die ganz konkret das Interesse an wirkungsvoller Hilfe in Notsituationen schützen und damit in besonderem Maße den Rettungsdienst betreffen. Konkret handelt es sich dabei um die Strafbarkeit des **Missbrauchs von Notrufen oder Notzeichen** gemäß § 145 Abs 1 Nr StGB und die **Strafbarkeit der Beseitigung, Veränderung oder Unbrauchbarmachung von Unfallverhütungs- oder Nothilfemitteln** gemäß § 145 Abs 2 Nr 2 StGB. Letztere Variante ist etwa erfüllt, wenn ein vom Unglücksort verwiesener Passant aus Verärgerung den Zündschlüssel des sich im Einsatz befindenden Rettungswagens versteckt.²⁴⁵ **83**

X. Verhalten bei Zwischenfällen

Werden gegen den Notarzt außergerichtlich oder gerichtlich Ansprüche geltend gemacht oder gegen ihn ein Strafverfahren eingeleitet, gelten die einschlägigen Regeln.²⁴⁶ **84**

XI. Notfalleinsätze durch andere Ärzte.

Für Ärzte, die keine Notärzte sind, gelten die vorstehenden Regeln nicht. Freilich brauchen letztere weder Haftung noch Strafe zu fürchten, wenn sie ihre Fachkompetenz in extremen Notsituationen überschreiten, „solange die Intention ihres Handelns ausschließlich auf das Beste zum Wohle des Notfallpatienten gerichtet ist".²⁴⁷ **85**

---

[241] BGH NJW 1953, 1072, 1073.
[242] *Bock* Notfall & Rettungsmed 2005, 286, 291.
[243] BGH NJW 1994, 1357.
[244] AG Hannover Urt v 16.1.1990 – Az: 35 Js 44312/89, zitiert nach: *Lissel*, Strafrechtliche Verantwortung, 118.
[245] AG Emmendingen MedR 2008, 3511 f.
[246] Vgl dazu unten § 101 RdNr 27; u ausführlich *Kern/Hahn/Peters*.
[247] *Boll*, Strafrechtliche Probleme bei Kompetenzüberschreitungen nichtärztlicher medizinischer Hilfspersonen in Notsituationen, 2001, 201. Vgl auch Lissel, Strafrechtliche Verantwortung. OLG München NJW 2006, 1883 u dazu *Roth* NJW 2006, 2814; unten § 39 RdNr 14.

5. Kapitel. Rechtsfragen der Arztpraxis

Schrifttum: *Ahrens,* Praxisgemeinschaften in Ärztehäusern mit Fremdgeschäftsführung, MedR 1992, 141; *App,* Praxisveräußerung – Einkommensteuervergünstigung, ArztR 1991, 141; *Becker,* Die Besteuerung der Ärzte und Zahnärzte, 1982; Arbeitsgemeinschaft Rechtsanwälte im MedR (Hrsg), Zulassung und Praxisverkauf, 1997; *Beker/App,* Die Besteuerung der Ärzte und Zahnärzte. Hinweise – Empfehlungen – Erfahrungen, 2. Aufl 1990; *Behnsen,* Perspektiven der zukünftigen Versorgungsstruktur – Flexibilisierung, Verzahnung, Honorargestaltung, MedR 1998, 51; *Burghardt/Dahm,* Investive Beteiligungen von Ärzten und Nichtärzten im Bereich der Heilberufe, MedR 1999, 485; *Busse,* Steuerliche Möglichkeiten und Grenzen beruflicher Betätigung nach Praxisveräußerung, BB 1989, 1951; *Carlé/Korn,* Praxiserfahrungen und Hinweise zur Gründung und Auflösung freiberuflicher Sozietäten, KÖSDI 1983, 4927; *Cramer,* Entwicklung, Bestandsaufnahme und Tendenzen der Rechtsprechung und Bewertungspraxis, MedR 1992, 313; *Cramer/Henkel,* Schritte zur Bewertung einer Radiologenpraxis, Der Radiologe 1997, 125; *dies,* Was ist meine Praxis wert? Der Radiologe 1997, 123 ff; *Dahm,* Ärztliche Kooperationsgemeinschaften und Beteiligungsmodelle – im Spannungsfeld der Berufsordnung („MRT-Koop" u a), MedR 1998, 70; *Deutsch/Spickhoff,* Medizinrecht, 6. Aufl 2008; *Ehlers* (Hrsg)/*Preissler/Hesral/Möller/Gasser/Küntzel,* Praxis der Fortführung von Arztpraxen, 1998; *Ehmann,* Praxisgemeinschaft/Gemeinschaftspraxis, MedR 1994, 141; *Erdlenbruch,* Wertermittlung einer Arztpraxis – Erfahrungen eines Sachverständigen in gerichtlichen Verfahren, ArztR 1986, 257; *Frielingsdorf,* Praxiswert, 1989; *Groh,* Die Besteuerung der freiberuflichen Praxisveräußerung, DStR 1964, 211; *Henssler,* Partnerschaftsgesellschaftsgesetz, 1997; *Kamps,* Die Fortführung der Praxis eines verstorbenen Arztes durch den Praxisverweser, NJW 1995, 2384; *ders,* Der Arzt als Arbeitgeber, Mustervorlagen, Vertragsmuster für freiberufliche Sozietäten, 3. Aufl 1984, Arbeitskreis für Steuerrecht; *ders,* Der Arzt als Arbeitgeber (Arbeitsrechtliche, haftungsrechtliche und versicherungsrechtliche Fragen in der Praxis), 12. Aufl 1995; *Katzenmeier,* Kapitalgesellschaften auf dem Gebiet der Heilkunde, MedR 1998, 113; *Klapp,* Abgabe und Übernahme einer Arztpraxis. Unter Berücksichtigung des Gesundheitsstrukturgesetzes, Berlin 1997; *Kosanke/Liebold,* Arzt in freier Praxis, 11. Aufl 1993; *Kosanke/v Troschke,* Die ärztliche Gruppenpraxis in der Bundesrepublik Deutschland, 1979; *Kotzur,* Goodwill freiberuflicher Praxen und Zugewinnausgleich, NJW 1988, 3239; *Krause,* Abgabe einer freiberuflichen Praxis, 7. Aufl 1997, Heidelberger Musterverträge, Heft 33; *Kremer,* Freie Berufe in der Rechtsform der GmbH, GmbHR 1983, 259; *Krieger,* Die Ausdehnung des Leistungsbildes durch Zusammenarbeit mit Nichtärzten, MedR 1998, 57; *Kühr,* Praxisveräußerung wegen Todesfall, ArztR 1986, 240; *Lang/Burhoff,* Besteuerung der Ärzte, Zahnärzte und sonstiger Heilberufe, 1989, RdNr 982–1082; *Lang/Bauer,* Was ist meine Praxis wert?, Praxishilfen Heft 7/1984; *Lang/Schade/Lautenschläger,* Praxisgründung und Praxisführung, 1987; *Laufs,* Die Ärzte-GmbH und das Berufsrecht, MedR 1995, 11; *Lenz,* Partnerschaftsgesellschaftsvertrag, 2. Aufl 1997; *F-W Meyer* Unternehmensbewertung im Zugewinnausgleich bei freiberuflicher Praxis, Schriften zur wirtschaftlichen Analyse des Rechts, Bd 26, 1996; *Möhle,* Die Haftpflichtversicherung im Heilwesen, 1992; *Möller,* Vertragsärztliche Leistungserbringungsgemeinschaften, MedR 1998, 60; *ders,* Rechtliche Probleme von „Nullbeteiligungsgesellschaften" – wie viel wirtschaftliches Risiko muss sein?, MedR 1999, 493; *Müller-Osten,* Haftpflichtversicherungen und Prämien, Informationen des Berufsverbandes der Deutschen Chirurgen eV 1979, 44; *Munte,* Die ärztliche Gruppenpraxis (Kooperative Praxisausübung), 7. Aufl 1995; *Narr,* Zur Beurteilung des ideellen Wertes beim Verkauf einer Arztpraxis, MedR 1984, 121; *Nentwig,* JURAMED-Recht des niedergelassenen Arztes Nr 9/11; *Preissler,* Verzahnung, Vernetzung und andere, neue ärztliche Kooperationsformen, MedR 1998, 90; *Reinberg,* Praxisübergabe in berufsrechtlicher und steuerlicher Sicht, Stbg 1987, 72; *Reisinger,* Die Bewertung einer Zahnarztpraxis im Scheidungsverfahren, Deutscher Zahnärztekalender 1981, 127; *ders,* Eine Praxisübergabe ist jetzt wieder interessanter geworden. Zahnärztliche Mitteilungen 1986, 1032; *Rieger,* Überlassung der Patientenkartei an den Praxisnachfolger? DMW 1974, 478; *ders,* Verletzung der ärztlichen Schweigepflicht durch Übergabe der Patientenkartei an den Praxisnachfolger? DMW 1969, 733; *ders,* Informationspflicht des Verkäufers einer Arztpraxis, DMW 1989, 439; *ders,* Verträge zwischen Ärzten in freier Praxis, 6. Aufl 1997, Heidelberger Musterverträge Heft 41; *ders,* Lexikon des Arztrechts, 2. Aufl 2001; *ders,* Bewerberauswahl durch den Zulassungsausschuß beim Praxisverkauf, DMW 1996, 318; *ders,* Wettbewerbsklauseln in Praxisübernahmeverträgen, DMW 1996, 285; *ders,* Rechtsfragen bei Verkauf und Erwerb einer ärztlichen Praxis, 3. Aufl 1997; *ders,* Praxisverkauf und ärztliche Schweigepflicht, MedR 1992, 147; *ders,* Zur Bestimmung des Kaufpreises nach dem „Verkehrswert" bei der Praxisnachfolge in Regionen mit Zulassungsbeschränkungen, MedR 1993, 131; *ders,* Vernetzte Praxen, MedR 1998, 75; *Roßnagel,* Datenschutz bei Praxisübergabe, NJW 89, 2303; *Schade,* Zur Wertermittlung bei einer Praxisübergabe, Arzt und Wirtschaft 1984, 11; *Scheuffler,* Zahnärztliche Praxislaborgemeinschaften, MedR 1998, 65; *Schieckel* bei *Kuhns,* Das gesamte Recht der Heilberufe I/681; *Schirmer,* Berufsrechtliche und kassenarztrechtliche Fragen der ärztlichen Berufsausübung in Partnerschaftsgesellschaften, MedR 1995, 341 u 383; *Scholz,* Die Freiberufler-GmbH, 1984; *Sommer,* Die Steuern des Arztes, 4. Aufl 1985; *ders,* Steuerlicher Ratgeber bei Praxisgründung, Praxisübernahme und Praxiserweiterung bei Ärzten und Zahnärzten, 1987; *Stehle,* Die Freiberufler-GmbH, ihre Vor- und Nachteile, DStR 1983, 100; *Taupitz,* Die GmbH als Organisationsform ambulanter heilkundlicher Tätigkeit, NJW 1992, 2317; *ders,* Das ärztliche Berufsgeheimnis in der Praxis: Möglichkeiten einer Umsetzung der verschärften Anforderungen der BGH, ArztR 1992, 141; *ders,* Integrative Gesundheitszentren, MedR 1993, 367; *ders,* Zur Zulässigkeit von Freiberufler-GmbHs, JZ 1994, 1100; *ders,* Die Partnerschaft als neue Kooperationsform für Ärzte, ArztR 1995, 123; *Uhlenbruck,* Rechtsfragen bei Praxisübernahmeverträgen, ArztR 1978, 238; *ders,* Die Haftung in den verschiedenen Formen freier ärztlicher Zusammenarbeit, ArztR 1969, 151; *Wehmeier,* Praxisübertragung, 2. Aufl 1993; *Weißauer,* Die gemeinsame Berufsausübung niedergelassener Anästhesisten, Anästhesiologie und Intensivmedizin 1979, 131; *ders,* Zur Kooperation freiberuflich tätiger Ärzte, insbesondere zur gemeinsamen Nutzung medizinisch-technischer Geräte, Bayerisches Ärzteblatt Heft 6/1977 (Mittelteil/Sonderdruck); *Wertenbruch,* Veräußerung und Vererbung des Anteils an einer vertragsärztlichen Berufsausübungsgesellschaft (Partnerschaft und BGB-Gesellschaft), MedR 1996, 485; *Winsloe,* Partner in einer Gemeinschaftspraxis, DÄBl 1997, A 3484; *Wolff,* Organisationsform der ärztlichen Berufsausübung. Eine empirische Untersuchung über die Organisation der Gruppenpraxen in der Bundesrepublik Deutschland. Institut für freie Berufe an der Universität Nürnberg-Erlangen, 1973; *ders,* Rationelle Praxisorganisation, 7. Aufl 1987; *Wollny,* Unternehmens- und Praxisübertragungen, 4. Aufl 1997.

§ 18 Formen der Ausübung ärztlicher Tätigkeit

Inhaltsübersicht

	RdNr
I. Die Arztpraxis	1
1. Begriff	1
2. Rechtsnatur der Arztpraxis	2
II. Die ärztliche Gruppenpraxis	6
1. Die Praxisgemeinschaft	11
a) Begriff	11
b) Rechtform	12
c) Sonstige Formen der Praxisgemeinschaft	13
2. Die Gemeinschaftspraxis	14
a) Begriff	14
b) Rechtsform der Gemeinschaftspraxis	15
c) Rechtsbeziehungen	16
3. Die Ärzte-GmbH	17
III. Die ärztliche Zweigpraxis	18
1. Begriff	18
2. Die Zulässigkeit einer Zweigpraxis	19
3. Die Genehmigung zur Ausübung einer Zweigpraxis	20
a) Voraussetzungen für die Erteilung der Genehmigung	21
b) Widerruf der Genehmigung	22
4. Niederlassungsfreiheit und Zweigpraxis im EU-Bereich	23

I. Die Arztpraxis

1. Begriff. Unter Arztpraxis versteht man die Gesamtheit dessen, was die gegenständliche und personelle Grundlage der Tätigkeit des in freier Praxis tätigen Arztes bei der

5. Kapitel. Rechtsfragen der Arztpraxis   2, 3   § 18

Erfüllung der ihm obliegenden Aufgaben bildet.¹ Zur Arztpraxis gehört selbstverständlich auch ein Patientenstamm.² Nach § 17 Abs 1 MBO-Ä 1997³ ist die Ausübung des ärztlichen Berufs in eigener Praxis an die Niederlassung gebunden. Jeder Arzt muss seine Praxis persönlich ausüben (§ 19 Abs 1 S. 1 MBO-Ä). Dies gilt auch für das Vertragsarzt-/Kassenarztrecht.⁴ Die Tatsache, dass es sich um eine Arztpraxis handelt, hat der Arzt durch ein **Praxisschild** kenntlich zu machen (§ 17 Abs 4 S. 1 MBO-Ä). Das Nähere zur Ausgestaltung des Schildes regelt Kap D Nr 2 der MBÖ-Ä. Danach hat der Arzt auf seinem Praxisschild seinen Namen und die Bezeichnung als Arzt oder eine führbare Arztbezeichnung nach der Weiterbildungsordnung (Facharzt-, Schwerpunkt- und Zusatzbezeichnung) anzugeben und Sprechstunden anzukündigen. Eine erworbene Facharzt-, Schwerpunkt- und Zusatzbezeichnung darf nur in der nach der Weiterbildungsordnung zulässigen Form und nur dann geführt werden, wenn der Arzt im entsprechenden Fachgebiet, Schwerpunkt oder Bereich nicht nur gelegentlich tätig ist. Wenn die Voraussetzungen vorliegen, dürfen auf dem Praxisschild auch die Zulassung zu Krankenkassen und die Bezeichnung Durchgangsarzt genannt werden. Ein Belegarzt darf auf seine belegärztliche Tätigkeit durch den Zusatz auf dem Praxisschild „Belegarzt" und die Hinzufügung des Namens des Krankenhauses, in dem er die belegärztliche Tätigkeit ausübt, hinweisen. Das Praxisschild darf auch den Hinweis **„Ambulante Operationen"** enthalten, wenn die Bedingungen der von der Ärztekammer eingeführten Qualitätssicherungsmaßnahmen erfüllt sind. Die Bezeichnung **„Praxisklinik"** darf nach Kap D Nr 2 Abs 6 jedoch nur dann auf dem Praxisschild angekündigt werden, wenn der Arzt im Rahmen der Versorgung ambulanter Patienten bei Bedarf eine ärztliche und pflegerische Betreuung auch über Nacht gewährleistet, und wenn neben den für die ärztliche Maßnahme notwendigen Vorraussetzungen auch die nach den anerkannten Qualitätssicherungsregeln erforderlichen operativen, personellen und organisatorischen Vorkehrungen für eine Notfallintervention beim entlassenen Patienten erfüllt sind. Nach § 22 MBO-Ä sind zur gemeinsamen Berufsausübung die in Kap D Nrn 7–11 geregelten **Berufsausübungsgemeinschaften** von Ärzten (Gemeinschaftspraxis, Ärztepartnerschaft), Organisationsgemeinschaften unter Ärzten (zB Praxisgemeinschaften, Apparategemeinschaften) und die medizinischen Kooperationsgemeinschaften sowie der Praxisverbund zugelassen.

2. Rechtsnatur der Arztpraxis. Rechtlich ist die Arztpraxis, soweit sie nicht in besonderer Rechtsform ausgeübt wird, von der Person des Arztes nicht zu trennen. Für Schulden der Praxis haftet demgemäß immer der Arzt als Praxisinhaber. Forderungen gegen Patienten stehen ihm zu, soweit sie nicht an Dritte abgetreten sind. Eigentümer der Praxisgegenstände ist der Praxisinhaber, soweit nicht das Eigentum ausnahmsweise Dritten zusteht (ev an Banken verpfändet). 2

Die Arztpraxis als solche ist kein „eingerichteter und ausgeübter **Gewerbebetrieb**, denn der ärztliche Beruf ist nach zwingender Regelung in § 1 Abs 1 S. 3 MBO-Ä „seiner Natur nach ein freier Beruf".⁵ Zutreffend weist *H-J Rieger*⁶ aber in diesem Zusammenhang darauf hin, dass kein Grund dafür besteht, die Angehörigen der freien Berufe im Falle eines unmittelbaren Eingriffs in ihre Berufstätigkeit Gewerbetreibenden nicht gleichzu- 3

---

¹ So wörtlich *Rieger* Lexikon (1. Aufl 1984) RdNr 196.
² Vgl BGH NJW 1980, 2000; *Narr* MedR 1984, 121 zur Beurteilung des ideellen Wertes beim Verkauf einer Arztpraxis.
³ Die (Muster-)Berufsordnung für die deutschen Ärztinnen und Ärzte (MBO-Ä 1997) in der Fassung der Beschlüsse des 100. Deutschen Ärztetages in Eisenach ist abgedruckt in DÄBl 1997, A 2354 ff u NJW 1997, 3076 mit Kommentar von *Laufs* NJW 1997, 3071.
⁴ BSGE 23, 97, 99; *Narr* ÄrztlBerufsR RdNr 1144.
⁵ OLG Karlsruhe NJW 1963, 2374, 2375; *Rieger* Lexikon (1. Aufl 1984) RdNr 197; MünchKomm-*Mertens* RdNr 491; aA OLG Frankfurt NJW 1971, 1900, 1901; offen lassend RGZ 155, 234, 239 (Kassenpraxis); BGH VersR 1965, 849, 852: differenzierend BGHZ 33, 321, 335 = NJW 1961, 725, 728.
⁶ *Narr*, Lexikon (1. Aufl 1984), RdNr 197.

§ 18   4, 5   § 18 Formen der Ausübung ärztlicher Tätigkeit

stellen.[7] So wird zB im Gegensatz zur früheren Rechtsprechung heute angenommen, dass freiberufliche Praxen verkauft werden können.[8] Die ärztliche Praxis als solche ist aber weder ein Gewerbebetrieb, noch ist die ärztliche Leistung eine Markt- oder Handelsware.[9] Trotzdem setzt sich immer mehr die Auffassung durch, dass die freiberufliche Praxis wie ein Gewerbebetrieb bewertet und veräußert werden kann.[10] Dies hat etwa zur Folge, dass die ärztliche Praxis in all ihren Bezügen auch dem **Insolvenzbeschlag** unterliegt, weil nicht nur die Sachwerte eine vermögensrechtliche Rechtsposition darstellen, sondern vielmehr auch die ideellen Werte veräußerbar sind. Nach Auffassung des LSG NRW[11] sind allerdings die **Zulassung als Vertragsarzt** und der dem zugelassenen Vertragsarzt zugewiesene Vertragsarztsitz **unveräußerliche** Rechte, die nicht pfändbar sind und daher auch nicht zur Konkursmasse gehören.

4   Die Arztpraxis gilt **mietrechtlich als Geschäftsraum,** so dass der Mieterschutz nicht eingreift. Mietet aber der Arzt vom gleichen Vermieter auch noch Wohnräume im Haus, in dem er seine Praxis betreibt, so ist das Gesetz zur Regelung der Miethöhe (MHRG) anwendbar, wenn der Mietwert der Wohnräume überwiegt.[12] Zieht der Arzt dann aus einer Praxis wieder aus, so ist der **Vermieter** gem §§ 535 f, 242 BGB verpflichtet, dem Arzt die Anbringung eines Praxisschildes zu gestatten, das einen entsprechenden Hinweis über die Verlegung der Praxis und die neue Anschrift enthält. Nach Kap D Nr 2 Abs 13 c MBO-Ä kann der Arzt bei Verlegung der Praxis an dem Haus, aus dem er ausgezogen ist, bis zur Dauer eines halben Jahres ein Schild mit einem entsprechenden Vermerk anbringen. Nur für diese Zeit ist auch der Vermieter zur Gestattung verpflichtet.[13] Einzelheiten sind in den ergänzenden Bestimmungen zu einzelnen ärztlichen Berufspflichten (Kap D) der (Muster-)Berufsordnung für die deutschen Ärztinnen und Ärzte (MBO-Ä 1997) in der Fassung der Beschlüsse des 100. Deutschen Ärztetages in Eisenach geregelt.[14]

5   Für den Vermieter einer Arztpraxis gilt in beschränktem Umfang das **Konkurrenzverbot.** Er darf damit auch ohne ausdrückliche Vereinbarung einer Konkurrenzklausel nicht etwa weitere Räume im gleichen Haus an einen Arzt gleicher Fachrichtung vermieten.[15] Die Verpflichtung, durch weitere Vermietungen dem Mieter keine Konkurrenz zu machen und ihm den vertragsgemäßen Gebrauch der Praxisräume zu ermöglichen (§§ 535, 242 BGB), gilt jedoch nicht uneingeschränkt für jede Arztpraxis. So verstößt zB die Vermietung von zwei Praxen an zwei Allgemeinärzte im gleichen Haus nicht gegen das Konkurrenzverbot, wenn einer von ihnen eine Spezialpraxis betreibt.[16]

---

   [7] Vgl auch OLG München NJW 1977, 1106; BGH NJW 1980, 2000, 2002 (Kassenpraxis nach Enteignungsrecht).
   [8] BGH NJW 1992, 737 ff; ferner die Rechtsprechung und Literatur unten zu § 19 RdNr 1 Fn 1.
   [9] *Jaeger/Henckel,* Konkursordnung mit Einführungsgesetz. Großkommentar. 9. Aufl. 1977, § 1 KO RdNr 12.
   [10] BFH ZIP 1994, 1283, 1284 (in Ansätzen); *Schick* NJW 1990, 2359, 2361; *Kuhn/Uhlenbruck,* Kommentar zur Konkursordnung, 11. Aufl 1994 § 1 RdNr 78 a; BFH NJW 1997, 2480; OLG Braunschweig NJW 1997, 2454; *Uhlenbruck,* Die Verwertung einer freiberuflichen Praxis durch den Insolvenzverwalter, FS W Henckel, 1995, 877 ff; *W Gerhardt,* Zur Reichweite der Vermögenshaftung, in: FS H F Gaul 1997, 141, 144 ff.
   [11] NJW 1997, 2477 = MedR 1998, 377 m Anm *Rigizahn.* Hinsichtlich der Verpflichtung zur Ausschreibung eines Vertragsarztsitzes bei Beendigung einer Gemeinschaftspraxis vgl noch LG Essen Urteil vom 13.1.1997; Beschluss vom 8.8.1997 (MedR 1998, 565 mit Anm. v. Dahm S. 567) sowie OLG Hamm, Beschluss vom 15.1.1998 (MedR 1998, 565).
   [12] BGH NJW 1977, 1394; *Rieger* Lexikon (1. Aufl 1984) RdNr 200.
   [13] Vgl *G Schulz,* Arztrecht für die Praxis, 383; *Rieger* Lexikon (1. Aufl 1984) RdNr 200; *Weimar* DÄBl 1969, 1056, 1059.
   [14] Die MBO-Ä ist abgedruckt in DÄBl 1997, A 2354 ff.
   [15] Vgl BGH NJW 1978, 585 (Vermietung von Praxisräumen an einen weiteren Internisten im gleichen Haus); OLG Karlsruhe NJW 1972, 2224; *Rieger* Lexikon (1. Aufl 1984) RdNr 201; Münch-Komm-*Voelskow* §§ 535, 536 BGB RdNr 91; *Erman-Schopp* § 536 BGB RdNr 21.
   [16] Einzelheiten bei *Rieger* DMW 1978, 646, 647; *ders* Lexikon (1. Aufl 1984) RdNr 21.

5. Kapitel. Rechtsfragen der Arztpraxis 6, 7 § 18

II. Die ärztliche Gruppenpraxis

In den letzten Jahrzehnten hat sich ein zunehmendes Bedürfnis herausgestellt, ambu- 6
lante ärztliche Behandlungen und Operationen nicht nur in Einzelpraxen, sondern in
Kooperation mit anderen Arztkollegen auszuüben. Die Gruppenpraxis hat nicht nur für
Ärzte, sondern auch für die Patienten erhebliche Vorteile.[17] Nach der MBO-Ä Kap D II
Nr 8[18] dürfen Ärzte für die Berufsausübungsgemeinschaft nur Gesellschaftsformen wählen, welche die eigenverantwortliche und selbstständige sowie nicht gewerbliche Berufsausübung wahren. Eine exakte Definition des Begriffs „Gruppenpraxis" gibt es jedoch
nicht. Unter Gruppenpraxis versteht man wohl heute den Oberbegriff für sämtliche Formen gemeinsamer Ausübung ärztlicher Tätigkeit.[19] Unter den Begriff „Gruppenpraxis"
fallen ua die **Gemeinschaftspraxis**, die **Praxisgemeinschaft**, die **Apparategemeinschaft**, die **Ärztepartnerschaft**, das **Ärztehaus**, die **Praxisklinik**, die **medizinischen
Kooperationsgemeinschaften** sowie der **Praxisverbund**.[20, 21]

Der Arzt soll alle Verträge über seine ärztliche Tätigkeit vor ihrem Abschluss der 7
Ärztekammer vorlegen, damit geprüft werden kann, ob die beruflichen Belange
gewahrt sind (§ 24 MBO-Ä). Zusammenschlüsse zu Organisationsgemeinschaften dürfen
nicht angekündigt werden (Kap D I Nr 2 Abs 11 MBO-Ä). Bei Kooperationen iS von
Kap D Nr 9 MBO-Ä darf sich der Arzt allerdings in ein gemeinsames Praxisschild mit
den Kooperationspartnern aufnehmen lassen. Bei Partnerschaften gem Kap D Nr 10
MBO-Ä darf der Arzt, wenn die Angabe seiner Berufsbezeichnung vorgesehen ist, nur
gestatten, dass die Bezeichnung Arzt oder eine andere führbare Bezeichnung angegeben
werden. Ärzte, die sich zu einem zugelassenen Praxisverbund (Kap D Nr 11 MBO-Ä)
zusammengeschlossen haben, dürfen diese als Verbund in **Zeitungsanzeigen** bis zu
dreimal und in Verzeichnissen als Praxisverbund zusätzlich zu eventuellen Einzelangaben
der Praxis bekanntgeben. Bei **Berufsausübungsgemeinschaften von Ärzten** (Gemeinschaftspraxis, Ärzte-Partnerschaft, medizinische Kooperationsgemeinschaft) sind –
unbeschadet des Namens einer Partnerschaftsgesellschaft – die Namen und Arztbezeichnungen aller in der Gemeinschaft zusammengeschlossenen Ärzte anzuzeigen (Kap D
Nr 2 Abs 9 S. 1 MBO-Ä). Der Zusammenschluss ist entsprechend der Rechtsform mit
dem Zusatz „Gemeinschaftspraxis" oder „Partnerschaft" anzukündigen (Kap D Nr 2
Abs 9 S. 2 MBO-Ä). Die MBO-Ä 1997 enthält nicht nur in § 22 eine Bestimmung über
die Zulässigkeit von Formen gemeinsamer Berufsausübung von Ärzten, sondern auch in
Kap D Nr 7–11 Regelungen über die Formen ärztlicher Zusammenarbeit wie zB
Gemeinschaftspraxis, Partnerschaft, medizinische Kooperationsgemeinschaft oder Praxis-
verbund. Für die **Berufsausübungsgemeinschaft** dürfen nach Kap D Nr 8 Abs 1 S. 1

---

[17] Einzelheiten bei *Ehmann* MedR 1994, 141, 142.
[18] DÄBl 94, 1997, A 2354, 2362.
[19] Vgl *Rosenau* DB Beil Nr 3/1970 zu Heft 9 S. 1; *Kreienberg* DÄBl 1962, 1548; *Narr* ÄrztlBerufsR
RdNr 1140; *Rieger* Lexikon (1. Aufl 1984) RdNr 732; *ders,* Verträge zwischen Ärzten in freier Praxis,
6. Aufl 33 ff; *Kosanke/v. Troschke,* Die ärztliche Gruppenpraxis in der Bundesrepublik Deutschland, 9;
Henke NJW 1974, 2034.
[20] Einzelheiten zu den einzelnen Formen der Gruppenpraxis bei *Deutsch/Spickhoff*, Medizinrecht,
6. Aufl 2008 RdNr 133 ff; *Ehmann* MedR 1994, 141; *Taupitz* ArztR 1995, 123; *ders* MedR 1993, 367 ff;
Dahm MedR 1998, 70, 71; *Rieger* MedR 1998, 75. Auf die Problematik des Job-Sharing, das seine
Rechtsgrundlage in § 101 Nr 4 u 5 SGB V hat, soll im Rahmen dieser Darstellung unten näher eingegangen werden. Festzustellen ist hier lediglich, dass Job-Sharing auch als Gemeinschaftspraxis
stattfinden kann. Zur Gründung von integrativen Gesundheitszentren vgl *Taupitz* MedR 1993,
367 ff.
[21] Zur Frage der Zulässigkeit von zahnärztlichen Praxislaborgemeinschaften siehe *Scheuffler* MedR
1998, 65. Zum Partnerschaftsmodell in den Bereichen Heilmittel, häusliche Krankenpflege, Reha-
und Versorgungsleistungen nach dem 2. GK-NOG v 23. 6. 1997 (BGBl 1997 I S. 1520) vgl *Behnsen*
MedR 1998, 51, 53 f.

MBO-Ä-Ärzte nur Gesellschaftsformen wählen, die die eigenverantwortliche und selbstständige sowie nichtgewerbliche Berufsausübung wahren. Als solche Gesellschaftsformen sieht die MBO-Ä die Gesellschaft des Bürgerlichen Rechts (§§ 705 ff BGB) für die Gemeinschaftspraxis und die Partnerschaftsgesellschaft für die Ärztepartnerschaft vor. Auch die Kooperation mit einem Krankenhaus oder vergleichbaren Einrichtungen ist zulässig. Allerdings ist die Berufsausübungsgemeinschaft nur an einem **gemeinsamen Praxissitz** (Kap D Nr 8 Abs 2 S. 1 MBO-Ä) zulässig. Bei allen Formen gemeinsamer Berufsausübung muss jedoch die **freie Arztwahl** gewährleistet bleiben (Kap D Nr 8 Abs 3 MBO-Ä). Während nach § 24 MBO-Ä Verträge über die ärztliche Tätigkeit vor ihrem Abschluss der Ärztekammer vorzulegen sind, besteht gem Kap D Nr 8 Abs 4 S. 1 MBO-Ä eine **allgemeine Anzeigepflicht** an die Ärztekammer, wenn sich Ärzte zu Berufsausübungsgemeinschaften oder zu Organisationsgemeinschaften zusammenschließen. Sind mehrere Ärztekammern zuständig, so ist jeder Arzt verpflichtet, die für ihn zuständige Kammer auf alle am Zusammenschluss beteiligten Ärzte hinzuweisen (Kap D Nr 8 Abs 4 S. 2 MBO-Ä). Weitere Regelungen enthält Kap D Nr 9 MBO-Ä über die **kooperative Berufsausübung zwischen Ärzten und Angehörigen anderer Fachberufe**. Grundsätzlich können sich Ärzte auch mit selbstständig tätigen und zur eigenverantwortlichen Berufsausübung befugten Berufsangehörigen der Berufe, die in Nr 9 Abs 2 Ziffer a–k MBO-Ä aufgeführt sind, zur kooperativen Berufsausübung in einer **medizinischen Kooperationsgemeinschaft** zusammenschließen. Die Kooperation ist allerdings nur in der Rechtsform einer Partnergesellschaft nach dem PartGG oder auf Grund eines schriftlichen Vertrages über die Bildung einer Kooperationsgemeinschaft in der Rechtsform einer Gesellschaft des bürgerlichen Rechts gestattet (Kap D Nr 9 Abs 1 S. 2 MBO-Ä). So kann sich der Arzt unter den engen Voraussetzungen, die in Kap D Nr 9 Abs 1 S. 3 MBO-Ä aufgeführt sind, zu einer medizinischen Kooperationsgemeinschaft mit Zahnärzten, Psychologen und Psychotherapeuten, klinischen Chemikern, Ernährungswissenschaftlern und anderen Naturwissenschaftlern, Diplom-Sozialpädagogen, Hebammen, Logopäden, Ergotherapeuten, medizinisch-technischen Assistenten, Angehörigen staatlich anerkannter Pflegeberufe sowie Diätassistenten zusammenschließen. Der Arzt darf sich aber nur einer einzigen medizinischen Kooperationsgemeinschaft anschließen (Kap D Nr 9 Abs 4 MBO-Ä).[22] **Angestellte Ärzte** einer medizinischen Kooperationsgemeinschaft dürfen nur der Weisungsbefugnis der ärztlichen Partner unterstellt sein. Die Mitwirkung eines Arztes in einer medizinischen Kooperationsgemeinschaft bedarf jedoch der **Genehmigung der Ärztekammer** (Kap D Nr 9 Abs 5 S. 1 MBO-Ä). Der Ärztekammer ist der Kooperations- oder Partnerschaftsvertrag vorzulegen.

8   Schließlich dürfen sich Ärzte, ohne eine Berufsausübungsgemeinschaft oder Organisationsgemeinschaft zu bilden, unter Beibehaltung ihrer selbstständigen Berufsausübung und ihrer Praxissitze durch schriftlichen Vertrag, der der Vorlage an die Ärztekammer bedarf, zu einem **Praxisverbund** dann zusammenschließen, wenn der Zusammenschluss durch ein gemeinsames Versorgungsziel im Rahmen der vertragsärztlichen Versorgung der Versicherten der gesetzlichen Krankenversicherung auf Grund von Maßnahmen der Kassenärztlichen Vereinigungen begründet ist und die Mitgliedschaft in einem Praxisverbund allen dazu bereiten Ärzten offensteht (Kap D Nr 11 S. 1 MBO-Ä).

9   Die Neuregelung in § 101 SGB V durch das 2. GKV-Neuordnungsgesetz vom 23. 6. 1997 (BGBl I S. 1520, 1998 I S. 38), zuletzt geändert am 22. 12. 1999 (BGBl I S. 2626, 2652), macht nunmehr auch ein **Job-Sharing** für Vertragsärzte möglich. Der Bundesausschuss der Ärzte und Krankenkassen haben 1997 dazu neue Richtlinien erarbeitet, die eine Teilzeitarbeit von Ärzten ermöglichen sollen. Vertragsärzte können danach auch in gesperrten Versorgungsbereichen Kollegen in Teilzeitarbeit anstellen oder zusammen mit

---

[22] Einzelheiten hierzu bei *Krieger*, MedR 1998, 57; hinsichtlich zu vernetzten Praxen s. *Rieger*, MedR 1998, 75; sowie *Schwoerer/Dieter/Hauenstein* DÄBl 1995, 1177.

ihnen eine Gemeinschaftspraxis gründen, sofern bestimmte Bedingungen beachtet werden. So muss ua der aufzunehmende Arzt die Voraussetzungen zur Zulassung erfüllen. Er muss ferner derselben Facharztgruppe iS der Weiterbildungsordnung angehören. Führen beide Ärzte Schwerpunktbezeichnungen, müssen auch diese übereinstimmen. Bei der Aufnahme in bereits bestehende Gemeinschaftspraxen reicht es hingegen aus, wenn der neue Kollege die gleiche Fachrichtung hat wie ein bereits in der Praxis arbeitender Arzt. Hat sich der aufnehmende Arzt für die hausärztliche Versorgung entschieden, darf auch der aufzunehmende Kollege nur auf diesem Sektor tätig werden. Der aufnehmende Vertragsarzt hat sich gegenüber dem Zulassungsausschuss zu einer **Leistungsbegrenzung** zu verpflichten, die den bisherigen Praxisumfang nicht wesentlich überschreitet (§ 101 Abs 1 Nr 4, 5 SGB V). Was unter „nicht wesentlich" iS von S. 4 zu verstehen ist, lässt das 2. GKV-Neuordnungsgesetz jedoch offen. Die Entscheidung darüber muss damit der Bundesausschuss treffen. Als Berechnungsgrundlage für die Ermittlung des Preisumfangs sehen die Richtlinien die quartalsbezogenen Gesamtpunktzahlen der (mindestens) 4 zurückliegenden Abrechnungsquartale vor. Krankenkassen und Ärzte haben sich auf eine **zulässige Ausdehnung des Preisumfangs auf maximal drei Prozent** geeinigt. Damit ist sichergestellt, dass die Teilzeitarbeit nicht zu einer erheblichen Erweiterung des Umsatzes der Praxis führt. Job-Sharing kommt also nur dann in Betracht, wenn der Praxisinhaber tatsächlich bereit ist, sein eigenes Arbeitspensum nachhaltig zu reduzieren, was vor allem bei älteren Ärzten sinnvoll sein kann.[23]

Für die Ausübung einer Gemeinschaftspraxis ist im vertragsärztlichen Bereich die Genehmigung der Kassenärztlichen Vereinigung (KV) notwendig.

Die Ausübung gemeinsamer ärztlicher Tätigkeit bringt für den Arzt den Vorteil des kollegialen Gedankenaustauschs, jederzeitiger Vertretung bei der Behandlung aller Patienten, Möglichkeiten einer individuellen Arbeitsteilung, sowie bessere Möglichkeiten der gegenseitigen Vertretung im Urlaub, bei Krankheit oder Abwesenheit zur Fortbildung bzw wegen Notfalldienstes. Zudem trägt die gemeinsame Anschaffung teurer medizinischtechnischer Geräte zur Kostensenkung bei.[24]

1. Die Praxisgemeinschaft. a) *Begriff*. Praxisgemeinschaft ist der Zusammenschluss zweier oder mehrerer Ärzte gleicher und/oder verschiedener Fachrichtung zwecks gemeinsamer Nutzung von Praxisräumen und/oder Praxiseinrichtungen und/oder zur gemeinsamen Inanspruchnahme von Praxispersonal bei sonst selbstständiger Praxisführung.[25] Bei der Praxisgemeinschaft hat jeder Arzt seinen **eigenen Patientenstamm** und seine **eigene Patientenkarteiführung**. Die an der Praxisgemeinschaft beteiligten Ärzte handeln jeweils selbstständig. Verträge kommen nur zwischen ihnen und dem Privatpatienten bzw der Kassenärztlichen Vereinigung zustande, so dass eine Vertretung nur in dem Umfang zulässig ist, wie in anderen selbstständigen Praxen auch.[26] In der Praxisgemeinschaft können auch Ärzte des gleichen oder verwandter Fachgebiete zur gemeinsamen Ausübung vertragsärztlicher Tätigkeit verbunden sein. Eine Praxisgemeinschaft ist nur zwischen Ärzten möglich. Zulässig ist jedoch die gemeinsame Nutzung von Einrich-

---

[23] S. hierzu *Winsloe*, Partner in einer Gemeinschaftspraxis. Was bei Job-Sharing zu beachten ist (DÄBl 1997, A 3484); zur Frage, ob die Inhaber von Einzelpraxen oder Gemeinschaftspraxen mit einem oder mehreren Inhabern einer eingeschränkten Zulassung eine Job-Sharing-Gemeinschaftspraxis gründen dürfen, siehe *Kamps* MedR 1998, 103, 108.

[24] Einzelheiten bei *Ehmann* MedR 1994, 141; *Taupitz* MedR 1993, 367; *ders* ArztR 1995, 123; *ders* NJW 1992, 2317; *Narr* ÄrztlBerufsR RdNr 1136; *Pranschke-Schade/Schade,* Praxisgemeinschaft − Vorteile und Risiken, RheinÄBl 1984, 750; *Weißauer* BayÄBl 1977, Sonderdruck Heft 6 S. 1; *Th M Müller/Schade/Gärtner*, Die innerärztliche Kooperation ist noch lange keine Ehe, Die Praxisgründung 1980, 10.

[25] Vgl *Tiemann*, Das Recht in der Arztpraxis, 1984, 73; *Rieger* MedR 1998, 75, 77; *Deutsch/Spickhoff* (Fn 20) RdNr 133 ff; *Ehmann*, MedR 1994, 141, 144; vgl hierzu auch noch zum Verbot der automatischen Patientenzuweisung innerhalb einer Praxisgemeinschaft LG Heidelberg ArztR 1999, 49.

[26] *Narr* ÄrztlBerufsR RdNr 1144; *Henke* NJW 1974, 2035.

tungsgegenständen und Apparaturen zwischen Ärzten und selbstständig tätigen Angehörigen nichtärztlicher Heilhilfsberufe.[27]

12 *b) Rechtsform.* Da die Praxisgemeinschaft keine gemeinsame Ausübung der ärztlichen Tätigkeit ist, sondern nur Räume, Personal und medizinisch-technische Einrichtungen gemeinsam von mehreren Ärzten genutzt werden, bietet sich für den Zusammenschluss der Partner die Rechtsform der **BGB-Gesellschaft** (§§ 705 ff BGB) an.[28] Im Gegensatz zur Gemeinschaftspraxis tritt der Patient bei der Praxisgemeinschaft nur in vertragliche Beziehungen zu dem einzelnen Arzt.[29] Die BGB-Gesellschaft als solche ist reine Innengesellschaft, die nach außen nur insoweit in Erscheinung tritt, als es die Anmietung, Beschaffung, Einrichtung und Unterhaltung der Gemeinschaftseinrichtungen oder des gemeinschaftlichen Personals erfordert.[30] Die Partner einer Praxisgemeinschaft in der Rechtsform einer BGB-Gesellschaft haften im Rahmen der Rechtsgeschäfte und sonstigen Handlungen, die in Verfolgung des Gesellschaftszwecks vorgenommen werden, als **Gesamtschuldner**.[31] Das bedeutet, dass die Mitglieder der Praxisgemeinschaft gegenüber ihren Gläubigern in voller Höhe einer Verbindlichkeit haften. Der Gläubiger kann sich aussuchen, welches Mitglied der GbR er zB für die Anschaffung eines kostspieligen Apparates in Anspruch nimmt. Eine Ausgleichspflicht zwischen den Gesellschaftern besteht nur im **Innenverhältnis**. Da die Gesellschaft bürgerlichen Rechts seit 1. 1. 1999 insolvenzfähig ist (§ 11 InsO), ist ein Gläubiger künftig auch berechtigt, gegen die Praxisgemeinschaft Insolvenzantrag zu stellen.

13 *c) Sonstige Formen der Praxisgemeinschaft.* Die **Apparategemeinschaft**[32] ist in der Regel ebenso eine partielle Praxisgemeinschaft wie die **Laborgemeinschaft**.[33] Beide sind meist in der Rechtsform der Gesellschaft bürgerlichen Rechts gestaltet.[34] Die Laborgemeinschaft ist regelmäßig ein Zusammenschluss von Ärzten gleicher oder verschiedener Fachrichtung zur gemeinsamen Nutzung von Laboreinrichtungen und Personal innerhalb oder außerhalb der eigenen Praxisräume zwecks Erbringung der in der eigenen Praxis anfallenden Laboratoriumsuntersuchungen.[35] Auch für die Mitglieder der Laborgemeinschaft gilt der Grundsatz der persönlichen Leistungspflicht (§ 19 S. 1 MBO-Ä, § 32 Abs 1 ZO-Ä, § 1

---

[27] Vgl *Narr* ÄrztlBerufsR RdNr 1144. Einzelheiten der kooperativen Berufsausübung zwischen Ärzten und Angehörigen anderer Fachberufe sind geregelt in Kap D Nr 9 MBO-Ä 1997. Musterverträge für verschiedene Gesellschaftsformen der Heilberufe bei *Korts/Korts,* Heilberufsgesellschaften – ärztliche Partnerschaft, Heidelberg 1996 (Heidelberger Musterverträge Heft 88).

[28] *Tiemann,* Das Recht in der Arztpraxis, 1984, 73; *Ehmann* MedR 1994, 141, 144; *Deutsch/Spickhoff* (Fn 20) RdNr 133 ff; *Ohl,* Gruppenpraxis 1975, 30; *Rieger,* Verträge zwischen Ärzten in freier Praxis, 53 ff. Vgl auch die Musterverträge in: Der Deutsche Arzt (DDA) 1977 Heft 3.

[29] *Ehmann* MedR 1994, 141, 144. Die Leistungen werden von dem einzelnen Arzt unmittelbar mit der Krankenkasse abgerechnet. Die Leistung der Kasse folgt an den Arzt, nicht an die Kooperationsgemeinschaft.

[30] Vgl *Rieger* Lexikon (1. Aufl 1984) RdNr 1391; *Rieger* MedR 1998, 75, 77.

[31] *Ehmann* MedR 1994, 141, 144 f.

[32] Vgl *Rieger* Lexikon (1. Aufl 1984) RdNr 82, 83 u RdNr 693 ff; *Möller* MedR 1998, 60, 61; *Narr* ÄrztlBerufsR RdNr 1144; *ders* Therapiewoche 1979, 6173; *Weißauer* BayÄBl 1977 Heft 6 (Sonderdruck) 1 ff; vgl auch das Vertragsmuster bei *Rieger,* Verträge zwischen Ärzten in freier Praxis, 54 mwN; *Billmann,* Kooperationsmodelle zwischen Krankenhaus und niedergelassenen Ärzten bei Großgeräten, ArztR 1994, 99; *Andreas/Debong/Bruns,* Handbuch Arztrecht in der Praxis, 2001 RdNr 482 ff.

[33] *Scheuffler* MedR 1998, 65; *Rieger* Lexikon (1. Aufl 1984) RdNr 1390 u RdNr 1131–1134; *Narr* ÄrztlBerufsR RdNr 1144; sowie *Ries/Schnieder/Althaus/Großböltung/Voß,* Arztrecht Praxishandbuch für Mediziner 2. Aufl 2007, 135, 154.

[34] In Einzelfällen sind Laborgemeinschaften auch in der Rechtsform des eingetragenen rechtsfähigen Vereins organisiert. Dies bringt aber vor allem steuerlich nicht unerhebliche Probleme mit sich.

[35] So wörtlich *Rieger* Lexikon (1. Aufl 1984) RdNr 1131. Zu zahnärztlichen Praxislaborgemeinschaften s *Scheuffler* MedR 1998, 65.

Abs 2 GOÄ).³⁶ Soweit Laborgemeinschaften Gruppenprofile anbieten, verstößt das Angebot solcher Gruppenprofile mit Kostenermäßigung gegen § 1 UWG.³⁷

2. Die Gemeinschaftspraxis. *a) Begriff.* Die Gemeinschaftspraxis ist die gemeinsame **14** Ausübung ärztlicher Tätigkeit durch mehrere Ärzte des gleichen oder ähnlichen Fachgebiets in gemeinsamen Räumen mit gemeinsamer Praxiseinrichtung, gemeinsamer Karteiführung und Abrechnung sowie mit gemeinsamem Personal auf gemeinsame Rechnung. Die Gemeinschaftspraxis hat einen einheitlichen, also gemeinsamen Patientenstamm.³⁸ Die Gemeinschaftspraxis unterscheidet sich von der Praxisgemeinschaft dadurch, dass der **Arztvertrag zwischen dem Patient und sämtlichen Ärzten** der Gemeinschaftspraxis zustande kommt, mit der Folge, dass die ärztlichen Leistungen austauschbar sind. Der Patient hat keinen Anspruch, durch einen bestimmten Arzt behandelt zu werden. Alle Ärzte der Gemeinschaftspraxis haften dem Patienten aus dem Arztvertrag gesamtschuldnerisch für dessen Erfüllung. Eine Gemeinschaftspraxis liegt regelmäßig auch dann vor, wenn die Praxis die Bezeichnung „Institut", wie zB Institut für Röntgen- und Nuklearmedizin, führt.³⁹ Auch die sog **fachübergreifende** oder **fachverbindende Gemeinschaftspraxis** ist grundsätzlich zulässig, wenn gewährleistet ist, dass die einschlägigen berufsrechtlichen und kassenärztlichen Vorschriften, wie zB das Recht der freien Arztwahl nach Kap D Nr 8 Abs 3 MBO-Ä, eingehalten werden. Bei fachübergreifenden Gemeinschaftspraxen wird die Genehmigung zur gemeinschaftlichen Praxisführung meist mit Einschränkung erteilt, dass jeder beteiligte Arzt seine Fachgebietsgrenze noch einhält und den Patienten das Recht auf die freie Arztwahl gewährleistet bleibt.⁴⁰

b) Rechtsform der Gemeinschaftspraxis. Eine Gemeinschaftspraxis kann nicht nur in der **15** Rechtsform der Gesellschaft bürgerlichen Rechts (§§ 705 ff BGB) betrieben werden.⁴¹ Eine ärztliche Gemeinschaftspraxis, die unter der Bezeichnung „Institut für Röntgenologie – Nuklearmedizin – Computertomographie" betrieben wird, ist nicht als Gewerbebetrieb anzusehen.⁴² Das Gesetz über Partnerschaftsgesellschaften Angehöriger freier Berufe (PartGG) vom 25. 7. 1994 (BGBl I, 1744) hat für Angehörige freier Berufe die Möglichkeit eröffnet, sich zu einer **Partnerschaftsgesellschaft** zusammenzuschließen. Die MBO-Ä 1997 sieht in Kap D Nr 8 Abs 1 S. 2 und Nr 9 Abs 1 S. 2 ausdrücklich neben

---

³⁶ Siehe für das Vertragsarztrecht die „Richtlinien über die Arbeitsweise und die medizinischen Erfordernisse bei der Erbringung von Laboratoriumsuntersuchungen" v 11. 5. 1982 (DÄBl 1982, 75); vgl auch *Narr* ÄrztlBerufsR RdNr 1016, 1017, 1144.
³⁷ Einzelheiten bei *Narr* ÄrztlBerufsR RdNr 1144.
³⁸ Vgl BSGE 23, 170, 171; BGHZ 97, 273, 277 = NJW 1986, 2364 = MedR 1986, 321; BSGE 55, 97, 104; *Ehmann* MedR 1994, 141, 145; *Deutsch/Spickhoff* (Fn 20) RdNr 133 ff; *Rieger* Lexikon (1. Aufl 1984) RdNr 693; *Narr* ÄrztlBerufsR RdNr 1141; *ders,* Fachübergreifende Gemeinschaftspraxen, in: Informationen d Berufsverbandes der Deutschen Chirurgen, 1984, 100; *Ohl,* Formen ärztlicher Kooperation aus berufspolitischer Sicht, FS Narr 1988, 197, 199; *Kohlhaas* bei *Kuhns,* Das gesamte Recht der Heilberufe I/445; *Müller/Schade/Gärtner,* Die Praxisgründung Heft 9/1980 13; *Kosanke* in: *Kosanke/v. Troschke* (Hrsg). Die ärztliche Gruppenpraxis, 6, 7; *Peter,* Das Recht auf Einsicht in Krankenunterlagen, 1989, 40; vgl auch noch OLG Hamm (MedR 1999, 376) zur Auseinandersetzung einer in Gesellschaft bürgerlichen Rechts betriebenen ärztlichen Gemeinschaftspraxis.
³⁹ Vgl BGHZ 97, 273 = NJW 1986, 2364; BGH NJW 1989, 2320; OLG Köln VersR 1992, 1231, 1232; *Steffen/Pauge,* Arzthaftungsrecht, 10. Aufl 2006 RdNr 46 ff.
⁴⁰ Soweit ein an der Gemeinschaftspraxis beteiligter Arzt zur Behandlung des Patienten nicht berechtigt ist, ist streitig, ob der zuständige Arzt seine Leistung persönlich für sich alleine oder als Leistung der Gemeinschaftspraxis abrechnen kann. Einzelheiten bei *Ehmann* MedR 1994, 141, 145. Zum Begriff der vertragsärztlichen Leistungserbringungsgemeinschaft und der Teilgemeinschaftspraxis vgl *Möller* MedR 1998, 60.
⁴¹ Vgl *Rieger* Lexikon (1. Aufl 1984) RdNr 695; *ders,* Verträge zwischen Ärzten in freier Praxis, 36; *Narr* ÄrztlBerufsR RdNr 1141; *Hencke* NJW 1974, 2035, 2036; *Uhlenbruck* ArztR 1969, 151, 153; eingehend auch *Fischer,* Teamarbeit der Ärzte, 53.
⁴² BGHZ 124, 224 = ArztR 1995, 190; OLG Düsseldorf MedR 1992, 46; NJW 1988, 1519.

der Gesellschaft bürgerlichen Rechts (§§ 705 ff BGB) als Kooperationsform die Partnerschaftsgesellschaft vor.[43] Die Partnerschaftsgesellschaft übt kein Handelsgewerbe aus. Angehörige einer Partnerschaftsgesellschaft können nur Ärzte als natürliche Personen sein, nicht dagegen eine Gesellschaft bürgerlichen Rechts. Auch für die Partnerschaftsgesellschaft gilt die Regelung in Kap D Nr 9 MBO-Ä, wonach Ärzte sich unter Berücksichtigung des Gebots nach Nr 9 Abs 1 S. 3 mit bestimmten nichtärztlichen Berufen zu einer medizinischen Kooperationsgemeinschaft zusammenschließen dürfen.[44] Die Partnerschaftsgesellschaft kommt durch einen **Partnerschaftsvertrag** zustande, der der Schriftform bedarf (§ 3 Abs 1 PartGG). Die Partnerschaftsgesellschaft ist zur Eintragung in das Partnerschaftsregister anzumelden (§ 4 PartGG). Wichtig sind die Vertragsgestaltungen, die das **Innenverhältnis der Partner untereinander** regeln. Kein Partner kann von der Geschäftsführung ganz ausgeschlossen werden (§ 6 Abs 2 PartGG). Neue Partner können in die vorhandene Partnerschaft eintreten, sofern sie die beruflichen Voraussetzungen erfüllen. Die **Ausschließung eines Partners** aus wichtigem Grund ist nach dem Gesetz nur im Wege der Ausschließungs- bzw. Übernahmeklage möglich (§ 9 Abs 1 PartGG iVm §§ 140, 142 HGB). Nicht entschieden ist bislang, ob die Anteile an der Partnerschaft übertragbar sind. Jedenfalls ist nach § 9 Abs 4 S. 1 PartGG die Beteiligung an einer Partnerschaftsgesellschaft **nicht vererblich**.[45] Für **Verbindlichkeiten der Partnerschaft** haften neben den Gläubigern gegenüber neben den Partnerschaftsvermögen die Partner als Gesamtschuldner (§ 8 Abs 1 S. 1 PartGG). Da die Partnerschaft **Berufsausübungsgesellschaft** ist, werden die Behandlungsverträge mit ihr geschlossen. Trotzdem **haften** für Verbindlichkeiten der Partnerschaft vorbehaltlich abweichender Vereinbarung auch die **Partner persönlich**.[46] Allerdings kann gem § 8 Abs 2 und 3 PartGG die **Haftung beschränkt** werden. Dies gilt nicht für Verbindlichkeiten eines Partners, etwa aus unerlaubter Handlung.[47] Die Möglichkeit der Haftungskonzentration für Schadensersatzansprüche wegen fehlerhafter Berufsausübung ist Konsequenz der grundsätzlich **persönlichen Leistungserbringung** durch den Arzt. Sie schafft die Möglichkeit, das Risiko für die nicht mit der Berufsausübung befassten Partner einzuschränken. Als Gesamthandsgemeinschaft ist die Partnerschaft rechts-, grundbuch- und parteifähig.[48] Soweit Vorschriften der ärztlichen Berufsordnung (MBO-Ä 1997) Regelungen des PartGG einschränken, sind sie vorrangig auf Grund von § 1 Abs 3 PartGG (Kap D Nr 7 MBO-Ä).

16 c) *Rechtsbeziehungen.* Bei der Gemeinschaftspraxis will der jeweils behandelnde Arzt die Rechtsbeziehungen zum Patienten zugleich auch für seine ärztlichen Kollegen begründen, so dass gem § 164 BGB der Arztvertrag zwischen Patient und allen Ärzten der Gemeinschaftspraxis zustande kommt. Ein Patient, der zB zum Zwecke diagnostischer oder therapeutischer Maßnahmen eine als „Institut" gekennzeichnete Gemeinschaftspraxis von Radiologen oder Labormedizinern aufsucht, will die Leistung von dem „Institut" erbracht haben, nicht von einem einzelnen Arzt. Abweichende Vereinbarungen sind jedoch im Einzelfall jederzeit möglich. So vor allem, wenn der Patient bei einem bestimmten Arzt früher in Behandlung gewesen ist und diese persönliche Behandlung fortsetzen möchte. Damit ist zugleich auch dem Prinzip der freien Arztwahl bei gemein-

---

[43] Vgl hierzu *Henssler*, Partnerschaftsgesellschaftsrecht 1997; sowie RdNr 4 zu § 115.

[44] *Deutsch/Spickhoff* (Fn 20) RdNr 133 ff; *Taupitz*, Die Partnerschaft als neue Kooperationsform für Ärzte, ArztR 1995, 123; ders MedR 1993, 367. Eingehend auch *K Schmidt*, Gesellschaftsrecht, 3. Aufl 1997, 1878 ff.

[45] *K Schmidt*, Gesellschaftsrecht, 3. Aufl 1997, 1881.

[46] *Taupitz* ArztR 1995, 123, 126; *K Schmidt*, Gesellschaftsrecht, 3. Aufl 1997, S. 1885.

[47] *Taupitz* ArztR 1995, 123, 126.

[48] Vgl *Deutsch/Spickhoff* (Fn 20) RdNr 133 ff; *Wollny*, Unternehmens- und Praxisübertragungen, 4. Aufl 1996, 490, RdNr 2221. Umfassend zur Rechtsform der Partnerschaft *H D Schirmer*, Berufsrechtliche und Kassenarztrechtliche Fragen der ärztlichen Berufsausübung in Partnerschaftsgesellschaften, MedR 1995, 341 (Teil 1) u 383 (Teil 2). Zur Rechts- und Parteifähigkeit einer BGB-Außengesellschaft vgl auch die Grundsatzentscheidung des BGH vom 29. 1. 2001 (NJW 2001, 1056).

samer ärztlicher Berufsausübung Genüge getan (Kap D Nr 8 Abs 3 MBO-Ä): Rechtsbeziehungen zu allen Ärzten der Gemeinschaftspraxis – Behandlung durch einen Arzt. Dies schließt nicht aus, dass zum Zwecke des Konsiliums oder als Urlaubs- bzw Krankheitsvertreter in den Fällen der Verhinderung ein anderes Mitglied der Gemeinschaftspraxis die Behandlung übernimmt.[49] Da der Arztvertrag grundsätzlich mit allen Partnern der Gemeinschaftspraxis zustande kommt,[50] kann der Patient die ärztliche Leistung von jedem Arzt der **Gemeinschaftspraxis** verlangen. Aber nur einer darf die Leistung im Hinblick auf § 19 Abs 2 BOÄ erbringen. Zweifelhaft ist dabei, ob der Patient im Hinblick auf das zu gewährleistende Recht der freien Arztwahl zugleich auch das Recht hat, die Behandlung durch einen bestimmten Arzt der Gemeinschaftspraxis zu wählen. Dies wird man bejahen müssen, wenn nicht das Recht der freien Arztwahl unterlaufen werden soll. Die Mitinhaber der Praxis haften nach §§ 421, 714 BGB als **Gesamtschuldner.** Ein Arzt in einer Gemeinschaftspraxis, der an der Behandlung des Patienten nicht beteiligt war, haftet für etwaige Behandlungsfehler der Mitgesellschafter nicht aus unerlaubter Handlung. Für Unterhaltsschäden haftet er auch nicht aus Vertrag.[51] Die Haftung wegen Schadensersatzansprüchen aus fehlerhafter Behandlung können jedoch im Rahmen einer Berufshaftpflichtversicherung versichert werden, so dass das Risiko der Gemeinschuldnerhaftung dadurch minimiert ist.

3. Die Ärzte-GmbH. Seit der Entscheidung des BGH im Jahr 1993[52] ist es zulässig, dass sich Ärzte in der Rechtsform einer GmbH zusammenschließen, als deren Geschäftsführer oder Angestellte sie ihre ärztliche Tätigkeit ausüben.[53] Nach Auffassung des BGH steht das Zahnheilkundegesetz dem Angebot zahnheilkundlicher Maßnahmen durch eine GmbH nicht grundsätzlich entgegen. Gegenüber der Partnerschaftsgesellschaft hat die Rechtsform der GmbH für Ärzte vor allem Vorteile auf dem haftungsrechtlichem Gebiet sowie im Bereich der Werbung.[54] Vor einer deliktischen Haftung nach § 823 Abs 1 BGB kann sich der Arzt allerdings nicht durch die Rechtsform der GmbH schützen. Zudem verstößt der Gesellschafter-Arzt gegen das Werbeverbot des § 25 Abs 1 S. 2 MBO-Ä, wenn er eine seine Person oder seine Tätigkeit betreffende Werbung auch nur duldet oder zulässt. Der Zusammenschluss von Ärzten in einer Kapitalgesellschaft widerspricht der allgemeinen Vorstellung von der Ausübung des ärztlichen Berufs in freier Praxis. Zudem bestehen Bedenken gegen die berufsrechtliche Zulässigkeit des ambulanten ärztlichen Dienstes im Rahmen einer GmbH.[55] Trotzdem vermögen die Einschränkung vertraglicher Einstandspflichten des bei der GmbH angestellten Arztes ebenso wenig wie eine

---

[49] Vgl *Uhlenbruck* ArztR 1969, 151, 154; *Rieger* Lexikon (1. Aufl 1984) RdNr 695; *Narr* ÄrztlBerufsR RdNr 1141; *Weidner,* Gruppenmedizin 1973, 84.
[50] BGH VersR 1971, 1119; BGH VersR 1973, 231; BGH NJW 1978, 996; *Tiemann,* Das Recht in der Arztpraxis, 1984, 76; *Narr* ÄrztlBerufsR RdNr 906 u 1141; *Henke* NJW 1974, 2035; Münch-Komm-*Selb* § 421 BGB RdNr 15; *Franzki,* Aktuelle Rechtsprechung, 32; *Staudinger-Keßler,* vor § 705 BGB RdNr 141; str, ablehnend *Soergel-Schmidt* § 421 BGB RdNr 17.
[51] Vgl BGHZ 97, 273, 278; OLG Köln JMBl NW 1991, 54 = VersR 1992, 1231, 1232; *Giesen* ArzthaftungsR, 4. Aufl 1995, RdNr 9; vgl auch BGH NJW 1989, 2320; *Laufs* ArztR RdNr 99, 558; *Ehmann* MedR 1994, 141, 146.
[52] BGHZ 124, 224 = NJW 1994, 786 = MedR 1994, 152 m Anm *Taupitz*; Vorinstanz OLG Düsseldorf MedR 1992, 46 = NJW-RR 1992, 88.
[53] Vgl auch *Laufs,* Die Ärzte-GmbH und das Berufsrecht, MedR 1995, 11; *Deutsch/Spickhoff* (Fn 20) RdNr 139 ff; *Taupitz* NJW 1992, 2321; *ders* VersR 1992, 1068; *ders* JZ 1994, 1102; *Weber/Vogt-Weber* ArztR 1997, 179; *Katzenmeier* MedR 1998, 113.
[54] Die Vorteile bei der (möglichen) Umgebung des Werbeverbots wurde von der Rechtsprechung rasch „kassiert" (vgl OLG Hamburg MedR 1995, 115). Danach darf eine Ärzte-GmbH für die Leistungen ihrer Ärzte nicht mehr und nicht weniger werben, als die Ärzte dies selbst nach der Berufsordnung dürfen.
[55] Einzelheiten bei *Laufs* MedR 1995, 11, 14, 15; *Taupitz* NJW 1996, 3033. Zu den Vor- und Nachteilen einer GmbH für die Arztpraxis s *Meyer/Kreft* GmbHR 1997, 193 ff.

Umgehung des berufsrechtlichen Werbeverbots einen Ausschluss dieser beruflichen Tätigkeitsform zu rechtfertigen.[56] In der MBO-Ä 1997 ist in Kap D Nr 8 bei den Berufsausübungsgemeinschaften von Ärzten die GmbH ebenso wenig genannt wie in Nr 9 bei der kooperativen Berufsausübung zwischen Ärzten und Angehörigen anderer Fachberufe. In Nr 9 Abs 1 S. 2 heißt es sogar, die Kooperation sei nur „in Form einer Partnerschaftsgesellschaft nach dem PartGG oder auf Grund eines schriftlichen Vertrages über die Bildung einer Kooperationsgemeinschaft in der Rechtsform einer Gesellschaft bürgerlichen Rechts gestattet". Grundsätzlich rechtfertigen verfassungsrechtliche Bedenken nicht das Verbot einer Ärzte-GmbH.[57] Es ist kein sachlicher Grund erkennbar, eine ambulante ärztliche Tätigkeit innerhalb von Krankenhäusern, die in der Rechtsform einer GmbH betrieben werden, für zulässig zu halten, die gleiche Tätigkeit aber im Bereich der ambulanten Leistungen zu versagen.[58] Allerdings muss sich die Ärzte-GmbH bzw. Heikunde-GmbH Einschränkungen gefallen lassen. So bleibt ihr Tätigkeitsfeld praktisch auf die **Behandlung von Privatpatienten** beschränkt.[59] Problematisch ist vor allem die Abrechnung der Patienten mit ihren privaten Krankenkassen, da nach § 4 Abs 2 S. 1 der Musterbedingungen der privaten Krankenversicherung (MBKK) der Versicherte die Wahl unter den niedergelassenen approbierten Ärzten hat. Die Ärzte-GmbH ist aber auch nicht approbiert und der dort angestellte Arzt ist nicht niedergelassen. Eine Ermächtigung der GmbH zur Teilnahme an der vertragsärztlichen Versorgung nach § 95 Abs 1 SGB V würde voraussetzen, dass diese durch zugelassene Vertragsärzte nicht anders sichergestellt werden könnte.[60] Festzustellen ist, dass die Kassenzulassung der von einer GmbH angestellten Ärzte und Zahnärzte nach dem Zulassungsrecht auf ein „unüberwindliches Hindernis" stößt. Denn sowohl Vertragsärzte als auch Vertragszahnärzte haben ihre vertragsärztliche Leistung grundsätzlich **persönlich** in freier Praxis zu erbringen. Die richterliche Spruchpraxis zum **ärztlichen Werbeverbot** für gewerbliche Anbieter von Heilbehandlungen ist bislang uneinheitlich. Grundsätzlich gilt das **berufsrechtliche Werbeverbot** auch für die Heilberufe-GmbH.[61] Ein Verstoß gegen das in § 27 MBO-Ä festgelegte Werbeverbot trifft sämtliche bei einer GmbH angestellten Ärzte, denn der einzelne Arzt ist Kammermitglied. Verstößt der Arzt selbst oder über die werbende GmbH gegen das Verbot, so haftet nicht nur die Ärzte-GmbH als juristische Person, sondern auch der einzelne Arzt auf Unterlassung und Schadensersatz.[62] Der BGH hat der juristischen Person auch das **Liquidationsrecht** für die ambulante Heilbehandlung zugestanden.[63] Problematischer ist – wie schon hervorgehoben – die Frage der **Abrechnung der Patienten mit ihren privaten Krankenkassen.** Nach § 4 Abs 2 S. 1 MBKK[64] hat der Privatversicherte freie Wahl unter den niedergelassenen approbierten Ärzten. Die Arzt-

---

[56] Vgl *Laufs* MedR 1995, 11, 14; *Ahrens* MedR 1992, 141; *Dahm* MedR 1998, 70, 71 u MedR 1995, 106.

[57] *Taupitz* JZ 1994, 1102; *ders* NJW 1992, 2321; *Laufs* MedR 1995, 11, 12 ff; *Deutsch/Spickhoff* (Fn 20) RdNr 139; vgl auch *Henssler* ZIP 1994, 844, 847; *Rieger* MedR 1995, 87, 88; *Weber/Vogt-Weber* ArztR 1997, 179, 180 f.

[58] Zutreffend *Deutsch/Spickhoff,* Medizinrecht RdNr 139.

[59] *Laufs* MedR 1995, 11, 16; *Taupitz* VersR 1992, 1064, 1068. Der I. Zivilsenat des BGH hat in seiner Entscheidung vom 25.11.1993 (MedR 1994, 152) keine Bedenken, wenn ambulante Heilbehandlungstätigkeiten von Kapitalgesellschaften mithilfe angestellter Ärzte angeboten werden.

[60] So *Henssler* ZIP 1994, 844, 847; *Laufs* MedR 1995, 11, 16; *Deutsch/Spickhoff,* Medizinrecht RdNr 139.

[61] Zutreffend *Weber/Vogt-Weber* ArztR 1997, 179, 183. *Deutsch/Spickhoff* (Fn 60), vgl auch BGH NJW-RR 1994, 1196.

[62] *Taupitz* NJW 1996, 3033, 3038; *Weber/Vogt-Weber* ArztR 1997, 179, 183. Vgl auch *Meyer/Kreft* GmbHR 1997, 193, 195.

[63] BGH NJW 1978, 589.

[64] Allgemeine Versicherungsbedingungen für die Krankheitskosten – und Krankenhaustagegeldversicherung; Musterbedingungen des Verbandes der privaten Krankenversicherung. Vgl auch *Meyer/Kreft* GmbHR 1997, 193, 196.

GmbH ist aber nicht approbiert. Deshalb erstatten die privaten Krankenkassen den Versicherten die von einer Heilkunde-GmbH erbrachten ärztlichen Leistungen nicht.[65] Darauf muss der Arzt seinen Patienten vor Beginn jeglicher ärztlicher Tätigkeit **hinweisen**. Vorteile bringt die Rechtsform der Ärzte-GmbH allenfalls im Bereich der **ärztlichen Haftung**. Die GmbH haftet vertraglich sowohl für sämtliche von ihr abgeschlossenen Verträge wie auch für die Erfüllung von Behandlungsverträgen mit den Patienten mit dem Gesellschaftsvermögen. Trotzdem haftet der Arzt als Angestellter oder Gesellschafter der Ärzte-GmbH unabhängig von der Gesellschaft selbst aus § 823 Abs 1 BGB deliktisch. Da Behandlungsfehler regelmäßig einen Eingriff in die körperliche Integrität des Patienten darstellen, und der deliktische Verschuldensmaßstab sich weitgehend mit dem vertraglichen deckt, muss der angestellte Arzt einer GmbH trotz grundsätzlicher Haftungsbeschränkung damit rechnen, dass er zB wegen schuldhafter Verletzung der Aufklärungspflicht nach § 823 Abs 1 BGB haftet.[66] Vorteile kann die Rechtsform der GmbH für den Arzt letztlich nur im Rahmen der vertraglichen Haftung gegenüber Lieferanten, Personal und sonstigen Dritten bringen.[67] Auch die steuerlichen Vor- und Nachteile sind gegeneinander abzuwägen. Leistungen der GmbH an die Arztpraxis sind **umsatzsteuerpflichtig,** ohne dass der Arzt seinerseits zum Vorsteuerabzug berechtigt wäre, da er selbst gegenüber dem Patienten umsatzsteuerfreie Leistungen iS von § 15 Abs 2 Nr 1 UStG erbringt. Die Einschaltung einer GmbH ist aber vor allem für junge Mediziner geeignet, das „kaum noch tragbare Vermögensrisiko" zu vermindern, das durch den Zwang zur kostenintensiven Einrichtung und Ausstattung einer Arztpraxis entsteht. Wegen der oftmals fehlenden Erstattungsfähigkeit durch die private Krankenversicherung empfiehlt *Taupitz,*[68] dass sich die Einschaltung einer GmbH in jedem Fall darauf **beschränken** sollte, „dem Arzt lediglich die räumlichen, sachlichen oder personellen Hilfsmittel zur Verfügung zu stellen, die er für die (auch nach außen hin) in seinem eigenen Namen und auf eigene Rechnung erfolgende Ausübung seines Berufes benötigt".

III. Die ärztliche Zweigpraxis

1. Begriff. Eine Zweigpraxis, auch Zweitpraxis, Zweigsprechstunde oder Filialsprechstunde genannt, liegt dann vor, wenn ein frei praktizierender Arzt neben seiner eigentlichen Praxis am Ort der Niederlassung zugleich an einem anderen Ort Praxistätigkeit ausübt.[69] Nicht um eine Zweigpraxis handelt es sich bei der Ausübung von Konsiliartätigkeit oder der Betreuung einer Limited-Care-Station durch niedergelassene Ärzte oder Krankenhausärzte, wie zB die Tätigkeit in einer zentralen ambulanten Dialyseeinrichtung.[70]

---

[65] Vgl OLG München VersR 1990, 614; OLG Köln VersR 1992, 952; OLG Hamm NJW 1993, 801; LG Nürnberg-Fürth VersR 1992, 45 (Ls); LG Mainz VersR 1992, 44; ferner *Bach/Moser*, Private Krankenversicherung, 2. Aufl 1993, § 4 MBKK RdNr 21; *Gitter* NJW 1980, 2745; *Weber/Vogt-Weber* ArztR 1997, 179, 184; *Meyer/Kreft* GmbHR 1997, 193, 196.

[66] Ähnlich *Laufs* MedR 1995, 11, 15; *Weber/Vogt-Weber* ArztR 1997, 179, 182; *Taupitz* MedR 1995, 475, 477 ff.

[67] Zur Vereinbarung von Haftungshöchstgrenzen gegenüber Patienten vgl *Taupitz* MedR 1995, 475, 481.

[68] MedR 1995, 475, 479.

[69] *Rieger* Lexikon (1. Aufl 1984) RdNr 2018; *Narr* ÄrztlBerufsR RdNr 922–930; *Ratzel/Lippert*, Kommentar zur Musterberufsordnung der Deutschen Ärzte (MBO), 4. Aufl 2006, § 18 S. 238 ff RdNr 1.

[70] *Rieger* Lexikon (1. Aufl 1984) RdNr 2018. Zum Begriff der Zweigpraxis vgl auch noch OVG Nordrhein-Westfalen ArztR 1999, 333 = MedR 1999, 425; OLG Düsseldorf MedR 1999, 531; VG Karlsruhe MedR 1999, 329; VGH BW, MedR 2000, 439, der den Begriff ausgesprochen eng auslegt, in dem er sich am Wortlaut, am Sinn und Zweck dieser Regelung orientiert.

19 **2. Die Zulässigkeit einer Zweigpraxis.** Gemäß § 18 Abs 1 S. 1 MBO-Ä 1997 ist es dem Arzt nicht gestattet, an mehreren Stellen Sprechstunde abzuhalten. Vielmehr ist die Ausübung des ärztlichen Berufes in eigener Praxis an die Niederlassung gebunden (§ 17 Abs 1 MBO-Ä).[71] Auch die Vertragsarztzulassung gem §§ 95 Abs 1 S. 2 SGB V, 24 Abs 1 ZO-Z erfolgt nur für den Ort des Praxissitzes. Trotz dieser grundsätzlichen Festlegung des Arztes auf den Niederlassungsbereich sind unter bestimmten Voraussetzungen Ausnahmen möglich (§ 17 Abs 3 MBO-Ä).

20 **3. Die Genehmigung zur Ausübung einer Zweigpraxis.** Gem § 18 Abs 1 S. 2 MBO-Ä kann die Ärztekammer, soweit es die Sicherstellung der ärztlichen Versorgung der Bevölkerung erfordert, die Genehmigung für eine Zweigpraxis (Sprechstunde) erteilen.

Gegen die Versagung einer – zusätzlichen – Genehmigung zum Betreiben einer vertragsärztlichen Zweigpraxis kann der Arzt Widerspruch bei der Kassenärztlichen Vereinigung oder der KZV einlegen. Bei Zurückweisung des Widerspruchs ist Klage vor dem Verwaltungsgericht bzw bei vertragsärztlicher Versorgung vor dem Sozialgericht zulässig. Das VG Koblenz hat in einem Urteil vom 13. 1. 1997 (– 3K 3589/95. KO –) ein ernsthaftes Versorgungsinteresse am Ort der geplanten Zweigniederlassung bejaht. In dem entschiedenen Fall hatte der Kläger, der bereits in einem anderen Bundesland eine kieferorthopädische Praxis betrieb, bei der zuständigen Bezirkszahnärztekammer den Antrag gestellt, ihm die Erlaubnis zur Errichtung und Ausübung einer privaten kieferorthopädischen Zweigpraxis zu erteilen. Diese war ihm mit der Begründung verweigert worden, gem § 5 Abs 1, 2, 3 der Berufsordnung für Zahnärzte Rheinland-Pfalz sei es nicht gestattet, an mehreren Stellen Sprechstunden abzuhalten. Es läge keine Unterversorgung der Bevölkerung im Fachbereich Kieferorthopädie vor, so dass auch kein Ausnahmefall iS von § 5 Abs 2 S. 2 BOZ gegeben sei.

21 *a) Voraussetzungen für die Erteilung der Genehmigung.* Für die Erteilung der Genehmigung kommt es darauf an, dass die Sicherstellung der ärztlichen Versorgung der Bevölkerung die Einrichtung einer Zweigpraxis erfordert (§§ 18 Abs 1 S. 2 MBO-Ä). Bei objektivem Vorliegen eines Bedürfnisses der Bevölkerung nach ärztlicher Betreuung hat der Arzt einen **Rechtsanspruch** auf Erteilung durch die Ärztekammer.[72] Die Erteilung der Genehmigung kann jedoch mit Auflagen erfolgen, wie zB Nachweis, dass die räumlichen Voraussetzungen für eine ordnungsgemäße ärztliche Behandlung gegeben sind.[73] Nach § 18 Abs 2 S. 1 MBO-Ä darf der Arzt in räumlicher Nähe zum Ort seiner Niederlassung Untersuchungs- und Behandlungsräume ausschließlich für spezielle Untersuchungs- oder Behandlungszwecke (zB Operationen, medizinisch/technische Leistungen) unterhalten, in denen er seine Patienten nach Aufsuchen seiner Praxis versorgt (ausgelagerte Praxisräume). Gleiches gilt für eine gemeinschaftlich mit anderen Ärzten organisierte **Notfallpraxis** in den sprechstundenfreien Zeiten (§ 18 Abs 2 S. 2 MBO-Ä). Das im Übrigen geltende **grundsätzliche Verbot der Errichtung einer Zweigpraxis** gilt auch für eine kooperative Berufsausübung zwischen Ärzten und Angehörigen anderer Fachberufe (Kap D Nr 9 Abs 1 S. 3 Ziff f MBO-Ä).

22 *b) Widerruf der Genehmigung.* Liegen die objektiv festgestellten Gründe für die Genehmigung einer Zweigpraxis nicht mehr vor, so ist die Genehmigung von der Ärztekammer und/oder Kassenärztlichen Vereinigung zu widerrufen. So zB, wenn die Sicherstellung der ärztlichen Versorgung die Aufrechterhaltung einer Zweigpraxis nicht mehr erfordert. Lässt sich zB am Ort der Zweigpraxis ein Arzt nieder oder wird dort ein Ver-

---

[71] Diese Regelung entspricht auch § 17 Abs 2 MBO-Ä, wonach der Arzt seinen Beruf nicht im Umherziehen ausüben darf.
[72] *Narr* ÄrztlBerufsR RdNr 925; *Rieger* Lexikon (1. Aufl 1984) RdNr 2020; *Tiemann*, Das Recht in der Arztpraxis, 1984, 71; *Ratzel/Lippert*, (Fn 69).
[73] *Rieger* Lexikon (1. Aufl 1984) RdNr 2020.

tragsarzt zugelassen, so ist das Sicherstellungsbedürfnis entfallen.[74] In der Literatur[75] wird empfohlen, die Genehmigung zum Betreiben einer Zweigpraxis oder einer Zweigsprechstundentätigkeit von vorneherein mit einem entsprechenden Widerrufsvorbehalt zu versehen.

4. Niederlassungsfreiheit und Zweigpraxis im EU-Bereich. Die durch das EU-Recht gewährleistete Niederlassungsfreiheit bezieht sich nicht auf das Betreiben einer ärztlichen Zweigpraxis. Wird ein Arzt, der in einem anderen Mitgliedstaat der Europäischen Union niedergelassen ist oder dort seine berufliche Tätigkeit entfaltet, vorübergehend im Geltungsbereich der MBO-Ä grenzüberschreitend ärztlich tätig, ohne eine Niederlassung zu begründen, so ist er verpflichtet, trotzdem die Vorschriften der deutschen Berufsordnung zu beachten (Kap D Nr 13 S. 1 MBO-Ä).[76] Sinn und Zweck des berufsrechtlichen Verbotes einer Zweigpraxis besteht nämlich darin, die zwangsläufig mit einer Verzettelung der ärztlichen Tätigkeit verbundene Qualitätsminderung abzublocken.[77] Da sich also der Qualitätsanspruch auf die inländische ärztliche Tätigkeit bezieht, hat auch derjenige Arzt, der in einem EU-Mitgliedstaat eine Zweigpraxis oder unselbstständige Niederlassung eröffnen will, die Genehmigung der zuständigen Ärztekammer einzuholen.[78] Gleiches gilt, wenn ein ausländischer Arzt aus einem EU-Mitgliedstaat in der Bundesrepublik eine Zweigpraxis eröffnen will. Die (Muster-)Berufsordnung für die deutschen Ärztinnen und Ärzte (MBO-Ä 1997) sieht in Kap D Nr 12 vor, dass ein Arzt, der neben seiner Niederlassung oder neben seiner ärztlichen Berufstätigkeit im Geltungsbereich der Berufsordnung in einem anderen Mitgliedsstaat der Europäischen Union eine Praxis führt, oder dort eine weitere ärztliche Berufstätigkeit ausübt, verpflichtet ist, dies der **Ärztekammer anzuzeigen.** Weiterhin hat der Arzt Vorkehrungen für eine ordnungsgemäße Versorgung seiner Patienten am Ort seiner Berufsausübung im Geltungsbereich der MBO-Ä während seiner Tätigkeit in den anderen Mitgliedsstaaten zu treffen. Die Ärztekammer kann in einem solchen Fall verlangen, dass der Arzt die Zulässigkeit der Eröffnung der weiteren Praxis nach dem Recht des betreffenden Mitgliedsstaats der Europäischen Union nachweist (Kap D Nr 12 S. 3 MBO-Ä).

§ 19 Die Praxisveräußerung

Inhaltsübersicht

	RdNr
I. Gegenstand der Praxisveräußerung	1
II. Der Vertrag über die Praxisveräußerung	4
III. Die Bestimmung des Kaufpreises	8
IV. Datenschutz bei Praxisübergabe	13
V. Praxistausch	14
VI. Tod des Praxisinhabers	15

Schrifttum: Arbeitsgemeinschaft Rechtsanwälte im Medizinrecht eV (Hrsg) Zulassung und Praxisverkauf. Ist das GSG partiell verfassungswidrig? 1997; *Braun/Richter,* Vertragsärztliche Gemeinschaftspraxis, zivil-, steuer- und sozialrechtliche Aspekte der Nachfolge von Todes wegen,

---

[74] Vgl Narr ÄrztlBerufsR RdNr 927; *Rieger* Lexikon (1. Aufl 1984) RdNr 2020; *Tiemann* (Fn 46) 71.
[75] Narr ÄrztlBerufsR RdNr 927; *Rieger* Lexikon (1. Aufl 1984) RdNr 2020.
[76] Vgl Narr ÄrztlBerufsR RdNr 114 a, 915; *Rieger* Lexikon (1. Aufl 1984) RdNr 2021.
[77] Vgl Narr ÄrztlBerufsR RdNr 924; *Rieger* Lexikon (1. Aufl 1984) RdNr 2021.
[78] *Rieger* Lexikon (1. Aufl 1984) RdNr 2021.

MedR 2005, 446 ff; *Cramer/Henkel/Maier/Wimmer,* Ideeller Wert, Praxiskartei und Nutzung der Arztpraxis MedR 1999, 498; *Cramer/Maier,* Praxisübergabe und Praxiswert Teil I, MedR 2002, 549 ff; Teil II, MedR 2002, 616 ff; *Dahm,* Fortführung der Arztpraxis nach dem GSG – Praktische Umsetzung der Fortführungsregelung des § 103 SGB V aus der Sicht des Praxisübernehmers, MedR 1994, 223; *ders,* Konzessionshandel beim Praxiskauf – Alte Praxis – neuer Markt; vom Out- zum Insourcing, MedR 2000, 551; *Deutsch/Spickhoff,* Medizinrecht 5. Aufl, 2003 RdNr 109 ff Praxisübernahme; *Ehlers* (Hrsg)/*Preissler/Hesral/Möller/Gasser/Kellner,* Praxis der Fortführung von Arztpraxen, 2. Aufl 2001; *Englert,* Die Bewertung von Freiberuflichen Praxen mithilfe branchentypischer Wertfindungsmethoden, BB 1997, 142; *Gatzen,* Bewertung von Arztpraxen, 1992; *Gluth,* Gestaltung von Praxisveräußerungen nach Wegfall des halben Steuersatzes, DStR 1998, 442; *Herzog,* Praxisübergabe und Nachfolgezulassung im gesperrten Gebiet, MedR 1998, 297; *Hülsmann/Maser,* Ärztliche Schweigepflicht und Praxisübergabe, MDR 1977, 111; *Klapp,* Abgabe und Übernahme einer Arztpraxis, 3. Aufl 2005; *Morawietz,* Nachvertragliche Wettbewerbsverbote beim Ausscheiden aus einer ärztlichen Gemeinschaftspraxis, NJW 2008, 3263; *Möller,* Fortführung der Arztpraxis nach GSG – Praktische Umsetzung der Fortführungsregel des § 103 SGB V aus der Sicht des Abgebers und des ihn beratenden Rechtsanwalts, MedR 1994, 218; *Rieger,* Fortführung der Arztpraxis nach GSG – Verfassungsrechtliche Aspekte: Zulassungsverfahren, Verkehrswert der Praxis und Altersbegrenzung im Lichte der Berufsfreiheit und der Eigentumsgarantie, MedR 1994, 213; *ders,* Rechtsfragen beim Verkauf und Erwerb einer ärztlichen Praxis, 4. Aufl 1999; *ders,* Verträge zwischen Ärzten in freier Praxis, 6. Aufl 1997; *Richter,* Voraussetzungen der Praxisveräußerung KOESDI 1998, Nr. 4, 11491; *ders,* NJW 1997, 3056; *Rieger/Küntzel,* Praxisveräußerung, in: Rieger (Hrsg), Lexikon des Arztrechts, 2. Aufl 2001, 4330; *Ries/Schmieder/Althaus/Großbölting/Voß,* Arztrecht Praxishandbuch für Mediziner, 2. Aufl 2007 Kapitel XII 253 ff Praxiskauf und Praxisabgabe; *Schirmer,* zum Thema Praxisverkauf – Vertrag unter Ärzten über die Aufbewahrung von Patientenunterlagen, Bayer Ärzteblatt 2002, 466 ff; *Seer,* Einschränkungen der Veräußerbarkeit von freiberuflichen Arzt- und Zahnarztpraxen durch das Sozialrecht, DStR 1995, 377; *Steinhilper,* Fortführung der Arztpraxis nach GSG – Praxisnachfolge in gesperrten Gebieten, MedR 1994, 227; *Strohmaier,* Arztregresse aus Behandlungsfehlern und Gewährleistung beim Praxisverkauf MedR 1999, 351; *Wehmeier,* Praxisverkauf: Nichtigkeit des Kaufvertrages, 1996, 345; *ders,* Praxisübertragung und Praxisverwertung, 1994, 443; *Wertenbruch,* Veräußerung und Vererbung des Anteils an einer vertragsärztlichen Berufsausübungsgesellschaft (Partnerschaft und BGB-Gesellschaft), MedR 1996, 485; *ders,* Veräußerung und Vererbung des Anteils an einer vertragsärztlichen Berufsausübungsgesellschaft (Partnerschaft und BGB-Gesellschaft), MedR 1996, 485; *Winsloe,* Spielräume werder enger, DÄBl 1997, A 1787; *Wollny,* Unternehmens- und Praxisübertragungen, 4. Aufl 1996, 465 ff, RdNr 2061 ff.

I. Gegenstand der Praxisveräußerung

1 Entgegen früherer Auffassung und überholter Rechtsprechung wird heute die Übertragung einer Arztpraxis allgemein für zulässig gehalten.[1] Der Gegenstand der Praxisveräußerung ist die Praxiseinrichtung einschließlich der Patientenkartei als Sachgesamtheit aller der ärztlichen Berufstätigkeit dienender Gegenstände sowie der ideelle Praxiswert (Goodwill). Der **ideelle Praxiswert** besteht in dem wirtschaftlichen Wert der dem Übernehmer gewährten Chance, die Patienten der veräußerten Praxis zu übernehmen, für sich zu gewinnen und den vorhandenen Bestand als Grundlage für den weiteren Ausbau der Praxis zu verwenden.[2] Gleichzeitig enthält der Goodwill der Arztpraxis aber auch die Gewinnaussichten der Praxis.[3] Die Veräußerlichkeit einer ärztlichen Praxis hat auch Aus-

---

[1] BGH NJW 1955, 337; BGH NJW 1959, 1584; BGH NJW 1965, 580; BGH NJW 1956, 34; BGH NJW 1989, 763; BFH NJW 1979, 616; BFH NJW 1981, 2535; OLG Düsseldorf NJW 1973, 558; LG Mannheim NJW 1961, 2064 (Ls); *Günther,* Zahnarzt – Recht und Risiko, 1982, RdNr 87; *Uhlenbruck* ArztR 1971, 100; *Rieger/Küntzel,* in: Rieger (Hrsg) Lexikon, 2. Aufl 2001, 4330 RdNr 1; *Narr* ÄrztlBerufsR RdNr 1147; *Wollny,* Unternehmens- und Praxisübertragungen, RdNr 2074 ff; zum notwendigen Inhalt eines Praxisveräußerungsvertrages s Saarl OLG MedR 1997, 418.

[2] Vgl BGH NJW 1983, 98, 100; OLG Karlsruhe MedR 1990, 94; OLG Saarbrücken NJW-RR 1998, 341; *Uhlenbruck* ArztR 1971, 100, 101; *ders* ArztR 1978, 231; *Laufs* MedR 1989, 309; *Rieger* Lexikon (1. Aufl 1984) RdNr 1401; *Narr* ÄrztlBerufsR RdNr 1148; sowie *Cramer/Henkel/Maier/Wimmer* MedR 1999, 498 ff.

[3] *Uhlenbruck* ArztR 1978, 231; *Rieger/Küntzel,* RdNr 2. Vgl. auch *Frielingsdorf,* Praxiswert, 1989 29, 30.

5. Kapitel. Rechtsfragen der Arztpraxis 2 § 19

wirkungen auf den Fall der Insolvenz. Da die Arztpraxis als solche einen Vermögenswert hat, kann sie zur Insolvenzmasse (Konkursmasse) gezogen und vom Insolvenzverwalter veräußert werden.[4] Nach geltendem Recht fällt die Arbeitskraft des Arztes ebensowenig wie die Approbation in die Insolvenzmasse, so dass der Arzt nicht verpflichtet ist, für die Insolvenzgläubiger tätig zu werden. Im Übrigen ist eine Privilegierung des Freiberuflers im Hinblick auf die berufliche Geheimhaltungspflicht und die Patientenkartei deswegen nicht gerechtfertigt, weil die Rechtsprechung inzwischen auch die Veräußerung solcher Gegenstände grundsätzlich für zulässig hält, die der Geheimhaltungspflicht unterliegen.[5] Der Insolvenzverwalter hat im Rahmen der Verwertung die Interessen der Patienten an einer Geheimhaltung ihrer Daten zu wahren. Die Zulassung als Vertragsarzt und der dem zugelassenen Arzt zugewiesene Vertragsarztsitz sind unveräußerliche Rechte, die nicht pfändbar sind und daher nicht zur Insolvenzmasse gehören.[6] Der Verwalter im Konkurs eines Zahnarztes, der in die Weiterführung der Praxis zugunsten der Masse einwilligt, wird nach Auffassung des BGH[7] gegenüber der Kassenärztlichen Vereinigung nur dann vergütungsberechtigt, wenn er die Forderungen vom Gemeinschuldner abgetreten erhält oder selbst die Eigenschaft eines Vertragsarztes erwirbt. Für Letzteres genügt die Zustimmung der Landeszahnärztekammer zum Praxisweiterbetrieb nicht. Hatte der Zahnarzt die aus seiner Tätigkeit resultierenden Forderungen bereits vorab an seine finanzierende Bank sicherheitshalber abgetreten, so stehen dieser die Vergütungsansprüche zu, auch wenn man annehmen wollte, dass sich der Insolvenzverwalter und der Schuldner zulässig darauf verständigen können, Letzterer führe die Praxis für die Insolvenzmasse weiter.

Nach dem *Gesundheitsstrukturgesetz* 1993[8] bleibt zwar das Recht des Arztes grundsätzlich 2 erhalten, seine Arztpraxis zu veräußern. Allerdings sieht das GSG einschneidende Beschränkungen der Entscheidungs- und Handlungsfreiheit bei der **Aufgabe einer Kassenpraxis** im gesperrten Gebiet und ihre Fortführung durch einen Nachfolger vor.[9] Der bisherige Praxisinhaber oder seine Erben können den Nachfolger nicht mehr selbst frei auswählen und mit ihm den Kaufpreis auch frei aushandeln. Vielmehr wird der Bewerber nach Ausschreibung des Vertragsarztsitzes durch die Kassenärztliche Vereinigung vom Zulassungsausschuss nach pflichtgemäßem Ermessen ausgewählt (§ 103 Abs 4 S. 3 SGB V). Bei der Auswahl der Bewerber sind die berufliche Eignung, das Approbationsalter und die Dauer der ärztlichen Tätigkeit zu berücksichtigen; ferner, ob der Bewerber der Ehegatte, ein Kind, ein angestellter Arzt des bisherigen Vertragsarztes oder ein Vertragsarzt ist, mit dem die Praxis bisher gemeinschaftlich ausgeübt wurde (§ 103 Abs 4 S. 4 SGB V). Dagegen sind die **wirtschaftlichen Interessen des ausscheidenden Vertragsarztes oder seiner Erben** nur insoweit zu berücksichtigen, als der Kaufpreis die Höhe des Verkehrswertes der Praxis nicht übersteigt (§ 130 Abs 4 S. 6 SGB V).[10] Vorstehendes **Ausschreibungs- und Auswahlverfahren** gilt entsprechend bei Ausscheiden eines **Partners aus einer Gemeinschaftspraxis zwischen Vertragsärzten.** Hier sind die Interessen der in der

---

[4] Vgl LSG NJW 1997, 2477 = MedR 1998, 377; *Schick* NJW 1990, 2395, 2361; *Kuhn/Uhlenbruck* KO § 1 RdNr 78 a; *Uhlenbruck,* Die Verwertung einer freiberuflichen Praxis durch den Insolvenzverwalter, in: *Gerhardt/Diederichsen/Rimmelspacher/Costede* (Hrsg), FS Wolfram Henckel, 1995, 877 ff.

[5] Der BGH vertrat in seiner Entscheidung vom 11. 12. 1991 (NJW 1992, 737 = VersR 1992, 448, MedR 1992, 104) die Auffassung, dass eine Vertragsklausel zwischen Praxisverkäufer und Praxiserwerber unwirksam ist, in der sich der Veräußerer verpflichtet, die Patientendokumentation („Patientenkartei") ohne Einwilligung der Patienten dem Praxiserwerber zu überlassen.

[6] LSG NJW 1997, 2477 = MedR 1998, 377 m Anm *Rigizahn.*

[7] BGH NJW 1997, 2453.

[8] Gesetz zur Strukturreform im Gesundheitswesen (GesundheitsReformGesetz − GRG, vom 20. 12. 1988, geändert am 27. 4. 1993 (BGBl I, 512, 556).

[9] Einzelheiten bei *Rieger* MedR 1994, 213; *Möller* MedR 1994, 218; *Dahm* MedR 1994, 223; *Steinhilper* MedR 1994, 227; *Deutsch/Spickhoff,* Medizinrecht RdNr 140 ff.

[10] Nach einer Entscheidung des OLG Stuttgart (MedR 2001, 519) besteht neue Verpflichtung zum Verzicht auf die Zulassung als Vertragsarzt bei Ausscheiden aus einer Gemeinschaftspraxis.

Gemeinschaftspraxis verbleibenden Vertragsärzte bei der Bewerberauswahl durch den Zulassungsausschuss angemessen zu berücksichtigen (§ 103 Abs 6 S. 2 SGB V). Ab dem 1.1.1999 gilt eine **Höchstaltersgrenze:** Die Kassenzulassung endet automatisch zum Ende des Kalendervierteljahres, in dem der Vertragsarzt das 68. Lebensjahr vollendet (§ 95 Abs 7 S. 3 SGB V).[11] *Hans-Jürgen Rieger*[12] hat die Frage aufgeworfen, ob die Einführung der Bedarfszulassung gem § 102 SGB V ab 1.1.1999 (nunmehr 1.1.2003) zu einem „Abschmelzen" der zu diesem Zeitpunkt vorhandenen Vertragsarztpraxen führt, und zwar in der Weise, dass eine Wiederbesetzung eines vorhandenen Vertragsarztsitzes in einer Einzel- oder Gemeinschaftspraxis so lange ausgeschlossen ist, bis die gesetzlich festgelegte Verhältniszahl erreicht ist. Die Folge wäre, dass diese Praxen keinen ideellen Wert mehr hätten, womit ihre Unveräußerlichkeit feststünde.[13]

3 Auch die **teilweise Veräußerung einer Arztpraxis,** wie zB die Abgabe der Kassenpraxis unter Fortführung einer Privatpraxis in den gleichen Räumen oder die Einrichtung einer Gemeinschaftspraxis durch Aufnahme eines Partners in eine bestehende Einzelpraxis, ist ebenso rechtlich zulässig wie die Veräußerung von Anteilen an einer Gemeinschaftspraxis.[14] Nicht veräußerlich ist hingegen die Ambulanz eines Chefarztes im Krankenhaus oder die Patientenkartei ohne gleichzeitiger Übertragung der Praxis.[15] Seit dem Inkrafttreten des GSG haben sich die Probleme auch bei der **Übernahme eines Vertragsarztsitzes aus einer Gemeinschaftspraxis** verschärft.[16] In diesen Fällen sollte sich der Bewerber erkundigen, wer den Praxissitz zur Ausschreibung angemeldet hat. Gem § 103 Abs 4 S. 1 SGB V können nur der ausscheidende Vertragsarzt oder seine verfügungsberechtigten Erben diesen Antrag stellen. Die Bedingungen des Vertrages werden in der Regel zumutbar sein, wenn es sich um gleichberechtigte ärztliche Partner handelt. Problematisch ist jedoch der Fall, dass die Zulassung erfolgt, ohne dass eine Gemeinschaftspraxis gebildet wird. In diesen Fällen zerfällt die ehemalige Gemeinschaftspraxis in zwei Praxissitze.[17] Zweifelhaft ist, ob der ausschreibende Arzt die Übertragung an einen ihm nicht genehmen Arzt verhindern kann. Die Veräußerungsmöglichkeit einer Vertragsarztpraxis dient zwar in erster Linie dem Abgebenden bzw seinen Erben; aus der Pflicht zur angemessenen Berücksichtigung der Interessen des verbleibenden Partners wird man aber den Schluss ziehen müssen, dass im Einzelfall auch eine Entscheidung gegen dessen Interessen ergehen kann. Ist ein Nachfolgekandidat zugelassen und scheitert die beabsichtigte Gemeinschaftspraxis, so entfällt nicht etwa die Zulassung; vielmehr hat der eintrittswillige Arzt die Pra-

---

[11] Einzelheiten bei *Rieger* MedR 1994, 213; *Möller* MedR 1994, 218; *Steinhilper* MedR 1994, 227; vgl hierzu auch noch die Entscheidung des BVerfG (Beschluss vom 31.3.1998), wonach diese Altersgrenze für das Ende der Zulassung als Vertragsarzt verfassungsgemäß ist (MedR 1998, 323 = NJW 1998, 1776).

[12] MedR 1994, 213, 217.

[13] Vgl auch *Seer* DStR 1995, 377; ferner Arbeitsgemeinschaft Rechtsanwälte im MedR (Hrsg), Zulassung und Praxisverkauf, 1997 u *Maus* DÄBl 1997, A 1789.

[14] Voraussetzung für die Veräußerung von Anteilen an einer Gemeinschaftspraxis ist aber, dass der Gesellschaftsvertrag abweichend von der Regelung in § 717 BGB eine solche Übertragung zulässt. Zur Abgabe und Übernahme eines Anteils an einer ärztlichen Praxis s *Rieger,* Rechtsfragen beim Verkauf und Erwerb einer ärztlichen Praxis, 3. Aufl 1998, 58, RdNr 90 ff; *ders* Lexikon (1. Aufl 1984) RdNr 1405; *Klapp,* Abgabe und Übernahme einer Arztpraxis, 79 ff; *Wollny,* Unternehmens- und Praxisübertragungen RdNr 498 ff u RdNr 2091 zur **Veräußerung einer Teilpraxis;** 702 ff; *Rieger,* Rechtsfragen (s oben) RdNr 12 u 92; *Klapp* (s oben) 51; zur steuerrechtlichen Problematik der teilweisen Veräußerung einer Einzelpraxis durch Aufnahme eines Sozius vgl den Vorlagebeschluss des XI. Senats des BFH vom 22.4.1998 (MedR 1999, 69 R = BB 1998, 1515); zu den Voraussetzungen für eine (Teil-)Betriebsübernahme bei Übernahme eines Arztpraxisanteils vgl LAG Köln, MedR 1998, 225.

[15] Vgl *Rieger* Lexikon (1. Aufl 1984) RdNr 1406.

[16] Einzelheiten bei *Dahm* MedR 1994, 223, 224 f; *Wigge* NZS 1998, 53.

[17] Vgl auch BSG MedR 1993, 279; *Dahm* MedR 1994, 223, 225; *ders* MedR 2000, 551.

xis als Einzelpraxis weiterzuführen. Eine erneute Ausschreibung findet in einem solchen Fall nicht statt.[18]

Wie schwer sich die Zulassungsgremien und Gerichte mit der durch das GSG eingeführten Bedarfsplanung tun, zeigen die bislang zu dieser Problematik ergangenen Entscheidungen.[19] Nach Auffassung des SG Münster[20] ist die Einigung des Praxisübergebers mit einem Bewerber für die von den Zulassungsgremien vorzunehmende Auswahl nicht maßgeblich. Besteht zwischen den Beteiligten Streit über die Höhe des Verkehrswerts, so ist dieser durch die Zulassungsgremien festzulegen. Die Dauer der Eintragung in die Warteliste ist kraft Gesetzes in die Entscheidung über die Auswahl einzubeziehen.[21] Die bei einer **Ärztepartnerschaft** und einer **Gemeinschaftspraxis** immer gegebene Vermischung vom Gesellschafts-, Berufs- und Vertragsrecht führt in den Fällen der Übertragung fast immer zu Schwierigkeiten, weil ein Vertragsarzt seine Zulassung nicht übertragen oder vererben kann. So empfiehlt es sich zB bei Verzögerung der Zulassung, den Verzicht unter der Bedingung der wirksamen Zulassung eines Nachfolgers zu erklären.[22] Im Übrigen kann der Kaufvertrag über einen Gesellschaftsanteil an einer vertragsärztlichen Berufsausübungsgesellschaft in der Form einer Partnerschaft oder BGB-Gesellschaft auch schon vor der Entscheidung des Zulassungsausschusses abgeschlossen werden. Hier empfiehlt sich jedoch ein Vertragsschluss unter der **aufschiebenden Bedingung** einer bestandskräftigen Zulassungserteilung an den Käufer.[23] Festzustellen ist, dass das Auswahlermessen des Zulassungsausschusses sich wegen der persönlichen Mithaftung aller Gesellschafter auf solche Bewerber beschränkt, die von den verbliebenen Gesellschaftern als geeignet akzeptiert werden.

II. Der Vertrag über die Praxisveräußerung

Die Veräußerung einer Arztpraxis geschieht regelmäßig in zwei Rechtsvorgängen: durch schuldrechtlichen Vertrag in Form eines Kaufs (§§ 433 ff BGB), Tausch (§ 515 BGB) oder durch Schenkung (§§ 516 ff BGB) und durch Übereignung der Praxiseinrichtung. Auf den Regelfall der Praxisveräußerung finden grundsätzlich die Vorschriften über den Kauf (§§ 433 ff BGB) Anwendung.[24] Für den Kaufvertrag gelten keine besonderen Normen. Es empfiehlt sich jedoch in jedem Fall **Schriftform.** Wird mit der Praxis zudem entweder ein Grundstück oder Erbbaurecht verkauft (§§ 313 BGB (seit 1. 1. 2002 § 311b BGB), 11 ErbbRVO) oder enthält der Kaufvertrag die Verpflichtung zur Übertragung des gesamten Vermögens oder einen Bruchteil seines gegenwärtigen Vermögens (§ 311b Abs 3 BGB nF), so bedarf dieser Vertrag der **notariellen Beurkundung.**[25]

Für die **Mängelhaftung** gelten die Vorschriften der §§ 459 ff BGB.[26] Die Vereinbarung von Wertsicherungsklauseln, die unter § 3 WährG fallen, bedürfen der Genehmigung

---

[18] Einzelheiten bei *Steinhilper* MedR 1994, 227, 232; *Schallen,* Zahnarztrecht 1993, Kommentar zum GSG 1993, 103 ff.
[19] SG Detmold MedR 1995, 214; SG München MedR 1995, 295; SG Münster MedR 1996, 144.
[20] MedR 1996, 144.
[21] Vgl *Schallen,* Zulassungsordnung für Vertragszahnärzte, 1995, RdNr 158; zur Verfassungsmäßigkeit der Regelung in § 103 SGB V vgl auch BSG MedR 1994, 401.
[22] *Wertenbruch* MedR 1996, 485, 488; *Barthels* MedR 1994, 232, 233; *Schirmer,* in: *Hauck* (Hrsg), § 103 SGB V, RdNr 12; *Möller* MedR 1994, 218, 219; *Steinhilper* MedR 1994, 227, 229; str aA *Preißler* MedR 1994, 242.
[23] *Wertenbruch* (Fn 19); *Möller* (Fn 19) 218, 222; *Rieger,* Rechtsfragen (Fn 11) S. 62 RdNr 98; *Seer* DStR 1995, 377, 380; *Steinhilper* (Fn 19) 227, 232.
[24] Einzelheiten bei *Wollny* (Fn 14) RdNr 702 ff; *Rieger/Küntzel,* RdNr 7 ff; *Narr* ÄrztlBerufsR RdNr 1147; *Günther,* Zahnarzt – Recht und Risiko, RdNr 87, 88.
[25] Einzelheiten bei *Wollny* (Fn 14) RdNr 756 ff. Zum Muster eines Praxisübernahmevertrages s *Rieger,* Verträge zwischen Ärzten in freier Praxis 6. Aufl 1997, 18–25; sowie Saarl OLG MedR 1997, 418.
[26] BGH NJW 1959, 1584, 1585. *Rieger/Küntzel,* RdNr 8; *Wollny* (Fn 11) RdNr 765 ff.

durch die Deutsche Bundesbank. Stellt die Praxis im Wesentlichen das gesamte Vermögen eines Arztes dar, so sind neben der Formvorschrift des § 311b BGB vormals auch noch die Haftungsvorschrift des § 419 BGB (Haftung wegen Vermögensübernahme)[27] sowie die Vorschriften der §§ 1365 Abs 1, 1366 BGB zu beachten (Zustimmung des Ehegatten). Im Übrigen unterscheidet man zwischen der **Sachmängelhaftung** und der **Rechtsmängelhaftung.**[28] Ein Sachmangel liegt nicht nur dann vor, wenn zB nicht gebrauchsfähige Geräte verkauft worden sind, sondern auch, wenn der **Umfang der veräußerten Praxis** von den im Vertrag vorausgesetzten Angaben wesentlich abweicht.[29] Rechtsmängel sind zB Sicherungseigentum einer finanzierenden Bank an Praxisgegenständen oder Eigentumsvorbehalte von Lieferanten an Geräten oder Verbrauchsmaterialien. Unrichtige Angaben des Veräußerers über den bisherigen **Umsatz** oder den **Gewinn** der Praxis sind aber ebenso wenig Sachmängel wie berechtigte Erwartungen des Käufers über Umsatz, Ertrag und Vermögenslage der ärztlichen Kooperationsgemeinschaft.[30] Etwas anderes gilt jedoch, wenn die Richtigkeit über längerfristige Entwicklung von Umsätzen und Erträgen der Vergangenheit vertraglich ausdrücklich zugesichert worden war. Als eine zugesicherte Eigenschaft iS des BGB gilt grundsätzlich jedes Praxismerkmal, das für den Kaufpreis, Gebrauch oder sonstigen Gründen für den Käufer erheblich ist. Der **Ausschluss von Gewährleistungsansprüchen** ist jedoch zulässig.[31] Der Ausschluss gilt aber nicht für arglistiges Verschweigen.

6   Die **Übergabe der Patientenkartei** ist idR für den Erwerber von besonderer Bedeutung. Deshalb ist der Übergang der Patientenkartei regelmäßig wesentlicher Bestandteil des Praxisübernahmevertrages. Nach der Auffassung des BGH[32] verletzt eine Bestimmung in einem Vertrag über die Veräußerung einer Arztpraxis, die den Veräußerer auch ohne Einwilligung der betroffenen Patienten verpflichtet, die Patienten- und Beratungskartei zu übergeben, das informationelle Selbstbestimmungsrecht der Patienten und damit die ärztliche Schweigepflicht. In welcher Form der Patient in die Weitergabe seiner Unterlagen an einen Praxisnachfolger einwilligen muss, hat der BGH bislang offengelassen. Sind die Patienten von der Übergabe nicht einzeln aufgefordert worden, ihre Zustimmung zu erteilen, bietet sich bei einer manuell geführten Patientenkartei das sogen „**Zwei-Schrank-Modell**" nach dem Konzept der „Münchner Empfehlungen zur Wahrung der ärztlichen Schweigepflicht bei Veräußerung einer Arztpraxis" vom 8. 4. 1992 an.[33] Danach übergibt der Praxisveräußerer dem Praxisübernehmer den verschlossenen Karteischrank mit den gesamten Behandlungsunterlagen, an denen der Veräußerer jedoch zunächst das Eigentum noch behält. Die Parteien vereinbaren im Praxisübernahmevertrag eine **Verwahrungsklausel,** in der sich der Erwerber verpflichtet, die Altkartei für den Veräußerer zu verwahren und nur von Fall zu Fall darauf Zugriff zu nehmen, wenn ein früherer Patient des Veräußerers ihn zwecks Behandlung aufsucht. Erklärt sich der Patient dem Käufer der Praxis mit der Benutzung der alten Kartei einverstanden, so darf diese entnommen und in die laufende Patientenkartei des Erwerbers eingebracht werden. War die Altkartei **mittels EDV archiviert,** so muss der alte Datenbestand gesperrt und mit einem

---

[27] Die Vorschrift des § 419 BGB wurde mit Wirkung zum 1.1.1999 durch Art 32 EGInsO v 5. 10. 1994 (BGBl I 2911) ersatzlos aufgehoben.
[28] Einzelheiten bei *Rieger*, Rechtsfragen (RdNr 11) RdNr 6 ff; *Klapp* (Fn 11) 54 ff; *Wollny* (Fn 11) RdNr 932 ff.
[29] Einzelheiten bei *Rieger*, Rechtsfragen (Fn 11) RdNr 6.
[30] BGH NJW 1970, 653; BGH 1977, 1536, 1538; *Rieger*, Rechtsfragen (Fn 11) RdNr 7; *Wollny* (Fn 14) RdNr 947.
[31] *Rieger*, Rechtsfragen (Fn 11) RdNr 11; *Wollny* (Fn 14) RdNr 1000 ff.
[32] BGHZ 116, 268, 272; BGH NJW 1995, 2026; 1996, 773, 774. Instruktiv auch das „Laborärzteurteil" BGH NJW 1997, 799; dazu *Spoerr/Brinker/Diller* NJW 1997, 3056 ff; sowie OLG Köln NZG 1999, 67.
[33] Abgedruckt in MedR 1992, 207; Einzelheiten bei *Rieger*, Rechtsfragen (Fn 11) RdNr 37; *Klapp* (Fn 11) S. 56 ff.

5. Kapitel. Rechtsfragen der Arztpraxis   7 § 19

Passwort versehen werden. Der Zugriff auf den Datenbestand ist nur zulässig, wenn der Patient zustimmt.³⁴

Die **Nichtigkeit eines Praxiskaufvertrages** beurteilt sich allgemein nach § 138 7
Abs 1 BGB. Danach ist der Kaufvertrag ganz oder teilweise dann sittenwidrig und damit nichtig, wenn er im Einzelfall wegen seines Inhalts, der Beweggründe der Beteiligten und der von ihnen verfolgten Zwecke gegen die guten Sitten verstößt. So liegt beispielsweise Sittenwidrigkeit schon dann vor, wenn die Vertragsbedingungen die Gefahr mit sich bringen, dass der Übernehmer die Praxis in einer die Belange der Rechtspflege beeinträchtigenden Weise weiterführt.³⁵ Sieht zB der Vertrag vor, dass die Übergabe der Patientenkartei ohne Zustimmung des Patienten erfolgen soll, so erfasst die Nichtigkeit der Klausel im Zweifel den gesamten Praxisveräußerungsvertrag.³⁶ **Wettbewerbsklauseln,** wie zB eine Konkurrenzklausel, sind zulässig.³⁷ Grundsätzlich darf die freie Berufsausübung eines Arztes durch Vereinbarung jedoch nur in vertretbarer Weise und nur insoweit eingeengt werden, als besondere Umstände zu dem anerkennenswerten Bedürfnis führen, den Vertragspartner vor Konkurrenz zu schützen.³⁸ Die Vereinbarung eines zeitlich **unbegrenzten** Rückkehrverbotes ist jedoch nichtig. Das gilt auch für die Berufsausübung hinsichtlich bestimmter Behandlungsarten.³⁹ Die meisten Gerichtsentscheidungen zum Wettbewerbsverbot, vor allem zum **Rückkehrverbot,** beziehen sich auf die Zeit vor dem Inkrafttreten des GSG. Nach Auffassung des OLG Koblenz⁴⁰ wird eine Konkurrenzklausel mit einer Dauer von 5 Jahren und einem Rückkehrverbot innerhalb eines Bereichs von 30 bzw. 40 km den Zulassungsbeschränkungen des § 103 SGB V nicht gerecht und ist daher gem § 138 Abs 1 BGB sittenwidrig und unwirksam. Das Zusammenwirken des Konkurrenzverbotes mit den Zulassungsbeschränkungen führt nämlich wegen der großflächigen Überversorgung zu einer unangemessenen Einschränkung der grundrechtlich geschützten Berufsfreiheit. Der aus einer Gemeinschaftspraxis ausscheidende Arzt darf sich danach in seiner bisherigen Region nicht mehr niederlassen, hat aber andererseits wegen der Überversorgung kaum eine absehbare Niederlassungsmöglichkeit in einem anderen Bereich z.B. als vertragsärztlich zugelassener Radiologe mit spezieller Qualifikation.⁴¹ Ein Vorvertrag, der die Übernahme einer Arztpraxis zum Gegenstand hat, entbehrt dann der gebotenen

---

³⁴ Vgl *Rieger,* Verträge zwischen Ärzten in Freier Praxis, 3. Aufl 1997, 19 f; *ders,* Rechtsfragen (Fn 11) RdNr 38; *Hülsmann/Maser* MDR 1997, 111.
³⁵ Vgl BGH NJW 1973, 98; OLG Düsseldorf NJW 1973, 558.
³⁶ Um die Gefahr zu minimieren, dass mit der Sittenwidrigkeit bzw Unwirksamkeit einer einzelnen Klausel (Paragraphen) der Gesamtvertrag dem Verdikt der Sittenwidrigkeit/Unwirksamkeit verfällt, empfiehlt es sich dringend, in den Vertragstext eine sog. Salvatorische Klausel aufzunehmen (Textvorschlag: „Sollten einzelne Bestimmungen dieses Vertrages rechtsunwirksam sein oder werden, so wird hierdurch die Wirksamkeit der übrigen Vertragsbestimmungen nicht berührt. Nichtige Vertragsbestimmungen sind unter Wahrung des Grundsatzes der Vertragstreue neu zu regeln." Oder: „Nichtige Vertragsbestimmungen werden durch entsprechende gesetzliche Normen ersetzt.").
³⁷ BGHZ 16, 71 = NJW 1955, 337; BGH NJW 1986, 2944; BGH NJW 1989, 763; OLG Koblenz ArztR 1995, 51; OLG Koblenz ArztR 1997, 89; *Uhlenbruck* ArztR 1971, 105; *Rieger* Lexikon (1. Aufl 1984) RdNr 1415; *Rieger,* Rechtsfragen (Fn 11) RdNr 79 ff; *Klapp* (Fn 11) S. 67 ff; *Taupitz* MedR 1993, 367; *Wehmeier* Stbg 1996, 345; *Krieger* MedR 1994, 240; *Cramer* MedR 1994, 237; *Ratzel* MedR 1994, 234; *Narr* ÄrztlBerufsR RdNr 1150.
³⁸ *Narr* ÄrztlBerufsR RdNr 1150; vgl auch *Soergel-Hefermehl* § 138 BGB RdNr 239. Zur Vertragsgestaltung im Einzelnen vgl *Rieger,* Verträge zwischen Ärzten in freier Praxis, 11 ff; *Uhlenbruck* ArztR 1971, 149; *Narr,* Arzt und Wirtschaft 1979, 12, 19; *ders,* ÄrztlBerufsR RdNr 1220; ferner *Morawietz* NJW 2008, 3263.
³⁹ Einzelheiten bei *Uhlenbruck* ArztR 1971, 105; *Rieger* Lexikon (1. Aufl 1984) RdNr 1415; *ders,* Verträge zwischen Ärzten in freier Praxis; *Spoerr/Brinker/Diller* NJW 1997, 3056 ff.
⁴⁰ ArztR 1997, 89.
⁴¹ Vgl auch OLG Schleswig-Holstein MedR 1993, 22; OLG Koblenz MedR 1994, 368; OLG Karlsruhe MedR 1995, 156; zur Dauer des Rückkehrverbots s auch das „Laborärzteurteil" BGH vom 13. 6. 1996 (NJW 1997, 799).

Konkretisierung, wenn er nur die Übergabe der Praxiseinrichtung regelt, aber zur Übertragung des ideellen Praxiswerts (Patientenstamm pp) schweigt. Wer sich ohne triftigen Grund von einem nicht hinreichend bestimmten Vorvertrag lossagt, haftet jedoch aus culpa in contrahendo. Der dadurch zu ersetzende Vertrauensschaden umfasst durch die Suche nach einer anderen Praxis veranlassten Verdienstausfall nebst Reisekosten.[42]

III. Die Bestimmung des Kaufpreises

8   Der Kaufpreis für eine Arztpraxis setzt sich aus dem eigentlichen Substanzwert (materieller Praxiswert) und dem ideellen Wert (immaterieller Praxiswert) zusammen. Hier sollte der Arzt als Käufer regelmäßig nicht ohne einen Sachverständigen die Kaufpreisbestimmung vornehmen. Dies gilt vor allem für den „Goodwill". Inzwischen gibt es bei allen größeren Industrie- und Handelskammern in der Bundesrepublik Sachverständige für diese Praxisbewertungen.[43] Evtl. hilft hier auch die zuständige Landesärztekammer weiter.

9   **Die Berechnung des „Goodwill":** Der Goodwill ist der Differenzbetrag zwischen dem Wert der Praxiseinrichtung als der Summe der Werte einzelner dem Beruf des Arztes dienender Gegenstände und dem tatsächlich gezahlten Kaufpreis oder dem objektiven Wert für den Fall einer Veräußerung.[44] Oder anders ausgedrückt: Unter Goodwill einer Praxis ist der Wert zu verstehen, der sich nicht in der Praxiseinrichtung widerspiegelt, sondern sich aus der Zusammenfassung aller Möglichkeiten, Chancen und Beziehungen einer gut eingeführten, allgemein bekannten Praxis mit einem festen Patientenstamm ergibt.[45] Schwierigkeiten ergeben sich jedoch bei der Berechnung des „Goodwill" im Hinblick auf das öffentlich-rechtliche Zulassungsrecht und die Nachfolgeregelung in § 103 Abs 4 S. 6 SGB V. Nach dieser Vorschrift sind die wirtschaftlichen Interessen des **ausscheidenden Vertragsarztes oder seiner Erben** nur insoweit zu berücksichtigen, als der Kaufpreis die Höhe des Verkehrswerts der Praxis nicht übersteigt. Nach den Gesetzesmaterialien sollte mit dieser Regelung ausgeschlossen werden, dass der Meistbietende den Zuschlag erhält, auch wenn er fachlich weniger qualifiziert ist als ein anderer Mitbewerber.[46]

10 Die **Feststellung des Verkaufswerts** einer Arztpraxis ist letztlich äußerst schwierig. Eine allgemeinverbindliche Methode zur Feststellung des Verkehrswerts einer Arztpraxis gibt es bis heute noch nicht. Umstritten sind in der Praxis verschiedene Bewertungsmethoden. Hauptsächlich kommen zwei Verfahren zur Anwendung: die **Umsatzmethode** entsprechend der „Richtlinie zur Bewertung von Arztpraxen" der Bundesärztekammer (Ärztekammer-Methode)[47] und die **betriebswirtschaftlichen Bewertungsmethoden**.[48] Nach der Ärztekammer-Methode ergibt sich der Praxisgesamtwert aus einer Addition von

---

[42] Vgl OLG Saarbrücken NJW-RR 1998, 341 = MedR 1997, 418.
[43] Vgl hierzu insbesondere *Ries/Schmieder/Althaus/Großbölting/Voß*, Arztrecht 2. Aufl, 257 ff.
[44] Vgl *Uhlenbruck* ArztR 1971, 101; *ders* ArztR 1978, 231; *Englert* BB 1997, 142; *Klapp* (Fn 11) 17; *Rieger* (1. Aufl 1984) RdNr 21 u 100 ff; *Narr* ÄrztlBerufsR RdNr 1148; *ders*, MedR 1984, 121, 123; *Rieger/Küntzel*, RdNr 63 ff (Kaufpreisgestaltung); Wollny (Fn 1) RdNr 2279; *Lautenschläger/Raffelsieper*, Praxisabgabe-Praxisübernahme, 14 ff; *Cramer/Henkel/Maier/Wimmer* MedR 1999, 498; *Ries/Schmieder/Althaus/Großbölting/Voß* (Fn 37a), 258 ff.
[45] Vgl BGH NJW 1965, 580; BGH NJW 1973, 98, 100; OLG Karlsruhe WM 1989, 1229; OLG Saarbrücken NJW-RR 1998, 341; *Narr* MedR 1984, 121, 123.
[46] Zu den Schwierigkeiten, den Verkehrswert einer Vertragsarztpraxis oder eines Gemeinschaftspraxisanteils zu bestimmen, vgl *Rieger* MedR 1993, 131; *Cramer* MedR 1992, 313. Zur Bewertung einer Radiologenpraxis vgl *Cramer/Henkel*, Der Radiologe 1997, M123; vgl auch noch Arbeitsgemeinschaft Rechtsanwälte im Medizinrecht (Hrsg) Zulassung und Praxisverkauf 1997.
[47] Abgedr in DÄBl 1987, B 671 ff und bei *Rieger*, Rechtsfragen (Fn 11) Anh 1 S. 77.
[48] *Wollny*, (Fn 1) RdNr 2275 ff; *Frielingsdorf*, Praxiswert. Der Weg zur richtigen Wertbestimmung in Arzt- und Zahnarztpraxen, 1989; *Englert*, Die Bewertung von freiberuflichen Praxen mithilfe branchentypischer Wertfindungsmethoden, BB 1997, 142 ff; *Rieger*, Rechtsfragen (Fn 11) 77 ff.

5. Kapitel. Rechtsfragen der Arztpraxis   11, 12 § 19

materiellem Praxiswert und Goodwill. Der Goodwill als **ideeller Praxiswert** bestimmt sich nach dem Praxisumsatz. Zugrunde zu legen sind zunächst die Bruttoumsätze aus der Kassen- und Privatpraxis in den letzten 3 Kalenderjahren vor der Praxisübergabe.[49] Hiervon ist ein **kalkulatorischer Arztlohn** für den Praxisinhaber abzuziehen.[50] Von den Gerichten werden aber auch die **betriebswirtschaftlichen Bewertungsmethoden** anerkannt, wie zB die **Methode der Übergewinnverrentung** oder **Übergewinnabgeltung** (UEC-Methode), die ebenso wie die Ärztekammer-Methode sowohl den Substanzwert als auch den Goodwill berücksichtigen. Von der Betriebswirtschaftslehre wird heute jedoch das sog **Ertragswertverfahren** bevorzugt.[51] Ohne hier auf Einzelheiten einzugehen, ist festzustellen, dass in der Bewertungspraxis die Bestimmung des Preises für eine Arztpraxis idR auf der Basis eines **kombinierten Verfahrens** erfolgt, bei dem der immaterielle Wert der Praxis (Goodwill) und der Wert der übrigen Vermögenswerte getrennt voneinander ermittelt werden. Außer der Einschaltung eines Sachverständigen sollte der Kauf- bzw Verkaufsvertrag der zuständigen Ärztekammer zur Überprüfung vorgelegt werden. Ohnehin soll der Arzt gem § 24 MBO-Ä alle Verträge über seine ärztliche Tätigkeit vor ihrem Abschluss der Ärztekammer vorzulegen, damit dort dann geprüft werden kann, ob die beruflichen Belange gewahrt sind. Es gehört nämlich zur Wahrung der beruflichen Belange auch, Praxisnachfolgeverträge auf ihre Angemessenheit, insbesondere im Bezug auf die Höhe des ideellen Werts, zu begutachten.[52]

Für die Ermittlung des Verkehrswerts einer Arztpraxis **hat** der **Veräußerer Angaben über Umsätze, Patientenstamm und Erträge zu machen.** Unrichtige Angaben zB über Umsätze und Erträge begründen regelmäßig weder einen Sachmangel, noch stellen sie eine zugesicherte Eigenschaft dar. In Betracht kommt aber (neben einer strafrechtlichen Verantwortlichkeit) eine Haftung des Veräußerers wegen Verschuldens bei Vertragsschluss.[53] Grundsätzlich ist nach der bisherigen Rechtsprechung des BGH[54] festzustellen, dass nach wie vor der Käufer sich selbst darüber zu informieren hat, ob der Vertrag für ihn günstig ist oder nicht. Es besteht keine generelle Verpflichtung des Praxisveräußerers, auf sämtliche umsatzbestimmenden Faktoren hinzuweisen. Der Veräußerer hat lediglich die vertragliche Pflicht, korrekt und ggf unter Vorlage von Unterlagen die entsprechenden Fragen des Erwerbers wahrheitsgemäß zu beantworten. Generelle Umsatzangaben müssen zudem richtig sein. Unrichtige Angaben über nicht getätigte Umsätze begründen die Anfechtung wegen arglistiger Täuschung (§ 123 BGB).[55]   11

Die Berechnung des Goodwill spielt vor allem auch bei der **Ehescheidung** und der Berechnung des Zugewinnausgleichs eine nicht unerhebliche Rolle. So hat zB das OLG Koblenz[56] zur Berechnung des Goodwill einer Zahnarztpraxis Stellung genommen. Die Ehefrau eines Zahnarztes hatte mit einer Stufenklage zunächst Auskunft über den Bestand   12

---

[49] Einzelheiten bei *Rieger*, Rechtsfragen (Fn 11) 77 ff.
[50] Einzelheiten bei *Wollny* (Fn 14) RdNr 279 ff; *Englert* (Fn 38); *Rieger*, Rechtsfragen (Fn 11); *Klapp* (Fn 11) 26 ff.
[51] Vgl *Cramer* MedR 1992, 315; *Rieger*, Rechtsfragen (Fn 11) RdNr 106; *Gatzen*, Bewertung von Arztpraxen, Bergisch Gladbach 1992; *Englert* (Fn. 38); *Klapp* (Fn 11) 27 ff.
[52] So zutreffend *Narr*, Ärztliche Praxis 1988, 1758, 1759; *ders* MedR 1984, 121, 122; Richtlinie der Bundesärztekammer zur Bewertung von Arztpraxen, DÄBl 1987, C 605.
[53] BGH NJW-RR 1989, 36. Vgl auch *Rieger*, Informationspflicht des Verkäufers einer Arztpraxis, DMW 1989, 439; *Tiemann*, Aufklärungspflichten bei dem Verkauf einer Zahnarztpraxis? Quintessenz 1989, 2337.
[54] BGH NJW 1989, 763.
[55] Zur Frage der Aufklärungspflicht über die außergewöhnliche Höhe der auf einzelne Patienten entfallenden Honorarbeträge, wenn beim Verkauf einer Arztpraxis der Verkäufer seine Honorareinnahmen mit einem jährlichen Gesamtbetrag angibt, s BGH NJW 1989, 763.
[56] FamRZ 1982, 280. Zum Goodwill der Praxis eines Arztes für Allgemeinmedizin vgl BGH NJW 1991, 1547; OLG Koblenz FamRZ 1988, 950; OLG Karlsruhe MedR 1990, 94. Zur Bewertung einer Arztpraxis bei der Berechnung des Zugewinnausgleichs, insbesondere im Hinblick auf die latente Steuerlast vgl BGH NJW 1991, 1547. Vgl auch *Michalski/Zeidler* FamRZ 1997, 397.

seines Endvermögens begehrt. Das OLG hatte der Ehefrau das Recht zugebilligt, die Vorlage einer Einnahmen-Überschuss-Rechnung für die letzten fünf Jahre vor dem Bewertungsstichtag zu verlangen. Dagegen habe die Klägerin (Ehefrau) keinen Anspruch auf Vorlegung von Bilanzen.[57] **Die Ermittlung des Zugewinns** setzt für jeden Ehegatten die Feststellung seines Anfangs- und Endvermögens voraus (§§ 1373, 1374, 1375 BGB). Bei der Bewertung, vor allem einer Facharztpraxis, hängt der Goodwill weitgehend von subjektiven Fähigkeiten des Inhabers ab. Derartige Fähigkeiten sind aber in der Regel nicht Gegenstand der Übertragung oder Veräußerung, sondern an die Person des jeweiligen Inhabers der Praxis gebunden.[58] Dies bedeutet aber keineswegs, dass eine Facharztpraxis keinen Goodwill hat.[59]

IV. Datenschutz bei Praxisübergabe

13   Die ältere Rechtsprechung[60] hielt die vertragliche Überlassung der Patientenkartei in Fällen der Praxisnachfolge durch Übernahme einer Arztpraxis auch ohne vorheriges Befragen der Patienten für zulässig. Der BGH hat diese frühere Rechtsprechung in einem Urteil vom 11.12.1991[61] ausdrücklich aufgegeben. Der BGH verlangt nunmehr vom Praxisveräußerer, **vor der Weitergabe** der Patientenunterlagen an (s)einen Nachfolger die **Zustimmung der Patienten** „in eindeutiger und unmißverständlicher Weise einzuholen". Eine Bestimmung in einem Praxisübergabevertrag, die den Veräußerer auch ohne Einwilligung der betroffenen Patienten verpflichtet, die Patientenkartei zu übergeben, verletzte das informationelle Selbstbestimmungsrecht des Patienten und verstoße gegen die ärztliche Schweigepflicht, so dass wegen Verstoßes gegen ein gesetzliches Verbot nach § 134 BGB Nichtigkeit eintrete.[62] *Laufs*[63] hatte insoweit einen „Vermittlungsvorschlag" gemacht und auf eine Art von „Widerspruchslösung" verwiesen: Ein Praxiswechsel vollziehe sich doch nicht lautlos von einem Tag zum anderen. Die Information erfolge entweder durch unmittelbare mündliche Nachricht des Praxisveräußerers an seine Patienten, durch Hinweise im Wartezimmer oder durch Anzeige des Nachfolgers in der Tagespresse. Die Publizität verschaffe dem Patienten die Möglichkeit, vom Veräußerer oder seinen Rechtsnachfolgern zu verlangen, die Praxisunterlagen einem anderen Arzt als dem Erwerber zur Verfügung zu stellen. Der BGH ist jedoch diesem „Vermittlungsvorschlag" nicht gefolgt, sondern nimmt eine generelle Nichtigkeit des Vertrages an. Zur Bedeutung einer sog „Salvatorischen Klausel" im Praxisübernahmevertrag, wonach durch eine Teilnichtigkeit des Vertrages die Wirksamkeit des Gesamtvertrages nicht berührt werden soll, sei auf die BGH-Entscheidung vom 11.10.1995 verwiesen.[64] Zu einzelnen Möglichkeiten der praktischen Durchführung einer rechtlich zulässigen Weitergabe von Patientenunterlagen sei auf die Ausführungen oben zu II Bezug genommen.[65]

---

[57] Zum Goodwill einer Arztpraxis vgl auch OLG Karlsruhe DB 1989, 1401 = WM 1989, 1229; *Frielingsdorf*, Praxiswert, 1989, 15 ff. Zur umsatzsteuerlichen Behandlung des Goodwill beim Verkauf einer Arztpraxis vgl *Raczinski/Rademacher*, BB 1989, 2231.

[58] So zB BGHZ 68, 163, 167 = NJW 1977, 949 (Gewerbe eines Handelsvertreters). Zur Bewertung einer Arztpraxis im Rahmen einer Ehescheidung vgl auch BGH NJW 1991, 1547.

[59] Vgl BGH NJW 1977, 378; *Narr* MedR 1984, 121, 124, 125. Umfassend zur Problematik und vor allem zu einschränkenden Abfindungsklauseln *Kotzur*, Goodwill freiberuflicher Praxen und Zugewinnausgleich, NJW 1988, 3239 mit Literatur und Rechtsprechung; *Wollny* (Fn 1) RdNr 2276–2285.

[60] BGH NJW 1974, 602; BGH MedR 1986, 195, 196; vgl auch BVerfG NJW 1972, 1123, 1124.

[61] NJW 1992, 737 = MedR 1992, 14.

[62] Ähnlich BGH NJW 1996, 773, 774; vgl auch BGH NJW 1995, 2026.

[63] Praxisverkauf und Arztgeheimnis – ein Vermittlungsvorschlag, MedR 1989, 309.

[64] NJW 1996, 773.

[65] Vgl zu dieser Problematik ua ferner *Rieger*, Rechtsfragen beim Verkauf und Erwerb einer ärztlichen Praxis, RdNr 34 ff und zum sog „Zwei-Schrank-Modell" nach dem Konzept der „Münchener

V. Praxistausch

Auch der Tausch von Arztpraxen ist grundsätzlich zulässig.[66] Für den Tausch gelten die vorstehenden Ausführungen über Gewährleistung, Rückkehrverbot und Konkurrenzverbot in gleicher Weise wie für den Praxiskauf (§ 480 BGB). **14**

VI. Tod des Praxisinhabers

Verstirbt der Praxisinhaber, so kann die Praxis gem § 20 Abs 3 MBO-Ä zugunsten seiner Witwe oder eines unterhaltsberechtigten Angehörigen in der Regel bis zur Dauer von **drei Monaten** nach dem Ende des Kalendervierteljahres durch einen anderen Arzt fortgesetzt werden (sog Gnadenvierteljahr).[67] Während des „Gnadenvierteljahres" wird die Praxis von einem anderen Arzt für Rechnung der Hinterbliebenen fortgeführt. Der andere Arzt ist nicht Praxisvertreter sondern Praxisverweser.[68] **15**

Für den **Tod eines Vertragsarztes** ist die Rechtslage nicht eindeutig. Von manchen Kassenärztlichen Vereinigungen wird die zeitweise Fortführung der Praxis innerhalb des „Gnadenvierteljahres" zugelassen. Ein Rechtsanspruch der Hinterbliebenen auf eine solche Gestattung besteht jedoch nicht.[69] Die KV Nordrhein und die KV Hessen hingegen lehnen eine vertragsärztliche Weiterzulassung ab und erteilen allenfalls begrenzte Ermächtigungen zur Fortführung der Vertragsarztpraxis in Fällen drohender Unterversorgung. In jedem Fall ist die Weiterführung einer vertragsärztlichen Praxis jedoch zeitlich zu befristen. Die Befristung soll ein Quartal nicht überschreiten.[70] *Kamps*[71] hält, soweit Kassenärztliche Vereinigungen die Fortführung der Praxis eines verstorbenen Vertragsarztes für ein **Gnadenvierteljahr** per Satzung regeln, diese Bestimmungen ebenso wie die Praxisverweserregelungen in den Berufsordnungen der deutschen Ärztekammern für nichtig. Da gem § 95 Abs 7 S. 1 SGB V die Mitgliedschaft des verstorbenen Vertragsarztes erloschen sei und er damit keine Rechte und Pflichten gegenüber seiner Kassenärztlichen Vereinigung mehr habe, widersprächen diese Satzungsbestimmungen den gesetzlichen Grundregeln des SGB V und seien demzufolge nichtig. Das Gleiche gelte für diejenigen gesamtvertraglichen Regelungen, die zur Sicherstellung der ärztlichen Versorgung und Abwicklung der Verpflichtungen der Praxis der Witwe oder einem unterhaltsberechtigten Angehörigen des verstorbenen Arztes erlauben, die Praxis in der Regel bis zur Dauer von 3 Monaten nach dem Ende des Kalendervierteljahres, in dem der Vertragsarzt verstorben ist, durch einen anderen Arzt fortführen zu lassen. Das **Rechtsinstitut der Praxisverwesung** ist jedoch aus guten Gründen sowohl von den Kassenärztlichen Vereinigungen als auch von den Ärztekammern akzeptiert worden. Dogmatische Bedenken sollten eigentlich nicht dazu führen, dieses Rechtsinstitut infrage zu stellen und auf ein Tätigwerden des Gesetzgebers zu warten. Zutreffend sieht deshalb auch der Bundesmantelvertrag-Ärzte (BMV-Ä) in § 4 Abs 3 vor, dass die Kassenärztliche Vereinigung die **Weiterführung der Praxis eines verstorbenen Vertragsarztes** durch einen anderen Arzt (sogar) bis zur Dauer von **zwei Quartalen** genehmigen kann. Sie informiert darüber die Landesverbände der Krankenkassen. **16**

Empfehlungen" zur Wahrung der ärztlichen Schweigepflicht bei Veräußerung einer Arztpraxis vom 8.4.1992 RdNr 37; sowie *Klapp*, Abgabe und Übernahme einer Arztpraxis, 56f.

[66] BGH NJW 1955, 337; BGH NJW 1959, 1584; *Rieger* Lexikon (1. Aufl 1984) RdNr 1403; *Narr* ÄrztlBerufsR RdNr 1177; *Uhlenbruck* ArztR 1971, 105; *G Schulz*, ArztR für die Praxis, 386; *Schieckel* bei *Kuhns*, Das gesamte Recht der Heilberufe I/681.

[67] Einzelheiten bei *Henke,* Der niedergelassene Arzt 1982, 38; *Narr* ÄrztlBerufsR RdNr 1068; vgl auch *Rieger/Küntzel*, RdNr 30 (Ausschreibungsrecht der Erben); *Kamps*, Die Fortführung der Praxis eines verstorbenen Arztes durch den Praxisverweser, NJW 1995, 2384.

[68] *Rieger* Lexikon (1. Aufl 1984) RdNr 1437.

[69] *Narr* ÄrztlBerufsR RdNr 1068; *Rieger* Lexikon (1. Aufl 1984) RdNr 726.

[70] *Narr* ÄrztlBerufsR RdNr 1068.

[71] NJW 1995, 2384, 2387.

17 Das **Mietverhältnis** zwischen dem Vertreter der Praxisräume und dem Arzt erlischt hingegen mit dem Tod des Praxisinhabers nicht automatisch. Die Erben sind aber berechtigt, den Mietvertrag unter Einhaltung der gesetzlichen Fristen gem § 563 Abs 3 BGB zu kündigen. Ist der Mietvertrag für einen bestimmten Zeitraum abgeschlossen worden, so endet das Mietverhältnis, wenn nichts anderes bestimmt ist, mit Ablauf dieses Zeitraums. Die Erben haben aber die Möglichkeit, bis zum Ablauf des Mietverhältnisses einen anderen Arzt als Nachfolgemieter zu benennen, der in alle Rechte und Pflichten aus dem Mietvertrag eintritt.[72] Auch sonstige Verträge, wie zB die Arbeitsverträge mit dem Praxispersonal, bleiben im Fall des Todes des Praxisinhabers bestehen. Die Erben sind allerdings zur Kündigung berechtigt.

18 Die Erben eines verstorbenen Arztes sind verpflichtet, die **Krankenunterlagen,** soweit nicht die Praxis auf einen anderen Arzt übergeht, aufzubewahren. Die Erben sind an die **gesetzlichen Aufbewahrungspflichten** gebunden. Gem § 29 Abs 4 S. 2 RöV sowie § 43 Abs 3 S. 2 StrlSchV kann die zuständige Behörde sogar verlangen, dass die Aufzeichnungen unter Wahrung der ärztlichen Schweigepflicht bei einer von ihr bestimmten Stelle zu hinterlegen sind. Es besteht jedoch auch die Möglichkeit, diese Unterlagen bei der Ärztekammer in Verwahrung zu nehmen. Eine Rechtspflicht der Kammer zur Verwahrung besteht hingegen jedoch nicht.[73]

§ 20 Der Arzt als Arbeitgeber

Inhaltsübersicht

	RdNr
I. Allgemeines	1
II. Die arbeitsrechtliche Stellung ärztlicher Mitarbeiter in der Praxis	2
III. Die arbeitsrechtliche Stellung nichtärztlicher Mitarbeiter in der Praxis	4
IV. Auswirkung des arbeitsrechtlichen Beschäftigungsförderungsgesetzes	7

Schrifttum: *Althaus/Großbölting,* Arztrecht Handbuch für Mediziner 2004; *Andreas/Debong/Bruns,* Handbuch Arztrecht in der Praxis, 2001; *Bauer,* Arbeitsrechtliche Aufhebungsverträge 8. Aufl, 2007; *Braun,* Befristen eines Arbeitsvertrages – Sachgründe außerhalb des Katalogs des § 14 Tz BfG MDR 2006, 609; *Bruns,* Gesetzesänderung im Arbeitsrecht, ArztR 1997, 11; *ders,* Neuregelung beim Kündigungsschutz, ArztR 2004, 272; *Berger,* Der Arzt im Praktikum, ZTR 1988, 441; *Broglie,* Der Arzt als Arbeitgeber 1999; *Däubler/Hjort/Humel/Wohnerath* (Hrsg), Arbeitsrecht Handkommentar, 2008; *Dörner/Luczak/Wildschütz,* Handbuch Arbeitsrecht; *Debong,* Arbeits- und Weiterbildungszeugnis, ArztR 2005, 200; Erfurter Kommentar zum Arbeitsrecht, 8. Aufl 2008; *Heberer,* Das Arbeitszeugnis – Betrachtung der neuesten Rechtsprechung des Bundesarbeitsgerichtes zu Form und Inhalt, Chirurg BDC 2000, 211; *Hümmerich,* Arbeitsrecht, 6. Aufl 2006; *Kramer,* Die Kündigung im Arbeitsrecht, 10. Aufl 2004; *Löw,* Aktuelle Rechtsfragen zum Arbeitszeugnis, NJW 2005, 3605; *ders,* Die arbeitsrechtliche Abmahnung in der Praxis, MDR 2005, 431; *Morawietz,* Der niedergelassene Arzt als Arbeitgeber, ArztR 2009, 4; *Möller,* Aus der Praxis: Die arbeitsrechtliche Abmahnung und ihre Erfordernisse, JuS 2008, 134; *Müller,* Hinweispflicht des Arbeitgebers bei Abschluss von Aufhebungsverträgen, Arzt und Krankenhaus, 2005, 59; *Ostermeier,* Die Erstattung vorprossesualer Anwaltskosten im Arbeitsrecht, NJW 2008, 551; *Nils/Schmieder/Althaus/Großbölting/Voß,* Arztrecht, 2. Aufl 2007, Kapitel X, Der Arzt und das Arbeitsrecht, 207–240; *Seel,* Formale Voraussetzungen und (Mindest-)Inhalt einer Kündigungserklärung, MDR 2005, 1331; *Spiegelhalter,* Arbeitsrechtslexikon, 2008; *Stück,* Das Arbeitszeugnis, MDR 2006, 791; *Debong,* Das Arbeitszeitgesetz, Umsetzung im Arbeitsbereich des Chefarztes, ArztR 1996, 123; *Dobrinski,* Das Arbeitszeitgesetz aus der Sicht eines Krankenhausarztes, BayÄBL 1998, 9; *Gitter/Köhler,* Der Grundsatz der persönlichen Leistungspflicht, 1989; *Hoffmann,* Das Arbeitszeitgesetz aus der Sicht eines Krankenhausarztes, BayÄBL 1998, 104;

---

[72] *Rieger* Lexikon (1. Aufl 1984) RdNr 210.
[73] *Rieger* Lexikon (1. Aufl 1984) RdNr 1087.

5. Kapitel. Rechtsfragen der Arztpraxis 1–3 § 20

Kamps, Der Arzt als Arbeitgeber, 13. Aufl 1996; *Kempter,* Auswirkungen des Arbeitszeitgesetzes auf die Arbeitszeitregelung in Kliniken, NZA 1996, 1190; *Kienzle,* Das Arbeitszeitgesetz im Spannungsfeld zwischen Patientenversorgung, Kostenbegrenzung und Haftungsrecht aus ärztlicher Sicht, Mitteilungen der Deutschen Gesellschaft für Chirurgie eV 1997, 120; *Narr,* Der Arzt als Arbeitgeber, arbeitsrechtliche, haftungsrechtliche und versicherugnsrechtliche Fragen in der Praxis, 9. Aufl 1988; *ders,* Ärztliches Berufsrecht, Ausbildung, Weiterbildung, Berufsausübung (Stand 2007); *Rieger,* Lexikon des Arztrechts, 1. Aufl 1984; *Schaub/Koch/Linck,* Arbeitsrechts-Handbuch, 11. Aufl 2005; *Strehl,* Krankenhäuser, Universitätsklinika und das Arbeitszeitgesetz, Urologe Ausg B 1998, 410; *Stück,* Das Arbeitszeugnis, MDR 2006, 791; *Teichner,* Arbeitszeitgesetz und Arzthaftung, MedR 1995, 255; *Wern,* Die arbeitsrechtliche Stellung des leitenden Krankenhausarztes, Diss 2005; *Weth/Thomae/Reichold* (Hrsg), Arbeitsrecht im Krankenhaus, 2007.

I. Allgemeines

Wie jeder andere Freiberufler ist auch der Arzt berechtigt, sich zwecks Erbringung seiner freiberuflichen Leistung (§§ 611 ff BGB) ärztlicher und kassenärztlicher Mitarbeiter zu bedienen (vgl auch §§ 15 Abs 1 S. 2 SGB V, 29, 30 ZOÄ, 15 Abs 1 BMV-Ä). Im Bereich der vertragsärztlichen Versorgung sind jedoch Hilfsleistungen anderer Ärzte nur dann ärztliche Leistungen, wenn sie in der Praxis des Arztes unter seiner Aufsicht und Verantwortung von ärztlichen Mitarbeitern erbracht werden. 1

II. Die arbeitsrechtliche Stellung ärztlicher Mitarbeiter in der Praxis

Die Mitarbeit unselbstständiger Ärzte in der freien Arztpraxis ist beschränkt. Grundsätzlich muss der Arzt seine Praxis **persönlich ausüben.** Die Beschäftigung eines ärztlichen Mitarbeiters (angestellter Praxisarzt) setzt die Leitung der Praxis durch den niedergelassenen Arzt voraus (§ 19 S. 1, 2 MBO-Ä). Die Beschäftigung eines ärztlichen Mitarbeiters (Assistenten) muss der zuständigen Ärztekammer angezeigt werden (§ 19 S. 3 MBO-Ä). Sie bedarf bei einem Vertragsarzt zugleich der Genehmigung der Kassenärztlichen Vereinigung (§ 32 Abs 2 ZO-Ä).[1] Der **Assistenzarzt** übt im Gegensatz zum Praxisvertreter oder Praxisverweser seine Tätigkeit nicht selbstständig aus. Er hat sich grundsätzlich an die Weisungen und organisatorischen Anweisungen des Praxisinhabers zu halten. Der Assistent muss die einschlägigen vertragsarztrechtlichen Bestimmungen kennen und sie einhalten sowie eine eigene Haftpflichtversicherung abschließen. In Arztpraxen, in denen regelmäßig mehr als 10 Arbeitnehmer ausschließlich der Auszubildenden beschäftigt werden, gilt für die ordentliche Kündigung das **Kündigungsschutzgesetz** vom 25. 8. 1969 (BGBl I 1317), zuletzt geändert am 26. 3. 2008. Daneben ist die außerordentliche Kündigung nach § 626 Abs 1 BGB, die innerhalb einer **Ausschlussfrist von zwei Wochen** (§ 626 Abs 2 BGB) nach dem Zeitpunkt erfolgen muss, in dem der Kündigungsberechtigte von den für die Kündigung maßgebenden Tatsachen Kenntnis erhalten hat, zulässig.[2] 2

Die arbeitsrechtlichen Bestimmungen[3] gelten nicht für den **Praxisvertreter** oder den **Praxisverweser,** da diese die Praxis des abwesenden oder verstorbenen Praxisinhabers 3

---

[1] Einzelheiten bei *Narr,* Der Arzt als Arbeitgeber, 12; *ders* ÄrztlBerufsR RdNr 318 zur Beschäftigung von Ärzten zum Zwecke der Weiterbildung an spezifischen Weiterbildungsstätten und zur Abgrenzung zum Gastarzt; *Gitter/Köhler,* Der Grundsatz der persönlichen ärztlichen Leistungspflicht 1989; *Kamps,* Der Arzt als Arbeitgeber, 13. Aufl 1996; *Broglie,* Der Arzt als Arbeitgeber 1999.

[2] Vgl auch MünchHdbArbR/*Richardi* § 196 RdNr 8 ff; sowie *Müller-Glöge* in Erfurter Komm. zum Arbeitsrecht 8. Aufl 2008 RdNr 1–239 zu § 626 BGB; zur außerordentlichen Kündigung eines Oberarztes der Gynäkologie bei Vorliegen eines ärztlichen Behandlungsfehlers s LAG Düsseldorf MedR 1999, 39; hinsichtlich einer Assistenzärztin MedR 2006, 220.

[3] Einzelheiten bei *Narr,* ÄrztlBerufsR RdNr 1091–1117. Zur Frage der Einteilung zum Nachtdienst im Krankenhaus s BAG ArztR 1999, 156; kein Anspruch eines Oberarztes auf ambulante Nebentätigkeitserlaubnis LAG Hamm. ArztR 1999, 21; zu den Anforderungen an eine außerordentliche Kündigung eines Ersten Oberarztes und ständigen Vertreters des Chefarztes wegen Vorliegen

selbstständig führen.[4] Trotzdem ist eine unmissverständliche Regelung der Rechtsbeziehungen „zur Vermeidung von Ärger und Rechtsstreitigkeiten unerlässlich". Nach § 20 MBO-Ä sollen niedergelassene Ärzte grundsätzlich zur gegenseitigen Vertretung bereit sein. Der Arzt darf sich in der Regel nur durch einen **Facharzt desselben Fachgebiets** vertreten lassen (§ 20 Abs 1 S. 2 MBO-Ä). Auch die **Beschäftigung eines Vertreters** in der Praxis ist der Ärztekammer anzuzeigen, wenn die Vertretung in der Praxisausübung insgesamt länger als 3 Monate innerhalb von 12 Monaten dauert (§ 20 Abs 2 MBO-Ä). Dieser Vertreter handelt im Rahmen der ärztlichen Tätigkeit selbstständig und eigenverantwortlich. Seine **Vergütung** kann entweder in einem festen Entgelt pro Arbeitstag oder Monat bestehen, oder in einer Beteiligung am Umsatz.

III. Die arbeitsrechtliche Stellung nichtärztlicher Mitarbeiter in der Praxis

4 Die nichtärztlichen Mitarbeiter erbringen Hilfsleistungen für den Arzt und bewältigen vor allem einen großen Teil der täglichen Verwaltungsarbeit. Man unterscheidet zwischen ausgebildeten nichtärztlichen Mitarbeitern, Medizinische Fachangestellte (MFA) und solchen, die im Rahmen eines anerkannten Lehrberufs innerhalb der ärztlichen Praxis zur FMA ausgebildet werden **(Auszubildende)**. Die Berufsausbildung der Arzthelferinnen wird durch das Berufsbildungsgesetz (BBiG) vom 23.3.2005 (BGBl I S. 931), zuletzt geändert am 21.12.2008, geregelt.[5]

5 **FMAs** sind Angestellte, die eine Abschlussprüfung vor der Ärztekammer bestanden haben. Der Beruf der FMA ist ein gesetzlicher Ausbildungsberuf iS des Berufsbildungsgesetzes. Für das Arbeitsverhältnis der FMAs in der Praxis niedergelassener Ärzte gilt der jeweilige in Kraft befindliche Manteltarifvertrag und der jeweilige Gehaltstarifvertrag;[6] sofern sie tarifgebunden sind. (Abrufbar über die Internetseite der BÄK).

6 Da das **Berufsausbildungsverhältnis** kein Arbeitsverhältnis, der Berufsausbildungsvertrag dementsprechend kein Arbeitsvertrag ist, stellt auch die Ausbildungsvergütung kein Arbeitsentgelt dar. Für die im Vertrag geltenden Vorschriften findet grundsätzlich § 10 Abs 2 Berufsbildungsgesetz Anwendung.

Bei der Beschäftigung von Mitarbeitern in den ärztlichen Praxen gelten im Übrigen die Allgemeinen Vorschriften des Arbeitsrechts. Allerdings hat der Arzt als Arbeitgeber die für Heil- und Heilhilfsgehilfen geltenden arbeitsrechtlichen Sondervorschriften zu beachten, wie zB das *Gesetz über die Berufe in der Krankenpflege* (Krankenpflegegesetz [KrPflG]) v 16.7.2003 (BGBl I S. 1442), zuletzt geändert am 28.5.2008, *Gesetz über technische Assistenten in der Medizin* (MTA-Gesetz – MTAG) v 2.8.1993 (BGBl I S. 1402), zuletzt geändert am 2.12.2007 (BGBl I S. 2686, 2729). Zu beachten sind auch die Vorschriften über den Gefahrenschutz, wie zB §§ 57, 58 StrahlenschutzVO vom 20.7.2001 (BGBl I S. 1714 bes. 2002 S. 1459), zuletzt geändert am 29.8.2008 oder §§ 16, 17 RöntgenVO vom 8.1.1987 (BGBl S. 114), zuletzt geändert am 30.4.2003 (BGBl I S. 604). Einzuhalten sind auch die Vorschriften über den **Arbeitsschutz**. Die wichtigsten Rechtsgrundlagen sind das Gesetz zur sozialrechtlichen Absicherung flexibler Arbeitszeitregelungen (ArbZRG) v 6.4.1998

---

eines (schweren) ärztlichen Behandlungsfehlers LAG Düssedorf MedR 1999, 39 = ArztR 1999, 76; zum Anspruch auf Zwischenzeugnis beim Chefarztwechsel BAG ArztR 1999, 195. Zur Frage der Nichtigkeit eines Arbeitsvertrages eines angestellten Krankenhausarztes wenn er die Ausübung des ärztlichen Berufs zum Gegenstand hat und die hierfür erforderliche Approbation oder Erlaubnis nicht vorliegt und auch nicht erteilt werden kann BAG BB 2005, 782 = A/ZusR 2005, 170.

[4] MünchArbR/*Richardi* § 196 RdNr 10; *Lauf* ArztR RdNr 48.

[5] Einzelheiten bei *Narr* ÄrztlBerufsR RdNr B 457ff; *Rieger* Lexikon (1. Aufl 1984) RdNr 140–158.

[6] Einzelheiten bei *Narr* ÄrztlBerufsR RdNr B 465; *Rieger* Lexikon (1. Aufl 1984) RdNr 153, 154; *Narr*, Der Arzt als Arbeitgeber, Teil 3 „Die arbeitsrechtliche Stellung nichtärztlicher Mitarbeiter in der Praxis", Niederlassungsservice d Zentralinstituts f d kassenärztliche Versorgung, Bd 9; zur Frage der Zulässigkeit heimlicher Videoüberwachungen von Angestellten bei Verdacht auf strafbare Handlungen s BAG vom 27.3.2003 JZ 2004, 366.

5. Kapitel. Rechtsfragen der Arztpraxis 7 § 21

(BGBl I S. 688), das in Art 1 das ArbZG enthält.[7] Das Arbeitszeitrechtsgesetz regelt ua die **Arbeitszeit,** das ist die Dauer (Höchst- und Mindestdauer) der täglichen, monatlichen oder jährlichen Arbeitsleistung von Beginn bis zum Ende der Arbeitszeit ohne die Ruhepausen (§ 2 Abs. 1 ArbZG), also den Umfang der vom Arbeitnehmer geschuldeten Leistungen. Darüber hinaus muss von dieser Arbeitszeit abgegrenzt werden: die **Arbeitsbereitschaft,** der **Bereitschaftsdienst** und die **Rufbereitschaft.** Das ArbZG erlaubt dem Arbeitgeber eine Arbeitszeit grundsätzlich von 8 Stunden an allen Werktagen, insgesamt 48 Stunden pro Woche. Alles was darüber geht, bedeutet Mehrarbeit. Tarif- oder arbeitsvertraglich können diese 48 Wochenstunden (oder weniger) auch auf 5 Werktage pro Woche verteilt werden. Der Inhalt eines Arbeitsverhältnisses kann auch Wege- und Dienstreisezeiten, Ruhezeiten und Ruhepausen und dgl regeln.[8]

IV. Auswirkungen des arbeitsrechtlichen Beschäftigungsförderungsgesetzes

Das zum 1.1.2001 in Kraft getretene Gesetz über Teilzeitarbeit und befristete Arbeitsverträge (Teilzeit- und Befristungsgesetz – Tz BfG)[9] hat das zum 1.10.1996 in Kraft getretene Gesetz zur Förderung von Wachstum und Beschäftigung (Arbeitsrechtliches Beschäftigungsförderungsgesetz – ArbR Besch F 6) vom 25.9.1996 (BGBl I S. 1476) abgelöst. Nunmehr gilt der **Kündigungsschutz** erst in Betrieben mit mehr als 10 Arbeitnehmern (§ 23 Abs. 1 Kündigungsschutzgesetz). Auszubildende werden nicht mitgezählt. Ein Arbeitsverhältnis kann bei erstmaliger Einstellung eines Arbeitnehmers bis zu einer **Höchstdauer von 2 Jahren befristet** werden (§ 14 Abs. 2 S. 1). Allerdings dürfen sog Kettenbefristungen höchstens dreimal, insgesamt bis zu einer Gesamtdauer von 2 Jahren sachgrundlos, vorgenommen werden (§ 14 Abs. 2 2. HS). Niedergelassene Ärzte, die im Regelfall nicht mehr als 10 Mitarbeiter beschäftigen, sind ohnehin berechtigt, **unbefristete Arbeitsverträge** abzuschließen, die ohne Begründung gekündigt werden können und nicht den strengen Vorschriften des KündigungsschutzG unterliegen.[10] 7

§ 21 Arzt und Berufshaftpflichtversicherung

Inhaltsübersicht

	RdNr
I. Allgemeines	1
II. Die Pflicht des Arztes zum Abschluss einer Berufshaftpflichtversicherung	2
III. Die Obliegenheitspflichten des Arztes im Rahmen der Berufshaftpflichtversicherung	6
1. Anzeigepflicht	7
2. Schadensminderungspflicht	8

---

[7] Vgl hierzu *Teichner,* Arbeitszeitgesetz und Arzthaftung, MedR 1999, 255; *Strehl,* Krankenhäuser, Universitätsklinika und das Arbeitszeitgesetz, Der Urologe Ausg B 1998, 410; *Dobrinski,* Das Arbeitszeitgesetz aus der Sicht eines Krankenhausarztes, BayÄBl 1998, 9; *Kienzle,* Das Arbeitszeitgesetz im Spannungsfeld zwischen Patientenversorgung, Kostenbegrenzung und Haftungsrecht aus ärztlicher Sicht, Mitteilungen der Dt. Gesellschaft für Chirurgie 1997, 120; *Hoffmann,* Das Arbeitszeitgesetz aus der Sicht eines Krankenhausarztes, BayÄBl 1998, 104; *Kempter,* Auswirkungen des Arbeitszeitgesetzes auf die Arbeitszeitregelung in Kliniken NZA 1996, 1190; *Debong,* Das Arbeitszeitgesetz. Umsetzung im Arbeitsbereich des Chefarztes, ArztR 1996, 123; sowie die Entscheidung des Europäischen Gerichtshofs vom 3.10.2000 zum Bereitschaftsdienst als Arbeitszeit ArztR 2000, 335.
[8] Vgl hierzu Einzelheiten bei *Dörner/Luczak/Nildschütz,* Handbuch Arbeitsrecht, 4. Aufl 2004, 303 ff.
[9] Verabschiedet am 21.12.2000 (BGBl I S. 1966); zuletzt geändert am 19.4.2007 (BGBl I S. 538).
[10] Zu befristeten Arbeitsverträgen s § 14 Abs. 1 Nr 1–8; Abs. 2 und 2a 3 u 4; §§ 15 und 16 des TzBtG.

3. Verbot der Anerkennung einer Schadensersatzpflicht 9
IV. Die Berufshaftpflichtversicherung des nachgeordneten ärztlichen Dienstes
im Krankenhaus 11
V. Die Versicherung von Sonderrisiken 13

Schrifttum: *Andreas,* Muß der Arzt die Interessen des Patienten gegenüber dessen privater Krankenversicherung wahrnehmen? Anästhesiologie und Intensivmedizin 1983, 337; *Bergmann/Kienzle,* Krankenhaushaftung, 1996, RdNr 664 ff; *Deutsch,* Arzthaftung, Arztversicherung und Arzneimittelversicherung, Heft 4 der Mannheimer Vorträge zur Versicherungswirtschaft, Nr 24, 1982; *Dinslage,* Patientenversicherungen – Alternative zur Arzthaftpflicht, VersR 1981, 310; *Flatten,* Die Arzthaftpflichtversicherung, VersR 1994, 1019; *Krieger,* Die Berufshaftpflichtversicherung des Arztes, Sonderdruck aus: Der Arzt und sein Recht, 3 (1990) 6; *Hanau,* Haftungssystem und Haftpflichtversicherung der medizinischen Einrichtungen der Universitäten und ihrer Mitarbeiter im stationären Bereich, MedR 1992, 18; *Heberer,* Bedeutung und Notwendigkeit einer Ruhe- bzw Nachhaftungsversicherung für Ärzte, Mitteilungen der Deutschen Gesellschaft für Chirurgie eV 1998, 221; *Heidermann,* in: *Ehlers/Broglie* (Hrsg), Praxis des Arzthaftungsrechts, 4. Aufl 2008, 147 ff; *Hempel/Weißauer,* Berufsrechtsschutzversicherung, Mitteilungen der Deutschen Gesellschaft für Chirurgie 1996, 279; *Herbrand,* Welche Obliegenheiten hat der haftpflichtversicherte Arzt gegenüber seinem Versicherer im Versicherungsfall?, Der Frauenarzt 1988, 417; *Hiersche,* Die Patienten-Haftpflichtversicherung nach skandinavischen Modellen, Gesundheitspolitik 1998, 3; *Hirte,* Berufshaftung, 1996; *Hübner,* Die Versicherung der Haftpflicht im Heilwesen, Zeitschrift für die gesamte Versicherungswissenschaft, 1990, 55; *Jahn/Kümper,* Aus der Praxis eines Haftpflichtversicherers: Der Medizinschaden aus rechtlicher und medizinischer Sicht, MedR 1993, 413; *Jansen,* Haftung noch im Ruhestand? Das Problem der sog Nachhaftpflicht, Der Urologe AusgB 1996, 135; *Krieger,* Die Berufshaftpflichtversicherung des Arztes, in: Der Arzt und sein Recht, Sonderdruck 3 (1990) 6; *Kurzawa,* Auswirkungen der unterschiedlichen Krankenhausorganisation der Krankenanstalten auf Art und Umfang der Arzthaftpflicht, VersR 1977, 799; *Möhle,* Die Arzthaftpflichtversicherung im Heilwesen, 1992; *Ratzel,* Berufshaftpflichtversicherung, LdA 11. Aktualisierung, 8/2005, 1; *ders,* Geschützter Versicherungszeitraum incl. Nachhaftungsversicherung, Der Urologie B 2001, 530; *Rolfes,* Der Versicherungsfall nach den AHB 02 und den AHB 04 am Beispiel der Arzthaftpflichtversicherung VersR 2006, 1162; *Sabella,* Stand der Arzthaftpflichtversicherung in den USA, VersR 1990, 1186; *Schlund/Ellermann,* Arzt und Haftpflicht. Was Sie wissen müssen, wie Sie sich versichern 2. Aufl, 2003; *Schorz,* Versicherungsschutz für niedergelassene Ärzte 1996; *Schmitz,* Nachhaftung – eine häufig vergessene, aber wichtige Versicherung für den Arzt. Der Urologe Ausg B 1996, 134; *Weidinger,* Die Nachhaftungsversicherung für Ärzte, AusR 2001, 98; *Wehn,* Nachhaftungsversicherung/Versicherung der gelegentlichen außerdienstlichen Tätigkeit, Krankenhaus und Recht 1998, 38; *Weißauer,* Rahmenvertrag über eine spezielle Berufshaftpflichtversicherung, Mitteilungen der Deutschen Gesellschaft für Chirurgie eV 1998, 275; *ders,* Berufsrechtsschutzversicherung, Mitteilungen der Deutschen Gesellschaft für Chirurgie eV 1997, 108; *ders,* Zusatz-Haftpflichtversicherung für Ärzte, Mitteilungen der Deutschen Gesellschaft für Chirurgie eV 1997, 353; *Weißauer/Zierl,* Problembereiche der Haftpflichtversicherung, Anästhesiologie und Intensivmedizin 1993, 187.

I. Allgemeines

1 Die ärztliche Berufshaftpflichtversicherung gewährt dem Arzt Versicherungsschutz für den Fall seiner zivilrechtlichen Inanspruchnahme wegen eines Arztfehlers. Die zunehmende Verrechtlichung des ärztlichen Berufsstandes macht eine Berufshaftpflichtversicherung inzwischen für jeden Arzt, absolut unverzichtbar. Inzwischen werden jährlich etwa 30–40 000 Haftpflichtansprüche gegen Haftpflichtversicherer geltend gemacht.[1] Von rund 10–15 000 Schadensersatzklagen vor Gericht und 2500 staatsanwaltschaftlichen Ermittlungsverfahren pro Jahr ist die Rede.[2] Nach Angaben der Haftpflichtversicherer werden etwa 50–60 % der Ansprüche als unbegründet zurückgewiesen, 10–30 % dagegen

---

[1] *Giesen,* Arzthaftungsrecht, 1995, RdNr 31; *Hirte,* Berufshaftung, 93 f zum vormaligen Zustand.
[2] *Giesen* (Fn 1) RdNr 31; *Ulsenheimer* MedR 1992, 127. Bei der Winterthur lag der Anteil der gewonnenen Prozesse 1995 bei 80 % und 1996 bei 75 %. Zu den statistischen Untersuchungen und Auswertungen der „Winterthur" (DBV) siehe „Der Arzt und sein Recht" 1992, 14 f.

5. Kapitel. Rechtsfragen der Arztpraxis   2   § 21

anerkannt. Die restlichen Fälle werden durch Vergleiche erledigt. Von den gerichtlich erhobenen Klagen werden etwa die Hälfte abgewiesen; in ca 10% der Fälle wird der Klage stattgegeben und in den übrigen Fällen kommt es zu Vergleichen.[3] Die **jährlichen Haftpflichtprämien** für die persönliche Berufs-Haftpflicht liegen zwischen etwa 500 **EURO** für den Assistenzarzt und über 20 000 **EURO** für einen Chefarzt der geburtshilflichen Abteilung.[4] Krankenhausärzte sind offensichtlich deutlich stärker als niedergelassene Ärzte einer Haftung ausgesetzt.[5] Inzwischen wird eine **Deckungssumme** von 5 Mio **EURO** empfohlen.[6] In der Gynäkologie/Geburtshilfe sollten durchaus auch höhere Deckungssummen genommen werden. Die besonders hohe Versicherung für Gynäkologen beruht ua darauf, dass in Fällen fehlgeschlagener Geburtsplanung, vor allem aber Sterilisierung, das „Kind als Schaden" angesehen wird. Aber auch bei schuldhaft verursachten Behandlungsfehlern während der Geburt, die zu einem schwerstbehinderten Kind geführt haben, sind die Schadenssummen inzwischen „schwindelerregend".[7] Was die Versicherung des Haftpflichtrisikos zB für einen niedergelassenen praktischen Arzt bei unterschiedlichen Deckungssummen jeweils kostet, lässt sich den Tarifen der Haftpflichtversicherer entnehmen. Die Prämien sind die Ergebnisse einer sorgfältigen Kalkulation der Versicherer. Allein für Arzthaftpflichtschäden in deutschen Krankenhäusern haben die Versicherer in den Jahren 1991: 159 Mio DM, 1992: 232 Mio DM, 1993: 255 Mio DM, 1994: 415 Mio DM aufwenden müssen.[8] Nach Mitteilung der *DBV-Winterthur* ist insgesamt ein Anstieg der Schadenszahlen und damit indirekt auch ein Anstieg der Prozessaufnahmen bei gleichzeitiger Verringerung der Verurteilungsquoten für die Ärzte festzustellen; man erwartet demnächst die Milliardengrenze.

II. Die Pflicht des Arztes zum Abschluss einer Berufshaftpflichtversicherung

Nach § 21 MBO-Ä 97 in der Fassung der Beschlüsse des 13. Deutschen Ärztetages   2
2000 in Köln ist der Arzt verpflichtet, sich hinreichend gegen Haftpflichtansprüche im

---

[3] Einzelheiten bei *Hirte,* Berufshaftung, 94 mit Literaturangaben; *Weyers,* Empfiehlt es sich, im Interesse der Patienten und Ärzte ergänzende Regelungen für das ärztliche Vertrags-(Standes-) und Haftungsrecht einzuführen?, Gutachten A für den 52. Deutschen Juristentag, München 1978, 39 ff.

[4] Vgl *Deutsch/Spickhoff,* Medizinrecht, 6. Aufl 2008, 91 ff.

[5] *Weyers,* DJT-Gutachten, 12; *Hirte,* Berufshaftung, 95.

[6] *Deutsch/Spickhoff* (Fn 4).

[7] Hinsichtlich eines Schmerzensgeld-Kapitals von 500 000 **EURO** seien hier nur zitiert: OLG Hamm MDR 2003, 1291 = VersR 2004, 286; OLG Hamm GesR 2002, 101 = VersR 2002, 1163 = NJW-RR 2002, 1604; KG Berlin, GesR 2005, 499; OLG Köln MedR 2007, 297 = VersR 2007, 219; OLG Stuttgart VersR 2009, 80 = MDR 2009, 326 = GesR 2008, 633; OLG Celle VersR 2009, 500; OLG Naumburg NJW-RR 2002, 672; LG Berlin VersR 2005, 1247; LG Kiel DAR 2006, 396; OLG Zweibrücken MedR 2009, 88 m Anm *Jaeger* S 90 ff; vgl hierzu auch noch: *Jaeger* VersR 2009, 159 ff; sowie *Strücker-Pilz* VersR 2007, 1466 ff; LG Berlin VersR 2005, 1247. Einem Zeitungsbericht in der SZ vom 25.11.2004 S. 12 wurde vor dem LG Paderborn ein Geburtsschaden mit 950 000 **EURO** Schmerzensgeld verglichen. Zu diesem Schmerzensgeld-Kapital kommen noch:
– eine monatliche Schmerzensgeld-Rente von 500 **EURO** (LG München I VersR 2007, 1139); zur Frage der Abänderung dieser Rente wegen Lebenshaltungsindex-Steigerung s BGH MDR 2007, 1074
– Kosten für Fremd-Betreuung und Pflegeleistungen (OLG Zweibrücken GesR 2003, 389; NJW-RR 2008, 620 = MedR 2008, 741 = GesR 2008, 356) (zuerkannt für ein Jahr DM 50.660); einer Pressenotiz in der SZ vom 10./11.6.2009 S. 10 fordert die Klägerin vor dem LG Hamburg Schadensersatz in Höhe von € 7,2 Mio inklusive € 23.000 monatlich für Pflege- und Betreuungskosten
– Kosten für einen ausstattungsmäßigen und räumlichen Mehrbedarf im Haus der Eltern (OLG Stuttgart VersR 1998, 366: zuerkannt DM 305.650).
– Kosten für ein behindertengerechtes Fahrzeug (OLG Zweibrücken GesR 2003, 389).
Vgl zur Ausweitung der Arzthaft für Schmerzensgeld bei Schwerstschäden Strücker-Pit VersR 2007, 1366 ff.

[8] So *Sedlaczek,* in: *Bergmann/Kienzle,* Krankenhaushaftung, RdNr 732.

Rahmen seiner beruflichen Tätigkeit zu versichern. Diese standesrechtliche Pflicht ist **keine** Rechtspflicht – wie etwa im Bereich des Kraftfahrzeugverkehrs oder Anwaltstätigkeit – und damit keine Zulassungsvoraussetzung.[9] Die ständig zunehmende Zahl von Haftpflichtprozessen, aber auch von Strafprozessen, hat zahlreiche ärztliche Berufsverbände veranlasst, eine **Strafrechtsschutzversicherung**[10] für ihre Mitglieder abzuschließen.[11] Das Arzneimittelgesetz (AMG) macht in § 40 Abs 1 Ziff 8 die klinische Prüfung eines Arzneimittels beim Menschen davon abhängig, dass eine **„Probandenversicherung"** abgeschlossen wird.[12] Die persönliche Berufs-Haftpflicht angestellter und beamteter Ärzte im Rahmen ihrer dienstlichen Tätigkeit ist regelmäßig durch Versicherungsverträge zwischen dem Klinikträger und dem Haftpflichtversicherer[13] ab-

---

[9] Vgl hierzu *Ratzel* LdA 8/05 S. 1; *Rolfes* VersR 2006, 1162; zur Problematik der Nachhaftungsversicherung bei Strahlenschäden infolge ärztlicher Behandlung s OLG Nürnberg MedR 2001, 463.

[10] Einige Haftpflichtversicherungen, wie zB die DBV-Winterthur und Gerling, haben seit einigen Jahren die Arzthaftpflichtversicherung um eine „Berufsstrafrechtsschutzdeckung" erweitert. Der Versicherungsschutz kann im beruflichen Bereich ausgedehnt werden auf die Übernahme sämtlicher Gerichtskosten in einem Strafverfahren wegen eines Ereignisses, das einen unter den Versicherungsschutz fallenden Haftpflichtanspruch zur Folge haben kann. Ferner besteht ein Rechtsanspruch des Arztes auf Erstattung der gebührenordnungsmäßigen Kosten der Verteidigung. Der Versicherungsschutz ist der Höhe nach unbegrenzt. Nach § 36 der Gerling-Konzern-Rechtsschutz-Versicherungs-Bedingungen (GKRVB) für Krankenhäuser und Heime/Sanatorien zahlt der Versicherer in jedem Rechtsschutzfall bis zu der für die versicherte Person vereinbarte Versicherungssumme, jedoch höchstens bis zur vereinbarten Gesamtversicherungssumme für alle im Kalenderjahr eingetretenen Rechtsschutzfälle sowie zeitlich und ursächlich zusammenhängende Rechtsschutzfälle. Mit der Wahrnehmung seiner Interessen kann der Arzt den Anwalt seiner Wahl betrauen. Zur Strafrechtsschutzversicherung für die Mitglieder des Berufsverbandes der Deutschen Chirurgen vgl *Müller-Osten,* Informationen des Berufsverbandes der Deutschen Chirurgen 1981, 77. Instruktiv auch *Krieger,* Die Berufshaftpflichtversicherung des Arztes, in: Der Arzt und sein Recht, Sonderdruck 3 (1990), 6 ff; *Bergmann/Kienzle,* Krankenhaushaftung, RdNr 669 ff; *Jahn/Kümper,* Aus der Praxis eines Haftpflichtversicherers: Der Medizinschaden aus rechtlicher und medizinischer Sicht MedR 1993, 413.

[11] So zB der Berufsverbands der Deutschen Chirurgen. Vgl *Müller-Osten,* Informationen des Berufsverbandes der Deutschen Chirurgen eV 1981, 77.

[12] Die klinische Prüfung eines Arzneimittels darf gem § 40 Abs 1 Ziff 8 AMG bei Menschen nur durchgeführt werden, wenn und solange für den Fall, dass bei der Durchführung der klinischen Prüfung ein Mensch getötet oder der Körper oder die Gesundheit eines Menschen verletzt wird, eine Versicherung nach Maßgabe des Abs 3 besteht, die auch Leistungen gewährt, wenn kein anderer für den Schaden haftet. Vgl auch *G Fischer,* Medizinische Versuche am Menschen, 1971, 94 ff; *Kloesel/Cyran,* Arzneimittelrecht, A. 1.0., § 40 AMG Anm 18; *E Klingmüller,* Zur Probandenversicherung nach dem neuen AMG, FS Hauss, 1978, 169, 171 ff; *Deutsch/Spickhoff* (Fn 4).

[13] So haben zB mit Wirkung zum 1. 1. 1990 die Medizinischen Einrichtungen der Universität zu Köln eine sog Betriebshaftpflichtversicherung zugunsten der Mitarbeiter bzw Mitarbeiterinnen der Medizinischen Einrichtungen abgeschlossen. Die Betriebshaftpflichtversicherung deckt alle Schäden ab, die im Zusammenhang mit der Wahrnehmung von Tätigkeiten für die Medizinischen Einrichtungen durch deren Beschäftigte durch leichte Fahrlässigkeit verursacht werden. Für das Klinikum der Freien Universität Berlin vgl KG VersR 1986, 353. Für Schäden, die von Beschäftigten grob fahrlässig oder vorsätzlich verursacht werden, übernimmt die Betriebshaftpflichtversicherung keinen Versicherungsschutz. Gem § 84 des Landesbeamtengesetzes NRW kann somit der Schädiger bei grober Fahrlässigkeit im Wege des Rückgriffs von seinem Dienstherrn in Anspruch genommen werden. Deshalb empfiehlt es sich, in solchen Fällen eine **eigene** Berufshaftpflichtversicherung abzuschließen, die aber nicht zu selten grob fahrlässige Schädigungen auch nicht abdecken. Der Vorteil solcher privaten Versicherungen liegt jedoch darin, dass sie zumindest einen Teil des Schadens decken, was den Dienstherrn veranlassen kann, von einem Rückgriff wegen grober Fahrlässigkeit nach den Landesbeamtengesetzen abzusehen (zur Frage des Regresses vgl auch noch BAG vom 25. 9. 1997, BB 1998, 749). Die Haftung des Arztes wegen grober Fahrlässigkeit ist ebenso wie die Rückgriffsforderung des Dienstherrn durch die private Berufshaftpflichtversicherung oftmals nicht abgedeckt. Vgl *Kurzawa* VersR 1977, 799.

5. Kapitel. Rechtsfragen der Arztpraxis

gedeckt.[14] Soweit eine Haftung im Rahmen ärztlicher Wahlleistungen im Krankenhaus (Chefarztbehandlung) in Betracht kommt, haftet der Arzt selbst. In vielen Kliniken ist deshalb eine Regelung dahingehend getroffen, dass die Krankenhausträger ihren Chefärzten einen umfassenden Versicherungsschutz auch für die Versorgung der **Wahlleistungspatienten** gewähren.[15] Die kommunalen Haftpflichtversicherer gewähren im Hinblick auf die höchstrichterliche Rechtsprechung für die Behandlung der Wahlleistungspatienten Haftpflichtversicherungsschutz sowohl dem Krankenhausträger als auch dem − beamteten − Chefarzt.[16] Soweit staatliche Krankenhausträger keine Haftpflichtversicherung zugunsten ihrer Chefärzte und ihrer sonstigen Mitarbeiter abschließen, müssen Chefärzte damit rechnen, dass im Hinblick auf spezielle beamtenrechtliche Bestimmungen die Wahlleistungen nicht zu ihren Dienstaufgaben, sondern zur − genehmigten − Nebentätigkeit gehören. Insoweit empfiehlt sich dringlich der Abschluss einer privaten Haftpflichtversicherung.[17]

Die **Deckungssumme** sollte mindestens 5 Mio **EURO** betragen. Bei Gynäkologen und Geburtshelfern empfiehlt sich eine höhere Deckungssumme deswegen, weil der BGH auch die Unterhaltsbelastung der Eltern beim Fehlschlagen einer Sterilisation oder eines Schwangerschaftsabbruchs voll dem Arzt anlastet.[18] Hinsichtlich des Schadensausmaßes bei einem ärztlichen Behandlungsfehler im Rahmen einer Geburtsbetreuung und der Geburt eines schwerstgeschädigten Kindes wird auf die unter I Fn 7 zitierte Rechtsprechung verwiesen.

Der **Umfang des versicherten Risikos** ergibt sich aus der jeweiligen Versicherung, insbesondere dem Versicherungsschein und seinen Nachträgen.[19] Der Arzthaftpflicht-Versicherungsvertrag des freiberuflich tätigen Arztes erstreckt sich nicht nur auf eigene Behandlungsfehler, sondern auch auf **Tätigkeiten eines Praxisvertreters** und wegen Haftung auf Grund einer Beschäftigung von Assistenten, Arzthelferinnen, Famuli sowie aus Konsiliartätigkeiten. Mitversichert ist zudem die Teilnahme am ärztlichen Notfalldienst.[20] **Sonderrisiken** sollten vom Arzt jedoch zusätzlich versichert werden. So bedarf

---

[14] Zur Frage der Haftung des Versicherungsmaklers für die Verletzung von Beratungs- und Aufklärungspflichten hinsichtlich einer Lücke im Haftpflichtversicherungsschutz eines Arztes vgl OLG Hamm MedR 1997, 463; sowie LG Karlsruhe MedR 2000, 486.

[15] *Weißauer/Zierl*, Anäesth u Intensivmed 1988, 142; instruktiv auch *Flatten* VersR 1994, 1019; *Hanau* MedR 1992, 18. Zum Einfluss der Haftpflichtversicherung auf die arbeitsrechtlichen Grundsätze über betrieblich veranlasste Tätigkeit und zum Schadensausgleich zwischen innerbetrieblich haftungsfreiem Krankenhausarzt, Krankenhausträger und Haftpflichtversicherer, vgl *Möhle*, Die Haftpflichtversicherung im Heilwesen, 146 ff u 159 ff.

[16] Eine Ausnahme soll allerdings dann gelten, wenn der Krankenhausträger mit dem Wahlleistungspatienten vereinbart, dass die gesondert berechenbaren Leistungen nicht zu seinen Vertragspflichten, sondern ausschließlich zu denen der liquidationsberechtigten Chefärzte gehören.

[17] Nach *Kurzawa* VersR 1977, 799 ist eine Regresshaftung beamteter Ärzte niemals durch eine private Haftpflichtversicherung gedeckt, weil Gegenstand der Haftpflichtversicherung nur die gesetzliche Haftpflicht privatrechtlichen Inhalts ist. Vgl auch *Rieger*, Lexikon (1. Aufl 1984) RdNr 380.

[18] Vgl hierzu *Schlund*, Urologe, B 1981, 321. Die damals angesetzten Deckungssummen erscheinen heutzutage absolut zu niedrig. Vgl dazu *Rieger*, Lexikon (1. Aufl 1984) RdNr 380. Für Gynäkologen sind in den Besonderen Bedingungen und Risikobeschreibungen regelmäßig Klauseln aufgenommen, wonach für Haftpflichtansprüche, bei denen es sich um Unterhaltsansprüche gegen den Versicherungsnehmer in seiner Eigenschaft als Arzt wegen ungewollter Schwangerschaft oder unterbliebenem Schwangerschaftsabbruch handelt, Versicherungsschutz im Rahmen des Vertrages und nach Maßgabe der vereinbarten Deckungssumme für Personenschäden handelt. Vgl auch *Möhle*, Die Haftpflichtversicherung im Heilwesen, 268 ff. Der durchschnittliche Schadensaufwand der Versicherer hat sich im Bereich der Gynäkologie von 1981 bis 1991 versechsfacht, und zwar von 11 938,− DM auf 73 009,− DM; beim Allgemeinarzt von 3.699 DM auf 22 189 DM. Vgl *Jahn/Kümper* MedR 1993, 413. Die Jahresprämie für die meisten Fachärzte beträgt durchschnittlich etwa 7 000,− **EURO** jährlich zzgl gesonderter Prämien für Belegbetten sowie Röntgen- und Strahlenapparate.

[19] Einzelheiten bei *Rieger*, Lexikon (1. Aufl 1984) RdNr 380.

[20] *Rieger*, Lexikon, RdNr 381.

etwa die Einbeziehung von Strahlenschäden in den Versicherungsschutz gem § 4 Abs 1 Nr 7 AHB einer besonderen Vereinbarung im Versicherungsvertrag. Auch **kosmetische Operationen** unterliegen, wenn sie überhaupt versicherbar sind, einem besonderen Zuschlag. Nach den allgemeinen Haftpflichtversicherungsbestimmungen (AHB), die für alle Haftpflichtversicherungen gelten, sind öffentlich-rechtliche Ansprüche, wie zB der Regressanspruch einer gesetzlichen Krankenversicherung, nicht versichert.

Schadensersatzansprüche wegen schuldhafter Verletzung vertragsärztlicher Pflichten (§ 49 BMV-Ä) und **Schadensersatzansprüche wegen Behandlungsfehler** (§ 50 MBV-Ä) werden durch eine bei der Kassenärztlichen Vereinigung errichteten Schlichtungsstelle geprüft und dem Grunde und der Höhe nach in einem Bescheid festgestellt. Hinsichtlich des **Deckungsumfangs der Haftpflichtversicherung** sollte der Arzt darauf achten, dass sein Arbeitsgebiet richtig und ausführlich beschrieben wird. ZB sollten konsiliarische Tätigkeiten und klinische Versuche am Menschen mitversichert werden.[21]

Im Rahmen der Arzthaftpflichtversicherung bestimmt sich die Ersatzpflicht des Haftpflichtversicherers nach der **sogenannten Schadensereignis – oder Verstoß- bzw Folgenereignistheorie.**[22] Die Schadensereignistheorie knüpft an die Fehlbehandlung (Verstoß) an, die Folgenereignistheorie an den Zeitpunkt, zu dem sich der Schaden am Körper des Patienten manifestiert. Der BGH hat sich entgegen der früheren Rechtsprechung mit Urteil vom 4. 12. 1980[23] für die Schadensereignistheorie (Verstoßtheorie) entschieden. Seit 1982 ist daher § 1 des AHB dahingehend geändert, dass der Versicherungsschutz an das **Schadenereignis** anknüpft. Je nach Interessenlage kann sich der Versicherungsnehmer im Prozess demnach auf die für ihn günstigere Auslegung des Schadensereignisbegriffes berufen.[24]

5   Zu beachten ist aber auch, dass durch eine Berufshaftpflichtversicherung des Arztes uU Schäden nicht abgedeckt sind, die aus der **Behandlung naher Angehöriger** resultieren, mit denen der Arzt in häuslicher Gemeinschaft lebt oder die zu den im Versicherungsvertrag mitversicherten Personen gehören (§ 4 Abs 2 Nr 2 AHB). Nicht versichert sind zudem immaterielle Schäden wegen Verletzung des allgemeinen Persönlichkeitsrechts.[25]

III. Die Obliegenheitspflichten des Arztes im Rahmen der Berufshaftpflichtversicherung

6   Die vertraglichen Pflichten im Rahmen der Haftpflichtversicherung, vor allem in Haftungsfällen, sind in den *„Allgemeinen Versicherungsbedingungen für die Haftpflichtversicherung"* *(AHB)* geregelt. Für den Arzt von besonderem Interesse sind die §§ 5 und 6 AHB (Obliegenheiten des Versicherungsnehmers bzw Rechtsverlust).

7   **1. Anzeigepflicht.** Jedes Schadensereignis, das Haftpflichtansprüche gegen den Arzt als Versicherungsnehmer zur Folge haben könnte (Versicherungsfall), ist dem Versicherer (§ 11 AHB) unverzüglich, **spätestens innerhalb einer Woche,** schriftlich anzuzeigen. Wird ein Ermittlungsverfahren strafrechtlicher Art eingeleitet, ein Strafbefehl oder ein Mahnbescheid erlassen, so hat der Arzt dem Versicherer ebenfalls unverzüglich Anzeige zu erstatten, auch wenn er den Versicherungsfall selbst bereits angezeigt hatte (§ 5 Ziff 2 AHB). Eine Anzeigepflicht trifft den Arzt auch dann, wenn Klage durch den Geschädigten oder seine Angehörigen eingereicht oder Prozesskostenhilfe beansprucht wird.

---

[21] Vgl *Deutsch* (Fn 6) RdNr 99; *Möhle* (Fn 14) S. 209 ff.
[22] *Späthe,* AHB München 1993, Vorb RdNr 12; *Flatten* VersR 1994, 1019, 1020; *Möhle* (Fn 14) S. 230 ff. Zum Problem der Notwendigkeit des Abschlusses einer sog Nachhaftungsversicherung vgl ua *Jansen,* Der Urologe B 1996, 135; *Schmitz,* Der Urologe B 1996, 134; *Heberer,* Mitteilungen der Deutschen Gesellschaft für Chirurgie eV 1998, 221; *Schlund/Ellermann,* S. 149; *Wehn,* Krankenhaus und Recht, 1998, 38.
[23] BGH 79, 76 = VersR 1981, 173; vgl hierzu *Jansen,* Urologe B 1996, 135.
[24] So *Möhle* (Fn 14) S. 253; *Flatten* VersR 1994, 1019, 1020.
[25] *Deutsch* NJW 1982, 680, 683; *Rieger,* Lexikon (1. Aufl 1984) RdNr 382.

5. Kapitel. Rechtsfragen der Arztpraxis　　　　　　　　　　　　8–10 § 21

2. Schadensminderungspflicht. Der Arzt ist als Versicherungsnehmer gem § 5　8
Ziff 3 AHB verpflichtet, unter Beachtung der Weisungen des Versicherers nach Möglichkeit für die Abwendung und Minderung des Schadens zu sorgen und alles zu tun, was zur Klarstellung des Schadensfalles dient, sofern ihm dabei nichts Unbilliges zugemutet wird. Er hat den Versicherer bei der Abwehr des Schadens sowie bei der Schadensermittlung und -regulierung zu unterstützen, ihm ausführliche und wahrheitsgemäße Schadensberichte zu erstatten, alle Tatumstände, welche auf den Schadensfall Bezug haben, mitzuteilen und alle nach Ansicht des Versicherers für die Beurteilung des Schadensfalles erheblichen Schriftstücke einzusenden.[26]

3. Verbot der Anerkennung einer Schadensersatzpflicht. In der Berufshaftpflicht-　9
versicherung macht besonders die Vorschrift des § 5 Abs 5 AHB Schwierigkeiten. Danach ist der Versicherungsnehmer nicht berechtigt, ohne vorherige Zustimmung des Versicherers einen Haftpflichtanspruch ganz oder zum Teil oder vergleichsweise anzuerkennen oder zu befriedigen. Bei Zuwiderhandlung ist der Versicherer von der Leistungspflicht frei, es sei denn, dass der Versicherungsnehmer nach den Umständen des Einzelfalles die Befriedigung oder Anerkennung nicht ohne offenbare Unbilligkeit verweigern konnte. Oftmals meldet der Arzt den Schaden nicht nur seiner Haftpflichtversicherung, sondern klärt auch den Patienten oder dessen Angehörige über einen von ihm oder seinen Mitarbeitern verursachten Schaden auf.[27] Hinsichtlich der Verhaltensweise nach einem schadenstiftenden Ereignis ist zu differenzieren zwischen Anerkennung einer Rechtspflicht und der Mitteilung von Sachverhalten. Es besteht grundsätzlich **keine rechtliche Verpflichtung** des Arztes **zur Anzeige und Offenbarung ärztlicher Behandlungsfehler.** Nur wenn der Arzt gefragt wird, darf er nicht lügen. Eine ganz andere Frage ist, ob der Arzt, dem möglicherweise ein Behandlungsfehler unterlaufen ist, im Einzelfall berechtigt ist, von sich aus dem betroffenen Patienten oder seinen Angehörigen Mitteilung zu machen. Vertraglich bestehen insoweit keinerlei Bedenken.[28] Nach § 5 Ziff 5 AHB ist es aber dem Arzt **untersagt,** ohne vorherige Zustimmung des Versicherers einen Haftpflichtanspruch des Patienten oder seiner Angehörigen **anzuerkennen.** Verletzt er diese Obliegenheit, so ist gem § 6 AHB der Versicherer von der Verpflichtung zur Leistung frei, es sei denn, dass die Verletzung weder auf Vorsatz noch auf grober Fahrlässigkeit beruht. Die **Mitteilung eines Sachverhaltes** durch den Arzt an den Geschädigten ist aber kein Anerkenntnis. Dem Arzt ist es vielmehr unbenommen, den Patienten über bestimmte Sachverhalte, die möglicherweise eine Haftung begründen, objektiv zu informieren.[29]

In **Zweifelsfällen** sollte der Arzt vor Offenbarung von Tatsachen, die eine Arzthaft-　10
pflicht begründen könnten, mit seinem Haftpflichtversicherer Rücksprache nehmen. Der Versicherer ist nicht berechtigt, den Arzt unter Androhung des Rechtsverlustes nach § 6 AHB aufzufordern, wichtige Tatsachen dem Patienten zu verschweigen, nur um einer

---

[26] Vgl *Wille/Albrecht,* Besonderheiten bei Obliegenheitsverletzungen in der Arzthaftpflichtversicherung, KHA 1975, 434; *Herbrand,* Welche Obliegenheiten hat der haftpflichtversicherte Arzt gegenüber seinem Versicherer im Versicherungsfall? Frauenarzt 1988, 417.

[27] Vgl auch *Wille/Albrecht* KHA 1975, 434.

[28] Vgl *Uhlenbruck* RheinÄBl 1987, 114; *Carstensen/Schreiber,* Mitteilungen d Deutschen Gesellschaft f Chirurgie 1986, 121 f.

[29] Zutreffend weist *Taupitz,* Die zivilrechtliche Pflicht zur unaufgeforderten Offenbarung eigenen Fehlverhaltens, 1989, 38 f, darauf hin, dass die immer wieder geäußerte Befürchtung, Offenbarungspflichten des Arztes kollidierten mit Pflichten aus dem Versicherungsverhältnis, weitgehend unbegründet ist. Der Arzt sollte lediglich davon Abstand nehmen, eine Ersatzpflicht anzuerkennen (vgl OLG Düsseldorf VersR 1989, 393). Auch sollte er tunlichst davon absehen, sein Verschulden einzugestehen. Vgl auch *Bergmann,* in: Bergmann/Kienzle (Hrsg), Krankenhaushaftung, RdNr 694; *Herbrand,* Der Frauenarzt 1988, 417, 423; *Heidermann,* in: Ehlers/Broglie (Hrsg), Praxis des Arzthaftungsrechts, Kap 4; *Carstensen/Schreiber,* Mitteilung der Deutschen Gesellschaft für Chirurgie 1986, 121 f.

Inanspruchnahme zu entgehen. Die in der Literatur[30] anzutreffende Meinung, Anerkenntnis sei jede Handlung oder Äußerung des Versicherungsnehmers gegenüber dem Verletzten oder seinem Vertreter, aus dem sich das Bewusstsein von dem Bestehen eines Anspruchs unzweideutig ergibt, kann für den ärztlichen Behandlungsvertrag im Hinblick auf die weitgehenden Aufklärungs- und Informationspflichten im postoperativen Bereich nicht uneingeschränkt Geltung beanspruchen. Der bei *Wille/Albrecht*[31] geschilderte Fall, in dem sich ein geschädigter Patient anlässlich einer Injektion in den falschen Quadranten mit Rickers'schem Syndrom und faustgroßer Muskelnekrose beschwert und die Frage des Schadensersatzes aufwirft, zeigt mit aller Deutlichkeit den Unterschied zwischen **rechtlichem Anerkenntnis** und **Einräumung eines Sachverhalts.** Der Arzt hatte in dem geschilderten Fall den Patienten beruhigt, den Schaden bedauert und sich für sein Missgeschick „entschuldigt". Hierin liegt kein Anerkenntnis iS von § 5 Nr 5 AHB. Gleiches gilt, wenn der Arzt zum Patienten beruhigend sagt: „Das kriegen wir auf jeden Fall hin. Für mein Verschulden stehe ich selbstverständlich ein. Ich werde dafür sorgen, dass Sie von meiner Versicherung Ihren Schaden ersetzt bekommen."[32] Es würde nicht nur dem Vertrauensverhältnis und den Besonderheiten der Rechtsbeziehungen zwischen Arzt und Patient widersprechen, sondern sich auch als Vertragsverletzung darstellen, wenn der Arzt dem Patienten die anspruchsbegründenden Tatsachen für einen Haftpflichtversicherungsfall vorenthalten würde, bzw müsste. Der Patient, vor allem in Narkose, ist im Regelfall außerstande, die schadensbegründenden Umstände überhaupt zu erkennen oder sachlich richtig darzustellen. Bei allem verständlichen Interesse der Versicherer, nicht durch interessengleiches Zusammenwirken von Versicherungsnehmer und Geschädigten ihren Verhandlungsspielraum eingeengt zu lassen, muss dem Arzt die Möglichkeit eingeräumt bleiben, ohne Verstoß gegen das Anerkenntnisverbot den Patienten über haftungsbegründende Sachverhalte aufzuklären. Auf entsprechende Fragen des Patienten oder seiner Angehörigen hat er wahrheitsgemäß zu antworten.

IV. Die Berufshaftpflichtversicherung des nachgeordneten ärztlichen Dienstes im Krankenhaus

11 Soweit Kliniken eine sog Betriebshaftpflichtversicherung abschließen, sind auch diejenigen Schäden mitversichert, die der nachgeordnete ärztliche Dienst in Ausübung der dienstlichen Verrichtungen verursacht. Der Versicherungsschutz besteht für alle sich aus der Betriebsbetreibung ergebenden Tätigkeiten, wie zB Maßnahmen der Diagnostik, Therapie und Krankenpflege, Tätigkeiten im Rahmen von Forschung und Lehre, Anleitung und Anweisung von Mitarbeitern und Auszubildenden sowie die Erledigung von Verwaltungs- und technischen Aufgaben. Ist die gelegentliche **außerdienstliche ärztliche Tätigkeit** nicht mitversichert, sollte der nachgeordnete ärztliche Dienst insoweit eine eigene Haftpflichtversicherung abschließen; dies auch für den Fall eines möglichen Regresses seines Dienstherrn wegen grobfahrlässiger Behandlungsweise.[33] Sofern im Anstellungsvertrag (Dienstvertrag) nichts anderes vereinbart ist, muss der Arzt sein Risiko grundsätzlich selbst versichern. Die vom Arzt persönlich abgeschlossene Berufs-Haftpflichtversicherung deckt außer seiner eigenen Haftpflicht auch die persönliche gesetzliche Haftpflicht seiner von ihm beschäftigten ständigen Vertreter und Assistenzärzte für Schäden, die diese in Ausführung ihrer dienstlichen Verrichtungen für den Arzt verursachen.[34]

---

[30] Vgl *Prölss/Martin*, Versicherungsvertragsgesetz, 26. Aufl 1998, § 154 Anm 3 m Rechtspr. Zutreffend und ausgewogen *Bergmann* (Fn 26) RdNr 694.
[31] KHA 1975, 434.
[32] Vgl RG JR 1935, 121.
[33] *Rieger*, Lexikon (1. Aufl 1984) RdNr 383; vgl auch noch BAG BB 1998, 749.
[34] *König* Anästh u Intensivmed 1981, 351. Die persönliche Haftpflicht eines nur vorübergehend bestellten Vertreters, wie zB Urlaubsvertreters oder Krankheitsvertreters, ist dagegen nicht mitversichert. Einzelheiten bei *Bergmann*, in: *Bergmann/Kienzle* (Hrsg), Krankenhaushaftung, RdNr 681 ff.

5. Kapitel. Rechtsfragen der Arztpraxis

Im nebendienstlichen Bereich richtet sich der Versicherungsschutz des nicht-leitenden Krankenhausarztes nach dem Versicherungsschutz des Leitenden Arztes; es sei denn, ihm ist ein eigenes Liquidationsrecht eingeräumt.

Hat das Krankenhaus nicht alle Ärzte versichert, so muss jeder Arzt des nachgeordneten ärztlichen Dienstes eine eigene Haftpflichtversicherung abschließen. Nur soweit sie nebendienstlich für den Leitenden Krankenhausarzt im Rahmen der Behandlung stationärer Wahlleistungspatienten tätig werden, wird ihr Berufshaftpflichtrisiko von der Versicherung des Leitenden Krankenhausarztes miterfasst.[35]

V. Die Versicherung von Sonderrisiken

Sonderrisiken bei ärztlichen Behandlungen, wie zB die Anwendung von Außenseitermethoden oder die Einbeziehung von Strahlenschäden in den Versicherungsschutz, müssen besonders mitversichert werden.[36] Schäden, die der Patient im Rahmen eines Heilversuches erleidet, sind jedoch grundsätzlich durch die Berufshaftpflichtversicherung gedeckt.[37] Eine Ausnahme gilt jedoch für die **Arzneimittelprüfung,** für die nach § 40 AMG eine Probandenunfallversicherung abzuschließen ist. Gleiches gilt für die Prüfung von Gegenständen nach dem Medizinproduktegesetz.

---

[35] Vgl *König,* Die Berufshaftpflicht der Ärzte im Anstellungsverhältnis sowie Probleme ihrer Berufshaftpflichtversicherung, Anästh u Intensivmed 1981, 351; *Rieger,* Lexikon (1. Aufl 1984) RdNr 383.

[36] Ohne Zusatzprämie werden heute im Rahmen der allgemeinen Haftpflichtversicherung Risiken aus der Verwendung von Röntgenapparaten und von Laserstrahlen mitversichert (vgl *Rieger,* Lexikon [1. Aufl 1984] RdNr 384); s aber auch § 4 Abs 1 Nr 7 AHB; ferner *Krieger,* Der Arzt und sein Recht, Sonderdruck 3 (1990), 5; *Deutsch* (Fn 5) RdNr 99.

[37] Vgl *Rieger* DMW 1978, 1589f; Lexikon (1. Aufl 1984) RdNr 851.

6. Kapitel. Das Kassenarztrecht/Vertragsarztrecht

§ 22 Die Entwicklung des Kassen-/Vertragsarztrechts

Inhaltsübersicht

	RdNr
I. Ärzte	1
1. Anfänge der kassenärztlichen Versorgung	1
2. Gesetz betreffend die Krankenversicherung der Arbeiter	2
3. Vertrags-System des Kassenarztrechts (KAR)	7
4. Kostendämpfungsgesetze	12
5. Einheitlicher Bewertungsmaßstab (EBM)	15
6. Gesetz zur Strukturreform im Gesundheitswesen (GRG)	16
7. Gesundheitsstrukturgesetz (GSG)	22
8. Entwurf eines GKV-Weiterentwicklungsgesetzes	31
9. Krankenhausgesetze	33
10. Beitragsentlastungsgesetz	34
11. 1. GKV-Neuordnungsgesetz	36
12. 2. GKV-Neuordnungsgesetz	37
13. Psychotherapeutengesetz	39
14. Korrekturgesetze	40
15. GKV-Gesundheitsreformgesetz 2000	41
16. Gesetze zur Euro-Einführung, zur Einmalzahlung, zur Rechtsangleichung	42
17. Gesetze zur Ablösung der Budgets, zur Einführung des Wohnortprinzips	43
18. Gesetz zur Festsetzung von Festbeträgen, zur Begrenzung der Arznei-Ausgaben	46
19. GKV-Modernisierungsgesetz (GMG)	47
II. Zahnärzte	51
1. Anfänge der kassenzahnärztlichen Versorgung	51
2. Auswirkung der Kostendämpfung auf die Kassenzahnärzte	56
3. Zahnersatz erneut als Sachleistung	59
4. GKV-Modernisierungsgesetz führt (erneut) zu Festzuschüssen	60

Schrifttum: *Behnsen,* Die Neuordnung der psychotherapeutischen Versorgung, SGb 1998, 565, 614; *ders,* Medizinische Versorgungszentren – Konzeption des Gesetzgebers, KH 8/2004, 1; *Dahm/ Möller/Ratzel,* Rechtshandbuch Medizinische Versorgungszentren, 2005; *Erhard,* Die Rechtsnatur des kassenärztlichen Behandlungsverhältnisses, 1985; Gesamtkommentar, Kommentar zum gesamten Recht der Sozialversicherung, bearb von *Bley* und andere, Loseblattausgabe, Stand 1989; *Häußler/ Liebold/Narr,* Die kassenärztliche Tätigkeit, 1982; *Jantz-Prange,* Das gesamte Kassenarztrecht, Loseblattausgabe, Stand 1961; *Jörg,* Das neue Kassenarztrecht, 1993; *Liebold/Zalewski,* Handbuch Psychotherapie, 1999; *Liebold/Zalewski,* Kassenarztrecht, Loseblattausgabe; *Loechelt,* Kodifikation des Kassenarztrechts im Sozialgesetzbuch, 1981; *Lüke,* Beiträge zum neuen Kassenarztrecht, 1980; *v Maydell,* Die Entwicklung der Rechtsbeziehungen zwischen Krankenkassen und Kassenärztlichen Vereinigungen, ZfS 1983, 148 ff; *Narr/Hess/Schirmer,* Ärztliches Berufsrecht, 2003; *Neugebauer,* Das Wirtschaftlichkeitsgebot in der GKV, 1996; *H. Peters,* Die Geschichte der Sozialversicherung, 3. Aufl 1978; *H. Peters/Mengert (Hrsg),* Handbuch der Krankenversicherung – Sozialgesetzbuch V, Loseblattausgabe, Stand 2009; *Plagemann,* Vertragsarztrecht – PsychotherapeutenG, 1998; *Plagemann/ Niggehoff,* Vertragsarztrecht, 2. Aufl 2000; *Pulverich,* Psychotherapeutengesetz, 3. Aufl 1999; *Quaas/ Zuck,* Medizinrecht, 2. Aufl 2008; *Rüfner,* Das Gesetz zur Strukturreform im Gesundheitswesen, NJW 1989, 1001; *Salzl/Steege,* Psychotherapeutengesetz, 1999; *Schallen,* Zulassungsverordnung, Kommentar, 6. Aufl 2008; *Schlegel/Voelzke/Engelmann (Hrsg),* jurisPraxisKommentar, SGB V, 2008;

Schnapp/Wigge (Hrsg), Handbuch des Vertragsarztrechts, 2. Aufl 2006; *G. Schneider,* Kassenarztrecht, 1994; *Schulin/Igl,* Sozialrecht, 8. Aufl 2007; *Schulin (Hrsg),* Handbuch des Sozialversicherungsrechts, Bd. 1, 1994 (§§ 32–37 – Vertragsarztrecht von Funk und Clemens); *Siewert,* Das Vertragsarztrecht, 1994; *Stock,* Erste Rechtsprechung zum Psychotherapeutengesetz, NJW 1999, 2702; *Spellbrink,* Die Rechtsstellung des Psychotherapeuten nach dem Psychotherapeutengesetz, NZS 1999, 1; *Tiemann/ Tiemann,* Kassenarztrecht im Wandel, 1983; *Wannagat,* Lehrbuch des Sozialversicherungsrechts, 1965; *Wenzel,* Handbuch des Fachanwalts Medizinrecht, 2007; *Zipperer,* Wichtige strukturelle Änderungen für Ärzte, Zahnärzte und Versicherte im GSG, NZS 1993, 53 und 95.

I. Ärzte

1 1. Die **kassenärztliche/vertragsärztliche Versorgung,** dh die ambulante ärztliche Versorgung sozialversicherter Patienten, war in den Anfängen nur eine Begleiterscheinung in den durchweg privatärztlich ausgerichteten Arztpraxen. Zwar gab es bereits sehr früh Knappschaftsärzte im Bereich des Bergbaus und angestellte Ärzte im staatlichen Gesundheitswesen, die sich der Behandlung sozial schwacher Bevölkerungsgruppen zuwandten. Aber die Tätigkeit frei praktizierender Ärzte im Dienst von Hilfskassen (Vorläufer der Ersatzkassen) und Gemeindekrankenkassen (Vorläufer der Ortskrankenkassen) war bis ca 1900 nicht sehr bedeutsam. Erst mit der Erweiterung des Kreises der Pflichtversicherten – insbesondere durch die 1911 in Kraft tretende Reichsversicherungsordnung (RVO)[1] – verlagerte sich der Schwerpunkt des Patientenklientels in vielen Arztpraxen zu den Sozialversicherten.

2 2. Die auf Grund des **Gesetzes betreffend die Krankenversicherung der Arbeiter** vom 15. 6. 1883[2] geschaffenen gesetzlichen Krankenkassen (KK) versicherten nur einen kleinen Teil der Bevölkerung und machten deshalb nur in geringem Umfang von der Möglichkeit des § 46 Abs 1 Nr 2 Gebrauch, die Beziehungen zu den Ärzten durch schriftlichen Vertrag zu regeln; es überwog die Kostenerstattung. Das später stets als wichtiges Prinzip der GKV verteidigte **Sachleistungs-/Naturalleistungsprinzip** entsprang § 6 Abs 1 Nr 1 Krankenversicherungsgesetz **(KVG** – Gesetzesnovelle vom 10. 4. 1892). Die KK mussten die ambulante ärztliche Behandlung sicherstellen und schlossen nur mit solchen Ärzten Dienstverträge (§§ 611 ff BGB)[3], die sich ihren Bedingungen beugten. Aus dieser Zeit stammt auch der Begriff „**Kassenarzt**".

3 Das **Honorar** wurde entweder nach Einzelleistungen, also nach den erbrachten und nach den Positionen einer Gebührenordnung bewerteten Leistungen, oder nach einem Festbetrag je behandelten versicherten Patienten (Kopfpauschale) errechnet. Kamen Verträge mit Ärzten nicht zustande (zB wegen Streiks), so konnten die KK mit Ermächtigung des Oberversicherungsamts (OVA) ihren Versicherten anstelle der ärztlichen Leistung eine Barleistung bis zu $^3/_4$ des Durchschnittsbetrages ihres gesetzlichen Krankengeldes gewähren (§ 370 RVO aF). Dies war eine der wenigen die Ärzte betreffenden Regelungen in der damaligen Fassung der RVO.

4 Die Ausgrenzung einzelner Ärzte bei der Kassenzulassung nahmen die im sogenannten Leipziger Verband (später: Hartmannbund) zusammengeschlossenen Ärzte zum Anlass von Kampfmaßnahmen. Die Reichsregierung schaltete sich ein und brachte zwischen KK und Ärzten das sogenannte **Berliner Abkommen** vom 23. 12. 1913[4] zustande: ein Verfah-

---

[1] Die RVO wurde am 19. 7. 1911 (RGBl 509) verkündet. Die Vorschriften über die Krankenversicherung (§§ 165 bis 536 RVO) traten am 1. 1. 1914 in Kraft.

[2] RGBl 73.

[3] Das BGB trat zwar erst am 1. 1. 1900 in Kraft, es gab aber bereits die Rechtsfigur des Dienstvertrages. Der Erste Entwurf zum BGB wurde bereits 1888 veröffentlicht. Die Veröffentlichung des verabschiedeten Gesetzes erfolgte am 18. 8. 1896 (RGBl 195).

[4] Beil Nr 5 des MinBl der Handels- und Gewerbeordnung (PrHMBL) 1914 S. 85; s im Einzelnen dazu und zur weiteren Entwicklung: *Schnapp* in: *Schnapp/Wigge* (Hrsg), Hdb des Vertragsarztrechts, § 1 RdNr 7 ff.

rensabkommen, das die Kassenzulassung der Ärzte bestimmten Ausschüssen (Registerausschüssen) zuwies, die paritätisch mit Vertretern der Ärzte und KK besetzt waren. Zugelassen wurde, wer in das **Arztregister** eingetragen war und in dessen Bezirk die Verhältniszahl nicht überschritten war (1 : 1350 Mitglieder und 1 : 1000 Mitgl mit FamAngeh). Außer dem Registerausschuss gab es den Vertragsausschuss zum Abschluss der Dienstverträge zwischen dem einzelnen Arzt und den KK; zur Schlichtung von Streitigkeiten gab es den Zentralausschuss.

Das Berliner Abkommen wurde nach 10 Jahren vorgesehener Laufzeit durch die Verordnung der Reichsregierung über Ärzte und KK vom 30. 10. 1923[5] Gesetz. In der Verordnung wurde als weiterer Ausschuss der **Reichsausschuss** für Ärzte und KK vorgesehen, der **Richtlinien mit normativer Kraft** erließ; so zB eine Zulassungsordnung, Vertragsrichtlinien und Richtlinien für die wirtschaftliche Arzneiverordnung usw. Erstmalig konnten die KK mit den damaligen ärztlichen Organisationen **Kollektivverträge** abschließen, allerdings noch nicht in der Form unmittelbar wirkender Vergütungsverträge, sondern vergleichbar mit den Tarifverträgen des Arbeitsrechts (Mantelvertrag).

Mit der Kassenzulassung nach der genannten Verordnung erwarben die Ärzte einen Anspruch auf Abschluss eines Vertrages über die Ausübung der Kassenpraxis, allerdings noch in Form von privatrechtlichen Einzeldienstverträgen (§§ 611 ff. BGB). Kollektivverträge mit unmittelbarer Wirkung für die Ärzte und KK wurden erst durch die **Vertragsordnung** vom 30. 12. 1931[6] (erlassen als Notverordnung) möglich. Später wurden die Neuregelungen in die RVO als §§ 368 ff. übernommen (aufgrund der **Verordnung über kassenärztliche Versorgung** vom 14. 1. 1932).[7] Damit gab es die Grundlagen des **öffentlich-rechtlichen Kassenarztsystems** – einschließlich des **Kollektivvertragssystems** – **bereits 1931/32**. Es handelt sich also – entgegen gelegentlich geäußertem Vorhalt – nicht um ein „nationalsozialistisches System".

3. Seit 1932 kann also von einem einheitlichen **Vertrags-System des Kassenarztrechts** (KAR) gesprochen werden. Es gab Mantelverträge, Gesamtverträge und Einzeldienstverträge. Allerdings bestand der Einzeldienstvertrag des Kassenarztes nach § 368 Abs 3 RVO aF praktisch nur in der schriftlichen Beitrittserklärung zum Gesamtvertrag. Die Verhandlungen über die Verträge fanden zwischen den Verbänden der KK und den Ärzteverbänden statt. Die einzelne KK führte kaum Vertragsverhandlungen. Als Vergütungssystem war gesetzlich nur die Berechnung der Vergütung nach einer **Kopfpauschale** zugelassen. Seit 1933[8] gab es die **Kassenärztliche Vereinigung Deutschlands** mit den ihr untergeordneten Landesstellen und Bezirksstellen als Körperschaft des öffentlichen Rechts. An diese zahlten die KK, und die Kassenärztliche Vereinigung verteilte die Vergütung nach genossenschaftlichen Grundsätzen an ihre Mitglieder.

Die deutlich zentralistischen Tendenzen der Weimarer Zeit setzten sich unter dem Regime des Nationalsozialismus fort und kulminierten in dem vorläufigen **Reichsvertrag über die kassenärztliche Versorgung** vom 15. 12. 1938,[9] wonach alle Mantel- und Gesamtverträge als selbstständige Verträge außer Kraft gesetzt wurden und den Spitzenverbänden das alleinige Recht zur Änderung, Kündigung und Gestaltung überlassen wurde. Die Reichsverbände der KK erhielten ab 1937 den Status von Körperschaften des öffentlichen Rechts.[10] Zur Kündigung von Verträgen kam es nach 1935 wegen der Preisstopp-Verordnungen nicht mehr.

---

[5] RGBl I 1051, 1054.
[6] RGBl I 1932, 2.
[7] RGBl I 19.
[8] Auf Grund der VO über die Kassenärztliche Vereinigung Deutschlands vom 2. 8. 1933 (RGBl I 567).
[9] RArbBl 1939 IV 11; s im Einzelnen dazu: *Schnapp* aaO RdNr 13 ff.
[10] Auf Grund der 12. VO zur Neuordnung der Krankenversicherung v 6. 9. 1937 (RGBl I 964).

9 Bis zum **Gesetz über Kassenarztrecht** vom 17. 8. 1955[11] galt nach 1945 und auch nach der Gründung der Bundesrepublik Deutschland im Wesentlichen das alte Recht als Länderrecht weiter. Das Gesetz über das Kassenarztrecht führte dazu, dass sich die Spitzenverbände der Ärzte und KK in ihrer jetzigen Form konstituierten. Die **Zulassungsordnungen** wurden 1957 erlassen;[12] im gleichen Jahr auch eine **Schiedsamtsordnung.**[13] Der Bundesmantelvertrag-Ärzte kam nach langen Verhandlungen erst 1959 (mit den Kassenzahnärzten erst 1962) zustande.

10 Bedeutsam war fünf Jahre nach Erlass des Gesetzes über das Kassenarztrecht die Entscheidung des **BVerfG** vom 23. 3. 1960.[14] Darin wurde die Beschränkung der Zulassung durch eine Verhältniszahl (§ 368a Abs 1 RVO aF) für verfassungswidrig erklärt.

11 Die **Bedarfsplanung** in der Kassenärztlichen Versorgung wurde durch das **Krankenversicherungs-Weiterentwicklungsgesetz** vom 28. 12. 1976[15] eingeführt. Von Ärzten bevorzugte Gebiete sollten vor Überversorgung und unterversorgte Gebiete vor einer Unterversorgung geschützt werden. Das Instrumentarium hat sich aber nur in begrenztem Ausmaß als hilfreich erwiesen.[16]

12 4. Mit dem **Krankenversicherungs-Kostendämpfungsgesetz** vom 27. 6. 1977[17] floss die seit längerem geführte Kostendämpfungs-Diskussion in ein Gesetz ein. Ziel des Gesetzes sollte es sein, die steigende volkswirtschaftliche Belastung durch den Kostenaufwand im Gesundheitswesen nachhaltig zu bremsen. Die Einkommensentwicklung der Anbieter von Gesundheitsleistungen sollte stärker an die allgemeine Einkommensentwicklung angepasst werden. Gleichzeitig wurde nach dem Vorbild in der allgemeinen Politik eine **Konzertierte Aktion im Gesundheitswesen** geschaffen, die jährlich Empfehlungen über volkswirtschaftlich verträgliche Steigerungen von Ausgaben abgibt. In der Konzertierten Aktion soll die gemeinsame Verantwortung der am Gesundheitswesen Beteiligten zum Ausdruck kommen. Neben den Spitzenverbänden der KK und den Verbänden der Leistungserbringer sind die Sozialpartner und die zuständigen Ministerien des Bundes und der Länder vertreten.

13 Vier Jahre später sah sich der Gesetzgeber gezwungen, ein weiteres Kostendämpfungsgesetz – das **Kostendämpfungs-Ergänzungsgesetz (KVEG)** vom 22. 12. 1981[18] zu erlassen. Darin wurde der Zuschuss zum Zahnersatz verringert, Preisvereinbarungen mit den Leistungserbringern für Heil- und Hilfsmittel wurden gesetzlich verlängert, für ein Jahr galten um 5 % abgesenkte Preise für zahntechnische Leistungen, Bagatellarzneimittel wurden ausgegrenzt, der Versichertenanteil wurde erhöht bei Inanspruchnahme von Arznei- und Heilmitteln, Brillen und Fahrkosten, auch kam es zur Preisauszeichnungspflicht bei Arzneien.

14 Das KVEG war eines der **fünf Spargesetze,** die ab 1. 1. 1982 wirksam wurden. Die weiteren vier sind:

---

[11] Gesetz über Änderungen von Vorschriften des Zweiten Buches der Reichsversicherungsordnung und zur Ergänzung des Sozialgerichtsgesetzes – Gesetz über Kassenarztrecht (GKAR – BGBl I 513); vgl auch *Hess/Venter*, 44 ff; *Matzke*, SGb 1981, 404, 408.

[12] ZulO-Ärzte und ZulO-Zahnärzte v 28. 5. 1957 (BGBl I 572 und 582).

[13] Schiedsamtsordnung für kassenärztliche (kassenzahnärztliche) Versorgung v 28. 5. 1957 (BGBl I 570).

[14] BVerfGE 11, 30 = NJW 1960, 715; die entsprechende Entscheidung für die Kassenzahnärzte: BVerfGE 12, 144.

[15] Das KVWG trat am 1. 1. 1977 in Kraft (BGBl 1976 I 3871).

[16] Zu den Möglichkeiten, trotz Zulassungssperren eine Zulassung zu erlangen, siehe Sonderbedarfszulassung und Praxisnachfolge: § 29 RdNr 45 und 47 ff – Die Bedarfsplanung mit der Möglichkeit von Zulassungssperren ist im vertragszahnärztlichen Bereich zum 1. 4. 2007 aufgehoben worden: § 29 RdNr 26.

[17] Das KVKG trat am 1. 7. 1977 in Kraft (BGBl I 1069).

[18] Veröffentlicht im BGBl I 1578, in Kraft ab 1. 1. 1982.

6. Kapitel. Das Kassenarztrecht/Vertragsarztrecht   15–17 § 22

– das Gesetz zur Bekämpfung der illegalen Beschäftigung (BillBG) vom 15.12.1981[19]
– das Gesetz zur Konsolidierung der Arbeitsförderung (AFKG) vom 22.12.1981[20]
– das Gesetz zur Verbesserung der Haushaltsstruktur (2. HStruktG) vom 22.12.1981[21]
– das Krankenhaus-Kostendämpfungsgesetz vom 22.12.1981.[22]

Ihrer Bezeichnung nach lassen diese Gesetze nicht immer erkennen, dass sie auch krankenversicherungsrechtliche Vorschriften – insbesondere solche des Kassenarztrechts – enthalten. Das hat aber gesetzgebungstaktische Gründe, ist also eine eher politische als systematisch überzeugende Vorgehensweise.[23]

5. Neben Änderungen der Zulassungsordnungen für Ärzte und Zahnärzte, die etwa die Vorbereitungszeiten und die Bedarfsplanung betreffen,[24] ist für das Kassenarztrecht noch einschlägig das Gesetz zur Verbesserung der kassenärztlichen **Bedarfsplanung** vom 19.12.1986.[25] Die Parteien des Bundesmantelvertrages-Ärzte lösten den bisherigen Bewertungsmaßstab (BMÄ) ab 1.10.1987 durch den **Einheitlichen Bewertungsmaßstab** für kassenärztliche Leistungen **(EBM)** ab. Darin wurde die Honorierung medizinisch-technischer Dienste und von Laborleistungen zugunsten der ärztlichen Beratungs- und Betreuungsleistungen verringert. Die Bewertung der prothetischen zahnärztlichen Leistungen nach dem **Bema**[26] wurde zugunsten der konservierend-chirurgischen Leistungen verringert. Allerdings konnte die „Deckelung" auch nur eines Teils der Leistungen bei den Zahnärzten – im Gegensatz zu den Ärzten – nicht erreicht werden.[27]   **15**

6. Schon kurze Zeit nach Inkrafttreten der Kostendämpfungsgesetze zeigte sich, dass die gewünschte Entlastung der Haushalte der Sozialversicherungsträger, insbesondere der KK, nur ein bis zwei Jahre vorhielt. Es bedurfte einer strukturellen Reform des Gesundheitswesens, um nachhaltige Einsparungseffekte zu erzielen. Diese sollte nach dem Willen der Bundesregierung durch das sehr eingehend im parlamentarischen Vorfeld diskutierte **Gesetz zur Strukturreform im Gesundheitswesen (Gesundheits-Reformgesetz – GRG)**[28] geschehen.   **16**

Nach der Gesetzesbegründung[29] ging es Regierung und Regierungsfraktionen darum,   **17**
– die Solidarität neu zu bestimmen;

---

[19] BGBl I 1390.
[20] BGBl I 1497.
[21] BGBl I 1523.
[22] Abgekürzt KHKG – BGBl I 1568.
[23] Um nicht von der Zustimmung des Bundesrats abhängig zu sein, verteilte das Parlament die genannten Vorschriften (ziemlich wahllos) auf zustimmungsfreie Gesetze. So finden sich Vorschriften der Krankenversicherung im Haushaltsstrukturgesetz und umgekehrt Normen des Bundeshaushaltsrechts in Kostendämpfungsgesetzen der GKV.
[24] Vom 14.12.1983 (BGBl I 1431 und 1433) und vom 20.7.1987 (BGBl I 1679 und 1681).
[25] BGBl I 2593.
[26] Der Einheitliche Bewertungsmaßstab für kassenzahnärztliche Leistungen (Bema – von 1962, mit wesentlichen Änderungen 1965 und 1987) löste frühere Vergütungsordnungen ab: Siehe vor allem die Preußische Gebührenordnung (Preugo – zunächst von 1986, wesentlich verändert ab 1920, 1924, 1927, 1953, 1958). Außerdem gab es – diese zeitweise ablösend, aber zeitweise auch wieder hinter sie zurücktretend – die Kassenzahnärztliche Gebührenordnung (Kazgo – zunächst von 1933, wesentlich verändert ab 1954 und 1958, aber dann infolge Kündigung durch die Kassenzahnärztliche Bundesvereinigung Ende 1958 auslaufend). Ergänzend zum Bema trat 1965 die Bundesgebührenordnung (Bugo). Für den Ersatzkassenbereich wurde zwischen der Kassenzahnärztlichen Bundesvereinigung und den Ersatzkassen-Verbänden jeweils eine Gebührenordnung als Anlage zum Ersatzkassenvertrag-Zahnärzte vereinbart. – Zu Einzelheiten siehe zB *Siebeck*, Beziehungen zwischen Zahnärzten und Krankenkassen, 1975, 129–138. – Siehe ferner unten RdNr 52 und 53.
[27] Speziell zur Entwicklung im Zahnbereich su RdNr 51 ff.
[28] GRG – Erster Teil. Artikel 1. Sozialgesetzbuch (SGB). Fünftes Buch (V) Gesetzliche Krankenversicherung v 20.12.1988 (BGBl I 2477).
[29] RegE mit Begr v 29.4.1988 (BR-Drucks 200/88) und gleichlautender Gesetzesantrag der Regierungsfraktionen v 3.5.1988 (BT-Drucks 11/2237).

- die Eigenverantwortung der Versicherten zu stärken;
- die Wirtschaftlichkeit der Leistungserbringung zu erhöhen;
- die Strukturen der Krankenversicherung zu aktualisieren;
- das Recht der Krankenversicherung neu zu kodifizieren.

18 Durch folgende Maßnahmen sollten die **Leistungserbringer** zur Wirtschaftlichkeit gezwungen werden:
- Die Vergütung der Leistungserbringer unterliegt dem Grundsatz der Beitragssatzstabilität.
- Die Wirtschaftlichkeitsprüfungen bei Ärzten, Zahnärzten, Krankenhäusern werden durch zusätzliche Stichproben ergänzt.
- Die Transparenz von Kosten und Leistungen wird durch ein besser abgestimmtes Abrechnungsverfahren erhöht; dabei bleibt der Datenschutz gewährleistet.
- Der Medizinische (früher: Vertrauensärztliche) Dienst soll so ausgestattet werden, dass er auf Qualität und Wirtschaftlichkeit der Leistungserbringung Einfluss nehmen kann.

Im Krankenhausbereich[30] gelang es dem Gesetzgeber leider nicht, stärker auf die Einhaltung von Sparsamkeit und Wirtschaftlichkeit hinzuwirken. Der Widerstand der Länder war zu stark.

19 Zu einer wirklichen **Struktur- oder Organisationsreform** ist es – entgegen der Bezeichnung des Gesetzes – **nicht** gekommen. Dem Gesetzgeber fehlte offenbar die Kraft, dies zugleich mit dem SGB V durchzusetzen. Insbesondere gelang es nicht, die sogenannte Risiko-Entmischung, dh die Herauslösung guter Risiken aus den AOKs als Primärkassen, zu stoppen. Im Gegenteil, es wurde noch mehr Personengruppen als bisher ermöglicht, die Solidargemeinschaft zu verlassen und sich preiswerter in der Privaten Krankenversicherung (PKV) oder in den Sonderkassen mit besser verdienendem Klientel (Betriebskrankenkassen, Innungskrankenkassen, Ersatzkassen) zu versichern. Diese Risiko-Entmischung konnte auch nicht durch einen Finanzausgleich innerhalb der jeweiligen Kassenart verhindert werden, weil dieser die Ursache (nämlich die Entsolidarisierung gegenüber den AOKs) unangetastet ließ.

20 Als **strukturelle Elemente des GRG im SGB V** können höchstens folgende Regelungen in Randbereichen bezeichnet werden:
- Neuordnung des Medizinischen Dienstes.
- Neuordnung des Prüfdienstes der gesetzlichen Krankenversicherung.
- Finanzausgleich innerhalb der Kassenarten.
- Rechtliche Angleichung der Ersatzkassen an die sogenannten Pflichtkassen.
- Gleichstellung der Arbeiter mit den Angestellten bei Überschreitung der Versicherungspflichtgrenze.

21 Nach mehr als 100 Jahren sozialer Krankenversicherung (davon 78 Jahre Geltung der RVO) stellte das **SGB V** einen ersten wichtigen Reformschritt dar. Nach Bekundungen des federführenden Bundesarbeitsministeriums[31] sah man dieses Gesetzeswerk allerdings nicht als „Jahrhundertgesetz" an, weil schwierige Teile des Reformbedarfs ausgeklammert und weiteren Reformschritten vorbehalten wurden, so zB die unterschiedliche **Risikoverteilung** in den Kassenstrukturen, die **Überkapazitäten** im Gesundheitswesen, die steigende Zahl von Ärzten, Zahnärzten, Krankengymnasten usw, die weiterhin überproportional steigenden Krankenhauskosten, die umfassende Lösung des Pflegefallrisikos. Die Reformen mussten also weitergehen. Als nächstes war ein sog Gliederungsgesetz

---

[30] Zur engeren Kompetenz des Bundesgesetzgebers in diesem Bereich siehe Art 74 Abs 1 Nr 19a GG; s dazu BVerfG vom 7. 2. 1991 – 2 BvL 24/84 – BVerfGE 83, 363, 380, und zB *Umbach/Clemens* in: *Umbach/Clemens* (Hrsg), Grundgesetz, Bd. II, 2002, Art 74 RdNr 124–128; *Degenhart* in: *Sachs* (Hrsg), Grundgesetz, 4 Aufl 2007, Art 74 RdNr 88 f. – Zum Scheitern eines sog Globalbudgets s RdNr 33 (letzter Absatz) und 41 (erster und letzter Absatz).

[31] *Vielhaber*, BABl 4/1989, 74, 77; *Jung*, BKK 1989, 315.

geplant, das ungerechtfertigte Verwerfungen bei den versicherten Risiken, den Beitragssätzen und den daraus folgenden Entsolidarisierungen innerhalb des gegliederten Krankenkassensystems entgegenwirken sollte.

Die Steuerungswirkungen des GRG aus dem Jahre 1988 erwiesen sich geringer als erhofft. Die finanziellen Defizite innerhalb der GKV und die Beitragssätze für Arbeitnehmer und Unternehmen stiegen weiter, was gefährliche gesundheits-, sozial- und beschäftigungspolitische Konsequenzen nach sich ziehen konnte. Daher war die Politik zu weiterem Handeln aufgerufen.

7. Zum 1.1.1993 trat das „Gesetz zur Sicherung und Strukturverbesserung der gesetzlichen Krankenversicherung (**Gesundheitsstrukturgesetz – GSG)**"[32] in Kraft, das wesentliche Änderungen des SGB V brachte, aber auch gravierende Korrekturen in anderen Gesetzen und Verordnungen vorsah (ua SGB IV, Zulassungsverordnung für Kassenärzte und Kassenzahnärzte, Krankenhausfinanzierungsgesetz, Bundespflegesatzverordnung).

Erklärtes Ziel des von Regierungskoalition und Opposition getragenen Gesetzes (Konsensverhandlungen von Lahnstein vom 1.10.1992 bis 4.10.1992) war es, die Bezahlbarkeit des Gesundheitswesens zu sichern.

Aus den Erfahrungen der Vergangenheit wusste man, dass allein erhöhte Selbstbeteiligungen für die Versicherten ein ungeeignetes Mittel sind, um die Ausgabensteigerung in den Griff zu bekommen. Deshalb wurden im Rahmen des GSG Ärzte, Zahnärzte, Apotheken, Pharmaindustrie und Krankenhäuser besonders gefordert.

Das Maßnahmenpaket zielte einerseits auf eine **Sofortbremsung aller Ausgaben** (mittels einer Grundlohnanbindung) und andererseits auf strukturverändernde und langfristig wirkende Eingriffe in fast allen Leistungsbereichen.

Daneben enthielt das GSG weitere gravierende Änderungen, die zunächst weniger im Mittelpunkt der öffentlichen Diskussion standen: Durch die Einführung eines bundesweiten kassenartenübergreifenden **Risikostrukturausgleichs**[33] wurde der Weg für die Gleichbehandlung von Arbeitern und Angestellten bei den Kassenwahlrechten und für eine neue Wettbewerbsordnung in der gesetzlichen Krankenversicherung geebnet.

Das System der gesetzlichen Zuweisung zu bestimmten Kassenarten und der unterschiedlichen Wahlrechte hatte bewirkt, dass sich die Beitragssätze zwischen den KK und den Kassenarten immer weiter auseinanderentwickelten.

Seit 1994 soll der Risikostrukturausgleich die ungerecht hohen Beitragssatzunterschiede, die durch Faktoren bedingt sind, die die einzelne KK auch durch noch so wirtschaftliches Handeln nicht selbst beeinflussen kann, beseitigen, um so auf der Einnahmenseite **gleiche Ausgangsbedingungen im Wettbewerb** zu schaffen. Getrennt nach alten und nach neuen Bundesländern wurden zwischen allen KK die Faktoren Grundlöhne, mitversicherte Familienangehörige, Alter und Geschlecht ausgeglichen. Dies betraf insbesondere die Ersatzkassen wie die Techniker-KK – aber auch Betriebskrankenkassen –, deren Versicherte einigermaßen einheitlich strukturiert waren und von den Krankheitsgefahren und Kosten her eher geringere Risiken aufwiesen.

Seit 1997 gibt es **keine Pflicht- bzw Wahlkassen mehr.** Wählbar sind für die Versicherten neben der AOK ua alle Ersatzkassen. Die sogenannten „Angestellten-Krankenkassen" gehören damit der Vergangenheit an. Diese Entwicklung haben die Ersatzkassen nicht verhindern können. Ihr in langen Jahren durch Risikoselektion aufgebautes Image als KK der „höheren Berufe" geht zunehmend verloren.

Die **wesentlichen Neuregelungen** des **GSG** und ihre finanziellen Auswirkungen seit 1993 sind:
– Erhöhung von Selbstbeteiligungen

---

[32] Vom 21.12.1992 (BGBl I 2266).
[33] Vgl §§ 266, 267 SGB V.

– Budgetierung der Arzthonorare, der Arznei- und Heilmittelverordnungen, der Krankenhäuser, der Verwaltungskosten der KK, bundesweite Einführung des **RSA** (Risikostrukturausgleich), Senkung der Pharmapreise und der Zahnersatzhonorare.

26 Das GSG wendet sich mit seinen Maßnahmen gegen Unwirtschaftlichkeiten und Verschwendung, gegen Überkapazitäten und fehlgesteuerte Entwicklungen der Vergangenheit. Das Reformwerk zeigte zunächst positive Auswirkungen. Die auf 10 Mrd DM geschätzten **Einsparungen** waren aber nur 1993 und 1994 zu verzeichnen. Bereits 1995 gab es wieder ein **Defizit in der GKV** von 7 Mrd DM. Die Ausgaben stiegen wieder überproportional, besonders bei der Krankenhausbehandlung. Beitragssatz-Steigerungen waren die Folge.

Diese erneuten Defizite hätten vermieden werden können, wenn man bei der Konzipierung des GSG konsequent gewesen wäre und nicht gleichzeitig **Finanzverschiebungen** (sog. Verschiebebahnhof) vorgenommen hätte (zB von der GKV zur Arbeitslosenversicherung).

27 Im **Krankenhausbereich** wurden mit dem GSG prinzipiell richtige Schritte hin zu einer Vergleichbarkeit der Krankenhausleistungen und zu einem transparenteren Preissystem unternommen. Jedoch reichten diese bei weitem nicht aus. Ohne weitere Reformschritte im Krankenhaus und Korrekturen am bestehenden Vergütungssystem war die Kostenflut im Krankenhaus nicht zu bremsen. Der Gesetzgeber hat deshalb auch reagiert. Durch Änderung der **Bundespflegesatzverordnung** wurde den Krankenhausträgern für 1996 nur eine Steigerung des Budgets 1995 um höchstens den Prozentsatz erlaubt, der sich aus den Tarifverhandlungen im BAT-Bereich ergab.

28 Für das Kassenarztrecht war außerdem von Bedeutung, dass der Gesetzgeber die Bezeichnung „**Vertragsarzt**" von den Ersatzkassen übernahm, jedoch nur unvollkommen: Es heißt „vertrags(zahn)ärztliche Versorgung", aber weiterhin „Kassen(zahn)ärztliche Vereinigung". Unklar ist, ob es den Begriff „**Kassenarztrecht**" nach dem geltenden SGB V noch gibt oder ob es „**Vertragsarztrecht**" heißen muss. Bis heute werden noch beide Begriffe angewendet.

29 Für Ärzte/Zahnärzte wurden **Zulassungsvoraussetzungen** verschärft. Von der Möglichkeit einer Zulassung ausgeschlossen wurden Ärzte/Zahnärzte in überversorgten Gebieten und Bewerber, die über **55 Jahre** alt sind.[34] Seit 1999 erfolgt die Zulassung allein nach Verhältniszahlen. Damals trat auch die Regelung in Kraft, dass die Zulassung mit **68 Jahren** endet.[35]

Die **Honorare der Ärzte** wurden für die Jahre 1993–1995 ausdrücklich einer Budgetierung unterworfen, dh sie konnten nur steigen, wenn und soweit auch die Grundlohnsumme der Versicherten stieg. Diese Budgetierung galt auch weiter für die Folgejahre, und zwar aufgrund des Grundsatzes der Beitragssatzstabilität, wie das BSG klargestellt hat.[36]

30 Zum 1.1.1993 wurde ein **Arzneimittelbudget** als Obergrenze für alle verordneten Arzneimittel eingeführt (darin wurden auch die verordneten Heilmittel eingebunden). Bei Budgetüberschreitung hafteten alle Ärzte über ihre KV; eine Mithaftung der Pharma-Industrie war vorgesehen.[37] Außerdem wurden die Preise für Arzneimittel ohne Festbetrag in den Jahren 1993 und 1994 um 5 % gesenkt.

31 8. Die Regierungskoalition aus CDU/CSU und FDP legte im Jahr 1996 den **Entwurf eines GKV-Weiterentwicklungsgesetzes** (GKVWG) vor.[38] Darin sollte die durch den Risikostrukturausgleich und die Wahlfreiheit der Versicherten begründete Wettbewerbs-

---

[34] Aufgehoben mit Wirkung ab 1. 1. 2007: § 29 RdNr 67.
[35] Auch diese Altersgrenze gilt (rückwirkend) seit dem 1. 10. 2008 nicht mehr (GKV-OrgWG vom 15. 12. 2008, BGBl I 2426): Dazu § 29 RdNr 68.
[36] BSG vom 10. 5. 2000 – B 6 KA 67/98 R – BSGE 86, 126 = SozR 3-2500 § 85 Nr 37.
[37] Die Haftung der Ärzte wurde in der Praxis nie realisiert. Die Haftungsregelung wurde schließlich Mitte 1997 aufgehoben: s RdNr 43.
[38] BT-Drucks 13/3608 vom 30. 1. 1996.

ordnung in der GKV weiterentwickelt werden. Unter dem übergreifenden Ziel der Sicherung der Beitragssatzstabilität, der Begrenzung der Lohnnebenkosten und damit der Sicherung des Wirtschaftsstandortes Deutschlands sollte der Selbstverwaltung der Krankenkassen und der Vertragspartner möglichst viel Handlungsspielraum gegeben werden (Vorfahrt für die Selbstverwaltung). Neue Aktionsfelder sollten für **Erprobungsregelungen** und **Modellversuche** eröffnet werden. **Beitragssatzerhöhungen** sollten erheblich erschwert werden, indem im Verwaltungsrat eine Mehrheit von mehr als $^3/_4$ der satzungsmäßigen Mitglieder erforderlich sein sollte. – Diese Gesetzesinitiative scheiterte jedoch.

Auf dem Hintergrund dieses Gesetzentwurfs setzten einige Kassenarten bereits **Modellverfahren** in Gang. Der Bundesverband der BKK unternahm es, mit sog. **vernetzten Praxen** in Berlin neue Wege der ambulanten Versorgung zu beschreiten. Die dagegen gerichteten Klagen von Leistungserbringern zeigten aber bald, dass ohne Gesetzesänderungen solche Modelle nicht durchführbar sind. Auch das sog **Hausarztmodell** der AOK lief deshalb in der Erprobung nur langsam an.

9. Überholt wurde der Entwurf zum GKVWG durch parallele Gesetzesinitiativen sowohl der Regierungskoalition als auch der Opposition, die allerdings nur zu einem kleinen Teil erfolgreich waren:
– In Kraft trat das **Krankenhausausgaben-Stabilisierungsgesetz 1996.** Es begrenzte für 1996 die Anhebung der Gesamterlöse der Krankenhäuser auf die lineare Tarifsteigerung im öffentlichen Dienst. Da aktuell für 1996 nur eine pauschale Zahlung von 300 DM für alle Bediensteten vorgesehen war, blieb bis 1997 die Möglichkeit einer Steigerung strittig.
– Die Bundesregierung brachte weiterhin ein **Krankenhausfinanzierungs-Änderungsgesetz** in den Gesetzgebungsgang (BT-Drs 13/2745). Es regelte die Instandhaltungskosten der Krankenhäuser, dh inwieweit die Länder bzw die Benutzer diese Kosten tragen sollen. Diese Initiative scheiterte aber am Widerstand des Bundesrates.
– Zum Krankenhausbereich lag dem Parlament weiterhin ein **Krankenhaus-Neuordnungsgesetz 1997** (KHNG 1997 – BT-Drs 13/3608) vor. Hiernach sollten die Krankenhausbudgets eines Landes zusammengeführt und insgesamt nur in dem Maße erhöht werden, wie die Grundlöhne (beitragspflichtige Einnahmen). Unter dieser Gesamtvergütungs-Regelung hätten dann die Budgets für die Krankenhäuser abgesenkt oder erhöht werden können. Dieser Gesetzentwurf sollte möglichst gleichzeitig mit dem GKVWG durch das Gesetzgebungsverfahren gebracht werden.
– Ebenfalls gescheitert ist eine Gesetzesinitiative der SPD-Fraktion in Form eines **Gesundheitsstruktur-Konsolidierungsgesetzes** (BT-Drs 13/3039). Damit wollte die Opposition die Budgetierung aller Ausgaben der GKV 1996 erreichen.
– Seitens der SPD-Fraktion wurde aber auch ein **Zweites Gesundheitsstruktur-Gesetz** (GSG II) in den Gesetzesgang gebracht (BT-Drs 13/3607). Der Entwurf sah umfassende Reformen in allen Versorgungsbereichen vor. Insbesondere sollte durch **globale Budgetierung** die Beitragssatzstabilität gesichert werden. Gleichzeitig wurde den KK innerhalb der Budgetierung die wettbewerbliche Orientierung ihrer Leistungserbringung erlaubt. Auch diese Gesetzesinitiative scheiterte.[39]

10. Als Teil der **Spargesetze** der Regierungskoalition wurde das **Beitragsentlastungsgesetz** mit der „Kanzlermehrheit" vom Bundestag verabschiedet.[40] Es trat zum Teil rückwirkend in Kraft. Folgende Sparmaßnahmen wurden realisiert:

---

[39] Zum Vorschlag eines Globalbudgets s BT-Drucks 14/1245 vom 23. 6. 1999 (§ 142 – S. 26f und 93–95). Fallengelassen im Vermittlungsausschuss, vgl. BT-Drucks 14/2369 vom 15. 12. 1999 (S. 19f).
[40] Vom 1. 11. 1996 (BGBl I 1631).

§ 22   35, 36   § 22 Die Entwicklung des Kassen-/Vertragsarztrechts

- Die **Beitragssätze** der GKV wurden für 1996 auf dem bisherigen Niveau festgeschrieben. 1997 mussten alle Beitragssätze um 0,4 % gesenkt werden.
- Die **Krankenhausbudgets** wurden von 1997 bis 1999 um jährlich 800 Mio DM gekürzt. Dies war deshalb vertretbar, weil die Krankenhäuser durch die zweite Stufe der Pflegeversicherung erheblich entlastet wurden.
- Die **Selbstbeteiligung der Versicherten** wurde erhöht, und zwar bei den Arzneimitteln um eine DM je Packung (4 bis 8 DM). Die Versicherten müssen seither Brillengestelle voll bezahlen, Die Regeldauer von KK-Kuren wurde auf drei Wochen verkürzt, die tägliche Zuzahlung wurde auf 25 DM verdoppelt, je Kur-Woche werden zwei Tage Urlaub angerechnet.
- Versicherte, die 1997 noch nicht 18 Jahre waren, erhielten keinen Zuschuss von der KK zum Zahnersatz mehr.
- Der Krankengeldanspruch, der nach dem Auslaufen der Lohnfortzahlung besteht, beträgt nur noch 70 % des regelmäßigen Brutto-Arbeitsentgelts (und höchstens 90 % des Netto-Entgelts).
- Maßnahmen der Gesundheitsförderung dürfen nur unter eingeschränkten Bedingungen von den KK finanziert werden.

Der Gesetzgeber rechnete mit Einsparungen im Bereich der GKV in Höhe von 7,5 Mrd DM. Die KK rechneten nur mit 3 bis 4 Mrd DM, weil in Ausgaben-Sektoren gespart werde, die nur wenige Prozent der Gesamtausgaben ausmachten; zusätzliche Belastungen der GKV würden vom Gesetzgeber übersehen. Man befürchtete, dass die Beiträge nach ihrer Absenkung um 0,4 % sofort wieder erhöht werden müssten.

35 Nur eine zweite (oder dritte) Stufe des GSG hätte langfristig Entlastung bringen können. Dafür fehlte der Regierungskoalition aber die politische Durchsetzungskraft. Ihr gelangen lediglich drei nachfolgende Spargesetze, die nur zu unbedeutenden Änderungen im Beitragsrecht führten: Das **Siebte** und das **Achte SGB V-Änderungsgesetz** vom 28. 10. 1996[41] sowie das **Gesetz** zur sozialrechtlichen Behandlung von **einmalig gezahltem Arbeitsentgelt** vom 12. 12. 1996[42]; Letzteres passte § 227 SGB V der Entscheidung des BVerfG vom 11. 1. 1995 an.[43]

36 **11.** Das Erste Gesetz zur Neuordnung von Selbstverwaltung und Eigenverantwortung in der gesetzlichen Krankenversicherung **(Erstes GKV-Neuordnungsgesetz – 1. GKV-NOG)** vom 23. 6. 1997[44] erhöhte den Druck zum Sparen durch
- Erschwerung von Beitragssatzanhebungen: Erhöht eine Krankenkasse nach dem 10. 3. 1997 ihren Beitragssatz, so erhöhen sich automatisch je 0,1 % die Zuzahlungen der Mitglieder um 1 DM bzw prozentuale Selbstbeteiligungen um 1 %; bei Beitragssenkungen tritt das Umgekehrte ein – der Eigenanteil der Mitglieder sinkt.
- außerordentliches Kündigungsrecht der Mitglieder bei Beitragssatzanhebungen (ähnlich wie in der privaten Krankenversicherung): Außer der dreimonatigen Kündigungsfrist zum Jahresende gibt es eine einmonatige Frist zum Ende des auf die Erhöhung folgenden Kalendermonats.
- Diese Sanktionen greifen nicht ein, wenn die Beitragssatzerhöhung die Folge höherer Verpflichtungen aus dem Risikostrukturausgleich ist.
- Härtefälle sind weiterhin von den Zuzahlungen ausgenommen; wer durch Zuzahlungen über 2 % seiner jährlichen Bruttoeinnahmen belastet ist oder als chronisch Kranker mit über 1 %, erhält die übersteigenden Zuzahlungen von seiner Krankenkasse erstattet.

---

[41] BGBl I 1558 und 1559.
[42] BGBl I 1859.
[43] BVerfG vom 11. 1. 1995 – 1 BvR 892/88 – BVerfGE 92, 53.
[44] BGBl I 1518.

6. Kapitel. Das Kassenarztrecht/Vertragsarztrecht   37–39 § 22

12. Das **Zweite GKV-Neuordnungsgesetz (2. GKV-NOG)**[45] trat zum 1. 7. 1997   37
in Kraft. Im Gesetzgebungsverfahren war am Ende kaum noch von Sparbemühungen die Rede; es ging eher um eine Umverteilung der Finanzmittel von den Versicherten auf die Leistungsanbieter im Gesundheitswesen, insbesondere Zahnärzte, Ärzte, Apotheken, Pharmaindustrie und auch Krankenhäuser. Dies sollte mit folgenden Regelungen erreicht werden:
– Die **Selbstbeteiligung** der Versicherten wurde erneut erhöht, und zwar bei Arzneimitteln von 4 auf 9 DM (kleine Packungsgröße), von 6 auf 11 DM (mittlere Packungsgröße) und von 8 auf 13 DM (große Packung), bei Heilmitteln von 10 auf 15 %, bei Krankenhauspflege von 12 auf 17 DM je Tag.
– Bei der Versorgung mit **Zahnersatz** wird der 50- bzw 60 %ige Zuschuss der Krankenkasse um 5 % abgesenkt und ab 1998 durch standardisierte **Festzuschüsse** in den einzelnen prothetischen Versorgungsformen ersetzt. Der Versicherte wird im Verhältnis zum Zahnarzt Privatpatient. Die zahnmedizinische Prophylaxe bei Erwachsenen wird Kassenleistung.
– Die Elemente der privaten Krankenversicherung nehmen zu: **Kostenerstattung** anstelle der Sachleistung kann von jedem Versicherten gewählt werden; als **Satzungsleistung** können erhöhter **Selbstbehalt,** Zuzahlungsdifferenzierung (mit Beitragsermäßigung), **Beitragsrückzahlung** und erweiterte Leistungen eingeführt werden.
– Erprobungs- und **Modellvorhaben** werden erleichtert. Soweit der ambulante ärztliche Sektor betroffen ist, müssen allerdings stets Rahmenvereinbarungen mit den Kassenärztlichen Vereinigungen abgeschlossen werden. Die Modellversuche können sich beziehen auf Verfahrens-, Organisations-, Finanzierungs- und Vergütungsformen der Leistungserbringung; von bestehenden Regelungen des Vertragsrechts kann abgewichen werden.
– Die Kompetenz der **Bundesausschüsse** zur Evaluierung neuer Diagnose- und Therapiemethoden sowie zur Durchforstung bestehender Leistungen wird erweitert; die Heil- und Hilfsmittellieferanten sind angemessen zu beteiligen – das gilt auch für die einschlägigen Vereinbarungen der Krankenkassen und Ärzte auf Spitzenebene.
– Die Festsetzung neuer und die Fortentwicklung bestehender **Fallpauschalen** und **Sonderentgelte** auf dem **Krankenhaussektor** wird der Selbstverwaltung der Krankenkassen und Krankenhäuser übertragen. Instandhaltungskosten werden in den Jahren 1997 bis 1999 pauschal im Pflegesatz berücksichtigt, wenn diese nicht durch das zuständige Land getragen werden. Zur Finanzierung dieses „**Notopfers**" mussten alle gesetzlichen Krankenversicherten jährlich 20 DM zusätzlich an ihre KK zahlen.[46]
Die Versuche von Teilen der Regierungskoalition, zu sog. **Gestaltungsleistungen** zu   38
kommen, die von den KK angeboten und von den Versicherten über den Beitrag bezahlt werden, waren nicht erfolgreich, weil man offenbar vor möglichen Perspektiven zurückschreckte (Aufhebung der Beitragsparität Arbeitnehmer-Arbeitgeber auch in der Renten- und Arbeitslosenversicherung?). Insgesamt fehlte den Spargesetzen die Ausrichtung an zukunftsträchtigen Modellen.

13. Erweitert wurde der Bereich des Vertragsarztrechts ab 1. 1. 1999 durch die Einbe-   39
ziehung der **nichtärztlichen Psychotherapeuten**. Diese wirken mit den Ärzten an der Sicherstellung der vertragsärztlichen Versorgung der Versicherten mit (§ 72 Abs 1 SGB V). Das Gesetz über die Berufe des Psychologischen Psychotherapeuten und des Kinder- und Jugendlichenpsychotherapeuten (PsychThG) datiert vom 16. 6. 1998.[47]

---

[45] Vom 23. 6. 1997 (BGBl I 1520).
[46] Dies wurde in der Regierungszeit der im Herbst 1998 neu gewählten rot-grünen Regierungskoalition mit (Rück-)Wirkung ab dem 1. 1. 1998 wieder aufgehoben (GKV-Solidaritätsstärkungsgesetz ‚GKV-SolG' vom 19. 12. 1998 – BGBl I 3853).
[47] BGBl I 1311.

40 14. Ende 1998 nahm die im Herbst 1998 neu gewählte rot-grüne Regierungskoalition sofort einige für die Versicherten nachteilige Vorschriften in der GKV zurück, und zwar durch sog. **Korrekturgesetze:**

– Durch das **Gesetz zur Stärkung der Solidarität** in der GKV **(GKV-SolG)**[48] wurden die gerade erhöhten Zuzahlungen reduziert und erste Elemente einer privaten Krankenversicherung wieder eliminiert.

– Auch das **Gesetz zu Korrekturen in der Sozialversicherung** und zur Sicherung der Arbeitnehmerrechte[49] nahm einseitige Sparmaßnahmen (zulasten der Versicherten bzw Arbeitnehmer) zurück: etwa beim Krankengeld und bei der Lohnfortzahlung.

– Auf massive öffentliche Kritik zum Problem der „Scheinselbständigkeit", wie es im **Gesetz zur Neuregelung der geringfügigen Beschäftigungsverhältnisse**[50] gelöst war, reagierte der Gesetzgeber nur mit geringen Korrekturen im **Gesetz zur Förderung der Selbständigkeit**[51]. Die Beurteilung, ob jemand abhängig beschäftigt oder selbstständig tätig ist, obliegt danach den KK, aber immer stärker auch den Rentenversicherungsträgern, weil diese seit 1999/2000 allein die Betriebsprüfung bei den Arbeitgebern durchführen.

41 15. **GKV-Gesundheitsreformgesetz 2000:** Die rot-grüne Regierungskoalition hatte sich eine grundlegende Reform des Gesundheitswesens zur Aufgabe gemacht. Über die genannten Korrekturgesetze hinaus stellte sie in der ersten Hälfte des Jahres 1999 einen sog. Arbeitsentwurf der Reform 2000 öffentlich zur Diskussion (auch im Internet). Die Reaktion der Interessenverbände war massiv: Ärzte, Zahnärzte und Krankenhäuser bekämpften mit Protestaktionen die **Absichten zu einer umfassenden Budgetierung** aller Ausgabenbereiche.[52] Sogar die KK, die zunächst Zustimmung signalisiert hatten, meldeten ihren Protest wegen fehlender Gegenfinanzierung von Leistungsausweitungs-Absichten an. Dennoch wurde dem Bundestag im Juni 1999 eine kaum vom Arbeitsentwurf abweichende Gesetzesinitiative vorgelegt. Ausgehend von der Überlegung, dass die bisherigen Gesamtausgaben in der GKV (1998 ca 250 Mrd DM) eine ausreichende Versorgung der Versicherten bei guter Qualität auch in Zukunft ermöglichen, stellte die Regierungskoalition folgende Handlungsfelder im Gesetzentwurf heraus:

a) Verzahnung von ambulanter und stationärer Versorgung in der Weise, dass integrierte **sektorenübergreifende Versorgungsverträge** zwischen Leistungserbringern und Krankenkassen abgeschlossen werden und Krankenhäuser viel mehr ambulant behandeln und operieren können.

b) Stärkung der **Lotsenfunktion des Hausarztes** mit Sicherung eines angemessenen Honoraranteils.

c) Stärkere Orientierung auf **zahnärztliche Prävention;** bedarfsgerechte Behandlung und Qualitätssicherung in der zahnmedizinischen Versorgung.

d) Zur Stärkung der Qualität und Wirtschaftlichkeit der Arzneimittelversorgung wird eine **„Positivliste"** solcher Arzneien erstellt, die in der GKV verordnungsfähig sind.

e) Die Vergütung der **Krankenhausleistungen** erfolgt ab 1.1.2002 nur noch nach einem leistungsorientierten pauschalierenden Vergütungssystem; Verlagerung der Investitionsförderung auf die KK (monistische Finanzierung).

f) Den Krankenkassen wird die **Gesundheitsförderung** als eigene Aufgabe (begrenzt auf 5 DM je Versicherten) wieder zugewiesen. Auch Selbsthilfegruppen können unterstützt werden.

---

[48] GKV-Solidaritätsstärkungsgesetz vom 19.12.1998 (BGBl I 3853).
[49] Vom 19.12.1998 (BGBl I 3843).
[50] Vom 24.3.1999 (BGBl I 388).
[51] Vom 20.12.1999 (BGBl I 2000, 1).
[52] Hierzu vgl oben RdNr 33 – letztes Beispiel (mit dortiger Fußnote).

6. Kapitel. Das Kassenarztrecht/Vertragsarztrecht   **41 § 22**

g) In der stationären **medizinischen Rehabilitation** wird die Zuzahlung abgesenkt. Leitlinien für eine indikationsspezifische Regeldauer werden durch die Spitzenverbände festgelegt. Die ambulante Rehabilitation wird gefördert.
h) Lange Krankenhausaufenthalte psychisch Kranker sollen durch die Einführung einer ambulanten **Soziotherapie** vermieden werden.
i) Die Qualität der medizinischen Versorgung soll durch ein umfassendes System der **Qualitätssicherung,** der Kosten-Nutzen-Bewertung medizinischer Technologien und die stärkere Einbeziehung des MDK (Medizinischer Dienst der Krankenkassen) verbessert werden. Dieser erhält die Kompetenz zur Begutachtung der Ursachen von Behandlungsfehlern, um den Versicherten bei der Verfolgung von Schadenersatzansprüchen zu helfen.
j) Mit einem sektorenübergreifenden **Globalbudget** sollte die Stabilisierung der Beitragssätze in der GKV erreicht werden.

Wie schon die vorhergehende Regierungskoalition scheiterte auch die jetzige mit ihrem Gesetzentwurf am Erfordernis der Zustimmung des Bundesrats. Deshalb reduzierte sie die Gesundheitsreform 2000 auf ein zustimmungsfreies Rumpfgesetz. Dieses **„Gesetz zur Reform der gesetzlichen Krankenversicherung ab dem Jahr 2000"** (GKV-Gesundheitsreformgesetz 2000) vom 22. 12. 1999[53] trat am 1. 1. 2000 in Kraft. Es enthielt nur noch Regelungen über:

– Prävention und Selbsthilfe wie oben dargestellt – vgl oben f).
– Ambulante und stationäre Vorsorgemaßnahmen werden verbessert.
– Zur Schaffung der **„Positivliste"** für Arzneimittel wird ein Institut für die Arzneimittelverordnung in der GKV und eine neunköpfige Kommission von Sachverständigen gegründet – vgl oben d).
– Die oa ambulante **Soziotherapie** wird eingeführt – vgl oben h).
– Die **Rehabilitation** wird gestärkt und um ambulante Leistungen erweitert – vgl oben g).
– Verträge zur **integrierten Versorgung** können die KK auch ohne Einbeziehung der KV mit Ärzten und anderen Leistungserbringern abschließen – vgl oben a).
– Die Vergütungsverträge im ambulanten und stationären Bereich sollen die **Beitragssatzstabilität** dadurch gewährleisten, dass sie keine höheren Steigerungsraten vorsehen als die jährlich vom Bundesgesundheitsministerium festgesetzten Zahlen – vgl oben k).
– Die **Hausärzte** werden bei der Honorierung besonders berücksichtigt – vgl oben b).
– Die Wirtschaftlichkeitsprüfungen werden verfeinert und konkretisiert.
– Die **Qualitätssicherung** in der ambulanten und stationären Versorgung der Versicherten wird durch Schaffung einer Arbeitsgemeinschaft auf Bundesebene und weitere strukturelle Maßnahmen verfeinert und konkretisiert – vgl oben i).
– In der stationären Versorgung wird ein pauschalierendes Entgeltsystem eingeführt – vgl oben e).

Das von den Leistungserbringern bekämpfte **Globalbudget** ist also nicht realisiert worden.[54] Dennoch bleiben die **sektoralen Budgets** (Honorierung, Arznei und Heilmittel, Krankenhausleistungen), so dass massive Ausgabensteigerungen nicht erwartet wurden. Der Wechsel an der Spitze des Bundesgesundheitsministeriums führte zu Annäherungen an die Kritikpunkte der Ärzteschaft, insbesondere beim Arznei- und Heilmittelbudget. Die Kollektivhaftung bei Überschreitung der Budgets wurde durch die individuelle Verantwortlichkeit jedes Arztes ersetzt (s. RdNr 43). Die KK waren trotzdem angesichts der rasant steigenden Ausgaben auf dem **Arznei-Sektor** zu Recht um die Beitragssatz-Stabilität besorgt.

---

[53] BGBl I 2626.
[54] Hierzu vgl oben RdNr 33 – letztes Beispiel (mit dortiger Fußnote).

42 16. Fast gleichzeitig mit dem GKV-Gesundheitsreformgesetz 2000 wurden auch andere Gesetze erlassen, die nicht direkt die GKV betrafen, aber doch Auswirkungen auch auf sie haben:

Das **Vierte Euro-Einführungsgesetz** vom 21.12. 2000[55] schreibt die Umstellung aller DM-Beträge in der GKV und in der Pflegeversicherung auf den Euro vor (einschl Auf- und Abrundungen). Als Mehraufwand für die Kranken- und Pflegekassen rechnete man mit jeweils 30 Mio DM.

Änderungen im Krankengeldrecht des SGB V (aber auch im Arbeitslosenversicherungsrecht des SGB III) brachte das **Einmalzahlungs-Neuregelungsgesetz** vom 21.12. 2000[56]. Das BVerfG hatte den Gesetzgeber zur Berücksichtigung von Einmalzahlungen bei den Geldleistungen der Sozialversicherung verpflichtet.[57] Dies führt zu höheren Ausgaben in der GKV, insbesondere da auch Nachzahlungen zu leisten waren.

Auf die GKV-Versicherten der neuen Bundesländer wirkt sich das **Gesetz zur Rechtsangleichung in der GKV** vom 22.12. 2000[58] finanziell aus. Ab 1.1. 2001 galt die gleiche Versicherungspflicht- und Beitragsbemessungsgrenze in Ost und West (monatlich 6.525 DM). Die Finanztransfers vom Westen in den Osten nahmen zu: Der **Risikostrukturausgleich (RSA)** wurde gesamtdeutsch ausgedehnt, aber nur stufenweise bis 2007, um die westdeutschen Versicherten nicht zu überfordern. Bereits im Jahr 2002 wurden die Auswirkungen des gesamtdeutschen RSA überprüft, um rechtzeitig Fehlentwicklungen entgegensteuern zu können. Weiterhin wurde die **Verdienstgrenze** für die Zuzahlungsbefreiung auf das Westniveau angehoben (monatlich 1.792 DM). Die täglichen Zuzahlungen für Krankenhausbehandlung, stationäre Rehabilitationsmaßnahmen und Mütterkuren steigen einheitlich auf 17 DM (= 9 €). Die übrigen Zuzahlungen waren bisher schon in Ost und West gleich.

43 17. Ende 2001 kam es wegen der bedrohlichen Ausgabensituation in der GKV und wegen der erheblichen Proteste in der Ärzteschaft zu neuen Gesetzesinitiativen der Regierungskoalition.

Das **Gesetz zur Ablösung des Arznei- und Heilmittelbudgets** (ABAG) vom 19.12. 2001[59] beendete die Kollektivhaftung der KV für Budgetüberschreitungen bei den Arznei- und Heilmittelverordnungen der Vertragsärzte und verpflichtete stattdessen die KV und KK zu Vereinbarungen über die Festlegung eines Ausgabenvolumens, über Versorgungs- und Wirtschaftlichkeitsziele und über Kriterien für Sofortmaßnahmen zur Einhaltung des vereinbarten Ausgabenvolumens innerhalb des laufenden Kalenderjahres.

44 Das **Gesetz zur Einführung des Wohnortprinzips bei Honorarvereinbarungen für Ärzte und Zahnärzte** (WohnortprinzipG) vom 11.12. 2001[60] will die bisherige bei Primärkassen (AOK, IKK, BKK) übliche Vertragspraxis, die Gesamtvergütung nach dem Sitz der KK zu bestimmen, der Regelung der Ersatzkassen anpassen, die seit dem Gesundheitsstrukturgesetz vom 21.12.1992[61] die Gesamtvergütungen jeweils regional mit allen KV vereinbaren, in deren Zuständigkeitsbereich Versicherte der Ersatzkassen wohnen (statt Kassensitzprinzip – Wohnortprinzip; vgl BT-Drucks 14/6410 S 1).

45 Der **Risikostrukturausgleich** (RSA) sollte seit 1994 die starken Beitragssatzunterschiede ausgleichen, die sich daraus ergaben, dass die (meist) größeren KK gegenüber den neueren KK – insbesondere den BKK – einen größeren Anteil an Risiko-Patienten versicherten. Im Wesentlichen richtete sich der Ausgleich nach den Faktoren Grundlöhne (beitragspflichtige Einnahmen), mitversicherte Familienangehörige, Alter und Geschlecht.

---

[55] BGBl I 1983.
[56] BGBl I 1971.
[57] BVerfG vom 11.1.1995 – 1 BvR 892/88 – BVerfGE 92, 53.
[58] BGBl I 2657.
[59] BGBl I 3773.
[60] BGBl I 3526.
[61] BGBl I 2266.

6. Kapitel. Das Kassenarztrecht/Vertragsarztrecht

Diese Faktoren erwiesen sich als nicht effektiv genug, um eine Risikoselektion zu verhindern. Als weitere Auswirkung blieben auch die Beitragssatzunterschiede unerträglich. So kam es zum **Gesetz zur Reform des Risikostrukturausgleichs in der GKV** (RSA-ReformG) vom 10. 12. 2001.[62] Vorrangiges Ziel dieses Gesetzes war es, Anreize für die KK zu setzen, dass sie sich um eine Verbesserung der **Versorgung chronisch Kranker** bemühen. Zu diesem Zweck wird die Durchführung strukturierter Behandlungsprogramme für bestimmte chronische Erkrankungen finanziell gefördert, indem die Ausgaben für solche chronisch kranke Versicherte, die sich in zugelassene, qualitätsgesicherte **Disease-Management-Programme** (DMP) eingeschrieben haben, im RSA besonders berücksichtigt werden. Schließlich wird vom 1. 1. 2003 an ein **Risikopool** zur solidarischen Lastenverteilung weit überdurchschnittlich hoher Leistungsausgaben eingeführt (BT-Drucks 14/6432 S. 1).

18. Mit der Ausgabenbegrenzung bei den steigenden Kosten für Arzneimittel in der GKV befasste sich bereits das **Gesetz** zur Anpassung der Regelungen über die **Festsetzung von Festbeträgen für Arzneimittel in der GKV** (Festbetrags-Anpassungsgesetz – FBAG) vom 27. 7. 2001.[63] Damit reagierte der Gesetzgeber auf den Vorlagebeschluss des BSG vom 14. 6. 1995[64] an das BVerfG[65] mit dem Hinweis auf die Verfassungswidrigkeit des § 35 SGB V und auf kartellrechtliche Urteile der Zivilgerichte, die den KK wegen der Festbetragsfestsetzung Verstöße gegen EU-Kartellrecht vorwarfen[66]. Durch Einfügung eines § 35a SGB V wurde das Bundesgesundheitsministerium (BMG) ermächtigt, die Festbeträge bis 31. 12. 2003 durch Rechtsverordnung festzusetzen. Wegen des ungebremsten Anstiegs der Arzneimittelkosten in der GKV auch noch in 2002 kam es zu dem **Gesetz zur Begrenzung der Arzneimittelausgaben der GKV** (Arzneimittelausgaben-Begrenzungsgesetz – AABG) vom 15. 2. 2002.[67] Unter anderem wurde der Apothekenrabatt in 2002 und 2003 um 1 % erhöht. Die „aut-idem"-Regelung wurde zur Norm erhoben (vgl § 73 Abs 5 Satz 2 SGB V); die Apotheken wurden verpflichtet, aus dem unteren Preis-Drittel Alternativ-Präparate abzugeben (vgl § 129 Abs 1 SGB V). Die Absenkung der Hersteller-Abgabepreise für 2002 und 2003 konnten die Verbände der Arzneimittelhersteller durch Rücksprache beim Bundeskanzler und Zusage einer **Einmalzahlung von ca 300 Mio DM** abwenden (es waren 4 % vorgesehen).

Von **mittelbarer** Bedeutung für das Vertragsarztrecht sind:
– **Lebenspartnerschaftsgesetz** vom 16. 2. 2001[68]
– **SGB IX** – Rehabilitation und Teilhabe behinderter Menschen – vom 19. 6. 2001[69]
– **Gesetz zur Neuregelung der Krankenkassenwahlrechte** vom 27. 7. 2001[70]
– **Achtes Euro-Einführungsgesetz** vom 23. 10. 2001[71]

---

[62] BGBl I 3465.
[63] BGBl I 1948.
[64] BSG vom 14. 6. 1995 – 3 RK 20/94 – NZS 1995, 502 = USK 95 129 und BSG vom 14. 6. 1995 – 3 RK 21/94 und 3 RK 23/94 – USK 95 167.
[65] Das BVerfG erklärte die Festbetragsregelungen später für verfassungsgemäß: BVerfG vom 17. 12. 2002 – 1 BvL 28/95, 1 BvL 29/95, 1 BvL 30/95 – BVerfGE 106, 275. – Und der EuGH erklärte die Festbetragsregelungen für europarechtskonform: EuGH vom 16. 3. 2004 – C-264/01, C-306/01, C-354/01, C-355/01 – EuGHE 2004, I-2493 = EuR 2004, 455 = DVBl. 2004, 555 = GesR 2004, 190 = SozR 4-6035 Art 81 Nr 1. – Zu diesen Fragen vgl. auch EuGH vom 11. 6. 2009 – C-300/07 – NJW 2009, 2427, 2428 f („Zur ersten Frage").
[66] Vgl zB OLG Düsseldorf vom 27. 7. 1999 – U (Kart) 36/98 – Pharma Recht 1999, 83, und BGH vom 3. 7. 2001 – KZR 31/99 – VersR 2001, 1361 (ebenso BGH vom selben Tag – KZR 32/99 – in juris dokumentiert).
[67] BGBl I 684.
[68] BGBl I 266.
[69] BGBl I 1046.
[70] BGBl I 1946.
[71] BGBl I 2702.

§ 22   47 – 49   § 22 Die Entwicklung des Kassen-/Vertragsarztrechts

– **Pflege-Qualitätssicherungsgesetz** vom 9. 9. 2001[72]
– Gesetz zur Ergänzung der Leistungen bei häuslicher Pflege von Pflegebedürftigen mit erheblichem allgemeinen Betreuungsbedarf (**Pflegeleistungs-Ergänzungsgesetz**) vom 14. 12. 2001[73]
– Gesetz zur Einführung des diagnose-orientierten Fallpauschalensystems für Krankenhäuser (**Fallpauschalengesetz**) vom 23. 4. 2002[74].

47   19. Einen bedeutsamen Einschnitt in die GKV stellt das **GKV-Modernisierungsgesetz (GMG)** vom 14. 11. 2003[75] dar, an dessen Entstehung alle Bundestagsfraktionen mitgewirkt haben. Die **Schwerpunkte des GMG** sind (außer der Fortsetzung der Kostendämpfung): **freie Wahl** der Kostenerstattung und Beitragsrückgewähr, **Bonuszahlung** für Teilnahme an Vorsorge- und Präventionsmaßnahmen, Einführung der **elektronischen Gesundheitskarte** (anstelle der bisherigen Krankenversicherungskarte), alleinige Finanzierung des Krankengeldes und des Zahnersatzes durch die Versicherten (deren **Beitragsanteil** sich dadurch **um 0,9 % erhöht**), Querfinanzierung versicherungsfremder Leistungen durch Erhöhung der Tabaksteuer, Zulassung **Medizinischer Versorgungszentren**, **Sonderverträge** mit Ärzten (Integrierte Versorgung und Hausarzt-zentrierte Versorgung) werden gefördert, ein **Institut für Qualität und Wirtschaftlichkeit** wird geschaffen.

48   Mit dem **Gesetz zur Verbesserung der Wirtschaftlichkeit in der Arzneimittelversorgung (AVWG)** vom 26. 4. 2006[76] kommt es zur Einführung der sogenannten **Rabatt- Verträge** (Partner sind die KK und die Pharma-Unternehmen), die KK können Preisabschläge bei den Arzneimitteln vornehmen, für die Vertragsärzte gilt eine **Bonus-Malus-Regelung:** Beim Überschreiten der Durchschnittskosten bestimmter Arzneimittelgruppen zahlen die Vertragsärzte als Verursacher die Mehrkosten, beim Unterschreiten zahlen die KK einen Bonus an die Ärzte; verstärkt wird außerdem die Richtlinienkompetenz des **Gemeinsamen Bundesausschusses (GBA):** er kann zB die Verordnungsfähigkeit von Arzneimitteln einschränken und bindende **Therapiehinweise** geben[77].

49   Erst nach langen und quälenden Diskussionen wurde die letzte Gesundheitsreform der schwarz-roten Koalition über die parlamentarischen Hürden gebracht: das **GKV-Wettbewerbsstärkungsgesetz (GKV-WSG)** vom 26. 3. 2007[78]. In dem Gesetzentwurf werden folgende Ziele des Gesetzes genannt[79]:
– Versicherungsschutz für alle Einwohner ohne Absicherung im Krankheitsfall in der GKV oder PKV
– Zugang der GKV-Patienten zu allen medizinisch notwendigen und fortschrittlichen Leistungen, unabhängig von der Beitragsleistung
– Finanzierung über einen Gesundheitsfonds, der zusätzlich steuerfinanziert ist und von einem einheitlichen Beitrag aller Versicherten und Arbeitgeber gespeist wird
– Dadurch Einstieg in die Sicherung der Nachhaltigkeit der Finanzierung der GKV bei Lockerung der Abhängigkeit vom Faktor Arbeit
– Verstärkung des Wettbewerbs unter den KK mit dem Ziel der Qualitäts- und Effizienzsteigerung, auch durch mehr Vertragsfreiheit in der ärztlichen Versorgung und durch Fusionen (auch kassenartenübergreifend)

---

[72] BGBl I 2320.
[73] BGBl I 3728.
[74] BGBl I 1412.
[75] BGBl I 2190.
[76] BGBl I 984.
[77] Zu Letzterem siehe BSG vom 31. 5. 2006 – B 6 KA 13/05 R – BSGE 96, 261 = SozR 4-2500 § 92 Nr 5.
[78] BGBl I 378.
[79] BT-Drucks 16/3100 vom 24. 10. 2006 S. 10.

- Intensivierung des Wettbewerbs unter den Leistungserbringern durch mehr Vertragsfreiheit in der Arzneimittelversorgung und in der Heil- und Hilfsmittelversorgung
- Ab 1.1.2009 gibt es für die Vertragsärzte eine Gebührenordnung mit großteils festen Euro-Preisen; das Morbiditätsrisiko tragen künftig nicht mehr die Vertragsärzte, sondern die KK
- Bürokratieabbau und mehr Transparenz auf allen Ebenen
- Verbesserung der Wahlrechte und Wechselmöglichkeiten in der PKV durch Mitnahme der Alterungsrückstellungen beim Wechsel des Versicherungsunternehmens; Einführung eines Basistarifs, der allen PKV-Mitgliedern und solchen Personen offensteht, die die PKV wählen dürfen, und den freiwillig Versicherten in der GKV.

Die jüngeren Reformen und ihre Auswirkungen auf das Vertragsarztrecht werden im Einzelnen im nachfolgenden § 23 dargestellt.

II. Zahnärzte

1. In den Krankenversicherungsgesetzen tauchen die Zahnärzte erst 1914 auf. Nach den §§ 122, 123 RVO aF sollte die Behandlung von Zahnkrankheiten Bestandteil der ärztlichen Behandlung sein und auch durch approbierte Zahnärzte geleistet werden. Das weist darauf hin, dass zur Zahnbehandlung auch Ärzte, Dentisten, Zahntechniker, aber auch etwa Barbiere und Bader hinzugezogen wurden. Das **Füllen von Zähnen** bei Karies wurde erst 1917 durch eine sogenannte Grundsätzliche Entscheidung des **Reichsversicherungsamtes** als Pflichtleistung der KK anerkannt.[80]

1909 hatte sich auch eine wirtschaftliche Kampforganisation der Zahnärzte gebildet (Wirtschaftlicher Verband deutscher Zahnärzte – WVDZ). Auf Reichsebene kamen aber erst 1921 Verträge mit den Verbänden der KK zustande. Inhalt dieser Verträge war auch ein Katalog zahnärztlicher Grundgebühren (Teil IV der Preugo), den später die Kassenzahnärztliche Gebührenordnung (Kazgo) ablöste.[81] Ähnlich wie bei den Kassenärzten gab es auch für die Zahnärzte und Dentisten eine **Vertragsordnung,** nämlich vom 27.8.1935.[82] Es galt als Honorarsystem die Bezahlung nach einer Kopfpauschale. Die Vertragsordnung bestimmte auch, dass den Versicherten freie Wahl zwischen den kasseneigenen Zahnkliniken und den freipraktizierenden Zahnärzten zu gewähren sei.

Kassenzahnärzte und Dentisten wurden durch das **Gesetz über die Ausübung der Zahnheilkunde (ZHG)** vom 31.3.1953[83] im einheitlichen Beruf des Zahnmediziners zusammengeführt. Wichtige Vereinbarungen über Veränderungen der Honorierung der Zahnärzte und Dentisten waren die **Alsbacher Vereinbarung** vom 13./16.6.1949 und fünf Jahre später die **Kölner Vereinbarung** vom 11.2.1954.

Insbesondere in der letzten Vereinbarung wurde deutlich, dass die **Vergütung nach Einzelleistungen** inzwischen bei den Zahnärzten die Pauschalhonorierung abgelöst hatte. Die Kassenzahnärzte hatten damit rund 11 Jahre früher die Honorierung nach Einzelleistungen erreicht. Bei den Kassenärzten gelang dies erst im Jahre 1965.

Für die **kieferorthopädische Versorgung** wurden nach Grundsatzurteilen des BSG in den Jahren 1972/73[84] mit Wirkung zum 1.10.1973 entsprechende Leistungstatbestände in die Vergütungsordnung aufgenommen.[85]

---

[80] GE 2341 vom 20.2.1917 AN S. 459.
[81] Zu Einzelheiten so RdNr 15 mit Hinweis auf den Bema (dort siehe Fußnote mit Details, auch zur Preugo und Kazgo).
[82] Die Vertragsordnung trat am 1.10.1935 in Kraft (RGBl I 1112).
[83] BGBl I 221.
[84] BSG vom 20.10.1972 – 3 RK 93/71 – BSGE 35, 10 = USK 72 138; BSG vom 23.2.1973 – 3 RK 82/72 – USK 73 13; BSG vom 15.11.1973 – 3 RK 81/72 – USK 73 188.
[85] Siehe dazu die Neuregelungen im Bundesmantelvertrag-Zahnärzte (hierzu *Barth* DOK 1973, 704) und im Ersatzkassenvertrag-Zahnärzte (hierzu *Sörensen* ErsK 1972, 78).

55 Eine besondere Entwicklung nahm die **zahnprothetische Versorgung** der Versicherten. Von einer nur geringfügigen Zuschussleistung der KK bis hin zur teilweise 100 %igen Übernahme der Kosten Anfang der 70er Jahre und danach einem erneuten Absinken auf einen 80 %igen und später auf einen 60 %igen Zuschuss spannt sich der Bogen der sehr unterschiedlichen Entwicklung der Bezuschussung aber auch der Honorierung zahnprothetischer Leistungen.

56 2. Die **Kostendämpfungsgesetze** auf dem Gebiet der Krankenversicherung von 1977[86] und 1981[87] betrafen auch die Kassenzahnärzte, speziell die Zahnersatzleistungen. Die gewerblichen zahntechnischen Labors wurden in das kassenzahnärztliche Vertragssystem einbezogen.

57 Das **Gesundheitsreformgesetz (GRG)**[88] führte die Kostenerstattung für zahnprothetische und kieferorthopädische Leistungen ein,[89] außerdem die Kariesprophylaxe.[90]

58 Durch das **2. GKV-NOG**[91] wurden die Leistungen bei **Zahnersatz** reduziert und das Verhältnis Vertragszahnarzt – Patient auf eine **privatrechtliche** Basis gestellt (wie vorher bereits im Bereich Kieferorthopädie). Bereits durch das **Beitragsentlastungsgesetz** war der Anspruch auf Zuschüsse zum Zahnersatz für unter **18-Jährige** (1997) gestrichen worden. Dafür wurden die Maßnahmen der **Individual-Prophylaxe** – insbesondere bei über 18-jährigen – konkretisiert (§ 22 Abs 4 SGB V).

59 3. Die im Herbst 1998 neu gewählte rot-grüne Regierungs-Koalition nahm die Elemente eines Kostenerstattungsprinzips wieder zurück. Das **Solidaritätsstärkungsgesetz (GKV-SolG) vom 19. 12. 1998**[92] machte den **Zahnersatz** und die **kieferorthopädische Behandlung** wieder zur **Sachleistung** (ab 1. 1. 1999). Die **Budgetierung** des Zahnarzt-Honorars für konservierend-chirurgische und kieferorthopädische Behandlungen lebte ebenfalls wieder auf (§ 85 Abs 4b–4f SGB V). Für die ab 1998 geborenen Versicherten bestand ab 1. 1. 1999 wieder Anspruch auf Zahnersatz.

60 4. Das **GKV-Modernisierungsgesetz (GMG)** vom 14. 11. 2003[93] führte beim Zahnersatz (erneut) zu einem System befundorientierter Festzuschüsse, das die prozentuale Eigenbeteiligung der Versicherten (§ 30 SGB V aF) ab 1. 1. 2005 ablöste (§§ 55 ff SGB V). Die Höhe der Festzuschüsse orientiert sich (wie bisher) an 50 % der Kosten für eine (durch Richtlinie des Gemeinsamen Bundesausschusses) festgelegte Regelversorgung.[94] Aufgrund einer **Bonusregelung** (§ 55 Abs 1 Satz 2 SGB V aF) kann der versicherte Patient den Kassenanteil am Festzuschussbetrag auf 60 bis 65 % erhöhen. Die Versicherten können einen über die Regelversorgung hinausgehenden (aufwendigeren) Zahnersatz wählen, müssen dann aber die Mehrkosten selbst tragen (§ 55 Abs 4 SGB V). Die Aufwendungen für Zahnersatzleistungen (und für das Krankengeld) wurden aus der paritätischen Finanzierung herausgenommen: **Die Versicherten** tragen **0,9 % vom Beitragssatz mehr** als die Arbeitgeber (§ 241a SGB V aF). Die Festzuschusszahlung an den Vertragszahnarzt erfolgt über die KZV bei der Regelversorgung. Bei aufwendigerem Zahnersatz erhält der vers Patient den Kassenanteil selbst erstattet. Die wohl herrschende

---

[86] Vgl RdNr 12.
[87] Vgl RdNr 13.
[88] Vgl RdNr 16–21.
[89] Vgl §§ 29, 30 SGB V.
[90] Gruppenprophylaxe (§ 21 SGB V) und Individualprophylaxe (§ 22 SGB V).
[91] Vgl RdNr 37.
[92] BGBl I 3853.
[93] Vgl RdNr 47.
[94] Vgl dazu *Wagner* in: *Krauskopf* (Hrsg), SozKV, § 55 SGB V RdNr 2; *Muschallik* in: *Wenzel* (Hrsg), Hdb des Fachanwalts Medizinrecht, 2007, Kap 3 RdNr 75; *ders,* in: *Schnapp/Wigge* (Hrsg), Hdb Vertragsarztrecht, § 22 RdNr 9.

6. Kapitel. Das Kassenarztrecht/Vertragsarztrecht   § 23

Meinung ordnet allerdings den Zahnersatz immer noch als Sachleistung ein (so auch die Gesetzesbegründung und das BSG).[95]

Die jüngeren Reformen – insbesondere durch das Vertragsarztrechtsänderungsgesetz, **61** durch das GKV-WSG und durch das GKV-OrgWG – werden im Einzelnen im nachfolgenden § 23 dargestellt.

§ 23 Vertragsarztrechtsänderungsgesetz (VÄndG), GKV-Wettbewerbsstärkungsgesetz (GKV-WSG), GKV-OrgWG

Inhaltsübersicht

	RdNr
I. Vertragsarztrechtsänderungsgesetz (VÄndG)	1
1. Ausgangslage	1
2. Entstehung und Ziele des VÄndG	7
3. Wegfall des Eignungsausschusses (§ 20 Abs 2 Ärzte-ZV)	9
4. Tätigkeit an weiteren Orten (§ 24 Abs 3 Ärzte-ZV)	12
a) Zweigpraxis	13
b) Ausgelagerte Praxisstätte	20
5. Der angestellte Arzt in der vertragsärztlichen Versorgung (§ 95 Abs 9 und 9a SGB V)	21
6. Berufsausübungsgemeinschaft (§ 33 Abs 1 Ärzte-ZV)	32
a) Teilberufsausübungsgemeinschaft	35
b) Überörtliche Berufsausübungsgemeinschaft	37
7. Teilzulassung (hälftiger Versorgungsauftrag; § 95 Abs 3 S. 1 SGB V)	41
II. GKV-Wettbewerbsstärkungsgesetz (GKV-WSG) zum 1. 4. 2007	44
1. Gesundheitsreform 2007	44
2. Ziele des GKV-WSG	45
3. Honorarreform 2009	49
a) Regelungsgegenstand und Zeitplan	49
b) Auswirkungen in der Praxis und Kritik	57
4. Exkurs: Gesundheitsfonds (§§ 270–272 SGB V)	63
5. Zeitplan für die Umsetzung der Gesundheitsreform nach dem GKV-WSG	69
6. Morbiditätsbedingte Gesamtvergütung (§§ 87a–d SGB V)	70
7. Änderung der Organisationsstruktur	76
8. Gemeinsamer Bundesausschuss (§ 91 SGB V)	77
9. Weitere Öffnung der Krankenhäuser zur ambulanten vertragsärztlichen Versorgung (§ 116b Abs 2–4 SGB V)	80
10. Weitere Änderungen des Vertragsarztrechts durch das GKV-WSG	85
III. Gesetz zur Weiterentwicklung der Organisationsstrukturen in der Gesetzlichen Krankenversicherung (GKV-OrgWG) zum 1. 1. 2009	90

I. Vertragsarztrechtsänderungsgesetz (VÄndG)

Schrifttum: *Arnold/Greve,* Der Operationssaal als Zweigpraxis des Anästhesisten, MedR 2007, 634; *Beeretz,* Vertragsarztrechtsänderungsgesetz – Neue Lösungen, neue Probleme – dargestellt an den Regelungen zur Anstellung, Filialisierung, Teilzulassung, ZMGR 2007, 122; *Dahm,* Rechtsprobleme des Vertrages „Ambulantes Operieren" gemäß § 115b SGB V und sektorenübergreifende Kooperationen, ZMGR 2006, 161; *Dahm/Ratzel,* Liberalisierung der Tätigkeitsvoraussetzungen des Vertragsarztes und Vertragsarztrechtsänderungsgesetz, MedR 2006, 555; *Düring,* Konkurrentenrechtsschutz im Vertragsarztrecht, in: *Butzer/Kaltenborn/Meyer* (Hrsg.), Organisation und Verfahren im sozialen Rechtsstaat (FS für Schnapp), 2008, 389 ff; *Fiedler/Fürstenberg,* Entwicklungen des Vertragsarztrechts (unter besonderer Berücksichtigung des VÄndG…), NZS 2007, 184; *Flasbarth,* Vertriebsbeschränkungen im Hilfsmittelsektor, MedR 2009, 708; *Halbe/Rothfuß,* Berufsausübungsge-

---

[95] BT-Drs 15/3681 S. 4; BSG vom 28. 4. 2004 – B 6 KA 64/03 R – SozR 4-5555 § 12 Nr 1 = USK 2004-131.

meinschaft, in: *Halbe/Schirmer* (Hrsg), Handbuch Kooperationen im Gesundheitswesen, 2005, Beitrag A 1100; *Halbe/Schirmer* (Hrsg), Handbuch Kooperationen im Gesundheitswesen. Rechtsform und Gestaltungsmöglichkeiten, 2005; *Hess,* Auswirkungen des VÄndG auf die Bedarfsplanung, VSSR 2007, 199; *Michels/Möller,* Ärztliche Kooperationen. Rechtliche und steuerliche Beratung, 2007; *Möller,* Auswirkungen des Vertragsarztrechtsänderungsgesetzes (VÄndG) auf Medizinische Versorgungszentren (MVZ), in: DAI (Hrsg), Brennpunkte des Medizinrechts (Jahresarbeitstagung 2007); 2008, 113; *Möller,* Der im zugelassenen Medizinischen Versorgungszentrum (MVZ) angestellte Arzt, GesR 2004, 456; *Möller/Dahm/Bäune,* Neue Versorgungsformen (MVZ, integrierte Versorgung, in: *Ratzel/ Luxenburger* (Hrsg), Handbuch Medizinrecht, 2008, 479; *Orlowski,* Vertragsarztrechtsänderungsgesetz – Überblick zu Neuregelungen, VSSR 2007, 157; *Orlowski/Halbe/Karch,* Vertragsarztrechtsänderungsgesetz (VÄndG), 2. Aufl, 2008; *Peikert,* Medizinische Versorgungszentren, in: Arbeitsgemeinschaft Medizinrecht (Hrsg), Medizinrecht heute (FS 10 Jahre AG Medizinrecht im DAV), 2008, 389; *Pestalozza,* Kompetentielle Fragen des Entwurfs eines Vertragsarztrechtsänderungsgesetzes, GesR 2006, 389; *Pitschas,* Änderung der Versorgungsstruktur durch Verflechtung von Leistungssektoren: Ambulante Krankenhausbehandlung nach § 116b SGB V, MedR 2008, 473; *Quaas/Zuck,* Medizinrecht, München, 2. Aufl 2008; *Ratzel,* Schnittstelle Vertragsarzt – Krankenhaus – Vertragsarzt: Übergabe und Übernahmeprobleme, ZMGR 2006, 132; *Ratzel,* Die Teilgemeinschaftspraxis (TGP) oder „ohne pizzo keine pizza!", GesR 2007, 457; *Ratzel/Möller/Michels,* Die Teilgemeinschaftspraxis – Zulässigkeit, Vertragsinhalte, Steuern, MedR 2006, 377; *Rixen,* In guter Verfassung? – Das VÄndG auf dem Prüfstand der Gesetzgebungskompetenz des Bundes, VSSR 2007, 213; *Schiller,* Teilzulassung – freiberufliche Tätigkeit in Teilzeit?, BayÄBl 2007, 85; *Schiller/Pavlovic,* Teilzulassung – neue Gestaltungsmöglichkeiten ohne praktische Bedeutung?, MedR 2007, 86; *Schirmer,* Erläuterungen der Rechtsabteilung der KBV zum VÄndG vom 10.1.2007 (76 Seiten, 2007); *Schirmer,* Vertragsarztrecht kompakt, 2006; *Siegert/von Knoch,* Neuerungen für MVZs nach dem VÄndG, Das Gesundheitswesen 2008, 115; *Sodan,* Gesundheitsreform 2006/2007, NJW 2006, 3617; *Steinhilper,* Angestellte Ärzte in der vertragsärztlichen Versorgung, in: *Halbe/Schirmer* (Hrsg), Handbuch Kooperationen im Gesundheitswesen, 2007, Beitrag A 1300; *Weimer,* Berufsausübungsgemeinschaften, in: *Rieger/Dahm/Steinhilper* (Hrsg), HK-AKM, 2008, Beitrag 840; *Weimer,* GKV-Grenzen überschreitende überörtliche Berufausübungsgemeinschaft. Die Wahlpflicht der Heimat-KV, GesR 2007, 204; *Wenner,* Einbeziehung von Krankenhäusern in die ambulante ärztliche Versorgung, GesR 2007, 337; *Wenner,* Vertragsarztrecht nach der Gesundheitsreform, 2008; *Wenzel* (Hrsg), Handbuch des Fachanwalts Medizinrecht, 2. Aufl. 2009; *Wigge,* Teil-Gemeinschaftspraxis – Kickback?, NZS 2007, 393; *Wollersheim,* Genehmigung von Zweigpraxen, GesR 2008, 281.

1 **1. Ausgangslage.** „Kostenexplosion im Gesundheitswesen", demographische Entwicklung, aber auch Änderungen im Leistungsangebot für die ambulante vertragsärztliche Versorgung, Strukturdefizite und Proteste der Ärzteschaft waren für den Gesetzgeber Anlass für eine Reihe von Reformgesetzen[1]:
- *Gesundheitsreformgesetz* (GRG)[2] zum 1.1.1989 – Gesetz zur Sicherung und Strukturverbesserung der gesetzlichen Krankenversicherung (Gesundheitsstrukturgesetz)[3] zum 1.1.1993
- das *Pflege-Versicherungsrecht*[4] zum 1.10.1995
- *1. GKV-Neuordnungsgesetz*[5] zum 1.1.1997
- *Gesetz zur Reform der gesetzlichen Krankenversicherung* (GKV-Reformgesetz 2000)[6] zum 1.1.2000
- *Gesetz zur Modernisierung der gesetzlichen Krankenversicherung* (GKV-Modernisierungsgesetz; GMG)[7] überwiegend zum 1.1.2004.

---

[1] Zu den Gesetzesreformen im Einzelnen s oben § 22, ferner *Schnapp,* Geschichtliche Entwicklung des Vertragsarztrechts, in: *Schnapp/Wigge* (Hrsg), Handbuch des Vertragsarztrechts, 1 ff.
[2] Vom 20.12.1988 (BGBl I, 2477). Das erste Gesetz nach den Kostendämpfungsgesetzen aus 1977 und 1983.
[3] Vom 21.12.1992 (BGBl I, 2266).
[4] Vom 26.5.1994 (BGBl I, 1040, 2797).
[5] Vom 23.6.1997 (BGBl I, 526).
[6] Vom 22.12.1999 (BGBl I, 2626).
[7] Vom 14.11.2003 (BGBl I, 2190). s statt aller *Orlowski/Wasem,* Gesundheitsreform 2004, 2003.

6. Kapitel. Das Kassenarztrecht/Vertragsarztrecht   2–7 § 23

Der Erfolg dieser Gesetze wird in Politik, Praxis und Wissenschaft sehr unterschiedlich 2
beurteilt. Die Häufigkeit von Gesetzesänderungen[8] hat bei Ärzten und Krankenhäusern
zT zu erheblichen Planungs- und Investitionsunsicherheiten im Gesundheitswesen geführt. Trotz grundlegender Reformbestrebungen zu Beginn haben sich die meisten Gesetze als bloße Beiträge oder Versuche zur Kostendämpfung erwiesen.

Parallel zu diesen bundesgesetzlichen Reformüberlegungen war das *ärztliche Berufsrecht* 3
(Grundlage für die landesrechtlichen Regelungen: Empfehlungen der MBO-Ärzte)
weiterentwickelt worden.[9] Ziel war es ua, angesichts neuer Kooperations- und Teilnahmeformen an der vertragsärztlichen Versorgung (insbesondere: MVZ[10]) Chancen- oder Wettbewerbsgleichheit unter den Ärzten herzustellen. Ermöglicht wurden neben neuen
Kooperationsformen[11] auch erweiterte Möglichkeiten zur Anstellung von Ärzten (auch
gebietsfremd[12]). Zugleich wurde die ärztliche Tätigkeit auch an weiteren Orten neben der
„Mutterpraxis" zugelassen.[13]

Der Bundesgesetzgeber sah sich in der Pflicht, diese Liberalisierung des Berufsrechts 4
für das Vertragsarztrecht durch das *Vertragsarztrechtsänderungsgesetz* 22. 12. 2006 (VÄndG;
BGBl I, 3439) zum 1. 1. 2007 nachzuvollziehen. Die Reform wurde durch das anschließende *GKV-Wettbewerbsstärkungsgesetz* vom 26. 3. 2007 (GKV-WSG; BGBl I 378) (s dazu
unten III.) und das *Gesetz zur Weiterentwicklung der Organisationsstruktur in der Gesetzlichen
Krankenversicherung* (GKV-OrgWG; BGBl I, 2008 2426) weitergeführt (s dazu unten III.).

Strittig war, ob bzw in welchem Umfang der Bundesgesetzgeber über eine Reform 5
des SGB V unmittelbar oder auch mittelbar Fragen des ärztlichen Berufsrechts aus der
Kompetenz der Länder regeln durfte. Der Bundesrat vertrat die Auffassung, einige Regelungen des VÄndG griffen in die Zuständigkeit der Länder zur Regelung des Berufsausübungsrechts ein.[14] Offenkundiges Beispiel war die Öffnung auch des Vertragsarztrechts,
fachgebietsfremde Ärzte anzustellen; diese Empfehlung der MBO-Ä war allerdings nicht
von allen Ärztekammern in wirksames Kammerrecht übernommen worden.

Die Bundesregierung hat darauf hingewiesen,[15] dass der Vorrang des Berufsrechts durch 6
das VÄndG respektiert bleibe; durch das Gesetz sollte lediglich der vertragsarztrechtliche
Teil geregelt werden; berufsrechtliche Zulässigkeitshindernisse müssten beachtet werden.[16]
Der Bundestag[17] sah daher keine Veranlassung, ausdrücklich einen kompetenzrechtlichen
Vorbehalt zugunsten des ärztlichen Berufsrechts der Länder zu normieren

2. Entstehung und Ziele des VÄndG. Das Vertragsarztrechtsänderungsgesetz (in 7
Kraft getreten zum 1. 1. 2007[18]) hat das Vertragsarztrecht den Entwicklungen des ärzt-

---

[8] Zu den „Höchstleistungen des Gesetzgebers" bei Regelungen der gesetzlichen Krankenversicherung s die Glosse von *Lindemann* SGb 2002, 320.
[9] Insbes Ärztetag 2004 in Bremen; vgl Beschlüsse des 17. Deutschen Ärztetages zur MBO-Ä;
vgl erg die MBO-Z-Änderungen vom 16. 2. 2005 sowie die Parallelbeschlüsse des 7. Deutschen Psychotherapeutentages 2006 in Dortmund.
[10] Eingeführt durch das GMG vom 17. 11. 2003; § 95 Abs 1 S 3 SGB V.
[11] Auch GmbH; § 18 Abs 2, § 23a MBO-Ä; überörtliche Kooperationsformen (§ 18 Abs 3
MBO-Ä); Kooperationsmöglichkeit mit anderen Heilberufen (§ 18 Abs 2, § 23b MBO-Ä).
[12] § 19 MBO-Ä.
[13] § 17 Abs 2 MBO-Ä.
[14] Stellungnahme vom 7. 7. 2006 (BR-Drucks 353/06).
[15] BT-Drucks 16/2474, 42.
[16] Zu dieser kompetenzrechtlichen Frage s *Orlowski/Halbe/Karch,* Vertragsarztrechtsänderungsgesetz (VÄndG), 2. Aufl, 2007, 6 ff; ferner *Pestalozza* GesR 2006, 389 (gegen dessen Ansicht einer fehlenden Kompetenz des Bundesgesetzbers *Wenner,* Vertragsarztrecht nach der Gesundheitsreform, 2008, 22).
[17] Beschluss vom 25. 10. 2006 (BT-Drucks 16/3157).
[18] Vom 22. 12. 2006 (BGBl I, 3439; Gesetzentwurf: BT-Drucks 16/2474). Zum Gesetz selbst s
ua *Dahm/Ratzel* MedR 2006, 555; *Sodan* NJW 2006, 3617; umfassend insbes: *Wille/Koch,* Gesundheitsreform 2007, 2007; *Orlowski/Karch,* Vertragsarztrechtsänderungsgesetz (VÄndG), 2. Aufl 2007;

§ 23 8

lichen Berufsrechts[19] (Ärztetag 2004 in Bremen[20]) angepasst oder zT weiterentwickelt. Nach der Vorstellung des Gesetzgebers sollten Flexibilisierung und Liberalisierung in der ambulanten vertragsärztlichen Versorgung erreicht werden:
– durch die Möglichkeit, Ärzte in der ambulanten vertragsärztlichen Versorgung anzustellen und durch Teilzulassungen eine Flexibilisierung
– Erweiterung ärztlicher Kooperationsformen (Tätigkeit an weiteren Orten, überörtliche Berufsausübungsgemeinschaft) im Interesse der Patienten
– bessere Verzahnung der ambulanten mit der stationären Versorgung zur Vermeidung von Doppeluntersuchungen (Kosten!)
– Abhilfe bei Unterversorgung im vertragsärztlichen Bereich (insbesondere Zulassung bei lokalem Versorgungsbedarf, Wegfall der Zugangsaltersgrenze sowie der Altersgrenze von 68 Jahren bei Unterversorgung).

8   VÄndG und auch GKV-WSG alleine waren in der Praxis zT nicht unmittelbar umsetzbar. Ua mussten folgende Vereinbarungen, Verträge und Richtlinien geändert oder neu gefasst werden:
– Bundesmantelverträge (Ärzte und Ersatzkassen; DÄBl 2007, A-1654)
– Einheitlicher Bewertungsmaßstab (EBM; DÄBl 2007, A-2750; allgemeine Bestimmungen: DÄBl 2006, A-1849; anästhesiologische Leistungen: DÄBl 2007, A-372; hausärztliche Leistungen: DÄBl 2006, A-3135)
– Vertrag der KBV mit den Spitzenverbänden über den Datenträgerausgleich (DÄBl 2005, A-3287)
– Beschluss des Bewertungsausschusses zur Festlegung der Regelleistungsvolumina nach § 85 Abs 4a SGB V (DÄBl 2006, A-3142)
– Verschiedene Richtlinien nach § 135 Abs 2 SGB V zur Qualitätssicherung
– Bedarfsplanungs-Richtlinie, jetzt zusammengefasst mit der Angestellten-Ärzte-Richtlinie (BAnz. 2007, S. 3491; Ergänzung S. 8326; jetzt idF v 10. 4. 2008, BAnz 2008, S. 2231)
– Richtlinie zur Zufälligkeitsprüfung nach § 106 Abs 2 Satz 1 Nr 2 SGB V (DÄBl 2008, A-1931 – in Kraft seit 1. 7. 2008)
– Richtlinien zur Abrechnungsprüfung nach § 106a SGB V (DÄBl 2008, A-1925; in Kraft seit 1. 7. 2008)
– Richtlinie zur KV-übergreifenden Berufsausübung nach § 75 Abs 7 Nr 2 SGB V (DÄBl 2007, A-1868)
– Richtlinie der KBV vom 21. 1. 2008 zur Arzt- und Betriebsstätten-Nummer nach § 75 Abs 7 SGB V (in Kraft seit 1. 7. 2008).

Die Beschlüsse des Erweiterten Bewertungsausschusses vom 27./28. 8. 2008 sowie 17. und 23. 10. 2008 (DÄBl 2008, A-2602) zur Neuordnung der vertragsärztlichen Vergütung 2009[21] (Anpassung des EBM vom 1. 1. 2009 (DÄBl 2008, A-2601; Grundlage: § 87 Abs. 4 SGB V) waren inhaltlich sehr umstritten und zT so wenig konkret, dass die erforderlichen Vereinbarungen auf Länderebene zur Morbiditätsabhängigen Gesamtvergütung (MGV) und zu den Regelleistungsvolumina (RLV) unter zulässiger Berücksichtigung regionaler

---

aus der Sicht unterschiedlicher „Teilnehmer" am Gesundheitswesen: Orlowski VSSR 2007, 157; v Stackelberg/Kleinert/Wolf VSSR 2007, 177; Hess VSSR 2007, 199; Ratzel VSSR 2007, 2007; Beeretz ZMGR 2007, 122. Zu verfassungsrechtlichen Bedenken gegen dieses Gesetz s ua Rixen VSSR 2007, 213 mwN.

[19] Anstellung fachgebietsfremder Ärzte (§ 19 MBO), Beschäftigung an (zwei) weiteren Orten (§ 17 Abs 2 MBO), überörtliche Kooperationsformen (§ 18 Abs 3 MBO), Möglichkeit zur Kooperation mit anderen Heilberufen (§§ 18 Abs 2, 23b MBO) sowie Zulassung der GmbH als ärztliche Kooperationsform (§§ 18 Abs 2, 23a MBO).

[20] MBO idF der Beschlüsse des Deutschen Ärztetages 2004; erg s MBO-Z vom 16. 2. 2005 und die Beschlüsse des 7. Deutschen Psychotherapeutentages 2006 in Dortmund.

[21] Zum Stand der Honorarreform 2009 und zu den Erwartungen der KBV im November 2008 s die KBV-Beilage zum DÄBl Nr 47 v 21. 11. 2008; ferner Steinhilper MedR 2009, 464.

Besonderheiten in fast allen Bundesländern nicht fristgerecht (15.11.2008) getroffen werden konnten und daher durch Landesschiedsämter festgesetzt werden mussten. Die Vereinbarungen und Schiedssprüche auf Länderebene zu den MGVs und RLV weisen erhebliche Unterschiede auf. Unterschiedlich gesehen wurde zB, ob Teile der MGV an die Krankenkassen zurückzuzahlen sind, wenn RLV nicht ausgeschöpft werden, in welcher Höhe Rückstellungen zu bilden sind und ob abweichend von den Beschlüssen des EBA Zuschläge zu einzelnen Leistungsbereichen zulässig sind. – Am 25.11.2008 hatte die KBV ergänzend Richtlinien zu den Beschlüssen des Erweiterten Bewertungsauschusses erlassen (Rundschreiben D3-199-I 114/2008; fraglich ist, ob die dazu angegebene Ermächtigungsgrundlage – § 75 Abs 7 Nr 1 SGB V – hierfür ausreicht.)

3. Wegfall des Eignungsausschlusses (§ 20 Abs 2 Ärzte-ZV). Nach der Rechtsprechung des BSG[22] war ein Arzt für die vertragsärztliche Tätigkeit bisher nicht oder nicht mehr geeignet, wenn er zugleich im stationären Bereich als Krankenhausarzt tätig war.[23] Die Krankenhaustätigkeit war nach dem Gesetz ihrem Wesen nach mit der Tätigkeit eines Vertragsarztes am Vertragsarztsitz nicht zu vereinbaren.[24] Das VÄndG hat die Unvereinbarkeitsklausel aufgehoben.[25] Die bisherige Rechtsprechung des BSG ist daher überholt.

Ein Vertragsarzt kann seit dem 1.1.2007 neben seiner vertragsärztlichen Tätigkeit auch in einem Vertragskrankenhaus (§ 108 SGB V) oder einer Vorsorge- oder Rehabilitationseinrichtung (§ 111 SGB V) als Arzt arbeiten, und zwar auch als teilzugelassener Vertragsarzt, als angestellter Arzt bei einem Vertragsarzt oder bei einem MVZ.[26] Für die vertragsärztliche Tätigkeit muss der Vertragsarzt jedoch nach wie vor im erforderlichen Maß zur Verfügung stehen (§ 20 Abs 1 Ärzte-ZV). Die Rechtsprechung des BSG[27] gilt fort, wonach ein Vertragsarzt nicht mehr als 13 Stunden wöchentlich anderweitig ärztlich tätig sein darf.[28] Bei einer Teilzulassung (hälftiger Versorgungsauftrag) oder bei halbtagsangestellten Ärzten erhöht sich dieses Stundenkontingent entsprechend.

Durch die Klarstellung in § 20 Abs 2 Ärzte-ZV können ambulante vertragsärztliche Versorgung und stationäre Versorgung (institutionell und personell) effektiver zusammenarbeiten. Von dieser Möglichkeit wird in der Praxis zunehmend Gebrauch gemacht werden, und zwar nicht nur bei MVZs in der Trägerschaft von Krankenhäusern.

4. Tätigkeit an weiteren Orten (§ 24 Abs 3 Ärzte-ZV). Bis zum 31.12.2006 war vertragsärztliche Tätigkeit außerhalb des Vertragsarztsitzes[29] nur ausnahmsweise in einer genehmigungsbedürftigen „Zweigpraxis"[30] und/oder einer anzeigepflichtigen „ausgelagerten Praxisstätte" zulässig. Das VÄndG hat Erleichterungen aus § 17 Abs MBO-Ärzte (Deutscher Ärztetag 2004[31]) für das Vertragsarztrecht aufgegriffen und vertragsärztliche

---

[22] BSGE 81, 143; BSG GesR 2003, 173.
[23] Ausnahme nur, wenn der Krankenhausarzt nicht patientenbezogen tätig war.
[24] Zur inzwischen überholten Frage, ob auch die Anstellung in einem MVZ der Tätigkeit als Vertragsarzt entgegensteht, s *Dahm,* in: *Dahm/Möller/Ratzel,* Rechtshandbuch Medizinische Versorgungszentren, 2005, 25 f.
[25] Zur Begründung s BT-Drucks 16/2474, 29.
[26] Betriebs- und Werksarzttätigkeit schließen dagegen nach wie vor eine gleichzeitige vertragsärztliche Tätigkeit aus.
[27] BSGE 89, 134.
[28] So ausdrücklich BT-Drucks 16/4474, 28; *Bäune,* in: *Bäune/Meschke/Rothfuß,* Kommentar zur Zulassungsverordnung ..., 2008, § 20, RdNr 11.
[29] Ort der Niederlassung ist die jeweilige Anschrift der Praxis (s Definition in § 1a BMV-Ä Nr 16; ausführlich dazu s *Schiller* NZS 1997, 103 ff).
[30] S dazu ausführlich *Engelmann* GesR 2004, 113 ff mwN – Erg s neuerdings die Definition der Zweigpraxis in § 1a Nr 19 BMV-Ä.
[31] Die Zahl der Filialen ist nach dem ärztlichen Berufsrecht begrenzt auf zwei (so die Empfehlung der MBO, die von den meisten Landesregelungen übernommen wurde).

§ 23 13

Tätigkeit zum 1.1.2007 auch außerhalb der Vertragsarztpraxis „an weiteren Orten" (ohne zahlenmäßige Begrenzung[32]) zugelassen (§ 24 Abs 3 Ärzte-ZV),
– wenn und soweit dadurch die Versorgung der Versicherten an den
– weiteren Orten verbessert wird (Nr 1)
– die Versorgung der Versicherten am Ort des Praxissitzes nicht beeinträchtigt wird (Ziff 2).
„Weitere Orte" sind:
– Nebenbetriebsstätten (s Definition in § 1a Nr 22 BMV-Ä/EK)
– ausgelagerte Praxisstätten (s Definition in § 1a Nr 20 BMV-Ä/EK und § 24 Abs 5 Ärzte-ZV).
– Die „Zweigpraxis" (häufig auch Filiale genannt) ist genehmigter weiterer Tätigkeitsort eines Vertragsarztes oder die Nebenbetriebsstätte eines MVZ (s. Defintion in § 1a Nr 19 BMV-Ä/EK).

13   **a) Zweigpraxis.** Die Tätigkeit in einer Zweigpraxis bedarf der Genehmigung durch die KV[33] (§ 24 Abs 1 S. 2 Ärzte-ZV), bei KV-übergreifender Tätigkeit der Ermächtigung der Zulassungsgremien der Nachbar-KV (§ 24 Abs 1 S. 3 Ärzte-ZV). Die Genehmigung/Ermächtigung ist grundsätzlich nicht befristet und kann daher nur unter den erschwerten Bedingungen des § 48 Abs 1 SGB X widerrufen werden. Strittig ist, unter welchen Voraussetzungen eine Zweigpraxis zu genehmigen ist. ZT wird die Auffassung vertreten, allein die Tätigkeit eines weiteren Vertragsarztes könne im Zweifel die Versorgungssituation der Versicherten verbessern.[34] Diese Ansicht wird von der bisherigen Rechtsprechung[35] und weiten Teilen der Literatur[36] nicht getragen. Gefordert wird durchgehend eine Verbesserung der ärztlichen Leistungsangebote (zB ansonsten für Patienten nicht erreichbare spezielle Leistungen des Arztes in der Zweigpraxis) oder eine organisatorische Verbesserung,[37] letztlich also eine deutliche Verbesserung der Versorgungsstruktur (auch zur Schließung einer quantitativen oder qualitativen Versorgungslücke). Die formalen Kriterien der Bedarfsplanung nach § 24 a und b der Bedarfsplanungsrichtlinie (Bedarfsprüfung nach Messzahlen) sind dabei allerdings nicht anzuwenden.[38] Auch in einem überversorgten (und damit gesperrten) Gebiet ist bei entsprechendem Versorgungsange-

---

[32] Insoweit kollidieren Berufsrecht und Vertragsarztrecht. Zu diesem Kompetenzkonflikt s die Stellungnahme von *Pestalozza* GesR 2008, 337; dagegen ausdrücklich *Wenner*, aaO, § 20 RdNr 55 ff. – Für einen Vorrang der Spezialkompetenz des Art 74 Abs. 1 Nr 12 s BSG v 9. 4. 2008 – B 6 KA 40/07 – BSGE 100, 154 = SoZR 4.2500 § 87 Nr. 16 RdNr 27.
[33] Und zwar der KV, in deren Zuständigkeitsbereich die Filiale gelegen ist. § 24 Abs 2 Ärzte-ZV iVm § 15a Abs 2 Sätze 2 ff BMV-Ärzte sieht auch ein Genehmigungserfordernis für Anästhesisten vor, die ihre Tätigkeit vielfach außerhalb ihres Praxissitzes „an weiteren Orten" ausüben.
[34] In diesem Sinne wohl *Orlowski/Halbe/Karch*, Vertragsarztrechtsänderungsgesetz, 2. Aufl 2008, 98; eine Bindung an die Kriterien der Bedarfsplanung verneint *Orlowski* auch in: VSSR 2007, 157 (165 f). In dieser Richtung aus LSG SH Urt v 13. 2. 2008 = GesR 2008, 244.
[35] S zB SG Dortmund MedR 1008, 242; SG Marburg Urt v 7. 3. 2007 – S 12 KA 701/06 (Erfordernis der Bedarfslücke); LSG Hessen MedR 2008, 172 (mit zust Anm *Dahm,* 175) = GesR 2008, 265.
[36] Besonders kritisch gegen eine zu offene Auslegung des Begriffes „Verbesserung der Versorgungssituation" *Dahm/Ratzel* MedR 2005, 555 (563) und *Dahm* MedR 2008, 175; zurückhaltend auch *Bäune*, in: *Bäune/Meschke/Rotfuß* aaO, § „4 RdNr 39. Ausführlich und differenzierend *Wollersheim* GesR 2008, 281 (282 f) und *Dahm*, Bedarfsplanung, in: *Rieger/Dahm/Steinhilper* (Hrsg), HK-AKM, 2008, Beitrag 720, RdNr 190 ff mwN. Zu den Genehmigungsanforderungen an eine Tätigkeit eines MVZ an einem weiteren Ort s SG Magdeburg MedR 2008, 3955.
[37] Wobei eine bloße Verkürzung zumutbarer Anfahrtswege zur Behandlung oder Wartezeiten für Patienten nicht ausreicht.
[38] So ausdrücklich ua LSG SH GesR 2008, 245 und die hM. Die Anwendung der Grundsätze der Bedarfsplanung verlangt aber *Schallen* aaO, RdNr 646, 648.

bot zur Beseitigung eines Versorgungsdefizits eine Zweigpraxis zu genehmigen.[39] Abzustellen ist auf den individuell-konkreten Einzelfall.[40]

Nach *LSG Bayern*[41] ist die Genehmigung einer Zweigpraxis davon abhängig zu machen, **14** ob das gesamte Leistungsspektrum oder Teile davon an der Filiale verbessert wird (Steigerung der Versorgungsdichte und -qualität). Die Kriterien der Bedarfsplanung sind dabei nicht anzuwenden. In einem überversorgten Gebiet könne eine Zweigpraxis mit dem gesamten Leistungsspektrum aber nur ausnahmsweise genehmigt werden („seltene Ausnahme": deutliche Erhöhung des Qualitätsstandards). Die Genehmigung dürfe also nicht im Widerspruch zur Zielsetzung der Bedarfsplanung stehen. Im Übrigen müsse in der Filiale ein im Wesentlichen gleiches Leistungsangebot wie in der Hauptpraxis vorgehalten werden.

Weitere Voraussetzung für die Genehmigung einer Zweigpraxis ist, dass die ordnungs- **15** gemäße Versorgung der Patienten am Vertragsarztsitz dadurch nicht beeinträchtigt wird (§ 24 Abs 3 Nr 2 Ärzte-ZV). Die Präsenzpflicht des Vertragsarztes (§ 24 Abs 2 Ärzte-ZV) am Sitz seiner Praxis gilt also fort. Auch seine Residenzpflicht (Erreichbarkeit seiner Praxis innerhalb von ca. 30 Minuten; s BSG MedR 2004, 405 = GesR 2004, 242) bleibt unverändert (Ausnahme: § 24 Abs 2 Satz 3 Ärzte-ZV).

Ärzte-ZV und BMV-Ärzte/EK sehen ein Genehmigungs- oder Ermächtigungserfor- **16** dernis auch für **Anästhesisten** vor, wenn diese – wie üblich – in verschiedenen Praxen, also an mehreren Orten (zT mehr als 30) tätig sind.[42] Gegen diese Vorgabe in den Bundesmantelverträgen werden rechtliche Bedenken erhoben.[43] Die meisten KVen verzichten aus pragmatischen Gründen (Verwaltungsaufwand!) auf eine Genehmigung oder erteilen sie ohne Prüfung. Das LSG Schlesw.-Holst. hält indessen an dem Genehmigungserfordernis fest unter Hinweis auf den Wortlaut der Regelungen.[44] Denkbar ist es auch, Tätigkeiten von Anästhesisten an weiteren Orten analog den nur anzeigepflichtigen ausgelagerten Praxisstätten (vgl Definition in § 24 Abs 5 Ärzte-ZV) zu behandeln. Für operierende Ärzte gilt das Operationszentrum außerhalb des Vertragsarztsitzes ohnehin als ausgelagerte Praxisstätte (§ 1a Nr 20 BMV-Ärzte/EK; bloße Anzeigepflicht).

Ein Vertragsarzt kann an mehreren Nebenbetriebsstätten (und auch ausgelagerte Praxis- **17** stätten) tätig sein.[45] Am Vertragsarztsitz selbst muss er jedoch mindestens 20 Sprechstunden pro Woche anbieten (§ 17 Abs 1a BMV-Ärzte[46]). Die Tätigkeit am Vertragsarztsitz muss vertragsärztliche Tätigkeiten an weiteren Orten zeitlich insgesamt überwiegen (§ 17 Abs 1a BMV-Ärzte). Die Höchstzeit vertragsärztlicher Tätigkeit in einer Nebenbetriebsstätte beträgt 20 Std[47] (§ 15a Abs 4 iVm § 17 Abs 1a BMV-Ärzte).

---

[39] H.A.; vgl *Dahm/Ratzel* MedR 2006, 563; insoweit auch Schallen aaO, RdNr 646; im Ergebnis so auch *Bäune*, in: *Bäune/Meschke/Rothfuß* aaO, § 24 RdNr 38.

[40] In diesem Sinne insbesondere *Harney/Müller* NZS 2008, 286 mwN und *Wollersheim* aaO.

[41] MedR 2009, 56 (m Anm *Steinbrück*). Zwischen einem Antrag auf Zweigpraxisgenehmigung und einer Sonderbedarfszulassung kann ein Konkurrenzverhältnis bestehen (s dazu LSG Nordrh.-Westf. Urt v 10.12.2008 – L 11 KA 47/08 = MedR 2009, 361, Vorrang der Sonderbedarfszulassung).

[42] § 24 Abs 3 S 2 Ärzte-ZV; § 15a Abs 2 BMV-Ärzte.

[43] *Arnold/Greve* MedR 2007, 634 halten das Genehmigungs- und Ermächtigungserfordernis mangels ausreichender Ermächtigungsgrundlage im Gesetz und wegen Verstoßes gegen Art 12 Abs 1 GG für rechtswidrig.

[44] Beschl v 2.6.2008 – L 4 B 463/08 KA ER (= MedR 2009, 188).

[45] § 17 Abs 2 MBO-Ärzte beschränkt die Zahl der weiteren Tätigkeitsorte auf zwei. Diese Regelung wurde in das ärztliche Berufsrecht der Länder zT übernommen. Das (engere) Berufsrecht hat insoweit Vorrang vor dem (weiteren) Vertragsarztrecht; zu den kompetenzrechtlichen Fragen s erg. *Rixen* VSSR 2007, 213.

[46] Bei Teilzulassungen mindert sich dieser Wert auf zehn Stunden.

[47] Hierbei sind auch Tätigkeiten angestellter Ärzte zu berücksichtigen. Nach § 17 Abs 1a S 6 BVM-Ä/EK können mit der Genehmigung der Zweigpraxis Auflagen zu Mindest- und/oder Höchstzeiten einer Tätigkeit an diesem Ort festgelegt werden.

18 Auch die vertragsärztlichen Leistungen „an weiteren Orten" (Zweigpraxen) sind vom Praxisinhaber grundsätzlich persönlich zu erbringen (§ 15 Abs 6 S. 1 BMV-Ärzte). Soll dort ein angestellter Arzt allein tätig werden, muss das von der Genehmigung der KV mit umfasst sein (§ 15 Abs 6 S. 2 BMV-Ärzte).

19 Ob ein Vertragsarzt, in dessen räumlicher Nähe eine Zweigpraxis mit gleichem oder ähnlichem Leistungsangebot genehmigt wird, berechtigt ist, der Genehmigung/Ermächtigung zu widersprechen und bei Ablehnung defensive Konkurrentenklage zu erheben, ist strittig. Wäre die Zweigpraxis gegenüber einem Vertragsarztsitz nach gesetzlicher Wertung nachrangig, wären Widerspruch und Klage gegen eine Zweipraxisgenehmigung zulässig. Gegenüber einer Sonderbedarfszulassung (voll oder hälftig) ist die Zweigpraxis bei kollidierenden Anträgen nach LSG NRW (Urt. v. 10.12.2008 – L 11 KA 47/08 = MedR 2009, 361) nachrangig. Auch nach LSG Schl.-Holst. (Beschl. v. 10.7.2008-L 4 B 405/08 KA ER) ist die Ausdehnung einer vertragsärztlichen Tätigkeit vom Hauptvertragsarztsitz zur Verwirklichung des Grundrechts aus Art 12 GG nicht von zentraler Bedeutung. Dem Vertragsarzt, der eine Zulassung wegen eines Sonderbedarfs beantragt, müsste demnach ein Widerspruchs- und Klagerecht gegen eine Zweigpraxisgenehmigung zustehen. Nach herrschender Auffassung vermittelt § 24 Abs 3 Satz 1 Ärzte-ZV jedoch keinen Drittschutz.[48] Wie zu entscheiden ist, wenn eine Zweigpraxis rechtswidrig, aber bestandskräftig genehmigt wurde und dann auf einen Antrag auf Sonderbedarfszulassung trifft, hat das LSG NRW ausdrücklich offengelassen.

20 **b) Ausgelagerte Praxisstätte.** Nach § 1a Nr 20 BMV-Ä/EK ist eine ausgelagerte Betriebsstätte ein „zulässiger, nicht genehmigungsbedürftiger, aber anzeigepflichtiger Tätigkeitsort des Vertragsarztes, Vertragspsychotherapeuten oder eines Medizinischen Versorgungszentrums in räumlicher Nähe zum Vertragsarztsitz". Nach § 24 Abs 5 Ärzte-ZV dürfen in einer „ausgelagerten Praxisstätte" (so die dortige Terminologie) nicht alle, sondern nur spezielle Leistungen erbracht werden. Dort dürfen auch keine Sprechstunden mit Erstkontakt zu Patienten abgehalten werden[49]. Gefordert wird (in Anlehnung an BSG MedR 2004, 405) zudem eine Erreichbarkeit vom Hauptsitz aus innerhalb von ca. 30 Minuten. Die Nutzung der ausgelagerten Praxisstätte kann also nur Raumnot am Hauptsitz oder ein dortiger finanzieller Vorteil (zB geringere Miete) sein.

21 **5. Der angestellte Arzt in der vertragsärztlichen Versorgung (§ 95 Abs 9 und 9a SGB V)**[50]. Angestellte Ärzte waren dem System der ambulanten vertragsärztlichen Versorgung zunächst völlig fremd. Vorübergehend[51] gab es sogenannte „Dauerassistenten"

---

[48] LSG Bayern MedR 2009, 56 (m Anm *Steinbrück*); LSG Hamburg Beschl v 6.1.2009 – L 2 B 254/08 ER KA; *Plagemann*, in: DAI (Hrsg.), Neue Entwicklungen im Vertragsarztrecht, Bochum 2006, S. 69. – A.A. wohl SG Marburg 12.3.2007 – S 12 KA 701/06; SG München 28.7.2007 – S KA 936/07; *Orlowski/Halbe/Karch* aaO, S. 102f – *Wollersheim* GesR 2008, 281 (286) hält Drittwiderspruch und defensive Konkurrentenklage für zulässig bei einer KV-übergreifenden Zweigpraxisermächtigung. Nach altem Recht waren beide Rechtsbefehle unstrittig zulässig (vgl. *Engelmann*, GesR 2004, 118). Zum Konkurrenzschutz im Vertragsarztrecht allgemein s *Steinhilper* MedR 2008, 498 mwN und *Düring*, Konkurrentenrechtsschutz im Vertragsarztrecht, in: *Butzer/Kaltenborn/Meyer* (Hrsg), Organisation und Verfahren im sozialen Rechtsstaat, 2008, 383 ff.

[49] So schon BSG MedR 2002, 365.

[50] Zu dieser Thematik insgesamt s *Steinhilper,* Angestellte Ärzte in der vertragsärztlichen Versorgung, in: *Halbe/Schirmer* (Hrsg), Handbuch Kooperationen im Gesundheitswesen, 2007, Beitrag A 1300; erg s *Schallen/Kleinheit,* Verträge für angestellte Ärzte und Vertreter, 2007; *Orlowski/Halbe/Karch* aaO, 8ff; s auch *Zwingel/Preißler,* Ärzte-Kooperationen und Medizinische Versorgungszentren, 2008, 25 ff. Zur Rechtslage vor und nach dem 1.1.2007 (VÄndG) s auch *Wenner*, Vertragsarztrecht nach der Gesundheitsreform, 2008, 224 ff und *Pawlita*, in: *Schlegel/Voelzke* (Hrsg) aaO, § 95 RdNr 537 ff.

[51] Vom 1.1.1993 bis 30.6.1997; eingeführt durch das GSG vom 21.12.1992 (BGBl I, 2266): § 95 Abs 9 S 1 SGB V iVm § 32b Ärzte-ZV; zu dieser Regelung s *Steinhilper* NZS 1994, 347 und *ders* MedR 1993, 292; s auch BSG SozR 3-5520 § 32b Nr 3.

(unter Anrechnung in der Bedarfsplanung). Anschließend konnten Ärzte nur noch unter Jobsharing-Bedingungen (Einhaltung einer vereinbarten Leistungsobergrenze als Genehmigungsvoraussetzung; keine Anrechnung auf die Zahlen der Bedarfsplanung) angestellt werden.[52] In nicht gesperrten Gebieten ist nunmehr (1.1.2007) die Anstellung in vielfältigen Formen möglich, allerdings unter Anrechnung des Angestelltenarztsitzes auf die Bedarfsplanung, aber: keine Leistungsobergrenze, keine Fachgebietsidentität mehr erforderlich, vertragsärztliche mit Tätigkeit im Krankenhaus vereinbar.[53]

Nach dem Vertragsarztrechtsänderungsgesetz (VÄndG) kann ein Arzt vollzeitig oder in Teilzeit (mindestens 25%) in nicht gesperrten Gebieten in einer Einzelpraxis, einer Berufsausübungsgemeinschaft oder in einem MVZ angestellt werden. Zugleich wurden neue Organisationsmöglichkeiten geschaffen: insbesondere Tätigkeit (auch KV-übergreifend) in Nebenbetriebsstätten (§ 24 Abs 3 und 4 Ärzte-ZV), Tätigkeit in ausgelagerten Praxisräumen (§ 24 Abs 5 Ärzte-ZV), Möglichkeit zur Umwandlung einer Vertragsarztstelle in eine Angestelltenarztstelle (§ 103 Abs 4b Ärzte-ZV).

Die Anstellung eines Arztes bei einem Vertragsarzt, eine Berufsausübungsgemeinschaft oder MVZ bedarf der Genehmigung durch die KV, in deren Bereich der Anstellungsträger seinen Sitz hat (§ 95 Abs 9 Satz 3 SGB V iVm § 32b Abs 2 Satz 1 Ärzte-ZV). Die Anstellung ist zu genehmigen, wenn die sonstigen persönlichen Voraussetzungen beim Antragsteller und beim anzustellenden Arzt vorliegen. Bringt ein Vertragsarzt seinen Sitz bei einem anderen Vertragsarzt ein (zulässig nach § 103 Abs 4b SGB V) und wird dieser Sitz in eine Angestelltenarztstelle umgewandelt und wird darauf ein Arzt angestellt, so geht die Angestelltenarztstelle bei der Übertragung des Vertragsarztsitzes auf einen Nachfolger nicht unter (*Bäune*, in: Bäune/Meschke/Rothfuß aaO § 32b RdNr 20) und der Praxisnachfolger hat einen Anspruch, dass die Genehmigung der Anstellung auf ihn übertragen wird (SG Marburg Urt. 14.1.2009 – S 12 KA 597/08; aA KBV und die bisherige Verwaltungspraxis der KVen).

Da der einzelne Vertragsarzt, die Berufsausübungsgemeinschaft oder auch das MVZ angestellte Ärzte sowohl in ausgelagerten Praxisstätten, „an weiteren Orten" (Nebenbetriebsstätte[54]) Ärzte anstellen dürfen und dies auch fachgebietsfremd,[55] ergeben sich so viele Kombinationsmöglichkeiten, so dass der Grundsatz der persönlichen Leistungserbringungspflicht für die Tätigkeit angestellter Ärzte (gleich welcher Organisationsform) nicht mehr uneingeschränkt aufrechterhalten werden kann. Die gemeinsame Erklärung[56] von Bundesärztekammer und KBV dazu bedurfte der Anpassung an die neue Rechtslage.[57]

Die vom angestellten Arzt erbrachten Leistungen gelten als Leistungen des Praxisinhabers und werden von ihm bei der KV abgerechnet.

Für den angestellten Arzt gelten seine Fachgebietsgrenzen nach der jeweiligen Weiterbildungsordnung. Dies bedeutet, dass er nur Leistungen erbringen darf, die für ihn nach dem Weiterbildungsrecht fachgebietskonform sind. Verfügt der Praxisinhaber über fachliche Qualifikationen und Genehmigungen, die der angestellte Arzt nicht aufweisen

---

[52] 2. GKV-NOG; wirksam zum 1.7.1997. Das Vertragsarztrechtsänderungsgesetz (VÄndG) hat zum 1.1.2007 weitere Möglichkeiten geschaffen, in nicht gesperrten Gebieten in einer Einzelpraxis Ärzte anzustellen.
[53] Aufhebung der Unvereinbarkeit dieser beiden Tätigkeitsbereiche nach § 20 Abs 1 S 2 Ärzte-ZV (s Ziffer 1).
[54] Vgl die Definition in § 1a Nr 22 BMV-Ä.
[55] S § 95 Abs 9 SGB V iVm § 32b Abs 1 Ärzte-ZV und § 14a Abs 2 BMV-Ä.
[56] DÄBl 1988, S A-2197; § 26 RdNr 16.
[57] DÄBl 2008, S A-2173. So *Orlowski/Halbe/Karch*, Vertragsarztrechtsänderungsgesetz (VÄndG), 2. Aufl, 2008, 17: „Dasjenige, was persönliche Ausübung der vertragsärztlichen Praxis ist, wird vor diesem Hintergrund neu zu gewichten und zu konkretisieren sein. Persönliche Leitung (s dazu § 14a BMV-Ä) der Praxis als Kernbestandteil der persönlichen Ausübung der vertragsärztlichen Praxis ist dabei nicht identisch mit der persönlichen Erbringung vertragsärztlicher und vertragszahnärztlicher Leistungen."

kann, so darf er diese Leistungen für den Praxisinhaber nicht erbringen; dieser darf sie nicht abrechnen.

27 Nach bisherigem Recht durfte der angestellte Arzt Leistungen innerhalb seines Fachgebietes oder für die er eine zusätzliche Genehmigung hatte, die aber für den Praxisinhaber/Anstellungsträger fachfremd waren, nicht erbringen und über den Vertragsarzt nicht abrechnen lassen. Durch das VÄndG ist jedoch auch die Anstellung fachgebietsfremder Ärzte in nicht gesperrten Gebieten möglich,[58] sofern dies nach dem jeweiligen ärztlichen Berufsrecht des Landes zulässig ist.[59]

28 Der BMV-Ä hat an die „persönliche Leitung der Vertragsarztpraxis bei angestellten Ärzten" bestimmte Anforderungen normiert (§ 14a). Eine persönliche Leitung ist danach nur anzunehmen, „wenn je Vertragsarzt nicht mehr als drei vollzeitbeschäftigte oder teilzeitbeschäftigten Ärzte in einer Anzahl, welche im Umfang ihrer Arbeitszeit drei vollzeitbeschäftigte Ärzten entspricht, angestellt werden".[60] Fachgebietsfremde Ärzte dürfen jedoch nach § 14a Abs 2 Ärzte-ZV nur unter einengenden Voraussetzungen angestellt werden. Erforderlich ist zudem, dass der Vertragsarzt bei der Erbringung der fachärztlichen Leistungen des angestellten fachgebietsfremden Arztes die Notwendigkeit dessen Leistungen mit verantwortet (§ 14a Abs 2 letzter Satz Ärzte-ZV).

29 Angestellte Ärzte (in einer Vertragsarztpraxis, einer Berusausübungsgemeinschaft oder in einem MVZ), die dort mindestens halbtags beschäftigt sind (§ 77 Abs 3 SGB V), werden Mitglied in der für ihren Arztsitz zuständigen KV, haben mithin Wahlrecht und unterliegen der Disziplinargewalt dieser KV.[61]

30 Der Status des angestellten Arztes ist dem des Vertragsarztes teilweise angeglichen, unterscheidet sich jedoch in wichtigen Teilbereichen erheblich: Der Vertragsarzt kann dem angestellten Arzt kündigen (unter Einhaltung der vereinbarten Kündigungsbedingungen und -fristen); sein Status ist also nicht geschützt. Die Anstellungsgenehmigung ist zu widerrufen.[62] Durch die mindestens fünfjährige Anstellung in einer Vertragsarztpraxis erwirbt der angestellte Arzt seit 1. 1. 2007 auch Privileg mehr auf eine Zulassung in einem gesperrten Zulassungsbezirk.[63]

31 Abweichend von der bisherigen Rechtslage kann seit 1. 1. 2007 auch in einem gesperrten Gebiet die Stelle eines ausgeschiedenen angestellten Arztes vom Praxisinhaber oder MVZ nachbesetzt werden (§ 103 Abs 4b Satz 3 SGB V). Der Vertragsarzt darf auch einen psychologischen Psychotherapeuten in seiner Vertragsarztpraxis oder für eine Zweigpraxis anstellen, aber nicht umgekehrt ein psychologischer Psychotherapeut einen Arzt.[64]

---

[58] § 95 Abs 9 SGB V iVm § 32b Abs 1 Ärzte-ZV und § 14a Abs 2 BMV-Ä.

[59] Das Berufsrecht hat nach verbreiteter Ansicht nach wie vor Vorrang vor dem Vertragsarztrecht; vgl insbes *Pestalozza*, Gutachten für die Bayerische Landesärztekammer, Juni 2006 (GesR 2006, 389); ablehnend insoweit *Wenner*, Vertragsarztrecht nach der Gesundheitsreform, 2008, 220 unter Hinweis darauf, dass durch die Neufassung der Art 72 ff GG im Rahmen der Föderalismusreform eine Bundeskompetenz sehr wohl gegeben sei. Für den Vorrang des Vertragsarztrechts auch BSG, Urt v 9. 4. 2008 – 86 KA 40/07 R – BSGE 100, 154 = SoZR – 2500 § 87 Nr 16 RdNr 27.

[60] Für medizinisch-technische Leistungen ergeben sich andere Obergrenzen (s § 14a Abs 1 S 3 Ärzte-ZV).

[61] Für andere angestellte Ärzte „haftet" der anstellende Vertragsarzt für Verletzungen vertragsärztlicher Pflichten des angestellten Arztes. Nach § 32b Ärzt-ZV muss der Vertragsarzt den angestellten Arzt auf die Erfüllung vertragsärztlicher Pflichten hinweisen.

[62] Der Zulassungsausschuss braucht dabei die Rechtmäßigkeit oder Zulässigkeit der Kündigung nach dem Anstellungsvertrag inhaltlich nicht zu prüfen.

[63] Anders bisher nach § 103 Abs 4 S 4 SGB V für angestellte Ärzte in einem MVZ.

[64] So ausdrücklich nunmehr § 23i Abs 5 Bedarfsplanungs-Richtlinie idF v 22. 10. 2007 (Bundesanzeiger Nr 239, 8326). *Stellpflug/Warntjen* MedR 2008, 281 halten die Regelung für rechtswidrig, soweit ein Psychotherapeut keinen Arzt anstellen darf (fehlende Regelungskompetenz des GBA, Verstoß gegen § 95 Abs 9 SGB V und Art 3 Abs 1 GG).

6. Berufsausübungsgemeinschaft (§ 33 Abs 1 Ärzte-ZV). Nach § 33 Abs 1 Ärzte- 32
ZV (idF des VÄndG) ist die „gemeinsame Ausübung vertragsärztlicher Tätigkeit unter
allen zur vertragsärztlichen Versorgung zugelassenen Leistungserbringern an einem
gemeinsamen Praxissitz" zulässig.[65] Diese bedarf der Genehmigung des Zulassungsausschusses.[66] Was als „gemeinsame Berufsausübung" anzusehen ist, wird unterschiedlich
gesehen. § 18 MBO bringt keine abschließende Klarheit. Fachgebietsidentität oder auch
nur Nähe der ärztlichen Fachgebiete der zusammenwirkenden Ärzte ist insoweit nicht
erforderlich.[67] Das Merkmal ist aber nicht erfüllt, wenn bei getrenntem Patientenstamm
und getrennter Behandlung lediglich gemeinsam Räume, Geräte und Personal genutzt
werden.[68] § 15a BMV-Ärzte umschreibt die Anforderungen an die gemeinsame Berufsausübung bei einer örtlichen, überörtlichen Gemeinschaftspraxis und auch bei einer Teilzulassung sowie bei Leistungen in Nebenbetrieben näher.

Kern einer Berufsausübungsgemeinschaft sind: 33
– Wille zur gemeinsamen Berufsausübung[69] in einer auf Dauer angelegten systematischen Kooperation
– schriftlicher Gesellschaftsvertrag
– Außenankündigung als Berufsausübungsgemeinschaft (§ 18a Abs 1 MBO-Ärzte)
– Abschluss des Verhandlungsvertrages zwischen Patient und der Berufsausübungsgemeinschaft (dadurch gemeinsame Abrechnung bei der KV)
– gemeinsamer Patientenstamm (mit Zugriffsmöglichkeit durch alle Mitglieder der Gemeinschaft)
– mehr oder weniger gleiche Rechte und Pflichten der Mitglieder.[70]

Ob diese Voraussetzungen in der Praxis von den Zulassungsausschüssen und/oder 34
KVen durchgehend geprüft werden können, erscheint fraglich.[71]

a) Teilberufsausübungsgemeinschaft. Die gemeinsame Berufsausübung kann sich nach 35
§ 33 Abs 2 Satz 3 Ärzte-ZV auch auf Teile der vertragsärztlichen Tätigkeit beschränken (Teilberufsausübungsgemeinschaft[72]). Die Teilberufsausübungsgemeinschaft erlangt in der ambulanten
vertragsärztlichen Versorgung nur eine begrenzte Bedeutung, da sie – anders als im privatärztlichen Bereich – bei überweisungsgebundenen medizinisch-technischen Leistungen[73] ausge-

---

[65] Zu dieser Thematik s *Schallen,* Zulassungsverordnung, 6. Aufl, 2008, RdNr 1153 ff; ferner eingehend *Weimer,* Berufsausübungsgemeinschaften, in: *Rieger/Dahm/Steinhilper* (Hrsg), HK-AKM, 2008 (Beitrag 840); *Halbe/Rothfuß,* Berufsausübungsgemeinschaft, in: *Halbe/Schirmer* (Hrsg), Handbuch Kooperationen im Gesundheitswesen, 2005 (Beitrag A 1100).
Erg s die Definitionen in §§ 1a Nr 12, 12a und 13 BMV-Ärzte.

[66] Dies gilt für die örtliche und überörtliche (auch KV-übergreifende) Berufsausübungsgemeinschaft; Einzelheiten dazu sind nach § 33 Abs 3 S 5 Ärzte-ZV in § 15a BMV-Ärzte geregelt.

[67] Nach der alten Rechtslage noch anders BSGE 55, 97.

[68] Vgl dazu Erklärung der BÄK vom 17. 2. 2006, in: DÄBl 2006, A-801. Erg s. *Ratzel/Lippert,* Kommentar zur MBO, 4. Aufl 2006, § 18, RdNr 12 ff; ferner *Schallen* aaO, RdNr 1154 ff; *Weimer* aaO, RdNr 68 ff; *Rothfuß* in: *Bäune/Meschke/Rothfuß* aaO, § 33 RdNr 25.

[69] Gemeinsame Berufsausübung bedeutet nach *Orlowski/Halbe/Karch* aaO, 42: „Eine nach außen in Erscheinung tretende Berufsausübungsgemeinschaft, die ihre Leistungen einheitlich und insgesamt abrechnet." Erg s *Ratzel/Lippert* aaO, § 18 RdNr 13 und *Rothfuß* in: *Bäune/Meschke/Rothfuß* aaO, § 33, RdNr 25; s auch LSG NRW MedR 2008, 50 und LSG Nieders.-Bremen MedR 2009, 497.

[70] Vgl Mitteilungen der BÄK (Stand: 17. 2. 2006) in: DÄ. 2006, A-801 ff.

[71] Zu den Anforderungen an die gemeinsame Berufsausübung s auch *Zwingel/Preißler,* Ärztekooperationen und Medizinische Versorgungszentren, 2008, 47 ff.

[72] Ausführlich dazu *Ratzel/Möller/Michels* MedR 2006, 377; *Schiller/Pavlovic* MedR 2007, 86; *Weimer* aaO, RdNr 54 ff; *Wigge* NZS 2007, 373; *Rothfuß* in: *Bäune/Meschke/Rothfuß* aaO, § 33, RdNr 53 ff. Erg s auch die Glosse von *Ratzel* GesR 2007, 457.

[73] ZB Labor, medizinische Nuklearmedizin, radiologische Diagnostik, Strahlentherapie und Pathologie (s § 13 Abs 4 BMV-Ärzte). – Das Idealbild des Gesetzgebers (gemeinsame Diagnostik und evtl auch Behandlung kinderneurologischer Behandlungen durch Kinderarzt und Neurologen) lässt sich nur selten verwirklichen. – Im privatärztlichen Bereich gilt diese Leistungsbeschränkung nicht.

schlossen sind.[74] Von fachkundiger Seite wird sie nach wie vor als Versuch gewertet, das Kickback-Verbot (§ 31 MBO-Ä; Verbot der Zuweisung gegen Entgelt) zu umgehen,[75] obgleich im Gesetzgebungsverfahren solche Umgehungen ausdrücklich als unzulässig bewertet wurden.[76]

36   Eine Teilberufsausübungsgemeinschaft ist nur zulässig, wenn das zeitlich begrenzte Zusammenwirken der Ärzte erforderlich ist, um Patienten zu versorgen, die einer gemeinschaftlichen Versorgung der Mitglieder der Teilgemeinschaftspraxis bedürfen und wenn diese Ärzte gemeinschaftlich zur Erfüllung des Versorgungsauftrages zur Verfügung stehen (§§ 15a Abs 5 Satz 2, 17 Abs 1a BMV-Ä[77]). In der Praxis ist dies für die einzelnen Krankheitsbilder und Fachgruppen von außen nur schwer überprüfbar. Zum Teil wird die Teilberufsausübungsgemeinschaft daher als Versuch missbraucht werden, unzulässige kickback-Zahlungen zu verdecken.

37   **b) Überörtliche Berufsausübungsgemeinschaft.** Der 17. Deutsche Ärztetag (2006) hat die berufsrechtliche Beschränkung einer überörtlichen Kooperationsmöglichkeit aufgehoben (§ 18 Abs 3 Satz 3 MBO-Ä). Das VÄndG ist dem für das Vertragsarztrecht gefolgt (§ 33 Abs 2 Satz 2 Ärzte-ZV). Danach können Vertragsärzte unter Beibehaltung ihrer jeweiligen Standorte kooperieren, und zwar planungsbereichsübergreifend und auch über KV-Grenzen hinweg (§ 33 Abs 2 Ärzte-ZV[78]).

38   Voraussetzung ist jedoch, dass die vertragsärztliche Versorgung an den jeweiligen Vertragsarztsitzen im erforderlichen Umfang *gewährleistet* ist, und dass die jeweiligen Mitglieder der überörtlichen Berufsausübungsgemeinschaft an den Vertragsarztsitzen der anderen Mitglieder nur in *zeitlich begrenztem Umfang* tätig werden (§ 33 Abs 2 Satz 2 Ärzte-ZV).[79]

39   Die Mitglieder einer überörtlichen Berufsausübungsgemeinschaft haben für zwei Jahre am Versorgungsschwerpunkt dieser Gemeinschaft die *Betriebsstätte* (iS des § 1a Nr 21 BMV-Ä) festzulegen (§ 15a Satz 4, 2. Halbs BMV-Ä). Dadurch wird auch die zuständige KV festgelegt. Die anderen Standorte sind dann *Nebenbetriebsstätten* iS des § 1a Nr 22 BMV-Ä.

40   Die Abrechnung KV-übergreifender Berufsausübungsgemeinschaften gestaltet sich schwierig. Die nach § 75 Abs 7 Nr 2 SGB V dazu erlassene Richtlinie der KBV[80] regelt nur Grundstrukturen. Erforderlich sind neue Arztnummern mit Zusätzen für Betriebsstätten und Nebenbetriebsstätten.[81] In der Praxis bereitet insbesondere die vorgesehene Datenübermittlung Schwierigkeiten. Da

– das Gesetz Berufsausübungsgemeinschaften ua vorsieht, für Vertragsärzte mit Einzelzulassung,
– für MVZs,
– und da ein Arzt mehreren Berufsausübungsgemeinschaften angehören kann
– und da ferner Berufsausübungen auch bei Teilzulassungen, überörtlich (auch planungsbereichsübergreifend und KV-grenzenübergreifend) sowie fachgebietsübergreifend möglich sind,
– da dort auch Ärzte angestellt werden dürfen (auch fachgebietsübergreifend)
– und da schließlich für dort tätige Ärzte kein Verbot mehr für die gleichzeitige Tätigkeit im stationären Bereich besteht,

---

[74] Der Gesetzgeber wollte dadurch die Umgehung des Verbots von Kick-Back-Zahlungen verhindern (s Begründung in BT-Drucks 16/2474, 31). Kritisch insoweit auch *Wigge* aaO, 373.
[75] *Dahm/Ratzel* MedR 2006, 557 f.
[76] BT-Drucks 16/2474, S. 31.
[77] Ob diese Einschränkung im BMV-Ä inhaltlich durch § 33 Abs 3 S 5 2. Halbs Ärzte-ZV gedeckt ist, muss bezweifelt werden (so auch *Orlowski/Halbe/Karch* aaO, 45).
[78] Zu den Besonderheiten einer KV-Grenzen überschreitenden überörtlichen Berufsausübungsgemeinschaft s einerseits die Detailregelung in § 15b BMV-Ä und insbes *Weimer* GesR 2007, 204. Zur früheren Rechtslage der ortsübergreifenden Berufsausübungsgemeinschaft s *Dahm* AusR 2000, 134.
[79] Zu den Einschränkungen insoweit s *Dahm/Ratzel* MedR 2006, 5 ff.
[80] Vom 29. 5. 2007 (DÄBl 2007, A-1868; auch gedruckt in: *Schallen* aaO, Anhang 6).
[81] § 44 Abs 6 BMV-Ä; erg ist eine Richtlinie nach § 75 Abs 7 SGB V erforderlich (noch nicht veröffentlicht).

6. Kapitel. Das Kassenarztrecht/Vertragsarztrecht   41–43 § 23

ergibt sich eine breite Palette von Kombinationen ärztlicher Kooperationsmöglichkeiten. Deren Grenzen sind gegenwärtig noch nicht voll ausgelotet. Für die KVen ergibt sich eine kaum mehr überschaubare Landschaft von Tätigkeiten in der ambulanten vertragsärztlichen Versorgung. Da gleichzeitig der Grundsatz der persönlichen Leistungserbringung aufgehoben oder gelockert wurde, wird es immer schwieriger, eine Bedarfsplanung hierauf abzustellen.[82]

7. Teilzulassung (hälftiger Versorgungsauftrag; § 95 Abs 3 S. 1 SGB V). Da ein Vertragsarzt bisher „vollzeitig" (= „hauptberuflich") tätig sein musste, hat dies die Versorgungs- und Kooperationsmöglichkeiten durchaus geeigneter zulassungswilliger Ärztinnen und Ärzte beeinträchtigt. Dem hat das VÄndG Rechnung getragen, mit der Möglichkeit, den Versorgungsauftrag von Anfang an oder nach einer Vollzulassung später auf die Hälfte zu beschränken (sog. Teilzulassung; § 95 Abs 3 Satz 1 SGB V iVm § 19a Ärzte-ZV)[83]. Die Regelungen ist auf MVZs entsprechend anwendbar (§§ 1 Abs 3 Nr 2; 19a Abs 2 Ärzte-ZV). MVZs können auch mit Teilzulassungen gegründet werden.[84]   **41**

Strittig war zunächst, ob ein Arzt über zwei Teilzulassungen (am selben Praxissitz, in unterschiedlichen Planungsbereichen und evtl. auch KV-übergreifend) verfügen kann. Im Ergebnis ist dies zu bejahen.[85] Verzichtet ein Arzt nach seiner Vollzulassung auf die Hälfte seines Versorgungsauftrages, so kann er eine Vollzulassung später nur erreichen, wenn dies im Rahmen der Bedarfsplanung später noch möglich ist. Lässt sich ein Vertragsarzt von seiner Vollzulassung zu einer Teilzulassung „herabstufen", so ist der zweite Teil seines Vertragsarztsitzes ausschreibungsfähig; er kann mithin verkauft und nachbesetzt werden.[86] Für die Teilzulassung gelten die Vorschriften der Tätigkeit an weiteren Orten, der Berufsausübungsgemeinschaft (auch überörtlich) des MVZ und für angestellte Ärzte gleichermaßen.   **42**

Eine Teilzulassung kann auch als Sonderbedarfszulassung (§ 24a–e Bedarfsplanungs-RL-Ärzte) auf Antrag von vornherein und durch spätere Beschränkung auf den halben Versorgungsauftrag (§ 19a Abs 2 Ärzte-ZV) erteilt werden (LSG NRW Urt v 10. 12. 2008 – L 11 KA 47/08 = MedR 2009, 361). Dabei haben die Zulassungsgremien nicht zu prüfen, ob sich die Tätigkeit als bloße Teilzulassung wirtschaftlich trägt oder nicht (so ausdrücklich   **43**

---

[82] Hess bezweifelte daher beim Symposium der DGK am 9. 11. 2006 in Berlin, ob vor diesem Hintergrund und wegen ergänzender Regelungen zur Über- und Unterversorgung eine Bedarfsplanung nach § 101 Abs 1 S 1 Nr 1 SGB V iVm den Bedarfsplanungs-Richtlinien überhaupt noch verfassungskonform aufgestellt werden kann. Dennoch ist eine neue Bedarfsplanungs-Richtlinie (zusammengefasst mit der Angestellten-Ärzte-Richtlinie) am 15. 2. 2007 verabschiedet worden (Bundesanzeiger 2007, 3491).

[83] Erg s die Regelungen zum Mindestumfang von Sprechstundenzeiten im § 17 Abs 1a und Abs 1 b BMV-Ä.
Zur Teilzulassung s. *Schiller/Pavlovic* MedR 2007, 86; *Schiller,* Bayerisches Ärzteblatt 2007, 85; *Ratzel/Möller/Michels* MedR 2006, 377; *Orlowski/Halbe/Karch* aaO, S. 88 ff; erg s auch die Kommentierung von *Schallen* aaO, RdNr 532 ff sowie *Bäune* in: *Bäune/Meschke/Rothfuß* aaO, § 19a RdNr 7 ff.

[84] Das Erfordernis „fachübergreifend" bleibt erhalten. Erg s *Orlowski/Halbe/Karch* aaO, 94; ferner *Schiller/Pavlovic* aaO, 88; *Bäune* in: *Bäune/Meschke/Rotfuß* aaO, § 18 RdNr 3.

[85] So auch *Orlowski/Halbe/Karch* aaO, 93; *Bäune,* in: *Bäune/Meschke/Rothfuß* aaO, § 19a RdNr 18; *Schallen* aaO, § 19a, RdNr 532 ff; *Schirmer,* Anmerkungen vom 10. 1. 2007 zum VÄndG , 52; – A. A. *Schiller/Pavlovic* aaO, 89.

[86] Dies war zunächst strittig; idS aber SG München 15. 1. 2008 – S 38 KA 17/08 ER = MedR 2008, 244 und LSG Hamburg MedR 2008, 170. So auch *Orlowski/Halbe/Karch* aaO, 21 und 91; differenzierend zwischen anfänglicher und nachträglicher Teilzulassung sowie zwischen gesperrten und nicht gesperrten Gebieten *Zwingel/Preißler,* Ärzte-Kooperationen und medizinische Versorgungszentren, 2008, 23 f, erg s *Dahm/Ratzel* MedR 2006, 564 – ablehnend: *Schallen* aaO, RdNr 533 f und *Bäune* in: *Bäune/Meschke/Rothfuß* aaO, § 19a RdNr 13 ff.
Durch das GKV-OrgWG ist zum 1. 1. 2009 in § 103 Abs 4 S 2 SGB V die gesonderte Übertragbarkeit einer Teilzulassung ausdrücklich geregelt (Klarstellung des Gesetzgebers nach den anfänglichen Unklarheiten).

gegen die bisher fast durchgehende Verwaltungspraxis LSG NRW aaO). Gegenüber einer Sonderbedarfszulassung (voll oder hälftig) ist eine Zweigpraxis nachrangig, wenn beides gleichzeitig beantragt wird (LSG NRW aaO; s auch LSG Schlesw.-Holst. Urt v 10. 7. 2008 – L 4 B 405/08 KA ER).

II. GKV-Wettbewerbsstärkungsgesetz (GKV-WSG) zum 1. 4. 2007

Schrifttum: *Arnold,* Die Auswirkungen des GKV-WSG-Gesetzentwurfs, des VÄndG und des AGG auf die verfassungsrechtliche Rechtfertigung der Altersgrenze im Vertrags(zahn)arztrecht, MedR 2007, 143; *Augsberg,* Der morbiditätsorientierte Risikostrukturausgleich zwischen politischer Gestaltungsfreiheit und verfassungrechtlicher Kontrolle, GesR 2008, 515; *Axer,* Finanzierung und Organisation der gesetzlichen Krankenversicherung nach dem GKV-Wettbewerbsstärkungsgesetz, GesR 2007, 193; *Axer,* Einbeziehung der PKV in die GKV, MedR 2008, 482; *Ballast,* Gesundheitsreform: Ausbau des Vertragswettbewerbs zweifelhaft, ErsK 2006, 332; *Becker,* Das Wettbewerbsstärkungsgesetz – eine verfassungsrechtliche Bewertung, ZMGR 2007, 101; *Bitter,* Das GKV-Wettbewerbsstärkungsgesetz (GKV-WSG) im Überblick, GesR 2007, 152; *Broll/Broll,* Das GKV-Wettbewerbsstärkungsgesetz auf der Zielgeraden, KH 2007, 91; DAI (Hrsg), Brennpunkte des Medizinrechts 2007 (Jahresarbeitstagung 2007), 2008; *Giesen,* Beteiligung der Privaten Krankenversicherung am Gesundheitsfond, NZS 2006, 449; *Hess,* Stellung und Auftrag des G-BA nach Inkrafttreten der Gesundheitsreform 2007, in: DAI (Hrsg), Brennpunkte des Medizinrechts (Jahresarbeitstagung 2007), 2008, 141; *Hess,* Der Gemeinsame Bundesausschuss, HK-AKM, 2008, Beitrag 2045 (Stand: 2009); *Hufen,* Verfassungsrechtliche Rahmenbedingungen der Gesundheitsreform 2007, in DAI (Hrsg) aaO, 37 ff; *Hustemann,* Kartellrechtliche Bewertung der Wettbewerbsordnung im Gesundheitswesen, ZMGR 2007, 112; *Kingreen,* Legitimation und Partizipation im Gesundheitswesen, NZS 2007, 113; *Klaue/Schwintowski,* Grenzen der Zulässigkeit von Wahltarifen und Zusatzvereinbarungen in der gesetzlichen Krankenversicherung, *Knispel,* Neues zur Anwendung des Wettbewerbsrechts in der GKV nach dem GKV-WSG?, GesR 2008, 181; *Marko,* Private Krankenversicherung nach GKV-WSG und VVG-Reform, 2009; *Münnich,* Das GKV-WSG – Ein Gesetz zur Verstaatlichung der gesetzlichen Krankenversicherung, BKK 2006, 562; *Musil,* Auswirkungen der Gesundheitsreform auf private Krankenversicherungsunternehmen, NZS 2008, 113 ff; *Orlowski/Wasem,* Gesundheitsreform 2007 (GKV-WSG). Änderungen und Auswirkungen auf einen Blick, 2007; *Orlowski/Wasem/Best* (Hrsg), Gesundheitsreform 2007 (GKV-WSG). Die wichtigsten Änderungen für die Psychotherapeuten auf einen Blick, 2007; *Pfeiffer,* Auswirkungen des Wettbewerbsstärkungsgesetzes auf die Versorgung aus der Sicht der Krankenkassen, ZMRG 2007, 111; *Pitschas,* Änderungen der Versorgungsstrukturen durch Verflechtung von Leistungssektoren: Ambulante Krankenhausbehandlung nach § 116b SGB V, MedR 2008, 473 ff; *Pitschas,* Die Gesundheitsreform 2007 – Verfassungskonformer Einstieg in den Systemwechsel der GKV, GesR 2008, 64; *Plagemann,* EURO-Gebührenordnung: auf dem Weg zum „angemessenen Honorar", in: Arbeitsgemeinschaft Medizinrecht (Hrsg), Medzinrecht heute. Erfahrungen, Analysen, Entwicklungen (FS 10 Jahre AG Medizinrecht im DAV), 2008, 403 ff; *Rau,* Was ändert sich für die Krankenhäuser mit dem GKV-Wettbewerbsstärkungsgesetz, KH 2007, 179; *Ratzel/Luxenburger* (Hrsg), Handbuch Medizinrecht, 2008; *Rompf,* Der EBM 2008 – der erste Schritt in Richtung Euro-Gebührenordnung, GesR 2008, 57; *Schneider,* Reform der ärztlichen Vergütung im GKV-Wettbewerbsstärkungsgesetz, ErsK 2006, 384; *Sauter/Ellerbrock,* Wettbewerbsstärkung durch das GKV-Wettbewerbsstärkungsgesetz (GKV-WSG), GesR 2007, 497; *Sodan,* Gesundheitsreform 2006/2007 – Systemwechsel mit Zukunft oder Flickschusterei?, NJW 2006, 3617; *Sodan,* Das GKV-Wettbewerbsstärkungsgesetz NJW 2007, 1313; *Sodan,* Die Heilmittelversorgung in der gesetzlichen Krankenversicherung nach dem GKV-WSG, VSSR 2008, 1; *Steiner,* Das Bundesverfassungsgericht und die Gesundheit(sreformen), in: DAI (Hrsg) aaO, 25 ff; *Steinhilper,* Der Vertragsarzt – überreguliert oder noch geschützt?, GesR 2009, 337; *Steinhilper,* Honorarreform 2009 – Ziel erreicht durch MGV und RLV?, MedR 2009, 464; *Stock/Lüngen/Lauterbach,* Der Risikostrukturausgleich im Gesundheitsfonds, SozSich 2006, 407; *Stollmann,* Zur Umsetzung des § 116b Abs 2 SGB V nach Inkrafttreten des GKV-WSG, ZMRG 2007, 134; *Wagener/Weddehage,* Ausgewählte Rechtsfragen zur Zulassung von Krankenhäusern gemäß § 116b Abs 2 SGB V, MedR 2007, 643; *Walzik,* Breite Kritik an der Gesundheitsreform, ErsK 2006, 410; *Weimer,* § 116b Abs 2-5 SGB V – Die wa(h)re Wettbewerbsstärkung!, Pflege- und Krankenhausrecht 2007, Heft 3, 57ff; *Weimer/Multmeier,* § 116b II SGB V – Defensive Konkurrentenklage der Vertragsärzte?, AZR 2008, 31; *Wenner,* Einbeziehung von Krankenhäusern in die ambulante ärztliche Versorgung (Auswirkungen des VÄndG und des GKV-WSG), GesR 2007, 337; *Wenner,* Vertragsarztrecht nach der Gesundheitsreform, 2008; *Wesel-*

6. Kapitel. Das Kassenarztrecht/Vertragsarztrecht   44–46   § 23

ski, Modelle zur Reform der gesetzlichen Krankenversicherung, VSSR 2006, 25; *Wiebke*, Die Auswirkungen des GKV-WSG-Gesetzentwurfs, des VÄG und des AGG auf die verfassungsrechtliche Rechtfertigung der Altersgrenze im Vertrags(zahn)arztrecht, MedR 2007, 143; *Wiegand*, Die Beleihung des Verbandes der privaten Krankenversicherung mit Normsetzungskompetenz durch das GKV-WSG, GesR 2008, 237; *Wigge/Harney*, Selektivverträge zwischen Ärzten und Krankenkassen nach dem GKV-WSG, MedR 2008, 139; *Wille/Koch*, Gesundheitsreform 2007. Grundriss, 2007; *Wolf*, Der neue Zusatzbeitrag nach § 242 SGB V – eine Einordnung des Wettbewerbsinstruments in die Versicherungsprinzipien des GKV, GesR 2008, 567; *Zwingel/Preißler*, Ärzte-Kooperationen und Medizinische Versorgungszentren, 2008.

1. Gesundheitsreform 2007. Zum 1. 4. 2007 hat das GKV-Wettbewerbsstärkungsgesetz (GKV-WSG)[87] die mit dem VÄndG begonnenen Strukturänderungen fortgeführt.[88]   **44**

2. Ziele des GKV-WSG. Der Gesetzgeber verfolgt mit dem GKV-WSG die bisher grundlegendste Reform des Gesundheitswesens: Normiert wird eine Krankenversicherungspflicht und -berechtigung für alle, eine Reform der Versorgungsstrukturen einschließlich der Organisation der gesetzlichen und privaten Krankenversicherung sowie eine Reform der Finanzierung. Die Ziele reichen also weit über die bisherigen Reformgesetze (mit bloßen Kostendämpfungen oder -einsparungen) hinaus. Über eine Versicherungspflicht wird die gesamte Bevölkerung (§ 5 SGB V) in die GKV mit einbezogen (auch bisher Nichtversicherte). Der Gesetzgeber sieht dabei für bestimmte Personen auch eine Versicherungspflicht in der PKV vor, und zwar zu einem neu eingeführten Basistarif (zum 1. 1. 2009; übergangsweise: Standardtarif nach § 315 SGB V[89]). Die Versicherungsfreiheit für höher verdienende Arbeitnehmer wurde erschwert (§ 6 Abs 1 Nr 1 SGB V).   **45**

Die Möglichkeit der Kostenerstattung (§ 13 SGB V) und für Wahltarife (§ 53 SGB V) wurde erweitert. In den Leistungskatalog der GKV wurden weitere Maßnahmen der Gesundheitsförderung sowie Vorsorge- und Rehabilitationsleistungen (§ 37 SGB V) aufgenommen. Nach dem GKV-WSG wird das Honorarsystem für Vertragsärzte aufgrund anhaltender Kritik an Begrenzungsregelungen, Honorarverteilungsmaßstäben, Abstaffelungen etc. teilweise umgestaltet. Das Morbiditätsrisiko soll auf die Krankenkassen verlagert werden. Angestrebt ist ein einheitlicher Bewertungsmaßstab (EBM) mit festem regionalem EURO-Preis (Anpassung des empfohlenen bundeseinheitlichen Punktwertes an regionale Verhältnisse). Zum 1. 1. 2008 trat ein neuer Bewertungsmaßstab für ärztliche Leistungen in Kraft, der die vertragsärztlichen Leistungen nach betriebswirtschaftlichen Kriterien bewertet (§ 87 Abs 2 Satz 3 SGB V) und hausärztliche sowie fachärztliche Leistungen weiter pauschaliert (§ 87 Abs 2a–c SGB V) bei gleichzeitiger Einführung fachärztlicher Grund- und Zusatzpauschalen.[90]   **46**

---

[87] Gesetz zur Stärkung des Wettbewerbs in der gesetzlichen Krankenversicherung (GKV-WSG) vom 26. 3. 2007 (BGBl I, 378; zur Gesetzesentstehung s BT-Drucks 16/3100 und BR-Drucks 7507; Gesetzentwurf: BT-Drucks 16/3950 (mit Stellungnahme des Bundesrates) und 16/4020 (mit den Äußerungen der Bundesregierung). Dem Gesetzentwurf waren sog Eckpunkte zur Gesundheitsreform vorausgegangen.
Sehr umfassend zum GKV-WSG *Wille/Koch*, Die Gesundheitsreform 2007, 2007 (mit Angaben zur Entstehung und Zielsetzung des Gesetzes sowie zu allen Einzelregelungen); erg s *Bitter* GesR 2007, 152; *Sodan* NJW 2007, 1313; *Axer* GesR 2007, 193, jeweils mwN; s auch *Pitschas* GesR 2008, 64. Speziell zur Honorarreform s *Plagemann*, EURO-Gebührenordnung: Auf dem Weg zum „angemessenen Honorar", in: Arbeitsgemeinschaft Medizinrecht (Hrsg), Medizinrecht heute (FS 10 Jahre AG Medizinrecht im DAV), 2008, S. 403 ff; *Becker/Lehmann*, Das neue vertragsärztliche Vergütungssystem, in: Soziale Sicherheit 2009, 141; *Steinhilper* MedR 2009, 464.
[88] Ein Teil auch wichtiger Änderungen tritt erst zum 1. 1. 2009 und zum 1. 1. 2011 in Kraft; s unten Zeittafel unter II 4.
[89] Die Regelung ist nach den Urteilen des BVerfG v 10. 6. 2009 verfassungsgemäß (1 BvR 706/08, 1 BvR 814/08, 1 BvR 819/08, 1 BvR 832/08, 1 BvR 837/08), benachteiligt also die PKV nicht unzumutbar.
[90] Zu diesen neuen Grundprinzipien der Vergütung hausärztlicher und fachärztlicher Leistungen s ausführlich *Orlowski/Wasem* aaO, 54 ff; ferner *Wille/Koch* aaO, 207 ff.

47 Nach den Vorstellungen des Gesetzgebers verfolgt das GKV-WSG u. a. folgende Ziele:
- Versicherungsschutz für die Einwohner, die bisher weder gesetzlich noch privat krankenversichert waren,
- Gewährung aller medizinisch notwendigen Leistungen – unabhängig von der Höhe der Beiträge in die Krankenversicherung,
- Steigerung des Wettbewerbs unter den Kassen durch größere Freiheit bei der Vertragsgestaltung mit Leistungserbringern, aber auch Reform der Organisation der Krankenkassen,
- Intensivierung des Wettbewerbs unter den Leistungserbringern (zB bei der Arzneimittelversorgung, Vertragsgestaltung in der ambulanten Versorgung),
- Sicherung der Finanzierung der gesetzlichen Krankenversicherung durch Lösung der Abhängigkeit vom Faktor Arbeit,
- Erhöhung des steuerfinanzierten Anteils an der GKV.[91]

48 Das Bundesgesundheitsministerium fasst die Reformziele zusammen zu einer Einführung einer Krankenversicherung für alle, zu Reformen der Gesundheitsstrukturen und der Kassenorganisation, der privaten Krankenversicherung und der Finanzierungsordnung.

49 **3. Honorarreform 2009. a) Regelungsgegenstand und Zeitplan.** Für 2009 war eine weitere *Honorarreform* vorgesehen (ua morbiditätsoriente Gesamtvergütung, Regelleistungsvolumina, „EURO-Gebührenordnung", Abkoppelung der Gesamtvergütung von der Grundlohnsummenentwicklung, weitere Pauschalierung der ärztlichen Leistungen), die 2010 fortgesetzt werden wird.[92] Der Bewertungsausschuss hatte bis zum 31. 8. 2008 für 2009 bundeseinheitliche Orientierungspunktwerte für eine Vergütung der vertragsärztlichen Leistungen in EUR festzulegen (§ 87 Abs 2e Nr 1 SGB V). Ergänzend hatten die KVen und die Verbände der Krankenkassen zum selben Zeitpunkt aufgrund dieser Empfehlungen regionale Punktwerte zu vereinbaren (§ 87a Abs 2 Satz 1 SGB V). Dabei durfte nicht nach Kassenart oder Krankenkassen differenziert werden. Regionale Sonderheiten bei der Kostenstruktur und der Versorgungsstruktur konnten nach dem Gesetz grundsätzlich berücksichtigt werden (§ 87 Abs 2e Nr 1 SGB V). Die Vertragspartner waren aber an Vorgaben des Bewertungsausschusses zur Festlegung dieser Besonderheiten gebunden (§ 87a Abs 2 Satz 3 iVm § 87 Abs 2f SGB V[93]). Diese fielen knapp aus.

50 Auf Bundesebene sind seit 1. 1. 2009 Kernbereiche der Honorarverteilung jetzt bundeseinheitlich geregelt; ergänzende Regelungen in Honorarverteilungsverträgen nach § 85 Abs 4 SGB V auf Länderebene bleiben notwendig, zB Festlegung der Arztgruppen, denen RLVs zugeordnet werden, Praxisbesonderheiten und die Bemessung von Mehrbedarf, das Verfahren zur Fallzahlanpassung, Umfang der Honorarrückstellungen). Eine leistungssteuernde Wirkung innerhalb der Honorarreform erhofft sich der Gesetzgeber insbesondere von den Regelleistungsvolumina ab 1. 1. 2009 (§ 87b Abs 2 SGB V; sie sollen eine „übermäßige Ausdehnung der Tätigkeit des Arztes" verhindern (§ 87b Abs 2 Satz 1 SGB V). Die Morbidität wird über die Kriterien Alter und Geschlecht berücksichtigt, differenziert nach Arztgruppen, Versorgungsgrad und Kooperationsform (Abs 3). Oberhalb der Regelleistungsvolumina wird das Honorar abgestaffelt (Ausnahme: „ungewöhnliche Zunahme" oder besonders geförderte Leistungen).

---

[91] S Gesetzentwurf vom 24. 10. 2006 (BT-Drucks 16/3100).

[92] Zur Neuordnung der vertragsärztlichen Vergütung ab 2009 aus unterschiedlicher Sicht der Betroffenen s die Beiträge auf dem Symposion der DGK (6. 3. 2008 Berlin), abgedruckt in: VSSR 2008: *Ballast* (Sicht der Krankenkassen, 171); *Knieps/Leber* (Gesetzgeber, S, 177); *Köhler* (Vertragsärzte, 187); *Wiesack* (Ärztlicher Berufsverband, 195). Zur Honorarreform 2009 s *Plagemann* aaO, *Becker/Lehmann* aaO und *Steinhilper* MedR 2009, 464. Die Honorarreform war flankiert durch Rahmenvorgaben für Arzneimittel und Heilmittel nach § 87 Abs 7 und 8 SGB V (DÄBl 2008, S A-2414 und 2420).

[93] Zu den Schwierigkeiten, diese Indikatoren verlässlich und gerecht festzulegen und neuren Entwicklungen anzupassen, s ua *Orlowski/Wasem* aaO, 72 ff.

6. Kapitel. Das Kassenarztrecht/Vertragsarztrecht　　　　　　　　51–54　§ 23

Als Termine für die Umsetzung der Honorarreform (Einführung der EURO-Gebüh- 51
renordnung ab 2009) waren vorgesehen:

- **31. 8. 2008**　Bundeseinheitliche Punktwerte als Orientierungswerte für die KVen
(§ 87c Abs 1 SGB V): Gesamtvergütung aus 2007 plus Steigerungen nach
§ 71 SGB V (0,64 % und 1,41 %) plus Anpassungsfaktor 2009 (2 %); für
2009 festgesetzt auf 3,5001 Cent.
- **31. 8. 2008**　Inhaltliche Vorgaben für Regelleistungsvolumina (§ 87 Abs 2d SGB V)
- **31. 10. 2008**　Bewertung psychotherapeutischer Leistungen (nach Zeiteinheiten; § 87a
Abs 2 SGB V)
- **15. 11. 2008**　Festlegung der regionalen Punktwerte (§ 87c Abs 4 SGB V)
- **30. 11. 2008**　Zuweisung der arztbezogenen Legeleistungsvolumina (§ 87b Abs 5 SGB V)
- **1. 1. 2009**　Neue Gebührenordnung (mit EUR-Beträgen) tritt in Kraft
- **30. 6. 2009**　Evtl. Änderungen der Morbiditätsstruktur (Bewertungsausschuss)
- **31. 10. 2009**　Bei Über- oder Unterversorgung 2010 regionale Punktwerte (§ 87c
Abs 3 Satz 3 SGB V)
- **1. 1. 2010**　Steuerung der Niederlassung von Vertragsärzten
- **31. 10. 2010**　Arztgruppenspezifische Zusatzpunkt (Bewertungsausschuss)
- **1. 1. 2011**　Diagnosebezogene Fallpauschalen (EBM).

Durch den Beschluss des Erweiterten Bewertungsausschusses (EBA) vom 15. 1. 2009　52
(DÄBl 2009, S A-308; korrigiert durch Beschl vom 27. 2. 2009, DÄBl 2009, S A-574) ist für
die Honorarreform eine sog Konvergenzphase von zwei Jahren eingeführt worden. Um
regionale und praxisunverträgliche Honorarverschiebungen zu vermeiden, ist den KVen die
Honorarsteuerung in Teilbereichen rückwirkend zum 1. 1. 2009 übertragen worden.

Für das Übergangsjahr gestaltete sich die Neuordnung der vertragsärztlichen Vergütung　53
(Morbiditätsorientierte Gesamtvergütung) und Honorierung (Regelleistungsvolumen)
schwierig. Das Honoravolumen für niedergelassene Ärzte erhöhte sich nach langwierigen
Verhandlungen für 2009 gegenüber 2007 um 2,3 Mrd. EUR; hinzu kommen 0,3 Mrd.
EUR für sog. „innovative" Leistungen. Der Zuwachs an der Gesamtvergütung für dieses
Jahr verteilt sich auf die einzelnen KV-Regionen jedoch sehr unterschiedlich (zwischen
+ 2,5 % bis + 24,6 %; Durchschnitt: 11,0 %) und zudem nicht zu gleichen Teilen auf die
einzelnen Fachgruppen und auch innerhalb der Arztgruppen sehr verschieden.

Die Beschlüsse des Erweiterten Bewertungsausschusses vom 27./28. 8. 2008 sowie 17.　54
und 23. 10. 2008[94] zur Neuordnung der vertragsärztlichen Vergütung 2009[95] waren inhaltlich sehr umstritten und zT so wenig konkret, dass die erforderlichen Vereinbarungen auf
Länderebene zur Morbiditätsabhängigen Gesamtvergütung (MGV) und zu den Regelleistungsvolumina (RLV) unter zulässiger Berücksichtigung regionaler Besonderheiten in fast
allen Bundesländern nicht fristgerecht (15. 11. 2008) getroffen werden konnten und daher
durch Landesschiedsämter festgesetzt werden mussten. Die Vereinbarungen und Schiedssprüche auf Länderebene zu den MGVs und RLV weisen erhebliche Unterschiede auf.
Unterschiedlich gesehen wurde zB, ob Teile der MGV an die Krankenkassen zurückzuzahlen sind, wenn RLV nicht ausgeschöpft werden, in welcher Höhe Rückstellungen zu bilden
sind und ob abweichend von den Beschlüssen des EBA Zuschläge zu einzelnen Leistungsbereichen zulässig sind. Am 25. 11. 2008 hat die KBV ergänzend Richtlinien zu den Beschlüssen des EBA erlassen[96]. Die KVen haben (in der Regel fristgerecht zum 30. 11. 2008)

---

[94] DÄBl 2008, S A-262.
[95] Anpassung des EBM vom 1. 1. 2009: DÄBl 2008, A-2601; Grundlage: § 87 Abs 4 SGB V.
[96] Rundschreiben D3-199-I 114/2008. Fraglich ist, ob die dazu angegebene Ermächtigungsgrundlage (§ 75 Abs 7 Nr 1 SGB V) hierfür ausreicht. Die Richtlinie der KBV sieht ua, vor, die hausärztliche Vergütung von der Vergütung der Fachärzte auf der Basis der gezahlten Honorare 2007 abzüglich der Leistungen des Kapitels 35.2 EBM sowie *extrabugetärer* Leistungen zu berechnen. Der Beschluss des Erweiterten Bewertungsausschusses vom 27. 8. 2008 sieht demgegenüber die

ihren Mitgliedern Bescheide zur Festsetzung der arztbezogenen RLVs zugestellt (zT unter Vorbehalt, zT ohne Rechtsmittelbelehrung, zT als bloß vorläufige Mitteilung).

55 Im Kern gliedert sich das ärztliche Honorar ab Quartal 1/2009 in die drei Bereiche:
- Arztspezifisches Regelleistungsvolumen (RLV)
- Leistungen außerhalb des RLV, aber innerhalb der morbiditätsorientierten Gesamtvergütung (MGV), wobei regionale Abweichungen in vorgegebenem begrenztem Umfang zulässig sind
- Leistungen außerhalb der MGV, zB Selektivverträge.
- antragspflichtige psychotherapeutische Leistungen (ohne probatorische Sitzungen dazu).

56 Abstaffelungen ab einer Überschreitung der durchschnittlichen Fallzahl um mehr als 150 % sind vorgesehen (Vergütung mit abgestaffelten Punktwerten – Restpunktwerten.; § 87b Abs 2 Satz 3 SGB V). Die KVen waren verpflichtet, den Vertragsärzten bis 15.11. 2008 ihre Regelleistungsvolumina ab Quartal 1/2009 per Bescheid mitzuteilen. Für 2009 geht der Erweiterte Bewertungsausschuss von einer attestierten Morbiditätssteigerung von 5,1 % aus.

57 **b) Auswirkungen in der Praxis und Kritik.** Die Reform blieb – wie zu erwarten – nicht ohne Kritik der Vertragsärzte: mehr Punkte für die ärztlichen Leistungen, aber nicht mehr Geld; EURO-Preise nur für eine bestimmte Menge, danach Abstaffelung; Pauschale gut, wenn sie in der Höhe zur Abdeckung der Versichertenrisiken ausreicht, schlecht aber bei Praxen mit hohem Anteil alter Patienten; (bei Augenärzten beispielsweise sei demographischer Faktor nicht ausreichend berücksichtigt); Zunahme der Dokumentationspflichten (Bürokratie).

58 Die Regelleistungsvolumina für die Vertragsärzten für das 1. Quartal 2009 lagen in aller Regel unter dem erwarteten Niveau der beiden Vorjahre, so dass die Frage auftauchte, wer von dem vereinbarten Zuwachs der Gesamtvergütung (s oben) überhaupt profitiert hat. Fast alle Fachgruppen verzeichneten Abschläge; innerhalb der einzelnen Fachgruppe waren fast alle Ärzte gegenüber den beiden Vorjahren benachteiligt (Ausnahme: Ärzte mit bisher unterdurchschnittlichem Abrechnungsniveau). Dies hat zu einer Flut von Widersprüchen gegen die Bescheide zur Festsetzung der Regelleistungsvolumina geführt[97]. Die Widersprüche haben keine aufschiebende Wirkung (Falls Anordnungsanspruch und -grund glaubhaft gemacht werden konnten kam allenfalls ein Antrag auf Erlass einer Einstweiligen Anordnung nach § 86b Abs 2 SGG in Betracht; vgl. LSG Berlin-Brandenburg Beschl v 6.2.2008 – L 7 B 170/07 KA ER.) Die KVBW hat beschlossen, die RLVs für das Quartal I/2009 nicht umzusetzen, sondern die Gesamtvergütung unter den Ärzten nach dem bisherigen Honorarverteilungsvertrag (nebst Zuschlag von 10 %) zu verteilen.

59 Am 15.1.2009 hatte der EBA beschlossen[98], die KVen könnten bei der Honorarverteilung 2009 von den Berechnungsformeln der bisherige Beschlüsse des EBA abweichen (Teil A Ziffer 2), und zwar ab 2. Quartal 2009 für sieben Quartale (sog. Konvergenzphase), um unverhältnismäßige
- Honorarsteigerungen bei den größten „Gewinnern" zu begrenzen
- Honorarminderungen bei den größten „Verlierern" zu mildern.

Berechnung des Trennungsfaktor ohne extrabudgetäre Leistungen vor. Ob diese Abweichung zulässig ist, wird von allen Berufsverbänden der Fachärzte bezweifelt.

[97] In Westfalen-Lippe beispielsweise haben den Bescheiden von insgesamt 13 000 Ärzten/Psychotherapeuten mehr als 8000 Ärzte widersprochen. In Bayern haben Facharztgruppen zu „Streiks" (zT aus berufsrechtlichen Gründen verschleiert als Praxisschließungen wegen Fortbildung) und Leistungsverweigerung bei GKV-Patienten bis zur Vorlage von Kostenübernahmeerklärungen durch die Krankenkassen aufgerufen.

[98] DÄBl 2009, A-308; ergänzt durch Beschl vom 27.2.2009 (DÄBl 2009, A-574) und 15.3. 2009 (DÄBl 2009, A-726) zur „Verhinderung ungewollter Honorarverluste für besonders förderungswürdige Leistungen" zum 1.4.2009.

6. Kapitel. Das Kassenarztrecht/Vertragsarztrecht   60–62 § 23

Die Verantwortung für die Honorarverteilungsgerechtigkeit ist mithin rückwirkend 60
zum 1.1.2009 auf die Länder-KVen zurückverlagert worden. Diese müssen sich allerdings mit den Krankenkassen abstimmen.

Gegen die partielle Rückübertragung der Verantwortlichkeit von der Bundes- auf die 61
Landesebene werden rechtliche Bedenken erhoben, da es an einer ausdrücklichen Ermächtigung zur landesspezifischen Regelung durch Gesetz oder Beschluss des Erweiterten Bewertungsausschusses fehlt. Die KVen ihrerseits sind mit der nachträglichen Steuerungshoheit nicht glücklich[99], da die Krankenkassen kein zusätzliches Geld zahlen, um Honorarverluste auszugleichen. Dies muss von den Gewinnern (unabhängig von der Fachgruppe), in der Regel Praxen mit bisher unterdurchschnittlichem Honorar geholt, über vorsorgliche Rückstellungen bezahlt oder durch lineare Kürzungen aller RLVs aufgebracht werden.

Der Beschluss vom 15.1.2009 enthielt nach Auffassung der meisten KVen zT rechtlich 62
unzulässige oder ungenaue Vorgaben zu seiner Umsetzung. Er sollte daher in einigen KVen nicht beachtet werden (zB Baden-Württemberg). Der EBA hat daraufhin am 27.2. 2009 neue Beschlüsse gefasst (DÄBl 2009, S A-576). Danach (Beschluss Teil A Ziff 1) können die KVen (in Abstimmung mit den Krankenkassen) Verfahren zur schrittweisen Leistungssteuerung und gerechteren Honorarverteilung unter Abweichung von den bisherigen EBA-Beschlüsse vereinbaren. Sie können **„insbesondere"** von den Berechnungen der arzt- und praxisbezogenen Regelleistungsvolumina abweichen, aber auch andere Steuerungsmechanismen vorsehen. Waren die Regelleistungsvolumina unter Vorbehalt mitgeteilt worden, können diese neuen Regelungen rückwirkend zum 1.1.2009 eingeführt werden, bei Bescheiden ohne Vorbehalt erst ab dem 2. Quartal 2009. – Offen ist, ob die regionalen Regelungen nur für die Zeit der sog. Konvergenzphase (also bis Quartal 3/ 2010) gelten dürfen. Ist das so, fielen die Ärzte mit korrigierten Regelleistungsvolumina später auf die ursprünglichen Berechnungen zurück. Sinnvoller wäre es, die regionalen Anpassungsregelungen auch nach der Konvergenzphase weitergelten zu lassen.

Der EBA erlaubt den KVen jetzt auch, Praxisbesonderheiten auch bei den Ärzten zu berücksichtigen, die die Grenze von 30% Verlust nicht überschritten haben (Ziff. 4 des Beschlusses). Neu geregelt ist ua auch die Bereinigung der Gesamtvergütung bei Selektivverträgen. Weitere Beschlüsse hat der EBA am 17.3.2009 (DÄBl 2009, S A-726) und im April 2009 gefasst. Zwischenzeitlich hatte das Land *Bayern* erfolglos versucht, über eine Gesetzgebungsinitiative im Bundesrat, die Honorarreform 2009 insgesamt rückgängig zu machen (stattdessen: Vergütung ärztlicher Leistungen weiterhin nach den Regelungen von 2008), das System der KVen stufenweise abzuschaffen (Systemwandel) und eine Gebührenordnung auch für den GKV-Bereich frei zu verhandeln (DÄBl 2009, S A-535).

Der EBA hatte am 22.1.2009 ergänzend beschlossen, arztbezogene RLVs um Beträge nach den Selektivverträgen auch bei den Ärzten zu bereinigen, die an Selektivverträgen nicht teilnehmen. Erforderlich schien den Krankenkassen dies, weil der bisherige 1%-Vorwegabzug von der Gesamtvergütung für Verträge zur integrierten Versorgung ab 1.1.2009 nicht mehr vorgesehen ist. Der Beschluss begegnet inhaltlichen und rechtlichen Bedenken. Die KBV hat ihn aus formellen Gründen beanstandet (Aufsichtsministerium; Antrag auf Erlass einer Einstweiligen Anordnung). Er wird von den KVen nicht umgesetzt (vgl zB Presseerklärung der KBV vom 27.1.2009; s auch *Pflugmacher* in ÄZ 18.2.2009).

Angesichts der raschen und für die KVen und Ärzte zT unübersichtlichen Änderungen der Beschlüsse des (Erweiterten) Bewertungsausschusses hat die KBV zur Erleichterung der Arbeit mit den regelungen eine „Lesefassung" der Beschlüsse zur „Neuordnung der vertragsärztlichen Vergütung" (NVV) 2009 veröffentlicht.[100]

---

[99] Die KV Baden-Württemberg hat daher am 31.1.2009 beschlossen, den Beschluss des EBA nicht umzusetzen.
[100] Rundschreiben vom 4.5.2009 – D3 – 94/2009.

63 **4. Exkurs: Gesundheitsfonds (§§ 270–272 SGB V).** In der parlamentarischen Diskussion gab es erhebliche Kontroversen über ein besonderes Reformstück: Während CDU/CSU den Arbeitgeberbeitrag festschreiben und die Beiträge der Versicherten auf eine „*Gesundheitspauschale*" umstellen und die private Krankenversicherung unverändert beibehalten wollten, forderte die SPD die sogenannte „*Bürgerversicherung*",[101] in die auch die private Krankenversicherung einzubeziehen war. Da keines dieser Modelle in der großen Koalition konsensfähig war, einigten sich SPD und CDU/CSU in der Großen Koalition auf einen politischen Kompromiss[102]: Einführung des „*Gesundheitsfonds*"[103] zum 1.1.2009 (§§ 270 bis 272 SGB V). In den Gesundheitsfonds sollen künftig alle Beiträge der gesetzlich Versicherteneingezahlt werden, unabhängig davon, bei welcher Krankenkasse der Einzelne versichert ist. Für alle Versicherten ist der Beitragssatz gleich und weiterhin abhängig von der Höhe des Bruttolohnes (ab 1.1.2009: 15,5 % des Bruttolohnes[104]).

64 Der Gesundheitsfonds teilt den jeweiligen Krankenkassen Anteile seiner Gesamteinnahmen zu.[105] Aus diesem Kontingent haben die Krankenkassen alle Ausgaben für ihre Versicherten zu finanzieren. Die Höhe der kassenbezogenen Zuweisung hängt vom Krankheitsgrad der Versicherten der jeweiligen Kasse ab. Die Verlockung ist daher groß, den Versicherten auf dem Papier zuschlagsberechtigte Krankheiten zuzuordnen. Das Bundesversicherungsamt hat jedoch klar gemacht, dass Ärzte nicht berechtigt sind, auf Aufforderung der Krankenaksssen Diagnosen ihrer Patienten zu überprüfen und hochzucodieren (gar gegen eine zusätzliche Vergütung; vgl DÄBl 2009, S A-800).

Kann eine Krankenkasse mit dem zugewiesenen Betrag aus dem Gesundheitsfonds ihre Leistungen nicht erfüllen, kann sie von den Versicherten unter bestimmten Voraussetzungen nach § 242 SGB V einen „Zusatzbeitrag"[106] erheben. Dadurch ergeben sich bei einzelnen Krankenkassen mit vielen versicherten Geringverdienern erhebliche Finanzierungsprobleme[107]. Erweisen sich die Zuweisungen aus dem Gesundheitsfond bei einer Krankenkasse als Überzahlung, ist diese an die Versicherten auszukehren.

65 In den Gesundheitsfond fließen auch Steuergelder ein (Bundeszuschuss an die Krankenversicherung; 2009: 4 Mrd. EUR). Dieser Betrag ist bis 2015 stufenweise auf 15 Mrd EURO anzuheben.

66 Die Einführung des Gesundheitsfonds wurde und wird auch gegenwärtig noch kontrovers erörtert. Nach Auffassung vieler Experten kann das erwartete Ziel (stabile Finanzierung) in der beschlossenen Organisationsform (erhöhter bürokratischer Aufwand) und der

---

[101] S hierzu statt aller *Kiefer/Roiss*, Sozialer Fortschritt 2004, 152; *Raffauf* ErsK 2005, 333. Kritisch zur Bürgerversicherung ua *F. Kirchhof* NZS 2004, 1; *Beer/Klahn* SGb 2004, 13; *Wallrabenstein* SGb 2004, 24.
Zu den unterschiedlichen Modellen (Bürgerversicherung/Prämienmodell) s ua *Weselski* VSSR 2006, 25 ff.

[102] Den selbst die Experten in den eigenen Reihen für untauglich halten. *Zuck* spricht von einem „dürftigen Formelkompromiss" (Quaas/Zuck, Medizinrecht, 2. Aufl, 2008, 119).

[103] Die Kritik an dem Gesundheitsfonds ist aus unterschiedlichsten in Politik, Verwaltung und der juristischen Literatur sehr vielfältig und kaum mehr überschaubar. S statt aller die Nachweise bei *Wille/Koch* aaO, 373 und *Axer* GesR 2007, 193 (195). Zu der Frage, ob der Gesundheitsfonds Sondervermögen des Bundes oder der Krankenkassen ist, s *Pfohl/Sichert* NZS 2009, 71.

[104] Arbeitnehmerbeitrag: ca 8,2 % des Einkommens; Arbeitgeberbeitrag: ca 7,3 % des Einkommens, und zwar jeweils bis zur Beitragsbemessungsgrenze von etwa 3.600,– EUR pro Monat.

[105] Die Kassen erhalten also für jedes ihrer Mitglieder einen fixen Betrag, der um Zu- oder Abschläge je nach Alter, Geschlecht und auch vorhandener Krankheit (Stichwort: Morbiditätsorientierter Risikostrukturausgleich – Morbi-RSA) erhöht oder gemindert wird. Kinder und Ehepartner sind weiterhin beitragsfrei mitversichert.

[106] Dieser darf nicht mehr als 1 % des Einkommens des Versicherten betragen. Erg. s *Wolf* GesR 2008, 567 ff.

[107] Zur wechselhaften Entstehungsgeschichte des Gesetzes s *Orlowski/Wasem*, Gesundheitsreform 2007 (GKV-WSG), 1 ff.

vorgesehenen Zeit (1. 1. 2009) nicht erreicht werden. Zudem gäbe es „ungerechte" und zT sogar nicht leistbare Finanzverschiebungen oder Belastungen für einzelne Länder (zB Bayern).

Die Kritik[108] an den Auswirkungen des Fonds hält an: „falsch" (DGB), „fehlkonstruiert" (Bundesvereinigung der Arbeitgeberverbände), „in Teilen Schwachsinn" (Wirtschaftsweisenchef Rürup). Bemängelt wird insbesondere, durch den Gesundheitsfonds würde der Wettbewerb unter den Krankenkassen nicht gesteigert, sondern gemindert, der Weg zur „Einheitskasse" gleichsam vorbereitet; die Bürokratie der Krankenkassen werde zunehmen; der Fonds löse kein einziges Problem, schaffe aber neue (Pfeiffer vom Spitzenverband der gesetzlichen Krankenkassen).[109] Auch die KBV äußerte massive Bedenken, da die Auswirkungen des Fonds auf die Finanzkraft der Kassen (ev Insolvenzen) nicht vorhersehbar seien.

Dennoch wurde der Gesundheitsfonds zum 1. 1. 2009 eingeführt. und der Krankenkassenbeitrag bundesweit einheitlich auf 15,5 % festgesetzt. Es bleibt abzuwarten, ob
- Krankenkassen dadurch tatsächlich insolvent werden und/oder fusionieren (weil die Finanzzuweisungen des Gesundheitsfonds für Leistungen ihrer Versicherten mit uU überdurchschnittlichen Risiken nicht ausreichen),
- der Wettbewerb unter den Kassen verbessert wird
- ob sich die Krankenkassen in ihrem Leistungs- und damit Beitragsverhalten weitgehend gleichsam zu Einheitskassen entwickeln werden
- ob die befürchteten (und wegen der Finanzkrise und Rezession 2009 sehr wahrscheinlichen) Finanzdefizite durch Zusatzbeiträge der Versicherten
- oder durch Sonderbeiträge aus Steuermitteln (des Bundes?) ausgeglichen werden müssen.

Die Kritik der Versicherten am Gesundheitsfonds wird in dem Maße weitgehend verstummen, in dem der Finanzbedarf in der gesetzlichen Krankenversicherung steigt und infolge der Finanz- und daraus folgender Arbeitsplatzkrise durch grundlohnsummenabhängige Versicherungsbeiträge nicht mehr gedeckt werden kann. Da der Beitragssatz für gesetzlich Versicherte durch das GKV-WSG begrenzt ist, muss der Bund in diesem Fall den Differenzbetrag aus Steuermitteln aufbringen.

5. Zeitplan für die Umsetzung der Gesundheitsreform nach dem GKV-WSG – 1. 4. 2007
- Versicherungspflicht für alle (auch bisher nicht versicherter Personen)
- Ausweitung und Änderung der medizinischen Versorgung, ua Öffnung der Krankenhäuser für die ambulante vertragsärztliche Versorgung, Ausbau der Palliativversorgung, finanzielle Entlastung der Träger von Kinderhospizen, Ausbau der geriatrischen

---

[108] Zu den Vor- und Nachteilen speziell des Gesundheitsfonds s statt aller *Wille/Koch* aaO, 373 mwN. Zur Kritik am Gesundheitsfonds s zB *Axer* GesR 2007, 193 (195, 197 mwN).

[109] Die Kritikbegriffe aus Fach- und allgemeiner Presse lassen sich fortsetzen: „idiotisch", „ein „Trauerspiel", „Pfuschwerk", „Schildbürgerstreich", „Mogelpackung"; „Wasserkopf an Bürokratie", „Kostenmonster"; „gigantisches Prestigeobjekt der Großen Koalition". S auch *Müller/Kreikle*, Gesundheitsfonds fährt mit Höchstgeschwindigkeit in die falsche Richtung, Bayer Ärzteblatt 2008, 24; *Rücker*, Auf zum letzten Gefecht, PZ 2008, Heft 42, S 8; *Hilienhof*, Gesundheitsfonds. Sommer der Spekulationen, A&W 2008/44, S 86. In der gesamten ärztlichen Fachpresse finden sich nach wie vor äußerst kritische bis herablassende Berichte über den Gesundheitsfonds („Element der Planwirtschaft" mit hohem Kostenaufwand). *Rebscher* (DAK-Vorsitzender): „Krankenkassen, die sich besonders für chronisch Kranke einsetzen, werden bestraft". Vertragsärzte und/oder Kassen könnten verleitet sein, auch leicht kranke Patienten künftig als schwer krank einzustufen, um erhöhte Beträge aus dem Gesundheitsfonds zu erhalten. Selbst der Sonderbeauftragte des Gesundheitsfondes stellte fest, das System könne mittelfristig so nicht fuunktionieren.
Indessen SPD-Fraktionschef *Struck* im Deutschen Bundestag: „Wenn die Gesundheitsreform nicht gelingt, hat die Koalition nicht verdient weiterzuregieren." Die FDP forderte die Abschaffung des Gesundheitsfonds.

Rehabilitation, empfohlene Impfungen sowie Mutter-/Vater-Kind-Kuren als Pflichtleistungen, Rehabilitationsmaßnahmen als Pflichtleistungen, nicht mehr Ermessensleistungen, Ausbau der Möglichkeiten für Selektivverträge, Förderung der integrierten Versorgung zu einem flächendeckenden Netz (unter Einschluss auch der Pflegeversicherung). Änderungen bei der Arzneimittelversorgung: Kosten-Nutzen-Bewertung, Zweitmeinungen, Abgabe einzelner Tabletten an Patienten, verbesserter Schutz der Arzneimitteldaten, Erhöhungen des Apothekenrabatts auf 2,30 €, Verschärfung der Voraussetzungen für zulässige Anwendungsbeobachtungen, zulässige Abgabe nicht benutzter Betäubungsmittel an Gemeinschaftseinrichtungen.
— Organisationsreform bei den Kassen: kassenübergreifende Fusionen möglich; Maßnahmen gegen Missbrauch von Krankenversichertenkarten durch Versicherte
— Wahlmöglichkeiten für Versicherte erweitert (neue Wahltarife; Öffnung auch der Knappschaft für alle Versicherten; Wahl der Reha-Einrichtung durch den versicherten).

1.7.2007	Verbesserte Standardtarife für Nichtversicherte, die bisher dem PKV-System angehörten
1.1.2008	Änderung der Zuzahlungen (1% Obergrenze)
1.7.2008	Spitzenverband der Krankenkassen auf Bundesebene übernimmt gesetzliche Aufgaben der bisherigen Spitzenverbände; dieser errichtet auch Medizinischen Dienst auf Bundesebene; grundlegende Änderung der Entscheidungsstrukturen des gemeinsamen Bundesausschusses
1.11.2008	Einheitlicher Krankenversicherungsbeitragssatz (gesetzlich bestimmt)
1.1.2009	Krankenversicherungspflicht für alle, Basistarif in der privaten Krankenversicherung, Wechselmöglichkeit in den Basistarif jeder PKV (bis 30.6.2009), Überführung des Standardtarifs in den Basistarif, Arbeitsbeginn des Gesundheitsfonds, gesetzlicher bundeseinheitlicher Beitragssatz für die gesetzliche Krankenversicherung, Start des neuen Risikostrukturausgleichs, Euro-Gebührenordnung für die vertragsärztlichen Leistungen
1.1.2011	Bündelung des Einzugs der Krankenversicherungsbeiträge in der GKV.[110]

70 6. Morbiditätsbedingte Gesamtvergütung (§§ 87a–d SGB V). Zum 31.10. eines jeden Jahres sind für das folgende Jahr Gesamtvergütungen zu vereinbaren (§ 87a Abs 3 Satz 1 SGB V; erstmals zum 15.11.2008: § 87c Abs 4 SGB V), die die Morbiditätsstruktur der jeweiligen Region berücksichtigen sollen. Zugleich sind bundeseinheitliche Orientierungspunkte festzulegen (§ 87 Abs 2e Satz 1 SGB V; für 2009 abweichend davon zum 31.8.2008: § 87c Abs 1 SGB V); diese werden bundeseinheitlich festgelegt, gelten aber uU nirgends, da die KVen davon zur Berücksichtigung besonderer regionaler Besonderheiten davon abweichen können. Die KV und Landesverbände der Krankenkassen vereinbaren gemeinsam und einheitlich den notwendigen Behandlungsbedarf in der Region als Punktzahlvolumen (mit regionalen EURO-Gebührenwerten). Der Grundsatz der Beitragsstabilität ist aufgehoben; der vereinbarte Behandlungsbedarf gilt als „notwendige medizinische Versorgung iS des § 71 Abs 1 Satz 1 SGB V". Der jeweilige Handlungsbedarf ist routinemäßig nach den Vorgaben des § 87a Abs 4 SGB V regelmäßig anzupassen[111] und nach den Vorgaben des Bewertungsausschusses fortzuschreiben. Leistungen außerhalb des Vergütungsbedarfes werden nicht vergütet (also auch nicht abgestaffelt). Ausgenommen sind „nicht vorhersehbare Anstiege" im laufenden Jahr. Einzelheiten dazu regelt der Bewertungsausschuss.[112]

---

[110] Zum 1.7.2008 ist die Pflegereform in Kraft getreten (§ 17 Abs 1 PfWG; ausführlich dazu *Möwisch/Ruser/von Schwanenflügel* Pflegereform 2008, 2008 mwN.
[111] Für das Ausgangsjahr 2009 (errechnet aus der Basis von 2008) gilt die Übergangsformel nach § 87c Abs 4 S 2 SGB V.
[112] § 87a Abs 5 Nr 1 SGB V; Frist für den ersten Beschluss des Bewertungsausschusses: 31.8.2008.

6. Kapitel. Das Kassenarztrecht/Vertragsarztrecht

Mit diesen – im Detail äußerst komplizierten und von zahlreichen Berechnungen abhängigen – Verfahren trägt der Gesetzgeber der fortlaufenden Kritik der Vertragsärzte an der gedeckelten Gesamtvergütung der Krankenkassen Rechnung. Das Morbiditätsrisiko geht tendenziell auf die Krankenkassen über. Zusätzlich zu vergüten sind nur nicht vorhersehbare Steigerungen des morbiditätsbedingten Behandlungsbedarfs. Auch wenn der Bewertungsausschuss hier in einem förmlichen Verfahren Indikatoren festlegt, wird es in der Praxis auf regionaler Ebene zu erheblichen Auffassungsunterschieden zwischen Krankenkassen und KVen geben.

Außerhalb der so zu vereinbarenden Gesamtvergütungen sind nur noch wenige Leistungen (zusätzlich) zu vergüten (§ 87a Abs 3 Satz 5 SGB V; zB Substitutionsbehandlung). Darüber hinaus können auf regionaler Ebene die Vertragspartner weitere Leistungen zur Vergütung außerhalb der morbiditätsbedingten Gesamtvergütung vereinbaren (§ 87 Abs 3 Satz 5 2. Halbs SGB V), sofern dies medizinisch erforderlich ist und daher die vertragsärztliche Leistung besonders gefördert werden soll.[113]

Die Gesamtvergütungen werden gemeinsam und einheitlich gegenüber allen Krankenkassen vereinbart.[114] Erstmals für 2008 haben die KVen und die Landesverbände der Krankenkassen arzt- und praxisbezogene Regelleistungsvolumina[115] zu vereinbaren (Stichtag: 15.11.2008; § 87b Abs 2 Satz 2 SGB V).

Die Regelleistungsvolumina sind morbiditätsgewichtet und differenziert nach Arztgruppen, Versorgungsgrad und Kooperation sowie Zahl- und Tätigkeitsform der Ärzte (§ 87b Abs 3 SGB V). Leistungen oberhalb der Regelleistungsvolumina werden abgestaffelt (Ausnahme: „ungewöhnliche Zunahme" oder besonders geförderte Leistungen). Nach § 87b Abs 2 Satz 5 SGB V sind die Regelleistungsvolumina den regionalen Besonderheiten im Laufe der Zeit anzupassen. Die Vertragspartner sind insoweit allerdings nicht frei; sie haben die Vorgaben des Bewertungsausschusses (Frist für den erstmaligen Beschluss: 31.8.2008) zu beachten (abgestaffelte Vergütung oberhalb der Regelleistungsvolumina und außerhalb der Regelleistungsvolumina (§ 87b Abs 2 Satz 3 und Sätze 6–7 SGB V)). Ziel dieser Regelung ist eine Mengensteuerung (Verhinderung einer übermäßigen Ausdehnung vertragsärztlicher Leistungen), aber auch bessere Vorhersehbarkeit des jeweiligen Honorars für die ärztlichen Leistungen (mögen diese zT auch abgestaffelt sein).[116]

Für die Jahre 2008 und 2009 galten übergangsweise Besonderheiten, die weder detailgenau noch zeitgerecht eingehalten werden konnten (§ 87c SGB V[117]). Der Erweiterte Bewertungsausschuss hatte ergänzend zu dem Gesetz Beschlüsse zur Neuordnung der Vergütung 2009 gefasst.[118] Die Beschlüsse wurden durch Richtlinien der KBV ergänzt.[119] In der Praxis konnten sich KVen und Landesverbände der Krankenkassen angesichts der Kompliziertheit der Regelungsmaterie und der Regelungen selbst nur ausnahmsweise termingerecht (also vor dem 15.11.2008) auf die gesetzlich geforderte Vereinbarung zur morbiditätsorientierten Gesamtvergütung und zu den Regelleistungsvoluimina einigen. In fast allen Bereichen wurden daher die jeweiligen Landesschiedsämter angerufen, die inhaltlich zT erheblich abweichende Schiedssprüche gefällt haben.

---

[113] Als Beispiele sind im Gesetzgebungsverfahren genannt: antragspflichtige Psychotherapie, Dialyse- und Präventionsleistungen (BT-Drucks 16/4247, 59).

[114] Zu den Einzelheiten und Ausnahmen zB bei der vertragsärztlichen Versorgung über KV-Bezirke hinweg s *Orlowski/Wasem* aaO, 79.

[115] Regelleistungsvolumina ist die Vergütung vertragsärztlicher Leistungen in einem bestimmten Zeitraum zu einem festen, aber jeweils regionalen Preis; erg s § 87b Abs 2 S 3, 2. Halbs SGB V.

[116] Zu den Einzelheiten s *Orlowski/Wasem* aaO, 80 ff.

[117] Erg s *Orlowski/Wasem* aaO, 89 ff.

[118] DÄBl 2008, A-1988, A-Grundlage: § 87 Abs 4 SGB V.

[119] Vom 25.11.2008 = Rundschreiben D3-199-I 114/28. Als Ermächtigungsnorm ist § 75 Abs 7 Nr 1 SGB V angegeben; ob diese Rechtsgrundlage für eine einseitige Richtlinie ausreicht, muss bezweifelt werden.

§ 23   76 – 79   § 23 Vertragsarztrechtsänderungsgesetz (VÄndG)

Zum 1. 1. 209 ist die Verteilungshoheit angesichts der Schwierigkeiten einer sachgerechten Honorarsteuerung auf Bundesebene zT auf die Länder-KVen vorübergehend zurückverlangert worden (sog. Konvergenzphase).[120]

76   **7. Änderung der Organisationsstruktur.** Das GKV-WSG sieht bei den Krankenkassen erhebliche organisatorische Änderungen vor. Ermöglicht sind kassenübergreifende Fusionen (§ 171a SGB V[121]). Die bisherigen Bundesverbände der Krankenkassen werden nach § 212 Abs 1 SGB V zum 1. 1. 2009 in BGB-Gesellschaften umgewandelt;[122] sie können aufgelöst werden. Ihre bisherigen Aufgaben übernimmt ein neuer Spitzenverband,[123] der der Aufsicht des Bundesgesundheitsministeriums unterliegt.[124] Der neue Spitzenverband trifft verbindliche Entscheidungen für alle Krankenkassen.[125] Da der Spitzenverband mithin zentral wesentliche Entscheidungen trifft, wird bezweifelt, ob durch das Wettbewerbsstärkungsgesetz der Wettbewerb unter den Krankenkassen überhaupt gefördert werden kann, oder eingeebnet wird.[126]

77   **8. Gemeinsamer Bundesausschuss (§ 91 SGB V).** Die Struktur des Gemeinsamen Bundesausschusses (G-BA[127]) wird zum 1. 7. 2008 grundlegend geändert. Der unparteiische Vorsitzende und die beiden weiteren unparteiischen Mitglieder sind hauptamtlich tätig, die übrigen Mitglieder können ihr Amt ehrenamtlich ausüben (§ 91 Abs 2 SGB V[128]). Die Zahl der Mitglieder im G-BA ist auf fünf Vertreter der KBV, der KZBV und der DKG einerseits und fünf Vertreter des neuen Spitzenverbandes Bund der GKV reduziert. Die Zahl der Patientenvertreter (mit beratender Stimme) ist parallel dazu ebenfalls auf fünf vermindert.

78   Die bisherigen sechs verschiedenen Entscheidungsgremien des G-BA wurden auf ein Beschlussgremium zurückgeführt (§ 91 Abs 2 Satz 1 SGB V).

79   Die Aufgaben des G-BA wurden erweitert. Er ist zuständig ua für Richtlinien zur Qualitätssicherung,[129] zur spezialisierten ambulanten Palliativversorgung und zu Schutzimpfungen (zu dem Aufgabenkatalog s § 92 SGB V[130]).

---

[120] Beschl des Erweiterten Bewertungsausschusses vom 15. 1. 2009 (DÄBl 2009, A-574); ergänzt bzw korrigiert durch die Beschl vom 27. 2. 2009; (DÄBl 2009, A-576). Zur Erleichterung der Arbeit bei den KVen hat die KBV die wechselnden Beschlüsse zur Neuordnung der vertragsärztlichen Vergütung (NVV) als „Lesefassung" in einem Rundschreiben veröffentlicht (4. 5. 2009 – D3 – 94/ 2009).
[121] Zu dieser Thematik s *Meesters* ErsKK 2207, 12.
[122] Zu weiteren Einzelheiten s §§ 212–214 SGB V. Die Gesellschaft kann sich auch auflösen.
[123] § 217a SGB V; Organisiert als Körperschaft des öffentlichen Rechts; zu weiteren Einzelheiten s §§ 217 SGB V.
[124] § 217d SGB V, in Einzelfällen aber auch der des Bundesministeriums für Arbeit und Soziales.
[125] Damit ergibt sich erneut die Frage der verfassungsrechtlichen Bindungswirkung (ausreichende demokratische Legitimation?), die schon für die Verbindlichkeit untergesetzlicher Normen des Gemeinsamen Bundesausschusses erörtert worden war; s dazu *Axer,* Gemeinsame Selbstverwaltung, in: FS 50 Jahre BSG, 2004, 339 (355 ff).
[126] Vgl die kritischen Anmerkungen von *Axer* aaO, 199.
[127] § 91 SGB V. Zur Neuorganisation und den geänderten Zuständigkeiten des G-BA s *Hess*, Stellung und Auftrag des G-BA nach Inkrafttreten der GKV-Reform 2007, 2008, 141 ff und eingehend mit Überblick über die Entstehung, die Zständigkeiten und Rechtsfragen *Hess*, Der Gemeinsame Bundesausschuss, in: *Rieger/Dahm/Steinhilper* (Hrsg), HK-AKM, 2008, Beitrag 2045 mwN.
[128] Der Regierungsentwurf hatte noch durchgehend eine hauptamtliche Tätigkeit vorgesehen.
[129] Auch der zugelassenen Krankenhäuser (§ 108 SGB V) nach § 137 SGB V (s dazu *Stollmann*, Krankenhausplanung und Mindestmengenregelung nach § 137 SGB V, in: DAI (Hrsg), Brennpunkte des Medizinrechts (Jahresarbeitstagung 2007), 2008, 255 ff.
[130] Die schon bisher aufgeworfene Frage nach der demokratischen Legitimation des G-BA und damit Rechtsverbindlichkeit seiner Beschlüsse und Normen bleibt weiterhin ungeklärt. Zu dieser Rechtsfrage s ua *Sodan* NZS 2000, 581; *Schimmelpfeng-Schütte* NZS 2006, 567; *Kingreen* NJW 2006, 877; *ders* NZS 2007, 113; erg s *Hauck* NJW 2007, 1320 zu dem Beschluss des BVerfG (NJW 2006, 891). In Literatur und Praxis (auch der Gerichte) gilt die Normsetzung des G-BA überwiegend als

6. Kapitel. Das Kassenarztrecht/Vertragsarztrecht   80–82 § 23

9. Weitere Öffnung der Krankenhäuser zur ambulanten vertragsärztlichen Ver- 80
sorgung (§ 116 b Abs 2–4 SGB V). Das bisherige Vertragsmodell zur Öffnung der
Krankenhäuser für die ambulante vertragsärztliche Versorgung[131] wurde durch ein neues
Verwaltungs- und Entscheidungsverfahren in § 116b Abs 2–4 SGB V zum 1. 4. 2007
abgelöst.[132] Auf Antrag eines Krankenhausträgers kann dieses als „zugelassenes Krankenhaus" zur ambulanten Erbringung bestimmter Leistungen[133] (hochspezialisierte Leistungen, seltene Erkrankungen und Erkrankungen mit besonderen Krankheitsverläufen)
„bestimmt" werden. Die bisherige Vertragsregelung ist mithin ersetzt worden durch ein
Zulassungsmodell. Das Krankenhaus ist „im Rahmen der Krankenhausplanung" von der
zuständigen Behörde des Landes zu bestimmen. Diese bestimmt, ob und in welchem
Umfang ein Krankenhaus Katalogleistungen erbringen darf. ZT sind Mindestmengen
bestimmt, die das Krankenhaus in diesem Bereich als Leistungen nachweisen muss. Der
G-BA hat Ende 2008 für vier weitere seltene, aber schwere Erkrankungen die Voraussetzungen festgelegt, unter denen ein Krankenhaus die Behandlung ambulant anbieten
kann (zum Stand der Anträge nach § 116b SGB V und der Reaktion der niedergelassenen
Vertragsärzte s DÄBl 2009, S A-540 „Ungleicher Kampf").

Die Krankenkassen sind über die Absicht der Öffnung eines Krankenhauses zu unter- 81
richten. Die KVen sind formal an dem Verfahren nach dem Gesetz nicht beteiligt.[134]
Einige Landesministerien beziehen die KVen jedoch in den Meinungsbildungs- und Entscheidungsprozess mit ein,[135] da nach dem Gesetz die vertragsärztliche Versorgungssituation „zu berücksichtigen" ist. Dies bedeutet jedoch keine (zusätzliche) förmliche Bedarfsprüfung nach den Kriterien der Bedarfsplanung.[136]

Als sehr praktisch erweist sich die Frage, ob Vertragsärzte, die die gleichen oder ver- 82
gleichbare Leistungen wie das „bestimmte" Krankenhaus in der ambulanten vertragsärztlichen Versorgung erbringen, berechtigt sind, die Entscheidung der zuständigen Landesbehörde zugunsten des Krankenhauses durch Widerspruch und Klage anzufechten. Die
herrschende Meinung lehnt dies ab.[137] Ein Drittwiderspruchsbefugnis (zugleich mit offen-

---

verfassungsrechtlich legitimiert, da die Vorgaben des GBA Bestandteile der Kollektivverträge sind.
Nach §§ 92, 137 SGB V (s dazu „Festbetragsurteil" BVerfGE 106, 275), da das Gesetz dem GBA
konkrete Aufträge zum Leistungsrecht zugeordnet hat, die Mitwirkung von Patientenvertretern
gesetzlich gesichert ist (§ 140 f SGB V), Genehmigungs- und Beanstandungsvorbehalte des BMG
bestehen und da die Transparenzpflicht erweitert wurde.

[131] § 116b Abs 2a aF; eingeführt durch das GMG zum 1. 1. 2004; in Kraft bis: 31. 3. 2007; s dazu
statt aller *Wenner* GesR 2007, 337 mwN *Degener-Hencke* NZS 2003, 629.

[132] Zu dieser Neuregelung s *Weimer* aaO; *Wagener/Weddehage* MedR 2007, 643; *Wenner* GesR
2007, 337; *Stollmann* ZMGR 2007, 134; *Kleinke/Eickmann,* Chefärzte Brief 1/2008, 9 und 3/2008, 2 ff.
S auch *Quaas/Dietz,* f&w 2007, 442; *Pitschas* MedR 2008, 473; *Walter,* Die Neufassung des § 116b
SGB V durch das GKV-WSG, in: Arbeitsgemeinschaft Medizinrecht (Hrsg), Medizinrecht heute,
2008, 657 ff; *Schillhorn* ZMGR 2008, 304 (307). Zu den „seltenen" Erkrankungen nach dieser Vorschrift s *Rixen* ZEFQ 2008, 31. – Zum ganzen Themenkomplex s auch die Kommentierung von
Hencke, in: Peters (Hrsg), Handbuch der Krankenversicherung, SGB V, 2008, § 116b.

[133] S Katalog in § 116b Abs 3 SGB V. Erg s die Richlinie des G-BA zur ambulanten Behandlung
im Krankenhaus nach § 116b SGB V vom 17. 1. 2008 (BAnz. Nr 91 v 20. 6. 2008, 2161; auch abgedruckt in: *Halbe/Schirmer* (Hrsg), Handbuch Kooperationen im Gesundheitswesen, 2008, M 4400; zu
den einzelnen Leistungsbereichen s die Details in den Anlagen 1–3.

[134] So ausdrücklich LSG Hamburg GesR 2008, 212. Ihnen steht daher keine Klagebefugnis gegen
einen Genehmigungsbescheid nach § 116b Abs 2 SGB V zu (SG Hannover KH 2009, 348; aA: SG
Schwerin MedR 2009, 368).

[135] ZB Bayern (s. *Jaquet* BayÄBl 2008, 230).

[136] So ausdrücklich die Gesetzesbegründung (BT-Drs. 16/3100, S 139; auch hM; s zB *Köhler-Hohmann,* in: Schlegel/Voelzke, jurisPraxiskommentar, 2008, § 116 RdNr 54. Zu dieser Frage s auch
Weimer/Multmeier AZR 2008, 31 (35); *Stollmann* ZMRG 2007, 134 (135).

[137] S *Wenner* GesR 2007, 337 (343); *Stollmann* ZMGR 2007, 138; *Szabados* GesR 2007, 102; *Steinhilper* MedR 2007, 472; erg s *Steinhilper* MedR 2008, 498 (502 mit Korrektur 695); *Vollmöller* NZS
2006, 572 (574); *DKG* KH 2007, 411 (418); *Wagener/Weddehage* MedR 2007, 643 (648), *Debong,* Arzt-

siver Konkurrentenklage) steht aber einem Krankenhaus mit einem Konkurrenzantrag zuzugestehen sein.[138] KV und Krankenkasse sowie ermächtigte Krankenhausärzte haben demgegenüber keine Anfechtungsbefugnis.[139]

83 Der Gesetzgeber hat über § 116b Abs 2–5 SGB V den Krankenhäusern ein weiteres Feld zur Erbringung ambulanter vertragsärztlicher Leistungen eröffnet. In der Praxis kann dies die Landschaft der ambulanten Versorgung erheblich verändern.[140] Unter Berücksichtigung anderer Möglichkeiten für Krankenhäuser, die ambulante vertragsärztliche Versorgung mitzugestalten (zB Übernahme von MVZs), ist hierin ein dramatischer Strukturwandel zu erwarten. Bei optimistischer Betrachtung kann dies als Möglichkeit zur besseren Verzahnung der ambulanten mit der stationären Versorgung verstanden werden.[141]

84 An der Verfassungsmäßigkeit des § 116b Abs 2 SGB V waren Zweifel geäußert worden.[142] Das BVerfG hat eine Verfassungsbeschwerde, eines Vertragsarztes gegen das Gesetz wegen Vorgreiflichkeit anderer Rechtsschutzmöglichkeiten (defensive Konkurrentenklage) nicht zur Entscheidung angenommen.[143]

85 **10. Weitere Änderungen des Vertragsarztrechts durch das GKV-WSG.** Das GKV-WSG sieht weiterführende Regelungen für Verträge zur hausarztzentrierten Versorgung, zur Integrationsversorgung (§ 140a ff SGB V), besondere Regelungen zur Beseitigung der Unterversorgung (§ 105 Abs 4 Satz 3 SGB V), zur Arzneimittelversorgung (Einschränkung der Verordnungsfähigkeit bestimmter Arzneimittel; § 73d Abs 1 SGB V), Zweitmeinungserfordernis bei der Verordnung bestimmter Arzneimittel (§ 73d Abs 1 Satz 2 iVm § 92 Abs 1 Satz 2 Nr 6 SGB V[144] sowie zur Hilfsmittelversor-

---

Recht 2008, 284; zweifelnd *Weimer* Pflege- und Krankenhausrecht 2008, 60; *Weimer/Multmeier* AZR 2008, 31; *Jaquet* BayÄBl 2008, 230; S ferner *Düring*, Konkurrentenrechtsschutz im Vertragsarztrecht, in: *Butzer/Kaltenborn/Meyer* (Hrsg), Organisation und Verfahren im sozialen Rechtssaat (FS für Schnapp), 2008, S 389 mwN. Ein Drittwiderspruchsrecht von wirtschaftlich betroffenen niedergelassenen Vertragsärzten bejahen: *Barth/Hänlein*, Die Gefährdung der Berufsfreiheit (Art 12 Abs 1 GG) niedergelassener Vertragsärzte durch Verträge nach § 116b Abs 2 SGB V (Gutachten im Auftrag des BNHO) Freiburg 2005) mit Ergänzung zur Neufassung von § 116b Abs SGB V (Freiburg 2007) *Hencke*, in: Peters (Hrsg), Handbuch der Krankenversicherung, SGB V, Kommentierung zu § 116b, RdNr 3a (abgeleitet aus der Rechtsprechung des BVerfG). *Pitschas* MedR 2008, 473 (479 ff). – *Debong* ArztRecht 2008, 284 (289) hält eine defensive Konkurrentenklage (in Anlehnung an die frühere Rspr. des BSG) für zulässig, wenn die Entscheidung der Landesbehörde „willkürlich" war.
Das BVerfG hat eine Verfassungsbeschwerde niedergelassener Vertragsärzte unmittelbar gegen § 116b Abs 2 SGB V nicht angenommen; nach seiner Auffassung sind die Ärzte durch das Gesetz nicht unmittelbar beschwert und daher nicht beschwerdebefugt (MedR 2008, 610).

[138] So beispielsweise *Clemens* in: DAI (Hrsg), Aktuelle Rechtsfragen des Krankenversicherungsrechts ein Jahr nach Inkrafttreten der Gesundheitsreform 2007 (31. 1. 2008, 2008, 21); ablehnend *Stollmann* ZMRG 2007, 138; DKG, KH 2007, 418.

[139] S zB SG Hamburg GesR 2007, 536; *Stollmann* ZMRG 2007, 139.

[140] Allein in NRW liegen 260 Anträge von 80 Krankenhäusern auf Öffnung zur ambulanten vertragsärztlichen Versorgung vor (Stand: Juni 2008). Bis Ende 2008 hatten insgesamt 2000 Krankenhäuser Anträge gestellt.

[141] Dies setzt einen konstruktiven Bestimmungsprozess voraus; idS *Jaquet* BayÄBl 2008, 230.

[142] So anfangs selbst die KBV (vgl Presseerklärung vom 19. 12. 2005). Zu den verfassungsrechtlichen Bedenken ausführlich das Gutachten von *Barth/Hänlein*, im Auftrag des BNO (2005 und 2007); erg s DÄBl 2008, A-1366. Dagegen ausdrücklich *Wenner*, Vertragsarztrecht nach der Gesundheitsreform, 2008, 103.

[143] Beschl v 31. 7. 2008 – 1 BvR 840/08 = MedR 2008, 610. Über die Verfassungsmäßigkeit der Verfassungswidrigkeit der angegriffenen Norm hat das Gericht nicht entschieden. Mit einer weiteren Verfassungsbeschwerde eines Vertragsarztes gegen eine ablehnende Entscheidung eines Gerichts der Sozialgerichtsbarkeit nach einer Klage gegen die „Bestimmung" eines Krankenhauses nach § 116b SGB V ist zu rechnen.

[144] Einzelheiten sind in Richtlinien des G-BA zu regeln (s § 73b Abs 1 S 1 SGB V).
Zu den Einzelheiten des Zweitmeinungsverfahrens s *Orlowski/Wasem* aaO, 133 ff; dort auch Angaben zur Bestimmung der Ärzte für besondere Arzneimitteltherapien.

6. Kapitel. Das Kassenarztrecht/Vertragsarztrecht   86–89   § 23

gung.[145] Von besonderer Bedeutung sind auch die Regelungen des GKV-WSG zu den Selektivverträgen zwischen Ärzten und Krankenkassen (§ 73a SGB V[146]). Dadurch wird der Systemwandel von Einzelverträgen zum Kollektivvertrag beschleunigt. Teilweise geht der Sicherstellungsauftrag dadurch auf die gesetzlichen Krankenkassen über (zurück).

Mit dem bisherigen kollektivvertraglichen System unzufriedene Vertragsärzte sehen in Einzelverträgen mit Krankenkassen erhebliche Vorteile. Langfristig sind damit jedoch auch Risiken verbunden. Hinzu kommt, dass durch eine weite Verbreitung der Selektivverträge das Recht des Versicherten auf freie Arztwahl eingeschränkt werden könnte.[147] Die KVen könnten sich zu bloßen Abrechnungsstellen mit der Möglichkeit von Dienstleistungsgesellschaften (zulässig nach § 77a SGB V) wandeln.   86

Das GKV-WSG schafft speziell für die private Krankenversicherung neue Strukturen.[148] Diese stoßen auf vielfache verfassungsrechtliche Bedenken.[149] Die Privaten Krankenversicherungen sehen ihre Existenz bedroht, weil sie ab 2009 einen Basistarif anbieten, aber unabhängig von den Gesundheitsrisiken jeden Bürger aufnehmen müssen. Der Basistarif sei nicht kostendeckend und müsse daher von den anderen Privatversicherten subventioniert werden; dadurch stiegen deren Beiträge, und die Privatversicherungen würden langfristig unattraktiv. In einen Basistarif (mit Minimalleistungen) können auch Privatversicherte wechseln, wenn ihnen die PKV-„Normaltarife" zu teuer werden. Das Bundesverfassungsgericht hält die Regelungen in allen Punkten für verfassungsgemäß und hat Verfassungsbeschwerden dagegen daher abgewiesen.[150]   87

Neu geregelt ist der Umkreis der versicherten Personen und die Pflicht zur Versicherung. Neu eingeführt werden Standardtarife (für Personen ohne Versicherungsschutz und sogenannte Basistarife mit evtl Zusatzversicherungen[151]). Besondere Schwierigkeiten bereitet die Übertragung von Altersrückstellungen bei Kassenwechseln. Schließlich ist die Pflicht des Arbeitgeberzuschusses für privaten Krankenversicherung neu gefasst.[152]   88

Der Gesamtverband der Deutschen Versicherungswirtschaft (GDV) hat inzwischen eine Grundsatzdiskussion ausgelöst. Einige seiner Mitglieder[153] plädieren für einen radikalen Umbau des Gesundheitssystems. Sie favorisieren eine Einheitsversicherung für alle Bürger mit einer Gesundheitsgrundsicherung zu einem (alters- und geschlechtsunabhängigen) Versicherungsbeitrag. Gesetzliche und private Krankenversicherungen würden dann gleiche Leistungen zu gleichen Bedingungen anbieten. Das bisherige System der   89

---

[145] Ausführlich zu all diesen ergänzenden Regelungen *Wille/Koch*, Gesundheitsreform 2007, 2007 mit zahlreichen Nachweisen; erg aus Sicht des Gesetzgebers auch umfassend *Orlowski/Wasem*, Gesundheitsreform 2007 (GKV-WSG), 27.
[146] BT-Drucks 16/3100, 323.
[147] Verstoß gegen Art 2 Abs 1 GG? *Wigge/Harney* MedR 2008, 139 (149) werfen diese Frage auf. Sie sehen mit einem weiteren Ausbau des Einzelvertragssystems die Legitimation der KVen als Körperschaften des öffentlichen Rechts (mit Zwangsmitgliedschaft) gefährdet.
[148] Zu Einzelheiten s insbes *Orlowski/Wasem* aaO, 162 ff; zur Einbeziehung der PKV in die GKV s ausführlich *Wille/Koch*, Gesundheitsreform 2007, 2008, 382 ff; *Musil* NZS 2008, 113; *Wallrabenstein/Bourcarde* MedR 2008, 415; *Axer* MedR 2008, 482; umfassend auch *Marko*, Private Krankenversicherung nach GKV-WSG und VVG-Reform, 2009.
[149] S ua *Thüsing/Kämmerer*, Vertragsfreiheit und Wettbewerb in der privaten KV (Gutachterliche Stellungnahme im Auftrag des Verbandes der Privaten Krankenversicherungen eV), 2006. Einzelne Private Krankenversicherungen haben Verfassungsbeschwerden gegen die Bestimmungen des GKV-WSG erhoben, soweit sie die private Krankenversicherung benachteiligen; s auch *Wiegand*, GesR 2008, 237.
[150] Urteile vom 10. 6. 2009 NJW 2009, 2033.
[151] S dazu die Bedenken gegen das Gesetz unter Berücksichtigung des europäischen Gemeinschaftsrechts von *Klaue/Schwintowski*, Grenzen der Zulässigkeit von Wahltarifen und Zusatzversicherungen in der gesetzlichen Krankenversicherung, 2008 mwN.
[152] Zu all diesen Fragen s umfassend *Wille/Koch* aaO.
[153] Allianz, AXA und Ergo.

privaten Krankenversicherung wäre abgeschafft. Es bliebe nur Raum für Zusatzversicherungen (zur Ergänzung der Grundversorgung).[154]

III. Gesetz zur Weiterentwicklung der Organisationsstrukturen in der Gesetzlichen Krankenversicherung (GKV-OrgWG) zum 1. 1. 2009

Schrifttum: *Bultmann,* Die Insolvenzfähigkeit der gesetzlichen Krankenkassen nach dem GKV-OrgWG, MedR 2009, 25; *Füsser,* Das KGV-OrgWG, Inhalte und Motive, SGb 2009, 126; *Holzer,* Die Insolvenzfähigkeit von Krankenkassen, InsBüro 2009, 11; *Mündnich/Hartmann,* Unzulässige Zusammenarbeit zwischen Leistungserbringern und Vertragsärzten, SGb 2009, 395; *Steinmeyer,* Krankenkassen zwischen Sozialrecht, Haftung und Insolvenz, NZS 2008, 393.

90 Das Gesetz[155] sollte zunächst nur Organisationsfragen der Krankenkassen regeln, hat jedoch darüber hinaus Fehler des GKV-WSG korrigiert, enthält aber auch Regelungen zum Vertragsarztrecht.[156] Geregelt sind Fragen der Insolvenz einschl der Altersversorgungsverpflichtung (§§ 171b–f, 172 SGB V), der Jahresrechnung der Krankenkassen (§ 77a SGB IV), die Sicherstellung der Einnahmen des Gesundheitsfonds (s. dazu oben II Nr 2; §§ 271a, 272 SGB V), den Risikostrukturausgleich (§§ 31 Abs 4, 33, 33a–c, 35–4 der Risikostruktur-Ausgleichsverordnung[157]), aber auch das Vertragsarztrecht: Zum 1. 1. 2009 wurde für Vertragsärzte die Höchstaltersgrenze (68 Jahre) aufgehoben, sofern sie ihr 68. Lebensjahr 2008 vollendet haben (§ 95 Abs 7 Sätze 3–9 SGB V; mit Übergangsregelungen). Die bedarfsplanungsrechtliche Mindestquote für Kinder- und Jugendlichentherapeuten wurde von 10 auf 20 % angehoben (§ 101 Abs 4 SGB V). Nach § 136 Abs SGB V sind jetzt zur Verbesserung der Versorgungsqualität auch gesamtvertragliche Vereinbarungen zwischen der KV und einzelnen Kassen möglich.

Bedeutsam für Vertragsärzte ist ferner der Versuch des Gesetzgebers, in § 128 SGB V „Fehlentwicklungen in der Zusammenarbeit zwischen Leistungserbringern und Vertragsärzten" entgegenzuwirken.[158] Der sog. „verkürzte Versorgungsweg"[159] kennzeichnet die Kooperation zwischen Leistungserbringern (zB Heilmittelhersteller) und Vertragsärzten. Das GKV-OrgWG hat diese Möglichkeiten in § 128 SGB V[160] zum 1. 4. 2009 drastisch eingeschränkt. Verboten ist eine entgeltliche Zusammenarbeit zwischen Vertragsärzten und Leistungserbringern von Hilfsmitteln. Das Verbot gilt auch für die Arzneimittelversor-

---

[154] Diese Überlegungen (Grundlage dafür: ein in Auftrag gegebenes Arbeitspapier zur „Sozialen Sicherung 2020") werden als Folge der bisherigen Gesundheitsreformen gewertet. Das BGM begrüßt diesen Vorstoß des Dachverbandes. *Lauterbach* (Gesundheitsexperte SPD) hält die PKV für „nicht überlebensfähig" und sieht die Gesundheitsversorgung der Bevölkerung dadurch nicht gefährdet. Der Vorsitzende des Branchenverbandes der Privatversicherer ist den Plänen einzelner Mitglieder nach einem Mitgliedertreffen am 18. 6. 2008 entgegengetreten (DÄBl 2008, A-1424).

[155] Vom 15. 12. 2008 (BGBl I 2462). Zur Entstehung des Gesetzes s Gesetzentwurf der BR BT-Drucks 16/9559, 16/10070, die Beschlussempfehlung des Ausschusses für Gesundheit (Drucks 16/10609) und den Beschluss des DBT v 17. 10. 2008 (BR-Drucks 733/08). – Zur Insolvenzfähigkeit der Krankenkassen nach dem GKV-OrgWG s den gleichnamigen Beitrag von *Bultmann* MedR 2009, 25.

[156] *Kingreen* NJW 2008, 3393 (3399) spricht von einer (weiteren) „kleinen Gesundheitsreform".

[157] Vom 3. 1. 1994 (BGBl I, 55.

[158] So die Beschlussempfehlung des Ausschusses für Gesundheit vom 15. 10. 2008. Zu § 128 idF GKV-Org WG s *Mündnich/Hartmann* SGb 2009, 395; *Flasbarth,* MedR 2009, 708.

[159] S dazu *Ratzel/Lippert,* Kommentar zur Musterberufsordnung der deuschen Ärzte (MBO), § 3 RdNr 7 ff; *Ratzel* GesR 2008, 623 ff – Aus der Rechtsprechung dazu: Abgabe von Hörgeräten durch Vertragsärzte zulässig, Abgabe von Nahrungsergänzungsmitteln und Vitaminpräparaten dagegen in einer Arztpraxis unzulässig (ua LG Rottweil MedR 2007, 494), ebenso die Abgabe von Diabetesteststreifen (BGH MedR 2002, 256 und MedR 2002, 717); zur Abgabe von Brillen s OLG Celle MedR 2007, 435).

[160] S dazu die Kommentierung von *Schneider* in: jurisPraxisKommentar, § 128; ergänzend s *Mündnich/Hartmann* aaO und *Flasbarth* aaO.

gung.¹⁶¹ Danach ist es Vertragsärzten verboten, Hilfsmittel aus Depots¹⁶² abzugeben (Ausnahme: Notfallsituationen; § 128 Abs 1 SGB V). Verboten sind auch Zuwendungen an Vertragsärzte bei der Hilfsmittelversorgung (§ 128 Abs 2, Satz 1, 1. Alternative SGB V) und bei der Verordnung von Hilfsmitteln (2. Alternative). Sie dürfen sich an der Hilfsmittelversorgung gegen Entgelt allerdings beteiligen, wenn dazu ein Vertrag¹⁶³ mit den Krankenkassen besteht (§ 128 Abs. 4 und 5 SGB V). Bei Verstößen gegen diese Verbote sind die Krankenkassen gesetzlich verpflichtet, dies bei den Erbringern¹⁶⁴ von Hilfs-, Arznei- und Verbandsmitteln zu ahnden (§ 128 Abs 3 iVm Abs 6 SGB V), je nach Schweregrad mit Vertragsstrafen¹⁶⁵ oder mit einem bis zu 2-jährigen Ausschluss aus der Versorgung der Versicherten. Wird sanktioniert, besteht kein Vergütungsanspruch mehr gegen die Krankenkasse (Nichtigkeit des Vertrages nach § 134 BGB). – Für die privatärztliche Versorgung gilt § 128 SGB V nicht.

Seit 1.1.2007 gibt es die Möglichkeit der sogenannten Teilzulassung (anfängliche oder **91** nachträgliche Beschränkung des Versorgungsauftrages auf 50 %; § 95 Abs 3 Satz 1 SGB V iVm § 19a Ärzte-ZV; s dazu oben I Nr 5). Im GKV-OrgWG ist nun klargestellt, dass KVen verpflichtet sind, Vertragsarztsitze auch bei hälftigem Verzicht oder bei hälftiger Entziehung der Zulassung auszuschreiben (§ 103 Abs 4 Satz 2 SGB V). Auch in gesperrten Planungsbereichen kann mithin eine Teilzulassung ausgeschrieben und neu besetzt werden. Zulässig sind folglich auch überörtliche Berufsausübungegemeinschaften mit jeweils hälftigem Versorgungsauftrag (also an zwei verschiedenen Standorten).

Die Reformbemühungen des Gesetzgebers gehen weiter. Das Gesetz zur strukturellen **92** Weiterentwicklung der Pflegeversicherung (PflWeitG)¹⁶⁶ strebt eine Verbesserung bei der Abstimmung zwischen Krankenbehandlung, Rehabilitation und Pflege an; ferner sollen stationäre Pflegeeinrichtungen in die ambulante Versorgung einbezogen werden.

IV. Weitere Änderungen von Rechtsgrundlagen

2009 wurden Gesetze und untergesetzliche Normen zum Gesundheitsbereich zT erneut **93** geändert oder ergänzt.¹⁶⁷ Mit weiteren, zT grundlegenden Reformen zum Gesundheitswesen ist unter der neuen Bundesregierung ab 2010 zu rechnen.

1. Qualitätssteuerung durch Sondervereinbarung nach § 136 Abs 4 SGB V. Zur **94**
Förderung der Qualität der ambulanten vertragsärztlichen Versorgung ist den KVen und Krankenkassen nach § 136 Abs 4 SGB V¹⁶⁸ zum 1.1.2009 das Recht eingeräumt worden, gesamtvertragliche Sondervereinbarungen zu schließen. Darin können für bestimmte Leistungen „einheitlich strukturierte und elektronisch dokumentierte besondere Leistungs-, Struktur- und Qualitätsmerkmale festgelegt" werden. Werden diese vom Arzt erfüllt, erhält

---

¹⁶¹ S AMG-Novelle zum 23.7.2009 (BGBl I, 1990 v 22.7.2009).
¹⁶² Der Begriff ist gesetzlich nicht definiert (s dazu aber das Rundschreiben des GKV-Spitzenverbandes vom 31.3.2009). Ausgeschlossen ist danach die (zeitweise) Vermietung von Praxisräumen an Hersteller oder Lieferanten von Hilfsmitteln.
¹⁶³ Dieser muss die jeweilige Leistung (abgrenzend von der Leistung nach der ambulanten vertragsärztlichen Versorgung) konkretisieren und die Vergütung festlegen.
¹⁶⁴ Gegenüber Vertragsärzten haben die Krankenkassen keine Sanktionsmöglichkeit (so auch *Schneider* aaO und *Mündnich/Hartmann* aaO). Einschlägig ist für sie allerdings das Berufsrecht (insbes. §§ 3, 34 Abs 5 MBO-Ä).
¹⁶⁵ Nach §§ 339 bis 343 BGB als Folge der Verträge nach § 127 SGB V zwischen den Krankenkassen und den Leistungserbringern.
¹⁶⁶ Vom 28.5.2008 (BGl I, S. 874). Zu den Materialien s BT-Drucks 16/9559 und 16/10609.
¹⁶⁷ Zum 23.7.2009 war auch § 128 SGB V („verkürzter Versorgungsweg") in Abs 6 (Verbot der Zusammenarbeit mit Arzneimittelherstellern) verschärft worden (Art 15 Ziff. 7 der sog AMG-Novelle).
¹⁶⁸ Eingeführt durch das Pflege-Weiterentwicklungsgesetz vom 28.5.2008 (BGBl I, 874 (s dazu BT-Drucks 16/439); ausführlich dazu *Rixen*, MedR 2009, 697.

er Zuschläge zu den Vergütungen nach EBM. Damit soll KVen und Krankenkassen ermöglicht werden, „für ihren Bezirk Qualitätsprogramme aufzulegen sowie erfolgreich etablierte Qualitätsoffensiven fortzuführen bzw weiterzuentwickeln". Mit diesen regionalen Vergütungsvereinbarungen sollen qualitätsgesicherte Leistungen gefördert werden.

95 Hierzu sieht das Gesetz einen **finanziellen Anreiz** vor (Zuschläge zu den Grundvergütungen), der durch Abschläge bei den nicht qualitätsgesicherten Leistungen der Ärzte finanziert wird, die nicht an diesen Verträgen teilnehmen (Bonus-Malus-System). Der Gesetzgeber geht also von Kostenneutralität aus. Notwendig ist diese ausdrückliche Regelung, weil anderenfalls die KVen und die Krankenkassen auf regionaler Ebene vergütungsbezogene Qualitätssicherungskonzepte nicht vereinbaren könnten (s §§ 87a bis 87c SGB V). Die Vorschrift dürfte verfassungsgemäß sein,[169] sofern die Zuschläge und Abschläge deutlich unter 50 % liegen. § 136 Abs 4 SGB V ist eine Ausnahme vom neuen Vergütungssystem,[170] um „kassenbezogene Differenzierungen nach Qualitätsprametern"[171] zu ermöglichen.

96 KVen und Krankenkassen sind verpflichtet, die Auswirkungen der Verträge zu beobachten, um sie ggf. inhaltlich den Veränderungen anpassen zu können. Die ersten Verträge gelten auch für Entscheidungen des Gemeinsamen Bundesausschusses und des Bewertungsausschusses auch gleichsam als „Modellvorhaben", um aufgrund der praktischen Erfahrungen das Vergütungssystem anpassen zu können.

97 **2. Neuordnung der vertragsärztlichen Vergütung 2010 (NVV).** Das neue (weitgehend bundeseinheitliche) Vergütungssystem (s oben II) musste nach dem Gesetz aufgrund Erfahrungen aus dem Jahre 2009 für 2010 in verschiedenen Punkten angepasst oder korrigiert werden. Der EBA hat dazu am 2.9.2009 und 22.9.2009 folgende Beschlüsse gefasst (DÄBl 2009, A-1907 und A-2103):
Teil A: Festlegung des Orientierungswertes für das Jahr 2010
Teil B: Anpassung des morbiditätsbedingten Behandlungsbedarfs für das Jahr 2010
Teil C: Regionale Besonderheiten der Kosten- und Versorgungsstruktur
Teil D: Orientierungswerte bei festgestellter Über- und Unterversorgung
Teil E: Nichtvorhersehbarer Anstieg des Behandlungsbedarfs
Teil F: Arzt- und praxisbezogene Regelleistungsvolumen (Beschluss vom 22.9.2009)
Teil G: Grundsätze zur Bildung von Rückstellungen durch die Kassenärztlichen Vereinigungen
Teil H: Gewährleistung einer angemessenen Vergütung psychotherapeutischer Leistungen.

98 Aus der Korrektur der Fehlschätzungen für das Jahr 2007 folgte eine Anhebung des Orientierungspunktwertes für 2010 auf 3,5048 Cent (bisher: 3,5001).[172] Der Wert ist durch Schlichterspruch festgelegt worden, nachdem KBV und GKV-Spitzenverband sich nicht einigen konnten.

99 Die morbiditätsbedingte Gesamtvergütung für 2010 wird sich um 458 Mrd. EUR erhöhen (Zuwachs: 2 %). Unter Berücksichtigung von Kostenpauschalen etc erwartet die KBV einen Zuwachs von insgesamt 1,168 Mrd. EUR (Steigerung: 3,8 %). Festgelegt wurden auch leistungsbezogene Indikatoren für regionale Besonderheiten der Versorgungsstrukturen. Ungewollte Honorarverluste für besonders förderungswürdige Leistungen konnten dadurch verhindert werden. Beschlossen wurden auch Orientierungswerte für regionale Punktwerte bei Über- und Unterversorgung nach § 87 Abs 2e SGB V.

---

[169] So ausdrücklich *Rixen* MedR 2009, Heft 12.
[170] Weitgehend bundeseinheitliche Regelung, um sachlich nicht gerechtfertigte regionale Preisunterschiede abzubauen.
[171] S dazu *Knieps/Leber* VSSR 2008, 177 (180).
[172] Grundlage: § 87 Abs 2e SGB V.

§ 24 Das Finanzierungssystem (mit Grundfragen zur Honorierung, Bürokratisierung, Überregulierung und Therapiefreiheit) sowie das vertragsarztrechtliche Vierecksverhältnis

Inhaltsübersicht

	RdNr
I. Grundfragen der Finanzierung	3
II. Grundfragen der Honorierung	7
1. Zur Frage unzureichender vertragsärztlicher Honorierung	10
2. Klarstellungen zu einigen Fragen der Honorierung	12
III. Zusammenhang zwischen Finanzierung der GKV und Honorierung der Ärzte; Fragen der Rationierung	18
IV. Systemwechsel hin zu einheitlichen Versicherungsprämien?	23
V. Bürokratisierung und Überregulierung; Undurchschaubarkeit des GKV-Systems	24
VI. Zum Stellenwert der Therapiefreiheit	27
VII. Das vertragsarztrechtliche Vierecksverhältnis	32
VIII. Weitere Fragen	49

Schrifttum: *Beske/Drabinski/Golbach,* Leistungskatalog des Gesundheitswesens im internationalen Vergleich Eine Analyse von 14 Ländern, in: Schriftenreihe der Stiftung igsf – Fritz Beske Institut für Gesundheits-System-Forschung Kiel, 2005, Bd. I; *Busche/Klein-Klute,* Freie Berufe in Deutschland – Ergebnisse der Einkommensteuerstatistik 2001, in: Wirtschaft und Statistik 2007, 1087; *Bundesärztekammer,* Die ärztliche Versorgung in der Bundesrepublik Deutschland – Ergebnis der Ärztestatistik zum 31. 12. 2007/Tabelle 1: Entwicklung der Arztzahlen nach ärztlichen Tätigkeitsbereichen (PDF-Datei, im Internet recherchierbar unter www.bundesaerztekammer.de); *Busse,* Europäische Gesundheitssysteme – Grundfragen und Vergleich, in: Die Volkswirtschaft – Das Magazin für Wirtschaftspolitik, Dez 2006, 10; im Internet recherchierbar unter http:/mig.tu-berlin.de; *Clemens,* Honorierung und Honorarverteilung im Kassenarztrecht, in: *Wenzel* (Hrsg), Handbuch des Fachanwalts Medizinrecht, 2. Aufl 2009, Kap 11 Abschn B (S 1139–1186 = RdNr 204–359); *ders.* Kommentierung der § 106 und § 106a SGB V, in: *Schlegel/Voelzke/Engelmann* (Hrsg), jurisPraxisKommentar SGB V, 2008; *ders.* Anhang zu Art 12 GG, in: *Umbach/ders.* (Hrsg), Grundgesetz – Mitarbeiterkommentar –, Bd I, 2002; *Gurgel,* Die Entwicklung des vertragsärztlichen und vertragszahnärztlichen Vergütungssystems nach dem Zweiten Weltkrieg, Diss. 2000; *Munder,* Bürgerversicherung oder Kopfpauschale – Die Zukunft der Krankenversicherung in Deutschland, in: Deutsches Anwaltsinstitut – Fachinstitut für Sozialrecht – (Hrsg), Schriftenreihe des Deutschen Anwaltsinstituts: Brennpunkte des Sozialrechts, 2006, 43, 70–72; *Pfaff/Langer/Freund,* Bürgerversicherung vs. Gesundheitsprämie – Vergleich der Reformoptionen zur Finanzierung der Gesetzlichen Krankenversicherung, in: Universität Augsburg, Volkswirtschaftliche Diskussionsreihe, 2005; *Sommer,* Gesundheitssysteme zwischen Plan und Markt, 1999.

Ehe die Grundstrukturen des vertragsarztrechtlichen Vierecksverhältnisses dargestellt **1** (RdNr 32 ff) und die vielfältigen Arten von Honorarbegrenzungen aufgezeigt werden (durch Honorarverteilung, durch sachlich-rechnerische Richtigstellungen, durch Honorarkürzungen aufgrund von Wirtschaftlichkeitsprüfungen und durch Regresse im Zusammenhang mit der Verordnung von Arznei-, Heil- und Hilfsmitteln – §§ 34–36), bedarf es einiger klärender Ausführungen zu manchen Vorfragen (und Vorurteilen): Überprüft man nämlich einige Einwendungen, die gelegentlich gegenüber dem derzeitigen System der gesetzlichen Krankenversicherung bzw des Vertragsarztrechts vorgebracht werden, so drängt sich der Eindruck auf, sie könnten möglicherweise auf einem Mangel an Kenntnis des Systems und seiner Grundlagen beruhen. Deshalb sind hier vorab das Finanzierungssystem und seine Grundfragen (RdNr 3 ff) sowie das vertragsarztrechtliche Vierecksverhältnis (RdNr 32 ff) darzustellen.

2 Wenn im Folgenden von **Ärzten oder Vertragsärzten** die Rede ist, gilt dies **gleichermaßen für Zahnärzte und Psychotherapeuten** (vgl § 72 Abs 1 Satz 2 SGB V).

I. Grundfragen der Finanzierung

3 Vorab ist darauf hinzuweisen, dass ein Gesundheitssystem, das eine Gesundheitsfürsorge auf hohem Niveau unter Ausschöpfung der heutigen medizinisch-technischen Möglichkeiten nicht nur für Einzelne, sondern für die breite Bevölkerung zu zumutbaren Bedingungen bieten soll, angesichts der **enormen Kostenlast** im Gesundheitsbereich auf **planwirtschaftliche Elemente** nicht verzichten kann.[1] Dies mag **in einem freiheitlich konzipierten Staat, einer liberalen Gesellschaftsordnung,** befremdlich erscheinen, ist aber **unvermeidlich** (zu Konsequenzen für die ärztliche Honorierung siehe § 34 in RdNr 80 ff). Es jedem allein zu überlassen, sich einen Krankenschutz zu besorgen, würde nicht funktionieren, denn 20 bis 50 % der Bevölkerung könnten einen kostendeckend kalkulierten Versicherungsbeitrag nicht bezahlen.[2] Deshalb kommt **kein Staatswesen ohne ein auch-staatlich organisiertes Gesundheitswesen** aus, in das das Gros der Bevölkerung eingebunden ist.[3] Um ein solches System zu finanzieren, müssen **entweder** die Finanzierungslücken mit erheblichen Mitteln aus den allgemeinen **Steuer**einnahmen gestützt werden (wofür in Deutschland ein Betrag zwischen **14 bis 26 Mrd Euro**[4] erforderlich wäre, was einem allgemeinen Solidar-**Steuerzuschlag zwischen 9 und 19 %** entspräche[5]). **Oder** auch **Höherverdienende** müssen in das System einbezogen und von diesen müssen im Sinne eines Solidarprinzips **höhere als kostendeckende Beiträge** eingefordert werden.

4 Im Sinne der letzteren Alternative haben sich **in Deutschland** die Politik und der Gesetzgeber dafür entschieden, fast **90 %**[6] **der Bevölkerung** in die sog gesetzliche Kran-

---

[1] Siehe dazu – ökonomisch analysierend – *Sommer,* 97–113 und 277 ff.

[2] Siehe die Berechnungen zB bei *Pfaff/Langer/Freund,* 6 ff, insbes 10.

[3] Solche Systeme, die für die Staaten des sozialstaatlich geprägten Europa typisch sind, bestehen in den Vereinigten Staaten von Amerika nur vereinzelt in einigen Bundestaaten. Dies wird überwiegend als großer Mangel empfunden. – Informationen dazu im Internet recherchierbar unter www.forum-gesundheitspolitik.de mit den Stichworten „International" und dann „USA – Versorgungsqualität" bzw „USA – Reformen". – Zum rein privat-wirtschaftlichen Managed Care System und zu dessen gravierenden Mängeln s zB *Weide,* Managed Care – Vorsicht, Lebensgefahr!, in: MedR 2001, 72–76. – Grundlegende Mängel eines Systems müssen nicht ausschließen, einzelne Elemente daraus in die gesetzliche Krankenversicherung des SGB V hereinzuholen: Hierzu *Wiechmann,* Managed Care – Bessere Steuerung, in: DÄBl 2004, A 2741.

[4] Berechnungsergebnisse unterschiedlich, je nach dem, ob zB auch Zahnersatzleistungen und Krankengeld zum Leistungskatalog gehören sollen, ob die beitragsfreie Versicherung von Familienangehörigen weitergeführt wird und mit welchem Anteil die Arbeitgeber beteiligt werden: vgl *Pfaff/Langer/Freund,* 9 mit Berechnungen – andere Berechnungen gehen von noch höherem Finanzbedarf aus (36 Mrd lt *Lauterbach* Nov. 2009: www.google.de umsteuern.org Lauterbach).

[5] Vgl *Pfaff/Langer/Freund,* 11 f.

[6] Die Angaben differieren zwischen 87 % und 89,5 %, je nach dem, ob man den Anteil der Bevölkerung von ca 2 bis 2,5 % hinzurechnet, dessen Versorgungsanspruch sich dem Umfang nach zwar auch nach dem SGB V richtet, aber auf anderen Rechtsgrundlagen beruht. Dies betrifft insbesondere diejenigen, die Anspruch auf sog **freie Heilfürsorge** haben. Für diese befindet sich die Basisregelung in § 75 Abs 3 SGB V. Die Versorgung dieses Personenkreises ist gemäß S 1 aaO von den Kassenärztlichen Bundesvereinigungen sicherzustellen, und die Honorierung der Ärzte erfolgt gemäß S 2 aaO entsprechend den Regelungen für die Versicherten der Ersatzkassen (Barmer Ersatzkasse, DAK, TKK usw). Unterschiede bestehen bei der Honorierung allerdings in folgendem Punkt: Die Honorierung erfolgt nicht über die sonstigen drei Stufen (Beiträge an die Krankenkassen/Gesamtvergütungen an die Kassenärztlichen Vereinigungen/Honorarverteilung an die Vertragsärzte – dazu RdNr 32 ff). Eine Pauschalabgeltung derart, dass der Kostenträger eine „Gesamtvergütung" an die Kassenärztliche Vereinigung zahlt, gibt es nicht. Vielmehr entrichtet der Kostenträger, dh der jeweilige Dienstherr, genau den Betrag an die Kassenärztliche Vereinigung, den diese für

6. Kapitel. Das Kassenarztrecht/Vertragsarztrecht 5–7 § 24

kenversicherung einzubeziehen und von diesen Mitgliedern Beiträge für den Krankenversicherungsschutz zu verlangen. Die Beiträge sind auf einen bestimmten Prozentsatz des Arbeitseinkommens festgelegt, derzeit auf 14,0 bzw. 14,9 % des Einkommens.[7] Dadurch werden die Höherverdienenden[8] stärker herangezogen im Sinne einer Subventionierung des Systems bzw der Geringerverdienenden. Für die Höherverdienenden besteht lediglich eine sog Beitragsbemessungsgrenze, um sie vor einer endlos hohen Beitragspflicht zu schützen. Sie ist derzeit auf monatlich 3.750 Euro festgelegt[9]; sie wird erfahrungsgemäß von Jahr zu Jahr geringfügig erhöht.

Die **anderen europäischen Staaten** haben **ähnliche Systeme** eingerichtet, die ebenfalls planwirtschaftliche Elemente aufweisen. Deren Systeme werden entweder wie in Deutschland überwiegend durch **Beiträge** finanziert, die entsprechend der Einkommenshöhe ansteigend bemessen sind (sog **Bismarck-Modell,** zB Frankreich, Belgien, Niederlande, Luxemburg, Schweiz, Österreich, ebenso der gesamte frühere Ostblock), **oder** das Gesundheitssystem wird aus den allgemeinen **Steuer**einnahmen finanziert (sog **Beveridge-Modell,** zB Skandinavien, Großbritannien, Irland, Portugal).[10] **Oder** es handelt sich um **Mischsysteme,** die ungefähr zu gleichen Teilen aus Sozialbeiträgen der Versicherten und aus Steuereinnahmen finanziert werden (zB Spanien, Italien, Griechenland).[11] 5

Die Finanzierungsprobleme im Gesundheitsbereich wirken sich nicht nur dahin aus, dass es – erstens – überhaupt eine gesetzliche Krankenversicherung gibt, der – zweitens – fast 90 % der Bevölkerung zugeordnet sind und bei der – drittens – die Höherverdienenden proportional stärker belastet werden. Vielmehr müssen – viertens – angesichts der enormen Kostenlast auch die Ausgaben wirtschaftlich, dh sparsam, erfolgen. Dies wirkt sich sowohl bei der Honorargewährung als auch bei den gewährten Arzneimitteln aus. – Zu Näherem und Einzelheiten su nachfolgend und vor allem systematisch und konkreter – §§ 34–36 (dort zur Honorarverteilung und zu Honorarbegrenzungen, zu sachlich-rechnerischen Richtigstellungen und Honorarkürzungen aufgrund von Wirtschaftlichkeitsprüfungen sowie zu Regressen im Zusammenhang mit der Verordnung von Arznei-, Heil- und Hilfsmitteln). 6

II. Grundfragen der Honorierung

Zweifellos ist der **finanzielle Aspekt** eines der Hauptprobleme der vertragsärztlichen Versorgung. Innerhalb dessen wird die Problematik teilweise weniger bei der Gesamtfinanzierung des Gesundheitssystems gesehen als vielmehr bei der Frage, ob die Leistungserbringer – vor allem die Ärzte – eine ausreichende und standesangemessene Honorie- 7

---

deren Personenkreis hat an die Ärzte zahlen müssen. Die Dienstherren = Kostenträger sind das zuständige Bundesministerium für die Angehörigen der Bundeswehr und des Bundesgrenzschutzes sowie für die Zivildienstleistenden, das jeweilige Landesministerium für die Beamten der Bereitschaftspolizei und des Polizeivollzugsdienstes der Länder.

[7] § 220 Abs 1 iVm § 241 Abs 2 SGB V iVm § 9 GKV-BeitragssatzVO vom 29. 10. 2008 (BGBl I, 2109) iVm Änderung vom 2. 3. 2009 (BGBl I, 416). Der Beitrag ist aus dem Einkommen (hierzu s §§ 226 ff SGB V) bis zu einer sog Beitragsbemessungsgrenze (hierzu s übernächste Fn) zu leisten.

[8] Erst bei Erreichen der Versicherungspflichtgrenze, die derzeit bei 4.162,50 Euro liegt und drei Jahre lang überschritten sein muss (§ 6 Abs 1 Nr 1 iVm Abs 6 SGB 5), besteht die Freiheit, anderweitigen (privaten) Krankenversicherungsschutz zu wählen.

[9] So die Festlegung für das Jahr 2010, s § 223 Abs 3 iVm § 6 Abs 7 SGB V iVm § 4 Abs 1 der Sozialversicherungs-Rechengrößenverordnung 2010 vom 7. 12. 2010 (BGBl I, 3846 f).

[10] Zu weiteren Differenzierungen, zur geschichtlichen Entwicklung und zur zunehmenden Bevorzugung des Bismarck-Systems siehe *Busse,* Dez 2006, 10. Im Internet recherchierbar unter http:/mig.tu-berlin.de. – Ergänzend siehe die Berichtsreihe „EU-Gesundheitssysteme" im Rhein-ÄBl, zB speziell zu Österreich und seiner Weiterentwicklung in Richtung einer Bürgerversicherung (mit Einbeziehung von 98 % der Bevölkerung): RheinÄBl 2007, 14 f.

[11] Im Internet recherchierbar unter www.ESS-Europe.de (siehe dann weiter die Informationsübersicht „Europakarte Krankenversicherungen & Gesundheitswesen").

§ 24   8–10   § 24 Das Finanzierungssystem und das Vierecksverhältnis

rung erhalten. Der Argumentationsschwerpunkt geht teilweise dahin, dass keine ausreichenden Finanzmittel für die Honorierung der Ärzte zur Verfügung stünden und dadurch sowohl im Krankenhausbereich als auch im niedergelassenen Bereich die Ärzte keine ausreichende Honorierung erhielten, mit der Folge teilweise unzureichenden ärztlichen Personals und unzureichender ärztlicher Leistungen.

8   Im **Krankenhausbereich** mag dies in der Tat ein zentrales Problem darstellen. Hier werden teilweise hohe Anforderungen an die Präsenz oder wenigstens Rufbereitschaft von Ärzten gestellt. Sind diese Anforderungen nicht erfüllbar – weil nicht genügend Finanzmittel zur Verfügung stehen, um eine ausreichende Zahl von Ärzten anzustellen –, so kann es zum Vorhalt von Organisationsmängeln kommen. Die Einlassung dahingehend, die Finanzmittel hätten nicht ausgereicht zur Anstellung weiterer Ärzte, wird nicht immer als ausreichende Exhulpation akzeptiert.[12] – Dazu siehe Näheres in den Kapiteln zur Krankenhausfinanzierung (§ 82) und zur Haftung wegen Organisationsverschuldens (§ 101).

9   Im **niedergelassenen Bereich,** der allein Gegenstand der nachstehenden Ausführungen ist, wird ebenfalls häufig über unzureichende Finanzmittel und unzureichende Honorierung geklagt. Dies führt hier zwar weniger direkt zu Engpässen in der Zahl der Ärzte und auch nur selten zu vorwerfbaren Defiziten der ärztlichen Behandlung. Auch hier wird aber die Honorierungsfrage intensiv diskutiert, weil manche Ärzte wegen vermeintlich oder tatsächlich unzureichender Honorierung die Pflicht zu sorgfaltsgerechter Behandlung für unzumutbar halten.

10   **1. Zur Frage unzureichender vertragsärztlicher Honorierung.** Soweit etwa von Ärzten geltend gemacht wird, sie würden nicht ausreichend honoriert, die Budgetierungen auf den verschiedenen Ebenen (Gesamtvergütungen, Quartalshonorare) hinderten sie an effektivem ärztlichen Handeln, ist darauf zu verweisen, dass eine **vermeintlich oder tatsächlich unzureichende Honorierung** nicht dazu berechtigt, gegenüber Kassenpatienten die Übernahme einer ärztlichem Behandlung abzulehnen oder im Rahmen einer bereits übernommenen Behandlung Leistungen zu verweigern.[13] Die Honorierung ist zwar längst nicht mehr so gut wie bis ca Mitte der 1990er Jahre. Die Zuwächse sind seitdem nur noch gering, während die Kosten (Personal, Miete uvm) stärker zunehmen und dadurch der verbleibende **Überschuss stetig weniger** wird. **Dennoch** liegen Ärzte innerhalb des Spektrums der Angehörigen freier Berufe mit akademischer Vorbildung nach wie vor im Durchschnitt **einkommensmäßig im oberen Bereich,**[14] jedenfalls

---

[12] Vgl dazu zB BGH vom 18. 6. 1985 – VI ZR 234/83 – BGHZ 95, 63, 73 f = MedR 1986, 137, 141 = NJW 1985, 2189, 2191 (jeweils unter B. I. c): Keine Exkulpation bei Schaden infolge personeller ärztlicher Unterversorgung, die darauf beruht, dass nicht alle vorhandenen Arztstellen besetzt sind. Hierauf Bezug nehmend BGH vom 29. 10. 1985 – VI ZR 85/84 – NJW 1986, 776, 776 f (unter II. 2. a). Vgl auch die Rechtsprechungs- und Schrifttumsangaben in § 101 RdNr 48 ff.

[13] So vor allem BSG vom 14. 3. 2001 – B 6 KA 54/00 R – BSGE 88, 20, 29 f = SozR 3-2500 § 85 Nr 12, S 76; BSG vom 14. 3. 2001 – B 6 KA 36/00 R – SozR 3-2500 § 81 Nr 7, S 33–35; BSG vom 14. 3. 2001 – B 6 KA 67/00 R – MedR 2002, 47, 50; BSG vom 17. 9. 2008 – B 6 KA 48/07 R – SozR 4-2500 § 75 Nr 9 RdNr 44. Siehe dazu den Bundesmantelvertrag-Ärzte (BMVÄ), der nur vereinzelt Tatbestände enthält, nach denen der Vertragsarzt die vertragsärztliche Behandlung eines Kassenpatienten ablehnen bzw auf eine privatärztliche Behandlung ausweichen darf: § 13 Abs 7, § 17 Abs 4, § 18 Abs 8 BMV-Ä.

[14] S dazu die Übersicht des Statistischen Bundesamts über Berufsgruppen „mit überwiegenden Einkünften aus freiberuflicher Tätigkeit" (Ergebnis der Lohn- und Einkommensteuerstatistik 2004), im Internet recherchierbar unter www.google.de mit den Stichworten „Lohn- und Einkommensteuer Fachserie 14 Reihe 7.1 – 2004", dort auf „Details", dann dort auf „weiter", danach auf „Öffnen", in der nun erscheinenden Broschüre „Statistisches Bundesamt, Finanzen und Steuern, Lohn- und Einkommensteuer, 2004" links unten den Gliederungspunkt 6.2 anklicken („Steuerpflichtige mit überwiegenden Einkünften aus freiberuflicher Tätigkeit in ausgewählten freien Berufen"). Danach haben die Ärzte und Zahnärzte Jahreseinkünfte von ca 118.000 Euro, Wirtschaftsprüfer von ca 90.000 Euro, Steuerberater schon nur von ca 87.000 Euro. Übertroffen werden die Ärzte und Wirtschaftsprüfer nur von Notaren und Patentanwälten, während andere Rechtsanwälte ohne Notariat bei ca

dann, wenn man ihre gesamten beruflichen Einnahmen berücksichtigt, dh auch diejenigen aus ihren privatärztlichen Tätigkeiten einberechnet, die einen Teil der Tätigkeit in dem einheitlichen Beruf des Arztes bilden.[15] Soweit geltend gemacht wird, die Honorierung sei nicht angemessen, mag dies bei isolierter Betrachtung der Vergütung einzelner Leistungen der Fall sein (was hinzunehmen ist). Insgesamt – vor allem eben, wenn man auch die privatärztlichen Tätigkeiten berücksichtigt – kann dem schwerlich gefolgt werden.[15a]

Auch nach dem Maßstab der **Rechtsprechung des BSG** kann nicht von einer unangemessen geringen Vergütung, die ein Eingreifen geböte, gesprochen werden. Nach der Rechtsprechung ist die Grenze zur unangemessenen Vergütung erst dann unterschritten, wenn der dem Normgeber[16] überantwortete **Ausgleich zwischen dem Ziel der Gewährung angemessener Vergütungen** (s hierzu § 72 Abs 2 letzt. HS SGB V) **und dem besonders hochrangigen Ziel der Gewährleistung einer ordnungsgemäßen Versorgung** (§ 72 Abs 2 SGB V) erkennbar verfehlt worden ist.[17] Dieser Ausgleich ist nach ständiger Rechtsprechung des BSG – **erst** – **dann nicht mehr verhältnismäßig** realisiert (mit der Folge eines Anspruchs der Ärzte auf höheres Honorar bzw eine Honorarstützung aus dem Gesichtspunkt angemessener Vergütung), **wenn** in einem – fachlichen und/oder örtlichen – Teilbereich **kein ausreichender finanzieller Anreiz mehr** besteht, **vertragsärztlich tätig zu werden, und dadurch in diesem Bereich die Funktionsfähigkeit** der vertragsärztlichen Versorgung **gefährdet ist**.[18] Mit dieser Formel hat das BSG, wie in § 72 Abs 2 SGB V angelegt, die Honorarfrage und die Versorgungsfrage miteinander verbunden (vgl. dazu auch § 32 RdNr 36). **11**

2. Klarstellungen zu einigen Fragen der Honorierung. Abgesehen davon, dass **12** also bei einer Gesamtbetrachtung schwerlich von einer unangemessen geringen Honorierung gesprochen werden kann, ist auch die von Laien in Einzelpunkten vorgebrachte Kritik nicht begründet. So ist insbesondere die mancherorts geäußerte Meinung zurückzuweisen, der Arzt erhalte innerhalb eines Quartals Honorar nur für die ersten zwei

---

62.000 Euro liegen. In diesem Bereich liegen auch zB Buchprüfer und Vermessungsingenieure (je ca 63.000 Euro). – In derselben Größenordnung wie die vorstehend genannte Angabe des Statistischen Bundesamts – Ärzte ca 118.000 Euro – liegt die im Juli 2008 in der öffentlichen Diskussion genannte Angabe von jährlich ca 120.000 Euro (s dazu Frankfurter Rundschau vom 12./13.7.2008, 4, und Ärzte-Zeitung vom 14.7.2008, 7).

[15] Zur Einheit des Berufs siehe BVerfG vom 23.3.1960 – 1 BvR 216/51 = BVerfGE 11, 30, 41 f; BVerfG vom 8.2.1961 – 1 BvL 10/60 – BVerfGE 12, 144, 147, sowie *Clemens* in: *Umbach/Clemens* (Hrsg), Grundgesetz – Mitarbeiterkommentar –, Bd. I, 2002, Anhang zu Art 12 GG, RdNr 82 mwN – Speziell zur Einbeziehung auch des privatärztlichen Einnahmebereichs siehe zB BVerfG (Kammer) vom 12.7.2000 – 1 BvR 2260/97 – NJW 2000, 3413; vgl auch BSG vom 23.5.2007 – B 6 KA 27/06 B-RdNr 10 – in juris dokumentiert. Siehe ferner BSG vom 9.12.2004 – B 6 KA 44/03 R – BSGE 94, 50 = SozR 4-2500 § 72 Nr 2 RdNr 128 am Ende.

[15a] Zu beachten ist, dass der vorstehend dargestellte Vergleich mit anderen sog freien Berufen für diese alle eine sog Einnahme-Überschuss-Rechnung zugrunde legt. Insofern ist der Ausgangspunkt für alle gleich. Deshalb kann hier vernachlässigt werden, ob die Kritik, die gegen diese Art der Berechnung öfters erhoben wird, berechtigt ist oder nicht (s dazu die an sich gewichtigen kritischen Argumente von zB *Gerloff*, Ärzte-Zeitung vom 31.3.2009, S 3; *Henker*, Ärzte-Zeitung vom 31.8.2009, S 2; *Frisch*, Ärzte-Zeitung vom 31.8.2009, S 2).

[16] Dem Gesetzgeber des SGB V und den Normgebern der im SGB V vorgesehenen konkretisierenden untergesetzlichen Vorschriften.

[17] Zu diesen Grundsätzen bei der Überprüfung „angemessener" Vergütung vgl BSG vom 20.10.2004 – B 6 KA 30/03 R – BSGE 93, 258 = SozR 4-2500 § 85 Nr 12 RdNr 21 und 22; BSG vom 9.12.2004 – B 6 KA 44/03 R – BSGE 94, 50 = SozR 4-2500 § 72 Nr 2 RdNr 116 ff, und 126 ff, insbes RdNr 129, 140. Ebenso zB BSG vom 23.5.2007 – B 6 KA 6/07 B – mwN – nicht veröffentlicht.

[18] So die ständige Rechtsprechung des BSG, vgl zB BSG vom 20.10.2004 – B 6 KA 30/03 R – BSGE 93, 258 = SozR 4-2500 § 85 Nr 12 RdNr 21 und 22; BSG vom 9.12.2004 – B 6 KA 44/03 R – BSGE 94, 50 = SozR 4-2500 § 72 Nr 2 RdNr 128-131, 134-140, insbes RdNr 129 und 140.

Monate und **arbeite im dritten Monat unentgeltlich**. Durch entsprechende Budgetierungsregelungen in den in seinem Versorgungsbereich geltenden Honorarverteilungsvorschriften mag mancher Arzt einen solchen Eindruck haben. Indessen ist darauf hinzuweisen, dass es viele Leistungstatbestände gibt, denen sog Komplexleistungen zu Grunde liegen in der Weise, dass **größere Pauschalen** beim ersten Besuch des Patienten im Quartal anfallen, die die Grundleistungen der **Folgebesuche** in diesem selben Quartal **bereits** mit **abgelten**. Dies verkennt der Arzt, der sich beklagt, er erbringe die weiteren Grundleistungen ohne Vergütung. Auch arztbezogene Gesamtbudgets wie zB die sog Individualbudgets (hierzu s § 34 RdNr 46) sind auf die in einem gesamten Quartal ausgeübte Tätigkeit zugeschnitten. Wenn ein Arzt aufgrund der Quartalspauschalen, die bereits beim ersten Kontakt mit dem Patienten anfallen, schon nach zwei Monaten sein Individualbudget ausgeschöpft hat und wenn er deshalb nunmehr seine weitere Tätigkeit in diesem Quartal einstellen würde, so wäre das zu missbilligen.

13   Nicht ohne Weiteres durchgreifend ist auch der Einwand, in manchen Bereichen erhalte der Arzt für sehr **aufwändige Behandlungen bei einzelnen Patienten** kein oder kein ausreichendes Honorar.[19] Denn für viele Leistungen sind im EBM und in den Honorarverteilungsregelungen die Punktzahlen und Vergütungen nach einem durchschnittlichaufwändigen Patienten bemessen. In solchen Fällen erhält der Arzt diese Vergütungen sowohl für unterdurchschnittlich aufwändige als auch für überdurchschnittlich aufwändige Patientenbehandlungen. Seine Meinung, bei den überdurchschnittlich aufwändigen nicht angemessen vergütet zu werden, vernachlässigt die überhöhte Honorierung für die unterdurchschnittlich aufwändigen sog **Verdünnerfälle**.

14   Die Ansicht des Arztes, die Honorierung sei unzureichend und nicht leistungsgerecht, kann auch darauf beruhen, dass er nicht eine eigene Praxis neu gegründet hat (was nur in sog nicht überversorgten und daher nicht gesperrten Planungsbereichen möglich ist), sondern im Wege der **Praxisnachfolge** in eine Praxis eingerückt ist, die seit Jahren nur noch einen unterdurchschnittlichen Umfang hatte und der dadurch nur ein geringes sog **Individualbudget**[20] zugeordnet war (zu solchen Budgets § 34 RdNr 46 f). Als Praxisnachfolger muss er dieses übernehmen und hat dementsprechend nur sehr geringe jährliche Steigerungsmöglichkeiten ungeachtet eventuell großen Einsatzes und großen Patientenzulaufs (es sei denn, er könnte dartun, im Interesse der Patientenversorgung ein anderes oder erweitertes Leistungsspektrum anzubieten, für das ein höheres Honorarkontingent erforderlich sei, vgl dazu § 34 RdNr 46 iVm 67 ff). Einem solchen Arzt ist vorzuhalten, er hätte anders planen können. Er hätte sich in einem anderen, nicht gesperrten Planungsbereich niederlassen können,[21] und hätte dort Anspruch auf Zuwachs bis zu einem Volumen entsprechend dem Durchschnitt seiner Arztgruppe gehabt. Hat er indessen unbedingt die Praxisnachfolge erlangen wollen, so muss er auch die sich daraus ergebenden Konsequenzen akzeptieren, und es wäre ein widersprüchliches Verhalten, sich dennoch über die schlechteren Rahmenbedingungen aufgrund der von ihm gewählten Praxisnachfolge zu beklagen.

15   In diesem Zusammenhang ist allgemein darauf hinzuweisen, dass die Wahl des zweckmäßigen Praxisstandorts zu den Fragen gehört, die dem einzelnen Vertragsarzt zu eigenverantwortlicher Entscheidung zugewiesen sind. **Fehleinschätzungen** aufzufangen oder den Vertragsarzt vor den wirtschaftlichen Folgen von Veränderungen der Patientenströme zu bewahren, ist nicht Aufgabe der Gesamtheit der Vertragsärzte. Vielmehr ist zu betonen, dass auch im Rahmen der vertragsärztlichen Tätigkeit – ungeachtet der „Engmaschigkeit" der hier bestehenden normativen Vorgaben (hierzu noch im Folgenden insbesondere RdNr 24 ff und 27 ff) – das **unternehmerische Risiko** dem einzelnen Vertragsarzt zuge-

---

[19] Im Rahmen der gesetzlichen Krankenversicherung besteht keine Möglichkeit, aus dem finanziellen Grund vermeintlich unzureichender Honorierung eine Behandlung abzulehnen, so RdNr 10.
[20] Zu den Individualbudgets § 34 RdNr 46.
[21] Evtl. sogar in einem ganz anderen Versorgungsbereich einer anderen Kassenärztlichen Vereinigung, in dem die Honorarverteilung nicht das System von Individualbudgets aufweist.

6. Kapitel. Das Kassenarztrecht/Vertragsarztrecht **16 § 24**

wiesen bleibt. Das Vertragsärztewesen ist zwar dadurch gekennzeichnet, dass der Arzt für die ihm zustehenden Behandlungshonorare einen stets zahlungsfähigen Schuldner hat (nämlich die Kassenärztliche Vereinigung);[22] hierin liegt ein **planwirtschaftliches Element zugunsten** der Leistungserbringer. Aber eine weitergehende Garantie wirtschaftlich gesicherter Existenz wird mit der Zuerkennung des Status Vertragsarzt nicht gewährt. Das BSG hat insoweit klargestellt: „Der Vertragsarzt hat das Risiko einer unwirtschaftlich betriebenen Praxis und unternehmerische Fehleinschätzungen selbst zu tragen. ... Der Vertragsarzt hat ... keinen ... Anspruch darauf, wenigstens einen Gewinn in der Höhe des (Brutto-)Einkommens von Krankenhausärzten zu erzielen. Selbständige Tätigkeit eröffnet die Möglichkeit der Gewinnerzielung, garantiert sie aber nicht."[23]

Eher von Gewicht sind Klagen darüber, dass die Möglichkeiten des Arztes zu kostspieligen Behandlungen und im Arzneimittelbereich zur Verordnung qualitativ hochwertiger Arzneimittel begrenzt seien, nämlich bei Überschreitung bestimmter Behandlungs- bzw Verordnungsvolumina dem Arzt eine Honorarkürzung bzw ein Regress drohe. In der Tat werden der im Quartal summierte Behandlungsaufwand und die Verordnungsvolumina der Ärzte daraufhin überprüft, ob sie sich im Rahmen des sog **Fachgruppendurchschnitt**s und im Rahmen der sog Arzneiverordnungs-**Richtgrößen** halten (sog Wirtschaftlichkeitsprüfung).[24] Indessen bestehen **keine strikten Grenzen.** Vielmehr kann sich der Arzt gegenüber dem Vorhalt der Überschreitung – sei es im Behandlungs- oder im Verordnungsbereich – auf Praxisbesonderheiten berufen, wenn die überdurchschnittlich aufwändigen Behandlungsfälle, verglichen mit der Durchschnittspraxis, eine **strukturelle Besonderheit seiner Patientenschaft** darstellen.[25] Hat der Arzt indessen nur verschiedenartige überdurchschnittlich aufwändige Behandlungsfälle, so vermag dies zwar keine Praxisbesonderheit zu begründen. Im Regelfall wird sich aber ein Ausgleich ergeben mit anderen Behandlungsfällen, bei denen er mit einem deutlich unterdurchschnittlichen Aufwand auskommt. Der Sonderfall, dass der Arzt weder Praxisbesonderheiten geltend machen kann noch einen ausreichenden **Ausgleich mit sog Verdünnerfällen** hat, kann in der Wirklichkeit wohl kaum vorkommen. Im Verordnungsbereich kann dies freilich den Arzt betreffen, der nicht ausreichend darauf achtet, die jeweils kostengünstigsten – und dennoch patientengeeigneten – Präparate zu verordnen (insbesondere auch Einsatz von Generika, vgl. die Diskussion § 36 RdNr 85). Sollte es den seltenen – eher theoretisch erscheinenden – Fall geben, dass ein Arzt trotz höchster Beachtung kostengünstiger Behandlung und Verordnung dennoch wegen ungerechtfertigter Überschreitung des Durchschnittsaufwandes oder einschlägiger Richtgrößen die in seinen Behandlungsfällen zu erbringenden ärztlichen Leistungen nicht voll honoriert erhält oder für erhöhten Arzneiaufwand Regress leisten muss, so wäre dies erst **dann untragbar, wenn dadurch** das ihm verbleibende Honorar **nicht mehr** als **angemessene Vergütung**[26] anzusehen wäre: ein Fall, der in der Praxis – soweit ersichtlich – bisher nicht vorgekommen ist.[27] Solange die Vergütung nach den genannten Kriterien (so RdNr 11) nicht als unangemessen anzusehen

16

---

[22] Diesen Vorteil hervorhebend zB BSG vom 14. 3. 2001 – B 6 KA 54/00 R – BSGE 88, 20, 24 = SozR 3-2500 § 75 Nr 12, S 70; vgl ebenso BSG vom 30. 1. 2002 – B 6 KA 20/01 R – BSGE 89, 134, 151 = SozR 3-5520 § 20 Nr 3, S 36; BSG vom 11. 9. 2002 – B 6 KA 23/01 R – SozR 3-5520 § 20 Nr 4, S 44; BSG vom 9. 12. 2004 – B 6 KA 44/03 R – BSGE 94, 50 = SozR 4-2500 § 72 Nr 2 RdNr 135. – Ebenso § 32 RdNr 38 am Ende.
[23] Zitat aus BSG vom 9. 12. 2004 – B 6 KA 44/03 R – BSGE 94, 50 = SozR 4-2500 § 72 Nr 2 RdNr 145 und 147. – So auch schon BSG vom 25. 8. 1999 – B 6 KA 58/98 R – SozR 3-2500 § 85 Nr 34, S 272. – Dazu auch § 34 RdNr 75.
[24] Hierzu s u. § 36.
[25] Hierzu s u. § 36 RdNr 56 ff., insbes RdNr 63 f.
[26] Hierzu s o. RdNr 11.
[27] Solange diese Grenze nicht unterschritten ist, liegt auch keine Unvereinbarkeit mit dem Gesichtspunkt der Einheit der Rechtsordnung vor: s hierzu *Clemens* in: *Schlegel/Voelzke/Engelmann* (Hrsg), jurisPraxisKommentar SGB V, § 106 RdNr 30.

ist, ist der Arzt im Rahmen seiner vertragsärztlichen Tätigkeit nicht berechtigt, Abstriche bei der Qualität seiner Behandlungen zu machen, und auch nicht, die Übernahme von Behandlungen zu verweigern.[28]

17 Schließlich ist im Vergleich mit den **anderen europäischen Staaten** festzuhalten, dass **auch dort die Honorierung** der Ärzte, soweit sie als niedergelassene in dem jeweiligen öffentlichen Gesundheitssystem tätig sind, **sehr begrenzt** ist.[29] Die Möglichkeit eines umfassenden Wechsels des Systems – in der Hoffnung auf bessere Finanzausstattung und höhere Honorierung für die Ärzte unter gesamtwirtschaftlich tragbaren Bedingungen – hat bisher in keiner seriösen Analyse (hierzu s auch oben RdNr 3) aufgezeigt werden können (zu Näherem s nachfolgend).

III. Zusammenhang zwischen Finanzierung der GKV und Honorierung der Ärzte; Fragen der Rationierung

18 Der nach alledem verbleibende Befund, dass die Honorierung der Ärzte im vertragsärztlichen Bereich bis Mitte der 1990er Jahre vorzüglich war, seitdem aber stagniert und in weiten Bereichen die Honorarüberschüsse sinken, beruht vor allem auf folgenden – mindestens **vier** – Faktoren:

19 Erstens sind in Deutschland die **Gesamtvergütungsvolumina,** dh die Höhe der von den Krankenkassen an die Kassenärztlichen Vereinigungen zur Verteilung unter die Ärzte gezahlten Gesamtvergütungen, an die Höhe der von den Versicherten an die Krankenkassen gezahlten Beiträge gebunden (sog **beitragsbasierte Finanzierung,** gemäß § 85 Abs 3 Satz 2 iVm § 71 SGB V mit grundsätzlicher Bindung an die Steigerung des Beitragsaufkommens); dadurch sind sie in den letzten zehn Jahren durchschnittlich jährlich nur um ca 1,1 % gewachsen.[30] Zweitens wachsen die ärztlichen Aufgaben stetig, weil zum einen der **medizinische und medizinisch-technische Fortschritt** ständig mehr Möglichkeiten bietet und infolgedessen vom Arzt mehr Aufwand erfordert sowie zum anderen die **Bevölkerung im Durchschnitt älter** wird und bekanntlich mit wachsendem Alter auch in der Regel der erforderliche medizinische Aufwand steigt (stetig verbesserte Diagnose- und Therapiemöglichkeiten iVm einer Zunahme der sog Morbidität). Drittens ist ungeachtet bestehender Zulassungsbeschränkungen in weiten Bereichen (seit 1993 besteht im vertragsärztlichen Bereich eine versorgungsgradabhängige Bedarfsplanung mit örtlichen Zulassungssperren[31]) festzustellen, dass die **Zahl der Ärzte weiterhin wächst,** und zwar ist sie in den letzten zehn Jahren durchschnittlich jährlich um ca 1,1 % gewachsen,[32] sodass stetig mehr Ärzte aus den nicht gleichermaßen wachsenden Gesamtvergütungen Honorar beziehen, also der Anteil für jeden einzelnen Arzt sinkt. Viertens **wachsen stetig die Praxiskosten** für den einzelnen Arzt; so erhöhen sich zB die Gehälter für die Arzthelferinnen durchschnittlich jährlich um ca. 1,4 %[33], sodass sich für den einzelnen Arzt – zusammen

---

[28] Zu Letzterem oben RdNr 10.
[29] Siehe dazu die Kurzdarstellungen, die in der Homepage der Europäischen Kommission in der Tabelle „Ärzte: Vergütung" veröffentlicht sind und Kurzbeschreibungen der Vergütungssysteme der EU-Migliedstaaten enthalten. Im Internet recherchierbar unter http://ec.europa.eu/employment.social/missoc2001/missoc.47.de.htm.
[30] Durchschnittswerte aus den Veränderungsraten seit zehn Jahren, die jährlich gemäß § 71 Abs 3 SGB V bekannt gemacht werden: Im Internet recherchierbar unter www.google.de mit den Stichworten „Veränderungsraten" und „§ 71 Abs 3 SGB V".
[31] Hierzu s § 29 RdNr 25 ff (insbes 30 ff, 35–41).
[32] S dazu BÄKK: Die ärztliche Versorgung in der Bundesrepublik Deutschland – Ergebnis der Ärztestatistik zum 31. 12. 2007 / Tabelle 1: Entwicklung der Arztzahlen nach ärztlichen Tätigkeitsbereichen (PDF-Datei, im Internet recherchierbar unter www.bundesaerztekammer.de).
[33] Beispielhaft s die jährlichen Steigerungen der Gehälter für Arzthelferinnen um ca 1,4 % (so gemäß den Tarifvertragsabschlüssen, siehe DÄBl 1999, A 2379 (3 %); 2001, A 61 (2 %); 2002, A 591 (1,8 %); 2004, A 1905 (1 %); 2008, A 108 (2,5 %); 2009, A 1012 (5 %) bzw im Internet recherchierbar unter www.google.de mit den Stichworten „Tarifvertrag Medizinische Fachangestellte 2009 Deutsches Ärzteblatt".

mit der Abschöpfung der Erhöhungen der Gesamtvergütungen schon durch die Steigerung der Arztzahlen – netto jeweils ein deutliches Minus ergab. Diese Effekte werden **nicht voll kompensiert durch die Bundeszuschüsse,** die in Höhe von 4 Mrd Euro für 2009 (und gemäß § 221 SGB V jährlich um weitere 1,5 Mrd Euro wachsend bis zu insgesamt 14 Mrd im Jahr 2017) dem System der gesetzlichen Krankenversicherung zugeführt werden.

Die nahe liegende Frage, ob die Bundeszuschüsse nicht erhöht werden können, ist eine politische Frage, die gesamtgesellschaftlich von den dazu berufenen Organen (Parlament und Regierung) zu entscheiden ist. **Ebenso** wie in **allen anderen Staaten mit vergleichbarem Zuschnitt** wie die Bundesrepublik Deutschland besteht keine Neigung, die Kosten des öffentlichen Gesundheitssystems – gleich, ob dies wie in Deutschland beitragsbasiert oder wie in anderen Staaten umfassend steuerfinanziert ist[34] – beliebig zu erhöhen (vgl nochmals oben RdNr 3). Auch alle anderen Staaten vergleichbaren Zuschnitts haben Maßnahmen zur **Begrenzung der Kosten des Gesundheitssystems** ergriffen, sodass in allen Staaten die Honorierung der Ärzte für Behandlungen im Rahmen des jeweiligen öffentlichen Gesundheitssystems sehr begrenzt ist.[35]

Unterschiedlich sind nur das Ausmaß sowie die Art und Weise der Begrenzungen. **Explizite Rationierungen** wie zB in Großbritannien, wo bestimmte ärztliche Maßnahmen ab einem bestimmten Alter nicht mehr finanziert werden (Altersbegrenzungen für zB Hüftoperationen u Ä), sind in Deutschland bisher nicht normiert worden.[36] So verbleibt es in Deutschland dabei, dass die Begrenzungsmaßnahmen – zB die Begrenzungen der Erhöhungen der Gesamtvergütungsvolumina – zu sog **impliziten Rationierungen** führen, dh dass das einzelne Krankenhaus bzw der einzelne Arzt in Bereichen mit Engpässen (so zB insbesondere in Bereichen mit Bedarf nach Organtransplantationen) die Rangfolgen bestimmen müssen. Dies ist keineswegs unproblematisch. Denn damit wird die **Verantwortung** für gesellschaftlich wichtige und gesundheitsrelevante Entscheidungen **von den politischen Instanzen (sog Makroebene)** auf die ärztliche Ebene – in der Arztpraxis bzw im Krankenhaus – verlagert: Die Entscheidungen darüber, wo im Einzelnen einzusparen ist und zulasten welcher Patienten dies geht, werden den einzelnen Sektoren und den in ihnen tätigen, dh **den einzelnen** im Krankenhaus und im vertragsärztlichen Bereich tätigen **Ärzten zugewiesen (sog Mikroebene).** Vor allem im Krankenhausbereich, in dem es häufig um Leben oder Tod geht, kann das eine Verantwortung erfordern, die für den einzelnen kaum tragbar ist. Stehen zB zu wenig lebensrettende Maschinen, zu wenig Intensivbetten, zu wenig Transplantationsorgane oder zu wenig Ärzte zur Verfügung, so obliegt den verbliebenen Ärzten die Entscheidung darüber, welchen der mehreren dafür anstehenden Patienten die verfügbaren Leistungen gewährt werden – eine schwerlich zumutbare Situation.[37]

Ein Unterschied zwischen der deutschen gesetzlichen Krankenversicherung und den öffentlichen Gesundheitssystemen der anderen europäischen Staaten besteht allerdings insofern, als in Deutschland die **Kosten im Arzneimittelbereich** erheblich mehr wachsen als in den anderen Staaten. Zweifellos gibt es pharmazeutische Innovationen, auf deren Einsatz in der GKV nicht verzichtet werden darf. Anderseits kann nicht der Frage ausgewichen werden, welche Kosten durch Innovationen verursacht werden dürfen. Während alle anderen europäischen Staaten Preisregulierungssysteme haben, dh staatliche Behörden,

---

[34] Vgl RdNr 5.
[35] Vgl hierzu oben RdNr 17.
[36] Insoweit scheint bisher noch in Deutschland ein „Tabu" jeglicher Diskussion zu bestehen, wohl gegründet auf die deutsche Geschichte (Euthanasie während des NS-Regimes). – Neuestens scheint es aber Ansätze zu solcher Diskussion zu geben: Siehe das Plädoyer des Präsidenten der Bundesärztekammer, *Dr. Hoppe,* am 22. 4. 2008, dass der BTag – evtl. gestützt auf Empfehlungen eines neu zu schaffenden Gesundheitsrats – zunächst eine Liste derjenigen Krankheitsbilder festlegen solle, deren Behandlung vorrangig von der gesetzlichen Krankenversicherung zu finanzieren sei (siehe Bericht der Frankfurter Allgemeinen Zeitung vom 30. 4. 2008).
[37] Zur Frage, wie dies im Rahmen der Arzthaftung berücksichtigt wird, s § 101 RdNr 48 ff.

die für die Arzneimittel die Preise festlegen, die sie bei Einsatz im Rahmen des öffentlichen Gesundheitssystems kosten dürfen (vgl. § 30 RdNr 38), haben sich in Deutschland solche Preisbegrenzungen bisher nicht durchsetzen lassen.[38] Die Folge ist, dass seit einigen Jahren die **Gesamtausgaben** der gesetzlichen Krankenversicherung **für Arzneimittel** sogar **höher** liegen **als** die **Gesamtausgaben für ärztliche Behandlungen** (in den Jahren 2007 und 2008 jeweils ca 18 % für Arzneimittel im Vergleich zu ca 15 % für ärztliche Honorare).[39] Bisher sind Versuche umfassender Kostenbegrenzungen im Arzneimittelbereich an Einwänden gescheitert, dass dies einen wichtigen Wirtschaftsbereich in Deutschland zu sehr beeinträchtigen würde – uU mit der Folge des Abbaus von Arbeitsplätzen – (so vor allem die Einwände im Bundesrat[40], hier insbesondere vorgetragen von Hessen[41] und auch Bayern[42]). – Zu diesem Thema siehe auch RdNr 16 und § 30 RdNr 38–44.

IV. Systemwechsel hin zu einheitlichen Versicherungsprämien?

23   Problematisch ist die gelegentlich geäußerte Ansicht, man solle das bisherige sog solidarische System aufgeben, in das unterschiedlich hohe Beiträge – aus höheren Verdiensten recht hohe Beiträge und aus geringeren niedrige, nicht kostendeckende Beiträge – einbezahlt werden. Die Ansicht, eine **Alternative** könne ein System sein, in das **jeder Bürger** eine **gleich hohe**, im Durchschnitt kostendeckende **Versicherungsprämie** einzahle, die knapp 200 Euro betragen müsste, muss berücksichtigen, dass ca 20 bis 50 % der Bevölkerung einen solchen kostendeckend kalkulierten Krankenversicherungsbeitrag nicht bezahlen könnten und deshalb zur Stützung ca. **14 bis 26 Mrd Euro aus dem allgemeinen Bundeshaushalt** beigesteuert werden müssten (was einem allgemeinen Solidar-**Steuerzuschlag zwischen 9 und 19 %** entspräche).[43] Ein derartiges kostspieliges System wurde im Jahr 1996 in der Schweiz eingeführt[44] – die von den Bürgern zu zahlenden Prämien stiegen seitdem um 60 %[45], staatliche Zuschüsse müssen für knapp ein Drittel der Bevölkerung bzw 40 % der Haushalte gezahlt werden[46] –; staatstragende politische Kräfte haben bisher vergeblich versucht, das wieder zurückzudrehen.[47]

---

[38] Siehe dazu zB *Beske/Drabinski/Golbach*, 244. – Der hier als Beispiel für geringe Regulierung auch genannten Staat Frankreich hat im Bereich seines öffentlichen Gesundheitssystems im Vergleich zu Deutschland heute die Arzneimittelpreise erheblichen Regulierungsregelungen unterworfen.

[39] Vgl die statistische Übersicht des Bundesministeriums für Gesundheit „über die Finanzielle Entwicklung in der Gesetzlichen Krankenversicherung", im Internet recherchierbar unter www.google.de mit dem Stichwort „Ausgabenanteile 1.–4. Quartal 2008 Bund", dort ist ein Schaubild mit Angabe von Prozent-Anteilen zu finden.

[40] Vgl dazu zB BRat-Drucksache 236/03 vom 23. 5. 2003.

[41] Siehe den Bericht in Spiegel Online vom 22. 5. 2003 „Koch will Positivliste für Arzneimittel stoppen" (im Internet recherchierbar unter www.spiegel.de/politik/deutschland).

[42] Zu den Positionen der Länder siehe die „Stellungnahmen von Bundesländern zur Reform der Versorgungsstrukturen" in: forum für gesundheitspolitik, 2003, 225 ff Gegenüber einer sog Positivliste ablehnend Bayern (aaO 228 f). Deutlich zurückhaltend Baden-Württemberg (227), Saarland (236), Sachsen (239), Thüringen (242).

[43] So RdNr 3 am Ende und die dortige Bezugnahme auf *Pfaff/Langer/Freund*, 9–12.

[44] Siehe dazu *Munder*, 43, 70–72: monatliche Prämie zwischen 193 und 411 Franken; Selbstbeteiligung der Patienten bis jährlich 700 Franken; Notwendigkeit erheblicher Steuermittel für den „sozialen Ausgleich" für Personen mit niedrigem Einkommen, was ein Drittel der Bevölkerung betraf. – Ältere Angaben – betr. 2004 – bei *Beske/Drabinski/Golbach*, Bd. I, 174 f – Zum Schweizer System siehe auch im Internet unter www.wikipedia.de, Stichwort „Krankenversicherung", Abschnitt Schweiz.

[45] Siehe dazu die Zeitschrift „Vernunft Schweiz" (im Internet recherchierbar unter www.vernunft-schweiz.ch), Ausgabe vom 9. 4. 2008, 1.

[46] Hierzu s Neue Züricher Zeitung vom 27. 6. 2008, 33 (im Internet recherchierbar unter www.nzz.ch: Ausgabe NZZ Online vom 25. 6. 2008).

[47] So scheiterte am 11. 3. 2007 eine erste Initiative zu einer Rechtsänderung, die auf die Schaffung einer sozialen Einheitskrankenkasse zielte (dies lehnten die Bürger – mehr als 70 % – ab). Eine weitere Initiative, die auf die Einfügung eines Art 117a in die Schweizer Verfassung „für Qualität und

V. Bürokratisierung und Überregulierung; Undurchschaubarkeit des GKV-Systems

Mindestens ebenso belastend wie das Problem zurückgehender Honorarüberschüsse ist für die Ärzte die **wachsende Bürokratisierung** des ärztlichen Berufs. Zunehmende Regelungen insbesondere über notwendige Rechtfertigungen ihres Behandlungs- und Verordnungsaufwandes – aber auch in anderen Bereichen wie etwa dem Bereich notwendiger Dokumentation – führen dazu, dass sie dafür **stetig mehr Kraft und Zeit**[47a] aufwenden müssen, was sich **zulasten** ihrer Tätigkeit für ihren eigentlichen ärztlichen Auftrag **der ärztlichen Heilbehandlung** auswirkt. Diese Veränderung ihres beruflichen Alltags führt zu innerer Entfremdung von ihrem Beruf, sie führt zu Frustrationen und lähmt ihre Tatkraft bis hin zu Erscheinungen wie dem Burn-out-Syndrom und der Flucht aus ihrem Beruf. 24

Die zunehmende Bürokratisierung beruht auf verschiedenen Faktoren, die ineinander greifen. So nehmen die Anforderungen an die **Dokumentation** der ärztlichen Tätigkeit zu. Dies beruht teilweise auf der **Rechtsprechung zur Arzthaftung,** die aus Dokumentationsmängeln uU eine Beweislastumkehr folgert[48], anderenteils darauf, dass in Leistungstatbeständen des EBM zunehmend eine fachgerechte Dokumentation als Vergütungsvoraussetzung normiert ist. Außerdem drohen durch **verschärfte Überprüfungen** der Wirtschaftlichkeit der Behandlungs- und Verordnungsweise (seitens der Kassenärztlichen Vereinigungen und Krankenkassen) zunehmend Vorhaltungen über zu hohen **Aufwand bei Behandlungen und Verordnungen,** sodass sich die Ärzte deshalb vorsorglich zu umfangreichen Dokumentationen in jedem einzelnen Behandlungsfall veranlasst sehen. Weiterhin gibt es stetig mehr **Form(ular)vorschriften im Abrechnungswesen.** Ferner fordern vermehrte Vorschriften zur **Qualitätssicherung und -steigerung** mehr schriftliche Aufzeichnungen. Schließlich sieht sich der Arzt einer **steten Zunahme von Fachzeitschriften** gegenüber, die er durcharbeiten sollte, um mit dem medizinischen Fortschritt mitzuhalten und so dem Vorhalt nicht standardgemäßer Behandlung keinen Raum zu geben. Mag auch der Ausspruch „ein Arzt liest und schreibt nicht", überzogen sein, so entspricht aber jedenfalls eine derartige Summierung der Anforderungen nicht dem gewöhnlichen Vorstellungsbild vom ärztlichen Beruf. 25

Hinzu kommt die Gesamtentwicklung des Systems der gesetzlichen Krankenversicherung. Dieses System wird **zunehmend unübersichtlicher.** Man mag argumentieren, dass es doch für den Arzt vorteilhaft sei, wenn die Gestaltungsmöglichkeiten für ihn vermehrt würden. So hat er in der Tat heutzutage die Möglichkeit, nicht mehr nur wie bisher in Rechtsbeziehung zu seiner Kassenärztlichen Vereinigung und den zugehörigen Zulassungs- und Prüfgremien zu stehen, sondern für ihn bzw seinen Berufsverband gibt es zahlreiche Möglichkeiten von Direktverträgen mit den Krankenkassen (s dazu §§ 73b, 73c Abs 3, 140a ff SGB V). Die Gestaltungsmöglichkeiten durch Praxisgemeinschaften und Berufsausübungsgemeinschaften (früher Gemeinschaftspraxen) sowie durch Medizinische Versorgungszentren sind vielfältig. Indessen ist die Vielfalt mittlerweile so groß und die Vor- und Nachteile der einzelnen Gestaltungsformen sind so schwer abschätzbar, dass der Arzt für jeden organisatorischen Schritt rechtlicher Beratung bedarf. Der Befund, dass das **vertragsärztliche System für die in ihm agierende Zentralfigur,** den Arzt, **nicht mehr durchschaubar** ist, ist aus meiner Sicht alarmierend: Insoweit ist eine Umkehr anzumahnen! 26

Wirtschaftlichkeit in der Krankenversicherung" gerichtet war, scheiterte am 1. 6. 2008 (wiederum stimmten die Bürger – mit knapp 70 % – dagegen). S dazu im Internet unter www.google.de, Stichworte „Volksinitiativen und Referenden" „Schweiz".

[47a] Zur Arbeitsbelastung durch Bürokratie s die Studie „Ärzte im Zukunftsmarkt Gesundheit 2006", im Internet recherchierbar unter www.google.de, mit dem Stichwort „Ärzte im Zukunftsmarkt Gesundheitsmarkt 2006", dort S 5–7.

[48] Hierzu su § 101 RdNr 48 ff, § 107 RdNr 12 ff, § 108 RdNr 1 ff.

VI. Zum Stellenwert der Therapiefreiheit

27 Zur Therapiefreiheit ist klarzustellen, dass es keinen Anspruch des Arztes darauf gibt, auf Kosten des Systems der gesetzlichen Krankenversicherung jegliche Therapiemethode, die er für sachgerecht hält, anwenden zu dürfen. Sieht man den Fundus der Therapiefreiheit in dem **Grundrecht der beruflichen Betätigungsfreiheit (Art 12 Abs 1 GG),** so ist zu beachten, dass dieses Grundrecht unter einem sog **Gesetzesvorbehalt** steht, dass nämlich die Berufsausübung **durch Gesetz geregelt werden kann** (Art 12 Abs 1 Satz 2 GG). Dies bedeutet, dass der Gesetzgeber nähere Regelungen über die Art und Weise der beruflichen Betätigung treffen, diese also **aus Gründen des Gemeinwohls beschränken** kann.[49] Hierzu gehören auch Bestimmungen im Interesse einer Ausgabenbegrenzung, insbesondere auch Vorschriften wie § 135 Abs 1 SGB V und § 139a SGB V, wonach nur solche **Therapiemethoden** zugelassen sind, die bereits abgesichert sind, dh bei denen eine Überprüfung stattgefunden hat, ob sie ein **ausreichendes Maß an Qualität und Wirksamkeit sowie an Unbedenklichkeit** – insbesondere keine unverhältnismäßigen schädlichen Nebenwirkungen – bieten (§ 135 Abs 1 SGB V) sowie auch bei einer **Kosten-Nutzen-Abwägung** (§ 139a SGB V) akzeptabel sind[50]. Wie sinnvoll solche vorgängigen Überprüfungen sind, hat sich gerade in jüngerer Zeit im Unterschied zum Krankenhausbereich gezeigt, in dem Methoden auch schon ohne eine ebenso strenge vorgängige Überprüfung angewendet werden können (so die andersartige Struktur des § 137c SGB V): Dort war seit Jahren das operative Fräsverfahren mittels Roboters (Robodoc) praktiziert worden, bis sich schließlich Unvollkommenheiten herausstellten, die zu immensen Gesundheitsschäden und auch zu Arzthaftungsprozessen führten.[51] Erst in den letzten Jahren hat das BSG Gelegenheit gehabt, zu § 137c SGB V klarzustellen, dass für den Krankenhausbereich grundsätzlich ähnlich strenge Maßstäbe gelten.[51a]

28 Aber nicht nur solche grundlegenden Vorab-Überprüfungen von Therapieverfahren können die berufliche Betätigungsfreiheit wirksam beschränken (Art 12 Abs 1 Satz 2 GG). Vielmehr stellen **auch Maßnahmen der Kostenbegrenzung,** die aus Gründen begrenzter Finanzmittel (RdNr 19) zu **Honorarbegrenzungen** führen (RdNr 11 und § 34 RdNr 17 ff), wirksame Begrenzungen der Therapiefreiheit dar. Ein „freier Beruf" bedeutet nicht, Therapieverfahren nach eigenem Belieben praktizieren zu dürfen, sondern die einem freien Beruf Zugehörigen dürfen in Vorgaben, denen vernünftige Er-

---

[49] Zu diesem Einschränkungsmaßstab s grundlegend BVerfG vom 11. 6. 1958 – 1 BvR 596/56 – BVerfGE 7, 377, 405 f; std. Rspr., ebenso zB BVerfG vom 17. 2. 1998 – 1 BvF 1/91 – BVerfGE 97, 228, 255. Ebenso auch zB BSG vom 6. 11. 2002 – B 6 KA 21/02 R – BSGE 90, 111, 114 = SozR 3-2500 § 85 Nr 49, S 418.

[50] Zur Kosten-Nutzen-Abwägung anhand von QALY's (qualitätskorrigierter Lebensjahre) s insbes *Engelmann,* Der Anspruch auf Krankenbehandlung im Hinblick auf das Wirtschaftlichkeitsgebot, in: *Jabornegg/Resch/Seewald* (Hrsg), Grenzen der Leistungspflicht in der Krankenbehandlung – Beiträge zu den Deutsch-Österreichischen Sozialrechtsgesprächen, 2007, 109, 136 ff – Zu Aufgaben und Funktion des Instituts für Qualität und Wirtschaftlichkeit im Gesundheitswesen im Arzneimittelbereich siehe § 139a iVm § 35b SGB V (siehe dazu zB *Stapf-Finé,* Soziale Sicherheit 2008, 227).

[51] Vermehrt kam es zu Nervenschädigungen. Soweit die Patienten aber über dieses Risiko aufgeklärt worden waren, hatten ihre Klagen keinen Erfolg (vgl zB BGH vom 13. 6. 2006 – VI ZR 323/04 – BGHZ 168, 103, 107 ff RdNr 11 ff = GesR 2006, 411, 412 f = NJW 2006, 2477, 2478 f RdNr 11 ff; OLG Dresden vom 13. 9. 2007 – 4 U 601/06 – in juris dokumentiert; OLG Sachsen-Anhalt vom 14. 2. 2008 – OLGR Naumburg 2008, 503). Der Mitte der 1990er Jahre in Betrieb genommene Robodoc ist 2003/04 aus dem Dienst genommen worden. Eine neue kleinere – und technisch deutlich weiterentwickelte – Version soll im Jahr 2009 neu in Betrieb gehen (vgl dazu Ärzte-Zeitung vom 13./14. 6. 2008, 1 und 9).

[51a] Siehe zB BSG vom 6. 5. 2009 – B 6 A 1/08 R – BSGE 103 = SozR 4-2500 § 94 Nr 2 RdNr 57 ff.

wägungen des Gemeinwohls zu Grunde liegen, eingebunden sein.[52] Dies ist kein Spezifikum des Arztberufs, sondern gilt ebenso für die anderen freien Berufe wie zB den des Finanzberaters, des Rechtsanwalts, des Notars, des Steuerberaters, des Architekten, der Hebamme usw.

Einzuräumen ist freilich, dass die **Summe der Begrenzungen** im Falle des Arztes, soweit dieser im Rahmen der GKV tätig ist, besonders groß ist und **besonders intensiv** auf den Arzt einwirkt (RdNr 18 ff und 24 ff). Eine verfassungsrechtlich unzulässige Überregulierung läge aber erst dann vor, wenn die Summierung ein Ausmaß erreichte, dass er faktisch keine Freiheit mehr hätte, sodass sein Beruf faktisch des **Wesens als freier Beruf** völlig entkleidet ist (Unverhältnismäßigkeit, evtl. auch Art 19 Abs 2 GG). Dies kann so indessen nicht bzw noch nicht festgestellt werden.

Ein anderer Aspekt ist die Entfremdung der Inhaber freier Berufe vom Wesen ihres Berufskerns: Ärzte sind an sich auf die **primäre Anwendung ethischer Maßstäbe** im Zusammenhang mit der Zuwendung auf das Individuum, den zu behandelnden Patienten, ausgerichtet. Werden aber – wie dies durch Gesetzesreformen in jüngerer Zeit ermöglicht wird[53] – Wirtschaftsunternehmen als Konkurrenten zugelassen, die teilweise mehr kommerziell ausgerichtet sind, so besteht die Gefahr, dass auch die weiter selbstständig tätigen Ärzte ebenfalls in eine primär-ökonomische Ausrichtung gedrängt werden. Ebensolche Gefahren bestehen durch die Möglichkeit für Vertragsärzte, zusätzliche Filialen zu schaffen, in denen der innehabende Vertragsarzt nicht selbst tätig ist.[53a] So unerfreulich solche Entwicklungen für die traditionell selbstständig tätigen Ärzte sein mögen, die Schwelle zur Rechtswidrigkeit – oder gar der Verfassungswidrigkeit – ist nicht erreicht. Dem Gesetzgeber ist es rechtlich nicht verwehrt, gewachsene Strukturen neu zu ordnen und dabei auch in die Struktur des freien Berufs wesensfremde Elemente einzubringen. Er hat umfassend die Aufgabe sowie auch die Befugnis und Freiheit, neue Ordnungssysteme – aber uU auch Unordnungs-Systeme – zu schaffen.

Ein Rechtsverstoß lässt sich im Übrigen auch nicht unter dem Gesichtspunkt des **Art 14 Abs 1 GG,** des sog Eigentumsschutzes, festmachen. Dabei bedarf es keiner ins Einzelne gehenden Analyse, wie Art 12 Abs 1 GG und Art 14 Abs 1 GG voneinander abzugrenzen sind.[54] Soweit das Grundrecht des Art 14 Abs 1 GG herangezogen werden kann, ist bei ihm **ebenfalls** zu beachten, dass auch dieses Grundrecht unter einem sog **Gesetzesvorbehalt** steht, nämlich Inhalt und Schranken durch die Gesetze bestimmt werden (Art 14 Abs 1 Satz 2 GG). Die vorstehend für Art 12 Abs 1 GG benannten zulässigen Begrenzungen gelten mithin ebenso bei Art 14 Abs 1 GG.[55]

VII. Das vertragsarztrechtliche Vierecksverhältnis

In Systemen mit beitragsbasierter Finanzierung, wie dies unter anderem in Deutschland besteht (RdNr 5 und 17–20), ist eine Abhängigkeit zwischen Beitragshöhe und Honorarbemessung unvermeidlich. Je höher das Beitragsaufkommen ist, desto höher können die Honorare bemessen werden. Und umgekehrt: Je höher die Honorare bemessen werden, desto höhere Beiträge müssen von den Versicherten eingefordert werden.

---

[52] Zu diesem Einschränkungsmaßstab siehe grundlegend BVerfG vom 11. 6. 1958 – 1 BvR 596/56 – BVerfGE 7, 377, 405 f; std. Rspr., ebenso zB BVerfG vom 17. 2. 1998 – 1 BvF 1/91 – BVerfGE 97, 228, 255. Ebenso auch zB BSG vom 6. 11. 2002 – B 6 KA 21/02 R – BSGE 90, 111, 114 = SozR 3-2500 § 85 Nr 49 S. 418.
[53] Siehe dazu zB die Zulassung neuer Rechtsformen wie zB Medizinischer Versorgungszentren (vgl § 95 Abs 2 Sätze 5 ff SGB V).
[53a] Vgl dazu § 24 Abs 3 und 4 Ärzte-ZV.
[54] Hierzu insbes – jüngst zusammenfassend – BSG vom 6. 2. 2008 – B 6 KA 41/06 R – BSGE 100, 43 = SozR 4-2500 § 95 Nr 14 RdNr 13).
[55] Vgl hierzu zB BVerfG vom 17. 2. 1998 – 1 BvF 1/91 – BVerfGE 97, 228, 265. Im selben Sinne zB auch BSG vom 6. 2. 2008 – B 6 KA 41/06 R – BSGE 100, 43 = SozR 4-2500 § 95 Nr 14 RdNr 13 am Ende.

33 Während früher – besonders noch in den 1970er Jahren, teilweise noch bis in die 1990er Jahre hinein – feste Honorare für die einzelnen ärztlichen Leistungen gewährt wurden,[56] sodass Leistungsmengensteigerungen mehr Honorarnachzahlungen nach sich zogen und dementsprechend die Beiträge stetig angehoben werden mussten, ist 1993 ein Systemwechsel erfolgt: Der Gesetzgeber hat bestimmt, dass die Beiträge weitestmöglich stabil bleiben sollen, und dementsprechend hat er die Honorierung begrenzt. Dies hat er durch Regelungen dergestalt verwirklicht, dass die Krankenkassen für alle in einem Jahr bzw in einem Quartal erbrachten Leistungen bestimmte Gesamtvergütungsmengen an die Kassenärztlichen Vereinigungen zahlen und mit der so feststehenden Geldgesamtmenge die erbrachten ärztlichen Leistungen honorieren (Näheres RdNr 40). Dieser Zusammenhang wird anschaulich im Schaubild des **vertrags**(zahn)**arztrechtlichen Vierecksverhältnissen**[56a] (zur Ergänzung durch den neuen Gesundheitsfonds siehe RdNr 39):

34

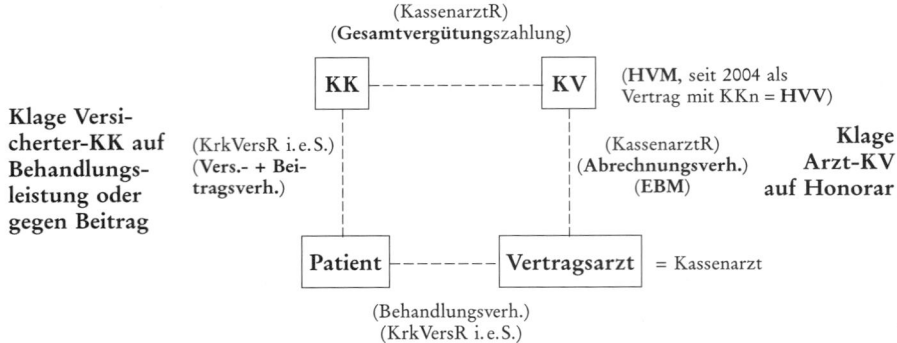

35 Dieses Bild veranschaulicht das Finanzierungssystem mit dem Geldfluss der **Beiträge von den Patienten hin zu den Krankenkassen,** dann die Zahlungen der **Gesamtvergütungen der Krankenkassen an die Kassenärztlichen Vereinigungen** und schließlich von diesen die **Honorarzahlungen an die Vertragsärzte.** Vervollständigt werden die Leistungsbeziehungen in dem Vierecksverhältnis durch die **Leistungserbringung von Arzt an Patient.**

36 In diesem Vierecksverhältnis steckt das **Grundprinzip,** dass der Patient die **Behandlungsleistungen** vom Vertragsarzt empfängt, aber die dafür fälligen **finanziellen Gegenleistungen** einen **anderen Weg** nehmen, nämlich die Patienten Beiträge an die Krankenkassen entrichten, diese sog Gesamtvergütungen an die Kassenärztlichen Vereinigungen zahlen und diese die Honorierung der Vertragsärzte vornehmen.

37 Bei diesem Grundprinzip ist es bis heute geblieben, auch wenn gesetzlich vorgesehene Ausnahmen zunehmend Gewicht erhalten haben, insbesondere vom Gesetzgeber zahlreiche Zahlungsströme direkt vom Patienten zum Vertragsarzt vorgesehen worden sind (Zuzahlungen, Selbstbeteiligungen; s auch Praxisgebühr, die über die Kassenärztlichen Vereinigungen an die Krankenkassen weitergeleitet wird). Aus dem Grundprinzip ergibt

---

[56] Vgl dazu die Entwicklung zusammenfassend *Gurgel,* Die Entwicklung des vertragsärztlichen und vertragszahnärztlichen Vergütungssystems nach dem Zweiten Weltkrieg, Diss 2000, insbesondere 2. Kapitel Abschnitt V. und 5. Kapitel Abschnitt V. (153–169 und 280–290). – Siehe auch BT-Drucks 12/3608 S 72 zur „Sofortbremsung der Kosten" im Wege der Budgetierung der von den Krankenkassen zu zahlenden Gesamtvergütungen durch die Neuregelungen des Gesundheitsstrukturgesetzes vom 21. 12. 1992 (BGBl I, 2266).

[56a] Das Vierecksverhältnis liegt auch der Rechtsprechung des BSG zugrunde. Vgl dazu zB BSG vom 14. 3. 2001 – B 6 KA 54/00 R – BSGE 88, 20, 26 = SozR 3-2500 § 75 Nr 12 S 72; BSG vom 25. 3. 2003 – B 1 KR 29/02 R – SozR 4-1500 § 55 Nr 1 RdNr 3f; BSG vom 17. 9. 2008 – B 6 KA 48/07 R SozR 4-2500 § 75 Nr 9 RdNr 32 und 33 sowie auch 25 und 26.

6. Kapitel. Das Kassenarztrecht/Vertragsarztrecht   38–41   § 24

sich nach wie vor, dass die Vertragsärzte die Patienten nicht zu weiteren zusätzlichen Zahlungen für die gesetzlich vorgesehenen Behandlungsleistungen – über die im SGB V geregelten Ausnahmen hinaus – veranlassen oder solche Zahlungen gar von den Patienten fordern dürfen.[56b]

Das Grundprinzip des Behandlungsverhältnisses zwischen Vertragsarzt und Patient **38** einerseits und des Zahlungsstroms von den Patienten über die Krankenkassen und Kassenärztlichen Vereinigungen zu den Vertragsärzten andererseits hat Durchbrechungen nicht nur durch die genannten zusätzlichen (im Grunde systemwidrigen) Zahlungsströme erfahren, sondern auch dadurch, dass nicht alle Behandlungsempfänger Beiträge an eine Krankenkasse entrichten, dass vielmehr einige von ihnen keine Beiträge entrichten müssen (vor allem die sog familien[mit]versicherten Kinder und Ehepartner gemäß § 10 SGB V[56c]) und dass eine Leistungsberechtigung für einen Monat über das Mitgliedschaftsende hinaus besteht (§ 19 Abs 2 SGB V).

An der Grundstruktur des Vierecksverhältnisses hat auch der seit dem 1. 1. 2009 beste- **39** hende **Gesundheitsfonds** nicht geändert. Ungeachtet des Gesundheitsfonds laufen die Beitragszahlungen der Versicherten (Patienten) nach wie vor bei der Krankenkasse ein, die als Einzugsstelle für alle Sozialversicherungsbeiträge von Arbeitnehmer und Arbeitgeber fungiert (§§ 28d, 28h SGB IV). Die Einzugsstelle (Krankenkasse) leitet die vereinnahmten Krankenversicherungsbeiträge weiter an den Gesundheitsfonds (§ 271 Abs 1 Nr 1 SGB V). Von diesem erhält die Krankenkasse Zahlungen zurück, und zwar umfangsmäßig entsprechend dem Ausmaß der „Morbidität" der bei ihr Versicherten; das kann je nach dem Ausmaß der Morbidität mehr oder weniger sein, als zunächst an Krankenversicherungsbeiträgen bei ihr einging (§§ 266, 268, 270 SGB V). In der Gesamtschau bewirkt der Gesundheitsfonds nur einen **zusätzlichen Umweg der Beiträge**, die zunächst diesem Fonds weitergegeben werden, dann aus ihm an die Krankenkassen entsprechend ihrem Finanzbedarf zurückfließen. Dieser zusätzliche Umweg kommt nur als **Ergänzung** hinzu **zu dem in seiner Grundstruktur weiter bestehenden Vierecksverhältnis**.

Trotz der geschilderten Durchbrechungen (RdNr 37 ff) bleibt Basis des Krankenversi- **40** cherungssystems das dargestellte Vierecksverhältnis. Dieses verdeutlicht, dass die Kassenärztlichen Vereinigungen für die Honorierung der Vertragsärzte nur die von den Krankenkassen erhaltenen **Gesamtvergütungen** zur Verfügung haben. Diese sind **begrenzt,** dh sie richten sich in ihrer Höhe *nicht* nach dem jeweiligen (von Quartal zu Quartal schwankenden) Behandlungsvolumen der Ärzte. Die Kassenärztlichen Vereinigungen können nicht mehr wie unter früheren Systemen nach Maßgabe der von ihren Vertragsärzten erbrachten Einzelleistungen Zahlungen der Krankenkassen abfordern (so bis Anfang der 90er Jahre, vgl oben RdNr 33). Wäre dies der Fall, müssten auch die Beiträge, die die Versicherten an die Krankenkassen entrichten, schwanken. Vielmehr hat der Gesetzgeber eine **Pauschalabgeltung** für alle im Versorgungsbereich erbrachten vertragsärztlichen Leistungen (§ 85 Abs 1 SGB V) eingeführt, und diese zudem dem **Prinzip der Beitragssatzstabilität** unterworfen (§ 71 SGB V), das die Veränderungen der Gesamtvergütungen begrenzt (§ 85 Abs 3 Satz 2 SGB V).[57]

Wenn also die Gesamtvergütungen begrenzt sind, andererseits die Behandlungsvolu- **41** mina der Ärzte von Quartal zu Quartal und von Jahr zu Jahr schwanken, so wird klar, dass nicht von vornherein für jede Leistung eines Vertragsarztes ein bestimmter Geldbetrag

---

[56b] Vgl dazu zB BSG vom 17. 5. 2001 – B 6 KA 8/00 R – MedR 2003, 242 (homöopathische Anamnese); BSG vom 14. 3. 2001 – B 6 KA 36/00 R – SozR 3-2500 § 81 Nr 7 = MedR 2002, 42 (Operations-Zuzahlung); BSG vom 14. 3. 2001 – B 6 KA 76/00 B – in juris dokumentiert (Sonographie-Zuzahlung); BSG vom 11. 10. 2006 – B 6 KA 26/06 B (Privatzahlung für Schmerztherapie).

[56c] Ebenso zB die Bezieher von Kranken-, Mutterschafts-, Erziehungs- oder Elterngeld (§ 224 Abs 1 SGB V).

[57] Zu den engen Voraussetzungen für Änderungen des Gesamtvergütungsvolumens siehe *Clemens* in: *Wenzel*, Kap 11 Abschn B, RdNr 210, 221 f.

festgelegt sein kann. Dem trägt das **Vergütungssystem** dadurch Rechnung, dass jeder Leistung eines Vertragsarztes **zunächst** lediglich eine bestimmte **Punktzahl** zugeordnet ist (festgelegt im sog Einheitlichen Bewertungsmaßstab [EBM[58] – im Zahnarztbereich: Bema[59]]). Erst nach Feststellung der von allen Vertragsärzten einer Kassenärztlichen Vereinigung abgerechneten **Gesamtpunktzahl** und deren **Verhältnis zum Gesamtvergütungsvolumen** lässt sich ein bestimmter (Auszahlungs-)**Punktwert** errechnen, aus dem sich der **konkrete Geldbetrag** für die einzelne Leistung des Vertragsarztes ergibt. Hieraus wird deutlich, dass das konkrete Honorarvolumen, das sich der Vertragsarzt durch seine Leistungen verdient hat, erst nach Vorliegen aller Quartalsabrechnungen aller Vertragsärzte einer Kassenärztlichen Vereinigung errechnet und daher erst Wochen nach Abschluss des Quartals festgesetzt werden kann.[60] Daher können die Kassenärztlichen Vereinigungen ihren Vertragsärzten **zunächst nur** (in der Regel monatlich) **Honorarabschlagspauschalen** gewähren, die dann mit den später ausgerechneten Honoraransprüchen verrechnet werden.

42 Bestünden in dem Bezirk einer Kassenärztlichen Vereinigung keinerlei Honorarverteilungsregelungen, so ließe sich je nach der vom Arzt bzw Zahnarzt erbrachten Punktmenge und dem Verhältnis der Gesamtpunktzahl aller Vertragsärzte der Kassenärztlichen Vereinigung zum Gesamtvergütungsvolumen ein einheitlicher Punktwert für alle Leistungen errechnen, und daraus würde sich das jeweilige Honorar ergeben. Ein in dieser Weise für alle Leistungen einheitlich **floatender Punktwert** hat sich jedoch als unbefriedigend herausgestellt. Da das Behandlungsvolumen tendenziell steigt (wegen des medizinischen und medizinisch-technischen Fortschritts mit verbesserter Diagnostik und kostspieligen Therapiemöglichkeiten; dadurch bedingt auch Zunahme der Lebenserwartung, also höheres Durchschnittsalter der Bevölkerung, damit einhergehend durchschnittlich höhere Krankheitshäufigkeit und auch schwerere Krankheiten), führt ein allgemein floatender Punktwert tendenziell dazu, dass dieser sinkt. Ein sinkender Punktwert mit der Folge sinkender Honorare führt wiederum dazu, dass einige Vertragsärzte das Absinken ihres Einkommens durch eine Vermehrung ihrer Leistungen, dh eine Steigerung ihres Behandlungsvolumens (sog **Mengenausweitung**), zu kompensieren versuchen. Dies allerdings nützt dem Einzelnen insgesamt wenig, denn bei allgemeiner Mengenausweitung sinkt – da das Gesamtvergütungsvolumen begrenzt ist – im gleichen Umfang der Punktwert. Dies kann u. U. einem Teil der Vertragsärzte wiederum Anlass zu erneuter Mengenausweitung geben, mit der Folge wiederum sinkenden Punktwerts und dadurch keiner Einkommenssteigerung. So kann sich ein sinnloser Kreislauf von immer schnellerer Mengenausweitung ergeben, die mangels Einkommenssteigerung ineffektiv ist. Dies wird anschaulich mit einem Hamster verglichen, der in seinem Rad immer schneller läuft und dennoch nicht vorankommt: sog **Hamsterradeffekt.**[61]

43 Nicht einzugehen ist hier auf die Frage, ob bzw inwieweit das hier dargestellte System ab dem 1.1.2009 modifiziert worden ist. Für die **Zeit ab 2009** wurde (zunächst) ein Mischsystem eingeführt, einerseits mit Festhalten an der Gewährung feststehender Gesamtvergütungen, andererseits aber mit teilweiser Garantie fester Punktwerte (sog Euro-

---

[58] Einheitlicher Bewertungsmaßstab für ärztliche Leistungen.
[59] Einheitlicher Bewertungsmaßstab für zahnärztliche Leistungen.
[60] Zu Fragen rückwirkender Honorarfestlegung und -änderung siehe *Clemens* in: *Wenzel*, Kap 11 Abschn B, RdNr 211, 330–332. Zu Rückwirkungsfragen s auch unten § 34 RdNr 98–100.
[61] Zum Hamsterradeffekt s insbes *Clemens* in: *Wenzel*, Kapitel 11 Abschnitt B, RdNr 212, 213, 249. Vgl auch die Kurzbeschreibungen von *Clemens* in: MedR 2000, 17 (unter I.3.), und in: *Umbach/Clemens*, Anhang zu Art 12, RdNr 190. – Aus der Rechtsprechung s BSG vom 8.3.2000 – B 6 KA 7/99 R – BSGE 86, 16, 21 = SozR 3-2500 § 87 Nr 23, S 121; BSG vom 22.6.2005 – B 6 KA 5/04 R – SozR 4-2500 § 85 Nr 17 RdNr 18 am Ende; BSG vom 14.12.2005 – B 6 KA 17/05 R – BSGE 96, 1 = SozR 4-2500 § 85 Nr 22 RdNr 28; BSG vom 8.2.2006 – B 6 KA 25/05 R – BSGE 96, 53 = SozR 4-2500 § 85 Nr 23 RdNr 24; BSG vom 19.7.2006 – B 6 KA 8/05 R – SozR 4-2500 § 85 Nr 28 RdNr 12.

6. Kapitel. Das Kassenarztrecht/Vertragsarztrecht 44, 45 § 24

Gebührenordnung). Dieses System ist indessen von allen Beteiligten als unbefriedigend empfunden worden, zumal hat es zu honorarmäßigen Verwerfungen geführt. Daher ist mit erheblichen Veränderungen spätestens im Jahr 2010 zu rechnen, sodass eine nähere Befassung damit bisher kaum lohnen dürfte.

Der Gefahr von **Mengensteigerungen** mit der Folge eines Hamsterradeffekts 44 (RdNr 42) kann auf verschiedene Weise begegnet werden. Soweit sie **nur von einzelnen Ärzten** ausgehen – diese zB Behandlungen hinsichtlich Häufigkeit oder Intensität über das medizinisch Notwendige hinaus durchführen –, kann dem durch sog Wirtschaftlichkeitsprüfungen begegnet werden, mit deren Hilfe die Kassenärztlichen Vereinigungen, bei denen die Abrechnungen der Vertragsärzte zusammenlaufen, bzw die dafür zuständigen speziellen Prüfgremien das Leistungsverhalten des Einzelnen mit dem durchschnittlichen Verhalten seiner Fachgruppe vergleichen.[62] Nimmt jedoch eine **gesamte Fachgruppe** einigermaßen gleichmäßig – evtl. miteinander abgesprochen[63] – Mengensteigerungen vor, so lässt sich dies nicht mithilfe der sog statistischen Vergleichsprüfung erfassen, die am Behandlungsverhalten des Durchschnitts der Fachgruppe orientiert ist. Dem kann aber durch **Honorarverteilungsregelungen** begegnet werden, indem nicht das Gesamtvergütungsvolumen als Ganzes für die Gesamtheit der Vertragsärzte zur Verfügung gestellt wird, sondern indem dieses im Vorhinein in einzelne Kontingente für jede einzelne Fachgruppe aufgeteilt wird und die **Vertragsärzte einer Fachgruppe jeweils nur aus ihrem „Fachgruppentopf"** honoriert werden. Dann gehen Mengensteigerungen einer Fachgruppe nur zulasten des ihnen zugeteilten Honorarkontingents, und der Punktwert-Verfall betrifft nur die Vertragsärzte der einen Fachgruppe (salopp ausgedrückt: Diese „braten im eigenen Saft"). Dies wirkt erfahrungsgemäß dem sog Hamsterradeffekt entgegen.

Die Idee der **Bildung solcher fachgruppenbezogenen Honorartöpfe** ist lange 45 Zeit das **Kernelement vieler Honorarverteilungsregelungen** gewesen. Zunehmend haben sich aber auch andere Formen der Ausgestaltung von Honorarverteilungsregelungen herausgebildet, um dem Hamsterradeffekt zu begegnen. So erfolgt heute in vielen Bezirken Kassenärztlicher Vereinigungen die Honorarverteilung auf der Grundlage sog **Arzt-Budgets,** dh dass jedem einzelnen Vertragsarzt ein bestimmtes sog **Individualkontingent** zugeordnet wird, das auf eine bestimmte Punktmenge oder auf einen bestimmten Euro-Betrag lautet, die bzw der nach dem Leistungsvolumen dieses Vertragsarztes in der Vergangenheit oder nach dem durchschnittlichen Leistungsvolumen der Fachgruppe bemessen ist: Der Vertragsarzt erhält Honorar zunächst nur bis zu dieser Grenze und für darüber hinaus gehende Leistungen nur noch gering(er)es zusätzliches Honorar.[64] Andere Regelungsmöglichkeiten bestehen darin, **Honorarbegrenzungen je Behandlungsfall** vorzusehen, etwa in der Weise, dass nur bis zu einem bestimmten Fallwert (dh einer bestimmten Fallpunktzahl) eine volle und darüber hinaus nur noch eine abgestaffelte Honorierung erfolgt. Oder es werden **fallzahlorientierte Honorarbegrenzungen** in der Weise festgelegt, dass nur eine bestimmte Zahl von Behandlungsfällen voll und die darüber hinausgehende Zahl nur noch abgestaffelt honoriert wird.[65] Oder es können auch mehrere dieser Begrenzungsmethoden miteinander kombiniert werden.[66]

---

[62] Hierzu s auch § 36 unter RdNr 5 ff; zur Durchschnittsprüfung insbes § 36 RdNr 16 ff iVm 44 ff

[63] Manche Fachgruppen halten seit Langem regelmäßige Treffen in „Qualitätszirkeln" ab. Während diese früher praktisch nur dem gegenseitigen Erfahrungsaustausch und der Besprechung schwieriger Fälle gedient hatten, soll sich mancherorts ihr Charakter geändert haben, Dort wird – so wird gelegentlich berichtet – öfters auch besprochen (und abgesprochen), wie durch Änderung des Behandlungsverhaltens eine Optimierung der Honorare erreicht werden kann.

[64] Zu solchen Regelungen im Einzelnen und den dabei erforderlichen Ausnahmeregelungen für Sonder- und Härtefälle s § 34 RdNr 43 ff und RdNr 60 ff, dort auch RdNr 74–79.

[65] Auch bei solchen Regelungen sind Ausnahmebestimmungen für Sonder- und Härtefälle erforderlich, § 34 RdNr 60 ff, 74 ff; vgl zB auch RdNr 47 am Ende und RdNr 67 am Ende.

[66] Dazu su § 34 RdNr 43–46.

46 Alle derartigen Regelungen haben die Funktion, Mengenausweitungen unattraktiv zu machen. In den verschiedenen Bezirken Kassenärztlicher Vereinigungen sind unterschiedliche Regelungen der Honorarverteilung eingeführt und erprobt worden, in manchen Bezirken besteht mittlerweile die Tradition eines bestimmten Regelungstyps. Das Spektrum dieser unterschiedlichen Regelungssysteme spiegelt die Weite der Gestaltungsfreiheit bei der Regelung der Honorarverteilung wider.

47 Als **Zwischenergebnis** bleibt festzuhalten, dass sich das Honorar für den einzelnen Vertragsarzt – in dem Rahmen der durch das **Gesamtvergütungsvolumen** festgelegten Begrenzung – aus der **im EBM bzw Bema festgelegten Punktzahl in Verbindung mit** den sich aus den **Honorarverteilungsregelungen** ergebenden Punktwerten ergibt.

48 Die Kontrollfunktion der für das Kassen(zahn)arztrecht zuständigen Kammern und Senate der Sozial-, der Landessozialgerichte und des BSG besteht bei den Honorarverteilungsregelungen darin, diese auf ihre Rechtmäßigkeit zu überprüfen, insbesondere, sie am Maßstab von Art 12 Abs 1 GG iVm Art 3 Abs 1 GG – dem sog „Grundsatz der Honorarverteilungsgerechtigkeit" – darauf hin zu kontrollieren, ob ihre Ausgestaltung etwa Gruppen, die über nur wenig Einfluss in der Vertreterversammlung und im Vorstand der Kassenärztlichen Vereinigung verfügen, sachwidrig oder sonstwie unverhältnismäßig benachteiligt (sog Minderheitenschutz). – Darauf ist in § 34 RdNr 7 iVm 17 ff im Einzelnen einzugehen.

VIII. Weitere Fragen

49 Gemäß den vorstehend dargestellten Grundlagen des Finanzierungssystems (RdNr 3 ff) in Verbindung mit der Funktionsweise des vertragsarztrechtlichen Vierecksverhältnisses (RdNr 32 ff) ergibt sich die vertragsärztliche und -zahnärztliche Honorierung aus den Bestimmungen des EBM und des Bema, jeweils in Verbindung mit den Honorarverteilungsregelungen. Dabei sind für den Arzt in der Praxis von besonderem Interesse die in den **Honorarverteilungsregelungen** gestaltbaren **Honorarbegrenzungen** (§ 34). Für den Arzt ist zudem von Bedeutung, welche Honorarkorrekturen er uU zu gewärtigen hat. Diese kommen in dreierlei Gestalt vor. Zum einen kann ihm entgegengehalten werden, er habe bei seiner Quartalsabrechnung Leistungen in Ansatz gebracht, die nach den Regelungen des EBM bzw des Bema so nicht abrechenbar seien (sog **sachlich-rechnerische Richtigstellung,** § 35). Zum anderen gibt es das Instrument der sog Wirtschaftlichkeitsprüfung, mit dem einem Arzt uU vorgehalten wird, er habe zu viele Leistungen erbracht, diese seien nicht notwendig und daher unwirtschaftlich gewesen (sog **Honorarkürzung wegen Unwirtschaftlichkeit,** § 36 RdNr 43 ff). Zum dritten kann es zu Regressen kommen, dh der Arzt wird für angeblich **unnötige oder unzulässige Verordnungen** von Arznei-, Heil- oder Hilfsmitteln in Anspruch genommen **(Regress** wegen Unwirtschaftlichkeit oder Regress wegen Fehlens der Arzneizulassung, wegen Off-Label-Use oder wegen Verordnungsausschlusses, § 36 RdNr 84 ff, 136 ff, 139 ff, 153 ff).

50 Alles dies wird in den späteren §§ 34–36 dargestellt.

6. Kapitel. Das Kassenarztrecht/Vertragsarztrecht   § 25

§ 25 Status des Vertragsarztes, seine Rechte und Pflichten

Inhaltsübersicht

	RdNr
I. Vertragsarzt als Freiberufler	1
II. Rechte des Vertragsarztes	3
III. Pflichten des Vertragsarztes	5
1. Untersuchungs- und Behandlungspflicht des Arztes	9
2. Pflicht zur Teilnahme am organisierten Notfalldienst (§§ 75 Abs 1, 76 Abs 1 SGB V)	12
3. Vertragsärztliche Fortbildungspflicht (§ 95 d SGB V)	14
4. Pflicht zur Vertretung bei Abwesenheit in der Praxis	15
5. Medizinische Aufklärungspflicht des Arztes	16
6. Wirtschaftliche Aufklärungspflicht des Arztes	24
7. Ärztliche Dokumentationspflicht	28
IV. Folgen eines Verstoßes gegen vertragsärztliche Pflichten	31
V. Ende der Rechte und Pflichten des Vertragsartzes	34

Schrifttum: *Axer,* Das Kollektivvertragsrecht in der vertragsärztlichen Versorgung, in: *Schnapp/ Wigge* (Hrsg), Handbuch Vertragsarztrecht, 2. Aufl 2006, § 8; *Boecken,* Der Status des Vertragsarztes: Freiberufler oder arbeitnehmerähnlicher Partner im System der gesetzlichen Krankenversicherung, in: Festschrift für Maurer, 2001, S. 1091; *Bogs,* Das Grundrecht der Berufsfreiheit (Art 12 GG) im Spiegel des Arztsystems, in: *Becker/Bull/Seewald* (Hrsg), Festschrift für Werner Thieme zum 70. Geburtstag, 1993, S. 715 ff; *Fehn,* Der medizinische Heileingriff als Körperverletzung und die strafrechtliche Bedeutung von Aufklärungsmängeln im Überblick, GesR 2009, 11; *Füllgraf,* Zur wirtschaftlichen Aufklärungspflicht des Arztes NJW 1984, 2619; *Geilen,* Ärztliche Aufklärungspflicht, in: *Wenzel* (Hrsg), Handbuch des Fachanwalts Medizinrecht, 2. Aufl 2009, Kap. 4 RdNrn 433 ff; *Gläser,* Fehlerhafter Vertragsarztstatus und vertragsärztliche Honorarrückforderung, ZMGR 2008, 311; *Grams,* Arzthaftung für den „schadensfreien" Eingriff mangels Einwilligung wegen unterbliebener Aufklärung (eigenmächtige Heilbehandlung)?, GesR 2009, 69; *Kaiser,* Arzthaftungsrecht, in: *Ratzel/Luxenburger* (Hrsg), Handbuch Medizinrecht, 2006, § 12 (insbes RdNr 115 ff und 427 ff); *Kass-Komm* (Gesamtredaktion: *Niesel*), Sozialversicherungsrecht, 15. EL, 2008; *Katzenmeier,* Arzthaftung, 2002; *Katzenmeier,* Verrechtlichung der Medizin, in: *Katzenmeier/Bergdolt* (Hrsg), Das Bild des Arztes im 21. Jahrhundert (Kölner Schriften für Medizinrecht, Bd. 1), 2009, S. 45 ff; *Katzenmeier,* Kostendruck und Standard medizinischer Versorgung – Wirtschaftlichkeitsgebot versus Sorgfaltsgebot?, in: *Greiner u.a.* (Hrsg), Neminem laedere (FS für Gerda Müller), 2009, 237; *Knopp,* Die Honorierung vertragsärztlicher Leistungen – unter besonderer Berücksichtigung des Honorarbescheides, 2009; *Laufs,* Immer weniger Freiheit ärztlichen Handelns?, NJW 1999, 2717; *Lippert,* § 8 Aufklärungspflicht, in: *Ratzel/Lippert,* Kommentar zur Musterberufsordnung der deutschen Ärzte (MBO), 4. Aufl, 2006; *Neumann,* Die Berufsfreiheit der Leistungserbringer zwischen Eingriff und Teilhabe, in: *Wulffen/Krasney* (Hrsg), FS 50 Jahre BSG, 2004, 245 ff; *Orlowski/Halbe/Karch,* Vertragsarztrechtsänderungsgesetz (VÄndG), 2. Aufl 2008; *Pawlita,* in: *Schlegel/Voelzke/Engelmann* (Hrsg), jurisPK-SGB V, § 95, insbes RdNr 343 ff; *Plagemann* (Hrsg), Sozialrecht, 3. Aufl 2009; *Quaas,* Zur Berufsfreiheit des Freiberuflers, insbesondere der Ärzte, MedR 2001, 34; *Ratzel/Lippert,* Kommentar zur Musterberufsordnung der deutschen Ärzte (MBO), 4. Aufl 2006; *Ratzel/Luxenburger* (Hrsg), Handbuch Medizinrecht, 2008; *Rieger/Dahm/Steinhilper* (Hrsg), HK-AKM 2008; *Schelling,* Die Pflicht des Arztes zur wirtschaftlichen Aufklärung im Lichte zunehmender ökonomischer Zwänge im Gesundheitswesen, MedR 2004, 423; *Schiller,* Niederlassung, Praxissitz, Vertragsarztsitz, ausgelagerte Praxisräume, Zweigpraxis, NZS 1997, 103; *Schlegel/Voelzke* (Hrsg), jurisPraxisKommentar SGB V, 2008; *Schnapp/Wigge* (Hrsg), Handbuch des Vertragsarztrechts, 2006; *Sodan,* Freie Berufe als Leistungserbringer im Recht der gesetzlichen Krankenversicherung, 1997; *Sodan,* Verfassungsrechtsprechung im Wandel – am Beispiel der Berufsfreiheit, NJW 2003, 257; *Steinhilper,* Der Vertragsarzt – Überreguliert oder noch geschützt?, GesR 2009, 337; *Taupitz,* Die Standesordnungen der Freien Berufe, 1991; *Tettinger,* Grundfragen zahnärztlicher Freiberuflichkeit, MedR 2001, 287; *Weiß,* Der Vertragsarzt zwischen Freiheit und Bindung, NZS 2005, 67; *Wenner,* Vertragsarztrecht nach der

Gesundheitsreform, 2008; *Wenzel* (Hrsg), Handbuch des Fachanwalts Medizinrecht, 2. Aufl. 2009; *Wigge*, Die Rechtsstellung des Vertragsarztes, in: *Schnapp/Wigge* (Hrsg), Handbuch des Vertragsarztrechts, 2. Aufl 2006, 19 ff.

I. Vertragsarzt als Freiberufler

1 Das Bundesverfassungsgericht[1] hat dem Vertragsarzt[2] den Status der Freiberuflichkeit zugeordnet.[3] Auch die Musterberufsordnung (MBO) definiert den Arztberuf als „seiner Natur nach ... freien Beruf" (§ 1 Abs 1[4]). Der Begriff „freiberuflich" suggeriert dabei einen klaren Inhalt, der ihm nach der Rechtsprechung jedoch nicht zukommt.[5] Die Honorare für vertragsärztliche Leistungen unterliegen, da nicht aus gewerblicher Tätigkeit stammend, nicht der Gewerbesteuer.[6]

2 Der Vertragsarzt ist mit seiner Zulassung[7] in das System der ambulanten vertragsärztlichen Versorgung mit Berechtigungen und Verpflichtungen eingebunden. Insbesondere

---

[1] BVerfGE 10, 354 (364); 11, 30 (41); 12, 144 (147); s auch NJW 1963, 1667 und MedR 2004, 680. Zur Problematik der Freiberuflichkeit von Vertragsärzten s grundlegend *Sodan*, Freie Berufe als Leistungserbringer im Recht der gesetzlichen Krankenversicherung, 1997; erg s *ders* NJW 2003, 257; *Quaas* MedR 2001, 34. Sehr kritisch *Hufen* NJW 2004, 14 (16 f). Aus der älteren Literatur sehr aufschlussreich *Bogs*, Das Grundrecht der Berufsfreiheit (Art 12 GG) im Spiegel des Arztsystems, in: FS Thieme, 715 (718 ff), ferner *Schulin* VSSR 1994, 357 ff. Zur Freiberuflichkeit von Zahnärzten s *Tettinger*, MedR 2001, 287. „Immer weniger Freiheit ärztlichen Handelns" beklagt *Laufs* NJW 1999, 2717; erg. so *Laufs* § 3 I.

[2] Dieser Begriff (eingeführt durch das GSG) löste zum 1. 1. 1993 die bisherige Bezeichnung „Kassenarzt" ab. Zur „geschichtlichen Entwicklung des Vertragsarztrechts" s *Schnapps* gleichnamigen Beitrag in: *Schnapp/Wigge* (Hrsg), Handbuch des Vertragsarztrechts, 2. Aufl 2006, § 1. Der Begriff umfasst im Folgenden auch die Rechte und Pflichten anderer Leistungserbringer im System der ambulanten vertragsärztlichen Versorgung, zB psychologische Psychotherapeuten, MVZ, angestellte Ärzte. Abweichungen sind gekennzeichnet.

[3] In der Literatur wurde der Kassen/Vertragsarzt demgegenüber zT als 2/3-Beamter eingestuft (*Bogs*) oder Halbbeamter eingestuft; zT ist von „*staatlich gebundenem Beruf*" oder vom Vertragsarzt als „Beliehener" die Rede, zT vom „*Amt* des Vertragsarztes" (öffentlicher Dienst) mit der Pflicht zur Wahrnehmung „staatlicher Aufgaben", vom „*arbeitnehmerähnlichen Partner im System der gesetzlichen Krankenversicherung*" (vgl. *Boecke*, FS für Maurer, 2001, S. 1091), von einer „*amtsähnlichen Stellung*" oder von einem „*Kassenbeamten*". Kritisch zu diesen Bewertungen mit überzeugender Begründung und guter Dokumentation *Weiß* NZS 2005, 67 ff. (*Triepel*, Staatsdienst und staatlich gebundener Beruf, in: FS Bindung, Bd 2, 1911, 1). Das BSG hat es vermieden, vom Vertragsarzt als Beliehenem zu reden (ansatzweise nur in BSGE 73, 271 (281); gegen den Beliehenenstatus *Weiß* NZS 2005, 67 und *Sodan* NZS 2005, 67 (69), sieht in ihm aber einen „Vertreter der Krankenkassen". Das BVerfG sieht die Vertragsärzte mittlerweile als weit gehend reguliert und damit auch wirtschaftlich eingeengt an (BVerfG MedR 2004, 680). Zum Spannungsverhältnis zwischen Freiheit und Bindung des Vertragsarztes s auch *Quaas* MedR 2001, 34.

[4] Ähnlich die Formulierung in § 1 Abs 2 PartGG und in § 18 EStG.

[5] BVerfG 10, 354 (364): Der Begriff „Freiberuflichkeit" ist ein „rechtlich nicht fest umrissener Sammelname". *Ratzel* (HdB MedizinR, 47) spricht insoweit gar von der „Mär" des Arztes als freier Beruf. Er beruft sich insoweit auf Mitglieder des BVerfG, die im Vertragsarzt eher einen „staatlich gebundenen Beruf" sehen. Grundlegend zu diesen Fragen *Taupitz*, Die Standesordnungen der Freien Berufe, 1991; s ferner *Ratzel/Küpper*, (HdB MedizinR) § 5; s auch *Sodan*, Verfassungsrechtsprechung im Wandel – am Beispiel der Berufsfreiheit, NJW 2003, 257 ff. *Schnapp*, in: *Schnapp/Wigge* (Hrsg), S. 85 f) greift die Kritik der Literatur an der Rechtsprechung des BVerfG zur Berufsfreiheit der Ärzte auf und plädiert für Wettbewerb bzw. Wettbewerbsgleichheit unter den Leistungserbringern: „Gebot der Einräumung gleicher rechtlicher Chancen am Wettbewerb".

[6] Die Gewerbesteuerfreiheit ist verfassungskonform (BVerfG Beschl v 15. 1. 2008 – 1 BvL 2/04), verstößt insbes nicht gegen Art 3 GG. Für Gemeinschaftspraxen (insbes Labor) und MVZs gelten jedoch Ausnahmen.

[7] Höchstpersönliches Recht, öffentlich-rechtliche Position; vgl BSG NZS 2001, 160; erg s *Wigge* NZS 1989, 53 (57). Die Zulassung unterliegt (bei Vertragsärzten) der Bedarfsplanung (§ 99 ff SGB V; s dazu ausführlich *Dahm*, Bedarfsplanung, HK-AKM, Beitrag 720 – Stand: 2008). Das

6. Kapitel. Das Kassenarztrecht/Vertragsarztrecht   3 § 25

Art und Umfang seiner Leistungen in der ambulanten vertragsärztlichen Versorgung sind unter Beachtung des Grundsatzes der Wirtschaftlichkeit[8] gesetzlich vorgegeben.[9] Der Vertragsarzt bewegt sich also keineswegs nicht in rechtsfreiem Raum, sondern ist an Gesetz und Recht gebunden,[10] auch an das ärztliche Berufsrecht.[11] Beklagt wird aber eine zunehmende Verrechtlichung und teilweise Überregulierung (vertrags-)ärztlicher Tätigkeit[11a], wobei der Staat nicht nur vorschreibt, sondern auch kontrolliert.

II. Rechte des Vertragsarztes

Durch seine Zulassung erlangt der Vertragsarzt[12] öffentlich-rechtliche Berechtigungen, 3 insbesondere das Recht, an der ambulanten vertragsärztlichen Versorgung von GKV-Patienten teilzunehmen.[13] Er ist dabei an das Sachleistungsprinzip (§ 2 Abs 2 Satz 3 SGB V)[14] gebunden und an den Leistungskatalog des EBM und nachgeordneten Richt-

---

BVerfG hat die Bedarfsplanung für verfassungsgemäß gehalten (BVerfGE 11, 30; 12, 144). Für Vertragszahnärzte ist die Bedarfsplanung aufgehoben. Erg. s unten *Krauskopf/Clemens* § 29 III.

[8] Zum Spannungsverhältnis von gesetzlichem Wirtschaftlichkeitsgebot und ärztlichem Anspruch auf angemessene Patientenversorgung s *Katzenmeier*, Der Arzt im Spannungsfeld von Versorgungsgerechtigkeit und Wirtschaftlichkeit, in: *Katzenmeier/Bergdolt* (Hrsg), Das Bild des Arztes im 21. Jahrhundert, Heidelberg 2009, S. 37 ff.; ferner – unter Einbeziehung der Haftungsfrage – *Katzenmeier*, Kostendruck und Standard medizinischer Versorgung – Wirtschaftlichkeitspostulat versus Sorgfaltsgebot? in: *Greiner u. a.* (Hrsg), Neminem laedere (FS für Gerda Müller), 2009, S. 237 ff., ferner *Lesinski-Schiedat* MedR 2007, 345 ff; s auch schon *Kluth* MedR 2005, 65.

[9] Ergänzt um untergesetzliche Richtlinien und Verträge; zu den „untergesetzlichen Rechtsquellen im Vertragsarztrecht am Beispiel der Richtlinien" s statt aller *Schnapps* gleichnamigen Beitrag in: *Wulffen/Krasney* (Hrsg), FS 50 Jahre BSG, 2004, 497 ff. mwN.

[10] Durch die Zulassung werden neben den Gesetzen auch Verträge der KV und der KBV für den Vertragsarzt verbindlich. Freiberuflichkeit heißt also nicht Bindungslosigkeit. Zustimmend *Katzenmeier*, Verrechtlichung der Medizin, in: *Katzenmeier/Bergdolt* (Hrsg), S. 45 (46). Zur Entwicklung des Vertragsarztrechts s *Maaß* NJW 2001, 3369, NZS 2002, 635, NZS 2004, 19, NZS 2005, 9 und 62, NZS 2006, 63, NZS 2007, 7.

[11] Vorgeformt durch die Empfehlungen der Deutschen Ärztetage in der MBO (s dazu statt aller *Ratzel/Lippert*, Kommentar zur MBO), verpflichtend aber erst durch die jeweiligen Ländergesetze. Zum Berufsrecht der Heilberufe s neuerdings auch die Übersicht von *Ratzel/Küpper* in HdB MedizinR, 57 ff, ferner *Hoppe/Schirmer*, Ärztliches Berufsrecht, in: *Wenzel* (Hrsg), Kapitel 9 A.

[11a] *Katzenmeier*: „Recht kann schaden, wenn es überdosiert wird – wie bei Ärzten" (in: *Katzenmeier/Bergdolt* (Hrsg) aaO, S. 45). S auch *Nagel* ebenda 37 und *Steinhilper* GesR 2009, 337.

[12] Nach § 72 Abs 1 SGB V iVm § 1 Abs 3 Ärzte-ZV gelten die Regelungen über das Vertragsarztrecht für psychologische Psychotherapeuten und MVZ entsprechend, sofern nichts anderes ausdrücklich geregelt ist.

[13] Geregelt im SGB V und ergänzenden Richtlinien und Verträgen auf Bundes- und Landesebene. Zum „Umfang der vertragsärztlichen Versorgung" s den gleichnamigen Beitrag von *Jörg* in: *Schnapp/Wigge* (Hrsg), Handbuch des Vertragsarztrechts, 2. Aufl 2006, § 11 mwN; erg s § 26. Teilweise abweichend davon der Status des angestellten Arztes (s dazu § 29a; ferner *Steinhilper,* Der angestellte Arzt in der vertragsärztlichen Versorgung, in: *Halbe/Schirmer* (Hrsg), Handbuch Kooperationen im Gesundheitswesen, 2007, Beitrag A 1300 mwN.

[14] Das Sachleistungsprinzip war 1883 eingeführt worden (Gesetz zur Krankenversicherung der Arbeiter (RGBl. 1883, 73). Durch das GRG ist es auch im SGB V seit 1. 1. 1989 ausdrücklich verankert. Bis dahin galt es als übernormativer Grundsatz (z.B. BSGE 55,188). Die Alternative wäre das Prinzip der Kostenerstattung auch im Bereich der GKV. Die Vorteile werden zT überzeichnet. Sehr kritisch bis ablehnend zum Prinzip der Kostenerstattung in der GKV (weil missbrauchsfördernd und nicht versorgungsverbessernd) *Wasem* MedR 2000, 472 ff. und *Fischer*, in: *Blanke* (Hrsg.), S. 163 ff. Zum Sachleistungsprinzip in der GKV s grundlegend *Ebsen*, Die ambulante ärztliche Versorgung als Sachleistung der GKV im Überschneidungsfeld von Sozialversicherung und ärztlichem Berufsrecht, in: Fiat justitia – Recht als Aufgabe der Vernunft (FS Krause), 2006, S. 97 ff; s auch *Muckel*, SGB 1988, 385 und *Harich*, Das Sachleistungsprinzip in der Gemeinschaftsrechtsordnung, 2006. – Zu den Alternativen zur Regelversorgung im Recht der GKV (insbes Modellvorhaben,

linien etc, die den Leistungsumfang durch Ratinierungsregelungen, Bugetierungen etc zunehmend begrenzen. Mit der Leistungspflicht des Vertragsarztes korrespondiert der Anspruch des Patienten auf gesundheitliche Versorgung (§ 27 SGB V). Von den Patienten wird dieser Anspruch oft als umfassendes Leistungsversprechen verstanden. In Wirklichkeit gibt es zunehmend Leistungsausschlüsse und -beschränkungen,[14a] für den Patienten zudem Zahlungsverpflichtungen.[14b] Erwartung des Patienten und Leistungsmöglichkeit des Vertragsarztes sind mithin nicht immer deckungsgleich.[14c] Zugleich wird der Vertragsarzt mit seiner Zulassung Mitglied der für ihn zuständigen KV mit den in §§ 79 ff SGB V verankerten Mitgliedschaftsrechten.[15] Angestellte Ärzte[16] (in einer Einzelpraxis, einer Berufsausübungsgemeinschaft oder einem MVZ) erlangen mit ihrer Genehmigung zur Anstellung grundsätzlich dieselben Rechte.[17]

4 Der Vertragsarzt hat keinen unmittelbaren Vergütungsanspruch für seine ärztlichen Leistungen, sondern nimmt ab seiner Zulassung nach § 85 Abs 4 SGB V an der Honorarverteilung[17a] durch die KV teil.[17b] Dieser Anspruch besteht erst ab bestandskräftiger

---

nach §§ 63, 64 SGB V, Strukturverträge nach § 73a SGB V, integrierte Versorgung nach § 140b SGB V,) s. *Quaas/Zuck,* Medizinrecht, § 11 mwN.

[14a] Für ärztliche Behandlungen und Verordnungen, zuletzt wieder durch das GKV-WSG und GKV-OrgWG.

[14b] ZB § 28 Abs 4 SGB V (Praxisgebühr), Zuzahlungen bei Arznei- und Hilfsmitteln sowie bei Krankenhausbehandlunge (§§ 31 Abs 3, 33 Abs 8, 39 Abs 4 SGB V).

[14c] Verschärft wird dieser Konflikt durch den „Nikolaus"-Beschluss des BVerfG (BVerfGE 115, 24 = GesR 2006, 71), wonach GKV-Patienten unter bestimmten (aber letztlich nicht klaren) Voraussetzungen Anspruch auch auf nicht anerkannte Behandlungsmethoden haben. Zu diesem Beschluss und Fragen der Leistungsbegrenzung im GKV-Bereich s *Wenner* GesR 209, 169 mwN.

[15] Insbes aktives und passives Wahlrecht und Teilhabe an der Verteilung der Gesamtvergütung als Honorar für ärztliche Leistungen (§ 77 Abs 3 S 2 SGB V). Die Mitgliedschaft ist eine Pflichtmitgliedschaft § 95 Abs 3 S. 3 SGB V). Zur Organisationsstruktur der KVen und den Rechten ihrer Mitglieder s *Schiller,* in: *Schnapp/Wigge* (Hrsg), § 5 mwN.

[16] Dazu ausführlich *Steinhilper,* Angestellte Ärzte in der vertragsärztlichen Versorgung, in: *Halbe/Schirmer* (Hrsg), Handbuch Kooperationen, 2007, Beitrag A 1300; erg s *Schallen/Kleinheidt,* Verträge für angestellte Ärzte und Vertreter, 2007; s auch *Zwingel/Preißler,* Ärztekooperationen und Medizinische Versorgungszentren, 2008, 25.

[17] Mitgliedschaft in der KV erst ab mind. halbtätiger Beschäftigung (§ 77 Abs 2, S. 2 SGB V).

[17a] Zur „Honorierung vertragsärztlicher Leistungen (unter besonderer Berücksichtigung des Honorarbescheides)" s neuerdings die gleichnamige Monographie von *Knopp,* 2009 mwN. S. auch *Clemens,* Honorierung und Honorarverteilung im Kassenarztrecht, in: *Wenzel* (Hrsg), Handbuch des Fachanwalts Medizinrecht 2007, S 1020 ff und *Clemens* unten § 34.

[17b] Wird gegen eine Zulassung oder einen anderen statusbegründenden Verwaltungsakt Widerspruch eingelegt oder Klage erhoben, so haben diese idR aufschiebende Wirkung. Diese entfällt ex tunc, wenn die Rechtsmittel zurückgewiesen werden. Erbringt ein Leistungserbringer aufgrund eines ihn begünstigten Verwaltungsaktes unmittelbar nach dem Zugang der Entscheidung ärztliche Leistungen, so geschah dies bisher auf eigenes Risiko. Wurde dem Widerspruch später stattgegeben, entfiel ein Honoraranspruch, da der Widerspruch nach Auffassung des BSG (Urt v 28. 1. 1998 SozR 3-1500 § 97 Nr 3; aA: *Bracher* MedR 2001, 452 (453 ff) und SG Potsdam GesR 2008, 561) auf den Zeitpunkt der Entscheidung zurückwirkt (ex tunc). Zur Vermeidung dieses Risikos bestand nur die Möglichkeit, die Anordnung des Sofortvollzug der Entscheidung zu beantragen (zuständig nicht die Zulassungsausschüsse, sondern erst der Berufungsausschuss oder das Sozialgericht; vgl. neuerdings erneut LSG Bayern Beschl v 22. 8. 2008 – L 12 B 650/07 KA/ER). Zur bisherigen Rechtsprechung zu dieser vielschichtigen Problematik s *Clemens,* Aufschiebende Wirkung und sofortige Vollziehbarkeit im sozialgerichtlichen Verfahren, in: Arbeitsgemeinschaft Medizinrecht (Hrsg), S 323 ff mit ausführlichen Rechtsprechungsnachweisen.

Inzwischen hat das BSG (Urt v 11. 3. 2009 – B 6 KA 15/08 R), seine Rechtsprechung geändert: die aufschiebende Wirkung des Widerspruchs der KV, der Krankenkassen oder eines drittbetroffenen Arztes tritt danach erst mit der Bekanntgabe des Widerspruchs an den begünstigten Arzt ein. Leistungen, die der Arzt ab dem Zeitpunkt zB seiner Zulassung bis zur Bekanntgabe eines Widerspruchs dagegen erbracht hat, sind mithin abrechnungsfähig.

6. Kapitel. Das Kassenarztrecht/Vertragsarztrecht   5, 6 § 25

Entscheidung über die Zulassung oder andere statusbegründende Positionen (z B Ermächtigung). Grundlage für den Honoraranspruch sind die jeweiligen Honorarverteilungsverträge[18], zwischen den Krankenkassen der KV (§ 85 Abs 4 aF SGB V), ab 2009 aufgrund der bundeseinheitlichen Regelungen nach §§ 87–8 d SGB V iVm mit dem EBM und den Beschlüssen des (Erweiterten) Bewertungsausschusses.[18a] Mit seiner Zulassung ist der Vertragsarzt auch berechtigt, an dem organisierten ärztlichen Notfalldienst teilzunehmen, soweit dies nach dem jeweiligen Berufsrecht vorgesehen ist. Teilnahme am Notfalldienst kann auch berufsrechtliche Pflicht sein (Folge aus dem Sicherstellungsauftrag der KVen; §§ 75 Abs 1, 76 Abs 1 Satz SGB V).

III. Pflichten des Vertragsarztes

Der Katalog der Pflichten eines Vertragsarztes[19] ist weit;[20] sie ergeben sich zunächst aus   5
dem Behandlungsvertrag mit dem Patienten, ferner zT aus dem Berufsrecht, zT aus SGB V,[21] der Ärzte-ZV,[22] ergänzt um untergesetzliche Normen (insbesondere Bundesmantelverträge, Verträge und Richtlinien auf Bundes- und Landesebene). Nach Gesetz und Satzung der jeweiligen KV ist der Vertragsarzt an diese Normen als Folge seiner Teilnahme an der vertragsärztlichen Versorgung gebunden.[23]

Diese Pflichten sind inzwischen sehr umfangreich und engen das Handlungsfeld des   6
Vertragsarztes ein mit der generellen Frage, ob durch weitere (Über)Regulierungen die Grenzen der Freiberuflichkeit des Vertragsarztes überschritten werden; fraglich ist auch, ob

---

[18] Bis Ende 2006: Honorarverteilungsmaßstäbe der KVen (§ 85 Abs 4 aF SGB V). Zur Honorarverteilung s ua *Clemens*, Honorierung und Honorarverteilung im Kassenarztrecht, in: *Wenzel* (Hrsg), Kap 11 B mit umfangreichen Rechtsprechungsnachweisen; *Clemens* unten § 34; *Freudenberg*, in: *Schlegel/Voelzke*, § 85 RdNr 105 ff; *Andreas* ArztR 2005, 319; grundlegend zur „Honorargestaltung im Vertragsarztrecht" s *Hess*, in: Schnapp/Wigge (Hrsg), § 16. Zur „Gestaltung von Honorarverteilunsgsmaßstäben durch KZVen" s *Brochnow*, in: Arbeitsgemeinschaft Medizinrecht (Hrsg), Medizinrecht heute (FS 10 Jahre AG Medizinrecht im DAV), 2008, S 305 ff. – Strittig ist dabei immer wieder, inwieweit der Vertragsarzt Anspruch auf eine „angemessene Vergütung" hat. Zu dieser Thematik s *Axer* NZS 1995, 536; *Fiedler* VSSR 1995, 355; *Funk* MedR 2004, 314 ff; *Hess* VSSR 1995, 367 ff; *Isensee* VSSR 1995, 321; *Maaß* NZS 1998, 13; *Schmiedl* MedR 2002, 116; *Spoerr* MedR 1997, 342; *Wimmer* NZS 1999, 480; *Maaß* NZS 1998, 13. – Das BVerfG hält eine Obergrenze aus Gründen von Gemeinwohlbelangen (Stabilität der GKV) für zulässig (BVerfGE 82, 209, 230, dem folgend das BSG SozR 3-2500 § 85 Nr 37).
[18a] Oktober 2008, relativiert durch Beschl vom 15.1.2009, erneut geändert mit Beschl vom 27.2.2009 und 17.3.2009. Zu den gesetzgeberischen Zielen und den Grundlagen der Honorarreform 2009 s *Becker/Lehmann*, Soziale Sicherheit, 2009, 141. Zur Kritik an den rasch wechselnden Rechtsgrundlagen, der daraus resultierenden Unsicherheit für die Vertragsärzte und der sog Konvergenzphase s *Steinhilper* MedR 2009, 464.
[19] S zB die Übersicht bei *Meschke* in: *Bäune/Meschke/Rothfuß*, Kommentar zur Zulassungsverordnung für Vertragsärzte, 2008, § 27, RdNr 11 ff; *Pawlita*, in: *Schlegel/Voelzke* (Hrsg), jurisPK-SGB V, § 95 RdNr 343 ff. S auch *Kern* unten §§ 45, 47, 49–51 und *Schlund* §§ 55, 65–73.
[20] Die vertragsärztlichen Pflichten gelten für psychologische Psychotherapeuten grundsätzlich gleichermaßen (s § 72 Abs 1 SGB V iVm § 1 Abs 3 Ärzte-ZV). Dies gilt grundsätzlich auch für den zeitlichen Umfang der Teilnahmepflicht; das BSG hat den Umfang für diese Leistungserbringer allerdings eingeengt auf den „erforderlichen üblichen Umfang" (BSGE 89, 134) – nach Interpretation der meisten KVen wöchentlich mindestens 20 Therapiestunden. In den Sprechstundenordnungen finden sich im Hinblick auf § 24 Abs 2 Satz 1 Ärzte-ZV in der Regel konkrete Angaben.
[21] ZB Wirtschaftlichkeitsgebot (§ 12 Abs 1 SGB V), Behandlungspflicht als Dienst- und Sachleistung, Dokumentationspflichten, Maßnahmen zur Qualitätssicherung etc
[22] ZB Präsenz- und Residenzpflicht, Pflicht zur persönlichen Leistungserbringung (s dazu § 26).
[23] S ua § 72 Abs 2, §§ 82, 83, 92 Abs 8, 5 Abs 3 SGB V. Zur Verbindlichkeit von Richtlinien (insbes des Gemeinsamen Bundesausschusses) s statt aller *Schnapp*, Untergesetzliche Rechtsquellen im Vertragsarztrecht am Beispiel von Richtlinien, in: *Wulffen/Krasney* (Hrsg), FS 50 Jahre BSG, 2004, 339 ff.

durch Rationierung, Priorisierung[23a] und Budgetierung von Gesundheitsleistungen[23b] der Arzt in seinen ärztlichen Entscheidungen zusätzlich belastet oder durch vorgelagerte politische und berufspolitische Entscheidungen im individuell-konkreten Einzelfall entlastet wird. Bei weiterer Einschränkung des Leistungsumfangs in der GKV und gleichzeitigem Fortschritt in der Medizin (Ausweitung der Untersuchungs- und Behandlungsmöglichkeiten) erhöht sich das Spannungsverhältnis zwischen medizinisch Machbarem und (solidarisch) Finanzierbarem. Es steht also Sparzwang gegen den Heilauftrag aus ärztlicher Sicht.[23c] Das Haftungsrisiko bei verweigerten Leistungen verbleibt dabei imindividuell-konkreten Fall im Zweifel immer beim Arzt.[23d] Einige Pflichten sind hier näher umschrieben. Von Bedeutung sind ua ferner die allgemeine ärztliche Schweigepflicht,[24] die Residenz- und Präsenzpflicht des Vertragsarztes (§ 24 Abs 2 Satz 2 Ärzte-ZV), seine arztbezogene Kennzeichnungspflicht[24a] und die Pflicht, die Abrechnungsunterlagen bei der KV fristgerecht einzureichen[24b] sowie seine generelle Pflicht zur „peinlich genauen" Honorarabrechnung[25] ferner allgemeine Mitwirkungspflichten gegenüber der KV, den Krankenkassen, dem MDK oder anderen Behörden (insbesondere Auskunftspflichten,[26] aber auch Mitteilungspflichten,[27] Zustimmung zu Praxisbegehungen, Archivierungs- und Aufbewahrungspflichten. Gesondert geregelt ist die Pflicht zur wirtschaftlichen Behandlung des Patienten (Wirtschaftlichkeitsgebot nach §§ 2 Abs 1 Satz 1, 12 Abs 1, 70 Abs 2, 72 Abs 2 SGB V iVm § 106 SGB V[28]). Pflichten ergeben sich für den Vertragsarzt auch aus den Vorschriften zur Qualitätssicherung der ambulanten vertragsärztlichen Versorgung (§§ 135 ff SGB V[29]).

[23a] Grundlagenthema des 112. Deutschen Ärztetages in Mainz (2009). S auch schon DÄBl. 2008, S. A-2750
[23b] Zu diesen Themen s *Wenner* GesR 2009, 169 (Rationierung, Priorisierung, Budgetierung); *Schirmer/Fuchs*, Rationierung, ihre kritischen Wirkungen für die ärztliche Berufsausübung und der Schutzfunktion der ärztlichen Selbstverwaltung, in: *Katzenmeier/Bergdolt* (Hrsg), Das Bild des Arztes im 21. Jahrhundert, 2009, S. 121; *Huster u a* MedR 2007, 703 (Rationierung); *Steinhilper*, GesR 2009, 337 (Überregulierung), jeweils mwN.
[23c] S. dazu sehr anschaulich *Lesinski-Schiedat* MedR 2007, 345 ff.
[23d] S. dazu beispielsweise *Kreße* MedR 2007, 393 ff und Katzenmeier, Kostendruck und Standard medizinischer Versorgung – Wirtschaftlichkeitspostulat versus Sorgfaltsgebot?, in: *Greiner u a* (Hrsg), Neminem laedere. Aspekte des Haftungsrechts (FS für Gerda Müller), 2009, S. 237 mwN.
[24] § 203 StGB einerseits und § 9 MBO andererseits (in der Fassung der jeweiligen Landesberufsordnungen). Zum Umfang der ärztlichen Schweigepflicht, den Abgrenzungen zum Datenschutz und zu Durchbrechungen und den Folgen eines Verstoßes gegen diese Pflicht s ausführlich *Lippert* in: *Ratzel/Lippert*, Kommentar zur MBO, 4. Aufl 2006, § 9 mit zahlreichen weiteren N.
[24a] § 44 Abs 6 BMV-Ärzte.
[24b] Überschreitet der Vertragsarzt die vorgegebene Frist zur Einreichung seiner Abrechnungsunterlagen, sind Honorarabzüge zulässig, sofern die jeweiligen KV-Regelungen dies vorsehen (BSG GesR 2008, 197). Zulässig sind auch Ausschlußfristen (BSG Beschl. v. 29. 8. 2007 – B 6 KA 48/06 B).
[25] Zur Pflicht zur „peinlich genauen Abrechnung" s BSGE 43, 250 (255); BSGE 66, 6 (8); BSGE 69, 233 (244); BSGE 73, 234; erg s LSG NRW MedR 2001, 103. Das BVerfG stützt diese Rechtsprechung (BVerfGE 69, 233). Mit der sog Vierteljahreserklärung garantiert der Vertragsarzt die Richtigkeit seiner Angaben in den Abrechnungsunterlagen. Die Vorlage der sog. Sammelerklärung (= Vierteljahreserklärung) ist Abrechnungsvoraussetzung (BSG MedR 1998, 338; LSG Nieders.-Bremen MedR 2005, 60).
[26] Auch gegenüber Kollegen, zB durch Befundberichte. Diese sind in angemessener Frist zu erstellen (s neuestens VG Münster 8. 8. 2007 – 16 K 349/7.7).
[27] ZB nach dem IfSG von 2000 (BGBl I, 1045) und TransplantationsG. Zu Leistungsbeschränkungen und ärztlichen Mitteilungspflichten s. *Reimer* SGb 2008, 713.
[28] S dazu ausführlich unten *Clemens* § 36 mwN. Zum Spannungsverhältnis zwischen dem Wirtschaftlichkeitsgebot einerseits und der ärztlichen Berufsfreiheit andererseits s statt aller *Kluth* MedR 2005, 65.
[29] Zur „Qualitätssicherung in der vertragsärztlichen Versorgung" s ua den gleichnamigen Beitrag von *Seewald* in: *Schnapp/Wigge* (Hrsg), Handbuch des Vertragsarztrechts, 2. Aufl 2006, § 21; unter rechtlichen Gesichtspunkten s auch *Wenner* NZS 2001, 1.

6. Kapitel. Das Kassenarztrecht/Vertragsarztrecht　　　　　　　　　　7–9 § 25

Zum 1.1.2009[29a] hat § 136 Abs 4 SGB V den KVen und Krankenkassen das Recht eingeräumt, zur Qualitätssteigerung in der ambulanten vertragsärztlichen Versorgung in (Sonder)Vereinbarungen „einheitlich strukturierte und elektronisch dokumentierte besondere Leistungs-, Struktur- oder Qualitätsmerkmale" für bestimmte Leistungen festzulegen. Die so erbrachten Leistungen werden höher vergütet (Zuschläge zum EBM-Satz); der Zuschlag wird finanziert aus Abschlägen für „Normalleistungen" der Ärzte, die nicht an solchen Verträgen teilnehmen. Damit soll ein Anreiz für regionale Qualitätsoffensiven geschaffen werden.[29b] Der Vertragsarzt ist ferner verpflichtet, bei GKV-Patienten die sog. Praxisgebühr (§ 28 Abs 4 SGB V; verfassungsgemäß nach BSG Urt. v. 25.6.2009 – B 3 KR 3/08 R) einzuziehen.

§ 15 BMV-Ärzte (erg s § 1a Nr. 24 und § 14 BMV-Ärzte/EK) normiert die *Pflicht* des **7** Vertragsarztes zur *persönlichen Leistungserbringung*[30] inzwischen neu, da diese Pflicht nach zahlreichen Änderungen in den Kooperations- und Anstellungsmöglichkeiten in der ambulanten vertragsärztlichen Versorgung (insbesondere durch das GMG und das VÄndG) inhaltlich anzupassen war. KBV und BÄK haben daraufhin ihre Hinweise zur Pflicht der persönlichen Leistungserbringung neu gefasst.[31]

Verstößt ein Vertragsarzt gegen vertragsärztliche Pflichten, können diese Verstöße disziplinarrechtlich geahndet werden, da er und auch der angestellte Arzt – soweit er Mitglied der KV ist- der Disziplinargewalt der KV unterliegt (§ 81 SGB V).[32] **8**

1. Untersuchungs- und Behandlungspflicht des Arztes. Dem Arzt obliegt grundsätzlich die Pflicht[33] zur Untersuchung und Behandlung eines Patienten.[34] Der Umfang **9** ergibt sich aus § 73 Abs 2 SGB V.[34a] Der Vertragsarzt ist dabei verpflichtet, gesetzlich versicherten Patienten auf deren Anforderung die gesetzlich normierten Dienst- und Sachleistungen (§§ 2 Abs 2, Satz 1, 13 SGB V)[35] zu erbringen.[36] Er darf eine Behandlung nur unter engen Voraussetzungen ablehnen (z.B. fehlendes Vertrauensverhältnis zum Patienten[37]). Er ist nicht berechtigt, dem Patienten einzelne Leistungen – weil nicht

---

[29a] Eingeführt durch das Pflege-Weiterentwicklungsgesetz v. 28.5.2008, BGBl. I, 874.

[29b] Zum Bestimmtheits- und Spezialitätsgebot sowie den Grenzen dieser Vorschrift s *Kingreen* MedR 2009, Heft 12; erg s die Kommentierung von *Scholz* in: *Becker/Kingreen* (Hrsg), SGV, § 136 RdNr 2.

[30] Zur Pflicht zur persönlichen Leistungserbringung in der ambulanten vertragsärztlichen Versorgung s ausführlich unten § 26.

[31] DÄBl 2008, S. A – 2173.

[32] Zum Pflichtenkatalog der Vertragsärzte und den disziplinarrechtlichen Folgen bei Verstößen dagegen s *Ehlers* (Hrsg), Disziplinarrecht und Zulassungsentziehung, 2001, insbes Kap 1 und 5 mwN.

[33] Zu den Berufspflichten des Arztes und seinen Pflichten bei der Behandlung eines Patienten s §§ 1 Abs 2, 2 MBO.

[34] Voraussetzung ist die Vorlage einer gültigen Krankenversichertenkarte oder eines anderen Behandlungsausweises.

[34a] Das BVerfG hat in seiner Grundsatzentscheidung (MedR 2006, 164) gleichsam Leitlinien aufgestellt, wann der Arzt ausnahmsweise zu Lasten der Krankenkasse Leistungen außerhalb des GKV-leistungskataloges erbringen kann bzw muss (auch: off-label-use). Erg s LSG Schlesw.-Holst. MedR 2009, 244.

[35] Zum Dienst- und Sachleistungsprinzip (tragendes Strukturelement der GKV) s *Muckel* SGb 1998, 385–389; zum Umfang der Leistungen s § 73 Abs 2 SGB V.

[36] Dieses Grundprinzip wird ua ergänzt um Regelungen zur Kostenerstattung (§ 13 Abs 2 SGB V) und um Igel-Leistungen. Zum Leistungsrecht der GKV s neuerdings *Beeretz* in: *Ratzel/Luxenburger* aaO, 191 ff, zum „Umfang der vertragsärztlichen Versorgung" s ua den gleichnamigen Beitrag von *Jörg*, in: *Schnapp/Wigge* (Hrsg), Handbuch des Vertragsarztrechts, 2. Aufl 2006, 302 ff. Zu den Ausnahmen vom Sachleistungsprinzip in der GKV ausführlich *Noftz*, in: *Hauck/Noftz* (Hrsg), SGB V (Gesetzliche Krankenversicherung), 2005, Kommentierung zu § 13 SGB V. – Das Unterlassen einer Untersuchung und/oder Behandlung kann im Extrem auch als unterlassene Hilfeleistung nach § 232c StGB strafbar sein und Schadensersatzansprüche auslösen.

[37] ZB fehlendes Vertrauensverhältnis (s § 13 Abs 7 BMV-Ärzte).

§ 25 10–14   § 25 Status des Vertragsarztes, seine Rechte und Pflichten

kostendeckend – zu verweigern[37a] und sie aus diesen oder anderen Gründen dem Patienten als privatärztliche Behandlung gegen Liquidation nach GOÄ aufzudrängen.[38] Dem Vertragsarzt ist es auch untersagt, GKV-Patienten mit der Begründung abzulehnen, durch Privatpatienten (einschließlich IGeL-Leistungen für GKV-Patienten) sei er ausreichend ausgelastet, so dass für die Versorgung von GKV-Patienten nicht mehr ausreichend Zeit sei.

10 Bei der Untersuchung und Behandlung des Patienten hat der Vertragsarzt die Regeln der ärztlichen Kunst (vgl § 16 BMV-Ä = § 13 BMV-EK) sowie dem aus dem Behandlungsvertrag sich ergebenden Sorgfaltspflichten einzuhalten (s. erg § 13 Abs 7, S.1 BMV-Ä = § 13 Abs 2 S. 1 BMV-EK). Unterlassene Befunderhebung kann die Haftung des Arztes für Folgeschäden auslösen.[39] Auch das Wirtschaftlichkeitsgebot nach §§ 12, 70 SGB V ist zu beachten.

11 Der Vertragsarzt muss für GKV-Patienten durch Ankündigung und Abhaltung von ausreichend Sprechstunden erreichbar sein, um die ambulante vertragsärztliche Versorgung sicherzustellen. Er hat darüber hinaus bei Abwesenheiten die erforderliche Vertretung rechtzeitig zu organisieren.

12 **2. Pflicht zur Teilnahme am organisierten Notfalldienst (§§ 75 Abs 1, 76 Abs 1 SGB V).** Nach Berufs- und Vertragsarztrecht ist ein ärztliche Notfalldienst zu errichten (§§ 75 Abs 1, 76 Abs 1 Satz 2 SGB V; berufrechtliche Grundlage: Länderheilberufs- oder Kammergesetze). In der Regel verabschieden Ärztekammer und KV zur Vermeidung von Regelungslücken oder Abgrenzungsproblemen eine gemeinsame Notfalldienstordnung.[40] – Befreiungsmöglichkeiten für den einzelnen Arzt bestehen (Hauptgrund: eine vorübergehende oder dauerhafte Erkrankung; weitere Befreiungsgründe sind in den einzelnen Notfalldienstordnungen unterschiedlich geregelt).

13 Insbesondere in Großstädten müssen nach der jeweiligen Notfalldienstordnung nicht alle Ärzte am Notfalldienst teilnehmen; viele Ärzte haben jedoch den Wunsch, überhaupt oder jedenfalls vermehrt dazu herangezogen zu werden. In den jeweiligen Notfalldienstordnungen kann der Teilnehmerkreis erweitert werden auch auf nicht zugelassene Ärzte oder ermächtigte Ärzte.

14 **3. Vertragsärztliche Fortbildungspflicht (§ 95d SGB V).** Die Pflicht zur fachlichen Fortbildung ist in den jeweiligen ärztlichen Berufsordnungen der Länder (s § 4 MBO) geregelt. Erstmals zum 1. 1. 2004 normiert auch das Vertragsarztrecht eine Pflicht zur fachlichen Fortbildung (§ 95d Abs 1 SGB V[41]). Abgeleitet ist diese Fortbildungspflicht aus dem Sicherstellungsauftrag (§ 75 Abs 1 SGB V) der KVen. Die Fortbildung ist durch Zertifikate (der jeweiligen Ärztekammer) nachzuweisen[42] (§ 95d Abs 2 SGB V[43]). Die

---

[37a] BSGE 88, 20 = MedR 2002, 47 = SozR 3-2500 § 75 Nr 12. Zu dieser Thematik s. *Francke/Schnitzler* SGb 2002, 84; *Krieger* MedR 1999, 519; *Peikert/Kroel* SGb 2001, 662; *Schmiedl* MedR 2002, 116; *Wimmer* NZS 2000, 588.

[38] Näher dazu *Steinhilper/Schiller* MedR 2001, 79 ff.

[39] S dazu beispielsweise neuerdings *Jorzig* GesR 2008, 297 und *Schultze-Zeu* VersR 2008, 898; s auch BGH MedR 2008, 556 (fehlende Befunderhebung im vertragsärztlichen Bereischaftsdienst).

[40] Anders beispielsweise Bayern (KV-Regelung) und NS (Notfalldienstordnung der Kammer).

[41] In § 81 Abs 4 SGB V war zwar schon seit jeher eine Pflicht der Vertragsärzte zur Fortbildung im vertragsärztlichen Bereich verankert; von dieser Ermächtigungsnorm für die KVen ist jedoch kein Gebrauch gemacht worden (Abgrenzungsschwierigkeiten). – Zur ärztlichen Fortbildungspflicht nach Berufsrecht s *Ratzel/Lippert*, Kommentar zur MBO, 4. Aufl 2006, § 4 mwN; erg *Schroeder-Printzen*, Fortbildungsverpflichtung, in: *Ratzel/Luxenburger* (Hrsg), HdB MedizinR, 2008, 356.

[42] Zu dem Zertifizierungsverfahren hat die BÄK eine Mustersatzung entworfen als Grundlage einer Vereinbarung zwischen der KBV und der BÄK nach § 95d Abs 6 SGB V.

[43] Wird die Fortbildungspflicht nicht eingehalten, sieht § 95d Abs 3 SGB V als Sanktion Honorarkürzungen und im Extrem Zulassungsentziehung vor.

Fortbildungsverpflichtung gilt modifiziert auch für angestellte Ärzte, MVZs und ermächtigte Krankenhausärzte entsprechend (§ 95d Abs 4 SGB V).[44]

4. Pflicht zur Vertretung bei Abwesenheit in der Praxis. Nach § 32 Abs 1 Ärzte- 15 ZV darf sich ein Vertragsarzt bei Urlaub, Krankheit, Fortbildung oder Teilnahme an einer Wehrübung innerhalb von 12 Monaten bis zu einer Dauer von drei Monaten vertreten lassen.[45] Der Vertragsarzt selbst hat zu prüfen, ob der Vertreter die Voraussetzungen für eine Vertretertätigkeit (§ 3 Abs 2 Ärzte-ZV) erfüllt (Abs 1, Satz 5). Dauert die Vertretung länger als eine Woche (aber weniger als drei Monate innerhalb von 12 Monaten), ist sie der KV mitzuteilen (Abs 1); dauert sie länger, bedarf sie der vorherigen Genehmigung durch die KV (Abs 2).[46]

5. Medizinische Aufklärungspflicht des Arztes. Zur Pflicht eines Arztes gehört 16 neben einer ordnungsgemäßen Diagnose und Behandlung auch die medizinische Aufklärung des Patienten. Rechtliche Grundlage dafür sind der Behandlungsvertrag und das ärztliche Berufsrecht.[47] Während früher zT die Auffassung vertreten wurde, durch eine umfassende Aufklärung über Krankheit (zB Krebs) und Risiken einer Behandlung sei der Patient möglicherweise verunsichert und mit einer selbstverantwortlichen Entscheidung überfordert,[48] hat die Rechtsprechung inzwischen durchgehend einen anderen Standpunkt vertreten. Sie geht vom mündigen Patienten aus, der durch eine ausführliche Aufklärung nicht belastet, sondern in seinem Selbstbestimmungsrecht[49] bestärkt werden soll.[50]

Der Umfang der medizinischen Aufklärungspflicht (Ausfluss der Patientenautonomie 17 und des Selbstbestimmungsrechts des Patienten) ist in ihrem Kern durch Rechtsprechung weitgehend definiert und lediglich in den Randbereichen noch offen.[51] Die Aufklärung muss umfassen: *Diagnose* (Unterrichtung über den medizinischen Befund) und die beabsichtigte *Behandlung* (Inhalt, Verlauf und Bedeutung evtl Eingriffe, aber auch Unterrichtung über postoperative Folgen). Der Patient muss also darüber unterrichtet werden, was

---

[44] Zum Umfang, den Grenzen und den Nachweispflichten bei der ärztlichen Fortbildung sowie zu den Besonderheiten bei angestellten Ärzten, MVZs und ermächtigten Ärzten s die Kommentierung von *Pawlita*, in: *Schlegel/Voelzke/Engelmann* (Hrsg), jurisPraxisKommentar SGB V, § 95d; erg s *Balzer* NJW 2003, 3325 und *Balzer* MedR 2004, 76.

[45] Bei Vertragsärztinnen ist diese Frist bei Entbindungen auf sechs Monate erhöht. Zu den Anforderungen an eine ordnungsgemäße Vertretung des Vertragsarztes bei seiner Abwesenheit s näher *Schallen*, Zulassungsverordnung, 6. Aufl 2006, RdNr 934 ff mwN.

[46] Die Genehmigung ist anlassabhängig zu befristen § 32 Abs 2 Satz 2 Ärzte-ZV.

[47] § 8 MBO: Der Einwilligung hat grundsätzlich die erforderliche Aufklärung im persönlichen Gespräch vorauszugehen. Zu den Anforderungen an eine wirksame Aufklärung nach dem Berufsrecht s statt aller *Lippert* in: *Ratzel/Lippert*, Kommentar zur MBO, 4. Aufl 2006, § 8 mwN; *Geilen*, Ärztliche Aufklärungspflicht, in: *Wenzel* (Hrsg), aaO, Kap 4 RdNrn 433 ff; *Kern* GesR 2009, 1; *Schöch*, Die Aufklärungspflicht des Arztes und seine Grenzen, in: *Roxin/Schroth* (Hrsg), S 47 ff; zu den strafrechtlichen Folgen von bei Aufklärungsmängeln bei einem medizinischen Heileingriff s auch *Fehn* GesR 2009, 11 mwN; s auch die Rechtsprechungsübersicht von *Spickhoff* NJW 2009, 1716 ff. Zur ärztlichen Aufklärungspflicht im Zusammenhang mit dem Deliktsrecht s *Ehlers* in: *Ehlers/Broglie* (Hrsg), Arzthaftungsrecht, 4. Aufl 2008, RdNr 829 ff mwN; *Katzenmeier*, Arzthaftung 2002, S 350 ff kritisiert die ausufernde Rechtsprechung zur Aufklärungspflicht von Ärzten. Zur „Aufklärung bei der Arzneimittelbehandlung" s den gleichnamigen Beitrag von *Hart*, in: HK-AKM, 2009, Beitrag 643.

[48] S statt aller *Ibel/Winke* NJW 2001, 863 (865).

[49] Dieses wird aus Art 1 Abs 1, 2 Abs 2 und 2 Abs 2 GG (Recht auf Menschenwürde) abgeleitet; vgl nur BVerfGE 52, 131 (175); BVerfG MedR 1999, 180 u MedR 2005, 91.

[50] Patient als Subjekt, nicht Objekt medizinischer Behandlung, also Patientenautonomie.

[51] Sehr aufschlussreich und gut dokumentiert die Übersicht zu Art und Umfang der ärztlichen Aufklärungspflicht bei *Kaiser*, Die ärztliche Aufklärungspflicht, in: *Ratzel/Luxenburger* (Hrsg), Handbuch Medizinrecht, 645 ff mwN. S auch *Laufs* unten §§ 57–84.

medizinisch geplant ist und welche Vor- und Nachteile (Risiken) die Behandlung vor dem Hintergrund seiner Erkrankung für seine persönliche Situation bedeuten kann.[52] Dies umschließt auch die Unterrichtung über die Dringlichkeit einer medizinischen Maßnahme (insbesondere risikobehafteter Operation).

18 Der Patient ist dabei auch über die Behandlungsmethoden und Risiken eines Eingriffs aufzuklären (mögliche Komplikationen, ev Nebenwirkungen und/oder Folgeschäden), damit er eigenverantwortlich entscheiden kann, ob er zB unter Abwägung von Risiken und Vorteilen einer Operation dieser zustimmt oder nicht. Bei der Risikoaufklärung ist auf die behandlungstypischen, eingriffsspezifischen Risiken abzustellen.[53] Der Patient muss auch über Behandlungsalternativen[54] unterrichtet werden, damit er selbst über ev größere Heilungsmöglichkeiten und die Vermeidung von Behandlungsnachteilen entscheiden kann.

19 Dazu zählt auch der Hinweis auf neue diagnostische und therapeutische Möglichkeiten.

20 Bei der Anwendung von Außenseitermetoden ist grundsätzlich der Sorgfaltsmaßstab eines „vorsichtigen Arztes" anzulegen; für die vorangehende Aufklärungspflicht durch den Arzt bedeutet dies, dass der Patient über die Risikolage dieser Methode unterrichtet sein muss,[55] zumal der „normale Patient" gegenüber solchen neuen Methoden eher kritisch eingestellt sein und sie daher unter Abwägung der Risiken eher ablehnen dürfte.[56]

21 Die Aufklärung bereitet eine Einwilligung des Patienten zu einer ärztlichen Behandlung vor. Die Einwilligung setzt die Einwilligungsfähigkeit im Zeitpunkt seiner Entscheidung des Patienten voraus. Bei Minderjährigen kommt es auf die Entscheidung und damit auch die Aufklärung der Erziehungsberechtigten an.[57]

22 Der Patient muss rechtzeitig medizinisch aufgeklärt werden,[58] bei Operationen in der Regel schon bei der Festlegung des Operationstermins, spätestens aber einen Tag vor dem Eingriff selbst, damit er nicht unter dem Druck des schon vorbereiteten weiteren Geschehensablaufes zustimmt.[59] Auch die Erweiterung einer ärztlichen Behand-

---

[52] In der Rechtsprechung hat sich dabei die Formulierung „Aufklärung über den Eingriff im Großen und Ganzen" eingebürgert (s. grundlegend BGH NJW 1972, 335 und die Folgerechtsprechung). Abzustellen ist dabei auf den jeweiligen Einzelfall (Eingriffstiefe und individuelle Patientensituation).

[53] S die Detailübersicht bei *Kaiser* aaO, 656 ff.

[54] Zur Aufklärung über Behandlungsalternativen s eingehend *Kaiser* aaO, 668 ff mit Rechtsprechungshinweisen. Zur Alternativaufklärung im gynäkologischen Bereich s neuerdings OLG Zweibrücken MedR 2007, 549; OLG Celle VersR 2008, 123.

[55] So schon BGH MedR 2006, 650 = NJW 2006, 2477 m Anm *Katzenmeier* (S 2738) = MDR 2007, 153 = GesR 2006, 411 = VersR 2006, 1073 m Bespr *Buchner* (S 1460); diese Rechtsprechung fortführend BGHZ 172, 1 = NJW 2007, 2767 = JZ 2007, 1104 m Anm *Katzenmeier* = MedR 2007, 653 m Bespr *Hart* (S. 631) = GesR 2007, 311 und BGHZ 172, 254 = NJW 2007, 2774 = MedR 2008, 87 m Anm *Spickhoff* = GesR 2007, 401. Zu dieser Thematik (Haftung des Arztes bei neuartigen und umstrittenen Heilmethoden) umfassend *Vogeler* MedR 2008, 697 mit zahlreichen Rechtsprechungs- und Literaturnachweisen.

[56] Zum Umfang der Aufklärungspflicht bei Außenseitermethoden s BGH MedR 2008, 87 m Anm *Spickhoff*, s auch *Andreas* ArztR 2008, 174 (zur BGH-Rechtsprechung).

[57] BGH NJW 2007, 217 = MDR 2007, 41. Bei einem nur bedingt angezeigten Eingriff hat ein einwilligungsfähiger Minderjähriger ein Vetorecht (BGH aaO).

[58] Der Zeitpunkt hängt im Zweifel vom individuell-konkreten Einzelfall ab. Bei einem lebenserhaltenden Eingriff, der keinen Aufschub duldet, kann im Zweifel auf eine Aufklärung verzichtet werden (s dazu neuerdings OLG München MedR 2007, 601). Abzustellen ist dann auf die hypothetische Einwilligung des Betroffenen. – Zum erforderlichen Zeitpunkt der Aufklärung s ua *Hoppe* NJW 1989, 1533.

[59] Die Rechtsprechung dazu ist uneinheitlich und stellt bei Operationen im Wesentlichen auf die Schwere des Behandlungseingriffes ab (aus der Rechtsprechung s zB: BGH NJW 2003, 2012; OLG Hamm VersR 1981, 686; OLG Bremen MedR 1983, 73 (76) und 111 (112).

lung (insbesondere Eingriffe) bedürfen der Einwilligung des Patienten und damit seiner vorherigen Aufklärung.[60] Die Aufklärung muss in der Form so sein, dass der Patient unter Berücksichtigung seines Vorwissens den Ablauf der geplanten Behandlung einschließlich der Risiken in ihrem Kern versteht.[60a] Die Aufklärung sollte aus forensischen Gründen (Beweiserleichterung in einem ev Haftungsprozess) schriftlich dokumentiert werden.[61]

Versäumnisse bei Art, Umfang und selbst Zeitpunkt der medizinischen Aufklärung des Patienten können die Wirksamkeit der Einwilligung des Patienten zu einem ärztlichen Eingriff oder einer Behandlung beeinträchtigen und lösen dann Haftungsfragen bei anschließenden Fehlern aus.[62] Nach der Rechtsprechung sind sie die häufigsten Ursachen für Schadensersatzansprüche von Patienten gegen Ärzte.[63] Liegt ein Aufklärungsmangel vor, kann der Vorwurf der Rechtswidrigkeit einer Körperverletzung allerdings entfallen, wenn der Patient bei ordnungsgemäßer Aufklärung bei verständiger Betrachtung trotzdem in die Operation eingewilligt hätte.[64]

6. Wirtschaftliche Aufklärungspflicht des Arztes. Der Patient muss auch über die wirtschaftlichen Folgen einer Untersuchung und/oder ärztlichen Behandlung ausreichend unterrichtet werden, um selbstverantwortlich entscheiden zu können, ob er dem vorgeschlagenen Weg zustimmt oder eine andere Behandlung wählt. Diese gesetzliche oder vertragliche Nebenpflicht[65] besteht jedenfalls dann, wenn für den Arzt erkennbar ist, dass der Patient falsche Vorstellungen über die Kostenfolge einer Behandlung hat.[66] Der Patient ist also vor Beginn einer Behandlung auf die wirtschaftlichen Folgen hinzuweisen, zB dass die vorgeschlagene medizinische Maßnahme nicht von den gesetzlichen oder privaten Krankenkassen bezahlt wird, also aus eigenen Mitteln zu bezahlen ist; ihm sind in diesem Falle auch gleichwirksame Alternativen, die von den Kassen bezahlt werden, vorzuschlagen.

---

[60] S zB OLG Naumburg MDR 2008, 26.
[60a] Bei ausländischen Patienten ist daher sicherzustellen, dass der Patient der Aufklärung sprachlich folgen kann (KG MedR 2009, 47).
[61] Das Aufklärungsgespräch mit dem Patienten lässt sich nach OLG Jena GesR 2008, 575 nicht unter Hinweis auf eine „ständige Praxis" des Arztes belegen. Erforderlichenfalls sind in einem Prozess beide Parteien zu hören (OLG Koblenz VersR 2008, 123).
[62] Zu der Grundsatzfrage der Haftung bei ungenügender Aufklärung s *Haag* RdM 2007, 114. Nach BGH MedR 2008, 435 und BGH MedR 2009, 47 hängt die Wirksamkeit einer Einwilligung des Patienten zu einem Eingriff davon ab, ob der Patient in gebotener Weise über den Eingriff, seinen Verlauf, seine Erfolgsaussichten, Risiken und mögliche Behandlungsalternativen aufgeklärt worden ist. Generell zur zivilrechtlichen Haftung des Arztes aus dem behandlungsvertrag s. *Wenzel*, in: Wenzel (Hrsg), Kap. 4 RdNrn 1 ff. Zur außergerichtlichen Streitbeilegung durch ärztliche Gütestellen, s. *Laum*, in: Wenzel (Hrsg), Kapitel 6. Zur Haftung des Arztes nach Schweizer Recht s *Fellmann*, in: *Wenzel* (Hrsg): Kapitel 19 mwN.
[63] S dazu *Broglie* in: *Ehlers/Broglie*, Arzthaftungsrecht, 4. Aufl 2008, RdNr 766 und *Ehlers* ebenda RdNr 897 ff; ferner zur Beweislastproblematik *Geis/Greiner*, Arzthaftpflichtrecht, 5. Aufl 2006, 224 (mit Rechtsprechungsnachweisen). Generell zur Arzthaftung s *Steffen/Pauge*, Arzthaftungsrecht, 10. Aufl 2006; *Kullmann ua* Arzthaftpflicht-Rechtsprechung III, 2007.
[64] So neuerdings der BGH MedR 2008, 158. Zur Frage, ob ein „schadensfreier" Eingriff eines Arztes am Patienten bei unterbliebener Aufklärung Haftung wegen „eigenmächtiger Heilbehandlung" auslöst, s. *Grams* GesR 2009, 69 ff.
[65] So *Füllgraf* NJW 1984, 2629; eher ablehnend LG Saarbrücken 1984, 2632. – Umfassend zur wirtschaftlichen Aufklärungspflicht *Schelling* MedR 2004, 422 mit zahlreichen Rechtsprechungsnachweisen. *Schelling* aaO, 427 unterscheidet zwischen einer Aufklärungspflicht im engeren und im weiteren Sinne, ferner danach, ob ein Privat- oder ein GKV-Patient aufzuklären ist (mit zahlreichen Rechtsprechungsnachweisen).
[66] S dazu OLG Köln 23. 3. 2004 – 5 U 144/04.

25 Der Vertragsarzt darf dem GKV-Patienten keine Behandlung als IGeL-Leistung „aufdrängen", wenn derselbe Behandlungserfolg auch für den Patienten kostenfrei (über das Sachleistungsprinzip) erreicht werden kann. Desgleichen darf ein Vertragsarzt dem Patienten auch keine privatärztliche Leistung andienen, mit der Begründung, nur diese wäre optimal und ausreichend.[67] Die wirtschaftliche Aufklärungspflicht betrifft auch den Umfang evtl. Zuzahlungen (zu den Behandlungskosten selbst und/oder bei Heil- und Hilfsmitteln sowie Arzneimitteln).

26 Nach Ansicht des BGH muss der Arzt auf den Informationsstand des Patienten Rücksicht nehmen, weil die Kosten, die auf ihn zukommen, für seine Entscheidung für oder gegen eine Behandlungsmaßnahme eine entscheidende Rolle spielen (können).[68] Eine differenzierte Rechtsprechung dazu liegt noch nicht vor.[69] Die Anforderungen an die Beratungspflicht des Arztes dürfen insoweit nicht überspannt werden.[70] Der Arzt ist zB nicht verpflichtet, sich nach den individuell-konkreten Versicherungsbedingungen des Patienten zu erkundigen oder gar mit seiner Versicherung Kontakt wegen des Versicherungsumfanges aufzunehmen. Dies ist schon heute bei den unterschiedlichen Versicherungsbedingungen unzumutbar und erst recht nach der Reform durch das GKV-WSG mit Öffnungen zwischen gesetzlicher und privater Krankenversicherung.

27 Der Arzt ist darüber hinaus verpflichtet, den Patienten auch über Risiken eines evtl Behandlungsfehlers[71] sowie schließlich über die Qualifikation des behandelnden Arztes[72] aufzuklären (zum Beispiel Beteiligung eines Berufsanfängers).[73]

28 **7. Ärztliche Dokumentationspflicht.** Nach inzwischen gefestigter Rechtsprechung[74] und herrschender Meinung in der Literatur[75] umschließt die ärztliche Dokumentationspflicht nicht nur kurze (interne) Aufzeichnungen von Informationen zum Krankheits-, Diagnose- und Behandlungsverlauf. Vielmehr schuldet der Arzt eine ausführliche, sorgfältige, richtige und vollständige schriftliche (für Dritte nachvollziehbare) Dokumentation des Krankheitsbildes des Patienten (Diagnose mit ev Befunden, zB Laborwerte) und der ärztlichen Behandlung und/oder Pflegemaßnahmen (auch Vorschläge zu ev erforderlichen weiteren Untersuchungen und ergänzenden Behandlungen auch durch Ärzte anderer Fachgruppen). Die Pflicht zur Dokumentation lässt sich aus dem Behandlungsvertrag ableiten.[76] Sie ergibt sich auch aus dem Berufsrecht (s § 10 MBO). Sie dient unterschiedlichen Zwecken. Im Vertragsarztrecht ist sie teilweise Voraussetzung für die Abrechnung bestimmter Leistungen (Teil der Leistungslegende im EBM[77]).

---

[67] Zu dieser Problematik s *Steinhilper/Schiller* MedR 1997, 59 (mit Rechtsprechungsnachweisen).

[68] So schon BGH NJW 1993, 2630; erg s AG Pforzheim MedR 2003, 234. Zur wirtschaftlichen Fürsorgepflicht des Arztes s auch BGH, NJW 1988, 759. Aus der Literatur s statt aller *Füllgraf* NJW 1984, 2619.

[69] Differenzierend zur Rechtsprechung des BGH insbesondere *Kaiser* aaO, 680 ff, erg s *Füllgraf* aaO, 2621 unter Hinweis auch darauf, dass zwischen Linderungs- und kosmetischen Maßnahmen einerseits und dringend erforderlichen medizinischen Eingriffen andererseits zu unterscheiden ist.

[70] S dazu schon OLG Celle VersR 1981, 1184 („Anforderungen an die Aufklärungspflicht der Ärzte nicht übertreiben"). In diesem Sinne auch *Broglie* in: *Ehlers/Broglie* (Hrsg), Arzthaftungsrecht, 4. Aufl 2008, RdNr 790.

[71] S *Kaiser* aaO, 693 ff.

[72] S *Kaiser* aaO, 697 f.

[73] Zu Form und Zeitpunkt der Aufklärung, zu den Erfordernissen bei fehlender Aufklärungsfähigkeit und mutmaßlicher Einwilligung sowie zum Aufklärungspflichtigen s *Kaiser*, aaO, 712 ff; dort auch zu den Folgen der fehlenden oder mangelhaften Aufklärung.

[74] Insbes BGH VersR 1972, 887, BGH VersR 1978, 542, BGH NJW 1978, 2337.

[75] Erg s *Kaiser* aaO, 747 ff mwN. Zur Dokumentationspflicht s auch *Schlund* § 65.

[76] Nebenpflicht aus dem Behandlungsvertrag.

[77] So dass auch der Honoraranspruch entfällt, wenn die vorgeschriebene Dokumentation fehlt. Zu den Dokumentationspflichten als Abrechnungsvoraussetzung s auch § 295 SGB V und § 57 BMV-Ä (auch Archivierungspflicht).

Sie dient aber vor allem der Therapiesicherung, so dass der Vertreter oder Nachfolger **29**
eines Praxisinhabers über den bisherigen Behandlungsverlauf für die medizinische Weiterbehandlung verlässlich unterrichtet und nicht auf Angaben des jeweiligen Patienten angewiesen ist.[78] Schließlich sichert die ärztliche Dokumentation auch Beweise im Falle gerichtlicher Verfahren. Art und Umfang der Dokumentation sind nicht durchgehend enumerativ geregelt. Wesentlich ist, dass der mit der Dokumentation verfolgte Zweck erreicht werden kann. Zu erfassen sind daher grundsätzlich Anamnese, Diagnose und Therapie. Beweispflichtig sind auch Besonderheiten, während Routineverläufe nicht oder nur abkürzend zu dokumentieren sind.[79]

Dokumentationspflichtig ist der jeweilige Vertragsarzt. Dieser kann jedoch Inhalt, Zeit- **30**
punkt und auch Form der Dokumentation auf Sprechstundenhilfen übertragen. Die Verantwortung für die Einhaltung der Dokumentationspflicht verbleibt jedoch beim Vertragsarzt selbst. Verletzt der Vertragsarzt Dokumentationspflichten, kann sein Honoraranspruch entfallen; wegen dieses Verstoßes kann auch ein Disziplinarverfahren eingeleitet werden. Fehlt eine vorgeschriebene Dokumentation, erschwert dies die Position des Vertragsarztes in Arzthaftungsprozessen. Er kann zum Vortrag des Patienten dann in der Regel keinen Gegenbeweis führen.[80] Fehlt eine entsprechende Dokumentation über eine Maßnahme, legt dies nach der Rechtsprechung nahe, dass die Maßnahme unterblieben war. Eine ausführliche Dokumentation liegt daher auch im Interesse des behandelnden Arztes. Dokumentationsversäumnisse des Arztes führen allerdings dann nicht zu einer Beweiserleichterung für den Patienten, wenn feststeht, dass ärztliche Befunde beim Patienten tatsächlich erhoben worden sind.[81]

IV. Folgen eines Verstoßes gegen vertragsärztliche Pflichten

Verstöße gegen vertragsärztliche Pflichten können dazu führen, dass kein Honorar- **31**
anspruch für die ärztliche Leistung besteht (zB fehlende Dokumentation, Verstoß gegen die Pflicht zur persönlichen Leistungserbringung), dass zB bei ärztlichen Kunstfehlern eine Schadensersatzpflicht besteht.[81a] Vertragsärztliche Pflichtverletzung können von der KV disziplinarrechtlich geahndet werden (§ 81 Abs 5 SGB V iVm der jeweiligen Disziplinarordnung oder Satzung). Verletzt ein Vertragsarzt vertragsärztliche Pflichten *gröblich,* ist ihm die Zulassung zu entziehen (§ 95 Abs 6 SGB V iVm § 27 Ärzte-ZV).[82] Einige Verstöße gegen vertragsärztliche Pflichten sind zugleich Verstöße gegen ärztliches Berufsrecht (zB Verstoß gegen die Pflicht zur persönlichen Leistungserbringung[83]). In diesen Fällen kommt auch ein berufsgerichtliches Verfahren in Betracht.[84]

---

[78] Für den Fall der Praxisnachfolge ist daher im Berufsrecht jeweils eine Aufbewahrungspflicht für eine bestimmte Mindestzeit (zehn Jahre) normiert (s § 10 Abs 3 und 4 MBO).
[79] Ausführlich zu der bisherigen Rechtsprechung erg s *Kaiser* aaO, 533 f.
[80] Zu den Folgen einer Verletzung von Dokumentationspflichten s *Kaiser* aaO, 760 ff.
[81] OLG Düsseldorf ZMGR 2008, 90.
[81a] Grundlegend zum Arzthaftungsrecht s Kapitel 17–20, ferner AG Rechtsanwälte im Medizinrecht (Hrsg), Arzthaftungsrecht – Rechtspraxis und Perspektiven, 2006; *dies,* Arzthaftung – Mängel im Schadensausgleich?, 2009, jeweils mwN.
[82] Zu Disziplinarverfahren und zur Zulassungsentziehung bei Vertragsärzten s § 26 IV. Vgl. weiterhin statt aller *Ehlers* (Hrsg), Disziplinarrecht und Zulassungsentziehung, 2001; zur Konkurrenzsituation von Disziplinarmaßnahme und Zulassungsentziehung (Einhaltung des Grundsatzes der Verhältnismäßigkeit) s neuestens *Meschke,* in: *Bäune/Meschke/Rothfuß,* Kommentar zur Zulassungsverordnung, 2008, § 27 RdNr 24 ff.
[83] S dazu unten *Steinhilper* u § 26 mwN.
[84] Zu diesen Verfahren und ihren Voraussetzungen s *Rehborn* GesR 2004, 170; s auch *Frehse/Weimer,* Berufsgerichtsbarkeit der Ärzte, in: HK-AKM, Beitrag 872.

32 Bei Verdacht auf betrügerische Honorarabrechnung (zB: Abrechnung nicht oder nicht leistungslegendengerecht erbrachter Leistungen[85]) oder auch Untreue[86] sind auch strafrechtliche Ermittlungen möglich. Vorstände der KVen und Krankenkassen oder deren Landesverbände sind in diesen Fällen unter bestimmten Voraussetzungen zur Unterrichtung der Ermittlungsbehörden verpflichtet (§ 81a SGB V[87] 197a SGB V[88] Gleiches gilt für die Pflegekassen.[89] Zudem besteht eine Berichtspflicht gegenüber den Aufsichtsbehörden.

33 Die Verfahren sind grundsätzlich nebeneinander möglich. Eine *rechtliche* Bindungswirkung besteht nicht. In der Praxis werden die einzelnen Verfahren jedoch erfahrungsgemäß zeitlich aufeinander abgestimmt. Die Ergebnisse der staatsanwaltschaftlichen Ermittlungen wegen Abrechnungsbetruges oder Untreue werden mangels eigener zusätzlicher Erkenntnisse über ein Fehlverhalten in der Regel auch den Folgeverfahren der KV oder der gemeinsamen Selbstverwaltung (Disziplinarverfahren oder Entziehungsverfahren) zu Grunde gelegt.

V. Ende der Rechte und Pflichten des Vertragsarztes

34 Mit dem Ende der Zulassung eines Vertragsarztes enden seine Rechte und Pflichten. Beendigungsgründe[90] sind
– nach § 95 Abs 7 SGB V iVm § 28 Abs 1 Ärzte-ZV: Tod, Wirksamwerden[91] eines Verzichts,[92] Wegzug aus dem Zuständigkeitsbereich der bisherigen KV.
– nach § 95 d Abs 3 und 5 SGB V iVm § 28 1 Ärzte-ZV: Entziehung der Zulassung wegen fehlender Fortbildungsnachweise
– nach § 95 Abs 6 SGB V iVm §§ 19 Abs 3, 27 Ärzte-ZV: Entziehung der Zulassung wegen nicht rechtzeitiger Aufnahme[93] oder Nichtausübung der vertragsärztlichen Tätigkeit oder wegen gröblicher Verletzungen vertragsärztlicher Pflichten.[94]

---

[85] Zum Abrechnungsbetrug von Ärzten (Garantenstellung nach § 263 StGB gegenüber Krankenkassen) s grundlegend BGHSt 49,11 = MedR 2004, 268 und aus der Literatur statt aller *Ulsenheimer,* Arztstrafrecht in der Praxis, 4. Aufl 2008, § 14 (Abrechnungsbetrug) mit umfangreichen Rechtsprechungs- und Literaturnachweisen (auch zu den umfangreichen Gegenmeinungen; zB *Weidhaas* ZMGR 2005, 52; *Taschke* StV 2005, 406; *Geis* wistra 2005, 369; *Geis* GesR 2006, 345, *Geis* wistra 2007, 361).

[86] Zur Untreue durch Vertragsärzte (Vermögensfürsorgepflicht nach § 266 StGB gegenüber Krankenkassen) s grundlegend BGH MedR 2004, 613.

[87] Zu den Stellen zur Bekämpfung von Fehlverhalten im Gesundheitswesen nach §§ 81a, 197a SGB V su § 38 mwN. Speziell zur Anzeigepflicht der KVen bei den Ermittlungsbehörden s *Steinhilper* MedR 2005, 488; *Steinhilper,* in: *Maaßen* ua (Hrsg), Gesetzliche Krankenversicherung (GKV), Kommentar, 2005, Kommentierung zu § 81a; kritisch zu den gesetzlich vorgeschriebenen Stellen zur Bekämpfung von Fehlverhalten im Gesundheitswesen: *Rixen* ZFSH/SGB 2005, 131; *Müller,* Zur Anzeigepflicht der Kassenärztlichen Vereinigungen, der Kassenärztlichen Bundesvereinigungen und der Krankenkassen nach den §§ 81a, 197a SGB V, in: Arbeitsgemeinschaft Medizinrecht (Hrsg), Medizinrecht heute (FS 10 Jahre Arbeitsgemeinschaft Medizinrecht im DAV), 2008, 893 ff. – Befürwortend dagegen zB *Ellbogen* MedR 2006, 457.

[88] S die Kommentierungen zu § 197a SGB V von *Schneider-Danwitz,* in: *Schlegel/Voelzke/Engelmann* (Hrsg), aaO. Zum Ganzen (Stellen zur Bekämpfung von Fehlverhalten im Gesundheitswesen) § 37 mwN).

[89] § 47a SGB XI.

[90] S dazu die Kommentierungen von *Bäune* aaO und *Schallen* aaO, jeweils zu § 27 und § 28 Ärzte-ZV.

[91] Am Ende des Kalenderjahres, das dem Zugang der Verzichtserklärung beim Zulassungsausschuß folgt; s § 28 Abs 1 Ärzte-ZV.

[92] Zum Zulassungsverzicht nach § 103 Abs 4a und b SGB V und den Folgen in der Praxis (insbes bei langjähriger Gesellschaftszugehörigkeit) s neuerdings eingehend *Bonvie* GesR 2008, 505.

[93] S dazu umfassend *Dahm,* Die Beendigung der Zulassung nach § 19 Abs 3 Ärzte-ZV wegen Nichtaufnahme der Tätigkeit, in: Arbeitsgemeinschaft Medizinrecht (Hrsg), Medizinrecht heute (Festschrift 10 Jahre AG Medizinrecht im DAV), 2008, S. 343.

[94] Zur Zulassungsentziehung s *Ehlers* (Hrsg), Disziplinarrecht und Zulassungsentziehung, 2001.

6. Kapitel. Das Kassenarztrecht/Vertragsarztrecht　　　　　　　　　　　§ 26

Bis Ende 2008 endete die Zulassung eines Vertragsarztes auch mit Ablauf des Kalendermonats, in dem er 68 Jahre wurde (§ 93 Abs 7 Satz 3 SGB V aF). Das GKV-OrgWG hat die Altersgrenze zum 1.1.2009 (mit Übergangsregelung) aufgehoben[95]). 　　35

Für die Beendigung der Zulassung Medizinscher Versorgungszentren gelten ergänzend entsprechende Regelungen (insbes. § 95 Abs 6 Satz 2 und 3, Abs 6 Satz 2, §§ 1 Abs 3 Nr 2, 27, 28 Ärzte-ZV). 　　36

Ein Vertragsarzt kann seine vertragsärztliche Praxis veräußern. Über die Praxisnachfolge entscheidet in gesperrten Gebieten aufgrund eines Ausschreibungs- und Auswahlverfahrens der Zulassungsausschuss (§ 103 Abs 4 SGB V iVm § 16 b Ärzte-ZV).[96] Das wirtschaftliche Interesse des ausscheidenden Vertragsarztes ist nach dem Gesetz auf den Verkehrswert der Praxis beschränkt.[97] 　　37

§ 26 Pflicht des Vertragsarztes zur persönlichen Leistungserbringung

Inhaltsübersicht

	RdNr
I. Allgemeines	1
II. Die Regelungen im Einzelnen	4
1. Vertragsarztrecht	4
2. Ärztliches Berufsrecht	12
3. Behandlungsvertrag	14
4. Gemeinsame Erklärung von BÄK und KBV (1988 und 2008)	16
5. Zum Umfang der persönlichen Leistungserbringungspflicht	19
6. Persönliche Leistungserbringungspflicht des ermächtigten Krankenhausarztes	30
7. Der Grundsatz der persönlichen Leistungserbringungspflicht bei angestellten Ärzten	32
III. Delegierbarkeit ärztlicher und nichtärztlicher Leistungen in der vertragsärztlichen Versorgung	48
IV. Verstöße gegen die Pflicht zur persönlichen Leistungserbringung	57
1. Honorarrückforderung	57
2. Disziplinarverfahren	58
3. Verfahren zur Entziehung der Zulassung	60
4. Ermittlungs- und Strafverfahren	61
5. Verfahren vor dem Berufsgericht	63
6. Verfahren zur Entziehung der Approbation	64

Schrifttum: *Andreas,* Delegation ärztlicher Leistungen auf nichtärztliches Personal, ArztR 2008, 144; *ders.* Pflicht zur höchstpersönlichen Leistungserbringung?, ArztR 2009, 172; *Bergmann,* Delegation und Substitution ärztlicher Leistungen auf nichtärztliches Personal, MedR 2009,1; *Ellbogen,* Strafrechtliche Folgen der Delegation ärztlicher Aufgaben, ArztR 2008, 312; *Gaidzik,* Abrechnung unter Verstoß gegen die Pflicht zur persönlichen Leistungserbringung, wistra 1998, 329 ff; *Gitter/Köhler,* Der Grundsatz der persönlichen ärztlichen Leistungspflicht, 1989; *Knopp,* Die Honorierung

---

[95] Eingeführt zum 1.1.1999 durch das GSG von 1993 (verfassungsgemäß nach BVerfG NJW 1998, 1776 = NZS 1998, 286 = MedR 1998, 323) und in der Folgezeit ua bei Zulassungen in unterversorgten Gebieten gelockert (§ 95 Abs 7–9 SGB V aF). Privatärztlich durften Ärzte stets ohne Altersbegrenzung tätig sein (s dazu BSGE 93, 79).

[96] Zum Nachbesetzungsverfahren einschließlich der Auswahlkriterien s ausführlich *Meschke,* in: *Bäune/Meschke/Rothfuß,* Kommentar zur Zulassungsverordnung für Vertragsärzte und Vertragszahnärzte, 2008, § 16 b, RdNrn. 42 ff; s auch *Rieger,* Rechtsfragen beim Verkauf und Erwerb einer Arztpraxis, 5. Aufl 2005; *Klapp,* Abgabe und Übernahme einer Arztpraxis, 3. Aufl 2006.

[97] § 103 Abs 4 Satz 5 SGB V (kritisch dazu *Weiß* NZS 2006, 67 (69)). Zur Bewertung von Arztpraxen s *Schmid-Domin,* Bewertung von Arztpraxen und Preisfindung, 2006 und neuerdings die Hinweise der KBV und der BÄK in DÄBl 2008, S. A-2778.

§ 26 1–3 § 26 Pflicht des Vertragsarztes zur persönlichen Leistungserbringung

vertragsärztlicher Leistungen, 2009; *Köhler-Fleischmann*, Der Grundsatz der persönlichen ärztlichen Leistungspflicht, 1991; *Kuhla*, Persönliche Leistungserbringung des Krankenhausarztes bei ambulanten Behandlungen von sozialversicherten Patienten, MedR 2003, 25 ff; *Miebach/Patt*, Persönliche Leistungserbringung und Vertretung des Chefarztes bei wahlärztlichen Leistungen, NJW 2000, 3377 ff; *Möller*, Der im zugelassenen Medizinischen Versorgungszentrum (MVZ) angestellte Arzt, GesR 2004, 456 ff; *Müssig*, Grenzen des Steuerrechts bei der persönlichen Leistungserbringung, Westf. Ärzteblatt 2/2004, 9 ff; *Narr*, Zur persönlichen Leistungserbringung des Chefarztes aus der Sicht der GOÄ und des Kassenarztrechts, MedR 1989, 215 ff; *Neumann-Wedekindt*, Delegation in der Zahnarztpraxis, MedR 2005, 81 ff; *Orlowski/Halbe/Karch*, Vertragsarztrechtsänderungsgesetz (VÄndG), 2. Aufl, 2007; *Peikert*, Persönliche Leistungserbringungspflicht, MedR 2000, 352 ff; *Plagemann* (Hrsg), Sozialrecht, 3. Aufl 2009; *Ratzel*, Begrenzung der Delegation ärztlicher Leistungen an Nichtärzte durch Berufs- und Haftungsrecht de lege lata und de lege ferenda, ZMGR 2008, 186 ff; *Ratzel/Luxenburger* (Hrsg), Handbuch Medizinrecht, 2008; *Rieger/Dahm/Steinhilper* (Hrsg), Heidelberger Kommentar. Arztrecht, Krankenhausrecht, Medizinrecht (HK-AKM), 2008; *Schnapp/Wigge* (Hrsg.), Handbuch des Vertragsarztrechts, 2. Aufl 2006; *Spickhoff/Seibl*, Haftungsrechtliche Aspekte der Delegation ärztlicher Leistungen an nichtärztliches Medizinalpersonal, MedR 2008, 463; *Steinhilper*, Persönliche Leistungserbringung, in: *Rieger/Dahm/Steinhilper* (Hrsg), HK-AKM, Heidelberg 2008, Beitrag Nr 4060; *Steinhilper*, Persönliche Leistungserbringung des ermächtigten Krankenhausarztes – Erwiderung auf Kuhla (MedR 2003, 25 ff), MedR 2003, 339 ff; *Steinhilper*, Die Pflicht zur persönlichen Leistungserbringung, in: Wenzel (Hrsg), Handbuch des Fachanwalts Medizinrecht, 2. Aufl 2009, Kap. 11 C; *Steinhilper*, Persönliche Leistungserbringung in der ambulanten vertragsärztlichen Versorgung, in: *Halbe/Schirmer* (Hrsg), Handbuch Kooperationen im Gesundheitswesen, 2005, Beitrag E 1200 (Stand: 2009); *Stellpflug/Warntjen*, Die Neuregelung des § 23i Abs 7 der Bedarfsplanungs-Richtlinie – Keine Anstellung von Ärzten bei Psychotherapeuten?, MedR 2008, 281; *Sträßner*, Delegation ärztlicher Tätigkeit auf nichtärztliches Personal im Spannungsverhältnis von wirtschaftlicher Notwendigkeit und rechtlicher Zulässigkeit, Arbeitsgemeinschaft Medizinrecht (Hrsg), Medizinrecht heute: Erfahrungen, Analysen, Entwicklungen (FS 10 Jahre AG Medizinrecht im DAV), 2008, 91; *Taupitz/Neikes*, Laboruntersuchungen als „eigene" Leistung im Sinne des GOÄ, MedR 2008, 121; *Wenning*, Persönliche Leistungserbringung bei Privatpatienten, Westf. Ärzteblatt 1/2004, 12 ff.

I. Allgemeines

1   Der Vertragsarzt ist verpflichtet, ärztliche Leistungen in der ambulanten vertragsärztlichen Versorgung grundsätzlich **persönlich** zu erbringen. Zu Beginn des Kassenarztsystems, als Ärzte ausschließlich in Einzelpraxen tätig waren, war dies selbstverständlich, auch deswegen, weil nur wenige Leistungen an geeignetes Fachpersonal delegiert oder von medizinisch-technischen (Groß-)Geräten erbracht werden konnten.

2   Durch die Einführung zahlreicher medizinischer Heilberufe, aber auch durch das Anwachsen medizinisch-technischer Geräte, ferner durch Zusammenschlüsse von Ärzten zu fachgebietsgleichen und fachgebietsübergreifenden Gemeinschaftspraxen (Berufsausübungsgemeinschaften), durch die Einführung Medizinischer Versorgungszentren sowie schließlich durch die neu geschaffene Möglichkeit, selbst fachgebietsfremde Ärzte in einer Einzelpraxis, Berufsausübungsgemeinschaft und in einem Medizinischen Versorgungszentrum anzustellen, hat die Pflicht zur persönlichen Leistungserbringung in der ambulanten vertragsärztlichen Versorgung ihren Ausschließlichkeitscharakter inzwischen verloren. Die Patienten selbst erwarten bei Ärzten auch nicht mehr ausnahmslos (insbesondere in immer größer werdenden Kooperationsgesellschaften), dass er selbst alle Leistungen vollständig erbringt, sondern zumindest einen Teil an nichtärztliche Mitarbeiter delegiert.[1]

3   Im Krankenhaus gilt der Grundsatz der persönlichen Leistungserbringungspflicht bei stationärer und bei ambulanter Behandlung nicht; Ausnahmen sind: Leistungen des

---

[1] Z T ist der Patient sogar beruhigt, wenn eine entsprechend ausgebildete medizinische Fachkraft Teile der Untersuchung oder Behandlung übernimmt, weil ihr im Laufe der Zeit u U mehr Erfahrung angewachsen sein kann als dem Praxisinhaber selbst.

6. Kapitel. Das Kassenarztrecht/Vertragsarztrecht   4–6 § 26

ermächtigten Krankenhausarztes im Rahmen seines Ermächtigungskataloges (s dazu unten II 6.), stationäre „Wahlleistungen" aufgrund einer Vereinbarung des Krankenhauses mit dem Privatpatienten (§ 17 Abs 1 KrankenhausentgeltG); Leistungen des Krankenhausarztes aufgrund einer Berechtigung zum Betrieb einer Privatambulanz.[1a]

II. Die Regelungen im Einzelnen

1. Vertragsarztrecht. Der Grundsatz der persönlichen Leistungserbringung in der ambulanten vertragsärztlichen Versorgung ist weder im Gesetz selbst (SGB V), noch in untergesetzlichen Normen abschließend definiert, aber aus verschiedenen Normen ableitbar.[2] 4

Nach **§ 15 Abs 1 SGB V** sind ärztliche oder zahnärztliche Behandlungen grundsätzlich von Ärzten oder Zahnärzten zu erbringen. Hilfsleistungen anderer dürfen nur erbracht werden, „wenn sie vom Arzt angeordnet oder von ihm verantwortet werden" (Satz 2). Ärztliche Leistungen von nichtärztlichem Personal sind folglich nicht abrechenbar.[3] Ergänzend hat das Bundesverfassungsgericht festgestellt, dass nichtärztliche Berufsgruppen nicht berechtigt sind, an der vertragsärztlichen Versorgung teilzunehmen.[4] Parallel dazu hat das SGB V den Behandlungsanspruch des GKV-Patienten auf den Arzt zugeschnitten (§ 28 Abs 1 SGB V). Auch danach muss der Vertragsarzt ärztliche Leistungen grundsätzlich selbst erbringen. Nach Satz 2 darf er jedoch an geeignetes Personal Hilfsleistungen[5] delegieren. Solche Leistungen sind jedoch vom Arzt anzuordnen, in der Praxis durchzuführen und dort zu überwachen.[6] 5

Die **Zulassungsverordnung** (Ärzte-ZV)[7] konkretisiert den Grundsatz der Pflicht zur persönlichen Leistungserbringung (Grundlage: § 98 SGB V) wie folgt: 6
„Der Vertragsarzt hat die vertragsärztliche Tätigkeit persönlich in freier Praxis auszuüben" (§ 32 Abs 1 Satz Ärzte-ZV).
und normiert Ausnahmen:[8]
– Vertretung eines Vertragsarztes durch einen Arzt bei Krankheit, Urlaub oder Teilnahme an ärztlicher Fortbildung oder an einer Wehrübung (§ 32 Abs 1 Satz 2 Ärzte-ZV)
– Assistententätigkeit zur Weiterbildung oder zur Weiterbildung oder zur Entlastung des Praxisinhabers (§ 32 Abs 2, § 3 Abs 3 Ärzte-ZV)

[1a] Zur „Abrechnung von Arzt- und Krankenhausleistungen" s den gleichnamigen Band von *Uleer/Miebach/Patt,* 2006.
[2] Zum Grundsatz der persönlichen Leistungserbringung s zur früheren Rechtslage *Gitter/Köhler,* Der Grundsatz der persönlichen Leistungserbringung, 1989; *Köhler/Fleischmann,* Der Grundsatz der persönlichen Leistungserbringungspflicht, 1991. Aus der neueren Literatur s *Peikert,* MedR 2000, 352; *Steinhilper,* Persönliche Leistungserbringung in der ambulanten vertragsärztlichen Versorgung, in: *Halbe/Schirmer* (Hrsg) Handbuch Kooperationen im Gesundheitswesen, 2005, Beitrag E 1200 (Stand: 2009; *Steinhilper,* Persönliche Leistungserbringung, in: *Rieger/Dahm/Steinhilper* (Hrsg) HK-AKM, 2008, Beitrag Nr 4060; *Steinhilper,* Die Pflicht zur persönlichen Leistungserbringung, in: *Wenzel* (Hrsg): Kap 11 C; s ferner unter *Kern* § 45. Zu steuerrechtlichen Fragen s *Müssig* 2004, 9.
[3] S zB BSGE 38, 73 u BSGE 48, 47.
[4] BVerfGE 78, 155 (Ausschluss von Heilpraktikern) u BVerfGE 78, 165 = MedR 1989, 135 Ausschuss eines Diplom-Psychologen; damals folgerichtig; geändert durch das PsychThG zum 1. 1. 1999 (BGBl 1998, 1300).
[5] Also nur diese, nicht Tätigkeiten aus dem ärztlichen Kernbereich; s BT-Drucks 11/2237, 173.
[6] S so schon BT-Drucks 11/2237, 171; erg s unten RdNr 20, 48 ff.
[7] V 28. 5. 1957, z Zt idF des VÄndG v 31. 10. 2006 (BGBl I, 2407). Die Zulassungsverordnung ist formelles Gesetz; s BSG SGb 2004, 234 u BSGE 95, 169, 164. Zur Ärzte-ZV s *Schallen,* Zulassungsverordnung für Vertragsärzte, Vertragszahnärzte, Medizinische Versorgungszentren, Psychotherapeuten, Kommentar, 6. Aufl 2008 und *Bäune/Meschke/Rothfuß,* Kommentar zur Zulassungsverordnung für Vertragsärzte und Vertragszahnärzte (Ärzte-ZV, Zahnärzte-ZV), 2008.
[8] Die überwiegend den Regelungen in der MBO entsprechen.

§ 26 7–10   § 26 Pflicht des Vertragsarztes zur persönlichen Leistungserbringung

- Tätigkeit angestellter Ärzte (ganztags oder halbtags) nach §§ 95 Abs 9 Satz 1, 101 Abs 1 Nr 5 SGB V iVm Angestellte-Ärzte-Richtlinien; Jobsharing: keine Anrechnung auf die Bedarfsplanung
- Tätigkeit angestellter Ärzte nach § 32b Ärzte-ZV vom 1. 2. 1993 bis 30. 6. 1997; bei Anrechnung auf die Bedarfsplanung
- Anstellung von Ärzten nach § 32b Ärzte-ZV idF des VÄndG ab 1. 1. 2007[9]: Anstellung in Einzelpraxen, Berufsausübungsgemeinschaften usw.
- Tätigkeit angestellter Ärzte in Medizinischen Versorgungszentren[10] (MVZ; § 95 Abs 2 SGB V).[11]

7   Der **Einheitliche Bewertungsmaßstab** (EBM) 2009 definiert wie folgt:
„Eine Gebührenordnungsposition ist nur berechnungsfähig, wenn der an der vertragsärztlichen Versorgung teilnehmende Arzt die für die Abrechnung relevanten Inhalte gemäß §§ 14a, 15 und 25 BMV-Ä bzw §§ 14, 20a und 28 BMV-EK persönlich erbringt" (Allgemeine Bestimmungen Ziff. 2.2); auch muss der Leistungsinhalt vollständig erbracht sein (Ziff. 2.1.2)[12]

8   Nach weitgehender Liberalisierung der **Musterberufsordnung (MBO)**[13] hat auch der Bundesgesetzgeber die Kooperationsmöglichkeiten für Vertragsärzte und die Möglichkeiten zur Anstellung von Ärzten in der ambulanten vertragsärztlichen Versorgung erheblich erweitert (Änderungen durch das VÄndG im SGB V und in der Ärzte-ZV). Die **Bundesmantelverträge**[14] definierten daraufhin den Grundsatz der persönlichen Leistungserbringung als
„die durch gesetzliche und vertragliche Bestimmungen näher geregelte Verpflichtung des Vertragsarztes bzw angestellten Arztes zur unmittelbaren Erbringung der vorgesehenen medizinischen Leistungen, auch im Rahmen zulässiger Delegation" (§ 1a Nr 24 BMV-Ärzte/BMV-EK).

9   Die Pflicht zur persönlichen Leistungserbringung ist auch in § 15 Abs 1 BMV-Ärzte = § 14 Abs 1 BMV-EK näher umschrieben. Ausnahmen sind vorgesehen für die *Apparategemeinschaften* (§ 15 Abs 3 BMV-Ärzte = § 14 Abs 2 BMV-EK) und für *Laborgemeinschaften* (§ 25 BMV-Ärzte = § 28 BMV-EK). O1- und O2-Leistungen können von Laborgemeinschaften bezogen werden; sie wurden bisher als persönlich erbrachte Leistungen der veranlassenden Ärzten (= Mitglieder der jeweiligen Laborgemeinschaft) gewertet und von diesen unmittelbar bei der KV abgerechnet. Zum 1. 10. 2008 müssen die Laborgemeinschaften die veranlassten Laborleistungen nach Kapitel 32.2 des EBM ihrer Mitglieder unmittelbar bei der KV abrechnen, in deren Zuständigkeitsbereich die Laborgemeinschaft ihren Sitz hat.[15]

10   Auch für ärztliche Leistungen „an weiteren Orten" (Zweitpraxis und/oder ausgelagerte Praxisstätte) sehen die Bundesmantelverträge die persönliche Leistungserbringungspflicht vor (§ 15a Abs 6 S. 1 BMV-Ärzte). Der Praxisinhaber muss also die ärztliche Leistung dort entweder selbst erbringen oder bei delegationsfähigen Leistungen nach Anordnung die fachliche Aufsicht vor Ort übernehmen. Für angestellte Ärzte in einer Zweigpraxis gilt folgende Regelung: Soll dieser dort alleine vertragsärztlich tätig sein, bedarf dies der Genehmigung durch die KV (§ 15a Abs 6 S. 2 BMV-Ärzte).

---

[9] Sofern nach Landesberufsrecht zulässig.
[10] *Möller* GesR 2004, 456.
[11] Zu den verschiedenen Anstellungsmöglichkeiten s ausführlich *Steinhilper*, Angestellte Ärzte in der vertragsärztlichen Versorgung, in: *Halbe/Schirmer* (Hrsg), Handbuch Kooperationen im Gesundheitswesen, 2007, Beitrag A 1300; erg s u § 31 III.
[12] Ähnlich eindeutig schon die Formulierung im EBM 2005 und 2008.
[13] S dazu unten RdNr 12.
[14] DÄBl 2007, A-1684.
[15] DÄBl 2008, A-912 und 1683; § 25 Abs 3 BMV-Ärzte = § 28 Abs 3 BMV-EK iVm der Verfahrensrichtlinie der KBV vom 16. 9. 2008 nach § 75 Abs 7 SGB V. Dabei sind Betriebsstättennummer der Laborgemeinschaft, Arztnummer des anfordernden Arztes und Diagnose (nach Vordruck 10a) anzugeben. Die Laborgemeinschaft muss ihre Kosten der KV nachweisen; liegen diese unter den erstatteten Beträgen nach Kapitel 32.2 EBM, ist der Differenzbetrag zurückzuzahlen.

6. Kapitel. Das Kassenarztrecht/Vertragsarztrecht   11–16 § 26

Das VÄndG hat große Teile der Liberalisierung der MBO-Ärzte nachvollzogen, in 11
§ 14a BMV-Ärzte jedoch Anforderungen an die *persönliche* Leitung einer Vertragsarztpraxis mit angestellten Ärzten normiert (Vermutung der persönlichen Leistung nur bei nicht mehr als 3 Vollzeitbeschäftigen oder entsprechender Zahl von Ärzten bei Teilzeit beschäftigten Ärzten; Gegenbeweis möglich; bei medizinisch-technischen Leistungen beträgt die Höchstzahl 4; bei halbem Versorgungsauftrag mindert sich die Beschäftigungsmöglichkeit entsprechend). In § 17 Abs 1a BMV-Ärzte ist zudem vorgesehen, dass die Tätigkeit eines Vertragsarztes am Vertragsarztsitz seine Tätigkeit an weiteren Orten zeitlich insgesamt überwiegen muss.

2. Ärztliches Berufsrecht. Der Deutsche Ärztetag umschreibt den Grundsatz der 12
persönlichen Leistungserbringung mit Ausnahmemöglichkeiten im Mai 2004 in § 19 Abs 2 MBO[16] wie folgt definiert:

„In Fällen, in denen der Behandlungsauftrag der Patienten oder des Patienten regelmäßig nur von Ärztinnen und Ärzten verschiedener Fachgebiete gemeinschaftlich durchgeführt werden kann, darf eine Fachärztin oder ein Facharzt als Praxisinhaberin oder Praxisinhaber die für sie oder für ihn fachgebietsfremde ärztliche Leistungen auch durch eine Angestellte Fachärztin oder einen angestellten Facharzt eines anderen Gebietes erbringen" (§ 19 Abs 2 MBO).

Inzwischen ist diese Empfehlung des Deutschen Ärztetages in den meisten Berufsord- 13
nungen der Länder unmittelbares Recht geworden.[17]

3. Behandlungsvertrag. Nach dem Behandlungsvertrag zwischen Arzt und Patient 14
(**Dienstvertrag** nach §§ 611 ff BGB[18]) ist der Arzt „im Zweifel" verpflichtet, die ärztliche Leistung persönlich zu erbringen (§ 613 Satz 1 BGB). Dieser Anspruch des Patienten ist grundsätzlich nicht übertragbar (Satz 2).

Teile ärztlicher Leistungen sind allerdings auch nach dem BGB delegierbar. Betraut 15
der Arzt damit geeignete Dritte, haftet er bei unzulässigem Delegationsumfang oder bei fehlender Überwachung auch für Fehler seiner Gehilfen.[19]

4. Gemeinsame Erklärung von BÄK und KBV (1988 und 2008). 1987 versuchten 16
Bundesärztekammer (BÄK) und Kassenärztliche Bundesvereinigung (KBV) in einer **gemeinsamen Erklärung,**[20] **im Anschluss an strafrechtliche Ermittlungsverfahren gegen Ärzte wegen Abrechnungsbetruges** Auslegungsschwierigkeiten des Grundsatzes zur persönlichen Leistungserbringung zu beheben, MBO 2004, das VÄndG und auch das GKV-WSG sowie die Überarbeitungen der Bundesmantelverträge haben für Ärzte Kooperationsformen und Möglichkeiten zur Anstellung von Ärzten erweitert (vgl oben § 23) und auch die Anforderungen zur Delegation ärztlicher Leistungen geändert. Die Gemeinsame Erklärung von BÄK und KBV aus dem Jahre 1988 musste daraufhin an die geänderte Gesetzeslage angepasst werden.[21] Der Grundsatz der persönlichen Leistungs-

---

[16] DÄBl 2004, A-1578. Gegen die Direktabrechnung von Laborleistungen durch die Laborgemeinschaften werden rechtliche Bedenken erhoben (zB Verstoß gegen Datenschutzbestimmungen).

[17] S die Übersicht von *Ratzel* ZMGR 2005, 143; s auch *Ratzel/Lippert*, Kommentar zur MBO, 4. Aufl 2006. Zur früheren Regelung s § 38 Abs 1 Satz 1 MBO u § 1 Abs 1 Sätze 2 und 3 MBO idF von 1997 (NJW 1997, 3076).

[18] Auch der Vertrag eines Vertragsarztes mit einem GKV-Patienten ist privatrechtlich; hM und st Rechtspr vgl BGHZ 48, 75; 63, 306; 76, 259; 97, 273; 100, 367. Aus der Literatur: *Laufs*, Arztrecht, RdNr 100; *Quaas*, in: *Quaas/Zuck*, Medizinrecht 2. Aufl 2008 § 13 RdNr 4. AA (öffentlich-rechtlich): BSGE 59,172 (177); *Schnapp/Düring* NJW 1989, 2913 (2916f); *Zuck*, in: *Quaas/Zuck* aaO, § 10 RdNr 4 und § 8 RdNr 55. – Der Honoraranspruch des Arztes gegen die KV ist allerdings öffentlich-rechtlicher Natur.

[19] Positive Vertragsverletzung; § 278 BGB. Ggf auch Haftung wegen unerlaubter Handlung; § 831 BGB.

[20] DÄBl 1988, A-2197 – von den Länder-KVen weitgehend unverändert übernommen.

[21] DÄBl 2008, A-2173.

erbringung war inhaltlich und in seinen Grenzen teilweise neu zu definieren.[22] Deutlichster Änderungsbedarf ergab sich dadurch, dass angestellte Ärzte in der vertragsärztlichen Versorgung nicht nur im MVZ, sondern auch in einer Einzelpraxis und in einer Berufsausübungsgemeinschaft angestellt werden dürfen, und zwar – je nach Landesrecht – auch fachübergreifend. In den Bundesmantelverträgen finden sich dazu konkretisierende Regelungen. Von besonderer Bedeutung ist § 14 a (Persönliche Leitung der Vertragsarztpraxis bei „angestellten Ärzten").

17 Im August 2008 haben KBV und BÄK ihre Erläuterungen zur persönlichen Leistungserbringung neu gefasst[22a] und damit den Änderungen der MBO, des VÄndG und des GKV-WSG Rechnung getragen.

18 Die Hinweise wurden auf ambulante privatärztliche und stationäre Leistungen erweitert.[22b] Sie stellen als Grundsatz für den ambulanten vertragsärztlichen Bereich zunächst fest: *„Persönliche Leistungserbringung erfordert nicht, daß der Arzt jede Leistung höchstpersönlich erbringen muß. Sie erfordert vom Arzt aber immer, daß er bei Inanspruchnahme nicht ärztlicher und ärztlicher Mitarbeiter zur Erbringung eigner beruflicher Leistungen leitend und eigenverantwortlich tätig wird. Der Arzt kann daher, anders als der gewerbliche Unternehmer, den Leistungsumfang seiner Praxis durch Anstellung von Mitarbeitern nicht beliebig vermehren."*

19 Erläutert werden sodann der Arztvorbehalt (II.) und die Anzeige- oder Genehmigungserfordernisse bei Delegation ärztlicher Leistungen. KBV und BÄK beschreiben in dem Papier ferner die Rechtsgrundlagen der persönlichen Leistungserbringungspflicht (I.), erläutern diese Pflicht näher und verdeutlichen sie anhand von Beispielen für 16 verschiedene Leistungsbereiche (VII.) Ein Abschnitt des Papiers widmet sich den Anforderungen an die Delegation ärztlicher und nichtärztlicher Leistungen (IV. und V.), ein weiterer der Haftung und strafrechtlichen Verantwortlichkeit bei Verstoß gegen den Grundsatz der persönlichen Leistungserbringung (VI.).

20 5. Zum Umfang der persönlichen Leistungserbringungspflicht. Die persönliche Leistungserbringungspflicht trifft den Vertragsarzt unabhängig davon, ob er in einer Einzelpraxis, einer Berufsausübungsgemeinschaft[23] (auch in einer Teilberufsausübungsgemeinschaft[24]) oder in einem MVZ (§ 95 Abs 1 SGB V[25]) tätig ist. Davon ausgenommen ist lediglich der genehmigte Vertreter, der während der Abwesenheit des Praxisinhabers dort ärztliche Leistungen erbringt, soweit er selbst dazu die fachlichen Qualifikationen besitzt.[26] Soweit der Vertragsarzt (gleich in welcher Organisationsform) einen angestellten Arzt beschäftigt, bedarf dieser grundsätzlich der Aufsicht (s dazu unten) durch den

---

[22] DÄBl 2008, A-2173.
[22a] „Möglichkeiten und Grenzen der Delegation ärztlicher Leistungen"; DÄBl 2008, A-2173.
[22b] Kritisch bis ablehnend zu den Anforderungen der „höchstpersönlichen Leistungserbringung" bei Wahlleistungen von Krankenhausärzten *Baur*, chefarzt aktuell Nr 5/2008, 93 f.
[23] Eingehend dazu *Weimer*, Berufsausübungsgemeinschaften, in: *Rieger/Dahm/Steinhilper* (Hrsg), aaO, Beitrag 840, RdNr 3–22; *Halbe/Rothfuß*, Berufsausübungsgemeinschaft, in: *Halbe/Schirmer* (Hrsg), Handbuch Kooperationen im Gesundheitswesen, 2005, Beitrag A 1100. Zum Übergang von der ehemaligen „Gemeinschaftspraxis" zur „Berufsausübungsgemeinschaft" im Berufs- und Vertragsarztrecht *Dahm/Ratzel* MedR 2006, 555 (556). Zur Gemeinschaftspraxis nach bisherigem Recht s eingehend *Rieger*, in: *Rieger/Dahm/Steinhilper* (Hrsg), HK-AKM, Beitrag 2050; erg s *Engelmann* ZMGR 2004, 3 ff.
[24] S *Ratzel/Möller/Michel* MedR 2006, 377; *Dahm/Ratzel* Med 206, 555 (557 f).
[25] Aus der Fülle der bisher erschienenen Literatur s statt aller *Zwingel/Preißler*, Das Medizinische Versorgungszentrum 2005; *Behnsen* Das Krankenhaus 2004, 604; *Ratzel* ZMGR 2004, 63; *Wigge* MedR 2004, 123; *Fiedler/Weber* NZW 2004, 358; *Dahm/Möller/Ratzel*; *Haack*, Das Medizinische Versorgungszentrum (MVZ), in: *Wenzel* (Hrsg), 2009, Kap. 10 G; *Kasper*, Medizinische Versorgungszentren – Integrierte Versorgung, in: *Plagemann* (Hrsg), Sozialrecht, 3. Aufl, 2009, § 19; *Zuck*, Das Medizinische Versorgungszentrum (MVZ), in: *Quaas/Zuck*, Medizinrecht 2005, 702 ff.
[26] Zu den Vertretungsvoraussetzungen (bis zu einer Woche) s § 32 Abs 1 Satz Ärzte-ZV.

6. Kapitel. Das Kassenarztrecht/Vertragsarztrecht   21–26   § 26

Praxisinhaber oder bei einem MVZ durch die dort vorgesehene ärztliche Leitung (s dazu unten III 3).

Delegiert ein Vertragsarzt ärztliche Leistungen zulässigerweise an geeignetes Personal, **21** so ist er ebenfalls von der Pflicht zur persönlichen Leistungserbringung befreit, muss aber das entsprechende Personal sorgsam auswählen und in ihre Aufgaben einführen und das Personal bei ihrer Aufgabenerfüllung überwachen (vgl dazu ausführlich unten III).

Leistungen eines genehmigten Weiterbildungsassistenten (§ 32 Abs 1 Satz 1 Ärzte-ZV) **22** und eines Entlastungsassistenten (§ 32 Abs 2 Satz 2 Ärzte-ZV) werden dem Vertragsarzt nur zugerechnet und sind durch diesen (nur) abrechenbar, wenn er deren Leistungen fachlich überwacht.

In einer versorgungsbereichs- oder/und arztgruppenübergreifenden Berufsausübungs- **23** gemeinschaft besteht eine **arztbezogene Kennzeichnungspflicht** für ärztliche Leistungen.[27] Dadurch soll gewährleistet werden, dass die persönliche Erbringung der Leistung durch den jeweils Abrechnungsberechtigten überprüft werden kann (zB: Liegt die fachliche Qualifikation für die erbrachte Leistung vor?). Darüber hinaus soll auch die zeitliche Erbringbarkeit der abgerechneten Leistungen kontrolliert werden können (Plausibilitätsprüfung nach § 106 a Abs 2 SGB V[28]). Seit 1. 7. 2008 haben Ärzte eine lebenslange Arztnummer (LAN) und eine (Neben-)Betriebsstättennummer bei der Abrechnung ihrer Leistungen und bei Arzneimittelverordnungen etc zu verwenden (Grundlage: § 293 SGB V; erg s die Richtlinien der KBV dazu noch § 75 Abs 7 SGB V vom 21. 1. 2008, DÄBl 2008, A-1868). Dies erlaubt den KVen, die Einhaltung der Fachgebiets- und Plausibiltätsgrenzen sowie der Zeitvorgaben für Haupt- und Nebenbetriebsstätten auch bei fachgebietsgleichen Berufsausübungsgemeinschaften zu überprüfen.

Vertragsärzte in einer **Praxisgemeinschaft**[29] müssen ärztliche Leistungen ebenfalls **24** (getrennt) persönlich erbringen. Gegenseitige Vertretung ist möglich.[30] Ärztliche Leistungen des Vertreters sind jeweils auf dem Vertreterschein abzurechnen; anderes gilt nur, wenn der Vertreter in den Räumen des vertretenen Vertragsarztes die Leistungen erbracht hat. Will ein Vertragsarzt aus einer Praxisgemeinschaft den anderen Vertragsarzt der Praxisgemeinschaft die Behandlung des eigenen Patienten hinzuziehen, so bedarf es insoweit der Überweisung zur Mit- oder Weiterbehandlung.

Beim **Medizinischen Versorgungszentrum** gilt der Grundsatz der persönlichen Leis- **25** tungserbringung für dort tätige Vertragsärzte unverändert.[31] Auch hier gilt eine arztbezogene Kennzeichnungspflicht, damit die Einhaltung der Fachgebietsgrenzen und die zeitliche Erbringbarkeit der Leistungen durch die KV kontrolliert werden kann.

In der **Apparategemeinschaft**[32] zur Erbringung gerätebezogener Leistungen[33] ist der **26** Grundsatz der persönlichen Leistungerbringungspflicht aufgehoben.[34] Gerätebezogene Leistungen sind ärztliche Leistungen, bei denen sich der Arzt zur Diagnose oder Therapie eines Gerätes bedient. Der technische Vorgang der Untersuchung muss dabei in der Gesamtbewertung überwiegen (zB Röntgenaufnahmen, CTs und MRTs, nicht: Durchleuchtungen).

---

[27] §§ 37 Abs 3, 44 Abs 6 BMV-Ä = §§ 22 Abs 3, 34 Abs 12 BMV-EK; vorgesehen seit 1. 1. 2005.
[28] Zur Plausibilitätsprüfung s a *Steinhilper*, in: *Rieger/Dahm/Steinhilper* (Hrsg), aaO, Beitrag 4160; *Steinhilper*, Plausibilitätsprüfungen, in: *Wenzel* (Hrsg), Kap 11 D II; *Steinhilper*, in: *Maaßen* § 106 a RdNr 5 ff.
[29] Zu dieser Organisationsform s statt aller *Schäfer-Gölz,* Praxisgemeinschaft (Apparate-/Laborgemeinschaft), in: *Halbe/Schirmer* (Hrsg), Kooperationen im Gesundheitswesen, 2005 (Beitrag A 1200). Erg s unten § 31 II 3.
[30] § 32 Ärzte-ZV. S dazu unten § 31 II 4.
[31] Anders bei Ärzten, die im MVZ angestellt sind (s dazu unten III 3).
[32] Zur Apparategemeinschaft s *Peikert*, in: HK-AKM, Beitrag 150.
[33] § 15 Abs 3 BMV-Ä = § 14 Abs 2 BMV-EK.
[34] Seit 1. 7. 1994 und 1. 1. 1995 (EK-Bereich).

§ 26 Pflicht des Vertragsarztes zur persönlichen Leistungserbringung

27   Die von anderen Mitgliedern in der Apparategemeinschaft erbrachten Leistungen werden als persönlich erbrachte Leistungen des veranlassenden Vertragsarztes angesehen und dürfen bei der KV von diesem unmittelbar abgerechnet werden. Voraussetzung ist jedoch, dass das abrechnende Mitglied über die erforderliche fachliche Qualifikation verfügt, die gerätebezogene Leistung mithin auch selbst hätte erbringen können (Einhaltung der Fachgebietsgrenzen).

28   Die Mitglieder einer Apparategemeinschaft müssen nicht selbst (Mit-)Eigentümer des genutzten Gerätes sein. Auch der Standort des für die Leistungserbringung genutzten Gerätes spielt keine Rolle (zB in der Praxis eines Mitgliedes, in einer ausgelagerten Praxisstätte).

29   Für **Laborgemeinschaften**[35] ist der Grundsatz der persönlichen Leistungserbringung[36] für Leistungen des Kap. 32.2 EBM (sog. Basislabor) aufgehoben; für das Speziallabor gilt er indessen fort.[37] Das Basislabor rechnete bisher jeweils das Mitglied der Laborgemeinschaft, das die Leistung veranlasst hatte, unmittelbar bei der KV ab, in deren Bereich der Arzt seinen Sitz hatte; die Leistung galt als persönlich erbracht. Seit 1. 10. 2008 müssen die Laborgemeinschaften die Laborleistungen ihrer Mitglieder bei der KV abrechnen, in deren Bereich die Laborgemeinschaft ihren Sitz hat.[38] Die Regelung stieß auf erheblichen Widerstand in der Praxis. Die KVWL gestattete ihren Mitgliedern ein Wahlrecht (Abrechnung wie bisher oder Direktabrechnung).

30   Nach Beschlüssen des SG Dortmund (24. 9. 2008 – S 9 KA 78/08 ER – und 22. 12. 2008 – S 9 KA 81/08 ER) dürfen die Mitglieder der dortigen KVWL das Basislabor übergangsweise wahlweise weiterhin selbst bei ihrer KV zusammen mit den übrigen ärztlichen Leistungen abrechnen *oder* durch ihre Laborgemeinschaft abrechnen lassen.

31   Die KBV erlaubte ab 1. 10. 2008 (unter dem Druck der Praxis?) die Abrechnung dieser Laborleistungen durch die Ärzte als Mitglied einer regionalen Leistungserbringergemeinschaft nach § 15 Abs 3 BMV-Ä = § 14 Abs 2 BMV-EK (Rundschreiben der KBV v 1. 10. 2008 – D 3 145 – I 84/2008). Diese Abrechnungsmöglichkeit ist durch Änderung der BMVe indessen zum 1. 1. 2009 wieder aufgehoben worden.[39]

32   Nach § 24 Abs 3 und 4 Ärzte-ZV[40] dürfen vertragsärztliche Tätigkeiten auch „an weiteren Orten" (sog. **Nebenbetriebsstätten**[41] und **ausgelagerten Praxisstätten**[42]) erbracht werden (unter bestimmten Voraussetzungen), und zwar bei Einzelpraxen, Berufsausübungsgemeinschaften, Teilzulassungen und auch bei Medizinischen Versorgungszentren.[43] Hier

---

[35] S Definition in § 1a Nr 20 BMV-Ä/EK. Zu Laborgemeinschaften s umfassend *Peikert*, Laborgemeinschaft, in: *Rieger/Dahm/Steinhilper* (Hrsg), HK-AKM, 2008, Beitrag 3300 mwN; erg s unten § 31 RdNr. 45.

[36] Zu diesem Grundsatz für Laborleistungen nach der GOÄ s umfassend *Taupitz/Neikes* MedR 2008, 121 mit umfassenden Rechtsprechungs- und Literaturnachweisen.

[37] S dazu die Erklärung der BÄK und der KBV vom 25. 8. 2008 (DÄBl 2008, A-2173; Abschnitt VII Nr 7), obgleich die Analysen weitestgehend automatisiert sind und die Eingriffe eines anwesenden Arztes in diese Abläufe Patienten vor Gefährdungen nicht und wenn überhaupt nur bedingt schützen können.

[38] Vgl DÄBl 2008, A- 1682, 2121 und 2441; sehr kritisch zur Direktabrechnung der Laborgemeinschaften *Imbeck* MedR 2009, mwN. Die Honorare für diese Leistungen der Laborgemeinschaft dürften der Umsatzsteuerpflicht unterliegen, da die Laborgemeinschaften keine Teilnehmer der vertragsärztlichen Versorgung sind und auf sie daher die Befreiungsvorschriften von der Umsatzsteuer nicht angewendet werden können (s dazu ausführlich *Michels/Ketteler-Eising* GesR 2008, 510 mwN).

[39] S DÄBl 2008, A-2780; allerdings mit Besitzstandswahrung bis 31. 12. 2009 für Gemeinschaftsgründungen vor dem 1. 1. 2009.

[40] Eingeführt durch das VÄndG zum 1. 1. 2007.

[41] S die Definition im § 1a Nr 22 BMV-Ä.

[42] S Definition in § 24 Abs 5 Ärzte-ZV und § 1a Nr 20 BMV-Ä/EK.

[43] Erg s § 15a Abs 1–4 BMV-Ä. Nebenbetriebsstätten sind auch KV-übergreifend zulässig (s § 24 Abs 3 Satz 3 ff Ärzte-ZV).

6. Kapitel. Das Kassenarztrecht/Vertragsarztrecht

und auch bei Leistungen in der sog ausgelagerten Praxisstätte[44] gilt der Grundsatz der persönlichen Leistungserbringung. Das bedeutet, dass nur solche Leistungen abrechenbar sind, die der jeweilige Vertragsarzt *während seiner Anwesenheit* persönlich erbracht (oder bei zulässiger Delegation dort persönlich fachlich überwacht) hat.[45]

6. Persönliche Leistungserbringungspflicht des ermächtigten Krankenhausarztes. Der ermächtigte Krankenhausarzt (§ 116 SGB V) ist verpflichtet, ärztliche Leistungen im Rahmen der ambulanten vertragsärztlichen Versorgung grundsätzlich ebenfalls selbst zu erbringen. Er darf andere Krankenhausärzte für ärztliche Leistungen seines Ermächtigungskataloges **nicht** in Anspruch nehmen,[46] auch nicht Aus-, Weiterbildungs- und Entlastungsassistenten.[47] Kurzfristige Vertretung ist allerdings möglich.

Ermächtigte Krankenhausärzte sind über ihre Pflicht zur persönlichen Leistungserbringung bei ärztlichen Leistungen aus ihrem Ermächtigungskatalog (leider) oft nicht (umfassend) informiert. Nicht persönlich erbrachte, also unzulässigerweise delegierte Leistungen des ermächtigten Krankenhausarztes im Rahmen der ambulanten vertragsärztlichen Versorgung sind bei der KV nicht abrechenbar. Ein Widerruf der Ermächtigung kann zusätzliche Folge sein.

7. Der Grundsatz der persönlichen Leistungserbringungspflicht bei angestellten Ärzten. Der Gesetzgeber hat die Möglichkeiten, in der ambulanten vertragsärztlichen Versorgung Ärzte anzustellen,[48] mit vielen Varianten erweitert.[49] Anstellungsberechtigt sind danach:
– niedergelassene Vertragsärzte (auch in Teilzulassung; § 95 Abs 3 Satz SGB V iVm § 19a Ärzte-ZV)
– Vertragsärzte in einer Berufsausübungsgemeinschaft (§ 33 Abs 1 Satz 1 Ärzte-ZV), auch überörtlich (Abs 2 Satz 1) und in einer Teilberufsausübungsgemeinschaft (§ 33 Abs 2 Satz 2 Ärzte-ZV)[50]
– Medizinisches Versorgungszentrum (§ 95 Abs 1 bis 3 SGB V).[51]

Auch in einer Apparategemeinschaft (§ 15 Abs 3 BMV-Ä/§ 14 Abs 2 BMV-EK) können angestellte Ärzte tätig sein; sie sind jedoch nicht bei der Apparategemeinschaft selbst, sondern bei einzelnen Mitgliedern der Gemeinschaft anzustellen.[52]

---

[44] § 24 Abs 5 Ärzte-ZV; erg s Definition in § 1a Nr 20 BMV-Ä (spezielle Untersuchungen und Behandlungen in räumlicher Nähe zum Vertragsarztsitz).
[45] S § 15 Abs 6 Satz 1 BMV-Ärzte mit dem zusätzlichen Genehmigungserfordernis, falls der angestellte Arzt in einer Zweigpraxis tätig sein soll.
[46] S aus der Rechtsprechung LSG Nds-Bremen MedR 2005, 60; LSG BW Urt v 15.2.1995 – L 5 KA 415/93. Aus der Literatur: *Steinhilper* MedR 2003, 337; *Jolitz* MedR 2003, 340. AA lediglich *Kuhla* MedR 2003, 25.
[47] LSG BW aaO: Genehmigung eines Entlastungsassistenten unzulässig; denn ermächtigt wird auf Grund der persönlichen Qualifikation des jeweiligen Krankenhausarztes. Kommt es auf diese nicht an, ist eine Institutsermächtigung in Betracht zu ziehen, die aber nachrangig ist (s dazu unten § 29 RdNr 72, 78).
[48] Zum Thema „Angestellte Ärzte in der vertragsärztlichen Versorgung" s den gleichnamigen Beitrag von *Steinhilper*, in: *Halbe/Schirmer* (Hrsg), Handbuch Kooperationen im Gesundheitswesen, 2007, Beitrag A 1300; sehr hilfreich und umfassend auch die Ausführungen von *Orlowski/Halbe/Karch*, Vertragsarztrechtsänderungsgesetz, VÄndG, 2. Aufl, 2008, S 8 ff, 66 ff.
[49] Erg zum Gesetz selbst s die Regelungen in den neuen Bundesmantelverträgen (DÄBl 2007, S A-518 ff; erg s die Synopse (alt-neu) in *Rieger/Dahm/Steinhilper* (Hrsg), HK-AKM 2008, Beitrag R 401), insbes §§ 14, 14a, 15, 15a, 15b. Vorausgegangen waren Änderungen der Ärzte-ZV: §§ 33 Abs 1 und 2, 24 Abs 3 bis 5, 19a.
[50] Vertragspartner für den Anstellungsvertrag ist dabei der jeweilige Vertragsarzt der Berufsausübungsgemeinschaft, nicht die Berufsausübungsgemeinschaft selbst.
[51] Hierzu sehr ausführlich *Möller* GesR 2004, 456.
[52] Auch wenn der Text in § 32b Ärzte-ZV eine gemeinschaftliche Anstellung nahe legt. Gegen die Zulässigkeit: *Steinhilper/Dahm/Steinhilper* (Hrsg), HK-AKM, 2008, NZS 1995, 565; *Möller* MedR

37 Ärzte können für die vertragsärztliche Versorgung seit 1.1.2007 auch fachgebietsfremd,[53] zudem ganztags oder halbtags angestellt werden,[54] in einem MVZ auf einer angestellten Arztstelle abweichend davon bis zu vier. Angestellte Ärzte dürfen auch *„an einem weiteren Ort"* (§ 24 Abs 3 und 4 Ärzte-ZV; bisher: Zweigpraxis oder Filiale; jetzt: Nebenbetriebsstätte), oder in *ausgelagerten Praxisstätten* (§ 24 Abs 5 Ärzte-ZV) tätig sein.

38 Der Grundsatz der persönlichen Leistungserbringungspflicht ist für den *Praxisinhaber* bei der Anstellung von Ärzten gelockert; er muss nicht stets bei den ärztlichen Tätigkeiten des angestellten Arztes in den jeweiligen Praxisräumen (mit) anwesend sein. Notwendig ist jedoch eine vorherige fachliche Anleitung und fachliche Aufsicht. Dies gilt, obgleich der angestellte Arzt letztlich wie der Praxisinhaber selbständig und eigenverantwortlich tätig[55] ist. Das Merkmal „freier Beruf" gilt nämlich auch für den in der vertragsärztlichen Versorgung angestellten Arzt (genauso wie für den angestellten Arzt im Krankenhaus). Das Weisungsrecht des Praxisinhabers bezieht sich daher nicht auf den medizinischen Leistungsbereich des angestellten Arztes, sondern nur auf organisatorische Fragen.[56]

39 *„Von einem persönlichen Gepräge der ärztlichen Leistung durch den Praxisinhaber wird man in diesen Fällen daher regelmäßig nicht sprechen können." (Bäune* aaO). *Kamps* (aaO) spricht insoweit zutreffend von einer Durchbrechung des Grundsatzes der persönlichen Leistungserbringung. Dennoch bleibt die zivilrechtliche und vertragsarztrechtliche Verantwortlichkeit des anstellenden Arztes für den angestellten Arzt (Erfüllungsgehilfe) erhalten (§ 14 Abs 2 BMV-Ä = § 20 Abs 2 BMV-EK; § 278 BGB).

40 Durch die weite Öffnung des Vertragsarztsystems für die Anstellung von Ärzten bedurfte der Begriff der persönlichen Leistungserbringung einer neuen Begrenzung. Die Bundesmantelverträge haben daher insbesondere die Anforderungen an die persönliche **Leitung** einer Vertragsarztpraxis bei angestellten Ärzten näher definiert (§ 14 a). Der Bundesmantelvertrag-Ärzte legt fest, dass eine persönliche Leitung nur anzunehmen ist, wenn durch vollzeit- oder teilzeitbeschäftigte Ärzte das Kontingent von drei vollzeitbeschäftigten Ärzten nicht überschritten ist.[57] Für die Anstellung fachgebietsfremder Ärzte gelten Einschränkungen. Die Anstellung ist nur zulässig, „wenn der anzustellende Arzt Facharzt eines Fachgebietes oder einer Facharztkompetenz ist, bei der die entsprechenden Ärzte gemäß § 13 Abs 4 nur auf Überweisung in Anspruch genommen werden dürfen, oder wenn durch diesen Facharzt Leistungen erbracht werden sollen, welche gemäß § 13 Abs 5 nur auf Überweisung in Anspruch genommen werden können" (§ 14 a Abs 2 Satz 1 BMV-Ä).

1998, 60 (61); *Peikert,* in: *Rieger/Dahm/Steinhilper* (Hrsg), HK-AKM, 2008, Beitrag Nr 150 (Apparategemeinschaft), RdNr 28.

[53] Zulässig seit der Änderung durch das VÄndG (vgl dazu *Orlowski/Halbe/Karch,* Vertragsarztrechtsänderungsgesetz (VÄndG), 2. Aufl 2008, 68f). Auch berufsrechtlich zulässig (nach den Empfehlungen des § 19 Abs 2 MBO-Ä), sofern diese Regelung in das jeweilige ärztliche Landesberufsrecht als geltendes Recht übernommen wurde. Dahinter steht das Problem, ob landesrechtliches ärztliches Berufsrecht dem Bundesrecht (SGB V) vorgeht (so die bisherige herrschende Meinung; s zu dieser Thematik insbes *Pestalozza* GesR 2006, 38. Für Vorrang des SGB V BSG Urt v 9.4.2008 – B 6 KA 40/07 R = BSGE 100, 154.

[54] Nach § 95 Abs 9 a SGB V ist auch die Anstellung von Hochschullehrern ganztags oder mindestens halbtags bei einem Vertragsarzt, einer Berufsausübungsgemeinschaft oder einem MVZ möglich, um an der ambulanten hausärztlichen vertragsärztlichen Versorgung teilzunehmen (§ 73 Abs 1 Nr 1 SGB V).

[55] So *Schallen,* Zulassungsverordnung für Vertragsärzte, 6. Aufl 2008, RdNr 1057. Nach *Bäune,* in: *Bäune/Meschke/Rothfuß* (Hrsg), Kommentar zur Zulassungsverordnung für Vertragsärzte und Vertragszahnärzte, § 32 RdNr 2 kann der angestellte Arzt weitgehend selbständig und eigenverantwortlich (als Erfüllungsgehilfe für den anstellenden Vertragsarzt) in der Praxis tätig sein.

[56] Vgl den Mustervertrag der KBV; DÄBl 1994, A-2433. Zu den Einschränkungen der Pflicht zur persönlichen Leistungserbringung bei angestellten Ärzten s auch *Bäune* aaO, § 32 RdNr 2 und § 32 b RdNr 46.

[57] Bei überwiegend medizinisch-technischen Leistungen ist die Obergrenze mit vier Ärzten angegeben (§ 14 a Abs 1 Satz 3 BMV-Ä). Bei Ärzten mit Teilzulassung mindert sich die Obergrenze.

Das Erfordernis einer Leitung durch den Praxisinhaber bedeutet jedoch nicht nach herkömmlichen Sprachgebrauch „persönliche Leistungserbringung". Darin ist ein wesentlicher Unterschied zur bisherigen Rechtslage zu sehen. Deutlich aufgeweicht bzw außer Kraft gesetzt wird der Grundsatz der persönlichen Leistungserbringungspflicht auch dadurch, dass nunmehr die Anstellung fachgebietsfremder Ärzte möglich ist. Erbringt ein angestellter Arzt Leistungen, die für den anstellenden Arzt fachgebietsfremd sind, so scheidet eine fachliche Aufsicht schon aus Rechtsgründen aus. Sie wird jetzt auch nicht mehr gefordert. § 14a Abs 2 letzter Satz BMV-Ä verlangt jedoch, dass sich der anstellende Arzt über die Notwendigkeit der vom fachgebietsfremden angestellten Arzt erbrachten ärztlichen Leistungen überzeugt. In der Praxis können sich hierbei Schwierigkeiten ergeben, wenn anstellender Arzt und angestellter Arzt aus fachlichen Gründen unterschiedlicher Ansicht sind. Wem im Streitfall die Entscheidungsbefugnis zukommt, ist nicht geregelt. Der BMV-Ärzte verlangt jedoch, dass der anstellende Arzt die fachärztlichen Leistungen des fachgebietsfremd angestellten Arztes in ihrer Notwendigkeit mit zu verantworten hat. Aus diesem Spannungsverhältnis werden sich in der Praxis bei Behandlungsfehlern, unterlassenen ärztlichen Leistungen, unwirtschaftlicher Behandlungsweise und selbst bei Plausibilitätsprüfungen Rechtsstreitigkeiten ergeben. Dadurch ist eine Klärung der bisher imperfekten Regelung zu erwarten. **41**

Der gebietsfremd angestellte Arzt ist an die Grenzen seiner fachlichen Qualifikation und seines Fachgebietes gebunden, so dass er für ihn fachgebietsfremde Leistungen nicht erbringen und nicht über den Praxisinhaber abrechnen darf. **42**

Das Gesetz hat die Zahl der pro Vertragsarzt anstellbaren Ärzte nicht begrenzt. Auch der Bundesmantelvertrag sieht eine zahlenmäßige Obergrenze nicht vor.[58] Der Bundesmantelvertrag fordert jedoch bei Anstellung von Ärzten eine „persönliche Leitung" durch den Praxisinhaber und hat an diese Leitung bestimmten Anforderungen gestellt (§ 14a Abs 1 BMV-Ärzte). Mittelbar ergibt sich daraus eine Obergrenze anstellbarer Ärzte. **43**

In einem gesperrten Planungsbereich dürfen nur Ärzte desselben Fachgebietes unter den sog. Jobsharing-Bedingungen angestellt werden (§§ 95 Abs 9, 101 Abs 1 Nr 5 SGB V iVM den Bedarfsplanungs-Richtlinien). Verfügt der angestellte Arzt über eine fachliche Qualifikation oder Genehmigung zur Erbringung ärztlicher Leistungen, über die der Praxisinhaber nicht verfügt, so darf der im Jobsharing angestellte Arzt diese Leistungen nicht erbringen und über den Praxisinhaber abrechnen lassen. **44**

Wird einem Arzt in einer fachgebietsidentischen oder fachgebietsübergreifenden Berufsausübungsgemeinschaft die Anstellung eines Arztes genehmigt[59], so ist der angestellte Arzt einem bestimmten Partner innerhalb der Berufsausübungsgemeinschaft zuzuordnen. Diesem obliegt die fachliche Überwachung des angestellten Arztes; er hat auch bei dem angestellten Arzt darauf zu achten, dass dieser vertragsärztliche Pflichten einhält (§ 32b Abs 3 Ärzte-ZV). **45**

Innerhalb seines Fachgebietes darf der angestellte Arzt ärztliche Leistungen in Eigenverantwortung erbringen; er obliegt jedoch der fachlichen Aufsicht auch des ihn anstellenden Arztes. **46**

Bei einer überregionalen Gemeinschaftspraxis darf der angestellte Arzt auch an dem weiteren *Praxis*sitz ärztliche Leistungen erbringen. Auch hier gilt das Aufsichtserfordernis. An einem weiteren Standort einer ortsübergreifenden Berufsausübungsgemeinschaft darf aber der angestellte Arzt nicht allein tätig sein; „betreibt" er diesen Standort allein, so sind die so erbrachten Leistungen nicht abrechenbar. Dies gilt auch bei der Anstellung eines fachgebietsfremden Arztes. **47**

---

[58] Die Partner des Bundesmantelvertrages wären zu einer solchen Beschränkung nicht zuständig.

[59] Vgl die Definition in § 1a Nr 12 BMV-Ä; erg s *Weimer*, Berufsausübungsgemeinschaften, in: *Rieger/Dahm/Steinhilper* (Hrsg), HK-AKM 2008, Beitrag 840.

48 Ein Arzt darf auch in einer Teilberufsausübungsgemeinschaft (§ 33 Abs 2 Satz 2 Ärzte-ZV) angestellt werden. Die gleichsam in diese Organisationsform ausgegliederten Leistungen muss dabei der Praxisinhaber nicht selbst erbringen, sondern kann sie auf einen angestellten Arzt übertragen. Dieser muss allerdings die fachliche Qualifikation für die speziellen Leistungen der Teilberufsausübungsgemeinschaft besitzen.

49 Ähnliches gilt bei der Anstellung eines Arztes mit einer Tätigkeit „an weiteren Orten" (§ 24 Abs 3 und 4 Ärzte-ZV). Solche Nebenbetriebsstätten sind auch zulassungsbereichs- und KV-übergreifend zulässig (§ 24 Abs 2 Ärzte-ZV). Leistungen, die der angestellte Arzt dort erbringt, werden dem Praxisinhaber als selbständig erbrachte ärztliche Leistungen zugerechnet und dürfen von diesem abgerechnet werden (§ 15 Abs 1 Satz 3 BMV-Ä). Das gilt auch für fachärztliche Leistungen eines angestellten Arztes, die für den anstellenden Arzt fachgebietsfremd sind (§ 15 Abs 1 Satz 4 BMV-Ä). Dies ist eine deutliche Ausnahme vom Grundsatz der persönlichen Leistungserbringungspflicht. Ein Arzt darf auch in einer ausgelagerten Praxisstätte (§ 24 Abs 5 SGB V) angestellt werden und dort Leistungen erbringen, die vom Praxisinhaber über die KV abgerechnet werden. Eine ausdrückliche Regelung zum Umfang der Aufsichtspflicht oder zum Umfang der persönlichen Leistungserbringungspflicht fehlt (anders bei der vertragsärztlichen Tätigkeit an weiteren Orten).

50 Auch in einer Praxisgemeinschaft dürfen Ärzte angestellt werden. Hier gilt das Gleiche wie bei der Berufsausübungsgemeinschaft. Der angestellte Arzt wird jeweils einem Arzt innerhalb der Praxisgemeinschaft zugeordnet. Ihm obliegt die Aufsichtspflicht. Nur über ihn sind auch seine ärztlichen Leistungen bei der KV abrechenbar.

51 Das GMG hatte auch die Möglichkeit geschaffen, in einem Medizinischen Versorgungszentrum (§ 95 Abs 1 SGB V), Ärzte als Leistungserbringer anzustellen,[60] und zwar vollzeitig oder anteilig (bis zu vier Ärzte auf einer Stelle). Für den angestellten Arzt im MVZ[61] gelten dieselben gesetzlichen und vertraglichen Regelungen wie für den Vertragsarzt selbst (§ 95 Abs 3 Satz SGB V). Er hat also die Fachgebietsgrenzen einzuhalten und ist zur persönlichen Leistungserbringung verpflichtet. Der angestellte Arzt unterliegt als Arbeitnehmer dem allgemeinen Arbeitsrecht und hat insoweit auch Weisungen des Arbeitgebers zu beachten. Auch der angestellte Arzt in einem MVZ übt jedoch seiner Natur nach einen freien Beruf (§ 1 Abs 2 BÄO) aus.[62] Der Träger des MVZ ist mithin nur zu Weisungen in organisatorischen Angelegenheiten berechtigt (zB Geräteausstattung, Raumzuweisung, Personalstruktur), aber nicht berechtigt, im medizinischen Bereich Anordnungen zu treffen.[63] Der ärztliche Leiter eines MVZ darf dem angestellten Arzt jedoch Aufgaben und Zuständigkeiten zuweisen. Bei der Aufgabenerfüllung handelt der angestellte Arzt jedoch selbständig und eigenverantwortlich. Ärztliche Leistungen, die der angestellte Arzt erbringt, werden über das MVZ abgerechnet.

III. Delegierbarkeit ärztlicher und nichtärztlicher Leistungen in der vertragsärztlichen Versorgung

52 Der Grundsatz der persönlichen Leistungserbringung ist im Vertragsarztrecht mehrfach durchbrochen. Vertritt ein Arzt einen anderen Vertragsarzt zB bei Krankheit, Urlaub etc in dessen Praxis, so sind sämtliche ärztliche Leistungen an den Vertreter delegiert. Dieser tritt gleichsam an die Stelle des Praxisinhabers. Seine Leistungen sind nur über den Praxisinha-

---

[60] Zu dieser Thematik s umfassend *Möller* GesR 2004, 456 ff; ferner *Steinhilper*, Angestellte Ärzte in der vertragsärztlichen Versorgung, in: *Halbe/Schirmer* (Hrsg), Handbuch Kooperationen im Gesundheitswesen, 2007, Beitrag A 1300, RdNr 33 ff.
[61] Bei einer mindestens halbtägigen Beschäftigung Mitglied der jeweiligen KV mit aktivem und passivem Wahlrecht.
[62] S ausdrücklich *Möller* GesR 2004, 456 (459).
[63] S dazu *Möller* GesR 204, 456 (459); erg auch *Dahm/Möller/Ratzel*, Rechtshandbuch Medizinischer Versorgungszentren, 2005, S 246 f.

6. Kapitel. Das Kassenarztrecht/Vertragsarztrecht   53–58 § 26

ber abrechnungsfähig. Verordnet oder behandelt der Vertreter unwirtschaftlich iS des § 12 SGB V, so richten sich Prüf- und evtl. auch Plausibilitätsverfahren gegen den Praxisinhaber. Honorarkürzungen gehen zu seinen Lasten (mit der Möglichkeit eines internen Ausgleichs bei Nachweis der Ursächlichkeit des Vertreters).

Behandelt der Vertreter die Patienten des Vertretenen in seiner eigenen Praxis, so behandelt er eigenverantwortlich und rechnet die Leistungen bei der KV über den sog Vertreterschein selbst ab. **53**

In bestimmtem Umfang sind Ärzte auch berechtigt, Teile ärztlicher Leistungen und nichtärztlicher Leistungen an fachlich qualifiziertes Personal delegierbar. Der Umfang der Delegierbarkeit von Leistungen lässt sich nicht enumerativ umschreiben. Wichtige Hinweise (auch anhand von Beispielsfallgruppen) geben die (neuen) Erläuterungen der BÄK und der KBV zur persönlichen Leistungserbringung (DÄBl 2008, A-2173ff). **54**

Zum 1.1.2009 wurden durch das GKV-WSG folgende Delegationsmöglichkeiten auf nichtärztliches Personal eingeführt: **55**
– **§ 87 Abs 2b SGB V:** ärztlich angeordnete Hilfeleistungen zur Versorgung von Patienten in deren Häuslichkeit durch nichtärztliche Praxisassistenten, deren Qualifikation nachzuweisen ist (erg vgl Delegationsvereinbarung vom 17.3.2009 nach § 15 Abs 1 BMV-Ärzte = § 14 Abs 1 Satz 6 BMV-EK – DÄBl 2009, A-838 – mit Vorgaben für die Zusatzqualifikationen des nichtärztlichen Praxisassistenten und dem Versorgungsinhalt sowie den Voraussetzungen dazu; Vergütung: Kostenpauschale nach GebNr 40870 und 40872 EBM; Abschnitt 40.18 – DÄBl 2009, A-887).
– **§ 63 Abs 3 b–c SGB V:** Modellvorhaben zur Delegation ärztlicher Tätigkeiten auf nichtärztliche Heilberufe zur selbständigen Ausübung (Verordnungsmöglichkeit und inhaltliche Ausgestaltung der häuslichen Krankenpflege einschließlich ihrer Dauer; zur Evaluation von Modellversuchen der Delegation hausärztlicher Leistungen an nichtärztliches Praxispersonal (AGnES) s DÄBl 2009, 3).

Hieraus können sich Haftungsfragen auch für den delegierenden Arzt ergeben (vgl § 28 Abs 1 Satz 2 SGB V). **56**

Entscheidend für die Frage der Delegierbarkeit ist ua, ob dadurch der Patient bei der ärztlichen Heilbehandlung gefährdet wird.[64] Die Hinweise der KBV und der BÄK (DÄBl 2008, A-2176) fordern auch bei der Erbringung des Speziallabors noch „die Anwesenheit des Arztes im Labor zur Zeit der Leistungserbringung" (Abschnitt VII Nr 7). Angesichts der hoch automatisierten Analysen überzeugt dieses Erfordernis nicht mehr; jedenfalls ist die dauernde Anwesenheit nicht erforderlich, um Gefährdungen von Patienten auszuschließen. **57**

Ärztliche Tätigkeiten, die spezielle Kenntnisse, Erfahrungen und insbesondere auch fachliche Genehmigungen voraussetzen, sind nicht delegierbar. Chirurgische Eingriffe, therapeutische Entscheidungen und selbst die Beratung des Patienten (zB Krebspatienten) gehören zu diesem nicht delegierbaren Kernbereich ärztlicher Tätigkeit. Da sich zwischen **58**

---

[64] Darauf weist sehr eindringlich *Peikert* MedR 2000, 355 ff hin. Auch die Gemeinsame Erklärung von BÄK und KBV (DÄBl 1988, A-2197) geht davon aus. Zu den haftungsrechtlichen Folgen der Delegation ärztlicher Leistungen an nichtärztliches Medizinalpersonal s *Spickhoff/Seibl* MedR 2008, 463 und *Andreas* ArztR 2008, 144, jeweils mwN. Das Papier der KBV und der BÄK zur „Persönlichen Leistungserbringung" vom 29.8.2008 (DÄBl 2008. – A-2173) gibt weitere Hinweise an die Anforderungen der Deleagtion ärztlicher und nichtärztlicher Leistungen an ärztliche und nichtärztliche Mitarbeiter (Abschnitt IV. und V.: Auswahl-, Überwachungs- und Kontrollpflicht). Zur „Begrenzung der Delegation ärztlicher Leistungen an Nichtärzte durch Berufs- und Haftungsrecht de lege lata und de lege ferenda" s den gleichnamigen Beitrag von *Ratzel* ZMGR 2008, 186. Zur Delegation und Substitution ärztlicher Leistungen auf nichtärztliches Personal s erg *Bergmann* MedR 2009, 1 mit ausführlichen Rechtsprechungs- und Literaturnachweisen. Zur Delegation ärztlicher Leistungen an nichtärztliches Personal s auch *Andreas* A&I 2008, 593 ff. und *Ulsenheimer* Manuelle Medizin 2009, 194. Zu den strafrechtlichen Folgen der Delegation ärztlicher Aufgaben s *Ellbogen* ArztR 2008, 312.

(ärztlichen und psychologischen) Psychotherapeuten und Patienten in der Regel ein besonderes Vertrauensverhältnis herausbildet, ist es grundsätzlich nicht zulässig, Teile der psychotherapeutischen Leistungen zu delegieren (selbst an einen Vertreter[65]). Der niedergelassene Psychotherapeut zB darf mithin für seine Patienten nicht im „Hintergrund" einen anderen Psychologen (ohne die nach dem Gesetz mögliche Anstellungsgenehmigung hierfür zu besitzen). Für bestimmte Tests dürfen indessen auch nichtärztliche Mitarbeiter eingesetzt werden.

59   Soweit Teile ärztlicher Leistungen delegierbar sind, muss der Arzt die Qualifikation des Personals, an das delegiert wird, vorher prüfen und sich die Qualifikation ggf schriftlich nachweisen lassen.

60   Der Arzt muss das Personal darüber hinaus in ihrer konkreten Aufgaben einweisen und das Personal auch fachlich beaufsichtigen. Stichprobenartige Kontrollen können ausreichen; abzustellen ist jedoch auf den Einzelfall: zu vermeiden sind jedenfalls Gefährdungen von Patienten. Bei gefährdungsträchtigen delegierbaren Handlungen sind mithin häufigere Kontrollen und Aufsichtsmaßnahmen erforderlich als bei „Routinetätigkeiten".

61   Sind Leistungen zulässigerweise an Ärzte oder an nichtärztliches Personal delegiert, ist der Arzt weiterhin verpflichtet, Ausführung und Ergebnis einer Delegation zu überwachen. Die Leistungen müssen also unter Aufsicht des verantwortlichen Arztes erbracht werden.[66] Nach der Rechtsprechung bedeutet dies Anwesenheit des verantwortlichen Arztes in den Praxisräumen, wo die Untersuchung durchgeführt wird (sub tectu). Lässt beispielsweise ein Radiologe Röntgenuntersuchungen nicht in seiner eigenen Praxis durchführen, sondern in einem nahe gelegenen Krankenhaus, ohne dass er bei dem Untersuchungsgang selbst anwesend ist, so sind die Röntgenleistungen unter Verstoß gegen den Grundsatz der persönlichen Leistungserbringung erbracht und mithin nicht bei der KV abrechenbar, selbst wenn der Arzt die Röntgenbilder in seiner Praxis selbst befundet.[67] Soweit nach der Rechtsprechung eine Anwesenheitspflicht besteht, genügt die bloße sporadische Anwesenheit des Arztes in den Untersuchungsräumen nicht; er muss vielmehr durchgehend anwesend sein.[68]

62   Der Arzt haftet für Fehler bei der Delegation von Leistungen an nichtärztliches Personal (Auswahl, Überwachung etc). Deren Fehler sind ihm zurechenbar; sie sind seine Erfüllungsgehilfen.[69]

IV. Verstöße gegen die Pflicht zur persönlichen Leistungserbringung

63   **1. Honorarrückforderung.** Leistungen, die persönlich erbracht werden müssen, aber nicht persönlich erbracht worden sind, sind nicht abrechenbar (s auch unten § 35 RdNr 52ff). Die KVen sind verpflichtet, schon ausbezahlte Honorare für nicht persönlich erbrachte Leistungen zurückzufordern. Die Bemessung der Höhe der Rückforderungen erweist sich in der Regel als schwierig; die Mitwirkung des Arztes ist erforderlich.

---

[65] Dies sieht § 14 Abs 3 BMV-Ä ausdrücklich vor bei genehmigungspflichtigen psychotherapeutischen Leistungen und probatorischen Sitzungen. Eine Übertragung dieser Leistungen an einen Vertreter könnte im Zweifel kunstfehlerhaft sein.
[66] Angesichts des zT mechanisierten Vorgangs bei Untersuchungen mit medizinisch-technischen Großgeräten bezweifelt *Peikert* MedR 2000, 352 (358 mwN) die Sinnhaftigkeit dieses Anwesenheitserfordernis; de lege lata muss jedoch nach wie vor davon ausgegangen werden.
[67] So ausdrücklich mit näherer Begründung LSG NRW MedR 1997, 94. Ähnlich LG Lübeck, Urt v. 1. 8. 2005 – 7 KLs 21/04 –: danach verstößt ein Arzt gegen den Grundsatz der persönlichen Leistungserbringung, wenn er zytologische Assistentinnen außerhalb der Praxis in Abwesenheit mit Zytologieleistungen beauftragt, diese aber bei der KV abrechnet (Abrechnungsbetrug).
[68] Belegärzte müssen innerhalb von 30 Minuten erreichbar sein; vgl LSG SH MedR 2000, 383; BSG GesR 2004, 242.
[69] Zur Begrenzung der Delegation ärztlicher Leistungen an Nichtärzte durch Berufs- und Haftungsrecht de lege lata und de lege ferenda s *Ratzel* ZMGR 2008, 186 mwN.

6. Kapitel. Das Kassenarztrecht/Vertragsarztrecht   64–67 § 26

Zurückgefordert werden kann im Rahmen der sog sachlich-rechnerischen Berichtigung rückwirkend für vier Jahre.[70] Widerspruch und Klage gegen Honorarrückforderungsbescheide haben aufschiebende Wirkung.[71]

2. Disziplinarverfahren. Erbringt ein Arzt ärztliche Leistungen unter Verstoß gegen den Grundsatz der persönlichen Leistungserbringung, verletzt er vertragsärztliche Pflichten iSd § 81 Abs 5 Satz 1 SGB V. Dieser Verstoß kann disziplinarrechtlich geahndet werden.[72] Je nach der Schwere dieses Pflichtenverstoßes kommen Verwarnung, Verweis, Geldbuße (maximal: 10.000,00 EUR) oder das Ruhen der Zulassung[73] (bis zu zwei Jahren) in Betracht.[74]   64

Für das Disziplinarverfahren ist die KV zuständig. Die Entscheidung des Disziplinarausschusses kann (ohne Vorverfahren) vor dem Sozialgericht beklagt werden (§ 81 Abs 5 Satz 4 SGB V).[75] Die Klage hat aufschiebende Wirkung (§ 86a Abs 1 SGG[76]).[77]   65

3. Verfahren zur Entziehung der Zulassung. Bei einer gröblichen Verletzung der Pflicht zur persönlichen Leistungserbringung ist auch die Entziehung der Zulassung zu überprüfen (§ 95 Abs 6 SGB V iVm § 27 Ärzte-ZV; erg s unten 29 RdNr 36). Das Verfahren wird von den paritätisch besetzten Zulassungsgremien durchgeführt (§ 34 Ärzte-ZV). Die Zulassungsentziehung muss zur Schwere der Pflichtverletzung in einem angemessenen Verhältnis stehen.   66

4. Ermittlungs- und Strafverfahren. Der Vertragsarzt ist zur „peinlich genauen Abrechnung" seiner Leistungen verpflichtet.[78] Er dokumentiert die Einhaltung dieser Pflicht durch die sog Vierteljahreserklärung. Rechnet er ärztliche Leistungen unter Verstoß gegen den Grundsatz der persönlichen Leistungserbringung bei der KV ab, so erfüllt dies in Verbindung mit der fehlerhaften Vierteljahreserklärung den objektiven Tatbestand des Betruges (§ 263 StGB).[79] In einem Ermittlungs- und Strafverfahren ist dem Arzt zu einer Verurteilung auch Betrugsabsicht nachzuweisen. In der Praxis erweist sich dieser   67

---

[70] BSGE 89, 90 (103); s auch LSG NRW GesR 2004, 525. – Zur nachträglichen belastenden Korrektur eines Honorarbescheides durch die KV s *Knopp*, 2009, 175 ff unter kritischer Auseinandersetzung mit der Rechtsprechung des BSG und einem Formulierungsvorschlag für eine gesetzliche Normierung in der Zukunft (219 ff).
[71] Vgl. nur LSG Ns-Bremen MedR 2004, 512; LSG Rpf MedR 2005, 614; erg s *Knopp* aaO, 223 ff und *Steinhilper* MedR 2004, 437; aA *Kuhlen* NJW 2002, 3155; *Dahm* MedR 2003, 600.
[72] Grundlage sind die jeweiligen Disziplinarordnungen der KVen (zu erlassen nach § 81 Abs 5 SGB V; diese Norm ist ausreichende Ermächtigungsgrundlage; s BSG SozR 3-2500 § 81 Nr 7). Ziel: das Mitglied zu veranlassen, künftig vertragsärztliche Pflichten einzuhalten.
[73] Bei gröblicher Pflichtverletzung (s § 95 Abs 6 SGB V).
[74] § 81 Abs 5 Satz 2 SGB V.
[75] Klageberechtigt ist nur der betroffene Arzt. Krankenkassen sind nicht klagebefugt. Die Klagebefugnis einer KV hat das BSG GesR 2004, 422 bejaht, wenn durch eine Entscheidung des Disziplinarausschusses Rechte der KV verletzt sind; offen blieb die Frage, ob es dafür einer ausdrücklichen Regelung in der Disziplinarordnung bedarf; zu dieser Thematik näher *Harenburg* GesR 2004, 407.
[76] Sofern nicht ausnahmsweise nach § 86a Abs 2 Nr 5 SGG ein überwiegendes öffentliches Interesse am sofortigen Vollzug besteht.
[77] Ausführlich zu den Voraussetzungen und dem Gegenstand von Disziplinarverfahren s *Ehlers* (Hrsg), Disziplinarverfahren und Zulassungsentziehung, 2001 und *Schroeder-Printzen,* Disziplinarverfahren, in: *Schnapp/Wigge* (Hrsg), Handbuch des Vertragsarztrecht, 2. Aufl 2006, § 18, jeweils mwN, ferner *Zuck,* in: *Quaas/Zuck* (Hrsg), Medizinrecht, 2. Aufl 2008, § 22.
[78] BSGE 43, 250 (252f); BVerfGE 69, 233 (244).
[79] Zum Abrechnungsbetrug s *Steinhilper* (Hrsg), Arzt und Abrechnungsbetrug, 1988; *Dahm/Schmidt,* Falschabrechnung (Abrechnungsbetrug), in: *Rieger/Dahm/Steinhilper* (Hrsg.), HK-AKM, Heidelberg 2008 (Beitrag 1780) mwN; ferner *Hellmann/Herffs,* Der ärztliche Abrechnungsbetrug, 2006, Teil C und D; *Ellbogen/Wichmann* MedR 2007, 10 und besonders eingehend *Ulsenheimer,* Arztstrafrecht in der Praxis, 4. Aufl 2008, § 14 mit zahlreichen Rechtsprechungsnachweisen und einem ausführlichen Literaturverzeichnis.

§ 27

Nachweis häufig als schwierig, wenn eindeutige Regelungen dazu fehlen, ob eine Leistung persönlich zu erbringen ist oder nicht. Leistungslegenden in der Gebührenordnung und ergänzende Richtlinien dazu sind häufig imperfekt formuliert.[80]

68 Bei Verstößen gegen den Grundsatz der persönlichen Leistungserbringung hat die KV zu prüfen, ob sie verpflichtet ist, die Ermittlungsbehörden wegen des Verdachts der betrügerischen Honorarabrechnung zu unterrichten (§ 81 a SGB V[81]). Das Gleiche gilt für die Krankenkassen (§ 197 a SGB V).

69 **5. Verfahren vor dem Berufsgericht.** Der Verstoß gegen die Pflicht zur persönlichen Leistungserbringung ist in der Regel zugleich ein Verstoß gegen Pflichten aus den Heilberufsgesetzen der Länder. Die Ärztekammern sind verpflichtet, ein berufsgerichtliches Verfahren einzuleiten,[82] wenn ihnen Verstöße gegen die persönliche Leistungserbringungspflicht bekannt werden. In der Praxis sind solche Verfahren jedoch selten.

70 **6. Verfahren zur Entziehung der Approbation.** In besonders gravierenden Fällen kann sich ein Arzt, der gegen den Grundsatz der persönlichen Leistungserbringung verstößt, auch als ungeeignet für die Ausübung des ärztlichen Berufes erweisen (nachhaltige Gefährdung von Patienten). Trifft dies zu, kommt auch die Einleitung eines Verfahrens zur Entziehung der Approbation durch die Approbationsbehörde in Betracht.[83]

§ 27 Rechtsbeziehungen zwischen den Partnern des Kassen-/Vertragsarztrechts

Inhaltsübersicht

	RdNr
I. Der Vertragsarzt und seine Kassenärztliche Vereinigung (KV)	1
1. Zwangsmitgliedschaft der Ärzte, Zahnärzte und Psychotherapeuten	1
2. Rechte und Pflichten aus der Mitgliedschaft	2
II. Der Vertragsarzt und sein Kassenpatient	5
1. Zivilrechtliche oder öffentlich-rechtliche Vertragsbeziehung?	5
2. Öffentlich-rechtliche Anbahnung der Arzt-Patienten-Beziehung	7
3. Dokumentations- und Verschwiegenheitspflicht	11
III. Der Vertragsarzt und die Krankenkassen	12
1. Sicherstellung der vertragsärztlichen Versorgung	12
2. Wenige direkte Beziehungen	13
3. Neue Beziehungsformen bei Modellvorhaben und integrierter Versorgung	15
IV. Die Kassenärztliche Vereinigung und die Krankenkassen	16
1. Verhandlungs- und Abschlusskompetenz	16
2. Zahlung der Gesamtvergütung	19
3. Datenaustausch nach §§ 294 ff SGB V	23

---

[80] Zu den strafrechtlichen Problemen unklarer Normenformulierungen s *Steinhilper*, „Kriminogene" Normgebung im Vertragsarztrecht, in: *Feltes/Pfeiffer/Steinhilper* (Hrsg), (FS für Schwind zum 70. Geburtstag), 2006, 163 ff.

[81] S dazu *Steinhilper* MedR 2005, 488; *Rixen* ZFSH/SGB 2005, 131.

[82] Zu den materiell-rechtlichen und prozessualen Erfordernissen eines berufsgerichtlichen Verfahrens s *Rehborn*, GesR 2004, 170 mwN; erg s *Frehse/Weimer,* Berufsgerichtsbarkeit der Ärzte, in: *Rieger/Dahm/Steinhilper* (Hrsg), HK-AKM, 2008, (Beitrag 872) und *Willens*, Das Verfahren vor den Heilberufsgerichten, Heidelberg 2009.

[83] Zum Approbationsentzug wegen Unwürdigkeit des Arztes s *Braun/Gründel* MedR 2001, 396 mwN.

Schrifttum: *Behrends,* Grenzen des Privatrechts in der gesetzlichen Krankenversicherung, 1986; *Baader,* Honorarkürzungen und Schadensersatz im Kassenarztrecht, 1983; *Eichenhöfer,* Die Rolle von öffentlichem und privatem Recht bei der Erbringung sozialer Dienstleistungen, SGb 2003, 365 ff; *Fischwasser,* Ist die Krankenversicherung auf dem Wege zur Kostenerstattung?, BKK 1982, 74 ff; *Hess,* Der Regreß des Kassenarztes, 1981; *Jörg,* Das neue Kassenarztrecht, 1993; *Knispel,* Neuregelung der Rechtsbeziehungen der KK und ihrer Verbände zu den Leistungserbringern durch das GKV-GRG 2000, NZS 2001, 466 ff; *Linden/Gothe,* Der Hausarzt als Gatekeeper, DÄ 2004, A 2600 ff; *Matzke/Schirmer,* Die einheitlichen Bewertungsmaßstäbe für die ärztlichen und zahnärztlichen Leistungen, BKK 1978, 273 ff; *dies,* Gesetz zur Weiterentwicklung des Kassenarztrechts, BKK 1977, 2 ff; *Meydam,* Das Monopol des Kassenarztes und die Berufsfreiheit – Gibt es den neuen Beruf des „kassenrechtlichen Heilbehandlers?", BKK 1978, 331 ff; *Natter,* Der Arztvertrag mit dem sozialversicherten Patienten, 1987; *Plagemann,* Der Schadensersatzanspruch der Krankenkasse bei ärztlichem Kunstfehler, NJW 1984, 1377 ff; *Rohwer-Kahlmann,* Hoheitliche Aufgaben der Krankenkassen und Wettbewerb, SGb 1980, 89 ff; *Schimmelpfeng-Schütte,* Rechtsweg und kassenzahnärztlicher Honoraranspruch, NJW 1981, 2505 ff; *dieselbe,* Der Vertragsarzt zwischen ärztlichem Eid und seinen Pflichten als Leistungserbringer, GesR 2004, 361 ff; *Schirmer,* Kostendämpfungs-Ergänzungsgesetz (KVEG): Die Regelungen im Kassenarztrecht und Vertragsrecht usw. – Eine systematische Übersicht, BKK 1982, 59 ff; *Schnapp/Wigge* (Hrsg), Handbuch des Vertragsarztrechts, 2006; *G. Schneider,* Handbuch des Kassenarztrechts, 1994; *H. Schneider,* Die gemeinsame Selbstverwaltung im Kassenarztrecht, 1973; *Schulin,* Die Leistungspflicht der gesetzlichen Krankenkassen bei der Anwendung von Außenseitermethoden, SGb 1984, 45 ff; *Siebeck,* Vertrags- und Vergütungssystem in Kassenarztrecht, 1964; *Siewert,* Die Wirtschaftlichkeitsprüfung im Kassenarztrecht, WzS 1983, 33 ff; *Sodan,* Verfassungsrechtliche Anforderungen an Regelungen gemeinschaftlicher Berufsausübung von Vertragsärzten, NZS 2001, 169 ff; *Stock,* Supermann im Medizinbetrieb? – Der Hausarzt, G+G 2004 Nr 5, 34 ff; *Töns,* Die Bedarfsplanung in der kassenärztlichen Versorgung, DOK 1977, 845 ff, 895 ff; *Uhlenbruck,* Der Ärztestreik als Mittel kollektiver Interessenwahrung, RdA 1972, 327 ff; *Weiß,* Der Vertragsarzt zwischen Freiheit und Bindung, NZS 2005, 67 ff; *Wekel,* Liberalisierte Kassenarztzulassung und ärztliche Überversorgung, DOK 1983, 329 ff; *Wenzel* (Hrsg), Handbuch des Fachanwalts Medizinrecht, 2. Aufl 2009; *Wettstein,* Die poliklinischen Einrichtungen im System des Kassenarztrechts, WzS 1982, 161 f; *Wigge,* Vertragsarzt- und berufsrechtliche Anforderungen an Gemeinschaftspraxisverträge, NZS 2001, 293 ff; *von Ziegner,* Standardbeschränkungen in der zahnärztlichen Behandlung durch das Wirtschaftlichkeitsgebot? VSSR 2003, 191 ff.

I. Der Vertragsarzt und seine Kassenärztliche Vereinigung (KV)

1. Mit dem Zeitpunkt seiner Zulassung oder Ermächtigung wird der Arzt, Zahnarzt oder Psychotherapeut **Zwangsmitglied** der für seinen Sitz zuständigen Kassenärztlichen/Kassenzahnärztlichen Vereinigung (KV/KZV). Die Mitgliedschaft ist genossenschaftlich gestaltet. Sie löst eine Reihe von Pflichten und Rechten aus. Mit ihren Mitgliedern erfüllen die KV/KZV den **Gesetzesauftrag nach § 72 SGB V** zur Sicherstellung der vertrags(zahn)ärztlichen Versorgung zusammen mit den KK. Gleichzeitig haben die KV/KZV die Rechte der Vertragsärzte, insbesondere ihre finanziellen Interessen zu wahren. Aus der Mitgliedschaft erwachsen Rechte und Pflichten.

2. Die wesentlichen Rechte (s im Einzelnen § 25 – Rechtsstellung des Vertragsarztes):
– Berechtigung (und Verpflichtung) zur Behandlung aller gesetzlich Krankenversicherten;
– Berechtigung zur Behandlung sonstiger Anspruchsberechtigter (zB nach BVG, Heilfürsorge der Soldaten, der Polizei- und Postbeamten);
– Vergütung nach den Honorarverteilungsbestimmungen im Rahmen der Gesamtvergütung;
– Teilnahme an der Selbstverwaltung.

Dem stehen **folgende Pflichten** gegenüber:
– Grundsätzliche Beschränkung auf einen Kassenarztsitz;
– Einhaltung der üblichen Sprechstunden (bei Hausärzten: Vornahme von Hausbesuchen);
– Verpflichtung zur Weiterbildung;

– Teilnahme am organisierten Notfall- und Bereitschaftsdienst;
– Behandlung aller gesetzlich Krankenversicherten.

4   Die Einhaltung der Pflichten kann die KV/KZV notfalls mittels **Disziplinarmaßnahmen** (§ 81 Abs 5 SGB V) einfordern. Die Beziehungen zwischen Vertrags(zahn)arzt und KV/KZV sind **öffentlich-rechtlicher** Natur.[1] Streitigkeiten werden vor den Sozialgerichten entschieden.

Soweit es um die Einhaltung der berufsrechtlichen Rechte und Pflichten geht, sind die **Ärztekammern** (nach Landesrecht) zuständig. Bei gerichtlichen Streitigkeiten ergibt sich hier die Zuständigkeit der Verwaltungsgerichte.

Zivilrechtliche Beziehungen sind nur in Ausnahmefällen zum Kassenpatienten möglich (s RdNr 5), zur KV/KZV gibt es sie als Vertragsarzt nicht. Der Vertragsarzt ist dem **Sachleistungs-Prinzip** verpflichtet; **Zuzahlung** kann er vom Kassenpatienten nicht verlangen – es sei denn, er behandelt den Patienten nach Methoden, die nicht zum Leistungskatalog der GKV gehören (sog IGeL-Leistungen) und vereinbart Privatbehandlung (s. dazu Clemens § 24 RdNr 37).

II. Der Vertragsarzt und sein Kassenpatient

5   1. Die Rechtsbeziehungen zwischen Kassenarzt und versichertem Patient werden vom zivilrechtlichen Schrifttum und der Rechtsprechung anders bewertet als von der herrschenden Meinung im Sozialrecht. Nach der insbesondere vom BGH vertretenen Auffassung kommt zwischen Vertragsarzt und Versichertem – ebenso wie zwischen Arzt und Privatpatient – ein **Dienstvertrag** zustande **(Vertragskonzeption).**[2] Die einzige Abweichung gegenüber sonstigen zivilrechtlichen Verträgen soll sein, dass der Vertragsarzt gegenüber seiner KV das Honorar abrechnet.

6   Die überwiegende Meinung im Kassenarztrecht/Vertragsarztrecht verneint hingegen das Zustandekommen eines Dienstvertrags. Der Vertragsarzt soll die ärztliche Behandlung kraft **öffentlich-rechtlicher Verpflichtung** gegenüber seiner KV schulden **(Versorgungskonzeption).**[3]

7   2. Zumindest das **Zustandekommen von Rechtsbeziehungen** zwischen Vertragsarzt und versichertem Patienten muss dem **öffentlichen Recht** zugeordnet werden, weil der Versicherte mit der Aushändigung des Behandlungsausweises bzw der Krankenversichertenkarte an den Arzt erklärt, dass er die Dienstleistung nach § 27 Satz 2 Nr 1 SGB V in Anspruch nehmen will, und weil der Vertragsarzt mit der Entgegennahme des Behandlungsausweises (der Krankenversichertenkarte) dokumentiert, dass er im Rahmen der vertragsärztlichen Versorgung tätig werden will. Auf den **öff-rechtlichen Charakter** der genannten Rechtsbeziehungen weisen neuerdings auch § 2 Abs 2 und § 70 Abs 1 SGB V hin. Danach erhalten die Versicherten die Leistungen grundsätzlich als **Sach- und Dienstleistungen.** Über die Erbringung der Sach- und Dienstleistungen schließen die KK nach den Vorschriften der **§§ 69 ff SGB V** Verträge mit den Leistungserbringern.

8   Aus dem Sachleistungsbereich können die Versicherten bei der ärztlichen Behandlung (auch stationär) zur Kostenerstattung nach **§ 13 Abs 2 SGB V** überwechseln (gilt auch für die mitversicherten Familienangehörigen nach § 10 SGB V). Sie bleiben ein Jahr an diese Entscheidung gebunden. Eine Privatvergütung kann der Vertragsarzt verlangen, wenn der Versicherte seine KV-Karte nicht binnen 10 Tagen nach der Behandlung vorlegt (§ 18

---

[1] BVerfGE 11, 30, 39; *Natter,* Der Arztvertrag mit dem sozialversicherten Patienten (1987), 12 mwN.

[2] *Natter,* 39 ff; RGZ 165, 91; BGHZ 47, 75; BGHZ 76, 259; BGHZ 89, 250; BSGE 51, 108; BSGE 53, 62; BSGE 59, 172.

[3] *Natter,* 22 ff; von einem gesetzlichen Sorgfaltspflichtverhältnis sprechen *Eberhardt,* AcP 171, 289; *Krause* SGb 1982, 425; *Tiemann/Tiemann,* Kassenarztrecht im Wandel (1983), 33 ff, 85 ff; s auch *Clemens* in: *Schulin* (Hrsg), Handbuch des Sozialversicherungsrechts: Bd. 1: Krankenversicherungsrecht, 1994, § 36 RdNr 11, 27, 37–39.

BMV-Ärzte/§ 21 EKV-Ärzte). Ansonsten darf nach **GOÄ** abgerechnet werden, wenn der Versicherte die Behandlung auf eigene Kosten verlangt und dies **schriftlich bestätigt** (§ 18 BMV-Ä). Durch das GKV-WSG wurden die Wahlmöglichkeiten für GKV-Mitglieder erweitert (s **§ 53 SGB V**). Diese können außer Kostenerstattung auch Beitragserstattung (bei Nichtinanspruchnahme von Kassenleistungen) wählen; bei Teilnahme an der integrierten Versorgung erhalten sie Prämien oder Zuzahlungsermäßigungen. Entscheidend dafür ist die Satzung der KK. Die Mindestbindungsfrist beträgt hier drei Jahre (§ 53 Abs 8 Satz 1 SGB V).

Die KK und die Leistungserbringer (dh auch die Vertragsärzte) haben eine bedarfsgerechte und gleichmäßige, dem allgemein anerkannten Stand der medizinischen Erkenntnisse entsprechende Versorgung der Versicherten zu gewährleisten. Die Versorgung der Versicherten muss **ausreichend und zweckmäßig** sein, darf das Maß des Notwendigen nicht überschreiten und muss wirtschaftlich erbracht werden. Letzteres wiederholt auch § 2 Abs 4 SGB V: KK, Leistungserbringer und Versicherte haben darauf zu achten, dass die **Leistungen wirksam und wirtschaftlich** erbracht und nur im notwendigen Umfang in Anspruch genommen werden. Ist der Vertragsarzt der Auffassung, seine Leistungen würden nicht angemessen vergütet, darf er keine Privatrechnung schreiben oder Zuzahlungen verlangen.[4] Zumindest die typischen Leistungen seines Fachgebiets muss er erbringen – auch wenn er der Auffassung ist, sie würden nicht kostendeckend vergütet.[5]

9

Damit fällt eine wichtige Stütze der zivilrechtlichen Auffassung vom Arztvertrag weg. Denn es kann nicht mehr auf das Fehlen einer Klammer zwischen dem Leistungsrecht und dem Kassenarztrecht/Vertragsarztrecht verwiesen werden. Ein **Verstoß gegen Sorgfaltspflichten** bei der Behandlung ist nach **§ 76 Abs 4 SGB V** nach den Vorschriften des bürgerlichen Vertragsrechts zu beurteilen. Für die Folgen eines Arztfehlers, die ausschließlich dem Versicherten (dh nicht der KK) entstanden sind, haftet der Vertragsarzt also nach privatrechtlichen Normen.[6] Da auch die Vorschriften über unerlaubte Handlung herangezogen werden können, bestehen gegebenenfalls für den Versicherten auch Ansprüche auf Schmerzensgeld.

10

Ob für die Entscheidung über Schadensersatzansprüche der Versicherten gegenüber dem behandelnden Arzt allerdings die **Zivilgerichte** zuständig sein müssen, darf angesichts der deutlichen öffentlich-rechtlichen Ausrichtung der Rechtsbeziehungen im SGB V **bezweifelt** werden. Insbesondere **§ 69 SGB V** (in der Fassung des GKV-GRG 2000, neu gefasst zum 1.1.2008 durch das GKV-OrgWG[7]) verstärkt die Auffassung vom öffentlich-rechtlichen Charakter der Rechtsbeziehungen nicht nur der Leistungserbringer zu den KK, sondern auch zu Dritten – hier also den Versicherten. In jedem Falle ist die Zuständigkeit der Sozialgerichte gegeben, die dann ggf auch privatrechtliche Normen anwenden müssen (vgl § 51 Abs 2 Satz 1 SGG).

3. Zu den Pflichten des Kassenarztes aus den Rechtsbeziehungen zu seinen versicherten Patienten gehören auch diejenigen der Anfertigung von **Dokumentationen** und die **Verschwiegenheitspflicht**.[8] Die hier vertretene Auffassung galt nach den Gesetzesänderungen durch das GSG und die GKV-NOG nicht mehr für die Rechtsbeziehung zwischen Vertragszahnarzt und Versichertem bei Versorgung mit Zahnersatz oder bei kieferorthopädischen Arbeiten. Die **Kostenerstattung** nach §§ 29, 30 SGB V beseitigte allerdings nicht gänzlich alle öffentlich-rechtlichen Beziehungen nach dem Leistungs- und Kassenarztrecht/Vertragsarztrecht;[9] dies gilt insbesondere für Härtefälle nach § 62 Abs 1

11

---

[4] Siehe dazu *Clemens* § 24 RdNr 37.
[5] BSG v 14.3.2001 BSGE 88, 20, 29 f; BSG MedR 2002, 37 ff, 42 ff, 47 ff; s auch *Clemens* § 24 RdNr 10 ff mwN.
[6] BGHZ 63, 265; *Brackmann*, 458 f; s *Tiemann* NJW 1985, 2169; *Lüke* SGb 1985, 305.
[7] Vom 15.12.2008 (BGBl I 2626).
[8] Siehe unten *Laufs* § 111; *Schlund* § 69.
[9] *Hauck/Noftz/Schirmer*, K § 29 SGB V RdNr 7, K § 30 SGB V RdNr 22.

Satz 3 Nr 2 SGB V. Die Kostenerstattung entfiel wieder ab 1. 1. 1999 durch das GKV-SolG vom 19. 12. 1998, so dass seitdem das Regime des Vertragsarztrechts wieder in vollem Umfang besteht.

III. Der Vertragsarzt und die Krankenkassen

12 1. Ärzte, Zahnärzte und Krankenkassen (KK) **wirken zur Sicherstellung** der vertragsärztlichen Versorgung der Versicherten **zusammen** (§ 72 Abs 1 Satz 1 SGB V). In **§ 69 SGB V** heißt es einleitend, dass das Vierte Kapitel des SGB V die Rechtsbeziehungen der KK zu Ärzten und Zahnärzten regelt. Diese Vorschriften könnten zu der Vermutung verleiten, dass konkret geregelte Rechtsbeziehungen bestehen. Das ist jedoch nicht der Fall (siehe hierzu das vertragsarztrechtliche Viereckverhältnis, dazu su *Clemens* § 24 RdNr 32 ff). Die KK können zB nicht die Behandlung gegenüber einem Vertragsarzt einklagen; ebenso ist es dem Vertragsarzt nicht möglich, sein Honorar von der KK zu fordern. Der **Vertragsarzt** ist nach **§ 73 Abs 2 SGB V** zur Behandlung, zur Verordnung von medizinischen Leistungen und zur Ausstellung von Bescheinigungen verpflichtet. Die **Verpflichtung der KK,** Krankenbehandlung zur Verfügung zu stellen, ergibt sich aus **§ 27 SGB V.**

13 2. Dennoch gibt es **in Randbereichen** (als Ausnahme vom vertragsarztrechtlichen Viereckverhältnis, hierzu s § 24 RdNr 32 ff) rechtliche Beziehungen zwischen Vertragsärzten und den KK. Dies gilt etwa für die **stufenweise Wiedereingliederung** arbeitsunfähiger Versicherter nach **§ 74 SGB V,** wonach der behandelnde Arzt nur mit Zustimmung der KK die Stellungnahme des Medizinischen Dienstes (MDK) einholen kann. Weiterhin können sich Rechtsbeziehungen aus den Erprobungsregelungen nach §§ 63 ff SGB V, insbesondere aus **§ 66**, ergeben. Danach können die KK ihre Versicherten bei der **Verfolgung von Schadensersatzansprüchen** unterstützen, die bei der Inanspruchnahme von Versicherungsleistungen aus Behandlungsfehlern entstanden sind und nicht nach § 116 SGB X auf die KK übergehen. Hier treten die KK sozusagen als Anwälte der Versicherten gegenüber dem Vertragsarzt auf und lösen damit Rechtsbeziehungen aus.

14 Das weitaus größere Feld von Kontakten zwischen Vertragsarzt und KK entsteht im **Zusammenwirken nach § 72 Abs 1 SGB V.** Die Vertragsärzte sind vielfach bei der Fertigstellung und Einreichung von Anträgen der Versicherten beteiligt. Dies gilt vor allem für den zahnärztlichen Bereich. So reicht der behandelnde Vertragszahnarzt die Heil- und Kostenpläne mit dem Antrag auf Genehmigung direkt bei der zuständigen KK ein; das gilt auch für Arbeitsunfähigkeitsbescheinigungen. Fast täglich sind auch Kontakte der KK mit den Vertragsärzten erforderlich, wenn nicht kassenübliche Arznei-, Heil- oder Hilfsmittel vom Versicherten beansprucht werden. Diese tatsächlichen Kontakte lassen aber nicht die Feststellung zu, dass bedeutsame Rechtsbeziehungen zwischen Vertragsärzten und KK bestehen.

15 3. Völlig neue Rechtsbeziehungen ergeben sich aus der **Integrations-Versorgung** nach §§ 140 a ff SGB V und den **Modellvorhaben** nach §§ 63 ff SGB V. Hier treten die KK in direkte Vertragsbeziehungen zu Ärzten und anderen Leistungserbringern (§ 31 RdNr 4 ff). Dies gilt auch für die **hausarztzentrierte Versorgung** (§ 73 b SGB V), die Verträge der KK mit den Hausärzten (unter Ausschluss der KV) voraussetzt. Problematisch sind bei diesen Verträgen die Überwachungsmöglichkeiten bei Qualitätsmängeln und Unwirtschaftlichkeiten. Denn der gesamte Bereich der sog Selektivverträge ist vom Gesetz her (vgl zB § 73 b Abs 4 Satz 6 SGB V) nicht mehr zugehörig zur vertragsärztlichen Versorgung mit den Zuständigkeiten von KV/KZV, Prüfungs- und Zulassungsgremien[10]. Somit stehen disziplinarische Sanktionen der KV/KZV nicht zur Verfügung, genauso wenig die Sanktionsmöglichkeiten der Prüfungsausschüsse bei Unwirtschaftlichkeit. Allerdings können **vertragliche Sanktionen** bis hin zum Ausschluss aus der ver-

---

[10] Einhellige Meinung; s dazu *Schirmer*, Veränderte Versorgungsstrukturen in der hausärztlichen Versorgung, ZMGR 2009, 143. – Vgl auch § 73 b Abs 5 Satz 5 SGB V: „entsprechende" Geltung.

traglich vereinbarten Versorgung vorgesehen werden. Weniger geeignet erscheint die Strafandrohung des § 266 StGB unter Berufung auf die Treuhänder-Stellung des Vertragsarztes gegenüber den KK bei der Verordnung von Arzneien. Die zu einem sehr speziellen Fall ergangene Entscheidung des BGH ist wohl kaum allgemein anwendbar.[11]

IV. Die Kassenärztliche Vereinigung und die Krankenkassen

1. Zwischen diesen öffentlich-rechtlichen Körperschaften besteht ein gesetzlich fein ausgestaltetes Geflecht von Rechtsbeziehungen. Es ist allerdings nicht mehr so, dass jede einzelne KK die nach dem Vertragsarztrecht erforderlichen Verträge mit der KV/KZV abschließt, vielmehr liegt die **Verhandlungs- und Abschlusskompetenz** bei den zuständigen **Verbänden,** wobei es Verträge auf Bundes- und solche auf Landesebene gibt. In solchen Verträgen sind zum einen gegenseitige Ansprüche im Einzelnen festzulegen und zum anderen gemeinsame – im SGB V benannte – Aufgaben von KK und KV/KZB bzw KBV/KZBV näher zu regeln. Soweit gemeinsame Aufgaben betroffen sind, spricht man von **„gemeinsamer Selbstverwaltung".**

Auf Bundesebene vereinbaren die Spitzenverbände der KK – bzw für sie jetzt der GKV-Spitzenverband Bund – und die KBV/KZBV die **Bundesmantelverträge** (§ 82 Abs 1 SGB V). Der Inhalt der Bundesmantelverträge (BMV) ist wiederum Bestandteil der Gesamtverträge, die auf Landesebene mit Wirkung für die KK abgeschlossen werden (hierzu siehe vorstehende RdNr). Bestandteile der BMV sind auch die sog **einheitlichen Bewertungsmaßstäbe** für die ärztlichen und zahnärztlichen Leistungen (EBM und Bema, dazu vgl § 32 RdNr 12 – siehe § 87 Abs 1 Satz 1 SGB V).

Auf Landesebene werden **Gesamtverträge** vereinbart, in denen vor allem Näheres über die Vergütung geregelt wird (§ 82 Abs 2 SGB V). Weiterhin werden sog. **Prüfvereinbarungen** abgeschlossen, in denen Näheres zum Verfahren zur Überprüfung der wirtschaftlichen Behandlungs- und Verordnungsweise der Vertragsärzte festgelegt wird (§ 106 Abs 2 Satz 4 SGB V).

2. Aus den genannten Verträgen ergeben sich die Rechtsbeziehungen der einzelnen KK zu den KV/KZV. Die wichtigste vertragliche **Verpflichtung der KK** besteht darin, die in dem vorgesehenen Abrechnungszeitraum erbrachten ärztlichen oder zahnärztlichen Leistungen mit der **Gesamtvergütung** abzugelten (§ 85 Abs 4 Satz 1 SGB V).

Mit dieser Gesamtvergütung ist die gesamte vertragsärztliche oder vertragszahnärztliche Versorgung der Versicherten abgegolten; die Zahlung der Gesamtvergütung geschieht mit befreiender Wirkung (§ 85 Abs 1 SGB V). Daher dürfen andere und zusätzliche Zahlungen nur gefordert werden, wenn sie sich aus den Abrechnungsbestimmungen des Gesamtvertrags ergeben (s auch „§ 33 – Vertragssystem"). Die damit gesondert vergüteten Leistungen werden als **extrabudgetäre Leistungen** bezeichnet. Gesondert bezahlt werden von den KK auch der **Sprechstundenbedarf,** die Kosten bestimmter Impfstoffe usw.; Grundlage dafür sind (gesamt-)vertragliche Absprachen (Sprechstundenbedarfs-Vereinbarungen). Der übliche Abrechnungszeitraum ist das Kalendervierteljahr.

Aus den Bundesmantelverträgen ergeben sich **Leistungsverpflichtungen** der Vertragsärzte und Vertragszahnärzte. In den Bundesmantelverträgen ist unter anderem geregelt, dass jeder Arzt oder Zahnarzt geregelte **Sprechstunden** einzuhalten hat und für **Vertretung** während einer Krankheit und seines Urlaubs sorgen muss (§ 17 Abs 1–3 BMV-Ä; § 13 Abs 7–9 EKV-Ä). Hinzu kommt die Einrichtung und Durchführung eines ärztlichen **Not- und Bereitschaftsdienstes,** worüber die KV/KZV nähere Regelungen in – evtl gemeinsamen[12] – Notfalldienstordnungen treffen.

---

[11] BGH, Beschluss vom 25. 11. 2003 – 4 StR 239/03 – BGHSt 49, 17 = NJW 2004, 454.
[12] Zu gemeinsamen Notfalldienstordnungen siehe zB BSG SozR 4-2500 § 75 Nr 3 RdNr 14 ff = MedR 2006, 491 ff; zu inhaltsgleichen parallelen Notfalldienstordnungen siehe BSG aaO RdNr 20 am Ende = 492/493 und BSG SozR 3-2500 § 75 Nr 2, S 4.

22 Neben der Abwicklung der Zahlung zwischen KK und KV/KZV sind die vertraglichen Beziehungen auch dadurch gekennzeichnet, dass die KV/KZV die **Rechte der Vertragsärzte** oder Vertragszahnärzte gegenüber den KK **wahrzunehmen** haben (§ 75 Abs 2 Satz 1 SGB V). Die einzelne KK kann etwa Regressansprüche aus einem Prüfverfahren nicht direkt gegen den Kassenarzt geltend machen, sondern muss den Weg über die KV gehen (vgl hierzu auch das vertragsarztrechtliche Vierecksverhältnis, dazu *Clemens* § 24 RdNr 32 ff). Verstößt der Vertragsarzt gegen seine kassenärztlichen Pflichten, so können ihn neben disziplinarrechtlichen Strafen (siehe hierzu § 81 Abs 5 SGB V iVm mit den Disziplinarordnungen der KV/KZV) letztlich auch schärfere Maßnahmen treffen: zB Entziehung der Zulassung (§ 95 Abs 6 SGB V).

23 3. Zunehmend wichtig werdende Rechtsbeziehungen ergeben sich aus der Verpflichtung zur **Übermittlung von Leistungsdaten** nach den **§§ 294 ff SGB V**. Insbesondere zum Zwecke der Überprüfung der Abrechnung und der Wirtschaftlichkeit ärztlicher und zahnärztlicher Leistungen übermitteln die KV/KZV den KK arzt- und versichertenbezogen die abgerechneten Gebührenpositionen mit Diagnosecodes je Behandlungsfall einschließlich des Tages der Behandlung (§ 295 Abs 2 Satz 1 SGB V). Die KK übermitteln den KV arztbezogen Art, Menge und Kosten verordneter Arznei, Verband-, Heil- und Hilfsmittel und die Häufigkeit von Krankenhauseinweisungen, sowie die Dauer der Krankenhausbehandlungen. Das Nähere zu diesem **Datenaustausch** vereinbaren die Spitzenverbände der KK (jetzt Spitzenverb Bund) und die KBV/KZBV. Dieser sehr daten- und arbeitsintensive Bereich von Beziehungen zwischen den KK und den KV/KZV ist allerdings noch nicht perfekt geregelt. In der Praxis ist es auch zu einigen Rückschlägen gekommen – speziell, was die Prüfungstätigkeit bei den Arznei-Verordnungen betrifft. Siehe dazu auch unter „§ 36 Wirtschaftlichkeitsprüfungen".

24 Der Vertragsarzt darf **keine Patientendaten an Dritte weitergeben,** auch nicht um seine Quartalsabrechnung zu erstellen, solange nicht dafür eine rechtliche Grundlage geschaffen worden ist.[13] Für eine **rechtliche Grundlage** müsste eine entsprechende Regelung im SGB V[14] getroffen werden,[15] so, wie dies durch § 17 Abs 3 Satz 2 KHEntG für den privatärztlichen Bereich geschehen ist, in dem sich die Ärzte dadurch der Hilfe **privater Abrechnungsstellen** bedienen dürfen. Zusatzvoraussetzung ist vielfach, dass der **Patient** sich mit der Datenweitergabe einverstanden erklärt hat, wobei diese **Einwilligung freiwillig** abgegeben worden sein muss.[16]

---

[13] BSG vom 10. 12. 2008 – B 6 KA 37/07 R – SozR 4-2500 § 295 Nr 2 = GesR 2009, 305.

[14] Dies würde genügen, soweit damit zumindest ein gesetzlicher Anknüpfungspunkt geschaffen wird, um dann das „Nähere" bestimmen zu können: s dazu § 295 Abs 3 SGB V und BSG aaO RdNr 21 ff, insbes 21, 25, 34. Mittlerweile hat der Gesetzgeber im SGB V eine Regelung für die Bereiche der sog Selektivverträge geschaffen, in denen die Versorgung ohne Mitwirkung der KV geregelt wird und dementsprechend auch die Abrechnung ohne KV möglich sein soll: Siehe § 295 Abs 1 b Sätze 5–8 SGB V (Neuregelung durch Art 15 Nr 13 a des Gesetzes zur Änderung arzneimittelrechtlicher und anderer Vorschriften vom 17. 7. 2009, BGBl I 1990).

[15] *U. Schneider* (in: *Krauskopf* (Hrsg), § 284 SGB V RdNr 36) hält daneben auch die Schließung von Lücken in den Datenverarbeitungsbefugnissen für die GKV durch freiwillige Einwilligung für erwägenswert, wenn der entsprechende Datenumgang wenigstens einer gesetzlich klar definierten Aufgabe der KK dient. Zur Gesamtthematik s auch *Engelmann*, (Ver-)Kauf von Forderungen (Factoring) aus medizinischen Behandlungen, insbesondere in der Gesetzlichen Krankenversicherung, GesR 2009, 449, 454 ff.

[16] Um hier jeden Zweifel auszuschließen, kann es empfehlenswert sein, auf dem Einwilligungsformular klarzustellen, dass die Untersuchung und die Behandlung auch bei Versagung der Einwilligung in gleicher Weise erfolgen. Im Notfall ist hingegen keine freiwillige Einwilligung möglich; hier hat der Gesetzgeber für Krankenhäuser erst einmal für die Zeit bis zum 30. 6. 2010 eine Rechtsgrundlage für die Einschaltung von Abrechnungsstellen unabhängig von der Einwilligung des Patienten geschaffen (Art 15 Nr 6 a des Gesetzes zur Änderung arzneimittelrechtlicher und anderer Vorschriften vom 17. 7. 2009, BGBl I 1990).

6. Kapitel. Das Kassenarztrecht/Vertragsarztrecht § 28

§ 28 Die Kassenärztlichen Vereinigungen und die Kassenärztlichen Bundesvereinigungen

Inhaltsübersicht

	RdNr
I. Kassenärztliche Vereinigung (KV)	1
1. Rechtsstatus	1
2. Mitgliedschaft	2
3. Rechtsaufsicht	7
4. Organe	10
a) Vertreterversammlung	11
b) Vorstand	18
5. Aufgaben der KV und Reformbestrebungen	23
a) Sicherstellungsauftrag (§ 75 Abs 1 Satz 1 SGB V)	26
b) Exkurs: kollektiver Zulassungsverzicht (§§ 96b, 72a, 13 SGB V; § 28 Ärzte-ZV)	29
c) Gewährleistungsverpflichtung (§ 75 Abs 1 Satz 2 SGB V)	37
d) Interessenvertretung (§ 75 Abs 2 SGB V)	40
6. Dienstleistungsgesellschaften (§ 77a SGB V)	43
II. Kassenärztliche Bundesvereinigungen (KBV/KZBV)	46
III. Gemeinsamer Bundesausschuss (G-BA)	52
1. Rechtsgrundlage und Zuständigkeiten	52
2. Institut für Qualitätssicherung und Wirtschaftlichkeit im Gesundheitswesen (IQWiG)	53

Schrifttum: *Axer,* Gemeinsame Selbstverwaltung, in: *Wulffen/Krasney* (Hrsg), FS 50 Jahre BSG, 2004, 339; *Becker/Kingreen,* SGB V (Kommentar), 2008; *Bogs,* Ist das uneingeschränkte Monopol der deutschen Kassenärztlichen Vereinigungen noch zeitgemäß? – Grundrechtliche Betrachtungen zur Rechtsstellung der öffentlichen Körperschaften, in: *Gitter/Schulin/Zacher* (Hrsg), Festschrift für O.E. Krasney zum 65. Geburtstag, 1997, S. 25 ff; *Clemens,* Der Kassenarzt im Spannungsfeld zwischen Meinungsfreiheit und berufsrechtlicher Sanktion, in: FS 50 Jahre BSG, 2004, 373 ff; *Dahm,* Bedarfsplanung, in: *Rieger/Dahm/Steinhilper* (Hrsg), HK-AKM, 2008, Beitrag 720 (Stand: Okt. 2008); *Fischer,* Der Gemeinsame Bundesausschuss als „zentrale korporative Superorganisation" MedR 2006, 509; *Gaßner/Mente,* Rechtliche Fragen der Einsetzung eines „Staatskommissars" bei Kassenärztlichen Vereinigungen, SGb 2005, 421; *Gläser,* Fehlerhafter Vertragsarztstatus und vertragsärztliche Honorarrückforderungen, ZMGR 2008, 311; *Hantel,* Dienstverhältnisse der hauptamtlichen Vorstandsmitglieder der ärztlichen Selbstverwaltung, NZS 2005, 580; *Hartmannsgruber,* Die Kassen(zahn)ärztlichen Vereinigungen, in: *Ratzel/Luxenburger* (Hrsg), Handbuch Medizinrecht 2008, 240 ff; *Hauck,* Medizinischer Fortschritt im Dreieck IQWiG, GBA und Fachgesellschaften: Wann wird eine innovative Therapie zur notwendigen medizinischen Maßnahme?, NZS 2007, 461; *Hess,* Die Zukunft des Sicherstellungsauftrages durch die KVen unter Berücksichtigung neuer Versorgungsformen, MedR 2003, 137; *Hess,* Gemeinsamer Bundesausschuss, in: *Rieger/Dahm/Steinhilper* (Hrsg), HK-AKM, 2008, Beitrag 2040 (Stand: Okt 2008); *Kaltenborn,* Staatshaftungsrechtliche Folgen rechtswidriger Normsetzung in der funktionalen Selbstverwaltung, SGb 2002, 659; *Kaltenborn,* Die Binnenorganisation der Kassenärztlichen Vereinigungen, GesR 2008, 337; *Kluth,* Kassenärztliche Vereinigungen – Körperschaften des öffentlichen Rechts, MedR 2003, 123; *Koenig/Schreiber,* Kassenärztliche Vereinigungen – gesetzlicher „Freibrief" oder greifen die Kontrollmechanismen des Wettbewerbsrechts?, GesR 2008, 561; *Kuhlen,* Haben Klagen gegen Bescheide der Kassenärztlichen Vereinigungen bzw der Prüfgremien aufschiebende Wirkung?, NJW 2002, 3155; *Merten,* Zum Selbstverwaltungsrecht der Kassenärztlichen Vereinigungen (Schriften des Sozial- und Arbeitsrecht, Band 138), 1995; *Merten* (Hrsg), Die Selbstverwaltung im Krankenversicherungsrecht unter besonderer Berücksichtigung der Rechtsaufsicht über Kassenärztliche Vereinigungen (Schriftenreihe der Hochschule Speyer, Band 120), 1995; *Pawlita,* in: *Schlegel/Voelzke/Fugelmann* (Hrsg), juris PraxisKommentar SGB V, Saarbrücken 2008, Kommentierung zu § 95 Rdnrn. 44 ff; *Plagemann,* Aufsicht über die Sozialversicherung im 21. Jahrhundert – Von der Staatsaufsicht zur Gewährleistungsaufsicht – VSSR, 2007, 121; *Platzer/Matschiner,* Konsequenzen der kollektiven Rückgabe der Kassenzu-

§ 28   1, 2   § 28 Kassenärztl Vereinigung/Kassenärztl Bundesvereinigungen

lassung durch Vertragsärzte, NZS 2008, 244; *Quasdorf,* Aufgaben und Organisation ärztlicher Körperschaften und Verbände, in: KBV (Hrsg), Die vertragsärztliche Versorgung im Überblick, 3. Aufl 2005, 28 ff; *Rixen,* Verhältnis von IQWiG und G-BA: Vertrauen oder Kontrolle, MedR 2008, 24; *Schiller,* Erhebung von Beiträgen und Gebühren durch die Kassenärztlichen Vereinigungen, MedR 2004, 348; *Schiller,* Aufgaben und Organisationsstrukturen der Kassenärztlichen Vereinigungen, in: *Schnapp/Wigge* (Hrsg), Handbuch des Vertragsarztrechts, 2. Aufl 2006, 105 ff; *Schirmer,* Vertragsarztrecht kompakt, 2005, 554 ff; *Schnapp* (Hrsg), Handbuch der sozialgerichtlichen Schiedsverfahren, 2004; *Schnapp,* Staatsaufsicht über die Kassen(zahn)ärztlichen Vereinigungen, in: *Schnapp/Wigge* (Hrsg), Handbuch des Vertragsarztrechts, 2. Aufl 2006, § 24; *Schlegel/Voelzke/Engelmann* (Hrsg), jurisPraxisKommentar SGB V, 2008; *Steinhilper,* Die Kassenärztliche Vereinigung ab 1. 1. 2005, GesR 2003, 374; *Steinhilper/Schiller,* Maulkorb für KVen und Vertragsärzte? Zur Wahrnehmung ärztlicher Interessen durch die KVen und zur Meinungsfreiheit von Vertragsärzten, MedR 2003, 661; *Steinhilper/Weimer,* Zur Anpassung des Vertragsarztrechts an die Musterberufsordnung (Stand März 2006), GesR 2006, 200; *Steinmann-Munzinger,* in: *Schlegel/Voelzke/Engelmann* (Hrsg), jurisPraxisKommentar SGB V, 2008, Kommentierung zu § 77–81a; *Tigges,* Aufbringung und Verwaltung von Mitteln Kassenärztlicher Vereinigungen, ZMGR 2005, 137; *Weiß,* Der Vertragsarzt zwischen Freiheit und Bindung, NZS 2005, 67; *Wenner,* Vertragsarztrecht nach der Gesundheitsreform, 2008.

I. Kassenärztliche Vereinigung (KV)

1 **1. Rechtsstatus.** Die Kassenärztlichen Vereinigungen (KV)[1] und die Kassenzahnärztlichen Vereinigungen (KZV) sind Körperschaften des öffentlichen Rechts[2] (§ 77 Abs 5 SGB V). Sie bilden auf Bundesebene Kassenärztliche Bundesvereinigungen (KBV und KZBV; § 77 Abs 4 SGB V). – Die KVen sind Interessenvertretung[3] ihrer Mitglieder[4] und zugleich Kontrollorgan. Diese Janusköpfigkeit prägt seit jeher ihr Image.

2 **2. Mitgliedschaft.** Mitglieder einer KV sind
– niedergelassene Vertragsärzte und
– niedergelassene psychologische Psychotherapeuten[5] (beide: auch bei halbem Versorgungsauftrag; § 95 Abs 3 Satz 1 SGB V)
– angestellte Ärzte in einem Medizinischen Versorgungszentrum (§ 95 Abs 1 SGB V) und
– angestellte Ärzte bei einem Vertragsarzt oder einer Berufsausübungsgemeinschaft nach § 95 Abs 9 SGB V und

---

[1] Das GMG (BGBl I 2190) sah zum 1. 1. 2005 grundlegende Änderungen in der Organisation der KVen vor (s dazu *Steinhilper* GesR 2003, 375). Nach Art 35 §§ 1–5 waren KVen in Ländern mit bisher mehreren KVen (zB Baden-Württemberg, Rheinland-Pfalz) zusammenzulegen. Lediglich in NRW sind wegen der Größe des Landes zwei KVen weiterhin zugelassen. Der dortige Gesundheitsminister regt indessen inzwischen an, auch die jetzigen beiden KVen (KVNo, KVWL) zusammenzuführen.

[2] Dieser Status geht zurück auf die VO vom 2. 8. 1933 (RGB I, 567); sie ist für die BRD beibehalten worden. Kritisch zur Stellung der KVen als Körperschaften des öffentlichen Rechts unter verfassungsrechtlichen Gesichtspunkten *Bogs,* Ist das uneingeschränkte Monopol der deutschen Kassenärztlichen Vereinigungen noch zeitgemäß?, in: *Gitter/Schulin/Zacher* (Hrsg), Festschrift für Krasney zum 65. Geburtstag, 1997. – Zur Entstehungsgeschichte der KVen s *Schiller,* in: *Schnapp/Wigge* (Hrsg), Handbuch des Vertragsarztrechts, 2. Aufl 2006, 106 f mwN; zum Status der KVen s ferner *Kluth* MedR 2003, 123; s auch *Schirmer,* Vertragsarztrecht kompakt, 2005, 554 ff. Die KVen sind keine Träger von Grundrechten (BVerfG NZS 1996, 237). – Die KVen sind nicht grundrechtsfähig (BVerfGE 62, 354 (369); 70, 1 (16); so auch LSG Berlin NZS 2002, 386 (388 f) und die hM; aA *Bogs,* in: Festschrift für Krasney, S. 25 (30 ff)).

[3] Gegenüber Politik, Krankenkassen, Aufsichtsbehörden, aber auch in der Öffentlichkeit.

[4] Als Gesamtheit. Vielfach erwarten Ärzte, dass die KV auch ihre Individualinteressen (zB in Disziplinarverfahren) vertritt; dies ist unzulässig.

[5] Nach § 72 Abs 1 SGB V iVm § 1 Abs 3 Ärzte-ZV gelten die vertragsarztrechtlichen Regelungen für psychologische Pysychotherapeuten gleichermaßen, sofern nicht anderes ausdrücklich geregelt ist.

6. Kapitel. Das Kassenarztrecht/Vertragsarztrecht   3–5 § 28

– angestellte Hochschullehrer nach § 95 Abs 9a SGB V, sofern mindestens halbtags beschäftigt (§ 77 Abs 3 Satz 2 SGB V)
– ermächtigte Krankenhausärzte nach § 116 SGB V.

Die Zulassung von Vertragsärzten unterliegt zur Vermeidung einer Überversorgung **3** der Bedarfsplanung (§§ 101, 103 SGB V[6]). Für Vertragszahnärzte ist diese zum 1. 4. 2007 aufgehoben worden.[7] Im vertragsärztlichen Bereich sind Zulassungen grundsätzlich nur nach gesetzlich festgelegter Verhältniszahlen möglich (sog. Bedarfszulassung).[8] Sonderbedarfszulassungen sind vorgesehen.[9] Zulassungsbeschränkungen für einzelne Planungsbereiche hat der Landesausschuss anzuordnen.[10]

Die Mitgliedschaft in einer KV ist eine Pflichtmitgliedschaft[11] (§ 77 Abs 3 SGB V), die **4** mit dem Grundgesetz (Art 2 Abs 1GG) vereinbar ist.[12] Die Mitglieder einer KV[13] sind sowohl an die Vorschriften des SGB V, Ärzte-ZV als auch die auf Bundesebene geschlossenen Verträge und verabschiedeten Richtlinien, die Beschlüsse des Gemeinsamen Bundesausschusses (s § 91 Abs 9 SGB V) ferner die auf Landesebene geschlossenen Verträge über die vertragsärztliche Versorgung (§ 95 Abs 3 Satz 3 SGB V) gebunden. Die Verbindlichkeit dieser Regelungen ist nach § 81 Abs 3 SGB V in den jeweiligen Satzungen der KVen ausdrücklich vorzusehen. Die Mitglieder einer KV unterliegen deren Disziplinarhoheit,[14] so dass Verstöße gegen vertragsärztliche Pflichten disziplinarrechtlich geahndet werden können,[15]

Die KVen werden über Verwaltungsabgaben ihrer Mitglieder finanziert (Verwaltungs- **5** kostenpauschale; Grundlage: § 87b Abs 5 Satz 3 SGB V).[16] Diese Mittel dürfen nur für

---

[6] IVm der Bedarfsplanungs-Richtlinie-Ärzte (jetzt verbunden mit der Angestellten-Ärzte-Richtlinie und zuletzt geändert am 10. 4. 2008; BAnz 2008, S 2231).
   Ausführlich zur vertragsärztlichen Bedarfsplanung *Schnath,* Die vertragsärztliche Bedarfsplanung, in: *Schnapp/Wigge* (Hrsg), Handbuch des Vertragsarztrechts, § 18 mwN und neuerdings sehr ausführlich mit unfangreicher Dokumentation *Dahm,* Bedarfsplanung, in: *Rieger/Dahm/Steinhilper* (Hrsg), HK-AKM, Beitrag 720 (Stand: 2009) zur gesetzlichen Entwicklung, dem Bedarfsplan, der Bedarfszulassung (einschl der verfassungsrechtlichen Problematik), Ausnahmen von den Zulassungsbeschränkungen, Verfahrensfragen und einem Ausblick angesichts der weiteren Gesetzgebung zum Vertragsarztrecht. Erg s u § 29 III 20.

[7] Aufgehoben durch das VÄndG.

[8] Dies setzt die Veröffentlichung des Bedarfsplanes (nach § 12 Abs 2 Ärzte-ZV) durch die KV auf Grund der Richtlinien des Gemeinsamen Bundesausschusses (§ 101 Abs 1 SGB V) voraus (§ 99 Abs 1 SGB V).

[9] Vgl dazu *Plagemann* MedR 1998, 85 mwN und neuerdings *Dahm* aaO, RdNrn 159 ff.

[10] § 103 Abs 1 SGB V. Die damit verbundene Einschränkung des Grundrechts aus Art 12 GG sind nicht grundgesetzwidrig (BSG SozR 3-2500 § 103 Nr und SozR 4-2500 § 101 Nr 1; gedeckt durch die Rechtsprechung des BVerfG MedR 2001, 639).

[11] S dazu *Kluth* MedR 2003, 123 (124 f).

[12] BVerfGE 38, 281 (297 f). – Zu den „Rechtsbeziehungen zwischen Vertragsarzt und Kassenärztlicher Vereinigung" s den gleichnamigen Beitrag von *Schmidbauer,* in: *Schnapp/Wigge* (Hrsg), Handbuch des Vertragsarztrechts, 2. Aufl 2006, S. 59 ff.

[13] Die bisherige Unterscheidung ist ordentliche und außerordentliche Mitglieder durch das GMG aufgehoben worden.

[14] § 81 Abs 5 SGB V iVm den Disziplinarordnungen der einzelnen KVen.

[15] Zu dieser Thematik s *Ehlers* (Hrsg), Disziplinarrecht und Zulassungsentziehung, 2001.

[16] Grundlage für diese Zwangsbeiträge, deren Höhe unter Beachtung des Verhältnismäßigkeitsgrundsatzes durch Satzung festzulegen sind: § 81 Abs 1 Nr 5 SGB V iVm der jeweiligen KV-Satzung. Verwaltungskostenbeiträge sind nicht nur aus dem Honorar für ärztliche Leistungen (BSG MedR 1985, 283), sondern auch aus Sachkostenerstattungen erhebbar (BSG MedR 2008, 526). Daneben können für besonders aufwändige Verwaltungstätigkeiten (zB Anträge auf Genehmigungen zur Durchführung und Abrechnung besonderer ärztlicher Leistungen) auch kostendeckende Gebühren erhoben werden (vgl grundlegend BSG 3. 9. 1987 – 6 RKa 1/87 und 12. 5. 1993 – R Ka 26/92; zur Zulässigkeit einer Pfändungsgebühr für KV-Mitglieder s grundlegend LSG BW MedR 2005, 483) ferner Sicherstellungsumlagen nach § 87b Abs. 3 Satz 5 SGB V zur Verbesserung der

gesetzlich übertragene Aufgaben der KV verwendet werden. Die KV als Körperschaft des öffentlichen Rechts hat sich also auf diese Aufgaben zu beschränken. Wird der Aufgabenbereich unzulässigerweise überschritten, haben die Mitglieder einen Anspruch auf Unterlassung; der Aufsichtsbehörde steht zudem im Rahmen der Rechtsaufsicht eine Beanstandungsmöglichkeit zu. Eine KV darf sich daher grundsätzlich nicht am privaten Wirtschaftsleben als Mitbewerber betätigen.[17]

6   Die KVen nehmen Aufgaben der öffentlichen Verwaltung wahr und sind, sofern sie nicht im Rahmen der Interessenvertretung für die Ärzteschaft tätig sind (§ 75 Abs 2 Satz 1 SGB V, Behörden iS des § 1 Abs 2 SGB X). Sie üben öffentlich-rechtliche Verwaltungstätigkeit aus und können auch öffentlich-rechtliche Verträge abschließen (§ 53 SGB V).

7   **3. Rechtsaufsicht.** Die KVen und die KBV unterliegen nach § 78 Abs 3 Satz 1 SGB V der Rechtsaufsicht des Staates (Überprüfung der Einhaltung, Beachtung von Gesetz und sonstigem Recht[18]). Aufsichtsmaßstab sind neben dem GG einfach-rechtliche Gesetze, aber auch Rechtsverordnungen, autonomes Recht, Verwaltungsvorschriften und Normenverträge sowie Richtlinien.[19] Wieweit auch die Einhaltung des Grundsatzes der Wirtschaftlichkeit und Sparsamkeit[20] der Rechtsaufsicht unterliegen, ist strittig.[21] Aufsichtsmittel nach § 89 SGB V sind die Beratung, ein Verpflichtungsbescheid und notfalls Vollstreckungsmittel. Ergänzend kommen in Betracht die Bestellung eines Beauftragten (§ 79a SGB V), Ersatzvornahmen, Anrufung eines Schiedsamtes (zB § 89 Abs 1a SGB V) oder auch die Möglichkeit, Sitzungen einzuberufen (§ 89 Abs 3 SGB V).[22]

8   Der Aufsicht unterliegen auch das Haushalts- und Rechnungswesen (s Verweis in § 78 Abs 3 SGB V). Die Aufsichtsbehörde kann also den Haushaltsplan oder einzelne Ansätze darauf beanstanden. Generell besteht eine Vorlagepflicht. In Vermögensangelegenheiten ist eine Mitwirkung der Aufsichtsbehörde vorgesehen (vorbehaltene Genehmigung (zB § 78 Abs 3 S. 2 SGB V iVm § 85 Abs 1 SGB IV). Die härteste Form von Maßnahmen der Rechtsaufsicht ist das Selbstvornahmerecht (zB § 97a SGB V). Die Rechtsaufsicht erstreckt sich auch auf Schiedsämter und die Prüfgremien nach § 106 SGB V.[23]

9   Die Maßnahmen der Aufsichtsbehörde sind Verwaltungsakte. Dagegen ist Anfechtungsklage (§ 54 Abs 3 und § 54 Abs 1 S. 1 SGG), in einigen Fällen auch Verpflichtungsklage (§ 54 Abs 1 S. 1 SGG) möglich.[24]

Notfallversorgung (BSG SozR 2200, § 368 m Nr 4, S 11). Zur Erhebung von Beiträgen und Gebühren durch die KVen s *Schiller* MedR 2004, 348 mwN; erg s *Tigges* ZMGR 2005, 137 ff.

[17] Die Abgrenzung ist im Einzelnen schwierig (s beispielsweise BGH NJW 1993, 2680). – Zur Frage, welche Möglichkeiten sich neuerdings für KVen dadurch ergeben, dass sie Dienstleistungsgesellschaften gründen dürfen (§ 77 a SGB V), su. 41.

[18] Es handelt sich mithin nicht um eine *Fachaufsicht*. Zu den Schwierigkeiten, zwischen bloßer Rechtsaufsicht und Fachaufsicht in der Praxis im Einzelfall zu unterscheiden, s die Beiträge von *Schnapp, Harenburg, Hess* und *Steinhilper*, in: *Merten* (Hrsg), Die Selbstverwaltung im Krankenversicherungsrecht, 1995. Umfassend *Schnapp*, Staatsaufsicht über die Kassen(zahn)ärztlichen Vereinigungen, in: *Schnapp/Wigge*, Handbuch des Vertragsarztrechts, 2. Aufl 2006, 751 ff.

[19] Ausführlich dazu *Schnapp* aaO, 756 ff. Auch die Sozialversicherung unterliegt der Staatsaufsicht. Zur Bedeutung und dem Wandel dieses Instrumentariums zu einer gestaltenden und steuernden „Gewährleistungsaufsicht" s *Plagemann*, VSSR 2006, 121 mwN.

[20] Auch bei der Vergütung hauptamtlicher und der Entschädigung nebenamtlicher Tätigkeit (vgl dazu *Merten*, Zum Selbstverwaltungsrecht Kassenärztlicher Vereinigungen, 1995).

[21] Vgl die Verweisung auf die Regelungen des SGB IV in § 78 Abs 3, S 3 SGB V. Zu den Einzelheiten s *Schnapp*, aaO, 759 ff.

[22] Zu den Aufsichtsmitteln gegenüber KVen s *Schnapp* aaO, 766 ff.

[23] Zu diesen Änderungen durch das GMG (zum 1.1.2004) s *Schnapp* aaO, 771.

[24] Bei Schiedsamtsentscheidungen: § 89 Abs 5 S. 6 SGB V. – Zum Rechtsschutz gegen Aufsichtsmittel s *Schnapp* aaO, 774 mwN; s auch BSG 17. 11. 1999 – B 6 KA 10/99 (NZS 1999, Heft 12, S IX: Klagebefugnis einer K(Z)V gegen BMG).

4. Organe. Durch das GMG wurde die Organisation der KVen zum 1.1.2005 neu **10** strukturiert.[25] Organe der KVen sind die *Vertreterversammlung* und der jetzt hauptamtliche *Vorstand* (§ 79 SGB V). Beide werden für 6 Jahre gewählt (§ 80 Abs 3 Satz 1 SGB V).

a) Vertreterversammlung. Die Vertreterversammlung ist (alleiniges) Selbstverwal- **11** tungsorgan. Die Zahl ihrer Mitglieder ist begrenzt (zwischen 30 und 60) und wird – abhängig von der Zahl der Mitglieder der KV – durch die Satzung der jeweiligen KV festgelegt (§ 79 Abs 2 SGB V). Die Mitglieder der KV wählen unmittelbar und geheim die Mitglieder der Vertreterversammlung (§ 80 Abs 1 Satz 1 SGB V). Wählbar sind nur Mitglieder der jeweiligen KV.[26] Gewählt wird nach dem Verhältniswahlrecht[27] aufgrund von Listen- und Einzelwahlvorschlägen (§ 80 Abs 1 Satz 2 SGB V), den Psychotherapeuten nach dem Gesetz aus Gründen des Minderheitenschutzes eine Quote von Sitzen in der Vertreterversammlung (bis zu 10 %) zu reservieren. Diese Mitglieder werden in einer Gruppenwahl gewählt. Für andere Gruppen sieht das Gesetz keine Mandatskontingente vor.[28]

Aufgaben der Vertreterversammlung sind insbesondere (§ 79 Abs 3 SGB V): **12**
– Normgebungsbefugnis (einschl. Satzung)
– Überwachung des Vorstandes
– Entscheidungen von grundsätzlicher Bedeutung für die Körperschaft
– Feststellung des Haushaltsplans
– Entlastung des Vorstandes
– Vertretung der KV gegenüber Vorstand und ihren Mitgliedern
– Grundstücksangelegenheiten.

Diese Aufzählung ist nicht abschließend. Die Vertreterversammlung ist damit wichtigs- **13** tes Organ für berufspolitische Entscheidungen. Sie kann sämtliche Geschäfts- und Verwaltungsunterlagen einsehen und prüfen (§ 79 Abs 3 S. 2 SGB V), ferner bei Angelegenheiten „von grundsätzlicher Bedeutung" vor der Entscheidung Berichte anfordern (§ 79 Abs 6 SGB V). Die Auslegung dieses Begriffes kann im Einzelfall zwischen Vorstand und Vertreterversammlung strittig sein.[29] Der Katalog von Aufgaben von grundsätzlicher Bedeutung kann in der Satzung näher umschrieben werden. Die Vertragsabschlüsse selbst obliegen dem Vorstand.

Die Vertreterversammlung hat den Vorstand zu überwachen (§ 79 Abs 3 SGB V; sog **14** Organkontrolle[30]). Die Überwachung muss sich nicht auf nachträgliche Kontrolle beschränken, sondern kann auch präventive Beratung sein,[31] schließt aber ein Weisungsrecht gegenüber dem Vorstand in Verwaltungsangelegenheiten nicht ein,[32] kann also nicht in eigenständige Verwaltungstätigkeit der Vertreterversammlung umgewandelt werden.

---

[25] BT-Drucks 15/1525; zur Neuorganisation der KVen durch das GMG s *Steinhilper* GesR 2003, 274.
[26] Abweichend von der bisherigen Formulierung in § 80 Abs 1 S 2 SGB V (gültig bis zum 31.12.2004) fehlt in der jetzigen Gesetzesfassung der Text „aus ihrer Mitte". Da es sich bei der Vertreterversammlung aber um ein Selbstverwaltungsorgan handelt, können nur Mitglieder der KV auch Mitglieder der Vertreterversammlung sein.
[27] Früher: frei regelbar in den jeweiligen Satzungen, insbes Mehrheitswahlrecht (zulässig nach BSG SozR 3-2500 § 80 Nr 3).
[28] Es sei denn, die jeweilige Satzung bestimmt Anteilszahlen (zB für Hausärzte und Fachärzte).
[29] Darunter sollten insbes Grundsatzentscheidungen zur (berufs)politischen Ausrichtung einer KV, zur Struktur des Vergütungssystems (einschließlich Honorarverteilung), zur Öffnung einer KV für Dienstleistungen, Grundstruktur der Organisation, nicht aber individuell-konkrete Verwaltungsentscheidung, Personalangelegenheiten (Ausnahme: Vorstandsmitglieder). Die Vertreterversammlung darf sich also nicht zum Exekutivorgan wandeln. – S dazu auch *Schirmer* aaO, 565 f.
[30] Zur Überwachungsaufgabe der Vertreterversammlung und dem Umfang der Zuständigkeit s sehr anschaulich *Schirmer* aaO, 564 f
[31] ZB zu strukturellen Fragen. Die Zuständigkeit des Vorstandes zB zum Abschluss eines Vertrags und seine Haftungsverantwortung bleiben davon allerdings unberührt.
[32] Insbesondere nicht zu Einzelfallentscheidung des Exekutivorgans Vorstand.

Maßstäbe für die Überwachung des Vorstandes sind Ordnungsmäßigkeit, Rechtmäßigkeit, Zweckmäßigkeit und auch Wirtschaftlichkeit der Entscheidungen.

15   Die Vertreterversammlung kann sich zur Erfüllung ihrer Aufgaben vorbereitender Arbeiten von Ausschüssen bedienen. Gesetzlich vorgesehen sind Fachausschüsse für Psychotherapie (§ 79c SGB V[33]). Weitere Beratende Fachausschüsse können gebildet werden (zB auch für die hausärztliche und/oder fachärztliche Versorgung; s § 79c SGB V[34]). Einige KV-Satzungen sehen sog. Hauptausschüsse vor, denen die Vertreterversammlung Vorbereitungshandlungen überträgt.[35]

16   Die Vertreterversammlung wählt nach § 80 Abs 2 S.1 SGB V einen Vorsitzenden und eine Stellvertretung.[36] Diese moderiert nicht nur die Sitzungen der Vertreterversammlung, sondern vertritt die Vertreterversammlung gegenüber dem Vorstand; er schließt zB auch die Verträge mit den Vorstandsmitgliedern ab (§ 79 Abs 3 Nr 6 SGB V).[37]

17   Die Mitglieder des Vorstandes und der Vorsitzende des Vorstandes und die Stellvertreter werden ebenfalls von der Vertreterversammlung gewählt (§ 80 Abs 2 S. 1 SGB V). Der Vorsitzende der Vertreterversammlung hat gegenüber der früheren Rechtslage einen ungleich größeren Aufgabenbereich und eine stärkere Machtposition aufgrund von ausgebauten Kontrollrechten und Berichtspflichten an ihn.

18   **b) Vorstand.** Der Vorstand nimmt (abweichend von der bisherigen Regelung) seine Tätigkeit hauptamtlich wahr.[38] Mitglieder des Vorstandes (maximal drei) können daher auch Nichtärzte sein. Die Zahl der Mitglieder ist auf drei begrenzt (§ 79 Abs 4 SGB V). Der Vorstand verwaltet die KV; er vertritt sie gerichtlich und außergerichtlich (soweit durch Gesetz oder Satzung nichts anderes bestimmt ist) (§ 79 Abs 5 SGB V). Die Vergütungen der Vorstandsmitglieder[39] sind jährlich zu veröffentlichen (§ 79 Abs 4 SGB V).[40] Anlass für die Einführung der Veröffentlichungspflicht war, dass in der Vergangenheit der Verdacht zT unangemessen hoher Vergütungen bestand.[41]

---

[33] S dazu näher *Schmidbauer* PsychR 2001, 150.

[34] Einzelheiten sind in den jeweiligen Satzungen zu regeln. Bei der KBV ist ein Beratender Fachausschuss für die hausärztliche Versorgung verpflichtend gesetzlich vorgesehen (§ 79c S. 1 SGB V).

[35] ZB KV Westfalen-Lippe.

[36] Die Satzungen einzelner KVen sehen zwei Stellvertreter vor (zB KVB).

[37] Daraus folgt, dass der Vorsitzende der Vertreterversammlung nicht Mitglied des Vorstandes sein kann (s § 80 Abs 2 S 2 SGB V). Mitglieder des Vorstandes können aber zugleich Mitglieder der Vertreterversammlung sein.

[38] Bis 31. 12. 2005 wurden die Ämter im Vorstand ehrenamtlich wahrgenommen. Daran entzündeten sich Fragen der Rechtmäßigkeit ihrer Vergütung und ihrer Kontrollierbarkeit und Haftung. Der Gesetzgeber hat das Prinzip der Hauptamtlichkeit eingeführt (GMG v 14.11.2003 BGBl I 2190, 2203), Vertragsärzten aber dennoch die Möglichkeit belassen, in bestimmtem Umfange ihre bisherige vertragsärztliche Tätigkeit fortzuführen. Zu den Dienstverhältnissen hauptamtlicher Vorstandsmitglieder der ärztlichen Selbstverwaltung s *Gaßner/Mente* NZS 2005, 580.

[39] Sie variiert in den einzelnen KVen erheblich (von ca 160.000,– EUR bis 230.000,– EUR) und wird zT ergänzt um sog Übergangsgelder beim Ausscheiden aus dem Amt (Vgl die Übersicht in DÄBl 2007, A-598).

[40] Die Veröffentlichungspflicht der Vorstandsvergütungen ist nicht verfassungswidrig; BVerfG NJW 2008, 1435 (s auch schon BSG GesR 2007, 472 = NZS 2008, 89 = SGb 2008, 97). Kritisch zur Veröffentlichungspflicht der Gehälter von Kassenvorständen *Schnapp*, in: *Schnapp/Wigge* (Hrsg) aaO § 4 Rdnr 96; *Plagemann* bezeichnet deren Veröffentlichungspflicht nach § 15a Abs 6 S 2 SGB IV als „politische Symbolik" (VSSR 2007, 121 (122)). S auch *Hammerstein/Vogt* NZS 2006, 398.

[41] Zum Grundsatz der Wirtschaftlichkeit und Sparsamkeit bei der Entschädigungsregelung für ehrenamtlich tätige Ärzte s die Grundsatzentscheidung des BSG MedR 2001, 95 (mit Anm *Schnapp* MedR 2001, 269). Erg s das Gutachten von *Merten*, Zum Selbstverwaltungsrecht Kassenärztlicher Vereinigungen. Probleme der Vergütung hauptamtlicher und der Entschädigung ehrenamtlicher Tätigkeit/Schriften zum Sozial- und Arbeitsrecht, Band 138, 1995 und *Merten*, Die Selbstverwaltung im Krankenversicherungsrecht unter besonderer Berücksichtigung der Rechtsaufsicht der Kassenärztlichen Vereinigungen, 1995.

6. Kapitel. Das Kassenarztrecht/Vertragsarztrecht

Bei der Wahl der Vorstandsmitglieder hat die Vertreterversammlung darauf zu achten, **19** dass diese die „erforderliche fachliche Eignung für ihren jeweiligen Geschäftsbereich besitzen" (§ 79 Abs 6 SGB V). Neu ist, dass unter bestimmten Voraussetzungen die Aufgaben von Vertreterversammlung und Vorstand durch einen Beauftragten der Aufsichtsbehörde wahrgenommen werden können (Weigerung oder Verhinderung, die Geschäfte selbst zu führen; § 79a Abs 1 SGB V). Der Beauftragtenbestellung hat eine entsprechende Anordnung vorauszugehen (§ 79a Abs 2 SGB V). Der Vorsitzende der Vertreterversammlung (und sein Stellvertreter) können nicht zugleich Vorsitzender (oder stellvertretender Vorsitzender) des Vorstandes sein (Inkompatibilitätsregelung § 80 Abs 2 Satz 2 SGB V). Ruhensregelungen in den Satzungen der KVen sind jedoch zulässig.[42]

Die persönliche Haftung der Vorstandsmitglieder richtet sich nach den Grundsätzen **20** der Amtshaftung (§ 79 Abs 6 Satz 1 SGB V iVm §§ 42 Abs 1–3 SGB IV und § 839 BGB iVm Art 34 GG). Für die KV selbst gelten ebenfalls die Grundsätze der Amtshaftung,[43] auch bei rechtswidriger untergesetzlicher Normgebung.[44] Vorstandsmitglieder und die KV selbst haften nicht für Fehler der insoweit selbst verantwortlichen Prüfungsstelle (§ 106 Abs 4a Satz 1 SGB V). Nach der Rechtsprechung des BGH haften die KVen aber für Fehler der von ihnen bestellten ärztlichen Vertreter in den Zulassungs- und Berufungsausschüssen nach den Grundsätzen der Amtshaftung (§ 839 Abs 1 BGB).[45]

Exkurs: Die Zuständigkeiten und Machbefugnisse der Vertreterversammlungen der KVen wurden durch das GMG ausgeweitet, und die Position des Vorsitzenden der Vertreterversammlung wurde gestärkt. Die (hauptamtlichen) Vorstände der KVen sehen dies zT als Beeinträchtigung ihrer eigenverantwortlichen Arbeit[46] an und verweisen auf die Haftung Vorstand für seine Entscheidungen,[47] so dass Vorgaben durch die Vertreterversammlung unzulässig seien. Die KBV (Rechtsabteilung) hat zur Klarstellung „Leitlinien" entwickelt.[48] Danach obliegt das operative Geschäft allein dem Vorstand einer KV – unter Beachtung inhaltlicher Vorgaben und Entscheidungen der Vertreterversammlung als dem maßgeblichen berufspolitischen Entscheidungsorgan.

Der Aufgabenkatalog der Vertreterversammlung kann durch die Satzung (zulasten des **21** Vorstandes; vgl § 79 Abs 5 SGB V) erweitert, zur Vermeidung von Auslegungsschwierigkeiten[49] präzisiert,[50] aber durch Satzungsänderung nicht eingeschränkt oder aufgehoben werden.

---

[42] Vgl BSG MedR 1994, 412; erg s *Schiller* aaO, 119.

[43] Zur Haftung der KV als Körperschaft mussten bisher nur wenige Fälle gerichtlich entschieden werden; s zB BGH 12. 12. 1992 – III ZR 178/91 (Arztrecht 1993, 247; Organisationsfehler beim Notarztdienst), BGH Arztrecht 1996, 217 (zu Unrecht verweigerte Abrechnungsgenehmigung für Großgeräteleistungen), BGH NJW 2003, 1184 = MedR 2003, 455 (Behandlungsfehler des Notarztes im Rettungsdienst). S auch OLG Frankfurt MedR 2002, 420 (Sorgfaltspflichten bei der Berechnung der Angemessenheit der Vergütung eines Vertragsarztes); OLG Frankfurt MedR 1990, 88 (fehlerhafte Ermächtigung).

[44] Näher dazu *Kaltenborn* SGb 2002, 659 mwN.

[45] So ausdrücklich BGH im Anschluss an seine bisherige Rechtsprechung MedR 2006, 535. Dies gilt auch für Fehler der ärztlichen Mitglieder im Bewertungsausschuss (BGHZ 150, 172 (180)).

[46] Vor allem, wenn sich die Vertreterversammlung für ihre Kontrollaufgabe ergänzend eines sog Hauptausschusses (so zB KV Westfalen-Lippe, § 14 Satzung) bedient und zudem nicht nur abgeleitete nachgehende Kontrolle ausübt, sondern auch proaktiv (berufspolitische) Strategien vorgeben will. Die Entscheidungen solcher Hauptausschüsse können nur Empfehlungen an die Vertreterversammlung sein, die der Vorsitzende dieses Gremiums an den Vorstand weitergeben kann.

[47] § 79 Abs 6 SGB V mit Verweis auf die Vorschriften des SGB IV zu Haftung und Haftungsmaßstäben.

[48] 29. 4. 2005. Danach lassen sich alle Konfliktfelder klären. In der Praxis gibt es bei einigen KVen dennoch immer wieder Reibungen. – Zur „Binnenorganisation der KVen – Reichweite der Kompetenz von VV und Vorstand nach § 79 SGB V" s neuerdings *Kaltenborn* GesR 2008, 337.

[49] Was heißt zB Entscheidungen „von grundsätzlicher Bedeutung" (§ 79 Abs 3e SGB V)?

[50] Davon ist zB in NRW (§ 6 Abs 9e Satzung), Hessen und Nds (§ 8 Abs 2 Satzung) Gebrauch gemacht worden.

22 Die Reform des § 79 SGB V verfolgt zwei Ziele: Steigerung der Effizienz der Verwaltung durch Professionalisierung der Mitglieder des Vorstandes und gleichzeitig Stärkung der ärztlichen Selbstverwaltung (dh der Vertreterversammlung einschließlich ihres Vorsitzenden). In concreto können diese gesetzlichen Ziele widerstreiten.

23 **5. Aufgaben der KV und Reformbestrebungen.** Die KVen wurden gegründet, um die berufspolitischen und finanziellen Anliegen der Ärzteschaft kompetent zu vertreten (§§ 72 Abs 2, 75 Abs 2 SGB V). Daneben standen als originäre Aufgaben im Vordergrund, die ambulante vertragsärztliche Versorgung sicherzustellen (§ 72 Abs 1 SGB V) und die Einhaltung gesetzlicher und vertraglicher Erfordernisse zu gewährleisten. Inzwischen wurden Überwachungs-, Kontroll- und weitere hoheitliche Aufgaben ausgedehnt, während Zuständigkeiten der Interessenvertretung zurückgedrängt wurden. Maßgeblich hierfür waren Überlegungen des Gesetzgebers, die Struktur der KVen hin zu ordnungspolitischen Einrichtungen zu verändern oder gar aufzulösen. Dem wurden (Protest)Aktionen der Mitglieder der KVen (und teilweise ihrer Vorstände) entgegengesetzt (bis zu Überlegungen und Vorbereitungen zum Aufbau von Ersatz- oder Auffangorganisationen).

24 Die Selbstverwaltungsaufgaben der KVen wurden deutlich zurückgedrängt und hoheitliche Aufgaben deutlich ausgeweitet (mit erweiterten Berichtspflichten, Genehmigungsvorbehalten, Ausschlussfristen und der Möglichkeit von Ersatzvornahmen). Gleichzeitig waren elementare Aufgaben der KVen von der Länder- auf die Bundesebene verlagert worden (zB Fragen der Gebührenordnung, der Honorarverteilung, der Festlegung von Zeitvorgaben für ärztliche Leistungen bis hin neuerdings zu bundeseinheitlichen Punktwerten), von denen auf regionaler Ebene nur nach eng umgrenzten Vorgaben des Bundesausschusses abgewichen werden darf. Durch die Öffnung der Krankenhäuser für die ambulante vertragsärztliche Versorgung (insbesondere § 116b SGB V[51]) aber auch durch die Öffnung des bisherigen Kollektivvertragssystems für Selektivverträge (§§ 73b, 73c und 140a ff SGV V) reduziert sich der Aufgabenumfang der KVen weiter.[52]

25 An der Zuständigkeit und der Organisation der KVen war schon mehrfach „gerüttelt" worden, von den Ärzten selbst und vom Gesetzgeber. Die weitreichendsten Einschnitte bewirkte das GMG.[53] Zuvor war von SPD und Grünen vorgeschlagen worden, das Kollektivvertragssystem durch Einzelverträge der Ärzte mit den Krankenkassen (wieder) weitgehend zu ersetzen und den Sicherstellungsauftrag der KVen für die ambulante fachärztliche Versorgung (Ausnahme: Augen- und Frauenärzte) auf die Krankenkassen zu übertragen. Den KVen wäre dann nur die hausärztliche Versorgung verblieben.

---

[51] Bei der Öffnung der Krankenhäuser für die ambulante vertragsärztliche Versorgung nach § 116b SGB V in bestimmten Krankheitsbereichen steht den KVen nach dem Gesetz kein förmliches Mitspracherecht zu, obgleich niedergelassene Vertragsärzte durch gleichlautende Leistungsangebote der Krankenhäuser wirtschaftlich unmittelbar (bis zur Insolvenzgrenze) beeinträchtigt sein können. Nach dem Gesetz ist die vertragsärztliche Versorgungssituation lediglich zu „berücksichtigen". In der Praxis wird jedoch in den meisten Bundesländern vor der Bestimmung eines Krankenhauses nach § 116b SGB V eine Abstimmung mit den Niedergelassenen herbeigeführt (zB Bayern, Westfalen-Lippe). Zur Beteiligung der KVen an dem Entscheidungsprozess nach § 116b SGB V s ua *Müller* KHR 2008, 113 ff. Weder KVen noch (wirtschaftlich betroffene) Vertragsärzte in räumlicher Nähe sind zu Drittwiderspruch und defensiver Konkurrentenklage berechtigt (bisher hM, s statt aller *Steinhilper* MedR 2008, 498 mwN).

[52] Hinter diesen Entwicklungen stehen spannungsreiche berufspolitische Auseinandersetzungen zwischen den Vertretern der Ärzteschaft und insbesondere dem Bundesgesetzgeber. Sie finden einen deutlichen Niederschlag in der ärztlichen Fachpresse einerseits und in immer häufigeren und einschneidenderen Reformgesetzen im Gesundheitswesen andererseits (zuletzt: VÄndG und GKV-WSG). Zum schwindenden Einfluss der KVen s neuerdings *Wigge/Harney* MedR 2008, 139 (149) im Hinblick auf die sog Selektivverträge. Zur Reformdiskussion s auch *Koenig/Schreiber* GesR 2008, 561.

[53] S dazu statt aller *Muckel* NJW 2004, 7; s auch *Steinhilper* GesR 2003, 374.

6. Kapitel. Das Kassenarztrecht/Vertragsarztrecht   26–29   § 28

a) **Sicherstellungsauftrag (§ 75 Abs 1 Satz 1 SGB V).** Die KVen und KBV haben 26
die ambulante vertragsärztliche Versorgung im Rahmen der gesetzlichen Vorschriften
und der Richtlinie des Gemeinsamen Bundesausschusses so zu regeln, dass eine ausreichende, zweckmäßige und wirtschaftliche Versorgung der Versicherten unter Berücksichtigung des allgemeinen Standes der medizinischen Erkenntnisse gewährleistet ist. Der Sicherstellungsauftrag[54] der KVen umfasst alle Maßnahmen, die zur Verhütung, Früherkennung und Behandlung von Krankheiten nach den Regeln der ärztlichen Kunst ausreichend und zweckmäßig sind (§§ 28 Abs 1 Satz 1, 72 Abs 2 SGB V). Hinzu kommt ein ausreichender Notfalldienst zu den sprechstundenfreien Zeiten (§ 75 Abs 1 Satz 1 SGB V[55]). Der Sicherstellungsauftrag umschließt ferner die ärztliche Versorgung von Personen mit dienstrechtlichen Ansprüchen auf freie Heilfürsorge[56] und die ärztliche Versorgung von Strafgefangenen in Notfällen (§ 75 Abs 3 u 4 SGB V[57]).

Den Sicherstellungsauftrag[58] haben die KVen und die KBV im Umfang des § 72 Abs 2 27
SGB V wahrzunehmen (§ 75 Abs 1 SGB V). Sie bedienen sich dazu ihrer Mitglieder (§ 95 Abs 1 SGB V). Bei kollektivem Zulassungsverzicht geht der Sicherstellungsauftrag der KVen unter bestimmten Voraussetzungen auf die Krankenkassen über (s dazu unten Ziff 6).

Der Gesetzgeber hatte neue Versorgungsformen eingeführt.[59] Das Kollektivvertragssys- 28
tem in der vertragsärztlichen Versorgung ist damit durchbrochen; denn insoweit bestehen unmittelbare Rechtsbeziehungen zwischen dem jeweiligen Leistungserbringer und dem der jeweiligen Krankenkasse. Teile der vertragsärztlichen Versorgung sind aus der Zuständigkeit der KVen ausgegliedert. Dies hat Auswirkungen auf die von den Krankenkassen zu leistende Gesamtvergütung, erschwert aber auch die Beurteilung von Qualität und Wirtschaftlichkeit einzelner Leistungen.[60]

b) **Exkurs: kollektiver Zulassungsverzicht (§§ 96 b, 72 a, 13 SGB V; § 28 Ärzte-** 29
ZV). Vertragsärzte wurden in ihrem Beruf zunehmend unzufriedener, als der Gesetzgeber durch immer neue Reformen[61] die Strukturen des Vertragsarztrechts und des Gesundheitswesens insgesamt verändern wollte.[62] Nahezu alle Gesetze erwiesen sich im Kern letztlich jedoch als bloße Kostendämpfungsgesetze, durch die der Patient (zB durch Zuzahlungen unterschiedlicher Art) zu einer Kostenbeteiligung verpflichtet

---

[54] Grundlegend dazu *Schrinner*, Bedeutung, Umfang und Grenzen des Sicherstellungsauftrages der Kassenärztlichen Vereinigungen gemäß § 75 I SGB V, Diss 1996; s auch die Kommentierung von *Hesral* in: *Schlegel/Voelzke/Engelmann* (Hrsg), juris PraxisKommentar, 2008, § 75 RdNr 8 ff mwN, ferner *Quaas*, in: *Quaas/Zuck*, Medizinrecht, § 18 Abschnitt II. Zur Grundsatzfrage, wem der Sicherstellungsauftrag zustehen soll, s die Beiträge von *Möschel* MedR 2003, 133 (Übergang auf die Krankenkassen), *Hess* MedR 2003, 137 (Sicht der KVen), *Muschallik* MedR 2003, 139 (Sicht der KZVen), *Rebscher* MedR 2003, 145 (Sicht der Krankenkassen). Zum Sicherstellungsauftrag s auch § 27 III 1.
[55] Ohne die notärztliche Versorgung im Rahmen des Rettungsdienstes (anders aber auf Grund landesrechtlicher Regelungen in Bayern).
[56] Angehörige der Bundeswehr, des Bundesgrenzschutzes und der Bereitschaftspolizei sowie Zivildienstleistende.
[57] Zu der medizinischen Versorgung im Strafvollzug s die Beiträge bei *Hillenkamp/Tag* (Hrsg), „Intramurale Medizin" (Gesundheitsfürsorge zwischen Heilauftrag und Strafvollzug), 2005.
[58] Näher zu den Einzelheiten insbes *Schiller* aaO, 123 ff mwN.
[59] Insbes durch das GMG, das VÄndG und das GKV-WSG; insbes die integrierte Versorgung, die hausarztzentrierte Versorgung, sog Selektivverträge (zu diesem Thema sehr ausführlich *Schiller*, Selektivverträge, in: *Rieger/Dahm/Steinhilper* (Hrsg), HK-AKM, Beitrag 4800 (Stand: Okt 2008); s auch *Wigge/Harney* MedR 2008, 139 mit Überlegungen zu den Auswirkungen auf das Gesamtsystem der ambulanten vertragsärztlichen Versorgung.
[60] Detaillierter zu diesen Auswirkungen s *Schiller* aaO, S. 125 f.
[61] Zur Gesetzgebungsgeschwindigkeit im Gesundheitswesen s beispielhaft die Glosse von *Lindemann* NZS 2002, 320.
[62] Zu den einzelnen Reformgesetzen s den Überblick in § 23; speziell zur Gesundheitsreform 2007 s *Wille/Koch*, Gesundheitsreform 2007. Grundriss, 2007.

wurde, Leistungen ausgegrenzt wurden (zB zum 1.1.2004: Sterbegeld; Herauslösung des Zahnersatzes und des Krankengeldes als solidarisch finanzierte Leistung ab 1.1.2005 oder 1.1.2006), ärztliche Leistungen nicht oder geringer honoriert, die Zuständigkeiten der gemeinsamen Selbstverwaltung weiter beschränkt (zB bei der Qualitätssicherung; s § 137 a SGB V) und gleichzeitig die Eingriffsmöglichkeiten des Bundesgesundheitsministeriums als Aufsichtsbehörde erweitert wurden (vgl 4 Abs SGB V).

30   Weitere Verunsicherung trat ein, als das Modell der *Bürgerversicherung* gegen die Alternative *Gesundheitsprämie* gestellt und letztlich durch den *Gesundheitsfonds* ersetzt wurde.[63] Der Gesetzgeber griff auch in die Strukturen der Kassenärztlichen Vereinigungen ein: Zuständigkeiten für die Interessenvertretung ihrer Mitglieder wurden begrenzt bei gleichzeitiger Übertragung weiterer staatlicher Kontroll- und Verwaltungsaufgaben (zB § 81 a SGB V). Der Gesetzgeber griff in die Gestaltung des EBM und selbst der Honorarverteilungsmaßstäbe (später: Honorarverteilungsverträge) ein. Die Kontroll- und Eingriffsmöglichkeiten der Aufsichtsministerien wurden erweitert (auch durch die Möglichkeit zu Ersatzvornahmen und dem Einsatz von Beauftragten/Staatskommissaren), der versprochene Wettbewerb blieb aus. Zugleich – und das ist das Entscheidende für die Ärzte – sank das ärztliche Honorar für GKV-Leistungen durch Leistungsbegrenzungen, Budgetgrenzen, Honorarabstaffelungen, Fallzahlzuwachsbegrenzungen, floatende Punktwerte etc[64] Sie beklagten also Überbürokratisierung und chronische Unterfinanzierung.[65]

31   Viele Ärzte überlegten daher, ihre Zulassung zur vertragsärztlichen Versorgung *kollektiv* zurückzugeben (juristisch genauer: auf ihre Zulassung zu *verzichten),* wodurch ein Versorgungsnotstand entstehen sollte, der durch privatärztliche Versorgung der Patienten behoben werden und zu Verträge der Ärzte mit den Krankenkassen mit höheren Honoraren führen sollte.

32   Gleichzeitig haben die Ärzte Ersatzorganisationen für KVen angedacht und zT organisatorisch vorbereitet, einerseits um „effektiver" gegenüber den Krankenkassen bei Honorarverhandlungen auftreten zu können, andererseits aber auch, um von gesetzlichen Vorgaben in der Praxisführung und von Kontrollmaßnahmen durch die KVen weitgehend befreit zu sein. Dahinter stehen eine generelle Unzufriedenheit der Ärzte mit dem System und der Wunsch, das System zu verlassen. In Bayern und Niedersachsen hat dies in den neunziger Jahren zu „Protesthandlungen" und Aktionen, die nicht im Einklang mit dem Gesetz standen, auch der KZV-Führungen, geführt. Die Aufsichtsbehörden haben mit „Staatskommissaren" darauf reagiert (s § 79 Abs 1 Satz 2 SGB V); das BSG hat diese Maßnahmen bestätigt.[66]

33   Der Gesetzgeber hat die Gefahren dieser Szenarien erkannt und die Folgen eines kollektiven Zulassungsverzichts[67] zur Vermeidung eines Versorgungsdefizites in der ambulanten

---

[63] GKV-Gesundheitsmodernisierungsgesetz (GMG) v 14.11.2003 (BGBl I, 2190). S dazu oben § 23 II 4.

[64] *Zwingel/Preißler,* Ärzte-Kooperationen und Medizinische Versorgungszentren, 2008, 4 f, fassen das treffend zusammen mit der Überschrift: „Mehr Wettbewerb – mehr Regulierung".

[65] Die KBV-VV hat permanent mehr Geld für das System gefordert (2008 zB 4,5 Mrd EUR), das Bundesgesundheitsministerium und andere haben demgegenüber immer wieder eine bessere Verteilung des aus ihrer Sicht ausreichenden Geldes durch die Selbstverwaltung angemahnt.

[66] Urt v 27.6.2001 SozR 3-2500 § 79a Nr 1.

[67] Bisher war ein kollektiver Zulassungsverzicht lediglich 2004 und 2005 bei den Kieferorthopäden in Niedersachsen praktisch geworden. Inzwischen sind nahezu alle Kieferorthopäden wieder in das System der ambulanten vertragszahnärztlichen Versorgung zurückgegliedert. Den Ärzten stand kein Honoraranspruch dem zu (Kostenerstattung), wenn sie Patienten nach der Rückgabe ihrer Zulassung (weiter-)behandelt hatten (BSG 26.6.2007 – B 6 KA 38/06 = MedR 2008, 384 mit weiterführender Anm *Schiller). Wenner,* Vertragsarztrecht nach der Gesundheitsreform, 2008, 50, fragt, ob bei anhaltender Ablehnung des Systems durch ihre Mitglieder dies auf Dauer noch aufrechterhalten werden kann. Gegen diese „Befürchtung" spricht, dass bei einer Auflösung der *(von den Ärzten selbst finanzierten!)* KVen der Staat für deren Ersatz neue Organisationen (zB Ärztebundesverwal-

6. Kapitel. Das Kassenarztrecht/Vertragsarztrecht 33 § 28

vertragsärztlichen Versorgung nach und nach neu geregelt.[68] Der organisierte Ausstieg aus dem Kollektivvertragssystem gestaltet sich nunmehr schwierig und hat gravierende Folgen:
- Verzichten Ärzte kollektiv auf ihre Zulassung, so endet ihre Zulassung nicht schon ab Zugang dieser Erklärung bei der KV oder dem Zulassungsausschuss. Der Arzt ist vielmehr verpflichtet, bis zum Ende des Kalendervierteljahres nach Zugang seiner Verzichtserklärung (s § 28 Abs 1 Ärzte-ZV) weiter an der vertragsärztlichen Versorgung teilzunehmen.
- Die Verzichtserklärung ist auch nicht widerruflich; der Arzt ist also an sie gebunden, auch wenn er ihre Bedeutung und weit reichenden Folgen bei der Abgabe der Erklärung nicht voll kannte.
- Beim kollektiven Zulassungsverzicht (§ 95b Abs 1 SGB V), dem sog *Korbmodell*,[69] ist nach Vorstellung des Gesetzgebers ein Verstoß gegen die Pflichten des Vertragsarztes (§ 95b Abs 1 SGB V).[70]
- Haben Ärzte kollektiv auf ihre Zulassung verzichtet, so dürfen sie Patienten nicht mehr im Wege der Kostenerstattung (§ 13 Abs 2 Satz 8 SGB V) versorgen. Zugleich sind sdie nicht mehr berechtigt, an Einzelverträgen mit Krankenkassen zur Gewährleistung der Sicherstellung teilzunehmen. Nach § 72a Abs 3 Satz 3 SGB V dürfen Krankenkassen Selektivverträge[71] nämlich nur mit zugelassenen Vertragsärzten (oder deren Gemeinschaften) abschließen.
- Als Folge eines kollektiven Zulassungsverzichts geht der Sicherstellungsauftrag von den Ärzten auf die Krankenkassen (§ 72a SGB V) über. Dies hat das jeweilige Aufsichtsministerium zunächst festzustellen (nach Anhörung der Landesverbände der Krankenkassen, der Verbände der Ersatzkassen und der KV; § 72a Abs 1 SGB V). Sobald dies festgestellt ist, dürfen die Krankenkassen nach § 72a Abs 3 Satz 3 SGB V mit „kollektiv-verzichtenden Ärzten" keine Verträge abschließen. Eine Zulassung dieser Ärzte ist erst wieder nach Ablauf von sechs Jahren möglich (§ 95b Abs 2 SGB V).
- Ärzte, die kollektiv auf ihre Zulassung verzichtet haben, dürfen Patienten ab der Wirksamkeit ihres Zulassungsverzichtes nur noch privat (nach GOÄ) behandeln, allerdings auch in Notfällen (§ 76 Abs 1 Satz 2 SGB V) bei sog. Systemversagen (§ 13 Abs 3 SGB V).[72]

---

tungsamt und Landesärzteverwaltungsämter) für die erforderlichen staatlichen Verwaltungs- und Kontrollaufgaben schaffen und aus Steuergeldern finanzieren müsste.

[68] §§ 96b, 72a, 13 SGB V; § 28 Ärzte-ZV.

[69] Die Ärzte geben ihre schriftliche Verzichtserklärung einem zentralen Treuhänder. (Dies darf kein Notar sein, da die Aktion gesetzeswidrig ist!). Dieser darf diese Erklärungen an die Zulassungsausschüsse erst weitergeben und damit wirksam werden lassen, wenn eine vorher festgesetzte Zahl von Verzichtserklärungen bei ihm eintrifft. Auf diese Weise soll ein solidarisches Verhalten der Ärzte gewährleistet werden.

[70] Weil durch das Verhalten der Ärzte die Funktionsfähigkeit des vertragsärztlichen Versorgungssystems gebrochen werden soll, um eigene wirtschaftliche Interessen durchzusetzen (vgl Gesetzesbegründung). Der Bayerische Hausärzteverband (BHÄV) strebte allerdings auf seiner Veranstaltung am 31. 1. 2008 an, einen Ausstieg seiner Mitglieder aus dem GKV-System.

[71] Verträge zur hausarztzentrierten Versorgung (§ 73b Abs 4 SGB V), zur besonderen ambulanten ärztlichen Versorgung (§ 73c Abs 3 SGB V) und zur integrierten Versorgung (§ 140b Abs 1 SGB V).

[72] Zu den Folgen des Systemausstiegs für die Behandlungsmöglichkeiten der ehemaligen Vertragsärzte und der Vergütung ihrer ärztlicher Leistungen s umfassend BSG Urt v 27. 6. 2007 ZMGR 2007, 142 = GesR 2008, 90 = SGb 2008, 235 (m Anm *Joussen*) = MedR 2008, 384 u Urteil v 17. 6. 2009 – B 6 KA 18/06 R –. Die Verfassungsbeschwerden gegen diese weitreichenden Entscheidungen wurden nicht angenommen (Beschl v 26. 2. 2008 – 1 BvR 306/07); erg s *Platzer/Matschiner* NZS 2008, 244.

34 Das LSG Niedersachen-Bremen hat im Zusammenhang mit dem Systemausstieg der Kieferorthopäden in Niedersachsen ergänzend entschieden[73]:
- Die Wiederzulassungssperre nach § 95b Abs 2 SGB V ist keine disziplinarische Maßnahme (so dass es auf ein Verschulden der Ärzte nicht ankommt).
- Die Zulassungssperre ist verfassungskonform;[74] sie hat generalpräventive Wirkung: Sie soll das alternative Versorgungssystem schützen, das im Falle des § 72a SGB V zu errichten ist.
- Für den Übergang des Sicherstellungsauftrages nach § 72a Abs 1 SGB V auf die Krankenkassen kommt es nicht auf den Prozentsatz aller Vertrags(zahn)ärzte an (so aber der Wortlaut des Gesetzes[75]), sondern auf den Prozentsatz innerhalb der jeweiligen Fachgruppe.

35 Nach Auffassung des BSG[76] sind die Regelungen zur sechsjährigen Wiederzulassungssperre (§ 95b Abs 2 SGB V) verfassungskonform. Die Teilnehmer eines kollektiven Zulassungsverzichtes dürfen danach frühestens nach sechs Jahren erneut zugelassen werden, sofern die zuständige Aufsichtsbehörde nach § 72a Abs 1 SGB V zumindest für *einen* Planungsbereich festgestellt hat, dass die Versoergung der Versicherten infolge des Zulassungsverzichts nicht mehr sichergestellt ist. Diese Zulassungssperre muss bundesweit beachtet werden, gilt also nicht nur für (Zahn)Ärzte dieses Planungsbereiches.

36 Nach Auffassung des BSG sind Anfechtungsklagen von verzichtenden Ärzten gegen die Feststellungsbescheide der Aufsichtsbehörde zwar zulässig; die Feststellungsentscheidung betrifft jedoch nicht die Rechtssphäre des einzelnen Arztes, sondern nur die von Krankenkassen und K(Z)Ven, so dass es an einer Anfechtungsberechtigung fehlt. Diese kann auch nicht daraus abgeleitet werden, dass der Feststellungsentscheidung der Aufsichtsbehörde in einem Wiederzulassungsverfahren des (Zahn)Arztes Tatbestandswirkung zukommt. In einem solchen Verfahren können alle persönlichen Umstände des (Zahn)-Arztes ausreichend berücksichtigt werden. Die Frage, ob in einem Planungsbereich die für eine Wiederzulassungssperre erforderliche Verzichtsquote von 50% überschritten ist, kann allein in einem Anfechtungs- und anschließenden Gerichtsverfahren der K(Z)V oder der Krankenkasse gegen die Aufsichtsbehörde überprüft werden.

37 c) Gewährleistungsverpflichtung (§ 75 Abs 1 Satz 2 SGB V). Weitere Hauptaufgabe der KVen und der KBV ist es, zu gewährleisten, dass die vertragsärztliche Versorgung den gesetzlichen und vertraglichen Erfordernissen entspricht (§ 75 Abs 1 SGB V[77]). Die KVen haben zu diesem Zweck die Abrechnung der Vertragsärzte zu prüfen, ggf. sachlich-rechnerisch zu berichtigen (§ 106a Abs 1 SGB V), aber auch die zeitliche Erbringbarkeit der zur Abrechnung eingereichten Leistungen zu kontrollieren (Plausibilitätsprüfung; § 106a Abs 2 SGB V[78]). Ziel ist es, den Krankenkassen gegenüber zu gewährleisten, dass ihnen nur abrechnungsfähige, dh auch vollständig erbrachte und – soweit erforderlich – auch persönlich erbrachte ärztliche Leistungen in Rechnung gestellt werden.[79] Ergänzt wird die Kontrolle der Honorarabrechnung um die Wirtschaftlichkeitsprüfung (§ 106 SGB V), eine Aufgabe der Gemeinsamen Selbstverwaltung (s dazu ausführlich u § 37) Die Richtlinie für die Zufälligkeitsprüfung nach § 106 Abs 2 Satz 1 Nr 2 SGB V ist

---

[73] Urt v 9.4.2008 – L 3 KA 139/06 – (MedR 2008, 529).

[74] Kein Verstoß gegen Art 12 Abs 1 GG (Berufsfreiheit), Art 19 Abs 4 (Rechtsstaatsgebot), Art 9 Abs 1 und 3 GG (Vereinigungs- und Koalitionsfreiheit), Art 14 Abs 1 GG (Eigentum) und Art 3 Abs 1 GG (Gleichbehandlungsgebot).

[75] „50 von 100 aller in einem Zulassungsbezirk oder einem regionalen Planungsbereich *niedergelassenen* Vertragsärzte."

[76] Urteile des BSG v 17.6.2009 – B 6 KA 38/08 R und B 6 KA 25/08 R.

[77] Zur Gewährleistungspflicht der KVen und KBV s *Quaas/Zuck*, Medizinrecht, § 17.

[78] Zur Plausibilitätsprüfung s die Kommentierung von *Steinhilper*, in: GKV-Kommentar, 2005, § 106a.

[79] Zur Abrechnungsprüfung s erg § 35B.

zum 1. 4. 2008 an das GKV-WSG und die BMVe angepasst worden (DÄBl 2008, S A-1925).

Die Krankenkassen zahlen die sog Gesamtvergütung an die KVen mit befreiender Wirkung (§ 85 Abs 4 SGB V). Diese ist unter den abrechnenden Ärzten nach den Vorgaben des SGB V, EBM und Honorarverteilungsvertrages unter Berücksichtigung der Aufteilung der Gesamtvergütung in einen hausärztlichen und einen fachärztlichen Teil (§ 73 Abs 3 SGB V) und unter Beachtung von Abrechnungsrichtlinien an die Mitglieder als Leistungserbringer zu verteilen.

Der Vertragsarzt reicht bei der KV zunächst seine Unterlagen zur Abrechnung ärztlicher **38** Leistungen ein.[80] Mit der sog. Sammelerklärung[81] ergibt sich nach der Abrechnungsprüfung der KV[82] ein Honoraranspruch.[83] Dieser wird in einem Honorarbescheid (unter Vorbehalt) festgesetzt. Der Vorbehalt betrifft die auch nachträgliche sachlich-rechnerische Überprüfung (§ 106a Abs 1 SGB V) sowie die Wirtschaftlichkeitsprüfung (§ 106 SGB V). Der Honorarbescheid kann auch mit einem Widerrufsvorbehalt versehen werden.[84] Nachträgliche Honorarberichtigungen[85] sind innerhalb von vier Jahren zulässig.[86]

Gegen den Honorarbescheid der KV sind Widerspruch und Klage des Vertragsarztes **39** möglich.[87] Diese haben keine aufschiebende Wirkung (§ 85 Abs 4 Satz 9 SGB V).

d) Interessenvertretung (§ 75 Abs 2 SGB V). Die KV hat die Rechte ihrer Mitglie- **40** der gegenüber den Krankenkassen zu vertreten (§ 75 Abs 2 SGB V). Dies bedeutet nicht, dass sie (wirtschaftlichen und sonstigen) Interessen eines einzelnen Mitgliedes wahrnehmen darf. Ihr Vertretungsauftrag ist beschränkt auf Rechte und Interessen des Kollektivs der Vertragsärzteschaft. Auch Interessen einzelner Fachgruppen (zB Fachärzte) dürfen dabei nicht bevorzugt werden.

Die Interessenvertretung beschränkt sich nicht gegenüber den Krankenkassen (iS eines **41** Ausgleichs von Interessengegensätzen), sondern betrifft auch die berufspolitische Vertre-

---

[80] Die verspätete Einreichung der Abrechnungsunterlagen berechtigt die KV zu einem angemessenen Honorarabzug (auf Landesebene zu regeln); s BSG GesR 2008, 197. Zulässig sind auch Anschlussfristen.

[81] S § 35 Abs 2 BMV-Ä/§ 34 Abs 1 BMV-EK. – Zur Garantiefunktion der Sammelerklärung s BSG MedR 1998, 2596 und BGH NJW 1996, 2596.

[82] Die Abrechnungsprüfung (s dazu näher § 34) ist Voraussetzung des Vergütungsanspruchs des Arztes.

[83] Der Vertragsarzt hat also keinen Anspruch auf ein bestimmtes Honorar, sondern nur einen Anspruch auf Teilhabe an der Honorarverteilung, die sich nach den jeweiligen Honorarverteilungsverträgen und den Abrechnungsbestimmungen der KV auf der Grundlage des Einheitlichen Bewertungsmaßstabes richtet.

[84] § 32 Abs 2 Nr 3 SGB X. Zu Vorbehalt, Widerruf und nachträgliche Honorarberichtigung s statt aller *Hartmannsgruber,* Das vertragsärztliche Honorar, in: *Ratzel/Luxenburger* (Hrsg), Handbuch Medizinrecht, 2008, 395 ff mwN.

[85] Grundlage: §§ 45, 48 SGB X., die aber nach BSG SozR 3-2500 § 85 Nr 42 durch die Sondervorschriften der BMVe verdrängt werden. § 44 Abs 1 SGB X ist nicht anwendbar (da Honorarbescheide der KVen keine Sozialleistungen iS dieser Vorschrift sind. § 44 Abs 2 SGB V ist demgegenüber auch auf ärztliche Honorarbescheide anwendbar (weiter Ermessenspielraum).

[86] Der Lauf der vierjährigen Ausschlussfrist (s BSG SozR 4-2500 § 106 Nr 11) für Honorarberichtigungen beginnt mit der Bekanntgabe des ersten Honorarbescheides, der für einen Abrechnungszeitraum maßgeblich ist (BSG 28. 3. 2007 – B 6 KA 22/06 R = GesR 2007, 461). Zum Vertrauensschutz der Ärzte bei Honorarbescheiden und den Grenzen des Berichtigungsrechts der KVen im Einzelnen s *Wenner,* Vertragsarztrecht nach der Gesundheitsreform, 2008, 273 f. – Nachträglich festgestellter fehlerhafter Vertragsarztstatus führt nach heute wohl überwiegender Meinung nicht zu einem Anspruch der KV auf Honorarrückforderung, da der Status nur ex nunc und nicht ex tunc entzogen werden kann (LSG NRW 13. 9. 2006 – L 11 KA 30/06 – und BSG 31. 5. 2006 – SozR 4-5520 § 24 Nr 2; zur Rückforderungsproblematik der KV ausführlich *Gläser* ZMGR 2008, 311 mwN; erg s *Wenner* aaO § 20 RdNr 46 f).

[87] Beide können inhaltlich auf einzelne Punkte beschränkt werden.

tung (Wahrung der Freiberuflichkeit, der freien Arztwahl etc), die Weiterentwicklung des Systems der sozialen Sicherung und der vertragsärztlichen Versorgung (auch Erprobung von Versorgungsmodellen, Abschluss von Strukturverträgen und Übernahme von Forschungsaufgaben) sowie die Sicherung der wirtschaftlichen Existenz ihrer Mitglieder (angemessene Honorierung, Beratung und Unterstützung).

42   Die KVen haben die Interessen ihrer Mitglieder auch gegenüber dem Gesetzgeber und gegenüber den Aufsichtsbehörden zu vertreten.[88] Die KVen haben allerdings kein allgemeines politisches Mandat.[89] Sie sind allerdings berechtigt, die Anliegen der Vertragsärzteschaft auch durch eine proaktive Öffentlichkeitsarbeit zu vertreten.[90] Streik ist nicht erlaubt. Unzulässig sind auch polemische Aktionen und Äußerungen in der Öffentlichkeit;[91] zulässig sind aber sachliche Meinungsäußerungen und politische Aktionen im Rahmen der Zuständigkeit der KVen (also beispielsweise zu geplanten Strukturänderungen im Gesundheitswesen, die auch die Mitglieder der KVen betreffen).[92]

43   **6. Dienstleistungsgesellschaften (§ 77a SGB V).** Zum 1. 7. 2007 wurde den KVen und der KBV/KZBV gesetzlich die Möglichkeit eröffnet,[93] Dienstleistungsgesellschaften zu gründen (§ 77a SGB V). Die Zuständigkeit solcher privatrechtlichen Gesellschaften ist weiterhin begrenzt (Abs 2), aber deutlich größer als bisher:
– Beratung beim Abschluss von Verträgen, die die Versorgung von Versicherten mit Leistungen der gesetzlichen Krankenversicherung betreffen,
– Beratung in Fragen der Datenverarbeitung, der Datensicherung und des Datenschutzes,
– Beratung in allgemeinen wirtschaftlichen Fragen, die die Vertragsarzttätigkeit betreffen,
– Vertragsabwicklung für Vertragspartner von Verträgen, die die Versorgung von Versicherten mit Leistungen der gesetzlichen Krankenkassen betreffen,
– Übernahme von Verwaltungsaufgaben für Praxisnetze (§ 77a Abs 2 SGB V).

44   Schon vor diesem Zeitpunkt hatten einige KVen externe Gesellschaften (meist GmbH) gegründet[94] oder sich an privaten Einrichtungen beteiligt,[95] um unter ihrem Einfluss ihren Mitgliedern Dienstleistungen (gegen Kostenerstattung) zukommen zu lassen. Diese Ausgliederungen waren aufsichtsrechtlich und wettbewerbsrechtlich kritisch zu beurteilen, wenn die Zuständigkeiten solcher Einrichtungen nicht auf die originären gesetzlichen Aufgaben einer KV beschränkt waren, sondern offen oder versteckt dazu dienen sollten, ihren Mitgliedern auch Leistungen anzubieten, die ihnen die KV nicht anbieten durfte, und vor allem, wenn dafür Mittel aus den Verwaltungsbeiträgen der (Pflicht)Mitglieder verwendet wurden.

45   Die neue Gesetzeslage erlaubt den KVen eine deutliche Ausweitung ihrer Angebote an Ärzte. Die Kosten für solche Dienstleistungsgesellschaften dürfen jedoch nicht von den

---

[88] S in diesem Zusammenhang *Steinhilper/Schiller* MedR 2003, 661 und *Clemens,* Der Kassenarzt im Spannungsfeld zwischen Meinungsfreiheit und berufsrechtlichen Sanktionen, in: FS 50 Jahre BSG, 2004, 373 ff.
[89] S BGH NJW 1986, 992.
[90] Zu den Möglichkeiten und Grenzen insoweit s *Clemens* aaO, 391 ff, 393–400.
[91] Zum Gebot der Sachlichkeit s BVerfGE 15, 238 (241).
[92] Zu den Möglichkeiten und Grenzen der Meinungsäußerung eines Vertragsarztes und den kollektiven Meinungsäußerungen einer KV s *Steinhilper/Schiller* MedR 2003, 661 und *Clemens* aaO, 391 ff, 393–400.
[93] Eingeführt durch das GKV-WSG. Dadurch sollen die kollektivvertraglichen Aufgaben der KVen (Körperschaften öffentlichen Rechts) von den individualrechtlichen Vereinbarungen mit vertragsärztlichen Leistungserbringern getrennt werden (vgl Gesetzesbegründung); s die Kommentierungen zu § 77a SGB V von *Engelmann* in: *Schlegel/Voelzke/Engelmann* (Hrsg), juris Praxiskommentar SGB V, 2008 und *Scholz* in: *Becker/Kingreen,* SGB V 2008.
[94] ZB KV-Consult bei der KVWL; erg s die Dienstleistungsgesellschaft bei der KV Brandenburg.
[95] ZB Beteiligung einer KV an einem sog Ärztenetz (unzulässig nach LSG BW MedR 2002, 212.

6. Kapitel. Das Kassenarztrecht/Vertragsarztrecht 46–50 § 28

KVen getragen werden,[96] sondern sind kostendeckend von den Nutzern der Dienstleistungen aufzubringen (§ 77a Abs 3 S. 1 SGB V).

II. Kassenärztliche Bundesvereinigungen (KBV/KZBV)

Nach § 74 Abs 4 SGB V bilden die Kassenärztlichen Vereinigungen der Länder die Kassenärztliche Bundesvereinigung (KBV) und die Kassenzahnärztlichen Vereinigungen die Kassenzahnärztliche Bundesvereinigung (KZBV), Körperschaften des öffentlichen Rechts.[97] **46**

Die KBV ist ähnlich wie die Länder-KVen organisiert: Sie besteht (seit 1.1.2005) aus einem *hauptamtlichen Vorstand* (je ein Vertreter der Hausärzte und der Fachärzte) und einer *Vertreterversammlung* als Selbstverwaltungsorgan. Die Amtszeit beträgt jeweils 6 Jahre (§ 80 Abs 3 SGB V). **47**

Die Vertreterversammlung ist das oberste beschließende Organ der KBV mit 60 Mitgliedern. Geborene Mitglieder der Vertreterversammlung der KBV sind die jeweiligen Vorsitzenden der KVen der Länder und je ein Stellvertreter. Die weiteren Mitglieder der KBV-Vertreterversammlung werden von den Vertreterversammlungen der Länder-KVen (unmittelbar und geheim) gewählt.[98] **48**

Der KBV obliegen (zT zusammen mit dem Spitzenverband Bund der Krankenkassen) unter anderem folgende Aufgaben[99]: **49**
– Vertretung der Interessen der Vertragsärzteschaft gegenüber der Gesetzgebung im Gesundheitswesen auf Bundesebene,
– Abschluss der Bundesmantelverträge (§ 82 SGB V), der Verträge mit besonderen Kostenträgern (zB Bundeswehr, Postbeamten, Krankenkasse),
– Vereinbarung des Einheitlichen Bewertungsmaßstabes (EBMi § 87 Abs 1 SGB V),
– Rahmenempfehlungen (zB für 3-seitige Verträge zwischen Krankenkassen, Krankenhäusern und Vertragsärzten; § 115 SGB V),
– Vereinbarungen über den Datenaustausch zwischen KVen und Krankenkassen (§ 294 SGB V),
– Vereinbarungen über ambulantes Operieren und stationsersetzende Eingriffe im Krankenhaus (§ 115 b SGB V),
– Erlass verschiedener bundeseinheitlicher Richtlinien (zB § 75 Abs 7 SGB V: Qualitätssicherung; § 106 a SGB V: Plausibilitätsprüfung),
– Durchführung des Fremdkassenzahlungsausgleichs (§ 81 Abs 3 Nr 1 SGB V),
– Führung eines Bundesarztregisters (§ 10 Ärzte-ZV).

Soweit es sich dabei um Aufgaben der gemeinsamen Selbstverwaltung[100] handelt, ist Vertrags- oder Vereinbarungspartner ab 1.1.2009 der (neue gemeinsame) Spitzenverband Bund der Krankenkassen (§§ 217a – § 217f SGB V[101]). Das BSG gesteht den Vertragspart- **50**

---

[96] Die KVen erheben Zwangsbeiträge von ihren Mitgliedern, die nur für gesetzliche und vertragliche Aufgaben der KVen verwendet werden dürfen.
[97] Näheres bei *Schiller* aaO, 121 f; s auch neuerdings ausführlich *Nösser*, Die Kassenärztliche Bundesvereinigung, in: *Rieger/Dahm/Steinhilper* (Hrsg), HK-AKM, Beitrag 2810 RdNr 1, ferner *Laufs*, oben § 13 III.
[98] Die Einzelheiten der Wahl richten sich nach den Bestimmungen zur Wahl der Länder-KVen, ergänzt um die Kontingentberechnung in § 80 Abs 1 a SGB V.
[99] Ergänzend siehe die Aufgabenbestimmungen in § 75 Abs 7 SGB V.
[100] Zur Entwicklung der Gemeinsamen Selbstverwaltung von 1881 bis heute und ihren Grenzen nach dem Demokratieprinzip s statt aller *Axer*, Gemeinsame Selbstverwaltung, in: *Wulffen/Krasney* (Hrsg), FS 50 Jahre BSG, 2004, 339 mwN.
[101] Eingefügt durch das GKV-WSG (zur Errichtung des Verbandes s erg § 217g SGB V). Bis Ende 2008 sind die Spitzenverbände der Krankenkassen zuständig, deren Aufgaben der Bundesverband übernimmt. Die bisherigen Spitzenverbände werden als BGB-Gesellschaften weitergeführt (§ 212 SGB V), können aber aufgelöst werden (zu den Modalitäten s §§ 212 bis 214 SGB V, jeweils in der Fassung ab 1.1.2009).

nern (speziell) beim EBM einen weiten Gestaltungsspielraum zu (grundlegend BSG 73, 131 (139); 88, 126 (133) mit der Folge, dass gerichtlich nur Verstöße gegen das Willkürverbot und Missbrauch überprüft werden können; kritisch dazu *Wimmer*, NZS 2001, 287 (290 ff) im Hinblick auf Art 19 Abs 4 GG). Das Gericht verpflichtet die Normgeber (auf Bundes- und Landesebene) allerdings, die Auswirkungen ihrer Regelungen zu beobachten („Erprobungsphase") und gegebenenfalls innerhalb angemessener Zeit anzupassen (s. zB BSGE 90, 11 (114)).

51 Die KBV untersteht der Rechtsaufsicht des Bundesministeriums für Gesundheit und Soziale Sicherung (§ 78 Abs 1 und 3 SGB V). Die Haftung der Mitglieder des Vorstandes der KBV richtet sich nach den Grundsätzen der Amtshaftung.[102]

III. Gemeinsamer Bundesausschuss (G-BA)

Schrifttum: *Francke/Hart*, Bewertungskriterien und -methoden nach dem SGB V, MedR 2008, 2; *Gassner*, Legitimationsprobleme der Kosten-Nutzen-Bewertung von Arzneimitteln, PharmR 2007, 441; *Gitter*, Gedanken zur Notwendigkeit und Wirtschaftlichkeit von Leistungen in der gesetzlichen Krankenversicherung und zur Funktion des Bundesausschusses der Ärzte und Krankenkassen, SGb 2999, 1 ff; *Hess*, Darstellung der Aufgaben des Gemeinsamen Bundesausschusses, MedR 2005, 385; *Hess*, Stellung und Aufgaben des G-BA nach Inkrafttreten der GKV-Reform 2007, in: DAI (Hrsg), Brennpunkte des Medizinrechts, 2008, S. 141 ff; *Hess*, Der Gemeinsame Bundesausschuss, in: *Rieger/Dahm/Steinhilper* (Hrsg.), HK-AKM, 2008, Beitrag 2045 (Stand: 2008); *Hiller*, Verbindlichkeit und Verfassungsmäßigkeit der Richtlinien für Ärzte und Krankenkassen, 1989; *Kellner* Die Aufsicht des Bundesministeriums für Gesundheit über dem Gemeinsamen Bundesausschuss, GesR 2006, 204; *Kingreen*, Legitimierte Partizipation im Gesundheitswesen – Verfassungsrechtliche Kritik und Reform des Gemeinsamen Bundesausschusses, NZS 2007, 113; *Kingreen/Henck*, Procedurale Anforderungen an die Arzneimittelbewertung durch das Institut für Qualität und Wirtschaftlichkeit im Gesundheitswesen und den Gemeinsamen Bundesausschuss, PharmR 2007, 353; *Kügel*, Beteiligung und Rechtsschutz der Arzneimittelhersteller bei der Nutzenbewertung von Arzneimitteln durch das IQWiG, NZS 2006, 232; *Maassen/Uwer*, Verfahrensrechtliche Fragen zum Methodenpapier des Instituts für Qualität und Wirtschaftlichkeit im Gesundheitswesen vom 1. 3. 2005, MedR 2006, 32; *Pitschas*, Information der Leistungserbringer und Patienten im rechtlichen Handlungsrahmen von G-BA und IQWiG: Voraussetzungen und Haftung, MedR 2008, 34; *Plagemann*, Der Gemeinsame Bundesausschuß – Auswirkungen auf den Leistungsanspruch der Patienten, dargestellt an ausgewählten Einzelfällen, MedR 2005, 401; *Rixen*, Verhältnis von IQWiG und G-BA: Vertrauen oder Kontrolle?, MedR 2008, 24; *Seeringer*, Der Gemeinsame Bundesausschuß nach dem SGB V, 2005; *Schimmelpfeng-Schütte*, Richtliniengebung durch den Bundesausschuß der Ärzte und Krankenkassen und demokratische Legitimation, in: *Schnapp* (Hrsg), Probleme der Rechtsquellen im Sozialversicherungsrecht, 2000, S 73; *Schimmelpfeng-Schütte*, Die Entscheidungsbefugnisse des Gemeinsamen Bundesausschusses, NZS 2006, 567; *Schimmelpfeng-Schütte*, Bundes- und Landesausschüsse, in: *Schnapp/Wigge* (Hrsg), Handbuch des Vertragsarztrechts, 2. Aufl 2006, S. 208 ff; *Wille/Koch*, Gesundheitsreform 2007. Grundriß, 2007, S. 348 ff.

52 **1. Rechtsgrundlage und Zuständigkeiten.** Die KBV bildet mit der Deutschen Krankenhausgesellschaft und dem Spitzenverband der Krankenkassen den **Gemeinsamen Bundesausschuss (G-BA)**[103] mit zum 1. 7. 2008 geänderter Organisationsstruk-

---

[102] Grundlegend dazu die Entscheidung des BGH MedR 2002, 466 = NJW 2002, 1793 (Schadensersatz wegen rechtswidrigen Überweisungsverbotes von Leistungen nach Kap OI EBM; legislatives Unrecht in der ärztlichen Selbstverwaltung, hier: Bewertungsausschuss; das sonst übliche Privileg von Kollegialgremien greift nach Auffassung des BGH hier nicht). Zu dieser Grundsatzentscheidung s auch die Anm von *Schnapp*, LM § 839 (A) BGB Nr 68. Zu den staatshaftungsrechtlichen Folgen rechtswidriger Normsetzung ärztlicher Selbstverwaltung s eingehend *Kaltenborn* SGb 2002, 659 mwN. Auch das BSG hatte das Überweisungsverbot als rechtswidrig erachtet (BSG MedR 1997, 227; s auch BSGE 78, 91 = SozR 3-5540 § 25 Nr 2).

[103] Zur bisherigen Rechtslage und der Frage der Verbindlichkeit der G-BA-Beschlüsse s ua *Schimmelpfeng-Schütte*, Bundes- und Landesausschüsse, in: *Schnapp/Wigge* (Hrsg), Handbuch des Vertragsarztrechts, 2. Aufl 2006, S 208 mwN; *Schimmelpfeng-Schütte* NZS 2006, 567, 569; ferner *Fischer* MedR 2006, 509 (G-BA als „zentrale kooperative Superorganisation"); kritisch unter verfassungs-

6. Kapitel. Das Kassenarztrecht/Vertragsarztrecht   52 § 28

tur[104] und neu geregelten Zuständigkeiten und Abhängigkeiten[105] (§ 91 SGB V)[106]. Richtlinien des G-BA sind Rechtsnormen (mit breitem Gestaltungsspielraum); sie können den Leistungsanspruch der Versicherten begrenzen,[107] sind aber gerichtlicher Nachprüfung zugänglich.[108] Der G-BA untersteht der Aufsicht des Bundesgesundheitsministeriums.[109] Die aufsichtsrechtlichen Befugnisse sind allerdings auf eine Rechtskontrolle beschränkt. Dies folgt nicht unmittelbar aus dem Wortlaut des Gesetzes (§ 94 Abs 1 SGB V), ist aber insbesondere aus der Rolle und Funktion des G-BA zu schließen: Bestimmung des Leistungsumfanges der GKV in rechtsverbindlichen Richtlinien. Die Aufsichtsbehörde ist also gehindert, Normen in der Kompetenz des G-BA selbst zu gestalten und zu konkretisieren oder richtlinienersetzende untergesetzliche Bestimmungen selbst erläßt. Das Bundesgesundheitsministerium ist also nur berechtigt, die vom G-BA bei seiner Methodenbewertung anzuwendende Verfahrensordnung zu genehmigen (§ 91 Abs 3 Satz 2 SGB V). Nur hierüber kann es Entscheidungen des G-BA zu steuern versuchen und darauf hinwirken, daß Belange aller Beteiligten oder betroffenen angemessen berücksichtigt werden.[110]

---

rechtlichen Gesichtspunkten zB *Kingreen*, NJW 2006, 877 und *Kingreeen* NZS 2007, 113; *Koch* SGb 2001, 166. – Trotz der bisherigen BVerfG-Rechtsprechung ablehnend (keine verfassungsrechtliche Legitimation) *Schmidt-De Caluwe*, in: *Becker/Kingreen*, SGB V, § 92, 7 ff. Zur Verbindlichkeit der Richtlinien des G-BA s erg die Kommentierung von *Beier*, in: *Schlegel/Voelzke/Engelmann* (Hrsg), jurisPraxisKommentar SGB V, § 92, ferner unten § 30 II. Zur alten Rechtslage s ua *Engelmann* NZS 2000, 454; ferner *Hase* MedR 2005, 391 und *Merten* NZS 2006, 337.

[104] Zum G-BA nach bisheriger Rechtslage *Hess* MedR 2005, 385 und *Kingreen* MedR 2007, 457; zur neuen Rechtslage s *Hess*, Stellung und Aufgaben des G-BA nach Inkrafttreten des GKV-Reform 2007, in: DAI (Hrsg.), Brennpunkte des Medizinrechts, 141; *Hess*, Der Gemeinsame Bundesausschuß, HK-AKM, 2. Beitrag 2040 (Stand: Okt. 2008) ferner *Krauskopf/Clemens* u § 30 III. S auch *Wille/Koche*, Gesundheitsreform 2007, S. 348 ff; *Bronner/Fortelka* Ersatzkasse 2007, 150. – Zum Verhältnis von G-BA und IQWiG s *Rixen* MedR 2008, 24.

[105] S schon die bisherige Mitwirkungspflicht des Instituts für Qualität und Wirtschaftlichkeit im Gesundheitswesen (IQWiG); Grundlage: § 139a SGB V (ausführlich dazu neuerdings *Dierks/Nitz/Grau/Mehlitz*, IQWiG und Industrie- Rechtliche Fragen, 2008 mwN). Dieses Institut wird seit 1. 1. 2008 ergänzt um eine „fachlich unabhängige Institution" nach § 137a SGB V (Institut des Bewertungsausschusses), die „Verfahren zur Messung und Darstellung der Versorgungsqualität" zu entwickeln hat (eingeführt durch das GKV-WSG). – Zur Frage, inwieweit der Leistungsanspruch des GKV-Patienten und damit die Leistungsverpflichtung des Vertragsarztes durch die geänderten Zuständigkeiten des G-BA für neue Therapiemethoden geöffnet werden kann/muss s unter Berücksichtigung der bisherigen Rechtsprechung des BSG *Hauck*, NZS 2007, 461 ff.

[106] Die Rechtmäßigkeit oder Verbindlichkeit der Entscheidungen des Gemeinsamen Bundesausschusses war in der Vergangenheit wegen zT fehlender demokratischer Legitimation bezweifelt worden; zu dieser Diskussion s ua *Kingreen* NZS 2007, 113; *ders*. NJW 2006, 877; *Schimmelpfeng/Schütte* NZS 1999, 530; *Schimmelpfeng/Schütte* aaO insbes RdNrn. 40 ff; *Butzer/Kaltenborn* MedR 201, 33 3; *Heberlein* VSSR 1999, 123 (149); *Saalfrank/Wesser* NZS, 17 (22f); *Sodan*, NZS 2000, 581; *Schmidt/De Caluwe*, in: *Becker/Kingreen*, SGB V 2008, § 92 RdNrn 8 ff mwN. Zu den Grenzen der Verbindlichkeit der Richtlinien des Gemeinsamen Bundesausschusses s auch *Schlottmann/Haag* NZS 2008, 524 ff mwN und u § 30 III 6. S. auch die Diskussion bei *Knopp*, Die Honorierung vertragsärztlicher Leistungen, S. 74 ff mwN. Das BSG hat die Beschlüsse des G-BA grundsätzlich für wirksam erklärt (SozR 3-2500 § 92 Nr 5 RdNrn. 59–64). Dem BSG folgend *Axer*, Normsetzung der Exekutive in der Sozialversicherung, S. 115 ff; *Hiddemann*, BKK 2001, 187 ff.

[107] BSG 20. 3. 1996 – BSGE 78, 70 = SozR 3.2500 § 92 Nr. 6. *Wenner*, Vertragsarztrecht nach der Gesundheitsreform, 2008, S. 59 spricht daher plakativ vom G-BA als" einem ‚kleinen' Gesetzgeber im Krankenversicherungsrecht". Zu den bisherigen Richtlinien s u § 30 III 8.

[108] BSG 31. 5. 2006 – BSGE 96, 261 = SozR 4-2500 § 92 Nr 5. Das BVerfG hat in seinem Beschl. vom 6. 12. 2005 (BVerfGE 115, 25 (47)) allerdings nicht zur Frage Stellung genommen, ob die untergesetzliche Normgebungskompetenz des G-BA durch das GG in allen Fällen gedeckt ist.

[109] S dazu *Kellner* GesR 2006, 204.

[110] S. dazu die Grundsatzentscheidung des BSG v. 6. 5. 2009 – B 6 KA 3/08 R (Protontherapie).

53   **2. Institut für Qualität und Wirtschaftlichkeit im Gesundheitswesen (IQWiG).**
Nach § 139a Abs 1 SGB V hat der G-BA ein „fachlich unabhängiges, rechtsfähiges, wissenschaftliches Institut für Qualität und Wirtschaftlichkeit im Gesundheitswesen (IQWiG)" zu gründen.[111] Der G-BA hat zu diesem Zweck eine private Stiftung (16. 4. 2004) zur Errichtung des Instituts gegründet.[112] Das inzwischenerrichtete Institut ist für Fragen von grundsätzlicher Bedeutung für die Qualität und Wirtschaftlichkeit und GKV-Leistungen im Auftrag des GBA tätig (Abs 3). Nach § 137a SGB V[113] hat es im Auftrag des G-BA auch „Verfahren zur Messung und Darstellung der Versorgungsqualität für die Durchführung der einrichtungsübergreifenden Qualitätssicherung nach § 115b Abs 1, § 116b Abs 4 und 5, § 137 Abs. 1, § 137f Abs 2 Nr 2 zu entwickeln, die möglichst sektorenübergreifend anzulegen ist". Nach § 35b SGB V kann es auch beauftragt werden, „den Nutzen oder das Kosten-Nutzen-Verhältnis von Arzneimitteln zu bewerten".[114]

54   Die Bewertungen des Instituts werden dem GBA als Empfehlung zur Beschlussfassung nach § 92 Abs S. Nr 6 zugeleitet. Sie sind in geeigneten Abständen zu überprüfen und erforderlichenfalls anzupassen und bei neuen wissenschaftlichen Erkenntnissen auf Antrag der Hersteller zu überprüfen (§ 35b Abs 2). Der Nutzen eines Arzneimittels ist im Vergleich zu bereits vorhandenen Therapiemöglichkeiten zu bewerten.[115] Das Institut hat Methoden und Kriterien seiner Arbeit zu veröffentlichen (§ 37 Abs 1 S. 7 SGB V) bzw über die „Arbeitsprozesse und -ergebnisse einschließlich der Grundlagen für die Entscheidungsfindung" zu berichten (§ 139a Abs 4 SGB V). Stellungnahmen der in § 139a Abs 5 genannten Sachverständigen, Arzneimittelhersteller und Patientenvertreter sind nach § 35 Abs 2 S. 2, § 139a Abs 5 S. 2 SGB V in die Entscheidungen des Instituts mit einzubeziehen.[116]

55   Das IQWiG gibt dem G-BA Empfehlungen. Diese binden den GBA nicht. Er entscheidet eigenständig und eigenverantwortlich in Form von Richtlinien.[117] Der G-BA hat Abweichungen von den Empfehlungen des Instituts sorgfältig zu begründen; die Haftung bei fehlerhafter Bewertung obliegt ihm.[118] Die Zusammenarbeit zwischen IQWiG und G-BA ist näher in § 38ff der Verfahrensordnung des G-BA geregelt.

56   Inzwischen haben BÄK und KBV Eckpunkte zur sektorenübergreifenden Qualitätssicherung erarbeitet.[119] Danach sollen sich auf Landesebene Lenkungsgremien (Landesarbeitsgemeinschaften)[120] zur Umsetzung sektorenübergreifender Qualitätssicherung nach den Richtlinien des G-BA bilden.

---

[111] Grundlegend *Sawicki* MedR 2005, 389; *Wille/Koch*, Gesundheitsreform 2007, S. 358ff; *Dierks/Nitz/Braun/Mehlitz*, aaO.
[112] Zum Verhältnis von G-BA und IQWiG s *Rixen* MedR 2008, 24.
[113] Die Regel. ist durch das GKV-WSG zum 1. 4. 2007 eingeführt worden (s. BT-Drs. 16/3100 147).
[114] Die Zuständigkeit des IQWiG auf Kosten-Nutzen-Analysen wurden durch das GKV-WSG erweitert (vgl BT-Drs. 16/3100, S. 103). Dadurch soll der medizinische Nutzen eines Arzneimittels auch wirtschaftlich bewertet werden. Zu den Anforderungen an die Bewertung s. *Kingreen/Henck*, PharmR 2007, 353.Zu dem Methodenpapier des IQWiG s. *Maasen/Uwer* MedR 2006, 32.
[115] Zur Nutzungsbewertung s BT-Drs. 15/1525, S. 88f: 3-Stufen-Modell. Zu Nutzungsbewertung medizinischer Methoden s *Roters* NZS 2007, 176; *Francke/Hart*, MedR 2008, 2.
[116] Zu den Methoden des IQWiG s statt aller *Maassen/Uwer* MedR 2006, 32ff; s auch *Wille/Koch*, Gesundheitsreform 2007. Grundriß, 2007, RdNr 226ff.
[117] Zur rechtl. Bedeutung der Empf. s *Kügel* NZS 2006, 232 (233); *Rixen* MedR 2008, 24 (27ff).
[118] Zur Haftung des IQWiG s. *Pitschas* MedR 2008, 34 (37ff).
[119] DÄBl. 2009, S. A-492.
[120] Paritätisch besetzt aus LÄK, LKG, KV, KK (und unter Beteiligung von Patientenvertretern).

§ 29 Teilnahme von Ärzten/Zahnärzten/Psychotherapeuten und ärztlichen Einrichtungen

Inhaltsübersicht

	RdNr
I. Einleitung	1
II. Zulassung	2
1. Definition der Zulassung	2
2. Zulassungsausschüsse	4
3. Berufungsausschüsse	5
4. Verfahren vor den Ausschüssen	6
5. Geschäftsführung für die Ausschüsse	8
6. Arztregister und Zahnarztregister	9
7. Bundesregister der KBV/KZBV	11
8. Zulassungsantrag	12
9. Beschluss des Zulassungsausschusses	14
10. Sitz des Vertragsarztes	15
11. Residenzpflicht	17
12. Zweigpraxen, ausgelagerte Praxisräume, angestellte Ärzte	18
13. Kooperationsformen (Praxisgemeinschaft, Berufsausübungsgemeinschaft, MVZ)	20
III. Bedarfsplanung	25
1. Grundsatz	25
2. Unterversorgung	27
3. Überversorgung	30
4. Verhältniszahlen	31
5. Frühere Regelung der Überversorgung	32
6. Heutige Regelung der Überversorgung	35
7. Ausnahmeregelungen (ambulantes Operieren, Dialyseversorgung)	42
8. Sonderbedarfszulassung	45
9. Erweiterung zur Gemeinschaftspraxis/Berufsausübungsgemeinschaft	46
10. Praxisnachfolge	47
11. Zulassung durch Belegarztvertrag	51
12. Früher vorgesehene umfassende Bedarfszulassung (§ 102 SGB V aF)	52
IV. Weitere Zulassungsvoraussetzungen	54
1. Umfang und Art zulässiger Nebenbeschäftigungen	54
2. Frühere Altersgrenzen (55 Jahre, 68 Jahre)	66
V. Ermächtigung	69
1. Grundsatz und Rechtsgrundlagen	70
2. Formen der Ermächtigung und Stufenfolge	71
3. Persönliche Ermächtigungen für Krankenhausärzte	73
4. Persönliche Ermächtigungen für andere Ärzte	76
5. Ermächtigungen für ärztlich geleitete Einrichtungen (Hochschulambulanzen, Psychiatrische Institutsambulanzen, Sozialpädiatrische Zentren)	78
6. Ermächtigungen für Krankenhäuser in unterversorgten Bereichen und für Behinderteneinrichtungen	96
7. Tätigkeiten von Krankenhäusern im Rahmen strukturierter Behandlungsprogramme und bei Katalogkrankheiten (hochspezialisierte Leistungen, seltene Erkrankungen)	97
8. Ambulanzleistungen für Sterilisation und Schwangerschaftsabbruch	99
9. Sonstige Tatbestände (§§ 115a, 115b SGB V)	100
VI. Ruhen der Zulassung	101
1. Die drei Fälle eines Ruhens	101
2. Wirkung des Ruhens	103
3. Verfahrensrechtliche und inhaltliche Voraussetzungen	105

	4. Fallbeispiele für Ruhen	109
	5. BSG-Verfahren	111
	6. Ruhen von Sonderbedarfszulassungen und Ermächtigungen	113
	7. Ruhen der halben Zulassung	115
VII.	Beendigung der Teilnahme an der vertragsärztlichen Versorgung	116
	1. Die möglichen Fälle einer Beendigung	116
	2. Nicht-mehr-Ausüben/Verzicht/Wegzug	118
	3. Nicht(mehr)Vorliegen der Zulassungsvoraussetzungen	123
	4. Gröbliche Pflichtverletzungen – Fallbeispiele	130
	5. Wohlverhalten	142
	6. Wiederzulassung	148
	7. Wiederzulassung nach Kollektivverzicht	150
VIII.	Teilnahme der Psychotherapeuten an der vertragsärztlichen Versorgung	159
	1. Typen von Psychotherapeuten und von Behandlungsverfahren	159
	2. Hauptprobleme bei der Zulassung	163
	3. Sonderbedarfszulassungen	165
	4. Ermächtigungen	167
	5. Zulassungsentziehung	168
	6. Psychotherapeutische Behandlungsverfahren	169

Schrifttum: *Behnsen*, Die Neuordnung der psychotherapeutischen Versorgung, SGb 1998, 565, 614; *Bäune/Meschke/Rothfuß*, Kommentar zur Zulassungsverordnung für Vertragsärzte und Vertragszahnärzte, 2008; *Clemens*, Aufschiebende Wirkung und sofortige Vollziehbarkeit im sozialgerichtlichen Verfahren, in: *Luxenburger/Beeretz ua* (Hrsg), Medizinrecht heute: Erfahrungen, Analysen, Entwicklungen – FS 10 Jahre Arbeitsgemeinschaft Medizinrecht im Deutschen Anwaltverein, 2008, 323 ff; *ders* in: *Orlowski/Rau ua* (Hrsg), GKV-Kommentar SGB V, § 120; *Ehlers* (Hrsg), Disziplinarrecht und Zulassungsentziehung, 2001; *ders* (Hrsg), Fortführung von Arztpraxen, 2. Aufl 2001; *Ebsen ua*, Rechtsfragen der haus- und fachärztlichen Gliederung in der vertragsärztl Versorgung, VSSR 1996, 351; *Muschallik*, Zur Verfassungsmäßigkeit der Altersgrenze von 55 Jahren, MedR 1997, 109; *Plagemann*, Vertragsarztrecht – Psychotherapeutengesetz, 1998; *Plagemann/Kies*, Approbation und Zulassung von Psychotherapeuten, MedR 1999, 413; *Klapp*, Abgabe und Übernahme einer Arztpraxis unter Berücksichtigung des GSG, 1997; *Orlowski*, Ziele des GMG, MedR 2004, 202; *Rau*, Offene Rechtsfragen bei der Gründung von MVZ?, MedR 2004, 667; *Ratajczak/Schwarz-Schilling*, Zulassung und Praxisverkauf, 1997; *Rieger*, Rechtsfragen beim Verkauf und Erwerb einer Arztpraxis, 5. Aufl 2004; *Saenger*, Gesellschaftsrechtliche Gestaltung ärztlicher Kooperationsformen, NZS 2001, 234; *Schallen*, Zulassungsverordnung für Vertragsärzte, Vertragszahnärzte, Medizinische Versorgungszentren, Psychotherapeuten, 7. Aufl 2009; *Schiller*, Niederlassung, Praxissitz ..., NZS 1997, 103; *Schlegel/Voelzke/Engelmann* (Hrsg), jurisPraxisKommentar SGB V, 2008; *Schnapp/Wigge* (Hrsg), Handbuch des Vertragsarztrechts, 2. Aufl 2006; *Spellbrink*, Einstweiliger Rechtsschutz vor den Sozialgerichten in Zulassungssachen, MedR 1999, 304; *Rieger/Dahm/Steinhilper* (Hrsg), Heidelberger Kommentar Arztrecht Krankenhausrecht Medizinrecht (früherer Titel: *Rieger* (Hrsg), Lexikon des Arztrechts, Loseblattausgabe), 2007; *Rüping/Mittelstaedt*, Abgabe, Kauf und Bewertung psychotherapeutischer Praxen, 2008; *Schnapp*, Konkurrenzschutz für niedergelassene Ärzte gegen MVZ?, NZS 2004, 449; *Spoerr/Brinker/Dieler*, Wettbewerbsverbote zwischen Ärzten, NJW 1997, 3056; *Steinhilper*, Der angestellte Arzt in der Vertragsarztpraxis, NZS 1994, 347; *ders*, Anmerkung zu BVerfG. Beschluss vom 17. 8. 2004, MedR 2004, 682; *Wenner*, Vertragsarztrecht nach der Gesundheitsreform, 2008; *Wigge*, Vertragsarzt- und berufsrechtliche Anforderungen an Gemeinschaftspraxisverträge, NZS 2001, 293 ff; *ders*, MVZ nach dem GMG, MedR 2004, 123.

I. Einleitung

1 An der vertragsärztlichen Versorgung nehmen **zugelassene** und **ermächtigte Ärzte** sowie **ermächtigte ärztliche Einrichtungen** und Psychotherapeuten teil. Wichtigste Säule der vertragsärztlichen Versorgung sind die zugelassenen frei praktizierenden Ärzte und Zahnärzte. Psychotherapeuten, Krankenhausärzte und ärztlich geleitete Einrichtungen ergänzen die vertragsärztliche Versorgung. Soweit im Folgenden von den Vertragsärzten und der vertragsärztlichen Versorgung die Rede ist, sind jeweils sowohl die Vertragszahnärzte und die vertragszahnärztliche Versorgung als auch die seit 1999 in das ver-

6. Kapitel. Das Kassenarztrecht/Vertragsarztrecht 2–7 § 29

tragsärztliche System einbezogenen Psychologischen Psychotherapeuten und Kinder- und Jugendlichenpsychotherapeuten mitgemeint.

II. Zulassung

1. Die Zulassung ist die umfassende Form der Teilnahme an der vertragsärztlichen und vertragszahnärztlichen Versorgung. Auf sie besteht ein **Rechtsanspruch,** wenn die gesetzlich geforderten Voraussetzungen vorliegen. Der Zulassungsausschuss hat also keinen Ermessensspielraum. Der die Zulassung zusprechende Beschluss des Zulassungsausschusses ist ein **mitwirkungsbedürftiger und begünstigender Verwaltungsakt;** gleichzeitig ist er ein konstitutiv rechtsgestaltender Verwaltungsakt, weil er dem Antragsteller damit die Rechtsmacht verleiht, als Vertragsarzt an der vertragsärztlichen Versorgung teilzunehmen.[1] 2

2. Die **Zulassungsausschüsse** legen ihren Entscheidungen nicht nur die §§ 95 ff SGB V, die Zulassungsverordnungen (siehe § 98 SGB V) und die Bedarfsplanungs-Richtlinie (siehe §§ 99, 101, 103 SGB V) zugrunde, sondern auch die Rechtsprechung des BVerfG und BSG: Diese Gerichte haben außer zur Zulassung auch zur Zulassungsentziehung maßgebliche Hinweise gegeben. 3

Die **Zulassungsausschüsse** und – als Widerspruchsinstanz – die Berufungsausschüsse (§§ 96, 97 SGB V) werden von den KV/KZV und den Landesverbänden der KK für den Bezirk einer KV/KZV errichtet. Es kann auch mehrere Zulassungsausschüsse in einem solchen Bezirk geben. Es handelt sich um Einrichtungen der gemeinsamen Selbstverwaltung der Ärzte und Zahnärzte und der KK. Jeder Ausschuss besteht aus 6 Mitgliedern, davon 3 Vertreter der Ärzte oder Zahnärzte und 3 Vertreter der KK (§ 96 Abs 2 SGB V). Der Vorsitz wechselt von Sitzung zu Sitzung zwischen einem Kassenvertreter und einem Vertreter der Ärzte oder Zahnärzte. Die Beschlussfassung erfolgt mit einfacher Stimmenmehrheit; bei Stimmengleichheit gilt ein Antrag als abgelehnt (aaO Sätze 5 und 6). Nähere Einzelheiten des Verfahrens vor den Zulassungs- und Berufungsausschüssen regeln die Zulassungsverordnungen.[2] 4

3. Gegen Entscheidungen der Zulassungsausschüsse ist der **Widerspruch** zulässig. Die **Berufungsausschüsse** sind wie die Zulassungsausschüsse paritätisch besetzt; zusätzlich gibt es aber einen neutralen Vorsitzenden, der die Befähigung zum Richteramt haben muss (§ 97 Abs 2 SGB V). Auf den Vorsitzenden sollen sich die Beisitzer einigen (aaO Sätze 2 und 3). Die Amtszeit der Mitglieder der Zulassungs- und Berufungsausschüsse beträgt vier Jahre.[3] 5

4. Zulassungsausschuss und Berufungsausschuss haben den zugrundeliegenden Sachverhalt von Amts wegen zu ermitteln. Sie sind berechtigt, andere Behörden und Gerichte um Amtshilfe zu ersuchen. Der Berufungsausschuss – umstritten ist, ob auch der Zulassungsausschuss[4] – kann die sofortige Vollziehung seiner Entscheidung anordnen, wenn er dies im öffentlichen Interesse für geboten hält (§ 86a Abs 2 Nr 5 SGG, § 97 Abs 4 SGB V). 6

Nach § 96 Abs 4 Satz 2 SGB V haben Widerspruch und Klage stets **aufschiebende Wirkung.** Die aufschiebende Wirkung einer Klage entfällt, wenn die **sofortige Vollziehung** 7

---

[1] *Hauck/Noftz/Schirmer,* SGB V § 95 RdNr 6; *Jörg,* Das neue Kassenarztrecht, 1993, RdNr 171; BVerfGE 33, 125 ff; *Schallen,* Zulassungsverordnung etc, RdNr 367 ff; BSGE 20, 86 ff; 62, 224 ff
[2] Zulassungsverordnung für Vertragsärzte (Ärzte-ZV) und Zulassungsverordnung für Vertragszahnärzte (Zahnärzte-ZV), beide idF von Art 39 und Art 40 des Gesetzes vom 20. 12. 2007 (BGBl I 2686).
[3] S § 34 Abs 3, § 35 Abs 2 Ärzte-/Zahnärzte-ZV.
[4] S hierzu *Clemens,* Aufschiebende Wirkung und sofortige Vollziehbarkeit im sozialgerichtlichen Verfahren, in: FS 10 Jahre Arbeitsgemeinschaft Medizinrecht im Deutschen Anwaltverein, 2008, 323 (335–338).

angeordnet ist. Die sofortige Vollziehung muss **im öffentlichen Interesse** geboten sein (§ 86a Abs 2 Nr 5 SGG, § 97 Abs 4 SGB V). Dies ist regelmäßig der Fall, wenn eine Zulassungsentziehung wegen eindeutiger strafbarer Handlungen[5] oder wegen Betäubungsmittel- oder Trunksucht ansteht.[6] In sonstigen Fällen wird zu prüfen sein, welche Erfolgsaussicht der betroffene Arzt oder Zahnarzt im Instanzenwege haben könnte[7] und ob nicht etwa die Vollziehung zu einem schwer zu behebenden Eingriff in ein verfassungsrechtlich geschütztes Rechtsgut (Art 12 Abs 1 GG) führt. Das BVerfG hat eine Vollziehung für nicht mehr gerechtfertigt erklärt, wenn seit der Entscheidung des Zulassungsausschusses eine unverhältnismäßig lange Zeit bis zur Anordnung der sofortigen Vollziehbarkeit verstrichen war.[8]

8   5. Die **Geschäftsführung** für die Zulassungsgremien liegt bei den KV/KZV (§ 96 Abs 3 iVm § 97 Abs 2 Satz 4 SGB V). Die Aufsicht über die Führung der Geschäfte liegt bei den Sozialministerien der Länder und den Sozial-Senatoren der Stadtstaaten (§ 97 Abs 5 SGB V).

9   6. Wer als Arzt, Zahnarzt oder Psychotherapeut seine Zulassung beantragt, muss im **Arzt- oder Zahnarztregister** eingetragen sein. Die Register werden **bei den KV/KZV** geführt (§ 95c SGB V). In die Register sind zugelassene und zulassungswillige Ärzte, Psychotherapeuten und Zahnärzte einzutragen, aber auch alle zulassungsfähigen Personen, soweit sie den Antrag auf Aufnahme in das Register stellen und die Voraussetzungen erfüllen. Die Entscheidung über die Aufnahme in das Register trifft die zuständige KV/KZV.

10   Die **Voraussetzungen für die Eintragung** in das Arzt- bzw Zahnarztregister sind für Ärzte und Zahnärzte unterschiedlich geregelt. Bei **Ärzten** wird die Approbation als Arzt und die Ableistung einer **fünfjährigen Weiterbildung** vor der vertragsärztlichen Tätigkeit verlangt. Die gleichen Voraussetzungen gelten für die **Zahnärzte;** indessen beträgt ihre Vorbereitungszeit nur **zwei Jahre.**[9] Bei Ärzten, die – nach früherem Recht – eine Tätigkeit als Arzt im Praktikum abgeleistet hatten, wird diese bis zur Höchstdauer von insgesamt 18 Monaten auf die Weiterbildungszeit angerechnet, wenn sie im Krankenhaus in bestimmten Fachgebieten oder in der Praxis eines niedergelassenen Arztes abgeleistet worden ist.[10] Ärzte, die in einem anderen Mitgliedstaat der **Europäischen Union** ein nach den gemeinschaftlichen Vorschriften anerkanntes Diplom erworben haben und zur Berufsausübung zugelassen sind, brauchen keine Vorbereitungszeit auf die vertragsärztliche Tätigkeit abzuleisten.[11] Einem Arzt erwächst nicht schon daraus, dass er in das Arztregister eingetragen ist, ein Anspruch, zur vertragsärztlichen Versorgung zugelassen zu werden. Vielmehr ist zu prüfen, ob er auch alle weiteren Voraussetzungen dafür erfüllt. Er muss nicht nur etwaige Zulassungsbeschränkungen überwinden (oder den Weg einer Sonderbedarfszulassung, Praxisnachfolge oder Belegarzt-Zulassung oder Bildung einer Gemeinschaftspraxis mit spezialisierten Versorgungsaufgaben gehen), sondern auch einer zulassungsfähigen Arztgruppe angehören, die in wesentlichem Umfang

---

[5] So insbesondere im Falle von Falschabrechnungen: S dazu die BSG-Angaben in RdNr 137 zum Stichwort „Falschabrechnungen".
[6] Ebenso bei Patientengefährdungen: S dazu zB BVerfG v 7. 7. 1975 – 1 BvR 186/75 – BVerfGE 40, 179, 181 = NJW 1975, 1457; BVerfG v 28. 3. 1985 – 1 BvR 1245, 1254/84 – BVerfGE 69, 233, 245 = NJW 1985, 2187, 2189 (vor 2.). Vgl auch BVerfG v 2. 3. 1977 – 1 BvR 124/76 – BVerfGE 44, 105, 121, 123 = NJW 1977, 892, 894 li Sp oben und unten.
[7] Zu den zu prüfenden Gesichtspunkten s Clemens, Aufschiebende Wirkung und sofortige Vollziehbarkeit, in: FS 10 Jahre Arbeitsgemeinschaft Medizinrecht im DAV, 2008, 323 (333 ff).
[8] Vgl BVerfG vom 7. 7. 1975 – 1 BvR 186/75 – BVerfGE 40, 179, 181 f = NJW 1975, 1457.
[9] § 3 Abs 2 Buchst b Zahnärzte-ZV.
[10] § 3 Abs 5 Ärzte-ZV.
[11] § 95a Abs 5 SGB V iVm § 3 Abs 4 Ärzte-ZV.

ambulante Leistungen erbringt (was zB nicht der Fall ist bei den Facharztgebieten Anatomie, Pharmakologie, Rechtsmedizin, Thoraxchirurgie; fraglich auch bei der Herzchirurgie).[12] Bei den Psychotherapeuten bestehen weitere Voraussetzungen wie postgraduale Ausbildung im Richtlinien-Verfahren und Fachkunde gemäß § 95c Satz 2 Nrn 1 und 2 bzw Nr 3 SGB V.[13]

7. Die KBV/KZBV führt außerdem ein **Bundesregister.** Einblick in das Register können Ärzte und Krankenkassen bei Vorliegen eines berechtigten Interesses nehmen. Jeder Arzt oder Zahnarzt kann außer im Bundesregister nur in **einem** Arzt- oder Zahnarztregister eingetragen sein.[14]

8. § 18 der Zulassungsverordnung (Ärzte/Zahnärzte-ZV) fasst zusammen, was dem **Zulassungsantrag** beizufügen ist:
a) Auszug aus dem Arzt- bzw Zahnarztregister;
b) Bescheinigungen über ausgeübte ärztliche Tätigkeiten (nach der Approbation);
c) ggf die Erklärung, den Versorgungsauftrag auf die Hälfte zu beschränken;
d) ein Lebenslauf;
e) ein polizeiliches Führungszeugnis;
f) Bescheinigungen der KV/KZV über bisherige selbständige Praxen;
g) eine Erklärung über bestehende oder zu beendigende Dienst- oder Beschäftigungsverhältnisse;
h) eine Erklärung über Rauschgift- oder Trunksucht innerhalb der letzten 5 Jahre.
Bei Vorliegen aller Voraussetzungen – wozu auch die Frage nach einer bestehenden Zulassungssperre (§ 103 SGB V) gehört – muss der Zulassungsausschuss die Zulassung durch Beschluss aussprechen. Ein Ermessen steht ihm nicht zu.

Das Erfordernis der Teilnahme an einem **Einführungslehrgang** für die vertrags-(zahn)ärztliche Tätigkeit als Voraussetzung der Zulassung ist seit 1999 entfallen.[15]

9. Wird ein Arzt oder Zahnarzt zugelassen, so ist in dem **Beschluss** der **Zeitpunkt festzusetzen**, bis zu dem die vertrags(zahn)ärztliche Tätigkeit aufzunehmen ist. Der Beschluss über die Zulassung ist ansonsten **bedingungsfeindlich,** mit Ausnahme des Bestehens eines **Beschäftigungsverhältnisses** oder der Ausübung einer für den Kassenarzt **wesensfremden Tätigkeit.** Bei diesen Hinderungsgründen kann im Beschluss die Bedingung zugelassen werden, dass spätestens in 3 Monaten der Hinderungsgrund beseitigt sein muss, wenn die Zulassung wirksam werden soll.[16]

10. Die Zulassung bezieht sich auf nur einen **Vertragsarztsitz/Kassenarztsitz** (dh einen Ort mit einer konkreten Anschrift[17]). Dort muss der Vertragsarzt seine Sprechstunden halten. Im Zulassungsantrag ist der Sitz anzugeben; bestehen Zweifel an der Absicht des Arztes, sich in einem bestimmten Planungsbereich bzw an einem bestimmten Ort niederzulassen, kann der Zulassungsausschuss den Antrag ablehnen.[18]

---

[12] Vgl dazu BSG v 2. 9. 2009 – B 6 KA 35/08 R – BSGE 104 = SozR 4-2500 § 95 Nr 17.
[13] Hierzu s BSG v 31. 8. 2005 – B 6 KA 68/04 R – BSGE 95, 94 = SozR 4-2500 § 95 c Nr 1, insbesondere RdNr 6 bzw 11 mwN. – Vgl auch RdNr 159 ff, 170 f und § 30 RdNr 48. – Dazu BSG v 28. 10. 2009 – B 6 KA 11/09 R – und 28. 10. 2009 – B 6 KA 45/08 R –.
[14] § 4 Ärzte-ZV.
[15] § 17 Ärzte-ZV wurde durch Art 10, 11 GKV-Solidaritätsstärkungsgesetz vom 19. 12. 1998 (BGBl I 3853) wegen Verstoßes gegen EU-Recht aufgehoben.
[16] § 20 Abs 3 Ärzte-ZV.
[17] BSG v 10. 5. 2000 – B 6 KA 67/98 – BSGE 86, 121, 123 = SozR 3-5520 § 24 Nr 4 S 15 f. Ebenso BSG v 28. 6. 2000 – B 6 KA 27/99 – MedR 2001, 265, 266; BSG v 31. 5. 2006 – B 6 KA 7/05 R – SozR 4-5520 § 24 Nr 2 RdNr 11. Vgl auch BSG v 2. 9. 2009 – B 6 KA 27/08 R – RdNr 49 f.
[18] BSG v 2. 10. 1996 – 6 RKa 52/95 – BSGE 79, 152, 157 f = MedR 1997, 282; s auch BSG v 18. 12. 1996 – 6 RKa 73/96 – BSGE 80, 9, 10 f. Siehe BSG v 2. 9. 2009 aaO.

16 Eine **Verlegung seines Sitzes** muss der Vertragsarzt genehmigen lassen (§ 24 Abs 7 Ärzte-/Zahnärzte-ZV). Eine rückwirkende Genehmigung ist nicht möglich; hat der Vertragsarzt eine Verlegung nicht rechtzeitig beantragt, so kann er kein Honorar für die Zwischenzeit beanspruchen.[19]

17 11. Der Vertragsarzt hat seine Wohnung so zu wählen, dass er für die ärztliche Versorgung der Versicherten an seinem Vertragsarztsitz zur Verfügung steht (sog **Residenzpflicht**). Da die Versorgung der Versicherten rund um die Uhr gewährleistet sein muss, bedeutet dies, dass der Vertragsarzt etwa **für dringende Besuche** kurzfristig zu Gebote stehen muss. Die Praxis hat vielfach eine Analogie zu den Erreichbarkeitszeiten des Rettungsdienstes gesucht. Einige Landesrettungsdienstgesetze sehen den Rettungsdienst als gewährleistet an, wenn Rettungsstationen so verteilt sind, dass jeder Unfallort mindestens in 12 bis 15 Minuten erreicht werden kann. Ähnliche – nicht ganz so kurz bemessene – Zeiten werden auch für die Entfernung zwischen Wohnung des Vertragsarztes und Vertragsarztsitz verlangt.[20] Der Vertragsarztsitz darf nur mit Genehmigung des Zulassungsausschusses verlegt werden, um etwa zu verhindern, dass am bisherigen Tätigkeitsort eine Unterversorgung entsteht (§ 24 Abs 7 Ärzte-/Zahnärzte-ZV: „Gründe der vertragsärztlichen Versorgung").[21] In unterversorgten Gebieten gelten Ausnahmen (§ 24 Abs 2 Satz 3 Ärzte-/Zahnärzte-ZV).

18 12. Nach § 24 Abs 3 Ärzte-/Zahnärzte-ZV darf ein Vertragsarzt (auch ein MVZ) an **weiteren Orten** tätig werden, wenn damit die Versorgung der Versicherten verbessert und die ordnungsgemäße Versorgung der Versicherten am eigentlichen Vertragsarztsitz nicht beeinträchtigt wird. Zuständig für die Genehmigung dieser sog. **Zweigpraxis** ist seine KV/KZV, wenn die Tätigkeit nicht außerhalb des KV/KZV-Bezirks geschieht. Liegt der Ort der Zweigpraxis außerhalb des KV/KZV-Bezirks, so muss der dort zuständige Zulassungsausschuss die erforderliche Genehmigung erteilen. Nur anzeigepflichtig ist die Tätigkeit eines Vertragsarztes (auch MVZ) an weiteren Orten in räumlicher Nähe zum Vertragsarztsitz in Form von speziellen Untersuchungs- und Behandlungsleistungen (sog **ausgelagerte Praxisräume** – § 24 Abs 5 Ärzte-/Zahnärzte-ZV).

19 Der Vertragsarzt kann die bei ihm **angestellten Ärzte** auch in seinen Zweigpraxen tätig werden lassen; er kann für die Zweigpraxen neue Ärzte anstellen. Dafür benötigt er die Genehmigung des Zulassungsausschusses (§ 24 Abs 3 Satz 4–6 Ärzte-/Zahnärzte-ZV).

Die **Anstellung von Ärzten** durch den Vertragsarzt richtet sich im Übrigen nach **§ 95 Abs 9 und 9a SGB V** und § 32b Ärzte-/Zahnärzte-ZV. Auch hier ist die Genehmigung des Zulassungsausschusses erforderlich. Nach diesen Vorschriften kann der Vertragsarzt Ärzte anstellen, wenn für die Arztgruppe des anzustellenden Arztes keine Zulassungsbeschränkung angeordnet ist. Der an der **hausärztlichen** Versorgung teilnehmende Arzt kann mindestens halbtags angestellte Hochschullehrer für Allgemeinmedizin oder deren wissenschaftliche Mitarbeiter mit Genehmigung des Zulassungsausschusses beschäftigen (auf etwaige Zulassungsbeschränkungen kommt es nicht an).

20 13. **Kooperationsformen in der vertragsärztlichen Versorgung** wie Praxisgemeinschaften und Berufsausübungsgemeinschaften (früher: Gemeinschaftspraxen) stehen schon lange zur Verfügung. Neue Kooperationsformen sind durch das GKV-Modernisierungsgesetz vom 14.11.2003[22] und durch das Vertragsarztrechtsänderungsgesetz vom

---

[19] BSG v 31.5.2006 – B 6 KA 7/05 R – SozR 4-5520 § 24 Nr 2. Vgl BSG v 2.9.2009 aaO RdNr 50.
[20] BSG v 5.11.2003 – B 6 KA 2/03 R – SozR 4-5520 § 24 Nr 1 RdNr 16 ff, 21 = MedR 2004, 405, 408: Ausreichend sind 30 Minuten.
[21] S hierzu BSG v 10.5.2000 – B 6 KA 67/98 R – BSGE 86, 121, 126 = SozR 3-5520 § 24 Nr 4 S. 19; vgl auch BSG vom 31.5.2006 – B 6 KA 7/05 R – SozR 4-5520 § 24 Nr 2 RdNr 15 f.
[22] BGBl I 2190.

22. 12. 2006[23] geschaffen worden. Diese werden in „§ 31 – Ärztliche Kooperationsformen im Vertragsarztrecht" näher erläutert und daher hier nur kurz skizziert:

Zum einen gibt es die **Praxisgemeinschaft,** die auch in Form einer Apparategemeinschaft möglich ist. Die daran beteiligten Vertragsärzte rechnen weiterhin individuell mit ihrer KV ab, teilen sich aber die Kosten für Personal, Miete usw. (§ 33 Abs 1 Ärzte-/Zahnärzte-ZV). Gemeinsamkeiten hierüber hinaus bedürften der Rechtsform der Berufsausübungsgemeinschaft: Bei der Praxisgemeinschaft müssen die Praxen datenschutzrechtlich die weiter bestehende Selbstständigkeit der einzelnen Praxen beachten, indem insbesondere die Patientenkarteien der Ärzte getrennt zu führen sind, dh nur der jeweilige eine Arzt den Zugriff auf sie haben darf.[24] Vor allem darf die Rechtsform der Praxisgemeinschaft nicht in der Weise „mißbraucht" werden, dass die Patienten wie in einer Berufsausübungsgemeinschaft (Gemeinschaftspraxis) weitgehend beliebig von den verschiedenen Partnern abwechselnd behandelt, andererseits die Behandlungen doch wie Einzelbehandlungen von zwei Ärzten abgerechnet werden: Hierzu siehe die Beispiele aus der BSG-Rechtsprechung bei *Clemens/Steinhilper* § 35 RdNr 64.

Zum anderen gibt es die intensivere Form der Kooperation in Gestalt der **Berufsausübungsgemeinschaft** (früher: **Gemeinschaftspraxis**) (dazu siehe § 33 Abs 2 Ärzte-/Zahnärzte-ZV). Sie kann aus Vertragsärzten der gleichen Fachrichtung, aber auch aus verschiedenen Fachärzten bestehen. Nicht zulässig ist die gemeinsame Beschäftigung von Ärzten **und Zahn**ärzten. Gegenüber der KV rechnet die Gemeinschaftspraxis wie eine Einzelpraxis ab. Als **Rechtsform** kommt die BGB-Gesellschaft und die Partnerschaftsgesellschaft infrage; das Berufsrecht der Ärzte lässt auch die Form der juristischen Person des Privatrechts zu (vgl §§ 18, 18a Muster-Berufsordnung). Ausgeschlossen sind die handelsrechtlichen Gesellschaftsformen OHG, KG, GmbH und Co KG, während GmbH und AG schon anzutreffen sind. Zu unterscheiden sind **örtliche** und **überörtliche** Berufsausübungsgemeinschaften (§ 33 Abs 2 Sätze 1 und 2 Ärzte-/Zahnärzte-ZV). Die überörtlichen sind dadurch gekennzeichnet, dass deren Mitglieder unterschiedliche Vertragsarztsitze haben. Überörtliche Berufsausübungsgemeinschaften sind nur zulässig, wenn die Erfüllung der Versorgungspflicht des jeweiligen Mitglieds an seinem Vertragsarztsitz unter Berücksichtigung der Mitwirkung angestellter Ärzte und Psychotherapeuten in dem erforderlichen Umfang gewährleistet ist und sie nur in zeitlich begrenztem Umfang in den übrigen Vertragsarztsitzen (auch: Zweigpraxen) tätig werden (§ 33 Abs 2 Satz 2 Ärzte-/Zahnärzte-ZV).

Nicht zur Kooperationsform der Berufsausübungsgemeinschaft zählt das **Medizinische Versorgungszentrum** (MVZ). Dieses ist vielmehr eine fachübergreifend ärztlich geleitete Einrichtung (§ 95 Abs 1 Satz 2 SGB V). Allerdings kann ein MVZ Mitglied einer Berufsausübungsgemeinschaft sein, soweit nicht das Berufsrecht entgegensteht. Das Merkmal **„fachübergreifend"** ist bereits erfüllt, wenn wenigstens zwei Ärzte mit verschiedenen Schwerpunktbezeichnungen im MVZ tätig sind. In einem MVZ ist auch die Kooperation von Ärzten und Zahnärzten möglich (§ 33 Abs 1 Satz 3 letzter HS Ärzte-/Zahnärzte-ZV); weiterhin können Leistungserbringer, die aufgrund von Zulassung, Ermächtigung oder Vertrag an der medizinischen Versorgung der Versicherten teilnehmen, Gründer und Mitglieder eines MVZ sein (§ 95 Abs 1 Satz 6 SGB V). Insbesondere Krankenhäuser sind nach Auffassung des Gesetzgebers mit ihrer Management-Kompetenz als Mitglieder von MVZ gut geeignet.[25] Diese Möglichkeit wird auch zunehmend häufiger genutzt, indem sich Krankenhäuser an einem MVZ beteiligen. Teilweise sind dieselben Ärzte im MVZ und im

---

[23] BGBl I 3439.
[24] Hierzu s BSG vom 17. 9. 2008 – B 6 KA 65/07 B – RdNr 4.
[25] *Behnsen,* MVZ – die Konzeption des Gesetzgebers, KH 2004, 602 ff und 698 ff; im 1. Quartal 2007 gab es 733 MVZ, davon 64 % in Trägerschaft von Vertragsärzten; der Gesetzgeber plane mit den MVZ die Abkehr vom Typus des niedergelassenen Vertragsarztes – so *Wigge* MedR 2004, 123.

Krankenhaus tätig; die früher insoweit bestehende Sperre durch § 20 Abs 2 Ärzte-/Zahnärzte-ZV ist zum 1.1.2007 durch die Anfügung eines Satz 2 in dieser Vorschrift beseitigt worden.[26]

24 Eine Besonderheit schuf der Gesetzgeber für die MVZ in der Gestalt von juristischen Personen des Privatrechts: die selbstschuldnerische **Bürgschafts-Erklärung** der Gesellschafter (§ 95 Abs 2 Satz 6 SGB V) gegenüber den KVen und KK (bedingungslos und unbefristet) für mögliche Ersatzforderungen der KVen (zB § 106 Abs 5c SGB V) oder der KK (zB § 48 BMV-Ärzte).[27]

III. Bedarfsplanung

25 **1. Grundsatz:** Das **Verfahren** zur Aufstellung eines **Bedarfsplans** ergibt sich aus § 99 SGB V und aus § 12 Abs 2 Ärzte-/Zahnärzte-ZV: Der Bedarfsplan wird für den Bereich einer KV/KZV aufgestellt und stellt die Zahl der besetzbaren Praxissitze fest – getrennt nach Fachgebieten. Bezogen auf das Zustandekommen kann man den Bedarfsplan auch **definieren als** die Summe der Feststellungen und Beurteilungen der räumlichen Ist- und Sollverteilung der Anbieter von ambulanten ärztlichen Leistungen auf der Basis von zielorientierten, nach definierten individuellen Kriterien ermittelten Feststellungen über das bedarfsgerechte Verhältnis von Angebot und Nachfrage nach diesen Leistungen.[28] Seine Wirkung entfaltet der Bedarfsplan erst über den Landesausschuss, der eine Unter- oder Überversorgung feststellt – man kann deshalb von der normativen Wirkung des Plans sprechen.[29]

26 Im vertrags**zahn**ärztlichen Bereich gibt es **seit dem 1.4.2007 keine Bedarfsplanung** mehr, weil sie aufgegeben wurde (vgl § 100 Abs 3, § 101 Abs 6, § 103 Abs 8 SGB V).

27 **2.** Die Bedarfsplanung zum Zwecke der Beseitigung von **Unterversorgung** in ländlichen Gebieten und in Stadtrandgebieten ist durch das Krankenversicherungs-Weiterentwicklungsgesetz (KVWG)[30] eingeführt worden, nachdem 1972 bereits die vom Bundesministerium für Arbeit einberufene Sachverständigenkommission zur Weiterentwicklung der sozialen Krankenversicherung eine Empfehlung zur Verbesserung der Sicherstellung der kassen(zahn)ärztlichen Versorgung vorgelegt hatte.[31] Die Bedarfsplanung ist von den KV/KZV im Einvernehmen mit den KK(-Landesverbänden) zu regeln. Bei fehlender Einigung entscheiden die Landesausschüsse. Die Landesausschüsse können bei drohender oder bereits eingetretener Unterversorgung Zulassungsbeschränkungen aussprechen, die dann von den Zulassungsgremien zu beachten sind. Aufgrund des GSG vom 21.12.1992[32] wurden die Bedarfsplanungs-Richtlinien vom 5.10.1977 geändert – für die Regelung der Unterversorgung blieb es aber im Wesentlichen beim bisherigen Rechtszustand. In den ersten Jahren nach 2000 war Unterversorgung zunächst kein Thema mehr, weil der Zustrom ausgebildeter Ärzte weit stärker war als die Zahl der altershalber ausscheidenden Ärzte. Seit ca 2005 indessen wird deutlich, dass zum einen an den Rändern der Städte, zum anderen aber insbesondere auf dem Lande und in den neuen Bundesländern aus Altersgründen aufgegebene Praxen nicht mehr besetzt werden können. Auch finanzielle Anreize können junge Ärzte nicht aufs Land locken. Hier wer-

---

[26] Vertragsarztrechtsänderungsgesetz vom 22.12.2006 (BGBl I 3439).
[27] Hieran knüpfen sich eine Menge von Problemen. So ist zB umstritten, ob insoweit, als eine GmbH, Gesellschafterin eines MVZ ist, nur die GmbH die Bürgschafts-Erklärung abzugeben braucht (da der Wortlaut des § 95 Abs 2 S 6 SGB V nur Bürgschaften der Gesellschafter fordert) oder ob die die GmbH tragenden Gesellschafter Bürgschafts-Erklärungen abgeben müssen.
[28] *Schneider,* Hdb des Kassenarztrechts, 1994, RdNr 367.
[29] *Axer* in: *Schnapp/Wigge* (Hrsg), Hdb des Vertragsaztrechts, 2. Aufl 2006, 288.
[30] V 28.12.1976 (BGBl I 3371).
[31] *Schirmer* BKK 1977, 219; *Matzke/Schirmer* BKK 1977, 2 ff; *Krauskopf,* Soziale Krankenversicherung (frühere Auflage), § 368 RVO aF, Vorbem 3.1.
[32] BGBl I 2266.

6. Kapitel. Das Kassenarztrecht/Vertragsarztrecht   28–33 § 29

den also die Vorschriften für eine Unterversorgung wieder aktuell. Die Richtlinie des Gemeinsamen Bundesausschusses **(Bedarfsplanungs-RL)** (idF vom 15. 2. 2007, zuletzt geändert am 19. 2. 2009[33]), konkretisiert die Unterversorgung im 8. Abschnitt (§§ 28, 29) wie folgt:

a) Eine **Unterversorgung liegt vor,** wenn in bestimmten Planungsbereichen Vertragsarztsitze, die im Bedarfsplan für eine bedarfsgerechte Versorgung vorgesehen sind, nicht nur vorübergehend nicht besetzt werden können und dadurch eine **unzumutbare Erschwernis** in der Inanspruchnahme vertragsärztlicher Leistungen eintritt, die auch durch Ermächtigung von Ärzten und ärztlich geleiteten Einrichtungen nicht behoben werden kann. Das Vorliegen dieser Voraussetzungen ist zu vermuten, wenn der Stand der hausärztlichen Versorgung den in den Planungsblättern ausgewiesenen Bedarf um mehr als 25 % und der Stand der fachärztlichen Versorgung den ausgewiesenen Bedarf um mehr als 50 % unterschreitet (§ 29 Bedarfsplanungs-RL). 28

b) Eine Unterversorgung **droht,** wenn insbesondere aufgrund der Altersstruktur der Ärzte eine Verminderung der Zahl von Vertragsärzten in einem Umfang zu erwarten ist, der zum Eintritt einer Unterversorgung nach den in a) genannten Kriterien führen würde (§ 29 Satz 2 aaO). 29

3. Fast 12 Jahre später wurden die Richtlinien mit den Kriterien für die **Überversorgung** vom 1. 3. 1990 beschlossen und aufgrund des GSG vom 21. 12. 1992[34] drei Jahre später überarbeitet (Fassung vom 9. 3. 1993).[35] Zwar bestanden auch schon 1977 bereits Gebiete mit einer ärztlichen Überversorgung, aber als wirklich drängendes Problem kam dies erst im Laufe der 1980er Jahre ins Bewusstsein. Der Gesetzgeber versuchte, durch das Gesetz zur Verbesserung der kassenärztlichen Bedarfsplanung vom 19. 12. 1986[36] und durch Änderungen der Zulassungsordnungen für Ärzte und Zahnärzte vom 20. 7. 1987[37] den Auswirkungen der Ärzteschwemme besser begegnen zu können. Der Bundesausschuss der Ärzte und Krankenkassen (jetzt: Gemeinsamer Bundesausschuss ‚GBA') war beauftragt, neue Bedarfsplanungs-Richtlinien zu erarbeiten. 30

4. Ende 1980 legte der Bundesausschuss der Ärzte und KK (jetzt: Gemeinsamer Bundesausschuss) **einheitliche Verhältniszahlen** zur Relation von niedergelassenen Ärzten und Einwohnern fest. Diese Verhältniszahlen waren und sind regelmäßig zu überprüfen (vgl § 99 Abs 1 Satz 1, § 101 Abs 2 Satz 1 SGB V und § 20 Satz 1 Bedafsplanungs-RL). 31

5. Nach diesen **früher**en Richtlinien war **Überversorgung zu vermuten,** wenn der Versorgungsgrad in einer Arztgruppe um mindestens **50 %** überschritten war. Diese Überschreitung allein reichte nicht aus, um für weitere Zulassungen in der betreffenden Arztgruppe eine Sperre zu erlassen. Die Überversorgung musste nach § 102 Abs 3 SGB V aF auch negative Auswirkungen auf die Wirtschaftlichkeit der kassenärztlichen Versorgung haben. Als Kriterien wurden dafür genannt: 32
– Fallzahl-Unterschreitungen;
– Fallwert-Überschreitungen;
– Überschreitungen des Aufwandes für veranlasste Leistungen.
  Maßstab waren jeweils die **Durchschnittswerte** der Gebietsärzte. Es war weiterhin die Altersstruktur der Ärzte zu berücksichtigen. 33

---

[33] Bedarfsplanungs-Richtlinien (BAnz Nr 110a/93 und Nr 151/97), jetzt idF vom 15. 2. 2007 (BAnz Nr 64 S. 3491 vom 31. 3. 2007), zuletzt geändert am 18. 6. 2009 (BAnz Nr 173 S. 3989 vom 17. 11. 2009).
[34] BGBl I 2266.
[35] Unten RdNr 35 am Ende.
[36] BGBl I 2593.
[37] BGBl I 1679 und 1681.

34 Lagen also 50 %ige Überschreitung und Unwirtschaftlichkeit vor, so wurde als weitere Voraussetzung verlangt, dass mindestens die **Hälfte aller Planungsbereiche** in der gesamten Bundesrepublik Deutschland für die Niederlassung von Ärzten aus der betroffenen Arztgruppe frei war. Damit wollte der Gesetzgeber dem Grundsatz der Zulassungsfreiheit nach dem Beschluss des BVerfG[38] Rechnung tragen.

35 6. Die Neufassung des **§ 101 SGB V** durch das GSG vom 21. 12. 1992[39] war eine Reaktion auf die ungenügenden Überversorgungs-Regelungen des GRG. Die Feststellung der **Überversorgung** liegt **jetzt nicht mehr** im Ermessen des Landesausschusses, sondern dieser **hat** ein bestimmtes Gebiet für bestimmte Arztgruppen **zu sperren,** wenn der allgemeine bedarfsgerechte **Versorgungsgrad um 10 %** überschritten ist. Der genannte Versorgungsgrad war erstmals bundeseinheitlich zum 31. 12. 1990 zu ermitteln, wobei arztgruppenspezifisch angemessen zu berücksichtigen war, wie sich der Zugang zur vertragsärztlichen Versorgung seit dem 31. 12. 1980 entwickelt hatte. Der Bundesausschuss für Ärzte und KK (jetzt: GBA) hat in seinen **Bedarfsplanungs-RL**[40] folgende Verfahrensweise vorgeschrieben:

36 a) Im Zeitabstand von drei Jahren werden die **Bedarfspläne** von den KV und den KK(-Landesverbänden) neu erstellt (§ 2 Abs 1 Satz 2 Bedarfsplanungs-RL).

37 b) **Planungsbereiche** sind die kreisfreien Städte und die Landkreise.

38 c) Der allgemeine bedarfsgerechte **Versorgungsgrad** wird durch **arztgruppenspezifische** allgemeine **Verhältniszahlen** ausgedrückt. Diese wiederum werden nach einem ausgeklügelten System nach den Nrn 7 bis 12 der Bedarfsplanungs-RL errechnet. Die Verhältniszahlen werden derzeit für die unten in RdNr 41 aufgeführten 14 Arztgruppen bestimmt. Sinkt eine **Fachgruppe** bundesweit unter **1000 Vertragsärzte,** so werden allgemeine Verhältniszahlen nicht mehr bestimmt; im umgekehrten Falle werden neue ermittelt (vgl § 101 Abs 2 Satz 1 Nr 2 SGB V und § 4 Abs 5 Bedarfsplanungs-RL).

39 d) Die Verhältniszahlen sind zu errechnen aus dem Verhältnis der Einwohnerzahl zur Zahl der Vertragsärzte jeweils bezogen auf die Planungsbereiche, die derselben raumordnungsspezifischen Planungskategorie (§§ 6, 7 Bedarfsplanungs-RL) zuzuordnen sind.

40 e) Die Planungsbereiche werden folgenden raumordnungsspezifischen Planungskategorien zugeordnet:
- **Regionen mit großen Verdichtungsräumen,** dh mit großen Ballungsgebieten oder mit kreisfreien Städten mit mehr als 300 000 Einwohnern und/oder mehr als 300 Einwohner/qkm. Diese Regionen werden gegliedert in Kernstädte, hochverdichtete Kreise, verdichtete Kreise und ländliche Kreise.
- **Regionen mit Verdichtungsansätzen,** dh Regionen mit kleinerem Verdichtungskern, die teilweise in ihrem Umland noch sehr ländlich geprägt sind und deren Zentrum zwischen 100 000 und 300 000 Einwohner bzw mindestens 100 Einwohner/qkm aufweist. Auch hier erfolgt eine Gliederung in Kernstädte, verdichtete Kreise und ländliche Kreise.
- **Ländlich geprägte Regionen** sind alle übrigen Regionen, gegliedert in verdichtete und ländliche Kreise.
- Schließlich gibt es noch **Sonderregionen.**

41 f) Die Einwohner/Arztrelation errechnet sich demnach für die 14 Facharztgruppen gemäß der auf Seite 387 wiedergegebenen **Tabelle.**

---

[38] BVerfGE 11, 30 = DOK 1960, 184.
[39] BGBl I 2266.
[40] So RdNr 27 am Ende.

6. Kapitel. Das Kassenarztrecht/Vertragsarztrecht   41 § 29

Raumgliederung	Anästhesisten Einwohner je Arzt	Augenärzte Einwohner je Arzt	Chirurgen Einwohner je Arzt	Fachärztlich tätige Internisten Einwohner je Arzt	Frauenärzte Einwohner je Arzt	HNO-Ärzte Einwohner je Arzt	Haut-Ärzte Einwohner je Arzt	Kinderärzte Einwohner je Arzt	Nervenärzte Einwohner je Arzt	Orthopäden Einwohner je Arzt	Psychotherapeuten Einwohner je Arzt	Radiologen Einwohner je Arzt	Urologen Einwohner je Arzt	Hausärzte Einwohner je Arzt
0	1	2	3	4	5	6	7	8	9	10	11	12	13	14
Große Verdichtungsräume														
1 Kernstädte	25 958	13 177	24 469	12 276	6 916	16 884	20 812	14 188	12 864	13 242	2 577	25 533	26 641	1 585
2 Hochverdichtete Kreise	60 689	20 840	37 406	30 563	11 222	28 605	40 046	17 221	30 212	22 693	8 129	61 890	49 814	1 872
3 Normalverdichtete Kreise	71 726	23 298	44 367	33 541	12 236	33 790	42 167	23 192	34 947	26 854	10 139	83 643	49 536	1 767
4 Ländliche Kreise	114 062	23 195	48 046	34 388	13 589	35 403	51 742	24 460	40 767	30 575	15 692	67 265	53 812	1 752
Verdichtungsansätze														
5 Kernstädte	18 383	11 017	21 008	9 574	6 711	16 419	16 996	12 860	11 909	13 009	3 203	24 333	26 017	1 565
6 Normalverdichtete Kreise	63 546	22 154	46 649	31 071	12 525	34 822	41 069	20 399	28 883	26 358	8 389	82 413	52 604	1 659
7 Ländliche Kreise	117 612	25 778	62 036	44 868	14 701	42 129	55 894	27 809	47 439	34 214	16 615	156 813	69 695	1 629
Ländliche Regionen														
8 Verdichtete Kreise	53 399	19 639	44 650	23 148	10 930	28 859	35 586	20 489	30 339	20 313	10 338	60 678	43 026	1 490
9 Ländliche Kreise	137 442	25 196	48 592	31 876	13 697	37 794	60 026	26 505	46 384	31 398	23 106	136 058	55 159	1 474
Sonderregion														
10 Ruhrgebiet	58 218	20 440	34 591	24 396	10 686	25 334	35 736	19 986	31 373	22 578	8 743	51 392	37 215	2 134

Einwohner / Arztrelation (Allgemeine Verhältniszahlen) für die nach dem 3. Abschnitt, § 6 definierten Raumgliederungen

Quelle: Statistik der KBV und Bundesamt für Bauwesen und Raumordnung (BBR) Berechnungsgrundlage: BBR-Typisierung 1997, Bevölkerungsstand und Arztzahlen: Bundesländer West zum 31. Dezember 1990, Anästhesisten (31. Dezember 1997), Psychotherapeuten (Einw.: 31. Dezember 1997, Psy.: 1. Januar 1999), Hausärzte und fachärztlich tätige Internisten (gültig ab 1. Januar 2001, Einwohner- und Arztzahlen zum 31. Dezember 1995 in der Regionalstruktur vom 31. Dezember 1998). Bundesgebiet insgesamt

42 7. Ausnahmeregelungen: Werden in einem dafür einschlägigen Fachgebiet nicht in ausreichendem Maße **ambulante Operationen** angeboten, so kann ein Bewerber trotz Überversorgung zugelassen werden (§ 24 Buchst d Bedarfsplanungs-RL). Voraussetzung ist nur, dass er schwerpunktmäßig ambulante Operationen aufgrund der dafür erforderlichen Einrichtungen ausübt. Mit dieser Maßgabe kann auch die Bildung einer **Gemeinschaftspraxis** mit dem Schwerpunkt ambulanter Operationen genehmigt werden. Außer Betracht bleiben die Angebote von Krankenhäusern nach § 115b SGB V zur Durchführung solcher Operationen.

43 Bewerber einer Fachgruppe, für die eine Zulassungsbeschränkung angeordnet worden ist, können ausnahmsweise zugelassen werden, wenn sie zur Sicherstellung der **Dialyseversorgung** tätig werden wollen und die dafür festgelegten Voraussetzungen erfüllen (§ 24 Buchst e Bedarfsplanungs-RL).

44 Bei den Ausnahmetatbeständen muss der Versorgungsbedarf als dauerhaft erscheinen. Abrechenbar sind nur die Leistungen, die den Sonderbedarf betreffen (§ 25 Abs 1 und Abs 2 Bedarfsplanungs-RL). Die frühere weitere Begrenzung in zeitlicher Hinsicht auf fünf Jahre ist entfallen.[41]

45 8. Ein anderer Weg, ungeachtet von Zulassungsbeschränkungen eine Zulassung zu bekommen, besteht darin, eine sog **Sonderbedarfszulassung** zu erlangen. Dies setzt voraus, dass ein **lokaler Sonderbedarf** im Sinne des § 24 Satz 1 Buchst a Bedarfsplanungs-RL oder ein **besonderer Sonderbedarf** im Sinne des § 24 Satz 1 Buchst b Bedarfsplanungs-RL vorliegt.[42] Der Sonderbedarf darf sich nicht auf einzelne Leistungen beschränken, sondern muss so groß sein, dass sich darauf eine existenzfähige Praxis gründen kann.[43] Ob ein Sonderbedarf besteht (und ob er im vorgenannten Sinn ausreichend groß ist), ist im Einzelnen zu überprüfen.[44] Das BSG stellt schon an die Ermittlungsintensität erhebliche Anforderungen (Befragung der Ärzte, wobei eine ausreichende Basis für den Schluss auf das Bestehen oder Nichtbestehen eines nicht gedeckten Versorgungsbedarfs nur besteht bei gleichlautenden **Angaben der ganz überwiegenden Zahl der Ärzte** des Fachgebiets und bei deren Verifizierung zB durch Vergleich mit den sog Anzahlstatistiken oder durch Überprüfung anhand stichprobenartiger Durchsicht von Behandlungsunterlagen). Bei der Frage, ob ein Versorgungsbedarf bereits durch andere Leistungserbringer im **selben Planungsbereich** gedeckt ist, sind Versorgungsangebote von ermächtigten Ärzten[45] außer Betracht zu lassen, die Angebote von (bedarfsunabhängig ermächtigten) Hochschulambulanzen sind hingegen zu berücksichtigen. Ein Versorgungsdefizit kann sich aus **unzumutbaren Wartezeiten** ergeben (dies ist zB im Bereich der Kardiologie bei Wartezeiten ab zwei Stunden anzunehmen; die Wartezeiten müssen in akuten und nicht aufschiebbaren Fällen ohnehin kürzer sein). Ein starkes Indiz für einen Versorgungsbedarf kann sich auch **aus dem EBM** ergeben, wenn dieser nämlich eine Reihe von Leistungen nur den in bestimmter Weise qualifizierten Ärzten vorbehält; allerdings bleibt zu prüfen, ob nicht auch andere Vertragsärzte befähigt und bereit sind, solche speziellen (zB kinderpneumologischen) Leistungen zu erbringen.

---

[41] Streichung in Nr 25 Abs 1 S 1 durch Änderung vom 21. 2. 2006 (BAnz 2006, 2541).

[42] Zu Unterscheiden bei den Anforderungen an die Versorgungsdichte: BSG v 17. 6. 2009 – B 6 KA 38/08 R – SozR 4-2500 § 101 Nr 5 RdNr 26.

[43] S dazu BSG vom 5. 11. 2008 – B 6 KA 56/07 R – BSGE 102, 21 = SozR 4-2500 § 101 Nr 3 RdNr 25 mwN. Nochmals ausführlich BSG vom 2. 9. 2009 – B 6 KA 34/08 R – unter 2.c.

[44] Vgl hierzu und zum Folgenden BSG vom 2. 9. 2009 – B 6 KA 21/08 R – und BSG vom 2. 9. 2009 – B 6 KA 34/08 R, zur Veröffentlichung in BSGE und in SozR 4-1500 § 54 und SozR 4-2500 § 101 vorgesehen.

[45] Ob dies ebenso für Angebote von Zweigpraxen gilt, wird im Rahmen der Revisionsverfahren B 6 KA 36/09 R und B 6 KA 37/09 R – voraussichtlich im Jahr 2010 oder 2011 – entschieden werden.

6. Kapitel. Das Kassenarztrecht/Vertragsarztrecht   46, 47 § 29

9. Durch die GKV-Neuordnungsgesetze vom 23. 6. 1997[46] wurde in überversorgten **46** Gebieten ferner die Möglichkeit eröffnet, in einer Praxis zusätzliche Ärzte dadurch tätig werden zu lassen, dass eine **Gemeinschaftspraxis bzw** – so die heutige Terminologie – eine **Berufsausübungsgemeinschaft** gebildet wird (§ 101 Abs 1 Nr 4 SGB V iVm § 24 Buchst. c Bedarfsplanungs-RL) oder dass ein **Arzt angestellt** wird (§ 101 Abs 1 Nr 5 SGB V). Die Voraussetzungen für Anstellungen waren früher im Einzelnen in den Angestellte-Ärzte-RL[47] geregelt. Diese Bestimmungen sind im Jahr 2007 als **§§ 23i–23m** in die **Bedarfsplanungs-RL** eingearbeitet worden, in deren **§§ 23a–23h** auch die Regelungen über die Berufsausübungsgemeinschaften enthalten sind. Hierin ist unter anderem bestimmt:

a) Der Bewerber muss zulassungsfähig sein (§ 23a Nr 1 Bedarfsplanungs-RL).

b) Er muss einen Vertrag über die Bildung einer Berufsausübungsgemeinschaft oder den Beitritt zu einer solchen in genehmigungsfähiger Form vorlegen (§ 23a Nr 2 Bedarfsplanungs-RL iVm § 33 Abs 2 Satz 2 Ärzte-ZV).

c) Der Bewerber muss derselben Arztgruppe angehören wie sein(e) zukünftiger(n) Partner (§ 23a Nr 3 iVm § 23b Bedarfsplanungs-RL).

d) Er und sein(e) Partner müssen gegenüber dem Zulassungsausschuss die Erklärung abgeben, dass sie den zum Zeitpunkt der Antragstellung **bestehenden Praxisumfang** nach Art und Menge der Leistungen **nicht wesentlich überschreiten** werden (§ 23a Nr 4 Bedarfsplanungs-RL). Dies hat der Bundesausschuss bzw der GBA dahingehend konkretisiert, dass aus den Abrechnungsbescheiden der letzten vier Quartale ein Gesamtpunktzahlvolumen festgelegt wird (pro Quartal), das nicht um mehr als **3 %** gegenüber dem Vorjahresquartal überschritten werden darf (§§ 23c–23f Bedarfsplanungs-RL).

e) Für den Fall der **Anstellung** eines Arztes gelten vergleichbare Maßstäbe. Für die Abrechnungsbegrenzungen enthält § 23k Bedarfsplanungs-RL eine ausdrückliche Verweisung auf §§ 23c-23f Bedarfsplanungs-RL.

10. Schließlich gibt es den Weg, ungeachtet von Zulassungsbeschränkungen dadurch **47** eine Zulassung zu erwerben, dass man eine **Praxisnachfolge** gemäß § 103 Abs 4 SGB V antritt. Diese Bestimmung hat der Gesetzgeber (GSG vom 21. 12. 1992[48]) als Schutzvorschrift für denjenigen konzipiert, der in einem Gebiet, das wegen Überversorgung gemäß § 103 Abs 1 und Abs 2 SGB V für Neuzulassungen gesperrt ist, eine Praxis aufgebaut hat, die für ihn einen Vermögenswert im Sinne des Art 14 Abs 1 GG darstellt und ihm deshalb nicht einfach ersatzlos „weggenommen" werden kann. Nach **§ 103 Abs 4 SGB V** darf bei Beendigung einer Zulassung wegen Alters, Tod, Verzicht[48a] oder Entziehung die Praxis von einem **Nachfolger** fortgeführt werden, ohne Rücksicht auf die weiterbestehende Zulassungsbeschränkung gemäß § 103 Abs 1 und 2 SGB V. Das Verfahren beginnt mit dem Antrag des Vertragsarztes[49] oder seiner Erben auf **Ausschreibung des Vertragsarztsitzes**. Die KV muss dann unverzüglich die Ausschreibung in ihrem regionalen offiziellen Ärzteblatt vornehmen.[50] Die Liste der eingehenden

---

[46] BGBl I 1518 und 1520.
[47] Vom 1. 10. 1997 idF vom 7. 9. 1999 (BAnz Nr 202/1999) – seit dem 15. 2. 2007 aufgehoben und in die allgemeinen Bedarfsplanungs-RL eingearbeitet (s auch www.g-ba.de/Richtlinien).
[48] BGBl I 2266.
[48a] Der evtl nur bedingte erklärte Verzicht muss wirksam werden: RdNr 120.
[49] Im Falle der Gemeinschaftspraxis sind auch die verbleibenden Partner zur Antragstellung berechtigt: BSG vom 25. 11. 1998 – B 6 KA 70/97 R – SozR 3-2500 § 103 Nr 3 S. 22 ff; BSG vom 28. 11. 2007 – B 6 KA 26/07 R – BSGE 99, 218 = SozR 4-2500 § 103 Nr 3 RdNr 18.
[50] Zur Frage eines Anspruchs auf Ausschreibung s BSG v 28. 11. 2007 – B 6 KA 26/07 R – BSGE 99, 218 = SozR 4-2500 § 103 Nr 3 = MedR 2008, 305.

Bewerbungen hat die KV dem Zulassungsausschuss und dem Vertragsarzt bzw seinen Erben zur Verfügung zu stellen. Unter mehreren Bewerbern hat der Zulassungsausschuss den Nachfolger nach pflichtgemäßem Ermessen **auszuwählen.** Bei der Auswahl der Bewerber sind die berufliche Eignung, das Approbationsalter und die Dauer der ärztlichen Tätigkeit zu berücksichtigen, ferner, ob der Bewerber der Ehegatte, ein Kind, ein angestellter Arzt des bisherigen Praxisinhabers oder ein Vertragsarzt ist, mit dem die Praxis bisher gemeinschaftlich ausgeübt wurde.[51] Der **nicht ausgewählte Bewerber** kann die Auswahlentscheidung des Ausschusses anfechten. Dies entfaltet „**aufschiebende Wirkung**", dh die Praxisnachfolge kann noch nicht vollzogen werden (sodass der bisherige Inhaber, falls er nur unter der Bedingung bestandskräftiger Praxisnachfolge verzichtete, seine Praxis einstweilen weiterführen kann bzw muss)[52].[53] Die **Praxisübergabe** an einen Nachfolger sollte der Inhaber erst vollziehen, wenn er den festgelegten Betrag tatsächlich erhält. Anderenfalls müsste er seine Forderung ggf vor dem Zivilgericht einklagen.

48 Der **Kaufpreis der Praxis** kann aufgrund einer Schätzung durch einen Fachmann gefunden werden, insbesondere wenn der Zulassungsausschuss zu der Auffassung gelangt, der Verkehrswert[54] der Praxis sei erheblich unterschritten und die wirtschaftlichen Interessen des ausscheidenden Vertragsarztes bzw seiner Erben seien dadurch betroffen (vgl § 103 Abs 4 Satz 5 SGB V).[55] In der Regel wird der Zulassungsausschuss es den Vertragsparteien überlassen, zu einem angemessenen Kaufpreis zu kommen.[56]

49 **Wartelisten** sind die Folge von Zulassungsbeschränkungen. Nach § 103 Abs 5 SGB V haben die Registerstellen der KV eine Liste der Bewerber um einen Vertragsarztsitz (Bewerber muss im Arztregister eingetragen sein) zu führen.[57] Der Zulassungsausschuss hat die **Dauer der Eintragung** in die Warteliste bei seiner Entscheidung zu berücksichtigen. Allerdings ist der Wartelisten-Eintrag nur ein Entscheidungs-Kriterium unter mehreren.

50 Endet die Zulassung eines Vertragsarztes in einer **Gemeinschaftspraxis,** so muss der Zulassungsausschuss bei der Auswahl des Nachfolgers die Interessen der in der Gemeinschaftspraxis verbliebenen Vertragsärzte angemessen berücksichtigen (§ 103 Abs 6 SGB V).[58]

---

[51] Bei Gemeinschaftspraxen sind die Interessen der verbleibenden Partner bedeutsam: BSG vom 28.11.2007 – B 6 KA 26/07 R – BSGE 99, 218 = SozR 4-2500 § 103 Nr 3 RdNr 18 am Ende mwN.

[52] Anders nur, wenn der Zulassungs- oder Berufungsausschuss die sofortige Vollziehbarkeit anordnet(e). Zur Kompetenz des Zulassungsausschusses: *Clemens*, Aufschiebende Wirkung und sofortige Vollziehbarkeit im sozialgerichtlichen Verfahren, in: FS 10 Jahre Arbeitsgemeinschaft Medizinrecht im DAV, 2008, 323 (339 f mit Angaben zum Meinungsstreit).

[53] Auf Antrag kann das SG die Vollziehungsanordnung aufheben oder seinerseits die Vollziehbarkeit anordnen: BSG vom 5.11.2003 – B 6 KA 11/03 R – BSGE 91, 253 = SozR 4-2500 § 103 Nr 1 RdNr 29.

[54] Vgl KBV, Hinweise zur Bewertung von Arztpraxen, DÄ 2008, A 2778 ff; *Rieger*, Rechtsfragen beim Verkauf und Erwerb einer Arztpraxis, 5. Aufl 2004. – Speziell zu psychotherapeutischen Praxen: *Rüping/Mittelstaedt*, Abgabe, Kauf und Bewertung psychotherapeutischer Praxen, 2008.

[55] Zu insoweit denkbaren Problemen siehe LSG BW v 22.11.2007 – L 5 KA 4107/07 ER-B – MedR 2008, 235 (mit kritischer Anmerkung von *Steck,* 238 ff).

[56] Schwerlich akzeptabel ist es, eine Einigung auf einen Kaufpreis nicht zugrunde zu legen, außer wenn dieser als nicht angemessen erkennbar ist: Dazu siehe die Entscheidungsanmerkung von *Steck* MedR 2008, 238 ff. – Anders indessen SG Reutlingen vom 25.11.2008 – S 1 KA 618/08 –.

[57] Gegen das früher praktizierte „Windhund-Prinzip" (nach Öffnung eines bislang wegen Überversorgung gesperrten Planungsbereichs) s BSG vom 23.2.2005 – B 6 KA 81/03 R – BSGE 94, 181 = SozR 4-2500 § 103 Nr 2.

[58] Vgl BSG vom 23.2.2005 – B 6 KA 70/03 R – SozR 4-5520 § 33 Nr 5 RdNr 6. – Auszuschreiben ist zeitnah und nur für „die letzte" Gemeinschaftspraxis möglich: BSG v 28.11.2007 – B 6 KA 27/06 R – BSGE 99, 218 = SozR 4-2500 § 103 Nr 3 RdNr 22, 23.

11. Seltener praktiziert wird die durch die GKV-Neuordnungsgesetze vom 23. 6. 1997 eingeführte Möglichkeit, über neue **Belegarztverträge** zusätzliche Vertragsarztsitze in gesperrten Planungsbereichen zu schaffen. Nach **§ 103 Abs 7 SGB V** haben die Krankenhausträger Angebote zum Abschluss von Belegarztverträgen auszuschreiben (das setzt voraus, dass sie freie Belegbetten haben).[59] Findet sich kein zugelassener geeigneter Arzt, so kann der Krankenhausträger die Belegarztstelle ausschreiben[60] und mit einem nicht niedergelassenen, aber zulassungsfähigen Arzt einen Belegarztvertrag schließen: Dieser Weg der Erlangung einer Zulassung wird zunehmend öfter von Krankenhäusern angeboten, indem wenige Belegbetten mehreren Ärzten angeboten werden. Dieser Weg darf aber nicht dazu ausgenutzt bzw missbraucht werden, dass Ärzte in Planungsbereichen, in denen wegen Überversorgung Zulassungsbeschränkungen bestehen, diese überwinden können. Um dem vorzubeugen, stellt das BSG einige **Anforderungen an die Rechtmäßigkeit der Belegarzt-Zulassung**.[61] Das sog Anforderungsprofil bei der Ausschreibung und der Bewerberauswahl darf nicht auf das Profil eines bestimmten Bewerbers ausgerichtet sein; es darf lediglich auf spezielle Belange des Krankenhauses, zB auf die Planung neuer Operationsschwerpunkte, zugeschnitten sein. Die dem Bewerber zur Verfügung stehende Bettenzahl muss eine geeignete Grundlage für eine ernsthafte Belegarzttätigkeit bieten können. Dies dürfte in dem Fall, dass ein zweiter Arzt für eine Belegabteilung gesucht wird, im Allgemeinen ohne Weiteres anzuerkennen sein. Denn die Ausstattung einer Belegabteilung mit mindestens zwei Ärzten erscheint ohnehin aus Versorgungsgründen angezeigt (vgl § 121 Abs 1 SGB V: kooperatives Belegarztwesen – geeignet zum Auffangen des Ausfalls eines Arztes durch Krankheit, Urlaub uÄ). Auch die Hereinnahme eines dritten Arztes in eine größere Belegabteilung kann noch zu akzeptieren sein, sofern die durchschnittliche Belegbetten-Anzahl im Fachgebiet das als sinnvoll bestätigt. Eingehender Untersuchung bedarf aber, ob auch noch die Hereinnahme eines zehnten Arztes in eine Belegabteilung mit 30 Betten dem Ziel ernsthafter Belegarzttätigkeit dienlich sein kann. – Wird schließlich die **Belegarztzulassung** erteilt, so ist diese **abhängig von der weiteren Ausübung der belegärztlichen Tätigkeit** (§ 103 Abs 7 Satz 3 SGB V). Diese Beschränkung **entfällt**, falls die Sperre nach § 103 Abs 3 SGB V aufgehoben wird, ansonsten spätestens **nach zehn Jahren** (§ 103 Abs 7 Satz 3 HS 2 SGB V).

12. Nach der durch das Gesundheitsstrukturgesetz vom 21. 12. 1992[62] geschaffenen Vorschrift des **§ 102 SGB V** sollte es ab 1999 nur noch **Bedarfszulassungen** geben; dh die Zulassung sollte **umfassend** aufgrund von arztgruppenbezogenen Verhältniszahlen erfolgen, die insbesondere das Verhältnis von Hausärzten und Fachärzten festlegen. Das Datum wurde durch das GKV-Gesundheitsreformgesetz 2000 vom 22. 12. 1999[63] auf 2003 verschoben. Durch das Vertragsarztrechtsänderungsgesetz vom 22. 12. 2006[64] wurde § 102 SGB V **aufgehoben,** weil eine Überversorgung aktuell nicht mehr zu befürchten sei und die Umsetzung verwaltungs- und gesetzestechnisch erheblichen Aufwand erfordern würde (auf Bundes- und Länderebene).[65]

Die **Verfassungsmäßigkeit** einer solchen umfassenden Bedarfszulassung wurde zwar noch nicht gerichtlich überprüft. Aus der Rechtsprechung des BSG und des BVerfG er-

---

[59] Zur Ausschreibungspflicht siehe BSG vom 14. 3. 1991 – B 6 KA 34/00 R – BSGE 88, 6, 11 ff = SozR 3-2500 § 103 Nr 43 ff.

[60] Dafür genügt es, im Bereich der Kassenärztlichen Vereinigung (zB per Rundschreiben) eine Information an alle Ärzte der gefragten Arztgruppe zu richten: BSG vom 2. 9. 2009 – B 6 KA 27/08 R und B 6 KA 44/08 R –.

[61] Hierzu und zum Folgenden s BSG vom 2. 9. 2009 – B 6 KA 27/08 R und B 6 KA 44/08 R.

[62] BGBl I 2266.

[63] BGBl I 2626.

[64] BGBl I 3439.

[65] Vgl die Gesetzesbegründung in BT-Drucks 16/2574 S. 25.

geben sich aber keine durchgreifenden Bedenken. Seit den Entscheidungen BVerfGE 11, 30; 12, 41, haben sich die tatsächlichen Verhältnisse erheblich geändert. Insbesondere sind die finanziell katastrophalen Folgen von ärztlicher Überversorgung sichtbar geworden. So haben das BSG und das BVerfG in ihrer Rechtsprechung zur Bedarfsplanung der 1990er Jahre hervorgehoben, dass dem Gesetzgeber ein sozialpolitischer Gestaltungsspielraum zusteht, soweit es um die finanzielle Stabilisierung der GKV durch Regelungen zur Bekämpfung einer Überversorgung bei angebotsinduzierter Nachfrage im Gesundheitswesen geht.[66] Somit bleibt dem Gesetzgeber die Möglichkeit, für den Fall, dass er künftig einmal wieder Anlass zu weitgreifenden Zulassungsbeschränkungen wegen Überversorgung sehen sollte, umfassende Regelungen einer Bedarfszulassung zu schaffen.

IV. Weitere Zulassungsvoraussetzungen

54   1. Umfang und Art zulässiger Nebentätigkeiten sind in § 20 Abs 1 und 2 Ärzte-/Zahnärzte-ZV geregelt.

55   a) Zum **Umfang einer Nebentätigkeit** (§ 20 Abs 1 Ärzte-/Zahnärzte-ZV) hat das BSG in seiner bisherigen Rechtsprechung die folgenden Grundsätze aufgestellt: Eine Nebentätigkeit in abhängiger Beschäftigung darf **maximal 13 Wochenstunden** umfassen, und der Arbeitgeber muss Erklärung über Freistellung für Notfälle abgeben. Denn die berufliche Tätigkeit muss **im Gesamtbild deutlich** von der vertragsärztlichen Tätigkeit **geprägt** sein. Eine **anderweitige Tätigkeit** in abhängiger Beschäftigung darf **nur untergeordnete Bedeutung** haben, was das BSG mit einem Umfang von **höchstens 13 Std. je Woche** konkretisiert hat.[67]

56   Seitdem es zulässig ist, den Versorgungsauftrag zu beschränken, was teilweise als **sog Teilzulassung** bezeichnet wird (§ 95 Abs 3 Satz 1 SGB V iVm § 19a Abs 2 Ärzte-/Zahnärzte-ZV), erhebt sich die Frage, ob an den vorgenannten Grundsätzen noch festgehalten werden kann. Denn damit kann der beruflichen Tätigkeit als Vertragsarzt nicht mehr das Bild einer Vollzeittätigkeit zugrunde gelegt werden. Selbst wenn noch an vorgenannten Grundsätzen festgehalten werden kann, stellt sich die Frage, in welcher Weise diese im Falle einer sog Teilzulassung anzuwenden sind. Kann davon ausgegangen werden, das BSG habe Tätigkeiten von insgesamt 39 zuzüglich 13 Wochen als zulässig erachtet, also insgesamt 52 Wochenstunden, sodass bei Einschränkung des Versorgungsauftrags auf 20 Stunden anderweitige Tätigkeiten von 32 Wochenstunden zulässig seien?[68]

57   Falls vorstehende Folgerungen zuträfen, dürfte also ein Arzt zugleich 10 Wochenstunden in einem MVZ tätig sein und eine Vollzeittätigkeit in einem Krankenhaus ausüben?

58   Hinzuweisen ist darauf, dass schon von der rechtlichen Regelung her (§ 20 Abs 1 Ärzte-/Zahnärzte-ZV: „nicht ehrenamtliche Tätigkeit") **ehrenamtliche Tätigkeiten** den dargestellten Aussagen des BSG von vornherein nicht unterfallen können. Ausdrücklich für vereinbar erklärt hat das BSG die sowohl vertragsärztliche als auch vertragszahnärzt-

---

[66] S insbesondere BSG vom 18. 3. 1998 – B 6 KA 37/96 R – BSGE 82, 41, 44 ff = SozR 3-2500 § 103 Nr 2 S. 13 ff = JuS 2000, 509 mit Anmerkung von *Ruland*. Zuletzt ebenso BSG vom 28. 11. 2007 – B 6 KA 26/07 R – BSGE 99, 218 = SozR 4-2500 § 103 Nr 3 RdNr 16 mwN. – Vgl auch BVerfG vom 20. 3. 2001 – 1 BvR 491/96 – BVerfGE 103, 172, 192 f.

[67] BSG vom 30. 1. 2002 – B 6 KA 20/01 R = BSGE 89, 134, 140 f = SozR 3-5520 § 20 Nr 3 S. 25, betr. Psychologischen Psychotherapeuten'; BSG vom 11. 9. 2002 – B 6 KA 23/01 R = SozR 3-5520 § 20 Nr 4 S. 40 [betr. Kinder- und Jugendlichenpsychotherapeuten]; diese Rspr bestätigend BVerfG ‚Kammer' vom 23. 9. 2002 – 1 BvR 1315/02 – und 12. 2. 2003 – 1 BvR 59/03 –. Nochmals: BSG vom 5. 2. 2003 – B 6 KA 22/02 R = SozR 4-2500 § 95 Nr 2 RdNr 16 [betr. Arzt] und vor allem BSG vom 29. 11. 2006 – B 6 KA 23/06 R – SozR 4-1500 § 153 Nr 3 RdNr 15; ferner BSG vom 2. 9. 2009 – B 6 KA 34/08 R – BSGE 103 – SozR 4-2500 § 101 Nr 5 RdNr 20.

[68] Zu einer auf 28 Wochenstunden lautenden Berechnung siehe *Schallen*, Zulassungsverordnung, § 19a RdNr 532 ff, und *Pawlita* in: *Schlegel/Voelzke/Engelmann* § 95 RdNr 101 ff mwN.

liche Tätigkeit des **Mund-Kiefer-Gesichts-Chirurgen**[69] Von Gesetzes wegen besteht auch eine Vereinbarkeit mit der **Funktionärstätigkeit in KV und KZV** (§ 79 Abs 4 Sätze 3 und 4 SGB V – vgl auch RdNr 101).

Zudem ist zu beachten, dass das BSG seine Aussagen bisher ohnehin nur in Fällen der Ausübung weisungsabhängiger fremdbestimmter oder anderer vergleichbarer Erwerbstätigkeit formuliert hat. Es hat **ausdrücklich offengelassen,** ob dasselbe auch für andere Tätigkeiten gilt, wie zB für die Inanspruchnahme durch **Kindererziehung oder Pflege naher Angehöriger**[70] und für die Tätigkeit in leitender Funktion (Chefarzt) in einem **Bereich ohne Arzt-Patienten-Kontakt** (Pathologie oder Laboratoriumsmedizin) in höchstens halbtägiger Beschäftigung[71]. Eine weitere offene Frage ist, ob nicht ohnehin möglicherweise Besonderheiten bei **Berufsausübungsgemeinschaften** zu gelten haben in dem Sinne, dass es hier auf das Bild nur der Gesamtheit ankommt und deshalb Nebentätigkeiten einzelner Partner in größerem Umfang zulässig sein können.

b) Zur **Art zulässiger Nebentätigkeit** hat das BSG in seiner bisherigen Rechtsprechung die folgenden Grundsätze aufgestellt: Die Frage, ob eine anderweitige Tätigkeit „ihrem Wesen nach" mit der Tätigkeit des Vertragsarztes nicht vereinbar ist (§ 20 Abs 2 Satz 1 Ärzte-ZV), hat das BSG dahin konkretisiert, dass **Interessen und Pflichtenkollisionen** ausgeschlossen sein müssen. Dh, es dürfen keine Wechselwirkungen zwischen der anderweitigen Beschäftigung und der vertragsärztlichen Tätigkeit zu befürchten sein, wie zB die **Rekrutierung von Patienten** für die eigene Praxis noch die **Verlagerung von Leistungen und Vergütungen** von dem einen in den anderen Bereich möglich sein.

Die Möglichkeit der Interessen- und Pflichtenkollision ist jeweils abstrakt zu beurteilen: Persönliche Verpflichtungserklärungen, man werde zB nicht stationär kontaktierte Patienten dann auch ambulant behandeln oÄ, nützen nichts.[72]

Daher darf zB ein Psychotherapeut, der in einer ortsnahen psychotherapeutischen **Beratungsstelle** tätig ist (sei es auch mit weniger als 13 Stunden), nicht zur vertragspsychotherapeutischen Versorgung zugelassen werden.[73] Nach einer früheren Entscheidung darf ein Internist nicht zur vertragsärztlichen Versorgung zugelassen werden, der auch als **Werksarzt** tätig ist[74].

Vereinbar mit der vertragsärztlichen bzw vertragspsychotherapeutischen Tätigkeit **sind dagegen** Tätigkeiten ohne unmittelbaren Patientenkontakt, wie zB **rein technisch-administrative, organisatorische, dokumentarische oder publizistische Aufgaben**.[75] Dementsprechend ist zu erwägen, ob nicht die Mitarbeit an medizinisch-psychologischen Begutachtungen des TÜV mit der vertragspsychotherapeutischen Tätigkeit vereinbar ist.

---

[69] BSG vom 17. 11. 1999 – B 6 KA 15/99 R – BSGE 85, 145 = SozR 3-5525 § 20 Nr 1.

[70] Hierzu siehe BSG vom 30. 1. 2002 – B 6 KA 20/01 R – BSGE 89, 134, 142 oben = SozR 3-5520 § 20 Nr 3 S. 26.

[71] BSG vom 5. 11. 1997 – 6 RKa 52/97 – BSGE 81, 143, hat insoweit noch eine Vereinbarkeit angenommen. – Die Besonderheiten einer solchen Konstellation kommen auch zum Ausdruck in BSG vom 30. 1. 2002 – B 6 KA 20/01 R – BSGE 89, 134, 139 f = SozR 3-5520 § 20 Nr 3 S. 24 oben. Vgl andererseits auch die Revisions-Nichtzulassungsbeschwerde, betr Zulassungsentzug BSG vom 29. 8. 2005 – B 6 KA 38/05 B –, wonach mehr als halbtags jedenfalls zu viel ist, zumal, wenn die Tätigkeit zudem noch ortsfern ausgeübt wird (hier Basel – Ingelheim/Pfalz).

[72] Vgl BSG v 30. 1. 2002 – B 6 KA 20/01 R – BSGE 89, 134, 147 f = SozR 3-5520 § 20 Nr 3 S. 32 f; BSG v 11. 9. 2002 – B 6 KA 23/01 R – SozR 3-5520 § 20 Nr 4 S. 45.

[73] So BSG v 30. 1. 2002 – B 6 KA 20/01 R – BSGE 89, 134, 144 ff = SozR 3-5520 § 20 Nr 3 S. 28 ff; BSG v 5. 2. 2003 – B 6 KA 22/02 R – SozR 4-2500 § 95 Nr 2 RdNr 18; vgl ferner BSG v 19. 3. 1997 – 6 RKa 39/96 – BSGE 80, 130, 132 ff = SozR 3-5520 § 20 Nr 2 S. 12 ff; BSG v 6. 2. 2008 – B 6 KA 40/06 R – SozR 4-5520 § 31 Nr 3 RdNr 24.

[74] BSG v 19. 3. 1997 – 6 RKa 39/96 – BSGE 80, 130 = SozR 3-5520 § 20 Nr 2.

[75] BSG v 30. 1. 2002 – B 6 KA 20/01 R – BSGE 89, 134, 147 = SozR 3-5520 § 20 Nr 3 S. 31 unten.

64 Das BSG hatte einem schmerztherapeutisch tätigen Anästhesisten, der in einem **Krankenhaus** beschäftigt war, die Zulassung zur vertragsärztlichen Versorgung verwehrt.[76] Indessen hat der Gesetzgeber durch Anfügung des Satzes 2 in § 20 Abs 2 ÄrzteZV mit Wirkung seit dem 1.1.2007[77] Krankenhaustätigkeiten **nunmehr ausdrücklich** für **vereinbar** mit der Tätigkeit des Vertragsarztes erklärt.

65 Dagegen ist noch **offen**, ob eine **neuropädiatrische Beschäftigung** die Zulassung als Kinder und Jugendlichenpsychotherapeut hindert.[78]

66 **2. Altersgrenzen** gab es für die Vertragsärzte – und auch für die ermächtigten Ärzte – über viele Jahre in zweierlei Gestalt: zum einen in Form der 55-Jahre-Zugangsgrenze und zum anderen in Form der 68-Jahre-Altersgrenze:

67 Die zum 1.1.1993[79] geschaffenen Regelungen des § 98 Abs 2 Nr 12 SGB V iVm § 25 Ärzte-/Zahnärzte-ZV schlossen die Zulassung zur vertragsärztlichen Versorgung (und gemäß § 31 Abs 9 Ärzte-/Zahnärzte-ZV auch die Erteilung einer Ermächtigung) aus, wenn der Arzt bereits älter als **55 Jahre** war. Begründet[80] wurde die Einführung dieser Altersgrenze mit Gefährdungen der Wirtschaftlichkeit der ärztlichen Versorgung. Ärzte, die die vertragsärztliche Tätigkeit nur während einer relativ kurzen Zeit ausüben könnten, könnten sich möglicherweise veranlasst sehen, die Amortisation ihrer Praxisinvestitionen durch gesteigerte unwirtschaftliche Tätigkeit zu erreichen versuchen. Im Übrigen habe dieser Personenkreis ein abgeschlossenes Berufsleben hinter sich, so dass ein Bedürfnis zur Zulassung oder Ermächtigung im Regelfall nicht mehr bestehe.[81] Durch das Vertragsarztrechtsänderungsgesetz v 22.12.2006[82] wurde die Altersgrenze beseitigt, weil sie unter dem Gesichtspunkt der **Altersdiskriminierung** weder mit der EU-Gleichbehandlungsrichtlinie[83] noch mit dem – diese Richtlinie umsetzenden – Allgemeinen Gleichbehandlungsgesetz v 14.8.2006[84] vereinbar war.

68 Die Altersgrenze von **68 Jahren**, ab der die vertragsärztliche Tätigkeit nicht mehr ausgeübt werden durfte und die in § 95 Abs 7 Sätze 3 ff SGB V aF geregelt war, gilt ebenfalls nicht mehr. Der Gesetzgeber schränkte sie bereits durch das Vertragsarztrechtsänderungsgesetz vom 22.12.2006[85] ein, indem er sie in Bereichen bestehender oder bevorstehender Unterversorgung für unanwendbar erklärte (§ 95 Abs 7 Sätze 8 und 9 SGB V).[86] Der Gesetzgeber hob sie zum 1.10.2008 vollends auf.[87] Die Sinnhaftigkeit dieser Aufhebung erscheint fragwürdig. Denn in dem System der versorgungsgradabhängigen Bedarfsplanung mit örtlichen Zulassungssperren sollte durch die 68-Jahre-Altersgrenze auch in Bereichen, die wegen Überversorgung für Neuzulassungen gesperrt sind, gewährleistet bleiben, dass jedenfalls in einem kleinen Umfang auch Jüngere zugelassen

---

[76] BSG v 5.2.2003 – B 6 KA 22/02 R – SozR 4-2500 § 95 Nr 2 RdNr 18.
[77] Vertragsarztrechtsänderungsgesetz v 22.12.2006 (BGBl I 3439).
[78] BSG v 11.9.2002 – B 6 KA 23/01 R – SozR 3-5520 § 20 Nr 4 S. 44f.
[79] Gesundheitsstrukturgesetz v 21.12.1992 (BGBl I 2266).
[80] BT-Drucks 11/2237 S. 195.
[81] Die Verfassungsmäßigkeit wurde durch das BVerfG und das BSG bestätigt: BVerfG v 20.3.2001 – 1 BvR 491/96 – BVerfGE 103, 172, insbes 190f. – Aus der BSG-Rechtsprechung s BSG v 24.11.1993, BSGE 73, 223 = NZS 1994, 329, und BSG v 18.12.1996, BSGE 80, 9 = SozR 3-2500 § 98 Nr 4. Zuletzt BSG v 28.4.2004 – B 6 KA 9/03 R – SozR 4-2500 § 98 Nr 3 RdNr 8.
[82] BGBl I 3439.
[83] RL 2000/78/EG, veröffentlicht im Amtsblatt der Europäischen Gemeinschaften v 2.12.2000 – L 303/20. Zu deren Wirksamwerden in Deutschland nach sechs Jahren siehe BSG v 6.2.2008 – B 6 KA 41/06 R – BSGE 100, 43 = SozR 4-2500 § 95 Nr 14 RdNr 15.
[84] BGBl I 1897.
[85] BGBl I 3439.
[86] Das stellte ihre Fortgeltung in anderen Bereichen, insb. solchen mit Überversorgung, nicht in Frage: BSG v 6.2.2008 – B 6 KA 41/06 R – BSGE 100, 43 = SozR 4-2500 § 95 Nr 14 RdNr 12.
[87] Art 1 Nr 1i iVm Art 7 Abs 3 des Gesetzes zur Weiterentwicklung der Organisationsstrukturen in der gesetzlichen Krankenversicherung (GKV-OrgWG) v 15.12.2008 (BGBl I 2426).

6. Kapitel. Das Kassenarztrecht/Vertragsarztrecht   69–73 § 29

werden können und dadurch neuere medizinische Erkenntnisse in das System der vertragsärztlichen Versorgung eingebracht werden. Vor diesem Hintergrund hatten das BSG und das BVerfG auch alle **verfassungsrechtlichen und europarechtlichen Einwendungen** gegen die 68-Jahre-Altersgrenze in ständiger Rechtsprechung **zurückgewiesen**.[88] Zur Frage der Altersdiskriminierung hatte das BSG dargelegt, dass mit der Altersgrenze sachgerechte gesundheitliche Ziele und auch Ziele der Beschäftigungspolitik verfolgt werden.[89]

V. Ermächtigung

1. Die Ermächtigung ist eine **eingeschränkte Form** der Zulassung, und zwar in zeitlicher Hinsicht, in Bezug auf die abrechenbaren Leistungen der Diagnostik und Therapie oder in Bezug auf den zu versorgenden Personenkreis. Ermächtigt werden können **Krankenhausärzte** mit abgeschlossener Weiterbildung, Ärzte in Einrichtungen der beruflichen Rehabilitation und – in besonderen Fällen – **ärztlich geleitete Einrichtungen.**   69

Rechtsgrundlagen für die Erteilung von Ermächtigungen durch den Zulassungsausschuss sind §§ 116, 117–119 und § 98 Abs 2 Nr 11 SGB V iVm §§ 31, 31a Ärzte-/Zahnärzte-ZV.   70

2. Die verschiedenen **Formen der Ermächtigung** stehen im **Verhältnis zueinander** in einer **Stufenfolge von Vor- und Nachrang:**   71
So sind die **bedarfsunabhängigen** Ermächtigungen der §§ 117, 118 SGB V **vorrangig gegenüber den bedarfsabhängigen** Ermächtigungen. Innerhalb von diesen sind wiederum **persönliche Ermächtigungen** an Krankenhausärzte (§ 116 SGB V iVm § 31a Ärzte-ZV) **vorrangig gegenüber** persönlichen Ermächtigungen an sonstige Ärzte (§ 31 Abs 1 Ärzte-ZV); beide Arten persönlicher Ermächtigungen sind vorrangig gegenüber den (bedarfsabhängigen) **Instituts**ermächtigungen (§§ 116a, 119, 119a SGB V, 31 Abs 1 Buchst a Ärzte-ZV) zukommt.[90]   72

3. **Persönliche Ermächtigungen** können gemäß § 116 SGB V an **Krankenhausärzte** mit abgeschlossener Weiterbildung mit Zustimmung des Krankenhausträgers vom Zulassungsausschuss erteilt werden. Die Ermächtigung ist zu erteilen, soweit und solange eine ausreichende ärztliche Versorgung der Versicherten ohne die besonderen Untersuchungs- und Behandlungsmethoden oder Kenntnisse von hierfür geeigneten Krankenhausärzten nicht sichergestellt wird. **§ 31a Abs 1** Ärzte-/Zahnärzte-ZV stimmt im Wortlaut mit § 116 SGB V überein. Die hiernach gegebene Möglichkeit der Ermächtigungserteilung ist anders als die sog Beteiligung nach früherem Recht (zur Rechtslage bis 1988 siehe § 368a Abs 8 RVO aF und §§ 29, 31 ZulO-Ärzte aF zur Beteiligung von leitenden Krankenhausärzten und evtl auch von Ärzten mit einer Gebietsbezeichnung) nicht auf bestimmte Krankenhausärzte beschränkt; vielmehr können Ermächtigungen **allen Ärz-**   73

---

[88] Zusammenfassend BSG v 6. 2. 2008 – B 6 KA 41/06 R – BSGE 100, 43 = SozR 4-2500 § 95 Nr 14 RdNr 11 und 21, jeweils mit weiteren BSG- und BVerfG-Nachweisen. – Die Verfassungsbeschwerde gegen dieses Urteil v 6. 2. 2008 ist erfolglos geblieben: BVerfG [Kammer] v 30. 6. 2008 – 1 BvR 1159/08 – in Juris dokumentiert. – Ebenso nachfolgend auch BSG v 9. 4. 2008 – B 6 KA 44/07 R – USK 2008-23. – Zur Vereinbarkeit mit dem europäischen Recht s auch EuGH in den Verfahren C-229/08 und C-341/08. Vgl ferner RdNr 122.
[89] BSG v 6. 2. 2008 – B 6 KA 41/06 R – BSGE 100, 43 = SozR 4-2500 § 95 Nr 14 RdNr 18–22.
[90] Zu diesen Rangfolgen siehe insbesondere BSG v 26. 1. 2000 – B 6 KA 51/98 R – SozR 3-5520 § 31 Nr 10 S. 44 ff = MedR 2000, 492, 493 f; BSG v 11. 12. 2002 – B 6 KA 32/01 R – BSGE 90, 207, 212 f = SozR 3-1500 § 54 Nr 47 S. 107). – Aus der früheren Rechtsprechung siehe zB auch BSG vom 2. 10. 1996 – BSGE 79, 159 = MedR 1997, 184 = NJW 1997, 2476; BSG vom 1. 7. 1998 – B 6 KA 43/97 R – BSGE 82, 216 = SozR 3-5520 § 31 Nr 9. Kann ein Institut für bestimmte ärztliche Leistungen keine Qualifikation nach § 135 Abs 2 SGB V nachweisen, kann es dafür keine Ermächtigung erhalten (BSG v 1. 7. 1998 – B 6 KA 44/97 R – SozR 3-5520 § 31 Nr 7).

ten erteilt werden, die **an einem Krankenhaus** iSd § 107 Abs 1 SGB V tätig sind. Ermächtigungen werden durch den Zulassungsausschuss ausgesprochen (und nicht durch die KV wie bei der alten Ermächtigung). An die Stelle der früheren Möglichkeit, Beteiligungen und Ermächtigungen jederzeit widerruflich zu erteilen (vgl § 29 Abs 5 und § 31 Abs 6 ZulO-Ärzte aF), und der Regelung der Überprüfung in regelmäßigen Zeitabständen ist die **obligatorische Befristung** getreten (§ 31 Abs 7, § 31a Abs 3 Ärzte-ZV). Diese wird **im Regelfall** auf **zwei Jahre** bemessen.

74 Die – in jedem Fall auszusprechende – **Befristung** führt dazu, dass der ermächtigte Arzt rechtzeitig vor Ablauf der Frist einen **neuen Antrag** stellen muss (meist erfolgt der Hinweis, dass dies ein halbes Jahr vorher erfolgen sollte); anderenfalls erlischt die Ermächtigung. Sie darf **nicht rückwirkend** erteilt werden.[91]

75 Die Erteilung der Ermächtigung erfolgt gemäß § 116 Satz 2 SGB V, „soweit und solange eine ausreichende ärztliche Versorgung der Versicherten ohne die besonderen Untersuchungs- und Behandlungsmethoden oder Kenntnisse von hierfür geeigneten Krankenhausärzten nicht sichergestellt wird". Hierfür hat das BSG bislang auf die Versorgungslage in dem Planungsbereich abgestellt, in dem der Krankenhausarzt tätig werden wollte.[92] Ob hieran festgehalten werden kann, ist aber vor dem Hintergrund der Ausführungen im Urteil vom 17. 10. 2007[93] zweifelhaft.

76 **4.** Nach § 31 Ärzte-ZV können die Zulassungsausschüsse über den Kreis der zugelassenen Ärzte hinaus **weitere Ärzte,** insbesondere in Krankenhäusern und Einrichtungen der beruflichen Rehabilitation oder in ärztlich geleiteten Einrichtungen, ermächtigen, wenn dies in folgenden Fällen notwendig ist:
– zur Abwendung einer drohenden Unterversorgung;
– zur Versorgung eines begrenzten Personenkreises[94];
– zur Erbringung bestimmter ärztlicher Leistungen (gemäß § 5 BMV-Ärzte, § 9 EKV-Ä);
– für ausländische Ärzte mit nur vorübergehender Berufserlaubnis;
– für ausländische Ärzte nach Art 60 EWG-Vertrag.

Im zweitletzten Falle trifft die KV die Entscheidung über die Ermächtigung, wobei die Voraussetzungen des § 31 Abs 1 Ärzte-ZV (drohende Unterversorgung oder zu versorgender begrenzter Personenkreis) gegeben sein müssen (§ 31 Abs 3 Ärzte-ZV).

77 Mit der Ermächtigung ist auszusprechen, ob den Versicherten der unmittelbare Zugang offensteht oder ob nur von allen Vertragsärzten (oder von bestimmten Gebietsärzten) überwiesene Patienten behandelt werden dürfen.[95]

78 **5.** In besonderen Fällen können auch **ärztlich geleitete Einrichtungen** zur Teilnahme an der vertragsärztlichen Versorgung ermächtigt werden. Die wichtigsten Fälle sind ausdrücklich in §§ 117–119 SGB V genannt: Hochschulambulanzen (früher Polikliniken genannt), Psychiatrische Institutsambulanzen, Sozialpädiatrische Zentren. Weitere ärztlich geleitete Einrichtungen können aufgrund des § 31 Abs 1 ÄrzteZV ermächtigt

---

[91] Aus der Rechtsprechung siehe zB BSG vom 28. 1. 1998 – B 6 KA 41/96 R – SozR 3-1500 § 97 Nr 3 S. 5 f; BSG v 5. 2. 2003 – B 6 KA 42/02 R – SozR 4-2500 § 95 Nr 4 RdNr 15 am Ende; BSG v 31. 5. 2006 – B 6 KA 7/05 R – SozR 4-5520 § 24 Nr 2 RdNr 14 ff; BSG v 28. 3. 2007 – B 6 KA 30/06 R – SozR 4-2500 § 98 Nr 4 RdNr 17 am Ende; BSG v 11. 3. 2009 – B 6 KA 15/08 R – SozR 4-2500 § 96 Nr 1 RdNr 14 ff, 28 am Ende.
[92] S zuletzt BSG v 19. 7. 2006 – B 6 KA 14/05 R – SozR 4-2500 § 116 Nr 3 RdNr 19 mwN.
[93] BSG v 17. 10. 2007 – B 6 KA 42/06 R – BSGE 99, 145 = SozR 4-2500 § 116 Nr 4 RdNr 18–20.
[94] Zu diesem Tatbestand s BSG v 21. 6. 1995 – 6 RKa 48/94 – SozR 3-1500 § 131 Nr 5 S 8 f.
[95] Vgl dazu schon BSGE 29, 65 = NJW 1969, 1594. Aus späterer Zeit BSG v 15. 3. 1995 – 6 RKa 42/03 – SozR 3-2500 § 116 Nr 11 = NZS 1996, 36, und *Schiller*, Zur Beschränkung der Ermächtigung von Krankenhausärzten auf Überweisung durch niedergelassene Fachkollegen, MedR 1993, 409.

werden: zB Labor-Institute, Blutbanken mit Labor, humangenetische Institute; diese weiteren Institutsermächtigungen sind, wie schon in RdNr 71 f ausgeführt, insoweit **subsidiär, als nicht** ein Krankenhausarzt durch seine **persönliche Ermächtigung** den Bedarf sicherstellen kann.

a) Hochschulambulanzen (früher: Polikliniken). Einrichtungen, die für Ermächtigungen 79 gemäß **§ 117 SGB V** in Frage kommen, müssen den Hochschulen und Hochschulkliniken sowie Psychologischen Universitätsinstituten angegliedert sein. Die **Hochschulambulanzen** sollen einen Beitrag zur **Versorgung der Versicherten** leisten, hierdurch aber **gleichzeitig** der **Forschung und Lehre** zugute kommen, indem Patientengut zur Anschauung für Studenten und weiterzubildende Ärzte und zur Weiterentwicklung des medizinischen Erkenntnisstandes anhand praktischer Fälle zur Verfügung steht.[96] Deshalb heißt es in § 117 Abs 1 Satz 2 SGB V, dass die Ermächtigung so zu gestalten ist, dass die Ambulanzen die Untersuchung und Behandlung der Versicherten in dem **für Forschung und Lehre erforderlichen Umfang** durchführen können. Das Nähere zur Durchführung der Ermächtigung regeln die KV/KZV im Einvernehmen mit den (KK-Verbänden) durch Verträge mit Hochschulkliniken bzw ihren Trägern.

Ärztlich geleitete Einrichtungen können grundsätzlich auch **Dependanzen bzw** 80 **Filialen** vorsehen. Die Erstreckung der Ermächtigung auf die **Außenstelle** setzt allerdings voraus, dass diese mit der Hochschul(zentral)e **organisatorisch und auch räumlich verbunden** ist.[97]

Für die Hochschulambulanzen ist eine **dreigliedrige Regelung** vorgesehen. Zum 81 einen stellt sich die Frage nach dem Ob der **Ermächtigung,** zum anderen nach deren weiterer **vertraglicher Ausgestaltung,** und zum dritten ist die **Vergütung** zu regeln.

Beantragt der Träger einer Hochschulambulanz eine **Ermächtigung** gemäß § 117 82 SGB V, so **muss der Zulassungsausschuss** diese erteilen. In seinem Beschluss ist nur festzulegen, ob die Versicherten direkten Zugang zu den Hochschulambulanzen erhalten oder ob eine **Überweisung** des behandelnden Vertragsarztes nötig ist. **Richtzahlen** der zu behandelnden Personen mit Obergrenzen dürfen im Ermächtigungsbeschluss **nicht** festgelegt werden; dies ist Aufgabe der Vertragspartner nach § 117 Abs 1 Satz 3 SGB V.

Bei der weiteren **vertraglichen Ausgestaltung** gemäß § 117 Abs 1 Satz 3 SGB V wer- 83 den regelmäßig eingrenzende Maßnahmen vorgesehen, um die ambulant tätigen Vertragsärzte vor übermäßiger Ausdehnung der Tätigkeit der Hochschulambulanzen zu schützen. Überwiegend wird in den Verträgen auch die Zahl der im Quartal zu honorierenden **Fälle begrenzt.**

Die **Vergütung** der Leistungen der Hochschulambulanzen erfolgt gemäß § 120 Abs 3 84 SGB V. Sie wird in Verträgen der Hochschulambulanzen mit den Landesverbänden der KK geregelt. Darin kann die Vergütung **pauschaliert** werden (§ 120 Abs 3 Satz 1 SGB V).[98] Ein Investitionskosten-Abschlag von **10 %** ist vorzunehmen; dieser erklärt und recht-

---

[96] Diese Ausrichtung zu Forschung und Lehre darf sich im Falle einer Hochschulambulanz an einem Psychologischen Universitätsinstitut (§ 117 Abs 2 SGB V) nicht auf den Studiengang Psychologie beschränken, sondern muss auch das Gebiet der Psychotherapie erfassen (und auch die sog Richtlinien-Verfahren der psychoanalytischen Psychotherapie, der tiefenpsychologisch fundierten Psychotherapie und/oder der Verhaltenstherapie betreffen): BSG v 5. 11. 2003 – B 6 KA 52/02 R – SozR 4-2500 § 117 Nr 2 RdNr 14.

[97] So BSG vom 5. 2. 2003 – B 6 KA 26/02 R – SozR 4-2500 § 117 Nr 1 RdNr 22 mit Verweisung auf BSG vom 21. 6. 1995 – 6 RKa 49/94 – SozR 3-2500 § 118 Nr 2 S 8 f. – Die Maximalentfernung ist weniger als 50 km.

[98] Pauschalierungen sind in großem Umfang zulässig. Es gibt indessen auch Grenzen. So wäre ein Gesamtpauschalbetrag, der unabhängig von der konkreten Fallzahl alle Behandlungen pauschal abdeckt, unzulässig: Vgl BSG vom 20. 1. 1999 – B 6 KA 82/97 R – SozR 3-2500 § 120 Nr 9 S. 49 f – Zu alledem zusammenfassend *Clemens* in: *Orlowski/Rau ua* (Hrsg), GKV-Kommentar SGB V, Loseblattausgabe, § 120, RdNr 42 ff.

fertigt sich daraus, dass Investitionen im Rahmen der sog dualistischen Krankenhausfinanzierung von den Ländern zu tragen sind (§ 120 Abs 3 Satz 2 SGB V). Der früher in Abs 3 Satz 2 HS 2 normierte zusätzliche Abzug von 20 % für den Anteil, den die Forschung und Lehre in der Behandlung ausmachen, ist seit dem 1.1.2003 weggefallen.[99] Die KK überweisen die Vergütung nach Abzug der 10 % an die Hochschulambulanzen weiter; der Abzug wird im Regelfall in der Weise erfolgen, dass er schon bei der Festlegung der Vergütungen im Rahmen der Vereinbarung zwischen KK und Hochschule einberechnet wird.

85 b) *Psychiatrische Institutsambulanzen.* Da die psychiatrische ärztliche Versorgung der Versicherten in der Bundesrepublik Deutschland noch nicht als vollkommen angesehen wird, hat der Gesetzgeber in **§ 118 SGB V** einen **Anspruch auf Ermächtigung** gegeben. Zu unterscheiden sind nach der Vorschrift
– Psychiatrische Krankenhäuser und
– Allgemeinkrankenhäuser mit selbständigen, fachärztlich geleiteten psychiatrischen Abteilungen.

86 Unter einem **Psychiatrischen Krankenhaus** gemäß § 118 **Abs 1** SGB V ist ein Krankenhaus zu verstehen, das die mit dem Fach der Psychiatrie beschriebenen medizinischen Versorgungsaufgaben (oder jedenfalls ein anerkanntes Teilgebiet der Psychiatrie, etwa die Kinderpsychiatrie) kompetent abdeckt. Die hier beschriebenen Psychiatrischen Krankenhäuser müssen Fachärzte für Psychiatrie (oder eines Teilgebiets) beschäftigen, weiterhin Psychotherapeuten, Psychagogen, Beschäftigungstherapeuten und anderes qualifiziertes nichtärztliches Personal. Die Eigenschaft als „Psychiatrisches Krankenhaus" wird **präjudiziert durch die landesbehördlichen Entscheidungen** im Rahmen der landesrechtlichen Krankenhausbedarfsplanung: Wird hier eine Klinik im Sinne von § 2 Nr 1 KHG als Krankenhaus für Psychiatrie anerkannt, so ist damit zugleich auch der entsprechende Status im Rahmen von § 107 Abs 1 und im Rahmen von § 118 Abs 1 SGB V gegeben.[100] Davon sind **auch Einrichtungen** nicht ausgeschlossen, die nur teilstationär arbeiten, zB **nur tagsüber** versorgungsbereit sind.[101]

87 Unter Allgemeinkrankenhäusern mit **selbständigen** und unter fachärztlicher Leitung stehenden **Abteilungen** gemäß § 118 **Abs 2** SGB V sind mittlere bis große Krankenhäuser (über 500 Betten – mehr als vier Abteilungen) zu verstehen, welche die personelle und apparative Ausrüstung aufweisen, die zusätzlich zur stationären psychiatrischen Versorgung der Versicherten ihre ambulante Behandlung ermöglicht. Selbständig ist die Abteilung, deren ärztlicher Leiter nicht den Weisungen eines übergeordneten Arztes (im ärztlichen Bereich) unterworfen ist. Die fachärztliche Leistung ist gegeben bei einem Gebietsarzt für Psychiatrie und Psychotherapie (Nervenarzt).

88 Sowohl für § 118 Abs 1 als auch für § 118 Abs 2 SGB V gilt, dass der Träger der Psychiatrischen Institutsambulanz sicherzustellen hat, dass für die ambulante psychiatrische und psychotherapeutische Behandlung die erforderlichen Ärzte und nichtärztlichen Fachkräfte sowie die notwendigen Einrichtungen bei Bedarf zur Verfügung stehen (§ 118 Abs 1 Satz 3 und Abs 2 Satz 6 SGB V).

89 Für § 118 Abs 1 und Abs 2 SGB V gilt, dass der Zulassungsausschuss einem Antrag auf **Ermächtigung** für eine Einrichtung im Sinne des § 117 SGB V stattgeben **muss**. Aufgehoben ist seit dem 1.1.2000[102] die früher für die Krankenhausabteilungen bestehende Vorgabe, dass eine Ermächtigung nur erteilt werden darf, „soweit und solange eine ausreichende psychiatrische und psychotherapeutische Behandlung..." nicht sichergestellt ist.

---

[99] Das FallpauschalenG (FPG) vom 23.4.2002 (BGBl I 2002). beließ es bei dem Investitionskosten-Abschlag von 10 %.
[100] BSG v 28.1.2009 – B 6 KA 61/07 R – SozR 4-2500 § 118 Nr 1 RdNr 14 ff.
[101] BSG v 28.1.2009 – B 6 KA 61/07 R – SozR 4-2500 § 118 Nr 1 RdNr 16.
[102] GKV-Gesundheitsreformgesetz 2000 vom 22.12.1999 (BGBl I 2626).

Die nähere **Ausgestaltung des Ermächtigungsumfangs** erfolgt im Rahmen des 90
§ 118 **Abs 1** SGB V **in der Ermächtigung** (Abs 1 Satz 2) und im Rahmen des § 118 **Abs 2**
SGB V **durch Vertrag** auf Bundesebene zwischen der Deutschen Krankenhausgesellschaft
und der KBV (Abs 2 Satz 2). Die Ausgestaltung ist jeweils auf die **Patienten** auszurichten,
die wegen der Art, Schwere oder Dauer ihrer Erkrankung (oder im Falle des Abs 1 Satz 2
alternativ „wegen zu großer Entfernung zu geeigneten Ärzten"[103]) der Behandlung durch
die Institutsambulanz bedürfen. Der Hinweis auf **Schwere oder Dauer der Erkrankung** dürfte bedeuten, dass besonders denjenigen Patienten, die **vorher stationär-psychiatrisch** untergebracht waren, im Sinne einer gleitenden abgestuften Kontinuität ermöglicht werden soll, nunmehr ambulant eine Anlaufstelle zu haben, die die bisher stationäre
Behandlung nunmehr enger begrenzt ambulant fortführen kann. Der Hinweis auf die **Art der Erkrankung** dürfte bedeuten, dass die Institutsambulanzen Anlaufstellen für solche
Patienten sein sollen, die sich scheuen, niedergelassene Psychiater aufzusuchen (weil sie die
Öffentlichkeit im Wartezimmer usw scheuen und deshalb lieber mehr anonym in eine
Ambulanz gehen).

Der bisherige **Vertrag** gemäß § 118 **Abs 2 Satz 2** SGB V ist von Seiten der KBV zum 91
Ende des Jahres 2008 **gekündigt** worden, weil sie die bisherigen Eingrenzungen der
Tätigkeiten der Institutsambulanzen für unzureichend hält und meint, diese dehnten ihre
Tätigkeiten zu weit aus zu Lasten der niedergelassenen Psychiater. Der Abschluss eines
neuen Vertrags bleibt abzuwarten. Im Misserfolgsfall ist ein Schiedsamtsverfahren gemäß
§ 118 Abs 2 Sätze 3-5 SGB V durchzuführen.

Die **Vergütung** der Leistungen der Psychiatrischen Institutsambulanzen erfolgt gemäß 92
§ 120 Abs 3 SGB V. Sie wird in Verträgen der Institutsambulanzen (bzw ihrer Träger) mit
den KK(-Landesverbänden) geregelt. Darin kann die Vergütung **pauschaliert** werdem
(§ 120 Abs 3 Satz 1 SGB V).[104] Bei der Vergütungsvereinbarung sind nicht nur die ärztlichen, sondern auch die **nichtärztlichen** Leistungen zu berücksichtigen. Bei öffentlich
geförderten Krankenhäusern ist nach § 120 Abs 3 Satz 2 SGB V ein **Investitionskostenabschlag** von 10 % vorzusehen.

c) Sozialpädiatrische Zentren. Früher war die vorbeugende und rehabilitative Behandlung 93
von psychischen Schädigungen oder Störungen bei Kindern nur ausnahmsweise oder
teilweise in die vertragsärztliche Versorgung einbezogen. Mit der Möglichkeit, **Sozialpädiatrische Zentren** nach **§ 119 SGB V** zu ermächtigen, sollen durch frühe Diagnostik, frühe Therapie und frühe soziale Eingliederung Krankheiten verhindert, geheilt oder
in ihren Auswirkungen gemildert werden. Dazu ist im Rahmen einer **ganzheitlichen
Behandlung** ein Bündel integrierter, gezielter medizinischer, psychologischer, pädagogischer und sozialer Maßnahmen notwendig, wie dies auch bereits in den schon existierenden Sozialpädiatrischen Zentren vorgehalten wird.

Die **Zulassungsausschüsse** haben bei der Ermächtigung Sozialpädiatrischer Zentren 94
einen Ermessensspielraum. Zunächst ist zu prüfen, ob das antragstellende Zentrum die
personellen und **sächlichen** Voraussetzungen des § 119 Abs 1 SGB V erfüllt. Es muss eine
ständige ärztliche Leitung vorhanden sein und nichtärztliches Personal, das im Sinne
einer **interdisziplinären Funktionseinheit** zusammenwirkt und die erforderlichen
psychologischen, heilpädagogischen und psycho-sozialen Maßnahmen leisten kann.[105]

---

[103] Hierin liegt nach der Rechtsprechung des BSG nicht etwa ein Erfordernis der Bedarfsabhängigkeit, sondern lediglich eine inhaltliche Beschränkung der Ermächtigung: So BSG v 15. 3. 1995 – 6 RKa 1/94 – SozR 3-2500 § 118 Nr 1 S. 3; BSG vom 21. 6. 1995 – 6 RKa 49/94 – SozR 3-2500 § 118 Nr 2 S 7 f; BSG v 21. 6. 1995 – 6 RKa 3/95 – USK 95 89 S. 489.
[104] Vgl RdNr 84 mit dortiger Fn.
[105] Vgl hierzu LSG Baden-Württemberg v 12. 7. 1995 – L 5 Ka 644/94 – MedR 1996, 89, 90, und BSG v 15. 9. 1993 – L 5 Ka 2058/92 – MedR 1994, 119, 121. S dazu auch die Gesetzesbegründung in BT-Drucks 11/2237, 22. Weitere Details bei *Clemens* in: *Orlowski/Rau ua* (Hrsg), GKV-Kommentar SGB V, Loseblattausgabe, § 120, RdNr 36 f – Die zu diesen Fragen einst aufgestellten

Der nach dem Wortlaut des § 119 Abs 1 Satz 1 SGB V („können") gegebene Ermessensspielraum des Zulassungsausschusses schwindet gemäß dessen Satz 2 auf Null („ist zu erteilen"), soweit und solange die Ermächtigung eines entsprechend ausgestatteten Zentrums notwendig ist, um eine ausreichende sozialpädiatrische Behandlung in dem betreffenden Einzugsbereich[106] sicherzustellen; der Zulassungsausschuss **muss** dann also die Ermächtigung erteilen.

95 Die **Vergütung** ist – wie bei den Hochschulambulanzen und den psychiatrischen Institutsambulanzen – gemäß § 120 Abs 3 SGB V **durch Verträge** zwischen den Trägern der Sozialpädiatrischen Zentren und den Landesverbänden der KK zu regeln. Die Vergütung der Leistungen kann **pauschaliert** werden. Zu Eckpunkten, die Anhaltspunkte für die Festlegung der **Höhe der Vergütung** bieten können, liegen bereits verschiedene Gerichtsentscheidungen vor.[107]

96 6. Weitere Fälle von Ermächtigungen sind in § 116a und § 119a SGB V geregelt. Gemäß **§ 116a SGB V** kann der Zulassungsausschuss **Krankenhäuser in unversorgten Planungsbereichen** zur vertragsärztlichen Tätigkeit ermächtigen, und gemäß **§ 119a SGB V** kann er im Bedarfsfall **Einrichtungen der Behindertenhilfe** zur ambulanten ärztlichen **Behandlung von Behinderten** ermächtigen.

97 7. Durch **§ 116b SGB V**[108] ist zum einen in dessen **Abs 1** geregelt, dass die Krankenhäuser aufgrund von **Verträgen mit den KK**(-Landesverbänden) zur Erbringung von **Leistungen im Rahmen sog strukturierter Behandlungsprogramme** berechtigt werden können.

98 Zum anderen ist in dessen **Abs 2** vorgesehen, dass **landesbehördlich „bestimmt"** werden kann, dass Krankenhäuser berechtigt sind, ambulant **hochspezialisierte Leistungen** zu erbringen und **seltene Erkrankungen** zu behandeln (die als sog **Katalogkrankheiten** in Abs 3 bzw in ergänzenden Richtlinien des GBA gemäß Abs 4 aufgeführt sind[109]). Hierbei handelt es sich um einen ermächtigungsähnlichen Tatbestand, mit den Unterschieden, dass keine Zuständigkeit des Zulassungsausschusses oder einer anderen vertragsärztlichen Institution besteht und dass die vertragsärztliche Versorgungssituation lediglich „zu berücksichtigen" ist, dh keine Beschränkung auf den Fall einer Versorgungslücke vorgeschrieben ist. Mit diesen Unterschieden stellt § 116b Abs 2 SGB V einen neuartigen Fremdkörper dar, der der Verzahnung von stationärer und ambulanter Versorgung dienen mag, aber von den Vertragsärzten und den Kassenärztlichen Vereinigungen mit Skepsis betrachtet wird.[110]

99 8. **Ähnlich einer Ambulanzermächtigung** ist in **§ 24b SGB V**[111] bestimmt, dass die von den Bundesländern zu schaffenden – ambulanten wie stationären – **Einrichtun-**

„Gemeinsamen Empfehlungen" von Seiten der Krankenkassen haben keine rechtliche Bedeutung, weil sie nur allein von der Krankenkassen-Seite aufgestellt wurden und daher weder für die paritätisch besetzten Zulassungsausschüsse noch für die gemeinsam mit dem Sozialpädiatrischen Zentrum abzuschließenden Verträge maßgebend sein können.

[106] Zum anzusetzenden Einzugsbereich siehe *Clemens* in: Orlowski/Rau ua (Hrsg), GKV-Kommentar SGB V, Loseblattausgabe, § 120, RdNr 38 am Ende, mit Hinweis auf LSG Baden-Württemberg v 12. 7. 1995 – L 5 Ka 644/94 – MedR 1996, 89, 91 (unter 3.b).

[107] S die Darstellung bei *Clemens* in: Orlowski/Rau ua (Hrsg), GKV-Kommentar SGB V, Loseblattausgabe, § 120, RdNr 38, mit Bezugnahme auf die Rechtsprechung des LSG Baden-Württemberg und des LSG Niedersachsen.

[108] Eingefügt durch das GKV-Modernisierungsgesetz vom 14. 11. 2003 (BGBl I 2190).

[109] Zur Frage, ob die Kassenärztliche Bundesvereinigung zur Anfechtung der vom GBA erlassenen Richtlinien berechtigt ist, sind die Revisionsverfahren B 6 KA 30/09 R und B 6 KA 31/09 R anhängig. Entscheidungen dürften Ende 2010 ergehen.

[110] Zu den vielfältigen Problemen, die dieser Tatbestand in sich birgt, s zB *Hencke* in: Peters, Handbuch der Krankenversicherung – SGB V, Loseblattausgabe, § 116b (Stand Sept 2008) RdNr 3 ff

[111] Dies ist die Nachfolgeregelung zu der Vorschrift des § 200f RVO, die – ungeachtet des sonstigen Außerkrafttretens der RVO – aufgrund des Art 5 GRG (vom 20. 12. 1988, BGBl I 2477)

gen zur Vornahme von **Schwangerschaftsabbrüchen** (§ 13 Abs 2 Schwangerschaftskonfliktgesetz) die Aufgabe haben, durch Krankheit erforderliche **Sterilisationen** und nicht rechtswidrige **Schwangerschaftsabbrüche** durchzuführen. Dazu sind diese Einrichtungen **kraft Gesetzes** berechtigt, ohne dass es einer Zulassung oder einer Ermächtigung bedarf.

9. Schließlich gibt es noch weitere Formen der Teilnahme an der vertragsärztlichen Versorgung; durch **§§ 115a, 115b SGB V** werden den **Krankenhäusern** weitere Möglichkeiten der Teilnahme eingeräumt. Dies betrifft zum einen den Bereich **vor- und nachstationärer Behandlung** (§ 115a SGB V, siehe auch § 115c SGB V), zum anderen das **ambulante Operieren** (§ 115b SGB V). Diese Fälle werden teilweise als systemwidrige Übergriffe der Krankenhäuser in die ambulante vertragsärztliche Versorgung kritisiert, während andere diese Fälle als Prototypen einer wünschenswerten stärkeren Verzahnung von stationärer und ambulanter Versorgung sehen (zu § 115a SGB V vgl RdNr 48).

VI. Ruhen der Zulassung

1. Ein Ruhen der Zulassung gibt es in drei Zusammenhängen: **Erstens** kann deren Ruhen **im Interesse des Arztes** liegen, wenn er nämlich die vertragsärztliche Tätigkeit vorübergehend nicht ausüben kann, aber auch nicht auf seine **Zulassung** verzichten möchte (die Ruhensmöglichkeit ist besonders in überversorgten Planungsbereichen für ihn wichtig, weil er hier nach einem Verzicht auf die Zulassung nicht sicher sein kann, erneut eine Zulassung zu erlangen) (§ 95 Abs 5 SGB V iVm § 26 Ärzte-ZV). Dabei gibt es – **zweitens** – den besonders geregelten **Spezialfall**, dass ein Arzt wegen der **Berufung in den Vorstand** der Kassenärztlichen Vereinigung seine Zulassung ruhen lassen möchte (§ 79 Abs 4 Satz 4 SGB V). **Drittens** kann ein Ruhen der Zulassung als **disziplinarische Sanktion** im Falle der Nichterfüllung oder Verletzung vertragsärztlicher Pflichten verhängt werden (hierzu s § 81 Abs 5 SGB V). Die hier **folgenden Ausführungen** konzentrieren sich auf die **erste dieser drei Varianten**.

Das Ruhen der Zulassung gemäß **§ 95 Abs 5 SGB V iVm § 26 Ärzte-ZV** kann in Betracht kommen, **(1.a)** wenn der Arzt die Zulassung erhalten hat, aber die vertragsärztliche **Tätigkeit nicht fristgerecht** innerhalb der Drei-Monats-Frist des § 19 Abs 3 Ärzte-ZV **aufnehmen** kann,[112] oder **(1.b)** wenn der Arzt die **Tätigkeit eine Zeit lang nicht ausüben** kann. Für beide Fälle bestehen zwei weitere Erfordernisse, nämlich dass **(2.)** die Aufnahme (bzw Wiederaufnahme) der vertragsärztlichen Tätigkeit „in **angemessener Frist** zu erwarten ist" (§ 95 Abs 5 Satz 1 SGB V) und dass **(3.)** dem Ruhen **Gründe der Sicherstellung** der vertragsärztlichen Versorgung **nicht entgegenstehen** (§ 26 Abs 1 Ärzte-ZV).

2. Ruhen bedeutet, dass der Arzt seine vertragsärztliche **Praxis vorübergehend überhaupt nicht – weder persönlich noch durch einen Vertreter – betreiben** darf.[113] Wer lediglich nicht selbst in der Praxis tätig werden will, diese aber durch einen Vertreter weiterbetreiben will, ist darauf zu verweisen, sich gemäß § 32 Abs 1 Sätze 2 ff Ärzte-ZV durch einen anderen Arzt (Sätze 5 und 6 aaO) vertreten zu lassen. Eine Vertretung kann

---

zunächst weiterhin gültig blieb und schließlich mit Wirkung ab dem 5. 8. 1992 (Art 2 und 3 des Schwangeren- und Familienhilfegesetzes vom 27. 7. 1992, BGBl I 1398) durch § 24b SGB V ersetzt wurde.

[112] Wobei zunächst die Möglichkeit der Verlängerung der Aufnahmefrist aus wichtigen Gründen gemäß § 19 Abs 2 Satz 2 Ärzte-ZV zu prüfen ist: Hierzu s RdNr 110.

[113] Vgl BSG vom 28. 6. 2000 – B 6 KA 64/98 R – BSGE 86, 203, 213 = SozR 3-2500 § 80 Nr 4 S 40. – Nur insoweit hat diese Entscheidung allgemeingültige Bedeutung. Diese Aussage ist im Rahmen der Beurteilung der Tätigkeit eines Arztes als ehrenamtlicher Vorstand in der Kassenärztlichen Vereinigung erfolgt. Diese Rechtsfigur ist zwischenzeitlich vom Gesetzgeber hin zu einem hauptamtlichen Vorstand verändert worden (so § 79 SGB V seit dem 1. 1. 2005).

im Falle von Krankheit, Urlaub oder Teilnahme an ärztlicher Fortbildung oder an einer Wehrübung – für eine Dauer von drei Monaten innerhalb eines Jahres – oder im Falle einer Entbindung – für eine Dauer von sechs Monaten – in Betracht kommen (Satz 2 aaO). Vertretungen dürfen zusammen genommen eine Dauer von sechs Monaten innerhalb eines Zeitraums von zwölf Monaten nicht überschreiten (Satz 3 aaO). Sie müssen ab der Dauer von mehr als einer Woche der Kassenärztlichen Vereinigung angezeigt werden (Satz 4 aaO).

104   Betreibt ein Arzt ungeachtet dessen, dass ihm das Ruhen seiner vertragsärztlichen Tätigkeit bewilligt worden ist, seine Praxis – sei es persönlich, sei es durch einen Vertreter –, so begeht er einen schwerwiegenden Verstoß gegen vertragsärztliche Verpflichtungen.[114]

105   **3.** Das Ruhen bedarf eines **Antrags des Arztes** (dies ist allerdings umstritten[115]).[116] Damit – die nachfolgend dargestellten – materiellen Voraussetzungen fundiert geprüft werden können, muss der Arzt den Zulassungsgremien die Tatsachen, die das Ruhen rechtfertigen sollen, **substantiiert vortragen**. Hierfür reicht es nicht aus, dass ein Arzt nur diejenigen Umstände schildert, deretwegen er die Tätigkeit gegenwärtig noch nicht (wieder-)aufnehmen kann.[117] Vielmehr muss er auch den **Zeitpunkt der beabsichtigten (Wieder-)Aufnahme** seiner vertragsärztlichen Tätigkeit benennen, und zudem diejenigen **Tatsachen angeben, die die Realisierung der (Wieder-)Aufnahme erwarten lassen.**

106   Die Anordnung des Ruhens erfolgt durch **Beschluss des Zulassungsausschusses** (§ 95 Abs 5 SGB V und § 26 Abs 1 Ärzte-ZV). Aus dem Kontext, der sich aus dem Gehalt des § 95 Abs 5 SGB V ergibt, ist abzuleiten, dass ein **anerkennenswerter Grund** für das Nicht-Aufnehmen oder Nicht-Ausüben der vertragsärztlichen Tätigkeit vorliegen muss und das Ruhen auch nur in einer **im Verhältnis dazu angemessenen Dauer** bewilligt werden kann. Da die (Wieder-)Aufnahme der Tätigkeit in angemessener Frist zu erwarten sein muss, zählen also **nur Gründe vorübergehender Art**. Gründe, die auf ein Ruhen auf

---

[114] Dies gilt für alle Fälle des Ruhens der Zulassung. Das BSG hat das ausdrücklich für den Fall der Zulassungsentziehung wegen Missachtung des disziplinarisch ausgesprochenen Ruhens der Zulassung klargestellt: BSG vom 20. 10. 2004 – B 6 KA 67/03 R – BSGE 93, 269 = SozR 4-2500 § 95 Nr 9 RdNr 18 und 19. – Vgl dazu auch RdNr 137 am Ende.

[115] Zu diesem – für die praktische Handhabung allerdings wohl kaum relevanten – Punkt sei hier angemerkt: Nur ein Antragserfordernis passt mE zu dem Gesamtgefüge der Ruhens-Vorschriften. Nur ein Antragserfordernis passt zu der in § 26 Abs 2 Ärzte-ZV normierten Mitteilungspflicht. Nur ein Antragserfordernis passt dazu, dass auch die Zulassung beantragt werden muss (§ 18 Abs 1 Satz 1 Ärzte-ZV), die durch ein Ruhen immerhin in wesentlichem Umfang außer Kraft gesetzt wird. Nur ein Antragserfordernis trägt auch dem „Gegensatz-Verhältnis" zu den „Gegenpol-Verfahren" von Zulassungsentziehung und disziplinarischem Ruhen (hierzu s RdNr 101) Rechnung: Dies beides sind Verfahren, die von Amts wegen eingeleitet werden können (vgl dazu auch das Nebeneinander von Abs 5 und Abs 6 in § 95 SGB V; vgl dazu auch die ausdrückliche Erwähnung eines „von Amts wegen" in § 27 Satz 1 Ärzte-ZV, während § 26 Ärzte-ZV dies wohl nicht enthält, sodass hier vom Erfordernis eines Antrags des Arztes auszugehen ist. – Für nicht durchschlagend halte ich das alleinige Argument, dass das Ruhen für den hauptamtlichen Vorstand der Kassenärztlichen Vereinigung gemäß ausdrücklicher Regelung in § 95 Abs 5 Satz 1 Halbs 2 SGB V nur „auf Antrag" erfolge und daher der Umkehrschluss zu ziehen sei, das im Halbs 1 aaO geregelte Ruhen sei auch ohne Antrag – von Amts wegen – anzuordnen. Dieses Argument reicht mE nicht aus, um alle anderen vorgenannten Gesichtspunkte auszuhebeln. Gegen ein Antragserfordernis indessen zB HessLSG vom 15. 3. 2006 – L 4 KA 29/05 – in juris dokumentiert – RdNr 20 und *Pawlita* in: *Schlegel/Voelzke/Engelmann* (Hrsg), jurisPraxisKommentar SGB V, 2008, § 95 RdNr 460.

[116] Dem Antragserfordernis ist genügt, wenn der Arzt sinngemäß erkennen lässt, dass er ein Ruhen begehrt. Vgl dazu BSG vom 23. 2. 2005 – B 6 KA 77/03 R – SozR 4-1500 § 92 Nr 2 RdNr 8 mwN.

[117] Damit hatte sich eine Ärztin indessen in dem Fall begnügt, der dem Urteil des HessLSG vom 15. 3. 2006 – L 4 KA 29/05 – in juris dokumentiert – zugrunde lag: s LSG aaO insbes RdNr 21.

6. Kapitel. Das Kassenarztrecht/Vertragsarztrecht 107–111 § 29

unbegrenzte Zeit angelegt sind, können nicht anerkannt werden. Gemäß § 26 Abs 1 Ärzte-ZV lautet eine weitere Voraussetzung dahin, dass dem Ruhen der Zulassung **Gründe der Sicherstellung** der vertragsärztlichen Versorgung **nicht entgegenstehen** dürfen.

Die letztgenannte Voraussetzung, dass **Gründe der Sicherstellung** der vertragsärzt- 107 lichen Versorgung **nicht entgegenstehen** dürfen, kann wohl nur in unterversorgten Bereichen in Frage stehen.

Ein Problem dürfte sich indessen häufiger aus dem Erfordernis ergeben, dass die **(Wie-** 108 **der-)Aufnahme** der vertragsärztlichen Tätigkeit „**in angemessener Frist zu erwarten**" sein muss. Dies erfordert eine **tatsachengestützte Prognoseentscheidung der Zulassungsgremien** über die **Wahrscheinlichkeit der künftigen Entwicklung**. Dies muss auch der Ausgangspunkt der **späteren gerichtlichen Überprüfung** sein, dh dass bei dieser eine **ex-post-Betrachtung** vorzunehmen ist, also aus der Sicht derjenigen Sach- und Rechtslage, wie sie im Zeitpunkt der letzten Verwaltungsentscheidung (also derjenigen des Berufungsausschusses) vorlag.[118] Eine starre Obergrenze für die Ruhensfrist (etwa eine Höchstfrist von zwei Jahren) gibt es nicht.[119]

4. Die Fälle, in denen ein Ruhen in Betracht kommen kann, sind vielfältig. Dies kön- 109 nen zB Gründe der **Kinderbetreuung, Krankheit, Eheprobleme, vorübergehend geplante Fortbildung** oder **Forschungstätigkeit, Verzögerungen bei der Anmietung oder Fertigstellung** von Praxisräumen, **Zerstörung und/oder Neugestaltung** der Praxisräume sein.[120] In den meisten Fällen wird die zweite, in § 95 Abs 5 Satz 1 SGB V angesprochene Fallvariante, nämlich dass der Arzt die vertragsärztliche **Tätigkeit eine Zeit lang nicht ausüben** kann, in Frage stehen, gelegentlich aber auch die erste Fallvariante, nämlich dass er die vertragsärztliche **Tätigkeit nicht innerhalb der Drei-Monats-Frist** des § 19 Abs 3 Ärzte-ZV **aufnehmen** kann.

Soweit die erste Fallvariante in Frage steht, dass nämlich ein Arzt die vertragsärztliche 110 Tätigkeit **nicht innerhalb der Drei-Monats-Frist** des § 19 Abs 3 Ärzte-ZV **aufnehmen** kann. ist vorrangig die Möglichkeit der Verlängerung der Aufnahmefrist aus wichtigen Gründen gemäß § 19 Abs 2 Satz 2 Ärzte-ZV zu prüfen: Diese Bestimmung ermöglicht von ihrem Sinngehalt her allerdings nur einen kurzfristigen Aufschub.[121] Ein **längerer Aufschub** kann **nur durch ein Ruhen der Zulassung** gemäß § 95 Abs 5 SGB V iVm § 26 Ärzte-ZV erreicht werden, wobei vor allem zu prüfen ist, ob die **(Wieder-)Aufnahme** der vertragsärztlichen Tätigkeit „**in angemessener Frist zu erwarten**" ist.

5. Dem Verfahren, das **beim BSG** anhängig war[122] – das bisher einzige Revisionsver- 111 fahren des BSG, das das Ruhen einer Zulassung gemäß § 95 Abs 5 SGB V iVm § 26 Ärzte-ZV betraf –, lag der Fall zugrunde, dass eine Ärztin die Zulassung erlangte, indessen zeit-

---

[118] Vgl HessLSG vom 15. 3. 2006 – L 4 KA 29/05 – in juris dokumentiert – RdNr 22. Ebenso zB im Fall späterer gerichtlicher Überprüfung der Befristung einer Ermächtigung: BSG vom 27. 1. 1993 – 6 RKa 34/91 – USK 93 139 S 250.

[119] Vgl BayLSG vom 11. 7. 1984 – L 12/Ka 20/84 – Breithaupt 1985, 9, 12/13, und HessLSG vom 15. 3. 2006 – L 4 KA 29/05 – in juris dokumentiert – RdNr 20. Ebenso *Pawlita* in: *Schlegel/ Voelzke/Engelmann* (Hrsg), jurisPraxisKommentar SGB V, 2008, § 95 RdNr 455. – Ebenso wenig gibt es Mindestfristen (zB drei Jahre je Kind für Kinderbetreuung), wie das HessLSG aaO zu Recht ausgeführt hat. – Besonders ausführlich zur Fristfrage *Meschke* in: *Bäune/Meschke/Rothfuß*, Zulassungsverordnung, § 26 RdNr 25 ff.

[120] Zu weiteren Beispielen s *Pawlita* in: *Schlegel/Voelzke/Engelmann* (Hrsg), jurisPraxisKommentar SGB V, 2008, § 95 RdNr 1 und 452.

[121] HessLSG vom 15. 3. 2006 – L 4 KA 29/05 – in juris dokumentiert – RdNr 19: Verlängerung um höchstens sechs Monate (also auf insgesamt neun Monate, wenn man die in § 19 Abs 3 Ärzte-ZV normierte Drei-Monats-Frist hinzurechnet).

[122] B 6 KA 12/06 R – die Revision der Ärztin richtete sich gegen das Urteil des HessLSG vom 15. 3. 2006 – L 4 KA 29/05 – in juris dokumentiert.

gleich ihr erstes Kind gebar, sodass der Zulassungsausschuss ihr wegen der **Kinderbetreuung** die Frist zur Praxisaufnahme um neun Monate verlängerte. Anschließend erhielt sie aus Anlass der Geburt ihres zweiten Kindes weitere Verlängerungen, zunächst noch einmal 18 Monate und danach nochmals weitere neun Monate. Eine nochmalige Verlängerung (über diese insgesamt drei Jahre hinaus)[123] lehnte der Zulassungsausschuss ab, wohl zu Recht, weil eine mehr als dreijährige Erziehungspause – bei einem sog freien Beruf – nicht beansprucht werden kann, jedenfalls dann nicht, wenn sich dadurch in einem für Neuzulassungen gesperrten Planungsbereich faktisch die Situation ergibt, dass ein Arzt zu Lasten anderer Bewerber eine „Zulassung auf Vorrat" in Händen hält – so lag es in dem beim BSG anhängigen Fall.

112 Das Verfahren ist durch einen Vergleich abgeschlossen worden. Das bei der Klägerin schon überlange Ruhen – hinzugekommen war noch die aufschiebende Wirkung der Klage während des Prozesses – hat endlich beendet werden müssen. Dementsprechend ist am 7. 2. 2007 ein Prozessvergleich dahingehend geschlossen worden, dass die Nichtaufnahme der vertragsärztlichen Tätigkeit im Falle der Klägerin nunmehr endgültig zum 31. 3. 2007 zu beenden war, sie also ab dem 2. 4. 2007 die vertragsärztliche Tätigkeit aufzunehmen hatte.

113 **6. Die Möglichkeit des Ruhens** gemäß § 95 Abs 5 SGB V iVm § 26 Ärzte-ZV gilt nicht nur für Zulassungen, sondern **auch für Sonderbedarfszulassungen und für Ermächtigungen.** Für Sonderbedarfszulassungen ist dies selbstverständlich, weil diese lediglich eine besondere Art[124] von Zulassungen darstellen. Für Ermächtigungen ist dies ausdrücklich in § 95 Abs 4 Satz 3 SGB V – durch die Verweisung auf die „Absätze 5 bis 7" – bestimmt.

114 Zu beachten ist allerdings, dass Sonderbedarfszulassungen gerade zur Sicherstellung eines bisher nicht anderweitig gedeckten Versorgungsbedarfs erteilt werden[125] und dass dies ebenfalls auf viele Arten von Ermächtigungen zutrifft (vgl zB § 116 Satz 2 SGB V, § 31a Abs 2 Satz 2 SGB V).[126] Deshalb dürfte ein Ruhen **im Regelfall** an dem Erfordernis scheitern, dass **keine Gründe der Sicherstellung** der vertragsärztlichen Versorgung entgegenstehen dürfen (§ 26 Abs 1 Ärzte-ZV). Daher wird das Ruhen von Sonderbedarfszulassungen und von sog Sicherstellungs-Ermächtigungen nur in seltenen Fällen in Betracht kommen, zB dann, wenn die Praxisräume vorübergehend nicht genutzt werden können (sich verzögernde erstmalige Herrichtung oder Umgestaltung der Praxisräume) oder wenn sich beim ermächtigten Krankenhausarzt der Arbeitsbeginn am Krankenhaus verzögert oder wenn eine längerdauernde Krankheit vorliegt. In diesen Fällen würde die Versagung des Ruhens ohnehin für die Sicherstellung der Versorgung nichts nützen, weil die ärztliche Tätigkeit – und damit die anvisierte Bedarfsdeckung – gehindert ist.[127]

115 **7.** Die seit dem 1. 1. 2007 bestehende Regelung, dass Ärzte sich entscheiden können, ob sie ihre Zulassung im Sinne eines vollen oder nur eines hälftigen Versorgungsauftrags ausüben (vgl § 95 Abs 3 Satz 1 SGB V nF), ermöglicht ein **teilweises Ruhen der Zulassung:** Kann ein Arzt seine Zulassung zwar noch weiter ausüben, aber nur teilzeitlich (zur Abgrenzung von vollzeitlich und teilzeitlich vgl die unterschiedlichen Sprechstundenmindestzeiten von 20 bzw 10 Stunden je Woche: § 17 Abs 1a BMV-Ä und § 13 Abs 7a EKV-Ä), so kann er seine Zulassung – ohne hälftig auf sie verzichten zu

---

[123] Zur Nichtanwendung der dreijährigen Elternzeit-Frist auf das Ruhen bei einem sog freien Beruf: HessLSG vom 15. 3. 2006 – L 4 KA 29/05 – in juris dokumentiert – RdNr 20.
[124] So ausdrücklich BSG vom 2. 9. 2009 – B 6 KA 34/08 R – RdNr 20, zur Veröffentlichung in BSGE und in SozR vorgesehen.
[125] Hierzu s obige RdNr 45.
[126] Vgl obige RdNr 69–100.
[127] Vgl *Pawlita* in: *Schlegel/Voelzke/Engelmann* (Hrsg), juris PraxisKommentar SGB V, 2008, § 95 RdNr 454.

müssen[128] – **zur Hälfte ruhen** lassen (§ 95 Abs 5 Satz 2 SGB V). Dies dürfte insbesondere für Ärztinnen von Interesse sein, die ihre Praxistätigkeit vorübergehend zugunsten der Kinderbetreuung einschränken wollen. Dafür können sie ihre Vollzulassung – sofern alle oben dargestellten Voraussetzungen vorliegen (RdNr 105–110) – zur Hälfte ruhen lassen (§ 95 Abs 5 Satz 2 SGB V).

VII. Beendigung der Teilnahme an der vertragsärztlichen Versorgung

1. In § 95 Abs 6 und 7 SGB V sind **mehrere Tatbestände** normiert, die zur Beendigung der Zulassung zur vertrags(zahn)ärztlichen Versorgung führen: Nicht(mehr)Vorliegen von Zulassungsvoraussetzungen / Nichtaufnahme der vertrags(zahn)ärztlichen Tätigkeit / Nicht-mehr-Ausüben der vertrags(zahn)ärztlichen Tätigkeit / gröbliche Verletzung vertragsärztlicher Pflichten / Verzicht auf die Zulassung / Wegzug aus dem Planungsbereich / Tod des Vertrags(zahn)arztes / Auflösung eines Medizinischen Versorgungszentrums und dessen Wegzug.[129] **116**

Die **wichtigsten Tatbestände** sind das Nicht(mehr)Vorliegen von Zulassungsvoraussetzungen und die gröbliche Verletzung vertragsärztlicher Pflichten. Auf diese ist unten (RdNr 129 ff) einzugehen. **117**

2. Auf die **anderen Tatbestände** soll nur kurz – hier vorab und auch nur exemplarisch auf einige von ihnen – eingegangen werden. **118**

Das **Nicht-mehr-Ausüben der vertrags(zahn)ärztlichen Tätigkeit** legt die Rechtsprechung des BSG dahin aus, dass dies bereits dann der Fall ist, wenn der Arzt **nicht mehr „in nennenswertem Umfang** ... vertragsärztlich tätig" ist; von ihm wird die „tatsächliche Entfaltung einer ärztlichen Tätigkeit unter den üblichen Bedingungen" gefordert.[130] So reichen nur noch geringe Verrichtungen für ein Weiter-Ausüben nicht aus.[131] Behandlungen fast nur noch der eigenen Familie[132] oder zB nur noch zehn Behandlungsfälle je Quartal genügen nicht.[133] Für eine Entziehung reicht es aus, wenn das Nicht-mehr-Ausüben zwei oder drei Quartale lang festzustellen ist.[134] **119**

Den **Verzicht** auf seine Kassenzulassung[135] darf der Arzt jederzeit erklären (gegenüber den Institutionen[135a]), er wird grundsätzlich mit dem Ende des Quartals wirksam (§ 28 Abs 1 Satz 1[136] Ärzte-ZV). Der Verzicht kann im Praxisnachfolgeverfahren unter der Bedingung bestandskräftiger Zulassung eines Praxisnachfolgers erklärt werden.[137] Zu Besonderheiten des kollektiven Zulassungsverzichts vgl RdNr 150 ff. **120**

---

[128] Von einem Verzicht ist in Planungsbereichen abzuraten, in denen wegen Überversorgung Zulassungsbeschränkungen angeordnet wurden. Denn in solchen Planungsbereichen ist die Aussicht auf die Wiedererlangung einer (zusätzlichen hälftigen) Zulassung zweifelhaft: vgl oben RdNr 101.

[129] Zu allen Tatbeständen wird *Clemens* im Rahmen eines DAI-Seminars im Mai 2010 in Heusenstamm/Hessen die BSG-Rechtsprechung umfassend zusammenstellen: Das wird abgedruckt werden im Tagungsband des Deutschen AnwaltsInstituts (Hrsg), Intensivseminar Öffentliches Gesundheitsrecht 18./19. 5. 2010, Bochum 2010.

[130] Vgl. BSG vom 29. 9. 1999 – B 6 KA 1/99 R = BSGE 85, 1, 5 = SozR 3-2500 § 103 Nr 5 S 32.

[131] BSG vom 19. 12. 1984 – 6 RKa 34/83 – USK 84 272 S 1385 – mit allerdings Zurückverweisung wegen unbestimmter Feststellung.

[132] BSG vom 20. 6. 2002 – B 6 KA 3/02 BH –.

[133] Unzureichend sind zB allemal nur sechs Behandlungen während der letzten acht Jahre: So HessLSG vom 30. 7. 2008 – L 4 KA 15/08 –, dazu BSG vom 28. 6. 2000 – B 6 KA 62/08 B –.

[134] Vgl BSG vom 12. 5. 2006 – B 6 KA 70/05 B –.

[135] Wer zwei Zulassungen hat, darf auf eine davon verzichten: Zum Chirurgen und Orthopäden s BSG vom 26. 1. 2000 – B 6 KA 53/08 R – SozR 3-2500 § 95 Nr 22.

[135a] BSG vom 28. 11. 2007 – B 6 KA 26/07 R – BSGE 99, 218 RdNr 25.

[136] Vgl Satz 2 zur Möglichkeit eines früheren Endes.

[137] So die herrschende Meinung, vgl dazu *Pawlita* in: *Schlegel/Voelzke/Engelmann* (Hrsg), jurisPraxisKommentar SGB V, 2008, § 103 RdNr 48–50 mwN, mit Anführung der diskutierten Varianten bestmöglicher juristischer Lösung.

121 Der **Wegzug der Praxis aus dem Planungsbereich** begründet das Ende der Zulassung,[138] gleichgültig, ob der Arzt dies will oder nicht,[139] sowie unabhängig davon, ob er seinen Wohnsitz im Planungsbereich beibehält und ob er später zurückkehren will.[140] Die Konkurseröffnung als solche ist einem Wegzug nicht gleichzusetzen und begründet nicht das Ende der Zulassung.[141]

122 Die **frühere Regelung** eines automatischen Endes der Zulassung aufgrund Erreichens eines bestimmten Alters (§ 97 Abs 7 Sätze 3 ff SGB V aF – Beendigung zum Quartalsende nach Vollendung des **68. Lebensjahr**es) ist ungeachtet dessen, dass das BSG, das BVerfG und der EuGH dies als verfassungsgemäß bewertet haben,[142] vom Gesetzgeber aufgehoben worden.[143]

123 3. Die Tatbestände **Nicht(mehr)Vorliegen von Zulassungsvoraussetzungen** und gröbliche Verletzung vertragsärztlicher Pflichten überschneiden sich in Teilbereichen. Kern des Falles Nicht(mehr)vorliegen von Zulassungsvoraussetzungen ist das **Fehlen oder der Wegfall der Eignung** für die Ausübung der vertragsärztlichen Tätigkeit; die Eignung ist in § 21 Ärzte-ZV ausdrücklich als Zulassungsvoraussetzung aufgeführt.

124 Die Eignung muss sowohl von der **körperlich**en Verfassung als auch von der Persönlichkeit und vom Verhalten her vorliegen. Die Zulassungsvoraussetzung Eignung kann in körperlicher Hinsicht entfallen.[144] So kann der Arzt aufgrund eines Unfalls oder durch Krankheit die Fähigkeit einbüßen, die für sein Fachgebiet typische ärztliche Tätigkeit noch sinnvoll auszuüben (zB der Orthopäde oder Chirurg kann seine Arme infolge einer Lähmung nicht mehr benutzen). Oder er könnte trunk- oder rauschgiftsüchtig werden.[145] Von seiner **Persönlichkeit** und vom **Verhalten** her kann seine Eignung auch dadurch entfallen, dass er schizophren wird, oder dadurch, dass sich ein Hang zu einem nicht mehr hinnehmbaren Verhalten zeigt, zB Abrechnungsbetrügereien oder sexuelle Übergriffe gegen Patientinnen.

125 **Defizite im Persönlichkeits- und im Verhaltensbereich** betreffen, so wie auch im vorgenannten Beispiel (Abrechnungsbetrügereien oder sexuelle Übergriffe), **häufig** den **Bereich der Überschneidung** der Tatbestände Nicht(mehr)Vorliegen von Zulassungs-

---

[138] Solange der Praxisinhaber seine Praxis innerhalb des Planungsbereichs fortführt, erlischt die Zulassung nicht (s dazu BSG vom 28. 11. 2007 – B 6 KA 26/07 R – BSGE 99, 218 = SozR 4-2500 § 103 Nr 3, jeweils RdNr 17 mwN RdNr 21). Für die Praxisverlegung ist allerdings die Genehmigung der Kassenärztlichen Vereinigung erforderlich (s dazu § 24 Abs 7 Ärzte-ZV und BSG vom 31. 5. 1006 – B 6 KA 7/05 R – SozR 4-5520 § 24 Nr 2 RdNr 11 ff Zur Unzulässigkeit weiterer vertragsärztlicher Tätigkeit nach Sitzverlegung ohne Genehmigung s BSG vom 2. 9. 2009 – B 6 KA 35/08 R – BSGE 104 = SozR 4-2500 § 95 Nr 17 RdNr 13; vgl ferner BSG vom 28. 11. 2007 aaO RdNr 17 iVm 21).

[139] BSG vom 5. 11. 2003 – B 6 KA 60/03 B.

[140] BSG vom 24. 3. 1971 – 6 RKa 9/70 = SozR Nr. 34 zu § 368a RVO = NJW 1971, 1909 = USK 71 49 S 192.

[141] BSG vom 10. 3. 2000 – B 6 KA 67/98 R – BSGE 86, 121, 125 = SozR 3-5520 § 24 Nr 4 S 18.

[142] Grundlegend BSG vom 25. 11. 1998 – B 6 KA 4/98 R – BSGE 83, 135 = SozR 3-2500 § 95 Nr 19. Zur Bewertung als europarechtskonform s BSG vom 6. 2. 2008 – B 6 KA 41/06 R – BSGE 100, 43 = SozR 4-2500 § 95 Nr 14 und BSG 9. 4. 2007 – B 6 KA 44/07 R – USK 2008-23 sowie EuGH von 2010 – C-341/08 –. Zur Verfassungsmäßigkeit s zuletzt BVerfG [Kammer] vom 30. 6. 2008 – 1 BvR 1159/08 – in juris dokumentiert. – Vgl auch RdNr 68.

[143] Vgl Art 1 Nr 1i GKV-OrgWG vom 15. 12. 2008, BGBl I 2426.

[144] Zur Möglichkeit, dem Arzt aufzuerlegen, sich untersuchen zu lassen, und zur Indizienentscheidung bei Weigerung des Arztes s BSGE 53, 291, 293 f = SozR 5520 § 21 Nr 1 S 2 f.

[145] Die in § 21 Ärzte-ZV normierte Annahme, dass eine suchtbedingte Nichteignung fünf Jahre andauert, ist nicht zu beanstanden (BSG vom 28. 5. 1968 – 6 RKa 22/67 – BSGE 28, 80, 82 f = SGb 1969, 13, 14). Daher ist die Zulassung auch in dem Fall noch zu entziehen, wenn die Sucht erst geraume Zeit, nachdem der Arzt sich erfolgreich einer Entziehungskur unterzogen hat, aber noch vor Ablauf von fünf Jahren bekannt wird (vgl BSG aaO).

voraussetzungen und gröbliche Verletzung vertragsärztlicher Pflichten. Wenn solche Verhaltensweisen erst nach dem Erhalt der Kassenzulassung auftreten, können die Zulassungsgremien eine Zulassungsentziehung wahlweise auf das Nicht-mehr-Vorliegen der Zulassungsvoraussetzung Eignung oder auf den Tatbestand gröbliche Verletzung vertragsärztlicher Pflichten stützen.

Wenn die pflichtwidrigen **Verhaltensweisen zeitlich schon vor dem Erhalt der Zulassung** geschahen, jedoch erst nach der Zulassung festgestellt oder jedenfalls erst dann den Zulassungsgremien bekannt werden, so kann der Tatbestand gröbliche Verletzung vertragsärztlicher Pflichten nicht herangezogen werden, weil „vertragsärztliche Pflichten" erst nach Erhalt der Kassenzulassung bestehen und verletzt werden können. In einem solchen Fall taugt für eine Zulassungsentziehung **allein der Tatbestand Nicht-Vorliegen von Zulassungsvoraussetzungen**. **126**

Beispiel: Ein Psychotherapeut wurde zum Beginn des Jahres 1999 zur vertragsärztlichen Versorgung zugelassen (bei den damaligen „Massen"zulassungen von Psychotherapeuten war eine nähere individuelle Überprüfung bekanntlich nur in engen Grenzen möglich). In der Folgezeit gab es aber Beschwerden einiger Patientinnen, die zur Feststellung von Verhaltensweisen führten, die jedoch nicht eindeutig im Sinne einer sexuellen Ausrichtung gedeutet werden konnten. Aus Anlass dieser Ermittlungen wurde indessen festgestellt, dass dem Psychotherapeuten schon in den 1980er Jahren Verhaltensweisen anzulasten waren, die eindeutig nicht tolerabel waren. – Die Zulassungsgremien konnten diese Vorgänge, die noch vor 1999 lagen, für eine Zulassungsentziehung nur heranziehen, indem sie auf den Tatbestand Nicht-Vorliegen von Zulassungsvoraussetzungen abstellten. Beim Abstellen auf den Tatbestand gröbliche Verletzung vertragsärztlicher Pflichten hätten sie nur Vorgänge ab 1999 berücksichtigen können. In einem solchen Fall kann es für die sichere Durchsetzung einer Zulassungsentziehung uU entscheidend sein, auf den Tatbestand Nicht-Vorliegen von Zulassungsvoraussetzungen abzustellen.[146] **127**

Fazit: Eine Überschneidung der Tatbestände Nicht(mehr)Vorliegen von Zulassungsvoraussetzungen und gröbliche Verletzung vertragsärztlicher Pflichten kommt (nur) im Fall von **Vorgänge**n in Betracht, die **erst nach der Zulassung** liegen und einen Mangel an Eignung begründen. In einem solchen Fall können die Zulassungsgremien (und die nachfolgend befassten Gerichte) nach ihrer Wahl **sowohl** auf das **Nichtvorliegen von Zulassungsvoraussetzungen als auch** auf die **gröbliche Verletzung vertragsärztlicher Pflichten** abstellen. **128**

Bei der Bewertung, ob einem Arzt die Eignung für die vertragsärztliche Tätigkeit fehlt, und ebenso bei der Bewertung, ob eine gröbliche Verletzung vertragsärztlicher Pflichten vorliegt, haben die **Zulassungsgremien keinen Beurteilungsspielraum**, dh, dass die Gerichte dies voll überprüfen können, letztlich also die gerichtliche Bewertung maßgebend ist.[147] **129**

4. Von allen Tatbeständen der Zulassungsentziehung (RdNr 116) kommt der **Tatbestand gröbliche Verletzung vertragsärztlicher Pflichten** am häufigsten vor. **130**

a) Allgemein ist zu diesem Tatbestand zu sagen, **131**
– dass dieser **kein Verschulden** erfordert,[148] **132**

---

[146] Vgl zu einem derartigen Fall BSG vom 2. 9. 2009 – B 6 KA 14/09 B –.
[147] Vgl BSG vom 15. 4. 1986 – 6 RKa 6/85 – BSGE 60, 76, 77 = SozR 2200 § 368a Nr 15 S 54; BSG vom 29. 10. 1986 – 6 RKa 32/86 – MedR 1987, 254, 255 = USK 86 179 S 837f; auch BSG SozR 4-2500 §117 Nr 1 RdNr 29; ferner besonders deutlich zur gröblichen Pflichtverletzung: BSG vom 27. 6. 2001 – B 6 KA 5/01 B – in Juris dokumentiert – RdNr 7.
[148] Vgl BSG vom 20. 10. 2004 – B 6 KA 67/03 R = BSGE 93, 269 = SozR 4-2500 § 95 Nr 9 RdNr 10 und BSG vom 17. 6. 2009 – B 6 KA 16/08 R – BSGE 103 = SozR 4-2500 § 72a Nr. 2 RdNr 36. – Dazu s auch BSG vom 5. 11. 2008 – B 6 KA 63/07 R – SozR 4-2500 § 106 Nr 21 RdNr 28 am Ende.

133 — weiterhin, dass die Annahme gröblicher Pflichtverletzungen sich auch **auf andere bestandskräftige Entscheidungen und deren Inhalt stützen** kann (zB auf Strafurteile, Strafbefehle, Disziplinarentscheidungen, Bußgeldbescheide wegen Qualitätsmängel),[149]

134 — ferner, dass eine so begründete Zulassungsentziehung sich **auch auf schon länger zurückliegende Vorgänge stützen** kann.[150]

135 — Einschränkungen für Zulassungsentziehungen in der Weise, dass **vorher** die **Approbationsrücknahme** eingeleitet **oder** eine **Disziplinarmaßnahme** verhängt worden sein müsse, bestehen **nicht**.[151]

136 **b)** Die **Fallgestaltungen**, die als gröbliche Verletzung vertragsärztlicher Pflichten in Betracht kommen, sind zahlreich.

137 **Beispiele:**
— Nichtbeachtung von Dokumentationspflichten[152]
— Nichtabwarten der Wartezeit vor Parodontosebehandlung[153]
— Nicht-genehmigte Beschäftigung von Assistenten oder Vertretern[154]
— Nicht-genehmigte Sitzverlegung und Ausübung vertragsärztlicher Tätigkeit ohne genehmigten Vertragsarztsitz[155]
— Änderung von Überweisungsaufträgen[156]
— wiederholte hartnäckige Unwirtschaftlichkeit[157]

---

[149] Vgl BSG vom 29.10.1986 – 6 RKa 4/86 – BSGE 61, 1, 4 = SozR 2200 § 368a Nr.16 S.60 und – weitere Rechtsprechung zusammenfassend – BSG vom 27.6.2007 – B 6 KA 20/07 B – RdNr 12 mwN

[150] Ab 5 Jahre zurück muss der Pflichtverstoß allerdings besonders gravierend sein: BSG vom 19.7.2006 – B 6 KA 1/06 R – SozR 4-2500 § 95 Nr 12 RdNr 14. Auch Vorgänge, die die Zulassungsgremien nicht einbezogen hatten, dürfen von den Gerichten berücksichtigt werden: BSG vom 19.7.2006 aaO RdNr 14.

[151] Vgl BSG vom 25.10.1989 – 6 RKa 28/88 – BSGE 66, 6, 8, 11 = SozR 2200 § 368a Nr 24 S 83; BSG vom 28.1.2004 – B 6 KA 4/03 R – SozR 4-1500 § 70 Nr 1 RdNr 6. Zusammenfassend BSG vom 5.11.2003 – B 6 KA 54/03 B. Vgl ferner BSG vom 22.3.2006 – B 6 KA 76/04 R – BSGE 96, 99 = SozR 4-5520 § 33 Nr 6 RdNr 12 am Ende (mit Nebeneinanderstellung „und/oder" von Zulassungsentzug und disziplinarischer Ahndung).

[152] Zu einem Fall der Dokumentation von Zahnfüllungen, die der Zahnarzt nicht oder nicht mit dem angegebenen Schwierigkeitsgrad erbracht hatte: BSG vom 19.10.1971 – 6 RKa 15/70 – BSGE 33, 161, 162 f = USK 71 182 S 707f – Zu einem Fall des Fehlens der vorgeschriebenen Dokumentation: vgl BSG vom 13.3.2009 – B 6 KA 62/07 R – BSGE 103, 1 = SozR 4-2500 § 106a Nr 7 RdNr 3 iVm 24 und 29.

[153] Vgl dazu LSG Baden-Württemberg vom 25.8.1999 – L 5 KA 2046/98 = zm 16.2.2000 S 96 – zuzüglich anderer Pflichtverletzungen.

[154] Vgl – zu Disziplinarfällen – BSG vom 27.6.2001 – B 6 KA 7/01 B – in Juris dokumentiert – RdNr 9 und 11 betr. Assistent; BSG vom 9.1.2007 ‚Kostenerledigungsbeschluss' – B 6 KA 58/06 B – betr. Angestellten; BSG vom 17.6.2009 – B 6 KA 72/07 B – RdNr 10–13 betr. Praxisvertreter (Verfassungsbeschwerde nicht zur Entscheidung angenommen: BVerfG [Kammer] 3.9.2009 – 1 BvR 1822/09 –).

[155] Zur Notwendigkeit vorheriger Genehmigung der Sitzverlegung vgl BSG vom 31.5.2006 – B 6 KA 7/05 R – SozR 4-5520 § 24 Nr 2 RdNr 11 ff – Zur Unzulässigkeit weiterer vertragsärztlicher Tätigkeit nach Sitzverlegung ohne Genehmigung s BSG vom 2.9.2009 – B 6 KA 35/08 R – BSGE 104 = SozR 4-2500 § 95 Nr 17 RdNr 13.

[156] Herzchirurgen änderten die auf Kardiologen ausgestellten Überweisungsaufträge eigenmächtig – ohne Rücksprache mit dem Überweiser – in Überweisungsaufträge an Herzchirurgen. Vgl. BSG vom 2.9.2009 – B 6 KA 35/08 R – BSGE 104 = SozR 4-2500 § 95 Nr 17 RdNr 13. – Ähnlich: Röntgenarzt erweitert nachträglich Überweisungsschein: LSG Baden-Württemberg vom 21.12.1993 – L 5 Ka 2141/93 eA = MedR 1994, 418.

[157] Vgl zB BSG vom 18.8.1972 – 6 RKa 4/72 – BSGE 34, 252 = USK 72 118. Vgl auch die Hinweise in BSG vom 20.10.2004 – B 6 KA 67/03 R – BSGE 93, 269 = SozR 4-2500 § 95 Nr 9 RdNr 10 und in BSG vom 19.7.2008 – B 6 KA 1/06 R – SozR 4-2500 § 95 Nr 12 RdNr 14f.

6. Kapitel. Das Kassenarztrecht/Vertragsarztrecht   **138 § 29**

- Falschabrechnungen[158]
- Abrechnung überhöhter Honorare bei Bezeichnung als Praxisgemeinschaft, obgleich diese Praxis wie eine Berufsausübungsgemeinschaft geführt wird[159]
- keine persönliche Leistungserbringung[160]
- unzulässige Privatliquidation bei Kassenpatienten[161]
- Qualitätsmängel bei zB Röntgenaufnahmen[162]
- Missachtung der Anordnung des Ruhens der Zulassung[163]
- Unsachliche Verbalattacken gegen einzelne Mitarbeiter vertragsärztlicher Institutionen[164]
- Übergriffe auf Praxishelferinnen und/oder Patient(inn)en.[165]

Zunehmend ins Blickfeld kommen Fragen der **Vorteilsannahme** von anderen Leistungserbringern (sog **kickback**). In den Berufsordnungen, die auch im Rahmen der vertragsärztlichen Tätigkeit zu beachten sind, sind zahlreiche Verbote der Vorteilsannahme   **138**

---

[158] Vgl zB BSG vom 18.8.1972 – 6 RKa 28/71 – USK 72 117 S 501 f; BSG vom 30.3.1977 – 6 RKa 4/76 – BSGE 43, 250, 252 = SozR 2200 § 368a Nr 3 S 3 f. Vgl. auch BSG vom 20.10.2004 – B 6 KA 67/03 R – BSGE 93, 269 = SozR 4-2500 § 95 Nr 9 RdNr 10 und und BSG vom 19.7.2008 – B 6 KA 1/06 R = SozR 4-2500 § 95 Nr 12 RdNr 13.

[159] Vgl die Beispiele in § 35 RdNr 64.

[160] Beschäftigung anderer Ärzte und von Psychologen ohne Genehmigung und Abrechnung der von diesen erbrachten Leistungen: BSG vom 25.10.1989 – 6 RKa 28/88 – SozR 2200 § 368a Nr 24 S 83 f – Nicht-genehmigte Beschäftigung von Zahntechniker als Zahnarzt und Abrechnung von dessen Leistungen: BSG vom 9.1.2007 – B 6 KA 58/06 B – „Kostenerledigungsbeschluss". – Nichtgenehmigte Praxisführung während eigener Krankheit durch andere Zahnärzte bzw durch Zahntechniker: BSG vom 17.6.2009 – B 6 KA 72/07 B – RdNr 2 iVm 11-13.

[161] Das Verlangen privater Bezahlung oder privater Zuzahlungen von Kassenpatienten (außerhalb der gesetzlich vorgesehenen Fälle) ist eine Pflichtverletzung. Sie ist jedenfalls dann als „gröblich" anzusehen, wenn der Arzt den Patienten zu der Privatzahlung drängt. Zu solchen Fällen s zB LSG Baden-Württemberg vom 11.12.1996 – L 5 Ka 878/96 – (Zahnarzt für Oralchirurgie); BSG vom 17.5.2001 – B 6 KA 8/00 R-MedR 2003, 242 (Homöopathin, Erst- und Folgeanamnesen); BSG vom 16.7.2003 – B 6 KA 25/03 B (Gynäkologe, ambulante Operationen, hier im Zusammenhang mit der Frage des Wohlverhaltens, dazu vgl RdNr 42 ff). – In vielen Fällen verhängen die Institutionen ungeachtet des erheblichen Unrechtsgehalts lediglich Disziplinarmaßnahmen: Vgl dazu BSG vom 14.3.2001 – B 6 KA 36/00 R – SozR 3-2500 § 81 Nr 7 (ambulante Operationen); BSG vom 14.3.2001 – B 6 KA 67/00 R – MedR 2002, 47 (physikalisch-medizinische Leistungen: Rotlicht, Inhalationen, Sonographien, Wärmepackungen uvm); BSG vom 14.3.2001 – B 6 KA 76/00 B, B 6 KA 77/00 B – (Sonographien mit „High-End-Geräten"). – Hat der Arzt den Kassenpatienten zum Einverständnis mit einer Privatzahlung gedrängt, so dürfte die Zahlungsvereinbarung sogar nichtig sein: Vgl BSG vom 17.6.2008 – B 1 KR 24/07 R – SozR 4-2500 § 13 Nr 17 RdNr 22.

[162] Vgl BSG vom 27.6.2001 – B 6 KA 7/01 B – in juris dokumentiert – RdNr 9 und 11. – Vgl auch BSG vom 20.10.2004 – B 6 KA 67/03 R – BSGE 93, 269 = SozR 4-2500 § 95 Nr 9 RdNr 17 und 24 zur Verweigerung der Kooperation bei der Qualitätssicherung.

[163] Vgl BSG vom 20.10.2004 – B 6 KA 67/03 R – BSGE 93, 269 = SozR 4-2500 § 95 Nr 9 RdNr 18. – Zum Ruhen vgl oben RdNr 101 ff, insbes RdNr 103f zur Wirkung des Ruhens.

[164] Dazu s BSG vom 20.10.2004 – B 6 KA 67/03 R – BSGE 93, 269 = SozR 4-2500 § 95 Nr 9 RdNr 20 ff; in Bezug genommen in BSG 19.7.2006 – B 6 KA 1/06 R – SozR 4-2500 § 95 Nr. 12 Rn. 13. Ergänzend *Clemens* in: *v. Wulffen/Krasney* (Hrsg), Festschrift 50 Jahre BSG, 2004, S. 373, 373–390.

[165] BSG vom 19.6.1996 – 6 BKa 52/95 – in juris dokumentiert (Strafverurteilung wegen versuchter Vergewaltigung einer Praxishelferin); in Bezug genommen in BSG vom 19.7.2006 – B 6 KA 1/06 R = SozR 4-2500 § 95 Nr 12 RdNr 13. Ferner BSG vom 27.6.2007 – B 6 KA 20/07 B – unter 1. – (Vorwürfe gegen Zahnarzt, dass er Helferinnen vorsätzlich an Brust und Gesäß berühre sowie kleinen Mädchen auf dem Zahnarztstuhl ins Höschen fasse); BSG vom 2.9.2009 – B 6 KA 14/09 B – (Vorwurf gegen Psychotherapeuten wegen Übergriffe in Intimbereiche von Patientinnen – hierzu s auch oben RdNr 127).

geregelt.[166] Diese decken praktisch alle denkbaren Varianten ab, wie auch immer ein Arzt sich oder Dritten Geld oder andere Vorteile gewähren lässt, gleichermaßen, ob diese
– für die Verordnung von Arzneimitteln eines bestimmten Pharmaherstellers oder
– für die Überweisung zur Kernspin-Untersuchung beim Radiologen oder
– für den Untersuchungsauftrag an eine bestimmte Laborpraxis oder
– für die Einweisung von Patienten in ein bestimmtes Krankenhaus oder
– für die Weiterempfehlung von Patienten an eine bestimmte Apotheke oder
– für die Zuweisung an bestimmte Hörgeräte-Akustiker, Optiker, Sanitätshäuser, Physiotherapeuten oder Fitnessstudios

gewährt werden.

139 Lässt sich ein Arzt Geld oder andere Vorteile gewähren, so ist das mit seinen berufsrechtlichen Pflichten, die auch im Rahmen der vertragsärztlichen Tätigkeit zu beachten sind, nur dann **vereinbar, wenn** es sich um einen **nur geringfügigen Wert** handelt **oder** wenn dem eine **angemessene Gegenleistung** des Arztes gegenüber steht. Angemessen ist eine Gegenleistung nur dann, wenn sie einen echten Wert darstellt: Führt der Arzt zB nur formularmäßige Erhebungen beim Patienten durch, die von dem Geldgeber (zB Krankenhaus) in Wahrheit überhaupt nicht verwendet werden, so ist das keine echte Gegenleistung.

140 Die Erbringung einer Gegenleistung hilft allerdings dann nicht, wenn diese **schon anderweitig – nach dem EBM oÄ – vergütet** wird (sodass sich eine Doppelvergütung ergibt). In solchen Fällen hilft es auch nichts, dieselbe Leistung – unnötigerweise zusätzlich – ein zweites Mal zu erbringen: Dann liegt eine Verletzung vertragsärztlicher Pflichten jedenfalls in der sinnlosen Doppel-Behandlungsmaßnahme, weil dies eine unnötige Patientenbelastung ist.

141 5. Liegt nach den vorstehenden Ausführungen eine **gröbliche Pflichtverletzung** (RdNr 130 ff) oder eine Nichteignung (RdNr 124 ff) vor, so führt dies im Regelfall zur Zulassungsentziehung. Denn die Regelung des § 95 Abs 6 Satz 1 SGB V räumt den Zulassungsgremien **kein Ermessen** ein. Es handelt sich vielmehr um eine sog **gebundene Entscheidung**, dh, dass die Zulassungsgremien im Falle einer gröblichen Pflichtverletzung oder der Nichteignung dem Arzt die Zulassung entziehen **müssen**.

142 Dieser Zusammenhang von Tatbestand und Rechtsfolge gilt nur in besonderen Fällen nicht, nämlich dann, wenn ein sog **Wohlverhalten** vorliegt. Wie das BSG mehrfach ausgeführt hat,[167] ist – sowohl von den Zulassungsgremien[168] vor Ausspruch einer Zulas-

---

[166] Vgl §§ 31, 32, 33 Abs 1-4, 34 Abs 1, 2 u 5 der Muster-Berufsordnung, die von der Bundesärztekammer – einer Arbeitsgemeinschaft der Landesärztekammern – beschlossen worden ist. Die Berufsordnungen der Länder, die von den Landesärztekammern erlassen werden, sind an die Muster-Berufsordnung angelehnt. – Im SGB V: § 128 Abs 2–4 u 6 u Abs 5 iVm 4 S 3.

[167] Vgl zB BSG vom 19. 7. 2006 – B 6 KA 1/06 R – SozR 4-2500 § 95 Nr 12 RdNr 16 ff.

[168] Die Konzeption der Rechtsfigur des sog Wohlverhaltens ist vom BSG mit Ausrichtung auf die Gerichte konzipiert worden (s dazu BSG vom 20. 10. 2004 – B 6 KA 67/03 R – (BSGE 93, 269 = SozR 4-2500 § 95 Nr 9). Den Gerichten obliegt die Aufgabe, die Beurteilung der Zulassungsgremien, die diese im Verwaltungsverfahren vorgenommen haben, zu ergänzen um die Würdigung des Verhaltens des Arztes, das dieser im weiteren Zeitraum nach Abschluss des Verwaltungsverfahrens gezeigt hat. So kommt es, dass das BSG die Rechtsfigur des Wohlverhaltens auf die Würdigung nur dieses Zeitraums (= nach der Entscheidung des Berufungsausschusses) zugeschnitten hat (zu alldem vgl BSG aaO RdNr 13–15). Weiterhin hat das BSG die Wohlverhaltensbeurteilung auf solche Fälle beschränkt, in denen der Arzt weiterhin vertragsärztlich tätig war und dadurch eine Grundlage für eine Verhaltensbeurteilung vorlag, also auf solche Fälle, in denen die Zulassungsentziehung nicht für sofort vollziehbar erklärt worden war (BSG aaO RdNr 13). – Indessen stellen sich Wohlverhaltensfragen auch bei sofort vollzogenen Zulassungsentziehungen und insbesondere auch schon für die Zulassungsgremien: Diese haben zu beurteilen, ob der Arzt nach Begehung der ihm angelasteten gröblichen Pflichtverletzungen sich in der Folgezeit möglicherweise in einer Weise wohl-verhielt, dass er seine Eignung wiederherstellte (im Sinne von BSG aaO RdNr 24). – Auch für diesen Zeitraum des Verwaltungsverfahrens ist die Rechtsfigur des Wohlverhaltens her-

sungsentziehung als auch von den Gerichten[169] bei der Überprüfung der Rechtmäßigkeit einer Zulassungsentziehung – zu würdigen, ob sich seit den Pflichtwidrigkeiten des Arztes die Sachlage zu seinen Gunsten dergestalt geändert hat, dass er aufgrund **veränderten Verhaltens** wieder als geeignet zur Teilnahme an der vertragsärztlichen Versorgung anzusehen ist[170]: Der Eignungsmangel muss zur **zweifelsfreien Überzeugung** des Gerichts (bzw der Zulassungsgremien) ausnahmsweise wieder entfallen sein.[171]

Der vorstehend letzte Satz macht das Verhältnis zwischen Pflichtverletzung (bzw Nichteignung) und der Frage nach einem späteren „Wohlverhalten" deutlich: Von der gröblichen Pflichtverletzung (bzw der Nichteignung) geht **zunächst eine Indizwirkung** aus, die zur Folgerung der Zulassungsentziehung tendiert. Diese Indizwirkung **muss entkräftet werden**. Dabei ist zu berücksichtigen, dass das spätere Wohlverhalten grundsätzlich geringeres Gewicht hat als das Verhalten, das die gröbliche Pflichtverletzung bzw die Nicht-Eignung begründet.[172] Daher kann eine Entkräftung nur in Betracht kommen, wenn eine Verhaltensänderung **zweifelsfrei** festgestellt wird.

Soweit Zweifel bleiben, ist weiterhin vom Eignungsmangel auszugehen. Die **Darlegungs- bzw Feststellungslast** trifft also den Arzt. Im Kontext der Würdigung von Wohlverhalten gilt **nicht** der strafrechtliche Grundsatz, demzufolge **Unsicherheiten der Beurteilung zugunsten des Betroffenen** gehen.[173] Hier handelt es sich nicht um eine Bestrafung, sondern um die ausnahmsweise Suspendierung einer an sich rechtmäßig auszusprechenden Zulassungsentziehung. Umstände, die eine solche **Entkräftung** rechtfertigen können, dürfen nicht lediglich vermutet, zugunsten des (Zahn)Arztes unterstellt oder aus bloßer Unauffälligkeit während eines schwebenden Verfahrens hergeleitet werden, sondern müssen **positiv festgestellt** werden.[174]

Nach diesen Grundsätzen **reicht** es **nicht aus, dass der Arzt** sich nach seiner Pflichtverletzung während einer langen Zeit – und seien es auch mehr als fünf Jahre – **nichts erneut zuschulden** kommen lässt.[175] Es müssten **vielmehr belegbare Tatsachen hinzu kommen**, aufgrund derer positiv ein künftig rechtmäßiges Verhalten prognostiziert werden kann.[176]

Aus diesen Grundsätzen folgt, dass ein positiv belegbares Wohlverhalten kaum vorstellbar ist.[177] Andererseits dürfen weder die Zulassungsgremien noch die insoweit zu ergänzenden[178] Tatsachenfeststellungen berufenen Sozial- und Landessozialgerichte es versäu-

---

anzuziehen. Insofern geht die Rechtsfigur über den Bereich hinaus, der sich aus der der Rechtsprechung des BSG ergibt.

[169] Hierzu s insbesondere BSG vom 19. 7. 2006 – B 6 KA 1/06 R – SozR 4-2500 § 95 Nr 12 RdNr 16 ff.

[170] Besonders deutlich BSG vom 20. 10. 2004 – B 6 KA 67/03 R – BSGE 93, 269 = SozR 4-2500 § 95 Nr 9 RdNr 24.

[171] So BSG vom 19. 7. 2006 – B 6 KA 1/06 R – SozR 4-2500 § 95 Nr 12 RdNr 18.

[172] Vgl BSG vom 20. 10. 2004 – B 6 KA 67/03 R – BSGE 93, 269 = SozR 4-2500 § 95 Nr 9 RdNr 24.

[173] BSG vom 5. 11. 2008 – B 6 KA 59/08 B – RdNr 11.

[174] So klarstellend BSG vom 5. 11. 2008 – B 6 KA 59/08 B – RdNr 11.

[175] So deutlich BSG vom 27. 6. 2007 – B 6 KA 20/07 B – RdNr 13. – Die gesamte Zeit, ggf auch weit mehr als fünf Jahre, ist auf Wohlverhalten zu überprüfen: BSG vom 19. 7. 2006 – B 6 KA 1/06 R – SozR 4-2500 § 95 Nr 12 RdNr 14.

[176] BSG vom 27. 6. 2007 – B 6 KA 20/07 B – RdNr 13.

[177] Zu solchem Ausnahmefall s BSG vom 28. 4. 1999 – B 6 KA 69/98 B: Der damalige Kläger beantragte selbst die Einleitung des Disziplinarverfahrens und zahlte im Zuge des Disziplinarverfahrens einen erheblichen Betrag an die Landesarbeitsgemeinschaft Zahngesundheit eV. – Ebenso BSG vom 31. 3. 2006 – B 6 KA 69/05 B – RdNr 9: Bei „Abzweigung" von Geld, das an sich der Kassenärztlichen Vereinigung zustand, wäre zB aktives Bemühen um Wiederzuführung des Geldes dorthin zu erwarten.

[178] Vgl hierzu oben RdNr 142 (iVm den Ausführungen in der dortigen Fußnote).

men, die Wohlverhaltensfrage zu prüfen und in ihrer Entscheidung zu würdigen.[179] Hierzu kann im Regelfall wohl ein Text etwa folgender Art ausreichen:

147 *Eine an sich aufgrund gröblicher Pflichtverletzungen in der Vergangenheit indizierte Ungeeignetheit des Vertrags(zahn)arztes, die eine Zulassungsentziehung rechtfertigt, kann nur dann infolge veränderter Umstände relativiert werden, wenn die Prognose künftig ordnungsgemäßen Verhaltens zweifelsfrei nach der Überzeugung des Zulassungsausschusses/Berufungsausschusses/Gerichts feststeht. Ein späteres Wohlverhalten hat grundsätzlich geringeres Gewicht als das Verhalten, das die gröbliche Pflichtverletzung bzw die Nicht-Eignung begründet. Jeder Zweifel daran, dass eine nachhaltige Verhaltensänderung eingetreten ist, die eine positive Prognose rechtfertigt, führt dazu, dass ein rechtlich relevantes „Wohlverhalten" nicht vorliegt (vgl BSG vom 20. 10. 2004 – B 6 KA 67/03 R – BSGE 93, 269 = SozR 42500 § 95 Nr 9 RdNr 24; BSG vom 19. 7. 2006 – B 1 KA 1/06 R – SozR 4-2500 § 95 Nr 12 RdNr 18). – Eine zweifelsfrei positive Prognose lässt sich auch im vorliegenden Fall nicht stellen. Greifbare Anhaltspunkte für ein zu Gunsten des Arztes sprechendes verändertes Verhalten, das über das Unterlassen erneuten Fehlverhaltens hinausgeht und zugleich schwerer wiegt als das frühere gravierende Fehlverhalten, das der Arzt gezeigt hatte, sind nicht ersichtlich.*

148 6. Ein Arzt, der seine Kassenzulassung verlor – sei es, dass er aus dem Planungsbereich wegzog, er auf sie verzichtete oder sie ihm entzogen wurde[180] –, kann die Zulassung jederzeit wieder beantragen und nach den allgemeinen Voraussetzungen auch wieder erlangen (s dazu oben RdNr 9–67). Verlor er die Kassenzulassung allerdings deshalb, weil er sich als **ungeeignet gezeigt oder gröbliche Pflichtverletzungen begangen** hatte – gleichermaßen, ob sie ihm deshalb entzogen wurde oder ob er, der Entziehung zuvorkommend, auf sie verzichtete –, so bedarf es für die **Wiederzulassung** der Feststellung, dass er die Eignung wieder erlangt hat. Dafür wird üblicherweise ein **fünfjähriges deliktfreies Verhalten** gefordert.[181] Hier besteht nur die Anforderung, dass es nicht erneut zu einem Fehlverhalten des Arztes gekommen ist; die „positive Feststellung eines Wohlverhaltens" (vgl oben RdNr 144 und 145) ist nicht erforderlich.[182]

149 Bei der Bewertung, ob ein Arzt für die Zulassung wieder geeignet ist, haben die **Zulassungsgremien keinen Beurteilungsspielraum**, dh, dass die Gerichte dies voll überprüfen können, letztlich also die gerichtliche Bewertung maßgebend ist (vgl RdNr 129).

150 7. Besonderen Erschwernissen unterliegt die **Wiederzulassung nach einem sog kollektiven Zulassungsverzicht**. Hierzu ist gesetzlich geregelt, dass die Wiederzulassung erst **sechs Jahre** nach Abgabe der Verzichtserklärung möglich ist (§ 95b Abs 2 SGB V).

151 Zu den Fragen, unter welchen Voraussetzungen ein kollektiver Zulassungsverzicht vorliegt und wen die sechsjährige Wiederzulassungssperre unter welchen Voraussetzungen trifft, hat das BSG im Juni 2009 Stellung genommen.[183] Es hat ausgeführt:

152 Ein kollektiver Zulassungsverzicht gemäß § 95b Abs 2 SGB V liegt vor, wenn

153 – eine kollektive Zulassungsverzichtsaktion stattfand, dh eine große Zahl[184] von Ärzten einer Arztgruppe in einem Planungsbereich in zeitlichem Zusammenhang auf ihre Zu-

---

[179] Zum Vorhalt unterlassener Ausführungen zur Frage des Wohlverhaltens s BSG vom 19. 7. 2006 – B 6 KA 1/06 R – SozR 4-2500 § 95 Nr 12 RdNr 16 ff

[180] Zu diesen Varianten vgl oben RdNr 116.

[181] So vom BSG als Orientierungswert gebilligt: BSG vom 29. 10. 1986 – 6 RKa 32/86 – MedR 1987, 254, 255 = USK 86 179 S 838. – Zu dieser Fünf-Jahres-Frist s auch BSG vom 19. 7. 2006 – B 6 KA 1/06 R – SozR 4-2500 § 95 Nr 12 RdNr 14; BSG vom 17. 6. 2009 – B 6 KA 16/08 R – BSGE 103 = SozR 4-2500 § 72a Nr 2 RdNr 77 f.

[182] Das frühere Urteil des BSG vom 29. 10. 1986 (– 6 RKa 32/86 – MedR 1987, 254, 255 = USK 86 179 S 838), das möglicherweise auch anders verstanden werden konnte, ist insoweit vereinzelt geblieben.

[183] BSG vom 17. 6. 2009 – B 6 KA 16/08 R – BSGE 103 = SozR 4-2500 § 72a Nr 2 RdNr 83 ff.

[184] Ob die 50 % zutreffend berechnet wurden (ob alle auch je einzeln aus dem kollektiven Grund verzichteten), wird im Rahmen des Begehrens auf Wiederzulassung nicht überprüft, vgl BSG vom 17. 6. 2009 aaO RdNr 46 f. – Ungeachtet dessen hat das BSG (vorsorglich) die Berechnung der

6. Kapitel. Das Kassenarztrecht/Vertragsarztrecht   154–163   § 29

lassungen verzichteten und daraufhin das Ministerium die Feststellung getroffen hat, dass die Versorgung nicht mehr sichergestellt ist, sodass der Versorgungsauftrag auf die Krankenkassen übergegangen ist (gemäß § 72a Abs 1 SGB V) (im Wiederzulassungsverfahren keine Überprüfung, ob alle aus dem kollektiven Motiv verzichteten[185])
– der Wiederzulassungsbewerber sich an dem kollektiven Verzicht beteiligte oder aus anderen individuellen Gründen verzichtete.[186]   154

Die Rechtsfolge der sechsjährigen Wiederzulassungssperre trifft jeden, der kollektiv verzichtet hat, und zwar   155
– auch denjenigen, der seinen Sitz in einem anderen Planungsbereich als demjenigen hatte, der von der ministeriellen Feststellung betroffen war[187]   156
– wirkt sie bundesweit, dh, dass die Wiederzulassung bundesweit für sechs Jahre gesperrt ist[188]   157
– sperrt sie alle Möglichkeiten vertragsärztlicher Tätigkeit, auch als Angestellter oder Assistent bei einem anderen Arzt.[189]   158

VIII. Teilnahme der Psychotherapeuten an der vertragsärztlichen Versorgung

1. Für die **Zulassung** von Psychotherapeuten zur vertragsärztlichen bzw vertragspsychotherapeutischen Versorgung gelten im Grundsatz dieselben Anforderungen wie für Ärzte (RdNr 9 ff). Sie sind entweder **Psychologische Psychotherapeuten oder Kinder- und Jugendlichenpsychotherapeuten**. Jeder von ihnen (das gilt gleichermaßen für beide Gruppen) muss für eines der **drei in den Psychotherapie-Richtlinien anerkannten Therapieverfahren** qualifiziert sein, entweder für die **Psychoanalyse** oder für die **tiefenpsychologisch fundierte Psychotherapie** oder für die **Verhaltenstherapie**.   159

Innerhalb der Psychotherapeuten gibt es noch eine andere Differenzierung: 160
– zum einen diejenigen, die im Zuge der Integration der Psychotherapeuten in die vertragsärztliche Versorgung mit gleichberechtigtem Status im Verhältnis zu den Vertragsärzten **zum 1.1.1999** „privilegiert" zugelassen wurden, nämlich unabhängig von einem Versorgungsbedarf, dh ohne Rücksicht darauf, ob durch ihre Zulassung in einem Planungsbereich eine Überversorgung entstand oder verstärkt wurde (hierzu s RdNr 30 ff): sog **bedarfsunabhängige Zulassung** (§ 95 Abs 10–11b SGB V);   161
– zum anderen diejenigen, die diese Privilegien nicht in Anspruch nahmen oder erst später zugelassen wurden: Diese konnten und können nur insoweit zugelassen werden, als nicht Zulassungsbeschränkungen wegen Überversorgung entgegenstehen. – Hierzu s RdNr 30 ff). – Nur dieser Zulassungsweg ist noch heute aktuell, deshalb liegt nur dies den folgenden Ausführungen zugrunde.   162

2. Das **wesentliche Problem** bei Anträgen von Psychotherapeuten auf Zulassung zur vertragsärztlichen bzw vertragspsychotherapeutischen Versorgung war bis vor einiger Zeit in vielen Fällen das Erfordernis, dass ihre Berufstätigkeit im **Gesamtbild von der vertragsärztlichen Tätigkeit geprägt** sein musste (RdNr 55). Denn vielfach üben sie eine **anderweitige Tätigkeit** aus, die sie nicht aufgeben oder einschränken wollen (zB eine einkommenssichere Halbtagstätigkeit). Dieser Problemkreis hat sich möglicherweise entschärft, seitdem die Möglichkeit einer Zulassung im Umfang eines **nur hälftigen Versorgungsauftrags** besteht (§ 95 Abs 3 Satz 1 SGB V iVm § 19a Abs 3 Ärzte-ZV). Dazu wird auf die Ausführungen in RdNr 56 verwiesen.   163

50%-Quote nachgeprüft und die Bezugspunkte für deren Berechnung zusammengestellt: BSG aaO RdNr 56–66.
[185] BSG vom 17. 6. 2009 aaO RdNr 50.
[186] BSG vom 17. 6. 2009 aaO RdNr 23–35.
[187] BSG vom 17. 6. 2009 aaO RdNr 83.
[188] BSG vom 17. 6. 2009 aaO RdNr 86.
[189] BSG vom 17. 6. 2009 aaO RdNr 90–94.

164 Die Zulassungsbewerber in Planungsbereichen, in denen für Psychotherapeuten Zulassungsbeschränkungen wegen Überversorgung bestehen, beanstanden gelegentlich, dass die **Überversorgungsberechnungen für Psychotherapeuten** die echten Versorgungsverhältnisse nicht abbildeten. Die Berechnungen **seien „schief"**. Als Berechnungsbasis würden schematisch die am 1. 1. 1999 vorgefundenen Verhältnisse zugrunde gelegt (§ 101 Abs 4 Satz 2 SGB V), die aber in manchen Bereichen (zB Freiburg) durch eine atypisch hohe, in anderen (zB Waldshut) eine atypisch geringe Zahl an Psychotherapeuten geprägt gewesen seien. Zudem sei ein Anteil von 25 % der Vertragsarztsitze – bis 2008 waren dafür sogar 40 % vorgesehen – den psychotherapeutisch tätigen Ärzten vorbehalten, die aber im Regelfall ihren Anteil nicht ausschöpften.[190] So gebe es Planungsbereiche, die rechnerisch überversorgt seien, obgleich sie in Wahrheit deutlich unterversorgt seien. Ein ausreichender Ausgleich ergibt sich allein aus der Möglichkeit von Sonderbedarfszulassungen (RdNr 45) wohl kaum.[191] – Dese gesetzlichen Vorgaben und deren Anwendung sind indessen weder vom BSG noch vom BVerfG beanstandet worden.[192]

165 **3. Sonderbedarfszulassungen** sind auch für Psychotherapeuten denkbar. Ein Sonderbedarf kann sich daraus ergeben, dass in einem Versorgungsbereich **nicht ausreichend Kinder- und Jugendlichenpsychotherapeuten** zur Verfügung stehen (so ausdrücklich § 24 Satz 1 Buchst b Satz 3 Bedarfsplanungs-Richtlinie). Manches spricht dafür, dass sich ein Sonderbedarf auch daraus ergeben kann – ist aber noch nicht ausdrücklich vom BSG entschieden –, dass in einem Versorgungsbereich ein **Mangel speziell an psychoanalytisch befähigten Psychotherapeuten** besteht.[193]

166 Kein Sonderbedarf kann sich daraus ergeben, dass in bestimmten Bereichen ein großer Teil der Bevölkerung mit einer **bestimmten Heimatsprache** Bedarf an Therapien in ihrer Heimatsprache hat.[194] Die Zur-Verfügung-Stellung der Leistungen der deutschen Sozialleistungssysteme in der jeweiligen Muttersprache ist eine gesamt-gesellschaftliche bzw gesellschaftspolitische Aufgabe, die im Rahmen allgemein-sozialrechtlicher Regelungen zu lösen ist; es handelt sich nicht um eine spezifische Aufgabe der gesetzlichen Krankenversicherung und ihrer Institutionen.[195] Im Übrigen liefe die gegenteilige Ansicht darauf hinaus, dass für jede in der deutschen Bevölkerung vertretene (Heimat-)Sprache ein Sonderbedarf anzuerkennen wäre.[196]

167 **4.** Ähnlich einer Sonderbedarfszulassung kommen für Psychotherapeuten, die zB an Krankenhäusern tätig sind, ggf **Ermächtigungen** in Betracht.[197]

168 **5.** Auch bei Psychotherapeuten kann es zur **Entziehung der Kassenzulassung** kommen (vgl dazu RdNr 129ff). Auch hier gibt es Fälle der Nichteignung und gröbliche

---

[190] Zu deren Zulassungsanspruch im Rahmen dieser Quote s BSG vom 5. 11. 2008 – B 6 KA 13/07 R – SozR 4-2500 § 101 Nr 2 RdNr 14 ff.

[191] Vgl dazu BSG vom 5. 11. 2003 – B 6 KA 53/02 R – SozR 4-2500 § 101 Nr 1 RdNr 17 aE.

[192] BSG vom 5. 11. 2003 – B 6 KA 53/02 R – SozR 4-2500 § 101 Nr 1 RdNr 10 ff. Die Verfassungsbeschwerde ist nicht zur Entscheidung angenommen worden: BVerfG [Kammer] vom 4. 5. 2004 – 1 BvR 749/04 –.

[193] Hierzu ist das Revisionsverfahren B 6 KA 22/09 R anhängig, in dem voraussichtlich im Jahr 2009 eine Entscheidung ergehen wird.

[194] Vgl – zu einem Ermächtigungsbegehren – BSG vom 28. 1. 2008 – B 6 KA 40/06 R – SozR 4-5520 § 31 Nr 3 RdNr 15 ff

[195] BSG vom 28. 1. 2008 aaO RdNr 18 am Ende.

[196] Insoweit kann in Ausnahmefällen, in denen eine Behandlung von einem heimatsprachlichen Psychotherapeuten unabdingbar erscheint, ein solcher aber unter den zugelassenen Psychotherapeuten nicht zu finden ist, eventuell die Bewilligung einer Behandlung im Einzelfall auf der Grundlage des § 13 Abs 3 SGB V erwogen werden.

[197] Vgl BSG vom 28. 1. 2008 – B 6 KA 40/06 R – SozR 4-5520 § 31 Nr 3 zu dem Ermächtigungsbegehren einer Psychotherapeutin mit hauptberuflicher Tätigkeit bei einem Psychologischen Dienst für Ausländer.

6. Kapitel. Das Kassenarztrecht/Vertragsarztrecht   § 30

Pflichtverletzungen, zB **Unkorrektheiten bei der Abrechnung**[198] und – sehr selten – **Übergriffe auf Patientinnen**[199].

6. Offen ist die Frage, ob es Änderungen bei der Auswahl der anerkannten **psycho-** **therapeutischen Behandlungsverfahren** geben wird.   169

Zum einen erhebt sich Kritik gegenüber den **bisherigen drei klassischen Verfahren**   170
(zu diesen vgl RdNr 159) und wird die Frage aufgeworfen, ob sie alle kritischen Wirksamkeitsüberprüfungen standhalten können. Allerdings wird man den Psychotherapeuten, die 1999 zugelassen wurden und bei denen die Zulassung gesetzlich mit dem Verfahren, für das sie sich qualifiziert hatten, verbunden war und ist, die Berechtigung, „ihr" Verfahren weiterhin anzuwenden, schwerlich entziehen können.[200]

Zum anderen steht in der Diskussion, ob evtl **weitere psychotherapeutische**   171
Behandlungsverfahren über die drei klassischen hinaus (zu diesen vgl RdNr 159 und § 30 RdNr 48) in die vertragsärztliche Versorgung aufzunehmen sind.[201] Dabei erscheint schon fraglich, ob dies überhaupt von Seiten eines Psychotherapeuten erstritten werden kann. Das System des SGB V ist auf die Versorgungsbedürfnisse der Versicherten ausgerichtet, sodass nicht ohne Weiteres vorstellbar ist, dass von Seiten eines Leistungserbringers die Bereitstellung bestimmter weiterer Betätigungsmöglichkeiten eingefordert werden kann: Eine Anspruchsgrundlage für ein solches Begehren eines Leistungserbringers ist schwerlich ersichtlich. Eher ist denkbar, dass ein **Versicherter** evtl mit Erfolg geltend machen kann, von seinem Krankheitszustand her könne ihm nur ein bestimmtes Behandlungsverfahren helfen und daher müsse ihm dieses bereitgestellt werden (evtl auf der Rechtsgrundlage von § 13 Abs 3 Satz 1 SGB V).[202]

§ 30 Landes- und Bundesausschüsse/Richtlinien

Inhaltsübersicht

		RdNr
I.	Allgemeines	1
II.	Landesausschüsse	2
	1. Zusammensetzung der Landesausschüsse	2
	2. Kostentragung	4
	3. Beteiligungsfähigkeit	5
	4. Aufgabenbereiche (insbesondere Bedarfsplanung)	6
	5. Aufgehobene Großgeräteplanung	11
	6. Zunehmende Einschränkung der Bedarfsplanung	13
III.	Gemeinsamer Bundesausschuss/Richtlinien	14
	1. Besetzung des GBA	14
	2. Geschäftsführung/Aufsicht/Geschäftsordnung/Verfahrensordnung/ Mitgliederverordnung	15

---

[198] So soll es gelegentlich vorkommen, dass ein Psychotherapeut Therapiesitzungen statt auf 50 Minuten auf die doppelte Zeit bemisst, weil er dies für zweckmäßig hält (der Patient muss nicht zweimal zu ihm kommen und die Problembesprechungen sind intensiver). Korrekterweise kann er bei seiner Abrechnung dann aber nur einmal eine Sitzung „von mindestens 50 Minuten" in Ansatz bringen, denn die Qualifizierung als zwei (getrennte) Sitzungen ist nur bei einer zwischengeschobenen ausgedehnten Unterbrechung möglich. Zur Zulassungsentziehung in einem solchen Fall: LSG Baden-Württemberg vom 1. 4. 1992 – L 5 Ka 1028/91 – MedR 1992, 303.
[199] Vgl BSG vom 2. 9. 2009 – B 6 KA 14/09 B –. Vgl auch den Bericht in DÄBl 2009, A-1690. – Vgl auch RdNr 137 (letztes Beispiel).
[200] Vgl dazu BSG vom 28. 10. 2009 – B 6 KA 45/08 R.
[201] Vgl § 30 RdNr 48. – Beachte auch BSG vom 28. 10. 2009 – B 6 KA 11/09 R – und BSG vom 28. 10. 2009 – B 6 KA 45/08 R –, jeweils zur Gesprächstherapie.
[202] Vgl BSG vom 28. 10. 2009 – B 6 KA 11/09 R –.

§ 30   1, 2   § 30 Landes- und Bundesausschüsse/Richtlinien

   3. Rechtsfähigkeit 19
   4. Steuerungsfunktion 20
   5. Steuerung durch Richtlinien 22
   6. Rechtsnatur der Richtlinien 25
   7. Grenzen der Rechtssetzungsbefugnis durch Richtlinien 29
   8. Aufzählung wichtiger Richtlinien 30
   9. Richtlinie zur Bewertung von Untersuchungs- und Behandlungs-
      methoden 31
  10. Arzneimittel-Richtlinie und Eingrenzung von Arzneimittelausgaben ... 34
  11. Heilmittel (Richtlinie/Rahmenempfehlungen) und Hilfsmittel
      (Hilfsmittelverzeichnis/Verträge) 45
  12. Richtlinie für die stationäre Versorgung 47
  13. Psychotherapie-Richtlinie 48
  14. Rechtsmittel gegen Richtlinien 49
  15. Kartellrecht (Rechtsschutz/Sozialgerichtsbarkeit/Europarecht) 53

Literatur: *Axer,* Normsetzung der Exekutive in der SozVers, 2000, 119 ff; *Bäune/Meschke/Rothfuß,* Kommentar zur Zulassungsverordnung für Vertragsärzte und Vertragszahnärzte, 2008; *Butzer/Kaltenborn,* Die demokratische Legitimation des GBA, MedR 2001, 333 ff; *Clemens,* Verfassungsrechtliche Anforderungen an untergesetzliche Rechtsnormen, MedR 1996, 432 ff; *Eichenhofer,* Richtlinien der GKV und Gemeinschaftsrecht, MedR 2006, 245 ff; *Engelmann,* Untergesetzliche Normsetzung im Recht der gesetzlichen Krankenversicherung durch Verträge und Richtlinien, NZS 2006, 1 ff und 76 ff; *Engelmann,* Die Kontrolle medizinischer Standards durch die Sozialgerichtsbarkeit – Zur Anerkennung neuer Untersuchungs- und Behandlungsmethoden und zur Stellung des IQWiG, MedR 2006, 245 ff; *Hiddemann,* Die Richtlinien des GBA als Rechtsnormen, BKK 2001, 187 ff; *Knispel,* Wettbewerbshandeln durch Erlass von Richtlinien…?, NZS 2000, 441 ff; *Merten,* Zum Richtlinienerlass durch den GBA, NZA 2006, 337 ff; *Schallen,* Zulassungsverordnung, 7. Aufl 2009; *Schimmelpfeng-Schütte,* Die Entscheidungsbefugnisse des Gemeinsamen Bundesausschusses, NZS 2006, 567 ff; *dieselbe,* Demokratische und rechtsstaatliche Defizite der GKV, MedR 2006, 519 ff; *Schnapp,* Untergesetzliche Rechtsquellen im Vertragsarztrecht am Beispiel der Richtlinien, in: FS 50 Jahre Bundessozialgericht, 2004, 497; *Schnapp/Wigge* (Hrsg), Handbuch des Vertragsarztrechts, 2. Aufl 2006; *Wolff,* Die Legitimationsveränderungen des Richtlinienerlasses, NZS 2006, 281 ff. – Vgl auch das Schrifttum zu § 32.

I. Allgemeines

1   Insbesondere im Rahmen der Bedarfsplanung (siehe *Krauskopf/Clemens* § 29 RdNr 25 ff) sind Berechnungsmaßstäbe zu konkretisieren und diese anzuwenden und die Ergebnisse zu verlautbaren: Besteht Unter- oder Überversorgung? Werden Zulassungsbeschränkungen angeordnet? Für die damit anstehenden diversen Aufgaben hat der Gesetzgeber sog **Landesausschüsse** und auch **Bundesausschüsse** vorgesehen. Den Bundesinstitutionen hat der Gesetzgeber zudem noch zahlreiche weitere Aufgaben auf der Ebene sog untergesetzlicher **Normsetzung** zugewiesen: Die größte Bedeutung hat die dem **Gemeinsamen Bundesausschuss** zugewiesene Aufgabe des Erlasses von **Richtlinien,** durch die die vertrags(zahn)ärztliche Versorgung näher ausgestaltet, insbesondere auch ihre Qualität gewährleistet, werden soll.

II. Landesausschüsse

2   **1.** Die Landesausschüsse der Ärzte/Zahnärzte und KK werden gemäß § 90 SGB V von den **KV/KZV** und den **KK(-Landesverbänden)** gebildet. Sie bestehen aus einem Vorsitzenden und zwei weiteren Beisitzern, die jeweils unparteiisch sein müssen. Die Seite der Ärzte/Zahnärzte besteht aus acht Vertretern; auf Seiten der KK sind es drei Vertreter der AOK, zwei Vertreter der ErsK, je ein Vertreter der BKK, der IKK und der landwirtschaftlichen KK. Diese Besetzung mit einer ungeraden Zahl unparteiischer Mitglieder (nämlich einem unparteiischen Vorsitzenden und zwei weiteren unparteiischen Mitgliedern) hat der Gesetzgeber vorgesehen, damit Patt-Situationen möglichst vermieden werden. Eine solche

6. Kapitel. Das Kassenarztrecht/Vertragsarztrecht   3–9 § 30

Gefahr besteht deshalb, weil die Mitglieder der Landesausschüsse, je nachdem, ob sie von der Seite der Ärzte/Zahnärzte oder von der Seite der Krankenkassen kommen, zwar nicht an Weisungen gebunden sind, aber erfahrungsgemäß ihre Stimme doch als Interessenvertreter der sie entsendenden Organisation abgeben.

Nach § 90 Abs 3 Satz 4 SGB V erlässt das BMG eine Verordnung über die Amtsdauer, **3** die Amtsführung, die Erstattung der baren Auslagen und die Entschädigung für Zeitaufwand der Ausschussmitglieder sowie über die Verteilung der Kosten (**Ausschussmitgliederverordnung**). Es gilt weiterhin die Verordnung vom 10. 11. 1956[1] idF vom 12. 3. 1980,[2] mit späteren Änderungen, zuletzt durch Art 23 GKV-WSG vom 26. 3. 2007.[3] Die **Amtsdauer** der Mitglieder beträgt vier Jahre, sie können aus wichtigem Grund von der Aufsichtsbehörde **abberufen** werden. Die nach altem Recht aufgestellten **Geschäftsordnungen** sind mit dem GRG vom 20. 12. 1988[4] weggefallen; es gelten die Vorschriften des SGB X.

2. Die **Kosten** für die Landesausschüsse teilen sich die beteiligten Organisationen **4** (§ 90 Abs 3 Satz 3 SGB V iVm der Ausschussmitgliederverordnung[5]).

3. Den Landesausschüssen **fehlt** zwar die **Rechtsfähigkeit,** dennoch können deren **5** Entscheidungen nicht den Trägerorganisationen zugerechnet werden.[6] Im Verfahren sind die Ausschüsse **beteiligtenfähig** (§ 70 Nr 4, § 51 Abs 2 Satz 1 Nr 2 SGG); sie sind außerdem **Behörden** im Sinne von § 1 SGB X. Die **Geschäftsführung** liegt in der Regel bei den KV/KVZ. Die Sozialminister bzw -senatoren haben die **Aufsicht** (§ 90 Abs 4 Satz 2 SGB V). Gegen die Beschlüsse der Landesausschüsse kann vor den SG geklagt werden; klagebefugt sind die KK(-Landesverbände) und die KV/KZV.

4. Die **Aufgaben** der Landesausschüsse betreffen den Bereich der **Bedarfsplanung,** **6** und zwar zum einen die Aufstellung von Bedarfsplänen und zum anderen die Feststellung von Überversorgung und die Anordnung von Zulassungsbeschränkungen.

a) Gemäß § 99 Abs 2 SGB V iVm § 14 Abs 1 Ärzte-/Zahnärzte-ZV hat der Landesaus- **7** schuss den **Bedarfsplan** aufzustellen, wenn sich KV/KZV und die KK(-Landesverbände) nicht einigen und einer der Beteiligten ihn anruft.

So, wie der Krankenhausbedarfsplan[7] (§ 8 KHG), hat auch der Bedarfsplan nach § 99 **8** Abs 1 SGB V **keine Normqualität;** er stellt auch keinen Verwaltungsakt dar, sondern ist als eine **interne Bedarfsanalyse** nur die Grundlage für weitere Entscheidungen (etwa der Zulassungsinstanzen).[8] Bei drohender **Unterversorgung,** die durch Maßnahmen der KV nicht zu beseitigen ist, hat der Landesausschuss mit verbindlicher Wirkung für die Zulassungsausschüsse in den angrenzenden Gebieten Zulassungsbeschränkungen anzuordnen (vgl § 16 Abs 3 Ärzte-ZV). Dies ist im Bekanntmachungsblatt der KV zu veröffentlichen.

b) Liegt **Überversorgung** vor, was nach den Kriterien zu beurteilen ist, die in § 101 **9** Abs 1 und 2 SGB V iVm den Bedarfsplanungs-Richtlinien des Bundesausschusses normiert sind (siehe hierzu *Krauskopf/Clemens* § 29 RdNr 25 ff), so hat der Landesausschuss gemäß § 103 Abs 1 SGB V iVm § 16b Abs 1 und 2 Ärzte-ZV das Bestehen der **Überversorgung festzustellen** und mit verbindlicher Wirkung für einen oder mehrere Zulassungsausschüsse **Zulassungsbeschränkungen anzuordnen.** Überversorgung liegt vor,

---

[1] BGBl I 861.
[2] BGBl I 282.
[3] BGBl I 378, 459.
[4] BGBl I 2477.
[5] Neufassung zum 1. 7. 2007 durch Art 23 GKV-WSG vom 26. 3. 2007, BGBl I 378, 459.
[6] BSGE 64, 78 = NJW 1989, 2771.
[7] Hierzu s BVerwGE 62, 86, 95–97; BVerwGE 72, 38, 45; BVerwG v 25. 9. 2008 – 3 C 3507 – BVerwGE 132, 64 = DVBl. 2009, 44, 45 RdNr 17; ebenso BVerfGE 82, 209, 227 f.
[8] Vgl BSG USK 84175, BSG USK 86190, BSG USK 8930.

wenn der allgemeine bedarfsgerechte Versorgungsgrad **um 10%** überschritten ist (aaO § 29 RdNr 35 ff). Hier wird erkennbar, dass die Feststellung des Landesausschusses unmittelbare Wirkung für die Zulassungsausschüsse hat. Die Anordnung und Aufhebung von Zulassungsbeschränkungen wird in dem Bekanntmachungsblatt der KV **veröffentlicht** (vgl § 16b Abs 4 Ärzte-ZV).

10 Eine solche **Anordnung** wird von ihrer **Rechtsnatur** her als lediglich verwaltungsinterne Vorgabe für die Zulassungs- und Berufungsausschüsse angesehen; die vorgeschriebene Veröffentlichung habe keine konstitutive Funktion, sondern diene nur der Information potenzieller Zulassungsbewerber.[9] **Rechtsschutz** für den Einzelnen ist nur möglich **gegen** eine **Zulassungsversagung,** in deren Rahmen dann **incident** auch die Anordnung von Zulassungsbeschränkungen und damit zugleich deren Voraussetzung, dh die Rechtmäßigkeit der Feststellung der Überversorgung, überprüft werden.[10]

11 5. **Weggefallen** ist die frühere Aufgabe des Landesausschusses im Rahmen der sog **Großgeräteplanung** nach § 122 Abs 2 SGB V aF (aufgehoben seit dem 1. 7. 1997). Während der Großgeräteausschuss landesweit die Verteilung von medizintechnischen Großgeräten plante, übernahm der Landesausschuss die Standortbestimmung und die Zuteilung an bestimmte Ärzte bzw Aufteilung der Benutzung eines Großgerätes zwischen Klinik und niedergelassenem Arzt – eine Regelung, die nie überzeugend funktionierte.

12 Das BSG hatte die Großgeräte-Planung als **verfassungsgemäß** angesehen.[11] Insofern könnte daraus ein Beispiel genommen werden, künftig einmal wieder in kostenintensiven Bereichen **eine Art sachlich-begrenzter Bedarfsplanung** einzuführen.

13 6. Die **Bedarfsplanung,** in die die Landesausschüsse eingebunden sind (RdNr 6 ff), ist **zunehmend eingeschränkt** worden. So findet sie seit dem 1. 4. 2007 bei den **Vertragszahnärzten** nicht mehr statt (siehe § 100 Abs 4, § 101 Abs 6, § 104 Abs 3 SGB V in der Neufassung durch das GKV-WSG vom 26. 3. 2007[12]). Begründet wurde diese gesetzgeberische Entscheidung mit der im zahnärztlichen Bereich geringen Gefahr der Überversorgung und der Leistungsausweitung.[13]

III. Gemeinsamer Bundesausschuss/Richtlinien

14 1. Ähnlich wie die Landesausschüsse sind die **Bundesausschüsse bzw** heute (seit dem 1. 1. 2004) der **Gemeinsame Bundesausschuss (GBA)** konzipiert. Bis 2003 gab es zwei verschiedene Bundesausschüsse, einen für den ärztlichen und einen anderen für den zahnärztlichen Bereich, die von der KBV bzw der KZBV und jeweils den KK(-Spitzenverbänden) gebildet wurden (§ 91 SGB V), und getrennt daneben für den Krankenhausbereich den Ausschuss Krankenhaus (§ 137c SGB V). **Seit 2004** gibt es für den ärztlichen und den zahnärztlichen Bereich zusammen den **Gemeinsamen Bundesausschuss,** der zunächst noch je nach betroffener Sachmaterie **sechs verschiedene Besetzungen** aufwies (so zB Sonderbesetzungen für den zahnärztlichen, für den psychotherapeutischen und für den Krankenhausbereich, § 91 Abs 5–7 SGB V damaliger Fassung). **Seit dem 1. 7. 2008** gibt es **nur noch *ein* Beschluss-Organ** mit **13 stimmberechtigten Mitgliedern** (3 Unparteiische einschließlich dem Vorsitzenden, 5 Vertreter des Spitzenverbandes Bund der KK, 2 Vertreter der KBV und ein Vertreter der KZBV, 2 Vertreter der Deutschen Krankenhausgesellschaft). Hinzu kommen mit beratender Stimme Patientenvertreter (§ 140 Abs 2 SGB V). Ziel der Verringerung der Anzahl der verschiedenen Gremien und der Zahl der Mitglieder ist eine schnellere Beschlussfassung und eine Professionalisierung des GBA.[14]

---

[9] BSG v 2. 10. 1996, BSGE 79, 152 , 154 f = SozR 3-2500 § 103 Nr 1 S. 3 f.
[10] *Meschke* in: *Bäune/Meschke/Rothfuß,* Kommentar zur Zulassungsverordnung für Vertragsärzte und Vertragszahnärzte, 2008, § 16b RdNr 8 mwN.
[11] BSG v 14. 5. 1992 – 6 RKa 41/91 – BSGE 70, 285 = SozR 3-2500 § 122 Nr 3.
[12] BGBl I 378.
[13] BT-Drucks 15/1525 S. 16.
[14] BT-Drucks 16/3100 S. 135.

2. Die **Geschäftsführung** liegt nicht mehr bei der KBV bzw KZBV, sondern beim 15
GBA selbst. Die **Aufsicht** über die Geschäftsführung führt das Bundesministerium für
Gesundheit. Es handelt sich dabei, jedenfalls im Bereich der Normsetzungstätigkeit des
GBA, nur um eine Rechtsaufsicht.[15]

Der **GBA** hat sich eine neue (an die bisherige angelehnte) **Geschäftsordnung** gegeben 16
(Fassung vom 18. 9. 2008,[16] mit späteren Änderungen, zuletzt vom 19. 3. 2009[17]).

Die **Verfahrensordnung** des GBA (Fassung vom 18. 12. 2008,[18] mit späteren Änderun- 17
gen, zuletzt vom 16. 7. 2009[19]) regelt dessen Verfahrensweise, insbesondere seine Zusammenarbeit mit dem Institut für Qualität und Wirtschaftlichkeit im Gesundheitswesen
(IQWiG, § 139a SGB V). Hierzu siehe auch unten RdNr 32.

Für die Landesausschüsse und für den GBA gilt die **Ausschussmitgliederverord-** 18
nung (§ 91 Abs 3 Satz 2 iVm § 90 Abs 3 Satz 4 SGB V iVm der Ausschussmitgliederverordnung, in der Neufassung zum 1. 7. 2007[20]); sie regelt die Amtsdauer, Amtsführung und
Entschädigung der Ausschussmitglieder.

3. Nach § 91 Abs 1 Satz 2 SGB V ist der GBA **rechtsfähig.** Damit gilt er als juristische 19
Person des öffentlichen Rechts. Ob es sich um eine Körperschaft oder um eine Anstalt des
öffentlichen Rechts oder um eine besondere Art öffentlich-rechtlicher Einrichtung handelt, kann offenbleiben. Das BSG tendiert zur Qualifizierung als Anstalt des öffentlichen
Rechts.[21] Dem widerspricht allerdings der derzeitige Vorsitzende des GBA; er macht geltend, dass es sich jedenfalls seit dem 1. 1. 2004 nicht mehr – wie sonst im Falle von
Anstalten – um eine Einrichtung handele, die von einem externen Träger öffentlicher
Verwaltung getragen werde; der GBA sei vielmehr seitdem selbst rechtsfähig und habe
eigene Finanzhoheit.[22]

4. Der Gesetzgeber hat dem GBA eine zentrale **Steuerungsfunktion** im materiellen 20
Leistungsrecht der GKV gegeben; er ist **nachgeordneter Normgeber** und übernimmt
die (oft unpopuläre) praktische Umsetzung gesetzgeberischer Reformen. Gelegentlich
wird er als der „**kleine Gesetzgeber**" bezeichnet. Insbesondere im Arzneimittelbereich
verschafft sich der GBA durch seine Einwirkung auf diesen Markt – zusammen mit dem
Institut für Qualität und Wirtschaftlichkeit im Gesundheitswesen (IQWiG, § 139a, hier
insbesondere Abs 3 Nr 5, iVm § 35b SGB V) – selten Freunde.

In diesem Zusammenhang ist zu betonen, dass die **Steuerungsmöglichkeiten im** 21
Arzeimittelbereich noch lange nicht ausgeschöpft worden sind. **Zusätzlich zur** traditionellen **Überprüfung von Qualität, Wirksamkeit und Unbedenklichkeit** kann,
wie auch das BSG deutlich herausgestellt hat,[23] im Rahmen einer sog **vierten Hürde** die
Wirtschaftlichkeitsprüfung bei Arzneimitteln, bei der derzeit wenigstens die vor einigen
Jahren eingeführte **Kosten-Nutzen-Bewertung** endlich konkrete Gestalt annimmt,
noch erheblich ausgebaut werden. Näheres siehe unten RdNr 36 ff, 40 ff.

5. Die **hauptsächliche Handlungsform** des GBA ist der Erlass von **Richtlinien.** 22
Damit nimmt er seine Aufgabe wahr, eine ausreichende, zweckmäßige und wirtschaft-
liche ärztliche/zahnärztliche **Versorgung zu gewährleisten** (§ 92 Abs 1 SGB V). Die
Richtlinien-Kompetenz des GBA hat durch das 2. GKV-NOG vom 23. 6. 1997[24] und

---

[15] BSG v 6. 5. 2009 – B 6 A 1/08 R = BSGE 103, 106 = SozR 4-2500 § 94 Nr 2 RdNr 34–51.
[16] BAnz Nr BAnz S. 3664 v 15. 10. 2008.
[17] BAnz Nr 84a Beilage v 10. 6. 2009.
[18] BAnz Nr 84a Beilage v 10. 6. 2009.
[19] BAnz Nr 145 S. 3373 v 29. 9. 2009.
[20] Art 23 GKV-WSG v 26. 3. 2007, BGBl I 378, 459.
[21] BSG v 20. 3. 1996 – 6 RKa 62/94 – BSGE 78, 70, 80 f = SozR 3-2500 § 92 Nr 6 S. 35 f.
[22] Hess in: KassKomm, SGB V, § 91 RdNr 6.
[23] So BSG v 5. 11. 2008 – B 6 KA 63/07 R – SozR 4-2500 § 106 Nr 21 RdNr 20.
[24] BGBl I 1520.

durch das GKV-ModernisierungsG (GMG) vom 14.11.2003[25] ein noch größeres Gewicht erhalten (vgl oben RdNr 20: „kleiner Gesetzgeber").

23 Die vom GBA beschlossenen Richtlinien sind dem Bundesministerium für Gesundheit (**BMG**) vorzulegen (§ 94 SGB V). Erhebt das BMG keine Einwendungen und stimmt es der **Veröffentlichung** im Bundesanzeiger (BAnz) zu, so werden die Richtlinien mit der Veröffentlichung (oder dem dort genannten Datum) wirksam.

24 Das BMG kann die ihm vorgelegten Richtlinien aber auch innerhalb von zwei Monaten **beanstanden** (§ 94 Abs 1 Satz 2 SGB V). Kommen die gemäß der Beanstandung erforderlichen neuen Beschlüsse des GBA nicht oder nicht innerhalb der vom BMG gesetzten Frist zustande oder bewirken die Beschlüsse keine Behebung der Beanstandungen des BMG innerhalb der Frist, **so erlässt das BMG die Richtlinien.** Wenn das BMG Richtlinien insgesamt seinerseits erlässt, weil der GBA nicht tätig geworden ist, so wird teilweise vertreten, dass von Richtlinien des BMG (und nicht des GBA) zu sprechen sei.[26] Wenn es sich dagegen nur um teilweise Veränderungen bestehender Richtlinien handelt, besteht Einigkeit, dass zumindest mit einer erneuten Änderung oder Ergänzung durch den GBA alle Änderungen dann doch als Richtlinien des GBA gelten.

25 **6.** Die **Rechtsnatur der Richtlinien,** die der GBA erlässt (bzw die früher vom Bundesausschuss der Ärzte und KKn erlassen wurden), ist **eines der umstrittensten Themen** der 1990er Jahre gewesen. Insgesamt gesehen stellt sich die Richtliniengebung als ein spezifisches „**Rechtskonkretisierungskonzept**" innerhalb des Vertragsarztrechts und des Leistungsrechts der GKV dar.[27] Während früher die Rechtsnatur der Richtlinien in der Rechtsprechung noch ungeklärt und umstritten war (und im Schrifttum überwiegend von einer lediglich verwaltungsinternen Wirkkraft vergleichbar mit Empfehlungen ausgegangen wurde), hat sich ab **ca 1995** zunehmend die Ansicht durchgesetzt, dass die Richtlinien **Rechtsnormen** sind, die für alle Betroffenen verbindlich sind. Die dabei ins Feld geführten Argumente und Entwicklungslinien der Diskussion haben Gewicht auch über die „Richtlinien" hinaus für andere Arten untergesetzlicher Regelungen im Vertragsarztrecht. – Die Problematik sei hier kurz skizziert:

26 Das zentrale Problem ist, dass im SGB V an zahlreichen Stellen Normstrukturen vorgesehen sind, die sich nicht oder nur **schwierig in das herkömmliche Schema von Verfassung/Gesetz/Rechtsverordnung/Satzung einordnen** lassen. Dies ist insbesondere von den Richtlinien her bekannt, die der GBA[28] erlässt (siehe den Katalog des § 92 Abs 1 SGB V). Die Diskussionen über die rechtliche Qualifizierung der Richtlinien wurden zunächst vor allem im Schrifttum geführt. Einige Autoren bewerteten solche Regelungen schlicht als **unwirksam**[29]; andere vertraten die Ansicht, es handele sich bei den Richtlinien, wie im allgemeinen Verwaltungsrecht um eine Art – **nur verwaltungsintern** wirkender und nur für den Regelfall geltender – bloßer **Empfehlungen.**[30] Andere plädierten für deren Normcharakter, wobei aber keine Einigkeit darin bestand, welchem Normtypus

---

[25] BGBl I 2190.
[26] *Schneider,* Handbuch des Kassenarztrechts, 1994, 142 f; *Hess* in: *Hauck/Noftz* (Hrsg), KassKomm Sozialversicherungsrecht, SGB V, § 94 RdNr 5.
[27] So *Schwerdtfeger* NZS 1998, 49, 50. Vgl auch BSGE 78, 70, 78 = SozR 3-2500 § 92 Nr 6 S. 32 f; siehe ferner *Schimmelpfeng-Schütte* in: *Schnapp/Wigge* (Hrsg), Handbuch des Vertragsarztrechts, 2. Aufl 2006, § 7 RdNr 40 ff (S. 225 ff).
[28] Bzw bis zum 31.12.2003: Der „Bundesausschuss der Ärzte und Krankenkassen" sowie der „Bundesausschuss der Zahnärzte und Krankenkassen".
[29] So vor allem *Wimmer* (zB Grenzen der Regelungsbefugnis in der vertragsärztlichen Selbstverwaltung, NZS 1999, 113) und *Sodan* (zB Verfassungsrechtliche Anforderungen an Regelungen gemeinschaftlicher Berufsausübung von Vertragsärzten, MedR 2001, 169). – Heute noch sehr kritisch zB *Beier* in *Schlegel/Voelzke/Engelmann* (Hrsg), jurisPraxisKommentar SGB V, 2008 § 92 RdNr 23 ff.
[30] Dies weiterentwickelnd in Richtung auf eine auch-normative Wirkung: BSG, Urt v 16.12.1993, BSGE 73, 271, 280 ff = USK 93 126 = SozR 3-2500 § 13 Nr 4 S. 20 ff.

6. Kapitel. Das Kassenarztrecht/Vertragsarztrecht   27–29   § 30

sie zuzuordnen seien. Die einen plädierten für die Qualifizierung als **Satzung** (so vor allem *Clemens*[31]) oder für deren Verständnis als eine Art **Rechtsvereinbarung** (so vor allem *Engelmann*[32]). Hilfsweise wurde auch die Rechtsfigur einer **Rechtsnorm sui generis** bemüht.[33]

Diese letzteren Sichtweisen aufgreifend hat das **BSG seit 1996** in zahlreichen Urteilen 27 judiziert, dass solche Richtlinien verbindliche Rechtsnormen sind.[34] Auch das **BVerfG** hat sie als wirksame Rechtsnormen behandelt, allerdings bisher lediglich in sog **Kammer-Entscheidungen**.[35] Eine endgültig klarstellende Senats-Entscheidung des BVerfG steht noch aus.[36]

Mittlerweile hat sogar der **Gesetzgeber** Stellung bezogen. Er hat die BVerfG-Kam- 28 mer- und die BSG-**Rechtsprechung aufgegriffen** und – bezogen auf die Entscheidungen des GBA, also vor allem auf dessen Richtlinien – **durch** die Bestimmung des **§ 91 Abs 6 SGB V**[37] gleichsam **gesetzlich festgeschrieben**: „Die Beschlüsse des Gemeinsamen Bundesausschusses ... sind **für** die Träger nach Abs 1 Satz 1 (dh für die Träger des GBA), deren **Mitglieder und Mitgliedskassen** sowie für die **Versicherten und** die **Leistungserbringer verbindlich."**

7. Auch wenn die Rechtsnatur der Richtlinien als Rechtsnorm anerkannt wird, so ist 29 deren **Rechtsgeltung** allerdings **durch das höherrangige Recht begrenzt.** So ist zB

---

[31] *Clemens*, Verfassungsrechtliche Anforderungen an untergesetzliche Rechtsnormen, MedR 1996, 432 (insbes S. 433 f, 438).

[32] *Engelmann*, Untergesetzliche Normsetzung im Recht der gesetzlichen Krankenversicherung durch Verträge und Richtlinien, NZS 2000, 1 ff und 76 ff (insbes S. 80 ff). – Weiterführend zB *Hase*, Verfassungsrechtliche Bewertung der Normsetzung durch den Gemeinsamen Bundesausschuss, MedR 2005, 391.

[33] Hierzu zB – zu einem anderen Sozialrechtsbereich – *Clemens*, Normenstrukturen im Sozialrecht, NZS 1994, 337 (342 f), und *Clemens*, Normenstrukturen im deutschen Recht, in: *Grawert/Schlink/Wahl/Wieland* (Hrsg), Offene Staatlichkeit – FS für Ernst-Wolfgang Böckenförde zum 65. Geburtstag –, 2005, S. 259 (274 f mit Fn 76).

[34] Siehe zB BSG v 18. 3. 1998 – B 6 KA 37/98 R = BSGE 82, 41 (47 f zu den Bedarfsplanungs-Richtlinien – mit Diktion in Richtung der Rechtsfigur der Satzung, unter Darlegung der „Ketten" demokratischer Legitimation). – Grundlegende Ansätze bereits in BSG v 20. 3. 1996 – 6 RKa 62/94 = BSGE 78, 70, 75 ff = SozR 3-2500 § 92 Nr 6 S. 29 ff (zu den Methadon-Richtlinien). – Aus jüngerer Zeit siehe zB BSG v 31. 5. 2006 – B 6 KA 69/04 R = SozR 4-2500 § 92 Nr 9 = GesR 2007, 90 (RdNr 21 und 28 zu den Krankenpflege-Richtlinien); BSG v 5. 11. 2008 – B 6 KA 56/07 R – BSGE 102, 21 = SozR 4-2500 § 101 Nr 3 RdNr 14 am Ende mwN; BSG v 6. 5. 2009 – B 6 A 1/08 R – BSGE 103, 106 = SozR 4-2500 § 94 Nr 2 RdNr 45 am Ende mwN; BSG v 2. 9. 2009 – B 6 KA 34/08 R – BSGE 104, 54 = SozR 4-2500 § 101 Nr 5 RdNr 11 am Ende. Ebenso zB zum Leistungsverzeichnis des EBM: BSG v 9. 12. 2004 – B 6 KA 44/03 R = BSGE 94, 50 = SozR 4-2500 § 72 Nr 2, jeweils RdNr 67. – Weitere Rechtsprechungs-Angaben bei *Clemens* in: *Umbach/Clemens* (Hrsg), GG, 2002, Anhang zu Art 12, RdNr 74 am Ende, sowie bei *Clemens*, Leitlinien und Sozialrecht, in: *Hart* (Hrsg), Klinische Leitlinien und Recht, 2005, 147 (148 Fn 6).

[35] S zB BVerfG [Kammer] v 27. 4. 2001 – 1 BvR 1282/99 = MedR 2001, 639 (640) = DVBl. 2002, 400 (402) (jeweils unter zu den Bedarfsplanungs-Richtlinien); BVerfG [Kammer] v 4. 5. 2004 – 1 BvR 749/04 – nicht veröffentlicht. – Auf derselben Linie zB auch BVerfG [Kammer] v 16. 7. 2004 – 1 BvR 1127/01 = SozR 4-2500 § 135 Nr 2 RdNr 28 (zum Bundesmantelvertrag-Ärzte) sowie BVerfG [Kammer] v 1. 7. 1991 – 1 BvR 1028/88 = SozR 3-5557 Allg Nr 1 und 22. 10. 2004 – 1 BvR 528/04 ua = MedR 2005, 285 (286) (jeweils zum Leistungsverzeichnis des EBM).

[36] Dazu hätte das BVerfG in seinem Beschluss v 6. 12. 2005 – 1 BvR 347/98 = BVerfGE 115, 25 = SozR 4-2500 § 27 Nr 5 eventuell Stellung nehmen können, hat dies aber offengelassen (aaO, 47 bzw RdNr 29 zur „Richtlinie zur Bewertung medizinischer Untersuchungs- und Behandlungsmethoden" = BUB-Richtlinie).

[37] Heute Abs 6. Ursprünglich war es der Abs 9 des § 91 SGB V (geschaffen durch das GKV-Modernisierungsgesetz vom 14. 11. 2003, BGBl I 2190) mit Wirkung zum 1. 1. 2004, damals noch mit anderer Formulierung, aber mit dem gleichen Aussagegehalt.

anerkannt, dass insbesondere der **Krankheitsbegriff** nicht durch Richtlinien-Vorgaben eingeengt werden kann, weil er durch das **SGB V** abschließend vorgegeben ist. So darf zB die erektile Dysfunktion **nicht durch eine Richtlinie** zur Privatsache der Versicherten deklariert werden.[38] **Zulässig** ist es **aber, im SGB V selbst** den Bereich, der einen Heilbehandlungsanspruch auslöst, einzuschränken und aufgrund einer **Kosten-Nutzen-Bewertung** die Behandlung von **zB erektiler Dysfunktion** aus dem GKV-Leistungskatalog auszugrenzen (so seit dem 1. 1. 2004 ausdrücklich § 34 Abs 1 Satz 8 SGB V).[39] Zulässig ist es auch, durch eine Regelung im SGB V pauschalierend alle **nicht-verschreibungspflichtigen** Arzneimittel aus dem Leistungskatalog auszugrenzen (so seit dem 1. 1. 2004 § 34 Abs 1 Satz 1 SGB V).[40]

30 8. Eine **Aufzählung der Richtlinien,** die gemäß § 92 Abs 1 Satz 2 SGB V erlassen worden sind, muss sich hier auf die wichtigsten beschränken. Die meisten Richtlinien sind vom GBA in letzter Zeit überarbeitet worden. Die wichtigsten Richtlinien sind die Folgenden:
- **Arbeitsunfähigkeits-Richtlinie:** Fassung vom 1. 12. 2003, mit späteren Änderungen, zuletzt vom 19. 9. 2006.[41]
- **Bedarfsplanungs-Richtlinie:** Fassung vom 15. 2. 2007, mit späteren Änderungen, zuletzt vom 18. 6. 2009.[42]
- **Richtlinie Methoden vertragsärztliche Versorgung** (früher: Richtlinien zur Bewertung medizinischer Untersuchungs- und Behandlungsmethoden der vertragsärztlichen Versorgung ‚BUB-RL'): Fassung vom 17. 1. 2006, mit späteren Änderungen, zuletzt vom 16. 7. 2009.[43]
- **Chroniker-Richtlinie:** Fassung vom 22. 1. 2004, mit späteren Änderungen, zuletzt vom 19. 6. 2008.[44]
- **Richtlinie über künstliche Befruchtung:** Fassung vom 14. 8. 1990, mit späteren Änderungen, zuletzt vom 16. 7. 2009.[45]
- **Richtlinie zur Empfängnisregelung und zum Schwangerschaftsabbruch** (früher: Sonstige Hilfen-Richtlinien): Fassung vom 10. 12. 1985, mit späteren Änderungen, zuletzt vom 23. 4. 2009.[46]
- **Mutterschafts-Richtlinie:** Fassung v 10. 12. 1985, mit späteren Änderungen, zuletzt v 5. 3. 2009.[47]
- **Kinder-Richtlinie:** Fassung vom 26. 4. 1976, mit späteren Änderungen, zuletzt vom 18. 6. 2009.[48]
- **Gesundheitsuntersuchungs-Richtlinie:** Fassung vom 24. 8. 1989, mit späteren Änderungen, zuletzt vom 19. 6. 2008.[49]
- **Krebsfrüherkennungs-Richtlinie:** Fassung vom 18. 6. 2009.[50]

---

[38] BSG v 30. 9. 1999, BSGE 85, 36, 40 ff = SozR 3-2500 § 27 Nr 11 S. 40 ff.
[39] BSG v 10. 5. 2005, BSGE 94, 302 = SozR 4-2500 § 34 Nr 2.
[40] BSG v 6. 11. 2008 – B 1 KR 6/08 R – BSGE 102, 30 = SozR 4-2500 § 34 Nr 4 RdNr 10 ff.
[41] DÄBl 2004, A 1284 = BAnz. Nr 61 S. 6501 v 27. 3. 2004; DÄBl 2007, A 294 = BAnz Nr 241 S. 7356 v 22. 12. 2006.
[42] BAnz Nr 64 S. 3491 v 31. 3. 2007; BAnz Nr 173 S. 3898 v 17. 11. 2009.
[43] DÄBl 2006, A 808 = BAnz Nr 48 S. 1523 v 9. 3. 2006; BAnz Nr 128 S. 3005 v 28. 8. 2009.
[44] DÄBl 2004, A 458 = BAnz Nr 18 S. 1343 v 28. 1. 2004; DÄBl 2008, A 1865 = BAnz Nr 124 S. 3017 v 19. 8. 2008.
[45] DÄBl 1990, C 2138 = BABl Nr 12 v 30. 11. 1990; BAnz Nr 145 S. 1373 v 29. 9. 2009.
[46] DÄBl 1986, B 713 = BAnz Nr 60a, Beilage v 27. 3. 1986; BAnz Nr 103 S. 2416 v 16. 7. 2009.
[47] DÄBl 1986, B 713 = BAnz Nr 60a, Beilage vom 27. 3. 1986; BAnz Nr 174 S. 3921 v 18. 11. 2009.
[48] BAnz Nr 214 Beilage Nr 28 v 11. 11. 1976; BAnz Nr 114 S. 2672 v 5. 8. 2009.
[49] DÄBl 1989, B 1945 = BABl Nr 10 v 29. 9. 1989; DÄBl 2008, A 2180 = BAnz Nr 133 S. 3236 v 3. 9. 2008.
[50] BAnz Nr 148a Beilage v 2. 10. 2009.

6. Kapitel. Das Kassenarztrecht/Vertragsarztrecht 31 § 30

- **Qualitätsbeurteilungs-Richtlinie Radiologie:** Fassung vom 17. 6. 1992, mit späteren Änderungen, zuletzt vom 17. 12. 1996.[51]
- **Qualitätsbeurteilungs-Richtlinie Kernspintomographie:** Fassung vom 6. 10. 2000.[52]
- **Psychotherapie-Richtlinie:** Fassung vom 11. 12. 1998, mit späteren Änderungen, zuletzt vom 19. 2. 2009.[53]
- **Arzneimittel-Richtlinie:** Fassung vom 31. 8. 1993, mit späteren Änderungen, zuletzt vom 15. 10. 2009.[54]
- **Heilmittel-Richtlinie:** Fassung vom 16. 3. 2004, mit späteren Änderungen, zuletzt vom 26. 6. 2006.[55]
- **Hilfsmittel-Richtlinie:** Fassung vom 17. 6. 1992, mit späteren Änderungen, zuletzt vom 16. 10. 2008.[56]
- **Behandlungs-Richtlinie-Zahnärzte:** Fassung vom 24. 9. 2003, mit späteren Änderungen, zuletzt vom 1. 3. 2006.[57]
- **Individualprophylaxe-Richtlinie:** Fassung vom 4. 6. 2003.[58]
- **Kieferorthopädie-Richtlinie:** Fassung vom 24. 9. 2003.[59]
- **Zahnersatz-Richtlinie:** Fassung vom 8. 12. 2004, mit späteren Änderungen, zuletzt vom 7. 11. 2007.[60]
- **Festzuschuss-Richtlinie:** Fassung vom 3. 11. 2004, mit späteren Änderungen, zuletzt vom 19. 2. 2009.[61]
- **Häusliche-Krankenpflege-Richtlinie:** Fassung vom 16. 2. 2000, mit späteren Änderungen, zuletzt vom 17. 1. 2008.[62]
- **Krankenhauseinweisungs-Richtlinie** (früher: Krankenhausbehandlungs-Richtlinie): Fassung vom 24. 3. 2003.[63]
- **Krankentransport-Richtlinie:** Fassung vom 22. 1. 2004, mit späteren Änderungen, zuletzt vom 21. 12. 2004.[64]
- **Rehabilitations-Richtlinie:** Fassung vom 16. 3. 2004, mit späteren Änderungen, zuletzt vom 22. 1. 2009.[65]
- Näheres zu den Richtlinien siehe unter www.g-ba.de/Richtlinien.

9. Von diesen Richtlinien kommt ganz **besondere Bedeutung** der **Richtlinien-** 31 gebung gemäß **§ 135 Abs 1 SGB V** zu. Der GBA hat aufgrund dieser Bestimmung die Befugnis und die Pflicht, die im vertragsärztlichen und vertragszahnärztlichen Bereich anwendbaren ärztlichen **Untersuchungs- und Behandlungsmethoden zu bewerten,** dh zu entscheiden, ob eine Methode im Rahmen der vertrags(zahn)ärztlichen Versorgung zulasten der GKV durchgeführt werden darf. Dafür hatte es bis 1999 die vom Bundesaus-

---

[51] DÄBl 1992, C 1939 = BAnz Nr 183b, Beilage v 29. 9. 1992; DÄBl 1997, C 581 = BAnz Nr 49 S. 2946 v 12. 3. 1997.
[52] DÄBl 2001, A 786 = BAnz Nr 28 S. 2013, 2016 v 9. 2. 2001.
[53] DÄBl 1998, C 2342 = BAnz Nr 6 S. 249 v 12. 1. 1999; BAnz Nr 58 S. 1399 v 17. 4. 2009.
[54] DÄBl 1994, C 101 = BAnz Nr 246 S. 11155 v 31. 12. 1993; BAnz Nr 165 S. 3766 v 3. 11. 2009.
[55] BAnz Nr 106a Beilage S. 12183 v 9. 6. 2004; BAnz Nr 182 S. 6499 v 29. 9. 2006.
[56] DÄBl 1992, C 1881 = BAnz Nr 183b, Beilage v 29. 9. 1992; BAnz Nr 61 S. 462 v 6. 2. 2009.
[57] BAnz Nr 226 S. 24966 v 3. 12. 2003; BAnz Nr 111 S. 4466 17. 6. 2006.
[58] BAnz Nr 226 S. 24969 v 3. 12. 2003.
[59] BAnz Nr 226 S. 24966 v 3. 12. 2003.
[60] BAnz Nr 54 S. 4094 v 18. 3. 2005; BAnz Nr 241 S. 8383 v 28. 12. 2007.
[61] BAnz Nr 242 S. 24463 v 21. 12. 2004; BAnz Nr 46 S. 1073 v 25. 3. 2009.
[62] BAnz Nr 91 S. 8878 v 13. 5. 2000; DÄBl 2008, A 1571 = BAnz Nr 84 S. 2028 v 10. 6. 2008.
[63] DÄBl 2004, A 214 = BAnz Nr 188 S. 22577 v 9. 10. 2003.
[64] DÄBl 2004, A 453 = BAnz Nr 18 S. 1342 v 28. 1. 2004; DÄBl 2005, A 697 = BAnz Nr 41 S. 2937 v 1. 3. 2005.
[65] DÄBl 2004, A 1194 = BAnz Nr 63 S. 6769 v 31. 3. 2004; BAnz Nr 87 S. 2131 v 18. 6. 2009.

schuss erlassenen Richtlinien zur Bewertung **neuer** ärztlicher Untersuchungs- und Behandlungsmethoden gegeben. Der Bundesausschuss erweiterte diese Richtlinien – entsprechend der ihm gegebenen umfassenden Aufgabenstellung – 1999/2000 dahin, dass er **alle** – auch die bereits praktizierten – ärztlichen Untersuchungs- und Behandlungsmethoden einer Überprüfung unterzieht. Im April 2006 hat er die Richtlinie umgetauft und mit der farbloseren Bezeichnung „Richtlinie zu Untersuchungs- und Behandlungsmethoden der vertragsärztlichen Versorgung" versehen, deren amtlicher Kurztitel – noch farbloser – **„Richtlinie Methoden vertragsärztliche Versorgung"**[66] lautet.

32 In dieser Richtlinie ist normiert, dass Untersuchungs- und Behandlungsmethoden nur aufgrund der Vorlage von sog **randomisierten, doppelblind durchgeführten und placebokontrollierten Studien** eine anerkennende Empfehlung im Sinne des § 135 Abs 1 SGB V erhalten können. Das Vorgehen bei der Bewertung und die Bewertungsmaßstäbe sind im Einzelnen in der **„Verfahrensordnung des GBA"**[67] geregelt. Je nach dem Prüfungsergebnis wird die Methode in der **Richtlinie Methoden vertragsärztliche Versorgung** entweder in die **Anlage I** „Anerkannte Untersuchungs- oder Behandlungsmethoden" oder in die **Anlage II** „Nicht anerkannte Untersuchungs- und Behandlungsmethoden" aufgenommen. Anerkannt ist, dass der GBA bei der Bewertung der Methoden, die im Wege eines Normsetzungsakts erfolgt (hierzu RdNr 25–28), einen **Beurteilungsspielraum** hat. Wie weit dieser reicht, ist nicht abschließend geklärt.[68]

33 Hat eine Methode eine anerkennende Empfehlung erhalten, so bedarf es allerdings noch eines weiteren **(zweiten) Schritts,** damit die Methode auch real praktiziert werden kann: Ein entsprechender **Leistungs- bzw Vergütungstatbestand** muss in das **Leistungsverzeichnis,** das auch als **Vergütungsordnung** bezeichnet wird, aufgenommen werden.[69] Dies ist Aufgabe des **Bewertungsausschusses** im Rahmen der Ausgestaltung des sog **Einheitlichen Bewertungsmaßstabs** (§ 87 SGB V). Mit „einheitlichem" Bewertungsmaßstab wird vom Gesetzgeber klargestellt, dass die darin festzulegenden Leistungstatbestände und die ihnen zuzuordnenden Punktzahlen **einheitlich für alle Krankenkassen** gelten.[70]

34 10. Innerhalb der Richtlinien ist von besonderer Bedeutung weiterhin die **Arzneimittel-Richtlinie.** Deren Bedeutung liegt darin, dass sie **zusätzliche Anforderungen für die Verordnungsfähigkeit** der Arzneimittel – über die Notwendigkeit einer Zulassung nach dem Arzneimittelgesetz (AMG) hinaus – enthalten. Um verordnungsfähig im Rahmen der GKV zu sein, muss ein Arzneimittel **erstens** durch die **Zulassung nach dem AMG** arzneimittelrechtlich **verkehrsfähig** sein (Prüfung von Qualität, Wirksamkeit und Unbedenklichkeit) und **zweitens die zusätzlichen besonderen Voraussetzungen für den Einsatz im Rahmen der GKV** (sog vierte Hürde) erfüllen.

---

[66] Fassung v 17. 1. 2006, mit späteren Änderungen, zuletzt v 16. 7. 2009, BAnz Nr 173 S. 3898 v 17. 11. 2009.

[67] Fassung v 18. 12. 2008, BAnz Nr 84a, Beilage vom 10. 6. 2009, mit späteren Änderungen, zuletzt v 16. 7. 2009, BAnz Nr 145 S 3373 v 29. 9. 2009.

[68] Besonders instruktiv *Engelmann,* Die Kontrolle medizinischer Standards durch die Sozialgerichtsbarkeit – Zur Anerkennung neuer Untersuchungs- und Behandlungsmethoden und zur Stellung des IQWiG –, MedR 2006, 245–259.

[69] Besonders deutlich zu diesem Erfordernis auch des zweiten Schritts s BSG v 13. 11. 1996, BSGE 79, 239, 244 ff = SozR 3-2500 § 87 Nr 14 S. 51 ff. Ebenso zB BSG v 2. 9. 2009 – B 6 KA 35/08 R – BSGE 104 = SozR 4-2500 § 95 Nr 17 RdNr 31.

[70] Früher hatten die einzelnen Krankenkassen uU je unterschiedliche Leistungsverzeichnisse und Bewertungen. Dies wurde in den 1980er Jahren dahin vereinheitlicht, dass es Leistungsverzeichnisse und -bewertungen nur noch einheitlich für die sog Primärkassen und nur noch einheitlich für die Ersatzkassen gab. Heute sind die Leistungsverzeichnisse und -bewertungen übergreifend einheitlich sowohl für die Primär- als auch für die Ersatzkassen.

6. Kapitel. Das Kassenarztrecht/Vertragsarztrecht   35–38 § 30

a) Die ersteren Anforderungen sind erfüllt, wenn die arzneimittelrechtliche Überprüfung der **Qualität, Wirksamkeit und Unbedenklichkeit** des Arzneimittels **nach dem AMG anhand sog randomisierter, doppelblind durchgeführter und placebokontrollierter Studien** erfolgreich durchlaufen wurde und dementsprechend die arzneimittelrechtliche Zulassung erteilt worden ist[71] (wobei einer Zulassung durch die deutsche Arzneimittelbehörde[72] diejenige durch die europäische Arzneimittel-Agentur[73] gleichsteht). Eine zusätzliche Überprüfung nach den Regelungen des § 135 Abs 1 SGB V iVm den Richtlinien des GBA (hierzu RdNr 31 f) erfolgt nicht.[74]   35

b) Über diese arzneimittelrechtlichen Vorgaben hinaus können für die GKV zusätzliche Anforderungen normiert werden (sog **vierte Hürde**). Dies ist teilweise auch bereits geschehen.   36

aa) So enthält **§ 34 SGB V** gesetzliche Regelungen für **Ausschlüsse von Arzneimitteln** aus der Versorgung in der GKV, die **durch die Arneimittel-Richtlinien konkretisiert** werden. Dies betrifft Arzneimittel,   37
– die nicht verschreibungspflichtig sind (§ 34 Abs 1 SGB V)[75]
– bei deren Verordnung die Erhöhung der Lebensqualität im Vordergrund steht (§ 34 Abs 1 Sätze 7 ff SGB V)
– die üblicherweise nur bei geringfügigen Gesundheitsstörungen verordnet werden (§ 34 Abs 2 SGB V)
– die unwirtschaftlich sind, etwa weil sie für das Therapieziel nicht erforderliche Bestandteile enthalten oder deren Wirkungen wegen der Vielzahl der enthaltenen Wirkstoffe nicht mit ausreichender Sicherheit beurteilt werden können oder deren therapeutischer Nutzen nicht nachgewiesen ist (§ 34 Abs 3 SGB V)
– bei denen nach dem allgemein anerkannten Stand der medizinischen Erkenntnisse ihr Nutzen, ihre Notwendigkeit oder ihre Wirtschaftlichkeit nicht nachgewiesen sind (§ 92 Abs 1 Satz 1 Teilsatz 3 SGB V).[76]

bb) Über diese Ausschlusstatbestände hinaus steht in Frage, ob nicht auch der finanzielle Aspekt, dh die **Höhe des Preises eines Arzneimittels**, bei der Frage der Verordnungsfähigkeit im Rahmen der GKV berücksichtigt werden sollte. Hierüber nachzudenken, ist veranlasst angesichts des enorm **hohen Anteils der Arzneikosten an den Gesamtausgaben im Gesundheitswesen** (dazu siehe *Clemens* § 24 RdNr 22). In Europa ist Deutschland der einzige Staat, in dem der pharmazeutische Hersteller allein die Preisbildung bestimmt, auch soweit die Anwendung im Rahmen des öffentlichen Gesundheitswesens betroffen ist (zu diesen Systemen auch der anderen Staaten siehe *Clemens* § 24 RdNr 3–6, 22). Die **anderen europäischen Staaten** haben spezielle Zulassungsverfahren für die Anwendung von Arzneimitteln im Rahmen ihres öffentlichen Gesundheitssystems oder behalten sich jedenfalls für diesen Bereich die **Preisfestsetzung durch eine Preisregulierungsbehörde** oÄ vor.   38

---

[71] Zu dieser Vorgabe und deren Geltung für die Verordnungsfähigkeit im Rahmen der GKV siehe zuletzt zusammenfassend BSG v 5. 11. 2008 – B 6 KA 63/07 R – SozR 4-2500 § 106 Nr 21 RdNr 18 ff.
[72] Bundesinstitut für Arzneimittel und Medizinprodukte (BfArM).
[73] The European Agency fort he Evaluation of Medicinal Products (EMEA).
[74] S dazu zuletzt BSG v 5. 11. 2008 – B 6 KA 63/07 R – SozR 4-2500 § 106 Nr 21 RdNr 19 mit Hinweis auf kritische Stimmen zB von *Hart* und *Francke*.
[75] Davon gibt es gemäß § 34 Abs 1 SGB V Ausnahmen: Diese sind in der sog OTC-Liste des GBA aufgelistet (Arzneimittel-Richtlinie Abschnitt F Nr 16). – Zur Verfassungsmäßigkeit des grundsätzlichen Ausschlusses siehe BSG vom 6. 11. 2008 – B 1 KR 6/08 R – BSGE 102, 30 = SozR 4-2500 § 34 Nr 4 RdNr 10 ff.
[76] Zu Letzterem s insbes BSG v 31. 5. 2006 – B 6 KA 13/05 R – BSGE 96, 261 = SozR 4-2500 § 92 Nr 5 RdNr 52 ff.

39 Gut bedacht, aber für sich allein nicht ausreichend effektiv, ist das Instrument der **Festsetzung von Festbeträgen** (§ 35 SGB V). Soweit sich pharmazeutische Unternehmen auf die Festlegung von Festbeträgen einlassen, die sich innerhalb der Marktlage an möglichst preisgünstigen Versorgungsmöglichkeiten orientieren (§ 35 Abs 5 Satz 2 SGB V), muss vom Versicherten für diese Arzneimittel **keine Zuzahlung** geleistet werden (§ 31 Abs 2 HS 1 SGB V). Deshalb dringen Versicherte bei ihren Ärzten im Falle notwendiger Arzneiverordnungen häufig darauf, ihnen vorzugsweise eine Festbetrags-Arznei zu verordnen. Dieses so gesteuerte Verhalten der Versicherten führt zu **höherer Verordnungshäufigkeit** bei Festbetrags-Arzneien im Vergleich zu anderen. Dieser Effekt ist eine sehr geschickte Verlockung für pharmazeutische Hersteller, die deshalb vielfach an der Festsetzung eines Festbetrags interessiert sind, auch wenn dadurch der Preis unter dem von ihnen angedachten liegt. Die Zuständigkeit zur Festlegung der Festbeträge liegt beim Spitzenverband Bund der Krankenkassen (§ 35 Abs 3 SGB V); das ist rechtlich nicht zu beanstanden, wenn auch vom System her eine Zuständigkeit des GBA logischer wäre.

40 Weitergehende Vorstöße, um die teilweise enorm hohen Arzneimittelpreise in den Griff zu bekommen, hat der Gesetzgeber nach langen Diskussionen schließlich in Richtung auf Einführung einer **Kosten-Nutzen-Analyse** bei Arzneimitteln unternommen (vierte Hürde, vgl RdNr 36). Er hat durch **§ 139a SGB V** die **Errichtung eines Instituts** für Qualität und Wirtschaftlichkeit im Gesundheitswesen **(IQWiG)** vorgesehen (§ 139a SGB V, in Kraft seit dem 1. 1. 2004). Er hat diesem unter anderem die **Aufgabe** zugewiesen, bei Arzneimitteln deren **Nutzen und Kosten sowie das Kosten-Nutzen-Verhältnis zu bewerten** (§ 139a Abs 3 Nr 5 und § 35b SGB V). Das Ergebnis ist **vom GBA** zu berücksichtigen[77] und **in einer Richtlinie umzusetzen** (§ 35b Abs 2[78] iVm § 92 Abs 1 Satz 2 Nr 6 SGB V). Nach vielfältigen Angriffen gegen das IQWiG bzw insbesondere gegen die ihm aufgegebenen Kosten-Nutzen-Analysen bei Arzneimitteln und nach nicht gerade förderlichen Eingriffen von Seiten der ministeriellen Aufsicht hat der GBA am 18. 12. 2008 einen Grundsatzbeschluss gefasst, der nunmehr konkrete Umsetzungen durch entsprechende Tätigkeiten des IQWiG und des GBA erwarten lässt.[79]

41 Die **sensible Frage** bleibt dabei, inwieweit noch uneingeschränkt an dem Grundsatz der Nr 12 der Arzneimittel-Richtlinie[80] festgehalten werden kann. Hierin ist bestimmt: „Für die Verordnung von Arzneimitteln ist der therapeutische **Nutzen gewichtiger als die Kosten**. ... Therapeutischer Nutzen setzt eine Nutzen-Risiko-Abwägung mit günstigem Ergebnis voraus; er besteht in einem nach dem allgemein anerkannten Stand der medizinischen Erkenntnisse relevanten Ausmaß der Wirksamkeit bei einer definierten Indikation. Arzneimittel mit nicht ausreichend gesichertem therapeutischem Nutzen darf der Vertragsarzt nicht verordnen." Nach diesem Grundsatz der Abwägung nur von Nutzen und Risiko blieb für die Berücksichtigung der Kosten eines Arzneimittels kein Raum. Dies zu ändern und doch den Kostengesichtspunkt einzubeziehen, mag aus ethischer Sicht problematisch erscheinen. Indessen ist die Einbeziehung wohl wirtschaftlich notwendig, so, wie auch alle anderen europäischen Staaten den Kostengesichtspunkt berücksichtigen. Dessen Ausklammerung ist wohl eine spezifisch-deutsche – historisch bedingte – Besonderheit, die aufzugeben Anlass besteht.

42 Diese geschilderte Art des **Ausbaus der sog vierten Hürde** für die Einbringung von Arzneimitteln in die Versorgung im Rahmen der GKV (RdNr 40) stellt im Vergleich zur Einführung staatlicher Preisfestsetzungen (RdNr 38) ein relativ mildes Mittel dar. Da-

---

[77] In der Regel wird den GBA den Empfehlungen des IQWiG folgen. Eine strikte Bindung besteht aber nicht: Siehe dazu zB *Engelmann* MedR 2006, 245, 254 f.
[78] Neufassung v 26. 3. 2007 (BGBl I 378) mit Wirkung zum 1. 4. 2007.
[79] Zu diesen Vorgängen s den Newsletter Nr 11 des GBA v Dezember 2008 (in Internet abrufbar unter www.g-ba.de/institution/newsletter/).
[80] Fassung v 31. 8. 1993, mit späteren Änderungen, zuletzt v 15. 10. 2009, BAnz Nr 165 S. 3766 v 3. 11. 2009.

gegen dürften **Bedenken von Seiten des BSG wohl kaum zu erwarten** sein, wie aus einer jüngeren Äußerung des BSG deutlich wird.[81]

Die Darstellung wäre lückenhaft, wenn nicht erwähnt würde, dass es jahrelang verschiedene **gesetzgeberische Ansätze für** die Einführung einer sog **Negativliste** und zeitweise auch einer sog **Positivliste** gegeben hat.[82] Durch den Bundesausschuss sollten Listen mit solchen Arzneimitteln zusammengestellt werden, deren Verordnung im Rahmen der GKV ausgeschlossen sein sollte (so die Negativliste), bzw deren Verordnung als einzige zulässig sein sollte (so die Positivliste). Beides ist letztlich **gescheitert.** Dies beruhte teilweise auf Widerständen der betroffenen Wirtschaftsbereiche, teilweise aber auch auf rechtlichen Bedenken, wie eine sachgerechte Auswahl bei Aufnahme oder Nichtaufnahme eines Arzneimittels – gerade auch vor dem Hintergrund des Gleichbehandlungsgebots des Art 3 Abs 1 GG – gewährleistet werden könne.   43

Abzuwarten bleibt, ob der deutsche Gesetzgeber in näherer oder fernerer Zukunft sich noch mehr dem Standard der anderen europäischen Staaten (RdNr 38) annähern und das weitergehende Instrumentarium einer **staatlichen Preisregulierung oÄ** einführen wird. Strikte rechtliche Bedenken sind nicht ersichtlich. Die Einzelausgestaltung eines solchen Systems dürfte für die rechtliche Bewertung entscheidend sein; dabei dürfte es unbedenklich sein, dem **Pharmahersteller** die Last aufzuerlegen, **seinerseits darzulegen**, worin der besondere zusätzliche Nutzen eines neuen Arzneimittels besteht und dass der dafür beantragte Preis gerechtfertigt ist.   44

11. Für **Heilmittel** (dh für nicht-ärztliche Dienstleistungen wie Massagen, Krankengymnastik, Logopädie, Ergotherapie usw.)[83] besteht ebenso wie für Arzneimittel ein Regime durch **Richtlinien des GBA** (§ 138 SGB V); **neue Heilmittel bedürfen der Anerkennung** durch den GBA. Die sich insoweit stellenden Fragen sind, auch wenn im Einzelnen Unterschiede bestehen, mit denen im Zusammenhang mit der Bewertung von Untersuchungs- und Behandlungsmethoden vergleichbar,[84] so dass auf obige Ausführungen verwiesen werden kann (siehe RdNr 31 f).[85] Weiterhin kann der **Spitzenverband Bund der Krankenkassen Rahmenempfehlungen** geben, was unter anderem den Umfang und die Häufigkeit von Anwendungen betrifft (siehe den Katalog in § 125 Abs 1 SGB V). Diese Kompetenz schließt aber nicht aus, dass der **GBA** im Rahmen seiner Zuständigkeit zur Überwachung der Wirtschaftlichkeit in **Richtlinien** Empfehlungen zu **Gesamtverordnungsmengen und Anwendungsfrequenzen** gibt.[86] Demjenigen Leistungserbringer, der sich innerhalb solcher Empfehlungen hält, kann nicht im Rahmen von **Wirtschaftlichkeitsprüfungen** der **Prüfgremien** (Prüfungsstelle und Beschwerdeausschuss) gemäß § 106 SGB V, bezogen auf den einzelnen Patienten, ein Verordnungsübermaß angelastet werden. Indessen bleibt Raum für den Vorhalt, er tätige in der Gesamtsumme zu viele Verordnungen, zB weil er bei zu vielen Patienten jeweils das Frequenzmaß ausschöpfe.[87]   45

---

[81] S BSG v 5. 11. 2008 – B 6 KA 63/07 R – SozR 4-2500 § 106 Nr 21 RdNr 20 f.
[82] Vgl hierzu die einstigen Regelungen in § 33a und § 92a SGB V.
[83] Zu dieser Definition s zB BSG v 26. 9. 2006 – B 1 KR 3/06 R – USK 2006-86 S. 565 = SozR 4-2500 § 27 Nr 10 RdNr 16 mwN.
[84] So auch BSG v 26. 9. 2006 – B 1 KR 3/06 R – USK 2006-86 S. 565 = SozR 4-2500 § 27 Nr 10 RdNr 15 am Ende mit weiteren BSG-Angaben. Zur hinzunehmenden Zeitdauer bis zur Anerkennung einer neuen Methode und zur Frage, ob solche Verfahren nur auf Antrag oder auch von Amts wegen einzuleiten sind, s BSG v 26. 9. 2006 – B 1 KR 3/06 R – USK 2006-86 S. 565 = SozR 4-2500 § 27 Nr 10 RdNr 26 und 32.
[85] Ergänzend – direkt bezogen auf § 138 SGB V – s BSG v 26. 9. 2006 – B 1 KR 3/06 R – USK 2006-86 S. 565 = SozR 4-2500 § 27 Nr 10 RdNr 16–19.
[86] BSG v 29. 11. 2006 – B 6 KA 7/06 R – SozR 4-2500 § 125 Nr 3 RdNr 13 ff = GesR 2007, 257.
[87] Hierzu s *Clemens* in: *Schlegel/Voelzke/Engelmann* (Hrsg), jurisPraxisKommentar SGB V, 2008, § 106 RdNr 211.

46 Der Bereich der **Hilfsmittel** (dh Körperersatzstücke wie Brille, Prothese, Perücke usw., aber auch Rollstuhl, Treppenlift usw)[88] ist dagegen nicht durch Richtlinien des GBA geprägt. Gemäß § 139 SGB V ist das Regime vielmehr dem **Spitzenverband Bund der Krankenkassen** übertragen, der ein **Hilfsmittelverzeichnis** erstellt und bei Bedarf erweitert (Abs 1–4). Diese Vorgaben berücksichtigend, schließen die **Krankenkassen** oder Landesverbände **Verträge mit den Hilfsmittelerbringern** (§ 126 Abs 1 iVm § 127 SGB V).[89] Ungeachtet dieser verschiedenen Vorgaben bleibt auch bei Hilfsmitteln weiterhin Raum für die Überprüfung der **Wirtschaftlichkeit** im Einzelfall durch die **Prüfgremien** gemäß § 106 SGB V. So erachtete das BSG den Vorhalt gegenüber einem Orthopäden als berechtigt, er habe in einem Übermaß Schuhzurichtungen verordnet, nämlich häufiger als typischerweise die benötigte Anzahl an Schuhpaaren sei.[90]

47 12. Für die **stationäre Versorgung** gibt § 137c SGB V dem **GBA** ebenfalls eine **Richtlinienkompetenz, die derjenigen ähnlich ist,** wie sie für den ambulanten Bereich durch **§ 135 Abs 1 SGB V** besteht. Allerdings bestehen vom Wortlaut her Unterschiede, so insbesondere dahingehend, dass gemäß § 135 Abs 1 SGB V jede Untersuchungs- und Behandlungsmethode vor ihrer Anwendbarkeit bewertet und anerkannt werden muss, während nach **§ 137c SGB V** alle Methoden zunächst anwendbar sind und erst nach Erlass einer entsprechenden versagenden Richtlinie die weitere Anwendung ausgeschlossen ist.[91] Der Grund für diese **unterschiedliche Regelungsstruktur** ist, dass der Gesetzgeber die Gefahr des Einsatzes zweifelhafter oder unwirksamer Maßnahmen im Krankenhaus wegen der dortigen internen Kontrollmechanismen und der dort anderen Vergütungsstruktur geringer einstuft als bei der Behandlung durch einzelne niedergelassene Ärzte.[92] Indessen kann nicht in dem Fall, dass eine Methode bisher weder gemäß § 135 Abs 1 SGB V erlaubt noch gemäß § 137c SGB V verboten worden ist, abgeleitet werden, dass der Versicherte sie stationär beanspruchen könne. Vielmehr kann er in dem Fall, dass es eine andere Methode gibt, die ambulant angeboten und als gleichwertig angesehen wird, darauf verwiesen werden, diese andere Methode ambulant in Anspruch zu nehmen, weil dies sparsamer (und damit wirtschaftlicher) ist als die stationäre Inanspruchnahme der von ihm vorzugsweise gewünschten Methode.[93]

48 13. Die **Psychotherapie-Richtlinie** regelte bis 1998[94] im Wesentlichen das sog **Delegationsverfahren,** dh die Einschaltung nichtärztlicher Psychotherapeuten unter Anleitung eines Arztes. Das änderte sich zum **1. 1. 1999** mit der **Einbeziehung der Psychologischen Psychotherapeuten und der Kinder- und Jugendlichenpsychotherapeuten als gleichberechtigt** neben den Ärzten stehende Leistungserbringer **in das**

---

[88] Zu dieser Definition s zB BSG v 15. 11. 2007 – B 3 A 1/07 R – BSGE 99, 197 = SozR 4-2500 § 33 Nr 16 RdNr 19.

[89] Zu Verträgen mit Orthopädie-Technikern siehe BSG vom 10. 4. 2008 – B 3 KR 8/07 R – SozR 4-2500 § 127 Nr 2. In diesem Fall eines Versicherten, der bei einer Krankenkasse in Baden-Württemberg versichert war, sich das Hilfsmittel aber bei einem Orthopädietechniker in Bayern beschaffte, hat das BSG allerdings die Frage offengelassen, ob sich die Versorgungsbedingungen (die Bezahlung des Orthopädietechnikers) nach dem in Bayern oder nach dem in Baden-Württemberg geschlossenen Vertrag richten (aaO RdNr 14 f). In dem fallentscheidenden Punkt waren die Verträge inhaltsgleich (RdNr 15–18).

[90] Hierzu s *Clemens* in: Schlegel/Voelzke/Engelmann (Hrsg), jurisPraxisKommentar SGB V, 2008, § 106 RdNr 213 mit Hinweis auf BSG v 14. 3. 2001 – B 6 KA 59/00 B.

[91] Zur Nivellierung dieser Unterschiede: BSG v 6. 5. 2009 – B 6 A 1/08 R – BSGE 103 = SozR 4-2500 § 94 Nr 2 RdNr 57–63 mwN.

[92] BSG v 26. 9. 2006, USK 2006-86 S. 565 = SozR 4-2500 § 27 Nr 10 RdNr 21 am Ende mwN.

[93] In diesem Sinne auch BSG v 28. 7. 2008 – B 1 KR 5/08 R – BSGE 101, 177 = SozR 4-2500 § 109 Nt 6 RdNr 52 ff. Danach sind solche Vergleichsüberlegungen auch schon auf der Ebene der Zulassung von Krankenhäusern anzustellen (RdNr 53).

[94] Fassung v 3. 7. 1987, Beilage 156a v 25. 8. 1987, S 3 ff, zum BAnz Nr 156 v 25. 8. 1987.

6. Kapitel. Das Kassenarztrecht/Vertragsarztrecht 49–51 § 30

System der GKV (durch das Gesetz über die Berufe des Psychologischen Psychotherapeuten und des Kinder- und Jugendlichenpsychotherapeuten ‚**PsychThG**').[95] Grundlage ihrer Tätigkeit ist die **Psychotherapie-Richtlinie,** die der Bundesausschuss der Ärzte und Krankenkassen (heute: **GBA)** aufgrund der gesetzlichen Ermächtigung in § 92 Abs 1 Satz 2 Nr 1 iVm Abs 6a SGB V erlassen hat.[96] Darin hat er als zur Krankenheilbehandlung geeignet die **drei therapeutischen Verfahren** der **analytisch**en Psychotherapie, der **tiefenpsychologisch fundiert**en Psychotherapie und der **Verhaltens**therapie vorgesehen. Deren Anerkennung beruht darauf, dass ihnen ein umfassendes Theoriesystem der Krankheitsentstehung zu Grunde liegt und ihre spezifischen Behandlungsmethoden in ihrer therapeutischen Wirksamkeit belegt sind.[97] Diese Kriterien hat der GBA bei vielen **anderen, gelegentlich angeführten psychotherapeutischen Verfahren** nicht als erfüllt angesehen.[98] Über die Grundlagen der genannten drei Verfahren hinaus enthalten die Psychotherapie-Richtlinien weiterhin Regelungen über das Antrags- und Gutachterverfahren, über die probatorischen Sitzungen sowie über das **Konsiliarverfahren,** das der Abklärung möglicher auch somatischer Krankheitsursachen durch geeignete Vertragsärzte dient. – Zu Fragen betreffend Psychotherapeuten s auch § 29 RdNr 159 ff.

14. Rechtsmittel gegen die Richtlinien selbst waren bisher grundsätzlich ausgeschlossen. Denn es handelt sich um Rechtsnormen (RdNr 24–28). Die traditionellen Klagearten der Anfechtungs-, Verpflichtungs-, Feststellungs- und allgemeinen Leistungsklage sind nicht auf Rechtsnormen zugeschnitten, so dass der Betroffene grundsätzlich einen **Akt der Umsetzung der Rechtsnorm abzuwarten** und dann diesen im Klageweg anzugreifen hat, wonach im Rahmen dieses Rechtsschutzverfahrens eine sog **incidente Überprüfung der Rechtsnorm** stattfindet. 49

Diese Grundsätze hat die Rechtsprechung[99] allerdings insofern modifiziert, als sie in Fällen, in denen dem Betroffenen nicht zuzumuten ist, einen Akt der Umsetzung der Rechtsnorm abzuwarten, es zulässt, dass der Betroffene eine **Feststellungsklage unmittelbar gegen die Rechtsnorm** erhebt: Prozessual wird das so eingekleidet, dass die aus der Rechtsnorm resultierenden Rechte und Pflichten zum Gegenstand der Feststellungsklage gemacht werden.[100] 50

Neuerdings – seit der Änderung des SGG vom 30. 10. 2008[101] – ist – in Anlehnung an § 47 VwGO – eine **Normenkontrolle untergesetzlicher Rechtsnormen** in das SGG eingeführt worden: Gemäß **§ 29 Abs 4 Nr 3 SGG** können „Klagen gegen Entscheidungen und Richtlinien des Gemeinsamen Bundesausschusses" **beim LSG** Berlin-Brandenburg erhoben werden. 51

---

[95] Gesetz v 16. 6. 1998 (BGBl I 1311).
[96] Fassung v 11. 12. 1998, mit späteren Änderungen, zuletzt v 19. 2. 2009, BAnz Nr 58 S. 1399 v 17. 4. 2009. – Zur Einbindung in § 95 c Satz 2 Nr 1 und 2 bzw Nr 3 SGB V siehe BSG v 28. 10. 2009 – B 6 KA 45/08 R – und BSG v 28. 10. 2009 – B 6 KA 11/09 R –.
[97] Vgl hierzu Psychotherapie-Richtlinie Abschnitt B I 1.1 und 1.2 sowie BSG v 26. 9. 2006 – B 1 KR 3/06 R – USK 2006-86 S. 565 = SozR 4-2500 § 27 Nr 10 RdNr 17. – S auch RdNr 31 dazu, dass die Auswahl dieser drei Verfahren und die Beschränkung auf sie auf einem „politischen Kompromiss" beruht habe.
[98] So zB nicht bei der neuropsychologischen Therapie: S dazu BSG v 26. 9. 2006 – B 1 KR 3/06 R – USK 2006-86 S. 565 = SozR 4-2500 § 27 Nr 10 RdNr 30. – Zur Gesprächspsychotherapie s BVerwG v 30. 4. 2009 – 3 C 4.08 – NJW 2009, 3593, und BSG v 28. 10. 2009 – B 6 KA 45/08 R – und BSG v 28. 10. 2009 – B 6 KA 11/09 R –.
[99] Ausgehend vom BVerfG wird dies sowohl von der Verwaltungs- als auch von der Sozialgerichtsbarkeit so praktiziert: S dazu die Rechtsprechungs-Angaben in BSG v 31. 5. 2006 – B 6 KA 13/05 R –, BSGE 96, 261 = SozR 4-2500 § 92 Nr 5 RdNr 27.
[100] S hierzu zusammenfassend BSG v 31. 5. 2006 – B 6 KA 13/05 R – BSGE 96, 261 = SozR 4-2500 § 92 Nr 5 RdNr 27.
[101] Gesetz v 30. 10. 2008, BGBl I 2130, 2147.

52 Ist von einer Richtlinie jemand betroffen, der **nicht selbst Adressat der Richtlinie** ist, so muss dies nicht einer Klage entgegenstehen. So hat das BSG einem Arzneimittelhersteller die **Klagebefugnis bzw** das **Feststellungsinteresse** unter dem Gesichtspunkt seiner beruflichen Betroffenheit **(Art 12 Abs 1 GG)** zuerkannt.[102]

53 **15. Kartellrecht.** Nach langem Hin und Her ist der **Rechtsschutz** bei kartellrechtlichen Fragen im Rahmen des SGB V schließlich – durch Gesetz vom 15. 12. 2008[103] – der **Sozialgerichtsbarkeit** zugewiesen worden: Gemäß § 142a SGG ist Rechtsschutz gegen Entscheidungen von Vergabekammern beim LSG zu suchen (Abs 3). Das **LSG** ist zugleich **erst- und letztinstanzlich** zuständig. Wenn es aber von der Entscheidung eines anderen LSG (oder des BSG) **abweichen will, muss es** statt einer eigenen Entscheidung die Sache **dem BSG vorlegen, das anstelle des LSG entscheidet** (Abs 4).

54 Damit ist eine **besondere Vorlageform** eingeführt worden, wie sie auch schon in § 124 Abs 2 GWB für das Verhältnis von OLG zum BGH enthalten gewesen ist. Dieser Vorlagetypus unterscheidet sich von der Vorlage gemäß Art 100 Abs 1 GG an das BVerfG (hier gibt das BVerfG nach seiner Entscheidung die Sache an das vorlegende Gericht zurück) und auch von der Rechtsbeschwerdezuständigkeit des BGH in mietrechtlichen Streitigkeiten bei abweichenden OLG-Entscheidungen.[104]

55 Eine solche **Gesetzesneuregelung im SGG** war erforderlich geworden, nachdem sich der Rechtsschutz in Vergabestreitigkeiten als problematisch herausgestellt hatte, weil immer noch streitig war, ob wirklich schon die Neufassung des § 69 SGB V vom 22. 12. 1999[105] ausreichend klar die Zuständigkeit von LSG/BSG anstelle von OLG/BGH regele.[106]

56 Im Rahmen ihrer Zuständigkeit für wettbewerbsrechtliche Streitigkeiten werden sich die Sozialgerichte auch mit dem europäischen Wettbewerbs- und Kartellrecht zu befassen haben. Hier sind noch viele Fragen zu klären, die allerdings mehr die vertragsärztlichen Institutionen (insbesondere Krankenkassen) als den einzelnen Arzt betreffen.[107]

§ 31 Ärztliche Kooperationsformen im Vertragsarztrecht

Inhaltsübersicht

	RdNr
I. Ausgangslage	1
II. Kooperationsmöglichkeiten in der ambulanten vertragsärztlichen Versorgung	4
1. Gemeinschaftspraxis/Berufsausübungsgemeinschaft	6
2. Medizinisches Versorgungszentrum (MVZ)	25
3. Praxisgemeinschaft	36
4. Apparategemeinschaft	43
5. Laborgemeinschaft	45
6. Partnerschaftsgesellschaft	53
III. Angestellte Ärzte für die ambulante vertragsärztliche Versorgung (§ 95 Abs 9 und 9a SGB V, § 32b Ärzte-ZV)	56
IV. Weitere Kooperationsformen	64

---

[102] BSG v 31. 5. 2006 – B 6 KA 13/05 R – BSGE 96, 261 = SozR 4-2500 § 92 Nr 5 RdNr 29 ff.
[103] Gesetz zur Weiterentwicklung der Organisationsstrukturen in der gesetzlichen Krankenversicherung (GKV-OrgWG) v 15. 12. 2008 (BGBl I 2426).
[104] Hierzu s §§ 574–577 ZPO.
[105] GKV-Gesundheitsreformgesetz v 22. 12. 1999 (BGBl I 2626).
[106] Umfassende Darstellung bei *Engelmann* in: *Schlegel/Voelzke/Engelmann* (Hrsg), jurisPraxisKommentar SGB V, § 69 ‚Neufassung von 2009' RdNr 276 ff.
[107] Weiterführend siehe *Engelmann* in: *Schlegel/Voelzke/Engelmann* (Hrsg), jurisPraxisKommentar SGB V, 2008, § 69, insbesondere RdNr 167 ff, 236 ff.

6. Kapitel. Das Kassenarztrecht/Vertragsarztrecht   1, 2 § 31

Schrifttum (allgemein): *Bäune/Meschke/Rothfuß,* Kommentar zur Zulassungsverordnung für Vertragsärzte und Vertragszahnärzte (Ärzte-ZV, Zahnärzte-ZV), 2008; *Becker/Kingreen,* SGB V (Kommentar), 2008; *Gläser,* Fehlerhafter Vertragsarztstatus und vertragsärztliche Honorarrückforderungen, ZMGR 2008, 311; *Haack,* Vetrags- und Gesellschaftsrecht der Heilberufe, in: *Wenzel* (Hrsg), Vertrags- und Gesellschaftsrecht für Heilberufe, Handbuch des Fachanwalts Medizinrecht, 2. Aufl 2009, Kap 10; *Halbe/Schirmer* (Hrsg), Handbuch Kooperationen im Gesundheitswesen, 2007; KassKomm (Gesamtbearbeitung: *Niesel*). Sozialversicherungsrecht, 15. EL; *Jahn,* Kooperationen von Zahnärzten. Gestaltungsmöglichkeiten und Besonderheiten, in: *Halbe/Schirmer* (Hrsg.), Handbuch Kooperationen im Gesundheitswesen, 2009, Beitrag A 1800; Beitrag 2050; *Makoski,* Zusammenarbeit zwischen Krankenhäusern und Vertragsärzten – sozialrechtlich erwünscht, berufsrechtlich verboten? MedR 2009, 376; *Michels/Möller,* Ärztliche Kooperationen. Rechtliche und steuerliche Beratung, 2007; *Möller,* Vertragsärztliche Leistungserbringergemeinschaften, MedR 1998, 60; *Möller,* Verfahren zur Erledigung von Streitigkeiten in ärztlichen Kooperationen, MedR 2009, 119; *Orlowski/Halbe/Kaarch,* Vertragsarztrechtsänderungsgesetz (VÄndG), 2. Aufl 2008; *Pawlita,* Kooperationsformen, in: *Schlegel/Voelzke/Engelmann* (Hrsg), juris PraxisKommentar SGB V, 2008, § 95, RdNr 124 ff; *Pestalozza,* Kompetenzielle Fragen des Entwurfs eines Vertragsarztrechtsänderungsgesetzes, GesR 2006, 389; *Plagemann,* Anwaltshandbuch Sozialrecht, 3. Aufl 2009; *Quaas/Zuck,* Medizinrecht, 2. Aufl 2008, § 14; *Ratzel/Luxenburger,* Handbuch Medizinrecht, 2008; *Rieger/Dahm/Steinhilper* (Hrsg), Heidelberger Kommentar. Arztrecht, Krankenhausrecht, Medizinrecht (HK-AKM), 2008; *Rieger,* Verträge zwischen Ärzten in freier Praxis, 8. Aufl 2009; *Schallen,* Zulassungsverordnung für Vertragsärzte, Vertragszahnärzte, Medizinische Versorgungszentren, Psychotherapeuten, 6. Aufl 2008; *Schiller,* Leistungserbringergemeinschaft, in: *Halbe/Schirmer* (Hrsg), Handbuch Kooperationen im Gesundheitswesen, Beitrag A 1400; *Schirmer,* Berufsrechtliche und kassenarztrechtliche Fragen der ärztlichen Berufsausübung in Partnerschaftsgesellschaften, MedR 1995, 341 und 383; *Schirmer,* Vertragsarztrecht kompakt, 2005; *Schlegel/Voelzke/Engelmann (*Hrsg), jurisPraxisKommentar SGB V, 2008; *Ulmer,* Gesellschaft bürgerlichen Rechts und Partnerschaftsgesellschaft, 4. Aufl 2004; *Wagener/Haag,* Ambulantes Operieren im Krankenhaus durch Vertragsärzte – Ist verboten, was nicht ausdrücklich erlaubt ist? MedR 2009, 72; *Wenner,* Vertragsarztrecht nach der Gesundheitsreform, 2008; *Wenzel* (Hrsg), Handbuch des Fachanwalts Medizinrecht, 2. Aufl. 2009; *Wigge/Harney,* Selektivverträge zwischen Ärzten und Krankenkassen nach dem GKV-WSG, MedR 2008, 139; *Wollersheim,* Kooperationen, in: *Plagemann* (Hrsg.), Sozialrecht, 3. Aufl 2009, § 22; *Zwingel/Preißler,* Ärzte-Kooperationen und Medizinische Versorgungszentren, 2. Aufl 2008, 43 ff.

I. Ausgangslage

Die Einzelpraxis entsprach ursprünglich dem Idealbild der ambulanten ärztlichen Versorgung von Patienten. Im Laufe der Zeit ergab sich (überwiegend aus Kostengründen) die Notwendigkeit ärztlicher Kooperationen. Fachgebietsgleiche und später fachgebietsübergreifende Gemeinschaftspraxen wurden von der Rechtsprechung für zulässig erklärt und von den Vertragsärzten immer häufiger gewählt, zur Verbesserung der Versorgung der Patienten, aber auch aus wirtschaftlichen Gründen (Synergieeffekte, insbesondere bei Praxen mit kostenintensiven Technologien). Zu den Formen der Ausübung ärztlicher Tätigkeit (s auch oben *Schlund* § 18.   1

Das ärztliche Berufsrecht wurde nach und nach liberalisiert. Ein „Durchbruch" gelang auf dem Deutschen Ärztetag 2004 in Bremen mit Lockerungen im Werbeverbot und insbesondere deutlich erweiterten Kooperations- und Anstellungsmöglichkeiten von Ärzten. Zuvor hatte der Bundesgesetzgeber *Medizinische Versorgungszentren*[1] für die ambulante vertragsärztliche Versorgung zugelassen (§ 95 Abs 1 Satz 1 SGB V[2]). VÄndG und GKV-WSG[3]   2

---

[1] S dazu unten II.2. (RdNr 25 ff).

[2] Eingeführt durch das GMG (v 14. 11. 2003; BGl I, 2190) zum 1. 1. 2004; zur Entstehungsgeschichte des Gesetzes s *Dahm* in: *Dahm/Möller/Ratzel,* Rechtshandbuch Medizinischer Versorgungszentren, 2005, 13 ff auch unter Hinweis auf die Vorentwürfe; erg s *Ratzel* ZMGR 2004, 63, 64.

[3] S dazu § 23; aus der Literatur s statt aller die Überblicke bei *Orlowski/Halbe/Karch*, Vertragsarztrechtsänderungsgesetz (VÄndG) 2. Aufl 2008 und *Orlowski/Wasem,* Gesundheitsreform 2007 (GKV-WSG), 2007. Zum GKV-WSG s erg sehr ausführlich *Wille/Koch,* Gesundheitsreform 2007. Grundriss. 2007; VÄndG und GKV-WSG sind aktuell eingearbeitet in den Grundlagenband *Wenner,* Ver-

haben für das Vertragsarztrecht weitere, zT neue Kooperationsformen und Anstellungsmöglichkeiten geschaffen. Zulässig sind nunmehr (vertragsarztrechtlich) neben fachgebiets- und planungsbereichsübergreifenden und KV-Bezirksübergreifenden Berufsausübungsgemeinschaften auch Teilberufsausübungsgemeinschaften, Teilzulassungen sowie eine Palette von Anstellungsmöglichkeiten in der Einzelpraxis, der Berufsausübungsgemeinschaft und im MVZ sowie Tätigkeiten an Nebenbetriebsstätten („Filialen").

3 Die Anwendungsmöglichkeiten für Verträge zur integrierten Versorgung und Selektivverträge wurden erweitert. Dadurch ergeben sich eine kaum überschaubare Anzahl von Kombinationsmöglichkeiten, die zur praktischen Anwendung der Änderung oder Einführung neuer untergesetzlicher Normen bedurften.[4] Erst nach und nach nutzen Vertragsärzte die verschiedenen Möglichkeiten. In der Praxis ergeben sich gegenwärtig noch Schwierigkeiten, weil das Verhältnis von ärztlichem Berufsrecht (Landesrecht) zum Vertragsarztrecht (Bundesrecht) noch immer nicht abschließend (höchstrichterlich) geklärt ist.[5] KVen und Gremien der Gemeinsamen Selbstverwaltung (insbesondere Zulassungsinstanzen) sind zudem durch eine Fülle von Anträgen stark belastet. Gleichzeitig drängen aber Krankenhäuser verstärkt in die ambulante vertragsärztliche Versorgung.[6] Gleichzeitig hat der Gesetzgeber über Selektivverträge[7] zwischen Ärzten und Krankenkassen das bisherige kollektive Vertragsarztsystem zugunsten von Einzelverträgen erweitert. Dieser drastische Systemwandel könnte langfristig große Teile des Sicherstellungsauftrages den gesetzlichen Krankenkassen zurückübertragen, so dass die KVen langfristig vorrangig auf Abrechnungsaufgaben und ergänzende Dienstleistungen[8] beschränkt werden.[9]

II. Kooperationsmöglichkeiten in der ambulanten vertragsärztlichen Versorgung

4 In der ambulanten vertragsärztlichen Versorgung sind folgende Kooperationsformen zu unterscheiden
1. Organisations- und Rechtsformen, bei denen eine *ärztliche Zusammenarbeit* erforderlich ist: Das sind die Gemeinschaftspraxis, jetzt Berufsausübungsgemeinschaft (unten 1), und das Medizinische Versorgungszentrum (unten 2)
2. bloße ärztliche *Organisationsgemeinschaften*, bei denen der ärztliche Beruf *nicht gemeinschaftlich* ausgeübt wird, sondern zur Kosteneinsparung lediglich Räume, Geräte, Personal etc gemeinsam genutzt werden. Hauptform ist die Praxisgemeinschaft mit den Unterformen der Apparategemeinschaft und der Laborgemeinschaft (unten 3). Daneben erlaubt das Gesetz in der ambulanten vertragsärztlichen Versorgung ärztliches Zusammenwirken durch die Anstellung von Ärzten (unten III).

---

tragsarztrecht nach der Gesundheitsreform, 2008 (insbesondere mit Nachweisen der Rechtsprechung des BSG).

[4] ZB Detailregelungen in den Bundesmantelverträgen, aber auch praktische und notwendige Richtlinien zur Arzt- und Betriebsstättennummer, zur KV-übergreifenden Berufsausübung sowie zur Bedarfsplanung und der Anstellung von angestellten Ärzten.

[5] Zu dieser Problematik s statt aller *Pestalozza* GesR 2006, 389 (dagegen und mit differenzierender Argumentation zur Bundeskompetenz für „vertragsärztliche Berufsfreiheit" *Wenner*, Vertragsarztrecht nach der Gesundheitsreform, 2008, 221 ff; zu dem Kompetenzstreit ärztliches Berufsrecht vs Vertragsarztrecht s auch *Orlowski/Halbe/Karch* aaO, 6 f.

[6] Insbes ambulante Behandlung durch Krankenhausärzte (§ 116 SGB V), ambulante Behandlung bei Unterversorgung (§ 116a SGB V) und ambulante Behandlung im Krankenhaus nach strukturierten Behandlungsprogrammen iSd § 137g SGB V und bei hochspezialisierten Leistungen, seltenen Erkrankungen und Erkrankungen mit besonderen Krankheitsverläufen (§ 116b Abs 1 und 2 SGB V).

[7] S dazu *Schiller*, Selektivverträge, in: HK-AKM Beitrag 4835.

[8] Vgl dazu die Möglichkeit, externe Dienstleistungsgesellschaften zu gründen; § 77a SGB V.

[9] Sehr kritisch insoweit die Diagnose und Prognose von *Wigge/Harney* MedR 2008, 139, 149.

6. Kapitel. Das Kassenarztrecht/Vertragsarztrecht § 31

Nach dem Berufsrecht (§ 23b Satz 1 MBO-Ä) ist auch eine medizinische Kooperationsgemeinschaft von Ärzten mit anderen selbständig Tätigen und zur eigenverantwortlichen Berufsausübung befugten Berufsangehörigen anderer akademischer Heilberufe oder staatlicher Ausbildungsberufe im Gesundheitswesen möglich.[10] Hierauf wird hier nicht eingegangen. Ärztliche Kooperationsformen werden relativ häufig schnell vertraglich vereinbart, scheitern in der Praxis jedoch auch sehr häufig (zur Erledigung solcher Streitigkeiten durch Schiedsgerichtsverfahren und Mediation s *Möller*, MedR 2009, 119 und *Dahm* ZMGR 2009, 198).

1. Gemeinschaftspraxis/Berufsausübungsgemeinschaft

Schrifttum (s auch die Literaturübersicht vor RdNr 1): *Arnold/Greve*, Der Operationssaal als Zweigpraxis des Anästhesisten, MedR 2007, 634; *Braun*, Das Risiko der persönlichen Haftung für Gesellschafter ärztlicher Berufsausübungsgemeinschaften und Medizinischer Versorgungszentren, MedR 2009, 272; *Braun/Richter*, Vertragsärztliche Gemeinschaftspraxis: Zivil-, Steuer- und sozialrechtliche Aspekte der Nachfolge von Todes wegen, MedR 2005, 446; *Cramer*, Abfindungsregelungen und Praxiswertermittlung in Berufsausübungsgemeinschaften, in: Arbeitsgemeinschaft Medizinrecht (Hrsg), Medizinrecht heute (FS 10 Jahre AG Medizinrecht im DAV), 2008, 689; *Dahm*, Die „fehlerhafte" Gesellschaft der Gemeinschaftspraxis, in: Schriftenreihe dAG Medizinrecht im DAV, Bd 2, 2000; *Dahm/Ratzel*, Liberalisierung der Tätigkeitsvoraussetzungen des Vertragsarztes und Vertragsrechtsänderungsgesetz – VÄndG, MedR 2006, 555; *Engelmann*, Die Gemeinschaftspraxis im Vertragsarztrecht, ZMGR 2004, 3; *Engelmann*, Kooperative Berufsausübung von Ärzten und Vertragsarztrecht, in: v *Wulffen/Krasney* (Hrsg), FS 50 Jahre BSG, 2004, 429; *Engelmann*, Zweigpraxen und ausgelagerte Praxisräume in der ambulanten (vertrags-)ärztlichen Versorgung, GesR 2004, 113; *Goette*, Mindestanforderungen an die Gesellschafterstellung in der BGB-Gesellschaft, MedR 2002, 1; *Goette*, Zur jüngeren Rechtsprechung des 2. Zivilsenats zum Gesellschaftsrecht, DStR 2006, 139; *Gummert* (Hrsg), Personengesellschaftsrecht 2005; *Gummert/Meier*, Nullbeteiligungsgesellschaften, MedR 2007, 1; *Haack*, Berufsausübungsgemeinschaften, in: *Wenzel* (Hrsg), Handbuch des Fachanwalts Medizinrecht, 2. Aufl 2009, Kap. 10 C; *Koch*, Niederlassung und berufliche Kooperation, GesR 2005, 241; *Krafczyk*, Beendigung von Berufsausübungsgemeinschaften im Spannungsverhältnis von Gesellschafts- und Vertragsarztrecht, in: Arbeitsgemeinschaft Medizinrecht (Hrsg), Medizinrecht heute (FS 10 Jahre AG Medizinrecht im DAV), 2008, 755; *Laas*, Die überörtliche Gemeinschaftspraxis, 2006; *Laufs*, Die Ärzte-GmbH und das Berufsrecht, MedR 1995, 11; *Möller*, Rechtliche Probleme von „Nullbeteiligungsgesellschaften" – Wie viel wirtschaftliches Risiko muss sein?, MedR 1999, 493; *Möller*, Gemeinschaftspraxis zwischen Privatarzt und Vertragsarzt, MedR 2003, 195; *Möller*, Beitritt zur Gemeinschaftspraxis – Persönliche Haftung für Altverbindlichkeiten, MedR 2004, 69; *Möller*, Aktuelle Probleme bei Gründung und Betrieb von Gemeinschaftspraxen, MedR 2006, 621; *Möller*, Berufsausübungsgemeinschaften, in: *Ratzel/Luxenburger* (Hrsg), Handbuch Medizinrecht, 2008, 875 ff; *Preißler/Sozietät Dr. Rehborn*, Ärztliche Gemeinschaftspraxis vs Scheingesellschaft, 2002; *Quaas/Zuck*, Medizinrecht, 2. Aufl 2008, § 14 RdNr 4 ff; *Ratzel/Möller/Michels*, Die Teilgemeinschaftspraxis – Zulässigkeit, Vertragsinhalte, Steuern, MedR 2006, 377; *Reiter*, Ärztliche Berufsausübungsgemeinschaften vs. Organisationsgemeinschaft, GesR 2005, 6; *Rothfuß*, in: *Bäune/Meschke/Rothfuß*, Kommentar zur Zulassungsverordnung für Vertragsärzte, 2008, Kommentierung zu § 33 RdNrn 23 ff; *Schnapp* (Hrsg), Rechtsfragen der gemeinschaftlichen Berufsausübung von Vertragsärzten (Bochumer Schriften für Sozialrecht, Bd. 9), Frankfurt 2002; *Steffen*, Formen der Arzthaftung in interdisziplinärtätigen Gesundheitseinrichtungen, MedR 2006, 75; *Trautmann*, Die vertragsarztrechtlichen Voraussetzungen der gemeinschaftlichen Berufsausübung nach § 33 Abs 2 Ärzte-ZV, NZS 2004, 238; *Walter*, Haftungsverhältnisse in ärztlichen Kooperationsformen nach der Anerkennung der Rechtsfähigkeit der BGB-Gesellschaft, MedR 2002, 169; *Wehebrink*, Plausibilitätsprüfung: Die Praxisgemeinschaft als „faktische Gemeinschaftspraxis", NZS 2005, 400; *Weimer*, Die KV-grenzüberschreitende überörtliche Gemeinschaftspraxis, GesR 2007, 204; *Weimer*, Berufsausübungsgemeinschaften, in: *Rieger/Dahm/Steinhilper* (Hrsg), HK-AKM, 2008, Beitrag 840; *Wenner*, Vertragsarzt:

---

[10] Zum Kreis der möglichen und ausgeschlossenen Kooperationspartner s *Broglie*, Medizinische Kooperationsgemeinschaften, in: *Halbe/Schirmer* (Hrsg), Handbuch Kooperationen im Gesundheitswesen, 2007, Beitrag RdNr 6–14, dort auch zu den weiteren Voraussetzungen dieser Kooperationsform. – Zu den Kooperationsmöglichkeiten von Zahnärzten s *Jahn* in: *Halbe/Schirmer* (Hrsg.), Handbuch Kooperationen im Gesundheitswesen, 2009, Beitrag A 1800.

Hauptberuf oder Nebenjob? – Zur Zulässigkeit von berufsrechtlichen Betätigungen neben der vertragsärztlichen Tätigkeit, GesR 2004, 353; *Wigge,* Die Teilgemeinschaftspraxis, NZS 2007, 393.

6   Die Zahl[11] der ärztlichen Gemeinschaftspraxen[12] war insbesondere in städtischen Bereichen in den letzten Jahren deutlich angestiegen. Die Gründe dafür waren vielfältig. Im Vordergrund standen die bessere medizinische Betreuung der Patienten (da auch Spezialisierung und Konsil), ferner die wirtschaftlichere Nutzung von Geräten, Räumen etc sowie die besseren Organisationsmöglichkeiten zur Erfüllung des Sicherstellungsauftrages (Vertretung, Sprechstundenzeiten); gewählt wurde die Form aber auch wegen zeitweiliger Abrechnungsvorteile nach dem EBM.

Die Kooperationsform hat sich bewährt; sie war unter den Ärzten bekannt. Zum 1. 1. 2007 wurde im Vertragsarztrecht der Begriff „*Berufsausübungsgemeinschaft*"[13] eingeführt (§ 33 Abs 2 und 3 Ärzte-ZV[14] – wohl in Anlehnung an die Nomenklatur des ärztlichen Berufsrechts; vgl § 18 Abs 1 MBO[15]); die Inhalte dieser Rechtsform sind mit denen der Gemeinschaftspraxis nicht völlig deckungsgleich ist[16]: Bei der Berufsausübungsgemeinschaft sind ua. weitere Leistungserbringer sind möglich. Dies wirkt sich aber auf die Organisationsform selbst nicht aus.

Die *Bundesmantelverträge*[17] definieren in § 1a Nr 12 diese Kooperationsform wie folgt:

„*Berufsausübungsgemeinschaft: rechtlich verbindliche Zusammenschlüsse von Vertragsärzten oder/ und Vertragspsychotherapeuten oder Vertragsärzten/Vertragspsychotherapeuten und Medizinischen Versorgungszentren oder Medizinischen Versorgungszentren untereinander zur gemeinsamen Ausübung der Tätigkeit.*" Diese Definition wird ergänzt um folgenden Text:

„*Berufsausübungsgemeinschaften sind nicht Praxisgemeinschaften, Apparategemeinschaften oder Laborgemeinschaften und andere Organisationsgemeinschaften*" *(Nr 12a).*

---

[11] Ende 2005 beispielsweise waren 30 % der Ärzte in der ambulanten vertragsärztlichen Versorgung in Gemeinschaftspraxen organisiert; erg s *Möller* in: *Ratzel/Luxenburger,* Handbuch Medizinrecht 2008, 878.

[12] Dieser Begriff galt bis 31. 12. 2006, obgleich so in § 33 Abs 2 Ärzte-ZV nicht benannt. Zur Entstehung, den Rechtsbeziehungen, dem Genehmigungsverfahren und zur Abgrenzung von anderen Kooperationsformen s statt aller *Kremer/Wittmann,* Gemeinschaftspraxis, in: HK-AKM; erg s auch den Kurzüberblick bei *Wenner,* Vertragsarztrecht nach der Gesundheitsreform, 2008, 211 ff. Zur Rechtsprechung des BSG zur Gemeinschaftspraxis s insbesondere *Engelmann* ZMGR 2004, 1 (10 ff) und *Engelmann,* Kooperative Berufsausübung von Ärzten und Vertragsarztrecht, in: *Wulffen/Krasney* (Hrsg), FS 50 Jahre BSG, 2004, 429 ff. S auch oben *Schlund* § 18 II 2.

[13] Zu dieser Kooperationsform (auch in Fortführung der Gemeinschaftspraxis), insbes zum erforderlichen Gesellschaftsvertrag, zur Binnenstruktur der Gesellschaft (Gesellschaftsvermögen, Stimmrecht, Gewinn- und Verlustverteilung, Kündigung), zu Eintritt und Ausscheiden, Haftung etc s vor allem *Weimer,* Berufsausübungsgemeinschaften, HK-AKM Beitrag 840; *Haack,* Berufsausübungsgemeinschaften, in: *Wenzel* (Hrsg), Kap 10 C; *Halbe/Rothfuß,* Berufsausübungsgemeinschaft, in: *Halbe/ Schirmer* (Hrsg), Handbuch Kooperationen im Gesundheitswesen, 2005, Beitrag A 1100. Zur Berufsausübungsgemeinschaft unter Berücksichtigung des VÄndG und der neuen BMVe (auch bei Jobsharing), auf Grund von Sonderbedarf, zu den gesellschaftsrechtlichen Voraussetzungen und der Haftung der Mitglieder, den Genehmigungserfordernissen und den Besonderheiten für Zahnärzte s *Rothfuß,* in: *Bäune/Meschke/Rothfuß,* Kommentar zur Zulassungsverordnung für Vertragsärzte, § 33 RdNr 23 ff.

[14] Grundlage dafür: § 98 Abs 2 Nr 13 SGB V. – Zur bisherigen Regelung des § 33 Abs 2 Ärzte-ZV s *Trautmann* NZS 2004, 238.

[15] Kritisch bis ablehnend zu dieser Begriffsbildung s *Dahm/Ratzel* MedR 2006, 555 (556); *Weimer* aaO, RdNr 3 ff mwN.

[16] Berufsausübungsgemeinschaften sind abweichend von der Gemeinschaftspraxis unter allen „zur vertragsärztlichen Versorgung zugelassenen Leistungserbringern" (also nicht nur Ärzten) zulässig. Sie dürfen sich nach dem VÄndG auf die Erbringung von Teile vertragsärztlichen Leistungen beschränken und sind (ohne die bisherigen Einschränkungen) überörtlich und auch KV-übergreifend zulässig. S zur Begriffsüberschneidung auch *Kremer/Wittmann* aaO RdNr 4.

[17] DÄBl 2007, S. A-1684 und A-1691 (in Kraft seit 1. 7. 2007).

6. Kapitel. Das Kassenarztrecht/Vertragsarztrecht

Wesentliches Merkmal sowohl nach dem ärztlichen Berufs- als auch nach dem Vertragsarztrecht ist die „gemeinsame Berufsausübung".[18] Die Erfordernisse dafür werden sehr unterschiedlich gesehen. Eine Definition fehlt.

Nicht erforderlich ist, dass Ärzte zeitlich und räumlich gleichzeitig am Patienten zusammenwirken. Konsiliarische Unterstützung reicht sicherlich aus. BGH und BSG hatten als „gemeinsame Ausübung vertragsärztlicher Tätigkeit" die ärztliche Tätigkeit in gemeinsamem Rahmen mit gemeinschaftlichen Einrichtungen und mit einer gemeinsamen Praxisorganisation bei gemeinsamer Abrechnung der erbrachten ärztlichen Leistungen verstanden.[19] Die BÄK[20] stellt folgende Kriterien auf:

- Wille zur gemeinsamen Berufsausübung,
- schriftlicher Gesellschaftsvertrag,
- Außenankündigung der Gesellschaft,
- Behandlungsvertrag mit der Gesellschaft selbst,
- gemeinsamer Patientenstamm und
- in etwa Gleichstellung der beteiligten Ärzten in Rechten und Rechten.

Auch damit ist keine klare Trennung zwischen der Berufsausübungsgemeinschaft und einer Organisationsgemeinschaft geschaffen.[21] Die Anforderungen werden zT als unrealistisch und zudem nicht überprüfbar eingestuft.[22] *Zwingel/Preißler* sehen als Mindestvoraussetzung für eine gemeinsame Berufsausübung an:

- Förderung des Gesellschaftszwecks durch alle Gesellschafter
- Außenauftritt aller Gesellschafter in deren Namen
- Abschluss des Behandlungsvertrages durch die Gesellschaft
- Gemeinsame Haftung aller Gesellschafter
- Gemeinsame Abrechnung aller Leistungen
- Mitbestimmungs- und Kontrollrechte aller Gesellschafter.[23]

Unstrittig ist, dass bloße organisatorische Unterstützungsleistungen sowie Gewinnpooling den Anforderungen an eine „gemeinsame Berufsausübung" nicht genügen.[24]

Die Berufsausübungsgemeinschaft kann als BGB-Gesellschaft (§§ 705 ff BGB) oder Partnerschaftsgesellschaft (PartGG[25]) gebildet werden.[26] Nach § 23a MBO-Ä ist berufsrechtlich auch eine GmbH[27] oder Aktiengesellschaft zulässig, sofern dies landesspezifisches ärztliches Berufsrecht vorsieht. – Die Berufsausübungsgemeinschaft bedarf der vorheri-

---

[18] Zum Diskussionsstand über die Auslegung dieses Begriffes s *Weimer* aaO, RdNr 9 ff.
[19] S BGH NJW 1986, 2364.
[20] DÄBl 2006, A-801.
[21] So auch *Dahm/Ratzel* MedR 2006, 555, 560 f.
[22] Krit. zu überhöhten Anforderungen an die „gemeinsame Berufsausübung" *Weimer* aaO, RdNr 11 f.
[23] *Zwingel/Preißler*, Ärzte-Kooperationen und Medizinische Versorgungszentren, 2. Aufl. 2008, 48.
[24] *Weimer* aaO, Fn 14 mwN. Nichtig ist daher ein Gesellschaftsvertrag für eine Gemeinschaftspraxis/Berufsausübungsgemeinschaft, bei der nur ein Gesellschafter die von der Gesellschaft angebotenen Leistungen erbringen darf, der andere aber mangels fachlicher Qualifikation (zB fehlende Facharztzugehörigkeit) nicht, wenn also der Zusammenschluss zu einer Gesellschaft nur dazu dienen soll, den einen Partner an den Honoraren des anderen zu beteiligen (LG Arnsberg MedR 2008, 746). S neuerdings LSG Niedersachsen-Bremen MedR 2009, 497 und LSG NRW MedR 2008, 50 (Gesamtbetrachtung erforderlich).
[25] Zu Fragen der Partnerschaftsgesellschaft im Vertragsarztrecht s *Schirmer* MedR 1995, 383.
[26] Zu den gesellschaftsrechtlichen, berufsrechtlichen und vertragsarztrechtlichen Vorgaben der Entstehung einer Berufsausübungsgemeinschaft s *Weimer* aaO (FN 14), RdNr 65 ff. Dort auch Ausführungen zu den Rechtsbeziehungen der Gesellschafter untereinander (RdNr 78 ff).
[27] Zur Ärzte-GmbH s *Saenger* MedR 2006, 138 u *Schiller/Broglie*, Heilkunde-GmbH/Ärzte-GmbH in: *Halbe/Schirmer* Handbuch Kooperation im Gesundheitswesen, Beitrag A 1600 mwN.

gen[28] Genehmigung durch den Zulassungsausschuss (§ 33 Abs 2 Ärzte-ZV[29]); dafür ist die Vorlage eines Gesellschaftervertrages erforderlich.[30]

12 Die Berufsausübungsgemeinschaft kann fachgebietsgleich und fachgebietsübergreifend sein.[31] Bei einer fachübergreifenden Berufsausübungsgemeinschaft sind Leistungen arztbezogen zu kennzeichnen.[32] Die Kennzeichnungspflicht soll die bessere Überprüfung der Einhaltung der Fachgebietsgrenzen und der Zeitvorgaben nach dem EBM gewährleisten.

13 Nach dem Berufsrecht und der Ärzte-ZV sind Berufsausübungsgemeinschaften auch mit mehreren Praxissitzen, also überörtlich zulässig.[33] Eine überörtliche Berufsausübungsgemeinschaft ist nur zu genehmigen, wenn an den jeweiligen Betriebsstätten (Praxissitzen) der einzelnen Mitglieder die Versorgungspflicht gewährleistet ist und die Mitglieder an den Vertragsarztsitzen der anderen Mitglieder nur in zeitlich begrenztem Umfange werden (§ 33 Abs 2 S 2 Ärzte-ZV). Am Vertragsarztsitz muss das Mitglied daher wöchentlich mindestens persönlich 20 Stunden in Form von Sprechstunden zur Verfügung stehen (§ 17 Abs 1a BMV-Ä[34]). Diese Tätigkeit muss im Vergleich zu Tätigkeiten außerhalb des Vertragsarztsitzes „zeitlich insgesamt überwiegen" (§ 17 Abs 1a S 3 BMV-Ä[35]). Bei KV-übergreifenden überörtlichen Gemeinschaftspraxen ist eine (Haupt-)Betriebsstätte zu wählen (verbindlich für zwei Jahre[36]).

14 Eine Berufsausübungsgemeinschaft zwischen Privatärzten und Vertragsärzten ist (nach inzwischen herrschender Meinung[37]) zulässig. Allerdings dürfen dabei die vertragsärztlichen Leistungen nur Vertragsärzte (oder bei ihnen angestellte Ärzte) erbringen.

15 Berufsausübungsgemeinschaften dürfen auch Filialen (Nebenbetriebsstätten[38]) unterhalten. Allerdings sind „Vorkehrungen für eine ordnungsgemäße Versorgung der Patienten"

---

[28] Die Genehmigung ist statusbegründend; sie kann nicht rückwirkend erteilt werden (BSG GesR 2006, 455).

[29] Dies gilt für örtliche und überörtliche Gemeinschaften. Bei KV-übergreifenden Berufsausübungsgemeinschaften ist der örtlich zuständige Zulassungsausschuss durch Vereinbarung zu bestimmen (§ 33 Ans 3 S 2 Ärzte-ZV).

[30] BSG MedR 2004, 118.

[31] Zur insoweit überholten früheren Diskussion s statt aller *Ratzel/Lippert* MedR 2004, 525, 528 und *Möller* MedR 2003, 195.

[32] § 44 Abs 6 BMV-Ä/§ 34 Abs 12 BMV-EK. – Durch die Einführung lebenslanger Arztnummern und der Betriebsstättennummern (vgl Richtlinie dazu) besteht letztlich mittlerweile auch eine personenbezogene Kennzeichnungspflicht bei fachgebietsgleichen Berufsausübungsgemeinschaften. ZT wird dies in der Praxis der KVen dadurch „aufgeweicht", dass bei fachgebietsgleichen Berufsausübungsgemeinschaften auch die Angabe nur einer lebenslangen Arztnummer genügt.

[33] S § 18 Abs 3 S 3 MBO; § 33 Abs 2 S 2 Ärzte-ZV, wonach eine gemeinsame Ausübung vertragsärztlicher Tätigkeit auch zulässig ist bei „unterschiedlichen Vertragsarztsitzen der Mitglieder einer Berufsausübungsgemeinschaft". Zu den Voraussetzungen im Einzelnen s *Rothfuß*, in: *Bäune/Meschke/Rothfuß* aaO, § 33 RdNr 38 ff mwN.

[34] Bei Teilversorgungsaufträgen nach § 19a Ärzte-ZV gelten zehn Stunden.

[35] Zu den Besonderheiten bei MVZs und der Möglichkeit, für Mindest- bzw Höchstzeiten Auflagen bei der Genehmigung durch den ZA zu erteilen, s § 33 Abs 3 S 5, 1. Hs Ärzte-ZV).

[36] Vgl § 15a Abs 4 BMV-Ä für die Tätigkeit an „weiteren Orten"; § 15b BMV-Ä bei KV-übergreifender Berufsausübungsgemeinschaft (erg dazu s die schwer handhabbare Richtlinie der KBV zur KV-übergreifenden Berufsausübung v 29. 5. 2007; abgedruckt bei *Schallen* aaO, Anh 6). Zur überörtlichen KV-übergreifenden Berufsausübungsgemeinschaft s auch *Rothfuß*, in: *Bäune/Meschke/Rothfuß* aaO, § 33 RdNr 47 ff u *Weimer* GesR 2007, 204 (wonach die Wahl der „maßgeblichen" KV auch die Rechtsnormen bestimmt, die für Leistungen der gesamten Berufsausübungsgemeinschaft anzuwenden sind (str.)).

[37] S vor allen Dingen mit überzeugender Argumentation *Möller* MedR 2003, 195 mwN; *Weimer* aaO, RdNr 38 ff; so auch *Halbe/Rothfuß* aaO, RdNr 35 ff, erg s OLG München MedR 2006, 172 (Nichtigkeit eines Vertrages zwischen Vertragsarzt und Nichtvertragsarzt).

[38] Vgl die Definition in § 1a Nr 22 BMV-Ä: „Nebenbetriebsstätten sind in Bezug auf Betriebsstätten zulässige weitere Tätigkeitsorte, an denen der Vertragsarzt, der Vertragspsychotherapeut, der

auch an diesen Orten zu treffen (§ 17 Abs 2 Satz 2 MBO). Nach dem Vertragsarztrecht (§ 24 Abs 3 und 4 Ärzte-ZV iVm § 15a Abs 1 BMV-Ärzte) sind Zweigpraxen für die vertragsärztliche Versorgung nur zu genehmigen,

„*wenn und soweit*
1. *dies die Versorgung der Versicherten an den weiteren Orten verbessert und*
2. *die ordnungsgemäße Versorgung der Versicherten am Ort des Vertragsarztsitzes nicht beeinträchtigt wird.*"

Was der „Verbesserung" der Versorgung[39] dient, ist nicht näher definiert; auch die Bundesmantelverträge enthalten dazu keine Regelung. Auch wenn der Gesetzgeber in Entwürfen zunächst auf Regelungen der regionalen Bedarfsplanung verwiesen hatte, ist allein durch das Abweichen vom bisherigen Begriff („Verbesserung der Versorgung" statt „Bedarfsplanung") davon auszugehen, dass hier keine zusätzliche Bedarfsprüfung erforderlich ist.[40] Auch in überversorgten Gebieten kann daher bei besonderen Leistungsangeboten in Nebenbetriebsstätten die ärztliche Versorgung verbessert werden, so dass mit dieser Begründung Nebenbetriebsstätten zu genehmigen sind.[41] – Zugleich darf durch die Tätigkeit in einer Zweigpraxis die Versorgung der Patienten am Vertragsarztsitz selbst nicht beeinträchtigt werden (§ 24 Abs 3 Ärzt-ZV). Die Tätigkeit am Vertragsartsitz muss zudem die Zweigpraxistätigkeit zeitlich überwiegen.[42]

Die Zahl der Nebenbetriebsstätten ist vertragsarztrechtlich nicht begrenzt,[43] während sie das ärztliche Berufsrecht (§ 17 Abs 2 Satz 1 MBO) auf maximal zwei festlegt.[44]

16

17

---

angestellte Arzt und die Berufsausübungsgemeinschaft oder ein Medizinisches Versorgungszentrum neben ihrem Hauptsitz an der vertragsärztlichen Versorgung teilnehmen."

[39] Zu diesem Begriff s BSG v 28. 10. 2009 – B 6 KA 42/08 R –, aber ohne abschließende Stellungnahme. Zur sonstigen neueren Rechtsprechung s SG Dortmund MedR 2008, 242 (Voraussetzung für eine Zweigpraxisgenehmigung: substantiierte Darlegung der Verbesserung der Versorgung; bloße Erhöhung der Arztzahl genügt dafür nicht); s auch SG Marburg Urt v 7. 5. 2008 – S 12 KA 403/06 (Verbesserung der Versorgung durch Kinderärzte); ebenfalls einengend LSG Hessen MedR 2008, 172 mit zustimmender und weiterführender Anm *Dahm,* 175; auch *Wenner* aaO, § 20 RdNr 20 fordert als Genehmigungsvoraussetzung eine deutliche Verbesserung der Versorgungsstruktur (ohne allerdings auf eine förmliche Bedarfsprüfung wie bei der Sonderbedarfszulassung abzustellen). Ähnlich restriktiv (nachhaltige Verbesserung der Versorgungssituation): SG Marburg, Urt v 7. 3. 2007 – S 12 KA 701/06 (zustimmend: *Bäune* in: *Bäune/Meschke/Rothfuß* aaO, § 24 RdNr 39). Besonders kritisch zu den praktischen Auswirkungen einer „großzügigen Handhabung" (so aber *Orlowski/Halbe/Karch,* aaO, 97 f) *Dahm/Ratzel* MedR 2006, 555, 563. Erg s die Diskussion bei *Schallen* aaO, RdNr 644 ff u *Wollersheim* GesR 2008, 281 mwN; ferner *Dahm,* Bedarfsplanung, in: *Rieger/Dahm/Steinhilper* (Hrsg), HK-AKM, Beitrag 720 (Stand: Okt 2008), RdNr 190 ff; s auch *Pawlita,* Zweigpraxis, in: *Schlegel/Voelzke/Engelmann* (Hrsg), juris PraxisKommentar SGB V, 2008 § 95 RdNr 255 ff.

[40] Zurückhaltender *Dahm* MedR 2008, 175 (= Anm zu LSG Hessen aaO, 172) u *Dahm/Ratzel* MedR 2006, 563.

[41] So zB ausdrücklich LSG SH GesR 2008, 245.

[42] §§ 17 Abs 1a S 2 BMV-Ä/§ 13 Abs 7a S 2 BMV-EK. Tätigkeiten angestellter Ärzte sind dabei zu berücksichtigen.

[43] Nach § 15a Abs 2 iVm § 24 Abs 3 Ärzte-ZV u § 15a Abs 2 S 3 BMV-Ärzte gilt das Genehmigungs- und bei KV-übergreifender Tätigkeit Ermächtigungserfordernis auch für Anästhesisten, wenn sie zT an mehr als 30 Praxen vertragsärztlich tätig sind (so ausdrücklich LSG SH 2. 6. 2008 – L 4 B 463/KA ER (MedR 2008, Heft 11). *Arnold/Greve* MedR 2007, 634 halten das Erfordernis für rechtswidrig (ua Verstoß gegen Art 12 GG). In der Praxis wird es nicht durchgehend beachtet. Durch die Zahl solcher Tätigkeiten an weiteren Orten darf die Versorgung der Patienten allerdings nicht gefährdet sein (§ 15a Abs 2 S 5 BMV-Ärzte).

[44] Zu dem daraus resultierenden Kompetenzkonflikt s *Pestalozza* GesR 2006, 389 ff (gegen die Argumentation von Pestalozza *Wenner,* Vertragsarztrecht nach der Gesundheitsreform, 2008, 221). Nach *Schallen* aaO, 5. Aufl, RdNr 395, 637, 1161 ist der Vorrang des landesrechtlichen ärztlichen Berufsrechts zugunsten einer einheitlichen Regelung durch Bundesgesetz aufgehoben. Nach hA geht ärztliches Berufsrecht der jeweiligen Länder dem Bundesrecht vor; s insbes *Orlowski/Halbe/Karch,* Vertragsarztrechtsänderungsgesetz, 2. Aufl 2007, 7; so auch *Schirmer* im KV-Rundschreiben v

18 In einer Berufsausübungsgemeinschaft dürfen auch Ärzte angestellt werden, und zwar nach Vertragsarztrecht nicht nur fachgebietsgleiche, sondern auch fachfremde.[45] Nach ärztlichem Berufsrecht ist die Anstellung fachfremder Ärzte allerdings zT unzulässig.[46]

19 Eine Berufsausübungsgemeinschaft kann sich auch auf die Erbringung von Teilen vertragsärztlicher Leistung beschränken (*Teilleistungsberufsausübungsgemeinschaft;* § 33 Abs 2 Satz 3 Ärzte-ZV[47, 48]). Bei der Gründung von Berufsausübungsgemeinschaften sind berufsrechtliche, vertragsarztrechtliche, zulassungsrechtliche und auch gesellschaftsrechtliche Regelungen zu beachten.[49] Im Vertragsarztrecht sind überweisungsgebundene medizinisch-technische Leistungen von der Erbringung in Teilberufsausübungsgemeinschaften mit überweisungsberechtigten Leistungserbringern ausgeschlossen (§ 33 Abs 2 Satz 3 Ärzte-ZV[50]). Die Teilberufsausübungsgemeinschaft setzt im Idealfall ein ärztliches Zusammenwirken voraus (eher theoretischer Musterfall: Neurologe und Kinderarzt betreuen zu bestimmten Sprechstundenzeiten auffällige Kindern ärztlich gemeinsam); sie darf sich nicht auf die bloße Überweisung des Patienten von einem Arzt an den anderen beschränken.[51] Ein ärztlicher Leistungserbringer kann mehreren Teilberufsausübungsgemeinschaften angehören.[52]

20 Der Behandlungsvertrag des Patienten wird mit der jeweiligen Berufsausübungsgemeinschaft geschlossen; diese haftet im Außenverhältnis für alle Gesellschafterverbindlichkeiten. Im Innenverhältnis kann ein Ausgleichsanspruch bestehen.[53]

21 Die Partner einer Gemeinschaftspraxis (Gleiches gilt für eine Berufsausübungsgemeinschaft) haften als Gesamtschuldner für rechtsgeschäftliche Verbindlichkeiten der Gesellschaft[54] und Forderungen aus deliktischer Haftung,[55] und zwar auch mit ihrem

---

10. 1. 2007 (nach der Gegenäußerung der Bundesregierung v 18. 8. 2006 (BT-Drucks 16/2474, 42) und der Stellungnahme des BMJ v 5. 10. 26. Eines entsprechenden ausdrücklichen Vorbehalts zugunsten des Landesrechts bedurfte es nach Auffassung des Bundestages nicht (Beschluss v 25. 10. 2006 – BT-Drucks 16/3157). Nach *Wenner*, Vertragsarztrecht nach der Gesundheitsreform, 2008, 220 f besteht seit der Neufassung der Art 72 ff GG durch die Föderalismusreform kein Vorrang mehr des ärztlichen (landes-)Berufsrechts vor dem (Bundes-)Vertragsarztrecht. Für eine unbeschränkte Bundeskompetenz im Sozialversicherungsrecht auch BSG v 9. 4. 2008 – B 6 KA 40/07 R – BSGE 100, 154 = SozR 4-2500 § 87 Nr 16 RdNr 27.

[45] Zu dieser Thematik s unten III.

[46] ZB in Bayern. Die jeweilige KV ist jedoch an das SGB V gebunden; die Anstellung eines fachfremden Arztes kann daher nicht mit dem Hinweis auf das Berufsrecht verweigert werden; der Arzt sollte jedoch auf entgegenstehendes Berufsrecht hingewiesen werden.

[47] IVm § 15a Abs 5 BMV-Ä. Zur Definition der Teilberufsausübungsgemeinschaft s § 1a Nr 13 BMV-Ä/BMV-EK.

[48] Ausführlich dazu *Weimer* aaO, RdNr 54ff. *Wigge* NZS 2007, 393; *Ratzel/Möller/Michels* MedR 2006, 377.

[49] Ausführlich dazu *Weimer* aaO, RdNr 65 ff; s auch *Halbe/Rothfuß* aaO, RdNr 41 ff mwN.

[50] Mit der einengenden Neufassung des § 32 Abs 2 S 3 Ärzte-ZV wollte der Gesetzgeber (s BT-Drucks 16/2374, 31) unzulässigen Kick-Back-Zahlungen (s % 31 MBO-Ä) weitgehend vorbeugen (zu dieser Thematik s *Ratzel/Möller/Michels* MedR 2006, 377). Im privatärztlichen Bereich besteht diese Einschränkung nicht.

[51] Näher dazu *Wigge* NZS 2007, 393, 396.

[52] § 1a Nr 15 Ziffer 3 BMV-Ä/BMV-EK.

[53] Ausführlich *Weimer* aaO, RdNr 91–105; s auch *Halbe/Rothfuß* aaO, RdNr 75–80.

[54] BGH MedR 2003, 634 m Anm *Walter* = NJW 2003, 1803. Zu dieser Grundsatzentscheidung s ua *Römermann* BB 2003, 1084; *Ulmer* ZIP 2003, 1113 mwN. Zur Haftung der Mitglieder einer Berufsausübungsgemeinschaft s auch *Rothfuß*, in: *Bäune/Meschke/Rothfuß* aaO, § 33 RdNr 86 ff. Generell zur Haftung in ärztlichen Kooperationsformen s neuerdings ua *Bäune*, Die Haftung in ärztlichen Kooperationsformen in zivil- und vertragsarztrechtlicher Sicht, in: Arbeitsgemeinschaft Medizinrecht (Hrsg), Medizinrecht heute (FS 10 Jahre AG Medizinrecht im DAV), 2008, 139 mwN.

[55] Grundlage: § 31 BGB. – Nach wie vor offen ist die Frage, ob die Haftungserweiterung des Eintretenden auch für Berufshaftungsverbindlichkeiten gilt; s dazu *Schmidt* NJW 2005, 2801, 2806.

Privatvermögen.⁵⁶ Dies ist Folge der (geänderten) Rechtsprechung des BGH,⁵⁷ wonach
- auch die BGB-Gesellschaft Träger von Rechten und Pflichten und damit rechts- und prozessfähig ist⁵⁸
- und wonach die Haftung der Gemeinschaftspraxis (Gleiches gilt jetzt für die Berufsausübungsgemeinschaft) der Haftung der offenen Handelsgesellschaft (oHG) weitgehend gleichgestellt ist (analoge Anwendung des § 130 HGB).⁵⁹

Tritt ein neuer Gesellschafter in eine BGB-Gesellschaft ein, haftet er nach der BGH-Rechtsprechung im Außenverhältnis als Gesamtschuldner, und zwar für Verbindlichkeiten ab seinem Eintritt *und* für Altschulden⁶⁰ der Gesellschaft.⁶¹ Er haftet nicht nur in Höhe seiner Gesellschaftseinlage, sondern auch mit seinem Privatvermögen.⁶² Im Innenverhältnis kann er sich davon freistellen lassen.⁶³ Der Beitretende kann allerdings versuchen, mit Gläubigern der Gesellschaft eine Entlassung aus der persönlichen Haftung zu vereinbaren.⁶⁴ Die beschriebene (gesamtschuldnerische) Haftung greift nicht, wenn sich mehrere Vertragsärzte (bisher Einzelpraxen) zu einer Berufsausübungsgemeinschaft zusammenschließen, sondern nur, wenn ein neuer Partner in eine bestehende Berufsausübungsgemeinschaft eintritt.

Der ausgeschiedene Gesellschafter haftet für Altverbindlichkeiten der Gesellschaft **23** noch für die Dauer von fünf Jahren nach seinem Ausscheiden.⁶⁵ Die Gesellschaft ihrerseits haftet nicht für Verbindlichkeiten des eintretenden Gesellschafters aus dessen Zeit vor seinem Eintritt.⁶⁶

Ob die BGH-Rechtsprechung mit der Ausweitung der Beitrittshaftung unverändert **24** vom BSG für die Haftung bei Eintritt in eine ärztliche Gemeinschaftspraxis (jetzt: Berufsausübungsgemeinschaft) übernommen werden wird,⁶⁷ bleibt abzuwarten.⁶⁸ Bedenken

---

⁵⁶ BGH NJW 2003, 577; BGH MedR 2003, 632 u MedR 2003, 634 (m Anm *Walter*).

⁵⁷ Anders BSG v 7. 4. 2003, als dem Gericht die neuere Entscheidung des BGH noch nicht bekannt war.

⁵⁸ BGHZ 146, 341 = NJW 2001,1056. Das BVerfG hat die Grundrechtsfähigkeit der Gesellschaft bürgerlichen Rechts bejaht (NJW 2002, 3533).

⁵⁹ Analoge Anwendung der §§ 128 ff HGB (insbes § 130). BGH MedR 2003, 634. Diese Haftungsausweitung war in der Literatur früher heftig umstritten (Nachweise bei *Walter* MedR 2003, 635 Fn 9).

⁶⁰ Strittig war, ob dies gilt, selbst wenn dem Eintretenden die früheren Verbindlichkeiten der Gesellschaft nicht bekannt waren. Der BGH hat den Vertrauensschutz des Eintretenden mit seiner Entscheidung v 12. 12. 2005 (MedR 2006, 427) inzwischen (wieder) ausgeweitet: Haftung des Eintretenden nur, wenn ihm die Altverbindlichkeiten der Gesellschaft bekannt waren oder auch „bei nur geringer Aufmerksamkeit" hätten bekannt sein müssen.

⁶¹ BGH NJW 2003, 577 = BB 2003, 1803 = MDR 2003, 756 = VersR 2003, 771 = DB 2003, 1164 (anders noch BGHZ 45, 311). – Die Entscheidung ist zu einer Anwaltssozietät ergangen; sie soll jedoch auch für ärztliche Gemeinschaftspraxen gelten, allerdings erst für Eintritte nach dem 7. 4. 2003 (Zeitpunkt der Bekanntgabe der BGH-Entscheidung). Die analoge Anwendung des § 130 HGB befürwortend *K. Schmidt* JuS 2006, 274, 275.

⁶² Diese Haftung greift auch beim Erstzusammenschluss von Partner zu einer Gesellschaft.

⁶³ Grundlage: §§ 420 BGB; sollte im Gesellschaftsvertrag ausdrücklich vorgesehen werden. Solche Haftungsbeschränkungen wirken Dritten gegenüber nicht (§ 130 Abs 2 S 2 HGB).

⁶⁴ Die persönliche Haftung kann nicht durch einen Hinweis in den allgemeinen Geschäftsbedingungen etc beschränkt werden (BGHZ 142, 315 (318 ff) = NJW 1999, 3483). § 8 Abs 2 PartGG ist nicht analog anwendbar (s *Haack* in: *Wenzel* (Hrsg), Kap 10 II.5.

⁶⁵ § 736 Abs 2 BGB iVm § 160 HGB. Das Gleiche gilt bei Auflösung der Gesellschaft (§ 159 HGB analog).

⁶⁶ So ausdrücklich für die ärztliche Gemeinschaftspraxis; hM; s auch BSG ZMGR 2007, 92.

⁶⁷ So dass ein neu eintretender Arzt auch für Regressforderungen aus der Wirtschaftlichkeitsprüfung nach § 106 SGB V und für Honorarberichtigungen aus der Zeit vor seinem Beitritt haftet. Ob die Haftung auch Regressansprüche analog § 130 HGB erfasst, ist umstritten (ablehnend zB *Lange* ZMGR 2003, 55, 57). – Ohne Stellungnahme BSG Urt v 7. 2. 2007 – B 6 KA 6/06 R – BSGE 98,

gegen die analoge Anwendung des § 130 HGB auf die ärztliche Gemeinschaftspraxis mit vertragsarztrechtlichen Altverbindlichkeiten sind mit erheblichen Argumenten (besonderer Genehmigungsakt nach § 33 Abs 2 Satz 2 SGB V) formuliert.[69]

25 Ist eine Gemeinschaftspraxis/Berufsausübungsgemeinschaft fehlerhaft, haften alle Gesellschafter gesamtschuldnerisch. Fehlerhaft kann die Gesellschaft insbesondere sein, wenn dem Zulassungsausschuss ein Vertrag mit angeblicher gemeinschaftlicher Tätigkeit vorgelegt wird, die Gesellschafter die ärztliche Tätigkeit aber tatsächlich nicht gemeinschaftlich ausüben, sondern wenn ein Gesellschafter oder mehrere Gesellschafter letztlich abhängig beschäftigt tätig sind. Bei derartigem Gestaltungsmissbrauch der Rechtsformen ärztlicher Kooperation ist die KV berechtigt, die Honorarabrechnung sachlich-rechnerisch zu korrigieren und überzahlte Honorare zurückzufordern (§ 45 Abs 2, S 1 BMV-Ä = § 34 Abs 4, S 1 und 2 BMV-EK).[70] Einer rückwirkenden Aufhebung der Genehmigung zur Führung der Gemeinschaftspraxis/Berufsausübungsgemeinschaft bedarf es dazu nicht. Wegen der statusbegründenden Entscheidung des Zulassungsausschusses wäre dies auch nicht möglich.[71]

2. Medizinisches Versorgungszentrum (MVZ)

Schrifttum: *Andreas*, Medizinische Versorgungszentren – Chancen oder Risiken für Krankenhaus und Chefarzt, ArztR 2005, 144; *Bäune*, Das medizinische Versorgungszentrum (MVZ), in: *Bäune/Meschke/Rothfuß*, Kommentar zur Zulassungsverordnung für Vertragsärzte, 2008, Anhang zu § 18; *Behnsen*, Medizinische Versorgungszentren – Die Konzeption des Gesetzgebers, KH 2004, 602; *Butzer*, § 95 SGB V und die Neuausrichtung des ärztlichen Berufsrechts, NZS 2005, 344; *Cramer*, Praxisgemeinschaft vs Gemeinschaftspraxis – Auf den Gesellschaftszweck kommt es an, MedR 2004, 552; *Dahm*, Medizinische Versorgungszentren. Groß gehandelt, aber klein geschrieben, ZMGR 2005, 56; *Dahm*, Die Bürgschaftserklärung nach § 95 Abs 2 S. 6 SGB V als Gründungsvoraussetzung für die Zulassung eines Medizinischen Versorgungszentrums, MedR 2008, 257; *Dahm/Möller/Ratzel*, Rechtsbuch medizinische Versorgungszentren, 2005; Deutsche Krankenhausgesellschaft (Hrsg), Hinweise zur Gründung Medizinischer Versorgungszentren nach § 95 SGB V, 2. Aufl 2004; *Fiedler/Weber*, Medizinische Versorgungszentren, NZS 2004, 358; *Haack*, Das Medizinische Versorgungszentrum (MVZ), in: *Wenzel* (Hrsg), Handbuch des Facharzt Medizinrecht, 2. Aufl 2009, Kap 10 D; *Hahne*, Medizinische Versorgungszentren und integrierte Versorgung, 2005; *Halbe/Orlowski/Schirmer*, Medizinische Versorgungszentren, in: *Halbe/Schirmer* (Hrsg), Handbuch Kooperationen im Gesundheitswesen, Beitrag B 1400; *Hohmann/Klawonn*, Das Medizinische Versorgungszentrum (MVZ) – Die Verträge, 2. Aufl 2007; *Isringhaus/Kroel/Wendland*, Medizinisches Versorgungszentrum – MVZ – Beratungshandbuch, 2004; *Kaspers*, Medizinische Versorgungszentren – Integrierte Versorgung, in: *Plagemann* (Hrsg), Sozialrecht 3. Aufl 2009, § 19; *Krauskopf*, Medizinische Versorgungszentren – Ein schwieriger Akt, in: FS Lauffs, S. 953; *Lindenau*, Medizinische Versorgungszentren – Gesetzesanspruch und Zulassungswirklichkeit, GesR 2005, 494; *Lindenau*, Das

---

89 = SozR 4-2500 § 85 Nr 31 (betrifft die anders gelagerte Frage, ob eine Gemeinschaftspraxis für Altschulden des neu eintretenden Partners haftet – die Frage wird verneint).

[68] OLG Koblenz bejaht die verschärfte (gesamtschuldnerische) Haftung für ärztliche Gemeinschaftspraxen (MedR 2005, 294).

[69] S *Engelmann* in: *Wulffen/Krasney* (Hrsg), FS 50 Jahre BSG, 429, 443 ff u *Engelmann* ZMGR 2004, 1, 7. Kritisch auch *Wenner*, Vertragsarztrecht nach der Gesundheitsreform, 218 f; s auch schon *Walter* MedR 2002, 169. Kritisch bis ablehnend schon *Möller* MedR 2004, 69 unter Hinweis auf die Besonderheiten der ärztlichen Gemeinschaftspraxis (im Anschluss an die ablehnende Rechtsprechung des BSG). Er mahnt im Übrigen, wegen der unterschiedlichen Haftung die jeweilige Rechtsform einer Kooperation von Ärzten sorgsam zu im Vorhinein bedenken. – Ausführlich zum gegenwärtigen Meinungsstand (Übertragbarkeit der BGH-Rechtsprechung auf die Berufsausübungsgemeinschaft) auch *Weimer* aaO, RdNr 92 ff mwN.

[70] Dies ist ständige Rechtsprechung (s zuletzt LSG Nieders.-Bremen MedR 2009, 497 mwN).

[71] Vgl zB LSG NRW MedR 2008, 50; s auch *Wenner*, Vertragsarztrecht nach der Gesundheitsreform 2008, § 20, RdNrn 46 f. Zum fehlerhaften Vertragsarztstatus und vertragsärztlichen Honorarrückforderungen s auch *Gläser* ZMGR 2008, 311.

6. Kapitel. Das Kassenarztrecht/Vertragsarztrecht   26, 27   § 31

Medizinische Versorgungszentrum. Rechtliche Grundlagen und Ausblick in die GKV, 2008; *Lüngen/Plamper/ Lauterbach*, Für welche Krankenhäuser lohnen sich Medizinische Versorgungszentren?, f+w 2004, 254; *Markoski/Möller*, Bürgschaftsprobleme bei der Errichtung von Medizinischen Versorgungszentren, MedR 2007, 524; *Meschke*, MVZ-Trägergesellschaften – Veränderungen auf Gesellschafter- und Trägerebene, MedR 2009, 263; *Michels/Ketteler-Eising*, Steuerrechtliche Fragestellungen bei der Gründung Medizinischer Versorgungszentren, MedR 2007, 28; *Möller*, Der im zugelassenen Medizinischen Versorgungszentrum (MVZ) angestellter Arzt, GesR 2004, 456; *Möller/ Dahm/Bäune*, Neue Versorgungsformen (MVZ, integrierte Versorgung), in: *Ratzel, Luxenburger* (Hrsg), Handbuch Medizinrecht, 2008, 479 ff; *Peikert*, Erste Erfahrungen mit medizinischen Versorgungszentren, ZMGR 2004, 211; *Peikert*, Medizinische Versorgungszentren und Vertragsarztrechtsänderungsgesetz, in: Arbeitsgemeinschaft Medizinrecht (Hrsg), Medizinrecht heute (FS 10 Jahre AG Medizinrecht im DAV), 2008, 389; *Quaas*, Medizinische Versorgungszentren als Bestandteil der integrierten Versorgung, f+w 2004, 302; *Quaas/Zuck*, Medizinrecht, 2. Aufl 2008, § 16; *Ratzel*, Medizinische Versorgungszentren, ZMGR 2004, 63; *Rehborn*, Bürgschaften für die Gründung Medizinischer Versorgungszentren, in: Arbeitsgemeinschaft Medizinrecht (Hrsg), Medizinrecht heute (FS 10 Jahre AG Medizinrecht im DAV), 2008, 417; *Reichert*, Das medizinische Versorgungszentrum in Form einer GmbH, 2008; *Schäfer-Göls*, Medizinische Versorgungszentren – Ärztegesellschaft, in: *Baums/Wertenbruch* (Hrsg), FS Hubert, 2006, 951; *Schallen*, Zulassungsverordnung für Vertragsärzte, Vertragszahnärzte, Medizinische Versorgungszentren, Psychotherapeuten, 6. Aufl 2008; *Schirmer*, Medizinische Versorgungszentren, in: *Schirmer*, Vertragsarztrecht kompakt 2006, 297; *Schnapp*, Konkurrenzschutz für niedergelassene Ärzte gegen Medizinische Versorgungszentren, NZS 2004, 449; *Weddehage*, Können Medizinische Versorgungszentren belegärztlich tätig werden?, KH 2006, 772; *Wigge*, Medizinische Versorgungszentren nach dem GMG. Zulassung, Rechtsform, Trägerschaft, MedR 2004, 123; *Ziermann*, Sicherstellung der vertragsärztlichen Versorgung durch Medizinische Versorgungszentren, MedR 2004, 540; *Zwingel/Preißler*, Das Medizinische Versorgungszentrum, 2. Aufl 2008, 59 ff.

Medizinische Versorgungszentren[72] (MVZs) sind „fachübergreifende ärztlich geleitete **26** Einrichtungen, in denen Ärzte, die in das Arztregister nach Abs 2 Satz 3 Nr 1 eingetragen sind, als Angestellte oder Vertragsärzte tätig sind" (§ 95 I Satz 2 SGB V). Der Kreis der zugelassenen Leistungserbringer in der ambulanten vertragsärztlichen Versorgung ist damit deutlich erweitert worden.[73] Das Gesetz enthielt einige Unklarheiten,[74] die durch das VÄndG zum 1.1.2007 beseitigt wurden.[75]

Der Vorteil dieser neuen Organisationsform ist, dass als Leistungserbringer dort sowohl **27** Vertragsärzte als auch angestellte Ärzte[76] (in unterschiedlichem Zeitumfang) tätig sein können.[77] Als Rechtsform kommen vor allem in Betracht die Gesellschaft des bürger-

---

[72] Eingeführt durch das GMG zum 1.1.2004; s BT-Drucks 15/1170. Zu den Vorentwürfen zum GMG (Gesundheitszentrum) und der weiteren Entstehungsgeschichte der Norm s statt aller *Dahm/Möller/Ratzel*, Rechtshandbuch Medizinische Versorgungszentren, 13 ff mwN. Zu MVZs unter Berücksichtigung des VÄndG und des GKV-WStG *Zwingel/Preißler*, Ärzte-Kooperationen und Medizinische Versorgungszentren, 59 ff; *Pawlita*, Das Medizinische Versorgungszentrum (MVZ), in: *Schlegel/Voelzke/Engelmann* (Hrsg), juris PraxisKommentar SGB V, § 95, RdNr 55 ff; *Bäune*, in: *Bäune/Meschke/Rothfuß*, Kommentar zur Zulassungsverordnung, Anh zu § 18.

[73] Ob auch ermächtigte Krankenhausärzte als Leistungserbringer im MVZ im Rahmen ihres Ermächtigungskataloges tätig werden dürfen, ist strittig; ja: *Dahm/Möller/Ratzel* aaO, Kap IV RdNr 37; nein: *Zwingel/Preißler* aaO, 69.

[74] S zB die Nachweise bei *Wigge* MedR 2004, 123 und *Fiedler/Weber* NZS 2004, 358.

[75] Zu den Auswirkungen des VÄndG auf das MVZ s detailliert *Möller* MedR 2007, 263; s auch *Zwingel/Preißler* aaO, 60 f; s auch *Siegert/von Knoch*, Das Gesundheitswesen 2008, 113 ff.

[76] Zu Praxis- und Rechtsfragen der Anstellung eines Arztes im MVZ s ausführlich *Möller* GesR 2004, 456 und *Zwingel/Preißler* aaO, 99 ff.

[77] Anfangs war strittig, ob im MVZ Vertragsärzte und angestellte Ärzte ihre Leistungen wie in einer Gemeinschaftspraxis *gemeinschaftlich* erbringen (müssen); so zB *Wigge* MedR 2004, 123; noch offengelassen bei *Ratzel* ZMGR 2004, 63, 65. Nach hA ist dies der Fall; näher dazu mit den erforderlichen Mindestvoraussetzungen *Zwingel/Preißler* aaO, 63 und (zur Stellung des Vertragsarztes im MVZ) 113 ff.

lichen Rechts (GbR) und die GmbH.[78] Der Kreis der möglichen Gründer eines MVZ ist nicht auf Vertragsärzte, Krankenhäuser, Heilmittelerbringer, Vorsorge- und Rehabilitationseinrichtungen und Apotheken beschränkt.[79] Träger der gegenwärtig ... MVZs sind X % Vertragsärzte (mit ... angestellten Ärzten oder Vertragsärzten) und Y % Krankenhäuser oder Krankenhausträger (mit insgesamt ... angestellten Ärzten[80]). Zum 1.1. 2007 wurde das Kernelement eines MVZ („fachübergreifende Einrichtung") gelockert.[81] Angeknüpft wird nunmehr an die Vorgaben der MBO. So können auch Ärzte mit unterschiedlichen Facharzt- oder Schwerpunktbezeichnungen Gründer und Träger eines MVZ sein.[82] Auch die gemeinsame Anstellung von Humanmedizinern und Zahnmedizinern in einem MVZ ist zulässig.[83]

28 Weiteres Merkmal eines MVZ ist das Erfordernis einer ärztlichen Leitung. Der Leiter selbst muss nicht im MVZ als Leistungserbringer tätig sein;[84] ärztlicher Leiter kann auch ein externer Arzt sein. Die Leitung kann auch auf mehrere Ärzte (unterschiedlicher Fachrichtung) aufgeteilt werden. Entscheidend ist, dass eine ärztliche Gesamtverantwortung (ua gegenüber der KV) besteht.[85]

29 In einem MVZ können Vertragsärzte (mit vollem und hälftigem Versorgungsauftrag) aber auch angestellte Ärzte (vollzeitig oder in Teilzeit zu jeweils mindestens 25 %) tätig sein. Ein MVZ kann auch Nebenbetriebsstätten unterhalten (auch planungsbereichs- und KV-übergreifend). Ärzte, die in einem MVZ tätig sind, dürfen parallel dazu auch in einem Krankenhaus tätig sein.[86] Angestellte Ärzte eines MVZ dürfen auch belegärztliche Leistungen erbringen.[87]

---

[78] S dazu *Schiller/Broglie*, Heilkunde-GmbH/Ärzte-GmbH, in: *Halbe/Schirmer* (Hrsg), Handbuch Kooperationen im Gesundheitswesen, Beitrag A 1600, ferner sehr eingehend neuerdings auch *Reichert*, Das medizinische Versorgungszentrum in der Form einer GmbH. Zu weiteren Rechtsformen, Zulässigkeitsgrenzen sowie Zweckmäßigkeitsüberlegungen bei der Wahl der geeigneten Rechtsform s statt aller *Dahm/Möller/Ratzel* aaO, 71 ff und *Möller/Dahm/Bäune*, Neue Versorgungsformen (MVZ, integrierte Versorgung), in: *Ratzel/Luxenburger* (Hrsg), Handbuch Medizinrecht, 506 ff mwN; s auch *Zwingel/Preißler* aaO, 83 ff. Zu Veränderungen auf der Gesellschafter- oder Trägerebene beim MVZ s *Meschke* MedR 2009, 253.
[79] Zum Kreis der zulässigen Gründer nach dem Gesetz s BT-Drucks 5/1525, 107 f; erg s die Palette potentieller weiterer Gründer bei *Hannika* PflR 2004, 433, 439. Zu den Gründungsvoraussetzungen iwS s *Zwingel/Preißler* aaO, 67 ff.
[80] Angaben des BMG.
[81] Änderung durch das VÄndG; s nunmehr § 95 Abs 1 S 3 SGB V.
[82] Vgl *Möller/Dahm/Bäune* aaO, 488 auch unter Hinweis auf die formale Betrachtung bis 31. 12. 2006.
[83] Vgl Gründung zum VÄndG (BT-Drucks 16/2474, 21).
[84] HM; s schon *Dahm* in: *Dahm/Möller/Ratzel* aaO, 43 ff; erg s *Zwingel/Preißler* aaO, 75, die nahelegen, sich insoweit am „krankenhausrechtlichen Begriffsverständnis" zu orientieren. S auch *Ratzel* ZMGR 2004, 63, 65.
[85] Strittig ist noch, ob eine Trägergesellschaft eines MVZ nur oder zumindest mehrheitlich von Ärzten beherrscht sein muss. Ja: *Klose* BB 2003, 2702; nein: *Behnsen* KH 2004, 602, 606; zwischen MVZs in ärztlicher und nicht ärztlicher Trägerschaft differenzieren *Zwingel/Preißler* aaO, 75 ff.
[86] Die Unvereinbarkeitsregelung in § 20 Abs 2 Ärzte-ZV ist durch das VÄndG zum 1.1. 2007 gefallen. Für Nebentätigkeiten von Leistungserbringern in einem MVZ gelten allerdings auch die zeitlichen Obergrenzen (13 Stunden pro Woche) nach der BSG-Rechtsprechung weiter: Hierzu § 29 RdNr 55–57.
[87] Urt des SG Marburg v 30. 1. 2008 – S 12 KA 1079/06 (aA: *Kallenberg* Belegarzttätigkeit, in: *Halbe/Schirmer* (Hrsg), Kooperationen im Gesundheitswesen, Beitrag C 7500, RdNr 19). Der angestellte Arzt muss allerdings die persönlichen Voraussetzungen für die Belegarztanerkennung erfüllen. Die Genehmigung selbst ist dem MVZ für diesen speziellen Arzt zu erteilen, ist also personengebunden. Der Belegarztvertrag wird zwischen dem MVZ und dem Krankenhaus geschlossen (anders beim Vertragsarzt, der im MVZ als Vertragsarzt tätig ist; er schließt den Vertrag mit dem Krankenhaus selbst).

Zulässig sind auch überörtliche MVZs. Ein MVZ kann auch Mitglied einer Berufsaus- 30
übungsgemeinschaft sein.[88] Das MVZ bedarf einer Zulassung durch den Zulassungsausschuss (Gemeinsame Selbstverwaltung[89]). Erforderlich hierfür ist ein Antrag. Mit der Zulassung erwirbt das MVZ grundsätzlich dieselben Rechte wie ein niedergelassener Vertragsarzt.

Einem MVZ kann die Zulassung entzogen werden, wenn die Voraussetzungen für seine 31
Zulassung nicht mehr vorliegen (§ 95 Abs 6 SGB V), auch wenn die Gründungsvoraussetzungen nicht mehr bestehen (§ 95 Abs S. 6 SGB V), es ei denn, sie werden innerhalb von sechs Monaten wieder hergestellt.[90] Zur Gründung eines MVZ kann ein Vertragsarzt seinen Sitz in das MVZ einbringen, diesen Sitz anschließend in eine Angestelltenarztstelle unter Anrechnung auf die Bedarfsplanung) umwandeln und sich dort als Arzt anstellen lassen. Ob die Angestelltenarztstelle nachträglich wieder in einen Vertragsarztsitz rückumgewandelt werden kann, ist strittig.[91] Ein MVZ kann nicht auf eine Vertragsarztstelle zugunsten eines anderen MVZ verzichten.[92]

Die im MVZ angestellten Ärzte werden Mitglieder der KV, in deren Bezirk das MVZ 32
seinen Vertragsarztsitz hat, sofern sie mindestens halbtags angestellt sind. Sie haben dann Wahlrechte in der ärztlichen Selbstverwaltung.

Die Anstellung von Ärzten in einem MVZ[93] bedarf der Genehmigung durch den 33
Zulassungsausschuss. Ein Widerruf der Genehmigung ist möglich. Bei der Arbeitszeitgestaltung ist § 3 Satz 1 ArbZG zu beachten. Angestellte Ärzte eines MVZ unterliegen auch der Notfalldienstpflicht (§ 75 Abs 1 Satz 2 SGB V).

Für Vertragsärzte in einem MVZ gelten ua Präsenz- und Residenzpflichten sowie die 34
Pflicht zur persönlichen Leistungserbringung.[94] Auch die Grenzen des jeweiligen Fachgebiets sind einzuhalten; MVZs unterliegen ferner dem Gebot der Wirtschaftlichkeit der Praxisführung und damit der Wirtschaftlichkeitsprüfung nach § 106 SGB V. Die dort tätigen Ärzte sind schließlich gleichermaßen verpflichtet (§ 95a Abs 1 SGB V), sich in dem gesetzlich geforderten Umfang fachlich fortzubilden.

In einem MVZ wird der Behandlungsvertrag zwischen dem Patienten nicht mit einzel- 35
nen Ärzten, sondern mit dem MVZ geschlossen.[95] Das MVZ haftet im Außerverhältnis.[96] Zum 1. 1. 2007 ist in § 95 Abs 2 S. 6 SGB V (für Neufälle[97]) eine selbstschuldnerische Bürgschaft der Gesellschafter für Forderungen der KV und der Krankenkassen vorgesehen.[98] MVZ, die als GmbHs betrieben werden, sollen damit haftungsrechtlich den Vertragsärzten gleichgestellt werden, die auch mit ihrem Privatvermögen haften.

Sämtliche in einem MVZ erbrachten ärztlichen Leistungen werden bei der KV unter 36
einer Abrechnungsnummer des MVZ (einheitlich) abgerechnet.[99] Das MVZ unterliegt

---

[88] Änderung zum 1. 1. 2007 durch das VÄndG (§ 33 Abs 2 Ärzte-ZV).
[89] § 95 Abs 1 SGB V iVm § 1 Abs 3 Ärzte-ZV. Davon zu unterscheiden ist die Genehmigung der Anstellung eines Arztes in einem MVZ. Diese Genehmigung setzt ein zugel. MVZ voraus.
[90] Gesetzesänderung zum 1. 1. 2007 durch das VÄndG.
[91] S dazu oben *Steinhilper* § 31 III.
[92] SG Marburg – Urt v 14. 10. 2009 – S 12 KA 575/08.
[93] S dazu vor allem *Möller* GesR 2004, 456 mwN; auch *Zwingel/Preißler* aaO, 86 ff.
[94] Zu diesem Grundsatz in der ambulanten vertragsärztlichen Versorgung s § 26 RdNr 4 mwN.
[95] Dienstvertrag; s im Einzelnen *Ratzel* aaO, 223 ff.
[96] Also auch gegenüber der KV, auch für Schadensersatzansprüche nach § 823 BGB. Im Einzelnen zu den Haftungskonstellationen in einem MVZ s *Steffen* MedR 2006, 75 f; s auch *Möller/Dahm/Bäume* aaO, 527 f. Zum Risiko der pers. Haftung der MVZ-Gesellschafter s *Braun* MedR 2009, 272.
[97] Für Altfälle besteht Bestandsschutz (s *Zwingel/Preißler* aaO, 81 f).
[98] Ausführlich zu den Schwierigkeiten dieses Bürgschaftserfordernisses in der praktischen Umsetzung *Dahm* MedR 2008, 257 mit Beispielen und weiteren Nachweisen.
[99] Zu den Abrechnungsvoraussetzungen und die Überprüfung der Abrechnung durch die KV s statt aller *Möller/Dahm/Bäune* aaO, 224 ff.

auch der Wirtschaftlichkeitsprüfung[100] nach § 106 SGB V und Abrechnungsprüfung (einschließlich Plausibilitätsprüfung[101]) nach § 106a SGB V.

37 **3. Praxisgemeinschaft.** Die Praxisgemeinschaft[102] setzt keine gemeinsame Ausübung des ärztliches Berufs voraus; sie ist eine bloße Organisationsgemeinschaft[103] in der Form einer BGB-Gesellschaft. Es ist der (auch überörtliche) Zusammenschluss zweier oder mehrerer Ärzte
– gleicher und/oder verschiedener Fachgebiete
– zur gemeinsamen Nutzung von Praxisräumen und/oder Praxiseinrichtungen (insbes medizinisch-technische Geräte)
– und/oder zur gemeinsamen Beschäftigung von Praxis(hilfs)personal.

38 Jeder Partner einer Praxisgemeinschaft betreibt aufgrund seiner Zulassung weiterhin seine eigene Vertragsarztpraxis mit eigenem Patientenstamm[104] und rechnet seine Leistungen bei der KV ab. Partner der Praxisgemeinschaft dürfen sich nur unter den Voraussetzungen des § 32 Abs 21 Satz 2 – 6 SGB V (iVm den BMVen) vertreten.[105]

39 Mitglieder einer Praxisgemeinschaft können auch Berufsausübungsgemeinschaften, Trägergesellschaften von MVZs und Krankenhäusern sein.[106] Auch Ärzte und Zahnärzte können sich zu einer Praxisgemeinschaft zusammenschließen. Partner einer Praxisgemeinschaft dürfen mehreren Praxisgemeinschaften angehören.

40 Im Gegensatz zur ärztlichen Gemeinschaftspraxis und auch Berufsausübungsgemeinschaftist ist ein Zusammenwirken der Partner in der ärztlichen Tätigkeit nicht erforderlich; die Gemeinschaft beschränkt sich in der Regel auf die gemeinsame Nutzung von Geräten und Räumen. Das Personal wird zT gemeinsam angestellt. Die Mitglieder können privatärztlich und vertragsärztlich tätig sein.[107]

41 Der Zusammenschluss zu einer Praxisgemeinschaft ist der jeweiligen Ärztekammer anzuzeigen (§ 18 Abs 6 MBO-Ä) und der KV mitzuteilen (§ 33 Abs 1 Satz 2 Ärzte-ZV). Ein schriftlicher Vertrag empfiehlt sich und wird von den meisten Kven auch verlangt, um die Zulässigkeit des Zusammenschlusses überprüfen zu können.

42 In der Vergangenheit ergaben sich in der Praxis vielfach Schwierigkeiten, wenn eine Praxisgemeinschaft vertraglich vereinbart und den zuständigen Körperschaften als solche angezeigt war, aber dennoch ein gemeinschaftliches ärztliches Zusammenwirken wie in einer Gemeinschaftspraxis tatsächlich gelebt wurde („Scheingesellschaft"[108]). Bei einer nur faktischen Gemeinschaftspraxis verstoßen die Ärzte gegen vertragsärztliche Pflichten, da der Zusammenschluss durch den Zulassungsausschuss nicht genehmigt ist (§ 33 Abs 2

---

[100] Zur Wirtschaftlichkeitsprüfung allgemein s *Clemens* § 36 mwN.
[101] Zur Plausibilitätsprüfung in der ambulanten vertragsärztlichen Versorgung allgemein s *Steinhilper* § 35 mwN.
[102] Zur Praxisgemeinschaft, ihren Voraussetzungen und Anwendungsgebieten s statt aller *Schäfer-Gölz*, Praxisgemeinschaft, in: *Halbe/Schirmer* (Hrsg), Handbuch Kooperation im Gesundheitswesen (Beitrag A 1200); *Rieger*, Praxisgemeinschaft, HK-AKM, (Beitrag 4270); *Rothfuß*, in: *Bäune/Meschke/Rothfuß*, Kommentar zur Zulassungsverordnung für Vertragsärzte, § 33 RdNr 2 ff; *Quaas/Zuck*, Medizinrecht, § 14 III.
[103] Im Sinne des § 18 Abs 1 MBO iVm § 33 Abs 1 S 1 Ärzte-ZV.
[104] S dazu BSG SozR 4.5520 § 33 Nr 6.
[105] Die Leistungen sind also über einen sog Vertreterschein nach Muster 19 abrechnungsfähig.
[106] Hierauf weist zutreffend hin *Möller*, Kooperationen im Gesundheitswesen, Ärztliches Gesellschaftsrecht, in: *Ratzel/Luxenburger* (Hrsg), Handbuch Medizinrecht, 871, 946.
[107] Entscheidend ist der jeweilige Gesellschaftszweck (s dazu *Cramer* MedR 2004, 552).
[108] Zu dieser Thematik und den Missbrauchsmöglichkeiten s *Wehebrink* NZS 2005, 400 (mit Rechtsprechungsnachweisen); *Krafzcyk* MedR 2003, 313; aus der Rechtsprechung: BSGE 96, 99, 105. Ferner schon *Preißler/Sozietät Dr Rehborn*, Ärztliche Gemeinschaftspraxis vs Scheingesellschaft. Ferner *Scheuffler* ZWD 12/1998, 13. Zur Praxisgemeinschaft als nicht genehmigter Berufsausübungsgemeinschaft s auch *Rothfuß* in: *Bäune/Meschke/Rothfuß* Kommentar zur Zulassungsverordnung für Vertragsärzte § 33 RdNr 13.

Ärzte-ZV). Nach § 11 Abs 2 der Richtlinie zu Inhalt und Durchführung der Abrechnungsprüfung[109] besteht ein Anfangsverdacht für eine unzulässige Gemeinschaftspraxis bei der Behandlung von mehr 20 % identischer Patienten in gebiets- oder versorgungsbereichsidentischen und ab 30 % bei gebiets- oder versorgungsbereichsübergreifenden Praxisgemeinschaften. Ein Gegenbeweis ist möglich. Kann dieser nicht geführt werden, sind Honorarrückforderungen, Disziplinarverfahren und bei schweren Verstößen auch Zulassungsentziehungen möglich.

Treten Ärzte im Außenverhältnis als Partner einer Gemeinschaftspraxis auf, so dass bei Patienten der Eindruck einer gemeinsamen ärztlichen Tätigkeit entsteht, haften alle für ev Behandlungsfehler des Einzelnen.[110]

4. Apparategemeinschaft. Die Apparategemeinschaft ist eine Unterform der Praxisgemeinschaft: Mehrere Vertragsärzte gleicher Fachrichtung und Qualifikation schließen sich zur kostensparenden gemeinsamen Nutzung eines oder mehrerer medizinisch-technischer Geräte zusammen (Leistungserbringergemeinschaft).[111] Leistungen, die ein Mitglied der Apparategemeinschaft veranlasst, müssen nicht von ihm selbst, sondern können von gleich qualifizierten anderen Mitgliedern der Apparategemeinschaft erbracht (auch in dessen Praxisräumen) in dessen Verantwortung werden. Sie werden dem veranlassenden Arzt als persönlich erbrachte Leistungen zugeordnet, so dass er (und nicht der erbringende Arzt) sie bei der KV abrechnen kann. Diese Durchbrechung des Grundsatzes der persönlichen Leistungserbringungspflicht gilt für das Vertragsarztrecht nur bei *gerätebezogenen* Untersuchungsleistungen nach den Vorgaben des § 15 Abs 3 BMV-Ä.

Apparategemeinschaften werden in der Regel als BGB-Gesellschaften gegründet.[112] Nach dem Wortlaut von § 15 Abs 3 Satz 1 BMV-Ä können die gerätebezogenen Leistungen auch von einem gemeinsam (in der Apparategemeinschaft) angestellten Arzt erbracht werden. Nach dem Vertragsarztrecht ist jedoch nur die Anstellung bei einem der Mitglieder zulässig.

5. Laborgemeinschaft. Die Laborgemeinschaft[113] ist eine Apparategemeinschaft, die sich auf die Erbringung bestimmter (beziehbarer) Laborleistungen[114] beschränkt.[115] Grundlage sind § 105 Abs 2 Satz 2 SGB V iVm § 25 Abs 1 BMV-Ä. Der Grundsatz der persönlichen Leistungserbringung[116] ist eingeschränkt (§ 25 Abs 2 iVm § 15 Abs 3 BMV-Ä). Die unter Aufsicht eines Arztes für andere Mitglieder erbrachten Laborleistungen galten als vom veranlassenden Arzt persönlich erbracht. Sie wurden bisher vom veranlassenden Arzt, der zugleich Mitglied der Laborgemeinschaft sein musste, bei der KV abge-

---

[109] Abgeschlossen zwischen KBV und den Spitzenverbänden der Krankenkassen (DÄBl 2004, A-2555) – wirksam zum 1. 1. 2005.
[110] BGH NJW 2006, 437 (virtuelle Gemeinschaft von Belegärzten).
[111] Ausführlich zur Apparategemeinschaft s *Peikert*, Apparategemeinschaft, HK-AKM, Beitrag 150.
[112] Die Partnerschaftsgesellschaft ist ausgeschlossen, da es an der gemeinsamen Berufsausübung fehlt.
[113] S die Definition in § 1a Nr 14a BMV-Ä: „Laborgemeinschaften sind Gemeinschaftseinrichtungen von Vertragsärzten, welche dem Zweck dienen, laboratoriumsmedizinische Analysen regelmäßig in derselben gemeinschaftlich genutzten Betriebsstätte zu erbringen." Zur Laborgemeinschaft im privatärztlichen Bereich (Grundlage § 4 Abs 2 GOÄ) s *Möller* MedR 1994, 10. Zu Laboruntersuchungen als „eigene" Leistungen im Sinne der GOÄ s umfassend *Taupitz/Neikes* MedR 2008, 121 mit umfassenden Rechtsprechungs- und Literaturnachweisen. – Zur „Zahnärztlichen Praxisgemeinschaft – Zulässigkeit und Problemstellung" – s den gleichnamigen Beitrag von *Niggehoff*, in: Arbeitsgemeinschaft Medizinrecht (Hrsg), Medizinrecht heute (FS 10 Jahre AG Medizinrecht im DAV), 769.
[114] Sog Eigenlabor (bisher: OI- und OII-Leistungen; jetzt: Leistungen nach Kapitel 32.2 des EBM).
[115] Im BMV-Ä ist ergänzend die sog „Leistungserbringergemeinschaft" definiert (§ 1a Nr 14).
[116] S dazu oben *Steinhilper* § 26 mwN.

rechnet, sofern auch er über die erforderliche Qualifikation zur Erbringung der Leistung verfügte.

47 Zum 1.10.2008 wurde für Laborgemeinschaften die sog Direktabrechnung eingeführt.[117] Ziel war es, Kosten einzusparen. Die Laborgemeinschaft rechnet danach die Analysekosten aus dem Anhang zu Kapitel 32.2 EBM unmittelbar bei der KV ab, in deren Bereich die Laborgemeinschaft ihren Sitz hat. Mit der Abrechnung sind die Betriebsstättennummer, die lebenslange Arztnummer des veranlassenden Arztes und die Diagnose (Vordruck 10a) anzugeben. Die Laborgemeinschaften müssen nachträglich ihre Kosten für die Analysen der KV nachweisen; sind diese geringer als die Erstattungen nach dem EBM, ist die Differenz zurückzuzahlen.

48 Gegen die Direktabrechnung der Laborgemeinschaften werden (insbesondere datenschutz)rechtliche Bedenken geltend gemacht (zB unzulässige Weitergabe patientenbezogener Daten an die Laborgemeinschaft; Laborgemeinschaft kann nicht Adressat eines Verwaltungsaktes der KV sein).[118]

49 Die Honorare der Laborgemeinschaften unterliegen zudem der Umsatzsteuer, da die Laborgemeinschaften selbst vertragsärztlichen Versorgung sind, so dass für die das Privileg der Umsatzsteuerbefreiung nicht gilt.[119] Für Westfalen-Lippe gilt ein Sonderweg: nach zwei Einstweiligen Anordnungen des SG Dortmund dürfen die Mitglieder von Laborgemeinschaften ihre Laborleistungen bis zu einer Hauptsachenentscheidung entweder weiterhin selbst bei der KV abrechnen oder sie über ihre Laborgemeinschaft abrechnen lassen (Wahlrecht).

50 Konsequenz dieser Regelung zur Direktabrechnung in der Praxis war, dass viele Ärzte (neben dem Speziallabor auch) ihr Basislabor (wieder) an Laborärzte überwiesen, wodurch sicherlich keine Kosten eingespart, sondern höhere Kosten verursacht wurden. Die KBV hat daraufhin unter bestimmten Voraussetzungen (Erreichbarkeit des Arztes innerhalb von 30 bis 40 Minuten) weiterhin die unmittelbare Abrechnung von Analysen durch den veranlassenden Arzt als Mitglied einer *Leistungserbringergemeinschaft* nach § 15 Abs 3 BMV-Ä = § 14 Abs 2 BMV-EK für zulässig erklärt (Rundschreiben vom 1.10.2008 – D3-159-I 92/ 2008), wodurch die Direktabrechnung von der KBV gleichsam selbst „unterlaufen" wurde. Fraglich ist, ob die Regelung rechtlich zulässig ist, da sie ortsnahe (kleine) Laborgemeinschaften begünstigt (Befreiung von dem Kostennachweis) und große (uU bundesweite) Laborgemeinschaften benachteiligt, weil

– sie Mitgliedern großräumiger Laborgemeinschaften die unmittelbare Abrechnung mit der KV verbietet
– und den den Kostennachweis verlangt,
– um gegebenenfalls Honorarteile zurückfordern zu können,

51 während Mitglieder regionaler Laborgemeinschaften davon befreit sind. Unmittelbar bei der KV abrechnende Ärzte erhalten als Analysekosten den EBM-Satz, überregionale Laborgemeinschaften müssen dagegen ihre Effektivkosten nachweisen und uU mit reduziertem Honorar (Honorarrückzahlungen) rechnen.

52 Inzwischen haben die Vertragsparteien durch Änderung der BMVe[120] die Abrechenbarkeit von Laborleistungen durch Mitglieder regionaler Leistungserbringergemeinschaften zum 1.1.2009 wieder aufgehoben, den 2008 gegründeten Gemeinschaften aber eine

---

[117] § 25 Abs 3 MBV-Ärzte/EK (s DÄBl 2008, A-912) iVm der Verfahrensrichtlinie der KBV nach § 75 Abs 7 Nr 1 SGB V vom 16.9.2008 (DÄBl 2008, A-2178) und der Änderung der Vereinbarung über Vordrucke (DÄBl 2008, A-2288: Muster 10 A). Zum 1.4.2009 wird die Transportkostenpauschale abgesenkt (DÄBl 2008, A-2421, damit der Anreiz gemindert wird, (auch) Basislabor an Laborärzte zu überweisen.
[118] Äußerst kritisch bis ablehnend zur Direktabrechnung von Laborgemeinschaften aus rechtlich und praktischen Gründen *Imbeck* MedR 2009, 10.
[119] S dazu *Michels/Ketteler-Eising* GesR 2008, 510 mit ausführlichen Begründung.
[120] DÄBl 2008, A-2780; erg s Rundschreiben der KBV vom 11.12.2008 – D3–209-I 118/2008 –.

Übergangsfrist bis zum 31.12.2009 eingeräumt (Besitzstandwahrung). Zulässsig ist also langfristig nur die Direktabrechnung durch Laborgemeinschaften.

Ab 1.1.2014 dürfen Laborleistungen nach Kap. 32 EGO und Kap. 1.7 des EBM nur noch an Fachärzte überwiesen, zu deren Kerngebiet diese Leistungen zählen, also nur von diesen erbracht und abgerechnet werden (DÄBl 2008, A-1682) 53

6. Partnerschaftsgesellschaft. Die Partnerschaftsgesellschaft[121] gilt als Sonderform der Gesellschaft bürgerlichen Rechts mit Strukturannäherung zur OHG. Hauptvorteil ist, dass die Haftung im Außenverhältnis beschränkt werden kann und dass unterschiedliche Berufsgruppen zusammenarbeiten können. Die praktische Bedeutung für die ambulante vertragsärztliche Versorgung ist gering. 54

Mitglieder einer Partnerschaftsgesellschaft können neben Vertragsärzten und Privatärzten auch Angehörige anderer freier Berufe sein.[122] Ein schriftlicher Gesellschaftsvertrag ist erforderlich (§ 3 PartGG) bei grundsätzlicher Vertragsfreiheit. Die Partnerschaft ist wirksam erst ab Eintragung in ein Register (§ 7 Abs 1 PartGG). 55

Alle Gesellschafter haften grundsätzlich gesamtschuldnerisch (persönlich). Für Fehler bei der beruflichen Tätigkeit enthält § 8 Abs 2 PartGG jedoch ein Haftungsprivileg.[123] 56

III. Angestellte Ärzte für die ambulante vertragsärztliche Versorgung (§ 95 Abs 9 und 9a SGB V, § 32b Ärzte-ZV)

Schrifttum: *Bäune,* in: *Bäune/Meschke/Rothfuß,* Kommentar zur Zulassungsverordnung für Vertragsärzte, 2008, Kommentierung zu § 32b; *Halbe/Schirmer* (Hrsg), Handbuch Kooperationen im Gesundheitswesen. Rechtsformen und Gestaltungsmöglichkeiten. 2007; *Fritz,* Angestellter Arzt vs ärztlicher Gesellschafter in der Gemeinschaftspraxis, in: Arbeitsgemeinschaft Medizinrecht (Hrsg), Medizinrecht heute (FS 10 Jahre AG Medizinrecht im DAV), 2008, 721; *Gläser,* Die Risiken von „verkappten" Angestelltenverträgen, ZWD 6/1999, 14; *Halbe/Rothfuß,* Berufsausübungsgemeinschaft, in: *Halbe/Schirmer* (Hrsg) aaO, Beitrag A 1100; *Kamps,* Beschäftigung von Assistenten in der Arztpraxis, MedR 2003, 63; *Möller,* Der im zugelassenen medizinischen Versorgungszentrum (MVZ) angestellte Arzt, GesR 2004, 456; *Orlowski/Halbe/Karch,* Vertragsarztrechtsänderungsgesetz (VÄndG), 2. Aufl 2008; *Pawlita,* in: *Schlegel/Voelzke/Engelmann* (Hrsg), jurisPraxisKommentar, 2008, § 95 RdNr 537 ff; *Schallen,* Zulassungsverordnung für Vertragsärzte, Vertragszahnärzte, Medizinische Versorgungszentren, Psychotherapeuten, 7. Aufl 2009; *Steinhilper,* Der angestellte Arzt in der Vertragsarztpraxis. Zur Anwendung der gesetzlichen Neuregelung (§ 32b Ärzte-ZV), NZS 1994, 347; *Steinhilper,* Der angestellte Arzt in der freien Niederlassung, MedR 1993, 292; *Steinhilper,* Angestellte Ärzte in der vertragsärztlichen Versorgung, in: *Halbe/Schirmer* (Hrsg), Handbuch Kooperationen im Gesundheitswesen, Beitrag A 1300; *Stellpflug/Warntjen,* Die Neuregelung des § 23i Abs 7 der Bedarfsplanungs-Richtlinie – Keine Anstellung von Ärzten bei Psychotherapeuten? MedR 2008, 281; *Wenner,* Vertragsarztrecht nach der Gesundheitsreform, 2008, 224 ff; *Zwingel/ Preißler,* Ärzte, Kooperationen und Medizinische Versorgungszentren, 2. Aufl 2008, 25 ff.

Angestellte Ärzte waren dem System der ambulanten vertragsärztlichen Versorgung zunächst völlig fremd. Vorübergehend gab es unter Anrechnung auf die Bedarfsplanung[124] sog „Dauerassistenten." Ab 1.7.1997 konnten Ärzte nur noch unter Jobsharing-Bedingungen (Einhaltung einer Leistungsobergrenze) angestellt werden.[125] Das Vertragsarztrechts- 57

---

[121] S *Ulmer,* Partnerschaftsgesellschaftsgesetz 4. Aufl 2004., ferner *Krieger* MedR 1995, 95 u *Schirmer* MedR 1995, 383.
[122] Vgl dazu § 1 Abs 2 PartGG.
[123] Dies erfasst auch deliktische Ansprüche; bei Ausscheiden eines Partners ist die Haftung auf fünf Jahre befristet (§ 10 Abs 2 PartGG iVm § 159 HGB).
[124] V 1.1.1993 bis 30.6.1997; eingeführt durch das GSG vom 21.12.1992 (BGBl I, 2266): § 95 Abs 9 S 1 SGB V iVm § 32b Ärzte-ZV; zu dieser Regelung s *Steinhilper* NZS 1994, 347 und *ders* MedR 1993, 292.
[125] 2. GKV-NOG; wirksam zum 1.7.1997. Das VÄndG hat zum 1.1.2007 weitere Möglichkeiten geschaffen, in nicht gesperrten Gebieten in einer Einzelpraxis, Gemeinschaftspraxis (Berufsausübungsgemeinschaft) unter Anrechnung auf die Bedarfsplanung Ärzte anzustellen.

änderungsgesetz (VÄndG) hat zum 1.1.2007 neue Möglichkeiten geschaffen, in nicht gesperrten Gebieten in einer Einzelpraxis, einer Berufsausübungsgemeinschaft oder in einem MVZ Ärzte anzustellen (§ 95 Abs 9 und 9a SGBV, § 32b Ärzte-ZV[126]).[127] Zugleich wurden neue Organisationsmöglichkeiten geschaffen,[128] da das Verbot in § 20 Abs 1 Satz 2 Ärzte-ZV aufgehoben wurde, also die Möglichkeit eröffnet wurde, dass ein Vertragsarzt (Voll- oder Teilzulassung) auch in einem Krankenhaus (als angestellter Arzt) tätig ist.[129] Da zudem der einzelne Vertragsarzt, die Berufsausübungsgemeinschaft oder auch das MVZ angestellte Ärzte sowohl in ausgelagerten Praxisstätten, „an weiteren Orten" (Nebenbetriebsstätte[130]) Ärzte anstellen dürfen und dies auch fachgebietsfremd,[131] ergeben sich so viele Kombinationsmöglichkeiten, dass der Grundsatz der persönlichen Leistungserbringungspflicht für die Tätigkeit angestellter Ärzte (gleich welcher Organisationsform) nicht mehr uneingeschränkt gilt.[132] Die gemeinsame Erklärung[133] von Bundesärztekammer und KBV (vgl dazu oben § 26 II 4.) bedurfte der Anpassung an die neue Rechtslage.

> „Dasjenige, was persönliche Ausübung der vertragsärztlichen Praxis ist, wird vor diesem Hintergrund neu gewichten und zu konkretisieren sein. Persönliche Leitung der Praxis als Kernbestandteil der persönlichen Ausübung der vertragsärztlichen Praxis ist dabei nicht identisch mit der persönlichen Erbringung vertragsärztlicher und vertragszahnärztlicher Leistungen."[134]

58 Dies gilt, auch wenn „die teilweise sehr weitgehenden Freiheiten des VÄndG insbesondere durch Bundesmantelvertragliche Regelungen wieder stark reduziert werden".[135] Beschäftigt ein Vertragsarzt (in Einzelpraxis, in einer Berufsausübungsgemeinschaft) oder ein MVZ einen Vertreter (während der Abwesenheit des zur Teilnahme an der vertragsärztlichen Versorgung verpflichteten Arztes), so darf der Vertreter den Vertretenen nur insoweit vertreten, wie er selbst die fachliche Qualifikationsnachweise besitzt wie dieser.[136]

---

[126] Erg s die Definition in § 1a Nr 8 BMV-Ä/BMV-EK mit den ergänzenden Regelungen in den §§ 14a, 15, 15a, 15b.

[127] Zu dieser Thematik insgesamt s *Steinhilper*, Angestellte Ärzte in der vertragsärztlichen Versorgung, in: *Halbe/Schirmer* (Hrsg), aaO Beitrag A 1300; zur Gesetzeslage nach dem VÄndG s ferner *Orlowski/Halbe/Karch* Vertragsarztrechtsänderungsgesetz (VÄndG), 8 ff und 66 ff; ferner *Wenner*, Vertragsarztrecht nach der Gesundheitsreform; ferner die Kommentierung von *Bäune*, in: *Bäune/Meschke/Rothfuß* aaO, §§ 32, 32b; *Schallen* aaO, § 32, 32 b; *Pawlita*, in: *Schlegel/Voelzke/Engelmann* (Hrsg) aaO, § 95 RdNr 537 ff; erg s *Schallen/Kleinheit*, Verträge für angestellte Ärzte und Vertreter, 2007.

[128] Insbesondere Tätigkeit „an weiteren Orten" (§ 24 Abs 3 u 4 Ärzte-ZV), Tätigkeit in ausgelagerte Praxisstätte (§ 24 Abs 5 Ärzte-ZV), Teilzulassung (§ 95 Abs 3 S 1 SGB V), Wandlung eines Vertragsarztsitzes in eine Angestelltenarztstelle (§ 103 Abs 4b SGB V).

[129] Aufhebung der Unvereinbarkeit dieser beiden Tätigkeitsbereiche nach § 20 Abs 1 S 2 Ärzte-ZV.

[130] Vgl die Definition in § 1a Nr 22.

[131] S § 95 Abs 9 SGB V iVm § 32b Abs 1 Ärzte-ZV und § 14a Abs 2 BMV-Ä.- Nach Berufsrecht erfordert die Anstellung eines fachgebietsfremden Arztes allerdings einen gemeinsamen Behandlungsauftrag (§ 19 Abs 21 MBO-Ä). Zum Spannungsverhältnis zwischen dem Berufsrecht und dem Vertragsarztrecht insoweit s *Orlowski/Halbe/Karch* aaO, 68 f. – Einzelne Berufsordnungen schließen die Anstellung fachgebietsfremder Ärzte gänzlich aus (zB Nordrhein, Bayern). Den Widerspruch zwischen ärztlichem lokalem Berufsrecht und Vertragsarztrecht lösen die Zulassungsausschüsse praktisch dadurch, dass sie zwar die Anstellung eines gebietsfremden Arztes genehmigen, wenn die vertragsarztrechtlichen Voraussetzungen dafür vorliegen, aber gleichzeitig darauf hinweisen, dass ergänzend die berufsrechtliche Zulässigkeit durch die jeweilige Ärztekammer zu prüfen ist.

[132] So ausdrücklich auch *Pawlita*, in: *Schlegel/Voelzke/Engelmann* (Hrsg) aaO, § 95 RdNr 537.

[133] DÄBl 1988, A-2197; Neufassung: DÄBl 2008, A-2173.

[134] *Orlowski/Halbe/Karch* aaO, 17.

[135] So zutreffend zur Liberalisierung des Vertragsarztrechts *Orlowski/Halbe/Karch* aaO, 65.

[136] Ständige Rechtsprechung; s statt aller BSG NZS 1998, 540 = NJW 1999, 895.

6. Kapitel. Das Kassenarztrecht/Vertragsarztrecht 59–63 § 31

Der Vertreter bedarf insoweit allerdings nicht der fachlichen Aufsicht und Anleitung durch den Praxisinhaber; diese wäre auch unmöglich.

Grundsätzlich ist zu unterscheiden zwischen der Anstellung eines Arztes in einem gesperrten Gebiet[137] und einem nicht gesperrten Gebiet.[138] 59

Der angestellte Arzt ist – anders als der Praxisassistent – weitgehend selbständig und eigenverantwortlich tätig. Er bedarf allerdings der persönlichen Aufsicht durch den Praxisinhaber. Die vom angestellten Arzt erbrachten Leistungen gelten als Leistungen des Praxisinhabers, wenn er diesen bei der Erbringung der ärztlichen Leistungen fachlich überwacht. Die Leistungen des angestellten Arztes werden vom Anstellungsträger/Praxisinhaber abgerechnet. 60

Für den angestellten Arzt gelten seine Fachgebietsgrenzen. Dies bedeutet, dass er nur Leistungen erbringen darf, die für ihn nach dem Weiterbildungsrecht fachgebietskonform sind. Verfügt der Praxisinhaber über fachliche Qualifikationen und Genehmigungen, die der angestellte Arzt nicht aufweisen kann, so darf er diese Leistungen für den Praxisinhaber nicht erbringen; dieser darf sie nicht abrechnen. 61

Nach bisherigem Recht durfte der angestellte Arzt Leistungen, die für ihn nicht fachfremd waren oder für die er eine zusätzliche Genehmigung hatte, die aber für den Praxisinhaber/Anstellungsträger fachfremd waren, nicht erbringen und über den Vertragsarzt nicht abrechnen lassen. Durch das VÄndG ist jedoch auch die Anstellung fachgebietsfremder Ärzte möglich.[139] Der BMV-Ä (§ 14a) hat jedoch bestimmte Anforderungen an die „persönliche Leitung der Vertragsarztpraxis bei angestellten Ärzten" normiert.[140] Eine persönliche Leitung ist danach nur anzunehmen, *„wenn je Vertragsarzt nicht mehr als drei vollzeitbeschäftigte oder teilzeitbeschäftigte Ärzte in einer Anzahl, welche im Umfang ihrer Arbeitszeit drei vollzeitbeschäftigten Ärzten entspricht, angestellt werden"*.[141] Fachgebietsfremde Ärzte dürfen jedoch nach § 14a Abs 2 Ärzte-ZV nur unter einengenden Voraussetzungen angestellt werden. Erforderlich ist zudem, dass der Vertragsarzt bei der Erbringung der fachärztlichen Leistungen des angestellten fachgebietsfremden Arztes die Notwendigkeit dessen Leistungen mit verantwortet (§ 14a Abs 2 letzter Satz Ärzte-ZV). 62

Vertragsärzte dürfen mit Wirkung vom 22.12.2007 auch Psychotherapeuten anstellen,[142] aber nicht umgekehrt.[143] – Angestellte Ärzte sind (Pflicht)Mitglieder der für ihren Arztsitz zuständigen KV, sofern sie mindestens halbtags vertragsärztlich beschäftigt sind (§ 77 Abs 3 SGB V). Insoweit unterliegen auch sie der Disziplinargewalt der KV 63

---

[137] Hierfür müssen die Voraussetzungen des § 101 Abs 1 S 1 Nr 5 SGB V vorliegen. Fachgebietsgleichheit ist erforderlich. Der Leistungsumfang ist – durch eine Verpflichtungserklärung des Vertragsarztes (§ 23i Abs 1 Nr 2, Abs 5 BedarfsPlRl-Ä; Genehmigungsvoraussetzung!) begrenzt (§ 23k Abs 1 iVm § 23c–f BedarfsplRl-Ä). Bei Überschreitung: sachlich-rechnerische Berichtigung des Honorars.

[138] Hier eröffnen sich alle Kombinationsmöglichkeiten, die das Gesetz vorsieht (bei allerdings faktisch zahlenmäßiger Beschränkung aufgrund der Leitungserfordernisse nach § 14a Abs 1 BMV-Ä/§ 20a Abs 1 BMV-EK): Vollzeit- und Teilzeitbeschäftigung, Anstellung bei Einzelvertragsarzt, Berufsausübungsgemeinschaft (auch Teilberufsausübungsgemeinschaft), MVZ, Anstellung fachgebietsfremder Ärzte (soweit berufsrechtlich zulässig), Tätigkeit in Nebenbetriebsstätte oder ausgelagerten Praxisräumen.

[139] § 95 Abs 9 SGB V iVm § 32b Abs 1 Ärzte-ZV u § 14a Abs 2 BMV-Ä.

[140] Zu den Anforderungen an die persönliche Leitung einer Arztpraxis *Bäune,* in: *Bäune/Meschke/Rothfuß* aaO, § 32b RdNr 24 ff.

[141] Für medizinisch-technische Leistungen ergeben sich die Obergrenzen aus § 14a Abs 1 S 3 Ärzte-ZV.

[142] § 23i Abs 7 Bedarfsplanungs-Richtlinie (BAnz Nr 239 v. 21.12.2007, 8326).

[143] Dies wird teilweise kritisiert (fehlende Regelungskompetenz des G-BA, Verstoß gegen § 95 Abs 9 SGB V und gegen Art 3 Abs 1 GG; s zB *Stellpflug/Warntjen* MedR 2008, 282), von der KBV aber für richtig gehalten (Stellungnahme v 10.1.2007).

(§ 85 Abs 5 Satz 1 SGB V). – Der angestellte Arzt ist nicht zu Notfalldiensten verpflichtet.[144]

64 Ein Vertragsarzt kann seine Praxis nach § 104 Abs 4 b SGB V durch einen angestellten Arzt vergrößern. Die so erweiterte Praxis fällt nach SG Marburg (Urt v 14. 1. 2009 – S 12 KA 507/08) in den Schutzbereich des § 103 Abs 4 SGB V: Der Praxisnachfolger hat danach einen Anspruch auf Übertragung der Anstellungsgenehmigung analog der Nachbesetzungsregelung in § 103 Abs 4 b Satz 2 SGB V (aA KBV; zur Umgehung rechtlicher Unsicherheiten wird in Anstellungsgenehmigungen daher häufig eine Genehmigung zur Weiterbeschäftigung oder Nachfolgebesetzung im Falle der Veräußerung aufgenommen).

IV. Weitere Kooperationsformen

65 In der Praxis haben sich daneben weitere Organisationsformen entwickelt, unter denen Ärzte sich inhaltlich austauschen, ihre Interessen nach außen vertreten, ihre Kräfte bündeln, Maßnahmen zur Untersuchungsqualität abstimmen, aber auch, um Kosten zu sparen. Nach dem Berufsrecht (§ § 23d Abs 1 MBO) sind zB *Praxisverbünde* zulässig. Gebräuchlich dafür ist auch der Begriff *Praxisnetz*.[145] Diesen können auch Krankenhäuser sowie Angehörige anderer Gesundheitsberufe angehören.

66 Für den vertragsärztlichen Bereich bedürfen solche Praxisnetze eines Strukturvertrages der KV mit den Krankenkassen, in denen die weiteren Voraussetzungen für Netze geregelt sind. Als Rechtsform für Netze kommen in Betracht die BGB-Gesellschaft (häufigster Fall) und die GmbH.[146] Der Praxisverbund erbringt keine ärztlichen Leistungen, er ist nur eine Organisationsform.

67 Zur Kostenersparnis errichten Ärzte zunehmend sog *Betriebsgesellschaften*.[147] Deren Ziel ist es ua, Räume, medizinisch-technische Geräte anzuschaffen, die dann den Ärzten gegen Entgelt zur Verfügung gestellt werden. Gleiches gilt auch für Dienstleistungen (zB Buchführung). Die Grenze zur Gewerblichkeit (und damit Gewerbesteuer mit Infektionsgefahr für die übrigen Einnahmen aus den Praxen der einzelnen Mitglieder) wird überschritten, wenn die Betriebsgesellschaft Produkte an Dritte verkauft.

68 Nach Wegfall der Unvereinbarkeit vertragsärztlicher Tätigkeit mit einer ärztlichen *Tätigkeit im Krankenhaus*[148] haben sich die Möglichkeiten für Vertragsärzte über die bisherigen Kooperationsformen hinaus erweitert, bereichsübergreifend (ambulant und stationär) tätig zu sein: zB durch (Teil)Anstellung im Krankenhaus neben vertragsärztlicher Tätigkeit als Vertragsarzt oder angestellter Arzt in der ambulanten Versorgung, ambulantes Operieren im Krankenhaus[149] (§ 115b SGB V), Niederlassung am Krankenhaus,[150] Belegarzttätigkeit

---

[144] Diese Pflicht verbleibt beim anstellenden Arzt, der sich allerdings insoweit auch vom angestellten Arzt vertreten lassen kann.

[145] Zum Begriff und den möglichen Anwendungsbereichen v Praxisnetzen s *Rieger*, Praxisnetz, in HK-AKM , Beitrag 4305 mwN.

[146] Mit der Möglichkeit der Haftungsbegrenzung. Zu weiteren Einzelheiten s *Rieger* aaO; erg s *Möller*, in: *Ratzel/Luxenburger* (Hrsg), aaO, 954 ff.

[147] Zu den Möglichkeiten, aber auch Gefahren einer Betriebsgesellschaft in der ambulanten vertragsärztlichen Versorgung s. *Möller* aaO, 956 ff.

[148] Durch das VÄndG zum 1. 1. 2007 durch Änderung des § 21 Abs 2 S 2 Ärzte-ZV. S *Makoski* MedR 2009, 376.

[149] S dazu *Nösser/Korthus*, Ambulantes Operieren im Krankenhaus, in: *Halbe/Schirmer* (Hrsg), Kooperationen im Gesundheitswesen, 2005, Beitrag C 1400; *Dahm* ZMGR 2006, 161 ff. Dem Krankenhaus, das stationäre Patienten nach dem AOP-Vertrag nicht durch einen angestellten Krankenhausarzt, sondern durch einen niedergelassenen Vertragsarzt operieren lässt, steht kein Vergütungsanspruch gegen die Krankenkasse zu (LSG Sachsen 30. 4. 2008 – L 1 KR 103/07 MedR 2009, 114 mit Anm *Steinhilper*). So schon *Dahm* ZMGR 2006, 161, 166 f; *Schulz/Mertens* MedR 2006, 191, 194 f; aA *Nösser/Korthhus* aaO, *Wagener/Haag* MedR 2009, 72. Gegen die Auffassung des LSG Sachsen auch *Schwarz*, das Krankenhaus 2008, 590 und *Kuhlmann*, das Krankenhaus 2008, 1313 und *Bender*,

(§ 121 SGB V[151]), Konsiliarverträge mit Krankenhäusern, Beteiligung an der vor- und nachstationären Versorgung (§ 115b SGB V).

Kapitalgesellschaften waren bis zur Entscheidung des BGH von 1993[152] als Erbringer ärztlicher Leistungen unvorstellbar.[153] Inzwischen können nach § 23a MBO-Ärzte (Beschluss des 17. Deutschen Ärztetages) auch Ärzte in der Form einer juristischen Person des Privatrechts (insbes *GmbH*[154]) ärztlich tätig sein, soweit dies im jeweiligen ärztlichen Berufsrecht des Landes (also in den Heilberufs-Kammergesetzen[155]) nicht ausdrücklich untersagt ist.[156] Gegen das berufsrechtliche Verbot von Heilkunde- und Ärzte-GmbHs werden ernsthafte verfassungsrechtliche Bedenken erhoben (Eingriff in die Berufsfreiheit der juristischen Person – Art 12 Abs 1 GG –; Verstoß gegen das Gleichheitsgebot – Art 3 GG –).[157]

69

In der ambulanten vertragsärztlichen Versorgung ist die Organisationsform der *GmbH* (Kapitalgesellschaft) nur bei *MVZs* zulässig (§ 95 Abs 1 S 3 SGB V). Dabei können neben freiberuflich tätigen Ärzten auch bestimmte andere Gesellschafter einer GmbH und damit Träger eines MVZ sein. Nur in diesem Bereich können juristische Personen ambulante vertragsärztliche Leistungen erbringen und bei der jeweiligen KV abrechnen.[158]

70

Die volle Vielfalt für die Organisation ärztlicher Kooperationen ergibt sich erst, wenn die einzelnen Kooperationsmöglichkeiten miteinander kombiniert werden, also beispielsweise Tätigkeit in Einzelpraxis, Berufsausübungsgemeinschaft oder MVZ bei gleichzeitiger Anstellung im Krankenhaus; Teilzulassung und Anstellung im MVZ oder Krankenhaus; dies wiederum in der Form der überörtlichen Zusammenarbeit und/oder der Zweigpraxis/ausgelagerten Praxisstelle. Selbst die Anstellung eines Arztes erlaubt vielfältige Möglichkeiten (Entlastungs-, Weiterbildungsassistent; Job-sharing; Vollzeit-oder Teilzeitanstellung), dies wiederum kombinierbar mit Teilzulassung und/oder Anstellung im Krankenhaus. Oder: Bloßer (Mit-)Gesellschafter in einem MVZ ohne Tätigkeit als Leistungserbringer oder als Leistungserbringer an anderem Orte.

71

---

das Krankenhaus 2009, 563; ferner – ohne Begründung – *Thomae*, KU 9/2008, 33. Zur sektorenübergreifenden Zusammenarbeit s auch *Weimer*, Sektorengrenzen übergreifende Versorgungskonzepte – Eine Form legaler Zuweiserbindung, 2009 (dort auf S 58 ff auch zurückhaltende Stellungnahme zur LSG-Entscheidung).

[150] S den gleichnamigen Beitrag (2007) v *Rothfuß* in: *Halbe/Schirmer* (Hrsg), aaO, Beitrag C 1100.

[151] S den gleichnamigen Beitrag von *Kallenberg* in: *Halbe/Schirmer* (Hrsg), aaO, Beitrag C 1500.

[152] BGH Z 124, 224.

[153] S statt aller zu dieser Ablehnung *Katzenmeier* MedR 1998, 113; erg s schon *Taupitz* NJW 1992, 2317. Zum Spannungsverhältnis zwischen GmbH und Berufsrecht s *Laufs* MedR 1995, 11.

[154] Zur „Heilkunde-GmbH/Ärzte-GmbH" s insbesondere den gleichnamigen Beitrag von *Schiller/Broglie*, in: *Halbe/Schirmer* (Hrsg), Beitrag A 1600, ferner (zur bisherigen Rspr) schon *Rieger* MedR 1995, 87.

[155] Die bloße Normierung in einer Satzung der Ärztekammer reicht als Verbotsnorm nicht aus.

[156] Die meisten Heilberufsgesetze verbieten inzwischen die Ausübung der ambulanten Heilkunde in der Form von Kapitalgesellschaften. Nachweise und weitere Einzelheiten bei *Schiller/Broglie* aaO, RdNr 40 ff; erg s neuestens *Reichert*, Das medizinische Versorgungszentrum in Form einer GmbH, mit einem Überblick, in welchen Bundesländern aufgrund des Landesberufsrecht diese Organisationsform für ärztliche Leistungserbringer im GKV-Bereich zulässig ist.

[157] Zu den verfassungsrechtlichen Bedenken s zB *Taupitz* NJW 1996, 3033; s ferner statt aller *Schiller/Broglie* aaO, RdNr 58 ff mwN.

[158] Zu weiteren Einzelheiten des MVZ als GmbH (insbes Gründung, Organe, Haftung, Auflösung) s *Schiller/Broglie* aaO, RdNr 92 ff mwN.

§ 32 Vertragssystem

Inhaltsübersicht

	RdNr
I. Allgemeines	1
1. Funktion: Verträge als Ergänzung zu Gesetz und Richtlinien	1
2. Schnelle, flexible und sachkompetente Rechtskonkretisierung	3
3. Mehrstufiger Kollektivismus	7
4. Rechtsnatur und Normenrang	8
II. Verträge auf Bundesebene	11
1. Bewertungsmaßstäbe EBM und Bema	12
2. Bundesmantelverträge	14
3. Normenrang der Bundesmantelverträge	16
4. Regelungskompetenz der Vertragspartner	17
5. Inhalt der Bundesmantelverträge (obligatorischer und normativer Teil)	18
6. Weiterer Regelungsinhalt der Bundesmantelverträge	19
7. Rechtsverbindlichkeit der Bundesmantelverträge für alle Versorgungsbeteiligten	20
8. Sonstige Verträge auf Bundesebene (Rahmenverträge Apotheker, Rahmenvereinbarung Pflegedienste für häusliche Krankenpflege, Vereinbarungen Krankenhausbereich)	24
III. Gesamtverträge	25
1. Vertragspartner	25
2. Historie und Begriff	26
3. Vertragsgegenstand und -inhalt	27
IV. Weitere Vereinbarungen zwischen KV/KZV mit KK(-Verbänden); vor allem Arznei- und Heilmittelvereinbarungen sowie Honorarverteilung	31
1. Weitere Regelungsgegenstände	31
2. Verträge im Bereich veranlasster Leistungen (Arznei-, Verband- und Heilmittel)	33
3. Verträge im Honorarbereich (Konkretisierungen zu den Regelleistungsvolumina)	34
V. Gesamtvergütungsvereinbarungen und Angemessenheit der Vergütung	36
VI. Dreiseitige Verträge	39
1. § 115 SGB V: Inhalt/Rechtsnatur/Rechtsbindung	40
2. Belegarztwesen	46
3. § 115a SGB V: Vor- und nachstationäre Behandlungen	48
4. § 115b SGB V: Ambulantes Operieren im Krankenhaus	50
5. Fazit	52
VII. Rechtsfolgen bei Nichtzustandekommen von Verträgen; Rechtsschutz	53

Literatur: *Axer,* Das Kollektivvertragsrecht in der vertragsärztlichen Versorgung, in: *Schnapp/Wigge* (Hrsg), Handbuch des Vertragsarztrechts, 2. Aufl 2006, § 8, 236 ff; *ders,* Normsetzung der Exekutive in der Sozialversicherung, 2000; *Boerner,* Normenverträge im Gesundheitswesen, 2003; *Borchert,* Normsetzungskompetenzen im Sozialrecht, NZS 2004, 387 ff; *ders,* Die Gestaltungsspielräume der Selbstverwaltung im Vertragsarztrecht, SGb 1997, 201 ff; *Joussen,* Die Legitimation zur Normsetzung in der Exekutive, besonders im Vertragsarztrecht, durch Normenverträge, SGb 2004, 334 ff; *Rompf,* Die Normsetzungsbefugnis der Partner der vertragsarztrechtlichen Kollektivverträge, VSSR 2004, 281 ff; *Sodan,* Normsetzungsverträge im Sozialversicherungsrecht, NZS 1998, 305 ff; *Wahl,* Kooperationsstrukturen im Vertragsarztrecht, 2001. – Vgl auch das Schrifttum zu § 30.

6. Kapitel. Das Kassenarztrecht/Vertragsarztrecht   1–8 § 32

I. Allgemeines

1. Im SGB V sind zahlreiche Verträge auf Bundes- und Landesebene vorgesehen. Diese **1**
ergänzen die Regelungen des **SGB V und** der **Richtlinien**[1] des Gemeinsamen Bundesausschusses (GBA). Es handelt sich damit um eine **dritte Normebene** nach der denjenigen des „**großen Gesetzgebers**" (SGB V) und des „**kleinen Gesetzgebers**"[2] (Gemeinsamer Bundesausschuss ‚GBA'). Das SGB V und die Richtlinien werden erst durch sie **ergänzende Verträge auf Bundes- und Landesebene** zu einem funktionierenden Ganzen. Diese Verträge werden in diesem Kapitel dargestellt.

Diese Ergänzungsfunktion klarstellend, ist in § 72 Abs 2 SGB V ausdrücklich für die **2**
Verträge auf Landes bzw KV/KZV-Ebene bestimmt, dass die vertrags(zahn)ärztliche Versorgung **im Rahmen der gesetzlichen Vorschriften und der Richtlinien der GBA** durch **schriftliche Verträge** der KV/KZV mit den KK(-Landesverbänden) so zu regeln ist, dass eine ausreichende, zweckmäßige und wirtschaftliche Versorgung der Versicherten unter Berücksichtigung des allgemein anerkannten Standes der medizinischen Erkenntnisse gewährleistet ist und die ärztlichen Leistungen angemessen vergütet werden.

2. Damit werden **zwei Zielrichtungen** der Verträge im Vertrags(zahn)arztrecht deutlich: **3**

Die Verträge sind zum einen Gestaltungsinstrumente der **gemeinsamen Selbstver- 4
waltung:** Nur im Zusammenwirken der **Selbstverwaltungsorgane** der KK und derjenigen der KV/KZV können vertragliche Regelungen gefunden und beschlossen werden.

Zum anderen kommt den Verträgen die Aufgabe inhaltlicher **Konkretisierung des 5
Rechts** der vertrags(zahn)ärztlichen Versorgung zu. Der Gesetzgeber verzichtet darauf, etwa die Vergütungsform oder den Bewertungsmaßstab oder die Bedarfsplanung im Einzelnen zu regeln oder deren Regelung durch ministerielles Verordnungsrecht vorzusehen.

Die Zuweisung der Aufgabe, die meist abstrakten Regelungen des Vertragsarztrechts **6**
durch Verträge auszufüllen, an die Selbstverwaltung weist im Vergleich zu einer staatlichen Rechtssetzungszuständigkeit (durch zB Ermächtigungen zum Erlass von Rechtsverordnungen) verschiedene Vorteile auf. Die Selbstverwaltung kann erfahrungsgemäß **schneller und flexibler** auf Veränderungen im gesellschaftlichen und wirtschaftlichen Bereich reagieren. Weiterhin ist davon auszugehen, dass Ärzte/Zahnärzte und KK als Ausführende der vertragsarztrechtlichen Vorschriften und als Betroffene über die größere **Sachkompetenz** verfügen und damit in ihren Vereinbarungen den Anforderungen der vertragsärztlichen Versorgung am ehesten gerecht werden.[3]

3. Die Verträge werden als **Kollektivverträge** bezeichnet, weil an ihnen beidseitig **7**
Repräsentanten von Kollektiven (KV/KZV bzw KBV/KZBV und auf der anderen Seite KK-Verbände) beteiligt sind. Man spricht von einem System des **mehrstufigen Kollektivismus,**[4] weil es unterhalb der Richtlinien des GBA, der schon selbst in sich kollektiv zusammengesetzt ist (vgl § 30 RdNr 14), noch weitere Stufen der Rechtssetzung durch Kollektive gibt (Verträge auf Bundes- und auf Landesebene).

4. Die Verträge werden von ihrer **Rechtsnatur** her als **öffentlich-rechtliche Verträge 8**
mit **Normcharakter** gewertet, kurzgefasst als „**Normenverträge**" und gelegentlich ungenau als „**Normsetzungsverträge**" bezeichnet.[5] Sie entfalten also Rechts- und Bin-

---

[1] Zu den Richtlinien insgesamt s *Krauskopf/Clemens* § 30 RdNr 22 ff.
[2] Zur Bezeichnung als „kleiner Gesetzgeber" s *Krauskopf/Clemens* § 30 RdNr 20 u 22.
[3] *Schneider,* Handbuch des Kassenarztrechts, 1994, RdNr 204 ff; s auch *Axer* in: *Schnapp/Wigge* (Hrsg), Handbuch des Vertragsarztrechts, 2. Aufl 2006, § 8 RdNr 4.
[4] So *Axer* in: *Schnapp/Wigge* (Hrsg), Handbuch des Vertragsarztrechts, 2. Aufl 2006, § 8 RdNr 5.
[5] Zum begrifflichen Unterschied s *Axer* in: *Schnapp/Wigge* (Hrsg), Handbuch des Vertragsarztrechts, 2. Aufl 2006, § 8 RdNr 10–12.

dungswirkungen wie Rechtsnormen. Das BSG hat dazu in ständiger Rechtsprechung ausgeführt:[6]
- „Das Regelungskonzept der Rechtsetzung durch Normenverträge ist vom BSG stets gebilligt worden (vgl ...). Auch das BVerfG hat bisher in keiner der zahlreichen Entscheidungen, die sich mit der Anwendung vereinbarter Normen des Vertragsarztrechts befassen, Zweifel an der Zulässigkeit vertraglicher Rechtsetzung auch nur angedeutet (vgl zuletzt BVerfG [Kammer], Beschluss vom 22.10.2004 – 1 BvR 528/04 ua – MedR 2005, 285, und BVerfG [Kammer] SozR 3-5557 Allg Nr 1, jeweils zum EBM-Ä; BVerfG [Kammer] SozR 4-2500 § 135 Nr 2 = NVwZ 2004, 1347 = MedR 2004, 608 zur Kernspintomographie-Vereinbarung; BVerfG [Vorprüfungsausschuss] SozR 2200 § 368g Nr 3 zu einem Gesamtvertrag über die Vergütung von Zahnersatz; vgl auch BVerfGE 68, 193, 215 zu Zahntechniker-Vergütungsvereinbarungen; BVerfGE 70, 1, 25 ff = SozR 2200 § 376d Nr 1 S. 8 ff zu Vereinbarungen über die Preise für Heil- und Hilfsmittel). Ganz im Gegenteil hat es speziell zum EBM-Ä ausgeführt, dass dessen Leistungsbeschreibungen dem Gemeinwohlbelang der Funktionsfähigkeit und Wirtschaftlichkeit der gesetzlichen Krankenversicherung dienten. Sie seien geeignet und erforderlich, eine gleichmäßige Vergütung der Vertragsärzte sicherzustellen (BVerfG [Kammer], Beschluss vom 22.10.2004 – 1 BvR 528/04 ua – MedR 2005, 285, 286, unter II.2.a)."

9   Ihr **Rang** steht unter dem Gesetz und unter den Richtlinien, wie sich dies für Verträge auf Landes- bzw KV/KZV-Ebene ausdrücklich aus § 72 Abs 2 SGB V ergibt, aber gleichermaßen für Verträge auf Bundesebene gilt. Zum Rang im Verhältnis zu anderen Verträgen siehe unten RdNr 16.

10 Wegen des öffentlich-rechtlichen Charakters der Verträge sind auf sie die **verwaltungsverfahrensrecht**lichen Regelungen für **öffentlich-rechtliche Verträge** anwendbar (§§ 53 ff SGB X). So kann etwa der **Mangel der Schriftform** eines Gesamtvertrages zu dessen Nichtigkeit führen, und zwar über § 58 Abs 1 SGB X iVm § 125 BGB. Die Berufung eines Vertragspartners auf den Mangel der Schriftform kann allerdings missbräuchlich sein, etwa dann, wenn gerade er den Verzicht auf die Schriftform angeregt hatte.

II. Verträge auf Bundesebene

11 Auf Bundesebene bedeutsam sind **vor allem** die **Bewertungsmaßstäbe** (unten RdNr 12 f) und die **Bundesmantelverträge** (unten RdNr 14–23). Ferner gibt es weitere Regelungen für Verträge auf Bundesebene (unten RdNr 24).

12 1. Am bekanntesten sind der sog Einheitliche Bewertungsmaßstab für ärztliche Leistungen **(EBM)** und der sog Einheitliche Bewertungsmaßstab für zahnärztliche Leistungen **(Bema)**.[7] Sie enthalten die **Grundlagen für die Honorierung** der Ärzte und Zahnärzte, indem in ihnen **Punktzahlen für jede** von ihnen erbrachte vertrags(zahn)ärztliche **Leistung** festgelegt sind (zu ihrer Funktion im Rahmen der Honorierung siehe insbesondere *Clemens* § 24 RdNr 41 und § 34 RdNr 48, 51 ff).

13 Der EBM und der Bema kommen gemäß der Formulierung des **§ 87 Abs 1 Satz 1 SGB V** dadurch zustande, dass „die **KBV (bzw die KZBV)** ... mit dem **Spitzenverband Bund der KK** den EBM und den Bema „durch Bewertungsausschüsse ... vereinbaren". Nach diesem Wortlaut handelt es sich also um Vereinbarungen zwischen KBV/KZBV und den KK; dies hat auch das BSG ausdrücklich klargestellt, indem es in den Beschlüssen, die gemäß § 87 Abs 3 iVm Abs 4 Satz 1 HS 1 SGB V **übereinstimmend**

---

[6] Zitat aus BSG v 9.12.2004, BSGE 94, 50 = SozR 4-2500 § 72 Nr 2 RdNr 69. Ebenso zB BSG v 23.2.2005 – B 6 KA 72/03 R – SozR 4-2500 § 106 Nr 8 RdNr 16; BSG v 17.9.2008 – B 6 KA 46/07 R – SozR 4-2500 § 75 Nr 8 RdNr 16.

[7] Abgedruckt in *Engelmann* (Hrsg), Aichberger Ergänzungsband, Gesetzliche Krankenversicherung/Soziale Pflegeversicherung: S Ordnungs-Nr 765 (EBM) und Ordnungs-Nr 1219 (Bema).

gefasst werden, zugleich **Vereinbarungen** gemäß § 82 Abs 1 Satz 1 SGB V sieht.[8] Dieser Charakter als Vereinbarungen tritt lediglich deshalb häufig in den Hintergrund, weil der Gesetzgeber die **besondere Konstruktion** gewählt hat, den EBM und den Bema nicht direkt durch Vertragsschluss zwischen diesen Partnern zustande kommen zu lassen, sondern „**durch Bewertungsausschüsse** ... vereinbaren" zu lassen: Es wird der in § 87 Abs 3 SGB V beschriebene Bewertungsausschuss gebildet, der seine Beschlüsse gemäß Abs 4 einstimmig fasst. Nur wenn keine Einstimmigkeit zustande kommt und deshalb der sog erweiterte Bewertungsausschuss zur Entscheidung berufen ist (§ 87 Abs 4 iVm Abs 5 SGB V), wird der Vereinbarungscharakter lediglich gesetzlich fingiert (§ 87 Abs 5 Satz 2 SGB V: „hat die Rechtswirkung einer vertraglichen Vereinbarung im Sinne des § 82 Abs 1.").[9]

2. Ebenso wichtig, wenn auch nicht so bekannt, sind die **Bundesmantelverträge** 14 (§ 82 Abs 1 SGB V). In ihnen wird Grundlegendes für die vertrags(zahn)ärztliche Versorgung geregelt, sowohl in inhaltlicher Hinsicht als auch hinsichtlich der Verfahrensweisen, zB bei Überweisungen an Fachärzte (Näheres siehe unten RdNr 18 f).

Bis 2008 gab es insgesamt vier Bundesmantelverträge, nicht nur getrennt für den Arzt 15 und den Zahnarztbereich, sondern auch getrennt für den Primärkassen- und für den Ersatzkassenbereich (BMV-Ä, EKV-Ä, BMV-Z, EKV-Z). Dies ist zum 1.1.2009 dahingehend zusammengeführt worden, dass es **nur noch zwei Bundesmantelverträge** gibt, einen im **Arztbereich** und einen im **Zahnarztbereich**:[10] Für die KBV bzw für die KZBV ist Partner auf Seiten der KK nur noch einheitlich der neu geschaffene[11] **Spitzenverband Bund der KK** (s hierzu §§ 217a ff SGB V).

3. Zum **Rang** der Bundesmantelverträge im Verhältnis zu den Richtlinien des GBA 16 und im Verhältnis zu den verschiedenen anderen Verträgen ist Folgendes geregelt: Die Bundesmantelverträge sind den **Richtlinien des GBA** (siehe dazu *Krauskopf/Clemens* § 30 RdNr 22 ff) und den **Bewertungsmaßstäben** (EBM und Bema – hierzu s oben RdNr 12 f) nachgelagert; deren Inhalt ist gemäß § 92 Abs 8 und § 87 Abs 1 Satz 1 SGB V Bestandteil der **Bundesmantelverträge.** Diese sind ihrerseits den sog Gesamtverträgen, die auf Landes bzw KV/KZV-Ebene geschlossen werden, vorgelagert, indem der Inhalt der Bundesmantelverträge gemäß § 82 Abs 1 Satz 2 SGB V Bestandteil der **Gesamtverträge** ist (s dazu RdNr 25 ff).

4. Die **Regelungskompetenz** der Partner der Bundesmantelverträge ist weit. Eine 17 positive Beschreibung dessen, was in diesen Verträgen geregelt werden kann, enthält § 82 Abs 1 Satz 1 SGB V mit der Formel, dass in ihnen der „**allgemeine Inhalt der Gesamtverträge**" vereinbart wird (zu den Gesamtverträgen siehe § 82 Abs 2 und § 83 SGB V, dazu unten RdNr 25 ff). Die Kompetenz für Regelungen in den Bundesmantelverträgen findet naturgemäß ihre **Grenzen dort, wo eine spezielle Regelungskompetenz** anderer Institutionen besteht: zB die Richtlinienkompetenz des GBA in den Bereichen, die in § 92 SGB V aufgeführt sind (siehe dazu *Krauskopf/Clemens* § 30 RdNr 30 ff), und die Zuständigkeit der Bewertungsausschüsse für den EBM und den Bema gemäß § 87 SGB V (siehe hierzu oben RdNr 12 f). In den Bundesmantelverträgen darf auch das nicht geregelt werden, was speziellen Prüfvereinbarungen zur näheren Ausgestaltung der Wirtschaftlichkeitsprüfung vorbehalten ist (dazu siehe § 106 SGB V, vgl unten RdNr 31).

---

[8] S BSG v 9.4.2008 – B 6 KA 40/07 R – BSGE 100, 154 = SozR 4-2500 § 87 Nr 16 RdNr 21.
[9] Sodass das BSG-Urteil hätte ebenso ausfallen müssen, wenn es sich nicht um einen einstimmigen Beschluss, sondern um einen nur mehrheitlich gefassten Beschluss des erweiterten Bewertungsausschusses gehandelt hätte.
[10] Abgedruckt in *Engelmann* (Hrsg), Aichberger Ergänzungsband, Gesetzliche Krankenversicherung/Soziale Pflegeversicherung: S Ordnungs-Nr 555 (BMV-Ärzte) und Ordnungs-Nr 900 (BMV-Zahnärzte).
[11] Durch das GKV-Wettbewerbsstärkungsgesetz v 26.3.2007 (BGBl I 378).

18 5. **Inhalt** der Bundesmantelverträge ist gemäß § 82 Abs 1 Satz 1 SGB V der „allgemeine Inhalt der Gesamtverträge" (zu diesen siehe §§ 82 Abs 2, 83, 85 Abs 1 und 2 SGB V, dazu unten RdNr 25 ff). Dabei wird unterschieden zwischen Bestimmungen, die (nur) die beiden Vertragspartner (einerseits KBV bzw KZBV und andererseits den Spitzenverband Bund der KK) verpflichten und berechtigen (**obligatorischer Teil**), und solchen, die auch die nachgeordneten KV/KZV und KK sowie ggf auch die Mitglieder der KV/KZV, dh die Ärzte/Zahnärzte, binden (**normativer Teil**).[12] Regelungsschwerpunkt der Bundesmantelverträge sind – zu deren normativem Teil gehörig – die **Pflichten der Vertrags(zahn)ärzte:** Einhaltung von Sprechstunden, Gewährleistung einer Krankheits- und Urlaubsvertretung, Verhältnis der Vertragsärzte zum MDK, Grundsätze für Überweisungen von Patienten an andere Ärzte, Vordruckregelungen. Auch **Pflichten der Patienten** werden angesprochen (Vorlage der Krankenversichertenkarte, Bescheinigung für Fahrkosten, Privatliquidation). Weiterhin ist die Form der **Abrechnung** und deren Überprüfung Gegenstand der Bundesmantelverträge.

19 6. In den **Bundesmantelverträgen** werden ferner zB die folgenden **weiteren, im SGB V normierten, Gesetzesaufträge** konkretisiert:
– Bestimmung von Inhalt und Umfang der **hausärztlichen Versorgung** (§ 73 Abs 1 iVm Abs 1c[13] Satz 1 SGB V),
– Gestaltung und Verwendung von **Vordrucken** und Nachweisen (§ 87 Abs 1 Satz 2 SGB V);
– Besondere **Ermächtigungstatbestände** nach Maßgabe von § 31 Abs 2 Ärzte-ZV und § 31 Abs 2 Zahnärzte-ZV;
– Vereinbarung einheitlicher **Qualifikation**serfordernisse für besondere Leistungen (§ 135 Abs 2 SGB V);
– Regelungen im Zusammenhang mit der **Krankenversichertenkarte:** Gestaltung (§ 291 Abs 3 SGB V), Form und Inhalt der Abrechnungsunterlagen, ihre Weiterleitung und die Datenübermittlung (§ 295 Abs 3 SGB V).

20 7. Damit der Inhalt der Bundesmantelverträge für alle weiteren an der Versorgung Beteiligten **rechtsverbindlich** ist, bedarf es zusätzlicher Vorschriften einschließlich Satzungsbestimmungen.

21 Dies geschieht erstens durch die schon in RdNr 16 erwähnte Bestimmung, dass der Inhalt der Bundesmantelverträge **Bestandteil der Gesamtverträge** ist (§ 82 Abs 1 S. 2 SGB V), zweitens dadurch, dass die KV/KZV und die KK(-Verbände) **mit Wirkung für die beteiligten KK** Gesamtverträge über die vertragsärztliche Versorgung abschließen (§§ 82 Abs 2, 83, 85 Abs 1 und 2 SGB V). Drittens müssen die **Satzungen der KK-Verbände** Bestimmungen darüber enthalten, dass die vom Spitzenverband Bund der KK abzuschließenden Verträge und die von ihm und vom GBA erlassenen Richtlinien für die Landesverbände und ihre Mitgliedskassen verbindlich sind (§ 210 Abs 2 iVm §§ 92 Abs 1, 282 Abs 2 Satz 3 SGB V).

22 Die **Rechtsverbindlichkeit für die Vertrags(zahn)ärzte** ergibt sich zum einen aus § 95 Abs 3 Satz 3 SGB V (ebenso § 95 Abs 4 Satz 2 SGB V für die Ermächtigten); danach sind „die vertraglichen Bestimmungen über die vertrags(zahn)ärztliche Versorgung ... verbindlich." In vergleichbarer Weise ergibt sich die Verbindlichkeit der Richtlinien des GBA aus § 91 Abs 6 SGB V, wonach „die Beschlüsse des GBA ... für ... die Leistungserbringer verbindlich" sind.

---

[12] Zu dieser Unterscheidung s zB *Axer* in: *Schnapp/Wigge* (Hrsg), Handbuch des Vertragsarztrechts, 2. Aufl 2006, § 8 RdNr 13 (S 241) mit Hinweis auf *Boerner*, Normverträge im Gesundheitswesen, 2003, S 347 ff.

[13] In Kraft gewesen bis zum 30. 6. 2008. – Vgl dazu zuletzt ausführlich BSG v 27. 6. 2007 – B 6 KA 24/06 R – SozR 4-2500 § 73 Nr 3 RdNr 15. Vgl. auch BSG v 28. 10. 2009 – B 6 KA 22/08 R –.

Zum anderen ergibt sich die Verbindlichkeit aus den **Satzungen der KV/KZV**. Diese müssen gemäß § 81 Abs 3 SGB V Bestimmungen enthalten, nach denen
– die von den KBV/KZBV abzuschließenden Verträge und die dazu gefassten Beschlüsse ... **für die KV/KZV und ihre Mitglieder** – das sind die Ärzte/Zahnärzte – verbindlich sind;
– die **Richtlinien** des GBA für die KV/KZV und ihre Mitglieder verbindlich sind.

8. Schließlich sind noch **weitere Verträge auf Bundesebene** vorgesehen, so
– ein **Rahmenvertrag** zwischen dem **Spitzenverband Bund der KK** und der Spitzenorganisation der **Apotheker** (§ 129 Abs 3 iVm Abs 1 SGB V);
– eine Vereinbarung zwischen dem **Spitzenverband Bund der KK** und der Spitzenorganisation der **Pflegedienste** über **Rahmenempfehlungen** zur **häuslichen Krankenpflege** (§ 132a Abs 1 Sätze 1 und 2 iVm Satz 3 SGB V);
– verschiedene Vereinbarungen für den **Krankenhausbereich** zwischen dem Spitzenverband Bund der KK und insbesondere der Deutschen Krankenhausgesellschaft gemäß dem **KHG und** dem **KHEntgG** bzw der BPflV.

III. Gesamtverträge

1. Vertragspartner der Gesamtverträge (§§ 82 Abs 2, 83, 85 Abs 1 und 2 SGB V) sind die KV/KZV auf der einen und KK(-Verbände) auf der anderen Seite. Die Gesamtverträge werden mit Wirkung für die **beteiligten KK** geschlossen (§ 83 Satz 1 HS 2; vgl auch § 210 Abs 2 SGB V). Durchweg gibt es Gesamtverträge für jede Kassenart; die Verhandlungen mit den KV/KZV **können**[14] allerdings auch von allen **Kassenarten gemeinsam** geführt werden (§ 82 Abs 2 Satz 2 SGB V).

2. Zur Historie: Der **Begriff Gesamtvertrag** stammt aus der Vertragsordnung vom 30. 12. 1931, wonach eine KK mit der gesamten Ärzteschaft ihres Bezirks einen Gesamtvertrag über eine Gesamtvergütung abschließen konnte. Seit Inkrafttreten des Krankenversicherungs-Kostendämpfungsgesetzes am 1. 7. 1977 sind nicht mehr die einzelnen KK Partner der Gesamtverträge mit der KV/KZV, sondern die **KK-Landesverbände** schließen sie mit Wirkung für die ihnen angehörenden KK ab (§ 83 SGB V).

3. Gegenstand der Gesamtverträge ist bisher vor allem die **Höhe der Vergütung** der vertragsärztlichen bzw der vertragszahnärztlichen Leistungen: Siehe dazu §§ 82 Abs 2, 83, 85 Abs 1 und 2 SGB V. Inwieweit diese Funktion auch noch nach den Neuregelungen ab 2009 relevant ist, bleibt abzuwarten.

Weiterer Regelungsinhalt eines Gesamtvertrages sind die Frage eines **Ausgleichs im Honorarbereich bei Überschreitung** bzw Unterschreitung vereinbarter **Ausgabenvolumina für Arznei-, Verband- und Heilmittel** (§ 84 Abs 3 SGB V), ferner die Vereinbarung von Maßnahmen zur **Vorsorge** und zur **Rehabilitation** (§ 73 Abs 3 SGB V).

Ferner können in den Gesamtverträgen besondere hausarztbezogene Versorgungs- und Vergütungsstrukturen vereinbart werden (sog. **Strukturverträge**, § 73a SGB V).

Im Übrigen kann im Gesamtvertrag alles geregelt werden, **was nicht oder nicht abschließend durch den Bundesmantelvertrag geregelt ist** (auch das nicht, wofür eine ausschließliche Regelungskompetenz der Bundesmantelvertragspartner besteht, hierzu RdNr 17–19): Also kann im Gesamtvertrag *nicht* geregelt werden, was zum „allgemeinen Inhalt" der Gesamtverträge gehört und daher in den Bundesmantelverträgen zu regeln ist (§ 82 Abs 1 Satz 1 SGB V). Das für die Gesamtverträge maßgebende **Regelungsziel** ergibt sich aus § 72 Abs 2 SGB V, wonach die vertragsärztliche Versorgung durch Verträge **so zu regeln** ist, dass eine ausreichende, zweckmäßige und wirtschaftliche Versorgung der Versicherten unter Berücksichtigung des allgemein anerkannten Standes der

---

[14] Zwingend sind solche gemeinsamen Verhandlungen zB für die Arznei-, Verbands- und Heilmittelbudgets vorgeschrieben („gemeinsam und einheitlich": § 84 Abs 1 S 1 und Abs 8 SGB V).

medizinischen Erkenntnis gewährleistet ist und die ärztlichen Leistungen angemessen vergütet werden (zu Letzterem RdNr 36 ff).

IV. Weitere Vereinbarungen zwischen KV/KZV mit KK(-Verbänden); vor allem Arznei- und Heilmittelvereinbarungen sowie Honorarverteilung

31 1. Es gibt **weitere Regelungsgegenstände,** die in Verträgen **zwischen KV/KZV und KK(-Verbänden)** zu regeln sind, ohne dass dabei vorgegeben wäre, dass dies gerade in den Gesamtverträgen geschehen müsste. So ist Aufgabe dieser Vertragspartner zB auch
– die Regelung des Verfahrens zur Überprüfung der Honorarabrechnungen auf **Plausibilität** (§ 106a Abs 5 SGB V; – zur Plausibilitätsprüfung siehe *Clemens/Steinhilper* § 35 RdNr 88 ff)
– der Abschluss von **Prüfvereinbarungen** zur näheren Ausgestaltung der **Wirtschaftlichkeitsprüfung** (§ 106 Abs 2 Satz 4, Abs 3, Abs 4c, Abs 5b SGB V; – zur Wirtschaftlichkeitsprüfung im Einzelnen siehe *Clemens* § 36 RdNr 5 ff).

32 Ferner gibt es **Regelungsgegenstände,** die nicht notwendigerweise von jeder KV/KZV zu regeln sind, die vielmehr **fakultativ** in Betracht kommen können:
– Regelungen im Zusammenhang mit sog Modellvorhaben (§ 63 iVm § 64 Abs 1 und Abs 3 Satz 2 SGB V)
– Verträge zur hausarztzentrierten Versorgung (§ 73b Abs 7 Sätze 1–3 SGB V)
– Verträge zur integrierten Versorgung (§ 140d Abs 2 Sätze 1–3 SGB V).

33 2. Weiterhin gibt es den **Bereich der sog veranlassten Leistungen,** dh Leistungen, deren Erbringung durch andere (nicht-ärztliche) Leistungserbringer der Arzt durch seine Verordnung veranlasst (Arznei-, Verband-, Heil- und Hilfsmittel). Dieser Bereich hat nennenswerte **Bedeutung nur bei Ärzten, nicht bei Zahnärzten.** Hier hat der Gesetzgeber vor allem mit dem Ziel der Kostenbegrenzung weitere Verträge zwischen der KV und den KK(-Verbänden) vorgesehen. So müssen diese **alljährlich** eine sog **Arzneimittelvereinbarung** abschließen, in der sie für den Bereich der **Arznei- und Verbandmittel** Vorgaben für das **Ausgabenvolumen** im Folgejahr festlegen und sog **Richtgrößenvolumina** vereinbaren (§ 84 Abs 1 und 2 sowie Abs 6 SGB V). In gleicher Weise haben sie alljährlich **auch für den Heilmittelbereich** das Ausgabenvolumen und die Richtgrößenvolumina festzulegen (§ 84 Abs 8 Satz 1 SGB V). – Zu diesen Bereichen vgl *Clemens* § 36 RdNr 116 ff.

34 3. Im **Honorarbereich** konnten früher die KV/KZV Satzungen erlassen mit Bestimmungen über die Verteilung der Gesamtvergütungen an die Ärzte bzw Zahnärzte (so **bis 2004: sog. Honorarverteilungsmaßstäbe**) (siehe die damalige Fassung des § 85 Abs 4 Satz 2 SGB V). An deren Stelle traten in der Zeit von **2004 bis 2008** sog **Honorarverteilungsverträge,** die zwischen KV/KZV und KK(-Verbänden) abzuschließen waren (§ 85 Abs 4 Satz 2 SGB V in der seit 1. 7. 2004 maßgebenden Fassung). Zu alledem siehe *Clemens* § 34 RdNr 17 ff.

35 **Seit 2009** ist die Honorierung weitgehend **bundesgesetzlich** durch die §§ 87a, 87b und § 87c SGB V vorgegeben, wobei der Bewertungsausschuss teilweise Vorgaben für regionale **Euro-Gebührenordnungen** (§ 87a SGB V) und teilweise Vorgaben für sog **Regelleistungsvolumina** (§ 87b SGB V) macht. Allerdings verbleiben noch **Restbereiche,** die der **Ausfüllung durch Vereinbarungen** zwischen der KV und den KK(-Verbänden) bedürfen. So legen die KV und die KK(-Verbände) gemäß § 87b Abs 4 Satz 3 SGB V auf der Grundlage der Vorgaben des Bewertungsausschusses die konkret anzuwendende **Berechnungsformel für die Regelleistungsvolumina** fest. Bezogen auf die Anwendung der Regelleistungsvolumina haben sich die KV und die KK(-Verbände) weiterhin über eine Vielzahl von Details zur **Konkretisierung der Regelleistungsvolumina** zu verständigen wie zB über
– die Definition/Abgrenzung der Arztgruppen

- die Bemessung der Regelleistungsvolumina bei Ärzten, die auf der Grundlage mehrerer Status an der Versorgung teilnehmen
- die Bemessung der Regelleistungsvolumina bei neu gegründeten Praxen
- das Verfahren von Fallzahlanpassungen
- Einzelfragen im Zusammenhang mit Rückstellungen.

Die **Bezeichnung dieser Vereinbarungen** über diese Details ist unterschiedlich. In manchen KV-Bereichen werden sie in Anknüpfung an den früheren Sprachgebrauch noch als **Honorarverteilungsverträge** bezeichnet, in anderen KV-Bereichen indessen schlicht – und präziser[15] – als **Vereinbarung zur Konkretisierung der Regelleistungsvolumina.**

V. Gesamtvergütungsvereinbarungen und Angemessenheit der Vergütung

Der Rahmen der Möglichkeiten der Honorierung der Ärzte bzw Zahnärzte wird bestimmt durch die **Gesamtvergütungen,** die gemäß § 85 Abs 3 SGB V **zwischen KV/KZV und KK(-Verbänden) vereinbart** werden. In diesem Zusammenhang wird die Frage diskutiert, wie die Gesamtvergütungen bemessen werden müssen, um eine **angemessene Vergütung** zu gewährleisten, wie es als Ziel in § 72 Abs 2 (letzter Satzteil) SGB V verankert ist (zu diesem Kriterium siehe zuvor RdNr 30 am Ende). Indessen ist das Kriterium angemessener Vergütung nur **eine von mehreren Zielvorgaben.** Eine andere, ebenfalls in § 72 Abs 2 SGB V normierte Vorgabe ist die Gewährleistung einer zweckmäßigen und **wirtschaftlichen Versorgung** der Versicherten.[16] Diese Vorgaben in einen „verhältnismäßigen Ausgleich" zueinander zu bringen, ist vorrangig dem Bewertungsausschuss (zu diesem so RdNr 13) sowie den Vertragspartnern bei der Bemessung der Gesamtvergütungen und bei der Honorarverteilung überantwortet[17] (hierzu vgl oben RdNr 27 und 34 ff – dazu näher *Clemens* § 24 RdNr 11). 36

Im Rahmen des **§ 85 Abs 3 SGB V**, der die Rechtsgrundlage für die Vereinbarung der Gesamtvergütungen enthält und zugleich den Rahmen für diese bildet, kommt als **weitere Zielvorgabe** hinzu der Grundsatz der **Beitragssatzstabilität** (§ 85 Abs 3 Sätze 2 und 3 iVm § 71 SGB V). Aus diesem folgt die Vorgabe, dass Beitragssatzerhöhungen durch die Anhebung der Vergütungen vermieden werden sollen, es sei denn, die notwendige medizinische Versorgung sei auch unter Ausschöpfen von Wirtschaftlichkeitsreserven ohne Beitragssatzerhöhungen nicht zu gewährleisten (§ 85 Abs 3 Sätze 2 und 3 iVm § 71 SGB V).[18] Das Ziel der Vermeidung von Beitragssatzerhöhungen bedeutet, dass Steigerungen der jährlich zu vereinbarenden Gesamtvergütungen grundsätzlich auf die Rate beschränkt sind, um die sich jährlich das Beitragsaufkommen der KK verändert: Prinzip der **Vorjahresanknüpfung**[19] (§ 85 Abs 3 Sätze 2 und 3 iVm § 71 Abs 1 Satz 1, Abs 2 Satz 1, Abs 3 Sätze 1 und 3 SGB V). 37

Diese Bindungen, die sich auf mögliche Steigerungen ärztlicher und zahnärztlicher Vergütungen begrenzend auswirken, können nicht als un**zumutbar** angesehen werden. Zwar üben Ärzte und Zahnärzte grundsätzlich einen **freien Beruf** aus; aber auch bei 38

---

[15] Präziser deshalb, weil § 87a Abs 1 SGB V bestimmt: „Abweichend von ... § 85 gelten für die Vergütung vertragsärztlicher Leistungen ab 1. 1. 2009 ..." Damit ist klargestellt, dass seit dem 1. 1. 2009 für Honorarverteilungsverträge gemäß § 85 Abs 4 S 2 SGB V kein Raum mehr ist.
[16] Dazu vor allem BSG v 9. 12. 2004 – B 6 KA 44/03 R – BSGE 94, 50 = SozR 4-2500 § 72 Nr 2 RdNr 129.
[17] BSG v 9. 12. 2004 – B 6 KA 44/03 R – BSGE 94, 50 = SozR 4-2500 § 72 Mr 2 RdNr 129 am Ende.
[18] Zum hohen Rang des Grundsatzes der Beitragssatzstabilität s insbesondere BSG vom 10. 5. 2000 – B 6 KA 20/99 R – BSGE 86, 126, 135 ff = SozR 3-2500 § 87 Nr 37, 296 ff.
[19] Zu diesem Grundsatz s besonders deutlich BSG v 16. 7. 2003 – B 6 KA 29/02 R – BSGE 91, 153 = SozR 4-2500 § 85 Nr 3 RdNr 21. Dazu auch BSG v 9. 4. 2008 – B 6 KA 29/07 R – BSGE 100, 144 = SozR 4-2500 § 85 Nr 41 RdNr 14.

freien Berufen sind **Honorarbindungen zulässig,** wie dies vielfach an staatlichen Vergütungsordnungen deutlich wird (zB bei Rechtsanwälten durch das Rechtsanwaltsvergütungsgesetz, bei Architekten durch die Honorarordnung für Architekten und Ingenieure, usw). In gleicher Weise sind Honorarbindungen durch Vergütungsordnungen auch für Ärzte und Zahnärzte zulässig, wie dies durch die GOÄ im privatärztlichen und durch die GOZ im privatzahnärztlichen Bereich der Fall ist. Solche Bindungen sind erst recht in dem vertragsärztlichen und in dem vertragszahnärztlichen Bereich zulässig; denn hier **bindet sich der Arzt bzw Zahnarzt in ein öffentlich-rechtliches Versorgungssystem ein,** das ihm zwar geringere, aber dafür sichere Einkünfte durch öffentlich-rechtliche Gewährsträger (KV und KZV) gewährleistet anstelle unsicherer Forderungen gegen zahlungsunwillige oder zahlungsunfähige Schuldner.[20]
(Zum Rechtsschutz vgl RdNr 54 und 56 f).

VI. Dreiseitige Verträge

39 Der Übergang von der ambulanten zur stationären Behandlung und umgekehrt produziert infolge des monolithischen Monopols der Vertragsärzte bei der ambulanten Behandlung erhebliche **Reibungsverluste** in zeitlicher und finanzieller Hinsicht. Besonders bei den vorbereitenden Untersuchungen von Patienten für die stationäre Behandlung kommt es gelegentlich bzw häufig dazu, dass die gleichen Untersuchungen sowohl ambulant als auch stationär durchgeführt werden. Der Gesetzgeber hat deshalb Instrumentarien bereitgestellt, die es ermöglichen, die Zusammenarbeit insbesondere bei der vorstationären Diagnostik und bei der nachstationären Behandlung zu verbessern (§ 115 und § 115a SGB V) und Operationen auch ambulant im Krankenhaus durchzuführen (§ 115b SGB V).

40 1. **§ 115 SGB V** verpflichtet die KK(-Verbände), die KV und die Krankenhausgesellschaft im Land, gemeinsam Verträge zu schließen, mit dem Ziel, durch enge Zusammenarbeit zwischen Vertragsärzten und zugelassenen Krankenhäusern eine nahtlose ambulante und stationäre Behandlung der Versicherten zu gewährleisten.

41 a) Zum **Pflichtinhalt der Verträge** gehört (§ 115 Abs 2 SGB V):
– die **Förderung des Belegarztwesens** und der Behandlung in Einrichtungen, in denen die Versicherten durch Zusammenarbeit mehrerer Vertragsärzte ambulant und stationär versorgt werden (Praxiskliniken) (hierzu siehe noch unten RdNr 47 f);
– die gegenseitige **Unterrichtung** über die Behandlung der Patienten sowie über die Überlassung und Verwendung von Krankenunterlagen;
– die Zusammenarbeit bei der Gestaltung und Durchführung eines ständig einsatzbereiten **Notdienstes;**
– die Durchführung einer **vor- und nachstationären Behandlung** im Krankenhaus einschließlich der Prüfung der Wirtschaftlichkeit und der Verhinderung von Missbrauch;
– die allgemeinen Bedingungen der **ambulanten Behandlung** im Krankenhaus.

42 In den Verträgen können **auch Vergütungsfragen** geregelt werden. Die insoweit mancherorts[21] geltend gemachten Bedenken greifen nicht durch.[22]

43 Für den **Inhalt** der dreiseitigen Verträge gemäß § 115 SGB V sollen **Rahmenempfehlungen auf Bundesebene** ergehen, auf die sich der Spitzenverband Bund der KK, die KBV und die Deutsche Krankenhausgesellschaft einigen sollen (§ 115 Abs 5 SGB V). Da es

---

[20] Zu diesem Gesichtspunkt s die zahlreichen Rspr-Angaben bei *Clemens* § 24 RdNr 15 (s die dortige Fn).
[21] So *Steege* in: *Hauck/Noftz,* SGB V, § 115 (Stand März 2009) RdNr 12.
[22] So zutreffend *Clemens* in: *Behr/Herberlein/Orlowski/Schermer/Wasem/Zipperer,* GKV-Kommentar SGB V, Loseblattausgabe, § 120 RdNr 28 f.

sich nur um „Empfehlungen" handelt (so ausdrücklich § 115 Abs 5 SGB V), müssen sie nicht notwendigerweise bei den Vertragsschlüssen gemäß § 115 SGB V beachtet werden. Im Übrigen sind solche Empfehlungen bisher offenbar nur für wenige Bereiche zustande gekommen, nämlich nur zur Thematik gegenseitiger Unterrichtung und Überlassung von Krankenunterlagen und zur Thematik Belegarztwesen und Praxiskliniken.[23]

b) Von ihrer **Rechtsnatur** her handelt es sich bei den Verträgen gemäß § 115 SGB V um **öffentlich-rechtliche Verträge;** zwar ist ein Beteiligter – die Krankenhausgesellschaft – eine Privatperson, ihr Gegenstand ist aber die öffentlich-rechtliche Versorgung gemäß dem SGB V. 44

c) Zur **Frage der Rechtsbindung** ist in § 115 Abs 2 Satz 2 SGB V bestimmt, dass die Verträge für die KK, die Vertragsärzte und die zugelassenen Krankenhäuser **„unmittelbar verbindlich"** sind, und zwar „im Land", dh bezogen jeweils auf ein Bundesland bzw einen Stadtstaat. Gegen diese Normierung einer **Drittbindung** bestehen letztlich keine durchgreifenden rechtlichen Bedenken, weil es sich lediglich um die Abrundung einer im Kern unbedenklichen Regelung handelt. Im Kern **unbedenklich** deshalb, weil die einzelnen KK als Mitglieder der KK-Verbände und die einzelnen Vertragsärzte als Mitglieder der KV ohnehin eingebunden sind (siehe hierzu oben RdNr 21–23) und weil die meisten Krankenhäuser ohnehin Mitglied der Krankenhausgesellschaft und dadurch auch eingebunden sind. Bedenken können gegen die in § 115 Abs 2 Satz 2 SGB V vorgesehene Drittbindung allenfalls insoweit bestehen, als diese **auch solche Krankenhäuser bindet, die nicht Mitglied der Landeskrankenhausgesellschaft** sind. Indessen dient die Regelung, dass auch sie gebunden werden, **nur der Abrundung** der Drittbindung und damit der Gesamtwirkung des dreiseitigen Vertrags und ist daher unbedenklich.[24] 45

2. Die in § 115 SGB V bereits erwähnte Förderung der **belegärztlichen Leistungen** wird in § 121 SGB V konkretisiert. Insbesondere sollen die Krankenhäuser Belegärzten gleicher Fachrichtung die Möglichkeit geben, ihre Patienten gemeinsam zu behandeln **(kooperatives Belegarztwesen)** (vgl dazu § 29 RdNr 51). Was unter Belegarzt zu verstehen ist, erläutert § 121 Abs 2 SGB V: 46

Belegärzte im Sinne des SGB V sind nicht am Krankenhaus angestellte Vertragsärzte, die berechtigt sind, ihre Patienten (Belegpatienten) im Krankenhaus unter Inanspruchnahme der hierfür bereitgestellten Dienste, Einrichtungen und Mittel vollstationär oder teilstationär zu behandeln, ohne hierfür vom Krankenhaus eine Vergütung zu erhalten. 47

3. Die in § 115 SGB V enthaltene Möglichkeit, **vor- und nachstationäre Behandlungen im Krankenhaus** durch dreiseitigen Vertrag zu regeln, wird ergänzt durch **§ 115a SGB V.** Dessen Abs 1 iVm Abs 2 SGB V geben ohne Erfordernis eines Vertrages gemäß § 115 SGB V den **Krankenhäusern** in begrenztem Umfang die **Befugnis zu vorstationären Abklärungen und nachstationären Behandlungen.** Dies abrundend sieht § 115a Abs 3 SGB V **Vereinbarungen über die Vergütungen** vor (Vertrag zwi- 48

---

[23] Vgl hierzu *Köhler-Hohmann* in: *Schlegel/Voelzke/Engelmann* (Hrsg), jurisPraxisKommentar SGB V, 2008, § 115 RdNr 57.
[24] Zu diesen Grundsätzen s *Clemens* in: *Behr/Herberlein/Orlowski/Schermer/Wasem/Zipperer*, GKV-Kommentar SGB V, Loseblattausgabe, § 120 RdNr 26 mit zahlreichen Rspr-Angaben. Aus der Rspr s besonders deutlich BSG v 11. 12. 2002 – B 6 KA 21/01 R – SozR 3-2500 § 88 Nr 3 S. 24 mit Hinweis unter anderem auf *Clemens* in: *Grawert/Schlink/Wahl/Wieland*, FS Böckenförde, 1995, 259, 270 ff. – Insoweit zu Unrecht bedenklich *Heinze* in: Schulin (Hrsg), Handbuch des Sozialversicherungsrechts, Bd 1: Krankenversicherungsrecht, 1994, § 38 RdNr 61–64. Vgl auch *Ebsen* in: *Schulin* (Hrsg), Handbuch des Sozialversicherungsrechts, Bd 1: Krankenversicherungsrecht, 1994, § 7 RdNr 134–138. – Ohne eigene Stellungnahme *Köhler-Hohmann* in: *Schlegel/Voelzke/Engelmann* (Hrsg), jurisPraxisKommentar SGB V, 2008, § 115 RdNr 19.

schen KK[-Verbänden], Verband der privaten Krankenversicherung, Landeskrankenhausgesellschaft bzw Vereinigung der Krankenhausträger, im Benehmen mit der KV).

49 Zu § 115a SGB V siehe im Übrigen *Krauskopf/Clemens* § 29 RdNr 100.

50 **4.** In **§ 115b SGB V** wird das **ambulante Operieren im Krankenhaus** in weitem Umfang ermöglicht, soweit dafür dreiseitige Verträge zwischen KK(-Verbänden), KV und Krankenhausgesellschaft abgeschlossen werden.

51 Zu § 115b SGB V siehe im Übrigen *Krauskopf/Clemens* § 29 RdNr 100.

52 **5.** Leider erfüllen die Regelungen der §§ 115, 115a, 115b SGB V die Hoffnung auf weitgehende Durchlässigkeit der Schnittstelle ambulant-stationär bisher nicht.

VII. Rechtsfolgen bei Nichtzustandekommen von Verträgen; Rechtsschutz

53 **1.** Zu unterscheiden ist zwischen rechtlich notwendigen und nicht-notwendigen, also fakultativen, Verträgen bzw Vertragsbestandteilen.

54 Soweit **notwendige** Verträge bzw Vertragsbestandteile nicht zustande kommen, schließt sich ein **Verfahren** bei einem **Schiedsamt oder** bei einer **Schiedsstelle** an, das den Vertragsinhalt festlegt: Dazu siehe *Clemens* § 33 RdNr 10 ff.

55 Soweit **fakultative** Verträge bzw Vertragsbestandteile nicht zustande kommen, bleibt es beim Nichtzustandekommen; das Schiedsamt ist nicht zuständig: § 33 RdNr 13–15.

56 **2.** Für **Klagen der Vertragsparteien gegeneinander** ist **kein Raum**. Soweit das Schiedsamt bzw die Schiedsstelle angerufen werden kann, sind andere Rechtsschutzwege unzulässig.[25] Soweit kein Schiedsverfahren eröffnet ist, da nur ein **fakultativer** Vertrag bzw Vertragsbestandteil in Frage steht (§ 33 RdNr 13–15), fehlt eine einklagbare Anspruchsgrundlage; ein Anspruch auf Vertragsschluss besteht in solchen Fällen gerade nicht.

57 **3.** Speziell im Zusammenhang mit **Gesamtvergütungsvereinbarungen** ist die unter RdNr 54 genannte Möglichkeit der Anrufung des Schiedsamts der im Gesetz vorgesehene Weg zur inhaltlichen Überprüfung von Gesamtvergütungsvereinbarungen: Der **Rechtsschutz** ist **konzentriert auf** die **Partner der Vereinbarung**: Diese können bei Nichtzustandekommen zunächst das **Schiedsamt anrufen** und dann dessen Schiedsspruch vor **Gericht (SG-LSG-BSG)** anfechten.

58 **Die übrigen Betroffenen**, deren Ansprüche durch die Gesamtvergütungen vorgeprägt werden (einerseits die einzelnen KK, andererseits die einzelnen Vertrags(zahn)ärzte – vgl RdNr 8), haben **keine eigenen Rechtsschutzmöglichkeiten**. Auch eine sog **Incident-Überprüfung** der Gesamtvergütungsfestsetzung – etwa im Rahmen von Honorarstreitigkeiten – **findet nicht statt**.[26]

---

[25] Vgl BVerwG v 19.3.2009 – 3 C 7.08 – NVwZ 2009, 1043 RdNr 15. – Vgl auch BSG v 11.3.2009 – B 6 KA 3/08 B – RdNr 10 am Ende.
[26] Keine Rechtsschutzmöglichkeit für einzelne KK: BSG v 28.9.2005 – B 6 KA 71/04 R + 72/04 R = BSGE 95, 141 = SozR 4-2500 § 83 Nr 2; BSG v 5.11.2008 – B 6 KA 55/07 R – SozR 4-2500 § 83 Nr 5 RdNr 13. Auch keine Rechtsschutzmöglichkeit für einzelnen Vertrags(zahn)arzt: BSG v 31.8.2005 – B 6 KA 6/04 R = BSGE 95, 86 = SozR 4-2500 § 85 Nr 21 RdNr 14 ff (19 mit Hinweis ua auf § 75 II 1 SGB V, wonach die K(Z)V die Interessen der Vertrags(zahn)ärzte wahrnimmt).

§ 33 Schiedsämter und Schiedsstellen

Inhaltsübersicht

	RdNr
I. Allgemeines	1
1. Entwicklung und Funktion der Schiedsämter	1
2. Schiedsämter auf Landes- und auf Bundesebene; Schiedsstellen	3
3. Besetzung der Schiedsämter	6
4. Schiedsamtsfähige Verträge	10
5. Vorläufige Weitergeltung des bisherigen Vertrags	17
6. Verfahren: Kündigungsmitteilung/Antrag/Einigungsversuch/Schiedsspruch/Aufsicht/Vertragsauslegung	20
7. Schiedsspruch als Verwaltungsakt; gerichtliche Kontrolldichte	28
8. Festsetzung durch Aufsichtsbehörde	31
II. Landes- und Bundesschiedsämter	32
1. Landesschiedsämter	32
2. Bundesschiedsämter	33
III. Landes- und Bundesschiedsstellen	34
1. Landesschiedsstellen Versorgungsverträge Krankenhaus und dreiseitige Verträge	35
2. Landesschiedsstellen Krankenhaus Krankenhausentgelte	38
3. Landesschiedsstellen Pflegeversicherung	39
4. Bundesschiedsstellen: Krankenhaus/Zahnarztbereich/Apotheker/häusliche Krankenpflege	40

Literatur: *Düring,* Das Schiedswesen in der gesetzlichen Krankenversicherung, 1992; *Hustadt,* Blockieren oder gestalten, ErsK 1997, 117 ff; *Joussen,* Die Rechtsnatur der Entscheidungsbefugnis des Schiedsamts nach § 89 SGB V, SGb 2003, 200 ff; *Hofmann,* Das Schiedsamt im Kassenarztrecht nach dem SGB V, 1991; *Krause,* Zur Leistungsfähigkeit des Schiedsverfahrens im Kassenarztrecht, in: *Becker/Bull/Seewald* (Hrsg), FS Thieme, 1993, 769 ff; *Schmiedl,* Das Recht des vertrags(zahn)ärztlichen Schiedswesens, 2002; *Schnapp* (Hrsg), Handbuch des sozialrechtlichen Schiedsverfahrens, 2004 (mit Beiträgen von *Armbrust, Düring, Quaas, Schnapp, Udsching*); *ders,* Gesamtverträge und Schiedsverfahren mit Ersatzkassenbeteiligung, NZS 2003, 1 ff; *ders,* Das Schiedsamt (§ 89 SGB V) als Behörde, GesR 2007, 392 ff; *Spielmeyer,* Zur Besetzung der Schiedsämter, SGb 1997, 208 ff.

I. Allgemeines

1. Das Schiedswesen in der vertragsärztlichen Versorgung geht auf das Berliner Abkommen von 1913 zurück.[1] Die Möglichkeit der Schlichtung durch Landes- und Bundesschiedsämter **ergänzt das Vertragssystem**, das im vorstehenden § 32 dargestellt worden ist. Durch die Schlichtungsmöglichkeiten soll überall dort, wo das System auf den Abschluss konkretisierender Verträge angelegt ist (siehe *Krauskopf/Clemens* § 32 RdNr 1–6 und 54), ein **vertragsloser Zustand vermieden** werden.

Die Schiedsämter sind außer für die Angelegenheiten der Ärzte und Zahnärzte auch für die Angelegenheiten der **Zahntechniker** zuständig. Dies war nur vorübergehend vom 1. 7. 1997 bis zum 31. 12. 1998 nicht der Fall. In dieser Zeit war die Vergütung für prothetische Leistungen auf Festzuschüsse beschränkt worden; es war Sache des Vertragszahnarztes, einen preisgünstigen Zahntechniker zu finden. Als zum 1. 1. 1999 Verträge zwischen KK und Zahntechnikern wieder eingeführt wurden,[2] waren die Schiedsämter auch wieder für Angelegenheiten der Zahntechniker zuständig. Dies ist über den 1. 1. 2004

---

[1] G. *Schneider,* Handbuch des Kassenarztrechts, 1994, RdNr 37 iVm 40 (S 20 f). – Dazu vgl § 22 RdNr 4.
[2] Durch das GKV-Solidaritätsgesetz v 19. 12. 1998 (BGBl I 3853).

hinaus beibehalten worden, obgleich nunmehr wieder Festzuschüsse eingeführt worden sind.[3]

3 2. Das Schiedswesen besteht sowohl auf der Ebene der KV/KZV bzw auf **Landesebene (Landesschiedsamt)** als auch auf **Bundesebene (Bundesschiedsamt)**. In Nordrhein-Westfalen sind, da hier zwei KV/KZV bestehen, auch zwei Landesschiedsämter gebildet worden, wie es die Wortfassung des § 89 Abs 2 SGB V nahe legt. **Übergreifende Regelungen** für alle Schiedsämter – sowohl auf Landes- als auch auf Bundesebene – enthält **§ 89 SGB V**.

4 Außer den Schiedsämtern gibt es noch **Schiedsstellen**, und zwar **Landesschiedsstellen und Bundesschiedsstellen**. Diese sind strukturell auch Schiedsämter, sie führen nur aus rechtstechnischen Gründen eine andere Bezeichnung: Für sie gelten nicht die Grundregeln des § 89 SGB V iVm der Schiedsamtsverordnung, sondern für sie hat der Gesetzgeber jeweils „an Ort und Stelle" eigene Regelungen normiert. – Zu den Schiedsstellen vgl RdNr 32 ff.

5 Die allgemeinen Fragen werden **im Folgenden** an der – für die Schiedsämter geltenden – **Grundnorm des § 89 SGB V** dargestellt.

6 3. Die zahlenmäßige **Besetzung** der Schiedsämter ist in **§ 89 SGB V** nicht vorgegeben. Durch § 89 Abs 6 SGB V ist vorgegeben, dass das Bundesministerium für Gesundheit **ergänzende Bestimmungen** erläßt. Dies ist durch den Erlass einer **Schiedsamtsverordnung** geschehen, die zuerst im Jahr 1957 erlassen wurde[4] und zuletzt durch Gesetz vom 26. 3. 2007[5] geändert worden ist. Sie schreibt für die **Landesschiedsämter** (§ 1 Abs 1, 2 und 4 der Verordnung) sieben Mitglieder vor. Der Vorsitzende und zwei weitere Mitglieder müssen unparteiisch sein. Die Zahl der Vertreter der Ärzte und Zahnärzte muss derjenigen der KK entsprechen (jeweils zwei). Die **Bundesschiedsämter** (§ 1 Abs 3 der Verordnung) haben ebenfalls je einen Vorsitzenden und zwei unparteiische Mitglieder. Die **Amtsdauer** beträgt jeweils vier Jahre (§ 89 Abs 3 Satz 3 SGB V).

7 Können die Vertragsparteien sich nicht auf den **Vorsitzenden** oder die zwei weiteren unparteiischen Mitglieder einigen, so müssen sie eine gemeinsame Liste aufstellen, die mindestens die Namen für zwei Vorsitzende und für je zwei weitere unparteiische Mitglieder sowie für deren Stellvertreter enthält. Aus dieser Liste werden dann der Vorsitzende und ggf die unparteiischen Mitglieder durch **Los** bestimmt (§ 89 Abs 3 Satz 4 ff SGB V). Die Amtsdauer beträgt bei Losentscheid nur ein Jahr (§ 89 Abs 3 Satz 6 SGB V).

8 Die nicht unparteiischen **weiteren Mitglieder** von Seiten der Ärzte bzw Zahnärzte und der KK werden von den beteiligten Körperschaften entsandt (KV/KZV, KBV/KZBV, KK-Landesverbände bzw Spitzenverband Bund der KK) (§ 1 Abs 1 und Abs 3 Satz 4 Schiedsamtsverordnung).

9 Zum 1. 1. 1993 wurde den Belangen der **kleineren Kassenarten** Rechnung getragen, indem bei Entscheidung über ihre speziellen Verträge nur Vertreter der betroffenen Kassenarten mitwirken dürfen (§ 89 Abs 2 Satz 3 SGB V). Dies soll eine dominierende Einflussnahme durch andere Kassenarten bei kassenartenspezifischen Angelegenheiten ausschließen.[6] Die KK(-Verbände) können untereinander aber auch Abweichendes vereinbaren (§ 89 Abs 2 Satz 4 SGB V).

10 4. **Schiedsamtsfähig** sind gemäß § 89 SGB V nur **„gesetzlich vorgeschriebene"** Verträge, wie in Abs 1a ausgesprochen wird, aber für den gesamten § 89 SGB V gilt.[7]

---

[3] GKV-Gesundheitsmodernisierungsgesetz v 14. 11. 2003 (BGBl I 2190).
[4] Schiedsamtsverordnung v 28. 5. 1957 (BGBl I 570).
[5] Art 24 GKV-Wettbewerbsstärkungsgesetz v 26. 3. 2007 (BGBl I 378).
[6] BT-Drucks 11/2237, 254.
[7] In diesem Sinne besonders deutlich BSG v 10. 3. 2004 – B 6 KA 113/03 B – in juris dokumentiert, RdNr 69. S auch BSG v 5. 2. 2003, SozR 4-2500 § 83 Nr 1 RdNr 21. – Im Ergebnis ebenso *Beier* in: *Schlegel/Voelzke/Engelmann* (Hrsg), jurisPraxisKommentar SGB V, 2008, § 89 RdNr 23 ff.

6. Kapitel. Das Kassenarztrecht/Vertragsarztrecht   11–16 § 33

Solche **gesetzlich vorgeschriebenen – also notwendigen – Verträge** sind zB die **11** Bundesmantelverträge (§ 82 Abs 1 SGB V), Gesamtverträge[7a] (§§ 82 Abs 2, 83, 85 Abs 1 und 2 SGB V), Prüfvereinbarungen[8] (§ 106 Abs 2 Satz 4, Abs 3, Abs 5b SGB V), Arzneimittelvereinbarungen (§ 84 Abs 1 SGB V) und Gesamtvergütungsvereinbarungen (§ 85 Abs 3 SGB V). – Zu diesen Vertragstypen siehe RdNr 32 und *Krauskopf/Clemens* § 32 RdNr 14 ff, 25 ff, 31, 33, 36 ff.

Schiedsamtsfähig sind dabei aber nur solche Verträge, die sich auf die vertragsärztliche **12** Versorgung im Sinne von § 89 Abs 1 und Abs 1a SGB V beschränken. Dementsprechend **nicht schiedsamtsfähig** sind die **dreiseitigen Verträge mit Krankenhausbeteiligung**[9] (hierzu siehe aber noch unten RdNr 35 f; – zu solchen Verträgen siehe *Krauskopf/Clemens* § 32 RdNr 39 ff).

Zu beachten ist, dass bei den Verträgen, die grundsätzlich schiedsamtsfähig sind, dies **13** nur insoweit gilt, als der gesetzlich vorgeschriebene – notwendige – Inhalt in Frage steht. Insoweit gilt die Schiedsamtszuständigkeit sowohl dann, wenn ein Vertrag schon nicht zustande kommt (vgl § 89 Abs 1 Satz 1 SGB V), als auch dann, wenn er gekündigt worden ist (vgl § 89 Abs 1 Satz 2 SGB V), als auch dann, wenn er befristet war, sich aber keine Folgevereinbarung anschließt.[10] **Keine Schiedsamtsfähigkeit** ist dagegen insoweit gegeben, als Fragen betroffen sind, die in solchen Verträgen als **zusätzlicher weiterer Inhalt** vereinbart werden können, aber nicht müssen. So ist zB bei Prüfvereinbarungen der Streit um einen zusätzlichen Inhalt gemäß § 106 Abs 4c SGB V (KV-übergreifende Bildung einer Prüfungsstelle oder eines Beschwerdeausschusses) oder bei Gesamtverträgen der Streit um einen zusätzlichen Inhalt im Sinne eines Strukturvertrages[11] (§ 73a SGB V) nicht schiedsamtsfähig.

Nicht schiedsamtsfähig sind alle **nicht notwendigen (freiwilligen) Verträge,** wie **14** zB Verträge über eine besondere ambulante ärztliche Versorgung (§ 73 Abs 1 SGB V).[12] **Ausnahmen** gelten **nur insoweit, als** im Falle eines sog freiwilligen Vertrags die Anrufbarkeit des Schiedsamts **ausdrücklich gesetzlich vorgesehen** ist, wie zB bei Modellvorhaben (§ 63 iVm § 64 Abs 1 und Abs 3 Satz 2 SGB V), bei Verträgen zur hausarztzentrierten Versorgung (§ 73b Abs 7 Sätze 1–3 SGB V) und bei Verträgen zur integrierten Versorgung (§ 140d Abs 2 Sätze 1–3 SGB V). – Zu diesen Vertragstypen siehe *Krauskopf/Clemens* § 32 RdNr 32.

Die Ansicht, die Partner einer nicht schiedsamtsfähigen Vereinbarung könnten **kraft 15 Vereinbarung** die Zuständigkeit eines Schiedsamts begründen,[13] ist **abzulehnen;** Zuständigkeiten öffentlich-rechtlicher Institutionen unterliegen grundsätzlich nicht der Dispositionsbefugnis, es sei denn, dies wäre ausdrücklich gesetzlich vorgesehen.

Schließlich gibt es Fälle, in denen im Gesetz **Spezialregelungen für Sonder- 16 Schiedsverfahren** getroffen worden sind: So ist bei Fehlen von Einstimmigkeit im Bewertungsausschuss ein **„erweiterter Bewertungsausschuss"** zur Entscheidung berufen (§ 87 Abs 4 und 5 SGB V), und bei der **hausarztzentrierten Versorgung** gibt es für den Fall des Nichtzustandekommens von Verträgen eigene Regelungen über ein Schieds-

---

[7a] Zu diesen: BSG vom 28. 4. 2004 – B 6 KA 62/03 R – SozR 4-5500 Art 11 Nr 1 RdNr 21.

[8] Zu diesen s BSG v 10. 3. 2004 – B 6 KA 113/03 B – in juris dokumentiert, RdNr 8 mit Hinweis auf BSG v 27. 1. 1987 – 6 RKa 28/86 – BSGE 61, 146, 147, 149 = SozR 2200 § 368h Nr 4 S 9.

[9] So zutreffend *Beier* in: *Schlegel/Voelzke/Engelmann* (Hrsg), jurisPraxisKommentar SGB V, 2008, § 89 RdNr 28 am Ende.

[10] Zu letzterer Konstellation vgl BSG v 2. 11. 2005 – B 6 KA 63/04 R – BSGE 95, 199 = SozR 4-2500 § 106 Nr 11 RdNr 45, 55. – Abzulehnen ist die gegenteilige Auffassung des LSG Berlin: Vgl RdNr 18.

[11] Zu diesem Beispiel s BSG v 10. 3. 2004 – B 6 KA 113/03 B – in Juris dokumentiert, RdNr 8.

[12] Weitere Beispiele bei *Beier* in: *Schlegel/Voelzke/Engelmann* (Hrsg), jurisPraxisKommentar SGB V, 2008, § 89 RdNr 26.

[13] So *Schimmelpfeng-Schütte* NZS 1997, 53. 57. Dies ohne eigene Stellungnahme wiedergebend *Beier* in: *Schlegel/Voelzke/Engelmann* (Hrsg), jurisPraxisKommentar SGB V, 2008, § 89 RdNr 27.

verfahren (§ 73b Abs 4a SGB V).[14] Ebenso wenig kommt eine Zuständigkeit von Schiedsämtern dort in Betracht, wo die Zuständigkeit einer **Schiedsstelle** von Land oder Bund vorgesehen ist (hierzu su RdNr 32 ff).

17   5. Eine für die Praxis sehr wichtige **Wirkung** eines **Schiedsverfahrens** ist, dass der **bisherige Vertrag bis zur Entscheidung des Schiedsamts vorläufig weiter gilt** (§ 89 Abs 1 Satz 4 SGB V). Dies gilt aber nur für solche Verträge, für die zulässigerweise ein Schiedsverfahren eingeleitet wird, dh also nur für solche, die gemäß RdNr 10 ff schiedsamtsfähig sind.

18   Die Vertrags„nachwirkung" gilt von ihrem Sinngehalt her, da sie im Bereich notwendiger Verträge (hierzu so RdNr 10 ff) einen vertragslosen Zustand verhindern soll, **auch bei Verträgen,** bei denen von vornherein eine nur **befristet**e Geltung vereinbart wurde (vgl RdNr 13). Die insoweit abweichende Auffassung des LSG Berlin[15] ist abzulehnen.

19   Die für das Schiedsamt geltende Frist, binnen **drei Monaten** zu entscheiden (§ 89 Abs 1 Sätze 3 und 5 SGB V), ist **nur eine sog Ordnungsvorschrift**[16] für das Schiedsamt. Sie entfaltet keine Außenwirkung etwa in dem Sinne, dass die Weitergeltung des bisherigen Vertrags auf drei Monate begrenzt wäre.

20   6. Einzelheiten des **Verfahrens der Schiedsämter** sind in §§ 13 ff Schiedsamtsverordnung geregelt.

21   a) **Über die Kündigung** eines Vertrages ist das **Schiedsamt** rechtzeitig **zu informieren** (§ 89 Abs 1 Satz 2 SGB V; – § 44 Abs 3 BMV-Ärzte verlangt sogar, dass die Information durch eingeschriebenen Brief unverzüglich erfolgt). Die Dreimonatsfrist (so RdNr 19) beginnt nach Ablauf der Kündigungsfrist.

22   b) Das Schiedsamtsverfahren beginnt grundsätzlich auf **Antrag** (§§ 13, 14 Schiedsamtsverordnung). Danach hat der Antragsteller den Sachverhalt zu erläutern, insbesondere über welche Vertragsteile eine Einigung nicht zustande gekommen ist (§ 14 Schiedsamtsverordnung).

23   Für den Fall, dass die Vertragsparteien einen nach dem Vertragsarztrecht erforderlichen Vertrag nicht schließen und auch **keinen Antrag** an das Schiedsamt stellen, können die zuständigen **Aufsichtsbehörden** nach Fristsetzung das Schiedsamt mit Wirkung für die Vertragsparteien anrufen (§ 89 Abs 1a SGB V).

24   c) Das Schiedsamt wird im Regelfall versuchen, noch eine **Einigung** zwischen den Vertragsparteien zu vermitteln. Hat es damit keinen Erfolg, so wird verhandelt und entschieden. Dabei gilt keine umfassende Amtsermittlungspflicht.[17] Es erlässt dann einen **Schiedsspruch.** Dieser ist zu begründen und den Parteien zuzustellen (§ 19 SchiedsamtsVO).

25   d) **Entscheidungen** der Schiedsämter **über Vergütungen** von ärztlichen/zahnärztlichen Leistungen nach §§ 83, 85 und 87a SGB V sind gemäß § 89 Abs 5 Sätze 4 und 5 SGB V den zuständigen **Aufsichtsbehörden** (Sozialministern bzw -senatoren) **vorzule-**

---

[14] Nachdem Mitte des Jahres 2009 in den streitig gebliebenen Fällen Schiedspersonen bestimmt worden sind (§ 73b Abs 4a SGB V), sind Schiedsentscheidungen und eventuell anschließende Gerichtsverfahren zu erwarten: Die Strukturen sind anders als in RdNr 28–30 beschrieben.

[15] LSG Berlin v 20. 1. 2005, MedR 2005, 487, 488. Dagegen s die kritische Anmerkung von *Steinhilper* MedR 2005, 488 f; s auch BSG v 30. 10. 1965, BSGE 20, 73, 78.

[16] So BSG v 27. 6. 2001 – B 6 KA 7/00 R – BSGE 88, 193, 202 = SozR 3-2500 § 79a Nr 1 S 11. Ebenso *Beier* in: *Schlegel/Voelzke/Engelmann* (Hrsg), jurisPraxisKommentar SGB V, 2008, § 89 RdNr 51 mit Hinweis auf BSG v 30. 10. 1965, BSGE 20, 73, 79.

[17] Überlagerung der Amtsermittlung durch den Beibringungsgrundsatz: siehe BVerwG 8. 9. 2005 – C 3 41.04 – BVerwGE 124, 209, 212 f; BVerwG 10. 7. 2008 – 3 C 7/07 – Buchholz 451.73 § 6 BPflV Nr 4 RdNr 31).

gen. Die Aufsichtsbehörden können bei einem Rechtsverstoß die Schiedsamtsentscheidungen binnen zwei Monaten beanstanden (§ 89 Abs 5 Sätze 4 und 5).

Die Schiedsämter unterliegen **auch sonst staatlicher Aufsicht,** und zwar auf Bundesebene der Aufsicht des Bundesministeriums für Gesundheit und auf Länderebene der Aufsicht der Sozialminister bzw -senatoren (§ 89 Abs 5 Sätze 1 und 2 SGB V). Die Aufsicht bezieht sich jeweils auf die **Einhaltung von Gesetz und sonstigem Recht** (§ 89 Abs 5 Satz 3 SGB V). Liegt gegen den Vorsitzenden und/oder seine weiteren unparteiischen Mitglieder und/oder gegen deren Stellvertreter ein **wichtiger Grund** vor, so kann die Aufsichtsbehörde ihn/sie **abberufen** (§ 4 Abs 1 Schiedsamtsverordnung).

e) Nicht zuständig ist das Schiedsamt für **Vertragsauslegungsfragen:** ob etwa ein Vertrag kündbar ist oder ob er auf bestimmte Tatbestände anzuwenden ist. In diesem Fall müssen die Vertragsparteien durch Klage **vor dem SG** den Streit austragen. Gegenstand eines solchen Streits könnte auch die Frage sein, ob ein Vertrag vorzeitig durch Wegfall der Geschäftsgrundlage geendet hat. Dabei kann vor dem SG eine Leistungsklage erhoben werden, in deren Rahmen als Vorfrage inzident die Auslegungsfrage geklärt wird. Evtl kann auch eine Feststellungsklage in Betracht kommen.

7. Schiedssprüche sind im Bereich der **Schiedsämter** nach dem **SGB V** (unten RdNr 32 f) **Verwaltungsakte.**[18] Sie können vor Gericht angefochten werden. Sie unterliegen dort aber wegen des **Entscheidungsspielraums des Schiedsamtes nur einer eingeschränkten gerichtlichen Kontrolle.** Siehe dazu die ständige Rechtsprechung des BSG[19]:
– „Die Beschränkung der gerichtlichen Kontrolle berücksichtigt, dass die Schiedsämter, deren Sprüche fehlende Vereinbarungen der zum Vertragsabschluss berufenen Vertragspartner ersetzen, eine weite Gestaltungsfreiheit haben. Dies trägt dem Wesen der Schiedssprüche Rechnung, die auf Interessenausgleich angelegt sind und Kompromisscharakter haben (...). Dementsprechend sind sie nur daraufhin zu überprüfen, ob sie die **grundlegenden verfahrensrechtlichen Anforderungen** und in inhaltlicher Hinsicht die zwingenden rechtlichen Vorgaben eingehalten haben. Mithin ist in formeller Hinsicht zu prüfen, ob das Schiedsamt den von ihm zu Grunde gelegten Sachverhalt in einem **fairen Verfahren** unter Wahrung des rechtlichen Gehörs ermittelt hat und der Schiedsspruch die **Gründe für das Entscheidungsergebnis wenigstens andeutungsweise** erkennen lässt (BSG aaO). Die inhaltliche Kontrolle beschränkt sich darauf, ob der vom Schiedsspruch zu Grunde gelegte **Sachverhalt zutrifft** und ob das Schiedsamt den ihm zustehenden Gestaltungsspielraum eingehalten hat, dh die maßgeblichen **Rechtsmaßstäbe beachtet** hat (...).‟

Die Entscheidungen der **Bundesschiedsstellen** nach dem KHG (unten RdNr 40) stellen ebenfalls Verwaltungsakte dar, wie sich aus § 18 a Abs 6 S 11 KHG ergibt. Insoweit kann daher auf vorstehende Ausführungen verwiesen werden.

Für die **Landesschiedsstellen** (RdNr 35 ff) gilt § 18 a Abs 1 ff KHG. Soweit **Krankenhausentgelte (bzw Krankenhauspflegesätze)** festgesetzt werden, ergibt sich aus § 18 Abs 5 SGB V iVm § 14 Abs 1 KHEntgG, dass der **Beschluss der Schiedsstelle** selbst nicht einen Verwaltungsakt darstellt. Dieser Beschluss muss vielmehr zunächst **dem Regierungspräsidium (RP) vorgelegt** werden (im Falle des Basisfallwerts dem Ministerium). Dieses entscheidet, ob es ihn genehmigt oder nicht genehmigt. Wird die Genehmigung versagt, so muss die Schiedsstelle unter Beachtung der Rechtsauffassung des RP erneut entscheiden (§ 14 Abs 3 KHEntgG). Wird die **Genehmigung** erteilt, so ergeht darüber ein **Bescheid des RP,** der als **Verwaltungsakt** mit der Klage zum VG angefochten werden kann (§ 18 Abs 5 Satz 2 KHG iVm § 14 Abs 4 KHEntgG).

---

[18] BSG v 16. 7. 2003, BSGE 91, 153 = SozR 4-2500 § 85 Nr 3 RdNr 10.
[19] Zitat aus BSG v 16. 7. 2003, BSGE 91, 153 11 = SozR 4-2500 § 85 Nr 3 RdNr 11. Ebenso zB BSG v 9. 4. 2008 – B 6 KA 29/07 R – BSGE 100, 144 = SozR 4-2500 § 85 Nr 41 RdNr 13.

31 8. Erfolgt binnen drei Monaten **keine Festsetzung des Vertragsinhalts durch das Schiedsamt** (zu dieser Frist so RdNr 19) und auch nicht nach einer weiteren, von der Aufsichtsbehörde bestimmten Frist, so setzt die **Aufsichtsbehörde** den Vertragsinhalt fest (§ 89 Abs 1 Satz 5 SGB V).

II. Landes- und Bundesschiedsämter

32 1. Die **Landesschiedsämter** sind zuständig für die auf der Ebene der KV/KZV abzuschließenden Verträge, insbesondere für die **gesamtvertraglichen Regelungen** und für die weiteren den KV/KZV und KK(-Verbänden) obliegenden Verträge. Dazu gehören, wie oben in RdNr 11 und bei *Krauskopf/Clemens* § 32 RdNr 25 ff, 31, 32, 33, 36 ff dargestellt: Gesamtverträge (§§ 82 Abs 2, 83, 85 Abs 1 und 2), Regelungen zur Plausibilitätsprüfung (§ 106 Abs 5 SGB V), Prüfvereinbarungen (§ 106 Abs 2 Satz 4, Abs 3, Abs 5b SGB V), Arzneimittel- und Heilmittelvereinbarungen (§ 84 Abs 1 und 2 sowie Abs 6 SGB V), Gesamtvergütungsvereinbarungen (§ 85 Abs 3 SGB V), Modellvorhaben (§ 63 iVm § 64 Abs 1 und Abs 3 Satz 2 SGB V), Verträge zur hausarztzentrierten Versorgung (§ 73b Abs 7 Sätze 1–3 SGB V) und Verträge zur integrierten Versorgung (§ 140d Abs 2 Sätze 1–3 SGB V).

33 2. Die **Bundesschiedsämter** sind für die Schlichtung beim Nichtzustandekommen einer Einigung über Verträge auf Bundesebene zuständig. Dies betrifft vor allem die Bundesmantelverträge (§ 82 Abs 1 SGB V), aber auch Vereinbarungen über die Qualitätssicherung (§ 135 Abs 2 und 4 SGB V), über die Krankenversicherten-Karte (§ 291 Abs 3 SGB V) und über die Übermittlung von Leistungsdaten (§ 295 Abs 3 bis 5 SGB V).

III. Landes- und Bundesschiedsstellen

34 Der Gesetzgeber hat terminologisch zwischen Landes- und Bundes**schiedsämtern** einerseits und Landes- und Bundes**schiedsstellen** andererseits unterschieden. In der Sache sind die Institutionen einander sehr ähnlich. Rechtstechnisch bedeutet der Begriff **Schiedsamt** immer, dass sich die Grundregeln aus § 89 SGB V iVm der Schiedsamtsverordnung ergeben. Die **Schiedsstellen** dagegen sind nicht dem § 89 SGB V zugeordnet, sondern für sie hat der Gesetzgeber jeweils „an Ort und Stelle" eigene Regelungen normiert.

35 1. **Landesschiedsstellen gemäß § 114 SGB V** sind für den Fall des Nichtzustandekommens von **Versorgungsverträgen mit Krankenhäusern** nach § 112 SGB V und von **dreiseitigen Kooperationsverträgen** nach § 115 SGB V (zu diesen Verträgen RdNr 12 und *Krauskopf/Clemens* § 32 RdNr 39–45) zuständig. **Rechtsträger der Landesschiedsstellen** – und damit auch zu deren Errichtung verpflichtet – sind die KK(-Verbände) und die Landeskrankenhausgesellschaften bzw die Vereinigungen der Krankenhausträger im Land (§ 114 Abs 1 Satz 1 SGB V). Die **Besetzung** der Landesschiedsstellen ist ähnlich geregelt (siehe § 114 Abs 2 Sätze 1–3 SGB V) wie diejenige der Schiedsämter gemäß § 89 SGB V iVm §§ 1 ff Schiedsamtsverordnung (hierzu RdNr 6 ff). Die die Landesschiedsstellen tragenden Organisationen müssen bei fehlender Einigung über den Vorsitzenden und die unparteiischen Mitglieder ein **Losverfahren** durchführen (§ 114 Abs 2 Satz 4 SGB V). Soweit eine der beteiligten Organisationen keine Vertreter bestellt oder keine Kandidaten für das Amt des Vorsitzenden oder der weiteren unparteiischen Mitglieder benennt, ist die **Landesaufsichtsbehörde** berechtigt, die Vertreter zu bestellen und Kandidaten zu benennen (§ 114 Abs 2 Satz 5 SGB V).

36 Die Landesschiedsstellen werden um Vertreter der **Vertragsärzte** in der gleichen Zahl **erweitert**, wie sie jeweils für die Vertreter der KK und Krankenhäuser vorgesehen ist, wenn **dreiseitige Verträge** nach § 115 SGB V festzusetzen sind (§ 115 Abs 3 SGB V).

37 Zum **Verfahren** erlassen die jeweiligen **Landesregierungen** eine Rechtsverordnung, in der Näheres geregelt wird über Zahl, Bestellung, Amtsdauer und Amtsführung der

6. Kapitel. Das Kassenarztrecht/Vertragsarztrecht § 34

Mitglieder der Schiedsstelle, über die Erstattung deren barer Auslagen und über die Entschädigung für deren Zeitaufwand, über die Geschäftsführung und das Verfahren, über die Erhebung und die Höhe der Gebühren sowie über die Verteilung der Kosten (§ 114 Abs 5 SGB V).

2. Weiterhin werden **Landesschiedsstellen gemäß § 18a Abs 1 KHG** gebildet. Diese sind für Streitigkeiten der **Krankenhäuser** auf Landesebene um die Festlegung der **Krankenhausentgelte** (bzw im psychiatrischen Bereich: sog Pflegesätze) zuständig. Diese bestehen aus einem unabhängigen Vorsitzenden und einer gleichen Zahl (zB in Baden-Württemberg: je sechs) von Vertretern der Krankenhäuser und der KK (§ 18a Abs 2 KHG). 38

3. Ferner gibt es **Landesschiedsstellen gemäß § 76 SGB XI**. Diese sind für Streitigkeiten zwischen den Pflegekassen und den Pflegeeinrichtungen im Rahmen der **Pflegeversicherung** zuständig. 39

4. Bundesschiedsstellen sind in verschiedenen Bereichen vorgesehen: 40
– gemäß § 18a Abs 6 KHG für Streitigkeiten im **Krankenhausbereich,** die die Bundesebene betreffen;
– gemäß § 92 Abs 1a Sätze 4 ff SGB V für Streitigkeiten um den Inhalt der **Richtlinien,** die der Gemeinsame Bundesausschuss (GBA) im **zahnärztlichen Bereich** zu erlassen hat;
– gemäß § 129 Abs 8 SGB V für Streitigkeiten im Zusammenhang mit dem **Rahmenvertrag,** den der Spitzenverband Bund der KK und die Spitzenorganisation der **Apotheker** abzuschließen haben;
– gemäß § 132a Abs 2 Sätze 6 ff SGB V für Streitigkeiten im Zusammenhang mit Verträgen, die der Spitzenverband Bund der KK und die Spitzenorganisation der **Pflegedienste** über die **häusliche Krankenpflege** abzuschließen haben.

§ 34 Honorarverteilung und Honorarbegrenzungen früher und heute

Inhaltsübersicht

	RdNr
A. Honorierungssystem bisher und heute	1
B. Honorarverteilung und Honorarbegrenzungen im früheren System	7
I. Gleicher Rechtsmaßstab für HVM und HVV	11
II. Ausgestaltung von Honorarverteilungsregelungen; Rechtsmaßstäbe des § 85 Abs 4 S. 3 ff SGB V; Grundsatz der Honorarverteilungsgerechtigkeit	17
1. Topfbildungen und Punktwertabfall	23
2. Fallwert-, Fallzahl- und Punktzahl-Begrenzungen	43
3. Sonderproblematik der Notwendigkeit von Spezialregelungen für Aufbaupraxen und andere besondere Fallkonstellationen; allgemeine Härteklausel	60
4. Stützpunktwerte und Frage von Stützpflichten	93
5. Sonstige Begrenzungen des Honorarvolumens	122
6. Fristen für die Einreichung vertragsärztlicher Abrechnungen	130
7. Abrechnungsausschluss wegen Einschaltung privater Abrechnungsstelle	132
8. Sonstiges	133
C. Honorarverteilung und Honorarbegrenzungen in dem seit 2009 geltenden System	134

Schrifttum: *Clemens,* Honorierung und Honorarverteilung im Kassenarztrecht, in: *Wenzel* (Hrsg), Handbuch des Fachanwalts Medizinrecht, 2. Aufl 2009, Kap 11 Abschn B, 1139–1186; *Gebhardt/Clemens,* Die Vergütung innerhalb des Kassenarztrechts, in: *Gramberg-Danielsen* (Hrsg), Rechtliche Grundlagen der augenärztlichen Tätigkeit, 2008, Kap 8.2; *Hess,* Die Honorargestaltung im Vertragsarztrecht, in: *Schnapp/Wigge* (Hrsg), Handbuch des Vertragsarztrechts, 2. Aufl 2006, § 16, 449–496; *Steinhilper,* Die Abrechnung vertragsärztlicher Leistungen durch die Kassenärztliche Vereinigung, in: *Schnapp/Wigge* (Hrsg), Handbuch des Vertragsarztrechts, 2. Aufl 2006, § 17, 497–520.

A. Honorierungssystem bisher und heute

1 Gemäß den in § 24 dargestellten **Grundlagen** des Finanzierungssystems in Verbindung mit der dort ebenfalls dargestellten Funktionsweise des **vertragsarztrechtlichen Viereckverhältnis**ses ergibt sich die vertragsärztliche und -zahnärztliche Honorierung aus den Bestimmungen des **EBM und** des **Bema, jeweils in Verbindung mit** weiteren Regelungen.

2 Weitere Regelungen wurden **bis Ende 2008** auf Landes- bzw K(Z)V-Ebene festgelegt, und zwar wurden bis 2004 sog **Honorarverteilungsmaßstäbe (Satzungen)** von den K(Z)Ven erlassen bzw in den weiteren Jahren bis Ende 2008 sog **Honorarverteilungsverträge** zwischen den K(Z)Ven und den Krankenkassen(-Verbänden) abgeschlossen. Zu den Honorarverteilungsmaßstäben und -verträgen gibt es umfangreiche Rspr des BSG, insbes auch dazu, inwieweit in den Honorarverteilungsregelungen **Honorarbegrenzungen** festgelegt werden dürfen (s im Folgenden II. = RdNr 17 ff).

3 **Seit dem 1.1.2009** ist die Ausgestaltung der weiteren Regelungen nicht mehr bzw kaum noch der Landes- bzw K(Z)V-Ebene überlassen. Vielmehr sind die **den EBM und den Bema ergänzenden Regelungen** nunmehr ganz überwiegend solche **auf Bundesebene:** s die im SGB V eingefügten **§§ 87a bis 87d SGB V.** Zum Teil enthalten diese Bestimmungen im SGB V selbst abschließende Regelungen, zum anderen geben sie bundeseinheitlich Vorgaben für die weitere Ausformung, so insbes im **ärztlichen** Bereich für die Festlegung der sog **Regelleistungsvolumina** (§ 87b SGB V). Nach dem neuen Recht bleibt nur noch wenig Raum für eine ergänzende Ausformung auf Landes- bzw KV-Ebene. Inwieweit hierfür noch Raum ist, wird unten (RdNr 138 ff) beschrieben.

4 Insgesamt kann zu den **neuen Regelungen,** die seit dem 1.1.2009 aus der Sicht der Rspr noch kaum etwas gesagt werden. Denn Rspr, zumal solche des BSG, liegt dazu bisher nicht vor. Sobald Auslegungsstreitigkeiten zum neuen Recht zu den Gerichten gelangen, wird eine **wesentliche Frage** sein, **ob bzw inwieweit die bisherige Rspr** zu den Honorarverteilungsregelungen **auch Maßstab für die Beurteilung der neuen Vergütungsstrukturen** sein kann. Deshalb ist es nach wie vor sinnvoll, die bisherige Rspr darzustellen. Deren Darstellung ist **zudem** deshalb von Interesse, weil **zu den bisherigen, bis Ende 2008 in Kraft gewesenen Honorarverteilungsregelungen noch zahlreiche Rechtsstreitigkeiten anhängig** sind.

5 Über diese in RdNr 2–4 angesprochenen Regelungen hinaus ist für die Gesamthonorarsituation des Arztes ferner von Bedeutung, welche **sonstigen Honorarkorrekturen** er uU zu gewärtigen hat. Diese kommen **in dreierlei Gestalt** vor. Zum einen kann ihm entgegengehalten werden, er habe bei seiner Quartalsabrechnung Leistungen in Ansatz gebracht, die nach den Regelungen des EBM bzw des Bema so nicht abrechenbar seien (sog **sachlich-rechnerische Richtigstellung,** s unten § 35). Zum anderen gibt es das Instrument der sog Wirtschaftlichkeitsprüfung, mit dem einem Arzt uU vorgehalten wird, er habe zu viele Leistungen erbracht, diese seien nicht notwendig und daher unwirtschaftlich gewesen (sog **Honorarkürzung wegen Unwirtschaftlichkeit,** s unten § 36 RdNr 43 ff). Ferner kann es zu Regressen kommen, dh der Arzt wird für angeblich **unnötige oder unzulässige Verordnungen** von Arznei-, Heil- oder Hilfsmitteln in Anspruch genommen **(Regress** wegen Unwirtschaftlichkeit oder Regress wegen Fehlens der Arzneizulassung, wegen Off-Label-Use oder wegen Verordnungsausschlusses, s unten § 36 RdNr 84 ff, 136 ff, 139 ff, 153 ff).

6 Aus den in RdNr 4 genannten Gründen sind Thema des hier nachfolgenden Kapitels zunächst die Regelungen der **Honorarverteilung** und insbes die möglichen **Honorarbegrenzungen** nach Maßgabe der Rspr des BSG (s im Folgenden RdNr 7 ff). Erst danach wird ein Überblick über und ein Ausblick auf das **neue, seit dem 1.1.2009 geltende Honorarsystem** gegeben (s unten RdNr 134 ff).

B. Honorarverteilung und Honorarbegrenzungen im früheren System

Ausgeführt wurde bereits, dass die SGe, die LSGe und das BSG Honorarverteilungs- 7
regelungen insbes am Maßstab von Art 12 Abs 1 GG iVm Art 3 Abs 1 GG – dem sog
„Grundsatz der Honorarverteilungsgerechtigkeit" – daraufhin kontrollieren, ob ihre Ausgestaltung etwa Gruppen, die über nur wenig Einfluss in der Vertreterversammlung der Kassen(zahn)ärztlichen Vereinigung (KV bzw KZV) und im Vorstand der K(Z)V verfügen, sachwidrig oder sonstwie unverhältnismäßig benachteiligt (sog Minderheitenschutz) (so § 24 RdNr 48). Darauf wird in RdNr 17 ff im Einzelnen einzugehen sein.

Honorarverteilungsregelungen erfassen jeweils nur den Rechtsbereich einer K(Z)V. In 8
Deutschland besteht in jedem Bundesland eine KV und eine KZV, in Nordrhein-Westfalen gibt es zwei KVen und zwei KZVen (die KV und KZV Nordrhein sowie die KV und KZV Westfalen-Lippe). Insgesamt bestehen in Deutschland also 17 KVen und 17 KZVen und somit auch 17 + 17 = 34 verschiedene Honorarverteilungsregelungen. Bis zum 30. 6. 2004 wurden die Honorarverteilungsregelungen in Form einer **Satzung**[1] erlassen, die als **Honorarverteilungsmaßstab (HVM)** bezeichnet wurde. Seit dem 1. 7. 2004 sind sie – gemäß der Neufassung des § 85 Abs 4 S 2 SGB V – „mit den Landesverbänden der Krankenkassen und den Ersatzkassen gemeinsam und einheitlich zu vereinbaren", dh seit diesem Zeitpunkt handelt es sich um jeweils Verträge mit den Krankenkassen, die als **Honorarverteilungsvertrag (HVV)** bezeichnet werden.

Ob diese Änderung von der Rechtsfigur der Satzung zur Vertragsform sinnvoll war, 9
erscheint fragwürdig. Motiv der Änderung war – laut Begründung des Gesetzentwurfs im Gesetzgebungsverfahren – die Absicherung kleiner Arzt- bzw Zahnarztgruppen gegen Benachteiligungen.[2] Dabei hat man sich allerdings den Nachteil eingehandelt, dass Änderungen von Honorarverteilungsregelungen sehr umständlich geworden sind: Nunmehr müssen fünf KKn(-Verbände) „gemeinsam und einheitlich" handeln (was zu erreichen sehr aufwändig sein kann).

Die Rspr des BSG hat sich bisher häufig mit HVMs befasst und nur in wenigen Fällen 10
schon mit HVVs. Die vom BSG zur Überprüfung von HVMs herausgestellten Rechtsmaßstäbe sind aber gleichermaßen auf HVVs anwendbar (unten I.). Daher ist die bisherige umfängliche Rspr weiterhin zugrundezulegen (unten II.).

I. Gleicher Rechtsmaßstab für HVM und HVV

Die Frage, ob die Ersetzung der Rechtsfigur des HVM durch den HVV die inhaltlichen 11
Anforderungen an Honorarverteilungsregelungen und die Maßstäbe für deren gerichtliche Überprüfung geändert hat, ist zu verneinen.

Auf einen HVM haben die Sozialgerichte entsprechend dessen Charakter als **Satzung**[3] 12
die für Rechtsnormen geltenden Prüfungsmaßstäbe angewendet, nämlich zunächst dessen Rechtmäßigkeit in **formell**er, dann dessen Rechtmäßigkeit in **materiell**er Hinsicht überprüft. Soweit seine Regelungen nicht mehr von der **Gestaltungsfreiheit** des Satzungsgebers gedeckt waren, haben die Gerichte sie als rechtswidrig angesehen und als nichtig qualifiziert.

Beim HVV muss indessen der „Einstieg" in die Rechtsprüfung – wegen des Charakters 13
als Vertrag, ungeachtet dessen, dass er als **„Normsetzungs"vertrag** zu qualifizieren ist[4] – bei den Vorschriften über Verträge, dh bei den Bestimmungen des SGB X über den

---

[1] St Rspr, s zB BSG v 8. 2. 2006 – B 6 KA 25/05 R – BSGE 96, 53 = SozR 4-2500 § 85 Nr 23 RdNr 25 u BSG v 19. 7. 2006 – B 6 KA 8/05 R – SozR 4-2500 § 85 Nr 28 RdNr 12.
[2] Siehe BT-Drucks 15/1525 v 8. 9. 2003, 11.
[3] Siehe vorletzte Fn.
[4] Zu dieser Rechtsfigur s zB BSG v 9. 12. 2004 – B 6 KA 44/03 R – BSGE 94, 50 = SozR 4-2500 § 72 Nr 2 RdNr 65 ff mwN.

öffentlich-rechtlichen Vertrag in §§ 53 ff SGB X, ansetzen. Deshalb bedürfen näherer Prüfung § 57 Abs 1 SGB X und § 58 Abs 1 SGB X.

14 Aus **§ 57 Abs 1 SGB X** („Ein öffentlich-rechtlicher Vertrag, der in Rechte eines Dritten eingreift, wird erst wirksam, wenn der Dritte schriftlich zustimmt.") ergeben sich keine Probleme. Aus dieser Bestimmung kann nicht abgeleitet werden, die drittbetroffenen Vertrags(zahn)ärzte müssten zustimmen. Diesen gegenüber ergibt sich die Wirkung aus der normativen Wirkung des Vertrages (sog Normsetzungsvertrag): Im Verhältnis zu ihnen liegt kein Vertragsverhältnis vor, sondern besteht eine Rechtsnorm.[5]

15 Gemäß **§ 58 Abs 1 SGB X** ist ein öffentlich-rechtlicher Vertrag nicht schon – wie Rechtsnormen – im Falle jeder Rechtswidrigkeit, sondern nur dann „nichtig, wenn sich die Nichtigkeit aus der entsprechenden Anwendung von Vorschriften des BGB ergibt" (§ 58 Abs 1 SGB X), bzw „wenn ein Verwaltungsakt mit entsprechendem Inhalt nichtig wäre" (§ 58 Abs 2 Nr 1 SGB X) oder wenn ein Verwaltungsakt (nicht nur wegen eines Verfahrens- oder Formfehlers im Sinne des § 42 SGB X) „rechtswidrig wäre und dies den Vertragsschließenden bekannt war" (§ 58 Abs 2 Nr 2 SGB X). Diese letzteren Fälle des § 58 Abs 2 SGB X dürften eher selten sein – zudem betreffen sie ohnehin nur sog subordinationsrechtliche[6] Verträge[7] –. Der erste Fall der „Nichtigkeit aus der entsprechenden Anwendung des BGB" wird indessen häufiger in Betracht kommen. Von den Nichtigkeitsgründen nach dem BGB[8] ist insbes **§ 134 BGB** (Verstoß eines Rechtsgeschäfts gegen ein gesetzliches Verbot) zu prüfen. Eine solche Nichtigkeit wird im Falle eines sog qualifizierten Rechtsverstoßes angenommen, also dann, wenn eine zwingende Rechtsnorm besteht, die nach ihrem Sinn und Zweck die Herbeiführung eines bestimmten Erfolges verbietet oder einen bestimmten Inhalt des Vertrages ausschließt.[9]

16 Hieraus ergibt sich, bezogen auf die im HVV geregelte Honorarverteilung, Folgendes: Als „zwingende Rechtsnorm, die nach ihrem Sinn und Zweck die Herbeiführung eines bestimmten Erfolges verbietet oder einen bestimmten Inhalt des Vertrages ausschließt", wird man zum einen die Vorgaben des § 85 Abs 4 S 3 ff SGB V ansehen können und zum anderen auch den Grundsatz der Honorarverteilungsgerechtigkeit, wie dieser vom BSG – ergänzend und übergreifend – entwickelt worden ist. Legt man dies zu Grunde, so sind die vom BSG zum HVM entwickelten Rechtsmaßstäbe auch für die neue Gestaltungsform des HVV maßgebend. Für HVVe gelten also dieselben Rechtsmaßstäbe wie für die bisherigen HVMe.

II. Ausgestaltung von Honorarverteilungsregelungen; Rechtsmaßstäbe des § 85 Abs 4 S. 3 ff SGB V; Grundsatz der Honorarverteilungsgerechtigkeit

17 Die Regelungen des **§ 85 Abs 4 S 3 ff SGB V sowie der** vom BSG – sie ergänzend und übergreifend – entwickelte und **aus Art 12 Abs 1 iVm Art 3 Abs 1 GG** hergeleitete

---

[5] So BSG v 15. 3. 1995 – 6 RKa 36/93 – BSGE 76, 48, 52 – SozR 3-2500 § 120 Nr 5 S. 30. Ebenso zB *Engelmann* in: *v Wulffen* (Hrsg), SGB X, § 53 RdNr 4d iVm § 57 RdNr 4 aE. – Mit Honorarverteilungsverträgen hat das BSG sich bisher mehr am Rande befasst: Vgl zB BSG v 17. 9. 2008 – B 6 KA 46/07 R – SozR 4-2500 § 75 Nr 8 RdNr 24 ff; BSG v 28. 1. 2009 – B 6 KA 30/07 R – SozR 4-2500 § 121 Nr 2 RdNr 32.

[6] Ein Über-Unterordnungs-Verhältnis iSd § 53 Abs 1 S 2 SGB X (dh eine Rechtsbeziehung, in der ein Verwaltungsakt ergehen könnte) ist im Verhältnis von K(Z)V zu den Krankenkassen(-Verbänden) jedenfalls bezogen auf das Honorarverteilungsvertragsverhältnis zu verneinen, denn in diesem Bereich ist kein Raum für den Erlass von Verwaltungsakten.

[7] Abs 2 enthält einen zusätzlichen Nichtigkeitskatalog für die subordinationsrechtlichen Verträge. Ebenso zB *Engelmann* in: *v Wulffen* (Hrsg), SGB X, § 58 RdNr 4 mwN.

[8] Siehe die Aufzählung bei *Engelmann* aaO § 58 RdNr 5.

[9] BSG v 31. 1. 2001 – B 6 KA 33/00 R – SozR 3-2500 § 115 Nr 1 S 6; BSG v 28. 9. 2005 – B 6 KA 71/04 R – BSGE 95, 141 RdNr 16 = SozR 4-2500 § 83 Nr 7 RdNr 2 RdNr 24; BSG v 17. 10. 2007 – B 6 KA 34/06 R – BSG SozR 4-2500 § 83 Nr 4 RdNr 19; BSG v 5. 11. 2008 – B 6 KA 55/07 R = SozR 4-2500 § 83 Nr 5 RdNr 14. Zusammenfassend *Engelmann* aaO § 58 RdNr 6.

Grundsatz der Honorarverteilungsgerechtigkeit enthalten vielfältige Vorgaben. Diese werden vom BSG in seinen neuen Entscheidungen (seit dem 14.12.2005) zusammenfassend zu Grunde gelegt und um allgemeine Grundsätze ergänzt. Danach ist vor allem zu beachten, „dass die Honorierung (1.) sich **an Art und Umfang** der Leistungen der Vertrags(zahn)ärzte zu **orientieren** hat (§ 85 Abs 4 S 3 SGB V), dass die Honorarverteilung (2.) **übermäßiger Ausdehnung** der vertrags(zahn)ärztlichen Tätigkeit **entgegenwirken** soll (§ 85 Abs 4 S 6 SGB V – heute, seit dem 1.1.2004, eine ‚Muss'-Vorschrift) sowie dass die Honorierung gleichmäßig auf das gesamte Jahr zu verteilen, dh den Vertrags(zahn)-ärzten (3.) **gleichmäßig bis zum Jahresende Honorar** zu gewähren ist (§ 85 Abs 4 S 5 SGB V). Über diese Vorgaben hinaus hat das BSG (im Sinne einer über § 85 Abs 4 SGB V hinaus gehenden Ausprägung des Grundsatzes der Honorarverteilungsgerechtigkeit) einen hohen Stellenwert auch dem Ziel beigemessen, (4.) eine **Punktwertstabilisierung** zu erreichen, um dem sog **Hamsterradeffekt** entgegenzuwirken und damit zugleich den Vertrags(zahn)ärzten zu ermöglichen, ihr zu erwartendes vertrags(zahn)ärztliches Honorar sicherer abzuschätzen (sog **Kalkulationssicherheit**).

Diesen verschiedenen Zielvorgaben kann ein HVM nicht gleichermaßen gerecht werden. Vielmehr muss die K(Z)V in dem Konflikt unterschiedlicher Zielsetzungen einen **angemessenen Ausgleich** im Sinne **praktischer Konkordanz** (vgl zB BVerfGE 97, 169, 176 mwN[10]) suchen. Dabei gibt es nicht nur eine richtige Kompromisslösung, sondern eine Bandbreite **unterschiedlicher Möglichkeiten gleichermaßen rechtmäßiger Regelungen**.[11] Vor dem Hintergrund dieser Bandbreite wird ohne Weiteres klar, dass die HVVe der verschiedenen KVen und KZVen sehr unterschiedlich ausgestaltet sein können.

Ungeachtet dessen, dass ein erheblicher Gestaltungsfreiraum für den Normgeber besteht, kann die Rechtsgrundlage des § 85 Abs 4 S 3 ff SGB V nicht als zu unbestimmt beanstandet werden.[12]

Bei der folgenden Darstellung der Rechtsmaßstäbe im Einzelnen ist zu beachten, dass diese nur innerhalb „einheitlicher Honorarverteilungsbereiche" gelten, dh nur jeweils innerhalb der gemäß § 85 Abs 4a S 1 SGB V **getrennt zu sehenden Bereiche** einerseits der **hausärztlichen und** andererseits der **fachärztlichen Versorgung**[13]. Diese Trennung wurde vom Gesetzgeber durch die Einfügung von § 85 Abs 4 S 1 Hs 2 SGB V eingeführt[14] und ist, weil verfassungsrechtlich unbedenklich[15], eine bei der Rechtsprüfung hinzunehmende Vorgabe.

Anhand der in RdNr 12 dargestellten generellen Vorgaben hat das BSG zahlreiche spezielle HVM-Gestaltungen seiner Beurteilung unterzogen. So hat das BSG sich in zahlrei-

---

[10] BVerfG v 27.1.1998 – 1 BvL 15/87 – BVerfGE 97, 169, 176 mit Hinweis auf BVerfG v 19.10.1993 – 1 BvR 567/89 u 1 BvR 1044/89 – BVerfGE 89, 214, 232. Ebenso zB BVerfG v 16.5.1995 – 1 BvR 1087/91 – BVerfGE 93, 1, 21; BVerfG (Kammer) 6.10.2009 – 2 BrR 693/09 – unter 2.c.bb.
[11] Zitat (mit Anpassung der Satz-Bezeichnungen an die heutige Fassung des § 85 Abs 4 SGB V) aus BSG v 8.2.2006 – B 6 KA 25/05 R – BSGE 96, 53 = SozR 4-2500 § 85 Nr 23 RdNr 24, das insoweit auf BSG v 14.12.2005 – B 6 KA 17/05 R – BSGE 96, 1 = SozR 4-2500 § 85 Nr 22 RdNr 28 aufbaut. Ebenso BSG v 19.7.2006 – B 6 KA 8/05 R – SozR 4-2500 § 85 Nr 28 RdNr 12 aE. – Vgl schon BSG v 30.10.1963 – 6 RKa 4/62 – BSGE 20, 73, 84, u BSG v 27.1.1965 – 6 RKa 15/84 – BSGE 22, 218, 224 oben: Auf die „Frage nach der ‚gerechten' Vergütung" ist „eine *Fülle vertretbarer Antworten* möglich".
[12] Siehe dazu BSG v 9.12.2004 – B 6 KA 44/03 R – BSGE 94, 50 = SozR 4-2500 § 72 Nr 2 RdNr 28, 29; BSG v 29.8.2007 – B 6 KA 29/06 R – SozR 4-2500 § 85 Nr 37 RdNr 11 mwN.
[13] Vgl BSG v 22.3.2006 – B 6 KA 67/04 R – SozR 4-2500 § 85 Nr 24 RdNr 12 ff, wonach Stützungen fachärztlicher Leistungen allein zulasten des fachärztlichen Bereichs gehen müssen, auch wenn der Stützungsbedarf möglicherweise auf einem Mengenzuwachs beruht, der durch Zunahme hausärztlicher Überweisungen bedingt ist. – Wegen Einzelheiten s unten RdNr 35.
[14] Einfügung zum 1.1.2000.
[15] Siehe dazu zB BSG v 22.6.2005 – B 6 KA 5/04 R = SozR 4-2500 § 85 Nr 17 RdNr 14.

chen Urteilen mit speziellen Problemkreisen befasst, insbes mit der Problematik von (1.) „**Topfbildungen und Punktwertabfall**", zudem mit (2.) **Fallwert-, Fallzahl- und Punktzahl-Begrenzungen,** weiterhin mit der (3.) **Sonderproblematik der Notwendigkeit von Spezialregelungen für Aufbaupraxen und andere besondere Fallkonstellationen,** ferner mit (4.) **Stützpflichten und Stützpunktwerten u. Ä.** und mit (5.) **Regelungen gegen die übermäßige Ausdehnung der kassen- bzw vertragsärztlichen Tätigkeit.** Schließlich hat das BSG auch über (6.) **sonstige Regelungen,** die die Honorarverteilung betreffen, entscheiden müssen sowie über die (7.) **Zulässigkeit von Regelungen, die nicht die Honorarverteilung betreffen, aber im HVM** enthalten sind. Zu alledem hat das BSG auch klargestellt, welche (8.) **Rechtsfolgen** sich aus der Rechtswidrigkeit bzw Nichtigkeit einer Regelung ergeben.

22 Aus diesem „bunten Strauß" von Möglichkeiten der Ausgestaltung von Honorarverteilungsregelungen sollen hier wichtige Linien dargestellt werden.[16]

1. Topfbildungen und Punktwertabfall

23 a) Die **grundlegenden Maßstäbe** für die Bildung von sog Honorartöpfen sind Folgende:

24 aa) Wie bereits in § 24 (RdNr 44 f) ausgeführt, war die Bildung **fachgruppenbezogener Honorartöpfe** lange Zeit das Kernelement vieler Honorarverteilungsregelungen.

25 Die Möglichkeit, gesonderte Honorartöpfe für verschiedene Arztgruppen zu bilden, umschließt auch die Berechtigung, zB **ermächtigte Ärzte** und ermächtigte ärztlich geleitete Einrichtungen einem gesonderten Honorartopf zuzuordnen.[17] Auch können gesonderte Honorartöpfe allgemein für **Krankenhäuser** eingeführt werden, was allerdings nur die wenigen Bereiche betreffen kann, in denen die Krankenhäuser als Institution ihr Honorar von der KV erhalten. Eine generelle Unzulässigkeit gesonderter Honorartöpfe für Krankenhäuser kann nicht etwa daraus abgeleitet werden, dass das BSG gesonderte Punktwerte für Notfallbehandlungen von Krankenhäusern für rechtswidrig erklärt hat.[18] Diese Rechtswidrigkeit hatte ihren Grund vielmehr in der **besonderen Ausgestaltung** der Honorarverteilung mit einem (EBM-ähnlichen!) festen Punktwert für die **Notfallbehandlungen** der Vertragsärzte, der nicht auch den notfallbehandelnden Krankenhäusern und Privatärzten gewährt wurde.[19]

26 Es gibt aber auch **andere Honorartöpfe** als fachgruppenbezogene. So hatte das BSG auch über Regelungen zu entscheiden, in denen Honorartöpfe nicht nach Fachgruppen gegliedert waren, sondern **nach Leistungsbereichen,** etwa in der Weise, dass alle Beratungs- und Betreuungsleistungen – gleichgültig, von welcher Fachgruppe sie erbracht wurden – aus einem Honorartopf vergütet wurden, Präventionsleistungen aus einem zweiten, operative Leistungen und Anästhesien aus einem dritten, Sonderleistungen wie Verbände, Injektionen, Sonographien uÄ aus einem vierten, Großgeräte-Leistungen aus einem fünften[20] usw. Jedem dieser sog Töpfe war dann ein bestimmtes Honorarkontingent zugewiesen. Solchen Honorartöpfen liegt der Gedanke zu Grunde, zu gewährleisten, dass Injek-

---

[16] Vollständige Darstellung bei *Clemens* in: *Wenzel* (Hrsg), Handbuch des Fachanwalts Medizinrecht, Kap 11 Abschn B, RdNr 204 ff.

[17] Dies ergibt sich deutlich aus BSG v 20. 10. 2004 – B 6 KA 30/03 R – BSGE 93, 258 = SozR 4-2500 § 85 Nr 12 RdNr 8–18.

[18] BSG v 6. 9. 2006 – B 6 KA 31/05 R = SozR 4-2500 § 75 Nr 4 (betr HVM). Ebenso BSG v 17. 9. 2008 – B 6 KA 46/07 R = SozR 4-2500 § 75 Nr 8 RdNr 15 ff (hier betr HVV).

[19] Hierzu Näheres bei *Clemens* in: *Wenzel* (Hrsg), Handbuch des Fachanwalts Medizinrecht, Kap 11 Abschn B, RdNr 236.

[20] Zu einem solchen Honorartopf s zB BSG v 9. 9. 1998 – 6 RKa 55/97 – BSGE 83, 1 = SozR 3-2500 § 85 Nr 26 S 182. Zur Zulässigkeit der Topfbildung nach Leistungsbereichen s auch BSG 11. 10. 2006 – B 6 KA 46/05 R – BSGE 97, 170 = SozR 4-2500 § 87 Nr 13 RdNr 50. Hier auch zur Zulässigkeit von Mischsystemen (BSG aaO RdNr 50 mwN).

6. Kapitel. Das Kassenarztrecht/Vertragsarztrecht 27–29 § 34

tionen von Ärzten, gleichgültig welcher Fachgruppe sie angehören, mit demselben Punktwert vergütet werden, während bei fachgruppenbezogenen Honorartöpfen die Injektion eines Internisten uU anders als die gleiche Injektion eines Orthopäden honoriert wird.

Das BSG hat in einem älteren – in seiner Art vereinzelt gebliebenen – Urteil ausgeführt, dass sehr unterschiedliche Leistungen verschieden strukturierter Arztgruppen nicht demselben Honorartopf zugeordnet werden dürften.[21] In der nachfolgenden Rspr hat es dies zwar nicht ausdrücklich fallen lassen, in der Sache aber bei Topfbildungen dem Normgeber großen Freiraum gelassen. Insbesondere hat das BSG nicht beanstandet, wenn auch solche Leistungen in einem Honorartopf miteingebunden werden, die nur auf Überweisung erbracht werden können,[22] und dass auch Typusunterschiede auf Grund des der Honorarverteilung „vorgelagerten" EBM (wie zB die Einbeziehung oder Nichteinbeziehung in sog EBM-Praxis- und Zusatzbudgets) die Zusammenbindung in einem Honorartopf nicht hindern.[23] Von jenem älteren Urteil ausdrücklich abgerückt ist das BSG aber schließlich mit Urteil von 11. 10. 2006, in dem es die Bildung eines einheitlichen Vergütungstopfs für alle Laborleistungen gebilligt hat.[24] 27

bb) Das BSG fordert jeweils für Topfbildungen eine **sachliche Rechtfertigung**.[25] In der Sache ist es auch hierbei sehr großzügig. Es lässt dafür ausreichen, dass die Topfbildung entweder dem **Schutz der anderen** – „Nicht-Miteingetopften" – dient **oder** zum **Schutz gerade der „Eingetopften"**. Beide Zielrichtungen sind bei Topfbildungen denkbar. Meist handelt es sich darum, dass – wie in § 24 RdNr 44 dargestellt – die Topfbildung auf den Schutz der anderen „Nicht-Miteingetopften" zielt. Gelegentlich gibt es aber auch Topfbildungen, die dazu dienen, dass gerade die Eingetopften vor den anderen und deren Mengenausweitungen mit der Folge eines Punktwertabfalls geschützt werden sollen.[26] 28

cc) Topfbildungen haben zur Folge, dass sich **unterschiedliche Punktwerte** für die aus dem Topf vergüteten Leistungen ergeben können im Vergleich mit den Punktwer- 29

---

[21] BSG v 29. 9. 1993 – 6 RKa 65/91 – BSGE 73, 131, 138 ff = SozR 3-2500 § 85 Nr 4 S 26 ff (betr allgemeine – standardisierte – u spezielle Laborleistungen (Kap O I u O III des EBM-alt). – Siehe dazu die „Relativierung" durch BSG v 31. 1. 2001 – B 6 KA 13/00 R – SozR 3-2500 § 85 Nr 38, das zur Rechtfertigung der Zusammenbindung im konkreten Fall auf das Bestehen weiterer unterscheidender Regelungen verwiesen hat (in diesem Fall: verschiedene Stützpunktwerte für Speziallabor und rationalisierbare Laborleistungen). – Dies weiterführend BSG v 11. 10. 2006 – B 6 KA 46/05 R – BSGE 97, 170 = SozR 4-2500 § 87 Nr 13 RdNr 51 ff.
[22] Siehe BSG v 28. 1. 1998 – B 6 KA 96/96 R – SozR 3-2500 § 85 Nr 24 S 164; BSG v 11. 9. 2002 – B 6 KA 30/01 R – SozR 3-2500 § 85 Nr 48 S 408 mwN; BSG v 20. 10. 2004 – B 6 KA 30/03 R – BSGE 93, 258 = SozR 4-2500 § 85 Nr 12 RdNr 15 aE und RdNr 30 aE; BSG v 9. 12. 2004 – B 6 KA 44/03 R – BSGE 94, 50 = SozR 4-2500 § 72 Nr 2 RdNr 50; BSG v 11. 10. 2006 – B 6 KA 46/05 R – BSGE 97, 170 = SozR 4-2500 § 87 Nr 13 RdNr 50; BSG v 29. 8. 2007 – B 6 KA 43/06 R – SozR 4-2500 § 85 Nr 40 RdNr 18 aE; BSG v 28. 1. 2009 – B 6 KA 5/08 R – SozR 4-2500 § 85 Nr 45 RdNr 18.
[23] Siehe BSG v 11. 9. 2002 – B 6 KA 30/01 R – SozR 3-2500 § 85 Nr 48 S 409. – Zu den Praxis- und Zusatzbudgets im Allgemeinen s zuletzt BSG v 22. 3. 2006 – B 6 KA 80/04 R – SozR 4-2500 § 87 Nr 12 RdNr 11–13.
[24] BSG v 11. 10. 2006 – B 6 KA 46/05 R – BSGE 97, 170 = SozR 4-2500 § 87 Nr 13 RdNr 48 f, 51 mwN.
[25] Vgl zB BSG v 3. 3. 1999 – B 6 KA 15/98 R – SozR 3-2500 § 85 Nr 31 S 237; BSG v 11. 9. 2002 – B 6 KA 30/01 R – SozR 3-2500 § 85 Nr 48 S 408 unten.
[26] Zu dieser Möglichkeit s zB BSG v 11. 9. 2002 – B 6 KA 30/01 R – SozR 3-2500 § 85 Nr 48 S 408 f: „... sachliche Rechtfertigung ... kann sich insbes aus dem Ziel ... ergeben, ... zu verhindern, dass sich die Anteile an den Gesamtvergütungen für einzelne Arztgruppen verringern, weil andere Gruppen durch Mengenausweitungen ihre Anteile an den Gesamtvergütungen absichern oder sogar vergrößern." – Ebenso BSG v 20. 10. 2004 – B 6 KA 30/03 R – BSGE 93, 258 = SozR 4-2500 § 85 Nr 12 RdNr 15.

ten, die für die gleichen Leistungen bei Vergütung aus dem übrigen Gesamtvergütungsvolumen – zB aus anderen Töpfen – gelten. Die Honorierung darf **noch innerhalb eines Honorartopfes** weiter differenziert werden, indem dafür **besondere weitere Regelungen** geschaffen werden. So darf für die Vergütung aus einem Topf eine besondere Regelung zB dahin getroffen werden, dass jeder Behandlungsfall bis zu einer bestimmten Punktmenge mit einem **höheren Basiswert** und hinsichtlich der darüber hinausgehenden Punkte nur mit einem geringeren Punktwert honoriert wird.[27]

30 b) Im Falle einer Topfbildung steht im Mittelpunkt von Streitigkeiten meist nicht so sehr die Frage, ob überhaupt in dieser Weise Honorartöpfe gebildet werden durften, als vielmehr die Frage, ob dem Honorartopf ein **ausreichend großes Finanzvolumen** zugewiesen wurde. Die Bemessung der Finanzvolumina für die einzelnen Honorartöpfe wird bzw wurde im Regelfall an den Abrechnungsvolumina früherer Jahre bzw früherer Quartale orientiert, dh das Gesamtvergütungsvolumen wurde auf die verschiedenen Honorartöpfe **entsprechend dem Verhältnis** aufgeteilt, welcher Finanzbedarf sich für die verschiedenen Arztgruppen bzw Leistungsbereiche **in einem vergangenen Zeitraum** auf Grund der Honoraranforderungen der Ärzte ergeben hatte.[28] Dabei wurden zB für die Aufteilung des Gesamtvergütungsvolumens ab 2008 als **Bezugszeitraum** – gelegentlich auch als „Referenzzeitraum" oder als „Bemessungszeitraum" bezeichnet – die Honoraranforderungen des Jahres 2006 oder der Durchschnitt der Honoraranforderungen in den Jahren 2004 bis 2006 herangezogen, was die Rspr billigt.[29]

Bei solchen **Finanzzumessungen** in Orientierung an die im früheren Zeitraum von den Ärzten abgeforderten Finanzmengen wird davon ausgegangen, dass diese **entsprechend dem medizinischen Bedarf** verteilt waren.[30]

31 Zu der Frage, ob das **Finanzvolumen,** das einem Honorarkontingent zugeordnet ist, im Falle von Änderungen in anderen Bereichen (zB vermehrte Überweisungen von anderen Ärzten; oder Erhöhungen der EBM-Punktwerte) **zu erhöhen** ist, wird auf die Ausführungen in RdNr 32 und 51 verwiesen (sog Beobachtungs- und Reaktionspflicht).

---

[27] Siehe BSG v 3. 3. 1999 – B 6 KA 15/98 R – SozR 3-2500 § 85 Nr 31 S 238 oben; vgl auch BSG v 21. 5. 2003 – B 6 KA 35/02 R – nicht veröffentlicht – und st Rspr: zB BSG v 14. 12. 2005 – B 6 KA 17/05 R – BSGE 96, 1 = SozR 4-2500 § 85 Nr 22 RdNr 27; BSG v 8. 2. 2006 – B 6 KA 25/05 R – BSGE 96, 53 = SozR 4-2500 § 85 Nr 23 RdNr 23.

[28] Solche Fälle sind häufig Gegenstand von BSG-Entscheidungen, vgl zB BSG v 11. 9. 2002 – B 6 KA 30/01 R – SozR 3-2500 § 85 Nr 48 S 409; BSG v 6. 11. 2002 – B 6 KA 21/02 R – BSGE 90, 111, 117 f = SozR 3-2500 § 85 Nr 49 S 421 unten; BSG v 16. 7. 2003 – B 6 KA 29/02 R – BSGE 91, 153 = SozR 4-2500 § 85 Nr 3 RdNr 26 aE; BSG v 10. 12. 2003 – B 6 KA 54/02 R – BSGE 92, 10 = SozR 4-2500 § 85 Nr 5 RdNr 14; BSG v 20. 10. 2004 – B 6 KA 30/03 R – BSGE 93, 258 = SozR 4-2500 § 85 Nr 12 RdNr 15; BSG v 9. 12. 2004 – B 6 KA 44/03 R – BSGE 94, 50 = SozR 4-2500 § 72 Nr 2 RdNr 140, s auch RdNr 117, 122, 123; BSG v 6. 9. 2006 – B 6 KA 29/05 R – SozR 4-2500 § 85 Nr 26 RdNr 25; BSG 29. 8. 2007 – B 6 KA 2/07 R – SozR 4-2500 § 85 Nr 34 RdNr 24 aE; BSG v 19. 8. 2007 – B 6 KA 43/06 R – SozR 4-2500 § 85 Nr 40 RdNr 18, 22 aE; BSG v 28. 5. 2008 – B 6 KA 9/07 R – BSGE 100, 254 = SozR 4-2500 § 85 Nr 42 RdNr 61; BSG v 28. 1. 2009 – B 6 KA 5/08 R – SozR 4-2500 § 85 Nr 45 RdNr 17. – Zur Zulässigkeit der Anknüpfung speziell auch an die – um medizinisch nicht erklärbare Leistungsausweitungen bereinigten – Abrechnungswerte der Quartale I und II/1996 s BSG 22. 6. 2005 – B 6 KA 80/03 R = SozR 4-2500 § 87 Nr 10 RdNr 15 aE.

[29] Der Bezugszeitraum kann auch weit zurückliegen. So hat zB das BSG gebilligt, dass die Bemessung der Finanzvolumina für die Honorarverteilung bis 2000 nach den Verhältnissen von 1994 erfolgte: BSG v 20. 10. 2004 – B 6 KA 13/04 B – RdNr 1 iVm 8 mwN – in juris dokumentiert. – Zu weiteren Einzelfragen im Zusammenhang mit der Bildung von Honorarkontingenten in Anknüpfung an frühere Zeiträume s *Clemens* in: Wenzel (Hrsg), Handbuch des Fachanwalts Medizinrecht, Kap 11 Abschn B, RdNr 240.

[30] Vgl dazu BSG 29. 8. 2007 – B 6 KA 2/07 R – SozR 4-2500 § 85 Nr 34 RdNr 24 „Die Anteile der einzelnen Fachgruppentöpfe an den Gesamtvergütungen müssen ... auf der Grundlage des tatsächlichen medizinischen Versorgungsbedarfs der Patienten in den jeweiligen Fachgebieten bzw Leistungsbereichen bemessen werden.".

c) Wie bereits dargestellt (§ 24 RdNr 44), sind Topfbildungen häufig darauf angelegt, 32
dass die „Eingetopften" im eigenen Saft braten" sollen und so im Falle von Mengenausweitungen nur ihre Punktwerte, nicht aber auch diejenigen der anderen – „Nicht-Miteingetopften" – sinken. Es kann aber auch Fälle geben, in denen die Mengenausweitungen **nicht von den Eingetopften selbst zu verantworten** sind, zB wenn der Punktwert im Honorartopf für CT- und MRT-Leistungen dadurch sinkt, dass die anderen Ärzte vermehrt Überweisungen zu solchen Untersuchungen vornehmen, sodass sie mehr Leistungen durchführen müssen und „Punkte produzieren", ohne dass sie dies veranlasst oder zu verantworten haben.[31] Führt dies zu einem gravierenden Punktwertabfall, so muss uU die KV reagieren und das Honorarkontingent für diesen Honorartopf aufstocken oder den Punktwert sonstwie stützen. Dafür hat das BSG unter dem Gesichtspunkt der **„Beobachtungs- und Reaktionspflicht"** Maßstäbe vorgegeben, die an späterer Stelle (RdNr 106 ff) im Einzelnen dargestellt werden.

d) Da im Falle von Honorartöpfen das Vergütungsvolumen für den einzelnen Arzt 33
bzw Zahnarzt maßgebend davon abhängt, wie groß das Honorarkontingent ist, das dem Topf zugeordnet ist, hat es gelegentlich Honorarverteilungsregelungen derart gegeben, dass das **Honorarkontingent** stets **entsprechend den Änderungen der Zahl der** dem Honorartopf zugeordneten **Vertrags(zahn)ärzte verändert** werde. Eine solche Regelung ist indessen **rechtswidrig**.[32] Sie liefe darauf hinaus, dass die Erhöhung der Arztzahl einer Fachgruppe **unabhängig davon, ob** damit eine **bedarfsbedingt**e Ausweitung der Leistungsmenge einhergeht, eine Steigerung des Honorarvolumens dieser Gruppe zulasten anderer Arztgruppen nach sich zöge. Solche Auswirkungen zulasten anderer sind indessen nur dann gerechtfertigt, wenn eine medizinisch gerechtfertigte Änderung des Leistungsgeschehens vorliegt: Nur wenn die ärztlichen Leistungen einer Arztgruppe **bedarfsbedingt** expandieren – zB weil sich die Zusammensetzung ihrer Patientenschaft oder die Zahl ihrer Patienten oder die Art ihrer Behandlungsfälle verändert hat oder weil der medizinische Standard anspruchsvoller geworden ist –, könnte der so erhöhte Leistungsbedarf bei der einen Arztgruppe eine Erhöhung des ihr zustehenden Honorarkontingents zulasten anderer rechtfertigen.[33, 34]

---

[31] Zu solch einem Fall s BSG v 9. 9. 1998 – B 6 KA 55/97 R – BSGE 83, 1, 4 f = SozR 3-2500 § 85 Nr 26 S 186 f; – ähnlich auch BSG v 20. 10. 2004 – B 6 KA 30/03 R – BSGE 93, 258 = SozR 4-2500 § 85 Nr 12 RdNr 24 ff, 31 ff – Siehe auch BSG v 20. 10. 2004 aaO RdNr 30 mit Distanzierung („noch verneinend") gegenüber der Wertung, dass Radiologen und Nuklearmediziner keine Mitverantwortung an der Mengenentwicklung treffe (s hierzu BSG v 9. 9. 1998 aaO S 5 f bzw 187; ebenso noch BSG v 3. 3. 1999 – B 6 KA 8/98 R – SozR 3-2500 § 85 Nr 30 S 231). – Vgl dazu auch unten RdNr 107 aE.

[32] BSG v 29. 8. 2007 – B 6 KA 2/07 R – SozR 4-2500 § 85 Nr 34 RdNr 21; vorher schon zB BSG v 22. 6. 2005 – B 6 KA 68/04 B, in juris dokumentiert; BSG v 31. 8. 2005 – B 6 KA 52/04 B – und BSG v 31. 8. 2005 – B 6 KA 22/05 B – letzter Absatz –, Letztere beide nicht veröffentlicht.

[33] Ansonsten „liefe das auf die Anerkennung angebotsinduzierter – sich je nach Arztzahl ändernder – Honorarvolumina hinaus bzw trüge ... in sich die Tendenz zu einer auslastungsunabhängigen Alimentierung der Vertragsärzte" (so wörtlich BSG v 22. 6. 2005 – B 6 KA 68/04 B, in juris dokumentiert). – Das BSG hat in diesem Beschluss (vorletzter Absatz aE) angedeutet, dass in Betracht kommen kann, eine Arztzahl-Änderungsregelung – dh eine solche, bei der die Änderung der Arztzahl automatisch zur Änderung des Honorarkontingents führt – dadurch „zu retten", dass sie einschränkend ausgelegt wird, in dem Sinne, dass Veränderungen der Arztzahl nur unter bestimmten Voraussetzungen zu einer Veränderung der Honorarkontingente führen. Indessen sah sich in dem entschiedenen Fall das BSG an einer solchen „Rettung" der beanstandeten Bestimmung gehindert, weil das LSG diese als strikt-automatische Regelung verstanden hatte und dies gemäß §§ 162, 163 SGG für das Revisionsgericht bindend war.

[34] Die Rechtswidrigkeit einer solchen Arztzahlveränderungsregelung wirkt aber nicht beliebig fort: Wird später die Honorarverteilung neu geregelt und dabei die Zuteilung der Finanzvolumina „auf neue Beine gestellt" – auch wenn dabei die Finanzvolumina zugrunde gelegt werden, die sich auf der Grundlage der Arztzahlveränderungsregelung ergeben haben –, so ist damit keine Rechts-

34 e) Bei der Frage, ob und in welcher Art Honorartöpfe gebildet werden, hat der Normsetzer (HVM-Satzungsgeber bzw HVV-Vertragspartner) nach Maßgabe der unter RdNr 23–33 genannten Kriterien eine (weite) Gestaltungsfreiheit. Eine **Pflicht, Honorartöpfe zu schaffen,** besteht **grundsätzlich nicht.** Ob es in Ausnahmefällen doch entsprechend der Rechtsfigur der „Ermessensreduzierung auf Null" Fallkonstellationen geben kann, in denen eine entsprechende Verpflichtung besteht, hat das BSG bisher nicht abschließend entschieden. In den Fällen, die ihm zur Entscheidung vorlagen, hat es jeweils eine solche „Reduzierung der Gestaltungsfreiheit des Normgebers auf Null" verneint. Die grundlegende Entscheidung betraf den Fall, dass in einem KV-Bezirk die fachgruppenbezogenen Honorartöpfe abgeschafft worden waren und stattdessen nur ein Fachärzte-Gesamttopf gebildet wurde. Das BSG verwarf die Ansicht der dadurch honorarmäßig schlechter gestellten HNO-Ärzte, der Verzicht auf Fortführung der Fachgruppentöpfe sei rechtswidrig, vielmehr müssten fachgruppenbezogene Honorartöpfe erneut geschaffen bzw fortgeführt werden. Das BSG führte aus, dass ein Punktwertabfall für die HNO-Ärzte uU eine Beobachtungs- und Reaktionspflicht auslösen könne, dass dem Normgeber im Falle der Notwendigkeit eines Handelns aber viele verschiedene Gestaltungsmöglichkeiten zur Verfügung stünden: außer der Möglichkeit einer Topfbildung zB die Schaffung von Individualbudgets, von Fallwert- und/oder von Fallzahlbegrenzungen.[35]

35 f) Bei aller Gestaltungsfreiheit, ob und in welcher Art Honorartöpfe gebildet werden, ist aber – wie schon oben in RdNr 20 erwähnt – die gesetzliche Vorgabe der **Trennung des haus- vom fachärztlichen Honorarkontingent** zu beachten. Gemäß § 85 Abs 4 S 1 Hs 2 SGB V verteilt die KV „die Gesamtvergütungen getrennt für die Bereiche der hausärztlichen und der fachärztlichen Versorgung".[36] Die Kriterien für die Festlegung der jeweiligen Honoraranteile werden gemäß § 85 Abs 4a S 1 SGB V vom Bewertungsausschuss bestimmt.[37] Aus diesen Regelungen ergibt sich, dass aus dem hausärztlichen Honorarkontingent allein die Leistungen der Hausärzte und aus dem fachärztlichen allein die Leistungen der Fachärzte zu vergüten sind. Daraus folgt, dass **Zugriffe auf das jeweils andere Kontingent** oder auch nur Stützungen aus diesem **nicht zulässig** sind, auch nicht unter dem Gesichtspunkt, dass die Hausärzte durch ihre Überweisungen uU zu viele fachärztliche Leistungen veranlassen.[38] An diese Grundsätze hat das BSG in späteren Urteilen angeknüpft.[39]

36 g) **Sonderfall: Fremdkassenausgleich.** – Im Zusammenhang mit der Ausgestaltung der Honorarverteilungsregelungen stellt sich auch die Frage der Honorierung von Fremdkassen- und Fremdarzt-Leistungen, zB ob die Vergütung der Fremdkassen-Fälle aus einem dafür gebildeten gesonderten Honorartopf erfolgen muss oder jedenfalls darf.

37 Als **Fremdkassen-Leistungen** werden solche bezeichnet, die ein Arzt bzw Zahnarzt an einem Patienten vornimmt, der seinen Wohnsitz in einem anderen K(Z)V-Bezirk hat.

---

widrigkeit gegeben (so BSG v 11. 3. 2009 – B 6 KA 47/08 B – RdNr 8; BSG v 28. 10. 2009 – B 6 KA 42/08 B – und v 28. 10. 2009 – B 6 KA 51/08 B –).

[35] BSG v 22. 6. 2005 – B 6 KA 5/04 R – SozR 4-2500 § 85 Nr 17 RdNr 13 ff, 22.

[36] Die Aufteilung in einen haus- und einen fachärztlichen Teil ist Aufgabe der KV. Die Aufteilung nimmt nicht etwa schon die Krankenkasse vor, diese entrichtet vielmehr nur eine einheitliche Gesamtvergütung für die gesamte vertragsärztliche Versorgung (BSG v 17. 9. 2008 – B 6 KA 48/07 R – SozR 4-2500 § 75 Nr 9 RdNr 34).

[37] Siehe Umsetzungs-Beschluss des Bewertungsausschusses v 16. 2. 2000 mit späterer Änderung, DÄBl 2000, A-556, und 2002, A-146.

[38] Siehe BSG v 22. 3. 2006 – B 6 KA 67/04 R – SozR 4-2500 § 85 Nr 24 RdNr 12 ff, insbes RdNr 15–17.

[39] BSG v 6. 9. 2006 – B 6 KA 29/05 R – SozR 4-2500 § 85 Nr 26 RdNr 28 und BSG v 6. 9. 2006 – B 6 KA 30/05 R – MedR 2007, 618, 622 RdNr 28.

Hierfür gewährt die andere K(Z)V das Honorar an die K(Z)V, in deren Bezirk der Vertrags(zahn)arzt seinen Sitz hat, was organisatorisch im Wege des sog Fremdkassenausgleichs abgewickelt wird (s. dazu § 75 Abs 7 S 1 Nr 2 iVm S 2 SGB V). **Fremdarzt-Leistungen** werden diejenigen Leistungen genannt, die von Vertrags(zahn)ärzten anderer K(Z)V-Bezirke an Patienten erbracht wurden, die Mitglied „hiesiger" KKn sind, und für die diese K(Z)V Zahlungen an die andere K(Z)V entrichten muss. Was für die eine K(Z)V eine Fremdkassen-Leistung ist, stellt sich für die andere K(Z)V als Fremdarzt-Leistung dar.

Für die **Honorierung der Fremdkassen- und Fremdarzt-Fälle** ist von folgenden Grundsätzen auszugehen:[40] 38

Ohne Weiteres zulässig ist die Regelung (oder Handhabung), dass die Fremdkassen- und Fremdarzt-Leistungen **ebenso vergütet** werden **wie Leistungen bereichseigener** Vertrags(zahn)ärzte. Dieses Prinzip kommt „im Zweifel" zur Anwendung, also auch dann, wenn die Honorarverteilungsbestimmungen keinerlei Regelung für die Honorierung von Fremdkassen-Fällen enthalten. Das bedeutet, dass dann für diese Leistungen dieselben Punktwerte wie auch sonst gelten, dh dass im Falle der Bildung von Honorartöpfen für Arztgruppen oder Leistungsbereiche die sich daraus ergebenden Punktwerte auch für die Fremdkassen- und Fremdarzt-Leistungen gelten.[41] 39

Es dürfen aber auch **andere Regelungen** getroffen werden, allerdings sind Sonderregelungen **sorgfältig zu überprüfen.** So darf die Honorierung nicht absoluten Sonderbestimmungen unterworfen werden, die die Honorierung von Fremdkassen- und/oder Fremdarzt-Fällen ungerechtfertigterweise anders regeln. So darf zB **nicht ein gesonderter Honorartopf zur Vergütung der Fremdkassen-Fälle** geschaffen werden, weil die Eigenschaft, dass es sich um einen Fremdkassen-Fall handelt, kein sachlich rechtfertigendes Kriterium für eine Topfbildung ist.[42] Ebenso wenig darf – ohne Topfbildung – für alle Fremdkassen-Leistungen die Geltung eines einheitlichen Fremdkassen-Punktwertes bestimmt werden.[43] Die Honorarverteilungsregelungen dürfen aber die **in der Fremd-K(Z)V angewendeten abweichenden Fremd-K(Z)V-Punktwerte gelten lassen,** sodass diese also an die Vertrags(zahn)ärzte „durchgereicht" werden. Dafür kann in der Honorarverteilung auf die Geltung der Punktwerte der jeweiligen Fremd-K(Z)V für die Fremdkassen-Leistungen verwiesen werden.[44] 40

h) Eine vielfach übliche – und zulässige – Gestaltung der Honorarverteilung besteht darin, manche Leistungen vorab im Wege von **Vorwegabzügen vorab** dem Gesamtvergütungsvolumen zu entnehmen, bevor dies auf die Honorartöpfe verteilt und den diesen zugeordneten Ärzten ausbezahlt wird. Dies gilt **insbes** für die **Honorare für Notfallbehandlungen,** aber auch zB für die Honorierung von Leistungen für Versicherte von sonstigen Kostenträgern (hierzu unten i = RdNr 42) und für die Vergütung von Fremd- 41

---

[40] So allerdings v BSG bisher nicht ausdrücklich hervorgehoben. – Die Zahl der Fremdkassen-Fälle dürfte durch das Gesetz zur Einführung des Wohnortprinzips (seit 1.1.2002, BGBl I 2001, 3526) erheblich reduziert worden sein, aber die Problematik besteht nach wie vor. – Vgl dazu BSG v 17.10.2007 – B 6 KA 34/06 R – SozR 4-2500 § 83 Nr 4 RdNr 29 aE.
[41] So ausdrücklich LSG BW v 19.11.1995 – L 5 Ka 2010/94 – MedR 1996, 279, 283.
[42] So LSG BW v 19.11.1995 – L 5 Ka 2010/94 – MedR 1996, 279, 280–282; ebenso BSG v 13.11.1996 – 6 RKa 15/96 – SozR 3-2500 § 85 Nr 16 S 106 oben und 107: systemfremdes Unterscheidungsprinzip.
[43] BSG v 13.11.1996 – 6 RKa 15/96 – SozR 3-2500 § 106 Nr 16 S 104; BSG v 9.12.2004 – B 6 KA 71/03 R, 73/03 R, 83/03 R –, alle unveröffentlicht.
[44] So im Fall BSG v 21.5.2003 – B 6 KA 31/01 R – SozR 4-2500 § 85 Nr 1 RdNr 9/10, 12; ebenso BSG v 9.12.2004 aaO gemäß vorstehender Fn. – Dem *gleichwertig* dürfte wohl eine *ausdrückliche* Regelung derart sein, dass die Fremdkassen-Vergütungen nicht *aus den Honorartöpfen* erfolgen, diese vielmehr *nur für die Leistungen für bereichseigene Krankenkassen* anzuwenden sind, sodass die von der Fremd-K(Z)V festgelegten abweichenden Fremdkassenpunktwerte gelten.

kassenleistungen (dazu oben g = RdNr 36 ff).[44a] Solche Vorwegabzüge, die durch die Vorab-Abführung zulasten aller gehen, sind im Rahmen der Honorarverteilung unbedenklich, soweit dies zugunsten solcher Leistungen geschieht, die legitimerweise **zulasten aller zu honorieren** sind. Dies ist zB bei Leistungen, die im Rahmen eines sog **organisierten Notfalldienst** erbracht werden, ohne Weiteres der Fall. Notfallbehandlungen sind gemäß § 75 Abs 1 S 2 SGB V Teil des Sicherstellungsauftrags der K(Z)V, liegen also in der gemeinsamen Verantwortung aller an der vertragsärztlichen Versorgung teilnehmenden Leistungserbringer[45]: Deshalb müssen, auch solche Leistungserbringer, die selbst nicht Notfalldienst leisten müssen wie zB Psychotherapeuten (in manchen KV-Bereichen auch Pathologen), es hinnehmen, dass die Honorierung der Notfallbehandlungen durch Vorwegabzüge zu ihren Lasten geht.[46]

42 **i)** Die K(Z)Ven haben ebenfalls eine Gestaltungsfreiheit, ob sie die Honorierung von Leistungen für Versicherte von **sonstigen Kostenträgern** (so zB bei Leistungen für Heilfürsorgeberechtigte wie Zivildienstleistende) in die Honorarverteilungsregelungen einbeziehen (und die Ärzte dementsprechend für die **Behandlungen von deren Versicherten** die gleichen Vergütungen erhalten wie für die Behandlungen der Versicherten der Primär- und Ersatzkassen) oder ob sie die Behandlungen für die sonstigen Kostenträger nur nach Durchschnittspunktwerten vergüten, die im Wege der Division des Gesamtvergütungsvolumens durch das Gesamtpunktevolumen errechnet werden, und diese Vergütungen im Wege von Vorwegabzügen vorab von den Gesamtvergütungen vor deren weiterer Verteilung abgezogen werden.[47]

2. Fallwert-, Fallzahl- und Punktzahl-Begrenzungen

43 **a)** Um ungerechtfertigten Mengenausweitungen (und dem sog Hamsterradeffekt) entgegenzuwirken, bestehen auch noch andere Möglichkeiten als die Bildung von Honorartöpfen, wie bereits in § 24 RdNr 44. erwähnt worden ist. So können **Honorarbegrenzungen je Behandlungsfall** normiert werden, etwa in der Weise, dass nur bis zu einem bestimmten Fallwert (dh einer bestimmten Fallpunktzahl) eine volle und darüber hinaus nur eine abgestaffelte Honorierung erfolgt. Es können auch fall**zahl**orientierte Honorarbegrenzungen in der Weise festgelegt werden, dass **nur eine bestimmte Zahl an Behandlungsfällen voll** und die darüber hinausgehende Zahl nur abgestaffelt honoriert wird. Oder es können mehrere dieser Instrumente miteinander kombiniert werden. Zulässig sind ferner **umfassende Budgets je Vertrags(zahn)arzt**, die dieser einhalten muss, bzw deren Überschreitung dazu führt, dass er insoweit nur geringeres Honorar oder evtl sogar keine zusätzliche Vergütung erhält.

44 Für alle diese Arten von Honorarbegrenzungen gilt, dass die Begrenzung **in Punktzahlen oder in Euro-Beträgen** festgelegt und dass sie **entweder** anhand **fachgruppendurchschnittlicher** Fallzahlen bzw Honorarvolumina festgelegt **oder individuell** für

---

[44a] Ferner auch zulässig für die Honorierung zB der ermächtigten Ärzte und Institutionen: BSG v 28. 10. 2004 – B 6 KA 30/03 R – BSGE 93, 258 = SozR 4-2500 § 85 Nr 12 RdNr 7 iVm 11 ff, 16–19.

[45] Betr Pathologen s BSG v 6. 2. 2008 – B 6 KA 13/06 R – SozR 4-2500 § 75 Nr 7 RdNr 12–14.

[46] Betr Psychotherapeuten s zB BSG v 28. 5. 2008 – B 6 KA 41/07 R, 42/07 R, 43/07 R, 49/07 R = jeweils RdNr 52; davon ist das Urteil B 6 KA 9/07 R in BSGE 100, 254 = SozR 4-2500 § 85 Nr 42 veröffentlicht. – Zum Charakter des Notfalldienstes als allgemeiner Pflicht der Vertragsärzte einschließlich auch der Pathologen s das vorgenannte Urteil des BSG v 6. 2. 2008 – B 6 KA 13/06 R – SozR 4-2500 § 75 Nr 7 RdNr 12–14. Siehe dazu ferner BSG v 28. 1. 2009 – B 6 KA 61/07 R – BSGE 102, 219 = SozR 4-2500 § 118 Nr 1 RdNr 29.

[47] Zu einer Gestaltung im letzteren Sinne s BSG v 17. 9. 2008 – B 6 KA 48/07 R – SozR 4-2500 § 75 Nr 9.

6. Kapitel. Das Kassenarztrecht/Vertragsarztrecht   45, 46 § 34

jeden Vertrags(zahn)arzt gesondert nach dessen Fallzahl bzw dessen Honorarvolumen in früheren Zeiträumen bemessen werden kann[48].

Bemessungen nach fachgruppenbezogenen **Durchschnittswerten** hat das BSG schon **45** in den 1990er Jahren gebilligt.[49] Dabei lässt das BSG dem Normgeber von HVM bzw HVV freie Hand, wie er die Vergütung für die über die Begrenzung hinausgehenden Leistungen gestaltet. Es gestattet Abstaffelungen der Punktwerte für die darüber hinausgehenden Leistungen. Es billigt aber auch Honorarverteilungsregelungen, die für diese Leistungen nur einen kleinen Teil des Gesamtvergütungsvolumens belassen (zB 3 %) und die dadurch insoweit zu verhältnismäßig geringer Honorierung führt (im entschiedenen Fall ergab sich eine Quote von nur 17 %).[50] Das BSG hat sogar erkennen lassen, dass es die Versagung jeglicher Vergütung für die darüber hinausgehenden Leistungen billigen würde.[51]

Das BSG hat aber auch Bemessungen **individuell** nach dem Honorarvolumen des Ver- **46** trags(zahn)arztes in früheren Zeiträumen gebilligt, und zwar zunächst bei sektoralen Budgets (im Zahnbereich bei den konservierend-chirurgischen, Parodontose- und Kieferbruch-Behandlungen),[52] später auch weitergehend bei **umfassenden Budget**s.[53] Seitdem hat das BSG wiederholt daran angeknüpft.[54] Auch in diesen Fällen hat das BSG erkennen lassen, dass es die Versagung jeglicher zusätzlicher Vergütung für die das Budget überschreitenden Leistungen billigen würde.[55] – Die Billigung von **Individualbudget**s auf der Grundlage der Honorarumsätze in vergangenen Zeiträumen (häufig in drei früheren Jahren)[56] beruht auf der Erwägung, dass „der in der Vergangenheit erreichte Praxisumsatz bei typisierender Betrachtung ein maßgebendes Indiz für den Umfang ist, auf den der Ver-

---

[48] Zur Kombination einer Festlegung mit festen Euro-Beträgen, die an Durchschnittswerten ausgerichtet sind, s zB das im Folgenden noch näher erläuterte Urteil des BSG v 8. 2. 2006 – B 6 KA 25/05 R – BSGE 96, 53 = SozR 4-2500 § 85 Nr 23 RdNr 19, 22, 30 f; vgl auch BSG v 19. 7. 2006 – B 6 KA 8/05 R – SozR 4-2500 § 85 Nr 28 RdNr 10, 15.
[49] BSG v 3. 12. 1997 – 6 RKa 21/97 – BSGE 81, 213, 216 ff, 220, 223 = SozR 3-2500 § 85 Nr 23 S 151 ff, 155 f, 158 f – Dies fortführend zB BSG v 21. 5. 2003 – B 6 KA 35/02 R –, unveröffentlicht; BSG v 8. 2. 2006 – B 6 KA 25/05 R – BSGE 96, 53 = SozR 4-2500 § 85 Nr 23 RdNr 19, 23. – Alles Urteile zum Zahnbereich.
[50] BSG v 8. 2. 2006 – B 6 KA 25/05 R – BSGE 96, 53 = SozR 4-2500 § 85 Nr 23 RdNr 19 iVm 22; vgl auch BSG v 19. 7. 2006 – B 6 KA 8/05 R – SozR 4-2500 § 85 Nr 28 RdNr 16.
[51] So ausdrücklich BSG v 8. 2. 2006 – B 6 KA 25/05 R – BSGE 96, 53 = SozR 4-2500 § 85 Nr 23 RdNr 31.
[52] Siehe BSG v 21. 10. 1998 – B 6 KA 71/97 R – BSGE 83, 52 = SozR 3-2500 § 85 Nr 28. Ebenso die Parallelurteile vom selben Tag: B 6 KA 65/97 R – SozR 3-2500 § 85 Nr 27; B 6 KA 35/98 R – MedR 1999, 472; B 6 KA 98/97 R – SGb 1999, 524; B 6 KA 67/97 R – USK 98 178. – Ebenso BSG v 28. 4. 1999 – B 6 KA 63/98 R – USK 99 119.
[53] BSG v 10. 12. 2003 – B 6 KA 54/02 R – BSGE 92, 10 = SozR 4-2500 § 85 Nr 5 RdNr 10. So zB auch BSG v 28. 1. 2009 – B 6 KA 5/08 R – SozR 4-2500 § 85 Nr 45 RdNr 17: „gesamtes Leistungsvolumen umfassen".
[54] Siehe zB BSG v 9. 12. 2004 – B 6 KA 44/03 R – BSGE 94, 50 = SozR 4-2500 § 72 Nr 2 RdNr 53 u 56; BSG v 22. 6. 2005 – B 6 KA 80/03 R – SozR 4-2500 § 87 Nr 10 RdNr 21; BSG v 14. 12. 2005 – B 6 KA 17/05 R – BSGE 96, 1 = SozR 4-2500 § 85 Nr 22 RdNr 27; BSG v 8. 2. 2006 – B 6 KA 25/05 R – BSGE 96, 53 = SozR 4-2500 § 85 Nr 23 RdNr 23; BSG v 29. 11. 2006 – B 6 KA 42/05 R – SozR 4-2500 § 85 Nr 30 RdNr 13; BSG v 28. 1. 2009 – B 6 KA 5/08 R – SozR 4-2500 § 85 Nr 45 RdNr 17.
[55] BSG v 10. 12. 2003 – B 6 KA 54/02 R – BSGE 92, 10 = SozR 4-2500 § 85 Nr 5 RdNr 12 aE; vgl auch BSG v 10. 12. 2003 – B 6 KA 76/03 R – SozR 4-2500 § 85 Nr 6 RdNr 11: „Restleistungsvergütung … kann entfallen".
[56] Hierzu zusammenfassend BSG v 9. 12. 2004 – B 6 KA 44/03 R – BSGE 94, 50 = SozR 4-2500 § 72 Nr 2 RdNr 54 mwN. – Siehe außerdem BSG v 6. 11. 2002 – B 6 KA 21/02 R – BSGE 90, 111, 117 f = SozR 3-2500 § 85 Nr 49 S 421; BSG v 10. 12. 2003 – B 6 KA 54/02 R – BSGE 92, 10 = SozR 4-2500 § 85 Nr 5 RdNr 10, 14; vgl auch BSG v 22. 6. 2005 – B 6 KA 80/03 R = SozR 4-2500 § 87 Nr 10 RdNr 21. – Zur Anknüpfung an vergangene Zeiträume s auch oben RdNr 30.

tragsarzt seine vertragsärztliche Tätigkeit ausgerichtet hat".[57] Deutliche und schnelle Steigerungen dieses Umfangs können auf nicht medizinisch indizierte Mengenausweitungen hindeuten, sind jedenfalls rechtfertigungsbedürftig; bei Vorliegen rechtfertigender Gründe müssen auf der Grundlage entsprechender Härte-Ausnahme-Regelungen Budgeterweiterungen bewilligt werden (hierzu s unten RdNr 74–79).

47 Soweit zusätzliche Leistungen über eine Mengenbegrenzung, zB ein Budget, hinaus nicht zu zusätzlichem Honorar führen, liegt nach der Terminologie des BSG **keine „Null-Vergütung"** vor (was rechtlich kritisch wäre): „Die Einführung von Honorarobergrenzen bedeutet nicht, dass für einzelne Leistungen oder Teile von ihnen keine Vergütung gewährt werde; vielmehr wird lediglich das Ausmaß der Vergütungen insgesamt der Höhe nach begrenzt, sodass das auf die einzelne Leistung entfallende Honorar entsprechend der größeren Anzahl erbrachter Leistungen sinkt."[58]

48 **b)** Auf Grund des Ausgangspunktes, dass Punkt**zahlen** im EBM und im Bema festgelegt werden und sich erst aus der im Quartal von allen Vertrags(zahn)ärzten insgesamt abgerechneten Gesamtpunktmenge in Verbindung mit deren Verhältnis zum Gesamtvergütungsvolumen sowie unter Berücksichtigung der Honorarverteilungsregelungen ein konkreter Punkt**wert** und Geldbetrag ergibt (§ 24 RdNr 41), kann es befremdlich erscheinen, wenn **in Honorarverteilungsregelungen Vergütungsgrenzen mit** Angabe von **Punktzahlen** bestimmt werden. Indessen kommt dies in vielen HVM bzw HVV vor und ist auch durchaus zulässig. Wie das BSG ausgeführt hat, sind Honorarverteilungsregelungen, „die unmittelbar den Punkt**wert** regeln, und andererseits solche, die zwar am abgerechneten Punkt**zahl**volumen ansetzen, aber letztlich zur Stabilisierung des Punktwerts beitragen, funktionell austauschbar" und können „daher rechtlich nicht grundsätzlich unterschiedlich bewertet werden".[59]

49 **c)** Auch sonst sind **„Parallel"regelungen** – sowohl im EBM/Bema als auch im HVM bzw HVV – **nicht** schlechthin **unzulässig**.

50 Im EBM waren in der Zeit v 1. 7. 1997 bis zum 30. 6. 2003 sog Budgets – Praxis- und Zusatzbudgets – mit Punktzahlkontingenten für bestimmte Leistungen festgelegt.[60] Diese änderten grundsätzlich nichts an der Berechtigung der KVen, im HVM auch mengensteuernde Regelungen zu treffen, um so eine gerechte Honorarverteilung zu erreichen und zugleich ihrer gesetzlichen Verantwortung für die Sicherstellung der vertragsärztlichen Versorgung gerecht zu werden.[61] Aus den Budgetregelungen des EBM ergaben sich insbes keine Vorgaben für die Strukturen der Honorarverteilungsregelungen: Auch Arztgruppen, die der EBM unbudgetiert gelassen hatte, durften im HVM budgetiert werden, indem sie entweder in einem Honorartopf zusammengefasst oder die Honorierung ihrer Leistungen durch Individualbudgets begrenzt wurden;[62] im EBM nicht budgetierte Leis-

---

[57] Zitat aus BSG v 10. 12. 2003 – B 6 KA 54/02 R – BSGE 92, 10 = SozR 4-2500 § 85 Nr 5 RdNr 10.
[58] Zitat aus BSG v 10. 12. 2003 – B 6 KA 54/02 R – BSGE 92, 10 = SozR 4-2500 § 85 Nr 5 RdNr 13 aE. – Ebenso st Rspr, zB für Fallzahl-Begrenzungen BSG v 10. 3. 2004 – B 6 KA 3/03 R – BSGE 92, 233 = SozR 4-2500 § 85 Nr 9 RdNr 13; BSG v 22. 6. 2005 – B 6 KA 5/04 R = SozR 4-2500 § 85 Nr 17 RdNr 18. Vgl ferner ebenso BSG v 11. 3. 2009 – B 6 KA 62/07 R – BSGE 103, 1 = SozR 4-2500 § 106a Nr 7 RdNr 13 aE. – Vgl auch unten RdNr 88.
[59] Zitat aus BSG v 11. 9. 2002 – B 6 KA 30/01 R – SozR 3-2500 § 85 Nr 48 S 411.
[60] Siehe Beschlüsse des Bewertungsausschusses v 19. 11. 1996 und v 11. 3. 1997, DÄBl 1996, A-3364 ff; 1997, A-864 ff. – Mit Geltung bis zum 30. 6. 2003, s Aufhebungsbeschluss v 19. 12. 2002, DÄBl 2003, A-218. – Zum Inhalt der Budgetregelungen s zusammenfassend BSG v 22. 3. 2006 – B 6 KA 80/04 R – SozR 4-2500 § 87 Nr 12 RdNr 11–13.
[61] BSG v 9. 12. 2004 – B 6 KA 44/03 R – BSGE 94, 50 = SozR 4-2500 § 72 Nr 2 RdNr 51; BSG v 22. 6. 2005 – B 6 KA 5/04 R – SozR 4-2500 § 85 Nr 17 RdNr 12 aE.
[62] So für Radiologen BSG v 9. 12. 2004 – B 6 KA 44/03 R – BSGE 94, 50 = SozR 4-2500 § 72 Nr 2 RdNr 51. – Dies wiederholend BSG v 22. 6. 2005 – B 6 KA 5/04 R – SozR 4-2500 § 85 Nr 17 RdNr 12.

tungen durften in HVM-Honorartöpfe einbezogen werden;[63] und die Zuordnungen zu Honorartöpfen im HVM mussten nicht an den im EBM normierten Unterschieden (zB zwischen budgetierten und nicht budgetierten Arztgruppen) orientiert werden.[64]

Insbesondere kann aus **allgemeinen Änderungen des EBM** – wie zB aus **Erhöhungen der Punktzahlen** in bestimmten Bereichen – nicht gefolgert werden, den betroffenen Arztgruppen müsse durch sofortige Änderungen des HVM bzw des HVV (so etwa im Falle arztgruppenbezogener Honorarkontingente durch Aufstockung der den Arztgruppen zugeordneten Finanzvolumina) – zu diesen vgl RdNr 30 f) ermöglicht werden, dass sich die Punktzahlzuwächse auch im Quartalshonorar merklich auswirken. In solchen Fällen darf vielmehr die **KV abwarten,** wie sich die EBM-Änderungen in den verschiedenen Fachgruppen auswirken. Sie muss aber die Honorarentwicklung in den verschiedenen Arztgruppen **beobachten** und nach Maßgabe der Anforderungen der Rechtsfigur der Beobachtungs und Reaktionspflicht (hierzu RdNr 106–116) **ggf. Nachbesserungen** vornehmen.[65] 51

Nur wenn eine Vorschrift des **EBM erkennbar ein bestimmtes Regelungsziel** verfolgt, kann sich daraus eine Beschränkung der Gestaltungsfreiheit bei der Ausformung der Honorarverteilung ergeben. So hat das BSG[66] den Vorschriften des EBM über die Kinder-Früherkennungs-Untersuchungen das Ziel einer – wenn auch nur begrenzten – Mengensteigerung entnommen. Dies steht zwar nicht der Einbeziehung dieser Leistungen in einen Honorartopf entgegen.[67] Diese dürfen aber nicht einer honorarbegrenzenden Punktzahlobergrenze unterworfen werden.[68] Ebenso hat das BSG entschieden, dass Honorarverteilungsregelungen, mit denen die KV von der Ermächtigung im EBM Gebrauch macht, schematische Vorgaben für Zusatzbudgets durch regionalisierte Berechnungen zu modifizieren, bei Abweichung von den klaren Vorgaben des EBM rechtswidrig sind.[69] 52

Eine Honorarverteilungsregelung ist auf jeden Fall wegen Kollision mit dem EBM **rechtswidrig, wenn** im HVM direkt geregelt wird, dass ein bestimmtes **im EBM ausgewiesenes Punktzahlvolumen** im Rahmen der Honorierung **nicht gelten soll.** Ebenso rechtswidrig ist eine Honorarverteilungsregelung, die das im EBM festgelegte **Wertverhältnis** der verschiedenen Leistungstatbestände zueinander „**direkt**" korrigiert wird; dies war in einem beim BSG anhängigen Verfahren der Fall gewesen, indem im HVM bestimmt war, dass bestimmte Leistungen mit Punktwerten um 20% niedriger als andere Leistungen honoriert werden sollten.[70] „Legal" lassen sich solche Honorierungsunterschiede nur erreichen, indem die verschiedenen Leistungen aus unterschiedlichen Honorartöpfen honoriert werden, wobei aber die Zuordnung zu verschiedenen Honorartöpfen nicht sachwidrig sein darf (hierzu oben RdNr 28). 53

---

[63] BSG v 11.9.2002 – B 6 KA 30/01 R – SozR 3-2500 § 85 Nr 48 S 409. – Ebenso BSG v 8.3.2000 – B 6 KA 7/99 R – BSGE 86, 16, 26 f = SozR 3-2500 § 87 Nr 23, 126 zur Zusammenfassung budgetierter kinderärztlicher Leistungen mit den nicht budgetierten Kinder-Vorsorge- und -Früherkennungs-Leistungen in einem Honorartopf.

[64] BSG v 22.6.2005 – B 6 KA 5/04 R – SozR 4-2500 § 85 Nr 17 RdNr 12 f.

[65] Hierzu s zB BSG v 29.8.2007 – B 6 KA 43/06 R – SozR 4-2500 § 85 Nr 40 RdNr 20, 25, 28 f zur Höherbewertung anästhesistischer Leistungen im EBM zum 1.1.1996. Noch plastischer BSG v 16.7.2008 – B 6 KA 62/07 B – zur Höherbewertung pathologischer Leistungen im EBM zum 1.1.1996. Siehe auch früher schon BSG v 20.10.2004 – B 6 KA 13/04 B – RdNr 5 ff, 8 – in juris dokumentiert – zur Höherbewertung von Gesprächsleistungen im EBM zum 1.1.1996.

[66] BSG v 11.9.2002 – B 6 KA 30/01 R – SozR 3-2500 § 85 Nr 48.

[67] BSG v 11.9.2002 aaO S 408 f.

[68] BSG v 11.9.2002 aaO S 410 ff.

[69] So BSG v 16.5.2001 – B 6 KA 47/00 R – SozR 3-2500 § 87 Nr 30 S 171 zur Berechnung von Zusatzbudgets für Bildung von Untergruppen.

[70] Ein solcher Fall lag den Revisionsverfahren B 6 KA 32/07 R und B 6 KA 33/07 R zugrunde (s hierzu die BSG-Terminvorschau Nr 62/08 v 27.11.2008 und den Terminbericht Nr 62/08 v 11.12.2008, jeweils unter Nr 3 und 4).

54 **d) Besondere Rechtmäßigkeitsmaßstäbe** hat das BSG für sog **Fallzahl-Begrenzungen** entwickelt, dh für Regelungen zur Begrenzung von Honorarerhöhungen durch Fallzahlsteigerungen.[71] Aus der weiteren Rspr des BSG zu solchen Begrenzungsregelungen ist deutlich geworden, dass die insoweit herausgestellten speziellen Maßstäbe nur für sog „isolierte" Fallzahlbegrenzungen gelten, dh **nur solche HVMs bzw HVVs** betreffen, **in denen dies das maßgebliche Vergütungssteuerungsinstrument ist.** Wenn sich indessen aus zB umfassenden Individualbudgets zugleich Begrenzungen für Honorarzuwächse durch Fallzahlsteigerungen ergeben, sind nur die Rechtmäßigkeitsmaßstäbe heranzuziehen, die für die Beurteilung von Individualbudgets gelten, nicht dagegen außerdem die Maßstäbe für Begrenzungen von Honorarerhöhungen durch Fallzahlsteigerungen.[72]

55 Bei Regelungen zur Begrenzung von Honorarerhöhungen durch Fallzahlsteigerungen hat das BSG deshalb Anlass zu speziellen Rechtmäßigkeitsmaßstäben gesehen, weil die **Steigerung der Fallzahlen in besonderer Weise schutzwürdig** ist. Die Fallzahl einer Praxis spiegelt „die Attraktivität der Behandlung eines Arztes aus der Perspektive der Patienten wider. Die Gewinnung neuer Patienten erweist sich damit als legitimes Mittel des Arztes, seine Position im Wettbewerb mit den Berufskollegen zu verbessern."[73] So hat das BSG als **Grundsatz** die Forderung aufgestellt, dass eine **5 %ige Fallzahlsteigerung** im Vergleich zum entsprechenden Vorjahresquartal möglich bleiben muss.[74] Das BSG hat aber auch engere Regelungen gebilligt, die nur **geringere Steigerungsmöglichkeiten** zuließen, so etwa dann, wenn das Honorar für die darüber hinausgehenden Fälle und Leistungen nur geringfügig abgestaffelt war[75] oder wenn die Steigerungsmöglichkeit auf nur 2 % bemessen war, dies sich aber auf eine erst kurz zurückliegende Leistungsmenge bezog und die Restvergütungsquote immerhin 50 % betrug.[76]

56 e) Die **verschiedenen Regelungstypen** (RdNr 43–48 und 54 f) können auch **kombiniert** werden, zB:

57 • individuelle Punktzahlobergrenzen mit einem insoweit höheren Punktwert, darüber hinaus nur ein floatender Punktwert nach Maßgabe des Restvergütungsvolumens

58 • durchschnittsorientierte Punktzahlkontingente (Budgets) und darüber hinaus nur floatender („quotierter") Punktwert nach Maßgabe des Restvergütungsvolumens[77]

---

[71] Grundlegend BSG v 13. 3. 2002 – B 6 KA 1/01 R – BSGE 89, 173 = SozR 3-2500 § 85 Nr 45 und BSG v 13. 3. 2002 – B 6 KA 48/00 R – SozR 3-2500 § 85 Nr 44 sowie BSG v 10. 3. 2004 – B 6 KA 3/03 R – BSGE 92, 233 = SozR 4-2500 § 85 Nr 9 und BSG v 10. 3. 2004 – B 6 KA 13/03 R – SozR 4-2500 § 85 Nr 10.

[72] So deutlich BSG v 10. 12. 2003 – B 6 KA 76/03 R – SozR 4-2500 § 85 Nr 6 RdNr 20 aE (zu Individualbudgets) und BSG v 14. 12. 2005 – B 6 KA 17/05 R – BSGE 96, 1 = SozR 4-2500 § 85 Nr 22 RdNr 33 (zu einer sog Richtgrößen- und Umsatzregelung). – Siehe auch zB BSG v 10. 12. 2003 – B 6 KA 54/02 R – BSGE 92, 10 = SozR 4-2500 § 85 Nr 5 RdNr 10 (keine Heranziehung der besonderen Rechtmäßigkeitsmaßstäbe bei Begrenzung von Honorarsteigerungen durch Fallzahlerhöhungen).

[73] Zitat aus BSG v 13. 3. 2002 – B 6 KA 48/00 R – SozR 3-2500 § 85 Nr 44 S 363.

[74] BSG v 13. 3. 2002 – B 6 KA 48/00 R und B 6 KA 1/01 R – SozR 3-2500 § 85 Nr 44 und Nr 45 = BSGE 89, 173. Demgemäß war die Möglichkeit einer Steigerung nur entsprechend der Gesamtvergütung unzureichend: BSG v 13. 3. 2002 – B 6 KA 48/00 R – SozR 3-2500 § 85 Nr 44 S 366 unten. – Zu Möglichkeiten näherer Ausgestaltung der 5 %igen Steigerung s BSG v 10. 3. 2004 – B 6 KA 3/03 R – BSGE 92, 233 = SozR 4-2500 § 85 Nr 9 RdNr 18 aE und BSG v 10. 3. 2004 – B 6 KA 13/03 R – SozR 4-2500 § 85 Nr 10 RdNr 14 aE – mit der Möglichkeit, die 5 % entweder auf den Fachgruppendurchschnitt oder auf die eigene Fallzahl zu beziehen. – Zur Möglichkeit völliger Freistellung von der 5 %-Begrenzung, wenn die Fachgruppe insgesamt nur geringere Steigerungen aufwies, s BSG je aaO RdNr 14 bzw RdNr 13.

[75] So BSG v 10. 3. 2004 – B 6 KA 3/03 R – BSGE 92, 233 = SozR 4-2500 § 85 Nr 9 RdNr 16.

[76] So BSG v 9. 12. 2004 – B 6 KA 44/03 R – BSGE 94, 50 = SozR 4-2500 § 72 Nr 2 RdNr 57.

[77] So zB BSG v 8. 2. 2006 – B 6 KA 25/05 R – BSGE 96, 53 = SozR 4-2500 § 85 Nr 23 RdNr 19, 22 f, 26 ff.

6. Kapitel. Das Kassenarztrecht/Vertragsarztrecht   59–64 § 34

- durchschnittsorientierte Punktzahlkontingente und darüber hinaus progressiv ansteigende Punktwertabstaffelung je nach Umfang des Gesamtvergütungsvolumens.[78]   59

3. Sonderproblematik der Notwendigkeit von Spezialregelungen für Aufbaupraxen und andere besondere Fallkonstellationen; allgemeine Härteklausel

Die vielfältigen Möglichkeiten für Honorarbegrenzungsregelungen – jeweils um Mengenausweitungen zu begrenzen – können teilweise gerade für Vertrags(zahn)ärzte, die sich noch in der Phase des Aufbaus ihrer Praxis befinden, problematisch sein. Beispielsweise würde ein Individualbudget, das nach dem Honorarvolumen vergangener Zeiträume bemessen ist (dazu RdNr 46), die noch im Aufbau befindliche Praxis auf das Honorarniveau begrenzen, das sie im noch früheren Aufbaustadium hatte. Damit würde ein weiterer Aufbau verhindert. Dies wäre mit dem Grundsatz der Honorarverteilungsgerechtigkeit, den das BSG aus Art 12 Abs 1 iVm Art 3 Abs 1 GG herleitet, nicht vereinbar. Das würde neue Ärzte bzw Praxen in ihrer **beruflichen Entfaltung** unverhältnismäßig behindern und ließe zudem die erforderlichen Differenzierungen im Vergleich mit schon ausgewachsenen Praxen vermissen.[78a]   60

Dementsprechend hat das BSG spezielle Regelungen insbes für sog Aufbaupraxen, aber auch generell für Praxen mit unterdurchschnittlichem Umsatz gefordert. Dabei darf der Normgeber statt des Zurückbleibens unter dem **Durchschnitt** als Maßstab das Zurückbleiben unter dem sog **Median** festlegen.[79]   61

a) **Aufbau**praxen muss eine **sofortige Steigerung** ihres Honorarumsatzes **bis zum durchschnittlichen Umsatz** der Fachgruppe (bzw bis zum Median[80]) möglich sein.[81] Und soweit an frühere eigene Abrechnungsvolumina angeknüpft wird, darf auch in der Zeit nach der Aufbauphase (zu deren Dauer RdNr 66) keine Anknüpfung an Volumina der Aufbauphase erfolgen. Dies bedeutet: 62

Werden für jeden Vertrags(zahn)arzt bzw für jede Praxis Individualbudgets auf der Grundlage früherer eigener Abrechnungsvolumina festgesetzt oder werden Honorarerhöhungen durch Fallzahlsteigerungen auf bestimmte Prozentsätze begrenzt, so müssen für Aufbaupraxen Sonderregelungen getroffen werden, und zwar   63

- zum einen in der Weise, dass die Vertrags(zahn)ärzte, die sich noch **in der Aufbauphase** befinden, **von den Begrenzungen freigestellt** werden,[82] und   64

---

[78] So zB BSG v 19. 7. 2006 – B 6 KA 8/05 R – SozR 4-2500 § 85 Nr 28 RdNr 13 ff, 18.

[78a] Die hier und im Folgenden dargestellten Grundsätze dürften auch zu beachten sein unter Geltung der Regelleistungsvolumina ab 2009. Vgl dazu SG Marburg v 6. 8. 2009 – S 11 KA 430/09 ER – in juris dokumentiert – RdNr 32–37.

[79] Siehe BSG v 28. 3. 2007 – B 6 KA 10/06 – SozR 4-2500 § 85 Nr 32 und BSG v 28. 3. 2007 – B 6 KA 9/06 R – MedR 2007, 560 und 614.

[80] Siehe vorstehende Fn.

[81] Ein Anspruch auf weitergehendes Wachstum besteht nicht: BSG v 10. 12. 2003 – B 6 KA 54/02 R – BSGE 92, 10 = SozR 4-2500 § 85 Nr 5 RdNr 21; BSG v 10. 12. 2003 – B 6 KA 76/03 R – SozR 4-2500 § 85 Nr 6 RdNr 17 ff; BSGE 96, 1 = SozR 4-2500 § 85 Nr 22 RdNr 30; BSG v 8. 2. 2006 – B 6 KA 25/05 R = BSGE 96, 53 = SozR 4-2500 § 85 Nr 23 RdNr 27 ff, 31 ff, insbes RdNr 28; vgl zu letzterem Urteil auch BVerfG [Kammer] v 27. 10. 2006 – 1 BvR 1645/06 ua – SozR 4-2500 § 85 Nr 33 RdNr 7 f = MedR 2007, 298, 299.

[82] Grundlegend BSG v 21. 10. 1998 – B 6 KA 71/97 R – BSGE 83, 52, 58 ff = SozR 3-2500 § 85 Nr 28 S 207 ff – Ebenso die Parallelurteile vom selben Tag: B 6 KA 65/97 R – SozR 3-2500 § 85 Nr 27 S 195; B 6 KA 35/98 R – MedR 1999, 472, 475 f; B 6 KA 68/97 R – SGb 1999, 524, 527 f; B 6 KA 67/97 R – USK 98 178 S 1067 ff – Ebenso BSG v 28. 4. 1999 – B 6 KA 63/98 R – USK 99 119 S 689. – Aus neuerer Zeit ebenso BSG v 10. 12. 2003 – B 6 KA 54/02 R – BSGE 92, 10 = SozR 4-2500 § 85 Nr 5 RdNr 23; BSG v 10. 3. 2004 – B 6 KA 3/03 R – BSGE 92, 233 = SozR 4-2500 § 85 Nr 9 RdNr 18; vgl auch BSG v 10. 3. 2004 – B 6 KA 13/03 R – SozR 4-2500 § 85 Nr 10 RdNr 18.

65 • zum anderen darf für die Zeit nach Abschluss der Aufbauphase **keine Anknüpfung an Bezugsgrößen aus der Aufbauphase** erfolgen.[83] Dies bedeutet, dass für die Zeit nach Abschluss der Aufbauphase nicht an bisherige eigene Abrechnungsvolumina bzw Fallzahlen angeknüpft werden darf, vielmehr eine andere Anknüpfung gesucht werden muss. Dafür bietet sich insbes der Durchschnitt der Arztgruppe an, der der Vertrags-(zahn)arzt angehört, zB das durchschnittliche Abrechnungsvolumen der Arztgruppe oder die durchschnittliche Fallzahl der Arztgruppe.

66 **b) Die Aufbauphase** kann auf **3, 4 oder 5 Jahre** bemessen werden.[84] Sie endet normalerweise, sobald die so zeitlich festgelegte Aufbauphase abgelaufen ist. Die Aufbauphase endet aber auch dann, und zwar vorzeitig, wenn ein Vertrags(zahn)arzt bereits vorher die Durchschnittswerte[85] der Arztgruppe – sei es den Durchschnitt des Umsatzes, des Fallwerts bzw der Fallzahl – erreicht hat.[86]

67 c) Das BSG hat noch nicht entschieden, ob ein **neu zugelassener** Vertrags(zahn)arzt, der eine seit langem **bestehende Praxis übernimmt,** eine „Aufbaupraxis" betreibt oder ob sie als eine schon ältere Praxis anzusehen ist. Es spricht viel dafür, dass derjenige, der den Zuschnitt einer Praxis übernimmt, als Praxisnachfolger auch die dieser Praxis zugeordneten Honorarbegrenzungen gegen sich gelten lassen muss.[87] Mehr erreichen kann er nur, wenn er geltend machen kann, im Interesse der Patientenversorgung ein erweitertes Leistungsspektrum zu erbringen, sodass ihm ein Härtefall anerkannt und deshalb ein höheres Honorarkontingent zuerkannt werden müsse. Dafür muss er dartun, im übergreifenden Versorgungsinteresse das Leistungsspektrum zu verändern bzw zu erweitern (zur Härtefall-Anerkennung RdNr 74–79).

68 Vom BSG ebenfalls noch nicht erörtert ist der Fall des Eintritts eines **neuen Partners in eine Gemeinschaftspraxis bzw Berufsausübungsgemeinschaft.** In einer solchen Praxis ist nicht individualisierbar, ob ein Partner erst noch unterdurchschnittlichen Umsatz und unterdurchschnittliche Fallzahlen hat. Seit der 2005 erfolgten Neufassung des EBM[88] muss zwar – jedenfalls im Fall fachübergreifender Gemeinschaftspraxen bzw Berufsausübungsgemeinschaften – bei der Abrechnung für jede Leistung angegeben werden, welcher der Partner sie erbracht hat. Innerhalb der Praxis können die Partner aber in großem Umfang lenken, wer von ihnen wie viele Patienten behandelt, sodass die Partner ihrerseits das Ergebnis, ob ein Partner noch unterdurchschnittlichen Umsatz und unterdurchschnittliche Fallzahlen hat, beeinflussen können. Deshalb wird man dem Arzt bzw Zahnarzt, der in eine Gemeinschaftspraxis bzw Berufsausübungsgemeinschaft eintritt, nicht die Begünstigung für Aufbaupraxen zuerkennen können. Handelt es sich um einen HVM bzw HVV, der jeder Praxis Honorarkontingente zuordnet, so wird man die Kontingenterhöhung, die durch den Neueintritt erforderlich wird, wohl nach dem Durchschnitt

---

[83] Dazu besonders deutlich zB BSG v 10.12.2003 – B 6 KA 54/02 R – BSGE 92, 10 = SozR 4-2500 § 85 Nr 5 RdNr 23, 24 betr Individualbudgets und BSG v 10.3.2004 – B 6 KA 3/03 R – BSGE 92, 233 = SozR 4-2500 § 85 Nr 9 RdNr 18 betr Honorarbegrenzung bei Fallzahlsteigerungen.

[84] Vgl BSG v 10.3.2004 – B 6 KA 3/03 R – BSGE 92, 233 = SozR 4-2500 § 85 Nr 9 RdNr 18; BSG 22.6.2005 – B 6 KA 80/03 R – SozR 4-2500 § 87 Nr 10 RdNr 27. – Vgl auch BSG v 10.12.2003 – B 6 KA 54/02 R – BSGE 92, 10 = SozR 4-2500 § 85 Nr 5 RdNr 23, 24.

[85] Oder den Median, vgl RdNr 61.

[86] So ausdrücklich BSG v 10.3.2004 – B 6 KA 3/03 R – BSGE 92, 233 = SozR 4-2500 § 85 Nr 9 RdNr 18: „Praxen, die die Aufbauphase überschritten haben – sei es, dass sie die zeitlich festgelegte Aufbauphase verlassen oder bereits vorher die Durchschnittswerte der Arztgruppe erreicht haben".

[87] Mit anderer Tendenz früher *Clemens* in der 1. Aufl v *Wenzel* (Hrsg), Handbuch des Fachanwalts Medizinrecht, 2007, Kap 11 Abschn B, RdNr 238.

[88] Seit 1.4.2005: Abschn I unter Nr 5.3.

der Ärzte der Fachgruppe oder – wenn das geringer ist – nach dem Durchschnitt der Mitgemeinschafter bemessen müssen.[89]

d) Eine besondere Begünstigung ist aber nicht nur für Vertrags(zahn)ärzte erforderlich, die sich noch in der Aufbauphase befinden, sondern auch für Vertrags(zahn)ärzte, die noch **nach der Aufbauphase unterdurchschnittliche Umsätze** (bzw Umsätze unter dem sog Median[90]) haben. Auch diesen muss es möglich bleiben, den durchschnittlichen Umsatz der Arztgruppe (bzw den Median) zu erreichen.[91] Allerdings müssen diese anders als diejenigen Vertrags(zahn)ärzte, die sich noch in der Aufbauphase befinden, **nicht von jeder Wachstumsbegrenzung völlig freigestellt** werden. Vielmehr können für sie durch entsprechende Honorarverteilungsregelungen jedenfalls **in zweierlei Hinsicht** – über Weiteres hat das BSG bisher nicht entschieden – **Wachstumsbeschränkungen** normiert werden: **69**

- Die ihnen einzuräumende Möglichkeit, den **durchschnittlichen Umsatz der Arztgruppe zu erreichen,** kann auf fünf Jahre gestreckt werden: Sie müssen den Fachgruppendurchschnitt also nicht sofort erreichen können, vielmehr **reicht es aus,** wenn ihnen dies **binnen fünf Jahren** ermöglicht wird.[92] **70**
- Den sog. Unterdurchschnittlern braucht die Möglichkeit der Honorarsteigerung aber nicht unbeschränkt eingeräumt zu werden. Vielmehr kann die Zubilligung eines Honorarwachstums davon abhängig gemacht werden, dass der Arzt überhaupt sein **Leistungsvolumen steigert.** **71**

Die Zubilligung eines Honorarwachstums kann grundsätzlich auch davon abhängig gemacht werden, dass der Arzt **Fallzahl**[93]**erhöhungen** aufzuweisen hat.

Dies birgt allerdings die Tendenz, Fallwertsteigerungen unberücksichtigt zu lassen.[94] Indessen ist fraglich, ob ein Radiologe, der erstmals einen MRT[94a] anschafft und dadurch allerdings **nur seine Fallwerte erhöht**, stets ein Honorarwachstum versagt werden kann. Muss ihm, auch wenn er seine Fallzahl nicht erhöht, evtl im Hinblick

---

[89] Teilweise ähnlich SG Marburg v 16.1.2008 – S 12 KA 1066/06 – in juris RdNr 23, 25, 32.
[90] Hierzu s RdNr 61 und die dortigen Rspr-Angaben.
[91] Ein Anspruch auf weitergehendes Wachstum besteht nicht: BSG v 10.12.2003 – B 6 KA 54/02 R – BSGE 92, 10 = SozR 4-2500 § 85 Nr 5 RdNr 21; BSG v 10.12.2003 – B 6 KA 76/03 R – SozR 4-2500 § 85 Nr 6 RdNr 17 ff; BSGE 96, 1 = SozR 4-2500 § 85 Nr 22 RdNr 30; BSG v 8.2.2006 – B 6 KA 25/05 R – BSGE 96, 53 = SozR 4-2500 § 85 Nr 23 RdNr 27 ff, 31 ff, insbes RdNr 28; vgl zu letzterem Urteil auch BVerfG [Kammer] v 27.10.2006 – 1 BvR 1645/06 ua – SozR 4-2500 § 85 Nr 33 RdNr 7 f = MedR 2007, 298, 299.
[92] BSG v 10.12.2003 – B 6 KA 54/02 R – BSGE 92, 10 = SozR 4-2500 § 85 Nr 5 RdNr 20, 22; BSG v 10.3.2004 – B 6 KA 13/03 R – BSGE 92, 233 = SozR 4-2500 § 85 Nr 9 RdNr 19, 21.
[93] Im Sinne von Patientenzahl.
[94] So die Tendenz in BSG v 10.3.2004 – B 6 KA 3/03 R – BSGE 92, 233 = SozR 4-2500 § 85 Nr 9 RdNr 18: „umsatzmäßig unterdurchschnittlich abrechnende Praxen – dabei insbes, aber nicht nur neu gegründete Praxen – die Möglichkeit haben, durch Erhöhung der Zahl der von ihnen behandelten Patienten den durchschnittlichen Umsatz der Arztgruppe zu erreichen. ... Dies bedeutet *nicht, dass alle Praxen mit unterdurchschnittlichem Umsatz von jeder Begrenzung des Honorarwachstums verschont* werden müssen, *wie dies den neu gegründeten Praxen* einzuräumen ist, solange diese sich noch in der Aufbauphase befinden...". – Und BSG aaO RdNr 19: Praxen mit unterdurchschnittlicher Fallzahl (müssen) ihr Honorar durch Fallzahlerhöhungen bis zum Fachgruppendurchschnitt steigern können, und zwar binnen fünf Jahren. *„Nur neu gegründete Praxen sind* für die Zeit des Aufbaus *von der Wachstumsbegrenzung völlig freizustellen.”* – Diese Unterscheidung zwischen den sog Aufbaupraxen und den (sonstigen) unterdurchschnittlich abrechnenden Praxen war noch nicht so deutlich in BSG v 10.12.2003 – B 6 KA 54/02 R – BSGE 92, 10 = SozR 4-2500 § 85 Nr 5 RdNr 19. – Nochmals deutlich – betr unterdurchschnittlich abrechnende Praxen nach der Aufbauphase – BSG v 19.7.2006 – B 6 KA 1/06 B – mit Zurückweisung einer Revisions-Nichtzulassungsbeschwerde. – Zusammenfassend BSG v 28.1.2009 – B 6 KA 5/08 R – SozR 4-2500 § 85 Nr 45 RdNr 23 ff (s insbes auch RdNr 28 aE – 30) sowie zu Einzelfragen des Fünfjahres-Zeitraums RdNr 31 ff.
[94a] Oder ein Internist ein Sonographie-Gerät anschafft.

darauf, dass er seine Behandlungen dem medizinischen Standard anpasst – zB der Radiologe schafft erstmals einen MRT an oder ein Internist schafft ein Sonographiegerät an –, für die hierdurch bedingte Fallwertsteigerung und Steigerung des Leistungsvolumens eine Honorarsteigerung zugebilligt werden?[94b]

72 Zur Klarstellung:[94c] Der Wachstumsanspruch besteht dann, wenn Steigerungen des Gesamtleistungsvolumens und zugleich Fallzahlerhöhungen vorliegen. Ob ein Wachstumsanspruch auch dann bestehen kann, wenn eine Steigerung des Gesamtleistungsvolumens und nur eine Fallwerterhöhung gegeben sind, ist noch nicht obergerichtlich geklärt. Ist allein eine Steigerung des Leistungsvolumens gegeben – oder nicht einmal dies gegeben –, so besteht kein Wachstumsanspruch.

73 Aufbaupraxen und unterdurchschnittlich abrechnende Praxen stellen sog *„typische Sonderfälle"* dar, dh Sonderfälle, die so häufig vorkommen, dass entsprechende *Sonderbestimmungen* in den Honorarverteilungsregelungen erwartet werden können und demgemäß *vorzusehen* sind.[94d] Über diese Fälle hinaus sind aber noch zahlreiche andere Gestaltungen von Sonderfällen denkbar, für die es einer allgemeinen Härteklausel bedarf.

74 e) Einer **allgemeinen Härteklausel** bedarf es, um Sonderfällen gerecht werden zu können, die nicht häufig vorkommen bzw im Einzelfall vielfältiger sind als die Fälle einer Aufbaupraxis und einer unterdurchschnittlich abrechnenden Praxis und die sich daher nicht für die Berücksichtigung in einer generell-abstrakten Regelung eignen. Eine allgemeine Härteregelung wird typischerweise dahin lauten, dass der Vorstand in besonders gelagerten Härtefällen abweichende Regelungen treffen kann. Mit einer solchen Klausel ist zum einen die Befugnis abgedeckt,

75 • **allgemeine Kriterien**[95] für Stützungen **zB** von Vertrags(zahn)ärzten in **existentiellen wirtschaftlichen Schwierigkeiten** festzulegen (insbes Regelung, dass ein Versorgungsbedarf bestehen muss[96]).[97] – Zu der Möglichkeit, Regelungen für den Fall wirtschaftlicher Schwierigkeiten von Vertrags(zahn)ärzten zu treffen, ist allerdings darauf hinzuweisen, dass solche Schwierigkeiten allein keinen Anspruch auf eine Härtefall-Stützung oÄ begründen können. Wegen der allgemeinen Zuweisung des unternehmerischen Risikos an den Vertrags(zahn)arzt (siehe die Ausführungen in § 24 unter RdNr 15) darf der Vorstand einer KV oder KZV Härtefall-Zahlungen oÄ (sei es in Form

---

[94b] Diese offenen Fragen verdeutlichend: BSG v 28. 1. 2009 – B 6 KA 5/08 R – SozR 4-2500 § 85 Nr 45 RdNr 27. – Vor diesem Hintergrund könnte eine Honorarverteilungsregelung im dem Sinne zu erwägen sein, dass ein Anspruch auf Wachstum bis zum Durchschnitt auf fünf Jahre eingeräumt wird, dieser aber zugleich auf das Vorliegen einer Steigerung des Gesamtleistungsvolumens **und** einer Fallzahlerhöhung beschränkt wird, und dass weiterhin normiert wird, dass in besonderen Einzelfällen bei Vorliegen einer Änderung der Praxisstruktur oder der Versorgungssituation Fallwerterhöhungen anstelle von Fallzahlerhöhungen nach Maßgabe der Beurteilung durch den KV-Vorstand als ausreichend angesehen werden können.

[94c] Die denkbaren Fallvarianten benennend: BSG 6. 2. 2008 – B 6 KA 64/07 B – RdNr 9 – in juris dokumentiert.

[94d] Vgl zB BSG v 28. 1. 2009 – B 6 KA 5/08 R – SozR 4-2500 § 85 Nr 45 RdNr 39.

[95] Nach Art einer Verwaltungsvorschrift.

[96] Vgl hierzu BSG v 9. 12. 2004 – B 6 KA 44/03 R – BSGE 94, 50 = SozR 4-2500 § 72 Nr 2 RdNr 148.

[97] Außerdem zB Regelungen über die Pflicht zur Darlegung der Krankheitssituation, zur Offenlegung von Umsatzrückgang und rationeller Praxisführung wie Praxiskosten usw sowie zur Vorlage von Steuerbescheiden sowie ferner Festlegung der Darlehens-Rückzahlungsbedingungen. – Zur Frage rückwirkender Inkraftsetzung solcher Bestimmungen mit allgemeinen Kriterien s BSG v 9. 3. 2004 – B 6 KA 2/04 B; – zur Rechtmäßigkeit des Verlangens nach Ausgaben-Überschuss-Rechnungen – einschließlich privatärztlicher Einnahmen – s BSG v 19. 12. 2000 – B 6 KA 56/00 B – u auch BSG v 30. 1. 2001 – B 6 KA 45/00 B. – Zur Verwerfung einer Nichtzulassungsbeschwerde, mit der nur landesrechtliche Fragen aufgeworfen worden sind, s ferner BSG v 10. 5. 2004 – B 6 KA 119/03 B.

eines Darlehens oder eines Zuschusses) nur dann gewähren, wenn an dem betroffenen Praxiszuschnitt und dem Praxisstandort ein **übergreifendes Versorgungsinteresse** besteht und wenn – hiergegen abgewogen – die dem Vertrags(zahn)arzt zuzurechnende Komponente unternehmerischen Risikos bzw die ihm anzulastenden unternehmerischen Fehlentscheidungen demgegenüber als nachrangig bewertet werden können.[98]
Zum anderen ermächtigt eine Härteklausel dazu,

- in konkreten **atypischen Einzelfällen** Befreiungen von Honorarbegrenzungen (zB von Individualbudgets oÄ) zu erteilen. – **Beispiel für einen atypischen Härte-Einzelfall** ist etwa der Fall, dass in einer kleineren Stadt einer von zwei Kieferorthopäden oÄ plötzlich stirbt, sodass doppelt so viele Patienten den anderen aufsuchen.[99] Weitere Beispiele betreffen den Fall einer „vom Durchschnitt der Arztgruppe deutlich abweichenden Praxisstruktur"[100] oder auch den einer „Änderung der Behandlungsausrichtung", zB von allgemeinzahnärztlicher zu oral-chirurgischer Tätigkeit,[101] dagegen nicht lediglich die Verlagerung zu insbes zahnerhaltenden Behandlungen oder vermehrte Wurzelbehandlungen[102] oder die nicht-bedarfsorientierte Ausdehnung operativer/anästhesistischer Tätigkeit[102a] oder die bloße Reorganisation der Praxis.[103] Nicht schon jede Praxisbesonderheit begründet einen atypischen Fall.[104] Situationen, die eine Arztgruppe insgesamt betreffen, eignen sich ebenfalls nicht für eine Anerkennung als Härte-Einzelfall.[105] Ebenso wenig kann ein Härtefall aus Sondersituationen begründet werden, die nur den privaten Bereich betreffen, wie zB finanzielle Engpässe durch Scheidung oÄ.[106]

Die Härtefall-Zuerkennung erfordert außer dem Vorliegen eines Härte-Einzelfalls auch eine **Ermessensentscheidung.** Das Ermessen ist nur dann „auf Null reduziert" (und damit nicht auszuüben), wenn sowohl die wirtschaftliche Existenz der Praxis gefährdet ist als auch ein unabweisbarer (Versorgungs-)Bedarf an dem atypischen Zuschnitt der Praxis zur Sicherstellung der vertrags(zahn)ärztlichen Versorgung besteht. Die – mithin im Regelfall erforderliche – Ermessensentscheidung braucht nicht in dem Härtefall-Bescheid selbst zum Ausdruck zu kommen, vielmehr reicht es aus, wenn in einem ggf geführten Prozess die Ermessensgesichtspunkte dargelegt werden.[107] Inhaltlich können außer der

---

[98] Hierzu im Einzelnen s *Clemens* in: *Wenzel* (Hrsg), Kap 11 Abschn B, RdNr 270.
[99] Zu solch einem Härtefall s BSG v 21.10.1998 – B 6 KA 71/97 R – BSGE 83, 52, 57 – SozR 3-2500 § 85 Nr 28 S 210. – Ebenso v selben Tag: B 6 KA 65/97 R – SozR 3-2500 § 85 Nr 27 S 196; B 6 KA 35/98 R – MedR 1999, 472, 476; B 6 KA 68/97 R – SGb 1999, 524, 528 f; B 6 KA 67/97 R – USK 98 178 S 1069 f – Ebenso BSG v 28.4.1999 – B 6 Ka 63/98 – USK 99 119 S 689. – Aus neuerer Zeit ebenso BSG v 10.12.2003 – B 6 KA 54/02 R – BSGE 92, 10 = SozR 4-2500 § 85 Nr 5 RdNr 23; BSG v 10.3.2004 – B 6 KA 3/03 R – BSGE 92, 233 = SozR 4-2500 § 85 Nr 9 RdNr 18; vgl auch BSG v 10.3.2004 – B 6 KA 13/03 R – SozR 4-2500 § 85 Nr 10 RdNr 18. – Verneinend (Hinzutreten eines weiteren Operateurs, aber keine gravierende Fallzahlveränderung) BSG v 28.1.2009 – B 6 KA 5/08 R – SozR 4-2500 § 85 Nr 45 RdNr 43. S ferner Beispiele in RdNr 76.
[100] Zitat aus BSG v 22.6.2005 – B 6 KA 80/03 R – SozR 4-2500 § 87 Nr 10 RdNr 30, 32. – Dazu konkreter BSG aaO RdNr 1: augenärztliche Gemeinschaftspraxis mit Spezialisierung auf ambulante Operationen mit überregionaler Versorgungsfunktion und belegärztlicher Tätigkeit.
[101] Dazu allgemein BSG v 21.10.1998 – B 6 KA 71/97 R – BSGE 83, 52, 57 = SozR 3-2500 § 85 Nr 28 S 210. – Ebenso v selben Tag: B 6 KA 65/97 R – SozR 3-2500 § 85 Nr 27 S 196; B 6 KA 35/98 R – MedR 1999, 472, 476; B 6 KA 68/97 R – SGb 1999, 524, 528 f; B 6 KA 67/97 R – USK 98 178 S 1069 f. – Vgl ferner BSG v 28.1.2009 – B 6 KA 5/08 R – SozR 4-2500 § 85 Nr 45 RdNr 43.
[102] Hierzu BSG v 28.4.1999 – B 6 KA 63/98 R – USK 99 119 S 689.
[102a] BSG v 28.10.2009 – B 6 KA 50/08 B – RdNr 9 ff.
[103] BSG v 10.12.2003 – B 6 KA 54/02 R – BSGE 92, 10 = SozR 4-2500 § 85 Nr 5 RdNr 26.
[104] BSG v 22.6.2005 – B 6 KA 80/03 R – SozR 4-2500 § 87 Nr 10 RdNr 35.
[105] In diesem Sinne wohl auch BSG v 20.10.2004 – B 6 KA 13/04 B – RdNr 15 (= II.2. aE).
[106] Vgl BSG v 21.10.1998 – B 6 KA 73/97 R – RdNr 18 – in juris dokumentiert.
[107] So ansatzweise auch BSG v 22.6.2005 – B 6 KA 80/03 R – SozR 4-2500 § 87 Nr 10 RdNr 32 und 33. Deutlicher BSG v 28.1.2009 – B 6 KA 5/08 R – SozR 4-2500 § 85 Nr 45 RdNr 44.

Atypik auch die generellen Ziele der Begrenzungsregelung, von der die Befreiung begehrt wird, berücksichtigt werden, sodass es nicht stets voller Korrektur entsprechend der Atypik bedarf.[108]

78 Eine allgemeine **Härteklausel** – mit entsprechender Handlungsermächtigung für den Vorstand – sollte in jedem HVM bzw HVV enthalten sein. Ist eine solche Klausel darin allerdings **nicht enthalten,** so begründet das keine Rechtswidrigkeit. Vielmehr ist sie **in den HVM bzw HVV „hineinzulesen".**[109]

79 Was das verfahrensmäßige Vorgehen betrifft, so muss eine Härtefall-Anerkennung **ausdrücklich beantragt** werden. Das Vorliegen eines Härtefalls wird nicht im Rahmen eines Verlangens nach höherem Honorar automatisch mitgeprüft.[110]

80 f) Während das BSG sich zunächst vornehmlich mit den Problemen der Aufbaupraxen, denen anderer unterdurchschnittlicher Abrechner sowie mit Härtefällen befasst hat, hat es in den letzten Jahren auch zu Beanstandungen **überdurchschnittlich abrechnender Vertrags(zahn)ärzte** Stellung genommen. Diese haben sich verschiedentlich gegen Honorarverteilungssysteme gewandt, in denen diejenigen, die unterdurchschnittliche Leistungsmengen erbrachten, deutlich am besten honoriert wurden, und diejenigen, die in geringem Maße überdurchschnittliche Mengen erbrachten, auch noch gut honoriert wurden, während hingegen diejenigen, die deutlich überdurchschnittliche Mengen erbrachten, erheblichen Honorarbegrenzungen unterworfen waren und insoweit, als ihre Leistungsmengen weit über der durchschnittlichen Menge lagen, nur noch geringe oder gar keine zusätzlichen Vergütungen erhielten. Sie haben jeweils beanstandet, dass größere Leistungsmengen, die auf großem Patientenzulauf dank höherer Qualität beruhen, nicht mehr belohnt würden. Dies laufe dem **Leistungsprinzip zuwider,** nach dem höhere Leistungen auch zu entsprechend höherem Honorar führen müssten.

81 Insoweit ist zunächst klarzustellen, dass ein derartiges „Leistungsprinzip" zwar für ein Staatswesen, das seine Wirtschaftsordnung als wirtschaftlich liberal versteht, in weiten Bereichen typisch und prägend ist. Die liberale Wirtschaftsordnung durchzieht aber – auch in anderen Staaten, die in ähnlicher Weise freiheitlich verfasst sind – keineswegs alle Lebens und Rechtsbereiche. Insbesondere im Gesundheitswesen sind – auch in wirtschaftlich-liberal verfassten Staaten – **planwirtschaftliche Elemente** so gut wie unvermeidbar (wegen näherer Darlegungen § 24, insbes RdNr 3 und 5). Dem entspricht es, dass in der deutschen gesetzlichen Krankenversicherung keine frei aushandelbaren Honorare zugelassen sind. Ebenso wenig muss jedem Vertrags(zahn)arzt gestattet werden, sein Honorar beliebig zu vermehren, zumal auch – gerade im Gesundheitswesen – die Erwägung zulässig ist, dass ab einem bestimmten hohen Arbeitsumfang möglicherweise die **Qualität** der Leistung vermindert sein könnte.[111] So darf in Honorarverteilungsregelungen die Erwägung einfließen, dass eine gleichmäßigere Verteilung der Arbeit auf alle Vertrags(zahn)ärzte dem Gesundheitswesen zuträglich sein kann. Derartige Abwägungen vorzunehmen, ist letztlich dem **Normgeber** vorbehalten, der für die Regelung der Honorarverteilung zuständig ist und der – auf Seiten des Vertragspartners der **KV bzw der KZV,** vermittelt durch die Wahlen der (zahn)ärztlichen Repräsentanten in die Vertre-

---

[108] BSG v 22.6.2005 – B 6 KA 80/03 R – SozR 4-2500 § 87 Nr 10 RdNr 34.
[109] Grundlegend BSG v 9.12.2004 – B 6 KA 84/03 R – in juris dokumentiert – RdNr 48 und 67, s auch RdNr 141. – Dies bestätigend BSG v 8.2.2006 – B 6 KA 25/05 R – BSGE 96, 53 = SozR 4-2500 § 85 Nr 23 RdNr 38 aE. – Vgl auch BSG v 22.6.2005 – B 6 KA 80/03 R – SozR 4-2500 § 87 Nr 10 RdNr 30 aE. – Zusammenfassend BSG v 28.1.2009 – B 6 KA 5/08 R – SozR 4-2500 § 85 Nr 45 RdNr 42.
[110] Vgl hierzu zB BSG v 9.12.2004 – B 6 KA 44/03 R – BSGE 94, 50 = SozR 4-2500 § 72 Nr 2 RdNr 16, vgl auch RdNr 148.
[111] Siehe hierzu zB BSG v 29.11.2006 – B 6 KA 23/06 R – SozR 4-2500 § 85 Nr 27 RdNr 11 mit Hinweis auf die „Gefahr von Qualitätsdefiziten infolge übermäßiger Leistungserbringung". – Vgl auch oben RdNr 43–59 und unten RdNr 123–129, insbes 124.

terversammlung und durch deren Bestimmung der Personen des Vorstandes – „verbands-demokratisch legitimiert" ist.[112]

Dementsprechend billigt das BSG dem Normgeber des HVM (bzw des HVV) eine **82 weite Gestaltungsfreiheit** bei der Ausformung der Honorarverteilung zu. Er muss zwar den Aufbaupraxen und auch den sonstigen unterdurchschnittlich abrechnenden Vertrags(zahn)ärzten Zuwachsmöglichkeiten einräumen (oben RdNr 60 ff, 69 ff), ist aber frei, in welchem Umfang er überdurchschnittliche Leistungsmengen honoriert. Er kann hier Honorarbegrenzungen vornehmen, um dadurch die Finanzmittel zur Finanzierung der Wachstumsansprüche der Aufbaupraxen und der unterdurchschnittlich abrechnenden Praxen zur Verfügung zu haben.

So hat das BSG in einem Urteil v 10.12.2003 – zu einem umfassenden Individualbud- **83** get – **gebilligt, überdurchschnittlich abrechnenden Praxen ein Wachstum generell zu verwehren.**[113] In Urteilen des Jahres 2005 hat es allgemein stärkere Begrenzungen für Praxen mit höheren Umsätzen gebilligt.[114] Und schließlich hat es in Urteilen v 8.2.2006 generell das Ziel gebilligt, Honorare auf durchschnittliches Niveau zu begrenzen und den „Überdurchschnittlern" für die überschießenden Leistungen nur ein geringes (oder sogar gar kein) Honorar aus einer Restvergütung zu gewähren.[115] Diese Rspr-Linie bestätigend hat es in einem Urteil vom 19.7.2006 betont, dass das wichtige Ziel, das Honorarvolumen „flexibel zu halten", um es einem eventuell geringeren oder höheren Gesamtvergütungsvolumen anpassen zu können, durch Honorareinbehalte realisiert werden kann und dass diese in erster Linie oder in größerem Umfang von den umsatzstärkeren Praxen genommen werden können.[116]

Diese Rspr-Linie ist vom **BVerfG nicht beanstandet** worden. Es hat keine der Ver- **84** fassungsbeschwerden, die erhoben worden sind, zur Entscheidung angenommen. So sind die BSG-Urteile vom 10.12.2003 (SozR 4-2500 § 85 Nr 6) und vom 8.2.2006 (SozR 4-2500 § 85 Nr 23) verfassungsgerichtlich gebilligt worden. Während es in dem Beschluss des BVerfG vom 1.7.2004 (1 BvR 1079/04) zum Urteil des BSG vom 10.12.2003 (aaO) schlicht heißt, dass „für eine Verletzung von Grundrechten ... nichts ersichtlich" ist, hat das BVerfG in seinem Kammer-Beschluss vom 27.10.2006 (1 BvR 1645/06, 1 BvR 1657/06, 1 BvR 1689/06) zu den drei[117] Urteilen des BSG vom 8.2.2006 weiter ausgeholt (zitiert aus BVerfG [Kammer] 27.10.2006 – 1 BvR 1645/06, 1 BvR 1657/06, 1 BvR 1689/06 – SozR 4-2500 § 85 Nr 33 RdNr 7 f = MedR 2007, 298, 299):

„Das BSG hat in verfassungsrechtlich nicht zu beanstandender Weise den Anforderungen an objektiv berufsregelnde untergesetzliche Rechtsnormen im Bereich der Gewährleistung der Berufsfreiheit durch Art 12 Abs 1 GG ausreichend Rechnung getragen. Die Regelungen des HVM dienen dem Gemeinwohlbelang der Funktionsfähigkeit und Wirtschaftlichkeit der gesetzlichen Krankenversicherung. Das BVerfG hat wiederholt entschieden, dass dieser Zweck Eingriffe in die Freiheit der Berufsausübung gemäß Art 12 Abs 1 GG rechtfertigt (vgl BVerfGE 68, 193, 218; 103, 172, 184 f). Keinen verfas-

---

[112] Zu diesen Legitimationsformen s insbes *Clemens*, MedR 1996, 432, 433 ff mit Beispielen für Legitimationsketten auf S 437 und 438. Dies implizit aufgreifend BSG v 18.3.1998 – B 6 KA 37/96 R – BSGE 82, 41, 46 f = SozR 32500 § 103 Nr 2 S 15–17.
[113] BSG v 10.12.2003 – B 6 KA 76/03 R – SozR 4-2500 § 85 Nr 6 RdNr 17 ff.
[114] BSG v 22.6.2005 – B 6 KA 80/03 R – SozR 4-2500 § 87 Nr 10 RdNr 55; BSG v 14.12.2005 – B 6 KA 17/05 R – BSGE 96, 1 = SozR 4-2500 § 85 Nr 22 RdNr 30 ff.
[115] BSG v 8.2.2006 – B 6 KA 25/05 R – BSGE 96, 53 = SozR 4-2500 § 85 Nr 23 RdNr 27 ff, 31 ff. – Ebenso die Parallel-Urteile v 8.2.2006 (B 6 KA 24/05 R und 26/05 R).
[116] BSG v 19.7.2006 – B 6 KA 8/05 R – SozR 4-2500 § 85 Nr 28 RdNr 13–18.
[117] Siehe die Urteile des BSG v 6.2.2006 – B 6 KA 24/05 R, B 6 KA 25/05 R und B 6 KA 26/05 R. – Alle drei Urteile betrafen zwar nur ein Budget für einen Teilbereich (zahnärztlich konservierend-chirurgisch/Kieferbruch/Parodontose). Damit war aber der Hauptleistungsbereich umfasst, sodass alles dafür spricht, dass entsprechende Regelungen auch dann gebilligt würden, wenn sie sich umfassend auf alle Leistungen erstrecken. Insoweit findet sich in den Urteilen kein Vorbehalt oÄ.

sungsrechtlichen Bedenken begegnet ferner die Auffassung des BSG, dass die Regelungen des maßgeblichen HVM insbes mit dem aus Art 12 Abs 1 und Art 3 Abs 1 GG abgeleiteten Gebot der Honorarverteilungsgerechtigkeit vereinbar sind.

86 Auch im Übrigen hält die Auslegung des Gleichheitssatzes durch das BSG der Nachprüfung am Maßstab des Art 3 Abs 1 GG stand. Die von den Beschwerdeführern gerügte Gleichbehandlung ungleicher Sachverhalte ist vorliegend schon dadurch gerechtfertigt, dass einer übermäßigen (hier im Sinne von: deutlich überdurchschnittlichen) Ausdehnung der vertragszahnärztlichen Tätigkeit entgegengewirkt und den Zahnärzten durch die nicht budgetierte Vergütung eines großen Teils der abgerechneten Leistungen Kalkulationssicherheit geboten wird."

87 Nach diesem Stand der Rspr hat der Normgeber (des HVM bzw des HVV) also eine weite Gestaltungsfreiheit, die es ihm überantwortet, zwischen verschiedenen möglichen Honorarverteilungssystemen auszuwählen. Dabei hat er unter anderem die Möglichkeit, die Honorarbegrenzungen, die durch die Begrenzung des Gesamtvergütungsvolumens vorgegeben sind, in der Weise „auf die Vertrags(zahn)ärzte herunterzubrechen", dass in erster Linie die Honorierung großer (überdurchschnittlicher) Leistungsmengen eingeschränkt wird. Er darf deren Vergütung auf eine geringe Quote begrenzen oder sogar jegliche Zusatzvergütung für diese Leistungen ausschließen.[118]

88 Sofern der Normgeber keinerlei zusätzliche Vergütung vorsieht, sei an den Satz des BSG erinnert: Soweit zusätzliche Leistungen über eine Mengenbegrenzung, zB ein Budget, hinaus nicht zu zusätzlichem Honorar führen, liegt nach dessen Terminologie **keine „Null-Vergütung"** vor (was rechtlich kritisch wäre): „Die Einführung von Honorarobergrenzen bedeutet nicht, dass für einzelne Leistungen oder Teile von ihnen keine Vergütung gewährt werde; vielmehr wird lediglich das Ausmaß der Vergütungen insgesamt der Höhe nach begrenzt, sodass das auf die einzelne Leistung entfallende Honorar entsprechend der größeren Anzahl erbrachter Leistungen sinkt."[119]

89 **g)** Vorstehend dargestellte Rspr ergibt zusammengefasst,
90 • dass in den Honorarverteilungsregelungen das **Honorar für große Leistungsmengen** erheblich begrenzt (und insoweit sogar zusätzliches Honorar ausgeschlossen) werden darf (RdNr 80–87)
91 • dass in den Honorarverteilungsregelungen die genannten Steigerungsmöglichkeiten **für unterdurchschnittlich abrechnende Ärzte bzw Praxen** vorgesehen werden müssen (RdNr 60–73)
92 • dass Vertrags(zahn)ärzte im Übrigen darauf zu verweisen sind, Anträge gemäß den **Härtefall**regelungen zu stellen (RdNr 74–79).

4. Stützpunktwerte und Frage von Stützpflichten

93 **a)** In den HVM/HVV sind häufig Regelungen über **Stützpunktwerte** für bestimmte Bereiche enthalten. Der Normgeber setzt diese zum Teil in Form fester Punktwerte in Euro und Cent fest; zum Teil legt er lediglich sog Mindestpunktwerte fest, die nicht unterschritten werden dürfen. Die Festlegung eines Mindestpunktwerts für eine Leistung ist ohne Weiteres **rechtmäßig, wenn** dem die Bewertung zu Grunde liegt, es bestehe ein **übergreifendes Versorgungsinteresse** daran, dass solche Leistungen vermehrt angeboten bzw jedenfalls nicht weniger als bisher erbracht werden sollten. So hat das BSG die Rechtmäßigkeit eines

---

[118] Diesen Stand zusammenfassend s auch die „Problemstellung" von *Clemens* in MedR 2007, 298.
[119] Zitat aus BSG v 10.12.2003 – B 6 KA 54/02 R – BSGE 92, 10 = SozR 4-2500 § 85 Nr 5 RdNr 13 aE. – Ebenso st Rspr, zB für Fallzahl-Begrenzungen BSG v 10.3.2004 – B 6 KA 3/03 R – BSGE 92, 233 = SozR 4-2500 § 85 Nr 9 RdNr 13. – Vgl ferner oben RdNr 47.

- festen Punktwerts von 10,5 Pf für endoskopische Leistungen zwecks Angebots auch im **94**
ambulanten Bereich[120] und eines
- Mindestpunktwerts von 6 Pf für histologische und zytologische Leistungen[121] **95**
nicht in Zweifel gezogen.

Stützpunktwerte sind indessen – ebenso wie Härtefallregelungen (hierzu oben **96**
RdNr 75–77) – vor allem dann problematisch, wenn sie der Stützung von Ärzten bzw
Praxen dienen, die in wirtschaftliche Schwierigkeiten geraten sind. Voraussetzung für eine
Stützung aus den Finanzmitteln der Gesamt(zahn)ärzteschaft ist – entsprechend den
Anforderungen an die Anwendung von Härtefallregelungen –, dass an der gestützten
Leistung ein übergreifendes Versorgungsinteresse besteht. Dabei wird es sich häufig um
Leistungen handeln, bei denen der finanzielle Anreiz, sie zu erbringen, nicht groß ist,
sodass die Normierung eines Stützpunktwertes zugleich eine wirtschaftliche Unterstützung der diese Leistungen erbringenden Ärzte bzw Praxen bedeutet. Solange **nicht der
Subventionsgesichtspunkt, sondern** das **Versorgungsinteresse im Vordergrund**
steht, sind Mindestpunktwerte rechtlich unbedenklich.

Ist nach diesen Maßstäben die Einrichtung eines Stützpunktwertes rechtmäßig, so **97**
bedeutet das aber nicht, dass ein solcher Stützpunktwert normiert werden muss. Vielmehr
ist dessen **Normierung zwar möglich,** grundsätzlich aber **nicht notwendig** (Ausnahmen unten RdNr 101 und 106–120). Ist er normiert, so muss er nicht auf unabsehbare Zeit
erhalten bleiben, kann vielmehr wieder aufgehoben werden, und dies auch ohne besonderen Anlass.

Allerdings sind bei der **Wiederaufhebung eines Stützpunktwertes** die Grundsätze **98**
von Vertrauensschutz und Rückwirkung zu beachten. Die Wiederaufhebung ist **für die
Zukunft ohne Weiteres zulässig, rückwirkend dagegen grundsätzlich rechtswidrig.** In einem vom BSG[122] entschiedenen Fall hatte der Normgeber die Aufhebung[123] am
4.4.1998 mit (Rück-)Wirkung zum 1.1.1998 beschlossen. Diese Rückwirkung hat das
BSG für rechtswidrig erklärt, weil damit gegen das Verbot echter Rückwirkung von
Rechtsnormen verstoßen wurde.[124] Dieses Urteil enthält **grundlegende Ausführungen**
dazu, dass bei Änderungen der Honorarverteilung **im Regelfall** eine sog **unechte Rückwirkung** gegeben ist (so, wenn die Änderung vor Erlass des Quartalshonorarbescheids
erfolgt), dass **aber bei Änderungen des EBM bzw Bema im Regelfall** und **in Ausnahmefällen auch bei Änderungen der Honorarverteilung** eine **echte Rückwirkung** vorliegt. Zu der rückwirkenden Abschaffung des Mindestpunktwerts hat das
BSG[125] dargelegt, dass darin eine echte Rückwirkung liege, denn es könne nicht mit
Erfolg eingewandt werden, der

„Sachverhalt sei noch nicht abgeschlossen gewesen, sodass nur eine unechte Rück- **99**
wirkung vorliege. **Es trifft zwar zu, dass** die Abrechnung für die Quartale I und II/1998
zum Zeitpunkt der Beschlussfassung ... am 4.4.1998 noch nicht erfolgt war bzw sein
konnte sowie dass die Vertragsärzte lediglich Anspruch auf angemessene Beteiligung an
der Verteilung der Gesamtvergütungen und auf einen ihrer Leistung entsprechenden
Anteil an dieser Gesamtsumme haben. Ein konkreter Honoraranspruch ergibt sich damit
erst nach Prüfung aller von den Vertragsärzten eingereichten Abrechnungen und der
darauf basierenden Errechnung der Verteilungspunktwerte. Denn erst durch die Gegen-

---

[120] BSG v 20.1.1999 – B 6 KA 46/97 R – BSGE 83, 205, 215 f = SozR 3-2500 § 85 Nr 29 S 222 f.
[121] BSG v 24.9.2003 – B 6 KA 41/02 R – SozR 4-2500 § 85 Nr 4.
[122] BSG v 24.9.2003 aaO.
[123] Genauer: die Umwandlung des Mindest- in einen Höchstpunktwert.
[124] BSG v 24.9.2003 – B 6 KA 41/02 R – SozR 4-2500 § 85 Nr 4 RdNr 9 ff.
[125] Zitate aus BSG v 24.9.2003 – B 6 KA 41/02 R – SozR 4-2500 § 85 Nr 4 RdNr 12, 14–16.
Ebenso BSG v 29.11.2006 – B 6 KA 42/05 R – SozR 4-2500 § 85 Nr 30 RdNr 13 ff, insbes
RdNr 15.

überstellung der abgerechneten Gesamtpunktmenge mit den von den KKn entrichteten Gesamtvergütungen und die darauf basierende Errechnung der Verteilungspunktwerte konkretisiert sich der bis dahin nur allgemeine Anspruch auf anteilige Beteiligung an der Gesamtsumme der Gesamtvergütungen zu einem konkreten individuellen Honoraranspruch ... Der Vertragsarzt kann mithin **in der Regel** nur von einer ungefähren Höhe des zu erwartenden Honorars ausgehen ... Deshalb stellen **Änderungen von HVM(HVV)-Regelungen für noch nicht abgerechnete Quartale im Regelfall nur** einen **Eingriff in noch nicht abgeschlossene Sachverhalte** dar, sind also in Anwendung der Grundsätze über unechte Rückwirkungen bzw tatbestandliche Rückanknüpfungen bei Vorliegen ausreichender Gemeinwohlgründe im Verhältnis zum Vertrauensschaden rechtmäßig ..." Während die Bestimmungen des **EBM**, die für jede Leistung eine **bestimmte Punktzahl** oder – bei Budgetregelungen für Gruppen von Leistungen – maximale Gesamtpunktzahlen festlegen, eine feststehende Grundlage für die Honorierung bilden, enthalten **Honorarverteilungsregelungen** des HVM bzw des HVV „demgegenüber **nur ausnahmsweise abschließende Festlegungen.** Dies ist zB dann der Fall, wenn wie hier im HVM ein **Mindestauszahlungspunktwert** für bestimmte Leistungen festgelegt worden ist. Damit wird eine **Garantie** desjenigen Punktwertes gegeben, der der Vergütung der Leistungen zu Grunde zu legen ist. Der Punktwert wird insoweit den systembedingten Einwirkungen entzogen, durch die er ansonsten beeinflusst wird (hierzu vgl obigen Text RdNr 29 ff). Eine Punktwertgarantie entfaltet damit eine vergleichbare Wirkung wie die Festlegung verbindlicher Vergütungsfaktoren auf anderer Regelungsebene, wie nämlich die Festsetzung der Punktzahlen bei den Leistungen im EBM. Auf solch eine Punktwertgarantie darf sich der Vertragsarzt einrichten und seine wirtschaftliche Kalkulation darauf einstellen. Wird hierin nachträglich rückwirkend eingegriffen, so liegt darin ein **Eingriff in einen bereits abgewickelten Sachverhalt – die Punktwertgarantie** für einen bestimmten Zeitraum –, sodass sich dessen Rechtmäßigkeit nach den Grundsätzen für echte Rückwirkungen bzw für die Rückbewirkung von Rechtsfolgen richtet. ... Echte Rückwirkungen und die Rückbewirkung von Rechtsfolgen sind nur ausnahmsweise rechtmäßig, ... wenn die bisherige Rechtslage unklar, verworren oder lückenhaft war und der Gesetzgeber lediglich eine Klarstellung vorgenommen hat, wenn eine gerichtlich als rechtswidrig angesehene Regelung durch eine neue ersetzt wird, wenn der Bürger nicht mit dem Fortbestand der Regelung rechnen konnte, wenn überragende Belange des Gemeinwohls deren Beseitigung erforderlich machen oder wenn die Neuregelung nur einen marginalen Eingriff bedeutet ... Vorliegend ist keine dieser Fallgestaltungen gegeben. ... Die Vertragsärzte, die pathologische und zytologische Leistungen erbrachten, mussten nicht mit einer Verringerung oder Abschaffung des im HVM festgelegten Mindestpunktwertes von sechs Pfennig rechnen ..."

100 Aus diesen Ausführungen des BSG ergibt sich für konkret bestimmte **Stützpunktwerte,** dass diese durchaus wieder **abgeschafft werden dürfen, aber nur mit Wirkung ex nunc** – zum Beginn des nächstfolgenden Quartals –. Wird ein konkret bestimmter Stützpunktwert dagegen mit **Rückwirkung** aufgehoben, so stellt dies eine **echte** Rückwirkung dar. Diese ist nur unter engen Voraussetzungen **zulässig,** so insbes dann, **wenn die Betroffenen mit der Abschaffung der Regelung rechnen** mussten[125a] (wofür ausreichen würde, wenn die K(Z)V rechtzeitig durch Rundschreiben oÄ mitgeteilt hätte, dass die Regelung möglicherweise aufgehoben werde).

101 **b)** Eine **Ausnahme** dahingehend, dass die Normierung einer **Stützung** nicht nur rechtmäßig, sondern **rechtlich notwendig** (dh zwingend) ist und daher von Betroffenen **beansprucht** werden kann (zu dieser Frage s schon oben RdNr 97), hat das BSG bis-

---

[125a] Zu den Fällen ausnahmsweise zulässiger echter Rückwirkung vgl oben RdNr 99 aE.

her **nur in zwei Sonderkonstellationen** anerkannt, die unter c) und d) dargestellt werden (RdNr 106–116 und 117–120).

Andere Fälle, in denen ein Stützungsanspruch anzuerkennen sein könnte, sind **102** schwerlich vorstellbar. Soweit vom BSG über ein Stützungsverlangen zu entscheiden war, hat es dieses abgelehnt oder die Frage, wenn sie letztlich nicht entscheidungserheblich war, offengelassen.

So ist insbes darauf hinzuweisen, dass eine Stützung aller **existenzgefährdeten Pra- 103 xen**[126] rechtswidrig – nämlich zu großzügig – wäre, wie sich ohne Weiteres aus den Ausführungen oben in RdNr 93–96 ergibt.

In weiteren Verfahren verlangten einmal konventionell tätige Radiologen[127] und das **104** andere Mal Radiologen ohne spezifische Merkmale[128] Stützungen. In diesen Fällen hat das BSG ebenfalls nicht ohne Weiteres ein ausreichend gewichtiges übergeordnetes Versorgungsinteresse anerkennen mögen. Es zieht einen Stützungsanspruch nur für den Fall in Betracht, dass – erstens – **kein ausreichender finanzieller Anreiz mehr** besteht, **vertragsärztlich tätig zu werden,** und – zweitens – **dadurch in diesem Bereich die Funktionsfähigkeit** der vertragsärztlichen Versorgung **gefährdet** ist.[129] Mit dieser Formel wird die Frage nach einem Stützungsanspruch nach denselben Kriterien beurteilt, wie sie für den Einwand gelten, die (zahn)ärztliche Honorierung sei unangemessen (hierzu § 24 RdNr 11).

In wiederum anderen Fällen hat das BSG Stützungsbegehren schon deshalb verneint, **105** weil das Verhältnis von Fach- zu Hausärzten betroffen war (das eine Mal beriefen sich die Fachärzte auf die wachsende Zahl der Überweisungen von Hausärzten an Fachärzte[130], das andere Mal darauf, dass die Punktwertentwicklung bei ihnen schlechter sei als bei den Hausärzten[131]): Gesetzlich sind, wie bereits oben in RdNr 20 und 35 ausgeführt, gemäß § 85 Abs 4 S 1 iVm Abs 4a S 1 SGB V getrennte Honorarkontingente für den haus- und den fachärztlichen Versorgungsbereich vorgesehen.

c) Das BSG hat eine **Stützpflicht** bisher nur in zwei Konstellationen anerkannt, von **106** denen eine die Fallgruppe der **„Beobachtungs- und Reaktionspflicht"** betrifft[132] (zu der anderen Konstellation einer Stützpflicht-Anerkennung unten d). Diese Rechtsfigur lässt sich dahin umschreiben, dass die K(Z)V in bestimmten Konstellationen zu **regelmäßiger Überprüfung** der Honorar- und Punktwertentwicklung verpflichtet ist **und**

---

[126] Siehe dazu BSG v 24.8.1994 – 6 RKa 15/93 – BSGE 75, 37, 43 = SozR 3-2500 § 85 Nr 7 S 43 f. – Prononcierter BSG v 25.8.1999 – B 6 KA 58/98 R – SozR 3-2500 § 85 Nr 34, 272: Stützpflicht grundsätzlich verneinend, es sei denn, die Versorgung wäre in einem Teilbereich generell gefährdet, was nicht der Fall war.
[127] BSG v 12.10.1994 – 6 RKa 5/94 – BSGE 75, 187, 192 = SozR 3-2500 § 72 Nr 5 S 10: Stützpflicht verneinend, es sei denn, die Versorgung wäre in einem Teilbereich generell gefährdet, wofür nichts ersichtlich ist.
[128] BSG v 3.3.1999 – B 6 KA 8/98 R – SozR 3-2500 § 85 Nr 30 S 228 ff: Stützpflicht verneinend, es sei denn, die Versorgung wäre gefährdet, wofür nichts ersichtlich ist.
[129] So die Formel der ständigen Rspr des BSG im Zusammenhang mit der Rüge unangemessener (und dem Verlangen nach angemessener) Vergütung: s zB BSG v 20.10.2004 – B 6 KA 30/03 R – BSGE 93, 258 = SozR 4-2500 § 85 Nr 12 RdNr 21 und 22; BSG v 9.12.2004 – B 6 KA 44/03 R – BSGE 94, 50 = SozR 4-2500 § 72 Nr 2 RdNr 116 ff und 126 ff, insbes RdNr 129, 140. Ebenso zB BSG v 23.5.2007 – B 6 KA 6/07 B – mwN – nicht veröffentlicht. – Vgl ferner oben § 24 RdNr 11.
[130] BSG v 22.3.2006 – B 6 KA 67/04 R – SozR 4-2500 § 85 Nr 24 RdNr 12 ff.
[131] BSG v 6.9.2006 – B 6 KA 29/05 R – SozR 4-2500 § 85 Nr 26 RdNr 28 und BSG v 6.9.2006 – B 6 KA 30/05 R – MedR 2007, 618, 622 RdNr 28.
[132] Vgl dazu vor allem die Urteile BSG v 9.9.1998 – B 6 KA 55/97 R – BSGE 83, 1, 4 f = SozR 3-2500 § 85 Nr 26 S 186 f und – zusammenfassend und fortführend – BSG v 20.10.2004 – B 6 KA 30/03 R – BSGE 93, 258 = SozR 4-2500 § 85 Nr 12; s ferner zur Anwendung auf den Bewertungsausschuss BSG v 29.1.1997 – 6 RKa 3/96 – SozR 3-2500 § 87 Nr 15 S 61 f und BSG v 23.2.2005 – B 6 KA 55/03 R – SozR 4-2500 § 87 Nr 9 RdNr 24.

im Falle eines **gravierenden Punktwertabfall**s unter bestimmten Voraussetzungen **honorarstützend** eingreifen muss.[133] Diese näheren Voraussetzungen hat das BSG dahin umschrieben, dass[134]

107
- das Absinken des Punktwerts **dauerhaft** (nicht nur vorübergehend) sein muss;
  – dies hat es[135] dahingehend konkretisiert, dass es sich um einen Niedrigstand über mindestens zwei Quartale handeln muss, der eine Handlungspflicht frühestens zum vierten Quartal auslöst[136] –
- das Absinken einen **wesentlich**en Leistungsbereich treffen muss;
- die Honorarrückgänge **nicht durch Rationalisierungseffekte** bei der Leistungserbringung oder bei dem Kostenfaktor **kompensiert** sein dürfen;
  – die beiden vorgenannten Voraussetzungen hat das BSG später zusätzlich dahingehend ergänzt, dass gravierende Auswirkungen auf die Gesamthonorarsituation der betroffenen Arztgruppe gegeben sein müssen[137] –
- die Mengenausweitungen **nicht** von der Arztgruppe **selbst zu verantworten** sein dürfen.[138]

108 aa) Ihren Ursprung hat diese Rspr in einem **Urteil v 9. 9. 1998**.[139] Darin hat das BSG eine Stützpflicht für den Fall angenommen, dass der **Punktwert** einer Arztgruppe **um 15 % unter** den „Punktwert für den größten Teil der sonstigen Leistungen" sank. Dieser Vergleichspunktwert war Ausdruck des Bestrebens, einen Punktwert zu finden, der das **Durchschnittsniveau** über alle Fachgruppen hinweg repräsentiert. Das war gemünzt auf einen damals häufig anzutreffenden Typ eines Honorarverteilungssystems, das durch Honorartöpfe geprägt war, die teilweise nach Arztgruppen und teilweise nach Leistungsbereichen gegliedert waren (hierzu oben RdNr 26), und das für die von diesen Töpfen nicht erfassten Leistungen einen sog Restleistungstopf für „sonstige Leistungen" aufwies. Aus diesem Honorartopf, für den der Anteil am Gesamtvergütungsvolumen nach Werten aus erst kurz zurückliegenden Zeiträumen bemessen war, wurde ein breites Spektrum verschiedener Leistungen honoriert, die im Allgemeinen nicht Gegenstand einer Leistungsmengenzunahme waren, sodass der Punktwert in diesem Topf einigermaßen stabil war und deshalb als repräsentativ für einen durchschnittlichen Punktwert angesehen werden konnte.

109 Im Übrigen muss das Absinken des Punktwerts eine typische **Folge von Honorarverteilungsstrukturen in der eigenen K(Z)V** – etwa der Bildung von Honorartöpfen – sein. So greifen die Grundsätze über die Beobachtungs- und Reaktionspflicht zB dann

---

[133] So die zusammenfassende Wiedergabe in BSG v 20. 10. 2004 – B 6 KA 30/03 R – BSGE 93, 258 = SozR 4-2500 § 85 Nr 12 RdNr 25. – Ausgangspunkt dieser Rechtsfigur war BSG v 9. 9. 1998 – B 6 KA 55/97 R – BSGE 83, 1, 4 f = SozR 3-2500 § 85 Nr 26 S 186 f.

[134] Aufzählung in BSG v 9. 9. 1998 aaO S 4 f bzw 186 f und in BSG v 20. 10. 2004 aaO RdNr 25.

[135] So sehr deutlich schließlich in BSG v 22. 6. 2005 – B 6 KA 5/04 R – SozR 4-2500 § 85 Nr 17 RdNr 25 mwN.

[136] Schon früher wurde kritisiert, die Frist für die Handlungspflicht sei viel zu kurz bemessen, weil die Abläufe der innerpolitischen Abstimmung und juristischen Umsetzung entsprechender Neuregelungen zuzüglich der Herstellung des Benehmens mit den Krankenkassen viel mehr Zeit in Anspruch nähmen. Dies gilt noch mehr, seitdem für Honorarverteilungsregelungen die Vertragsform (HVV) vorgeschrieben ist, sodass fünf Krankenkassen(-Verbände) „gemeinsam und einheitlich" ihr Einverständnis mit der Neuregelung erklären müssen: Hierzu s oben RdNr 8 f.

[137] Zu dieser ergänzenden Einschränkung s BSG v 29. 8. 2007 – B 6 KA 43/06 R – SozR 4-2500 § 85 Nr 40 RdNr 20 ff.

[138] Dazu vgl BSG v 20. 10. 2004 – B 6 KA 30/03 R – BSGE 93, 258 = SozR 4-2500 § 85 Nr 12 RdNr 30 mit Distanzierung („noch verneinend") gegenüber der Wertung, dass Radiologen und Nuklearmediziner keine Mitverantwortung an der Mengenentwicklung treffe (s hierzu BSG v 9. 9. 1998 aaO S 5 f bzw. 187; ebenso noch BSG v 3. 3. 1999 – B 6 KA 8/98 R – SozR 3-2500 § 85 Nr 30 S 231). – Vgl dazu auch oben RdNr 32.

[139] BSG v 9. 9. 1998 – B 6 KA 55/97 R – BSGE 83, 1, 4 f = SozR 3-2500 § 85 Nr 26 S 186 f.

nicht ein, wenn ein gesondertes Honorarkontingent gebildet worden ist für Fremdkassen-Ausgleichsbeträge, die die anderen K(Z)Ven zahlen, und sich dieses Kontingent reduziert infolge eines Absinkens der Punktwerte der Fremd-K(Z)Ven.[140] Dann beruht das Absinken der Punktwerte für die Fremdkassenfälle maßgeblich auf den Punktwertentwicklungen in anderen K(Z)Ven, nicht aber auf der Topfbildung.[141]

Weiterhin hat das BSG klargestellt, dass es sich um einen Punktwertabfall im Vergleich zu den anderen Arztgruppen bzw zum Durchschnittspunktwert handeln muss. Ein Punktwertabfall nur bei einer Arztgruppe „in sich selbst" reicht nicht aus: Die Reaktionspflicht darf nicht angenommen werden, wenn bei einer bisher überdurchschnittlich hoch dotierten Arztgruppe deren Punktwert um zB 20 % sinkt und dadurch gerade erst ein wenig unter das Durchschnittsniveau gesunken ist.[142] **110**

Ferner wird gelegentlich die **Frage** gestellt, ob die **Anwendbarkeit** der Rechtsfigur der Beobachtungs- und Reaktionspflicht **auf bestimmte Arztgruppen** beschränkt ist. Hiermit wird an das Merkmal „nicht von der Arztgruppe selbst zu verantworten" angeknüpft und gefragt, ob die Rechtsfigur nur für Arztgruppen in Betracht komme, die überweisungsgebundene Leistungen erbringen wie Radiologen, Nuklearmediziner, Pathologen und Laborärzte. Dabei wird darauf hingewiesen, dass eine Reaktionspflicht bisher nur im Falle von Radiologen uÄ anerkannt worden sei.[143] **Indessen** ist gegen eine **Eingrenzung** anzuführen, dass sie der bisherigen Rspr des BSG **nicht zu entnehmen** ist. Im Gegenteil ist vom **BSG** die Frage einer Beobachtungs- und Reaktionspflicht **auch für andere Arztgruppen geprüft** und bei diesen nicht etwa von vornherein als unanwendbar bezeichnet worden.[144] **111**

bb) Die Rechtsfigur der Beobachtungs- und Reaktionspflicht hat als solche Akzeptanz erfahren. Kritisiert worden ist indessen, dass der **Vergleich mit einem „Punktwert für den größten Teil der sonstigen Leistungen"**[145] **nicht mehr zeitgemäß** sei, weil es Honorarverteilungsregelungen mit einem arztgruppenübergreifenden Honorartopf für sonstige Leistungen de facto nur noch in sehr wenigen HVMs bzw HVVs gebe. Dies hat das BSG in seinem **Urteil v 20. 10. 2004**[146] aufgegriffen und die Rechtsfigur der Beobachtungs- und Reaktionspflicht fortentwickelt. **112**

In diesem Urteil hat das BSG herausgestellt, dass der **Vergleich mit einem „Punktwert für den größten Teil der sonstigen Leistungen"**, sofern sich ein solcher Punktwert überhaupt noch in der Honorarverteilung ausmachen lässt, meist nur noch sehr kleine Leistungsspektren erfasst und deshalb nicht repräsentativ für das Punktwertniveau insgesamt ist.[147] Auch **andere repräsentative Vergleichswerte** sind kaum zu finden: Die Punktwerte in Bereichen von Budgets (so früher im EBM und später in vielen HVMs **113**

---

[140] Zu den Strukturen des Fremdkassenausgleichs so RdNr 36 f.
[141] Vgl dazu BSG v 21. 5. 2003 – B 6 KA 31/01 R – SozR 4-2500 § 85 Nr 1 RdNr 16.
[142] BSG v 22. 6. 2005 – B 6 KA 5/04 R – SozR 4-2500 § 85 Nr 17 RdNr 24.
[143] Hinweis auf BSG v 9. 9. 1998 – B 6 KA 55/97 R – BSGE 83, 1, 4 f = SozR 3-2500 § 85 Nr 26 S 186 f betr Radiologen; BSG v 20. 10. 2004 – B 6 KA 30/03 R – BSGE 93, 258 = SozR 4-2500 § 85 Nr 12 betr Strahlentherapeuten.
[144] Siehe BSG v 22. 6. 2005 – B 6 KA 5/04 R – SozR 4-2500 § 85 Nr 17 RdNr 23 ff betr HNO-Arzt.
[145] So BSG v 9. 9. 1998 – B 6 KA 55/97 R – BSGE 83, 1, 4 f = SozR 3-2500 § 85 Nr 26 S 186 f.
[146] BSG v 20. 10. 2004 – B 6 KA 30/03 R – BSGE 93, 258 = SozR 4-2500 § 85 Nr 12 RdNr 24 ff.
[147] Vgl dazu BSG v 20. 10. 2004 aaO RdNr 26. – Gelegentlich gibt es freilich doch Ausnahmen, dh dass doch noch Durchschnittspunktwerte anzutreffen sind: Vgl dazu Clemens in: Wenzel (Hrsg), Handbuch des Fachanwalts Medizinrecht, Kap 11 Abschn B, RdNr 300 (in Fn 195) mit Hinweis auf die Bestimmung eines „fachärztlichen Quartalspunktwerts" in SH als Basis für die Honorierung der Leistungen kleiner Fachgruppen wie zB der Pathologen, für die kein eigener Honorartopf gebildet worden war.

bzw HVVs) sind „künstlich erhöht"[148]; und die durchschnittlichen Punktwerte nicht-budgetierter Leistungen sind deshalb nicht repräsentativ, weil sie nur einen verhältnismäßig kleinen Teil aller Leistungen erfassen.[149]

114 Das BSG hat in diesem Urteil v 20.10.2004[150] die Rechtsfigur der Beobachtungs- und Reaktionspflicht nicht nur von dieser nicht mehr zeitgemäßen Vergleichsanknüpfung gelöst, sondern zugleich mit dem allgemeinen Rechtsmaßstab der Honorarverteilungsgerechtigkeit verknüpft[151] (zu diesem oben RdNr 17 und § 24 RdNr 46) und ihn dadurch auf eine allgemeinere Grundlage – mit der Möglichkeit künftiger Weiterentwicklungen – gestellt. Es hat formuliert, dass die KV „unter dem **Gesichtspunkt der Honorarverteilungsgerechtigkeit** aus Art 12 Abs 1 iVm Art 3 Abs 1 GG ... bei einem Honorartopf, dem nur eine geringe Zahl von Leistungserbringern – aber mit relevantem Leistungsbereich – zugeordnet und der zudem in besonderem Maße von Leistungsausweitungen durch medizinisch-technischen Fortschritt betroffen ist, eine **gesteigerte Beobachtungspflicht** trifft. Zeigt sich hier eine dauerhafte Steigerung der Leistungsmenge und zugleich ein **dauerhafter Punktwertabfall bis deutlich unter andere vergleichbare Durchschnittspunktwerte** – hier zB im Vergleich zu anderen nicht-budgetierten Leistungen –, ohne dass dies von den Betroffenen selbst zu verantworten ist, so ist darauf durch eine angemessene Erhöhung des Honorarkontingents **zu reagieren.**"[152] Das BSG hat also zum einen einleitend als Grundlage den Grundsatz der Honorarverteilungsgerechtigkeit genannt und zum anderen bei der weiteren Konkretisierung die Formulierungen verwendet, wie sie die Rechtsfigur der Beobachtungs- und Reaktionspflicht kennzeichnen.

115 Bei alledem hat sich das BSG – entsprechend der Konstellation des von ihm zu entscheidenden Falles – auf den **Falltyp** eines **Honorartopf**s konzentriert, dem nur eine **geringe Zahl** von Leistungserbringern und dem Leistungen zugeordnet sind, bei denen in besonderem Maße **Leistungsausweitungen durch medizinisch-technischen Fortschritt** infrage stehen (es handelte sich um Strahlentherapeuten in einem kleinen KV-Bezirk – mit zunächst nur vier und später auch nur sieben Strahlentherapeuten).[153] Die Formulierungen des BSG lassen daher **offen, ob** die in der dargestellten Weise neu figurierte Rechtsfigur der Beobachtungs- und Reaktionspflicht später **auch auf andere Falltypen Anwendung** finden oder ob sie nur für die eine konkret beschiedene Fallkonstellation gelten sollte – eine Methode oberster Bundesgerichte, die sich damit Möglichkeiten späterer Fortentwicklung oder späterer Eingrenzungen offenhalten.

116 Noch „entwicklungsoffen" ist übrigens auch die Frage, ob die Rechtsfigur der Beobachtungs- und Reaktionspflicht zum allgemeinen Rechtsinstitut avancieren kann bzw sollte. Die Verknüpfung mit dem Grundsatz der Honorarverteilungsgerechtigkeit spricht für

---

[148] BSG v 20.10.2004 aaO RdNr 27.
[149] BSG v 20.10.2004 aaO RdNr 28.
[150] BSG v 20.10.2004 – B 6 KA 30/03 R – BSGE 93, 258 = SozR 4-2500 § 85 Nr 12 RdNr 24 ff.
[151] Zur Verknüpfung s BSG v 20.10.2004 aaO, insbes RdNr 29 und 31.
[152] Zitat aus BSG v 20.10.2004 aaO RdNr 31; – dies nochmals zusammenfassend BSG v 9.12.2004 – B 6 KA 44/03 R – BSGE 94, 50 = SozR 4-2500 § 72 Nr 2 RdNr 52.
[153] Die kleine Gruppe der Strahlentherapeuten hatte in dem Fall BSG v 20.10.2004 (B 6 KA 30/03 R – BSGE 93, 258 = SozR 4-2500 § 85 Nr 12) geltend gemacht, die Zahl der aus dem Honorartopf schöpfenden Vertragsärzte habe sich signifikant (von vier auf sieben) erhöht und es seien erhebliche Leistungsausweitungen durch medizinisch-technischen Fortschritt, nämlich durch erhebliche Zunahme der Überweisungen an diese Ärzte, zu verzeichnen. Dies musste dem LSG Anlass zu näherer Prüfung geben, ob die KV den HVM bzw die Honorartöpfe hätte entsprechend anpassen müssen und ob deshalb die Regelungen als nichtig zu qualifizieren waren (so BSG aaO RdNr 32 f – in Abgrenzung zu den anderen Urteilen des BSG v 20.10.2004 – B 6 KA 26/03 R und B 6 KA 31/03 R –, die jeweils die deutlich größere Gruppe der Ärzte für diagnostische Radiologie betrafen). – Zu einem ähnlichen Fall (Arztgruppe mit zunächst nur drei, dann vier Hämatologen) vgl BSG v 28.10.2009 – B 6 KA 61/08 B –.

6. Kapitel. Das Kassenarztrecht/Vertragsarztrecht   117–120 § 34

ihre Anwendbarkeit nur im Rahmen von HVM/HVV-Fragen. Andererseits gibt es in zwei Urteilen des BSG Ansätze für eine Anwendung im Rahmen des EBM.[154]

d) Das BSG hat ferner unter dem Gesichtspunkt eines Anspruchs honorar**schwacher** **117** **Fachgruppen** auf Gleichbehandlung eine **Stützungspflicht für einen Sonderbereich** anerkannt:

Psychotherapeutische Leistungen[155] sind – so das BSG – zum einen vom Leistungs- **118** tatbestand her zeitgebunden,[156] und zum anderen ist die Kraft zur Durchführung von Psychotherapien erfahrungsgemäß enger begrenzt als bei anderen Leistungen. Dadurch besteht bei psychotherapeutischen Leistungen anders als sonst keine Möglichkeit bzw allenfalls eine nur sehr geringe Möglichkeit, die Leistungsmenge zu steigern. Demgemäß können Psychotherapeuten Einbußen beim Punktwert nicht durch Erhöhungen der Leistungsmenge kompensieren. Deshalb muss – unter den Gesichtspunkten der Chancengleichheit des Art 3 Abs 1 GG und der Honorarverteilungsgerechtigkeit des Art 12 Abs 1 iVm Art 3 Abs 1 GG – den Psychotherapeuten ein so hoher Punktwert garantiert sein, dass sie mit Vollzeittätigkeit ein **Einkommen erzielen können, das jedenfalls ungefähr an das durchschnittliche Einkommen einer vergleichbaren Arztgruppe** in dem KV-Bereich **heranreicht**. Als vergleichbar waren vor allem die Allgemeinärzte und die Psychiater anzusehen, weil das Patientengespräch auch bei ihnen einen hohen Stellenwert hat.

Daraus ergab sich für die Jahre **bis 1998,** dass im Regelfall ein Punktwert von **10 Pf** **119** erforderlich sei (sog 10-Pf-Rspr).[157] In den neuen Bundesländern durfte der Punktwert auch niedriger liegen, weil Maßstab das Einkommen einer vergleichbaren Arztgruppe in dem konkreten KV-Bereich ist.[158]

Der genannte Grundsatz, den Psychotherapeuten einen so hohen Punktwert zu ge- **120** währen, dass sie mit Vollzeittätigkeit ein Einkommen jedenfalls ungefähr entsprechend demjenigen einer vergleichbaren Arztgruppe im KV-Bereich erzielen können, führte indessen **nur bis 1998** zu dem Punktwert von grundsätzlich 10 Pf. Das BSG hat es akzeptiert, dass dieser Grundsatz durch den Gesetzgeber konkretisiert und auch modifiziert werden kann. So hat das BSG es gebilligt, dass für die Honorierung der **1999** erbrachten psychotherapeutischen Leistungen die genannten Grundsätze nicht greifen, weil der Gesetzgeber hier das **Gesamtausgabenvolumen für psychotherapeutische Leistungen gesondert gesetzlich festgelegt** hatte,[159] und es für rechtens erklärt, dass sich deshalb die Psychotherapeuten mit **geringeren Punktwerten** für die in diesem Jahr erbrachten Leistungen begnügen mussten.[160] Das BSG hat es ebenfalls gebilligt, dass sich auch für

---

[154] Siehe dazu BSG v 29.1.1997 – 6 RKa 3/96 – SozR 3-2500 § 87 Nr 15 S 62 oben; BSG v 23.2.2005 – B 6 KA 55/03 R – SozR 4-2500 § 87 Nr 9 RdNr 24.

[155] Im früheren EBM s Abschn G IV; – seit dem 1.4.2005: Abschn III., in den Abschn 14–23 (Geb-Nr 14220 bis 23220).

[156] ZB: „mindestens 50 Minuten".

[157] So grundsätzlich BSG v 20.1.1999 – B 6 KA 46/97 R – BSGE 83, 205, 214 = SozR 3-2500 § 85 Nr 29 S 220 f; später ebenso BSG v 25.8.1999 – B 6 KA 14/98 R – BSGE 84, 235, 238 f u 242 f = SozR aaO Nr 33 S 254 u. 258; BSG v 26.1.2000 – B 6 KA 4/99 R – SozR 3-2500 § 85 Nr 35 S 276 ff; BSG v 12.9.2001 – B 6 KA 58/00 R – BSGE 89, 1, 2 u 5 = SozR 3-2500 § 85 Nr 41 S 328 u 331 f; – zusammengefasst später nochmals zB BSG v 6.11.2002 – B 6 KA 21/02 R – BSGE 90, 111, 116 = SozR 3-2500 § 85 Nr 49 S 420 sowie – mit Klarstellungen – in BSG v 28.11.2007 – B 6 KA 23/07 R – SozR 4-2500 § 85 Nr 36 RdNr 14–17.

[158] BSG v 12.9.2001 – B 6 KA 58/00 R – BSGE 89, 1, 10 = SozR 3-2500 § 85 Nr 41 S 337. Vgl dazu auch BSG v 28.11.2007 – B 6 KA 23/07 R – SozR 4-2500 § 85 Nr 36 RdNr 12–16.

[159] Siehe BSG v 6.11.2002 – B 6 KA 21/02 R – BSGE 90, 111, 117 = SozR 3-2500 § 85 Nr 49 S 420 f.

[160] ZB Hamburg 7,7 Pf, s BSG v 6.11.2002 aaO S 111 bzw 414 f, Verfassungsbeschwerde erfolglos: BVerfG (Kammer) v 30.4.2003 – 1 BvR 664/03; – Sachsen-Anhalt 5,84 Pf, s BSG v 16.7.2003 – B 6 KA 59/02 B.

die Jahre **ab 2000** eine **geringere Honorarhöhe** ergab: Nunmehr sahen die **gesetzlichen Regelungen** des § 85 Abs 4 S 4 iVm Abs 4a S 1 letzter Hs SGB V vor, dass der **Bewertungsausschuss** die Maßstäbe für die Honorarberechnung bestimmt, wobei diesem ein Beurteilungsspielraum eingeräumt war.[161] Da seit 2000 die Trennung von haus- und fachärztlichem Versorgungsbereich galt, war **ab 2002**[162] als vergleichbare Arztgruppe auf den **fachärztlich**en Bereich abzustellen. Das BSG hat es gebilligt, dass der Bewertungsausschuss nunmehr zum Vergleich einen sog „Fachgruppenmix" heranzog, wobei bei der Berechnung des Einkommens der Fachgruppen eine **Beschränkung auf die typischen Leistungen** der Fachgruppen akzeptiert wurde, sodass also nicht-typische Zusatzleistungen und Zusatzhonorare außer Betracht gelassen werden durften.[163]

121   Das BSG hat wiederholt betont, dass die vorgenannten Grundsätze voraussetzen, dass die Leistungen sowohl zeitgebunden als auch genehmigungsbedürftig sind.[164] Daher ist **kein Raum für deren Anwendung auf andere Leistungen**: Das BSG hat sowohl die Anwendung auf Leistungen anderer Arztgruppen abgelehnt[165] als auch die Anwendung auf die sog **probatorischen Sitzungen** der Psychotherapeuten verneint; für diese hat es allerdings vorgegeben, dass durch Regelungen des HVM bzw HVV ein Punktwert von mindestens 5 Pf = 2,56 Cent gewährleistet sein muss.[166]

5. Sonstige Begrenzungen des Honorarvolumens

122   Vorstehend sind die grundlegenden Eckpunkte dargelegt worden, die bei der Ausgestaltung und richterlichen Überprüfung von Honorarverteilungsregelungen zu beachten sind. Damit sind indessen nicht alle Facetten erschöpft.

123   Dem Ziel, die vom einzelnen Arzt erbrachten **Leistungsmengen zu begrenzen,** wird schon dadurch Rechnung getragen, dass in den **meisten Honorarverteilungsregelungen Fallwert-, Fallzahl- und/oder Punktzahl-Begrenzungen** normiert wurden, wie oben in RdNr 43 ff im Einzelnen dargestellt worden ist.

124   Derartigen Regelungen liegt zum einen der Gedanke zugrunde, dass ein Arzt nicht jede beliebig große Leistungsmenge wird qualitativ-hochwertig erbringen können. Zum anderen besteht in Zeiten hoher Arztdichte ein Allgemeininteresse daran, dass jeder Arzt zu einem Mindestmaß ausgelastet ist (da er sonst eventuell dazu neigen könnte, nicht-notwendige Leistungen zu erbringen), und deshalb verhindert werden sollte, dass einzelne Ärzte zu viele Leistungen bei sich konzentrieren (hierzu vgl oben RdNr 80 ff).

125   Diesen Zielsetzungen wird nicht nur durch dementsprechende Honorarverteilungsregelungen, wie dargestellt worden ist, Rechnung getragen. **Auch im SGB V selbst** sind

---

[161] Zu den Einzelheiten s das Urteil des BSG v 28. 5. 2008 – B 6 KA 9/07 R – BSGE 100, 254 = SozR 4-2500 § 85 Nr 42 RdNr 16 f. Siehe auch die weiteren Urteile vom selben Tag – B 6 KA 10/07 R, 11/07 R, 12/07 R, 41/07 R, 42/07 R, 43/07 R, 49/07 R –. Bei einer früheren Festlegung hatte der Bewertungsausschuss den ihm zustehenden Beurteilungsspielraum überschritten: BSG v 28. 1. 2004 – B 6 KA 52/03 R – BSGE 92, 87 = SozR 4-2500 § 85 Nr 8.

[162] Zum Rückgriff auf die Verhältnissen vor zwei Jahren s BSG v 28. 1. 2004 – B 6 KA 52/03 R – BSGE 92, 87 = SozR 4-2500 § 85 Nr 8 RdNr 34; BSG v 28. 5. 2008 – B 6 KA 9/07 R – BSGE 100, 254 = SozR 4-2500 § 85 Nr 42 RdNr 41.

[163] Siehe im Einzelnen BSG v 28. 5. 2008 – B 6 KA 9/07 R – BSGE 100, 254 = SozR 4-2500 § 85 Nr 42 RdNr 42–45.

[164] Von diesen beiden Voraussetzungen ergibt sich die erste ohne Weiteres aus obigen Ausführungen. Die zweite dagegen ist schwerer begründbar. Sie gewinnt ihre Berechtigung daraus, dass durch sie die Leistungsmengensteigerung zusätzlich erschwert wird.

[165] So zB BSG v 12. 9. 2001 – B 6 KA 58/00 R – BSGE 89, 1, 2 u 11 = SozR 3-2500 § 85 Nr 41 S 328 unten und 338. Vgl auch zB BSG v 5. 2. 2003 – B 6 KA 76/02 B – RdNr 11 – in juris dokumentiert.

[166] BSG v 29. 8. 2007 – B 6 KA 35/06 R – SozR 4-2500 § 85 Nr 38 RdNr 17; BSG v 28. 5. 2008 – B 6 KA 9/07 R – BSGE 100, 254 = SozR 4-2500 § 85 Nr 42 RdNr 60 ff, 64 f.

6. Kapitel. Das Kassenarztrecht/Vertragsarztrecht 126–130 § 34

Vorgaben zur **Begrenzung der Leistungsmenge** normiert, die der einzelne Arzt erbringen und abrechnen darf.

So ist in **§ 85 Abs 4 S 6–8 SGB V** normiert, dass die Honorarverteilungsbestimmungen 126 (a) auch „Regelungen zur **Verhinderung einer übermäßigen Ausdehnung** der Tätigkeit des Vertragsarztes" enthalten müssen. (b) „**Insbesondere** sind arztgruppenspezifische Grenzwerte festzulegen, bis zu denen die von einer Arztpraxis erbrachten Leistungen mit festen Punktwerten zu vergüten sind **(Regelleistungsvolumina)**. Für den Fall der Überschreitung der Grenzwerte ist vorzusehen, dass die den Grenzwert überschreitende Leistungsmenge mit **abgestaffelten Punktwerten** vergütet wird."

a) Die allgemeine Bestimmung des § 85 Abs 4 S 6 SGB V, dass „Regelungen zur **Ver-** 127 **hinderung einer übermäßigen Ausdehnung** der Tätigkeit des Vertragsarztes" zu treffen sind, hat in der Praxis **kaum noch Bedeutung.** Seitdem in die Honorarverteilungsregelungen Fallwert-, Fallzahl- und/oder Punktzahl-Begrenzungen aufgenommen wurden (RdNr 123), sind in der Praxis keine so großen Mengenausweitungen mehr vorgekommen, die als „übermäßige Ausdehnung" im Sinne der Definition der Rspr anzusehen wären.[167]

b) Erhebliche Bedeutung hat dagegen schon für das bis Ende 2008 geltende Recht 128 die in § 85 Abs 4 S 7 SGB V besonders herausgestellte Vorgabe, dass **Regelleistungsvolumina** festzulegen sind. Nach der gesetzlichen Definition sind dies arztgruppenspezifische Grenzwerte, bis zu denen die von einer Arztpraxis erbrachten Leistungen mit festen Punktwerten zu vergüten sind **(Regelleistungsvolumina)**.[168]

Den Regelleistungsvolumina kommt im Honorarsystem für die Zeit ab dem 1.1.2009 129 noch erhöhte Bedeutung zu. Gemäß dem ab 2009 maßgeblichen **§ 87b Abs 2 S 2 und 3 SGB V** ist das **Regel**leistungsvolumen „die von einem Arzt oder der Arztpraxis in einem bestimmten Zeitraum abrechenbare Menge der vertragsärztlichen Leistungen, die mit den in der Euro-Gebührenordnung ... enthaltenen ... Preisen zu vergüten ist". „Die das Regelleistungsvolumen überschreitende Leistungsmenge ist mit abgestaffelten Preisen zu vergüten." – Zu Näherem insoweit RdNr 136 ff, 139 ff.

6. Fristen für die Einreichung vertragsärztlicher Abrechnungen

Schließlich ist zu beachten, dass die Honorarverteilungsregelungen auch Fristen vorse- 130 hen, binnen derer die Vertragsärzte ihre Abrechnungen einzureichen haben. Die Regelungen sind in den verschiedenen Bezirken der K(Z)Ven unterschiedlich ausgestaltet. Normiert sind meist zum einen eine „**Grund**"frist, die auf einen Zeitraum von **zwei bis vier Wochen** nach Quartalsschluss lautet, und zum anderen – gestaffelt nach der Dauer ihrer Überschreitung – ein **Honorarabzug von zB 5% für jeden Monat der Verspätung.** Meist ist auch ein **völliger Abrechnungsausschluss** vorgesehen, zB für Überschreitungen um mehr als **ein Jahr**. Solche Fristsetzungen sind grundsätzlich rechtmäßig,[169] dürfen

---

[167] Siehe dazu die Anforderungen des BSG gemäß den Ausführungen in *Clemens* in: Wenzel (Hrsg), Handbuch des Fachanwalts Medizinrecht, Kap 11 Abschn B, RdNr 311 ff, 313 mit BSG-Angaben: Gesamtvolumen von mehr als dem Doppelten des Durchschnitts der Fachgruppe.
[168] Zur Frage, welche Rechtsfolgen sich ergeben, wenn eine Regelung von Regelleistungsvolumina entsprechend den gesetzlichen Anforderungen unterbleibt, hat das LSG BW am 29.10.2008 – L 5 KA 2054/08 – entschieden, dass daraus die Rechtswidrigkeit der Honorarverteilung und der Honorarbescheide folgt. Über die Revision wird das BSG im Jahre 2010 entscheiden: Az. B 6 KA 43/08 R. – Vgl auch über die weiteren Revisionsverfahren, über die ebenfalls im Jahr 2010 zu entscheiden ist: B 6 KA 31/08 R, B 6 KA 41/08 R, B 6 KA 16/09 R und B 6 KA 25–28/09 R.
[169] BSG v 29.8.2007 – B 6 KA 29/06 R – SozR 4-2500 § 85 Nr 37 RdNr 11 f, in Fortführung von BSG v 22.6.2005 – B 6 KA 19/04 R – SozR 4-2500 § 85 Nr 19. Vgl auch BSG v 16.7.2008 – B 6 KA 12/08 B, B 6 KA 13/08 B, B 6 KA 14/08 B – jeweils RdNr 8. – Zu einem Sonderfall s BSG v 3.8.2006 – B 3 KR 7/06 R – BSGE 97, 23 = SozR 4-2500 § 129 Nr 3 RdNr 15 ff.

aber keinen unverhältnismäßigen Eingriff bewirken, dh sie dürfen nur in **eng begrenzten Ausnahmefällen** zu völligem Honorarverlust führen.[170]

131 Soweit ein HVM/HVV keine solche Fristen-Regelungen enthalten würde, käme für den Ersatzkassenbereich jedenfalls die in § 34 III 5 EKV-Ä normierte Jahresfrist zum Zuge.[171]

7. Abrechnungsausschluss wegen Einschaltung privater Abrechnungsstelle

132 Im HVM/HVV kann ein Abrechnungsausschluss für solche Abrechnungen normiert werden, die mithilfe privater Abrechnungsstellen gefertigt wurden, es sei denn, dies wäre ausdrücklich gesetzlich zugelassen.[171a] Wenn die Anfertigung von **Abrechnungen mithilfe privater Abrechnungsstellen** unzulässig ist, so können solche Abrechnungen **keinen Honoraranspruch begründen.** Wird eine solche Zuhilfenahme festgestellt, ohne dass ein Fall gesetzlicher Gestattung vorliegt, so unterliegt die gesamte Quartalsabrechnung der sachlich-rechnerischen Richtigstellung. Den Grundsatz, dass die Bearbeitung von Patientendaten mithilfe privater Abrechnungsstellen nur nach Maßgabe ausdrücklicher spezialgesetzlicher Ermächtigung datenschutzrechtlich zulässig ist[172], hat der Gesetzgeber allerdings durch gesetzliche Regelungen für die Zeit bis zum 30.6.2010 für bestimmte Bereiche einstweilen für unanwendbar erklärt: vgl § 27 RdNr 24.

8. Sonstiges

133 Wegen weiterer Regelungen bzw Regelungsmöglichkeiten in der Honorarverteilung sowie wegen weiterer Rechtsfragen zur Honorarverteilung wird verwiesen auf die Darstellung von *Clemens* in: *Wenzel* (Hrsg), Handbuch des Fachanwalts Medizinrecht, 2. Aufl 2009, Kap 11 Abschn B, RdNr 322–341. Dort werden weitere Fragen der formell-rechtlichen und der materiell-rechtlichen Rechtmäßigkeit von Honorarverteilungsbestimmungen behandelt, so zB, ob (bzw dass nicht) den Normgeber eine **Begründungspflicht** trifft (ebenda RdNr 327 f) und inwieweit der Normgeber statt abschließender Ausformung von Regelungen eine **Ermächtigung an den Vorstand** der KV zur Konkretisierung im Einzelfall erteilen darf (ebenda RdNr 325) uvm.

C. Honorarverteilung und Honorarbegrenzungen in dem seit 2009 geltenden System

134 Wie schon oben in RdNr 3 ausgeführt, ist **seit dem 1.1.2009** die Ausgestaltung der Honorarverteilung nur noch in gering(er)em Umfang der Landes- bzw K(Z)V-Ebene überlassen. Vielmehr sind die **den EBM und den Bema ergänzenden Regelungen** nunmehr ganz überwiegend **auf Bundesebene** festgelegt: Siehe die im SGB V eingefügten **§§ 87a bis 87d SGB V**. Zum Teil enthalten diese Bestimmungen im SGB V selbst abschließende Regelungen, zum anderen geben sie bundeseinheitliche Vorgaben für die weiteren (untergesetzlichen) Festlegungen für die Honorierung im **ärztlichen** Bereich. Für diese haben zentrale Bedeutung die sog **Orientierungspunktwerte** und die sog **Regelleistungsvolumina** (§§ 87a, 87b SGB V – keine Geltung im zahnärztlichen Bereich, siehe § 87 Abs 1 Hs 2, 87b Abs 1 S 2 SGB V). Diese zwei Elemente sind die „Herzstücke" des neuen Vergütungssystems.

---

[170] BSG v 29.8.2007 – B 6 KA 29/06 R – SozR 4-2500 § 85 Nr 37 RdNr 13–16. – Näheres s *Clemens* in: *Wenzel* (Hrsg), Kap 11 Abschn B, RdNr 321 mwN.
[171] Diese Frist ist keine vorrangige Vorgabe etwa derart, dass der HVM/HVV keine kürzere Frist enthalten dürfte, sondern nur eine Art „Letzt"frist (die im Übrigen auch nur für den Ersatzkassen- und nicht auch im BMV-Ä für den Primärkassenbereich normiert ist).
[171a] Dazu Näheres in § 27 RdNr 24 (mit den dortigen Fußnoten-Angaben).
[172] BSG v 10.12.2008 – B 6 KA 37/07 R – BSGE 102, 134 = SozR 4-2500 § 295 Nr 2.

6. Kapitel. Das Kassenarztrecht/Vertragsarztrecht   135–140   § 34

Die **Orientierungspunktwerte** werden – ebenso wie die Regelleistungsvolumina – **135** in erster Linie bundesrechtlich vorgegeben (§ 87 Abs 2e iVm § 87a Abs 2 S 1 SGB V). Damit sollen die früher zum Teil sehr unterschiedlichen Honorarhöhen in der Bundesrepublik Deutschland vereinheitlicht werden. Dies hat auch in der Tat dazu beigetragen, dass die Honorare der Ärzte der neuen Bundesländer spürbar angestiegen sind. – Indessen werden im politischen Raum Bestrebungen erkennbar, die Honorarvorgaben wieder mehr zu „regionalisieren". Dies geht insbesondere von Bayern aus, wo die Honorare nur wenig angestiegen sind.

Die **Regelleistungsvolumina**[173], für deren Festlegung in § 87b Abs 3 SGB V Kriterien **136** vorgegeben sind, haben die **Funktion,** die **Leistungsmenge** festzulegen, die einem Arzt oder einer Arztpraxis in voller Höhe der Orientierungspunktwerte vergütet wird (§ 87b Abs 2 S 1 und 2 SGB V). Die darüber hinausgehende Leistungsmenge wird nur noch mit abgestaffelten Preisen vergütet,[174] die häufig nur Bruchteile der vollen Punktwerte betragen (§ 87b Abs 2 S 3 SGB V – mancherorts nur Punktwerte von 0,5 oder 1 Cent).

Insgesamt kann zu den **neuen Regelungen und deren Eckpunkten,** worauf schon **137** oben in RdNr 4 hingewiesen wurde, aus der Sicht der Rspr noch kaum etwas gesagt werden.[175] Denn Rspr, zumal solche des BSG, liegt dazu bisher nicht vor. Sobald Auslegungsstreitigkeiten zum neuen Recht zu den Gerichten gelangen, wird eine **wesentliche Frage** sein, **ob bzw inwieweit** die **bisherige Rspr** zu den Honorarverteilungsregelungen (hierzu oben RdNr 17 ff) **auch Maßstab für die Beurteilung der neuen Vergütungsstrukturen** sein kann.

Eine **Anwendung der bisherigen Rspr** zu den Honorarverteilungsregelungen (oben **138** RdNr 17 ff) wird **insbes** insoweit zu erwägen sein, als es um die verbliebenen Räume für **Gestaltungen auf der Landes- bzw KV-Ebene** geht. Dies betrifft zum einen die sog **Orientierungspunktwerte**, die zwar im Grundsatz im EBM festgelegt werden (siehe § 87 Abs 2e SGB V), aber in begrenztem Ausmaß **regional modifiziert** werden können (§ 87a Abs 2 SGB V). Hiernach ist dann die **regionale Gebührenordnung mit Euro-Preisen** zu erstellen (§ 87 Abs 2 S 6 SGB V).

Weiterhin werden die Berechnungsformeln für die **Regelleistungsvolumina** (zu den **139** Kriterien für ihre Festlegung siehe § 87b Abs 3 SGB V) zwar zunächst vom Bewertungsausschuss festgelegt (§ 87b Abs 4 S 1 und 2 SGB V). Sie können aber nach **Maßgabe regionaler Daten** in Verträgen zwischen KV und Krankenkassen(-Verbänden) **konkretisiert, dh modifiziert** werden (§ 87b Abs 4 S 3 SGB V). Dabei müssen sich diese Vertragspartner über eine **Vielzahl von Details** zu verständigen: zB
– die Definition/Abgenzung der Arztgruppen, denen Regelleistungsvolumen zugeordnet werden,
– die Bemessung von Regelleistungsvolumen von Ärzten, die in verschiedenen Status an der Versorgung teilnehmen, sowie von neu gegründeten Praxen,[176]
– Praxisbesonderheiten und die Bemessung des Mehrbedarfes,
– das Verfahren von Fallzahlanpassungen,
– Einzelheiten der Rückstellungen.

Diese Sachverhalte lassen sich nicht mathematisch abbilden, sondern sie müssen vertrag- **140** lich vereinbart werden. Dieser Vertrag ist dann auch Maßstab für die Überprüfung der Rechtmäßigkeit der den Ärzten zugewiesenen Regelleistungsvolumina.

---

[173] Zu den Regelleistungsvolumina in dem bis 2008 geltenden Recht: oben RdNr 128 f.

[174] Diese schlagwortartige Regelung kann nicht dahin verstanden werden, dass nunmehr jegliche Ausnahmen unzulässig wären. Vielmehr lässt sie Raum, im Rahmen der noch möglichen Regelungen auf der Landes- bzw K(Z)V-Ebene für Praxen im Aufbaustadium und für (sonstige) unterdurchschnittlich abrechnende Praxen Honorarsteigerungen bis zum Fachgruppendurchschnitt zu ermöglichen: Dazu vgl oben RdNr 60 ff (s insbes RdNr 60 aE mit Hinweis auf SG Marburg).

[175] Einen Überblick über die bisherigen Festlegungen gibt *Steinhilper* in MedR 2009, 464, und in JurisPR–SozR 9/2009 (online in Juris dokumentiert).

[176] Hierzu s auch RdNr 136 aE (dortige Fußnote).

141 Ferner haben die KV und Krankenkassen die Aufgabe, Sonderregelungen für Abrechnungsvolumina bei Änderung der Kooperationsform und bei Neuzulassungen zu treffen.

142 In manchen KV-Bereichen wird der konkretisierende Vertrag in Fortführung bisheriger Terminologie als Honorarverteilungsvertrag bezeichnet. Präziser ist indessen eine neutrale **Bezeichnung** wie zB **Honorarvertrag** oder **Vereinbarung zur Konkretisierung der Regelleistungsvolumina,** wie sie in einigen KV-Bereichen verwendet wird.

143 Schließlich ist auch die **Reichweite der Regelleistungsvolumina** abschließend auf regionaler Ebene festzulegen, dh **welche Leistungen ihnen zuzurechnen sind** und welche außerhalb der Regelleistungsvolumina vergütet werden. Dies ist den **KVen allein** – ohne Beteiligung der Krankenkassen(-Verbände) – zugewiesen (§ 87b Abs 2 S 6 und 7 iVm Abs 5 S 1 SGB V). Die Reichweite der Regelleistungsvolumina ist für die Ärzte von besonderem Interesse, weil Honorarsteigerungen über die Regelleistungsvolumina hinaus in nennenswertem Ausmaß nur durch außerhalb zu vergütende Leistungen möglich sind.[177] Dies betrifft gemäß **§ 87b Abs 2 S 6 SGB V** zum einen die antragspflichtigen (= genehmigungspflichtigen) **psychotherapeutischen Leistungen** der Psychotherapeuten und anderer ausschließlich psychotherapeutisch tätiger Ärzte. Zum anderen können gemäß **§ 87b Abs 2 S 7 SGB V** „**weitere vertragsärztliche Leistungen** … außerhalb der Regelleistungsvolumina vergütet werden, wenn sie besonders gefördert werden sollen oder soweit dies medizinisch auf Grund von Besonderheiten bei Veranlassung und Ausführung der Leistungserbringung erforderlich ist". Hier liegt der Schlüssel zur Eröffnung eines kleineren oder größeren Leistungsspektrums, in dem die Ärzte Leistungen erbringen können, ohne den Mengen- bzw Honorarbegrenzungen durch die Regelleistungsvolumina und den damit verbundenen, bei großen Leistungsmengen eingreifenden Honorarabstaffelungen unterworfen zu sein.

144 Alle vorstehend dargestellten Regelungen sind indessen – noch bzw wieder – im Fluss: Zum einen haben die Regelungen nicht zur Befriedigung der Unzufriedenheit mit der Honorarsituation beigetragen (vgl dazu § 24 RdNr 9 ff). Zum anderen hat die im Herbst 2009 neu angetretene Bundesregierung weitere Reformen im Honorarbereich angekündigt. Insofern bleibt die weitere Entwicklung abzuwarten; erst auf der Grundlage einigermaßen bestandsfester Regelungen lohnt sich deren kritische rechtliche Würdigung.

§ 35 Sachlich-rechnerische Richtigstellungen und Plausibilitätsprüfungen (§ 106a SGB V)

Inhaltsübersicht

	RdNr
A. Zur Einführung	1
B. Die Abrechnungsprüfung (sachlich-rechnerische Richtigstellung und Plausibilitätsprüfung)	5
I. Sachlich-rechnerische Richtigstellungen	9
1. Auslegung von EBM- bzw Bema-Leistungstatbeständen	11
2. Weitere Fallgruppen	23
3. Vertrauensschutz gegenüber sachlich-rechnerischen Richtigstellungen?	66
4. Sonderfall des grob fahrlässigen Fehlansatzes	73
5. Speziell: Kein Schutz vor Rückforderung durch rechtswidrig erlangten, nicht rückwirkend aufhebbaren Status	76
6. Berechnung der Richtigstellungssumme	86
II. Plausibilitätsprüfungen	88
1. Rechtsgrundlagen	88
2. Mindestzeiten für Tages- und Quartalsprofile	89
3. Folgen einer implausiblen Abrechnung	94

---

[177] Weitere Steigerungen sind möglich für Praxen in der Aufbauphase und für (sonstige) unter durchschnittlich abrechnende Praxen: Vgl oben RdNr 136 aE: dortige Fußnote.

6. Kapitel. Das Kassenarztrecht/Vertragsarztrecht   1 § 35

Schrifttum: *Clemens,* Abrechnungsstreitigkeit, Wirtschaftlichkeitsprüfung, Schadensregress, in: *Schulin* (Hrsg), Handbuch des Sozialversicherungsrechts, Bd 1: Krankenversicherungsrecht, 1994, §§ 33, 34, 894–909; *Clemens,* Kommentierung des § 106a SGB V, in: *Schlegel/Voelzke/Engelmann* (Hrsg), juris PraxisKommentar SGB V, 2008; *Dahm,* Honorarberichtigung, in: *Rieger/Dahm/Steinhilper,* HK-AKM, Beitrag 2570, Stand 2003; *Dahm/Schmidt,* Falschabrechnung (Abrechnungsbetrug), in: *Rieger/Dahm/Steinhilper* (Hrsg), HK-AKM Beitrag 1780, Stand 2007; *Hempler/Schäfer,* Abrechnungsmanipulationen bei ärztlichen Honoraren, 1988; *Knopp,* Die Honorierung vertragsärztlicher Leistungen 2009; *Simon,* Delegation ärztlicher Leistungen, 1999; *Steinhilper* (Hrsg), Arzt und Abrechnungsbetrug, 1988; *Engelhardt,* Komm d. § 106a SGB V, in: *Hauck/Noftz,* SGB V (Stand Aug 2008); *Steinhilper,* Unkorrekte Honorarabrechnungen durch Ärzte und die Folgeverfahren, Schriftenreihe des Deutschen Anwaltsinstituts (Brennpunkte des Sozialrechts), 1993, mit zahlreichen Beiträgen anderer Verfasser; *Steinhilper,* Persönliche Leistungserbringung in der ambulanten vertragsärztlichen Versorgung, in: *Halbe/Schirmer* (Hrsg), Handbuch Kooperationen im Gesundheitswesen, Beitrag E1200, Stand 2009; *Steinhilper,* Plausibilitätsprüfungen, in: *Rieger/Dahm/Steinhilper* (Hrsg), HK-AKM, Beitrag 4160, Stand 2005; *Steinhilper,* Die Abrechnung vertragsärztlicher Leistungen durch die Kassenärztliche Vereinigung, in: *Schnapp/Wigge* (Hrsg), Handbuch des Vertragsarztrechts, 2. Aufl 2006, § 17; *Steinhilper,* „Kriminogene" Normgebung? Kriminalpolitische Überlegungen zur Eindämmung ärztlichen Abrechnungsbetruges, in: *Feltes/Pfeiffer/Steinhilper* (Hrsg), FS Schwind, 2006, 163 ff; *Steinhilper,* Überprüfung der vertragsärztlichen Honorarabrechnung, in: *Wenzel* (Hrsg), Handbuch des Fachanwalts Medizinrecht, 2. Aufl 2009, Kap 11 Abschn D. I. u II., 1200–1219; *Wenner,* Vertragsarztrecht nach der Gesundheitsreform, 2008.

A. Zur Einführung

In der gesetzlichen Krankenversicherung (GKV) gilt im Verhältnis von Vertragsarzt   **1** und Patient das Prinzip der Erbringung von Dienst- und Sachleistungen (§ 2 Abs 2 S 1 SGB V[1]). Die Honorierung dieser Leistungen erfolgt demgegenüber durch den Geldfluss aus den Beitragszahlungen der Versicherten an die Krankenkassen und von diesen durch Gesamtvergütungszahlungen an die Kassen(zahn[2])ärztlichen Vereinigungen und von diesen durch die Honorarverteilung an die Leistungserbringer (sog. **vertragsarztrechtliches Vierecksverhältnis,** § 24 RdNr 32–36, 39). Dementsprechend war bei den Patienten häufig die Vorstellung entstanden, durch die Zahlung der Versicherungsbeiträge alle ärztlichen Leistungen auf maximalem Niveau und Arzneimittel usw. ohne weitere Kosten erhalten zu können. Inzwischen muss der Patient indessen für Krankenhausaufenthalt, Arznei-, Heil- und Hilfsmittel in der Regel zuzahlen[3] (§ 24 RdNr 37). Daneben ist eine Praxisgebühr[4] (also eine Eigenbeteiligung des Patienten) vorgesehen[5], § 24 RdNr 37).

---

[1] Durch das GRG zum 1.1.1989 so ausdrücklich normiert; zur früheren Rechtslage s BSG v 28.6.1993 – 8 RK 22/81 – BSGE 55, 188, 193 f = SozR 2200 § 257a Nr 10, 20 ff. Das Sachleistungsprinzip für den Bereich der GKV befürwortend ua *Wenner,* Vertragsarztrecht nach der Gesundheitsreform 2008, 39 ff; das Kostenerstattungsprinzip als Ersatz dafür ausdrücklich ablehnend *Wasem* MedR 2000, 472 ff – Art und Umfang der Leistungen, auf die der GKV-Patient Anspruch hat, sind gesetzlich und ergänzend durch Richtlinien geregelt.

[2] Der Einschluss des Zahnbereichs wird im Folgenden nicht mehr ausdrücklich erwähnt, sondern ist vom Leser „mitzudenken".

[3] Die Zuzahlungspflicht ist gemildert durch Härtefallklauseln.

[4] Die Praxisgebühr (§ 28 Abs 4 iVm § 61 Satz 2 SGB V; verfassungsgemäß nach BSG v 25.6.2009 – B 3 KR 3/08 R) ist keine Leistung für den Arzt, sondern für die jeweilige Krankenkasse. Sie ist auch keine Gebühr im technischen Sinne, auch keine Zuzahlung (§ 61 SGB V), sondern letztlich eine pauschalierte Eigenbeteiligung des Patienten an den Kosten seiner Behandlung. – Zu den politischen und dogmatischen Fragen um die Einführung der Praxisgebühr s ua *Schimmelpfeng-Schütte* GesR 2004, 1; *Rixen* SGb 2004, 2; *Linke* NZS 2004, 186; *Weimar/Elsner* GesR 2004, 120. Ergänzend s die Glosse von *Zuck* NJW 2004, 1091 (das „wahre Unwort des Jahres"). Zur Frage, ob eine Praxisgebühr nach dem SGB V auch für die ärztliche Behandlung Gefangener erhoben werden darf s OLG Koblenz MedR 2006, 536 (nein; ablehnend auch *Blüthner* ZfStrVo 2005, 94): Zulässig, wenn auch wenig ökonomisch, falls ausdrücklich in den Landesstrafvollzugsgesetzen geregelt.

[5] § 28 Abs 4 SGB V (grundsätzlich 10 EUR je erstem Arztbesuch im Quartal). Es gibt Befreiungsmöglichkeiten (Härtefälle). – Nach dem sog Barmer-Hausarztvertrag brauchten eingeschrie-

2 Entsprechend dem dargestellten vertragsarztrechtlichen Viereckverhältnis erhält der **Vertragsarzt** das **Honorar** für seine ärztlichen Leistungen[6] nicht unmittelbar vom Patienten oder von der Krankenkasse, sondern er reicht die Unterlagen dazu[7] (nebst einer sog Vierteljahreserklärung) bei der für ihn zuständigen **Kassenärztlichen Vereinigung** (auf einem elektronischen Datenträger; s § 295 SGB V) ein[8]. Anhand dieser Unterlagen ist die Honorarabrechnung des Vertragsarztes nach § 106a Abs 2 SGB V[9] von der Kassenärztlichen Vereinigung unter verschiedenen Gesichtspunkten zu prüfen. Daneben besteht für andere Sachverhalte eine Prüfpflicht für die Krankenkassen (§ 106 Abs 3 SGB V). Krankenkassen und Kassenärztliche Vereinigungen gemeinsam haben darüber hinaus die Wirtschaftlichkeit der vertragsärztlichen Versorgung nach § 106 SGB V nach den durch das GKV-WSG v 26. 3. 2007 neu normierten Regeln und Zuständigkeiten zu prüfen.[10]

3 Die Finanzmittel für die Honorierung der Vertragsärzte erhalten die Kassenärztlichen Vereinigungen von den **Krankenkassen** (RdNr 1). Diese zahlen für die ambulante vertragsärztliche Versorgung sog **Gesamtvergütungen** mit befreiender Wirkung (§ 85 Abs 1 SGB V). Diese sind von den **Kassenärztlichen Vereinigungen** nach dem jeweiligen Honorarverteilungsvertrag (§ 85 Abs 4 SGB V[11]) **unter die Ärzte** nach deren Leistungsanforderungen unter Beachtung der Regelungen zur Abrechnung vertragsärztlicher Leistungen – dh insbesondere unter Beachtung der sog Honorarverteilungsregelungen (hierzu § 34) – **zu verteilen**[12].

---

bene Patienten bisher keine Praxisgebühr zu bezahlen. Der Vertrag ist nach BSG (v 6. 2. 2008 – B 6 KA 27/07 R – BSGE 100, 52 = SozR 4-2500 § 140d Nr 1) keine integrierte Versorgung, sodass die bisherigen Abzüge der Krankenkassen von der Gesamtvergütung an die Kassenärztlichen Vereinigungen nachzuzahlen sind. Der Vertrag wurde zum Ende 2008 gekündigt; Praxisgebühren sind wieder ab 1. 7. 2008 zu bezahlen.

[6] Grundlage: Verträge der Krankenkassen mit den Leistungserbringern (§§ 69–140h SGB V). Zum „Kollektivvertragsrecht in der vertragsärztlichen Versorgung" s statt aller den gleichnamigen Beitrag von *Axer*, in: *Schnapp/Wigge* (Hrsg), Handbuch des Vertragsarztrechts 2. Aufl 2006, 236 ff mwN, ferner oben *Krauskopf* in § 27 und § 34.

[7] Zu diesem Zweck muss er die Patientendaten aus der Krankenversichertenkarte (§ 291 SGB V) in sein System einlesen. – In Vorbereitung ist die sog elektronische Gesundheitskarte (Grundlage: § 291a SGB V), auf der zahlreiche Informationen über den Patienten und seine Behandlung gespeichert werden (dazu und zur Telematik im weiteren Sinne s *Bales/Dierks/Holland/Müller* (Hrsg), Die elektronische Gesundheitskarte, 2007, mwN).

[8] Andere Abrechnungswege (Abrechnung unmittelbar mit dem Patienten) sind ua vorgesehen und ausdrücklich abweichend geregelt bei Kostenerstattung nach § 13 Abs 2 SGB V bei freier Wahl des Arztes (s. dazu ausführlich *Noftz*, in: *Hauck/Noftz* (Hrsg), SGB V, Kommentierung zu § 13) und nach § 13 Abs 3 SGB V bei sog Systemversagen, ferner für Leistungen auf Grund von Einzelverträgen mit den Krankenkassen (hausarztzentrierte Versorgung und besondere ambulante Versorgung, §§ 73a und 73c SGB V, und integrierte Versorgung, §§ 140a ff SGB V). Durch das GKV-WSG v 26. 3. 2007 war das bisherige Kollektivvertragssystem für weitere Einzelverträge mit den Krankenkassen geöffnet worden. Zu den Auswirkungen, der Kritik und der Bedeutung für die weitere Entwicklung (verstärkter Wettbewerb? Beschränkung der Rechte der Kassenärztlichen Vereinigungen?) s eingehend *Wigge/Harney* MedR 2008, 139 ff.

[9] In Verbindung mit den dazu ergangenen Richtlinien auf Bundesebene, die ihrerseits durch Vereinbarungen der Kassenärztlichen Vereinigungen mit den Verbänden der Krankenkassen zu Inhalt und Durchführung der Prüfungen ergänzt werden (einschließlich Verfahrensordnung für die Plausibilitätsprüfung nach § 106a SGB V).

[10] Siehe dazu ausführlich § 36 mwN.

[11] Vertrag zwischen den Krankenkassen und der Kassenärztlichen Vereinigung (bisher: Honorarverteilungsmaßstab). Ausführlich zum vertragsärztlichen Vergütungssystem (einschließlich Honorarverteilung) s oben *Clemens* in § 34.

[12] Der Vertragsarzt hat also keinen festen Honoraranspruch, sondern ist nur berechtigt, an der Honorarverteilung unter Beachtung von Budgetgrenzen, Abstaffelungsregelungen, Fallzahlbegrenzungen etc teilzuhaben.

6. Kapitel. Das Kassenarztrecht/Vertragsarztrecht   4–9 § 35

Zugleich mit den Abrechnungsunterlagen (neuerdings: Abrechnungsdiskette oder 4
Online; s § 295 SGB V) hat der Vertragsarzt auch schriftlich zu erklären[13], dass seine
Abrechnung vollständig und richtig ist, dass also die Leistungslegende nach dem Einheitlichen Bewertungsmaßstab (EBM[14]) sowie die Richtlinien eingehalten sind. Fehlt diese
Erklärung (sog Vierteljahreserklärung oder Abrechnungssammelerklärung) oder erweist
sie sich (auch nur in Teilen) als unrichtig, so entfällt der Honoraranspruch des Arztes[15].

B. Die Abrechnungsprüfung (sachlich-rechnerische Richtigstellung und Plausibilitätsprüfung)

Nach den Grundlagen des vertragsarztrechtlichen Vierecksverhältnisses (§ 24 RdNr 5
32 ff) ergibt sich die vertragsärztliche und -zahnärztliche Honorierung aus den Bestimmungen des **EBM und des Bema,** jeweils **in Verbindung mit** den **weiteren Regelungen,** die die Punktzahlen zu Punktwerten konkretisieren (§ 24 RdNr 41). Dies waren **bis 2008** die Honorarverteilungsregelungen mit den ihnen innewohnenden Honorarbegrenzungen. Deren Funktion haben **seit dem 1. 1. 2009** die Regelungen der §§ 87a bis 87d SGB V und die auf deren Grundlage ergehenden weiteren konkretisierenden Bestimmungen übernommen (insbesondere Orientierungspunktwerte und Regelleistungsvolumina, siehe dazu § 34).

Für die Gesamthonorarsituation des Arztes sind zudem **weitere Instrumente** von 6
Bedeutung, die Honorarkorrekturen bewirken können. Diese kommen **in dreierlei Gestalt vor:**

Zum einen kann dem Arzt entgegengehalten werden, er habe bei seiner Quartalsab- 7
rechnung Leistungen in Ansatz gebracht, die nach den Regelungen des EBM bzw des
Bema so nicht abrechenbar seien (sog. **sachlich-rechnerische Richtigstellung,** s u.).
Zum anderen gibt es die sog. Wirtschaftlichkeitsprüfung (§ 106 SGB V), mit dem einem
Arzt uU vorgehalten wird, er habe zu viele Leistungen erbracht, diese seien nicht notwendig und daher unwirtschaftlich gewesen (sog **Honorarkürzung wegen Unwirtschaftlichkeit,** § 36 unter I. und II.). Ferner kann es zu Regressen kommen, dh der Arzt wird
für unzulässige oder angeblich unnötige Verordnungen von Arznei-, Heil- oder Hilfsmitteln in Anspruch genommen **(Regress wegen Unwirtschaftlichkeit** oder Regress
wegen Fehlens der Arzneizulassung, wegen Off-Label-Use oder wegen Verordnungsausschlusses, § 36 unter III. und IV.).

Im Folgenden sind die **sachlich-rechnerischen Richtigstellungen** und die – thema- 8
tisch zugehörigen **Plausibilitätsprüfungen** dargestellt.

I. Sachlich-rechnerische Richtigstellungen

Honorarbegrenzungen gibt es nicht nur auf der Ebene der Honorarverteilung (vgl 9
§ 34), sondern auch im **Leistungsverzeichnis des EBM** (für Vertragsärzte) **bzw des
Bema** (für Vertragszahnärzte). Nur die darin aufgeführten Leistungen sind abrechenbar.
Stellt ein Arzt in seine Quartalsabrechnung Leistungen ein[16], die nicht dem EBM bzw
Bema entsprechen, so stellt die Kassen(zahn)ärztliche Vereinigung seine Honorarabrech-

---

[13] Zur Bedeutung der Abrechnungssammelerklärung s BSG v 17. 9. 1997 – 6 RKa 86/95 – SozR 3-5550 § 35 Nr 1.

[14] Zu den Grundlagen und ergänzenden Verträgen/Richtlinien etc s ausführlich *Krauskopf/Clemens* in § 27, § 30 und § 32 mwN.

[15] BSG v 17. 9. 1997 – 6 RKa 86/95 – SozR 3-5550 § 35 Nr 1. – Eine unrichtige Sammelerklärung legt uU auch den Verdacht der betrügerischen Honorarabrechnung nahe: Vgl dazu unten RdNr 73–75.

[16] Für die Abrechnung setzen die Kassenärztlichen Vereinigungen Fristen; werden diese überschritten, sind angemessene Honorarabzüge auf Grund regionaler Regelungen zulässig (BSG v 29. 8. 2007 – B 6 KA 29/06 R – SozR 4-2500 § 85 Nr 37 RdNr 11 f = MedR 2008, 391 = GesR 2008, 197; ebenso früher schon BSG v 22. 6. 2005 – B 6 KA 19/04 R – SozR 4-2500 § 85 Nr 19).

nung **sachlich-rechnerisch** richtig nach **§ 106a SGB V**[17]. Nach dieser Bestimmung prüfen die K(Z)Ven „Rechtmäßigkeit und Plausibilität der Abrechnungen in der vertrags-(zahn)ärztlichen Versorgung". Die Kassen(zahn)ärztliche Vereinigung **versagt** dann dem (Zahn-)Arzt einen Teil des von ihm geltend gemachten **Honorars** oder **fordert** den unzulässigen Teil, der schon ausbezahlt ist, von ihm **zurück**. Die Rechtmäßigkeit einer sachlich-rechnerischen Richtigstellung hängt nicht davon ab, dass den Arzt ein Verschulden an dem Fehlansatz trifft.[18]

10   Für die sachlich-rechnerische Richtigstellung sind mithin **zwei Ebenen** bedeutsam: Zum einen die Frage, wie die Leistungsbeschreibungen im **EBM** bzw im Bema zu verstehen sind (RdNr 11 ff). Zum anderen die Frage, welchen Voraussetzungen eine **Honorarkorrektur,** die auf EBM bzw Bema-Fehlansätze gestützt wird, unterliegt (Honorarversagung oder -rückforderung) (insbes RdNr 66 ff).

1. Auslegung von EBM- bzw Bema-Leistungstatbeständen

11   Wie eine Leistungsbeschreibung im EBM bzw im Bema zu verstehen ist, ist nicht immer ohne Weiteres eindeutig[19]. Vielmehr bedarf es häufig der **Auslegung des Leistungstatbestandes.** Dabei gilt nicht das sonst übliche sog Auslegungsquartett, dh die einigermaßen gleichwertige Heranziehung von Wortlaut, Gesetzessystematik, Regelungszweck und Entstehungsgeschichte. Vielmehr ist die Norm nach der Rechtsprechung **im Regelfall nur nach dem Wortlaut** auszulegen; die weiteren Auslegungsgesichtspunkte können nur in engen Grenzen herangezogen werden. Das BSG beschreibt dies in seiner Rechtsprechung folgendermaßen nach Art eines wiederkehrenden **Textbaustein**s.[20]

12   *Für die Auslegung vertragsärztlicher Vergütungsbestimmungen ist nach der ständigen Rechtsprechung des Senats in erster Linie der **Wortlaut** der Regelungen maßgeblich. Dies gründet sich zum einen darauf, dass das vertragliche Regelwerk dem Ausgleich der unterschiedlichen Interessen von Ärzten und Krankenkassen dient und es vorrangig Aufgabe des Bewertungsausschusses selbst ist, Unklarheiten zu beseitigen. Zum anderen folgt die primäre Bindung an den Wortlaut aus dem Gesamtkonzept des EBM als einer abschließenden Regelung, die keine Ergänzung oder Lückenfüllung durch Rückgriff auf andere Leistungsverzeichnisse bzw Gebührenordnungen oder durch analoge Anwendung*[21] *zulässt.*[22] *Nur soweit der Wortlaut eines Leistungstatbestandes zweifelhaft ist und es seiner Klarstellung dient, ist Raum für eine **systematische Interpretation** im Sinne einer Gesamtschau der in innerem Zusammen-*

---

[17] In das SGB V eingefügt durch GKV-Modernisierungsgesetz v 14. 11. 2003 (BGBl I, 2190) mit Wirkung ab dem 1. 1. 2004.

[18] So ausdrücklich BSG v 22. 3. 1996 – B 6 KA 76/04 R – BSGE 96, 99 = SozR 4-5520 § 33 Nr 6 RdNr 28. Liegt Verschulden vor und dies zudem im Ausmaß grober Fahrlässigkeit, so kommt die verschärfte Rechtsfolge gemäß der Rechtsfigur fehlerhafter Abrechnungssammelerklärung in Betracht: RdNr 73–75. – Zu einem systemwidrigen Verschuldenserfordernis s § 106a Abs 5 S 2 Hs 2 SGB V.

[19] Es darf daher nicht überraschen, wenn Ärzte uneindeutige, missverständliche oder mehrdeutige Leistungslegenden jeweils in ihrem Sinne (zu ihrem Vorteil) verstehen und interpretieren. Zu der sich anschließenden Frage, wieweit dadurch dem Abrechnungsbetrug Vorschub geleistet wird, s *Steinhilper,* „Kriminogene" Normgebung? Kriminalpolitische Überlegungen zur Eindämmung ärztlichen Abrechnungsbetruges, in: *Feltes/Pfeiffer/Steinhilper* (Hrsg), Kriminalpolitik und ihre wissenschaftlichen Grundlagen – FS Schwind, 163 ff.

[20] Zitat angelehnt an BSG v 7. 2. 2007 – B 6 KA 32/05 R – GesR 2007, 326 = USK 2007-14 S 90 f. Fast wortlautidentisch zB BSG v 28. 4. 2004 – B 6 KA 19/03 R – SozR 4-2500 § 87 Nr 5 RdNr 11; BSG v 22. 6. 2005 – B 6 KA 80/03 R – SozR 4-2500 § 87 Nr 10 RdNr 10; BSG v 11. 10. 2006 – B 6 KA 35/05 R – SozR 4-5533 Nr 40 Nr 2 RdNr 13.

[21] Hiermit ist insbesondere gemeint, dass keine ergänzende Heranziehung der im privatärztlichen Bereich geltenden Gebührenordnungen – GOÄ und GOZ – in Betracht kommt.

[22] So auch zB BSG v 11. 10. 2006 – B 6 KA 35/05 R – SozR 4-5533 Nr 40 Nr 2 RdNr 13, in Fortführung von zB BSG v 28. 4. 2004 – B 6 KA 19/03 R – SozR 4-2500 § 87 Nr 5 RdNr 11 und BSG v 22. 6. 2005 – B 6 KA 80/03 R – SozR 4-2500 § 87 Nr 10 RdNr 10.

hang stehenden ähnlichen oder vergleichbaren Leistungstatbestände. Eine **entstehungsgeschichtliche Auslegung** kommt ebenfalls nur bei unklaren oder mehrdeutigen Regelungen in Betracht und kann nur anhand von Dokumenten erfolgen, in denen die Urheber der Bestimmungen diese in der Zeit ihrer Entstehung selbst erläutert haben.[23] Leistungsbeschreibungen dürfen **weder ausdehnend ausgelegt noch analog angewendet** werden.[24]

Diese Auslegungsvorgaben laufen darauf hinaus, dass maßgebliche Grundlage der Auslegung eines Leistungstatbestandes im EBM bzw Bema dessen Wortlaut ist. Für die systematische und entstehungsgeschichtliche Auslegung ist nur in sehr engen Grenzen Raum. Die sog. **teleologische Auslegung** – nach Sinn und Zweck – wird in der zitierten Rechtsprechungsformel überhaupt nicht ausdrücklich erwähnt, müsste danach also kaum zugelassen sein. Indessen gibt es doch gelegentlich Ansätze in der Rechtsprechung des BSG, die in Richtung auf eine teleologische Interpretation weisen. So wird im Urteil vom 7. 2. 2007[25] auf die „Zielrichtung" des fraglichen Vergütungszuschlags abgestellt. Auch in weiteren Urteilen werden Gesichtspunkte wie der Sinngehalt einer Regelung und teleologische Gesichtspunkte herangezogen.[26]   13

Kritiker weisen ferner darauf hin, das in der Formel statuierte **Verbot ausdehnender Auslegung** werde ebenfalls nicht konsequent durchgezogen. Es wird geltend gemacht, dieses werde bei den Leistungstatbeständen strikt angewendet. Leistungs**ausschlusstatbestände** dagegen würden gelegentlich ausdehnend ausgelegt[27].   14

Beispiele für **Fehlansätze** von Leistungstatbeständen sind: **nicht vollständige (leistungslegendengerechte) Leistungserbringung:**   15

- Der Tatbestand „Chromosomenanalyse" ist beispielsweise erst vollständig erfüllt, wenn das Testergebnis vorliegt, wofür uU mehrere Analysedurchläufe erforderlich sein können, ohne dass dann die Vergütung zweifach angesetzt werden könnte;[28]   16
- Ebenso ist eine **EKG-Untersuchung,** die erst mit einem zusätzlichen Durchlauf zur **Erfolgskontrolle** das abgesicherte Ergebnis bringt, erst mit diesem zweiten Durchlauf abgeschlossen und damit dann der volle Leistungsinhalt erfüllt.[29]   17

Entsprechendes gilt für sog **Pauschal- und Komplex-Tatbestände** im EBM bzw im Bema. Die Pauschalabgeltung bewirkt, dass nur insgesamt ein einmaliger Ansatz zulässig ist, und zusätzlich im besonderen Fall erbrachte einzelne **Leistungen nicht zusätzlich abrechenbar** sind.[30]   18

---

[23] So auch zB BSG v 28. 4. 2004 – B 6 KA 19/03 R – SozR 4-2500 § 87 Nr 5 RdNr 11 mwN und BSG v 22. 6. 2005 – B 6 KA 80/03 R – SozR 4-2500 Nr 10 RdNr 10 mwN; BSG v 11. 10. 2006 – B 6 KA 35/05 R – SozR 4-5533 Nr 40 Nr 2 RdNr 13.

[24] So auch zB BSG v 28. 4. 2004 – B 6 KA 19/03 R – SozR 4-2500 § 87 Nr 5 RdNr 11 mwN; BSG v 8. 9. 2004 – B 6 KA 37/03 R – SozR 45533 Nr 273 Nr 1 RdNr 7; BSG v 22. 3. 2006 – B 6 KA 76/04 R – BSGE 96, 99 = SozR 4-5520 § 33 Nr 6 RdNr 17 aE; BSG v 11. 10. 2006 – B 6 KA 35/05 R – SozR 4-5533 Nr 40 Nr 2 RdNr 13.

[25] BSG v 7. 2. 2007 – B 6 KA 32/05 R – GesR 2007, 326, 327 und Leitsatz = USK 2007-14, S 91: „Insoweit ergeben sich Hinweise für die Gewährung des Zuschlags ... aus seiner Zielrichtung."

[26] Vgl die nachfolgende RdNr und die dortige Schrifttumsangabe.

[27] Weitere Ausführungen dazu bei *Clemens* in: *Schlegel/Voelzke/Engelmann* (Hrsg), jurisPraxis-Kommentar SGB V, § 106a RdNr 94.

[28] Grundlegend BSG v 1. 2. 1995 – 6 RKa 10/94 – SozR 3-5533 Nr 115 Nr 1 S 2 ff = USK 9563 S 356 ff (355 mit Hinweis darauf, dass BSG v 1. 2. 1995 – 6 RKa 29/94 – in juris mit Kurztext dokumentiert – im gleichen Sinn und im Wesentlichen übereinstimmend entschieden hat). Ebenso BSG v 12. 12. 2001 – B 6 KA 3/01 R – BSGE 89, 90, 103 = SozR 3-2500 § 82 Nr 3 S 17.

[29] Vgl LSG BW v 10. 2. 1993 – L 5 Ka 138/92 – MedR 1994, 463: vgl dessen Argumentation auf S 466.

[30] BSG v 25. 8. 1999 – B 6 KA 57/98 R – MedR 2000, 201, 202 f betr Versandkostenpauschale. Ebenso zur Schwangerenbetreuungs-Pauschale BSG v 26. 1. 2000 – B 6 KA 13/99 R – SozR 3-5533 Nr 100 Nr 1; zur zusätzlichen Sonographie als Abschlusskontrolle siehe die Revisionsrücknahme im

19 Der EBM enthält gelegentlich sog. **kleine Budgets**. So waren zB **Epikutantests** auf **max 30** je Behandlungsfall begrenzt.[31] Ebenso rechtmäßig war zB die Regelung, dass eine mind 30-minütige **CT-Erfolgskontrolle „höchstens sechsmal im Behandlungsfall" abrechenbar** ist.[32]

20 Bei **Leistungsbeschreibungen operativer Eingriffe** geht das BSG davon aus, dass sie umfassend sind. Sie umfassen nach Art von Komplexleistungen alle weiteren Maßnahmen, die in innerem und zeitlichem Zusammenhang mit der Operation erfolgen. Daraus folgt, dass diese mit der Vergütung für die Operation mit abgegolten sind und für sie keine weiteren Vergütungen beansprucht werden können. Unerheblich ist, ob die weiteren Leistungen „typischerweise" mit erbracht werden oder ob es sich um Leistungen handelt, die nur individuell vom konkreten Operateur vorgenommen werden, also atypisch sind. Auch diese werden durch die Vergütung für die Operation mit abgegolten:
- Durch die Vergütung für **Kreuzbandrekonstruktionen** werden weitere Leistungen wie Straffungen, Verkürzungen und Verstärkungen von **Kniegelenkbändern** mit abgegolten.[33]
- Durch die Vergütung einer **Schultergelenkoperation** werden schmerztherapeutische Anästhesien postoperativ im Zusammenhang mit der **Gelenkmobilisation** mit abgegolten.[34]
- Durch die Vergütung **arthroskopischer Operation**en werden Übungsbehandlungen zur **Gelenk- bzw Muskelmobilisierung** mit abgegolten.[35]
- Durch die Vergütung für eine Blinddarmentfernung und Leistenbruchoperation wird die postoperative Versorgung von **Nachblutungen** mit abgegolten.[36]
- Durch die Vergütung für eine Sterilisation wird das **begleitende Einführen** des Portioadapters zum Wegschieben der Gebärmutter zwecks besserer Übersicht mit abgegolten.[37]

21 Daneben gibt es noch **weitere Konstellationen**. Im Folgenden werden **beispielhaft** verschiedene **vom BSG entschiedene Fälle** aufgeführt:
- Keine gesonderte Abrechenbarkeit der **Übersendung von Unterlagen** an den Medizinischen Dienst der Krankenversicherung,[38]
- **Mitteilung an Weiterbehandler** in Notdienst kann nicht als ärztlicher Bericht abgerechnet werden,[39]
- grundsätzlich keine Abrechenbarkeit der **Fremdanamnese** im **Notdienst**,[40]

Verfahren B 6 KA 77/04 R nach mündlicher Verhandlung am 22. 3. 2006 (vgl BSG, Termin-Bericht Nr 11/06 v 23. 3. 2006); so auch im neuen EBM ausdrücklich geregelt.

[31] BSG v 16. 5. 2001 – B 6 KA 20/00 R – BSGE 88, 126, 134f = SozR 3-2500 § 87 Nr 29 S 153f („Leistungskomplexe … eine Art Epikutan-Test-Budget"): Dabei hat das BSG ausdrücklich herausgestellt, dass die Anknüpfung der Vergütungsbegrenzung an eine bestimmte Testzahl nicht dazu führt, die Sachgerechtigkeit solcher „kleinen Budgets" danach zu beurteilen, ob die konkrete Zahl medizinisch-fachlich begründbar ist. Hierbei handelt es sich lediglich um einen auf Finanzerwägungen beruhenden Anknüpfungspunkt für die Budgetbemessung (BSG v 16. 5. 2001 – B 6 KA 20/00 R – BSGE 88, 126, 135f = SozR 3-2500 § 87 Nr 29 S 154f).

[32] So Nr 5222 in dem bis 31. 3. 2005 geltenden EBM: abrechenbar mit 2.400 Punkten.

[33] BSG v 16. 5. 2001 – B 6 KA 87/00 R – SozR 3-5533 Nr 2449 Nr 2 S 8f. Vgl auch RdNr 13 mit dortiger Fn.

[34] BSG v 12. 12. 2001 – B 6 KA 88/00 R – SozR 3-5533 Nr 443 Nr 1 S 3f.

[35] BSG v 26. 6. 2002 – B 6 KA 5/02 R – SozR 3-5533 Nr 505 Nr 1 S 3f.

[36] BSG v 20. 12. 1995 – 6 RKa 64/94 – SozR 3-5533 Nr 2145 Nr 1 S 2f.

[37] Vgl die Revisionsrücknahme am 22. 3. 2006 im Verfahren B 6 KA 77/04 R (vgl dazu Termin-Vorschau Nr 11/06 v 8. 3. 2006 und Termin-Bericht Nr 11/06 v 23. 3. 2006). So auch im neuen EBM ab 1. 4. 2005 ausdrücklich geregelt.

[38] BSG v 18. 6. 1997 – 6 RKa 8/97 – USK 97 127.

[39] BSG v 20. 1. 1999 – B 6 KA 1/98 R – SozR 3-5540 § 36 Nr 1.

[40] BSG v 5. 2. 2003 – B 6 KA 11/02 R – SozR 4-2500 § 75 Nr 1 zum Notarztwagendienst. Dies weiterführend BSG v 17. 9. 2008 – B 6 KA 51/07 R – RdNr 14 zum allgemeinen Notdienst: Der

6. Kapitel. Das Kassenarztrecht/Vertragsarztrecht   21 § 35

- zur Frage der Abrechenbarkeit einer **Fremdanamnese** neben einer verbalen Intervention bzw einer intensiven ärztlichen Beratung,[41]
- Abrechenbarkeit sog **kontinuierlicher Betreuung** nur, wenn auch zusätzliche Hausbesuche durchgeführt werden,[42]
- **Verweilvergütung** nur, wenn für einen konkreten Patienten und dessen Erkrankung erforderlich, also nicht für die Rückfahrt nach einer Krankentransport-Begleitfahrt mit erfolgter Ablieferung des Patienten im Krankenhaus,[43]
- keine Sondervergütung für das **Verweilen beim Patienten** außerhalb der Praxis für den im Belegkrankenhaus verweilenden Belegarzt,[44]
- keine Abrechenbarkeit des früheren Leistungstatbestands des **Besuchs zur Unzeit** bei routinemäßigen Behandlungen vor 8 Uhr oder nach 20 Uhr,[45]
- Abrechenbarkeit der **Peridural-Langzeitanalgesie** mittels Katheter nur, wenn der Katheter (neu) gelegt wurde,[46]
- keine Abrechenbarkeit von **Medikamenteninfusion** mittels Katheter, wenn der **Venenkatheter bereits** für eine Dialyse **gelegt** worden war,[47]

Leistungstatbestand der Fremdanamnese nach Nr 19 EBM (in der Fassung, die bis zum 31. 3. 2005 galt) ist im Notdienst nicht erbringbar, weil er eine kontinuierliche Begleitung und Betreuung eines Patienten erfordert. Ganz allgemein sind Leistungen über eine Erstversorgung hinaus im Notdienst nicht erbringbar bzw jedenfalls nicht einer Vergütung zugänglich.

[41] Offengelassen in BSG v 10. 3. 2004 – B 6 KA 120/03 B – unveröffentlicht. Die Abrechenbarkeit der Fremdanamnese neben einer verbalen Intervention war nach dem früheren EBM in Sonderfällen evtl denkbar, weil die Fremdanamnese nur eine erhebliche, nicht vollständige Kommunikationsstörung verlangt und auch durch Unterweisung und Führung von Bezugsperson erfüllt werden kann. So auch SG Freiburg v 5. 5. 2004 – S 1 KA 1399/02 – MedR 2005, 251 zur Abrechenbarkeit der Fremdanamnese neben einer intensiven ärztlichen Beratung.

[42] BSG v 28. 1. 2004 – B 6 KA 97/03 B – in juris dokumentiert. Vorinstanz LSG BW v 16. 7. 2003 – L 5 KA 2312/02 – in juris dokumentiert. Nachfolgend Nichtannahme der Verfassungsbeschwerde durch BVerfG (Kammer) v 22. 10. 2004 – 1 BvR 528/04, 1 BvR 550/0, 1 BvR 627/04 – MedR 2005, 285 = SozR 4-2500 § 87 Nr 6. Ebenso ferner BSG v 28. 1. 2004 – B 6 KA 98/03 B, B 6 KA 99/03 B, B 6 KA 100/03 B – jeweils unveröffentlicht.

[43] BSG v 11. 10. 2006 – B 6 KA 35/05 R – SozR 4-5533 Nr 40 Nr 2.

[44] BSG v 2. 4. 2003 – B 6 KA 28/02 R – SozR 4-5533 Nr 40 Nr 1.

[45] Vgl dazu BSG v 7. 4. 2005 – B 6 KA 35/05 B – unveröffentlicht; BSG v 29. 8. 2007 – B 6 KA 30/07 B – unveröffentlicht; BSG v 29. 8. 2007 – B 6 KA 31/07 B – unveröffentlicht; BSG v 29. 11. 2007 – B 6 KA 52/07 B – in juris dokumentiert – RdNr 8: Keine Abrechenbarkeit, wenn faktische Sprechstunden auch vor acht oder nach 20 Uhr stattfinden oder Patienten für diese Zeiten einbestellt werden. Nur abrechenbar, wenn der Arzt bei kritischer Prüfung den ernstlichen Eindruck eines wichtigen Anlasses für eine Untersuchung oder Behandlung zu ungewöhnlicher Zeit haben darf. Ein Notfall im engeren Sinne muss nicht vorliegen. Für die Abrechenbarkeit ist unerheblich, ob die Erreichbarkeit außerhalb der Sprechstunde nur gelegentlich oder ständig gegeben ist; vgl auch *Clemens* in: Schlegel/Voelzke/Engelmann (Hrsg), jurisPraxisKommentar SGB V, § 106 RdNr 215 mit näheren Angaben zur Rechtsprechung im Falle von Honorarkürzungen wegen Unwirtschaftlichkeit in solchen Fällen. Hierzu vgl auch BSG v 6. 9. 2006 – B 6 KA 40/05 R – BSGE 97, 84 = SozR 4-2500 § 106 Nr 15 RdNr 21: Hierzu ist klarzustellen, dass eine große Zahl von Behandlungen zur Unzeit, sobald darin Routine zu sehen ist, zum Fehlansatz mutiert, weil die Unzeit dann eine faktische Sprechstundenzeit darstellt.

[46] Vgl BSG v 2. 4. 2003 – B 6 KA 83/02 B – in juris dokumentiert.

[47] BSG v 22. 3. 2006 – B 6 KA 44/04 R – ZMGR 2006, 101, 102 = USK 2006-90, 65. Ebenso zuvor BSG v 8. 9. 2004 – B 6 KA 37/03 R – SozR 4-5533 Nr 273 Nr 1 RdNr 10. Wurde ein bereits am Vortag gelegter Zugang genutzt, erfolgte nach dem alten EBM (bis zum 31. 3. 2005) immerhin eine Pauschalvergütung im Sinne eines einmaligen Ansatzes je Behandlungstag. Diese einmalige Pauschale rechtfertigte sich daraus, dass ein Zugang, der für folgende Behandlungstage liegen bleibt, immerhin insofern einen Zusatzaufwand erfordert, als er kontrolliert, ggf desinfiziert sowie offengehalten und gesäubert werden muss (BSG v 22. 3. 2006 – B 6 KA 44/04 R – ZMGR 2006, 101). Nach dem neuen EBM wird demgegenüber insoweit generell keine Vergütung gewährt.

- keine mehrfache Abrechenbarkeit von **Arthroskopien,** wenn diese mehrfach, aber nur an einem (Schulter-)Gelenk vorgenommen werden,[48]
- zweifache Abrechenbarkeit von **Zuschlag für** farbcodierte Durchführung von **Duplex-Sonographien** bei Untersuchung sowohl der Extremitäten als auch des Körperstammes, auch wenn beides in einer Sitzung durchgeführt wird,[49]
- Abrechenbarkeit einer **„ähnlichen" Untersuchung** im Rahmen der **Labor**-Leistungstatbestände nur bei Leistungen, deren Zuordnung als ähnlich auf der Hand liegt und die keine erhebliche Tragweite haben,[50]
- Abrechenbarkeit **neuer Labor-Untersuchungen** wie zB AIDS-Tests erst, sobald dafür ein Vergütungstatbestand normiert ist,[51]
- Abrechenbarkeit von besserem **Verfahren zur Quecksilberbestimmung** nur nach Maßgabe der vorhandenen Leistungstatbestände,[52]
- keine Abrechenbarkeit von **Leistungen gegenüber Neugeborenen** außerhalb des Kreißsaals für gynäkologischen Belegarzt, weil sie als Patienten nicht ihm, sondern dem Kinderarzt zugeordnet sind,[53]
- keine Abrechenbarkeit einer **Beratung neben individualprophylaktischen Leistungen** (nach dem Bema-Z, der bis zum 31. 12. 2003 galt),[54]
- Abrechenbarkeit von **Wurzelspitzenresektion nur einmal** je (Seiten-)Zahn,[55]
- Abrechenbarkeit des **Aufbissbehelfs** nur einmal, auch wenn zwei Aufbissschienen erforderlich sind,[56]
- Abrechenbarkeit einer **Keramik-Verblendung** statt einer Kunststoff-Verblendung nur bei entsprechender Verarbeitung[57]

22 Vielfach fehlt eine vorgeschriebene **ordnungsgemäße Dokumentation** (die im Leistungstatbestand selbst oder vorangestellt in allgemeinen Bestimmungen des Abschnitts oder Kapitels des EBM vorgeschrieben sein kann). In diesen Fällen ist die Leistung nicht abrechenbar.[58]

2. Weitere Fallgruppen

23 **a) Fachfremde Leistungen.** Zur Rechtsfigur sachlich-rechnerischer Richtigstellung gehören auch Fallgestaltungen, in denen der leistungserbringende Arzt von vornherein

---

[48] BSG v 25. 8. 1999 – B 6 KA 32/98 R – SozR 3-5533 Nr 2449 Nr 1. Ebenso betr Verband am Sprunggelenk BSG v 8. 3. 2000 – B 6 KA 16/99 R – BSGE 86, 30, 37 = SozR 3-2500 § 83 Nr 1 S 9.
[49] BSG v 7. 2. 2007 – B 6 KA 32/05 R – GesR 2007, 326 = USK 2007-14.
[50] BSG v 25. 8. 1999 – B 6 KA 39/98 R – BSGE 84, 247 = SozR 3-2500 § 135 Nr 11.
[51] BSG v 26. 1. 2000 – B 6 KA 59/98 R – USK 2000-97.
[52] Vgl BSG v 10. 3. 2004 – B 6 KA 118/03 B – in juris dokumentiert: Keine Abrechenbarkeit der Nr 4123, sondern nur der Nr 4084 EBM (Fassung bis zum 31. 3. 2005).
[53] BSG v 10. 12. 2003 – B 6 KA 43/02 R – SozR 4-2500 § 121 Nr 1. – Zur Frage, von wem und gegenüber welcher Institution nach der Entlassung des Neugeborenen aus dem Kreißsaal (a) Vorsorgeuntersuchungen und (b) Behandlungen (dies evtl differenziert nach Krankenhausbehandlungsbedürftigkeit und Nicht-Krankenhausbehandlungsbedürftigkeit) abrechenbar sind: Siehe die Revision, die unter dem Az. B 6 KA 8/09 R anhängig ist und für 2010 zur Entscheidung ansteht.
[54] BSG v 28. 4. 2004 – B 6 KA 19/03 R – SozR 4-2500 § 87 Nr 5 RdNr 9 ff.
[55] BSG v 13. 5. 1998 – B 6 KA 34/97 R – SozR 3-5555 § 10 Nr 1, mit dem Hinweis auf die Möglichkeit der Vertragspartner, es anders zu regeln. Ebenso BSG v 8. 2. 2006 – B 6 KA 12/05 R – SozR 4-2500 § 106a Nr 1 RdNr 13 f; vgl auch BSG v 15. 5. 2002 – B 6 KA 82/01 B – juris, und BSG v 21. 5. 2003 – B 6 KA 71/02 B – unveröffentlicht.
[56] Vgl dazu – ohne abschließende Entscheidung – BSG v 30. 8. 2005 – B 6 KA 39/05 B – unveröffentlicht.
[57] BSG v 30. 6. 2004 – B 6 KA 12/04 B – unveröffentlicht.
[58] Außerhalb dieses Falles kann bei extrem häufiger Abrechnung einzelner Leistungstatbestände nicht mit dem Argument, der Ansatz bedürfe jeweils schriftlicher Begründung, eine sachlich-rechnerische Richtigstellung vorgenommen werden. Vielmehr muss eine Wirtschaftlichkeitsprüfung erfolgen: BSG v 1. 7. 1998 – B 6 KA 48/97 R – SozR 3-2500 § 75 Nr 10 S 43 ff.

nicht zur Leistungserbringung berechtigt ist, weil diese nicht zu dem Fachgebiet gehört, für das er zur vertragsärztlichen Versorgung zugelassen ist.[59]

aa) Allgemeines. Die Frage der Fachfremdheit im Rahmen des Vertragsarztrechts richtet sich allein danach, für welches Fachgebiet ein Arzt vertragsärztlich **zugelassen** ist.[60] Auch wenn er **berufsrechtlich mehrere Fachgebietsqualifikationen** besitzt, erwirbt er die **Kassenzulassung** im Allgemeinen **nur** für **eines seiner Fachgebiete.** Erbringt er vertragsärztliche Leistungen, die außerhalb seines Zulassungsfaches liegen, so handelt es sich – vertragsärztlich – um fachfremde Leistung, für die er kein Honorar beanspruchen kann. 24

Die für das Vertragsarztrecht maßgebliche **Fachgebietskompetenz** kann durch zusätzliche vertragsarztrechtliche Regelungen **erweitert oder eingeschränkt sein.** So sind **erweiternde** Sonderregelungen denkbar, wonach für die vertragsärztliche Kompetenz eine **nur-berufsrechtliche Qualifikation ausreicht** (so im Anästhesie-Bereich[61]). Die Kompetenz, im Rahmen seines Fachgebiets vertragsärztliche Leistungen erbringen zu dürfen, kann auch durch besondere vertragsarztrechtliche Bestimmungen **eingeschränkt** sein. So können das **SGB V** oder der **EBM** oder der **Bema** beispielsweise vorsehen, dass ein Arzt, der für dieses Fachgebiet vertragsärztlich zugelassen ist, bestimmte Leistungen nur erbringen darf, wenn er eine zusätzlich **spezielle Qualifikation** aufweist (zB radiologische Weiterbildung) oder wenn er eine dafür vorgesehene spezielle Genehmigung erhalten hat (zB sog CT-Führerschein).[62] 25

Solche modifizierenden vertragsarztrechtlichen Regelungen sind **kompetenziell unbedenklich.** Denn der Bundesgesetzgeber ist frei, spezielle Qualifikationserfordernisse für das Vertragsarztrecht zu normieren (Grundlage: Art 74 Abs 1 Nr 12 GG). Es ist **keine Einschränkung** normiert, wonach der Gesetzgeber von dieser Kompetenz **nur nach Maßgabe landesrechtlich-berufsrechtlicher Vorgaben** Gebrauch machen darf. Die These, vertragsarztrechtliche Regelungen des Bundesrechts dürften nicht von den berufsrechtlichen (länderrechtlichen) Regelungen abweichen, weil das Berufsrecht vorrangig sei,[63] findet im Verfassungsrecht keine Stütze.[64] Art 74 Abs 1 Nr 12 GG ist eine eigenständige Kompetenzermächtigung, in der keine solche Begrenzung normiert ist. Das **BVerfG** hat ausdrücklich formuliert:[65] „Der Bund hat nach **Art 74 Abs 1 Nr 12 GG** die Gesetzgebungskompetenz, die vertragsärztliche Versorgung ... zu gliedern. Eine solche Regelung gehört der Sache nach zum Recht der gesetzlichen Krankenversicherung ... Die Argu- 26

---

[59] Vertiefend zur Beurteilung der Fachfremdheit *Seewald,* Auswirkungen des neuen Weiterbildungsrechts auf die Beurteilung der Fachfremdheit ärztlicher Leistungen, VSSR 2008, 131–167.

[60] So grundsätzlich BSG v 26. 6. 2002 – B 6 KA 6/01 R – SozR 3-2500 § 115b Nr 3 S 8.

[61] Dies war im vorgenannten Verfahren der Fall. Denn hier bestand eine Qualitätssicherungs-Vereinbarung, die die berufsrechtliche Qualifikation als Anästhesist für die Erbringung entsprechender vertragsärztlicher Leistungen ausreichen ließ: BSG v 26. 6. 2002 – B 6 KA 6/01 R – SozR 3-2500 § 115b Nr 3 S 9.

[62] Beispiele hierzu in RdNr 50. – Dazu auch grundsätzlich BSG v 9. 4. 2008 – B 6 KA 40/07 R – BSGE 100, 154 = SozR 4-2500 § 87 Nr 16 RdNr 17 ff und BSG v 28. 10. 2009 – B 6 KA 26/08 R –.

[63] Deshalb unzutreffend *Sodan/Schüffner,* Staatsmedizin auf dem Prüfstand der Verfassung – Zur aktuellen Reformgesetzgebung im Gesundheitswesen –, 2006, S 12 f (Gutachten für das Deutsche Institut für Gesundheitsrecht); *Pestalozza,* Kompetenzielle Fragen des Entwurfs eines Vertragsarztänderungsgesetzes, GesR 2006, 389, 393 ff, insbesondere 394 f (Gutachten für die Bayerische Landesärztekammer); gegen *Pestalozza* ausdrücklich auch *Wenner,* Vertragsarztrecht nach der Gesundheitsreform, 220.

[64] In diesem Sinne schon früher *Clemens* in: *Umbach/Clemens* (Hrsg), Grundgesetz, 2002, Anhang zu Art 12, insbes RdNr 38.

[65] Zitat aus BVerfG (Kammer) v 17. 6. 1999 – 1 BvR 2507/97 – MedR 1999, 560 = NJW 1999, 2730, 2731 = SozR 3-2500 § 73 Nr 3 S 16. Vgl auch BVerfG v 27. 10. 1998 – 1 BvR 2306/96 – BVerfGE 98, 218, 303 mit Ausklammerung des Rechts der Vertragsärzte aus dem ärztlichen Berufsrecht: „... ärztliche Berufsrecht – abgesehen von ... dem Recht der Vertragsärzte – ... Kompetenz der Länder." .

mente, die von einer Kompetenzwidrigkeit ... ausgehen, berücksichtigen nicht die **selbstständige Bedeutung** der Sozialversicherung, in der **eigenständige Regelungen** auf Grundlage ihres Auftrages jederzeit möglich sind." Dies hat auch das BSG deutlich hervorgehoben.[66]

27 Vertragsarztrechtliche Regelungen, die die Fachgebiete gliedern und Leistungen aus einem Fachgebiet ausgrenzen, sind **inhaltlich rechtmäßig, soweit** die betroffenen Leistungen für das Fachgebiet **nicht wesentlich und nicht prägend** sind, die Abgrenzung vom fachlich medizinischen Standpunkt aus **sachgerecht** ist und der Facharzt in der auf sein Fachgebiet beschränkten Tätigkeit eine **ausreichende Lebengrundlage** finden kann.[67] Dies prüft das BSG regelmäßig. Es hat diese Rechtmäßigkeitserfordernisse in allen bisher von ihm entschiedenen Fällen bejaht (hierzu vgl die Beispiele in RdNr 35 ff).

28 Die Fachgebietsgrenzen und die Relevanz des Gesichtspunktes der **Fachfremdheit** haben in jüngerer Zeit an **Bedeutung verloren.** Zum einen sind in den neueren berufsrechtlichen Weiterbildungsordnungen, die in den Jahren von 2004–2006 in Kraft traten, die Fachgebietsgrenzen weniger eng und weniger streng als früher gezogen worden.[68] Zum anderen ist im EBM seit der Neufassung zum 1. 4. 2005 klarer geregelt, welchen Fachgebieten welche Leistungen zugeordnet sind;[69] zudem sind in den Weiterbildungsordnungen zum Teil Zuordnungen zugleich zu mehreren Fachgebieten erfolgt und dadurch die Fachgebiete erweitert worden.[70] Dementsprechend ist die Anzahl der Rechtsstreitigkeiten wegen Erbringung fachfremder Leistungen seit Mitte dieses Jahrzehnts erheblich zurückgegangen; beim BSG hat keine solche Streitigkeit mehr vorgelegen.

29 Die **Entwicklung der letzten Jahre** war überwiegend dadurch gekennzeichnet, dass Ärzte in die Schranken ihres Fachgebiets verwiesen werden mussten. Sie ist inzwischen auch durch das **umgekehrte Phänomen** gekennzeichnet, dass Ärzte ihre **Möglichkeiten innerhalb ihres Fachgebiets nicht ausschöpfen.** Sie versuchen gelegentlich (vor allem, wenn in den Honorarverteilungsbestimmungen sog Honorarbudgets geregelt sind, hierzu § 34 RdNr 20 ff, 34 ff) teure ärztliche Leistungen nicht selbst erbringen oder veranlassen zu müssen. Allein deswegen an einen Kollegen des eigenen Fachgebiets zu überweisen, ist allerdings nicht gestattet.[71]

30 **bb) Fachgebietsgrenzen – Zuordnungskriterien.** Die **Grenzen des Fachgebiets,** dem die von dem Arzt erbrachten Leistungen zugeordnet sein müssen, ergeben sich aus den **berufsrechtlichen Weiterbildungsordnungen** der Ärztekammern.[72] Dabei stellt

---

[66] BSG v 9. 4. 2008 – B 6 KA 40/07 R = BSGE 100, 154 = SozR 4-2500 § 87 Nr 16 RdNr 27.

[67] Vgl BSG v 8. 9. 2003 – B 6 KA 32/03 R – BSGE 93, 170 = SozR 4-2500 § 95 Nr 8 RdNr 6 mwN.

[68] Siehe dazu vertiefend *Seewald,* Auswirkungen des neuen Weiterbildungsrechts auf die Beurteilung der Fachfremdheit ärztlicher Leistungen, VSSR 2008, 131–167.

[69] Der EBM weist getrennte Kap für die verschiedenen Fachgruppen aus, vgl dazu die Vorgabe im letzten Hs des § 87 Abs 2a S 1 SGB V (hierzu vgl *Freudenberg* in: *Schlegel/Voelzke/Engelmann* (Hrsg), jurisPraxiskommentar SGB V, § 87 RdNr 85–87).

[70] Vgl dazu § 2 Abs 3 S 4 der Muster-Weiterbildungsordnung: „Die in der Facharztkompetenz vorgeschriebenen Weiterbildungsinhalte beschränken nicht die Ausübung der fachärztlichen Tätigkeiten im Gebiet." § 2 Abs 2 S 2 der Muster-Weiterbildungsordnung: „Die Gebietsdefinition bestimmt die Grenzen für die Ausübung der fachärztlichen Tätigkeit."

[71] Vgl dazu § 24 Abs 4 BMV-Ä und § 27 Abs 4 EKV-Ä. Insoweit gibt es allerdings Kombinationsfälle. So kann es geschehen, dass ein Allgemeinarzt, der endokrinologische Leistungen nicht erbringen darf, eine Überweisung an einen entsprechenden Facharzt vornimmt, dies aber nicht nur wegen dieser Leistungen, sondern zugleich wegen der auch notwendigen Laborleistungen. Auch dies ist nicht gestattet.

[72] Die Weiterbildungsordnungen sind länderrechtliche Rechtsverordnungen, die auf Grund von Ermächtigungen in den Heilberufe-Kammergesetzen ergehen. Inhaltlich orientieren sie sich im Wesentlichen an der Muster-Weiterbildungsordnung, die von der Bundesärztekammer – einer aus den Länder-Ärztekammern gebildeten privatrechtlichen Arbeitsgemeinschaft – ausgearbeitet wird.

das BSG – mit Billigung des BVerfG – bisher darauf ab, dass zum Fachgebiet diejenigen Tätigkeiten gehören, für die nach der Weiterbildungsordnung **eingehende Kenntnisse, Erfahrungen und Fertigkeiten** gefordert werden.[73] Mit diesen Kriterien hat sich die Rechtsprechung an der Terminologie der früher geltenden Weiterbildungsordnungen ausgerichtet. Auf diese Kriterien stellt die neue Muster-Weiterbildungsordnung von 2003[74] nicht mehr ab; folglich finden sich diese Formulierungen auch nicht mehr in den daran orientierten länderrechtlichen Weiterbildungsordnungen ab 2004. Die Eckpunkte für die Definition, was zum Fachgebiet gehört und was nicht mehr dazugehört, müssen nunmehr unter Berücksichtigung der neuen Terminologie neu bestimmt werden. Dazu liegt Rechtsprechung des BSG und des BVerfG bisher nicht vor.

Ergänzend zur Weiterbildungsordnung ergehen jeweils sog **Weiterbildungs-Richtlinien**. Diese legen nach der **Gewichtung in der Weiterbildungsordnung** fest, welche medizinischen Maßnahmen in welcher Anzahl der Arzt zur Erlangung der Fachqualifikation durchgeführt haben und nachweisen muss. Die Weiterbildungs-Richtlinien dürfen die **Inhalte der Weiterbildungsordnungen konkretisieren,** deren Inhalte aber **nicht verändern**. Nur soweit sie sich mit einer Konkretisierung begnügen, können sie zur Bestimmung der Fachgebietsgrenzen **ergänzend herangezogen** werden.[75]

31

Bei der Frage, ob eine Leistung noch zum Fachgebiet des Arztes gehört oder für ihn fachfremd ist und daher nicht von ihm erbracht und ihm auch nicht vergütet werden darf, führt das genannte allgemeine Kriterium, ob für die infrage stehende Behandlung gemäß der Weiterbildungsordnung eingehende Kenntnisse, Erfahrungen und Fertigkeiten gefordert werden, nur dann zu einer Zuordnung, wenn die konkret infrage stehende Behandlung in den Weiterbildungsregelungen aufgeführt ist. Ist dies nicht der Fall, müssen weitere Ansatzpunkte zur Abgrenzung herangezogen werden. So hat das BSG die **Unterscheidung** zwischen schwerpunktmäßig **körperregions- bzw organbezogenen Fachgebieten** einerseits und andererseits **methodenbezogenen Fachgebieten** herausgestellt.[76]

32

Für die körperregions- bzw organbezogenen Fachgebiete fordert das BSG für die Frage der Zugehörigkeit die Prüfung, ob in der fachgebietlichen Körperregion bzw in dem fachgebietlichen Organ

33

- die Krankheitsursache,
- die Diagnostik und Therapie sowie
- die Symptomatik

gelegen ist. Liegen nicht **mindestens zwei dieser Anknüpfungspunkte in der fachgebietlichen Körperregion bzw in dem fachgebietlichen Organ,** so ist eine Zugehörigkeit zum Fachgebiet zu verneinen und Fachfremdheit gegeben.[77] Aus dem Urteil des BSG ist – insofern noch zugespitzter – die Tendenz zu entnehmen, dass es besonders auf die zwei Anknüpfungspunkte **Krankheitsursache und -symptomatik** ankommt in dem Sinne, dass diese beiden **in der fachgebietlichen Körperregion bzw in dem fachgebietlichen Organ liegen müssen.**[78]

---

[73] Vgl zB BSG v 8. 9. 2003 – B 6 KA 32/03 R – BSGE 93, 170 = SozR 4-2500 § 95 Nr 8 RdNr 6; BSG v 22. 3. 2006 – B 6 KA 46/05 B – in juris dokumentiert – RdNr 5. Gebilligt durch BVerfG (Kammer) v 16. 7. 2004 – 1 BvR 1127/01 – MedR 2004, 608, 609 = NVwZ 2004, 1347, 1348 = SozR 4-2500 § 135 Nr 2 RdNr 23.

[74] Muster-Weiterbildungsordnung, beschlossen vom 106. DÄT 2003.

[75] Hierzu vgl BSG v 8. 9. 2003 – B 6 KA 32/03 R – BSGE 93, 170 = SozR 4-2500 § 95 Nr 8 RdNr 6 aE.

[76] Grundlegend BSG v 8. 9. 2003 – B 6 KA 32/03 R – BSGE 93, 170 = SozR 4-2500 § 95 Nr 8 RdNr 7f.

[77] Vgl BSG v 8. 9. 2003 – B 6 KA 32/03 R – BSGE 93, 170 = SozR 4-2500 § 95 Nr 8 RdNr 10 und 11.

[78] Vgl BSG v 8. 9. 2003 – B 6 KA 32/03 R – BSGE 93, 170 = SozR 4-2500 § 95 Nr 8 RdNr 8, vgl auch RdNr 10.

34 Entsprechend diesen Kriterien hat das BSG auf die Klage eines Neurologen hin für die von ihm begehrte Abklärung des sog Subclavian-steal-Syndroms durch Dopplersonographische Untersuchung die Fachzugehörigkeit verneint. Denn dies betraf eine Krankheitsursache im Gefäßbereich (Bereich der Internisten mit Spezialkompetenz für Angiologie oder der Gefäßchirurgen) mit Diagnostik im selben Bereich. **Nur die Symptomatik** (Schwindel, Kopfschmerzen, Gleichgewichtsstörungen usw) gehörte zum fachlichen Bereich des Neurologen (diesem sind der gesamte Kopfbereich und im Übrigen der Nervenbereich zugeordnet). Dies hat das BSG für **unzureichend** erklärt. Für die Fachgebietszugehörigkeit müsste vielmehr sowohl die Symptomatik als auch die Krankheitsursache in dem Organ bzw der Körperregion liegen, für den bzw für die der Arzt zuständig ist.[79]

35 Die Kriterienabgrenzung des BSG ist allerdings nicht unumstritten. **Kritik**er machen geltend, die Anforderungen des BSG seien für **therapeutische** Maßnahmen durchaus tragfähig; es sei richtig, dass die Krankheitsursache (nicht aber auch das Symptom) in einem Organ des Fachgebiets liegen und hier auch die Therapie stattfinden müsse. Die Kriterienabgrenzung passe indessen nicht auf **diagnostische** Maßnahmen. Hier dürfe nicht verlangt werden, dass die Krankheitsursache im Fachgebiet liegen und hier auch die Diagnostik erfolgen müsse, vielmehr müsse ausreichen, wenn **allein die Symptomatik in der fachgebietlichen Körperregion bzw in dem fachgebietlichen Organ** liege[80] (mit der Folge, dass das Subclavian-steal-Syndrom wahlweise von Neurologen oder von Internisten oder Gefäßchirurgen per Doppler-Sonographie abgeklärt werden dürfe). Dieser Kritik ist zuzugeben, dass die Kriterien des BSG in der Tat bei Anwendung auch auf diagnostische Maßnahmen in manchen Fällen das medizinisch einzig sinnvolle Ergebnis verhindern. Deshalb kann vielleicht eine Modifizierung zu erwägen sein.

36 cc) **Fallbeispiele.** In den **bisher vom BSG entschiedenen Fällen** (abgesehen von dem umstrittenen Ergebnis beim Subclavian-steal-Syndrom) ergeben die dargestellten Kriterien auch im Bereich diagnostischer Maßnahmen durchaus medizinisch sinnvolle Ergebnisse:[81]

- **Urologe:** Urinzytologie – fachfremd,[82]
- **Gynäkologe:** Schilddrüsenhormonbestimmungen – fachfremd,[83]
- **Gynäkologe:** Schilddrüsenfunktionsbestimmungen anhand von Thyrotropin und freiem Thyroxin – fachfremd,[84]
- **Gynäkologe:** Spezialabor auch für andere Ärzte – nicht fachfremd,[85]
- **Orthopäde:** MRT der Gelenke – fachfremd,[86]
- **Orthopäde:** Analgesien und Sympathikusblockaden – nicht fachfremd,[87]
- **HNO-Arzt:** Chirotherapie der HWS und Röntgen der HWS – fachfremd[88].

---

[79] BSG v 8. 9. 2003 – B 6 KA 32/03 R – BSGE 93, 170 = SozR 4-2500 § 95 Nr 8 RdNr 10 und 11.

[80] Zu Belegbeispielen für diese Kritik siehe *Clemens* in: *Schlegel/Voelzke/Engelmann* (Hrsg), juris-PraxisKommentar SGB V, § 106a RdNr 116.

[81] Dies gilt ungeachtet dessen, dass in den älteren Entscheidungen des BSG nicht schon ausdrücklich die Kriterien angewendet wurden, die erst im Urteil des BSG v 8. 9. 2003 – B 6 KA 32/03 R – BSGE 93, 170 = SozR 4-2500 § 95 Nr 8 RdNr 10 und 11 herausgestellt worden sind.

[82] BSG v 22. 3. 2006 – B 6 KA 46/05 B – in juris dokumentiert.

[83] BSG v 20. 3. 1996 – 6 RKa 34/95 – SozR 3-2500 § 95 Nr 9.

[84] BSG v 28. 11. 2007 – B 6 KA 56/07 B – unveröffentlicht.

[85] BSG v 12. 9. 2001 – B 6 KA 89/00 R – SozR 3-2500 § 95 Nr 33.

[86] BSG v 31. 1. 2001 – B 6 KA 24/00 R – SozR 3-2500 § 135 Nr 16. Verfassungsbeschwerde nicht zur Entscheidung angenommen: BVerfG (Kammer) v 16. 7. 2004 – 1 BvR 1127/01 – MedR 2004, 608 = NVwZ 2004, 1347 = SozR 4-2500 § 135 Nr 2.

[87] BSG v 5. 2. 2003 – B 6 KA 15/02 R – SozR 4-2500 § 95 Nr 1.

[88] BSG v 22. 3. 2006 – B 6 KA 75/04 R – USK 2006-92 S 613 f – in juris dokumentiert – RdNr 13 und 17.

6. Kapitel. Das Kassenarztrecht/Vertragsarztrecht 37–42 § 35

In den **folgenden Fällen** gelangte das BSG zur **Fachfremdheit**: 37
- **Gynäkologe** behandelt Frauen auch allgemein-ärztlich sowie begleitende Männer.[89]
- Gynäkologe (mit Zusatzbezeichnung Psychotherapie) führt Psychotherapien bei Männern durch.[90]
- Gynäkologe führt im Zusammenhang mit der Partnerbehandlung für künstliche Befruchtungen gesamte Sterilisationsdiagnostik bei Männern durch.[91]
- **MKG-Chirurg** führt Warzen-Operationen am Fuß durch.[92]

Ähnliche Abgrenzungen gelten für den **Arzt für Kinder- und Jugendmedizin**, der 38
für Kinder und Jugendliche insgesamt zuständig ist:
- Spezielle orthopädische Prüfungen bei Babys sind den Kinderärzten zugeordnet.[93]
- Der Arzt für Kinder- und Jugendmedizin darf an Patienten bis zum 18. Lebensjahr auch alle Spezialuntersuchungen und -behandlungen durchführen, andererseits nicht solche Versicherten behandeln, die älter als 18 Jahre sind (vgl aber auch RdNr 47).[94]

Bei den **schwerpunktmäßig methodenbezogenen Fachgebieten** handelt es sich 39
um die sog Methodenfächer **Labor, Radiologie, Nuklearmedizin und Pathologie**. In diesen Bereichen hat das BSG bisher entschieden:
- **MRT** der Gelenke – fachfremd für Orthopäden,[95]
- **MRT** des Herzens – fachfremd für Kardiologen,[96]
- **Zytologie**: fachfremd für Urologen[97].

Beim **Labor** hat das BSG folgende Eingrenzungen vorgenommen: 40
- **Speziallabor**, das Gynäkologen durchführen: Diese dürfen auf Überweisung von anderen Gynäkologen auch für deren Patienten Speziallabor durchführen.[98]

Ähnliches gilt bezogen auf eine sog. **Einzelmethodik**: 41
- **Chirotherapie** – fachfremd für Anästhesisten,[99]
- **Neurolyse** – (bisher) fachfremd für Anästhesisten[100].

Sonstige Falltypen: 42
- Plastische Chirurgie: **Arthroskopische Behandlung** des Karpaltunnelsyndroms – nicht fachfremd,[101]
- Anästhesist: **Psychosomatik** – nicht fachfremd[102].

---

[89] LSG BW v 24.1.1996 – L 5 Ka 524/95 – MedR 1996, 569, und BSG v 20.10.2004 – B 6 KA 67/03 R – BSGE 93, 269 = SozR 4-2500 § 95 Nr 9 RdNr 11.
[90] LSG Rh-Pf v 15.5.2003 – L 5 KA 18/02 – NZS 2004, 277.
[91] Bayerisches LSG v 21.1.2004 – L 4 KA 115/01 – MedR 2005, 109 und Zurückweisung der Nichtzulassungsbeschwerde durch BSG v 8.9.2004 – B 6 KA 39/04 B – in juris dokumentiert. – Vgl auch unten RdNr 43 am Ende.
[92] Berufsgericht für die Heilberufe beim OLG Nürnberg v 17.10.2003 – BG-Ä 5/03 – rechtskräftig – DÄBl 2004, A 740 – mit umfänglichen Ausführungen: kein Notfall, kein Arzt-Patient-Vertrauensverhältnis, kein Zusammenhang mit anderer Behandlung.
[93] BSG v 8.9.2003 – B 6 KA 27/02 R – SozR 4-2500 § 95 Nr 7 RdNr 7 ff.
[94] LSG BW v 12.8.2003 – L 5 KA 1403/02 – in juris dokumentiert.
[95] BSG v 31.1.2001 – B 6 KA 24/00 R – SozR 3-2500 § 135 Nr 16 – bestätigt von BVerfG (Kammer) v 16.7.2004 – 1 BvR 1127/01 – MedR 2004, 608 = NVwZ 2004, 1347 = SozR 4-2500 § 135 Nr 2.
[96] BSG v 11.10.2006 – B 6 KA 1/05 R – BSGE 97, 158 = SozR 4-2500 § 135 Nr 10 RdNr 16–19, 34.
[97] BSG v 22.3.2006 – B 6 KA 46/05 B – in juris dokumentiert.
[98] BSG v 12.9.2001 – B 6 KA 89/00 R – SozR 3-2500 § 95 Nr 33.
[99] BSG v 18.10.1995 – 6 RKa 52/94 – SozR 3-2500 § 95 Nr 7.
[100] BSG v 29.9.1999 – B 6 KA 38/98 R – BSGE 84, 290 = SozR 3-2500 § 95 Nr 21.
[101] BSG v 2.4.2003 – B 6 KA 30/02 R – SozR 4-2500 § 95 Nr 5: Argumentation aus der Genese der Plastischen Chirurgie, die einst zur allgemeinen Chirurgie gehörte und aus dieser herauswuchs.
[102] BSG v 14.3.2001 – B 6 KA 49/00 R – SozR 3-2500 § 95 Nr 30 S 150: Argumentation aus der Begrifflichkeit der Psychotherapie-RiLi, die in die Weiterbildungsordnung übernommen wurde.

43 **dd) Irrelevanz individueller Qualifikationen usw.** Für Ärzte ist es oft wenig einsichtig, auf ihr Fachgebiet beschränkt zu sein, wenn sie weitergehend qualifiziert sind. Für das Vertragsarztrecht maßgebliche Fachgebiet kann allerdings durch zusätzliche **vertragsarztrechtliche Regelungen** erweitert werden (RdNr 25 f). Demgegenüber hat das BSG Berufungen auf **andere „mindere Rechtsgründe"** (zusätzliche persönliche Qualifikationen, Zusatzbezeichnungen und/oder Weiterbildungen) für eine erweiterte Kompetenz immer wieder zurückgewiesen.

- Aus besonderen **persönlichen Qualifikationen** oÄ ergibt sich keine Befugnis, über das Fachgebiet hinaus tätig zu werden. Die Beschränkung auf das Fachgebiet bleibt davon unberührt.[103]
- Eine berufsrechtlich zuerkannte **Zusatzbezeichnung** berechtigt ebenfalls nicht, über das Fachgebiet hinaus tätig zu werden,[104] weil allein das Fachgebiet, das durch die Zulassung bestimmt wird, maßgeblich ist (hierzu vgl RdNr 23). Zusatzbezeichnungen uÄ können **nur im Rahmen des durch die Zulassung umgrenzten Gebiets,** falls hier für bestimmte Leistungen eine zusätzliche Qualifikation erforderlich ist, diese begründen. Das bedeutet zB, dass der **HNO-Arzt,** der die **Zusatzbezeichnung Chirotherapie** führt, die **Chirotherapie nur im Rahmen des Hals/Nase/Ohr-Bereichs** anwenden darf, aber nicht in Körperregionen außerhalb des HNO-Bereichs, zB nicht an der Halswirbelsäule, weil zwar der Bereich des Halses, nicht aber die im Hals befindliche Wirbelsäule (insoweit nur Orthopäde oder Nervenarzt) zu seinem Fachgebiet gehört.[105]
- Auch **fakultative Weiterbildungen,**[106] **Genehmigungen nach § 121a SGB V**[107] oder **Abrechnungsgenehmigungen der Kassenärztlichen Vereinigungen**[108] erlauben dem Vertragsarzt nicht, seine Fachgebietsgrenzen zu überschreiten.

44 **Diese Beschränkung** ist nach der Rechtsprechung des BSG eine **bundesrechtliche Vorgabe,** sodass abweichende Länderregelungen in Weiterbildungsordnungen oder abweichende Auslegungen durch das Sozial- oder das Landessozialgericht das Revisionsgericht nicht binden.[109]

---

[103] BSG v 18. 10. 1995 – 6 RKa 52/94 – SozR 3-2500 § 95 Nr 7 S 29; BSG v 13. 11. 1996 – 6 RKa 87/95 – SozR 3-2500 § 135 Nr 3 S 8; BSG v 29. 9. 1999 – B 6 KA 38/98 R – BSGE 84, 290, 295 = SozR 3-2500 § 95 Nr 21 S 90; BSG v 31. 1. 2001 – B 6 KA 24/00 R – SozR 3-2500 § 135 Nr 16 S 91; BSG v 2. 4. 2003 – B 6 KA 30/02 R – SozR 4-2500 § 95 Nr 5 RdNr 9; BSG v 8. 9. 2004 – B 6 KA 27/03 R – SozR 4-2500 § 95 Nr 7 RdNr 11; BSG v 8. 9. 2004 – B 6 KA 32/03 R – BSGE 93, 170 = SozR 4-2500 § 95 Nr 8 RdNr 15; BSG v 22. 3. 2006 – B 6 KA 75/04 R – juris RdNr 14–16 – USK 2006-92 S 613 f mwN; BSG v 28. 11. 2007 – B 6 KA 56/07 B – unveröffentlicht. Zur Bezugnahme auf das vorgenannte Urteil v 22. 3. 2006 vgl auch BSG v 27. 6. 2007 – B 6 KA 24/06 R – SozR 4-2500 § 73 Nr 2 RdNr 17 = GesR 2008, 22, 24, zur ebenfalls strikten Abgrenzung der hausärztlichen von der fachärztlichen Versorgung.
[104] So ausdrücklich § 2 Abs 3 S 4 Muster-Weiterbildungsordnung.
[105] Zu diesem Beispiel vgl BSG v 22. 3. 2006 – B 6 KA 75/04 R – in juris dokumentiert – RdNr 16 – USK 2006-92 S 614 mwN. Zu diesem Fall vgl auch RdNr 35 aE.
[106] BSG v 28. 11. 2007 – B 6 KA 56/07 B – unveröffentlicht – zur Fachfremdheit von Schilddrüsenfunktionsbestimmungen trotz Weiterbildung zum Gynäkologischen Endokrinologen.
[107] BSG v 8. 9. 2004 – B 6 KA 39/04 B – RdNr 8 (betr Sterilisationsdiagnostik bei Männern im Rahmen von Partnerbehandlungen im Rahmen künstlicher Befruchtungen). Zu diesem Fall vgl auch RdNr 37.
[108] BSG v 8. 9. 2004 – B 6 KA 39/04 B – RdNr 8 (betr Sterilisationsdiagnostik bei Männern im Rahmen von Partnerbehandlungen im Rahmen künstlicher Befruchtungen). Zu diesem Fall vgl auch RdNr 37. Zu Abrechnungsgenehmigungen vgl allerdings auch im folgenden Text in RdNr 46.
[109] So ausdrücklich BSG v 22. 3. 2006 – B 6 KA 75/04 R – in juris dokumentiert – RdNr 14 f – USK 2006-92 S 613 f mwN (betr Chirotherapie der HWS und Röntgen der HWS durch HNO-Arzt). Zu diesem Fall vgl auch RdNr 36 aE.

ee) Ausnahmsweise Zusatzkompetenz. Es gibt indessen **drei „Ausnahme-Kategorien":** 45

Das BSG hat sich bisher zurückgehalten, **generell** zu verneinen, dass individuell 46 erteilte Genehmigungen der vertragsärztlichen Institutionen einzelne Vertragsärzte zu Leistungen außerhalb des Fachgebiets berechtigen könnten. Diese Frage hat das BSG vielmehr **offengelassen.**[110] Sollte diese Frage bejaht werden können, so ist dann, bezogen auf den konkreten Einzelfall, der **Inhalt der erteilten Abrechnungsgenehmigung** daraufhin zu überprüfen, ob sich aus ihr auch die geltend gemachte Zusatzkompetenz ableiten lässt.[111]

Die **unsystematisch**e Erbringung fachfremder Leistungen im Gesamtumfang von 47 **weniger als 5%** wird in vielen Kassenärztlichen Vereinigungen ohne Beanstandung geduldet. Dafür besteht in den Honorarverteilungsregelungen vieler Kassenärztlicher Vereinigungen eine entsprechende Regelung.[112]

Schließlich besteht eine Ausnahme dann, wenn einem Arzt **Leistungen zugewiesen** 48 sind (Auftragsleistung auf Überweisung), die er **ohne Fachgebiets-Übergriff nicht vollständig erbringen könnte.**[113]

b) Qualitativ mangelhafte Leistungen (Qualifikation, Ausstattung). Weiterer 49 Anlass für sachlich-rechnerische Richtigstellungen sind Abrechnungen qualitativ mangelhafter Leistungen, dh von Leistungen, die ohne die erforderliche **persönliche Qualifikation** oder ohne die erforderliche **apparative Ausstattung** erbracht worden sind. Solche Fälle haben in der Praxis durchaus Bedeutung. Zu Gerichtsverfahren kommt es insoweit allerdings seltener, wohl deshalb, weil die Fälle im Allgemeinen eindeutig sind.

Soweit die Erbringung vertragsärztlicher Leistungen eine **persönliche Qualifikation** 50 erfordert, kommt es im Grundsatz auf die berufsrechtliche Qualifikation an, weil diese im Grundsatz auch für das Vertragsarztrecht maßgebend ist. Soweit es allerdings auf die Fachgebietsqualifikation ankommt, ist für das Vertragsarztrecht **maßgebend,** für welches Fachgebiet der Arzt **vertragsärztlich zugelassen** ist[114] (vgl RdNr 24f). Dabei kann es allerdings modifizierende vertragsarztrechtliche Regelungen geben, zB in dem Sinne, dass für die vertragsärztliche Kompetenz eine **nur-berufsrechtliche Qualifikation** ausreicht (vgl RdNr 25; dazu vgl das nachfolgende Beispiel). Soweit es auf eine **spezielle Fachkunde oÄ** ankommt, gibt es keine vertragsarztrechtlichen Sonderregelungen und ist daher auf die berufsrechtliche Qualifikation zurückzugreifen. Über diese hinaus können aber **zusätzliche kassenarztrechtliche Qualifikationsanforderungen** normiert sein, die für die Leistungserbringung im Rahmen der vertragsärztlichen Versorgung erfüllt sein müssen: Diese sind zum Teil in besonderen Vereinbarungen geregelt (zB Kernspintomographie-Vereinbarung, Sonographie-Vereinbarung uvm) und zum Teil im EBM – insbesondere in den

---

[110] Vgl BSG v 8. 9. 2004 – B 6 KA 32/03 R – BSGE 93, 170 = SozR 4-2500 § 95 Nr 8 RdNr 16 aE (mit Hinweis auf BSG v 13. 11. 1996 – 6 RKa 87/95 – SozR 3-2500 § 135 Nr 3, 8 und auf BSG v 2. 4. 2003 – B 6 KA 30/02 R – SozR 4-2500 § 95 Nr 5 RdNr 9). Zu jenem Fall (Dopplersonographische Gefäßuntersuchung wegen Subclavian-steal-Syndroms) vgl auch RdNr 34.

[111] Das BSG, das die Frage der generellen Eignung für eine Zusatzkompetenz offengelassen hat, hat darauf abgestellt, dass sich aus der Abrechnungsgenehmigung, die für eine frühere EBM-Nr erteilt worden war, jedenfalls für die konkret-streitige EBM-Nr (aus einer neueren EBM-Fassung) nichts ableiten ließ: BSG v 8. 9. 2004 – B 6 KA 32/03 R – BSGE 93, 170 = SozR 4-2500 § 95 Nr 8 RdNr 16.

[112] Vgl dazu BSG v 28. 10. 1987 – 6 RKa 4/87 – SozR 2200 § 368a Nr 20 S 72 f und LSG BW v 24. 1. 1996 – L 5 Ka 524/95 – MedR 1996, 569, 570 unter 1. und 571 unter 4. Laut Ärzte-Zeitung stellen die 5% jedenfalls bei der Erwachsenenbehandlung durch Ärzte für Kinder und Jugendmedizin „die seit langem übliche Toleranzgrenze" dar, die allerdings zum 1. 6. 2006 auf 3% – und mit der Maßgabe „Begründung im Einzelfall" – herabgesetzt worden ist (so ÄZ v 23. 5. 2006).

[113] BSG v 28. 10. 1987 – 6 RKa 4/87 – SozR 2200 § 368a Nr 20 S 72 f zur Schilddrüsendiagnostik mit zugleich notwendigen Labor- und Ultraschall-Untersuchungen.

[114] So grundsätzlich BSG v 26. 6. 2002 – B 6 KA 6/01 R – SozR 3-2500 § 115b Nr 3 S 8.

Präambeln der jeweiligen Kap bzw Abschnitte – festgelegt (vgl RdNr 25 am Ende). – Vgl auch jüngst BSG v 28. 10. 2009 – B 6 KA 26/08 R – SozR 4-2500 § 87.

- Ein Fall **besonderer vertragsarztrechtlicher Regelung** für die persönliche Qualifikation stand beim BSG im Jahr 2002 zur Entscheidung an. Ein Arzt, der als **praktischer Arzt** zur vertragsärztlichen Versorgung zugelassen war und zusätzlich die **berufsrechtliche Qualifikation als Anästhesist** hatte, wandte sich dagegen, dass die Kassenärztliche Vereinigung ihm keine Vergütung für die von ihm in Ansatz gebrachten Operationszuschläge gewährte. Er hatte mit seiner Klage beim BSG Erfolg. Dieses erkannte an, dass für die Qualifikationsanforderung Anästhesist, die im **EBM** normiert **und** in einem **Vertrag gemäß § 115b Abs 1 SGB V** weiter erstreckt worden war, auch die nur-berufsrechtliche Qualifikation ausreicht. Denn der Sinn der damaligen Regelungen war es, gleichermaßen im niedergelassenen wie im Krankenhausbereich ambulante Operationen und Anästhesien umfassend zu fördern und dabei zugleich den Facharztstandard zu sichern.[115]

- Ein weiterer Fall betraf einen **HNO-Arzt**, der in seiner Praxis ambulante **Operationen und Anästhesien – ohne Hinzuziehung eines Anästhesisten** – durchführte und auch selbst keine berufsrechtliche Qualifikation als Anästhesist hatte. Ihm standen die von ihm geltend gemachten Operationszuschläge nicht zu, weil er die dafür nach dem EBM erforderliche Qualifikation als Anästhesist nicht hatte.[116] Die Fragen in diesen Fällen berühren sich mit den Fragen der Abgrenzung der Fachgebiete voneinander (vgl Kap „fachfremde Leistungen", RdNr 23 ff).

- Ein anderer Fall betraf einen **Radiologen**, der sich während seines Urlaubs von einem anderen Radiologen hatte vertreten lassen. Dieser **Vertreter** hatte aber **nicht die persönliche Qualifikation** zur Erbringung von **Großgeräte-Leistungen** (sog CT-Führerschein). Er ließ trotzdem solche Leistungen ausführen, indem er das insoweit versierte Hilfspersonal entsprechend anwies. Das BSG erklärte die gegen den Praxisinhaber wegen dieser Leistungen vorgenommenen sachlich-rechnerischen Honorarkürzungen für rechtmäßig.[117]

- Ein weiterer Fall eines **Radiologen** betraf Mängel der von ihm durchgeführten **Röntgenaufnahmen**. Die von ihm gefertigten Aufnahmen waren unzulänglich und ließen eine exakte Diagnose nicht zu, weil – so der Vorhalt – die von ihm praktizierte **Untersuchungsmethodik qualitativ unzureichend** war. Ihm wurde deshalb angesonnen, eine entsprechende Aus- oder Fortbildung zu absolvieren, und hinsichtlich der von ihm in Ansatz gebrachten Leistungen erfolgten wegen deren Mängel sachlich-rechnerische Richtigstellungen.[118]

51 Beispielsfälle für sachlich-rechnerische Richtigstellungen wegen **Mängel der apparativen Ausstattung** ergeben sich aus der Rechtsprechung des BSG nicht. Sie kommen aber zweifellos in der Praxis gelegentlich vor.

52 c) **Fehlen persönlicher Leistungserbringung.** Die Pflicht des niedergelassenen Arztes, im Grundsatz alle Leistungen persönlich zu erbringen, ist ein **Kernelement des Arztberufs.** Sie kommt in zahlreichen Vorschriften zum Ausdruck.[119] Die Pflicht zur persönlichen Leistungserbringung **prägt alle sog freien Berufe,** in denen sog **Dienste**

---

[115] BSG v 26. 6. 2002 – B 6 KA 6/01 R – SozR 3-2500 § 115b Nr 3 S 8 ff.
[116] BSG v 19. 8. 1992 – 6 RKa 18/91 – SozR 3-2500 § 87 Nr 5.
[117] BSG v 28. 1. 1998 – B 6 KA 96/96 R – SozR 3-2500 § 135 Nr 6 betr Urlaubsvertretung ohne die erforderliche persönliche Qualifikation.
[118] BSG v 12. 10. 1994 – 6 RKa 18/93 – USK 94 165 S 910.
[119] Vgl zB § 32 Ärzte-ZV, §§ 14a, 15 BMV-Ä bzw §§ 14, 20a EKV-Ä; §§ 19, 30 Abs 1 S 1 Muster-Berufsordnung. Umfassend dazu mit Rechtsprechungs- und weiterführenden Literaturhinweisen s *Steinhilper,* Persönliche Leistungserbringung in der ambulanten vertragsärztlichen Versorgung, in: *Halbe/Schirmer* (Hrsg), Handbuch Kooperationen im Gesundheitswesen, Beitrag E 1200, u *ders* in diesem Handbuch: § 27 mwN.

höherer Art zu erbringen sind (vgl § 627 Abs 1 BGB[120]). Dadurch **unterscheiden sich** diese freien Berufe grundlegend von einem sog. **Gewerbe** und auch von **Beschäftigungen als Arbeitnehmer,** wie zB bei Ärzten im Krankenhaus, wo andere Organisationsstrukturen bestehen und bestehen dürfen.

Die Klassifizierung des Arztberufs als freier Beruf umschließt auch die vertragsärztliche Tätigkeit.[121] Diese ist Teil des als Einheit zu sehenden Arztberufs.[122]

Insofern unterscheidet sich die Tätigkeit als niedergelassener Arzt grundlegend von der des Krankenhausarztes. Wird ein **Krankenhausarzt** aber **ermächtigt,** so unterliegt er **insoweit** gemäß § 95 Abs 4 SGB V denselben normativen[123] Bindungen wie die Vertragsärzte.[124] Das bedeutet, dass er in seiner Eigenschaft als ermächtigter Arzt auch der **Pflicht zur persönlichen Leistungserbringung** unterliegt. Er darf in dieser Tätigkeit also nicht in ebenso großem Maße wie als Beschäftigter im Krankenhaus (insoweit liegt kein sog freier Beruf vor) Leistungen an andere Ärzte und an sonstiges Personal delegieren.[125]

Die Regelungen über die Pflicht zur persönlichen Leistungserbringung sind im **EBM ausdrücklich** im Sinne eines **Abrechnungsverbot**s konkretisiert worden: „Eine Gebührenposition ist nur berechnungsfähig, wenn der an der vertragsärztlichen Versorgung teilnehmende Arzt die für die Abrechnung relevanten Inhalte ... persönlich erbringt."[126]

Von der Pflicht zur persönlichen Leistungserbringung sind verschiedene **Ausnahmen** geregelt, in denen der Arzt die Leistungserbringung **delegieren** darf. Dies gilt insbesondere für den Fall der Urlaubs- und Krankheitsvertretung sowie für die Fälle genehmigter Anstellung von Ärzten und genehmigter Beschäftigung von Assistenten.[127]

Soweit eine **Delegation** gestattet ist, muss der Arzt sie in ihren Einzelheiten **korrekt vornehmen.** ZB durfte ein Zahnarzt das Entfernen der **Zahnbeläge** nur an eine Zahnmedizinische Fachhelferin, nicht an die weniger qualifizierten Zahnarzthelferinnen delegieren. Deshalb musste er ungeachtet der Zulässigkeit einer Delegation sachlich-rechnerische Richtigstellungen gewärtigen.[128]

---

[120] Vgl auch § 613 S 1 und 2 BGB, wonach die Dienste im Zweifel in Person zu leisten und im Zweifel nicht übertragbar sind.

[121] Dazu vgl *Clemens* in: *Umbach/Clemens* (Hrsg), Grundgesetz – Mitarbeiterkommentar –, Bd I, 2002, Anhang zu Art 12 GG, RdNr 1–11 mit Aufarbeitung der höchstrichterlichen Rechtsprechung und in Auseinandersetzung mit der Thesen v heutzutage nicht mehr freien Beruf.

[122] Zur Einheit des Berufs s BVerfG v 23. 3. 1960 – 1 BvR 216/51 = BVerfGE 11, 30, 41 f; BVerfG v 8. 2. 1961 – 1 BvL 10/60 = BVerfGE 12, 144, 147, sowie *Clemens* in: *Umbach/Clemens* (Hrsg), Grundgesetz – Mitarbeiterkommentar –, Bd I, 2002, Anhang zu Art 12 GG, RdNr 82 mwN.

[123] Dh Bindungen durch Gesetz, Rechtsverordnung, Richtlinie und durch sog Norm(setzungs)-verträge, zu denen die zwischen den vertragsarztrechtlichen Institutionen abgeschlossenen Verträge gehören (vgl hierzu zB – grundlegend - ua *Clemens,* Verfassungsrechtliche Anforderungen an untergesetzliche Rechtsnormen, MedR 1996, 432ff).

[124] Vgl auch § 32a Ärzte-ZV.

[125] Vgl hierzu nachdrücklich § 26 RdNr 30 f und *Steinhilper,* Persönliche Leistungserbringung, in: *Rieger/Dahm/Steinhilper* (Hrsg), HK-AKM, Stichwort-Nr 4060, Stand 2007, RdNr 2 und 18 ff; ders., in: *Wenzel* (Hrsg), Handbuch des Fachanwalts Medizinrecht, 2. Aufl 2009, Kap 11 RdNr 405; so auch *Quaas,* Quaas/Zuck, Medizinrecht, 2. Aufl 2008, § 95 RdNr 748. – AA *Kuhla,* MedR 2003, 25.

[126] So EBM (Fassung seit dem 1. 4. 2005), Allgemeine Bestimmungen Nr 2.2.

[127] Zu solchen Fällen vgl zB die §§ 32, 32b Ärzte-ZV; vgl auch *Steinhilper,* Persönliche Leistungserbringung, in: *Rieger/Dahm/Steinhilper* (Hrsg), HK-AKM, Beitrag 4060, Stand 2007, RdNr 53-62. Vgl ferner die Gemeinsame Erklärung der Bundesärztekammer und der Kassenärztlichen Bundesvereinigung zur „Delegation ärztlicher Leistungen" (DÄBl 1988, A-2604) und die überarbeitete Fassung („Möglichkeiten und Grenzen der Delegation ärztlicher Leistungen") in DÄBl 2008, A-2173.

[128] Vgl BSG v 10. 5. 1995 – 6/14a RKa 3/93 – USK 95 122 S 644.

58 **Verstöße gegen die Pflicht zur persönlichen Leistungserbringung** sind gelegentlich Gegenstand gerichtlicher Rechtsstreitigkeiten, häufig im Rahmen von Zulassungsentziehungen und Disziplinarfällen, gelegentlich aber auch im Rahmen von sachlich-rechnerischen Richtigstellungen. Das BSG hat in einer Entscheidung herausgestellt, dass eine **zweiwöchige Abwesenheit** im Ausland die persönliche Leistungserbringung in jedem Fall ausschließt und zur Honorarversagung für diesen Zeitraum berechtigt. Dies gilt **auch dann, wenn** der Arzt jederzeit **telefonisch erreichbar** ist, und das gilt **auch bei Ärzten für Laboratoriumsmedizin** ungeachtet dessen, dass diese keine Arzt-Patienten-Kontakte haben.[129]

59 Auf eine nähere Darstellung von Grundlagen und Einzelheiten sowie Einzelbeispielen kann hier verzichtet werden. Insoweit wird auf die umfassende Darstellung von *Steinhilper* in diesem Handbuch in § 26 verwiesen.

60 **d) Leistungen nicht genehmigter Assistenten.** Leistungen nicht genehmigter Assistenten rechtfertigen fraglos keine Vergütung. Dies ergibt sich aus doppeltem Grund, **zum einen** deshalb, weil es insoweit an der **persönlichen Leistungserbringung** fehlt und mangels Genehmigung keine Ausnahme für eine Delegation gegeben ist (vgl RdNr 52, 56), und **zum anderen** deshalb, weil Leistungserbringungen von Assistenten ohne die dafür erforderliche **Genehmigung** generell rechtswidrig sind (vgl hierzu RdNr 62 ff).

61 Die Leistungserbringung durch nicht genehmigte Assistenten ist bereits mehrfach Gegenstand gerichtlicher Streitigkeiten um die Rechtmäßigkeit von Zulassungsentziehungen und von Disziplinarmaßnahmen gewesen, seltener Gegenstand von Rechtsstreitigkeiten wegen sachlich-rechnerischen Richtigstellungen. Das BSG hat bisher – soweit ersichtlich – lediglich einmal über **sachlich-rechnerische Richtigstellungen wegen** Leistungen durch einen **nicht genehmigten Assistenten** entscheiden müssen. Es handelte sich darum, dass ein Arzt in seiner Praxis einen Assistenten beschäftigte, ohne dass er dies wie erforderlich hatte genehmigen lassen. Es kam dann noch ein eigener **Krankenhausaufenthalt des Arztes** hinzu, währenddessen der Assistent allein in der Praxis tätig war. Die Kassenzahnärztliche Vereinigung forderte von ihm das Honorar, das sie für die in dieser Zeit vorgenommenen Leistungen gewährt hatte, zu Recht zurück.[130]

62 **e) Allgemein: Honorar-Erlangung auf rechtswidriger Grundlage.** Das BSG hat die sachlich-rechnerische Richtigstellung auch auf Fälle angewendet, in denen die Grundlagen der Leistungserbringung Rechtsmängel aufweisen. Dabei kann es sich um eine Rechtswidrigkeit bei der vertragsärztlichen Tätigkeit selbst (zB mit dem SGB V unvereinbare Praxisstruktur) oder um eine Rechtswidrigkeit bei den Rechtsgrundlagen für die vertragsärztliche Tätigkeit oder für ihre Honorierung (zB Rechtswidrigkeit der Honorierungsregelungen) handeln.

63 Diese Fälle sind dadurch gekennzeichnet, dass die vom Arzt in seine Abrechnung eingestellten Leistungen teilweise nicht ordnungsgemäß erbracht worden sind, bzw die Anspruchsgrundlage für den Honorarerhalt teilweise unwirksam ist, **ohne dass** aber genau **zugeordnet werden kann,** welche Leistungen nicht ordnungsgemäß erbracht waren bzw **welches Honorar nicht ordnungsgemäß erdient ist:**

64 Beispiele für solche Fälle sind:
- Abrechnungen von Ärzten, die eine **Praxisgemeinschaft** gebildet haben, sich aber faktisch wie Partner einer **Gemeinschaftspraxis** verhalten. Immer dann, wenn eine große

---

[129] BSG v 8. 9. 2004 – B 6 KA 25/04 B – in juris dokumentiert – RdNr 9 ff.
[130] BSG v 10. 5. 1995 – 6 RKa 30/94 – SozR 3-5525 § 32 Nr 1, 3 = USK 95 120 S 635. Die Kassenzahnärztliche Vereinigung hätte wohl sogar alle Honorare, die sie dem Kläger während der gesamten Beschäftigungszeit gewährt hatte – auch soweit der Kläger selbst tätig und nicht erkrankt war –, zurückfordern können: Hierzu vgl RdNr 62 ff und 73–75.

Zahl[131] identischer Patientennamen festgestellt wird, kann ohne weiteres davon ausgegangen werden, dass der Sache nach eine Gemeinschaftspraxis vorlag, mithin nur eine Schein-Praxisgemeinschaft gegeben war. Alle Honorarzahlungen, die **nicht eindeutig allein von einem der Partner erdient** worden sind, können versagt bzw zurückgefordert werden.[132] Dementsprechend darf die Kassenärztliche Vereinigung in solchen Fällen **bei allen Patienten,** die im Quartal beide Ärzte konsultierten, den **beiden** Ärzten die Ordinationsgebühr und die hausärztliche Grundvergütung **streichen.**[133] Diese Befugnis zur Streichung von Vergütungen, die nicht eindeutig einem der beiden Ärzte zustehen, gilt im Übrigen bei der hausärztlichen Grundvergütung umso mehr deshalb, weil jeder Hausarzt zu umfassender Betreuung verpflichtet ist, die hausärztliche Betreuung also „grundsätzlich unteilbar" ist.[134]

Nach der zwischenzeitlich gegebenen Rechtslage[135] wird man auf konkrete Feststellungen der Anzahl der Patienten, die beide Ärzte konsultierten, überhaupt verzichten können. Man wird **anhand von Erfahrungswerten** zu Honorarkürzungen kommen können: Ausgehend davon, dass die Überschneidungsquote bei Praxisgemeinschaften **normalerweise bis max. 15%** beträgt, dürften Kürzungen **ab einer Quote von 20% an Doppelpatienten** grundsätzlich rechtens sein.

Mittlerweile ist dies durch die **„Richtlinien zur Durchführung der Abrechnungsprüfungen der Kassenärztlichen Vereinigungen und Krankenkassen"**[136] konkretisiert worden. Nach diesen[137] besteht Anlass zu näherer Überprüfung, wenn bei Praxisgemeinschaften der **Anteil identischer Patienten über 20%** liegt **(bzw über 30%** bei versorgungsbereichsübergreifenden = fachgebietsverschiedenen Praxisgemeinschaften). Bei höheren Überschreitungen fordert die Kassenärztliche Vereinigung das „überschießende" Honorar zurück, **allerdings nur, wenn der Arzt nicht darlegen kann,** dass die Behandlung derselben Patienten durch mehrere Mitglieder der Praxisgemeinschaft **medizinisch notwendig**[138] und auch wirtschaftlich war,[139] **bzw von** den vielen **Patienten** ausdrücklich **gewünscht** worden war[140]. Also bleibt dem Vertragsarzt unbenommen, darzutun, es liege ein Ausnahmefall legitimer Fallhäufung vor, zB dass für einen Großteil der Patienten medizinische Gründe den Wechsel zum Praxisgemeinschafts-Partner geboten hätten oder dieser von ihnen ausdrücklich gewünscht worden sei.[141]

---

[131] BSG v 22. 3. 2006 – B 6 KA 76/04 R – BSGE 96, 99 = SozR 4-5520 § 33 Nr 6 RdNr 22: „jedenfalls bei einer Patientenidentität von mehr als 50%". Das Wort „jedenfalls" deutet darauf hin, dass auch ein geringerer Anteil von beiden behandelter Patienten ausreicht. An anderer Stelle ist lediglich von einem „hohen Anteil" die Rede: BSG v 22. 3. 2006 – B 6 KA 76/04 R – BSGE 96, 99 = SozR 4-5520 § 33 Nr 6 RdNr 19 am Anfang. So auch BSG v 17. 9. 2006 – B 6 KA 65/07 B.
[132] BSG v 22. 3. 2006 – B 6 KA 76/04 R – BSGE 96, 99 = SozR 4-5520 § 33 Nr 6 RdNr 21 aE.
[133] Zu diesem Urteil des BSG v 22. 3. 2006 s Näheres bei *Clemens* in: *Schlegel/Voelzke/Engelmann* (Hrsg), jurisPraxisKommentar SGB V, § 106a RdNr 162 ff.
[134] Vgl BSG v 22. 3. 2006 – B 6 KA 76/04 R – BSGE 96, 99 = SozR 4-5520 § 33 Nr 6 RdNr 22 f.
[135] Der vom BSG (v 22. 3. 2006 – B 6 KA 76/04 R – BSGE 96, 99 = SozR 4-5520 § 33 Nr 6) entschiedene Fall betraf die Zeit von 1996–1998.
[136] „Richtlinien der Kassenärztlichen Bundesvereinigung und der Spitzenverbände der Krankenkassen zum Inhalt und zur Durchführung der Abrechnungsprüfungen der Kassenärztlichen Vereinigungen und der Krankenkassen" (DÄBl 2004, A-2555; Neufassung zum 1. 7. 2008, DÄBl 2008, A-1922).
[137] § 11 der Richtlinien.
[138] ZB könnte in dem Fall einer Praxisgemeinschaft aus einem Lungen-Internisten und einem kardiologischen Internisten möglicherweise eine sehr hohe Zahl von Patienten, die beide Ärzte konsultieren, als gerechtfertigt dargelegt werden.
[139] BSG v 22. 3. 2006 – B 6 KA 76/04 R – BSGE 96, 99 = SozR 4-5520 § 33 Nr 6 RdNr 25 aE.
[140] Was zu dokumentieren wäre: BSG v 22. 3. 2006 – B 6 KA 76/04 R – BSGE 96, 99 = SozR 4-5520 § 33 Nr 6 RdNr 25 aE.
[141] BSG v 22. 3. 2006 – B 6 KA 76/04 R – BSGE 96, 99 = SozR 4-5520 § 33 Nr 6 RdNr 25 aE.

- Ebensolche Grundsätze gelten für vergleichbare Fälle. So hat das BSG im Falle einer **Praxisgemeinschaft**, die sich **mit „Rund-um-die-Uhr-Öffnungszeiten"** bekannt machte (Öffnungszeiten werktäglich 7 bis 24 Uhr), als Missbrauch der Gestaltungsform der Praxisgemeinschaft angesehen. Das BSG hat den einzelnen zur Praxisgemeinschaft gehörenden Vertragszahnärzten vorgehalten, sie gäben damit andere Öffnungszeiten an, als wie sie tatsächlich individuell für ihre Patienten zur Verfügung stünden. Dadurch würden diese verleitet, ihren Vertragsarzt auch zu Zeiten aufsuchen zu wollen, in denen dieser nicht dienstbereit ist, sodass sie sich dann an Kollegen wendeten, mit der Folge, dass die Zahl der Behandlungsfälle je Quartal vermehrt werde. Wegen der mithin missbräuchlichen Verwendung der Gestaltungsform der Praxisgemeinschaft sei ihr Verdienst rechtswidrig und könne im Wege sachlich-rechnerischer Richtigstellung zurückgefordert werden.[142]
- Schaffung bzw Aufrechterhaltung eines **übergroßen Praxisumfang**s mithilfe eines Assistenten: Ein Arzt beschäftigt einen **Assistenten** mehr als erlaubt. Dabei kann es sich darum handeln, dass dem Arzt die Beschäftigung nur unter der Auflage der Einhaltung eines bestimmten Praxisumfangs gestattet worden ist, oder darum, dass eine Überschreitung nur der allgemeinen Grenze des § 32 Abs 3 ÄrzteZV vorliegt, wonach die Beschäftigung eines Assistenten nicht der Schaffung oder Aufrechterhaltung eines übergroßen Praxisumfangs dienen darf. In dem vom BSG entschiedenen Fall hatte der Arzt in seiner Praxis zu viele Leistungen erbracht, ohne dass aber konkretisiert werden konnte, genau welche Leistungen zu viel erbracht waren. **Mithin stand nur fest, dass der Arzt Leistungen in einem unzulässigen Umfang erbrachte, ohne dass dies auf bestimmte Leistungen bezogen werden konnte.**[143]
- Abrechnung ambulant-vertragsärztlicher Leistungen, die im Rahmen einer sog Tagesklinik – ohne genehmigten Krankenhausstatus – erbracht werden,[144]
- Abrechnungsvolumen einer Praxis mit angestelltem Arzt oder einer Job-Sharing-Praxis über die festgelegte Abrechnungsobergrenze hinaus[145].
- Anfertigung von **Abrechnungen mithilfe privater Abrechnungsstellen:** Dies ist nur insoweit zulässig, als es ausdrücklich gesetzlich gestattet ist. Ansonsten ist die Zuhilfenahme externer Hilfe bei der Abrechnung datenschutzrechtlich unzulässig, sodass solche Abrechnungen **keinen Honoraranspruch begründen.** Wird eine solche unzulässige Zuhilfenahme festgestellt, so unterliegt die gesamte Quartalsabrechnung der sachlich-rechnerischen Richtigstellung.[146] – Vgl dazu § 27 RdNr 24 und § 34 RdNr 132.

65 Zur Fallgruppe einer Rechtswidrigkeit bei den Rechtsgrundlagen für die vertragsärztliche Tätigkeit oder für ihre Honorierung (zB Rechtswidrigkeit der Honorierungsregelungen) gehören zB folgende Fälle:
- Fehler bei **Anwendung von EBM**-Budgetregelungen.[147]
- Rechts**fehler der Honorarverteilung**[148] bei der Bildung von sog Fachgruppentöpfen, bei der Berechnung von sog Individualbudgets oder bei der Berechnung von Fallzahlzuwachstoleranzen.

---

[142] BSG v 5. 11. 2008 – B 6 KA 17/07 B.

[143] Zu diesem Fall vgl BSG v 28. 9. 2005 – B 6 KA 14/04 R – SozR 4-5520 § 32 Nr 2 insbesondere RdNr 10 mwN; in der Sache lag die Fallzahl um mehr als 75% über dem Fachgruppendurchschnitt, sodass eine dementsprechende Honorarversagung oder -kürzung berechtigt war.

[144] BSG v 8. 9. 2004 – B 6 KA 14/03 R – SozR 4-2500 § 39 Nr 3 RdNr 7, 13.

[145] Hierzu vgl § 23k Bedarfsplanungs-Richtlinie. – Vgl dazu BSG v 28. 10. 2009 – B 6 KA 68/08 B.

[146] Vgl BSG v. 10. 12. 2008 – B 6 KA 37/07 R – BSGE 102, 134 = SozR 4-2500 § 295 Nr 2.

[147] Dies erwähnend BSG v 31. 10. 2001 – B 6 KA 16/00 R – BSGE 89, 62, 70 oben = SozR 3-2500 § 85 Nr 42 S 349 und BSG v 12. 12. 2001 – B 6 KA 3/01 R – BSGE 89, 90, 96 = SozR 3-2500 § 82 Nr 3 S 9.

[148] Umfassend zur Honorarverteilung *Clemens*, Honorierung und Honorarverteilung im Kassenarztrecht, in: *Wenzel* (Hrsg), Handbuch des Fachanwalts Medizinrecht, Kap 11 unter B, RdNr 204–359.

- **Regelungen des EBM,** die rückwirkend in Kraft gesetzt wurden, stellen sich im Umfang dieser **Rückwirkung** als **nichtig** heraus.[149]
- Das **Gesamtvergütungsvolumen** erweist sich als unzureichend für die bereits erfolgten Honorarauszahlungen (weil es wegen eines andauernden Schiedsamtsverfahrens zunächst nicht festgestanden hatte und deshalb **vorläufige Honorarauszahlungen** erfolgten, die sich aber später nach erfolgter Gesamtvergütungsfestlegung als **zu hoch** herausstellten)[150]
- Die Berechnungen der sog **Degression** im Zahnbereich (§ 85 Abs 4b ff SGB V) stellen **sich als fehlerhaft heraus** (zB weil die Beträge des abrechenbaren Punktvolumens auf Grund fehlerhafter Normauslegung auch bei nur jahresanteiliger Tätigkeit in voller Höhe zu Grunde gelegt wurden). Richtigerweise sind diese Fälle der Fallgruppe von Mängeln der normativen Honorargrundlagen bzw ihrer Auslegung zuzurechnen, sie betreffen nicht Mängel in der individuellen Sphäre.[151]
- Rechtsfehler bei der **Honorarberechnung** für ambulante Krankenhausleistungen in den Grundlagen des § **120** Abs 1 (evtl iVm Abs 3) SGB V wie zB Vergessen des 10%-Abzugs gemäß § 120 Abs 3 Satz 2 SGB V.

3. Vertrauensschutz gegenüber sachlich-rechnerischen Richtigstellungen?

War in den aufgeführten Fällen (1. bis 2. a–e = RdNr 11–65) ein Honoraransatz unberechtigt, so ist das **Honorar** insoweit zu **versagen bzw zurückzufordern,** sofern die **hierfür maßgeblichen weiteren Voraussetzungen** gegeben sind. Ist das Honorar zunächst ausbezahlt worden und soll es wieder zurückgefordert werden, so ist zu prüfen, ob und inwieweit sich der Arzt gegenüber einer sachlich-rechnerischen Richtigstellung mit der Folge der Rückforderung auf **Vertrauensschutz** berufen kann. **66**

Dies ist grundsätzlich zu bejahen. Allerdings sind Besonderheiten zu beachten, weil im Bereich des Vertragsarztrechts durch die in § 106a SGB V normierte Rechtsfigur der sachlich-rechnerischen Richtigstellung eine speziellere Regelung im Sinne des § 37 Satz 1 Hs 2 SGB I besteht, sodass die allgemeine Vorschrift des § 45 SGB X nicht anwendbar ist.[152] Zudem gibt es weitere Besonderheiten, die im Vertragsarztrecht die Berufung auf Vertrauensschutz abschwächen: **67**
- Das **Interesse** der Gesamtheit der Vertragsärzte ist darauf gerichtet, nach jedem Quartal **möglichst zeitnah und auch umfassend Honorar** zu erhalten – dies auch im Interesse der Liquidität ihrer Praxen und um selbst etwaige Zinsgewinne einzustreichen.[153]
- **Damit ist aber das Risiko verbunden,** dass noch keine ausreichende Überprüfung aller Ansprüche erfolgen konnte, sodass ein **Interesse an späteren Korrektur**möglichkeiten besteht. In Verbindung mit der Besonderheit, dass nur ein **begrenztes Gesamtvergütungs**volumen zur Verteilung zur Verfügung steht, führt die alsbaldige vollstän-

---

[149] Vgl hierzu BSG v 31. 10. 2001 – B 6 KA 16/00 R – BSGE 89, 62, 68 ff = SozR 3-2500 § 85 Nr 42 S 347 ff (unter Rückgriff auf BSG v 17. 9. 1997 – 6 RKa 36/97 – BSGE 81, 86 = SozR 3-2500 § 87 Nr 18). Ebenso Folgeentscheidungen des BSG v 26. 6. 2002, zB BSG v 26. 6. 2002 – B 6 KA 24/01 R – USK 2002-123 und BSG v 26. 6. 2002 – B 6 KA 26/01 R – in juris dokumentiert.

[150] BSG v 14. 12. 2005 – B 6 KA 17/05 R – BSGE 96, 1 = SozR 4-2500 § 85 Nr 22 RdNr 13 ff.

[151] Insofern trifft das Urteil des BSG v 30. 6. 2004 – B 6 KA 34/03 R – BSGE 93, 69 = SozR 4-2500 § 85 Nr 11 RdNr 18 ff zwar im Ergebnis zu, aber nicht in seiner Diktion. Zu Recht in der Diktion abgeschwächt und neutraler abgefasst ist das spätere Urteil des BSG v 8. 2. 2006 – B 6 KA 27/05 R – GesR 2006, 365 = USK 2006-88. – Zur Degressionsberechnung grundlegend BSG v 16. 12. 2009 – B 6 KA 39/08 R, ferner B 6 KA 9/09 R und B 6 KA 10/09 R –.

[152] So die ständige Rechtsprechung des BSG, vgl vor allem BSG v 14. 12. 2005 – B 6 KA 17/05 R – BSGE 96, 1 = SozR 4-2500 § 85 Nr 22 RdNr 11 und BSG v 29. 11. 2006 – B 6 KA 39/05 R – SozR 4-2500 § 106a Nr 3 RdNr 18, jeweils mwN.

[153] Vgl im Einzelnen BSG v 14. 12. 2005 – B 6 KA 17/05 R – BSGE 96, 1 = SozR 4-2500 § 85 Nr 22 RdNr 12.

dige Auszahlung dazu, dass **nachträgliche Korrekturen bei einem Teil** der Vertragsärzte zugleich bedeuten, dass den anderen uU weniger oder mehr Honorar zusteht, als ihnen bereits ausgezahlt wurde. Muss einem Teil „Honorar nachgezahlt oder von ihnen ein Teil des Honorars zurückgefordert werden, so bedeutet das, dass **andere umgekehrt zu viel oder zu wenig** erhalten haben"[154]. **Deshalb muss** im vertragsärztlichen Vergütungssystem mehr als in anderen (= den allgemeinen sozialrechtlichen) Rechtsbereichen die **Möglichkeit bestehen,** bereits erteilte **Honorarbescheide noch nachträglich zu korrigieren.**[155]

68 Aus diesen Besonderheiten folgt, dass im Vertragsarztrecht – jedenfalls im Honorarbereich – ein **erweitertes Korrekturbedürfnis** besteht. Dem trägt die Unanwendbarkeit des § 45 SGB X (insbesondere von dessen Abs 2 und 4) in Verbindung mit der Sonderregelung des § 106a SGB V über **sachlich-rechnerische Richtigstellungen** – jedenfalls wenn dieser entsprechend weit ausgelegt wird – Rechnung.

69 Dementsprechend hat das BSG den Vertrauensschutz auf folgende Fälle begrenzt[156]:
(1) Die **Frist von vier Jahren** seit dem Erlass des Honorarbescheids ist bereits abgelaufen[157, 158]
(2) Die Kassenärztliche Vereinigung hat ihre **Befugnis zur sachlich-rechnerischen Richtigstellung bereits „verbraucht",** indem sie die Honoraranforderung des Vertragsarztes in einem der ursprünglichen Honorarverteilung nachfolgenden Verfahren bereits auf ihre sachlich-rechnerische Richtigkeit überprüfte und vorbehaltlos bestätigte[159, 160]

70 **Kein Vertrauensschutz** ergibt sich allein daraus, dass die Kassenärztliche Vereinigung die Erbringung bestimmter Leistungen in Kenntnis aller Umstände **längere Zeit duldete,** dh sie unbeanstandet honorierte.[161]

71 (3) Einen **zusätzlichen Vertrauenstatbestand** hat das BSG für die Fälle herausgearbeitet, in denen die Mängel die **Grundlagen** der Honorarverteilung betreffen, die der Sphäre des einzelnen Vertragsarztes entrückt sind (siehe die Fälle in RdNr 63): In diesen Fällen muss die **Kassenärztliche Vereinigung,** wenn ihr schon bei der Erteilung des Honorarbescheids **Ungereimtheiten oder Rechtszweifel bekannt sind oder sein müssten,** den Vertragsarzt auf diese hinweisen. Andernfalls ist sie zu späterer Korrektur nicht – bzw nur nach Maßgabe von § 45 Abs 2 S 3 iVm Abs 4 S 1 SGB X – befugt[162, 163]

---

[154] Salopp ausgedrückt: Es ist „wie beim Flipper: Es klingelt überall".
[155] Vgl im Einzelnen BSG v 14. 12. 2005 – B 6 KA 17/05 R – BSGE 96, 1 = SozR 4-2500 § 85 Nr 22 RdNr 12.
[156] Vgl im Einzelnen BSG v 14. 12. 2005 – B 6 KA 17/05 R – BSGE 96, 1 = SozR 4-2500 § 85 Nr 22 RdNr 12. Fortführend und zusammenfassend BSG v 8. 2. 2006 – B 6 KA 12/05 R – SozR 4-2500 § 106a Nr 1 RdNr 16.
[157] Danach ist nur noch § 45 (Abs 2 S 3 iVm Abs 4 S 1) SGB X anwendbar.
[158] Zu den zahlreichen Fragen zum Fristlauf vgl. § 36 RdNr 36. – Weiterführend *Clemens* in: *Schlegel/Voelzke/Engelmann* (Hrsg), jurisPraxisKommentar SGB V, § 106a RdNr 175 iVm 52 ff, 60 ff.
[159] Danach ist nur noch § 45 (Abs 2 S 3 iVm Abs 4 S 1) SGB X anwendbar.
[160] Zu den weiteren zahlreichen Detailfragen s *Clemens* in: *Schlegel/Voelzke/Engelmann* (Hrsg), jurisPraxisKommentar SGB V, § 106a RdNr 176 ff.
[161] Hierzu s *Clemens* in: *Schlegel/Voelzke/Engelmann* (Hrsg), jurisPraxisKommentar SGB V, § 106a RdNr 190 f.
[162] Das Rechtsinstitut der sachlich-rechnerischen Richtigstellung ist einschlägig, seine Anwendbarkeit aber nach Maßgabe des § 45 (Abs 2 S 3 iVm Abs 4 S 1) SGB X begrenzt.
[163] Näheres dazu bei *Clemens* in: *Schlegel/Voelzke/Engelmann* (Hrsg), jurisPraxisKommentar SGB V, § 106a RdNr 180 ff. – Dazu grundlegend BSG v 14. 12. 2005 – B 6 KA 17/05 R. – BSGE 96, 1 = SozR 4-2500 § 85 Nr 22 RdNr 20; BSG v 8. 2. 2006 – B 6 KA 12/05 R – SozR 4-2500 § 106a Nr 1 RdNr 16, 21; ebenso BSG v 5. 11. 2006 – B 6 KA 21/07 B – in juris dokumentiert – RdNr 17.

(4) Schließlich hat das BSG für bestimmte **weitere Sonderfälle** den **Vertrauensschutz** **72**
nach Maßgabe des § 45 Abs 2, Abs 4 SGB X **in vollem Umfang** zuerkannt: Es handelt sich um die Fälle, in denen eine etwaige Fehlerhaftigkeit nicht für die übrigen Vertragsärzte relevant ist, also **keine „verteilungswirksamen" Honorarteile** iSv RdNr 65 **betroffen** sind.[164] So im Falle von Honorar, das **nicht das Gesamtvergütungsvolumen tangiert,** sondern zB nur von den Krankenkassen bei der Kassenärztlichen Vereinigung „durchgereicht" wird, sodass eine dabei erfolgte Fehlhonorierung die anderen Vertragsärzte nicht betrifft und diese also kein eigenes Interesse an einer Korrektur haben und deshalb dem betroffenen Vertragsarzt Vertrauensschutz entsprechend § 45 Abs 2, Abs 4 SGB X zugebilligt werden kann.[165]

4. Sonderfall des grob fahrlässigen Fehlansatzes

Das BSG hat schon in seiner früheren Rechtsprechung einen Sonderfall herausgestellt, **73**
in dem der Vertrauensschutz bezogen auf das **gesamte Quartalshonorar** zu Fall kommt. Weist eine Honorarabrechnung des Vertragsarztes auch nur **einen Fehlansatz** auf, bei dem dem Arzt **grobe Fahrlässigkeit** vorzuwerfen ist, so erfüllt die jeder Quartalsabrechnung beizufügende sog. **Abrechnungssammelerklärung nicht mehr** ihre **Garantiefunktion**. Die Folge ist, dass diese als nicht wirksam abgegeben gilt, sodass das **gesamte Quartalshonorar zu Fall kommt**.[166] Mithin kann der gesamte Quartalshonorarbescheid aufgehoben werden, dh es kann eine sachlich-rechnerische Richtigstellung mit Folgen weit über das sonst mögliche Ausmaß hinaus erfolgen. Dies ist gerechtfertigt, denn es handelt sich durch das Vorliegen grober Fahrlässigkeit[167] um einen atypischen Fall besonders gravierenden Fehlverhaltens.

Grobe Fahrlässigkeit kann in diesem Zusammenhang nicht allgemein-abstrakt defi- **74**
niert werden. Entscheidend sind die Umstände im Einzelfall. Ein **Beispiel** ist das Fehlen einer **vorgeschriebenen Dokumentation**. Fehlt sie nicht völlig, sondern ist sie nur nicht ausreichend intensiv, so könnte eine grobe Fahrlässigkeit wohl nicht angenommen werden.[168]

Die Aufhebung des gesamten Honorarbescheids hat zur Folge, dass das **Honorar neu** **75**
festzusetzen ist, wobei eine **Schätzung** erfolgen kann.[169] Diese kann sich am Fachgruppendurchschnitt orientieren.[170] Dies dürfte ein geeigneter Maßstab im Fall solcher Vertragsärzte sein, deren Abrechnungsvolumen deutlich über dem Durchschnitt ihrer Fachgruppe lag, während bei unterdurchschnittlich Abrechnenden nach anderen Maßstäben zu suchen ist.

---

[164] Das Rechtsinstitut der sachlich-rechnerischen Richtigstellung ist einschlägig, seine Anwendbarkeit aber nach Maßgabe des § 45 (Abs 2 S 3 iVm Abs 4 S 1) SGB X begrenzt.
[165] Hierzu Näheres s *Clemens* in: *Schlegel/Voelzke/Engelmann* (Hrsg), jurisPraxisKommentar SGB V, § 106a RdNr 186 ff.
[166] Grundlegend BSG v 17. 9. 1997 – 6 RKa 86/95 – SozR 3-5550 § 35 Nr 1; vgl auch BSG v 22. 3. 2006 – B 6 KA 76/04 R – BSGE 96, 99 = SozR 4-5520 § 33 Nr 6 RdNr 28. – Darauf Bezug nehmend auch BSG v 11. 3. 2009 – B 6 KA 62/07 R – BSGE 103, 1 = SozR 4-2500 § 106a Nr 7 RdNr 17.
[167] Sachlich-rechnerische Richtigstellungen setzen ein Verschulden an sich nicht voraus, vgl RdNr 9 am Ende, mit Hinweis auf BSG v. 22. 3. 2006 – B 6 KA 76/04 R – BSGE 96, 99 = SozR 4-5520 § 33 Nr 6 RdNr 28.
[168] Vgl dazu auch BSG v 31. 8. 2005 – B 6 KA 35/05 B – unveröffentlicht – betr teilweise Aufhebung von Quartalshonorarbescheiden, nämlich hinsichtlich aller Nr 5 EBM (Inanspruchnahme des Arztes außerhalb der Sprechstunde) durch Hochrechnung nach Überprüfung nur einiger Fälle: Die Vorinstanz hatte eine Falschabrechnung bejaht, aber grobe Fahrlässigkeit verneint, sodass eine Aufhebung über die Ansätze der Nr 5 EBM hinaus nicht gerechtfertigt war.
[169] Zu den Anforderungen an die gerichtliche Kontrolle von Schätzungen vgl BSG v 17. 9. 1997 – 6 RKa 86/95 – SozR 3-5550 § 35 Nr 1 S 9.
[170] BSG v 17. 9. 1997 – 6 RKa 86/95 – SozR 3-5550 § 35 Nr 1 S 8 f.

5. Speziell: Kein Schutz vor Rückforderung durch rechtswidrig erlangten, nicht rückwirkend aufhebbaren Status

76 Hat ein Vertragsarzt durch falsche Angaben eine Zulassung erschlichen oder sonstwie rechtswidrig einen besonderen vertragsärztlichen Status (zB Genehmigung zur Führung einer Gemeinschaftspraxis bzw Berufsausübungsgemeinschaft) zuerkannt erhalten, so spricht viel dafür, dass sein Status ihn nicht gegenüber der Rückforderung von Honorar schützen kann.

77 Eine Rückforderung wäre einfach, wenn zunächst die Statuszuerkennung – auch rückwirkend – zurückgenommen werden könnte, sodass dann die Rückzahlung des Honorars unter dem Gesichtspunkt „ohne Rechtsgrund erlangt" gefordert werden könnte. Nach ständiger Rechtsprechung des BSG kann ein vertragsärztlicher Status nicht rückwirkend zurückgenommen, sondern nur ex nunc aufgehoben werden.[171] Daher stellt sich die Frage, ob Honorar ungeachtet des Weiterbestehens des Status „an diesem vorbei" zurückgefordert werden darf.

78 Das BSG hat 1974 und 1984 entschieden, dass eine **erschlichene** Kassenzulassung die Rückforderung des mithilfe dieser Zulassung erlangten Honorars nicht hindert.[172] Diese Rechtsprechung hat noch heute Geltung; auf diese Entscheidungen hat das BSG bis in die jüngste Zeit wiederholt Bezug genommen.[173]

79 Diese Rechtsprechung ist über den Fall des erschlichenen Status hinaus weiterzuführen. Auch einem nur **grob fahrlässig** rechtswidrig erlangten Status – und ebenso einem zwar rechtens erlangten, dann aber grob fahrlässig rechtswidrig „gelebten" Status – kommt keine Schutzwirkung gegen Honorarrückforderungen zu. Insbesondere derjenige, der seine Zulassung rechtswidrig erlangt hat und dem vorzuhalten ist, er habe im Sinne grober Fahrlässigkeit um die Umstände wissen müssen, aus denen sich die Rechtswidrigkeit ergibt, kann sich gegen eine Rückforderung des mithilfe dieser Zulassung erzielten Honorars nicht darauf berufen, die Zulassung sei rückwirkend nicht aufhebbar, und dementsprechend sei das erzielte Honorar ihm zu belassen. Er ist vielmehr – innerhalb der für sachlich-rechnerische Richtigstellungen geltenden Vier-Jahres-Frist (hierzu RdNr 69) – zur Honorarrückzahlung verpflichtet.

80 **a) Fallbeispiel Entziehung der Zulassung wegen Schein-Gemeinschaftspraxis.** Grobe Fahrlässigkeit ist auch dann gegeben, wenn ein Arzt seine Zulassung von vornherein nur zur Ausübung vertragsärztlicher Tätigkeit im Rahmen einer Gemeinschaftspraxis beantragte und erhielt, dabei aber im Sinne grober Fahrlässigkeit hätte leicht erkennen können, dass der von ihm unterzeichnete oder zu unterzeichnende Gemeinschaftspraxis-Vertrag inhaltlich die Gestalt eines bloßen Angestellten-Vertrages hatte.[173a] Dabei ist dem Arzt die Kenntnis bzw das grob fahrlässige Kennenmüssen eines bei Vertragsschluss oder später hinzugezogenen **Rechtsberaters zuzurechnen**.

---

[171] Ständige Rechtsprechung des BSG, vgl zB BSG v 28. 1. 1998 – B 6 KA 41/96 R – SozR 3-1500 § 97 Nr 3 S 5 f und BSG v 28. 11. 2007 – B 6 KA 26/07 R – BSGE 99, 218 = SozR 4-2500 § 103 Nr 3 RdNr 25 mwN .

[172] BSG v 13. 11. 1974 – 6 RKa 39/73 = SozR 2200 § 368 f Nr 1 = USK 74 160; BSG v 22. 3. 1984 – 6 RKa 28/82 = USK 84 47; vgl auch BSG v 21. 6. 1995 – 6 RKa 60/94 = BSGE 76, 153, 155 = SozR 3-2500 § 95 Nr 5 S 22.

[173] So BSG 9. 12. 2004 – B 6 KA 44/03 R = BSGE 94, 50 = SozR 4-2500 § 72 Nr 2 RdNr 99; BSG 23. 2. 2005 – B 6 KA 69/03 R = SozR 4-2500 § 95 Nr 10 RdNr 9; BSG v 28. 9. 2005 – B 6 KA 14/04 R = SozR 4-5520 § 32 Nr 2 RdNr 16.

[173a] Vgl dazu LSG Niedersachsen-Bremen v 17. 12. 2008 – L 3 KA 316/04 – MedR 2009, 497 = GesR 2009, 206. – Rspr des BSG liegt noch nicht vor: Im Verfahren B 6 KA 24/08 R hat der Kläger kurz vor der mündlichen Verhandlung seine Revision gegen das Urteil des LSG zurückgenommen: LSG Mecklenburg-Vorpommern v 27. 2. 2008 – L 1 KA 7/06 – in juris dokumentiert. Das BSG-Verfahren B 6 KA 7/09 R wird im Jahr 2010 entschieden werden.

Von dem Schuldvorwurf grober Fahrlässigkeit wird der Arzt **nicht dadurch entlastet,** 81
dass die Kassenärztliche Vereinigung bzw die Zulassungsgremien den Vertragstext nicht zur Kenntnis nehmen bzw nehmen wollten (zB den Vertrag überhaupt nicht sehen wollen oder den eingereichten Vertrag ungelesen zurückreichen). Allein auf die Kenntnis bzw das grob fahrlässige Kennenmüssen des Arztes selbst und/oder seines Rechtsberaters kommt es an.

Da die **Problematik** von Schein-Gesellschaften, die in Wahrheit bloße Anstellungen 82
sind, aus den **einschlägigen Medien** (Ärzte-Zeitung, Medical Tribune usw) **den Ärzten bekannt** ist, kann wohl nur in besonderen Fallkonstellationen eine lediglich leicht fahrlässige Unkenntnis angenommen werden. – So ist evtl grobe Fahrlässigkeit zu verneinen, wenn die **Auslegung** als Gesellschaft oder bloßer Anstellung **ernstlich zweifelhaft ist und wenn** der Arzt die Zulassungsgremien ausdrücklich nochmals **schriftlich** befragte, ob sie keine Bedenken gegen die Qualifizierung des Vertrages als Gemeinschaftspraxis-Vertrag hat.

Schwieriger ist der Fall zu beurteilen, wenn eine Gemeinschaftspraxis **zunächst kor-** 83
rekt lief, dann aber an einen Strohmann veräußert und diesem unterstellt wurde. Indessen ist auch hier eine grobe Fahrlässigkeit – mit der Folge der Zulässigkeit der Rückforderung – zu bejahen, wenn der Arzt die (neuen) tatsächlichen Umstände, die nunmehr die Rechtswidrigkeit des Status ergeben, hätte in Erfahrung bringen können.

b) Weitere Fallbeispiele. Diese Grundsätze sind auf andere Fallkonstellationen zu 84
übertragen. So gelten sie auch für den Fall, dass die **Genehmigung zur Führung einer Gemeinschaftspraxis** zwei Partnern erteilt wurde, die **in Wahrheit** aber **nicht in gleichberechtigt-selbstständigem Verhältnis** zueinander stehen.[174] Dann kann das der „Gemeinschafts"praxis gewährte Honorar in toto[175] zurückgefordert werden – ungeachtet dessen, dass die Genehmigung der Gemeinschaftspraxis (evtl auch die den Ärzten erteilten Zulassungen) nicht rückwirkend zurückgenommen werden können.

Ebenso liegt der Fall, wenn einem Arzt die **Genehmigung einer Job-Sharing-** 85
Anstellung erteilt wurde, der diese **aber** nicht als abhängiges Beschäftigungsverhältnis praktizierte (mit entsprechender Weisungsunterworfenheit und Sozialversicherungsabgaben usw), sondern diesen Angestellten **als freien Mitarbeiter** praktizieren ließ. Die Rechtsfolge kann bei der Aufdeckung nur sein, entweder die Sozialversicherungsbeiträge für die Anstellungszeit nachzuentrichten oder Gefahr zu laufen, dass mangels Praktizierung eines Anstellungsverhältnisses die während der Anstellungszeit erdienten Honorare[176] zurückerstattet werden müssen.

6. Berechnung der Richtigstellungssumme

Eine alte Streitfrage betraf das Problem, wie die Richtigstellungssumme zu berechnen 86
ist, dh von welchem Honorarbetrag als dem richtigzustellenden auszugehen ist. Vielfach wurde bisher unterschieden zwischen der sog **quartalsgleichen Richtigstellung,** die sogleich integriert im Honorarbescheid vorgenommen wird, und der sog nachgehenden Richtigstellung, die erst später vorgenommen wird und eine nachträgliche Änderung des

---

[174] Zur ausnahmsweisen Überprüfung zivilrechtlicher Gestaltungen durch die Zulassungsgremien s BSG v 28. 11. 2007 – B 6 KA 26/07 R – BSGE 99, 218 = SozR 4-2500 § 103 Nr 3 RdNr 26.

[175] Dabei ist impliziert, dass eben alle Leistungen, die nicht eindeutig erdient sind, gekürzt bzw zurückgefordert werden können (vgl oben RdNr 62 mit Fn-Hinweis auf BSG v 22. 3. 2006 – B 6 KA 76/04 R – BSGE 96, 99 = SozR 4-5520 § 33 Nr 6 RdNr 21 aE). Es muss nicht festgestellt werden, welche Leistungen konkret von denjenigen Ärzten erbracht wurden, die für die Praxis in einem Wahrheit nicht gleichberechtigt-selbstständigem Status tätig waren.

[176] Diese sind entsprechend obiger RdNr 62 (mit Fn-Hinweis auf BSG v 22. 3. 2006 – B 6 KA 76/04 R – BSGE 96, 99 = SozR 4-5520 § 33 Nr 6 RdNr 21 aE) pauschal-insgesamt als zu Unrecht erdient anzusehen.

Honorarbescheids mit sich bringt. Bei Ersterer wird ein Punktzahlabzug von vornherein vorgenommen und werden eventuelle honorarbegrenzende Honorarverteilungsregelungen erst danach angewendet. Dies kann bedeuten, dass sich der Punktzahlabzug durch die sachlich-rechnerische Richtigstellung möglicherweise – wenn nämlich eine honorarbegrenzende Honorarverteilungsregelung das Quartalshonorar ohnehin vermindert hat – honorarmäßig überhaupt nicht auswirkt. Bei der **nachgehenden Richtigstellung** dagegen bestand **Streit,** ob der Punktzahlabzug „von oben" vorzunehmen sei, dh die Gesamtpunktmenge herunterzurechnen sei, sodass sich der Punktzahlabzug durch die sachlich-rechnerische Richtigstellung möglicherweise – wenn nämlich eine honorarbegrenzende Honorarverteilungsregelung das Quartalshonorar ohnehin vermindert hat – honorarmäßig überhaupt nicht auswirkt, oder ob der gewährte durchschnittliche Punktwert zu errechnen ist und – ohne Rücksicht auf erfolgte Honorarminderungen durch Honorarverteilungsregelungen – entsprechend der Punktzahl im Umfang der sachlich-rechnerischen Richtigstellung ein Honorarbetrag zurückzufordern ist.

87 Dieser Meinungsstreit ist **vom Gesetzgeber** im Sinne der letztgenannten Ansicht **geklärt** worden, und zwar nach dem Wortlaut und Sinngehalt ohne Unterscheidung zwischen der sog quartalsgleichen und der erst nachträglichen Richtigstellung. In **§ 106a Abs 2 S 6 SGB V** ist bestimmt, dass „bei den Prüfungen ... von dem durch den Vertragsarzt angeforderten Punktzahlvolumen unabhängig von honorarwirksamen Begrenzungsregelungen auszugehen" ist. Diese Regelung ist keine spezielle Regelung nur für die Plausibilitätsprüfung, wie sich aus S 5 ergibt, der nur die S 2–4 für unanwendbar im Zahnbereich erklärt. Sie gilt sowohl von dieser systematischen Stellung (erst nach den speziellen Bestimmungen der S 2–5 für die Plausibilitätsprüfung) als auch von ihrem „neutralen" Wortlaut her für **alle sachlich-rechnerischen Richtigstellungen,** wie das BSG in seinem Urteil v 11. 3. 2009 ausgeführt hat.[177] Daraus folgt:
- Die Gesetzesvorgabe, dass „von dem durch den Vertragsarzt angeforderten Punktzahlvolumen unabhängig von honorarwirksamen Begrenzungsregelungen auszugehen" ist, bedeutet, dass bei dem Honorarabzug wegen sachlich-rechnerischer Richtigstellung Honorarminderungen durch Honorarverteilungsregelungen außer Betracht zu bleiben haben, dh dass bei sachlich-rechnerischer Richtigstellung außerhalb der Erstellung des Quartalshonorarbescheids stets ein realer Honorarabzug vorzunehmen ist.[178]
- Der Einwand, dies sei in vielen Fällen „ungerecht", treffe nämlich die Vertrags(zahn)-ärzte unzulässig hart, so etwa, wenn ein **Fehlansatz nur** auf **leichter Fahrlässigkeit** beruhe, ist mithilfe der Heranziehung des Grundsatzes der Verhältnismäßigkeit oÄ. zu lösen, wie in dem Urteil des BSG ausgeführt ist.[178a]
- Zur Beurteilung der Verhältnismäßigkeit kann auf den Typus der sog **quartalsgleichen Richtigstellungen** zurückgegriffen werden. Hier werden von vornherein Ungereimtheiten in der Abrechnung wegkorrigiert, die typischerweise auf einem Versehen des Arztes beruhen. Diese Falltypen können evtl als Beispiel herhalten, welche Fehlansätze noch so wenig schwer wiegen, dass sie es rechtfertigen, die Abrechnung insgesamt auf neue Füße zu stellen und auch die honorarbegrenzenden Honorarverteilungsregelungen neu zu justieren und so uU zu einer für den Arzt günstigeren Berechnung der Richtigstellungssumme zu kommen.

---

[177] BSG v 11. 3. 2009 – B 6 KA 62/07 R – BSGE 103, 1 = SozR 4-2500 § 106a Nr 7 RdNr 16–22.

[178] Im selben Sinne *Engelhard* in: *Hauck/Noftz,* SGB V, K § 106a RdNr 17f (allerdings wohl nicht beschränkt auf die nachgehenden Richtigstellungen, sondern unter Einschluss auch der quartalsgleichen Berichtigungen). Vgl auch *Steinhilper,* Plausibilitätsprüfungen, in: *Rieger/Dahm/Steinhilper* (Hrsg), HK-AKM, Beitrag 4160, Stand 2005, RdNr 46 (allerdings wohl beschränkt auf Richtigstellungen auf Grund von Plausibilitätsprüfungen).

[178a] BSG v 11. 3. 2009 – B 6 KA 62/07 R – BSGE 103, 1 = SozR 4-2500 § 106a Nr 7 RdNr 25–29.

II. Plausibilitätsprüfungen

1. Rechtsgrundlagen

Seit dem 1.1.1996 haben die Kassenärztlichen Vereinigungen auch zu prüfen, ob die ärztlichen Leistungen, die ihre Mitglieder zur Abrechnung einreichen[179], **unter Zeitgesichtspunkten** ordnungsgemäß **erbringbar** waren (Plausibilitätsprüfung nach § 106a SGB V[180]). Der jeweilige („betriebswirtschaftlich kalkulierte") **Zeitbedarf** für die einzelnen ärztlichen Leistungen[181] ist im Einheitlichen Bewertungsmaßstab (EBM, Anhang 3) festgelegt[182]. Zur Durchführung der Plausibilitätsprüfung haben die Kassenärztliche Bundesvereinigung und die Spitzenverbände der Krankenkassen Richtlinien vereinbart[183]. Ergänzt werden diese durch regionale Durchführungsbestimmungen auf Länderebene (§ 106a Abs 5 SGB V).

88

2. Mindestzeiten für Tages- und Quartalsprofile

Die im EBM vorgesehenen Zeitvorgaben (Anhang 3) sind **Mindestzeiten** für einzelne ärztliche Leistungen je Tag und für Komplexleistungen je Quartal[184]. Delegierbare Leistungen sind dort nicht berücksichtigt, teildelegierbare Leistungen anteilsmäßig. Im EBM ist mit erfasst, ob die Zeiten den Tages- oder den Quartalsprofilen (für Komplexleistungen je Behandlungsfall) zu Grunde zu legen sind. Die Gesamtzahl der Stunden für Quartalsleistungen darf nicht anteilig auf die Arbeitstage pro Quartal umgerechnet und dem Zeitbedarf für die Tagesprofile zugeschlagen werden[185].

89

Nach § 8 der Richtlinien gilt eine Abrechnung je Arbeitstag als **implausibel, wenn** Leistungen von **12 Stunden und mehr** abgerechnet werden (Abs 3). Bei einer **Quartals-**

90

---

[179] Für die Abrechnung setzen die Kassenärztlichen Vereinigungen Fristen; werden diese überschritten, sind angemessene Honorarabzüge auf Grund regionaler Regelungen zulässig (BSG v 29. 8. 2007 – B 6 KA 29/06 R – SozR 4-2500 § 85 Nr 37 RdNr 11 f = MedR 2008, 391 = GesR 2008, 197; ebenso früher schon BSG v 22. 6. 2005 – B 6 KA 19/04 R – SozR 4-2500 § 85 Nr 19); nur ausnahmsweise kann dies zu völligem Honorarverlust führen (BSG v 29. 8. 2007 aaO RdNr 13 ff).

[180] Eingeführt (im Anschluss an die Grundsatzentscheidung des BSG v 8. 3. 2000 – B 6 KA 16/99 R – BSGE 86, 30 = SozR 3-2500 § 83 Nr 1) durch das GMG zum 1. 1. 2004. Vorgängerregelung: § 83 Abs 2 SGB V. Ergänzend s die „Verfahrensgrundsätze zur Plausibilitätsprüfung" der KBV (DÄBl 2004, A-2555 und A-3135; Neufassung vom 1.7.2008, DÄBl 2008, A-1925) mit den auf Länderebene erlassenen ergänzenden Verfahrensordnungen der Kassenärztlichen Vereinigungen nach § 106a Abs 5 SGB V. – Zur Plausibilitätsprüfung s *Steinhilper* MedR 2004, 597; *Steinhilper,* Plausibilitätsprüfungen, in: *Rieger/Dahm/Steinhilper* (Hrsg), HK-AKM, Beitrag 4160, Stand 2005; s ferner die Kommentierung von *Clemens* in: *Schlegel/Voelzke/Engelmann* (Hrsg), jurisPraxisKommentar SGB V, § 106a RdNr 142 ff.

[181] Für die zeitliche Bewertung psychotherapeutischer Leistungen gelten die v BSG aufgestellten Grundsätze für die Honorarabrechnung (36 Stunden pro Woche; 43 Wochen pro Jahr; vgl BSG v 20. 1. 1999 – B 6 KA 46/97 R – BSGE 83, 205 = SozR 3-2500 § 85 Nr 33; BSG v 25. 8. 1999 – B 6 KA 14/98 R – BSGE 84, 235 = SozR 3-2500 § 85 Nr 33; BSG v 26. 1. 2000 – B 6 KA 4/99 R = SozR 3-2500 § 85 Nr 35 = MedR 2000, 377; BSG v 28. 1. 2004 – B 6 KA 52/03 R = SozR 4-2500 § 85 Nr 8 = MedR 2004, 396) nicht.

[182] Erstmals eingeführt im EBM 2005 (Anhang 3) (DÄBl 2004, A 2553); s dazu *Kallenberg,* GesR 2005, 97. – Zuvor legten die Kassenärztlichen Vereinigungen unterschiedliche Zeitbewertungen fest (zulässig; LSG NW v 11. 2. 2004 – L 11 KA 72/03 – MedR 2004, 464, 465) nach jeweils aktualisierten Empfehlungen der Kassenärztlichen Bundesvereinigung (Beschluss des Länderausschusses v 14. 9. 2001). Maßgeblich ist jeweils die Zeitvorgabe für das überprüfte Abrechnungsquartal (LSG NW v 11. 2. 2004 – L 11 KA 72/03 – MedR 2004, 464, 466).

[183] DÄBl 2004, A 2555 und A 3135 (in Kraft seit dem 1. 4. 2005); sie bedürfen der Neufassung seit der Einführung des EBM 208.

[184] Genannt: Prüfzeiten (Spalte 4); davon zu unterscheiden sind die sog Kalkulationszeiten (nach dem Bewertungssystem verwendete Zeitbedarf für ärztliche Leistungen; Spalte 5).

[185] So ausdrücklich SG Gotha v 26. 7. 2006 – S 7 KA 2343/04 – MedR 2007, 453, 454.

prüfung ist die Obergrenze **780 Stunden** (Abs 4 und 5[186]). Zeitprofile (Tages- und Quartalsprofile) hatte das BSG[187] schon unter der früheren Rechtslage für zulässig erachtet (geeignetes Beweismittel für Plausibilitätsprüfungen).

91 Plausibilitätsprüfungen sind schon nach der Rechtsprechung des BSG[188] und nunmehr nach dem Gesetz kein weiteres Kontrollverfahren neben der Wirtschaftlichkeitsprüfung nach § 106 SGB V und der sachlich-rechnerischen Richtigstellung, sondern lediglich eine zusätzliche zulässige Prüfmethode, die den Ansatz von Leistungen in der Quartalsabrechnung als unberechtigt erweisen und so zu einer sachlich-rechnerischen Richtigstellung führen kann (RdNr 94 ff).

92 Plausibilitätsprüfungen finden gemäß § 106a Abs 2 S 5 SGB V **im zahnärztlichen Bereich nicht** statt.[189]

93 Ergibt die Überprüfung anhand von Tages- und/oder Quartalsprofilen, dass die zur Abrechnung eingereichten ärztlichen Leistungen unter Beachtung der Zeitvorgaben im EBM und Obergrenzen (§ 8 der Richtlinien) zeitlich **nicht erbringbar** waren, ist die Honorarabrechnung des Arztes richtig zu stellen. Der **Teil der Leistungen,** der nicht erbringbar war, ist nicht zu vergüten. In der Praxis erweist sich die **Berechnung dieses Teils** (Schadens) bei Praxisbudgets usw als problematisch. Das Gesetz sieht dazu eine **Berechnungsformel** vor (§ 106a Abs 2 S 5 SGB V), der das BSG schon vorher gefolgt war[190]. Im Umfang des nicht abrechenbaren Teils ist der bisherige **Honorarbescheid aufzuheben** und der entsprechende Honorarteil zurückzufordern. Widerspruch und Klage dagegen sind möglich[191].

3. Folgen einer implausiblen Abrechnung

94 **a) Sachlich-rechnerische Richtigstellung.** Die **Einordnung der Plausibilitätsprüfung zur sachlich-rechnerischen Richtigstellung** (und nicht zur Wirtschaftlichkeitsprüfung) ist nach Jahren der Unklarheit mit der Neufassung des § 106a SGB V zum 1. 1. 2004 geklärt worden; Abs 2 S 1 Hs 2 regelt ausdrücklich: „dazu gehört auch ... die Prüfung ... auf Plausibilität ...".[192]

95 Bei einer **Plausibilitätsprüfung** kann sich ergeben, dass der Arzt nicht mehr Leistungen erbracht hat, als nach dem Zeitprofil möglich, dass er aber medizinisch nicht erforderliche Leistungen erbracht hat, also gegen das **Wirtschaftlichkeitsgebot** verstoßen hat. In diesem Fall sind die **Prüfgremien** zu unterrichten, und von diesen eine **Wirtschaftlichkeitsprüfung** durchzuführen (hierzu § 36 unter I. und II.).

96 Das **BSG** hat **Überprüfungen anhand von Tages- und Quartalsprofilen** im Grundsatz für **rechtmäßig** erklärt.[193] Das Gericht hat dabei allerdings **Maßstäbe für die Bemessung** der Zeitannahmen bei den einzelnen Leistungen vorgegeben. Deren Bemessung muss sich an einem erfahrenen, geübten und zügig arbeitenden Arzt unter Weglassen

---

[186] 156 Stunden bei ermächtigten Krankenhausärzten (Abs 3).
[187] BSG v 8. 3. 2000 – B 6 KA 16/99 R – BSGE 86, 30 = SozR 3-2500 § 83 Nr 1; s auch LSG NW v 11. 2. 2004 – L 11 KA 72/03 – MedR 2004, 464.
[188] BSG v 8. 3. 2000 – B 6 KA 16/99 R – BSGE 86, 30 = SozR 3-2500 § 83 Nr 1.
[189] Hierzu s *Clemens* in: *Schlegel/Voelzke/Engelmann* (Hrsg), jurisPraxisKommentar SGB V, § 106a RdNr 11.
[190] BSG v 15. 5. 2002 – B 6 KA 30/00 R – SozR 3-2500 § 87 Nr 32, 185.
[191] Diese Rechtsmittel haben keine aufschiebende Wirkung; vgl *Steinhilper* MedR 2003, 433, 434 und MedR 2004, 254; so auch LSG NW v 11. 2. 2004 – L 11 KA 72/03 – MedR 2003, 598 m abl Anm *Dahm*.
[192] Zu Einzelheiten der Genese s *Clemens* in: *Schlegel/Voelzke/Engelmann* (Hrsg), jurisPraxisKommentar SGB V, § 106a RdNr 21-24.
[193] BSG v 24. 11. 1993 – 6 RKa 70/91 – BSGE 73, 234, 238–241 = SozR 3-2500 § 95 Nr 4 S 13–16; BSG v 8. 3. 2000 – B 6 KA 16/99 R – BSGE 86, 30, 33–36 = SozR 3-2500 § 83 Nr 1 S 5–8. Letzteres Urteil in Bezug nehmend BSG v 6. 9. 2000 – B 6 KA 17/00 B – in juris dokumentiert – RdNr 8 aE.

delegierbarer Leistungen[194] orientieren. Zusätzlich ist zu beachten, dass von rationeller Praxisführung in einer optimal organisierten Praxis auszugehen ist.[195] Außerdem sind Besonderheiten im Falle der Organisationsform Gemeinschaftspraxis bzw Berufsausübungsgemeinschaft zu berücksichtigen (damit die Zuordnung jeder einzelnen Leistung zu einem bestimmten Arzt möglich ist, ist in der Quartalsabrechnung von solchen Praxen jede Leistung entsprechend zu kennzeichnen).[196] Ferner dürfen bei Leistungen, die zeitgleich bzw sich zeitlich überschneidend mit anderen erbracht werden können, die jeweiligen Zeitannahmen nicht schlicht addiert werden, sondern müssen miteinander verrechnet werden.[197] Zusätzlich hat *Clemens* darauf hingewiesen, dass für die Zeitannahmen von relativ pflegeleichten Patienten auszugehen ist.[198]

Tages- und Quartalsprofile sind lediglich auf solche Leistungen anwendbar, die in den Quartalshonorarbescheiden der Kassenärztlichen Vereinigung aufgelistet sind; das sind die **Leistungen,** die aus den von den Krankenkassen den Kassenärztlichen Vereinigungen gezahlten **Gesamtvergütungen** vergütet werden. Deshalb bleiben außer Betracht Einnahmen aus Sonderverträgen mit den Krankenkassen, aus Kostenerstattungsfällen gemäß § 13 Abs 2 und 3 SGB V, aus Arztvertretungen, privatärztlichen Behandlungen und aus sog IGeL-Leistungen.[199] **97**

Kritiker beanstanden, dass es **unterschiedliche Zeitannahmen** gibt, nämlich zum einen für die Kalkulation der Punktwerte (angegeben im EBM in Kap VI, Anhang 3: sog **Kalkulationszeiten)** und zum anderen für die Plausibilitätsprüfungen (im EBM im genannten Anhang 3 als **Prüfzeiten** aufgeführt). Indessen sind die erstgenannten Zeiten **Durchschnittszeiten,** die letztgenannten dagegen nur **Mindestzeiten,** wie sie für Plausibilitätsprüfungen unter Beachtung der in RdNr 93 genannten Vorgaben zu Grunde gelegt werden können. Von diesem Ansatz her erschiene es allerdings nicht logisch, Kalkulationszeiten kürzer als Prüfzeiten anzusetzen, wie dies in der zum 1.4.2005 in Kraft getretenen Fassung des EBM bei manchen Leistungstatbeständen anzutreffen ist.[200] Die Kalkulationszeiten müssen im Übrigen nicht notwendigerweise auf die Honorierung voll durchschlagen, vielmehr sind sog Mischkalkulationen zulässig.[201] **98**

---

[194] Zu diesen Kriterien vgl BSG v 24.11.1993 – 6 RKa 70/91 – BSGE 73, 234, 239 = SozR 3-2500 § 95 Nr 4 S 14. – Dazu auch *Clemens* in: *Schlegel/Voelzke/Engelmann* (Hrsg), jurisPraxisKommentar SGB V, § 106a RdNr 136.

[195] Zu diesem Gesichtspunkt vgl *Clemens* in: *Schulin* (Hrsg), Handbuch des Sozialversicherungsrechts, Bd 1: Krankenversicherungsrecht, § 34 RdNr 20.

[196] Vgl hierzu EBM (Fassung seit dem 1.4.2005), Allgemeine Bestimmungen Nr 5.2: „Bei der Berechnung sind die Gebührenordnungspositionen nach Maßgabe der Kassenärztlichen Vereinigungen unter Angabe der Arztnummer sowie aufgeschlüsselt nach Betriebs- und Nebenbetriebsstätten … zu kennzeichnen."

[197] Hierzu vgl BSG v 24.11.1993 – 6 RKa 70/91 – BSGE 73, 234, 239 = SozR 3-2500 § 95 Nr 4 S 15 oben; vgl außerdem *Steinhilper,* Plausibilitätsprüfungen, in: *Rieger/Dahm/Steinhilper* (Hrsg), HK-AKM, Beitrag 4160, Stand 2005, RdNr 17 mwN.

[198] Vgl *Clemens* in: *Schulin* (Hrsg), Handbuch des Sozialversicherungsrechts, Bd 1: Krankenversicherungsrecht, § 34 RdNr 20. *Clemens* hat weiterhin in RdNr 21 geltend gemacht, dass die Zeitannahmen dann geringer zu bemessen seien, wenn bei der Bestimmung der Punktzahl für die Leistung ein geringerer zeitlicher Aufwand angesetzt wurde. Denn dann liege dem Leistungstatbestand nämlich offenbar nicht der zeitliche Aufwand bei Erfüllung des fachlichen Standards zugrunde, sondern nur ein geringerer Standard. Von einem höheren Standard könne dann auch nicht bei der Überprüfung anhand von Tages bzw Quartalsprofilen ausgegangen werden.

[199] Vgl die Aufzählung bei *Steinhilper* in: *Orlowski/Rau/Schermer/Wasem/Zipperer* (Hrsg), GKV-Kommentar SGB V, Kap 1200, § 106a RdNr 37 und 43.

[200] Soweit Kalkulationszeiten mit „0 Min" angesetzt sind (zB EBM-Leistungspositionen Nr 31900ff), beruht dies darauf, dass der für die Leistung erforderliche Zeitbedarf zwar spürbar, aber von anderen Leistungen nicht klar abzugrenzen ist. In diesen Fällen ist es daher nicht unlogisch, dass die Prüfzeiten höher angesetzt sind.

[201] Vgl dazu *Clemens* in: *Schlegel/Voelzke/Engelmann* (Hrsg), jurisPraxisKommentar SGB V, § 106a RdNr 86.

99 Die Plausibilitätsprüfungen sind in § 106a Abs 2–4 SGB V nicht abschließend geregelt. Vielmehr hat der Gesetzgeber durch § 106a Abs 5 und 6 SGB V konkretisierende **Richtlinien auf Bundesebene und Vereinbarungen auf Landesebene** vorgesehen. Diese waren 2004 ergangen[202] und auf Länderebene als Vereinbarungen konkretisiert worden.[203] Inzwischen liegt eine Neufassung vor.[204]

100 Die **praktische Bedeutung** der Plausibilitätsprüfungen ist inzwischen deutlich **zurückgegangen**. Zum einen sind die Ärzte durch Berichte über Plausibilitätsprüfungen vorgewarnt. Zudem überschreiten Ärzte durch zunehmende Einführung von **Ordinationskomplexen bzw Grundpauschalen** im EBM nur noch selten(er) Tagesprofil-Grenzwerte. ZB bei Hausärzten sind die zahlreichen Gesprächsleistungen nicht mehr alle einzeln anzusetzen; sie fehlen dadurch bei den Tagesprofilen. Ebenso fehlen die Zeiten für die Leistungen im Rahmen der Ordinationskomplexe und Grundpauschalen, da diese quartalsbezogen sind. Sie finden nur Eingang in die **Quartalsprofile.** Daher haben wohl nur noch diese noch größere Bedeutung.

101 b) **Disziplinarverfahren und Zulassungsentziehung.** Die Einhaltung der Zeitgrenzen pro Arbeitstag und pro Quartal zählt zu den Pflichten des Vertragsarztes, der – allgemein formuliert – sein Honorar „peinlich genau" abzurechnen hat[205]. Werden die zeitlichen Grenzen nicht eingehalten, so kann das Verhalten des Arztes bei schuldhaftem Vorgehen **disziplinarrechtlich** geahndet werden[206]. Erweist sich die Pflichtverletzung als „gröblich", kommt auch ein Verfahren auf **Entziehung der Zulassung** in Betracht[207]. Bei dolosem Vorgehen (absichtliche Täuschung der Kassenärztlichen Vereinigung über nicht erbrachte, aber abgerechnete ärztliche Leistungen) soll der Vorstand der Kassenärztlichen Vereinigung unter bestimmten Voraussetzungen[208] die Ermittlungsbehörden „unverzüglich" wegen des Anfangs**verdachts betrügerischer Honorarabrechnung** unterrichten (§ 81 Abs 4 SGB V; ausführlicher dazu und zur Parallelvorschrift für die Krankenkassen s *Steinhilper* in diesem Handbuch § 37)[209].

102 c) **Haftung der Vorstände.** Bei der Plausibilitätsprüfung ist auch die Regelung über die **Haftung der Vorstände** der Kassenärztlichen Vereinigungen bedeutsam. Diese richtet sich gemäß § 106a Abs 5 iVm § 106 Abs 4b SGB V nach den Grundsätzen der Amtshaftung (§ 839 BGB iVm Art 34 GG). Dasselbe gilt, wenn die Vorstände der Krankenkassenverbände ihre Pflichten aus § 106a Abs 2 SGB V schuldhaft verletzen[210].

---

[202] Hierzu vgl DÄBl 2004, A 2555, und DÄBl 2004, A 3135.

[203] Hierzu vgl zB für Niedersachsen die seinerzeitige „Vereinbarung über die Prüfung der Abrechnung auf Rechtmäßigkeit durch Plausibilitätskontrollen" und die „Verfahrensordnung zur Durchführung der Plausibilitätskontrollen nach §§ 75 Abs 1, 83 Abs 2 SGB V".

[204] Wirksam seit dem 1. 7. 2008; DÄBl 2008, A 1925.

[205] Zu dieser Pflicht grundlegend BSG v 24. 11. 1993 – 6 RKa 70/91 – BSGE 73, 234, 238 oben = SozR 3-2500 § 95 Nr 4 S 13; BSG v 20. 10. 2004 – B 6 KA 67/03 R – BSGE 93, 269 = SozR 4-2500 § 95 Nr 9 RdNr 10.

[206] Grundlage: § 81 Abs 5 SGB V iVm der jeweiligen Disziplinarordnung der Kassenärztlichen Vereinigung.

[207] § 85 Abs 6 SGB V iVm § 27 Ärzte-ZV.

[208] „Anfangsverdacht auf strafbare Handlungen mit nicht nur geringer Bedeutung" (Regelung mit erheblichem Interpretations- und Ermessensspielraum).

[209] Zu dieser zum 1. 1. 2004 durch das GMG eingeführten Regelung s *Steinhilper* MedR 2004, 597 und (kritisch bis ablehnend) *Rixen* ZFSH/SGB 2005, 131. Ablehnend auch *E. Müller*, Anzeigepflicht der Kassenärztlichen Vereinigungen, der Kassenärztlichen Bundesvereinigung und der Krankenkassen nach den §§ 81a, 197a SGB V, in: Arbeitsgemeinschaft Medizinrecht (Hrsg), Medizinrecht heute (FS 10 Jahre Arbeitsgemeinschaft Medizinrecht im Deutschen AnwaltVerein), 2008, 893.

[210] Kritisch zur Haftung der Vorstandsmitglieder *Beeretz* ZMGR 2004, 106.

§ 36 Wirtschaftlichkeitsprüfungen (Honorarkürzungen und Regresse)

Inhaltsübersicht

	RdNr
I. Allgemeines zur Wirtschaftlichkeitsprüfung	5
1. Prüfmethoden der Wirtschaftlichkeitsprüfung	8
2. Grundsätzliche Einwendungen gegen Wirtschaftlichkeitsprüfungen, insbesondere gegen solche nach Durchschnittswerten	28
3. Sonderkompetenz der Krankenkassen für Wirtschaftlichkeitsprüfungen	29
4. Sonderkompetenz der Prüfgremien für sachlich-rechnerische Richtigstellungen (sog Randzuständigkeit)	32
5. Fragen der Abgrenzung von sachlich-rechnerischen Richtigstellungen	37
II. Honorarkürzungen aufgrund Wirtschaftlichkeitsprüfung	43
1. Einzelfallprüfungen und Durchschnittsprüfungen	43
2. Die einzelnen Prüfungsschritte der Durchschnittsprüfung	44
III. Regresse im Verordnungsbereich: Vor allem Durchschnitts- und Richtgrößen-Prüfungen	84
1. Begrenzung aller Regresse auf Nettobelastung	89
2. Regresse aufgrund Durchschnittsprüfungen	95
3. Verordnungsprüfungen auf der Grundlage elektronischer Daten	106
4. Regresse aufgrund Richtgrößen-Prüfungen	111
5. Zusätzliche Hinweise zu Verordnungsregressen bei Sprechstundenbedarf	128a
IV. Zusätzliche Regressgefahren im Arzneiverordnungsbereich; Einzelfallprüfungen wegen Fehlens der Arzneimittelzulassung, wegen Off-Label-Use und wegen AMRL-Verordnungsausschlusses	135
1. Regresse wegen Fehlens der Arzneimittelzulassung	136
2. Regresse wegen unzulässigen Off-Label-Use	139
3. Regresse wegen AMRL-Verordnungsausschlusses	153

Schrifttum: *Ascher*, Die Wirtschaftlichkeitsprüfung mit Richtgrößenprüfung, 3. Aufl 2005; *Bahner*, Honorarkürzungen, Arzneimittelregresse, Heilmittelregresse, 2006; *Bahner*, Wirtschaftlichkeitsprüfung bei Zahnärzten, 2006; *Becker*, Die Steuerung der Arzneimittelversorgung im Recht der gesetzlichen Krankenversicherung, Diss 2006; *Bossmann*, Vertragsarzt und Wirtschaftlichkeit, 1995; *Clemens*, Abrechnungsstreitigkeit, Wirtschaftlichkeitsprüfung, Schadensregress, in: *Schulin* (Hrsg), Handbuch des Sozialversicherungsrechts, Bd 1: Krankenversicherungsrecht, 1994, § 33, 894–898, und § 35, 910–960; *Clemens*, Der Kampf des Arztes gegen Arzneikostenregresse – Arzneizulassung, Off-Label-Use, Arzneimittel-Richtlinien, Wirtschaftlichkeitsprüfung, Richtgrößen, in: *Hanau/Röller/Macher/Schlegel* (Hrsg), Personalrecht im Wandel – FS Küttner, 2006, 193–230; *Clemens*, Kommentierung des § 106 SGB V, in: *Schlegel/Voelzke/Engelmann* (Hrsg), jurisPraxisKommentar SGB V, 2008; *Engelhard*, Kommentierung des § 106 SGB V, in: *Hauck/Noftz* (Hrsg), SGB V, Stand April 2008; *Engelmann*, Der Anspruch auf Krankenbehandlung in Hinblick auf das Wirtschaftlichkeitsgebot, in: *Jabornegg/Resch/Seewald* (Hrsg), Grenzen der Leistungspflicht in der Krankenbehandlung – Beiträge zu den Deutsch-Österreichischen Sozialrechtsgesprächen, 2007, 109–145; *Eugster*, Wirtschaftlichkeitskontrolle ambulanter ärztlicher Leistungen mit statistischen Methoden, Bern 2003; *Filler*, Die Wirtschaftlichkeit und die Prüfung in der vertragsärztlichen Versorgung, hrsg vom Zentralinstitut für die Kassenärztliche Versorgung in der Bundesrepublik Deutschland, 2006; *Friske*, Mehr Markt und Wettbewerb in der deutschen Arzneimittelversorgung, 2003; *Funk*, Die Wirtschaftlichkeitsprüfung im Vertragsarztrecht, 1994; *Gebhardt/Clemens*, Die Vergütung innerhalb des Kassenarztrechts, in: *Gramberg-Danielsen* (Hrsg), Rechtliche Grundlagen der augenärztlichen Tätigkeit, 2008, Kap 8.2; *Grütters*, Auswirkungen des Einheitlichen Bewertungsmaßstabes auf die Wirtschaftlichkeitsprüfung, 1998; *Hohmann*, Erhalt der Therapiefreiheit ohne Angst vor Arzneimittelregressen, 2004; *Mummenhoff*, Die sozialrechtlichen Grenzen einer Bewertung verschreibungsfähiger Arzneimittel durch die Verbände, 1999; *Neugebauer*, Das Wirtschaftlichkeitsgebot in der gesetzlichen Krankenversicherung, 1996; *Oehler*, Der Zahnarzt in der Wirtschaftlichkeitsprüfung, 2000; *Peikert*, Wirtschaftlichkeitsprüfung, in:

§ 36 Wirtschaftlichkeitsprüfungen (Honorarkürzungen und Regresse)

Schnapp/Wigge (Hrsg), Handbuch des Vertragsarztrechts, 2. Aufl 2006, § 20, 593–619; *Plagemann*, Wirtschaftlichkeitsprüfung, in: *Wenzel* (Hrsg), Handbuch des Fachanwalts Medizinrecht, 2007, Kap 11 Abschn D. III., 1091–1112; *Schaffhäuser/Kieser*, Wirtschaftlichkeitskontrolle in der Krankenversicherung, 2001; *Schütz/Christophers/Dietrich*, Arznei- und Heilmittel wirtschaftlich verordnen, 2004; *Spellbrink*, Wirtschaftlichkeitsprüfung im Kassenarztrecht nach dem Gesundheitsstrukturgesetz, 1994; *Stellpflug*, Wirtschaftlichkeitsprüfungen, in: *Stellpflug/Meier/Tadayon* (Hrsg), Handbuch Medizinrecht, 2006, C 4000. *Wigge/Wille*, Die Arzneimittelversorgung im Vertragsarztrecht, in: *Schnapp/Wigge* (Hrsg), Handbuch des Vertragsarztrechts, 2. Aufl 2006, § 16, 532–592; *Zuck*, Wirtschaftlichkeitsprüfung, in: *Quaas/Zuck*, Medizinrecht, 2. Aufl 2008, § 22, 477–481.

1   Gemäß den in § 24 dargestellten Grundlagen des Finanzierungssystems in Verbindung mit der dort ebenfalls dargestellten Funktionsweise des vertragsarztrechtlichen Vierecksverhältnisses ergibt sich die vertragsärztliche und -zahnärztliche Honorierung aus den Bestimmungen des **EBM** und des **Bema,** jeweils **in Verbindung mit** den **weiteren Regelungen,** die die Punktzahlen zu Punktwerten konkretisieren (§ 24 RdNr 40). Dies waren **bis 2008** die Honorarverteilungsregelungen mit den ihnen innewohnenden Honorarbegrenzungen. Deren Funktion haben **seit dem 1.1.2009** die Regelungen der §§ 87a bis 87d SGB V und die auf deren Grundlage ergehenden weiteren konkretisierenden Bestimmungen übernommen (sog Honorarverträge insbes betr Orientierungspunktwerte und Regelleistungsvolumina, s dazu § 34 RdNr 134 ff).

2   Für die Gesamthonorarsituation des Arztes sind zudem **weitere Instrumente** von Bedeutung, die Korrekturen bewirken können. Diese kommen **in dreierlei Gestalt** vor:

3   Zum einen kann ihm entgegengehalten werden, er habe bei seiner Quartalsabrechnung Leistungen in Ansatz gebracht, die nach den Regelungen des EBM bzw des Bema so nicht abrechenbar seien (sog **sachlich-rechnerische Richtigstellung,** § 35). Zum anderen gibt es das Instrument der sog Wirtschaftlichkeitsprüfung, mit dem einem Arzt uU vorgehalten wird, er habe zu viele Leistungen erbracht, diese seien nicht notwendig und daher unwirtschaftlich gewesen (sog. **Honorarkürzung wegen Unwirtschaftlichkeit,** s im Folgenden insbes RdNr 43 ff). Ferner kann es zu Regressen kommen, dh der Arzt wird für angeblich **unnötige oder unzulässige Verordnungen** von Arznei-, Heil- oder Hilfsmitteln in Anspruch genommen **(Regress** wegen Unwirtschaftlichkeit oder Regress wegen Fehlens der Arzneizulassung, wegen Off-Label-Use oder wegen Verordnungsausschlusses, siehe im Folgenden RdNr 84 ff, 136 ff, 139 ff, 153).

4   Thema dieses Kapitels ist allein die Wirtschaftlichkeitsprüfung – mit den sie betreffenden allgemeinen Fragen (RdNr 5 ff), ihren Regelungen und Verfahrensweisen bei Honorarkürzungen (RdNr 43 ff) sowie den verschiedenen Arten von Verordnungsregressen (RdNr 84 ff, 136 ff, 139 ff, 153 ff).

I. Allgemeines zur Wirtschaftlichkeitsprüfung

5   Die Wirtschaftlichkeitsprüfung bedeutet in ihrer Grundstruktur die Überprüfung, ob einem Arzt ein **unwirtschaftlicher Mehraufwand** anzulasten ist (die Frage eines Minderaufwands mit der Folge medizinischer Mängel und dadurch erhöhter Kosten, zB durch eine notwendig werdende Krankenhausbehandlung, ist nicht[1] Gegenstand des § 106 SGB V).

6   Zur Untersuchung der Wirtschaftlichkeit stehen vor allem **zwei „Haupt-Prüfmethoden"** zur Verfügung, zum einen die Überprüfung von Einzelfällen – sog **Einzelfallprüfung** (Näheres in RdNr 12) – und zum anderen – losgelöst von den Einzelfällen – der Vergleich des (Gesamt-)Aufwandes des geprüften Arztes mit dem durchschnittlichen Aufwand der Ärzte der Arztgruppe, der er zugehört (also zB Vergleich eines Augenarztes mit dem Durchschnitt der Augenärzte) (sog pauschale **statistische Vergleichsprüfung**

---

[1] Dazu *Clemens* in: *Schlegel/Voelzke/Engelmann* (Hrsg), § 106 RdNr 23. – Vgl zB BSG 6.5.2009 – B 6 KA 17/08 R – SozR 4-2500 § 106 Nr 23 RdNr 13: „überschreitet".

anhand von **Durchschnittswerten**, Näheres RdNr 16 ff). Zu jeder dieser Methoden gibt es unterschiedliche Varianten, und außerdem gibt es noch einige sonstige Prüfmethoden. Dies alles wird im Folgenden dargestellt.

Der Komplex der Wirtschaftlichkeitsprüfung ist nur schwer durchschaubar. 7

- Zum einen enthält die dafür maßgebliche Bestimmung des **§ 106 SGB V sehr viele Detail**regelungen.
- Zum Zweiten werden diese noch **ergänzt durch Prüfvereinbarungen** auf Länderebene gemäß § 106 Abs 2 S 4, Abs 3 iVm Abs 5a und Abs 5b SGB V **sowie durch Richtlinien** auf Bundesebene gemäß § 106 Abs 2b SGB V.
- Zum Dritten sind Kernbereiche der Methodik der Wirtschaftlichkeitsprüfung **durch die Rechtsprechung herausgearbeitet** worden, die nur spärlich vom Gesetzgeber aufgegriffen und in § 106 SGB V ausdrücklich normiert worden sind.

1. Prüfmethoden der Wirtschaftlichkeitsprüfung

Die **Auswahl innerhalb der verschiedenen Prüfmethoden** liegt grundsätzlich im 8 Ermessen der Prüfgremien.[2]

Eine Beschränkung auf bestimmte Prüfmethoden kann kein Arzt beanspruchen. Dem 9 Wirtschaftlichkeitsgebot kommt ein **hoher Stellenwert** zu,[3] und zwar ein so hoher, dass jeder Arzt in jedem Quartal in **jedem einzelnen Bereich** wirtschaftlich handeln muss.[4] Es wird **nicht nur eine „Gesamtwirtschaftlichkeit"** gefordert[5], in dem Sinne, dass ein Arzt in manchen Bereichen unwirtschaftlich sein dürfte, solange er durch weniger Aufwand in anderen Bereichen ein „insgesamt noch wirtschaftliches" Ergebnis erreicht (insofern nimmt die Rechtsfigur der „kompensierenden Einsparungen" eine Ausnahmestellung ein, dazu RdNr 71 ff). Da also jeder Arzt jederzeit in jedem Bereich dem Wirtschaftlichkeitsgebot Rechnung tragen muss, ist im Grundsatz jederzeit jede Prüfmethode zulässig. Kein Arzt kann eine Beschränkung auf eine bestimmte Prüfmethode beanspruchen.

Der Stellenwert des Wirtschaftlichkeitsgebots ist so hoch, dass in dem Fall, dass sich ein- 10 mal keine der gesetzlich vorgesehenen oder in der Prüfvereinbarung vertraglich vereinbarten Prüfungsarten eignen sollte, die Prüfgremien nach einer anderen geeigneten Prüfmethode suchen und **nötigenfalls neue sachgerechte Prüfungsarten entwickeln** müssen.[6]

Von dem Grundsatz des (freien) Ermessens bei der Auswahl der Prüfmethode (RdNr 8) 11 gibt es in begrenztem Umfang Ausnahmen (RdNr 20 ff).

a) Arten der Einzelfallprüfung. Innerhalb der **Einzelfallprüfungen** gibt es die 12 Varianten der **strengen** der **eingeschränkten** und der **typisierten**[7] Einzelfallprüfung.

---

[2] BSG v 27.6.2007 – B 6 KA 44/06 R = SozR 4-2500 § 106 Nr 17 RdNr 13 mwN; BSG v 6.5.2009 – B 6 KA 17/08 R – SozR 4-2500 § 106 Nr 23 RdNr 13.

[3] BSG v 2.11.2005 – B 6 KA 63/04 R – BSGE 95, 199 = SozR 4-2500 § 106 Nr 11 RdNr 61 mwN; BSG v 9.4.2008 – B 6 KA 34/07 R – SozR 4-2500 § 106 Nr 18 RdNr 19, 21.

[4] BSG v 2.11.2005 – B 6 KA 63/04 R – BSGE 95, 199 = SozR 4-2500 § 106 Nr 11 RdNr 61. Ebenso BSG v 9.4.2008 – B 6 KA 34/07 R – SozR 4-2500 § 106 Nr 18 RdNr 27 aE..

[5] St Rspr des BSG, zB BSG v 21.5.2003 – B 6 KA 32/02 R – SozR 4-2500 § 106 Nr 1 RdNr 11; BSG v 16.7.2003 – B 6 KA 45/02 R – SozR 4-2500 § 106 Nr 3 RdNr 9; BSG v 28.4.2004 – B 6 KA 24/03 R – MedR 2004, 577; BSG v 27.6.2007 – B 6 KA 44/06 R – SozR 4-2500 § 106 Nr 17 RdNr 15; BSG v 9.4.2008 – B 6 KA 34/07 R – SozR 4-2500 § 106 Nr 18 RdNr 27 aE. Zur Ablehnung bloßer Gesamtwirtschaftlichkeit vgl zB auch BSG v 5.11.1997 – 6 RKa 1/97 – SozR 3-2500 § 106 Nr 42 S 232 f.

[6] BSG v 9.6.1999 – B 6 KA 21/98 R – BSGE 84, 85, 87 = SozR 3-2500 § 106 Nr 47 S 250 f mwN.

[7] Dieser bisher weder in der Rechtsprechung noch im Schrifttum verwendete Begriff erscheint geeignet, um die Fälle zu kennzeichnen, in denen der Aufwand im Einzelfall an dem medizinisch indizierten Aufwand in ähnlichen Fällen gemessen wird, ohne auf einen durchschnittlichen Aufwand zurückzugreifen bzw zurückgreifen zu können: Näheres in RdNr 15.

13 Die **strenge Einzelfallprüfung** wird faktisch nicht praktiziert; bei ihr müsste zunächst die Diagnose nachgeprüft werden (was im Regelfall nur durch Befragung des Patienten nach seinem damaligen Krankheitszustand möglich wäre), um dann daran die Sachgerechtigkeit der durchgeführten Behandlung und der Verordnungen zu überprüfen.[8]

14 Bei der **eingeschränkten Einzelfallprüfung** erfolgt die Nachprüfung auf der Grundlage der vom Arzt (auf dem Behandlungsschein oder im Praxiscomputer) angegebenen Diagnose.[9] Weil auch diese Prüfmethode erheblichen Verwaltungsaufwand erfordern würde, wenn man alle Behandlungsfälle eines Arztes einzeln überprüfen würde, wird die eingeschränkte Einzelfallprüfung häufig auf einen Teil der Behandlungsfälle beschränkt und hiervon ausgehend eine Hochrechnung auf die Gesamtfallzahl vorgenommen. Mit dieser Methode der **eingeschränkten Einzelfallprüfung mit Hochrechnung** hat sich die Rechtsprechung öfters befassen müssen. Das BSG hat diese Prüfmethode im Grundsatz gebilligt, aber das Erfordernis aufgestellt, dass die Anzahl der Einzelfälle, deren Ergebnis hochgerechnet wird, **repräsentativ** sein muss: **Mindestens 100 Fälle und zugleich 20%** aller Behandlungs- bzw Verordnungsfälle müssen einzeln geprüft worden sein.[10]

15 Bei der sog. **typisierten Einzelfallprüfung** wird der Aufwand im Einzelfall an dem typischen Aufwand in ähnlichen Fällen gemessen, ohne (wie bei der Durchschnittsprüfung, RdNr 16) auf einen durchschnittlichen Aufwand zurückzugreifen. Diese Methode ist zB dann geeignet, wenn bei einem Arzt festgestellt wird, dass er bei bestimmten Arzneien **stets nur Originalpräparate** verordnet. Dann können die Prüfgremien die Anzahl der Verordnungen dieser Arzneien zusammenzählen, den üblichen **medizinisch tolerablen Anteil** von Generika-Verordnungsanteil schätzen und entsprechend diesem Anteil die Kostendifferenz errechnen.[11] Eine typisierte Einzelfallprüfung lag auch dem Urteil des BSG vom 27. 6. 2007 zugrunde, in dem die Sachgerechtigkeit der Verordnung des **Dosier-Aerosols Berodual in einem konkreten Einzelfall** an den **medizinischen Vorgaben** durch die Arzneimittelzulassung, die in der sog Fachinformation[12] ihren Niederschlag findet, gemessen wurde.[13]

16 **b) Stellenwert und Arten der Durchschnittsprüfung.** Häufiger als Einzelfallprüfungen sind sog pauschale **statistische Vergleichsprüfungen anhand von Durchschnittswerten**. Dieser Prüfmethode liegt die **Vermutung (bzw Annahme)** zugrunde, das Behandlungs- und Verordnungsverhalten der Ärzte sei **im Allgemeinen – also im**

---

[8] Vgl hierzu die Beschreibung in BSG v 27. 6. 2007 – B 6 KA 44/06 R = SozR 4-2500 § 106 Nr 17 RdNr 14.

[9] Vgl BSG v 27. 6. 2007 – B 6 KA 44/06 R = SozR 4-2500 § 106 Nr 17 RdNr 14: „Bei dieser wird die vom Arzt dokumentierte Diagnose als zutreffend zugrunde gelegt und überprüft, ob auf dieser Grundlage der v Arzt vorgenommene Behandlungs- und Verordnungsumfang gerechtfertigt ist." Ebenso BSG v 8. 4. 1992 – 6 RKa 27/90 – BSGE 70, 246, 254 = SozR 3-2500 § 106 Nr 10 S 52: „Eingeschränkt" deshalb, weil die Überprüfung nur anhand der Verordnungsblätter am Maßstab der v Arzt angegebenen Diagnose durchgeführt wird und keine Befragung der Patienten erfolgt. – Diese Beschreibungen der eingeschränkten Einzelfallprüfung zeigen zugleich, dass sie bei der Prüfung der Wirtschaftlichkeit der Verordnungsweise wohl kaum in Betracht kommen kann. Denn die Basis für diese Prüfmethode – die Kenntnis wenigstens der Diagnosen – ist hier fraglich, weil die Diagnosen nicht aus den Verordnungsblättern ersichtlich sind. Die Krankenscheine müssten erst herbeigeschafft und den Verordnungsblättern zugeordnet werden – ein Verwaltungsaufwand, der kaum geleistet werden kann oder jedenfalls unangemessen hoch wäre. Oder der geprüfte Arzt müsste anhand seiner Eingaben in seinen Computerdateien die Diagnosen auflisten.

[10] BSG v 23. 2. 2005 – B 6 KA 72/03 R – SozR 4-2500 § 106 Nr 8 RdNr 14 u 16 mwN.

[11] Zu solchen Fallgestaltungen vgl BSG v 20. 10. 2004 – B 6 KA 41/03 R – SozR 4-2500 § 106 Nr 6 RdNr 27-29 und BSG v 31. 5. 2006 – B 6 KA 68/05 B – in juris dokumentiert.

[12] Deren Kurzfassung im sog Beipackzettel zu finden ist.

[13] BSG v 27. 6. 2007 – B 6 KA 44/06 R = SozR 4-2500 § 106 Nr 17 RdNr 18.

Durchschnitt – wirtschaftlich.[14] Dieser Ausgangspunkt rechtfertigt es, bei signifikanten Abweichungen vom Durchschnitt der Fachgruppe einen Beleg oder zumindest ein Indiz für eine unwirtschaftliche Behandlungs- oder Verordnungsweise zu sehen. Dementsprechend wird in dem Fall, dass das Verordnungsvolumen des Arztes im Vergleich zu dem durchschnittlichen der Arztgruppe **signifikant überdurchschnittlich** ist – **und dies nicht durch Praxisbesonderheiten oÄ gerechtfertigt** ist –, dem Arzt **Honorar gekürzt**.

Diese Prüfmethode wird kurzgefasst als **„Durchschnittsprüfung"** bezeichnet. **17**

Das BSG geht in ständiger Rechtsprechung davon aus, dass der Durchschnittsprüfung **18** ein **hoher Erkenntniswert bei verhältnismäßig geringem Verwaltungsaufwand** zukommt. Das BSG hat von den Prüfgremien gefordert, dies zu berücksichtigen[15]; es hat einen **Vorrang**[16] der Durchschnittsprüfung postuliert. Solange die Durchschnittsprüfung noch ausdrücklich in § 106 Abs 2 SGB V aufgeführt war – so **bis zum 31. 12. 2003** – war sie nach der Rechtsprechung des BSG von Gesetzes wegen die **„Regelprüfmethode"**[17]. Dementsprechend war die Durchschnittsprüfung die wohl am häufigsten gewählte Prüfmethode.

Seit dem 1. 1. 2004 hat sich allerdings die Gesetzeslage geändert. Die Durchschnittsprü- **19** fung ist nicht mehr ausdrücklich in § 106 Abs 2 SGB V erwähnt; für den Verordnungsbereich ist gesetzlich die Richtgrößen-Prüfung vorgesehen. Die Durchschnittsprüfung ist aber weiterhin in allen **Prüfvereinbarungen** gemäß § 106 Abs 2 S 4, Abs 3 iVm Abs 5a und Abs 5b SGB V sowie in den **Richtlinien** gemäß § 106 Abs 2b SGB V ausdrücklich aufgeführt. Dies ist auch sachgerecht, denn ihr **hoher Erkenntniswert** bei verhältnismäßig geringem Verwaltungsaufwand besteht weiterhin. Dementsprechend ist sie **weiterhin vorrangig** zu berücksichtigen[18]. Sie ist dementsprechend im Honorarbereich weiterhin die am häufigsten gewählte Prüfmethode. Sie kann **allerdings**, da sie vom SGB V her nicht mehr hervorgehoben ist, **nicht mehr** als **„Regelprüfmethode"** bezeichnet werden.

Der Vorrang der Durchschnittsprüfung gilt aber nur insoweit, als nicht Gründe gegen **20** ihre Anwendung vorliegen.

Ein gegenläufiger Gesichtspunkt gegen das „Primat der Durchschnittsprüfung" ergibt **21** sich zB dann, wenn von der Arztzahl und/oder von deren Fallzahl her **keine ausreichende Basis für tragfähige statistische Ergebnisse** besteht. In Fällen, in denen eine ausreichende statistische Vergleichsbasis nur durch Einbeziehung von **Daten aus den Bereichen anderer Kassenärztlicher Vereinigungen** erreicht werden könnte, kann es praktikabler sein – und ist dann auch rechtlich zu billigen –, eine (eingeschränkte) Einzelfallprüfung durchzuführen. Es kann nicht gefordert werden, den Verwaltungsaufwand des Heranziehens von Daten anderer Kassenärztlicher Vereinigungen zu betreiben, nur um dadurch die Basis für die Durchführung einer Durchschnittsprüfung zu erlangen.

Ein anderer gegenläufiger Gesichtspunkt gegen die Durchführung einer Durchschnitts- **22** prüfung ist dann gegeben, wenn diese vom Prüfungsziel her ungeeignet ist. Ein Beispiel hierfür ist der Fall, dass Anlass zur Überprüfung der Wirtschaftlichkeit der Behandlungs-

---

[14] Vgl zB BSG v 27. 6. 2001 – B 6 KA 43/00 R – SozR 3-2500 § 106 Nr 54 S 303; BSG v 12. 12. 2001 – B 6 KA 7/01 R – SozR 3-2500 § 106 Nr 55 S 307 f; BSG v 16. 7. 2003 – B 6 KA 14/02 R – SozR 4-2500 § 106 Nr 2 RdNr 14 S 15; BSG v 16. 7. 2003 – B 6 KA 45/02 R – SozR 4-2500 § 106 Nr 3 RdNr 14; BSG v 6. 5. 2009 – B 6 KA 17/08 R – SozR 4-2500 § 106 Nr 23 RdNr 13 mwN. Daran hat das BSG ungeachtet der Veränderungen durch die Vergütungsbegrenzungen von 1993 und die Budgets von 1996/97 festgehalten. Vgl hierzu auch RdNr 28.

[15] So die Aussagetendenz von zB BSG v 15. 11. 1995 – 6 RKa 43/94 – BSGE 77, 53, 58-60 = SozR 3-2500 § 106 Nr 33 S 189–191.

[16] Hierzu s BSG v 23. 2. 2005 – B 6 KA 72/03 R – SozR 4-2500 § 106 Nr 8 RdNr 17; BSG v 27. 6. 2007 – B 6 KA 44/06 R – SozR 4-2500 § 106 Nr 17 RdNr 16.

[17] Vgl hierzu zB BSG v 27. 6. 2007 – B 6 KA 44/06 R – SozR 4-2500 § 106 Nr 17 RdNr 13 mwN; BSG v 6. 5. 2009 – B 6 KA 17/08 R – SozR 4-2500 § 106 Nr 23 RdNr 13.

[18] Vgl oben RdNr 6 iVm 18. – Bedenklich daher Prüfvereinbarungen mit einer zu deutlichen Priorität für Einzelfallprüfungen.

oder Verordnungsweise nur in einzelnen Behandlungsfällen besteht. Zur **Überprüfung des individuellen Verhaltens eines Arztes in einem konkreten Behandlungsfall** ist eine Durchschnittsprüfung nicht geeignet. Daher hat das BSG die Prüfmethode der eingeschränkten Einzelfallprüfung für unbedenklich erklärt.

23   Ein Nachrang kommt der Durchschnittsprüfung im **Verhältnis zur Richtgrößen-Prüfung** zu, die den „Strauß" der Prüfmethoden im Verordnungsbereich um eine weitere wichtige Prüfmethode erweitert hat. Soweit eine Richtgrößen-Prüfung durchführbar ist, ist für eine Durchschnittsprüfung kein Raum (vgl im Einzelnen RdNr 112–115). Wenn die Richtgrößen-Prüfung aber nicht möglich ist, kann die Durchschnittsprüfung durchgeführt werden: Insofern kommt ihr, auch wenn sie wegen der Richtgrößen-Prüfung zunächst nicht anwendbar erscheint, eine **„Reservefunktion"** zu.[19]

24   Die **Durchführung einer Durchschnittsprüfung** ist auf **verschiedene Art und Weise** möglich. Zum einen kann der Gesamtfallwert des geprüften Arztes mit demjenigen des Durchschnitts der Arztgruppe, zu der er gehört, verglichen werden **(Gesamtfallwert-Vergleich)**. Zum anderen können Spartenwerte von ihm (zB Beratungsleistungen, Sonderleistungen oÄ) mit denen der Arztgruppe verglichen werden **(Spartenvergleich)**.[20] Zum Dritten kann ein Vergleich des Aufwands bei einzelnen Leistungen erfolgen **(Einzelleistungsvergleich)**.[21] Je enger der Vergleich zugeschnitten wird – auf einzelne Sparten oder gar auf Einzelleistungen –, desto eher kann es von der Arztzahl und/oder von deren Fallzahl her an einer **ausreichenden Basis für tragfähige statistische Ergebnisse** fehlen. Unter Umständen muss dann auf andere Prüfmethoden ausgewichen werden.

25   **c) Sonstige Prüfmethoden.** In Sonderfällen, wenn dem Vergleich mit den Durchschnittskosten der Kollegen besondere Gründe entgegenstehen, kann auch ein sog **Vertikalvergleich** in Betracht kommen, dh ein Vergleich der Abrechnungswerte des Arztes mit eigenen früherer Quartale.[22]

26   Unter Umständen können noch andere Prüfmethoden zur Anwendung kommen. Dies ist Ausfluss des hohen Stellenwerts des Wirtschaftlichkeitsgebots. Dieses fordert – wie dargelegt (RdNr 10) –, dass die Prüfgremien in dem Fall, dass sich einmal keine der gesetzlich vorgesehenen oder in der Prüfvereinbarung vertraglich vereinbarten Prüfungsarten eignen sollte, nach einer anderen geeigneten Prüfmethode suchen und **nötigenfalls neue sachgerechte Prüfungsarten entwickeln** müssen.

27   **d) Kumulation von Prüfmethoden.** Die Prüfgremien wenden gelegentlich verschiedene Prüfmethoden kumulativ an. Das ist unbeschränkt zulässig. Führen sie zB eine Durchschnittsprüfung durch, so kann es sinnvoll sein, um einen konkreten Eindruck von der Behandlungs- und Verordnungsweise des geprüften Arztes zu gewinnen, **ergänzend** eine gewissen Anzahl von Einzelfällen zu prüfen. Eine solche ergänzende Prüfung braucht nicht den Anforderungen an die „Haupt-Prüfmethode" zu entsprechen[23], muss vielmehr nur in sich schlüssig und plausibel sein. Insbesondere muss sie nicht zahlenmäßig den Anforderungen an eine repräsentative Einzelfallprüfung mit Hochrechnung genügen.[24]

---

[19] In diesem Sinne BSG v 2. 11. 2005 – B 6 KA 63/04 R – BSGE 95, 199 = SozR 4-2500 § 106 Nr 11 RdNr 61. Näheres dazu vgl RdNr 114 f, 117a.

[20] Zu den speziellen Anforderungen an Spartenvergleiche s zB BSG v 28. 4. 2004 – B 6 KA 24/03 R – MedR 2004, 577 = GesR 2004, 424 (betr konservierend-chirurgische Leistungen des Zahnarztes).

[21] Vgl dazu zB BSG v 16. 7. 2003 – B 6 KA 44/02 R – GesR 2004, 144, 145 ff mwN mit Anführung der besonderen Voraussetzungen für die Tragfähigkeit des Vergleichs von Einzelleistungen des geprüften Arztes mit dem Durchschnitt der Fachgruppe; vgl auch BSG v 16. 7. 2003 – B 6 KA 45/02 R – SozR 4-2500 § 106 Nr 3.

[22] Vgl hierzu BSG v 9. 6. 1999 – B 6 KA 21/98 R – BSGE 84, 85 = SozR 3-2500 § 106 Nr 47.

[23] BSG v 6. 9. 2000 – B 6 KA 24/99 – SozR 3-2500 § 106 Nr 50 S 267.

[24] Vgl dazu BSG v 6. 9. 2000 – B 6 KA 24/99 – SozR 3-2500 § 106 Nr 50 S 267.

2. Grundsätzliche Einwendungen gegen Wirtschaftlichkeitsprüfungen, insbesondere gegen solche nach Durchschnittswerten

Keines näheren Eingehens bedarf es hier auf die grundsätzlichen Einwendungen, die **28** gelegentlich gegen Wirtschaftlichkeitsprüfungen erhoben werden. Insbesondere wird gerügt, der Maßstab der Wirtschaftlichkeit im Sinne des § 106 SGB V stelle – jedenfalls seit Mitte der 90er Jahre – keine geeignete Grundlage mehr dar, um Ärzte unwirtschaftlichen Verhaltens zu bezichtigen. Es werde weder beachtet, dass es auch unwirtschaftlichen Minderaufwand gebe, insbesondere seitdem die Gesamtvergütungen – seit dem 1.1. 1993 – budgetiert seien, noch, dass die Ärzteschaft infolge der Budgetierungen im Durchschnitt keine Leistungen mehr entsprechend dem medizinischen Standard erbringe, sodass sich eine rechtlich inakzeptable Kollision mit dem zivil- und strafrechtlichen Sorgfaltsgebot ergebe. Zu allen diesen Einwendungen wird auf die Ausführungen im jurisPraxis-Kommentar verwiesen.[25]

3. Sonderkompetenz der Krankenkassen für Wirtschaftlichkeitsprüfungen

Wirtschaftlichkeitsprüfungen sind durch das Gesetz für einige Fälle den Krankenkassen **29** statt der Prüfgremien zugewiesen. Dies betrifft die **Institutsambulanzen** (§ 118 iVm § 113 Abs 4 SGB V), die **sozialpädiatrischen Zentren** (§ 119 iVm § 113 Abs 4 SGB V), die Krankenhäuser im Zusammenhang mit Leistungen des **ambulanten Operierens** (§ 115b Abs 2 S 5 Hs 1 SGB V) und im Zusammenhang mit ambulanten **hochspezialisierten Leistungen usw.** (§ 116b Abs 5 S 9 und – für Verordnungen – Abs 6 S 5 iVm S 1 iVm § 113 Abs 4 SGB V – wobei für Verordnungen abweichende Vereinbarungen zugelassen sind). Diese Bereiche sind dadurch gekennzeichnet, dass die Honorierung direkt von den Krankenkassen vorgenommen wird (s § 120 Abs 2 S 1 SGB V betr. Institutsambulanzen und sozialpädiatrischen Zentren; wegen der anderen genannten Leistungen s § 115b Abs 2 S 4 SGB V und § 116b Abs 5 S 1 SGB V). Die Zuweisung der Wirtschaftlichkeitsprüfungen an die honorarzahlenden Krankenkassen mag für den **Honorarbereich** zweckmäßig sein. Im **Verordnungsbereich** dagegen werden sich Probleme einstellen, weil die in §§ 284 ff, 296, 297 SGB V geregelten Datenflüsse auf die Prüfgremien ausgerichtet sind. Ein gewisser Datenfluss zu den Krankenkassen ist lediglich im Fall des § 115b SGB V (in Abs 2 S 5 Hs 2) vorgesehen.

Insgesamt gesehen sind die Regelungen, die eine Zuständigkeit der Krankenkassen für **30** Wirtschaftlichkeitsprüfungen vorsehen, **Ausnahmen von** der an sich umfassenden **Zuständigkeit der Prüfgremien,** die alle Wirtschaftlichkeitsprüfungen im gesamten Bereich der ambulanten vertragsärztlichen Versorgung umfasst und auch insoweit gilt, als ambulante vertragsärztliche Behandlungen in Krankenhäusern stattfinden.[26]

Aus diesem Grundsatz an sich umfassender Zuständigkeit der Prüfgremien folgt **31** zugleich, dass Ausnahmen davon nur dort eingreifen, wo diese ausdrücklich normiert sind (§ 113 Abs 4, § 115b Abs 2 S 5 Hs 1, § 116b Abs 5 S 9, Abs 6 S 5 SGB V). Der Hinweis, der Gesetzgeber habe nur versehentlich versäumt, im Zusammenhang mit der Neuregelung für die **Hochschulambulanzen** (§ 117 SGB V), die Ausnahmeregelung in § 113 Abs 4 SGB V auf diese zu erstrecken, kann **keine analoge Anwendung des § 113 Abs 4** SGB V auf sie rechtfertigen. Eine **Regelungslücke besteht nicht,** da der Grundsatz der Zuständigkeit der Prüfgremien umfassend ist und überall eingreift, wo nicht ausdrücklich Abweichendes geregelt ist.[27]

---

[25] Siehe *Clemens* in: *Schlegel/Voelzke/Engelmann* (Hrsg), § 106 RdNr 22–30.
[26] Hierzu BSG v 16. 7. 2008 – B 6 KA 36/07 R – SozR 4-2500 § 106 Nr 20 RdNr 14 f iVm 18 vgl BSG v 16. 7. 2008 aaO RdNr 22.
[27] BSG v 16. 7. 2008 – B 6 KA 36/07 R – SozR 4-2500 § 106 Nr 20 RdNr 18.

4. Sonderkompetenz der Prüfgremien für sachlich-rechnerische Richtigstellungen (sog Randzuständigkeit)

32 Eine kompetenzielle Besonderheit besteht noch insofern, als die Prüfgremien in bestimmten Fällen auch **sachlich-rechnerische Richtigstellungen** durchführen dürfen, für die an sich die Kassenärztlichen Vereinigungen zuständig sind, wie in § 35 RdNr 9 dargelegt worden ist (s § 106a Abs 2 S 1 Hs 1 SGB V: „Die Kassenärztliche Vereinigung stellt die sachliche und rechnerische Richtigkeit der Abrechnung fest ...".). Hierzu hat die Rspr den Grundsatz über eine sog **Randzuständigkeit der Prüfgremien** herausgearbeitet:

33 Den Prüfgremien, deren Überprüfung der Abrechnungen von Ärzten an sich darauf ausgerichtet ist, ob der Arzt zu viel Leistungen erbracht hat, kann es gelegentlich begegnen, dass sie bei ihrer Überprüfung zur Überzeugung gelangen, dass bestimmte Abrechnungsposten nicht auf einem Zuviel an Leistungen beruhen, sondern darauf, dass die zu Grunde gelegten Leistungen möglicherweise überhaupt nicht oder nicht vollständig erbracht wurden oder jedenfalls in der vom Arzt in Ansatz gebrachten Art nicht abrechenbar sind. Dann steht eine sachlich-rechnerische Richtigstellung an (§ 35 RdNr 9 ff), für die an sich die Kassenärztlichen Vereinigungen zuständig sind. **Soweit allein sachlich-rechnerische Unrichtigkeiten** und keine Unwirtschaftlichkeiten infrage stehen, **wird das Verfahren von den Prüfgremien an die Kassenärztliche Vereinigung abgegeben.**

34 In sog **Mischfällen** untunlich, dh in solchen Fällen, in denen **sowohl Unwirtschaftlichkeiten als auch sachlich-rechnerische Unrichtigkeiten** anzutreffen sind, kann aber eine Abgabe des Verfahrens an die Kassenärztliche Vereinigung als untunlich erscheinen: Für solche Fälle hat das BSG unter der Voraussetzung, dass der **Schwerpunkt auf Unwirtschaftlichkeiten** liegt und die Fragen sachlich-rechnerischer Richtigstellung nur untergeordnete Bedeutung haben, es für zulässig erklärt, dass die Kassenärztliche Vereinigung das gesamte Verfahren behalten und die sachlich-rechnerischen Richtigstellungen mit-erledigen: sog **Randzuständigkeit**[28] **der Prüfgremien** für die sachlich-rechnerischen Richtigstellungen.

35 Der Vollständigkeit sei darauf hingewiesen, dass eine **umgekehrte Randzuständigkeit** in der Weise, dass die für sachlich-rechnerische Richtigstellungen zuständigen Kassenärztlichen Vereinigungen „am Rande auch" in geringem Umfang Wirtschaftlichkeitsprüfungen vornehmen könnten, **nicht besteht.** Dies hat das BSG klargestellt.[29] In diesem Fall müsste die Kassenärztliche Vereinigung ihr Überprüfungsverfahren an das zuständige Prüfgremium abgeben.

36 Soweit das Verfahren abgegeben wird, kann dies das Verfahren gegenüber dem Arzt erheblich verlängern. Dann stellt sich die Frage, wie die **Verfahrensfristen** (hierzu § 35 RdNr 69 und s im Folgenden RdNr 83)[30] zu berechnen sind. Grundsätzlich ist davon auszugehen, dass für die Wirtschaftlichkeitsprüfungen einerseits und für die sachlich-rechne-

---

[28] BSG v 27. 4. 2005 – B 6 KA 39/04 R – SozR 4-2500 § 106 Nr 10 RdNr 13; BSG v 6. 9. 2006 – B 6 KA 40/05 R – BSGE 97, 84 = SozR 4-2500 § 106 Nr 15 RdNr 19. Vgl auch BSG v 15. 4. 1986 – 6 RKa 27/84 – BSGE 60, 69, 75 = SozR 3-2200 § 368n Nr 42 S 142 f; BSG v 16. 6. 1993 – 6 RKa 37/91 – BSGE 72, 271, 279 = SozR 3-2500 § 106 Nr 19 S 114; BSG v 20. 9. 1995 – 6 RKa 56/94 – SozR § 106 Nr 29, 163; BSG v 16. 7. 2003 – B 6 KA 44/02 R – GesR 2004, 144, 147 = USK 2003-148 S 937/938.

[29] BSG v 27. 4. 2005 – B 6 KA 39/04 R – SozR 4-2500 § 106 Nr 10 RdNr 13 aE; BSG v 6. 9. 2006 – B 6 KA 40/05 R – BSGE 97, 84 = SozR 4-2500 § 106 Nr 15 RdNr 19 aE; vgl auch zB BSG v 1. 7. 1998 – B 6 KA 48/97 R – SozR 3-2500 § 75 Nr 10 S 45; ebenso BSG v 5. 2. 2003 – B 6 KA 15/02 R – SozR 4-2500 § 95 Nr 1 RdNr 11; BSG v 16. 7. 2003 – B 6 KA 44/02 R – GesR 2004, 144, 147 = USK 2003-148 S 937/938.

[30] Zur Frage, ob Fristhemmungshandlungen der Prüfgremien auch für das Verfahren der sachlich-rechnerischen Richtigstellung hemmende Wirkung entfalten, vgl – grundsätzlich bejahend – die im folgenden Text benannte Rspr und dazu *Clemens* in: *Schlegel/Voelzke/Engelmann* (Hrsg), juris-PraxisKommentar SGB V, § 106a RdNr 52 ff, 60 ff.

rischen Richtigstellungen andererseits die jeweils dafür maßgebenden Fristen gelten, andererseits **fristhemmende Handlungen** auch Wirksamkeit für den späteren weiteren Verfahrensabschnitt bei der anderen, nunmehr als zuständig erkannten Stelle entfalten. Für die fristhemmende Wirkung hat das BSG als Voraussetzung darauf abgestellt, dass **im Rahmen einer Wirtschaftlichkeitsprüfung** ein **Hinweis** auf eventuelle sachlich-rechnerische Probleme erfolgt und bei der Wirtschaftlichkeitsprüfung und bei der sachlich-rechnerischen Richtigstellung **derselbe Honoraranspruch betroffen** sein muss[31, 32].

5. Fragen der Abgrenzung von sachlich-rechnerischen Richtigstellungen

Über die bereits genannten Mischfälle hinaus (s zuvor RdNr 32 ff) gibt es aber auch Fälle, in denen sich diffizile Fragen der Abgrenzung zwischen Wirtschaftlichkeitsprüfung und sachlich-rechnerischer Richtigstellung stellen. Der Ausgangspunkt der Abgrenzung geht dahin, dass Gegenstand der Wirtschaftlichkeitsprüfung ein Zuviel an Leistungen ist, während die sachlich-rechnerische Prüfung darauf gerichtet ist, ob die vom Arzt bei seiner Honorarabrechnung in Ansatz gebrachten Leistungen möglicherweise überhaupt nicht oder nicht vollständig erbracht wurden oder jedenfalls in der vom Arzt in Ansatz gebrachten Art nicht abrechenbar sind (hierzu § 35 RdNr 9 ff, 23 ff). Dieser Ausgangspunkt ermöglicht aber nicht in allen Fällen ohne Weiteres eine Zuordnung, vielmehr verbleiben einige schwierige Abgrenzungsfälle: 37

Das BSG hat zB bei der Frage, ob Leistungen im konkreten Behandlungszusammenhang sich in **offenkundigem Widerspruch zum Stand der medizinischen Wissenschaft** befinden oder erkennbar ohne jeden Nutzen erbracht worden sind, eine Zuordnung zur sachlich-rechnerischen Richtigstellung vorgenommen.[33] 38

Dies gilt aber nur im Fall offenkundigen Widerspruchs. Besteht dagegen **medizinisch Streit** über den Sinn einer Behandlung, so dürfte das Verfahren der Honorarkürzung wegen Unwirtschaftlichkeit zutreffen.[34] 39

In dem Fall, dass Ärzte **auf Überweisung** tätig werden, dürfte folgendermaßen zu differenzieren sein: Bei einem Laborarzt, der einen Überweisungsauftrag, der nur eine Verdachtsdiagnose benennt, weit auslegt und umstrittene zusätzliche Leistungen erbringt, muss zunächst geprüft werden, ob er die Überweisung so weit verstehen durfte. Verneinendenfalls ist eine sachlich-rechnerische Richtigstellung vorzunehmen. Bejahendenfalls kommt nur eine Honorarkürzung wegen Unwirtschaftlichkeit in Betracht. Ist der Überweisungsauftrag nur auf eine bestimmte Laboruntersuchung gerichtet, führt aber der Laborarzt noch zusätzliche Untersuchungen durch (ohne vorher bei dem Überweiser rückzufragen und sich den Auftrag erweitern zu lassen), so ist eine sachlich-rechnerische Richtigstellung vorzunehmen. 40

Im **Notfalldienst** kann die **Abrechenbarkeit langwieriger Leistungen** fraglich erscheinen: Die Überprüfung, ob deren Erbringung im Notfalldienst sachlich akzeptabel ist, gehört im **Regelfall** in das Verfahren **sachlich-rechnerischer** Richtigstellung. In solchen Fällen ist in erster Linie zu prüfen, ob die Leistung überhaupt (ordnungsgemäß) erbracht wurde und/oder ob die Notfalldienstordnung nicht die Abrechenbarkeit auf 41

---

[31] Dies lässt sich allerdings nicht schon aus dem Urteil des BSG v 2. 11. 2005 – B 6 KA 63/04 R – BSGE 95, 199 = SozR 4-2500 § 106 Nr 11 RdNr 62 ableiten. Denn dieses betraf innerhalb der Wirtschaftlichkeitsprüfung das Verhältnis zweier Varianten (die Durchschnittsprüfung im Verhältnis zur Richtgrößenprüfung, die nur alternativ durchgeführt werden können), kraft deren Nähe zueinander eine „gegenseitige Fristwahrungs- und -hemmungswirkung" gilt.
[32] Vgl BSG v 6. 9. 2006 – B 6 KA 40/05 R – BSGE 97, 84 = SozR 4-2500 § 106 Nr 15 RdNr 13 ff, insbes RdNr 18, 20, 22. Ebenso im Ergebnis schon BSG v 15. 4. 1986 – 6 RKa 27/84 – BSGE 60, 69, 75 = SozR 2200 § 368n Nr 42 S 143 aE.
[33] BSG v 5. 2. 2003 – B 6 KA 15/02 R – SozR 4-2500 § 95 Nr 1 RdNr 11 S 13–15 mwN; darauf Bezug nehmend BSG v 8. 9. 2004 – B 6 KA 82/03 R – SozR 4-5533 Nr 653 Nr 1 RdNr 7 aE.
[34] Vom BSG bisher nicht entschieden.

Leistungen der Erstversorgung beschränkt.[35] Nur in Ausnahmefällen wird in Betracht kommen, dass die Erbringung im Notfalldienst zulässig ist und auch ordnungsgemäß erfolgte, aber möglicherweise unter Wirtschaftlichkeitsgesichtspunkten ein Zuviel darstellte. Nur wenn dies in Rede stünde, wäre eine Wirtschaftlichkeitsprüfung durchzuführen.

42 Über diese Beispielsfälle hinaus sind noch weitere Probleme der Abgrenzung zwischen Wirtschaftlichkeitsprüfung und sachlich-rechnerischer Richtigstellung denkbar.

II. Honorarkürzungen aufgrund Wirtschaftlichkeitsprüfung

1. Einzelfallprüfungen und Durchschnittsprüfungen

43 Überprüfungen von Honorarabrechnungen im Wege von Einzelfallprüfungen (RdNr 12 ff) sind seltener. Diese erfordern einen recht hohen Verwaltungsaufwand, wie dargestellt worden ist (RdNr 13 f). Am häufigsten sind Durchschnittsprüfungen (RdNr 16 ff), zu denen in vielen Fällen ergänzende Einzelfallprüfungen hinzutreten (RdNr 24).[36]

2. Die einzelnen Prüfungsschritte der Durchschnittsprüfung

44 Die Durchschnittsprüfung hat ihre Konturen nicht durch gesetzliche Regelungen, sondern durch die Rechtsprechung des BSG[37] erhalten. Dieses hat insgesamt **acht Prüfungsschritte** mit Rechtmäßigkeitskriterien herausgearbeitet. Dabei ist am wichtigsten der vierte Prüfungsschritt, die Frage des Vorliegens von Praxisbesonderheiten, woraus sich vielfach die Erklärung und Rechtfertigung für einen überdurchschnittlichen Behandlungs- (oder Verordnungs-)Aufwand ergibt (RdNr 55 ff).

45 Für die einzelnen Prüfungspunkte hat sich die nachfolgend dargestellte **Abfolge** als praktisch erwiesen. Diese ist allerdings **nicht zwingend.** Insbesondere begründet eine Abweichung von ihr keinen Rechtsfehler, wenn inhaltlich die relevanten Gesichtspunkte berücksichtigt werden.[38] Manches kann auch **wahlweise bei verschiedenen Prüfungsschritten** berücksichtigt werden. So kann zB einer Abweichung von der Gruppentypik entweder durch Bildung einer engeren Vergleichsgruppe (2.b) Rechnung getragen werden oder durch Anerkennung von Praxisbesonderheiten (2.d) oder auch durch Belassung einer größeren Überschreitung des Fachgruppendurchschnitts als noch wirtschaftlich (2.f). Dazu vgl auch RdNr 70 aE, 77, 78, 90 aE, 92.

46 Die **Eckpunkte der einzelnen Prüfungsschritte** und die zu empfehlende Abfolge sind Folgende:

47 a) **Erster Prüfungsschritt (Prüfmethode).** Der **erste Prüfungsschritt** besteht in der **Auswahl der Prüfmethode,** dh in der Entscheidung, ob eine **Einzelfallprüfung** (evtl. in Gestalt der sog eingeschränkten oder typisierten Einzelfallprüfung, RdNr 12 f) oder ob ein an **Durchschnittswerten** orientierter pauschaler statistischer Kostenvergleich durchgeführt werden soll oder ob ein Sonderfall vorliegt, der die Durchführung zB eines **Vertikalvergleichs** angezeigt erscheinen lässt. – Zu alledem RdNr 16–26.

48 Daraus, dass der Durchschnittsprüfung ein hoher Erkenntniswert bei verhältnismäßig geringem Verwaltungsaufwand zugeschrieben wird (RdNr 18 f), erklärt sich, dass häufig bzw meistens die Durchschnittsprüfung durchgeführt wird. Wird dementsprechend als

---

[35] Vgl dazu BSG v 26.9.2002 – B 6 KA 36/02 B – unveröffentlicht – betr Nr 10, 11, 17 des EBM in der bis zum 31.3.2005 geltenden Fassung.

[36] Geradezu typisch ist insoweit der Fall BSG v 6.9.2000 – B 6 KA 24/99 R – SozR 3-2500 § 106 Nr 50.

[37] Zunächst zur Vorgänger-Vorschrift (§ 368n Abs 5 Reichsversicherungsordnung) und seit 1989 zu § 106 SGB V.

[38] So ausdrücklich zB BSG v 28.1.1998 – B 6 KA 69/96 R – SozR 3-2500 § 106 Nr 43 S 238/239.

Prüfmethode der an **Durchschnittswerten** orientierte pauschale statistische Kostenvergleich durchgeführt,[39] so sind die folgenden weiteren Prüfungsschritte zu durchlaufen:

b) Zweiter Prüfungsschritt (Vergleichsbasis). Im zweiten Prüfungsschritt werden die Durchschnittswerte des geprüften Arztes mit denen der **Vergleichsgruppe** verglichen. Dabei stellt sich vor allem die Frage, wie die Vergleichsgruppe gebildet wird: Ist als Vergleichsgruppe die gesamte Arztgruppe, der der Arzt angehört, oder nur ein Teil davon, zB nur die in bestimmter Weise Qualifizierten, heranzuziehen?

Der Normalfall ist die vergleichende Heranziehung der Durchschnittswerte der gesamten Arztgruppe, der der Arzt angehört. Es kann aber Fälle geben, in denen das Tätigkeitsspektrum des betroffenen Arztes und/oder sein Tätigkeitsschwerpunkt sich so sehr von denen der übrigen Ärzte der Arztgruppe unterscheiden, dass ein solcher Vergleich nicht mehr tragfähig ist, sodass die Bildung einer **engeren – „verfeinerten" – Vergleichsgruppe** in Betracht zu ziehen ist. Ob sie gebildet wird, liegt in der Entscheidung der Prüfgremien, die insoweit einen **Beurteilungsspielraum**[40] haben. Dabei ist grundsätzlich davon auszugehen, dass Ärzte mit derselben Fachgebietsbezeichnung, die also zur selben Arztgruppe gehören – mag diese auch groß und reichlich inhomogen sein, wie zB die der Internisten –, auch miteinander vergleichbar sind, unabhängig davon, ob einige sich spezialisiert haben.

Die Bildung einer engeren Vergleichsgruppe ist allerdings dann zu erwägen, wenn der geprüfte Arzt außer der allgemeinen Fachgebietsbezeichnung eine besondere **Zusatz- bzw Schwerpunktbezeichnung** führt (zB Internist mit dem Schwerpunkt Kardiologie).[41] Dann liegt es nahe, ist aber keineswegs zwingend, dass sein Tätigkeitsbereich von dem allgemeinen Fachgebiet abweicht. Dementsprechend können die Prüfgremien – wenn sie feststellen, dass ein Arzt auf Grund seiner Zusatzbezeichnung tatsächlich einen abweichenden Patientenzuschnitt und ein abweichendes Tätigkeitsspektrum hat – eine engere Vergleichsgruppe bilden, sie müssen dies aber nicht.[42] Sie können die Frage der Bildung einer engeren Vergleichsgruppe **dagegen abwägen, dass diese Vergleichsgruppe** dann so klein würde, dass sie **uU nicht mehr** für eine statistische Vergleichsprüfung **ausreicht**.[43] Schon die Gesichtspunkte, dass die Vergleichsbasis schmaler würde und der Vergleich mehr Verwaltungsaufwand erfordern würde – weil die Vergleichswerte, die den Durchschnitt der engeren Gruppe darstellen, aus den Gesamt-Durchschnittsübersichten herausgefiltert werden müssten –, reichen als Rechtfertigung aus, um es beim Vergleich mit der gesamten Arztgruppe zu belassen.[44]

---

[39] Die gewählte Prüfmethode muss nicht ausdrücklich angegeben werden. Es reicht aus, wenn sich aus dem Gesamtzusammenhang der Ausführungen im Bescheid entnehmen lässt, nach welcher Prüfmethode die Prüfungsstelle bzw der Beschwerdeausschuss verfahren ist.

[40] Vgl hierzu ständige Rechtsprechung des BSG, zB BSG v 31. 5. 2003 – B 6 KA 32/03 R – SozR 4-2500 § 106 Nr 1 RdNr 11; BSG v 14. 12. 2005 – B 6 KA 4/05 R – SozR 4-2500 § 106 Nr 12 RdNr 16–22.

[41] Von einer solchen Spezialisierung kann der Arzt Gebrauch machen, er muss es aber nicht. Daher kann es angezeigt sein, dass die Prüfgremien in concreto überprüfen, ob der geprüfte Arzt wirklich ein entsprechend spezialisiertes Leistungsspektrum aufweist, und nur in diesem Fall in die Überlegung der Bildung einer verfeinerten Vergleichsgruppe eintreten.

[42] Vgl hierzu zuletzt – und besonders deutlich – BSG v 14. 12. 2005 – B 6 KA 4/05 R – SozR 4-2500 § 106 Nr 12 RdNr 16 ff, in Fortführung von BSG v 11. 12. 2002 – B 6 KA 1/02 R – SozR 3-2500 § 106 Nr 57 S 319–322.

[43] Zu diesem Gesichtspunkt vgl BSG v 16. 7. 2003 – B 6 KA 14/02 R – SozR 4-2500 § 106 Nr 2 RdNr 15. Es ist allerdings unwahrscheinlich, dass eine Vergleichsgruppe als zu klein erachtet werden könnte. Denn in der Rechtsprechung ist eine Gruppe aus nur sieben Ärzten als ausreichend angesehen worden (vgl hierzu BSG v 16. 7. 2003 – B 6 KA 14/02 R – SozR 4-2500 § 106 Nr 2 RdNr 15 und BSG v 23. 2. 2005 – B 6 KA 72/03 R – SozR 4-2500 § 106 Nr 8 RdNr 11 aE).

[44] Übrigens ohne dass diese Abwägung sich ausdrücklich aus dem Bescheid ergeben müsste.

52 Gleiches gilt – erst recht –, wenn ein abweichender Patientenzuschnitt oder ein abweichendes Leistungsspektrum nicht auf Grund einer Zusatz- bzw Schwerpunktbezeichnung vorliegt, sondern – ohne förmliche Zuerkennung – durch eine sonstige **besondere Qualifikation und die darauf gegründete Spezialisierung** bedingt ist. In solchen Fällen besteht – noch weniger als in den Fällen einer förmlichen Zusatz- bzw Schwerpunktbezeichnung – ebenfalls **keine Pflicht** zur Bildung einer engeren Vergleichsgruppe. **Allenfalls in extrem gelagerten Ausnahmefällen**[45] kann dies anders sein und eine Pflicht zur Bildung einer engeren Vergleichsgruppe bestehen.[46]

53 Besondere Schwierigkeiten bei der Bildung der angemessenen Vergleichsgruppe bestehen im Fall **fachübergreifender Gemeinschaftspraxen** (Berufsausübungsgemeinschaften). Hier kommen mehrere Verfahrensweisen in Betracht. Die Prüfgremien können als Vergleichsgruppe entweder diejenige der in Betracht kommenden Arztgruppen heranziehen, bei der die Durchschnittswerte am höchsten liegen. Sie könnten auch einen Mittelwert zwischen den Volumina der verschiedenen Arztgruppen errechnen. Oder sie können die Arztgruppe auswählen, zu der der Praxispartner mit dem hohen Verordnungsvolumen gehört. Welche dieser Methoden sachgerecht ist, hängt von der konkreten Fallkonstellation ab.[47]

54 **c) Dritter Prüfungsschritt (Vergleichs„breite").** Der **dritte Prüfungsschritt** betrifft die Auswahl der **Vergleichsmethode,** dh ob die Gesamtfallwerte oder nur Spartenwerte oder gar nur Einzelleistungswerte mit den Werten der Fachgruppe verglichen werden sollen: Hierzu RdNr 24.

55 **d) Vierter Prüfungsschritt (Praxisbesonderheiten und Einsparungen).** In der Praxis **am wichtigsten** ist der **vierte Prüfungsschritt,** in dessen Rahmen aufwandserhöhende Faktoren daraufhin zu überprüfen sind, ob sie sich aus einer speziellen Qualifikation iVm Besonderheiten des Patientenzuschnitts – Praxisbesonderheiten – oder aus Einsparungen an anderer Stelle – kompensierende Einsparungen – ergeben. Im Verhältnis dieser beiden Punkte zueinander ist die Überprüfung, ob Praxisbesonderheiten vorliegen, bedeutsamer. An diesem Punkt entscheidet sich in vielen Fällen, ob der Mehraufwand des Arztes gerechtfertigt ist oder ob ein Regress festgesetzt werden kann.

56 **aa) Praxisbesonderheiten.** Eine scharfe Konturierung des Begriffs **Praxisbesonderheiten** hat das BSG bisher nicht vorgenommen. Es hat sich insoweit meist zurückgehal-

---

[45] Einen solchen Extrem-Ausnahmefall hat das BSG bei einem fast ausschließlich reproduktionsmedizinisch tätigen Arzt anerkannt: Es hat den Vergleich mit der Gesamtgruppe der Gynäkologen als ungeeignet angesehen, also eine Pflicht – nicht nur eine Ermessensbefugnis – zur Bildung einer engeren Vergleichsgruppe angenommen (BSG v 27. 4. 2005 – B 6 KA 39/04 R – SozR 4-2500 § 106 Nr 10 RdNr 6 ff). Dies ließ sich damit rechtfertigen, dass es sich bei der Durchführung künstlicher Befruchtungen um einen Sonderbereich handelt, der eine besondere Genehmigung erfordert (§ 121a SGB V) und faktisch – wegen der notwendigen apparativen und personellen Ausstattung (vgl hierzu die Richtlinien über künstliche Befruchtung) – zur Konzentration der ärztlichen Tätigkeit auf diesen Sonderbereich führt. Die Kritik an diesem BSG-Urteil geht dahin, es wäre mehr „dogmatisch auf Linie" gewesen, wenn das BSG die Fachgruppe der Gynäkologen insgesamt als Vergleichsgruppe akzeptiert, aber die besondere Praxisausrichtung als Praxisbesonderheit berücksichtigt hätte.

[46] Zum Erfordernis näherer Begründung im Bescheid, falls deutliche Besonderheiten keine Berücksichtigung finden, vgl BSG v 16. 7. 2003 – B 6 KA 14/03 R – SozR 4-2500 § 106 Nr 2 RdNr 15 im Falle einer kleinen und sehr inhomogenen Arztgruppe (Chirurgen).

[47] Bei fachübergreifenden Gemeinschaftspraxen (Berufsausübungsgemeinschaften) ist die Frage nach dem „gerechten" Maßstab besonders dann schwierig zu beantworten, wenn die Behandlungs- bzw Verordnungsintensität der Partner sehr unterschiedlich ist. So ist in dem Fall, dass nur der eine Partner einer verordnungsintensiven Arztgruppe angehört, andererseits die Fallzahlen der beiden Partner sehr unterschiedlich fraglich, ob man sich damit begnügen kann, als Vergleichsmaßstab den Durchschnitt der Verordnungsmengen der verordnungsintensiven und der anderen Arztgruppe je Behandlungsfall zugrunde zu legen.

ten und – wenn überhaupt – nur unscharfe Erläuterungen gegeben. Die konkretesten Formulierungen des BSG sind – ausgehend vom Wortsinn, dass es sich um **Besonderheiten bei der Patientenversorgung** handeln muss – bisher Folgende:
- „Praxisbesonderheiten sind regelmäßig durch einen bestimmten Patientenzuschnitt charakterisiert, der zB durch eine spezifische Qualifikation des Arztes etwa aufgrund einer Zusatzbezeichnung bedingt sein kann."[48]
- „Praxisbesonderheiten sind aus der Zusammensetzung der Patienten herrührende Umstände, die sich auf das Behandlungsverhalten des Arztes auswirken und in den Praxen der Vergleichsgruppe nicht in entsprechender Weise anzutreffen sind. Die Praxis muss sich nach der Zusammensetzung der Patienten und hinsichtlich der schwerpunktmäßig zu behandelnden Gesundheitsstörungen vom typischen Zuschnitt einer Praxis der Vergleichsgruppe unterscheiden, und diese Abweichung muss sich gerade auf die überdurchschnittlich häufig erbrachten Leistungen auswirken."[49]
- „Praxisbesonderheiten ... sind anzuerkennen, wenn ... ein spezifischer, vom Durchschnitt der eigenen Vergleichsgruppe signifikant abweichender Behandlungsbedarf des eigenen Patientenklientels sowie die hierdurch hervorgerufenen Mehrkosten nachgewiesen werden."[50]
- „Praxisbesonderheiten dienen dazu, im Einzelfall den mithilfe von Richtgrößen oder Durchschnittswerten begründeten Anscheinsbeweis einer in bestimmtem Umfang vorliegenden Unwirtschaftlichkeit der Behandlungs- oder Verordnungsweise des Vertragsarztes zu widerlegen."[51]

Aus diesen Formulierungen ergibt sich, dass jedenfalls ein **besonderer Zuschnitt der Patientenschaft** vorliegen muss, der **im Regelfall in Wechselbeziehung zu einer spezifischen Qualifikation** des Arztes steht: Weist ein Arzt eine spezifische Qualifikation aus, so suchen ihn insbesondere Patienten mit entsprechenden Leiden auf. Und umgekehrt führt eine entsprechende Patientenschaft häufig dazu, dass der Arzt sich in überdurchschnittlichem Umfang um deren spezielle Krankheiten kümmert und in diesem Bereich vermehrt Erfahrungen sammelt, sich uU auch speziell in diesem Bereich weiterbildet. 57

Praxisbesonderheiten sind **gelegentlich** so **offenkundig,** dass die Prüfgremien ihrem Vorliegen schon von Amts wegen nachzugehen haben.[52] Dem gleichzustellen ist der Fall, dass für die Prüfgremien bereits aus den ihnen vorliegenden Anzahlstatistiken erhebliche Anhaltspunkte für das Vorliegen von Praxisbesonderheiten ersichtlich sind. 58

Sind Praxisbesonderheiten nicht **offenkundig** oder ist erkennbar, dass die Prüfgremien nicht von Amts wegen tätig werden, so muss der Vertragsarzt deren Vorliegen geltend machen, indem er die in seiner Sphäre vorliegenden Umstände, aus denen er eine Praxisbesonderheit ableitet, **darlegt.**[53] Reichen seine Darlegungen aus der Sicht der Prüfgremien nicht aus, erscheint es aber möglich, dass ergänzende Ermittlungen der Prüfgremien oder ergänzende Darlegungen des Vertragsarztes doch noch zur Anerkennung einer Praxisbesonderheit führen könnten, so müssen die Prüfgremien entweder die ihnen möglichen eigenen

---
[48] BSG v 6. 9. 2000 – B 6 KA 24/99 R – SozR 3-2500 § 106 Nr 50 S 265.
[49] BSG v 23. 2. 2005 – B 6 KA 79/03 R – ArztR 2005, 291.
[50] BSG v 22. 6. 2005 – B 6 KA 80/03 R – SozR 4-2500 § 87 Nr 10 RdNr 35.
[51] BSG v 22. 6. 2005 – B 6 KA 80/03 R – SozR 4-2500 § 87 Nr 10 RdNr 35.
[52] Zusammenfassend BSG v 27. 6. 2001 – B 6 KA 66/00 R – SozR 3-2500 § 106 Nr 53 S 295.
[53] BSG v 27. 6. 2001 – B 6 KA 66/00 R – SozR 3-2500 § 106 Nr 53 S 295: Erforderlich ist, dass „der geprüfte Arzt entsprechende substantiierte Umstände dafür darlegt". Vgl auch BSG v 11. 12. 2002 – B 6 KA 1/02 R – SozR 3-2500 § 106 Nr 57 S 326 (betr kompensierende Einsparungen): Erforderlich ist „zumindest eine substantiierte Darstellung, bei welchen Diagnosen nach Ansicht des Klägers die Ärzte der Vergleichsgruppe den Patienten zur stationären Behandlung eingewiesen hätten, während er darauf infolge bestimmter ... Behandlungsmaßnahmen habe verzichten können". Vgl ferner BSG v 5. 11. 1997 – 6 RKa 1/97 – SozR 3-2500 § 106 Nr 42 S 231 ff; BSG v 6. 9. 2000 – B 6 KA 24/99 R – SozR 3-2500 § 106 Nr 50 S 268 f; BSG v 10. 10. 2005 – B 6 KA 5/05 B – in juris dokumentiert. – Vgl auch *Clemens* in: *Schlegel/Voelzke/Engelmann* (Hrsg), jurisPraxisKommentar SGB V, § 106 RdNr 119 f und RdNr 199 – Vgl ferner unten RdNr 73.

§ 36 59–63   § 36 Wirtschaftlichkeitsprüfungen (Honorarkürzungen und Regresse)

Ermittlungen durchführen oder den Arzt darauf hinweisen, woran es aus ihrer Sicht noch fehlt, und die Frage möglicher ergänzender Darlegungen mit ihm erörtern.

59 Für die erforderliche **„Darlegung"** von Praxisbesonderheiten reicht es nicht aus, wenn ein Arzt lediglich seine einzelnen Behandlungsfälle auflistet und sie einzeln mit Anführung von Diagnose sowie Behandlungs und Verordnungsmaßnahmen erläutert. Hierzu werden Ärzte aber uU verleitet, durch Beratungen wie zB von *Bahner* in DÄBl 2009, A-2385, 2386 r. Sp. Denn es müssen **spezielle Strukturen** aufgezeigt werden. Hierfür ist es notwendig, dass er seine **Patientenschaft und deren Erkrankungen „systematisiert".** Dies kann zB in der Weise geschehen, dass er die bei ihm schwerpunktmäßig behandelten Erkrankungen aufzählt und mitteilt, welcher **Prozentsatz von seinen Patienten** ihnen jeweils zuzuordnen ist und welcher **Aufwand an Behandlung (bzw Arzneien) durchschnittlich** für die Therapie einer solchen Erkrankung erforderlich ist. Daraus lassen sich dann der besondere Zuschnitt der von ihm behandelten Patientenschaft, evtl auch seine **spezifischen Behandlungsmethoden** sowie ggf. auch seine **spezifischen Qualifikationen** erkennen. Ergeben sich daraus signifikante Abweichungen vom Durchschnitt der Fachgruppe, so ist die Anerkennung einer (oder mehrerer) Praxisbesonderheit(en) möglich.

60 Ist eine Praxisbesonderheit dem Grunde nach anzuerkennen, so ist zu **schätzen, wie viel Mehraufwand** im Vergleich zum durchschnittlichen Aufwand in der Vergleichsgruppe durch die Praxisbesonderheit gerechtfertigt ist: sog **Quantifizierung.**[54]

60a Für Praxisbesonderheiten gilt ganz allgemein, dass Feststellungen insoweit **allein Bedeutung** für das Prüfverfahren **hinsichtlich des einen Quartals** haben. Besonderheiten, die in Prüfverfahren hinsichtlich anderer Quartale festgestellt wurden, können nicht einfach übernommen, müssen vielmehr neu berechnet werden.[54a]

61 In der Rechtsprechung finden sich viele Beispielsfälle zur Anerkennung und Nichtanerkennung von Praxisbesonderheiten. Aus ihr ergibt sich, dass sich ein recht **zugkräftiges Vorbringen** aus der Darlegung einer **besonderen Qualifikation** (Zusatz- bzw Schwerpunktbezeichnung) **in Verbindung mit einer entsprechenden Patientenschaft** ergibt.

62 Demgegenüber sind **wenig zugkräftig** Hinweise auf
- einen hohen Rentneranteil, denn dieser wird im Regelfall schon dadurch berücksichtigt, dass der Aufwand in der Vergleichsgruppe „rentner-gewichtet"[55] (dh auf den Rentneranteil des betroffenen Vertragsarztes umgerechnet) wird,
- besonders behandlungsbedürftige und dadurch auch verordnungsaufwendige Rentner,[56]
- besonders alte Rentner,
- einen hohen Ausländer/Aussiedler-Anteil (nur evtl Gesichtspunkt für Ermessen bei Kürzungsausmaß, vgl RdNr 80 f)[57]
- Landarztpraxis,[58]
- Einzel-/Gemeinschaftspraxis oÄ[59]

63 Auch der Hinweis eines Arztes, er habe **schwierige Krankheitsfälle** in seiner Patientenschaft, ist allein ebenfalls nicht bedeutsam. Schwierige Krankheitsfälle hat jeder Arzt in einer mehr oder weniger großen Anzahl. Nur wenn ein Arzt auf Grund eines **besonderen Zuschnitts** seiner Patientenschaft einen **signifikant höheren Anteil** an schwierigen

---

[54] Dazu BSG v 6. 5. 2009 – B 6 KA 17/08 R – SozR 4-2500 § 106 Nr 23 RdNr 30 f mwN. – Zu weiteren Fragen der Quantifizierung s *Clemens* in: *Schlegel/Voelzke/Engelmann* (Hrsg), jurisPraxis-Kommentar SGB V, § 106 RdNr 121.

[54a] BSG v 16. 7. 2008 – B 6 KA 57/07 R – BSGE 101, 130 = SozR 4-2500 § 106 Nr 23 RdNr 28 aE.

[55] So jedenfalls zB in BW.

[56] Vgl dazu BSG v 31. 5. 2006 – B 6 KA 68/05 B – in juris dokumentiert – mit hohen Anforderungen an die Substantiierung solchen Vorbringens.

[57] BSG v 28. 4. 2004 – B 6 KA 24/03 R – MedR 2004, 577, 578.

[58] Vgl dazu BSG v 6. 9. 2000 – B 6 KA 24/99 R – SozR 3-2500 § 106 Nr 50 S 265.

[59] BSG v 6. 9. 2000 – B 6 KA 24/99 R – SozR 3-2500 § 106 Nr 50 S 265.

Krankheitsfällen in seiner Patientenschaft hat als der Durchschnitt der Arztgruppe, kann insoweit die Anerkennung einer Praxisbesonderheit erwogen werden. Dafür muss er aber den besonderen Zuschnitt seiner Patientenschaft beschreiben und plausibel machen, dass er damit **signifikant** vom üblichen Bild seiner Kollegen abweicht.

Eine große Zahl besonders schwieriger Behandlungsfälle kann dazu führen, dass der Arzt wegen des hohen zeitlichen Aufwandes für diese **zugleich eine geringe Zahl** an Behandlungsfällen hat. Der Zusammenhang kann aber auch umgekehrt sein, nämlich dass der Arzt verhältnismäßig wenige Patienten und dadurch mehr Zeit für jeden einzelnen hat, sich (über)sorgfältig mit jedem befasst – auf jede entdeckte Unregelmäßigkeit hin umfassende Untersuchungen und Arzneiverordnungen vornimmt – und so einen unangemessen hohen Aufwand treibt, sodass sich erst als **sekundäre Folge der Anschein besonders vieler schwieriger Fälle** ergibt. Deshalb begegnen die Prüfgremien und die Gerichte in dem Fall, dass ein Arzt eine besonders geringe Fallzahl hat, mit Skepsis seinem Vorbringen, er habe besonders viele schwierige Behandlungsfälle. Um plausibel zu machen, dass nicht die geringe Fallzahl die eigentliche Ursache ist, sondern dass wirklich die Vielzahl schwieriger Krankheitsfälle das eigentliche Problem ist, tut der Arzt gut daran, den **strukturell besonderen Zuschnitt** seiner Patientenschaft aufzuzeigen mit Darlegung der dafür ursächlichen besonderen ärztlichen Qualifikation.[60]   64

Die Prüfgremien behelfen sich vielfach damit, dass sie alle aufwändigen Fälle, die einen bestimmten Mehraufwand aufweisen (zB alle Fälle mit Verordnungskosten von mehr als 500 € im Monat), vorab herausrechnen und erst auf der so bereinigten Basis dann den Kostenvergleich zwischen dem geprüften Arzt und dem Durchschnitt der Fachgruppe vornehmen. Mit einer solchen Verfahrensweise sind die Prüfgremien „auf der sicheren Seite", andererseits werden uU Ärzte, die eine geringe Fallzahl haben und hierdurch „aufwändige Fälle produzieren", zu Unrecht begünstigt.   65

Fälle der Anerkennung von Praxisbesonderheiten liegen zB vor   66
- bei einem onkologisch oder kardiologisch ausgerichteten Internisten,[61]
- bei einem phlebologisch tätigen Allgemeinarzt,[62]
- bei einem Internisten mit erheblichem Umfang vorstationärer Diagnostik.[63]

Problematisch sind die Fälle, in denen sich Ärzte auf den Schwerpunkt der Anwendung von **Naturheilverfahren** berufen. Sie rechtfertigen ihren Mehraufwand damit, dass die Anwendung solcher Verfahren auf lange Sicht zu Kostenreduzierungen führe und dadurch letzten Endes kostengünstiger sei als schulmedizinische Behandlungen. Vor diesem Hintergrund ist ein höherer Aufwand bei Anwendung von Naturheilverfahren im Regelfall nur dann als plausibel anzusehen, wenn der Arzt aufzeigt, dass er laufend Zustrom von neuen Patienten hat, die eine naturheilkundliche Behandlungsweise wünschen und sich noch nicht in der späteren Phase wirksam werdender Einsparungen befinden.   67

Das Vorbringen von Ärzten, sie hätten ihre **Praxis erst neu begründet,** wird differenziert beurteilt. Es kann sich dabei um den Tatbestand einer Anlaufpraxis oder einer Anfängerpraxis handeln oder – häufig – um eine Gemengelage von beidem. Gelegentlich wird unscharf von Aufbaupraxis gesprochen, ohne klare Zuordnung zur Anlauf- oder zur Anfängerpraxis.   68

Bei der **Anlaufpraxis** handelt es sich darum, dass ein bereits kassenärztlich erfahrener Arzt außerhalb des Einzugsbereichs seiner bisherigen kassenärztlichen Tätigkeit eine neue   69

---

[60] Zu diesen Zusammenhängen vgl zB BSG v 22.3.2006 – B 6 KA 80/04 R – SozR 4-2500 § 87 Nr 12 RdNr 16 aE; vgl dazu auch *Clemens* in: Schulin (Hrsg), Handbuch des Sozialversicherungsrechts, Bd 1: Krankenversicherungsrecht, § 35 RdNr 96.
[61] Beispiel aus *Clemens* in: Schulin (Hrsg), Handbuch des Sozialversicherungsrechts, Bd 1: Krankenversicherungsrecht, § 35 RdNr 92.
[62] BSG v 22.5.1984 – 6 RKa 16/83 – Umdruck S 16. Angeführt bei *Clemens* in: *Schulin* (Hrsg), Handbuch des Sozialversicherungsrechts, Bd 1: Krankenversicherungsrecht, 1994, § 35.
[63] BSG v 23.5.1984 – 6 RKa 17/82 und 1/83 – Umdruck S 19 ff bzw 14 ff (angeführt bei *Clemens* in: Schulin, Handbuch des Sozialversicherungsrechts, Bd 1: Krankenversicherungsrecht, § 35 RdNr 92).

Praxis gründet oder eine dort bereits vorhandene übernimmt. Da er die Patienten noch nicht kennt (und im Falle einer Praxisneugründung nicht einmal Krankenunterlagen übernehmen kann), hat er einen größeren Aufwand für die Erfassung der Basisdaten (Anamnese, häufiger auch Gesamtkörperstatus und Laboruntersuchungen) und ist evtl auch zB bei Arzneiverordnungen auf die „Erprobung" angewiesen, welche Arzneimittel von dem ihm bisher unbekannten Patienten vertragen werden und bei diesem am besten wirken. Dies bedeutet einen höheren Aufwand als bei einer eingefahrenen durchschnittlichen Arztpraxis und kann wegen des Zusammenhangs mit dem Zuschnitt seiner Patientenschaft durch Anerkennung als Praxisbesonderheit berücksichtigt werden.[64]

70 Bei der **Anfängerpraxis** handelt es sich dagegen darum, dass der Arzt erst Erfahrungen in kassenärztlicher Tätigkeit sammeln muss und in den ersten Quartalen möglicherweise noch nicht allen Erfordernissen des Wirtschaftlichkeitsgebots gewachsen ist, was sich in einem ungerechtfertigt hohen Aufwand sowohl im kurativen Bereich als auch bei den Arzneimittelverordnungen zeigen kann. Da dies aber kein Problem eines besonderen strukturellen Zuschnitts seiner Patientenschaft oder seiner Therapiemethoden ist, gehört eine solche Problematik nicht zur Frage von Praxisbesonderheiten, sondern zum Bereich der Ermessensausübung, die später zu diskutieren ist (vgl RdNr 80).[65] Die Problematik der Anfängerpraxis ist **meist zugleich** die einer **Anlaufpraxis** (der Anfänger hat nur dann nicht die Probleme einer Anlaufpraxis, wenn er bereits vorher in dieser Praxis – zB als angestellter Arzt oder als Assistent – tätig war). Dann kann es schwer sein, den durch die Anfängerpraxis veranlassten von dem durch die Anlaufpraxis bedingten Mehraufwand zu trennen. Dann kann beides pauschalierend zusammengezogen werden, ohne dies der einen oder der anderen Situation zuzuordnen (vgl dazu RdNr 45).

71 **bb) Kompensierende Einsparungen.** Der „ungleiche Zwilling" der Praxisbesonderheiten sind die sog **kompensierenden Einsparungen** – „ungleiche Zwillinge" deshalb, weil beides zwar Argumente zur Rechtfertigung eines Mehraufwandes sind, kompensierende Einsparungen aber nur äußerst selten, Praxisbesonderheiten dagegen recht häufig anerkannt werden.

72 Dem Argument, die überdurchschnittlichen Aufwendungen in einem Leistungsbereich müssten akzeptiert werden, weil die Kosten in anderen Bereichen unterdurchschnittlich seien, steht das BSG skeptisch gegenüber. Dieses akzeptiert einen „Ausgleich" zwischen verschiedenen Bereichen nur **ausnahmsweise,** und zwar nur dann, **wenn** zwischen dem Mehraufwand in dem einen und dem Minderaufwand in einem anderen Bereich ein Kausalzusammenhang besteht, dh dass die **Einsparungen** im anderen Bereich **durch** den beanstandeten Mehraufwand **erreicht** wurden. Dieses Erfordernis beruht darauf, dass dem **Wirtschaftlichkeits**gebot an sich **in jedem einzelnen Bereich** Rechnung getragen werden muss[66] und es nicht ausreicht, wenn sich lediglich – im Sinne einer Art „bloßer Gesamtwirtschaftlichkeit" – die Gesamtkosten noch im Rahmen des Durchschnitts halten.[67]

73 Den hiernach erforderlichen **Kausalzusammenhang darzutun, ist Aufgabe des Vertragsarztes.** Zur Darlegung, dass die Einsparungen durch den beanstandeten Mehr-

---

[64] Zur Unterscheidung zwischen Anlaufpraxis und Anfängerpraxis vgl zB BSG v 11.6.1986 – 6 RKa 2/85 – SozR 2200 § 368n Nr 44 S 151 f; BSG v 2.6.1987 – 6 RKa 23/86 – BSGE 62, 24, 31 = SozR 2200 § 368n Nr 48 S 163; BSG v 15.12.1987 – 6 RKa 19/87 – BSGE 63, 6, 8 f = SozR 2200 § 368n Nr 52 S 179 f; vgl auch *Clemens* in: Schulin (Hrsg), Handbuch des Sozialversicherungsrechts, Bd 1: Krankenversicherungsrecht, § 35 RdNr 94 Fn 138 mit weiteren BSG-Angaben und dem Hinweis auf eine Begrenzung bis maximal zum 4. Quartal. Näheres ferner unten RdNr 80 aE.

[65] Vgl dazu zuletzt BSG v 28.4.2004 – B 6 KA 24/03 R – MedR 2004, 577, 578 mwN.

[66] Hierzu oben RdNr 9. St Rspr des BSG, zB BSG v 21.5.2003 – B 6 KA 32/02 R – SozR 4-2500 § 106 Nr 1 RdNr 11; BSG v 16.7.2003 – B 6 KA 45/02 R – SozR 4-2500 § 106 Nr 3 RdNr 9; BSG v 28.4.2004 – B 6 KA 24/03 R – MedR 2004, 577; BSG v 27.6.2007 – B 6 KA 44/06 R – SozR 4-2500 § 106 Nr 17 RdNr 15; BSG v 9.4.2008 – B 6 KA 34/07 R = SozR 4-2500 § 106 Nr 18 RdNr 27 aE.

[67] Oben RdNr 9. Vgl zB BSG v 5.11.1997 – 6 RKa 1/97 – SozR 3-2500 § 106 Nr 42 S, 232 f.

aufwand kausal bedingt waren, muss er unter **Auswertung seiner Krankenunterlagen** anhand der Kenntnis seiner Patientenschaft die bei ihr **typischen Krankheiten** und die von ihm **praktizierte Behandlungstypik** aufzeigen und ausführen, in welchem Bereich und inwiefern sich dadurch Einsparungen ergeben.[68] Dies bedeutet, dass der Arzt darlegen muss, in welchen Behandlungsbereichen und auf Grund welcher Kausalzusammenhänge – durch welche Behandlungsmethodik – er welche Einsparungen erreicht. Beruft er sich zB auf die Einsparung von Krankenhauseinweisungen, so muss er darlegen, durch welche besondere Art von Behandlungen er Einweisungen zur stationären Behandlung vermieden habe, während die anderen Ärzte – jedenfalls im Durchschnitt – solche Behandlungen nicht praktizieren und deshalb die Patienten ins Krankenhaus eingewiesen haben würden.[69] Bisher sind alle derartigen Versuche – jedenfalls insoweit als Verfahren bis in die Revisionsinstanz zum BSG[70] gelangt sind – gescheitert. – Akzeptiert hat das BSG bisher einzig einen geringeren Anteil selbst durchgeführter physikalisch-medizinischer Leistungen als teilweise Kompensation für den erheblich überdurchschnittlichen Aufwand bei entsprechenden Heilmittelverordnungen.[70a]

e) **Fünfter Prüfungsschritt (offensichtliches Missverhältnis).** Im **fünften Prüfungsschritt** kommt es darauf an, ob die Überschreitung des durchschnittlichen Aufwandes der Vergleichsgruppe so groß ist, dass ein **offensichtliches Missverhältnis** festgestellt werden kann.

Bei der Festlegung der Grenze zum offensichtlichen Missverhältnis haben die Prüfgremien einen **Beurteilungsspielraum.**[71] Sie können dabei Besonderheiten des konkreten Einzelfalles berücksichtigen. Beispielsweise kann der Gesichtspunkt, dass die Vergleichsgruppe vom Aufwand her in sich sehr inhomogen ist, dazu führen, die Grenze höher anzusetzen, während sie im Falle einer sehr homogenen Vergleichsgruppe niedriger angesetzt werden kann.

Früher wurde die Grenze zum offensichtlichen Missverhältnis in Fällen des Vergleichs von Gesamtfallwerten des Arztes mit denen der Vergleichsgruppe in der Regel bei einer Durchschnittsüberschreitung um ca. 50–60% angesetzt. Heute geht die Tendenz dahin, die Grenze eher **bei 40%, gelegentlich sogar bei nur ca. 30%,** anzusetzen,[72] besonders

---

[68] BSG v 5.11.1997 – 6 RKa 1/97 – SozR 3-2500 § 106 Nr 42 S, 231 ff; BSG v 11.12.2002 – B 6 KA 1/02 R – SozR 3-2500 § 106 Nr 57 S, 318, 325 f; vgl dazu auch *Clemens* in: *Schlegel/Voelzke/Engelmann* (Hrsg), jurisPraxisKommentar SGB V, § 106 RdNr 135 mit weiteren Angaben.

[69] So BSG v 11.12.2002 – B 6 KA 1/02 R – SozR 3-2500 § 106 Nr 57 S 326: Erforderlich ist „zumindest eine substantiierte Darstellung, bei welchen Diagnosen nach Ansicht des Klägers die Ärzte der Vergleichsgruppe den Patienten zur stationären Behandlung eingewiesen hätten, während er darauf infolge bestimmter ... Behandlungsmaßnahmen habe verzichten können". Inhaltlich ebenso BSG v 16.7.2003 – B 6 KA 44/02 R – in juris dokumentiert (insoweit in GesR 2004, 144, 147, nicht abgedruckt).

[70] Vgl zB BSG v 11.12.2002 – B 6 KA 1/02 R – SozR 3-2500 § 106 Nr 57 S 325 f verneinend zu Einsparungen bei medizinisch-physikalischen Leistungen, Arzneikosten, Arbeitsunfähigkeitsfällen, Krankenhauseinweisungen, ferner Hilfsmittelverordnungen, Haushaltshilfeleistungen, Leistungen zur Belastungserprobung und zur Arbeitstherapie. Diese Grundsätze wiederholend BSG v 16.7.2003 – B 6 KA 44/02 R – in juris dokumentiert (insoweit in GesR 2004, 144, 147, nicht abgedruckt). Ebenso BSG v 6.5.2009 – B 6 KA 17/08 R – SozR 4-2500 § 106 Nr 23 RdNr 31 zu Krankenhauseinweisungen, Arbeitsunfähigkeitszeiten und Folgeüberweisungen.

[70a] BSG v 6.5.2009 – B 6 KA 17/08 R – SozR 4-2500 § 106 Nr 23 RdNr 29 f.

[71] Eine nähere Begründung der Festlegung brauchen die Bescheide der Prüfgremien nicht zu enthalten, ebenso wenig muss die Festlegung in ihnen ausdrücklich auf einen bestimmten Prozentsatz erfolgen. Es reicht aus, wenn sich dem Gesamtzusammenhang den Ausführungen des Bescheids entnehmen lässt, ab welcher Grenze ungefähr der Prüfungs- bzw Beschwerdeausschuss ein offensichtliches Missverhältnis annimmt. Zu Bescheiden, die nur den Begriff der Unwirtschaftlichkeit enthalten und nicht den des offensichtlichen Missverhältnisses, vgl RdNr 79 aE.

[72] Bei 40% ist heute unproblematisch. Gelegentlich bestehen sogar Tendenzen zur weiteren Absenkung in Richtung 30%. ZB BSG v 18.6.1997 – 6 RKa 52/96 – SozR 3-2500 § 106 Nr 41

bei homogenen Arztgruppen. Dies gilt vor allem dann, wenn – wie dies zunehmend geschieht – etwaige anzuerkennende Praxisbesonderheiten des Arztes – sowie eventuelle kompensierende Einsparungen – schon vorab herausgerechnet werden. Früher geschah dies nicht, sondern die Prüfung eines „offensichtlichen Missverhältnisses" erfolgte schon vor der Prüfung der Praxisbesonderheiten und der Einsparungen.[73]

77 Gründe, die Grenze nicht auf nur 40% oder gar 30% festzusetzen, können sich daraus ergeben, dass die Vergleichsgruppe nicht homogen ist und/oder dass das Tätigkeitsspektrum des geprüften Arztes erheblich von dem der Vergleichsgruppe abweicht (ohne dass dies durch Bildung einer engeren Vergleichsgruppe oder durch Anerkennung von Praxisbesonderheiten berücksichtigt wurde), oder überhaupt, um Unsicherheiten bei vorangegangenen Prüfungsschritten Rechnung zu tragen (vgl hierzu RdNr 45).

78 So ergibt sich – wie dargelegt und wie aus der Abfolge[74] der Prüfungsschritte ersichtlich ist – nach Herausrechnung von Praxisbesonderheiten und eventuellen kompensierenden Einsparungen das Ausmaß, in dem die Grenze zum offensichtlichen Missverhältnis überschritten ist.

79 **f) Sechster Prüfungsschritt (Ausmaß der Unwirtschaftlichkeit).** Die im **sechsten Prüfungsschritt** erfolgende Feststellung, wie groß der **unwirtschaftliche Mehraufwand** ist, muss nicht auf denjenigen Mehraufwand beschränkt werden, der über der im fünften Prüfungsschritt ermittelten Grenze zum offensichtlichen Missverhältnis liegt. Vielmehr kann als unwirtschaftlich **alles** angesehen werden, **was über** dem Durchschnittsaufwand zuzüglich **Streubreite** liegt, dh über einer Gesamtmenge **von 120%** (wobei im Falle von Praxisbesonderheiten und/oder kompensierenden Einsparungen dem Durchschnittsaufwand noch ein entsprechender Zuschlag hinzuzurechnen und erst bezogen auf diesen Gesamtbetrag die Streubreite von 20% zu berechnen ist): Der gesamte Aufwand, der sich innerhalb der sog Übergangszone bewegt, also im Bereich ab 120% liegt – also nicht nur der Betrag ab der Grenze zum offensichtlichen Missverhältnis –, kann als unwirtschaftlich angesehen werden.[75, 76] Von der Möglichkeit, die Kürzung (bzw den Regress) **in die Übergangszone hinein** zu erstrecken, machen die Prüfgremien allerdings nur selten Gebrauch.[76a] In der Regel beschränken sie sich darauf, die Kürzung bzw den Regress ab der Grenze zum offensichtlichen Missverhältnis vorzunehmen.[77]

S 225 f; BSG v 6. 9. 2000 – B 6 KA 24/99 R – SozR 3-2500 § 106 Nr 50 S 267; BSG v 16. 7. 2003 – B 6 KA 45/02 R – SozR 4-2500 § 106 Nr 3 RdNr 16; BSG v 23. 2. 2005 – B 6 KA 79/03 R – ArztR 2005, 291, 293 RdNr 22 f; BSG v 27. 4. 2005 – B 6 KA 1/04 R – BSGE 93, 273 = SozR 4-2500 § 106 Nr 9 RdNr 7; BSG v 2. 11. 2005 – B 6 KA 63/04 R – BSGE 95, 199 = SozR 4-2500 § 106 Nr 11 RdNr 50.

[73] Änderung der BSG-Rspr im Jahr 1994: Grundlegend BSG v 9. 3. 1994 – 6 RKa 18/92 – BSGE 74, 70, 71 f = SozR 3-2500 § 106 Nr 23 S 125 f.

[74] Die Abfolge ist aber nicht „sakrosankt", wie schon oben ausgeführt (vgl RdNr 45).

[75] Vgl dazu aus jüngerer Zeit zB BSG v 21. 5. 2003 – B 6 KA 32/02 R – SozR 4-2500 § 106 Nr 1 RdNr 15 („über die ... Übergangszone bis hin zur Kürzung des gesamten unwirtschaftlichen Mehraufwandes"). Ebenso BSG v 28. 4. 2004 – B 6 KA 24/03 R – MedR 2004, 577, 578. Zu einem Regress im Falle von Überschreitungen, die sich nur im Bereich der Übergangszone bewegen, vgl BSG v 6. 9. 2000 – B 6 KA 24/99 R – SozR 3-2500 § 106 Nr 50 S 267 f. Vgl auch oben RdNr 75 (mit dortiger Fn).

[76] Dieser Zwischenschritt muss nicht im Bescheid dokumentiert werden. Demgemäß begnügen sich die Prüfgremien in ihren Bescheiden vielfach – ohne Offenlegung des Zwischenschritts – mit der Festsetzung der Kürzung(summe). Sie nehmen die Zwischenüberlegung, in welchem Umfang Unwirtschaftlichkeit vorliegt, bisweilen wohl überhaupt nicht bewusst vor (woraus aber nicht etwa schon eine Rechtswidrigkeit abgeleitet werden kann) und schöpfen dementsprechend die Möglichkeiten von Honorarkürzungen bzw Regressen nicht voll aus.

[76a] Vgl dazu *Clemens* in: *Schlegel/Voelzke/Engelmann* (Hrsg), jurisPraxisKommentar SGB V, § 106 RdNr 142 aE mwN. – Vgl ferner unten RdNr 81.

[77] Manche Bescheide enthalten überhaupt nur den Begriff der Unwirtschaftlichkeit und nicht den des offensichtlichen Missverhältnisses. Der Kontext ergibt dann meist, dass damit die Grenze

g) Siebter Prüfungsschritt (Ermessen). Im **siebten Prüfungsschritt** wird im Wege 80 der **Ermessensausübung** die Höhe der Honorarkürzung festgelegt. Die Prüfgremien haben im Falle unwirtschaftlichen Verordnungsverhaltens – ebenso wie im Falle unwirtschaftlichen Behandlungsverhaltens bei der Bemessung der Honorarkürzung – einen **weiten Ermessensspielraum** bei ihrer Entscheidung, **wie hoch** sie die Honorarkürzung bemessen und brauchen im Regelfall ihr Entscheidungsergebnis auch nicht näher zu erläutern. Einiges ist allerdings zu beachten: Die Prüfgremien dürfen einerseits bei **klarer Unwirtschaftlichkeit** – und ohne Vorliegen eines Sachgesichtspunktes, wie zB Anfängerpraxis (vgl RdNr 70) – nicht völlig auf eine Honorarkürzung (bzw einen Regress) verzichten.[78] Die Prüfgremien müssen andererseits im Falle einer **Anfängerpraxis** deren Schwierigkeiten berücksichtigen, dass nämlich ein Arztneuling sich zunächst auf das Sparsamkeitsgebot, das die vertragsärztliche Versorgung besonders stark prägt, einstellen muss und dass er dafür uU einige Quartale benötigt.[79] Dieser Gesichtspunkt ermöglicht eine Milderung der Honorarkürzung bzw des Regresses aber im Regelfall nur bis zum 4. Quartal; für eine längere Zeit der Rücksichtnahme müssen besondere Gründe vorliegen.[80]

Zur Ermessensausübung gehört auch die bereits in RdNr 79 besprochene Möglichkeit, 81 die Kürzung bzw den Regress über das offensichtliche Missverhältnis hinaus **in die sog Übergangszone hinein** zu erstrecken.[81] In einem solchen Fall bedarf es einer kurzen Erläuterung im Bescheid, mit der der Prüfungs- bzw Beschwerdeausschuss klarstellt, dass er diese nicht typische Erstreckung bewusst vornimmt.[82]

h) Achter Prüfungsschritt (abschließende Festsetzung der Höhe der Honorar- 82 **kürzung).** Im **achten Prüfungsschritt** ist schließlich das Kürzungs- bzw Regressergebnis präzise festzusetzen. Dies kann durch Angabe in € **und Cent** geschehen.[83] Das kann aber auch durch die Angabe erfolgen, dass dem Arzt von der Überschreitung des Durchschnitts ein bestimmter **prozentualer Anteil** gekürzt werde.[84]

i) Fristen. Nur hingewiesen werden soll hier noch darauf, dass Wirtschaftlichkeitsprü- 83 fungen **zeitlicher Begrenzung** unterliegen, und zwar in zweierlei Hinsicht: Zum einen ist im Regelfall in der Prüfvereinbarung eine Frist für die **Stellung des Prüfantrags** normiert, zum anderen besteht eine Frist für die Abwicklung des Prüfverfahrens. Wäh-

---

zum offensichtlichen Missverhältnis gemeint ist und eine Äußerung zum Ausmaß der Unwirtschaftlichkeit überhaupt nicht gemacht worden ist bzw dieses Ausmaß als identisch mit der Grenze zum offensichtlichen Missverhältnis angesehen wird. Solche nur begrifflich falsche Zuordnung begründet keine Rechtswidrigkeit.

[78] Vgl zB BSG v 21. 5. 2003 – B 6 KA 32/02 R – SozR 4-2500 § 106 Nr 1 RdNr 15 ff; BSG v 5. 11. 2003 – B 6 KA 55/02 R = SozR 4-2500 § 106 Nr 4 RdNr 13; BSG v 28. 4. 2004 – B 6 KA 24/03 R – MedR 2004, 577, 578 f.

[79] Der Ermessensgesichtspunkt Anfängerpraxis muss im Bescheid ausdrücklich genannt, dh wenigstens schlagwortartig erwähnt werden. Vgl dazu RdNr 70.

[80] BSG v 28. 4. 2004 – B 6 KA 24/03 R – MedR 2004, 577, 578. Für eine Erstreckung über das 4. Quartal hinaus bedarf es entsprechender Feststellungen durch die Prüfgremien und/oder Gerichte.

[81] Vgl BSG v 6. 9. 2000 – B 6 KA 24/99 R – SozR 3-2500 § 106 Nr 50 S 267: Ein Regress kann auch dann rechtmäßig sein, wenn die Überschreitungen überhaupt nur im Bereich der Übergangszone bewegen. Vgl auch RdNr 79 aE.

[82] Früher ging man weitergehend (über RdNr 79 hinaus) davon aus, dass Honorarkürzungen und Regresse auch in die Zone der normalen Streuung hinein erstreckt werden könnten und erst dann eine Erläuterung im Bescheid erforderlich sei: vgl *Clemens* in: *Schulin*, Handbuch des Sozialversicherungsrechts, Bd 1: Krankenversicherungsrecht, § 35 RdNr 132 iVm 134, jeweils mwN.

[83] Die genaue Berechnung eines Euro-Betrags würde erfordern, rechnerisch die Honorarverteilungsregelungen und den sich daraus ergebenden Punktwert einzubeziehen (was genau zu berechnen oft nur bei Zuhilfenahme der EDV-Anlage der Kassenärztlichen Vereinigung möglich ist). Deshalb sind Schätzungen zulässig.

[84] Dieser Weg wird von solchen Prüfgremien gewählt, die eine genaue Berechnung unter Zugrundelegung eines Punktwerts mit Heranziehung der Honorarverteilungsregelungen anstreben.

rend die Prüfantragsfrist im Regelfall auf **ein Jahr** festgelegt ist[85], beträgt die Frist, bis zu der dem Arzt ein **Bescheid zugegangen** (und damit gemäß § 37 Abs 2 S 1 SGB X wirksam geworden) sein muss, **vier Jahre**[86], und zwar beginnend mit dem Zugang und somit der Wirksamkeit des Honorarbescheids für das betroffene Quartal.[87]

III. Regresse im Verordnungsbereich: Vor allem Durchschnitts- und Richtgrößen-Prüfungen

84 Parallel zur Honorarkürzung wegen Unwirtschaftlichkeit (siehe zuvor II.) gibt es im Verordnungsbereich den **Regress wegen unwirtschaftlicher Verordnungsweise.** Diesem Bereich kommt heutzutage **größte Bedeutung** zu. Angesichts des in Deutschland besonders großen Volumens der Arzneimittelausgaben (diese betrugen im Jahr 2008 ca 29 Mrd. € und damit **18 % der Gesamtausgaben** der gesetzlichen Krankenversicherung, womit sie die Ausgaben für ärztliche Behandlungen übertrafen, die nur 15 % ausmachten, § 24 RdNr 22) verwundert es nicht, dass die Krankenkassen insbesondere in diesem Bereich die Wirtschaftlichkeitsprüfungen forcieren. Die große Bedeutung von Verordnungsregressen resultiert auch daraus, dass sie von Ärzten als **besonders belastend** empfunden werden. Muss ein Arzt aufgrund eines Regresses die Kosten für von ihm verordnete Arzneimittel ersetzen, so muss er Geld zahlen für Vorgänge, die er zwar in Gang gesetzt hat, deren weitere Abwicklung ihn normalerweise aber finanziell nicht betrifft. Dies wird von den Ärzten im Regelfall als härter empfunden, als wenn ihnen „nur" Honorar für erbrachte Leistungen versagt wird.

85 Ob die **Prüfpraxis im Verordnungsbereich** und die daraus resultierenden Regresse vernünftig sind oder mehr eine Art Schikane darstellen, ist **unter Ärzten sehr umstritten.** Der Streit betrifft insbesondere die Begrenzungen, die sich aus dem Vergleich mit dem Durchschnitt der Fachgruppe und aus den Richtgrößen ergeben. Die einen sagen, dass **gut diagnostizierend**e Ärzte so erfolgreich Verordnungen einsetzen können, dass sie nicht in die Gefahr kommen, die Begrenzungen durch den Durchschnittsvergleich oder die Richtgrößen zu überschreiten. Sie sagen zudem, diese Gefahr könne auch dadurch gebannt werden, dass in den dafür geeigneten Behandlungsfällen die viel preiswerteren **Generika** und zB die normalen Insulinpräparate **statt Insulinanaloga** verordnet werden. Sie weisen ferner darauf hin, dass Ärzte sich auch dadurch gegen Regressgefahren absichern können, dass sie sich **gegenüber Empfehlungen von Pharma-Vertretern** zu Hochpreisverordnungen **kritisch** verhalten. Andere dagegen machen geltend, dass in bestimmten Arzneimittelbereichen zur effektiven medizinischen Behandlung der Einsatz **innovativer Arzneimittel unerlässlich** sei, dies aber im Rahmen der Begrenzungen durch durchschnittliche Arzneiverordnungsvolumina oder durch die festgelegten Richtgrößen nicht möglich sei. Diese müssen dann darauf verwiesen werden, ihren Verordnungsaufwand durch Darlegung von **Praxisbesonderheiten** zu rechtfertigen (hierzu RdNr 100 und RdNr 122).

86 Bei der Überprüfung der Wirtschaftlichkeit der Verordnungsweise eines Arztes stehen ebenso wie bei der Überprüfung seiner Behandlungsweise die oben in RdNr 8 ff dargestellten **verschiedenen Prüfmethoden** zur Verfügung.

---

[85] Vgl dazu den Fall, der dem Urteil des BSG v 16.7.2008 – B 6 KA 58/07 R – nicht veröffentlicht – zugrunde lag.

[86] Dazu zuletzt – allgemeingültig (noch vor der Normierung der Zwei-Jahres-Frist für Richtgrößen-Prüfungen in § 106 Abs 2 S 2 Hs 2 SGB V) – BSG v. 2.11.2005 – B 6 KA 63/04 R – BSGE 95, 199 = SozR 4-2500 § 106 Nr 11 RdNr 62 mwN auch mit Einzelfragen der Fristhemmung. Dazu vgl auch BSG v 28.4.2004 – B 6 KA 24/03 R – MedR 2004, 577, 579 oben und BSG v 6.9.2006 – B 6 KA 40/05 R – BSGE 97, 84 0 SozR 4-2500 § 106 Nr 15 RdNr 12 ff.

[87] Hierzu vgl BSG v 2.11.2005 – B 6 KA 63/04 R – BSGE 95, 199 = SozR 4-2500 § 106 Nr 11 RdNr 62 mwN, BSG v 28.4.2004 – B 6 KA 24/03 R – MedR 2004, 577, 579 oben und BSG v 6.9.2006 – B 6 KA 40/05 R – BSGE 97, 84 = SozR 4-2500 § 106 Nr 15 RdNr 12 ff. – Zur Fristenbemessung bei Verordnungsregressen s auch die Revisionsverfahren B 6 KA 5/09 R und B 6 KA 14/09 R, die für das Jahr 2010 zur Entscheidung anstehen. – Vgl auch unten RdNr 105.

Dabei kommen Einzelfallprüfungen (oben RdNr 12) vor allem im Arzneimittelbereich 87
vor, etwa bei Fehlen der Arzneimittelzulassung, bei Off-Label-Use und bei Verordnungen
entgegen einem AMRL-Verordnungsausschluss (RdNr 136 ff, 139 ff, 153 ff). Im Arznei-,
Heil- und Hilfsmittelbereich wurden früher zahlenmäßig am häufigsten **Durchschnittsprüfungen** durchgeführt (RdNr 95 ff). Diese wird allerdings zunehmend von der **Richtgrößen-Prüfung** abgelöst, der heutzutage mittlerweile die **wichtigste Bedeutung**
zukommt (RdNr 113 ff). – Stets gilt der Grundsatz „neues Quartal – neues Spiel": Vgl oben
RdNr 60a

Umstritten ist im Übrigen, ob bzw inwieweit die verschiedenen Prüfmethoden nur 88
bei niedergelassenen Vertragsärzten angewendet werden können oder ob sie **auch bei
ermächtigten (Krankenhaus-)Ärzten anwendbar** sind. Man wird differenzieren müssen. Regresse aufgrund von **Einzelfallprüfungen** dürften unbedenklich sein. Bedenklich
dagegen ist die Anwendung von **Durchschnitts- und Richtgrößen-Prüfungen**, weil
Ermächtigte im Regelfall ein sehr spezielles Leistungsspektrum haben, sowohl die Durchschnittswerte als auch die Richtgrößen dagegen ihre Berechnungsgrundlage in dem breiten Durchschnittsspektrum der niedergelassenen Ärzte haben. Indessen ist fraglich, ob
sich dem SGB V eine Regelung, die die Ermächtigten von den Durchschnitts- und Richtgrößen-Prüfungen ausnimmt, entnommen werden kann. Hinsichtlich der **Richtgrößen-
Prüfung** wird man eventuell auf § 106 Abs 6 SGB V zurückgreifen und darauf hinweisen können, dass hierin nur die Abs 1–5 auf im Krankenhaus erbrachte ambulante ärztliche
Leistungen für anwendbar erklärt werden, dagegen nicht der Abs 5a, der die Richtgrößen-Prüfungen regelt.[88] Hinsichtlich der Durchschnittsprüfung ist indessen keine
Regelung im SGB V zu finden, aus der die Unanwendbarkeit auf Ermächtigte hergeleitet
werden könnte. Eine gesetzliche Klarstellung wäre wünschenswert.

1. Begrenzung aller Regresse auf Nettobelastung

Bevor die einzelnen Regressarten dargestellt werden (unten 2.–5. und IV. 1.–3.), ist auf 89
den für alle Regressarten[89] wichtigen Aspekt bei der Bemessung des Regressbetrags einzugehen: Dem Arzt darf ein Regress und eine Zahlungspflicht nur insoweit auferlegt werden, als die **Krankenkassen tatsächlich belastet** sind (vgl hierzu auch RdNr 102). Dh:
Für die Regresshöhe ist maßgebend, welchen Kostenbetrag die Krankenkassen auf Grund
der beanstandeten Verordnungen als **Nettobelastung** tragen müssen.

Dementsprechend ist seit Langem anerkannt, dass bei der Bemessung des Regressbe- 90
trags **Positionen wie der Apotheken-Rabatt und eventuelle Patienten-Zuzahlungen abzuziehen** sind. Der **Apotheken-Rabatt** gilt schematisch für alle Arzneimittel.[90]
Er beträgt heute 2 € für sog Fertigarzneimittel und für andere Arzneimittel 5% (§ 130
Abs 1 SGB V). Bei den **Patienten-Zuzahlungen** (§ 61 SGB V) ist zu beachten, dass diese
nicht für alle Patienten anfallen, nämlich für diejenigen nicht, die wegen geringen

---

[88] Von daher ist die Prüfpraxis vieler Prüfgremien bedenklich, die die ermächtigten Krankenhausärzte in die Richtgrößen-Prüfungen einbezieht und sie dazu nötigt, ihren regelmäßig hohen
Aufwand durch Darlegung von Praxisbesonderheiten zu rechtfertigen. – Vgl auch RdNr 112.

[89] Auch für die Durchschnittsprüfung. – So auch ausdrücklich praktiziert in BSG v 27. 6. 2007
– B 6 KA 27/06 R – SozR 4-1500 § 141 Nr 1 RdNr 32. – Insoweit nicht mehr gültig *Clemens* in:
Schlegel/Voelzke/Engelmann (Hrsg), jurisPraxisKommentar SGB V, § 106 RdNr 144: Der dort
genannte Gesichtspunkt, dass der Apotheken-Rabatt und die Patienten-Zuzahlungen auch in den
zum Vergleich herangezogenen Aufwandsbeträgen der Vergleichsgruppe nicht herausgerechnet
werden, ist kein tragfähiges Argument. Denn der Regress wegen Unwirtschaftlichkeit betrifft bei
dem in Regress genommenen Arzt gerade den Bereich, der über den Durchschnittsaufwand hinausgeht, wo es also gerade keine Gegenüberstellung zu Aufwandsbeträgen der Vergleichsgruppe gibt.

[90] Vgl dazu zB BSG v 6. 9. 2000 – B 6 KA 24/99 R – SozR 3-2500 § 106 Nr 50 S 269; vgl auch
BSG v 1. 9. 2005 – B 3 KR 34/04 R – SozR 4-2500 § 130 Nr 1 RdNr 13 ff mit Zurückweisung von
Einwänden der Apotheker gegen die Erhöhung des Apothekenrabatts von 5% auf 6% für die Jahre
2002 und 2003 bei Zahlung der Krankenkassen binnen zehn Tagen.

Einkommens von Zuzahlungen befreit sind (§ 62 SGB V). Auch fallen sie nicht für alle Arzneimittel an, nämlich nicht für solche, für die Festbeträge gelten (vgl § 31 Abs 2 Hs 1 SGB V). Die Prüfgremien brauchen insoweit aber nicht etwa eine Einzelanalyse durchzuführen. Sie dürfen vielmehr eine **Schätzung** vornehmen und dann einen Abzug in Höhe eines ungefähren Mittelwertes durchführen.[91] Nehmen sie für die **Summe** von Apothekenrabatt und Zuzahlungen der Patienten einen Abschlag von **insgesamt 15%** vor, so können Einwendungen, dass dieser zu gering sei, keinen Erfolg haben.[92]

91 Neben den Abzugsposten Apotheken-Rabatt und Patienten-Zuzahlungen können sich Abzugspflichten auch aus **Rabattvereinbarungen gemäß § 130a Abs 8 SGB V** ergeben. Solche Rabatte sind ebenfalls herauszurechnen. Dies kann allerdings schwierig sein, denn zwischen den Krankenkassen(Verbänden) und Pharmaunternehmen werden gelegentlich Pauschalminderungen vereinbart, die nicht bestimmten einzelnen Arzneimitteln und somit auch nicht bestimmten einzelnen Ärzten zugeordnet sind. **Abhilfe** hat der Gesetzgeber nur im Rahmen der **Richtgrößen-Prüfungen** geschaffen, indem er in die Vorschrift des § 106 Abs 5c SGB V die Bestimmung des S 1 Hs 2 aufgenommen hat, dass für die Rabatte nach § 130a Abs 8 SGB V **pauschalierte Beträge** abzuziehen sind (§ 106 Abs 5c S 1 Hs 2 SGB V in der Neufassung mit Inkrafttreten zum 1.1. 2008). Damit hat er einen Beitrag zur Funktionsfähigkeit der Richtgrößen-Prüfungen geleistet (vgl RdNr 127 f), es indessen versäumt, die Geltung dieser Bestimmung auch für alle sonstigen Arten von Wirtschaftlichkeitsprüfungen anzuordnen.

92 Abzugspositionen wie Apotheken-Rabatte und Patienten-Zuzahlungen brauchen nicht bedacht zu werden, wenn eine Unwirtschaftlichkeit – ohne diese Positionen – in großem Umfang errechnet und ein verhältnismäßig geringer Kürzungs- bzw Regressbetrag festgesetzt wird. Dann sind durch den „Zwischenraum" solche Abzugspositionen mitabgedeckt (vgl RdNr 45 aE).[93]

93 Schließlich ist zu beachten, dass die Kosten, die bei einer Krankenkasse für die Verordnung eines Arztes angefallen sind, diesem nicht immer ohne weiteres zugerechnet werden können. Ein **Verordnungsbetrag** darf einem Arzt nur insoweit angelastet werden, als er **von ihm veranlasst** worden ist. Dies ist wichtig für Fälle, in denen ärztliche Verordnungen durch eine **abweichende Auswahl des Apothekers** verändert worden sind. Das sog **aut idem,** das gemäß § 129 Abs 1 SGB V dem Apotheker die Möglichkeit gibt, ein anderes Arzneimittel statt des verordneten auszugeben, muss nicht zu einer Kostenreduzierung, kann vielmehr auch zu einer Verteuerung führen. So soll es Fälle gegeben haben, in denen Apotheker statt eines billigen ein teureres Generikum ausgaben, nicht nur, wem sie das billigere nicht vorrätig hatten, sondern – nach Presseberichten – gelegentlich, weil sie dafür höhere Rabatte von Pharmaunternehmen erhielten.[94]

94 Solche – eher seltenen – Sonderpunkte bedürfen allerdings dann nicht gesonderter Berücksichtigung, wenn bereits anderweitig ein pauschaler Abschlag von zB **insgesamt 15%** vorgenommen wurde (hierzu vgl RdNr 90 aE). Damit sind dann etwaig gegenzu-

---

[91] Vgl dazu BSG v 6. 9. 2000 – B 6 KA 24/99 R – SozR 3-2500 § 106 Nr 50 S 269: Danach reicht die Belassung eines beträchtlichen Mehraufwands über den Bereich der sog Streubreite hinaus aus; vgl ferner BSG v 28. 6. 2000 – B 6 KA 36/98 R – USK 2000-165 S 1086 und BSG v 29. 1. 1997 – 6 RKa 5/96 – SozR 3-2500 § 106 Nr 38 S 212/213.

[92] So im Ergebnis auch gebilligt v BSG 27. 6. 2007 – B 6 KA 27/06 R – SozR 4-1500 § 141 Nr 1 RdNr 32.

[93] So BSG v 28. 6. 2000 – B 6 KA 36/98 R – USK 2000-165 S 1086 und BSG v 29. 1. 1997 – 6 RKa 5/96 – SozR 3-2500 § 106 Nr 38 S 212/213. In solchen Fällen muss im Bescheid nicht ausdrücklich auf Rabatte und Patientenzuzahlungen eingegangen werden.

[94] Solche Möglichkeiten mussten dringend ausgeschlossen werden, entweder durch eine Gesetzespräzisierung oder durch die Einführung einer umfassenden Wirtschaftlichkeitsprüfung gegenüber Apothekern. Der Gesetzgeber hat den ersteren Weg beschritten (vgl § 7 Abs 1 Heilwerbungsgesetz gemäß Änderung zum 1. 4. 2006).

rechnende Sonderfälle wie einem dem Arzt nachteiligen aut idem des Apothekers mitabgedeckt.

2. Regresse aufgrund Durchschnittsprüfungen

Zur Durchschnittsprüfung kann auf das oben unter II. Ausgeführte verwiesen werden (RdNr 16 ff). Vor allem gelten auch hier die oben unter II. 2. genannten Prüfungsschritte (RdNr 44 ff), auch hier ist der vierte Prüfungsschritt (Praxisbesonderheiten) am wichtigsten (RdNr 100 ff). Zusätzlich sind im Verordnungsbereich einige Besonderheiten zu beachten: 95

Was den **ersten Prüfungsschritt (Prüfmethode)** betrifft, so ist im Verordnungsbereich zu beachten, dass es hier auch die **Richtgrößen-Prüfung** gibt. Im Verhältnis zu ihr ist die Durchschnittsprüfung nachrangig, dh für diese ist kein Raum, soweit eine Richtgrößen-Prüfung durchführbar ist (vgl im Einzelnen RdNr 111–128). Wenn diese allerdings nicht möglich ist (oder wenn sie noch nicht eingeleitet worden ist, RdNr 115), kann die Durchschnittsprüfung durchgeführt werden: Insofern kommt der Durchschnittsprüfung eine **„Reservefunktion"** zu.[95] 96

Beim **zweiten Prüfungsschritt (Vergleichsbasis)** wirkt sich aus, dass die Belege über die Verordnungskosten nicht so konzentriert bei einer Stelle zusammenlaufen wie die Honorarabrechnungen. Im Honorarbereich laufen alle Abrechnungsunterlagen von vornherein bei einer Stelle, der Kassenärztlichen Vereinigung, zusammen, weil alle Honoraranforderungen aller Vertragsärzte eines Bereichs bei der einen Stelle eingereicht werden (abgesehen von den Fällen von Direktabrechnungen von Ärzten bei Krankenkassen in den Bereichen sog extrabudgetärer Leistungen oder im Fall von sog Selektivverträgen zwischen bestimmten Ärzteverbänden und Krankenkassen aufgrund von §§ 73b, 73c Abs 3 SGB V). Im **Verordnungsbereich** laufen indessen die Verordnungsunterlagen bei unterschiedlichen Krankenkassen ein, je nach dem, bei welcher Krankenkasse der Patient versichert ist. Vor diesem Hintergrund sind Verordnungsprüfungen auf der Grundlage von Verordnungen aller Krankenkassen eher selten. **Im Regelfall** werden beim Verordnungsregress **nur einige große Krankenkassen** erfasst. Wenn diese Krankenkassen als ausreichend repräsentativ angesehen werden können, kann eine **Hochrechnung** auf die Gesamtzahl aller Verordnungen erfolgen.[96] So hat das BSG es als unproblematisch angesehen, wenn die herangezogenen Verordnungen nur die AOK[97] oder nur die AOK und die Betriebskrankenkassen[98] oder nur die AOK und die Barmer Ersatzkasse[99] oder nur vier große Primär- und die Ersatzkassen[100] betrafen. 97

Werden nicht solche Krankenkassen erfasst, die wegen der großen Versichertenzahl als repräsentativ für die gesamte Patientenschaft angesehen werden können, sondern nur einige kleine Krankenkassen, so kann zwar trotzdem eine Verordnungsprüfung und bei Vorliegen der weiteren Voraussetzungen auch ein Verordnungsregress erfolgen. Eine Hochrechnung auf die Gesamtverordnungszahl wäre allerdings nicht möglich, vielmehr müssten die Verordnungsprüfung und der eventuelle Verordnungsregress auf das Verordnungsvolumen der erfassten Krankenkassen beschränkt bleiben.[101] 98

---

[95] In diesem Sinne BSG v 2. 11. 2005 – B 6 KA 63/04 R – BSGE 95, 199 = SozR 4-2500 § 106 Nr 11 RdNr 61. Näheres dazu vgl RdNr 23, 114f, 117a.

[96] Vgl dazu BSG v 27. 4. 2005 – B 6 KA 1/04 R – BSGE 94, 273 = SozR 4-2500 § 106 Nr 9 RdNr 9. Vgl dazu auch oben RdNr 14, 27.

[97] BSG v 28. 6. 2000 – B 6 KA 36/98 R – USK 2000-165 S 1084.

[98] BSG v 6. 9. 2000 – B 6 KA 24/99 R – SozR 3-2500 § 106 Nr 50 S 268.

[99] BSG v 27. 4. 2005 – B 6 KA 1/04 R – BSGE 94, 273 = SozR 4-2500 § 106 Nr 9 RdNr 9.

[100] Vgl das zu einer Richtgrößen-Prüfung ergangene Urteil des BSG v 2. 11. 2005 – B 6 KA 63/04 R – BSGE 95, 199 = SozR 4-2500 § 106 Nr 11 (zB RdNr 25).

[101] Vgl zu solcher Verfahrensweise den Fall BSG v 31. 5. 2006 – B 6 KA 44/05 B – MedR 2006, 672–673.

99 Der **dritte Prüfungsschritt (Vergleichs„breite")** betrifft die Auswahl der **Vergleichsmethode,** dh ob die Gesamtfallwerte oder nur Spartenwerte oder gar nur Einzelleistungswerte mit den Werten der Fachgruppe verglichen werden sollen (RdNr 24 und 54). Diese Varianten, die anhand des statistischen Kostenvergleichs bei der Prüfung der Wirtschaftlichkeit ärztlichen Behandlungsverhaltens herausgearbeitet worden, passen so nicht auf die Prüfung ärztlichen Verordnungsverhaltens. Hier bestehen solche Auswahlmöglichkeiten nicht. Hier wird stets der gesamte Arzneimittelaufwand – evtl allerdings begrenzt auf bestimmte Krankenkassen (RdNr 97 f) – in die Prüfung einbezogen. Eine **Trennung von Sparten** könnte man allenfalls darin sehen, dass bei der Überprüfung des Verordnungsaufwands getrennte Prüfungen für die **Arzneimittel-** und **Heilmittel-** sowie die **Hilfsmittelkosten** vorgenommen werden.

100 Der **vierte Prüfungsschritt (Praxisbesonderheiten und Einsparungen)** hat im Verordnungsbereich eine ebenso große Bedeutung wie im Honorarbereich. Im Falle von Durchschnittsüberschreitungen ist vor allem wichtig, ob der Arzt **Praxisbesonderheiten** hat und belegen kann (RdNr 55 ff, 58 ff). Der Rechtsfigur kompensierende Einsparungen kommt auch im Verordnungsbereich wenig Bedeutung zu. Fraglich ist, ob es einem Arzt gelingen kann, darzutun, dass er zwar einen erheblich **überdurchschnittlichen Verordnungsaufwand,** hierdurch aber Einsparungen in anderen Bereichen erzielt habe. Hierfür müsste er darlegen, in welchen Behandlungsbereichen und auf Grund welcher Kausalzusammenhänge – durch welche Verordnungsmethodik – er welche **Einsparungen** erreicht hat. Beruft er sich zB auf die Einsparung von Krankenhauseinweisungen, so muss er darlegen, durch welche besondere Art von Verordnungen er Einweisungen zur stationären Behandlung vermieden habe, während die anderen Ärzte – jedenfalls im Durchschnitt – diese Verordnungen nicht praktizieren und deshalb die Patienten ins Krankenhaus eingewiesen haben würden.[102] Bisher sind alle derartigen Versuche[103] gescheitert. Zum Sonderfall von Einsparungen bei den selbst durchgeführten physikalisch-medizinischen Leistungen vgl oben RdNr 73 aE.

101 Beim **fünften Prüfungsschritt (offensichtliches Missverhältnis)** gilt im Verordnungsbereich nichts anderes als im Honorarbereich (RdNr 74 ff). Verordnungsprüfungen anhand von Durchschnittswerten mögen zwar als eine Art Spartenvergleich angesehen werden (dazu RdNr 99). Dieser hat sich im Verordnungsbereich aber derart verselbstständigt, dass er hier nach den Regeln eines Gesamtfallwertvergleichs durchgeführt wird. Deshalb kann auch in diesem Bereich die Grenze zum offensichtlichen Missverhältnis auf **40% oder auch auf nur 30%** festgelegt werden.[104]

102 Beim **sechsten Prüfungsschritt (Ausmaß der Unwirtschaftlichkeit)** ist zusätzlich zu obigen Ausführungen (so RdNr 79) zu beachten, dass der **Regress auf die Nettobelastung der Krankenkassen zu begrenzen** ist: hierzu RdNr 89 ff.

103 Für den **siebten Prüfungsschritt (Ermessen)** ist in vollem Umfang auf obige Ausführungen zu verweisen (so RdNr 80 f); dabei ist insbesondere auf die Regressreduzierung bei Anfängerpraxen hinzuweisen sowie auf die Möglichkeit, den Regress in die sog Übergangszone hinein zu erstrecken.

104 Für den **achten Prüfungsschritt (abschließende Festsetzung der Regresshöhe)** gilt, dass Verordnungsregresse in Euro-Beträgen festgesetzt werden.[105]

---

[102] So BSG v 11.12.2002 – B 6 KA 1/02 R – SozR 3-2500 § 106 Nr 57 S 326 und BSG v 16.7.2003 – B 6 KA 44/02 R –, wie oben in RdNr 73 angegeben.

[103] Vgl zB BSG v 11.12.2002 – B 6 KA 1/02 R – SozR 3-2500 § 106 Nr 57 S, 325 f und die weitere Rspr, wie oben in RdNr 73 angegeben. – Ebenso lag es in dem Fall, der BSG v 16.7.2008 – B 6 KA 58/07 R – nicht veröffentlicht – zugrunde lag.

[104] Siehe dazu BSG v 2.11.2005 – B 6 KA 63/04 R – BSGE 95, 199 = SozR 4-2500 § 106 Nr 11 RdNr 50 und die hier genannten weiteren Rspr.

[105] Die bei Honorarkürzungen diskutable Möglichkeit, dass die Prüfgremien sie nur in Prozent des Honorarvolumens festzulegen und die Umrechnung in Euro-Beträge der Kassenärztlichen Vereinigung überlassen, kommt bei Verordnungsregressen nicht in Frage. Denn hier ist die Lage nicht

Was die **Fristen** betrifft, die beim Verordnungsregress einzuhalten sind, ist ebenso wie **105** für Honorarkürzungen (hierzu vgl RdNr 83) zweierlei zu beachten: Zunächst besteht im Regelfall aufgrund der Prüfvereinbarung eine Frist – meist **ein Jahr – für die Stellung des Prüfantrags.**[106] Eine zweite Frist besteht für die Abwicklung des Prüfverfahrens: Dem Arzt muss binnen **vier Jahren**[107] ein **Bescheid zugegangen** (und damit gemäß § 37 Abs 2 S 1 SGB X wirksam geworden) sein. Anders als im Honorarbereich (hierzu RdNr 83) ist für den Verordnungsbereich noch nicht geklärt, wann genau die Vier-Jahres-Frist beginnt. Meines Erachtens spricht vieles dafür, auch für Verordnungsregresse die **Vier-Jahres-Frist ab dem Erlass** (= ab Bekanntgabe) **des Honorarbescheids,** der dasjenige Quartal betrifft, dem die Verordnungen zuzuordnen sind, beginnen zu lassen.[108]

3. Verordnungsprüfungen auf der Grundlage elektronischer Daten

Bei den Verordnungsprüfungen kommt – sowohl im Falle von Durchschnittsprüfungen **106** als auch im Falle von Richtgrößen-Prüfungen – ein **zusätzlicher Problemkreis** hinzu. Seitdem gesetzlich vorgegeben ist, dass die **Verordnungsvolumina elektronisch ermittelt** werden (§§ 284 ff iVm §§ 296. 297 SGB V), werden die Verordnungsblätter per EDV eingelesen sowie den einzelnen Ärzten zugeordnet und dann weiterverarbeitet. Mit der Einführung dieses Verfahrens wird in Kauf genommen, dass in gewissem Umfang Fehler – einmal eingelesen, zB durch einen Zahlendreher in der Arztnummer mit der Folge der Zuordnung zu einem anderen Arzt – perpetuiert werden und zu fehlerhafter Berechnung der Verordnungsvolumina führen. Ungeachtet solcher Fehlermöglichkeiten ist wegen der gesetzlichen Einführung und Billigung **zunächst von der Richtigkeit des elektronisch ermittelten Verordnungsvolumens auszugehen** (BSG, Urteile vom 27. 4. 2005, vom 2. 11. 2005 und vom 16. 7. 2008 – betreffend sowohl die Durchschnitts- als auch die Richtgrößen-Prüfung).

Ergibt sich allerdings für die Prüfgremien der **Verdacht von Fehlern** bei der Be- **107** rechnung des dem geprüften Arzt angelasteten Verordnungsvolumens **oder** macht der geprüfte Arzt **substantiierte Zweifel** geltend – dh **konkrete und plausible Angaben,** die die Richtigkeit der elektronisch ermittelten Ergebnisse zweifelhaft erscheinen lassen –, so müssen die Prüfgremien dem nachgehen und erforderlichenfalls weitergehende Ermittlungen anstellen.[109] Dabei hat das BSG **drei Stufen** unterschieden:

---

so, wie im Honorarbereich, wo der konkrete Honorarkürzungsbetrag sich letztlich nur bei Heranziehung der Honorarverteilungsregelungen und der sich daraus ergebenden Punktwerte genau bestimmen lässt (wofür die Zuhilfenahme der EDV-Anlage der Kassenärztlichen Vereinigung oft unerlässlich ist). – Siehe dazu oben RdNr 82 (mit den dortigen Fußnoten).

[106] Vgl dazu den Fall BSG v 16. 7. 2008 – B 6 KA 58/07 R – nicht veröffentlicht: Das erstinstanzliche SG Frankfurt hat zu Recht ausgeführt, dass die Frist, solange sie noch nicht abgelaufen ist, durch Änderung der Prüfvereinbarung verlängert werden kann.

[107] Dazu zuletzt – allgemeingültig (allerdings noch vor der Normierung der Zwei-Jahres-Frist für Richtgrößen-Prüfungen in § 106 Abs 2 S 2 HS 2 SGB V) – BSG v 2. 11. 2005 – B 6 KA 63/04 R – BSGE 95, 199 = SozR 4-2500 § 106 Nr 11 RdNr 62 mwN auch mit Einzelfragen der Fristhemmung. Dazu vgl auch BSG v 28. 4. 2004 – B 6 KA 24/03 R – MedR 2004, 577, 579 oben und BSG v 6. 9. 2006 – B 6 KA 40/05 R = BSGE 97, 84 = SozR 4-2500 § 106 Nr 15 RdNr 12 ff.

[108] Wegen weiterer Fragen zum Fristbeginn s *Clemens* in: *Schlegel/Voelzke/Engelmann* (Hrsg), juris PraxisKommentar SGB V, § 106 RdNr 153–155. – Siehe auch BSG v 27. 6. 2001 – B 6 KA 66/00 R – SozR 3-2500 § 106 Nr 53 S 289–296 zur Unwirksamkeit von Regelungen in Prüfvereinbarungen, die die Vier-Jahres-Frist durch die Festlegung zB von befristeten Beibringungserfordernissen verkürzen. – Zwei Revisionsverfahren zu Fristenfragen sind beim BSG anhängig: B 6 KA 5/09 R und B 6 KA 14/09 R (beide sind für 2010 zur Entscheidung vorgesehen).

[109] BSG 2. 11. 2005 – B 6 KA 63/04 R – BSGE 95, 199 = SozR 4-2500 § 106 Nr 11 RdNr 31 iVm RdNr 33; BSG 16. 7. 2008 – B 6 KA 57/07 R – BSGE 101, 130 = SozR 4-2500 § 106 Nr 19 RdNr 19 ff; BSG v 6. 5. 2009 – B 6 KA 17/08 R – SozR 4-2500 § 106 Nr 23 RdNr 17 ff.

108 (a) Zur Frage, ob bzw wann die Prüfgremien sich von den Krankenkassen die sog **erweiterten Arznei- bzw Heilmitteldateien** vorlegen lassen und sie dem geprüften Arzt zur Einsicht zur Verfügung stellen müssen, hat das BSG entschieden, dass dies dann erforderlich ist, wenn der geprüfte Arzt **substantiierte Zweifel** gegenüber dem elektronisch ermittelten Verordnungsvolumen vorbringt **und** zur weiteren Ermittlung die Heranziehung der **erweiterten Arznei- bzw Heilmitteldateien verlangt**[110] und diese zur Behebung der Zweifel möglicherweise hilfreich sein können. Dabei müssen die Zweifel nicht ein bestimmtes erhebliches Verordnungsvolumen von zB 5 % der Verordnungskosten betreffen, sondern es reicht aus, wenn nur einzelne Verordnungsbeträge betroffen sind.

109 (b) Wenn die Ermittlungen zur Feststellung von Fehlern führen, sind in dementsprechendem Umfang **Verordnungsbeträge in Abzug** zu bringen.[111] Dies gilt auch dann, wenn sich die substantiiert geltend gemachten Zweifel nicht aufklären lassen, weil die davon betroffenen Verordnungsblätter bzw Printimages nicht mehr vorgelegt werden können.[112]

110 (c) Betrifft der **Korrekturbedarf** nicht nur Einzelfälle, sondern insgesamt ein erhebliches Verordnungsvolumen – dafür hat das BSG eine Quote von **mindestens 5 % der Verordnungskosten** genannt –,[113] so ist der **Anscheinsbeweis der Vermutung der Richtigkeit**, den die elektronisch erfassten und verarbeiteten Verordnungsdaten begründen, derart **erschüttert**, dass sämtliche einzelne Verordnungsblätter bzw Printimages des Arztes herangezogen werden müssen. Die vom Arzt tatsächlich veranlassten Verordnungskosten sind dann durch individuelle Auswertung sämtlicher noch vorhandener Verordnungsblätter bzw Printimages zu ermitteln.[114] Soweit die vollständige Beiziehung der Verordnungsblätter bzw Printimages nicht gelingt, haben die Prüfgremien einen entsprechenden Sicherheitsabschlag von dem ggf festzusetzenden Regress vorzunehmen.[115]

110a In diesem Zusammenhang ist darauf hinzuweisen, dass auch beim Verordnungsregress der Grundsatz gilt, dass **jedes Quartal gesonderter Beurteilung** unterliegt: Vgl oben RdNr 60a und RdNr 87 aE.

4. Regresse aufgrund Richtgrößen-Prüfungen

111 Im Arzneimittelbereich werden – verwandt den Durchschnittsprüfungen – seit ca fünf Jahren Richtgrößen-Prüfungen durchgeführt (§ 106 Abs 5a SGB V). Regresse aufgrund von Richtgrößen-Prüfungen – bzw die Androhung solcher Regresse – sind wohl derjenige Bereich, der **von den Ärzten als am problematischsten empfunden** wird (und deshalb hier auch ausführlicher darzustellen ist). Das individuelle Verordnungsvolumen wird anhand einer **Richtgrenze** überprüft, die **fachgruppenbezogen** für das **Verordnungsvolumen je Behandlungsfall** festgelegt worden ist (zur Bemessung der Richtgrößen RdNr 118 ff). Auch hier ist – ebenso wie bei der Durchschnittsprüfung – am wichtigsten die Frage des Vorliegens von **Praxisbesonderheiten,** woraus sich viel-

---

[110] BSG 16. 7. 2008 – B 6 KA 57/07 R – BSGE 101, 130 = SozR 4-2500 § 106 Nr 23 RdNr 18.

[111] BSG 2. 11. 2005 – B 6 KA 63/04 R – BSGE 95, 199 = SozR 4-2500 § 106 Nr 11 RdNr 33; BSG 16. 7. 2008 – B 6 KA 57/07 R – BSGE 101, 130 = SozR 4-2500 § 106 Nr 19 RdNr 19; BSG v 6. 5. 2009 – B 6 KA 17/08 R – SozR 4-2500 § 106 Nr 23 RdNr 19.

[112] BSG 2. 11. 2005 – B 6 KA 63/04 R – BSGE 95, 199 = SozR 4-2500 § 106 Nr 11 RdNr 33; BSG 16. 7. 2008 – B 6 KA 57/07 R – BSGE 101, 130 = SozR 4-2500 § 106 Nr 19 RdNr 19; BSG v 6. 5. 2009 – B 6 KA 17/08 R – SozR 4-2500 § 106 Nr 23 RdNr 19.

[113] Zu überlegen ist, ob dem der Fall gleichzustellen ist, wenn die substantiierten Zweifel ein Verordnungsvolumen betreffen, das nicht genau eingrenzbar ist (und dadurch möglicherweise – aber nicht sicher – die 5 % erreicht).

[114] BSG 2. 11. 2005 – B 6 KA 63/04 R – BSGE 95, 199 = SozR 4-2500 § 106 Nr 11 RdNr 33; BSG 16. 7. 2008 – B 6 KA 57/07 R – BSGE 101, 130 = SozR 4-2500 § 106 Nr 23 RdNr 20.

[115] BSG 2. 11. 2005 – B 6 KA 63/04 R – BSGE 95, 199 = SozR 4-2500 § 106 Nr 11 RdNr 33; BSG 16. 7. 2008 – B 6 KA 57/07 R – BSGE 101, 130 = SozR 4-2500 § 106 Nr 23 RdNr 20.

fach die Erklärung und Rechtfertigung für eine Richtgrößen-Überschreitung ergibt (RdNr 122 f).

Ob die Richtgrößen-Prüfung auch **bei ermächtigten (Krankenhaus-)Ärzten** 112 anwendbar ist oder ob sie nur bei niedergelassenen Vertragsärzten angewendet werden kann, ist **fraglich**. Wie oben dargestellt (RdNr 88), wäre deren Anwendbarkeit auf Ermächtigte bedenklich, weil sie im Regelfall nur ein sehr spezielles Leistungsspektrum haben und daher die Richtgrößen, da diese ihre Berechnungsgrundlage in dem breiten Durchschnittsspektrum der niedergelassenen Ärzte haben, auf sie nicht passen. Normativ kann man zur Begründung dieses Ergebnisses auf **§ 106 Abs 6 SGB V** zurückgreifen und darauf hinweisen, dass hierin nur die Abs 1–5 für im Krankenhaus erbrachte ambulante ärztliche Leistungen für anwendbar erklärt werden, dagegen nicht der Abs 5a, der die Richtgrößen-Prüfungen regelt.[116]

a) Verhältnis zur Durchschnittsprüfung. Der Einführung des Instruments der 113 Richtgrößen-Prüfung lag die Ansicht zu Grunde, dass die Möglichkeit eines Regresses wegen Durchschnittsüberschreitung zur effektiven Kostenbegrenzung nicht ausreiche, weil in manchen Arztgruppen das durchschnittliche Verordnungsvolumen zu hoch liege. Von dieser Entstehungsgeschichte her stellt die Richtgrößen-Prüfung eine „verschärfte Durchschnittsprüfung" dar, die **speziell zur Begrenzung des Aufwandes bei Verordnungen** dient. Die Richtgrößen als normativ festgelegte Vergleichswerte haben die **gleiche Funktion** wie die Durchschnittswerte im Rahmen der Durchschnittsprüfung.[117] Ungeachtet der „Verschärfungen"[118] im Vergleich zur Durchschnittsprüfung ist die gesetzliche Regelung der Richtgrößen-Prüfung deutlich **angelehnt an die der Durchschnittsprüfung**. Dies wird deutlich aus der systematischen Einbindung der sie betreffenden Regelungen in die Vorschrift des § 106 SGB V (vgl hierin Abs 2 S 1 Nr 1, Abs 2 Nr 2 S 5, Abs 2 S 2, Abs 5a–5d) sowie aus den identischen Terminologien wie „Überschreitung" und „Praxisbesonderheiten".

Die Frage, ob **Durchschnitts- und Richtgrößen-Prüfung uU auch nebeneinan-** 114 **der** oder ob sie immer nur alternativ durchgeführt werden dürfen, war früher ausdrücklich geregelt.[119] Auch heute ist die **Richtgrößen-Prüfung** aber weiterhin **vorrangig**, wie aus ihrem Wesen als einer speziellen Durchschnittsprüfung folgt („verschärfte Durchschnittsprüfung"). Also ist **kein Raum mehr für** die Einleitung einer **Durchschnittsprüfung, sobald** die **Richtgrößen-Prüfung** eingeleitet worden ist.

In dem Zeitraum aber, bis eine Richtgrößen-Prüfung eingeleitet ist, kann (noch einst- 115 weilen) eine Durchschnittsprüfung erfolgen: sog **Reservefunktion**.[119a] Selbst wenn die baldige Durchführung einer Richtgrößen-Prüfung schon absehbar ist, kann es uU sinnvoll sein, **einstweilen schon** eine **Durchschnittsprüfung** durchzuführen. So kann dem Arzt alsbald nach Quartalsablauf seine Unwirtschaftlichkeit vor Augen geführt werden. Die Möglichkeit, solche „einstweiligen Durchschnittsprüfungen" durchzuführen, besteht im Interesse des hohen Rangs des Wirtschaftlichkeitsgebots.[120] Sollte es dann später doch noch zu einem Richtgrößen-Regress kommen, so muss selbstverständlich auf diesen der

---

[116] Von daher ist die Prüfpraxis vieler Prüfgremien bedenklich, die die ermächtigten Krankenhausärzte in die Richtgrößen-Prüfungen einbezieht und sie dazu nötigt, ihren regelmäßig hohen Aufwand durch Darlegung von Praxisbesonderheiten zu rechtfertigen.

[117] Vgl dazu BSG v 2. 11. 2005 – B 6 KA 63/04 R – BSGE 95, 199 = SozR 4-2500 § 106 Nr 11 RdNr 50.

[118] Alle Verschärfungen zusammenfassend: *Clemens* in: *Schlegel/Voelzke/Engelmann* (Hrsg), juris-PraxisKommentar SGB V, § 106 RdNr 157.

[119] Früher ausdrücklich geregelt in dem bis Ende 2003 bestehenden § 106 Abs 2 Nr 2 S 6 SGB V, der im Zuge der Streichung des Passus über die Durchschnittsprüfung aus § 106 Abs 2 Nr 1 SGB V aufgehoben worden ist, vgl hierzu RdNr 18, 19.

[119a] Vgl RdNr 23 aE und 96 sowie 117a.

[120] Hierzu zB BSG v 2. 11. 2005 – B 6 KA 63/04 R – BSGE 95, 199 = SozR 4-2500 § 106 Nr 11 RdNr 61 mwN; BSG v 27. 6. 2007 – B 6 KA 44/06 R = SozR 4-2500 § 106 Nr 17 RdNr 14.

Betrag des Regresses aus der Durchschnittsprüfung **angerechnet** werden. Sobald diese Anrechnung bestandskräftig erfolgt ist, ist dann der Durchschnittsprüfungs-Regress-Verwaltungsakt erledigt.

Das BSG hat zum Rangverhältnis von Durchschnitts- und Richtgrößen-Prüfung noch nicht umfassend Stellung genommen.[121]

116 **b) Zeitliche Festlegung der Richtgrößen.** Die Richtgrößen sind zwischen den Krankenkassen-Verbänden und der Kassenärztlichen Vereinigung zu vereinbaren, und zwar **bis zum 31.12. für das Folgejahr,** und bis dahin auch zu publizieren.[122] Sie sind jeweils **für ein Kalenderjahr** festzulegen (§ 84 Abs 6 S 1 SGB V), und auch die Richtgrößen-Prüfungen sind grundsätzlich für jeweils ein Kalenderjahr durchzuführen (§ 106 Abs 2 Nr 2 S 5 Teilsatz 1 SGB V).[123] Kommt eine Richtgrößen-Vereinbarung nicht bis zum 31.12. eines Jahres zustande, so kann ab dem 1.1. das Schiedsamt angerufen werden und dieses den Vertragsinhalt festsetzen (§ 89 Abs 1 S 3 SGB V).

117 Die Probleme, die entstehen, wenn die vorgenannten Fristen nicht eingehalten werden,[124] hat der Gesetzgeber **mit Wirkung ab 2008** entschärft. Er hat die **Vorgabe des Jahreszeitraums modifiziert.** Die Jahres-Regelung des § 106 Abs 2 Nr 2 S 5 Teilsatz 1 SGB V ist um **zwei „Ausnahmetatbestände"** ergänzt worden. Zum einen ist bestimmt worden, dass die Richtgrößenprüfung auch **für nur ein Quartal** durchgeführt werden kann, wenn dies ihre Wirksamkeit erhöht und hierdurch das Prüfungsverfahren vereinfacht wird (§ 106 Abs 2 Nr 2 S 5 Teilsatz 2 SGB V). Zum anderen ist geregelt worden, dass bei Hindernissen für die Durchführung einer Richtgrößen-Prüfung „die **Richtgrößen-Prüfung auf Grundlage des Fachgruppendurchschnitts** mit ansonsten gleichen gesetzlichen Vorgaben durchgeführt" werden kann (§ 106 Abs 2 Nr 2 S 5 Teilsatz 3 SGB V). Aufgrund dieser letzteren Regelung ist es nun möglich, in einem Fall der Richtgrößen-Festlegung erst nach dem 1.1. eine **„kombinierte jahresbezogene Richtgrößen-Prüfung"** auf der Basis von **Durchschnittswerten** für den ersten Teil des Jahres und der Richtgrößen für den weiteren Teil des Jahres durchzuführen. In diesem Fall gelten dadurch, dass nach dem Gesetz die Durchschnittswerte in die Richtgrößen-Prüfung hereingezogen werden, für alles Weitere – auch soweit Durchschnittswerte zu Grunde gelegt werden – die Regelungen der Richtgrößen-Prüfung, dh zB eine Überschreitungstoleranz von nur 25% gemäß § 106 Abs 5a S 2 SGB V (und nicht von ca 40%, wie sonst bei der Durchschnittsprüfung üblich, vgl hierzu RdNr 76 f, 124).

117a Keiner dieser Fälle passt allerdings dann, wenn ein Arzt erst im Verlauf eines Jahres seinen Praxisbetrieb aufnimmt: Dann bleibt nur, die Reservefunktion der Durchschnittsprüfung (RdNr 23 iVm 96, 114 f) zu mobilisieren und diese quartalsweise durchzuführen.

118 **c) Bemessung der Richtgrößen.** Bei der **Bemessung der Richtgrößen** (§ 84 Abs 6 und 7 SGB V) sind die Vertragspartner – die Krankenkassen bzw ihre Landesverbände

---

[121] Vgl BSG v 2. 11. 2005 – B 6 KA 63/04 R = BSGE 95, 199 = SozR 4-2500 § 106 Nr 11 RdNr 61, aber ohne Stellungnahme zur Frage „einstweiliger" Durchführung einer Durchschnittsprüfung.

[122] Zum Einschluss auch der Publikation (Bekanntmachung) vgl BSG v 2. 11. 2005 – B 6 KA 63/04 R – BSGE 95, 199 = SozR 4-2500 § 106 Nr 11 RdNr 41, 42 am Anfang, 43 aE, 44 am Anfang, 47 am Anfang.

[123] Die Prüfung bezogen auf ein „Kalender"jahr ist nur versehentlich in § 106 Abs 2 Nr 2 S 5 SGB V nicht ausdrücklich normiert (dazu ausführlich *Engelhard* in: *Hauck/Noftz* (Hrsg), SGB V, § 106 RdNr 173, 174). Die Jahresbezogenheit folgt aus dem Zusammenhang zwischen Richtgrößen-Vereinbarung und Richtgrößen-Prüfung. Durch die Summierung sollen die typischen Quartalsschwankungen ausgeglichen werden (im ersten – evtl auch zweiten – Quartal typischerweise Grippewellen, im dritten Quartal Urlaub vieler Patienten, evtl. auch des Arztes, mit der Folge verminderter Praxistätigkeit, so BSG v 2. 11. 2005 – B 6 KA 63/04 R = BSGE 95, 199 = SozR 4-2500 § 106 Nr 11 RdNr 59).

[124] Zu den Folgerungen bei Nichteinhaltung dieser Fristen s *Clemens* in: *Schlegel/Voelzke/Engelmann* (Hrsg), jurisPraxisKommentar SGB V, § 106 RdNr 163 f.

und die Kassenärztliche Vereinigung – nicht frei. Zunächst werden auf **Bundes**ebene von den Krankenkassen-Spitzenverbänden und der Kassenärztlichen Bundesvereinigung **Rahmenvorgaben** vereinbart[125], ggf. auch **Empfehlungen für Richtgrößen-Vereinbarungen** festgelegt (§ 84 Abs 7 – mit S 6 – SGB V). Dies ist die Grundlage für **Zielvereinbarungen** (§ 84 Abs 6 iVm Abs 1 SGB V). Die genannten Empfehlungen enthalten **Auflistungen** von Wirkstoffen, bei denen keine Anhaltspunkte für eine unwirtschaftliche Anwendung, für eine Verordnung außerhalb zugelassener Indikationen oder für eine Mengenausweitung bestehen und die deswegen von der Richtgrößenfestlegung ausgenommen werden können, sowie eine Auflistung von **Indikationsgebieten,** bei denen im Hinblick auf Arzneimittel **im Regelfall** von **Praxisbesonderheiten** ausgegangen werden kann.[126]

Nicht alles dies sind zwingende Vorgaben für die zwischen den Kassenärztlichen Vereinigungen und den (Landes-)Verbänden der Krankenkassen zu vereinbarenden Richtgrößen. So müssen sie zB die genannten Auflistungen für eventuelle Praxisbesonderheiten nicht übernehmen. Teilweise werden sie nicht übernommen. Dies beruht auf der Erwägung, dass die pauschale Deklarierung als Praxisbesonderheiten möglicherweise Ärzte verlocken kann, ihre Verordnungen – ohne genauere Prüfung der Notwendigkeit im Einzelfall – in diese Bereiche zu verlagern, weil sie sich hier sicher vor Regressen glauben. Einzelfallprüfungen (vgl RdNr 12 ff) könnten allerdings in Betracht kommen, wären aber sehr verwaltungsaufwändig (vgl RdNr 13 f).[127] Soweit deshalb einige Kassenärztliche Vereinigungen auf solche pauschalen Auflistungen verzichtet haben, bleibt den Ärzten nur, ihren Mehraufwand durch Geltendmachung von Praxisbesonderheiten zu rechtfertigen (hierzu vgl RdNr 56 ff).

Die arztgruppenspezifischen Richtgrößen betragen im Ergebnis **vielfach** nur ca **85 % der durchschnittlichen** Arzneikosten der Fachgruppe. Dies berücksichtigt, dass in den Durchschnittswerten der Mehraufwand einzelner Ärzte aufgrund von Praxisbesonderheiten mitenthalten sein können. Richtgrößen dagegen sollen nur den „normalen" Arzneikostenaufwand repräsentieren; sie lassen **Arzneikosten, die durch Praxisbesonderheiten bedingt sind,** außer Betracht. Diese werden gemäß § 106 Abs 5a S 3 SGB V **gesondert** als Rechtfertigung für die Überschreitung der Richtgröße berücksichtigt.

Dadurch, dass die Richtgrößen für die Bereiche der einzelnen Kassenärztlichen Vereinigungen je gesondert festgelegt werden, ergeben sich **regional unterschiedliche Richtgrößen.** Dies mag unbefriedigend erscheinen, ist aber hinzunehmen, weil es Folge der – verfassungsrechtlich nicht zu beanstandenden – Festlegung der Kompetenzen auf der regionalen Ebene ist.[128]

d) Praxisbesonderheiten und Einsparungen. Sind die Richtgrößen überschritten, so kommt es darauf an, (aa) ob die Überschreitung durch **Praxisbesonderheiten oder kompensierende Einsparungen** erklärt bzw gerechtfertigt werden kann oder (bb) ob sie jedenfalls so weit „herunter gerechnet" werden kann, dass die **nicht gerechtfertigte Überschreitung** des Richtgrößenvolumens nicht mehr über 15 % bzw 25 % liegt.

---

[125] Die Rahmenvorgaben nach § 84 Abs 7 SGB V bilden gemäß § 73 Abs 8 S 2 SGB V zugleich eine Grundlage für die arznei-vergleichenden Informationen, die die Kassenärztlichen Vereinigungen, die Kassenärztliche Bundesvereinigung, die Krankenkassen und ihre Verbände gemäß § 73 Abs 8 SGB V an die Vertragsärzte zu geben haben.

[126] Vgl dazu *Hess* in: Kasseler Kommentar, SGB V, § 84 RdNr 28.

[127] Zunächst müssten die einzelnen Verordnungen aller Ärzte daraufhin überprüft werden, welche von ihnen Verordnungen in diesen Bereichen tätigen. Dann müsste zur Feststellung der zugehörigen Diagnosen die entsprechenden Krankenscheine herausgesucht werden. Schließlich wäre zu prüfen, welche der Verordnungen ungerechtfertigt erscheinen; vgl zu den Varianten der Einzelfallprüfung RdNr 12 ff.

[128] Zu weiteren Kritikpunkten (und deren Zurückweisung) s *Clemens* in: *Schlegel/Voelzke/Engelmann* (Hrsg), jurisPraxisKommentar SGB V, § 106 RdNr 172 f.

123 Zu **Praxisbesonderheiten** und kompensierenden Einsparungen kann auf obige Ausführungen verwiesen werden (so RdNr 56 ff und 71 ff)[129]. Bei den **Praxisbesonderheiten** (hierzu ausdrücklich § 106 Abs 5a S 1 aE SGB V) können allerdings solche Gesichtspunkte keine Berücksichtigung finden, die – wie in RdNr 118 erörtert – bereits durch die inhaltliche Ausgestaltung der Richtgrößen-Vereinbarungen mit pauschalen Auflistungen berücksichtigt worden sind.[130] Auch Rechtfertigungen durch Anführung von **kompensierenden Einsparungen** sind denkbar, ungeachtet dessen, dass dies nicht ausdrücklich in § 106 Abs 5a SGB V erwähnt wird.[131]

124 **e) Rechtsfolgen: Beratung bzw Regress.** Verbleibt eine nicht gerechtfertigte Überschreitung um **mehr als 15%,** so erfolgt eine **Beratung** des Arztes, die vom Prüfungsausschuss auf der Grundlage von Übersichten über die gesamten vom Arzt verordneten Leistungen durchgeführt wird und die Wirtschaftlichkeit sowie die Qualität der Versorgung zum Gegenstand hat (§ 106 Abs 5a S 1 iVm Abs 1a SGB V). Beträgt die verbleibende Überschreitung **mehr als 25%,** so muss[132] der Arzt den darüber hinausgehenden[133] Verordnungsaufwand **erstatten** (§ 106 Abs 5a S 3 SGB V).

125 Zur **Abwendung oder Abmilderung** des Regressverfahrens gibt es zwei Möglichkeiten. Zum einen kann die **Kassenärztliche Vereinigung** auf Grund des § 106 Abs 5c SGB V nach ihrem **Ermessen** dem Arzt die Regressschuld **stunden oder erlassen,** allerdings nur unter strengen Voraussetzungen, nämlich falls der Arzt nachweisen kann, dass ihn die Realisierung des Anspruchs wirtschaftlich gefährden würde.[134] Zum anderen können Arzt und Prüfungsstelle anstatt einer Regressfestsetzung eine **Minderung des Erstattungsbetrages um bis zu einem Fünftel**[135] vereinbaren (§ 106 Abs 5a S 4 SGB V) und evtl außerdem eine individuelle Richtgröße festlegen (§ 106 Abs 5d SGB V).[136]

126 **f) Bemessung des Regresses.** Bei der **Bemessung** eines Regresses ist wie bei allen Regressen zu beachten, dass der **Regress auf die Nettobelastung der Krankenkassen zu begrenzen** ist: hierzu RdNr 89 ff –. Daher sind, wie oben dargestellt, insbesondere Positionen wie Apotheken-Rabatt und Patienten-Zuzahlungen herauszurechnen, was schematisch mit 15 % pauschaliert werden kann.

127 Der Grundsatz, dass nur die tatsächliche Belastung der Krankenkassen regressiert werden darf, bedeutet weiterhin, dass auch **Rabatte** auf Grund von Vereinbarungen zwischen den Krankenkassen und **Pharmaunternehmen** (§ 130a Abs 8 SGB V) herauszurechnen sind. Indessen kann die Zuordnung zu bestimmten einzelnen Arzneimitteln und somit auch zu konkreten Ärzten schwierig sein, wie oben dargestellt worden ist (vgl RdNr 91). Dem hat der Gesetzgeber dadurch abgeholfen, dass er für Regresse auf Grund von Richt-

---

[129] Der Begriffsinhalt der Praxisbesonderheit ist mit dem identisch, der für die Durchschnittsprüfung gilt (vgl RdNr 56 f, 59). Davon geht auch das BSG aus, das im Zusammenhang mit Praxisbesonderheiten beide Prüfungsarten „in einem Atemzug" nennt (BSG v 22. 6. 2005 – B 6 KA 80/03 R – SozR 4-2500 § 87 Nr 10 RdNr 35): „Praxisbesonderheiten im Rahmen der Wirtschaftlichkeitsprüfung nach Durchschnittswerten oder nach Richtgrößen ... haben eine grundlegend andere Funktion als ..."

[130] So ausdrücklich klarstellend § 106 Abs 5a S 2 SGB V.

[131] Zur Gleichstellung s nachdrücklich *Clemens* in: *Schlegel/Voelzke/Engelmann* (Hrsg), jurisPraxisKommentar SGB V, § 106 RdNr 177.

[132] Eine sog gebundene Entscheidung – kein Ermessen (§ 196 Abs 5a S 3 SGB V: „hat zu erstatten"). Also anders als bei der Durchschnittsprüfung (vgl RdNr 103).

[133] Nur der über dieser Grenze hinausgehende Aufwand darf abgeschöpft werden, wie der Wortlaut des § 106 Abs 5a S 3 SGB V in der seit dem 1. 1. 2004 geltenden Fassung klar ergibt.

[134] Hierzu Näheres bei *Clemens* in: *Schlegel/Voelzke/Engelmann* (Hrsg), jurisPraxisKommentar SGB V, § 106 RdNr 182.

[135] Hierzu vgl *Engelhard* in: *Hauck/Noftz* (Hrsg), SGB V, K § 106 RdNr 227 f.

[136] Hierzu Näheres bei *Clemens* in: *Schlegel/Voelzke/Engelmann* (Hrsg), jurisPraxisKommentar SGB V, § 106 RdNr 183.

größen-Prüfungen den **Abzug pauschalierter Beträge** vorgesehen hat (§ 106 Abs 5c S 1 Hs 2 SGB V in der Neufassung mit Inkrafttreten zum 1.1.2008).

Durch solche pauschalierten Abzüge wird eingerechnet, dass bei den Krankenkassen insoweit ein geringerer Schaden eingetreten ist. Insofern wird nur eine Schadensminderung rechnerisch berücksichtigt. Fehl geht die gelegentlich zu hörende Ansicht, bei Verordnung von sog Rabatt-Arzneimittel könne es überhaupt nicht zu einem **Regress** kommen. Dies trifft nicht zu: Auch Verordnungen von sog Rabatt-Arzneimitteln können, wenn „**zu viel verordnet** wird" oder wenn es noch preisgünstigere (ebenso wirksame) Arzneimittel gibt, dem Arzt als unwirtschaftlich angelastet werden. 127a

g) Frist. Anders als bei der Honorarkürzung und beim Verordnungsregress aufgrund von Durchschnittsprüfungen (hierzu RdNr 83 und 105) gilt für den Richtgrößen-Regress nur *eine* Frist. Das Verfahren ist **von Amts wegen einzuleiten;** insoweit besteht keine Frist. Aber für die Abwicklung des Prüfverfahrens, dh binnen welcher Zeit dem Arzt ein **Bescheid zugegangen** sein muss, gilt eine – besonders – kurze Frist: Diese sonst vierjährige Frist ist für Richtgrößen-Regresse seit dem 1.1.2008 durch die Spezialvorschrift des § 106 Abs 2 S 7 Hs 2 SGB V auf **nur zwei Jahre** festgelegt worden. Hier ist zugleich der Beginn dieser Frist ausdrücklich geregelt worden, nämlich dass die Festsetzung eines auf Grund einer Richtgrößen-Prüfung zu erstattenden Mehraufwands „innerhalb von **zwei Jahren nach Ende des geprüften Verordnungszeitraums** erfolgen" muss.[137] Mithin muss der Bescheid binnen dieser Frist dem Arzt zugegangen (und damit gemäß § 37 Abs 2 S 1 SGB X wirksam geworden) sein.[138] 128

5. Zusätzliche Hinweise zu Verordnungsregressen bei Sprechstundenbedarf

a) Zuständig zur Festsetzung von Verordnungsregressen bei Sprechstundenbedarf sind im Regelfall die Kassenärztlichen Vereinigungen. Dies kann aber durch eine entsprechende Regelung in der Prüfvereinbarung auf die Prüfgremien (Prüfungsstelle und Beschwerdeausschuss) übertragen werden.[139] 128a

b) Verordnungsfähigkeit. Für Verordnungen von Sprechstundenbedarf gelten in den verschiedenen Bezirken Kassenärztlicher Vereinigungen unterschiedliche Bestimmungen. So ist zB in den **verschiedenen Sprechstundenbedarfs-Verordnungen** unterschiedlich geregelt, was als Sprechstundenbedarf verordnet werden kann. 129

Ist nach der **Sprechstundenbedarfs-Vereinbarung** die **Verordnungsfähigkeit** nicht gegeben, so kann deshalb ein Regress gegenüber dem Arzt festgesetzt werden. Insoweit gilt Vergleichbares, wie unten in RdNr 153ff dargestellt (mit dem Unterschied aber, dass die eine Unvereinbarkeit mit der Sprechstundenbedarfs-Vereinbarung zwingend ist, während die Arzneimittel-Richtlinien keine strikte Vorgabe sind, RdNr 156). 130

Ergänzend zu den Sprechstundenbedarfs-Verordnungen hat das BSG klargestellt, dass aber auch dann, wenn nach der Verordnung an sich die Verordnungsfähigkeit besteht, diese doch ausgeschlossen sein kann: Soweit nämlich die **Kosten für ein Mittel bereits mit dem Honorar abgegolten** sind, darf der Arzt **dieses nicht als Sprechstundenbedarf verordnen;** dies unterliefe den Sinngehalt des – insoweit umfassenden – Leistungstatbestandes.[140] 131

---

[137] In der Gesetzesbegründung heißt es: „Zeiträume von mehr als zwei Jahren zwischen dem geprüften Verordnungszeitraum und dem Abschluss der Prüfung sind für die Betroffenen unzumutbar" (BT-Drucks 16/3100, 136 letzter Absatz).
[138] Insoweit sind also die Ausführungen des BSG (v 2.11.2005 – B 6 KA 63/04 R – BSGE 95, 199 = SozR 4-2500 § 106 Nr 11 RdNr 62) durch die Spezialvorschrift des § 106 Abs 2 S 2 Hs 2 SGB V überholt.
[139] Vgl BSG v 6.5.2009 – B 6 KA 2/08 R – SozR 4-2500 § 106 Nr 24 RdNr 14.
[140] BSG v 9.9.1998 – B 6 KA 85/97 R = SozR 3-5533 Allg Nr 2 S 11 ff.

132 Ein anderer vom BSG entschiedener Fall betraf einen Arzt, der ungeheure Mengen sog **koaxiale Interventionssets** mittels Sprechstundenbedarfs-Verordnungen beschaffte.[141] Zum einen war deren Verordnung nicht durch die Sprechstundenbedarfs-Vereinbarung gedeckt, weil es sich nicht um gesondert verordnungsfähige Einmalkanülen im Sinne der Verordnung handelte.[142] Zum anderen ging die Verordnungsmenge weit über das hinaus, was er für die im Rahmen schmerztherapeutischer Behandlungen durchzuführenden **Injektionen** benötige, und auch der Preis je Stück war extrem überhöht (der Arzt war an der Firma wirtschaftlich beteiligt).[143] Da sich alles dies in ausgelagerten Praxisräumen abspielte, wusste der **Partner** nichts davon. Dies nützte diesem aber nichts. Vielmehr hat das BSG die Prüfgremien als berechtigt angesehen, die Verordnungsregresse gegen ihn als **Gesamtschuldner** festzusetzen.[144]

132a In einem anderen neueren Urteil hat das BSG herausgestellt, dass **vom Arzt eingeholte Auskünfte** ihn im Regelfall nicht vor einem Regress schützen.[144a]

133 **c) Unwirtschaftlichkeit.** Ist die Verordnungsfähigkeit nach der Sprechstundenbedarfs-Vereinbarung gegeben, so ist damit aber nicht unbedingt auch die Verordnungsberechtigung gegeben. Vielmehr muss der verordnende Arzt auch im Bereich des Sprechstundenbedarfs das Wirtschaftlichkeitsgebot beachten. Ihm kann vorgehalten werden, er habe einen übermäßigen – unwirtschaftlichen – Verbrauch an Sprechstundenbedarf. Solche Vorhaltungen erfolgen dann in der Regel nach den Maßstäben der **Durchschnittsprüfung**, dazu RdNr 95 ff. Dabei sind allerdings einige Besonderheiten zu beachten. Während bei den Verordnungen direkt für die Patienten, gleichgültig ob Arznei-, Verband-, Heil- oder Hilfsmittel betroffen sind, die Vergleichsprüfung auf ein Quartal beschränkt werden kann, ist beim Sprechstundenbedarf die **Einbeziehung von vier aufeinander folgenden Quartalen** zu fordern. Denn die Beschaffung von Sprechstundenbedarf darf – en bloc für mehr als ein Quartal erfolgen – was in der Regel auch geschieht –, sodass von vornherein stärkere Schwankungen von Quartal zu Quartal denkbar sind als bei den patientenbezogenen Verordnungen; außerdem erfolgt in dem Fall, dass Verordnungen von Sprechstundenbedarf am Schluss eines Quartals erfolgt und erst im nächsten Quartal eingelöst werden, die Quartalszuordnung nach unterschiedlichen Maßstäben.[145]

134 **d) Sonstige Fälle.** Im Bereich des Sprechstundenbedarfs gibt es noch andere Strukturen von Regressen. Hier obliegt es dem Arzt, seine Verordnungen zu Lasten der Krankenkassen an dem Verhältnis zu orientieren, wie sich seine Patienten **auf die Krankenkassen(arten) verteilen.** In einem vom BSG entschiedenen Fall[146] hatte ein Arzt seinen Sprechstundenbedarf zu 43% **zu Lasten der Ersatzkassen** verordnet, obgleich bei ihm die dort Versicherten nur eine Quote von 26% ergaben. Das BSG hat die Prüfgremien in diesem Fall zu Recht als zuständig für die Festsetzung eines Regresses und deren Schadensverlangen als grundsätzlich berechtigt angesehen.[147]

---

[141] BSG v 20. 10. 2004 – B 6 KA 41/03 R = SozR 4-2500 § 106 Nr 6; siehe zu diesem Fall auch *Clemens*, Der Kampf des Arztes gegen Arzneikostenregresse – Arzneizulassung, Off-Label-Use, Arzneimittel-Richtlinien, Wirtschaftlichkeitsprüfung, Richtgrößen, in: *Hanau/Röller/Macher/Schlegel* (Hrsg), Personalrecht im Wandel – FS Küttner, 204.
[142] Mit dieser Tendenz schon BSG v 20. 10. 2004 aaO RdNr 10–17. Eindeutig nunmehr BSG v 6. 5. 2009 – B 6 KA 2/08 R – SozR 4-2500 § 106 Nr 24 RdNr 15.
[143] Vgl dazu BSG v 20. 10. 2004 aaO RdNr 18 f.
[144] BSG v 20. 10. 2004 aaO RdNr 20–23.
[144a] BSG v 6. 5. 2009 – B 6 KA 2/08 R – SozR 4-2500 § 106 Nr 24 RdNr 17 ff. – Eine Ausnahme ist nur zu erwägen bei Einholung einer Auskunft gerade der Entscheidungsinstanz oder evtl der Krankenkassen als Kostenträger: BSG aaO RdNr 20 f.
[145] Zu diesen Fragen Näheres bei *Clemens* in: *Schlegel/Voelzke/Engelmann* (Hrsg), jurisPraxis Kommentar SGB V, § 106 RdNr 101 mit Hinweis auf BSG v 6. 2. 2008 – B 6 KA 57/07 B – in juris dokumentiert – RdNr 11.
[146] BSG v 20. 10. 2004 – B 6 KA 65/03 R = SozR 4-2500 § 106 Nr 7.
[147] BSG v 20. 10. 2004 – B 6 KA 65/03 R = SozR 4-2500 § 106 Nr 7 RdNr 13 ff.

IV. Zusätzliche Regressgefahren im Arzneiverordnungsbereich; Einzelfallprüfungen wegen Fehlens der Arzneimittelzulassung, wegen Off-Label-Use und wegen AMRL-Verordnungsausschlusses

Abgesehen von Regressen aufgrund von Durchschnitts- und Richtgrößen-Prüfungen gibt es in fast allen Verordnungsbereichen (Arznei-, Heil- und Hilfsmittel) auch Regresse aufgrund von **Einzelfallprüfungen**. Gelegentlich kann es sich dabei um eine klassische **Einzelfallkorrektur wegen Missachtung medizinisch-sachgerechter Vorgaben** handeln, wie dies etwa in dem vom BSG entschiedenen Verfahren zur Überdosierung des Dosier-Aerosols Berodual der Fall war.[148] **Am häufigsten** sind Regresse aufgrund von Einzelfallprüfungen in Bereichen, die nur im Arzneibereich vorkommen; diese betreffen Fälle des **Fehlens der Arzneimittelzulassung**, des **Off-Label- Use** und von **Verordnungen entgegen einem AMRL-Verordnungsausschluss** (RdNr 136 ff, 139 ff, 153 ff). Diese speziellen Regresstypen sollen im Folgenden kurz dargestellt werden.   135

1. Regresse wegen Fehlens der Arzneimittelzulassung

Ein Regress wegen Verordnung von Arzneimitteln, für die eine Zulassung nicht oder noch nicht vorliegt, betrifft das „**Grunderfordernis**", das für jeglichen Vertrieb von Arzneien in Deutschland besteht: nämlich, dass das Arzneimittel nach dem Arzneimittelgesetz (AMG) entweder durch das Bundesinstitut für Arzneimittel und Medizinprodukte (BfArM) oder – auf Europäischer Ebene – durch die Europäische Arzneimittel-Agentur EMEA (The European Agency for the Evaluation of Medicinal Products) **zugelassen** sein muss.[149] Ein solches förmliches Zulassungsverfahren soll ein Mindestmaß an **Qualität, Wirksamkeit und Unbedenklichkeit** sicherstellen, so, wie dies bei kurativen Behandlungen durch das Verfahren der Zulassung von Behandlungsmethoden durch den Gemeinsamen Bundesausschuss gemäß § 135 Abs 1 SGB V iVm der von diesem geschaffenen Richtlinie zu Untersuchungs- und Behandlungsmethoden der vertragsärztlichen Versorgung (vorher – bis März 2006 – Richtlinie zur Bewertung medizinischer Untersuchungs- und Behandlungsmethoden: BUB-RL) gewährleistet wird.[150] Die Zwecke von Qualität, Wirksamkeit und Unbedenklichkeit hat das BSG insbesondere in seinem Urteil vom 5.11.2008 herausgestellt.[150a]   136

Nur ausnahmsweise wird die Verwendung von weder durch die deutsche noch durch die EU-Behörde zugelassenen Arzneimitteln als rechtmäßig erachtet, nämlich nur dann, wenn dafür ein dringendes Bedürfnis besteht, etwa weil es sich um eine **1. sehr seltene Krankheit**[151] **– und/oder eine lebensbedrohliche Erkrankung**[152] – handelt, für deren   137

---

[148] Siehe BSG v 27.6.2007 – B 6 KA 44/06 R – SozR 4-2500 § 106 Nr 17 RdNr 17 ff.

[149] Vgl dazu zB BSG v 19.3.2002 – B 1 KR 37/00 R – BSGE 89, 184, 185 f = SozR 3-2500 § 31 Nr 8 S 29 f – Sandoglobulin; BSG v 18.5.2004 – B 1 KR 21/04 R – BSGE 93, 1 = SozR 4-2500 § 31 Nr 1 RdNr 7 u 10 – Immucothel; BSG v 19.10.2004 – B 1 KR 27/02 R – BSGE 93, 236 = SozR 4-2500 § 27 Nr 1 RdNr 13 – Visudyne; BSG v 27.9.2005 – B 1 KR 6/04 R – BSGE 95, 132 = SozR 4-2500 § 31 Nr 3 RdNr 14 u 22 – Wobe-Mugos E.

[150] Aus dieser Sicht wird gelegentlich die Arzneimittelzulassung als das „Pendant" zum Verfahren nach § 135 Abs 1 SGB V angesehen. Diese Bewertung ist allerdings fragwürdig, ebenso wie die daraus gezogene Folgerung, für dieses Verfahren sei bei Arzneimitteln kein Raum – auch nicht im Falle der Entwicklung einer neuartigen Arzneimitteltherapie (BSG v 19.10.2004 – B 1 KR 27/02 R – BSGE 93, 236 = SozR 4-2500 § 27 Nr 1 RdNr 13 und 14 mwN – Visudyne). Zu Recht kritisch *Francke* MedR 2006, 683, 685.

[150a] BSG v 5.11.2008 – B 6 KA 63/07 R – SozR 4-2500 § 106 Nr 21 RdNr 17 ff – Wobe-Mugos E. Die gleichen Ausführungen finden sich in den weiteren Urteilen vom 5.11.2008 – B 6 KA 64/07 R und vom 6.5.2009 – B 6 KA 3/08 R –.

[151] BSG v 19.10.2004 – B 1 KR 27/02 R – BSGE 93, 236 = SozR 4-2500 § 27 Nr 1 RdNr 22–24 – Visudyne.

[152] So die Erweiterung. Siehe dazu zuerst BSG v 19.10.2004 – B 1 KR 27/02 R – BSGE 93, 236 = SozR 4-2500 § 27 Nr 1 RdNr 21–24 – Visudyne. Dies erweiternd BVerfG v 6.12.2005 – 1

Behandlung **2. keine vergleichbaren Arzneimittel,** die für dieses Anwendungsgebiet zugelassen sind, **in Deutschland verfügbar** sind (§ 73 Abs 3 S 2 Nr 1 aE AMG[153]). Gewicht kann dabei uU auch der Gesichtspunkt haben, ob das Arzneimittel in einem anderen **3. Staat mit ähnlicher Qualitätsgewähr der Arzneimittelzulassung** wie in Deutschland zugelassen ist (zB Zulassung in der Schweiz, Kanada oder USA[154])[155]. In solchen Fällen[156] darf für Einzelfälle ein **4.** sog. **Einzelimport**[157] erfolgen.

138 Ob alle verordneten Arzneimittel auch zugelassen waren, wird von den Krankenkassen anhand der ihnen von den Apotheken zugeleiteten Verordnungsblätter überprüft. Stellt eine Krankenkasse fest, dass ein Arzt ein Arzneimittel verordnet hat, das weder durch die deutsche noch durch die EU-Behörde zugelassen ist (und bei dem auch nichts für einen ausnahmsweise zulässigen Einzelimport ersichtlich ist), so beantragt sie bei der Kassenärztlichen Vereinigung bzw bei dem von dieser gemeinsam mit den Krankenkassen gebildeten sog Prüfungsausschuss, dass dieser einen Regress gegen den Arzt festsetze.

2. Regresse wegen unzulässigen Off-Label-Use

139 Außer dem „Grunderfordernis" der Arzneimittelzulassung nach dem AMG durch die deutsche oder durch die EU-Behörde setzt eine rechtmäßige Arzneimittelverordnung zudem voraus, dass die Verordnung auch eine der im Zulassungsakt ausgewiesenen Indikationen bzw Anwendungsgebiete betrifft.[157a] In der Arzneimittelzulassung wird ausgewiesen, auf Grund welcher Studien die Zulassung erfolgt, und damit zugleich, für welche Indikationen bzw Anwendungsgebiete die Wirksamkeit und das Fehlen unzuträglicher Nebenwirkungen durch Studien belegt ist. Hierdurch kann es Eingrenzungen der zulässigen Verordnung auf **bestimmte Krankheiten** geben, gelegentlich auch auf die Anwendung **nur bei Männern oder nur bei Frauen,** gelegentlich auch auf die Anwendung nur bei **bestimmten Altersgruppen.** Solche Eingrenzungen sind gelegentlich nicht schon aus der sog Roten Liste ersichtlich;[158] evtl kann die im Internet abrufbare Fachinfor-

---

BvR 347/98 – BVerfGE 115, 25 = MedR 2006, 164 = NJW 2006, 891 = SozR 4-2500 § 27 Nr 5. Fortführend und zusammenfassend BSG v 4. 4. 2006 – B 1 KR 7/05 R – BSGE 96, 170 = SozR 4-2500 § 31 Nr 4 RdNr 17 ff – Tomudex. Vgl zuletzt BSG v 30. 6. 2009 – B 1 KR 5/09 R – RdNr 45 f mwN – ADHS.

[153] Vgl die seit dem 6. 9. 2005 geltende Fassung.

[154] Zu solchen Fällen vgl BSG v 27. 9. 2005 – B 1 KR 6/04 R – BSGE 95, 132 = SozR 4-2500 § 31 Nr 3 betr Schweiz (einen dortigen Kanton) – Wobe-Mugos E; BSG v 4. 4. 2006 – B 1 KR 7/05 R – BSGE 96, 170 = SozR 4-2500 § 31 Nr 4 (RdNr 2, 37 betr Kanada – im Übrigen auch Schweiz) – Tomudex.

[155] Von diesem System her muss also das infrage stehende Anwendungsgebiet ebenfalls von der ausländischen Zulassung abgedeckt sein. Eine Argumentation dahingehend, in Deutschland dürfte aber ein anderes vergleichbares Arzneimittel aufgrund der Regeln zum Off-Label-Use eingesetzt werden, zählt nicht; dh darauf kann nicht verwiesen werden. Zur Betonung der Arzneimittelsicherheit durch die ausländische Zulassung s insbesondere BSG v 17. 3. 2005 – B 3 KR 2/05 R – BSGE 94, 213 RdNr 21 = SozR 4-5570 § 30 Nr 1 RdNr 18 aE – Tasmar.

[156] Die vorgenannten drei Voraussetzungen zusammenfassend BSG v 4. 4. 2006 – B 1 KR 7/05 R – BSGE 96, 170 = SozR 4-2500 § 31 Nr 4 RdNr 21 – Tomudex. Vgl zuletzt BSG v 30. 6. 2009 – B 1 KR 5/09 R – RdNr 43 mwN – ADHS.

[157] Dh, dass das Verbringen in den Geltungsbereich des AMG damit nur in dem konkreten Einzelfall rechtmäßig ist. Es ergibt sich keine zulassungsähnliche Wirkung etwa derart, dass damit der Import generell oder der Verkehr mit dieser Arznei innerhalb ganz Deutschlands gestattet wäre. Vgl BSG v 18. 5. 2004 – B 1 KR 21/04 R – BSGE 93, 1 = SozR 4-2500 § 31 Nr 1 RdNr 10 – Immucothel, und BSG v 17. 3. 2005 – B 3 KR 2/05 R – BSGE 94, 213 RdNr 21 = SozR 4-5570 § 30 Nr 1 RdNr 18 – Tasmar.

[157a] Hierzu und zum Folgenden zuletzt BSG v 30. 6. 2009 – B 1 KR 5/09 R – RdNr 30 ff – ADHS.

[158] Diese enthält nur verkürzte, zum Teil auch nur summarische Angaben, die nicht ohne Weiteres ausreichen (BSG v 31. 5. 2006 – B 6 KA 53/05 B – MedR 2007, 557, 558 – Immunglobuline).

mation weiterhelfen; erforderlichenfalls ist der Arzt gehalten, nähere Informationen über die Indikationen und Anwendungsgebiete bei der Zulassungsbehörde einzuholen.[159]
- Manche Eingrenzungen beruhen darauf, dass der Pharmaunternehmer die Zulassung seines Arzneimittels nicht für alle denkbaren Anwendungsbereiche beantragte, weil er dafür die Ergebnisse von Studien über dessen Wirksamkeit und das Fehlen unzuträglicher Nebenwirkungen hätte vorlegen müssen, aber hierauf wegen des unangemessenen Verhältnisses zwischen dem Aufwand hierfür und dem Ertrag aus dem prognostizierten zusätzlichen Verkauf verzichtet hatte.
- Gelegentlich auch stellt sich erst später – manchmal zufällig – die Eignung eines Arzneimittels auch für die Behandlung anderer Krankheiten heraus (so hat sich zB herausgestellt, dass Arzneimittel für Epilepsie auch bei manisch depressiven Erkrankungen und solche für HIV auch bei Hepatitis helfen).

Hält sich der Arzt an die bestehenden Eingrenzungen nicht, so liegt ein sog Off-Label-Use vor. Dieser kann unter bestimmten Voraussetzungen, die das BSG herausgearbeitet hat, zulässig und damit rechtmäßig sein. Damit wird dem gelegentlichen **Bedürfnis** nach einem Arzneimitteleinsatz über die mit der Zulassung ausgewiesenen Anwendungsgebiete hinaus Rechnung getragen.

In der Vergangenheit ergab sich ein solches **Bedürfnis** häufig gerade im Falle von Kindern. Dies beruhte darauf, dass es für die Anwendung an **Kindern** vielfach an aussagekräftigen Studienreihen fehlte. Dies hatte seinen Grund zum einen darin, dass bei Kindern, da sie nicht selbst wirksam in Eingriffe in ihre Gesundheit einwilligen können, Vergleichsstudien mit dem Arzneimittel einerseits und einem Placebo andererseits ethisch höchst problematisch sind. Zum anderen „lohnt" es sich für Pharmaunternehmen angesichts des relativ kleinen „Marktes" für Kinderkrankheiten auch oft nicht, solche zusätzlichen Studienreihen durchzuführen. Um diesen Defiziten abzuhelfen, hat die Europäische Union eine Verordnung[160] über Kinderarzneimittel erlassen, wonach jeweils auch Studien zur Anwendung an Kindern[161] durchgeführt werden müssen.[162]

Unter welchen Voraussetzungen ein Off-Label-Use zulässig ist, hat die Rechtsprechung herausgearbeitet. Das BSG hat dafür **drei Voraussetzungen** benannt,[163] zum einen das **Vorliegen einer schwerwiegenden Erkrankung,** zum anderen das **Fehlen anderer**

---

[159] Rückfragen können an das Bundesinstitut für Arzneimittel und Medizinprodukte (BfArM – Kurt-Georg-Kiesinger-Allee 3, 53175 Bonn) oder an das Paul-Ehrlich-Institut (Paul-Ehrlich-Str. 51–59, 63225 Langen) gerichtet werden (Homepage unter www.bfarm.de und www.pei.de).

[160] Vgl dazu Verordnung (EG) Nr 1901/2006 v 12.12.2006, EUABl v 27.12.2006, Seite 1. – Näheres in RdNr 146 f.

[161] Es kann auch den (umgekehrten) Fall geben, dass ein Bedürfnis besteht, bei einer häufiger bei Kindern vorkommenden Krankheit das dafür geeignete Arzneimittel auch in den selteneren Fällen daran leidender Erwachsener anzuwenden: So zB beim Aufmerksamkeitsdefizit-Hyperaktivitätssyndrom (ADHS). Das BSG hat indessen für das methylphenidathaltige Arzneimittel Concerta eine hinreichende Aussicht auf einen Behandlungserfolg bei Erwachsenen verneint und zudem auf Suchtgefahren hingewiesen (BSG v 30.6.2009 – B 1 KR 5/09 R – RdNr 31 ff und 41 ff – ADHS). – Auch in anderen Fällen kann es problematisch sein, Arzneimittel, die sich bei Kindern bewährt haben, nunmehr bei Erwachsenen anzuwenden. So hatte sich zB bewährt, bei AIDS-kranken Kindern, deren Immunsystem noch nicht voll ausgereift war, Infekte mit Immunglobulinen zu bekämpfen, während die gleiche Behandlung bei Erwachsenen die verbliebenen Funktionen von deren Immunsystem zerstören kann (vgl dazu BSG v 31.5.2006 – B 6 KA 53/05 B – MedR 2007, 557 – Immunglobuline).

[162] Grusätzlich gibt es gelegentlich auch das Bedürfnis, Arzneimittel, deren Zulassung nur die Anwendbarkeit bei Frauen ausweist, auch bei Männern anzuwenden: So sind Osteoporose-Medikamente häufig nur zur Anwendung an Frauen zugelassen, weil oft nur solche Studien vorgelegt werden, da diese Krankheit bei ihnen häufiger vorkommt als bei Männern.

[163] BSG v 19.3.2002 – B 1 KR 37/00 R – BSGE 89, 184, 191 f = SozR 3-2500 § 31 Nr 8 S 36 – Sandoglobulin. Zuletzt BSG v 30.6.2009 – B 1 KR 5/09 R – RdNr 31 mwN – ADHS.

Therapiemöglichkeiten und schließlich die **begründete Aussicht auf einen Behandlungserfolg** mit diesem Arzneimittel.

142 Diese drei Voraussetzungen müssen **kumulativ,** dh alle drei zusammen, vorliegen.

143 **Praktische Bedeutung** haben diese Voraussetzungen **vor allem** im **ambulanten** Bereich. Verordnungen, die einen Off-Label-Use darstellen, bedeuten bei stationären Behandlungen im Krankenhaus kein finanzielles Risiko, weil die pauschalen DRGs auch die Medikation umfassen, also die Krankenkassen durch zusätzliche Arzneiverordnungen nicht finanziell belastet werden und daher bei ihnen kein Regress-Interesse besteht. Allerdings bestehen **sowohl im ambulanten wie im stationären Bereich** kaum überschaubare **Haftungsrisiken**[164], die sowohl für den Fall eines zulässigen als auch – noch vermehrt – für den Fall eines unzulässigen Off-Label-Use gelten. Eine Haftung des Pharmaunternehmers besteht nur bei bestimmungsgemäßem Gebrauch. Bei der indikationsfremden Anwendung trägt allein der Arzt das (sowohl zivil- als auch strafrechtliche) Haftungsrisiko, so insbesondere für unerwünschte Nebenwirkungen und überhaupt für alle schädlichen Nebenfolgen, die als möglich erscheinen bzw als möglich hätten bedacht werden können.

144 **Alle drei genannten Voraussetzungen** bergen ungeklärte Fragen. So bedarf es noch konkretisierender Interpretation, was als **schwerwiegende Erkrankung** anzusehen ist.[165] Noch nicht abschließend geklärt ist auch die zweite Voraussetzung, nämlich das Erfordernis, dass **keine andere (zugelassene) Therapiemöglichkeit** bestehen darf. Bedeutet dies, dass nur auf in jeder Hinsicht gleichwertige Therapien verwiesen werden darf, oder darf auch auf solche Therapien verwiesen werden, die keinen ebenso hohen Grad an Wirksamkeit und/oder mehr Risiken schädlicher Nebenwirkungen aufweisen? Erläuterungsbedürftig ist auch die dritte Voraussetzung, nämlich das Erfordernis, dass eine **begründete Aussicht auf einen Behandlungserfolg** durch das Arzneimittel bestehen muss. Immerhin ist durch das BSG schon insoweit eine Klärung dahingehend erfolgt, dass es nicht ausreicht, nur für den konkreten Einzelfall eine Erfolgsaussicht glaubhaft zu machen. Erforderlich ist vielmehr eine generell belegte Erfolgsaussicht ähnlich den Voraussetzungen, die die Rechtsprechung für die Zulassung von Untersuchungs- oder Behandlungsmethoden nach § 135 Abs 1 SGB V herausgestellt hat. Die Aussagekraft der Studien muss dem entsprechen, was im Falle des § 135 Abs 1 SGB V gefordert wird.[166]

145 Das BSG hat unter dem Gesichtspunkt unzulässiger Off-Label-Use in einem Fall der Behandlung erwachsener AIDS-Patienten mit Immunglobulinen[167] – mit Arzneikosten

---

[164] Zum Folgenden s die vorzügliche Zusammenstellung von *C Koenig* und *E M Müller*, MedR 2008, 190 ff, 202. – Siehe ferner das Kapitel Arzthaftung = § 97 RdNr 28 ff und 36 ff.

[165] Hierzu s *Clemens* in: *Schlegel/Voelzke/Engelmann* (Hrsg), jurisPraxisKommentar SGB V, § 106 RdNr 61 mit näheren Ausführungen anhand des Beispiels der Osteoporose. – Zur Abgrenzung von einer lebensbedrohlichen Erkrankung: BSG v 30. 6. 2009 – B 1 KR 5/09 R – RdNr 45 f – ADHS.

[166] BSG v 26. 9. 2006 – B 1 KR 14/06 R – SozR 4-2500 § 31 Nr 6 RdNr 12-16 – Cabaseril, mit Konkretisierung des grundlegenden Urteils zum Off-Label-Use BSG v 19. 3. 2002 – B 1 KR 37/00 R – BSGE 89, 184 = SozR 3-2500 § 31 Nr 8. Nach diesem älteren Urteil konnten – mussten aber nicht – bereits vorliegende klinische Prüfungen über einen entsprechenden Nutzen bei vertretbaren Risiken ausreichen; es genügte, dass die Arznei, für die bisher eine Indikation nur für Krankheit A ausgewiesen ist, im wissenschaftlichen Schrifttum auch als wirksam bei Krankheit B galt und darüber ein Konsens bestand (BSG v 19. 3. 2002 – B 1 KR 37/00 R – BSGE 89, 184, 192 = SozR 3-2500 § 31 Nr 8 S 36). Ein Indiz für einen solchen Konsens konnte sein, dass die Arznei bei der zusätzlichen Indikation bereits verbreitet eingesetzt wurde – zB im stationären Bereich (BSG v 19. 3. 2002 – B 1 KR 37/00 R – BSGE 89, 184, 189 = SozR 3-2500 § 31 Nr 8 S 33). Das neuere Urteil hat verdeutlicht, dass die Forschungsergebnisse so beschaffen sein müssen, dass sie auf eine Arzneimittelzulassung hinauslaufen bzw diese zu erwarten oder jedenfalls möglich ist (vgl im Einzelnen BSG v 26. 9. 2006 – B 1 KR 14/06 R – SozR 4-2500 § 31 Nr 6 RdNr 12) – Cabaseril; ebenso BSG v 30. 6. 2009 – B 1 KR 5/09 R – RdNr 35 – ADHS.

[167] BSG v 31. 5. 2006 – B 6 KA 53/05 B – MedR 2007, 557, 559 – Immunglobuline. Betroffen waren die Arzneiverordnungen im Quartal III/1997, dementsprechend war der damalige Stand von Wissenschaft und Forschung zu Grunde zu legen.

von 120.000 DM in einem Quartal – einen Regress gebilligt. In diesem Fall hatten die Gerichte die Voraussetzung begründeter **Aussicht auf einen Behandlungserfolg** nicht als erfüllt angesehen. Dies hat das BSG gebilligt. Es hat es nicht ausreichen lassen, dass nur der verordnende Arzt die Verordnung für das Mittel der Wahl hielt; dabei hat es die Entscheidung des BVerfG vom 6. 12. 2005[168] berücksichtigt, die auch der fachlichen Einschätzung im Einzelfall durch den behandelnden Arzt Gewicht beimisst. Das BSG hat ausgeführt, das BVerfG „hat nicht die Gewährung jeder Behandlung und Verordnung für jede lebensbedrohliche Erkrankung gefordert. Es erachtet deren Gewährung vielmehr nur dann für erforderlich, wenn keine andere, dem medizinischen Standard näherstehende Behandlungsmethode zur Verfügung steht, und dies gilt auch nur für solche Methoden, die eine nicht ganz entfernt liegende Aussicht auf Heilung oder jedenfalls auf spürbare positive Einwirkung auf den Krankheitsverlauf im konkreten Einzelfall bieten (BVerfG, Beschluss vom 6. 12. 2005 – 1 BvR 347/98 = BVerfGE 115, 25 = MedR 2006, 164 = NJW 2006, 891). Dabei soll auch der fachlichen Einschätzung der Wirksamkeit einer Methode im konkreten Einzelfall durch die Ärzte des Erkrankten Bedeutung zukommen, aber nur abgeschwächt im Sinne einer „weiteren Bedeutung" (BVerfG aaO S 50 bzw S 167 bzw S 894 RdNr 66 aE). Mithin kann der Einschätzung des einzelnen Arztes eine ausschlaggebende Bedeutung nicht beigemessen werden, zumal dann nicht, wenn – wie es vorliegend der Fall war – die wissenschaftliche Diskussion und die Durchführung von Studien bereits in vollem Gange sind, sich schon zahlreiche Sachverständige geäußert haben sowie bereits Vergleiche mit anderen, in gleicher Weise Erkrankten möglich sind (s hierzu BVerfG aaO RdNr 66) und auch schon Ergebnisse vorliegen, die – sei es mangels Aussicht auf Heilung oder wegen unzuträglicher Nebenwirkungen – gegen die Anwendung einer Methode bzw eines Arzneimittels sprechen." – Auf derselben Linie liegt das Urteil des BSG zur Behandlung von ADHS bei Erwachsenen.[168a]

Schwierig zu beurteilen sind die Möglichkeiten von **Off-Label-Use bei Kindern**. Hierfür besteht immer noch ein **dringendes Bedürfnis**. Dies wird erst abnehmen, sobald es aufgrund der EU-Verordnung vom 12. 12. 2006[169] eine ausreichende Auswahl an Arzneimitteln gibt, die auch für die Anwendung an Kindern zugelassen sind. Bis dahin wird man sich in der Praxis wie bisher damit behelfen müssen, dass die Anwendung bei Kindern dann erfolgen kann, wenn

- die Anwendung bei Erwachsenen zugelassen ist und sich bewährt hat und
- keine Anhaltspunkte vorliegen, dass die Anwendung bei Kindern bedenklich sein könnte.

Liegen diese Voraussetzungen vor, so ist eine **generell belegte Erfolgsaussicht** im Sinne obiger Ausführungen gegeben (vgl RdNr 141 iVm 144 f). Legt der Arzt zudem dar, dass es **keine anderen vergleichbaren Arzneimittel** gibt, die für die Anwendung bei Kindern zugelassen und auch für das konkret betroffene Kind verträglich sind, so ist damit auch das Fehlen einer anderen Therapiemöglichkeit dargetan (vgl RdNr 141 iVm 144). Handelt es sich außerdem um eine **schwerwiegende Erkrankung** iSv RdNr 141 iVm 144), so ist der Off-Label-Use zulässig; dh das Arzneimittel, das nur zur Anwendung bei Erwachsenen zugelassen ist, darf bei dem Kind angewendet werden. Dann ist nur noch das bei Kindern erforderliche Verfahren der vorherigen **Besprechung mit den Eltern** einzuhalten.[170] Die **Dosierung** der Arznei ist entsprechend dem geringeren Körperge-

---

[168] BVerfG v 6. 12. 2005 – 1 BvR 347/98 – BVerfGE 115, 25 = MedR 2006, 164 = NJW 2006, 891.
[168a] BSG v 30. 6. 2009 – B 1 KR 5/09 R – RdNr 31 ff, insbes 35 – ADHS.
[169] Vgl dazu Verordnung (EG) Nr 1901/2006 v 12. 12. 2006, Amtsblatt der Europäischen Union v 27. 12. 2006, 1. Vgl auch RdNr 140a.
[170] Entsprechend zivilrechtlichen Grundsätzen muss dies mit beiden Eltern geschehen. Nur wenn kein schwerwiegender Fall vorläge, würde (in mittelschweren Fällen) die Versicherung des einen Elternteils, dass er auch für den anderen spricht, ausreichen, bzw (in leichten Fällen) sogar die Einwilligung allein eines Elternteils. Zu dieser Dreistufigkeit vgl BGH v 28. 6. 1988 – VI ZR 288/87 –

§ 36 148–150 § 36 Wirtschaftlichkeitsprüfungen (Honorarkürzungen und Regresse)

wicht bzw der kleineren Körperoberfläche[171] des Kindes zu reduzieren. In einem solchen Fall sind in der Praxis auch keine Schwierigkeiten mit der betroffenen **Krankenkasse** zu befürchten. Diese wird sich, wenn ihr die Dokumentation mit den entsprechenden begleitenden Darlegungen vorgelegt wird, der Medikation nicht entgegenstellen, bzw einen erwogenen Regress fallen lassen.

148 Eine so klare Richtschnur wie vorstehend für Off-Label-Anwendungen bei Kindern ist in anderen Bereichen eher selten. Die Fälle des Alltags sind vielgestaltig. Um dem Arzt eine praktikable Handhabung im Alltag zu erleichtern, hat der Gemeinsame Bundesausschuss im April 2006 in die **Arzneimittel-Richtlinien (AMRL)** einen Abschnitt aufgenommen, der durch eine **Anlage** ergänzt wird und durch die **Benennung zulässiger und unzulässiger Off-Label-Use-Fälle** dem Arzt Entscheidungshilfen gibt (vgl AMRL, Abschnitt H iVm Anlage 9 Teile A und B).[172] Diese betreffen bisher vor allem **Karzinom-Behandlungen.** Stetige Erweiterungen der Listen sind zu erwarten.

149 Soweit nach den **AMRL** ein **Off-Label-Use** als zulässig oder als unzulässig eingestuft wird, liegt darin eine **bindende Vorgabe** für die Vertragsärzte wie für die Krankenkassen. Es kann nicht etwa argumentiert werden, die Vorgaben der AMRL seien nicht absolut verbindlich, vielmehr dürfe der Arzt gemäß **§ 31 Abs 1 S 4 SGB V** solche Arzneimittel, die nach den AMRL von der Versorgung ausgeschlossen seien, „ausnahmsweise in medizinisch begründeten Einzelfällen mit Begründung verordnen" (vgl hierzu auch RdNr 156). Diese Regelung des § 31 Abs 1 S 4 SGB V bezieht sich, wie schon ihr Wortlaut klarstellt, nur auf solche Arzneimittel, „die auf Grund der Richtlinien nach § 92 Abs 1 S 2 Nr 6 SGB V von der Versorgung ausgeschlossen sind". Arzneimittel aber, deren Zulassung keine einschlägigen Indikationen bzw Anwendungsgebiete aufweist, sind nicht erst aufgrund von Richtlinien gemäß § 92 Abs 1 S 2 Nr 6 SGB V, sondern schon vorgelagert aufgrund der Regelungen des Arzneimittelgesetzes von der vertragsärztlichen Versorgung ausgeschlossen.[173]

150 Soweit keiner der einfacher zu handhabenden Fälle vorliegt – dh wenn weder ein Fall vorliegt, für den die AMRL Vorgaben enthalten, noch der Fall gegeben ist, dass Arzneimittel, die nur zur Anwendung bei Erwachsenen zugelassen sind, auch bei Kindern angewendet werden sollen –, sind die **Fragen des Off-Label-Use häufig sehr komplex.** Vielfach kann der Arzt in seiner praktischen Tätigkeit nicht abschätzen, ob er mit einer Verordnung noch im Bereich von zulässigem Off-Label-Use liegt. Dann kann es **ratsam** sein, dass der Arzt nicht „auf Risiko verordnet", sondern den Patienten veranlasst, **bei der Krankenkasse** vorzusprechen, oder selbst versucht, ein **Einvernehmen** mit dieser **zu erreichen.** So hat das BSG – in dem schon oben genannten Fall der Verordnung von Immunglobulinen für erwachsene AIDS-Patienten – ausgeführt:[174]

> „Seine Verordnungen für erwachsene AIDS-Patienten [stellten] einen Off-Label-Use dar, der medizinisch-fachlich und damit zwangsläufig auch rechtlich umstritten war. In einem solchen Fall musste er nicht, wie es in § 29 Abs 1 BMV-Ä und § 15 Abs 1 EKV-Ä als Grundsatz für den Normalfall nicht ausgeschlossener Verordnungen normiert ist, die vertragsärztliche Verordnung allein verantworten (zur Regelung des Off-Label-Use vor allem für einige Karzinombehandlungen in den Arzneimittel-Richtlinien siehe den neuen Abschn H vom 18. 4. 2006). Im Falle eines Off-Label-Use kann er vielmehr

---

BGHZ 105, 45, 49f = NJW 1988, 2946, 2947, und BGH v 15. 2. 2000 – VI ZR 48/99 – BGHZ 144, 1, 4 = NJW 2000, 1784, 1785.

[171] So die neuere Methode, die heute als genauer gilt.

[172] Zu dieser Einfügung vgl die Fassung v 18. 4. 2006, DÄ 2006, A 223. Beachte dazu auch die späteren Änderungen der AMRL. Im Internet abrufbar unter www.g-ba.de/informationen/richtlinien.

[173] Hierzu näher *Clemens* in: *Schlegel/Voelzke/Engelmann* (Hrsg), jurisPraxisKommentar SGB V, § 106 RdNr 67.

[174] BSG v 31. 5. 2006 – B 6 KA 53/05 B – MedR 2007, 557, 560 – Immunglobuline.

– entsprechend der Regelung in § 29 Abs 8 BMV-Ä und § 15 Abs 7 EKV-Ä für die Verordnung von Arzneimitteln, die von der Leistungspflicht der gesetzlichen Krankenkassen ausgeschlossen sind – dem Patienten ein Privatrezept ausstellen und es diesem überlassen, sich bei der Krankenkasse[175] um Erstattung der Kosten zu bemühen.[176] In dem besonderen **Fall eines medizinisch-fachlich umstrittenen Off-Label-Use** kann er auch zunächst selbst bei der Krankenkasse deren Auffassung als Kostenträger einholen und im Ablehnungsfall[177] dem Patienten ein Privatrezept ausstellen. Ermöglicht der Vertragsarzt indessen nicht auf diese Weise eine Vorabprüfung durch die Krankenkasse, sondern stellt er ohne vorherige Rückfrage bei dieser eine vertragsärztliche Verordnung aus und löst der Patient diese in der Apotheke ein, so sind damit die Arzneikosten angefallen, und die Krankenkasse kann nur noch im Regresswege geltend machen, ihre Leistungspflicht habe nach den maßgeblichen rechtlichen Vorschriften nicht bestanden. Verhindert ein Vertragsarzt durch diesen Weg der vertragsärztlichen Verordnung bei einem medizinisch umstrittenen Off-Label-Use eine Vorabprüfung durch die Krankenkasse, so übernimmt er damit das Risiko, dass später die Leistungspflicht der Krankenkasse verneint wird. Ein entsprechender Regress gegen ihn kann dann nicht beanstandet werden."

Damit ist eine Ausnahme von den sonstigen Prinzipien gegeben, wie sie etwa in § 18 BMV-Ä zum Ausdruck kommen, der einen abschließenden Katalog der Fälle enthält, in denen der Vertragsarzt eine Kassenbehandlung verweigern darf. An sich liegt das Risiko, ob eine vertragsärztliche Leistung vorliegt oder ob diese als privatrechtliche vereinbart werden kann, beim Leistungserbringer.[178] Unzulässig wäre es, zB einem Patienten, der ein Arzneimittel begehrt, dessen Qualifizierung als vertragsärztlich zulässig zweifelhaft ist, einen Vertragstext vorzulegen, wonach er in dem Fall, dass die Verordnung später als vertragsärztlich unzulässig qualifiziert werde, nachträglich privat Erstattung leisten müsse. Das wäre eine unzulässige und unwirksame – weil gegen Vorgaben aus kassenarztrechtlichen Prinzipien verstoßende – Vereinbarung.

Die **Abweichung im Fall von Off-Label-Use,** dass hier der Arzt das Risiko der Zulässigkeit der Verordnung auf den Patienten verlagern darf, ist damit **gerechtfertigt,** dass hier die Verordnung nicht zugelassener Arzneimittel infrage steht. Wenn sich die Zulässigkeit oder Unzulässigkeit einer Verordnung nicht klar erkennen lässt, kann dem Arzt das mit einer Kassenverordnung verbundene Kostenrisiko nicht zugemutet werden.

---

[175] Mit dem Ziel einer Einigung dahin, dass der Off-Label-Use zulässig sei und/oder ein Fall des Systemversagens im Sinne des § 13 Abs 3 SGB V vorliege. Ein Systemversagen dürfte allerdings schwer festzumachen sein: Da die Regelung von Off-Label-Use nicht zu den in § 92 Abs 1 Nr 6 SGB V vorgegebenen Aufgaben des Gemeinsamen Bundesausschusses gehört (vgl RdNr 148 f), kann die Nicht-Regelung auch kein Systemversagen darstellen.

[176] Die Frage, ob die Ablehnung einer Off-Label-Use-Verordnung einen Behandlungsfehler des Arztes gegenüber dem Patienten bedeuten kann, hat das LG Nürnberg-Fürth verneint (v 27. 10. 2005 – 4 O 10813/02 – ZMGR 2006, 142). – Zu solchen Fragen s das Kapitel Arzthaftung § 97 RdNr 5 ff.

[177] Stimmt die Krankenkasse dem Off-Label-Use zu, so betrifft dies sowohl das Verhältnis der Krankenkasse zum Patienten als auch ihr Verhältnis zum Arzt. Deshalb sollten diese beiden Wert darauf legen, die Erklärung zu erhalten (erfolgt diese nur einem gegenüber, so sollte sie an den Patienten als Mitglied der Krankenkasse erfolgen, weil dies das Verhältnis zum Arzt miterfassen dürfte). Weil für den Arzt vor allem wichtig ist, dass kein Regress geltend gemacht wird, sollte möglichst erreicht werden, dass die Krankenkasse ausdrücklich erklärt, insoweit keinen Regress geltend zu machen (was allerdings nicht mit absoluter Sicherheit davor schützt, dass das Prüfgremium, falls dieses wegen anderer Arzneien ohnehin noch ein Verfahren gegen diesen Arzt führt, dieses von Amts wegen auf die an sich unstreitig gestellte Off-Label-Verordnung ausdehnt).

[178] Hierzu ausführlicher *Clemens* in: *Schlegel/Voelzke/Engelmann* (Hrsg), jurisPraxisKommentar SGB V, § 106 RdNr 69.

3. Regresse wegen AMRL-Verordnungsausschlusses

153 Die Zulässigkeit der Verordnung einer Arznei setzt nicht nur voraus, dass die Voraussetzungen des Arzneimittelgesetzes vorliegen (**Zulassung** und der darin benannte **Anwendungsbereich**), sondern außerdem muss die **Verordnungsfähigkeit** nach dem SGB V iVm den Arzneimittel-Richtlinien (AMRL) gegeben sein. Dies bedeutet, dass die Verordnung nicht gemäß § 34 SGB V iVm den AMRL ausgeschlossen sein darf.

154 Die Regelung des § 34 SGB V ermächtigt den Gemeinsamen Bundesausschuss, die Verordnung von Arzneien aus den verschiedensten Gründen auszuschließen, zB

- solche, die nicht verschreibungspflichtig sind[179] (§ 34 Abs 1 SGB V),[180]
- solche, bei deren Verordnung die Erhöhung der Lebensqualität im Vordergrund steht (Abs 1 S 7 ff),
- solche, die üblicherweise nur bei geringfügigen Gesundheitsstörungen verordnet werden (Abs 2),
- ferner solche, die unwirtschaftlich sind, etwa weil sie für das Therapieziel nicht erforderliche Bestandteile enthalten oder deren Wirkungen wegen der Vielzahl der enthaltenen Wirkstoffe nicht mit ausreichender Sicherheit beurteilt werden können oder deren therapeutischer Nutzen nicht nachgewiesen ist (Abs 3), sowie schließlich
- solche, bei denen nach dem allgemein anerkannten Stand der medizinischen Erkenntnisse ihr Nutzen, ihre Notwendigkeit oder ihre Wirtschaftlichkeit nicht nachgewiesen sind (§ 92 Abs 1 S 1 Teilsatz 3 SGB V[181]).

155 Auf der Grundlage dieser verschiedenen Ermächtigungsbestimmungen hat der Gemeinsame Bundesausschuss mit den **AMRL zahlreiche Regelungen** getroffen, die die Verordnung diverser Arzneien untersagen.[182]

156 Die **Verordnungsausschlüsse der AMRL** sind aber **nicht strikt.** Vielmehr hat der Arzt die Möglichkeit, eine von den AMRL abweichende Verordnung **im Einzelfall** vorzunehmen (§ 31 Abs 1 S 4 SGB V).[183] Er muss dies **begründen und** in seinen ärztlichen Aufzeichnungen fundiert **dokumentieren.** Dem entspricht es, dass gemäß dem einleitenden Satz der Nr 20 AMRL die nachfolgenden Verordnungsausschlüsse nur „im Allgemeinen" gelten. Diese Möglichkeit, durchaus Arzneimittel zu verordnen, obgleich sie nach den AMRL an sich nicht verordnet werden dürfen, und sich doch zugleich gegen einen späteren Regress abzusichern, wird gelegentlich im täglichen Praxisablauf vernachlässigt. Fachanwälte für Medizinrecht raten dringend, in Fällen solcher Verordnung ausgeschlossener Arzneimittel den Grund für die Verordnung genau zu dokumentieren (welche Krankheit ist gegebenen? Welche zusätzlichen Komplikationen und Risiken bestehen, die Anlass sind, nicht andere verfügbare Arzneimittel zu verordnen?).[184]

---

[179] Sog. OTC-Präparate (OTC = „over the counter").

[180] Davon gibt es gemäß § 34 Abs 1 S 2 SGB V Ausnahmen: Diese sind in der sog OTC-Liste des Gemeinsamen Bundesausschusses aufgelistet. Dazu hat der EuGH (v 26.10.2006 – C-317/05 – EuGHE I 2006, 10611 = MedR 2007, 231 = GesR 2007, 141) gefordert, dass betroffene Hersteller Verfahren auf Aufnahme ihrer Arzneimittel in die Liste betreiben können und dass diese Verfahren transparent sein müssen. Dementsprechend ist § 34 Abs 1 S 4 SGB V neugefasst worden (Fassung v 26.3.2007). Zur OTC-Liste vgl AMRL, Abschn F, Nr 16.

[181] Neufassung mit Wirkung seit dem 1.1.204.

[182] Manche dieser Tatbestände bergen schwierige Auslegungsfragen: Dazu s *Clemens* in: *Schlegel/Voelzke/Engelmann* (Hrsg), jurisPraxisKommentar SGB V, § 106 RdNr 74–78.

[183] So auch BSG v 5.5.1968 – 6 RKa 27/87 – BSGE 63, 163, 166 = SozR 2200 § 368p Nr 2 S 8 f – Saftzubereitung und BSG v 31.5.2006 – B 6 KA 13/05 R – BSGE 97 = SozR 4-2500 § 92 Nr 5 RdNr 52 – Clopidogrel. Ebenso *Clemens* in: *Schulin* (Hrsg), Handbuch des Sozialversicherungsrechts, Bd 1: Krankenversicherungsrecht, 1994, § 35 RdNr 183 mwN und 187. Vgl in diesem Zusammenhang auch Nr 30 AMRL, die allerdings nur Rezepturarzneimittel, nicht Fertigarzneimittel betrifft.

[184] Zu solcher Anwaltsberatung s zB *Nitz* in ÄZ v 7.10.2009 S 1.

Insofern sind AMRL-Verordnungsausschlüsse weniger strikt als Anwendungsausschlüsse bei Off-Label-Use (vgl hierzu RdNr 149). Ansonsten bleibt dem Arzt bei Arzneimitteln, deren Verordnung vertragsärztlich nicht vorgesehen ist, natürlich immer die Möglichkeit, dass der Patient sich vom Arzt ein Privatrezept ausstellen lässt und sich das Arzneimittel auf eigene Kosten – ohne Erstattungsmöglichkeit – selbst beschafft.

Wählt der Arzt allerdings weder den Weg fundierter Begründung seiner Abweichung vom AMRL-Verordnungsausschluss noch den Weg der Ausstellung eines Privatrezepts, so setzt er sich dem Risiko eines Arzneikostenregresses aus.

§ 37 Stellen zur Bekämpfung von Fehlverhalten im Gesundheitswesen (§ 81a und § 197a SGB V)

Inhaltsübersicht

	RdNr
I. Ausgangslage	1
II. Rechtsgrundlage für Stellen zur Bekämpfung von Fehlverhalten	4
III. Zuständigkeiten nach dem Gesetz	6
IV. Anzeigepflicht	12
V. Pflicht zur Zusammenarbeit	14

Schrifttum: *Andres/Birk*, Im Kampf gegen Abrechnungsmanipulation, BKK 2007, 82; *Badle*, Betrug und Korruption im Gesundheitswesen, NJW 2008, 1028; *Beeretz*, Abrechnungsprüfung in der vertragsärztlichen Versorgung, ZMGR 2004, 103; *Dahm/Schmidt*, Falschabrechnung (Abrechnungsbetrug), in: *Rieger/Dahm/Steinhilper* (Hrsg), HK-AKM, 2008, Beitrag 1780; *Ellbogen*, Die Anzeigepflicht der Kassenärztlichen Vereinigungen nach § 81a IV SGB V und die Voraussetzungen der Strafvereitelung gemäß § 258 I StGB, MedR 2006, 457; *E. Müller*, Zur Anzeigepflicht der Kassenärztlichen Vereinigungen, der Kassenärztlichen Bundesvereinigungen und der Krankenkassen nach §§ 81a, 197a SGB V, in: AG Medizinrecht (Hrsg), Medizinrecht heute: Erfahrungen, Analysen, Entwicklungen (FS 10 Jahre AG Medizinrecht im DAV), 2008, 893; *Richter-Reichhelm*, GMG § 81a SGB V Bekämpfung von Fehlverhalten im Gesundheitswesen, GesPol 2004, Heft 2, S 29; *Rixen*, Die Stellen zur Bekämpfung von Fehlverhalten im Gesundheitswesen, ZFSH/SGB 2005, 131; *Schneider-Danwitz*, Kommentierung zu § 197a SGB V, in *Schlegel/Voeltzke/Engelmann* (Hrsg): juris PraxisKommentar, 2008; *Steinhilper*, Stellen zur Bekämpfung von Fehlverhalten im Gesundheitswesen, MedR 2005, 131; *Steinhilper*, Kommentierung zu § 81a SGB V, in: *Orlowski ua* (Hrsg), GKV-Kommentar SGB V, 2005.

I. Ausgangslage

Fach- und allgemeine Presse hatten über längere Zeit über Betrugs- und Untreueverfahren gegen Ärzte sowie über Bestechungsfälle und andere Verfehlungen im Gesundheitswesen berichtet.[1] Danach sollen im Gesundheitswesen in Deutschland jährlich zwischen 6 bis zu 20 Milliarden EUR Schäden durch Betrug, Untreue und Korruption entstanden sein. Nach dem Bundesgesundheitsministerium sind diese Zahlen nicht nachvollziehbar.

Der Gesetzgeber hat die (unterschiedlichen) Informationen aufgegriffen und im GMG[2] zum 1.1.2004 ein Kontrollinstrumentarium gegen Fehlverhalten im Gesundheitswesen geschaffen. Zuständig sind die KVen, KBV und KZBV sowie die Krankenkassen, aber auch die Pflegekassen.

---

[1] Speziell zum Abrechnungsbetrug s statt aller *Dahm/Schmidt* Falschabrechnung (Abrechnungsbetrug), HK-AKM, Beitrag 1780 mwN. Zu einem Erfahrungsbericht aus staatsanwaltlicher Sicht zu Betrug und Korruption im Gesundheitswesen s *Badle* NJW 2008, 1028.

[2] Bericht vom 7.5.2008 – DB Drucks 16(14)0220 des Ausschusses für Gesundheit.

3   Nach dem Gesetz unterliegen die KVen der Staatsaufsicht der jeweiligen Aufsichtsbehörden der Länder; diese hätten schon in der Vergangenheit die rechtsmäßige Mittelverwendung der KVen und der Krankenkassen kontrollieren müssen Der Gesetzgeber hat mit diesen Kontrollen nunmehr die KVen, die KBV und KZBV sowie alle Krankenkassen und ihre Landesverbände unmittelbar betraut und sie verpflichtet, hierfür eine neue Organisation mit Kontroll- und Berichtspflichten zu schaffen. Deren Effizienz wird nach den bisherigen Erfahrungen bezweifelt.

II. Rechtsgrundlage für Stellen zur Bekämpfung von Fehlverhalten

4   Nach § 81a SGB V[3] sind die KVen und die KBV/KZBV verpflichtet, verselbstständigte Ermittlungs- und Prüfstellen zur Bekämpfung von Fehlverhalten im Gesundheitswesen[4] einzurichten; gleiches gilt für die Krankenkassen und ihre Spitzenverbände (seit 1. 7. 2008: Spitzenverband Bund der Krankenkassen) (§ 197a SGB V[5]). Eine Parallelvorschrift besteht für die Pflegkassen (§ 47a SGB XI). Bundesweit sind solche Einrichtungen inzwischen geschaffen. In der Regel wurden die jeweiligen Justitiare der KVen oder Krankenkassen mit diesen Aufgaben (weisungsunabhängig) beauftragt. Allerdings können auch externe Stellen/Personen damit beauftragt werden[6]. Die Effizienz der Bekämpfungsstellen im Sinne einer wirksamen Kriminalitätsvorbeugung ist bisher nicht belegt.[7] *Schirmer*[8] spricht von einer „politischen Drohkulisse mit systematisch unklaren Folgen".[9] Nach *Müller*[10] ist die Vorschrift „*in jeder Hinsicht missglückt und wird daher praktisch leerlaufen*".

5   KVen und Krankenkassen haben der Vertreterversammlung/dem Verwaltungsrat und ihren jeweiligen Aufsichtsbehörden über die Aktivitäten der Stellen zu berichten (§ 81a Abs 5 / § 197a Abs 5 SGB V). Der erste zusammenfassende Bericht des BMG[11], der auf diesen Länderberichten beruht, vermittelt ein uneinheitliches Bild zu den Organisationsformen, den Aktivitäten und zum „Erfolg"[12] der Einrichtungen.

---

[3] Eingeführt durch das GMG vom 14. 11. 2003 (BGBl I 2190) zum 1. 1. 2004.
[4] Zu den organisatorischen und inhaltlichen Voraussetzungen a. *Steinhilper* MedR 2005, 131; *Steinhilper*, GKV-Kommentar SGB V, § 81a SGB V; s auch *Dahm/Schmidt*, Falschabrechnung (Abrechnungsbetrug), HK-AKM, Beitrag 1780, RdNr 17 ff Kritisch bis ablehnend zu dieser Regelung *Rixen* ZFSH/SGB 2005, 131.
[5] BT Drucks 15/1525, S 99. Zu dieser Regelung s *Pierburg*, BKK 2004, 487 und *Schneider-Danwitz*, Kommentierung zu § 197a SGB V, in: juris PraxisKommentar. S auch *Andres/Birk*, BKK 2007, 82, ferner *Salhi*, ArztuR 2006, 78.
[6] ZB Rechtsanwälte, pensionierte Richter, aber auch ehemals ehrenamtlich tätige Ärzte.
[7] Kritisch bis ablehnend *Rixen* aaO, 134. Eher kritisch speziell zur Anzeigepflicht *Steinhilper* aaO, 131 ff und *ders*, GKV-Kommentar, § 81a RdNr 20 ff ;
[8] *Schirmer*, Vertragsarztrecht kompakt, 513. Kritisch ebenfalls *Steinhilper* aaO. Die Vorschrift befürwortend dagegen *Ellbogen* MedR 2006,457.
[9] S auch die eher krit Bewertung von *Steinhilper*, GKV Kommentar SGBV, § 81a, RdNr 29.
[10] Zur Anzeigepflicht der Kassenärztlichen Vereinigungen, der Kassenärztlichen Bundesvereinigungen und der Krankenkassen nach §§ 81a, 197a SGB V, in: AG Medizinrecht (Hrsg), Medizinrecht heute (FS 10 Jahre AG Medizinrecht im DAV), 893, 903.
[11] Bericht vom 7. 5. 2007 in der 46. Sitzung des Ausschusses für Gesundheit des DBT.
[12] Das Ministerium selbst räumt ein, die Berichte der berichtspflichtigen Organisationen sind „sowohl qualitativ als auch quantitativ sehr unterschiedlich". Kritisch zu den Auswirkungen der Stellen auf Schutzrechte der betroffenen Personen und Beteiligungsnotwendigkeiten *Rixen* aaO, 134. *Müller* aaO, 902 kritisiert ua auch zu Recht, dass viele wichtige Detailfragen für die Praxis gesetzlich nicht geregelt sind (zB Opportunitätsentscheidungen zulässig? Bagatellgrenze?, keine Definitionen für „Zusammenarbeit", „Anfangsverdacht", geringfügige Bedeutung" etc; zudem: uneinheitlicher Sprachgebrauch; einmal „Unregelmäßigkeiten", an anderer Stelle: „strafbare Handlung", oder: „Fehlverhalten im Gesundheitswesen").

III. Zuständigkeiten nach dem Gesetz

Nach dem Willen des Gesetzgebers sollen diese Einrichtungen „zu dem effizienten Einsatz der Finanzmittel im Gesundheitswesen beitragen"[13]. Zu diesem Zweck haben sie Fällen und Sachverhalten nachzugehen, die „auf Unregelmäßigkeiten oder auf rechtswidrige oder zweckwidrige Nutzung von Finanzmitteln im Zusammenhang mit den Aufgaben der jeweiligen Kassenärztlichen Vereinigung oder Kassenärztlichen Bundesvereinigung hindeuten" (Abs 1). Unklar ist, was im Einzelnen oder Konkreten mit „Unregelmäßigkeiten" und „rechtswidrige oder zweckwidrige Nutzung von Finanzmitteln" zu verstehen ist[14]. Im Vordergrund dürfte der Verdacht auf strafbares Verhalten stehen (zB Betrug[15], Untreue[16], Vorteilnahme, Bestechlichkeit und Vorteilsgewährung[17]), aber auch, ob jemandem (Mitgliedern der KV oder Krankenkasse, auch Vorstandsmitgliedern) unzulässigerweise Rabatte oder geldwerte Vorteile gewährt werden. Finanzmittel im Sinne dieser Vorschrift sind Mittel aus dem Verwaltungshaushalt einer KV/Krankenkasse, aber nicht das gesamte Honorarvolumen der Ärzteschaft ab Zahlung der Kassen an die KV als sog. Gesamtvergütung[18]. Die Zuständigkeit anderer Gremien (zB. der Wirtschaftlichkeitsprüfung nach § 106 SGB V, der Fachabteilung zur sachlich-rechnerischen Berichtigung nach § 106a Abs 1 SGB V und der Plausibilitätskommisssion zur Prüfung der zeitlichen Erbringbarkeit abgerechneter Leistungen nach § 106a Abs.2 SGB V) bleibt erhalten. Diese sind berechtigt und verpflichtet, Auffälligkeiten bei Ärzten im Rahmen ihrer Zuständigkeit zu Ende zu ermitteln und mit den zulässigen Maßnahmen abzuschließen (zB Honorarrückforderung, Unterrichtung des Vorstandes zur Entscheidung über disziplinarrechtlichen Überhang und/oder Erforderlichkeit eines Einziehungsverfahrens). Sie sind nicht verpflichtet, die Stelle zur Bekämpfung vom Fehlverhalten zu unterrichten oder an Maßnahmen zu beteiligen; die Stelle hat lediglich „ergänzende Überwachungsfunktion"[19].

Die Honorarverteilung unter den Ärzten nach dem Honorarverteilungsvertrag (§ 85 Abs 4 SGB V) und seit 1.1.2009 nach bundeseinheitlichen Vorgaben (§§ 87–87 d SGB V)

---

[13] BT-Drucks 15/1525 Nr 60 und Nr 137.

[14] Kritisch insoweit *Steinhilper* MedR 2005, 131f. Kritisch zu den unscharfen und zudem uneinheitlichen Begriffen im Gesetz auch *Müller* aaO, 893, 900; zB: „Der Begriff „Hindeuten" ist jedenfalls ohne Kontur" (901).

[15] Dies dürfte der häufigste Anwendungsfall sein. Zum Abrechnungsbetrug von Ärzten (Garantenstellung des Arztes gegenüber der Krankenkasse) s grundlegend BGHSt 49, 11 = MedR 2004, 268; aus der Literatur s statt aller *Dahm/Schmidt,* Falschabrechnung (Abrechnungsbetrug), HK-AKM, Beitrag 1780 (Stand: 2007) und *Ulsenheimer,* Arztstrafrecht in der Praxis, 4. Aufl 2008, § 14 (Abrechnungsbetrug), jeweils mwN; ferner *Ulsenheimer* § 151. Wirken mehrere Ärzte (in einer Berufsausübungsgemeinschaft, einem MVZ etc) zusammen, soll nach LG Kreuznach (ZMGR 2008, 219) im Anschluss an BGHSt 46, 321 = NJW 2001, 2266) auch bandenmäßiger Abrechnungsbetrug nach § 263 Abs 5 StGB in Betracht kommen; dezidiert dagegen mit guten Argumenten *Weidhaas* ZMGR 2008, 196 (nach seiner Ansicht ist § 263 Abs 5 StGB verfassungswidrig, aaO, 200).

[16] Grundlegend dazu (Vermögensfürsorgepflicht des Arztes gegenüber der Krankenkasse) s BGH MedR 2004, 613 und OLG Hamm MedR 2005, 236 (m abl Anm *Steinhilper*) – Zur Kritik an beiden BGH-Entscheidungen s ua *Weidhaas* MedR 2005, 52; *Ulsenheimer* MedR 2005, 622; *ders.* Arztstrafrecht in der Praxis, § 14; ferner *Bernsmann/Schoß* GesR 2005, 194; *Taschke* StV 2005, 406; *Geis* GesR 2006, 345; *Geis* wistra 2007, 361.

[17] Ob auch § 299 StGB für Vertragsärzte einschlägig ist, muss stark bezweifelt werden; dafür: *Pragal* NStZ 2005, 133 und *Pragal/Apfel* A+R 2007, 10. Dagegen mit überzeugender Kritik *Geis* wistra 2005, 369; *Geis* GesR 2006, 345; *Geis* wistra 2007, 10 und 361; *Klötzer* NStZ 2008, 12; *Reese* PharmR 2006, 92; *Neupert* NJW 2006, 281. Auch die GenSt Stuttgart hält den Vertragsarzt nicht für einen tauglichen Täter iS des § 299 StGB (Pressemitteilung vom 13.2.2006). Befürwortend hingegen *Tröndel/Fischer,* StGB, § 299 RdNr 10 b.

[18] So auch *Schirmer* aaO, 513 f

[19] So *Schirmer* aaO, 513. Er warnt vor einem *Kompetenzwirrwar* und schlägt eine klare Grenzziehung der Zuständigkeiten vor. Die Stelle sei keine „Meta-Instanz", der sich die übrigen Einrichtungen zur Überwachung zu unterwerfen haben.

durch die KV unterliegt nicht der Kontrolle der Bekämpfungsstellen. Nur der Arzt selbst kann die Rechtmäßigkeit der Honorarverteilung durch Widerspruch und Klage gegen den jeweiligen Honorarbescheid überprüfen lassen. Die Bekämpfungsstelle ersetzt insoweit also nicht die Zuständigkeit anderer Gremien (zB Staatssicht der Aufsichtsbehörde[20]; Honorarverteilungsverträge waren dort beispielsweise vorzulegen und könnten beanstandet werden; §§ 71 Abs 4 iVm § 57 Abs.1 SGB V). Sie ist Anlaufstelle für Dritte, die ihr (auch anonym) Auffälligkeiten melden können (§ 81a Abs 2 SGB V). Dritte im Sinne dieser Vorschrift sind auch Einzelpersonen oder Gremien der jeweiligen KV oder Krankenkasse.

8   Die Bekämpfungsstelle darf nicht von Amts wegen proaktiv tätig werden, also von sich aus ohne konkreten Verdacht Auskünfte anfordern, Akten einsehen oder ermitteln[21].

IV. Anzeigepflicht

9   Bei Verdacht auf strafbare Handlungen hat die Bekämpfungsstelle den Vorstand zu unterrichten. Dieser „soll" die Ermittlungsbehörden „unverzüglich" unterrichten, *„wenn die Prüfung ergibt, dass ein Anfangsverdacht auf strafbare Handlungen mit nicht nur geringer Bedeutung für die gesetzliche Krankenversicherung bestehen könnte"* (§ 81a Abs 4 SGB V). Die Formulierungen des Gesetzes enthalten mehrere Generalklauseln oder unbestimmte Rechtsbegriffe mit Ermessensspielräumen[22]. Vor diesem Hintergrund hat sich das Anzeigeverhalten der meisten KVen gegenüber den Ermittlungsbehörden nach den bisherigen Berichten an die Aufsichtsbehörden nur wenig geändert; denn die KVen hatten auch schon vorher schwerwiegende Verdachtsfälle (insbesondere Abrechnungsbetrug ab einer bestimmten Schadenhöhe und bei bestimmten Begleichungsarten, zB Abrechnung nicht erbrachter Leistungen, lange Dauer des Abrechnungsbetrugs mit zunehmender Intensität) an die Staatsanwaltschaft zur weiteren Bearbeitung übergeben und nur Fälle minderer Schwere disziplinarrechtlich geahndet oder ein Entziehungsverfahren beantragt.

10   Das bisherige Anzeigeverhalten der Krankenkassen und ihrer Verbände ist weiterhin uneinheitlich.

11   Allerdings haben KVen schon vor Einführung des § 81a SGB V (Anzeigepflicht unter bestimmten Voraussetzungen) zahlreiche „schwere" Fälle ärztlichen Abrechnungsbetruges zu weiteren Ermittlungen an die Strafverfolgungsbehörde abgegeben. Leichte Fälle sind disziplinarisch geahndet worden; bei gröblichen Pflichtverletzungen kam ein Verfahren zur Entziehung der Zulassung in Betracht.[23] Von dieser Möglichkeit wird von den Vor-

---

[20] Zur Staatsaufsicht über die KVen s besonders eingehend *Schnapp,* Staatsaufsicht über die Kassen/zahn)ärztlichen Vereinigungen, in: *Schnapp/Wigge* (Hrsg), Handbuch des Vertragsarztrechts, § 21 (mwN); s auch die Beiträge in *Merten* (Hrsg), Die Selbstverwaltung im Krankenversicherungsrecht unter besonderer Berücksichtigung der Rechtsaufsicht über die KVen, 1995.
[21] So ausdrücklich auch *Schirmer* aaO, 515.
[22] Siehe dazu *Steinhilper,* GKV-Kommentar SGB V, § 81a, RdNr 20 ff, ferner *ders.* GesR 2009, Heft 7. Kritisch zu den unbestimmten Rechtsbegriffen bei der Anzeigepflicht auch *Müller* aaO, 900 ff, der im Übrigen die Anzeigepflicht nach §§ 81a, 197a SGB V in einen Zusammenhang mit anderen Anzeigepflichten (zB nach AO, dem GwG) stellt. *Fuchs* (StA München II) sieht in der Beschränkung der Anzeigepflicht auf Straftaten ab einer bestimmten Schwere eine Privilegierung des Täterkreises „Ärzte" (3. Fachtagung „Betrug im Gesundheitswesen", 17./18. 2. 2009, Hannover). Dies überzeugt nicht; denn auch im öffentlichen Dienst gibt es keine *allgemeine* Anzeigepflicht ab Überschreitung einer Bagatellgrenze. Einschlägig sind vielmehr hier wie dort nur die allgemeine Anzeigepflicht nach § 138 StGB (Verbrechen etc) sowie spezielle Mitteilungs- oder Anzeigepflichten (zB § 116 AO; § 6 SubvG; § 11 Abs 1 GwG). Eine unbegrenzte Anzeigepflicht für die KVen und Krankenkassen ihres Landes hatte das Aufsichtsministerium in NRW 1985 durch Erlaß einführen wollen (abgedruckt bei *Steinhilper* (Hrsg), Arzt und Abrechnungsbetrug (S 212 f; s auch S 12 f). Dieser Erlaß war rechtswidrig (hM; s *Schnapp* NJW 1998, 738 ff; erg s die Nachweise bei *Steinhilper* (Hrsg) aaO, S 12 Fn 29) und war nicht beachtet worden.
[23] Zu dieser Thematik s *Ehlers* (Hrsg), Disziplinarrecht und Zulassungsentziehung, mwN.

ständen der KVen auch nach der Gesetzesänderung weiterhin Gebrauch gemacht.[24] Je wirksamer solche Maßnahmen der ärztlichen Selbstverwaltung sind, desto geringer ist die Bereitschaft, Verdachtsfälle ergänzend an die Ermittlungsbehörden weiterzugeben. Zwischen den Disziplinar-, Entziehungs- und Ermittlungsverfahren besteht keine rechtliche Bindungswirkung (insbesondere bei der Beurteilung der Höhe des Betrugsschadens[25]). In der Praxis wird jedoch das Ermittlungsverfahren bei schweren Fällen wegen der größeren Ermittlungsmöglichkeiten von Polizei und/oder Staatsanwaltschaft in der Regel den anderen Verfahren zeitlich vorgeschaltet.[26]

Ergänzung: Anzeigepflicht der Krankenkassen bei unzulässiger Zusammenarbeit zwischen Leistungserbringern und Vertragsärzten (§ 128 SGB V). 12

Nach § 128 SGB V[27] soll (über die bisherigen berufs-, straf- und vertragsarztrechtlichen Regelungen hinaus) unterbunden werden, dass Leistungserbringer Vertragsärzten geldwerte Vorteile verschaffen, wenn sie bestimmte Arznei- und Hilfsmittel bei ihren Verordnungen bevorzugen (Abs 2). Den Krankenkassen (!) obliegt es, entsprechende Verstöße zu ahnden (bis zum vorübergehenden Ausschluß von Herstellern aus der Versorgung; Abs 3). Darüberhinaus sind die Krankenkassen verpflichtet, die zuständigen Ärztekammern zu unterrichten, wenn ihnen „Auffälligkeiten bei der Ausführung von Verordnungen von Vertragsärzten bekannt werden, die auf eine mögliche Zuweisung von Versicherten an bestimmte Leistungserbringer oder eine sonstige Form unzulässiger Zusammenarbeit hindeuten" (Abs 5).[28] 13

V. Pflicht zur Zusammenarbeit

Nach Abs 3 der §§ 81a und 197a SGB V haben die beteiligten Institutionen bei der „Bekämpfung des Fehlverhaltens im Gesundheitswesen" zusammenzuarbeiten. Ein Austausch personenbezogener Daten oder fallbezogene Informationen ist jedoch untersagt[29]. Eine wirksame, die Zuständigkeitsgrenzen überschreitende Aufdeckung und Weiterverfolgung von Einzelfällen ist dadurch nicht möglich, das gesetzgeberische Ziel einer effizienteren Mittelverwendung im Gesundheitswesen daher nur bedingt erreichbar. 14

---

[24] Die Akzeptanz solcher Verfahren der ärztlichen Selbstverwaltung ist bei Ärzten im Vergleich zu Ermittlungsverfahren höher und erhöht ihre Bereitschaft, zu Unrecht erlangtes Honorar im Vergleichswege zurückzuzahlen.

[25] Zu unterscheiden ist der strafrechtlich verantwortlich zuordnenbare Betrugsschaden vom sozialrechtlichen Schaden, der ein Verschulden nicht voraussetzt.

[26] Zu dem inhaltlichen und zeitlichen Zusammenhang der einzelnen Verfahren s *Steinhilper*, in: *Wenzel* (Hrsg), Handbuch des Fachanwalts Medizinrecht, Kapitel 11, VI.7.

[27] Eingeführt durch das GKV-OrgWG (Art 7) zum 1. 4. 2009 (BT-Drucks 16/10 609 v 15. 10. 2008, S. 73), ausgedehnt zum 23. 7. 2009 auf Arzneimittel (AMG-Novelle). – Mit der Regelung soll offenbar der sog „verkürzte Versorgungsweg" (s dazu *Ratzel* GesR 2008, 617 und *Thünken* MedR 2007, 578) bei Vertragsärzten abgeschafft und auf Krankenkassen begrenzt werden. Ausnahmen sind für Notfälle geregelt (§ 128 Abs 1 SGB V) und bei vertraglicher Grundlage (§ 128 Abs 4 und 5 SGB V). Erg s *Mündnich/Hartmann* SGb 2009, 395; *Flasbarth*, MedR 2009, 697.

[28] Zu § 128 SGB V stellen sich zahlreiche praktische und rechtliche Fragen: Vereinbar mit dem ärztlichen Berufsrecht und/oder mit Art 12 GG? Gehört zur „Abgabe" auch Sprechstundenbedarf? Verbietet Abs 2 auch die Vermietung einzelner Räume? Gilt die Vorschrift auch für Sehhilfen, für die die Krankenkassen keine Zuschüsse zahlen? – *Schlegel*, Der Kassenarzt 6/2009, S 42 befürchtet, die Regelung begünstigte kollegiales Denunziantentum; im Übrigen könne auch der Arzt das Verbot durch Beteiligung an sog Direktverträgen umgehen.

[29] Siehe Gesetzesbegründung (BT-Drucks 15/1525, 99), wonach die Übermittlung personenbezogener Daten nicht gerechtfertigt ist. HM s zB *Scholz*, in: *Becker/Kingreen*, SGB V 2008, § 81a RdNr 2.

7. Kapitel. Die Rechtsbeziehungen zwischen Arzt und Patient

§ 38 Der Arztvertrag

Übersicht

	RdNr
I. Besonderheiten der Vertragsbeziehungen zwischen Arzt und Patient	1
1. Fehlende gesetzliche Regelung des Arztvertrages	8
2. Der Arztvertrag als Dienstvertrag	9
3. Der Arztvertrag ist kein Werkvertrag	11
4. Die Berücksichtigung werkvertraglicher Elemente	13
5. Der Arztvertrag ist kein Vertrag sui generis	15
II. Besondere Formen des Arztvertrages	16
1. Der Zahnarztvertrag	17
2. Die Schönheitsoperation	27
3. Der Vertrag über die Durchführung einer Sterilisation	29
a) Der Sterilisationsvertrag als Dienstvertrag	29
b) Die Wirksamkeit des Sterilisationsvertrages	31
4. Der Vertrag über die Durchführung einer Kastration	34
5. Der Vertrag über eine operative Geschlechtsänderung	35
6. Der Vertrag über einen Schwangerschaftsabbruch	36
7. Schwangerschaftsberatungsvertrag	42
8. Vertrag über die Durchführung einer pränatalen Diagnostik	43
9. Alle auf Schwangerschaftsverhütung gerichteten Verträge	44
10. Der Vertrag über eine künstliche Befruchtung	45
a) Die künstliche Insemination	46
b) Der Vertrag zwischen Arzt und Keimzellenspender	53
11. Vertrag über eine In-vitro-Fertilisation	57
12. Der Vertrag über ein Humanexperiment	63
13. Vertragliche Vereinbarungen über die Verwendung von Körpermaterialien	65
14. Der Vertrag über eine Organentnahme	66
a) Organentnahme beim toten Spender	66
b) Lebendspende	67
c) Der Vertrag über die Implantation eines gespendeten Organs	68
d) Die Implantation künstlicher Organe	69
15. Untersuchungsverträge	70
16. Der verkürzte Versorgungsweg	71

Schrifttum: *Andro/Fischer,* Loseblattsammlung ÄGuV, Stand 2008; *Barnikel,* Zur Rechtsnatur des Arztvertrages, KHA 1978, 440; *Benecke,* Die heterologe künstliche Insemination im geltenden deutschen Zivilrecht 1986; *Deutsch,* Der medizinische Behandlungsvertrag als konkretes Schuldverhältnis des Zivilrechts, Jahrbuch der Berliner Wissenschaftlichen Gesellschaft, 1979, 129 ff; *Deutsch/Spickhoff,* Medizinrecht, 6. Aufl 2008, RdNr 74 ff; *Deutsch,* Eine Gesetzeslücke. Der Vertrag des Patienten mit dem Arzt, Ergänzungen des BGB erforderlich, Nds ÄBl 1981, 161 ff; *Deutsch/Geiger,* Medizinischer Behandlungsvertrag. Empfiehlt sich eine besondere Regelung der zivilrechtlichen Beziehung zwischen dem Patienten und dem Arzt im BGB?, Gutachten und Vorschläge zur Überarbeitung des Schuldrechts (hrsg v BMJ), Köln 1981, Bd II, 1049 ff; *Eberbach,* Enhancement oder Die Grenzen des Dienstvertragsrechts bei der wunscherfüllenden Medizin. Ein wissenschaftliches Streitgespräch, FS Hirsch, 2008, 365; *Eser/Hirsch* (Hrsg), Sterilisation und Schwangerschaftsabbruch, 1980; *Eser/v Lutterotti/Sporken,* Lexikon Medizin Ethik Recht, 1992; *Geiß/Greiner,* ArzthaftpflichtR, 5. Aufl 2006; *Geiger,* Gesetzliche Regelung des medizinischen Behandlungsvertrages, 1989; *Giesen,* Arzthaftungsrecht, 4. Aufl 1995, RdNr 7 ff; *Günther,* Zahnarzt – Recht und Risiko, 1982; *Harrer,* Zivilrechtliche Haftung bei durchkreuzter Familienplanung, 1989; *Hirte,* Berufshaftung, 1996, 91 f; *Hollmann,* Rechtliche Beurteilung des Arzt-Patienten-Verhältnisses, ArztR 1977, 69; *Honsell,* Handbuch des Arztrechts, 1994, 22 ff; *Jakobs,* Die zahnärztliche Heilbehandlung als Werkleistung, NJW 1975, 1437; *Kern,* Arzt-, Behandlungsvertrag, in: *Rieger/Dahm/Steinhilper* (Hrsg), Heidelberger Kommentar – Arztrecht, Krankenhausrecht, Medizinrecht, 2. Aufl 2001, 335; *ders/Richter,* Haftung für den Erfolgeintritt? – Die garantierte ärztliche Leistung, in: *Wiencke* (Hrsg), Wunschmedizin, 2009, 129 ff; *Könning,* Zur Rechtsnatur des Zahnarztvertrages, VersR 1989, 22; *Kramer,* Keine Vergütungspflicht bei fehlendem Interesse an der Dienstleistung infolge Schlechterfüllung – dargestellt am Beispiel des Arztvertrages, MDR 1998, 324; *Laufs,* Arztrecht, 5. Aufl 1993, RdNr 86 ff; *ders,* Grundlagen des Arztrechts, FS Weitnauer, 1980, 363; *ders,* Recht und Gewissen des Arztes, Heidelberger Jahrb, XXIV 1980, 1; *ders,* Berufsfreiheit und Persönlichkeitsschutz im Arztrecht, Sitzungsberichte der Heidelberger Akademie der Wissenschaften, 1982, 1; *Luig,* Der Arztvertrag, in: *W Gitter,* Vertragsschuldverhältnisse, 1974, 223; *Narr,* Ärztliches Berufsrecht, Loseblattausgabe; *Oexmann/Georg,* Die zivilrechtliche Haftung des Zahnarztes, 1989; *Pap,* Extracorporale Befruchtung und Embryotransfer aus arztrechtlicher Sicht, 1987; *Rieger* (Hrsg), Lexikon des Arztrechts, 1. Aufl 1984; *Schlund,* Empfiehlt es sich, im Interesse der Patienten und Ärzte ergänzende Regelungen für das ärztliche Vertrags- (Standes-) und Haftungsrecht einzuführen?, JR 1978, 313 ff; *Schünemann,* Wandlungen des Vertragsrechts, NJW 1982, 2027; *Staak/Uhlenbruck,* Die Rechtsbeziehungen zwischen Arzt und Patient. Vom Sonderrecht zum Dienstvertrag, in: *Schütz/Kaatsch/Thomsen* (Hrsg), Medizinrecht-Psychopathologie-Rechtsmedizin, FS G Schewe, 1991, 142; *Steffen/Pauge,* Arzthaftungsrecht, 10. Aufl 2006; *Uhlenbruck,* Der ärztl Honoraranspruch und seine Durchsetzung, DMW 1965, 1883; *Weimar,* Der Arzt- und Krankenhausvertrag als Vertrag zugunsten Dritter, JR 1972, 181; *Weyers,* Empfiehlt es sich, im Interesse der Patienten und Ärzte ergänzende Regelungen für das ärztliche Vertrags-(Standes-) und Haftungsrecht einzuführen?, Gutachten z 52. DJT, Verhandlungen Bd I, 1978, A 14; *v Ziegner,* Der Zahnarzt in der zivilrechtlichen Haftung unter besonderer Abwägung des anzusetzenden Haftungsstandards, 2007.

I. Besonderheiten der Vertragsbeziehungen zwischen Arzt und Patient

1 Die Beziehung zwischen Arzt und Patient ist als bürgerlich-rechtliches Rechtsverhältnis anzusehen.[1] Zutreffend weist *Deutsch*[2] darauf hin, dass die Vertragsregelung der Beziehungen zwischen Arzt und Patient sowie Klinik und Patient nicht nur keine Nachteile bringe, sondern vor allem Vorteile. Einmal personalisiere der Vertragsaspekt das besondere Verhältnis zwischen Arzt und Patient gegenüber anderen Massenerscheinungen. Zum anderen führe die Betonung des Vertragsaspektes dazu, die Arzthaftung „vom Deliktsrecht weg in das Vertragsrecht zu verlegen".[3]

Nach weitverbreiteter Ansicht und ständiger Rechtsprechung erschöpft sich das Arzt-Patienten-Verhältnis allerdings nicht in dieser Rechtsbeziehung, sondern geht weit darüber hinaus. Das Verhältnis zwischen Arzt und Patient beruht wesentlich auf Vertrauen. Dem Arzt wird im Rahmen seiner vertraglichen Leistungspflichten mehr zugemutet als beispielsweise dem Elektriker oder Installateur.

Eberhard Schmidt[4] hat 1957 die Rechtsbeziehungen zwischen Arzt und Patient wie folgt gekennzeichnet:

„Das Verhältnis zwischen Arzt und Patient ist weit mehr als eine juristische Vertragsbeziehung, ist verankert in den sittlichen Beziehungen der Menschen untereinander und entfaltet sich nur da in einer gerade auch für die gesundheitliche Betreuung des Patienten förderlichen Weise, wo eben diese sittlichen Momente von Mensch zu Mensch es tragen und seinen Gehalt bestimmen."

---

[1] Ständige Rspr der Zivilgerichte, zuletzt BGH NJW 2009, 993, 995.
[2] *Deutsch/Geiger,* 1092 f.
[3] Vgl auch *Staak/Uhlenbruck,* 142 ff.
[4] Ärztl Rechtskunde (Der Arzt im Strafrecht) in: *Ponsold* (Hrsg), Lehrb d Gerichtl Medizin, 2. Aufl 1957, 2.

7. Kapitel. Die Rechtsbeziehungen zwischen Arzt und Patient 2–6 § 38

Dem schloss sich das **Bundesverfassungsgericht**[5] unter Berufung auf *Eberhard Schmidt* an: 2
„Die Standesethik steht nicht isoliert neben dem Recht. Sie wirkt allenthalben und ständig in die rechtlichen Beziehungen des Arztes zum Patienten hinein. Was die Standesethik vom Arzt fordert, übernimmt das Recht weithin zugleich als rechtliche Pflicht. Weit mehr als sonst in den sozialen Beziehungen des Menschen fließt im ärztlichen Berufsbereich das Ethische mit dem Rechtlichen zusammen."

Auch der **BGH**[6] hat betont, dass die Einordnung des Verhältnisses zwischen Arzt und 3 Patient als Dienstvertrag oder als Rechtsverhältnis sui generis für die Pflichten nicht allein von ausschlaggebender Bedeutung sei. Denn unabhängig von der rechtlichen Wertung dieses Verhältnisses werde und dürfe der Richter bei der Prüfung dieser Frage den Arzt und den Patienten **nicht nur als die Partner eines bürgerlich-rechtlichen Vertrags** sehen. Der Richter dürfe nicht übersehen, dass das Verhältnis zwischen Arzt und Patient ein besonderes Vertrauen voraussetze, „daß es in starkem Maße in der menschlichen Beziehung wurzelt, in die der Arzt zu dem Kranken tritt, und dass es daher weit mehr als eine juristische Vertragsbeziehung ist".[7]

Auch das BVerwG[8] hat darauf hingewiesen, dass der Beruf des Arztes „in einem hervor- 4 ragenden Maß ein Beruf ist, in dem die Gewissensentscheidung des einzelnen Berufsangehörigen im Zentrum der Arbeit steht. In den entscheidenden Augenblicken seiner Tätigkeit befindet sich der Arzt in einer unvertretbaren Einsamkeit, in der er – gestützt auf sein fachliches Können – allein auf sein Gewissen gestellt ist."

Die Rechtsprechung befindet sich im Gleichklang mit der medizinischen Literatur. 5 *Hans Neuffer*[9] formulierte das wie folgt: „Jeder ärztlichen Verordnung muß als wichtigste Ingredienz die Liebe beigemischt sein."

Nach *Schipperges*[10] stehen „auf der einen Seite ... immer noch Arzt und Patient als Bundesgenossen im Kampf gegen Krankheit und Tod; gleichzeitig aber sind Arzt und Patient nüchterne Geschäftspartner, die Wert darauf legen, daß der Geschäftsgang möglichst flott vonstatten geht und vertraglich geregelt wurde, wobei jeder private Bezug als peinlich verdächtig abgetan wird."

In der rechtswissenschaftlichen Literatur sind die Meinungen geteilt. *Küchenhoff*[11] vertrat 6 noch die Auffassung, die Ausformungen des Arztrechts in Vertrag und Gesetz seien von dem Prinzip bestimmt, „dass das Arztrecht von der Liebe her gestaltetes Recht" sei.[12]

Nach der Ansicht von *Laufs*[13] führen „die Konfliktlagen der modernen Medizin ... den Arzt vielfach an die Grenzen des Rechts und verweisen ihn auf sein Gewissen."[14]

---

[5] NJW 1979, 1925, 1930. Vgl auch *Laufs*, FS Weitnauer, 3370.
[6] BGHZ 29, 46, 52, 53 = NJW 1959, 811, 813; BGHSt 32, 367, 379 = NJW 1984, 2639.
[7] Auch der BGH beruft sich hierbei ausdrücklich auf *E Schmidt*, Der Arzt im Strafrecht, in: *Ponsold*, Lehrbuch der gerichtlichen Medizin, 1957, 1f.
[8] BVerwGE 27, 303 = NJW 1968, 218.
[9] *Neuffer*, Ärztliche Ethik – Arzt und Recht, Therapie und Praxis, 3. Aufl, Heft 1, 1958, 1, 3.
[10] *Schipperges*, Moderne Medizin im Spiegel der Geschichte, 1970, 71.
[11] ArztR 1967, 179; *ders*, in: Erman (4. Aufl 1967) § 611 BGB, Anm 2 g cc; *ders*, Staatslexikon Bd I, 6. Aufl 1957, Sp 601. Vgl auch *Seidler/Giesen*, „Arzt", Staatslexikon Bd I, 7. Aufl 1985, Sp 364 ff.
[12] Dem folgt *Laufs*, Recht und Gewissen des Arztes, 1, 3: „Mit Grund sieht *Günther Küchenhoff* die Ausformungen des Arztrechts in Vertrag und Gesetz von dem Prinzip bestimmt, daß das Arztrecht von der Liebe her gestaltetes Recht ist." Vgl auch *Laufs*, ArztR RdNr 17. Es ist wohl kein Zufall, wenn *Peter Hanau* in der 1989 erschienenen 8. Aufl des *Erman*'schen Kommentars der Kommentierung des Dienstvertragsrechts eine Erinnerung an *Günther Küchenhoff* voranstellte und auf eine Kommentierung des Arztvertrages ganz verzichtete, da die Bearbeitung „ganz von der Persönlichkeit und Weltanschauung des Autors geprägt war...".
[13] *Laufs* NJW 1980, 1316.
[14] Vgl auch *Laufs*, Recht und Gewissen des Arztes, 1; *ders*, Berufsfreiheit und Persönlichkeitsschutz im Arztrecht, 1, 6. *Laufs* betont, dass der Arzt Ge- und Verboten des Rechts wie des Gewissens zu genügen habe. Die Berufsordnung verlange, dass der Arzt seine Aufgabe nach seinem Gewissen und nach den Geboten der ärztlichen Sitte erfülle.

§ 38 Der Arztvertrag

Demzufolge gilt entsprechend den von Eberhard Schmidt entwickelten Grundsätzen,[15] dass zwar die Standesethik als Selbstkontrolle des ärztlichen Standes allein nicht ausreiche, alle Fragen nach dem Inhalt der ärztlichen Pflichten zu beantworten. Allerdings dürfe andererseits die notwendige rechtliche Kontrolle der Medizin nicht zu einer vollständigen juristischen Organisation des Verhältnisses zwischen Arzt und Patient führen. Der Jurist kann die Konflikte, Aporien und Paradoxien an den Grenzen des Arztrechts[16] ohne Rückgriff auf den Sinn des ärztlichen Berufs und damit dessen Ethos nicht entscheiden.[17]

In diesem Sinne äußerte sich auch Hollmann[18]: „Im Rechtsverhältnis zwischen Patient und Arzt geht das persönliche Element noch wesentlich weiter. In den Vertrag wird der gesamte Persönlichkeitsbereich beider Partner einbezogen: Der Patient muß sich dem Arzt in vollem Umfange anvertrauen, und der Arzt muß seine gesamte Persönlichkeit für den kranken Menschen einsetzen; hier geht es ja nicht allein um wirtschaftliche Leistungen und um den sozialen Status des Patienten, sondern um die gesamte durch Krankheit und Tod bedrohte Existenz."

Deutsch geht davon aus, dass „interessen- und wertungsjuristisch ... der Patient" als gleichberechtigt erscheint. „Arzt und Patient bringen beide ihre oft übereinstimmenden, gelegentlich aber auch kollidierenden Interessen in die rechtliche Regelung ein: Recht, Ethik und vor allem das die Arzt-Patienten-Beziehung beherrschende Vertrauen haben die Aufgabe, den Interessengegensatz zwischen Arzt und Patient, wo er besteht, aufzulösen und zu harmonisieren, notfalls zu entscheiden."[19]

Andere Autoren verstehen die Arzt-Patient-Beziehung heute weitgehend als **Partnerschaft** oder **Arbeitsbündnis** zwischen Arzt und Patient.[20] Ende des letzten Jahrhunderts hat *Dieter Giesen*[21] die von *Rudolf Wiethölter* begründete Idee wieder aufgegriffen, Arzt und Patient als „Rechtsgenossen" anzusehen, die sich auf gleicher Stufe gegenüberstehen und die gleichen Rechte und Pflichten vor Gericht besitzen. Diese nüchterne Betrachtungsweise hat vieles für sich.

7 Festzustellen bleibt, dass sich das früher oftmals idealisierte Bild der Arzt-Patienten-Beziehung in den letzten Jahrzehnten grundsätzlich gewandelt hat. Mit wachsender Transparenz und Objektivierbarkeit der Leistungsinhalte ist eine zunehmende „**Verrechtlichung der Medizin**" einhergegangen.[22] Moderne Berufs- und Investitionszwänge fördern die Kommerzialisierung des Arztberufs. Es ist unverkennbar, dass die wissenschaftlichen und technischen Entwicklungen im Bereich der Medizin den bewährten überlieferten berufsethischen Grundsätzen gleichsam davongeeilt sind. Trotzdem dürfen nüchternes Wissen und technisches Können den Arzt nie die Würde jedes einzelnen Menschen vergessen lassen.[23] Nach wie vor ist der ärztliche Dienst gekennzeichnet durch das Bemühen, dem kranken Mitmenschen zu helfen.[24] Nach wie vor ist auch die ärztliche

---

[15] *Laufs,* ArztR RdNr 21.
[16] *Laufs,* ArztR RdNr 21.
[17] So auch *Engisch,* Konflikte, Aporien und Paradoxien bei der rechtlichen Beurteilung der Sterbehilfe, FS Dreher, 1977, 309 ff.
[18] *Hollmann,* 69 f.
[19] *Deutsch/Spickhoff* RdNr 1. Vgl auch *Jung,* Das Recht auf Gesundheit, 1982, 120.
[20] *Dickhaut/Luban/Plozza,* Arzt-Patient-Beziehung, in: *Eser/v Lutterotti/Sporken,* Sp 127. *Rössler* (ebd Sp 1230) spricht von Vertrauen als „akzeptierte Abhängigkeit".
[21] ArzthaftungsR RdNr 2.
[22] Vgl *Buchborn,* Zur Verrechtlichung der Medizin: vom ärztlichen Heilauftrag zum zivilrechtlichen Behandlungsvertrag, MedR 1984, 126; *Laufs,* ArztR RdNr 24.
[23] *Laufs,* ArztR RdNr 21.
[24] Zutreffend hat *Karl Jaspers* das neuere Verhältnis zwischen Arzt und Patient wie folgt formuliert: „Das Verhältnis von Arzt und Patient ist in der Idee der Umgang zweier vernünftiger Menschen, in dem der wissenschaftliche Sachkundige dem Kranken hilft." Vgl auch *Laufs,* Grundlagen und Reichweite der ärztlichen Aufklärungspflicht, in: *Jung/Schreiber* (Hrsg), Arzt und Patient zwischen Therapie und Recht, 1981, 71. Nach *Lukowsky,* Philosophie des Arzttums, 35, sind es drei Grundpfeiler, auf denen das abendländische Arzttum beruht: Wissenschaft, Intuition und Humanität.

7. Kapitel. Die Rechtsbeziehungen zwischen Arzt und Patient   8, 9   § 38

Leistung geprägt von dem allgemeinen **Gebot der Nächstenliebe** und der **Humanitas**.[25] Das Arzt-Patienten-Verhältnis beruht auf starken emotionalen Komponenten, was zugleich auch bei der forensischen Kontrolle ärztlichen Handelns Berücksichtigung zu finden hat.[26] Schließlich geht es bei der Tätigkeit des Arztes um die mit ihr verbundenen wichtigsten Rechtsgüter des Menschen: Leben, Gesundheit und Selbstbestimmung. Die – unverzichtbare – rechtliche Kontrolle der Medizin darf niemals zu einer vollständigen juristischen Organisation des Verhältnisses zwischen Arzt und Patient führen.[27]

1. Fehlende gesetzliche Regelung des Arztvertrages. Eine gesetzliche Regelung des ärztlichen Behandlungsvertrages ist nicht vorhanden und nicht zu erwarten. Der Bundesminister der Justiz hat in einem Bericht vom 5. Mai 1988 die Anfrage des Petitionsausschusses des Deutschen Bundestages nach einer möglichen Änderung des Arzt-Patienten-Verhältnisses im Bürgerlichen Gesetzbuch negativ beantwortet.[28] Die Stellungnahme des 52. DJT, keine Regelung des ärztlichen Behandlungsvertrages zu empfehlen, hat die Bundesregierung davon absehen lassen, besondere Regelungen über den Arztvertrag einzuführen.[29] 8

2. Der Arztvertrag als Dienstvertrag. Der Arztvertrag ist nach weitaus überwiegender Rechtsprechung und Literaturmeinung in der Regel kein Werkvertrag, sondern ein **Dienstvertrag**.[30] Die geschuldete ärztliche Behandlung ist eine Leistung von Diensten höherer Art. Der Chirurg schuldet dem Patienten bei der Wegnahme des Blinddarms (Appendektomie) oder der Amputation eines Körperteils nicht den Erfolg, sondern lediglich die Durchführung des Eingriffs nach dem medizinischen Standard. Für den Erfolg will er in der Regel auch nicht einstehen[31] und darf es standesrechtlich (§ 11 Abs 2 MBO) auch nicht. Wollte man dem Arzt das Risiko des Erfolges aufbürden, so widerspräche 9

---

[25] Zu weitgehend teilweise *Küchenhoff*, Grundfragen des Arztrechts, ArztR 1967, 179 ff.
[26] *Laufs*, ArztR RdNr 15 unter Berufung auf *Wachsmuth*.
[27] Vgl auch *Schreiber*, Notwendigkeit und Grenzen einer rechtlichen Regelung ärztlicher Tätigkeit, Der Chirurg 1980, 411; *ders*, Notwendigkeit und Grenzen rechtlicher Kontrolle der Medizin, 1984, 48. *Steindorff* JZ 1963, 371. Zur Verrechtlichung der Medizin aus ärztlicher Sicht vgl auch *Buchborn* MedR 1984, 126; *Weißauer*, Verrechtlichung der Medizin – Ein Phänomen und seine Konsequenzen –, Anästh u Intensivmed 1981, 253.
[28] Bericht über die zivilrechtliche Haftung des Arztes gegenüber dem Patienten vom 5. 5. 1988; I B 1-3430/12 II – 10 397/87 –.
[29] Vgl auch *Deutsch/Geiger; Deutsch* und *Geiger* verneinen zwar das besondere Reformbedürfnis hinsichtlich des Arztvertrages. Sie bejahen jedoch die Notwendigkeit der Aufnahme des Arztvertrages in die Kodifikation.
[30] Vgl BGHZ 63, 306, 309 = NJW 1975, 305; BGHZ 76, 249, 261 = NJW 1980, 1452, 1453; BGH NJW 1981, 613; BGH NJW 1981, 2002; BGHZ 97, 273; OLG Düsseldorf NJW 1975, 595; OLG Zweibrücken NJW 1983, 2094; OLG Köln VersR 1988, 1049; OLG Braunschweig VersR 1980, 853, 854; OLG Koblenz VersR 1981, 689; OLG Köln VersR 1980, 434; OLG München VersR 1981, 757, 758; OLG Köln VersR 1988, 1049; OLG Koblenz NJW-RR 1994, 52; LG Köln VersR 1980, 491; RGRK-*Nüßgens* § 823 BGB Anh II RdNr 11; *Laufs*, ArztR RdNr 100; MünchKomm-*Busche* (5. Aufl 2009) § 631 BGB RdNr 238; MünchKomm-*Müller-Glöge* (5. Aufl 2009) § 611 BGB RdNr 79; *Soergel/Kraft* (12. Aufl 1998) Vorbem 104 ff zu § 611 BGB; *Staudinger/Richardi* (14. Aufl 2005) Vorbem 53 f zu §§ 611 ff BGB; *Larenz*, Schuldrecht II 1 (13. Aufl 1986) § 52 I; *Fikentscher*, Schuldrecht (10. Aufl 2006) § 83 IV 2a; *Deutsch/Spickhoff* RdNr 108 ff; *Deutsch* NdsÄBl 1981, 161; *Giesen*, Wandlungen des Arzthaftungsrechts, 1983, 3; *ders* RdNr 7. *Baur/Hess*, Arzthaftpflicht und ärztliches Handeln, 1982, 18; *Esser/Weyers*, Schuldrecht II 1 (8. Aufl 1998) § 27 II 3d; *Medicus*, Schuldrecht II (14. Aufl 2007) RdNr 349; *Barnikel*, 442; *Weyers*, Gutachten A 14; *Luig*, 225; *Erman/Edenfeld* (12. Aufl 2008) § 611 BGB RdNr 47; *Uhlenbruck* NJW 1973, 1401; *Oexmann/Georg* RdNr 15–36; *Kern*, in: *Rieger/Dahm/Steinhilper*, 335 RdNr 2 f; *Jauernig/Mansel* (12. Aufl 2007) vor § 611 BGB RdNr 21; *Palandt/Weidenkaff* (68. Aufl 2009) Einf vor § 611 BGB RdNr 18; *Geiß/Greiner* RdNr 4; *Erman/Schwenke* (12. Aufl 2008) vor §§ 631–651 BGB RdNr 24; *Staak/Uhlenbruck*, 142 ff; *Geiger*.
[31] So zutreffend MünchKomm-*Busche* (5. Aufl 2009) § 631 BGB RdNr 238; *Laufs*, ArztR RdNr 100.

eine solche **Erfolgsgarantie** dem Wesen des Arztvertrages und der Stellung des Arztes in der menschlichen Gesellschaft. Zustimmung verdient der Hinweis von *Taupitz*,[32] dass sich der oft von populären Erfolgsberichten erwartungsvoll gestimmte Patient vielfach nicht mehr bereit zeigt, seine Krankheit als Schicksal zu tragen. Zusammen mit dem Anwachsen einer merkantilistischen Einstellung in unserer Gesellschaft führe dies „zu der Forderung oder zumindest Erwartung, daß der Arzt die Garantie für die Behandlung übernehmen müsse. Gesundheit wird als käufliches Gut betrachtet. Derartige Forderungen, die vom Arzt Unmögliches verlangen, darf das Recht nicht unterstützen." Der Begriff „Krankheit" ist nicht selten durch subjektive Komponenten bestimmt, die in der Person des Patienten liegen. Wollte man den Arzt verpflichten, eine **„Gesundheitsgarantie"** gegenüber dem Patienten zu übernehmen, wäre zugleich auch das Haftungsrisiko unüberschaubar.[33]

10 Teilweise wird die Arzt-Patient-Beziehung als **„partnerschaftliche Zusammenarbeit"** angesehen, als **„therapeutisches Arbeitsbündnis".**[34] Aber auch die partnerschaftliche Einordnung der Arzt-Patienten-Beziehung führt rechtlich zu keinen anderen Ergebnissen als die hM: Es gelten grundsätzlich die dienstvertraglichen Regeln der §§ 611 ff BGB. Allein die Einordnung des Behandlungsverhältnisses zwischen Arzt und Patient unter die dienstvertraglichen Vorschriften führt dazu, dass der Arzt nicht für die Gesundung des Patienten einzustehen hat, also nicht den Erfolg der Behandlung oder Operation schuldet. Demzufolge trifft den Arzt auch keine Erfolgshaftung, sondern nur eine Einstandspflicht für vorwerfbare vertragliche und deliktische Fehlleistungen. Den Misserfolg einer Behandlung oder eines Eingriffs hat der Arzt nicht zu vertreten, wenn nicht ein Verschulden festzustellen ist.

11 **3. Der Arztvertrag ist kein Werkvertrag.** Nur wenige Stimmen in der Literatur werten den Behandlungsvertrag als Werkvertrag[35]. Teilweise wird in der Literatur bei Vornahme einer bestimmten Operation Werkvertrag bejaht, auch wenn nur die lege artis durchgeführte Operation geschuldet wird.[36] Soweit in der Literatur angenommen wird, es handele sich vor allem beim Sterilisationsvertrag,[37] artifizieller Reproduktion, Geschlechtsumwandlung, Schwangerschaftsabbruch[38] oder bei der kosmetischen Opera-

---

[32] NJW 1986, 2851, 2857.

[33] Treffend bezeichnen deshalb *Deutsch/Spickhoff* RdNr 108, den Arztvertrag als „persönlichen Dienstvertrag ohne Gesundheitsgarantie". Wollte man den Arztvertrag generell oder die Operation als werkvertragliche Leistung ansehen, so wäre man gezwungen, den Operateur von umfangreichen Risiken zu entlasten. Die Gewährleistungsvorschriften der §§ 633 ff BGB, vor allem das Mängelbeseitigungsrecht, passen nicht auf die ärztliche Leistung. Beim Dienstvertrag hat der Arzt kein Nachbesserungsrecht. Schäden, die auf schuldhafter Verletzung des Behandlungsvertrages (Arztvertrages) beruhen, hat er grundsätzlich durch Geld auszugleichen.

[34] So *Dickhaut/Luban-Plozza*, Arzt-Patient-Beziehung, in: *Eser/v Lutterotti/Sporken*, Sp 125 f. Zu diesem therapeutischen Bündnis („Compliance") gehöre die Selbstverantwortung des Patienten ebenso wie die ausreichende und verständliche Information und Aufklärung des Kranken durch seinen Arzt. Vgl auch *Conti*, Die Pflichten des Patienten im Behandlungsvertrag, 2000, 86 ff, 128 ff.

[35] *v Gierke*, Deutsches Privatrecht III, 593 Fn 7; *Jakobs*, 1438.

[36] Vgl *Staudinger/Nipperdey/Mohnen* (11. Aufl 1958) Vorbem 185 zu § 611 BGB; *Staudinger/Richardi* (14. Aufl 2005) Vorbem zu §§ 611 f BGB RdNr 53, 54; *Ebermayer*, Der Arzt im Recht, 72; *Liertz/Paffrath*, Handbuch des Arztrechts, 181; *Ennecerus-Lehmann*, Schuldrecht, (15. Bearb 1958) 643; *Leener*, Typus und Rechtsfindung, 1971, 151. Zum österreichischen Recht (§ 1151 ABGB) s *Völkl-Törggler*, Die Rechtsnatur des ärztlichen Behandlungsvertrages in Österreich, JBl 1984, 72; *Bydlinski*, FS Kralik, 1986, 345 ff; *Engljähringer*, Ärztl Behandlungsvertrag, ÖJZ 1993, 488.

[37] So *Ströfer* VersR 1981, 796, 804; *Putzo*, Die Arzthaftung – Grundlagen und Folgen, 1979, 15; *Jakobs*, 1438. Zur fehlgeschlagenen Sterilisation s auch BGH NJW 1994, 788; OLG Düsseldorf MedR 1992, 217 u NJW 1995, 788; OLG Zweibrücken VersR 1997, 1009; *Deutsch* VersR 1995, 609; *Giesen* JZ 1994, 286; ferner die Ausführungen unten zu § 126 (Die Sterilisation).

[38] Vgl *Jakobs*, 1438.

tion³⁹ um typische Werkverträge, verkennt diese Meinung das Wesen des Arztvertrags, bei dem die ärztliche Behandlung als Dienstleistung, nicht dagegen der Erfolg im Vordergrund steht. **Eine Ausnahme** ist nur insoweit anzuerkennen, als einzelne ärztliche Leistungen dem Werkvertragsrecht untergeordnet werden können, wie zB die Tätigkeit des Arztes für Labormedizin bei der Laboranalyse⁴⁰ und die Erbringung technischer Leistungen, wie zB die Herstellung und Lieferung von Prothesen, Korsetts oder Schuheinlagen durch den Orthopäden.⁴¹

Richtig ist allerdings die Feststellung,⁴² dass die Unterscheidung zwischen den Vertragsarten nicht immer leichtfällt, weil beide im weiteren Sinne auf eine Arbeitsleistung gerichtet sind und das dogmatische Kriterium, wonach das BGB beim Werkvertrag einen Arbeitserfolg, beim Dienstvertrag nur eine Arbeitsleistung fordert, in der Praxis gerade auch beim Arztvertrag wegen der Mehrdeutigkeit der Begriffe „Erfolg" und „Werk" häufig Zweifel offenlassen. Ungeachtet dieser grundsätzlichen rechtlichen Zuordnung steht es aber im Einzelfall den Patienten des Behandlungsvertrages frei, durch Abreden ihr Rechtsverhältnis ohne Rücksicht auf dessen eigentliches Wesen – allerdings unter Beachtung von § 11 Abs 2 MBO – pauschal den Vorschriften über den Dienst- oder Werkvertrag zu unterstellen.⁴³

4. Die Berücksichtigung werkvertraglicher Elemente. Die grundsätzliche Einordnung des Arztvertrages als unabhängigen Dienstvertrag iSv § 611 BGB schließt nicht aus, dass dem Dienstvertrag zugleich auch **werkvertragliche Elemente** innewohnen können.⁴⁴ Bis auf die **technische Anfertigung der Prothese,** die allein der Gewährleistung nach Werkvertragsrecht unterfällt, gehören im Übrigen alle auf die prothetische Versorgung gerichteten Leistungen zur Heilbehandlung und bleiben Dienste höherer Art. Der Orthopäde schuldet hieraus sachgerechte Behandlung, nicht aber den Erfolg.⁴⁵ Die Verordnung einer Brille durch den Augenarzt begründet keinen Werk- sondern einen Dienstvertrag.⁴⁶ Die Tatsache, dass ein Arztvertrag im Einzelfall teilweise oder gar überwiegend werkvertragliche Elemente enthält, rechtfertigt es nicht, die verschuldensunabhängige Gewährleistung des Werkvertragsrechts eingreifen zu lassen.

Die uneingeschränkte Anwendung von Werkvertragsrecht würde dazu führen, dass der Arzt nach einem fehlerhaften Eingriff ein **Recht zur Nachoperation** (Nacherfüllung) hätte. Misslingt die ärztliche Leistung zB bei einer kosmetischen Operation, so will der Patient dem Arzt nicht etwa ein Nacherfüllungsrecht einräumen. Der **Mängelbeseitigungsanspruch** ist gerade wegen des meist weggefallenen Vertrauens bei einer misslun-

---

³⁹ *Eberbach;* OLG Zweibrücken NJW 1983, 2094; OLG Köln VersR 1988, 1049; MünchKomm-*Müller-Glöge* (5. Aufl 2009) § 611 BGB RdNr 79; MünchKomm-*Busche* (5. Aufl 2009) § 631 BGB RdNr 239; *Fikentscher,* Schuldrecht, (10. Aufl 2006) § 83 IV 2a, 568.
⁴⁰ MünchKomm-*Busche* (5. Aufl 2009) § 631 RdNr 239.
⁴¹ AG Krefeld NJW 1967, 1512.
⁴² *Laufs,* ArztR RdNr 100.
⁴³ *Laufs,* ArztR RdNr 101, zur Zulässigkeit der Vertragswahl unter berufsrechtlichen Gesichtspunkten vgl auch *Kern/Richter,* 139.
⁴⁴ So zutreffend MünchKomm-*Müller-Glöge* (5. Aufl 2009) § 611 BGB RdNr 83. *Weitergehend: Luig,* 226, der feststellt, dass sich für die rechtliche Regelung der Beziehungen zwischen Arzt und Patient nicht generell die Alternative Dienstvertrag oder Werkvertrag stellt. Vielmehr müsste von dem tatsächlich gegebenen Spezialfall Arztvertrag ausgegangen werden und jeweils „für eine bestimmte Konfliktsituation [...] im Gesetz die darauf zugeschnittene Lösung" gefunden werden. Diese könne beim Arztvertrag sowohl nach den Regeln über den Dienstvertrag als auch im Werkvertragsrecht zu suchen sein.
⁴⁵ OLG Karlsruhe MedR 1995, 374 = VersR 1996, 62.
⁴⁶ So zutreffend *Narr* MedR 1986, 170–172, gegen AG Offenbach, Urt v 22. 5. 1985 – 31 C 1244/85 –; MünchKomm-*Müller-Glöge* (5. Aufl 2009) § 611 BGB RdNr 82. Für zwei getrennte Verträge offenbar *Liertz/Paffrath,* Hdb des Arztrechts, 1938, 182; *Coermann/Wagner,* Deutsches ArztR 1938, 84.

genen Operation nicht gegeben.[47] Anderes gilt allerdings bei der prothetischen Zahnbehandlung.[48]

15 **5. Der Arztvertrag ist kein Vertrag sui generis.** In der Literatur ist versucht worden, den medizinischen Behandlungsvertrag als Vertrag sui generis oder als Mischvertrag zu konstruieren.[49] Das wurde allerdings zu Recht mit dem Hinweis darauf abgelehnt, dass die vorhandenen Vertragstypen ausreichen, den Behandlungsvertrag einzuordnen und daher kein Bedürfnis für ein solches Konstrukt bestehe. Der BGH[50] hat zutreffend darauf hingewiesen, dass es zB für die Frage der ärztlichen Aufklärungspflicht nicht von ausschlaggebender Bedeutung sei, ob das Verhältnis zwischen Arzt und Patient rechtlich als Dienstvertrag oder als Rechtsverhältnis sui generis eingestuft werde.

II. Besondere Formen des Arztvertrages

16 Die neuere Entwicklung der Medizin hat besondere Formen des ärztlichen Behandlungsvertrages hervorgebracht, die nicht mehr den typischen Heileingriff[51] zum Gegenstand haben, wie zB die Impfung, Sterilisation, In-vitro-Fertilisation,[52] Schwangerschaftsabbruch, Schwangerschaftsverhütung, Organentnahme sowie kosmetische Operationen. Diagnostische Maßnahmen hingegen sind generell als Teil der Heilbehandlung anzusehen. Soweit der Inhalt des Arztvertrages nicht auf die Durchführung einer typischen Heilbehandlung bzw Ausführung eines Heileingriffs geht, ist im Einzelfall zu fragen, ob die ärztliche Leistung, die vertraglich vereinbart wird, mit der geltenden Rechtsordnung in Einklang steht (§§ 134, 138 BGB) und ob der Patient rechtswirksam in die Durchführung der ärztlichen Maßnahme einzuwilligen vermag.

17 **1. Der Zahnarztvertrag.** Grundsätzlich bestimmen sich auch die Rechtsbeziehungen zwischen Zahnarzt und Patient nach **Dienstvertragsrecht** (§§ 611 ff BGB),[53] weil die

---

[47] Vgl hierzu *Uhlenbruck*, Das Recht und die Pflicht des Arztes zur restitutio ad integrum nach einem Behandlungsfehler, in: *Heberer/Opderbecke/Spann* (Hrsg), Ärztl Handeln – Verrechtlichung eines Berufsstandes, FS Weißauer 1986, 150, 159 ff.

[48] *v Ziegner*, 16.

[49] Vgl *Deutsch/Geiger*, 1049, 1095 f; *Deutsch/Spickhoff* RdNr 113; auch *Jung*, Das Recht auf Gesundheit, 165; *Luig*, 227.

[50] BGHZ 29, 46, 52, 53.

[51] Nach hergebrachter Auffassung umfasst der Begriff der Heilbehandlung der Sache nach alle Eingriffe und Behandlungen, die durch einen Arzt am Körper eines Menschen vorgenommen werden, um Krankheiten (physische und psychische Störungen pathologischer Art), Leiden (länger andauernde Beeinträchtigungen des körperlichen oder seelischen Wohlbefindens), Körperschäden (nicht-krankhafte Entstellungen, Schielen etc), körperliche Beschwerden (nicht unbedingt krankhafte vorübergehende Beeinträchtigung des Wohlbefindens, wie zB Menstruations- oder Schwangerschaftsbeschwerden), oder seelische Störungen nicht-krankhafter Natur (Triebstörungen, Neurosen, schwere Affekte etc), zu verhüten, zu erkennen, zu heilen oder zu lindern. Notwendige Voraussetzung jeder Heilbehandlung ist die objektive und subjektive Heiltendenz. Vgl *Uhlenbruck* DMW 1968, 271; *Ponsold*, Lehrb d Gerichtl Medizin, 3. Aufl 1967, Fn 2.

[52] Vgl *Becker*, In-vitro-Fertilisation als Heilbehandlung, FamRZ 1986, 630. Aus der umfangreichen Literatur: *Bernat* (Hrsg), Die Reproduktionsmedizin am Prüfstand von Recht und Ethik, 2000.

[53] *Rieger/Scheuffler*, Zahnarzt, in: *Rieger/Dahm/Steinhilper*, 5610, RdNr 15. BGHZ 63, 206 = NJW 1975, 305; OLG Köln VersR 1977, 843 u MedR 1994, 197, 199; OLG Koblenz NJW-RR 1994, 52; OLG Zweibrücken NJW 1983, 2094; OLG Frankfurt VersR 1982, 502; OLG Köln VersR 1986, 300; OLG Hamm Urt v 16. 2. 1981 – 3 U 135/80 –; Urt v 1. 6. 1981 – 3 U 255/80 –; Urt v 25. 1. 1983 – 3 U 211/81 –; OLG Hamm Urt v 9. 2. 1983 – 3 U 315/82 –; OLG Köln Urt v 15. 12. 1986 – 7 U 183/86 AHRS Nr 0160/7; OLG München Urt v 2. 12. 1981 – 3 U 2313 81 –; LG Bremen NJW 1965, 2015; LG Hannover NJW 1980, 1340; LG Aschaffenburg VersR 1988, 65; 52; LG Berlin MedR 2009, 98; MünchKomm-*Busche* (5. Aufl 2009) § 631 BGB RdNr 240; MünchKomm-*Müller-Glöge* (5. Aufl 2009) § 611 BGB RdNr 81; *Laufs*, ArztR RdNr 101; *Döring* NJW 1976, 1640; *Teichmann*, Gutachten

7. Kapitel. Die Rechtsbeziehungen zwischen Arzt und Patient 18 § 38

Tätigkeit des Zahnarztes trotz eines technischen Elements im wesentlichen als Heilbehandlung anzusehen ist.[54] Während noch das Reichsgericht[55] die von Zahnärzten „bewirkten Lieferungen künstlicher Zahnersatzstücke" als Werklieferungen iSv § 651 BGB[56] qualifizierte, besteht noch heute Streit über die rechtliche Zuordnung der **prothetischen Zahnbehandlung**. Nach Auffassung des OLG Karlsruhe[57] ist zwischen der rein ärztlichen Tätigkeit, wie zB der Vorbereitung des Kiefers und der Mundhöhle für den Einsatz einer Brücke, und der Anfertigung der Prothese zu unterscheiden. Die Arbeiten hinsichtlich der Kaufähigkeit, der Anpassung der Prothese an den Kiefer und die Mundhöhle seien Heilbehandlungen, also höhere Dienste iSd §§ 611, 627 BGB, die übrigen Leistungen wie zB die Herstellung einer Prothese unterfielen werkvertraglichen Vorschriften. Das fachgerechte Arbeitsergebnis, nämlich die Herstellung der Kaufähigkeit des Gebisses, mache das Wesen eines zahnprothetischen Behandlungsvertrages aus, nicht dagegen die vorbereitenden Behandlungen des Zahnarztes. Entsprechend will LG Hannover[58] die Vorschriften über das Gewährleistungsrecht des Werkvertrages (§§ 633 ff BGB) auch auf das **Überkronen von Zähnen** und die **Anfertigung und das Einsetzen von Prothesen** angewandt wissen. Der Patient erwarte vom Zahnarzt den Erfolg der Behandlung. Wer eine Prothese bestelle, sehe es als selbstverständlich an, dass sie seinen Mund- und Kieferverhältnissen entsprechend angefertigt werde, ihren Zweck erfülle und nicht entstellend wirke. Schließlich könne die Prothese wie auch die Krone nachgebessert werden.

Die Meinungen, die generell auf den Vertrag über eine Zahnarztbehandlung **Werkvertragsrecht** anwenden wollen, lassen sich letztlich nicht halten.[59] Nach zutreffender Auffassung des BGH[60] ist der **zahnprothetische Behandlungsvertrag nach den §§ 611 ff BGB** zu beurteilen, weil die geschuldeten werkvertraglichen Leistungen, also die medizinische Technik, nur – untergeordnete – Bestandteile der ärztlichen Behandlung sind. Die

18

---

z 55. DJT Bd I, A 21; *Vogel/Lobschat,* Gewährleistungsansprüche aus zahnärztlicher Behandlung, Dtsch ZahnärztlZ 1980, 230; ferner den Überblick bei *Oexmann/Georg,* 1 ff (RdNr 1 ff mit einem Überblick über die verschiedenen Literaturmeinungen und die Entwicklung der Rechtsprechung); *Roesch,* Zur Rechtsnatur des Zahnarztvertrages, VersR 1979, 12; *Günther* RdNr 30, 31 ff, 68 f; *Fallschüssel* MedR 1986, 147; *Rohde* NJW 1985, 1379; *Könning,* 223; *Palandt/Sprau* (68. Aufl 2009) Einf v § 631 BGB RdNr 32; u *v Ziegner,* 15 f; differenzierend *Roesch* VersR 1979, 12.

[54] LG Berlin MedR 2009, 98.
[55] RGZ 95, 322; so auch noch OLG Karlsruhe NJW 1967, 1512.
[56] Diese Einordnung hat nach der Schuldrechtsmodernisierung jeden Sinn verloren.
[57] OLG Karlsruhe NJW 1967, 1512; vgl auch LG Hannover NJW 1956, 1640, 1641 = VersR 1956, 736. Ähnlich AG Bremerhaven MDR 1966, 410. Nach österreichischem Recht (§ 1151 AGBG) galt der Vertrag zwischen Arzt und Patient seit der Entscheidung des OGH v 17. 11. 1936 (– 3 Ob 984/36 SZ 18/189 –) als Werkvertrag. Vgl hierzu *Völkl-Torggler,* Die Rechtsnatur des ärztlichen Behandlungsvertrages in Österreich, JBl 1984, 72 ff; ferner *Giesen* RdNr 7 Fn 30. Nach *Laufs* (ArztR RdNr 101) fehlt es in Deutschland für die Fälle der Herstellung und des Anpassens von Zahnprothesen an einer festen Spruchpraxis.
[58] NJW 1980, 1340.
[59] So aber *Jakobs,* 1437; *Barnikel* NJW 1975, 592. Zutreffend ist in Literatur und Rechtsprechung den Entscheidungen des AG Bremerhaven (MDR 1966, 410) und OLG Karlsruhe (NJW 1967, 1512) mit der Begründung widersprochen worden, es gäbe physische und psychische Faktoren, welche die Funktionsfähigkeit eines Zahnersatzes beeinflussen könnten, die aber nur bei dem betreffenden Patienten gegeben seien und sich der Einflussnahme des Zahnarztes entzögen. Sowohl aus dem Gesetz über die Ausübung der Zahnheilkunde v 31. 3. 1952 (BGBl I, 221) nunmehr idF d Bekanntmachung v 16. 4. 1987 (BGBl I, 1225), zuletzt geändert durch Art 9 des Gesetzes v 2. 12. 2007 (BGBl I, 2686), als auch aus der Gebührenordnung für Zahnärzte (GOZ) ergebe sich, dass die prothetische Zahnheilkunde regelmäßig Heilbehandlung sei. Vgl LG Bremen NJW 1965, 2015; LG Oldenburg MDR 1962, 129; LG Offenburg NJW 1959, 817, 818; *Oexmann/Georg* RdNr 31 ff; *Schulz,* Arztrecht für die Praxis, 3. Aufl 1965, 1609; *Könning,* 226.
[60] NJW 1975, 305. Ebenso OLG Köln MedR 1994, 197, 199; OLG Oldenburg NJW-RR 1996, 1267, 1268; OLG Zweibrücken NJW 1983, 2094; OLG Koblenz NJW-RR 1994, 52.

dienstvertragliche Leistung, nämlich die ärztliche Behandlung, steht im Vordergrund.[61] Die Unterstellung des Zahnarztvertrages unter das Dienstvertragsrecht schließt nicht aus, im Einzelfall **werkvertraglichen Elementen** des Vertrages **Rechnung zu tragen.** So werden die Nachbesserungsregeln des Werkvertrages auf die Zahnprothethik angewandt[62]. Besteht die Leistung des Zahnarztes lediglich in der Anfertigung einer oder mehrerer Prothesen, ohne dass im Übrigen eine zahnärztliche Behandlung erforderlich ist, so ist Werkvertragsrecht anzuwenden. Beziehe sich dagegen der Behandlungsvertrag mit dem Zahnarzt sowohl auf die eigentliche Zahnbehandlungsmaßnahme als auch auf prothetische Arbeiten, so seien auf die reinen Behandlungsmaßnahmen die Vorschriften der §§ 611 ff BGB, auf die prothetischen Arbeiten die werkvertraglichen Vorschriften der §§ 631 ff BGB anzuwenden.[63]

19 Das Vorliegen **zweier Verträge** ist ebenso abzulehnen wie der **Mischvertrag.** Nach richtiger Meinung liegt grundsätzlich auch bei der zahnprothetischen Behandlung ein Dienstvertrag vor, der im Einzelfall aber auch werkvertragliche Elemente enthalten kann. Es ist nicht lebensnah, die Werkvertragselemente völlig unberücksichtigt zu lassen.[64] Bestimmend für die Einordnung des zahnprothetischen Arztvertrages ist der **Gesamtcharakter der ärztlichen Leistung.** Deshalb ist der auf zahnprothetische Behandlung gerichtete Vertrag **Dienstvertrag.** Handelt es sich um eine – selten vorkommende – selbstständige technische Leistung ohne entsprechende Behandlung durch den Arzt, so bestehen keine Bedenken, Werkvertragsrecht anzuwenden. Soweit sich die technische Leistung, wie zB die Anfertigung einer Zahnprothese, von der ärztlichen Leistung rechtlich trennen lässt, dürfte eine Anwendung werkvertraglicher Regeln in Betracht kommen.[65]

20 Alle mit der **zahnprothetischen Versorgung** zusammenhängenden ärztlichen Verrichtungen, insbesondere das Einpassen der Prothese in den Mund sowie Fertigung und Einpassung von Zahnkronen, gleichgültig, ob fest im Mund verankert oder herausnehmbar, sind als **Dienstleistungen höherer Art** iSv § 627 BGB anzusehen und damit Gegenstand der einheitlichen Leistung „Zahnbehandlung" oder „Zahnversorgung". Die praktische Bedeutung der rechtlichen Einordnung des Zahnarztvertrages kommt in einem von *Angela Könning*[66] geschilderten **Beispielsfall** treffend zum Ausdruck:

„Patient A begibt sich zur gründlichen Gebißsanierung in die Behandlung des Zahnarztes Z. Neben reinen Zahnbehandlungsmaßnahmen müssen auch prothetische Arbeiten vorgenommen werden. Z setzt A Verblendkronen und Brücken ein. Es entstehen Kosten in Höhe von 4000,– DM. Nach Beendigung der Behandlung bemerkt A, dass Z den prothetischen Ersatz nicht richtig eingepaßt hat, so daß zwischen dem Zahnfleisch und den Kronen Zwischenräume verblieben sind. An den deshalb freiliegenden beschliffenen Zahnstümpfen sammeln sich Speisereste an, die sich nicht

---

[61] Vgl *Erman/Edenfeld* (12. Aufl 2008) § 611 BGB RdNr 47; *Palandt/Sprau* (68. Aufl 2009) Einf vor § 631 BGB RdNr 241; MünchKomm-*Busche* (5. Aufl 2009) § 631 BGB RdNr 241. Richtig auch der Hinweis von *Taupitz* NJW 1986, 2851, 2857, dass der Arzt keine „Gesundheitsgarantie geben wolle, sondern sich im Rahmen seiner Tätigkeit lediglich zur sachgemäßen Behandlung des Patienten verpflichtet". Vgl dazu auch OLG Köln JMBl NW 1994, 11. Für das Dienstvertragsrecht auch *Rieger/Scheuffler*, Zahnarzt, in: *Rieger/Dahm/Steinhilper*, 5610, RdNr 15.

[62] *v Ziegner*, 23.

[63] *Roesch* VersR 1979, 12. Auch *Günther* (RdNr 34, 69, 70) nimmt einen „Mischvertrag" an. Ähnlich *Luig*, 226, der einen Vertrag sui generis annimmt.

[64] Vgl LG Offenburg NJW 1959, 817; LG Bremen NJW 1965, 2015; *Döring* NJW 1956, 1640; ders NJW 1957, 699.

[65] BGH NJW 1975, 305; OLG Karlsruhe NJW 1967, 1512; OLG Zweibrücken VersR 1983, 1064; OLG Oldenburg NJW-RR 1996, 1267; OLG Köln AHRS 0161/7 u MedR 1994, 198; MünchKomm-*Busche* (5. Aufl 2009) § 631 BGB RdNr 242. *Deutsch/Spickhoff* RdNr 61: „Zahnarzt und Patient schließen einen zivilrechtlichen Vertrag, der regelmäßig als Dienstvertrag anzusehen ist, auch wenn er auf eine zahnprothetische Leistung geht." RdNr 357: „Soweit es sich um die Herstellung einer Prothese handelt, … liegt ein Werkvertrag vor."

[66] VersR 1989, 223, 227.

mehr entfernen lassen. Ein Gutachter stellt ferner fest, dass eine Brückenverankerung fehlerhaft ist und die Brückenkonstruktion selbst ebenfalls Mängel aufweist. Die gesamten Arbeiten müssen erneuert werden."[67]

21 Unterstellt man den Zahnarztvertrag **Werkvertragsrecht,** also den §§ 631 ff BGB, so wird der Arbeitserfolg von Z geschuldet. Z arbeitet auf eigene Gefahr dafür, dass ein über die bloßen ärztlichen Bemühungen hinausreichendes Ergebnis erzielt wird. Dem Patienten A steht zunächst der Anspruch auf Erfüllung zu, der bei mangelhafter Leistung auf Neuherstellung (§§ 631 Abs 1, 633, 634 Nr 1, 635 Abs 1 BGB) oder Nachbesserung der Zahnprothese geht (§§ 631 Abs 1, 633, 634 Nr 1, 635 Abs 1 BGB). Ferner kann A vom Vertrag zurücktreten, die Vergütung mindern (§§ 631 Abs 1, 633, 634 Nr 3 BGB) oder uU Ansprüche auf Schadensersatz (§§ 631 Abs 1, 633, 634 Nr 4 BGB) geltend machen.

22 Liegt dagegen ein **Dienstvertrag** vor, so schuldet Z nicht den Erfolg seiner ärztlichen Bemühungen. Entsprechend hat er auch nicht für den ausbleibenden Erfolg einzustehen. Der Vergütungsanspruch entsteht durch den Abschluss der Arbeitsleistung[68] und bleibt ihm erhalten, auch wenn die Behandlung nicht zu dem gewünschten Ergebnis führt.[69] Er hat die ärztliche Leistung allerdings mit der gebotenen Sorgfalt entsprechend dem neuesten Standard durchzuführen. Verursacht er durch eine Fehlbehandlung schuldhaft einen Schaden beim Patienten, so ist er gem § 280 Abs 1 BGB zum Schadensersatz verpflichtet.[70] Trifft ihn kein Verschulden, haftet er nicht auf Schadensersatz. Soweit bei A auf der Grundlage der gesetzlichen Krankenversicherung im Rahmen der zahnärztlichen Behandlung zahntechnische Leistungen ohne Genehmigung erbracht worden sind, ist er selbst Honorarschuldner.[71]

23 Nur bei Verschulden kann der Patient A dem **Vergütungsanspruch** des Zahnarztes Z seinen eigenen **Schadensersatzanspruch** aus positiver Vertragsverletzung (§ 280 Abs 1 BGB) entgegenhalten, ohne dass es einer Aufrechnungserklärung bedarf. Meist steht dem Vergütungsanspruch in diesen Fällen ein derartiger Schadensersatzanspruch des Patienten entgegen, dessen Geltendmachung bewirkt, dass die Vergütung des Zahnarztes begrenzt wird oder gänzlich entfallen kann.[72] Hat der Patient oder dessen Versicherung die Vergütung noch nicht bezahlt, so geht der Schadensersatzanspruch aus positiver Vertragsverletzung gem §§ 280 Abs 1, 249 S 1 BGB auf **Befreiung von der Vergütungspflicht.**[73] Dem Patienten bleibt sein aus positiver Forderungsverletzung begründeter Anspruch auf Freistellung von der Honorarverbindlichkeit gegenüber dem Zahnarzt auch erhalten, wenn sein Krankenversicherer ihm die für die Behandlung angefallenen Gebühren erstattet.[74]

24 **Kündigung.** Der Patient ist berechtigt, den zahnärztlichen **Behandlungsvertrag** aus wichtigem Grund gem § 627 Abs 1 BGB zu **kündigen.** Das Kündigungsrecht ist unbeschränkt und unbefristet. Verpflichtungen zur Rücksichtnahme bestehen grundsätzlich nicht.[75] Wendet man auf den prothetischen Zahnarztvertrag Dienstvertragsrecht an, so ist

---

[67] Der Fall ist angelehnt an OLG Zweibrücken NJW 1983, 2094 = VersR 1983, 1064.
[68] LG Berlin MedR 2009, 98.
[69] BAG AP Nr 11 zu § 611 BGB; OLG Köln MedR 1994, 198, 199; *Erman/Edenfeld* (12. Aufl 2008) § 611 BGB RdNr 408; *Palandt/Weidenkaff* (68. Aufl 2009) § 611 BGB RdNr 16; *Deutsch/Spickhoff* RdNr 118; aber auch § 628 Abs 1 1, 2 BGB.
[70] Vgl LG Braunschweig NJW 1988, 777 = VersR 1988, 526 (Ls); OLG Köln VersR 1986, 300 = MedR 1986, 200 (schuldhafte Verletzung vertraglicher Nebenpflichten durch mangelnde Hygiene).
[71] OLG Düsseldorf NJW 1987, 706.
[72] Vgl auch OLG Düsseldorf VersR 1985, 456; OLG Köln VersR 1987, 620 u 820; OLG Köln MedR 1994, 198; *Könning,* 227; *Kramer,* 324. Das OLG Oldenburg (NJW-RR 1996, 1267) gewährt den Patienten einen Anspruch aus § 812 BGB auf Rückzahlung des von ihm gezahlten Honorars mit der Begründung, der Arzt habe für die durchgeführte Behandlung keinen Vergütungsanspruch.
[73] *Jaspersen* VersR 1992, 1431 ff; *Reiling* in seiner Problemstellung zu OLG Köln MedR 1994, 198.
[74] OLG Köln MedR 1994, 198, 199.
[75] *Könning,* 227. Nach OLG München (VersR 1995, 1103) ist ein Zahnarzt verpflichtet, Passschwierigkeiten uÄ zu beheben. Tut er dies nicht in angemessener Zeit, so gibt er schuldhaft Anlass

der Zahnarzt zur **persönlichen Leistung** verpflichtet (§ 613 S 1 BGB).[76] Gem § 278 BGB hat er bei Delegation von Aufgaben auf Dritte für deren Verschulden ohne Exkulpationsmöglichkeit einzustehen.

25 Wie oben bereits erwähnt, sind **eigentliche Zahnbehandlungsmaßnahmen dem Dienstvertragsrecht zu unterstellen.** Hierunter fallen ua die Behandlung von Parodontalerkrankungen, ambulante operative Eingriffe wie zB die Extraktion von Zähnen, Exzisionen, Zystenoperationen, präprothetische Chirurgie, Zahnreimplantationen und stationäre Eingriffe wie zB die Behandlung von Kieferbrüchen, Tumoroperationen und Gelenkoperationen.[77]

26 Für Prothesen, die in zahntechnischen Labors hergestellt werden, ist Werkvertragsrecht auf den Vertrag zwischen dem Zahnarzt und dem technischen Labor anzuwenden: „Die Abdeckung einer Kavität (Höhlung im Zahn) durch starre Werkstoffe (Inlays), die nach Abdruck der Kavität im Labor gegossen (Metallegierungen), gebrannt (Keramik) oder polymerisiert (Kunststoff) und anschließend einzementiert werden, lassen sich in ihrer technischen Herstellung mit der Fertigung von prothetischen Zahnersatzteilen vergleichen. Daher sollte auch in diesem Bereich auf die Herstellung des Inlays selbst – da eine spezifisch zahnärztliche Heilbehandlung insoweit nicht vorliegt – das werkvertragliche Gewährleistungsrecht angewendet werden."[78] Die Prothesenplanung, die Anfertigung von Abgüssen des Kiefers, die Herstellung von Arbeitsmodellen und Modelationen sowie sämtliche Arbeitsabläufe von der Planung bis zur endgültigen Fertigstellung zur eigentlichen Zahnarztbehandlung unterfallen hingegen dem Dienstvertragsrecht.

27 **2. Die Schönheitsoperation.** Kosmetische Behandlungen ohne ärztliche Indikation sind nicht als Heileingriffe anzusehen.[79] Verträge, die die **Beseitigung angeborener** als auch **später entstandener Verunstaltungen** und Entstellungen durch Defekte, Deformitäten oder Anomalien zum Gegenstand haben, sind – unabhängig von der Indikation – **Dienstverträge.** Der Chirurg, der einen wiederherstellenden Eingriff vornimmt, schuldet den fachgerechten Eingriff, nicht dagegen die Wiederherstellung des „normalen" oder früheren Aussehens des Patienten. Der Arzt will im Regelfall auch bei der kosmetischen Operation nicht für den Erfolg seiner Leistung einstehen.[80] Auch bei kosmetischen Eingriffen gilt, „daß der Einfluß eines derartigen Eingriffes auf den Ablauf biologischer und physiologischer Zusammenhänge im Organismus nicht nur von der ärztlichen Tätigkeit, sondern auch weitgehend von der individuellen Konstitution und dem nachoperati-

---

zur Kündigung mit der Folge der Pflicht, das Honorar zurückzuzahlen, soweit die Leistung ohne Interesse für den Patienten ist.

[76] Vgl hierzu *Hahn,* Zulässigkeit und Grenzen der Delegierung ärztlicher Aufgaben, NJW 1981, 1977 f.
[77] So zutreffend *Könning,* 228.
[78] BGHZ 63, 306; vgl dazu auch *Könning,* 229.
[79] OLG Hamburg ArztR 1983, 235 = VersR 1983, 63; *Solbach/Solbach* MedR 1989, 10 f; *Kern/Richter,* 136 f; vgl dazu auch *Schönke/Schröder/Eser* (27. Aufl 2006) § 223 StGB RdNr 50 b; LK-*Hirsch* (11. Aufl 2005) § 228 StGB RdNr 44.
[80] Zutreffend MünchKomm-*Busche* (5. Aufl 2009) § 631 RdNr 238: „Einen solchen Vertrag dem Typ des Werkvertrages zuzuordnen, entspräche nicht dem Inhalt, dem Wesen und der Tragweite des Arztvertrages. Der eine Operation übernehmende Arzt schuldet zwar eine sorgfältige Durchführung der Operation nach den Regeln ärztlicher Kunst. Allein dies kann jedoch nicht als eine nur nach ihrem Erfolg zu beurteilende Werkleistung iSv § 631 BGB angesehen werden." Für Werkvertrag *Isele,* Grundsätzliches zur Haftpflicht des Arztes, in: *Mergen* (Hrsg), Die juristische Problematik in der Medizin, Bd III, 11, 16. Zutreffend der Hinweis von *Rieger,* Lexikon RdNr 1000, dass die „generelle Zuordnung des kosmetischen Eingriffs unter einen der genannten Vertragstypen den tatsächlichen Lebenssachverhalten nicht gerecht wird". Entscheidend sei vielmehr der Vertragswille der Parteien im konkreten Fall „der erforderlichenfalls durch sorgfältige Auslegung zu ermitteln" sei. In der Tat ist entscheidend, ob der Arzt für alle Risiken, die durch die individuelle Konstitution und das nachoperative Verhalten des Patienten bedingt sind, einstehen will oder nicht.

ven Verhalten des Patienten abhängig ist".[81] Diese dogmatischen Grundsätze behalten ihre Geltung[82] auch vor dem Hintergrund des Bemühens, den Arzt stärker für die Schönheitsoperation haften zu lassen.[83]

Wenn überhaupt, kann nur ausnahmsweise ein Werkvertrag vorliegen. Ob der Arzt bei kosmetischen Operationen einen bestimmten Erfolg in Aussicht stellen darf,[84] begegnet erheblichen standesrechtlichen Bedenken: „Es mag sein, dass in außergewöhnlichen Fällen der Arzt ein Erfolgsversprechen abgibt. Doch ob hierbei wirklich der Erfolg einer bestimmten ärztlichen Verrichtung als Tätigkeitsergebnis geschuldet wird, kann nur eine sorgfältige Auslegung der ärztlichen Vertragserklärung ergeben. Im Zweifel wird die Erklärung des Arztes nicht in diesem Sinne aufgefasst werden können."[85]

3. Der Vertrag über die Durchführung einer Sterilisation. *a)* **Der Sterilisationsvertrag als Dienstvertrag.** Die Sterilisation führt die Unfruchtbarkeit eines Menschen herbei, und zwar regelmäßig durch einen chirurgischen Eingriff, der die Samen- oder Eileiter unterbricht oder funktionsuntüchtig macht, wobei Libido und Fähigkeit zum Sexualverkehr erhalten bleiben.[86]

Der mit dem Arzt oder mit dem Krankenhausträger abgeschlossene Vertrag über die Durchführung einer freiwilligen Sterilisation ist nach überwiegender Auffassung in Literatur und Rechtsprechung ein **Dienstvertrag**.[87] Aufgrund des Sterilisationsvertrages schuldet der Arzt dem Patienten die ordnungsgemäße Durchführung der Sterilisation. Geschuldet wird also lediglich ein Bemühen des Arztes, durch einen ärztlichen Eingriff die künftige Fortpflanzungs- oder Empfängnisfähigkeit zu verhindern.[88]

Nach heute wohl überwiegender Meinung[89] sind Sterilisationsverträge sowohl mit Frauen als auch mit Männern unabhängig vom Vorliegen einer besonderen Indikation zulässig, also auch die sog **Gefälligkeitssterilisation**.[90] Das gilt auch für jüngere, kinderlose Volljährige.

---

[81] *Rieger*, Lexikon RdNr 1000; vgl MünchKomm-*Müller-Glöge* (5. Aufl 2009) § 611 BGB RdNr 83; *Böhmer* bei *Schreus* (Hrsg), Ästhetische Medizin in Einzeldarstellungen, Bd I 1956, 44; RG JW 1932, 3329.
[82] *Kern/Richter*, 136 f.
[83] Vgl dazu *Eberbach*, 365.
[84] So OLG Zweibrücken NJW 1983, 2094; MünchKomm-*Busche* (5. Aufl 2009) § 631 BGB RdNr 239; MünchKomm-*Müller-Glöge* (5. Aufl 2009) § 611 BGB RdNr 79.
[85] MünchKomm-*Busche* (5. Aufl 2009) § 631 RdNr 238.
[86] Einzelheiten in § 126; *Laufs*, ArztR RdNr 307 ff; vgl *Soergel/Beater* (13. Aufl 2005) § 823 BGB Anh IV RdNr 86; *Eser/Hirsch; Ratzel*, in: *Rieger/Dahm/Steinhilper*, 4990, RdNr 2.
[87] BGHZ 76, 259 = NJW 1980, 1450, 1452; OLG Düsseldorf NJW 1975, 595; OLG Karlsruhe NJW 1979, 599; OLG Celle NJW 1978, 1688; OLG Zweibrücken NJW 1978, 2340; OLG Bamberg NJW 1978, 1685; MünchKomm-*Müller-Glöge* (3. Aufl 1997) § 611 BGB RdNr 48; *Palandt/Weidenkaff* (68. Aufl 2009) Einf v § 611 BGB RdNr 18; *Rieger* DMW 1975, 2657; *Narr* RdNr 826; *Spann*, Geburtshilfe und Frauenheilkunde, 1978, 591; RGRK-*Nüßgens* § 823 BGB Anh II RdNr 228; *Dannemann* VersR 1989, 676 Fn 4; *Harrer*, 163; für Werkvertrag *Ströfer* VersR 1981, 796, 804; *Soergel/Mühl* (11. Aufl 1980) Vor § 631 BGB RdNr 17; *Barnikel*, Geburtshilfe und Frauenheilkunde, 1976, 88; *Putzo*, Die Arzthaftung – Grundlagen und Folgen, 1979, 15.
[88] Vgl auch *Jakobs*, 1438.
[89] Vgl BGHZ 76, 249; BGHZ 76, 259; BGH NJW 1981, 630; BGH NJW 1981, 2002; BGH NJW 1984, 2625; RGRK-*Nüßgens* § 823 BGB Anh II RdNr 228.
[90] So *Steffen/Pauge* RdNr 261 unter Berufung auf BVerfG NJW 1993, 1751; vgl BGHZ 76, 259; BGHZ 67, 48, 54; BGH NJW 1981, 2002; 1984, 2625; BGHZ 124, 128 = NJW 1994, 788 = VersR 1994, 425; OLG Zweibrücken MedR 1997, 360; *Hanack*, Die strafrechtliche Zulässigkeit künstlicher Unfruchtbarmachung, 1959, 230; *ders* JZ 1964, 398; *Ratzel*, in: *Rieger/Dahm/Steinhilper*, 4990, RdNr 2; RGRK-*Nüßgens* § 823 BGB Anh II RdNr 231; *Eser/Koch* MedR 1984, 11; *Harrer*, 172. – Der 100. Deutsche Ärztetag hat 1997 im Rahmen der Novellierung der MBO das Indikationsmodell (§ 8 aF) ersatzlos gestrichen.

31 **b) Die Wirksamkeit des Sterilisationsvertrages.** Der Sterilisationsvertrag als Dienstvertrag ist nur dann wirksam, wenn er nicht gegen ein gesetzliches Verbot (§ 134 BGB) oder gegen die guten Sitten (§ 138 BGB) verstößt.[91] Die herrschende Literaturmeinung[92] beurteilt strafrechtlich die Sterilisation nach § 228 StGB, wonach eine Körperverletzung mit Einwilligung des Verletzten nur dann rechtswidrig ist, wenn die Tat trotz der Einwilligung gegen die guten Sitten verstößt.

32 Der BGH hat seit dem sog Dohrn-Urteil[93] die dogmatisch zweifelhafte Auffassung vertreten, die freiwillige Sterilisation sei mangels besonderer Strafandrohung nicht einmal tatbestandsmäßig und daher auch nicht indikationsbedürftig. Deshalb ist der **Sterilisationsvertrag wertneutral** zu sehen.[94] Er verstößt nicht gegen gesetzliche Normen, selbst wenn es sich um eine Gefälligkeitssterilisation handelt.

33 Es gibt keine anerkannte moralische Pflicht, sich zumindest bis zu einem bestimmten Lebensalter fortpflanzungsfähig zu halten.[95] Auch ein junger Volljähriger kann durchaus vernünftige Gründe haben, ohne Nachkommen zu bleiben. Deshalb ist generell festzustellen, dass Sterilisationsverträge unabhängig vom Vorliegen einer besonderen Indikationslage grundsätzlich wirksam sind.[96] Eine 34jährige Mutter von drei Kindern kann durchaus berechtigte Gründe haben, keinen weiteren Nachwuchs mehr haben zu wollen.[97] Im Einzelfall hat der Arzt aber immer festzustellen, ob nach den vom BGH entwickelten objektiven Kriterien ein **Verstoß gegen die guten Sitten** vorliegt, der nicht nur die Einwilligung, sondern auch den Vertrag nichtig macht. Die Entscheidungsfreiheit des einzelnen ist abzuwägen mit dem, was der Betroffene durch den irreversiblen Verzicht auf seine Fortpflanzungsfähigkeit an Persönlichkeit aufgibt. Das Ergebnis solcher Abwägung kann nach Lebensalter und jeweiliger Lebensgestaltung unterschiedlich ausfallen. Unzulässig wäre es, in Analogie zu § 2 Abs 1 Nr 3 des Kastrationsgesetzes die Einwilligungsfähigkeit und damit die Wirksamkeit des Sterilisationsvertrages an das vollendete fünfundzwanzigste Lebensjahr zu knüpfen. Zutreffend weist *Laufs* darauf hin, dass Volljährige, die weder geistig noch seelisch gestört sind, grundsätzlich in die Operation einwilligen können. Eine ganz andere Frage ist, ob einem jungen Volljährigen immer die **Reife** zuzuerkennen ist,

---

[91] Vgl BGHZ 76, 248 u 249; *Waibl* NJW 1987, 1513; *MünchKomm-Söllner* (2. Aufl 1988) § 611 BGB RdNr 48; *Hoffmann*, Sterilisation geistig behinderter Erwachsener, betreuungsrechtliche Behandlung und strafrechtliche Sanktionierung, 1996; *Eser/Koch*, Aktuelle Rechtsprobleme der Sterilisation, MedR 1984, 6; *Hanack*, Die strafrechtliche Zulässigkeit künstlicher Unfruchtbarmachung, 1959; *ders*, Die Sterilisation aus sozialer Indikation, JZ 1964, 393; *ders*, Künstliche Eingriffe in die Fruchtbarkeit, in: *Göppinger*, Arzt und Recht, 11; *Hoerster*, Grundsätzliches zur Strafwürdigkeit der Gefälligkeitssterilisation, JZ 1971, 123; *Schwalm*, Kastration und Sterilisation in strafrechtlicher Sicht, in: *Mergen*, Die juristische Problematik in der Medizin, Bd III, 200; *Schönke/Schröder/Eser* (27. Aufl 2006) § 223 StGB RdNr 53, 59 ff; *Eser/Hirsch*, 60; *LK-Hirsch* (11. Aufl 2005) § 228 StGB RdNr 39.

[92] Vgl hierzu die umfangreiche Literatur bei *Schönke/Schröder/Eser* (27. Aufl 2006) § 223 StGB RdNr 61, 62 und *LK-Hirsch* (11. Aufl 2005) § 228 StGB RdNr 39. Von den früheren rechtfertigenden Indikationen (medizinische, eugenische Indikation) waren lediglich die rein soziale Indikation und die sog Gefälligkeitssterilisation umstritten. Zur strafrechtlichen Sicht vgl § 143.

[93] BGHSt 20, 81. Vgl auch OLG Bamberg NJW 1978, 1685; *Palandt/Weidenkaff* (68. Aufl 2009) § 138 BGB RdNr 98; *Erman/Palm* (12. Aufl 2008) § 138 BGB RdNr 169.

[94] OLG Köln JMBl NRW 1986, 273.

[95] *Eser/Koch* MedR 1984, 11; *Harrer*, 172. Zutreffend auch *Gründel/Koch*, Sterilisation, in: *Eser/v Lutterotti/Sporken*, Sp 1108: „Die freiwillige, überlegte Preisgabe der Fortpflanzungsfähigkeit gilt weithin nicht mehr als sittlich bedenkliche ‚Verstümmelung'."

[96] Anders *Laufs*, ArztR RdNr 311, wonach die Lösung der Sterilisation von einer Indikation als Gefälligkeitssterilisation nicht nur das Rechtsgut der menschlichen Fertilität, sondern auch den ärztlichen Beruf in seiner herkömmlichen Gebundenheit an den Heilauftrag gefährdet. Eine ganz andere Frage ist die, in welchem Umfang die Sterilisation Einwilligungsunfähiger zulässig ist. Zur Sterilisation geistig Behinderter s *Kern/Hiersche* MedR 1995, 463; *Zimmermann/Damrau* NJW 1991, 54; *Amelung*, Vetorechte beschränkt Einwilligungsfähiger in Grenzbereichen medizinischer Intervention, 1995, 7. Vgl auch § 126 „Die Sterilisation".

[97] BGH NJW 1976, 1790; *Laufs*, ArztR RdNr 310.

die Folgen einer Sterilisation zu erkennen und zu bewerten. Grundsätzlich kann ein Arzt aber bei einem **Volljährigen** davon ausgehen, dass er seine nach eingehender Aufklärung und Beratung getroffene Entscheidung wirksam in einen Vertrag einzubringen vermag. Da gem § 1631c BGB Eltern nicht in eine **Sterilisation des Kindes** einwilligen können und auch das Kind selbst nicht einwilligen kann, ist der Vertrag eines Minderjährigen oder seiner Eltern für ihn über eine Sterilisation gem § 134 BGB nichtig. Anderes muss allerdings bei Vorliegen einer medizinischer Indikation gelten.[98]

4. Der Vertrag über die Durchführung einer Kastration. Die Kastration,[99] die in der völligen operativen Entfernung oder dauernden Ausschaltung der Keimdrüsen (Hoden oder Eierstöcke) beim Menschen besteht, ist ein wesentlich radikalerer Eingriff als die Sterilisation. Auch der Vertrag über die Durchführung der Kastration ist **Dienstvertrag** iSv § 611 BGB. Die Kastration kann Gegenstand eines Arztvertrages jedenfalls insoweit sein, als sie medizinisch indiziert ist. Anderes gilt, wenn die **Kastration zur Eindämmung des Geschlechtstriebs** dient. Insoweit findet das Gesetz über die freiwillige Kastration und andere Behandlungsmethoden v 15. 8. 1969, zuletzt geändert durch Gesetz v 17. 12. 2008,[100] Anwendung. Nach dem KastrG können bei Männern mit abnormem Geschlechtstrieb durch Eingriff oder Behandlung die Keimdrüsen entfernt oder dauernd funktionsunfähig gemacht werden. Zulässig ist die Kastration jedoch nur unter den Voraussetzungen des § 2 KastrG. Danach muss der Betroffene einwilligen, die Behandlung nach den Erkenntnissen der medizinischen Wissenschaft **indiziert** sein, und der Betroffene muss das 25. Lebensjahr vollendet haben. Körperlich und seelisch dürfen durch die Kastration keine Nachteile zu erwarten sein, und die Behandlung muss nach den Erkenntnissen der medizinischen Wissenschaft vorgenommen werden. Die Betroffenen müssen über Grund, Bedeutung und Nachwirkungen der Kastration sowie über andere in Betracht kommende Behandlungsmöglichkeiten aufgeklärt und beraten werden (§ 3 Abs 1 KastrG). Im Übrigen darf die Kastration erst vorgenommen werden, nachdem eine **Gutachterstelle** eingeschaltet worden ist (§ 5 KastrG). Soweit die Voraussetzungen des KastrG gegeben sind, begegnet die Vereinbarung einer Entfernung der Keimdrüsen oder die Bewirkung einer dauernden Funktionsunfähigkeit keinen rechtlichen Bedenken.

5. Der Vertrag über eine operative Geschlechtsänderung.[101] Die persönlichen Nöte transsexueller Menschen erfordern gegebenenfalls eine Geschlechtsänderung oder Geschlechtsumwandlung.[102] Ärztliche Eingriffe, die eine Geschlechtsanpassung oder -umwandlung zum Gegenstand haben, sind allerdings nur bei Indikation zulässig.[103] An die Indikation sind besonders strenge Anforderungen zu stellen. Die Aussage des BGH, dass „eine **genitalkorrigierende Operation** wegen der mit ihr verbundenen Schwere des Eingriffs in organisch gesunde Körperteile und wegen ihrer die gesamte Persönlichkeit verändernden Auswirkung nur in ganz eindeutigen Ausnahmefällen, in denen sie

---

[98] So auch *Kern/Hiersche* MedR 1995, 463.
[99] Vgl dazu *Kern*, in: *Rieger/Dahm/Steinhilper*, 2830.
[100] BGBl I, 1143; BGBl I, 2586.
[101] Vgl auch § 128.
[102] Das Gesetz zur Änderung des Vornamens und die Feststellung der Geschlechtszugehörigkeit in besonderen Fällen (Transsexuellengesetz-TSG) v 10. 9. 1980 (BGBl I, 1654), zuletzt geändert durch Art 11 des Gesetzes v 17. 12. 2008 (BGBl I, 2586), hat die Situation hinsichtlich der personenstandsrechtlichen Stellung dieser Personen erheblich verbessert.
[103] Deshalb werden die Kosten geschlechtsumwandelnder Operationen in zunehmendem Maße von den Krankenversicherungsträgern erstattet. Vgl *Eicher*, Transsexualismus, 1984, 163; allg *A Schneider*, Rechtsprobleme der Transsexualität, 1977; *ders* MedR 1984, 141; *Koch* MedR 1986, 172; *Laufs*, ArztR RdNr 325; *Schneider* NJW 1992, 2940; *Koch* MedR 1986, 172. Zur Kostentragungspflicht des privaten Krankenversicherers vgl LG Köln VuR 1995, 206; s aber auch *Palandt/Ellenberger* (68. Aufl 2009) § 1 BGB RdNr 10 ff u d dort angef Rechtsprechung.

zur Vermeidung schwerster seelischer und körperlicher Beeinträchtigungen unerläßlich erscheint, als nicht sittenwidrig bewertet werden kann",[104] hat auch nach Erlass des Transsexuellengesetzes seine Bedeutung behalten. Das TSG regelt nämlich in § 8 Abs 1 Nr 4 nicht die Voraussetzungen eines geschlechtsändernden Eingriffs, sondern nur dessen Folgen. Der Existenz dieser Vorschrift lässt sich aber immerhin die Zulässigkeit eines solchen Eingriffs inzidenter entnehmen. Bei **fehlender Indikation** kommt ein wirksamer Vertrag nicht zustande, und es entsteht ebenso wenig ein Honoraranspruch.

36 **6. Der Vertrag über einen Schwangerschaftsabbruch.** Nach **ständiger Rechtsprechung des Bundesgerichtshofs** kann Gegenstand eines rechtswirksamen Arztvertrages auch der – erlaubte – Abbruch einer Schwangerschaft sein[105]. Dieser Vertrag wird überwiegend als **Dienstvertrag** angesehen.[106] Der Arzt schuldet dem Patienten lediglich die ärztliche Leistung, nicht dagegen den Erfolg. Ebenso wie bei der Sterilisation will der Arzt nicht etwa den Erfolg des Eingriffs garantieren, sondern er verspricht lediglich die Durchführung des Eingriffs, der einen bestimmten Erfolg bewirken soll.

37 Noch enger als bei der Sterilisation bestimmt sich die Zulässigkeit vertraglicher Vereinbarungen über einen Schwangerschaftsabbruch nach den Grenzen, die einmal durch die §§ 134 BGB, 218 ff StGB, zum anderen durch die Sittengesetze (§ 138 BGB) gezogen sind. Für Erörterungen der Nichtigkeit wegen **Sittenwidrigkeit** gem § 138 BGB ist neben § 134 BGB kein Raum.[107]

Die Befugnis, in den Prozess der Lebensbildung einzugreifen, ist nach Auffassung des BVerfG der Individualfreiheit der Frau zuzuordnen.[108] Der Embryo wird in den Entscheidungsprozess nicht einbezogen, was jedoch ebenso wenig zur Unwirksamkeit des Arztvertrages führt wie die Tatsache, dass der Arzt mit dem Schwangerschaftsabbruch gegen berufsethische Regeln verstößt.[109]

Liegen die Voraussetzungen für einen straffreien Schwangerschaftsabbruch nicht vor, so ist der Vertrag über den Abbruch einer Schwangerschaft unwirksam, weil § 218 StGB Verbotsgesetz iS von § 134 BGB ist. Liegen hingegen die Voraussetzungen des § 218a Abs 1, 3 u 4 StGB vor oder ist eine Indikation nach § 218a Abs 2 StGB gegeben, so begegnet die Wirksamkeit eines Arztvertrages, der den Schwangerschaftsabbruch bei einer Patientin zum Gegenstand hat, keinen durchschlagenden rechtlichen Bedenken.[110]

---

[104] BGH NJW 1972, 330, 333.
[105] Vgl dazu auch BVerfGE 88, 203.
[106] BGHZ 86, 240, 246 = NJW 1983, 1371; OLG München NJW 1981, 2012, 2013; *Harrer,* 165; *Rieger,* Lexikon RdNr 1601; *RGRK-Nüßgens* § 823 BGB Anh II RdNr 243; *MünchKomm-Müller-Glöge* (3. Aufl 1997) § 611 BGB RdNr 48; *Reis,* Das Lebensrecht des ungeborenen Kindes als Verfassungsproblem, 1984, 202, stellt aufgrund des Lebensrechts des ungeborenen Kindes bereits die grundsätzliche Frage, ob eine Abtreibung überhaupt Gegenstand eines zivilrechtlichen Vertrages sein kann.
[107] Vgl BGH JZ 1984, 888; *Harrer,* 193. Einzelheiten zur Rechtswirksamkeit des auf die Vornahme eines Schwangerschaftsabbruchs gerichteten Vertrages bei *Bernat,* Der Schwangerschaftsabbruch aus zivilrechtlicher Sicht unter besonderer Berücksichtigung der Rechtsstellung des nasciturus, 1995, 57 ff.
[108] Vgl BVerfGE 39, 1, 48; BVerfGE 88, 203; BVerfG NJW 1998, 519 u 523. Vgl auch *Ramm,* Die Fortpflanzung – ein Freiheitsrecht?, JZ 1989, 861, 866 f.
[109] Vgl hierzu Einzelheiten bei § 143; ferner *Laufs* NJW 1995, 3042; *Tröndle* NJW 1995, 3009; *Picker,* Schadensersatz für das unerwünschte eigene Leben: „a wrongful life", 1995; zu den bayerischen Sondergesetzen *Seckler* NJW 1996, 3049; *Böckle/Eser,* Schwangerschaftsabbruch, in: *Eser/v Lutterotti/Sporken,* Sp 963–985; *Böckle* (Hrsg), Schwangerschaftsabbruch als individuelles und gesellschaftliches Problem, 1981, 122; *Eser/Hirsch; Eser/Koch* (Hrsg), Schwangerschaftsabbruch im internationalen Vergleich. Rechtliche Regelungen – soziale Rahmenbedingungen – empirische Grunddaten, Teil 1: Europa, 1988, Teil 2: Außereuropäische Länder, 1989; *v Hippel,* Zur Abtreibung auf Krankenschein, NJW 1988, 2940; *Rieger,* Lexikon RdNr 1591–1616.
[110] Vgl BVerfG NJW 1993, 1751, 1763; BGHZ 86, 240 = NJW 1983, 1371; BGHZ 89, 95 = NJW 1984, 658 = VersR 1984, 186; BGH NJW 1985, 671 = VersR 1985, 240; BGH NJW 1985, 2749 = VersR 1985, 1068; BGHZ 95, 199 = NJW 1985, 2752 = VersR 1985, 965; BGH VersR 1986, 869;

Der Arztvertrag über den Schwangerschaftsabbruch ist demgemäß nur wirksam, wenn **38** die Voraussetzungen des § 218a StGB für den Schwangerschaftsabbruch vorliegen.[111] Fehlt es an der **erforderlichen ärztlichen Beratung** (§ 219 StGB) oder an der für den Abbruch der Schwangerschaft erforderlichen **Indikationsstellung durch einen Arzt** (§ 218b StGB), ist der Vertrag über den Schwangerschaftsabbruch nichtig.[112] Es sind durchaus Fälle denkbar, in denen die ärztliche Beratung iS von § 219 StGB zwar erfolgt, aber unzulänglich ist; oder dass der Arzt die Schwangere bereits für beraten hält und ihren entsprechenden Versicherungen vertraut. Hält der Arzt irrtümlich den Schwangerschaftsabbruch für medizinisch indiziert, so ist er lediglich nach § 218b StGB strafbar. Den Dienstvertrag über den Schwangerschaftsabbruch wird man solchenfalls für wirksam halten müssen.

Generell führt eine **Pflichtverletzung** des beratenden **Arztes zur Nichtigkeit des Arztvertrages** gem § 134 BGB. Insoweit ist es unerheblich, dass die Schwangere annehmen darf, dass die gesetzlichen Vorschriften von den Ärzten eingehalten worden sind.[113]

Für die Wirksamkeit des Arztvertrages ist unbedingte Voraussetzung, dass der **Abbruch** **39** **durch einen Arzt** erfolgt (§ 218 Abs 1 StGB). Verträge mit Medizinalassistenten, Heilpraktikern sowie Zahn- oder Tierärzten über einen Schwangerschaftsabbruch sind unwirksam. Dies folgt aus § 134 BGB iVm § 218 StGB. § 218 Abs 1 S 1 StGB enthält ein **grundsätzliches Verbot des Schwangerschaftsabbruchs,** wobei jedoch die Frühphase bis zum Abschluss der Nidation gem § 218 Abs 1 S 2 StGB tatbestandlich ausgeschlossen ist. Das Gesetz unterscheidet in § 218 StGB nicht zwischen der Selbst- und Fremdabtreibung oder der Abtreibung durch einen Arzt oder einen sonstigen Dritten. Nach Auffassung des BVerfG[114] greifen die §§ 134, 138 BGB nicht in allen Fällen ein, in denen das Strafrecht einen Schwangerschaftsabbruch für rechtswidrig erklärt, denn vor allen Dingen bedürfe der vom Arzt zu gewährleistende Schutz des ungeborenen Lebens und der Gesundheit der Frau einer vertraglichen Absicherung. Die Schlechterfüllung der Beratungs- und Behandlungspflichten müsse deshalb grundsätzlich auch vertrags- und deliktsrechtliche Sanktionen auslösen können.[115]

Verträge von minderjährigen Schwangeren sind nur dann unwirksam, wenn sie nicht **40** von § 36 SGB I erfasst werden. Anderes gilt für privatversicherte Minderjährige: Obwohl sie gegebenenfalls wirksam in den Schwangerschaftsabbruch einzuwilligen vermögen, ist

---

Steffen/Pauge RdNr 284 ff; *Lenz,* Recht auf Leben und Pflicht zum Abbruch der Schwangerschaft, VersR 1990, 1209, 1214. Der BGH (NJW 1995, 1609 = VersR 1995, 964) knüpft die Haftungsverantwortung des Arztes ebenfalls an die Rechtmäßigkeit der Indikation. Vgl auch *Belling,* Ist die Rechtfertigungsthese zu § 218a StGB haltbar? Zur Rechtsnatur der sog indizierten Abtreibung, 1987, m krit Besprechung *v Hanack* in MedR 1988, 22; *Laufs,* ArztR RdNr 326 ff. Zutreffend weist *Weber* (Arzthaftpflicht für Nachkommenschaftsschäden?, 1988, 30) darauf hin, dass die Mitwirkung des Arztes an einem Schwangerschaftsabbruch erheblich erschwert würde, wenn keine wirksamen Behandlungsverträge und damit keine Honoraransprüche begründet werden könnten. Und auf S 31: „Der Behandlungsvertrag kann deshalb auch nicht als unzulässiger Vertrag zulasten des Embryos angesehen werden, da sonst die verfassungsrechtliche Zulässigkeit der bestehenden Indikation ausgehöhlt würde." Nach einer **starken Literaturmeinung** verstößt ein Arztvertrag, der auf eine Abtreibung wegen einer sonstigen Notlage iSv § 218a Abs 2 Nr 3 aF gerichtet ist, mangels Rechtfertigung gegen ein gesetzliches Verbot (§ 218 Abs 1 StGB) und ist gem § 134 BGB **nichtig.** Vgl *Kluth* GA 1988, 547, 561; *Belling,* 145; *Geiger* Jura 1987, 60, 63; *Laufs* NJW 1988, 1499, 1500; *Beckmann* MedR 1990, 301, 303. Zweifelnd *Steffen/Pauge* RdNr 284a.

[111] In § 218a StGB sind die einzelnen Indikationslagen für den Schwangerschaftsabbruch aufgeführt. Zur strafrechtlichen Problematik des Schwangerschaftsabbruchs s die Ausführungen in § 143.

[112] So *Harrer,* 173; AG Bad Oeynhausen NJW 1998, 1799. Vgl auch BGH NJW 1995, 1609, wonach aus dem Beratungsverfahren nicht zwingend folgt, dass eine Indikation vorgelegen hat.

[113] Vgl *Belling,* 155; *Harrer,* 178.

[114] BVerfG 88, 203; *Deutsch* NJW 1993, 2361; *Deutsch/Spickhoff* RdNr 736; *Palandt/Ellenberger* (68. Aufl 2009) § 134 BGB RdNr 14.

[115] BVerfGE 88, 203 = NJW 1993, 1751, 1763; *Deutsch/Spickhoff* RdNr 736; *Deutsch* NJW 1993, 2361, 2362.

der von ihr ohne Einwilligung ihrer Eltern geschlossene Arztvertrag über den Schwangerschaftsabbruch gem §§ 106, 108 BGB schwebend unwirksam, kann aber durch Genehmigung (§ 184 Abs 1 BGB) des gesetzlichen Vertreters rückwirkend wirksam werden (§ 184 Abs 1 BGB). Gem § 110 BGB gilt der von einer Minderjährigen (7. bis Vollendung des 18. Lebensjahres) ohne Zustimmung des gesetzlichen Vertreters geschlossene Vertrag als von Anfang an wirksam, wenn die Minderjährige die vertragsgemäße Leistung mit Mitteln bewirkt, die ihr zu diesem Zwecke oder zur freien Verfügung von dem Vertreter oder mit dessen Zustimmung von einem Dritten überlassen worden sind. Die Fälle wirksamer Verträge Minderjähriger über eine Schwangerschaftsunterbrechung sind jedoch die Ausnahme.

41   Wird der Schwangerschaftsabbruch vom Arzt nicht sorgfältig oder entsprechend dem Standard durchgeführt, liegt eine Schlechterfüllung des Arztvertrages vor.[116] Die **fehlerhafte Beratung** und der nicht *lege artis* erfolgende Eingriff stellt sich in der Regel als **Pflichtverletzung** dar, die bei Verschulden des Arztes zum Schadensersatz verpflichtet.[117] Soweit der Arzt im Rahmen der Beratung schuldhaft Nebenpflichten verletzt, die entweder zu einem nicht gerechtfertigten Schwangerschaftsabbruch oder zur Unterlassung eines indizierten Schwangerschaftsabbruchs führen, haftet er ebenfalls auf Schadensersatz.[118]

42   **7. Schwangerschaftsberatungsvertrag.** Kann die Vornahme eines medizinisch indizierten Schwangerschaftsabbruchs Gegenstand eines wirksamen Dienstvertrages iS von § 611 BGB sein, so gilt das erst recht für die Beratung und die Indikationsstellungen sowie die Kontrolluntersuchungen zur Feststellung der Indikation. Da der die Schwangerschaft abbrechende Arzt nicht zugleich auch die Beratung (§§ 218c, 219 Abs 2 S 3 StGB) oder die Indikationsfeststellung (§ 218b Abs 1 S 1 StGB) vornehmen darf, kommen **zwei Verträge** mit zwei verschiedenen Ärzten zustande.

43   **8. Vertrag über die Durchführung einer pränatalen Diagnostik.** Auch der Vertrag über die Durchführung einer pränatalen Diagnostik ist als Dienstvertrag anzusehen. Inhalt des Vertrages ist die reine Diagnostik und Beratung. So ist der Arzt verpflichtet, eine fehlerfreie Diagnostik durchzuführen und richtige und vollständige Auskünfte über die Erforderlichkeit eines gebotenen Schwangerschaftstests zu erteilen. Insoweit hat der Arzt die Schwangere über die diagnostischen Möglichkeiten der Feststellung von Schäden der Leibesfrucht zu informieren.[119] Eine schwangere Frau, die den Arzt um Rat fragt, ob eine Fruchtwasseruntersuchung (Amniozentese) auf etwaige körperliche Missbildungen des werdenden Kindes angezeigt ist, ist auch über die Gefahr einer Trisomie 21 (sog Mongolismus) zu informieren.[120]

Verträge über Präimplantationsdiagnostik an einer einem Embryo entnommenen totipotenten Zelle verstoßen gegen § 6 Abs 1 iVm § 8 Abs 1 EschG. Da nach § 8 Abs 1 EschG totipotente Zellen, die sich unter bestimmten Voraussetzungen zu teilen und zu einem Individuum zu entwickeln vermögen, Embryonen iS des EschG gleichgestellt werden, fällt auch die Abspaltung totipotenter Zellen eines Embryos zum Zweck der Diagnostik unter das Verbot des § 6 Abs 1 EschG. Zudem pönalisiert § 2 Abs 1 EschG ihren diagnosti-

---

[116] Vgl BGH NJW 1987, 2923; OLG München VersR 1988, 523. Unzutreffend ist die Auffassung, dass eine Nichterfüllung gegeben ist, weil mit dem Schwangerschaftsabbruch der Erfolg geschuldet werde. So aber *Adomeit* Jura 1981, 197.
[117] Vgl auch Einzelheiten bei *Steffen/Pauge* RdNr 284 mit Rechtsprechung; *Weber,* Arzthaftpflicht für Nachkommenschaftsschäden?, 1988.
[118] Vgl dazu unten § 129 RdNr 21ff.
[119] Vgl BGHZ 86, 240 = NJW 1983, 1371; BGHZ 89, 95 = NJW 1984, 658.
[120] Vgl BGHZ 124, 128 = NJW 1994, 788; BGH NJW 1987, 2923; OLG München VersR 1988, 523; vgl auch BGH NJW 1997, 1638; BGH NJW 1989, 1536; *Schlund* Der Frauenarzt 1987, 37ff u 1988, 11ff.

7. Kapitel. Die Rechtsbeziehungen zwischen Arzt und Patient   44–46   § 38

schen Verbrauch, denn die als Embryo geltende Zelle wird zu einem nicht ihrer Erhaltung dienenden Zweck verwendet.[121]

9. Alle auf Schwangerschaftsverhütung gerichteten Verträge. Alle auf Schwangerschaftsverhütung gerichteten Verträge zwischen Arzt und Patientin oder Patient sind Verträge mit Schutzwirkung zugunsten Dritter. Nicht nur der Ehemann oder die Ehefrau sind in den Schutzbereich des Behandlungsvertrages einbezogen,[122] sondern auch der jeweilige nichteheliche Partner.[123]   44

10. Der Vertrag über eine künstliche Befruchtung. Auch bei dem grundsätzlich wirksamen Arztvertrag über eine künstliche Befruchtung[124] handelt es sich um einen Dienstvertrag iSv § 611 BGB.[125]   45

a) **Die künstliche Insemination.** Bei der homologen Insemination wird die Frau auf künstlichem Wege mit dem Samen ihres eigenen Ehemannes befruchtet. Bei der **heterologen Insemination** stammt der Samen von einem anderen Mann. Entsprechendes gilt bei nicht verheirateten Paaren.[126] Keinesfalls kann jede künstliche Insemination bei nicht verheirateten Frauen immer als heterologe Insemination angesehen werden.[127] Beide Formen der **Insemination** können Gegenstand eines Arztvertrages sein.[128]   46

---

[121] So die Antwort des Staatssekretärs *Lanfermann* auf die Frage des Abgeordneten *Kauder* (NJW 1996, Heft 41, XXVI). Vgl auch BT-Drucks 13/5427 v 16. 8. 1996.
[122] BGH NJW 2002, 2336.
[123] BGH NJW 2007, 989.
[124] Vgl allgemein zur Problematik *Starck/Coester-Waltjen,* Die künstliche Befruchtung beim Menschen – Zulässigkeit und zivilrechtliche Folgen, Gutachten A/B z 56. DJT, 1986; *Krebs/Honecker/Coester-Waltjen,* In-vitro-Fertilisation, in: *Eser/v Lutterotti/Sporken,* Sp 560 ff; *Rüsken,* Künstliche Befruchtung als Heilbehandlung, NJW 1998, 1745; *Meyhöfer/Künzel* (Hrsg), Homogene Insemination. Medizinische, juristische und soziologische Aspekte der Übertragung von Fremdsperma, 1988; *Hirsch/Eberbach,* Auf dem Weg zum künstlichen Leben. Retortenkinder, Leihmütter, programmierte Gene, 1987; *Bickel,* Fortpflanzungsmedizin und ihre verfassungsrechtlichen Grenzen, 1987; *Buchli-Schneider,* Künstliche Fortpflanzung aus zivilrechtlicher Sicht, 1987; *Waibl,* Kindesunterhalt als Schaden. Fehlgeschlagene Familienplanung und heterologe Insemination. Zugleich ein Beitrag zum Arzthaftungsrecht, 1986; *Hirsch,* Die künstliche Befruchtung – vom rechtsfreien Raum über das Standesrecht zum Gesetz, FS Weißauer 1986, 63; *Deutsch* MDR 1985, 177; *ders* NJW 1986, 1971; *Sternberg-Lieben,* Fortpflanzungsmedizin und Strafrecht, NStZ 1988, 1; *Coester-Waltjen,* Zivilrechtliche Probleme künstlicher Befruchtungen, Jura 1987, 629; *dies* FamRZ 1992, 369; *Laufs,* ArztR RdNr 375; *Kienle* ZRP 1995, 201; *Hohloch* JuS 1995, 836 ff; *ders* JuS 1996, 75; *Boin* JA 1995, 425; *Deutsch* VersR 1995, 609 ff; *Deutsch/Spickhoff* RdNr 755 ff; *Benecke; Bernat,* Rechtsfragen medizinisch assistierter Zeugung, 1989; *ders,* Lebensbeginn durch Menschenhand, 1985; *G Müller,* Fortpflanzung und ärztliche Haftung, FS Steffen 1995, 355; *Selb,* Rechtsordnung und künstliche Reproduktion des Menschen, 1987; *Giesen,* Probleme künstlicher Befruchtungsmethoden bei Menschen. Zum Argumentationsstand über das Machbare im Bereich moderner Fortpflanzungstechniken in Großbritannien und Australien, JZ 1985, 652; *ders,* Moderne Fortpflanzungstechniken im Lichte des deutschen Familienrechts, FS Hegnauer, 1986, 55 ff; *ders,* Rechtsprobleme künstlicher Befruchtungstechniken, Im Spannungsfeld zwischen Können und Dürfen. Zur christlichen Berufsethik (Reihe Kirche im Gespräch, Heft 4), Essen 1986, 24 ff; *ders,* Schadenbegriff und Menschenwürde. Zur schadenrechtlichen Qualifikation der Unterhaltspflicht für ein ungewolltes Kind, JZ 1994, 286; ferner die umfassende Literaturübersicht bei *Laufs,* ArztR 204 ff und unten § 129.
[125] Vgl *Benecke,* 87; für Werkvertrag *Heyl,* Die Beurteilung der künstlichen Samenübertragung nach geltendem deutschen Recht mit Hinweisen auf die Rechtslage im Ausland, 1955, 104.
[126] *Deutsch/Spickhoff* RdNr 756: „Es widerspricht den heutigen tatsächlichen Gegebenheiten, die Insemination im Bereich einer Lebenspartnerschaft als heterolog anzusehen."
[127] So aber *Coester-Waltjen* Jura 1987, 629, 631.
[128] Vgl *Coester-Waltjen,* künstliche Insemination, in: *Eser/v Lutterotti/Sporken,* Sp 547; *Rieger* Lexikon RdNr 1122; *Narr* RdNr 839: Der 73. DÄT 1970 hat seine ursprünglich ablehnende Haltung zur berufsrechtl Zulässigkeit einer einverständlichen homologen Insemination aufgegeben. Allerdings

47 Sowohl der Vertrag zwischen Arzt und Patientin, der eine homologe Insemination zum Gegenstand hat, als auch derjenige mit dem Ehemann über eine homologe Insemination (Spendervertrag), ist **Dienstvertrag** iS von § 611 BGB.[129]

48 α) **Verträge über eine homologe künstliche Insemination.** Arztverträge über die Durchführung einer **homologen künstlichen Insemination** begegnen hinsichtlich ihrer Rechtswirksamkeit grundsätzlich keinen Bedenken. Vor allem kann die in Art 1 GG festgeschriebene Unantastbarkeit der Menschenwürde des zu zeugenden Kindes nicht gegen die Wirksamkeit angeführt werden, denn es gibt kein verfassungsmäßig geschütztes Recht, auf natürliche Art und Weise gezeugt zu werden. Die künstliche Befruchtung mit dem Samen des Ehemannes ist lediglich **Zeugungshilfe** durch den Arzt und sittlich keineswegs verwerflich. Bei der Entscheidung über die Sittenwidrigkeit steht das verfassungsmäßig garantierte Recht auf freie Entfaltung der Persönlichkeit im Vordergrund. Dieses Recht umfasst auch den Anspruch, „in so persönlichen und intimen Angelegenheiten wie der Fortpflanzung frei von staatlichen Eingriffen und Regulierungen zu sein. Neben das Prinzip der Verantwortung, das bei Aufrechterhaltung der Abmachungen zur vollen Entfaltung kommen kann, sollte das Prinzip der Toleranz treten." Das bedeutet freilich nicht, dass alle Vereinbarungen auf diesem Gebiet von der Rechtsordnung als wirksam anerkannt werden sollten.[130] Nach den „Richtlinien zur Durchführung der assistierten Reproduktion" der Bundesärztekammer[131] „darf grundsätzlich nur der Samen des Ehemannes verwandt werden". Die Methoden der assistierten Reproduktion können „auch bei einer Nichtverheirateten angewandt werden". Die Frau muss „mit einem nicht verheirateten Mann in einer festgefügten Partnerschaft" zusammenleben, und dieser Mann muss „die Vaterschaft an dem so gezeugten Kind anerkennen."

49 Ein Arztvertrag, der die **postmortale homologe Insemination** zum Gegenstand hat, ist gem § 134 BGB iVm § 4 Abs 1 Nr 3 ESchG unwirksam. Nach überwiegender Literaturmeinung[132] erlischt das Bestimmungsrecht des Samengebers mit seinem Tode. Es ist nicht übertragbar. Pflege und Erziehung der Kinder sind das natürliche Recht der Eltern. Deshalb stößt die künstliche Befruchtung mit dem Samen eines inzwischen Verstorbenen gegen die in Art 6 Abs 2 GG statuierte Verantwortung beider Elternteile für das Kind. Nach französischem Recht hingegen kann die Ehefrau eines Samenspenders nach dessen Tod noch die Herausgabe des konservierten Spermas an sich selbst verlangen.[133]

---

sind die mit der homologen Insemination verbundenen Rechtsprobleme noch nicht vollständig gelöst. Vgl auch *Laufs*, ArztR RdNr 377.

[129] Vgl *Benecke*, 87; für Werkvertrag *Heyl*, Die Beurteilung der künstlichen Samenübertragung nach geltendem deutschen Recht mit Hinweisen auf die Rechtslage im Ausland, 1955, 14.

[130] Vgl *Coester-Waltjen*, Zivilrechtliche Probleme künstlicher Befruchtungen, Jura 1987, 629, 634. Vgl auch *Rieger* Lexikon RdNr 1122; *Brickwoldt/Reiter/Coester-Waltjen*, Fortpflanzungsmedizin, in: *Eser/v Lutterotti/Sporken*, Sp 361f. Vgl auch *Narr* RdNr 839; *Giesen*, Die künstliche Insemination als ethisches und rechtliches Problem, 1962.

[131] DÄBl 2006, A 1392 Nr 3.1.1.

[132] Vgl *Vitzthum* MedR 1985, 249; *Pap* MedR 1986, 229; *Laufs* JZ 1986, 769, 772; *ders* ArztR RdNr 378; *Starck*, Gutachten A z 56. DJT 1986, H 21; *Coester-Waltjen*, künstliche Insemination, in: *Eser/v Lutterotti/Sporken*, Sp 547. Vgl auch die Beschlüsse d 56. DJT 1986, Abt Zivilrecht II, 5; *Narr* RdNr 846. Für eine Zulässigkeit *Deutsch* VersR 1985, 700. Zutreffend der Hinweis von *Laufs* (ArztR RdNr 378), dass der postmortale Embryonentransfer dagegen nicht verboten ist, weil hier bereits ein Menschenleben existiert. *Deutsch/Spickhoff* (RdNr 760) meint, aus der Tatsache, dass nur ein Elternteil das Kind erziehe, werde man angesichts der Häufigkeit dieses Vorkommens kaum die Unzulässigkeit herleiten können. Auch werde, wenn nur eine kurze Zeit zwischen Tod und Insemination verstreiche, die Generationenschranke nicht übersprungen, so dass gegen die alsbaldige postmortale Insemination der Ehefrau eines Verstorbenen eigentlich wenig spreche. Vgl hiergegen aber *Schack* JZ 1989, 611. Zu Samenbanken zwecks Kryokonservierung s *Deutsch/Spickhoff* RdNr 768; *Kamps* MedR 1994, 339 ff.

[133] Vgl Urt d Tribunal de Grande Instance de Creteil v 1. 8. 1984, zit b *Deutsch* VersR 1985, 700; vgl auch *Narr* RdNr 846.

β) **Verträge über eine heterologe künstliche Insemination.** Die Wirksamkeit von Verträgen, die eine heterologe Insemination durch den Arzt zum Gegenstand haben, ist gleichfalls nicht mehr umstritten. Ein Teil der älteren Literatur unterstellte solche Verträge dem Verdikt der Sittenwidrigkeit,[134] aber heute wird die Wirksamkeit eines Vertrages über die heterologe künstliche Insemination gem § 5.3 der Richtlinien zur Durchführung der assistierten Reproduktion nicht mehr infrage gestellt.[135] Voraussetzung ist allerdings, dass das Einverständnis beider Ehegatten über die Vornahme des Eingriffs hergestellt wurde. Die heterologe Insemination ist zudem nur zulässig, wenn das **Wohl des künftigen Kindes gesichert** erscheint. Die Entscheidung hierüber trifft der Arzt.[136] 50

Zwar mag die künstliche Fremdinsemination – ähnlich wie der Schwangerschaftsabbruch – immer noch Gegenstand eines fundamentalen gesellschaftlichen Dissenses sein,[137] aber jedenfalls wird der Arzt eine heterologe Insemination rechtlich vertreten können, wenn folgende zusätzliche Voraussetzungen erfüllt sind: Nichtverwenden von Mischsperma verschiedener Samenspender; Aufklärung des Spenders darüber, dass das Kind seine Ehelichkeit anfechten und dann – unverzichtbar – die Vaterschaft des Samengebers mit allen Rechtsfolgen feststellen lassen kann; Hinweis darauf, dass der Arzt den Namen des Spenders nicht geheimhalten darf; Unterrichtung der Ehegatten über diese Situation; schließlich einwandfreie Dokumentation aller Vorgänge in dem Dokumentationszentrum der Ärztekammern (§ 5.4.1 der Richtlinien zur Durchführung der assistierten Reproduktion). Ist das Kind mit Einwilligung des Ehemannes und der Mutter durch künstliche Befruchtung mittels Samenspende eines Dritten gezeugt worden, so ist gemäß § 1600 Abs 5 BGB die Anfechtung der Vaterschaft durch den Mann oder die Mutter ausgeschlossen. 51

Ein Gesetzesvorschlag des Straßburger Europarats, der alle typischerweise bei der Vornahme einer heterologen Insemination getroffenen Abreden anerkennt und die Anonymität des Samenspenders wie den endgültigen Ausschluss aller verwandtschaftlichen Bande samt der Unterhaltspflichten garantiert,[138] dürfte in Deutschland nicht Gesetz werden. Im Ausland hingegen wird die anonyme heterologische Insemination durchaus akzeptiert.[139]

Enthält der Behandlungsvertrag zwischen Arzt und Patientin Abreden, die die Wahrung der **Anonymität des Spenders** zum Ziel haben, so sind solche Abreden nach hM unwirksam, weil das Kind ein Recht auf Kenntnis der eigenen Abstammung hat.[140] Die herrschende Lehre begegnet aber rechtlichen Bedenken. Richtig ist, dass der Wunsch des Keimzellenspenders, anonym zu bleiben, dem Bedürfnis des Kindes, etwas über seine eigenen genetischen Wurzeln zu erfahren, diametral gegenübersteht.[141] Dem berechtigten Interesse des Kindes, seine Herkunft zu erfahren, kann aber durch einen zivilrechtlichen 52

---

[134] Vgl *Giesen,* Die künstliche Insemination als ethisches und rechtliches Problem, 1962, 199; *Geiger,* Rechtsfragen der Insemination, in: Die künstliche Befruchtung beim Menschen. Diskussionsbeiträge aus medizinischer, juristischer und theologischer Sicht, 1960, 59. *Bechthold* MedKlin 1954, 886, 888; *Brenner,* Arzt und Recht, 1983, 133.

[135] Vgl *Deutsch/Spickhoff* RdNr 430; *Deutsch* JZ 1983, 564; *Kamps* MedR 1994, 339, 347; *Dölle,* Die künstliche Samenübertragung. Eine rechtsvergleichende und rechtspolitische Skizze, FS Rabe 1954, 187, 224; *Schläger* MedKlin 1943, 149; *Pasquay,* Die künstliche Insemination – Zugleich ein Beitrag zur Bestimmung der Grenzen staatlicher Strafbefugnis, 1968, 181; *Benecke,* 94; *Zimmermann* FamRZ 1982, 929, 931.

[136] Kritisch hierzu *Laufs,* ArztR RdNr 372 f.

[137] *Laufs,* ArztR RdNr 374 f.

[138] Vgl *Giesen,* 413 ff.

[139] *Deutsch/Spickhoff* RdNr 432.

[140] Vgl VerfGE 96, 56 = NJW 1997, 1769 = JZ 1997, 777 m Anm *Starck; Eidenmüller* JuS 1998, 789; BVerfG NJW 1988, 3010; BGHZ 87, 169; OLG Stuttgart NJW 1992, 2897; OLG Saarbrücken NJW-RR 1991, 643. *Laufs,* ArztR RdNr 371; *Enders* NJW 1989, 881; *Koch* FamRZ 1990, 569; *Mansees* NJW 1988, 2984; *Müller* FamRZ 1986, 635; *Koch* MedR 1986, 269; *Giesen* JZ 1985, 652; *Palandt/Ellenberger,* § 138 BGB RdNr 48; *Palandt/Diedrichsen* (68. Aufl 2009) Einf v § 1591 BGB RdNr 2.

[141] So zutreffend *Starck,* Gutachten z 56. DJT, Zivilrechtliche Abteilung, 1. Teilgutachten, A 23 ff mit Nachweisen; *Coester-Waltjen* Jura 1987, 629, 635; *dies,* Gutachten z 56. DJT B 59.

Auskunftsanspruch entsprochen werden, ohne dass es der Unwirksamkeit des Vertrages bedarf: Der Vertrag mit dem Samenspender ist ein Vertrag mit Schutzwirkung für das Kind. Deshalb kann der vertragliche Auskunftsanspruch des Kindes gegen den Arzt nicht durch einen Vertrag des Arztes mit dem Keimzellenspender wirksam abbedungen werden, da es Verträge zulasten Dritter nicht gibt. Vereinbaren der Arzt und der Keimzellenspender, dass die Identität des Spenders nicht aufgedeckt werden soll, also der Name gegenüber den Eltern und dem Kind nicht bekanntgegeben wird, so verstößt eine solche Anonymitätszusicherung gegen § 138 BGB und ist nichtig. Es ist aber im Einzelfall zu prüfen, ob die Nichtigkeit den ganzen Vertrag erfasst oder sich lediglich auf die Anonymitätszusicherung beschränkt (§ 139 BGB).[142]

53 b) **Der Vertrag zwischen Arzt und Keimzellenspender.** Jede heterologe künstliche Insemination setzt voraus, dass es dem behandelnden Arzt gelingt, einen geeigneten Spender zu finden. **Vertragspflicht des Spenders** ist es, seine Keimzellen zu überlassen. Vertragspflicht des Arztes ist die Zahlung eines Entgelts. Die Vereinbarung, die Anonymität des Spenders zu sichern, um dessen finanzielle Inanspruchnahme auszuschließen, ist unzulässig und führt zumindest zur Teilnichtigkeit des Vertrages gem § 139 BGB.[143]

54 Die – noch – hM[144] hält Vertragsvereinbarungen, die eine Übertragungspflicht des Spenders bezüglich seiner Keimzellen vorsehen, wegen Verstoßes gegen die guten Sitten nach § 138 Abs 1 BGB für unwirksam. Es ist zumindest zweifelhaft, ob ein solcher höchstpersönlicher, im Intimbereich eines Menschen liegender Vorgang zum Gegenstand geschäftlicher Transaktionen gemacht werden kann und mit der **Würde des Menschen** vereinbar ist. Ein Vertrag, durch den sich jemand verpflichtet, seine Keimzellen zur Befruchtung zur Verfügung zu stellen, unterscheidet sich von den üblichen schuldrechtlichen Verträgen vor allem dadurch, „daß der Gegenstand des Vertrages, die Keimzelle, nicht nur ein Teil des eigenen Körpers und der eigenen Persönlichkeit, sondern gleichzeitig Element künftigen neuen Lebens ist". Daher biete es sich an, „in Parallele zu den Vereinbarungen über eine Organspende die freie Widerruflichkeit der Hergabeverpflichtung bis zur Erfüllung dieser Verpflichtung anzunehmen. Eine grundsätzliche Mißbilligung des Vorgangs durch die Rechtsordnung erscheint jedoch nicht angebracht." [145]

55 **Entgeltvereinbarungen** als Gegenleistung für die Hergabe der Keimzellen (Samenspende) führen regelmäßig zur Nichtigkeit der Vereinbarung nach § 138 BGB. Teile des menschlichen Körpers sollen ebenso wenig Gegenstand kommerziellen Austauschs sein wie Elemente künftigen Lebens: „Sie sind res extra commercium."[146] Die Vereinbarung einer Entgeltzahlung verstößt gegen die guten Sitten. Aber auch hier stellt sich die Frage, ob der ganze Vertrag gem § 138 BGB nichtig ist oder eine teilweise Wirksamkeit in dem Sinne angenommen werden kann, dass der Vertrag als unentgeltlicher Vertrag geschlossen gilt. Dies ist jedoch in der Regel zu verneinen, denn der Keimzellenspender will seine „Leistung" kommerzialisieren.[147]

---

[142] *Coester-Waltjen* Jura 1987, 629, 635; vgl auch *Giesen,* 251; *Rieger* Lexikon RdNr 1124; auch das Vertragsmuster bei *Ockel* DÄBl 1967, 1533; *Deutsch/Spickhoff:* „Die heterologe Insemination unter Strafe zu stellen, hieße an eine grundlegende Bedingung des Menschseins Hand anlegen, nämlich an die Schwangerschaft. Die Schwangerschaft mit einem fremden Spender entwürdigt nicht ohne Weiteres die zustimmende Empfängerin oder das Kind."

[143] *Benecke,* 94.

[144] Vgl hierzu die Übersicht bei *Benecke,* 42 ff, 64 f; *Giesen,* Die künstliche Insemination als ethisches und rechtliches Problem, 1962, 199; *Pasquay,* Die künstliche Insemination – zugleich ein Beitrag zur Bestimmung der Grenzen staatlicher Strafbefugnis, 1968, 181; *Zimmermann* FamRZ 1981, 929, 933; s ferner *Marian,* Die Rechtsstellung des Samenspenders bei der Insemination/IVF, 1998.

[145] *Coester-Waltjen* Jura 1987, 629, 635.

[146] *Coester-Waltjen* Jura 1987, 629, 635.

[147] Zweifelhaft *Coester-Waltjen* Jura 1987, 629, 636, nach deren Auffassung die Sittenwidrigkeit der Entgeltvereinbarung nicht den gesamten Vertrag unwirksam macht, „denn zum einen handelt es sich bei der Entgeltklausel um einen von den übrigen Abmachungen abspaltbaren Teil, zum anderen

7. Kapitel. Die Rechtsbeziehungen zwischen Arzt und Patient   56–58 § 38

Wird die grundsätzliche Wirksamkeit vertraglicher Vereinbarungen über die Hergabe 56
von Keimzellen bejaht, so erwächst dem Arzt trotzdem **kein durchsetzbarer Anspruch**
gegen den Spender auf Hergabe von Sperma. Dies ergibt sich nicht zuletzt auch daraus,
dass derartige Zusagen stets frei widerruflich sind.[148]

11. Vertrag über eine In-vitro-Fertilisation. Sowohl die arztethischen wie auch 57
die arztrechtlichen Probleme der künstlichen Insemination erweitern sich noch bei der
In-vitro-Fertilisation mit anschließendem Embryotransfer.[149] Bei der In-vitro-Fertilisation handelt es sich um eine extrakorporale Befruchtung.[150] Die Vereinigung von Ei- und Samenzelle findet außerhalb des menschlichen Körpers, das heißt unter Laborbedingungen „im Glase" statt.[151] Unter Embryotransfer versteht man die Einbringung eines Embryos in die Gebärmutterhöhle der Frau.[152] Obgleich keine gesetzliche Regelung besteht, wird die homologe extrakorporale Befruchtung heute als anerkannte wissenschaftliche Behandlungsmethode angesehen.[153] Entsprechende Dienstverträge zwischen Arzt und Wunscheltern sind wirksam. Auch die deutsche Ärzteschaft trägt keine grundsätzlichen Bedenken gegen die Zulässigkeit einer In-vitro-Fertilisation mit nachfolgendem Embryotransfer vor.

Nach Kap D IV Nr 15 MBO ist die **künstliche Befruchtung einer Eizelle außer-** 58
halb des Mutterleibes und die anschließende Einführung des Embryos in die Gebärmutter oder die Einbringung von Gameten oder Embryonen in den Eileiter der genetischen Mutter als Maßnahme zur Behandlung der Sterilität ärztliche Tätigkeit und nur nach Maßgabe des § 13 MBO zulässig.[154] Gem Nr 3.1.1 iVm I. 3 der Richtlinien zur Durchführung der assistierten Reproduktion darf die In-vitro-Fertilisation grundsätzlich nur bei Ehepaaren im homologen System – also nur mit eigenen Keimzellen der Ehepartner –

---

wäre der Wille der Parteien, der die Wirksamkeit des gesamten Vertrages an die Gültigkeit des Lohnversprechens knüpft, seinerseits wegen Sittenwidrigkeit unbeachtlich".

[148] *Coester-Waltjen* Jura 1987, 629, 635 f.

[149] Vgl *Laufs,* ArztR RdNr 379 ff; *Pap,* Zur Technik und klinischen Anwendung der In-vitro-Fertilisation vgl *Trotnow/Coester-Waltjen,* Möglichkeiten, Gefahren und rechtl Schranken befruchtungstechnischer und gentechnischer Eingriffe unter besonderer Berücksichtigung des Entwurfs eines Embryonenschutzgesetzes, 1990, 2 f.

[150] Zu beachten ist freilich, dass jede In-vitro-Fertilisation gleichzeitig wegen der Mehrlingsreduktion zur Abtötung von Feten führt. Hieraus ließe sich ein – kaum zu widerlegendes – Argument für die Gesetzes- oder Sittenwidrigkeit jeglicher Vereinbarung einer In-vitro-Fertilisation herleiten. Vgl auch *Eser,* Neuartige Bedrohungen ungeborenen Lebens. Embryoforschung und „Fetozid" in rechtsvergleichender Perspektive, 1990; *ders* MDR 1991, 212; *Lenzen* MDR 1990, 969.

[151] Vgl hierzu die Richtlinien zur Durchführung von In-vitro-Fertilisation und Embryotransfer als Behandlungsmethode der menschlichen Sterilität, DÄBl 1985, 1691, DÄBl 1988, 3605, DÄBl 1994, B 44, DÄBl 1998, A 3166; *Krebs/Honecker/Coester-Waltjen,* In-vitro-Fertilisation, in: *Eser/v Lutterotti/Sporken,* Sp 560 ff mit umfangreicher Literatur in Sp 580, 581, 582. Bei den Kindern spricht man von sog Retortenkindern, also solchen, die im Labor (Retorte) entstehen. Vgl *Reilly* DÄBl 1981, 621 u 687; *Rieger* Lexikon RdNr 1488.

[152] Wird der Embryo in die Gebärmutter der Frau übertragen, von der die Eizelle stammt, spricht man von autologem Embryotransfer. Wird er einer anderen Frau eingepflanzt, liegt ein heterologer Transfer vor. Einzelheiten bei *Pap,* 40 ff. Vgl auch *Schröder* VersR 1990, 243; *Laufs,* ArztR RdNr 379.

[153] Vgl BGH NJW 1987, 703 = MedR 1987, 182.

[154] Vgl „Richtlinien zur Durchführung der assistierten Reproduktion" abgedr in DÄBl 2006, A 1392. Das am 1. 7. 1998 in Kraft getretene Kindschaftsrechtsreformgesetz hat die Unterschiede zwischen ehelichen und nichtehelichen Kindern weiter abgebaut, ohne freilich zu einer vollständigen abstammungsrechtlichen Gleichbehandlung zu führen. Dazu der Anhang zu den Richtlinien, DÄBl 1998, A 3170: „Das Fehlen dieser abstammungsrechtlichen Gleichstellung sowie die Tatsache, daß das Anfechtungsrecht des ‚Vaters' bei der Anwendung der assistierten Reproduktion gesetzlich nicht ausgeschlossen wurde, läßt es trotz der gesetzlichen Neuregelung des Kindschaftsrechtes gerechtfertigt erscheinen, vor der Anwendung der Methoden der assistierten Reproduktion außerhalb einer bestehenden Ehe ein beratendes Votum der Kommission für assistierte Reproduktion einzuholen. Dabei sollte in jedem Fall sichergestellt werden, daß ein Vaterschaftsanerkenntnis abgegeben wird."

Anwendung finden. Die Verfahren der assistierten Reproduktion dürfen „bei nicht verheirateten Paaren in stabiler Partnerschaft nur nach vorheriger Beratung durch die bei der Ärztekammer eingerichtete Kommission durchgeführt werden". Auch die Durchführung der In-vitro-Fertilisation im heterologen System bedarf der Stellungnahme der Kommission.[155] Jeder Arzt, der eine In-vitro-Fertilisation mit Embryotransfer durchführen will und für sie die Gesamtverantwortung trägt, hat sein Vorhaben der zuständigen Ärztekammer anzuzeigen, die zu prüfen hat, ob die berufsrechtlichen Anforderungen erfüllt sind (§ 13 Abs 2, Kap D IV Nr 15 Abs 1 MBO).[156]

59 Die **gesetzlichen Krankenkassen** übernehmen gem § 27a Abs 1 Nr 3, 4 SGB V bei der künstlichen Befruchtung[157] nur 50% der Kosten,[158] wenn die Personen, die diese Maßnahme in Anspruch nehmen wollen, miteinander verheiratet sind[159] und ausschließlich Ei- und Samenzellen der Ehegatten verwendet werden. Das BSG hat zudem bestätigt, dass es mit dem Grundgesetz vereinbar sei, dass die gesetzlichen Krankenkassen für künstliche Befruchtungen nur bis zum 40. Lebensjahr der Ehefrau zahlen müssen.[160] Für die heterologe In-vitro-Fertilisation besteht hingegen keine Kostenübernahmepflicht.[161]

Nach ständiger Rechtsprechung müssen auch private Krankenversicherer die Kosten einer solchen extrakorporalen Befruchtung tragen. Der Eingriff sei als medizinisch notwendige Therapie iS der Versicherungsbedingungen anzusehen.[162] Für Privatversicherte gilt die Altersgrenze nicht. Der BGH hat die Leistungspflicht von privaten Krankenversicherungen erst bei einer Erfolgsaussicht von weniger als 15% verneint.[163]

60 Die Regelung in § 13 MBO ist **keine Wirksamkeitsvoraussetzung** für den Arztvertrag, der eine In-vitro-Fertilisation zum Gegenstand hat. Ein Verstoß lässt also die Wirksamkeit der Vereinbarung unberührt. Etwas anderes gilt gem § 134 BGB, wenn die Handlung verboten oder mit Strafe bedroht ist.

61 Bei der **heterologen In-vitro-Fertilisation** werden für die Befruchtung Keimzellen einer außenstehenden dritten Person verwendet. Insoweit gelten die gleichen Grundsätze wie für die heterologe Insemination.[164]

62 **Arztverträge über Leihmutterschaften (In-vitro-Fertilisation und Embryotransfer)** sind gem § 134 BGB nichtig, weil sie gegen das gesetzliche Verbot des § 1 Abs 1 Nr 7 ESchG verstoßen.[165] *Dagmar Coester-Waltjen*[166] hat aber mit Recht darauf hingewie-

---

[155] Vgl hierzu auch *Schröder* VersR 1990, 243, 244. – Gegen die grundsätzliche Zulassung künstlicher Befruchtungen im heterologen System (etwa auch bei alleinstehenden Frauen und in gleichgeschlechtlichen Partnerschaften) bestehen im Hinblick auf Art 6 Abs 1 GG verfassungsrechtliche Bedenken, die satzungsrechtlich und verfassungsgerichtlich noch nicht ausgetragen sind.

[156] Zur Rechtsverbindlichkeit der von d Landesärztekammer beschlossenen Richtlinien über d Durchführung von In-vitro-Fertilisationen s VG Stuttgart MedR 1990, 359.

[157] Das Land Sachsen übernimmt aus bevölkerungspolitischen Gründen Teile der Kosten (Eigenanteil für die 2. und 3. Behandlung).

[158] § 27a Abs 3 S 3 SGB V.

[159] BVerfG NJW 2007, 1343; allerdings sind die Kosten für diese Behandlung bei unverheirateten Frauen steuerlich als außergewöhnliche Belastung zu berücksichtigen, BFH NJW 2007, 3596.

[160] BSG, Urt v 3. 3. 2009, Az B 1 KR 12/08 R.

[161] BSG NJW 1990, 2959.

[162] BGH, VersR 1987, 280 = MedR 1987, 182; ferner OLG Karlsruhe NJW 1986, 1552; OLG Stuttgart NJW 1986, 1553; LG Köln VersR 1990, 1383; ArbGericht Düsseldorf NJW 1986, 2394. Kritisch hierzu *Pap* MedR 1987, 184; vgl auch *Laufs*, ArztR RdNr 387, 388; *Pap*, S 97, 98, 99; *Krebs/Honecker/Coester-Waltjen*, In-vitro-Fertilisation, in: *Eser/v Lutterotti/Sporken*, Sp 575.

[163] BGHZ 164, 122 = NJW 2005, 3783.

[164] Einzelheiten hierzu bei *Laufs*, ArztR RdNr 372 ff; *Pap*, 327. Schwierigkeiten ergeben sich allerdings hinsichtlich der familienrechtlichen Fragen und der Haftungsprobleme.

[165] Nach § 1 Abs 1 Ziff 7 ESchG wird mit Freiheitsstrafe bis zu drei Jahren oder mit Geldstrafe bestraft, wer es unternimmt, bei einer Frau, welche bereit ist, ihr Kind nach der Geburt Dritten auf Dauer zu überlassen (Ersatzmutter), eine künstliche Befruchtung durchzuführen oder auf sie einen menschlichen Embryo zu übertragen. Eine ganz andere Frage ist die, dass nach § 13c des Adoptionsvermittlungsgesetzes (AdVermG) die Ersatzmuttervermittlung untersagt ist. Als Ersatzmutter defi-

sen, dass mehrere Ebenen zu unterscheiden sind. Rechtsgeschäfte, die gegen die Verbote des ESchG oder des Adoptionsvermittlungsgesetzes (AdVermG) verstoßen, sind nach § 134 BGB unwirksam. So zB Verträge, mit denen ein Arzt oder ein Dritter sich zur Vornahme eines verbotenen Embryo-Transfers, einer verbotenen Insemination (zB Insemination bei einer Ersatzmutter oder postmortale Insemination) verpflichtet. Auch der Behandlungsvertrag über eine **verbotene Eizellenübertragung** falle hierunter. Nicht dagegen erfasse § 134 BGB Vereinbarungen, die nicht unter den tatbestandlichen Zuschnitt der Verbotsnorm fallen, wie zB die Vereinbarung der Ersatzmutter mit den Wunscheltern oder die Vereinbarung über Eizellen- oder Embryonenspende. In diesen Bereichen ist je nach Lage des Einzelfalles zu prüfen, ob die Vereinbarung gegen die guten Sitten verstößt und deshalb nach § 138 BGB nichtig ist.[167] Zu denken ist insoweit allerdings auch an gleichfalls verbotene Umgehungsgeschäfte.

Nichtig sind Verträge, welche die Anwendung von Fortpflanzungstechniken, die gegen das Gesetz zum Schutz von Embryonen[168] verstoßen, zum Inhalt haben. Auch Verträge über die Verwendung fremder Eizellen (Eizellenspende) sind im Rahmen der künstlichen Befruchtung verboten und daher nichtig.[169]

12. Der Vertrag über ein Humanexperiment.[170] In der klinischen Therapieforschung sind drei Begriffe zu unterscheiden: Das Humanexperiment, der Heilversuch sowie die Auswertung von Beobachtungen und Erfahrungen, die der Arzt bei der Behandlung seines Patienten gewinnt. Beim **Humanexperiment** oder **klinischen Experiment** handelt es sich um einen Versuch am Menschen, der medizinisch nicht indiziert ist und ausschließlich dazu dient, bestimmte Charakteristika und Verträglichkeiten kennenzulernen.[171] Unter **Heilversuch** versteht man einen therapeutischen Versuch, dh einen Eingriff oder eine Behandlung, die in einem ganz bestimmten Fall dazu bestimmt ist, eine Krankheit zu erkennen, zu heilen oder zu verhüten. Der Heilversuch dient vorrangig dazu, dem Patienten zu helfen, sekundär verfolgt er das Ziel, ein bekanntes Behandlungsverfahren zu verbessern oder ein neues zu entwickeln.[172] Beim klinischen

---

niert § 13a AdVermG eine Frau, die aufgrund einer Vereinbarung bereit ist, sich einer künstlichen oder natürlichen Befruchtung zu unterziehen oder einen nicht von ihr stammenden Embryo auf sich übertragen zu lassen oder sonst auszutragen und das Kind nach der Geburt Dritten zur Adoption oder sonstigen Aufnahme auf Dauer zu überlassen. Das Gesetz erfasst damit sowohl die sog Ersatzmutterschaft wie auch die Fälle der Leihmutter oder Tragemutter. Vgl *Lüderitz* NJW 1990, 1633 ff.

[166] FamRZ 1992, 369, 371.
[167] S auch *Eser/Koch/Wiesenbart*, Regelungen der Fortpflanzungsmedizin und Humangenetik: eine internationale Dokumentation gesetzlicher und berufsständischer Rechtsquellen, 1990; *Bernat*, Rechtsfragen medizinisch assistierter Zeugung, 1989; *Laufs*, Fortpflanzungsmedizin und Arztrecht, 1992.
[168] Embryonenschutzgesetz – ESchG v 13. 12. 1990 (BGBl I, 2746), geändert durch Art 22 des Gesetzes v 23. 10. 2001 (BGBl I, 2702).
[169] D IV Nr 15 Abs 1 S 2 MBO.
[170] *Ehling/Vogeler*, Der Probandenvertrag, MedR 2008, 273.
[171] Vgl *Deutsch/Spickhoff* RdNr 525 ff; *Deutsch*, Das Recht der klinischen Forschung am Menschen, 1979; *Eberbach*, Die zivilrechtliche Beurteilung der Humanforschung, 1982; *Eser*, Das Humanexperiment, in: *Stree ua* (Hrsg), Gedächtnisschrift für Horst Schröder 1978, 191; *ders*, Der Chirurg 1979, 215; *ders*, Forschung mit menschlichen Embryonen in rechtsvergleichender und rechtspolitischer Sicht, in: *Günther/Keller* (Hrsg), Fortpflanzungsmedizin und Humangenetik, 1987, 263; *ders*, Humanexperiment/Heilversuch, in: *Eser/v Lutterotti/Sporken*, Sp 503; *Staak* MMW 1979, 513, 514; *Staak/Weiser*, Klinische Prüfung von Arzneimitteln, 1978; *Rieger* Lexikon RdNr 848 u RdNr 966; *Laufs* VersR 1978, 385, 387; *Helmchen/Böckle/Eser*, Humanexperiment/Heilversuch, in: *Eser/v Lutterotti/Sporken*, Sp 487 ff; *Schimikowski*, Experiment am Menschen, 1980, 7; *Fischer*, Medizinische Versuche am Menschen, 1979, 4; vgl auch die umfassende Literaturübersicht bei *Laufs*, ArztR 374 ff; NJW 1998, 1758 f; 1999, 1764; 2000, 1766 f; u unten § 130.
[172] Zur Unterscheidung der Begriffe vgl auch BGHZ 20, 61, 66 = NJW 1956, 629; *Laufs*, ArztR RdNr 486 ff. Vgl auch *Laufs* NJW 1978, 1179; *Deutsch*, Medizin und Forschung vor Gericht, 1978, 42; *ders/Spickhoff* RdNr 539 f.

Experiment steht das Forschungsinteresse im Vordergrund, beim Heilversuch die Therapie.

Der **experimentelle Eingriff** unterscheidet sich vom gewöhnlichen ärztlichen Eingriff nicht durch die Ungewissheit des Ausgangs. In der Medizin gibt es zahlreiche Standardtherapien, deren Erfolg im Hinblick auf den Patienten und die Besonderheiten des Einzelfalles zweifelhaft ist. Ein Experiment liegt erst dann vor, wenn der Arzt den Standard überschreitet. Außer der planmäßig angelegten Versuchsreihe kann auch ein **Einzelschritt,** etwa ein bisher unbekannter oder ungebräuchlicher chirurgischer Eingriff, Neuland erschließen oder sich als Irrweg herausstellen, ohne dass es dafür statistischen Aufwandes bedürfte. Wer sich anschickt, eingeführte und anerkannte Regeln zu übertreffen, steht in **gesteigerter Verantwortlichkeit.**[173]

Ebenso wie der Heilversuch setzt auch das klinische Experiment grundsätzlich einen **Vertrag** voraus. Die Wirksamkeit des Vertrages über ein klinisches Experiment orientiert sich nicht nur an gesetzlichen Regelungen, sondern zugleich auch an **ethischen Maßstäben.** So verlangt die Strahlenschutzverordnung (StrlSchV) in § 80 für den Einsatz radioaktiver Stoffe in der medizinischen Forschung, dass die Gefahren des einem zwingenden wissenschaftlichen Bedürfnis entsprechenden Experiments gemessen an der voraussichtlichen Bedeutung der Ergebnisse für die Heilkunde und die medizinische Forschung ärztlich vertretbar sind. Das Arzneimittelgesetz (AMG) lässt die klinische Prüfung eines Arzneimittels beim Menschen nur zu, wenn ua die Risiken, die mit ihr für die Person verbunden sind, bei der sie durchgeführt werden soll, gemessen an der voraussichtlichen Bedeutung des Arzneimittels für die Heilkunde ärztlich vertretbar sind (§ 40 Abs 1 Ziff 2 AMG). Nach der **Revidierten Deklaration von Helsinki** in der Fassung 1996[174] sollen Experimente auf ausreichenden Laboratoriums- und Tierversuchen sowie einer umfassenden Kenntnis der Literatur aufbauen. Dies alles sind ebenso wie die Zustimmung einer **Ethik-Kommission** inhaltsbegrenzende Regelungen, die die Wirksamkeit eines Vertrages über ein medizinisches Experiment nicht infrage stellen. Gleiches gilt für die Regelung in § 15 MBO, wonach der Arzt sich vor der Durchführung biomedizinischer Forschung am Menschen – ausgenommen bei ausschließlich epidemiologischen Forschungsvorhaben – durch eine bei der Ärztekammer oder bei der Medizinischen Fakultät gebildeten Ethik-Kommission über die mit seinem Vorhaben verbundenen berufsethischen und berufsrechtlichen Fragen beraten lassen muss.[175] Das gilt auch vor der Durchführung gesetzlich zugelassener Forschung mit vitalen menschlichen Gameten und lebendem embryonalem Gewebe. Die Nichteinschaltung einer Ethik-Kommission führt nicht automatisch zur Unwirksamkeit des einem Experiment zugrundeliegenden Vertrages. Vielmehr bestimmt sich die Wirksamkeit oder Unwirksamkeit nach den allgemeinen Vorschriften der §§ 134, 138 BGB. Allerdings ist das Votum der Ethik-Kommission Voraussetzung für den Beginn der Studie.

64   **Marketing-Studien** dienen dem Absatz, nicht wissenschaftlichen Zielen und sind darum unzulässig.[176] **Verträge über das Klonen eines Menschen** sind grundsätzlich nach § 134 BGB **nichtig,** weil sie gegen § 6 Abs 1 ESchG verstoßen.[177] Erste klinische Versuche eines **somatischen Gentransfers,** der Übertragung von Genen oder Polynukleotiden in menschliche Körperzellen zu diagnostischen und therapeutischen Zwecken, haben in Deutschland bereits begonnen. Die versuchsweise Anwendung am Menschen be-

---

[173] *Laufs,* ArztR RdNr 672 f.
[174] Somerset West, 4510; *Deutsch/Spickhoff* RdNr 1032.
[175] *Kern* MedR 2008, 631, 635.
[176] *Laufs,* ArztR RdNr 691; s auch *Deutsch/Spickhoff* RdNr 559; *Bork* NJW 1985, 654; *Schönke/Schröder/Eser* (27. Aufl 2006) § 223 StGB RdNr 50a; *Hart* MedR 1994, 94 ff; *Schimikowski,* Experiment am Menschen, 1980; *Staak/Uhlenbruck* MedR 1984, 177.
[177] Vgl *D v Bülow,* Dolly und das Embryonenschutzgesetz, DÄBl 94, A 718 ff; *Losch* NJW 1992, 2926 ff.

schränkt sich zunächst auf schwere Krankheiten, insbesondere solche, die mit anderen Mitteln nicht heilbar sind und häufig tödlich verlaufen. Entsprechende Behandlungsverträge sind grundsätzlich wirksam. Lediglich eine Keimbahntherapie ist nach heutiger Auffassung aus wissenschaftlichen, medizinischen und ethischen Gründen unzulässig und sogar nach § 5 des EschG verboten, mit der Folge, dass solche Verträge nach § 134 BGB nichtig sind.

13. Vertragliche Vereinbarungen über die Verwendung von Körpermaterialien. Auch **vertragliche Vereinbarungen über die Verwendung von Körpermaterialien** sind grundsätzlich zulässig.[178] Da der Vertrag je nach Art des Körpermaterials, an dem das Eigentum erworben werden soll, über einen längeren Zeitraum gelten soll, empfiehlt sich die Schriftform. Wichtig ist vor allem, das übereignete Material genau zu bezeichnen und auch den Zweck anzugeben, für den es zur Verfügung gestellt wird.

14. Der Vertrag über eine Organentnahme. a) Organentnahme beim toten Spender. Jede Organentnahme setzt zwei Eingriffe voraus: Einmal die Entnahme beim toten oder lebenden Spender, zum anderen die Implantation beim Patienten. Auf Seiten des Spenders handelt es sich um „fremdnützige Eingriffe",[179] die einem Dritten zugute kommen und zu denen auch die Blutspende gehört. Ohne auf die Frage einzugehen, wann ein Patient tot ist, lässt sich für die Organentnahme beim toten Spender feststellen, dass es in diesen Fällen kaum jemals zu vertraglichen Beziehungen kommt, es sei denn, der zum Tode erkrankte Spender hätte sich bereits gegenüber einem Empfänger vertraglich verpflichtet. Eine solche Verpflichtung wäre allerdings wegen § 9 S 2 TPG rechtlich zweifelhaft,[180] aber zulässig.

Jeder **Verstoß gegen das Verbot des Organhandels** (§ 17 TPG) macht den Vertrag über die Transplantation nichtig. Auch eine Leistungspflicht der Krankenkasse nach § 18 I SGB V besteht nicht, wenn der Versicherte sich im Ausland einer Behandlung unterzieht, die im Inland wegen ethisch-moralischen Bedenken nicht durchgeführt worden wäre.[181]

b) Lebendspende. Wenige rechtliche Probleme wirft die Organentnahme von Lebenden (Lebendspende) auf. Der Dienstvertrag über eine Organexplantation ist zulässig und wirksam, wenn vertraglich kein Entgelt vereinbart wird und die Gefährdung des Spenders sowie die in Kauf genommene eigene Verletzung in einem angemessenen Verhältnis zum möglichen Rettungserfolg stehen.[182] Im Übrigen kann nur die Entnahme paariger lebenswichtiger Organe oder von Organteilen (§ 8 Abs 1 letzter Satz, § 1 a TPG) Gegenstand eines Organentnahmevertrages sein. Eine Vereinbarung über nichtpaarige lebenswichtige Organe wäre gesetzeswidrig, weil sie gegen das Verbot der Tötung auf Verlangen (§§ 8 Abs 1 TPG, 216 StGB) verstieße. Ein Minderjähriger kann gem § 8 Abs 1 Nr 1a TPG keine Lebendspende vereinbaren.

c) Der Vertrag über die Implantation eines gespendeten Organs ist als normaler Behandlungsvertrag anzusehen.

---

[178] *Lippert* MedR 1997, 457f. Vgl auch *Schröder/Taupitz*, Menschliches Blut: verwendbar nach Belieben des Arztes? Zu den Formen erlaubter Nutzung menschlicher Körpersubstanzen ohne Kenntnis des Betroffenen, 1991.
[179] *Schönke/Schröder/Eser* (27. Aufl 2006) § 223 StGB RdNr 50c.
[180] Vgl dazu *Schroth*, in: *Schroth/König/Gutmann/Oduncu* (Hrsg), TPG Kommentar (2005), § 3 RdNr 12. Argumente für die Zulässigkeit finden sich bei *Breyer/van den Daele/Engelhard/Grubernatis/Kliemt/Kopetzki/Schlitt/Taupitz*, Organmangel, 2006, 117.
[181] BSG NJW 1997, 3114.
[182] Vgl BGHZ 101, 215, 217; *Palandt/Ellenberger* (68. Aufl 2009) § 138 BGB RdNr 56; *Giesen*, RdNr 189; *Deutsch/Spickhoff* RdNr 629; *Schönke/Schröder/Eser* (27. Aufl 2006) § 223 StGB RdNr 50c.

69 **d) Die Implantation künstlicher Organe.** Die Implantation künstlicher Organe oder Organteile wie zB Herzschrittmacher, Herzklappen und anderer menschlicher „Ersatzteile" erfolgt regelmäßig nicht aufgrund eines Werkvertrages, sondern eines **Dienstvertrages** iS von § 611 BGB. Im Einzelfall ist jedoch zu differenzieren: Die Einpflanzung zB eines Herzschrittmachers erfolgt aufgrund eines Dienstvertrages, die Beschaffung des Herzschrittmachers dagegen durch Kaufvertrag iS von § 433 BGB.[183]

70 **15. Untersuchungsverträge.** Arztverträge können sich auch auf die vollständige oder partielle Untersuchung des Patienten beschränken, sei es, um einen Gesundheitszustand abzuklären, sei es, um ein Gesundheitsgutachten zu erhalten.[184] Ohne Vertrag und Einwilligung sind derartige Untersuchungen unzulässig. Die Frage der Einwilligung ist in den letzten Jahren besonders aktuell geworden im Hinblick auf den **HIV-Test**.[185]

71 **16. Der verkürzte Versorgungsweg.** Gegen Verträge zur Heilhilfsmittelversorgung des Patienten durch den behandelnden Arzt bestehen „keine durchschlagenden rechtlichen Bedenken".[186] Vertragsärzte unterliegen allerdings dem Verbot von § 128 Abs 1 SGB V. Gegen diese Norm bestehen indessen erhebliche verfassungsrechtliche Bedenken, weil der Bundesgesetzgeber eine berufsausübungsregelnde Vorschrift erlassen hat, die nicht von Art. 74 Abs 1 Nr 12 GG gedeckt ist.

---

[183] Vgl auch *Ilgner,* Der Schrittmacher als Rechtsobjekt, 1990; *Deutsch,* Die rechtliche Seite der Transplantation, ZRP 1982, 174; *Geilen,* Probleme der Organtransplantation, JZ 1971, 41; *Uhlenbruck,* Die erneute Verwendung von Herzschrittmachern, AuK 1981, 379.

[184] BGH MedR 2006, 429; mit ablehnender Besprechung von *Kern* LMK 2006, becklink 178895; vgl dazu auch *Schmidt-Recla,* Ärztliche Pflichten zwischen Standes- und Vertragsrecht am Beispiel der ärztlichen Attestpflicht, MedR 2006, 634.

[185] Vgl LG Köln MedR 1995, 409 m zust Anm *Teichner* NJW 1995, 1621; LG Lübeck NJW 1990, 2344; AG Mölln NJW 1989, 775; *Giesen* RdNr 245 ff; *Laufs,* ArztR RdNr 229; *Uhlenbruck* MedR 1996, 206; *Michel* NJW 1988, 2271; Entschließung der Arbeitsgemeinschaft Arztrecht, ArztR 1988, 154; *Solbach* MedR 1988, 241. Instruktiv auch EuGH NJW 1994, 3005 m Anm *Storz; Bender,* Rechtsfragen im Zusammenhang mit AIDS und Schule, NJW 1987, 2903; *Bruns,* AIDS, Alltag und Recht, MDR 1987, 353; *Buchborn,* Ärztl Erfahrungen und rechtl Fragen bei AIDS, MedR 1987, 260; *Deutsch,* AIDS und Blutspende, NJW 1985, 2746; *ders,* Das therapeutische Privileg des Arztes: Nichtaufklärung zugunsten des Patienten, NJW 1980, 1305; *Eberbach,* Juristische Probleme der HTLV-III-Infektion (AIDS) unter besonderer Berücksichtigung arztrechtl Fragen, JR 1986, 230; *ders,* Die ärztliche Aufklärung unheilbar Kranker, MedR 1986, 180; *ders,* AIDS – Rechtl Verantwortung und Vertrauen, ZRP 1987, 395; *ders,* Heimliche AIDS-Tests, NJW 1987, 1470; *Eberbach/Fuchs,* AIDS-Diagnostik. Nicht „hinter dem Rücken" des Patienten – HIV-Antikörper-Test und Einwilligung, DÄBl 1987, B 1589; *Frankenberg,* AIDS und Grundgesetz, ZRP 1989, 412; *Hirsch,* AIDS-Test bei Krankenhaus-Patienten, AIDS-Forschung (AIFO) 1988, 157; *Janker,* Heimliche HIV-Antikörper-Tests – strafbare Körperverletzung? NJW 1987, 2897; *Laufs/Laufs,* AIDS und Arztrecht, NJW 1987, 2257; *Laufs/Narr,* AIDS – Antworten auf Rechtsfragen aus der Praxis, MedR 1987, 282; *Loschelder,* Gesundheitsrechtliche Aspekte des AIDS-Problems, NJW 1987, 1467; *Narr,* Einverständnis bei HIV-Tests, Der Hautarzt 1987, 568; *Penning/Spann,* Der „AIDS-Test" im Rahmen gerichtlicher Leichenöffnungen und bei körperlichen Untersuchungen nach §§ 81a, 81c StPO, MedR 1987, 171; *Perels/Teyssen,* AIDS-Antikörper-Test und Einwilligungserfordernis, MMW 1987, 376; *Pfeffer,* Durchführung von HIV-Tests ohne den Willen des Betroffenen, 1989; *Rieger,* Rechtsfragen im Zusammenhang mit HIV-Infektion und AIDS, DMW 1987, 73; *Seewald,* Zur Verantwortlichkeit des Bürgers nach dem Bundes-Seuchengesetz, NJW 1987, 226; *Solbach/Solbach,* Zur Frage der Strafbarkeit einer Venenpunktion zum Zwecke einer „routinemäßigen" Untersuchung auf „AIDS", JA 1987, 298; *Spann/Penning,* Neue Problemstellungen in der Rechtsmedizin durch AIDS, in: AIDS-Forschung (AIFO) 1986, 637; *Teichner,* Nochmals: AIDS und Blutspende, NJW 1986, 761; *Wuermeling,* Ärztlich-ethische Fragen zu AIDS, MedR 1987, 2654; u zuletzt die Empfehlungen des Expertenworkshops zur HIV-Testung, Hannover 22.10.2009.

[186] *Kern* NJW 2000, 833, 837; so auch BGH, NJW 2000, 2745.

§ 39 Die Parteien des Arztvertrages

Übersicht

	RdNr
I. Vorbemerkung	1
II. Das Behandlungsverhältnis beim Privatpatienten	2
1. Frei praktizierender Arzt und Privatpatient	3
2. Parteien bei gemeinsamer Ausübung ärztlicher Tätigkeit	4
a) Praxisgemeinschaft	5
b) Gemeinschaftspraxis	6
III. Die Parteien bei Behandlung von Kassenpatienten	7
IV. Die Parteien bei der Behandlung von Bewusstlosen, Geschäftsunfähigen und beschränkt Geschäftsfähigen	9
V. Die ärztliche Behandlung von Angehörigen	19
VI. Die Behandlung von Minderjährigen	24
1. Der Minderjährige als Vertragsschließender	24
2. Die Eltern als Vertragsschließende	26
a) Vertragsparteien bei bestehender Ehe der Eltern	28
b) Vertragsparteien bei Getrenntleben der Eltern	31
c) Vertragsparteien bei geschiedener Ehe der Eltern	33
d) Innenverhältnis bei geschiedener Ehe der Eltern	34
e) Vertragsparteien bei nichtehelicher Lebensgesellschaft	35
VII. Die Behandlung von Arztkollegen und ihren Angehörigen	36
VIII. Vertrag mit Schutzwirkung zugunsten Dritter	37
IX. Patient und Durchgangsarzt	38
X. Hoheitliche Tätigkeiten des Arztes, insbesondere die ärztliche Behandlung von Soldaten durch Truppenärzte	39

Schrifttum: *Andreas/Siegmund-Schultze,* Abgrenzung von Konsilium und Mitbehandlung, ArztR 1977, 243; *W Becker,* Arzt- und Behandlungskosten für Kinder, MedKlin 1968, 1904; *ders,* Das Arzthonorar bei der Behandlung von Ehefrauen und Kindern, MedKlin 1964, 275; *Dunz,* Behandlung eines Arztes durch einen anderen Arzt, KHA 1978, 276; *Eberhardt,* Zivilrecht und Sozialrecht in der Beziehung von Kassenarzt und Kassenpatient, AcP 1971, 289; *Kleinmann,* Die Rechtsnatur der Beziehungen der gesetzlichen Krankenkassen zu den Leistungserbringern im Gesundheitswesen, NJW 1985, 1367; *P Krause,* Die Rechtsbeziehungen zwischen Kassenarzt und Kassenpatient, Die Sozialgerichtsbarkeit 1982, 425; *Laufs,* Arztrecht, 5. Aufl 1993, 24 ff; *Martens,* Behandlung naher Angehöriger, DMW 1974, 1743; *Natter,* Der Arztvertrag mit dem sozialversicherten Patienten, 1987; *F Otto,* Schadensersatzanspruch zwischen Ärzten, KHA 1978, 520; *Peter,* Das Recht auf Einsicht in Krankenunterlagen, 1989; *E M Schmid,* Die Passivlegitimation im Arzthaftpflichtprozess, 1988; *Schlund,* Rechtsfragen zur Behandlung von bewußtlosen bzw unter „Schock stehenden" verletzten Skifahrer, in: Praktische Sport-Traumatologie und Sportmedizin Heft 1/1990, 8 ff; *G Schulz,* Der Arztvertrag, MedKlin 1975, 1609; *Strauch,* Verträge mit Drittschutzwirkung, JuS 1982, 823; *Strutz,* Haftung bei der ärztlichen Behandlung kranker Angehöriger, NJW 1972, 1110; *Wacke,* Streitfragen um die neugeregelte „Schlüsselgewalt", NJW 1979, 2585; *Weimar,* Arzt – Krankenhaus – Patient, 2. Aufl 1976; s auch das umfassende Literaturverzeichnis zum Arztvertrag bei *Laufs,* ArztR 48 ff und NJW 1998, 1759 f; 1999, 1768; sowie oben, § 38.

I. Vorbemerkung

Auf den ersten Blick sind die Parteien eines Arztvertrages leicht und schnell aufgezählt: Arzt und Patient. Bei näherer Betrachtung geraten die Verhältnisse aber diffiziler. Auf der einen Seite können wir auch die Familienangehörigen des Patienten haben. Bei Kassenpatienten ist über die Stellung der Gesetzlichen Krankenversicherungen nachzudenken. Auf der anderen Seite können es Formen von Ärzteverbänden sein und juristische Personen. Krankenhausaufnahmeverträge bedürfen einer eigenen Darstellung.

II. Das Behandlungsverhältnis beim Privatpatienten

2   Sowohl bei der Behandlung von Privatpatienten durch einzelne frei praktizierende Ärzte als auch durch den angestellten Krankenhausarzt als Wahlleistung stehen sich die Parteien als privatautonome Vertragspartner gegenüber. Die Ansprüche aus dem Vertragsverhältnis stehen den Parteien zu.

3   **1. Frei praktizierender Arzt und Privatpatient.** Die Rechtsbeziehungen zwischen dem frei praktizierenden Arzt und dem Privatpatienten richten sich nach Dienstvertragsrecht (§§ 611 ff BGB).[1] Soweit der Patient geschäftsfähig ist, wird er Partei des Arztvertrages und ihm stehen sämtliche Rechte aus dem Vertrag zu. Der Patient schuldet dem Arzt das vereinbarte oder übliche Honorar. Der Patient wird auch Partei des Arztvertrages, wenn der Vertrag mit einem Urlaubsvertreter des niedergelassenen Arztes zustande kommt. Im Zweifel tritt dieser nicht als Vertragspartei auf, sondern will gem § 164 Abs 1 S 1 BGB für den vertretenen Praxisinhaber handeln. Der Vertrag kommt in allen Fällen der zulässigen Vertretung zwischen dem vertretenden Arzt und dem Patienten zustande.[2] Mit sonstigen in der Praxis tätigen Personen, wie zB Arzthelferinnen, Assistenzärzten, Famuli, werden keine vertraglichen Beziehungen begründet.[3]

4   **2. Parteien bei gemeinsamer Ausübung ärztlicher Tätigkeit.** Wie in Kap 5 § 18 dargestellt, ist die ärztliche Gruppenpraxis heute allgemein zulässig. Unter den Begriff „Gruppenpraxis" fallen ua die Gemeinschaftspraxis, die Praxisgemeinschaft, die Apparategemeinschaft, das Ärztehaus, die Praxisklinik, die fachübergreifende Gemeinschaftspraxis sowie das Medizinische Versorgungszentrum (MVZ). In allen Fällen muss die freie Arztwahl gewährleistet bleiben (§ 7 Abs 2 MBO).

5   a) Bei der **Praxisgemeinschaft** hat jeder Arzt seinen eigenen Patientenstamm und seine eigene Karteiführung. Der Arztvertrag mit dem Patienten kommt jeweils zwischen dem einzelnen Mitglied der Praxisgemeinschaft und dem Privatpatienten zustande. Eine Vertretung ist zwar in beschränktem Umfang möglich, begründet jedoch keine eigenen Vertragsbeziehungen des Vertreters zum Patienten. Bei der Praxisgemeinschaft tritt also der Patient immer nur in vertragliche Beziehungen zu einem einzelnen Arzt. Die zwischen den Ärzten bestehende (idR nach den §§ 705 ff BGB verfasste) Gesellschaft ist reine Innengesellschaft im Interesse gemeinsamer Nutzung von Räumen, Einrichtungen und Personal.[4]

6   b) Die **Gemeinschaftspraxis.**[5] Begibt sich der Patient zur Behandlung in eine ärztliche Gemeinschaftspraxis, so kommt der Arztvertrag zwischen ihm und sämtlichen Ärzten der Gemeinschaftspraxis zustande. Partei werden somit alle Partner der Gemeinschaftspraxis. Der jeweils behandelnde Arzt begründet Rechtsbeziehungen zum Patienten zugleich auch im Namen seiner Kollegen, so dass gem § 164 BGB der Arztvertrag zwischen Patient und allen Ärzten der Gemeinschaftspraxis zustande kommt. Gläubiger der ärztlichen Liquidationsansprüche sind alle Partner der Gemeinschaftspraxis. Diese wie-

---

[1] Vgl oben § 38 RdNr 9 ff. BGHZ 76, 259, 261; *Staudinger/Mohnen/Neumann* (11. Aufl 1958) Vorbem § 611 BGB RdNr 185; *Deutsch/Spickhoff* RdNr 49 f; *Giesen* RdNr 7; *Soergel/Kraft* (12. Aufl 1998) vor § 611 BGB RdNr 104; *Palandt/Weidenkaff* (68. Aufl 2009) Einf vor § 611 BGB RdNr 18; *Laufs*, ArztR RdNr 100; *Jauernig/Mansel* (12. Aufl 2007) vor § 611 BGB RdNr 21, Anm 7d; *Larenz* SchuldR II 1 (13. Aufl 1986) § 52 I; MünchKomm-*Müller-Glöge* (5. Aufl 2009) § 611 BGB RdNr 79.

[2] Der Vertretene haftet für ein schuldhaftes Verhalten seines Vertreters nach § 278 BGB. Vgl OLG Düsseldorf VersR 1985, 370, 371.

[3] Vgl LG Hannover NJW 1981, 1320; *Narr* RdNr 1064 ff, 1078 ff; *E M Schmid*, 60; *Peter*, 39. Vgl auch OLG Düsseldorf VersR 1985, 370.

[4] Vgl § 18 RdNr 6 ff; *E M Schmid*, 6; *Peter*, 40; *Giesen* RdNr 9. Eingehend zur Praxisgemeinschaft *Rieger/Küntzel*, in: *Rieger/Dahm/Steinhilper*, 4270.

[5] Zu Begriff und Rechtsform vgl § 18 RdNr 12.

derum haften gesamtschuldnerisch für alle etwaigen Schadensersatzansprüche aus dem Behandlungsvertrag, selbst wenn der Patient ausschließlich von nur einem Arzt behandelt worden ist.[6]

III. Die Parteien bei Behandlung von Kassenpatienten

Nach heute überwiegender Meinung in der zivilrechtlichen Literatur[7] kommt auch zwischen dem in der gesetzlichen Krankenversicherung versicherten Kassenpatienten und dem Kassenarzt ein **privatrechtlicher Arztvertrag** zustande. Dafür kann – entgegen verbreiteter Ansicht[8] – allerdings nicht § 76 Abs 4 SGB V herangezogen werden. Die Regelung des § 76 Abs 4 SGB V, wonach die Übernahme der Behandlung durch den Kassenarzt bereits vertragliche Sorgfaltspflichten begründet, besagt keineswegs, dass die allgemeinen Vorschriften des bürgerlichen Rechts über das Zustandekommen eines Vertrages Anwendung finden. Eher spricht diese Vorschrift für die Meinung, die auch das Arzt-Patienten-Verhältnis dem Sozialrecht unterstellen will. So wird vertreten,[9] dass der **Sozialversicherte** mit der „**Übernahme der Behandlung**" durch den Arzt in ein gesetzliches Schuldverhältnis eintrete. Die vorstehende Auffassung im Sozialrecht basiert auf der Vorstellung, der Versicherte könne die ärztliche Hilfe nur auf dem durch das Krankenversicherungsrecht vorgezeichneten Weg in Anspruch nehmen. Dies ergebe sich auch aus § 76 Abs 1 Satz 1 SGB V, wonach die Versicherten unter den zur kassenärztlichen Versorgung zugelassenen Ärzten (Kassenärzten) frei wählen können.

Hingegen ist davon auszugehen, dass ein Vertrag iS von § 311 Abs 1 BGB mit dem Kassenarzt oder einem Notfallarzt iS von § 76 Abs 1 S 2 SGB V nur zustande kommt, wenn der Patient eine entsprechende **vertragliche Willenserklärung** abgegeben hat.[10] Für das zivilrechtliche Vertragsverhältnis sprechen die freie Arztwahl des Patienten sowie die – allerdings eingeschränkte – Vertragsfreiheit des Arztes. Außerdem bestimmen die Parteien Inhalt und Umfang der vertraglichen Leistung. „Der Kassenpatient, der den Vertragsarzt prinzipiell frei wählen kann (§ 76 SGB V), geht mit dem Vertragsarzt privatrechtliche Behandlungsbeziehungen ein (§ 76 Abs 4 SGB V), die durch Übernahme der Behandlung, nicht erst durch Übergabe des Krankenscheins oder Chips zustande kommen."[11] Zudem träten zunehmend Schwierigkeiten bei Verträgen auf, die auf eine ärztliche Leistung gerichtet sind, für die der Patient Zuzahlungen leisten muss. In solchen Fällen müsste der sozialrechtliche Ansatz in der Konsequenz völlig widersinnig das Entstehen zweier Verträge über Teilleistungen annehmen.[12] Eine weitere Konsequenz des sozialrechtlichen Ansatzes wäre im Übrigen die Eröffnung des Rechtsweges zum Sozialgericht in Arzthaftungssachen.

---

[6] Vgl BGHZ 97, 273 = NJW 1986, 2364; BGH NJW 1989, 2320; BGH NJW 1999, 2731 = LM H. 12/1999 § 278 BGB Nr 138 m Anm *Laufs/Jungemann* (Gynäkologische Gemeinschaftspraxis und pathologisches Institut); *Laufs*, ArztR RdNr 99; OLG Köln JMBl NW 1991, 54 m erhebl Einschränkungen; *Narr* RdNr 906, 1141; *MünchKomm-Bydlinski* (5. Aufl 2007) § 421 BGB RdNr 24; *Henke* NJW 1974, 2035; *Peter*, 41; *Franzki*, Aktuelle Rechtsprechung zum Arzthaftungsrecht, 2. Aufl 1981, 32.

[7] Vgl BGHZ 76, 259, 261; 97, 273, 276; 100, 363, 367; *Laufs*, ArztR RdNr 40, 87, 88, 102; *Steffen/Pauge* RdNr 48; *Staudinger/Richardi* (2005) Vorbem zu § 611 ff BGB RdNr 1254; *MünchKomm-Gottwald* (5. Aufl 2007) § 328 BGB RdNr 45; *MünchKomm-Müller-Glöge* (5. Aufl 2009) § 611 BGB RdNr 84; *Soergel/Kraft* (12. Aufl 1998) Vorbem vor § 611 BGB RdNr 105; *Deutsch/Spickhoff* RdNr 52; *Kern*, in: *Rieger/Dahm/Steinhilper* 335, RdNr 5.

[8] BGHZ 76, 259, 261; 97, 273, 276; 100, 363, 367; *Soergel/Kraft* (12. Aufl 1998) Vorbem vor § 611 BGB RdNr 105; *MünchKomm-Müller-Glöge* (5. Aufl 2009) § 611 BGB RdNr 84; *Deutsch/Spickhoff* RdNr 52; *Laufs*, ArztR RdNr 40; *Staudinger/Richardi* (2005) Vorbem zu §§ 611 ff BGB RdNr 1254; *Natter*, 121. Vgl dazu aber auch oben § 27 RdNr 7–10.

[9] *Eberhardt*, 289, 300, 315, 318; *Natter*, 120. Vgl aber auch oben § 27 RdNr 7.

[10] S auch § 40 RdNr 15.

[11] *Steffen/Pauge* RdNr 48; BGHZ 126, 297 = NJW 1994, 2417 = VersR 1994, 1195.

[12] *v Ziegner*, 73.

Zutreffend weist *Laufs*[13] darauf hin, dass das Verhältnis zwischen Kassenarzt und Kassenpatient zwar dem bürgerlichen Recht folge, im Übrigen aber eingebettet bleibt in „ein subtil organisiertes öffentlich-rechtliches System von Ansprüchen und Pflichten nach dem SGB V". Sowohl die Parteistellung als auch die Pflichtenstellung des Kassenarztes gegenüber dem Kassenpatienten unterscheidet sich grundsätzlich nicht von derjenigen des Selbstzahlers. Eine Ausnahme besteht nur darin, dass einmal der Leistungsinhalt durch das Wirtschaftlichkeitsgebot des § 12 SGB V eingeschränkt ist, zum anderen der Arzt grundsätzlich keinen Honoraranspruch gegen den Patienten erwirbt, sondern nur gegen die KV,[14] der vor den Sozialgerichten, nicht vor den Zivilgerichten, einzuklagen ist.

Vertragspartner des Kassenpatienten, der in der Krankenhausambulanz behandelt wird, ist entweder der zur kassenärztlichen Versorgung ermächtigte Krankenhausarzt oder der Krankenhausträger.[15] Im Regelfall ist diese Leistung als Krankenhausleistung anzusehen.[16] Der Vertrag kommt mit dem jeweiligen Leistungserbringer zustande. Aus Sicht des Patienten wird es allerdings nicht immer erkennbar sein, wer sein Vertragspartner ist. Unklarheiten führen zur Haftung des Krankenhausträgers wegen Organisationsverschuldens.[17]

IV. Die Parteien bei der Behandlung von Bewusstlosen, Geschäftsunfähigen und beschränkt Geschäftsfähigen

9 **Die Behandlung von bewusstlosen und geschäftsunfähigen Patienten.** Wird ein bewusstloser oder geschäftsunfähiger Patient von einem Arzt behandelt, so können regelmäßig keine wirksamen Vertragsbeziehungen zwischen Arzt und Patient zustande kommen. Die Tatsache, dass jemand für einen anderen ärztliche Hilfe erbittet, lässt noch keinen zwingenden Rückschluss darauf zu, dass er sich gegenüber dem Arzt vertraglich verpflichten will, für das Honorar der Behandlung aufzukommen. Wird der Arzt also bei Bewusstlosen, Ohnmächtigen oder bei fremden Kindern unter 7 Jahren zugezogen, sollte er sich vergewissern, ob sich der Hinzuziehende vertraglich unmittelbar verpflichten will.[18]

10 Die Tatsache, dass ein Arzt die Behandlung eines Bewusstlosen oder eines Kindes übernimmt, schließt aber nicht aus, dass vertragliche Beziehungen zwischen dem Patienten, den Angehörigen oder Eltern zustande kommen. Sie setzen allerdings entsprechende Willenserklärungen des Patienten oder seiner Sorgeberechtigten (Eltern, Betreuer) voraus.

11 Bei der **Behandlung eines bewusstlosen Kassenpatienten** erbringt der Kassenarzt zunächst einmal Leistungen als Geschäftsführer ohne Auftrag (§ 677 BGB). Der Realakt der Behandlungsübernahme macht den Patienten nicht zur Vertragspartei.[19] Klärt nach Aufwachen aus der Bewusstlosigkeit der Patient den Arzt darüber auf, dass er Sozialversicherungspatient ist, und billigt er die Behandlung, so wird er Vertragspartner.

12 Hat ein **Hotelgast** den Hotelier gebeten, einen Arzt zu bestellen, so liegt ein Auftrag iS von § 662 BGB vor.[20] Bringt der Hotelier nicht zum Ausdruck, dass er den Arzt im fremden Namen bestellt, so muss er sich uU selbst als Partei des Arztvertrages behandeln lassen (§ 164 Abs 2 BGB).[21]

---

[13] ArztR RdNr 40.
[14] Vgl BSGE 19, 270, 274; 44, 41, 43; BGHZ 89, 250 = NJW 1984, 1820; *Steffen/Pauge* RdNr 54; *Laufs*, ArztR RdNr 40; *Natter*, 121.
[15] BGH NJW 2006, 768.
[16] *Kern*, Haftungsrechtliche Fragen und Probleme des ambulanten Operierens, NJW 1996, 1561, 1564.
[17] BGH NJW 2006, 768.
[18] Eingehend hierzu *Laufs*, ArztR RdNr 106; *Deutsch/Spickhoff* RdNr 60 ff.
[19] Eine ganz andere Frage ist die, ob die Angehörigen eines später verstorbenen Patienten gegen die KV einen Freistellungsanspruch hinsichtlich der Arztkosten haben oder ob der behandelnde Arzt einen unmittelbaren Honoraranspruch gegen die KV erlangt.
[20] Vgl *Weimar*, 33; *Laufs*, ArztR RdNr 40.
[21] *Weimar*, 33.

7. Kapitel. Die Rechtsbeziehungen zwischen Arzt und Patient 13–16 § 39

Hat der **Hotelier den Arzt für einen bewusstlosen Gast** als Vertreter ohne Vertre- 13
tungsmacht **hinzugezogen,** so ist dieser Vertrag schwebend unwirksam (§ 177 Abs 1 BGB).
In der Regel wird der Patient, wenn er das Bewusstsein wiedererlangt hat, den Arztvertrag
genehmigen und auf diese Weise für sich verbindlich machen. Verstirbt der Gast, ohne das
Bewusstsein wiedererlangt zu haben, so können die Erben als Rechtsnachfolger des verstorbenen Patienten (§ 1922 BGB) die Genehmigung erteilen. Hat der Hotelier den Arztvertrag
für den bewusstlosen Gast abgeschlossen, verweigert dieser aber die Genehmigung, so haftet
der Hotelier dem Arzt gegenüber auf Erfüllung oder auf Schadensersatz (§ 179 Abs 1 BGB).
Der Hotelier kann jedoch unter dem Gesichtspunkt der Geschäftsführung ohne Auftrag
nach §§ 677, 683, 670 BGB die Aufwendungen an den Arzt vom Gast erstattet verlangen.[22]
Das gilt auch, wenn der Hotelier durch die Zuziehung eines Arztes eigene vertragliche
Beziehungen zum Arzt begründet hat und diesem selbst das Honorar schuldet.

Beim **bewusstlosen Unfallpatienten** kommt kein Arztvertrag zustande, da der Patient 14
keine Willenserklärung abgeben kann. Die Behandlung durch den Arzt lässt vertragliche
Beziehungen nicht entstehen. Trotzdem erwachsen dem Arzt vertragsähnliche Rechte und
Pflichten, die jedoch rechtlich unterschiedlich begründet werden. Ein Teil der Literatur[23]
geht von einem **faktischen Vertragsverhältnis** aus, das durch finale Inanspruchnahme
des Arztes und der Übernahme der Behandlung durch den Arzt zustande kommt. Eine
andere Meinung[24] wendet die Vorschriften der §§ 677 ff BGB über die **Geschäftsführung
ohne Auftrag** an.

Der Haftungsmaßstab wird für den Arzt grundsätzlich nicht gem § 680 BGB eingeschränkt, weil er sich nicht nur im Rahmen der Hilfeleistungspflicht nach § 323c StGB
betätigt, sondern in Ausübung seines ärztlichen Berufes, er also professionell handelt.[25]
Handelt es sich hingegen um einen zufällig anwesenden Arzt, in dessen Fachbereich die
Behandlung nicht fällt, handelt er nicht professionell, und er kann sich auf § 680 BGB
berufen.[26] Handelt der Arzt professionell, so steht ihm im Gegenzug als Geschäftsführer
gegen den Patienten nicht nur ein Aufwendungsersatzanspruch zu, sondern in Erweiterung des § 683 BGB und entsprechender Anwendung von § 1835 Abs 4 BGB der übliche
Honoraranspruch.[27]

Die Problematik wird in der Praxis nur selten relevant, weil es sich entweder um einen
sozialversicherten Patienten handelt oder Arzt und Patient den Vertragsabschluss nachholen, sobald die Möglichkeit hierzu besteht.[28] Der nachträgliche Vertragsabschluss kann
auch konkludent durch die Fortsetzung der Behandlung oder durch die Entgegennahme
der Rechnung erfolgen.

Bei der **Behandlung bewusstloser Notfallpatienten** bestehen somit **drei Möglich-** 15
keiten rechtlicher Gestaltung der Beziehungen zwischen den Beteiligten:

1. Der Patient lehnt die erfolgte und weitere Behandlung ab, da sie erkennbar seinem 16
Willen widerspricht, zB im Fall der versuchten Selbsttötung. Hier steht dem Arzt ein

---

[22] *Weimar,* 34.
[23] Vgl *Luig,* 228; *Deutsch/Spickhoff* RdNr 62 f; *Deutsch/Geiger,* 1049, 1061.
[24] *Steffen/Pauge* RdNr 63; *Peter,* 44; *Laufs,* ArztR RdNr 124; *E M Schmid,* 65; MünchKomm-*Müller-Glöge* (5. Aufl 2009) § 611 BGB RdNr 87.
[25] Vgl *Laufs,* ArztR RdNr 125; *Steffen/Pauge* RdNr 65, wonach der BGH stets den allgemeinen
ärztlichen Sorgfaltsmaßstab angelegt hat. Für eine Haftungsbeschränkung *Wollschläger,* Geschäftsführung ohne Auftrag, 1976, 283 ff; *Deutsch/Geiger,* 1061; *Jauernig/Mansel* (12. Aufl 2007) § 680 BGB
RdNr 1. Gegen ein Haftungsprivileg für den Notarzt *Lippert* NJW 1982, 2089, 2093; MünchKomm-
Seiler (5. Aufl 2009) § 680 BGB RdNr 6.
[26] Vgl OLG München NJW 2006, 1883, 1884 u dazu die Bespr von *Roth* NJW 2006, 2814.
[27] Vgl BGHZ 55, 128; 65, 384, 390; 69, 34; BGH NJW 1973, 2102; *Jauernig/Mansel* (12. Aufl
2007) § 683 BGB RdNr 6; *Staudinger/Bergmann* (2006) § 683 BGB RdNr 42; RGRK-*Steffen* § 683
BGB RdNr 7; *Soergel/Beuthien* (12. Aufl 2000) § 683 BGB RdNr 11; *Erman/Ehmann* (12. Aufl 2008)
§ 683 BGB RdNr 7; MünchKomm-*Seiler* (5. Aufl 2009) § 683 BGB RdNr 25; *Peter,* 45; s auch *Laufs,*
ArztR 125; *Luig,* 223; *Schlund,* Praktische Sport-Traumatologie und Sportmedizin 1990, 8.
[28] *E M Schmid,* 65; *Peter,* 44.

Ersatzanspruch nach den Vorschriften über die Geschäftsführung ohne Auftrag zu (§§ 683, 679, 670 BGB).

17　2. Der Patient schließt bei Wiedererlangung des Bewusstseins einen Arztvertrag mit Wirkung ex nunc mit der Rechtsfolge ab, dass sich die Ansprüche der Beteiligten bis zu diesem Zeitpunkt nach den Vorschriften der Geschäftsführung ohne Auftrag (§§ 677 ff BGB) richten, gegebenenfalls nach den Regeln der ungerechtfertigten Bereicherung (§§ 812 ff BGB) oder der unerlaubten Handlung (§§ 823 ff BGB). Für die Zeit ab Vertragsschluss gelten für die Rechte und Pflichten der Beteiligten die allgemeinen Vorschriften für den Arztvertrag.

18　3. Der Patient schließt bei Wiedererlangung des Bewusstseins den Arztvertrag mit Wirkung ex tunc ab. Zwar besteht eine rechtliche Schwierigkeit darin, dass eine nachträgliche Genehmigung (§ 185 BGB) nicht möglich ist, weil der Vertrag nicht schwebend unwirksam ist, sondern nicht existent. Rechtlich unbedenklich erscheint es aber, dass Arzt und Patient den Arztvertrag mit Rückwirkung auf den Zeitpunkt der ersten Behandlung abschließen.[29] Dies hat zur Folge, dass sich die Rechtsbeziehungen der Beteiligten von Anfang an nach vertraglichen Grundsätzen bestimmen. Der Arzt hat bezüglich sämtlicher Leistungen den vollen Honoraranspruch gegen den Patienten oder dessen Krankenkasse. Der Arzt haftet nach allgemeinen Vertragsgrundsätzen. Vor allem bei widerspruchsloser Fortsetzung der Behandlung ergibt sich aus dem erklärten Willen der Parteien im Regelfall gem §§ 133, 157 BGB, dass das Optimum für beide Vertragsteile, nämlich die Rückwirkung des Vertrages auf den Zeitpunkt der ersten Behandlung, gewollt ist.[30]

V. Die ärztliche Behandlung von Angehörigen

19　**Die Parteien bei der Behandlung von Ehegatten.** Bei bestehender Ehe gibt der Patient im Zweifel die vertraglichen Erklärungen zugleich auch für den anderen Ehegatten ab (§ 1357 BGB)[31]. Dass beide Eheleute berufstätig sind oder die Mithaftung einen nichtverdienenden Ehegatten trifft, ist unerheblich.[32] Die **Grenzen der Mitverpflichtung** liegen bei dem im Rahmen der §§ 1360, 1360a BGB geschuldeten angemessenen Lebensbedarf.[33]

20　Die sich aus § 1357 Abs 1 S 1 BGB ergebende Berechtigung des anderen Ehepartners scheitert indessen regelmäßig an den arztrechtlichen Besonderheiten, wie der Schweigepflicht.

Ist der Ehepartner beihilfeberechtigt und privat versichert, so scheidet eine Verpflichtung des anderen gem § 1357 Abs 1 BGB aus.[34]

Unter § 1357 Abs 1 BGB fallen lediglich **Verträge über unaufschiebbare und sachlich gebotene medizinische Leistungen.** Sachlich und zeitlich nicht gebotene Behandlungen (aufwendiger Zahnersatz, privatärztliche Behandlung, Zusatzleistungen eines

---

[29] Vgl *Laufs*, ArztR RdNr 126; *Luig*, 227 f; *Uhlenbruck* DMW 1965, 45; *E M Schmid*, 65.

[30] *Uhlenbruck*, Rückwirkung des Vertrages bei der Krankenhausaufnahme Bewußtloser?, KHA 1964, 136, 137.

[31] MünchKomm-*Wacke* (4. Aufl 2000) § 1357 RdNr 30; vgl dazu auch eingehend *Laufs*, ArztR RdNr 18.

[32] Vgl BGHZ 47, 75, 81 = NJW 1967, 673; BGHZ 94, 1; BGH NJW 1992, 909; MedR 1992, 100; LG Stuttgart NJW 1961, 972; LG Hagen FamRZ 1958, 466; LG Koblenz NJW 1981, 1324; MünchKomm-*Wacke* (4. Aufl 2000) § 1357 BGB RdNr 30; *Laufs*, ArztR RdNr 108; *Jauernig/Berger* (12. Aufl 2007) § 1357 BGB RdNr 1 (von der Aufgabenverteilung im Innenverhältnis unabhängig); *Erman/ Heckelmann* (11. Aufl 2004) § 1357 BGB RdNr 14; *Kern*, in: *Rieger/Dahm/Steinhilper* RdNr 217; *Uhlenbruck*, 1885; *Palandt/Brudermüller* (68. Aufl 2009) § 1357 BGB RdNr 17; str, aA teilweise OLG Köln VersR 1980, 1077; OLG Köln NJW 1981, 637; *Heesen* MDR 1948, 238; *Struck* MDR 1975, 449, 451; *Büdenbender* FamRZ 1976, 671.

[33] Vgl BGHZ 94, 1; 76, 259; 116, 184; OLG Köln NJW 1981, 637; LG Bonn NJW 1983, 344; LG Flensburg SchlHA 1966, 150; BGH MedR 2005, 714, 716; MünchKomm-*Wacke* (4. Aufl 2000) § 1357 BGB RdNr 31; *Palandt/Brudermüller* (68. Aufl 2009) § 1357 BGB RdNr 10 ff; *Holzhauer* JZ 1985, 685.

[34] So auch BGHZ 116, 268; 94, 1, 3; *Palandt/Brudermüller* (68. Aufl 2009) § 1357 BGB RdNr 18. Vgl auch OLG Hamm NJW-RR 1998, 263; OLG Köln VersR 1993, 441; OLG Köln VersR 1994, 17.

7. Kapitel. Die Rechtsbeziehungen zwischen Arzt und Patient 21–23 § 39

Krankenhauses)[35] unterliegen nicht § 1357 BGB. Das soll auch dann gelten, wenn ein derartiger Behandlungsaufwand dem Lebenszuschnitt der Eheleute entspricht.[36] Das ist zumindest für Wahlleistungen des Krankenhausarztes und bei Inanspruchnahme privatärztlicher Behandlung nicht nachvollziehbar. ZB kann eine privatärztliche Behandlung, wenn sie dem Lebenszuschnitt der Eheleute entspricht und damit unterhaltsrechtlich gem §§ 1360, 1360a BGB geschuldet ist, durchaus angemessene Bedarfsdeckung iSv § 1357 BGB sein. Für die Beurteilung ist immer auf die Bewandtnisse des Einzelfalles abzustellen.[37] Hingegen wird weithin die Anwendung von § 1357 BGB bejaht, wenn die Eheleute zuvor solche Luxusbehandlungen abgesprochen haben.[38] Schließt der Ehegatte, der nicht Patient ist, einen derartigen Behandlungsvertrag selbst ab, soll auch § 1357 BGB gelten.[39]

Übersteigt die Honorarforderung (zB für eine Chemotherapie) die wirtschaftliche Leistungsfähigkeit der Familie, so scheidet eine Mitverpflichtung des anderen Ehegatten gem § 1357 Abs 1 BGB von vornherein aus,[40] weil sich aus den Umständen etwas anderes ergibt (§ 1357 Abs 1 S 2 BGB),[41] und zwar auch dann, wenn es sich um eine medizinisch indizierte, unaufschiebbare ärztliche Behandlung des Ehepartners handelt[42].

In den Fällen einer **besonders kostenaufwendigen oder nicht gebotenen Behandlung** sollte der Arzt sich der Zustimmung oder der Mitverpflichtung des anderen Ehegatten versichern. Ein Ehepartner, der durch Vertretung des anderen bei einem Vertragsabschluss zeigt, dass er für die kostenträchtige Privatbehandlung akzeptiert, haftet im Außenverhältnis nach § 1357 Abs 1 BGB.[43] Will ein Ehegatte andererseits entweder die **Mitverpflichtung des Ehegatten** oder seine eigene Mitverpflichtung **ausschließen,** so hat er dies eindeutig gegenüber dem Arzt zum Ausdruck zu bringen. Dies ergibt sich aus der gesetzlichen Formulierung „es sei denn, dass sich aus den Umständen etwas anderes ergibt" (§ 1357 Abs 1 S 2 BGB).[44] 21

§ 1357 gilt entsprechend für Lebenspartnerschaften (§ 8 Abs 2 LPartG). 22

§ 1357 BGB gilt nicht, **wenn die Eheleute getrennt leben** (§ 1357 Abs 3, 1567 Abs 1 BGB) oder geschieden sind.

Hat ein Arzt für ärztliche Leistungen gegen eine Ehefrau eine titulierte Forderung, so kann er ihren Freistellungsanspruch aus § 1357 BGB gegen den Ehemann pfänden und sich überweisen lassen.[45]

Bei **eheähnlichen Partnerschaften** greift die Vorschrift des § 1357 BGB nicht ein.[46] Hier liegt aber oft die Duldungs- oder Anscheinsvollmacht nahe.[47] Bei der **Behandlung von Angehörigen eines Kassenpatienten** erwirbt der mitversicherte Angehörige einen 23

---

[35] LG Bonn NJW 1983, 344 (keine Anwendung des § 1357 BGB bei Vereinbarung von Wahlleistungen im Krankenhausaufnahmevertrag).
[36] Nach MünchKomm-*Wacke* (4. Aufl 2000, § 1357 BGB RdNr 31) ist in allen Fällen der „Luxusbehandlung" oder der privatärztlichen Behandlung oder Zusatzleistungen eines Krankenhauses ohne vorherige Verständigung § 1357 BGB auch dann nicht anwendbar, wenn derartiger Behandlungsaufwand dem Lebenszuschnitt der Eheleute entspricht.
[37] Vgl auch *Uhlenbruck*,1884; *Peter* NJW 1993, 1952.
[38] BGHZ 94, 1, 9; BGH NJW 1992, 909; OLG Schleswig NJW 1993, 2996; MünchKomm-*Wacke* (4. Aufl 2000) § 1357 RdNr 31.
[39] OLG Stuttgart MedR 1995, 320.
[40] BGHZ 116, 184, 188 f; Saarl OLG MedR 2001, 141 = MDR 2000, 1365 = NJW 2001, 1798; BGH MedR 2005, 714, 717.
[41] BGH NJW 1992, 99.
[42] OLG Köln NJW-RR 1999, 733.
[43] OLG Köln VersR 1999, 374 (Wahlarztvertrag).
[44] So auch BGHZ 116, 268; 94, 1, 3; *Palandt/Brudermüller* (68. Aufl 2009) § 1357 BGB RdNr 18. Vgl auch OLG Hamm NJW-RR 1998, 263; OLG Köln VersR 1994, 107.
[45] *Kern*, in: *Rieger/Dahm/Steinhilper*, 335 RdNr 27.
[46] *Erman/Heckelmann* (11. Aufl 2004) § 1357 BGB RdNr 8; MünchKomm-*Wacke* (4. Aufl 2000) § 1357 BGB RdNr 14.
[47] Vgl MünchKomm-*Wacke* (4. Aufl 2000) § 1357 BGB RdNr 14.

unmittelbaren Anspruch gegen die Krankenkasse nach § 328 BGB.[48] Behandelt der Arzt **eigene Angehörige**, so erwirbt er als Unterhaltsberechtigter (§§ 1601 ff BGB) keinen vertraglichen Anspruch gegen ihn, denn der Lebensbedarf iSv § 1610 Abs 2 BGB umfasst auch die Kosten einer notwendigen Heilbehandlung.[49]

VI. Die Behandlung von Minderjährigen

1. Der Minderjährige als Vertragsschließender. Willenserklärungen von Kindern bis zur Vollendung des siebten Lebensjahres sind unwirksam (§ 105 Abs 1 BGB). Gleiches gilt für Willenserklärungen von Minderjährigen, bei denen die Einwilligung oder Genehmigung des oder der gesetzlichen Vertreter nicht erfolgt (§§ 107, 108 BGB). Möglich ist es aber, dass der Minderjährige als Bote des gesetzlichen Vertreters dessen Willenserklärung übermittelt und der Vertrag durch Annahme seitens des Arztes zwischen diesem und dem gesetzlichen Vertreter des Patienten mit dem Minderjährigen als berechtigtem Dritten iS des § 328 BGB zustande kommt.[50] Bringen die Eltern ein Kind in die ärztliche Sprechstunde, so wird man nur unter ganz besonderen Umständen davon ausgehen können, dass die gesetzlichen Vertreter als solche den Vertrag im Namen des Kindes schließen wollen. Im Zweifel sind sie Vertragspartner des Arztes. Sind die Eltern Vertragspartner des Arztes, sind sie, wenn dem Kind durch medizinische Maßnahmen ein Schaden entsteht, berechtigt, in den durch den Schaden gezogenen Grenzen den Mehraufwand für Pflege und Versorgung als **eigenen Schaden** geltend zu machen, soweit sich dieser Aufwand als vermehrte Unterhaltslast niederschlägt.[51]

Nach § 107 BGB bedarf der Minderjährige (§§ 2, 106 BGB), dh ein Jugendlicher, der zwar das 7. Lebensjahr, nicht aber bereits das 18. Lebensjahr vollendet hat, zu einer Willenserklärung, durch die er nicht lediglich einen rechtlichen Vorteil erlangt, der Einwilligung seines gesetzlichen Vertreters (§ 107 BGB). Der Minderjährige ist nach Maßgabe der §§ 107–113 BGB in der Geschäftsfähigkeit beschränkt (§ 106 BGB). Trotzdem kann auch der Minderjährige Vertragspartner werden. Schließt zB der Minderjährige einen Arztvertrag ohne die erforderliche Einwilligung des gesetzlichen Vertreters ab, so hängt die Wirksamkeit des Vertrages von der Genehmigung des Vertreters ab (§ 108 Abs 1 BGB). Fordert also der Arzt die Eltern eines Minderjährigen zur Genehmigung auf und erfolgt die Erklärung ihm gegenüber, so wird der Arztvertrag wirksam. Partei ist der Minderjährige. Die Zustimmung des oder der Sorgeberechtigten ist nicht erforderlich, wenn die Voraussetzungen einer **partiellen Geschäftsfähigkeit** nach den §§ 112, 113 BGB vorliegen, wonach der Minderjährige im Rahmen der normalen Geschäfte eines ihm vom gesetzlichen Vertreter gestatteten Dienst- oder Arbeitsverhältnisses oder für solche Geschäfte, die der genehmigte Betrieb eines Erwerbsgeschäftes mit sich bringt, unbeschränkt geschäftsfähig ist. So kann der Arzt regelmäßig den Minderjährigen bei Vorlage einer Krankenversicherungskarte (§ 291 SGB V) oder einer elektronischen Gesundheitskarte als unbeschränkt geschäftsfähig ansehen, wenn die Behandlung der Erhaltung oder Wiederherstellung der Arbeitskraft dient.[52]

---

[48] Vgl *Peters*, Handbuch der Krankenversicherung, § 368 d RVO Anm 9a, e; *Eberhardt*, 289, 306; MünchKomm-*Gottwald* (5. Aufl 2007) § 328 BGB RdNr 45 f; *Rieger* Lexikon RdNr 214; *G Schneider*, Kassenarztrecht, 6; *Natter*, 6; *Luig*, 229; *Peter*, 46 f; *E M Schmid*, 68 ff.

[49] Vgl *Uhlenbruck* DMW 1968, 1777; *E M Schmid*, 66.

[50] *Laufs*, ArztR RdNr 106. Zwischen welchen Parteien rechtliche Beziehungen bei der Behandlung von Minderjährigen zustande kommen, ist im Wege der Auslegung aus den Umständen des Einzelfalls zu ermitteln. Dabei sind ua die Art der Einlassung der Beteiligten, Ort und Zeit der Erklärung sowie das spätere Verhalten der Beteiligten und die erkennbare Interessenlage zu beachten. *E M Schmid*, 64 f; *Peter*, 44 f.

[51] BGHZ 89, 263 = NJW 1984, 1400; *Laufs*, ArztR RdNr 107. Vgl auch BGHZ 106, 153 = NJW 1989, 1538.

[52] *G Schulz*, 1609 f; *Rieger* Lexikon RdNr 216. Vgl auch *Laufs*, ArztR RdNr 106; *Deutsch/Spickhoff* RdNr 60.

Das gilt auch in den Fällen der **Verschreibung von Ovulationshemmern** für Minderjährige, soweit die Krankenversicherung diese Leistung übernimmt.[53] Auch sind Fälle denkbar, dass eine Minderjährige verheiratet ist oder als Lehrling oder Studentin nach § 110 BGB die Leistung mit Mitteln bewirkt, die ihr zur freien Verfügung von dem Vertreter oder mit dessen Zustimmung von einem Dritten überlassen worden sind. Bei Barzahlung spricht eine Vermutung für die Wirksamkeit nach § 110 BGB.[54] Der „Studentenwechsel" deckt zwar die ärztliche Behandlung bei einem grippalen Infekt ab, nicht aber ohne weiteres die Verschreibung von Ovulationshemmern. Erfüllt der minderjährige Patient mit ihm überlassenen Mitteln den Arztvertrag, so ist der Vertrag von Anfang an wirksam. Dies gilt sowohl für das Verpflichtungs- als auch für das Erfüllungsgeschäft.[55] In der Literatur wird zu Recht vertreten, dass ein Minderjähriger, der sozialversichert ist, durch den Vertragsschluss mit dem Arzt keinen Nachteil erleidet, da ihn keine Zahlungspflicht treffe.[56] Damit wäre der Vertrag gem § 107 BGB auch ohne Zustimmung des gesetzlichen Vertreters wirksam. Demgegenüber weist *Bender*[57] darauf hin, dass dem Minderjährigen hinsichtlich der Bereitstellung des Honorars durch die Sozialversicherung und gegebenenfalls, wie jedem Patienten, Mitteilungspflichten gegenüber dem Arzt obliegen. Das ist allerdings nicht als rechtlicher Nachteil iSv § 107 BGB anzusehen.[58]

Seit dem 1. 1. 1989 hat der über die Familie mitversicherte Minderjährige einen eigenen Leistungsanspruch nach § 10 SGB V. Diesen Leistungsanspruch kann der Minderjährige mit Vollendung des 15. Lebensjahres gem § 36 Abs 1 SGB I **(Sozialmündigkeit)** selbständig geltend machen.

Für den Arzt bleibt indessen ein Restrisiko bestehen, wenn er vertragliche Beziehungen zu einem minderjährigen Patienten ohne Zustimmung der Personensorgeberechtigten eingeht.

2. Die Eltern als Vertragsschließende. Im Regelfall werden die Erklärungen weder von Geschäftsunfähigen noch beschränkt Geschäftsfähigen unmittelbar abgegeben, sondern von den Eltern eines Minderjährigen oder den zur Personensorge Berechtigten, wie zB von einem Vormund. In diesen Fällen will sich der Vertreter unmittelbar gegenüber dem Arzt vertraglich verpflichten. Nur unter ganz besonderen Umständen wird man davon ausgehen können, dass der gesetzliche Vertreter den Vertrag ausschließlich im Namen des Kindes schließen will.[59] Im Einzelnen sind jedoch verschiedene Fallgestaltungen zu unterscheiden.

Dritte Personen können als Vertragspartner einen Behandlungsvertrag im eigenen Namen zugunsten des Patienten abschließen, so dass sie aus dem Vertrag allein verpflichtet, der Patient dagegen nur berechtigt wird (§ 328 BGB). Ein solcher **Vertrag zugunsten Dritter** kommt regelmäßig in Betracht, wenn Eltern ihr Kind in ärztliche Behandlung geben.[60] Bei der Behandlung von Kindern und minderjährigen Angehörigen sind wiederum mehrere Fallgestaltungen denkbar: zB die Eheleute leben zusammen oder getrennt,

---

[53] Vgl dazu: Stellungnahme zu Rechtsfragen bei der Behandlung Minderjähriger, Leitlinien der Gynäkologie und Geburtshilfe, Bd IV Medizinrecht, Qualitätssicherung, 2008, 7 ff, 17 f. Vertragliche Beziehungen lehnen ab *Rieger* Lexikon RdNr 216; *Heumann* DMW 1978, 1258, 1259. – Eine Minderjährige bedarf im Fall des Schwangerschaftsabbruchs grundsätzlich der Zustimmung des gesetzlichen Vertreters, OLG Hamm NJW 1998, 3424, anders bei gegebener Einsichts- und Urteilsfähigkeit. *Schönke/Schröder/Eser* (27. Aufl 2006) § 218 a RdNr 61.
[54] Vgl *MünchKomm-Schmitt* (5. Aufl 2006) § 110 BGB RdNr 5.
[55] Vgl *Erman/Palm* (12. Aufl 2008) § 110 BGB RdNr 5.
[56] *Deutsch/Spickhoff* RdNr 60.
[57] MedR 1997, 7 f. Vgl auch *Hanau*, Arzt und Patient – Partner oder Gegner, in: *Prütting* (Hrsg), FS Baumgärtel 1990, 121, 135 f.
[58] Vgl zB *Brox/Walker*, Allgemeiner Teil des BGB, 32. Aufl, RdNr 272.
[59] *Laufs*, ArztR RdNr 16.
[60] BGHZ 47, 75, 81; 89, 263 = NJW 1984, 1400 = VersR 1984, 356; BGHZ 106, 153 = NJW 1989, 1538; *Kern* in: *Rieger/Dahm/Steinhilper*, 335 RdNr 17.

die Ehefrau ist noch minderjährig oder die Eheleute sind geschieden. Innerhalb dieser Gruppen ist wiederum zu differenzieren, je nachdem, ob die Ehefrau die Kinder zur Behandlung bringt, beide Elternteile den Arzt mit dem Kind in der Praxis aufsuchen oder ob der Ehemann selbst oder der Minderjährige den Arztvertrag abschließt.

28 *a)* **Vertragsparteien bei bestehender Ehe der Eltern.** Hier ist zu unterscheiden, ob die Eheleute getrennt leben oder nicht. Zunächst ist davon auszugehen, dass im Regelfall die **Eheleute nicht getrennt leben.** Sucht die Ehefrau den Arzt in der Praxis auf und lässt sie das gemeinsame Kind behandeln, so kommt der **Arztvertrag zwischen beiden Ehegatten und dem Arzt** zustande.[61] Dies gilt auch, wenn der Ehemann mit dem Kind den Arzt aufsucht. Schließt ein Ehegatte zugunsten des Kindes einen Arztvertrag ab, wird der Ehepartner durch diesen Vertragsschluss unmittelbar selbst verpflichtet.[62] Durch solche Verträge werden **beide Ehegatten berechtigt und verpflichtet,** es sei denn, dass sich aus den Umständen etwas anderes ergibt (§ 1357 Abs 1 S 2 BGB) oder ein Ehegatte die Berechtigung des anderen Ehegatten beschränkt oder ausgeschlossen hat (§ 1357 Abs 1 S 1 BGB). § 1357 BGB erfasst alle Geschäfte zur Deckung des persönlichen Bedarfs von Familienangehörigen, also auch Arzt- und Krankenhausaufnahmeverträge, die von einem Ehegatten zugunsten eines Kindes abgeschlossen werden.[63] Die Gesundheit der Kinder gehört zum primären und ursprünglichen **Lebensbedarf der Familienmitglieder.**[64]

29 Bei der **ärztlichen Behandlung von geschäftsunfähigen Kindern** wird regelmäßig anzunehmen sein, dass die Eltern dem Kind nicht unmittelbare Ansprüche auf die Hauptleistung verschaffen wollen. Im Einzelfall kann aber ein Vertrag mit Schutzwirkung zugunsten des Kindes vorliegen. Auch bei einem Vertrag über eine Entbindung handelt es sich um einen Vertrag mit Schutzwirkung zugunsten des Nasciturus.[65] Der Schutzbereich des Behandlungsvertrages umfasst hierbei das noch ungeborene Kind.

30 Schließt ein Elternteil mit verbindlicher Wirkung für den anderen einen Arztvertrag zugunsten des gemeinsamen Kindes ab, wird **im Zweifel auch das Kind anspruchsberechtigt** nach § 328 BGB (Vertrag zugunsten Dritter, aus dem das Kind bzw der Minderjährige einen eigenen Anspruch gegen den Arzt auf sorgfältige Behandlung erwirbt). Das gilt insbesondere bei Heranwachsenden. Bei der **ärztlichen Behandlung Heranwachsender** schließen zwar die Eltern den Arztvertrag ab, wegen der Einwilligungsfähigkeit zu bestimmten Eingriffen ist jedoch anzunehmen, dass durch den Arztvertrag der Heranwachsende selbst das Recht erhalten soll, die vertraglichen Leistungen vom Arzt zu fordern. Dies gilt vor allem für Dauerbehandlungen. Auch Mängel der ärztlichen Behandlung müssen unmittelbar vom Minderjährigen geltend gemacht werden können. Deshalb liegt bei der ärztlichen Behandlung von Minderjährigen im Zweifel zugleich auch ein Vertrag zugunsten Dritter iS von § 328 BGB vor.[66] Der Vertrag verpflichtet den Minderjährigen aber nicht zur Honorarzahlung.

---

[61] KG FamRZ 1975, 423.
[62] Vgl auch BGHZ 47, 75, 81 = NJW 1967, 673; BGHZ 94, 1, 4 = NJW 1985, 1394; BGH NJW 1992, 909 = JZ 1992, 586 *(Henrich); Käppler* AcP 179 (1979), 245, 279; *Soergel/Lange* (12. Aufl 1989) § 1357 BGB RdNr 14; MünchKomm-*Wacke* (4. Aufl 2000) § 1357 BGB RdNr 30; Palandt/*Brudermüller* (68. Aufl 2009) § 1357 BGB RdNr 17. AA *Büdenbender* FamRZ 1976, 671.
[63] BGHZ 94, 1 = NJW 1985, 1394, 1395.
[64] MünchKomm-*Wacke* (4. Aufl 2000) § 1357 BGB RdNr 30.
[65] BGHZ 86, 249, 253; 106, 153, 162.
[66] RGZ 152, 175, 177 gegen RGZ 85, 183; BGHZ 89, 263, 266 = NJW 1984, 1400. Vgl auch BGHZ 96, 360, 368; 106, 153; BGH NJW 1992, 2962; 1994, 2417; OLG Düsseldorf VersR 1993, 883; OLG Frankfurt VersR 1994, 942; *Staudinger/Jagmann* (2004) § 328 BGB RdNr 132; *Erman/Westermann* (12. Aufl 2008) § 328 BGB RdNr 10. Für einen Vertrag mit Schutzwirkung zugunsten des Kindes: Palandt/*Grüneberg* (68. Aufl 2009) § 328 BGB RdNr 11; *Gernhuber/Coester-Waltjen*, FamilienR, 5. Aufl 2006, 166 f; *Laufs,* ArztR RdNr 107; *Luig,* 229; *Uhlenbruck,* 1885; *Bender* MedR 1997, 7 f; MünchKomm-*Müller-Glöge* (5. Aufl 2009) § 611 BGB RdNr 88; MünchKomm-*Gottwald* (5. Aufl 2007) § 328 BGB RdNr 44; *Erman/Westermann* (12. Aufl 2008) § 328 BGB RdNr 22; *E M Schmid,* 64.

7. Kapitel. Die Rechtsbeziehungen zwischen Arzt und Patient   31–34 § 39

b) **Vertragsparteien bei Getrenntleben der Eltern.** Nach § 1357 Abs 3 BGB greift 31
die „Schlüsselgewalt" der Ehegatten nicht ein, wenn die Ehegatten getrennt leben. Eine
vorübergehende Trennung führt allerdings nicht zum Verlust der Schlüsselgewalt.[67]
Die Schlüsselgewalt ruht jedoch, wenn die Ehegatten im juristischen Sinne getrennt
leben,[68] dh, wenn sie nach außen hin erkennbar die häusliche Gemeinschaft aufgegeben
haben und sie auch nicht wiederherstellen wollen. Trotz gemeinsamer Wohnung kann die
häusliche Gemeinschaft aufgehoben sein (§ 1567 BGB), wenn die Eheleute zB die Wohnung abgeteilt haben und in getrennten Zimmern wohnen, so dass die eheliche Gemeinschaft aufgehoben ist.[69] **Keine Trennung** liegt vor, wenn ein Ehepartner längere Zeit
verreist, in einer Anstalt untergebracht ist, sich im Kriegsdienst oder in Gefangenschaft
befindet oder eine Freiheitsstrafe verbüßt. Entscheidend ist vielmehr, ob der Wille besteht, ein gemeinschaftliches Hauswesen aufrechtzuerhalten. Lebten die Eheleute zur Zeit
des Vertragsschlusses zusammen, schadet eine **spätere Trennung** nicht.[70]

Vorstehende Situationen sind für den Arzt nicht immer erkennbar. Da das **Ruhen** 32
der Schlüsselgewalt infolge des Getrenntlebens nicht in das Güterrechtsregister eingetragen wird,[71] bleibt dem Arzt nichts anderes übrig, als sich im Einzelfall zu erkundigen.[72]
Tut er dies nicht, wird sein guter Glaube an das Zusammenleben der Ehegatten in häuslicher Gemeinschaft nicht geschützt. Die Folge ist, dass er nur einen Vertragspartner hat,
nämlich denjenigen, der das Kind zur Behandlung bringt. Eine Ausnahme ist nur anzunehmen, wenn der die Erklärungen abgebende Ehegatte diese ausdrücklich im Namen
des anderen Ehegatten oder gar nur für diesen abgibt.[73]

c) **Vertragsparteien bei geschiedener Ehe der Eltern.** Ist die Ehe der Eltern 33
geschieden, so greift die Vorschrift des § 1357 BGB gleichfalls nicht ein.[74] Grundsätzlich
wird nur derjenige Elternteil aus dem Arztvertrag berechtigt und verpflichtet, der mit
dem Kind den Arzt aufgesucht oder den Arzt hinzugezogen hat. Eine Ausnahme ist aber
denkbar, wenn zB die Ehefrau ausdrücklich im Namen und in Vollmacht ihres geschiedenen Ehemannes handelt. Hat ein Arzt wegen des Honorars für erbrachte Leistungen
gegen eine Ehefrau Ansprüche, so ist er berechtigt, die **Freistellungsansprüche der**
Ehefrau nach den §§ 683, 679, 1601 ff BGB zu pfänden und sich zur Einziehung überweisen zu lassen.[75] Die Schuldbefreiungsforderung der Ehefrau verwandelt sich mit der
Pfändung und Überweisung an den Arzt in einen Zahlungsanspruch.[76]

d) **Innenverhältnis bei geschiedener Ehe der Eltern.** Unberührt von dem Außen- 34
verhältnis zwischen Arzt und vertragsschließendem Elternteil ist das Innenverhältnis

---

[67] *Palandt/Brudermüller* (68. Aufl 2009) § 1357 BGB RdNr 9; *Laufs,* ArztR RdNr 19.
[68] Instruktiv dazu BGH MedR 1992, 100 (zu den Voraussetzungen rechtsgeschäftlicher Stellvertretung).
[69] Vgl BGH NJW 1978, 1810; OLG Karlsruhe NJW 1978, 1534.
[70] *MünchKomm-Wacke* (4. Aufl 2000) § 1357 BGB RdNr 44.
[71] *Erman/Heckelmann* (11. Aufl 2004) § 1357 BGB RdNr 9; *MünchKomm-Wacke* (4. Aufl 2000) § 1357 BGB RdNr 46, 47.
[72] *Erman/Heckelmann* (11. Aufl 2004) § 1357 BGB RdNr 9.
[73] Vgl OLG Hamm VersR 1997, 1360 gegen OLG Köln VersR 1994, 107; LG Saarbrücken NJW 1971, 1894, wonach bei Getrenntleben die Mutter berechtigt sein soll, bei akuter Behandlungsnotwendigkeit des Kindes in Vollmacht des Vaters für diesen einen Vertrag mit dem Arzt über die Behandlung abzuschließen. Kritisch *Olschewski* NJW 1972, 346; *Berg* NJW 1972, 1117. Bringt eine Ehefrau während des Getrenntlebens das gemeinsame Kind ins Krankenhaus, so entsteht nach LG Bielefeld (FamRZ 1967, 335 = MDR 1967, 841) keine Verpflichtung der Mutter, wenn sie bei der Einlieferung erklärt, sie bringe das Kind im Auftrag ihres getrennt lebenden Ehemannes.
[74] *Laufs,* ArztR RdNr 109; *Becker* MedKlin 1968, 1904; *Kern,* in: *Rieger/Dahm/Steinhilper,* 335 RdNr 26.
[75] Vgl für den Fall bestehender Ehe KG NJW 1980, 1341; LG Bielefeld FamRZ 1967, 335; *Rieger* Lexikon RdNr 217.
[76] Vgl KG NJW 1980, 1341, 1342. Zum kassenärztl Schrifttum § 25 RdNr 5 ff.

zwischen zahlungspflichtigem und unterhaltsverpflichtetem Elternteil. Gegen den Unterhaltspflichtigen besteht ein Unterhaltsanspruch des Kindes aus § 1601 BGB, der gem 1629 Abs 1 BGB von dem anderen Elternteil im Namen des Kindes geltend gemacht werden kann.[77]

35 **e) Vertragsparteien bei nichtehelicher Lebensgemeinschaft.** In diesen Fällen wird – wenn nicht eine Vollmacht vorliegt – nur der Elternteil aus dem Arztvertrag verpflichtet, der das Kind in Behandlung gab. Gleiches gilt für die Behandlung nichtehelicher Kinder. Hier wird im Zweifel nur die Mutter Vertragspartner des Arztes, die wiederum im Innenverhältnis Ausgleichs- oder Befreiungsansprüche gegen den Vater hat. Für die minderjährige Mutter muss der Vater oder der Vormund des Kindes den Behandlungsvertrag schließen.[78]

VII. Die Behandlung von Arztkollegen und ihren Angehörigen

36 Nach heute allgemeiner Meinung und höchstrichterlicher Rechtsprechung[79] kommt auch in den **Fällen unentgeltlicher ärztlicher Behandlung,** die im Rahmen des § 12 Abs 2 MBO zulässig ist, ein **Arztvertrag** zwischen den Beteiligten zustande. Es liegt nicht etwa ein Gefälligkeitsverhältnis mit entsprechender Haftungsminderung vor. Behandelt ein Arzt einen Arztkollegen oder dessen Angehörige, ohne ein Honorar in Rechnung zu stellen, so liegt dieser Behandlung ein Arztvertrag zugrunde. Der **Haftungsmaßstab** ist der gleiche wie bei jeder anderen ärztlichen Behandlung.[80] Die Tatsache, dass der behandelnde Arzt dem Arztkollegen oder seinen Angehörigen das Honorar ganz oder teilweise erlässt (§ 397 BGB), lässt vertragliche Beziehungen nicht entfallen. Die Parteien schließen lediglich einen Erlassvertrag oder ein „pactum non petendo", dh, der behandelnde Arzt erlässt die rechtlich entstandene Honorarschuld oder verspricht, sie nicht geltend zu machen.[81]

VIII. Vertrag mit Schutzwirkung zugunsten Dritter

37 Ein Vertrag mit Schutzwirkung zugunsten Dritter liegt nicht nur bezüglich der Entbindung und bei der Behandlung von Kleinkindern vor, sondern auch in völlig anderen Konstellationen, die den Schutz Dritter verlangen. Das gilt etwa bei der Behandlung von Patienten, die an einer ansteckenden Krankheit leiden – zB HIV-positive (AIDS-) Patienten. Der Schutzbereich kann dann die Geschlechtspartner des Patienten erfassen. Die auf eine Schwangerschaftsverhütung oder einen Schwangerschaftsabbruch gerichteten Verträge zwischen Arzt und Patientin sind ebenfalls Verträge mit Schutzwirkung zugunsten Dritter. Damit sind der Ehemann sowie auch der jeweilige nichteheliche Partner in den Schutzbereich des Behandlungsvertrages einbezogen.

IX. Patient und Durchgangsarzt

38 Durchgangsärzte sind Beauftragte der gesetzlichen Unfallversicherungsträger (Berufsgenossenschaften), die darüber zu entscheiden haben, ob als Folge eines Arbeitsunfalls eine berufsgenossenschaftliche Heilbehandlung einzuleiten ist.[82] Rechtsbeziehungen bestehen

---

[77] Vgl LG Bielefeld FamRZ 1967, 335; *Palandt/Brudermüller* (68. Aufl 2009) § 1357 RdNr 9. Gleiches gilt für die Behandlung nichtehelicher Kinder. Hier wird im Zweifel nur die Mutter Vertragspartner des Arztes, die wiederum im Innenverhältnis Ausgleichs- oder Befreiungsansprüche gegen den Vater hat.

[78] *Kern* MedR 2005, 628, 629.

[79] Vgl BGH NJW 1977, 2120; *Uhlenbruck* DMW 1968, 1777; *Franzki*, Aktuelle Rechtsprechung zur Haftung des Arztes, 2. Aufl, 7; *Martens*, 1743; *Dunz*, 276; *Otto*, 520; *Deutsch/Spickhoff* RdNr 49.

[80] Vgl BGH NJW 1977, 2120; *Uhlenbruck* DMW 1968, 1777.

[81] Vgl auch BGH NJW 1976, 2344; BGH NJW 1977, 2120; *E M Schmid*, 66 f.

[82] Einzelheiten bei *Narr* RdNr 519 f; *Rieger* Lexikon RdNr 578–586.

zwischen Durchgangsarzt und Berufsgenossenschaft. Zum Patienten tritt der Durchgangsarzt in **privatrechtliche Beziehungen,** so dass die allgemeinen Grundsätze des Kassenarztvertragsrechts zur Anwendung gelangen.[83] Allerdings ist zu differenzieren, ob es sich bei der Behandlung um eine Erstversorgung des Unfallverletzten handelt oder um eine Entscheidung darüber, ob und auf welche Weise ein Verletzter in die berufsgenossenschaftliche Behandlung übernommen werden soll. Letzterenfalls handelt der Durchgangsarzt in **Ausübung eines öffentlichen Amtes,** so dass keine vertraglichen Beziehungen begründet werden. Erst mit der Durchführung der berufsgenossenschaftlichen Heilbehandlung tritt der Durchgangsarzt in privatrechtliche Beziehungen zum Patienten.[84]

X. Hoheitliche Tätigkeit des Arztes, insbesondere die ärztliche Behandlung von Soldaten durch Truppenärzte

Nur ausnahmsweise ist von einer hoheitlichen Tätigkeit des Arztes auszugehen.[85] Im Verhältnis zu Kassenmitgliedern, die er auf Veranlassung einer Krankenkasse untersucht, handelt zB der **Vertrauensarzt** hoheitlich. Der Patient wird nicht Vertragspartner. Für schuldhafte Pflichtverletzungen haftet für den Vertrauensarzt gem § 839 BGB, Art 34 GG der Staat.[86]

Hoheitlich handeln auch Truppenärzte. Nach § 30 SoldG[87] hat der Bundeswehrsoldat Anspruch auf Heilfürsorge nach Maßgabe besonderer Vorschriften. Gemäß § 69 Abs 2 S 1 des Bundesbesoldungsgesetzes hat der Soldat Anspruch auf unentgeltliche truppenärztliche Versorgung. Nach Auffassung des BGH[88] ist die Heilbehandlung durch den Truppenarzt im Gegensatz zur zivilärztlichen Tätigkeit dienstliche, **öffentlich-rechtliche Tätigkeit.** Der Heilfürsorgeanspruch ist nach der Rechtsprechung ein „Unterfall des allgemeinen Anspruchs auf Fürsorge des Soldaten durch den Dienstherrn", der in § 31 SoldG geregelt ist. Die Heilfürsorge gehört zu den Sachbezügen des Soldaten. Sie wird ihm als Berufs- oder Zeitsoldat gem § 69 Abs 2 BBesG in Form unentgeltlicher truppenärztlicher Versorgung gewährt.

Die truppenärztliche Behandlung unterscheidet sich von der privatärztlichen oder kassenärztlichen Behandlung zum einen dadurch, dass das **Recht der freien Arztwahl ausgeschlossen** ist[89], zum anderen dadurch, dass der Soldat sich gem § 17 Abs 4 SoldG wehrtüchtig zu erhalten hat. Das Dienstverhältnis verschafft dem Soldaten einen unmittelbaren Rechtsanspruch auf Durchführung sämtlicher notwendiger Maßnahmen der Diagnostik und Therapie sowie auf Gewährung von Arznei- und Verbandmitteln.

---

[83] Vgl auch *Narr* RdNr 520; *Rieger* Lexikon RdNr 584; *Laufs,* ArztR RdNr 582. Zur Haftung des Durchgangsarztes s BGH NJW 1994, 2417.
[84] Vgl BGHZ 126, 297 = NJW 1994, 2417; BGH NJW 1975, 589, 591 m Anm *Müller* SGB 1975, 511 f; *Rieger* Lexikon RdNr 584 mit eingehender Behandlung der Haftungsfragen.
[85] *Kern,* Die Haftpflicht des beamteten Arztes aus § 839 BGB, VersR 1981, 316.
[86] Vgl RGZ 131, 67, 70; RGZ 165, 91, 101; BGH NJW 1968, 2293.
[87] BGBl I 1956, 873 idF der Bekanntmachung v 19. 8. 1975, BGBl I 1975, 2273.
[88] BGHZ 108, 230 = NJW 1990, 760, 761; BGH NJW 1992, 744; BGH NJW 1993, 1529; BGH NJW 1996, 2431.
[89] BGH, NJW 1990, 760; BSG Urt v 8.11. 2007 – B 9/9a VS 2/05 R; Hessisches LSG, Urt v 27.1. 1971 – L 5/V 35/70.

8. Kapitel. Das Zustandekommen des Arztvertrages

§ 40 Der Abschluss des Arztvertrages

Übersicht

	RdNr
I. Allgemeines	1
II. Kontrahierungszwang des Arztes?	2
1. Abschlussfreiheit und Privatpatient	3
2. Abschlussfreiheit und Kassenpatient	7
3. Abschlusspflicht in Notfällen	11
III. Das Zustandekommen des Arztvertrages	12
IV. Die Arten der Krankenhausaufnahmeverträge	17
V. Der Abschluss des Krankenhausaufnahmevertrages	23
VI. Der Vertragsschluss über Wahlbehandlung und Zusatzleistungen	30
VII. Vertragsschluss bei ärztlicher Notfallbehandlung	31
VIII. Inanspruchnahme eines Laborarztes	32
IX. Der Vertragsschluss mit einem Konsiliararzt	33

Schrifttum: *Baur/Hess,* Arzthaftpflicht und ärztliches Handeln, 1982, 17; *Deutsch,* Rechtsprobleme von AIDS, 1988; *Deutsch/Spickhoff,* Medizinrecht, 6. Aufl 2008, RdNr 74 ff; *Deutsch/Geiger,* Medizinischer Behandlungsvertrag. Empfiehlt sich eine besondere Regelung der zivilrechtlichen Beziehung zwischen dem Patienten und dem Arzt im BGB?, in: Gutachten und Vorschläge zur Überarbeitung des Schuldrechts (hrsg v BMJ), 1981, Bd II, 1049 ff; *Eberbach,* Arztrechtl Aspekte bei AIDS, AIFO 1987, 282 ff; *Hecker,* Die Vertragsabschlußfreiheit des Arztes bei gestörtem Vertrauensverhältnis zum Patienten, MedR 2001, 224, 227; *Kern,* Arzt-, Behandlungsvertrag, in: *Rieger/Dahm/Steinhilper* (Hrsg), Heidelberger Kommentar-Arztrecht, Krankenhausrecht, Medizinrecht, 2. Aufl 2001, 335; *Kistner,* Wahlbehandlung und direktes Liquidationsrecht des Chefarztes, 1990, 46 ff; *Luig,* Der Arztvertrag, in: *W Gitter,* Vertragsschuldverhältnisse 1974, 223, 227; *Medicus,* Schuldrecht II, 14. Aufl 2007, § 98; *Molitor,* Krankenhaus und Chefarzt, Rechtsgutachten, in: Schriften der Deutschen Krankenhausgesellschaft Nr 1, 2. Aufl 1953; *Narr,* Ärztliches Berufsrecht, Loseblattausgabe; *Nipperdey,* Chefarzt und Krankenhaus, Rechtsgutachten, KHA 1949, 4; *Rieger* (Hrsg), Lexikon des Arztrechts, 1. Aufl 1984; *Schiller/Steinhilper,* Zum Spannungsverhältnis Vertragsarzt/Privatarzt – Darf ein Vertragsarzt Leistungen bei einem Kassenpatienten ablehnen, sie aber zugleich privatärztlich anbieten?, MedR 2001, 29 ff; *Steffen/Pauge,* Arzthaftungsrecht, 10. Aufl 2006; *Tiemann,* Das Recht in der Zahnarztpraxis, 3. Aufl 2008, 135; *Uhlenbruck,* Der Krankenhausaufnahmevertrag, JurDiss 1960, 89 ff; *ders,* Der fehlerhafte ärztliche Behandlungsvertrag, DMW 1965, 40 ff; *ders,* Rechtsprobleme bei der Krankenhausaufnahme Bewußtloser, KHA 1963, 71; *ders,* Rückwirkungen des Vertrages bei der Krankenhausaufnahme Bewußtloser? KHA 1964, 136; *Wagner,* Der Arzt-Patient-Vertrag beginnt oft am Telefon. Rechtliche Probleme im Notfall, DNÄ 1989/174, 2. Weitere Literaturangaben bei *Laufs,* Arztrecht, 5. Aufl 1993, 48 ff u oben Kap 7.

I. Allgemeines

Nach § 311 BGB bedarf es zur Begründung eines Schuldverhältnisses durch Rechtsgeschäft eines Vertrages zwischen den Beteiligten. Der Vertragsschluss vollzieht sich regelmäßig auf die Weise, dass eine Vertragspartei ein Angebot (§§ 145 ff BGB) abgibt, das von der anderen Seite angenommen wird. 1

II. Kontrahierungszwang des Arztes?

2 Der Patient hat die freie Arztwahl (§§ 7 Abs 2 MBO, 76 SGB V), die selbst für Kassenpatienten durch § 76 Abs 3 S 1 SGB V allenfalls marginal eingeschränkt wird. Ob der Arzt verpflichtet ist, mit jedem Kranken einen Vertrag abzuschließen und ob es insoweit Unterschiede zwischen Kassen- und Privatpatienten gibt, ist heftig umstritten. Der Streit ist aber praktisch von keiner großen Relevanz, weil – unabhängig von der Grundaussage – eine große Anzahl von Ausnahmen in die jeweils andere Richtung gemacht werden. Unstreitig besteht kein Kontrahierungszwang, wenn es sich um nichtindizierte Eingriffe wie zB Schönheitsoperationen, handelt. Darüber hinaus kann gem § 12 Abs 1 SchKG kein Arzt gezwungen werden, an einem Schwangerschaftsabbruch teilzunehmen.

3 **1. Abschlussfreiheit und Privatpatient.** Auch im Arztrecht besteht grundsätzlich Vertragsfreiheit (Privatautonomie). Die Vertragsfreiheit umfasst neben der Freiheit der inhaltlichen Gestaltung auch die Abschlussfreiheit. Der Arzt kann die ärztliche Behandlung ablehnen, insbesondere dann, wenn er der Überzeugung ist, dass das notwendige Vertrauensverhältnis zwischen ihm und dem Patienten nicht besteht (§ 7 Abs 2 S 2 MBO). Anderes gilt gemäß § 7 Abs 2 S 2 MBO in Notfällen.

4 Abschlussfreiheit bedeutet auch, dass für den Arzt **keine Abschlusspflicht** („Kontrahierungszwang") besteht.[1] Der Grundsatz der Abschluss- und Behandlungsfreiheit berechtigt den Arzt, frei darüber zu entscheiden, ob er eine Behandlung übernehmen will oder nicht. Ein Abschlusszwang lässt sich auch nicht aus der tatsächlichen Monopolstellung des Arztes herleiten.[2] Trotz der Vertragsautonomie darf der Arzt bei der Annahme bzw Abweisung behandlungsbedürftiger Kranker aber keineswegs unsachlich oder willkürlich verfahren.[3] In der Literatur wird allerdings vielfach eine allgemeine Berufspflicht des Arztes zur Übernahme erbetener Behandlungen bejaht.[4] Falls es eine derartige allgemeine Berufspflicht zur Übernahme von Behandlungen gibt, hat sie jedoch Grenzen. Eine dieser Grenzen liegt dort, wo vom Arzt eine Behandlung verlangt wird, die außerhalb seines Fachgebietes liegt oder deren Technik er nicht beherrscht. Kein Arzt und kein Krankenhaus dürfen Behandlungen oder Operationen übernehmen, wenn entweder die persönlichen Fähigkeiten fehlen oder die sachlichen Voraussetzungen für eine dem zu fordernden Qualitätsstandard entsprechende Behandlung bzw Operationstechnik und Anästhesie nicht vorhanden sind.

Ausnahmsweise trifft den Arzt eine Abschlusspflicht, wenn besondere Umstände vorliegen, wie zB im Bereitschaftsdienst oder wenn ein langjähriger Patient über erhebliche Symptome klagt. Besteht zum Patienten eine Dauerbeziehung mit besonderem Vertrauensverhältnis, wie zB beim Hausarzt, so muss sich der Patient darauf verlassen können, dass der Arzt bereit ist, für den Fall einer Erkrankung mit ihm einen Arztvertrag abzuschließen.[5]

5 Bedeutsam wird das Recht zur **Behandlungsablehnung bei HIV-infizierten Patienten.** Für den Nichtkassenarzt ist anzunehmen, dass er die Behandlung eines AIDS-Kranken ablehnen kann, wenn zB die Praxis durch Wegbleiben anderer Patienten gefährdet wäre. Dies ist bei Selbstzahlern aber keineswegs unbestritten. Demgegenüber weist *Laufs*[6] darauf hin, dass sich durch Schutzhandschuhe, gesteigerte Vorsicht bei serologischen Laborarbeiten und beim Umgang mit Nadeln die geringe Infektionsgefahr regelmäßig

---

[1] Vgl *Laufs,* ArztR RdNr 102 ff; RGRK-*Nüßgens* § 823 Anh II RdNr 17; *Kern,* in: *Rieger/Dahm/Steinhilper* 335 RdNr 7; *Deutsch/Spickhoff* RdNr 59; MünchKomm-*Müller-Glöge* (5. Aufl 2009) § 611 BGB RdNr 87.
[2] RGRK-*Nüßgens* § 823 BGB Anh II RdNr 17.
[3] *Laufs,* ArztR RdNr 102; *Deutsch/Spickhoff* RdNr 59; *Luig,* 223, 230.
[4] Vgl *Laufs,* ArztR RdNr 102 ff u 130 ff; *Luig,* 230; *Lukowsky,* Philosophie des Arztums, 1966, 220.
[5] Vgl zB BGH VersR 1979, 376; *Deutsch/Spickhoff* RdNr 59.
[6] *Laufs,* ArztR RdNr 13.

8. Kapitel. Das Zustandekommen des Arztvertrages   6, 7 § 40

weithin beherrschen lässt. Der Arzt könne sich nicht von Rechts wegen darauf berufen, andere Patienten blieben seiner Praxis fern, wenn er einen Virusträger behandelte. Nur wichtige Gründe, die das Verhältnis zwischen dem Arzt und dem Kranken betreffen, berechtigen zur Behandlungsablehnung, nicht aber Motive, die – etwa aus wirtschaftlichen Gründen – Vorbehalten oder gar Vorurteilen des Publikums nachgeben.[7] Eine Ausnahme sei allenfalls nach dem Prinzip der Güter- und Gefahrabwägung anzuerkennen bei großen, für den Arzt verletzungsträchtigen Operationen, etwa der Knochenchirurgie ohne vitale Indikation.

Im Zusammenhang mit der HIV-Infektion (AIDS) ist auch das Problem erörtert worden, ob der Arzt oder der Krankenhausträger die Durchführung bestimmter Eingriffe von der Zustimmung des Patienten zur Durchführung eines HIV-Tests abhängig machen kann.[8] Unzulässig dürfte es sein, jegliche Behandlung von einem allgemeinen HIV-Test abhängig zu machen.[9] Anderes gilt aber, wenn konkrete Verdachtsmomente für eine solche Infektion vorliegen und die Behandlung bzw der Eingriff mit Blutkontakten verbunden ist. Hier erfordert es der Schutz des Arztes und des medizinischen Personals, dass ausreichend Vorsorge gegen Infektionen getroffen wird. Ergeben sich im Laufe der ärztlichen Behandlung Anzeichen dafür, dass ein HIV-Test beim Patienten angezeigt ist, und verweigert der Patient hierzu seine Einwilligung, so wird man den Arzt als berechtigt ansehen müssen, den Arztvertrag aus wichtigem Grunde zu **kündigen**.[10] Eine Ausnahme besteht auch hier bei Notfällen, in denen dem Patienten die notwendige Hilfe nicht versagt werden darf.[11]

Umstritten ist, ob bereits mit einer erstmaligen **telefonischen Konsultation** nur eine Garantiepflicht des Arztes begründet wird oder bereits ein Arztvertrag zustande kommt.[12] Angesichts der in solchen Fällen strafrechtlich begründeten Garantiepflicht der Ärzte ist trotz Abschlussfreiheit dem Arzt anzuraten, im Zweifel die erbetene Behandlung zu übernehmen und den Behandlungsvertrag abzuschließen. Der Abschluss darf von der Vorauszahlung oder Sicherstellung des Honorars abhängig gemacht werden[13]. 6

2. Abschlussfreiheit und Kassenpatient. Einem strengeren Abschlusszwang unterliegt der Kassenarzt hinsichtlich der Behandlung von Kassenpatienten. Die Zulassung als Kassenarzt bewirkt nach § 95 Abs 3 S 1 SGB V das Recht und die Pflicht, an der kassenärztlichen Versorgung teilzunehmen. Nach richtiger Ansicht[14] begründet die Verpflichtung des Kassenarztes, an der kassenärztlichen Versorgung teilzunehmen, **keinen Kontrahierungszwang** gegenüber dem einzelnen Kassenpatienten.[15] Der Kassenarzt ist berechtigt, die Behandlung volljähriger Patienten, die die elektronische Gesundheitskarte 7

---

[7] Sehr weitgehend *Laufs:* Zivilrechtliche Fragen im Zusammenhang mit AIDS, insbesondere ärztliche Untersuchungs-, Offenbarungs- und Behandlungspflichten, Berufshaftung, in: „AIDS als Herausforderung an das Recht", Tagungsbericht über die Tagung vom 10.–19.10. 1989 in der Deutschen Richterakademie in Trier, hrsg v Ministerium für Justiz, Bundes- und Europaangelegenheiten Baden-Württemberg, 1989, 278, 281; *Pfeffer,* Durchführung von HIV-Tests ohne den Willen des Betroffenen, 1989, 124; *Eberbach,* 282 f.

[8] Vgl *Deutsch,* 13 f.

[9] Vgl *Deutsch,* 14; *Rieger,* Rechtsfragen im Zusammenhang mit HIV-Infektionen und AIDS, DMW 1987, 736.

[10] Zutreffend *Pfeffer,* Durchführung von HIV-Tests ohne den Willen des Betroffenen, 1989, 125; str aA *Eberbach,* 282 f. Vgl auch *Laufs,* ArztR RdNr 229 ff

[11] Vgl *Laufs* NJW 1987, 2262; *Deutsch,* 14; Beratungsergebnis des Ausschusses medizinisch-juristische Grundsatzfragen der Bundesärztekammer vom Herbst 1987, Ziff 2.

[12] Für einen Arztvertrag BGH NJW 1961, 2068; für Garantiepflicht *Laufs,* ArztR RdNr 132.

[13] *Kern,* Arzt und Vorschuss?, in: GesR 2007, 241.

[14] *Rieger* Lexikon RdNr 325; *Narr* RdNr 727; *Eberbach,* 283; RGRK-*Nüßgens* § 823 BGB Anh II RdNr 17.

[15] Anders wohl *Laufs,* ArztR RdNr 102, wonach der Kassenarzt gem § 95 Abs 1 S 3 SGB V kraft seiner Zulassung alle Kassenpatienten im Rahmen der gesetzlichen und vertraglichen Vorschriften in Erfüllung einer öffentlich-rechtlichen Pflicht zu behandeln hat.

(§ 291a SGB V) nicht vorlegen oder die Zuzahlung (Praxisgebühr) nicht leisten, abzulehnen (§ 13 Abs 7 BMV-Ä). Ob für die Nichtvorlage der Krankenversichertenkarte etwas anderes gilt,[16] ist dem Wortlaut von § 6 Abs 3 der 1. Ergänzung der Vereinbarung zur Gestaltung und bundesweiten Einführung der Krankenversicherungskarte der Anlage 4 BMV-Ä nicht eindeutig zu entnehmen. Die Regelung besagt aber wohl nur, wie die Abrechnung zu erfolgen hat, wenn der Arzt die Behandlung nicht ablehnt: „Wird dem Vertragsarzt bei der ersten Inanspruchnahme weder eine gültige Krankenversichertenkarte noch im Ausnahmefall ein Abrechnungsschein vorgelegt, aus dem der Leistungsanspruch eines Berechtigten nach § 2 unzweideutig hervorgeht, kann er von dem Berechtigten nach Ablauf von zehn Tagen eine Privatvergütung verlangen." Gem § 6 Abs 4 der 1. Ergänzung der Vereinbarung zur Gestaltung und bundesweiten Einführung der Krankenversicherungskarte der Anlage 4 BMV-Ä ist diese Vergütung zurückzuzahlen, wenn die Krankenversicherungskarte bis zum Quartalsende vorgelegt wird. Entsprechende Regelungen fehlen für die elektronische Gesundheitskarte.

Ansonsten darf der Vertragsarzt eine gewünschte Behandlung nur „in begründeten Fällen" ablehnen (§ 13 Abs 7 S 2 BMV-Ä). So darf das Recht der freien Arztwahl „nicht dazu führen, daß ein Arzt verpflichtet werde, mehr Patienten anzunehmen, als er unter Berücksichtigung der gebotenen Sorgfalt behandeln" kann.[17] Gem § 17 Abs 4 BMV-Ä kann der Vertragsarzt Besuche außerhalb seines üblichen Praxisbereichs ablehnen, es sei denn, dass es sich um einen dringenden Fall handelt und ein Vertragsarzt, in dessen Praxisbereich die Wohnung des Kranken liegt, nicht zu erreichen ist. Die **Besuchsbehandlung** ist grundsätzlich Aufgabe des behandelnden Hausarztes (§ 17 Abs 6 S 1 BMV-Ä). Die Position des Kassenarztes verbietet lediglich, Kassenpatienten willkürlich von einer Behandlung auszuschließen. Liegt ein **triftiger Grund für die Behandlungsablehnung** eines Kassenpatienten außerhalb einer Notfallsituation vor, darf auch der Kassenarzt die Übernahme der Behandlung ablehnen. Nach Auffassung von *Narr*[18] liegt ein triftiger Grund in folgenden Fällen vor:
1. Fehlendes Vertrauensverhältnis,
2. Nichtbefolgung ärztlicher Anordnungen,
3. Überlastung des Arztes,
4. erstrebte systematische, fachfremde Behandlung,
5. querulatorisches oder sonst unqualifiziertes Verhalten des Patienten,
6. das Begehren von Wunschrezepten,
7. das Verlangen nach ärztlich nicht indizierten und damit unwirtschaftlichen Behandlungsmaßnahmen,
8. Verlangen eines Besuches außerhalb des Praxisbereiches ohne zwingenden Grund und außerhalb eines Notfalles,
9. Nichtvorlage eines Berechtigungsscheins für Mutterschaftsvorsorgeleistungen und sonstige Früherkennungsmaßnahmen,
10. Besuchsanforderung außerhalb des üblichen Praxisbereiches,
11. riskante Eingriffe, deren Durchführung nicht vital indiziert ist,
12. Wunsch auf Schwangerschaftsabbruch aus nicht medizinischer Indikation.

Nach *Rieger*[19] ist auch persönliche Feindschaft oder die weite Entfernung zwischen Praxis des Arztes und Wohnung des Patienten ein Ablehnungsgrund, sofern andere Praxisärzte näher wohnen. Zur Ablehnung berechtigt auch ein Verlangen des Patienten nach einer Behandlung außerhalb des Fachgebietes.[20]

---

[16] So aber in der Vorauflage *Laufs/Uhlenbruck* § 41 RdNr 6; *Narr* RdNr 729; *Rieger* Lexikon RdNr 325.
[17] BSG MedR 1983, 79.
[18] *Narr* RdNr 727. – Zu der Frage, ob ein Vertragsarzt Leistungen bei einem Kassenpatienten ablehnen, sie aber zugleich privatärztlich anbieten darf *Schiller/Steinhilper,* 29 ff (bejahend, problematisch).
[19] Lexikon RdNr 325.
[20] *Hollmann* DMW 1978, 1469.

Der Arzt darf **die Behandlungsaufnahme nicht ablehnen,** wenn Anhaltspunkte 9
für einen Notfall vorliegen. So ist zB ein Krankenhausarzt bei der Einlieferung eines
Patienten verpflichtet, diesen sofort zu untersuchen und zu prüfen, ob sofortige Hilfe notwendig ist.[21] Dies gilt selbst dann, wenn ein Verletzter in eine Klinik eingewiesen wird
und feststeht, dass wegen Überbelegung eine stationäre Aufnahme des Patienten nicht
möglich ist.[22] Kann der Arzt wegen der Budgetierung den haftungsrechtlich gebotenen
Standard der Behandlung nicht mehr gewährleisten, ist er berechtigt, „notfalls mit dem
groben Mittel der Zurückweisung von Patienten" seine Praxis in Grenzen zu halten.[23] Das
gilt auch bei Überlastung, wenn die Praxis so viele Patienten hat, dass der Arzt nicht noch
mehr behandeln kann, ohne die gebotene Sorgfalt zu verletzen.[24] Fraglich ist, wieweit
budgetrelevante Aspekte zur Ablehnung eines Behandlungsvertrages führen können. Sie
alleine rechtfertigen keine Behandlungsablehnung, der Arzt kann aber seine Praxisorganisation so wählen, dass sie seiner Leistungs- und Budgetkapazität entspricht.[25]

Auch beim **HIV-positiven (AIDS-)Patienten** ist es dem Kassenarzt nur bei Vorliegen 10
eines triftigen Grundes erlaubt, den Patienten zurückzuweisen oder zu verabschieden.[26]

3. Abschlusspflicht in Notfällen. Auch Notfälle und eine Hilfeleistungspflicht des 11
Kassenarztes nach § 323c StGB begründen keinen Kontrahierungszwang für den Arzt.
Zwar ist der Arzt in Notfällen (Unglücksfällen) zur Hilfeleistung verpflichtet, jedoch
bedeutet diese Verpflichtung nicht zugleich auch einen Zwang zum Vertragsabschluss.[27]
Leistet also der Arzt Nothilfe und genügt er damit seiner Hilfspflicht nach § 323c StGB,
kann er durchaus nach medizinischer Versorgung des Notfallpatienten die weitere Behandlung ablehnen.

III. Das Zustandekommen des Arztvertrages

Im Regelfall kommt der Arztvertrag durch übereinstimmende Willenserklärungen der 12
Beteiligten zustande. Weder die Niederlassung als Arzt noch die Anbringung eines Praxisschildes stellt sich als eine Offerte nach § 145 BGB dar, die der Patient lediglich anzunehmen braucht.[28]

Ein Vertragsverhältnis zwischen Arzt und Patient kann aber auch schon dadurch 13
begründet werden, dass der Arzt dem Patienten oder seinen Angehörigen am **Telefon
Ratschläge** erteilt.[29] Rufen Eltern einen Arzt zu ihrem erkrankten minderjährigen Kind,
so kommt der Arztvertrag mit der Zusage des Arztes gegenüber den Eltern zustande.[30]
Die vertraglichen Erklärungen brauchen nicht ausdrücklich abgegeben zu werden. Es
genügt ein **schlüssiges Verhalten der Beteiligten.** So wird der Arztvertrag in aller
Regel auch dann zustande kommen, wenn sich ein Patient in die Behandlung des Arztes
begibt.[31] Begibt sich ein Privatpatient (Selbstzahler) in eine ärztliche Praxis zwecks
Behandlung, so gibt er durch sein Aufsuchen der Praxis zu erkennen, dass er den Willen
hat, untersucht und behandelt zu werden. Übernimmt der Arzt diese Funktionen, kommt
auch dann ein Arztvertrag zustande, wenn **keine schriftlichen Erklärungen** abgegeben

---

[21] Vgl *Narr* RdNr 728.
[22] Vgl BGH NJW 1966, 1172; OLG Köln NJW 1957, 1609, 1610; *Kreuzer* NJW 1967, 278; *Kohlhaas* DMW 1966, 1660; *Narr* RdNr 728.
[23] BSGE 22, 218, 222; *Muschallik* MedR 1995, 6, 8.
[24] BSG MedR 1983, 79.
[25] LSG Nordrhein-Westfalen, Urt v 21.7.2004, Az L 11 KA 99/4.
[26] Vgl *Laufs,* ArztR RdNr 103 f; *Eberbach,* 283.
[27] OLG München NJW 2006, 1883 u dazu die Bespr von *Roth* NJW 2006, 2814.
[28] *Rieger* Lexikon RdNr 324; RGRK-*Nüßgens* § 823 BGB Anh II RdNr 17.
[29] Vgl BGH NJW 1961, 2068; *Herold* MedKlin 1962, 1662; *ders,* Der Landarzt 1968, C IX; *Wagner,* 2.
[30] *Medicus,* § 98 I 1a.
[31] *Luig,* 227: „Wer sich in die Behandlung eines Arztes begibt, unterwirft sich gleichsam der üblichen Regelung dieses Vertragsverhältnisses." Vgl auch *Tiemann,* 135; *Laufs,* ArztR RdNr 105.

werden.³² Im Regelfall hat der Patient vor der Behandlung entsprechende Angaben zu machen, die sich vor allem auch auf seine Mitgliedschaft bei bestimmten Kassen beziehen.

14 Die Auffassung, wonach bereits bei **telefonischer Konsultation** des Arztes vertragliche Beziehungen zustande kommen, erscheint uU rechtlich bedenklich. Die ärztliche Behandlungspflicht setzt nicht unbedingt einen Arztvertrag voraus. Lehnt zB der telefonisch oder auf andere Weise um Besuch gebetene Arzt die Übernahme der Behandlung nicht eindeutig ab, sondern gibt er therapeutische Anweisungen oder stellt er ein Rezept für den Kranken aus, so begründet er hierdurch ohne entsprechenden Verpflichtungswillen nicht ohne weiteres vertragliche Beziehungen zum Patienten. Die telefonische Anweisung oder die Rezeptausstellung begründet aber uU eine **Garantenstellung** und ein Vertrauensverhältnis, das den Arzt verpflichtet, auch ohne vertragliche Bindungen den Patienten unverzüglich zuhause aufzusuchen. **Behandlungsübernahme ist nicht identisch mit dem Abschluss eines Arztvertrages.**³³ Die **Behandlungsübernahme** ist ein tatsächlicher Vorgang, der eine **Garantenstellung** des Arztes begründet.

15 Für die **Annahme eines Arztvertrages** kann auf die nach dem bürgerlichen Recht erforderlichen Abschlusstechniken nicht verzichtet werden. Es müssen demgemäß zwei zugangsbedürftige Willenserklärungen von den Beteiligten abgegeben werden (§§ 311, 145 ff, 130 BGB). Der Patient oder der Arzt muss ein Angebot machen (§ 145 BGB). Die andere Vertragspartei muss dieses Angebot annehmen (§ 151 BGB). Erst mit dem Zugang der letzten Willenserklärung ist der Vertrag zustande gekommen, wenn die Willenserklärungen wirksam sind (§§ 105 ff, 116 ff BGB) und übereinstimmen (§ 155 BGB). Solange sich die Parteien nicht über alle Punkte des Vertrages geeinigt haben, über die nach der Erklärung auch nur einer Partei eine Vereinbarung getroffen werden soll, ist im Zweifel der Vertrag nicht geschlossen (§ 154 Abs 1 S 1 BGB). Auf diese essentialia negotii kann weder beim Arztvertrag noch beim Krankenhausaufnahmevertrag verzichtet werden. Dies schließt im Einzelfall aber nicht aus, dass eine Willenserklärung auch durch konkludentes willentliches Verhalten abgegeben wird. Nicht anders ist die Rechtslage bei der **Behandlung von Kassenpatienten** durch einen Kassenarzt. Der Arztvertrag kommt nicht ohne weiteres – allerdings in der überwiegenden Zahl der Fälle – mit der Übergabe der Krankenversicherungskarte oder der elektronischen Gesundheitskarte zustande. Mit der Behandlungsübernahme ist im Regelfall davon auszugehen, dass Kassenarzt und Kassenpatient konkludent übereinstimmende Willenserklärungen abgegeben haben.³⁴

16 Wird der Arzt für einen Patienten und dessen Angehörige als Hausarzt tätig, liegt nicht etwa ein Dauerschuldverhältnis vor. Vielmehr kommt es bei jeder neuerlichen Inanspruchnahme zum Abschluss eines neuen Arztvertrages.³⁵ Keineswegs lebt ein auf unbestimmte Dauer abgeschlossener Vertrag von Fall zu Fall wieder auf. Das wäre schon im Hinblick auf die honorarmäßige Abrechnung nicht möglich.³⁶

16a Der Abschluss eines Arztvertrages darf gem § 1901a Abs 4 S 2 BGB nicht von der Bedingung abhängig gemacht werden, dass der Patient eine Patientenverfügung errichtet oder vorlegt.

---

[32] Vgl *Tiemann,* 135.
[33] Vgl BGH NJW 1979, 1248, 1249; BGH NJW 1961, 2068; *Rieger* Lexikon RdNr 400; *Laufs,* ArztR RdNr 132: „Die Übernahme bedeutet den Eintritt in eine Schutzfunktion; er ist vollzogen, wenn der Arzt den Patienten faktisch in seine Obhut genommen hat. Dem Kranken steht nun eine andere Hilfe als die eben dieses Arztes jedenfalls zunächst praktisch nicht zu Gebote. Damit fällt dem Arzt eine Garantenschaft zu, kraft deren er die Gefahr des Todes, des Krankwerdens oder des Krankbleibens von dem ihm vertrauenden Leidenden abzuwenden hat." Vgl auch *Steffen/Pauge* RdNr 48, zur ambulanten vertragsärztlichen Versorgung: „Der Kassenpatient, der den Vertragsarzt prinzipiell frei wählen kann (§ 76 SGB V), geht mit dem Vertragsarzt privatrechtliche Behandlungsbeziehungen ein (§ 76 Abs 4 SGB V), die durch Übernahme der Behandlung, nicht erst durch Übergabe des Krankenscheins zustande kommen."
[34] *Kern,* in: *Rieger/Dahm/Steinhilper* 335 RdNr 10.
[35] *Laufs,* ArztR RdNr 111, Fn 69.
[36] Vgl auch *Luig,* 242.

IV. Die Arten der Krankenhausaufnahmeverträge[37]

Bei der **stationären Diagnose und Therapie** ergeben sich Rechte und Pflichten aus **17** dem gegenseitigen Vertrag eines **Privatpatienten oder Selbstzahlers** mit dem Krankenhausträger. Seit Inkrafttreten des Krankenhausfinanzierungsgesetzes von 1972,[38] der Bundespflegesatzverordnung von 1973[39] und des Krankenhausentgeltgesetzes ist **in der Regel der Krankenhausträger alleiniger Vertragspartner** des Patienten. Dieses Rechtsverhältnis begründet ein **totaler Krankenhausaufnahmevertrag**.[40] Zu den Vertragspflichten des Krankenhausträgers gehört es, die ärztlichen Leistungen durch Bedienstete zu erbringen. Danach wirken die Ärzte grundsätzlich als Erfüllungsgehilfen des Krankenhausträgers, für deren Verschulden er nach § 278 BGB einzustehen hat.

Für die **ambulante ärztliche Versorgung** des Privatpatienten liegt es nach Auffassung **18** des BGH nahe, die für den Kassenpatienten vorgeprägte Zuständigkeitsregelung auf den Privatpatienten zu übertragen. Der Patient tritt daher grundsätzlich in vertragliche Beziehungen zu dem die Ambulanz betreibenden Chefarzt – auch dann, wenn in Abwesenheit des Chefarztes nur der diensthabende nachgeordnete Krankenhausarzt tätig wird.[41]

In **Belegkrankenhäusern** kann der Belegarzt seine Dienste eigens berechnen.[42] Dann **19** schuldet das Belegkrankenhaus zum Kleinen Pflegesatz die pflegerischen und medizinischen Dienste außerhalb der ärztlichen Leistungen des Belegarztes und der nachgeordneten Kollegen seines Faches. Diese ärztlichen Aufgaben im **gespaltenen Krankenhausvertrag** schuldet grundsätzlich allein der Belegarzt als insoweit einziger Vertragspartner des Patienten.

Eine exakte Abgrenzung zwischen beiden Leistungsbereichen ist freilich nicht möglich. So schuldet zB der Krankenhausträger die ärztliche Versorgung, die der leitende Krankenhausarzt oder der Belegarzt nicht persönlich erbringen muss und haften auch insoweit[43]. Das gilt auch für das nichtärztliche Personal, soweit es vom Krankenhausträger gestellt wird. „Wo allerdings die Tätigkeit der Schwester wie in der Operation derart mit der ärztlichen Tätigkeit eine Einheit bildet, dass zu allererst der Arzt die Anweisungs- und Kontrollzuständigkeit haben muss, dürfte ihr Einsatz auch hier zur gemeinsamen Vertragsaufgabe von Arzt und Krankenhaus gehören."[44] Unterlässt der selbstliquidierte Arzt gebotene Anweisungen an das Pflegepersonal, so kommt eine gesamtschuldnerische Haftpflicht neben dem Krankenhausträger in Betracht.[45] Der Belegarzt schuldet die Leistungen der Beleghebamme nicht.

Der **Privatpatient** kann, sofern der Krankenhausträger dies anbietet, ärztliche Leistun- **20** gen durch **zur eigenen Liquidation berechtigte Ärzte** in Anspruch nehmen. Dann rücken alle selbstliquidierenden behandelnden Ärzte in die Position eines Vertragspartners ein, honorarberechtigt und dem Patienten unmittelbar selbst verpflichtet.[46]

Ob der selbstliquidierende Arzt so, wie der Belegarzt hinsichtlich seiner Leistungen **21** allein dem Patienten als Vertragspartner gegenübertritt nach dem Modell des gespaltenen Vertrages oder ob er neben dem zur Verschaffung auch seiner Leistung verpflichteten

---

[37] Vgl dazu § 75.
[38] KHG i d Fassung d Bekanntmachung v 10. 4. 1991, BGBl I 886, zuletzt geänd d Art 1 d Gesetzes v 17. 3. 2009, BGBl I 534.
[39] BPflV v 26. 9. 1994, BGBl I 2750, zuletzt geänd d Art 4 d Gesetzes v 17. 3. 2009, BGBl I 534.
[40] BGHZ 95, 63 = NJW 1985, 2189; BGHZ 121, 107 = NJW 1993, 779 = JZ 1993, 1062 m zust Anm *Reiling*.
[41] BGHZ 105, 189 = NJW 1989, 769.
[42] § 2 Abs 1 S 2 BPflV v 26. 9. 1994 (BGBl I, 2750), zuletzt geändert durch Art 4 d Gesetzes v 17. 3. 2009, BGBl I 534.
[43] OLG Düsseldorf, Urt. v 17. 12. 1992 – 8 U 278/91, MedR 1993, 233.
[44] *Steffen/Pauge* RdNr 25.
[45] Vgl. BGHZ 89, 263 = NJW 1984, 1400.
[46] BGH NJW 1981, 2002.

Krankenhausträger dem Krankenhausvertrag nur beitritt mittels eines Arztzusatzvertrages, richtet sich nach der Abrede, insbesondere nach den Aufnahmebedingungen des Krankenhauses und der Krankenhaussatzung. Der BGH hält den **totalen Krankenhausvertrag mit Arztzusatzvertrag** für **das Regelmodell**.[47] Nimmt der Patient das Angebot des Krankenhausträgers auf die Wahlleistung „gesondert berechenbare ärztliche Leistungen" an, schuldet mangels ausdrücklicher anderweitiger Regelung auch der Krankenhausträger diese Leistungen.

22 Soll der selbstliquidierende Arzt allein verpflichtet werden, muss der Patient bei Vertragsschluss einen klaren und nachdrücklichen Hinweis darauf erhalten. **Formularklauseln** müssen den Erfordernissen der §§ 305 ff BGB genügen. Klauseln, die Haftpflichten ausschließen, widersprechen grundsätzlich dem Leitbild des auf den Schutz der Gesundheit des Patienten angelegten Arzt- und Krankenhausvertrages. Es muss dem Patienten hinreichend – etwa durch Hinweis in dem von ihm unterzeichneten Vertragstext – verdeutlicht werden, dass der Krankenhausträger nicht Schuldner der ärztlichen Leistungen ist und ihm auch für etwaige ärztliche Fehlleistungen nicht haftet.[48]

V. Der Abschluss des Krankenhausaufnahmevertrages

23 Die Krankenhausbehandlung setzt in der Regel den Abschluss eines Krankenhausaufnahmevertrages voraus. Der Vertragsschluss darf gem § 1901a Abs 4 S 2 BGB nicht von der Errichtung oder Vorlage einer Patientenverfügung abhängig gemacht werden.

24 Die Tatsache, dass ein Patient in das Krankenhaus eingeliefert wird, begründet allein noch keine vertraglichen Beziehungen. Der tatsächliche Vorgang der Krankenhausaufnahme begründet, wenn keine übereinstimmenden Willenserklärungen vorliegen, keine vertraglichen Beziehungen zwischen den Beteiligten.[49] Wird ein Patient in eine Klinik eingeliefert und ist er außerstande, vertragliche Erklärungen abzugeben, sei es, dass er der Geschäftsfähigkeit ermangelt, sei es, dass sein Bewusstsein ausgeschaltet oder getrübt ist (vgl §§ 104 ff BGB), so richten sich die Rechtsbeziehungen nach den Grundsätzen über die Geschäftsführung ohne Auftrag (§§ 677 ff BGB). Möglich ist aber, dass ein Dritter für den Patienten die Erklärung abgibt oder sich selbst vertraglich verpflichtet, wie zB ein Ehegatte oder die Eltern eines Kindes. In allen übrigen Fällen bietet das Krankenhaus mit der Aufnahme des Patienten den Abschluss eines Vertrages an. Nach Aufwachen aus der Bewusstlosigkeit kann der Patient diese Offerte annehmen, mit der Folge, dass der Krankenhausaufnahmevertrag als von Anfang an wirksam angesehen wird. Weigert sich der Patient, vertragliche Erklärungen abzugeben, wie zB die Aufnahmebedingungen zu unterschreiben, richten sich die Rechtsbeziehungen der Beteiligten nach den §§ 677 ff, 683 BGB.[50]

25 Für Krankenhäuser besteht die grundsätzliche **Abschlussfreiheit** im Rahmen der allgemeinen Vertragsfreiheit de iure nicht mehr. Eine Ausnahme galt schon immer, wenn das Krankenhaus entweder als Spezialklinik eine monopolähnliche Stellung innehatte oder

---

[47] Vgl BGHZ 95, 63 = NJW 1985, 2189; BGHZ 121, 107 = NJW 1993, 779. Für den totalen Krankenhausvertrag als Regelmodell hingegen *Reiling*, Die Grundlagen der Krankenhaushaftung – Eine kritische Bestandsaufnahme, MedR 1995, 443, 452.

[48] BGHZ 121, 107 = NJW 1993, 779 = JZ 1993, 1062 m zust Anm *Reiling;* OLG Bamberg VersR 1994, 813; OLG Koblenz NJW 1998, 3425. Die formularmäßige Spaltung generell wegen Verstoßes gegen § 307 BGB ablehnend *Kramer* NJW 1996, 2398 ff; *Spickhoff* VersR 1998, 1189 ff; einen Verstoß der Haftungsspaltungsklausel gegen § 309 Nr 7a BGB bejaht *A Kutlu*, AGB-Kontrolle bei stationärer Krankenhausbehandlung, 74 f.

[49] Vgl BSGE 70, 20, 23; 53, 62, 65; 59, 172; BGHZ 89, 250, 252; 96, 360; BGH NJW 1991, 1540; BGH VersR 1992, 1263; aA *Narr* RdNr 855, wonach die Einweisung eines Kassenpatienten in ein Krankenhaus immer einen bürgerlich-rechtlichen Vertrag zugunsten des Patienten mit dem Träger des Krankenhauses begründet. Ähnlich MünchKomm-*Gottwald* (5. Aufl 2007) § 328 BGB RdNr 45, wonach der Patient, der eine kassenärztliche Behandlung in Anspruch nimmt, grundsätzlich keine eigene private Willenserklärung abgibt.

[50] *Steffen/Pauge* RdNr 63.

8. Kapitel. Das Zustandekommen des Arztvertrages   26–28 § 40

wenn ein Unfallverletzter Aufnahme in die nächsterreichbare Klinik begehrte.[51] Für öffentlich-rechtlich organisierte Kliniken folgt aus der Einbindung in ein öffentlich-rechtliches Planungs- und Finanzierungssystem im Rahmen seiner planerischen Aufgabenstellung und Leistungsfähigkeit eine allgemeine **Aufnahme- und Behandlungspflicht,** sofern bei einem Patienten stationäre Behandlungsbedürftigkeit besteht.[52] Für einen Kontrahierungszwang auch bei den übrigen Krankenhäusern spricht die Fassung von § 4 Abs 1 S 1 des Musters Allgemeiner Vertragsbedingungen (AVB) für Krankenhäuser: „Im Rahmen der Leistungsfähigkeit des Krankenhauses wird aufgenommen, wer der vollstationären oder teilstationären Krankenhausbehandlung bedarf."[53] Einige Krankenhausgesetze der Länder, wie zB §§ 28, 29 LKHG BW, § 23 LKG Berlin, § 4 Brem KHG, § 2 Abs 1 KHG NW, § 1 Abs 3 LKG Rh-Pf und § 25 Abs 1 SKHG, sehen ausdrücklich einen **Kontrahierungszwang** des Krankenhausträgers vor.[54]

Ob für öffentliche Krankenhausträger generell ein Kontrahierungszwang für die Durchführung von Schwangerschaftsabbrüchen besteht, ist umstritten.[55]

Bei der **Krankenhausaufnahme von Kassenpatienten** wird in der Literatur[56] teilweise die Auffassung vertreten, mit der Einweisung in die Klinik durch einen Kassenarzt, spätestens aber mit der Krankenhausaufnahme, komme zwischen dem Inhaber der Klinik und der gesetzlichen Krankenkasse ein Vertrag zustande.[57] Im Regelfall ist der Krankenhausträger Vertragspartner des Patienten. Das gilt auch für den Kassenpatienten, denn die Kostenübernahmeerklärung ist nicht Voraussetzung für das Behandlungsverhältnis.[58] Für die **ambulante Behandlung im Krankenhaus** gilt seit dem 1.1.1993 das Gleiche. Soweit nach den §§ 115 a, 115 b SGB V eine **Institutsambulanz** besteht, werden vertragliche Beziehungen des Patienten nicht zum Krankenhausarzt, sondern zum Krankenhausträger begründet. Richtig ist, dass derjenige, der sich als Kassenpatient stationär aufnehmen lässt, mit der Aufnahme konkludent zum Ausdruck bringt, dass er einen totalen Krankenhausaufnahmevertrag abschließen will.[59] 26

Ein wirksamer Krankenhausaufnahmevertrag kommt auch zustande, wenn die Mutter des Patienten und der Krankenhausträger irrtümlich davon ausgehen, dass für das Kind Versicherungsschutz durch die gesetzliche Krankenversicherung bestehe. Einen solchen Fall gemeinschaftlichen Irrtums wertet der BGH als Fehlen der Geschäftsgrundlage, das über § 313 Abs 1 BGB zur Anpassung des Vertragsinhalts führt. Da die Vertragsanpassung den gesetzlichen Vorgaben zu folgen hat, bleibt es bei dem Anspruch auf das normale Entgelt.[60] 27

Auch bei **stationärer Krankenhauspflege eines Kassenpatienten** bestimmt das Privatrecht die Vertragsverhältnisse.[61] Dies gilt auch bei Krankenanstalten mit öffentlich- 28

---

[51] Vgl *Rieger* Lexikon RdNr 1032.
[52] BGHZ 85, 393 = NJW 1983, 1374 für öffentlich-rechtliche Krankenhausträger. Vgl. dazu auch unten § 80, RdNr 31 ff.
[53] DKG (Hrsg), Muster Allgemeiner Vertragsbedingungen (AVB) für Krankenhäuser, 8. Aufl, 2009, § 4 Abs 1, 10.
[54] Einzelheiten in § 80 Fn 59 u § 89 Fn 25; *Rieger* Lexikon RdNr 1032.
[55] Vgl *Grupp* NJW 1977, 329, 332, der ein Ablehnungsrecht bezüglich der Krankenhausaufnahme nur dann bejaht, wenn die personellen oder sachlichen Voraussetzungen für die Durchführung des Eingriffs nicht gegeben sind; ähnlich *Narr* RdNr 816; weitergehend zum Ablehnungsrecht zB für den Fall von Personalproblemen *Maier* NJW 1974, 1404, 1407; *Hollmann* DMW 1975, 67; *Hirsch/Weißauer*, Rechtliche Probleme des Schwangerschaftsabbruchs, 1977, 106; *Rieger* Lexikon RdNr 169.
[56] *Geigel/Schlegelmilch*, Der Haftpflichtprozeß (22. Aufl 1997) § 28 RdNr 31; vgl auch *Laufs*, ArztR RdNr 87.
[57] Vgl auch OLG Frankfurt VersR 1982, 1051.
[58] BSGE 70, 20, 23.
[59] Vgl AG Saarbrücken VersR 1976, 362; *Palandt/Weidenkaff* (68. Aufl 2009) Einf v § 611 BGB RdNr 19; *Rieger* Lexikon RdNr 1036.
[60] BGH MedR 2005, 714, 716.
[61] BGHZ 89, 250 = NJW 1984, 1820.

rechtlicher Trägerschaft. Wie dem Selbstzahler stehen dem Kassenpatienten eigene vertragliche Ansprüche gegen den Krankenhausträger zu.

29 Der zur **ambulanten Behandlung in ein Krankenhaus überwiesene Kassenpatient** tritt in vertragliche Beziehungen nur zu dem die Ambulanz kraft kassenärztlicher Beteiligung nach § 95 SGB V betreibenden Chefarzt, nicht aber in solche zu dem Krankenhausträger, und zwar selbst dann nicht, wenn die Überweisung des Hausarztes auf das Krankenhaus gelautet hat. Dies gilt auch dann, wenn ein nachgeordneter Klinikarzt in der Krankenambulanz den Patienten behandelt.[62]

VI. Der Vertragsschluss über Wahlbehandlung und Zusatzleistungen

30 Verlangt der Patient zusätzliche stationäre Leistungen, die über den Rahmen des totalen Krankenhausaufnahmevertrages hinausgehen, muss er mit dem Krankenhausträger ausdrückliche Vereinbarungen treffen. Diese Vereinbarungen sind in der Regel in den allgemeinen Aufnahmebedingungen des Krankenhausträgers enthalten, wie zB in dem Muster Allgemeiner Vertragsbedingungen (AVB) für Krankenhäuser der DKG. Schwieriger ist die Rechtslage bei der **Vereinbarung von Wahlbehandlung** durch die liquidationsberechtigten leitenden Krankenhausärzte. Der Wahlbehandlungsvertrag wird – abgesehen vom Notfall – anlässlich der Krankenhausaufnahme eines Patienten abgeschlossen. Nach § 17 Abs 1 S 1 KHEntgG ist auch die ärztliche Wahlleistung mit dem Krankenhaus zu vereinbaren.[63] Die Krankenhausträger handeln für die angestellten liquidationsberechtigten Krankenhausärzte. Sie verwenden dabei Formulare und **Allgemeine Vertragsbestimmungen** (AVB) der Krankenhäuser. Der Abschluss eines gespaltenen oder kumulierten Wahlbehandlungsvertrages setzt voraus, dass der Krankenhausträger hinsichtlich der zusätzlichen ärztlichen Leistungen als Vertreter des Chefarztes auftritt, so dass die Erklärungen für und gegen den Vertretenen wirken (§ 164 Abs 1 S 1 BGB). Der Krankenhausträger muss durch entsprechend klare Fassung seines Antragsformulars deutlich machen, dass die ärztliche Wahlbehandlung vertraglich vereinbart wird.[64] Dem tragen die Muster zur Wahlleistungsvereinbarung nebst Anlagen der Allgemeinen Vertragsbedingungen (AVB) für Krankenhäuser Rechnung.[65]

VII. Vertragsschluss bei ärztlicher Notfallbehandlung

31 Der Notfallarzt darf einen Notfallpatienten, der sich in Behandlung eines Arztkollegen befindet, nicht weiterbehandeln, sondern hat den Kollegen von der Notfallbehandlung zu unterrichten und ihm die weitere Behandlung zu überlassen. Auch im Rahmen der Notfallbehandlung **kommen vertragliche Beziehungen zwischen Notfallpatient und Notfallarzt zustande.** Kassenärzte rechnen die im Rahmen des Notfalldienstes erbrachten Leistungen gegenüber Kassenpatienten mit der KV ab. § 76 Abs 1 S 2 SGB V sieht vor, dass Nichtkassenärzte nur in Notfällen in Anspruch genommen werden dürfen. Behandelt

---

[62] BGHZ 100, 363 = NJW 1987, 2289. An dieser Rechtsprechung hält der BGH MedR 2006, 591, 592, jedenfalls für Fälle vor In-Kraft-Treten des Gesundheitsstrukturgesetzes v 21.12.1992 (BGBl I, 2266), zuletzt geändert durch Art 205 der Verordnung v 25.11.2003 (BGBl I, 2304), fest.

[63] Vgl hierzu im Einzelnen unten § 82 RdNr 244 ff.

[64] Vgl BGHZ 95, 63, 69; *Kistner,* 50; zutreffend weist *Luxenburger,* Das Liquidationsrecht der leitenden Krankenhausärzte, 1981, 111, darauf hin, dass gelegentlich heute noch in den Aufnahmebedingungen darauf aufmerksam gemacht wird, dass ein Anspruch auf persönliche Behandlung durch den leitenden Arzt nur besteht, wenn der Patient dies ausdrücklich schriftlich wünscht und dass der Arzt dann für diese Leistungen eine Vergütung nach der GOÄ verlangen dürfe. Auch war es früher üblich, dass sich einige Chefärzte von den Patienten persönlich einen besonderen Revers unterzeichnen ließen, in dem diese die persönliche Behandlung durch die Chefärzte gegen gesondertes Honorar begehrten. Vgl. auch die Nachweise oben im § 12 RdNr 8;. Zur Sittenwidrigkeit einer Vergütungsvereinbarung des Versicherungsnehmers mit einer Privatklinik *Deutsch* VersR 2001, 1017.

[65] Muster AVB, 8. Aufl 2009, 59–71.

ein Notfallarzt als Nichtkassenarzt im Rahmen des Notfalldienstes einen Kassenpatienten, steht ihm ein Honoraranspruch gegen die KV in Höhe der den Kassenärzten zustehenden Honorarsätzen zu.[66] Wird die Notfallbehandlung eines Kassenpatienten in einem Krankenhaus durchgeführt, steht der Honoraranspruch dem Krankenhausträger zu, wenn die angestellten Ärzte die Behandlung im Rahmen ihrer Dienstpflichten durchgeführt haben und ihnen ein eigenes Liquidationsrecht nicht eingeräumt ist.[67] Soweit die **Notfallbehandlung durch einen Nichtkassenarzt** durchgeführt wird, kommt zwischen den Beteiligten ein nach §§ 611 ff BGB zu qualifizierender Arztvertrag zustande. Lediglich für das Abrechnungsverhältnis gelten die Vorschriften des Kassenarztrechts. Der Arzt erwirbt keinen Honoraranspruch gegen den Kassenpatienten. Auch wenn kein Vertrag zustande kommt, erwirbt in diesen Fällen der Arzt einen Anspruch gegen die KV.

VIII. Inanspruchnahme eines Laborarztes

Bei der Inanspruchnahme eines Laborarztes durch den behandelnden Arzt schließt entweder der Patient direkt einen Vertrag mit dem Laborarzt oder der behandelnde Arzt wird als Stellvertreter (§ 164 Abs 1 BGB) des Patienten tätig. Er schließt in dessen Namen mit dem Laborarzt einen zusätzlichen Vertrag ab. Die Erklärungen des behandelnden Arztes gegenüber dem Laborarzt wirken unmittelbar für und gegen den Patienten.[68]

IX. Der Vertragsschluss mit einem Konsiliararzt

Nicht selten ist der behandelnde Arzt vor allem bei unklarem Befund gezwungen, einen Spezialisten als **Konsiliararzt** – auch im Wege der Telemedizin[69] – hinzuzuziehen. Möglich ist ebenso eine Überweisung zur Konsiliaruntersuchung oder zur Mitbehandlung. Die Überweisung an den Konsiliararzt muss erkennen lassen, inwiefern gerade der auftragnehmende Arzt konsiliarisch oder mitbehandelnd tätig werden soll. Trotz Ankreuzens der Überweisungsart „Konsiliaruntersuchung" oder „Mitbehandlung" liegt ein sog Vielauftrag vor, wenn der überweisende Arzt auf dem Überweisungsschein schon seinerseits eine bestimmte Leistung benannt hat, deren Ausführung er wünscht.[70] Hat der Patient der Hinzuziehung des Konsiliararztes nicht ausdrücklich oder konkludent zugestimmt, so fehlt es an einem wirksamen Vertrag, der allerdings noch nachträglich abgeschlossen werden kann. Das Entstehen einer vertragsähnlichen Beziehung nach den Prinzipien der Geschäftsführung ohne Auftrag (§§ 677 ff BGB) hingegen ist nicht möglich, weil die Entschließung des Patienten als Geschäftsherrn gem § 681 S 1 BGB – außer in Notsituationen – jederzeit eingeholt werden kann.[71]

Bei einem **unklaren Überweisungsauftrag** muss der Konsiliararzt durch Rückfrage bei dem überweisenden Arzt die gewünschten Leistungen präzisieren lassen. Zu eigenen Nachforschungen durch Befragung oder Untersuchung des Patienten ist er nicht befugt.[72] Anders als bei der **Mitbehandlung** umfasst die konsiliarärztliche Tätigkeit lediglich Diagnose und Beratschlagung über diese. Für schuldhafte Behandlungsfehler oder Ratschläge des Konsiliararztes hat der behandelnde Arzt nicht einzustehen. Der Konsiliarius ist weder Erfüllungs- noch Verrichtungsgehilfe des hinzuziehenden Arztes. Allerdings kommt eine **Eigenhaftung** insoweit in Betracht, als der behandelnde Arzt den Konsiliarius schuldhaft

---

[66] Vgl OVG Lüneburg DÄBl 1984, 535; *Narr* RdNr 1170; *Rieger* Lexikon RdNr 1289.
[67] Vgl BSGE 15, 169; KassKomm-*Hess* (Kommentar zum Sozialversicherungsrecht, Loseblattausgabe, 59. Ergänzungslieferung, Stand 2008) § 76 SGB V RdNr 13.
[68] *Narr,* Laboratoriumsmedizin 1981, A + B 252–254; *Laufs,* ArztR RdNr 97.
[69] *Ulsenheimer/Heinemann* MedR 1999, 197 ff; *Hermeler,* Rechtliche Rahmenbedingungen der Telemedizin, 2000; *Dierks/Feussner/Wienke* (Hrsg), Rechtsfragen der Telemedizin, 2001.
[70] Vgl *Brinkmann,* in: *Bergmann/Kienzle* (Hrsg), Krankenhaushaftung (2. Aufl 2003), RdNr 279.
[71] AA *Laufs,* ArztR RdNr 98; *Andreas/Siegmund/Schultze* ArztR 1977, 243 ff; *dies* KHA 1979, 361 f.
[72] LSG Baden-Württemberg, MedR 1994, 416; *Brinkmann,* in: *Bergmann/Kienzle* (Hrsg), Krankenhaushaftung (2. Aufl 2003), RdNr 279.

unzureichend informiert oder es an der notwendigen Kooperation im Rahmen einer Mitbehandlung fehlen lässt. Im Übrigen entbinden die Ratschläge des Konsiliarius den behandelnden Arzt nicht von einer eigenverantwortlichen Prüfung der vorgeschlagenen Behandlung oder Medikation.[73]

§ 41 Die Form des Arztvertrages

Schrifttum: *Liertz/Paffrath,* Handbuch des Arztrechts, 1938, 184 ff; *G Schulz,* Arztrecht für die Praxis, 3. Aufl 1965, 74; weitere Literaturangaben oben § 40.

1   Eine Form für den Arztvertrag ist nicht vorgeschrieben.[1] So kommt ein Arztvertrag nach allgemeiner Meinung zustande, wenn der Patient die Praxis eines niedergelassenen Arztes oder ein Krankenhaus aufsucht und dort eine Behandlung durchgeführt wird.[2] Im Regelfall der Behandlung leichterer Erkrankungen werden besondere Verhandlungen über den Inhalt des Arztvertrages nicht geführt. Vielmehr gilt das Übliche als stillschweigend vereinbart, soweit nicht gesetzliche Regeln eingreifen: „Wer sich in die Behandlung eines Arztes begibt, unterwirft sich gleichsam der üblichen Regelung dieses Vertragsverhältnisses."[3] **Mündliche Vereinbarungen** genügen, so zB auch die telefonische Konsultation eines Arztes oder die telefonische Besuchsbitte, der der angesprochene Arzt entspricht.[4]

2   Der Behandlungsvertrag kann – wie viele andere Verträge – auch durch **konkludentes, schlüssiges Verhalten** abgeschlossen werden. So genügt es, wenn zB der Patient sich Hilfe suchend an den Arzt wendet und der Arzt irgendwelche Maßnahmen der Behandlung ergreift.[5]

3   Will der Arzt, den ein Patient oder ein Angehöriger des Patienten mündlich oder fernmündlich konsultiert hat, **keine vertraglichen Beziehungen** begründen, muss er dies zum Ausdruck bringen. Regelmäßig kommt ein Arztvertrag schon zustande, wenn er fernmündlich Ratschläge erteilt oder das Gespräch mit den Worten beendet, der Patient möge sich wieder melden, falls sich sein Zustand nicht bessere. Kommt der Arzt im Rahmen seiner gesetzlichen Hilfspflicht nach § 323c StGB dem Unfallpatienten zu Hilfe, so kann aber die Hilfeleistung nicht ohne weiteres als Behandlungsübernahme angesehen werden.[6] Vielmehr bedarf es in Notfallsituationen ebenso wie im Rahmen des ärztlichen Notfalldienstes der Feststellung besonderer Umstände, um das Zustandekommen eines Arztvertrages zu bejahen.

4   Auf **Einhaltung der Schriftform** sollte der Arzt zu Beweiszwecken bestehen, wenn es sich um eine langwierige und kostspielige Behandlung handelt. Gleiches gilt für operative Eingriffe.[7] Allerdings hat sich beim Krankenhausaufnahmevertrag eingebürgert, dem Patienten vorformulierte Aufnahmebedingungen zur Unterschrift vorzulegen.[8]

---

[73] So zutreffend *Bergmann/Kienzle* (Hrsg), Krankenhaushaftung (2. Aufl 2003), RdNr 145; vgl auch BGH NJW 1992, 2962 = VersR 1992, 1263; BGH NJW 1994, 797; OLG Köln VersR 1990, 1242; *Steffen/Pauge* RdNr 239.

[1] Vgl *Kern,* in: *Rieger/Dahm/Steinhilper* 335 RdNr 10; *Luig,* 227; *Deutsch/Spickhoff* RdNr 59.

[2] Vgl MünchKomm-*Müller-Glöge* (5. Aufl 2009) § 611 BGB RdNr 87; *Baur/Hess,* 17; *Luig,* 227; *Tiemann,* 105; *Narr* RdNr 853.

[3] *Luig,* 227.

[4] Vgl BGH NJW 1961, 2068; BGH NJW 1979, 1248, 1249.

[5] Vgl MünchKomm-*Müller-Glöge* (5. Aufl 2009) § 611 BGB RdNr 87; *Laufs,* ArztR RdNr 105; *Kurz,* Die Pflicht zum Hausbesuch, RheinÄBl 1980, 593, 596.

[6] OLG München NJW 2006, 1883; und dazu *Roth* NJW 2006, 2814.

[7] Vgl auch *Liertz/Paffrath,* 184 f; s auch die Beispiele bei *Spann,* Ärztliche Rechts- und Standeskunde, 92.

[8] Vgl dazu DKG (Hrsg), Muster Allgemeiner Vertragsbedingungen (AVB) für Krankenhäuser, 8. Aufl 2009.

§ 42 Der Inhalt des Arztvertrages

Übersicht

	RdNr
I. Grundsätze	1
II. Die ärztliche Behandlungspflicht	3
III. Therapiefreiheit und Wirtschaftlichkeitsgebot	7

Schrifttum: *Bunte,* Die neue Konditionenempfehlung „Allgemeine Vertragsbedingungen für Krankenhausbehandlungs-Verträge", NJW 1986, 2351 ff; *Laufs,* Arztrecht, 5. Aufl 1993, 48 ff RdNr 86 ff; *K Müller,* Der Begriff der notwendigen Heilbehandlung in der privaten Krankenversicherung, MDR 1980, 881; weitere Literaturangaben oben § 40.

I. Grundsätze

Grundsätzlich bestimmen die Parteien den Vertragsinhalt. Das wird aber beim Behandlungsvertrag regelmäßig schon deshalb unterbleiben, weil oftmals bei Abschluss des Vertrages überhaupt nicht klar ist, was der Vertragsinhalt konkret sein wird, weil erst die Untersuchungen den Umfang der vertraglichen Leistungen bestimmen werden. Insoweit kann von einem Rahmenvertrag gesprochen werden, der erst durch den Gang der Behandlung ausgefüllt und konkretisiert wird. Soweit es an Absprachen fehlt, können die ärztlichen Berufspflichten zur Auslegung oder sogar Auffüllung des Vertrages herangezogen werden.[1] 1

Daher kann generell nur festgestellt werden, dass der Arzt die ärztliche Behandlung im weitesten Sinne schuldet, während der Patient das anfallende Honorar zu zahlen hat,[2] soweit das nicht von der GKV übernommen wird. Zudem hat er die Nebenpflichten zu erfüllen.[3] Den Selbstzahler hat der behandelnde Arzt über die anfallenden Kosten zu informieren. Dabei handelt es sich gegebenenfalls nicht um eine vertragliche Nebenpflicht, sondern um eine vorvertragliche Aufklärungspflicht, deren Verletzung dazu führt, dass ein Vertrag erst gar nicht zustande kommt, weil über eine wesentliche Leistung keine Vereinbarung getroffen wurde.[4] 2

II. Die ärztliche Behandlungspflicht

Der Arzt schuldet dem Patienten primär die ärztliche Behandlung, die nach den Regeln der ärztlichen Kunst erforderlich ist, um den Heilerfolg herbeizuführen. Eine sorgfältige Anamnese,[5] Untersuchung,[6] die Erhebung von Befunden[7] und die Diagnose[8] sind ebenso unverzichtbare Voraussetzungen einer wirksamen Behandlung wie die Indikationsstellung.[9] 3

---

[1] BGH NJW 2006, 687, 688. Mit ablehnender Besprechung von *Kern,* LMK 2006, becklink 178895; vgl dazu auch *Schmidt-Recla,* Ärztliche Pflichten zwischen Standes- und Vertragsrecht am Beispiel der ärztlichen Attestpflicht, in: MedR 2006, 634.

[2] § 75 f.

[3] § 74.

[4] Deshalb sieht § 28 Abs 2 S 4 SGB V vor, dass bei Mehrkosten für Zahnfüllungen, die der Patient selbst zu tragen hat, eine schriftliche Vereinbarung zu treffen ist.

[5] § 46.

[6] § 47.

[7] § 48.

[8] § 48.

[9] § 49.

4 **Art und Umfang der ärztlichen Behandlung** richten sich nach Art der Erkrankung sowie der Indikation der Behandlungsmaßnahmen. Die Orientierung kann insoweit an § 28 Abs 1 SGB V erfolgen. Danach umfasst die ärztliche Behandlung die Tätigkeit des Arztes, die zur Verhütung, Früherkennung und Behandlung von Krankheiten nach den Regeln der ärztlichen Kunst ausreichend und zweckmäßig ist. Zur ärztlichen Behandlung gehört auch die Hilfeleistung anderer Personen, die vom Arzt angeordnet wird und von ihm zu verantworten ist. Was im Einzelnen unter den **Begriff der Krankheit**[10] fällt, ist im Gesetz nicht geregelt. Nach der Rechtsprechung des BSG ist Krankheit iS der gesetzlichen Krankenversicherung ein regelwidriger körperlicher oder geistiger Zustand, der entweder ärztliche Behandlungsbedürftigkeit oder Arbeitsunfähigkeit oder beides zur Folge hat.[11] Der **krankenversicherungsrechtliche Begriff der Krankheit** ist aber mit dem medizinischen Krankheitsbegriff nicht identisch.[12] Für die Medizin sind Behandlungsbedürftigkeit und Heilungswille des einzelnen Kranken ausschlaggebend. Aber auch im Bereich der Medizin wird der Begriff der Krankheit unterschiedlich als differenzierendes Verständnis einer Erkrankung im naturwissenschaftlichen, klinischen, personalistischen oder sozialmedizinischen Sinne verstanden.[13] **Krankheit** ist ein regelwidriger Körper- oder Geisteszustand. Es muss sich um Abweichungen von natürlichen Funktionen körperlicher oder physischer Art handeln. Minderbegabung, Charakterfehler oder Kriminalitätsneigungen sind keine Krankheiten, wohl dagegen körperliche Anomalien mit erheblichem Leidensdruck. Obwohl versicherungsrechtlich auf der natürlichen Entwicklung beruhende **Schwächezustände oder Beschwerden** wie zB Altersgebrechlichkeit, Schwangerschafts- oder Menstruationsbeschwerden keine Krankheiten sind, können solche Zustände oder Beschwerden im privatrechtlichen Bereich Gegenstand der ärztlichen Behandlung sein.

5 Während es im Versicherungsrecht auf die objektive Behandlungsbedürftigkeit ankommt, können auch nichtbehandlungsbedürftige Zustände und Beschwerden, wenn sie den Patienten in seinem Wohlbefinden beeinträchtigen, vom Arzt behandelt werden. Auch Symptome führen die Behandlungsbedürftigkeit herbei, wie zB **Schmerzen.** Bei der Organtransplantation ist die Entnahme beim Organspender und seine Behandlung Folge der Krankheit des Organempfängers und damit Krankheit auch im versicherungs-

---

[10] Instruktiv *Laufs*, Grundlagen des Arztrechts, in: *Ehmann/Hefermehl/Laufs* (Hrsg): „Privatautonomie, Eigentum und Verantwortung, Festgabe für H Weitnauer z 70. Geburtstag, 1980, 363, 365, 366; *Bachmann* MMW 1977, 349. Nach der vielzitierten Formel des BGH ist Krankheit „jede, also auch eine nur unerhebliche oder vorübergehende Störung der normalen Beschaffenheit oder der normalen Tätigkeit des Körpers, die geheilt werden kann" (BGH NJW 1958, 916). Medizinisch versteht man unter Krankheit (Disease, Nosos, Pathos, Morbus) iwS das Fehlen von Gesundheit, ieS das Vorhandensein von objektiv feststellbaren oder subjektiv empfundenen körperlichen, geistigen bzw seelischen Veränderungen oder Störungen. Im sozialversicherungsrechtlichen Sinne ist Krankheit das Vorhandensein von Störungen, die eine Krankenpflege und Therapie erforderlich machen und Arbeitsunfähigkeit zur Folge haben. Die Definition der Weltgesundheitsorganisation lautet: „Gesundheit ist der Zustand vollkommenen körperlichen, geistigen und sozialen Wohlbefindens und nicht allein das Fehlen von Krankheit und Gebrechen."; vgl auch oben § 1 RdNr 17 ff.

[11] BSGE 13, 34; BSG 16, 177 = NJW 1962, 1414; BSGE 39, 167; 48, 258; 59, 119; KassKomm-*Höfler* (59. Ergänzungslieferung, 2008) § 27 SGB V RdNr 9.

[12] *Roche*-Lexikon Medizin (5. Aufl 2003) „Krankheit" 920; *Pschyrembel*, Klinisches Wörterbuch (261. Aufl 2007) „Krankheit"; vgl *Diepgen/Gruber/Schadewaldt*, Der Krankheitsbegriff, Seine Geschichte und Problematik, in: Handbuch der Allgemeinen Pathologie, Bd 1, 1969, 1–50; *K Jaspers*, Die Begriffe Gesundheit und Krankheit, in: *K Jaspers* (Hrsg), Allgemeine Psychopathologie, 9. Aufl 1973, 651; *H Schäfer*, Der Krankheitsbegriff, in: *Blohmke/v Ferber/Kisker/H Schäfer* (Hrsg), Handbuch d Sozialmedizin, 1976, 15; *v Engelhardt/Seewald*, Krankheit, in: *Eser/v Lutterotti/Sporken* Sp 645–659.

[13] *v Engelhardt/Seewald*, Krankheit, in: *Eser/v Lutterotti/Sporken* Sp 651; *O Seewald*, Zum Verfassungsrecht auf Gesundheit, 1981, 14 ff u 134.

8. Kapitel. Das Zustandekommen des Arztvertrages   6, 7 § 42

rechtlichen Sinne.[14] Transsexualität,[15] Unfruchtbarkeit einer Frau im geburtsfähigen Alter[16] sowie Zeugungsunfähigkeit[17] sind Krankheiten im sozialversicherungsrechtlichen Sinne, die Gegenstand einer ärztlichen Behandlung sein können. Nach § 27a SGB V gehören Leistungen für eine künstliche Befruchtung ebenfalls zur Behandlung.[18] Mit der Behandlung wird von der Behandlungsseite die Verantwortung (positiv) für die Gesundung des Patienten und (negativ) für die Vermeidung von Behandlungsschäden übernommen: „Untätigkeit gegenüber der Krankheitsentwicklung kann deshalb – vertraglich wie deliktisch (als Körperverletzung) – genauso zur Haftung führen wie übermäßiges Behandeln, durch das eine Verletzung erst zugefügt, Gesundung verhindert, die Befindlichkeit überflüssig belastet wird."[19] Sucht der Patient den Direktor einer Universitätsklinik auf, weil eine Behandlungsmethode oder eine Operationstechnik über dem zu fordernden Qualitätsstandard liegt, so wird Inhalt des Behandlungsvertrages der **besondere Standard,** der sich an den personellen, räumlichen, apparativen und fachlichen Behandlungsbedingungen eines Arztes oder einer Klinik orientiert.

Gegenstand des ärztlichen Zahnarztvertrages ist die Feststellung und Behandlung von   6
Zahn-, Mund- und Kieferkrankheiten.[20] Die **zahnärztliche Behandlung** umfasst die Tätigkeit eines Zahnarztes, die zur Verhütung, Früherkennung und Behandlung von Zahn-, Mund- und Kieferkrankheiten nach den Regeln der zahnärztlichen Kunst ausreichend und zweckmäßig ist (§ 28 Abs 2 S 1 SGB V). Der Umfang der zahnärztlichen Behandlung richtet sich nach den medizinischen Notwendigkeiten und im kassenärztlichen Bereich nach den Richtlinien des Bundes-Ausschusses der Zahnärzte und Krankenkassen für eine ausreichende, zweckmäßige und wirtschaftliche kassenärztliche Versorgung (Kassenzahnarzt-Richtlinien).

III. Therapiefreiheit und Wirtschaftlichkeitsgebot

Art und Umfang der ärztlichen Leistung werden regelmäßig vom Arzt bestimmt. Er   7
entscheidet auf Grund seiner medizinischen Kenntnisse und seines ärztlichen Gewissens über die Behandlungsmethode. Die Dynamik der medizinischen Wissenschaft und Technik stellt immer wieder neue Heilverfahren und neue Heilmittel zur Verfügung. Die **ärztliche Therapiefreiheit**[21] bedeutet zugleich **Methodenfreiheit** und fehlende Bindung an die Schulmedizin: „Qualitätsstandard heißt andererseits nicht Standardbehandlung: grundsätzlich ist der Arzt nicht auf die Schulmedizin fixiert."[22] Der Arzt ist auch nicht stets auf den jeweils sichersten therapeutischen Weg festgelegt, denn das Patienteninteresse sei in erster Linie auf Befreiung von Krankheit, nicht auf größtmögliche Sicherheit, ausgerichtet. Allerdings darf kein Arzt sich ohne weiteres über Erfahrungen und gesicherte Erkenntnis der medizinischen Wissenschaft hinwegsetzen und von Behandlungsstandards

---

[14] BSGE 35, 102 = NJW 1973, 1432.
[15] BSGE 62, 83 = SozR 2200 § 182 RVO Nr 106.
[16] BSGE 39, 167; 59, 119 = NJW 1986, 1572; KassKomm-*Höfler* (59. Ergänzungslieferung, 2008) § 27 SGB V RdNr 45; vgl aber auch BSG NJW 1990, 2959.
[17] BSGE 26, 240; BSGE 39, 167 = NJW 1975, 2267.
[18] Dies sagt nichts darüber aus, ob im Einzelfall solche Verträge gegen die guten Sitten verstoßen und deshalb gem § 138 BGB nichtig sind; vgl oben § 38 RdNr 27 ff; zur künstlichen Befruchtung als Heilbehandlung unter steuerrechtlichem Aspekt *Rüsken* NJW 1998, 1745 ff.
[19] *Steffen/Pauge* RdNr 131.
[20] *v. Ziegnet,* 3.
[21] Vgl hierzu *Siebert,* Strafrechtliche Grenzen ärztlicher Therapiefreiheit, 1983; ders MedR 1983, 216; *Laufs,* ArztR RdNr 41ff u 484ff; *Laufs* NJW 1984, 1383 und zuletzt NJW 2000, 1757f; *Schmid* NJW 1986, 2339, 2340; *Dahm,* Therapiefreiheit, in: *Rieger/Dahm/Steinhilper* 5090; MünchKomm-*Wagner* (4. Aufl 2004) § 823 BGB RdNr 689; *Ulsenheimer* MedR 1984, 164; *Jung* ZStW 97 (1985), 54; *Eser* ZStW 97 (1985), 12; *Goetze,* Arzthaftungsrecht und kassenärztliches Wirtschaftlichkeitsgebot, 1989, 84f; u unten Kap 24 zur Therapiewahl.
[22] *Steffen/Pauge* RdNr 174.

abweichen.[23] Für ein schuldhaftes Unterschreiten des medizinischen Standards hat der Arzt haftungsrechtlich einzustehen. Grundsätzlich kann der Patient optimale Behandlungsbedingungen, nach neuesten Methoden arbeitende Ärzte und die Anwendung modernster medizinischer Apparaturen erwarten. Jedoch gibt es – wenn auch nur sehr weite – Grenzen der medizinischen Qualitätsanforderungen, die durch die Finanzierbarkeit und Wirtschaftlichkeit gezogen werden.

8   Im Kassenarztrecht erfährt der Anspruch auf optimale Behandlung eine Begrenzung durch das **kassenärztliche Wirtschaftlichkeitsgebot** (§ 12 Abs 1 S 1 SGB V). Das Sozialversicherungsrecht gebietet das Zweckmäßige und Ausreichende. Wenn in § 12 Abs 1 S 2 SGB V steht, dass Versicherte Leistungen, die nicht notwendig oder unwirtschaftlich sind, nicht beanspruchen können, so bedeutet dies nicht, dass das sicherlich begrüßenswerte Kosten-Nutzen-Kalkül zulasten der Heilung kranker Patienten gehen darf. Vertraglich und haftungsrechtlich wird der Arzt immer verpflichtet, die größtmögliche Sorgfalt walten zu lassen und beste Vorkehrungen zum Schutz und zur Heilung des Patienten zu treffen. Die Grenzen jeglichen Sparsamkeitsgebots liegen dort, wo der Patient im Rahmen des Notwendigen nicht ausreichend ärztlich und apparativ versorgt wird. Ökonomische Interessen dürfen niemals dazu führen, dass der Inhalt des Arztvertrages Leistungen vorsieht, die unter den anerkannten Standards liegen.[24] Die Grenzen der Sparsamkeit liegen nach der Judikatur dort, wo sie Gefahren für den Patienten erhöhen.[25] Andererseits kann ebenso wie der rechtliche Sorgfaltsmaßstab auch der Inhalt des Behandlungsvertrages zwischen dem Vertragsarzt und dem Kassenpatienten die allgemeinen Grenzen im System der Krankenversorgung im Hinblick auf die Finanzierbarkeit und die Wirtschaftlichkeit nicht völlig vernachlässigen. Das Wirtschaftlichkeitsgebot (§§ 12, 70, 72 SGB V), das durch Budgetbeschränkungen, Arzneimittelregresse und Wirtschaftlichkeitsprüfungen durch die KV gewährleistet wird, kann niemals dazu führen, dass der Arzt oder das Krankenhaus berechtigt sind, den medizinischen und damit auch zivilrechtlichen Qualitätsstandard zu unterschreiten.

9   Der Inhalt des Arztvertrages orientiert sich vielmehr am **Patienteninteresse.** Dieses vertragliche Interesse ist in erster Linie darauf gerichtet, von der Krankheit befreit zu werden, und zwar auf dem sichersten und gefahrlosesten therapeutischen Weg.[26]

10 Will der Arzt im Rahmen seiner Therapie- und Methodenfreiheit von der Standardbehandlung und den Regeln der Schulmedizin abweichen und **Außenseitermethoden** anwenden, so hat er den Patienten nicht nur hierüber aufzuklären, sondern es ist auch der Inhalt des Arztvertrages entsprechend festzulegen.[27] Schon im Hinblick auf spätere Haftungsansprüche sollte bei Anwendung von Außenseitermethoden eine sorgfältige Dokumentation den Vertragsinhalt sichern. Entsprechendes gilt für den **Heilversuch,** dh die Anwendung einer neuen, klinisch noch nicht ausreichend erprobten Therapie.

---

[23] Vgl *Franzki,* Aktuelle Rechtsprechung zur Haftung des Arztes, 2. Aufl 1981, 9.
[24] Vgl BGH NJW 1979, 1248 (Telefondiagnose); BGHZ 89, 263 = NJW 1984, 1400 (mangelhafte Überwachung einer Verweilkanüle beim Säugling); BGH NJW 1986, 2365 (Dekubitus-Prophylaxe); *Kern* MedR 2004, 302.
[25] *Laufs* NJW 1989, 1523. Instruktiv auch *Ulsenheimer* MedR 1995, 438.
[26] *Steffen/Pauge* RdNr 157a ff.
[27] BGH NJW 1981, 633 = VersR 1981, 1145; *Steffen/Pauge* RdNr 174 ff.

8. Kapitel. Das Zustandekommen des Arztvertrages　　　　1–4　§ 43

§ 43 Der fehlerhafte Arztvertrag

Übersicht

	RdNr
I. Der nichtige ärztliche Behandlungsvertrag	1
1. Nichtigkeit wegen Geschäftsunfähigkeit des Patienten	2
a) Altersbedingte Geschäftsunfähigkeit	3
b) Krankheitsbedingte Geschäftsunfähigkeit	4
c) Willenserklärungen bei Bewusstlosigkeit oder vorübergehender Störung der Geistestätigkeit	6
2. Die Nichtigkeit des Arztvertrages aus sonstigen Gründen	7
II. Bestätigung des nichtigen Arztvertrages	10
III. Das Rechtsverhältnis zwischen Arzt und Patient beim fehlerhaften Arztvertrag	12

Schrifttum: *Berg*, Notgeschäftsführung und Vertretungsmacht bei ärztlicher Behandlung eines Kindes, NJW 1972, 117; *Gebauer*, Die Lehre von der Teilgeschäftsunfähigkeit und ihre Folgen, AcP 153 (154), 332; *Liertz/Paffrath*, Handbuch des Arztrechts, 1938, 184 ff; weitere Literaturangaben oben § 40.

I. Der nichtige ärztliche Behandlungsvertrag

Der ärztliche Behandlungsvertrag kann im Einzelfall nichtig sein, weil entweder der　1 Patient oder der Vertragspartner nicht geschäftsfähig sind (§ 105 BGB), oder weil der Inhalt des Arztvertrages wegen Verstoßes gegen ein Gesetz (§ 134 BGB) oder die guten Sitten (§ 138 BGB) zur Nichtigkeit der Vereinbarungen führt. Zu beachten ist, dass die Wirksamkeit oder Unwirksamkeit der vertraglichen Vereinbarungen nicht immer identisch mit der Wirksamkeit oder **Unwirksamkeit einer Einwilligung** in eine ärztliche Behandlung ist. Es kommt vor, dass ein minderjähriger Patient zwar wegen beschränkter Geschäftsfähigkeit keine wirksamen vertraglichen Erklärungen abzugeben vermag, andererseits die Zustimmung zu einer Behandlung oder Medikation deswegen als wirksam anzusehen ist, weil der Patient die Reife und Fähigkeit hat, die Tragweite des ärztlichen Eingriffs für Körper, Beruf und Lebensglück zu ermessen.[1]

1. Nichtigkeit wegen Geschäftsunfähigkeit des Patienten. Gem § 105 Abs 1 BGB　2 ist die Willenserklärung eines Geschäftsunfähigen nichtig. Nichtig ist auch eine Willenserklärung, die im Zustande der Bewusstlosigkeit oder vorübergehenden Störung der Geistestätigkeit abgegeben wird (§ 105 Abs 2 BGB). Wer geschäftsunfähig ist, regelt § 104 BGB: Danach ist geschäftsunfähig,
1. wer nicht das siebente Lebensjahr vollendet hat,
2. wer sich in einem die freie Willensbestimmung ausschließenden Zustande krankhafter Störung der Geistestätigkeit befindet, sofern nicht der Zustand seiner Natur nach ein vorübergehender ist.

a) **Altersbedingte Geschäftsunfähigkeit.** Ein **Kind,** das nicht das siebte Lebensjahr　3 vollendet hat, ist geschäftsunfähig und daher nicht imstande, einen wirksamen Arztvertrag abzuschließen. Fehlt bei einem beschränkt geschäftsfähigen Minderjährigen die notwendige Einwilligung der Eltern und genehmigen sie den Behandlungsvertrag auch nicht, so bleibt er unwirksam.

b) **Krankheitsbedingte Geschäftsunfähigkeit.** Es ist keineswegs selten, dass Ärzte　4 von Patienten aufgesucht werden, denen die Fähigkeit zu freier Willensbestimmung

---

[1] Vgl BGHZ 29, 33 = NJW 1959, 811; BGHSt 12, 379 = NJW 1959, 825; *Laufs*, ArztR RdNr 222; *Deutsch/Spickhoff* RdNr 60; *Kern/Laufs*, Die ärztliche Aufklärungspflicht, 1983, 29.

wegen krankhafter Störung der Geistestätigkeit fehlt und die deshalb nach § 104 Nr 2 BGB geschäftsunfähig sind und keinen wirksamen Behandlungsvertrag abschließen können. Neben **Geisteskrankheiten** erfasst die Vorschrift des § 104 Nr 2 BGB auch die Fälle der **Geistesschwäche**.[2] Dieser krankhafte Zustand ist für den Arzt nicht immer ohne weiteres erkennbar.

Ist für einen Volljährigen aufgrund einer psychischen Krankheit oder einer körperlichen, geistigen oder seelischen Behinderung **Betreuung nach § 1896 BGB** angeordnet worden, weil er seine Angelegenheiten ganz oder teilweise nicht besorgen kann, so ist der Betroffene **nicht automatisch geschäftsunfähig** (§ 104 Nr 2 BGB). Es kann durchaus sein, dass die Geschäftsunfähigkeit eines Behinderten nicht feststeht,[3] was für den Arzt die Schwierigkeit mit sich bringt, dass er die Wirksamkeit eines Behandlungsvertrages nicht abzuschätzen vermag. Soweit der Betreute weder geschäftsunfähig ist, noch unter Einwilligungsvorbehalt steht, verdrängt die Betreuung seine eigene Geschäftsfähigkeit nicht.[4] Rauschgiftsucht und Psychopathien stellen in der Regel keine krankhafte Störung der Geistesfähigkeit dar.[5] Andererseits können manische Depressionen zu einer dauernden geistigen Störung führen, die die Geschäftsunfähigkeit nach § 104 Nr 2 BGB zur Folge hat. Befindet sich der Patient unter dem Einfluss von Alkohol oder Rauschgift, so sind seine Erklärungen grundsätzlich wirksam, sofern nicht die Nichtigkeitsvorschrift des § 105 Abs 2 BGB eingreift.[6]

5 Wird eine Willenserklärung des Arztes gegenüber einem Geschäftsunfähigen abgegeben, so wird sie gem § 131 Abs 1 BGB nicht wirksam, bevor sie dem gesetzlichen Vertreter zugeht. Gleiches gilt, wenn die Willenserklärung einer in der Geschäftsfähigkeit beschränkten Person gegenüber abgegeben wird (§ 131 Abs 2 S 1 BGB). Bringt die Erklärung jedoch der in der Geschäftsfähigkeit beschränkten Person lediglich einen rechtlichen Vorteil oder hat der gesetzliche Vertreter seine Einwilligung erteilt, so wird die Erklärung in dem Zeitpunkt wirksam, in dem sie ihr zugeht (§ 131 Abs 2 S 2 BGB).

6 *c)* **Willenserklärungen bei Bewusstlosigkeit oder vorübergehender Störung der Geistestätigkeit.** Nach § 105 Abs 2 BGB ist eine Willenserklärung auch nichtig, wenn sie im Zustand der **Bewusstlosigkeit** oder vorübergehenden Störung der Geistestätigkeit abgegeben wird. Bewusstlosigkeit bedeutet nicht etwa Ohnmacht. Vielmehr können bereits eine hochgradige Trunkenheit, ein Fieberdelirium, epileptische Anfälle, manisch-depressives Irresein oder der Zustand der Hypnose dazu führen, eine Bewusstseinsstörung iS von § 105 Abs 2 BGB anzunehmen. Die Vorschriften der §§ 104 Nr 2, 105 Abs 2 BGB ergänzen sich insoweit, als die Vorschrift des § 104 Nr 2 BGB einen Dauerzustand voraussetzt, während § 105 Abs 2 BGB nur bei **vorübergehenden Störungen** anwendbar ist. Fehlt also im Einzelfall das Merkmal der Dauer einer krankhaften Störung der Geistestätigkeit, so kann sich die Nichtigkeit einer Willenserklärung des Patienten aus § 105 Abs 2 BGB ergeben. Unerheblich ist dabei, ob sich der den Arzt aufsuchende Patient vor Abgabe der vertraglichen Erklärungen schuldhaft in den Zustand der Bewusstlosigkeit versetzt hat.[7] Vor allem bei der Krankenhausaufnahme von Unfallpatienten ist der Aufnahmevertrag nicht selten deswegen nichtig, weil der Patient Kopfverletzungen erlitten oder sich in einem sogen Unfallschock befunden hat.

7 **2. Die Nichtigkeit des Arztvertrages aus sonstigen Gründen.** Verstößt der Inhalt des Arztvertrages gegen ein **gesetzliches Verbot,** so ergibt sich die Nichtigkeit aus § 134

---

[2] Vgl RGZ 130, 67, 71; 162, 223, 228; MünchKomm-*Schmitt* (5. Aufl 2006) § 104 BGB RdNr 11.
[3] MünchKomm-*Schwab* (5. Aufl 2008) § 1896 BGB RdNr 17 ff, 23 f; *Palandt/Diederichsen* (68. Aufl 2009) § 1896 BGB RdNr 6 ff.
[4] Zutreffend MünchKomm-*Schwab* (5. Aufl 2008) § 1902 BGB RdNr 6.
[5] BayObLGZ 1956, 377, 381; MünchKomm-*Schmitt* (5. Aufl 2006) § 104 BGB RdNr 11.
[6] Vgl MünchKomm-*Schmitt* (5. Aufl 2006) § 104 BGB RdNr 9.
[7] Vgl OLG Nürnberg NJW 1977, 1496; MünchKomm-*Schmitt* (5. Aufl 2006) § 105 BGB RdNr 44.

8. Kapitel. Das Zustandekommen des Arztvertrages 8–10 § 43

BGB. So sind zB Verträge, die mit einer nicht als Arzt, Psychologe oder Heilpraktiker ausgebildeten Person über eine ärztliche Behandlung abgeschlossen werden und gegen das Heilpraktikergesetz verstoßen, gem § 134 BGB nichtig.[8] Gleiches gilt für Arztverträge über den Abbruch einer Schwangerschaft, bei der die Voraussetzungen der §§ 218 ff StGB nicht vorliegen.[9] Nichtig sind auch Verträge, die gegen das BtMG verstoßen. Bei geschlechtskorrigierenden und geschlechtsumwandelnden Operationen kommt ein wirksamer Arztvertrag nicht zustande, wenn die Voraussetzungen des Transsexuellengesetzes nicht gegeben sind.[10] Auch Verträge über Organspenden, die gegen § 8 TPG verstoßen, sind gemäß § 134 BGB nichtig.[11] Gleiches gilt für die Verträge über die Ausstellung von Gefälligkeitsattesten. Auf Grund des ärztlichen Behandlungsvertrages hat der Patient keinen Anspruch darauf, dass der Arzt unrichtige Untersuchungsergebnisse attestiert oder Gefälligkeitsatteste ausstellt. Die Ausstellung von Gefälligkeitsattesten steht nicht nur unter Strafandrohung (§ 278 StGB), sondern es drohen zugleich auch standesrechtliche Sanktionen.[12] Unrichtig iSv § 278 StGB ist ein Attest oder ein Gesundheitszeugnis schon dann, wenn der Arzt einen Befund bescheinigt, ohne vorher eine Untersuchung beim Patienten vorgenommen zu haben.[13]

Ein Arztvertrag ist wegen **Sittenwidrigkeit** nach § 138 BGB nichtig, wenn der Inhalt **8**
gegen das Anstandsgefühl aller billig und gerecht Denkenden verstößt. Vor allem bei Arztverträgen, die Eingriffe zum Gegenstand haben, die medizinisch nicht indiziert sind, stellt sich oft die Frage der Nichtigkeit nach § 138 BGB. Die Sittenwidrigkeit einer freiwilligen Sterilisation bei einer Frau hat der BGH verneint.[14]

Sittenwidrig sind gegebenenfalls auch Verträge über auf Unverstand des Patienten beru- **9**
hende nichtindizierte Eingriffe[15], wie zB Zahnextraktionen.[16]

II. Bestätigung des nichtigen Arztvertrages

Wird ein – heilbar – nichtiges Rechtsgeschäft von demjenigen, der es vorgenommen **10**
hat, bestätigt, so ist die Bestätigung als erneute Vornahme zu beurteilen (§ 141 Abs 1 BGB). Der Vertrag wird jedoch nicht rückwirkend gültig.[17] Beim Arztvertrag ergibt sich trotzdem eine gewisse schutzrechtliche Rückwirkung. Wird nämlich ein nichtiger Vertrag von den Parteien bestätigt, so sind sie nach § 141 Abs 2 BGB im Zweifel verpflichtet, einander zu gewähren, was sie hätten, wenn der Vertrag von Anfang an gültig gewesen wäre. Das

---

[8] Vgl OLG München NJW 1984, 1826; LG Saarbrücken VersR 1981, 585; *Eberhardt* NJW 1985, 664; *Erman/Palm* (12. Aufl 2008) § 134 BGB RdNr 43.

[9] *Harrer*, Zivilrechtliche Haftung bei durchkreuzter Familienplanung, 1989, 173; vgl Einzelheiten in § 38 RdNr 38–41.

[10] Vgl § 38 RdNr 29–38; § 128 „Intersexualität und Transsexualität".

[11] Einzelheiten in § 38 RdNr 67.

[12] Vgl *Rieger* DMW 1982, 1736; *ders* Lexikon RdNr 247, 251; *Laufs*, ArztR RdNr 466; *Eisenmenger/Betz* DÄBl 1993, A-126; *Narr* RdNr 952, 954, 955, 956; *ders* BayÄBl 1974, 278; vgl *Schönke/Schröder/Cramer* (27. Aufl 2006) § 278 StGB RdNr 3.

[13] Vgl RGZ 74, 231; BGHSt 6, 90; OLG München NJW 1950, 796; OLG Zweibrücken JR 1982, 294 m Anm *Otto*; OLG Düsseldorf MDR 1957, 372; OLG Celle VersR 1989, 806; OLG Frankfurt NJW 1977, 2128. Zum unrichtigen Gesundheitszeugnis vgl BGH NJW 1975, 718; OLG Oldenburg NJW 1955, 761; s auch EuGH NZA 1992, 735; BAG NJW 1993, 809; LG Oldenburg MedR 1995, 278.

[14] Vgl BGHZ 67, 48, 50 = NJW 1976, 1790. Vgl aber auch *Laufs*, ArztR RdNr 248; RGRK-*Nüßgens* § 823 BGB Anh II RdNr 231; *Hanack*, Die strafrechtliche Zulässigkeit künstlicher Unfruchtbarmachungen, 1959, 230 ff; *ders* JZ 1964, 398.

[15] Zeitschrift für Unfallkunde 1930, 175; vgl *Goldhahn-Hartmann*, Chirurgie und Recht, 1937, 31 f; *Goldhahn* MedKlin 1936, 909; *Liertz/Paffrath*, 247.

[16] *Ebermayer*, Der Arzt im Recht, 1930, 124; BGH NJW 1978, 1206; dazu *Amelung* MedR 2000, 521.

[17] Vgl *Uhlenbruck* DMW 1965, 40; MünchKomm-*Busche* (5. Aufl 2006) § 141 BGB RdNr 16.

bedeutet, dass der Arzt bei nachträglicher Bestätigung eines nichtigen Arztvertrages seinen **Honoraranspruch** in voller Höhe geltend machen kann, er aber andererseits auch dem Patienten gegenüber so haftet, als sei ein Vertrag von Anfang an wirksam zustande gekommen. Abweichende Vereinbarungen sind zulässig, die in § 141 Abs 2 BGB getroffene Regelung ist nicht zwingend.[18] Setzt der Patient nach Behandlungsübernahme durch den Arzt oder nach Krankenhausaufnahme das Behandlungsverhältnis fort, so ist im Zweifel davon auszugehen, dass eine Bestätigung mit den Rechtsfolgen des § 141 Abs 2 BGB vorliegt.

11 Von den Fällen einer Bewusstseinstrübung oder Bewusstlosigkeit iS von § 105 Abs 2 BGB zu unterscheiden sind diejenigen Fälle, in denen der Patient überhaupt keine Erklärung abgegeben hatte, weil er bewusstlos war. Insoweit findet die Vorschrift des § 141 BGB keine Anwendung. In der Regel wird man aber davon ausgehen dürfen, dass bei Wiedererlangung des Bewusstseins ein Behandlungsvertrag zwischen Arzt und Patient mit Rückwirkung zustande kommt. Dies vor allem in den Fällen, in denen die Behandlung ambulant oder stationär ohne Widerspruch des Patienten fortgesetzt wird. Im stationären Bereich sollte aber der Krankenhausträger dafür sorgen, dass Patienten Formulare zur Krankenhausaufnahme nachträglich zur Unterschrift vorgelegt werden.

Nach den §§ 134, 138 BGB nichtige Verträge sind endgültig nichtig, so dass eine nachträgliche Heilung der Nichtigkeit ausgeschlossen ist.

III. Das Rechtsverhältnis zwischen Arzt und Patient beim fehlerhaften Arztvertrag

12 Ist der ärztliche Behandlungsvertrag nichtig oder kommt zwischen Arzt und Patient bzw Krankenhaus und Patient kein Vertrag zustande, so bestimmen sich die Ansprüche zwischen den Beteiligten nach den Vorschriften über die **Geschäftsführung ohne Auftrag (§§ 677 ff BGB)**. Nach § 683 BGB kann der Arzt, wenn die Übernahme der Behandlung dem Interesse und dem wirklichen oder mutmaßlichen Willen des Patienten entspricht, wie ein Beauftragter Ersatz verlangen. Bei Minderjährigen ist der gegen eine Behandlung gerichtete Wille der Eltern unmaßgeblich, wenn der Eingriff indiziert ist (§ 679 BGB).

13 Zwar geben §§ 683, 670 BGB dem Beauftragten nur einen Ersatzanspruch bezüglich seiner Aufwendungen. Jedoch ist heute allgemein anerkannt, dass auch die eigene Arbeitskraft eine Aufwendung iS dieser Vorschrift darstellt, wenn Dienste geleistet werden, die zum Beruf des Beauftragten gehören (§ 1835 Abs 3 BGB).[19] Der Arzt kann also grundsätzlich auch in den Fällen das volle Honorar fordern, in denen ein Arztvertrag nicht zustande kommt oder der Arztvertrag nach § 105 Abs 2 BGB nichtig ist. Hinsichtlich der Durchführung der ärztlichen Behandlung kann er sich nicht auf die **eingeschränkte Haftung** nach § 680 BGB (Vorsatz und grobe Fahrlässigkeit) berufen, denn die ärztliche Behandlung fällt in den Rahmen seiner normalen Berufstätigkeit.[20] Im Notfall gilt das allerdings nur für professionelle Nothelfer, wie Notärzte und Rettungssanitäter, nicht aber für einen zufällig am Unfallort anwesenden Arzt.[21]

---

[18] Vgl dazu auch § 39 RdNr 15–18.
[19] Vgl MünchKomm-*Seiler* (5. Aufl 2009) § 670 BGB RdNr 19.
[20] *Jauernig/Vollkommer* (12. Aufl 2007), § 680 BGB RdNr 1; *Erman/Ehmann* (12. Aufl 2008) § 680 BGB RdNr 2; ablehnend *Lippert* NJW 1982, 2089, 2093; MünchKomm-*Seiler* (5. Aufl 2009) § 680 BGB RdNr 6.
[21] OLG München NJW 2006, 1883, 1885.

§ 44 Die Beendigung des Arztvertrages

Übersicht

	RdNr
I. Die Beendigung durch Zeitablauf	1
II. Beendigung durch Vertragserfüllung	2
III. Die Kündigung des Arztvertrages	3
1. Die Kündigung durch den Patienten	4
a) Die Kündigung durch den Privatpatienten	4
b) Die Kündigung durch den Kassenpatienten	5
2. Die Kündigung durch den Arzt	7
3. Wirksamwerden der Kündigung	12
IV. Beendigung durch Tod	13
V. Die Aufhebung des Arztvertrages	14

Schrifttum: *Laufs*, Arztrecht, 5. Aufl 1993, RdNr 111; *Natter*, Der Arztvertrag mit dem sozialversicherten Patienten, 1987; *Picker*, Fristlose Kündigung und Unmöglichkeit, Annahmeverzug und Vergütungsgefahr im Dienstvertragsrecht, JZ 1985, 641; weitere Literaturangaben oben § 40.

I. Die Beendigung durch Zeitablauf

Außer im Fall eines Kur- oder Sanatoriumsaufenthalts wird der Vertrag zwischen Arzt 1 und Patient im Regelfall nicht für einen bestimmten Zeitraum abgeschlossen, da sich Art, Dauer und Umfang der Behandlung kaum jemals von Anfang an absehen lassen. Auch führt der Eintritt des Quartalsendes nicht zur Beendigung des Arztvertrages, da es sich beim Quartalsende lediglich um einen kassenarztrechtlichen Begriff handelt.[1] Andererseits ist es möglich, dass der Patient bestimmte Anwendungen oder diagnostische Maßnahmen vom Arzt begehrt, deren Beendigung sich zeitlich absehen lässt. In diesen Fällen endet der Arztvertrag automatisch mit dem Ablauf des Zeitraums (§ 620 Abs 1 BGB).[2]

II. Beendigung durch Vertragserfüllung

Aus dem Zweck des Arztvertrages folgt, dass das Vertragsverhältnis grundsätzlich in 2 dem Zeitpunkt endet, zu dem der Patient genesen und damit der **Zweck des Arztvertrages erreicht** ist. Dies gilt auch für den Vertrag mit dem Hausarzt, der nicht als Dauerschuldverhältnis anzusehen ist.

III. Die Kündigung des Arztvertrages

Bei der ärztlichen Behandlung handelt es sich um Dienste höherer Art, die nur auf 3 Grund besonderen Vertrauens übertragen zu werden pflegen. Die Vertragsparteien können daher ohne Einhaltung einer Kündigungsfrist jederzeit den Arztvertrag kündigen, auch wenn kein wichtiger Grund iSd § 626 BGB vorliegt.[3] Hier ist jedoch zwischen der Kündigung des Arztes und der des Patienten zu unterscheiden.

---

[1] LG Münster Urt v 18.8.2005, Az 11 O 1064/04, 4.
[2] Vgl *Luig*, 223, 241; *Laufs*, ArztR RdNr 111.
[3] Vgl RAG ARS 15, 528; RG HRR 1932, Nr 1440; Zahnarzt: OLG Düsseldorf MDR 1986, 934; MünchKomm-*Henssler* (5. Aufl 2009) § 627 BGB RdNr 1; *Wertenbruch* MedR 1994, 394 ff; Erman/*Belling* (12. Aufl 2008) § 627 BGB RdNr 8 f; *Kern*, in: Rieger/Dahm/Steinhilper 335 RdNr 66 ff; *Tiemann*, 112; *Luig*, 242; *Narr* RdNr 1022.

1. Die Kündigung durch den Patienten

4 **a) Die Kündigung durch den Privatpatienten.** Der Patient kann den Arztvertrag gem § 627 Abs 1 BGB jederzeit kündigen, auch wenn kein wichtiger Grund iS § 626 BGB vorliegt. Das Kündigungsrecht entspricht dem Selbstbestimmungsrecht des Patienten und dem auf Vertrauen gegründeten Wesen des Arztvertrages.[4] Die Vereinbarung einer 24-stündigen Kündigungsfrist ist bei ärztlichen Behandlungsverträgen nach den §§ 305 ff BGB zulässig. Das Kündigungsrecht nach § 626 BGB bleibt davon unberührt.[5] Gründe braucht der Patient für seine Kündigung nicht anzugeben. Es genügt, dass das Vertrauensverhältnis zwischen Arzt und Patient erschüttert ist.[6] Allerdings darf die Kündigung gemäß § 241 Abs 2 BGB nicht zur Unzeit erfolgen, also zB nicht unmittelbar vor einem zeitaufwendigen Eingriff.[7] Erscheint der Patient nicht zu einem solchen Termin, setzt aber danach die Behandlung fort, kann nicht von einer Kündigung ausgegangen werden.[8]

Eine ganz andere Frage ist die, in welchem Umfang dem Arzt ein Anspruch auf Teilvergütung und/oder Schadensersatz zusteht, wenn der Patient von diesem Kündigungsrecht Gebrauch macht (§ 628 BGB).[9] Auch nach wirksamer Kündigung steht dem Arzt ein Honoraranspruch für die bereits erbrachten Leistungen zu, es sei denn, sie hätten isoliert für den Patienten keinen Wert.[10]

5 **b) Die Kündigung durch den Kassenpatienten.** Nach § 76 Abs 3 S 1 SGB V sollen die Versicherten den an der kassenärztlichen Versorgung teilnehmenden Arzt innerhalb eines Kalendervierteljahres nur bei **Vorliegen eines wichtigen Grundes** wechseln. Die Einschränkung knüpft also an die Voraussetzungen des § 626 BGB an. Deshalb kann der Kassenpatient den Arztvertrag innerhalb eines Quartals nur bei Vorliegen eines wichtigen Grundes kündigen, wenn er sich den Anspruch gegen die Kasse erhalten will.[11] Aus einer Kündigung des Arztvertrages ohne wichtigen Grund kann sich für den Kassenpatienten also die einschränkende Wirkung ergeben, dass die Krankenkasse die Leistung verweigert.

6 Wird der Kassenarztvertrag vorzeitig vom Patienten gekündigt, so steht dem Arzt **keine Teilvergütung** nach § 628 Abs 1 BGB gegen den Patienten zu. Der Kassenarzt hat stattdessen Anspruch auf Vergütung der Teilleistungen gegenüber der KV.[12]

7 **2. Die Kündigung durch den Arzt.** Grundsätzlich steht das unbeschränkte Kündigungsrecht nach § 627 Abs 1 BGB auch dem Arzt zu. Jedoch gilt gem § 627 Abs 2 BGB eine **wichtige Einschränkung:** Der Arzt darf von seiner Kündigungsmöglichkeit nur Gebrauch machen, wenn und soweit sichergestellt ist, dass der Patient eine notwendige Fortsetzung der Behandlung anderweitig erhalten kann.[13] Nach § 627 Abs 2 S 1 BGB

---

[4] Zutreffend *Laufs,* ArztR RdNr 111; *Wertenbruch* MedR 1994, 394.
[5] *Wertenbruch* MedR 1994, 394 ff.
[6] Vgl *Deutsch/Spickhoff* RdNr 78; *Luig,* 242; *Laufs,* ArztR RdNr 67. Nach Auffassung des OLG Köln ArztR 1990, 297, darf der Patient auch beim Krankenhausaufnahmevertrag die Vereinbarung ärztlicher Wahlleistungen gegenüber dem Krankenhausarzt jederzeit nach § 627 Abs 1 BGB kündigen.
[7] *Kern,* in: *Rieger/Dahm/Steinhilper* 335, RdNr 60.
[8] *Kern,* in: *Rieger/Dahm/Steinhilper* 335, RdNr 60.
[9] Nach LG Essen NJW 1966, 402, 403, steht dem Arzt zB kein Vergütungsanspruch zu, wenn die Sprechstundenhilfe die Blutkörperchen falsch auszählt und auf diese Weise eine falsche Diagnose zustande kommt, so dass der Patient wegen fehlenden Vertrauens den Behandlungsvertrag fristlos kündigt.
[10] *Deutsch/Spickhoff* RdNr 78; *Laufs,* ArztR RdNr 123; *Kern,* in: *Rieger/Dahm/Steinhilper* 335 RdNr 63.
[11] Vgl auch *Natter,* 122 u 170; *Wertenbruch* MedR 1994, 394, 396.
[12] Vgl BSG SozR 2200 § 182 c Nr 5; SozR 5545 § 26 Nr 1; *Laufs,* ArztR RdNr 123; *Deutsch/Spickhoff* RdNr 78; *Natter,* 170.
[13] *Laufs,* ArztR RdNr 111; *Tiemann,* 112; *Narr* RdNr 1022; *Luig,* 243; *Deutsch/Spickhoff* RdNr 42; *Kern,* in: *Rieger/Dahm/Steinhilper* 335 RdNr 68; *Erman/Belling* (12. Aufl 2008) § 627 BGB RdNr 9.

kann die **Kündigung auch zur Unzeit** erfolgen, wenn ein wichtiger Grund iSv § 626 Abs 1 BGB vorliegt. Hier allerdings ergeben sich Einschränkungen für den Arzt, die sich sowohl aus allgemeinen Rechtsvorschriften (zB § 323c StGB) sowie aus der BÄO herleiten lassen. Nach § 7 Abs 2 S 2 MBO kann der Arzt die ärztliche Behandlung insbesondere ablehnen, wenn er der Überzeugung ist, dass das notwendige Vertrauensverhältnis zwischen ihm und dem Patienten nicht besteht. Seine Verpflichtung, in Notfällen zu helfen, bleibt hiervon unberührt.

Aus den Besonderheiten des Arztvertrages und der MBO folgt, dass an die Beurteilung, ob im Einzelfall ein **wichtiger Grund** zur fristlosen Kündigung des Arztvertrages gegeben ist, strenge Anforderungen zu stellen sind.[14] Auf keinen Fall darf die Kündigung und Ablehnung der Weiterbehandlung in einem Stadium erfolgen, in dem der Patient dringender ärztlicher Hilfe bedarf und auf den behandelnden Arzt angewiesen ist.[15]

Kündigt der Arzt den Arztvertrag zur Unzeit, ohne dass ein wichtiger Grund iSv § 626 Abs 1 BGB vorliegt, so ist er gegenüber dem Patienten zum Schadensersatz nach § 627 Abs 2 BGB verpflichtet. Die Kündigung bleibt hingegen wirksam.[16]

Ein **wichtiger Grund** für die fristlose Kündigung des Behandlungsvertrages durch den Arzt liegt vor, wenn durch das Verhalten des Patienten das Vertrauensverhältnis erschüttert worden ist, wie zB bei fortgesetzter Verleumdung des Arztes durch den Patienten.[17] Schuldhafte Nichtbefolgung ärztlicher Anordnungen, die Nichteinnahme verschriebener Medikamente, Weiterrauchen trotz strikten Rauchverbots, Beschimpfungen oder Bedrohungen des behandelnden Arztes, dauernde nächtliche Störungen durch Telefonanrufe oder eingebildete Krankheiten können den Arzt berechtigen, den Behandlungsvertrag aus wichtigem Grund fristlos zu kündigen. Geringe Pflichtversäumnisse des Patienten reichen nicht aus. Zweifelhaft ist dagegen, ob ein wichtiger Grund vorliegt, wenn der Patient nach Aufklärung die Vornahme bestimmter Behandlungen oder Eingriffe ablehnt. Gleiches gilt für die Ablehnung einer stationären Krankenhausaufnahme, die der behandelnde Arzt für geboten hält. Das Selbstbestimmungsrecht des Patienten hat der Arzt grundsätzlich zu respektieren. Die Abgrenzung von Pflichten aus dem Arztvertrag, fehlender Compliance und Wahrung berechtigter Eigeninteressen des Patienten ist nicht immer einfach. Im Zweifel sollte der Arzt bei Kündigung des Behandlungsvertrages dem Patienten eine **angemessene Frist** setzen, binnen derer er sich eine anderweitige Behandlung verschaffen kann.

Zwar steht dem Arzt bei seiner Kündigung des Behandlungvertrages aus wichtigem Grunde gem § 628 Abs 1 S 1 BGB ein **Anspruch auf Teilhonorar** zu, das gilt aber nicht, wenn der Arzt kündigt, ohne durch vertragswidriges Verhalten des Patienten hierzu veranlasst worden zu sein oder wenn er selbst durch vertragswidriges Verhalten die Kündigung des anderen Teils veranlasst hat (§ 628 Abs 1 S 2 BGB).[18] Ein Honoraranspruch entsprechend den bislang erbrachten Leistungen steht dem Arzt auch dann zu, wenn der Arztvertrag durch Kündigung eines der beiden Beteiligten sein Ende findet, bevor der erstrebte Erfolg eintritt.[19] Hat der Arzt die vom Patienten gewünschte Untersuchung nicht vorgenommen, sondern ihn lediglich nach Erhebung der Anamnese beraten, so hat der Arzt ebenfalls einen Anspruch auf Vergütung.[20] Der Honoraranspruch des Arztes entfällt nur

---

Zweifelhaft ist allerdings, ob sich aus der Präambel der Musterberufsordnung der BÄK 1983 ergibt, dass der Arzt eine Behandlung nur abbrechen darf, wenn bis zum Eintreffen eines anderen Arztes weder Leben noch Gesundheit des Patienten gefährdet werden, wie *Hanau* meint.

[14] So auch *Laufs*, ArztR RdNr 111.
[15] *Kohlhaas*, Medizin und Recht, 100; *Kern*, in: *Rieger/Dahm/Steinhilper* 335 RdNr 68.
[16] Vgl BGH NJW 1987, 2808; *MünchKomm-Henssler* (5. Aufl 2009) § 627 BGB RdNr 31; *Staudinger/Preis* (2002) § 627 BGB RdNr 28; *Erman/Belling* (12. Aufl 2008) § 627 BGB RdNr 9.
[17] *Deutsch/Spickhoff* RdNr 78.
[18] Vgl LG Essen NJW 1966, 402; *Laufs*, ArztR RdNr 123; *Kern*, in: *Rieger/Dahm/Steinhilper* 335 RdNr 63.
[19] *Laufs*, ArztR RdNr 123; *Deutsch/Spickhoff* RdNr 78.
[20] AG Mannheim NJW 1971, 1902; *Laufs*, ArztR RdNr 123.

insoweit, als der Arzt durch eigenes vertragswidriges Verhalten oder ein Verhalten seiner Hilfskräfte die Kündigung durch den Patienten veranlasst hat oder selbst kündigt, ohne hierzu durch vertragswidriges Verhalten des Patienten veranlasst worden zu sein und jeweils die Teilleistung für den Patienten kein Interesse hat (§ 628 Abs 1 S 1 BGB).[21]

12 **3. Wirksamwerden der Kündigung.** Die Kündigung des Arztvertrages wird in der Regel erst wirksam, wenn die Kündigungserklärung dem Arzt oder Patienten zugegangen ist. Der Patient kann sich also nicht darauf verlassen, dass der Arztvertrag dadurch endet, dass er nicht mehr bei seinem behandelnden Arzt erscheint. Vielmehr wird auch der Behandlungsabbruch als konkludente Kündigung erst wirksam, wenn der Arzt von dem Willen des Patienten, den Arztvertrag nicht fortzusetzen, erfährt.[22]

IV. Beendigung durch Tod

13 Der Arztvertrag wird mit sofortiger Wirkung beendet, wenn der Patient oder der behandelnde Arzt stirbt. Die Ansprüche des Arztes auf Vergütung der bisherigen Teilleistungen gegen den Patienten gehen auf die Erben über, soweit nicht die Abrechnung mit der KV erfolgt. Letzterenfalls richten sich die Ansprüche auf Vergütung der bisherigen Teilleistungen gegen die KV.

Hatte der Arzt den Behandlungsvertrag fristlos gekündigt, ist aber die Kündigung zur Unzeit erfolgt, weil der Patient sich nicht rechtzeitig anderweitige ärztliche Hilfe verschaffen konnte, so gehen vertragliche Schadensersatzansprüche nach § 627 Abs 2 BGB auf die Erben über.

V. Die Aufhebung des Arztvertrages

14 Den Parteien des Arztvertrages ist es unbenommen, einen Arztvertrag einverständlich durch vertragliche Vereinbarung aufzuheben. Eine solche Aufhebung ist im Regelfall anzunehmen, wenn der zunächst behandelnde Arzt den Patienten an einen anderen Arzt oder ein Krankenhaus zur stationären Aufnahme überweist. Etwas anderes gilt bei der nur konsiliarischen Inanspruchnahme eines Arztkollegen. In den Fällen der Überweisung kommt mit dem in Anspruch genommenen neuen Arzt regelmäßig auch ein neuer Behandlungsvertrag zustande. Gleiches gilt für die Krankenhausaufnahme. Keine Beendigung des Arztvertrages durch Aufhebung liegt dagegen vor, wenn Teilleistungen wie zB Laboruntersuchungen oder Gewebeuntersuchungen durch einen Pathologen auf Veranlassung des behandelnden Arztes vorgenommen werden.

---

[21] Vgl LG Essen NJW 1966, 402; *Laufs,* ArztR RdNr 123.
[22] *Tiemann,* Das Recht in der Arztpraxis, 1984, 141.

9. Kapitel. Die Pflichten des Arztes aus Behandlungsübernahme und Behandlungsvertrag

§ 45 Die Pflicht des Arztes zur persönlichen Leistung

Übersicht

	RdNr
I. Begriff der persönlichen Leistung	1
II. Delegierbare ärztliche Leistungen	5
1. Nicht delegationsfähige Leistungen	6
2. Generell delegationsfähige Leistungen	7
3. Im Einzelfall delegationsfähige Leistungen	8
III. Die Pflicht des liquidationsberechtigten Krankenhausarztes zur persönlichen Leistung	9

Schrifttum: *Deutsch/Spickhoff,* Medizinrecht, 6. Aufl 2008, RdNr 74 ff; *Eberbach,* Pränatale Diagnostik – Fetaltherapie – selektive Abtreibung: Angriffe auf §§ 218a Abs 2 Nr 1 StGB (embryopathatische Indikation), in: JR 1989, 265 ff; *Eser/v Lutterotti/Sporken,* Lexikon Medizin Ethik Recht, 1992; *G Schulz,* Arztrecht für die Praxis, 3. Aufl 1965; *Geiß/Greiner,* ArzthaftpflichtR, 5. Aufl 2006; *Giesen,* ArzthaftungsR, 4. Aufl 1995; *Gitter/Köhler,* Der Grundsatz der persönlichen ärztlichen Leistungspflicht, 1989; *Jähnke,* Grenzen der Behandlungspflicht beim schwerstgeschädigten Neugeborenen aus juristischer Sicht, in: *Hiersche/Hirsch/Graf-Baumann* (Hrsg), Grenzen ärztlicher Behandlungspflicht bei schwerstgeschädigten Neugeborenen, 1987, 99 ff; *Kern,* Zur Zulässigkeit der ärztlichen Behandlung im Internet, MedR 2001, 495; *ders,* Die neuere Rechtsprechung zur Aufklärungspflicht, GesR 2009, 1; *Kern/Laufs,* Die ärztl Aufklärungspflicht, 1983; *Kern/Richter,* Haftung für den Erfolgseintritt? – Die garantierte ärztliche Leistung, in: *Wiencke* (Hrsg), Wunschmedizin, 2009, 129 ff; *Kroha,* Ärztliche online-Beratung, 2007; *Laufs,* Arztrecht, 5. Aufl 1993, RdNr 86 ff; *Lawin/Huth,* Grenzen der ärztlichen Aufklärungs- und Behandlungspflicht, 1982; *Narr,* Ärztliches Berufsrecht, Loseblattausgabe; *ders,* Zur persönlichen Leistungserbringung des Chefarztes aus der Sicht der GOÄ und des Kassenarztrechtes, MedR 1989, 215 ff; *Peikert,* Persönliche Leistungserbringungspflicht, in: MedR 2000, 352 ff; *Pitz,* Was darf das Medizinpersonal? – Eine Untersuchung zu den Kompetenzen des Medizinpersonals bei eigenverantwortlichem Handeln und Arbeitsteilung, 2007, 55 f; *Polonius,* Delegation chirurgischer Leistungen auf nichtärztliches Assistenzpersonal, in: BDC/Online – 1 April 2007, 1 ff; *Rieger* (Hrsg), Lexikon des Arztrechts, 1. Aufl 1984; *Steffen/Pauge,* Arzthaftungsrecht, 10. Aufl 2006; *Spann,* Ärztliche Rechts- und Standeskunde, 1962; *Spickhoff/Seibl,* Haftungsrechtliche Aspekte der Delegation, in: MedR 2008, 463 ff; *Taupitz/Neikes,* Laboruntersuchungen als „eigene" Leistung im Sinne der GOÄ, in: MedR 2008, 121 ff; *Uhlenbruck,* Der diagnostische Eingriff als Rechtsproblem, ArztR 1980, 175 ff; *Uhlenbruck,* Der Begriff der Heilbehandlung, DMW 1968, 271 ff; *verschiedene,* in: *Rieger/Dahm/Steinhilper* (Hrsg), Heidelberger Kommentar – Arztrecht, Krankenhausrecht, Medizinrecht (HK-AKM), 2. Aufl 2001.

I. Begriff der persönlichen Leistung

Aufgrund des Arztvertrages (§§ 611 ff BGB) ist der Arzt nach § 613 S 1 BGB verpflichtet, die ärztliche Behandlung als Dienstleistung persönlich zu erbringen. Die **persönliche ärztliche Leistungspflicht** enthält auch zugleich das grundsätzliche Verbot der Übertragung von ärztlichen Maßnahmen auf Dritte. 1

Nach § 15 Abs 1 S 2 SGB V iVm § 15 BMV-Ä umfasst die ärztliche Behandlung auch die Tätigkeit anderer Personen, die vom Arzt angeordnet ist und von ihm verantwortet wird. Damit ist klargestellt, dass der Grundsatz der persönlichen Leistungserbringungspflicht nicht bedeutet, dass der Arzt jede Behandlungsmaßnahme auch **eigenhändig** 2 ausführen muss. Der Einsatz nichtärztlicher Hilfspersonen ist in begrenztem Umfang zulässig, jedoch muss in allen Fällen der Kernbereich des ärztlichen Handelns dem Arzt vorbehalten bleiben **(Arztvorbehalt)**[1]. Hilfspersonen dürfen vom Arzt nur eingeschaltet werden, soweit es sich um vorbereitende, unterstützende, ergänzende oder allenfalls mitwirkende Tätigkeiten zur eigentlichen ärztlichen Leistung handelt.[2]

3 Diese Grundsätze gelten auch für den **Krankenhausarzt,** soweit dieser eine eigene Sprechstundenpraxis oder Überweisungspraxis betreibt.[3] Im stationären Leistungsbereich ergibt sich für Wahlleistungen die Verpflichtung zur persönlichen Leistungserbringung aus § 18 Abs 1 S 2 Z 1 KHEntgG[4]. Der Chefarzt einer Klinik für Kinder- und Jugendpsychiatrie/Psychotherapie ist demzufolge nicht verpflichtet, jeden einzelnen Behandlungsschritt persönlich auszuführen. Ausreichend ist, dass er das Therapieprogramm entwickelt oder vor Behandlungsbeginn persönlich überprüft, den Verlauf der Behandlung engmaschig überwacht und die Behandlung nötigenfalls jederzeit beeinflussen kann.[5]

4 Ist der **niedergelassene Arzt** vorübergehend verhindert, seine Praxis auszuüben, so ist er berechtigt, einen ärztlichen Vertreter zu bestellen, der die Praxis zeitweise weiterführt.[6]

II. Delegierbare ärztliche Leistungen

5 In beschränktem Umfang sind bestimmte (Hilfs-)tätigkeiten delegierbar. Da die Abgrenzung der delegationsfähigen Leistungen schwierig ist, haben die Vorstände der Bundesärztekammer und der Kassenärztlichen Bundesvereinigung eine Erklärung erarbeitet,[7] die ursprünglich nur für die Abrechenbarkeit Bedeutung hatte, in der Folge aber auch ständig für die Zulässigkeit überhaupt herangezogen wurde. Insoweit werden nicht delegationsfähige von generell delegationsfähigen Leistungen unterschieden. Hinzu kommen „im Einzelfall delegationsfähige Leistungen".

6 **1. Nicht delegationsfähige Leistungen.** Nicht delegationsfähig sind nach Dienstvertragsrecht und unter Berücksichtigung der gemeinsamen Auffassung der Krankenkassen und der Kassenärztlichen Bundesvereinigung über die Anforderungen an die persönliche Leistungserbringung Verrichtungen, die wegen ihrer Schwierigkeiten, ihrer Gefährlichkeit oder wegen der Unvorhersehbarkeit etwaiger Reaktionen ärztliches Fachwissen voraussetzen und deshalb vom Arzt persönlich durchzuführen sind.[8] Hierzu zählen insbesondere operative Eingriffe, schwierige Injektionen, Infusionen und Blutentnahmen sowie ärztliche Untersuchungen, Diagnostik und die ärztliche Beratung des Patienten sowie die Indikationsstellung oder die Erarbeitung eines Therapie- oder Operationsplans.

Ausdrückliche Arztvorbehalte finden sich zudem in den §§ 1 Abs 1 S 1, Abs 3 ZHG, 218 ff StGB, 24 IfSG, 7 Abs 2 TFG, 2 Abs 1 KastrG, 9 und 11 ESchG, 23 Abs 1 und 24 Abs 1, 2

---

[1] *Gitter/Köhler,* 55; vgl dazu auch *Wiencke,* Einschränkungen des Arztvorbehalts, in: *Wiencke/Dierks* (Hrsg), Zwischen Hippokrates und Staatsmedizin, 2008, 113.
[2] *Gitter/Köhler,* 55.
[3] Für das Kassenarztrecht gilt insoweit §§ 15 Abs 1 S 2 SGB V, 32, 32b Ärzte-ZV, 15 Abs 1 S 1 BMV-Ä.
[4] Siehe auch § 82 RdNr 181 f u § 87 RdNr 12.
[5] OLG Hamm NJW 1995, 2420.
[6] Vgl hierzu im Einzelnen *Narr* ÄrztlBerufsR RdNr 1069; *Rieger,* in: *Rieger/Dahm/Steinhilper,* 4360. Nicht identisch ist die kollegiale gegenseitige Vertretung niedergelassener Ärzte im Rahmen der Berufspflicht mit der hier behandelten vorübergehenden Verhinderung. Vgl insoweit § 20 Abs 1 MBO. Zur Haftung siehe BGH NJW 1956, 1834; OLG Düsseldorf VersR 1985, 370; *Rieger* Lexikon 4360 RdNr 2.
[7] RheinÄBl 1988, 95; vgl auch § 20 MBO; § 4 Abs 2 GOÄ 1996, zuletzt geändert durch Art 17 d Gesetzes v 4.12. 2001 (BGBl I, 3320); *Deutsch/Spickhoff* RdNr 65, 66 sowie *Taupitz/Neikes,* 121.
[8] DÄBl 1988, 2197; *Narr* MedR, 215, 216; *Laufs,* ArztR RdNr 519 ff; RGRK-*Nüßgens* § 823 BGB Anh II RdNr 222; *Peikert,* 352 ff.

9. Kapitel. Die Pflichten des Arztes   7, 8   § 45

RöV, 13 Abs 1 BtMG, 48, AMG, 1 Abs 1 MPVerschrV,[9] § 3 Abs 1 Nr 3 TPG und § 1901b Abs 1 BGB. Arztvorbehalte, die die Aufklärung vor einer Klinischen Prüfung betreffen, sind in den §§ 40 Abs 2 S 1, Abs 4 Nr 3, 41 Abs 1, 2 und 3 AMG, 20 Abs 1 Nr 2, Abs 4 Nr 4, 21 Nr 3 MPG geregelt.[10] Diese Arztvorbehalte stellen sicher, dass in bestimmten medizinischen Bereichen mit wissenschaftlich gesicherten medizinischen Kenntnissen vorgegangen wird[11]. Aber auch neue Behandlungsmethoden stehen unter Arztvorbehalt.[12]

2. Generell delegationsfähige Leistungen. Zu den generell delegationsfähigen Leistungen[13] gehören ua: Laborleistungen[14], Dauerkatheterwechsel und der Wechsel einfacher Verbände, ebenso radiologische Leistungen.   7

3. Im Einzelfall delegationsfähige Leistungen. Es gibt Leistungen, die nur im Einzelfall zur Ausführung an nichtärztliche Mitarbeiter übertragen werden dürfen. Hierzu gehören insbesondere die **Injektionen, Infusionen, Blutentnahmen sowie die Entnahme von Gewebe gem § 3 Abs 1 TPG.** Der Arzt darf im Einzelfall qualifizierte nichtärztliche Mitarbeiter mit solchen Tätigkeiten betrauen, sofern sein persönliches Tätigwerden nach Art und Schwere des Krankheitsbildes oder des Eingriffs nicht erforderlich ist und der Mitarbeiter die erforderliche Qualifikation, Zuverlässigkeit und Erfahrung aufweist.[15] Es besteht die Verpflichtung des behandelnden Arztes, sein Personal in hinreichendem Maße zu überwachen. Die Anforderungen an die dem Arzt gegenüber bestehenden Sorgfaltspflichten, zu denen die Pflicht zur sorgfältigen Auswahl des Personals, zur umfänglichen Instruktion, zur umfassenden Überwachung und zur Kontrolle gehören, korrelieren mit der Schwere des Eingriffes und dem Risiko für den Patienten.[16]   8

In der medizinischen Literatur wird zu diesem Thema immer wieder behauptet, die Rechtslage sei ungeklärt[17]. Ursache für diese Behauptung ist der Umstand, dass es keine gesetzliche Grundlage gibt, die festlegt, welche Arbeiten vom Arzt selbst durchgeführt werden müssen und welche allgemein oder auf bestimmte nichtärztliche Heilberufe übertragen werden dürfen[18]. Daraus darf aber nicht der Schluss gezogen werden, es sei eine unklare Rechtslage, eine Grauzone gäbe. Vielmehr greifen die allgemeinen medizinrechtlichen Regeln, die für diese Frage besagen, dass die medizinischen Vorgaben – wie auch sonst bei der Standardbestimmung – durch die Medizin festgelegt werden, durch die Übung der Ärzte einerseits und ihr folgend durch Leitlinien der Berufsverbände andererseits. Das Recht und insbesondere das Haftungsrecht haben die Einhaltung der medizinischen Vorgaben zu kontrollieren, nicht Anforderungen zu konstruieren. Diese Aufgabe fällt auch der Ökonomie[19] und der Gesetzgebung nicht zu, die allenfalls Zweifelsfragen zu klären hat.

---

[9] Auflistung nach *Pitz,* 55 f, *Spickhoff/Seibl,* 463, 467.
[10] *Pitz,* 56.
[11] *Deutsch,* Embryonenschutz in Deutschland, NJW 1991, 721, 722.
[12] BSG NJW 2007, 1385.
[13] *Narr* MedR, 215, 216; *Peikert* 352, 355 ff.
[14] So auch *Taupitz/Neikes,* 125 f.
[15] Vgl Stellungnahme der BÄK v 16. 2. 1974 (DMW 1974, 1380); Stellungnahme der DKG und der BÄK zur Durchführung von Injektionen, Infusionen und Blutentnahmen durch das Krankenpflegepersonal v 11. 3./18. 4. 1980 (DÄBl 1980, 1710 = KH 1980, 155); Stellungnahme der Kassenärztlichen Bundesvereinigung v 16. 1. 1979 (Der Deutsche Arzt 1980, 12); *Hahn* NJW 1981, 1977; *Rieger* DMW 1973, 1821; *ders* DMW 1974, 544; *ders* Lexikon RdNr 893; *Brenner* MedWelt 1972, 235; *ders* KH 1980, 151; *Narr* MedR, 215; *ders* NJW 1988, 2280; *ders* ÄrztlBerufsR RdNr 890 ff; *Dunz* DMW 1974, 1542 ff; *Laufs,* ArztR RdNr 520.
[16] BGHZ 89, 263, 272; OLG Celle VersR 1985, 994, 995.
[17] *Polonius,* 1.
[18] *Roßbruch,* Zur Problematik der Delegation ärztlicher Tätigkeiten an das Pflegefachpersonal auf Allgemeinstationen unter besonderer Berücksichtigung zivilrechtlicher, arbeitsrechtlicher und versicherungsrechtlicher Aspekte – 1. Teil, PflR 2003, 95.
[19] Vgl dazu *Polonius,* 2.

In diesem Sinne wurden jüngst die Deutsche Gesellschaft für Anästhesiologie und Intensivmedizin (DGAI) sowie der Berufsverband Deutscher Anästhesisten (BDA) tätig. Grund dafür war der Einsatz Medizinischer Assistenten für Anästhesie (MAfA) in den Kliniken des Helios-Konzerns, der auf den planmäßigen Ersatz von Anästhesisten durch speziell qualifiziertes Pflegepersonal abzielte. Diese sollten insbesondere die Narkoseführung „in unkritischen Phasen" übernehmen. Die Aufgaben gliederten sich auf in Überwachungstätigkeiten, zB die Kontrolle und Dokumentation von Sauerstoffsättigung, Blutdruck, Herzfrequenz und anderer Patientenparameter einerseits und die Durchführung invasiver Maßnahmen andererseits. Dazu gehört beispielsweise das Legen von arteriellen Kanülen zur Überwachung des Blutdruckes, die oropharyngeale und nasopharyngeale In- und Extubation nach Narkoseeinleitung, die Applikation von Medikamenten nach Zielvorgabe durch den Facharzt[20]. Ausdrücklich und ausschließlich dem Facharzt vorbehalten waren nach dem Konzept die Prämedikationsvisite und die Aufklärung des Patienten, die generelle Festlegung des Anästhesieverfahrens sowie die Auswahl und Anordnung der Medikamente. Die Beaufsichtigung des MAfA sollte durch einen Anästhesisten erfolgen, dessen Verantwortungsbereich sich über bis zu vier Operationssäle erstrecken sollte. Die Fachgesellschaften[21] haben in Übereinstimmung mit der ständigen Rechtsprechung des BGH[22] festgestellt, dass die Narkoseführung eine ärztliche Aufgabe sei und Parallelnarkosen, dh die Delegation der Überwachung des Patienten während einer laufenden Narkose, demzufolge unzulässig seien. Anästhesieverfahren dürfen grundsätzlich nur von Fachärzten oder von Assistenzärzten unter Aufsicht eines Facharztes vorgenommen werden, wobei Blick- oder Rufkontakt bestehen muss[23].

Entsprechendes gilt für den Chirurgisch-Technischen Assistenten (CTA)[24]. Nur Hilfsleistungen, wie zB das Hakenhalten während der Operation, kann auf nichtärztliches Personal delegiert werden, wenn sich der verantwortliche operierende Arzt zuvor persönlich von der Qualifikation und Zuverlässigkeit des Mitarbeiters überzeugt hat[25].

Für die Zukunft ist zu befürchten, dass verstärkt nichtärztliches Personal in die Behandlung einbezogen wird. Bereits im Koalitionsvertrag zwischen CDU, CSU und SPD von November 2005 ist festgehalten, dass die Politik „nichtärztliche Heilberufe stärker in Versorgungskonzepte [einbinden]" möchte[26]. Auch nach den Empfehlungen des Sachverständigenrates zur Kooperation und Verantwortung im Gesundheitswesen[27] sollen nichtärztliche Gesundheitsberufe stärker in die Versorgung und Verantwortung einbezogen werden. Der Sachverständigenrat hat in seinem Gutachten zur „Kooperation und Verantwortung – Voraussetzungen einer zielorientierten Gesundheitsversorgung" – im Juli 2007 vorgeschlagen, das überlieferte Arztbild umfassend zu ändern, um die Kooperation zwischen den unterschiedlichen Berufsgruppen zu verbessern und damit eine effizientere und effektivere gesundheitliche Leistungserbringung zu erzielen. Nach den Vorschlägen des

---

[20] *Spickhoff/Seibl*, 463.
[21] Deutsche Gesellschaft für Chirurgie, Stellungnahme anlässlich des Workshops zur Delegation ärztlicher Aufgaben auf nichtärztliche Mitarbeiterinnen und Mitarbeiter v 27. 11. 2006, Deutsche Gesellschaft für Chirurgie-Mitteilungen, 2007, 62, BDA und DGAI, Ärztliche Kernkompetenz und Delegation in der Anästhesie v 26. 10. 2007 bzw 8. 11. 2007, Der Anästhesist 2007, 1273 ff.
[22] BGH NJW 1974, 1424, 1425.
[23] *Flintrop*, Parallelnarkosen: Helios entschärft umstrittenes Konzept, DÄBl 2007, B-613, C-589, 1, BGH NJW 1983, 1374, 1376.
[24] *Polonius*, 3.
[25] *Polonius*, 4.
[26] Vgl „Gemeinsam für Deutschland. Mit Mut und Menschlichkeit." Koalitionsvertrag zwischen CDU, CSU und SPD, 2005, IV, 7.2.3., 104.
[27] Vgl „Kooperation und Verantwortung – Voraussetzungen einer zielorientierten Gesundheitsversorgung", Gutachten des Sachverständigenrates zur Begutachtung der Entwicklung im Gesundheitswesen (http://www.svr-gesundheit.de/Gutachten/%DCbersicht/Langfassung.pdf), Juli 2007, 69 ff, 90 ff, 171 ff.

9. Kapitel. Die Pflichten des Arztes 1, 2 § 46

Rates kommt es im Rahmen neuer, „team"-orientierter Arbeitsformen zu einer Neuaufteilung der Tätigkeitsfelder entsprechend der jeweiligen Qualifikationen sowie zur Übernahme der Verantwortung für das jeweilige Handeln[28].

III. Die Pflicht des liquidationsberechtigten Krankenhausarztes zur persönlichen Leistung

Gem § 613 S 1 BGB ist der **Leitende Krankenhausarzt** (Chefarzt) gegenüber Wahlleistungspatienten verpflichtet, die ärztliche Behandlung persönlich zu erbringen. Im Rahmen der Behandlung ist es aber unumgänglich, dass er sich der Mitarbeit von nachgeordneten Ärzten, wie zB Oberärzten oder Assistenzärzten, im Rahmen der stationären Behandlung bedient. Beim Leitenden Krankenhausarzt bleiben aber rechtlich die Behandlungspflicht und die ärztliche Verantwortung gegenüber dem Patienten. Nur bei unvorhersehbaren Ereignissen, also in Krankheitsfällen und bei plötzlich auftretenden dienstlichen Aufgaben, darf er sich von einem Chefarzt-Stellvertreter (Oberarzt) vertreten lassen.[29] 9

In den übrigen Fällen ist der liquidationsberechtigte Chefarzt verpflichtet, den Patienten, der die Wahlleistung „Arzt" gewählt hat, persönlich zu behandeln.[30] Auch die Schwere einer Erkrankung kann es – unabhängig von einer Wahlleistungsvereinbarung – erfordern, dass der Chefarzt die Leistungen persönlich erbringt.

§ 46 Die Anamnese

Übersicht

	RdNr
I. Begriff	1
II. Die Rechtspflicht des Arztes zur Erhebung der Anamnese	3
III. Die Arten der Anamnese	4
IV. Die Anamnesetechnik	6

I. Begriff

Anamnese, die „anspruchsvollste Repräsentation der ärztlichen Kunst"[1], ist die vom Patienten mitgeteilte **Vorgeschichte einer aktuellen Erkrankung** (Eigenanamnese), die ergänzt wird durch Krankheitsangaben aus dem Familienbereich (Familienanamnese). Im Bereich der Psychiatrie kann sich die Anamnese auch auf die frühere Lebensgeschichte erstrecken (biographische Anamnese). 1

Die Anamnese ist nicht nur der wichtigste, sondern zugleich auch der schwierigste **Teil der Diagnostik** und der Arzt-Patienten-Beziehung überhaupt: „Wenn ich gezwungen wäre, auf eins von beiden, Anamnese oder Untersuchung, zu verzichten, würde ich dazu immer die Untersuchung wählen. Leider ist die bei inneren Krankheiten so enorm wichtige Kunst der Erhebung der Vorgeschichte auch vielfach nicht mehr so ausgebildet wie sie sein sollte. Dabei ist eine gute Anamnese, die nicht einmal viel Zeit zu beanspruchen braucht, auch schon der Beginn der Behandlung, wenn es damit gelingt, eine 2

---

[28] *Wienke,* Einschränkung des Arztvorbehaltes, in: *Wienke/Dierks,* Zwischen Hippokrates und Staatsmedizin, 2008, 113 ff, 117.

[29] BGH MedR 2007, 302; vgl dazu auch *Kern* MedR 2000, 347 ff.

[30] Vgl OLG Celle NJW 1982, 2129; OLG Karlsruhe MedR 1987, 244; OLG Hamm VersR 1986, 897.

[1] *Hartmann,* Die Anamnese (Teil I), KlinGegenw 1965, 691; *Gross,* Medizinische Diagnostik – Grundlagen und Praxis, 27; *Dahmer,* Anamnese und Befund, 7. Aufl 1994; vgl auch *Giesen* RdNr 112.

Atmosphäre des Verständnisses und des Vertrauens zu schaffen."[2] Nach Untersuchungen von *F Hartmann* und *E Lauda*[3] führt die Anamnese in etwa 70 % aller Krankheiten allein zu einer richtigen Diagnose.

II. Die Rechtspflicht des Arztes zur Erhebung der Anamnese

3   Häufig ist beim Besuch eines Patienten in der Praxis zunächst eine umfassende Anamnese zeitlich nicht durchführbar. In diesen Fällen ist der Arzt berechtigt, eine **Kurzanamnese** zu erstellen.[4] Der **Zeitzwang in Notfällen** kann die Erhebung einer Anamnese zu Beginn der – meist flüchtigen – Diagnostik unmöglich machen. Es ist dem Arzt aber auch in Eilfällen grundsätzlich zuzumuten, notwendige Erkundigungen, wenn nicht schon beim Patienten, so doch bei seinen Angehörigen einzuholen, um wichtige anamnestische Feststellungen zu treffen.

III. Die Arten der Anamnese

4   Je nach Art der Erkrankung und der Beschwerden sind unterschiedliche anamnestische Feststellungen zu treffen. Im Regelfall ausreichend ist die **Eigenanamnese** als Vorgeschichte der aktuellen Krankheit. Sie erstreckt sich grundsätzlich auch auf frühere Erkrankungen. Besonders wichtig ist eine **Medikamentenanamnese** (Arzneimittelanamnese). Eine **Sozialanamnese,** dh Erhebungen über die wesentlichen Daten des beruflichen Werdegangs des Patienten, seine jetzige Tätigkeit und seine soziale Umwelt sowie über den Familienstand ist vor allem bei unklaren Befunden und den sog Umwelt- oder Verhaltenskrankheiten sowie bei psychosomatischen Krankheiten angezeigt.

5   Ob der Arzt im Einzelfall eine **Vollanamnese** als vollständige Lebensgeschichte oder lediglich eine gezielte **Teilanamnese** erhebt, richtet sich nach der Art der Beschwerden, der Erkrankung und nach dem Zustand des Patienten. Eine epidemisch auftretende Infektionskrankheit erfordert weniger anamnestischen Aufwand als zB unbestimmte Beschwerden im Abdominalbereich.

IV. Die Anamnesetechnik

6   Hinsichtlich der Anamnesetechnik gibt es keine rechtlich verbindlichen Anweisungen oder Vorschriften. Unverzichtbar ist jedoch das **ärztliche Gespräch,**[5] dem eine besondere Bedeutung zukommt. Behandlungsfehlerhaft ist daher der Verzicht auf das Gespräch und die Vorlage eines Fragebogens, auf dem der Patient seine Beschwerden nicht mehr schildert, sondern ankreuzt.[6]

Der spontane Bericht des Patienten weist vielfach schon auf die Art der Erkrankung hin, weil die meisten Kranken spontan zuerst von ihren Hauptbeschwerden, dem eigentlichen Kern des subjektiven Krankheitserlebens, sprechen. Zu häufiges Unterbrechen und zu häufige Zwischenfragen können sich als Anamnesefehler darstellen, wenn sie den Patienten „aus dem Konzept" bringen und dieser sodann wesentliche Fakten verschweigt.

---

[2] *Schulten,* Der Arzt, 3. Aufl 1966, 54.

[3] Zit nach ÄP 1965, 535; *Lauda,* Die interne Diagnostik in ihrer geschichtlichen Entwicklung aus ihren Anfängen bis in die Gegenwart, MedKlin 1958, 1157.

[4] Vgl hierzu *Wolfram,* Prinzipien der Anamnese, in: *Gröbner,* Die körperliche Untersuchung, 1989, 12.

[5] *Hellner,* Arzt – Kranker – Krankheit, 1970, 47; *Hollmann,* Das ärztliche Gespräch mit dem Patienten, NJW 1973, 1393; *Krebs* ÄP 1990, 18; *Frhr v Kress,* Das ärztliche Gespräch, Therapie d Gegenw 1973, 673; *Meerwein,* Das ärztliche Gespräch. Grundlagen und Anwendungen, 4. Aufl 1998; *Reimer* (Hrsg), Ärztliche Gesprächsführung, 2. Aufl 1994; *Bochnik/Hackhausen* (Hrsg), Personenorientierte Diagnostik und Begutachtung, 1999.

[6] OLG Koblenz VersR 1992, 359, 360; *Biersack,* Der Horror Oeconomicus, Forschung und Lehre, 2008, 386. *Schulte-Sasse/Andreas,* Tod nach Succinylcholin bei einer Polypenoperation, ArztR 1996, 291.

9. Kapitel. Die Pflichten des Arztes　　　　　　　　　　　　　1–3　§ 47

Ist der Arzt gezwungen, einzelne Fragen zu stellen, sollte er sich über die Vor- und Nachteile im Klaren sein. Eine sorgfältige Schmerz- oder Empfindlichkeitsanalyse gibt oftmals wertvolle diagnostische Hinweise.

§ 47 Die ärztliche Untersuchungspflicht

Übersicht

	RdNr
I. Der Begriff der ärztlichen Untersuchung	1
II. Besondere Arten der ärztlichen Untersuchung	4
1. Die Vorsorge- und Früherkennungsuntersuchung	4
2. Untersuchungsverträge	9
3. Die Untersuchung auf HTLV-III-Infektion (AIDS)	11
4. Die Nach- und Kontrolluntersuchung	12

I. Der Begriff der ärztlichen Untersuchung

Aufgrund des Behandlungsvertrages ist der Arzt verpflichtet, den Patienten mit den Mitteln und Möglichkeiten der modernen Diagnostik zu untersuchen, um den Befund zu ermitteln und zu einer richtigen Diagnose zu gelangen. Die Untersuchung ist Teil der Diagnostik. Man unterscheidet die **unmittelbare Untersuchung** und die **mittelbare Untersuchung.** Einfache, nicht an aufwendige Apparaturen oder Hilfspersonal gebundene Funktionsprüfungen, wie zB der Atmung oder des Kreislaufs sowie die Messung des Blutdrucks, gehören zur unmittelbaren Untersuchung.[1] Zur unmittelbaren Untersuchung gehören auch die Inspektion, die Palpation, die Perkussion und die Auskultation. Zur mittelbaren Untersuchung gehören dagegen sämtliche naturwissenschaftliche Untersuchungsmethoden, wie zB morphologische Untersuchungen, physikalische, chemische, bakteriologische, virologische und immunologische Analysen. 1

Gem § 7 Abs 3 MBO ist eine „Fernuntersuchung" oder Telefonuntersuchung – im Unterschied zu telemedizinischen Verfahren[2] – ebenso unzulässig wie eine Ferndiagnose, eine Fernbehandlung oder ein unkritisches Verlassen auf das Ergebnis physikalischer, chemischer, bakteriologischer oder virologischer Untersuchungen. Das schließt nicht aus, dass zB in einer Klinik der Patient von einem Assistenz- oder Oberarzt voruntersucht wird, bevor die Vorstellung beim Chefarzt erfolgt. Derartige „Voruntersuchungen" entbinden den Chefarzt aber nicht von der Verpflichtung, sich durch eigene Untersuchungen und Prüfung der Befunde ein eigenes Bild von der Krankheit zu verschaffen. „Grundsätzlich hat der nachfolgende Arzt Diagnose und Therapiewahl eigenverantwortlich zu überprüfen".[3] Welche diagnostischen Maßnahmen der Arzt selbst durchzuführen hat und inwieweit er sich auf **Vordiagnosen anderer Ärzte** verlassen darf, lässt sich nicht generell sagen.[4] Unnötige Doppeluntersuchungen sind aber zu vermeiden.[5] 2

Ein Arzt für Allgemeinmedizin genügt seinen Sorgfaltspflichten, wenn er einen Patienten mit starken Rückenschmerzen, deren Ursache für ihn nicht festzustellen ist, Fachärzten vorstellt, die zur Abklärung des Beschwerdebildes in der Lage sind.[6] Die **Verkennung einer Schwangerschaft** ist einem Frauenarzt nicht als Behandlungsfehler und damit auch nicht als Vertragsverletzung vorzuwerfen, wenn seine minderjährige Patientin ihn 3

---

[1] *Gross,* Medizinische Diagnostik – Grundlagen und Praxis, 1969, 35; *Silberbauer,* Die Krankenuntersuchung, 7. Aufl 2003.
[2] Vgl dazu *Kern* MedR, 495; *Kroha,* 29.
[3] *Steffen/Pauge* RdNr 243.
[4] *Koch* DÄBl 1971, 1836; *Narr* ÄrztlBerufsR RdNr 787; *Schlögell* DÄBl 1974, 1846.
[5] MünchKommBGB-*Mertens* (3. Aufl 1997) § 823 RdNr 375.
[6] OLG Düsseldorf NJW-RR 1996, 669.

nur wegen anderer Beschwerden aufsucht und dabei weder von dem Ausbleiben der Regelblutung noch von der Aufnahme sexueller Aktivitäten berichtet.[7] **Gesteigerte diagnostische Pflichten** erzeugen solche Krankheiten, die – wie das Kompartment-Syndrom oder die tiefe Beinvenenthrombose – mit ihren Gefahren dem Arzt nicht entgehen dürfen.[8]

II. Besondere Arten der ärztlichen Untersuchung

4   1. **Die Vorsorge- und Früherkennungsuntersuchung.** Im Rahmen der gesetzlichen Krankenversicherung wird zwischen Vorsorgeuntersuchungen und Früherkennungsuntersuchungen unterschieden.[9] Die teils gesetzlich (§§ 20–24 SGB V) gebotenen **Vorsorgeuntersuchungen**[10] dienen dazu, rechtzeitig ärztliche Maßnahmen gegen abzusehende und zu befürchtende Erkrankungen gegen die Entwicklung von Krankheitskeimen und gegen die Verschlimmerung von Krankheiten einzuleiten.[11] Während die Vorsorgeuntersuchung der Krankheitsverhütung dient, ist Ziel der **Früherkennungsuntersuchung** die möglichst frühe Erkennung einer vorhandenen oder sich abzeichnenden Erkrankung.[12] Früherkennungsuntersuchungen und Vorsorgeuntersuchungen unterscheiden sich hinsichtlich der Rechtsgrundlagen[13] und dadurch, dass bei den gesetzlichen Früherkennungsuntersuchungen der untersuchende Arzt verpflichtet ist, das gesamte Programm der vorgeschriebenen Untersuchung vollständig durchzuführen.[14]

5   Die Vorsorge- und Früherkennungs-Untersuchung beziehen sich – anders als die Voruntersuchung – nicht auf ein bestimmtes Krankheitsbild. Sucht der „gesunde" Patient den Arzt auf, um eine **umfassende Untersuchung** („check up") durchführen zu lassen, so ist der Arzt vertraglich verpflichtet, den Patienten ganzheitlich zu untersuchen und eine Anamnese zu erheben.[15]

6   Der Bundesausschuss der Ärzte und Krankenkassen hat über die Art der Untersuchungen Beschlüsse gefasst. Entsprechend hat der Bundesausschuss die **Richtlinien über die Erkennung von Krebserkrankungen** vom 26. 4. 1976, zuletzt geändert am 21. 8. 2008,[16] beschlossen sowie die **Richtlinien über die Früherkennung von Krankheiten bei Kindern** bis zur Vollendung des 6. Lebensjahres, zuletzt geändert am 19. 6. 2008[17]. Zu den Regelungen der Vorsorgeuntersuchung im kassenärztlichen Bereich gehören auch die Richtlinien des Bundesausschusses der Ärzte und Krankenkassen über die ärztliche Betreuung während der Schwangerschaft und nach der Entbindung, gem § 92 Abs 1 S 2 Z 4 mit § 73 Abs 2 Z 4 SGB V.[18]

---

[7] OLG Düsseldorf NJW 1995, 1620.
[8] Einzelheiten b *Laufs,* ArztR RdNr 496 ff; *Lilie,* Haftung für Diagnosefehler, DMW 1985, 1906 ff.
[9] Vgl *Rieger* Lexikon RdNr 658 u RdNr 1857.
[10] Vgl auch die Richtlinien des Bundesausschusses der Ärzte und Krankenkassen über die ärztliche Betreuung während der Schwangerschaft und nach der Entbindung idF v 1985 und die Mutterschafts-Richtlinien des Bundesausschusses der Ärzte und Krankenkassen idF v 26. 2. 1982; *Heinemann/Liebold,* Kassenarztrecht – Komm, (5. Aufl 1987), 101 ff. Weitere Vorsorgeuntersuchungen sind geregelt in §§ 32 ff JArbSchG sowie in § 15 Abs 1 Z 3 SGB VII.
[11] Vgl *Rieger* Lexikon RdNr 1857.
[12] *Rieger* Lexikon RdNr 658 u 1857.
[13] Rechtsgrundlage für Vorsorgeuntersuchungen sind zB §§ 20 ff u 25 f SGB V, §§ 32 ff JArbSchG. *Rieger* Lexikon RdNr 659, 660; *Narr* ÄrztlBerufsR RdNr 416–421.
[14] Einzelheiten zu Früherkennungsmaßnahmen bei *Rieger* Lexikon RdNr 661–663; *Narr* ÄrztlBerufsR RdNr 415 m Angabe der Fundstellen hinsichtlich der Richtlinien über die Früherkennung von Krebserkrankungen.
[15] *Gröbner/Zöllner* (Hrsg), Die körperliche Untersuchung, 1989.
[16] BAnz Nr 174, 4113.
[17] BAnz Nr 146, 3484.
[18] Vgl auch § 26 SGB V zur Kinderuntersuchung; u insg *Narr* ÄrztlBerufsR RdNr 414.

9. Kapitel. Die Pflichten des Arztes 7–10 § 47

Bei **Krebsverdacht** hat der Arzt im Rahmen der Vorsorgeuntersuchung weitergehende 7
diagnostische Maßnahmen zu veranlassen. Gegebenenfalls hat eine Überweisung an einen
Facharzt oder stationäre Einweisung in eine Klinik zu erfolgen.
Im Vertragswesen der Orts-, Betriebs-, Innungs- und Landwirtschaftlichen Krankenkassen sind zahlreiche Regelungen hinsichtlich der Untersuchungen zur Krankheitsfrüherkennung enthalten.[19]
Die Richtlinien für die Früherkennungsuntersuchungen sind nicht etwa absolute Gren- 8
zen für Art und Umfang der Untersuchungspflicht. Besonders bei Vorliegen bestimmter
Anhaltspunkte hat der Arzt die Untersuchung auf andere Befunde auszudehnen. Bei der
Vorsorgeuntersuchung von Kleinkindern wird vielfach von den Ärzten eine Erweiterung der Untersuchungspflicht gefordert.[20] Eine solche ist durch die Vorschrift des § 26
SGB V gedeckt. So hat der Augenarzt die Pflicht, bei einem frühgeborenen Kind die
Untersuchung auf Netzhautablösung durchzuführen[21].

2. Untersuchungsverträge. Arztverträge können sich auch auf die vollständige oder 9
partielle Untersuchung des Patienten beschränken, sei es, um einen Gesundheitszustand
abzuklären, sei es, um ein Gesundheitszeugnis zu erhalten.[22] Der Hauptanwendungsfall
für derartige Verträge ist **die Einstellungsuntersuchung.** Die Einstellungsuntersuchung
ist Vorsorgeuntersuchung bei der Einstellung eines Arbeitnehmers.[23] Angestellte oder
Beamte haben bei ihrer Einstellung durch Vorlage eines entsprechenden ärztlichen Zeugnisses den Nachweis ihrer Dienst- oder Arbeitsfähigkeit zu erbringen. Nach § 3 Abs 1
Z 2 ArbSichG haben die **Betriebsärzte** die Aufgabe, die Arbeitnehmer zu untersuchen,
arbeitsmedizinisch zu beurteilen und zu beraten sowie die Untersuchungsergebnisse zu
erfassen und auszuwerten. Gem § 32 JArbSchG darf ein Jugendlicher, der in das Berufsleben eintritt, nur beschäftigt werden, wenn er innerhalb der letzten 14 Monate von
einem Arzt untersucht worden ist (Erstuntersuchung) und dem Arbeitgeber eine von
diesem Arzt ausgestellte Bescheinigung vorlegt.[24]
Eine Verpflichtung, auf Verlangen des Arbeitgebers die Dienst- oder Arbeitsfähigkeit 10
nachzuweisen, kann, wie § 7 BAT zeigt, tarifvertraglich vereinbart sein. Nach § 15 Abs 1
Z 3 SGB VII haben die Berufsgenossenschaften Vorschriften über die ärztliche Untersuchung von Versicherten zu erlassen, die vor der Aufnahme einer Arbeit zu erfolgen hat,
deren Verrichtung mit außergewöhnlichen Unfall- oder Gesundheitsgefahren für diese
oder Dritte verbunden ist. §§ 42, 43 des Infektionsschutzgesetzes schreibt für Personal, das
mit der Zubereitung von Speisen und Getränken eingesetzt ist, sowie für Personal in

---

[19] Vgl zB Vertrag zur Durchführung des Programms zur Früherkennung von Brustkrebs durch Mammographie-Screening in Sachsen v 2. 11. 2005, in Thüringen v 7. 8. 2006; gesetzliche Regelungen zu medizinischen Vorsorgeuntersuchungen in §§ 23 Abs 1 Nr 1 f, 25 SGB V. Eine Übersicht der Früherkennungsuntersuchungen nach § 25 SGB V, die von der Krankenkasse bezahlt werden, ist auf der Homepage des Bundesministeriums für Gesundheit zu finden.
[20] Zur Haftung des Kinderarztes bei den Voruntersuchungen U 2, U 3 u U 4 s *Schlund*, Pädiatrische Praxis 1995/96, 3 ff.
[21] OLG Hamm VersR 1996, 756. Vgl auch OLG Düsseldorf VersR 1996, 755, wonach es 1990 noch nicht zum ärztl Standard zur Erkennung einer – frühgeborenen – Retinopathie gehörte, nach unauffälligem Befund weitere augenärztliche Kontrolluntersuchungen durchzuführen; s auch OLG Stuttgart VersR 1992, 55; OLG Frankfurt VersR 1990, 854.
[22] BGH NJW 2006, 687, 688, mit ablehnender Besprechung von *Kern*, LMK 2006, becklink 178895; vgl dazu auch *Schmidt-Recla*, Ärztliche Pflichten zwischen Standes- und Vertragsrecht am Beispiel der ärztlichen Attestpflicht, MedR 2006, 634.
[23] Vgl *Zeller* BB 1987, 2439; *Gola* BB 1987, 538; *Janker* NJW 1987, 2897.
[24] Vgl auch die Verordnung über die ärztlichen Untersuchungen nach dem Jugendarbeitsschutzgesetz (JArbSchUV) v 16. 10. 1990 (BGBl I, 2221); *Krebs*, Kommentar zum Arbeitssicherheitsgesetz, § 3; *Spinnarke/Schork*, Kommentar zum Arbeitssicherheitsgesetz, § 3 Anm 1. Vgl auch die Artikel Arbeitsunfähigkeit und Arbeitsunfähigkeitsbescheinigung v *Habich*, in: *Rieger/Dahm/Steinhilper*, 190, 200.

Schulen und Heimen eine Einstellungsuntersuchung sowie **Wiederholungsuntersuchungen** vor. Gleiches gilt für die von der Strahlenschutzverordnung und der Röntgenverordnung erfassten Personen.[25]

3. Die Untersuchung auf HTLV-III-Infektion (AIDS). Ohne Einwilligung sind derartige Untersuchungen unzulässig. Erfolgt die Blutentnahme gezielt, so ist der Patient darüber aufzuklären und seine Einwilligung einzuholen.[26] Schwierig zu beantworten ist in diesem Zusammenhang die Frage, ob es im Rahmen einer **allgemeinen Diagnostik**, die auch mit einer Blutanalyse verbunden ist, genügt, dass der Patient seine allgemeine Einwilligung zu der Untersuchung gibt.[27] *Giesen* hält es für fraglich, „ob auch derjenige Patient, der ohne jedes Krankheitssymptom eine generelle Vorsorgeuntersuchung (check-up) an sich vornehmen lässt, konkludent in einen AIDS-Test einwilligt. Ein solcher Patient möchte sich regelmäßig nur darüber informieren, ob bei ihm Krankheiten vorliegen, die in seiner Altersstufe und bei seinen Lebensgewohnheiten gewöhnlich auftreten können."[28] Hingegen weist *Laufs* zutreffend darauf hin, „dass der Patient, der eine umfassende gesundheitliche Untersuchung zum Zwecke der Vorsorge erbittet, regelmäßig schlüssig auch den Arzt dazu berechtigen und verpflichten wird, den AIDS-Test vorzunehmen".[29] Dasselbe gilt, „wenn sich ein Patient mit dem Wunsch nach Therapie und damit zugleich nach Abklärung von solchen Krankheitssymptomen zum Arzt begibt, die auch eine Untersuchung auf AIDS gebieten. Der Aufschluss, den der Arzt vertraglich

---

[25] Vgl §§ 37 ff VO über den Schutz vor Schäden durch Röntgenstrahlen (RöV) v 8. 1. 1987 (BGBl I, 114), neugefasst durch Bekanntmachung v 30. 4. 2003 (BGBl I, 604); vgl §§ 60 ff VO über den Schutz vor Schäden durch ionisierende Strahlen (StrahlenschutzVO) idF v 20. 7. 2001 (BGBl I, 1714), zuletzt geändert durch Art 2 des Gesetzes v 29. 8. 2008 (BGBl I, 1793).

[26] *Eberbach* NJW 1987, 1470; *ders*, Kolloquium Nr 3/1989; *Deutsch*, Rechtsprobleme von AIDS, 1988, 9; *Laufs*, ArztR RdNr 229; *Perels/Teyssen* MMW 1987, 376; *Brandes* VersR 1987, 747; *Giesen* RdNr 244 ff.

[27] LG Köln MedR 1995, 409 m zust Anm *Teichner* NJW 1995, 1621; LG Lübeck NJW 1990, 2344; AG Mölln NJW 1989, 775, 776; *Giesen* RdNr 245 ff; *Laufs*, ArztR RdNr 229; *Uhlenbruck* MedR 1996, 206; *Michel* NJW 1988, 2271; Entschließung der Arbeitsgemeinschaft Arztrecht, ArztR 1988, 154; *Solbach* MedR 1988, 241. Instruktiv auch EuGH NJW 1994, 3005 m Anm *Storz*; *Bender*, Rechtsfragen im Zusammenhang mit AIDS und Schule, NJW 1987, 2903; *Bruns*, AIDS, Alltag und Recht, MDR 1987, 353; *Buchborn*, Ärztl Erfahrungen und rechtl Fragen bei AIDS, MedR 1987, 260; *Deutsch*, Rechtsprobleme von AIDS, 1988, 9; *ders*, AIDS und Blutspende, NJW 1985, 2746; *ders*, Das therapeutische Privileg des Arztes: Nichtaufklärung zugunsten des Patienten, NJW 1980, 1305; *Eberbach*, Juristische Probleme der HTLV-III-Infektion (AIDS), unter besonderer Berücksichtigung arztrechtl Fragen, JR 1986, 230; *ders*, Die ärztliche Aufklärung unheilbar Kranker, MedR 1986, 180; *ders*, AIDS – Rechtl Verantwortung und Vertrauen, ZRP 1987, 395; *ders*, Heimliche AIDS-Tests, NJW 1987, 1470; *Eberbach/Fuchs*, AIDS-Diagnostik. Nicht „hinter dem Rücken" des Patienten – HIV-Antikörper-Test und Einwilligung, DÄBl 1987 B 1589; *Frankenberg*, AIDS und Grundgesetz, ZRP 1989, 412; *Hirsch*, AIDS-Test bei Krankenhaus-Patienten, AIDS-Forschung (AIFO) 1988, 157; *Janker*, Heimliche HIV-Antikörper-Tests – strafbare Körperverletzung? NJW 1987, 2897; *Laufs/Laufs*, AIDS und Arztrecht, NJW 1987, 2257; *Laufs*, AIDS – Antworten auf Rechtsfragen aus der Praxis, MedR 1987, 282; *Loschelder*, Gesundheitsrechtliche Aspekte des AIDS-Problems, NJW 1987, 1467; *Narr*, Einverständnis bei HIV-Tests, Der Hautarzt 1987, 568; *Penning/Spann*, Der „AIDS-Test" im Rahmen gerichtlicher Leichenöffnungen und bei körperlichen Untersuchungen nach §§ 81a, 81c StPO, MedR 1987, 171; *Perels/Teyssen*, AIDS-Antikörper-Test und Einwilligungserfordernis, MMW 1987, 376; *Pfeffer*, Durchführung von HIV-Tests ohne den Willen des Betroffenen, 1989; *Rieger*, Rechtsfragen im Zusammenhang mit HIV-Infektion und AIDS, DMW 1987, 73; *Seewald*, Zur Verantwortlichkeit des Bürgers nach dem Bundes-Seuchengesetz, NJW 1987, 226; *Solbach/Solbach*, Zur Frage der Strafbarkeit der Venenpunktion zum Zwecke einer „routinemäßigen" Untersuchung auf „AIDS", JA 1987, 298; *Spann/Penning*, Neue Problemstellungen in der Rechtsmedizin durch AIDS, AIDS-Forschung (AIFO) 1986, 637; *Teichner*, Nochmals: AIDS und Blutspende, NJW 1986, 761; *Wuermeling*, Ärztlichethische Fragen zu AIDS, MedR 1987, 2654.

[28] *Giesen* RdNr 247.

[29] *Laufs*, ArztR RdNr 229.

9. Kapitel. Die Pflichten des Arztes 12 § 47

schuldet, verlangt beim Verdacht einer schweren oder bedrohlichen Krankheit umfassende, differentialdiagnostische Untersuchungen." Der Nationale AIDS-Beirat sowie die „Gemeinsamen Hinweise und Empfehlungen zur HIV-Infektion" der Bundesärztekammer und der Deutschen Krankenhausgesellschaft gehen davon aus, dass der Patient in jedem Fall ausdrücklich zu unterrichten ist, wenn der Test zur Absicherung des medizinischen und pflegerischen Personals durchgeführt werden soll.

Unzulässig ist eine sog **Ausforschungsdiagnostik.**[30] Eine solche ist gegeben, wenn der Arzt ohne jeglichen Verdachtsgrund und gegen den Willen des Patienten eine serologische Untersuchung veranlasst, um Hinweise auf eine HIV-Infektion zu erhalten.

Will der Patient eine umfassende medizinische Abklärung seines Gesundheitszustandes, so ist hierzu die Klärung seines Immunstatus unverzichtbar. Gleiches gilt, wenn der Patient eine differential-diagnostische Abklärung seiner Beschwerden verlangt, als deren Ursache aufgrund medizinischer Symptome eine HIV-Infektion in Betracht kommt. Maßgeblich sind immer die Umstände des konkreten Einzelfalles. Jedenfalls sollte der Arzt im Rahmen des ärztlichen Gesprächs über die Auswirkungen einer umfassenden Diagnostik beraten.

4. Die Nach- und Kontrolluntersuchung. Nicht nur das Gesetz, wie zB §§ 33, 12 34, 35 JArbSchG, kann Nach- und Kontrolluntersuchungen vorsehen, sondern im Einzelfall kann der Arzt auf Grund des ärztlichen Behandlungsvertrages verpflichtet sein, Nach- und Kontrolluntersuchungen vorzunehmen. Die Kontrolluntersuchung bezieht sich nicht nur auf den Verlauf und das Ergebnis einer ärztlichen Behandlung, sondern auch auf mögliche Fehlerquellen und auf die postoperative Versorgung. Die Kontrolluntersuchung dient nicht nur der Überprüfung einer Behandlung oder eines Eingriffs und ihrer Folgen und ihres Ergebnisses, sondern zugleich auch der Diagnose. Die Kontrolluntersuchung kann mit der Nachuntersuchung identisch sein, muss es aber nicht. In vielen Fällen hat die Rechtsprechung dem Arzt haftungsrechtlich die Folgen einer Fehldiagnose wegen nichterhobener elementarer Kontrollbefunde oder unterbliebener Überprüfung der ersten Diagnose angelastet.[31] Verletzt der Arzt schuldhaft seine Pflicht zur Durchführung einer Kontrolluntersuchung, so haftet er dem Patienten vertraglich auf Schadensersatz. Allerdings kann es ein Mitverschulden des Patienten darstellen, wenn er sich zu einer solchen Untersuchung nicht einfindet.[32] Der Chefarzt einer Klinik hat Anweisungen darüber zu geben, wie die Nachkontrollfristen kontrolliert werden. Er ist verpflichtet, das Klinikpersonal anzuweisen, die Patienten, die eine Nachkontrolle versäumt haben, nochmals unter Hinweis auf die mögliche gesundheitliche Komplikation einzubestellen.[33]

---

[30] *Laufs* ArztR RdNr 230.
[31] BGHZ 85, 212 = NJW 1983, 333 (keine Kontrolluntersuchungen bei Darmverschluss nach Appendektomie); BGH VersR 1983, 983 (keine manuelle Prüfung auf Gefäßverschluss in Extremitäten bei diagnostiziertem Bandscheibenvorfall trotz Lähmungserscheinungen); BGHZ 99, 391 = NJW 1987, 1482 (keine Röntgenkontrollaufnahme trotz zweifelhaften Lungenbefundes); BGH NJW 1994, 801 (keine klinische Aufklärung auf Infarkt bei schweren Schmerzen im HWS-Schulter-Arm-Bereich); BGH VersR 1995, 46 (keine vaginale Untersuchung trotz Anzeichen einer Frühgeburt); OLG Frankfurt VersR 1990, 659 (keine Kontrolle auf Verletzung des nervus ulnaris und medianis bei vier Zentimeter langer Schnittwunde an der Beugeseite des Handgelenks mit Durchtrennung des ligamentum carpipalnare). Vgl ferner *Steffen/Pauge* RdNr 155.
[32] BGH NJW 1992, 2961.
[33] OLG Karlsruhe ArztR 1966, 143.

§ 48 Die Diagnosestellung

Übersicht

	RdNr
I. Die Pflicht des Arztes zur Diagnosestellung	1
II. Verbot der Ferndiagnose	5
III. Begriff der Diagnose	6
IV. Diagnosearten	10
V. Die Rechtspflicht des Arztes zur Mitteilung der Diagnose	13
VI. Die Pflicht des Arztes zur Diagnoserevision	15
VII. Pränatale Diagnostik	18

I. Die Pflicht des Arztes zur Diagnosestellung

1   Die Diagnosestellung ist vertraglich geschuldete ärztliche Leistung aus dem Arztvertrag. Bei der Fülle der sich anbietenden **differential-diagnostischen Methoden** muss jeder Arzt gewissenhaft nach pflichtgemäßem Ermessen entscheiden, was ihm für seinen Kranken und im Rahmen seiner Verantwortung in concreto als ausreichend und angemessen erscheint.[1] Der Patient kann verlangen, dass der Arzt von allen Erkenntnisquellen Gebrauch macht, die nach dem medizinischen Erkenntnisstand sinnvoll und verfügbar sind. Der Patient hat aber im Normalfall keinen Anspruch darauf, dass alle Erkenntnisquellen zur Sicherung der Diagnose ausgeschöpft werden.[2]

Anderes gilt bei Vorliegen eines **mehrdeutigen Krankheitsbildes,** das der **Arzt** durch alle ihm zur Verfügung stehenden Mittel moderner Untersuchungstechnik aufzuklären hat. Dabei hat er auch entfernt liegende Krankheitsursachen in Erwägung zu ziehen und die zu deren Erkenntnis nötigen Untersuchungsmethoden anzuwenden. Bestehen mehrere diagnostische Untersuchungsmethoden, so hat der Arzt diejenige anzuwenden, die den untersuchten Patienten bei optimaler Effizienz am wenigsten gefährdet. Von gefährlichen diagnostischen Eingriffen hat der Arzt so lange Abstand zu nehmen, als er sich auf andere und risikolosere Art ein klares Bild hinsichtlich der Krankheit seines Patienten verschaffen kann. Der Arzt darf nicht von den anerkannten Regeln der Diagnostik abweichen.[3]

2   Die Rechtspflicht zur Diagnosestellung umfasst auch die Pflicht zur **rechtzeitigen Diagnose,** die durch Anweisung an das nachgeordnete ärztliche und nichtärztliche Personal sicherzustellen ist.[4]

3   Da die Diagnosestellung die wichtigste Voraussetzung für eine sachgemäße Behandlung oder Operation ist, darf sie nur auf Grund einer sorgfältigen **persönlichen Untersuchung** und auf Grund einer **eingehenden Anamnese** erfolgen.[5] Erscheint eine Diagnose auf Grund des klinischen Befundes gesichert und weisen die Symptome auf eine bestimmte Erkrankung zwingend hin, so hat der Arzt nicht noch weitere **diagnostische Maßnahmen** zu veranlassen.

4   Erscheint eine **Diagnose nicht gesichert,** so hat der Arzt weitere Erkenntnismöglichkeiten auszuschöpfen, wie zB Röntgen, Durchleuchtung, Laboruntersuchungen, mikroskopische Untersuchungen und sonstige differential-diagnostische Möglichkeiten.[6] Die

---

[1] Vgl *Gross,* Medizinische Diagnostik – Grundlagen und Praxis, 1969, 35. Einzelheiten bei *Giesen* 111 ff; *Steffen/Pauge* RdNr 155a, b.
[2] *Laufs,* ArztR RdNr 495 f; *Geiß/Greiner* RdNr 65.
[3] Instruktiv insoweit BGHZ 107, 222. Umfassend mit Einzelbeispielen *Giesen* RdNr 111.
[4] Vgl BGH NJW 1985, 2749; 1986, 2367; 1988, 2304; 1989, 2318.
[5] Dabei darf sich ein Chefarzt auf die Ergebnisse seiner bewährten Mitarbeiter verlassen. Anderes gilt freilich für die Einweisungsdiagnose.
[6] Vgl schon BGH NJW 1959, 1583; BGH VersR 1970, 839; OLG Köln VersR 1958, 722; LG Lübeck VersR 1963, 690; AG Hagen VersR 1955, 496; u *Hübner/Drost,* Ärztliches Haftpflichtrecht, 1955, 45.

meisten Fehldiagnosen beruhen auf der Nichterhebung elementarer Kontrollbefunde oder auf einer unterlassenen Überprüfung und Korrektur der Arbeitsdiagnose. Bei nachträglicher Betrachtung lässt sich bei fast jeder Fehldiagnose feststellen, dass und durch welche Erkenntnisquelle sie hätte vermieden werden können. Ein Verschulden des Arztes ist jedoch nur dann zu bejahen, wenn er Anlass zu Zweifeln an der Richtigkeit der gestellten Diagnose hatte, hätte haben müssen oder solche gehabt hat und diese nicht beachtet hat.[7]

II. Verbot der Ferndiagnose

Ebenso wie eine Fernbehandlung ist die Ferndiagnose unzulässig.[8] Das schließt nicht aus, dass der Arzt in Notfällen und telefonischer oder telematischer Information berechtigt ist, bis zu seinem Eintreffen einstweilige Maßnahmen anzuordnen.[9]

III. Begriff der Diagnose

Unter Diagnose wird begrifflich die Erkennung einer Krankheit verstanden. Die Diagnose ist nicht gleichzusetzen mit einer endgültigen Feststellung der Krankheit und ihrer Ursachen. Diagnosen sind immer relativ. Die Diagnose ist das Ergebnis oft langwieriger Untersuchungen und Befunderhebungen.[10] Je früher die Diagnose gestellt werden kann, umso größer sind die Heilungsaussichten. Der BGH charakterisiert die ärztliche Diagnose zu Recht „als eine auf medizinischer Begutachtung beruhende Wertung", die darum einem Widerruf selbst dann verschlossen bleibt, wenn sie sich bei sachverständiger Überprüfung als unrichtig erweist.[11] Von der **Prognose** unterscheidet sich die Diagnose dadurch, dass die Prognose den voraussichtlichen Verlauf einer Krankheit erfasst.

Die dynamisch bedingte andauernde Korrektur und Anpassung der Diagnose an das Krankheitsbild und den Verlauf der Erkrankung hat nichts mit **„Fehldiagnose"** zu tun. Nur in rund 60 % der Fälle stimmen vorläufige und endgültige Diagnose überein. Die ursprünglich pathogenetische Orientierung wird erst dann endgültig zur Fehldiagnose, wenn der Arzt bei seiner ersten Annahme bleibt, obgleich er inzwischen hinreichend Gelegenheit hatte, von der richtigen Diagnose und damit von der zutreffenden Pathogenese Kenntnis zu erlangen.[12]

Die – keineswegs unbegründete – Angst vieler Ärzte vor einer Fehldiagnose führt vielfach zur **Überdiagnostik**. Eine Überdiagnostik, vor allem wenn sie mit Risiken für den Patienten verbunden ist, kann sich ebenso als ärztlicher Diagnosefehler darstellen wie eine Fehldiagnose.

---

[7] *Steffen/Pauge* RdNr 155 unter Anführung von ua BGHZ 85, 212; BGH VersR 1983, 983; BGH VersR 1985, 886; BGHZ 99, 391; BGH NJW 1988, 1513; BGH NJW 1989, 2332; BGH NJW 1991, 748 u 2350; BGH NJW 1994, 801; BGH VersR 1995, 46 u umfangreicher OLG-Rechtsprechung; s ferner OLG Oldenburg NJWE-VHR 1997, 285 u 1997, 284 = VersR 1997, 1405; OLG Hamm VersR 1998, 323; OLG München VersR 1998, 195.

[8] Vgl *Kern* MedR 495; *Kroha*, 28; BGH VersR 1959, 589; 1961, 1039; 1971, 1123; 1975, 283; BGH DMW 1983, 1571; OLG Hamm VersR 1980, 291.

[9] Vgl *E Schmidt*, Die Besuchspflicht des Arztes, DMW 1955, 1216; *Weißauer*, Anästhesiologische Informationen, 1974, 126; *Kern* MedR 497.

[10] Zur ärztlichen Pflicht zur Befunderhebung vgl BGH NJW 1987, 1482 = VersR 1987, 1089; OLG München VersR 1995, 417; OLG Stuttgart VersR 1995, 1441. Ein Verstoß gegen die Pflicht zur Erhebung und Sicherung medizinischer Befunde und zur ordnungsgemäßen Aufbewahrung der Befundträger kann im Haftpflichtprozess zu einer Beweislastumkehr zugunsten des Patienten führen. Vgl dazu Kap 19. Vgl hierzu BGHZ 99, 391 = VersR 1987, 1089; BGH VersR 1996, 633; BGH VersR 1998, 457.

[11] Erstellt allerdings ein Nervenarzt für ein Unterbringungsverfahren leichtfertig ein Attest mit unrichtiger Diagnose u dem Hinweis auf die Erforderlichkeit sofortiger Unterbringung des Betroffenen, so kann ausnahmsweise ein Anspruch auf Geldentschädigung wegen Verletzung des Persönlichkeitsrechts des Betroffenen bestehen. Vgl BGH NJW 1989, 2941 = MedR 1989, 236.

[12] Instruktiv: OLG Stuttgart MedR 1989, 251.

9 Der Arzt ist weder verpflichtet, noch berechtigt, Diagnosemaßnahmen durchzuführen, wenn die Möglichkeiten einer hieran anschließenden Therapie nicht gegeben sind.[13] Diagnostische Eingriffe, vor allem wenn sie mit nicht unerheblichen Schmerzen für den Patienten verbunden sind, sind nur dort gerechtfertigt und sinnvoll, wo sie eine Therapie ermöglichen. Insbesondere bei älteren Menschen kann sich aus dem Lebensalter und dem Zustand des Patienten sowie der Art der Erkrankung die Verpflichtung des Arztes ergeben, von diagnostischen Eingriffen überhaupt Abstand zu nehmen.[14] Der Ausschluss der Rechnungen eines Arztes von der Erstattung durch den privaten Krankenversicherer ist gem § 5 Abs 1c MB/KK 2009 aus wichtigem Grund zulässig, wenn in einer Mehrzahl von Patientenfällen Rechnungen unangemessen erhöht werden, weil medizinisch nicht vertretbare, ungerechtfertigte Überdiagnostik und Übertherapie betrieben wird.[15] Das **Verbot der Überdiagnostik** gilt vor allem bei infauster Prognose.

IV. Diagnosearten

10 **Differentialdiagnose** bedeutet wörtlich die Unterscheidung oder Erkenntnis des Unterscheidbaren. Bevor die Diagnose auf eine bestimmte Krankheit festgelegt wird, sind andere Krankheiten und Syndrome zu vergleichen und auszuschließen. Demgegenüber steht die nosologische Methode, dh die systematische Aufzählung aller mit einer bestimmten Krankheit verbundenen Erscheinungen. Die **kausale Diagnose** umfasst die Ätiologie, dh den eigentlichen und tieferen Grund der Störung, und die Pathogenese, dh den Entstehungsmechanismus. Nur die kausale Diagnose ermöglicht zugleich auch eine kausale Therapie. Begrifflich zu unterscheiden sind ferner die **vorläufige Diagnose** (Verdachtsdiagnose/Arbeitsdiagnose)[16] nach der ersten Untersuchung, die **Gruppendiagnose** als Auswahl verschiedener Möglichkeiten und die **endgültige Diagnose.**[17]

11 Die **Einweisungsdiagnose** ist die Diagnose des Arztes, der den Patienten in die Klinik einweist. Der Krankenhausarzt darf sich nicht ungeprüft auf die Einweisungsdiagnose verlassen. Wie immer ist der ärztliche Notfall rechtlich anders zu beurteilen als zB eine präoperative Diagnostik bei nichtdringlichen Eingriffen,[18] weil in **Notfällen** nur eine kurze Zeit zur Diagnose zur Verfügung steht.

12 Um das operative Risiko zu reduzieren, setzen planbare operative Eingriffe eine im Ausmaß unterschiedliche **präoperative Diagnostik** voraus.[19] Grundsätzlich darf auch bei dringlichen Eingriffen auf die Anamnese, die körperliche Untersuchung, die Prüfung der Befunde und auf eine Diagnosestellung nicht verzichtet werden.[20] Eine Ausnahme gilt aber für **lebensrettende Eingriffe,** bei denen keine Zeit durch präoperative Untersuchungen verloren werden darf. „Die vitale Operationsindikation hat immer Vorrang vor der Differentialdiagnose."[21] Die unbedingt notwendige Diagnostik hat in solchen Fällen intraoperativ stattzufinden. Letztlich ist bei dringenden operativen Eingriffen eine Abwä-

---

[13] OLG Köln MedR 1985, 290; *Narr* ÄrztlBerufsR RdNr 886.
[14] *Uhlenbruck* ArztR, 177. Vgl auch *Adebahr,* Zur Pathologie der Organschäden nach diagnostischen und therapeutischen Eingriffen, Zeitschrift für Rechtsmedizin 1977, 173.
[15] OLG Köln NJW 1996, 3088.
[16] *Steffen/Pauge* RdNr 155; *Geiß/Greiner* RdNr B 55. Im Therapieversuch eines praktizierenden Orthopäden mit geringen Dosen von Kortisonpräparaten bei medizinisch vertretbarer Verdachtsdiagnose auf chronische Polyarthritis ist auch dann kein Behandlungsfehler zu sehen, wenn der Arzt noch nicht alle diagnostischen Mittel ausgeschöpft hatte. Vgl OLG Celle VersR 1989, 806.
[17] *Groß,* in: *Eser/Lutterotti/Sporken,* Sp 261, empfiehlt, die vorläufige Diagnose zur Selbstkontrolle für die weiteren Untersuchungen und als Hilfe für etwaige andere Ärzte schriftlich niederzulegen.
[18] Vgl *Schreiber,* Rechtl Sorgfaltsmaßstäbe für die präoperative Diagnostik, ArztR 1983, 8; Rechtsprechungsbeispiele für Fehldiagnosen und verspätete Diagnosen bei *Steffen/Pauge* RdNr 154 ff.
[19] Vgl OLG Düsseldorf VersR 1990, 1277; *Schreiber* ArztR 1983, 8, 11.
[20] *Radke,* Präoperative Diagnostik bei dringlichen Eingriffen, Anästh u Intensivmed 1990, 140.
[21] *Uhlenbruck* ArztR 177.

gung vorzunehmen, ob das durch die fehlende Diagnostik entstehende Risiko in einem vernünftigen und angemessenen Verhältnis zu dem dringlich gebotenen Eingriff steht.

V. Die Rechtspflicht des Arztes zur Mitteilung der Diagnose

Der Arzt ist aufgrund des Behandlungsvertrages verpflichtet, dem Patienten das Ergebnis seiner diagnostischen Bemühungen mitzuteilen. Dies nicht zuletzt deswegen, weil zu einer Einwilligung in die Behandlung oder Operation die Mitteilung der Diagnose unbedingte Voraussetzung ist.[22] Der Arzt, der es nach Diagnostizierung eines Harnleitersteins und einer dadurch bedingten Stummen Niere unterlässt, den Patienten auf seinen lebensbedrohlichen Zustand hinzuweisen und für eine unverzügliche Entlastung der Niere zu sorgen, verletzt seine Berufspflichten.[23] Stellt der Patient ausdrücklich die Frage nach der Diagnose, so hat der Arzt ihm die Wahrheit zu sagen. Nur in engen Grenzen wird man ihm zubilligen können, bei schwersten Erkrankungen eine unzutreffende oder verharmlosende Information zu geben.[24] Besteht zB die Gefahr eines Suizids bei schonungsloser Offenbarung der Diagnose, ist Zurückhaltung nötig.[25]

Es gehört zu den vertraglichen Pflichten des Arztes aus dem Behandlungsvertrag, den Patienten über schwerwiegende Befunde zu informieren, selbst wenn der Patient vereinbarte Vorstellungstermine nicht wahrnimmt. Das kann durch einen Telefonanruf oder einen kurzen Brief geschehen.[26]

VI. Die Pflicht des Arztes zur Diagnoserevision

Der Arzt ist vertraglich verpflichtet, im Rahmen der Behandlung eine ursprünglich gestellte Diagnose zu sichern, laufend zu überprüfen und notfalls zu revidieren.[27] Eine Diagnose ist fast nie endgültig abgeschlossen. Eine Vertragsverletzung liegt auch vor, wenn eine **vorläufige Diagnose** (Verdachtsdiagnose, Arbeitsdiagnose) nicht im weiteren Behandlungsverlauf überprüft und dem sich verändernden Krankheitsbild angepasst wird.[28] Handelt es sich um eine vorläufige Diagnose oder um eine **Einweisungsdiagnose,** so trifft den Arzt eine besondere Sorgfaltspflicht hinsichtlich der Überprüfung und notwendigen Korrektur.[29]

---

[22] Vgl BGH VersR 1989, 478; OLG Stuttgart VersR 1988, 695, 696; *Giesen* RdNr 117; *Kern/Laufs*, 54; *Deutsch/Spickhoff* RdNr 113: Diagnoseaufklärung bei normaler Behandlung nur, „soweit die Kenntnis des Befundes für die Entscheidung des Patienten erkennbar von Bedeutung ist".

[23] OLG Oldenburg NJW E-VHR 1998, 41.

[24] Vgl *Rüping* DMW 1977, 368, 369; *Grünwald* ZStrW 73 (1961), 5, 21; *Kern/Laufs*, 55, 56.

[25] Vgl BGH VersR 1989, 628, 629; ein therapeutisches Privileg ablehnend *Giesen* RdNr 117 unter Ablehnung v BGH NJW 1989, 774; u der hier vertretenen Auffassung. Zum sogen *therapeutischen Privileg* vgl OLG Köln NJW 1987, 2936; 1988, 2306 m Anm *Deutsch*; Einzelheiten im nachstehenden Kap 11.

[26] LG Münster, Urt v 18. 8. 2005, 11 O 1064/04, 3.

[27] Vgl *Uhlenbruck,* Die ärztl Diagnose als Rechtsproblem, DMW 1978, 406.

[28] BGHZ 85, 212; BGH VersR 1983, 983; 1985, 886; BGHZ 99, 391; BGH VersR 1988, 1513; BGH NJW 1989, 2332; 1991, 748 u 2350; BGH NJW 1994, 801; OLG Hamm VersR 1979, 826; OLG Celle VersR 1985, 1047; OLG Hamm VersR 1989, 292; OLG Oldenburg VersR 1989, 481; OLG Hamm VersR 1990, 660; OLG Frankfurt VersR 1990, 659; OLG Oldenburg VersR 1991, 1177; OLG Hamm VersR 1990, 1120; OLG Köln VersR 1992, 1003; OLG Saarbrücken VersR 1992, 1359; OLG Stuttgart VersR 1992, 1361; OLG Köln VersR 1993, 190; 1992, 1005 (LS); OLG Bamberg VersR 1993, 1019; OLG Stuttgart VersR 1994, 313; OLG Celle VersR 1994, 1237; OLG Oldenburg VersR 1994, 1241; OLG München NJW-RR 1995, 85; OLG Frankfurt NJW-RR 1995, 406; OLG Oldenburg VersR 1996, 894; 1997, 318; NJW-RR 1997, 1117; OLG Stuttgart MedR 1997, 275. Vgl auch *Geiß/Greiner* RdNr B 65 ff.

[29] Vgl *Schölmerich,* Verbindlichkeit des anerkannten medizinischen Fortschritts aus der Sicht der Klinik, in: *Deutsch/Kleinsorge/Scheler* (Hrsg), Verbindlichkeit der medizinisch-diagnostischen und

16 Ebenso wie der Arzt dem Patienten die Diagnose mitzuteilen hat, ist er vertraglich verpflichtet, eine sich als falsch erweisende Diagnose zu korrigieren und dem Patienten das Ergebnis der Korrektur mitzuteilen. Dies gilt vor allem dann, wenn andernfalls der Patient in unbegründeter Sorge um seine Gesundheit leben müsste. Eine schuldhafte Vertragsverletzung liegt vor, wenn der Arzt den Patienten aufgrund einer falschen, alsbald korrigierten, aber aus Sorge vor Schadensersatzansprüchen nicht mitgeteilten Diagnose mehr als 20 Jahre lang unnötig in Krebsangst leben lässt[30] und eine überflüssige Karzinombehandlung durchführt.[31]

17 Allerdings hat der Patient **keinen Anspruch auf Widerruf** einer als falsch erwiesenen Diagnose, weil die Diagnosestellung keine Tatsachenbehauptung, sondern eine Wertung und damit eine Meinungsäußerung darstellt. Das gilt auch bei einer Fehldiagnose.[32]

VII. Pränatale Diagnostik

18 Besondere Bedeutung hat in den letzten Jahren die **vorgeburtliche (pränatale) Diagnostik** erlangt.[33] Die Pränataldiagnostik durch Chorionbiopsie, Fruchtwasseruntersuchung, Fetoskopie und Hautbiopsie bildet in zunehmendem Maße ein Mittel der Familienplanung, das „den potenziellen Eltern eine weitere Perspektive eröffnet: ‚die Schwangerschaft auf Probe'".[34] Je weiter die Möglichkeiten der pränatalen Diagnostik entwickelt werden, umso größer wird die Verantwortung des Arztes, denn im Vorfeld der Geburt wird entschieden, ob der Embryo leben darf oder ob die Schwangerschaft abgebrochen wird. Festzustellen ist, dass als genetischer Berater der Arzt zwar vertraglich dem Ratsuchenden verpflichtet ist, er zugleich aber immer auch „Anwalt des Feten" sein muss.

19 Die pränatale Diagnostik ermöglicht es heute, selbst geringfügige erbliche Mängel des Embryos aufzudecken. Der Arzt haftet gegenüber den Eltern eines Kindes, wenn er schuldhaft durch falsche oder lückenhafte Auskunft über die Erforderlichkeit eines gebotenen Schwangerschaftstests zur Früherkennung pränataler Vorschäden des Kindes oder durch Fehler bei der Vornahme des Tests einen zulässigen Schwangerschaftsabbruch vereitelt.[35]

20 Umstritten ist, inwieweit der fehlerhaft nicht festgestellte **vorzeitige Tod des Embryos/Fötus** zugleich eine Körperverletzung der Mutter darstellt.[36] Selbst der grob fahrlässige ärztliche Diagnose- und Behandlungsfehler, der zum vorzeitigen Tod der Leibesfrucht führt, unterliegt keiner Strafandrohung.[37] Anders als beim strafrechtlichen Schutz ist der zivilrechtliche pränatale Schutz des Embryos gewährleistet.

---

therapeutischen Aussage, 1983, 69; *Buchborn,* ebd 107, 108; *Ratzel,* Die deliktsrechtliche Haftung f ärztl Fehlverhalten im Diagnosebereich, 1986, 100, 101.

[30] Vgl OLG Karlsruhe VersR 1988, 1134, 1135; ferner *Schramm,* Der Schutzbereich der Norm im Arzthaftungsrecht, 1992, 203 f; *Taupitz,* Die zivilrechtliche Pflicht zur unaufgeforderten Offenbarung eigenen Fehlverhaltens, 1989, 57 ff; *Giesen* RdNr 112.

[31] OLG Karlsruhe VersR 1988, 1134.

[32] BGH NJW 1989, 774 = MedR 1989, 236; BGH VersR 1989, 628. Krit *Giesen* RdNr 117.

[33] *Eberbach,* 265; *Schröder* VersR 1990, 243; *Kern,* Rechtliche Aspekte der Humangenetik, MedR 2001, 9; vgl auch die Nachweise bei *Laufs* NJW 1998, 1753 f; 1999, 1762 f; 2000, 1765 f u unten § 129.

[34] *Laufs* NJW 1990, 1511.

[35] BGHZ 86, 240; 89, 95; BGH NJW 1987, 2923; OLG Düsseldorf VersR 1987, 414; OLG München VersR 1988, 523; OLG Stuttgart VersR 1991, 229; OLG Düsseldorf VersR 1992, 494; OLG Koblenz VersR 1992, 359.

[36] Bejahend OLG Koblenz NJW 1988, 2959; verneinend OLG Düsseldorf NJW 1988, 777.

[37] Vgl *Eberbach,* 267. Die Strafvorschrift des § 218 StGB droht allein für die vorsätzliche Tötung der Leibesfrucht Strafe an. Eine Körperverletzung beim Embryo hat deshalb keine strafrechtlichen Folgen; s auch OLG Düsseldorf NJW 1989, 1548; OLG Hamm VersR 1989, 1263; *Franzki,* Versicherungsmedizin 1990, 4; *Leist* (Hrsg), Um Leben und Tod. Moralische Probleme bei Abtreibung, künstlicher Befruchtung, Euthanasie und Selbstmord, 1990; *Hiersche,* FS Tröndle 1989, 669.

Sucht eine Frau einen Frauenarzt zur Klärung der Frage auf, ob bei ihr eine Schwangerschaft vorliegt, und erklärt sie ihm zugleich, sie sei etwa 10–12 Tage vorher bei ihrem Hausarzt wegen eines quaddelartigen Hautausschlags behandelt worden, so ist der Arzt, wenn er eine Schwangerschaft mit großer Wahrscheinlichkeit annehmen muss, zunächst verpflichtet, die Hauterkrankung der Patientin diagnostisch sicher zu klären. Ist danach die Möglichkeit einer **Röteln-Infektion** in Betracht zu ziehen, dann besteht für den Arzt die weitere Verpflichtung, mithilfe eines Röteln-Tests die Immunitätslage bei der Patientin festzustellen. Dies gilt selbst dann, wenn ein etwa ein Jahr vorher bei der Patientin durchgeführter Röteln-Test einen HAH-Titer von 1:16 ergeben hatte. 21

§ 49 Die Pflicht zur Indikationsstellung

Übersicht

	RdNr
I. Begriff	1
II. Grenzen der medizinischen Indikation	2
III. Eingriffe ohne Indikation	8

I. Begriff

Jeder Heileingriff und jede Heilbehandlung muss grundsätzlich indiziert, dh angezeigt sein. Es muss also ein Grund zur Anordnung bzw Verordnung eines bestimmten diagnostischen oder therapeutischen Verfahrens vorliegen, der die Anwendung einer ärztlichen Maßnahme, sei es diagnostisch oder therapeutisch, im Krankheitsfall rechtfertigt.[1] Die Frage der Indikation ist zugleich auch eine solche der **Interessenabwägung.**[2] Risiko und Schwere des Eingriffs, Erfolgsaussichten und erstrebter Zweck der Heilbehandlung müssen in angemessenem und vernünftigem Verhältnis zueinander stehen. Auch der gewagte operative Eingriff kann indiziert sein. Bei der Indikationsstellung kommen Fehlindikationen und sonstige Fehler vor,[3] größere Probleme bereitet aber die Abgrenzung zu den nichtindizierten und den kontraindizierten Eingriffen. Dabei ist zu beachten, dass die medizinische Indikation immer dem Grundsatz des „nil nocere" verpflichtet ist.[4] 1

II. Grenzen der medizinischen Indikation

Ist bei der beabsichtigten Operation ein eindeutiger therapeutischer Erfolg nicht zu erwarten, so hat sich der Arzt auf eine konservative Behandlungsweise zu beschränken oder auf die reine Leidensminderung (palliative Behandlung). Objektive Parameter für die Grenzen der Indikation sind die **Diagnose** und die **Prognose,** die für den Fall des Eingriffs und für den Fall des Unterlassens zu stellen ist. Insoweit ist der postoperative Zustand des Patienten bereits im Rahmen der Indikationsprüfung zu würdigen. Nichtindiziert ist ein Eingriff, der mit größtem personellen und materiellen Einsatz einen pathologischen Zustand in einen anderen umwandelt, nur um den Patienten nachher noch wenige Tage, Wochen oder Monate eines fragwürdigen Leidensdaseins zu ermöglichen. 2

Andererseits gibt es zahlreiche Operationen, bei denen die Ärzte in Kauf nehmen müssen, dass durch den Eingriff neue Beschwerden geschaffen werden, die aber „gemessen an der Grundkrankheit von geringerer Bedeutung sind, zB bei der Entfernung des gesamten Magens bei einem Magenkarzinom".[5] 3

---

[1] *Pschyrembel,* Klinisches Wörterbuch, 261. Aufl 2004, Stichwort „Indikation", 905.
[2] Vgl auch BGH VersR 1985, 338, 339; 1985, 886; 1985, 969, 970.
[3] Allgemein zu Indikationsfehlern *Brüggemeier,* Deliktsrecht, 1986, RdNr 652 ff; für die Arzneimitteltherapie *Hart,* Arzneimitteltherapie und ärztl Verantwortung, 1990, 88, 89.
[4] *Steffen/Pauge* RdNr 152.
[5] *Bünte* MedR 1985, 20.

4 **Operabel** bedeutet, dass der Patient **physisch** in der Lage ist, den geplanten Eingriff durchzustehen. Operabel heißt zugleich aber auch, dass das Leiden des Patienten durch die Operation geheilt oder gelindert werden kann.

5 Der **Heileingriff** setzt eine Indikation voraus. Ärztliche Behandlungsmaßnahmen ohne Indikation sind demzufolge keine Heileingriffe. Die Rechtsprechung stellt vor allem bei diagnostischen Eingriffen **strenge Anforderungen an die Indikationsstellung.**[6] Auch im Rahmen der Behandlung oder Operation stellt die Rechtsprechung strenge Anforderungen an die Indikation.[7] Führt ein Arzt eine nicht indizierte Operation durch, begeht er einen Behandlungsfehler.[8] Verstärkt gehen Strafgerichte davon aus, dass indikationslose Eingriffe allein aus diesem Grund als vorsätzliche Körperverletzungen anzusehen sind.[9]

6 Selbstverständlich können nicht nur Behandlungsmaßnahmen im engeren Sinne, sondern auch Maßnahmen vorbereitender, diagnostischer oder nachbehandelnder Art indiziert sein.[10] **Prophylaktische Maßnahmen,** wie zB Impfungen, sind zwar nicht im strengen Sinne indiziert, können aber auch nicht der Wunschmedizin zugerechnet werden. Sie gehorchen eigenen rechtlichen Einordnungen.[11] Transfusionen fehlt es auf der Spenderseite ebenso an einer Indikation wie der Organspende. Sie bilden aber als fremdnützige Eingriffe gleichermaßen eine eigene Gruppe.

7 Humangenetische Verfahren diagnostischer Art, wie zB pränatale Diagnostik oder Genomanalyse und die reproduktive Zielsetzung, wie zB die Insemination, In-vitro-Fertilisation und der Embryotransfer, sind bezüglich ihrer medizinischen Indikation schwer einzuordnen.[12]

III. Eingriffe ohne Indikation

8 Früher galt allgemein der Grundsatz, dass kein Eingriff ohne entsprechende Indikationsstellung durchgeführt werden durfte. Heute nimmt die Zahl der Eingriffe zu, bei der die medizinische Indikationsstellung entweder ganz entfällt,[13] wie etwa bei Schönheitsoperationen, **psychologische Gründe** hat,[14] oder solche Gründe zumindest vorschiebt.

9 Ärztliche Eingriffe ohne Indikation nehmen besorgniserregend zu. Mit den Möglichkeiten der modernen Chirurgie hat sich in den letzten Jahren das ärztliche Handeln immer

---

[6] OLG Düsseldorf VersR 1984, 643 (Hirnangiographie); OLG Düsseldorf VersR 1992, 1096 (Intraartikuläre Cortisoninjektion); OLG Düsseldorf VersR 1992, 1132 (Keuchhustenschutzimpfung bei Neugeborenen).
[7] OLG Köln VersR 1993, 361 (Krankengymnastik bei Kleinkind); OLG Stuttgart VersR 1994, 1068 (Lebensbedrohendes Vorgehen); OLG Oldenburg VersR 1994, 1196 (Arthographie bei einer Bandverletzung).
[8] OLG Köln VersR 1992, 1097.
[9] Vgl dazu nur BGH MedR 2008, 435. Diesen Aspekt übersieht *Fehn* GesR 2009, 11, völlig.
[10] *Schönke/Schröder/Eser* (27. Aufl 2006) § 223 StGB RdNr 34.
[11] Vgl *Bockelmann,* Zur rechtlichen Situation bei prophylaktischen Maßnahmen in der Ophthalmologie, Klinische Monatsblätter für Augenheilkunde 1978, Bd 173, Nr 2, 123; *Horn,* Der medizinisch nicht indizierte, aber vom Patienten verlangte ärztliche Eingriff – strafbar?, JuS 1979, 29; *Heß,* Kosmetik und Ausübung der Heilkunde, DÄBl 1966, 446; *Wachsmuth,* Die chirurgische Indikation – Rechtsnorm und Realität, FS Bockelmann 1978, 473.
[12] Vgl LG Nürnberg NJW 1984, 1828; LG München NJW 1984, 2631. Heute geht es meist bei den Entscheidungen um die Frage, ob es sich zB bei einer extrakorporalen Befruchtung um eine Heilbehandlung iS der Krankenversicherung handelt oder nicht. Vgl auch *Bach,* Die medizinische Notwendigkeit der Heilbehandlung, MDR 1981, 462, 463. Die Begrenzung des Versicherungsschutzes auf medizinisch notwendige Heilbehandlungsmaßnahmen entspricht vernünftigen und berechtigten Interessen des Versicherers und der Versichertengemeinschaft. Vgl auch *Schüßler* VersR 1986, 322; *Becker* FamRZ 1986, 630; *Uhlenbruck* DMW, 271. Zur Haftung und Rechtsschutz im Gentechnikrecht vgl *Deutsch* VersR 1990, 1041.
[13] Vgl dazu *Kern/Richter,* 130.
[14] Vgl OLG Köln VersR 1978, 551.

9. Kapitel. Die Pflichten des Arztes

mehr vom Heilzweck entfernt.[15] **Kosmetische Eingriffe** sind nur ausnahmsweise medizinisch indiziert. „Leidet der körperlich Verunstaltete seelisch, so lässt sich der Heilcharakter des Eingriffs und damit eine ärztliche Therapie annehmen. Soll die Operation lediglich das äußere Erscheinungsbild verschönen, so liegt eine Heilbehandlung mangels medizinischer Indikation nicht vor."[16] Aber auch andere Eingriffe sind zu nennen, wie die sectio auf Wunsch und das Doping.[17] In den Zusammenhang der Wunschmedizin gehört auch die **„programmierte Geburt",**[18] deren noch in der Vorauflage behauptetes Verbot schwierig zu begründen ist.

Gelegentlich wird vertreten, dass nicht nur die unmittelbar der Heilung oder Leidensminderung dienenden Maßnahmen indiziert seien, sondern auch reine Wunschbehandlungen. Vor derartigen Tendenzen in der Medizin, die klaren Begriffe aufzuweichen und etwa jeden Wunsch schon als Indikation anzusehen,[19] kann nur nachdrücklich gewarnt werden. Zum Schutz der Patienten, aber auch aus arzthaftungsrechtlichen Gründen, kann auf klare Definitionen nicht verzichtet werden. Ein Auflösen der Grenzen führt zu vermeidbaren Schwierigkeiten in der rechtlichen Behandlung dieser Problematik.

§ 50 Die ärztliche Behandlung

Übersicht

		RdNr
I.	Rechtsgrundlage der Behandlungspflicht, Methodenfreiheit	1
II.	Die Pflicht zur rechtzeitigen Behandlung	2
III.	Begriff der ärztlichen Behandlung	3
IV.	Das Verbot der Fernbehandlung	5
V.	Grenzen ärztlicher Behandlungspflicht	6
	1. Das Selbstbestimmungsrecht des Patienten	7
	2. Grenzen der Behandlungspflicht bei missgebildeten Neugeborenen	11

I. Rechtsgrundlage der Behandlungspflicht, Methodenfreiheit

Hauptpflicht des Arztes aus dem Arzt-, Behandlungsvertrag[1] ist die Behandlung des Patienten. Insoweit steht dem Arzt das Recht zu, eine übernommene Behandlung nach seiner Methode durchzuführen (Methodenwahl, Therapiefreiheit).[2] Der Arzt ist vertraglich verpflichtet, sorgfältig zwischen der Notwendigkeit einer Operation und der Möglichkeit konservativer Behandlung abzuwägen. Aus der Anwendung einer Operationsmethode, die einer anerkannten medizinischen Schule und nicht nur einer Außenseiterrichtung entspricht und die jedenfalls nicht zu schlechteren Ergebnissen führt, kann nicht auf ein fehlerhaftes ärztliches Vorgehen geschlossen werden, denn der Arzt ist bei der Wahl der Methode

---

[15] Vgl OLG Düsseldorf VersR 1988, 1296; LG Fulda MDR 1988, 317; *Solbach/Solbach* MedR 1989, 10 ff.
[16] *Laufs* NJW 1989, 1522.
[17] *Laufs* ArztR RdNr 29, 30, 31; *Kühl*, in: *Rieger/Dahm/Steinhilper*, 1520.
[18] Vgl OLG Hamm VersR 1983, 883; *Kleinewefers* DÄBl 1981, 1766; *Rieger* Lexikon RdNr 687; Stellungnahme der Dt Ges f Gynäkologie u Geburtshilfe, MMW 1981, 1153.
[19] Vgl *Anschütz*, Indikation zum ärztlichen Handeln, 1982; *ders*, in: *Eser/v Lutterotti/Sporken*, Sp 537. Zur ärztlichen Indikation und Selbstbestimmung bei der vorgeburtlichen Chromosomendiagnostik s *Schroeder-Kurth* MedR 1991, 128.
[1] Dazu genauer oben, § 40.
[2] Vgl *Dahm*, in: *Rieger/Dahm/Steinhilper*, 5090; *Francke/Hart*, Ärztliche Verantwortung und Patienteninformation, 1987, 44; BGH NJW 1982, 2121, 2122; *Siebert*, Strafrecht – Grenzen ärztlicher Therapiefreiheit, 1983; *ders* MedR 1983, 216; *Laufs*, ArztR RdNr 41 ff u 484 ff; *Oepen*, Unkonventionelle medizinische Verfahren. Diskussion aktueller Aspekte, 1993; *Bock*, Wissenschaftliche und alternative Medizin, 1993.

frei, wenn es mehrere gleichwertige und anerkannte Methoden gibt.[3] Bei alternativen Methoden mit vergleichbaren Heilungsprozessen ist der Arzt verpflichtet, die sicherere Methode zu wählen. Der Arzt hat gleichzeitig das **Risiko-Nutzen-Verhältnis** zu beachten. Wendet er **Außenseitermethoden** an, so muss er diese nicht nur beherrschen, sondern den Patienten entsprechend darüber aufklären und über die Standardbehandlung informieren.[4]

II. Die Pflicht zur rechtzeitigen Behandlung

2 Der Arzt ist vertraglich verpflichtet, den Patienten entsprechend den medizinischen Erfordernissen rechtzeitig zu behandeln. Zeitmangel oder die notwendige Erholung am Wochenende sind kein Grund, eine dringend indizierte Behandlung aufzuschieben.[5]

III. Begriff der ärztlichen Behandlung

3 Der **rechtliche Begriff der Heilbehandlung** (Heileingriff) umfasst der Sache nach alle Eingriffe und therapeutischen Maßnahmen, die am Körper eines Menschen vorgenommen werden, um Krankheiten (physische und psychische Störungen pathologischer Art), Leiden (länger andauernde Beeinträchtigungen des körperlichen oder seelischen Wohlbefindens), Körperschäden (nichtkrankhafte Entstellungen, Schielen etc), körperliche Beschwerden (nicht unbedingt krankhafte oder vorübergehende Beeinträchtigungen des Wohlbefindens, wie zB Menstruations- oder Schwangerschaftsbeschwerden) oder seelische Störungen nicht krankhafter Natur (Affekte, Neurosen etc) zu verhüten, zu erkennen, zu heilen oder zu lindern.[6]

4 Im Bereich der privaten Krankenversicherung wird der Begriff der **„medizinisch notwendigen Heilbehandlung"** verwendet. Als Heilbehandlung ist danach jegliche ärztliche Tätigkeit anzusehen, die durch die betreffende Krankheit verursacht worden ist, sofern die Leistung des Arztes von ihrer Art her in den Rahmen der notwendigen Krankenpflege fällt und auf Heilung, Besserung oder auch Linderung der Krankheit abzielt. Dem steht eine ärztliche Tätigkeit gleich, die darauf gerichtet ist, die Verschlimmerung einer Krankheit zu verhindern. Bei unheilbaren Erkrankungen kann auch eine Maßnahme der alternativen Medizin oder die Anwendung einer Außenseitermethode im Einzelfall medizinisch notwendig sein.[7]

IV. Das Verbot der Fernbehandlung

5 Der Pflicht zur persönlichen Behandlung entspricht zugleich das Verbot der Fernbehandlung.[8] Es gehört zu den Aufgaben des Arztes, sich von dem Leiden des Patienten ein eigenes Bild zu machen, wichtige Befunde selbst zu erheben und die Behandlung unmittelbar durchzuführen.[9] Eine unzulässige Fernbehandlung liegt vor, wenn der Arzt ohne

---

[3] Vgl OLG Hamm VersR 1993, 102; OLG München VersR 1993, 103; KG VersR 1993, 189. *Grupp* MedR 1992, 256; u unten Kap 24.

[4] BGH NJW 1981, 633; OLG Düsseldorf VersR 1991, 1176; OLG Celle VersR 1992, 749; *Steffen/Pauge* RdNr 176.

[5] So ist das medizinisch nicht erforderliche Hinausschieben einer Fruchtwasserpunktion (Amniozentese) zwecks Untersuchung einer Schwangeren auf eine etwaige Chromosomenanomalie des Fötus mit der Folge, dass eine erforderlich werdende Wiederholung der Untersuchung mit positivem Ergebnis nicht mehr zu einem Schwangerschaftsabbruch innerhalb der Frist des § 218a Abs 1 Nr 1 StGB führen kann, ein ärztlicher Behandlungsfehler (BGH MedR 1989, 84). Zur verspäteten Entfernung eines an sekundärem grünem Star erkrankten Auges vgl BGH VersR 1966, 189.

[6] BGH NJW 1978, 1206; *Uhlenbruck* DMW, 272; *ders* ArztR 175; *Rieger/Hespeler*, in: *Rieger/Dahm/Steinhilper*, 2410. Vgl dazu oben § 38 RdNr 1 ff.

[7] BGH ArztR 1998, 106.

[8] *Kern* MedR 2001, 9; vgl dazu auch oben § 48 RdNr 15.

[9] Das schließt vorläufige Anweisungen telefonischer Art nicht aus. Vgl BGH NJW 1955, 718, 719; 1979, 1248, 1249; *Narr* ÄrztlBerufsR RdNr 733; *Rieger* Lexikon RdNr 621, 622; *Doepner* Arzneimittelwerbegesetz 1981, § 12 RdNr 9; MünchKomm-*Wagner* (4. Aufl 2004), § 823 BGB RdNr 687 f.

jede Voruntersuchung Rezepte für orale Ovulationshemmer an Patienten versendet.[10] Kennt der Arzt den Patienten und sein Krankheitsbild, so wird man in beschränktem Umfang auch telefonische Therapieanweisungen für zulässig halten müssen. Dies gilt vor allem für Bagatellerkrankungen und saisonal auftretende Krankheiten.

V. Grenzen ärztlicher Behandlungspflicht

Verlangt der Patient eine Behandlung, die dem Arzt standesrechtlich untersagt ist oder gegen die guten Sitten verstößt (§ 138 BGB), so ist der Arzt dazu berechtigt und verpflichtet, den **Abschluss eines Arztvertrages** abzulehnen. Dies gilt vor allem, wenn der Patient vom Arzt eine Garantie für den Behandlungserfolg wünscht. Schwieriger sind aber die Fälle zu beurteilen, in denen vertragliche Beziehungen iS von § 611ff BGB zwischen Arzt und Patient bestehen und der Arzt an die Grenzen seiner Behandlungspflicht stößt oder zu stoßen meint.[11]

1. Das Selbstbestimmungsrecht des Patienten. Da die Rechtsordnung ein ärztliches Behandlungsrecht gegen den ausdrücklichen Willen des Patienten nicht kennt, hat der Arzt von einer Behandlung oder einem Eingriff abzusehen, wenn der Patient es wünscht. Nicht die medizinische Indikation ist entscheidend, sondern der Wille des Patienten. Die ärztliche Behandlungspflicht findet also ihre Grenzen in dem **Selbstbestimmungsrecht** des Patienten. Der Kranke kann jederzeit medizinische Maßnahmen zurückweisen, „und der Arzt muß das Veto des Patienten selbst bei großer Unvernunft respektieren, nachdem er vergeblich versucht hat, Einsicht in das Notwendige zu wecken".[12] Das kann dem Arzt im Einzelfall sehr viel (bis zum Eklat) abverlangen.[13] Verweigert ein außerordentlich schwer verletzter Patient eine Befunderhebung, wie zB eine Darmuntersuchung, so ist deren Unterlassung durch den Arzt weder gerechtfertigt noch entschuldigt, wenn sich der Arzt mit der „ersten" Weigerung zufriedengibt. Der Arzt muss vielmehr nach einiger Zeit erneut auf den Patienten einwirken oder den Nachbehandler darauf hinweisen, dass die notwendige Befunderhebung an einer Weigerung des Patienten gescheitert ist.[14]

Manche Patienten erteilen zur Durchführung einer Operation nur ein **begrenztes Einverständnis**, so zB der Zeuge Jehovas, der zwar in eine Operation einwilligt, aus religiösen Gründen aber eine Bluttransfusion ablehnt. Den Willen des Patienten hat der Operateur zu respektieren. Andererseits aber wird man ihn für berechtigt halten müssen, den Eingriff angesichts der Risiken abzulehnen, wenn nicht dem Risiko mit Blutersatz begegnet werden kann.[15]

Verweigern die **Eltern eines Minderjährigen** missbräuchlich den erforderlichen Eingriff, so muss sich der Arzt an das Vormundschaftsgericht wenden. Dieses kann bei missbräuchlicher Ausübung des Personensorgerechts gem § 1666 BGB die zur Abwendung der Gefahr erforderlichen Maßregeln treffen, indem es das Sorgerecht zumindest partiell entzieht und einen Pfleger einsetzt. Bleibt hierfür keine Zeit, ist also Gefahr im Verzug, so wird der Chirurg den Eingriff verantworten, denn dieser ist nach § 34 StGB und den Regeln der Geschäftsführung ohne Auftrag gerechtfertigt.[16]

Für den Arzt besonders schwierig zu lösen sind die Fälle, in denen der Patient die Behandlung oder den Eingriff verweigert, und der Arzt weiß, dass die **Nichtdurchfüh-**

---

[10] BerufsG f die Heilberufe in Hamburg, Beschl v 17. 11. 1969, BerufsGE A 1.5 Nr 4.
[11] Vgl auch die Richtlinien der BÄK zur ärztlichen Sterbebegleitung und den Grenzen zumutbarer Behandlung, NJW 1997, XXIV = DÄBl 94 (1997), A-1342; *Laufs* NJW 1996, 763; *Reiter* MedR 1997, 412.
[12] *Laufs,* ArztR RdNr 148.
[13] OLG Düsseldorf VersR 2008, 534 = ArztR 2008, 134; vgl dazu *Kern* GesR 2009.
[14] OLG Köln VersR 1996, 1021.
[15] Vgl *Weißauer/G Hirsch,* Anästh u Intensivmed, 1979, 273, 275; *Laufs,* ArztR RdNr 149.
[16] *Laufs* ArztR RdNr 150; vgl auch *Narr* ÄrztlBerufsR RdNr 737; *Weißauer* DMW 1978, 1773; *Rieger* Lexikon RdNr 475; AG Nordenham, VersR 2007, 1418.

§ 51 1   § 51 Das Ausstellen von Attesten und Bescheinigungen

rung unweigerlich zum Tode führen wird. Die strafgerichtliche Rechtsprechung unterläuft hier teilweise das Selbstbestimmungsrecht des Patienten.[17]

11 **2. Grenzen der Behandlungspflicht bei missgebildeten Neugeborenen.** Schwierigkeiten bereitet die Grenzbestimmung der Behandlungspflicht bei der Behandlung von **schwermissgebildeten Neugeborenen.**[18] Insoweit wird sich der Arzt an der *Empfehlung der Deutschen Gesellschaft für Medizinrecht* (DGMR)[19] orientieren können. Für die Grenzen der Behandlungspflicht gelten insoweit die gleichen Grundsätze wie für den Behandlungsabbruch.[20]

§ 51 Das Ausstellen von Attesten und Bescheinigungen

Übersicht

	RdNr
I. Die Rechtspflicht des Arztes zur Ausstellung von Attesten und Bescheinigungen	1
II. Begriff und Rechtsnatur	2
III. Inhalt und Erscheinungsformen des ärztlichen Attests	4
IV. Form und Inhalt des ärztlichen Attests	5
V. Das Verbot von unrichtigen Gesundheitszeugnissen oder Gefälligkeitsattesten	6
VI. Die Ausstellung von Arbeitsunfähigkeitsbescheinigungen	7

I. Die Rechtspflicht des Arztes zur Ausstellung von Attesten und Bescheinigungen

1 Die Verpflichtung des Arztes zur Ausstellung eines Attestes ergibt sich als Neben- oder Hauptpflicht aus dem Arztvertrag. In Ausnahmefällen kann die Verpflichtung zur Ausstellung eines Attests auch auf dem Anstellungs- oder Beamtenverhältnis des Arztes oder aufgrund gesetzlicher Vorschriften, zB nach § 22 Abs 2 IfSG,[1] beruhen.
Gem § 25 S 1 MBO hat der Arzt bei der Ausstellung ärztlicher Gutachten und Zeugnisse mit der notwendigen Sorgfalt zu verfahren und nach bestem Wissen seine ärztliche Überzeugung auszusprechen. Der Zweck des Schriftstückes und sein Empfänger sind anzugeben. Diese ärztliche Attestpflicht ist als Berufspflicht zugleich Rechtspflicht und Inhalt des Behandlungsvertrages.[2]
Gutachten und Zeugnisse, zu deren Ausstellung der Arzt verpflichtet ist oder die auszustellen er übernommen hat, sind **innerhalb einer angemessenen Frist** abzugeben.

---

[17] Instruktiv insoweit der Fall *Dr Wittig* (BGHSt 32, 367 = NJW 1984, 2639 = NStZ 1985, 119 = MedR 1985, 40 = JZ 1984, 893 = MDR 1984, 858); *Eser* MedR 1985, 6; *Schmitt* JZ 1984, 1866; *Ulsenheimer,* Arztstrafrecht in der Praxis, 4. Aufl 2008, RdNr 271; *Roxin* NStZ 1987, 346; *Dölling* NJW 1986, 1011; *Kutzer* MDR 1985, 710. Besondere Kritik hat ein Urt des BGH v 26. 10. 1982 hervorgerufen, NJW 1983, 350 = MedR 1983, 29.

[18] Beispielhaft hierfür *Laufs,* Heidelberger Jahrbücher 1980, Bd XXIV, 1, 8 u *Eser,* in: *Lawin/Huth,* 77 unter Hinweis auf die Einstellungsverfügung der StA Freiburg/Brsg v 20. 6. 1980 – 20 Js 3177/79. Zur Behandlungspflicht bei schwerstgeschädigten Neugeborenen eingehend *Rieger,* in: *Rieger/Dahm/Steinhilper,* 772.

[19] MedR 1988, 281; MedR 1992, 206; vgl dazu *Kern,* 25 Jahre DGMR, in: *Wienke/Dierks* (Hrsg), Zwischen Hippokrates und Staatsmedizin. Der Arzt am Beginn des 21. Jahrhunderts. 25 Jahre DGMR, 2008, 9.

[20] Vgl dazu § 54.

[1] v 20. 7. 2000 (BGBl I, 1045), zuletzt geändert durch Art 16 d Gesetzes v 17. 12. 2008 (BGBl I, 2586).

[2] BGH MedR 2006, 429; mit ablehnender Besprechung von *Kern,* LMK 2006, becklink 178895; vgl dazu auch *Schmidt-Recla,* Ärztliche Pflichten zwischen Standes- und Vertragsrecht am Beispiel der ärztlichen Attestpflicht, MedR 2006, 634.

9. Kapitel. Die Pflichten des Arztes 2–5 §51

Zeugnisse über Mitarbeiter und Ärzte in Weiterbildung müssen gem § 25 S 2, 3 MBO grundsätzlich innerhalb einer Frist von 3 Monaten nach Antragstellung, bei Ausscheiden unverzüglich, ausgestellt werden.

II. Begriff und Rechtsnatur

Das ärztliche Attest ist eine **urkundliche Bescheinigung** schriftlicher Art, durch die der Arzt dem Patienten bestimmte Krankheitszustände, Vorgänge oder Behandlungssituationen bescheinigt. Gleichgültig ist dabei, ob es sich um die Untersuchung eines einzelnen Organs, die zusammenfassende ärztliche Beurteilung mehrerer Untersuchungsergebnisse oder um die Gesamtbewertung eines Krankheitsbildes handelt.[3] Ein Attest oder eine ärztliche Bescheinigung wird regelmäßig durch den behandelnden Arzt ausgestellt. Der behandelnde Arzt ist nicht nur der niedergelassene Arzt für Allgemeinmedizin oder der Hausarzt, sondern auch der Facharzt und der Klinikarzt, wenn diese laufende Behandlungen durchführen. 2

Seiner **Rechtsnatur** nach ist das ärztliche Attest eine **Privaturkunde** iS v § 416 ZPO und ein Gesundheitszeugnis iS v § 278 StGB.[4] 3

III. Inhalt und Erscheinungsformen des ärztlichen Attests

Ärztliche Atteste kommen beispielsweise als Arbeitsunfähigkeitsbescheinigungen, Gesundheitszeugnisse, Zeugnisse über krankheitsbedingte Prüfungsunfähigkeit, zur Befreiung vom Turnunterricht in der Schule, als Diätbescheinigungen für das Finanzamt, Bescheinigungen für Führerscheinbewerbung, Bescheinigung über das Bestehen einer Schwangerschaft für den Arbeitgeber, als Todesbescheinigungen oder Zeugnisse für Lebensversicherungen oder als Bescheinigung über die Verhandlungsfähigkeit im Prozess vor.[5] Bei der Ausstellung von Attesten, die sich auf Verstorbene beziehen, hat der Arzt darauf zu achten, dass er auch nach dem Tode des Patienten an die ärztliche Schweigepflicht gebunden ist.[6] 4

Stellt der Arzt eine Bescheinigung über die Notwendigkeit von Arztbesuchen des Arbeitnehmers während der Arbeitszeit aus, so handelt es sich nicht um ein Attest.[7]

IV. Form und Inhalt des ärztlichen Attests

Form und Inhalt des Attests sind dem Arzt grundsätzlich freigestellt. Vielfach werden allerdings für die Ausstellung von Arztattesten Vordrucke verwendet. Der Arzt hat dabei die ärztliche Schweigepflicht zu beachten. Insoweit bestehen unterschiedliche Beschränkungen: Die Mitteilung der Diagnose in einer kassenärztlichen Bescheinigung verstößt im Hinblick auf die Notwendigkeit einer Überprüfung der Leistungspflicht durch die Krankenkasse nicht gegen die Pflicht zur Verschwiegenheit. Dagegen darf der Arzt bei Attesten über krankheitsbedingte **Prüfungsunfähigkeit eines Kandidaten** die Diagnose nicht angeben.[8] Auch die vorübergehende **Dienstunfähigkeit eines Beamten** hat der Arzt durch Attest zu bescheinigen. Ohne Einverständnis des Beamten ist der Arzt nicht 5

---

[3] BGH Urt v 29. 1. 1957, Ärztl Mitteilungen 1958, 85; *Narr* BayÄBl 1974, 276; *Rieger* Lexikon RdNr 245.

[4] *Rieger* Lexikon RdNr 245.

[5] *Rieger* Lexikon RdNr 245; *Narr* ÄrztlBerufsR RdNr 952. Zur Ausstellung von Gutachten u Zeugnissen vgl die umfangreiche Judikatur in: *Heile/Mertens/Pollschmidt/Wandtke* (Hrsg), HeilBGE, 9. Erg-Lfg 1999, 2. Bd, A 2.7, Nr 1–40.

[6] Vgl *Rieger/Krieger*, in: *Rieger/Dahm/Steinhilper*, 2270; *Kern,* Der postmortale Geheimnisschutz, MedR 2006, 205; aber auch OLG Naumburg NJW 2005, 2017 u OLG München, Urt v 9. 10. 2008 – Az 1 U 2500/08.

[7] Vgl *Heß* DÄBl 1981, 1369; *Rieger* Lexikon RdNr 246.

[8] *Rieger* Lexikon RdNr 247.

berechtigt, dem Dienstherren im Attest oder in einer Arbeitsunfähigkeitsbescheinigung die Diagnose mitzuteilen.[9]

Der Arzt ist verpflichtet, bei der Totenschau die Leiche sorgfältig nicht nur auf den Eintritt des Todes, sondern auch im Hinblick auf die Todesursache zu untersuchen.[10] Er darf den **Totenschein** nicht leichtfertig oder gar bewusst falsch ausfüllen.[11]

V. Das Verbot von unrichtigen Gesundheitszeugnissen oder Gefälligkeitsattesten

6 Stellt der Arzt schuldhaft ein **unrichtiges Attest** aus, so haftet er dem Patienten aus dem Arztvertrag wegen Verletzung einer Nebenpflicht und aus § 823 BGB wegen unerlaubter Handlung.[12] Gegenüber Dritten, wie Krankenkassen oder privaten Versicherungsgesellschaften, scheidet eine Haftung nach § 823 Abs 1 BGB allerdings regelmäßig aus, weil es sich insoweit um reine Vermögensschäden handelt.[13] Bei vorsätzlicher Ausstellung eines falschen Attests oder Gesundheitszeugnisses folgt die Haftung aus § 823 Abs 2 BGB iVm § 278 StGB oder §§ 27, 263 StGB sowie aus § 826 BGB gegenüber dem Dritten.

VI. Die Ausstellung von Arbeitsunfähigkeitsbescheinigungen

7 Die ärztliche Bescheinigungs- und Attestpflicht gewinnt in der Praxis besondere Bedeutung beim **Nachweis krankheitsbedingter Arbeitsunfähigkeit** oder Dienstunfähigkeit. Die Arbeitsunfähigkeitsbescheinigung (AU-Bescheinigung) ist ärztliches Attest und zugleich Gesundheitszeugnis iS v § 278 StGB,[14] dessen Tatbestand allerdings nicht erfüllt ist, weil die privaten Arbeitgeber nicht zum geschützten Personenkreis gehören.[15]

8 Gem § 5 Abs 1 EntgFG sind Arbeiter verpflichtet, dem Arbeitgeber eine Bescheinigung des Arztes über eine bestehende Arbeitsunfähigkeit sowie deren voraussichtliche Dauer vorzulegen. Für Angestellte kann sich eine solche Verpflichtung aus Tarifvertrag, Betriebsvereinbarung oder Einzelarbeitsvertrag oder als Dienstpflicht gegenüber dem Dienstherren ergeben. Für die **kassenärztliche AU-Bescheinigung** ist eine Regelung in § 31 BMV-Ä getroffen. Danach darf die Arbeitsunfähigkeit nur aufgrund einer ärztlichen Untersuchung bescheinigt werden. Der Vertragsarzt darf gem § 32 BMV-Ä für die Krankenkasse bestimmte Bescheinigungen über den voraussichtlichen Tag der Entbindung nur auf Grund einer Untersuchung der Schwangeren ausstellen. Die Ausstellung sonstiger Verordnungen und Bescheinigungen durch den Vertragsarzt erfolgt nach Maßgabe der Anlagen zum Bundesmantelvertrag – Ärzte und weiterer vertraglicher Regelungen (§ 33 BMV-Ä). Für die Ausstellung von Vordrucken im Rahmen der vertragsärztlichen Behandlung hat der Vertragsarzt die Krankenversichertenkarte oder dergleichen zu verwenden (§ 35 Abs 1 BMV-Ä).

Ein Arzt darf eine **Arbeitsunfähigkeitsbescheinigung** nur dann ausstellen, wenn er sich mit der notwendigen Sorgfalt und in nachvollziehbarer, vertretbarer Weise seine ärztliche Überzeugung von dem Vorliegen der Voraussetzung einer Arbeitsunfähigkeit verschafft hat.[16] Nach berufsgerichtlicher Auffassung[17] darf ein Arzt keinen Vorgang beschei-

---

[9] *Rieger* Lexikon RdNr 557.
[10] Vgl dazu zB §§ 11–14 des Sächs Gesetzes über das Friedhofs-, Leichen- und Bestattungswesen v 8. 7. 1994 idF v 11. 7. 2009.
[11] Ärztl Berufsgericht Nds Urt v 18. 9. 1968 – BG 4/68 – (BerufsGE A 2.7 Nr 3).
[12] Vgl *Roesch* MedKlin 1979, 1332; *Rieger* Lexikon RdNr 252.
[13] *Rieger* Lexikon RdNr 101, 252; *Herold* ArztR 1966, 249.
[14] *Rieger* Lexikon RdNr 100.
[15] *Schönke/Schröder/Cramer/Heyne* (27. Aufl 2006) § 278 StGB RdNr 4.
[16] LG Darmstadt NJW 1991, 757; *Laufs*, ArztR RdNr 466; *Hanau/Cramer*, Zweifel an der Arbeitsunfähigkeit, DB 1995, 94 ff; *Lepke* DB 1992, 2025 ff.
[17] Zur standesrechtlichen Ahndung von unrichtigen Attesten vgl Berufsgericht beim OLG Nürnberg Urt v 25. 6. 1958, mitget b *Kallfelz*, Sammlung v Entscheidungen der ärztl Berufsgerichte, 1967,

nigen, den er nicht selbst wahrgenommen hat.[18] In dem Zeugnis hat er anzugeben, ob die bescheinigte Tatsache auf eigenem Wissen oder auf – für glaubwürdig gehaltenen – Angaben des Patienten beruht. Ein Arzt, der seinem Patienten eine Bescheinigung aushändigt, deren Inhalt medizinisch unhaltbar, aber geeignet ist, die Strafverfolgungsbehörden irrezuführen, schädigt das Ansehen der Ärzteschaft schwer.[19]

§ 52 Rezeptur und Verschreibung

Übersicht

	RdNr
I. Begriff	1
II. Rechtsnatur der ärztlichen Verschreibung	2
III. Rechtsgrundlagen	3
IV. Form der Verschreibung	6
V. Grenzen der Verschreibungspflicht	7

I. Begriff

Eine **ärztliche Verschreibung** (Rezept, ärztliche Verordnung, Ordination) ist die persönlich von einem Arzt ausgestellte schriftliche Anweisung an einen Apotheker zur Abgabe eines Arzneimittels entweder an den Arzt oder seinen Patienten.[1] Die Ausstellung von **Blanko-Rezepten** durch den Arzt ist grundsätzlich unzulässig.[2] So darf die Ausfüllung von Blanko-Rezepten bei Abwesenheit des Arztes nicht etwa einer Sprechstundenhilfe überlassen werden, auch wenn es sich nur um Blanko-Rezepte zur Wiederholung gängiger Rezeptur in einer normalen OP handelt.[3] Ein Arzt darf nur dann Rezeptformulare blanko unterschreiben, wenn gewährleistet ist, dass sie nur an die von ihm bestimmten Personen und nur mit den von ihm selbst vorgenommenen Eintragungen ausgehändigt werden.[4]

1

II. Rechtsnatur der ärztlichen Verschreibung

Das Rezept ist eine **Urkunde** iS von § 267 StGB, so dass sich das unbefugte Ausstellen eines Rezeptes durch einen Nicht-Arzt als strafbare Urkundenfälschung darstellt.

2

III. Rechtsgrundlagen

Rechtsgrundlage für die Verschreibung durch den Arzt als Vertragspflicht gegenüber dem Patienten ist regelmäßig der **Arztvertrag.** Auch im Rahmen der Verschreibung gilt der Grundsatz der Therapiefreiheit. Der Behandlungsvertrag verpflichtet den Arzt grundsätzlich, vorbehaltlich der Grenzen des Wirtschaftlichkeitsgebots, dem Patienten diejenigen Medikamente zu verschreiben, die voraussichtlich den optimalen Behandlungserfolg gewährleisten.[5] Auch im Rahmen des kassenärztlichen Wirtschaftlichkeitsgebots ist der

3

Bd I 24 Nr 7; Urt d Landesberufsgerichts f die Heilberufe beim BayOLG v 13. 10. 1958, mitget b *Kallfelzm,* 28 Nr 9.

[18] Berufsgericht f Heilberufe beim OLG München (BerufsGE) A 2.7 Nr 1.
[19] Berufsgericht f Heilberufe beim OLG München (BerufsGE) A 2.7 Nr 1.
[1] RGSt 62, 284; *Rieger* Lexikon RdNr 1824; *Pschyrembel,* Klinisches Wörterbuch (261. Aufl 2007) „Rezepte"; *Roche* Lexikon Medizin (5. Aufl 2003), „Rezept"; *G Schulz,* 468; *Spann,* 181; *Kohlhaas,* in: *Kuhns,* Das gesamte Recht der Heilberufe, 1958, I/292.
[2] *Spann,* 682; *G Schulz,* 469.
[3] Vgl LSG Darmstadt ÄM 1959, 1370; LSG Hessen ÄM 1962, 686; Landesberufsgericht f Heilberufe in Münster DMW 1963, 1955.
[4] Berufsgericht f Heilberufe beim VG Neustadt (BerufsGE A 1.5 Nr 5).
[5] Zur Rezeptpflicht s *Deutsch/Spickhoff* RdNr 1250.

Arzt grundsätzlich verpflichtet, dasjenige Mittel zu verschreiben, das die beste Wirkung verspricht. Für Kostenerwägungen bleibt deshalb nur dann Raum, wenn gleich wirksame Mittel verfügbar sind. Selbst bei besonders hohen Kosten darf der Arzt nicht auf die Verschreibung des bestwirksamen Medikaments verzichten.[6] Dagegen liegt ein Verstoß gegen das Wirtschaftlichkeitsgebot vor, wenn der Arzt ein nicht indiziertes Medikament verschreibt oder gegen das Verbot der Übermaßbehandlung verstößt, indem er zB bei einfacher Erkältung ein Antibiotikum verschreibt, ohne dass dieses medizinisch aus besonderen Gründen erforderlich ist.

Die unermüdliche sozialrechtliche Gesetzgebung hat erhebliche Einschränkungen hinsichtlich der Verschreibung von Arzneimitteln sowie Heil- und Hilfsmitteln gebracht. Neben einem Preisabschlag in Art 30 GSG sieht § 84 SGB V eine **Budgetierung bei Arznei-, Verband- und Heilmitteln** vor, dh es wurde ein Höchstbetrag für die insgesamt von den Vertragsärzten für Medikamente veranlassten Ausgaben festgelegt (§ 35 SGB V). Bestimmte Arznei-, Heil- und Hilfsmittel wurden in § 34 SGB V von der Ersatzpflicht gänzlich ausgeschlossen. Schließlich wurden **Zuzahlungsbeträge** festgelegt (§ 31 SGB V). Für Kassenpatienten werden häufig nur die Wirkstoffe verschrieben, nicht ein bestimmtes Medikament. Der Apotheker hat dann das preisgünstigste Medikament auszugeben.[7]

4 **Weitere Rechtsgrundlagen** für die Verschreibung von Arzneimitteln finden sich in § 48 AMG, der Verordnung über verschreibungspflichtige Arzneimittel v 21. 12. 2005,[8] Verordnung über die automatische Verschreibungspflicht v 26. 6. 1978[9], § 13 BtMG und in der Betäubungsmittel-Verschreibungsverordnung v 20. 1. 1998[10]. Der Arzt macht sich nach § 29 I Nr 6 BtMG strafbar, wenn er gegen bestimmte Verschreibungspflichten verstößt. Es werden ua die Nichtbenutzung von Betäubungsmittelrezepten, die Nichtrückgabe solcher Rezepte an das Bundesgesundheitsamt, die Nichtanzeige des Verlustes oder ein Verstoß gegen Aufbewahrungspflichten, schließlich die nicht vollständige oder rechtzeitige Angabe oder die Nichtbeachtung der Vorschriften über die Führung von Aufzeichnungen geahndet.[11]

5 Schließlich enthält § 34 MBO Regelungen über die Verordnung und Empfehlung von Arznei-, Heil- und Hilfsmitteln. So darf zB der Arzt gem § 34 Abs 4 MBO einer missbräuchlichen Anwendung seiner Verschreibungen keinen Vorschub leisten. Ist ein Arzt nach Abwägung aller Umstände zu dem Ergebnis gekommen, dass die Verschreibung eines bestimmten Medikaments nicht zwingend erforderlich ist und verschreibt demzufolge das Medikament auch nicht, so hat er seine Aufgabe aus seiner Sicht nach bestem Wissen und den Geboten der ärztlichen Sitte erfüllt.[12] Fahrlässig handelt der Arzt, der ein fehlerhaftes oder unvollständiges oder missverständliches Rezept ausstellt, der mögliche Kontraindikationen nicht beachtet oder nicht dafür sorgt, dass die zulässige Höchstdosis gewahrt bleibt.[13]

Nach § 34 Abs 5 MBO ist es dem Arzt nicht gestattet, Patienten ohne hinreichenden Grund an bestimmte Apotheken, Geschäfte oder Anbieter von gesundheitlichen Leistun-

---

[6] *Goetze*, Arzthaftungsrecht und kassenärztliches Wirtschaftlichkeitsgebot, 1989, 89 u 200.
[7] Zur Abgrenzung der Verantwortlichkeiten zwischen Arzt und Apotheker bei bedenklichen Rezepturarzneien s *Güdden* MedR 1991, 124.
[8] AMVV, BGBl I, 3632, zuletzt geändert durch Art 1 u 2 der VO v 19. 12. 2008 (BGBl I, 2977).
[9] AutVerschr IV, BGBl I, 917, zuletzt geändert durch VO v 23. 6. 2005, (BGBl I, 1801).
[10] BtMVV, BGBl I, 74, 80, zuletzt geändert durch Art 1 des Gesetzes v 19. 3. 2009 (BGBl I, 560).
[11] Zum Ganzen *Körner*, Betäubungsmittelgesetz-Kommentar, 6. Aufl 2007.
[12] OLG Hamm MedR 1995, 373.
[13] BGH VersR 1967, 775; BGH NJW 1991, 1543 = MedR 1991, 137; OLG Köln DMW 1992, 394; OLG Frankfurt MedR 1991, 207; OLG Oldenburg VersR 1991, 1139; OLG Koblenz MedR 1992, 107; *Laufs*, ArztR RdNr 507; *Hart*, Arzneimitteltherapie und ärztliche Verantwortung, 1990; *ders* MedR 1991, 300; *Köster*, Die Haftung des Arztes für das Verschreiben von Medikamenten, 1975, 175.

9. Kapitel. Die Pflichten des Arztes   6, 7 § 52

gen zu verweisen. Kann ein Arzt aufgrund seines besonderen Vertrauensverhältnisses zu einem Apotheker sicher sein, dass mit einer Verschreibungszuweisung zu diesem Apotheker der Therapieerfolg nicht gefährdet ist, so handelt er nicht wettbewerbswidrig, wenn er die Patienten ausschließlich diesem Apotheker zuweist.[14]

IV. Form der Verschreibung

Hinsichtlich der Verordnung verschreibungspflichtiger Arzneimittel enthält § 2 Abs 1 AMVV bestimmte **Formvorschriften.** Neben allgemeinen Angaben wie Name, Berufsbezeichnung und Anschrift des Arztes (Nr 1) oder Datum der Ausfertigung (Nr 2) muss die Verordnung die abzugebende Menge des verschriebenen Arzneimittels (Nr 6) aufzeigen. Weiterhin muss die Gültigkeitsdauer der Verschreibung[15] erkennbar sein. 6

Die wiederholte Abgabe von verschreibungspflichtigen Arzneimitteln ist nur zulässig, wenn der Arzt auf dem Rezept einen Wiederholungsvermerk angebracht hat (vgl § 4 Abs 3 AMVV). Das Rezept muss vom Arzt eigenhändig unterschrieben sein, § 2 Abs 1 Nr 10 AMVV. Ein Namensstempel genügt nicht.[16] Das Rezept braucht dagegen nicht vollständig handschriftlich vom Arzt geschrieben zu sein. Zulässig ist es, dass das Rezept vom Hilfspersonal geschrieben wird und der Arzt unterschreibt. Auch unterschriebene Computerausdrucke sind zulässig.

V. Grenzen der Verschreibungspflicht

Die Verabreichung und Verschreibung von Medikamenten stellt sich nach wie vor rechtlich als Eingriff in die körperliche Integrität des Patienten dar. Im Hinblick auf die Wirkungen und vor allem auf die Nebenwirkungen einer Medikation obliegen dem Arzt auch bei Verschreibung von Arzneimitteln **besondere Sorgfaltspflichten.**[17] Auch insoweit hat der Arzt den Grundsatz zu beachten: „Keine Wirkung ohne Nebenwirkungen". Auf Angaben und Instruktionen des Herstellers darf er sich dabei grundsätzlich verlassen, sofern nicht in der Fachliteratur dagegen erkennbare Bedenken geäußert werden.[18] Je unerprobter, gefährlicher und fachlich umstrittener ein Präparat ist, desto sorgfältiger sollte sich der Arzt informieren, um schließlich gewissenhaft abzuwägen, ob er das Medikament anwendet. Insbesondere hat der Arzt darauf zu achten, dass alle dem Patienten verschriebenen Medikamente untereinander verträglich sind. Auch den Patienten soll er an der Abwägung durch Aufklärung über Vor- und Nachteile des Medikaments teilnehmen lassen.[19] Zur Aufklärung über die Risiken einer Medikation reicht der Hinweis auf dem Beipackzettel nicht aus.[20] 7

Der Arzt sollte sich immer vor Augen führen, dass er nicht nur allgemein, sondern auch vertraglich verpflichtet ist, den Patienten im Rahmen der von ihm angewandten Therapie keinen vermeidbaren Risiken auszusetzen („nil nocere"). Deshalb ist er bei Ver-

---

[14] OLG Schleswig NJW 1995, 3064.
[15] Bei fehlender Angabe gilt die Verschreibung drei Monate (§ 2 Abs 5 AMVV).
[16] Vgl *Rieger* Lexikon RdNr 1825.
[17] Vgl *MünchKomm-Mertens* (3. Aufl 1997) § 823 BGB RdNr 386 ff; *Rieger* DAZ 1981, 703; *ders,* Lexikon RdNr 1827; *G Schulz,* 471; *Spann,* 182.
[18] Der Arzt hat insbesondere die Packungsbeilage genau zu beachten. Schreibt die Herstellerfirma eines Narkosemittels etwa vor, eine intraarterielle Injektion sei „mit Sicherheit" zu vermeiden, so handelt der Arzt fehlerhaft, wenn er die Spritze im besonders gefährdeten Bereich der Ellenbeuge ansetzt. Vgl BGH VersR 1968, 280 (Estilinjektion); vgl auch BGH VersR 1968, 276; BGH NJW 1959, 1583; BGH NJW 1959, 815; BGH NJW 1982, 697; *Laufs,* ArztR RdNr 507. Kritisch zum Beipackzettel *Zuck* NJW 1999, 1769 f, u *Schlund,* FS Deutsch, 1999, 757 ff.
[19] *Laufs* ArztR RdNr 507.
[20] AA LG Dortmund MedR 2000, 331; vgl dazu *Kern,* Der Einsatz von Aufklärungsbögen. Kommt die schiftliche Aufklärung, Der Internist 2001, 128, 130.

schreibung von Medikamenten[21] allgemein und Betäubungsmitteln in jedem Einzelfall zur genauen Prüfung verpflichtet, ob die Anwendung am oder im menschlichen Körper angezeigt ist oder ob der beabsichtigte Erfolg nicht auch auf andere Weise erzielt werden kann.

8 Die **medizinisch unbegründete Verschreibung von Suchtmitteln** erfüllt regelmäßig den Tatbestand der Körperverletzung iSv § 223 StGB.[22] Der Straftatbestand des unerlaubten Verschreibens von Betäubungsmitteln (hier: Ersatzdroge L-Polamidon) liegt allerdings nicht schon deswegen vor, weil der Arzt durch das Verschreiben gegen die Regeln der Schulmedizin oder die Stellungnahme der Bundesärztekammer verstoßen hat.[23] Nach dem Betäubungsmittelgesetz darf Methadon allein von Ärzten und nur dann verschrieben, verabreicht oder überlassen werden, wenn seine Anwendung begründet ist. Nach Feststellung des OVG Münster[24] ist es Aufgabe des Arztes, das Leben zu erhalten, Krankheiten zu heilen und Leiden zu lindern. Diesem Zweck entspricht es nach Auffassung des Gerichts, dass suchtfördernde Betäubungsmittel im Rahmen eines ärztlichen Heilverfahrens generell nur bei unumgänglicher medizinischer Notwendigkeit und ausschließlich zum Zwecke der Heilung oder Schmerzlinderung angewandt werden.

9 Aufgrund des Arztvertrages ist der Arzt nicht verpflichtet, ein **bestimmtes Medikament** oder **Medikamente nach Wunsch des Patienten** zu verschreiben. Verlangt der Patient die Verschreibung eines Medikaments, das nach den Regeln und Kenntnissen der medizinischen Wissenschaft und Praxis zur Behandlung des vom verschreibenden Arztes festgestellten Krankheitsbildes und zur Bewahrung des Patienten vor körperlichen Schäden nicht geeignet ist, so darf sich der Arzt den Wünschen des Patienten keinesfalls fügen.[25] Notfalls muss der Arzt den Behandlungsvertrag kündigen.

---

[21] Dem Arzt ist es nicht gestattet, ohne jede Voruntersuchung Rezepte für orale Ovulationshemmer an Patientinnen zu versenden (Berufsgericht f Heilberufe in Hamburg, Beschl v 17. 11. 1969, BerufsGE A 1.5 Nr 4).

[22] So *Narr* ÄrztlBerufsR RdNr 1198 unter Berufung auf OLG Frankfurt, Urt v 21. 8. 1987 – 1 Gs 219/87 –. Die meisten berufsgerichtlichen Entscheidungen befassen sich mit der ärztlichen Verordnung von Betäubungsmitteln. Der Arzt begeht ein Berufsvergehen, wenn er suchtgefährdeten Patienten Betäubungsmittel verschreibt (Berufsgericht f Heilberufe beim VG Münster, Urt v 8. 3. 1967), mitget bei *Kallfelz*, Sammlung v Entscheidungen der ärztl Berufsgerichte, 1967, Bd II Nr 42; der Arzt handelt auch pflichtwidrig, wenn er einer Patientin, deren Suchtgefährdung er erkennt, Betäubungsmittel verschreibt, ohne die Notwendigkeit einer solchen Maßnahme festgestellt zu haben (Berufsgericht f Heilberufe in Hamburg, Beschl v 18. 10. 1967, BerufsGE A 1.5 Nr 3); dem Arzt ist es untersagt, Personen, deren Sucht ihm bekannt ist, in größeren Mengen suchterzeugende Medikamente zu verordnen (Hamburgisches Berufsgericht f Heilberufe, Urt v 4. 3. 1988, BerufsGE A 1.15 Nr 23). Muss er den Verdacht haben, dass Patienten drogensüchtig sind, so darf der Arzt ihnen keine Betäubungsmittel zur unkontrollierten Einnahme verschreiben (Berufsgericht f Heilberufe beim VG Darmstadt, Urt v 10. 5. 1978, BerufsGE A 1.5 Nr 7; Berufsgericht f Heilberufe Schleswig, Urt v 16. 10. 1978, BerufsGE A 1.5 Nr 8). Vgl Berufsgericht f Heilberufe beim VG Köln, Urt v 4. 11. 1982, BerufsGE A 1.5 Nr 12; Landesberufsgericht f Heilberufe beim Hessischen VG, Urt v 18. 4. 1983, BerufsGE A 1.5 Nr 14; Ärztegericht des Saarl, Urt v 7. 6. 1983, BerufsGE A 1.5 Nr 15; Berufsgericht f Heilberufe beim VG Frankfurt, Urt v 22. 2. 1984 BerufsGE A 1.5 Nr 17. Der Arzt handelt auch pflichtwidrig, wenn er in großem Umfang und häufig Medikamente (insbesondere Limbatril, Valium und Optalidon) verschreibt, ohne die Notwendigkeit der Verschreibung bei dem Patienten zu überprüfen (Berufsgericht f Heilberufe beim VG Köln, Urt v 4. 9. 1985, BerufsGE A 1.5 Nr 22). Vgl zur unzulässigen Verordnung auch die umfangreiche Judikatur bei *Heile/Mertens/Pollschmidt/Wandtke* (Hrsg), HeilBGE, 9. Erg-Lfg 1999, 1. Bd, A 1.5, Nr 1–36; s auch *Deutsch/Spickhoff* RdNr 741; *Kamm*, Grundlagen der Unterstellung von Arzneimitteln und die ärztliche Verschreibungspflicht, in: Zulassung und Nachzulassung von Arzneimitteln, 1987, 116.

[23] BGH JZ 1992, 103 m Anm *Laufs/Reiling*; vgl auch *Haffke* MedR 1990, 243, 246; *Moll* NJW 1991, 2334.

[24] MedR 1989, 44.

[25] LG Münster ArztR 1981, 240; *Uhlenbruck* RheinÄBl 1981, 674; 676; *Rieger* Lexikon RdNr 1829.

§ 53 Die Anwendung der medizinischen Technik

Übersicht

	RdNr
I. Die Pflicht zur Anwendung des medizinisch-technischen Standards	1
II. Sicherheitsvorschriften zugunsten des Patienten	3
III. Die Pflicht zur Wartung und Kontrolle des medizinisch-technischen Geräts	4

I. Die Pflicht zur Anwendung des medizinisch-technischen Standards

In Diagnose[1] und Therapie gewinnt die Technik immer größere Bedeutung. Entsprechend erwachsen dem Krankenhausträger, dem Arzt und den ärztlichen sowie nichtärztlichen Hilfskräften besondere Rechtspflichten.[2]

Der Patient kann von dem behandelnden Arzt auf Grund des Behandlungsvertrages verlangen, dass dieser beim Einsatz technischer Mittel die **modernsten vorhandenen Geräte** einsetzt.[3] „Vorhanden" bedeutet indessen nicht, dass die Geräte auf dem Markt lieferbar sind, sondern dass sie in der Klinik vorhanden sind. Das entspricht zugleich auch der Erwartungshaltung der Patienten. **Wirtschaftliche Erwägungen** können durchaus dazu führen, dass die in der Arztpraxis oder Klinik vorhandenen Geräte zwar nicht die neuesten sind, aber trotzdem ihren Zweck erfüllen und nach den Erkenntnissen der medizinischen Wissenschaft und Praxis dem ärztlichen Standard (noch) entsprechen. Der Patient kann nicht stets optimale Behandlungsbedingungen, nach den neuesten Methoden arbeitende Ärzte, die modernsten Apparate erwarten: „Die Grenzen der je verfügbaren ärztlichen, pflegerischen, apparativen, räumlichen Potentiale verbieten es, den Maßstab für die ärztliche Behandlung und Haftung einheitlich ganz oben anzusetzen. Es muss medizinisch wie rechtlich situationsorientiert unterschiedliche Standards geben."[4] Der technische Standard eines Landkrankenhauses ist generell niedriger anzusetzen als der einer Universitätsklinik. Entspricht ein – veraltetes – medizinisches Gerät nicht mehr dem ärztlichen Standard, so hat der Arzt, wenn er sich ein Gerät neuester Art nicht anschaffen kann oder will, den Patienten an einen Kollegen oder eine Klinik zu überweisen, wo ein solches Gerät zu Verfügung steht.[5]

II. Sicherheitsvorschriften zugunsten des Patienten

Beim Einsatz von Geräten sind alle Sicherheitsvorschriften penibel zu beachten. Der Gesetzgeber hat zahlreiche Regelungen zum Schutz des Patienten vor Schäden durch medizinisch-technische Geräte erlassen, so zB die Verordnung über den Schutz vor Schäden durch ionisierende Strahlen (Strahlenschutzverordnung – StrlSchV)[6] Die Medizinprodukte-Betreiberverordnung in der Fassung der Bekanntmachung vom 21. 8. 2002,[7] zuletzt geändert durch Art 386 der Verordnung vom 31. 10. 2006,[8] gilt für das Errichten, Betreiben, Anwenden und Instandhalten von Medizinprodukten. Nach § 3 der Unfallver-

---

[1] *Uhlenbruck* ArztR 175; *Laufs,* ArztR RdNr 514.
[2] *Laufs* ArztR RdNr 514; *Deutsch,* KH 1980, 266; *Uhlenbruck* RheinÄBl 1980, 403.
[3] BGHZ 102, 17, 21; 72, 132; BGH NJW 1989, 2321, 2322; *Giesen* RdNr 80; *Uhlenbruck* RheinÄBl 1983, 667, 668; RGRK-*Nüßgens* § 823 BGB Anh II RdNr 195; *Laufs,* ArztR RdNr 353.
[4] *Steffen/Pauge* RdNr 135 f; zutreffend RGRK-*Nüßgens* § 823 BGB Anh Ii RdNr 195. Vgl auch BGH NJW 1988, 1511 = VersR 1988, 495; BGH NJW 1989, 2321 = VersR 1989, 851; ferner *Giesen* RdNr 74 f; BGH NJW 1994, 1596; BGHZ 102, 17 = NJW 1988, 763 = VersR 1988, 179.
[5] Vgl BGH NJW 1984, 1810 = VersR 1984, 470, 471; RGRK-*Nüßgens* § 823 BGB Anh II Art 195.
[6] Vgl dazu oben § 47 Anm. 25.
[7] BGBl I, 3396.
[8] BGBl I, 2407.

§ 54   § 54 Die Pflicht des Arztes zur Einhaltung fester Bestelltermine

hütungsvorschrift „Gesundheitsdienst" BGV C 8 vom September 1982, idF vom Januar 1997, darf der Arzt oder Krankenhausträger mit der Bedienung medizinisch-technischer Geräte, deren Anwendung eine Gefährdung dieser Personen mit sich bringt, nur solche Personen betrauen, die in der Bedienung des Geräts unterwiesen und über mögliche Gefahren und deren Abwendung unterrichtet sind. Zudem haben die medizinischen Fachgesellschaften wie zB die Deutsche Gesellschaft für Anästhesie und Intensivmedizin (DGAI) Richtlinien für die Sicherheit medizinisch-technischer Geräte entwickelt.[9]

III. Die Pflicht zur Wartung und Kontrolle des medizinisch-technischen Geräts

4 Der Arzt und der Krankenhausträger sind verpflichtet, für die Behandlung der Patienten nicht nur modernes, sondern voll funktionsfähiges medizinisch-technisches Gerät zur Verfügung zu stellen. Dies erfordern nicht nur die in § 11 MPBetreibV vorgeschriebenen messtechnischen Kontrollen, sondern auch sonstige **Kontrollen,** die die Benutzung des Geräts durch den Anwender notwendig machen. So ist zB vor jedem operativen Eingriff das Intubationsgerät optisch zu kontrollieren:[10] „Der gesteigerte Einsatz von Apparaten anstelle von Menschen muss eine entsprechende Erhöhung der Kontroll- und Sicherheitsvorkehrungen nach sich ziehen. Es darf kein Anreiz geboten werden, teure und mit der Haftung belastete menschliche Leistung auf kostengünstigere und haftungsbefreite Maschinen abzuwälzen."[11] Über die Hälfte aller Personenschäden in Verbindung mit technischen Geräten entsteht durch Fehlbedienung der Geräte und nur in wenigen Fällen durch tatsächliche Gerätefehler.[12]

Nicht nur allgemein, nach dem Geräte- und Produktsicherheitsgesetz vom 6.1 2004[13] und der Medizinprodukte-Betreiberverordnung, sondern auch vertraglich ist der Arzt verpflichtet, die **medizinischen Geräte prüfen und warten zu lassen.** Zu den medizinisch-technischen Geräten gehören Infusionspumpen, Herz-Lungen-Maschinen, Dialysegeräte, Breitstromtherapie-Geräte, Hochfrequenz-Chirurgie-Geräte, Narkosegeräte, Elektroschock-Geräte, Ultraschallgeräte, Ganzkörperphlethysmographen, Absaugpumpen und Defibrillatoren. Unterlässt der Arzt die Prüfung und Wartung des medizinischen Geräts, so trifft ihn eine Pflicht zum Schadensersatz gegenüber dem Patienten, wenn dieser durch Fehler des Geräts einen Schaden erleidet.

§ 54 Die Pflicht des Arztes zur Einhaltung fester Bestelltermine

1 Zu den vertraglichen ärztlichen Pflichten gehört es, seine Praxis so zu organisieren, dass für den Patienten keine unzumutbaren Wartezeiten entstehen. Der Patient hat gegen seinen Arzt, der schuldhaft einen Behandlungstermin nicht einhält, einen Schadensersatzanspruch aus §§ 280 Abs 1 und 2, 283, 286 BGB. Dabei ist eine Verzögerung von weniger als 30 Minuten grundsätzlich nicht als Verschulden anzusehen.[1] Längere Verzögerungen können zur

---

[9] Vgl Anästh Intensivmed 1981, 303.
[10] BGH NJW 1975, 2245; BGH JZ 1978, 275, 276. BGH NJW 1978, 1683; OLG Nürnberg VersR 1970, 1061; OLG Hamm VersR 1980, 585; *Giesen,* 61; *Musielak* JuS 1977, 87; RGRK-*Nüßgens* § 823 Anh II RdNr 196.
[11] MünchKomm- *Mertens* (3. Aufl 1997) § 823 BGB RdNr 393.
[12] Die Studie von *Bleyer,* Medizintechnische Zwischenfälle und ihre Verhinderung, 1992, kommt zu dem Ergebnis, dass über 60 % der Zwischenfälle mit Beteiligung medizinisch-technischer Geräte auf Bedienungsfehler der Anwender zurückzuführen ist. Vgl auch *Krause/Nierhoff, in: Bergmann/ Kienzle* (Hrsg), Krankenhaushaftung, (2. Aufl 2003), RdNr 509.
[13] BGBl I, 2 (219), zuletzt geändert durch Art 3 Abs 33 des Gesetzes v 7.7.2005 (BGBl I, 1970).
[1] AG Burgdorf NJW 1985, 681 = MedR 1985, 129; AG Köln ZM 1990, 2228; *Laufs,* ArztR RdNr 112; *Narr* ÄrztlBerufsR RdNr 1026; *Laufs,* ArztR RdNr 68. Nach neuem Recht vgl § 280 Abs 1 S 2 BGB; *Kern,* in: *Rieger/Dahm/Steinhilper,* 335 RdNr 50; *Kiesecker,* in: *Rieger/Dahm/Steinhilper,* 970.

9. Kapitel. Die Pflichten des Arztes   1 § 54a

Haftung des Arztes führen.² Ist die Wartezeit für den Arzt vorhersehbar, muss er seinen Patienten konkret informieren, so dass er sich entscheiden kann, ob er warten oder sich einen neuen Termin geben lassen will.³ Hat der Arzt schuldhaft eine Information über die Zeitplanverschiebung unterlassen, so stellt das grundsätzlich ein Organisationsverschulden dar.⁴ Für einen etwaigen Schaden, der auch einen Verdienstausfall des Patienten sowie die Fahrtkosten umfassen kann,⁵ haftet der Arzt. Ist eine echte Fixschuld vereinbart, so ist der Arzt auch schadensersatzpflichtig, wenn er den Termin übersieht und das zu vertreten hat. Er hat sich insoweit zu exkulpieren.⁶ Vergleichbares gilt, wenn der Patient zu einem festen Termin einbestellt worden ist, ohne dass bereits ein Arztvertrag zustande gekommen ist.

§ 54a Die ärztliche Pflicht zur Nachsorge und Kontrolle

Übersicht
                                                                        RdNr
I. Begriff   1
II. Der Inhalt der Nachsorgepflicht   2
III. Die Rehabilitation als Nachsorge   4

I. Begriff

Der Begriff der ärztlichen Nachsorge umfasst die **Kontrolle** und **Überwachung** des 1 Patienten, die **Nachbehandlung** sowie die **Rehabilitation**.¹ Zur Nachsorge gehören auch die nach Abschluss einer Behandlung entstehenden Schutzpflichten des Arztes, die ihren Rechtsgrund in früheren Behandlungsmaßnahmen oder Behandlungsfehlern haben. Bei der Rehabilitation unterscheidet man zwischen medizinischer und beruflicher Rehabilitation sowie zwischen sozialer und schulischer Rehabilitation. Medizinisch ist die Rehabilitation letztlich nichts anderes als „ärztliche Hilfe zur Selbsthilfe". Die gesamte ärztliche Tätigkeit im Rahmen der Nachsorge bezieht sich letztlich auf die Beseitigung der Folgen einer Erkrankung oder die Wiederherstellung der Gesundheit. Die BfA bewilligt stationäre Nachbehandlungen im Rahmen der Rehabilitation als zusätzliche Leistungen, soweit sie nicht als Regelleistungen zu gewähren sind, wenn nach der abgeschlossenen operativen Behandlung oder Bestrahlungsserie von Geschwulstkrankheiten oder Systemerkrankungen die Erkrankung medizinisch günstig beeinflussbar ist.

---

² *Wertenbruch,* Der Vergütungsanspruch des Arztes bei Nichterscheinen eines bestellten Patienten – die Haftung des Arztes bei Nichteinhaltung eines Behandlungstermins, MedR 1991, 167 ff.

³ *Narr* ÄrztlBerufsR RdNr 1026; *Uhlenbruck* MedR 1986, 46.

⁴ *Wertenbruch* MedR 1991, S 167, 171; MünchKomm-*Schaub* (3. Aufl 1997), § 612 BGB RdNr 202.

⁵ Hinsichtlich der Fahrtkosten hat das AG Burgdorf NJW 1985, 681, entschieden, dass für die Fahrzeiten der Kläger keinen Schadensersatz verlangen könne, denn diese Zeiten wären auch dann entstanden, wenn der Patient beim Arzt termingerecht behandelt worden wäre. Diese Begründung vermag nicht zu überzeugen, denn der Patient hat die Fahrtkosten vergebens aufgewandt und muss zu einem späteren Zeitpunkt diese Fahrtkosten erneut aufwenden. Zutreffend *Uhlenbruck* MedR 1991, 167, 172, der auf § 326 Abs 1 oder Abs 2 BGB abstellt (nunmehr § 286 Abs 1, 2 BGB nF).

⁶ MünchKomm-*Schaub* (3. Aufl 1997), § 612 BGB RdNr 202. Zur Behandlung von Patienten auf Ersuchen der Polizei (Blutentnahme) vgl OLG München NJW 1979, 608.

¹ Zum Begriff der Rehabilitation vgl *Jung,* Das Recht auf Gesundheit, 1982, 239. § 26 SGB IX enthält einen Katalog medizinischer Leistungen zur Rehabilitation. Diese umfassen insbesondere auch die ärztliche Behandlung, Heilmittel einschließlich Krankengymnastik, Bewegungstherapie, Sprachtherapie und Beschäftigungstherapie. Zum Begriff der Rehabilitation vgl auch *Mrozynski* Rehabilitationsrecht, 3. Aufl 1992, 4.

II. Der Inhalt der Nachsorgepflicht

2   Es ist Sache des Arztes, im Einzelfall zu beurteilen, ob für einen Kranken trotz Abschluss der Behandlung eine spezielle medizinische oder gar klinische Nachsorge erforderlich ist. Vor allem ambulant behandelte Patienten und Tumorpatienten bedürfen der Nachsorge. Ist die Nachsorge nicht gesichert, darf eine Operation nicht ambulant, sondern muss stationär durchgeführt werden.[2] „Gleichgültig, ob die Primärtherapie chirurgisch, radiotherapeutisch oder chemotherapeutisch erfolgt, benötigen die Kranken Nachsorge, sofern die Erkrankungsart nicht eine mehr oder weniger ständige Behandlung erforderlich macht."[3] Die individuell für jeden einzelnen Patienten festzulegenden Nachsorgemaßnahmen haben zugleich den Zweck, den Verlauf einer kurativen Behandlung zu kontrollieren und ein Rezidiv der Krankheit rechtzeitig zu erkennen und zu behandeln. Die Nachsorge kann **Nachsorgeuntersuchungen** erfordern.[4] Diese Untersuchungen sollten jedoch immer in Abwägung zwischen Nutzen und schädlichen Folgen für den Patienten durchgeführt werden. Überflüssige Diagnostik ist auch insoweit zu vermeiden. Bei schicksalhaften Krankheitsverläufen ohne kurative Therapiemöglichkeiten sollten Nachsorgeuntersuchungen ebenso unterlassen werden wie Nachsorgebehandlungen, soweit sich diese nicht auf lindernde Maßnahmen beschränken. Schematisierte Nachsorge mit ungezielten diagnostischen Maßnahmen kann sich als Behandlungsfehler darstellen. Es gibt Befunde wie zB das kolorektale Karzinom bei Nachweis einer Fernmetastasierung oder wie bei Patienten mit einer Dissemination eines nicht-kleinzelligen Bronchialkarzinoms, die ausschließlich ein palliatives Therapiekonzept verlangen. Hier sollte der Arzt es unterlassen, mit aufwendigen diagnostischen Nachsorgemaßnahmen den Patienten zu belasten, und sich darauf beschränken, dem Kranken eine bessere Lebensqualität für die verbleibende Zeit zu verschaffen.[5] Die Nachsorgepflicht trifft den Arzt nicht nur nach Abschluss einer Behandlung als Schutzpflicht, sondern auch in Fällen eines **später erkannten Diagnoseirrtums**.[6] Kontrollpflichten des Arztes ergeben sich nicht nur aufgrund einer Nebenwirkung risikoreicher Medikamente, sondern auch im Rahmen der Sterilisation eines Mannes.[7] Ein Krankenhaus bzw der Krankenhausarzt ist verpflichtet, den die Behandlung primär führenden Facharzt über mögliche Komplikationen und über sich aus dem Entlassungsbefund ergebende besondere therapeutische Konsequenzen für die Nachbehandlung hinzuweisen.[8] Bei verspäteter und deshalb erhöht infektionsgefährdeter operativer Einrichtung eines luxierten Mittelfingers ist die tägliche Wundkontrolle beim Verbandwechsel von einem Arzt vorzunehmen. Vor Entlassung aus dem Krankenhaus ist der Operationsbereich unter Abnahme des Verbandes nochmals zu kontrollieren.[9]

---

[2] Vgl dazu *Kern,* Haftungsrechtliche Fragen und Probleme des ambulanten Operierens, NJW 1996, 1561, 1563.

[3] *Höffken* RheinÄBl 1989, 791.

[4] BGH NJW 1991, 748. Zur Kooperation von Klinik u niedergelassenem Arzt in der Nachsorge vgl *Sewering* DÄBl 1977, 1281; *Winkler,* Nachsorge im Krankenhaus? Inform d Berufsverbandes d Dtsch Chirurgen 1980, 105; ferner BGH NJW 1981, 2513; BGH VersR 1988, 82; OLG Hamm VersR 1984, 91. Judikatur zur Nachsorge bei *Geiß/Greiner* RdNr B 32, 82, 134, 136, 206, 253, 259, 277, 289, 290, 291, C 21, 24.

[5] Zutreffend *Höffken* RheinÄBl 1989, 791, 793; *Hartwich,* Nachsorgeprobleme bei Tumorkranken, DÄBl 1980, 1939; *Grundmann,* Neue Möglichkeiten der Krebsnachsorge, DÄBl 1988, 146. Die Kassenärztliche Vereinigung Nordrhein-Westfalen-Lippe hat gemeinsam mit der Aktionsgemeinschaft der Nordrhein-Westfälischen Tumorzentren 1981 einen Nachsorgepass für Tumorkranke eingeführt. Vgl hierzu RheinÄBl 1981, 165; *Keuter,* Krebsnachsorge in Nordrhein-Westfalen, RheinÄBl 1980, 509.

[6] *Steffen/Pauge* RdNr 178.

[7] OLG Hamm VersR 1991, 585; BGH NJW 1992, 2961; OLG Düsseldorf VersR 1992, 317.

[8] BGH NJW 1981, 2513; 1987, 2927; 1992, 2962; 1994, 797; OLG Hamm VersR 1984, 91; OLG Oldenburg VersR 1993, 1357; ferner BGHZ 107, 222; OLG Düsseldorf VersR 1989, 807.

[9] OLG Köln NJWE-VHR 1996, 14.

9. Kapitel. Die Pflichten des Arztes 3 § 54 b

Zur ärztlichen Nachsorgepflicht gehört auch die **eindringliche Belehrung** durch den 3
behandelnden Arzt für Allgemeinmedizin, einen Spezialisten oder ein Krankenhaus aufzusuchen, besonders wenn der Patient die Notwendigkeit erkennbar zu leicht nimmt,[10] und über die Notwendigkeit und Fristgebundenheit einer Nachoperation.[11] Die Nachsorgepflicht ist um so dringlicher, je größer die Gefährdung durch Verzögerung oder Unterlassung der Nachoperation ist. Beruht die Notwendigkeit einer Nachoperation auf einem Behandlungsfehler des erstoperierenden Arztes, so treffen diesen im Hinblick auf die Information und Belehrung des Patienten besondere Schutzpflichten.[12] Grundsätzlich ist der Arzt verpflichtet, den Patienten über notwendige ärztliche Behandlungen und über Maßnahmen zur rechtzeitigen Einleitung einer sachgerechten Nachbehandlung aufzuklären. Versäumnisse in diesem Bereich sind Behandlungsfehler.[13] Die eindringliche Belehrung kann sogar zu einer **rechtlichen Einwirkungspflicht** werden, wenn der Patient in Lebensgefahr gerät.

III. Die Rehabilitation als Nachsorge

Viele Erkrankungen erfordern nach Abschluss eine Nachsorge im Wege der medizi- 4
nischen und/oder beruflichen Rehabilitation. In zahlreichen Fällen erfolgen die medizinischen Rehabilitationsmaßnahmen im stationären Bereich eines Krankenhauses oder in Rehabilitationszentren. Jedes Rehabilitationsziel und der Umfang der Maßnahmen wird von der Rehabilitationsbedürftigkeit, der Rehabilitationsfähigkeit und den Rehabilitationsmöglichkeiten bestimmt. Es stellt einen Behandlungsfehler und eine Vertragsverletzung dar, wenn der Arzt bei einem alten Menschen allein wegen seines Alters die Rehabilitationsfähigkeit verneint.

§ 54 b Der Behandlungsabbruch

Übersicht

	RdNr
I. Behandlungsabbruch und Kündigung	1
II. Gründe für den Behandlungsabbruch	2
III. Behandlungsabbruch bei schwerstgeschädigten Neugeborenen	3
IV. Der Behandlungsabbruch bei einer Schwangeren	4
V. Der Behandlungsabbruch beim sterbenden Patienten	5

I. Behandlungsabbruch und Kündigung

Beim Behandlungsabbruch wird die Behandlung abgebrochen, durch eine andere 1
ersetzt oder es erfolgt eine Überweisung an einen anderen Arzt oder in ein Krankenhaus. Der Behandlungsabbruch durch den Arzt wird vertragliche Pflicht, wenn der Arzt entweder an die Grenzen seiner persönlichen, personellen oder therapeutischen Möglichkeiten gelangt, aber auch dann, wenn das Ziel der therapeutischen Bemühungen, die Heilung oder Gesundung des Kranken, nicht mehr erreicht werden kann. Im Rahmen einer lau-

---

[10] BGH NJW 1986, 2367 = VersR 1986, 601 (sofortiges Aufsuchen des Krankenhauses bei Verdacht eines Gefäßverschlusses); OLG Celle VersR 1985, 346 (Herzinfarkt); OLG Braunschweig VersR 1980, 855; vgl auch *Steffen/Pauge* RdNr 183 f.
[11] Vgl BGH VersR 1986, 1121; OLG Celle VersR 1986, 554; OLG Karlsruhe VersR 1987, 1247.
[12] Zu den sich aus dem klinischen Entlassungsbefund ergebenden Pflichten für die Nachbehandlung und Nachsorge vgl BGH NJW 1981, 2513; BGH NJW 1987, 2927; OLG Hamm VersR 1984, 91. Einzelheiten zur Pflicht des Arztes zur Anzeige u Offenbarung ärztlicher Behandlungsfehler in § 61 RdNr. 14 „Die ärztliche Aufklärung" unter „Behandlungsfehler".
[13] OLG Stuttgart VersR 1995, 1353.

fenden Behandlung ist der Arzt immer zur Überprüfung verpflichtet, ob die ihm zur Verfügung stehenden Möglichkeiten ausreichen, die Behandlung beim Patienten erfolgreich durchzuführen.

II. Gründe für den Behandlungsabbruch

2   Der Arzt ist verpflichtet, eine begonnene Behandlung abzubrechen, wenn der Patient den Arztvertrag kündigt,[1] oder die Einwilligung in eine Behandlungsmaßnahme verweigert.[2] Der **Regelfall des Behandlungsabbruchs** ist aber der, dass der Arzt im Rahmen der Behandlung oder Operation Gründe entdeckt, die ihn zum Abbruch zwingen. So ist ein sofortiger Abbruch der Injektion von Zytostatika geboten, sobald bei einer Injektion in die Handvene Anzeichen erkennbar werden, dass die Injektion nicht streng intravenös liegt.[3]

III. Behandlungsabbruch bei schwerstgeschädigten Neugeborenen

3   Ob und inwieweit der Arzt verpflichtet ist, bei erheblich geschädigten oder missgebildeten Neugeborenen von einer Behandlung abzusehen oder eine begonnene Behandlung abzubrechen, ist nach wie vor umstritten.[4] Wie bei jedem medizinischen Eingriff kommt es vorrangig auf die Indikation an. Fehlt die Indikation, kann auch der Wille der Eltern des Kindes den Arzt vertraglich nicht verpflichten, die medizinisch sinnlose Behandlung durchzuführen. Will der Arzt die Behandlung gegen den Willen der Eltern abbrechen, muss er das Familiengericht (Vormundschaftsgericht) nicht einschalten.[5] Für ein Eingreifen des Familiengerichts ist kein Raum, wenn die Eltern entgegen der zutreffenden Einsicht und Entscheidung des Arztes eine weitere Behandlung wünschen, weil „nach der Logik der entwickelten Begrenzungen deren Ablehnung jedenfalls nicht bedeutet, dass der Arzt damit im Sinne des § 1666 BGB das Kindeswohl gefährdet". Eltern, die zu einem entsprechenden Behandlungsverzicht ihre Zustimmung geben, handeln nicht missbräuchlich in der Ausübung ihres Sorgerechts, „so daß gem § 1666 BGB auch für ein vormundschaftsgerichtliches Eingreifen kein Raum besteht".[6] Anderes gilt, wenn die Eltern sich über die Fortsetzung oder über den Abbruch der Behandlung nicht einigen können.

Die Deutsche Gesellschaft für Medizinrecht (DGMR) hat beim 1. Einbecker Expertengespräch am 27./29. Juni 1986 **Empfehlungen für den Behandlungsabbruch bei schwerstgeschädigten Neugeborenen** erarbeitet,[7] die 1992 und 2004 eine revidierte Fassung erhalten haben.[8]

---

[1] Zum Kündigungsrecht vgl oben § 42 RdNr 7; ferner *Wertenbruch* MedR 1994, 394 ff.
[2] BGH NJW 2005, 2385
[3] OLG Hamm VersR 1987, 1043.
[4] Vgl *Jähnke,* in: *Hiersche/Hirsch/Graf-Baumann,* 183; *v Lutterotti/Eser* in: *Eser/v Lutterotti/Sporken,* Sp 1098; *Kaufmann* JZ 1982, 481; *Eser,* Grenzen der Behandlungspflicht aus juristischer Sicht, in: *Lawin/Huth,* 77, 90; *Regenbrecht,* Zum Problem der Sterbehilfe. Gedanken zur Operationsindikation bei schwersten Fehlbildungen Neugeborener, MMW 1973, 601; *Heifetz,* Das Recht zu sterben, 1976, 47; *Kessler,* Die Rechte der Sterbenden, 1997; *Bachmann,* Grenzen der Behandlungspflicht in der Neonatologie, in: *Lawin/Huth,* 95; *v Loewenich* MedR 1985, 30; *Hanack* MedR 1985, 33; *Laufs,* ArztR RdNr 305; *Rieger,* in: *Rieger/Dahm/Steinhilper,* 772.
[5] Vgl auch *R Schmitt,* FS Klug, 1983, Bd II, 333; *Laufs,* Heidelberger Jahrbücher 1980, 8.
[6] *Hanack* MedR 1985, 33, 38.
[7] MedR 1986, 281; MedR 1992, 206 ff; u dazu *Kern,* 25 Jahre DGMR, in: *Wienke/Dierks* (Hrsg), Zwischen Hippokrates und Staatsmedizin. Der Arzt am Beginn des 21. Jahrhunderts. 25 Jahre DGMR, 2008, 9. Vgl auch *Grauel,* Grenzen der Lebensbewahrung in der Neugeborenen-Intensivtherapie, Dortmund 1997 (Berliner Medizinethische Schriften Heft 21), 11 ff; *Hoerster,* Neugeborene und das Recht auf Leben, 1995 m umfangreichen Literaturangaben; *Jähnke,* in: *Hiersche/Hirsch/Graf-Baumann,* 183; *Laufs,* ArztR RdNr 305.
[8] Vgl auch die Grundsätze der BÄK zur ärztlichen Sterbebegleitung 2004, Ziff II.

IV. Der Behandlungsabbruch bei einer Schwangeren

Das **Verbot eines Behandlungsabbruchs** kann sich im Interesse eines Nasciturus ergeben. So kann zB der Arzt verpflichtet sein, den Kreislauf und die verbliebenen Vitalfunktionen einer hirntoten schwangeren Frau aufrechtzuerhalten, bei der eine intakte fortgeschrittene Schwangerschaft besteht, um mit dieser Maßnahme das Leben des Nasciturus bis zur angestrebten Schnittentbindung zu bewahren.[9] Der postmortale Persönlichkeitsschutz verbietet zwar grundsätzlich Eingriffe, die das organische Sterben hinhalten oder verlängern. Steht aber das Leben eines Nasciturus auf dem Spiel, so hat der Arzt eine Güterabwägung vorzunehmen: Im Zweifel wirkt die Lebenserhaltungspflicht gegenüber dem Nasciturus schwerer als das Recht der Mutter, sterben zu dürfen.

V. Der Behandlungsabbruch beim sterbenden Patienten

Von Ärzten, Juristen und Theologen sind 1979 erstmals **Richtlinien für die Sterbehilfe**[10] erarbeitet worden. In Deutschland wurde im Juni 1993 vom Vorstand der Bundesärztekammer eine **Richtlinie zur Sterbebegleitung** verabschiedet. Die rasche Entwicklung in der Technik und Medizin führte 1997 zum „Entwurf der Richtlinien der Bundesärztekammer zur ärztlichen Sterbebegleitung und den Grenzen zumutbarer Behandlung",[11] die im September 1998 als Grundsätze der BÄK zur ärztlichen Sterbebegleitung verabschiedet worden sind.

Ausgangspunkt für die folgenden Überlegungen ist, dass das **Selbstbestimmungsrecht des Patienten** seinem Wohl vorgeht.[12] **Es gibt kein ärztliches Behandlungsrecht gegen den Willen des Patienten.** Ein solches kann auch nicht vertraglich vereinbart werden und ergibt sich auch nicht aus dem Heimvertrag.[13] Verlangt ein Patient, nicht unbedingt ein Sterbender, den Abbruch medizinischer Maßnahmen, so ist der Arzt verpflichtet, von einer weiteren Behandlung Abstand zu nehmen. Seine Vertragspflichten beschränken sich auf die Basisversorgung sowie die Linderung von Schmerzen und Not beim Patienten. Ein Abwenden vom Patienten bedeutete eine schuldhafte Vertragsverletzung.

Ist der **Patient bewusstlos** oder außerstande, seinen Willen eigenverantwortlich zu artikulieren, so gilt vertraglich Folgendes: Zunächst hat der Arzt zu prüfen, ob überhaupt eine Indikation zum Tätigwerden besteht (§ 1901b Abs 1 S 1 BGB). Erst wenn eine Indikation gegeben ist, wird die Frage nach der Einwilligungszuständigkeit relevant[14], ob nämlich der Patient eine Patientenverfügung errichtet hat oder einen Angehörigen oder eine sonstige nahestehende Person **ausdrücklich bevollmächtigt** hat, die Entscheidung über Weiterführung oder Abbruch der Behandlung zu treffen. Niemand ist verpflichtet, eine Patientenverfügung zu errichten (§ 1901b Abs 4 S 1 BGB).

Nach der Legaldefinition des § 1901a Abs 1 S 1 BGB handelt es sich bei der Patientenverfügung um die schriftliche Erklärung eines Volljährigen, ob er für den Fall seiner Einwilligungsunfähigkeit in bestimmte, „zum Zeitpunkt der Festlegung noch nicht unmittelbar

---

[9] Zur Schnittentbindung an der Toten und Sterbenden vgl *Hiersche* MedR 1985, 45; *Nikoletopoulos*, Die zeitliche Begrenzung des Persönlichkeitsschutzes nach dem Tode, 1984; *Bockenheimer-Lucius/Seidler* (Hrsg), Hirntod und Schwangerschaft, 1993; *Laufs/Peris*, Tote im Dienste der Lebenden aus juristischer Sicht, Heidelberger Jahrbücher 1994, 155 ff.

[10] RheinÄBl 1977, 805. Die Richtlinien der Bundesärztekammer für die Sterbehilfe sind abgedruckt in DÄBl 1979, 957–960. Vgl auch DÄBl 1977, 1933 ff. Die „Resolution der Deutschen Gesellschaft für Chirurgie zur Behandlung Todkranker und Sterbender" ist abgedruckt in: Informationen des Berufsverbandes der Deutschen Chirurgen eV Nr 7/1979, S 101 sowie in der Beilage zu Mitteilungen der Deutschen Gesellschaft für Chirurgie, Heft 3/1979.

[11] NJW 1997, XXIV = DÄBl 1997, A-1342 ff.

[12] *Steffen* NJW 1996, 1581; *Kern*, Sterbehilfe versus Sterbebegleitung, ÄBl Sachsen 2002, 96 ff, 204 f; *Uhlenbruck*, Bedenkliche Aushöhlung der Patientenrechte durch die Gerichte, NJW 2003, 1710.

[13] BGH NJW 2005, 2385, 2386.

[14] BT-Drucks 16/13314, S 20.

bevorstehende Untersuchungen seines Gesundheitszustandes, Heilbehandlungen oder ärztliche Eingriffe einwilligt oder sie untersagt". Sie ist für den Betreuer verbindlich, wenn die genannten Festlegungen auf die aktuelle Lebens- und Behandlungssituation zutreffen (§ 1901a Abs 1 S 1 u 2 BGB). Der irreversible Sterbeprozess ist keine Wirksamkeitsvoraussetzung für die Patientenverfügung[15] (§ 1901a Abs 3 BGB).

9 Das Gesetz ist zu eng gefasst und geht erkennbar von der Situation aus, dass der Patient einen Betreuer hat und sich vermutlich im Heim befindet. Dennoch kommt der Patientenverfügung auch in akuten Notfällen, in denen kein Betreuer bestellt werden kann oder er nicht schnell genug erreichbar ist, Bedeutung und Wirksamkeit zu. In diesen Situationen hat der Arzt allein zu prüfen, ob die getroffenen Festlegungen auf die aktuelle Lebens- und Behandlungssituation zutreffen. Hält sich der Arzt nicht an den schriftlich niedergelegten Patientenwillen, so läuft er Gefahr, sich wegen eigenmächtiger Heilbehandlung und damit Körperverletzung nach § 223 StGB strafbar zu machen. In der Praxis ergeben sich teils Probleme durch die Auslegungsbedürftigkeit der Patientenverfügungen, aber auch durch ihre häufige Nichtauffindbarkeit im Notfall.

10 Eine Patientenverfügung kann nach § 1901a Abs 1 S 3 BGB jederzeit formlos widerrufen werden.

11 Fehlt eine Patientenverfügung oder treffen die Festlegungen einer Patientenverfügung nicht auf die aktuelle Lebens- und Behandlungssituation zu, hat der Betreuer die Behandlungswünsche oder den mutmaßlichen Willen des Betreuten festzustellen und auf dieser Grundlage zu entscheiden, ob er in eine ärztliche Behandlungsmaßnahme einwilligt oder sie untersagt. Der mutmaßliche Wille ist auf Grund konkreter Anhaltspunkte zu ermitteln. Zu berücksichtigen sind insoweit insbesondere frühere mündliche oder schriftliche Äußerungen, ethische oder religiöse Überzeugungen oder sonstige persönliche Wertvorstellungen des Betreuten (1901a Abs 2 BGB), nicht aber allgemein herrschende Wertvorstellungen[16]. Nahen Angehörigen und sonstigen Vertrauenspersonen ist gem § 1901b Abs 2 BGB Gelegenheit zur Äußerung zu geben, sofern die Zeit das erlaubt. Bleiben erhebliche Zweifel, so gilt der Satz: In dubio pro vita.

12 Die Nichteinwilligung oder der Widerruf der Einwilligung des Betreuers in eine ärztliche Behandlungsmaßnahme bedarf der Genehmigung des Betreuungsgerichts nur, wenn zwischen Betreuer und behandelndem Arzt Uneinigkeit darüber besteht, dass die Erteilung, die Nichterteilung oder der Widerruf der Einwilligung dem nach § 1901a BGB festgestelltem Willen des Betreuten entspricht (§ 1904 Abs 2 u 4 BGB)[17].

13 Auch die **Vorsorgevollmacht** in Gesundheitsangelegenheiten ermöglicht dem Patienten die Verwirklichung seines Selbstbestimmungsrechts. Die Vollmacht muss gemäß den §§ 1904 Abs 5 und 1906 Abs 5 BGB schriftlich erteilt werden. Der Bevollmächtigte steht rechtlich dem Betreuer gleich, allerdings darf er nicht in eine Sterilisation einwilligen (§ 1905 BGB). Die Vollmacht muss die fraglichen Maßnahmen ausdrücklich umfassen.

14 Liegt eine Patientenverfügung vor, kommt dem Bevollmächtigten die Rechtsstellung des Betreuers zu (§§ 1901a Abs 5, 1901b Abs 3 BGB). Er kann aber auch dazu bevollmächtigt werden, eine eigene Entscheidung für den Betroffenen zu fällen.[18]

---

[15] So aber BGH NJW 2003, 1588. BGH NJW 2005, 2385 ist stillschweigend von diesem Erfordernis abgerückt.
[16] So auch BGH NJW 1995, 204, 205.
[17] So auch schon BGH NJW 2003, 1588.
[18] Vgl auch LG Göttingen VersR 1990, 1401 m Anm *Deutsch; Kern,* Die Bedeutung des Betreuungsrechts für das Arztrecht, MedR 1991, 66, 67; *ders,* Fremdbestimmung bei der Einwilligung in ärztliche Eingriffe, NJW 1994, 753–759. Vgl hierzu *Eisenbart,* Die Stellvertretung in Gesundheitsangelegenheiten, MedR 1997, 305 ff; *dies,* Patienten-„Testament" und Stellvertretung in Gesundheitsangelegenheiten – Alternativen zur Verwirklichung der Selbstbestimmung im Vorfeld des Todes, 1997. Zu Stellvertreterentscheidungen in Gesundheitsfragen unter epidemiologisch-demographischen Gesichtspunkten empirisch-kritisch im Blick auf die Vorgaben des Betreuungsrechts *Strätling/Eisenbart/Scharf* MedR 2000, 251 ff.

10. Kapitel. Die ärztliche Dokumentationspflicht

Schrifttum: *Barnickel,* Zum Einsichtsrecht in die Krankenunterlagen in der höchstrichterlichen Rechtsprechung, VersR 1989, 23; *Bartlakowski,* Die ärztliche Behandlungsdokumentation Marburger Schriften zum Gesundheitswesen Bd 2, 2004; *Bäumler,* Medizinische Dokumentation und Datenschutzrecht, MedR 1998, 400; *F R Baur,* Zum Anspruch des Patienten auf Einsicht in die über ihn geführten Krankenunterlagen, ArztR 1983, 120; *U Baur,* Pflicht zur Herausgabe von Krankenunterlagen sowie zur Auskunftserteilung, in: KHA 1975, 535; *Beck/Hausch,* Das Recht des Patienten auf informationelle Selbstbestimmung im Spannungsverhältnis zum Akteneinsichtsanspruch der Krankenkassen nach § 294a SGB V, VersR 2008, 1321; *Bender,* Dokumentationspflichten bei der Anwendung von Blutprodukten, MedR 2007, 533; *ders,* Der Umfang der ärztlichen Dokumentationspflicht, VersR 1997, 918; *A W Bender,* Das postmortale Einsichtsrecht in Krankenunterlagen, Diss. 1998; *Berg/Ulsenheimer* (Hrsg), Patientensicherheit, Arzthaftung, Praxis- und Krankenhausorganisation Kap 16 223ff, 2006; *Bockelmann,* Die Dokumentationspflicht des Arztes und ihre Konsequenzen, in: FS Jescheck, Bd I, 693; *Borchert,* Dokumentation des Arztes, CR 1993, 718; *Brinkmann,* Beweissicherung am Patienten, MedR 1985, 1451; *Bundschuh/Simon-Weidner,* Eingeschränktes Einsichtsrecht in die Krankenunterlagen für Patienten nach psychiatrischer Behandlung, ArztR 1989, 338; *Deutsch,* Ärztliche Dokumentation in Krankenunterlagen aus der Sicht des Juristen, in: *W Heim* (Hrsg), Haftpflichtfragen im ärztlichen Alltag, 1980, 39; *ders,* Die Beweiskraft der EDV-Dokumentation bei zahnärztlicher Behandlung, MedR 1998, 206; *Fehn,* Die Dokumentationspflicht des ärztlichen und nichtärztlichen Personals insbesondere unter strafrechtlichen Aspekten, GesR 2007, 504; *Hager,* Fetale Hypoxie und rechtliche Konsequenzen. Ein Beitrag zur Abgrenzung der Dokumentations- und der Befunderhebungspflicht, Gynäkologe 1989, 390; *Hansch,* Vom therapierenden zum dokumentierenden Arzt, VersR 2006, 612; *Hiersche,* Das Krankenblatt – Gedächtnisstütze oder Belastungsmaterial? Geburtshilfe und Frauenheilkunde 1981, 887; *Hollmann,* Auskunftsanspruch des Patienten im Datenschutzrecht, NJW 1977, 2110; *dies,* Ärztliche Dokumentationspflicht und Einsichtsrecht des Patienten in Krankenunterlagen, DMW 1981, 343; *dies,* Herausgabe von Krankenhausentlassungsberichten an Krankenkassen, DMW 1983, 1772 u DMW 1989, 398; *dies,* Das Bundeskrebsregistergesetz, NJW 1995, 762; *Kendel/Debong,* Dokumentation der Krankenhausbehandlung, ArztR 1991, 240; *Kern,* Dokumentation und Schweigepflicht, in: *Gramberg/Danielsen* (Hrsg), Rechtsophthalmologie, 1985; *Kienzle,* Dokumentationspflicht bei laparoskopischen Operationen, in: *Palitzsch* (Hrsg), 140 neue, noch unveröffentlichte Fragen und Antworten aus der pädiatrischen Praxis 1999, 136; *Laufs,* Schutz der Persönlichkeitssphäre und ärztliche Heilbehandlung, VersR 1972, 1; *ders,* Krankenpapiere und Persönlichkeitsschutz, NJW 1975, 1433; *ders,* Arztrecht, 4. Aufl 1988, RdNr 321ff, 325 f; *Lenkaitis,* Krankenunterlagen aus juristischer, insbesondere zivilrechtlicher Sicht, Bochum 1979; *B. Lilie,* Medizinische Datenverarbeitung, Schweigepflicht und Persönlichkeitsrecht im deutschen und amerikanischen Recht, 1980; *H. Lilie,* Ärztliche Dokumentationspflicht und Informationsrechte des Patienten, Der Chirurg 1980, 55; *ders,* Ärztliche Dokumentation und Informationsrechte des Patienten, 1980; *Linczak/Tempka/Haas,* Medizinische Dokumentation, 2004, 1806; *Lippert,* Pflicht zur Selbst- und Fremdbezichtigung durch ärztliche Dokumentation? in: Klinikarzt 1992, 254; *Mehrhoff,* Aktuelles zum Recht der Patientendokumentation, NJW 1990, 1524; *Muschner,* Der prozessuale Beweiswert ärztlicher (EDV-) Dokumentation, VersR 2006, 621; *Narr,* Zur Frage des Einsichtsrechts des Patienten in seine Krankenunterlagen, Informationen des Berufsverbandes der Deutschen Chirurgen eV 1986, 8 u SaarlÄBl 1984, 347; *Nüßgens,* Zur ärztlichen Dokumentationspflicht und zum Einsichtsrecht des Patienten in die Krankenunterlagen, insbesondere zur Begründung dieses Rechts, in: 25 Jahre Karlsruher Forum 1983, 175; *ders,* Zur ärztlichen Dokumentationspflicht und zum Recht auf Einsicht in die Krankenunterlagen, FS Boujong 1996, 831; *Oehler,* Arzthaftpflichtverfahren mutieren zum Glaubensprozess, VersR 2000, 1078; *Opderbecke/Weißauer,* Ärztliche Dokumentation und Pflegedokumentation, MedR 1984, 211; *Ortner/Geis,* Die elektronische Patientenakte, MedR 1997, 337; *Peter,* Die Beweissicherungspflicht des Arztes, NJW 1988, 751; *ders,* Das Recht auf Einsicht in Krankenunterlagen, 1989; *Ratzel,* Die rechtliche Bedeutung der ärztlichen Dokumentation, Frauenarzt 1991, 163; *Rieger,* Aushändigung von Krankenunterlagen Verstorbener an Angehörige, DMW 1989, 806; *ders,* Einsicht des Patienten in Krankenunterlagen über psychiatrische Behandlung, DMW 1989, 1935; *ders,* Weitergabe von Arztunterlagen an Dritte, DMW 1969,

§ 55 1   § 55 Die Pflicht des Arztes zur Dokumentation

138; *ders*, Herausgabe von Röntgenaufnahmen an Patienten, NJW 1975, 2239; *ders*, Herausgabe von Krankenunterlagen an nachbehandelnde Ärzte und Patienten, DMW 1975, 2295; *ders*, Einsichtnahme in Arztbriefe und fremde Arztgutachten durch Patienten, DMW 1979, 570; *ders*, Einsichtnahme in Krankenunterlagen, DMW 1979, 794; *ders*, Probleme der ärztlichen Dokumentationspflicht, DMW 1981, 1154; *ders*, Herausgabe fotokopierter Krankenunterlagen an Patienten, DMW 1982, 310; *ders*, Zum Einsichtsrecht des Patienten in psychiatrische Krankenunterlagen, DMW 1985, 433; *Rigizahn*, Dokumentationspflichtverletzung des vorbehandelnden Arztes verursacht Behandlungsfehler des nachbehandelnden Arztes, MedR 1995, 391; *Rinke/Balser*, Indikationsbewertungen bei zahnprothetischen Leistungen – im selbständigen Beweisverfahren zulässig?, MedR 1999, 398; *Schacht*, Plädoyer für ein medizinisches Dokumentationsrecht, AnwBl 1996, 440; *Schlund*, Zur rechtlichen Bedeutung der ärztlichen Dokumentation, Urologe (B) 1989, 54; *ders*, Die Dokumentationsverpflichtung in der Gynäkologie und Geburtshilfe, Geburtshilfe und Frauenheilkunde 1998, M 194; *ders*, Haftungsproblematik bei Verstößen gegen die Dokumentationsverpflichtung, gynäkol praxis 1998, 221; *ders*, Die Dokumentation der Behandlung, Rechtsfragen in der Radiologie 1998, 171 ff; *ders*, Anforderungen an die ärztliche Dokumentation, in: *Palitzsch* (Hrsg), 226 neue, noch unveröffentlichte Fragen und Antworten aus der pädiatrischen Praxis, Bd 5 1998, 257; *ders*, Ausführlichkeit bei der Dokumentation von Untersuchungsbefunden, internistische praxis 2004, 352; *H Schmid*, Über den notwendigen Inhalt ärztlicher Dokumentationen, NJW 1987, 681; *Schöneseiffen*, Beweiswürdigung medizinischer Aufzeichnungen zwischen Richter und Sachverständigen am Beispiel der diagonalen Volumentomografie, GesR 2009, 17; *Schreiber*, Einsichtsrecht in ärztliche Krankenunterlagen und Dokumentationspflicht des Arztes, NJW 1980, 630; *Schwarz-Schilling*, Dokumentation als ärztliche Haftungsprophylaxe, BayÄBl 1996, 466; *Strohmaier*, Zweck und Ausmaß der Dokumentationspflicht des Arztes, VersR 1998, 416; *Stürzbacher*, Ärztliche Dokumentation in Krankenunterlagen aus der Sicht des Arztes, in: Haftpflichtfragen im ärztlichen Alltag, 1980, 49; *Taupitz*, Prozessuale Fragen der „vorzeitigen" Vernichtung von Krankenunterlagen, ZZP 100 (1987), 287; *Uhlenbruck*, Beweisfragen im ärztlichen Haftungsprozeß, NJW 1965, 1057; *ders*, Die Herausgabe ärztlicher Aufzeichnungen und Befunde an Patienten, Med Klin 1975, 1660; *ders*, Doppelte Buchführung?, RheinÄBl 1983, 570; *ders*, Die Rechtsfolgen unzulänglicher ärztlicher Dokumentation, RheinÄBl 1983, 758 u Nachdruck HNO-Informationen 1984, 55; *Wasserburg*, Die ärztliche Dokumentationspflicht im Interesse des Patienten, NJW 1980, 617; *Weißauer*, Ärztliche Dokumentation aus rechtlicher Sicht, Informationen des Berufsverbandes der Deutschen Chirurgen eV 1984, 25; *ders*, Das Einsichtsrecht der Erben in die Krankenhausunterlagen, Anästh u Intensivmed 1985, 147; *Wienke/Sauerborn*, EDV-gestützte Patientendokumentation und Datenschutz in der Arztpraxis, MedR 2000, 517; *Ziegler*, Zum Verständnis medizinischer Schriftstücke, VersR 2002, 541.

§ 55 Die Pflicht des Arztes zur Dokumentation

Inhaltsübersicht

	RdNr
I. Vertragliche, deliktische und standesrechtliche Grundlagen	1
II. Art, Inhalt und Umfang der Dokumentationspflicht	5
1. Die Dokumentationszwecke	5
2. Inhalt und Umfang der Dokumentationspflicht	9
3. Form der Dokumentation	11
4. Zeitpunkt der Dokumentation	12
III. Aufbewahrungsfristen	13

I. Vertragliche, deliktische und standesrechtliche Grundlagen

1   Es entspricht heute nicht nur ständiger Rechtsprechung,[1] sondern auch allgemeiner Literaturmeinung,[2] dass die Ärzte zur Dokumentation ihrer Tätigkeit verpflichtet sind.

---

[1] BGHZ 72, 132, 137 = NJW 1978, 337 = VersR 1978, 1022, 1023; BGHZ 85, 327, 329; vgl aber auch BGH NJW 1982, 1520; BGH VersR 1983, 983; BGH NJW 1986, 2365 = VersR 1986, 788; BGH NJW 1988, 762 = VersR 1987, 1238; BGHZ 99, 391 = NJW 1987, 1482; BGH NJW 1987, 2300, 2304; BGH NJW 1989, 2330; BGH NJW 1994, 799; OLG Bremen NJW 1980, 644; OLG Köln NJW 1982,

10. Kapitel. Die ärztliche Dokumentationspflicht　　　2　§ 55

Der Arzt bzw das Krankenhaus schuldet dem Patienten als vertragliche Nebenpflicht aus dem Arztvertrag bzw Krankenhausaufnahmevertrag die ausführliche, sorgfältige und vollständige Dokumentation der ärztlichen Behandlung bzw Operation einschließlich pflegerischer Maßnahmen.[3] Teilweise wird die Dokumentationspflicht auch als Teil der ärztlichen Behandlungspflicht (Therapiepflicht) angesehen.[4] Nach Auffassung des BGH ist die **vertraglich wie deliktisch begründete Pflicht** des Arztes zur Dokumentation des Behandlungsgeschehens unverzichtbare Grundlage für die Sicherheit des Patienten in der Behandlung.[5] Seit einiger Zeit wird die Dokumentationspflicht ebenso wie das Einsichtsrecht des Patienten in die Krankenunterlagen zugleich auch unter dem **Aspekt des Persönlichkeitsrechts** gesehen.[6]

Ungeachtet der unterschiedlichen Auffassungen hinsichtlich der Rechtsgrundlage einer ärztlichen Dokumentationspflicht kann es heute als gesicherte Auffassung gelten, dass den Arzt und Krankenhausträger auch ohne Vorliegen vertraglicher Beziehungen eine allge-　　2

704; KG NJW 1981, 2521; OLG Bremen AHRS Nr 6450/10; OLG Braunschweig AHRS Nr 6450/11; OLG Hamm AHRS Nr 6450/12; OLG Frankfurt AHRS Nr 6450/13; OLG Hamm AHRS Nr 6450/14; OLG Celle AHRS Nr 6450/16; OLG Düsseldorf AHRS Nr 6450/18; OLG Düsseldorf AHRS Nr 6450/21; OLG Koblenz AHRS Nr 6450/23; OLG Hamburg AHRS Nr 6450/24; OLG Düsseldorf AHRS Nr 6450/26; OLG München AHRS Nr 6450/27 u 29; OLG Hamburg AHRS Nr 6450/30; OLG Frankfurt AHRS Nr 6450/32; OLG Düsseldorf AHRS Nr 6450/33 u 36; OLG Stuttgart AHRS Nr 6450/34; OLG Bamberg VersR 1988, 407, 408; OLG München VersR 1988, 746; OLG Saarbrücken VersR 1988, 916; OLG Düsseldorf VersR 1988, 968; OLG Köln VersR 1988, 1249 u VersR 1994, 1424; OLG Düsseldorf VersR 1989, 192; ArztR 1996, 160; OLG Stuttgart VersR 1989, 199; LG Göttingen NJW 1979, 601; LG Limburg NJW 1979, 607; LG Köln VersR 1981, 1086; LG Dortmund AHRS Nr 6450/25. Zur Gefahr der Überdehnung ärztlicher Dokumentationspflicht s OLG Oldenburg VersR 1999, 319 (Magenresektion); OLG Koblenz, VersR 2003, 396; OLG Hamm GesR 2005, 349; OLG Koblenz MedR 2007, 305 = ArztR 2007, 162 = NJW-RR 2007, 405; OLG Koblenz VersR 2004, 1323 = MedR 2007, 388 = NJW-RR 2004, 410; AG Hagen NJW-RR 1998, 262; OLG Bamberg MDR 2006, 206 = VersR 2005, 1292; OLG Hamm VersR 2005, 412; OLG Schleswig GesR 2006, 376 = ArztR 2007, 107; LG Düsseldorf GesR 2007, 18; BGH ZFS 2006, 141; OLG Karlsruhe GesR 2006, 211; OLH Hamm GesR 2005, 349; OLG Koblenz ArztR 2007, 161.

[2] Zunächst hatte *Dunz* (Zur Praxis der zivilrechtlichen Arzthaftung, 1974, 32 f) darauf hingewiesen, die ärztliche Dokumentationspflicht sei Nebenpflicht des Arztes aus dem Behandlungsvertrag; vgl auch BGH NJW 1983, 333, 1986, 2365, 1987, 1482; *Uhlenbruck* MedKlin 1975, 1660, 1662; *Daniels* NJW 1976, 345; *Husmann*, Die Problematik in der Praxis bei Mitteilung und Übergabe ärztlicher Befunde, in: *Mergen* (Hrsg), Die juristische Problematik in der Medizin Bd II, 183, 198; *Weyers*, Gutachten z 52. DJT 1973 117; *Steffen*, Verh d 52. DJT Bd II (Referat) 8, 15; *Peter*, Das Recht auf Einsicht in Krankenunterlagen, 15; *Rieger*, Lexikon RdNr 570; *Hohloch* NJW 1982, 2577, 2580; RGRK-*Nüßgens*, § 823 BGB Anh Ii RdNr 259, 260; *Staudinger/Richardi*, Vorbem zu §§ 611 ff BGB RdNr 1626; MünchKomm-*Müller-Glöge*, § 611 BGB RdNr 57.

[3] BGHZ 72, 132, 137 = NJW 1978, 2337; BGHZ 85, 327 = NJW 1983, 328 = VersR 1983, 264; *Staudinger/Richardi*, Vorbem zu §§ 611 ff BGB RdNr 1626; *Peter* (vorherige Fn) 14, 15; *Hohloch* NJW 1982, 2577, 2580; *Rieger*, Lexikon RdNr 570; *Bender* VersR 1997, 918.

[4] BGHZ 72, 132 = NJW 1978, 2337, 2339; RGRK-*Nüßgens*, § 823 Anh II RdNr 260; *Staudinger/Richardi*, Vorbem zu §§ 611 ff BGB RdNr 1626. In der Tat ist eine ordnungsgemäße arbeitsteilige Therapie ohne sorgfältige Dokumentation nicht möglich. Zweifelnd *Bockelmann*, FS Jescheck 1985, 693, 702.

[5] BGHZ 72, 132 = NJW 1978, 2337 = VersR 1978, 1002; BGH VersR 1983, 983; BGH NJW 1986, 2365 = VersR 1986, 788; BGH NJW 1988, 762 = VersR 1987, 1238; *Steffen/Pauge*, ArzthaftungsR, 10. Aufl 2006, RdNr 455; *Geiß/Greiner*, Arzthaftpflichtrecht, 5. Aufl 2006, RdNr B 202; *Laufs*, Arztrecht, RdNr 454. Es gibt aber auch Dokumentationsmängel ohne rechtliche Konsequenzen s OLG Naumburg GesR 2008, 128 = NJW-RR 2008, 408.

[6] BGHZ 85, 327 = NJW 1983, 328; BGH NJW 1985, 674 = VersR 1984, 1171; BGHZ 99, 391 = NJW 1987, 1482 = VersR 1987, 1089; BGHZ 106, 146 = NJW 1989, 764; BGH NJW 1989, 2330 = VersR 1989, 512; *Steffen/Pauge*, ArzthaftungsR, 10. Aufl 2006 RdNr 455; *Deutsch/Spickhoff*, Medizinrecht, 6. Aufl 2008 RdNr 608. Vgl noch BVerfG NJW 1999, 1777 = MedR 1999, 180.

meine Verpflichtung trifft, das Behandlungsgeschehen einschließlich pflegerischer Maßnahmen zu dokumentieren.[7]

3   Die Dokumentationspflicht des Arztes ist zugleich auch **Standespflicht** nach § 10 Abs 1 MBOÄ.[8] Sie ist teilweise auch **gesetzliche Pflicht.** So zB in § 43 StrlSchVO, § 29 Abs 2 RöntgVO, § 19 ArbStoffVO, § 37 Abs 3 JArbSchG und in zahlreichen Kammergesetzen[9] der Länder.[10]

4   Regelungen hinsichtlich der Aufzeichnungspflicht sind auch in den **Bundesmantelverträgen für Ärzte und Zahnärzte** enthalten. So hat nach § 57 Abs 1 BMV-Ä der Vertragsarzt die Befunde, die Behandlungsmaßnahmen sowie die veranlassten Leistungen einschließlich des Tages der Behandlung in geeigneter Weise zu dokumentieren.[11] Für die **Dokumentation aus abrechnungstechnischen Gründen** gilt, dass **veranlasste Leistungen,** Befunde und Behandlungsmaßnahmen in den vertragsärztlichen Unterlagen zu dokumentieren sind. **Erbrachte Leistungen** sind grundsätzlich nur entsprechend den Vorschriften der Gebührenordnungen in den ärztlichen Unterlagen aufzuzeichnen. In den Abrechnungsunterlagen (Krankenschein) sind die erbrachten Leistungen und das Datum der Behandlung zu dokumentieren.

II. Art, Inhalt und Umfang der Dokumentationspflicht

5   **1. Die Dokumentationszwecke.** Art, Inhalt und Umfang der ärztlichen Dokumentationspflicht bestimmen sich weitgehend nach den Dokumentationszwecken. Dokumentationszweck bei der ärztlichen Behandlung ist einmal die **Therapiesicherung,** zum andern die **Beweissicherung** und die **Rechenschaftslegung.** Wenn der BGH darauf hinweist, dass die Pflicht zur Dokumentation „selbstverständliche therapeutische Pflicht"[12] gegenüber dem Patienten ist, so wird damit herausgestellt, dass die Dokumentation eine sachgerechte Behandlung und Weiterbehandlung ermöglichen soll. Angesichts der Notwendigkeit der Arbeitsteilung auch im ärztlichen Bereich muss jeder mit- und nachbehandelnde

---

[7] BGHZ 72, 132; BGH VersR 1983, 983; BGH NJW 1986, 2365; BGH NJW 1988, 762; *Bergmann/Kienzle,* Krankenhaushaftung, RdNr 161; vgl ferner *Kern,* Organisationsverschulden – Ausdruck institutioneller Sorgfaltspflichtverletzungen, MedR 2000, 347, 348; *Höftberger,* Österreichische Rechtsprechung zur Arzthaftung, MedR 2000, 505 ff; *Franzki,* Verhalten des Arztes im Konfliktfall, MedR 2000, 464 ff sowie OLG Zweibrücken MedR 2000, 233 (Haftung des Arztes für unvollständige pränatale Beratung).

[8] Abgedruckt in DÄBl 1997, 2354. Vgl auch *Rieger* Lexikon, RdNr 570; *Peter* (Fn 2) S. 16; RGRK-*Nüßgens,* § 823 Anh II, RdNr 260.

[9] Vgl § 30 Abs 2 des Baden-Württembergischen Kammergesetzes idF v 31. 5. 1976, GBl 473, zuletzt geändert durch G v 4. 7. 1983, GBl S 265; Art 18 Abs 1 Nr 3 des Bayerischen Kammergesetzes idF v 9. 3. 1978; GVBl 67, zuletzt geändert durch G v 10. 8. 1982, GVBl 682; § 4 Abs 3 Nr 3 des Berliner Kammergesetzes idF v 4. 9. 1978, GVBl S. 1937, geändert durch G v 20. 6. 1986, GVBl 953; § 25 Nr 2 des Bremer Heilberufsgesetzes idF v 14. 11. 1977, GBl 369, zuletzt geändert durch G v 28. 6. 1983, GBl 413; § 4 Abs 1 Nr 3 des Hamburgischen Ärztegesetzes v 22. 5. 1978, GVBl 152; § 23 Nr 3 des Hessischen Heilberufsgesetzes idF v 24. 4. 1986, GVBl I 122; § 29 Nr 3 des Niedersächsischen Kammergesetzes für die Heilberufe idF v 30. 5. 1980, GVBl 193; § 24 Nr 3 des Nordrhein-Westfälischen Heilberufsgesetzes idF v 30. 7. 1975, GVBl 520, zuletzt geändert durch G v 18. 12. 1984, GVBl 806; § 21 Nr 3 des Rheinland-Pfälzischen Heilberufsgesetzes v 20. 10. 1978, GVBl 649, berichtigt 1979, 22; § 18 Nr 3 des Saarländischen Ärztekammergesetzes idF v 14. 5. 1975, ABl 766; § 6 Nr 3 des Gesetzes über die Ärztekammer Schleswig-Holstein idF v 20. 3. 1978, GVBl 83.

[10] Vgl hierzu die Übersichten bei *Peter* (Fn 2) 10, Fn 55. Für Krankenanstalten in Berlin gilt die VO über die Führung und Aufbewahrung von Krankengeschichten v 1. 7. 1952 (GVBl 557).

[11] Vgl BÄBl 1995, A-625, 639.

[12] BGH NJW 1978, 2337, 2339; BGH VersR 1986, 983; BGH NJW 1986, 2365; BGH NJW 1988, 762; BGH NJW 1987, 1482, 1483; LSG Baden-Württemberg (MedR 1999. 88): Dokumentationszweck heißt, „dass die vollständige Dokumentation die Voraussetzung für Nachprüfungen korrekter Diagnostik, korrekter Therapie und korrekter Abrechnungen ist"; vgl ferner *Rinke/Balser* MedR 1999, 398 ff.

10. Kapitel. Die ärztliche Dokumentationspflicht 6, 7 § 55

Arzt jederzeit imstande sein, sich über durchgeführte Maßnahmen und die angewandte Therapie aufgrund der Dokumentation zu informieren. Die Pflicht zur Sammlung der den Patienten betreffenden Daten, Art und Umfang der Medikation und die Führung einer Krankengeschichte sind zunächst also therapeutisch bedingt.[13]

Die Dokumentation sichert zugleich auch die ordnungsgemäße Weiter- oder Mitbehandlung durch einen anderen Arzt.[14]

Die ärztliche Dokumentation dient weiterhin der Erfüllung der **Rechenschaftspflicht** 6 **des Arztes** über Vorbeugemaßnahmen, durchgeführte Behandlungen und Operationen.[15] Die Rechenschaftspflicht, die in der Literatur teilweise kritisiert wird,[16] ist durchaus sachgerecht, weil dem Patienten meist nicht nur die Sachkunde zur Kontrolle fehlt, sondern er vor allem bei der Operation nicht mitbekommt, was mit ihm in allen Einzelheiten geschieht. Deshalb ist es dem Arzt auch vertraglich zuzumuten, nicht nur bei Abschluss einer Behandlung oder Operation, sondern fortlaufend seine Tätigkeit zu dokumentieren. Der Arzt kann dieser seiner Pflicht zur Rechenschaft nur dann nachkommen, wenn er die wesentlichen Vorgänge der Behandlung oder Operation **schriftlich niederlegt.** Die Kritiker der ärztlichen „Dokumentations- und Rechenschaftspflicht" übersehen, dass die Rechenschaft sich zumindest nicht primär auf Behandlungsfehler oder gar Grundlagen für Schadensersatzansprüche bezieht, sondern lediglich auf die medizinischen Leistungen, die vom Arzt und Krankenhausträger gegenüber dem Patienten erbracht worden sind. Auch der Kostenträger muss eine Möglichkeit haben, zu kontrollieren, in welchem Umfang erstattungsfähige Leistungen gegenüber dem Patienten erbracht worden sind.[17]

Ein weiterer Aspekt ist der, dass der Patient jederzeit die Möglichkeit haben muss, das 7 Ergebnis einer Behandlung oder von diagnostischen Bemühungen **durch einen anderen Arzt überprüfen** zu lassen.[18] Nicht etwa, um dem erstbehandelnden Arzt Vorwürfe zu machen oder ihn gar zu verklagen, sondern um im eigenen Interesse „ganz sicher zu

---

[13] So zutreffend *Peter* (Fn 2) 78; *Strohmaier* VersR 1998, 416. Vgl auch *Putzo,* Die Arzthaftung. Grundlagen und Folgen, 1979, 59; *Laufs,* ArztR RdNr 454 f, 455. Richtig ist der Hinweis von *Laufs,* dass Krankenpapiere im Zivilprozess als Beweismittel eine wichtige Rolle spielen. „Lücken in den Unterlagen gehen meist zulasten des Arztes. Nicht selten bilden unsorgfältig geführte Unterlagen im Haftpflichtprozess eine Schwachstelle der ärztlichen Position." Zur unvollständigen Dokumentation vgl auch noch OLG Nürnberg MedR 2008, 674.

[14] Vgl BGH NJW 1983, 328; *Francke/Hart,* Ärztliche Verantwortung u Patienteninformation, 1987, 83; RGRK-*Nüßgens,* § 823 BGB Anh II RdNr 262.

[15] Vgl BGH NJW 1978, 2337, 2339; BGH MedR 1984, 24; BGH NJW 1989, 2330 = VersR 1989, 512; BGH NJW 1993, 2375; 1994, 799; OLG Saarbrücken – 1 U 103/85 –, NA-Beschl d BGH v 29. 3. 1988 VersR 1988, 916; *Steffen/Pauge* ArzthaftungsR RdNr 458; *Peter* (Fn 2) 79; *Sommer/Brinkmann* MedR 1985, 151, 152. Vgl auch BGH NJW 1984, 1403 = MedR 1985, 221 (technisch richtige Lagerung des Patienten auf dem Operationstisch).

[16] Vgl *Bockelmann,* Die Dokumentationspflicht des Arztes und ihre Konsequenzen, FS Jescheck, Bd I, 693, 703; *Rieger* DMW 1979, 794, 796; *Kuhlendahl* ArztR 1980, 233. Die kritischen Stimmen übersehen, dass jeder, der es vertraglich übernimmt, fremde Interessen wahrzunehmen, zur Rechenschaft verpflichtet ist, zum andern die Rechenschaft für den Fall einer Haftung zugleich auch Beweiskraft und Rechtfertigung für den Arzt und das Krankenhaus sein kann.

[17] Vgl auch BGH NJW 1989, 2330; BGH NJW 1993, 2375; BGH NJW 1994, 799; OLG Saarbrücken VersR 1988, 916. *Steffen* (Fn 5) S. 174: „Deshalb ist eine Dokumentation, die medizinisch nicht erforderlich ist, auch nicht aus Rechtsgründen geboten." Ein Arzt, der die von seinem (Labor-)Personal ermittelten und in die Patientenkrankenakte eingetragenen (Mess-)Werte nachträglich verändert und dabei bewusst von den korrekten Messergebnissen abweicht, erfüllt den (objektiven) Tatbestand einer Urkundenfälschung iS v § 267 Abs 1 Altern 2 StGB (so das OLG Koblenz MedR 1995, 29).

[18] Bei der Beurteilung, ob ein ärztliches Handeln lege artis war, ist grundsätzlich der dokumentierte Behandlungsverlauf zu Grunde zu legen. Dies gilt auch für die in einer Behandlungskarteikarte vom behandelnden Arzt niedergelegte Dokumentation; es sei denn, diese wäre dürftig und unvollständig, sodass ihr die Beweiskraft fehlt (so OLG Köln MDR 1995, 52). Zur Frage der Zulässigkeit der Überprüfung der Rechtmäßigkeit von Abrechnungsunterlagen durch einen Mitbewerber des betroffenen Arztes vgl auch noch BGH, Beschluss v 5. 11. 1998, MedR 1999, 220.

gehen". Nicht selten will sich der Patient mit einer Krebsdiagnose nicht abfinden und hofft, dass die **Überprüfung** durch einen anderen Arzt auch zu einer anderen Diagnose und Prognose führt. Auch diese Absicht ist keinesfalls mit einem kontrollierenden Element rechtlicher Art verbunden.[19]

8 Während die Dokumentationszwecke „Therapiesicherung" und „Rechenschaftspflicht" inzwischen anerkannt sein dürften, ist nach wie vor umstritten, ob Dokumentationszweck zugleich auch die außerprozessuale und prozessuale **„Beweissicherung"** ist. Die prozessualen Folgen, die der BGH an die Erschwerung oder gar Vereitelung des Beweises durch den Arzt knüpft,[20] sprechen dafür. Ein Teil der Literatur[21] vertritt die Auffassung, mit der Pflicht zur außerprozessualen Rechenschaftsabgabe und Therapiesicherung sei der Zweck der ärztlichen Dokumentation erschöpft. Dem ist entgegenzuhalten, dass jeder Dokumentation zugleich auch Beweisfunktionen zukommen.[22] Es erscheint lebensfremd, einer Dokumentationspflicht den **Beweissicherungszweck** abzusprechen.[23]

9 **2. Inhalt und Umfang der Dokumentationspflicht.** Die ärztliche Dokumentationspflicht bezieht sich auf Anamnese, Diagnose und Therapie. Diagnostische Bemühungen, Funktionsbefunde, Art und Dosierung einer Medikation, ärztliche Hinweise und Anweisungen an die Funktions- und Behandlungspflege, eine Abweichung von Standardbehandlungen sind ebenso zu dokumentieren wie Verlaufsdaten, also die ärztliche Aufklärung,[24] der Verlauf einer Operation (Operationsbericht) oder Narkose (Narkoseprotokoll). Unerwartete Zwischenfälle, der Wechsel des Operateurs während der Operation, Anfängerkontrolle, Intensivpflege, Verlassen des Krankenhauses gegen ärztlichen Rat und getroffene Sicherungsvorkehrungen gegen eine Selbstschädigung des Patienten sind ebenfalls zu dokumentieren.[25] Der **Anästhesist** ist verpflichtet, die von

---

[19] So zutreffend *Peter,* Das Recht auf Einsicht in Krankenunterlagen, 155. *Peter* weist zu Recht darauf hin, dass es hier weniger darum geht, eventuell objektiv fehlerhaftes Verhalten des Arztes abzuklären, sondern in erster Linie darum, subjektive Hoffnungen und Erwartungen (endgültig) bestätigt oder zerstört zu bekommen. Vgl außerdem *Steffen/Pauger,* (Fn. 5) 188; *Giesen* ArzthaftungsR RdNr 422 ff; *Geiß/Greiner,* Arzthaftpflichtrecht, 6. Aufl 2009, 202 ff.

[20] Vgl BGH NJW 1972, 1520; NJW 1978, 2337; BGH NJW 1983, 332 = MedR 1983, 67; BGH VersR 1983, 983; BGH NJW 1985, 2193 = VersR 1985, 782; BGHZ 99, 391; BGH NJW 1987, 2300; BGH NJW 1988, 762; OLG Düsseldorf VersR 1985, 169; OLG Braunschweig VersR 1980, 853; OLG Oldenburg MedR 1992, 111, 114 u 166, 168; OLG München NJW 1992, 2973 = ArztR 1993, 4; OLG Frankfurt/M VersR 1992, 178; BGH VersR 1996, 330; MedR 1996, 316; VersR 1989, 512 = NJW 1989, 2330 = ArztR 1989, 327; zum Beweiswert mechanischer Aufzeichnungen s BGH VersR 1998, 634 = MedR 1998, 514; OLG Köln NJW-RR 1995, 346; OLG Düsseldorf NJW-RR 1994, 1504.

[21] So zB *Laufs,* ArztR RdNr 455; *Baumgärtel,* Das Wechselspiel der Beweislastverteilung im Arzthaftungsprozess, in: Gedächtnisschrift f Rudolf Bruns, 1980, S. 93, 102.

[22] So zB auch den handelsrechtlichen Buchführungspflichten nach den §§ 238 ff HGB; vgl auch § 141 AO. Umfassend zur Dokumentations- und Befundsicherungspflicht *Giesen,* ArzthaftungsR, RdNr 422 ff; *Bender* VersR 1997, 918, 923 ff; BGH NJW 1994, 1594 = JZ 1994, 787 m Anm *Uhlenbruck.*

[23] Umfassend zu dieser Problematik *Peter* (Fn 16), 80 ff; *Geiß/Greiner,* Arzthaftpflichtrecht (Fn 19) RdNr 202: „Ziel und Zweck der Dokumentation sind vorrangig nicht die forensische Beweissicherung, sondern die Gewährleistung sachgerechter medizinischer Behandlung durch Erstarzt und weiter behandelnden Arzt." Vgl auch *Deutsch* MedizinR RdNr 354; *Bergmann/Kienzle,* Krankenhaushaftung, RdNr 161; *Steffen* (Fn 5), 174.

[24] Bei Zweifeln an einer dokumentationsgerechten Aufklärung hat das Gericht idR den Arzt persönlich anzuhören bzw (ev als Partei) zu vernehmen, der die Aufklärung vorgenommen hat (so OLG Oldenburg VersR 1998, 854).

[25] BGH NJW 1985, 2194; BGH NJW 1985, 2193; BGH NJW 1986, 2365; BGHZ 99, 391 = NJW 1987, 1482; BGH NJW 1987, 2300; BGH NJW 1988, 762; BGH NJW 1988, 2304; BGH NJW 1989, 2330; BGH NJW 1994, 799; OLG Oldenburg VersR 1990, 1399; OLG Oldenburg MedR 1999, 461 (zur Beweissicherung durch Fotodokumentation nach fehlgeschlagener Sterilisation); OLG Köln VersR 1994, 1424; *Steffen/Pauge,* (Fn 5), 175 f; *Baumgärtel,* Gedächtnisschrift Bruns, 93, 99; RGRK-

ihm erhobenen Daten und Befunde sowie den Verlauf der Anästhesie in einem Anästhesieprotokoll festzuhalten und auch die Prämedikation zu dokumentieren. Aufzunehmen sind hier die erforderlichen Patientendaten über Gewicht, Blutgruppe, präoperativer Allgemeinzustand und Verträglichkeit früherer Eingriffe und Medikation sowie Allergieneigungen.[26] Der Arzt ist nicht verpflichtet, die Verweigerung des Aidstests durch die Patientin zu dokumentieren.[27] Bei der Beurteilung, ob ärztliches Handeln lege artis war, ist grundsätzlich der dokumentierte Behandlungsverlauf zu Grunde zu legen. Das gilt auch für die in einer Behandlungskarte des niedergelassenen Arztes niedergelegte Dokumentation, es sei denn, diese wäre dürftig und unvollständig.[28] Der Krankenhausträger hat dafür zu sorgen, dass über den Verbleib von Behandlungsunterlagen jederzeit Klarheit besteht. Verletzt er diese Pflicht, so ist davon auszugehen, dass er es zu verantworten hat, wenn die Unterlagen nicht verfügbar sind. Gerät dadurch der Patient mit seiner Behauptung, dem Arzt seien Behandlungsfehler unterlaufen, in Beweisnot, dann kann ihm eine Beweiserleichterung zugute kommen.[29] Zutreffend weist *Bender*[30] darauf hin, dass materielle Ansprüche des Patienten ebenso wie Beweiserleichterungen im Prozess nur entstehen können, wenn den Arzt der Vorwurf einer Dokumentationspflichtverletzung trifft. Die Dokumentationspflicht grenze damit den notwendigen von dem freiwilligen Dokumentationsinhalt ab. Im übrigen ist festzustellen, dass die Dokumentationspflicht keine isolierte Pflicht des Arztes gegenüber seinem Patienten ist. Der Dokumentationsstandard wird durch die Praxis geprägt. Weder defensive Vielschreiberei noch „Mut zur Lücke" sind geboten, sondern strenge Dokumentation, ausgerichtet auf medizinische Üblichkeit und Erforderlichkeit.[31]

Die ärztliche Dokumentationspflicht erstreckt sich **nicht** auf **bloße Vermutungen, ungesicherte Befunde** oder lediglich für die Vorbereitung eines weiteren Behandlungsabschnitts notwendig erscheinende Erkenntnisse.[32] Hier ist aber Vorsicht geboten. Eine

10

Nüßgens, § 823 BGB Anh II RdNr 261; *Laufs,* ArztR RdNr 431 ff; *Narr* ÄrztlBerufsR RdNr 936; *Hohloch* NJW 1982, 2577, 2581; *Schmid* NJW 1987, 681, 684. Vgl aber auch BGH NJW 1972, 1520, wo hinsichtlich des Umfangs der Aufzeichnungspflicht noch auf die ärztlichen Gepflogenheiten abgestellt wird. Zum Umfang der ärztlichen Dokumentationspflicht vgl auch noch OLG Oldenburg MedR 2008, 374 = ArztR 2009, 125 = VersR 2008, 691 = NJW-RR 2009, 32 = GesR 2008, 540. Zur Dokumentationspflicht der ärztlichen Invaliditätsfeststellung nach den AUB s OLG Saarbrücken NJW-RR 2008, 831.

[26] Einzelheiten bei *Schmid* NJW 1987, 681, 686. Vgl auch *Schmid* NJW 1984, 2602; OLG Frankfurt NJW 1981, 1322; *Narr* ÄrztlBerufsR RdNr 936. Die Deutsche Gesellschaft für Anästhesiologie und Intensivmedizin (DGAI) hat 1989 ihre Kommission „EDV in der Anästhesie" beauftragt, einen Katalog von Inhalten zu erarbeiten, der als Grundlage für ein einheitliches Anästhesieprotokoll dienen soll. Die Empfehlung zur einheitlichen Protokollierung von Anästhesieverfahren ist veröffentlicht in: Anästh u Intensivmed 1989, 189 u 239; zur Frage der Dokumentationspflicht in der **Gynäkologie** vgl *Schlund,* Geburtshilfe und Frauenheilkunde 1998, M 194 ff sowie OLG Zweibrücken MedR 1999, 80 (Hüftgelenksoperation bei besonderen anatomischen Verhältnissen) zur **Orthopädie;** vgl ferner *Schlund,* Rechtsfragen in der Radiologie 1998, 171–187 für die **Radiologie;** OLG Braunschweig GeR 2008, 536 für die **Psychotherapie.**

[27] OLG Düsseldorf VersR 1995, 339 = ArztR 1996, 160.

[28] OLG Köln MDR 1995, 52. Zum Dokumentationsumfang bei einer komplikationslos verlaufenen Zahnextraktion vgl OLG Oldenburg NJW-RR 1992, 1504.

[29] BGH NJW 1996, 779.

[30] VersR 1997, 918, 919.

[31] So zutreffend *Bergmann* b *Bergmann/Kienzle* (Fn 21) RdNr 163; zur Patientencharta und hier zur Regelung der Patientenrechte in der Bundesrepublik vgl auch noch *Hanika* MedR 1999, 149, 157 ff sowie *Damm,* Prädikative Medizin und Patientenautonomie, MedR 1999, 437 ff; *Ulsenheimer/Heinemann,* Rechtliche Aspekte der Telemedizin – Grenzen der Telemedizin, MedR 1999, 197 ff.

[32] OLG Nürnberg VersR 1990, 1121 (gewählte Operationsmethode, nicht freigelegter Nervus radialis); *Hohloch* NJW 1982, 2577, 2581; *Rieger* Lexikon RdNr 571; RGRK-*Nüßgens,* § 823 BGB Anh II RdNr 261. Str aA wohl LG Bremen NJW 1980, 644 und *Francke/Hart* (Fn 13), 82 bezüglich einer bedrohlichen Verdachtsdiagnose.

Verdachtsdiagnose, die sich trotz eingeleiteter Behandlungsmaßnahmen später nicht bestätigt, sollte dokumentiert werden.[33]

11   **3. Form der Dokumentation.** An die Form der Dokumentation stellt die Rechtsprechung hohe, aber keine spezifischen Anforderungen. Das Ob und das Wie der Dokumentation im Einzelfall orientiert sich an ihrem umfassenden Schutzzweck, nämlich der Sicherung der ordnungsgemäßen Behandlung und Aufklärung des Patienten.[34] In der Literatur[35] wird zwar teilweise die Auffassung vertreten, es könne nicht Aufgabe der Medizin sein, **Standards zur Dokumentation** auszubilden und fortzuentwickeln. Diese Auffassung ist jedoch nur bedingt zutreffend. Letztlich bestimmt die Medizin, ob es sich bei einem medizinischen Vorgang um eine Routinemaßnahme oder um einen dokumentationsbedürftigen Vorgang handelt. Das Recht dagegen legt fest, in welchem Umfang das Schutzbedürfnis des Patienten eine ärztliche Dokumentation fordert. Dem Arzt ist zu raten, größtmögliche Sorgfalt auf das Krankenblatt und seine Annexe zu verwenden. In die Dokumentation müssen nach Feststellung von *Laufs*[36] alle wesentlichen diagnostischen und therapeutischen Bewandtnisse, Gegebenheiten und Maßnahmen Eingang finden, und zwar in einer für den Fachmann hinreichend klaren Form, also nicht so, dass ein Laie sie sofort verstehen kann. Es genügen im Regelfall **Aufzeichnungen in Stichworten,** so dass Irrtümer beim nachbehandelnden Arzt vermieden werden.[37] So genügt zB für die Lagerung in „Häschenstellung" das Symbol von 2 Hasenohren.[38] Entscheidend ist immer, ob die Angaben für den Fachmann verständlich sind. **Selbstverständliche Routinehandreichungen und -kontrollen** brauchen hingegen nicht dokumentiert zu werden.[39] Eine Dokumentation wird nicht dadurch entwertet, dass sie schwer lesbar oder

---

[33] Zutreffend wird in der Literatur darauf hingewiesen, dass diese Einordnung nicht recht einzusehen ist. Vgl *Ahrens* NJW 1983, 2609, 2613; *Rieger* DMW 1983, 431, 433; *Nüßgens,* 25 Jahre Karlsruher Forum 1983, 175, 178. RGRK-Nüßgens, § 823 BGB Anh II RdNr 276: „Man denke nur an die Fallgestaltung, dass eine Zeitlang eine – wie sich später herausstellt zurechenbar unrichtige – Diagnose der Behandlung zu Grunde gelegt wurde, wodurch eine Gesundheitsbeschädigung eingetreten ist. Anders mag es sein, wenn man unter Verdachtsdiagnose nur solche versteht, die bei ‚erster Sicht' gestellt werden und die nicht Grundlage weiterer ärztlicher Maßnahmen sind." Zur Verwendung elektronischer Dokumente s *Roßnagel/Fischer-Dieskau* NJW 2006 806 ff; sowie *Bork/Stehle* Elektronische Dokumentation – Beweiskraft vor Gericht DÄBl 2002 2489 ff

[34] *Franke/Hart,* Ärztliche Verantwortung, 83; *Giesen* ArzthaftungsR RdNr 426.

[35] *Bender* VersR 1997, 918, 920; str aA *Laufs* NJW 1994, 1562, 1566; BGH NJW 1978, 1681, 1682; NJW 1993, 2375, 2376.

[36] ArztR RdNr 455.

[37] BGH VersR 1983, 983; BGH NJW 1992, 1560 = VersR 1992, 745; *Steffen/Dressler,* ArzthaftungsR, RdNr 459.

[38] BGH NJW 1984, 1403 = VersR 1984, 386.

[39] Zur Dokumentation der Befestigung des operierten Appendix genügt „Stumpf in typischer Weise versenkt" (BGH NJW 1992, 1560 = VersR 1992, 745). Routinekontrollen ohne Befund brauchen nicht gesondert dokumentiert zu werden (BGH NJW 1993, 2375 = VersR 1993, 836). Gleiches gilt für die Dokumentation eines Druckverbandes (OLG Frankfurt VersR 1987, 118). Der Hausarzt ist nicht verpflichtet, alle Untersuchungen anlässlich eines Hausbesuches zu dokumentieren (OLG Bamberg VersR 1992, 831). Steht ein Arzt erst in der Facharztausbildung, so sind beim selbstständigen Operieren auch Routineeingriffe genau zu dokumentieren (BGH NJW 1985, 2193 = VersR 1985, 782, 784). *Steffen/Dressler* ArzthaftungsR RdNr 460. Bei der Dokumentation einer medizinisch indizierten Magenresektion (nach Billroth II) ist es nicht erforderlich, die exakten Ausmaße des entfernten Magens im Operationsbericht aufzunehmen (OLG Oldenburg VersR 1999, 319 = ArztR 1998, 235). Ist es medizinisch nicht üblich, Kontrolluntersuchungen auch dann in den Krankenaufzeichnungen zu dokumentieren, wenn sie ohne positiven Befund geblieben sind, dann kann nicht schon aus dem Schweigen der Dokumentation das Unterbleiben entsprechender Untersuchungen geschlossen werden (BGH NJW 1993, 836). Bei Verdacht auf eine bakterielle Infektion des Kniegelenks kann eine Pflicht des behandelnden Arztes bestehen, den lokalen Befund auch dann zu dokumentieren, wenn dieser negativ ist (OLG Stuttgart VersR 1998, 1550). Die Summe richterlicher Erkenntnisse kann man insoweit in den Satz fassen: Medizinische Selbstverständlichkeiten sind

teilweise von der Arzthelferin geschrieben worden ist.[40] Für jede Dokumentation gilt aber, dass ihr Beweiswert um so größer ist, je sorgfältiger sie vorgenommen wird. Auch eine **digitale Dokumentation** medizinischer Daten ist zulässig.[41] Sie muss aber nach den Grundsätzen der Ordnungsmäßigkeit erfolgen. Die Grenzen der Übermittlung von Patientendaten in digitalen Netzen werden durch die ärztliche Schweigepflicht und das Datenschutzrecht bestimmt. Zur Beweiskraft der EDV-Dokumentation bei zahnärztlicher Behandlung s *Deutsch*.[42]

4. Zeitpunkt der Dokumentation. Die Dokumentation hat in unmittelbarem Zusammenhang mit der Behandlung oder dem Eingriff zu erfolgen. Sie ist nicht beliebig nachholbar oder gar mit Fristsetzung einklagbar.[43] Wird die Dokumentation ärztlicher Behandlungen oder Eingriffe Wochen oder gar Monate später vorgenommen, kann sich in einem Haftungsprozess die Beweislast ebenso umkehren wie in Fällen einer unterlassenen oder lückenhaften Dokumentation.[44] Bei einfachen und **unkomplizierten Eingriffen** oder Behandlungen wird man den Arzt für berechtigt ansehen dürfen, nachträglich die ordnungsmäßige Dokumentation aus dem Gedächtnis zu erstellen.[45] Anders jedoch bei gefährlichen und komplizierten Operationen oder Behandlungen. Ist wegen der Art und Gefährlichkeit des Eingriffs eine „begleitende Dokumentation" nicht möglich, so ist das Operationsprotokoll unmittelbar nach Beendigung der Operation anzufertigen. Wann eine Aufzeichnung noch als rechtzeitig anzusehen ist, kann nur unter Berücksichtigung der Umstände des Einzelfalls beurteilt werden.[46]

III. Aufbewahrungsfristen

Grundsätzlich verlangt die Musterberufsordnung für Deutsche Ärzte, sowie der Bundesmantel- und Ersatzkassenvertrag, dass ärztliche Aufzeichnungen, insbesondere Patientenkarteilarten, Untersuchungsbefunde, Arztbriefe, Auswertungen etc pp. **zehn** Jahre aufbewahrt werden müssen. Diese Frist ist eine Mindestaufbewahrungsfrist, von der es einerseits sehr maßgebliche – längere und kürzere – Ausnahmen gibt. Zu beachten ist bei diesen Fristen, dass zivilrechtliche Ansprüche von Patienten längstens erst nach 30 Jahren verjähren können.

---

nicht zu dokumentieren (vgl die Rechtsprechungszitate bei *Geiß/Greiner* Arzthaftpflichtrecht 6. Aufl 2009 RdNr 205). Das Nichtdokumentieren einer ärztlich gebotenen Maßnahme kann demgegenüber dann zur Vermutung führen, dass diese Maßnahme unterblieben ist (vgl Rechtsprechungszitate bei *Geiß/Greiner*, RdNr 206).

[40] So *Steffen/Dressler*, ArzthaftungsR RdNr 471 unter Berufung auf ein nicht veröffentlichtes Urt d BGH v 29. 5. 1990 – VI ZR 240/89.

[41] Vgl *Ortner/Geis* MedR 1997, 337; vgl hierzu auch noch OLG Hamm GesR 2005, 349.

[42] MedR 1998, 206 ff; sowie BGH VersR 1998, 634 = MedR 1998, 514; auch *Wienke/Sauerborn* MedR 2000, 517 ff; zur Frage der Dokumentation bei der Verwendung von Medizinprodukten und der Wiederaufbereitung von „Einmal-Artikeln" vgl *Ratzel* MedR 2000, 560 ff; zu den Anforderungen der ärztlichen Dokumentationspflicht auf Abrechnungsvordrucken s LSG Baden-Württemberg MedR 2000, 285.

[43] Zutreffend *Hohloch* NJW 1982, 2577, 2581. Das OLG Zweibrücken vertritt die Auffassung (VersR 1999, 1546), dass ein Operationsbericht, der dem nachbehandelnden Arzt (und der Patientin) erst ein Jahr nach dem Eingriff zugeht, genügend Anhaltspunkte dafür biete, die Vermutung der Vollständigkeit und Richtigkeit dieser Dokumentation zu erschüttern.

[44] Vgl *Francke/Hart* (Fn 13), 83; *Wasserburg* NJW 1980, 617, 619; *Schmid* NJW 1987, 681, 682. Sehr großzügig *Bergmann/Kienzle*, Krankenhaushaftung, RdNr 163 unter Berufung auf *Dirks*, Praxis des Arzthaftungsrechts 1994, 266, wonach auch eine nachträgliche Dokumentation genügt, wenn sie als solche kenntlich gemacht wird, s auch OLG Bamberg VersR 1988, 407.

[45] *Wasserburg* NJW 1980, 617, 619.

[46] So zutreffend *Schmid* NJW 1987, 681, 682.

§ 55 13 § 55 Die Pflicht des Arztes zur Dokumentation

Nachstehend sollen diese Aufbewahrungsfristen kurz aufgelistet werden:[47]

Aufbewahrungsfristen	
Unterlagen	Dauer
Ambulantes Operieren (Aufzeichnungen und Dokumentationen)	10 Jahre
Arbeitsunfähigkeitsbescheinigung (Durchschrift des gelben Dreifachsatzes, Teil C)	1 Jahre
Arztakten	10 Jahre
Arztbriefe (eigene und fremde)	10 Jahre
Ärztliche Aufzeichnungen einschließlich Untersuchungsbefunde	10 Jahre
Ärztliche Behandlungsunterlagen	10 Jahre
Abrechnungsscheine (bei Diskettenabrechnung)	1 Jahr
Aufzeichnungen (des Arztes in seiner Kartei)	10 Jahre
Befunde	10 Jahre
Berichte (Überweiser und Hausarzt)	10 Jahre
Berufsunfähigkeitsgutachten	10 Jahre
Betäubungsmittel (BTM-Rezeptdurchschrift, BTM-Karteikarten, BTM-Bücher)	3 Jahre
Befundmitteilungen	10 Jahre
Behandlung mit radioaktiven Stoffen und ionisierenden Strahlen	30 Jahre
Blutprodukte (Anwendung von Blutprodukten sowie genetisch hergestellter Plasmarproteinen zur Behandlung von Hämostasestörungen)	30 Jahre
DMP-Unterlagen	10 Jahre
Durchgangsarzt/D-Arzt-Verfahren (Ärztliche Unterlagen einschließlich Krankenblätter und Röntgenbilder)	15 Jahre
EEG-Streifen	10 Jahre
EKG-Streifen nach Abschluss der Behandlung	10 Jahre
Ersatzverfahren, Abrechnungsscheine	1 Jahr
Gesundheitsuntersuchung (Teil B des Berichtsvordrucks nach der Untersuchung)	5 Jahre
Gutachten über Patienten (für Krankenkasse, Versicherungen, Berufsgenossenschaften)	10 Jahre
H-Ärzte (Behandlungsunterlagen einschließlich Röntgenbilder)	15 Jahre
Häusliche Krankenpflege (Verordnung von) nur aufzuheben, wenn dieser Schein die alleinige Dokumentation ist	10 Jahre
Heilmittelverordnungen (Verordnung von) nur aufzuheben, wenn dieser Schein die alleinige Dokumentation ist	10 Jahre
Jugendarbeitsschutzuntersuchung (Untersuchungsbogen)	10 Jahre
Karteikarten (einschließlich ärztlicher Aufzeichnungen und Untersuchungsbefunde)	10 Jahre
Koloskopie (Teil B des Berichtsvordrucks)	5 Jahre
Kontrollkarten über interne Qualitätssicherung und Zertifikate über erfolgreiche Teilnahme an Ringversuchen	5 Jahre
Krankenhausberichte (stationäre Behandlung) nach Abschluss der Behandlung	10 Jahre
Krankenkassenanfragen (Durchschriften)	10 Jahre
Krankenhausbehandlung (Verordnung, Krankenhauseinweisung Teil C)	10 Jahre
Krankenhausberichte	10 Jahre
Kinderfrüherkennungsuntersuchungen (ärztliche Aufzeichnungen)	10 Jahre

---

[47] Entnommen *Heberer,* Der Chirurg, 2007, 345, 346; *ders,* Das ärztliche Berufs- und Standesrecht 2. Aufl 2001, 262 ff

10. Kapitel. Die ärztliche Dokumentationspflicht §55

Aufbewahrungsfristen	
Krebsfrüherkennung Frauen (Berichtsvordruck Teil B)	5 Jahre
Krebsfrüherkennung Frauen (Berichtsvordruck Teil A)	4 Quartale
Krebsfrüherkennung Männer (Berichtsvordruck Teil B)	5 Jahre
Krebsfrüherkennung Männer (Berichtsvordruck Teil A)	10 Jahre
Laborqualitätssicherung (Kontrollkarten)	5 Jahre
Labor (Zertifikate von Ringversuchen)	5 Jahre
Labor (interne Qualitätssicherung)	5 Jahre
Laborbuch	10 Jahre
Laborbefunde	10 Jahre
Langzeit-EKG (Computerauswertung, keine Tapes)	10 Jahre
Lungenfunktionsdiagnostik (Diagramme)	10 Jahre
Notfallschein, Teil A (EDV abrechenbare Ärzte)	1 Jahr
Notfallschein, Teile B und C. Nur aufheben, wenn dieser Schein die alleinige Dokumentation ist	10 Jahre
Patientenkartei (nach der letzten Behandlung)	10 Jahre
Psychotherapie (Mitteilung der Krankenkasse)	10 Jahre
Röntgen (Konstanzprüfungen und Dokumentation)	2 Jahre
Röntgendiagnostik (Röntgenaufnahmen von Patienten über 18 Jahre. Die 10- jährige Aufbewahrungsfrist beginnt erst ab dem 18. Lebensjahr bei Patienten, sodass alle Röntgenbilder von Kindern und Jugendlichen mindestens bis zur Vollendung des 28. Lebensjahres aufbewahrt werden müssen).	10 Jahre
Röntgentherapie (Aufzeichnungen) 30 Jahre	
Sicherungsdiskette (Abrechnung mit der Kassenärztlichen Vereinigung)	4 Jahre
Sonographie (Aufzeichnungen, Fotos, Prints, Disketten)	10 Jahre
Strahlen-/Röntgenbehandlung/-therapie (Aufzeichnungen, Berechnungen nach der letzten Behandlung)30 Jahre	
Strahlen-/Röntgendiagnostik (Aufzeichnungen, Filme nach der letzten Untersuchung, auch mittels radioaktiven und ionisierenden Strahlen). Die 10-jährige Aufbewahrungsfrist beginnt erst ab dem 18. Lebensjahr der Patienten, sodass alle Röntgenbilder von Kindern und Jugendlichen mindestens bis zur Vollendung des 28. Lebensjahres aufbewahrt werden müssen	10 Jahre
Strahlenschutzprüfung (Unterlagen)	5 Jahre
Strahlenschutz (Unterlagen über Mitarbeiterbelehrung)	5 Jahre
Transfusionsgesetz (siehe Blutprodukte)	15 Jahre
Überweisungsschein (EDV abrechnende Ärzte, auch im Ersatzverfahren, auch Muster 7 Überweisung vor Aufnahme einer Psychotherapie)1 Jahr	
Untersuchungsbefunde	10 Jahre
Vertreterschein, Teil A (EDV abrechnende Ärzte)	1 Jahr
Vertreterschein, Teil B und C. Nur aufzuheben, wenn dieser Schein die alleinige Dokumentation ist	10 Jahre
Zertifikate von Ringversuchen	5 Jahre
Zytologie (Präparate und Befunde)	10 Jahre
Zytologie (statistische Zusammenfassungen)	

§ 56 Das Einsichtsrecht des Patienten in die Krankenunterlagen

Inhaltsübersicht

	RdNr
I. Rechtsgrundlagen	1
II. Die Arten der Einsichtsrechte	3
1. Das außerprozessuale Einsichtsrecht des Patienten	4
a) Grundlagen	4
b) Einschränkungen des Einsichtsrechts	5
2. Das vorprozessuale Einsichtsrecht des Patienten	6
3. Das prozessuale Einsichtsrecht des Patienten	8
4. Art der Einsichtnahme	11
5. Das Einsichtsrecht nach dem Tode des Patienten	12
6. Einsichtsrecht des Rechnungshofes	14
7. Berichtigung unrichtiger Dokumentation	15
8. Dokumentation bei ambulantem Operieren	16
9. Aufbewahrungspflichten	17

Schrifttum: *Dettmeyer,* Medizin & Recht, 2. Aufl, Kap. 6, 117 ff; *Deutsch/Spickhoff,* Medizinrecht, 6. Aufl 2008, RdNr 625 ff; *Ender,* Einsichtsrecht des Patienten in seine Krankenunterlagen, AusR 2002, 126; *Hennies,* Einsichtsrecht der Krankenkassen in Patientenunterlagen, Arzt und Recht 2002, 76 ff; *Hinne,* Das Einsichtsrecht in Patientenakten, NJW 2005, 2270 ff; *Lux,* Auskunfts-, Einsichtnehme und Herausgabepflichten des Arztes, GesR 2004, 6 ff, 8 ff; *Menschke/Dahm,* Die Befugnis der Krankenkassen zur Einsicht in Patientenunterlagen, MedR 2002, 346 ff; *Ratzel,* Wenn die Patientin Einsicht in die Krankenunterlagen verlangt, Frauenarzt 2004, 705; *Schreiber,* Einsichtsrecht in ärztliche Krankenunterlagen und Dokumentationspflicht des Arztes, NJW 1980, 630; *Schulze-Zeu/Riehn,* Das Akteneinsichtsrecht der Krankenkassen und Pflegekassen, VersR 2007, 407 ff; *Wessel,* Der Anspruch auf Einsichtnahme in die Patientendokumentation durch gesetzliche Krankenkasse bei einem vermuteten Behandlungsfehler, ZfS 2002, 461 ff; *Steffen/Pauge,* Arzthaftungsrecht, 10. Aufl, RdNr 455 ff (mit umfangreicher Rechtsprechung).

I. Rechtsgrundlagen

1 Soweit vertragliche Beziehungen bestehen, ergibt sich das Einsichtsrecht des Patienten in die Krankenunterlagen als **vertragliches Nebenrecht,** dem eine vertragliche Nebenpflicht des Arztes oder des Krankenhauses entspricht. Soweit keine vertraglichen Beziehungen bestehen, § 810 BGB. Danach kann derjenige, der ein rechtliches Interesse daran hat, eine im fremden Besitz befindliche Urkunde einzusehen, von dem Besitzer die Gestattung der Einsicht verlangen, wenn die Urkunde in seinem Interesse errichtet worden ist.[1]

2 Aber auch im Rahmen vertraglicher Beziehungen greift die Vorschrift des § 810 BGB unmittelbar ein. Dem Patienten stehen also zwei Anspruchsgrundlagen zur Verfügung. Für den Fall eines Arzthaftungsprozesses kommt noch ein **prozessuales Einsichtsrecht** des Patienten hinzu.[2]

---

[1] So zutreffend *Peter,* Das Recht auf Einsicht in Krankenunterlagen, 131; vgl auch *Giesen,* ArzthaftungsR, 4. Aufl, RdNr 429 ff sowie *Bayer* LSG MedR 2000, 289 (Pflicht des Vertragsarztes zur Herausgabe von Behandlungsunterlagen an den Schadensbeschwerdeausschuss der Kassenärztlichen Vereinigung) und noch OLG Oldenburg MedR 2000, 424; zum vertraglichen Recht des Patienten auf Einsicht in seine Krankenunterlagen vgl zudem *Rieger* DMW 1999, 130; LG Düsseldorf NJW 1999, 873; BVerfG NJW 1999, 1777 = ArztR 1999, 52. *Rumpenhorst,* Wenn die Krankenkassen Einsicht ind die Patientenakte nehmen will, Arzt und Krankenhaus 2004, 188 ff.

[2] Einzelheiten s unten. Zur Dokumentationspflicht und Einsichtnahme in Krankenunterlagen nach dem Recht der ehemaligen DDR vgl *Könning,* Das Arzthaftungsrecht der DDR, VersR 1990, 238, 241.

10. Kapitel. Die ärztliche Dokumentationspflicht　　　　　　　3, 4　§ 56

II. Die Arten der Einsichtsrechte

Je nach Interesse und Verfahrensstand unterscheidet man in der Literatur[3] zwischen   3
dem außerprozessualen, vorprozessualen und prozessualen Einsichtsrecht des Patienten.

1. Das außerprozessuale Einsichtsrecht des Patienten. *a) Grundlagen.* Das **außer-**   4
prozessuale Einsichtsrecht des Patienten in seine Krankenunterlagen ergibt sich zwar
aus dem Arztvertrag, muss jedoch im Einzelfall durch sachliche Interessen[4] des Patienten
gerechtfertigt sein. Als Ausprägung des Persönlichkeitsrechts kann ein Einsichtsrecht im
Einzelfall aber auch deliktisch begründet sein. Nicht jedes Interesse des Patienten an einer
ärztlichen Information begründet ein Einsichtsrecht in Krankenunterlagen. Nach § 305
Abs 1 S. 1 SGB V kann der Versicherte, soweit bei der Krankenkasse die Angaben verfügbar sind, Auskunft höchstens über die von ihm im jeweils letzten Geschäftsjahren in
Anspruch genommenen Leistungen und ihre Kosten verlangen. Nach § 83 Abs 1 S. 1
SGB X ist dem Versicherten auf Antrag Auskunft zu erteilen über die zu seiner Person
gespeicherten Sozialdaten, auch soweit sie sich auf Herkunft dieser Daten beziehen. § 25
SGB X gewährt den Beteiligten ein Recht auf Einsicht in die Akten eines Versicherten,
soweit deren Kenntnis zur Geltendmachung oder Verteidigung rechtlicher Interessen
erforderlich ist. Einige Krankenhausgesetze der Länder sowie das Bremische Krankenhaus-Datenschutzgesetz sehen ein Recht des Patienten auf Auskunft sowie Einsicht in
seine Krankenakte vor. Im übrigen ergibt sich der Anspruch auf Auskunft und Einsicht in
die Krankenunterlagen außerprozessual analog §§ 259, 260 BGB.[5, 6]

---

[3] Umfassend *Peter,* Das Recht auf Einsicht in Krankenunterlagen, 143 ff; RGRK-*Nüßgens,* § 823 BGB Anh II RdNr 272–274; *Steffen/Pauge,* ArzthaftungsR 10. Aufl 2006 RdNr 473 ff; *Bender,* Das postmortale Einsichtsrecht in Krankenunterlagen, 1998; *Gitter,* Das Recht des Patienten und Angehörigen auf Einsicht in die Krankenunterlagen, in: Recht und Rechtsbesinnung. Gedächtnisschrift G. Küchenhoff, 1987, 323 ff; *Bergmann/Kienzle,* Krankenhaushaftung RdNr 168; *Laufs,* ArztR RdNr 457 ff; *Giesen* ArzthaftungsR RdNr 429 ff; *Deutsch/Spickhoff,* Medizinrecht, 6. Aufl 2008, RdNr 625; *Lilie,* Ärztliche Dokumentation und Informationsrechte des Patienten, 1980, 157 f.

[4] Nach der Rechtsprechung des BGH benötigt der Patient jedoch ein besonderes schutzwürdiges Interesse an der Einsicht in die Krankenunterlagen nicht darzulegen. Vgl BGHZ 327 = NJW 1983, 328; BGHZ 85, 339; BGH NJW 1983, 2627; BGH NJW 1985, 674; BGHZ 106, 146 sowie LG Saarbrücken ArztR 1997, 35. Andererseits lässt die Rechtsprechung derart zahlreiche Einschränkungen des Einsichtsrechts zu, dass man überlegen sollte, entsprechend der hier vertretenen Auffassung doch auf die Darlegung eines besonderen Interesses und nur auf objektiver medizinische Unterlagen begrenzt abzustellen. Nur auf diese Weise lässt sich auch einem Missbrauch des Einsichtsrechts wirksam begegnen. Ein Recht des Patienten auf Einsicht in seine Krankenunterlagen bei psychiatrischer Behandlung schlechthin ablehnend LG Saarbrücken MedR 1996, 323 m Anm *Kern;* vgl hierzu aber auch noch *Hinne* NJW 2005, 2270, die sich gegen eine vorprozessuale Einschränkung des Einsichtsrechts des Patienten in seine psychiatrischen oder psychotherapeutischen Krankenunterlagen aussprechen. Im Prozessfall sind diese beigezogenen Krankenakten dem Patienten selbstverständlich unbeschränkt zur Einsicht zu überlassen. Auch das LG Dortmund (Urt v 3. 7. 1997 – 17 S 76/97 – ZAuR 2000, 159) versagt dem Patienten im Rahmen seines Einsichtsrechts einen Anspruch auf maschinenschriftliche Abschrift seines Krankenblattes. Das Verwaltungsgericht Aachen (ArztR 1998, 178) versagt dem Medizinischen Dienst der Krankenkassen (MDK) ein generelles Einsichtsrecht in Patientenunterlagen, weil eine flächendeckende, allgemeine, einer Ausforschung gleichstehende Prüfung dem MDK nicht zustehe. Zum Einsichtsrecht des Patienten in seine Dokumentation bei digitaler Verfilmung s LG Kiel GesR 2008, 540; zum Streitwert bei Klage auf Einsicht in Krankenhausunterlagen s OLG Saarbrücken MedR 2008, 164; vgl auch Landesberufsgericht für Ärzte in Stuttgart Beschluss v 7. 7. 2007 (ArztR 2009, 109). Kein Patienteneinsichtsrecht in Fremdbefunde.

[5] Einzelheiten bei *F. Lang,* Das Recht auf informationelle Selbstbestimmung des Patienten und die ärztliche Schweigepflicht in der gesetzlichen Krankenversicherung, 1997, 40 ff.

[6] Generell zum Recht des Patienten auf Einsicht in seine Krankenunterlagen s BverfG JZ 2007, 91 = MedR 2006, 419 = NJW 2006, 1116 = ArztR 2006, 301 = GesR 2006, 326. Zur Überprüfung der Ordnungsgemäßheit einer Krankenhausabrechnung steht der Krankenkasse kein eigenständiges Recht auf Einsichtnahme in die Behandlungsunterlagen zu (so BSG NJW 2003, 845). Das Recht des

5   b) *Einschränkungen des Einsichtsrechts.* Der BGH beschränkt das Einsichtsrecht auf **„naturwissenschaftlich konkretisierbare Befunde und die Aufzeichnungen"** über Behandlungsmaßnahmen – insbesondere Angaben über Medikation, Operationsberichte. Hierzu zählen nach zutreffender Ansicht[7] auch Fieberkurven, EKG, EEG, Computer-Aufzeichnungen, Röntgenaufnahmen und Laborergebnisse. Nicht erstrecken soll sich das Einsichtsrecht auf Aufzeichnungen, an deren Zurückhaltung der Arzt ein begründetes Interesse hat. Hierzu zählen **subjektive Wertungen des Arztes,** die Wiedergabe persönlicher Eindrücke über den Patienten und dessen Angehörige, eine vorläufige „Verdachtsdiagnose, die später wieder aufgegeben worden ist, Bemerkungen über querulatorisches Verhalten des Patienten im Rahmen der Behandlung sowie sonstige „emotionale" persönliche Bemerkungen des Arztes.[8] Soweit ein Einsichtsrecht des Patienten nicht besteht, sollen Arzt und/oder Krankenhausträger befugt sein, die entsprechenden Aufzeichnungen und Vermerke abzudecken, was zweckmäßigerweise so zu geschehen hat, dass die Abdeckung als solche erkennbar bleibt.[9] Die vom BGH befürwortete **„duale Gestaltung der Unterlagen"** führt zu einer „doppelten Buchführung" des Arztes: Er trennt seine Aufzeichnungen in offenbarungspflichtige objektivierbare naturwissenschaftliche Befunde und Behandlungsfakten und in nicht zu offenbarende persönliche Aufzeichnungen.[10]

6   **2. Das vorprozessuale Einsichtsrecht des Patienten.** Das **vorprozessuale Einsichtsrecht** bezieht sich auf Informationen, die der Vorbereitung eines Honorar- oder Haftungsprozesses dienen. Ein vorprozessuales Einsichtsrecht des Patienten ist demgemäß in allen Fällen anzuerkennen, in denen der Patient einen Verstoß gegen Vertragspflichten oder allgemeine Rechtspflichten behauptet und deshalb Einsicht begehrt, um hieraus resultierende Ansprüche rechtlich geltend zu machen. Das rechtliche Interesse ist in allen Fällen des vorprozessualen Informationsbedürfnisses ohne weiteres zu bejahen. Zum Einsichtsrecht des Patienten gehört auch, dass die einzusehenden Unterlagen verständlich, insbesondere lesbar und nachvollziehbar sind.[11] Der Arzt ist verpflichtet, dem Patienten gegen Kostenerstattung die Behandlungsunterlagen in Kopie oder in maschineller Ausfertigung herauszugeben und zu versichern, dass die herausgegebenen Unterlagen vollständig sind.[12] Nach

---

Patienten auf Einsichtnahme in seine Krankenunterlagen wird durch Überlassung von Fotokopien erfüllt (so LG Düsseldorf MedR 2007, 663). Der Arzt ist nicht verpflichtet, die Vollständigkeit der dem Patienten zugänglich gemachten Unterlagen an Eidesstatt zu versichern (so OLG München MedR 2007, 47 = GesR 2007, 115 = VersR 2007, 1130).
    [7] RGRK-*Nüßgens* § 823 BGB Anh II RdNr 275; *Giesen* ArzthaftungsR RdNr 429; *Laufs,* ArztR RdNr 457 ff; zum Problem des Einsichtsrechts in Krankenunterlagen über psychiatrische Behandlung vgl BVerfG MedR 1999, 180.
    [8] Vgl *Nüßgens,* Zur ärztlichen Dokumentationspflicht und zum Einsichtsrecht des Patienten in die Krankenunterlagen, insbesondere zur Begründung dieses Rechts, VersR, Fünfundzwanzig Jahre Karlsruher Forum, Jubiläumsausgabe 1983, S. 175, 178; RGRK-*Nüßgens* § 823 BGB Anh II RdNr 275; *Steffen/Pauge* (Fn 3), RdNr 455 ff; *Peter* (Fn 1) S. 24.
    [9] BGHZ 85, 327, 338; sowie die von *Steffen/Pauke* (Fn 3) in RdNr 455–479 a zitierte zahlreiche Rechtsprechung.
    [10] Vgl *Uhlenbruck,* Die Herausgabe ärztlicher Aufzeichnungen und Befunde an Patienten, MedKlin 1975, 1660; ders, Doppelte Buchführung? in: RheinÄBl 1983, 570.
    [11] AG Essen NJW-RR 1998, 262; das LG Düsseldorf (NJW 1999, 873) vertritt insoweit die Ansicht, dass das vorprozessuale Einsichtsrecht des Patienten in die ihn betreffenden Krankenunterlagen und das Recht gegenüber dem Arzt bzw dem Krankenhausträger mitumfasse, Einblick in die Blutspendedokumentation, in die Hersteller- und Abgabedokumentation der ihm verabreichten Blutpräparate zu nehmen.
    [12] AG Hagen NJW-RR 1998, 262; vgl hierzu auch *Broglie,* Herausgabe von Behandlungsunterlagen: Kopie oder Original, AusR 2002, 100. Der Patient hat mit Zusammenhang seines Begehrens auf Herausgabe seiner Krankenunterlagen (oder Kopien) keinen Anspruch auf Bestätigung der Richtigkeit dieser Unterlagen (so LG Düsseldorf GesR 2007, 18). Zur Frage der Vergütung für Kopien der Dokumentation s LG München I GesR 2009, 201.

LG Dortmund[13] hat der Patient jedoch keinen Anspruch auf Aufschlüsselung der Kürzel für medizinische Fachausdrücke. Ein solcher Anspruch lässt sich auch nicht als Nebenpflicht aus dem Arztvertrag herleiten.

Der Patient hat auch das Recht, die **Herausgabe von Krankenunterlagen an den nachbehandelnden Arzt** zu verlangen.[14] Nach § 28 Abs 6 RÖV hat der Arzt dem Patienten Original-Röntgenaufnahmen zur Weiterleitung an den nachbehandelnden Arzt zu überlassen, um Doppeluntersuchungen und damit Doppelstrahlenbelastungen zu vermeiden.[15] Auch ohne Verlangen sind Röntgenaufnahmen dem Patienten, in besonderen Fällen im verschlossenen Umschlag oder in anderer Weise zur Wahrung der ärztlichen Schweigepflicht in geeigneter Weise auch einem Dritten, zur Weiterleitung an einen später untersuchenden oder behandelnden Arzt oder Zahnarzt zu übergeben, wenn hierdurch voraussichtlich eine Doppeluntersuchung vermieden werden kann.

Auch für das vorprozessuale Einsichtsrecht bestehen gewisse **Beschränkungen aus therapeutischen Aspekten,** persönlichkeitsrechtlichen Schutzbelangen des Arztes oder wegen Rechten Dritter.[16] Die Verweigerung der Einsichtnahme aus therapeutischen Gründen[17] erfährt aber im Hinblick auf das Informationsinteresse gewisse Einschränkungen. Im Rahmen einer **psychiatrischen Behandlung** darf die Einsicht in die Krankenunterlagen bereits verweigert werden, wenn das Ziel der psychiatrischen Behandlung durch die Bekanntgabe der Krankengeschichte gefährdet würde. Hier besteht das Risiko, dass die psychischen Störungen und medizinischen Bewertungen fehlerhaft verarbeitet werden, wenn der Patient ohne ärztlichen Rat Einsicht in seine Krankengeschichte nimmt. Besteht im konkreten Fall die Gefahr, dass der Patient beim Studium der Unterlagen den Prozess der therapeutischen Verarbeitung seiner psychischen Ausfälle krankhaft reproduziert, darf der Arzt zum Schutz des Patienten die Einsicht verweigern.[18] Der Arzt braucht die therapeutischen Gründe der Einsichtsverweigerung zwar nicht im Einzelnen zu begründen, jedoch muss erkennbar sein, dass er seine Entscheidung verantwortlich in voller Würdigung der Rechte des Patienten getroffen hat. Auch das **Persönlichkeitsrecht des Arztes** kann im Einzelfall der Auskunft und Einsicht von Krankenunterlagen entgegenstehen.[19]

3. Das prozessuale Einsichtsrecht des Patienten. Die Krankenunterlagen spielen in fast allen Arzthaftungsprozessen eine bedeutsame Rolle und werden vom Gericht beigezogen. Bejaht man mit der heute in der Literatur und Rechtsprechung hM vertretenen

---

[13] NJW-RR 1998, 261.
[14] OLG Köln ArztR 1975, 176; AG Freiburg NJW 1990, 770. Zur Herausgabe zahnärztlicher Röntgenaufnahmen an Privatpatienten s AG Ludwigsburg NJW 1974, 1431; AG Krefeld MDR 1986, 586. Vgl auch OLG Stuttgart NJW 1958, 2118, 2120; LG Aachen NJW 1986, 1551; LG Köln VersR 1986, 775; zur Herausgabepflicht der Patientenunterlagen durch den Arzt im Insolvenzverfahren gegen den Arzt vgl BGH, A/TzsR 2005, 124; zur Frist für die Herausgabe der Krankenunterlagen s LG Münster ArztR 2001, 342; der Anspruch auf Herausgabe von Behandlungsunterlagen eines Krankenhauses an den MDK zur Prüfung der Richtigkeit der Abrechnung einer Behandlung steht nicht dem MDK sondern der Krankenkasse selbst nur zu (so BSG ArztR 2007, 271). Zur mutmaßlichen Einwilligung des (verstorbenen) Patienten in die Herausgabe der Behandlungsunterlagen s OLG München VersR 2009, 982.
[15] Nach dem Urteil des LG Kiel v 30. 3. 2007 (ArztR 2007, 331) hat der Patient einen Anspruch gegenüber dem Radiologen auf vorübergehende Überlassung seiner Röntgenaufnahmen.
[16] Einzelheiten bei *Peter* (Fn 1), 221–236; *Uhlenbruck* NJW 1980, 1339, 1340; vgl hierzu auch OLG Bremen NJW 1980, 1339; *Laufs,* ArztR RdNr 458, 459; *Giesen* ArzthaftungsR RdNr 443; *Steffen/Pauke* ArzthaftungsR RdNr 475.
[17] Vgl BGH NJW 1983, 328, 339; BGHZ 146 = NJW 1989, 764; *Giesen* ArzthaftungsR RdNr 443; *Laufs,* ArztR RdNr 459; *Deutsch* NJW 1980, 1305; KG NJW 1981, 2521.
[18] *Lang,* Das Recht auf informationelle Selbstbestimmung des Patienten und die ärztliche Schweigepflicht in der gesetzlichen Krankenversicherung, 1997, S. 144 f; *Laufs,* ArztR RdNr 458; krit *Giesen* (Fn 3) RdNr 443; JZ 1989, 441.
[19] BGH NJW 1983, 330; 1985, 674.

Auffassung ein außer- und vorprozessuales Einsichtsrecht des Patienten, so ergibt sich eine entsprechende materiell-rechtliche Pflicht zur **Vorlage der Krankenunterlagen im Prozess** aus § 422 ZPO. Der Arzt oder das Krankenhaus kann sich auf die Krankenunterlagen gem § 423 ZPO zum Zwecke der Beweisführung beziehen. Schließlich kann das erkennende Gericht von Amts wegen über §§ 142, 273 Abs 2 Nr 1 ZPO die Vorlage der Krankengeschichte und Operationsberichte sowie der Anästhesieprotokolle anordnen.[20] Damit erstreckt sich der prozessuale Einsichtsanspruch auf sämtliche Unterlagen, die das Gericht zu Beweiszwecken beizieht. Das erkennende Gericht ist zur Beiziehung der Krankenunterlagen im Rahmen eines Arzthaftungsprozesses von Amts wegen verpflichtet, wenn diese erforderlich ist, um eine möglichst vollständige Aufklärung des Sachverhalts herbeizuführen und ein Sachverständigengutachten einzuholen.[21]

9 Der **Vorlageanspruch gegenüber dem Gericht** ist nicht dem Einsichtsrecht des Patienten gleichzusetzen. Werden die Krankenunterlagen aber Bestandteil der Gerichtsakten, so ergibt sich das Einsichtsrecht aus den §§ 134 Abs 1, 299 Abs 1 ZPO.[22] Die beigezogene oder vorgelegte Originalkrankenakte ist als **Teil der Prozessakte** anzusehen, und das Einsichtsrecht nach § 299 Abs 1 ZPO erstreckt sich dementsprechend auch auf den gesamten Inhalt der Unterlagen.[23] Wollte man dem Patienten oder seinem Anwalt das Einsichtsrecht für den Prozessfall verwehren, wäre der Patient im Prozess hinsichtlich des Rechts der Einsichtnahme in die Krankenunterlagen schlechter gestellt als außerprozessual.[24] Das vorstehende Ergebnis lässt sich unmittelbar auch aus Art 103 GG ableiten. Was für das Akteneinsichtsrecht des Patienten als Partei gilt, lässt sich nicht ohne weiteres auch auf Dritte übertragen wie zB Streitgenossen. Dritte, also auch Kostenträger, haben im Hinblick auf das **informationelle Selbstbestimmungsrecht** des Patienten grundsätzlich nur dann ein Recht auf Akteneinsicht, wenn das rechtliche Interesse zB an der Durchsetzung von Ansprüchen höher zu werten ist als das Patientenrecht.

10 Therapeutische Gründe für eine **Versagung der Akteneinsicht** kommen im Rahmen des **Arzthaftungsprozesses** nicht in Betracht.[25] Begutachtet ein Arzt für Psychiatrie im Auftrag einer privaten Krankenversicherung einen Patienten, so kommt kein Arztvertrag zwischen Arzt und Patient zustande, der ein eigenes Recht des Patienten zur Einsichtnahme in die Krankenunterlagen (Gutachten) gewährt.[26]

11 4. Art der Einsichtnahme. Das Recht des Patienten, die Krankenunterlagen einzusehen, umfaßt auch die Einsichtnahme durch einen beauftragten Rechtsanwalt und die Überlassung von **Fotokopien** gegen Unkostenerstattung.[27] Ist der Patient wegen fehlender technischer Möglichkeiten nicht im Stande, selbst die Fotokopien zu fertigen, kann der Arzt diese dagegen unschwer fertigen, so wird man letzteren für verpflichtet halten

---

[20] Vgl *Schreiber*, Die Urkunde im Zivilprozess, 1982, 74; *Peter* (Fn 1), 238; *Peters* ZZP 82, 1969, 200–208; *Stürner*, Die Aufklärungspflicht der Parteien im Zivilprozess, 1976, 378; *ders* ZZP 98, 1985, 237; *Henckel* ZZP 92, 1979, 100; vgl aber auch *Prütting*, Gegenwartsprobleme der Beweislast, 1983, 137 ff.

[21] OLG Düsseldorf MDR 1984, 1033; *Peter* (Fn 1), 238.

[22] In der Literatur ist allerdings umstritten, ob Krankenunterlagen Bestandteil der Prozessakten werden. Die hM lehnt dies ab. Vgl OLG Stuttgart BB 1962, 614; *E. Schneider* MDR 1984, 108, 109; *Peter* (Fn 1), 239.

[23] So zutreffend *Peter* (Fn 1), 240.

[24] Vgl zum außerprozessualen Recht BGHZ 85, 327; 85, 339; BGH NJW 1983, 2627; BGH NJW 1985, 674; BGHZ 106, 146.

[25] *Peter* (Fn 1), 241.

[26] So OLG Frankfurt MedR 1992, 161.

[27] Vgl BGHZ 85, 339 = NJW 1983, 330 = VersR 1983, 277; BGH NJW 1983, 2627 = VersR 1983, 834; BGH NJW 1985, 674; BGHZ 106, 146 = NJW 1989, 764 = VersR 1989, 252; AG Hagen NJW-RR 1998, 262; LG Düsseldorf MedR 2007, 663, nach LG Kiel (MedR 2007, 733) hat der Patient Anspruch auf Einsicht auf die gefertigten Originalröntgenbilder; *Steffen/Pauge*, Arzthaftungsrecht, RdNr 473; *Peter* (Fn 1), 246; *Giesen* (Fn 5) RdNr 438; *Laufs*, ArztR RdNr 464.

10. Kapitel. Die ärztliche Dokumentationspflicht   12, 13 § 56

müssen, gegen Vorkasse die Ablichtungen herzustellen.[28] Die Einsichtnahme hat in aller Regel in der Praxis des Arztes oder im Krankenhaus zu erfolgen.[29] Der Patient hat keinen Anspruch darauf, dass ihm die Akten zwecks Ablichtung ausgehändigt werden. Dies schließt aber nicht aus, dem Patienten die Unterlagen kurzfristig zu überlassen, um ihm die Anfertigung der Kopien zu ermöglichen und um den Dienstbetrieb nicht zu beeinträchtigen.[30]

Der **Auskunftsanspruch des Patienten** gegen Krankenhaus oder Arzt bezieht sich auch auf die **Person des behandelnden Arztes.** Anonymität verträgt sich nach *Laufs*[31] nicht mit dem Vertrauensverhältnis zwischen Arzt und Patient, auch nicht mit der Würde des Kranken.[32] Dieser Grundsatz gilt auch hinsichtlich des Hilfspersonals, etwa der Krankenschwester, deren sich der behandelnde Arzt bediente.[33]

5. Das Einsichtsrecht nach dem Tode des Patienten. Verstirbt der Patient, so geht das ihm zustehende Einsichtsrecht hinsichtlich der Krankenunterlagen, soweit vermögensrechtliche Komponenten betroffen sind, auf die Erben über.[34] Die Einsichtnahme darf aber nicht dem ausdrücklich geäußerten oder mutmaßlichen Willen des Verstorbenen widersprechen. Im Zweifel ist davon auszugehen, dass sich das Geheimhaltungsinteresse des Patienten auf die Lebzeiten beschränkt.[35] Das vermögensrechtliche Interesse an einer Einsichtnahme haben die Erben nachzuweisen.[36] Bei Verweigerung der Einsichtnahme hat der Arzt (nicht der Krankenhausträger) einen entgegenstehenden Patientenwillen des Patienten in den Grundzügen darzulegen und im Streitfall zu beweisen.[37]

Nach Feststellung von *Steffen*[38] und *Pauge* neigt der BGH[39] dazu, auch den **nächsten Angehörigen** des Verstorbenen ein Einsichtsrecht in die Krankenunterlagen entsprechend §§ 77 II, 194 II 2, 205 II 1 StGB zu gewähren. Der Anspruch wird aus den „nachwirkenden Persönlichkeitsbelangen" des Verstorbenen hergeleitet.[40] Das Geheimhaltungsinteresse des Verstorbenen ist zwar zu beachten; dies kann jedoch nicht dazu führen, dass die Interessen des Verstorbenen ausschließlich vom Arzt wahrgenommen werden.[41] Zutreffend insoweit ist der Hinweis von *Deutsch/Spickhoff*,[42] dass die nächsten Angehörigen bzw Erben des Verstorbenen ein eigenes Recht auf Auskunft und Akteneinsicht haben, das allerdings gegen die Interessen des Arztes an der über den Tod hinaus fortwirkenden Verschwiegenheitspflicht abzuwägen ist. Die Einsichtnahme von Erben bzw Angehörigen eines Verstorbenen hat sich demgemäß immer an dem geäußerten oder mutmaßlichen Willen des Patienten an

---

[28] Vgl *Peter* (Fn 1) S. 246; *Deutsch* MedizinR RdNr 369; LG Köln NJW-RR 1994, 1539.
[29] Bei Röntgenaufnahmen muss die Möglichkeit bestehen, die Einsichtnahme nicht in den Praxisräumen des Arztes, sondern an einem anderen Ort durchzuführen, um eventuell eine Vertrauensperson hinzuziehen zu können (so LG Flensburg GesR 2007, 576).
[30] Vgl *Peter* (Fn 1), 249.
[31] ArztR RdNr 465.
[32] BGH NJW 1983, 2075; BGHZ 85, 327.
[33] LG Heidelberg VersR 1989, 595.
[34] BGH NJW 1983, 2627 = VersR 1983, 834 = MedR 1984, 24; *Steffen/Pauge,* Fn 14, RdNr 478; RGRK-*Nüßgens* § 823 BGB Anh II RdNr 280; *Peter* (Fn 1), 290, 298 ff.; *Lekaitis,* Krankenunterlagen aus juristischer, insbesondere zivilrechtlicher Sicht, Diss Bochum 1979, 231; *Rieger* Lexikon RdNr 1092, 1637; *Narr* ÄrztlBerufsR RdNr 942; *Bender,* Das postmortale Einsichtsrecht in Krankenunterlagen, 1998, 159 ff.
[35] *Steffen/Pauge* (Fn 14) RdNr 478.
[36] *Steffen/Pauge* (Fn 14) RdNr 478; RGRK-*Nüßgens* § 823 BGB Anh II RdNr 280; vgl hierzu auch OLG München MedR 2009, 49.
[37] BGH NJW 1983, 2627, 2628.
[38] Fn 35, RdNr 479.
[39] BGH NJW 1983, 2627 = VersR 1983, 834.
[40] Vgl BGH NJW 1983, 2627; *Steffen/Pauge* (Fn 14) RdNr 479; RGRK-*Nüßgens* § 823 BGB Anh II RdNr 280; *Peter* (Fn 2), 298.
[41] Vgl aber BGH NJW 1983, 2627; *Steffen/Pauge* (Fn 14) RdNr 479.
[42] MedizinR, 6. Aufl 2008 RdNr 628.

der Geheimhaltung seiner medizinischen Daten zu orientieren. Einen etwa bestehenden entgegenstehenden Patientenwillen hat der Arzt darzulegen, allerdings, um die Geheimhaltung nicht zu unterlaufen, nur in Grundzügen. Bei der Beurteilung ist dem Umstand Rechnung zu tragen, dass der Geheimhaltungswunsch des Verstorbenen häufig nur auf die Lebenszeit begrenzt ist.

14 **6. Einsichtsrecht des Rechnungshofes.** Rechnungshöfe und Vorprüfungsstellen nehmen zwecks Kontrolle oftmals Einsicht in die Krankenakten. Die Rechtsprechung hält solche Einsichtnahme für zulässig, weil die Interessen des Arztes und der Patienten gegenüber den Kontrollbefugnissen zurückstehen müssten.[43]

15 **7. Berichtigung unrichtiger Dokumentation.** Weist eine ärztliche Dokumentation Fehler auf, so sind Arzt bzw Krankenhausträger verpflichtet, die Dokumentation zu berichtigen. Gem § 84 Abs 1 S. 1 SGB X haben Krankenkassen, Kassenärztliche Vereinigungen und der Medizinische Dienst Sozialdaten zu berichtigen, wenn diese unrichtig sind. Unrichtig sind nur Tatsachen, nicht dagegen Werturteile. Besonderheiten gelten allerdings für Diagnosen und Verdachtsdiagnosen. Diese bewerten lediglich die beim Patienten aufgetretenen Symptome und behaupten nicht eine Tatsache.[44] Für die öffentlich-rechtlich organisierten Krankenhäuser in Baden-Württemberg, Berlin, Rheinland-Pfalz, Sachsen und Schleswig-Holstein gelten die in den Landesdatenschutzgesetzen vorgesehenen Berichtigungsansprüche.

16 **8. Dokumentation bei ambulantem Operieren.** Gem der Vereinbarung der Spitzenverbände der Krankenkassen, DKG und der KBV über Qualitätssicherungsmaßnahmen bei ambulantem Operieren haben die Vertragsparteien in § 6 geregelt, dass die Dokumentation ambulanter Operationen und Anästhesien vergleichende statistische Auswertungen zum Zweck der Qualitätssicherung ermöglichen muss. Hierzu haben nach *Kienzle*[45] Krankenhäuser und Vertragsärzte unbeschadet der berufsrechtlichen Pflicht zur Dokumentation eine Fachbereich übergreifende Basisdokumentation zu erstellen. Im übrigen ist gerade im Bereich des ambulanten Operierens besondere Sorgfalt auf Art und Umfang der Dokumentation zu legen. *Kienzle/Bergmann:* „Gerade auch kleine Eingriffe bedürfen einer sorgfältigen Information, da der Patient bei schlechtem Verlauf dieses relativ kleinen Eingriffs oft wenig Verständnis für die postoperativen Risiken und Probleme zeigt."

17 **9. Aufbewahrungspflichten.** Nach § 10 Abs 3 MBO-Ä 1997 sind ärztliche Aufzeichnungen für die Dauer von **10 Jahren** nach Abschluss der Behandlung aufzubewahren, soweit nicht nach gesetzlichen Vorschriften eine noch längere Aufbewahrungspflicht besteht. Die Aufbewahrungsfrist gilt auch für den Fall der Aufgabe der Praxis (§ 10 Abs 4 S. 1 MBO-Ä). Sondervorschriften finden sich in § 57 Abs 2 BMV-Ä, wonach der Vertragsarzt die ärztlichen Aufzeichnungen mindestens 10 Jahre nach Abschluss der Behandlung aufzubewahren hat, § 5 Abs 5 BTMVV (3 Jahre); § 28 Abs 4 RöVO (10 Jahre nach der letzten Untersuchung, 30 Jahre nach der letzten Behandlung), Verletzungsartenverfahren (20 Jahre), Richtlinie für die Bestellung von Durchgangsärzten v 1. 4. 1982 (15 Jahre einschließlich Röntgenbilder). Aufbewahrungspflichten der Krankenkassen und Kassenärztlichen Vereinigungen sind in den §§ 304 SGB V, 84 Abs 2 SGB X geregelt. Nach § 304 Abs 1 S. 1 SGB V iVm § 84 Abs 2 SGB X sind Angaben über Leistungsvorausset-

---

[43] Vgl BVerwG NJW 1989, 2961; BVerfG NJW 1997, 1633; krit z dieser Rechtsprechung *Heintzen/Lilie*, Patientenakten und Rechnungshofkontrolle, NJW 1997, 1601; *Deutsch/Spickhoff*, MedizinR RdNr 633.

[44] Vgl BGH NJW 1989, 774; BGH NJW 1989, 2941; OLG Hamm NJW-RR 1990, 765; krit hierzu *Lang*, Das Recht auf informationelle Selbstbestimmung des Patienten und die ärztliche Schweigepflicht in der gesetzlichen Krankenversicherung, 146.

[45] Bei *Bergmann/Kienzle* Krankenhaushaftung RdNr 176.

zungen (§ 292 Abs 1 SGB V) spätestens nach 10 Jahren zu löschen; versichertenbezogene und fallbezogene Daten, die für die Beitragsrückzahlung, Abrechnung und Wirtschaftlichkeitsprüfung benötigt werden, sind bereits spätestens nach 4 Jahren zu löschen. Die Aufbewahrungsfristen beginnen mit Ende des Geschäftsjahrs, in dem die Leistungen gewährt oder vollständig abgerechnet werden (§ 304 Abs 1 S. 2 SGB V). Weitere Regelungen finden sich in den einzelnen Krankenhausgesetzen der Länder sowie im Bremischen Krankenhausdatenschutzgesetz. Aufzeichnungen auf elektronischen Datenträgern oder anderen Speichermedien bedürfen besonderer Sichtungs- und Schutzmaßnahmen, um deren Veränderung, Vernichtung oder unrechtmäßige Verwendung zu verhindern. Der Arzt hat hierbei die Empfehlungen der zuständigen Ärztekammer zu beachten (§ 10 Abs 5 MBO-Ä).[46] Sollten die Fristen zur Aufbewahrung der Krankenunterlagen abgelaufen sein, besteht uU die Möglichkeit, sie als Zeitzeugnisse dem zuständigen Staatsarchiv anbieten zu müssen. Hierzu existieren jeweils Archivgesetze der Länder und das Bundesarchivgesetz, das genaue Fristen, Anbietungspflichten und Nutzungsrechte enthalten.[47]

---

[46] Vgl auch *Ortner/Geis,* Die elektronische Patientenakte. Rechtsfragen medizinischer Dokumente in digitalen Dokumentationssystemen und digitalen Netzen, MedR 1997, 337 ff.
[47] Vgl hierzu *Keller,* die Akteneinsicht Dritter zu Forschungszwecken, NJW 2004, 413, 414.

11. Kapitel. Die ärztliche Aufklärungspflicht

Schrifttum: *Amelung,* Vetorechte beschränkt Einwilligungsfähiger in Grenzbereichen medizinischer Intervention, 1995; *Ankermann,* Haftung für fehlerhaften oder fehlenden ärztlichen Rat, in FS Steffen, 1995, 1–17; *Appelbaum/Lidz/Meisel,* Informed Consent, 1987; *Barth,* Mediziner-Marketing. Vom Werbeverbot zur Patienteninformation, 1999; *Belling/Eberl/Michlik* (Hrsg), Das Selbstbestimmungsrecht Minderjähriger bei medizinischen Eingriffen. Eine rechtsvergleichende Studie zum amerikanischen, englischen, französischen und deutschen Recht, 1994; *Bender,* Entbindungsmethoden und ärztliche Aufklärungspflicht, NJW 1999, 2706–2709; *Bock/Schreiber,* Patientenaufklärung und ihre Grenzen – aus medizinischer und juristischer Sicht, in: Rhein-Westf Akad d Wiss, Vorträge N 378, 1990, 26–48; *Bollweg/Brahms,* „Patientenrechte in Deutschland" – Neue Patientencharta, NJW 2003, 1505–1510; *Borsdorff,* Die zahnärztliche Aufklärungspflicht bei Standartheileingriffen, in FS Laufs, 2005, 711-724; *Broglie/Wartensleben* (Hrsg), Aufklärungspflicht. Beiträge aus „Der Arzt und sein Recht", 1993; *Büttner,* Die deliktsrechtliche Einordnung der ärztlichen Eingriffsaufklärung – ein juristischer Behandlungsfehler?, in FS Geiß, 2000, 353–365; *Damm,* Informed Consent und informationelle Selbstbestimmung in der Genmedizin, in FS Laufs, 2005, 725-751; *ders,* Behandlungsrecht und Beratungshandeln in der Medizin – Rechtsentwicklung, Norm- und Standartbildung, MedR 2006, 1–20; *Dann,* Ärztliche Fehleroffenbahrung – Strafrechtliche Strategien für postinvasive Arzt- und Patientengespräche, MedR 2007, 638–643; *Dettmeyer/Madea,* Zur Aufklärungsproblematik bei geplanten intraoperativen Schnellschnitt-Untersuchungen und intraoperativen Zufallsbefunden mit Operationserweiterung, MedR 1998, 247–252; *Deutsch,* Die Aufklärung über mögliche Komplikationen durch den Impfarzt, in FS Laufs, 2005, 753–765; *ders,* Neues zur ärztlichen Aufklärung im Ausland – Englische und französische Gerichte positionieren sich neu, MedR 2005, 464–466; *ders,* Aufklärung bei Medizinprodukten, VersR 2006, 1145–1149; *Dullinger,* Zur Beweislast für Verletzung/Erfüllung der ärztlichen Aufklärungspflicht, JBl 1998, 2–20; *Duttge,* Zum Unrechtsgehalt des kontraindizierten ärztlichen „Heileingriffs", MedR 2005, 706–711; *Eichbach/Schäfer,* Patientenautonomie und Patientenwünsche, MedR 2001, 21–28; *Ehlers,* Die ärztliche Aufklärung vor medizinischen Eingriffen. Bestandsaufnahme und Kritik, 1987; *Eisner,* Die Aufklärungspflicht des Arztes. Die Rechtslage in Deutschland, der Schweiz und den USA, 1992; *Faber,* Ökonomische Analyse der ärztlichen Aufklärungspflicht, 2005; *Faden/Beauchamp,* A History and Theory of Informed Consent, 1986; *Fischer,* Die mutmaßliche Einwilligung bei ärztlichen Eingriffen, in FS Deutsch, 1999, 545–559; *Francke/Hart,* Ärztliche Verantwortung und Patienteninformation, 1987; *Franz/Hansen,* Aufklärungspflicht aus ärztlicher und juristischer Sicht, 2. Aufl 1997; *Füllmich,* Der Tod im Krankenhaus und das Selbstbestimmungsrecht des Patienten, 1990; *Gebauer,* Hypothetische Kausalität und Haftungsgrund, 2007; *Glatz,* Der Arzt zwischen Aufklärung und Beratung. Eine Untersuchung über ärztliche Hinweispflichten in Deutschland und den Vereinigten Staaten, 1998; *Gödicke,* Aufklärungsumfang und Aufklärungsweg bei fremdnützigen Blutspenden, MedR 2006, 568–571; *Greiner,* Aufklärung über „Behandlungsschritte" und „Behandlungstechniken", in FS Geiß, 2000, 411–428; *Harrer/Graf,* Ärztliche Verantwortung und Aufklärung, 1999; *Hart,* Autonomiesicherung im Arzthaftungsrecht, in FS Heinrichs, 1998, 291–318; *ders,* Arzneimittelinformation zwischen Sicherheits- und Arzthaftungsrecht, Fach- und Gebrauchsinformation, ärztliche Aufklärung und Pflichtverletzung, MedR 2003, 603–609; *ders,* Arzthaftung wegen Behandlungs- und Aufklärungsfehlern im Zusammenhang mit einem Heilversuch mit einem neuen, erst im Laufe der Behandlung zugelassenen Arzneimittel, MedR 2007, 631–633; *Hauschild,* Der Maßstab für die ärztliche Aufklärung im amerikanischen, englischen und deutschen Recht, 1994; *Heide,* Medizinische Zwangsbehandlung, Rechtsgrundlagen und verfassungsrechtliche Grenzen der Heilbehandlung gegen den Willen des Betroffenen, 2001; *Hempfing,* Aufklärungspflicht und Arzthaftung, 1995; *Hillenkamp,* Zur Strafbarkeit des Arztes bei verweigerter Bluttransfusion, in: FS Küper, 2007, 123–147; *ders,* Intramurale Medizin in Deutschland, in: *Tag/Hillenkamp* (Hrsg), Intramurale Medizin im internationalen Vergleich, 2008, 73–160, 137; *Hollerbach,* Selbstbestimmung im Recht, 1996; *Jungbecker,* Die formularmäßige Operationsaufklärung und -einwilligung, MedR 1990, 173–182; *Katzenmeier,* Arzthaftung, 2002; *ders,* Aufklärung über neue medizinische Behandlungsmethoden – „Robodoc", NJW 2006, 2738–2741; *Kern,* Fremdbestimmung bei der Einwilligung in ärztliche Eingriffe, NJW 1994, 753–759; *ders,* Einwilligung in die Heilbehandlung von Kindern durch minderjährige Eltern, MedR 2005, 628–631; *ders,* Der betreute Patient, Betreuungsrecht, Einwilligungsfähigkeit, ÄrzteBl Sachsen 2008,

11. Kapitel. Die ärztliche Aufklärungspflicht

410–415, *ders,* Die neuere Entwicklung in der Rechtsprechung zur Aufklärungspflicht, GesR 2009, 1–10; *Kern/Laufs,* Die ärztliche Aufklärungspflicht. Unter besonderer Berücksichtigung der richterlichen Spruchpraxis, 1983; *Kirchhoff,* Aufklärung und Dienstanweisungen, RPG 1997, 101–104; *Kleuser,* Die Fehleroffenbarungspflicht des Arztes unter besonderer Berücksichtigung der versicherungsrechtlichen Obliegenheiten nach einem Behandlungszwischenfall, 1995; *Koyuncu,* Der pharmaceutical informed consent, PharmR 2006, 343–348; *Kuhlmann,* Einwilligung in die Heilbehandlung alter Menschen, 1996; *Kuhlen,* Ausschluss der objektiven Zurechnung bei Mängeln der wirklichen und der mutmaßlichen Einwilligung, in FS Müller-Dietz, 2001, 431–451; *Kullmann,* Schadensersatzpflicht bei Verletzung der ärztlichen Aufklärungspflicht bzw des Selbstbestimmungsrechts des Patienten ohne Entstehung eines Eingriffsschadens, VersR 1999, 1190–1192; *Laufs,* Zur deliktsrechtlichen Problematik ärztlicher Eigenmacht, NJW 1969, 529–533; *ders,* Die ärztliche Aufklärungspflicht – Grund, Inhalt und Grenzen, RPG 1997, 3–11; *ders,* Der mündige, aber leichtsinnige Patient, NJW 2003, 2288–2289; *Linzbach,* Informed Consent. Die Aufklärungspflicht des Arztes im amerikanischen und im deutschen Recht, 1980; *Mayer-Maly/Pratt* (Hrsg), Ärztliche Aufklärungspflicht und Haftung, 1998; *Michalski,* (Zahn-)Ärztliche Aufklärungspflicht über die Ersatzfähigkeit von Heilbehandlungskosten, VersR 1997, 137–145; *Mieth,* Grenzenlose Selbstbestimmung. Der Wille und die Würde Sterbender, 2008; *G Müller,* Aufklärungsfehler als Grundlage ärztlicher Haftung, in FS Geiß, 2000, 461–475; *Nebendahl,* Selbstbestimmungsrecht und rechtfertigende Einwilligung des Minderjährigen bei medizinischen Eingriffen, MedR 2009, 197–205; *Peintinger,* Therapeutische Partnerschaft. Aufklärung zwischen Patientenautonomie und ärztlicher Selbstbestimmung, 2003; *Pflüger,* Patientenaufklärung über Behandlungsqualität und Versorgungsstrukturen, MedR 2000, 6–9; *Prütting,* Gibt es eine ärztliche Pflicht zur Fehleroffenbarung?, in FS Laufs, 2005, 1009–1023; *Regenbogen/Henn,* Aufklärungs- und Beratungsprobleme bei der prädiktiven genetischen Diagnostik, MedR 2003, 152–158; *Rixen/Höfling/Kuhlmann/Westhofen,* Zum rechtlichen Schutz der Patientenautonomie in der ressourcenintensiven Hochleistungsmedizin: Vorschläge zur Neustrukturierung des Aufklärungsgesprächs, MedR 2003, 191–194; *Roßner,* Verzicht des Patienten auf eine Aufklärung durch den Arzt, NJW 1990, 2291–2296; *ders,* Begrenzung der Aufklärungspflicht des Arztes bei Kollision mit anderen ärztlichen Pflichten. Eine medizinrechtliche Studie mit vergleichenden Betrachtungen des nordamerikanischen Rechts, 1998; *Rothärmel/Wolfslast/Fegert,* Informed Consent, ein kinderfeindliches Konzept?, MedR 1999, 293–298; *Rouka,* Das Selbstbestimmungsrecht des Minderjährigen bei ärztlichen Eingriffen, 1996; *Rumler-Detzel,* Aufklärungspflicht über Behandlungsalternativen, RPG 1997, 79–90; *dies,* Die Aufklärungspflichtverletzung als Klagegrund, in FS Deutsch, 1999, 699–709; *Schelling,* Die ärztliche Aufklärung und die Qualität der Behandlung, 2003; *ders,* Die Pflicht des Arztes zur wirtschaftlichen Aufklärung im Lichte zunehmender ökonomischer Zwänge im Gesundheitswesen, MedR 2004, 422–429; *Schelling/Erlinger,* Die Aufklärung über Behandlungsalternativen. Eine Besprechung der Urteile des OLG Nürnberg vom 6. 11. 2000 (MedR 2001, 577) und vom 29. 5. 2000 (MedR 2002, 29) sowie des Urteils des OLG Dresden vom 17. 5. 2001 (VersR 2002, 440), MedR 2003, 331–334; *Eb Schmidt,* Empfiehlt es sich, dass der Gesetzgeber die Fragen der ärztlichen Aufklärungspflicht regelt? Gutachten für den 44. DJT, 1962; *Schreiber,* Salus aut voluntas aegroti suprema lex? ZaeFQ 2006, 644–646; *Schroeter,* Ärztliche Aufklärung im Alter, 1995; *Sodan/Zimmermann,* Das Spannungsfeld zwischen Patienteninformierung und dem Werbeverbot für verschreibungspflichtige Arzneimittel. Eine Studie zur verfassungskonformen Auslegung von § 10 Abs 1 des Heilmittelwerbegesetzes, 2008; *Spickhoff,* Die ärztliche Aufklärung vor der altruistisch motivierten Einwilligung in medizinische Eingriffe, NJW 2006, 2075–2076; *Steffen,* Patientenaufklärung: Zurechnungszusammenhang und Schadensberechnung, RPG 1997, 95–100; *ders,* Haftung des Arztes für Fehler bei der Risikoaufklärung – Zurechnungsbeschränkungen oder versari in re illicita?, in FS Medicus, 1999, 637–650; *Steffen/Pauge,* Arzthaftungsrecht. Neue Entwicklungslinien der BGH-Rechtsprechung, 10. Aufl 2006, RdNr 321–454; *Stöhr,* Aufklärungspflichten in der Zahnheilkunde, MedR 2004, 156–160; *Tag,* Der Körperverletzungstatbestand im Spannungsfeld zwischen Patientenautonomie und Lex artis, 2000; *Taupitz,* Aufklärung über Behandlungsfehler: Rechtspflicht gegenüber dem Patienten oder ärztliche Ehrenpflicht?, NJW 1992, 713–719; *ders,* Empfehlen sich zivilrechtliche Regelungen zur Absicherung der Patientenautonomie am Ende des Lebens?, Gutachten A für den 63. Deutschen Juristentag, 2000; *ders,* Die mutmaßliche Einwilligung bei ärztlicher Heilbehandlung – insbesondere vor dem Hintergrund der höchstrichterlichen Rechtsprechung des Bundesgerichtshofs, in 50 Jahre Bundesgerichtshof, Festgabe aus der Wissenschaft, Bd I, 2000, 497–521; *ders,* Grenzen der Patientenautonomie, in: *Brugger/Haverkate* (Hrsg), Grenzen als Thema der Rechts- und Sozialphilosophie, 2002, 83–132; *Voll,* Die Einwilligung im Arztrecht, 1996; *Vollmann,* Aufklärung und Einwilligung in der Psychiatrie. Ein Beitrag zur Ethik in der Medizin, 2000; *ders,* Patienten-

11. Kapitel. Die ärztliche Aufklärungspflicht　　　　　　　　　　1, 2　§ 57

selbstbestimmung und Selbstbestimmungsfähigkeit. Beiträge zur Klinischen Ethik, 2008; *Weidinger*, Aus der Praxis der Haftpflichtversicherung für Ärzte und Krankenhäuser – Statistik, neue Risiken und Qualitätsmanagement, MedR 2006, 571–580; *Weißauer/Opderbecke*, Die präoperative Patientenaufklärung über Transfusionsrisiken – Mediko-legale Überlegungen zu einer BGH-Entscheidung, MedR 1992, 307–313; *Wenzel*, in: *ders* (Hrsg), Handbuch des Fachanwalts Medizinrecht, 2007, 248–282, 308–309; *Wertenbruch*, Die Aufklärung über das intraoperative Schnellschnittverfahren bei Tumoroperationen, MedR 1993, 457– 462; *ders*, Der Zeitpunkt der Patientenaufklärung, MedR 1995, 306–310; *Wiethölter*, Arzt und Patient als Rechtsgenossen. Ein zivilrechtlicher Beitrag zur ärztlichen Aufklärungspflicht, in: Stiftung zur Förderung der wissenschaftlichen Forschung über Wesen und Bedeutung der freien Berufe (Hrsg), Die Aufklärungspflicht des Arztes, 1962, 71–111; *Willinger*, Ethische und rechtliche Aspekte der ärztlichen Aufklärungspflicht, 1996; *Wölk*, Der minderjährige Patient in der ärztlichen Behandlung, MedR 2001, 80–89. – Nicht mehr berücksichtigt *Panagopoulou-Koutnatzi*, Die Selbstbestimmung des Patienten. Eine Untersuchung aus verfassungsrechtlicher Sicht, 2009.

§ 57 Ausgangspunkte

Inhaltsübersicht

	RdNr
I. Zur ärztlichen Aufgabe	1
1. Die Notwendigkeit des Gesprächs	1
2. Aufklärung nach den individuellen Bedürfnissen der Patienten	3
II. Ärzte und Juristen	6
1. Maß der Aufklärung als Gratwanderung	6
2. Ärztliche Kritik	11
3. Prägung der ärztlichen Aufklärungspflicht durch die Rechtsprechung	13
III. Der rechtliche Grund	14
1. Die Aufklärung als vertragliche Pflicht des Arztes	14
2. Das Selbstbestimmungsrecht	15
3. Das Fehlen einer allgemeinen gesetzlichen Regelung	18

I. Zur ärztlichen Aufgabe

1. Die Notwendigkeit des Gesprächs. Mitmenschliche Zuwendung und Gemein- 1 schaft braucht das Wort. Arzt und Patient müssen einander zuhören und sich wechselseitig mitteilen. Der Kranke benötigt Ratschlag, Zuspruch und förderliche Hinweise. Der Arzt sieht sich angewiesen auf die Bereitschaft des Patienten, ihm zu folgen und den medizinischen Eingriff zu ertragen. Die **beiderseitige Bereitwilligkeit** wahrt Freiheit und Würde des Arztes wie des Patienten. Die Freiwilligkeit erfordert persönliche Aufschlüsse und Kenntnisse, die erst das Gespräch vermittelt.[1]

Der **moderne Medizinbetrieb** gefährdet und verkürzt das notwendige Gespräch zwi- 2 schen Arzt und Patient. Die Unumgänglichkeit des Kassenwesens, der gewaltige Umfang der Kliniken mit ihren arbeitsteiligen, apparativen Verfahren, der Kosten- und damit Zeitdruck und „die Perfektion der Technik"[2] schwächen den persönlichen Austausch zwischen dem einzelnen Arzt und dem einzelnen Kranken. Gewiss muss, wer in der schwer durch-

---

[1] Jüngst betont *Katzenmeier* in seiner Habilitationsschrift Arzthaftung, 2002, unter Bedachtnahme auf medizin-soziologische, psychologische und (rechts-)philosophische Aspekte, dass Arzt und Patient ihre Beziehung als Behandlungs- und Entscheidungspartnerschaft, als therapeutisches Arbeitsbündnis begreifen sollen. Der Patient ist nicht Objekt, sondern Subjekt der Behandlung. „Medizinische Indikation und Patienteneinwilligung bilden ein Junktim der ärztlichen Behandlung" (*Steffen/Pauge*, RdNr 321). – Zu den Spannungsfeldern gehört auch dasjenige zwischen Patienteninformation und Arzneimittel-Werbeverbot; vgl *Sodan/Zimmermann*.
[2] *F G Jünger*, Die Perfektion der Technik, 5. Aufl 1968.

schaubaren Industriegesellschaft zurechtkommen will, auch Vertrauen aufbringen und nutzen, den „Mechanismus der Reduktion sozialer Komplexität".[3] Aber blind soll das Vertrauen nicht sein.

2. Aufklärung nach den individuellen Bedürfnissen der Patienten. Die ärztliche Kunst zeichnet sich dadurch aus, dass sie mit glücklichem Griff und passendem Wort auf Grund der Wissenschaft deren allgemeine Regeln im konkreten Einzelfall übertrifft. Der Arzt hat jeweils das besondere Maß zu finden, gerade auch im **klärenden Gespräch** mit dem Patienten, um den jeweils wechselnden Bewandtnissen und der Eigenart der Fälle zu entsprechen. Viele Patienten möchten im Grunde nicht wissen, sondern gehorchen; die Autorität des Arztes bildet ihnen den erwünschten festen Trostpunkt. Zahlreiche Kranke wollen, wenn das Leben bedroht oder nach menschlicher Voraussicht schon verfallen scheint, solchen Aufschluss gar nicht erfahren. Erklären sie das Gegenteil, so wünschen sie meist beruhigenden Zuspruch, nicht Wahrheit. Mancher begehrt ernstlich Aufklärung und vermag sie doch nicht zu ertragen. Mit Fug kann nur der Kranke die Wahrheit verlangen, der sich ihr gewachsen zeigt und mit ihr vernünftig umzugehen versteht.

Das Bedürfnis nach ärztlicher Aufklärung und die Fähigkeit, sie intellektuell aufzunehmen, gefasst zu tragen und praktisch zu nutzen, finden sich in mannigfach **abgestuften Graden.** Auch der gute Arzt tut sich schwer, überall das richtige Wort zu treffen. Wie der Eingriff, so kann auch die Aufklärung mehr oder weniger gefährlich sein. Ein Zuviel bedeutet oft ebenso Unheil wie ein Zuwenig. Nicht selten bleibt auch der wohlbedachte ärztliche Entschluss ein Wagnis, das im Dienste des Leidenden aber eingegangen sein will. Im Rückblick mag sich dieser oder jener Umstand und damit das medizinische Kalkül anders darstellen. Die Ansicht ex post – etwa des Richters – unterscheidet sich mitunter von der ärztlichen Perspektive ex ante. Der Unterschied deutet keineswegs zwingend auf einen Fehler des Arztes. Juristen dürfen die Ansprüche an sein Tun oder Unterlassen nicht vernachlässigen, aber auch nicht überspannen. Den Missbräuchen der Aufklärungspflicht als Haftungsinstrument gibt es „durch Konzentrierung und Kanalisierung der Haftung für Aufklärungsversäumnisse auf echte schutzwürdige Interessen des Patienten entgegenzusteuern".[4] Der Arzt braucht einen begrenzten Spielraum gewissenhaften **Ermessens,** wenn er seinem Dienst tatkräftig genügen soll. Auch gibt es Lagen, in denen er geirrt und doch zugleich seine Pflicht erfüllt haben kann.

Was *Dietmar Mieth* für den Dienst am Lebensende erwägt, gilt wohl generell: „Es ist wichtig, **Selbstbestimmung und Fürsorge** nicht gegeneinander auszuspielen, als wären fürsorgende Menschen eo ipso ‚fremd'-verfügende und insofern hinter die Selbstverfügung zurückzusetzen oder als wären Selbstbestimmende Vertreter eines rücksichtslosen egoistischen Selbstentscheids."

II. Ärzte und Juristen

1. Maß der Aufklärung als Gratwanderung. Mochten nicht wenige Ärzte bereits am Anfang der Diskussion um die Patientenaufklärung in den fünfziger Jahren ihren Kranken die gebotenen Informationen zuteil werden lassen, so bedurfte es doch des eindringlichen Zuspruchs durch Juristen, um die Instruktionspflicht allgemein durchzusetzen und das erforderliche Maß zu bestimmen. Weithin empfand die Ärzteschaft das **Aufklärungsgebot** darum zunächst als eine durch Fachfremde auferlegte, den medizinischen Dienst hemmende, Patienten wie Ärzte überfordernde Last.

Zwar bestand weithin Einigkeit darüber, dass das **Persönlichkeitsrecht,** nämlich die Freiheit, über das eigene körperliche Geschick zu bestimmen, auch und gerade im komplizierten Großbetrieb der Krankenanstalten Respekt verlangt und Schutz verdient. Doch

---

[3] *Luhmann,* Vertrauen. Ein Mechanismus der Reduktion sozialer Komplexität, 2. Aufl 1973.
[4] *Steffen/Pauge,* RdNr 438.

11. Kapitel. Die ärztliche Aufklärungspflicht

viele Patienten ertragen nicht ohne Schaden die schreckensvolle Wahrheit, die sie doch wissen müssen, wenn sie die Notwendigkeit der Operation einsehen und ihre Risiken bewusst auf sich nehmen sollen. Der Altmeister des Arztrechts *Eberhard Schmidt* sprach den Medizinern aus dem Herzen, als er seinem glänzenden Juristentagsgutachten 1962 als Motto Sätze aus *Goethes* West-östlichem Diwan, Hikmet Nameh, Buch der Sprüche, voranstellte: „Wofür ich Allah höchlich danke? Daß er Leiden und Wissen getrennt. Verzweifeln müßte jeder Kranke, das Übel kennend, wie der Arzt es kennt."

Die anfänglich überaus strenge und starre, inzwischen eher maßvoll differenzierende bundesgerichtliche Judikatur stieß bei der Ärzteschaft auf Unverständnis und teils heftigen Widerspruch. Selbst um Ausgleich bemühte Mediziner übten ernste Kritik an der „juristischen Aufklärungspflicht". Sätze aus der Feder *Wilhelm Hallermanns* mögen hier dafür stehen: „An einem Punkt nun entzündet sich der **Widerspruch der Ärzte** gegen die rechtliche Auffassung, und dieser Punkt betrifft gerade das Zentrum des ärztlichen Tuns: Die Möglichkeit, durch eine Aufklärung dem Patienten zu schaden, seinen Gesundheitswillen zu schwächen, Angst und Sorge hervorzurufen, ja unter Umständen ihn zur Verzweiflung zu bringen. Es wird immer die Aufgabe des Arztes sein müssen, etwa den schwerkranken Patienten soweit wie notwendig über seinen Krankheitszustand zu täuschen."[5]

An eindrucksvollen Belegen für diese Ansicht fehlt es nicht. *Thomas Mann*,[6] selbst Destinatär **wohltätiger Illusionierung** bei seiner schweren Lungenkrankheit – wie der Vergleich zwischen der „Entstehung des Doktor Faustus" und *Katja Manns* „Ungeschriebenen Memoiren" zeigt –, hat das Schicksal *Theodor Storms* bewegend erzählt. Im hohen Alter erkrankte *Storm* an einem Magenkrebs und verlangte von seinem Arzt die volle Wahrheit unter Männern. Die Bekanntgabe des unheilbaren und tödlichen Befundes ließ ihn zusammenbrechen. Die besorgte Familie arrangierte darauf ein besonderes Ärztekonsilium, das die schlimme Diagnose für falsch, die Krankheit als harmlos deklarierte. „Storm glaubte es sofort, schnellte empor und hatte einen vorzüglichen Sommer, in dessen Verlauf er mit den guten Husumern seinen 70. Geburtstag sinnig-fröhlich beging und außerdem den ‚Schimmelreiter' fortführte und siegreich beendete."

Von solchen Erfahrungen weiß jeder Arzt zu berichten. Sie gebieten Vorsicht und Zurückhaltung beim Umgang mit der Wahrheit. Aus **therapeutischen Gründen** sieht sich der Arzt oft veranlasst, seinem Patienten Befund und Prognose vorzuenthalten, ja mitunter zu verschleiern. Daraus ergibt sich für den Arzt ein Widerspruch, den er zum Wohl des Kranken letztlich durch eigenen Entschluss lösen muss.[7] Sollte nach dem nordamerikanischen Vorbild des **therapeutic privilege** die Aufklärungspflicht im Patienteninteresse eine Reduktion erfahren, so wird darauf abzustellen sein, „ob die mit der Aufklärungsbeschränkung angestrebte Förderung des Gesundheitsinteresses aus Sicht des Patienten überwiegt".[8] Der Ausdruck „therapeutisches Privileg"[9] sollte allerdings besser vermieden bleiben. Es geht nicht um ein Vorrecht des Arztes, sondern um den Schutz des Patienten.

---

[5] *Hallermann,* in: Engisch/Hallermann, Die ärztliche Aufklärungspflicht aus rechtlicher und ärztlicher Sicht, 1970, 61. Vgl aber *Braun,* DÄBl 1990, 756 ff. – Zur Gesprächsführung *Geisler,* Arzt und Patient – Begegnung im Gespräch, 3. Aufl 1992; *Haferlach,* Das Arzt-Patient-Gespräch. Ärztliches Sprechen in Anamnese, Visite und Patientenaufklärung, 1994; *Ripke,* Patient und Arzt im Dialog. Praxis der ärztlichen Gesprächsführung, 1994; *Giebel/Wienke ua,* Das Aufklärungsgespräch zwischen Wollen, Können und Müssen, NJW 2001, 863 ff.

[6] Vgl aus ärztlicher Sicht *Virchow* DMW 1997, 1432 ff.

[7] Zum Recht auf Unkenntnis der genetischen Konstitution *Damm,* FS Heinrichs, 1998, 130 ff. Vgl ferner *Birnbacher,* Patientenautonomie und ärztliche Ethik am Beispiel der prädiktiven Diagnostik, Jahrb f Wiss u Ethik 2, 1997, 105 ff; *Taupitz,* Das Recht auf Nichtwissen, FS Wiese, 1998, 583 ff.

[8] *Roßner,* Begrenzung der Aufklärungspflicht des Arztes bei Kollision mit anderen ärztlichen Pflichten, 1998, 390.

[9] *Steffen,* MedR 2004, 501.

Das Auffinden des richtigen Maßes bei der Aufklärung bleibt „für Ärzte und Gerichte oft eine Gratwanderung".[10]

11 **2. Ärztliche Kritik.** Je und je melden sich ärztliche Stimmen mit herbem Widerspruch gegen die, wie sie meinen, **juristische Aufklärungspflicht,** zu Wort: „Die von manchen Juristen geforderte ‚ausreichende' Aufklärung ist nicht akzeptabel und zeugt von mangelhafter Sach- und Fachkenntnis. Der Begriff der lückenlosen oder ausreichenden Aufklärung ist nicht fassbar und ohne klare Umgrenzung, wodurch jedem Patienten die Möglichkeit eröffnet wird, die ihm gegebene Aufklärung als nicht ausreichend zu bezeichnen und Schadensersatz zu fordern."[11]

12 Ein anderer Autor, zugleich Mediziner und Jurist,[12] hat in einem **Generalangriff auf die richterliche Spruchpraxis** vorgetragen, die Anforderungen an die ärztliche Aufklärungspflicht seien so sehr ausgeufert, „dass sie von niemandem erfüllt werden" könnten. Was niemand erfüllen könne, dürfe „auch nicht als Grundvoraussetzung für die Rechtmäßigkeit des ärztlichen Eingriffs statuiert werden". Die durch die Spruchpraxis „festgeschriebenen und überhöhten Anforderungen" ließen „sich nicht mehr vom Selbstbestimmungsrecht des Patienten ableiten". Der Kritiker plädiert für eine „Reduktion der übertriebenen Anforderungen" und damit für eine „Beseitigung des Auffangtatbestandes der Aufklärungspflichtverletzung", ferner für eine generelle Umkehr der Beweislast im Behandlungsfehlerprozess.

13 **3. Prägung der ärztlichen Aufklärungspflicht durch die Rechtsprechung.** Diese **kritischen Voten** erinnern an die Zeit des heftigen Streites und des Zerwürfnisses zwischen Ärzten und Juristen in den sechziger und siebziger Jahren. Sie kann indes im Großen und Ganzen als überwunden gelten.

Bemerkenswert bleibt aber der Umstand, dass Richter die Reichweite der Aufklärungspflicht definierten und weiterhin bestimmen. Im Allgemeinen richtet sich **der zivilrechtliche Sorgfaltsmaßstab** nach dem Standard guter ärztlicher Behandlung. Es sind, wie der ehemalige Vorsitzende Richter beim VI. Zivilsenat des BGH *Werner Groß* treffend bestätigte, „die vom Recht an den Arzt zu stellenden Anforderungen aus dem medizinischen Standard zu entnehmen".[13] Freilich sehen die Gerichte eine Aufgabe darin, den Maßstab für die erforderliche Expertenqualität zu kontrollieren und auch zu korrigieren vornehmlich bei den – juristischen Kriterien eher zugänglichen – **organisatorischen Notwendigkeiten.** Was schwerer wiegt: Die strengen und verästelten, viele Prozesse zugunsten enttäuschter Kranker entscheidenden Regeln zur Aufklärungspflicht kommen schlechthin nicht von Ärzten, sondern von Juristen. Juristen haben mit dem Richterrecht zur Aufklärung geradezu ein Bollwerk des Patientenschutzes errichtet.

Die juristische Ausprägung der ärztlichen Aufklärungspflicht fügt sich ein in den ausgreifenden Strom des Haftpflichtrechts, in dem sich die legal und dogmatisch begründeten Grenzen zwischen Unrecht und Unglück, zwischen Schadenszurechnung und Schadensverteilung verwischen, wobei verschärfte Verkehrspflichten sowie modifizierte Beweisregeln das freiheitsverbürgende Verschuldensprinzip abschwächen und heimlichen Gefährdungstatbeständen den Weg bereiten.[14] Belege dafür finden sich auch und gerade in Erkenntnissen zur Aufklärungspflicht.

---

[10] *Deutsch,* NJW 1980, 1305 ff; *Steffen/Pauge,* RdNr 389: „Keinesfalls gibt es ein ‚therapeutisches Privileg'."

[11] *Lange,* Die Klinik. Was Patienten nicht wissen, 1987, 68; erfrischend und in kulturkritischem Zusammenhang *v Mühlendahl* NJW 1995, 3043.

[12] *Ehlers,* Die ärztliche Aufklärung vor medizinischen Eingriffen, 1987. – Die kritischen Stimmen sind weniger geworden.

[13] VersR 1996, 657, 663.

[14] *Laufs,* Unglück und Unrecht, Ausbau oder Preisgabe des Haftungssystems?, 1994; *Katzenmeier,* Arzthaftung, 2001, § 3 II.

Bisher habe der BGH immer wieder, so der erfahrene Richter und Fachpublizist *Harald Franzki*,[15] oft gegen die Rechtsauffassung der Vorinstanzen, „neue Anforderungen an den Arzt entwickelt und ihn sogleich verurteilt, ohne ein Wort darüber zu verlieren, ob ... ihn ein Verschulden traf". Zuvor schon hatte dieser angesehene Autor gefragt,[16] ob es nicht an der Zeit sei, die Aufklärungspflicht eher zurückzuschneiden, denn weiter auszudehnen, seitdem die Zweifel an der Objektivität der Sachverständigen an Berechtigung verloren. Der BGH habe selbst eingeräumt, dass die Klägerseite die Aufklärungsrüge oft nur sekundär nach dem Behandlungsfehlervorwurf erhebe und sie nicht selten missbrauche, um bei Nichterweislichkeit des Diagnose- und Therapiefehlers doch noch zu Schadensersatz und Schmerzensgeld zu gelangen. Dennoch habe das Gericht an seiner strengen und oft komplizierten Judikatur festgehalten und bis in die jüngste Zeit Urteile erlassen, welche die Ärzteschaft als **weitere Verschärfung** empfinde. Mit Grund kritisiert *Franzki*: Es „erwartet die Ärzteschaft, die dem Aufklärungspostulat täglich tausendfach im hektischen Praxis- und Klinikbetrieb in den unterschiedlichsten Situationen genügen soll, eindeutige und praktikable Handlungsanweisungen. Dieser berechtigten Erwartung wird eine ständig weiter ausdifferenzierte, auch vom juristischen Kenner der Materie in ihren letzten Verästelungen kaum noch überschaubare Rechtsprechung schwerlich gerecht".

III. Der rechtliche Grund

1. Die Aufklärung als vertragliche Pflicht des Arztes. Das Recht hat die Gegebenheiten des ärztlichen Dienstes aufzunehmen und ihnen zu genügen. Danach gehört die Aufklärung zu den Hauptpflichten des Arztes. Denn nach dem **Behandlungsvertrag** soll der Arzt den Patienten als selbstverantwortlichen Partner im Respekt vor dessen persönlichen Rechten annehmen, um ihm Rat und Hilfe zu geben. Schuldet der Arzt nach der Abrede Rat und Hinweis, dann gilt es für ihn, seinen Vertragspartner aufzuklären. Die Pflicht zur eingreifenden Hilfe verlangt nach einem Konsens, der seinerseits die Aufklärung voraussetzt. Die wachsende Zahl ärztlicher Optionen und Wahlmöglichkeiten führt zu einer **Individualisierung der Medizin,** die ihrerseits eine verstärkte kommunikative Kompetenz verlangt.

2. Das Selbstbestimmungsrecht. Die **Patientenautonomie** hat ihr Fundament im Grundgesetz. Das Erfordernis der Einwilligung zu diagnostischen, vorbeugenden und heilenden Eingriffen folgt aus den Verfassungsprinzipien, die zu Achtung und Schutz der Würde und der Freiheit des Menschen und seines Rechts auf Leben und körperliche Unversehrtheit verpflichten: aus Art 1 Abs 1 und Art 2 Abs 1 und Abs 2 S. 1 GG. „Verfehlt wäre es, dem Kranken oder Gebrechlichen, weil seine Gesundheit oder sein Körper bereits versehrt seien, nur ein gemindertes Maß an Selbstbestimmungsrecht zuzusprechen, und deshalb Eingriffe zum Zwecke der Diagnose, Vorbeugung, Linderung, Besserung oder Behebung eines Leidens dem Erfordernis der Einwilligung zu entziehen oder nur geringere Anforderungen an die Einwilligung und das in ihrem Rahmen gebotene Maß an Aufklärung zu stellen."[17]

Ein weiterer Karlsruher Hauptsatz lautet:[18] „Die Verwurzelung des normativen Erfordernisses der Einwilligung zu ärztlichen Heileingriffen in grundlegenden Verfassungsprinzipien und der ihr zu Grunde liegende Sinn, dem vom Eingriff Betroffenen die Möglichkeit zu verbürgen, sein **Selbstbestimmungsrecht** über seine leiblich-seelische Integrität wahrzunehmen, bedingen einen von der Verfassung geforderten normativen

---

[15] FS Remmers, 1995, 467 f.
[16] MedR 1994, 171, 176.
[17] BVerfGE 52, 131, 175 = NJW 1979, 1925 (aus dem abweichenden, insofern gewiss zutreffenden Votum der Richter *Hirsch, Niebler* und *Steinberger*). – Über die Ausnahmen vom Einwilligungsprinzip *Heide,* Medizinische Zwangsbehandlung, 2001.
[18] Wie Fn 17, 173.

Kernbereich der Einwilligung und – in ihrem Rahmen – der ärztlichen Aufklärungspflicht; er ist bei der Ausgestaltung des einfachen Rechts wie bei seiner Auslegung und Anwendung im Einzelfall zu beachten."

17 Dies gilt selbst für die **intramurale Medizin:** „Die Aufklärung als Voraussetzung der Wahrnehmung des Selbstbestimmungsrechts gehört zu den aus § 56 StVollzG fließenden ‚Fürsorgeleistungsansprüchen' und zielt auf den auch im Vollzug zu fordernden ‚informed consent' " (*Hillenkamp*, 2008).

Nach dem **Schutzzweck** der Patientenselbstbestimmung muss, wenn das ärztliche Vorgehen legitimiert sein soll, zur medizinischen Indikation die Einwilligung des zutreffend aufgeklärten Patienten als weiter Pfeiler hinzutreten. Darum kann eine aus medizinischer Sicht ex ante unzutreffende Aufklärung nach dem darum rechtswidrigen Eingriff durch ex post gewonnene Erkenntnisse nicht nachträglich geheilt werden.[19]

18 **3. Das Fehlen einer allgemeinen gesetzlichen Regelung.** Der **Gesetzgeber** hat die Aufklärungspflicht im Allgemeinen nicht geregelt. Das Kastrationsgesetz (1969),[20] das Arzneimittelgesetz (1976/2007),[21] das Transplantationsgesetz (1997/2007)[22] und zuletzt das Gendiagnosegesetz (2009)[23] freilich bieten spezielle Vorschriften zur Einwilligung und Aufklärung. Der Deutsche Juristentag hat in seinen Beschlüssen zum Arztrecht 1978[24] zu Wiesbaden ergänzende Regeln durch den Gesetzgeber zum Einwilligungserfordernis und zur Aufklärungspflicht grundsätzlich für entbehrlich gehalten. Bemerkenswerterweise fand das Thema nur zögernd Eingang in die Berufsordnungen der Kammern,[25] obwohl es in den vergangenen Jahren wie kein anderes arztrechtliches von Medizinern und Juristen bedacht und besprochen worden ist. Die Literatur lässt sich kaum mehr übersehen. Wie andere Kernstücke des Arztrechts gewann die Aufklärungspflicht juristisch Umriss und Inhalt durch die Judikatur, neuerdings mehr der Zivil- denn der Strafinstanzen. Die Materie stellt sich im Wesentlichen dar als typisierte Kasuistik der Zivilgerichte. Die Spruchpraxis hat die ärztliche Aufklärungspflicht als Rechtsinstitut im Rahmen von Schadensprozessen ausgebildet, ein wesentlicher Zusammenhang, den es im Auge zu behalten gilt.[26]

---

[19] BGH MedR 2003, 685 (Problemstellung *Steffen*).

[20] Mustergültig § 3 Abs 1: „Die Einwilligung ist unwirksam, wenn der Betroffene nicht vorher über Grund, Bedeutung und Nachwirkungen der Kastration, über andere in Betracht kommende Behandlungsmöglichkeiten sowie über sonstige Umstände aufgeklärt worden ist, denen er erkennbar eine Bedeutung für die Einwilligung beimisst."

[21] §§ 40, 41 AMG.

[22] § 8 Abs 2 TPG.

[23] § 9 GenDG.

[24] NJW 1978, 2193 f.

[25] Vgl Berufsordnung für die deutschen Ärzte, DÄBl 1988, A 3601. Die Aufklärungspflicht neuerdings in § 8 MBO, Neufassung 1997/2004: „Zur Behandlung bedürfen Ärztinnen und Ärzte der Einwilligung der Patientin oder des Patienten. Der Einwilligung hat grundsätzlich die erforderliche Aufklärung im persönlichen Gespräch vorauszugehen." Empfehlungen der BÄK zur Patientenaufklärung, abgedruckt in DÄBl 1990, A 1279 ff. – Vgl auch die Richtlinien der Deutschen Krankenhausgesellschaft zur Aufklärung der Krankenhauspatienten über vorgesehene ärztliche Maßnahmen.

[26] *Deutsch/Hartl/Carstens* (Hrsg), Aufklärung und Einwilligung im Arztrecht (ESA). Entscheidungssammlung – Deutsche Urteile seit 1894, zwei Ordner, Stand 1996; vgl ferner die Nachweise von *Laufs* NJW 1998, 1755 f, NJW 1999, 1765 f, NJW 2000, 1760 f; *Spickhoff* NJW 2001, 1760 ff, NJW 2002, 1762 f, NJW 2003, 1707 ff, NJW 2004, 1716 f, NJW 2005, 1698 f, NJW 2006, 1634 f, NJW 2007, 1632 f, NJW 2008, 1640 f; und *Kern*, GesR 2009, 1 ff (materialreich). – Selbstverständlich haben Einwilligung und Aufklärung auch Bedeutung im Strafrecht, vgl jüngst nur BGH St MedR 2009, 47.

11. Kapitel. Die ärztliche Aufklärungspflicht

§ 58 Die therapeutische Aufklärung (Sicherungsaufklärung)

Inhaltsübersicht

	RdNr
I. Begriff	1
1. Beratung?	1
2. Überwindung der Behandlungsverweigerung	3
II. Führung des Patienten	4
1. Aufgaben des Arztes	4
2. Eigenverantwortlichkeit des Patienten	5
III. Diagnose, Medikation, Prophylaxe	7
1. Aufgabe des Arztes	7
2. Mitwirkung des Patienten	12
IV. Straßenverkehr, Gesundheitserziehung	14
1. Teilnahme am Straßenverkehr	14
2. Gesundheitserziehung	16
V. Die Reichweite der therapeutischen Aufklärungspflicht	17

I. Begriff

1. Beratung? Weniger Probleme als die Selbstbestimmungsaufklärung und kaum juristisch-dogmatische Schwierigkeiten wirft die ärztliche Pflicht zur Beratung und Aufklärung im gesundheitlichen Interesse des Patienten auf. Die **therapeutische Aufklärung oder Sicherungsaufklärung** bildet einen wesentlichen Teil des ärztlichen Gesundheitsdienstes. Ärztliche Versäumnisse dabei sind solche der Gefahrsicherung und also Behandlungsfehler. Soweit therapeutische Gründe es gebieten, hat der Arzt den Kranken rechtzeitig und vollständig aufzuklären. Die ärztliche Information soll das medizinisch Notwendige ermöglichen, vorbereiten oder unterstützen und steht darum in vollem Einklang mit dem hochrangigen Standesgrundsatz: salus aegroti suprema lex. Vielfach wird der Arzt seinen Patienten aufklären, also informieren und unterweisen müssen, um ihn vor Schaden zu bewahren, weshalb der gebräuchliche Terminus „therapeutische Aufklärung" zu eng ist.[1] So hat der Arzt dem Patienten häufig dessen Krankheit oder Anfälligkeit zu erläutern, um ihn zu schonender Lebensweise, zu Diät oder Enthaltsamkeit zu bestimmen. Der Arzt hat den Kranken bei der Medikation über Dosis, Unverträglichkeiten und Nebenfolgen ins Bild zu setzen. An die Schutzpflichten sind strenge Anforderungen zu stellen, wenn sie sich einerseits mit geringem Aufwand erfüllen lassen und andererseits dem Patienten erhebliche Gefahren drohen, wenn sich das Risiko verwirklicht.[2]

1

Ein grober Verstoß gegen die therapeutische Aufklärungspflicht stellt einen **schweren Behandlungsfehler** dar mit den für diesen geltenden beweisrechtlichen Folgen, nämlich Entlastung des Klägers vom Kausalitätsnachweis zum Nachteil des Arztes.[3]

2

2. Überwindung der Behandlungsverweigerung. Die Aufklärungspflicht besteht besonders dringend in den Fällen, in denen der Kranke sich einem gebotenen diagnostischen oder therapeutischen Eingriff nicht unterziehen will. Darauf hat der BGH früh und nachdrücklich hingewiesen: „Gerade weil ein Arzt grundsätzlich gegen den erklärten Willen des Patienten zu Eingriffen in dessen körperliche Integrität nicht berechtigt

3

---

[1] *Rieger* DMW 1996, 997.
[2] OLG Köln, VersR 1996, 1278.
[3] BGHZ 107, 222 = NJW 1989, 2318 = JZ 1989, 901 m zust Anm v *Laufs;* s BGH NJW 1989, 2320 = JR 1990, 23 m Anm v *Matthies* (Aufklärung über Risiken einer Antikörperbildung bei neuer Schwangerschaft); OLG Köln NJW 1990, 772 (Versicherungsuntersuchung mit kontrollbedürftigem, also mitzuteilendem Lungenbefund); OLG Köln, VersR 2001, 66.

ist, gehört es zu den besonders bedeutungsvollen Berufspflichten jedes Arztes, wenn er erkennt, dass bestimmte ärztliche Maßnahmen erforderlich sind, um drohende Gesundheitsschäden von dem Patienten abzuwenden, diesen mit aller Eindringlichkeit auf die Notwendigkeit der Behandlung hinzuweisen und alles nach der Sachlage Gebotene zu unternehmen, damit der **Patient** seine **Weigerung aufgibt** und seine Einwilligung zu notwendigen ärztlichen Eingriffen erteilt."[4] Der Arzt hat zu versuchen, „das Widerstreben des Patienten gegen eine Operation zu überwinden. Weigert sich der Patient und bringt er diese Weigerung durch Verlassen des Krankenhauses zum Ausdruck, so hat der Arzt ihn auf die Gefahr dieser Weigerung aufmerksam zu machen und ihm die Folgen nicht rechtzeitiger Operation vor Augen zu führen. Unterlässt er diesen Hinweis oder diese Warnung, so handelt er einer vertraglichen Verpflichtung zur Fürsorge für den Patienten zuwider und macht sich schadensersatzpflichtig."[5] Von Rechts wegen hat der Arzt die **ernstliche Weigerung** des Patienten **zu respektieren.** Jedenfalls in bedrohlichen Fällen gebietet ihm indessen die Fürsorgepflicht, „nach einiger Zeit erneut auf den Patienten einzuwirken oder den Nachbehandler darauf hinzuweisen, dass die notwendige Befunderhebung an einer Weigerung des Patienten gescheitert ist".[6]

II. Führung des Patienten

4   **1. Aufgabe des Arztes.** „Ärztliche Aufgabe ist es, gegebenenfalls dem Kranken zu helfen, eine Behandlungsverweigerung aus Resignation zu überwinden."[7] Andererseits hat der Arzt auch den Patienten zu belehren, der medizinisch Unvertretbares verlangt, und ihn von verfehlten Zielen abzulenken.[8]

Unterzieht sich der Patient zwar einem Eingriff, weigert sich aber danach, den ärztlichen Anordnungen nachzukommen, so hat der Arzt auf die dann **erforderlichen Maßnahmen** und die **möglichen Gefahren hinzuweisen.** Erfolgt etwa auf Verlangen des Kranken dessen vorzeitige Entlassung aus der Klinik, „muss der behandelnde Arzt wenigstens ... dafür sorgen, dass der Patient, und vor allem sein Hausarzt ausreichend informiert wird, damit Komplikationen rechtzeitig erkannt und sachgemäß behandelt werden können".[9]

5   **2. Eigenverantwortunglichkeit des Patienten.** Erhalte der behandelnde Mediziner, so der BGH in einem gynäkologischen Fall,[10] einen Arztbericht, der für die Weiterberatung und Fortführung der Therapie der Kranken neue und bedeutsame Untersuchungsergebnisse enthält, die eine alsbaldige Vorstellung der Patientin bei dem Behandelnden unumgänglich machen, so habe er diese auch dann unter kurzer Mitteilung des Sachverhalts **einzubestellen,** wenn er ihr aus anderen Gründen die Wahrnehmung eines Arzttermins angeraten hatte.

---

[4] BGH VersR 1954, 98, 99. Vgl auch LG Memmingen VersR 1981, 585.
[5] OLG Stuttgart MedR 1985, 175 (Fristgebundener ärztlicher Eingriff, Osteosynthese).
[6] OLG Köln VersR 1996, 1021.
[7] Resolution der Deutschen Gesellschaft für Chirurgie zur Behandlung Todkranker und Sterbender, III 2, Beil z Mitt d Dt Ges f Chirurgie H 3, 1979, auch abgedr in: *Weissbuch*, Anfang und Ende menschlichen Lebens. Medizinischer Fortschritt und ärztliche Ethik, hrsg v d BÄK, 1988, 162.
[8] BGH NJW 1978, 1206 m Anm *Rogall* NJW 1978, 2344. – Eine kontraindizierte Behandlung darf der Arzt auch nicht auf nachhaltigen Wunsch des Patienten vornehmen, OLG Karlsruhe, MedR 2003, 104.
[9] BGH NJW 1981, 2513; BGH NJW 1997, 3090 = MedR 1998, 26. – Hat der Patient eine vorgesehene Nachuntersuchung in der Ambulanz nicht abgewartet und das Krankenhaus verlassen, ohne über die Folgen seiner Handlungsweise belehrt worden zu sein, kann den Arzt die Pflicht treffen, ihn erneut einzubestellen und ihn über Notwendigkeit und Dringlichkeit gebotener therapeutischer Maßnahmen aufzuklären: BGH NJW 1991, 748; dazu *Giesen/Kloth*, JZ 1991, 785.
[10] BGH NJW 1985, 2749; BGH NJW 1991, 748. Zu Benachrichtigungspflichten *Ankermann*, FS Steffen, 1995, 7 f.

11. Kapitel. Die ärztliche Aufklärungspflicht   6–10   § 58

Wann der Arzt seinen Patienten zu bestimmten Schritten aufzufordern, ihn zurückzu- 6
rufen oder zu warnen hat, ergibt sich aus dem Behandlungsvertrag und der letzten Konsultation. Sie legen fest, worauf der Kranke in seiner Eigenart vertrauen darf. Dabei muss auch hier ein hohes Maß an Selbstbestimmung und **Eigenverantwortlichkeit des Patienten** gewahrt bleiben. Der Arzt darf nicht in die Rolle eines Vormundes und dauerhaften Aufpassers geraten.

III. Diagnose, Medikation, Prophylaxe

1. Aufgabe des Arztes. Zur therapeutischen Aufklärung kann auch die **Information** 7
über die Diagnose gehören.[11] Diagnostische Aufschlüsse schuldet der Arzt seinem Patienten auch etwa dann, wenn es gilt, diesen nicht zur Infektionsquelle zum Nachteil Angehöriger oder anderer Dritter werden zu lassen.[12] Bei positivem HIV-Befund gewinnt diese Pflicht gesteigertes Gewicht. Dritten gegenüber besteht die Informationspflicht nur dann, wenn der Arzt mit diesen als Garant oder Vertragspartner rechtlich verbunden ist.[13] Die Informationspflicht kann sich auch über einen Vertrag mit Schutzwirkung zugunsten Dritter ergeben. Aber die therapeutische Aufklärung naher Angehöriger kann, soweit sie ohne Einwilligung des Patienten zulässig ist, in aller Regel nicht das direkte Gespräch zwischen Arzt und Patient ersetzen.[14]

Die **Medikation** verpflichtet den Arzt dazu, den Kranken über Dosis, Unverträg- 8
lichkeit und Nebenfolgen ins Bild zu setzen. Die Instruktionspflicht reicht umso weiter, je gefährlicher das Präparat ist. Verschreibt der Arzt seinem Patienten ein in der Anwendung nicht ungefährliches Arzneimittel, so hat er ihn darüber aufzuklären und durch geeignete Maßnahmen, erforderlichenfalls durch ärztliche Überwachung, die schonende Applikation sicherzustellen.[15]

Studien zur Regelmäßigkeit der Einnahme verordneter Medikamente bei stationären 9
Patienten zeigen, dass bei nicht wenigen Kranken die Bereitschaft fehlt, ärztlichen Maßnahmen zu folgen.[16] Auch bei der ambulanten Therapie stellt die **Patienten-Compliance** ein Problem dar.[17] Es verlangt vom Arzt beim therapeutischen Zusammenwirken mit dem Patienten verständliche und nachhaltige Hinweise in Gesprächen, die auch Gelegenheit zu Rückfragen bieten.

In einem wegweisenden Urteil hat der 3. Zivilsenat des BGH die ärztlichen **Informa-** 10
tionspflichten bei Impfungen überzeugend bemessen: Der Arzt hat den Geimpften oder die für ihn Sorgeberechtigten auf das erhöhte Ansteckungsrisiko für besonders gefährdete Kontaktpersonen hinzuweisen.[18] Es ging um die Amtspflicht einer Impfärztin, die Eltern über eine von ihr mit abgeschwächten Lebendviren gegen Kinderlähmung geimpften Kind ausgehende Ansteckungsgefahr für Kontaktpersonen zu informieren. Weil bei der Sicherheitsaufklärung im Vergleich zur Eingriffsaufklärung weniger Anlass

---

[11] So schon RGSt 66, 181, 182. Gelegentlich geht es auch um ein Zuviel, wie etwa eine ungesicherte Diagnoseaufklärung, vgl OLG Köln NJW 1987, 2936.
[12] Vgl RG JW 1937, 3087, 3088.
[13] BGH NJW 1968, 2288; auch OLG Frankfurt, NJW 2000, 875 m Anm *Spickhoff* NJW 2000, 848.
[14] BGHZ 107, 222 = NJW 1989, 2318 = JZ 1989, 901 m zust Anm *Laufs*. – Reichhaltige forensische Kasuistik zur „Sicherheitsaufklärung" bei *Steffen/Pauge*, RdNr 325.
[15] BGH NJW 1970, 511 (Fünfzehnjährige Patientin, arsenhaltige Lösung zur Warzenbehandlung); s auch OLG Hamburg, VersR 1996, 1537; OLG Koblenz, MedR 2000, 37.
[16] Vgl die Nachweise bei *Laufs* NJW 1981, 1289, 1292.
[17] Vgl etwa *Fischer/Lehrl* (Hrsg), Patienten-Compliance. Stellenwert, bisherige Ergebnisse, Verbesserungsmöglichkeiten, 1982.
[18] BGHZ 126, 386 = NJW 1994, 3012 = LM § 839 Nr 96 m Anm *W Schmidt* („Warnhinweise eines Beipackzettels der Herstellerfirma muss der Arzt an den Patienten oder dessen betreuende Angehörige auch dann weitergeben, wenn das Gesundheitsrisiko statistisch gering ist"). Vgl auch *Kamps* MedR 1995, 268 f.

zu der ärztlichen Sorge besteht, der Patient erleide Nachteile durch Hinweise über Gebühr, können hier sehr niedrige Zwischenfallquoten genügen, um eine Warnpflicht zu begründen. Auch gilt es, das Risiko für einen bestimmten, gesteigert gefährdeten Personenkreis zu erkennen. Entscheidend ins Gewicht fallen kann dabei eine Gebrauchsinformation der Herstellerin des Impfstoffes. Die Amtspflicht der Impfärztin, die Eltern des Kindes zu warnen, bestand allen denen gegenüber, bei denen mit einer Verwirklichung des gesteigerten Infektionsrisikos zu rechnen war, sie sind „Dritte" im Sinne des § 839 BGB.[19]

11   Flüchtige Hinweise auf **Begleitdrucksachen** entlasten den Arzt nicht. Auf den Beipackzettel von Medikamenten darf der Arzt sich nicht verlassen. Vielfach genügt das Lesen des Beipackzettels durch den Kranken nicht, weil der Patient sowohl im Interesse seines Selbstbestimmungsrechts wie seines gesundheitlichen Wohls auf ergänzende mündliche Aufschlüsse durch den behandelnden Arzt angewiesen bleibt. So können die Autonomie des Patienten wie dessen Gesundheit den Hinweis auf **Gegenanzeigen** und **Nebenwirkungen** eines Arzneimittels gebieten. Regelmäßig werden die Angaben auf den **Beipackzetteln** nur eine Teilinformation darstellen.[20] Der Arzt hat gegenüber Verharmlosungen durch den Hersteller Vorsicht zu üben.[21] Andererseits darf der Arzt den Patienten mit den auf dem Beipackzettel verzeichneten Risiken nicht allein lassen; er soll den Kranken vielmehr in abwägender Unterredung zu dem medizinisch Gebotenen hinführen.

12   **2. Mitwirkung des Patienten.** Viele therapeutische Verfahren erfordern die **mitwirkende Vorsorge des Patienten,** die der Arzt zu fördern hat. So hat er etwa beim Chaoul-Nahstrahlverfahren zur Entfernung von Warzen den Patienten wegen der Gefahr von Kombinationsschäden darauf hinzuweisen, dass er die bestrahlten Hautpartien vor allen chemischen, thermischen und sonstigen Reizen schützen müsse. Der Arzt soll dem Patienten entsprechende Verhaltensmaßregeln zum Schutz der behandelten Hautstellen auch dann erteilen, wenn die Zwischenfallsdichte sehr gering ist.[22] Der Arzt hat den nachbehandelnden Kollegen und den Patienten selbst über erhobene Befunde und Zwischenfälle zur rechtzeitigen Einleitung und Sicherung sachgerechter Folgebehandlung zu unterrichten.[23] Nach Abschluss einer Notfalluntersuchung hat der Arzt den Patienten darauf hinzuweisen, er müsse bei Fortschreiten der Symptome sofort einen Facharzt aufsuchen.[24]

---

[19] Zu den Amtspflichten des Amtsarztes bei der Untersuchung eines Taxifahrers BGH NJW 1994, 2415. Das Urteil betont die „Zweckbezogenheit der Eignungsuntersuchung", setzt aber hinzu: „Dies ändert freilich nichts daran, dass ein Amtsarzt eine untersuchte Person – gleichgültig aus welchem Anlass und zu welchem Zweck diese Untersuchung vorgenommen wird – über eine erkannte lebensbedrohende Gesundheitsgefahr nicht im Unklaren lassen darf. Ein Amtsarzt, der einen dahingehenden Verdacht dem Untersuchten nicht mitteilte und diesen ‚sehenden Auges' seinem Schicksal überließe, würde sich bei seiner Amtsausübung in Widerspruch mit der Forderung von Treu und Glauben und guter Sitte setzen und damit amtsmissbräuchlich handeln. Die Verpflichtung, sich jeden Amtsmissbrauchs zu enthalten, besteht unabhängig von der Natur des jeweiligen Amtsgeschäfts gegenüber jedem, der durch den Missbrauch geschädigt werden könnte."

[20] Vgl auch OLG Oldenburg VersR 1986, 69. S auch Marburger Arbeitskreis f Sozialrecht u Sozialpolitik (Hrsg), Arzneimittel in der modernen Gesellschaft, Hilfe oder Risiko für den Patienten?, 1985. – Zum notwendigen Inhalt von Arzneimittel-Gebrauchsinformationen (Beipackzetteln) BGHZ 106, 273 = NJW 1989, 1542 (AMG §§ 84, 11); *Schlund,* FS Deutsch, 1999, 773 ff; *Zuck* NJW 1999, 1769 f. Wichtig auch BGH NJW 2005, 1716: Bei möglicherweise schwerwiegenden Nebenwirkungen eines Medikaments ist neben dem Hinweis auf die Packungsbeilage auch eine Aufklärung durch den verordnenden Arzt nötig.

[21] BGH NJW 1982, 697 (zu den Anforderungen an die Aufklärung eines Patienten bei Verordnung eines aggressiv wirkenden Medikaments: Verordnung von Myambutol durch einen Urologen).

[22] BGH NJW 1972, 335, 337.

[23] *Steffen/Pauge,* RdNr 325.

[24] BGH NJW 2005, 427 = MedR 2005, 226 (Problembehandlung *Katzenmeier);* auch zur Beweislastumkehr bei grober Verletzung der Pflicht zur therapeutischen Aufklärung.

11. Kapitel. Die ärztliche Aufklärungspflicht

Verstärkte therapeutische Aufklärung verlangen vornehmlich solche Heilverfahren, bei denen der Patient engagiert mitwirken soll. So gebietet etwa die Koronarangiographie **einlässliche Unterredungen,** weil der Patient „während des Röntgenvorgangs stark ... mitarbeiten muss".[25]

IV. Straßenverkehr, Gesundheitserziehung

1. Teilnahme am Straßenverkehr. Der Arzt verletzt seine **Sorgfalts- und Aufklärungspflicht,** wenn er es unterlässt, seinen Patienten auf mögliche Gefahren hinzuweisen, die sich aus der **Benutzung eines Kraftwagens** im Anschluss an die Behandlung ergeben können. „Es ist nicht Sache des Patienten, den Arzt darauf hinzuweisen, dass er mit dem Wagen gekommen sei, und zu fragen, ob der Wegfahrt damit aufgrund der durchgeführten Behandlung Bedenken entgegenstünden. Es ist vielmehr Sache des Arztes, dem Patienten die entsprechenden Hinweise zu geben. Hierzu ist er im Rahmen der aus dem Behandlungsvertrag entspringenden Sorgfaltspflicht gehalten."[26] Zur therapeutischen oder nachwirkenden Aufklärung gehört also auch der Hinweis auf die verminderte Fahrtüchtigkeit infolge einer Medikation.[27]

Darüber hinaus gebieten die Erfordernisse des Straßenverkehrs gesteigerte Vorsicht. Erkennt der Arzt die Fahruntüchtigkeit eines Patienten, so trifft ihn die Pflicht, diesen darüber eindringlich zu belehren und ihm die **Teilnahme am Straßenverkehr** entschieden auszureden. Der Arzt braucht die Behörde über die Uneinsichtigkeit seines Patienten nicht aufzuklären, darf dies aber tun, nachdem er die drohende Gefahr gegen das Schweigegebot abgewogen und als schwerer befunden hat.[28] Zu weit indes geht die Annahme einer Pflicht des Arztes, schlechthin „durch geeignete Maßnahmen sicherzustellen, dass sich der Patient nach der durchgeführten Behandlung nicht unbemerkt entfernt".[29]

2. Gesundheitserziehung. Im Zuge des Aufbaus der Präventivmedizin gewinnt die Aufklärung als gesundheitliche Zweckmaßnahme zunehmend an Gewicht. Die schleichenden Krankheiten der Zivilisationsseuchen erfordern einen veränderten Lebensstil und ein Umdenken, das vornehmlich der Arzt wecken wie fördern kann und soll. Die Ärzteschaft erkennt zunehmend ihre Aufgabe, zur **Gesundheitserziehung** des Publikums beizutragen. Initiativen der Bundesärztekammer im Zusammenwirken etwa mit dem Deutschen Sportbund dienen in diesem Sinne der Volksgesundheit. Dem einzelnen Arzt bleibt die Aufgabe, die Anstöße durch individuelle Aufschlüsse und Ratschläge weiterzugeben und umzusetzen, ohne den mündigen Patienten gängeln zu sollen.[30]

Warnungen des Publikums vor Gesundheitsrisiken werfen öffentlich- wie privatrechtliche Probleme auf, deren Erörterung den Rahmen dieses Handbuchs sprengte.[31]

V. Die Reichweite der therapeutischen Aufklärungspflicht

Der **Umfang der Instruktionspflicht** geht weiter als bei der Selbstbestimmungsaufklärung. Auch bei sehr niedrigen Zwischenfallquoten haben Gerichte die Information des

---

[25] OLG München VersR 1979, 848.
[26] LG Konstanz NJW 1972, 2223 f.
[27] Insbesondere zur medikamentösen Schmerztherapie *Riemenschneider* MedR 1998, 17 ff. Die Methadon-Substitution schließt beim Empfänger nicht schon als solche die Eignung zum Führen von Kraftwagen aus, vgl OVG Hamburg NJW 1997, 3111.
[28] § 34 StGB.
[29] BGH NJW 2003, 2309; dazu kritisch *Laufs,* NJW 2003, 2288 f.
[30] Den Zahnarzt trifft also nicht die Pflicht, den Patienten nachdrücklich und wiederholt auf die zu wahrende Mundhygiene hinzuweisen und ihn über eine ordentliche Mundpflege im Einzelnen zu beraten, OLG Düsseldorf MedR 2007, 433.
[31] Dazu die Beiträge von *Brandt* und *Paschke* in dem Sammelbd von *Damm/Hart* (Hrsg), Rechtliche Regulierung von Gesundheitsrisiken, 1993, 187 ff, 199 ff.

Patienten in dessen gesundheitlichem Interesse für geboten erachtet.[32] Die ärztliche Sorge, den Patienten gesundheitlich nicht über Gebühr zu beschweren, durch belastende Hinweise zu schädigen oder von dem Gebotenen abzuhalten, besteht hier kaum, weil die **nachwirkende Aufklärung** dem Eingriff zeitlich folgt. Liegt die therapeutische Aufklärung vor der indizierten Operation, weil es den Patienten für sie zu gewinnen gilt, so besteht gleichfalls grundsätzlich keine Kontraindikation, denn die möglicherweise schmerzliche Information soll den Kranken gerade vor einem drohenden Verhängnis bewahren.

Wie jede Pflicht, so hat auch die zur Sicherheitsaufklärung ihre **Grenzen**.[33] Da die Unterweisung des Patienten Teil der Behandlung ist, trifft den Arzt eine Dokumentationspflicht. Der Grundsatz, es solle im Zweifel dem Arzt geglaubt werden, die behauptete Aufklärung sei in der gebotenen Weise geschehen, wenn einiger Beweis dafür erbracht ist, „gilt unbeschadet der dem Geschädigten obliegenden Beweislast auch für den Fall einer angeblich unzureichenden therapeutischen Aufklärung".[34]

Um die mitunter höchst problematische Scheidelinie zwischen Instruktions- und Therapiefehlern bemühte sich ein strafrechtliches Erkenntnis des BGH.[35] Erkennt der Arzt sorgfaltswidrig nicht, dass ein Tumor sich auch medikamentös therapieren oder zur Erleichterung der Operation vorbehandeln lässt, und empfiehlt er darum den sofortigen chirurgischen Eingriff, so liegt ein Aufklärungs- und kein Behandlungsfehler vor, wenn die sofortige Operation nach sachverständigem Urteil noch „die Grenze des Machbaren darstellt".

§ 59 Die Selbstbestimmungsaufklärung

Inhaltsübersicht

		RdNr
I. Grundfragen		1
1. Einwilligung		1
2. Beweislast		3
3. Das rechte Maß		5
II. Arten der Selbstbestimmungsaufklärung		11
1. Begrifflichkeit		11
2. Diagnoseaufklärung		13
3. Verlaufsaufklärung		16
4. Risikoaufklärung		21

I. Grundfragen

1. Einwilligung. Bei der Selbstbestimmungsaufklärung geht es um die Frage, inwieweit der ärztliche Eingriff von einer **durch Aufklärung getragenen Einwilligung** des Patienten gedeckt sein muss, um als rechtmäßig zu gelten, und welche Sanktion eintreten soll, wenn eine indizierte und lege artis durchgeführte medizinische Maßnahme das Selbstbestimmungsrecht des Kranken missachtete.

---

[32] Vgl etwa BGHZ 126, 386; vgl auch *Ankermann*, Haftung für fehlerhaften oder fehlenden ärztlichen Rat, in FS Steffen, 1 ff.

[33] OLG München NJW 1994, 1599 (Nichteinweisung in Treppensteigen mit Krücken); OLG Frankfurt aM VersR 1994, 1066 (wiederholte vergebliche Aufforderung zum Röntgen).

[34] OLG Köln NJW 1994, 3016 Ls.

[35] BGH JR 1994, 514 m weiterführender Anm *Puppe*. Aufklärung zur Patientenselbstbestimmung ist die Information über die vitale oder nur relative Indikation einer Operation oder über die alternative vaginale Entbindung gegen Kaiserschnitt; OLG Nürnberg MedR 2008, 674 (Problemstellung *Jaeger*). Zur Sicherheitsaufklärung hingegen rechnet der BGH die Aufklärung über das Versagerrisiko einer Sterilisation; vgl *Steffen/Pauge*, RdNr 325a, 326, 327, mit Nachweisen; vgl zuletzt BGH MedR 2009, 44 m Anm *Deutsch*, der bemerkt, dass die Aufklärung über eine mangelnde Erfolgsquote „auch von den Umständen des ärztlichen Verhaltens abhängt."

11. Kapitel. Die ärztliche Aufklärungspflicht 2, 3 § 59

Die Problematik der im Interesse der Entschlussfreiheit des Patienten liegenden ärztlichen Aufklärung zeigt sich belastet durch die vorherrschenden dogmatischen und forensischen Zusammenhänge, in denen sie sich stellt.[1] Erschwerend wirkt zunächst das durch die Gerichte festgehaltene Leitbild vom **Heileingriff als Körperverletzung.** Nach eingefahrener höchstrichterlicher Rechtsprechung erfüllt der gebotene, fachgerecht ausgeführte ärztliche Heileingriff diagnostischer wie therapeutischer Art den Tatbestand der Körperverletzung, während in der Literatur der Gedanke viele Anhänger gewonnen hat, „dass eine ex ante objektiv indizierte und kunstgerecht durchgeführte ärztliche Operation ohne Rücksicht auf ihren Ausgang begrifflich keine Körperverletzung oder Tötung darstellt, sondern höchstens (bei fehlender Einwilligung des Entscheidungsbefugten) eine ärztliche Eigenmächtigkeit, ein ‚Freiheitsdelikt'" *(Karl Engisch).* Denn die ärztliche Operation darf nicht als „ein künstlich von außen gegen den kranken Organismus durchgeführter gewaltsamer Eingriff" aufgefasst werden, sondern hat als „höchste Steigerung der durch alle Lebensbereiche weit verbreiteten Einrichtung der Naturoperation" zu gelten: „Der Arzt setzt als minister naturae die Werke der Natur fort, konzentriert und integriert durch seine Kunst die natürliche Abwehrreaktion der Autotomie zur chirurgischen Operation" *(Max Mikorey).*

Seit über einem halben Jahrhundert bekennen sich die **Reformentwürfe** zu dem Grundsatz: „Behandlungen, die nach den Erkenntnissen der medizinischen Wissenschaft angezeigt sind, um Krankheiten, Leiden, Körperschäden, körperliche Beschwerden oder seelische Störungen zu verhüten, zu erkennen, zu heilen oder zu lindern, sind nicht als Körperverletzung strafbar." Indessen hat der Gesetzgeber bisher das weit verzweigte Recht des ärztlichen Heileingriffs noch nicht in den Griff bekommen und genommen. Auch ein neuerlicher Versuch blieb stecken.[2] So blieb trotz mancher Anläufe die ärztliche Eigenmacht ohne besonderen gesetzlichen Tatbestand.[3]

2. Beweislast. Ein weiterer misslicher Umstand kommt hinzu. Im gewöhnlichen Arzthaftpflichtprozess ist in den letzten Jahren, jedenfalls im Blick auf die bundesgerichtliche Judikatur, immer häufiger und stärker neben den Vorwurf eines Behandlungsfehlers, der ursprünglich weit im Vordergrund stand, die Geltendmachung einer unterlassenen oder unvollständigen Aufklärung getreten. Den Grund dafür bildet die **unterschiedliche Beweislast.** Hat nämlich grundsätzlich der Patient den Kunstfehler darzutun und das Gericht davon zu überzeugen, so muss umgekehrt der Arzt die Einwilligung des Patienten und damit dessen hinreichende Aufklärung beweisen, will er den Prozess nicht verlieren. Die Aufklärungspflichtverletzung erscheint oft als Auffangtatbestand im Verlauf des Arztprozesses: Der Patient klagt wegen erfolglosen oder verschlimmernden Heileingriffs. Den Arztfehler, für den er die Beweislast trägt, kann er nicht beweisen. Indessen trifft den Arzt im nächsten Stadium des Verfahrens, in dem der Patient mangelhafte

---

[1] Kritisch weiterführend *Duttge* MedR 2005, 706 ff. Zum Folgenden und für die Belege verweist der Verfasser auf seine Aufsätze in NJW 1969, 529 ff, NJW 1974, 2025 ff u RPG 1997, 3 ff, ferner auf die alljährlichen Berichtsaufsätze jeweils in Heft 24 d NJW seit 1977, ausnahmsweise Heft 23, 1993, zuletzt NJW 2000, 1757 ff, fortgeführt von *Spickhoff* NJW 2001, 1760 ff, NJW 2002, 1762 f, NJW 2003, 1707 f, NJW 2004, 1716 f, NJW 2005, 1698 f, NJW 2006, 1634 f, NJW 2007, 1632 f. (materialreich).

[2] *Laufs* NJW 1997, 1609, 1610 f; *Katzenmeier* ZRP 1997, 156 ff. Körper und Persönlichkeit unterscheiden sich als Rechtsgüter, für die auch verschiedene Rechtsnormen gelten. Bildet der Körper nur den Bezugs-, die Persönlichkeit aber den Schutzgegenstand des Selbstbestimmungsrechts des Patienten (vgl *Baston-Vogt,* Der sachliche Schutzbereich des zivilrechtlichen allgemeinen Persönlichkeitsrechts, 1997, 270 f), so legt die „Entkoppelung von ärztlicher Aufklärungspflicht und Körperverletzung" nahe, vgl *Hart,* FS Heinrichs, 1998, 291 ff; *Katzenmeier,* Arzthaftung, § 2 III 1 u § 6 III 1.

[3] Zum Diskussionsstand im Strafrecht vgl aus jüngerer Zeit *E Müller* DRiZ 1998, 155 ff; *Cramer,* FS Lenckner, 1998, 761 ff; *Eser* u *Schreiber,* FS Hirsch, 1999, 465 ff u 713 ff; *Hirsch,* Gedächtnisschr Zipf, 1999, 353 ff; *Hartmann,* Eigenmächtige und fehlerhafte Heilbehandlung, 1999; umfassend *Tag,* Der Körperverletzungstatbestand im Spannungsfeld zwischen Patientenautonomie und Lex artis, 2000.

Aufklärung rügt, die Beweislast dafür, dass er den Kranken über die Nebenfolgen und Risiken der Operation oder Medikation unterrichtet habe. Die Aufklärung teilt als Grundlage der Einwilligung beweisrechtlich deren Charakter als Rechtfertigungsgrund: Insofern also muss der Arzt sich entlasten. Das gilt aber nach der Rechtsprechung auch dann, wenn der Prozessverlauf das Nichtvorliegen eines ärztlichen Kunstfehlers ergeben hat.

4   Der Arzt hat also die Gefahren und schädlichen Nebenfolgen seines Eingriffs zu tragen, soweit sie finanziell zu Buche schlagen, wenn er im Streitfall nicht den Nachweis führen kann, seinen Patienten im Rechtssinne voll aufgeklärt zu haben. Daraus ergibt sich das schwer auf den Ärzten lastende Gewicht der Aufklärungspflicht und ihr Bestreben, sich gegen die Prozessgefahr durch **schriftliche Dokumente** abzusichern mit weit reichenden Folgen für die klinische Praxis.

Indessen: „Den Missbräuchen der Aufklärungspflicht als Haftungsinstrument ist nicht durch geringere Anforderungen an das ,Ob' und ,Wie' der Aufklärung, sondern durch Konzentrierung und Kanalisierung der Haftung für Aufklärungsversäumnisse auf echte schutzwürdige Interessen des Patienten entgegenzusteuern", so immerhin ein kritischer Akzent erfahrener Bundesrichter.[4]

5   **3. Das rechte Maß. Voluntas aut salus aegroti suprema lex** – so ausschließlich stehen sich die Alternativen nicht mehr gegenüber. Der VI. Zivilsenat selbst hat sich mit seinem vielbesprochenen Erkenntnis von 1962[5] einem **Mittelweg** genähert und insbesondere seine 1959 veröffentlichten **Elektroschock- und Strahlen-Urteile**[6] überholt. Es ging in jenem Fall um die Ertaubung einer Nierenpatientin infolge einer Neomycintherapie. Die den ärztlichen Eingriff rechtfertigende Zustimmung des Patienten, so judizierte der BGH, setze voraus, dass der Kranke im Großen und Ganzen wisse, worin er einwillige. Über gesundheitsschädliche Nebenwirkungen ärztlicher Heilmaßnahmen müsse er prinzipiell ebenso ins Bild gesetzt werden wie über die drohende Möglichkeit gesundheitlicher Einbußen im Zuge der Behandlung. Indessen komme es sehr an auf die Art der möglicherweise eintretenden Folgen, die Größe der Gefahr ihres Eintritts im gegebenen Falle und auf das Gewicht des Risikos im Verhältnis zu den Folgen, die für den Patienten im weiteren Ablauf seiner Erkrankung zu erwarten wären, wenn die vorgesehene Behandlung unterbliebe. „Auf Gefahren, die sich so selten verwirklichen und deren Hervortreten auch in dem Falle des betreffenden Patienten so wenig wahrscheinlich ist, dass sie bei einem **verständigen Menschen** in seiner Lage für den Entschluss, in die Behandlung einzuwilligen, nicht ernsthaft ins Gewicht fallen, braucht der Patient nicht hingewiesen zu werden. Ebenso kann eine Aufklärung entbehrlich sein, wenn die möglicherweise eintretenden ungünstigen Nebenwirkungen der Behandlung so viel weniger gravierend sind als die Folgen eines Unterbleibens der Behandlung, dass sie ein vernünftiger Mensch in der Lage des Patienten für die Willensentschließung, sich der Behandlung zu unterziehen oder sie abzulehnen, nicht als bedeutsam ansähe."

6   Diese Sätze ermöglichen und gebieten ein Abwägen der Umstände des Einzelfalles, das die Gefahren der Therapie in Bezug zum Risiko der Krankheit setzt. Je dringender die Indikation, je notwendiger der Eingriff, desto leichter wiegt die Aufklärungspflicht! Dieser Ansatz, der von einem **reziproken Zusammenhang zwischen Indikation und Aufklärungspflicht** ausgeht,[7] bedeutet gewiss einen Fortschritt. Aber die Formel hat

---

[4] *Steffen/Pauge,* RdNr 438.
[5] BGH NJW 1963, 393.
[6] BGHZ 29, 46 u 176 = NJW 1959, 811 u 814.
[7] Aus der Rspr vgl etwa BGH NJW 1994, 801; 1998, 1784. *Bockelmann,* Strafrecht des Arztes, 1968, 59, spricht von dem „Grundsatz, dass das Maß der Genauigkeit, mit der aufgeklärt werden muss, im umgekehrten Verhältnis zu dem Maß der Dringlichkeit steht, mit der die Operation indiziert ist". Hieraus ergeben sich auch die besonders strengen Anforderungen an die Ausführlichkeit der Aufklärung über die Risiken kosmetischer Operationen; vgl BGH MedR 1991, 85; ferner *Spickhoff*

freilich die tiefsitzende Antinomie zwischen der medizinischen Position, der als höchstes Gut die Gesundheit des Leidenden gilt, und der juristischen, die das Persönlichkeitsrecht, die freie Selbstbestimmung auch des kranken Menschen geachtet wissen will, nicht aufheben können und das Gespräch mit dem Patienten für den Arzt nicht erleichtert. Die Frage bleibt, was im Einzelnen einem verständigen Menschen[8] zu wissen nötig und zumutbar ist, damit er vernünftig über das Ob der Operation entscheiden kann. Der Arzt neigt dazu, zwischen der medizinischen Indikation und dem Entschluss eines verständigen Patienten regelmäßig keinen wesentlichen Unterschied zu sehen, während der Jurist die Selbstverantwortung des Kranken unterstreicht und eben darum auch die Bedeutsamkeit der Aspekte eines jeden Eingriffs betont. Zudem bleibt ein „Fragezeichen im Hinblick auf die Vorstellung einer reflektierten Entscheidung des Patienten nach Aufklärung".[9]

„So sehr die Rechtsprechung dazu verpflichtet ist, dem Patienten die Ausübung seines verfassungsrechtlich gewährleisteten Selbstbestimmungsrechts zu sichern, so sehr muss sie sich andererseits doch davor hüten, die Anforderungen an die Aufklärungspflicht der Ärzte zu übertreiben."[10] Zu einfach das Postulat: Der Patient solle entscheiden. Je bedrohlicher das Krankheitsbild und je komplexer die vorgeschlagene Therapie, desto mehr sieht sich der Patient – wenn er nicht dem Gleichgewicht der Schrecken vor der Prognose seiner Krankheit und den Risiken ihrer Behandlung überlassen bleiben soll – darauf angewiesen, dass der der salus aegroti verpflichtete Arzt ihn intellektuell und psychologisch zu dem aus medizinischer Sicht richtigen Entschluss führe.[11] Der Patient darf vom Arzt Aufklärung wie Orientierung erwarten, Information wie Rat und Hilfe. Dabei soll er erfahren, was der Eingriff für seine persönliche Situation bedeuten kann.

Für den Arzt gilt als oberste Regel der Satz: **Primum nil nocere.** *Arthur Lukowsky* hat in seiner einfühlsamen und ansprechenden „Philosophie des Arzttums"[12] für unseren Zusammenhang die folgenden Sätze geschrieben: „Jeder Arzt weiß, welch mächtiges Heilmittel der Lebenswille und die Hoffnung ist. Jeder Arzt weiß, wie katastrophal ein zusammenbrechender Lebenswille oder die Angst sich körperlich auswirken können. Jeder Arzt weiß, wie verschieden die Kraft des Kranken ist, Schweres zu tragen. Darum kann Schweigen ein wichtiges Heilmittel sein, und damit gehört Schweigenkönnen mit zu den Aufgaben des Arztes und Schweigenmüssen unter Umständen zu seinen Pflichten. Wann er schweigen muss, wann er sprechen darf oder muss, wie viel er sagen darf, wie viel er verschweigen muss, das muss er jeweils selbst zu beantworten suchen und selbst verantworten, und vielfach wird die Rechnung nicht ohne Rest aufgehen."

Die möglichen **iatrogenen Folgen** invasiver medizinischer Verfahren, die den Patienten bedrohen, darf der Arzt nicht mehr ungefragt in Kauf nehmen. Es ist der Kranke, der diesen Preis der Diagnose oder Therapie zu ertragen hat. Nur als aufgeklärter Patient kann er diese Bürde selbst übernehmen und damit insoweit seinen Arzt entlasten.

Der Arzt hat sowohl die Autonomie seines Patienten zu achten, wie dessen gesundheitliches Wohl zu fördern. Voluntas und salus aegroti können in einem Spannungsverhältnis zueinander stehen, verlangen aber beide gleichermaßen Respekt. *Rudolf Wiethölter* hat dafür das treffende Wort gefunden: **„Salus ex voluntate, voluntas pro salute, salus et voluntas."**[13]

NJW 2007, 1632, dortige Fn 78. Zur Aufklärungspflicht bei nur relativer OP-Indikation OLG Köln MedR 2007, 599.

[8] Der „verständige Patient" – eine von der Spruchpraxis geschaffene Kunstfigur, in der sich das Sollen mit dem Praktizierbaren verbindet – bedarf des für das Selbstbestimmungsrecht aufgeschlossenen, verständigen Arztes. Vgl *Steffen* MedR 1983, 88 ff.

[9] *Radner/Kiss/Diendorfer/Richter-Mücksch/Stifler* RPG 2007, 10.

[10] OLG Celle VersR 1981, 1184.

[11] *Weissauer,* Mitt d LVA Oberfranken u Mittelfranken, 1981, 487.

[12] 1966, 223.

[13] Am Ende seiner eingangs angeführten Schrift (111). *Schreiber,* Salus aut voluntas aegroti suprema lex? ZaeFQ 2006, 644–646.

II. Arten der Selbstbestimmungsaufklärung

11 **1. Begrifflichkeit.** Die Aufklärungspflicht bemisst sich nach zahlreichen Gesichtspunkten, die es schwer machen, allgemeine oder kasuistische Regeln aufzustellen. „Die Vielfältigkeit der individuellen Gegebenheiten im Verhältnis zwischen Arzt und Patient (bewirkt), dass sich ein Urteil darüber, ob der Arzt seiner Aufklärungspflicht genügt hat, ... nur in Würdigung der gesamten Umstände bilden lässt."[14] Immer gilt es, ihren Sinn und Zweck im Auge zu behalten: Die Selbstbestimmungsaufklärung soll die freie, **selbstverantwortliche Entscheidung des Patienten** ermöglichen. Das Hauptfeld gehört der **Risikoaufklärung**. Die Selbstbestimmungsaufklärung erschöpft sich aber nicht in der Belehrung über die Risiken, auch wenn diese im Vordergrund stehen;[15] es kommen vielmehr noch die **Diagnose-** und die **Verlaufsaufklärung** hinzu.

12 Die **verschiedenen Arten der Aufklärung** können fließend ineinander übergehen. So kann es das Selbstbestimmungsrecht des Patienten erfordern, dass er schon vor dem Eingriff therapeutische Informationen erhält, um entscheiden zu können, ob er bestimmte Lasten auf sich nehmen will.[16] Im Normalfall schuldet der Arzt dem Patienten Auskunft über die Krankheit, die Art, den Schweregrad und den Verlauf des Eingriffes, die Risiken und die möglichen Nachwirkungen.

13 **2. Diagnoseaufklärung** bedeutet Information des Patienten über den medizinischen Befund.[17] Der Patient muss erfahren, dass er krank ist und an welcher Krankheit er leidet.[18] Bei schweren Krankheitsbildern und **infauster Prognose** braucht der Arzt freilich die Diagnose keineswegs voll zu eröffnen, auch wenn eine Kontraindikation im strengen Sinne nicht vorliegt. Die Nichtaufklärung empfiehlt sich hier zugunsten des Patienten.[19] Das gilt insbesondere für Krebsleiden, auch für tödliche, nicht mehr behandelbare Krankheiten: Ein Patient, der noch bis zu seinem Ableben ärztliche Hilfe erfährt, braucht keine Information über die Natur seiner Krankheit zu erhalten, falls nicht therapeutische Gründe bestimmte Aufschlüsse gebieten. Über einen geplanten Eingriff hat der Arzt freilich seinen Patienten aufzuklären.

14 Stets behält der Arzt die Freiheit, nach pflichtgemäßem Ermessen die **angezeigte Ausdrucksweise** zu wählen und etwa das Wort „Karzinom" oder „Krebs" zu vermeiden. In einem Gebärmutterhalskrebs-Fall forderte der BGH[20] von den Ärzten nicht, „dass sie ihre Diagnose ‚Krebs' der Patientin mitteilten, wenn diese sich nicht selbst nach dem Ergebnis der Untersuchung erkundigte". Eine „ausreichende Belehrung über die Gefahren der geplanten Behandlung" hielt das Gericht „auch ohne ausdrückliche Eröffnung der Krebsdiagnose" für möglich. Die **volle Mitteilung der Diagnose** erweist sich aber dann als geboten, wenn sich nur mit ihrer Hilfe der Patient für eine Therapie gewinnen lässt. Auch ernsthafte Fragen des Kranken, etwa im Dienste familiärer oder beruflicher Vorsorge, können den Arzt zu diagnostischen Auskünften verpflichten.

15 Grundsätzlich darf der Arzt seinen Patienten nicht mit unsicheren, nicht erwiesenen oder unbestätigten **Verdachtsdiagnosen** beschweren, schon gar nicht dessen Selbstbestimmungsrecht durch ungesicherte Hinweise auf Lebensgefahren verkürzen. Bezeichnenderweise dürfen, ja müssen Verdachtsdiagnosen in den Krankenunterlagen der Einsicht des

---

[14] BGH NJW 1976, 363, 364.
[15] Vgl BGH NJW 1981, 630 u NJW 1981, 2002 (Sterilisationseingriffe).
[16] BGH NJW 1972, 335; BGH StV 1998, 199.
[17] Sie ist streng von der Aufklärung vor einem Diagnoseeingriff, etwa einer Angiographie, zu unterscheiden. – Der Arzt hat seinen Patienten vor dem Eingriff vollständig und zutreffend über die Dringlichkeit der Operation ins Bild zu setzen: BGH NJW 1992, 2354.
[18] Auch bei der Diagnoseaufklärung können sich die Schutzzwecke Autonomie und Gesundheit überlagern; vgl BGH VersR 1972, 153, 155 (wandernde abgebrochene Injektionsnadel).
[19] *Deutsch* NJW 1980, 1305 ff; *Roßner*, Begrenzung der Aufklärungspflicht des Arztes bei Kollision mit anderen ärztlichen Pflichten, 1998, 99.
[20] BGHZ 29, 176, 177, 183 = NJW 1959, 814, 815.

Patienten entzogen bleiben.[21] Wegen dieses Schonungsgebotes braucht der Arzt den Patienten auch nicht auf den HIV-Verdacht hinzuweisen und eigens eine Einwilligung auch in den AIDS-Test einzuholen, wenn der Kranke durch die Inanspruchnahme des Arztes konkludent sein Einverständnis mit allen diagnostischen Maßnahmen serologischer Art erklärt hatte.[22] Der Patient hat das Recht, über die den Behandlungsverlauf bestimmenden Umstände, wie Befunde und Prognosen, Aufschlüsse zu verlangen. Dem entspricht das Recht des Arztes zur Aufklärung darüber. Für dieses Aufklärungsrecht des Arztes gelten Grenzen. So ist eine Diagnoseaufklärung jedenfalls dann unzulässig, wenn für den mitgeteilten Befund keine hinreichende tatsächliche Grundlage besteht, er für den Laien auf eine schwere Erkrankung schließen lässt und der Patient in psychischer Hinsicht zu Überreaktionen neigt.[23]

3. Verlaufsaufklärung. Die **Verlaufsaufklärung** erstreckt sich auf Art, Umfang und Durchführung des Eingriffs. Der Patient soll von der beabsichtigten Therapie erfahren. Der Arzt hat den Patienten darüber zu informieren, was mit ihm geschehen soll und wie seine Krankheit voraussichtlich verlaufen wird, wenn er dem Eingriff nicht zustimmt. Das Wesen des Eingriffs soll der Arzt nach fester Spruchpraxis wenigstens im Großen und Ganzen erläutern. Die Einwilligung des Patienten hat vornehmlich das Wissen von der Art des Eingriffs zur Voraussetzung. Alle Einzelheiten des Verlaufs braucht der Arzt dem Patienten freilich nicht mitzuteilen. Auf die Verlaufsaufklärung darf der Arzt regelmäßig nicht verzichten, es sei denn, dass „schon die landläufige Bezeichnung des Eingriffs auch den Laien hinreichend ins Bild setzt".[24]

Bei der Entfernung des Appendix etwa soll der Arzt darüber informieren, dass er die Bauchdecke öffnen und den entzündeten Wurmfortsatz entfernen werde; bei einem Trümmerbruch des Schienbeins, in welcher Länge er die Haut aufschneiden werde und dass er bei der Ausrichtung der Knochenteile Scheiben und Schrauben verwenden, später aber wieder entfernen werde; bei einer Gastroskopie, dass nach einer Magenspülung und sonstigen Vorbereitungen durch die Speiseröhre ein Schlauch in den Magen eingeführt werde. Erscheinen in einem **Vordruck** mehrere, teils therapeutische, teils diagnostische Eingriffe, so soll der Arzt dem Patienten genau bezeichnen, welche Behandlung ansteht. In diesem Zusammenhang hat der BGH ausdrücklich erklärt, die Aufklärungspflicht beschränke sich nicht auf die Risikoaufklärung, sondern umfasse auch den Verlauf. Will der Arzt eine Kleinhirnarteriographie vornehmen, so soll er den Hergang der Arterienfüllung zumindest so anschaulich beschreiben, dass der Patient den Eingriff als einen einigermaßen schwerwiegenden erkennen kann.[25]

Zur Verlaufsaufklärung gehört auch die **Information über sichere Eingriffsfolgen**, also beispielsweise über Operationsnarben, die Unfruchtbarkeit als Folge einer Gebärmutterentfernung, den Verlust des amputierten Gliedes, über die Funktionseinbuße eines Organs, die mit einer Hämodialyse verbundenen Dauerbelastungen und die Lücke im Gebiss nach einer Zahnextraktion. Viele dieser Folgen sind so selbstverständlich, dass der Arzt auf einen eigenen Hinweis wird verzichten können. Aber es können auch sichere Folgen eintreten, an die der Patient nicht denkt. Entscheidend ist, mit welchen Vorstellungen des Patienten der Arzt rechnen kann.

Über den zu erwartenden **postoperativen Zustand** ist der Patient aufzuklären. Das gilt nicht nur für die Beseitigung der Krankheitsphänomene, sondern auch für voraussehbare Nebenfolgen.[26] Auch Informationen über den Grad der Erfolgschancen, die Erfolgs-

---

[21] BGHZ 85, 327 = NJW 1983, 328.
[22] *Laufs* NJW 1987, 2257, 2263 mwN, auch NJW 1988, 1499, 1503 mwN.
[23] OLG Köln MedR 1988, 184 (Veränderung im Hirnbereich).
[24] BGH NJW 1972, 335, 336 (verneint für „Bestrahlung").
[25] BGH VersR 1971, 929, 930.
[26] OLG Hamburg NJW 1975, 603, 604. – Der Patient muss Informationen über die Nachhaltigkeit von Operationsfolgen im Blick auf sein künftiges Leben erhalten. „Insoweit spielt der mitgeteilte

sicherheit oder – negativ ausgedrückt – die Versagerquote bei einem Eingriff gehören zur Verlaufsaufklärung.[27]

20 Stellt der Verzicht auf einen Eingriff eine durchaus **sinnvolle Alternative** dar, so hat der Arzt den Operationsentschluss in gesteigertem Maße dem Patienten anheimzustellen. Eine Information im Großen und Ganzen genügt in einem solchen Falle nicht.[28] Besteht von vornherein eine erhebliche **Gefahr des Misserfolgs** und schwerer Komplikationen und Leiden beim Fehlschlag der Operation, dann „bedarf es einer detaillierten, für den medizinischen Laien verständlichen Darlegung des Für und Wider, um sicherzugehen, dass sich der Patient über die Erfolgschancen der geplanten Operation und über das, was er im Falle eines Fehlschlagens unter Umständen auf sich nehmen muss, keine Illusionen macht".[29]

21 **4. Risikoaufklärung.** Mit diesen Sachverhalten ist bereits das Feld der **Risikoaufklärung** erreicht. In dieses führt auch eine weitere Fallgruppe der Verlaufsaufklärung, nämlich die der **alternativen Behandlungsmethoden,**[30] hinein. Die ärztliche Aufklärungspflicht setzt in Fällen zur Verfügung stehender Behandlungsalternativen aber nicht voraus, dass die wissenschaftliche Diskussion über bestimmte Risiken einer Behandlung bereits abgeschlossen ist und zu allgemein akzeptierten Ergebnissen geführt hat. Es genügt vielmehr, dass ernsthafte Stimmen in der medizinischen Wissenschaft auf bestimmte, mit der Behandlung verbundene Gefahren hinweisen.[31] Über Alternativen gilt es freilich auch dann aufzuklären, wenn sie keine ernsthaften Risiken in sich tragen, wie etwa die Zahnbehandlung, aber Unterschiede in der Intensität des Eingriffs, in den Folgen und in der Erfolgssicherheit aufweisen.

22 In das Feld der **Risikoaufklärung** hinein reicht ein ausgreifendes Urteil, mit dem der BGH[32] entschied, vor einem Eingriff, bei dem sich unter Umständen die Notwendigkeit einer intra- oder postoperativen Blutgabe einstellen könne, habe der Arzt den Patienten über die **Risiken einer Fremdblut- und die Möglichkeit einer Eigenbluttransfusion**[33] aufzuklären. Die Eigenart dieses Falles lag darin, dass es nicht um die Aufklärung über die Gefahren der Operation selbst ging, sondern um die Information über die Risiken einer aus dem Eingriff möglicherweise erst folgenden weiteren notwendigen Maßnahme. Verfolgt das Gericht mit dem Urteil auch seinen bisherigen Kurs, so weckt es doch Bedenken.[34] Der BGH nennt mit der Bluttransfusion nur einen unter einer Vielzahl potenzieller operations- und anästhesiebegleitender **Neben- und Folgeeingriffe.** Das Urteil umfasst zudem auch die als Operationsfolge notwendig werdenden postoperativen Bluttransfusionen. Damit dehnt das Gericht die präoperative ärztliche Aufklärungspflicht auf das weite Gebiet der operativen Nachbehandlung und der dabei gebotenen Folgeeingriffe aus. Der BGH steht im Begriff, „die Grenzen der psychischen Belastbarkeit und

---

Erwartungshorizont des Patienten für die erforderliche Intensität der Aufklärung eine Rolle": OLG Oldenburg MDR 1992, 236 (Wundheilungsstörungen nach Vorhautbeschneidung; zeitliches Kalkül).

[27] OLG Köln VersR 1978, 551 (problematisch bereits die Indikation).
[28] BGH VersR 1980, 1145. So auch für den Fall der Risikoaufklärung BGH VersR 1968, 558.
[29] BGH NJW 1981, 1319, 1320.
[30] *Rumler-Detzel* RPG 1997, 79 ff *Steffen/Pauge*, RdNr 381 (mit vielen Entscheidungen). Vgl auch OLG Naumburg MedR 2008, 442 (Problemstellung *Steffen*).
[31] BGH NJW 1996, 776 = JZ 1996, 518 m Anm *Giesen*.
[32] BGHZ 116, 379 = NJW 1992, 743 (Infektion durch Bluttransfusion nach Hysterektomie). – Weitreichend auch BGH NJW 1996, 3073, zur Aufklärung über das Risiko einer Nachoperation: Besteht bei einer Operation stets ein Risiko, dessen Verwirklichung zu einer Nachoperation mit erhöhter Gefahr einschneidender Folgen für den Patienten führt, so hat der Arzt auch darüber schon vor dem ersten Eingriff aufzuklären (Nierenbeckenplastik, Anastomoseninsuffizienz, Verlust einer Niere).
[33] Zur Eigenblutspende *Lippert* VersR 1992, 790 ff; *Gaisbauer* RdM 1997, 107 ff. Zur Strafbarkeit des Arztes bei verweigerter Bluttransfusion *Hillenkamp*, in: FS *Küper*, 2007, 123.
[34] *Weißauer/Opderbecke* MedR 1992, 307 ff.

11. Kapitel. Die ärztliche Aufklärungspflicht § 60

der intellektuellen Aufnahmefähigkeit eines normalen Menschen in der Ausnahmesituation vor einem operativen Eingriff zu überschreiten" *(Weißauer/Opderbecke)*. Es lässt sich auch nach der Verhältnismäßigkeit des Aufwands fragen.³⁵ Es gilt, begrenzende Kriterien zu gewinnen und an der Last des Aufklärungsgeschehens auch den Patienten einen angemessenen Teil mittragen zu lassen.

Klären die Ärzte vor mehreren Blutgaben nicht über die Möglichkeit der Eigenblutspende auf, so steht dem Patienten für eine durch die Gaben verursachte Hepatitis gleichwohl kein Schadensersatzanspruch zu, wenn bei einem Teil der Transfusionen eine Eigenblutspende nicht möglich war und er nicht nachweisen kann, dass die Infektion auf die anderen Transfusionen zurückgeht.³⁶ Ein eigenmächtiger HIV-Antikörpertest verletzt das Persönlichkeitsrecht des Patienten, der deswegen ein Schmerzensgeld fordern kann.³⁷ 23

Die **fremdnützige Blutspende**³⁸ verlangt wegen der altruistisch motivierten Einwilligung des Gebers eine gesteigert deutliche und umfassende, auch die Gefahr einer Nervschädigung anführende Risikoaufklärung:³⁹ Hier besteht „eine besondere Verantwortung des Arztes, dem Spender als seinem Patienten das Für und Wider mit allen Konsequenzen vor Augen zu stellen, damit dieser voll informiert sein Selbstbestimmungsrecht ausüben kann, ob er zum Wohle der Allgemeinheit bereit ist, auch ein – wenn auch seltenes – Risiko bleibender Schäden für seine Gesundheit auf sich zu nehmen".

§ 60 Die Risikoaufklärung des Weiteren und im Besonderen

Inhaltsübersicht

	RdNr
I. Grundregeln	1
1. Risiken	1
2. Typische Risiken	3
II. Methodenwahl, Behandlungsalternativen	4
1. Wahlfreiheit des Arztes	4
2. Echte Alternativen	6
III. Diagnostische Eingriffe	8
IV. Mutmaßliche Einwilligung, intraoperative Aufklärung	11
1. Der bewusstlose Patient	11
2. Operationserweiterung	13
V. Einschränkungen der Selbstbestimmungsaufklärung	15
1. Der informierte Kranke	15
2. Der Verzicht des Patienten	17
3. Therapeutische Rücksichten	19
4. Zusammenarbeit	22

---

³⁵ *Wysocki* MedR 1993, 19 f.
³⁶ OLG Hamm VersR 1995, 709; zum Nachweis einer Infektion OLG Düsseldorf VersR 1996, 1240; LG Nürnberg-Fürth VersR 1998, 461 m Anm *Bender*.
³⁷ LG Köln NJW 1995, 1621 = MedR 1995, 409 m zust Anm *Teichner* = JA 1995, 743 *(Schimmel)*. Zur Einwilligungsfrage differenzierend *Laufs/Reiling*, Rechtsfragen zu HIV-Infektion und Aids-Erkrankung, 1995, 14 ff. Vgl ferner *Uhlenbruck* MedR 1996, 206 f, für eine ausdrückliche Einwilligung.
³⁸ *Gödicke* MedR 2006, 568 ff; *Spickhoff* NJW 2006, 2075 f, NJW 2007, 1632 (mit weiteren Nachweisen); *Reich* NJW 2006, XVI (Leserbrief).
³⁹ BGH NJW 2006, 2108 = MedR 2006, 588; vgl auch OLG Zweibrücken NJW 2005, 74 = MedR 2005, 240; dort auch der Hinweis auf die individuelle, auch mündliche Form der Aufklärung.

I. Grundregeln

1. Risiken. Die Risikoaufklärung vermittelt Informationen über die **Gefahren eines ärztlichen Eingriffs,** nämlich über mögliche dauernde oder vorübergehende Nebenfolgen, die sich auch bei Anwendung der gebotenen Sorgfalt, bei fehlerfreier Durchführung des Eingriffs nicht mit Gewissheit ausschließen lassen. Sie „hat die durch ärztliche Kunst **nicht sicher vermeidbaren Folgeschäden** zu umfassen".[1] Die Risiken brauchen dem Kranken nicht medizinisch exakt und nicht in allen denkbaren Erscheinungsformen dargestellt zu werden; „ein allgemeines Bild von der Schwere und Richtung des konkreten Risikospektrums genügt".[2] Auch ist Aufklärung „nicht schon dann erforderlich, wenn Nebenschäden der vorgesehenen Behandlung nicht mit absoluter Sicherheit oder mit an Sicherheit grenzender Wahrscheinlichkeit ausgeschlossen sind".[3]

Nicht nur der konkrete Eingriff, sondern auch die berufliche und private Lebensführung des Patienten und dessen Entscheidungspräferenzen bestimmen das **Maß der Aufklärung.** Es gilt das Prinzip der patientenbezogenen Information. Darum hegt der BGH auch Vorbehalte gegen jede Art von Formularaufklärung. Im Vordergrund soll die individuelle Unterredung stehen.

2. Typische Risiken. „Über Risiken, die mit der Eigenart eines Eingriffs spezifisch verbunden sind (typische Risiken), ist unabhängig von der Komplikationsrate aufzuklären; bei anderen Risiken (atypische Risiken) ist die Aufklärung abhängig von der Komplikationsrate."[4] **Risikostatistiken** ergeben für das Maß der Aufklärung nicht viel, weil sie die Gefahren meist zu eng nach medizinischen Verwirklichungsformen und -graden aufschlüsseln und nicht zwischen unvermeidbaren und vermeidbaren Risiken differenzieren. Vor allem kommt es auf die Zwischenfallhäufigkeit für die konkrete therapeutische Situation des befassten Arztes in dem bestimmten Krankenhaus an.[5] Auch über **seltene Risiken** hat der Arzt aufzuklären, wenn sie im Falle ihrer Verwirklichung das Leben des Patienten schwer belasten und trotz ihrer Seltenheit für den Eingriff spezifisch, für den Laien überraschend sind.[6] Auf die **Gefahr des Misserfolges** hat der Arzt jeden-

---

[1] OLG Saarbrücken VersR 1977, 872. Vgl ferner *Schramm* VersR 1991, 284 ff.

[2] *Steffen/Pauge,* ArzthaftungsR, RdNr 329. „Ein Patient, der über seine Erkrankung und den Verlauf der geplanten Operation informiert ist und der auch Kenntnis von der ungefähren Größenordnung des Misserfolgsrisikos erhalten hat, bedarf für eine selbstbestimmte Entscheidung über die Einwilligung zur Operation nicht der Erläuterung, aus welchen medizinischen Gründen im Einzelnen der Eingriff möglicherweise nicht zum Erfolg führt": BGH NJW 1990, 2929 = JZ 1991, 985 m Anm *Giesen.*

[3] BGH NJW 1963, 393, 394.

[4] So zutreffend die Richtlinien zur Aufklärung der Krankenhauspatienten über vorgesehene ärztliche Maßnahmen, hrsg v d Deutschen Krankenhausgesellschaft, Ziffer II 4.

[5] *Steffen/Pauge,* ArzthaftungsR, RdNr 332; BGH NJW 1980, 1905, 1907.

[6] Grundlegende Beispiele: Recurrens-Parese bei Strumektomie: BGH NJW 1980, 1333; Facialis- und Trigeminus-Verletzungen bei Ohr- und Kiefereingriffen: BGHZ 77, 74 = NJW 1980, 1901, BGH NJW 1980, 1905, BGH VersR 1986, 183; Accessorius-Lähmung bei Lymphknotenexstirpation: BGH VersR 1981, 677, BGHZ 88, 248 = NJW 1984, 655, BGH VersR 1986, 970; Halbseitenlähmung bei der Angiographie: OLG Hamm VersR 1981, 686, 1992, 833; Querschnittslähmung bei der Myelographie: BGH, NJW 1995, 2410; 1996, 777; Armplexus-Lähmung und Rückgratschädigung durch Röntgen- oder Kobaltbestrahlung: BGHZ 90, 103 = NJW 1984, 1397, BGH, NJW 1990, 1528; entzündliche Reaktionen nach Strahlentherapie: BGH, NJW 1992, 754; Nervenschädigung infolge spezieller Lagerung (Häschenstellung) während der Operation: BGH NJW 1985, 2192; Hodenatrophie nach Leistenbruchoperation: BGH NJW 1980, 2751; Darmverletzungen, Verbrennungen bei der Elektrokoagulation der Eileiter: OLG Hamm VersR 1986, 477; Harnleiterverletzung bei der abdominalen Hysterektomie: BGH NJW 1985, 1399, 1984, 1807; Hüftkopfnekrose nach etwaigem Fehlschlagen einer Adduktions-Osteotomie: BGH VersR 1985, 969, NJW 1987, 1481; Sudeck'sche Dystrophie bei Knochenoperation, wenn die Operation gerade zur Behebung von Dauerschmerzen erfolgt: BGH NJW 1988, 1514; Querschnittslähmung nach Bandscheiben-Operation: BGH NJW 1984,

11. Kapitel. Die ärztliche Aufklärungspflicht **4 § 60**

falls dann hinzuweisen, wenn durch einen Fehlschlag die Operation den Zustand des Kranken, statt ihn zu verbessern, erheblich verschlechtern kann.[7] Die vitale oder absolute Indikation entbindet nicht von dieser Pflicht, auch nicht die Befürchtung gleichartiger Risiken bei Nichtbehandlung. Diese Umstände wirken sich allein auf die gebotene Eindringlichkeit und Genauigkeit der ärztlichen Hinweise aus.[8] Über Gefahren, die nur durch medizinische Fehler entstehen, braucht der Arzt nicht aufzuklären. Insofern schützt den Patienten die Pflicht des Arztes, fehlerfrei zu verfahren.[9]

II. Methodenwahl, Behandlungsalternativen

1. Wahlfreiheit des Arztes. Die **Wahl der richtigen Behandlungsmethode** steht **4** allein beim Arzt. Die höchstrichterliche Spruchpraxis hat diesen Grundsatz wiederholt anerkannt.[10] Die Aufklärungspflicht reicht umso weiter, je weniger sich der Arzt eingeführter und fachlich weithin anerkannter Methoden bedient.[11] Die Pflicht, über ein **alternatives Verfahren** aufzuklären, besteht grundsätzlich nicht, solange sich dieses erst in der Erprobung befindet.[12] Andererseits kann eine therapeutische Alternative unter die Aufklärungspflicht fallen, ohne dass die wissenschaftliche Diskussion über bestimmte ihr anhaftende Risiken bereits abgeschlossen zu sein braucht und zu allgemein akzeptierten Ergebnissen geführt haben muss. „Es genügt vielmehr, dass ernsthafte Stimmen in der medizinischen Wissenschaft auf bestimmte, mit einer Behandlung verbundene Gefahren hinweisen."[13]

2629; Querschnittslähmung nach Operation einer angeborenen Aortenstenose: OLG Stuttgart VersR 1987, 515, OLG Hamm VersR 1987, 509, BGH VersR 1991, 812; Sehnervschädigung durch aggressive Medikamente: BGH NJW 1982, 697; Atem- und Herzstillstand durch Stellatumblockade: OLG Oldenburg VersR 1985, 274; Fraktur des Schädeldaches und Verletzung der Dura bei Kieferhöhlenoperation: OLG Düsseldorf VersR 1987, 161; Geburtsrisiken einer paracervikalen Blockade für das Kind: OLG Hamm VersR 1985, 598. ALS und Amalgam: OLG Koblenz, NJW 1999, 3419; weitere Nachweise bei *Steffen/Pauge*, ArzthaftungsR, RdNr 333ff. Die Patientenaufklärung über Behandlungsrisiken bildet noch immer den Hauptstreitpunkt in der Arzthaftung. Demgemäß bieten alle Werke zum Medizin- und Arzthaftpflichtrecht eine Auswahl aus der kaum mehr überschaubaren Judikatur. Selbstverständlich hat das Thema auch für die Zahnärzte Bedeutung erlangt, vgl zB Thür OLG MedR 2007, 731 (Leitungsanästesie, Problemstellung *Drescher*).

[7] BGH NJW 1987, 1481 (varisierende Osteotomie); BGH NJW 1988, 1514 (Gelenkversteifungsoperation); BGH NJW 1989, 1541 (Gefäßoperation bei einem Kleinkind); BGH MedR 1990, 264 (Pericardektomie bei sog Panzerherz); OLG Oldenburg, VersR 1998, 1285 (Teilversteifung nach Hallux-valgus-Operation). – Zur ordnungsgemäßen Aufklärung vor der Exstirpation der Gebärmutter mit Adnexen gehört auch ein Hinweis auf die bei vielen Patientinnen auftretenden psychischen Beschwerden infolge des Ausfalls der Hormonproduktion. Auch über die Erfolgsaussicht hat der Arzt zu unterrichten. „Dies gilt außer bei zweifelhafter Operationsindikation mit hohem Misserfolgsrisiko (BGH NJW 1981, 633) insbesondere dann, wenn der Eingriff zur Beseitigung von schmerzhaften Beschwerden vorgenommen wird, die im Falle eines Misserfolgs nicht beseitigt, gegebenenfalls sogar größer werden", BGH NJW 1992, 1558, 1560, wie schon zuvor BGH NJW 1987, 1481.

[8] BGH NJW 1980, 1333; BGH NJW 1980, 1905; BGH NJW 1980, 2751; BGHZ 90, 103 = NJW 1984, 1397; BGH NJW 1984, 2629.

[9] BGH NJW 1985, 2193; 1992, 108; OLG München, VersR 1997, 1281.

[10] BGH NJW 1982, 2121 (Oberschenkeltrümmerbruch); BGHZ 102, 17 = NJW 1988, 763 (Elektrokoagulation); BGH NJW 1988, 1514 (Versteifungsosteotomie); BGH NJW 1988, 1516 (Magenoperation); BGHZ 106, 153 = NJW 1989, 1538 (Entbindung aus Beckenendlage); BGH VersR 1998, 766 (Wahl des Zugangswegs bei Entfernung eines Tumors im Bereich der Hirnanhangsdrüse).

[11] *Siebert*, Strafrechtliche Grenzen ärztlicher Therapiefreiheit, 1983, 118ff; *Schmid*, Die Grenzen der Therapiefreiheit NJW 1986, 2339ff; vgl auch *Laufs* NJW 1984, 1384f; aus der Rspr vgl BGH NJW 1976, 365; 1978, 587; VersR 1981, 691.

[12] LG Koblenz VersR 1994, 1349.

[13] BGH NJW 1996, 776.

In einem neueren, grundlegenden Urteil hat der BGH[14] die **Wechselwirkung zwischen Therapiewahl und Aufklärungspflicht** veranschaulicht. Wenn mehrere gleichwertige Methoden mit jeweils unterschiedlichen Risiko- und/oder Erfolgsspektren für den Patienten zu Gebote stehen, hat der Arzt diesen mittels entsprechender Information in seine wohlerwogene Entscheidung einzubinden.[15] Dabei gilt es gewichtige Warnungen in der Fachliteratur zu berücksichtigen. „Bei einer **Neulandmethode** können zum Schutz des Patienten", so der BGH im „Robodoc"-Urteil, „strengere Anforderungen gelten. Auch hier ist allerdings nicht über bloße Vermutungen aufzuklären. Etwas anderes kann aber gelten, wenn diese sich so weit verdichtet haben, dass sie zum Schutz des Patienten in dessen Entscheidungsfindung einbezogen werden sollten".

5   Je weniger dringlich ein medizinischer Eingriff erscheint, desto weiter reicht die ärztliche Aufklärungspflicht.[16] Eröffnen sich therapeutische Alternativen, so hat der Arzt auch über entfernt liegende Risiken aufzuklären.[17] Die erhöhte Aufklärungspflicht bei Behandlungsalternativen beruht wesentlich auf dem **Kriterium der Dringlichkeit** des Eingriffs. Eine bestimmte therapeutische Maßnahme kann grundsätzlich nicht als dringend indiziert gelten, wenn es eine Alternative zu ihr gibt. Wenn zwei oder mehr therapeutische Wege zur Auswahl stehen, kann der Patient einen eigenen, selbstverantwortlichen Entschluss fassen, den ihm der Arzt nicht von sich aus abnehmen soll.[18] Vielmehr trifft ihn die Pflicht, dem Kranken die Eingriffsmöglichkeiten vor Augen zu stellen, deren Vor- und Nachteile zu nennen, das Für und Wider ins Licht zu rücken, damit der Patient, sachverständig beraten, mitentscheiden kann.

Wünscht eine Schwangere die konkret weniger angezeigte **Entbindungsmethode**,[19] so hat der Arzt auf deren Risiken deutlich hinzuweisen und die Vorzugswürdigkeit des anderen Weges darzutun, um der Autonomie der Patientin wie dem gesundheitlichen Wohl von Mutter und Kind gerecht zu werden. Die Pflicht zur Selbstbestimmungsinformation und zur therapeutischen Aufklärung treten hier zusammen.[20] Den genannten Urteilen ließ der BGH ein Erkenntnis zur Aufklärung über Entbindungsmethoden während des Geburtsvorgangs folgen,[21] das in seinen Grundlinien und hinsichtlich seines Ansatzes gewiss keinen Widerspruch verdient, das den Geburtshelfer beim Zeitkalkül aber zu überfordern droht. Eine die Aufklärungspflicht ausweitende Tendenz lässt auch ein Urteil erkennen, das die Information über ein alternatives Vorgehen für Fälle gebietet, in

---

[14] BGHZ 162, 320 = NJW 2006, 2477 = MedR 2006, 650 (Problemstellung *Steffen*); dazu *Katzenmeier* NJW 2006, 2738 ff („Robodoc"). Vgl ferner BGH MedR 2007, 653, dazu *Hart* MedR 2007, 631 ff (individueller Heilversuch), außerdem BGH MedR 2008, 87 m Anm *Spickhoff* („bei Anwendung einer Außenseitermethode ist grundsätzlich der Sorgfaltsmaßstab eines vorsichtigen Arztes entscheidend").

[15] Aus der neueren Judikatur, insbesondere BGH NJW 2004, 3701 (Aufklärung über Alternative einer primären Schnittentbindung bei Zwillingsschwangerschaft); OLG Karlsruhe MedR 2003, 229 (nur bei echter Wahlmöglichkeit) (Hallux vagus); OLG Koblenz MedR 2007, 175 (Ovarialzyste); OLG Zweibrücken MedR 2007, 549 (Scheidenprolaps). Vgl auch *Schelling/Erlinger* MedR 2003, 311 ff.

[16] BGH NJW 1991, 2349; OLG Düsseldorf VersR 1999, 61 (strenge Anforderungen an die Aufklärung vor einer kosmetischen Operation).

[17] Über die Aufklärungsbedürftigkeit eines Risikos entscheidet wesentlich das Gewicht, das die Gefahr für den Entschluss des Patienten haben kann; OLG Bremen VersR 1991, 425.

[18] BGH NJW 1982, 2121. Vgl auch BGH MedR 2005, 599, auch zum hypothetischen Kausalverlauf im Falle des rechtmäßigen Alternativverhaltens (Problemstellung *Kern*).

[19] Vakuumextraktion statt Sectio. Instruktiv *Jaisle*, Schnittentbindung in den Akten der Justiz, 1995. Vgl ferner *Stähler* NJW 1997, 2440 f; *Ulsenheimer*, Der Gynäkologe 2000, 882 ff.

[20] BGH NJW 1992, 741. Zur Aufklärung über alternative Entbindungsmethoden ferner BGH NJW 1993, 1524; OLG Oldenburg VersR 1993, 362; OLG Stuttgart VersR 1991, 1141 m Anm *Gaisbauer* VersR 1991, 1413; OLG Düsseldorf NJW 1997, 2457; OLG München VersR 1997, 1007; OLG Düsseldorf, VersR 2001, 247; restriktiv *Bender* NJW 1999, 2706 ff.

[21] BGH NJW 1993, 2372 m krit Anm *Laufs/Hiersche*.

11. Kapitel. Die ärztliche Aufklärungspflicht 6 § 60

denen lediglich ein – weder mit besseren Heilungschancen noch geringeren Eingriffsrisiken verbundener – **zeitlicher Aufschub** der ärztlich vorgeschlagenen, indizierten Therapie infrage kommt: Sucht ein Patient einen ihm bis dahin unbekannten Zahnarzt zur Bekämpfung akuter Schmerzen auf, so soll diesen die Pflicht treffen, den Zahnkranken auf die Möglichkeit hinzuweisen, statt der sofortigen angezeigten Extraktion eine kurzfristige starke Schmerzmedikation zu wählen und damit die Gelegenheit, „mit dem nicht ganz einfachen Eingriff noch einige Tage zu warten, um ihn dann gegebenenfalls von einem Zahnarzt seines Vertrauens oder in einer klinischen Einrichtung durchführen zu lassen".[22] Eine Fragelast des Patienten zog das Gericht nicht in Betracht.

Besteht für den Patienten eine **Wahlmöglichkeit,** so schuldet der Arzt alle Informationen, die der Kranke für seine Entscheidung benötigt. Die Pflicht des Arztes, den Patienten über Behandlungsalternativen aufzuklären, entfällt aber, wenn eine an sich gegebene therapeutische Möglichkeit im konkreten Fall wegen anderer behandlungsbedürftiger Verletzungen des Patienten ausscheidet.[23] Fehlten in der gegebenen Lage ernstzunehmende Behandlungsalternativen und war ein Blutverlust zur Vermeidung einer lebensbedrohlichen Entwicklung durch eine Transfusion unverzüglich auszugleichen, dann brauchte der Arzt den Kranken nicht über das HIV-Risiko zu belehren.[24]

„Über Behandlungsalternativen ist – zur Wahrung des Selbstbestimmungsrechts des Patienten, nicht nur in seinem Sicherheitsinteresse – aufzuklären, wenn die Methode des Arztes nicht die der Wahl ist oder **konkret eine echte Alternative** mit gleichwertigen Chancen, aber andersartigen Risiken besteht (konservativ statt operativ; Intubationsnarkose statt Periduralanästhesie)."[25]

2. Echte Alternativen. Über Behandlungsalternativen hat der Arzt ferner in zunehmend enger begrenzten Fällen dann aufzuklären, wenn sich das Risiko durch **Wahl besserer Behandlungsbedingungen** signifikant kleiner halten lässt.[26] Der Arzt braucht aber ohne ausdrückliche Nachfrage des Patienten nicht darauf hinzuweisen, dass die medizinischen Gegebenheiten im kommunalen Krankenhaus schlechter seien als in der Universitätsklinik, dass mangels optimaler Ausstattung nicht die modernsten Methoden zum Einsatz kommen könnten oder das Nachbarkrankenhaus über die modernere Apparatur verfüge.[27] Die Spruchpraxis des BGH sucht – entgegen einer im Schrifttum der letzten Jahre verstärkt erhobenen Forderung[28] – zu Recht, die **Information über medizinische Fragen und Qualitätsprobleme** in Grenzen zu halten. Insofern bleibt der Patient durch die Haftpflicht für Arztfehler geschützt. Darum bedarf es keiner Information über das Risiko einer Fehldiagnose oder die Beteiligung eines Anfängers,[29] auch nicht über die Absicht, keinen Consiliarius hinzuzuziehen.[30] Bietet sich zur gewählten Methode keine echte Alternative, so besteht insoweit auch keine Informationspflicht.[31]

6

---

[22] BGH NJW 1994, 799; ähnlich bereits OLG Köln VersR 1982, 453.
[23] BGH NJW 1992, 2353.
[24] OLG Koblenz NJW 1996, 1599.
[25] *Steffen/Pauge,* ArzthaftungsR RdNr 381. Darstellung der Rechtsprechungsgrundsätze bei *Greiner,* FS Geiß 2000, 411 ff.
[26] BGHZ 72, 132 = NJW 1978, 2337; BGHZ 88, 248 = NJW 1984, 655; OLG Braunschweig MedR 1989, 147 (Geburtshilfe); OLG Stuttgart VersR 1989, 519 (Geburtshilfe); OLG Oldenburg, VersR 1997, 1535.
[27] BGHZ 102, 17 = NJW 1988, 763; BGH NJW 1988, 2302; OLG Oldenburg VersR 1996, 1023.
[28] vgl etwa *Francke/Hart,* Charta der Patientenrechte, 1999, 181 ff; *Hart* MedR 1999, 47 ff; *Voß,* Kostendruck und Ressourcenknappheit im ArzthaftungsR, 1999, 187 ff; zurückhaltend aber *Katzenmeier* MedR 1997, 498 f; *Pflüger* MedR 2000, 6 ff.
[29] BGHZ 88, 248 = NJW 1984, 655.
[30] OLG Oldenburg VersR 1983, 888; BGH VersR 1983, 563.
[31] BGH NJW 1982, 2121 (Nagelung einer Oberschenkelfraktur); BGHZ 102, 17 = NJW 1988, 763 (Elektrokoagulation nach älterer monopolarer Methode); BGH NJW 1988, 1514 (Versteifungsosteotomie); BGH NJW 1988, 1516 (Magenoperation nach Billroth statt Vagotomie); BGH, VersR

7 „Solange bewährte und mit vergleichsweise geringem Risiko behaftete Diagnose- und Behandlungsmethoden zur Verfügung stehen, braucht der Arzt den Patienten nicht von sich aus über andere neuartige Verfahren zu unterrichten, sofern nicht der Arzt wissen muss, dass der Patient wegen eines speziellen Leidens zweckmäßiger und besser in derartigen Spezialkliniken untersucht und behandelt wird."[32] Nach einem weiteren Urteil des BGH, das Zustimmung verdient, ist der Krankenhauspatient, solange er eine dem jeweils zu fordernden medizinischen Standard genügende Therapie geboten erhält, nicht darüber aufzuklären, dass dieselbe Behandlung andernorts mit besseren personellen und apparativen Mitteln und deshalb mit einem etwas geringeren Komplikationsrisiko möglich ist. Anderes gilt freilich, sobald **neue Verfahren** sich weitgehend durchgesetzt haben und dem Patienten entscheidende Vorteile eröffnen.[33]

Grundsätzlich hat der Patient weder einen Anspruch auf Teilnahme an einem **Heilversuch,** noch darauf, über die – vielleicht im selben Haus geplante – Vornahme eines solchen und dessen Aussichten informiert zu werden. Wer die Aufklärungspflicht auf diesen Feldern überspannte, gefährdete die Funktionsfähigkeit des gestuften Krankenhaussystems, das kleine Kliniken wie große Stätten der Maximalversorgung umfasst, und wertete die Standard- gegenüber der Versuchsmedizin über Gebühr ab.

III. Diagnostische Eingriffe

8 Bei diagnostischen Eingriffen ohne therapeutischen Eigenwert gelten allgemein **strengere Maßstäbe** für die Aufklärung des Patienten über die mit der medizinischen Maßnahme verbundenen Gefahren, sofern der invasive Schritt nicht gerade dringend oder sogar vital indiziert erscheint; hier hat der Arzt dem Patienten selbst entfernt liegende Komplikationsmöglichkeiten in angemessener Weise darzutun.[34]

9 Zu beachten bleibt, „dass die Wichtigkeit diagnostischer Eingriffe sehr verschieden sein kann. Auch sie sind mitunter dringend, ja sogar vital oder bedingt vital indiziert",[35] etwa bei der Frage, ob sich ein vermuteter Tumor noch operativ angehen lässt. Es wird nicht, wie beim Notfall, um Minuten oder Stunden gehen, so dass die Aufklärungspflicht keineswegs entfällt, sondern sich allenfalls dem **Umfang** nach beschränkt. „Allerdings kann auch einem diagnostischen Eingriff im Hinblick auf die dadurch erschlossenen Heilungsmöglichkeiten große Dringlichkeit zukommen ... Aber auch dann ist – gerade weil in solchen Fällen bei medizinischen Laien eine unmittelbare Einsicht meist nicht vorausgesetzt werden kann – im Rahmen der Aufklärung das Für und Wider des Eingriffs in angemessener Weise zu erläutern."[36] Dieser hohe Grad der Aufklärungspflicht ergibt sich daraus, dass jedes dem Patienten zugemutete Eingriffsrisiko seiner Rechtfertigung durch die von dem Eingriff erhofften Vorteile bedarf.[37] Diese wiegen gerade beim medizinisch nicht dringlich indizierten Eingriff eher weniger schwer.

1992, 960 (konservative statt operative Behandlung einer Subluxation des Schultereckgelenks); OLG Hamm VersR 1983, 565 (Schnittentbindung bei Steißlage); OLG Frankfurt VersR 1983, 879 (Tubenligatur); OLG Hamm VersR 1984, 1076, 1077 (Vagotomie statt Magenresektion bei rezidivierenden Magen- und Zwölffingerdarmgeschwüren); OLG Köln, VersR 1998, 243 (Verzicht auf Gipsverband nach operativer Versorgung der dislozierten Fraktur des Mittelfußknochens wegen erhöhter Thrombosegefahr).

[32] *Steffen/Pauge,* ArzthaftungsR RdNr 386; BGH NJW 1984, 1810; 1987, 2291; BGHZ 102, 17 = NJW 1988, 763.
[33] BGH NJW 1988, 763 = MedR 1988, 91 m zust Anm v *Narr* = JZ 1988, 411 m krit Anm v *Giesen.* Kritisch dazu auch *Damm* NJW 1989, 737 ff. Vgl auch OLG Düsseldorf VersR 1988, 1298 Ls.
[34] OLG Hamm VersR 1981, 686; OLG Karlsruhe VersR 1989, 1053 (Transurethrale Elektroresektion bei Verdacht auf Prostatakarzinom); OLG Hamm VersR 1989, 807.
[35] BGH VersR 1979, 720, 721.
[36] BGH NJW 1971, 1887, 1888.
[37] Wie vorherige Fn.

11. Kapitel. Die ärztliche Aufklärungspflicht   10–13 § 60

Die **erhöhte Aufklärungspflicht** gilt wohlgemerkt nur bei „diagnostischen Eingriffen   10
ohne therapeutischen Eigenwert".[38] Richtet sich der Eingriff vorrangig auf Heilung oder
Linderung und dient er nur zugleich auch diagnostischen Zwecken, so folgt der Grad der
erforderlichen Aufklärung den Gegebenheiten des therapeutischen Eingriffs.[39] Die
Gerichte hatten Anlass, die Informationserfordernisse auf zahlreichen Feldern der diagnostischen Medizin zu prüfen und zu bestimmen, bei der Hirnarteriographie, der Renovasographie, der Myelographie, der Kortisonangiographie, der Koronarangiographie, der Nie-
renbiopsie, der Endoskopie und der Gastroskopie.[40]

IV. Mutmaßliche Einwilligung, intraoperative Aufklärung[41]

1. Der bewusstlose Patient. Wenn der Arzt den **bewusstlos eingelieferten Patien-**   11
ten nicht aufzuklären und auch den gesetzlichen Vertreter nicht zu befragen vermag oder
wenn sich das Informationserfordernis erst während des Eingriffs herausstellt, darf er ohne
Einwilligung handeln, wenn er annehmen kann, dass ein verständiger Kranker in dieser
Lage bei angemessener Aufklärung eingewilligt hätte. Indessen darf der Arzt die Zwangslage nicht durch unzulässige Diagnostik oder ungenaue Operationsplanung selbst herauf-
beschworen haben.[42] Eine situationsgebunden eingeschränkte Aufklärungspflicht, etwa
im Hinblick auf die Medikation, besteht gegenüber dem Patienten in der **Intensivstation,**
soweit dessen kognitive und voluntative Fähigkeiten überhaupt bestehen.[43]

Der Operateur schuldet eine **umsichtige Operationsplanung** nach sorgfältiger Diagnostik. Freilich: „Vernünftigerweise kann nur verlangt werden, dass sich die Aufklärung des
Patienten auf dasjenige erstreckt, was der Arzt im konkreten Fall hinsichtlich Diagnose und
Therapie als das Naheliegende und Vernünftige ansieht. Auf entfernt liegende Möglichkeiten, mit denen ernsthaft aber nicht zu rechnen ist, braucht nicht hingewiesen zu werden."[44]

Bei der **mutmaßlichen Einwilligung**[45] kommt es entscheidend auf das Gewicht der   12
Indikation an, die es gegen die Verkürzung des Selbstbestimmungsrechts abzuwägen gilt.
Der Arzt darf sich von der mutmaßlichen Einwilligung leiten lassen, wenn eine vitale
oder absolute Indikation vorliegt, wenn Nichtbehandeln zu schwerem Siechtum führte
oder bei nur glimpflicher Erweiterung der Operation.[46]

2. Operationserweiterung. Ergibt sich während des Eingriffs ein neuer, medizi-   13
nische Weiterungen verlangender Befund, so hat der Arzt sich zu fragen, ob ein **Opera-**
tionsabbruch im Dienste des Patientenwillens möglich und geboten ist. Auch dabei bestimmt sich die Antwort im Wesentlichen nach dem Grad der Indikation. Der Arzt ist zur
Operationserweiterung nicht nur berechtigt, sondern auch verpflichtet, wenn ein
Unterlassen das Leben des Patienten akut bedrohe und ein entgegenstehender Wille sich

---

[38] BGH VersR 1979, 720, 721. Strenge Anforderungen gelten auch für kosmetische Operationen, BGH MedR 1991, 85; OLG Oldenburg, VersR 1998, 854; OLG Düsseldorf, VersR 1999, 61; OLG Düsseldorf, VersR 2001, 374.
[39] Vgl etwa OLG Karlsruhe VersR 1978, 769, 770.
[40] Vgl *Kern/Laufs,* Die ärztliche Aufklärungspflicht, 1983, S. 78 ff.
[41] Zur Judikatur vgl die Nachweise bei *Steffen/Pauge,* ArzthaftungsR, RdNr 417 ff. Aus der neueren Literatur vgl insbes *Fischer,* FS Deutsch, 1999, 545 ff; *Taupitz,* in: 50 Jahre BGH, Festgabe aus der Wissenschaft, Bd I, 2000, 497 ff.
[42] BGH VersR 1985, 1187. – Bei geplanten intraoperativen Schnellschnitt-Untersuchungen muss die Aufklärung die vorhersehbaren Befunde einer solchen Maßnahme umfassen, vgl *Dettmeyer/Madea* MedR 1998, 247, 252.
[43] LG Aachen MedR 2006, 361. – Vor einer Narkose braucht grundsätzlich nicht über einen mög-lichen Wachzustand während der Operation aufgeklärt zu werden, LG Cottbus MedR 2004, 231.
[44] OLG Frankfurt NJW 1981, 1322, 1323.
[45] Frage: Hätte der Patient bei objektiver Beurteilung der Gesamtumstände dem Eingriff zu-gestimmt? §§ 677, 683 BGB.
[46] OLG München, VersR 1980, 7 (Mitentfernen eines Krampfaderknäuels mit Ganglion); OLG Celle VersR 1984, 444, 445 f (Gebärmutterexstirpation nach Cervixriss).

nicht ernstlich vermuten lässt. Bei großen und schweren Bauchoperationen mit erheblichem Risiko kann sich der Arzt in der Regel gar von der stillschweigenden Einwilligung in eine dringend erforderliche Operationserweiterung leiten lassen.[47] Unter der Voraussetzung einer abstrakten Information über den eventuellen Umfang einer Untersuchung umfasst die Einwilligung „eine konkret unvorhersehbare invasive aber geringfügige Erweiterung eines Diagnoseeingriffs".[48]

14 Andererseits trifft den Arzt die Pflicht, die Operation zum Zweck der Aufklärung zu unterbrechen, wenn dies ohne ernsthafte Gesundheitsgefahr für den Patienten möglich erscheint.[49] Schwerer entscheiden lassen sich die Fälle, in denen bei Nichterweiterung der Operation zwar eine gewisse Gefahr für Leben und Gesundheit besteht, diese aber nicht so schwer wiegt, dass sie dem Arzt sofortiges Handeln abverlangt. Stellt das mit der Operation angegangene Leiden ein Gebrechen dar, mit dem der Kranke zu leben vermag, kann den Arzt die **Pflicht zum Abbruch der Operation** treffen, wenn deren Weiterführung den Patienten ähnlich schweren Belastungen aussetzte: Die Operation ist abzubrechen, weil die dem Patienten damit erhaltene Entscheidungsmöglichkeit grundsätzlich höher einzuschätzen ist als die Mehrbelastung durch einen wiederholten Eingriff.[50]

V. Einschränkungen der Selbstbestimmungsaufklärung

15 **1. Der informierte Kranke.** Einen bereits instruierten oder sonst informierten Kranken braucht der Arzt nicht mehr aufzuklären.[51] Das für die Wirksamkeit der Einwilligung notwendige Wissen kann der Patient aus Broschüren, Büchern und eigenen Erfahrungen beruflicher Art oder aus früherer Krankheit gewonnen haben. Verfügt ein Patient kraft beruflicher Ausbildung oder Tätigkeit über einschlägige Kenntnisse, so kann die Aufklärung ganz entfallen oder nur in vermindertem Umfang erforderlich bleiben.[52] Für **Erfahrungen des Kranken** aus vorausgegangenen Eingriffen gilt Gleiches.[53] Sie müssen freilich dahin geführt haben, dass der Patient eine bestimmte Gefahr oder die generelle Risikobehaftetheit einer bestimmten Therapie kannte.[54] Das Ausmaß der Aufklärung über mögliche unerwünschte Folgen eines medizinischen Eingriffs hat sich nicht zuletzt nach Intelligenz und Bildungsgrad des Patienten zu richten.[55]

---

[47] OLG Frankfurt NJW 1981, 1322 (Magenresektion erweitert zur Duodenopankreatektomie wegen Karzinomverdachts); aus der strafrechtl Judikatur vgl BGHSt 35, 246 = NJW 1988, 2310; BGH NJW 2000, 885. Streng *Giesen*, ArzthaftungsR, RdNr 241: „Auf wirklich sicherem Terrain" sei der Arzt „erst dann, wenn der Abbruch der Operation eindeutig medizinisch kontraindiziert ist und kein Anhaltspunkt für einen entgegenstehenden Willen des Patienten bekannt ist. Der Arzt trägt hierfür die Beweislast." Zutreffend *Deutsch/Spickhof* MedR, 5. Aufl 2003, RdNr 488: Bei einem Eingriff in Vollnarkose dürfe der Arzt eine dringlich indizierte Operationserweiterung unter dem Aspekt der mutmaßlichen Einwilligung vornehmen. Zur schwierigen Abwägung und zum grundsätzlichen Vorrang des Selbstbestimmungsrechts auch *Wenzel*, Handbuch, 2007, RdNr 175 ff.

[48] *Nüßlein* in seiner Besprechung zu OLG Frankfurt aM VersR 1996, 1506, 1507.

[49] BGH NJW 1977, 337 (Ohroperation bei örtlicher Betäubung. Zu weit gefasster redaktioneller Leitsatz!).

[50] Vgl *Steffen* MedR 1983, 88, 92. „Faustregeln" bei *Kern/Laufs*, Aufklärungspflicht, 1983, und am Schluss dieses Kapitels. – „Ergibt sich im Rahmen einer Sectio ein Befund, den der Arzt bei weiteren Schwangerschaften für gefährlich hält, ist die deswegen ungefragt vorgenommene Sterilisation weder von einer mutmaßlichen noch von einer hypothetischen Einwilligung der Patientin gedeckt", OLG Koblenz MedR 2009, 93 (Problemstellung *Weller*).

[51] Vgl BGH VersR 1961, 1036, 1038; 1990, 2928, 2929.

[52] BGH VersR 1961, 1036; 1980, 428, 429 f; OLG Karlsruhe VersR 1979, 58. Vgl anderseits auch LG Hannover NJW 1981, 1320.

[53] BGH NJW 1973, 556, 558; 1976, 363, 364; VersR 1980, 847.

[54] Daran fehlte es in dem Falle BGH NJW 1974, 1422, 1423. – In Betracht kommt auch eine Vorinformation durch den Hausarzt, BGHZ 67, 48 = NJW 1976, 1790.

[55] BGH NJW 1976, 363, 364. Kritisch *Staudinger-Hager*, § 823 RdNr I 101; *Francke/Hart*, Charta der Patientenrechte, 1999, 130 f; *Tempel* NJW 1980, 614, Anm 90: „Zu großzügig BGH NJW 1980,

Stets trifft den Arzt die Pflicht, sich über die **Vorinformiertheit seines Patienten** zu vergewissern, wenn die Umstände auf eine solche deuten. Auch hier kommt es auf die Umstände des Einzelfalles an. So kann trotz Kenntnis des Risikos auf Grund früherer Rezidivoperationen eine Aufklärung geboten sein, wenn der Patient gerade deshalb eine Universitätsklinik aufsucht, weil er sich hiervon eine Ausschaltung der bekannten Komplikationen erhofft.[56]

2. Der Verzicht des Patienten. Der Kranke kann von Rechts wegen auf Informationen über das Risiko eines geplanten Eingriffs **verzichten.** Dabei ist dem Kranken „die Autorität des Arztes ein erwünschter fester Punkt, der ihn eigenen Nachdenkens und eigener Verantwortung überhebt". Er will daher eigentlich nicht wissen, sondern gehorchen.[57] „Es gehört auch zur Selbstbestimmung des Patienten, dass er dem Arzt seines Vertrauens freie Hand geben darf, vielleicht in dem nicht unvernünftigen Bestreben, sich selbst die Beunruhigung durch Einzelheiten einer Gefahr zu ersparen, nachdem er sich bereits von der Notwendigkeit ihrer Inkaufnahme überzeugt hat."[58]

Der **Aufklärungsverzicht** gilt nicht als Rechtsgeschäft, sondern folgt den Regeln der Einwilligung.[59] Ein Blankoverzicht verbietet sich gleichwohl. Der verzichtende Patient muss regelmäßig die Erforderlichkeit des Eingriffs kennen, dessen Art und den Umstand, dass die Operation nicht ganz ohne Risiko verlaufe. Der Patient wird also grundsätzlich nur auf die Information über Einzelheiten des Verlaufs und von Gefahren verzichten können. Dem Arzt bleibt jedenfalls die Berufung auf eine generelle Einwilligung versagt, wenn das Eingriffsrisiko über das für einen verständigen Laien vorhersehbare Maß hinausgeht, soweit sich dies medizinisch erkennen und absehen lässt; in diesem Fall hat der Arzt aufzuklären und dem Patienten die Entschlussfreiheit wieder einzuräumen.[60] Immer muss der Kranke, wenn denn sein Aufklärungsverzicht gelten soll, deutlich zu erkennen geben, dass er alles vertrauensvoll seinem Arzt überlasse.[61] Ein Verzicht „kann in einem ganz eindeutigen Fall auch konkludent" erfolgen.[62]

3. Therapeutische Rücksichten können den Arzt ausnahmsweise von der Aufklärungspflicht befreien, wenngleich der BGH solche bisher noch nicht im Einzelnen anerkannte. Indessen hat das Gericht entschieden, dass die Aufklärung keineswegs schonungslose Offenlegung verlange, eine solche vielmehr einen Arztfehler darstellen könne.[63]

Die Aufklärung ist dann **kontraindiziert,** wenn sie den Patienten ernsthaft beeinträchtigte, wenn dieser also nicht unerhebliche körperliche oder psychische Schäden davontrüge. In keinem anderen Zusammenhang stellt sich die Frage nach dem Wort „voluntas aut salus aegroti suprema lex" so eindringlich. Wenn es therapeutische Gründe zwingend gebieten, so kann und soll nach verbreiteter Ansicht die Selbstbestimmungsaufklärung entfallen. Umstritten aber blieben die Voraussetzungen. Wie schwer muss die zu erwartende Unbill sein, mit welcher Wahrscheinlichkeit muss sie drohen, wie soll der Arzt bei der Kontraindikation verfahren? Die Doktrin des informed consent soll nach einem kürz-

---

633; insbesondere erscheint das Abstellen auf den Bildungsstand des Patienten lebensfremd; warum soll der Arzt bei einer erwachsenen, verheirateten (!) Beamtin des gehobenen Finanzdienstes (!), (Stief-)Tochter eines Rechtsanwalts (!), die überdies sowohl bei der Klinikaufnahme als auch bei der Konsultation des einweisenden Arztes durch ihre Mutter begleitet war (!)©, auf einen überdurchschnittlichen Bildungsstand in *medizinischen* Fragen vertrauen dürfen?"
[56] OLG Celle NJW 1979, 1251 (Hodenatrophie). Zur Entbehrlichkeit der Aufklärung beim „aufgeklärten Patienten" OLG Köln MedR 2004, 567 (fortlaufende Injektionen und Infiltrationen).
[57] BGHZ 29, 46 = NJW 1959, 811, unter Berufung auf *Karl Jaspers,* Die Idee des Arztes (wiederabgedruckt in: *K J,* Der Arzt im technischen Zeitalter, 1986, 10).
[58] BGH NJW 1973, 556, 558.
[59] Wie vorherige Fn; *Roßner* NJW 1990, 2292.
[60] OLG Frankfurt NJW 1973, 1415, 1416 (Renovasographie).
[61] BGHZ 29, 46, 54 = NJW 1959, 811 = JR 1959, 418 m Anm *Süß.*
[62] *Geilen,* in *Wenzel* (Hrsg), Handbuch Medizinrecht, 2007, RdNr 447.
[63] BGH NJW 1981, 2002; BGHZ 90, 103 = NJW 1984, 1397.

§ 61 1   § 61 Fortpflanzungsmedizin. Neulandmedizin. Behandlungsfehler

lich unterbreiteten Vorschlag eine Modifikation im Dienste insbesondere der Patienten mit einer Demenz vom Alzheimer-Typ erfahren: Das relationale Konzept zur Einwilligungsfähigkeit integriert „die meist konträr diskutierten medizin-ethischen Prinzipien ‚Respekt vor der Autonomie des Patienten' mit der Pflicht zur Fürsorge (beneficence) und zur Schadensvermeidung (nonmaleficence)". Die heikle Intention geht dahin, überhöhte Autonomiestandards schon bei der Feststellung der Einwilligungsfähigkeit zu vermeiden und „durch ein abgestuftes Verfahren sowohl der Selbstbestimmung als auch dem Wohl des Patienten" zu dienen.[64]

21 Der **BGH** judiziert „**sehr streng** und engherzig".[65] Das Gericht lässt die Pflicht zur Aufklärung nur entfallen, wenn diese Leben oder Gesundheit des Patienten ernstlich gefährdete.[66] Indessen lässt sich die psychische Gefährdung des Gesundheitszustandes als Kontraindikation mit Fug und Recht nicht völlig ausschließen. Außerdem fügt sich die starre Linie nicht in das sonst geltende System der Abwägung verschiedener Rechtsgüter gegeneinander. Eine angemessene Elastizität, wie sie sich auch forensisch bereits andeutete, erscheint geboten.[67]

22 **4. Zusammenarbeit.** Bei der **Zusammenarbeit** von Ärzten **verschiedener Fächer** bleibt Umsicht aller Beteiligten geboten. Auch den die Operation vorbereitenden Arzt trifft die Aufklärungspflicht im Hinblick auf den geplanten Eingriff. Dass der Hausarzt einen bestimmten Eingriff für indiziert hält und seinen Patienten darum in ein Krankenhaus einweist, enthebt den dort weiterbehandelnden Arzt nicht der Pflicht zu umfassender Risikoaufklärung.[68] Übernehmen es Spezialisten, die entscheidenden Voruntersuchungen durchzuführen und sodann Therapievorschläge zu machen, die Ärzte einer anderen Klinik in der Folge nach Absprache ausführen sollen, so schließt eine solche präoperative Tätigkeit die Aufklärungspflicht hinsichtlich des ins Auge gefassten Eingriffs grundsätzlich voll ein.[69]

§ 61 Sonderlagen: Fortpflanzungsmedizin. Neulandmedizin. Behandlungsfehler. Wirtschaftliche Bewandtnisse

Inhaltsübersicht

	RdNr
I. Fortpflanzungsmedizin	1
II. Neulandmedizin: Heilversuch und wissenschaftliches Experiment	5
III. Behandlungsfehler; wirtschaftliche Bewandtnisse	14
1. Aufklärung über Behandlungsfehler	14
2. Wirtschaftliche Bewandtnisse	16

I. Fortpflanzungsmedizin

1 Der BGH rechnet die Information der Frau über das **Versagerrisiko einer Sterilisation** zur Sicherheitsaufklärung. Diese soll die Bedeutung zusätzlicher Maßnahmen zur Empfängnisverhütung vor Augen stellen. Unterlässt der Arzt die Information, so haftet er auf Unterhalt, wenn die durch die unerwünschte Geburt belasteten Eltern nachweisen

---

[64] *Vollmann,* Aufklärung und Einwilligung in der Psychiatrie. Ein Beitrag zur Ethik in der Medizin, 2000, 106 f, freilich ohne Würdigung der deutschen Rechtslage.
[65] *Tempel* NJW 1980, 614.
[66] BGHZ 29, 46, 56 = NJW 1959, 811 = JR 1959, 418 m Anm *Süß;* BGHZ 29, 176, 182; 90, 103, 109 f.
[67] Vgl *Kern/Laufs,* Die ärztliche Aufklärungspflicht, 1983, 123 ff; *Tempel* NJW 1980, 614, jeweils mwN. Zum höchst problematischen „therapeutischen Privileg" vgl vorst § 57 RdNr 10.
[68] OLG Koblenz MedR 2006, 61 (Problemstellung *Weller*).
[69] BGH NJW 1990, 2929.

11. Kapitel. Die ärztliche Aufklärungspflicht

können, dass sie in Kenntnis des Versagerrisikos solche zusätzlichen Vorkehrungen getroffen hätten, mit denen sich die Empfängnis hinreichend sicher hätte verhindern lassen; der nachträgliche Kinderwunsch soll die Ersatzpflicht beseitigen. Inwieweit, so lautet das Grundproblem, kann das Recht, das dem menschlichen Leben von Verfassungs wegen um seiner selbst willen unantastbare Würde zuerkennt, Zivilgerichten gestatten, mit der Entstehung dieses Lebens verbundene Unterhaltslasten als ersatzbedürftigen Schaden zu bewerten? In ständiger Spruchpraxis hat der BGH hartnäckig, auch nach dem Widerspruch des BVerfG, die Frage prinzipiell bejaht, wobei er Brüche und Wertungswidersprüche, auch fragwürdige Ergebnisse bei dogmatischer Konsequenz in Kauf nahm.[1]

Den Sterilisationsurteilen folgten die **wrongful-life-Fälle,** bei welchen den Mediziner der Vorwurf trifft, seine Unachtsamkeit bei Diagnose oder Aufklärung habe den Weg zum Schwangerschaftsabbruch aus embryopathischem Grund nicht eröffnet, mit der Folge der Geburt eines unerwünschten behinderten Kindes: Fälle, in denen der Embryo zur Zeit des ärztlichen Fehlverhaltens bereits irreparabel – etwa durch Röteln – vorgeschädigt war oder in denen sich wegen der genetischen Disposition der Eltern eine Behinderung des Kindes nicht vermeiden ließ.[2] Erhält die Frühschwangere falsche oder unvollständige Auskunft über die Möglichkeit der Diagnose von Schäden der Leibesfrucht, die den Wunsch der Mutter nach einem Schwangerschaftsabbruch gerechtfertigt hätten, so kann daraus ein Anspruch der Eltern gegen den Arzt auf Ersatz von Unterhaltsaufwand für das mit körperlichen oder geistigen Gebrechen geborene Kind folgen. Der BGH hat die Haftpflicht des Arztes durch eine neue Beweislastregel auf bedenkliche Weise unter Berufung auf den Schutzzweck der Aufklärung verschärft: Der Arzt soll die Beweislast dafür tragen, dass die Mutter nach umfassender und richtiger Beratung sich nicht für eine pränatale Untersuchung der Leibesfrucht und nach einer ungünstigen Diagnose nicht für den Schwangerschaftsabbruch entschieden hätte.[3] Die naheliegende Parallele zu den Fällen fehlerhafter Aufklärung über die Versagerquoten bei Sterilisationen zog der BGH nicht: Dort haben die durch die ungewollte Geburt belasteten Eltern den Nachweis zu führen, dass sie nach der gebotenen Information zusätzlich verhütende Vorsorge getroffen hätten.

Eine Schwangere, die den Arzt um Rat fragt, ob sich eine Fruchtwasseruntersuchung auf körperliche Missbildungen des Embryos empfehle, ist auch über die **Gefahr einer Trisomie** zu unterrichten. Der Patientin, die wegen unvollständiger Beratung über das Risiko der Trisomie Ersatz des Unterhaltsaufwandes für das von ihr geborene mongoloide Kind verlangt, obliegt der Beweis dafür, dass es ihr gelungen wäre, rechtzeitig für einen gesetzlichen Schwangerschaftsabbruch eine Fruchtwasseruntersuchung durchführen zu lassen.[4]

---

[1] *Backhaus* MedR 1996, 201 ff; BVerfGE (2. Senat) 88, 203, 296 = NJW 1993, 1751. Dagegen nun das BVerfG (1. Senat) NJW 1998, 519. Dazu kritisch *Laufs* NJW 1998, 796 ff. BGHZ 124, 128; BGH NJW 1995, 1609; zustimmend zur BGH-Linie *Giesen* JZ 1994, 286 ff; *Deutsch* NJW 1994, 776, auch VersR 1995, 609 ff. Anders etwa OLG Nürnberg MedR 1994, 200; LG Düsseldorf NJW 1994, 805. – Vgl ferner *Schöbener* JR 1996, 89 ff, außerdem *Steffen/Pauge*, ArzthaftungsR, RdNr 327, auch RdNr 261 ff. OLG Hamm VersR 1986, 477. Übersichtlich und zustimmend zur Spruchpraxis zum Familienplanungsschaden *Grunsky* Jura 1987, 82 ff. Zur Begrenzung des Schadensausgleichs OLG Saarbrücken NJW 1986, 1549. Jüngere Urteile zur Problematik des Unterhaltsaufwands für ein unerwünschtes Kind BGH MedR 2007, 246 u. 540.

[2] *Backhaus* MedR 1996, 201, 204 f. Scharfsinnig und kritisch *Picker*, Schadensersatz für das unerwünschte eigene Leben. „Wrongful life", 1995. Weitere Nachweise bei *Laufs* NJW 1985, 1364 f; NJW 1987, 1451; NJW 1988, 1500 f. *Faerber*, „Wrongful Life". Die deliktsrechtliche Verantwortlichkeit des Arztes dem Kind gegenüber. Eine rechtsvergleichende Darstellung des amerikanischen, britischen und deutschen Rechts, 1988. Vgl ferner *Laufs,* Pränatale Diagnostik und Lebensschutz aus arztrechtlicher Sicht MedR 1990, 231 ff.

[3] BGH NJW 1984, 658; kritisch dazu *Sick* u *Fischer* MedR 1985, 92 ff.

[4] BGH NJW 1987, 2923; vgl auch OLG München VersR 1988, 194, OLG Frankfurt VersR 1987, 786.

4 Wer die **Haftpflicht für versäumte Aufklärung** über mögliche kindliche Schäden streng auffasst, fördert ärztliches Handeln, das dem Spruch folgt: in dubio contra infantem.[5]

Zur ärztlichen Aufklärungspflicht bei der **Gendiagnostik** sei auf den Abschnitt „Fortpflanzungs- und Genmedizin" aE hingewiesen (§ 9 GenDG).

II. Neulandmedizin: Heilversuch und wissenschaftliches Experiment[6]

5 Die experimentelle Maßnahme unterscheidet sich von der gewöhnlichen nicht durch die Unsicherheit des Ausgangs. Die Medizin gebraucht zahlreiche eingeführte Therapien mit unsicherem Erfolg. Das **Experiment** überschreitet vielmehr den Standard. Wer experimentiert, begibt sich auf empirisch-wissenschaftliches Neuland. „Wer eine als Standard anerkannte Methode anwendet, experimentiert nicht mehr, sondern behandelt" *(Erwin Deutsch)*. Der verantwortlich handelnde Arzt und Forscher verfolgt, wenn er eingeführte Verfahren verlässt und neue Wege sucht, das Ziel, den Standard zu verbessern. Bei der investigativen Medizin gewinnt eine Maßnahme den Versuchscharakter nicht durch die Novität des Mittels, sondern durch die kritische Disposition des Mediziners, der gebräuchliche Methoden in Diagnose und Therapie überprüft: Versuche können auch dazu dienen, der Nützlichkeit und den Gefahren einer Standardtherapie auf die Spur zu kommen.

6 Die Aufgaben des Rechts bei der klinischen Forschung heißen: Legitimierung, Konditionalisierung und Kommissionalisierung.[7] Nachdem die öffentlichrechtlich verfassten **Ethik-Kommissionen** der Landesärztekammern und der Universitäten eine feste berufs- und arzneimittel-rechtliche Grundlage gewannen,[8] können sie ihren Beitrag zum Fortschritt der Medizin in den Grenzen des Rechts[9] weiterhin leisten. Dabei dienen sie vornehmlich dem Schutz der beteiligten Patienten, Probanden – und auch der Ärzte nach deutschem Recht sowie europäischen[10] und internationalen Standards.[11]

---

[5] Gewichtig und fundamental die Einwände von *Picker* gegen den BGH: AcP 195 (1995), 483. Kritisch auch *Stürner* Jura 1987, 75 ff, u Schriftenr d Jur-Vereinigung LebensR eV Nr 3, 1986, 39 ff. Kritisch zum Ansatz d höchstrichterl Rechtspr auch *H Franzki*, Versicherungsmed 1990, 4; VersR 1990, 1181. Bedenkenswert der Vorschlag von *Lange*, Haftung für neues Leben?, Abhandlungen der Akademie der Wissenschaften und der Literatur Mainz, Geistes- und Sozialwissenschaftliche Klasse, Jahrgang 1991 Nr 2, 18, bei Störungen in der Familienplanung „eine einmalige billige Entschädigung in Geld über eine erweiterte Auslegung des allgemeinen Persönlichkeitsrechts zuzusprechen", weil „überwiegend die Persönlichkeitssphäre und damit der immaterielle Bereich" betroffen sei. Die Debatte geht weiter. Unterstützenswert der Vorschlag von *Schimmelpfeug-Schütte*: „Pränataler Hilfefonds" statt „Schadensfall Kind" MedR 2003, 401 ff. Zum Stand des Themas „Kindesunterhalt als Schaden" *Spickhoff* NJW 2007, 1633 f.

[6] Die Literatur wird im einschlägigen Kap 22, § 130 dieses Buches nachgewiesen. Hier seien nur einige wenige grundlegende Titel genannt: *Eberbach*, Die zivilrechtliche Beurteilung der Humanforschung, 1982; *z Winkel/Doerr/Herrmann/Kern/Laufs* (Hrsg), Randomisation und Aufklärung bei klinischen Studien in der Onkologie, 1984; *Kleinsorge/Hirsch/Weißauer* (Hrsg), Forschung am Menschen, 1985; *Wagner* (Hrsg), Arzneimittel und Verantwortung. Grundlagen und Methoden der Pharmaethik, 1993.

[7] *Deutsch* NJW 1995, 3019, 3021 f.

[8] Die 5. Novelle zum AMG vom 9.8.1994, BGBl I, 2071, hat die Ethik-Kommissionen öffentlich-rechtlich geregelt; *Pfeiffer* VersR 1994, 1377 ff; *Deutsch* VersR 1995, 121 ff. Das Vorbild der landesrechtlichen Berufsordnungen (Satzungen der Ärztekammern) nunmehr Musterberufsordnung (MBOÄ) 2006, § 15 (Forschung). Über „das neue Bild der Ethikkommission" nach der 12. Novelle zum AMG (BGBl 2004 I S 2031) *Deutsch* MedR 2006, 411 ff.

[9] *Laufs*, in: Studium Generale der Univ Heidelberg, Grenzen erkennen – Grenzen setzen?, 1995, 31 ff.

[10] Vgl Richtlinie 2001/20/EG des europäischen Parlaments und des Rates v 4.4.2001, AmtsBl d Europ Gem L 121/35-L 121/44, dazu *Laufs* MedR 2004, 583 ff.

[11] *Feiden* (Hrsg), Arzneimittelprüfrichtlinien, Sammlung nationaler u internationaler Richtlinien, Stand 27. Erg-Lfg 2008.

11. Kapitel. Die ärztliche Aufklärungspflicht

Wer Zulässigkeit und Grenzen der klinischen Forschung am Menschen in ihren mannigfaltigen Spielarten erörtern und bestimmen will, wird als Gegenpole den **Heilversuch** vom Experiment scheiden. Bereits die „Richtlinien für neuartige Heilbehandlung und für die Vornahme wissenschaftlicher Versuche am Menschen" aus dem Jahre 1931 treffen diese Unterscheidung.

Den Heilversuch prägt die ins Werk gesetzte Heilabsicht, die nach gründlicher Abwägung des Für und Wider ihre Chance jenseits des Standards sucht. Das Experiment hingegen dient nicht zuerst oder vorwiegend dem Wohl eines einzelnen Kranken, sondern dem Fortschritt der Wissenschaft.

Das Recht des Heilversuchs ist im Unterschied zu dem des klinischen Experiments aus der juristischen Dogmatik des ärztlichen Heileingriffs zu entwickeln. Das **Arzneimittelgesetz** bestätigt diesen Ausgangspunkt durchaus.[12]

Geht es für den klinischen Versuch am Kranken uneingeschränkt vom Grundsatz der therapeutischen Indikation aus, weil der von der Person des Arztes abhängige und in seiner Willensfreiheit als Leidender eingeschränkte Patient im Vergleich zum Gesunden besonders schutzwürdig erscheint, so trägt es andererseits unabweislichen Geboten der ärztlichen Fürsorge Rechnung, wenn es **Erleichterungen bei Aufklärung und Einwilligung** vorsieht.

Beim **klinischen Experiment,** das nicht dem Probanden, sondern dem Fortschritt der Wissenschaft dient, kommen Einschränkungen beim Aufklärungs- und Einwilligungserfordernis grundsätzlich nicht in Betracht.[13] Die Voraussetzung der Freiwilligkeit und das Gebot umfassender Information der beteiligten Patienten und Probanden über alle wesentlichen Umstände des wissenschaftlichen Vorhabens einschließlich des Datenschutzes[14] hat in der Neulandmedizin höchsten Rang. Zu den brennendsten Fragen auf diesem Feld gehört – mit starkem öffentlichen Interesse – diejenige nach dem **Schutz nichteinwilligungsfähiger Personen** in der medizinischen Forschung. Dazu hat die Zentrale Ethikkommission bei der Bundesärztekammer behutsam Position bezogen und eine zukunftweisende Brücke über die Gegensätze geschlagen,[15] ähnlich wie das Menschenrechtsübereinkommen zur Biomedizin.[16] „Zwar kann niemand – er sei einwilligungsfähig oder nicht – zur Hilfestellung für eine Gruppe zukünftiger Patienten durch

---

[12] §§ 40, 41 AMG, idF d Bekanntmachung v 12.12.2005, BGBl I, 3394, zuletzt geändert d Ges v 23.11.2007, BGBl I, 2614. Vgl auch die GCP – VO v. 9.8.2004 BGBl I, 2081 (zu Einwilligung nach Aufklärung § 3 Abs 2b). Zur Aufklärung und Beratungsgespräch § 40 Abs 2 u 2a (Gesundheitsdaten) AMG.

[13] *Laufs* NJW 1999, 1758, 1764; 2000, 1757, 1767, jeweils mN. Vgl auch § 41 StrahlenschutzVO.

[14] Bereits die 5. AMG-Novelle hat im Zusammenhang mit der Einwilligung bei der klinischen Prüfung auch des Arztgeheimnisses und des Datenschutzes gedacht (§ 40 Abs 1 S. 1 Nr 2 AMG) aF, nunmehr detailliert § 40 Abs 2 a nF zur gebotenen Information „über Zweck und Umfang der Erhebung und Verwendung personenbezogener Daten". Auch insofern also ist eine genaue Aufklärung geboten. Vgl auch *Bizer,* Forschungsfreiheit und Informationelle Selbstbestimmung, 1992. Zur Richtlinie des Europäischen Parlaments und des Rates zum Schutz natürlicher Personen bei der Verarbeitung personenbezogener Daten und zum freien Datenverkehr *Bertelsmann* VSSR 2001, 133 ff. – Über medizinische Forschung, ärztliches Berufsgeheimnis und Datenschutz in der Schweiz *Stratenwerth* VSSR 2001, 141 ff.

[15] DÄBl 1997, A 1011 f; dazu *Taupitz/Fröhlich* VersR 1997, 911 ff.

[16] Art 17. Hier wie dort werden die Kinder nicht eigens angesprochen – eine Schwäche der Dokumente. Zu dem Übereinkommen *Laufs* NJW 1997, 776 f. – *Spranger* MedR 2001, 238 ff; umfassend und weiterführend *Fröhlich,* Forschung wider Willen? Rechtsprobleme biomedizinischer Forschung mit nichteinwilligungsfähigen Personen, 1999, mit Quellenanhang; *Wachenhausen,* Medizinische Versuche und klinische Prüfung an Einwilligungsunfähigen, 2001. *Magnus,* Medizinische Forschung an Kindern. Rechtliche, ethische und rechtsvergleichende Aspekte der Arzneimittelforschung an Kindern, 2006; *Sprecher,* Medizinische Forschung mit Kindern und Jugendlichen nach schweizerischem, deutschem, europäischem und internationalem Recht, 2007. Zum Kindes- und Patientenwohl in der Arzneimittelforschung instruktiv *v Freier* MedR 2003, 610 ff.

Teilnahme an einer wissenschaftlichen Untersuchung verpflichtet werden, selbst wenn der Nutzen für diese Patienten erheblich und die Risiken für ihn selbst minimal sind. Jedoch erscheint eine Einbeziehung nichteinwilligungsfähiger Personen in eine solche Untersuchung dann vertretbar, wenn – abgesehen von der Einhaltung weiterer Schutzkriterien – der gesetzliche Vertreter aus der Kenntnis der vertretenen Person ... ausreichende Anhaltspunkte hat, um auf ihre Bereitschaft zur Teilnahme an der Untersuchung schließen zu können, und umgekehrt keine widerstrebenden Willensäußerungen des Betroffenen selbst vorliegen."

11 Die Randomisation Einwilligungsunfähiger bleibt grundsätzlich ausgeschlossen. Die Zufallszuteilung von Patienten auf Behandlungs- und Kontrollgruppen im Interesse einer möglichst zuverlässigen Statistik schafft Probanden, und die müssen uneingeschränkt einwilligungsfähig sein. „Nur echte, voll motivierte und wissende Freiwilligkeit kann den Zustand der ‚Dingheit' gutmachen, dem sich das Subjekt unterwirft."[17] Das Rechtsinstitut der **mutmaßlichen Einwilligung** hilft nicht weiter, weil sich die Bereitschaft zur Fremdnützigkeit mit der gebotenen Sicherheit kaum je wird feststellen lassen. Dritte, auch Amts- oder Gerichtspersonen, vermögen allein zum Vorteil des Einwilligungsunfähigen einzutreten. Auf die Einwilligung verzichten lässt sich allenfalls dann, wenn die einander gegenüberstehenden Verfahren nach dem Verhältnis zwischen Vorteil und Gefahr als gleichwertig erscheinen, der Arzt also im Blick auf das Wohl der Patienten den einen wie den anderen Weg als medizinisch geboten ansehen darf.

Die Rechtsinstitute der **Voraberklärungen** und der **Bevollmächtigung** in gesundheitlichen Angelegenheiten verdienten etwa bei der Erforschung der Demenzkrankheiten[18] volle Aufmerksamkeit auch in Deutschland. Hier liegen Möglichkeiten zu behutsamer Rechtsfortbildung, ohne die medizinisch notwendige Forschung unterbleiben müsste.[19] Eltern, Vormünder und Betreuer freilich dürfen nicht das Recht zugestanden erhalten, die Interessen ihrer Schutzbefohlenen noch so einleuchtenden Zwecken aufzuopfern.[20]

12 Im Verhältnis zum kranken Destinatär eines Heilversuchs und mehr noch im Verhältnis zum Probanden bleibt der Arzt zu einem **gesteigerten und hohen Maß an Aufklärung** verpflichtet: Weil das Legitimationselement der ärztlichen Indikation fehlt, gewinnt die Einwilligung vermehrtes Gewicht. Unkonsentierte Begleitexperimente, Versuche, die nicht dem Wohl des konkreten Kranken, sondern ausschließlich dem Erkenntnisfortschritt dienen, dürfen den Empfänger des Heilversuchs nicht belasten. Auch darf die Prüfungsplanung „in der Limitierung ihrer Parameter nicht dazu führen, den Blick vom körperlich-seelischen Gesamtbild des Patienten abzulenken".[21]

13 Eine den inzwischen gefestigten juristischen Standards gemäße **Patienten- oder Probandeninformation** muss insbesondere folgende Elemente umfassen:[22] Den Titel der Studie, deren Sinn und den Grad des individuellen Nutzens, die unerwünschten Wirkungen und andere Risiken, die Nutzen-Risiko-Abwägung als Kernstück, andere Behandlungsmöglichkeiten, die Randomisierung und – falls vorgesehen – die Verblindung, die Freiwilligkeit der Teilnahme und das uneingeschränkte Rücktrittsrecht, den Datenschutz mit der Möglichkeit des Einblicks in Originalunterlagen durch Monitore, die Patienten-

---

[17] *Hans Jonas,* Technik, Medizin und Ethik, 2. Aufl 1987, 111.
[18] *Helmchen/Lauter* (Hrsg), Dürfen Ärzte mit Demenzkranken forschen? Forschungsbedarf und Einwilligungsproblematik, 1995.
[19] Aus der jüngeren Literatur: *Röver,* Einflußmöglichkeiten des Patienten im Vorfeld einer medizinischen Behandlung. Antezipierte Erklärung und Stellvertretung in Gesundheitsangelegenheiten, 1997.
[20] Zur klinischen Prüfung von Medikamenten an Betreuten *Holzhauer* NJW 1992, 2325 ff, freilich ohne auf die heikle Randomisationsproblematik einzugehen.
[21] *Kleinsorge,* Arzneimittelstudien beim niedergelassenen Arzt, 1988, 56. Vgl *Laufs,* Arztrecht, 5. Aufl 1993, RdNr 487, 489; OLG Oldenburg NJW-RR 1997, 533.
[22] Nach *Walter-Sack* MedR 1997, 301, 304.

oder Probandenversicherung mit Anschrift der Versicherungsgesellschaft und Police-Nummer, schließlich die Obliegenheiten der Patienten oder Probanden.

Die **Einverständniserklärung** muss enthalten: Die freiwillige Zustimmung zur Teilnahme, den Erhalt der schriftlichen Aufklärung, die zusätzliche mündliche Information, die Zustimmung zur Aufzeichnung von Krankheitsdaten, die Zustimmung zur Einsichtnahme in Originalunterlagen durch Angehörige der Gesundheitsbehörden und – soweit dies zutrifft – durch Mitarbeiter eines Sponsors oder andere Monitore zum Zweck der Überprüfung der korrekten Datenübertragung.

Das Kernstück des Rechts der Arzneimittelprüfung erfuhr durch die **AMG-Novelle von 2004** mehrfache Änderungen und Zusätze. Mit gutem Grund hält die Novelle an dem Unterschied zwischen dem Recht der Minderjährigen und dem der einwilligungsunfähigen Volljährigen fest. Die Vorschrift des § 40 Abs 4 aF zur Prüfung diagnostischer und prophylaktischer Arzneimittel mit Minderjährigen, „eine unvollständige, schwer verständliche und in ihrem Anwendungsbereich unsichere Regelung"[23] erfuhr keine ausdrückliche Klärung der von ihr aufgeworfenen Kontroverse darüber, ob das Gesetz sich an dieser Stelle auf individuelle Heilversuche oder auf wissenschaftliche Experimente bezieht: Können Kinder von Rechts wegen Probanden sein? Neben anderen Argumenten sprechen dafür die zusätzlich eingeführten Voraussetzungen und Schranken. Hier kommen der mutmaßliche Wille und ein Vetorecht des nicht einwilligungsfähigen Minderjährigen und eine altersgemäße Risiko- und Nutzen-Aufklärung ins Spiel. Außerdem darf die klinische Prüfung nur stattfinden, „wenn sie für die betroffene Person mit möglichst wenig Belastungen und anderen vorhersehbaren Risiken verbunden ist; sowohl der Belastungsgrad als auch die Risikoschwelle müssen im Prüfplan eigens definiert und vom Prüfer ständig überprüft werden"[24]. Abgesehen von einer angemessenen Entschädigung dürfen Vorteile, anders als beim erwachsenen Probanden, nicht gewährt werden.

Die Novelle gibt wissenschaftlichen **Studien mit minderjährigen Probanden** auch außerhalb der Diagnostika- und Prophylaktika-Forschung Raum, und zwar noch erweiterten. Diesen Raum eröffnet der neue § 41 Abs 2 Nr 2 AMG im Sinne der europäischen Richtlinie. Der abgelöste § 41 hatte ausschließlich therapeutische Studien zum Gegenstand. Die klinische Prüfung braucht nicht mehr allein dem therapeutischen Interesse der in die Studie Einbezogenen zu dienen, sondern sie darf auch im Zeichen des Gruppennutzens stattfinden: „Die klinische Prüfung muss für die Gruppe der Patienten, die an der gleichen Krankheit leiden wie die betroffene Person, mit einem direkten Nutzen verbunden sein."[25] Weiter muss die Forschung „für die Bestätigung von Daten, die bei klinischen Prüfungen an anderen Personen oder mittels anderer Forschungsmethoden gewonnen wurden", unbedingt erforderlich sein[26] und sich „auf einen klinischen Zustand beziehen, unter dem der betroffene Minderjährige leidet."[27] Überdies darf die klinische Prüfung „für die betroffene Person nur mit einem minimalen Risiko und einer minimalen Belastung verbunden sein". Diese in der internationalen Diskussion und Rechtsetzung längst eingeführten Begriffe erfahren durch die Novelle eine Legaldefinition."[28]

---

[23] *Deutsch* NJW 2001, 3365. Größere Bestimmtheit erlangt die Vorschrift auch nicht dadurch, dass sie „angezeigt sein" als „medizinisch indiziert" definiert. Das Kriterium des Angezeigtseins „nach den Erkenntnissen der medizinischen Wissenschaft" haben die alte wie die neue Fassung ja bereits aufgestellt (vgl § 40 Abs 4 Nr 2 aE aF und § 40 Abs 4 Nr 1 nF).

[24] § 40 Abs 4 Nr 4 AMG.

[25] § 41 Abs 2 Nr 2a AMG.

[26] § 41 Abs 2 Nr 2b AMG.

[27] § 41 Abs 2 Nr 2c AMG.

[28] § 41 Abs 2 Nr 2d AMG. Vgl *Wiesemann*, Die ethische Bewertung fremdnütziger Forschung in der Kinder- und Jugendmedizin, in: *Wiesing/Simon/v Engelhardt* (Hrsg), Ethik in der medizinischen Forschung, Jb Medizinethik Bd 13, 2000, 71–81, 77 („Schlüsselbegriffe der Forschung an Nicht-Einwilligungsfähigen").

Damit ist der Gesetzgeber dem dringenden Bedürfnis der Pädiatrie nach Fortschritten der Wissenschaft für die Medikation zu Gunsten aller Kinder ein Stück weit entgegengekommen. Er hat damit das Tor zur fremdnützigen Forschung aufgestoßen gegen die angeführten verfassungsrechtlichen Bedenken. Gewiss zieht die Novelle dem Humanexperiment mit Kindern enge Grenzen, aber sie lässt es doch zu. Denn was der Gruppe dient, braucht dem Beanspruchten nicht zu nützen. Die neue Regel mag im Wortsinne bahnbrechend wirken. Unter dem Anreiz internationaler Entwicklungen mag sich das Feld des Zulässigen – wie bei der artifiziellen Reproduktion des Menschen – Zug um Zug erweitern.

Anders stellt sich die Rechtslage für **den einwilligungsunfähigen Volljährigen** dar.[29] Ihm darf der Forscher keine Sozialpflicht auferlegen oder ein Sonderopfer abverlangen. Hier gelten strenge Voraussetzungen. Die wichtigste findet sich am Ende der Nr 1 der Vorschrift: „Die klinische Prüfung darf nur durchgeführt werden, wenn die begründete Erwartung besteht, dass der Nutzen der Anwendung des Prüfpräparates für die betroffene Person die Risiken überwiegt oder keine Risiken mit sich bringt." Hier wie an anderen Stellen lehnt sich die deutsche Novelle eng an die europäische Richtlinie an. Auch die folgenden Maßgaben kannte das AMG bisher nicht: Die Forschungen müssen sich „unmittelbar auf einen lebensbedrohlichen oder sehr geschwächten klinischen Zustand beziehen, in dem sich die betroffene Person befindet, und die klinische Prüfung muss für die betroffene Person mit möglichst wenig Belastungen und anderen unvorhersehbaren Risiken verbunden sein; sowohl der Belastungsgrad als auch die Risikoschwelle müssen im Prüfplan eigens definiert und vom Prüfer ständig überprüft werden". Außerdem muss die Studie „für die Bestätigung von Daten, die bei klinischen Prüfungen an zur Einwilligung nach Aufklärung fähigen Personen oder mittels anderer Forschungsmethoden gewonnen wurden, unbedingt erforderlich sein". Überdies dürfen „die klinische Prüfung an Einwilligungsfähigen oder andere Forschungsmethoden nach den Erkenntnissen der medizinischen Wissenschaft keine ausreichenden Prüfergebnisse erwarten lassen".[30]

Diesen Regeln liegt die für jeden Arzt, auch den forschenden, geltende und im Berufsrecht statuierte Maxime „primum nil nocere" zugrunde. Es ist zu begrüßen, dass der deutsche Gesetzgeber dieses Grundgebot nach den europäischen Vorgaben[31] für die Neulandmedizin im Einzelnen entfaltet hat. Nach diesen strengen Regeln bleibt für die **randomisierte Studie mit einwilligungsunfähigen Kranken,** also etwa schwer verunglückten, in cardio-vasculären Krisen befindlichen oder stark Not leidenden dementen Patienten, durchaus ein, wenngleich stark eingegrenzter, Raum. Die gesetzlichen Voraussetzungen müssen alle gegeben und die Teilnahme von Patienten an beiden Armen der kontrollierten Studie, in der Versuchs- wie der Vergleichsgruppe, gleichermaßen ärztlich vertretbar sein. Dabei haben sich die Prüfer stets vor Augen zu halten, dass die Verteilung der Patienten auf die verschieden medikamentierten Gruppen nach dem Zufallsprinzip neben therapeutischen auch wissenschaftlichen Zwecken dient und Patienten zu Probanden werden lässt. Die randomisierte Studie steht gleichsam zwischen Heilversuch und Experiment, indem sie Elemente beider in einem eigenen Verfahren verbindet. Der Patient, der – wie sich spätestens am Ende der Studie zeigt – zu der nach dem Verhältnis von Vorteil und Risiko schlechter abschneidenden Gruppe gehört, hat als Teilnehmer der Randomisation und Proband ein Opfer im Dienste des Erkenntnisfortschritts gebracht – freilich ein von vornherein ärztlich vertretbares. Daß sich auch hier finanzielle Anreize verbieten,[32] liegt auf der Hand.

---

[29] § 41 Abs 3 AMG. Zur Forschung an nicht-einwilligungsfähigen Notfallpatienten, *Spickhoff* MedR 2006, 707 ff.

[30] § 41 Abs 3 Nr 3 mit § 40 Abs 4 Nr 2.

[31] Wie sie die Richtlinie 2001/20/EG durchziehen, vgl insbes Art 3: „Schutz von Prüfungsteilnehmern".

[32] Vgl § 40 Abs 4 Nr 5, § 41 Abs 3 Nr 4 AMG.

III. Behandlungsfehler; wirtschaftliche Bewandtnisse

1. Aufklärung über Behandlungsfehler. Der behandelnde Arzt sei, so *Dieter Hart*,[33] **14** „im Falle des begründeten Verdachts oder der zweifelsfreien Kenntnis eines Fehlers bei der Behandlung aufgrund einer vertraglichen Nebenpflicht gegenüber dem Patienten über den möglichen Fehler belehrungspflichtig". Den Arzt sollen insoweit ähnliche Pflichten treffen wie die Angehörigen sonstiger freier Berufe, etwa Rechtsanwälte, Steuerberater, Architekten. Die **Selbstbezichtigungsproblematik** stehe nicht entgegen. Der Arzt müsse seiner Belehrungspflicht nachkommen, sobald er den Fehler bei der Behandlung erkenne oder einen Fehlerverdacht habe. Der Belehrungsanspruch könne ausnahmsweise dann entfallen, wenn sich der Patient wegen der möglichen fehlerhaften Behandlung vertraglich von einem anderen Arzt beraten lasse. Dasselbe gelte für den zweitbehandelnden Arzt und den Krankenhausträger.

Diese Position steht nicht in Einklang mit der vorherrschenden Rechtsansicht und ver- **15** dient Widerspruch. Einer generellen Pflicht des Arztes zur Aufklärung über eigene Fehler steht der allgemeine Rechtsgrundsatz entgegen, wonach niemanden die Pflicht trifft, sich durch Selbstanzeige Schadensersatzansprüchen oder Strafverfolgungsmaßnahmen auszusetzen. Die Parallele zum Rechtsanwalt lässt sich nicht ziehen, weil dessen Sorgfaltsverstöße regelmäßig ohne strafrechtliche Folgen bleiben. Von dem genannten Grundsatz gibt es jedoch eine Ausnahme: „Aus dem ärztlichen Behandlungsvertrag und dem hieraus resultierenden besonderen Vertrauensverhältnis zwischen Arzt und Patient sowie aus der allgemeinen Rechtspflicht des ‚primum nil nocere', der Garantenstellung des Arztes und der Schadensminderungspflicht kann sich im Einzelfall eine Verpflichtung des Arztes oder des Krankenhausträgers ergeben, den Patienten über Behandlungsfehler und hieraus resultierende schädliche Folgen zu informieren."[34]

Bei **Arztfehlern von Kollegen** besteht eine Informationspflicht dann, wenn es gilt, durch einen Eingriff weiteren Schaden abzuwenden. Eine solche Pflicht steht nicht im Widerspruch zu dem berufsrechtlichen Gebot der Kollegialität.[35] Das Wohl des Patienten geht vor. Der bloße Verdacht begründet die Informationspflicht wohl nicht.

2. Wirtschaftliche Bewandtnisse. Medizinische Aufschlüsse können dem Schwer- **16** kranken wichtig sein, weil sie es ihm ermöglichen, **wirtschaftliche oder religiöse Vorsorge** für das Ende zu treffen. Der Kranke habe, so judizierte das RG,[36] „besonders bei einer gefährlichen Erkrankung völlige Aufklärung regelmäßig nötig, ... um seine häuslichen und geschäftlichen Angelegenheiten dementsprechend bestellen zu können". Als Rechtspflicht wird dem Arzt eine solche Fürsorge nur unter besonderen Umständen obliegen. Die ärztliche Aufklärungspflicht dient der Selbstbestimmung des Menschen über seinen Körper und seine Gesundheit. Anderen Zwecken hat sie regelmäßig nicht zu dienen. Daher endet sie, wenn sie der Selbstbestimmung des Patienten über seine körper-

---

[33] In: *Francke/Hart,* Ärztliche Verantwortung und Patienteninformation, 1987, 53 ff, 78 f, mwN. Vgl auch *Kleuser,* Die Fehleroffenbarungspflicht des Arztes unter besonderer Berücksichtigung der versicherungsrechtlichen Obliegenheiten nach einem Behandlungszwischenfall, 1995, 207; *Terbille/Schmitz-Herscheid* NJW 2000, 1749 ff (strenge Position).

[34] *Uhlenbruck,* Das Recht und die Pflicht des Arztes zur restitutio ad integrum nach einem Behandlungsfehler, FS Weißauer, 1986, 150 ff, 157. Zurückhaltend auch *Taupitz* NJW 1992, 713 ff, 719: „Allenfalls im Rahmen der Selbstbestimmungsaufklärung und damit zur Erlangung einer wirksamen Patienteneinwilligung in einen (weiteren) geplanten Eingriff kann eine Pflicht zur Offenbarung eines zurückliegenden schweren Behandlungsfehlers bejaht werden." *Ders,* Die zivilrechtliche Pflicht zur unaufgeforderten Offenbarung eigenen Fehlverhaltens, 1989; *ders,* Arztfehler – unter dem Mantel des Schweigens? Zur Rechtspflicht des Arztes, unaufgefordert eigene Behandlungsfehler zu offenbaren, 1998. Ähnlich wie im Text *Prütting* in FS Laufs, 2005, 1009 ff. Hilfreiche Strafrechtliche Strategien für post-invasive Patientengespräche von *Dann* MedR 2007, 638 ff.

[35] § 29 Abs 1, MBOÄ (2007).

[36] RGSt 66, 181, 182.

§ 61   17

17 Die Spruchpraxis freilich hat längst unternommen, die ärztliche Aufklärungspflicht auch auf **wirtschaftliche Bewandtnisse** zu erstrecken, um den Patienten vor finanziellen Überraschungen zu schützen. Arzt und Krankenhaus haben Patienten darauf hinzuweisen, wenn sie befürchten müssen, die Krankenkasse werde nicht einstehen. Der Patient darf Aufschlüsse erwarten über Höhe der Pflegesätze, den Wahlarztabschlag und über von der GOÄ abweichende Steigerungssätze.[38] Der Arzt soll seinen Patienten über **alternative Methoden,** die Kosten und deren Übernahme durch den Krankenversicherer beraten.[39] Das Recht beschränkt den Arzt grundsätzlich auf die notwendige und wirtschaftliche Behandlung.[40] Die Pflicht, Kostenfragen mit dem Patienten zu erörtern, gewinnt in dem Maße an Bedeutung, in dem sozialpolitische Entscheidungen zu Einschnitten in das Leistungssystem der Krankenkassen führen. Doch dieser Gesichtspunkt rechtfertigt es nicht, ihn schlechthin in die Rolle eines Sachwalters fremder Vermögensinteressen zu drängen.[41] Bei gegebenem Anlass wird der Arzt den Patienten immerhin dazu auffordern sollen, die Kostenübernahme mit dem Versicherer zu klären. Wirtschaftlichkeitsgeboten hat der Arzt im Rahmen seines Ermessens und Beurteilens und im Rahmen erlaubter Risiken zu genügen. Das kann zu schwierigen Abwägungen führen, an denen der Arzt den Kranken im Zweifel teilnehmen lassen soll, damit dieser die Möglichkeit erhält, durch Eintritt in die Kosten ein bestimmtes Heilverfahren jedenfalls für sich zu gewinnen.

18 Vor einer **kosmetischen Operation** hat der behandelnde Arzt seine Patientin unmissverständlich darauf aufmerksam zu machen, dass die Krankenkasse möglicherweise die Operationskosten nicht tragen werde.[42] Vereinbaren die Parteien abweichend vom Regelfall des Arztzusatzvertrages[43] in vorformulierten Bedingungen einen **gespaltenen Krankenhausvertrag,** „so muss dem Patienten hinreichend – etwa durch Hinweis in dem von ihm unterzeichneten Vertragstext – verdeutlicht werden, dass der Krankenhausträger nicht Schuldner der ärztlichen Leistungen ist und ihm auch für etwaige ärztliche Fehlleistungen nicht haftet".[44] Zur vertraglichen Nebenpflicht des Krankenhausträgers gehört der rechtzeitige Hinweis auf eine bevorstehende Umstufung vom Behandlungs- zum **Pflegefall,** damit der Patient vor unnötigen finanziellen Lasten be-

---

[37] Die Frage ist str; vgl die Nachweise bei *Kern/Laufs,* Die ärztliche Aufklärungspflicht, 190. *Fehse* MedR 1986, 115 ff, 117, fordert, „dass der Arzt sowohl über den medizinischen als auch den wirtschaftlichen Bereich der Behandlung aufzuklären hat. Die Aufklärung über den wirtschaftlichen Bereich beschränkt sich aber auf die zu erwartenden Kosten der von ihm befürworteten Behandlung." Schäden des Patienten wegen ausgebliebener Deckung durch den Krankenversicherer fielen indessen nicht in den Schutzbereich der Aufklärungspflicht.

[38] *Steffen/Pauge,* RdNr 328 a unter Nachweis der BGH-Judikatur; Verstöße dagegen machen die Wahlleistungsvereinbarung nichtig. – Zum Schadensersatzanspruch gegen einen Zahnarzt nach falscher Beratung über die zu erwartende Eigenbeteiligung AG Rheda-Wiedenbrück MedR 2004, 110 m Anm *Meyer.* – Zur Unterrichtungspflicht des Krankenhauses bei wahlärztlicher Behandlung auch BGH MedR 2004, 264 (Problemstellung *Bender).*

[39] OLG Düsseldorf MedR 1986, 208; KG VersR 2000, 89 m Anm *Rieger* DMW 1999, 1469; Übersicht bei *Michalski* VersR 1997, 137 ff. Gegen eine Pflicht zur (Eingriffs-)Aufklärung des Kassenpatienten über die Möglichkeit, sich als Selbstzahler besser versorgen zu lassen, bestehen Bedenken (vgl *Steffen/Pauge,* RdNr 328b); s in dessen *Schelling* MedR 2004, 422 ff.

[40] *Goetze,* ArzthaftungsR und kassenärztliches Wirtschaftlichkeitsgebot, 1989. – „Das Wirtschaftlichkeitsgebot soll unnütze und überteuerte Therapien aus dem Leistungsbereich der Gesetzlichen Krankenversicherung herausnehmen, nicht aber eindeutig gesundheitsverbessernde oder lebenserhaltende Therapien einem allgemeinen Kostenvorbehalt unterwerfen", so richtig *Künschner,* Wirtschaftlicher Behandlungsverzicht und Patientenauswahl, 1992, 381.

[41] Einschränkend auch *Spickhoff* NJW 2007, 1633.

[42] LG Bremen NJW 1991, 2353.

[43] BGHZ 95, 63 = NJW 1985, 2189.

[44] BGH NJW 1993, 779.

11. Kapitel. Die ärztliche Aufklärungspflicht 1, 2 § 62

wahrt bleibe.[45] Eine durch noch nichts bewiesene, kostspielige Therapie muss den Arzt veranlassen, den Patienten mit aller Deutlichkeit auf die wirtschaftlichen Folgen seines Entschlusses hinzuweisen.[46]

Besondere Hinweis- und Erläuterungspflichten ergeben sich für den Arzt auch aus dem Gebührenrecht.[47]

§ 62 Die Art und Weise der Aufklärung. Aufklärungsformulare

Inhaltsübersicht

	RdNr
I. Wer klärt auf? Wann und wie ist aufzuklären? Aufklärungsadressaten	1
1. Aufklärungspflichtiger	1
2. Form der Aufklärung	4
3. Zeitpunkt der Aufklärung	6
4. Aufzuklärender	7
II. Aufklärungsformulare	14
1. Mündliche Aufklärung	14
2. Aufklärungsformulare	15

I. Wer klärt auf? Wann und wie ist aufzuklären? Aufklärungsadressaten

1. Aufklärungspflichtiger. Die **Aufklärungspflicht** beinhaltet die Verantwortung 1 für die Information des Patienten. Sie obliegt dem Arzt, und zwar grundsätzlich dem behandelnden. Die Aufklärung bildet einen wesentlichen Teil des Gesprächs zwischen Arzt und Patient und gehört damit zur Heilbehandlung.[1] Klärt der behandelnde Arzt nicht selbst auf, so hat er die Information des Patienten durch einen Kollegen so zu organisieren, dass sie voll gewährleistet bleibt, oder er hat sich zu vergewissern, dass hinreichend aufgeklärt worden und weiterer Aufschluss nicht nötig ist. Bei schweren Eingriffen, die der Entschlusskraft des Kranken viel abverlangen, wird der den Eingriff vornehmende Chirurg die gebotene Unterredung selbst zu führen haben.

Sofern die **Delegation der Aufklärung** möglich ist,[2] erfordert sie eine klare Absprache 2 und Kompetenzverteilung. Eine Delegation wirkt befreiend nur, wenn klare, stichprobenweise kontrollierte Organisationsanweisungen bestehen und auch kein konkreter Anlass zu Zweifeln an der Qualifikation des bestellten Arztes auftrat.[3] Der Vertragspartner des Patienten, also der Krankenhausträger oder der selbstliquidierende Arzt, hat nach § 278 BGB für die Erfüllung der Aufklärungspflichten einzustehen. **Dienst- und Arbeitgeber** von Ärzten werden ihren organisations- und aufsichtsrechtlichen Pflichten regelmäßig genügen, wenn sie auf Empfehlungen über Art, Umfang und Inhalt ärztlicher Aufklärung Hinweise geben oder diese ziel- und praxisorientiert für den jeweiligen eigenen Zuständigkeitsbedarf selbst formulieren. Hat der Krankenhausträger es an detaillierten Anweisungen, Informationen und Kontrollen fehlen lassen und eine ausreichende Aufklärung

---

[45] OLG Koblenz MedR 1991, 335.
[46] OLG Hamm NJW 1995, 790 (Krebskrankheit).
[47] § 2 Abs 2 S. 1, § 12 Abs 2 Nr 2 GOÄ.
[1] Dazu und zum Folgenden mit Nachweisen *Tempel* NJW 1980, 615, ferner *Kern/Laufs*, Die ärztliche Aufklärungspflicht, 11 ff.
[2] Vgl dazu OLG Karlsruhe, VersR 1997, 241 (hinreichend qualifizierter ärztlicher Mitarbeiter); andererseits OLG Bamberg VersR 1998, 1025 (Arzt eines anderen Fachgebiets) und OLG Karlsruhe NJW-RR 1998, 459 (nichtärztliches Personal).
[3] OLG Stuttgart VersR 1981, 691. – Der Chefarzt, der die Risikoaufklärung eines Patienten einem nachgeordneten Arzt überträgt, hat darzulegen, welche organisatorischen Maßnahmen er ergriffen hat, um eine ordnungsgemäße Aufklärung sicherzustellen und zu kontrollieren, BGH MedR 2007, 169 m. Anm *Bender*. – Zur Delegation ärztlicher Leistungen *Kern*, ÄrzteBl Sachsen 2008, 48–52.

des Patienten organisatorisch nicht gewährleistet, haftet er jedenfalls deliktsrechtlich.[4] Der aufklärungspflichtige Arzt kann sich nicht darauf verlassen, dass der einweisende Hausarzt oder der vorbehandelnde Kollege dem Patienten die erforderlichen Informationen vermittelten; er bleibt dafür beweisbelastet.[5]

3 In jeder Abteilung der Klinik und vor jedem Eingriff muss der Patient die erforderlichen Aufschlüsse erhalten. Die **Verantwortung des Arztes** beschränkt sich dabei grundsätzlich auf sein eigenes Fachgebiet. Es gilt der Vertrauensgrundsatz: Ein Arzt darf sich bezüglich der Information des Patienten durch den Kollegen des anderen Faches grundsätzlich auf diesen verlassen.[6]

4 **2. Form der Aufklärung.** Die **Weise der Aufklärung** überlässt der BGH prinzipiell dem pflichtgemäßen Ermessen des Arztes.[7] Er hat nur „im Großen und Ganzen" aufzuklären. Das Für und Wider jedenfalls muss nach der Grundregel umso deutlicher zum Vorschein kommen, je weniger dringlich der Eingriff und je fragwürdiger die Prognose erscheint.[8] „Auch auf den Stellenwert des Risikos gegenüber den Folgen einer Nichtbehandlung, das Verhältnis irreversibler gegenüber reversiblen Folgen können die Formulierungen des Arztes Rücksicht nehmen; nur darf er Risiken nicht verharmlosen,[9] oder durch Verschweigen der beschränkten Erfolgsaussichten des Eingriffs oder Dramatisieren seiner Dringlichkeit die Bedeutung der Risiken für die Entscheidung des Patienten in ein falsches Rangverhältnis rücken."[10]

5 In begrenztem Umfang darf der Arzt auf die **Mitwirkung des Kranken** setzen, also etwa erwarten, dass dieser nach der Information über das Wesentliche Einzelheiten erfrage.[11] Unter Umständen kann der Patient schon aus der Art des Eingriffs auf seine Schwere schließen[12] oder von einer umfangreichen Operation auf ein bestimmtes Risikospektrum.[13] Die Kenntnis des Kranken von allgemeinen Risiken schwerer Eingriffe darf der Arzt vielfach voraussetzen. So braucht er den Patienten, der sich der Gefährlichkeit einer Operation bewusst ist, nicht über das Embolierisiko nach größeren Eingriffen aufzuklären.[14] Im Zweifel freilich bleibt der Arzt informationspflichtig.

Gesteigerte Aufmerksamkeit erfordert der **fremdsprachige Patient.** Auch hier hat der Arzt, wenn Anlass zu Zweifeln über die Kommunikationsfähigkeit und die Vorstellung des Kranken besteht, nachzufragen und die Lage verständlich zu erklären, notfalls mithilfe von Angehörigen oder Dolmetschern.[15]

---

[4] *Kirchhoff* RPG 1997, 101, 104; *Kern/Laufs*, Die ärztliche Aufklärungspflicht, 20 f, jeweils mwN.
[5] BGH NJW 1980, 633; BGH NJW 1984, 1807; BGH VersR 1983, 957; OLG Düsseldorf VersR 1984, 643, 645. Vgl auch *Deutsch* NJW 1984, 1802 f.
[6] *Kern/Laufs* Die ärztliche Aufklärungspflicht 15 ff, mwN. – Zur Aufklärungspflicht des diagnostizierenden und die Therapie vorschlagenden Arztes BGH MedR 1990, 264; NJW 1980, 1905, 1906; zu weit OLG Oldenburg, VersR 1999, 1422, dagegen zu Recht *Rehborn* MDR 2000, 1101 (1105 f).
[7] BGHZ 90, 103 = NJW 1984, 1397; Rechtsprechungsnachweise bei *Steffen/Pauge*, RdNr 393.
[8] BGH NJW 1979, 1933; BGHZ 90, 103 = NJW 1984, 1397.
[9] BGH NJW 1992, 2351; 1995, 2410; VersR 1996, 195; OLG Stuttgart VersR 1997, 1537; 1998, 1111.
[10] *Steffen/Pauge,* ArzthaftungsR, RdNr 398 mwN.
[11] Vgl *Katzenmeier*, Arzthaftung, 2002, § 6 III.2.b., zu einer „Mobilisierung der Selbstbestimmung". *Steffen* MedR 1983, 89, mwN.
[12] BGH NJW 1983, 333.
[13] BGH NJW 1984, 1807.
[14] BGH NJW 1986, 780. Vgl ferner OLG Köln, VersR 1995, 543; OLG Oldenburg, VersR 1998, 769; OLG Hamm, VersR 1998, 1548.
[15] „Der aufklärungspflichtige Arzt hat – notfalls durch Beiziehung eines Sprachmittlers – sicherzustellen, dass der ausländische Patient der Aufklärung sprachlich folgen kann", KG MedR 2009, 47 unter Aufgabe von KG MedR 1999, 226. OLG Düsseldorf, VersR 1990, 852; OLG München, VersR 1993, 1488; OLG Karlsruhe, VersR 1998, 718. Zur Beweisbarkeit hinreichender Aufklärung fremdsprachiger Patienten OLG Nürnberg MedR 2003, 172 (Problemstellung *Kern*). Spricht der Arzt nur gebrochen Deutsch, so ist das eine denkbar schlechte Voraussetzung für ein Aufklärungsgespräch, AG Leipzig MedR 2003, 582 m Anm *Mangelsdorf.*

3. Zeitpunkt der Aufklärung. Die ärztlichen Aufschlüsse dürfen nicht zur Unzeit 6 erfolgen und den Patienten nicht unter Entscheidungsdruck setzen. Es muss ihm vielmehr die Zeit bleiben, seinen Entschluss zu überdenken und mit Vertrauten zu erörtern, sofern nicht ein Notfall vorliegt. Grundsätzlich soll die Aufklärung nicht später als am Tage vor dem Eingriff stattfinden. Vor schweren oder problematischen Operationen können **mehrere Unterredungen** notwendig sein, bei denen der Entschluss in einem Prozess gemeinsamen Bemühens heranreifen kann. Organisatorische Schwierigkeiten des Klinikbetriebes rechtfertigen eine „Aufklärung auf der Bahre" keineswegs.[16] **Die Rechtzeitigkeit der Aufklärung** muss auch vor diagnostischen Eingriffen gewahrt bleiben. Es genügt nicht die Information im Untersuchungsraum oder vor dessen Tür mit dem Hinweis, ohne den diagnostischen Eingriff könne die Operation andertags nicht erfolgen.[17] Bei normalen ambulanten Eingriffen kann eine Aufklärung erst am Tag des Eingriffs noch rechtzeitig sein.[18]

Ein strenges Urteil des BGH[19] verlangt dem Arzte ab, bereits in derjenigen Sprechstunde den Kranken über die Operationsgefahr zu unterrichten, in der er den späteren Eingriff mit dem Patienten verabredet und den Termin dafür festlegt. Dieser **frühe, oft Wochen vor der Operation liegende Zeitpunkt** gewährleiste die Entschlussfreiheit des Patienten, weil er psychische Sperren vermeide, die den Kranken daran hindern könnten, sein Einverständnis zu widerrufen, wenn er von den Gefahren etwa erst am Tag vor dem Eingriff erfahre.[20] Dies bedeutet für die Ärzte ein Mehr an Umsicht und Arbeitsaufwand, weil das Vorliegen der Einwilligung im Krankenhaus vor dem Eingriff eine Kontrolle verlangt. Freilich kann ein Abstand zwischen voller Information und Operation von etlichen Wochen an die Grenzen des dem Arzt wie dem Patienten noch Zumutbaren führen. Solange die Entschlussfreiheit des Patienten gewährleistet erscheint, kommt der Arzt mit seiner Risikoaufklärung vor der invasiven Maßnahme nicht zu spät. Die nachträgliche, bestätigende Einwilligung sei daher unwirksam nur, so der BGH zutreffend, wenn unter den konkreten Umständen die Entschlussfreiheit des Kranken nicht gewahrt blieb. Dies vorzutragen, liegt beim Patienten; die Beweislast freilich muss nach den allgemeinen Regeln beim Arzt bleiben, soll die Aufklärungspflicht nicht unterlaufen werden können. Insoweit besteht eine Parallele zum Nachweis der hypothetischen Patienteneinwilligung im Falle der versäumten oder inhaltlich unvollständigen Aufklärung.[21]

---

[16] Vgl etwa BGH NJW 1985, 1399; 1987, 2291; 1994, 3009; 1998, 1784; vgl dazu *Hoppe* NJW 1998, 782 ff.

[17] BGH NJW 1995, 2410 (Myelographie).

[18] BGH NJW 1994, 3009; 1995, 2410; 1996, 777; 2000, 1784; dazu *Rohde* VersR 1995, 391 ff. – Die Risikoaufklärung am Vorabend einer Leistenbruchoperation trägt die Einwilligung, wenn der Information die stationäre Aufnahme „unmittelbar vorausgegangen ist und der Patient dabei den Wunsch geäußert hat, bereits am nächsten Tag operiert zu werden": OLG Düsseldorf NJW-RR 1996, 347. OLG München MedR 2007, 601 (Problemstellung Kern): Der Zeitraum zwischen Aufklärung und Eingriff hängt von dessen Dringlichkeit ab.

[19] BGH NJW 1992, 2351 = LM § 823 (Aa) BGB (Nr 139) m krit Anm *Laufs/Reiling* = DtMed Wochenschr 1992, 1611 m Anm *Rieger* = JZ 1993, 312 m krit Anm *Giesen*. Das Urt d Vorinstanz: OLG Köln NJW 1992, 1564 = MedR 1992, 40 (Strumaknoten, Stimmbandlähmung). BGH MedR 2003, 576 (Problemstellung *Steffen*): Bei stationärer Behandlung ist eine Aufklärung am Tag des Eingriffs verspätet. Der Zeitpunkt der Aufklärung vor kosmetischen Operationen ist wegen Fehlens einer Indikation nach strengem Maßstab festzulegen, OLG Frankfurt MedR 2006, 294 (Problemstellung *Clement*).

[20] In diese Richtung wies bereits OLG Celle NJW 1979, 1251 m abl Anm *Wachsmuth*. – Zur frühzeitigen Vorabaufklärung auch BGH NJW 1996, 3073: Besteht bei einem fachgerecht durchgeführten Eingriff stets eine Gefahr, deren Verwirklichung zu einer Nachoperation mit erhöhtem Risiko einschneidender Folgen führt, hat der Arzt den Patienten auch darüber schon vor dem ersten Eingriff aufzuklären.

[21] BGH NJW 1991, 2342.

Die Anforderung des Gebots rechtzeitiger Information und damit auch des Haftungsrechts gehen den Interessen der Sozialversicherungsträger vor: „Dem Arzt kann nicht abverlangt werden, nur zum Zwecke einer **Kostenersparnis der Krankenkasse** das Risiko einzugehen, dass die Aufklärung nicht ausreichend ist."[22]

7 **4. Aufzuklärender.** Die Aufklärung soll demjenigen zuteil werden, der die Einwilligung in den Eingriff zu geben hat, also dem **Patienten** selbst oder bei minderjährigen oder willensunfähigen Kranken deren gesetzlichem Vertreter: **Eltern, Vormund, Pfleger, Betreuer, Vorsorgebevollmächtigter.**[23]

8 Fraglich erscheint, ob die **Voraberklärung** oder die antezipierte Berufung eines Einwilligungs-Bevollmächtigten — es geht nicht um rechtsgeschäftliche Vertretung — durch den noch Einwilligungsfähigen nichttherapeutische Forschung mit dem später dementen Kranken rechtfertigen.[24] Gesetzliche Aufnahme hat die Einwilligungsvollmacht nun im *Betreuungsrechtsänderungsgesetz v 25. Juni 1998 (BGBl I, 1582)* gefunden, das im neuen Abs 2 zu § 1904 BGB die Voraussetzungen der Einwilligung durch einen Bevollmächtigten regelt.

9 Da es bei der Einwilligung um die Disposition über ein höchstpersönliches Rechtsgut geht, hängt die Befugnis dazu nicht von der Geschäftsfähigkeit ab, sondern entscheidend von der **natürlichen Einsichts- und Entschlussfähigkeit.** Es kommt darauf an, ob der Jugendliche „nach seiner geistigen und sittlichen Reife die Bedeutung und Tragweite des Eingriffs und seiner Gestattung zu ermessen vermag".[25] Generell soll der Arzt **bei Minderjährigen** unter vierzehn Jahren wohl immer die Einwilligung der Personensorgeberechtigten, in der Regel die der Eltern, einholen. Auf der Altersstufe vom vierzehnten bis zum vollendeten achtzehnten Lebensjahr kommt es darauf an, wie der Arzt die Persönlichkeit des Jugendlichen im Hinblick auf den geplanten, konkreten Eingriff beurteilt. Hat er bei dem Urteil Zweifel an der Einwilligungsfähigkeit des Minderjährigen, so wird sich der Arzt an die Eltern wenden. Selbst wenn der Arzt zu dem Ergebnis kommt, der Minderjährige könne selbst einwilligen, steht es ihm frei, daneben noch die Einwilligung der Eltern einzuholen, soweit die Schweigepflicht nicht entgegensteht. Dies sollte er bei größeren, aufschiebbaren Eingriffen auch immer tun.[26] Wenn der Arzt die Einwilligungsfähigkeit des Minderjährigen trotz Bemühens verkennt und deswegen nur das Einverständnis der Eltern einholt, wird ihm dies kaum zu rechtlichem Nachteil gereichen.[27] Steht ein nur relativ indizierter Eingriff mit der Gefahr erheblicher Folgen für die künftige Lebensgestaltung an, so wird der Minderjährige mit insofern ausreichender Urteilsfähigkeit ein Vetorecht gegen die Einwilligung der gesetzlichen Vertreter haben.[28] Als gesetzlicher Vertreter des

---

[22] LSG RPf MedR 2006, 740 (Problemstellung *Erbsen*) (Linksherzkatheteruntersuchung mit Steut – Einsetzung: 24 Stunden Wartezeit nach Aufklärung).

[23] Die Einzelheiten bei *Kern/Laufs*, Die ärztliche Aufklärungspflicht, S. 23 ff; *Taupitz*, Gutachten 63. DJT, 2000, A 52 ff; *Kern*, Ärztebl Sachsen, 2008, 410 ff; *Nebendahl*, MedR 2009, 197.

[24] Zur antezipierten Einwilligung *Deutsch* NJW 1979, 1905 ff; vgl ferner *Helmchen* u a EthikMed 1989, 83 ff

[25] BGHZ 29, 33, 36 = NJW 1959, 811; *Taupitz*, Gutachten 63. DJT, 2000, A 54 ff, A 60 ff mwN; zum Strafrecht vgl *Eser*, in: *Schönke/Schröder*, Strafgesetzbuch, 26. Aufl 2001, § 223, RdNr 38.

[26] Vgl aus der Judikatur BGHZ 105, 45; OLG Hamm, NJW 1998, 3424; aus dem Schrifttum *Giesen*, ArzthaftungsR, RdNr 252; *Müko-Mertens*, § 823, RdNr 447. *Rothärmel/Wolfslast/Fegert*, MedR 1999, 293 ff plädieren mit guten Gründen für einen neben dem Aufklärungsrecht der Eltern stehenden selbstständigen Anspruch des Kindes auf eine dem Alter, der psychischen Verfassung und der Krankheit angepasste Information; s auch *Wölk* MedR 2001, 80 ff; eingehend zur Entscheidungskompetenz für ärztliche Eingriffe bei Minderjährigen *Belling/Ebert/Michlik*, Das Selbstbestimmungsrecht Minderjähriger bei medizinischen Eingriffen, 1994. Zur Einwilligung in die Heilbehandlung von Kindern durch minderjährige Eltern *Kern* MedR 2005, 628 ff. Zur Mitentscheidungsbefugnis der Minderjährigen und zur kumulativen Einwilligung *Nebendahl*, MedR 2009, 197.

[27] Vgl BGH NJW 1971, 1887 (Kleinhirnarteriographie bei fast Siebzehnjähriger).

[28] BGH NJW 2007, 217 = MedR 2008, 289 (Problemstellung *Lipp*). Im Grunde geht es um die Erforderlichkeit der Einwilligung einer zur Selbstbestimmung in einer konkreten Problematik fähigen Minderjährigen.

11. Kapitel. Die ärztliche Aufklärungspflicht

Betreuten hat der Betreuer grundsätzlich die Befugnis, auch gegen den natürlichen Willen eines im Rechtssinne einwilligungsunfähigen Betreuten einzuwilligen.[29]

Die **Einwilligung der Personensorgeberechtigten** wirkt nur, wenn der Arzt sie vorher aufgeklärt hat. Weil dabei nicht der Kranke selbst die Information empfängt, stellt sich die Frage der Kontraindikation kaum. Mit zunehmender Reife sollen daneben auch die Minderjährigen Aufschlüsse erfahren, da sie in der Familie nach § 1626 Abs 2 BGB an dem sie betreffenden Willensbildungsprozess zu beteiligen sind.

Nach dem Personensorgerecht haben die Eltern nicht die Befugnis, unvernünftige Entschlüsse zum Nachteil ihrer Kinder zu fassen. Ihre Entscheidungsfreiheit ist also erheblich enger als die eines Kranken im Blick auf seine eigene Person. Insofern bleibt auch die Aufklärungspflicht begrenzt. Eine Geburtsmethode mit zusätzlichen Risiken für das Kind darf die Mutter grundsätzlich wohl nicht bevorzugen.[30] Verschließen sich die Personensorgeberechtigten etwa aus religiösen Gründen notwendigen medizinischen Eingriffen, so hat der Arzt das **Vormundschaftsgericht** anzurufen und einen Pfleger bestellen zu lassen, der objektiv über das Wohl des Kindes entscheiden mag.

Seit dem am 1.1.1992 in Kraft getretenen Gesetz zur Reform des Rechts der Vormundschaft und Pflegschaft für Volljährige, dem **Betreuungsgesetz** vom 12.9.1990 (BGBl I 2002), gilt ein neuer § 1904 BGB, der die Einwilligung des Betreuers in eine Untersuchung des Gesundheitszustandes, eine Heilbehandlung oder einen ärztlichen Eingriff im Falle besonderer Gefahr von der **Genehmigung des Vormundschaftsgerichts** abhängig macht.[31] Regelmäßig wird sich das Vormundschaftsgericht vor seiner Entscheidung durch den behandelnden Arzt über das Für und Wider unterrichten lassen. Stets hat der Arzt den Betreuer uneingeschränkt aufzuklären und auch den Betreuten soweit möglich und zuträglich zu informieren.

Dem Eingriff beim entscheidungsunfähigen Minderjährigen müssen prinzipiell **beide Eltern** zustimmen. Doch kann jeder Elternteil den anderen dazu ermächtigen, für ihn mitzuhandeln; dann braucht der Arzt nur den ermächtigten Partner aufzuklären. In **Routinefällen des Alltags** kann der Arzt eine solche Ermächtigung des mit dem Kind erschienenen Elternteils voraussetzen, solange ihm nichts anderes bekannt ist. Vor schweren Eingriffen sollte der Arzt die Frage der Ermächtigung klären, ohne aber der Auskunft des erschienenen Elternteils misstrauen zu müssen. Vor schwierigen und weitreichenden Entschlüssen hat der Arzt den nicht erschienenen Partner grundsätzlich mitzubeteiligen, sofern dieser nicht ihm gegenüber vorbehaltlos und umfassend darauf verzichtet hat.[32]

---

[29] BGH JW 2006, 1277 = MedR 2007, 104 (Problemstellung *Kern*). Der Widerstand war gerade Ausdruck der zu behandelnden Krankheit.

[30] Problematisch, auch im Hinblick auf die fehlende Durchsetzbarkeit. Vgl BGHZ 106, 153 = NJW 1989, 1538 = MedR 1989, 139: Für die Entscheidung über die Geburtsmethode sei allein die Mutter zuständig, auch wo es um die Risiken für das Kind geht. „Die Entscheidungszuständigkeit der Mutter folgt daraus, dass der Geburtsablauf immer auch sie selbst und ihre körperliche Befindlichkeit betrifft. Darüber hinaus ist sie in dieser Phase die natürliche Sachwalterin der Belange auch des Kindes. Ist sie mit einer bestimmten Art der Entbindung rechtswirksam einverstanden, kann auch eine Beeinträchtigung des Kindes, die sich aus diesem Geburtsablauf ergibt, dem geburtsleitenden Arzt nicht als rechtswidrige Körperverletzung angelastet werden. Fehlt dagegen eine Einwilligung, so kann der Arzt auch dem Kind für Verletzungen in der Geburt deliktisch haftbar sein."

[31] Vgl dazu *Kern* MedR 1991, 66 ff, mwN. Wo die natürliche Einwilligungsfähigkeit des Betreuten einmal gegeben sein sollte, findet § 1904 BGB indes keine Anwendung. Ausführlich zur Einwilligung in ärztliche Maßnahmen bei betreuten Personen *Francke/Hart*, Charta der Patientenrechte, 1999, 163 ff; *Taupitz*, Gutachten 63. DJT, 2000, A 52 ff; zur Problematik des neugefassten § 1904 BGB krit *Hennies* MedR 1999, 341; vgl ferner *Dodegge* NJW 1999, 2709, 2714, insbes zum Behandlungsabbruch. – Vorschläge für eine konzertierte Gesetzgebungsinitiative zur Reformierung des deutschen Betreuungsrechts bezüglich antezipierender Behandlungsanweisungen und Stellvertreterentscheidungen unterbreiten *Strätling/Scharf/Wedel/Oehmichen/Eisenbart* MedR 2001, 385 ff.

[32] BGHZ 105, 45 = NJW 1988, 2946 = JZ 1989, 95 m Anm *Giesen* = MDR 1989, 775 m Anm *Pawlowski*; BGH NJW 2000, 1784.

II. Aufklärungsformulare

14 **1. Mündliche Aufklärung.** Weder die Einwilligung noch die Aufklärung bedürfen der Schriftform.[33] Die **mündliche Information** entspricht dem Vertrauensverhältnis zwischen Arzt und Patient. Sie sollte darum die Regel bilden. Schriftliche Hinweise, Merkblätter und Abbildungen können die Unterredung vorbereiten und unterstützen, niemals aber ersetzen. *Weißauers* Vorschlag im Anschluss an amerikanische Buchdokumente, eine schriftliche Basisinformation in Gestalt eines dem Kranken an die Hand zu gebenden Merkblattes mit einem anschließenden persönlichen Aufklärungsgespräch zu verbinden, folgt durchaus der Spruchpraxis des BGH zur **Stufenaufklärung.** Ein solches Verfahren erscheint zunächst einleuchtend, bleibt aber mit dem Zweifel belastet, ob der Patient das Merkblatt gelesen und ob er es verstanden hat. Auch verleitet das Merkblatt dazu, das Aufklärungsgespräch zu verkürzen und weniger ernst zu nehmen.[34] Außerdem müssen Merkblätter schematisch angelegt bleiben, ohne auf individuelle Eigenarten einzelner Kranker eingehen zu können.

Auch der BGH hat inzwischen zu **Aufklärungsmerkblättern** kritisch Stellung bezogen.[35] Er tritt nachhaltig für die Aufklärung im persönlichen Arzt-Patienten-Gespräch ein, die bloße Überreichung eines Merkblatts jedenfalls genügt regelmäßig nicht den gestellten Anforderungen.[36] Der Hinweis auf den **Beipackzettel** ersetzt die patientenbezogene Information durch den Arzt jedenfalls über schwerwiegende Nebenwirkungen der Medikation nicht.[37] Andererseits kann sich aus einem eingehenden Aufklärungsbogen eine Fragelast für den Patienten ergeben.[38]

15 **2. Aufklärungsformulare.** Der weitverbreitete Gebrauch von **Aufklärungsformularen** dient hauptsächlich der **Beweisvorsorge des Arztes** und der Kliniken. Doch auch insofern erscheint die Formularpraxis weder notwendig noch stets ausreichend. Der BGH[39] hat dazu richtig ausgeführt: „Schriftliche Aufzeichnungen im Krankenblatt über die Durchführung des Aufklärungsgesprächs und seinen wesentlichen Inhalt sind nützlich und dringend zu empfehlen. Ihr Fehlen darf aber nicht dazu führen, dass der Arzt regelmäßig beweisfällig für die behauptete Aufklärung bleibt. Ein Rückzug des Arztes auf Formulare und Merkblätter, die er vom Patienten hat unterzeichnen lassen, kann andererseits nicht ausreichen und könnte zudem zu Wesen und Sinn der Patientenaufklärung geradezu in Widerspruch geraten. Allein entscheidend bleiben muss das vertrauensvolle Gespräch zwischen Arzt und Patienten. Es sollte möglichst von jedem **bürokratischen Formalismus,** zu dem auch das Beharren auf einer Unterschrift des Patienten gehören kann, frei bleiben. Deshalb muss auch der Arzt, der keine Formulare benutzt, und für den konkreten Einzelfall keine Zeugen zur Verfügung hat, eine faire und reale Chance haben, den ihm obliegenden Beweis für die Durchführung und den Inhalt des Aufklärungsgesprächs zu führen."

16 Weil der Arzt die Beweislast für eine zulängliche Aufklärung trägt, hat er Vorsorge zu treffen. Dafür empfiehlt sich zuerst das **Krankenblatt,** in das der Arzt die wesentlichen und kritischen Punkte seiner Unterredungen mit dem Kranken in knapper Form eintra-

---

[33] AllgM; BGHZ 67, 48 = NJW 1976, 48 = LM Nr 15 zu § 823 (Dd) BGB m Anm *Steffen*. Vgl aber § 40 Abs 2, § 41 Nr 6 AMG, § 6 TFG § 8 II TPG.

[34] Ebenso *Tempel* NJW 1980, 616, mwN.

[35] BGHZ 90, 103; BGH NJW 1985, 1399; VersR 1999, 190; auch NJW 2000, 1784.

[36] BGH, NJW 1994, 793.

[37] BGH VersR 2005, 834. AA LG Dortmund MedR 2000, 331 u dazu *Kern,* Der Internist 2001, M 128.

[38] So BGH, NJW 2000, 1784 m krit Anm *Deutsch* JZ 2000, 902 u *Spickhoff* NJW 2001, 1757, 1761; s aber auch OLG München VersR 1993, 752 m klarstellender u zutr Anm *Schlund*.

[39] BGH NJW 1985, 1399. Zum Beweiswert von Aufklärungsformularen OLG München MedR 2006, 431 (Problemstellung *Kern*).

11. Kapitel. Die ärztliche Aufklärungspflicht

gen kann. Bedient er sich eines Formulars, so sollte dieses Raum für individuelle Einträge bieten. Je persönlicher die Beteiligten das Formular ausfüllen, desto beweiskräftiger kann es wirken.[40] In schwierigen Fällen können Zeugen[41] und auch Tonträger als Beweismittel dienen. Den ihm obliegenden **Beweis des Aufklärungsdialogs** erbringt der Arzt durch den Nachweis, „dass derartige Gespräche nach Art und Inhalt einer ständigen und ausnahmslosen Übung entsprechen".[42] „Ist einiger Beweis für ein gewissenhaftes Aufklärungsgespräch erbracht, sollte dem Arzt im Zweifel geglaubt werden, dass die Aufklärung auch im Einzelfall in der gebotenen Weise geschehen ist."[43] Dieser Grundsatz „gilt unbeschadet der dem Geschädigten obliegenden Beweislast auch für den Fall einer angeblich unzureichenden therapeutischen Aufklärung".[44] Bleibt im Haftpflichtprozess streitig, ob der Patient vor einer Operation über alle aus der Dokumentation ersichtlichen Punkte eine tatsächliche, mündliche Information empfing, so darf das Gericht diese Frage in der Regel nicht verneinen, ohne den Arzt zu hören, der die Aufklärung vornahm.[45]

Formularmäßige Einverständniserklärungen unterfallen nach verbreiteter Ansicht dem **AGB-Gesetz** (§§ 305–310 BGB); sie sind nicht schlechthin unwirksam, verstoßen aber regelmäßig gegen § 11 Nr 15 b AGBG.[46] Ob die formularmäßige Aufklärung den medizinrechtlichen Erfordernissen entspricht, bestimmt sich letztlich nicht nach dem auf Willenserklärungen zugeschnittenen AGB-Gesetz, sondern nach den speziellen für die Einwilligung geltenden Voraussetzungen, die sich von denen der Willenserklärung unterscheiden.

Im Ganzen gilt: „An den dem Arzt obliegenden Beweis der ordnungsgemäßen Aufklärung des Patienten dürfen keine unbillig hohen Anforderungen gestellt werden."[47]

§ 63 Rechtsfolgen unzulänglicher Aufklärung

Inhaltsübersicht

		RdNr
I.	Bei Verletzung der therapeutischen Aufklärungspflicht	1
II.	Bei Verletzung der Pflicht zur Selbstbestimmungsaufklärung	2
	1. Verletztes Rechtsgut	2
	2. Hypothetische Einwilligung	3
	3. Rechtswidrigkeitszusammenhang	5

---

[40] Vgl auch *Laufs*, Das Aufklärungsformular, Gynäkologe 1989, 364 ff.
[41] Vgl OLG München VersR 1991, 189 f (Leits).
[42] OLG Hamm VersR 1995, 661.
[43] BGH NJW 1985, 1399 = MedR 1985, 168. OLG Schleswig MedR 1996, 272: „An den dem Arzt obliegenden Beweis der ordnungsgemäßen Aufklärung dürfen keine unbilligen oder übertriebenen Anforderungen gestellt werden." vgl auch OLG Köln VersR 1997, 59; OLG Karlsruhe, VersR 1998, 1800. *G Müller* DRiZ 2000, 259, 264; *Lepa*, FS Geiß, 2000, 449, 455.
[44] OLG Köln VersR 1995, 967 (Hinweis auf Versagerquote bei Tubenligatur). – Zur therapeutischen Information oder Sicherungsaufklärung: OLG Düsseldorf VersR 1995, 542 (Sterilisation); OLG Nürnberg VersR 1995, 1057 (Krankenhauseinweisung); OLG Stuttgart VersR 1995, 1353 (Kopfwehtherapie); OLG München VersR 1995, 1499 (Biopsie); OLG Bremen, VersR 1999, 1151 (Erläuterung bestimmter Verhaltensregeln); OLG Frankfurt, VersR 1999, 1544 (Fürsorge vor Heimreise des Patienten).
[45] OLG Oldenburg MDR 1997, 684.
[46] *Wolf*, in: *Wolf/Horn/Lindacher*, AGB-Gesetz, 4. Aufl 1999, § 9 AGBG RdNr K 31 mwN; *Hensen*, in: *Ulmer/Brandner/Hensen*, AGB-Gesetz, 8. Aufl 1997, Anh §§ 9–11, RdNr 130 ff. *Rombach*, Allgemeine Geschäftsbedingungen bei freien Dienstverträgen, 1997, 172 ff.
[47] *Steffen/Pauge*, RdNr 565, Mit Rechtsprechungsnachweisen.

I. Bei Verletzung der therapeutischen Aufklärungspflicht

1 **Versäumnisse bei der Beratung** des Patienten, bei der therapeutischen Information oder Sicherungsaufklärung sind ärztliche **Behandlungsfehler** und beweisrechtlich wie diese zu behandeln. Anders als bei der Selbstbestimmungsaufklärung hat der Patient nachzuweisen, wie er sich nach erfolgter Belehrung verhalten hätte, wobei freilich vielfach ein Anschein für aufklärungsgemäßes Verhalten sprechen wird. Ein grober Verstoß gegen die Hinweispflicht stellt einen schweren Behandlungsfehler dar mit den für diesen geltenden beweisrechtlichen Folgen zum Nachteil des Arztes. So ist es ein schwerer Behandlungsfehler, wenn der Arzt den Patienten über einen bedrohlichen Befund, der Anlass zu umgehenden und umfassenden Maßnahmen gibt, nicht informiert und ihm die erforderliche Beratung versagt. Dieses schwere Versäumnis rechtfertigt es, den Patienten als Kläger vom Nachweis der Kausalität zu entlasten.[1]

II. Bei Verletzung der Pflicht zur Selbstbestimmungsaufklärung

2 **1. Verletztes Rechtsgut.** Nach fester **Spruchpraxis** schützt das Einwilligungserfordernis die Freiheit des Patienten, über seine körperliche Integrität selbst zu entscheiden. Danach verletzt ein fachgerechter, doch eigenmächtig, also ohne auf hinlänglicher Information beruhendes Einverständnis des Patienten durchgeführter Heileingriff neben der **Autonomie** auch die **körperliche Integrität** des Kranken.[2] Komplikationen des eigenmächtigen Heileingriffs und deren wirtschaftliche Folgen hat also der Arzt zu tragen. Verlief der nicht konsentierte Eingriff ohne körperliche Unbill, so beschränkt sich die Ersatzpflicht auf ein Schmerzensgeld, wenn die Voraussetzungen dafür vorliegen.

Freiheit, Autonomie und Selbstbestimmung wollen Möglichkeiten selbstständiger Wahl und Entscheidung eröffnen und damit die freie Entfaltung der menschlichen Persönlichkeit befördern. Aber sie bleiben eingefügt in eine verbindliche Koexistenzordnung und sind notwendigerweise bedingt und begrenzt.[3] Salus und voluntas aegroti schließen sich gewiss nicht gegenseitig aus. Aber das Ringen um das rechte Maß im Arztrecht geht weiter. Wir können uns noch nicht verabschieden „von der schon fast historisch zu nennenden Kontroverse um die Aufklärungspflicht des Arztes".[4] In der kaum mehr überschaubaren Zahl an Richtersprüchen zeigt sich eine fortwährende **Ausweitung der Haftpflicht** auch des Vorkommens **grenzüberschreitender Fälle**.[5] „Bedenken erregen

---

[1] BGHZ 107, 222 = NJW 1989, 2318 = JZ 1989, 901, mit zust Anm *Laufs*.– Der vorherrschenden Ansicht zur Beweislast bei der therapeutischen Aufklärung widerspricht *Hart*, Arzneimitteltherapie und ärztliche Verantwortung, 1990, 162 ff, mit der Begründung, die therapeutische Aufklärung sei für den Arzt voll beherrschbar, auch gebiete die gegenständliche Überschneidung von therapeutischer Aufklärung und Selbstbestimmungsaufklärung eine beweisrechtliche Gleichbehandlung. Indessen lässt sich die ärztliche Führung des Patienten nicht einem beherrschbaren technischen Verfahren gleichstellen. Auch gilt es, tatbestandliche Unterschiede nicht zu verwischen. – Substanziell ändert der neue § 280 Abs 1 BGB nichts an der Praxis der Beweislastverteilung im Hinblick auf Einwilligung und Aufklärung; *Spickhoff* NJW 2003, 1707.

[2] Krit dazu *Laufs* NJW 1969, 529 ff u NJW 1974, 2025 ff; neuerdings *Katzenmeier*, Arzthaftung, 2001, § 2 III.1.; § 6 III. u § 8 III. Vgl auch *Büttner*, FS Geiß, 2000, 353 ff. – Zur Rechtsgeschichte instruktiv *Eser*, in: *ders* (Hrsg), Recht und Medizin, 1990, 16 ff mwN. Für die inzwischen vorherrschende Ansicht sei *Deutsch* NJW 1965, 1989 zitiert: Es treffe zu, dass die eigenmächtige Heilbehandlung zunächst die Entscheidungsfreiheit des Patienten verletze. „Diese Ausformung des allgemeinen Persönlichkeitsrechts ist jedoch transparent. Hinter ihr erscheint der Eingriff in den Körper und die Gesundheit, in deren Schutzbereich der Vermögensschaden und die immaterielle Unbill auftreten."

[3] *Hollerbach*, Selbstbestimmung im Recht, 1996. Informativ auch *Gerhardt*, Selbstbestimmung, in: Hist Wörterbuch d Philosophie IX, 1995, Sp 335 ff.

[4] Wohl zu optimistisch *Wolfslast* Jb f Recht u Ethik 4 (1996), 301 ff.

[5] Die heutige deutsche Judikatur, so ein ausländischer Kritiker, habe sich „vom eigentlichen Aufklärungsziel wegbegeben", im Vordergrund stehe „die Funktionalisierung der Aufklärung zu

11. Kapitel. Die ärztliche Aufklärungspflicht   3–5 § 63

hierbei vor allem Tendenzen, das Prinzip der dem bürgerlichen Recht des BGB eigenen Verschuldenshaftung, um Elemente der Gefährdungshaftung zu erweitern."[6] Die Deutsche Gesellschaft für Medizinrecht trat in ihrer Stellungnahme zur Entwicklung der Arzthaftung[7] darum für eine Mäßigung der Aufklärungspflichten ein unter Hinweis auf das Bestimmtheitsgebot, das Rechtsstaatsprinzip und das Aufnahmevermögen des Patienten.[8]

2. Hypothetische Einwilligung. Der beklagte Arzt oder Krankenhausträger kann geltend machen, dass bei ordnungsgemäßer Aufklärung der Patient gleichfalls **eingewilligt hätte**. Hierfür trifft den Beklagten die **Beweislast**. Freilich hat der BGH in jüngerer Zeit mit Grund mehrfach betont, der Patient könne nachträglich nicht einfach behaupten, er hätte den Eingriff nach dem gebotenen Hinweis auf die später eingetretene Gefahr abgelehnt. Vielmehr hat er, vornehmlich wenn die Inkaufnahme des Risikos vernünftigerweise sehr nahe lag, regelmäßig in persönlicher Anhörung plausibel darzulegen, dass die gebotene Information ihn ernsthaft vor die Frage gestellt hätte, ob er zustimmen solle oder nicht.[9] Fehlt eine solche Begründung oder kommt sie verdächtig spät, dann kann das Gericht die Klage abweisen, obwohl dem Arzt grundsätzlich die Beweislast für die **Schadensursächlichkeit des Informationsdefizits** bleiben muss, soll die Aufklärungspflicht nicht unterlaufen werden können.   3

Der Arzt trägt ferner die Beweislast für den Einwand, der geltend gemachte Schaden wäre auch bei verweigertem Einverständnis und Nichtvornahme des Eingriffs mit Sicherheit eingetreten.[10] Hätte der Patient bei **ordnungsgemäßer Aufklärung** den Eingriff zwar durchführen lassen, aber zu einem späteren Zeitpunkt unter günstigeren Bedingungen, hat der Arzt nachzuweisen, dass es dann zu gleichartigen Schäden gekommen wäre.[11] Den rechtzeitigen Widerruf einer von ihm erteilten Einwilligung hat der Patient nachzuweisen.[12]   4

3. Rechtswidrigkeitszusammenhang. Kontroversen entzündeten sich bei den Fragen nach dem **Rechtswidrigkeitszusammenhang**. Wie steht es mit der Schadenszurechnung, wenn der Arzt einen Aufklärungsfehler beging, sich später indessen ein Risiko   5

Zwecken des Schadenersatzes": *Eisner*, Die Aufklärungspflicht des Arztes. Die Rechtslage in Deutschland, der Schweiz und den USA, 1992, 220 f; s auch *Deutsch*, RPG 1997, 1 f; *G Müller*, FS Geiß, 2000, 461; anders aber *Rumler-Detzel*, FS Deutsch, 1999, 699, 704 ff in ihrem Erfahrungsbericht aus der Praxis des OLG Köln. – Zur internationalen Zuständigkeit deutscher Gerichte bei grenzüberschreitender Aufklärungspflichtverletzung BGH MedR 2008, 666 mit Anm *Seibl*.
[6] *Scholz* MDR 1996, 649 (655).
[7] MedR 1996, 349 (Nr 13).
[8] Vgl auch *Katzenmeier*, Arzthaftung, 2001, § 6 III.
[9] BGHZ 90, 103, 111 f, mwN = NJW 1984, 1397, 1399 m Anm *Deutsch;* BGH NJW 1990, 2928; 1991, 1543; 1993, 2378; 1994, 799; 1998, 2734; 1999, 863. An die Substantiierungspflicht des Patienten zur Darlegung seines persönlichen Entscheidungskonflikts dürfen freilich keine zu hohen Anforderungen gestellt werden, soll der Zweck der Aufklärung, individuelle Entscheidungsspielräume zu sichern, gewahrt beiben, vgl BGH NJW 1994, 2414; 1998, 2734. S ferner BGH NJW 2005, 1364. Zu den bemessenen Anforderungen an die Plausibilität *Steffen/Pauge*, RdNr 443. Die Annahme einer hypothetischen Einwilligung bedarf „einer wertenden Gesamtschau aller Umstände des Einzelfalls. Maßgeblich sind neben dem Leidensdruck und der Risikobereitschaft des Patienten die Dringlichkeit des Eingriffs und die Erwartungen eines umfassend aufgeklärten Patienten vor dem ärztlichen Eingriff" (OLG Koblenz MedR 2005, 292, Problemstellung *Kern*). Zur Entscheidungskonfliktdarlegung im Prozess ohne Möglichkeit der Patientenanhörung BGH MedR 2007, 718 (Aufklärung bei Medikamentenwechsel, m Anm *Wenzel*). – „Der Einwand, der Patient hätte sich auch bei ordnungsgemäßer Aufklärung für den Eingriff entschieden, kann nicht erstmals in der Berufungsinstanz erhoben werden", OLG Oldenburg MedR 2008, 437 m krit Anm *Ahrens*.
[10] BGHZ 106, 153 = NJW 1989, 1538.
[11] BGH VersR 1981, 677.
[12] BGH NJW 1980, 1903.

verwirklichte, hinsichtlich dessen keine Informationspflicht bestand? Kann der Patient seinen Schaden auf den Eingriff zurückführen, so löst dieser Umstand allein noch nicht die Haftpflicht des Arztes aus. Es muss sich vielmehr gerade der Risikotyp verwirklicht haben, über den der Arzt pflichtwidrig nicht aufgeklärt hatte.[13] Im Grunde folgte der BGH dieser Ansicht in seinem ersten Erkenntnis zu der Frage, in dem es freilich um den eigenartigen Fall der **Schmerzaufklärung** ging:[14] Die Verwirklichung eines nicht aufklärungspflichtigen Eingriffsrisikos ist dem Arzt, der allein die gebotene Information des Patienten über mögliche Schmerzen unterließ, haftungsrechtlich nicht zuzurechnen.

6   Diese Rechtsansicht muss auch für **andere Konstellationen** gelten. Das Gericht lässt dies freilich mit einem nicht überzeugenden Bedenken offen: Ein Aufklärungsmangel treffe mit dem Selbstbestimmungsrecht des Patienten „stets die Entscheidungsfreiheit für oder gegen einen Eingriff in seinen Körper insgesamt". Dieses Argument lässt sich zwar gegen differenzierende Lösungen schlechthin ins Feld führen, es ist aber nicht dazu geeignet, verschiedene aufklärungspflichtige Risiken unter dem Gesichtspunkt des Rechtswidrigkeitszusammenhangs unterschiedlich zu behandeln. Was für die aufklärungspflichtige Schmerzgefahr zutrifft, muss auch für andere Eingriffsrisiken gelten, die für den Patienten entscheidungserheblich sind.

7   Der Arzt, der seinen Patienten über eine Gefahr nicht hinlänglich ins Bild setzte, sollte nur haften, „wenn sich dieses Risiko auch verwirklicht hat. Nur wegen der möglichen Schädigung ist es ja in die Aufklärung einbezogen".[15]

8   Auch der Sachverhalt eines weiteren bundesgerichtlichen Urteils zu diesem Fragenkreis wies eine Besonderheit auf, die es zu beachten gilt. Die Risiken lagen gleichsam hintereinander. Es ging um eine intraartikuläre Injektion in das Schultergelenk mit kortisonhaltigen Mitteln. Es bestand die aufklärungspflichtige Gefahr einer infektionsbedingten Schultergelenksversteifung und das sehr entfernte, nicht mitzuteilende Risiko einer tödlich verlaufenden Sepsis nach einer durch die Spritze verursachten Ansteckung. Der Arzt hatte die Möglichkeit einer Schulterversteifung verschwiegen; der Patient war an einer Blutvergiftung des Schultergelenks verstorben. Fehle es an einer ausreichenden Aufklärung, so der BGH,[16] verwirkliche sich indessen nur ein Risiko, das die ärztliche Informationspflicht nicht umfasste, könne „der **Zurechnungszusammenhang** zwischen dem Körper- und Gesundheitsschaden des Patienten und dem Aufklärungsmangel bei wertender Betrachtung der Umstände des Einzelfalles nur dann entfallen, wenn das nicht aufklärungspflichtige Risiko nach Bedeutung und Auswirkung für den Patienten mit den mitzuteilenden Risiken nicht vergleichbar ist und wenn der Patient wenigstens über den allgemeinen Schweregrad des Eingriffs informiert war". Der Zurechnungszusammenhang bestehe jedenfalls immer dann, wenn sich gerade die aufklärungspflichtige Gefahr verwirklicht, selbst wenn der Eingriff zu weiteren schweren Folgen führte, mit denen sich nicht ernsthaft rechnen ließ und die der Arzt darum dem Kranken vorher nicht darzustel-

---

[13] So bereits *Kern/Laufs*, Die ärztliche Aufklärungspflicht, 151.

[14] BGHZ 90, 96 = JZ 1984, 629 mit im Ganzen zust Anm v *Kern/Laufs*. Vgl auch *Deutsch* NJW 1984, 1802 f; *Giesen* JR 1984, 372 ff. Vgl auch jüngst BGH NJW 2000, 1784 (Aufklärung bei Routineimpfung).

[15] *Steffen*, Verh d 52. DJT 1978, Bd II T I, 15.

[16] BGHZ 106, 391 = NJW 1989, 1533 m Anm *Deutsch* = JR 1989, 286, m zustimmender Anm v *Giesen/Langkeit*. Die Autoren erörtern auch „die Situation, in welcher der Arzt pflichtwidrig nicht über alle aufklärungsbedürftigen Gefahren informiert, sich der Schaden aber gerade in einem Risiko niederschlägt, über das er hinreichend aufgeklärt hat"; sie bejahen auch hier grundsätzlich den Zurechnungszusammenhang. – An der bish Rspr hielt der BGH auch insofern fest, als er urteilte, fehle es an der erforderlichen Grundaufklärung über Art und Schweregrad eines ärztlichen Eingriffs, so entfalle die Haftung des Arztes für das Aufklärungsversäumnis auch dann nicht, wenn sich nur ein Risiko verwirkliche, über das der Arzt den Patienten nicht aufzuklären brauchte (VersR 1991, 777). Ähnlich entschied der BGH in dem weiteren Urteil NJW 1991, 2346; vgl ferner BGH NJW 1996, 777; BGH NJW 2001, 2798.

11. Kapitel. Die ärztliche Aufklärungspflicht   8 § 63

len brauchte. „Der Schutzbereich umfasst den Typ des Risikos und seine Weiterungen, nicht andersartige Risiken."[17]

Streng freilich fallen weitere Erkenntnisse des BGH aus.[18] Selbst wenn sich ein nicht-aufklärungsbedürftiges Risiko verwirklicht, kommt aber ein Haftungswegfall nie in Betracht, wenn der Patient nicht wenigstens eine **Grundaufklärung** über Art und Schweregrad des Eingriffs erhalten hat. Bei fehlender Grundaufklärung, so das Gericht,[19] sei das Selbstbestimmungsrecht im Kern genauso verletzt, als wenn der Arzt den Eingriff vorgenommen hätte, ohne den Patienten überhaupt um seine Zustimmung zu ersuchen. „Nach diesen Grundsätzen haftet der Arzt mithin bei mangelhafter Grundaufklärung auch dann, wenn sich statt des aufklärungspflichtigen Risikos, hier der Querschnittslähmung, ein nur äußerst seltenes, nicht aufklärungspflichtiges Risiko, nämlich ein Krampfanfall, verwirklicht hat." Bei der Aufklärungspflicht gilt nach dieser Spruchpraxis das archaische versari in re illicita. „Ist über ein wesentliches Risiko nicht aufgeklärt worden, hat es sich auch nicht verwirklicht, so ist die Einwilligung unwirksam, und das ganze Risiko des schlechten Ausgangs fällt dem Arzt und der Klinik zur Last. Damit wird die Arzthaftung wegen verletzter Aufklärung aus dem Gesamtzusammenhang des Haftungsrechts insoweit entfernt."[20]

Neuerdings neigt der BGH zutreffend dazu, die zunächst eng begrenzt gesehene Haftungsfreistellung aus Schutzzweckerwägungen auszuweiten: Hat sich nur das Risiko verwirklicht, über das der Arzt informiert hatte, so entfällt die Haftpflicht auch dann, wenn der Patient über andere aufklärungspflichtige Gefahren nicht instruiert worden ist, die aber nicht eingetreten sind.[21]

Jüngst hat M Gebauer in seiner Heidelberger Habilitationsschrift die alte Problematik der hypothetischen Kausalität umfassend neu durchdacht – auch für die **Risikohaftung des Arztes bei Aufklärungsmängeln**.[22] Wo es um die Wiedergutmachung einer Rechtsverletzung geht, dränge der Rechtsfortsetzungsgedanke die Relevanz von Reserveursachen zurück und schenke im Wesentlichen nur überholten Ursachen im Rahmen einer Schadensanlage Beachtung. Der Gedanke spiele auch bei Verletzungen der Aufklärungspflicht und des Selbstbestimmungsrechts eine gewisse Rolle. Hinsichtlich des unmittelbar aus dem **Überspielen des Selbstbestimmungsrechts** entstandenen immateriellen Schadens bleibe der Einwand hypothetischer Einwilligung unerheblich.[23] Zu einer „überschießenden Sanktion", die sich nicht auf den **Rechtsfortsetzungsgedanken** stützen ließe, gelangte jedoch, wer auch hinsichtlich der materiellen Schäden, die bei fehlender oder mangelhafter Einwilligung als Folge einer Risikoverwirklichung eintraten, die Berufung auf eine hypothetische Einwilligung gänzlich ausschließen wollte, etwa unter Hinweis auf die Sicherung von Verfahrensgarantien. Denn die Verursachung weiterer materieller Schäden im Gefolge des lege artis durchgeführten, aber misslungenen Eingriffs bezieht ihren Unrechtsgehalt nicht aus dem Überspielen des Selbstbestimmungsrechts, wenn feststeht, dass der Patient bei Aufklärung der Operation zugestimmt hätte. Wer meint, § 823 Abs 1 BGB schütze auch vor diesen Schäden, hat zu berücksichtigen, dass der Arzt bei rechtlich einwandfreiem Verhalten den gleichen Erfolg herbeigeführt hätte.[24]

---

[17] Deutsch NJW 1989, 2313 f. Zu Zurechnungszusammenhang und Schadensberechnung in der Judikatur des BGH vgl Steffen RPG 1997, 95 ff; ders, FS Medicus, 1999, 637 ff.
[18] BGHZ 106, 391 = NJW 1989, 1533; BGH NJW 1991, 2346.
[19] BGH NJW 1996, 777.
[20] Deutsch LM § 823 (Ac) Nr 60 (1996).
[21] BGHZ 1441 = NJW 200, 1784; BGHZ 162, 320 = NJW 2006, 2477 (Robodoc).
[22] Hypothtische Kausalität und Haftungsgrund, 2007, insbes 341 ff.
[23] Unter Berufung auf Katzenmeier, Arztrecht, 2002, 367 f.
[24] Gebauer, 344 ff, unter Berufung auf Katzenmeier, wie Fn 23, 368, und gegen Mäsch, Chance und Schaden, 2004, 74.

§ 64 Grundregeln zur Aufklärungspflicht des Arztes

1. **1.** Das Recht auf körperliche Unversehrtheit und auf Selbstbestimmung schützt **oberste Grundwerte mit Verfassungsrang.** Diese bestimmen die Rechtslage bei ärztlichen Heileingriffen auf unmittelbare und praktische Weise. Jedermann hat die Befugnis, ärztliche Dienste in Anspruch zu nehmen oder einer Krankheit ihren schicksalhaften Lauf zu lassen. Von dieser Wahlfreiheit kann sinnvollen Gebrauch nur machen, wer die Tragweite seines Entschlusses erkennt. Das Selbstbestimmungsrecht des Patienten bildet zugleich den Rechtsgrund wie den Maßstab der ärztlichen Aufklärungspflicht.

2. **2.** Die ärztliche Aufklärungspflicht begleitet als juristische Konsequenz die moderne Medizin mit ihren invasiven Verfahren. Die wachsende Zahl ärztlicher Optionen und Wahlmöglichkeiten führt zu einer Individualisierung der Medizin, die ihrerseits eine verstärkte Kommunikation gebietet. So sehr die gerichtliche Spruchpraxis dem Patienten den Gebrauch seiner grundgesetzlich gewährleisteten persönlichen Autonomie sichern soll, so sehr hat sie sich davor zu hüten, die **Informationspflicht des Arztes zu überspannen, sein Ermessen über Gebühr einzuengen.**

3. **3.** Es gilt nicht: Salus aut voluntas suprema lex, sondern: Salus ex voluntate, voluntas pro salute, salus et voluntas.

4. **4.** Es gehört zu den Berufspflichten des Arztes, den **Genesungswillen des Kranken nicht zu lähmen,** sondern zu stärken, und den Patienten nicht in schwächende Ängste zu versetzen. Je bedrohlicher das Krankheitsbild und je komplexer, auch gefährlicher die vorgeschlagene Therapie, desto mehr ist der Patient – wenn er nicht dem Gleichgewicht der Schrecken vor der Prognose seines Leidens und den Gefahren der medizinischen Mittel überlassen bleiben soll – darauf angewiesen, dass der dem Wohl des Kranken verpflichtete Arzt ihn intellektuell und psychologisch zu dem aus der Sicht des Helfers richtigen Entschluss führe.

5. **5.** Die Aufklärung des Patienten ist eine **ärztliche Aufgabe.** Sie obliegt grundsätzlich dem behandelnden Arzt. Ihre Delegation erfordert besonders strenge Umsicht. Wirken mehrere Ärzte zusammen, so hat jeder von ihnen vor seinem Eingriff aufzuklären.

6. **6.** Der Arzt soll grundsätzlich den Patienten aufklären. Fehlt diesem die **Entschlussfähigkeit,** so hat der Arzt sich an den Sorgeberechtigten zu wenden oder einen Betreuer bestellen zu lassen. Tut Eile not, so darf und soll sich der Arzt nach dem mutmaßlichen Willen des Hilfsbedürftigen richten. Auskünfte Angehöriger können Hinweise auf dessen mutmaßlichen Willen geben.

7. **7.** Der Arzt soll den **Zeitpunkt der Aufklärung** so wählen, dass dem Kranken genügend Zeit bleibt, seinen Entschluss abzuwägen, zu treffen und ohne Hemmung zu revidieren. Auch hier geben die Bewandtnisse des Einzelfalls das Maß. Bei akuter Lebensgefahr müssen Minuten oder gar Sekunden genügen. Erscheint der Eingriff nicht dringend, soll der Arzt dem Kranken Tage einräumen, damit er sich bedenken und mit Personen seines Vertrauens besprechen kann. Schlechthin unzugänglich bleibt eine Information regelmäßig, wenn der Arzt sie kurz vor dem Eingriff oder gar erst am Operationstisch dem sedierten und darum bewusstseinsgetrübten Patienten vermittelt.

8. **8.** Die Aufklärung des Patienten ist an **keine** bestimmte **Form** gebunden. Sie soll sich in verständnisvoller Unterredung, vor schweren Entschlüssen schrittweise vollziehen. Der Arzt hat sich dabei dem Patienten verständlich zu erklären und auf dessen intellektuelle Fähigkeit Bedacht zu nehmen. Informationsblätter und Broschüren können das Gespräch vorbereiten oder unterstützen, niemals aber ersetzen. Formulare, die der Patient

unterschreibt, dienen als Beweismittel. Ihr Wert ist umso höher, je genauer und individueller sie den konkreten Einzelfall dokumentieren. Als geeignetstes Beweismittel hat das gut geführte Krankenblatt zu gelten.

9. In der Regel soll der Arzt seinen Patienten über die Krankheit, den **Verlauf** des vorgeschlagenen chirurgischen, strahlenmedizinischen oder medikamentösen Eingriffs sowie über die Gefahren sowohl der Therapie wie des unbehandelten Leidens unterrichten.

10. Der Patient muss erfahren, dass er krank ist und welche Krankheit ihn betroffen hat. Bei schwerer Krankheit und infauster Prognose darf der Arzt sich mit diagnostischen Aufschlüssen zurückhalten und den kritischen Befund behutsam umschreiben.

11. Die Information über den **Vorgang des Eingriffs** braucht nicht alle Einzelheiten zu umfassen. Der Kranke soll vielmehr im Großen und Ganzen oder in groben Zügen erfahren, was mit ihm geschehen werde.

12. Der Arzt hat den Patienten über die Gefahren des Eingriffs ins Bild zu setzen. Das **Maß der Risikoaufklärung** hängt von der Dringlichkeit des Eingriffs ab. Je dringender und unabweisbarer der Eingriff, desto geringer bleibt der Umfang der Aufklärung. Besteht Lebensgefahr, so braucht der Arzt auf solche Gefahren nicht hinzuweisen, die fern liegen, selten auftreten oder sich zwar verwirklichen werden, deren Folgen jedoch vom Kranken gegenüber dem Tod aller Voraussicht nach als geringfügig empfunden werden. Ist der Eingriff umgekehrt nicht vital notwendig, sondern nur vertretbar, soll er keine akute Gefahr abwenden, sondern den Zustand lediglich bessern, hat der Arzt einer entsprechend strengen, tiefergehenden Informationspflicht zu genügen, die bei kosmetischen Operationen am weitesten reicht. Bei durchschnittlicher sachlicher wie zeitlicher Dringlichkeit genügt eine Aufklärung über die Risiken im Großen und Ganzen. Der diagnostische Eingriff erfordert grundsätzlich eine umfassendere Aufklärung als der therapeutische. Über das Risiko einer Nachoperation ist bereits vor dem ersten Eingriff aufzuklären. Zeichnet sich das Risiko der Notwendigkeit einer Bluttransfusion ab, so hat der Arzt dem Patienten rechtzeitig die Möglichkeit einer Eigenblutspende zu eröffnen.

13. Je fragwürdiger die Indikation erscheint, weil eine sinnvolle Alternative in Betracht kommt, desto strengeren Maßstäben soll die Instruktion des Patienten im Dienste des „informed consent" genügen. Das hohe Wagnis einer Operation ohne vorherige ausführliche Diskussion aller für den gemeinsamen Entschluss von Arzt und Patient erheblicher Fakten kann einem Behandlungsfehler nahekommen: Fragen ärztlicher Kunst und Anforderungen an die Aufklärung des Patienten berühren sich hier.

14. Beim **Neulandschritt im Heilversuch** bedarf der Arzt prinzipiell in stärkerem Maß als beim schulmedizinischen Standardeingriff zu seiner Legitimation des Einverständnisses seines Patienten.

15. Stets gilt: Je gefährlicher der geplante Eingriff, je gravierender das ihn begleitende Risiko, desto gewichtiger und umfangreicher ist die ärztliche Aufklärungspflicht.

16. Auf **einschneidende** mögliche **Folgen des Eingriffs,** etwa die Gefahr des Todes, des Erblindens oder einer Lähmung, hat der Arzt aufmerksam zu machen, selbst bei geringer Komplikationsdichte, also wenn solche Konsequenzen nur sehr selten auftreten. Dabei soll der Arzt auf die konkrete psychische Situation seines Patienten durchaus Rücksicht nehmen.

17. Die Aufklärung soll je und je **dem Einzelfall genügen** und dessen Umstände berücksichtigen: sowohl die Bewandtnisse des Patienten wie die des Arztes und seiner Klinik.

18. Fragen des Patienten verpflichten den Arzt regelmäßig zu Antworten.

18 19. Der bereits informierte oder erfahrene Kranke verlangt dem Arzt entsprechend weniger an Information ab. Der Patient kann auf die Aufklärung ganz oder teilweise **verzichten.** Der Arzt darf von solchen ihn entlastenden Umständen nur nach sorgfältiger Prüfung ausgehen.

19 20. Umstritten blieben die **Kontraindikationen.** Der Arzt darf dem Kranken jedenfalls solche Aufschlüsse vorenthalten, deren Kenntnis eine schwere Gesundheitsgefahr für ihn bedeutete. Das Wort Krebs darf der Arzt vermeiden, wenn notwendig sogar zurücknehmen.

20 21. Auch ohne akute vitale Indikation ist der Arzt im Recht, der den **Eingriff planwidrig erweitert,** wenn sich dies nach einem nicht schuldhaften präoperativen Diagnoseirrtum als geboten erweist, freilich nur unter folgenden weiteren Voraussetzungen: Der neue Befund müsste ohne die beabsichtigte Ausweitung des Operationsplans zum Tode des Patienten in absehbarer Zeit führen; bei Abbruch eines Eingriffs müssten weitere ernsthafte zusätzliche, gefährliche Komplikationen drohen, die eine ausgedehnt fortgesetzte chirurgische Maßnahme vermiede, schließlich dürfte ein der Operationserweiterung entgegenstehender Wille des Kranken wegen der Lebensbedrohlichkeit des neuen Befundes nicht zu erwarten sein.

21 22. Die Frage nach dem rechten Maß der Aufklärung bleibt belastet durch das gerichtlich festgehaltene Leitbild vom **Heileingriff als Körperverletzung,** wenngleich das alte Rechtswidrigkeitskonzept hinter den Anspruch des Patienten zurücktritt, nicht Objekt, sondern Subjekt der Behandlung zu sein. Dem verfehlten Leitbild zufolge bildet die ärztliche Eigenmacht bei schlechten Krankheitsverläufen als Auffangtatbestand wegen der Beweislast ein Hauptproblem für die Haftpflichtversicherer und im Schadensprozess. Weil das auf hinreichender Aufklärung beruhende Einverständnis des Patienten nach der Spruchpraxis unserer Gerichte den Rechtfertigungsgrund für den Arzt darstellt, also derjenige Umstand ist, der dem Schadensersatzanspruch entgegenwirkt, trifft den beklagten Arzt oder Krankenhausträger die Beweislast dafür, dass der klagende Patient nach ausreichender Instruktion eingewilligt hatte. Begründeterweise machen die Gerichte dem Arzt den Nachweis seiner Aufklärung nicht mehr über Gebühr schwer; auch fordern sie vom Patienten, dass er nachvollziehbar dartue, wie er sich denn bei der von ihm geforderten Information anders verhalten hätte.

22 23. Danach hat der Arzt die Gefahren und schädlichen Nebenfolgen seines Eingriffs zu tragen, soweit sie finanziell zu Buche schlagen, wenn er im Streitfall nicht den Nachweis führen kann, seinen Patienten im Rechtssinne voll aufgeklärt zu haben. Daraus ergibt sich das schwer auf den Ärzten lastende Gewicht der Aufklärungspflicht und ihr Bestreben, sich gegen die Prozessgefahr durch schriftliche **Dokumente** abzusichern mit weit reichenden Folgen für die klinische Praxis. Gerichte und Sachverständige sollten die Aufklärungspflicht haftpflichtrechtlich entlasten. Die Arbeit der Schieds- und Gutachterkommissionen wirkt bereits in diesem Sinne.

23 24. Nach der Spruchpraxis **entfällt die zivilrechtliche Verantwortlichkeit** des Arztes, wenn dieser beweist, dass der unerwünschte Gesundheitszustand des Patienten auch ohne den Eingriff eingetreten wäre oder der Kranke auch nach erfolgter ausreichender Aufklärung in den Eingriff eingewilligt hätte. Doch hat der Patient, wenn die Ablehnung des Eingriffs **medizinisch unvernünftig** gewesen wäre oder bei Nichtbehandlung gar gleichartige Risiken mit höherer Komplikationsdichte bestanden hätten, **plausible Gründe** dafür darzulegen, dass er bei erfolgter Aufklärung in einen Entscheidungskonflikt geraten wäre. Im Übrigen können Schutzzweckerwägungen zu einer haftpflichtrechtlichen Entlastung des Arztes führen.

25. Die Regeln zur Selbstbestimmungsaufklärung lassen sich grundsätzlich nicht auf **andere Informationspflichten** des Arztes anwenden. Die therapeutische Aufklärung dient dem gesundheitlichen Wohl des Kranken; Versäumnisse bedeuten hier einen Behandlungsfehler. Dem sich einer indizierten Heilmethode verschließenden Patienten soll der Arzt eindringlich zureden. Aus der Behandlungsaufgabe kann die Pflicht des Arztes folgen, den Patienten über **wirtschaftliche Notwendigkeiten** zu informieren.

12. Kapitel. Die ärztliche Schweigepflicht

Schrifttum: *Adt,* Schweigepflicht und die Entbindung von der Schweigepflicht, Zeitschrift für Strafvollzug und Straffälligenhilfe 1998, 328–334; *Allgaier,* Zur ärztlichen Begutachtung und Schweigepflicht im Diziplinarrecht, DÖD 1996, 245–248; *Andreas,* Schweigepflicht und Schweigerecht des Arztes gegenüber dem Auskunftsbegehren der Berufsgenossenschaft, ArztR 1978, 74–76; *ders,* Wer unterliegt als ärztlicher Gehilfe der Schweigepflicht? ArztR 1987, 203–206; *ders,* Ärztliche Schweigepflicht im Zeitalter der EDV, ArztR 2000, 296–304; *ders,* Ärztliche Schweigepflicht im Zeitalter der EDV, Münchner Ärztliche Anzeigen 2001, 11–17; *Arloth,* Arztgeheimnis und Auskunftspflicht bei AIDS im Strafvollzug, MedR 1986, 295–299; *Au,* Namen und Anschriften von Patienten in steuerlichen Fahrtenbüchern, NJW 1999, 340–342; *Bachmann,* Ärztliche Aufklärungspflicht und Wahrheitspflicht aus juristischer Sicht, MedKlin 1977, 1550–1552; *Bales/Schnitzler,* Melde- und Aufzeichnungspflicht für Krankheiten und Krankheitserreger, DÄBl 2000, A 3501–3506; *Barbey,* Die Schweigepflicht, das Vertrauensverhältnis und das Problem der Unparteilichkeit des psychiatrischen Sachverständigen im Strafprozeß, MedSach 1974, 32–35; *Barnikel,* Die Aufklärung der Angehörigen und die ärztliche Schweigepflicht, DRiZ 1978, 182; *Bartsch,* Die postmortale Schweigepflicht des Arztes beim Streit um die Testierfähigkeit des Patienten, NJW 2001 861–863; *Baur,* Datenschutz und Weitergabe von Patienten-Anschriften durch Krankenhäuser, Arzt und Krankenhaus 1981, 206–208; *ders,* Schweigepflicht und Offenbarungsbefugnis des Arztes im Rahmen der Mitteilungsvorschriften der RVO, Sozialgesetzbuch 1984, 150; *ders,* Ärztliche Schweigepflicht und kassenärztliche Mitteilungspflicht, ArztR 1981, 233–235; *ders,* Keine Schweigepflicht gegenüber den Krankenkassen, ArztR 1984, 93–100; *Bender,* Rechtsfragen im Zusammenhang mit AIDS und Schule, NJW 1987, 2903–2911; *ders,* Das postmortale Einsichtsrecht in Krankenunterlagen – ein zivilrechtliches Spannungsverhältnis zwischen ärztlicher Dokumentation und Schweigepflicht, Erlanger jur Diss 1996; *ders,* Das Verhältnis von ärztlicher Schweigepflicht und Informationsanspruch bei der Behandlung Minderjähriger, MedR 1997, 7–16; *ders,* Grenzen der Schweigepflicht des Arztes bei Kenntnis von Misshandlungen oder entwürdigenden Behandlungen durch Eltern, MedR 2002, 626–630; *Berger,* Die Abtretung ärztlicher Honorarforderungen, NJW 1995, 1584–1589; *Blau,* Schweigepflicht und Schweigerecht des Fachpsychologen, NJW 1973, 2234–2239; *Bockelmann,* Schweigepflicht und Schweigerecht des Arztes, MMW 1967, 365, 2710; *Boesche,* Ärztliches Berufsgeheimnis des Truppenarztes, Ärztliche Mitteilungen 1963, 688–689; *Bongen/Kremer,* Probleme der Abwicklung ärztlicher Privatliquidationen durch externe Verrechnungsstellen, NJW 1990, 2911–2915; *dies,* Ärztliche Schweigepflicht und Honorareinzug durch Dritte, MDR 1991, 1031–1032; *Borchert,* Die ärztliche Schweigepflicht nach Inkrafttreten des Gesundheitsreformgesetzes, ArztR 1990, 171–180; *Boucher,* Zur Unwirksamkeit der Schweigepflichtentbindungserklärung in Versicherungsverträgen, NZV 2001, 1–8; *Brandis,* Zur Schweigepflicht unter Ärzten, MedKlin 1965, 353–355; *Broglie,* Keine Pflicht zur Herausgabe von Krankenhausentlassungsberichten an Krankenkassen, Geburtshilfe und Frauenheilkunde 1994, M 45–M 46; *Brömmelmeyer,* Rechtliche Aspekte der Telemedizin, ZaeFQ 2001 657–661; *Bruns,* AIDS, Alltag und Recht, MDR 1987, 353–358; *ders,* AIDS und Strafvollzug, StV 1987, 504–507; *Bruns/Andreas/Debon,* Ärztliche Schweigepflicht im Krankenhaus, Informationen des Berufsverbandes der Deutschen Chirurgen 1998, 111–116; *dies,* Der Urologe, Ausgabe B 1998, 318–323; *dies,* ArztR 1999, 32–37; *Cierniak,* MünchKomm zu StGB 2003, 167–236; *Clade,* Privatärztliche Verrechnungsstellen im Aufwind, DÄBl 1988, 949; *Dauth,* Verrechnungsstellen, Praxisverkauf und andere umstrittene Punkte, DÄBl 1991, B 2821–B 2822; *Debong,* Chefarztrelevante Probleme der ärztlichen Schweigepflicht, ArztR 1991, 365–369; *Drexler/Brandenburg,* Pflichtwissen für jeden Arzt, DÄBl 1998, A 1295–1300; *Dettmeyer,* Medizin & Recht, 2. Aufl 2006, 79–86; *Deutsch,* Multizentrische Studien in der Medizin: Rechtsgestalt und Zugang zu den Daten, NJW 1984, 2611–2615; *ders,* Ärztliche Schweigepflicht und Datenschutz in der medizinischen Forschung – juristische Aspekte, ZaeFQ 1999, 775–779; *ders,* Schweigepflicht und Infektiosität, VersR 2001, 1471–1475; *Dyes/Karstädt,* Schweigepflicht des Arztes gegenüber dem Dienstherrn eines Beamten?, NJW 1961, 2050–2052; *Eberbach,* Rechtsprobleme der HTLV-III-Infektion (AIDS), 1986; *ders,* Juristische Probleme der HTLV-III-Infektion (AIDS), JR 1986, 230–235; *ders,* Arztrechtliche Aspekte bei AIDS, Aids-Forschung (AIFO) 1987, 281–292; *Egger,* Schweigepflichtentbindung in privater Berufsunfähigkeits- und Krankenversicherung, VersR 2007, 905–910; *Engländer,* Schweigepflicht bei HIV-Infektion, Der Gynäkologe 2001, 760–763; *Ernst,* Schweigepflicht,

MMW 1991, 558; *Eser/Hirsch,* Sterilisation und Schwangerschaftsabbruch (1980); *Eser,* Medizin und Strafrecht: Eine schutzgutorientierte Problemübersicht, ZStW 1985, 1 ff, Nachdruck in *Eser/ Künschner* (Hrsg), Recht und Medizin 1990, 329 ff; *Eser,* Medizin und Strafrecht, ZStW 97 (1985), 1 ff; *Fink,* Die Schweigepflicht des Arztes und das Beamtenrecht, DÖV 1957, 447–451; *Fischer/Uthoff,* Das Recht der formularmäßigen Einwilligung des Privatpatienten bei externer Abrechnung, MedR 1996, 115–120, sowie MedR 1996, 559–560; *Geppert,* Die ärztliche Schweigepflicht im Strafvollzug, 1983; *ders,* Zum Einsichtsrecht des Strafgefangenen in die anstaltsärztlichen Krankenunterlagen, FS zum 125-jährigen Bestehen der Juristischen Gesellschaft zu Berlin, 1984, 151 ff; *Göppinger* (Hrsg), Arzt und Recht, 1966; *Goerke,* Ärztliche Schweigepflicht einst und jetzt, ZaeFQ 1999, 716–722; *Goll,* Offenbarungsbefugnisse im Rahmen des § 203 Abs 2 StGB, Diss 1980; *Gottwald,* Recht auf Kenntnis der biologischen Abstammung? FS Hubmann 1985, 111 ff; *Goetz,* Rechtliche Aspekte der Telemedizin, ZaeFQ 2001, 652–656; *Gramberg-Danielsen* (Hrsg), Rechtsophthalmologie, 1985; *Gramberg-Danielsen/Kern,* Die Schweigepflicht des Arztes gegenüber privaten Verrechnungsstellen, NJW 1998, 2708–2710; *Grömig,* Schweigepflicht der Ärzte untereinander, NJW 1970, 1209–1213; *Grüner,* Amtsverschwiegenheit und ärztliche Schweigepflicht, in Das grüne Gehirn, 1988, B II 2, 1–16; *Hackel,* Drittgeheimnisse innerhalb der ärztlichen Schweigepflicht, NJW 1969, 2257–2259, 2277; *Händel,* Ärztliche Schweigepflicht und Verkehrssicherheit, DAR 1977, 36–41; *ders,* Suizidprophylaxe und ärztliche Schweigepflicht, FS Leithoff 1985, 555 ff; *Harthun,* Wer kann die Einwilligung nach § 67 SGB X erteilen?, SGB 1983, 511 ff; *Hartig,* Ärztliche Schweigepflicht gegenüber Drittbetroffenen, ÄBl Rheinland-Pfalz 2007, 10–12; *Heberer,* Das ärztliche Berufs- und Standesrecht, 2. Aufl 2001, 309–315; *Heberer/Bojack,* Die Schweigepflicht des Arztes im Zusammenhang mit ansteckenden Krankheiten bei der stationären Aufnahme von akut oder chronisch Erkrankten in Krankenhäusern oder Heimen, Der Chirurg 2002, M 11–M 114; *Heberer/Mößbauer,* Schweigepflicht bei infektiösen Patienten, MedR 2004, 138–140; *Heintzen/Lilie,* Patientenakten und Rechnungshofkontrolle, NJW 1997, 1601–1604; *Hennies,* Ärztliche Schweigepflicht, MedSach 1994, 35–38; *Hohmann,* Grenzen der Schweigepflicht, Der Urologe B 1996, 405–406; *ders,* Informationen des Berufsverbands der Deutschen Chirurgen eV 1996, 137–139; *ders,* Interruptio graviditatis bei Minderjährigen – Einwilligung und Schweigepflicht, Pflege- & Krankenhausrecht 1998, 97–98; *Hollmann,* Formularmäßige Erklärung über die Entbindung von der Schweigepflicht gegenüber Versicherungsunternehmen, NJW 1978, 2332 f; NJW 1979, 1923; *ders,* Das Bundeskrebsregistergesetz, NJW 1995, 762–764; *ders,* Patientengeheimnis und medizinische Forschung, MedR 1992, 177–182; *Huffer,* Schweigepflicht im Umbruch, NJW 2002, 1382–1386; *Hülsmann/Maser,* Ärztliche Schweigepflicht und Praxisübergabe, MDR 1997, 111–113; *Hülsmann/Baldamus,* Ärztliche Schweigepflicht versus Informationsinteresse der Erben, Zeitschrift für Erbrecht und Vermögensnachfolge 1999, 91–94; LK-*Jähnke,* Strafgesetzbuch, 11. Aufl 2005 zu § 203 StGB; *Jansen,* Spezielle Probleme der Schweigepflicht im Krankenhaus aus rechtlicher Sicht, ZaeFQ 1999, 739–745; *Jung,* Der strafrechtliche Schutz des Arztgeheimnisses im deutschen und französischen Recht, Gedächtnisschrift für Constantinesco, 1983, 355 ff; *Kaatsch,* Schweigerecht des Arztes nach dem Tode des Patienten, Klinikarzt 1986, 448; *Kamps,* Der Verkauf der Patientenkartei und die ärztliche Schweigepflicht, NJW 1992, 1545–1547; *ders,* Schweigepflicht gegenüber Arbeitgebern, Krankenkassen, Medizinischen Diensten und Versicherungsgesellschaften aus Sicht einer Ärztekammer, ZaeFQ 1999, 754–762; *Kamps/Kiesecker,* Auskunftspflicht des Arztes gegenüber Leistungsträgern des Sozialgesetzbuches, MedR 1997, 216–218; *Kauder,* Ärztliche Schweigepflicht über die Behandlung Drogensüchtiger, StV 1981, 564–568; *Kern,* Der postmortale Geheimnisschutz, MedR 2006, 205–208; *Kienzle,* Spezielle Probleme der Schweigepflicht im Krankenhaus aus ärztlicher Sicht, ZaeFQ 1999, 746–752; *Kilian,* Rechtsfragen der medizinischen Forschung mit Patientendaten, 1983; *ders,* Rechtliche Aspekte der digitalen medizinischen Archivierung von Röntgenunterlagen, NJW 1987, 695–698; *ders,* Rechtsprobleme der Behandlung von Patientendaten im Krankenhaus, MedR 1986, 7–14; *Kiesecker/Rieger,* Schweigepflicht, in: Rieger (Hrsg), Lexikon des Arztrechts, 2. Aufl 2001, Nr 4740, 1–55; *Kirsch/Trilsch,* Die ärztliche Schweigepflicht, ÄBL Sachsen, 2003, 403–409; *Klaus,* Ärztliche Schweigepflicht, ihr Inhalt und ihre Grenzen, 1991; *Klöcker,* Schweigepflicht des Betriebsarztes im Rahmen arbeitsmedizinischer Vorsorgeuntersuchungen, MedR 2001, 183–187; *Knappmann,* Verpflichtung zur Befreiung von der ärztlichen Schweigepflicht nach dem Tod des Versicherten, NVersZ 1999, 511; *Knodel,* Wohin mit den Handakten des verstorbenen schweigepflichtigen Freiberuflers?, ZRP 2006, 263–265; *König,* Einzug von Arzthonoraren durch private Unternehmen, MMW 1991, 67–71; *ders,* Anmerkung zu OLG Köln v 29. 8. 1990, NJW 1991, 755–756; *Könninger,* Das Arzthaftungsrecht der DDR, VersR 1990, 238–243; *Körner/Dammann,* Weitergabe von Patientendaten an ärztliche Verrechnungsstellen, NJW 1992, 729–731; *dies,* Datenschutzprobleme beim Praxisverkauf, NJW 1992, 1543–1545; *Krauß,* Schweigepflicht und Schweigerecht des ärztlichen Sachverständigen im Strafprozess, ZStW 97, 1985, 81; *Krekeler,*

12. Kapitel. Die ärztliche Schweigepflicht

Zufallsbefunde bei Berufsgeheimnisträgern und ihre Verwertbarkeit, NStZ 1987, 199–203; *Kreuzer,* Schweigepflicht von Krankenhausärzten gegenüber Aufsichtsbehörden, NJW 1975, 2232-2236; *Kühne,* Innerbehördliche Schweigepflicht von Psychologen, NJW 1977, 1478–1482; *ders,* Die Reichweite des ärztlichen Geheimnisschutzes bei kranken Prüfungskandidaten, JA 1999, 523–525; *ders,* Die begrenzte Aussagepflicht des ärztlichen Sachverständigen vor Gericht nach §§ 53 I Nr 3 StPO, 203 I Nr 1 StGB, JZ 1981, 647–652; *Kühne* (Hrsg), Berufsrecht für Psychologen, 1987; *Kuchinke,* Ärztliche Schweigepflicht, Zeugniszwang und Verpflichtung zur Auskunft nach dem Tode des Patienten, in Recht und Rechtsbestimmung, Gedächtnisschrift für G Küchenhoff, 1987, 371 ff; *Kühnl,* Zivilprozessuale Probleme der ärztlichen Schweigepflicht nach dem Tode des Patienten, JA 1995, 328–333; *Kuhlmann,* Übertragung einer Arztpraxis und ärztliche Schweigepflicht, JZ 1974, 670–672; *Lackner,* Strafgesetzbuch mit Erläuterungen 26. Aufl 2007 zu § 203 StGB; *Lamprecht,* Wie viel ist das Arztgeheimnis noch wert?, ZRP 1989, 290–293; *Lang,* Das Recht auf informationelle Selbstbestimmung des Patienten und die ärztliche Schweigepflicht in der gesetzlichen Krankenversicherung, 1997; *Langkeit,* Umfang und Grenzen ärztlicher Schweigepflicht gemäß § 203 I Nr 1 StGB, NStZ 1994, 6–9; *Laufs,* Krankenpapiere und Persönlichkeitsschutz, NJW 1975, 1433–1437; *ders,* Fortschritte und Scheidewege im Arztrecht, NJW 1976, 1121–1126; *ders,* Arztrecht 5. Aufl 1993, 235–262; *Laufs/Laufs,* Aids und Arztrecht, NJW 1987, 2257–2265; *ders,* Praxisverkauf und Arztgeheimnis – ein Vermittlungsvorschlag, MedR 1989, 309–310; *ders,* Ärztliche Schweigepflicht gegenüber Angehörigen, Kollegen und Medien aus juristischer Sicht, ZaeFQ 1999, 732–738; *Laschner,* Die Auskunftspflicht des Arztes beim Erbprätendentenstreit über die Testierfähigkeit des Erblassers, jurs. Diss. 2004; *Lenkaitis,* Krankenunterlagen aus juristischer, insbesondere zivilrechtlicher Sicht, 1979; *Lewerenz,* Ärztliche Schweigepflicht und Verkehrssicherheit, Veröffentlichung des 14. Deutschen Verkehrsgerichtstage 1976, 290–300; *v Lewinski,* Schweigepflicht von Arzt und Apotheker, Datenschutzrecht und aufsichtsrechtliche Kontrolle, MedR 2004, 95–104; *H Lilie,* Ärztliche Dokumentation und Informationsrechte des Patienten, 1980; *ders,* Schweigepflicht und Zeugnisverweigerungsrecht, ZaeFQ 1999, 766-773; *Lissel,* Die Schweigepflicht bei der Behandlung von Patienten, Der Gynäkologe 2006, 556–562; *Martin,* Die ärztliche Schweigepflicht und die Verkehrssicherheit, DAR 1970, 302–308; *Mennicke/Radtke,* Die Abtretung von Honorarforderungen aus strafrechtlicher Sicht, MDR 1993, 400–404; *Mergen* (Hrsg), Die juristische Problematik in der Medizin Bd II, 1971; *K Müller,* Die Schweigepflicht im ärztlichen Standesrecht, MDR 1971, 965–971; *Muschallik,* Ärztliche Schweigepflicht bei polizeilichen Ermittlungsanfragen, ArztR 1984, 235–238; *Niedermair,* Verletzung von Privatgeheimnissen im Interesse des Patienten? Aus der neueren Rechtsprechung zur ärztlichen Schweigepflicht in: Roxin/Schroth (Hrsg), Medizinstrafrecht 2000, 363–388; *Opitz,* Schweigepflicht in der ehemaligen DDR, ZaeFQ 1999, 795–798; *ders,* Zahlreiche Verletzungen der Schweigepflicht, DÄBl 1997, A 2183–2190; *Ostendorf,* Der strafrechtliche Schutz von Drittgeheimnissen, JR 1981, 444–448; *Oebbecke,* Die Schweigepflicht des Arztes in der öffentlichen Verwaltung, MedR 1988, 123–125; *Osterwald,* Datenschutz in der ärztlichen Praxis, DÄBl 1982 Heft 26, 51; *Parzeller/Bratzke,* Grenzen der ärztlichen Schweigepflicht, DÄBl 2000, A 2364–2370; *Parzeller/Wenk/Rothschild,* Die ärztliche Schweigepflicht, DÄBl 2005, 289–297; *Pflüger-Demann,* Das Recht der formularmäßigen Einwilligung des Privatpatienten bei externer Abrechnung (Anmerkung zu *Fischer/Uthoff* MedR 1996, 115 ff), MedR 1996, 559–560; *Plantholz,* Schweigerechtliche Problematik des Fahrtenbuches, Berliner ÄBl 1998, 24; *Preusker,* Umfang und Grenzen der Schweigepflicht von Psychotherapeuten im Justizvollzug nach dem 4. Gesetz zur Änderung des Strafvollzugsgesetzes, Zeitschrift für Strafvollzug und Straffälligenhilfe 1998, 323–328; *Ratzel,* Ärztliches Standesrecht. Eine Darstellung für Klinik und Praxis, 1990, 44; *Rein,* Die Bedeutung der §§ 203 ff StGB aF für die private Personenversicherung, VersR 1976, 117–124; *ders,* Der Schutz der Geheimsphäre Verstorbener und Dritter in der privaten Personenversicherung, VersR 1977, 121–122; *Richter-Reichhelm,* Ärztliche Schweigepflicht gegenüber Angehörigen, Kollegen und Medien – aus ärztlicher Sicht, ZaeFQ 1999, 728–731; *Rieger,* Allgemeines Persönlichkeitsrecht und Schweigepflicht bei der Behandlung von Simulanten, DMW 1975, 567; *ders,* Zur Schweigepflicht der Medizinstudenten, DMW 1976, 1298; *ders,* Schweigepflicht des Krankenhausarztes bei der Ausfüllung von Formularen für Kostenträger, DMW 1979, 1552; *ders,* Schweigepflicht für Hämodialyse-Techniker?, DMW 1979, 1733; *ders,* Schweigepflicht bei ärztlichen Zeugnissen und Gutachten für psychisch Kranke, DMW 1986, 1775; *ders,* HIV-Test und ärztliche Schweigepflicht bei der Behandlung Minderjähriger, DMW 1989, 1765; *ders,* Schweigepflicht des behandelnden Arztes gegenüber genetischen Beratungsstellen, DMW 1990, 1571; *ders,* Entbindung von der Schweigepflicht bei Anfragen von Versicherungen, Der Deutsche Dermatologe 1992, 1469; *ders,* Privatliquidation durch Verrechnungsstelle unter Beschuß, Der Deutsche Dermatologe 1992, 32–33; *ders,* Schweigepflicht gegenüber den Massenmedien und Werbeverbot bei der Behandlung Prominenter, DMW 1994, 747–748; *ders,* Probleme der ärztlichen Aufklärungspflicht bei HIV-Infektion, Zärztl Fortbild 1994, 1002; *ders,* Einziehung des Arzthonorars durch Privatärztliche Verrechnungsstellen und gewerbliche Inkassounternehmen, DMW 1990, 1411; *ders,* Praxisverkauf und ärztliche Schweigepflicht, MedR 1992, 147–151; *ders,* Einschaltung externer Abrechnungsstellen bei der Privatliquidation beamteter Klinikdirektoren, DMW 2000, 26–28; *ders,* Entbindung von der Schweigepflicht gegenüber privaten Versicherungsgesellschaften, Deutsche Medizinische Wochenschrift 2007, 1236–1237; *Rimpel,* Zum Stellenwert der Schweigepflicht für den Arzt, Aktuelle Probleme und Perspektiven des Arztrechts, in: *Jung/Meiser/Müller* (Hrsg) 1989, 3477; *ders,* Zum Stellenwert der Schweigepflicht für den Arzt, in Aktuelle Probleme und Perspektiven des Arztrechts 1989, 34–38; *Ring,* Honorarzession und Verschwiegenheitspflicht, BB 1994, 373–375; *Roßbruch,* Die Schweigepflicht des Pflegepersonals, PflegeRecht 1997, 4–7; *Ruckstuhl,* Das Berufsgeheimnis in der medizinischen Forschung 1999; *Rüping,* Schweigepflicht – Möglichkeiten und Grenzen, Internist 1983, 206–208; *Schenkel,* Keine berufsbezogene Schweigepflicht hauptamtlicher Bewährungshelfer nach § 203 I Nr 5 StGB, NStZ 1995, 67–71; *Schirmer,* Ärztliche Schweigepflicht und Verfügbarkeit der Praxisunterlagen bei externer Abrechnung und Praxisverkauf, DÄBl 1992, C 1798–C 1801, sowie 3204; *Schlund,* Zu Fragen der ärztlichen Schweigepflicht, JR 1977, 265–269; *ders,* Die ärztliche Verschwiegenheit – eine elementare Standespflicht, Der Urologe Ausgabe B 1979, 146–150; *ders,* Ärztliche Schweigepflicht, Der niedergelassene Arzt 1980, 94–103; *ders,* Ärztliche Verschwiegenheit gegenüber Krankenkassen, Der Urologe Ausgabe B 1980, 261–262; *ders,* Grundsätze der ärztlichen Schweigepflicht, Der Deutsche Dermatologe 1981, 281–297; *ders,* Zur Berufsverschwiegenheit bei AIDS, AIDS-Forschung (AIFO), 1987, 401–409; *ders,* Reflexionen zu AID bzw AIH, zu IVF und ET sowie zum GT-Bereich, Medizin und Recht, FS W Spann 1986, 472–490; *ders,* Zu Patientenfotografien in ärztlichen Fachzeitschriften und Patientendias auf Kongressen, Der Deutsche Dermatologe 1988, 64–65; *ders,* Rechtliche Aspekte bei der Veröffentlichung von Patientenfotos in ärztlichen Fachzeitschriften und bei der Vorführung von Patientendias auf Kongressen, MedR 1990, 323–325; *ders,* Haftungsfragen in Frauenheilkunde und Geburtshilfe 3. Die ärztliche Schweigepflicht, gynäkologische praxis 1988, 407–411; *ders,* Datenschutz innerhalb des Krankenhauses, gynäkologische praxis 1988, 464–467; *ders,* Ärztliche Schweigepflicht aus juristischer Sicht, internistische praxis 1989, 333–337; *ders,* Haftungsfragen in Frauenheilkunde und Geburtshilfe 6. Patientenunterlagen: Einsichtsrecht und Herausgabe, gynäkologische praxis 1989, 203–207; *ders,* Haftungsfragen in Frauenheilkunde und Geburtshilfe 4. Die rechtliche Bedeutung der ärztlichen Dokumentation, gynäkologische praxis 1988, 607–610; *ders,* Grundsätze ärztlicher Verschwiegenheit im Rahmen der Verkehrssicherheit, DAR 1995, 1–5; *ders,* Die ärztliche Schweigepflicht, chirurgische praxis 1996, 581–586; *ders,* Bei Praxisveräußerung dürfen Krankenkarteiunterlagen nie ohne ausdrückliches Einverständnis der Patienten verkauft werden, gynäkologische praxis 1993, 1–4; *Schneider,* Abtretung und Verschwiegenheit, MDR 1992, 640–641; *Scholz,* Schweigepflicht der Berufspsychologen und Mitbestimmung des Betriebsrates bei psychologischen Einstellungsuntersuchungen, NJW 1981, 1987–1991; *Sommer,* Die ärztliche Schweigepflicht, Versicherungsmedizin 1998, 1 f; *Schott,* Die ärztliche Schweigepflicht: Historische und aktuelle Aspekte, DÄBl 1988, 1699; *Schreiber,* Die ärztliche Schweigepflicht gegenüber Krankenkassen, Arbeitgebern, Behörden und Versicherungsgesellschaften – rechtliche Überlegungen, ZaeFQ 1999, 762–766; *Schreiner,* Drittgeheimnisse und Schweigepflicht, Diss 1974; *Schürmann,* Der Begriff des „berufsmäßig tätigen Gehilfen" in Paragraphen 203 Abs 3 StGB und ehrenamtliche Tätigkeit, ArztR 1978, 9–12; *Schütte,* Die Schweigepflichtentbindung in Versicherungsanträgen, NJW 1979, 592–593; *Seibert,* Zur Zulässigkeit der Beschlagnahme von ärztlichen Abrechnungsunterlagen bei den Krankenkassen, NStZ 1987, 398–400; *Siegmund-Schulze,* Die Beschlagnahme von Krankenunterlagen, ArztR 1973, 43–48; *Sikorski,* Die Rechtsgrundlagen für das Anfordern medizinischer Unterlagen durch den MDK, MedR 1999, 449–453; *Solbach,* Kann der Arzt von seiner Schweigepflicht entbunden werden, wenn der Patient verstorben oder willensunfähig ist? DRiZ 1978, 204–207; *Spickhoff,* Erfolgszurechnung und Pflicht zum Bruch der Schweigepflicht, NJW 2000, 848–849; *ders,* Postmortaler Persönlichkeitsschutz und ärztliche Schweigepflicht, NJW 2005, 1982–1984; *Taupitz,* Die ärztliche Schweigepflicht in der aktuellen Rechtsprechung des BGH, MDR 1992, 421–425; *ders,* Die Bedeutung des Patientenschweigens für die verschwiegene Gemeinschaft von Arzt und Inkassobüro, VersR 1991, 1213–1221; *ders,* Probleme der Abwicklung ärztlicher Privatliquidationen durch externe Verrechnungsstellen, NJW 1990, 2911–2915; *ders,* Das ärztliche Berufsgeheimnis in der Praxis: Möglichkeiten einer Umsetzung der verschärften Anforderungen des BGH, ArztR 1992, 141–145; *ders,* Integrative Gesundheitszentren: neue Formen interprofessioneller ärztlicher Zusammenarbeit, MedR 1993, 367–378; *Teyssen-Goetze,* Vom Umfang staatsanwaltschaftlicher Ermittlungsrechte am Beispiel des kassenärztlichen Abrechnungsbetrugs, NStZ 1986, 529–534; *Timm,* Grenzen der ärztlichen Schweigepflicht, 1988; *Tröndle/Fischer,* StGB-Kommentar, 51. Aufl 2003 zu § 203 StGB; *Ulsenheimer/Schlüter/Böcker/Bayer,*

12. Kapitel. Die ärztliche Schweigepflicht

Rechtliche Probleme in der Geburtshilfe und Gynäkologie, 1990, 118 ff; *dies,* Rechtliche Probleme in Geburtshilfe und Gynäkologie, 1990, Teil C, 118; *Vahle,* Medizinische Daten des Bürgers im Rechtsleben, ArztR 1990, 139–147; *Vetter,* Rechtliche Aspekte der Telemedizin. Datenschutzrechtliche Aspekte der Telemedizin, ZaeFQ 2001, 662–666; *Vollmer,* Körperlich-geistige Mängel, Verkehrssicherheit und ärztliche Schweigepflicht, 1986; *Wegscheider,* Ärztliche Schweigepflicht im Strafprozess?, RdM 1999, 12; *Weichbrodt,* Die Pflichten beamteter Ärzte bei der Abwendung eines Hungerstreiks, NJW 1983, 311–315; *Wagner,* Krebsregister – notwendig, wenn auch nicht unproblematisch, Klinikarzt 1984, 753; *Weichert,* Die Krux mit der ärztlichen Schweigepflichtentbindung für Versicherungen, NJW 2004, 1695–1700; *Weise,* Persönlichkeitsschutz durch Nebenpflichten – dargestellt an Beispielen des Arbeits- und Arztvertrages, Diss 1986; *Würz-Bergmann,* Die Abtretung von Honorarforderungen schweigepflichtiger Gläubiger, Europäische Hochschulschriften Reihe II, Band 1341, 1993; *Zieger,* Zur Schweigepflicht des Anstaltsarztes, StV 1981, 559–563; *Zimerling,* Prüfungsunfähigkeit und (amts-)ärztliches Attest, MedR 2001, 634–637.

Spezialliteratur zum Betriebsarzt: *Budde,* Weitergabe arbeitsmedizinischer Daten durch den Betriebsarzt, DB 1985, 1529–1533; *Budde/Witting,* Die Schweigepflicht des Betriebsarztes, MedR 1987, 23–28; *Däubler,* Die Schweigepflicht des Betriebsarztes – ein Stück wirksamer Datenschutz?, BB 1989, 282–286; *Eiermann,* Die Schweigepflicht des Betriebsarztes bei arbeitsmedizinischen Untersuchungen nach dem Arbeitssicherungsgesetz, BB 1980, 214–215; *Fischer,* Die Schweigepflicht des Amts- oder Betriebsarztes und das Beamtenrecht, DÖD 1985, 165–170; *Hess,* Schutz von Patientendaten in arbeitsmedizinischen Diensten, DÄBl 1978, 1055; *Hinrichs,* Nochmals: Zur Frage der Schweigepflicht des Betriebsarztes, BB 1976, 1273–1274; *ders,* Rechtliche Aspekte zur Schweigepflicht der Betriebsärzte und des betriebsärztlichen Personals, DB 1980, 2287–2291; *Kierski,* Zur Frage der Schweigepflicht des Betriebsarztes, BB 1976, 842–843; *Kilian,* Rechtliche Aspekte heutiger betriebsärztlicher Informationssysteme, BB 1980, 893–895; *ders,* Verwendung und Weitergabe arbeitsmedizinischer Informationen, BB 1981, 985–991; *Klöcker,* Schweigepflicht des Betriebsarztes im Rahmen arbeitsmedizinischer Vorsorgeuntersuchungen, MedR 2001, 183–187; *Nassauer,* Der Betriebsarzt im Spannungsfeld zwischen Schweigepflicht und Meldepflicht, Bundesgesundheitsblatt 1999 S. 481–485; *Schal,* Die Schweigepflicht des Betriebsarztes, Diss 1989; *Schimke,* Die Schweigepflicht des Betriebsarztes bei freiwilligen Vorsorgeuntersuchungen nach dem Arbeitssicherungsgesetz, BB 1979, 1354–1355; *Schmid,* Eignungsuntersuchungen und ärztliche Schweigepflicht im Rahmen des werksärztlichen Dienstes, BB 1968, 954–957.

Spezialliteratur zu Schweigepflicht und Datenschutz: *Andreas,* Ärztliche Schweigepflicht im Zeitalter der EDV, ArztR 2000, 296–304; *Bäumler,* Medizinische Dokumentation und Datenschutzrecht, MedR 1998, 400–405; *Beier,* Datenschutz im Krankenhaus, Krankenhaus und Technik 1983, 21–24; *Berger,* Die Abtretung ärztlicher Honorarforderungen, NJW 1995, 1584–1589; *Bieber,* Datenschutz und ärztliche Schweigepflicht, 1995; *Binne,* Das neue Recht des Sozialdatenschutzes, NZS 1995, 97–109; *Blohmke/Kniep,* Epidemiologische Forschung und Datenschutz, NJW 1982, 1324–1325; *Bochnik,* Ein „medizinisches Forschungsgeheimnis" im Datenschutz könnte deutsche Forschungsblockaden beseitigen, MedR 1994, 398–400; *ders,* Bestehen Datenschützer auf Forschungsblockaden?, MedR 1996, 262–264; *Boßmann,* Datenschutz: Nicht nur eine „Formsache", DÄBl 1992, C 461–C 463; *Büllesbach,* Das neue Bundesdatenschutzgesetz, NJW 1991, 2593–2600; *Bull/Dammann,* Wissenschaftliche Forschung und Datenschutz, DÖV 1982, 213–223; *Detsch,* Sozialdatenschutz nach dem 2. SGB-Änderungsgesetz – aus der Sicht eines Datenschutzbeauftragten einer Kassenärztlichen Vereinigung. Recht der Datenverarbeitung 1995, 1. Sonderheft, 16–19; *Dettmeyer/Madea,* Ärztliches Schweigerecht bezüglich Daten der Leichenschau, NStZ 1999, 605–607; *Deutsch/Spickhoff,* Medizinrecht, 6. Aufl 2008, RdNr 605 ff; *Dierks,* Schweigepflicht und Datenschutz im Gesundheitswesen und medizinischer Forschung, jur Diss 1992; *ders,* Datenschutz in der Telemedizin – rechtliche Aspekte, ZaeFQ 1999, 787–791; *Dietz,* Datenschutz und ärztliche Schweigepflicht bei der Übermittlung von Patientendaten, Pflege- & Krankenhausrecht 1998, 98–100; *Einwag,* Ärztliche Schweigepflicht und Datenschutz, Der Arzt und sein Recht 1992, 4–10; *Gola,* Zur Entwicklung des Datenschutzrechts, NJW 1982, 1498–1505; NJW 1986, 1913–1919; NJW 1987, 1675–1682; NJW 1988, 1637–1644 NJW 1998, 3750–3757; *Garstka,* Datenschutz in Praxisnetzen aus Sicht des Datenschutzbeauftragten, ZaeFQ 1999, 781–784; *Gola/Schomerus,* Bundesdatenschutzgesetz, Kommentar, 6. Aufl 1997; *Grabsch,* Die Haftbarkeit der Offenbarung höchstpersönlicher Daten des ungeborenen Menschen, 1994; *Grüner,* Datenschutz, Das grüne Gehirn Bd II, 3, 1–12; *Hanisch,* Datenschutz im Krankenhaus, BayVBl 1983, 234–241; *Heim* (Hrsg), Medizin und Datenschutz, 1984; *Helle,* Schweigepflicht und Datenschutz in der medizinischen Forschung, MedR 1996, 13–18; *Hilla,* Betriebliche Epidemiologie und Datenschutz, CR 1992, 175–180; *Jacob,* Datenschutz als Persönlichkeitsrecht,

§ 65   1   § 65 Entwicklung und allgemeine Grundsätze der Schweigepflicht

ZaeFQ 1999, 722–727; *Kamphausen,* „Datenschutz", Verschwiegenheit und Verwertung von Gerichtsgutachten – Das Bundesverfassungsgericht hat entschieden, Der Sachverständige 1995, 4–9; *Kamps,* Datenschutz und ärztliche Schweigepflicht in Psychiatrischen Krankenhäusern, MedR 1985, 200–207; *Kersten,* Datenschutz in der Medizin, Computer und Recht 1989, 1020–1026; *Kilian/Porth* (Hrsg), Juristische Probleme der Datenverarbeitung in der Medizin, 1979; *ders,* Medizinische Forschung und Datenschutzrecht, NJW 1998, 787–791; *Kohlhosser,* Medizinforschung und Datenschutz – Eine Fallstudie, FS Henckel, 1995, 463 ff; *Kongehl,* Der Mensch und sein Persönlichkeitsrecht in einer verdateten Medizin, Datenschutz und Datensicherung 1991, 336–340; *Lilie,* Medizinische Datenverarbeitung, Schweigepflicht und Persönlichkeitsrecht im deutschen und amerikanischen Recht, 1980; *Lippert/Strobel,* Ärztliche Schweigepflicht und Datenschutz in der medizinischen Forschung, VersR 1996, 427–430; *Mandt,* Datenschutz im medizinischen und sozialen Bereich, BayÄBl 1979, 325–327; *Ortner/Geis,* Die elektronische Patientenakte, MedR 1997, 337–341; *Pickel,* Erhebung, Verarbeitung, Nutzung, Speicherung und Veränderung von Sozialdaten, Die Sozialgerichtsbarkeit 1997, 455–460; *Pieth,* Datenschutz in der medizinischen Forschung, QualiMed 1998, 27–30; *Podlech,* Der Informationshaushalt der Krankenkassen, Datenschutzrechtliche Aspekte, 1995; *Rasmussen,* Der Schutz medizinischer Daten im Sozialdatenschutz, NZS 1998, 67–73; *Ratzel,* Ärztliche Schweigepflicht – Sozialgeheimnis – Datenschutz, Der Urologe (B) 1995, 356–360; 1997, 641–647; *ders,* Der Frauenarzt 1995, 186–193; *Reichertz/Kilian,* Arztgeheimnis – Datenbank – Datenschutz, 1982; *ders,* Der Radiologe 1997, M 169–171; *ders,* Der Deutsche Dermatologe 1997, 1119–1125; *Reichow/Hartleb/Schmidt,* Möglichkeiten medizinischer Datenverarbeitung und Datenschutz, MedR 1998, 162–167; *Rieger/Dahm/Steinhilper* (Hrsg), Heidelberger Kommentar Arztrecht Krankenhausrecht Medizinrecht 2008 Nr. 1340, Datenschutz, F 1984 RdNr 541 ff; *ders,* Vernetzte Praxen, MedR 1998, 75–81; *Ringwald,* Nochmals: Epidemiologische Forschung und Datenschutz, NJW 1982, 2593–2595; *Roßnagel,* Datenschutz bei Praxisübergabe, NJW 1989, 2303–2309; *Schlund,* Datenschutz innerhalb des Krankenhauses, gynäkologische praxis 1988, 464–467; *Schwartz/Meye,* Arzt- und Patientendaten zwischen Anonymität und Offenbarung, in *Hoffmann* (Hrsg), Freiheitssicherung durch Datenschutz, 1987, 381–399; *Seelos,* Chancen und Risiken der Datenverarbeitung, DÄBl 1989, B 2451–B 2453; *Simitis,* Datenschutz, Erfahrungen und Perspektiven, VersR 1981, 197–207; *ders,* Datenschutz – Rückschritt oder Neubeginn, NJW 1998, 2473–2479; *ders* (Hrsg) Kom zum BDSG 6. Aufl 2006; *Sommerlad,* Konflikt zwischen Datenschutz, ärztlicher Schweigepflicht und Datenvalidierung?, RDV 1991, 226–233; *Stahl,* Probleme und Nutzen elektronischer Verarbeitung von Patienten- und Klientendaten, Soziale Sicherheit 1990, 208–210; *Ulsenheimer/Heinemann,* Rechtliche Aspekte der Telemedizin – Grenzen der Telemedizin, MedR 1999, 197–203; *Vetter,* Die Schweigepflicht in Internet und Intranet, BayÄBl 1998, 206; *Walch,* Patientendaten in den virtuellen Briefumschlag. Rechtliche Aspekte bei der externen Archivierung von Patientendaten, ku 1999, 78–80; *Weichert,* Datenschutz und medizinische Forschung – Was nützt ein „medizinisches Forschungsgeheimnis?", MedR 1996, 258–261; *Westheuser,* Schutz von Patientendaten bei der bevölkerungsbezogenen Krebsregistrierung zu epidemiologischen Forschungszwecken, 1999; *Wienke/Sauerborn,* EDV-gestützte Patientendokumentation und Datenschutz in der Arztpraxis, MedR 2000, 517–519.

Weitere Literatur zu Datenschutz und Schweigepflicht in der Medizin unter § 76 vor III.

§ 65 Entwicklung und allgemeine Grundsätze der Schweigepflicht

Inhaltsübersicht

	RdNr
I. Geschichtliches	1
II. Allgemeines	9
III. Geschütztes Rechtsgut	15

I. Geschichtliches

1 1. Der historische Ursprung der ärztlichen Schweigepflicht wird nach allgemeiner Ansicht im sogenannten **Eid des Hippokrates** gesehen. Dort heißt es: „Was immer ich sehe und höre bei der Behandlung oder außerhalb der Behandlung im Leben der Menschen, so

12. Kapitel. Die ärztliche Schweigepflicht 2–8 § 65

werde ich von dem, was niemals nach draußen ausgeplaudert werden soll, schweigen, indem ich alles Derartige als solches betrachte, das nicht ausgesprochen werden darf."[1]

Euripides schrieb im 5. Jahrhundert vor Chr: „Die schönste Tugend ist die Verschwiegenheit"[2] und meinte damit auch die Ärzte. Damals wurde vom Arzt jedoch nicht die Erfüllung einer rechtlichen Pflicht, sondern vielmehr lediglich eine besondere menschliche Haltung gefordert.

Vor dem 17. Jahrhundert war die Schweigepflicht für Ärzte gesetzlich nicht verankert; ganz im Gegensatz zu den Rechtsanwälten, denen bereits die Reichskammergerichtsordnung von 1495 eine Verschwiegenheitspflicht auferlegte. Der Bruch der Verschwiegenheit wurde bei „Medizinalpersonen" erstmals im Preußischen Allgemeinen Landrecht von 1794 mit Strafe bedroht.[3]

Im 19. Jahrhundert wandelte sich sodann die ärztliche Verschwiegenheit von einer Berufspflicht in eine in Medizinalordnungen und Strafgesetzen kodifizierte **Rechtspflicht.** Dieser Wandel wurde mit Inkrafttreten des Strafgesetzbuches für das Deutsche Reich (1871) und der 1877 verabschiedeten Strafprozessordnung mit der Gewährung eines Schweigerechts formell vollzogen.

Im seit 1975 gültigen § 203 StGB heißt es:

(1) „Wer unbefugt ein fremdes Geheimnis, namentlich ein zum persönlichen Lebensbereich gehörendes Geheimnis ... offenbart, das ihm als
1. Arzt, Zahnarzt, Tierarzt, Apotheker oder Angehöriger eines anderen Heilberufs, der für die Berufsausübung oder die Führung der Berufsbezeichnung eine staatlich geregelte Ausbildung erfordert ...
anvertraut worden oder sonst bekanntgeworden ist, wird mit Freiheitsstrafe bis zu einem Jahr oder mit Geldstrafe bestraft."

Damit scheint sich von der Antike bis in unsere Tage ein durchgehender Bogen der ärztlichen Verschwiegenheit zu spannen. Auch im sog Genfer Arztgelöbnis[4] von 1948 heißt es: „Ich werde das Geheimnis dessen, der sich mir anvertraut, wahren."

2. Aktualisiert wurde die von Hippokrates einst als „Heilige Pflicht" bezeichnete ärztliche Verschwiegenheit noch durch die jeweiligen Berufsordnungen. So bestimmt § 9 Abs 1 S. 1 Berufsordnung der Deutschen Ärzte: „Der Arzt hat über das, was ihm in seiner Eigenschaft als Arzt anvertraut oder bekanntgeworden ist, zu schweigen."

Zum neben dem Beichtgeheimnis, dem Post- und Fernmeldegeheimnis (Art 10 GG), dem Steuergeheimnis (§ 30 AO), dem Statistikgeheimnis (§ 11 Bundesstatistikgesetz) bestehenden Arztgeheimnis meinte das BVerfG in seiner Entscheidung vom 8. 3. 1972,[5] dass die verfassungsrechtlich geschützte Würde eines Menschen (Art 1 Abs 1 GG) und sein Recht auf freie Entfaltung der Persönlichkeit (Art 2 Abs 1 GG) die Respektierung der Privat- und Intimsphäre forderten. „Wer sich in ärztliche Behandlung begibt, muss und darf erwarten, dass alles, was der Arzt im Rahmen seiner Berufsausübung erfährt, geheim bleibt und nicht zur Kenntnis Unbefugter gelangt. Nur so kann zwischen Arzt und Patient jenes Vertrauen entstehen, das zu den Grundvoraussetzungen ärztlichen Wirkens zählt ...".

Den „wachsenden Begehrlichkeiten" im Rahmen der elektronischen Datenverarbeitung und der Gefahr einer gesetzlichen Aufweichung des Geheimnisschutzes durch die ständige Vermehrung von Auskunfts-, Anzeige- und Meldepflichten ist daher nachdrücklich entgegenzutreten.[6]

---

[1] Vgl hierzu *Schlund* internistische praxis 1989, 333; *Schott* DÄBl 1988, 1699 sowie *Goerke,* ZaeFQ 1999, 716 ff.
[2] *Rehbein,* Rechtsfragen zum Bankgeheimnis, ZHR 1985, 139.
[3] LK-*Jähnke,* 11. Aufl 2005, § 203 StGB.
[4] *Schott* (Fn 1).
[5] BVerfGE 32, 373, 379, 390.
[6] Vgl *Bender* MedR 1977, 7; *Ulsenheimer,* Arztrecht in der Praxis, 4. Aufl 2008, RdNr 360.

II. Allgemeines

9 1. Die geltende Fassung des § 203 StGB beruht bekanntlich auf Art 19 Nr 85 EGStGB, § 1 Nr 2a des Gesetzes zur Änderung des EGStGB vom 15. 8. 1974[7] und stellt in ihrem Abs 1 den Geheimnisbruch durch die Angehörigen bestimmter Berufe, Beratungsdienste und Unternehmen unter Strafe. Diesem berufsspezifischen Schweigegebot steht sodann in Abs 2 das Gebot der Amtsverschwiegenheit gegenüber. Diese Bestimmung bedroht den Geheimnisbruch durch Amtsträger und amtsnahe Personen mit Strafe.

10 Abs 2 S. 2 dieser Vorschrift stellt auch noch bestimmte Daten den Privatgeheimnissen gleich.[8] Beide Absätze schließen sich nicht aus. Sie können sich beispielsweise beim Amts- und Truppenarzt oder dem beamteten Chefarzt und wissenschaftlichen Assistenzarzt an einer Universitätsklinik, sofern er im Beamtenverhältnis steht, überschneiden.

11 Die Strafdrohung des § 203 StGB dient der Verwirklichung des verfassungsrechtlich gewährleisteten Schutzes der Persönlichkeit. Nur so kann zwischen dem Patienten und dem Arzt jenes Vertrauensverhältnis entstehen, das zu den Grundvoraussetzungen ärztlichen Wirkens zählt, weil es die Chance der Heilung vergrößert und damit im Ganzen gesehen der Aufrechterhaltung einer leistungsfähigen Gesundheitsfürsorge dient.[9]

12 2. **Nicht verwechselt** werden darf die Schweigepflicht mit dem in einzelnen Verfahrensordnungen unterschiedlich ausgestalteten **Zeugnisverweigerungsrecht** (§ 53 StPO, § 383 ZPO). Der **sachliche Umfang** beider Regelungen ist wohl gleich, das strafprozessuale Zeugnisverweigerungsrecht des § 53 StPO hat jedoch eine vom sachlich-rechtlichen Schweigegebot verschiedene persönliche Reichweite. So dürfen beispielsweise Geistliche und Journalisten die Aussage verweigern, obschon sie in § 203 StGB nicht aufgeführt sind. Hingegen unterliegen Berufspsychologen, Sozialarbeiter und Eheberater der Berufsverschwiegenheit, sind jedoch nicht befugt, das Zeugnis zu verweigern.[10] Im Übrigen sei hier darauf hingewiesen, dass Zeugnisverweigerungsrecht und Verletzung von Privatgeheimnissen zwar korrespondieren, sich aber nicht decken. Strafbar ist und bleibt nur der Geheimnisbruch; das Zeugnisverweigerungsrecht betrifft hingegen auch anvertraute oder bekanntgewordene Tatsachen ohne Rücksicht darauf, ob sie ein „Geheimnis" beinhalten.[11]

13 Einem anderen Zweck dienen die Schweigepflichten in den **Berufs-** und **Standesvorschriften.** Was in diesen verschiedenen Beamtengesetzen und ärztlichen Berufsordnungen über die Pflicht zur persönlichen Verschwiegenheit verankert ist, hat für die Strafrechtsnorm des § 203 StGB keine unmittelbare Bedeutung und Auswirkung, weil für Geheimnisse das Schweigegebot bereits aus § 203 StGB folgt. Wer aber seine nach den Beamtengesetzen bzw Berufsordnungen bestehende persönliche Schweigepflicht verletzt, verhält sich auch standeswidrig und kann damit standes- und berufsrechtlich zur Verantwortung gezogen werden.

14 Diese Schweigepflicht endet nicht mit Aufgabe der Berufstätigkeit. Für den Arzt und seine Mitarbeiter besteht die Schweigepflicht bis zu ihrem jeweiligen Tode.

---

[7] BGBl I 1942.
[8] BGHSt 4, 355, 359.
[9] BVerfGE 32, 373, 379, 380.
[10] Einzelheiten bei LK-*Jähnke* § 203 RdNr 9; zum Zeugnisverweigerungsrecht des Arztes nach dem Tode des Patienten vgl LG Düsseldorf NJW 1990, 2327. Zum Umfang des Zeugnisverweigerungsrechts des Arztes und seiner Berufsgehilfen vgl insbes BGH NJW 1985, 2203; MedR 2000, 426; SG Frankfurt/M, MedR 1999, 577 sowie *Lilie*, ZaeFQ 1999, 766 ff.
[11] Vgl Karlsruher Kommentar zur StPO RdNr 3 zu § 53 StPO RdNr 3.

III. Geschütztes Rechtsgut

Als geschütztes Rechtsgut iSd § 203 StGB wird nach überwiegender und richtiger Auffassung in Rechtsprechung und Lehre[12] die **Geheim- und Individualsphäre** des Einzelnen erachtet, die in dem verfassungsrechtlich geschützten allgemeinen Persönlichkeitsrecht (Art 2 Abs 1 iVm Art 1 Abs 1 GG) ihre Wurzel hat und in dem „Recht auf informationelle Selbstbestimmung"[13] ihren Ausdruck findet. Angriffsobjekt ist das private Geheimnis, dem in Abs 2 bestimmte Daten gleichgestellt sind. 15

Im Blick auf die bereits zitierte Entscheidung des BVerfG von 1972 wird als Rechtsgut auch das öffentliche Interesse an der **Funktionstüchtigkeit der** in Abs 1 Ziff 1 bis 6 im Einzelnen **aufgeführten Berufe** und Berufsgruppen angesehen; nur ein allgemeines Vertrauen in die eherne Verschwiegenheit des Arztes gewährleistet eine effiziente Gesundheitspflege, weil der Patient die vom Arzt in der Anamnese notwendigerweise zu erhebenden Angaben und Auskünfte nur dann diesem geben oder überlassen werde, wenn er absolut sicher sein kann, dass von diesem die Vertraulichkeit dieser Angaben und Auskünfte zu jeder Zeit gewährleistet werde. Sehr viele Erkrankungen – etwa im Urogenital- und auf dem psychiatrischen bzw psychosomatischen Bereich – verlangen in der Tat nicht selten im Arzt-Patienten-Gespräch ein sukzessives Eindringen in Geheimnisse und Vorkommnisse intimster Natur; dabei werden Vorgänge geoffenbart, die aus der Sicht des Patienten niemand anderen etwas angehen. Nicht selten hängt von der Bewahrung dieser Geheimnisse das private Glück, das berufliche Fortkommen und die Fortdauer der sozialen Integration des Patienten in seinem Umfeld ab. 16

Man wird bei der Frage des Rangverhältnisses der in § 203 StGB geschützten Rechtsgüter davon ausgehen können, dass zu allererst das **Individualinteresse** des leidenden, schwersterkrankten oder auch nur des gesundheitsvorsorgenden Menschen, der medizinischen Rat und Beistand und ärztliche Hilfe in Anspruch nimmt und sich deshalb seinem Arzt anvertraut, im Vordergrund steht und als Schutzgut angesehen werden muss. In zweiter Linie schützt § 203 StGB das überindividuelle staatliche Interesse an einer funktionierenden Gesundheitspflege. Letztere fordert Vertrauen zwischen Arzt und Patient, das ohne eine Verschwiegenheitsverpflichtung nicht optimal existieren könnte.[14] Die Norm schützt das individuelle Interesse an der Geheimhaltung auch dort, wo eine besondere Vertrauensbeziehung zum Geheimnisträger nicht besteht, etwa zum Anstaltsarzt (bei Verwahrten) oder beim Truppen- und Amtsarzt.[15] 17

§ 66 Der objektive Tatbestand der §§ 203, 204 StGB

Inhaltsübersicht

	RdNr
I. Der Begriff des Geheimnisses	1
II. Berufsspezifisch bedingte Kenntniserlangung	5
III. Tathandlung	8
IV. Die postmortale Schweigepflicht	10

Schrifttum zu den §§ 66 bis 69 (ergänzend zu der von *Schlund* vor § 65 zitierten Literatur): *Arzt,* Der strafrechtliche Schutz der Intimsphäre, 1970; *Bartsch,* Die postmortale Schweigepflicht des Arztes beim Streit um die Testierfähigkeit des Patienten, NJW 2001, 861 ff; *Bauer,* Moderne Informations-

---

[12] Vgl hierzu die zahlreichen Zitate bei LK-*Jähnke* § 203 RdNr 14 Fn 23; zur Verschlüsselungspflicht von Krankheitsdiagnosen vgl BVerfG, NJW 2001, 883.
[13] BVerfGE 65, 1, 43.
[14] *Laufs* ArztR RdNr 423; ebenso *Fischer,* StGB, 56. Aufl 2009, § 203 RdNr 1b.
[15] Einzelheiten bei LK-*Jähnke* § 203 RdNr 16 ff.

§ 66 § 66 Der objektive Tatbestand der §§ 203, 204 StGB

verarbeitung – strafrechtlicher Schutz bei Mißbrauch?, Diss 1988; *J. Baumann,* Das Krankenhaus und die Schweigepflicht, Der Zentrallehrgang 1959; *Bäumler,* Medizinische Dokumentation und Datenschutzrecht, MedR 1998, 400; *M. Bayer,* Die ärztliche Schweigepflicht, in: *Ulsenheimer* (Hrsg), Rechtliche Probleme in Geburtshilfe und Gynäkologie, 1990, 118 ff; *Bender,* Schweigepflicht bei der Behandlung Minderjähriger, MedR 1997, 7; *Bittmann,* Das Sozialgeheimnis im Ermittlungsverfahren, NJW 1988, 3138; *Bock/Maier/Möller/v d Osten-Sacken/Ratzel/Scheuffler/Ulsenheimer,* Münchner Empfehlung zur Wahrung der ärztlichen Schweigepflicht bei Veräußerung einer Arztpraxis, MedR 1992, 207 f; *Bockelmann,* Strafrecht des Arztes, 1968, 34 ff; *Bogs,* Molekularmedizinische Fortschritte, verfassungsrechtliches Gendaten-Geheimnis und duale Krankenversicherungsordnung (PKV/GKV), in: FS Schreiber, 2003, 603 ff; *Bohne-Sax,* Der strafrechtliche Schutz des Berufsgeheimnisses, Deutsche Landesreferate zum III. Internationalen Kongreß für Rechtsvergleichung, 1950; *Bornkamm,* Berichterstattung über schwebende Strafverfahren und das Persönlichkeitsrecht des Beschuldigten, NStZ 1983, 102; *Braun,* Schweigepflicht in Arztpraxis und Krankenhaus, in: *Roxin/Schroth* (Hrsg), Handbuch des Medizinstrafrechts, 3. Aufl. 2007; *Cramer,* Strafprozessuale Verwertbarkeit ärztlicher Gutachten aus anderen Verfahren, NStZ 1996, 209; *ders,* Strafprozessuale Verwertbarkeit ärztlicher Gutachten aus anderen Verfahren, 1995; *Deutsch,* Ärztliche Schweigepflicht und Datenschutz in der medizinischen Forschung – juristische Aspekte, Zeitschrift für ärztliche Fortbildung, 1999, 775; *ders,* Schweigepflicht und Infektiosität, VersR 2001, 1471; *Dierks,* Datenschutz in der Telemedizin – rechtliche Aspekte, Zeitschrift für ärztliche Fortbildung, 1999, 787; *ders,* Schweigepflicht und Datenschutz im Gesundheitswesen und medizinische Forschung, 1993; *Eichelbrönner,* Grenzen der Schweigepflicht des Arztes und seiner berufsmäßig tätigen Gehilfen nach § 203 StGB im Hinblick auf Verhütung und Aufklärung von Straftaten, 2001; *Eser,* Medizin und Strafrecht, ZStW 1997, 1 ff; *Fleck,* Ärztliche Aspekte der Telemedizin – Chipkarten – Elektronisches Rezept uä, Zeitschrift für ärztliche Fortbildung, 1999, 792; *Garstka,* Datenschutz in Praxisnetzen aus Sicht des Datenschutzbeauftragten, Zeitschrift für ärztliche Fortbildung, 1999, 781; *Geilen,* in: *Wenzel* (Hrsg), FA MedizinR, 2007, Kap IV B „Geheimnisschutz" RdNr 593 f; *Geppert,* Die ärztliche Schweigepflicht im Strafvollzug, 1983; *Goerke,* Ärztliche Schweigepflicht einst und jetzt, Zeitschrift für ärztliche Fortbildung, 1999, 716; *Grabsch,* Die Strafbarkeit der Offenlegung höchstpersönlicher Daten des ungeborenen Menschen, 1994; *Groß/Fünfsinn,* Datenweitergabe im strafrechtlichen Ermittlungsverfahren, NStZ 1992, 105; *Hardtung,* Auskunftspflicht der Sozialbehörden nach § 69 Nr 1 SGB X im staatsanwaltschaftlichen Ermittlungsverfahren, NJW 1992, 211; *Heintzen/Lilie,* Patientenakten und Rechnungshofkontrolle, NJW 1997, 1601 ff; *Hildebrandt,* Schweigepflicht im Behandlungsvollzug, 2004; *Höh,* Strafrechtlicher Anonymitätsschutz des Beschuldigten vor öffentlicher Identifizierung durch den Staatsanwalt – zugleich ein Beitrag zur Rechtfertigungslehre bei § 203 Abs 2 Satz 2 StGB, Diss 1985; *Hüber,* Datenschutz in Praxisnetzen aus rechtlicher Sicht, Zeitschrift für ärztliche Fortbildung, 1999, 785; *Hülsmann/Maser,* Ärztliche Schweigepflicht und Praxisübergabe, MDR 1997, 111 ff; *Jacob,* Datenschutz als Persönlichkeitsrecht, Zeitschrift für ärztliche Fortbildung, 1999, 722; *Jansen,* Spezielle Probleme der Schweigepflicht im Krankenhaus aus rechtlicher Sicht, Zeitschrift für ärztliche Fortbildung, 1999, 754; *Kamps,* Schweigepflicht gegenüber Arbeitgebern, Krankenkassen, Medizinischen Diensten und Versicherungsgesellschaften aus Sicht einer Ärztekammer, Zeitschrift für ärztliche Fortbildung, 1999, 754; *ders,* Der Verkauf der Patientenkartei und die ärztliche Schweigepflicht, NJW 1992, 2313 ff; *Kerl,* Staatsanwalt und Sozialgeheimnis, NJW 1984, 2444; *Kienzle,* Spezielle Probleme der Schweigepflicht im Krankenhaus aus ärztlicher Sicht, Zeitschrift für ärztliche Fortbildung, 1999, 746; *Kiesecker,* in: Heidelberger Kommentar, Arztrecht, Krankenhausrecht, Medizinrecht, hrsg v *Rieger/Dahm/Steinhilper,* 2008, Nr 4740 (Schweigepflicht); *Kohlhaas,* Medizin und Recht, 1969, 4 ff; *Krauß,* Schweigepflicht und Schweigerecht des ärztlichen Sachverständigen im Strafprozeß, ZStW 1985, 81 ff; *Kreuzer,* Aids und Strafrecht, ZStW 1997, 100, 786; *Kühne,* Die begrenzte Aussagepflicht des ärztlichen Sachverständigen vor Gericht nach §§ 53 I Nr 3 StPO, 203 I Nr 1 StGB, JZ 1981, 647 ff; *Lang,* Das Recht auf informationelle Selbstbestimmung des Patienten und die ärztliche Schweigepflicht in der gesetzlichen Krankenversicherung 1997; *Langkeit,* Umfang und Grenzen der ärztlichen Schweigepflicht gemäß § 203 Abs 1 Nr 1 StGB, NStZ 1994, 6 ff; *Laufs,* Ärztliche Schweigepflicht gegenüber Angehörigen, Kollegen und Medien aus juristischer Sicht, Zeitschrift für ärztliche Fortbildung, 1999, 732; *Leber,* Der Patient hat einen informationellen Selbstschutz, f&w, 2007, 544; *Lenckner,* Ärztliches Berufsgeheimnis, in: *Göppinger* (Hrsg), Arzt und Recht, 1966, 159 ff; *Lilie,* Schweigepflicht und Zeugnisverweigerungsrecht, Zeitschrift für ärztliche Fortbildung, 1999, 766; *ders,* Datenfernwartung durch Geheimnisträger – ein Beitrag zur Reform des § 203 StGB, FS Otto, 2007, 673; *Marx,* Schweigerecht und Schweigepflicht der Angehörigen des Behandlungsstabes im Straf- und Maßregelvollzug, GA 1983, 160; *Mennicke/Radtke,* Die Abtretung der Honorarforderung aus strafrechtlicher Sicht, MDR 1993, 400; *Michalowski,* Schutz der Vertraulichkeit strafrecht-

12. Kapitel. Die ärztliche Schweigepflicht

lich relevanter Patienteninformationen, ZStW 109, 519; *Müller-Dietz,* Juristische Grundlagen und Dimensionen der Schweigepflicht des Arztes, in: *H. Jung* (Hrsg), Aktuelle Probleme und Perspektiven des Arztrechts, 1989, 39 ff; *Niedermair,* Verletzung von Privatgeheimnissen im Interesse des Patienten? Aus der neueren Rechtsprechung zur ärztlichen Schweigepflicht, in: *Roxin/Schroth* (Hrsg), Medizinstrafrecht, 2. Aufl 2001, 393; *Opitz,* Schweigepflicht in der ehemaligen DDR, Zeitschrift für ärztliche Fortbildung, 1999, 795; *Ostendorf,* Der strafrechtliche Schutz von Drittgeheimnissen, JR 1981, 444; *ders,* Die öffentliche Identifizierung von Beschuldigten durch die Strafverfolgungsbehörden als Straftat, GA 1980, 445; *Pratzke,* Grenzen der ärztlichen Schweigepflicht, DÄBl 2000, A 2364; *Ratzel,* Ärztliche Schweigepflicht, Recht der Datenverarbeitung 1996, 72 ff; *Ratzel/Heinemann,* Ärztliche Schweigepflicht – Sozialgeheimnis, Datenschutz, Der Hausarzt 1997, 9; *Richter-Reichhelm,* Ärztliche Schweigepflicht gegenüber Angehörigen, Kollegen und Medien aus ärztlicher Sicht, Zeitschrift für ärztliche Fortbildung, 1999, 728; *Rieger,* Praxisverkauf und ärztliche Schweigepflicht, MedR 1992, 147 ff; *Rogall,* Die Verletzung von Privatgeheimnissen (§ 203 StGB), NStZ 1983, 1 ff; *Roßbruch,* Die Schweigepflicht des Pflegepersonals, PflegeR 1997, 4 ff; *Rudolphi,* Der strafrechtliche und strafprozeßrechtliche Schutz der Geheimsphäre der anerkannten Schwangerschaftskonfliktberatungsstellen nach den §§ 3 und 8 des Schwangerschaftskonfliktgesetzes und ihrer Mitglieder und Beauftragten, FS Bemmann 1997, 412; *Eb. Schmidt,* Der Arzt im Strafrecht, 1939, 4 ff; *Schmitz,* Verletzung von (Privat)-Geheimnissen – Der Tatbestand des § 203 StGB, JA 1996, 772 ff; *ders,* Verletzung von (Privat)Geheimnissen – Qualifikation und ausgewählte Probleme der Rechtfertigung, JA 1996, 949 ff; *Schreiber,* Die ärztliche Schweigepflicht gegenüber Krankenkassen, Arbeitgebern, Behörden und Versicherungsgesellschaften – rechtliche Überlegungen, Zeitschrift für ärztliche Fortbildung, 1999, 762; *R. Seiler,* Der strafrechtliche Schutz der Geheimsphäre, 1960; *Schünemann,* Der strafrechtliche Schutz von Privatgeheimnissen, ZStW 90, 1978, 99; *Sieber,* Der strafrechtliche Schutz des Arzt- und Patientengeheimnisses unter den Bedingungen der modernen Informationstechnik, FS Eser, 2005, 1155 ff; *Sikowski,* Die Rechtsgrundlagen für das Anfordern medizinischer Unterlagen durch den MDK, MedR 1999, 449; *Spickhoff,* Erfolgszurechnung und „Pflicht zum Bruch der Schweigepflicht", NJW 2000, 848; *Taupitz,* Die ärztliche Schweigepflicht in der aktuellen Rechtsprechung des BGH, MDR 1992, 421 ff; *Timm,* Grenzen der ärztlichen Schweigepflicht, 1988; *Tröndle,* Verordnung von Kontrazeptiva an Minderjährige, FS R Schmitt, 1992, 231; *Ulsenheimer,* Arztstrafrecht in der Praxis, 4. Aufl 2008, § 8 RdNr 360 ff; *Ulsenheimer/Erlinger,* Recht oder Pflicht zur Befundmitteilung beim geduldeten HIV-Test, Gebfra 1999, M 100; *Vogel,* Zum strafrechtlichen Schutz des Sozialgeheimnisses 1994; *Waider,* Ärztliche Schweigepflicht im psychiatrischen Krankenhaus, RuP 2006, 65; *Wichmann,* Das Berufsgeheimnis als Grenze des Zeugenbeweises, 2000; *Wiesner,* Zu den Grenzen der ärztlichen Schweige- und Auskunftspflicht, Der medizinische Sachverständige 1986, 50 ff; *Zieger,* Zur Schweigepflicht des Anstaltsarztes, StV 1981, 559.

I. Der Begriff des Geheimnisses

Bezugspunkt der ärztlichen Schweigepflicht ist das **„Geheimnis"**, dh eine Tatsache, die nur einem **bestimmten, abgrenzbaren Personenkreis** bekannt ist und an deren Geheimhaltung der Patient ein „verständliches", also sachlich begründetes und damit **schutzwürdiges Interesse** hat.[1] Der nasciturus kann nicht Geheimnisträger sein, wohl aber die Schwangere bezüglich der ihn betreffenden Tatsachen (zB Missbildungen).[2] Auch minderjährigen Patienten gegenüber ist der Arzt grundsätzlich zur Verschwiegenheit verpflichtet,[3] doch besteht bei fehlender Verstandesreife und mangelnder Einsichtsfähigkeit ein Informationsrecht der Eltern. Da die Verschwiegenheit das Kernstück der ärztlichen Berufsethik ist und auch unter dem Schutz der Verfassung steht, ist der Geheimnisbegriff **weit auszulegen**: Er umfasst nicht nur die Art der Krankheit und ihren Verlauf, Anamnese, Diagnose, Therapiemaßnahmen, Prognose, psychische Auffälligkeiten, körperliche und geistige Mängel bzw Besonderheiten, Patientenakten, Röntgenaufnahme, Untersuchungsmaterial und Untersuchungsergebnisse, sondern auch sämtliche Angaben über persönliche, familiäre, berufliche, wirtschaftliche und finanzielle Gegebenheiten. Da sich „die Vertrauensbeziehung zwischen Arzt und Patient" auch „auf die Anbahnung

---

[1] *Schönke/Schröder/Lenckner* StGB, 27. Aufl 2006, § 203 RdNr 5 ff; *Lackner/Kühl* StGB, 26. Aufl 2007, § 203 RdNr 1; *Fischer,* StGB, § 203 RdNr 4; *Langkeit* NStZ 1994, 6; *Rogall* NStZ 1983, 5.
[2] *Schönke/Schröder/Lenckner* § 203 RdNr 5; aA *Grabsch,* aaO, 123 ff.
[3] LG Köln GesR 09, 43, 44.

des Beratungs- und Behandlungsverhältnisses erstreckt", bezieht sich die Geheimhaltungspflicht bzw das Zeugnisverweigerungsrecht des Arztes „auch auf die Identität des Patienten und die Tatsache seiner Behandlung".[4] Keine Tatsachen sind Werturteile oder andere bloß subjektive Meinungsäußerungen des Arztes, wohl aber vom Patienten geäußerte politische Ansichten oder Bewertungen bestimmter Vorkommnisse. Welcher Art das Geheimnis ist, ob es den privaten oder öffentlichen Lebensbereich, ein Betriebs- oder Geschäftsgeheimnis betrifft, ist gleichgültig.

2 **Geheim** ist nur die Tatsache, die lediglich einem nach Person und Zahl überschaubaren Kreis von Personen bekannt ist, so dass es noch von Bedeutung ist, wenn weitere davon erfahren. Diese müssen mit dem „Geheimnisträger" nicht innerlich verbunden (Familienangehörige, Freunde) und nicht exakt bestimmt sein.[5] In dem Augenblick aber, in dem die Tatsache zur Kenntnis einer ungewissen Vielzahl von Personen gelangt oder beliebigen Dritten ohne weiteres zugänglich ist, steht sie außerhalb der schützenswerten und geschützten Individualsphäre des Einzelnen und gilt als **offenkundig**.[6] Unbestätigte Gerüchte heben den Geheimnischarakter nicht auf,[7] wohl aber eine öffentliche Hauptverhandlung, selbst wenn keine Zuhörer anwesend sind,[8] doch jederzeit kommen und den Verfahrensstoff in Erfahrung bringen könnten. Ein Ereignis, das sich in der Öffentlichkeit abgespielt hat, ist unabhängig von der Zahl der Beobachter nicht mehr „geheim", und dasselbe gilt für Tatsachen, die ihrer Natur nach für jedermann ersichtlich sind (zB Beinamputation, Querschnittslähmung ua). Die Offenkundigkeit einer Tatsache kann jedoch durch Zeitablauf (Vergessen!) vergehen und dadurch wieder ein „Geheimnis" entstehen.[9]

3 Der Betroffene muss an der Geheimhaltung ein **schutzwürdiges, dh sachlich begründetes, „verständliches"** Interesse haben,[10] das meist einem Geheimhaltungswillen entspringt. Mit Hilfe dieses Kriteriums sollen Bagatellen, Willkür, „Flausen" oder Launen des Geheimnisträgers aus dem Schutzbereich des § 203 StGB ausgegrenzt werden. Im Übrigen aber ist das Geheimhaltungsinteresse nicht objektiv, dh danach zu bestimmen, wie sich ein anderer in der Lage des Patienten verhalten hätte, vielmehr gilt insoweit ein **subjektiv-individueller** Maßstab ohne rechtliche, ethische oder moralische Wertung. Verbrechenspläne und sittliche Verfehlungen sind deshalb Geheimnisse im Sinne des § 203 StGB, da insoweit ein nachvollziehbares Motiv an der Geheimhaltung besteht. Kennt der Betroffene das Geheimnis selbst nicht (zB die Art der Erkrankung), ist sein mutmaßliches Interesse maßgebend.

4 Vom Arzt aus gesehen muss das Geheimnis eine **andere** Person, den Patienten oder einen Dritten betreffen, für ihn also **„fremd"** sein. Daher muss der Arzt auch Umstände, die ihm der Patient über andere berichtet (zB die Entziehungskur der Nachbarin), geheim halten,[11] sofern der Patient daran ein eigenes oder altruistisches Interesse hat.[12] **Rechtsprechungsbeispiele** für „fremde Geheimnisse" sind ua: das Ergebnis eines Aids-Tests,[13] die Testierfähigkeit,[14] Drogenkonsum,[15] die Sterilisation,[16] Geschlechtskrankhei-

---

[4] BGHSt 45, 363, 366 = BGH NJW 2000, 1426; BGH MedR 1985, 167; s dazu *Rogall* NStZ 1985, 374 und *Hanack*, JR 1985, 35; OLG Bremen MedR 1984, 112; LG Köln NJW 1959, 1598.
[5] Abweichend insoweit RGSt 74, 111.
[6] *Schönke/Schröder/Lenckner* § 203 RdNr 6 mwN.
[7] RGSt 26, 7; 38, 65; 62, 70.
[8] BGHZ 122, 118; OLG Düsseldorf JMBl NW 90, 153.
[9] RGSt 31, 90, 91; OLG Düsseldorf JMBl NW 90, 153.
[10] *Fischer* § 203 RdNr 6; *Schönke/Schröder/Lenckner* § 203 RdNr 7.
[11] *Bayer*, in: *Ulsenheimer* (Hrsg), Rechtliche Probleme in der Geburtshilfe und Gynäkologie, 1990, 121; *Kohlhaas*, Medizin und Recht, 1969, 40 f.
[12] *Schönke/Schröder/Lenckner* § 203 RdNr 8; aA LK-*Jähnke* § 203 RdNr 30.
[13] LG Braunschweig NJW 1990, 770.
[14] BGHZ 91, 392, 398.
[15] LG Karlsruhe StV 1983, 144.
[16] OLG Celle NJW 1963, 406.

12. Kapitel. Die ärztliche Schweigepflicht   5–7 § 66

ten,[17] die Defloration,[18] erlittene Verletzungen,[19] der Name des Patienten,[20] Fahrzeug und Begleitperson eines Straftäters bei dessen Aufnahme im Krankenhaus[21] (da daraus Rückschlüsse auf seine Identifizierung gezogen werden können).

II. Berufsspezifisch bedingte Kenntniserlangung

Das Geheimnis muss dem Arzt als solchem, dh in seiner **„Eigenschaft als Arzt"** – nicht dagegen als Privatmann –, **„anvertraut"** worden sein. § 203 StGB schützt deshalb „nur solche Informationen, die der Geheimnisträger durch einen Vertrauensakt oder im Rahmen eines typischerweise auf Vertrauen beruhenden Sonderverhältnisses erhalten hat".[22] Die Kenntnis muss also **in innerem Zusammenhang** gerade mit der ärztlichen Berufstätigkeit stehen, aus spezifischem Anlass, „nicht etwa nur bei Gelegenheit" der Berufsausübung erlangt sein, zB bei einem Hausbesuch des Patienten, im Rahmen der Praxisübernahme oder der Chefarztnachfolge. Wo, von wem (Patient oder Dritten) und wie das Geheimnis dem Arzt „anvertraut" wurde, ist gleichgültig, so dass dieser Vorgang sich mündlich, schriftlich oder durch Zeichen, in der Praxis, auf der Straße, bei einem Empfang, bei einer konkreten Behandlungsmaßnahme oder im Rahmen einer allgemeinen Aussprache zwischen Arzt und Patient vollziehen kann. Erforderlich – aber auch genügend – ist jedoch stets die **berufsspezifische Konnexität** zwischen Kenntniserlangung und beruflicher Tätigkeit.   5

Daran fehlt es zB, wenn der Arzt das Geheimnis gänzlich außerhalb seiner Berufsausübung bei privaten gesellschaftlichen Anlässen erfahren oder sich **eigenmächtig** bzw auf **illegale** Weise, zB durch die Lektüre eines an den Kranken adressierten verschlossenen Briefes, Kenntnis verschafft hat. Dagegen ist der funktionale Sachzusammenhang mit der ärztlichen Berufsausübung zu bejahen, wenn der Arzt als **Sachverständiger** „im amtlichen oder privaten Auftrag eines Dritten", zB des Gerichts, der Staatsanwaltschaft, der Verteidigung usw, tätig wird. Daher ist der Gutachter anderen Personen gegenüber schweigepflichtig, ebenso der im Rahmen einer Blutspende tätige Arzt.[23] Soweit er jedoch auftragsgemäß das Untersuchungsergebnis mitteilt, verletzt er schon tatbestandlich keine Pflicht zur Verschwiegenheit,[24] wenn der Patient oder Proband zur Duldung der Untersuchung verpflichtet ist oder ihr aus freien Stücken zugestimmt hat. Im letzteren Fall ist allerdings sein Einverständnis bis zur Erstattung des Gutachtens jederzeit widerruflich und daher die Befreiung von der Schweigepflicht zurücknehmbar. Dies gilt auch für Unmündige und Geisteskranke, da auch diese Personen einen natürlichen Geheimhaltungswillen äußern können. Der Umfang der Schweigepflicht des Gutachters hängt nicht davon ab, ob er als Arzt oder als „Gehilfe" des Gerichts den Probanden untersucht hat. Ein derartiges „Rollensplitting" ist abzulehnen.[25]   6

„Anvertrauen" bedeutet die Mitteilung eines Geheimnisses „unter dem (ausdrücklichen) Siegel der Verschwiegenheit" oder unter Umständen, aus denen sich diese Pflicht ergibt.[26] Alternativ zum „Anvertrauen" stellt § 203 Abs 1 StGB auf das sonstige **„Bekanntgewordensein"** des Geheimnisses, also auf andere Weise, zB durch Dritte oder eigene Tätigkeit, ab. Auch in diesen Fällen setzt der Tatbestand die Erlangung der Kenntnis durch   7

---

[17] RGSt 38, 62.
[18] BGHZ 40, 288, 292.
[19] RGSt 26, 5.
[20] OLG Bremen MedR 1984, 112; aA LG Oldenburg NJW 1992, 1563.
[21] BGH MedR 1985, 167.
[22] OLG Karlsruhe NJW 1984, 676.
[23] AA LG Köln NJW 1956, 1112.
[24] *Schönke/Schröder/Lenckner* § 203 RdNr 16; aA LK-*Jähnke* § 203 RdNr 79; *Krauß* ZStW 97, 96; *Kühne* JZ 1981, 651; OGHSt 3, 63; BGHSt 38, 369.
[25] *Schönke/Schröder/Lenckner* § 203 RdNr 16.
[26] OLG Köln NStZ 1983, 412.

die spezifische Berufsausübung des Arztes voraus. Streitig ist jedoch, ob hier gleichfalls als eingrenzendes Merkmal ein Vertrauensverhältnis zum Betroffenen bzw eine typischerweise auf Vertrauen beruhende Sonderbeziehung bestehen muss,[27] wofür mE der gesetzliche Wortlaut („als Arzt") und der Schutzzweck des § 203 StGB sprechen. Nach übereinstimmender Auffassung besteht die Schweigepflicht unabhängig davon, ob der Patient zufällig, etwa als Opfer eines Verkehrsunfalls, freiwillig oder gezwungenermaßen (in einer Justizvollzugsanstalt) vom Arzt behandelt wird. Gleichgültig ist außerdem, ob der Arzt für den Betroffenen (Patienten) tätig geworden ist. Auch die Ablehnung der Behandlung oder einer Bitte um ein falsches Gesundheitszeugnis fällt unter die Schweigepflicht.[28]

III. Tathandlung

8 **Tathandlung** ist das **Offenbaren** (§ 203 Abs 1 StGB) bzw das **Verwerten** (§ 204 Abs 1 StGB) eines fremden Geheimnisses. „**Offenbaren**" bedeutet die Weitergabe des Geheimnisses und seines Trägers an einen Dritten, dem diese Tatsachen noch nicht oder noch nicht sicher bekannt sind, selbst wenn er seinerseits zum Kreis der schweigepflichtigen Personen gehört.[29] Die Weitergabe kann durch Worte, Schrift, Bilder (Dias!) oder auf sonstige Weise erfolgen. Unter „**Verwerten**" versteht man die „eigene wirtschaftliche Nutzung des in dem Geheimnis verkörperten Wertes zum Zwecke der Gewinnerzielung"[30] für sich oder einen anderen. Die Verwertung durch „Offenbaren" eines Geheimnisses (zB dessen Verkauf an Dritte) fällt tatbestandlich unter § 203 Abs 5 StGB. Ob der erstrebte Vorteil tatsächlich eintritt, ist gleichgültig, es genügt für das Verwerten die wirtschaftliche Nutzung zulasten des Betroffenen.[31]

9 Die Tathandlung des „Offenbarens" kann bei bestehender Garantenpflicht auch durch **Unterlassen** begangen werden, so zB wenn der Arzt Patientenunterlagen unverschlossen liegen lässt und dadurch die Einsichtnahme bzw Mitnahme seitens unbefugter Dritter ermöglicht.[32] Innerhalb des „Kreises der Wissenden", dh der in das Behandlungsgeschehen eingebundenen, vom behandelnden Arzt hinzugezogenen Hilfspersonen (Kollegen, Konsiliarii, Pflegekräfte, Sekretärinnen), stellt ein Informationsaustausch schon tatbestandsmäßig kein „Offenbaren" dar.[33]

IV. Die postmortale Schweigepflicht

10 Aus dem Schutzzweck des § 203 StGB und der ausdrücklichen Regelung in § 203 Abs 4 StGB folgt der uneingeschränkte Geheimnisschutz und damit die Pflicht zur Verschwiegenheit des Arztes in vollem Umfang auch **nach dem Tode** des Patienten. Denn die Verfügungsbefugnis über Geheimnisse aus dem persönlichen Lebensbereich des Patienten erlischt angesichts ihres höchstpersönlichen Charakters und damit ihrer Unvererblichkeit mit dessen Tod, so dass danach eine Entbindung von der Schweigepflicht nicht mehr

---

[27] In diesem Sinne *Schönke/Schröder/Lenckner* § 203 RdNr 15; aA *Fischer* § 203 RdNr 9; offen gelassen in BGHSt 33, 148, 150 m Anm *Hanack* JR 1986, 35.
[28] *Schönke/Schröder/Lenckner* § 203, RdNr 14.
[29] RGSt 38, 62, 65; BGH NJW 1992, 737, 739; OLG Stuttgart NJW 1987, 1491; BayObLG NStZ 1995, 187; LK-*Jähnke* § 203 RdNr 39; *Fischer* § 203 RdNr 30 b; *Schönke/Schröder/Lenckner* § 203 RdNr 19; *Langkeit* NStZ 1994, 6; *Gropp* JR 1996, 478.
[30] *Schönke/Schröder/Lenckner* § 204 RdNr 5 mwN; BayObLG NStZ 1984, 169.
[31] *Schönke/Schröder/Lenckner* § 204 RdNr 10; aA *Lackner/Kühl* § 204 RdNr 4; *Samson*-SK § 204 RdNr 2.
[32] *Lackner/Kühl* § 203 RdNr 17; *Langkeit* NStZ 1994, 6; enger *Schönke/Schröder/Lenckner* § 203 RdNr 20, der den Tatbestand des § 203 durch Unterlassen nur dann als erfüllt ansieht, wenn der Dritte von dem Inhalt des Geheimnisses tatsächlich Kenntnis bzw das fragliche Dokument an sich genommen hat.
[33] *Schönke/Schröder/Lenckner* § 203 RdNr 19; LK-*Jähnke* § 203 RdNr 39, 41; *Langkeit* NStZ 1994, 6, 7.

12. Kapitel. Die ärztliche Schweigepflicht 10 § 66

in Betracht kommt, auch nicht durch die Erben oder nächsten Angehörigen.[34] Allerdings kann natürlich die postmortale Schweigepflicht des Arztes durch eine ausdrückliche oder konkludente Willensäußerung des Verstorbenen zu Lebzeiten bzw durch dessen mutmaßliche Einwilligung aufgehoben sein (zB um Versorgungs-, Versicherungs- oder Rentenansprüche durchzusetzen). Ob ein Fortbestehen des Geheimhaltungsinteresses anzunehmen oder dieses mit dem Tod erloschen ist, muss anhand der konkreten Umstände des Einzelfalles sorgfältig ermittelt werden. Der Arzt ist bei dieser Entscheidung einerseits durch sein Standesethos und andererseits durch die Interessen des verstorbenen Patienten „zu gewissenhafter Prüfung verpflichtet", wobei ihm allerdings ein durch die Gerichte nur eingeschränkt nachprüfbarer Entscheidungsspielraum verbleibt.[35] „Entscheidend für die Erforschung des mutmaßlichen Willens ist das wohlverstandene Interesse des Verstorbenen an der weiteren Geheimhaltung der dem Arzt anvertrauten Tatsachen."[36] Ein „Anknüpfungspunkt" hierfür kann „die Vorlage einer Schweigepflichtentbindungserklärung" der Erben des verstorbenen Patienten sein.[37] Geht es zB um die Frage der Testierfähigkeit des verstorbenen Patienten, so geht dessen wohlverstandenes Interesse nicht dahin, seine Testier**un**fähigkeit zu verbergen, vielmehr ist sein Interesse darauf gerichtet, dass sein schriftlich niedergelegter letzter Wille erfüllt wird. Daher erstreckt sich die Verschwiegenheitspflicht nach herrschender Ansicht **nicht** auf die Frage der Testierfähigkeit,[38] selbstverständlich aber auf Details aus seiner Intimsphäre.[39] Im Zweifel sollte sich der Arzt stets für die (postmortale) Schweigepflicht entscheiden[40], denn er trägt die Verantwortung für einen letztlich unbefugten Geheimnisbruch. „Eine allgemeine Vermutung, dass ein verstorbener Patient immer an der Aufklärung möglicher Behandlungsfehler seiner Ärzte interessiert sein dürfte und daher regelmäßig ‚von einer Schweigepflichtsentbindung' auszugehen ist, besteht nicht."[41] Andererseits besteht die Gefahr, dass der Arzt die Herausgabe der Patientenakte zB an die Witwe, die einen „Kunstfehlerprozess" vorbereiten will, unter Berufung auf Äußerungen des verstorbenen Patienten verweigert, die als Schutzbehauptungen zu werten sind.[42] Deshalb muss der Arzt die „Verweigerung der Einsicht nachvollziehbar begründen, ohne aber die Geheimhaltung unterlaufen" zu dürfen.[43] Auch das Interesse des Kindes, die in der Todesbescheinigung genannte(n) Todesursache(n) und Erkrankungen seines verstorbenen Vaters zu kennen, geht dessen Geheimhaltungsinteresse nicht vor, obwohl es möglicherweise dessen gesundheitliche Konstitution geerbt hat,[44] so dass der Leichenschauarzt mit Recht die Herausgabe einer Kopie des Totenscheins ablehnen darf.

---

[34] *Schönke/Schröder/Lenckner* § 203 RdNr 25; LSG München NJW 1962, 1789; BGHZ 91, 392, 398, BayObLG NJW 1987, 1492; OLG Naumburg NJW 2005, 2017, 2018.
[35] BayObLG NJW 1987, 1492 f; OLG Naumburg NJW 2005, 2017, 2018; OLG München MedR 09, 49, 50.
[36] OLG Naumburg NJW 2005, 2017, 2018; dazu *Spickhoff* NJW 05, 1982 und *Kern* MedR 06, 207.
[37] LG Aachen MedR 2007, 734, 736.
[38] BGH NJW 1984, 2893; BGHZ 91, 392, 400; *Lenckner* NJW 1964, 1186, 1188.
[39] LK-*Jähnke* § 203 RdNr 53.
[40] So zutreffend *Schlund* in der ersten Auflage dieses Handbuchs § 70 RdNr 33; OLG München MedR 09, 49, 50 (Wahrung des Arztgeheimnisses hat Vorrang).
[41] LG Aachen MedR 2007, 734, 736.
[42] Vgl den von der SZ am 24.1.2008 berichteten Fall = OLG München MedR 09, 49 ff.
[43] OLG München MedR 09, 49, 50.
[44] OVG Lüneburg NJW 1997, 2468 ff.

§ 67 Offenbarungspflichten und -befugnisse, Rechtfertigungsgründe

Inhaltsübersicht

	RdNr
I. Gesetzliche Offenbarungspflichten	3
II. Gesetzliche Offenbarungsrechte	7
III. Rechtfertigungsgründe	8
1. Einwilligung des Patienten	8
2. Mutmaßliche Einwilligung	10
3. Rechtfertigender Notstand nach § 34 StGB	12
4. Wahrnehmung berechtigter Interessen	18

1 Sowohl das Offenbaren als auch das Verwerten eines Patientengeheimnisses ist nur strafbar, wenn der Arzt **„unbefugt"** handelt. Die systematische Stellung dieses Merkmals innerhalb des Verbrechensaufbaus ist umstritten. Zwei kontroverse Auffassungen stehen sich insoweit gegenüber: Für die einen ist „unbefugt" nur eine Abkürzung für die Worte „ohne Einwilligung des Betroffenen", kennzeichnet also „erst den sonst indifferenten Tatbestand" der §§ 203, 204 StGB[1] und ist daher ein **Tatbestandsmerkmal**.[2] Für die anderen liegt die Bedeutung des Merkmals „unbefugt" über seinen tatbestandsabgrenzenden Sinngehalt hinaus in dem Hinweis auf die Rechtfertigungsmöglichkeit, zB durch Einwilligung, Notstand, Pflichtenkollision oder gesetzliche Meldegebote. Nach dieser – herrschenden – Meinung in Theorie und Praxis ist der Tatbestand der §§ 203 und 204 StGB entgegen der Annahme des OLG Köln ohne das Merkmal „unbefugt" keineswegs „indifferent", sondern indiziert das Tatunrecht durchaus, der Begriff „unbefugt" ist also mit „ungerechtfertigt", dh **„rechtswidrig"**, gleichzusetzen.[3] Im Ergebnis wirkt sich dieser Theorienstreit allerdings nicht aus. Liegt eine Befugnis zum Offenbaren vor, entfällt entweder (schon) der Tatbestand oder (erst) die Rechtswidrigkeit. Eine gewisse Bedeutung hat der Streit allerdings für die Behandlung der Irrtumsfragen (siehe dazu § 145 RdNr 6).

2 Unbefugt handelt der Arzt nicht, wenn die Preisgabe des Geheimnisses oder seine Verwertung gerechtfertigt ist. Insoweit kommen spezielle gesetzliche Offenbarungspflichten, besondere gesetzliche Erlaubnisse zur Offenbarung und die allgemeinen Rechtfertigungsgründe für den Ausschluss der Rechtswidrigkeit in Betracht.

I. Gesetzliche Offenbarungspflichten

3 Beispiele für gesetzliche **Meldepflichten** bieten die §§ 11 Abs 2, 12, 13 GeschlechtskrankheitenG, §§ 7 ff, 11, 12, 49 Infektionsschutzgesetz, §§ 138, 139 Abs 3 StGB, §§ 15–18 Schwangerschafts-Konflikt-Gesetz (vom 27. Juli 1992 idF v 21. August 1995), § 3 Abs 2 Nr 2 des FeuerbestattungsG, § 17 Abs 1 Nr 3, § 18 PersonenstandsG, §§ 294 ff SGB V, § 100 SGB X, § 62 Abs 2 Bundesmantelvertrag/Ärzte (Verpflichtung des Vertragsarztes zur Auskunft gegenüber dem MDK), § 202 des SGB VII (Anzeigepflicht von Ärzten bei Berufskrankheiten).

---

[1] So OLG Köln NJW 1962, 686 m Anm *Bindokat*.
[2] *Schönke/Schröder/Lenckner* § 203 RdNr 21, 72 (spricht von einer „Doppelfunktion": teils Tatbestands-, teils allgemeines Rechtswidrigkeitsmerkmal); LK-*Jähnke* § 203 RdNr 74; *Jakobs* JR 1982, 359.
[3] OLG Bremen MedR 1984, 112; OLG Schleswig NJW 1985, 1092 m Anm *Wente* NStZ 1986, 366; *Fischer* § 203 RdNr 31 (differenzierend); *Lackner/Kühl* StGB, 26. Aufl 2007, vor § 201 RdNr 2; *Samson*-SK § 203 RdNr 36; *Rogall* NStZ 1983, 6; *Warda* Jura 1979, 296; *Klug*, FS Oehler, 1985, 401, jeweils mwN.

Keine Offenbarungspflicht folgt aus der **Zeugnispflicht,** da der Arzt und seine berufs- 4
mäßig tätigen Gehilfen im Zivil- und Strafprozess ein Zeugnisverweigerungsrecht gemäß
§ 383 Abs 1 Nr 6 ZPO, §§ 53 Abs 1 Nr 3, 53 a StPO haben, auf das sich der Arzt berufen
darf, aber nicht berufen **muss.** Es umfasst den Gesamtbereich der ärztlichen Behandlungstätigkeit, also auch gerichtlich veranlasste Sachverständigenuntersuchungen.[4] Ist der
Arzt Zeuge, sind seine Krankenakten vor einer Beschlagnahme gemäß § 97 Abs 1 Nr 2
und 3 StPO geschützt, allerdings nur im Verfahren gegen einen beschuldigten Patienten.[5]
Wenn der Patient jedoch den Arzt von seiner Schweigepflicht entbindet, ist dieser nach
§§ 53 Abs 2 StPO, 385 Abs 2 ZPO zur Aussage **verpflichtet** und handelt dann angesichts
der Einwilligung des Patienten auch nicht „unbefugt". Dies gilt auch dann, wenn der Patient **mutmaßlich** nicht auf der Einhaltung der Schweigepflicht bestanden hätte,[6] so dass
der Arzt den mutmaßlichen Willen des Verstorbenen ermitteln und nachvollziehbar darlegen muss, warum er sich an seiner Aussage durch die Schweigepflicht gehindert sieht
bzw warum nicht. Das bedeutet einerseits, dass er sich „nicht allgemein und lapidar auf
Gründe des Gewissens oder des Standesethos" berufen darf – in diesem Fall wäre er zur
Aussage verpflichtet – andererseits darf er „für die Begründung der Zeugnisverweigerung
keine sachfremden Erwägungen" heranziehen, etwa die „Befürchtung, dass durch die Auskunft bzw den Einblick in die Krankenakten ein Behandlungsfehler aufgedeckt" würde.[7]
Da aber keine Detailangaben verlangt werden dürfen, ist der Arzt praktisch allerdings
selbst „die letzte Instanz".[8]

Von dem Fall der ausdrücklichen Schweigepflichtsentbindung abgesehen, liegt es aus- 5
schließlich in der Hand des zeugnisverweigerungsberechtigten Arztes, „ob er sich nach
Abwägung widerstreitender Interessen zur Aussage entschließt".[9] Das Gericht darf deshalb
die Entscheidung des als Zeuge geladenen Arztes nicht durch Hinweise oder Empfehlungen beeinflussen, und auch der Angeklagte oder ein in seinen Geheimhaltungsinteressen
berührter Zeuge haben keinen Anspruch darauf, dass der Arzt von seinem Zeugnisverweigerungsrecht Gebrauch macht.[10] Dies gilt grundsätzlich auch für den Arzt, der im
Auftrag der Polizei bei einem alkoholverdächtigen Fahrer eine Blutprobe durchführt,
doch fehlt hier meist ein echtes Arzt-Patienten-Verhältnis, dh die besondere Vertrauensbeziehung, die die „innere Rechtfertigung für das Zeugnisverweigerungsrecht" darstellt.[11]
Entbindet ein Angeklagter, der im Verfahren keinerlei Angaben zur Sache macht, den
Arzt nicht von seiner Schweigepflicht, darf hieraus kein belastendes Indiz gegen ihn hergeleitet werden.[12]

Weist das Gericht den Arzt irrtümlich darauf hin, sein Patient habe ihn von der Ver- 6
schwiegenheitspflicht entbunden, und sagt er daraufhin als Zeuge aus, so unterliegt diese
Aussage einem prozessualen Verwertungsverbot, dessen Nichtbeachtung bei der Urteilsfindung revisionsrechtlich „auch ohne entsprechenden Gerichtsbeschluss gerügt werden
kann".[13] Gleichfalls nicht verwertet werden dürfen schriftliche Gutachten und Befunde
aus einem anderen Verfahren, sofern der Betroffene dem widerspricht und der untersuchende Arzt sich auf sein Zeugnisverweigerungsrecht beruft (§§ 53 Abs 1 Nr 3, 252

---

[4] *Cramer* NStZ 1996, 212; s aber oben § 66 RdNr 6, soweit der Sachverständige nicht als Arzt, sondern als Beauftragter des Gerichts tätig wird; vgl RGSt 61, 384; 66, 273.

[5] *Lilie* ZaeFQ 1999, 771 f.

[6] BGH NJW 1984, 2893; BayObLG NJW 1987, 1492.

[7] OLG Naumburg NJW 2005, 2017, 2019; BGH NJW 1983, 2627 (2629); s auch OLG München MedR 09, 49, 50.

[8] Siehe dazu *Bartsch* NJW 2001, 862 f.

[9] BGH MedR 1997, 270 m Anm *Welp* in JR 1997, 33.

[10] BGH MedR 1997, 270 = BGHSt 42, 73 ff; zum Verhältnis „Schweigepflicht und Zeugnisverweigerungsrecht" s ausführlich *Lilie* ZaeFQ 1999, 766 ff.

[11] *Hiendl* NJW 1958, 2101; LG Köln NJW 1956, 1112; siehe auch *Ulsenheimer* § 150 RdNr 8 ff.

[12] BGH NJW 2000, 1426 = JZ 2000, 683.

[13] BGH MedR 1997, 270.

StPO), weil anderenfalls entgegen dessen Schutzzweck freiwillig erteilte Informationen aufgedeckt und damit das Vertrauen in die absolute Vertraulichkeit des Arzt-Patienten-Verhältnisses untergraben würden.[14] Dem die Leichenschau durchführenden Arzt steht kein Schweigerecht nach § 53 Abs 1 Nr 3 StPO bezüglich der von ihm festgestellten Todesursache zu.[15]

II. Gesetzliche Offenbarungsrechte

7 Eine besondere **gesetzliche** Offenbarungs**befugnis** enthält zB § 12 GeldwäscheG[16] und § 35 Abs 2 SGB I iVm den §§ 67 ff SGB X.[17]

III. Rechtfertigungsgründe

8 Als **Rechtfertigungsgründe** sind insbesondere wichtig:
1. Die Einwilligung des Patienten (Entbindung von der Schweigepflicht). Die Wirksamkeit der Einwilligung hängt davon ab, dass der Patient
– Träger des verletzten Rechtsgutes ist,
– das beeinträchtigte Rechtsgut seiner Disposition unterliegt (zu verneinen zB bezüglich des Rechtsguts „Leben"),
– einwilligungsfähig ist,
– die Einwilligung nicht auf Drohung, Zwang oder Täuschung beruht und
– die Willensäußerung nach außen hin manifestiert ist.

Außerdem muss der Arzt in Kenntnis bzw aufgrund der Einwilligung handeln (**subjektives Rechtfertigungselement**), und die Tat darf nicht gegen die guten Sitten verstoßen (§ 228 StGB analog),[18] wobei vor allem auf den Zweck des ärztlichen Handelns abzustellen ist. Heimliche Aids-Tests sind daher strafrechtlich verboten.[19]

Ist ein Dritter der Betroffene des anvertrauten Geheimnisses (sog **Drittgeheimnis**), muss dieser zustimmen.[20]

9 Zu den spezifischen ärztlichen Informationsflüssen und Mitteilungsnotwendigkeiten im Krankenhaus, von Arzt zu Arzt, gegenüber Versicherungsgesellschaften[21], dem Arbeitgeber des Patienten, dem Krankenhausträger (Krankenhausverwaltung) und der Krankenhausaufsicht, den gesetzlichen Krankenkassen, deren Medizinischen Dienst, den Berufsgenossenschaften und Sozialversicherungsträgern, Ehepartnern und nahen Angehörigen[22], Minderjährigen und Kindern, Gerichten und Polizei, privatärztlichen und gewerblichen Verrechnungsstellen, bei der Praxisübergabe ua siehe die diesbezüglichen Ausführungen von *Schlund* §§ 70, 71.[23] Die Wirksamkeit der in vielen Versicherungsverträgen enthaltenen „Generalermächtigungen" zur Entbindung von der Schweigepflicht hat das BVerfG in der Entscheidung vom Oktober 2006[24] eingeschränkt: Der Versicherungsnehmer muss zur Wahrung des Rechts auf informationellen Selbstschutz die Möglichkeit einer Einzelermächtigung (Erteilung einer zeitnahen, konkreten Schweigepflichtentbindungserklärung) haben (s jetzt § 213 VVG).[25]

---

[14] *Cramer* NStZ 1996, 213.
[15] LG Berlin NStZ 1999, 86.
[16] Siehe dazu *Hartung* Anwaltsblatt 1994, 441; *Götzens* AnwBl 93, 206.
[17] Siehe *Ratzel* RDV 1996, 75; *Wagner* NJW 1994, 2937; OLG Schleswig NJW 1994, 3110.
[18] Siehe dazu *Fischer* vor § 32 RdNr 3 c; *Schönke/Schröder/Lenckner* vor § 32 RdNr 35 ff; sa § 139 RdNr 39.
[19] Siehe dazu zsf *Knauer* GA 1998, 428; *Ulsenheimer*, Arztstrafrecht in der Praxis, RdNr 59.
[20] *LK-Jähnke*, § 203 RdNr 62 mwN; str, aA *Schönke/Schröder/Lenckner*, § 203 RdNr 23.
[21] Siehe BVerfG MedR 2007, 351 ff m Anm *Egger* VersR 2007, 905 ff. S *Leber* f&w 2007, 544.
[22] BGH MedR 1989, 320 ff.
[23] Siehe auch *Ulsenheimer*, Arztstrafrecht in der Praxis, RdNr 373 ff.
[24] VersR 2006, 1669 m Anm *Notthoff*.
[25] *Neuhaus/Kloth*, Gesundheitsdaten(schutz) im Versicherungsrecht – Der aktuelle Stand, NJW 2009, 1707.

2. Die mutmaßliche Einwilligung. Die mutmaßliche Einwilligung bildet einen **10** **eigenständigen Rechtfertigungsgrund** und ist nicht lediglich ein Unterfall des rechtfertigenden Notstands.[26] Von Bedeutung ist dieser Rechtfertigungsgrund vor allem dann, wenn sich der Patient selbst nicht (mehr) äußern kann, zB infolge Todes, Bewusstlosigkeit oder Geistesschwäche, aber auch dort, wo er sich im konkreten Fall nicht geäußert hat, jedoch „sein mangelndes Interesse an der Einhaltung der Schweigepflicht offen zutage liegt", bzw anzunehmen ist.[27] Zwei Fallkonstellationen sind daher zu unterscheiden:[28] das Handeln (Bruch der Verschwiegenheitspflicht) im (überwiegenden, höherrangigen) Interesse des Patienten, um dessen Gesundheit zu fördern oder sein Leben zu retten, und das Handeln im stillschweigenden Einvernehmen mit dem Patienten, da ein Geheimhaltungsinteresse mutmaßlich fehlt. Der Inhalt des mutmaßlichen Willens ist „in erster Linie aus den persönlichen Umständen des Betroffenen, aus seinen individuellen Interessen, Wünschen, Bedürfnissen und Wertvorstellungen zu ermitteln", so dass „objektive Kriterien", zB wie sich ein verständiger Patient üblicherweise entscheidet oder ob die Mitteilung eines Geheimnisses „als gemeinhin vernünftig und normal" anzusehen ist, „keine eigenständige Bedeutung" haben, sondern „lediglich der Ermittlung des individuellen hypothetischen Willens" dienen.[29] Liegen keine Anhaltspunkte dafür vor, dass der Patient der Weitergabe seiner höchstpersönlichen, vertraulichen Daten widersprochen hätte, ist diese durch mutmaßliche Einwilligung gerechtfertigt. Ein erkennbar entgegenstehender Wille ist dagegen stets zu beachten und schließt diese Rechtfertigungsmöglichkeit aus, es sei denn, der Arzt hat trotz pflichtgemäßer Prüfung verkannt, dass sich der Patient anders, als nach Lage der Dinge zu vermuten, entschieden hätte.[30]

Zu den einzelnen Fallgestaltungen, bei denen der Rechtfertigungsgrund der mutmaß- **11** lichen Einwilligung eine erhebliche praktische Rolle spielt, siehe *Schlund* § 71.

3. Der rechtfertigende Notstand nach § 34 StGB. Eine Befugnis zur Offenbarung **12** eines Geheimnisses ist immer dann anzunehmen, wenn eine gegenwärtige Gefahr für ein wesentlich überwiegendes Rechtsgut besteht und diese Notstandslage nicht anders als durch Verletzung der ärztlichen Schweigepflicht abwendbar ist (§ 34 S. 1 StGB), wobei die Notstandshandlung sich allerdings als ein „angemessenes Mittel" zur Gefahrenabwehr erweisen muss (§ 34 S. 2 StGB). Fallgestaltungen dieser Art sind zB die Offenbarung der Geisteskrankheit eines Patienten zum Zwecke der Anstaltsunterbringung, die Information der zuständigen Verwaltungsbehörde über schwere Ausfallerscheinungen des Auto fahrenden Patienten[31] oder die Benachrichtigung der Polizei bei Kindesmissbrauch und Kindesmisshandlung, insbesondere wenn Wiederholungsgefahr besteht. Zu beachten ist jedoch, dass eine Anzeigepflicht strafbarer Handlungen nur in engen Grenzen bei drohenden schwersten Straftaten im Rahmen der §§ 138, 139 Abs 3 S. 2 StGB besteht und deshalb Hilfeleistung bei der Strafverfolgung keinen Rechtfertigungsgrund für die Verletzung der Schweigepflicht im Regelfall darstellt.[32] Eine Ausnahme ist jedoch bei „besonders schweren, mit einer nachhaltigen Störung des Rechtsfriedens verbundenen Verbrechen" oder bei Wiederholungsgefahr massiver strafrechtlicher Delikte zu machen,[33]

---

[26] BGH MDR 1988, 248; LK-*Hirsch* vor § 32 RdNr 129.
[27] Siehe dazu *Ulsenheimer* § 139 RdNr 46; *ders*, Anästhesiologie und Intensivmedizin 2000, 693 ff.
[28] BGH NJW 1992, 2348; OLG Oldenburg NJW 1992, 758; OLG Köln NJW 1992, 753; *Schönke/Schröder/Lenckner* 1, 203 RdNr 27.
[29] BGHSt 35, 248, 249 f.
[30] Vgl *Schönke/Schröder/Lenckner* vor § 32 RdNr 57, 58; *Ulsenheimer,* Arztstrafrecht in der Praxis, RdNr 234 a; *ders,* Zur Erforschung des mutmaßlichen Willens bei fehlender Einwilligungsfähigkeit des Patienten, Anästhesiologie und Intensivmedizin 2000, 693 ff.
[31] BGH NJW 1968, 2288 m Anm *Händel* NJW 1969, 555; *Laufs* NJW 1986, 1517 Anm 41; s a § 150 RdNr 8 ff mwN.
[32] *Schönke/Schröder/Lenckner* § 203 RdNr 32; LK-*Jähnke* § 203 RdNr 89; *Michalowski* ZStW 109, 519, 530.
[33] *Schönke/Schröder/Lenckner,* § 203 RdNr 31 f; aA *Michalowski,* ZStW 109, 530 ff, jeweils mwN.

13 Nach § 34 StGB beurteilt sich auch die Frage, ob der Arzt dem Ehemann seiner an Aids erkrankten Patientin dies mitteilen bzw über die Aids-Erkrankung seines Patienten dessen homosexuellen Lebensgefährten informieren darf.[35] Hier stehen sich einerseits die ärztliche Schweigepflicht und andererseits die Gesundheit des Ehemanns bzw Lebenspartners als kollidierende Rechtsgüter gegenüber, wobei im Hinblick auf die schweren gesundheitlichen Folgen der Übertragung des Aids-Virus und der Ernstlichkeit der Ansteckungsgefahr das geschützte Interesse – Gesundheit und Leben – das beeinträchtigte – Geheimhaltungsinteresse des Patienten – **wesentlich** überwiegt. Schon das Reichsgericht[36] bejahte deshalb für den Fall einer drohenden Ansteckung mit einer übertragbaren schweren Erkrankung das **Recht** des Arztes, die Angehörigen dieses Patienten davon zu benachrichtigen. Allerdings ist der Bruch der Schweigepflicht nur dann ein „angemessenes Mittel" im Sinne des § 34 StGB, wenn der Arzt zuvor alle Möglichkeiten ausgeschöpft hat, um die an Aids erkrankte Person zur Aufklärung ihres Ehe- oder Sexualpartners zu veranlassen.[37]

vor allem wenn eine hochgradige Gefährlichkeit des Täters hinzukommt. In diesen Fällen lässt sich eine Offenbarungsbefugnis des Arztes über § 34 StGB begründen, und zwar auch dann, wenn sich der Täter gerade zur Behandlung seiner gefährlichen Neigungen an den Arzt gewendet hat.[34]

14 Unter Umständen kann das Offenbarungs**recht** des Arztes sogar in eine Offenbarungs**pflicht** umschlagen, wenn nämlich auch der (gesunde) Ehe- oder Sexualpartner bei demselben Arzt in Behandlung ist und dieser damit auch ihm gegenüber die (Garanten-) Pflicht hat, Gesundheitsgefahren und -schädigungen abzuwenden. Bei einer solchen Pflichtenkollision **muss** der Arzt im Interesse des Lebens- und Gesundheitsschutzes dem gesunden Patienten die Ansteckungsgefahr offenbaren,[38] jedenfalls dann, wenn der infizierte Partner uneinsichtig ist.[39] Genau diese Sachverhaltskonstellation – HIV-infizierter Patient, dessen Sexualpartnerin ebenfalls Patientin desselben Arztes, der ihr auf wiederholte, strikte Weisung des Patienten die tödliche Ansteckungsgefahr verheimlichen soll – lag der Entscheidung des OLG Frankfurt v 5. 10. 1999[40] zugrunde. Das Gericht hielt in Übereinstimmung mit der hier vertretenen Auffassung den Arzt nicht nur für berechtigt, sondern auch für **verpflichtet**, die Lebenspartnerin über die HIV-Infektion des Patienten zu informieren, wenn sie gleichfalls „in der Behandlung des Mediziners steht". Denn „dann beansprucht die Garantenstellung des Arztes zum Wohle des zu Informierenden den Vorrang vor dem Schweigegebot".[41] Ein Verstoß gegen diese Garantenpflicht bedeutet für den Arzt ein erhebliches straf- und zivilrechtliches Haftungsrisiko: Er kann sich wegen Beihilfe (durch Unterlassen) zu einer vorsätzlichen gefährlichen Körperverletzung (§§ 223, 224, 13,

---

[34] AA *Schönke/Schröder/Lenckner*, § 203 RdNr 32; zu den Notstandsvoraussetzungen für die Offenbarung von Privatgeheimnissen allgemein sa *Niedermair*, in: *Roxin/Schroth* (Hrsg), Medizinstrafrecht, 2. Aufl 2001, 403 ff; *Geilen*, in: *Wenzel* (Hrsg), FA MedR, Kap 4 B RdNr 605 ff; *Ulsenheimer*, Arztstrafrecht in der Praxis, RdNr 376 ff mwN.

[35] Vgl dazu OLG Bremen MedR 1984, 112; LG Hamburg NJW 1989, 1551 m Anm *Deutsch*; *Gallwas*, AIFO 1986, 31, 38; *Eberbach* MedR 1986, 233; *Buchborn* MedR 1987, 264; *Laufs/Narr* MedR 1987, 282 f; *Schlund* AIFO 1987, 401 ff; *Langkeit* NStZ 1990, 459.

[36] RGSt 38, 664; *Müller-Dietz* Saarländisches ÄBl 1980, 362.

[37] So schon *Schlund* AIFO 1987, 105; *ders* JR 2000, 376 f.

[38] Vgl zum Gesamtkomplex Aids und Strafrecht *Eberbach* MedR 1987, 267 ff; *Langkeit* NStZ 1990, 452, 459 f; *Timm*, Grenzen der ärztlichen Schweigepflicht, 1988, 67 ff u 73 f; *Laufs* ArztR, RdNr 431; *Herzog* MedR 1988, 289 ff; *Ulsenheimer/Erlinger* GebFra 59 (1999), 100 ff.

[39] *Langkeit* NStZ 1990, 460; *Bruns* MDR 1987, 353, 357.

[40] OLG Frankfurt aM MedR 2000, 196 = JR 2000, 375 = MDR 1999, 1444; NStZ 2001, 150.

[41] OLG Frankfurt aaO; **zust** *Vogels* MDR 1999, 1445; *Schlund* JR 2000, 376 f; *Spickhoff* NJW 2000, 848 f; *Deutsch* VersR 2001, 1474, der eine vertragliche Nebenpflicht zur Mitteilung annimmt; **abl** *Engländer* MedR 2001, 143; *Parzeller/Bratzke* DÄBl 2000, A 2364 ff; *Wolfslast* MedR 2001, 143 f und NStZ 2001, 150, Anm zu OLG Frankfurt aM, Urteil v 8. 7. 1999; *Bender* VersR 2000, 322.

12. Kapitel. Die ärztliche Schweigepflicht   15–17 § 67

27 StGB) bzw wegen fahrlässiger Körperverletzung nach §§ 229, 13 StGB strafbar machen und, wie der Fall des OLG Frankfurt zeigt, mit Schadensersatz- und Schmerzensgeldansprüchen konfrontiert werden (die allerdings wegen nicht nachweisbarer Kausalität der unterbliebenen Information des Arztes letztlich abgewiesen wurden).

Ein anderes instruktives Beispiel einer Notstandslage bietet der vom BGH entschiedene **15** Fall einer 21-jährigen Patientin, bei der der Verdacht einer Eileiterschwangerschaft und damit akute Lebensgefahr bestand. Auf die inständigen Bitten der Patientin, der vor der Praxis wartenden Mutter nichts von der Schwangerschaft zu sagen, hielt sich der Arzt an seine Schweigepflicht, doch folgte die Patientin seiner eindringlichen, mehrfach wiederholten Aufforderung, sofort ein Krankenhaus aufzusuchen, leider nicht, so dass es am nächsten Morgen zu einer Eileiterruptur kam, an deren Folgen die Patientin wenig später verstarb. Nach Ansicht des BGH hat der Gynäkologe die nach § 323 c StGB gebotene und auch zumutbare Hilfeleistung in Gestalt der Information der Mutter über den Zustand ihrer Tochter pflichtwidrig unterlassen. Denn „im Verhältnis zur Mutter der Patientin trat die Schweigepflicht zurück, weil auch ihre Unterrichtung ein erforderliches und angemessenes Mittel zur Rettung der Patientin war" und es überdies zur Rettung des „höherwertigen Rechtsguts hier sogar nur einer begrenzten – nämlich die Ursachen des Zustands verschweigenden – Offenbarung bedurft hätte".[42]

Ob die ärztliche Pflicht zu schweigen oder die Pflicht zur Offenbarung des Arztgeheim- **16** nisses vorrangig ist, bedarf einer sehr sorgfältigen Abwägung und kann im Einzelfall äußerst schwierig sein. Man denke nur an die Frage, ob das elterliche Personensorgerecht aus Art 6 Abs 2 GG dem Schweigegebot vorgeht, wenn für ein Kind Kontrazeptiva erbeten werden,[43] oder an das Verhältnis § 138 StGB – § 203 StGB. Problematisch ist auch, ob die Schweigepflicht des Anstaltsarztes im Strafvollzug (§ 158 StVollzG) hinter die Gesundheitsfürsorgepflicht der Vollzugsbehörde (§§ 56 Abs 1, 101 Abs 2 StVollzG) zurücktritt.[44] Die auf § 68 b StGB gestützte Weisung an den Verurteilten, die behandelnden Ärzte von ihrer Schweigepflicht zu entbinden, verstößt gegen das aus Art 2 Abs 1 GG abgeleitete Recht auf informationelle Selbstbestimmung und ist daher unzulässig.[45]

Weitere Beispiele für den Widerstreit zwischen Geheimhaltungs- und Informations- **17** pflicht (Informationsinteresse) im Strafvollzug finden sich bei *Schlund*[46] und in staatsanwaltschaftlichen Ermittlungsverfahren bei der Beschlagnahme von Patientenkarteien, Krankenscheinen, Rezepten uÄ bzw bei Herausgabe dieser Unterlagen durch die Kranken- und Ersatzkassen im Falle eines Betrugsverdachts gegen niedergelassene Vertragsärzte.[47] Im konkreten Fall ist stets zwischen dem „Recht des Einzelnen auf Schutz seiner Privatsphäre" und „der staatlichen Aufgabe der Strafverfolgung (der aus dem Rechtsstaatsprinzip folgenden Notwendigkeit, im Interesse der Allgemeinheit eine funktionstüchtige Strafrechtspflege zu erhalten) abzuwägen".[48] Führt die Güterabwägung „zu dem Ergebnis, dass die dem Eingriff entgegenstehenden Interessen ersichtlich schwerer wiegen als diejenigen Belange, deren Wahrung die staatliche Maßnahme dienen soll, so verletzt der gleichwohl erfolgte Eingriff den Grundsatz der Verhältnismäßigkeit".[49] Dabei ist stets zu bedenken, dass „Angaben eines Arztes über Anamnese, Diagnose und therapeutische Maßnahmen zwar nicht die unantastbare Intimsphäre, wohl aber den privaten Bereich des

---

[42] BGH MDR 1983, 145 = NStZ 1983, 313 f m Anm *Lilie* NStZ 1983, 314; *Kreuzer* JR 1984, 294; siehe kritisch zu diesem Urteil *Ulsenheimer*, Arztstrafrecht in der Praxis, RdNr 260.
[43] Siehe dazu *Tröndle* MedR 1992, 323; *Gössel* GA 1993, 333.
[44] Vgl OLG Karlsruhe NStZ 1993, 406; *Zieger* StV 81, 559.
[45] BVerfG MedR 2006, 586 ff; OLG Nürnberg StV 1999, 387.
[46] § 70 RdNr 10 ff.
[47] Vgl dazu *Schönke/Schröder/Lenckner* § 203 RdNr 32 mwN; s a *Schlund* § 72 RdNr 1 ff; *Lilie*, ZaeFQ 1999, 766, 771 ff.
[48] LG Hamburg MedR 1989, 335, 336.
[49] BVerfG NJW 1972, 1123; 1977, 1489; s auch BGH NStZ 1998, 471.

Patienten betreffen" und damit über Art 2 Abs 1 iV mit Art 1 Abs 1 GG grundrechtlichen Schutz vor dem Zugriff der öffentlichen Gewalt genießen.[50]

18 **4. Wahrnehmung berechtigter Interessen.** Auch die Wahrung **eigener** Interessen des Arztes vermag Angaben über die Krankheit und die Behandlung seines Patienten zu rechtfertigen, so zB wenn er die an sich geheimen Tatsachen mündlich oder schriftlich vortragen muss, um den gegen ihn erhobenen Vorwurf der fahrlässigen Tötung oder fahrlässigen Körperverletzung abzuwehren, um unwahren, ehrenkränkenden Behauptungen entgegenzutreten oder eine Honorarforderung gegen den Patienten gerichtlich durchzusetzen. Insoweit darf der Arzt mE auch einem Privatgutachter die vollständigen Krankenblattunterlagen ungeschwärzt, also mit dem vollen Namen des Patienten zur Erstattung eines Gutachtens übermitteln, da möglicherweise Rückfragen unmittelbar beim Patienten notwendig sind oder die Übernahme des Auftrags aus sonstigen Gründen von dessen Person abhängt.[51]

19 Der Rechtfertigungsgrund der „Wahrnehmung berechtigter Interessen" analog § 193 StGB erfordert nicht die tatbestandlichen Voraussetzungen des § 34 StGB.[52]

§ 68 Der subjektive Tatbestand der §§ 203, 204 StGB

1 **1.** Strafbar ist nach §§ 203, 204 StGB keine noch so grobe Fahrlässigkeit, kein noch so leichtfertiger Umgang mit dem Verschwiegenheitsgebot, sondern allein der **vorsätzliche, rechtswidrige und schuldhafte Verstoß** gegen die ärztliche Schweigepflicht, wobei **bedingter Vorsatz** genügt. Da der Vorsatz die Kenntnis aller objektiven Tatumstände voraussetzt, muss der Arzt also **wissen,** dass er ein ihm gerade aufgrund seiner beruflichen Stellung anvertrautes oder bekanntgewordenes fremdes Geheimnis offenbart oder verwertet, dass er zum Kreis der potenziellen Täter gehört, eine Tatsache mit Geheimnischarakter preisgibt und dabei entgegen dem Geheimhaltungsinteresse des Betroffenen handelt, und diesen Verstoß **wollen** bzw zumindest **(billigend) in Kauf nehmen.** Wie oben (§ 67 RdNr 1) dargelegt, ist das Gesetzesmerkmal „unbefugt" **kein** Tatbestandsmerkmal, so dass sich der Vorsatz hierauf nicht zu beziehen hat. Fehlt das Wissen oder Wollen der Tatbestandsverwirklichung, scheidet eine Strafbarkeit nach §§ 203, 204 StGB aus.[1]

2 Handelt der Arzt „in der Absicht, sich oder einen anderen zu bereichern oder einen anderen zu schädigen", so erhöht sich der Strafrahmen für die alternativ zur Geldstrafe mögliche Freiheitsstrafe auf „bis zu zwei Jahre" (§ 203 Abs 5 StGB). Absicht bedeutet, dass es dem Täter darauf ankommen muss, den Vermögensvorteil zu erlangen, ohne dass dieser rechtswidrig und das Motiv oder maßgebende Ziel seines Handelns zu sein braucht. Für die Schädigungsabsicht genügt jede, auch die ideelle Nachteilszufügung.

3 Die von § 203 Abs 5 StGB vorausgesetzte Absicht ist subjektives Unrechtselement und steht neben dem Vorsatz im subjektiven Tatbestand.

2. Zu den **Irrtumsfragen** (**Tatbestands-** und **Verbotsirrtum**) s. § 145 RdNr 4 ff.

---

[50] BVerfG MedR 2006, 586, 587.
[51] AA Hess Berufsgericht Wiesbaden, Urt v 12. 11. 1997, AZ 24 BG 1/95(V); ebenso das Berufungsurteil Hess VGH, Landesberufsgericht, Urt v 10. 11. 1999 – AZ 25 LB 4309/97.
[52] KG JR 1985, 161, 162; *Tröndle/Fischer* § 203 RdNr 31 mwN (anderer Ansicht *Fischer*, RdNr 36 in der 55. Aufl); *Rogall* NStZ 1983, 1, 6; *Schäfer* wistra 1993, 281, 284 f; aA LK-*Hirsch* vor § 32 RdNr 179 mwN; SK-StGB-*Samson* vor § 201 RdNr 7 f.
[1] S dazu als Beispiel Generalstaatsanwaltschaft Köln Az 52 Zs 304/08.

§ 69 Die personelle Reichweite der §§ 203, 204 StGB; Täterschaft und Teilnahme

1. Zum schweigepflichtigen Personenkreis gehören Ärzte, Tierärzte, Zahnärzte, Apotheker und Angehörige sonstiger Heilberufe, die eine staatlich geregelte Ausbildung erfordern, also zB Hebammen, Entbindungspfleger, Krankenschwestern und Krankenpfleger, Krankengymnasten, medizinisch-technische Assistentinnen, Diätassistenten ua. Nicht unter § 203 Abs 1 Nr 1 StGB fallen dagegen Heilpraktiker.

Gemäß der ausdrücklichen Vorschrift des § 203 Abs 3 StGB bezieht sich die strafrechtliche Schweigepflicht auch auf die „berufsmäßig tätigen Gehilfen" der in § 203 Abs 1 Nr 1 StGB genannten Personen, womit zB die Sprechstundenhilfen, Sekretärinnen, aushilfsweise beschäftigte Nachtwachen, Praktikanten und Praktikantinnen, Zivildienstleistende im pflegerischen Bereich ua sowie die beim Krankenhausträger tätigen Verwaltungsangestellten gemeint sind. Keine Gehilfen im Sinne des § 203 Abs 3 StGB sind jedoch Chauffeure, Handwerker sowie das Küchen- und Reinigungspersonal, wohl aber die an der Pforte diensttuenden Personen, da sie die Aufgabe haben, zB in Notfällen Informationen rasch weiterzugeben oder Besucher über Station und Krankenzimmer des Patienten zu informieren.

Die strafrechtliche Schweigepflicht gilt schließlich auch für die Personen, die bei den Geheimnisträgern zur Ausbildung oder Berufsvorbereitung tätig sind, also etwa Medizinstudenten, „PJler", Krankenpflegeschüler und Krankenpflegeschülerinnen.

2. §§ 203, 204 StGB sind **echte Sonderdelikte: Täter** können nur die im Gesetz ausdrücklich genannten schweigepflichtigen Personen sein. Wer einen gutgläubigen Arzt zur Preisgabe seines Patientengeheimnisses bringt, kann weder als mittelbarer Täter noch – mangels Haupttat – als Anstifter bestraft werden.[1]

Für **Teilnehmer**, die außerhalb des schweigepflichtigen Personenkreises stehen, gilt nach herrschender Lehre § 28 Abs 1 StGB, dh es tritt zwingend Strafmilderung gemäß § 49 StGB ein, da die Eigenschaft als Arzt usw ein strafbegründendes besonderes persönliches Merkmal des Täters ist, das beim Anstifter oder Gehilfen fehlt.[2] Die Gegenmeinung stellt – durchaus mit guter Begründung – nicht auf die personale Pflichtverletzung des Arztes, sondern auf die der Vorschrift als Schutzgut zu Grunde liegende Vertrauensbeziehung und damit auf einen objektiven Umstand ab, der die Tat charakterisiert, also tatbezogen ist, so dass § 28 Abs 1 StGB keine Anwendung finden kann. Keine Anwendung findet auch § 28 Abs 2 StGB in den Qualifikationsfällen des § 203 Abs 5 StGB, so dass der Anstifter oder Gehilfe, der selbst ohne Vorteilsabsicht handelt, aus dem Strafrahmen des § 203 Abs 5 StGB bestraft wird. Auch hier wird die Absicht nicht als Zeichen einer verwerflichen Gesinnung, sondern als ein auf einen außertatbestandlichen Erfolg bezogenes Unrechtsmerkmal verstanden.[3]

3. Zur Verletzung der Schweigepflicht durch Amtsträger iS von § 11 Abs 1 Nr 2 StGB, die sowohl durch § 203 Abs 2 Nr 1 und 2 StGB als auch durch § 353 b StGB erfasst wird, s § 145 RdNr 12.

---

[1] RGSt 63, 315; BGHSt 4, 359; 9, 370.
[2] *Fischer* § 203 RdNr 49; MK-*Ciernak* § 203 RdNr 133; LK-*Schünemann* (12. Aufl), § 203 RdNr 160; *Lackner/Kühl* § 203 RdNr 2; LK-*Jähnke* § 203 RdNr 115, aM *Schröder/Schröder/Lenckner* § 203 RdNr 73 („tatbezogenes Merkmal").
[3] *Schönke/Schröder/Lenckner* § 203 RdNr 75.

§ 70 Sonderformen ärztlicher Tätigkeit im Bereich der Verschwiegenheitsverpflichtung

Inhaltsübersicht

	RdNr
I. Amts- und Vertrauensarzt	1
II. Betriebsarzt	3
III. Anstaltsarzt im Justizvollzugsdienst	10
IV. Musterungs- und Truppenarzt	22
V. Arzt als Sachverständiger	31
VI. Arzt als Forscher	35
VII. Arzt als Wissenschaftler	49
VIII. Leichenschauarzt	53

I. Amts- und Vertrauensarzt

1   Auch der Amtsarzt[1] ist Arzt und steht unter der Strafdrohung des § 203 StGB. Soweit er als Gutachter oder Sachverständiger für andere Behörden oder Verwaltungsstellen tätig wird und diesen lediglich medizinische Entscheidungsgrundlagen liefert (etwa bei der Frage der Dienstunfähigkeit des Beamten, der Fahrtauglichkeit bei der Neuerteilung von Führerscheinen, der körperlichen Hilflosigkeit bei der Prüfung von Sozialleistungen), leitet er seine Offenbarungsbefugnis aus der Natur des jeweiligen Verfahrens ab.[2]

2   Muss der Betroffene die erwähnten Untersuchungen aus **Rechtsgründen erdulden,** so darf der Amtsarzt das Ergebnis seiner Untersuchung der anfragenden oder ihn beauftragenden Behörde selbstverständlich mitteilen. Ist aber die Untersuchung lediglich Voraussetzung für die Erlangung eines bestimmten Rechts oder einer entsprechenden Rechtsposition, dann hat der das Recht Begehrende oder die Rechtsposition Anstrebende es in der Hand, die Offenbarung des Ergebnisses der Untersuchung unter Verzicht auf die erstrebte Position oder Vergünstigung zu verweigern. In einem solchen Fall ist es dem Amtsarzt verwehrt, gegen den Widerspruch des von ihm Untersuchten das Ergebnis weiterzuleiten. Der Umfang der zulässigen Offenbarung des Untersuchungsergebnisses ist idR lediglich auf das Ergebnis derselben beschränkt.[3]

II. Betriebsarzt

3   Der Betriebsarzt wird aufgrund des Arbeitssicherheitsgesetzes (ASiG) vom 12.12.1973 (BGBl I, 18885), zuletzt geändert am 31.10.2006 (BGBl I, 2407, 2434), vom Arbeitgeber bestellt. Seine Aufgabe besteht darin, den Arbeitgeber bei der Erfüllung des **Arbeitsschutzes** und bei der **Unfallverhütung** zu unterstützen. Er muss über die hierfür erforderliche arbeitsmedizinische Fachkunde verfügen. Jedoch ist nicht jeder Betrieb verpflichtet, einen eigenen Betriebsarzt zu bestellen. Dies richtet sich vielmehr nach dem Grad der für die Beschäftigten vom Betrieb ausgehenden Gefahren und ist nicht allein von einer bestimmten Betriebsgröße und Beschäftigtenzahl abhängig.

4   Es gibt hauptamtlich tätige und nebenberufliche Betriebsärzte. Gemäß § 8 Abs 1 ASiG sind die Betriebsärzte bei der Anwendung ihrer arbeitsmedizinischen Fachkunde **weisungsfrei** und nur ihrem ärztlichen Gewissen unterworfen. Der Aufgabenkreis für den Betriebsarzt ist in § 3 ASiG – wenn auch nicht abschließend – umschrieben.

---

[1] Zur Dienstanordnung desselben vgl RGBl I 1935, 215.
[2] LK-*Jähnke* § 203 RdNr 98.
[3] LK-*Jähnke* § 203 RdNr 98; vgl hierzu auch *Grüner* in Das grüne Gehirn, B II, 2, 3; *Narr*, Ärztl-BerufsR 460.5 und 460.6; ferner noch *Oebbecke* MedR 1988, 123.

12. Kapitel. Die ärztliche Schweigepflicht	5–15 § 70

Der Betriebsarzt ist wie jeder andere Arzt an die Regeln der ärztlichen Schweigepflicht 5
gebunden. Dem ist in § 8 Abs 1 S. 2 ASiG besonders Rechnung getragen.

Wer als *Arbeitnehmer* bei den vorgeschriebenen arbeitsmedizinischen **Einstellungskon-** 6
trollen oder arbeitsmedizinischen Voruntersuchungen sich vom Betriebsarzt untersuchen lässt, erklärt in aller Regel zumindest sein *stillschweigendes Einverständnis mit der Weitergabe des Ergebnisses an seinen Arbeitgeber* durch den Betriebsarzt. Dies gilt jedoch *nicht* für den bei der Untersuchung anfallenden *Befund*. Der Betriebsarzt darf also dem Arbeitgeber grundsätzlich nur mitteilen, ob aufgrund seiner Untersuchung hinsichtlich des Arbeitnehmers gesundheitliche Bedenken bestehen oder nicht.[4]

Bei den **freiwilligen Vorsorgeuntersuchungen** des Arbeitnehmers durch den Be- 7
triebsarzt greift hingegen die ärztliche Verschwiegenheitspflicht voll.

Die vorstehend angeführten **engen Grenzen** der Offenbarungsbefugnis für den Be- 8
triebsarzt gegenüber dem Arbeitgeber gelten selbstverständlich auch in Bezug auf den **Betriebsrat**.[5]

Hinsichtlich **anderer Ärzte** gilt wiederum die ärztliche Schweigepflicht. 9

III. Anstaltsarzt im Justizvollzugsdienst

Die Insassen in den Vollzugsanstalten haben bekanntlich Anspruch auf eine ausrei- 10
chende ärztliche Betreuung und Versorgung. Zu diesem Zweck werden gemäß §§ 56 ff, 155 Abs 2 StVollzG vom 16. 3. 1976 (BGBl I, 581, 2088; 1977, 436), zuletzt geändert am 19. 2. 2007 (BGBl I S. 122, 140), **Anstaltsärzte** bestellt. Neben hauptamtlichen und nebenamtlich tätigen beamteten Ärzten können dies aber auch niedergelassene Ärzte sein.

Die **Aufgaben** des Anstaltsarztes ergeben sich aus der Pflicht des Staates zur Gesund- 11
heitsfürsorge für die von ihm verwahrten Straf- und Untersuchungsgefangenen. Es besteht eine staatliche **Fürsorgeverpflichtung,** wonach der Gefangene grundsätzlich *Anspruch auf kostenlose ärztliche Versorgung* hat.

Der Anstaltsarzt unterliegt in seiner Funktion als **Beamter** und Arzt selbstverständlich 12
sowohl der **Amtsverschwiegenheit** als auch der ärztlichen Schweigepflicht.[6]

Nach der Entscheidung des BVerfG von 1972[7] hat auch ein Straf- oder Untersuchungs- 13
gefangener grundsätzlich ein schutzwürdiges Interesse an der Wahrung des ärztlichen Berufsgeheimnisses. Hinsichtlich der Geheimnisoffenbarung durch den Anstaltsarzt gegenüber der Anstaltsleitung gelten damit zunächst die allgemeinen Grundsätze der ärztlichen Verschwiegenheit. Es kommt also auf die **Entbindung des Arztes von der Schweigepflicht** durch den jeweiligen Gefangenen an.

Bei der Frage der Rechtfertigung des Geheimnisbruches im Rahmen des **rechtfer-** 14
tigenden Notstandes (§ 34 StGB) ist im Grundsatz davon auszugehen, dass das Informationsbedürfnis und -interesse der Anstaltsleitung im Verhältnis zum individuellen Geheimnisschutzinteresse des einzelnen Gefangenen generell als gleich-, nicht höherwertig einzustufen ist.

Es gilt der Grundsatz der **Verhältnismäßigkeit.** Über den erlaubten Umfang der 15
Offenbarung hat der Anstaltsarzt nach sorgfältiger Abwägung der kollidierenden Individual- und Allgemeininteressen nach Lage des Einzelfalles zu entscheiden.[8]

---

[4] *Rieger* Lexikon (1. Aufl) RdNr 424 ff mwN; vgl auch *Kiesecker/Rieger,* RdNr 58, 18. *Budde* DB 1985, 1529; *Eiermann* BB 1980, 214; *Hinrichs* DB 1980, 2287; *Däubler* BB 1989, 282. Zwischen dem Betriebsarzt und dem untersuchten Arbeitnehmer besteht kein Vertrags- oder vertragsähnliches Rechtsverhältnis. Führt eine Fehldiagnose des Betriebsarztes zu einer unberechtigten Kündigung des Arbeitnehmers, richten sich daraus entstandene Schadenersatzansprüche nur gegen den Arbeitgeber und nicht gegen den Betriebsarzt, so LG Paderborn NJW-RR 2001, 1677.
[5] *Hinrich* DB 1980, 2289; *Budde* DB 1985, 1529; *Schimke* BB 1979, 1354.
[6] Einzelheiten bei *Rieger* Lexikon (1. Aufl) RdNr 61 ff.
[7] NJW 1972, 811.
[8] *Rieger* Lexikon (1. Aufl) RdNr 62.

16 Im Rahmen von **schweren Infektionserkrankungen,** insbesondere unter dem Aspekt von *HIV/AIDS* und Strafvollstreckung, sind folgende Überlegungen angezeigt:[9]

17 Im Strafvollzug ist bekanntlich eine Massierung von Risikogruppen – Homophilen, Drogenabhängigen, Prostituierten – festzustellen. Mancher zuvor ausschließlich heterosexuell veranlagte Gefangene wird mit homophilen Insassen in engste Berührung kommen. Es bestehen für die Leiter der Justizvollzugsanstalten (JVA) spezielle Fürsorge- und Schutzpflichten gegenüber den ihnen anempfohlenen und von ihnen zu verwahrenden Insassen. Diese Pflichten können den Anstaltsleiter uU veranlasst sehen, einen HIV-infizierten oder an AIDS erkrankten Gefangenen, der sich Mitgefangenen oder Gefängnisbediensteten sexuell zu nähern versucht, in Einzelhaft zu nehmen. Im Übrigen ist nur in ganz seltenen **Ausnahmefällen** eine **zwangsweise** Antikörpertestierung des Gefangenen statthaft. Das besondere Gewaltverhältnis im Strafvollzug begründet als solches jedoch in keinem Fall ein **uneingeschränktes Offenbarungsrecht** des Anstaltsarztes der Anstaltsleitung gegenüber und dieser gegenüber den JVA-Bediensteten. Denn auch der Gefangene, dem nach der bereits zitierten Entscheidung des BVerfG von 1972 die Grundrechte nur durch Gesetz oder aufgrund eines Gesetzes eingeschränkt werden dürfen, hat gemäß Art 2 Abs 1 iVm Art 1 Abs 1 GG ein allgemeines Persönlichkeitsrecht und das hieraus abgeleitete Recht auf *informationelle Selbstbestimmung*. Dieses Recht gewährleistet auch dem einzelnen Gefangenen grundsätzlich Schutz vor Weitergabe seiner krankheitsbezogenen Daten. Nicht nur eine undifferenzierte Unterrichtung der Bediensteten der JVA ist rechtlich zu beanstanden; auch eine generelle Weitergabe der Ergebnisse der seit September 1985 den Gefangenen auf freiwilliger Basis angebotenen HIV-/AIDS-Tests durch die Angestellten oder beamteten Anstaltsärzte ist unter Berufung auf das besondere Gewaltverhältnis im Strafvollzug unzulässig.

18 Es gilt jedoch eine Ausnahme: Um nicht die gemäß § 156 (Anstaltsleitung) und § 158 (Ärztliche Versorgung) StVollzG aufseiten der Vollzugsbehörde bestehende Gesamtverantwortung für die Gesundheitspflege aller Gefangenen zu gefährden, muss dem Anstaltsarzt zumindest bei schweren ansteckenden Erkrankungen eines oder mehrerer Gefangenen die **Befugnis** zur Offenbarung der Anstaltsleitung gegenüber eingeräumt werden. Es muss eine Befugnis zur Mitteilung des Gesundheitszustandes bei Erkrankungen des Gefangenen bestehen, wenn und soweit diese in die Vollzugsgemeinschaft hineinwirken. Der Anstaltsarzt ist danach zumindest überall dort, wo die Krankheit des einzelnen Gefangenen *die Mitgefangenen oder Angehörigen des Vollzugspersonals unmittelbar tangiert, befugt,* der Anstaltsleitung Meldung von der Erkrankung des Gefangenen zu machen. Diese Befugnis folgt aus der Gesamtverantwortung der Anstaltsleitung gegenüber den anderen Gefangenen und aus der Fürsorgepflicht gegenüber den Anstaltsbediensteten, mithin auch aus der überindividuellen Seite des durch § 203 StGB geschützten Rechtsguts.

19 Eine solche Befugnis des Anstaltsarztes kann aber auch aus § 56 Abs 1 Satz 1 iVm § 101 StVollzG gefolgert werden, demzufolge für die körperliche und geistige Gesundheit des Gefangenen zu sorgen ist. Wenn und soweit eine Erkrankung des Gefangenen – beispielsweise HIV oder AIDS – die Interessen der Vollzugsbehörde ganz **erheblich berührt,** besteht in einem solchen Fall für den Anstaltsarzt nicht nur eine Befugnis, sondern sogar – basierend auf dessen **Dienstpflicht** – eine **Verpflichtung** zur **Meldung** der Anstaltsleitung gegenüber, denn Letztere ist gemäß § 156 Abs 2 StVollzG zur Wahrung ihrer Gesamtverantwortung gegenüber dem HIV-infizierten oder AIDS-erkrankten Gefangenen, den nichtinfizierten Mitgefangenen und den Bediensteten zwingend darauf angewiesen, über den Gesundheitszustand eines jeden Gefangenen vor allem bei **ansteckenden schweren** Erkrankungen rechtzeitig und ausreichend informiert zu werden. Eine derartige **Dienstpflicht** zur Meldung ordnet zudem Nr 2 Satz 2 der Verwaltungsvorschrift

---

[9] Einzelheiten bei *Schlund* AIFO 1987, 404, 405 ff mwN; sowie JR 2000, 376. Zur Pflicht des Arztes, eine HIV-Infektion seines Patienten dessen Partner mitteilen zu müssen s OLG Frankfurt MedR 2001, 143 mit Anm *Engländer*, 143 ff.

zum StVollzG (VVStVollzG) für jeden Bediensteten und damit auch für den Anstaltsarzt an. Die Vollzugsanstalt muss über schwere Erkrankungen ihre **Aufsichtsbehörde** unterrichten. Die meisten der insoweit zuständigen Justizminister und -senatoren der Länder haben inzwischen auch für den Umgang mit HIV/AIDS-infizierten Gefangenen entsprechende Erlasse herausgegeben, die ua auch die Frage der Schweigepflicht und ihrer ausnahmsweisen Durchbrechung regeln.[10]

Die Berichtspflicht der Vollzugsanstalten bei AIDS-Erkrankungen im Vollzug ihren Aufsichtsbehörden gegenüber berührt zudem das bereits durch § 203 Abs 2 Satz 2 2. Halbsatz StGB vorgezeichnete Problem der **Weitergabe von Geheimnissen im Behördenverkehr**. 20

Im **innerbehördlichen Verkehr** gilt für die Offenbarungsbefugnis, dass die zur rechtmäßigen Sachbehandlung erforderlichen Mitteilungen stets gemacht werden dürfen. Für **zwischenbehördliche Mitteilungen, die sog Amtshilfe** durch kompetenzgemäße Informationshilfe, ist davon auszugehen, dass zwar hier eine grundsätzliche, aus der Einheit der Staatsgewalt abgeleitete Verpflichtung (Art 35 Abs 1 GG) zu „gegenseitiger ergänzenden Hilfe" (§ 4 VwVfG) besteht, dass jedoch Art 35 GG noch keine generelle gesetzliche Befugnis zur Offenbarung des geschützten Geheimnisses begründet. Eine solche muss vielmehr grundsätzlich qua Gesetz eingeräumt sein. Fehlt es an klaren gesetzlichen Regelungen für eine Informationsübermittlung im zwischenbehördlichen Bereich und lässt sich eine derartige Berechtigung auch nicht aus dem Funktionszusammenhang erkennen, so kann eine solche Befugnis zur Offenbarung (uU entsprechend § 30 Abs 4 Nr 5 AO) im Einzelfall aber im **zwingenden öffentlichen Interesse** liegen, wenn nämlich eine Güterabwägung ergibt, dass das Geheimhaltungsinteresse des Einzelnen hinter wichtigere andere Interessen zurücktreten muss. 21

IV. Musterungs- und Truppenarzt

Die Aufgabe des **Musterungsarztes** ist die ärztliche Untersuchung der Wehrpflichtigen auf ihre Wehrtauglichkeit. Die Rechtsgrundlage hierfür ergibt sich – ergänzt durch fachdienstliche Richtlinien des Bundesministeriums für Verteidigung – aus § 17 Abs 4–7 Wehrpflichtgesetz idF der Bekanntmachung vom 30. 5. 2005.[11] 22

Musterungsärzte sind entweder beamtete oder angestellte (haupt- oder nebenberuflich tätige) Ärzte. 23

Das **Ergebnis** der musterungsärztlichen Untersuchung und der festgestellte **Tauglichkeitsgrad** des Wehrpflichtigen sind dem **Musterungsausschuss** vorzulegen und fallen damit nicht unter die ärztliche Schweigepflicht.[12] 24

Umstritten ist,[13] ob der Wehrpflichtige einen **Anspruch auf Mitteilung des Untersuchungsergebnisses** hat. Obwohl privatrechtliche Rechtsbeziehungen zwischen ihm und dem Musterungsarzt fehlen, steht ihm mE dennoch ein Anspruch auf Information zu. Letzterer ergibt sich aus dem verfassungsrechtlich geschützten Grundsatz der Menschenwürde (Art 1 GG), weil der Wehrpflichtige nicht bloß Objekt, sondern auch Subjekt der ärztlichen Tätigkeit ist. 25

---

[10] Zur Mitteilung des positiven HIV-Antikörper-Testergebnisses eines Krankenhauspflegers an dessen Dienstvorgesetzten durch den Arzt vgl LG Braunschweig NJW 1990, 770; zur Mitteilung im Strafvollzug vgl *Boetticher/Stöver* in Feest Kommentar gem StVollzG, 5. Aufl 2006 RdNr 47 ff vor § 56.
[11] BGBl I 1465.
[12] *Rieger* Lexikon (1. Aufl) RdNr 1228.
[13] *Narr* ÄrztlBerufsR, 460.7; vgl ferner OLG Köln (VersR 1990, 310), wonach ein Arzt, der vor der Annahme eines Antrags auf Abschluss einer Lebensversicherung im Auftrag des Versicherers den Antragsteller untersucht, **verpflichtet** ist, einen dabei festgestellten Verdachtsbefund (hier Tuberkulose) auch dem Antragsteller mitzuteilen oder jedenfalls sicherzustellen, dass der Befund dem Antragsteller durch den Versicherer mitgeteilt wird.

26 **Truppenarzt** ist der **Sanitätsoffizier,** oder – aufgrund eines privatrechtlichen Dienstvertrages – ein nebenberuflich als **Vertragsarzt** im Sanitätsdienst der Bundeswehr praktizierender niedergelassener Arzt.

27 Zwischen dem **Truppenarzt** und dem einzelnen Soldaten bildet sich trotz der gesetzlichen Regelung dieser Beziehung (Pflicht zur Heilfürsorge einerseits und Pflicht des Soldaten, seine Gesundheit zu erhalten, andererseits) ein **Vertrauensverhältnis,** da eine ordnungsgemäße Durchführung der Heilfürsorge durch den Truppenarzt voraussetzt, dass sich der zu behandelnde Soldat dem Arzt freimütig offenbart. Als *behandelnder Arzt* unterliegt der Truppenarzt damit grundsätzlich wie jeder andere Arzt auch der **Schweigepflicht.**

28 Dieser Vertrauensbereich findet jedoch dort seine **Grenzen,** wo die Erhaltung der Dienstfähigkeit des behandelten Soldaten unmittelbar infrage gestellt wird. Hier bedingt die **dienstliche Funktion des Truppenarztes eine Offenbarungspflicht,** die auch der behandelte Soldat aufgrund seiner eigenen Dienstpflichten als Eingriff in seinen Persönlichkeitsbereich dulden muss. Über die Grenzen des Geheimnisbereiches und damit über das, was der Truppenarzt im Rahmen seiner dienstlichen Verpflichtung offenbaren darf, ohne seine Schweigepflicht zu verletzen, entscheidet der Truppenarzt nach **pflichtgemäßem Ermessen.**[14]

29 Sollte die Erkrankung des Soldaten eine **akute Gefährdung seiner Kameraden oder der Truppe** verursachen können, so kommt der Gesichtspunkt des *rechtfertigenden Notstandes* (§ 34 StGB) in Betracht.

30 Unterschiedlich wird die Frage beantwortet,[15] ob der Truppenarzt nicht nur ein Offenbarungsrecht, sondern sogar einen solche *Pflicht* hat, dann nämlich, wenn sich der Soldat durch eine **Selbstverstümmelung** für den weiteren Wehrdienst untauglich gemacht hat oder eine **Erkrankung vortäuscht,** um sich dadurch dem Wehrdienst zu entziehen.

V. Arzt als Sachverständiger

31 Die Stellung, die Aufgaben, die Pflichten und die Rechte des Arztes als **gerichtlich** bestellter oder privat beauftragter Sachverständiger und Gutachter sowie seine Haftung für ein unrichtiges oder auch nur oberflächlich bearbeitetes Gutachten werden in einem weiteren Kapitel[16] noch eingehend behandelt werden. An dieser Stelle soll nur die Frage der **Verschwiegenheitspflicht** kurz dargestellt werden.

32 Für den ärztlichen Gutachter, den ärztlichen Sachverständigen wie auch den **Pathologen** und **Gerichtsmediziner** gelten hinsichtlich der ärztlichen Schweigepflicht die dargelegten Grundsätze.

33 Der Arzt ist als Sachverständiger mitteilungs**befugt** und damit vor Gericht aussageberechtigt, soweit der ihm erteilte Auftrag reicht. Alles andere unterliegt der Verschwiegenheitspflicht. Die Auftragserteilung kann erfolgen durch das Gericht, die Staatsanwaltschaft, die Polizei, die Versicherung, den Rechtsanwalt, die Prozesspartei, oder den Angeklagten/Beschuldigten selbst.

34 Was der Sachverständige aus einer früheren Behandlung weiß – sei es aufgrund eigener Untersuchungen oder beigezogener fremder ärztlicher Unterlagen –, darf er in seinem Gutachten nur dann verwerten, wenn der Patient ihn insoweit von der Verschwiegenheit entbindet.

VI. Arzt als Forscher

35 Ärztliche Forschung ist notwendig. Nur sie allein bewirkt auf Dauer eine Fortentwicklung des ärztlichen Wissensstandes zum Wohle der Patienten. Das medizinische **Forschungsinteresse** kann aber nicht höher bewertet werden als das Individualinteresse des

---

[14] *Narr* ÄrztlBerufsR, 460.4; Bundesdisziplinarhof NJW 1963, 410.
[15] *Rieger* Lexikon (1. Aufl) RdNr 1780.
[16] 21. Kapitel „Der Arzt als Sachverständiger".

12. Kapitel. Die ärztliche Schweigepflicht

Patienten an der Wahrung seiner höchstpersönlichen Daten.[17] Zur Übermittlung von Patientendaten bedarf es daher grundsätzlich der Zustimmung des Betroffenen.

Weniger juristische Probleme ergeben sich dort, wo die medizinische Forschung nur mit **anonymisierten Patientendaten** arbeitet.

In allen anderen Fällen wird man die **Empfehlungen des Wissenschaftlichen Beirats der Bundesärztekammer aus dem Jahr 1989** berücksichtigen müssen, die das Ergebnis einer interdisziplinären Zusammenarbeit von Klinikern verschiedener Fachrichtungen, Epidemiologen, Sozialmedizinern und Juristen darstellen und den nachstehenden Inhalt haben:[18]

Wahrung der ärztlichen Schweigepflicht und des Datenschutzes in der medizinischen Forschung:

1. Die Verarbeitung personenbezogener Daten in der medizinischen Forschung unterliegt vorrangig dem Gebot der ärztlichen Schweigepflicht. Forschungsvorhaben sind nicht a priori ein höherwertiges Rechtsgut als der Vertrauensschutz des Individuums. Bei der Verarbeitung personenbezogener Daten in der medizinischen Forschung muss sichergestellt sein, dass das Patientengeheimnis gewahrt bleibt.

2. Personenbezogene Daten sollen nur dann für Forschungszwecke verarbeitet werden, wenn es zur Erreichung des Forschungsziels unabdingbar notwendig ist. Sobald der Forschungszweck es erlaubt, sind die Daten zu anonymisieren, gegebenenfalls dezentral oder so zu verändern, dass die Merkmale, die die Zuordnung zu einer bestimmten oder bestimmbaren natürlichen Person ermöglichen, gesondert gespeichert werden.

3. Ärzte dürfen die Patientendaten, die innerhalb ihrer Fachabteilung oder bei Hochschulen innerhalb ihrer Klinik oder sonstigen medizinischen Einrichtungen gespeichert sind, für eigene wissenschaftliche Forschungsvorhaben verarbeiten. Dies gilt auch für sonstiges wissenschaftliches Personal, soweit es der ärztlichen Schweigepflicht unterliegt.

4. In der medizinischen Forschung dürfen personenbezogene Daten nur aufgrund gezielter wissenschaftlicher Fragestellungen verarbeitet werden. Die Datenerfassung und Datenspeicherung für Forschungszwecke darf nur in dem Umfang erfolgen, der zur Erreichung der Forschungsziele unbedingt erforderlich ist. In der Regel sind die personenbezogenen Daten nach Abschluss des Forschungsvorhabens zu löschen. Multifunktionale Datensammlungen können für spezielle Fragestellungen notwendig sein (zum Beispiel Krebsregister), sie sind besonders zu begründen und müssen der zuständigen Ethikkommission zur Beratung vorgelegt werden, soweit hier nicht gesetzliche Regelungen bestehen (vergleiche 8).

5. Die Verarbeitung und Übermittlung personenbezogener Daten für Zwecke der medizinischen Forschung sollen grundsätzlich nur nach ausdrücklicher Einwilligung der Betroffenen oder gegebenenfalls deren Sorgeberechtigten erfolgen. Nach Datenübermittlung darf die empfangende Stelle zu dem Betroffenen nur über den behandelnden Arzt Kontakt aufnehmen.

Grundsätze für das Verfahren enthalten die Vorschläge zu 8.

6. Die Verarbeitung nicht personenbezogener anonymisierter, insbesondere statistischer Daten ist in der medizinischen Forschung weder durch die Verpflichtung zur Wahrung der ärztlichen Schweigepflicht noch durch datenschutzrechtliche Vorschriften beeinträchtigt. Hierbei muss sichergestellt werden, dass auch aus diesen Daten keine Rückschlüsse auf bestimmte oder bestimmbare natürliche Personen gezogen werden können oder ein Personenbezug nur mit unverhältnismäßig hohem Aufwand hergestellt werden könnte.

7. Zur Wahrung der schutzwürdigen Belange der durch eine personenbezogene Datenverarbeitung in der Forschung Betroffenen sind vorrangig geeignete Maßnahmen zur Datensicherheit zu treffen. Durch den technischen Fortschritt werden hierzu in zunehmendem Umfang geeignete Maßnahmen zur Verfügung gestellt, die einzusetzen sind, sofern sie einen unverhältnismäßigen Aufwand nicht überschreiten.

---

[17] Zum Problem der medizinischen Forschung und Datenschutz vgl unter § 76 RdNr 41 ff; vgl auch *Helle* MedR 1996, 13 ff; *Weichert* MedR 1996, 258 ff; *Lippert/Strobel* VersR 1996, 427 ff; *Bochnik* MedR 1994, 398 ff; *ders* MedR 1996, 262 ff; *Kersten* CR 1989, 1020 ff sowie *Deutsch*, ZaeFQ 1999, 775 ff.

[18] DÄBl 1989, 2843–2845. Darüber hinaus existieren Empfehlungen der Bundesärztekammer zur ärztlichen Schweigepflicht, Datenschutz und Datenverarbeitung in der Arztpraxis vom 25.10.1996 – abgedruckt im DÄBl 93 Heft 43 vom 25.10.1996 A 2809 – A 2814.

46   8. Es liegt im Wesen der medizinischen Forschung, dass personenbezogene Datenverarbeitung in vielfältigsten Formen durchgeführt werden muss. Hierfür können in Gesetzen nur allgemeine Regeln festgelegt werden. Daraus abzuleitende Verfahrensweisen müssen projektorientiert definiert werden und sind einer der bei den Landesärztekammern oder Medizinischen Fakultäten gebildeten Ethikkommissionen zur Beratung vorzulegen. Die Beratung bezieht sich unter anderem darauf, die Zulässigkeit von Datenerhebungen und von Datenübermittlungen festzustellen, etwa erforderlich werdende Abweichungen von der Einwilligungsregelung zu überprüfen und insbesondere auch die jeweils zu treffenden Datensicherungsmaßnahmen zu beurteilen.

47   9. Die Anerkennung des Grundrechts auf informationelle Selbstbestimmung stärkt auch das Bewusstsein für die Wahrung der ärztlichen Schweigepflicht. Ärzte sollten in stärkerem Umfang als bisher auf der Basis aufklärender Informationen die Patienten dazu motivieren, personenbezogene Daten für Forschungszwecke zur Verfügung zu stellen. Auch die nicht persönlich in der Forschung engagierten Ärzte müssen über die Notwendigkeit personenbezogener Datenverarbeitung für die wissenschaftliche Forschung informiert werden und die von ihnen betreuten Patienten verantwortungsvoll beraten. Der verantwortungsbewusste Umgang mit den Datenschutzregelungen muss auf allen Ebenen der ärztlichen Aus-, Weiter- und Fortbildung gelehrt werden, um damit die Ärzte in Klinik und Praxis in den Stand zu versetzen, den Anforderungen des Datenschutzes an das ärztliche Handeln gerecht werden zu können. Hierdurch soll auch die ärztliche Verantwortung für die Gewährleistung von Schweigepflicht und Datenschutz im Bewusstsein der Bevölkerung verankert werden.

48   10. Im Hinblick auf das Ausmaß und die Vielfalt der erforderlichen personenbezogenen Datenverarbeitung sowie in der Verknüpfung mit den primären Berufsaufgaben nimmt die medizinische Forschung in der Verknüpfung eine Sonderstellung ein. Von daher ist es wünschenswert, bei den erforderlichen datenschutzrechtlichen Regelungen, die vielfältig in verschiedenen Gesetzen erfolgen (ua Bundesdatenschutzgesetz, Landesdatenschutzgesetze, Landeskrankenhausgesetze, Statistikgesetze, Gesundheits-Reformgesetz, Strafgesetzbuch, Sozialgesetzbuch usw), die vorstehend formulierten Grundsätze und Empfehlungen einheitlich zu berücksichtigen, um damit die Rechtssicherheit für Patienten und Ärzte zu vergrößern. Darüber hinaus wird empfohlen, § 2 Absatz 7 der Musterberufsordnung für die Deutschen Ärzte in der Fassung vom 15. Dezember 1988 zu modifizieren (vgl 92. Dt Ärztetag 1989).

VII. Arzt als Wissenschaftler

49   Unabhängig vom Erfolg in der Forschung wollen und müssen nicht wenige Ärzte – vor allem Ärzte an Universitätskliniken, akademischen Lehrkrankenhäusern und Chefärzte sowie Oberärzte an größeren Kliniken – die Resultate ihrer Forschung (auch am Menschen) anderen Kollegen mitteilen. Dazu dienen Fortbildungsveranstaltungen und Kongresse, auf denen Dias und Dokumentarfilme etc. von Kranken, Patienten und Operationen gezeigt werden. In Fachzeitschriften werden zudem neben Lichtbildern auch Krankengeschichten in allen Einzelheiten wiedergegeben. Dies hat Tradition unter Ärzten.

50   Bei Veröffentlichungen oder Vorträgen ist jedoch die Krankengeschichte des Patienten so darzustellen, dass die Identität des Betroffenen absolut verborgen bleibt. Nämliches gilt auch für ein veröffentlichtes Bild (Foto, Dia) des Patienten auf Kongressen oder in Fachzeitschriften. Diese Bilder sind derart **unkenntlich** zu machen, dass eine **Identifizierung des Patienten absolut ausgeschlossen** ist.

51   Meist geschieht dies aber lediglich durch einen kleinen **Balken im Gesicht des Patienten.** Dies genügt in keinem Fall. Insbesondere bei der Ablichtung der Kopfpartie ist diese **vollständig unkenntlich** zu machen. Ist dies jedoch nicht möglich, ohne die Aussagekraft des Bildes hinsichtlich des Verletzungs- oder Erkrankungsausmaßes und/oder des Heilungsverlaufes zu entwerten, ist eine **ausdrückliche Befragung des Patienten** und die Einholung dessen Einverständnisses zur Veröffentlichung oder Darstellung seines Bildnisses erforderlich.[19]

---

[19] *Narr* ÄrztlBerufsR, S. 474.1 mwN.

12. Kapitel. Die ärztliche Schweigepflicht § 71

Neben der Folge zivilrechtlicher Haftung (deliktische Haftung gemäß § 823 Abs 1 und 2 BGB, Persönlichkeitsverletzung)[20] macht sich ein diese Grundsätze nicht beachtender Arzt gemäß § 203 StGB auch *strafbar*. 52

VIII. Leichenschauarzt

Die Leichenschau ist die **äußere Untersuchung** einer menschlichen Leiche zur Feststellung des Todes, der Todesart, der Todesursache und des Todeszeitpunktes. Die **innere Leichenschau** nennt man **Sektion**. 53

Die **Bestattungsgesetze** der einzelnen Bundesländer liefern die entsprechende Rechtsgrundlage.[21] 54

Nach seinem **Schutzzweck** bezieht sich das strafrechtliche Schweigegebot auch auf **Feststellungen,** die der Arzt **am Körper** eines Toten trifft. Dies hat wegen der über den Tod des Betroffenen hinausgehenden Verschwiegenheitsverpflichtung zur Konsequenz, dass der Leichenschauarzt grundsätzlich nicht berechtigt ist, den Hinterbliebenen Auskunft über die Leichenbeschau zu erteilen. 55

Ähnliches trifft auch auf den die **Sektion** durchführenden Arzt zu.[22] Dies ist wohl nicht ganz unbestritten. **Ausnahmen** können jedoch nur unter dem Gesichtspunkt der **Güterabwägung** gerechtfertigt sein.[23, 24] 56

§ 71 Spezifische ärztliche Mitteilungsmöglichkeiten

Inhaltsübersicht

		RdNr
I.	Von Arzt zu Arzt	1
II.	Versicherungsgesellschaften	4
III.	Arbeitgeber des Patienten	7
IV.	Krankenhausträger und Krankenhausaufsicht	9
V.	Behörden aller Art	25
VI.	Sozialversicherungsträger, gesetzliche Krankenkassen, Berufsgenossenschaften	28
VII.	Ehepartner und nahe Angehörige	33
VIII.	Polizeivollzugsorgane	38
IX.	Ärztliche und nichtärztliche Mitarbeiter	45
X.	Gerichte	47
XI.	Privatärztliche und gewerbliche Verrechnungsstellen	50
XII.	Schwangerschaftsabbruch	63
XIII.	Kindesmisshandlungen	64
XIV.	Gründung einer Praxisgemeinschaft	66
XV.	Ansteckende Erkrankungen	70
XVI.	Bei Fehlbildungen Neugeborener	74
XVII.	Simulation einer Erkrankung	75

---

[20] Einzelheiten bei *Schlund* gynäkologische praxis 1989, 11 mwN; OLG Oldenburg NJW 1989, 400; OLG Karlsruhe NJW 1989, 401; OLG Frankfurt NJW 1989, 402; LK-*Jähnke* § 203 RdNr 40.
[21] Vgl hierzu im Einzelnen *Rieger* Lexikon (1. Aufl) RdNr 1147.
[22] *Rieger* Lexikon (1. Aufl) RdNr 1626.
[23] *Rieger* Lexikon (1. Aufl) RdNr 1652 ff.
[24] LG Berlin (NJW 1999, 878): Dem die Leichenschau vornehmenden Arzt steht strafprozessual kein Recht zu, die Weitergabe der von ihm erhobenen Daten an die Staatsanwaltschaft zu verweigern. Zur Schweigepflicht bezüglich Angaben im Totenschein vgl OVG Niedersachsen ArztR 1997, 314.

I. Von Arzt zu Arzt

1 Grundsätzlich gilt auch unter Ärzten, inklusive jenen des Gesundheitsamtes, die Verpflichtung zur Einhaltung der ärztlichen Schweigepflicht.[1] Damit darf kein Arzt seinem Kollegen Einzelheiten der Untersuchung und Behandlung seines Patienten bekanntgeben. Davon zu trennen ist jedoch der Fall der Behandlung des Patienten durch ein Krankenhaus*team* oder in einer *Gemeinschaftspraxis*. Hier kann man zumindest von einem **stillschweigenden Einverständnis** des Patienten ausgehen.

2 Selbstverständlich ist die Schweigepflicht unter Kollegen gelockert, wenn nicht gar aufgehoben, bei der **Weiter- und Nachbehandlung** des Patienten durch einen anderen Arzt. Nicht nur, dass die ärztliche Zusammenarbeit bei der Behandlung des Patienten eine Berufspflicht ist. Ohne eine solche Zusammenarbeit ist bei der fortschreitenden Spezialisierung in der Medizin, sogar in den einzelnen Facharztdisziplinen, eine wirksame ärztliche Hilfe nicht mehr gewährleistet. Die **Pflicht zur Zusammenarbeit** erstreckt sich gemäß C. Verhaltensregeln Nr 2 Behandlungsgrundsätze BOÄ auf diejenigen Ärzte, die gleichzeitig oder miteinander denselben Patienten behandeln. Gemäß dieser Berufspflicht besteht aber nicht nur eine Pflicht zum Informationsaustausch zwischen dem jetzt und dem mit- oder dem nachbehandelnden Arzt; es besteht für den derzeit behandelnden Arzt auch die Pflicht zur rechtzeitigen Überweisung des Patienten an einen Arztkollegen mit Spezialkenntnissen oder -fertigkeiten.[2]

3 Bei einer Mit-, Weiter- oder Nachbehandlung, wo erkennbar ein Informations- und Datenaustausch zwischen den beteiligten Ärzten zum Heilerfolg des Patienten unbedingt erforderlich ist, kann in der Regel von einem **stillschweigenden** Einverständnis des Patienten ausgegangen werden, es sei denn, dass der Patient etwas anderes bestimmt, sich einer Mit-, Weiter- oder Nachbehandlung entzieht oder widersetzt oder aber es ausdrücklich verbietet, dass seine Gesundheits- oder Krankheitsdaten und -befunde oder bestimmte Daten aus diesen Befunden an den mit- oder weiterbehandelnden Arztkollegen weitergegeben werden.[3]

II. Versicherungsgesellschaften

4 Im ärztlichen Alltag kommt es nicht selten vor, dass der behandelnde Arzt von **privaten Krankenversicherungen, privaten Unfallversicherungen und privaten Lebensversicherungen** angeschrieben und um detaillierte Auskünfte über die Erkrankungen von Patienten gebeten wird. Hier ist für den Arzt *besondere Vorsicht* geboten. Selbst wenn nämlich der Patient bei Abschluss derartiger privater Versicherungen sehr häufig eine generelle Entbindung aller behandelnden Ärzte von der Schweigepflicht gegenüber seiner Versicherungsgesellschaft abgegeben hat, werden nach herrschender Meinung in der Literatur[4] derart weitreichende Ermächtigungen wegen Verstoßes gegen § 9 Abs 1 Nr 1 AGBG (jetzt § 307 BGB nF) als **unwirksam** erachtet. Zudem kann auch der Patient eine vormals abgegebene Ermächtigung zwischenzeitlich widerrufen haben. Der Arzt muss daher in jedem Fall **sorgfältig prüfen,** ob eine auf den konkreten Anfragevorgang bezogene Entbindung von der Schweigepflicht durch seinen Patienten gegeben ist. Lediglich bei **Routineanfragen** geht die hM offensichtlich davon aus, dass der Arzt auf die Mitteilung der Versicherungsgesellschaft vertrauen kann, ihr Versicherungsnehmer – der Patient des Arztes – habe ihn von der Verschwiegenheitsverpflichtung entbunden.

5 Etwas anderes kann auch nicht aus der Entscheidung des OLG Düsseldorf vom 22. 3. 1983[5] herausgelesen werden, wonach den Versicherungsgesellschaften ein **Anspruch auf**

---

[1] *Grönig* NJW 1970, 1209.
[2] *Narr* ÄrztlBerufsR, 472.2 und 480.1; sowie *Laufs* ZaeFQ 1999, 732 ff.
[3] *Kiesecker/Rieger,* RdNr 53.
[4] Vgl hierzu die Zitate bei *Rieger* Lexikon (1. Aufl) RdNr 1641; sowie *Kamps* ZaeFQ 1999, 754 ff mw Hinweisen und *Schreiber* ZaeFQ 1999, 762 ff.
[5] VersR 1984, 274 = MedR 1986, 328.

12. Kapitel. Die ärztliche Schweigepflicht 6–11 §71

Auskunft und Überlassung von **Kopien der Krankenkarteiunterlagen** eingeräumt wird, die der Patient selbst von seinem Arzt verlangen kann.[6] Im konkreten Einzelfall sind nur diejenigen Unterlagen einsehbar, die zur Regulierung des Versicherungsanspruchs des Patienten für die Versicherungsgesellschaft erforderlich und notwendig sind. Auch geht die Einwilligung nur so weit, wie die Kenntnis des Einwilligenden reicht.[7]

Bei der Anfrage **fremder Haftpflichtversicherer** darf der Arzt nur dann Auskunft 6 über seinen Patienten geben, wenn dieser ihn hierzu für den konkreten Fall von der Schweigepflicht entbunden hat.[8]

III. Arbeitgeber des Patienten

Auch dem Arbeitgeber des Patienten gegenüber besteht selbstverständlich die ärztliche 7 Verschwiegenheitsverpflichtung. Nur in Ausnahmefällen kann der Arbeitgeber an der Auskunftserteilung ein berechtigtes Interesse haben, dann nämlich, wenn sein Arbeitnehmer langandauernd erkrankt ist oder sich in verhältnismäßig kurzer Zeit wiederholt krank gemeldet hat. Er wird in einem solchen Fall aber in der Regel von seinem Arbeitnehmer ein entsprechendes ärztliches Attest mit der genauen Beschreibung der Erkrankung fordern können. Mitunter haben vor allem ältere Mitarbeiter ein gesteigertes Interesse daran, dass ihr behandelnder Arzt auf der Arbeitsunfähigkeitsbescheinigung die Krankheit expressis verbis vermerkt. Dies ist vor allem dann der Fall, wenn der Arbeitnehmer an einer chronischen Erkrankung leidet, die ihn schon mehrfach arbeitsunfähig werden ließ, und er durch eine jetzt eingetretene *andere* Erkrankung der möglichen Kündigung des Arbeitgebers wegen langdauernder Erkrankung entgegenwirken will.

Eine vom Arbeitgeber dem Arbeitnehmer abverlangte generelle Entbindung seiner 8 behandelnden Ärzte von der Schweigepflicht ihm gegenüber dürfte in der Regel wegen Ausnutzung einer **Machtstellung** gemäß § 138 BGB sittenwidrig und damit nichtig sein.[9]

IV. Krankenhausträger und Krankenhausaufsicht

Angesichts der immer arbeitsteiliger werdenden Krankenhausorganisation muss ein 9 Patient heute damit rechnen, dass die Verwaltung des Krankenhauses oder die Krankenhausaufsicht, die die Behandlung finanziell abwickelt und beaufsichtigt, Kenntnis von seinen persönlichen Daten erhält; zumindest steht Kenntniserlangung hinsichtlich solcher Daten, die zur Leistungsabrechnung absolut erforderlich und notwendig sind, zu erwarten.

Einige Gerichte vertreten hier die Ansicht,[10] solcher Umgang mit Daten sei im Hinblick 10 auf eine anzunehmende, zu unterstellende stillschweigende Einwilligung des Patienten gerechtfertigt. Verschiedene Gerichte gehen dabei sogar so weit, dass sie die Herausgabe von Aufzeichnungen der Bereitschaftsdienst leistenden Ärzte mit detaillierten Angaben über die Art der Behandlung der Patienten, die namentlich aufgeführt sind, zum Zwecke der vergütungsrechtlichen Bewertung gestatten.

Zu diesem Komplex ist zu bemerken:[11] Eine **generelle Anweisung** der Krankenhaus- 11 verwaltung, des Krankenhausträgers oder der Aufsichtsbehörde an die Ärzte, sämtliche

---

[6] *Schlund* gynäkologische praxis 1989, 203; sowie BGH JZ 1989, 440.
[7] *Narr* ÄrztlBerufsR S. 466.2, 466.3.
[8] OLG Köln NJW 1962, 686.
[9] *Rieger* Lexikon (1. Aufl) RdNr 1643.
[10] Vgl hierzu die Zitate bei *Rieger* Lexikon RdNr 1647; vgl hierzu auch noch BVerwG NJW 1989, 2961 = JuS 1990, 930 = ArztR 1990, 181.
[11] Einzelheiten bei *Schlund* gynäkologische praxis 1988, 464 mwN, vor allem aber *Kreuzer* NJW 1975, 2232, 2236, und LAG Hamm ArztR 1992, 187; sowie *Jansen* ZaeFQ 1999, 739 ff; *Kienzle* ZaeFQ 1999, 746 ff; *Bruns/Andreas/Debong* ArztR 1999, 32 ff.

Krankenunterlagen/Krankenakten vorzulegen, dürfte **rechtswidrig** und damit unzulässig sein, denn ein solches Vorgehen wird nicht mehr von der notwendigen, zumindest **stillschweigenden Einwilligung** der Patienten gedeckt. Auch im Dienstbetrieb der angestellten und beamteten Ärzte ihrem Arbeitgeber oder Dienstherrn gegenüber muss nämlich die ärztliche Schweigepflicht absolut gewahrt werden.[12] Der gesamte ärztliche Schriftwechsel, den Krankenhausärzte führen, darf in der Regel von der Verwaltung nicht eingesehen werden. Dem mag uU eine wachsende Notwendigkeit an Planung, Information, Aufsicht, Kontrolle oder Sicherung widersprechen. Aber nicht jeder verständliche oder auch nur billigenswerte Zweck heiligt in rechtlicher Hinsicht auch jedwedes Mittel.

12 Nur Rechtsgut und Normzweck des § 203 StGB können hier in ganz beschränktem Umfang **Ausnahmen** zulassen. Die vormals vertretene Gemeinschaftsschutzlehre ist mit der 1975 erfolgten Neufassung des § 203 StGB zugunsten der sog **Individualschutzlehre** aufgegeben worden. Geschützt werden soll nunmehr lediglich der vom Geheimhaltungswillen der Betroffenen getragene persönliche Lebens- und Geheimbereich als Individualrecht.

13 Die ärztliche Schweigeverpflichtung erfährt **keine Ausnahme** durch eine innerdienstliche Weisungsgebundenheit des behandelnden Arztes seinem Dienstherrn gegenüber, denn von § 203 StGB wird die Intimsphäre des Patienten, die er jedem Arzt gegenüber – sei er beamtet, sei er Vertrags- oder Privatarzt – öffnet, geschützt. Entscheidend ist hier allein die konkrete ärztliche Funktion.

14 Schließlich können auch die vorgesetzte Dienstbehörde oder der Arbeitgeber des Arztes nicht als **befugte Mitwisser** des Patientengeheimnisses im Sinne eines Gehilfen des behandelnden Arztes gemäß § 203 Abs 3 StGB erachtet werden. Es versagt hier nämlich der Gesichtspunkt der Beratungs-, Unterstützungs- und Gehorsamspflicht, dem Beamte generell unterliegen und der sie zur Vorlage von Akten verpflichten kann, denn derartige innerdienstliche Beziehungen zwischen Krankenhausträger/Dienstherrn und Arzt können nicht in die Rechtsbeziehung Dritter, nämlich die zwischen Arzt und Patienten, eingreifen.

15 Es bleibt damit nur die **Einwilligung des Patienten.** Ausdrücklich und konkludent wird er diese aber nur selten erteilen, so dass hier nur der Gesichtspunkt der **vermuteten Einwilligung** greift. Hieran werden in der juristischen Literatur hinsichtlich einer generellen Vorlageberechtigung der aufsichtsführenden Behörde der Krankenhausverwaltung oder den behandelnden Ärzten gegenüber durchaus *ernstzunehmende Zweifel* angemeldet: Dem Umstand der Inanspruchnahme eines öffentlichen Krankenhauses durch einen Patienten kann nämlich ein schlüssiger Erklärungswert nur insoweit zukommen, als sich der Patient mit Vorgängen einverstanden erklärt, die *üblicherweise* mit dem sozialen Geschehen einer Krankenhausbehandlung verbunden sind, mit denen er nach aller Erfahrung rechnen muss, die für ihn überschaubar und so verständlich sind, dass es keiner ausdrücklichen Belehrung ihm gegenüber und ausdrücklichen Einwilligung durch ihn mehr bedarf. Entscheidend ist hier aber, dass es sich um eine Erklärung des Patienten handelt, seine Betrachtungsweise, und nicht etwa die Sicht der Aufsichtsbehörde, nicht also die Erwägung, was einer Behörde zweckmäßig erscheinen mag. Erfahrungsgemäß muss wohl ein Patient mit der Teilhabe und dem Mitwissen nicht nur eines Arztes, sondern eines größeren, im vorherein nicht abgegrenzten Behandlungsstabes im Rahmen klinischer Therapie rechnen. Insoweit könnte man durchaus von einer stillschweigenden schlüssigen Einwilligung ausgehen. Wollte der Patient den Kreis der Mitwisser hinsichtlich bestimmter Angaben weiter einschränken, müsste er dies ausdrücklich erklären. Dagegen liegt es außerhalb des Üblichen, Erfahrungsgemäßen, für den Patienten Erkennbaren, mit dem Behandlungsgeschehen notwendig Verbundenen, dass ihm unbekannte Personen *außer-*

---

[12] Vgl hierzu auch die Empfehlung des 85. DÄT bei der Bearbeitung personenbezogener Daten in der ärztlichen Berufsausübung, abgedruckt in ArztR 1982, 184.

halb des Krankenhauses, wie etwa aufsichtsführende Mitarbeiter einer Behörde sowie deren Hilfspersonen, ungefragt Einsicht in Krankenunterlagen erhalten. Oft wird nämlich dem Patienten nicht einmal die rechtliche Konstruktion der Trägerschaft eines Krankenhauses bekannt sein; auch kann er nicht spezielle Interessen der Aufsichtsbehörde im Sinne kontrollierender und vorsorgender Gesundheitsverwaltung erkennen.

Entgegen dem VG Münster (Urteil vom 5. 10. 1983)[13] ist nicht von einem konkludenten Einverständnis des Patienten auszugehen, wenn die Verwaltung einer Universitätsklinik von den Direktoren dieses Klinikums die Vorlage im Rahmen des Bereitschaftsdienstes geführter Dienstbücher, in denen die anfallenden Tätigkeiten der ärztlichen Mitarbeiter und auch Angaben über Dringlichkeit, Ort, Zeit und Art der Behandlung der Patienten (mit Namensnennung) enthalten sind, verlangt.

Kann man aber ernsthafterweise nicht generell mit einem vermuteten Einverständnis aller Patienten rechnen, dann bleibt eine Vorlage einzelner Krankenunterlagen durch den Arzt an die Aufsichtsbehörde, ohne dass zuvor das Einverständnis des Patienten eingeholt wurde, allenfalls unter dem Aspekt des § 34 StGB (rechtfertigender Notstand) straflos.

Gerechtfertigt ist eine Schweigepflichtverletzung jedoch nur angesichts eines **konkreten Interessenkonflikts,** einer **gegenwärtigen Gefahrenlage.** Das Erfordernis der Einzelabwägung folgt hier unmittelbar aus § 34 StGB, mittelbar aus dem verfassungsrechtlichen Gebot der Verhältnismäßigkeit eines Grundrechtseingriffs. Diesem Konkretisierungsgebot genügt ein **Universalinteresse** der Aufsichtsbehörde, vorsorglich für alle möglichen künftigen Lagen Einblick in alle Unterlagen zu erhalten, sicher nicht mehr.

Ein **schützenswertes Interesse** könnte lediglich dann bestehen, wenn etwa ein Haftungsprozess gegen die Behörde wegen behaupteter fehlerhafter Behandlung im Krankenhaus angestrebt wird, oder wenn bei dem Verdacht eines schadhaften oder fehlerhaft eingesetzten Strahlengeräts Gefahren für die mit diesem Gerät behandelten Patienten zu befürchten sind.

Die **Interessenabwägung** muss der Arzt selbst vornehmen, denn er ist der Schweigepflichtige. Daraus folgt zweierlei: Zum einen kann nicht die Aufsichtsbehörde statt seiner diese Abwägung treffen, auch nicht in Zweifelsfällen bei der Herausgabe von Unterlagen an Dritte entscheiden. Zum anderen muss die Aufsichtsbehörde in konkreten Situationen, in denen sie Auskunft begehrt, den Arzt so weit über die Sachlage informieren, dass er unter Abwägung aller Umstände des Einzelfalls die widerstreitenden Interessen der Behörde oder der in ihrer Gesundheit gefährdeten Patienten einerseits, der in ihrer Intimsphäre beeinträchtigten Patienten andererseits abwägen kann.

Auch hat **nur der Arzt** zu entscheiden, **in welchem Umfang** er der Aufsichtsbehörde einen Blick in die Krankenunterlagen gewährt. Der Eingriff in das Recht des Patienten darf nur so weit gehen, wie der konkrete Zweck es erfordert. Sind andere Möglichkeiten der Abhilfe gegeben, haben diese Vorrang. Eine solche Einschränkung ergibt sich wiederum aus dem strafgesetzlichen Notstandsrecht und dem verfassungsrechtlichen Verhältnismäßigkeitsprinzip.

Zunächst ist zu versuchen, die **Einwilligung** des betreffenden Patienten einzuholen. Ist dies – etwa aus Zeitmangel – nicht möglich, kommt ein Bericht des Arztes in Betracht, in welchem er die für die Behörde notwendigen Angaben unter weitestmöglichem Schutz individueller Daten des Patienten zusammenfasst. Dies wird in der Regel genügen, wenn die Aufsichtsbehörde eventuelle Häufungen schädlicher Wirkungen bestimmter Medikamente, Behandlungsinstrumente oder -methoden statistisch anhand aller infrage kommender Behandlungen überprüfen lassen muss, um befürchteten weiteren Schädigungen vorzubeugen.

Ist tatsächlich die Vorlage der Krankengeschichte unabdingbar, so ist immer noch an Fotokopien zu denken, bei welchen Namen und andere die Identifikation ermöglichende Daten des Patienten abgedeckt werden.

---

[13] MedR 1984, 118.

24 Nur in **echten Notfällen** wird eine Herausgabe der vollständigen, unveränderten Krankenunterlagen erwogen werden müssen.[14]

V. Behörden aller Art

25 Sämtlichen Behörden und Ministerien gegenüber sowie bei Polizei und Staatsanwaltschaft besteht für den Arzt **keine** besondere Mitteilungspflicht. Mitteilungen an diese unterliegen im vollen Umfang den Grundsätzen der ärztlichen Schweigepflicht.[15]

26 Gemäß § 102 Abgabenordnung idF vom 1.10.2002 (BGBl I, 3866), zuletzt geändert am 10.10.2007, können Ärzte **Finanzbehörden** gegenüber bei der Feststellung eines für die Besteuerung erheblichen Sachverhalts die angeforderten Auskünfte betreffend anderer Personen verweigern. Daraus folgt, dass Ärzte auch bei einer zur Nachprüfung der *Erfüllung ihrer eigenen Steuerpflichten* vorgenommenen **Betriebsprüfung** die Vorlage der von ihnen geführten Patientenkarteien zwecks Einsichtnahme durch das Finanzamt insoweit verweigern können, als in diesen Unterlagen Eintragungen enthalten sind, auf die sich ihr Recht zur Auskunftsverweigerung bezieht.[16]

27 Dies gilt selbstverständlich auch für ausgesandte **Liquidationen,** sofern darauf eine oder mehrere Diagnosen vermerkt sind. Will hingegen das Finanzamt die Liquidation und ihre ordnungsgemäße Verbuchung und Versteuerung überprüfen, muss insoweit die jeweilige Diagnose auf den Liquidationsunterlagen **abgedeckt** werden.

VI. Sozialversicherungsträger, gesetzliche Krankenkassen, Berufsgenossenschaften

28 Wer als Patient Leistungen in der gesetzlichen Krankenversicherung für sich oder seine mitversicherten Angehörigen in Anspruch nimmt, gibt mit der Aushändigung des Kranken- oder Überweisungsscheins (Chip-Karte) an den behandelnden Arzt oder indem er sich in stationäre Behandlung begibt, zu erkennen, dass er mit der Weitergabe aller für die Feststellung der Leistungspflicht der Krankenkasse erforderlichen Tatsachen, zu denen etwa auch die entsprechende Diagnose seiner Erkrankung zählt, einverstanden ist. Dies ergibt sich aus § 60 SGB I.

29 Die Offenbarung dieser Patiententatsachen muss sich jedoch auf das für den Zweck **unbedingt Notwendige beschränken. Unzulässig** wäre somit grundsätzlich die **Vorlage vollständiger ärztlicher Aufzeichnungen.** Etwas anderes ergibt sich auch nicht aus § 100 Abs 1 S. 1 SGB X, wonach der Arzt verpflichtet ist, „Auskunft zu erteilen".[17]

30 **Aufgabe** der Kassenärztlichen Vereinigungen und der gesetzlichen Krankenkassen ist es, die kassenärztliche Abrechnung zu überprüfen und über den Leistungsanspruch des Versicherten zu entscheiden. Nach einer – wenn auch umstrittenen – Entscheidung des LSG Celle[18] soll es dem Arzt nicht erlaubt sein, an eine Krankenkasse über die Krankheitsvorgeschichte Auskunft zu erteilen, damit dadurch Regressansprüche gegen den Schädiger durchgesetzt werden können.

31 Beim Vorliegen einer Berufskrankheit[19] (als Versicherungsfall iS von §§ 7, 9 SGB VII) sieht § 201 Abs 1 S. 1 SGB VII vor, dass der Arzt, der an einer Heilbehandlung nach § 34 beteiligt ist, Daten erhebt, sie speichert und diese sodann an den jeweiligen **Unfallversicherungsträger** hinsichtlich Behandlung und dem Zustand des Versicherten übermittelt,

---

[14] *Narr* ÄrztlBerufsR, 461 ff.

[15] *Rieger* Lexikon (1. Aufl) RdNr 1662.

[16] *Narr* ÄrztlBerufsR, 478; BFH NJW 1958, 646; zum Problem Namen und Anschriften von Patienten in steuerlichen Fahrtenbüchern vgl *Au* NJW 1999, 340 ff.

[17] *Rieger* Lexikon (1. Aufl) RdNr 1639; *Narr* ÄrztlBerufsR, 462.3 ff. Vgl ferner *Kiesecker/Rieger,* RdNr 96 ff.

[18] NJW 1980, 1352 mit abl Anm von *Sendler* NJW 1980, 2776.

[19] Zum vormaligen Rechtszustand vgl *Andreas* ArztR 1978, 74.

12. Kapitel. Die ärztliche Schweigepflicht   32–39   § 71

„soweit dies für Zwecke der Heilbehandlung und die Erbringung sonstiger Leistungen erforderlich ist".

§ 202 S. 1 SGB VII verlangt vom Arzt, sofern er einen begründeten Verdacht auf Vorliegen einer Berufskrankheit des Versicherten hegt, dass er diesen Verdacht dem jeweiligen Unfallversicherungsträger in der für die Anzeige von Berufskrankheiten vorgeschriebenen Form (§ 193 Abs 8) unverzüglich **anzeigt** (§ 7 der Berufskrankheiten-VO vom 31. 10. 1997). § 203 Abs 1 S. 1 SGB VII **verpflichtet** den Arzt, der nicht an einer Heilbehandlung (iSv § 34) beteiligt ist, dem jeweiligen Unfallversicherungsträger auf Verlangen **Auskunft** über die Behandlung, den Zustand sowie über (auch frühere) Erkrankungen des Versicherten zu erteilen. 32

VII. Ehepartner und nahe Angehörige

Den Arzt trifft auch im Verhältnis zu den Familienangehörigen seines Patienten die Geheimhaltungspflicht. Nur in Ausnahmefällen und bei Vorliegen besonderer Rechtfertigungsgründe darf der Arzt die Verschwiegenheit dem Ehegatten seines Patienten gegenüber oder – etwa bei alten Patienten – deren Kindern gegenüber lockern.[20] 33

Dies hat zur Folge, dass der Arzt auch seine **Rechnung** (Liquidation) mit entsprechender **Diagnose** nur an seinen Patienten und nicht etwa an den hauptversicherten Ehegatten senden darf.[21] 34

Bei der Behandlung **Minderjähriger** muss jeder Arzt auf das Sorgfältigste abwägen und gewissenhaft prüfen, wessen – nicht selten widerstreitende – Interessen vorgehen: das Geheimhaltungsinteresse des heranwachsenden Kindes, auch seinen Eltern gegenüber, nichts von seiner Erkrankung verlauten zu lassen, oder das legitime (§ 1626 BGB) Interesse der Erziehungsberechtigten und -verpflichteten, zu wissen, wie es um den gesundheitlichen Status ihres Kindes steht. Das Wohl des Minderjährigen erfordert jedoch dann eine Mitteilung an dessen Eltern, wenn eine erfolgreiche Behandlung und Heilung des Kindes nur im Zusammenwirken mit den Eltern gewährleistet ist.[22] 35

Anders ist es zu beurteilen, wenn der Minderjährige über eigenes Einkommen verfügt und mit seinen Eltern nicht mehr unter einem gemeinsamen Dach wohnt. Dies gilt vor allem auch dann, wenn der Minderjährige mit dem Arzt wirksam ein Vertragsverhältnis eingegangen und damit alleiniger Vertragspartner geworden ist. 36

Jedenfalls muss bei Minderjährigen **über 14 Jahren** deren Geheimhaltungsinteresse respektiert werden, denn ab diesem Alter setzt eine *abnehmende* Pflege- und Erziehungsbedürftigkeit auf der einen Seite und eine *zunehmende* Selbstbestimmungsfähigkeit des Kindes ein.[23] 37

VIII. Polizeivollzugsorgane

Ein besonders heikles und den Ärzten nicht selten völlig unbekanntes Problem stellt die Schweigepflicht gegenüber Polizeivollzugsorganen dar. 38

Anfragen von Polizeibehörden und Vollzugsbeamten nach Personalien und nach der Inanspruchnahme **ambulanter Behandlung** rechtfertigen keine Offenbarung,[24] denn das Strafverfolgungsinteresse des Staates ist – von besonders schweren Fällen einmal abgesehen – in der Regel kein Offenbarungsgrund für den Arzt der Polizei gegenüber. 39

---

[20] Hinsichtlich einer HIV-Infizierung bzw AIDS-Erkrankung eines Patienten besteht dann für den Arzt an dessen Intimpartner eine vertraglich begründete Mitteilungspflicht, wenn auch dieser/diese Patient/in des Arztes ist (vgl statt vieler OLG Frankfurt/M NJW 2000, 875).
[21] *Rieger* Lexikon (1. Aufl) RdNr 1634.
[22] *Rieger* Lexikon (1. Aufl) RdNr 1656; vgl hierzu auch noch *Hohmann,* Pflege- & Krankenhausrecht 1998, 97 ff, sowie BayObLGZ 1985, 53 ff.
[23] *Narr* ÄrztlBerufsR, 460.7; vgl hierzu auch noch Einzelheiten bei *Schlund* JR 1999, 334 ff.
[24] OLG Bremen MedR 1984, 112.

40 Beim Krankenhausaufenthalt von bewusstlosen, geschockten oder schwerstverletzten und damit nicht ansprechbaren Personen sieht die Rechtsprechung in der entsprechenden fernmündlichen Auskunft des Krankenhauspersonals gegenüber der Polizei keine Verletzung der Schweigepflicht.[25]

41 Man kann zu diesem Ergebnis aber auch über die mutmaßliche Einwilligung des eingelieferten Patienten kommen, dem in der Regel daran gelegen ist, dass seine nächsten Angehörigen erfahren, wo er sich derzeit befindet.

42 Unproblematisch ist der Fall, dass die Mitteilung des Krankenhauspersonals **keine Identifizierung der eingelieferten Person** ermöglicht.

43 Zum anderen wird die bloße Einlieferung einer **unbekannten,** jedoch erkennbar verletzten Person in ein öffentliches Krankenhaus als solche nicht als geheimhaltungsbedürftige Tatsache erachtet, die dem Krankenhauspersonal als Berufspersonal iSv § 203 StGB anvertraut oder bekanntgeworden ist.[26]

44 Die ärztliche Schweigepflicht gegenüber Polizeibeamten umfasst aber alle Einzelheiten und die näheren Begleitumstände, die zur Identifizierung der eingelieferten Person geeignet sind: Beispielsweise mit welchem Kraftfahrzeug, in welcher Bekleidung der Patient in der Krankenanstalt erschien, um welche Verletzungen es sich bei ihm handelt und alle anderen Umstände und Tatsachen, die auf die Identität dieses Patienten hinweisen.[27]

IX. Ärztliche und nichtärztliche Mitarbeiter

45 Es wird an anderer Stelle erörtert (§ 114), dass kein Offenbaren eines Geheimnisses durch den Schweigepflichtigen darin zu sehen ist, dass er die zur ordnungsgemäßen Berufsausübung erforderlichen **Hilfskräfte,** ärztlichen und nichtärztlichen Mitarbeiter/innen hinzuzieht, sie in die Krankengeschichte des Patienten einweiht und sie sodann in Heil- und Pflegemaßnahmen am und mit dem Patienten (Stationsarzt-, Kranken- und Stationsschwester-, Krankengymnasten- und Logopäden- oder Masseurtätigkeiten) einweist. Dieses mitarbeitende Personal gehört zum Kreis der zum Wissen Berufenen; es unterliegt zudem auch seinerseits der Verschwiegenheit.[28]

46 Dass die in der Praxis **ständig mitarbeitende Ehefrau** (Lebensgefährtin) des Arztes auch zu diesem schweigepflichtigen Personenkreis zählt, ist offenkundig. Anders ist es jedoch dann, wenn sie nur im Wohnbereich Telefonate von Patienten und deren Angehörigen entgegennimmt. Der Arzt darf ihr dann auch nicht über seine Tagesarbeit erzählen, ohne die Geschehnisse und Vorkommnisse derart zu anonymisieren, dass seiner Gesprächspartnerin keine Identifizierung des betreffenden Patienten möglich ist.

X. Gerichte

47 Außerhalb eines gerichtlichen Verfahrens *kann* ein Arzt mit Einverständnis seines Patienten Aussagen machen, er muss dies aber nicht. Ganz anders verhält es sich, wenn der Arzt **vom Gericht als Sachverständiger bestellt** wurde. Dabei ist zu berücksichtigen, dass für den Arzt *keine allgemeine Pflicht zur Erstattung von Sachverständigengutachten* besteht.[29] Eine solche existiert nur dann, wenn sie durch eine Rechtsvorschrift ausdrücklich vorgesehen ist, wie etwa in § 65 VwVfG oder in § 21 Abs 3 SGB X, aber auch in §§ 82, 161a StPO.[30]

---

[25] OLG Karlsruhe NJW 1984, 676.
[26] OLG Karlsruhe NJW 1984, 676; vgl hierzu auch *Narr* ÄrztlBerufsR, 460.
[27] Vgl BGH NJW 1985, 223.
[28] Zur Frage der Schweigepflicht des Pflegepersonals vgl auch noch *Roßbruch,* PflegeRecht 1997, 4 ff.
[29] Gem § 25 BOÄ hat der Arzt bei der Erstellung/Ausstellung ärztlicher Gutachten und Zeugnisse mit der notwendigen Sorgfalt zu verfahren und hat nach bestem Wissen seine ärztliche Überzeugung auszusprechen.
[30] *Rieger* Lexikon (1. Aufl) RdNr 1535.

12. Kapitel. Die ärztliche Schweigepflicht 48–52 **§ 71**

Ist er aber einmal vom Gericht oder der Staatsanwaltschaft zum Gutachter/Sachverständigen bestellt,[31] dann ist er zur Gutachtenserstattung auch **verpflichtet.** Im Rahmen seines Auftrags als Sachverständiger – aber auch nur insoweit –, oder sofern der zu Untersuchende die Untersuchung oder den Eingriff kraft Gesetzes zu dulden hat (Blutentnahme bei alkoholverdächtigem Kraftfahrer oder andere körperliche Untersuchungen beim Verdacht strafbarer Handlungen, §§ 81 ff StPO), kann sich der vom Gericht bestellte Sachverständige nicht auf seine ärztliche Verschwiegenheit berufen;[32] er muss vielmehr sein Gutachten erstatten und bei der mündlichen Erläuterung desselben gemäß § 411 Abs 3 ZPO die erforderlichen Bekundungen machen. 48

Ein Arzt, der vom Gericht als **sachverständiger Zeuge** (§ 414 ZPO) geladen und vom Patienten von der Verschwiegenheitspflicht befreit worden ist, kann sich nicht auf ein Zeugnisverweigerungsrecht (nach § 383 Abs 1 Nr 6 ZPO, § 53 Abs 1 Nr 3 und § 53 Abs 2 StPO) berufen. Er muss aber Aussagen nur so weit machen, als die Befreiung von der Schweigepflicht durch den Patienten reicht.[33] 49

XI. Privatärztliche und gewerbliche Verrechnungsstellen

Beide Institutionen werden immer öfter damit betraut, Honorarforderungen privat liquidierender Ärzte zu bearbeiten, deren Forderungen einzuziehen und sodann mit dem Arzt abzurechnen. Es gibt hierbei zwei grundverschiedene Modelle: einerseits privatärztliche,[34] andererseits gewerbliche Verrechnungsstellen.[35] 50

Privatärztliche Verrechnungsstellen sind meist Vereine des bürgerlichen Rechts mit freiwilliger Mitgliedschaft ausschließlich von Ärzten. In der Bundesrepublik existierten vor Jahren schon vierzehn solcher selbstständiger Unternehmen, die sich in einem Verband zusammengeschlossen haben, etwa 24 000 privat liquidierende Ärzte und Zahnärzte vertreten und bereits 1987 ein Gesamthonorarvolumen von ca 1,7 Milliarden DM aufwiesen.[36] 51

In der Regel überträgt der als Mitglied der Verrechnungsstelle beigetretene Arzt dieser die Rechnungsstellung, den Honorareinzug inclusive Schriftwechsel mit dem Patienten, den Krankenversicherungen und sonstigen Kostenträgern. Die Privatliquidation wird sodann von der Verrechnungsstelle individuell nach den Angaben des Arztes erstellt. Dabei bleibt der Arzt als Vertragspartner des Privatpatienten für die Ordnungsmäßigkeit dieser Rechnungserstellung und die Höhe des Honorars allein verantwortlich.[37] Zur Arbeitsvereinfachung kann der Arzt der Verrechnungsstelle die Höhe des von ihm gewählten Honorars für den durchschnittlichen Normalfall mitteilen. Will er jedoch im Einzelfall wegen Schwierigkeiten, etwa Zeitaufwand,[38] oder besonderen Umständen bei der Ausführung über den Schwellenwert (Mittelwert) des 2,3- oder 1,8-fachen hinausgehen, muss er der Verrechnungsstelle die entsprechende Begründung liefern. Als Bearbeitungsgebühr oder Honorar erheben einige Verrechnungsstellen je Rechnung eine Grundgebühr zuzüglich einer prozentualen Gebühr.[39] 52

---

[31] Einzelheiten im 21. Kap, „Der Arzt als Sachverständiger und Gutachter".
[32] *Narr* ÄrztlBerufsR, 472.1.
[33] *Narr* ÄrztlBerufsR, 472.1.
[34] Hinsichtlich der rechtlichen Bedenken bei der Firmierung vgl *Schlund* JR 1977, 268 Fn 39.
[35] Nach einer Entscheidung des OLG Stuttgart (MedR 1988, 189 = NJW-RR 1987, 814) sind privatärztliche und gewerbliche Verrechnungsstellen wettbewerbsrechtlich gleich zu behandeln.
[36] Einzelheiten bei *Clade* DÄBl 1988, 449, 450; Die Neue Ärztliche vom 5. 7. 1989, 7.
[37] Die/eine **Abtretung** der Honorarforderung vom Arzt an die privatärztliche Verrechnungsstelle bedarf einer ausdrücklichen oder zumindest konkludenten Zustimmung des Patienten, um einen Verstoß gegen das Gebot der ärztlichen Schweigepflicht und damit eine Unwirksamkeit der Abtretung gem § 134 BGB auszuschließen, so AG Köln ArztR 1989, 36.
[38] Reduziert die privatärztliche Verrechnungsstelle das Honorar, ist des dem Arzt nicht verwehrt, später die ursprüngliche Forderung selbst gerichtlich geltend zu machen (OLG Koblenz, VersR 2003, 462). Zur Bemessung des erforderlichen Zeitaufwandes vgl Sächs ZSG NZS 2004, 665.
[39] *Clade* (Fn 31).

53 Damit sind sämtliche Tätigkeiten der Verrechnungsstelle kostenmäßig abgedeckt. Diese Kosten verlangt die Verrechnungsstelle vom Arzt und zieht sie vereinbarungsgemäß in der Regel vom eingezogenen Honorar ab.

54 Mit der Wahrnehmung dieser Aufgaben verstoßen die Verrechnungsstellen nach einer Entscheidung des OLG Düsseldorf[40] nicht gegen das **Rechtsberatungsgesetz,** das bis 30. 6. 2008 galt und ab 1. 7. 2008 vom Rechtsdienstleistungsgesetz abgelöst wurde.

55 Ebenso oder zumindest ähnlich agieren auch die im Markt noch befindlichen **gewerblichen**[41] **Verrechnungsstellen,** bei denen keine Ärzte Mitglieder sind, die meist von privaten Kaufleuten geführt werden und auch eine große Anzahl von Ärzten betreuen.

56 Die ärztliche **Schweigepflicht** besteht auch gegenüber diesen Verrechnungsstellen, obschon zumindest die Mitarbeiter und Bediensteten wenigstens der von Ärzten betriebenen privatärztlichen Verrechnungsstellen gemäß § 203 Abs 1 Nr 6 StGB auch zur Verschwiegenheit verpflichtet sind. Die **Weitergabe der Patientendaten** einschließlich der Diagnose an die privatärztliche Verrechnungsstelle bedarf daher der **Einwilligung des Patienten.**[42]

57 War es noch bis zur Grundsatzentscheidung des BGH vom 10. 7. 1991[43] umstritten, ob die vom Patienten nicht autorisierte Weitergabe seiner Behandlungsunterlagen an eine gewerbliche Verrechnungsstelle gegen die ärztliche Verschwiegenheit verstößt, dürfte dies seither herrschende Meinung sein. Auch die Frage, ob es für die Annahme einer stillschweigenden Einwilligung in die Übermittlung der Behandlungsakten an eine externe Abrechnungsstelle (stets) ausreicht, wenn der Patient in Kenntnis einer entsprechenden Übung des behandelnden Arztes – etwa aufgrund eines schriftlichen Hinweises im Wartezimmer – dem nicht widerspricht, wird im Rahmen dieser Entscheidung dahingehend indirekt gelöst, dass der Senat zutreffend ausführt, es obliege im Hinblick auf die ärztliche Verschwiegenheit dem **Arzt,** die Zustimmung seines Patienten in **eindeutiger** und **unmissverständlicher Weise** einzuholen, und es sei grundsätzlich nicht Sache des Patienten, der Weitergabe seiner höchstpersönlichen Daten an eine externe Verrechnungsstelle zu widersprechen, um den Eindruck des stillschweigenden Einverständnisses zu vermeiden.[44]

---

[40] NJW 1969, 2289; aA offensichtlich LG Köln NJW 1990, 2944; LG Augsburg RPflege 1983, 359 und LG München I RBeistand 1989, 15. BGHZ 58, 364ff meint, dass das sog „unechte Factoring", nicht jedoch das sog echte Factoring gegen das Rechtsberatungsgesetz verstößt (so BGHZ 76, 119ff); vgl hierzu auch noch *Hütt* VersR 2005, 1367, sowie *Wolf*, Externe Honorareinziehung und ärztliche Schweigepflicht, Schriftenreihe Stuchen zur Rechtswissenschaft Bd 115, 2003; sowie *Hasenbein*, Einziehung ärztlicher Honorarforderungen durch Inkassounternehmen in: *Deutsch/Laufs/Schreiber* (Hrsg), Rechte et Medizin Bd 50, 2002.

[41] Zur Problematik der ärztlichen Schweigepflicht diesen gewerblichen Verrechnungsstellen vgl ua auch noch *Gramberg-Danielsen/Kern* NJW 1998, 2708 ff; sowie OLG Karlsruhe VersR 1998, 1550.

[42] Nach einer Entscheidung des LG Oldenburg (NJW 1992, 1563 = ArztR 1992, 265) verbietet § 203 StGB nicht die Weitergabe der bloßen Endabrechnung, mit der die Verrechnungsstelle keine Einzelheiten über die Behandlung bekanntgegeben werden. Zur Frage eines immateriellen Schadensersatzanspruches des Patienten bei Diagnosemitteilung des Arztes an Abrechnungsstellen, Krankenkassen und Versicherungen trotz Widerspruch des Patienten s *Kullmann* MedR 2001, 343 ff mit weitern Zitaten aus Literatur und Rechtsprechung.

[43] MedR 1991, 327 (mit Anmerkung von *Taupitz*) = NJW 1991, 2955 = ArztR 1992, 81; vgl ferner *Taupitz* MDR 1992, 421; *Kärner-Dammann* NJW 1992, 729; bereits vorher schon LG Köln VersR 1990, 313; und OLG Köln VersR 1990, 1152 sowie AG Neuß NJW 1990, 2937 = ZfS 1991, 19, die alle in der Weitergabe ärztlicher Behandlungsunterlagen an eine private Verrechnungsstelle einen Verstoß bzw Verletzung der ärztlichen Verschwiegenheitsverpflichtung bzw eine Verletzung des informationellen Selbstbestimmungsrechts des Patienten sehen.

[44] Vgl hierzu auch OLG Düsseldorf NJW 1994, 2421 = ArztR 1996, 142. Tritt ein Zahnarzt seine Honorarforderung an seine **Ehefrau** ab, dann verstößt er damit gegen die ärztliche Schweigepflicht; eine solche Abtretung ist gemäß § 399 BGB unwirksam (so LG Berlin NJW 1991, 75). Die herrschende Meinung in der Rechtsprechung vertritt demgegenüber jedoch die Ansicht, dass eine Abtretung unter Verstoß gegen die ärztliche Verschwiegenheitsverpflichtung (des § 203 StGB) zu einer

Selbst wenn es in einem vom Patienten unterzeichneten **Formular** heißt, dass er mit 58
der Weitergabe seiner Behandlungsunterlagen an eine mit der Erstellung und dem Einzug
der Liquidation beauftragte (zahn)ärztliche Verrechnungsgenossenschaft einverstanden sei,
wird eine solche Einwilligungserklärung des Patienten von der Rechtsprechung[45] als
unwirksam erachtet, weil der Patient nicht mit der erforderlichen Deutlichkeit diesem
Formular entnehmen kann, dass er sich bei einem späteren Streit um diese Honorarforderung nicht seinem (Zahn-)Arzt als Vertragspartner, sondern der Abrechnungsstelle gegenübersieht, während sein (Zahn-)Arzt im Prozess als Zeuge auftritt und er dann uU mit
den Vertretern der Abrechnungsgenossenschaft Gesundheitsfragen diskutieren muss. Ein
solcher Mangel an notwendiger Aufklärung werde auch nicht dadurch behoben/geheilt,
dass am Ende des Formularvordrucks bei der Patienteneinverständniserklärung betreffend
die Weitergabe der Behandlungsdaten etwas anders formuliert von „Abrechnung und Geltendmachung der Honorarforderung" die Rede ist. Hierin liegt nach Ansicht des OLG
eine unangemessene Benachteiligung des Patienten im Sinn von § 9 Abs 1, Abs 2 Nr 2
AGBG (jetzt § 307 BGB nF), die mit den Geboten von Treu und Glauben nicht mehr vereinbar sei.

Diese Grundsätze, wonach ein Honorareinzug durch eine Verrechnungsstelle nur dann 59
erlaubt ist, wenn der Patient in die Weitergabe seiner Daten **ausdrücklich** und vor allem
wirksam eingewilligt hat, gilt nach einer Entscheidung des BGH vom 23. 6. 1993[46] auch
dann, wenn die Honorarforderung nicht an eine gewerbliche Abrechnungsstelle, sondern
an eine berufsständische Organisation[47] erfolgt, deren (Mit-)Hilfe sich der (Zahn-)Arzt
bei der Abwicklung seiner Honorarforderungen und der Einziehung bedient. Zum anderen gelten diese Grundsätze aber auch für den Fall, dass die Abtretung der Honorarforderungen nicht global und aus wirtschaftlichen Erwägungen etwa zum Zwecke der
Entlastung des eigenen Praxispersonals erfolgt.[48]

Selbst wenn der Patient schon **früher** Rechnungen des Arztes durch eine Verrechnungs- 60
stelle erhalten und „klaglos" bezahlt hat, kann man nach der Entscheidung des BGH vom
20. 5. 1992[49] nicht eine stillschweigende Einwilligung des Patienten in die erneute Weitergabe der Abrechnungsunterlagen an eine gewerbliche Verrechnungsstelle zum Zwecke der
Rechnungserstellung und des Forderungseinzuges annehmen.[50]

Nichtigkeit im Sinn von § 134 BGB führt (vgl hierzu lediglich statt vieler: AG Neuß NJW 1991,
757; LG Kleve NJW 1991, 756; OLG Köln NJW 1991, 753; BGH NJW 1991, 2955). Das AG Essen-Steele (MedR 2004, 629) sieht eine Verstoß gegen das Rechtsberatungsgesetz dann als vorliegend an,
wenn eine private Krankenversicherung sich geschäftsmäßig Patientenforderungen abtreten lässt, um
sie gegen den behandelnden Arzt ganz oder teilweise geltend machen zu können. Das OLG Bremen
(NJW 1992, 757 = MedR 1992, 168) verlangt – auch wegen des Bundesdatenschutzgesetzes (§ 4
Abs 2 Nr 2 nF) – für die Weitergabe persönlicher Daten des Patienten stets die Einwilligung in
Schriftform. Das LG Coburg (ArztR 2002, 224) erachtet den Honorareinzug durch den Krankenhausträger für unzulässig.

[45] Vgl OLG Köln ArztR 1996, 175.
[46] NJW 1993, 2371 = ArztR 1993, 346.
[47] Zum Unterschied beider vgl *Taupitz* VersR 1991, 1213, 1214 mwN. Das OLG Stuttgart (NJW 1987, 1490 = MedR 1988, 189) meint, dass es keinen Unterschied zwischen berufsständischen privatärztlichen und freien gewerblichen Verrechnungsstellen bei der Frage, ob ein Arzt der Einwilligung seines Patienten bedürfe, wenn er dessen Daten an eine dieser Verrechnungsstellen schickt, geben dürfe.
[48] Vgl BGHZ 115, 123, 129.
[49] NJW 1992, 2348 = ArztR 1992, 329 = JR 1993, 22 = MedR 1992, 330.
[50] Das LG Oldenburg (s Fn 42) meint in diesem Zusammenhang, dass die Weitergabe der **bloßen Endabrechnung** nach Abtretung der Honorarforderung an die Verrechnungsstelle **nicht** gegen die ärztliche Schweigepflicht des abtretenden Arztes verstoße. In der Offenlegung der bloßen Tatsache, dass der Patient vom abtretenden Arzt behandelt wurde und wie hoch die angefallenen Kosten insgesamt waren, liege kein Verstoß gegen die ärztliche Verschwiegenheit, denn in der Weitergabe der bloßen Endabrechnung würden der Verrechnungsstelle keine Einzelheiten über die Behandlung

61 Im Gegensatz zum Landesarbeitsgericht Hamm[51] vertritt das LG Itzehoe in seinem Urteil vom 6. 10. 1992[52] die Ansicht, dass der Einzug der Honorare des liquidationsberechtigten Krankenhauschefarztes durch den Krankenhausträger **nicht** die ärztliche Schweigepflicht verletze.[53] Begründet wird diese Ansicht damit, dass die Abrechnung der dem Krankenhaus von den liquidationsberechtigten Ärzten abgetretenen Honorarforderung – im Gegensatz zu einem gewerblichen Unternehmen – innerhalb des überschaubaren Bereichs des Krankenhauses, das insoweit an die Stelle der ärztlichen Praxis trete, erfolge und das Krankenhauspersonal einschließlich der für die Abrechnung zuständigen Mitarbeiter gemäß § 203 Abs 1 Nr 1, Abs 3 StGB der Schweigepflicht unterliege.

62 Dem muss man jedoch entgegenhalten, dass in größeren Krankenhäusern die jeweiligen Abrechnungsstellen idR kleineren gewerblichen Verrechnungsstellen gleichen und die Mitarbeiter dieser Verrechnungsstelle gemäß § 203 Abs 1 Nr 6 Abs 3 StGB ebenfalls der Verschwiegenheit unterliegen, was man aber mE von der Mehrzahl der Verwaltungsangestellten eines Krankenhauses nicht unbedingt annehmen kann, denn diese zählen idR **nicht** zu den berufsmäßig tätigen Gehilfen der im Krankenhaus tätigen Ärzte, sie nehmen meist **keine** ärztlichen unterstützenden Aufgaben, sondern reine Verwaltungsmaßnahmen wahr, die sich primär auf die Organisation, den Verwaltungsablauf und die Betriebsführung einschließlich der betriebswirtschaftlichen Bedürfnisse des Krankenhausträgers beschränken.[54]

XII. Schwangerschaftsabbruch

63 Gemäß Art 1 § 18 des Schwangeren- und Familienänderungsgesetzes (SFHÄndG) vom 21. 8. 1995[55] iVm §§ 15–18 des Schwangerschafts-Konflikt-Gesetzes (vom 21. 11. 1995) unterliegen die Schwangerschaftsabbrüche gemäß des § 218a Abs 1 bis 3 StGB einer **Auskunftspflicht.** Auskunftspflichtig sind die Inhaber der Arztpraxen und die Leiter der Krankenhäuser, in denen innerhalb von zwei Jahren vor dem Quartalsende Schwangerschaftsabbrüche durchgeführt werden. Über diese Schwangerschaftsabbrüche wird eine Bundesstatistik erhoben und aufbereitet. Die Erhebung dieser Statistik umfasst folgende Erhebungsmerkmale: Die Vornahme von Schwangerschaftsabbrüchen im Berichtszeitraum (auch Fehlanzeigen); die rechtlichen Voraussetzungen des Schwangerschaftsabbruchs (Beratungsregelung oder nach Indikationsstellung); Familienstand und Alter der Schwangeren sowie die Zahl ihrer Kinder; die Dauer der abgebrochenen Schwangerschaft; die Art des Eingriffs und beobachtete Komplikationen; das Bundesland, in dem der Schwangerschaftsabbruch vorgenommen wurde, und das Bundesland oder der Staat im Ausland, in dem die Schwangere wohnt; die Vornahme von Arztpraxis oder Krankenhaus und – im Falle der Vornahme des Eingriffs im Krankenhaus – die Dauer des Krankenhausaufenthalts.

Der **Name** der Schwangeren darf dabei aber **nicht** angegeben werden.[56]

---

bekanntgeben. Diese Entscheidung kann mE schon deshalb nicht rechtens sein, weil allein die Tatsache des Arztbesuches als solche schon der Verschwiegenheit unterliegt; zudem verlangen alle Privat-Krankenversicherer die Mitteilung der ärztlichen Diagnose auf der Rechnung.

[51] ArztR 1992, 187.
[52] NJW 1993, 794.
[53] Nach der in Fn 44 zitierten Entscheidung des LG Coburg verstößt eine solche Vorgehensweise des Krankenhausträgers gegen das Rechtsberatungsgesetz. Dies führt zu der Unzulässigkeit des Honorareinzugs.
[54] So auch schon LAG Hamm ArztR 1992, 187, 188; zum Einsichtsrecht des Landesrechnungshofs in Patientenakten vgl auch OVG Lüneburg ArztR 1986, 182, sowie BVerfG ArztR 1997, 88 = NJW 1997, 1633, und BVerwG MedR 1989, 254.
[55] BGBl I 1050 ff.
[56] § 16 Abs 1 2. Satz des SFHÄndG; vgl hierzu aber auch noch *Narr* ÄrztlBerufsR, 476/477; *Christian* DÄBl 1976, 2956; sowie *Hohmann*, Pflege- & Krankenhausrecht 1998, 97 ff.

XIII. Kindesmisshandlungen

Als ein vor allem im Rahmen der schulärztlichen Betreuung von Kindern aktuelles Problem erweist sich nicht selten die Frage der Mitteilungspflicht oder zumindest des Offenbarungsrechts bei festgestellten **Misshandlungen von Kindern**.

Auch hier wird das **Güterabwägungsprinzip** aktuell. Danach ist die Offenbarung eines Berufsgeheimnisses dann erlaubt, wenn sie zum Schutz eines höherwertigeren Rechtsgutes erforderlich ist. Damit ist der Arzt, der anlässlich der Behandlung eines Kindes Feststellungen trifft, die auf eine Kindesmisshandlung hindeuten, im Interesse des Kindes am Schutz vor weiteren körperlichen und seelischen Schäden **berechtigt,** die **Polizei oder das Jugendamt** zu benachrichtigen. Ein schutzwürdiges Interesse der Eltern am Unentdecktbleiben ihrer Tat besteht nicht.[57]

XIV. Gründung einer Praxisgemeinschaft

Nicht nur beim **Praxisverkauf** wegen Aufgabe der ärztlichen Tätigkeit oder beim Tod des Arztes, sondern auch bei Aufnahme eines Kollegen in die Arztpraxis zum Zwecke der Gründung einer **Praxisgemeinschaft** werden entweder die Karteikarten des bisherigen Patientenstammes dem Praxisnachfolger zur Verfügung gestellt, oder dem eingetretenen neuen Kollegen wird Zugang zur Patientenkartei gewährt. In einem solchen Fall wird das Rechtsproblem des eventuellen Bruches der ärztlichen Verschwiegenheit dann aktuell.

Die vormals überwiegende Meinung und die höchstrichterliche Rechtsprechung[58] – wenn auch heftig kritisiert[59] – ließ derartige Verträge mit dem Nachfolger unter dem Gesichtspunkt der **mutmaßlichen Patienteneinwilligung** zu. Mit seiner Grundsatzentscheidung vom 11. 12. 1991[60] gab der BGH diese seine Rechtsprechung auf; er vertrit nunmehr die Ansicht,[61] dass eine Bestimmung in einem Vertrag über die Veräußerung einer Arztpraxis, die den Veräußerer auch ohne Einwilligung der betroffenen Patienten verpflichtet, die Patienten- und Beratungskartei dem Erwerber zu übergeben, das informationelle Selbstbestimmungsrecht des Patienten (Art 2 Abs 1 GG) und die ärztliche Pflicht zur Verschwiegenheit (§ 203 StGB) verletze. Der darin liegende Verstoß gegen ein gesetzliches Verbot (§ 134 BGB) mache den Gesamtvertrag **nichtig.**

Diese Änderung in einer fast zwei Jahrzehnte alten höchstrichterlichen Rechtsprechung hatte gravierende Auswirkungen auf den Markt der Praxisverkäufe. Die „Münchener Empfehlungen zur Wahrung der ärztlichen Schweigepflicht bei Veräußerung einer Arztpraxis"[62] vom 8. 4. 1992 bieten eine gewisse Hilfe, die seither zu einer begrüßenswerten Beruhigung unter den Ärzten geführt hat.

Die nämliche – wenn auch nicht so bedeutsame – Problematik stellt sich uU auch bei der Gründung einer **Gemeinschaftspraxis.**

XV. Ansteckende Erkrankungen

Nach dem Prinzip der Güterabwägung ist idR das Interesse des Patienten an der Geheimhaltung seiner ansteckenden Krankheit gegenüber **dem Schutz fremder Ver-**

---

[57] *Rieger* Lexikon (1. Aufl) RdNr 1652.
[58] BGH NJW 1974, 602; BVerfG NJW 1972, 1123, 1124; das Schweizer Bundesgericht (vgl MedR 1994, 250) hält beispielsweise nach dem Tode des Arztes den Verkauf einschließlich der Patientenkartei für zulässig, da dies im Interesse des Patienten sei.
[59] *Kuhlmann* JZ 1974, 670; *Laufs* NJW 1975, 1434.
[60] Vgl NJW 1992, 737 = ArztR 1992, 111 = BGHZ 116, 268; sowie BGH v 17. 5. 1995, ZIP 1995, 1016 = ArztR 1996, 258.
[61] Vgl hierzu auch *Rieger* MedR 1992, 147 ff; *Hülsmann/Maser* MDR 1997, 111 ff.
[62] Abgedruckt ua in Der Deutsche Dermatologe 1992, 1068 ff.

mögensinteressen,[63] vor allem aber dem Schutz Dritter vor Gefahren für Leib, Leben oder Freiheit als nachrangig zu bewerten. Deshalb ist der Arzt *berechtigt,* jedoch nicht verpflichtet, die Angehörigen dieses Patienten vor einer von diesem ausgehenden *Ansteckungsgefahr* zu warnen.

71 Bezüglich der Mitteilungsberechtigung an die Angehörigen des seuchenbehafteten Patienten gilt, dass der Arzt *vorher* in einem Gespräch auf den Patienten *erfolglos* eingewirkt haben muss, um ihn zur Ergreifung der notwendigen Schutzmaßnahmen von sich aus zu veranlassen.

72 Wie bereits unter RdNr 33 erwähnt, gestaltet sich die Rechtslage jedoch anders, wenn der Intimpartner/die Intimpartnerin gleichfalls beim Arzt in Behandlung ist. In einem solchen Fall **zwingen** den Arzt die aus dem Arzt-Patienten-Betreuungs-/Beratungs-/Behandlungsvertrag erwachsenden **Pflichten,** seinen Patienten/seine Patientin von der HIV-Infektion bzw AIDS-Erkrankung seines Intimpartners/seiner Intimpartnerin zu instruieren.

73 Seit 1. Janur 2001 ist das neue Infektionsschutzgesetz (IfSG)[64] in Kraft getreten und hat (gem. Art 5) des Bundesseuchengesetz, das Gesetz zur Bekämpfung der Geschlechtskrankheiten, die Laborberichts-Verordnung (vom 18. 12. 1987) und die Verordnung über die Ausdehnung der Meldepflicht auf die humanen spongiformen Enzephalopathien (vom 1. 7. 1994) außer Kraft gesetzt.[65]

Für Ärzte und Laboratorien ergeben sich sicher gegenüber der bisherigen Rechtslage vor allem Änderungen im Bereich des **Meldewesens** und der **Aufzeichnung** bestimmter nosokomialer Infektionen. § 6 IfSG beinhaltet die meldepflichtigen Krankheiten; § 7 führt die meldepflichtigen Nachweise von Krankheitserregern auf. In § 9 ist die **namentliche Meldung** geregelt. Diese gesetzlich vorgesehene Meldepflicht durchbricht die ärztl Verschwiegenheitspflicht, wie auch die **Auskunfts-** und **Mitteilungspflichten** (des Arztes) gem § 100 Abs 1 SGB X, § 203 Abs 1 SGB VII oder § 294 SGB V.

XVI. Bei Fehlbildungen Neugeborener

74 § 10 Abs 1 S. 1 BStatG[66] verpflichtet den Arzt, über bei der Geburt **erkennbare Fehlbildungen** entsprechende Mitteilungen an den Standesbeamten zu machen. Diese **Meldepflicht** gilt jedoch lediglich für Fehlbildungen bei Lebend- und Totgeburten, nicht bei Früh- und Fehlgeburten **ohne** Fehlbildungen.[67]

XVII. Simulation einer Erkrankung

75 Bekanntlich ist nicht jeder, der vorgibt krank zu sein, auch tatsächlich krank. Subjektive Empfindungen, besondere Schmerzanfälligkeiten oder psychische Defekte können bewirken, dass sich der untersuchende Arzt ein unzutreffendes Bild vom gesundheitlichen Status seines Patienten macht. Dies ist nie ausschließbar und muss hingenommen werden.

76 Juristisch relevant für den Arzt wird der Fall **erkannter Simulation einer Erkrankung.** Hierzu wird zutreffend die Auffassung vertreten,[68] dass der Arzt die Krankenhaus-

---

[63] *Rieger* Lexikon (1. Aufl) RdNr 1649; *Narr* ÄrztlBerufsR, 465/466; vgl auch noch *Laufs* MedR 1989, 309; sowie BGH v 22. 1. 1986 (EBE 1986, 85) demzufolge ein zwischen zwei Ärzten geschlossener Vertrag, in dem sich der eine Vertragspartner als Gegenleistung für die Überlassung einer Patientenkartei dazu verpflichtete, die in seiner Praxis anfallenden zytologischen Abstriche durch den anderen Vertragspartner bearbeiten zu lassen, gegen § 18 der Berufsordnung (für die nordrheinischen Ärzte), damit auch gegen ein gesetzliches Verbot iSd § 134 BGB verstößt.
[64] Gesetz zur Verhütung und Bekämpfung von Infektionskrankheiten v 20. 7. 2000 (BGBl I, 1045 ff), zuletzt geändert am 20. 7. 2007 (BGBl I, SG 30).
[65] Vgl hierzu Einzelheiten bei *Bales/Schnitzler,* DÄBl 2000, A 3501 ff.
[66] V 22. 1. 1987 (BGBl I 462, 565), bzw v 2.11.1990 (BGBl I, 2414, zuletzt geändert am 25. 6. 2005 (BGBl I, 1860, 1863).
[67] *Narr* ÄrztlBerufsR, 476.
[68] *Narr* ÄrztlBerufsR, 470.

12. Kapitel. Die ärztliche Schweigepflicht　　　　　　　　　　　　　1　§ 72

ärzte und die freipraktizierenden Kollegen informieren darf, wenn dadurch unnötige Kosten, insbesondere für Medikamente und Krankenhausunterbringung, vermieden werden können.[69] Dabei ist aber ausgesprochene **Vorsicht** an den Tag zu legen, weil sich der Arzt durchaus auch einmal in der Einstufung eines Patienten als Simulant irren kann, denn Simulanten sind oft nicht ohne weiteres als solche zu verifizieren und zu entdecken. **Gleiches gilt für Suchtabhängige,** die unter der Vortäuschung einer Krankheit oder einer tatsächlich nicht vorhandenen Kassenmitgliedschaft die Verordnung entsprechender, ihre Sucht fördernder Medikamente zu erreichen versuchen.

§ 72 Beschlagnahme und Herausgabe von Krankenunterlagen. Datenschutz

Inhaltsübersicht

	RdNr
I. Beschlagnahme von Krankenunterlagen	1
II. Herausgabe von ärztlichen Krankenunterlagen	8
III. Datenschutz und Schweigepflicht in der Medizin	15
1. Allgemeines	15
2. Verhältnis von Datenschutzrechten und ärztlicher Schweigepflicht	24
3. Auswirkung des Datenschutzrechts auf das Arzt-Patienten-Verhältnis	34
a) Datenerhebung	34
b) Datenspeicherung	35
c) Datenübermittlung	36
d) Zweckbindung personenbezogener Daten	38
e) Datenschutzkontrolle	40
4. Einzelprobleme im Bereich medizinischer Forschung und Datenschutz	41
a) Krebsregister	42
b) Datenerhebung und Dialysepatienten	45
c) Perinatologische Erhebung	46
d) Einsicht in Todesbescheinigungen	47
e) Ethische Grundsätze	48

I. Beschlagnahme von Krankenunterlagen

Ärztliche Karteikarten und Krankenblätter mit ihren oft detaillierten Angaben über 1
Anamnese, Diagnose und therapeutische Maßnahmen[1] betreffen den höchstpersönlichen Bereich eines jeden Patienten und nehmen daher am **Schutz** teil, den das Grundgesetz mit den Grundrechten der freien Entfaltung der Persönlichkeit und der Würde des Menschen (Art 2 Abs 1 und Art 1 Abs 1 GG) dem Einzelnen vor dem Zugriff der öffentlichen Gewalt gewährt. Dabei geht die Verfassungsrechtsprechung[2] davon aus, dass die Offenbarung derartiger Aufzeichnung über Krankheiten, Leiden oder Beschwerden dem Betroffenen peinlich und ihm in seiner sozialen Stellung abträglich sein können. Wer sich in ärztliche Behandlung begibt, muss erwarten können, dass alles, was er seinem Arzt erzählt oder mit ihm bespricht oder von diesem hinsichtlich des Gesundheitszustandes seines Patienten

---

[69] *Rieger* DMW 1975, 567.
[1] Zur rechtlichen Bedeutung der ärztlichen Dokumentation vgl statt vieler *Schlund* gynäkologische praxis 1988, 607; *Rieger* Lexikon (1. Aufl) RdNr 1077 ff; sowie *Schmid* NJW 1987, 681 ff.
[2] BVerfG NJW 1972, 1123; NJW 2000, 3557; NJW 2005, 1917; vgl hierzu auch *Kützner*, Die Beschlagnahme von Daten bei Berufsgeheimnisträgern, NJW 2005, 2652 ff; sowie Berliner Landesverfassungsgericht Beschluss v 28. 6. 2001, ArztR 2002, 213 und *Seibert*, Zur Zulässigkeit der Beschlagnahme von ärztlichen Abrechnungsunterlagen bei der Krankenkasse, NStZ 1987, 398; *Deutsch/Spickhoff*, Medizinrecht 6. Aufl 2008, RdNr 651; *Dettmeyer*, Medizin & Recht 2. Aufl 2006, 81; zum Datenschutz im privaten Versicherungsrecht s auch BVerfG JZ 2007, 576.

gemutmaßt wird, fremden Einblicken verschlossen bleibt. Daraus folgt, dass eine **Beschlagnahme** der Patientenkartei eines Beschuldigten bei seinem Arzt in der Regel eine Verletzung des dem Patienten zustehenden Grundrechts auf Achtung seines privaten Bereichs darstellt und deshalb **unzulässig** ist, es sei denn, er stimmt diesem Vorgehen der Ermittlungsbehörden zu.[3]

2   § 97 Abs 1 StPO bestimmt daher auch, dass der Beschlagnahme nicht unterliegen:
   – schriftliche Mitteilungen zwischen dem Beschuldigten und dem Arzt;
   – Aufzeichnungen, die vom Arzt über den Beschuldigten (seinen Patienten) gemacht wurden und dem Zeugnisverweigerungsrecht unterliegen;
   – ärztliche Untersuchungsbefunde, auf die sich das Zeugnisverweigerungsrecht des Arztes erstreckt.[4]

3   Beschlagnahme*frei* sind lediglich diejenigen **Gegenstände,** die sich im Gewahrsam des Arztes oder einer Krankenanstalt befinden, und nur dann, wenn der Arzt nicht einer Teilnahme an der zu verfolgenden Straftat oder einer Begünstigung oder Hehlerei verdächtigt wird (§ 97 Abs 2 StPO).

4   Das **Beschlagnahmeverbot** gilt nach hM[5] nur im **Strafverfahren gegen den Patienten,** nicht jedoch bei einem eingeleiteten oder anhängigen **Strafverfahren gegen den Arzt selbst.**

5   Zu Recht wird insoweit darauf hingewiesen,[6] dass bei einem *alleinigen* Rechtsverstoß des Arztes, etwa einem Abrechnungsbetrug den gesetzlichen Krankenkassen gegenüber oder bei einem Vergehen der Steuerverkürzung, im Interesse des Patienten eine Beschlagnahme der Kranken- und Patientenunterlagen unterbleiben muss. Jedenfalls solange eine Sachverhaltsaufklärung durch andere Beweismittel möglich ist, verbietet das Interesse der Patienten die Beschlagnahme der Patientenkartei.[7]

6   Das LG Hildesheim bejaht in einem Beschluss vom 29. 10. 1981[8] die Frage der Beschlagnahme von **Krankenunterlagen verstorbener Patienten** beim Verdacht eines Behandlungsfehlers. Nach einer Entscheidung des LG Regensburg[9] sind im Falle eines im Verdacht der Leistungsmanipulation zum Nachteil der gesetzlichen Krankenkassen stehenden Arztes unter Zurücktreten der Geheimhaltungsvorschriften der §§ 35, 67 ff SGB X die Unterlagen (Krankenscheine, Rezepturen) des Patienten bei der Kassenärztlichen Vereinigung *beschlagnahmefähig.*

7   Die Beschlagnahme von Patientenunterlagen beim Arzt wirft zumindest dann keine rechtsrelevanten Fragen im Zusammenhang mit der ärztlichen Verschwiegenheitspflicht auf, wenn der Patient in die Beschlagnahme **einwilligt** und Letzterer auch keine zwingenden ärztlichen Gründe oder Geheimnisse Dritter entgegenstehen.[10]

II. Herausgabe von ärztlichen Krankenunterlagen

8   Die Krankenunterlagen stehen in der Regel bei der Behandlung in der Praxis im **Alleineigentum** des Arztes. Dies gilt auch dann, wenn man berücksichtigt, dass der Patient oder sein privater wie gesetzlicher Kostenträger für das Führen der Krankenunter-

---

[3] Vgl hierzu insbesondere LG Hamburg NJW 1990, 780 = MedR 1989, 335 = ArztR 1990, 112; sowie LG Hagen, MedR 1993, 268.
[4] *Narr* ÄrztlBerufsR, 479.
[5] *Narr* ÄrztlBerufsR, 479 f; LG Bochum NJW 1988, 1533; *Seibert* NStZ 1987, 398 und *Krekeler* NStZ 1987, 199.
[6] *Siegmund-Schultze* ArztR 1973, 43.
[7] *Narr* ÄrztlBerufsR, 480; vgl auch LG Dortmund NJW 1972, 1533; aA offensichtlich das LG Koblenz (NJW 1983, 2100) bei Steuerhinterziehung eines Zahnarztes; zum empfohlenen Verhalten des Arztes nach Beschlagnahme der Krankenunterlagen s *Bergmann/Kienzle,* Krankenhaushaftung, 1996 RdNr 659.
[8] DMW 1984, 882.
[9] Zitiert bei *Narr* ÄrztlBerufsR, 480.
[10] Vgl hierzu die Zitate bei *Narr* ÄrztlBerufsR, 480.

lagen dem Arzt einen gewissen Gebührenanteil bezahlt haben. Dies ist unbestritten[11] und gilt auch für Röntgenaufnahmen.

Sollten die Unterlagen darüber hinaus auch noch die gemäß § 2 Urheberrechtsgesetz erforderlichen **individuellen Prägungen** aufweisen, stehen dem Arzt an den von ihm angelegten und gefertigten Krankenunterlagen sogar **Urheberrechte** zu.

Bei der Erstellung von Krankenunterlagen im **Krankenhaus** kommt es bei der Frage des Eigentums an diesen Unterlagen darauf an, ob der Arzt für sich selbst oder für seinen Dienstherrn Eigentum schaffen wollte (Hersteller iSv § 950 BGB). Die Entscheidung richtet sich danach, für wen nach der Lebensanschauung der angestellte oder beamtete Arzt die Herstellung dieser Unterlagen bewirken wollte, wobei es wesentlich auf ihre Zweckbestimmung ankommt.[12] Soweit die Herstellung der Unterlagen Ausfluss des Dienstverhältnisses zwischen dem Arzt und den entsprechenden Krankenanstalten ist, wird der Dienstherr Hersteller und damit Eigentümer.

Zum **Informationsanspruch** des Patienten zählt auch der Anspruch auf Unterrichtung bezüglich der über ihn festgehaltenen Daten. Als Form der Information des Patienten über die ihn betreffenden Krankenunterlagen kommen **Herausgabe, Einsichtsgewährung und Auskunft** an den Patienten selbst oder einen von ihm Bevollmächtigten, etwa einen anderen Arzt, einen Rechtsanwalt oder Angehörigen[13] in Frage.

Es besteht kein Anspruch auf Herausgabe von **Originalunterlagen zum endgültigen Verbleib beim Patienten.** Die Überlassung von Krankenunterlagen zur **Einsicht** oder zum **vorübergehenden Verbleib** an den Patienten begegnet dagegen keinen Bedenken.

Die **Überlassung** von Unterlagen **an andere Ärzte** kann grundsätzlich nur unter Wahrung der ärztlichen Verschwiegenheitsverpflichtung geschehen. Begehrt der Patient von seinem bisher behandelnden Arzt die Herausgabe der von ihm geführten Unterlagen über die erfolgte Behandlung an einen mit- oder nachbehandelnden Arzt, dann entbindet er mit diesem Wunsch den erstbehandelnden Arzt durch schlüssiges Handeln von seiner Schweigepflicht, mit der Folge, dass dieser zur Herausgabe **verpflichtet** ist, sofern nicht zur Fortführung einer sachgerechten Behandlung lediglich eine Information durch einen Arztbrief[14] oder per Telefon genügt. Das von der BGH-Rechtsprechung[15] dem Patienten nunmehr gewährte volle **Einsichtsrecht** in seine eigenen Krankenunterlagen, das hinsichtlich psychiatrischer Erkrankungen eine gewisse Einschränkung erfährt, wirft nur dann und so weit **Schweigepflichtsprobleme** auf, wenn dieses Einsichtsrecht ganz oder teilweise auf die Erben oder mit diesen nicht identische Angehörige übergeht. Bestehen gegen deren Einsicht von Seiten der Schweigepflicht her Bedenken, ist der Wahrung des Arztgeheimnisses der Vorrang zu geben.[16]

Ein weitaus anderes Problem wirft die Frage auf, ob ein Arzt verpflichtet ist, auf Anforderung des Medizinischen Dienstes der Krankenversicherung (MDK) Krankenunterlagen seiner Patienten diesem Dienst überlassen zu müssen. Nach zutreffender Ansicht[17] kann auch der MDK nicht ohne Beauftragung durch die Krankenkassen die Übersendung/Überlassung von Krankenunterlagen fordern. Ärzte sind als Leistungserbringer gem § 276 Abs 2 SGB V lediglich verpflichtet, Sozialdaten auf Anforderung des MDK diesem unmittelbar zu überlassen. Dh aber noch lange nicht, dass deshalb auch gleich die gesamten Krankenunterlagen zu übersenden sind. Auf der anderen Seite ist dem MDK das Recht eingeräumt, zwischen 8.00 und 18.00 Uhr die Räume der Leistungserbringer (= niedergelassene Ärzte wie Krankenanstalten) zu betreten, um dort die (gewünschten/gewollten/

---

[11] *Rieger* Lexikon (1. Aufl) RdNr 1088.
[12] *Rieger* Lexikon (1. Aufl) RdNr 1089.
[13] Einzelheiten bei *Rieger* Lexikon (1. Aufl) RdNr 1093.
[14] Zur Bedeutung des Arztbriefes vgl statt vieler *Schlund* Der Urologe Ausg B 1988, 62 ff.
[15] Vgl hierzu statt vieler *Rieger* Lexikon (1. Aufl) RdNr 1094 ff; *Schlund* gynäkologische praxis 1989, 203 ff; auch BGH v 6. 12. 1988 EBE 1989, 23.
[16] *Rieger* Lexikon (1. Aufl) RdNr 1097; vgl auch BGH NJW 1983, 2627.
[17] Informationen des Berufsverbandes der Deutschen Chirurgie e.V 1999, 290.

erforderlichen) Krankenunterlagen persönlich einzusehen und, sofern notwendig, den Versicherten (= Patienten) untersuchen zu können (§ 276 Abs 4 S. 1 SGB V).

Literaturverzeichnis: *Andreas,* Ärztliche Schweigepflicht im Zeitalter der EDV, ArztR 2000, 296–304; *ders,* Ärztliche Schweigepflicht im Zeitalter der EDV, Münchner Ärztlicher Anzeiger 2001, 11–17; *Berg,* Telemedizin und Datenschutz, MedR 2004, 411–414; *Breyer,* Der datenschutzrechtliche Schutz von Körpersubstanzen, die Patienten zu Analysezwecken entnommen wurden, MedR 2004, 660–667; *Bull,* Zweifelsfragen um die informationelle Selbstbestimmung – Datenschutz als Datenaskese?, NJW 2006, 1617–1624; *Dettmeyer/Madea,* Ärztliches Schweigerecht bezüglich Daten der Leichenschau, NStZ 1999, 605–607; *Deutsch,* Ärztliche Schweigepflicht und Datenschutz in der medizinischen Forschung – juristische Aspekte, ZaeFQu 1999, 775–779; *Dierks,* Datenschutz in der Telemedizin – rechtliche Aspekte, ZaeFQu 1999, 787–791; *Durner,* Zur Einführung: Datenschutzrecht JuS 2006, 213–217; *Felsing/Heberer,* Datenschutzbeauftragte in chirurgischen Praxen, Der Chirurg 2004, M 308–309; *Fröde,* Obduktion und Datenschutz, NZS 2004, 645–649; *Garstka,* Datenschutz in Praxisnetzen aus der Sicht des Datenschutzbeauftragten, ZaeFQu 1999, 781–784; *Gebauer,* Grenzen der Übermittlung von Patientendaten zwischen Krankenhaus und Krankenkasse, NJW 2003, 777–780; *Gola,* Die Entwicklung des Datenschutzrechts in den Jahren 2002/2003, NJW 2003, 2420–2428; *Gola/Klug,* Die Entwicklung des Datenschutzrechts in den Jahren 2003/2004, NJW 2004, 2428–2433; *Herbst,* Die Widerruflichkeit der Einwilligung in die Datenverarbeitung bei medizinischer Forschung, MedR 2009, 149–152; *Heyers/Heyers,* Arzthaftung – Schutz vor digitalen Patientendaten, MDR 2001, 1209–1216; *Höpken/Neumann,* Datenschutz in der Arztpraxis – Ein Leitfaden für den Umgang mit Patientendaten, 2. Aufl 2008; *Hübner,* Datenschutz in Praxisnetzen aus ärztlicher Sicht, ZaeFQu 1999, 785–786; *Kamps,* Datenschutz und ärztliche Schweigepflicht in Psychiatrischen Landeskrankenhäusern, MedR 1985, 200–207; *Krahmer/Stähler,* Die gemeinsame Datenverarbeitung und -nutzung durch Pflege- und Krankenkassen nach dem neugefassten § 96 SGB XI, NZS 2003, 193–196; *Klöckner/Meister,* Datenschutz im Krankenhaus, 2. Aufl, 2001; *v Lewinski,* Schweigepflicht des Arztes und Apotheker, Datenschutzrecht und aufsichtsrechtliche Kontrolle, MedR 2004, 95–104; *Makowski,* Datenschutz im Krankenhaus, Arzt und Recht 2003, 50–52; *Mand,* Datenschutz in Medizinnetzen, MedR 2003, 393–400; *Meier,* Der rechtliche Schutz patientenbezogener Gesundheitsdaten, VersR 2003, 973–974; *Menge,* Datenschutz in der Praxis, Der Chirurg 2005, M310–M312; *ders,* Der Datenschutzbeauftragte in der Arztpraxis, Der Chirurg 2004, M35–M36; *Menzel,* Datenschutzrechtliche Einwilligung in Medizinische Forschung, MedR 2006, 702–707; *Rolfs/Erke van Groot,* Die Unwirksamkeit des Verbots der Datenübermittlung gem § 305a SGB V; *Ronellenfitsch,* Genanalyse und Datenschutz, NJW 2006, 321–325; *Roßnagel,* Handbuch Datenschutzrecht 2003; *Simitis* (Hrsg), Bundesdatenschutzgesetz, 6. Aufl 2006; *ders,* Datenschutz – Ende der medizinischen Forschung?, MedR 1985, 195–199; *Steinbach,* Die Umsetzung der EG-Richtlinie Datenschutz im Sozialgesetzbuch, NZS 2002, 15–25; *Vahle,* Medizinische Daten des Bürgers im Rechtsleben, ArztR 1990, 139–147; *Weichert,* Datenschutz ist auch Patientenrecht, Patienten-Rechte 2003, 61–63; *ders,* Datenschutz-Audit und -Gütesiegel im Medizinbereich, MedR 2003, 674,–681; *Weisser/Bauer,* Datenschutz bei internationalen klinischen Studien, MedR 2005, 339–346; *Wellbrock,* Datenschutzrechtliche Aspekte des Aufbaus von Biobauten für Forschungszwecke, MedR 2003, 77–82; *ders,* Das Datenschutzkonzept des Deutschen Hämophilierregisters, MedR 2007, 98–101; *Wienke/Sauerborn,* EDV-gestützte Patientendokumentation und Datenschutz in der Arztpraxis, MedR 2000, 517–519; *Zollner,* Datenschutz – Risiken für die Versicherten DÄBl 2004, C674–C675.

III. Datenschutz und Schweigepflicht in der Medizin

1. Allgemeines. Angesichts der ständig wachsenden Datenbestände in Rechenzentren größerer Krankenanstalten und Kliniken überrascht es eigentlich nicht, dass auch der Datenschutz im Rahmen der ärztlichen Schweigepflicht immer mehr an Bedeutung gewinnt. Zum Datenschutz und der Verpflichtung des Arztes zur Verschwiegenheit existiert seit dem 85. Deutschen Ärztetag[18] schon eine Resolution. Dasselbe gilt auch im Verhältnis Arzt/gesetzliche Krankenkassen,[19] die schon jetzt über einen erheblichen Umfang von Patientendaten verfügen und stets bestrebt sind, diese zu vervollständigen, zu ergän-

---

[18] Zum Wortlaut s ArztR 1982, 206; die vom wissenschaftlichen Beirat der Bundesärztekammer-Empfehlung ist in ArztR 1981, 204 ff veröffentlicht.

[19] § 284 ff SGB V regeln die Grundsätze der Sozialdatenverwendung bei den Krankenkassen.

12. Kapitel. Die ärztliche Schweigepflicht

zen und auf den neuesten Stand zu bringen. Damit gerät vor allem der Datenschutz im Krankenhaus immer mehr in den Mittelpunkt der allgemeinen Datenschutzdiskussion.[20]

Rechtsgrundlage sind das **Bundesdatenschutzgesetz** (BDSG) vom 20. 12. 1990[21] sowie die entsprechenden Landesdatenschutzgesetze.[22]

Der Anwendungsbereich der **Landesdatenschutzgesetze** umfasst die Behörden und sonstigen öffentlichen Stellen des Landes, der Gemeinden und der Gemeindeverbände und der sonstigen der Landesaufsicht unterstehenden juristischen Personen des öffentlichen Rechts.

Für Behörden und sonstige öffentliche Stellen des Bundes sowie für den nichtöffentlichen Bereich gilt ausschließlich das BDSG. Die jeweiligen Landesdatenschutzgesetze finden Anwendung auf Ärztekammern, die Kassenärztlichen Vereinigungen, Krankenhäuser mit öffentlich-rechtlicher Trägerschaft, Krankenhäuser der Gemeinden und die meisten der Tumorzentren.

Hingegen ist das **BDSG einschlägig** für alle privaten und freien gemeinnützigen Krankenanstalten, -häuser und Kliniken, für den betriebsärztlichen Dienst in privaten Unternehmen, überbetriebliche arbeitsmedizinische Dienste mit privater Trägerschaft sowie für alle **Arztpraxen**.[23]

Der **sachliche** Anwendungsbereich des Datenschutzrechts ist folgender: Geschützt werden lediglich **personenbezogene Daten,** also solche, die sich auf eine bestimmte Person beziehen oder die Bestimmung einer Person ermöglichen.[24] *Keine personenbezogenen Daten iSd Gesetzes sind Angaben, die derart* anonymisiert *sind, dass sich ein Bezug zu einer bestimmten Person nicht mehr herstellen lässt.* Dabei wird jedoch nicht verlangt, dass eine Identifizierung absolut unmöglich sein muss. Vor allem im Bereich der *medizinischen* Forschung und der Einrichtung von Krebsregistern spielt der bei der Anonymisierung der Daten zu erreichende Grad eine bedeutsame Rolle.

Weil im Grundsatz die ärztliche Schweigepflicht auch beim Einsatz der **elektronischen Datenverarbeitung** im Rahmen medizinischer Informationssysteme in Krankenhäusern und freien Praxen gilt, erhalten diese der ärztlichen Schweigeverpflichtung unterliegenden Daten durch die einzelnen Datenschutzgesetze einen besonderen Schutz, und zwar dann, wenn sie eine speichernde Stelle weiter übermitteln will, die sie vom Arzt in Ausübung seiner Berufspflichten erhalten hat (§ 15 Abs 1 Nr 1, § 16 Abs 1 Nr 1 BDSG).

Der Patient oder der Antragsteller bei Sozialleistungsträgern hat gem §§ 6, 19, 34 BDSG (die Landesdatenschutzgesetze enthalten sämtliche entsprechenden Vorschriften) einen **Auskunftsanspruch** gegenüber der datenspeichernden öffentlichen oder privaten Stelle. Gemäß § 33 Abs 1 S. 1 BDSG besteht zur Vorbereitung dieses Auskunftsanspruchs des Betroffenen bei erstmaliger Datenspeicherung eine **Benachrichtigungspflicht.** Die Auskunft nach dem BDSG ist idR *gebührenfrei* (§ 34 Abs 5 S. 1 BDSG).

Um den Patienten durch die Bekanntgabe gespeicherter kritischer Diagnosen und Befunde nicht ernstlich zu gefährden und letztlich dadurch zu schädigen, hat der Bundesgesetzgeber im § 34 Abs 4 iVm § 33 Abs 2 BDSG vorgesehen, dass es in das Ermessen des Arztes gestellt ist, ob er dem Patienten Auskunft erteilt oder nicht.[25]

---

[20] *Hanisch* BayVBl 1983, 234; sowie ua *Ratzel* Der Frauenarzt 1995, 186; *Einwag,* Der Arzt und sein Recht 1992, 4 ff. Zum Thema Schweigepflicht und medizinische Datenverarbeitung vgl auch *Kiesecker/Rieger,* RdNr 94 f.

[21] BGBl I 2954; neu gefasst am 23. 5. 2001 (BGBl I, 904 ff).

[22] Vgl zu den einzelnen Landesgesetzen die Beck'sche Textausgabe, Bundesdatenschutzgesetz 5. Aufl 1999.

[23] *Rieger* Lexikon (1. Aufl) RdNr 541; Der Schutz von **Sozialdaten** bei der Datenverarbeitung durch Sozialleistungsträger nach dem Sozialgesetzbuch ist in den §§ 79 bis 85 SGB X **speziell** geregelt.

[24] *Rieger* Lexikon (1. Aufl) RdNr 542; zum Inhalt und den Prinzipien des Datenschutzes insoweit vgl *Einwag,* Der Arzt und sein Recht 1992, 4 ff.

[25] *Rieger* Lexikon (1. Aufl) RdNr 544; zur ärztlichen Schweigepflicht im Zeitalter der EDV vgl auch noch *Andreas* ArztR 2000, 296 ff.

24 **2. Verhältnis von Datenschutzrechten und ärztlicher Schweigepflicht.** Dies ist wie folgt geregelt: Gemäß § 1 Abs 3 S. 2 BDSG bleibt die Verpflichtung zur Wahrung des ärztlichen Berufsgeheimnisses (§ 203 Abs 1 StGB) unberührt, denn diese Vorschrift enthält lediglich die Konkretisierung des § 1 Abs 3 S. 1 BDSG, wonach besondere Rechtsvorschriften des Bundes über in Dateien gespeicherte personenbezogene Daten den Bestimmungen des BDSG vorgehen. Die Vorschriften des BDSG verändern nicht den Umfang der durch § 203 Abs 1 Nr 1 StGB gewährleisteten ärztlichen Schweigepflicht. Durch das BDSG soll vielmehr die Offenbarung von tatbestandsmäßig der ärztlichen Verschwiegenheit unterliegenden Daten weder erleichtert noch erschwert werden. Daraus folgt, dass die Normen des BDSG über die Zulässigkeit von Datenübermittlungen auf solche Daten nicht anwendbar sind.[26]

25 Die **Einwilligung** in die Übermittlung von Daten, die dem Gebot des § 203 Abs 1 StGB unterliegen, kann idR nur in der in § 4 Abs 2 S. 2 BDSG festgelegten Form – nämlich schriftlich – und nicht auch mündlich oder konkludent erfolgen.[27]

26 Die Vorschriften über das Datenschutzrecht gelten zB auch für den **Betriebsarzt.** Hier ist wie folgt zu differenzieren: Erfolgt die Datenerfassung hinsichtlich des Betriebsangehörigen nicht mittels Datei (iSv § 3 Abs 2 BDSG), sondern lediglich in Form von **Gesundheitsakten,** so findet das BDSG für diese Art von Datenverarbeitung keine Anwendung. Dies gilt auch dann, wenn in den Gesundheitsakten nach einheitlichen Grundsätzen erstellte und ausgefüllte Datenerfassungsbögen enthalten sind; es sei denn, diese können durch automatisierte Verfahren umgeordnet und ausgewertet werden. Wird aber hinsichtlich der Gesundheitsdaten des Arbeitnehmers vom Betriebsarzt eine Datei (iSd BDSG) angefertigt, so ist zwischen konventionell geführten Dateien und elektronisch gespeicherten Daten zu unterscheiden. Bei Ersteren beschränkt sich die Anwendung des BDSG grundsätzlich auf die in § 9 BDSG vorgeschriebenen technischen und organisatorischen Maßnahmen der Datensicherung. Erfolgt die Datenverarbeitung **im automatisierten Verfahren,** so sind unabhängig vom Verwendungszweck der gespeicherten Daten die Vorschriften des ersten und dritten Abschnitts des BDSG einschließlich der Anlagen zu § 9 über technische und organisierte Maßnahmen der Datensicherung anzuwenden.[28]

27 Die im Interesse der betriebsmedizinischen Betreuung der Arbeitnehmer eines Betriebes zur Erfüllung der Aufgaben des Betriebsarztes gemäß § 3 ASiG vorgenommene elektronische Speicherung von Gesundheitsdaten des jeweiligen Arbeitnehmers wird durch § 28 BDSG (Datenerhebung, -verarbeitung und -nutzen für eigene Zwecke) gedeckt, so dass es **keiner schriftlichen Einwilligung** des betroffenen Arbeitnehmers in die Datenverarbeitung nach § 3 BDSG bedarf.

28 Ferner ist die **Weitergabe** der Ergebnisse der arbeitsmedizinischen Untersuchung an den Arbeitgeber gemäß § 16 BDSG (Datenübermittlung an nicht-öffentliche Stellen) **zulässig.** Jedoch ist dabei nicht die Weitergabe einzelner medizinischer Untersuchungsbefunde gerechtfertigt, weil insoweit (gemäß § 1 Abs 3 S. 2 BDSG) die den Betriebsarzt treffende Verschwiegenheitspflicht grundsätzlich vorgeht.[29]

---

[26] *Rieger* Lexikon (1. Aufl) RdNr 544; zur ärztlichen Schweigepflicht im Zeitalter der EDV vgl auch noch *Andreas* ArztR 2000, 296 ff. Die Empfehlungen der Bundesärztekammer und der kassenärztlichen Bundesvereinigung zur ärztlichen Schweigepflicht, Datenschutz und Datenverarbeitung in der Arztpraxis (Stand 2008) sind in Anhang 1 zu § 72 abgedruckt.

[27] So *Einwag* (Fn 24), 8; vgl hierzu auch *Rieger* MedR 1998, 75, 80. Im Geltungsbereich des SGB V ist die Weitergabe von Patientendaten durch Leistungserbringer nur dann und in dem Umfang erlaubt, in dem bereichsspezifische Vorschriften über die Datenverarbeitung im SGB V dies gestatten; die allgemeinen Regeln des Datenschutzes, die die Datenübermittlung bei Vorlage einer Einwilligungserklärung des Patienten erlauben, finden insoweit keine Anwendung, so das BSG Urteil vom 10. 12. 2008, GesR 2009, 305.

[28] *Rieger* Lexikon (1. Aufl) RdNr 431.

[29] So *Rieger* Lexikon (1. Aufl) RdNr 432.

12. Kapitel. Die ärztliche Schweigepflicht   29–36 § 72

Gemäß § 3 Abs 2 ASiG besteht für jeden Arbeitnehmer ein einklagbarer Anspruch 29
gegen den **Betriebsarzt** auf Mitteilung des Ergebnisses arbeitsmedizinischer Untersuchungen. Eine Ausnahme wird lediglich dann anerkannt, wenn ernsthaft zu befürchten steht, dass die geforderte Auskunft für den betroffenen Arbeitnehmer mit ganz erheblichen gesundheitlichen (psychischen) Nachteilen verbunden ist.

Wie bereits hervorgehoben, werden in freien Arztpraxen die einzelnen Krankenunter- 30
lagen nicht selten noch in herkömmlicher Form geführt und können daher nicht als Datei im Sinne des BDSG anerkannt werden. Derartige Krankenunterlagen sind in der Regel auch nicht zur Übermittlung an Dritte, noch weit weniger zur Verarbeitung in automatisierten Verfahren bestimmt. Mit der Führung derselben kommt der niedergelassene Arzt lediglich seiner dem Patienten gegenüber bestehenden **Dokumentationspflicht** nach.

Somit finden die Datenschutzgesetze auf derart geführte Krankenunterlagen **keine** 31
Anwendung.[30]

Dies ist bei von **Krankenhäusern** und Kliniken geführten Krankenunterlagen **anders**. 32
Dort werden vor allem für Abrechnungszwecke aus den von Krankenhausärzten der Krankenhausverwaltung gemeldeten Patientendaten **Teildateien** gebildet. Dies gilt auch für **Krankenscheine,** die ausnahmslos unter das BDSG fallen.[31]

Ob die weitverbreitete Unsitte der **Weitergabe von Anschriften entbindender Müt-** 33
ter an die Hersteller von Babynahrung und Säuglingspflegemitteln durch die Entbindungsanstalten unter das BDSG fällt, ist umstritten.[32] Es erscheint hier dringend erforderlich, vorher die entsprechende Einwilligung der einzelnen Mütter einzuholen. Ansonsten werden schutzwürdige Belange der Krankenhauspatientinnen berührt.

3. Auswirkungen des Datenschutzrechts auf das Arzt-Patienten-Verhältnis.[33] 34
a) **Datenerhebung.** Gemäß § 13 BDSG muss der Arzt bei der **Datenerhebung** beachten: dass er nur diejenigen Daten erheben darf, deren Kenntnis zur Erfüllung der jeweiligen Aufgabe unbedingt notwendig und erforderlich ist; dass er diese Daten grundsätzlich beim Betroffenen selbst erheben muss, der dann über den Erhebungszweck zu informieren ist; dass er den Betroffenen auf die Freiwilligkeit der von ihm abverlangten oder gegebenen Auskunft und auch auf die Rechtsvorschriften, die zur Auskunft verpflichten, oder auf Rechtsvorteile, zu denen die Auskunft führt, hinweisen muss.

b) **Datenspeicherung.** Für eine notwendige **Speicherung** (§ 14 BDSG) der erhobe- 35
nen Daten des Patienten – also das Erfassen und das Aufnehmen personenbezogener Daten durch den Arzt auf den Datenträger – gilt im **öffentlichen Bereich** der **Grundsatz** der unbedingten **Erforderlichkeit** für die Aufgabenerfüllung; im **nichtöffentlichen Bereich** richtet sich die Zulässigkeit einer solchen Datenspeicherung in erster Linie nach der **Zweckbestimmung** des Vertragsverhältnisses zwischen dem Arzt und seinem Patienten.[34]

c) **Datenübermittlung.** Eine Datenübermittlung[35] im Sinn des Datenschutzrechts 36
(§§ 15, 16 BDSG) liegt nur dann vor, wenn gespeicherte oder durch Datenverarbeitung gewonnene Daten übermittelt werden. Gibt hingegen der Arzt Patientendaten weiter, die er nicht in seinen Patientenunterlagen oder in einer Datei festgehalten hat, dann ist darin keine Übermittlung im Sinn des BDSG zu sehen, wohl aber uU ein „Offenbaren" im

---

[30] *Rieger* Lexikon (1. Aufl) RdNr 1078.
[31] *Rieger* Lexikon (1. Aufl) RdNr 1074, 1078.
[32] *Baur* Arzt und Krankenhaus 1981, 206.
[33] Vgl hierzu Einzelheiten bei *Einwag* (Fn 24), 7.
[34] So *Einwag* (Fn 24), 7.
[35] Hinsichtlich der Berechtigung zur Übermittlung von Patientendaten im Wege der Amtshilfe vgl VGH Mannheim NJW 1977, 3110.

Sinn von § 203 StGB. Ebenso gilt eine Weitergabe von Informationen innerhalb einer Behörde nicht als Übermittlung im Sinn des BDSG.

37   Was die Datenübermittlung und deren Zulässigkeit betrifft, scheint die Rechtslage eindeutig zu sein. Die Übermittlungsvorschriften des BDSG werden von den geschriebenen und ungeschriebenen Regeln über die ärztliche Schweigepflicht überlagert und dort verdrängt, wo sie eine Datenübermittlung im weitergehenden Umfang als nach den Regeln über die ärztliche Schweigepflicht zulassen. Es ist *Einwag*[36] zuzustimmen, wenn er in diesem Zusammenhang meint, dass eine Übermittlung von Patientendaten nach den allgemeinen Vorschriften des BDSG dem besonderen Vertrauensverhältnis zwischen Arzt und dessen Patienten vor allem der Sensibilität der dabei anfallenden Daten nicht gerecht würde. Dies wird daran deutlich, wenn man sich vor Augen führt, dass nach dem BDSG im öffentlichen Bereich eine Datenübermittlung schon dann zulässig ist, wenn diese Daten zur Erfüllung der in der Zuständigkeit der übermittelnden Stelle oder des Empfängers liegenden Aufgabe erforderlich ist. Im nichtöffentlichen Bereich lässt das BDSG – wie erwähnt – eine Datenübermittlung bereits im Rahmen der Zweckbestimmung eines Vertragsverhältnisses, ja selbst dann schon zu, wenn es zur Wahrung berechtigter Interessen der speichernden Stelle erforderlich ist und zudem kein Grund für die Annahme besteht, dass das schutzwürdige Interesse des Betroffenen an dem Ausschluss der Übermittlung überwiegt. Das lässt auf alle Fälle die zwingende Annahme gerechtfertigt erscheinen, dass neben dem Datenschutz stets die strikte Einhaltung der Schweigeverpflichtung erforderlich ist.

38   **d) Zweckbindung personenbezogener Daten.** Der Arzt im öffentlichen Dienst, dem Patientendaten anvertraut wurden, darf diese Daten selbst nur im Rahmen der Zweckbindungsregelung des § 39 BDSG nutzen, was gewiss keine Offenbarungsbefugnis bedeutet, sondern lediglich die Nutzung dieser Daten durch den Arzt beschränkt. Im nichtöffentlichen Bereich gibt es jedoch eine derartige Zweckbindungsregelung nicht.[37]

39   Sobald jedoch Daten, die der ärztlichen Schweigepflicht unterliegen, an einen anderen (Arzt) **übermittelt** werden, gilt im öffentlichen wie im nichtöffentlichen Bereich die besondere **Zweckbindungsregelung** des § 39 BDSG: Der Empfänger darf solche übermittelte Daten nur für den Zweck verarbeiten oder nutzen, für den er diese Daten auch erhalten hat. Als Beispiel wird von *Einwag*[38] hier erwähnt, dass ein Gutachter, der Daten, die der ärztlichen Schweigepflicht unterliegen, zur Begutachtung von Unfallfolgen im Zusammenhang mit einem Schadensersatzprozess erhalten hat, diese nicht (auch) für eine Begutachtung der Berufsunfähigkeit in einem sozialgerichtlichen Verfahren benutzen darf; es sei denn, ein besonderes Gesetz sähe dies vor. Die Weitergabe derartiger Unterlagen an eine nichtöffentliche Stelle (etwa an einen privaten Spezialgutachter für eine Teilfrage des Gutachters) wäre hier nur mit Zustimmung des der Verschwiegenheit verpflichteten Arztes zulässig.[39]

40   **e) Datenschutzkontrolle.** Jede Verarbeitung personenbezogener Daten, die dem § 203 StGB unterliegen, wird von den zuständigen Datenschutzkontrollinstitutionen **überwacht.** Im **öffentlichen** Bereich sind dies der **Bundesbeauftragte** und die jeweiligen **Landesbeauftragten** für den Datenschutz. Im **nichtöffentlichen** Bereich sind es

---

[36] Wie Fn 34; zum Anspruch des Patienten auf Unterlassung der Verbreitung der über ihn erhobenen medizinischen Daten vgl auch OLG Hamm MedR 1995, 328.

[37] Keine solchen Zweckbestimmungsregelungen gelten aber auch für den Arzt im öffentlichen Dienst, der Patientendaten für frühere, bestehende oder künftige dienst- oder arbeitsrechtliche Rechtsverhältnisse verarbeitet oder nutzt, weil in einem solchen Fall § 14 BDSG nicht zur Anwendung kommt (so *Einwag* Fn 24, 8).

[38] *Einwag* (Fn 24), 8.

[39] Zu den **technischen** und **organisatorischen Schutzmaßnahmen** bei der Verarbeitung von der ärztlichen Schweigepflicht unterliegenden Daten vgl *Einwag* (Fn 24), 8.

die **Aufsichtsbehörden** der Länder in den Innenministerien und bei den jeweiligen Regierungspräsidien. § 24 Abs 2 Nr 2 BDSG bestimmt insoweit, dass die Kontrolle des Bundesbeauftragten sich auch auf personenbezogene Daten erstreckt, die einem Berufsgeheimnis unterliegen. Gemäß Satz 4 dieser Norm unterliegen der Kontrolle jedoch nicht personenbezogene Daten, die von § 203 StGB umfasst sind, wenn der Betroffene der Kontrolle der auf ihn bezogenen Daten widersprochen hat. Ob eine solche Regelung angesichts des Ziels der Datenkontrolle positiv zu beurteilen ist, scheint – nach *Einwag*[40] – unter den jeweiligen Datenschutzbeauftragten noch äußerst umstritten zu sein.

4. Einzelprobleme im Bereich medizinischer Forschung und Datenschutz. Bei der medizinischen Forschung[41] stellt sich bekanntlich stets die Frage nach dem Verhältnis von Datenschutz und ärztlicher Verschwiegenheit einerseits und dem in Art 5 Abs 3 GG verankerten Grundrecht der Wissenschaftsfreiheit andererseits.[42] Diese Frage lässt sich aber dahingehend beantworten, dass auf alle Fälle dem Forschungsinteresse grundsätzlich **kein** Vorrang vor der Schweigeverpflichtung eingeräumt werden kann und darf.[43]

a) Krebsregister. Nicht alle Bundesländer haben bis heute ein Krebsregister eingerichtet. Was im Saarland bereits durch das Gesetz vom 17. 1. 1979[44] geschah und als epidemiologisches Gebietsregister errichtet wurde, harrt in anderen Ländern noch immer der Vollendung, obschon seit 1995 das Bundeskrebsregistergesetz galt,[45] das vorsah, dass in allen Ländern ein stufenweiser Aufbau eines epidemiologischen Krebsregisters erfolgen und in denjenigen Ländern, in denen ein solches Register bereits existiert, dieses den anderen Ländern angepasst werden soll.

In Bayern etwa, in dem ein solches Krebsregister besteht, gibt es zudem universitäre Klinik-Tumorregister, die primär an der Patientenversorgung orientiert sind.[46] Das Münchener Tumorzentrum beispielsweise – ein Zusammenschluss von 42 Fachkliniken – bedient sich hinsichtlich der Datenverarbeitung des Universitätsinstituts für medizinische Informationsverarbeitung, Statistik und Biomathematik (ISB). Die mit diesem Institut kooperierenden Kliniken übersenden auf entsprechenden Erfassungsbögen die Daten behandelter Krebspatienten. Im ISB werden dann diese Daten gespeichert und zum Teil anonymisiert, zum Teil aber auch patientenorientiert ausgewertet. Für die patientenorientierte Nutzung erhalten die an dieses Institut angeschlossenen Kliniken Leistungsausdrucke mit personenbezogenen medizinischen Daten ihrer Patienten; dies soll der Behandlung dieser Patienten zugute kommen. Die anonyme statistische Datenaufbereitung soll alle Dispositionen der jeweiligen Klinik unterstützen. Darüber hinaus können diese Daten jedoch auch zum Zwecke von Habil- und Doktorarbeiten Verwendung finden.

---

[40] *Einwag* (Fn 24), 10.
[41] Der Bayerische Landesdatenschutzbeauftragte für den Datenschutz hat am 18.7.2007 ein Merkblatt zum Datenschutz bei medizinischen Studien mit Patientendaten veröffentlicht, das unter http://www.datenschutz-bayern.de/technik/orient/merkblatt.med.studien.html abgerufen werden kann. Die Stellungnahme der Zentralen Ethikkommission zur Wahrung ethischer Grundsätze in der Medizin und ihren Grenzgebieten (zentrale Ethikkommission) bei der Bundesärztekammer. – Zur Verwendung von patientenbezogenen Informationen für die Forschung in der Medizin und im Gesundheitswesen (DÄBl 1999 S. A 3203 ff) ist im Anhang 2 zu § 72 abgedruckt.
[42] Vgl hierzu Einzelheiten bei *Kersten* CR 1989, 1020, 1025 ff.
[43] Vgl auch BVerfG NJW 1981, 1995.
[44] ABl des Saarlandes 1979, 105; hinsichtlich Hamburg siehe HambKrebsRG und VOBl 1984, 129; in Bayern ist seit 1. 12. 1997 (BayGVBl, 746 ff) das Gesetz zur Ausführung des Krebsregistergesetzes (AGKRG) in Kraft. Die Verordnung zur Durchführung des Krebsregistergesetzes (DVKRG) ist seit 1. 1. 1998 in Kraft gesetzt (BayGVBl, 787).
[45] BGBl I 3351 ff; vgl hierzu auch *Hollmann* NJW 1995, 762. Dieses Gesetz ist gem seinem § 14 Abs 1 seit 31. 12. 1999 wieder außer Kraft getreten.
[46] Vgl hierzu des näheren *Kersten* (Fn 36), 1025.

44 In jedem Fall handelt es sich bei diesen Speicherungen um Daten, die zumindest auch Behandlungszwecken dienen. Die Speicherung personenbezogener Daten aus den im Tumorzentrum zusammengeschlossenen Kliniken bei ISB dürfte als Auftragsdatenverarbeitung (etwa gem Art 26 Abs 4 Satz 5 BayKrG) zulässig sein.[47]

45 *b) Datenerhebung und Dialysepatienten.* Auch hier ergaben sich anfänglich beim Datenerheben und -speichern über Dialysepatienten zur wissenschaftlichen Auswertung, etwa bei der European Dialysis and Transplant Association (EDTA) in London, Datenschutzprobleme, denn die Mehrzahl dieser erhobenen Daten wurde ohne das Einverständnis der Patienten an die EDTA weitergeleitet.

46 *c) Perinatologische Erhebung.* Ähnliche Probleme tauchten in der Vergangenheit auch bei perinatologischen Erhebungen auf, weil man dort die Daten, die mithilfe eines Erhebungsbogens an die zuständige Ärztekammer zur wissenschaftlichen Auswertung gingen, erst ausreichend anonymisieren musste, indem man Name und Anschrift des Patienten oder noch weitere Identifizierungsdaten entfernte.[48]

47 *d) Einsicht in Todesbescheinigungen.* Nicht weniger problematisch gestalteten sich auch die Fälle, in denen etwa Universitätskliniken versuchten, zu Forschungszwecken Einsicht in den vertraulichen Teil von Todesbescheinigungen nehmen zu wollen. In diesen Fällen kann man mE nicht ohne weiteres davon ausgehen, dass der (verstorbene) Patient zuvor stillschweigend hierzu sein Einverständnis gegeben hat.

e) Ethische Grundsätze. Nachfolgend ist als Anhang zu § 76 die Stellungnahme der Zentralen Ethikkommission abgedruckt.

Anhänge zu § 72:

1. Empfehlungen zur ärztlichen Schweigepflicht, Datenschutz und Datenverarbeitung in der Arztpraxis*

1. Einleitung

Die ärztliche Schweigepflicht gilt gem. § 203 Strafgesetzbuch (StGB) iVm § 9 (Muster-)Berufsordnung (MBO) umfassend für das ärztliche Behandlungsverhältnis. Danach haben Ärzte über das, was ihnen in ihrer Eigenschaft als Arzt anvertraut oder bekannt geworden ist – auch über den Tod des Patienten hinaus – zu schweigen. Darüber hinaus sind vom Arzt die Vorschriften des Bundesdatenschutzgesetzes (BDSG) zu beachten, da es sich bei den Patientendaten um schützenswerte patientenbezogene Daten handelt. Dies betrifft insbesondere die Datenerhebung sowie die Datenübermittlung. Die Verpflichtung zur Dokumentation ergibt sich aus § 10 Abs 1 MBO und als Nebenpflicht aus dem Behandlungsvertrag. Unabhängig vom gewählten Medium der Datenverarbeitung und Nutzung muss der Arzt beim Umgang mit Patientendaten folgende Grundsätze beachten:
– das Persönlichkeitsrecht des Patienten in der Ausprägung des informationellen Selbstbestimmungsrechts
– die Wahrung des Patientengeheimnisses

---

[47] Vgl hierzu *Kersten* (Fn 36), 1025; siehe ferner das von der Bayerischen Krankenhausgesellschaft herausgegebene Merkblatt zum Datenschutz in Krankenhäusern nach Art 27 BayKrG (abgedruckt in Mitteilungen des BKG Nr 7/1996–80, 1–11). Zur Verfassungsmäßigkeit der Mikroverfilmung medizinischer Daten von Krankenhauspatienten in einem Krankenhaus s auch BayerVerfGH BayVBl 1989, 397.

[48] Vgl hierzu *Kersten* (Fn 36), 1025.

* Diese für den Bereich der ärztlichen Praxis entwickelten datenschutzrechtlichen Empfehlungen können auf den Bereich des Krankenhauses nicht uneingeschränkt übertragen werden, da der Bereich der Datenverarbeitung im Krankenhaus zum Teil durch besondere Landesdatenschutzgesetze geregelt ist und zudem die Organisationsabläufe in Krankenhäusern Modifikationen der hier entwickelten Grundsätze erfordern. Abgedruckt in DÄBl, S A 1026–1300.

12. Kapitel. Die ärztliche Schweigepflicht § 72

- die Dokumentation der Behandlungsabläufe und -ergebnisse
- das Recht des Patienten, in der Regel Einsicht in die objektiven Teile der ärztlichen Aufzeichnungen zu nehmen
- subjektive Einschätzungen können, müssen aber nicht offenbart werden.

Der Einsatz von EDV in der Arztpraxis kann nicht mit der für den privaten Gebrauch erfolgten Nutzung von Computern verglichen werden. Deshalb sind beim beruflichen Einsatz in der Arztpraxis auch aus strafrechtlichen und haftungsrechtlichen Gründen besondere Schutzvorkehrungen erforderlich, die nachfolgend beschrieben werden. Besondere Bedeutung kommt der Technischen Anlage[49] zu. Diese gibt einen kompakten und weitgehend allgemeinverständlichen Überblick über die zu empfehlenden IT-Sicherheitsmaßnahmen in den Arztpraxen.

2. Die ärztliche Schweigepflicht
2.1 Rechtsgrundlagen

Die ärztliche Schweigepflicht ist in § 203 StGB und in § 9 der MBO geregelt. Nach § 203 Abs 1 StGB macht sich strafbar, wer unbefugt ein fremdes Geheimnis, namentlich ein zum persönlichen Lebensbereich gehörendes Geheimnis offenbart, das ihm als Arzt anvertraut worden oder sonst bekannt geworden ist. Nach § 9 MBO haben Ärzte über das, was ihnen in ihrer Eigenschaft als Arzt anvertraut oder bekannt geworden ist, zu schweigen.

2.2 Reichweite

Die ärztliche Schweigepflicht umfasst alle Tatsachen, die nur einem bestimmten, abgrenzbaren Personenkreis bekannt sind und an deren Geheimhaltung der Patient ein verständliches, also sachlich begründetes und damit schutzwürdiges Interesse hat. Sie ist grundsätzlich auch gegenüber anderen Ärzten, Familienangehörigen des Patienten sowie eigenen Familienangehörigen zu beachten. Auch nach dem Tod des Patienten besteht die ärztliche Schweigepflicht fort.

2.3 Adressaten der Schweigepflicht

Der strafrechtlichen Schweigepflicht gem. § 203 StGB unterliegen neben dem Arzt auch Angehörige eines anderen Heilberufs, der für die Berufsausübung oder die Führung der Berufsbezeichnung eine staatlich geregelte Ausbildung erfordert. Diesen Personen stehen des Weiteren ihre berufsmäßig tätigen Gehilfen und die Personen gleich, die bei ihnen zur Vorbereitung auf den Beruf tätig sind.

2.4 Durchbrechung der ärztlichen Schweigepflicht

Eine Durchbrechung der ärztlichen Schweigepflicht ist zulässig, wenn gesetzliche Vorschriften dem Arzt eine Pflicht oder ein Recht zur Offenbarung auferlegen bzw geben. Der Arzt ist des Weiteren berechtigt, Informationen weiterzugeben, wenn der Patient seine Einwilligung ausdrücklich oder konkludent erteilt hat. Eine konkludente bzw stillschweigende Einwilligung liegt immer dann vor, wenn der Patient aufgrund der Umstände von einer Informationsweitergabe durch den Arzt an Dritte ausgehen muss. Eine Offenbarungsbefugnis kann sich darüber hinaus auch aus der sog mutmaßlichen Einwilligung ergeben, wenn der Patient seine Einwilligung nicht erklären kann, beispielsweise weil er ohne Bewusstsein ist. Die mutmaßliche Einwilligung ist gegeben, wenn der Arzt davon ausgehen kann, dass der Patient im Fall seiner Befragung mit der Offenbarung einverstanden wäre, oder wenn offenkundig ist, dass der Patient auf eine Befragung keinen Wert legt.

3. Datenschutzgesetze
3.1 Rechtsgrundlagen

Anwendbar für den Arzt bzw die Arztpraxis ist das Bundesdatenschutzgesetz (BDSG). § 4 BDSG beschreibt den Grundsatz der Zulässigkeit der Datenerhebung, Verarbeitung und Nutzung. Diese sind nur zulässig, soweit das BDSG oder eine andere Rechtsvorschrift dies erlaubt oder anordnet oder der Betroffene eingewilligt hat. Für den Arzt sind des Weiteren die Regelungen des Dritten Abschnitts des BDSG relevant. Dieser regelt ua das Erheben, Speichern, Verändern oder Übermitteln personenbezogener Daten oder ihre Nutzung als Mittel für die Erfüllung eigener Geschäftszwecke.

3.2 Betrieblicher Datenschutzbeauftragter

Nach § 4 f BDSG sind auch nicht-öffentliche Stellen, die Patientendaten automatisiert verarbeiten, verpflichtet, einen betrieblichen Datenschutzbeauftragten zu bestellen. Nach § 4 f BDSG besteht diese Verpflichtung immer dann, wenn mehr als neun Personen ständig mit der automatisierten Verarbeitung personenbezogener Daten beschäftigt sind. Bei der Ermittlung der Anzahl der

---

[49] Technische Anlage im Internet: www.aerzteblatt.de/plus1908.

Personen sind die Mitarbeiter(innen) zu berücksichtigen, die nicht nur gelegentlich mit der Datenverarbeitung beschäftigt sind; dies sind typischerweise die Mitarbeiter(innen), die zB mit der Datenerfassung (Empfang) oder Datenverarbeitung (Abrechnung) befasst sind. Erfasst werden auch angestellte Ärzte, Auszubildende sowie sonstige freie Mitarbeiter, aber nicht der Praxisinhaber selbst. Ständig beschäftigt ist eine Person, wenn sie für diese Aufgabe, die nicht ihre Hauptaufgabe zu sein braucht, auf unbestimmte, zumindest aber längere Zeit vorgesehen ist und sie entsprechend wahrnimmt.

§ 4 f Abs 2 BDSG legt die qualitativen Anforderungen an betriebliche Datenschutzbeauftragte fest. Zum betrieblichen Datenschutzbeauftragten kann nur bestellt werden, wer die zur Erfüllung der Aufgaben erforderliche Fachkunde und Zuverlässigkeit besitzt. Das Maß der erforderlichen Fachkunde bestimmt sich nach dem Umfang der Datenverarbeitung und dem Schutzbedarf der personenbezogenen Daten. Zur erforderlichen Fachkunde gehören neben guten Kenntnissen über die technischen Gegebenheiten auch gute Kenntnisse über die rechtlichen Regelungen, insbesondere über die ärztliche Schweigepflicht. Auch ein Mitarbeiter der Arztpraxis, der über entsprechende Kenntnisse verfügt, kann zum betrieblichen Datenschutzbeauftragten bestellt werden. Die Fachkenntnisse können auch über Schulungen, die beispielsweise von den Ärztekammern und Kassenärztlichen Vereinigungen angeboten werden, erworben werden.

Da das BDSG in § 4 f Abs 2 Satz 3 nunmehr ausdrücklich auch den externen Datenschutzbeauftragten vorsieht, kann mit der Wahrnehmung der Funktion des betrieblichen Datenschutzbeauftragten in Arztpraxen auch ein Externer beauftragt werden. Diesem steht ebenso wie dem Arzt ein Zeugnisverweigerungsrecht zu. Im Übrigen wird ihm gem. § 203 Abs 2 a StGB eine strafbewehrte Schweigepflicht auferlegt.

3.3 Berichtigung, Löschen und Sperren von Daten

Sowohl aus dem Behandlungsvertrag als auch aus den datenschutzrechtlichen Vorschriften (§ 35 BDSG) folgt die Verpflichtung, unrichtige Daten zu berichtigen. Dies gilt allerdings nicht für Verdachtsdiagnosen. Ein Anspruch auf Löschung und Sperrung der patientenbezogenen Daten kommt nicht in Betracht, solange eine aus dem Behandlungsvertrag und aus dem Berufsrecht vorliegende Aufbewahrungsfrist besteht. Diese beträgt idR wenigstens zehn Jahre (§ 10 Abs 3 MBO, § 57 Abs 3 Bundesmantelvertrag-Ärzte (BMV-Ä), § 13 Abs 10 Bundesmantelvertrag-Ärzte/Ersatzkassen (EKV).

Eine Löschung von personenbezogenen Daten kann in dem Zeitraum, in dem eine Verpflichtung zur Aufbewahrung der ärztlichen Dokumentation besteht, nicht verlangt werden.

3.4 Technische und organisatorische Maßnahmen nach § 9 BDSG

Das Vertrauen in eine auf elektronischen Datenträgern erstellte medizinische Dokumentation wird auch dadurch erhöht, dass der Arzt die in § 9 BDSG und in der Anlage zu § 9 Satz 1 BDSG entwickelten Grundsätze beachtet. Diesen Grundsätzen wird durch Beachtung der Technischen Anlage (vgl Kapitel 2) entsprochen.

4. Ärztliche Dokumentation
4.1 Rechtsgrundlage

Die Verpflichtung zur Dokumentation ergibt sich aus § 10 Abs 1 MBO, § 57 Abs 3 BMV-Ä bzw § 13 Abs 10 EKV sowie aus anderen gesetzlichen Vorschriften (zB Röntgenverordnung) und aus dem Behandlungsvertrag. Nach § 10 Abs I MBO haben Ärzte über die in Ausübung ihres Berufs gemachten Feststellungen und getroffenen Maßnahmen die erforderlichen Aufzeichnungen zu machen. Diese sind nicht nur Gedächtnisstützen für den Arzt, sie dienen auch dem Interesse der Patienten an einer ordnungsgemäßen Dokumentation.

Das Erstellen einer ärztlichen Kartei (Krankenakte) ist datenschutzrechtlich das Erheben und Speichern personenbezogener Daten. Der Arzt ist im Rahmen der Zweckbestimmung des Behandlungsvertrags verpflichtet und berechtigt, die von ihm als notwendig erachteten Daten zu dokumentieren (erheben und speichern – § 28 Abs 1 BDSG –). Entsprechend dieser vertraglichen Verpflichtung bedarf es zur bloßen Erstellung einer Patientenkartei keiner gesonderten Einwilligung des Patienten. Im Rahmen der Zweckbestimmung des Patientenvertrags ist das Speichern von Patientendaten auch mittels EDV zulässig. Einer gesonderten Einwilligung und Benachrichtigung des Patienten bedarf es auch hier nicht.

12. Kapitel. Die ärztliche Schweigepflicht § 72

4.2 Schutz vor Einsichtnahme und Zugriff

Auch beim Umgang mit Patientendaten in der Arztpraxis selbst ist das informationelle Selbstbestimmungsrecht des Patienten zu beachten. Diesem Gedanken muss der Arzt dadurch Rechnung tragen, dass er sowohl bei konventionellen Patientenakten als auch beim Einsatz von Datenverarbeitungstechniken gewährleistet, dass sowohl im Empfangsbereich als auch in den Behandlungsräumen unbefugte Dritte keinen Zugriff (Einblick) in die Patientendaten erhalten. So sollten Patientenakten in keinem Fall so bereitgelegt werden, dass etwa Patienten Daten anderer Patienten zur Kenntnis nehmen können. Dementsprechend sind Bildschirme so aufzustellen, dass sie nur vom Arzt und dem Praxispersonal eingesehen werden können. Gegebenenfalls muss der EDV-Arbeitsplatz gesperrt werden, sodass auch wartende Patienten in Abwesenheit von Arzt- und Praxispersonal keine Möglichkeit haben, Patientendaten zur Kenntnis zu nehmen.

4.3 Aufbewahrungsfristen

Ärztliche Aufzeichnungen sind für die Dauer von zehn Jahren nach Abschluss der Behandlung aufzubewahren, soweit nicht nach gesetzlichen Vorschriften eine längere Aufbewahrungspflicht besteht. Längere Aufbewahrungsfristen ergeben sich beispielsweise für Aufzeichnungen über Röntgenbehandlung gem. § 28 Abs 3 Satz 1 Röntgenverordnung und für die Anwendung von Blutprodukten nach § 14 Abs 3 Transfusionsgesetz. Zu beachten ist aber auch die zivilrechtliche Verjährungsfrist, die für Ansprüche eines Patienten gegen seinen Arzt nach dem Bürgerlichen Gesetzbuch (BGB) gilt. Zwar beläuft sich die Verjährungsfrist grundsätzlich auf drei Jahre gem. § 195 BGB, diese Frist beginnt jedoch erst mit dem Ende des Jahres, in dem der Anspruch entstanden ist und der Patient von den den Anspruch begründenden Umständen und der Person des Schädigers Kenntnis erlangt oder ohne grobe Fahrlässigkeit hätte erlangen müssen. Dies kann im Einzelfall bis zu 30 Jahre nach Abschluss der Behandlung der Fall sein. Daher sollte der Arzt seine Aufzeichnungen über die jeweils vorgeschriebene Aufbewahrungsfrist hinaus solange aufbewahren, bis aus medizinischer Sicht keine Schadenersatzansprüche mehr zu erwarten sind.

4.4 Elektronische Dokumentation
4.4.1 Eigene Dokumentation

Nach § 10 Abs 5 MBO bedürfen Aufzeichnungen auf elektronischen Datenträgern oder anderen Speichermedien besonderer Sicherungs- und Schutzmaßnahmen, um deren Veränderung, Vernichtung oder unrechtmäßige Verwendung zu verhindern. Um eine beweissichere elektronische Dokumentation zu erreichen, muss das Dokument mit einer qualifizierten elektronischen Signatur des Arztes versehen werden, wenn dieser auf eine herkömmliche schriftliche Dokumentation verzichten will (vgl Kapitel 11 der Technischen Anlage). Auf diese elektronischen Dokumente, die mit einer qualifizierten elektronischen Signatur versehen sind, finden nach § 371a Abs 1 ZPO idF des Gesetzes über die Verwendung elektronischer Kommunikationsformen in der Justiz (Justizkommunikationsgesetz) die Vorschriften über die Beweiskraft privater Urkunden entsprechend Anwendung. Der Anschein der Echtheit einer in elektronischer Form vorliegenden Erklärung, der sich aufgrund der Prüfung nach dem Signaturgesetz ergibt, kann nur durch Tatsachen erschüttert werden, die ernstliche Zweifel darin begründen, dass die Erklärung vom Signaturschlüsselinhaber abgegeben worden ist. Insofern ist die Beweiskraft für elektronische Dokumente, die mit einer qualifizierten elektronischen Signatur versehen sind, mit schriftlichen Dokumenten vergleichbar. Dies hat allerdings zur Folge, dass ein qualifiziert signiertes Dokument nicht mehr inhaltlich verändert werden kann, ohne die Signatur zu zerstören. Aus diesem Grund müssen Ergänzungen sowie Berichtigungen in einem gesonderten Dokument festgehalten und dieses mit dem Ursprungsdokument untrennbar verbunden werden. Technisch ist das durch eine „elektronische Klammer" möglich, zB so, dass beide Dokumente in einem gemeinsamen „Container" verpackt werden, der ebenfalls mit einer qualifizierten Signatur versehen wird. Um eine langfristige Archivierung zu ermöglichen, wird empfohlen, Signaturen von akkreditierten Zertifizierungsdiensteanbietern zu verwenden.

4.4.2 Externe Dokumente

Erhält der Arzt externe Dokumente (zB Arztbriefe), so kann er, sofern die Dokumente mit einer qualifizierten elektronischen Signatur versehen sind, diese in die eigene Dokumentation übertragen. Werden dem Arzt jedoch die Dokumente in Schriftform übermittelt, so besteht die Problematik der Umwandlung in eine elektronische Form, sofern der Arzt auf eine schriftliche Dokumentation vollständig verzichten möchte. Die Umwandlung kann durch „Einscannen" des schriftlichen Dokuments erfolgen. Der Nachweis, dass das elektronische Dokument dem schriftlichen Originaldokument entspricht, kann in der Regel nur durch den Vergleich beider Dokumente erbracht werden: Eine solche Handhabung würde aber dem Sinn und Zweck der elektronischen Dokumentation widersprechen,

§ 72

da auch das Originaldokument aufbewahrt werden müsste. Die Lösung kann darin bestehen, dass das elektronische Dokument mit einem Vermerk versehen wird, wann und durch wen das Originaldokument in eine elektronische Form übertragen worden ist, und dass die Wiedergabe auf dem Bildschirm und damit auch in der elektronischen Datei mit dem Originaldokument inhaltlich und bildlich übereinstimmt. Um zu verhindern, dass die schriftlichen Originaldokumente nicht vollständig erfasst werden, sind beide Seiten einzuscannen, auch wenn die Rückseite inhaltlich leer sein sollte. Alternativ kann in dem og Vermerk auch ein ausdrücklicher Hinweis aufgenommen werden, dass nach der Transformation eine Überprüfung auf Vollständigkeit erfolgt ist.

Aber auch durch diese Maßnahme kann nicht der Beweiswert des schriftlichen Originaldokuments erreicht werden. Die Umwandlung in eine elektronische Form und die Vernichtung des Originaldokuments können daher nur empfohlen werden, wenn das Dokument bei einer anderen Stelle (zB bei dem Verfasser des Arztbriefes) noch zu einem Vergleich zur Verfügung steht. Die Aufbewahrung des Originals ist darüber hinaus in besonders schadensträchtigen Fällen zu befürworten. Der Arzt sollte in jedem Fall angesichts der Beweissituation sorgfältig abwägen, ob er das Originaldokument vernichtet.

5. Einsichtnahme, Auskunft und Übermittlung
5.1 Auskunftsrecht des Patienten

Von der Rechtsprechung wurde als Ausfluss aus dem Persönlichkeitsrecht für Patienten das Recht auf Einsicht in ärztliche Aufzeichnungen entwickelt. Ein vergleichbarer Grundsatz wurde auch im Rahmen des Datenschutzes entwickelt. Aus dem informationellen Selbstbestimmungsrecht des Betroffenen wird das Recht hergeleitet, Auskunft über alle gespeicherten personenbezogenen Daten zu erlangen. Dieses datenschutzrechtliche Auskunftsrecht verdrängt nicht das aus dem allgemeinen Arztrecht folgende Einsichtsrecht. Vielmehr gelten die von der Rechtsprechung entwickelten Grundsätze zum Einsichtsrecht des Patienten uneingeschränkt auch dann, wenn diese Dokumentation auf elektronischen Medien erfolgt, dh, das Einsichtsrecht umfasst den objektiven Teil der ärztlichen Aufzeichnungen. Diese sind idR die naturwissenschaftlichen konkretisierbaren Befunde über Behandlungsmaßnahmen, Angaben über Medikation und Operationsberichte, aber auch zB EKG, EEG Röntgenaufnahmen und Laborergebnisse. Demgegenüber ist der Arzt nicht verpflichtet, den Teil der Aufzeichnungen zu offenbaren, der seine persönlichen Eindrücke über den Patienten oder dessen Angehörige umfasst; auch müssen erste Verdachtsdiagnosen oder Bemerkungen zu einem bestimmten Verhalten des Patienten zur Behandlung nicht offenbart werden. Der Beschluss des Bundesverfassungsgerichts vom 9. 1. 2006 (Az: 2 BvR 443/02) zu dem verfassungsrechtlich geschützten Interesse einer im Maßregelvollzug untergebrachten Person stellt eine Einzelfallentscheidung in Bezug auf ein besonderes Verhältnis (Strafgefangener) dar und ist nicht übertragbar auf andere Bereiche.

In Ausnahmefällen kann das grundsätzlich bestehende Einsichtsrecht im Hinblick auf therapeutische Rücksichten eingeschränkt werden. Dies gilt insbesondere für psychiatrische Erkrankungen, weil in diesen Aufzeichnungen die Persönlichkeit des Arztes ebenso wie dritter Personen umfassender einfließt und spezifische therapeutische Risiken aus einer Rekonstruktion verarbeiteter Problemfelder für den Patienten entstehen können.

Das Einsichtsrecht des Patienten in die ärztliche Aufzeichnung ist bei herkömmlicher Dokumentation durch die konkrete Einsichtnahme des Patienten in den entsprechenden Teil der ärztlichen Aufzeichnungen zu gewähren. Es kann aber auch auf Verlangen des Patienten durch Zurverfügungstellen zB von Fotokopien oder Ausdrucken sichergestellt werden.

Wenn der Arzt demgegenüber einen Praxiscomputer einsetzt, sollte er dem Patienten lediglich Zugang zu dem Teil der Patientendatei gewähren, der seine personenbezogenen Daten beinhaltet. In keinem Fall sollte dem Patienten die Möglichkeit eingeräumt werden, sich etwa selbst an den Praxiscomputer zu begeben; vielmehr sollte ein Ausdruck der ärztlichen Aufzeichnungen zur Verfügung gestellt oder dem Patienten die ihn betreffenden Dokumente mittels geschützter elektronischer Kommunikation übermittelt werden (vgl Kapitel 5 der Technischen Anlage).

5.2 Übermittlung an Dritte

Wenn auch davon ausgegangen werden kann, dass das Erstellen einer (elektronischen) Patientendatei bereits aus dem Zweck des Behandlungsvertrages hergeleitet werden kann, gilt dieses nicht für die Übermittlung von Patientendaten, und zwar unabhängig von der Frage, ob diese Daten elektronisch auf Datenträgern oder in herkömmlicher Weise an Dritte übermittelt werden.

Die Übermittlung von Patientendaten ist nur zulässig, wenn sie entweder durch eine gesetzliche Vorschrift, durch die Einwilligung des Patienten oder aber durch einen besonderen Rechtfertigungsgrund legitimiert ist; anderenfalls läuft der Arzt Gefahr, die ärztliche Schweigepflicht (§ 203 StGB

12. Kapitel. Die ärztliche Schweigepflicht § 72

iVm § 9 MBO) zu verletzen und gegen datenschutzrechtliche Vorschriften zu verstoßen. Dies gilt grundsätzlich auch bei der Übermittlung von Daten von Arzt zu Arzt. In Fällen der Mit- und Nachbehandlung (zB Überweisung) sind Ärzte insoweit von der Schweigepflicht befreit, als dass das Einverständnis des Patienten anzunehmen ist.

Gesetzliche Übermittlungsbefugnisse und -pflichten finden sich insbesondere
- im Sozialgesetzbuch V (SGB V) für den Bereich der vertragsärztlichen Versorgung, zur Übermittlung an die Kassenärztlichen Vereinigungen, zB
    - zum Zweck der Abrechnung (§ 295 SGB V auch iVm § 106a SGB V [Abrechnungsprüfung])
    - zum Zweck der Wirtschaftlichkeitsprüfung (§§ 296, 297 SGB V)
    - zum Zweck der Qualitätssicherung (§ 298 SGB V)
- zur Übermittlung an die Krankenkasse, zB Arbeitsunfähigkeitsbescheinigung (§ 284 iVm § 295 SGB V)
- zur Übermittlung an den medizinischen Dienst (§§ 276, 277 SGB V).

Weitere gesetzliche Übermittlungsbefugnisse und -pflichten finden sich in
- dem Infektionsschutzgesetz (§§ 6 ff IfSG)
- den Krebsregistergesetzen der Länder
- der Röntgenverordnung (§ 17a RöV, § 28 Abs 8 RöV)
- der Strahlenschutzverordnung (§ 42 StrlSchV)
- dem Betäubungsmittelgesetz iVm der BTMVV (§ 5a BTMVV)
- SGB VII (Gesetzliche Unfallversicherung) (§§ 201 ff SGB VII)
- im Personenstandsgesetz (§§ 16, 17 PStG).

Soweit keine gesetzliche Übermittlungsbefugnis vorliegt, kann ausnahmsweise ohne Einwilligung des Patienten eine Durchbrechung der ärztlichen Schweigepflicht dann gerechtfertigt sein, wenn eine nicht anders abwendbare Gefahr für ein höherwertiges Rechtsgut, wie Leben, Gesundheit und Freiheit, abgewehrt werden soll (§ 34 StGB).

Darüber hinaus kann der Arzt im Einzelfall im Rahmen der Wahrnehmung berechtigter Interessen, etwa bei strafrechtlichen Ermittlungsverfahren, gegen ihn selbst oder aber auch im Rahmen der Durchsetzung zivilrechtlicher Ansprüche gegen den Patienten befugt und berechtigt sein, die ihm anvertrauten Patientendaten zu offenbaren.

Soweit weder ein gesetzliche Offenbarungsbefugnis besteht, noch darüber hinaus ein besonderer Rechtfertigungsgrund vorliegt, darf eine Übermittlung personenbezogener Patientendaten nur dann erfolgen, wenn eine ausdrückliche oder stillschweigende Einwilligung des Patienten vorliegt. Die Einwilligungserklärung muss sich auf den konkreten Übermittlungsvorgang beziehen. Es ist nicht ausreichend, wenn beim Abschluss eines Behandlungsvertrages pauschal für alle denkbaren Fälle der Datenweitergabe eine vorweggenommene Einwilligungserklärung des Patienten in eine Datenübermittlung eingeholt wird.

Die Weitergabe von Patientendaten an private Versicherungen muss ebenfalls durch die Zustimmung des Patienten legitimiert sein. In diesen Fällen sollte die Schweigepflichtentbindung auf den aktuellen Anlass bezogen sein, auch hier reicht eine pauschale Einwilligung nicht aus. Die Auskunft ist nur im Rahmen der Schweigepflichtentbindung zulässig. Es wird empfohlen, die Unterlagen dem Patienten zu übergeben, damit dieser entscheidet, was er an die Versicherung weitergibt.

Auch die Weitergabe von Daten an privatärztliche Verrechnungsstellen bedarf der Einwilligung des Patienten.

Die Weitergabe von Daten im Rahmen einer Praxisveräußerung kann grundsätzlich ebenfalls nur dann erfolgen, wenn eine Einwilligung des Patienten in die Datenweitergabe herbeigeführt worden ist. Soweit in diesen Fällen keine Einwilligung der Patienten herbeigeführt werden kann, kann der abgebende Arzt seine ärztlichen Aufzeichnungen dem übernehmenden Arzt im Rahmen eines Verwahrungsvertrages in Obhut geben. Der übernehmende Arzt muss diese Patientendaten unter Verschluss halten und darf sie nur mit Einwilligung des Patienten einsehen oder weitergeben (§ 10 Abs 4 MBO).

Soweit der Arzt nicht zweifelsfrei klären kann, ob eine Übermittlungsbefugnis besteht, empfiehlt es sich, eine schriftliche Einwilligungserklärung des Patienten vor der Datenübermittlung einzuholen. Gemäß § 73 Abs 1 b SGB V ist bei der Übermittlung von patientenbezogenen Daten vom Facharzt an den Hausarzt eine schriftliche Einwilligung des Patienten zwingend erforderlich.

5.3 Externe elektronische Kommunikation

Die sicherste Möglichkeit, Patientendaten zu schützen, ist es, den Rechner mit Patientendaten von dem Rechner zu trennen, über den die Internetverbindung hergestellt werden soll (sog Standalone-Gerät). Soweit eine Verbindung mit dem Praxisrechner erfolgt, sollten die Patientendaten auf dem Praxiscomputer verschlüsselt gespeichert und eine hochwertige, regelmäßig gewartete und aktualisierte Firewall verwendet werden. Auf diese Weise kann verhindert werden, dass Dritte unbemerkt eine Verbindung aufbauen, Schaden stiftende Programme in dem Praxiscomputer installieren und/oder den Datenbestand ausspähen, verändern oder löschen. Es wird empfohlen, den in der Anlage (vgl Kapitel 3 der Technischen Anlage) dargestellten technischen Vorgaben zu folgen. Kann dies nicht sichergestellt werden, so sind Patientendaten auf einem Praxiscomputer zu speichern, der über keinen Internetanschluss verfügt.

Übermittelt der Arzt Dokumente über ein öffentliches Datennetz (Internet), so sollte er sicherstellen, dass der Zugriff Unbefugter auf die Dokumente ausgeschlossen ist. Die zu übermittelnden Daten müssen daher durch ein hinreichend sicheres Verfahren verschlüsselt werden (vgl Kapitel 5 der Technischen Anlage).

Zur Sicherung der Authentizität bedarf es einer qualifizierten elektronischen Signatur. Ein noch höheres Sicherheitsniveau wird durch die Nutzung eines gesicherten Datennetzes, in dem die Datenpakete nochmals verschlüsselt werden, erreicht. Dies kann insbesondere für die Nutzung in Praxisnetzen relevant sein.

Bei einer Übertragung per Fax ist darauf zu achten, dass im Rahmen einer Abgangskontrolle die richtige Faxnummer und der richtige Adressat angewählt werden. Bei der Übersendung ist sicherzustellen, dass dort, wo die Daten ankommen, nur Berechtigte von den Daten Kenntnis nehmen können. Vor Absendung des Faxes ist deshalb gegebenenfalls eine telefonische Rücksprache mit dem Empfänger erforderlich.

Nutzt der Arzt die sogenannte Internet-Telefonie Voice-over-IP), so ist darauf zu achten, dass keine Daten von Patienten weitergegeben werden, da die Gespräche in der Regel derzeit nicht abhörsicher sind. Die „Internet-Telefonie" kann daher nicht als Ersatz für die herkömmliche telefonische Kommunikation dienen, wenn nicht besondere Schutzvorkehrungen (vgl Kapitel 4.3 der Technischen Anlage) getroffen werden.

6. Weitere Grundsätze beim Einsatz von EDV in der Arztpraxis
Der Einsatz von EDV-Technik in der Praxis des niedergelassenen Arztes erfordert nicht nur die Beachtung der aufgezeigten rechtlichen Rahmenbedingungen, sondern macht es auch erforderlich, dass der organisatorische Ablauf den Besonderheiten des Einsatzes dieses Mediums Rechnung trägt. Auch durch die Beachtung dieser organisatorischen Hinweise kann dazu beigetragen werden, den in § 10 Abs 5 der MBO aufgestellten Anforderungen Genüge zu tun. Im Einzelnen sollte der Arzt Folgendes beachten:
– Zur Sicherung der Patientendaten sind täglich Sicherungskopien auf geeigneten externen Medien zu erstellen.
– Der Arzt muss während der vorgeschriebenen Aufbewahrungsfristen (idR zehn Jahre – § 10 Abs 3 MBO) in der Lage sein, auch nach einem Wechsel des EDV-Systems oder der Programme innerhalb angemessener Zeit die EDV-mäßig dokumentierten Informationen lesbar und verfügbar zu machen. Die (Fern-)Wartung von EDV-Systemen in Arztpraxen ist dann zulässig, wenn das System die Möglichkeit bietet, dass die einzelnen Maßnahmen durch den Arzt autorisiert und überwacht werden können. Es handelt sich hierbei um eine Prüfung oder Wartung automatisierter Verfahren oder von Datenverarbeitungsanlagen durch Externe gem. § 11 Abs 5 BDSG. Dabei sind die für die Datenverarbeitung im Auftrag geltenden Grundsätze gem. § 11 Abs 1 bis Abs 4 BDSG zu beachten. Der Arzt ist weiterhin für die Einhaltung der datenschutzrechtlichen Vorschriften verantwortlich. Er hat den Auftragnehmer unter besonderer Berücksichtigung der Eignung der von ihm getroffenen technischen und organisatorischen Maßnahmen sorgfältig auszuwählen. Er hat sich also vor der Auftragserteilung zu vergewissern, dass der Auftragnehmer in der Lage und Willens ist, die erforderlichen Sicherungsmaßnahmen auszuführen. In dem schriftlich abzuschließenden Auftragsverhältnis müssen sich der Auftragnehmer und seine Mitarbeiter zur Verschwiegenheit verpflichten. Die im Rahmen der (Fern-)Wartung durchgeführten Maßnahmen sowie der Name der Wartungsperson sind zu protokollieren (vgl Kapitel 10 der Technischen Anlage).
– Auszumusternde Datenträger müssen unter Beachtung des Datenschutzes (zB durch mehrfaches Überschreiben mittels geeigneter Software) fachgerecht unbrauchbar gemacht werden.
– Der Arzt sollte beim Abschluss von EDV-Verträgen und in jedem einzelnen Wartungs- oder Reparaturfall darauf achten, dass die genannten Vorschriften eingehalten werden.
– Drahtlose Verbindungen in der Arztpraxis können ein Sicherheitsrisiko darstellen Daher sollten die in der Technischen Anlage (Kapitel 4) beschriebenen Vorgaben beachtet werden.

2. Stellungnahme der Zentralen Ethikkommission

Zentrale Kommission zur Wahrung ethischer Grundsätze in der Medizin und ihren Grenzgebieten (zentrale Ethikkommission) bei der Bundesärztekammer – Zur Verwendung von patientenbezogenen Informationen für die Forschung in der Medizin und im Gesundheitswesen.[50]

Zusammenfassung der Stellungnahme

Täglich werden in Arztpraxen und Krankenhäusern Informationen über Patienten dokumentiert. Solche „personenbezogenen Gesundheitsdaten" fallen im Gesundheitswesen in einer für den Laien kaum noch nachvollziehbaren großen Anzahl an. Millionen von Datensätzen werden in den Computern der verschiedensten Einrichtungen erfasst und verarbeitet. Ihre Verwendung ist nicht allein für die Behandlung des einzelnen Patienten und für die Abrechnung der Leistungen bei den Krankenkassen notwendig. Vielmehr können die Daten bei einer systematischen und methodisch kontrollierten Auswertung auch dazu dienen, Gesundheitsrisiken zu erkennen, die Folgen von Risiken und Krankheiten sicherer abzuschätzen, den Nutzen verschiedener Therapien zu vergleichen oder Versorgungsziele zu bewerten.

Da Gesundheitsdaten personenbezogene Daten sind, steht ihre Erhebung und Verwendung unter dem Vorbehalt der Zustimmung der betroffenen Person. Die vom Patienten mitgeteilten oder bei ihm erhobenen Informationen sind zudem durch das Arztgeheimnis geschützt; ihre Weitergabe zu Abrechnungszwecken steht unter dem Sozialgeheimnis. Jenseits dieser ethisch und rechtlich geschützten Verhältnisse bedarf eine Verwendung personenbezogener Gesundheitsdaten einer ausdrücklichen Rechtfertigung. Angesichts der Vielzahl der Verwendungen, die der erreichte technische Stand der Datenverarbeitung eröffnet, lässt sich eine Regelung jedoch nicht im Vorhinein für alle Situationen vollständig und abschließend durch eine gesetzliche Regelung treffen. Vielmehr bedarf es dafür ethischer und rechtlicher Abwägungen im Einzelfall. Nicht von ungefähr enthalten die datenschutzrechtlichen Normen mehr oder weniger umfassende Generalklauseln und unbestimmte Rechtsbegriffe.

Die Zentrale Ethikkommission bei der Bundesärztekammer hat zu dieser Frage eine Stellungnahme erarbeitet. Sie fordert den Gesetzgeber dazu auf, in Umsetzung der EU-Richtlinie Nr 95/46/EG vom 24. 10. 1995 den Persönlichkeitsschutz bei der Verwendung von Patientendaten für die Forschung in der Medizin und im Gesundheitswesen zu verbessern. Ethische und rechtliche Probleme entstehen vor allem, wenn eine Zustimmung der betroffenen Personen aus sachlichen Gründen nicht eingeholt werden kann, die weitere Verwendung der Daten jedoch für die Verbesserung der Patientenversorgung wichtig ist. Die Zentrale Ethikkommission schlägt für die in diesen Situationen notwendig werdende Abwägung zwischen dem Persönlichkeitsschutz und der Bedeutung des Verwendungszwecks die Einrichtung unabhängiger Gremien nach dem Vorbild der Ethikkommissionen vor. Sie tritt ferner dafür ein, dass die Daten bei ihrer Verwendung in der medizinischen Forschung und im Gesundheitswesen den gleichen Schutz genießen wie bei dem Arzt, dem die Informationen zunächst anvertraut wurden.

Stellungnahme

1. Problemstellung

Das ethische und rechtliche Prinzip der Selbstbestimmung der Person verlangt, die Informationen über eine Person als Ausdruck ihrer persönlichen Sphäre anzuerkennen. Jede Verwendung, die nicht von der betroffenen Person (oder ggf von ihrem gesetzlichen Vertreter) ausdrücklich gebilligt wird, bedarf nach diesem Grundsatz einer eingehenden ethischen Rechtfertigung. Informationen über persönliche Verhältnisse können aber für die Erfüllung öffentlicher Aufgaben unerlässlich sein. Die Bedeutung solcher Informationen für die betroffenen Personen und die Wichtigkeit öffentlicher Aufgaben können je nach Inhalt stark variieren. Daher ist der Grundsatz des Schutzes persönlicher Informationen nur unter differenzierten Abwägungen anwendbar.

Wie die Erfahrungen mit der Umsetzung des Persönlichkeitsschutzes bei der Datenverarbeitung in der medizinischen Forschung und im Gesundheitswesen belegen, werden Abwägungen in den folgenden Situationen unausweichlich:

1. Aus sachlichen Gründen und aus Verantwortung gegenüber dem Patienten kann es bedenklich sein, die Zustimmung der betroffenen Person in schriftlicher Form einzuholen.
2. Bei der Verarbeitung von Daten einer sehr großen Personenzahl kann es praktisch undurchführbar oder mit einem unverhältnismäßig hohen Aufwand verbunden sein, die Zustimmung einzuholen. Beispiele hierfür sind:

---

[50] MedR 2000, 226–228; DÄBl 1999, 3203.

a) Die Verarbeitung soll über den Zweck hinausgehen, dem die betroffene Person bei der Datenverarbeitung zugestimmt hat; es ist aber nicht möglich, von allen Personen nachträglich eine Zustimmung einzuholen (zB von Verstorbenen).

b) Informationen sollen aus verschiedenen Datenquellen zusammengeführt werden (data linkage).

c) Informationen über eine Person sollen fortlaufend erhoben werden, zB für die Anlage einer pharmakoepidemiologischen Datenbank zur Erkennung von Arzneimittelrisiken nach der Marktzulassung oder für eine Versichertenstichprobe zur Unterstützung von Vorhaben der Qualitätssicherung. Beide Vorhaben erfordern sehr hohe Stichprobenumfänge und erwarten eine zuverlässige Zuordnung der Datensätze zu ein- und derselben Person.

d) Die Daten sollen über eine sehr lange Frist gespeichert werden.

Die angeführten Situationen werden derzeit international diskutiert, da sie bei wichtigen Verwendungszwecken im Gesundheitswesen auftreten. Gleichwohl bleibt die Verwendung der Daten ohne die Zustimmung der betroffenen Personen ein Eingriff in die Persönlichkeitssphäre. Es wiegt bei personenbezogenen Daten über die Gesundheit besonders schwer, weil diese Informationen als „sensible Daten" nach internationalen Grundsätzen geschützt sind.

Gegen den ethischen und rechtlichen Grundsatz, die Selbstbestimmung der Persönlichkeit über ihre Informationen zu achten, sind die Verwendungszwecke in ihrer Bedeutsamkeit abzuwägen. Dabei ist zunächst die Erforderlichkeit zu prüfen, dh ob der Verwendungszweck nicht auch auf anderen Wegen zu erreichen ist oder der Persönlichkeitsschutz durch Anonymisierung (sog Einwegverschlüsselung) gewährleistet werden kann. Erst wenn diese Möglichkeiten nicht gegeben sind, steht das Verhältnis zur Diskussion, in dem der Verwendungszweck zu der Verletzung des Persönlichkeitsrechts steht. Hier setzen dann unter Berücksichtigung rechtlicher Vorgaben differenzierte Erwägungen ein, die sich an geltenden und anerkannten Werten orientieren. Diese können sich beziehen

– auf das individuelle Risiko unter Erwägung von Kern- und Randbereichen der Persönlichkeit (nicht alle Gesundheitsdaten sind ieS sensibel und bedürfen in gleichem Maße des Schutzes),

– auf das Vertrauensverhältnis, in dem die Informationen gegeben werden (Arzt- und Patientengeheimnis),

– auf Persönlichkeitswerte wie den Schutz der Gesundheit und die Qualität der Gesundheitsversorgung, die mit der „informationellen Selbstbestimmung" insoweit konkurrieren, als sie eine Auswertung von Patientendaten erfordern, oder

– auf die Zumutbarkeit im Rahmen solidarischer Bindungen der betroffenen Person (zB der Mitwirkungspflicht der Versicherten nach § 1 Abs 2 SGB V).

2. Personenbezogene Informationen über die Gesundheit – Risiken und Nutzen

In einer Informationsgesellschaft kommt den Informationen über die Gesundheit in mehrfacher Hinsicht eine herausgehobene Position zu. Dies erfordert spezifische Regelungen für den Persönlichkeitsschutz bei der Verwendung dieser Daten.

a) Sie werden in einem großen Umfang kontinuierlich und nahezu für die gesamte Bevölkerung verarbeitet.

b) Sie werden in einem auch rechtlich besonders geschützten Vertrauensverhältnis offenbart.

c) Sie sind für die Beratung und Therapie der betroffenen Person sowie für die Bereitstellung von Geldleistungen unentbehrlich.

d) Sie müssen sorgfältig dokumentiert, sachkundig aufbereitet, mit anderen Informationen verglichen, beurteilt und für zukünftige Verwendungen aufbewahrt werden. Ihre Weitergabe an Dritte zur Konsultation oder Mitbehandlung sowie zur finanziellen Abgeltung der Leistungen und deren Kontrolle kann dem Rat- und Hilfesuchenden nur im Vertrauen auf einen ordnungsgemäßen Umgang mit den Informationen zugemutet werden.

e) Sie sind eine gesellschaftliche Ressource für die ständige Verbesserung der gesundheitlichen Versorgung. Ihre systematische Sammlung und methodische Auswertung dient gesellschaftlich anerkannten und von den Personen, deren Informationen verwendet werden, erwünschten Zwecken. Es sind dies unter anderem

– das rechtzeitige Erkennen von Risiken und ihre Vorbeugung,

– die Kontrolle der Zuverlässigkeit diagnostischer Befunde,

– die Beurteilung der Wirksamkeit therapeutischer Maßnahmen,

– die Sicherung und Verbesserung der Qualität ärztlicher und nichtärztlicher Leistungen,

– die Transparenz der Kosten, nicht zuletzt auch in Bezug auf ihren Nutzen, und die Unterstützung eines effektiven Managements in der Organisation und Erbringung gesundheitlicher Leistungen sowie

– der Durchsetzung des Wirtschaftlichkeitsprinzips im Umgang mit knappen Ressourcen und

– die Versachlichung des öffentlichen Diskurses über eine gerechte und sozial verträgliche Verteilung der Mittel.

f) Sie enthalten aber über die Gefahr einer Verletzung der Intimsphäre im Verhältnis zu Personen des privaten Lebenskreises und gesellschaftlichen Verkehrsbeziehungen hinaus ein Gefährdungspotential für gesellschaftliche Ausgrenzung und Diskriminierung. Im Falle des Zusammenbrechens einer freiheitlich-demokratischen Gesellschaftsordnung bieten sie Handhabe für Verfolgung und physische Vernichtung.

g) Ihre Zweitverwendung bietet Handhabe für wirtschaftliche und politische Fremdkontrolle.

Die vielseitigen und wichtigen Funktionen, die den personenbezogenen Daten über die Gesundheit für das Gesundheitswesen und für die medizinische Forschung zukommen, haben ebenso wie die Risiken einer missbräuchlichen Verwendung in zahlreichen Ländern zu intensiven Überlegungen darüber geführt, wie ein wirksamer Persönlichkeitsschutz gewährleistet werden kann, ohne die Vorteile der Datenverarbeitung preiszugeben.

3. Die Datenschutzrichtlinie der EU

Die Richtlinie 95/46/EG des Europäischen Parlaments und des Rates vom 24. 10. 1995 „zum Schutz natürlicher Personen bei der Verarbeitung personenbezogener Daten und zum freien Datenverkehr" (EU-DSRL) setzt neue Maßstäbe für den Umgang mit Patientendaten in der Medizin und im Gesundheitswesen.

Die Richtlinie verfolgt als wesentliche Ziele,
– die Grundlagen für einen grenzüberschreitenden Datenaustausch zu schaffen, um das innovative Potential der Datenverarbeitung für wirtschaftliche und soziale Zwecke auszuschöpfen,
– den Schutz der Persönlichkeit in der Europäischen Gemeinschaft mit der Vorgabe von Grundsätzen für die Datenverarbeitung auf ein vergleichbares Niveau zu stellen.

Die Richtlinie verbietet grundsätzlich die Verarbeitung – und diese schließt die Erhebung ein – von Daten über „Gesundheit und Sexualleben" (Art 8 Abs 1). Diese Daten werden als „sensibel" eingestuft und entsprechend unter Schutz gestellt. Die Ausnahmen, die die Richtlinie unter dem Vorbehalt der Erforderlichkeit und unter dem Vorbehalt des Bestehens einer Geheimhaltungspflicht der verarbeitenden Person explizit für
– die Gesundheitsvorsorge,
– die medizinische Diagnostik,
– die Gesundheitsversorgung und Behandlung sowie
– die Verwaltung von Gesundheitsdiensten
in Art 8 Abs 3 (über die allgemeinen Ausnahmen des Art 8 Abs 2 hinaus – zu diesen gehört zB die ausdrückliche Einwilligung der betroffenen Person oder Schutz lebenswichtiger Interessen) vorsieht, bedürfen hinsichtlich der damit abgedeckten Verwendungszwecke und hinsichtlich der Erforderlichkeit einer sorgfältigen Interpretation. Diese ist bei der Umsetzung in nationales Recht zu leisten. Bisher ist die Bundesrepublik ihrer Verpflichtung zur Umsetzung der Richtlinie in deutsches Recht (Termin war Oktober 1998) nicht nachgekommen.

4. Bestehende Interessenkonflikte

Unabhängig von den juristischen Fragen, die eine Einarbeitung der Richtlinie in das komplexe deutsche Recht zum Persönlichkeitsschutz bei der Datenverarbeitung aufwirft, stellen sich einige grundsätzlich auch ethisch zu klärende Probleme. Aus der Sicht des Bürgers, des Sozialversicherten oder des Patienten betrachtet, müssen zwei auch im Einzelfall gegeneinander abgewogen werden:
– Auf der einen Seite steht das Interesse, dass Gesundheitsdaten genutzt werden, um zB die Qualität der Versorgung zu sichern und zu verbessern, um neue Erkenntnisse zu gewinnen, oder um Informationen zur Wirtschaftlichkeit und Qualität der Versorgungsstrukturen zu erhalten. Die Konkretisierung und Bewertung dieses Interesses ist eine anspruchsvolle Aufgabe. Dabei gibt es eine Vielzahl möglicher Verwendungen von Gesundheitsdaten, die von den betroffenen Personen nicht nur akzeptiert werden, sondern in Kenntnis ihres Nutzens sogar erwartet und gewünscht werden.
– Auf der anderen Seite steht das verfassungsrechtlich geschützte Recht, dass jede Verwendung von persönlichen Daten unter dem Vorbehalt der ausdrücklichen Zustimmung der betroffenen Personen steht. Diese Zustimmung kann insbesondere bei einer Zweitverwendung von Gesundheitsdaten in dem großen Umfang, der für die genannten Untersuchungszwecke benötigt wird, nicht immer eingeholt werden, und zwar weder im Vorhinein bei der Erhebung der Daten noch im Nachhinein bei der Zweitverwendung für Zwecke, die bei der Erhebung noch gar nicht bekannt waren.

Ein striktes Verbot der Verarbeitung von personenbezogenen Daten über die Gesundheit unterbindet die Erfüllung wesentlicher Funktionen der Gesundheitssicherung, auf die der Bürger vertrauen muss, insbesondere wenn er zur Finanzierung des Gesundheitssystems gesetzlich verpflichtet wird. Die Aufhebung oder Lockerung des Verbots der Verarbeitung läuft dagegen Gefahr, den Schutz der Persönlichkeit wieder preiszugeben, der gerade durch das Verbot gewährleistet werden soll. Dieses Spannungsverhältnis lässt sich nur auflösen, wenn Optimierungen konkret und eindeutig benannt werden. Die Optimierungen müssen den Schutz der Persönlichkeit auf der einen Seite und die Erfüllung der für den Bürger wesentlichen Funktionen des Gesundheitswesens, die nur durch die Verarbeitung personenbezogener Daten erfüllt werden können, auf der anderen Seite ausgewogen in Einklang bringen. Optimierungen sind weithin Einzelfallentscheidungen unabhängiger und hierfür kompetenter Gremien.

5. Aktuelle Gefährdungen des Persönlichkeitsschutzes

Kritische Situationen, in denen der Persönlichkeitsschutz und Verwendungszwecke der Datenverarbeitung gegeneinander abgewogen werden müssen, seien anhand aktueller Beispiele genannt:

a) Die Freiheit der Arztwahl, verbunden mit einer zunehmend beanspruchten Sachkompetenz der Patienten, führt dazu, dass gerade bei chronischen Erkrankungen die Patienten Leistungen verschiedener Ärzte und therapeutischer Einrichtungen in Anspruch nehmen. Die in dieser Situation geforderte Zusammenarbeit legt einen Austausch von Informationen auch in der ambulanten Versorgung nahe, wie er sich in den Krankenhäusern bereits eingespielt hat. Den im Entstehen begriffenen, von interessierter Seite geförderten „Netzwerken" in der ambulanten Versorgung fehlen für den Informationsaustausch eine ethische Begründung und rechtliche Garantien. Aus diesem Blickwinkel stellt sich die Frage, wie die ärztliche Schweigepflicht gesichert und der Datenschutz gewährleistet werden kann.

b) Die Erforschung der gesellschaftlichen Bedingungen für Entstehung und Verlauf insbesondere chronischer Krankheiten, die Beurteilung der Wirksamkeit der angewendeten Therapien und ihrer Risiken, die Abschätzung der ökonomischen Folgen gesundheitlicher und medizinischer Maßnahmen sowie ihres therapeutischen Nutzens sind auf Informationen über große Bevölkerungskollektive angewiesen. Gleich ob diese Informationen primär durch Befragung oder Untersuchung von Personen oder sekundär durch Abschöpfen der Routinedaten der Versorgung gewonnen werden, bedeutet die Datengewinnung einen Eingriff in die Persönlichkeitssphäre der Betroffenen, dessen Verhältnismäßigkeit ebenso zu prüfen ist wie der Persönlichkeitsschutz im Umgang mit diesen Daten.

c) Die schrittweise Verbesserung der gesundheitlichen Versorgung hinsichtlich ihrer Ergebnisse, zB im Erreichen von Versorgungszielen und unter Bezug auf die Wirtschaftlichkeit in der Erbringung der Leistungen, zwingt zu einer Ordnung des Leistungsgeschehens unter Systemaspekten. Bezogen auf Gesundheitsziele werden geeignete Maßnahmen einander folgerichtig zugeordnet und implementiert. Diese Strategie zur Verbesserung der Leistungsfähigkeit des Gesundheitswesens, derzeit unter den Begriffen „Health Maintenance Organisation", „Disease Management" oder „Case Management", aber auch auf Kommunalen Gesundheitskonferenzen diskutiert und angewendet, kann jedoch nur dann zu den angestrebten Erfolgen führen, wenn die eingeleiteten Maßnahmen evaluiert werden können. Eine Evaluation ist ohne den Zugriff auf die Routinedaten der Versorgung, ohne eine den Evaluationszielen entsprechende Gestaltung dieser Daten und eine hohe Zuverlässigkeit des Personenbezuges unmöglich. Vorliegende Planungen zum Einsatz der genannten Strategien zu mehr Qualität und mehr Wirtschaftlichkeit im Gesundheitswesen entbehren weithin, wenn man von allerdings bemerkenswerten Ausnahmen absieht (zB Lowrance Report), einer ethischen Begründung und einer Erwägung interner und externer Kontrollen zur Einhaltung des Persönlichkeitsschutzes.

6. Abwägungsgesichtspunkte

Unter ethischen Erwägungen und ihrer notwendigen gesetzlichen Absicherung sind Nutzen und Risiken der Verarbeitung personenbezogener Daten über die Gesundheit sorgfältig gegeneinander abzuwägen. Dabei gilt es zu beachten:

a) Vermeiden der Exposition für gesellschaftliche Ausgrenzung.

b) Garantien für das ärztliche Berufsgeheimnis bei der „sekundären" Verwendung von Patientendaten.

c) Verhältnismäßigkeit von Nutzen und Risiko für die Personen, deren Informationen verwendet werden.

d) Unterscheidung zwischen Informationen, die Kernbereiche der Persönlichkeit betreffen, und solchen, die zwar auf die Person beziehbar, aber eher peripherer Natur sind.

e) Ausschöpfen der gegebenen technischen und organisatorischen Möglichkeiten, die ausdrückliche Zustimmung der betroffenen Person für die Verarbeitung ihrer Informationen zu erhalten.

f) Anonymisierung der personen- und institutionsbezogenen Kennungen in allen Fällen, in denen der Verwendungszweck es zulässt, und unter Ausschöpfung aller zu diesem Zeitpunkt bekannten technischen (kryptographische Verfahren oder Umsetzungstabellen) und organisatorischen Möglichkeiten (zB Vertrauensstelle) des Datenschutzes und der Datensicherheit.

g) Verbot der Zusammenführung von Patienten- oder Versichertendaten zu dem Zweck, eine wirtschaftliche oder gesundheitliche Kontrolle über einzelne Personen auszuüben.

h) Ausschluss der Möglichkeit, durch die Verfügung über Patienten- und Versichertendaten Wettbewerbsvorteile zu erlangen oder (gesundheits-)politische Kontrolle auszuüben.

Die Einhaltung dieser und weiterer Grundsätze, wie sie von der Europäischen Richtlinie und wissenschaftlichen Fachgesellschaften vorgeschlagen werden, ist ohne rechtliche Garantien und angemessene organisatorische Vorkehrungen nicht zu erwarten. Es bedarf eines gesetzlichen Rahmens für Entscheidungen, die unter Bezug auf konkrete Zwecke verbindlich getroffen werden können. Zu diesem Zweck ist die Einrichtung von unabhängigen und kompetenten Beurteilungsinstanzen, die die für eine Entscheidung erforderlichen Abwägungen sachkundig vornehmen, zu fordern. Sie werden zB im Lowrance Report als „institutionalized review boards" vorgeschlagen.

7. Institutionelle Umsetzung

Neben den bereits bestehenden externen Kontrollinstanzen für die Einhaltung des Persönlichkeitsschutzes bei der Verarbeitung von personenbezogenen Daten über die Gesundheit, zB den Beauftragten für den Datenschutz, ist die Einrichtung interner, unabhängiger und kompetenter Beurteilungsinstanzen vorzusehen. Nur diese sind von ihrer Sachkompetenz her geeignet, die von der Sache geforderten differenzierten Abwägungen vorzunehmen, die angesichts miteinander konkurrierender Ziele und Werte notwendig werden, um sowohl eine Nutzung der im Gesundheitswesen anfallenden Daten entsprechend dem erreichten technischen Standard zu gewährleisten als auch den Persönlichkeitsschutz der davon betroffenen Person zu wahren.

Für die Einrichtung von Beurteilungsinstanzen im Gesundheitswesen („institutionalized review boards"), denen die erforderliche Rechtsgüterabwägung zur Gewährleistung des Persönlichkeitsschutzes bei der Verwendung von Gesundheitsdaten verantwortlich übertragen werden sollte, können die Ethikkommissionen der Ärztekammern und der Medizinischen Fakultäten wegweisend sein. Diese sind interdisziplinär zusammengesetzt, ihnen gehören Vertreter der gesellschaftlich relevanten Gruppen an, sie sind unabhängig, sie können problembezogen Expertisen anfordern. Es gibt einen ständigen Erfahrungsaustausch; bei einander widersprechenden Entscheidungen gibt es Gremien der Konsensfindung wie die Arbeitsgemeinschaft der Ethikkommission oder die Zentrale Ethikkommission bei der Bundesärztekammer.

Die Aufgaben und Befugnisse solcher interner, unabhängiger und kompetenter Instanzen sollten allerdings nach drei Richtungen hin präzisiert werden:

a) Hinsichtlich ihres sachlichen Inhalts sollten die von ihnen getroffenen Entscheidungen bei den Datenschutzbeauftragten des Bundes bzw der Bundesländer sowie bei den Aufsichtsbehörden bei der Sozialversicherung grundsätzlich Anerkennung finden.

b) Die Patientendaten der von ihnen geprüften und befürworteten Vorhaben müssten strafrechtlich den gleichen Schutz genießen wie unter dem ärztlichen Berufsgeheimnis.

c) Sie müssten sich vorausschauend mit den ethischen und rechtlichen Fragen der Nutzung von personenbezogenen Informationen über die Gesundheit für die Forschung und für das Management im Gesundheitswesen mit der Zielsetzung beschäftigen, die Risiken eines möglichen Missbrauchs zu minimieren.

Die Erweiterung um wesentliche Aufgaben und Befugnisse erfordert jedoch eine Transparenz und Begründungspflicht der Entscheidungen, verbunden mit der Pflicht öffentlicher Berichterstattung.

Bei der Umsetzung der Datenschutzrichtlinie der EU sind die hierfür derzeit fehlenden rechtlichen Rahmenbedingungen (Bundesdatenschutzgesetz, Sozialgesetzbuch, Strafprozessordnung, Strafgesetzbuch) zu schaffen.

§ 73 Rechtsfolgen des Bruchs ärztlicher Verschwiegenheit und bei Verstößen gegen das BDSG

Inhaltsübersicht
I. Strafrechtlich 1
II. Zivilrechtlich 2

I. Strafrechtlich

1   Die strafrechtlichen Folgen des Bruches der ärztlichen Schweigepflicht (§ 203 StGB) werden in allen Einzelheiten an anderer Stelle behandelt. Auf diese Ausführungen kann damit Bezug genommen werden.[1]

Ordnungswidrig handelt, wer vorsätzlich oder fahrlässig gegen die in § 43 Abs 1 Nr 1–11 enumerativ aufgeführten Pflichten des Bundesdatenschutzgesetzes verstößt, etwa eine gesetzlich vorgesehene Meldung nicht, oder nicht vollständig oder nicht rechtzeitig erbringt, einen Beauftragten für den Datenschutz nicht rechtzeitig bestellt, einen Betroffenen nicht richtig oder nicht rechtzeitig unterrichtet etc pp. Der Strafrahmen sieht hier eine Geldbuße von bis zu 25.000 **Euro** vor.

Wer hingegen (§ 43 Abs 2 BDSG) unbefugt personenbezogene Daten, die nicht allgemein zugänglich sind, vorsätzlich oder fahrlässig erhebt, verarbeitet, bereithält, abruft oder sich verschafft bzw erschleicht, ist mit **Euro** 250.000 bedroht. § 44 BDSG sieht demgegenüber vor, dass derjenige, der eine in § 43 Abs 2 bezeichnete vorsätzliche Handlung gegen Entgelt oder in Bereicherungs- oder Schädigungsabsicht begeht, mit Freiheitsstrafe von bis zu 2 Jahren oder Geldstrafe bestraft sind.

II. Zivilrechtlich

2   Als zivilrechtliche Haftungstatbestände kommen beim Bruch der ärztlichen Verschwiegenheit in Betracht: einmal die deliktische Anspruchsnorm des § 823 Abs 2 BGB iVm § 203 StGB (als Schutzgesetz), eine Persönlichkeitsverletzung im Rahmen des § 823 Abs 1 BGB sowie vertragliche Schadensersatzansprüche unter dem Gesichtspunkt der positiven Vertragsverletzung. Dabei können auch Schäden Dritter geltend gemacht werden, die in den Schutzbereich des Arztvertrages einbezogen worden sind.

3   Zu den **Schäden,** die der Arzt dem Patienten zu ersetzen hat, können ua zählen: Einkommenseinbußen, Verlust des Arbeitsplatzes oder der Wohnung, Scheidungsfolgelasten, wenn durch die ärztliche Indiskretion die Ehe des Betroffenen zerbricht.

---

[1] Siehe „Strafrechtliche Folgen der Verletzung der ärztlichen Schweigepflicht".

13. Kapitel. Die Pflichten des Patienten aus dem Arztvertrag

§ 74 Grundsätze

Inhaltsübersicht

	RdNr
I. Haupt- und Nebenpflichten	1
II. Mitwirkungs"pflicht" (Compliance) und weitere Obliegenheiten	4
1. Compliance	4
2. Sonstige Mitwirkungspflichten des Patienten	7

Schrifttum: *Conti,* Die Pflichten des Patienten im Behandlungsvertrag, 2000; *Engst,* Patientenpflichten und -lasten, 2008; *Göben,* Das Mitverschulden des Patienten im Arzthaftungsrecht, 1998; *Grossfuss-Bürk,* Die Verantwortung des Arztes für Fehlverhalten des Patienten am Beispiel der Mißachtung ärztlicher Hinweise, 1992; *Haynes/Taylor/Sackett,* übers u bearb v *Schrey,* Compliance-Handbuch, 2. Aufl 1986; *Schellenberg,* Non-Compliance und Arzthaftung, VersR 2005, 1620 ff.

I. Haupt- und Nebenpflichten

Der Arztvertrag ist dadurch gekennzeichnet, dass er nur wenige echte Patientenpflichten **1** kennt, aber zahlreiche Obliegenheiten. Unter Obliegenheiten werden Pflichten gegen sich selbst verstanden, die nicht eingeklagt werden können, deren Verletzung aber zu Rechtsnachteilen für denjenigen führen können, dem sie obliegen.[1]

Als **Hauptleistungspflicht** iSv § 241 Abs 1 BGB kommt nur die Zahlungspflicht in **2** Betracht. Die Zahlungspflicht trifft grundsätzlich nur den Privatpatienten. In dem Maße, in dem Zuzahlungen üblich werden, richtet sich der Zahlungsanspruch allerdings auch gegen GKV-Patienten.

Auch echte **Nebenpflichten** sind selten. § 241 Abs 2 BGB verpflichtet beide Vertragspartner „zur Rücksicht auf die Rechte, Rechtsgüter und Interessen des anderen". Darunter sind zum Beispiel Informationen über solche (ansteckende) Krankheiten zu verstehen, die für den Arzt selbst gefährlich werden können, aber auch der pflegliche Umgang mit dem ärztlichen Personal und der Praxiseinrichtung. Zudem ist die Pflicht, Termine einzuhalten oder sie jedenfalls rechtzeitig abzusagen, als echte Nebenpflicht anzusehen.

Verletzt der Patient die vertragliche Zahlungspflicht, so behält der Arzt seinen Hono- **3** raranspruch und kann ihn gegebenenfalls gerichtlich durchsetzen. Die Verletzung der Nebenpflichten führt zu Schadensersatzansprüchen des Arztes. Für die Verletzung der Termineinhaltungspflicht kommen ebenfalls Schadensersatzansprüche in Betracht, aber auch Ansprüche auf eine „Verweilgebühr" oder auf die Honorarzahlung.[2]

II. Mitwirkungs"pflicht" (Compliance) und weitere Obliegenheiten

1. Compliance. Alle anderen „Pflichten" des Patienten sind **Obliegenheiten**. Darun- **4** ter lassen sich auch sämtliche Nuancen der sog **Compliance** fassen. Unter Compliance versteht man „das Ausmaß der Übereinstimmung des Verhaltens eines Menschen in Bezug auf die Einnahme von Arzneimitteln, die Befolgung einer Diät oder die Art, wie jemand

---

[1] Vgl ua *Staudinger/Olzen* § 241 BGB RdNr 121 ff; MünchKomm-*Kramer* Einl zu §§ 241 ff BGB RdNr 50.
[2] Vgl dazu genauer unten § 75 RdNr 22 ff.

seinen Lebensstil ändert, mit einem ärztlichen oder gesundheitlichen Rat",[3] dh zusammengefasst, die Befolgung von Verhaltensanweisungen des Arztes im Rahmen der medizinischen Behandlung.[4] Der Begriff entstammt der Medizin und wurde erst gegen Ende des 20. Jahrhunderts in der Rechtswissenschaft aufgegriffen.[5] Er trägt jedoch nicht zur Klärung der bestehenden Rechtsfragen – Rechtsnatur, Folgen der Non-Compliance, usw – bei, sondern ist lediglich eine terminologische Neuerung, auf die daher im Folgenden verzichtet werden soll.[6]

5 Neben der „Pflicht" zur Befolgung ärztlicher Verhaltensanweisungen treffen den Patienten noch weitere Obliegenheiten aus dem Arztvertrag, wie zB Untersuchungen und Behandlungen zu dulden und die erforderliche Einwilligung zu erklären, die verordneten Medikamente regelmäßig einzunehmen sowie Informations- und Hinweispflichten (insbesondere bei der Anamnese).[7]

6 **Verstößt** der Patient gegen seine Obliegenheiten, so behält der Arzt trotz eines möglichen Behandlungsmisserfolges seinen Honoraranspruch. Der Behandlungsmisserfolg begründet weder einen Anscheinsbeweis zulasten des Arztes noch wird ihm im Haftungsprozess die Darlegungslast auferlegt. Vielmehr hat der Patient zu beweisen, dass trotz der Nichtbefolgung ärztlicher Anordnungen eine Falschbehandlung vorgelegen hat. Dabei wird immer von einem Mitverschulden des Patienten iSd § 254 Abs 1 BGB auszugehen sein.

7 **2. Sonstige Mitwirkungspflichten des Patienten.** Mitwirkungspflichten sind vor allem in den §§ 60–64 SGB I festgelegt. Wer Sozialleistungen beantragt oder erhält, hat Angaben zu machen, persönlich zu erscheinen, Untersuchungen zu dulden und eine Heilbehandlung sowie berufsfördernde Maßnahmen zu dulden. Die **Grenzen der Mitwirkung** legt § 65 SGB I fest. Danach kann bei Unverhältnismäßigkeit, Unzumutbarkeit oder wenn Gefahr für Leben und Gesundheit nicht ausgeschlossen werden kann, die Untersuchung bzw Behandlung mit erheblichen Schmerzen verbunden ist oder einen erheblichen Eingriff in die körperliche Unversehrtheit darstellt, der die Sozialleistungen Beantragende die Mitwirkung ablehnen. Im Übrigen richten sich die Folgen fehlender Mitwirkung des Leistungsberechtigten nach § 66 SGB I: Der Leistungsträger kann ohne weitere Ermittlungen die Leistung bis zur Nachholung der Mitwirkung ganz oder teilweise versagen oder entziehen, soweit die Voraussetzungen der Leistung nicht nachgewiesen sind. Die Mitwirkung kann nachgeholt werden (§ 67 SGB I).

8 Auch **prozessual** können sich Mitwirkungspflichten des Patienten ergeben. Verweigert der Patient in einem von ihm angestrengten Arzthaftungsprozess die Entbindung der Ärzte von der Schweigepflicht oder lehnt der Patient eine Untersuchung durch den ärztlichen Sachverständigen ab, so liegt ein Verhalten vor, das dem Beweispflichtigen die Beweisführung unmöglich macht oder wesentlich erschwert. Diese Verhaltensweise geht immer zulasten des Patienten,[8] dh, es kommt in der Regel zu einer Beweislastumkehr zugunsten des Arztes.[9] Das gilt auch für den Fall, dass die Befreiung von der Schweigepflicht verspätet erfolgt und der Arzt infolge des größeren zeitlichen Abstandes nicht mehr oder nicht so exakt aussagen kann.[10]

---

[3] So das Vorwort des Compliance-Handbuchs, 1986, S 8. Neuerdings spricht man auch von der Selbstmanagement-Therapie, die dazu dient, den Patienten in die Lage zu versetzen, sein Leben ohne therapeutische Hilfe zu gestalten.
[4] *Katzenmeier,* Arzthaftung, 2002, S 60 u *Göben,* S 45.
[5] Vgl *Engst,* S 20 mwN.
[6] So auch *Engst,* S 21 f mwN.
[7] Vgl dazu genauer unten §§ 76–78.
[8] Vgl BGH ZZP 1959, 201, 202; *Weißauer,* Mitwirkungs- und Duldungspflichten des Leistungsberechtigten bei ärztlichen Maßnahmen, Mitteilungen der Landesversicherungsanstalt Oberfranken und Mittelfranken, Nr 11/1981, 486, 488; *Engst,* S 205-207; *Deutsch/Spickhoff,* Medizinrecht, 2008, RdNr 566.
[9] *Kern/Laufs,* Die ärztliche Aufklärungspflicht, 1983, S 174.
[10] OLG Frankfurt NJW 1980, 2758; *Kern/Laufs,* S 174.

13. Kapitel. Die Pflichten des Patienten aus dem Arztvertrag § 75

§ 75 Die Zahlungspflicht des Patienten und das Arzthonorar GOÄ und GOZ

Inhaltsübersicht

	RdNr
I. Rechtsgrundlagen des ärztlichen Vergütungsanspruchs	1
II. Die Honorarvereinbarung für ambulante ärztliche Leistungen nach § 2 GOÄ	3
III. Das Arzthonorar nach der GOÄ mit Ausnahme der Vergütung für stationäre Leistungen	7
1. Medizinisch notwendige Leistungen nach den Regeln der ärztlichen Kunst	7
2. Begründungspflicht bei Überschreiten der Schwellenwerte bei Honorarvereinbarungen	8
3. Die Berechnung der Gebühren	9
4. Fälligkeit und Verjährung des Vergütungsanspruchs	13
5. Abrechnung bei Kostenerstattung	14
6. Ansprüche aus Geschäftsführung ohne Auftrag und ungerechtfertigter Bereicherung	15
7. Die unentgeltliche Behandlung von Arztkollegen und deren Angehörigen	16
8. Honorarvorschuss	17
9. Honoraranspruch bei Behandlungsmisserfolgen	18
10. Abtretung ärztlicher Honorarforderungen	20
IV. Verzug des Patienten	22
1. Vor Vertragsschluss	23
2. Ausbleiben des Patienten bei bestehendem Arztvertrag	24
V. Honorarschuldner	31
VI. Die Privatliquidation des Zahnarztes	34
VII. Gebühren der Tierärzte	41
VIII. Honorarvereinbarungen der Krankenhausärzte	43

Schrifttum: *Andreas,* Grundsatzfragen der GOÄ '96, ArztR 1997, 67 ff; *ders,* Zielleistungsprinzip bei der Abrechnung einer Hallux valgus-Operation, ArztR 2007, 41; *Biermann/Ulsenheimer/Weißauer,* Persönliche Leistungserbringung und Vertretung des Chefarztes bei wahlärztlichen Leistungen, NJW 2001, 3366; *Brück,* Kommentar zur Gebührenordnung für Ärzte, Losebl Stand Oktober 2008; *Clausen,* Der Verjährungsbeginn bei ärztlichen Honorarforderungen gegenüber Privatpatienten, MedR 2000, 129; *Clausen/Schroeder-Printzen,* Wahlleistungsvereinbarung, 2005; *Dahm,* Zur Problematik der Falschabrechnung im privatärztlichen Bereich, MedR 2003, 268; *Ellbogen,* Die Nichtbezahlung von Arztrechnungen durch Privatpatienten, ArztR 2007, 46; *Engst,* Patientenpflichten und -lasten, 2008; *Funke,* Privatärztliches Gebührenrecht, 1988; *Griebau,* Sachkosten nach GOÄ und GOZ, ZMGR 2004, 190; *Haberstroh,* Grundfragen und aktuelle Probleme des privaten Gebührenrechts, VersR 2000, 538; *Harneit/Poetsch,* Die Bedeutung von § 4 Abs 2a GOÄ/§ 4 Abs 2 GOZ in der Systematik des (zahn)ärztlichen Gebührenrechts, GesR 2004, 11; *Hensen,* Zulässigkeit von Sondervereinbarungen nach der neuen Gebührenordnung für Ärzte, NJW 1983, 1366; *Hess,* Wird die GOÄ gleichgeschaltet?, chefarzt aktuell 2006, 76; *Hoffmann/Kleinken* (Hrsg), Gebührenordnung für die Ärzte (GOÄ) – Kommentar mit praktischen Hinweisen für die Abrechnung, Losebl Stand Oktober 2008; *Hollmann,* Anforderungen an die schriftliche Vereinbarung, Niedersächsisches ÄBl 1983, 452; *Jaspersen,* Ärztlicher Behandlungsfehler und Vergütungsanspruch, VersR 1992, 1431 ff; *Kern,* Die Übernahme einer Tierarztpraxis, JuS 2001, 467–470; *ders,* Arzt und Vorschuss, GesR 2007, 241–245; *Kistner,* Wahlbehandlung und direktes Liquidationsrecht des Chefarztes, 1990; *Köhler* (Hrsg), Kölner Kommentar zum EBM. Kommentierung des Einheitlichen Bewertungsmaßstabs, Losebl Stand 2008; *Kölsch,* Ärztliche Vergütungsvereinbarung nach § 2 GOÄ und AGB-Gesetz, NJW 1985, 2172; *ders,* Die „abweichende Vereinbarung" nach der neuen Gebührenordnung für Ärzte, MedR 1983, 95; *König,* Zur Zulässigkeit ärztlicher Honorarvereinbarungen, NJW 1992, 728; *Kuhla,* Liquidation des Chefarztes für Vertreterleistungen, NJW 2000, 841; *Lang,* GOÄ-Kommentar, 2002; *Miebach,* Das „Zielleistungsprinzip" – eine der wichtigsten Grundregeln bei der Anwendung der Gebührenordnung für Ärzte, MedR 2003, 88; *Miebach/Patt,* Persönliche Leistungserbringung und Vertretung des

§ 75   1   § 75 Die Zahlungspflicht des Patienten und das Arzthonorar

Chefarztes bei wahlärztlichen Leistungen, NJW 2000, 3377; MünchKomm-*Schaub* (3. Aufl 1997) § 612 BGB RdNr 196 ff; *Peter,* „Schlüsselgewalt" bei Arzt- und Krankenhausverträgen, NJW 1993, 1949; *Rengel,* Gebührenordnung für Ärzte, Stand 1993; *Roth,* Der Vergütungsanspruch bei schlechter Leistung im Recht der freien Berufe, VersR 1979, 494 u 600; *Schmatz/Goetz/Matzke,* Gebührenordnung für Ärzte (Kommentar), 2. Aufl 1983; *Sieper,* Die Haftung des Ehegatten für Krankenhausbehandlungskosten nach § 1357 BGB, MedR 2006, 638; *Thiel,* Gebührenordnung für Ärzte novelliert, Arbeitgeber 1996, 320; *Tuschen/Trefz,* Krankenhausentgeltgesetz. Kommentar, 2004; *Uhlenbruck,* Privat-Honorar bei Nichterscheinen des Patienten zum vereinbarten Behandlungstermin, RheinÄBl 1984, 496; *Ulbricht,* Wenn Patienten nicht zahlen. Forderungsbeitreibung für Ärzte, Zahnärzte und Heilberufe, 2008; *Uleer/Miebach/Patt,* Abrechnung von Arzt- und Krankenhausleistungen, 3. Aufl 2006; *Weißauer/Hesselberger,* Ärztliches Gebührenrecht und Grundgesetz, MedR 1985, 207.

I. Rechtsgrundlagen des ärztlichen Vergütungsanspruchs

1   Aus der Einordnung des Arztvertrags als Dienstvertrag[1] folgt für den Patienten die (Haupt)Pflicht zur Zahlung der Vergütung. Da die Vergütung üblicherweise nicht vereinbart wird, gilt insoweit gem § 612 BGB die GOÄ oder die GOZ. Bei den Gebührenordnungen handelt es sich um zwingendes ärztliches Preisrecht.[2] Die Gebührenordnungen und das Berufsrecht modifizieren die einschlägigen Vorschriften des BGB, die aber grundsätzlich weitergelten. Von Bedeutung ist zudem noch § 12 MBO.[3]

Grundrechtlich verankert ist das Honorarrecht in Art 12 GG. Das Grundrecht aus Art 12 Abs 1 GG (Berufsfreiheit) umfasst auch die Freiheit, das Entgelt für die beruflichen Leistungen selbst festzusetzen oder mit den potenziellen Vertragspartnern auszuhandeln.[4] Vergütungsregeln sind daher nur dann mit Art 12 Abs 1 GG vereinbar, wenn sie auf einer gesetzlichen Grundlage beruhen, die durch ausreichende Gründe des Gemeinwohls gerechtfertigt wird und dem Verhältnismäßigkeitsgrundsatz genügt. Die Grenzen der Zumutbarkeit sind erreicht, wenn dem Arzt unangemessen niedrige Einkünfte zugemutet werden und auf der Grundlage der bestehenden Vergütungsregelung eine wirtschaftliche Existenz generell nicht möglich ist.[5] Problematisch in diesem Zusammenhang sind die Einschränkungen der freien Honorarvereinbarungen durch GOÄ und GOZ, die das BVerfG für grundsätzlich zulässig hält.[6] Allerdings sind deren restriktive Regeln großzügig auszulegen.[7]

Ein ärztlicher Honoraranspruch besteht nur gegenüber Privatpatienten, dh solchen Patienten, für die kein sonstiger, sozialrechtlicher Kostenschuldner (Gesetzliche Krankenkasse, Sozialhilfe) existiert. Unerheblich ist insoweit, ob der Patient privatversichert ist.[8] Das gilt auch für die missbräuchliche Verwendung von Krankenversichertenkarten gegenüber Krankenhäusern.[9]

Die GOÄ gilt demzufolge nicht für die Fälle der **Behandlung von Sozialversicherungspatienten** oder für Patienten, die in einer Betriebskrankenkasse, Landwirtschaftlichen Krankenkasse, Innungskrankenkasse oder Ersatzkasse versichert sind und ärztliche Behandlung als Naturalleistung durch Vorlage eines gültigen Krankenscheins bei einem Vertragsarzt oder an den Ersatzkassen beteiligten Arzt in Anspruch nehmen können. Bei der Behandlung auf Krankenschein oder Chip erwirbt der Arzt keinen Honoraranspruch

---

[1] Vgl oben § 38 RdNr 9 ff.
[2] BGH NJW 2006, 1879, 1880.
[3] Vgl dazu Landesberufsg f Heilberufe beim OVG Nordrh-Westf MedR 2009, 192, 195.
[4] BVerfGE 88, 145, 159 = NJW 1993, 2861; BVerfGE 101, 331, 347; BVerfG, NJW 2005, 1036, 1036 f.
[5] BVerfGE 101, 331, 350 ff; BVerfG NJW 2005, 1036, 1037.
[6] BVerfGE 68, 319, 327 ff = NJW 1985, 2185; BVerfG NJW 1992, 737; BVerfG NJW 2005, 1036, 1037.
[7] BVerfG NJW 2005, 1036, 1037.
[8] Saarl OLG MedR 2001, 141 mit Problemstellung *Gehrlein; Lieber,* GOÄ/GOZ (Beck-Texte im dtv), 9. Aufl 2008, Einführung, S IX.
[9] BSG MedR 2009, 169. Die Entscheidung berührt zwar primär nur die Nichtleistungspflicht der GKV, führt aber in der Konsequenz zu der hier vertretenen Ansicht.

13. Kapitel. Die Pflichten des Patienten aus dem Arztvertrag 2 § 75

gegen den Patienten, sondern gegen die KV.[10] Die Abrechnung erfolgt auf der Grundlage des EBM. Die durch die aktuelle Gesundheitsreform drohende Gleichschaltung der Vergütungssysteme[11] scheint vorerst abgewendet.[12]

Die GOÄ kann im Einzelfall auch Gegenstand des Behandlungsvertrages eines freiwillig versicherten Kassenpatienten mit dem Arzt sein, wenn der Patient als GKV-Versicherter von der Möglichkeit Gebrauch macht, sich privat behandeln zu lassen und gem § 13 Abs 2 S 1 SGB V anstelle der Sach- oder Dienstleistung Kostenerstattung für Leistungen zu wählen, die er von den im vierten Kapitel genannten Leistungserbringern in Anspruch nimmt.[13] Gem § 13 Abs 2 S 9 SGB V besteht der Anspruch auf Erstattung allerdings höchstens in Höhe der Vergütung, die die Krankenkasse bei Erbringung der Sachleistung zu tragen hätte.

Selbst den übrigen Versicherten einer gesetzlichen Krankenkasse oder einer Ersatzkasse bleibt es unbenommen, im Einzelfall mit einem Kassen- oder Vertragsarzt zu vereinbaren, dass die Behandlung auf eigene Kosten erfolgt. Die Behandlung als Privatpatient muss allerdings ausdrücklich vereinbart sein. Dem zugelassenen Kassenarzt steht nicht schon dann ein Vergütungsanspruch aus Dienstvertrag gegen den von ihm behandelten Kassenpatienten zu, wenn dieser keinen Krankenschein oder Chip vorgelegt hat. Ein Schadensersatzanspruch gegen den Patienten wegen Verletzung der Pflicht zur Beibringung des Krankenscheins scheitert jedenfalls dann an der überwiegenden Mitverursachung des Schadens durch den Arzt, wenn dieser nicht von der Möglichkeit Gebrauch gemacht hat, den Krankenschein unmittelbar von der Krankenkasse zu verlangen.[14] Zwar regelt § 13 Abs 2 S 1, 3 des Bundesmantelvertrages für Ärzte in der Fassung vom 1. 10. 2008, dass der Arzt auch bei gesetzlich versicherten Patienten die Möglichkeit der Privatliquidation hat, wenn diese ihre Anspruchsberechtigung nicht durch Vorlage der Versichertenkarte nachweisen, aber die Vorschrift begründet keinen zivilrechtlichen Anspruch gegen den Kassenpatienten.[15]

Sind aufgrund bundesgesetzlicher Bestimmungen, wie zB nach SGB V, **Vergütungsregelungen gesamtvertraglich vereinbart** worden, so gehen diese Vereinbarungen den Regelungen der GOÄ vor. So zB das Abkommen Ärzte-Berufsgenossenschaften[16] oder die Verträge über die ärztliche Behandlung von Angehörigen der Bundesbahn und Bundespost sowie Verträge über ambulante ärztliche Leistungen für Angehörige der Bundeswehr, des Bundesgrenzschutzes und Zivildienstleistende.[17] Im Übrigen gilt die GOÄ auch für die Krankenversorgung der Bundesbahn- und Postbeamtenkrankenkasse, für die ärztliche Versorgung von Unfallverletzten nach dem Abkommen Ärzte/Unfallversicherungsträger sowie für die Behandlung von Angehörigen der Bundesbahn, des Bundesgrenzschutzes und der Zivildienstleistenden.[18]

Gem § 611 Abs 1 BGB schuldet der Privatpatient die Zahlung der vereinbarten Vergütung.[19] Ist keine ausdrückliche Vereinbarung über die Höhe der Vergütung zwischen

2

---

[10] Vgl MünchKomm–*Müller-Glöge* § 611 BGB RdNr 84f, 104; *Engst,* S 175.
[11] *Hess,* chefarzt aktuell 2006, 76.
[12] *Golfier,* GOÄ: Was wird aus der ärztlichen Gebührenordnung?, chefarzt aktuell 2009, 19 f.
[13] Vgl dazu *Koller,* Das Kostenerstattungsprinzip nach SGB V, Frauenarzt 2009, 300.
[14] AG Köln NJW 1990, 2939.
[15] Vgl auch *Eberhardt* AcP 1971, 289, 317 für § 8 Abs 3 BMV-Ä aF.
[16] Vgl den Arzt-/Ersatzkassen-Vertrag (Bundesmantelvertrag-Ärzte/Ersatzkassen), abgedr in DÄBl 1994, A-1967 ff; Bundesmantelvertrag-Ärzte, abgedr in DÄBl 1995, 625 ff; letzte Änderung jeweils 1. 10. 2008, aktuelle Fassungen unter: http://www.kbv.de/rechtsquellen/2310.html.
[17] Einzelheiten bei *Rieger,* Lexikon des Arztrechts (1984), RdNr 680, 582, 1111, 648 u 1379; *Lieber* (Fn 8) S XII.
[18] So schon *Erman/Edenfeld* § 612 BGB RdNr 11; *Rieger* (Fn 17) RdNr 682; *Schmatz/Goetz/Matzke,* Einf A, 30; *Funke,* S 39, 40; *Taupitz* MedR 1996, 533 ff; *Uleer/Miebach/Patt,* Einleitung zur GOÄ, RdNr 3; *Laufs,* Arztrecht, 1993, RdNr 115. Vgl auch MünchKomm-*Schaub* (3. Aufl 1997) § 612 BGB RdNr 196, 197.
[19] Vgl BGH NJW 1977, 1103, 1104; MünchKomm-*Müller-Glöge* § 611 BGB RdNr 103.

den Parteien des Behandlungsvertrages getroffen worden, so greift die Vorschrift des § 612 BGB ein. Eine Vergütung gilt danach als stillschweigend vereinbart, wenn die Dienstleistung den Umständen nach nur gegen eine Vergütung zu erwarten ist (§ 612 Abs 1 BGB). Die Höhe der Vergütung wird durch die zwingend anzuwendende GOÄ/GOZ bestimmt.[20] Die Vergütung für privatärztliche Leistungen ist in der **Gebührenordnung für Ärzte (GOÄ)** niedergelegt.[21] Bereits durch die Änderung vom 8.12.1995 sind die Anforderungen an ärztliche Honorarforderungen erheblich verschärft worden.[22] Nach § 1 Abs 2 S 1 GOÄ darf der Arzt Vergütungen nur für Leistungen berechnen, die nach den Regeln der ärztlichen Kunst für eine medizinisch notwendige ärztliche Versorgung erforderlich sind. Leistungen, die über das Maß einer medizinisch notwendigen ärztlichen Versorgung hinausgehen, darf er nur berechnen, wenn sie auf Verlangen des Zahlungspflichtigen erbracht worden sind (§ 1 Abs 2 S 2 GOÄ).

Die GOÄ bestimmt in § 1 den Anwendungsbereich. § 2 lässt abweichende Vereinbarungen zu, regelt also die Honorarvereinbarung. § 3 nennt die dem Arzt zur Verfügung stehenden Vergütungen: Gebühren (Honorar), Entschädigungen und Auslagenersatz. Die §§ 4 bis 6a enthalten Regeln über die Vergütung, die §§ 7 bis 9 über die Entschädigungen; § 11 regelt den Auslagenersatz. § 12 behandelt die Fälligkeit und die Abrechnung der Vergütung. Die GOZ ist entsprechend aufgebaut. Der knappe Paragraphenteil der GOÄ wird durch das detaillierte **Gebührenverzeichnis** ergänzt.[23]

Selbständige ärztliche Leistungen, die nicht in das Gebührenverzeichnis aufgenommen sind, können vom Arzt entsprechend einer nach Art, Kosten- und Zeitaufwand gleichwertigen Leistung des Gebührenverzeichnisses berechnet werden (§ 6 Abs 2 GOÄ). Diese Vorschrift gilt nur für Leistungen der Schulmedizin. Die **analoge Bewertung** nimmt der behandelnde Arzt selbst vor. Zur einheitlichen Anwendung hat die BÄK Anwendungsregeln aufgestellt.[24] Sie sind zwar rechtlich unverbindlich, bieten jedoch eine wesentliche Grundlage für die Festlegung der analogen Leistungen und für die Überprüfung ihrer Rechtmäßigkeit im Einzelfall.

Aber auch nichtindizierte Maßnahmen, wie Schönheitsoperationen, sind in analoger Anwendung der GOÄ abzurechnen.[25] Frei vereinbarte Honorare sind insoweit nicht zulässig, weil es sich um „berufliche Leistungen der Ärzte" iSd § 1 GOÄ handelt.[26]

Zahnärztliche Leistungen werden nach der GOZ abgerechnet. Gem § 6 Abs 1 GOZ gilt die GOÄ auch als Abrechnungsgrundlage für einen Zahnarzt, soweit dieser Leistungen erbringt, die in den Abschnitten B I und II, C, D, E V und VI, J, L, M, N sowie O des Gebührenverzeichnisses der GOÄ aufgeführt sind. Umgekehrt dürfen Ärzte nicht nach der GOZ abrechnen, es sei denn, dass sie im Rahmen ihrer Tätigkeit auch einzelne zahnärztliche Leistungen erbringen (§ 6 Abs 1 GOÄ).

§ 1 Abs 1 GOÄ erkennt den Vorbehalt anderer **bundesgesetzlicher Regelungen** ausdrücklich an. Bundesgesetzliche Bestimmungen, die der GOÄ vorgehen, sind zB § 38

---

[20] *Lieber* (Fn 8) S IX, bezweifelt, ob die GOÄ „noch eine Taxe iS des § 612 Abs 2 BGB ist"; vgl auch *Erman/Edenfeld* § 612 BGB RdNr 12.

[21] GOÄ idF der Bekanntmachung v 9.2.1996 (BGBl I S 210), zuletzt geändert durch Gesetz v 4.12.2001 (BGBl I S 3320). Nach § 11 BÄO idF v 14.10.1977 (BGBl I S 1885) ist die Bundesregierung ermächtigt, durch Rechtsverordnung mit Zustimmung des Bundesrats eine Gebührenordnung zu erlassen, in der Mindest- und Höchstsätze für die ärztlichen Leistungen geregelt sind. Vgl *MünchKomm-Schaub* (3. Aufl 1997) § 612 BGB RdNr 196; *Erman/Edenfeld* § 612 BGB RdNr 11, 12; *Kern,* in: HK-AKM, 335 RdNr 51; *Laufs* (Fn 18) RdNr 120, 121.

[22] Einzelheiten b *Taupitz* MedR 1996, 533.

[23] Vgl dazu *Lieber* (Fn 8) S XXVI.

[24] DÄBl 1997, A-1962; DÄBl 1998, B-2339; vgl auch die Auflistung in www.bundesaerztekammer.de/30/gebuehrenordnung/05abrechnung/30beschluess/index.htm.

[25] BGH NJW 2006, 1879.

[26] BGH NJW 2006, 1879, 1880.

13. Kapitel. Die Pflichten des Patienten aus dem Arztvertrag 3–6 § 75

Abs 3 BSHG, § 18 c Abs 4 BVG, §§ 75 Abs 3, 7, 87 SGB V, sowie die Regelungen im JVEG.[27]

II. Die Honorarvereinbarung für ambulante ärztliche Leistungen nach § 2 GOÄ

§ 2 GOÄ eröffnet die Möglichkeit der Honorarvereinbarung außerhalb der GOÄ, 3 beschränkt sie aber zugleich in erheblichem Maße und bedeutet so einen fühlbaren Eingriff in die Vertragsfreiheit. § 2 GOÄ enthält eine Präzisierung von Voraussetzung und Inhalt abweichender Honorarvereinbarungen. Eine von der GOÄ **abweichende Vereinbarung** zwischen Arzt und Patient ist nur hinsichtlich der Vergütungshöhe zulässig. Abweichende Vereinbarungen hinsichtlich der Entschädigungen (Wegegeld, Reiseentschädigung etc) können nach der Neuregelung nicht mehr getroffen werden.

Keine abweichenden Vereinbarungen sind gem § 2 Abs 1 S 2 GOÄ für ärztliche Leistungen 4 im Zusammenhang mit einem unter den Voraussetzungen des § 218a Abs 1 StGB vorgenommenen Schwangerschaftsabbruch zulässig. Auch Notfall- und akute Schmerzbehandlungen dürfen nicht von einer Vereinbarung abhängig gemacht werden, weil sonst die Gefahr besteht, dass die Notlage des Patienten ausgenutzt wird.

Der Verordnungsgeber stellt an solche Individualvereinbarungen zwischen Ärzten und 5 Zahlungspflichtigen strenge formelle und inhaltliche Anforderungen. Die Vereinbarung ist gem § 2 Abs 2 GOÄ in einem Schriftstück zu treffen, das nur einen im Gesetz genau festgelegten Inhalt haben darf. In der **schriftlichen abweichenden Vereinbarung** sind die Nummer und die Bezeichnung der Leistung, der Steigerungssatz und der vereinbarte Betrag aufzuführen. Außerdem ist der Patient darauf hinzuweisen, dass die Erstattung der Vergütung möglicherweise nicht in vollem Umfang gewährleistet ist.

Letztlich ist eine Einigung nur bezüglich des Steigerungssatzes (§ 5 GOÄ) zulässig. 6 Die Vereinbarung eines „freien Honorars" oder eines „Erfolgshonorars" ist nicht möglich.[28] Die Vereinbarung darf dennoch nicht als AGB ausgestaltet sein.[29] Wohl aber darf sie insoweit vorformuliert sein, dass nur Platz für die einzutragenden ausgehandelten Steigerungssätze bleibt, weil das Gesetz keinen weiteren Spielraum für individuelle Abreden lässt.[30] Ein Aushandeln oder eine persönliche Absprache liegt nach der Rechtsprechung des BGH nur vor, wenn der Arzt die den wesentlichen Inhalt der gesetzlichen Regelung ändernden oder ergänzenden Bestimmungen ernsthaft zur Disposition stellt und dem Verhandlungspartner Gestaltungsfreiheit zur Wahrung seiner eigenen Interessen einräumt.[31]

Mündlich getroffene Honorarvereinbarungen sind unwirksam (§ 125 S 1 BGB). Ein Vergütungsanspruch des Krankenhausarztes besteht nicht bei einem nur **mündlich** abgeschlossenen Arztzusatzvertrag.[32]

Zur Höhe der vereinbarten Steigerungssätze kann keine allgemeine Aussage getroffen werden. Der Entscheidung des BVerfG lag jedenfalls ein vereinbarter Gebührensatz zwischen dem 3,9- und dem 8,2fachen zu Grunde.[33] Generell ist ein überdurchschnittlicher Steigerungssatz auch hier zu begründen. Eine Honorarvereinbarung ist wegen unangemessener Benachteiligung des Patienten nichtig, wenn für durchschnittliche Leistungen

---

[27] Vgl dazu LSG Schleswig-Holstein ArztR 2009, 80.
[28] *Deutsch/Spickhoff*, Medizinrecht, 2008, RdNr 117; *Taupitz* MedR 1996, 533, 535 f; *Laufs* (Fn 18) RdNr 120; *Kraemer* NJW 1996, 764.
[29] BGH NJW 1992, 746; LG Köln VersR 1994, 545. Zur formularmäßigen Honorarvereinbarung s auch *Laufs/Reiling* JZ 1992, 375.
[30] BVerfG 2005, 1036, 1038, bezüglich der GOZ. Die Begründung gilt allerdings auch für die GOÄ.
[31] BGH NJW 1991, 1678; 1992, 1107, 2283, 2759; *Uleer/Miebach/Patt* § 2 GOÄ RdNr 25. Vgl auch BGH NJW 1998, 1778 = LM H 9/1998, § 139 BGB Nr 88 m Anm *Katzenmeier;* OLG Karlsruhe NJW-RR 1998, 1346.
[32] BGH NJW 1998, 1778.
[33] BVerfG 2005, 1036. Zur zulässigen Ausgestaltung ärztlicher Honorarvereinbarungen vgl auch *Taupitz* ArztR 1993, 333.

der gleiche Steigerungssatz in Ansatz gebracht wird wie für besonders schwierige und besonders zeitaufwendige Leistungen.[34]

Letztlich gilt auch für die ärztliche Vergütung, dass die Honorarforderung angemessen sein muss (§ 12 Abs 1 S 1 MBO). Demgemäß darf der Arzt die Sätze nach der GOÄ nicht in unlauterer Weise unterschreiten (§ 12 Abs 1 S 3 MBO). Im Übrigen hat der Arzt bei Abschluss einer Honorarvereinbarung auf die Einkommens- und Vermögensverhältnisse des Zahlungspflichtigen Rücksicht zu nehmen (§ 12 Abs 1 S 4 MBO). Honorarvereinbarungen, die gegen die GOÄ oder sonstige gesetzliche Verbote verstoßen, sind gemäß § 134 BGB nichtig.

Auch bei medizinisch nicht notwendigen Behandlungen ist eine von der GOÄ abweichende Vereinbarung entsprechend den Vorgaben von § 2 GOÄ möglich.[35]

Keine Honorarvereinbarung ist möglich für medizintechnische Leistungen (zB Laboratoriumsuntersuchungen, Strahlendiagnostik, § 2 Abs 3 S 1 GOÄ). Die Regelung in § 2 Abs 3 S 2 GOÄ begrenzt Vereinbarungen von wahlärztlichen Leistungen auf die durch den Wahlarzt höchstpersönlich erbrachten Leistungen (§ 4 Abs 1, 2 GOÄ). Das in § 2 Abs 2 S 1 GOÄ enthaltene Verbot, rückwirkend nach Abschluss einer Behandlung eine Honorarvereinbarung zu treffen, ist verfassungsrechtlich bedenklich[36] und wird gegebenenfalls den Bedürfnissen beider Vertragsparteien nicht gerecht.

III. Das Arzthonorar nach der GOÄ mit Ausnahme der Vergütung für stationäre Leistungen

7 1. Medizinisch notwendige Leistungen nach den Regeln der ärztlichen Kunst. Vergütet werden nach § 1 Abs 2 S 1 GOÄ nur ärztliche Leistungen, die nach den Regeln der ärztlichen Kunst für eine medizinisch notwendige ärztliche Versorgung erforderlich sind. Darüber hinausgehende Leistungen, die auf Wunsch des Patienten erbracht werden, wie zB ein kosmetischer Eingriff (ohne Vorliegen einer medizinischen Indikation), sind in der ärztlichen Liquidation gesondert auszuweisen (§ 12 Abs 3 S 5 GOÄ).

Der Begriff der medizinisch notwendigen Heilbehandlung umfasst jegliche ärztliche Tätigkeit, die auf die betreffende Krankheit zurückzuführen ist, sofern die Leistung des Arztes von ihrer Art her in den Rahmen der medizinisch notwendigen Krankenbehandlung fällt und auf Heilung, Besserung oder Linderung der Krankheit abzielt. Dem ist eine ärztliche Tätigkeit gleich zu achten, die auf eine Verhinderung der Verschlimmerung einer Krankheit gerichtet ist. Bei der Prüfung, ob die Heilbehandlung als medizinisch notwendig iSv § 1 Abs 2 GOÄ anzusehen ist, ist ein objektiver Maßstab anzulegen.[37] Es kommt also weder auf die Auffassung des Patienten noch auf die des behandelnden Arztes an. Eine medizinisch notwendige Heilbehandlung liegt dann vor, wenn es nach den objektiven medizinischen Befunden und Erkenntnissen im Zeitpunkt der Behandlung vertretbar ist, sie als notwendig anzusehen. Demnach ist von der medizinischen Notwendigkeit einer Behandlung regelmäßig dann auszugehen, wenn eine Behandlungsmethode zur Verfügung steht und angewendet wird, die geeignet ist, die Krankheit zu heilen, zu lindern oder ihrer Verschlimmerung entgegenzuwirken.[38] Ist die Krankheit nachgewiesen, hat der Patient darzulegen und zu beweisen, dass die Behandlung notwendig war.[39]

---

[34] OLG Nürnberg, Urt v 28. 4. 1994 – 8 U 3123/93 –, r + s 1995, 30.
[35] BGH NJW 2006, 1879 = VersR 2006, 935.
[36] *Taupitz* (MedR 1996, 535) hält die Regelung für unwirksam. Zur zulässigen Ausgestaltung ärztlicher Honorarvereinbarungen vgl auch *Taupitz* ArztR 1993, 333.
[37] BGH VersR 1996, 1224.
[38] BGH VersR 1996, 1224; BGH VersR 2001, 1417; BGH VersR 2007, 680; OLG Koblenz chefarzt aktuell 2009, 23.
[39] BGH VersR 1996, 1224; OLG Koblenz chefarzt aktuell 2009, 23.

Kein Honoraranspruch des Facharztes besteht für fachgebietsfremde Tätigkeiten, auch wenn der Arzt sie ständig durchführt. Der Vertrag über die Erbringung fachfremder Leistungen ist nach den § 134 BGB, § 21 Abs 1 S 2 Sächs HeilbKG nichtig.[40]

Für medizinisch nicht notwendige ärztliche Leistungen besteht nach § 1 Abs 2 S 1 GOÄ kein Honoraranspruch. Das gilt insbesondere für wissenschaftlich nicht allgemein anerkannte Heilbehandlungen. Gegebenenfalls kann der Arzt dennoch eine Honorarvereinbarung treffen. Private Krankenversicherungen und die Beihilfe sind nur leistungspflichtig, wenn die begründete Erwartung auf wissenschaftliche Anerkennung besteht.[41] Wer krebskranken Patienten eine kostspielige Therapie anbietet, von der nach den bislang vorliegenden Erkenntnissen keinerlei therapeutische Wirkung zu erwarten ist und deren Kosten allenfalls in Einzelfällen von den Krankenkassen übernommen werden, ist vertraglich verpflichtet, die Patienten mit aller Deutlichkeit auf die wirtschaftlichen Folgen ihres Handelns hinzuweisen.[42] Hält der Arzt abweichend von den in der STIKO vorgegebenen Altersgrenzen im Einzelfall eine Schutzimpfung für notwendig, ist sie auch beihilfefähig.[43]

2. Begründungspflicht bei Überschreiten der Schwellenwerte bei Honorarvereinbarungen. Eine Überschreitung der Schwellenwerte ist gem § 12 Abs 3 S 1 GOÄ zu begründen. Gleiches gilt bei Honorarvereinbarungen gem § 12 Abs 3 S 3 GOÄ. Ob eine Honorarvereinbarung vom Begründungszwang befreit ist, war früher umstritten.[44] Sie ist nunmehr als vertragliche Nebenpflicht des liquidierenden Arztes in der GOÄ festgelegt. Auf diese Weise erhält der Versicherte die Möglichkeit, die Notwendigkeit der Gebührenhöhe dem privaten Krankenversicherer oder der Beihilfestelle darzulegen. Zur Begründung für das Überschreiten des Höchstsatzes reicht es nicht aus, dass die Operation besonders schwierig und zeitaufwendig ist, denn das ist schon die Voraussetzung für den Ansatz des Höchstsatzes von 3,5.[45]

3. Die Berechnung der Gebühren. Gebühren sind die Vergütungen für im Gebührenverzeichnis genannte ärztliche Leistungen (§ 4 Abs 1 S 1 GOÄ). Gem § 6 GOÄ ist es in besonderen Fällen möglich, Gebühren auch für nicht im Gebührenverzeichnis aufgeführte Leistungen zu berechnen (analoge Anwendung der GOÄ). **Entschädigungen** sind nach § 7 GOÄ das Wegegeld (§ 8 GOÄ) und die Reiseentschädigung (§ 9 GOÄ) für Besuche beim Patienten. Neben den Gebühren kann der Arzt die in § 10 GOÄ aufgeführten **Auslagen** ersetzt verlangen. Kosten, die mit den Gebühren abgegolten sind, dürfen nicht gesondert berechnet werden (§ 4 Abs 4 S 1 GOÄ). Mit den Gebühren sind die Praxiskosten einschließlich der Kosten für den Sprechstundenbedarf sowie die Kosten für die Anwendung von Instrumenten und Apparaten grundsätzlich abgegolten (§ 4 Abs 3 S 1 GOÄ).

Das theoretische Problem bei der Berechnung der Gebühren liegt in dem Umstand, dass die GOÄ nicht eine feste Gebühr ausweist, sondern nur **Gebührenrahmen**, die noch zudem wiederum unterteilt sind. Gem § 5 Abs 1 S 1 GOÄ bemisst sich, soweit in § 5 Abs 3–5 GOÄ nichts anderes bestimmt ist, die Höhe der einzelnen Gebühr nach dem 1- bis 3,5fachen des Gebührensatzes. Der Gebührenrahmen gilt nur für persönliche Arztleistungen. Innerhalb dieses Rahmens sind die Gebühren nach § 5 Abs 2 GOÄ unter Berücksichtigung der Schwierigkeit und des Zeitaufwandes der einzelnen Leistung sowie der Umstände der Ausführung nach billigem Ermessen zu bestimmen. § 5 GOÄ ist insoweit als Modifikation von § 316 BGB anzusehen.[46]

---

[40] LG Mannheim NJW-RR 2007, 1426; vgl auch § 37 HeilBerG BW; § 36 Abs 2 Nds HKG.
[41] BVerwG, Urt v 18. 6. 1998 – Az 2 C 24/97. Dabei handelt es sich um eine extrem fortschrittsfeindliche Rechtslage.
[42] OLG Hamm NJW 1995, 790 = MDR 1994, 1187. Vgl auch LG Frankfurt VersR 1992, 188.
[43] VG Düsseldorf MedR 2009, 42 (Schutzimpfung gegen HPV).
[44] Vgl *Laufs* (Fn 18) RdNr 117.
[45] LG Hamburg VersR 1999, 1548.
[46] BGHZ 174, 101, 104, der zwar § 315 BGB nennt, der allerdings nur mittelbar betroffen ist.

In der Regel bemisst sich die Gebühr nach dem 1- bis 2,3fachen des Gebührensatzes (sog Schwellenwert; § 5 Abs 2 S 4 GOÄ). Gebühren, die über das 2,3fache hinausgehen, sind gem § 12 Abs 3 GOÄ verständlich und nachvollziehbar schriftlich zu begründen. Faktisch ist das 2,3fache – gegen den Wortlaut von § 5 GOÄ – als **Regelgebühr** anzusehen. Innerhalb dieser Regelspanne, darf der Arzt nach billigem Ermessen wählen. Es stellt keinen Ermessensfehlgebrauch dar, wenn der Arzt Leistungen von durchschnittlicher Schwierigkeit mit dem jeweiligen Höchstsatz der Regelspanne abrechnet.[47] Nach einer aussagestarken Statistik des Verbandes der privaten Krankenversicherer haben im Jahre 1999, mit steigender Tendenz, 93,46% aller Ärzte Gebühren in Höhe des 2,3fachen des Gebührensatzes berechnet. Nur 4,56% berechneten nach einer geringeren Steigerungsrate, 1,98% das 2,4- bis 3,5fache.[48] Dagegen sprechen auch keine rechtlichen Bedenken, obwohl es naheliegt, dass diese Festsetzung schematisch erfolgt. Da der 2,3fache Steigerungssatz der Vergütung entsprechender Leistungen in der GKV entspricht,[49] könnte ein niedrigerer Gebührensatz „die ärztliche Tätigkeit im Ansatz auch nicht angemessen entgelten".[50] Die restriktivere ältere Rechtsprechung ist für diese Problematik nicht mehr relevant.

Für eine **zahnärztliche Behandlung** dürfen Gebühren mit einem Steigerungssatz über 2,3 nur dann in Ansatz gebracht werden, wenn der Patient vor der Behandlung hierauf hingewiesen wurde, es sei denn, dass die Erschwernis, welche die Erhöhung rechtfertigt, nicht vorhersehbar war.[51] Diese Ansicht findet freilich im Gesetz keine Stütze und ist daher abzulehnen.

§ 5 Abs 3 und 4 GOÄ legen für eher **technische Leistungen** abweichende Rahmen fest. Für Leistungen nach den Abschnitten A (Gebühren in besonderen Fällen), E (Physikalisch-medizinische Leistungen) und O (Strahlendiagnostik, Nuklearmedizin, Magnetresonanztomographie und Strahlentherapie) des Gebührenverzeichnisses gilt ein Gebührenrahmen vom 1- bis 2,5fachen des Gebührensatzes (§ 5 Abs 3 S 1 GOÄ) und für Leistungen nach Nr 437 (Spezielle Laboruntersuchungen) sowie nach Abschnitt M (Laboruntersuchungen) ein Rahmen vom 1- bis 1,3fachen (§ 5 Abs 4 S 1 GOÄ). Durch die Regelung in § 5 Abs 3 u 4 GOÄ ist auch die Regelspanne geändert worden. § 5 Abs 2 S 4 GOÄ wird dahingehend modifiziert, dass an die Stelle des 2,3fachen der 1,8- bzw 1,15fache Gebührensatz tritt.[52]

Bei ärztlichen Wahlleistungen, die weder der Wahlarzt noch sein dem Patienten bekannter ständiger Vertreter erbringt, tritt an die Stelle des 3,5fachen Gebührensatzes nach § 5 Abs 1 S 1 GOÄ der 2,3fache Satz und an die Stelle des 2,5fachen Satzes nach § 5 Abs 3 S 2 GOÄ der 1,8fache Gebührensatz (§ 5 Abs 5 GOÄ).[53]

Der **Gebührensatz** ist der Betrag, der sich ergibt, wenn die Punktzahl der einzelnen Leistung des Gebührenverzeichnisses mit dem Punktwert vervielfacht wird (§ 5 Abs 1 S 2 GOÄ).

Mit der Überschreitung des Schwellenwertes setzt die **Begründungspflicht** des Arztes ein. Ein Überschreiten des 2,3- bzw 1,8fachen des Gebührensatzes ist nach § 5 Abs 2 S 4 GOÄ nur zulässig, wenn die Besonderheiten der in § 5 Abs 1 S 2 GOÄ genannten Bemessungskriterien das rechtfertigen, dh wenn Schwierigkeit und Zeitaufwand für die Leistung sowie die Umstände bei der Ausführung im Einzelfall eine höhere Gebühr rechtfertigen. Der Bundesminister des Inneren hat in seinen „Hinweisen zu den Beihilfevorschriften" festge-

---

[47] Vgl BGHZ 174, 101 ff = VersR 2008, 406; *Ulbricht,* S 73.
[48] BGHZ 174, 101, 107.
[49] BVerfG NJW 2005, 1036, 1037.
[50] BGHZ 174, 101, 108.
[51] OLG Köln MedR 1997, 273.
[52] Vgl hierzu *Taupitz,* Vertragsfreiheit im privatärztlichen Gebührenrecht, MedR 1996, 533; *ders* ArztR 1996, 209; *Laufs* (Fn 18) RdNr 117; *Deutsch/Spickhoff* (Fn 28) RdNr 117. Instruktiv auch AG Hildesheim MedR 1997, 323.
[53] Zu den gesondert berechenbaren ärztlichen Leistungen (Wahlleistungen) im Krankenhaus vgl unten RdNr 43 ff.

13. Kapitel. Die Pflichten des Patienten aus dem Arztvertrag   10–12 § 75

legt, dass die Tatsache der ambulanten Durchführung einer Operation nicht als Begründung für ein Überschreiten des Schwellenwertes (2,3facher Gebührensatz) ausreicht.[54] Die Begründungspflicht besteht gem § 12 Abs 3 GOÄ auch dann, wenn eine Honorarvereinbarung oberhalb des Schwellenwertes getroffen wird.

Höchstsatz und Schwellenwert betragen für folgende Leistungen:
– Normale Leistungen ohne Schwangerschaftsabbruch (§ 5 Abs 1 GOÄ) Höchstsatz 3,5, Schwellenwert 2,3, bei Delegation (§ 5 Abs 5 GOÄ) jeweils 2,3.
– Für A-, E-, O-Leistungen (§ 5 Abs 3 GOÄ) Höchstsatz 2,5, Schwellenwert 1,8, bei Delegation (§ 5 Abs 5 GOÄ) jeweils 1,8.
– M-Leistungen und Gebührenziffer 437 (§ 5 Abs 4 GOÄ) Höchstsatz 1,3, Schwellenwert 1,15, bei Delegation (§ 5 Abs 5 GOÄ) 1,3 bzw 1,15.[54a]

Eine Gebühr für die **Beratung des Patienten bei der Abfassung einer Patientenverfügung** oder bei der Entscheidung über einen Behandlungsabbruch ist im Gebührenverzeichnis nicht aufgeführt, obgleich in dieser Beratung eine zeitraubende aber besonders bedeutsame Tätigkeit des Arztes besteht. Dies gilt insbesondere für Fälle, in denen der Patient nach infauster Prognose einen lebensrettenden Eingriff ablehnt. **10**

Ein Honoraranspruch entsprechend der bereits erbrachten Leistung steht dem Arzt auch dann zu, wenn der Vertrag durch **Kündigung** eines der Vertragspartner sein Ende gefunden hat, bevor der erstrebte Erfolg eingetreten ist (§ 628 Abs 1 S 1 BGB).[55] Dem Arzt steht ein Honoraranspruch nicht zu, wenn und soweit er durch eigenes vertragswidriges Verhalten die Kündigung durch den Patienten veranlasst hat oder selbst kündigt, ohne dazu durch vertragswidriges Verhalten des Patienten veranlasst zu sein und die Teilleistung für den Patienten kein Interesse hat (§ 628 Abs 1 S 2 BGB).[56] **11**

Gemäß § 4 Abs 2a GOÄ können nur selbstständig berechnungsfähige Leistungen abgerechnet werden. Ist eine Leistung Bestandteil einer anderen (Zielleistung), so kann nur die Zielleistung abgerechnet werden.[57] Das **Zielleistungsprinzip**[58] wird durch den Zweck dieser Vorschrift begrenzt, eine doppelte Honorierung ärztlicher Leistungen zu verhindern.[59] Zur Beurteilung, ob verschiedene Leistungen Bestandteil einer anderen Leistung sind, ist ein abstrakt-genereller Maßstab anzulegen, nicht, was im konkreten Fall nach den Regeln der ärztlichen Kunst erforderlich gewesen wäre.[60] **12**

Das in § 4 Abs 2a GOÄ sehr abstrakt formulierte Zielleistungsprinzip wird in den Allgemeinen Bestimmungen vor dem Abschnitt L (Chirurgie, Orthopädie) deutlicher beschrieben: „Zur Erbringung der in Abschnitt L aufgeführten typischen operativen Leistungen sind in der Regel mehrere operative Einzelschritte erforderlich. Sind diese Einzelschritte methodisch notwendige Bestandteile der in der jeweiligen Leistungsbeschreibung genannten Zielleistung, so können sie nicht gesondert berechnet werden." Daraus folgt „die Selbstverständlichkeit, dass Leistungen, die nicht Bestandteil einer anderen abgerechneten Leistung sind, abrechenbar sind, soweit es sich um selbstständige Leistungen handelt".[61] Schwierigkeiten ergeben sich in der Praxis daraus, dass die Leistungsbeschreibungen der Gebührenziffern des Abschnitts L nicht an das Zielleistungsprinzip angepasst wurden.[62]

---

[54] BVerwG NJW 1994, 3023.
[54a] Einzelheiten bei *Andreas* ArztR 1997, 67 ff; *Taupitz* MedR 1996, 533; *Uleer/Miebach/Patt* § 5 GOÄ RdNr 33–47; OLG Koblenz NJW 1988, 2309; AG Essen NJW 1988, 1525; AG Braunschweig NJW 1985, 689; AG Lüdenscheid NJW 1988, 1526; VG Frankfurt MedR 1994, 116, 117.
[55] *Laufs* (Fn 18) RdNr 123; *Kern*, in: HK-AKM, 335 RdNr 63.
[56] LG Essen NJW 1966, 402; *Laufs* (Fn 18) RdNr 123.
[57] BGHZ 159, 142, 143 = VersR 2004, 1135 = ArztR 2004, 403; BGH VersR 2006, 933 = MedR 2006, 655 = ArztR 2007, 41; BGH VersR 2007, 499, 501; AG Tübingen VersR 2006, 1219.
[58] Vgl dazu *Miebach* einerseits und *Harneit/Poetsch* andererseits.
[59] BGH MedR 2008, 669, auch zu den Auslegungsmaßstäben.
[60] BGH MedR 2008, 669, 671.
[61] BGH MedR 2008, 669, 670.
[62] So auch *Andreas* ArztR 2007, 45.

13   4. Fälligkeit und Verjährung des Vergütungsanspruchs. § 12 Abs 1 GOÄ enthält eine abweichende Regelung von § 614 BGB, wonach die Vergütung nach Leistung der Dienste zu entrichten ist. Gem § 12 Abs 1 GOÄ wird die Vergütung erst fällig, wenn dem Zahlungspflichtigen eine der GOÄ entsprechende Rechnung erteilt worden ist, dh, wenn die Rechnung den formellen Anforderungen des § 12 Abs 2–4 GOÄ entspricht. Die Fälligkeit bleibt auch bestehen, wenn die Rechnung dem materiellen Gebührenrecht nicht entspricht.[63]

Eine gesetzliche Frist zur Rechnungsstellung ist nicht gegeben. Üblicherweise rechnen die Ärzte quartalsweise oder zum Ende des Rechnungsjahres ab.[64] Allerdings ist der Arzt nicht verpflichtet, während einer noch andauernden Behandlung zum Ende eines Jahres eine Liquidation zu erstellen.[65]

Die Fälligkeit des ärztlichen Honoraranspruchs gewinnt Bedeutung für den Eintritt des **Schuldnerverzuges** nach § 286 BGB und für die **Verjährungsfrist** (§§ 195, 199 BGB). Unabhängig von der Fälligkeit beginnt die Verjährung mit der Entstehung des Vergütungsanspruchs (§ 614 BGB), so dass die Verjährungsfrist unabhängig von der Verzögerung einer ordnungsgemäßen Rechnungserstellung eintritt.[66]

Kommt der Arzt seiner Obliegenheit zur Rechnungserstellung nicht nach, muss er sich demzufolge so behandeln lassen, als wäre die Forderung nach angemessener Frist zur Rechnungserteilung fällig geworden.[67] Abzulehnen ist hingegen die verbreitete Ansicht, der zufolge der maßgebliche Zeitpunkt, also die Entstehung des Anspruchs, von der Rechnungserteilung abhänge. Daraus resultiere die Möglichkeit, die Verjährung des Vergütungsanspruchs durch Verzögerung der Rechnungserstellung hinauszuschieben.[68]

Die **Verjährungsfrist beträgt drei Jahre** (§ 195 BGB). Gem § 199 Abs 1 BGB beginnt die Verjährung des Vergütungsanspruchs mit dem Schluss des Jahres, in dem der Vergütungsanspruch entsteht (und der Gläubiger von den den Anspruch begründenden Umständen sowie der Person des Schuldners Kenntnis erlangt). Hieran ändert auch die Regelung in § 12 Abs 1 GOÄ nichts.

Macht ein Arzt (Zahnarzt) weit über drei Jahre nach Abschluss der Behandlung eine Honorarforderung geltend, so muss er sich den **Einwand der Verwirkung** entgegenhalten lassen.[69] Das gilt auch, wenn der Arzt nach mehr als drei Jahren eine Rechnung erstellt, nachdem der Patient im Rahmen einer Auseinandersetzung um einen Behandlungsfehler den Arzt aufgefordert hatte, keine Rechnung zu erstellen.[70]

Die Erklärung des Patienten, er werde das Honorar bezahlen, sobald er Leistungen von seiner Krankenversicherung erhalten habe, reicht allein nicht aus, die später erhobene Einrede der Verjährung als rechtsmissbräuchlich erscheinen zu lassen.[71]

---

[63] BGH MedR 2007, 172 = NJW 2007, 499 = NJW-RR 2007, 494.
[64] OLG Nürnberg MedR 2008, 616, 617.
[65] LG Arnsberg MedR 1997, 180.
[66] So auch *Schäfer-Gölz* MedR 2001, 419; aA *Brück* § 12 GOÄ Anm 1.1; *Hoffmann/Kleinken* § 12 GOÄ Anm 2. Aber auch nach der Gegenmeinung muss sich der Arzt, der die Rechnungserteilung schuldhaft verzögert, gem §§ 162, 242 BGB so behandeln lassen, als wäre die Forderung fällig geworden – genauer: Verwirkung – (BGH NJW-RR 1968, 1279; *Palandt/Heinrichs* § 242 BGB RdNr 109; OLG Nürnberg MedR 2008, 616 ff; aA BGH NJW 1991, 836; OLG Düsseldorf NJW-RR 1987, 945; LG Arnsberg ArztR 1998, 96). Zur Verjährungsunterbrechung s OLG Düsseldorf NJW 1994, 2423.
[67] AG Göttingen MedR 1997, 29.
[68] LG Arnsberg ArztR 1998, 96; *Narr* MedR 1986, 75; *Palandt/Heinrichs* § 199 BGB RdNr 5 f; *Uleer/Miebach/Patt* § 12 GOÄ RdNr 4 ff, insbes 9, 11 f; *Clausen* MedR 2000, 129.
[69] OLG Nürnberg MedR 2008, 616; *Palandt/Heinrichs* § 242 BGB RdNr 109; vgl schon zur Rechtslage vor der Schuldrechtsmodernisierung AG Frankfurt NJW-RR 1996, 1267 (mit der kürzeren Frist von zwei Jahren).
[70] OLG Nürnberg MedR 2008, 616.
[71] OLG Düsseldorf NJW 1994, 2423 = VersR 1995, 96.

5. Abrechnung bei Kostenerstattung. Entscheidet sich der GKV-Patient für Kosten- **14** erstattung nach § 13 SGB V, so hat der Vertragsarzt seine ärztlichen Leistungen nach GOÄ abzurechnen.[72] Berechnungsgrundlage sind die Leistungslegenden der GOÄ, so dass der EBM nicht zur Anwendung gelangt.[73] Obgleich die Steigerungssätze der GOÄ gelten, wird im Regelfall der Vertragsarzt nur den einfachen Satz anwenden dürfen, da ansonsten die Differenz zwischen dem Rechnungsbetrag nach der GOÄ und dem erstattungsfähigen Betrag, also dem Betrag, den der Patient von seiner Krankenkasse erhält, zu groß ist. Hierauf haben die Ärzte Rücksicht zu nehmen.[74] Ein nach § 12 Abs 1 S 3 MBO **unzulässiges unlauteres Unterschreiten der Sätze** nach der GOÄ liegt nicht vor, wenn das Unterschreiten dazu dient, im Interesse des Patienten die Differenz zwischen Rechnungsbetrag und Kostenerstattung gering zu halten oder ganz zu beseitigen. Unzulässig ist eine Vereinbarung mit dem Patienten, dass er trotz höheren Rechnungsbetrages nur den tatsächlichen Erstattungsbetrag der Kasse zu bezahlen hat. Der Patient hat gegenüber der Krankenkasse einen Erstattungsanspruch höchstens in der Höhe, in der die Krankenkasse die Kosten der Sachleistung zu erstatten hätte (§ 13 Abs 2 S 9 SGB V).[75]

6. Ansprüche aus Geschäftsführung ohne Auftrag und ungerechtfertigter Be- **15** **reicherung.** Auch wenn der Arzt im Einzelfall vertraglich begründete Honoraransprüche hat, können ihm daneben Ansprüche gegen Dritte aus Geschäftsführung ohne Auftrag (§§ 677 ff BGB) zustehen, zB, wenn der Arzt einen Bewusstlosen versorgt oder Geschäftsunfähige oder beschränkt Geschäftsfähige ohne die erforderliche Zustimmung des gesetzlichen Vertreters behandelt. Nach § 683 BGB kann der Arzt als Geschäftsführer ohne Auftrag Ersatz seiner Aufwendungen verlangen. Anspruchsgegner ist derjenige, in dessen Interesse das ärztliche Handeln lag. Das kann neben dem Patienten auch derjenige sein, der dem Patienten Unterhalt schuldet oder dem die Personensorge zusteht.[76] Zu den Aufwendungen gehört der Ersatzanspruch in Höhe der üblichen Vergütung,[77] wenn der Geschäftsführer einem Berufsstand oder Gewerbe angehört, für dessen Ausübung eine übliche bzw taxmäßige Vergütung gezahlt wird (§ 1835 Abs 3 BGB). Dies hat zur Folge, dass der Arzt in den Fällen der Notbehandlung auch ohne vertragliche Bindung einen Anspruch auf Zahlung des sonst üblichen Honorars hat.

Hingegen kann der geschiedene oder von seiner Frau getrennt lebende Mann, weil für ihn § 1357 BGB nicht eingreift, nicht unter dem Gesichtspunkt der Geschäftsführung ohne Auftrag zu den Arztkosten für seine Ehefrau herangezogen werden. Eine von ihrem Ehemann getrennt lebende Ehefrau, die vor Beginn einer zahnärztlichen Behandlung als Versicherung die private Krankenversicherung ihres Ehemannes angibt und bittet, Rechnungen an den benannten Versicherer zu schicken, wird selbst Vertragspartnerin des Behandlungsvertrages, weil der Wille, in fremdem Namen handeln zu wollen, nicht erkennbar wird.[78]

Lässt ein persönlich verpflichteter Chefarzt diese Leistungen durch einen anderen Arzt erbringen, entsteht auch dann kein Honoraranspruch, wenn der Eingriff sachgemäß

---

[72] Vgl *Steinhilper/Schiller,* Kostenerstattung nach § 13 Abs 2 SGB V. Zu den praktischen und rechtlichen Auswirkungen der Wahlentscheidung des Patienten, MedR 1997, 385, 387.
[73] So zutreffend *Steinhilper/Schiller* (Fn 72).
[74] So *Steinhilper/Schiller* (Fn 72).
[75] Insoweit greift hinsichtlich des Umfangs der erstattungsfähigen Kosten der EBM ein. Einzelheiten bei *Steinhilper/Schiller* (Fn 72) S 385, 388.
[76] OLG Köln NJW 1965, 350 (Geschäftsführung für Sorgepflichtigen eines unfallverletzten Kindes); *Laufs* (Fn 18) RdNr 109.
[77] Vgl BGHZ 65, 384, 390; BGH WM 1989, 801; *Laufs* (Fn 18) RdNr 77 u 125; *Erman/Ehmann* § 683 BGB RdNr 7; *MünchKomm-Seiler* § 683 BGB RdNr 24; *Palandt/Sprau* § 683 BGB RdNr 8; vgl auch BGH WM 1989, 1011; NJW 2000, 422; *Köhler* JZ 1985, 359, 362. Zum Aufwendungsersatz bei nichtigem Auftragsverhältnis vgl auch BGH NJW-RR 1993, 200.
[78] BGH MedR 1992, 100; OLG Hamm VersR 1997, 1360 gegen OLG Köln VersR 1994, 107; aA LG Berlin NJW 1960, 1390; LG Bonn FamRZ 1970, 321; *Laufs* (Fn 18) RdNr 127.

erfolgt. Dem Chefarzt steht auch kein sonstiger Anspruch, etwa aus ungerechtfertigter Bereicherung, zu.[79]

16 7. Die unentgeltliche Behandlung von Arztkollegen und deren Angehörigen. Grundsätzlich verstößt es gegen ärztliche Standespflichten, wenn ein Arzt seinem Patienten die Zahlung ärztlicher Gebühren erlässt. § 12 Abs 2 MBO sieht allerdings vor, dass der Arzt Verwandten, Kollegen, deren Angehörigen und mittellosen Patienten das Honorar ganz oder teilweise erlassen kann.

17 8. Honorarvorschuss. Ärzte und Zahnärzte sind grundsätzlich – anderes gilt in Notfällen – berechtigt, von ihren Privatpatienten Vorschuss zu verlangen.[80] Ein derartiges Verlangen verstößt weder gegen die GOÄ/GOZ noch gegen das BGB oder das Berufsrecht. Eine Pflicht zur Vorschussleistung auf Verlangen des Arztes besteht nach der GOÄ zwar nicht, andererseits enthalten diese Vorschriften aber auch kein Verbot. Entgegen verbreiteter Ansicht kennt das BGB sehr wohl den Vorschuss im Recht der Dienstverträge, wenn auch an sehr versteckter Stelle in § 628 Abs 1 S 3 BGB („Ist die Vergütung für eine spätere Zeit im Voraus entrichtet ..."). Demzufolge ist ein Vorschuss durchaus BGB-konform. Auch ein Verstoß gegen ärztliches Standesrecht liegt nicht vor,[81] weil der allein einschlägige § 12 MBO gleichfalls kein Verbot enthält.[82] Ein auf einer unwirksamen Honorarvereinbarung beruhender Vorschuss ist unzulässig.[83] Ob es indessen dem Arzt-Patienten-Verhältnis zuträglich ist, in jedem Fall[84] Vorschuss zu verlangen, steht dahin. Anderes gilt, wenn der Arzt hohe Materialkosten vorfinanzieren muss.[85] Hat der Arzt im Einzelfall begründete Zweifel daran, dass der Patient eine Gegenleistung für die ärztliche Behandlung erbringen wird, kann er von der Behandlung absehen.[86]

18 9. Honoraranspruch bei Behandlungsmisserfolgen. Da auf den Arztvertrag Dienstvertragsrecht (§§ 611 ff BGB) Anwendung findet, schuldet der Arzt nicht den Erfolg seiner ärztlichen Bemühungen.[87] Das Gesetz enthält für den Dienstvertrag keine Gewährleistungsregeln, so dass der Arzt grundsätzlich auch dann seinen vollen Honoraranspruch behält, wenn die Behandlung aufgrund seiner fehlerhaften Leistung erfolglos geblieben ist[88] oder wenn sich Risiken verwirklicht haben.[89]

---

[79] OLG Koblenz NJW 2008, 1679 = ArztR 2009, 50 = MedR 2009, 158 m Anm *v Sachsen Gesaphe*.
[80] Vgl dazu *Kern* GesR 2007, 241 ff.
[81] AA *Funke*, S 118, 119; *Ratzel/Lippert*, S 90 Anm 29 u *Uhlenbruck*, Handbuch des Arztrechts, 2. Aufl, § 82 RdNr 14.
[82] Vgl dazu *Kern* GesR 2007, 241 ff.
[83] Landesberufsg f Heilberufe beim OVG Nordrh-Westf MedR 2009, 192, 196.
[84] Zu dem Problem, dass Arztrechnungen in steigender Zahl nicht bezahlt werden, vgl *Ellbogen* ArztR 2007, 46.
[85] Die GOZ-Reform, die einen Vorschuss nur für sehr hohe Honorarbeträge vorsah, ist zunächst einmal ausgesetzt worden.
[86] *Ratzel/Lippert*, S 90; aA *Andreas* ArztR 1983, 130; *Funke*, S 119.
[87] *Kern*, in: HK-AKM, 335 RdNr 2; *Deutsch/Spickhoff* (Fn 28) RdNr 114; *Tiemann*, Das Recht in der Zahnarztpraxis, 2008, S 172.
[88] Vgl *Weißauer/Hirsch*, Honoraranspruch bei Behandlungsmißerfolgen und Aufklärungsfehlern, Informationen des Berufsverbandes der Deutschen Chirurgen e. V. 1982, S 163 = ArztR 1982, 208; BAG AP Nr 11 zu § 611 BGB; BGH NZA 96, 1085; OLG Nürnberg GesR 2008, 363 = MDR 2008, 554; OLG Köln MedR 1994, 198, 199 m Anm *Reiling; Schütz/Dopheide* VersR 2006, 1440 ff; *Tiemann* (Fn 87) 172; *Deutsch/Spickhoff* (Fn 28) RdNr 118; *Rieger* (Fn 17) RdNr 223, der allerdings für die Implantation eines Herzschrittmachers oder für eine Schönheitsoperation wegen der Anwendung werkvertraglicher Vorschriften die gegenteilige Meinung vertritt; s auch *Rieger* DMW 1974, 2068; *ders* (Fn 17) RdNr 213, 1001 u BGH NJW 2004, 2817 für den Rechtsanwalt sowie BAG NJOZ 2007, 3900 allgemein zum Dienstvertrag. Auf die Ausnahme des § 628 Abs 1 S 2 BGB soll hier nicht eingegangen werden; dazu näher mwN *Schütz/Dopheide* VersR 2006, 1440 ff u LG Berlin MedR 2009, 98.
[89] OLG Hamm VersR 2001, 247.

13. Kapitel. Die Pflichten des Patienten aus dem Arztvertrag 18 § 75

Der Arzt hat allerdings die ärztliche Leistung mit der gebotenen Sorgfalt entsprechend dem neuesten Standard durchzuführen.[90] Beruht der Behandlungsmisserfolg auf einer **schuldhaften** Fehlleistung des Arztes, so liegt eine Schlechterfüllung des Arztvertrages vor, und der Patient hat gegen den Arzt einen Anspruch auf **Schadensersatz** aus § 280 Abs 1 BGB (positive Forderungsverletzung).[91] Mit diesem kann er gegen den Honoraranspruch des Arztes aufrechnen.

Ist die (fehlerhafte) Leistung des Arztes für den Patienten ohne Interesse und völlig unbrauchbar, kann der Schaden des Patienten unmittelbar in den Behandlungskosten bestehen, so dass der Schadensersatzanspruch direkt auf Befreiung von der Vergütungspflicht gerichtet ist, wenn weder der Patient noch seine Versicherung bereits gezahlt haben.[92]

Im Einzelfall kann der schuldhafte Behandlungsfehler der Nichterfüllung gleichgesetzt werden. Dann kann der Patient dem Honoraranspruch des Arztes die Einrede des nichterfüllten Vertrages (§ 320 BGB) entgegensetzen.[93] Der Verlust eines Honoraranspruchs durch Verletzung eigener Pflichten kommt nach Auffassung des BGH nur bei besonders groben, idR vorsätzlichen und strafbaren Pflichtverletzungen in Betracht.[94]

Ist das Honorar bereits gezahlt, ist der Patient berechtigt, es zurückzufordern. Gelingt die Behandlung in Folge eines schuldhaften Behandlungsfehlers nur zum Teil, hat der Patient auch nur einen Teil des Honorars zu zahlen, während er berechtigt ist, im Übrigen mit seinem Schadensersatzanspruch aufzurechnen.[95] Führt der schuldhafte Behandlungsfehler zu Begleit- oder Folgeschäden, während die Behandlung als solche gelingt, so hat der Arzt eine Honorarforderung gegen den Patienten, gegen die allerdings der Patient mit Schadensersatzansprüchen aufrechnen kann.[96] Der Zahnarzt ist verpflichtet, Pass-Schwierigkeiten uä zu beheben; tut er das nicht in angemessener Zeit, so gibt er schuldhaft Anlass zur Kündigung mit der Folge der Pflicht, das **Honorar zurückzuzahlen,** soweit die Leistung ohne Interesse für den Patienten ist.[97] Der nachbehandelnde Arzt darf zwar auf Behandlungsfehler des vorbehandelnden Arztes hinweisen; der Hinweis, der Patient könne aufgrund der Fehlbehandlung vom erstbehandelnden Arzt das für diese Behandlung bezahlte Honorar zurückfordern, verstößt jedoch gegen Art 1 § 1 S 1 des RechtsberatungsG.[98]

---

[90] *Kern,* in: HK-AKM, 335 RdNr 2; *Deutsch/Spickhoff* (Fn 28) RdNr 114.
[91] *Schütz/Dopheide* VersR 2006, 1440 ff; LG Braunschweig NJW 1988, 777; *Palandt/Heinrichs* § 280 BGB RdNr 16, 80. Vgl OLG Köln VersR 1986, 300 (schuldhafte Verletzung vertraglicher Pflichten durch mangelnde Hygiene).
[92] *Jaspersen* VersR 1992, 1431 ff; OLG Köln MedR 1994, 198 mit Anm *Reiling,* wobei Unbrauchbarkeit jedenfalls nicht mehr besteht, wenn der Patient den angeblich mangelhaften Zahnersatz in unveränderter Gestalt mehr als drei Jahre nach ihrem Einsetzen noch immer nutzt, vgl OLG Naumburg NJW-RR 2008, 1056–1059; ähnl LG Berlin MedR 2009, 98 f. Unabhängig von Brauchbarkeitskriterium *Tiemann* (Fn 87) S 172, 120 ff; *Palandt/Weidenkaff* § 611 BGB RdNr 16; BGH NZA 96, 1085. AA *Schütz/Dopheide* VersR 2006, 1440 ff, die einen Anspruch auf Befreiung von der Vergütungspflicht gänzlich ablehnen.
[93] Gegen die hM: *Weißauer/Hirsch* ArztR 1982, 208, 209; *Kern,* in: HK-AKM, 335 RdNr 55; *Roth* VersR 1979, 494; aA OLG Köln MedR 1994, 198, 199; *Jaspersen* VersR 1992, 1431, 1432; *Staudinger/Otto* § 320 BGB RdNr 26; *Schütz/Dopheide* VersR 2006, 1440 ff: § 320 sei bei Dienstverträgen generell nicht anwendbar. Auch *Palandt/Weidenkaff* § 611 BGB RdNr 16, der ein Leistungsverweigerungsrecht lediglich bei tatsächlicher Nichtleistung annimmt, nicht bei (erheblicher) Schlechtleistung. Vgl auch OLG Koblenz NJW-RR 2007, 997. Von einem Teil der Rechtsprechung (vgl RGZ 113, 264, 268; RGH-RR 35 Nr 735; BGH NJW 1963, 1301) wird bei Verletzung wesentlicher Vertragspflichten angenommen, dass dienstvertragliche Honoraransprüche analog § 654 BGB ausgeschlossen sind.
[94] BGH VersR 1996, 233, 234; auch OLG Nürnberg GesR 2008, 363 = MDR 2008, 554.
[95] *Weißauer/Hirsch* ArztR 1982, 210.
[96] OLG Hamm VersR 2001, 247.
[97] OLG München VersR 1995, 1103.
[98] OLG München NJW-RR 1996, 315.

19 Bei schuldhafter Verletzung der **ärztlichen Aufklärungspflicht** ist zu differenzieren:[99] Verläuft der Eingriff erfolgreich, so fehlt es an einem materiellen Schaden und dem Arzt steht ein Honoraranspruch zu.[100] Schlägt der Eingriff fehl, entfällt der Vergütungsanspruch[101] und der Patient ist berechtigt, mit seinem Schadensersatzanspruch gegen den Honoraranspruch des Arztes aufzurechnen bzw das gezahlte Honorar zurückzufordern. Bei fehlender Aufklärung über alternative Behandlungsmethoden besteht der Schaden des Patienten darin, dass er Kosten aufgewendet hat, die er bei einer ordnungsgemäßen Aufklärung ggf nicht aufgewendet hätte. Die Zahlung des Differenzbetrages kann er demgemäß verweigern. Verletzt der Arzt schuldhaft die ihm gegenüber dem Patienten obliegende Auskunfts-, Informations- oder Beratungspflicht, so kann ebenfalls positive Vertragsverletzung vorliegen, die zum Schadensersatz gegenüber dem Patienten verpflichtet. Auch insoweit ist der Patient berechtigt, gegenüber Honoraransprüchen des Arztes aufzurechnen.[102]

20 **10. Abtretung ärztlicher Honorarforderungen.** Der Arzt darf Privatärztliche Verrechnungsstellen oder Inkassobüros nicht ohne ausdrückliche, schriftliche Einwilligung des Patienten einschalten.[103] Der Patient kann die Einwilligung jederzeit widerrufen.[104] Die Weitergabe von Patientendaten ohne die Einwilligung des Patienten verstößt gegen §§ 203 StGB u 4 BDSG[105] und ist gem § 134 BGB nichtig.[106] Ein Factoringvertrag, durch den ein Zahnarzt Ansprüche gegen seine Patienten ohne deren Einwilligung an ein Inkassounternehmen verkauft, das als gewerbliches Unternehmen in der Rechtsform der GmbH betrieben wird, ist nichtig, weil der Vertrag gegen die §§ 134 BGB, 26, 203 Abs 1 Nr 2 u 6 StGB verstößt.[107] Auch bei einem nichtigen Auftragsverhältnis kann der Arzt von dem Dritten die vereinnahmten Honorare nach den Grundsätzen der ungerechtfertigten Bereicherung herausverlangen.[108]

Die **stillschweigende Einwilligung** des Patienten in die Weitergabe der Abrechnungsunterlagen an eine gewerbliche Verrechnungsstelle reicht nicht aus, auch nicht, wenn der Patient die ärztliche Behandlung in Anspruch nimmt, nachdem er schon früher Rechnungen des Arztes durch diese Verrechnungsstelle erhalten und bezahlt hat.[109] Eine stillschweigende Einwilligung des Patienten in die Übermittlung seiner Daten an eine Verrech-

---

[99] *Weißauer/Hirsch* ArztR 1982, 208, 211.
[100] OLG Köln VersR 2000, 361, 362; BGH VersR 2008, 1668 = NJW 2008, 2344.
[101] OLG Köln MedR 1994, 198, 199; vgl auch OLG Nürnberg MedR 2008, 554.
[102] Vgl auch *Funke*, S 126. Einzelheiten bei *Jaspersen* VersR 1992, 1431 ff.
[103] OLG Bremen VersR 1992, 1359; BGH NJW 1991, 2955; so auch § 17 Abs 3 S 6 KHEntgG.
[104] § 17 Abs 3 S 6 KHEntgG.
[105] Vgl BGHZ 115, 123 = NJW 1991, 2955 = MedR 1991, 327 m Anm *Taupitz;* BGH MedR 1992, 330 = NJW 1992, 2348; BGH NJW-RR 1993, 1474; BGH MedR 1994, 365; BGH NJW 1995, 2026 u 2915; BGH NJW 1996, 775; OLG Köln NJW 1991, 753 m Anm *König;* OLG Köln NJW 1993, 793; OLG Düsseldorf NJW 1994, 2421; OLG Hamm NJW 1993, 791; LG Bonn NJW 1995, 2419; LG Itzehoe NJW 1993, 794; LG Kleve NJW 1991, 756; LG Berlin NJW 1991, 757; LG Köln NJW 1990, 2944; AG Rottweil NJW 1991, 757 (Leits); AG Neuss NJW 1990, 2937; AG Grevenbroich NJW 1990, 1535; LeipzigerKomm-*Schümann* § 203 StGB RdNr 108 f; *Fischer* § 203 StGB RdNr 32; *Bongen/Krämer* NJW 1990, 2911; *Rudolphi/Horn/Samson,* in: SK-StGB § 203 RdNr 40; *Solbach* MedR 1991, 41; *Fischer/Uthoff,* Das Recht der formularmäßigen Einwilligung des Privatpatienten bei externer Abrechnung, MedR 1996, 115 ff; *Gramberg-Danielsen/Kern* NJW 1998, 2708; *Deutsch/Spickhoff* (Fn 28) RdNr 121, 122; *Jensen* Arzt und Krankenhaus 1992, 130; *Taupitz* VersR 1991, 1213; *Kiesecker,* in: HK-AKM, 4740 RdNr 59; **verneinend** noch *Rieger* (Fn 17) RdNr 1444; *Narr,* Ärztliches Berufsrecht. Ausbildung-Weiterbildung-Berufsausübung, Stand September 2007, RdNr B 167, B 256; kritisch dazu *Berger* NJW 1995, 1584.
[106] BGH NJW 1996, 775.
[107] OLG Köln VersR 1990, 1152; MedR 1996, 369.
[108] OLG Köln MedR 1996, 369; anders (Geschäftsführung ohne Auftrag) noch OLG Köln NJW 1993, 793.
[109] BGH NJW 1992, 2348.

13. Kapitel. Die Pflichten des Patienten aus dem Arztvertrag   21–24 § 75

nungsstelle kann auch nicht aufgrund eines Aushangs im Wartezimmer des Arztes, in welchem auf eine solche Übung hingewiesen wird, angenommen werden.[110]

Unzulässig ist auch die Einschaltung von Inkassobüros ohne Einwilligung des Patienten. Unter dem Gesichtspunkt der Wahrung vorrangiger Belange des Vertragspartners ist allerdings die Einschaltung eines Rechtsanwalts, auch ohne Einwilligung des Patienten, zulässig. Entsprechendes gilt für eine Klageerhebung des Arztes ohne Rechtsanwalt.

Privatärztliche Honorarforderungen sind grundsätzlich pfändbar und unterliegen dem Insolvenzbeschlag.[111] Insoweit ist der Arzt verpflichtet, dem Insolvenzverwalter die für die Durchsetzung des Anspruches notwendigen Daten über die Person des Patienten und die Forderungshöhe mitzuteilen. „Das Bedürfnis nach Offenlegung der Patientendaten gegenüber dem Insolvenzverwalter hat Vorrang vor dem Anspruch des Patienten auf Schutz seiner Daten." Das folge aus dem vorrangigen Interesse Dritter, hier der Insolvenzgläubiger, an der Transparenz der Schuldnereinnahmen.[112] Ob das für eine Facharztpraxis für Psychiatrie, Psychotherapie und Psychoanalyse wirklich zutrifft, erscheint zweifelhaft.

Auch die Abtretung eines Schadensersatzanspruchs eines Zahnarztes, der darauf gestützt wird, dass sein Dentallabor durch Verschulden des Schuldners mehrere Monate nicht benutzt werden konnte und die erforderlichen zahntechnischen Leistungen deshalb an ein Fremdlabor vergeben werden mussten, ist nichtig, wenn sie ohne Zustimmung der Patienten erfolgt, für welche die zahntechnischen Leistungen erbracht worden sind.[113]

Hingegen ist die Abtretung eines Rückzahlungsanspruches des Patienten gegen den Arzt 21 (unwirksame Wahlleistungsvereinbarung) an seine private Krankenversicherung zulässig.[114]

IV. Verzug des Patienten

In den allgemeinen Bestimmungen der GOÄ 1965 (Nr 21–24 A III, 2 c) war bestimmt, 22 dass eine Verweilgebühr auch für den Zeitverlust berechnet werden durfte, der dadurch entstand, dass ein Kranker nicht zu der mit dem Arzt vereinbarten Zeit erschien. Eine solche Bestimmung war in der GOÄ 1982 und ist auch in der GOÄ 1996 nicht mehr enthalten. Dies bedeutet aber nicht, dass mit dem Wegfall der älteren Regelung zugleich auch die allgemeinen Verzugsfolgen nach dem BGB ausgeschlossen sind. Allerdings sind folgende Fallgestaltungen zu unterscheiden:

1. Vor Vertragsschluss. Bestehen zwischen Arzt und Patient noch keine vertraglichen 23 Beziehungen und hat der Patient oder ein sonstiger Dritter für ihn einen Termin mit dem Arzt vereinbart, so kommt bei schuldhaftem Nichterscheinen eine **Haftung wegen Verschuldens bei Vertragsschluss** in Betracht.[115] Liegt eine schuldhafte Terminversäumung vor und hat der Arzt tatsächlich, zB im Rahmen einer Bestellpraxis, einen Schaden erlitten, so kann er diesen Schaden aus dem Gesichtspunkt der „culpa in contrahendo" geltend machen. Der durch den Zeitverlust entstandene Schaden kann allerdings der Höhe nach nicht auf den Betrag einer Verweilgebühr begrenzt angesehen werden,[116] weil es sie nicht gibt.

2. Ausbleiben des Patienten bei bestehendem Arztvertrag. Erscheint der Patient 24 aus einem von ihm zu vertretenden Umstand nicht zu dem mit dem Arzt vereinbarten

---

[110] OLG Düsseldorf NJW 1994, 2421.
[111] BGHZ 162, 187, 190; BGH WM 2003, 980, 983; BGH Urt v 5. 2. 2009 – IX ZB 85/08.
[112] BGHZ 162, 187, 194; BGH Urt v 5. 2. 2009 – IX ZB 85/08, Nrn 4, 5.
[113] BGH VersR 1996, 461.
[114] OLG Düsseldorf ArztR 2008, 136.
[115] Vgl *Funke*, S 122, 125.
[116] So aber noch *Funke*, S 125. Vgl auch *Tiemann*, Neues zur Verweilgebühr, Der Freie Zahnarzt 1984, S 76; LG München II NJW 1984, 671; AG Burgdorf MedR 1985, 129. Nach neuerer Rechtsprechung hat der Arzt nach der GOÄ 1996 unter keinem rechtlichen Gesichtspunkt einen Anspruch auf Bezahlung der Verweilgebühr. Vgl AG München NJW 1990, 2939; AG Köln NJW 1990, 2939.

Termin oder kommt er zu spät, so ist zu unterscheiden, ob es sich um eine **Bestellpraxis** handelt oder nicht. In jedem Fall des Nichterscheinens gerät der Patient in **Annahmeverzug** mit der Folge, dass der Arzt nach § 326 Abs 2 oder § 615 S 1 BGB für die infolge des Nichterscheinens nicht geleisteten ärztlichen Dienste die vereinbarte Vergütung verlangen kann.[117] Er muss sich jedoch darauf das Honorar anrechnen lassen, das er durch die Behandlung eines anderen Patienten in der fraglichen Zeit verdient hat oder hätte verdienen können (§§ 615 Abs 2, 326 Abs 2 S 2 BGB).[118]

25 **Die Rechtsprechung ist** in dieser Frage sowohl im Ergebnis als auch in der Begründung extrem **uneinheitlich**. Sie lehnt überwiegend den Anspruch auf Bezahlung einer „Verweilgebühr" in den Fällen des Patientenverzugs schlechthin ab,[119] weil das geltende Gebührenverzeichnis für diese Fälle keine Regelung mehr enthalte.[120] Neuere Entscheidungen sprechen dem Arzt dagegen einen im Umfang generell niedrigeren Anspruch auf **Schadensersatz** aus positiver Forderungsverletzung (§ 280 Abs 1 BGB) oder **Ausfallhonorar** zu.[121] Insoweit werden hohe Anforderungen an den Beweis gestellt, die dazu führen, dass die Voraussetzungen im Rahmen einer reinen Bestellpraxis praktisch nie vorliegen.[122] Nach AG München[123] ist ein Patient, der ohne die für eine Operation erforderlichen Unterlagen und Voruntersuchungen zu einem für eine ambulante chirurgische Behandlung geplanten Operationstermin erscheint, schadensersatzpflichtig, wenn infolgedessen die Operation nicht durchgeführt werden kann. Der Schaden des Arztes, der deshalb einen chirurgischen Eingriff nicht vornehmen kann (hier: Krampfaderentfernung) beläuft sich auf gem § 287 ZPO zu schätzende 200,– DM (ca 100,– €) stündlich. Ähnlich entschied das LG Konstanz.[124] Ist eine kieferorthopädische Praxis so durchorganisiert, dass der Arzt mit längeren Terminvorläufen arbeitet und den jeweiligen Patienten im Voraus auf einen Termin bestellt, der wegen der Dauer der Behandlung mehrere Stunden in Anspruch nehmen kann und zu dem kein anderer Patient gleichzeitig bestellt wird, so steht dem Arzt ein Vergütungsanspruch zu, wenn der Patient zum vereinbarten Termin nicht erscheint oder kurzfristig absagt. Nach Auffassung des AG Bremen[125] verstößt die von einem Patienten unterschriebene Klausel, nach der sich der Zahnarzt vorbehält, reservierte und nicht 24 Stunden vorher abgesagte Termine dem Patienten in Rechnung zu stellen, nicht gegen § 10 Nr 7 AGBG aF (§ 308 Nr 7 BGB) und auch nicht gegen § 9 Abs 2 Nr 1 AGBG aF (§ 307 Abs 2

---

[117] Vgl *Kern*, in: HK-AKM, 335 RdNr 57–60; *Narr*, Ärztliches Berufsrecht. Ausbildung – Weiterbildung – Berufsausübung, 1. Aufl 1973, S 189; *Schinnenburg*, Ansprüche des niedergelassenen Arztes gegen den Patienten bei Versäumung des Behandlungstermins, MDR 2008, 837; *Wertenbruch*, Der Vergütungsanspruch des Arztes bei Nichterscheinen eines bestellten Patienten – die Haftung des Arztes bei Nichteinhaltung eines Behandlungstermins, MedR 1991, 167, 169, die eine Verpflichtung zur Nachleistung ablehnen; AG Osnabrück NJW 1987, 2935; LG Konstanz NJW 1994, 3015; *Natter*, Der Annahmeverzug des Privatpatienten, MedR 1985, 258; *Tiemann* (Fn 87) S 173 ff.

[118] Vgl auch LG München NJW 1984, 671 = MedR 1986, 45 m abl Anm *Uhlenbruck*, Bestelltermin nicht eingehalten, RheinÄBl 1985, 917; *Natter* MedR 1985, 258; *Kern*, in: HK-AKM, 335 RdNr 57; *Funke*, S 124. Vgl auch *Uhlenbruck*, Privat-Honorar bei Nichterscheinen des Patienten zum vereinbarten Behandlungstermin, RheinÄBl 1984, 496; AG Waldbröl NJW 1989, 777; AG Osnabrück NJW 1987, 2935; *Tiemann* (Fn 87) S 174; *Narr* (Fn 117) S 189; *Wertenbruch* MedR 1991, 167, 170 f.

[119] AG München NJW 1984, 671; AG München NJW 1990, 2939; LG Heilbronn NZS 1993, 424; AG Calw NJW 1994, 3015.

[120] Vgl LG München II NJW 1982, 671; AG München NJW 1990, 2939; AG Waldbröl NJW 1989, 777; AG Tiergarten ZM 1990, 640; AG Calw NJW 1994, 3015; ähnl MünchKomm-*Schaub* (3. Aufl 1997) § 612 BGB RdNr 202.

[121] AG Tettnang MedR 2002, 155 u OLG Stuttgart VersR 2007, 951 stellen auf eine vertragliche Nebenpflichtverletzung ab.

[122] OLG Stuttgart MedR 2007, 546, 548 f.

[123] NJW 1994, 3014.

[124] NJW 1994, 3015.

[125] NJW-RR 1996, 818.

13. Kapitel. Die Pflichten des Patienten aus dem Arztvertrag 26–29 § 75

Nr 1 BGB), sondern ist wirksam.[126] Anders entschied das AG Rastatt:[127] Versäumt der Patient einen vereinbarten **Zahnarzttermin,** so kann der Zahnarzt für diesen Termin idR keine Ansprüche gegen den Patienten geltend machen, und zwar weder unter dem Gesichtspunkt einer Vergütung noch unter dem eines Schadensersatzes.[128] Dagegen hat das AG Osnabrück[129] dem Arzt einen Vergütungsanspruch zugebilligt.

Von einem **Teil der Literatur**[130] wird die Auffassung vertreten, auch im Rahmen des § 615 S 1 BGB sei Nr 9 des Gebührenverzeichnisses (aF) zur Bestimmung der Schadenshöhe weiterhin heranzuziehen. Nach **anderer Meinung**[131] liegt Verzug nur vor, wenn aus der Terminvereinbarung für den Patienten eindeutig hervorgeht, dass der Arzt sich ausschließlich für den Patienten eine bestimmte Zeitspanne freihält und während dieser Zeit keinen anderen Patienten bestellen und behandeln kann. Der Schadensersatzanspruch entfällt in solchen Fällen nur dann, wenn der Arzt während der vereinbarten Zeit tatsächlich einen anderen Patienten behandelt oder es versäumt, einen Patienten zu behandeln, obwohl dies möglich gewesen wäre.

In den Fällen des **Verzuges bei einer Bestellpraxis** soll der Ersatzanspruch der Höhe nach nicht mehr durch die GOÄ beschränkt sein, sondern sich nach allgemeinen Grundsätzen bestimmen. Letzterer Auffassung ist zuzustimmen, denn wenn die GOÄ 1996 keine Verweilgebühr für den Fall des Nichterscheinens des Patienten vorsieht, richtet sich der Anspruch des Arztes nach § 326 Abs 2 BGB oder § 615 BGB.[132] Der Arzt kann somit die Vergütung für diejenigen Leistungen berechnen, die er voraussichtlich erbracht hätte. Er muss sich lediglich die Kosten anrechnen lassen, die er durch Nichterscheinen des Patienten erspart hat.[133] Praktisch wird der Arzt einen Honoraranspruch in diesen Fällen nur dann mit Erfolg geltend machen können, wenn der Termin außerhalb der üblichen Sprechstunden vereinbart war,[134] oder wenn es sich um einen zeitlich ausgedehnten Termin (ambulante Operation) handelt.[135] Ist die Behandlung wegen einer anderweitigen Erkrankung des Patienten nicht möglich, so entfallen die beiderseitigen Leistungspflichten wegen Unmöglichkeit. In diesem Fall macht sich der Patient schadensersatzpflichtig, wenn er dem Arzt eine bestehende Verhinderung schuldhaft nicht rechtzeitig mitteilt.[136]

Um die rechtlichen Risiken auszuschließen, wird teilweise empfohlen, mit dem Patienten eine Kündigungsfrist (etwa 24 Stunden) zu vereinbaren[137] bzw eine besondere **schriftliche Vereinbarung** über den Anfall einer Verweilgebühr zu treffen oder ihn auf die Rechtsfolgen des Verzuges hinzuweisen.[138] Aber auch hier ist nicht sicher, ob die Rechtsprechung dieser Auffassung folgen wird.

Bei **Kassenpatienten** steht dem Arzt keine Verweilgebühr zu, die über die Krankenkassen abgerechnet werden kann. Versäumt der Kassenpatient einen ärztlichen Termin, ist der Arzt nur berechtigt, Ansprüche aus § 615 BGB privat in Rechnung zu stellen.[139] Insoweit

---

[126] So auch schon *Wertenbruch* MedR 1994, 394 ff.
[127] NJW-RR 1996, 817.
[128] Ähnlich LG München NJW 1984, 671; LG Heilbronn NZS 1993, 424.
[129] NJW 1987, 2935.
[130] *Weigand/Weißauer/Zierl,* Kommentar zu Nr 9 GOÄ, Anästh u Intensivmed 1984, 200; *Funke,* S 124; *Tiemann* (Fn 87) S 175.
[131] S *Wertenbruch* MedR 1991, 167, 169; *Schinnenburg* MDR 2008, 837.
[132] Vgl auch *Uhlenbruck* RheinÄBl 1984, 496, 497; *Wertenbruch* MedR 1994, 394, 397.
[133] Vgl auch *Narr* (Fn 117) S 189; *Tiemann* (Fn 87) S 174 f; *Rieger* (Fn 17) RdNr 224.
[134] Vgl *Schmatz/Goetz/Matzke* Einf B Anm 4.
[135] AG München NJW 1994, 3014; LG Konstanz NJW 1994, 3015.
[136] Vgl *Wertenbruch* MedR 1994, 394, 397; vgl auch OLG Stuttgart VersR 2007, 951.
[137] Das kann auch formularmäßig geschehen: vgl *Wertenbruch* MedR 1994, 394.
[138] Vgl *Tiemann* (Fn 87) S 175; *dies* (Fn 116) S 76. Eingehend *Wertenbruch* MedR 1991, 167 ff.
[139] Vgl BSGE 31, 33 = NJW 1970, 1252; AG Aurich ZM 1975, 213; anders AG Kenzingen MDR 1994, 553; zur hM ferner *Tiemann* (Fn 87) S 174; *Rieger* (Fn 17) RdNr 224; *Narr* (Fn 117) S 190; s *Wertenbruch* MedR 1991, 167, 170.

30 Besteht zwischen Arzt und Patient ein Behandlungsvertrag und erscheint der Patient nicht zum vereinbarten Zeitpunkt und kommt er auch später nicht wieder, ohne etwas von sich hören zu lassen, so kann dieses Verhalten als eine **stillschweigende Kündigung** des Behandlungsvertrages gewertet werden.[141] Nach § 627 BGB sind die Parteien des Arztvertrages berechtigt, den Vertrag jederzeit zu kündigen, auch wenn kein wichtiger Grund iS von § 626 BGB vorliegt.[142] Diese Begründung für die Ablehnung eines Anspruchs vermag nicht zu überzeugen. Das gilt jedenfalls, wenn der Patient die Behandlung nach seiner Säumnis fortsetzt,[143] aber auch dann, wenn er die Behandlung mit dem Nichterscheinen zum vereinbarten Termin abbricht. Zwar kann der Patient jederzeit kündigen, er ist aber aus der vertraglich geschuldeten Pflicht zur Rücksichtnahme auf den Vertragspartner verpflichtet, die Kündigung rechtzeitig und nicht zur Unzeit vorzunehmen.[144]

handelt es sich um Leistungsstörungen im Verhältnis zwischen Kassenarzt und Kassenpatient, die nicht Gegenstand der kassenärztlichen Versorgung sind.[140]

V. Honorarschuldner

31 Honorarschuldner bei Privatpatienten ist der Patient selbst oder derjenige, der für den Patienten den Behandlungsvertrag abgeschlossen hat. Für stationäre Leistungen wird im Falle der Verwendung einer sogenannten Clinic-Card die PKV Honorarschuldner.[145] Insoweit dürfte es sich um eine antizipierte befreiende Schuldübernahme oder um eine Garantieübernahme handeln.

Im Einzelfall kann auch die **Mitverpflichtung des Ehegatten** für die Kostentragung einer ärztlichen Leistung in Betracht kommen, wenn die Arztbehandlung zur Deckung des angemessenen Lebensbedarfs der Familie gehört.[146] Die Solidarhaftung der Ehegatten greift bei bestehender Ehe auch für die Behandlung von Kindern ein.[147] Unerheblich ist es für das Schulden bzw Mitschulden, ob nur einer oder beide Eltern bzw Ehegatten berufstätig sind.[148] Ist die Ehe geschieden oder leben die Eheleute getrennt, so greift die Vorschrift des § 1357 BGB nicht ein. Grundsätzlich wird nur der vertragschließende Ehepartner, der das Kind in ärztliche Behandlung gibt, zur Honorarzahlung verpflichtet.[149] Eine Ausnahme besteht, soweit in Fällen akuter Behandlungsnotwendigkeit der eine Ehegatte in Vertretung und Vollmacht des anderen handelt.[150] Eine von ihrem Ehemann getrennt

---

[140] *Narr* (Fn 117) S 190.
[141] Vgl *Schmatz/Goetz/Matzke* S 32; *Funke,* S 122.
[142] *Rieger* (Fn 17) RdNr 226; *Funke,* S 122; *Schmatz/Goetz/Matzke* S 32; *Wertenbruch,* Anm zu AG Dortmund, MedR 1992, 348 f; *ders* MedR 1994, 394 ff
[143] Vgl dazu aber AG Calw NJW 1994, 3015.
[144] So tendenziell auch LG Konstanz NJW 1994, 3015.
[145] LG Dortmund NJW 2007, 3134.
[146] Vgl BGHZ 116, 184 = NJW 1992, 909; OLG Köln MDR 1993, 55; OLG Schleswig SchlHa 1993, 113; Saarl OLG MedR 2001, 141; *Tiemann* (Fn 87) S 170 f; MünchKomm-*Wacke* § 1357 BGB RdNr 30, 31; *Kern,* in: HK-AKM, 335 RdNr 22 ff; *Laufs* (Fn 18) RdNr 108, 109.
[147] Vgl BGHZ 94, 1; 47, 75, 81; BGH NJW 1992, 909 = JZ 1992, 586 *(Henrich);* Peter NJW 1993, 1949; *Soergel/Lange* § 1357 BGB RdNr 14; MünchKomm-*Wacke* § 1357 BGB RdNr 30. Im Falle der Trennung oder Ehescheidung wird nur der Elternteil aus dem Arztvertrag zur Honorarzahlung verpflichtet, der das Kind in Behandlung gegeben hat. Vgl *Laufs* (Fn 18) RdNr 108; s aber auch LG Saarbrücken NJW 1971, 1894: „Leben die Eltern eines Kindes getrennt, dann ist die Mutter berechtigt, bei akuter Behandlungsnotwendigkeit des Kindes in Vollmacht des Vaters für diesen einen Vertrag mit dem Arzt über die Behandlung abzuschließen." Kritisch hierzu *Olschewski* NJW 1972, 346; *Berg* NJW 1972, 1117.
[148] Vgl MünchKomm-*Wacke* (3. Aufl 1993) § 1357 BGB RdNr 30; *Tiemann* (Fn 87) S 170 f. Unerheblich ist auch, ob beide Ehegatten über eigenes Einkommen verfügen (vgl LG Koblenz NJW 1981, 1324).
[149] *Laufs* (Fn 18) RdNr 109.
[150] BGH MedR 1992, 100; LG Saarbrücken NJW 1971, 1894.

lebende Ehefrau, die vor Beginn einer zahnärztlichen Behandlung als Versicherung die private Krankenversicherung ihres Ehemannes angibt und bittet, Rechnungen an den benannten Versicherer zu schicken, wird selbst zur Honorarzahlung verpflichtet, weil der Wille, ausschließlich in fremdem Namen handeln zu wollen, nicht erkennbar wird.[151]

Arzt und Patient können in allen Fällen der Unwirksamkeit von Arztverträgen den **Vertragsschluss nachholen** mit der Folge, dass gem § 141 Abs 2 BGB der Honoraranspruch des Arztes für alle geleisteten Dienste mit der Bestätigung des nichtigen Vertrages entsteht.[152]   32

Ist der Arztvertrag wegen Verstoßes gegen ein gesetzliches Verbot (§ 134 BGB) oder gegen die guten Sitten (§ 138 Abs 1 BGB) nichtig, weil zB der Arzt durch seine Tätigkeit einen Versicherungsbetrug unterstützt und damit Beihilfe zu einer Straftat leistet, oder wenn er erhebliche Verstöße gegen ärztliche Standespflichten begeht, so entsteht **kein Honoraranspruch**.[153]   33

VI. Die Privatliquidation des Zahnarztes

Für Zahnärzte gilt die Gebührenordnung für Zahnärzte (GOZ) in der Fassung vom 4.12.2001.[154] Da die GOZ für den Zahnarzt bindend ist, darf er seiner Liquidation keine andere Gebührenordnung zu Grunde legen. Die Vergütungen für die beruflichen (privaten) Leistungen des Zahnarztes bestimmen sich nach der GOZ, soweit nicht durch Bundesgesetz etwas anderes bestimmt ist (§ 1 Abs 1 GOZ). Vorrangig vor der GOZ sind die Regelungen über die Vergütung der kassenärztlichen Tätigkeit, der vertragszahnärztlichen Tätigkeit für Versicherte der Ersatzkassen sowie der Versorgung von Personen, die Anspruch auf Heilfürsorge nach dem Bundessozialhilfegesetz haben.[155] Die GOZ gilt auch für **stationäre privatzahnärztliche Leistungen**. An den entsprechend der GOÄ aufgebauten Paragraphenteil der GOZ schließt sich das Gebührenverzeichnis an. Ergänzend ist das Gebührenverzeichnis der GOÄ anwendbar (§ 6 Abs 1 GOZ), wie zB für die Honorarrechnung für Beratungen, Röntgen- und Kieferchirurgische Leistungen, die in der GOÄ beschrieben sind.   34

Der Zahnarzt darf nach § 1 Abs 2 S 1 GOZ Vergütungen nur für Leistungen berechnen, die nach den Regeln der zahnärztlichen Kunst für eine zahnmedizinisch notwendige zahnärztliche Versorgung erforderlich sind. Darüber hinausgehende Leistungen dürfen zwar erbracht und berechnet werden, aber nur auf **Verlangen des Zahlungspflichtigen**. Dem Patienten muss in solchen Fällen mitgeteilt werden, dass die Leistungen zahnmedizinisch nicht notwendig sind. Der Patient muss in voller Kenntnis der Situation der Leistung zustimmen, also Leistungen akzeptieren, die zahnmedizinisch nicht notwendig sind.   35

---

[151] OLG Hamm VersR 1997, 1360 gegen OLG Köln VersR 1994, 107. Vgl dazu auch BGH MedR 1992, 100.
[152] Vgl OLG Düsseldorf NJW 1975, 596; *Laufs* (Fn 18) RdNr 127.
[153] Vgl *Palandt/Ellenberger* § 138 BGB RdNr 57 ff, 90, 98, 104 ff; *Laufs* (Fn 18) RdNr 127, 128. Sehr zweifelhaft ist das aber beim sog Leihmuttervertrag. Nach der Rechtsprechung (OLG Hamm NJW 1986, 781; LG Freiburg NJW 1987, 1488; *Erman/Palm* § 138 BGB RdNr 86) macht ein Leihmuttervertrag das Kind zum Gegenstand eines Rechtsgeschäfts und ist daher nichtig; vgl auch *Deutsch* NJW 1986, 1971. Nach hier vertretener Auffassung ist eine Nichtigkeit nicht ohne weiteres gegeben, so dass durchaus ein Honoraranspruch im Einzelfall gegeben sein kann. Dies gilt auch für ärztliche Leistungen, die im Rahmen eines Leihmuttervertrages erbracht werden. Gleiches gilt für den Abtreibungsvertrag oder den Vertrag über eine heterologe Insemination. Diese Verträge können im Einzelfall wegen ihres kommerziellen Charakters nichtig sein, was jedoch nicht die Regel ist.
[154] BGBl I S 3320; Einzelheiten zum zahnärztlichen Honorar bei *Günther*, Zahnarzt – Recht und Risiko, RdNr 30 ff; *Tiemann* (Fn 87) S 159 ff; *Scheuffler*, in: HK-AKM, 5660 RdNr 1; *Lieber* (Fn 8) S XLIV ff; *Staudinger/Richardi* § 614 BGB RdNr 57; *Erman/Edenfeld* § 612 BGB RdNr 20.
[155] *Lieber* (Fn 8) S XLV.

Soweit es sich dabei um Leistungen handelt, die in der GOZ enthalten sind, reicht eine Vereinbarung auf Verlangen des Patienten aus.[156]

36 Die Möglichkeiten einer **abweichenden Honorarvereinbarung** zwischen Zahnarzt und Zahlungspflichtigem sind durch die GOZ 1987 erheblich eingeschränkt worden. Die GOZ ist weder insgesamt noch in Einzelteilen abdingbar. Eine abweichende Vereinbarung ist nur in Bezug auf die Höhe der Vergütung möglich. Der Zahnarzt muss den Abschluss einer Honorarvereinbarung als solche zur Disposition stellen und seine Bereitschaft erklären, notfalls auch nach den Bestimmungen der GOZ abzurechnen. Es reicht nach Auffassung des OLG Nürnberg[157] nicht aus, dass er lediglich die Höhe des Honorars, nämlich das konkrete Ausmaß der über § 5 Abs 1 GOZ hinausgehenden Steigerungssätze, zur Disposition stellt. Zahnärztliche Honorarvereinbarungen müssen **vor der Behandlung** getroffen werden (§ 2 Abs 2 S 1 GOZ). Vereinbarungen, die während oder nach der Erbringung einer ärztlichen Leistung abgeschlossen werden, sind gem § 2 Abs 2 bzw Abs 3 GOZ unwirksam.[158] Die abweichende Vereinbarung muss **schriftlich** erfolgen.[159] Die Verwendung Allgemeiner Geschäftsbedingungen ist unzulässig,[160] wohl aber dürfen Vordrucke verwendet werden, die Raum für die konkret vereinbarten Steigerungssätze aufweisen.[161] Sie hat zugleich die Feststellung zu enthalten, dass eine Erstattung der Vergütung durch Erstattungsstellen (Privatversicherungen, Beihilfe) möglicherweise nicht in vollem Umfang gewährleistet ist (§ 2 Abs 2 S 2 GOZ).[162] Weitere Erklärungen darf die Vereinbarung nicht enthalten (§ 2 Abs 2 S 3 GOZ).

37 Die Abrechnung zahnärztlicher Leistungen ist grundsätzlich sowohl von der Beihilfestelle als auch durch die Verwaltungsgerichte hinsichtlich ihrer Angemessenheit voll nachprüfbar.[163] Im Zuge prothetischer zahnärztlicher Behandlungsplanung ist die Wahl einer nach der gegebenen Lage unnötig riskanten Brückenkonstruktion ein Kunstfehler. Als Schadensersatz kann der betroffene Patient – zumindest – das geleistete Zahnarzthonorar zurückverlangen.[164] Nur wenn ausnahmsweise ernsthaft widerstreitende Auffassungen über die Berechtigung eines Gebührenansatzes bestehen, ist dieser beihilferechtlich als angemessen anzusehen, soweit der vom Zahnarzt in Rechnung gestellte Betrag einer zumindest vertretbaren Auslegung der Gebührenordnung entspricht und der beihilfepflichtige Dienstherr nicht für rechtzeitige Klarheit über die von ihm vertretene Auslegung gesorgt hat.[165]

38 Gem § 5 Abs 2 S 3 GOZ darf eine Gebühr in der Regel nur zwischen dem 1fachen und dem 2,3fachen des Gebührensatzes bemessen werden (Schwellenwert). Ein Überschreiten des 2,3fachen Gebührensatzes ist nur zulässig, wenn die Besonderheiten der in § 5 Abs 2 S 1 GOZ genannten Bemessungskriterien dies rechtfertigen.[166] Sie bedarf gem § 10 Abs 3 S 1 GOZ einer besonderen Begründung.

---

[156] Einzelheiten bei *Lieber* (Fn 8) S XLVIII; *Narr* (Fn 105) RdNr B 613 (zur GOÄ); *Erman/Edenfeld* § 612 BGB RdNr 20.
[157] Urt v 28. 4. 1994 – 8 U 3123/93 = r + s 1995, 30.
[158] BGH NJW 1998, 1786; AG Frankfurt NJW-RR 1996, 1268; vgl auch OLG Celle VersR 2009, 224 ff: in diesen Fällen ist die Entschließungsfreiheit unzumutbar beeinträchtigt.
[159] OLG Karlsruhe VersR 2000, 365.
[160] Vgl für Gebühren nach GOÄ BGHZ 115, 391 = NJW 1992, 746.
[161] BVerfG NJW 2005, 1036.
[162] Vgl auch BGH VersR 2000, 856; BGH JZ 1999, 150; NJW 1998, 1786; BGH ArztR 1983, 176; OLG Köln VersR 1987, 514; OLG Frankfurt NJW 1977, 1497; *Tiemann* (Fn 87) S 166; *Narr* (Fn 105) RdNr B 141, B 695 u insbes B 702 (zur GOÄ); *Erman/Edenfeld* § 612 BGB RdNr 20. Kritisch dazu *Kern/Schumann* JZ 1999, 154.
[163] BVerwG NJW 1996, 3094.
[164] OLG Frankfurt VersR 1996, 1150.
[165] BVerwG NJW 1996, 3094.
[166] *Erman/Edenfeld* § 612 BGB RdNr 20; *Tiemann* (Fn 87) S 168. Vgl auch LG Düsseldorf, Urt v 27. 7. 1989 – 3 O 688/88 –, wonach es einer besonderen Begründung des zahnärztlichen Honorars in Höhe des 3,6fachen Gebührensatzes nicht bedarf, wenn der Patient mit dem Zahnarzt eine entspre-

13. Kapitel. Die Pflichten des Patienten aus dem Arztvertrag 39–43 § 75

Nach § 10 Abs 1 GOZ wird die **Vergütung** des Zahnarztes **fällig**, wenn dem Zahlungspflichtigen eine ordnungsgemäße Liquidation erteilt worden ist. 39

Der Vergütungsanspruch des Zahnarztes **verjährt** nach §§ 195, 199 BGB in drei Jahren. 40

Zur Unwirksamkeit der Abtretung von Honorarforderungen des Zahnarztes gilt das oben gesagte entsprechend.[167]

VII. Gebühren der Tierärzte

Für Tierärzte gilt die Gebührenordnung für Tierärzte idF v 30.6.2008 (BGBl I S 1110). Da die Gebührenordnung für Tierärzte keine besondere Fälligkeitsregelung enthält, werden die Fälligkeitsvorschriften der GOÄ entsprechend angewandt.[168] 41

Der Vergütungsanspruch des Tierarztes verjährt in drei Jahren (§§ 195, 199 BGB). Anders als bei der Weitergabe von humanmedizinischen Abrechnungsunterlagen ohne Einwilligung der Patienten führt die einwilligungslose Weitergabe von veterinärmedizinischen Behandlungsunterlagen in der Regel nicht zur Unwirksamkeit der Abtretung.[169] 42

VIII. Honorarvereinbarungen der Krankenhausärzte

Weder das GRG noch das GSG sowie das 2. GKV-NOG haben an dem **Liquidationsrecht der Leitenden Krankenhausärzte** etwas geändert. Beschränkungen der Ausübung ergeben sich lediglich aus dem Krankenhausentgeltgesetz (§ 17 KHEntG), dem Pflegesatzrecht (§ 22 BPflV in der bis zum 31.12.2003 gültigen Fassung) und dem ärztlichen Gebührenrecht (GOÄ).[170] Das Gesetz über die Entgelte für voll- und teilstationäre Krankenhausleistungen (Krankenhausentgeltgesetz, KHEntG) vom 23.4.2002[171] hat die BPflV weitgehend abgelöst. Der in diesem Zusammenhang interessierende § 17 KHEntG, der weithin § 22 BPflV aF entspricht, trat erst zum 1.1.2005 in Kraft (§ 16 KHEntG). Für wenige Krankenhäuser gilt die BPflV fort (§ 17 Abs 5 KHEntG). Wesentliche inhaltliche Änderungen sind mit dem neuen Gesetz nicht erfolgt. 43

Für den Krankenhausbereich und das Liquidationsrecht des Leitenden Krankenhausarztes gelten grundsätzlich die vorstehend dargestellten Regelungen der GOÄ (§ 17 Abs 3 S 7 KHEntG). Ob und in welchem Umfang ein Krankenhausarzt zur gesonderten Liquidation seiner ärztlichen Leistungen berechtigt ist, hängt sowohl von den internen Vereinbarungen zwischen Arzt und Krankenhausträger als auch von den Vereinbarungen zwischen Arzt und Patient ab. Nach § 17 Abs 1 KHEntG und § 22 Abs 1 S 1 BPflV aF dürfen neben den Pflegesätzen andere als die allgemeinen Krankenhausleistungen als **Wahlleistungen** gesondert berechnet werden, wenn die allgemeinen Krankenhausleistungen durch die Wahlleistungen nicht beeinträchtigt werden und die gesonderte Berechnung mit dem Krankenhaus vereinbart ist (§ 17 Abs 1 S 1 KHEntG, § 22 Abs 2 S 1 BPflV aF).[172] Eine Vereinbarung über wahlärztliche Leistungen erstreckt sich auf alle an der Behandlung des Patienten beteiligten Ärzte des Krankenhauses, soweit diese zur gesonderten Berechnung ihrer Leistungen im Rahmen der vollstationären und teilstationären sowie einer vor- und

---

chende Individualvereinbarung getroffen hat. Eine Begründung ist nur bei Überschreitung des 2,3fachen Satzes innerhalb des Gebührenrahmens des § 5 GOZ notwendig, denn insoweit erfordert die ohne eine bestimmte Vereinbarung zulässige Liquidation des Zahnarztes eine sich aus Umfang bzw Schwierigkeit der Maßnahme ergebende Legitimation.

[167] Vgl dazu oben RdNr 20 f; s auch BGH MedR 1994, 365; BGHZ 115, 123; BGHZ 116, 268.
[168] *Staudinger/Richardi* § 614 BGB RdNr 55.
[169] OLG Celle NJW 1995, 786; LG Dortmund NJW-RR 2006, 779; aA LG Bochum NJW 1993, 1535, 1536; vgl dazu *Kern* JuS 2001, 467, 468.
[170] Zu den Einzelheiten vgl auch unten § 87 mit Ausführungen der Sonderregelungen des ärztlichen Gebührenrechts für den **Laborbereich**.
[171] BGBl I S 1412.
[172] OLG Hamm VersR 2000, 365.

nachstationären Behandlung (§ 115a SGB V) berechtigt sind, einschließlich der von diesen Ärzten veranlassten Leistungen von Ärzten und ärztlich geleiteten Einrichtungen außerhalb des Krankenhauses (§ 17 Abs 3 S 1 KHEntG, § 22 Abs 3 S 1 BPflV aF).

44 Nach § 17 Abs 1 S 1 KHEntG, § 22 Abs 2 S 1 BPflV aF sind Wahlleistungen zwischen **Patient und Krankenhausträger** schriftlich zu vereinbaren. Die Vereinbarung hat vor Behandlungsaufnahme zu erfolgen. Der Patient ist vor Abschluss der Vereinbarung über die Entgelte für die Wahlleistungen und deren Inhalt im Einzelnen zu unterrichten. Der BGH geht in ständiger Rechtsprechung davon aus, dass eine Wahlleistungsvereinbarung, die ohne hinreichende vorherige Unterrichtung des Patienten abgeschlossen worden ist, unwirksam ist. Die Schriftform ist nach § 126 Abs 2 S 1 BGB nur gewahrt, wenn alle die Wahlleistungen betreffenden Erklärungen in derselben Urkunde niedergelegt und von beiden Parteien unterzeichnet sind.[173] Vereinbarungen, die nur vom Patienten unterschrieben wurden, sind unwirksam.[174]

Der Patient ist nach § 17 Abs 2 S 1 KHEntgG bzw § 22 Abs 2 S 1 BPflV aF über die Entgelte der Wahlleistungen und deren Inhalt im Einzelnen zu unterrichten. Die Unterrichtung muss nicht den Anforderungen eines Kostenvoranschlages genügen. Andererseits reicht es auch nicht aus, dass der Patient darauf hingewiesen wird, dass die Abrechnung des selbstliquidierenden Chefarztes nach der GOÄ erfolgt.[175] Vielmehr gilt die vermittelnde Ansicht, derzufolge die Patienteninformation eine kurze Charakterisierung des Inhalts der wahlärztlichen Leistungen enthalten muss, worin zum Ausdruck kommt, dass ohne Rücksicht auf Art und Schwere der Erkrankung die persönliche Behandlung durch die liquidationsberechtigten Ärzte sichergestellt werden soll, verbunden mit dem Hinweis darauf, dass der Patient auch ohne Abschluss einer Wahlleistungsvereinbarung die medizinisch notwendige Versorgung durch hinreichend qualifizierte Ärzte erhält. Weiterhin bedarf es einer kurzen Erläuterung der Preisermittlung für ärztliche Leistungen nach der Gebührenordnung für Ärzte (Zahnärzte). Sie soll eine Leistungsbeschreibung anhand der Nummern des Gebührenverzeichnisses, die Bedeutung von Punktzahl und Punktwert, die Möglichkeit, den Gebührensatz je nach Schwierigkeit und Zeitaufwand zu erhöhen, enthalten sowie den Hinweis auf Gebührenminderung nach § 6a GOÄ.[176] Weiterhin muss der Patient erfahren, dass die Vereinbarung wahlärztlicher Leistungen eine erhebliche finanzielle Mehrbelastung zur Folge haben kann. Er ist wiederum darüber zu informieren, dass sich bei der Inanspruchnahme wahlärztlicher Leistungen die Vereinbarung zwingend auf alle an der Behandlung des Patienten beteiligten liquidationsberechtigten Ärzte erstreckt. Abschließend ist er darauf hinzuweisen, dass die Gebührenordnung für Ärzte (bzw Zahnärzte) auf Wunsch eingesehen werden kann.[177] Die nichtärztlichen Wahlleistungen müssen unter Angabe der Preise genannt werden.[178]

45 Von der GOÄ abweichende Vereinbarungen der Gebührenhöhe nach § 2 Abs 1 S 1 GOÄ sind bei vollstationären, teilstationären sowie vor- und nachstationären **wahlärztlichen Leistungen** nur für vom Wahlarzt höchstpersönlich erbrachte Leistungen zulässig (§ 2 Abs 3 S 2 GOÄ). Die entsprechende Vereinbarung muss schriftlich erfolgen. Die Regelung begrenzt die Abdingung des Gebührenrahmens der GOÄ für den Bereich der wahlärztlichen Leistungen auf die durch den Wahlarzt **höchstpersönlich erbrachten Leis-**

---

[173] BGH NJW 1998, 1778; OLG Hamm VersR 2000, 365; LG Hamburg ArztR 1996, 65. Vgl auch *Uleer/Miebach/Patt* § 17 KHEntG RdNr 22; BGH NJW 1998, 1778; OLG Düsseldorf VersR 1999, 496.

[174] BGH VersR 1998, 1778.

[175] BGH NJW 2004, 686, 687, mit zahlreichen Belegen für beide Ansichten. Vgl dazu auch *Kern* L-M 2004, 59. BGH GesR 2004, 55; BGH GesR 2004, 139; BGH GesR 2004, 427; BGH GesR 2005, 75.

[176] BGH GesR 2005, 75 hält die Wahlleistungsvereinbarung trotz fehlenden Hinweises auf § 6a GOÄ für wirksam, weil der Schutzzweck der Vorschrift nicht berührt ist.

[177] Kritisch dazu *Kern* L-M 2004, 59.

[178] BGH GesR 2004, 55; BGH GesR 2004, 139; BGH GesR 2004, 427; BGH GesR 2005, 75.

13. Kapitel. Die Pflichten des Patienten aus dem Arztvertrag   46, 47 § 75

tungen. Damit sind die seine Disziplin prägenden Kernleistungen gemeint, die er persönlich und eigenhändig zu erbringen hat.[179] Allerdings darf er einfache ärztliche und sonstige medizinische Verrichtungen delegieren (§ 4 Abs 2 S 1 GOÄ).[180] Dass auch die persönliche, nur unter Aufsicht nach fachlicher Weisung erbrachte Leistung im Einzelfall zur Liquidation berechtigen kann, ergibt sich aus § 5 Abs 5 GOÄ, wonach wahlärztliche Leistungen, die weder von dem Wahlarzt noch von seinem ständigen ärztlichen Vertreter erbracht wurden, liquidationsfähig sind, wenn auch mit einem niedrigeren Steigerungsfaktor.[181] Der Begriff „**Aufsicht**" in § 4 Abs 2 S 1 GOÄ ist großzügig auszulegen. Der beaufsichtigende Arzt braucht nicht bei dem Eingriff immer im gleichen Raum zu sein. Jedoch muss er erreichbar und jederzeit im Stande sein, bei Komplikationen unverzüglich persönlich mitzuwirken. Die bloße Anordnung therapeutischer nichtärztlicher Leistungen berechtigt den Wahlarzt nicht zur Liquidation dieser Leistungen.[182]

Vertreterklauseln in vorformulierten Wahlarztvereinbarungen sind nur unter strengen Voraussetzungen zulässig. Will der liquidationsberechtigte Chefarzt die Behandlung eines Patienten trotz Vertretung selbst abrechnen, muss das vorher vereinbart worden sein. Die entsprechende vorformulierte Klausel darf die Vertretung nur für unvorhersehbare Verhinderungen vorsehen und muss den nach § 4 Abs 2 S 3 und 4, § 5 GOÄ bestimmten ständigen ärztlichen Vertreter namentlich als Vertreter für Verhinderungsfälle benennen.[183] **46**

Der Wahlarzt kann sich jedoch durch eine schriftliche Individualvereinbarung mit dem Patienten von seiner Pflicht zur persönlichen Leistung befreien und deren Ausführung einem Stellvertreter übertragen.[184] Bei Abschluss einer solchen Vereinbarung bestehen aber besondere Aufklärungspflichten. Danach ist der Patient so früh wie möglich über die Verhinderung des Wahlarztes zu unterrichten und ihm ist das Angebot zu unterbreiten, dass an dessen Stelle ein bestimmter Vertreter zu den vereinbarten Bedingungen die wahlärztlichen Leistungen erbringt.[185] Dem Patienten sind zudem die Optionen zu eröffnen, ganz auf die Wahlleistung zu verzichten oder aber die ärztliche Maßnahme bis zur Rückkehr des Chefarztes aufzuschieben.[186]

Unzulässig ist es, die Krankenhausaufnahmebedingungen so zu fassen, dass sich der Privatpatient verpflichtet, sich mit der Vertretung des Chefarztes durch jeden Krankenhausarzt einverstanden zu erklären. Mit einer solchen Regelung wäre der Privatpatient einem Kassenpatienten gleichgestellt, der aufgrund des totalen Krankenhausaufnahmevertrages kein Recht auf Behandlung durch einen bestimmten Arzt erhält.

Für **Leistungen des Krankenhauslabors** enthält § 4 Abs 2 S 2 GOÄ eine Sonderregelung. Danach gelten als eigene Leistungen auch von dem Arzt berechnete Laborleistungen des Abschnitts M II des Gebührenverzeichnisses, die nach fachlicher Weisung unter der Aufsicht eines anderen Arztes [...] in von Ärzten ohne eigene Liquidationsberechtigung geleiteten Krankenhauslabors erbracht werden. Ist dem Leiter des Krankenhauslabors kein eigenes Liquidationsrecht eingeräumt, dürfen andere Krankenhausärzte die in diesem Krankenhauslabor erbrachten Leistungen trotzdem liquidieren, obgleich hierdurch der Grund- **47**

---

[179] BGH NJW 2008, 987; *Bender* MedR 2008, 336, 338.
[180] BGH NJW 2008, 987; *Andreas* ArztR 1997, 67; *Taupitz* MedR 1996, 533, 534; aA, aber falsch OLG Köln MedR 2009, 290.
[181] So zutreffend *Andreas* ArztR 1997, 67.
[182] OLG Köln GesR 2009, 33.
[183] BGH NJW 2008, 987, 988. Vgl auch *Spickhoff*, Wahlärztliche Leistungen im Krankenhaus: Leistungspflicht und Haftung, NZS 2004, 57; *Staudinger/Coester* § 307 BGB RdNr 402; *Bender* MedR 2008, 336, 344; s auch § 90 RdNr 16.
[184] OLG Düsseldorf NJW-RR 1998, 1348, 1350; BGH NJW 2008, 987, 988; *Bender* MedR 2008, 336, 343.
[185] BGH NJW 2008, 987; LG Bonn, Urt v 4. 2. 2004 – 5 S 207/03, juris; LG Aachen VersR 2002, 195, 196.
[186] BGH NJW 2008, 987, 988. Das Wahlrecht steht dem Patienten zu: OLG Karlsruhe ArztR 1987, 266; OLG Hamm ArztR 1995, 268; OLG Düsseldorf ArztR 1996, 44.

satz der persönlichen Leistungserbringung durchbrochen wird. Allerdings beschränkt sich diese Regelung auf das **Basislabor**. M I-Leistungen des Praxislabors sind im Krankenhaus nicht abrechenbar. Im Regelfall werden die Laborleistungen im Krankenhaus in einem Zentrallabor erbracht, das unter Leitung eines Laborarztes steht oder unter der organisatorischen Leitung des internistischen Chefarztes. Entweder liquidiert allein der Laborarzt für die unter seiner Aufsicht nach fachlicher Weisung erbrachten Laborleistungen oder der Chefarzt der Abteilung für innere Medizin als organisatorischer Leiter, allerdings nur für Leistungen, die das Labor an seinen internistischen Patienten erbringt.[187]

48 § 17 Abs 1 KHEntgG bzw § 22 Abs 1 BPflV aF enthalten das Prinzip der Bündelung, das dazu führt, dass aufgrund des Wahlarztvertrages alle liquidationsberechtigten Ärzte des Krankenhauses automatisch in die vertragliche Vereinbarung eingeschlossen sind. Die Vereinbarung muss **vor der Erbringung der Wahlleistungen** geschlossen worden sein. Das **Diskriminierungsverbot** führt dazu, dass es dem Krankenhaus untersagt ist, Differenzierungen, dh verschieden hohe Entgelte bei identischer Leistung, hinsichtlich einzelner Patienten oder Patientengruppen vorzunehmen.[188]

49 Nach § 17 Abs 1 S 3 KHEntG dürfen die Entgelte für Wahlleistungen in keinem **unangemessenen Verhältnis** zu den Leistungen stehen.[189] Die Unangemessenheitsgrenze liegt deutlich unterhalb der Wucherschwelle des § 138 Abs 2 BGB.[190] Die Vereinbarung unangemessener Wahlleistungsentgelte führt zur Nichtigkeit nach § 134 BGB.[191]

50 Gem § 17 Abs 4 KHEntgG und § 22 Abs 4 BPflV aF darf eine Vereinbarung über gesondert berechenbare Unterkunft nicht von einer Vereinbarung über sonstige Wahlleistungen abhängig gemacht werden. Eine Ausnahme gilt lediglich für Altvertragler. Der Patient, der die Unterbringung in einem Zweibettzimmer wünscht, kann trotzdem auf wahlärztliche Leistungen verzichten. Zweifelhaft ist aber, ob von Patienten, die wahlärztliche Leistungen wünschen, gleichzeitig auch gefordert werden kann, dass sie auch die Wahlleistung Unterbringung wählen.[192]

51 **Vor- und nachstationäre Behandlung** gehören nicht zur allgemeinen Krankenhausleistung, sondern werden gesondert vergütet. Nach § 1 Abs 3 S 1 KHEntgG bzw § 1 Abs 3 S 1 BPflV aF wird die vor- und nachstationäre Behandlung für alle Benutzer einheitlich nach § 115a SGB V vergütet. Bei vollstationären, teilstationären sowie vor- und nachstationären privatärztlichen Leistungen sind die nach der GOÄ berechneten Gebühren einschließlich der darauf entfallenden Zuschläge um 25 vH zu mindern (§ 6a Abs 1 S 1 GOÄ).[193] Ist ein stationärer Krankenhausaufenthalt unabdingbar mit der Behandlung durch den niedergelassenen Arzt verbunden, so unterliegt das Honorar für letztere Behandlung der Minderungspflicht gem § 6a GOÄ. § 6a GOÄ lässt nach dessen Abs 2 Halbs 2 den § 10 Abs 1 GOÄ unberührt; demgemäß verbleibt dem nach § 6a GOÄ tätigen niedergelassenen Arzt sein Anspruch auf Auslagenersatz gem § 10 Abs 1 GOÄ nur dann nicht, wenn diese Auslagen bereits vom Pflegesatz des behandelnden Krankenhauses umfasst sind.[194]

---

[187] *Uleer/Miebach/Patt* § 4 GOÄ RdNr 49-51, insbes 50; *Andreas* ArztR 1997, 67, 68. *Andreas* hält die Auffassung der Bundesärztekammer (DÄBl 1996, B-2133) für juristisch nicht begründet, wonach die kollektive Leitung des Labors durch alle Leitenden Krankenhausärzte ausgeschlossen sei. Seiner Meinung nach kommt eine solche kollektive Leitung sehr wohl in Betracht, wenn die allgemeinen, von der Bundesärztekammer selbst genannten Voraussetzungen für eine ordnungsgemäße Aufsicht vorliegen.

[188] *Uleer/Miebach/Patt* § 17 KHEntG RdNr 11; BGH NJW 2001, 892 f.

[189] Vgl *Dietz/Bofinger* § 22 BPflV Anm II. 9.4, S. 369; *Uleer/Patt* NZS 1992, 56, 58; *Uleer/Miebach/Patt* § 17 KHEntG RdNr 17 u 33.

[190] BGH NJW 2001, 892 zu § 22 Abs 1 S 3 BPflV; *Tuschen/Trefz*, S 326.

[191] Vgl BGH NJW 2004, 684 mwN.

[192] So aber *Sachweh* ArztR 1996, 183, 184; vgl § 82 RdNr 143 u § 80 RdNr 6.

[193] Vgl dazu BGH NJW 1998, 1790 u VersR 1999, 367.

[194] OLG Frankfurt MedR 1998, 34; der BGH, VersR 1999, 367–370, hat die Revision verworfen.

13. Kapitel. Die Pflichten des Patienten aus dem Arztvertrag   § 76

Seit dem 1.1.1996 erstreckt sich die 25prozentige Minderungspflicht auch auf Altvertragler. Durch die Regelung in § 6a GOÄ soll verhindert werden, dass der Patient einen Teil der ärztlichen Leistungen über die Privatliquidation der Ärzte und zusätzlich über den Pflegesatz, also mehrfach, bezahlt. Eine **Auslagenberechnung** kommt in den Fällen der privatärztlichen Behandlung von Patienten im Krankenhaus grundsätzlich nicht in Betracht, weil die Materialien, Arznei- und Verbandmittel vom Krankenhaus zur Verfügung gestellt werden und durch die Pflegesätze gem § 2 Abs 1 KHEntG bzw § 2 Abs 1 BPflV und das Entgelt nach § 115a Abs 3 SGB V abgegolten sind. 52

Nichtige Wahlleistungsvereinbarungen haben zur Folge, dass dem Arzt kein Honoraranspruch zusteht.[195] Ob dem Arzt ein bereicherungsrechtlicher Anspruch zusteht, ist strittig. In Frage kommt ein Anspruch auf Wertersatz, dh auf den objektiven Wert der tatsächlich erbrachten Leistung, nicht auf das Chefarzthonorar. Dieser Anspruch kann gegebenenfalls an § 814 BGB scheitern, muss das aber nicht zwangsläufig, weil diese Vorschrift vom Leistenden (Chefarzt) positive Kenntnis der Nichtschuld verlangt.[196] 53

Sind aufgrund unwirksamer Wahlleistungsvereinbarungen vom Patienten Honorare gezahlt worden, werden sie nach bereicherungsrechtlichen Grundsätzen (§§ 812 ff BGB) rückabgewickelt.[197] Kondiktionssperren (§ 814 BGB) werden nur in den seltensten Fällen greifen. 54

§ 76 Die Obliegenheit zur Duldung von Behandlungsmaßnahmen

Inhaltsübersicht

	RdNr
I. Begriff der Duldungsobliegenheit	1
1. Allgemeines	1
2. Rechtliche Grundfragen	2
3. Folgen der Verweigerung	4
II. Gesetzliche Duldungspflichten	7
1. Die Zwangsbehandlung	8
2. Nichterzwingbare Duldungspflichten	12
3. Die Duldungspflicht im Rahmen der allgemeinen Schadensminderungspflicht	13

Schrifttum: *Anders,* Die Zumutbarkeit operativer Eingriffe aus der Sicht des Chirurgen, in: *Heim* (Hrsg), Haftpflichtfragen im ärztlichen Alltag, 1980, S 105; *Brackmann,* Die Mitwirkung des Leistungsberechtigten nach dem SGB, Die Ortskrankenkasse 1976, 794; *Conti,* Die Pflichten des Patienten im Behandlungsvertrag, 2000; *Engst,* Patientenpflichten und -lasten, 2008; *Göbbels,* Die Duldung ärztlicher Eingriffe als Pflicht, 1950; *Goldbach,* Duldungspflicht von Operationen und ärztlichen Maßnahmen unter dem Gesichtspunkt der versicherungsrechtlichen Grundsätze der Sozialversicherung und der Rechtsnormen des Zivilrechts, Monatsschrift für Unfallheilkunde 1951, 129; *Hanslik,* Die Zumutbarkeit operativer Eingriffe aus der Sicht des Orthopäden, in: *Heim* (Hrsg), Haftpflichtfragen im ärztlichen Alltag, 1980, S 113; *Heide,* Medizinische Zwangsbehandlung, 2001; *Henning,* Die Zumutbarkeit diagnostischer und therapeutischer Maßnahmen aus der Sicht des endoskopierenden Internisten, in: *Heim* (Hrsg), Haftpflichtfragen im ärztlichen Alltag, 1980, S 131; *Hippchen,* Duldungspflicht und Förderungswürdigkeit zahnärztlicher Reihenuntersuchungen, Zahnärztliche Mitteilungen 1971, 954; *Kloppenborg,* Duldung und Zumutbarkeit diagnostischer und therapeutischer Maßnahmen im öffentlichen Recht und im Zivilrecht – ohne Sozialgesetzbuch, in: *Heim* (Hrsg), Haftpflichtfragen im ärztlichen Alltag, 1980, S 81; *Krasney,* Ausgewählte Probleme zur Zumutbarkeit diagnostischer und therapeutischer Maßnahmen, in: *Heim* (Hrsg), Haftpflichtfragen im ärztlichen

---

[195] OLG Koblenz MedR 2009, 158 = ArztR 2009, 50.
[196] Vgl dazu OLG Koblenz MedR 2009, 158 m insoweit kritischer Anm v *v Sachsen Gessaphe,* MedR 2009, 160.
[197] OLG Düsseldorf VersR 2007, 937; BGH VersR 2002, 1545.

Alltag, 1980, S 145; *Lange*, Die Zumutbarkeit röntgendiagnostischer Maßnahmen, in: *Heim* (Hrsg), Haftpflichtfragen im ärztlichen Alltag, 1980, S 139; *Leithoff*, Die Duldungspflicht ärztlicher Behandlung in verschiedenen medizinischen Versorgungssystemen, Lebensversicherungs-Medizin 1976, 85; *v Maydell*, Die Zumutbarkeit diagnostischer und therapeutischer Maßnahmen nach dem Sozialgesetzbuch, in: *Heim* (Hrsg), Haftpflichtfragen im ärztlichen Alltag, 1980, S 65; *Meier*, Die Mitwirkungspflichten des Sozialhilfeempfängers, 1976; *Mrozynski*, Rehabilitationsrecht, 3. Aufl 1992, S 27; *Podzun*, Die Zumutbarkeit von Operationen in der Sozialversicherung und Kriegsopferversorgung, in: Berufsgenossenschaftliche Praxis 1954, 103; *Rieger* (Hrsg), Lexikon des Arztrechts, 1. Aufl 1984; *ders*, Leistungsverweigerungsrecht der Krankenkassen bei Ablehnung einer Heilbehandlung, DMW 1980, 884; *Rüfner*, Die Mitwirkungspflichten des Leistungsberechtigten in der Solidargemeinschaft nach §§ 60 ff SGB-AT, VSSR 1977, 347; *Schultz*, Die Operationsduldung unter dem Gesichtspunkt medizinischer Richtlinien und versicherungsrechtlicher Grundsätze in der Reichsunfallversicherung unter Beachtung der Rechtsnormen des Zivilrechts, Berufsgenossenschaft 1950, 30; *Weißauer*, Mitwirkungs- und Duldungspflichten des Leistungsberechtigten bei ärztlichen Maßnahmen, Mitteilungen der Landesversicherungsanstalt Oberfranken und Mittelfranken, Nr 11/1981, 486.

I. Begriff der Duldungsobliegenheit

1 **1. Allgemeines.** Der Arzt hat aufgrund des Behandlungsvertrages die optimale ärztliche Behandlung zu erbringen. Die Bestimmung und Durchführung einer optimalen Therapie ist jedoch nur aufgrund einer Anamnese, sorgfältigen Untersuchung, Diagnose und Prognose möglich. Sowohl die Diagnostik als auch die Therapie setzen eine Mitwirkung des Patienten voraus,[1] zu der auch die Duldung von Untersuchungen, Heilbehandlungen und Heileingriffen gehört.

2 **2. Rechtliche Grundfragen.** Dabei handelt es sich allerdings nicht um eine durchsetzbare Rechtspflicht, sondern lediglich um eine Obliegenheit des Patienten.[2] Dies ergibt sich aus dem unmittelbaren Zusammenhang von Duldung und Einwilligung. Voraussetzung für jedes ärztliche Handeln, das mit einem Eingriff verbunden ist, ist eine wirksame Einwilligung des Patienten. Das Grundrecht auf **körperliche Unversehrtheit** (Art 2 Abs 2 S 1 GG) sowie das **Selbstbestimmungsrecht** des Patienten werden durch den Abschluss eines Arzt- oder Krankenhausaufnahmevertrages keineswegs außer Kraft gesetzt oder eingeschränkt. Daher darf jeder Kranke **aus jedem beliebigen Grund** jeden diagnostischen oder therapeutischen Eingriff ablehnen. Demzufolge ist auch kein Patient vertraglich zur Einwilligung in den Eingriff oder die Therapie bzw zu deren Duldung verpflichtet.[3]

3 Hat der Patient bereits seine Zustimmung erklärt, kann er diese jederzeit (auch nach Behandlungsbeginn) widerrufen[4] und ist auch dann nicht verpflichtet, eine medizinische Maßnahme gegen seinen Willen über sich ergehen zu lassen.[5] Das ergibt sich aus dem Selbstbestimmungsrecht des Patienten sowie aus der gesetzgeberischen Wertung in §§ 626 f BGB. Danach steht dem Patienten ein jederzeitiges Kündigungsrecht zu. Wenn er aber den gesamten Arztvertrag auch während einer laufenden Behandlung beenden kann, so muss das erst recht für die Einwilligung und Duldung hinsichtlich einer einzelnen Maßnahme gelten.

---

[1] Vgl BGHZ 96, 98, 100; *Giesen*, Arzthaftungsrecht, 1995, RdNr 48, 81, 141; *Francke*, Ärztliche Berufsfreiheit und Patientenrechte, 1994, S 112; *Deutsch/Spickhoff*, Medizinrecht, 2008, RdNr 348; *Göben*, Das Mitverschulden des Patienten im Arzthaftungsrecht, 1996, S 45.

[2] Vgl oben § 74 RdNr 5 f; BGHZ 96, 98, 100; *Göben* (Fn 1) S 46 ff, 48 f.

[3] *Engst*, S 129–133, insbes S 131 f mwN.

[4] Im Ergebnis ebenso *Forkel* JZ 1974, 593, 595; *Canaris* AcP 184, 201, 233; *Wertenbruch* MedR 1992, 349; *ders* MedR 1994, 394, 397; *Engst*, S 132 f; aA *Rehborn*, Arzt – Patient – Krankenhaus, S 256 und *Staudinger/Hager* § 823 I BGB RdNr 110, die einen Widerruf nur bis zum Behandlungsbeginn zulassen wollen.

[5] *Engst*, S 132 f.

13. Kapitel. Die Pflichten des Patienten aus dem Arztvertrag   4–8 § 76

3. Folgen der Verweigerung. Verweigert der Patient die Duldung einer Untersuchung oder Therapie, verletzt er damit jedoch seine Obliegenheit aus dem Behandlungsvertrag. Bei den Folgen dieses Verstoßes ist mE die Motivation des Patienten zu berücksichtigen. Wird die Duldung aus Gründen verweigert, die unter Abwägung der Umstände des Einzelfalles von der Rechtsordnung anzuerkennen sind, so bleibt das für den Patienten folgenlos.[6] Das kommt beispielsweise in Betracht, wenn der betreffende diagnostische oder therapeutische Eingriff mit nicht unerheblichen Risiken für ihn verbunden ist, insbesondere wegen der hohen Wahrscheinlichkeit eines schweren Schadens oder wegen des besonderen Risikos für Leben oder Gesundheit. Wer im Hinblick auf die Gefährlichkeit einer ärztlichen Behandlung oder eines Eingriffs diesen ablehnt, führt keine Unmöglichkeit iS der §§ 323 ff BGB herbei. Vielmehr muss der Arzt versuchen, durch andere, weniger gefährliche diagnostische oder therapeutische Maßnahmen den gewünschten Heilerfolg herbeizuführen. Stellt sich seiner Meinung nach die Weigerung des Patienten als medizinisch unvertretbar dar, ist der Arzt jedoch berechtigt, seinerseits den Arztvertrag zu kündigen (§ 627 Abs 1 BGB). Die Kündigung darf nicht zur Unzeit erfolgen (§ 627 Abs 2 BGB).[7]

Ist ein solcher Grund nicht gegeben, kann die Verweigerung der Einwilligung und Duldung dazu führen, dass dem Patienten Leistungen verlorengehen.[8] Ebenso kann sie dem Einwand der Schlechterfüllung des Arztvertrages entgegengehalten werden, wenn zB der Patient die Zahlung des ärztlichen Honorars verweigert. Kommt es zu einer Schadensersatzklage gegen den Arzt wegen eines Behandlungsfehlers, liegt uU ein Mitverschulden des Patienten nach § 254 Abs 1 BGB vor, welches den Anspruch gegen den Arzt einschränken oder sogar ganz ausschließen kann.[9]

Sagt der Patient kurzfristig einen vereinbarten Termin ab oder erscheint er zB zu einem vereinbarten Operationstermin nicht, haftet er dem Arzt unabhängig vom Grund ggf auf Schadensersatz, da er damit eine vertragliche Nebenpflicht verletzt.[10]

Die Weigerung des Patienten, eine Untersuchung vornehmen zu lassen, die zur Abklärung einer Verdachtsdiagnose erforderlich ist, ist in einem späteren Haftpflichtprozess rechtlich nur dann beachtlich, wenn der Arzt den Patienten auf die Notwendigkeit und Dringlichkeit der Untersuchung hingewiesen hat.[11] Ist Gegenstand des Arztvertrages eine Operation, so tragen Krankenhaus und Arzt die „Vergütungsgefahr", dh die Gefahr, dass der Anspruch auf die Vergütung entfällt, weil der Patient nach ärztlicher Aufklärung seine Zustimmung zur Operation nicht erteilt.

II. Gesetzliche Duldungspflichten

Bei den gesetzlichen Pflichten, einen Eingriff oder eine ärztliche Behandlung zu dulden, unterscheidet man zwischen Behandlungen bzw Eingriffen, die unmittelbar erzwingbar sind, und solchen, bei denen die Weigerung lediglich zur Versagung bestimmter Leistungen im Sozialversicherungsbereich führt.

1. Die Zwangsbehandlung. Alle Eingriffe der öffentlichen Gewalt in die körperliche Unversehrtheit sind an dem Grundrecht auf Leben und körperliche Unversehrtheit (Art 2

---

[6] Die Wertungen aus § 65 SGB I sind insoweit entsprechend auch für den vertraglichen Bereich heranzuziehen.
[7] Kündigt der Arzt zur Unzeit, so kann er sich schadensersatzpflichtig machen. Vgl *Laufs*, Arztrecht, 1993, RdNr 67.
[8] Siehe unten RdNr 12.
[9] Vgl OLG Düsseldorf VersR 2004, 515, 516: Wenn etwaige Mängel der prothetischen Versorgung darauf zurückzuführen sind, dass der Patient notwendige Behandlungsmaßnahmen abgelehnt hat, obwohl er auf die Konsequenzen hingewiesen worden ist, begründet das keinen Behandlungsfehlervorwurf gegen den Arzt.
[10] Vgl dazu § 74 RdNr 2 und genauer § 75 RdNr 22 ff sowie *Engst*, S 133 mwN.
[11] BGH NJW 1997, 3090, 3091 = VersR 1997, 1357.

Abs 2 S 1 GG) zu messen. In das Recht auf körperliche Unversehrtheit darf nur aufgrund eines Gesetzes eingegriffen werden. So kann zB das Strafgericht zur Vorbereitung eines Gutachtens über den Geisteszustand eines Beschuldigten unter bestimmten Voraussetzungen anordnen, dass der Beschuldigte in eine öffentliche Heil- oder Pflegeanstalt gebracht und dort beobachtet wird (§ 81 Abs 1 S 1 StPO). Häufiger zulässig sind Quarantänemaßnahmen. § 30 Infektionsschutzgesetz (IfSG) sieht zB die Quarantäne als mögliche Maßnahme bei bestimmten Erkrankungen (Lungenpest usw) vor. **Körperliche Untersuchungen** sowie die Entnahme einer **Blutprobe** sind nach § 81a StPO zulässig, wenn sie vom Strafgericht angeordnet werden und zur Feststellung von Tatsachen erforderlich sind, die für das Verfahren von Bedeutung sind.[12] Es gilt der Grundsatz der Verhältnismäßigkeit, wonach besonders schwerwiegende Eingriffe nur bei schwerem strafrechtlichen Vorwurf und hohem Verdachtsgrad zulässig sind,[13] gefährliche Eingriffe wie Angiographien, Liquorentnahmen, Hirnkammerluftfüllungen oder Urinabnahmen mittels Katheter hingegen gar nicht.[14] Andere Personen als Beschuldigte dürfen, wenn sie als Zeuge in Betracht kommen, ohne ihre Einwilligung nur untersucht werden, soweit zur Erforschung der Wahrheit festgestellt werden muss, ob sich an ihrem Körper eine bestimmte Spur oder Folge einer Straftat befindet (§ 81c Abs 1 StPO). Der Umstand, dass die Ermittlungsbehörde ihre Ermittlungen auf einen verhältnismäßig großen Kreis potenzieller Tatverdächtiger erstreckt, führt für sich allein auch nicht zur Verfassungswidrigkeit einer Maßnahme nach § 81a StPO (Entnahme einer Blutprobe für eine DNA-Analyse), wenn dadurch ein Tatverdacht iS des § 152 Abs 2 StPO gegenüber den von der Anordnung Betroffenen nicht entfällt.[15]

Die meisten **Unterbringungsgesetze der Länder** enthalten Befugnisse der psychiatrischen Klinik, eine Heilbehandlung bei untergebrachten psychisch Kranken durchzuführen.[16] Dem Behandlungsrecht der Klinik entspricht eine Duldungspflicht des Patienten.[17] Die Fixierung unruhiger Patienten in einer psychiatrischen Klinik ist nur bei medizinischer Indikation oder zum Schutz des Patienten gegen Selbst- oder Fremdgefährdung zulässig, wenn es keine weniger einschneidenden Maßnahmen gibt.[18]

9 Die **Zwangsbehandlung von Strafgefangenen** ist im Strafvollzugsgesetz (§ 101 StVollzG) geregelt.[19] Seit der Neufassung des § 101 StVollzG durch Gesetz v 27. 2. 1985[20] ist eine medizinische Untersuchung und Behandlung sowie Ernährung zwangsweise nur bei Lebensgefahr, bei schwerwiegender Gefahr für die Gesundheit des Gefangenen oder bei Gefahr für die Gesundheit anderer Personen zulässig. Bei Personen in Straf- oder Untersuchungshaft sind HIV-Tests ohne wirksame Einwilligung des Betroffenen zulässig, wenn

---

[12] Einzelheiten bei *Löwe/Rosenberg/Krause*, Kommentar zur Strafprozeßordnung und zum Gerichtsverfassungsgesetz, § 81a StPO RdNr 18 ff, 27 ff, 38 ff; *Rieger* RdNr 2004; *Kloppenborg*, S 81, 83. Vgl auch OLG Celle NJW 1989, 2339 (Untersuchung durch Sachverständigen bei Unterbringung).

[13] Die Entnahme einer Blutprobe, EEG, EKG, Magenaushebung, Röntgenaufnahme oder Röntgendurchleuchtung, Szintigraphie oder eine Computer-Tomographie werden allgemein für zulässig gehalten, vgl zB *Rieger* RdNr 2004; *Ostertag/Sternsdorff* NJW 1977, 1482; BVerfG, Beschl v 21.05.2004, Az 2 BvR 715/04, NJW 2004, 3697 f.

[14] Vgl *Kuhlmann* NJW 1976, 350; KarlsruherKommentar-*Senge* § 81a StPO RdNr 7; *Löwe/Rosenberg/Krause* (Fn 12) § 81a StPO RdNr 32 f u insbes RdNr 38, 49, 57; *Kloppenborg*, S 83, 84; *Rieger* RdNr 2004. Vgl auch *Helle,* Die Heilbehandlung des untergebrachten psychisch Kranken – dargestellt auf Grund des § 26 nieders PsychKG –, MedR 1987, 65.

[15] BVerfG NJW 1996, 3071, 3073.

[16] Vgl *Helle* MedR 1987, 65; *Hartmann,* Umfang und Grenzen ärztlicher Zwangsbehandlung im psychiatrischen Maßregelvollzug, 1997; *Baumann*, Fehlende Rechtsgrundlage bei ärztlicher Zwangsbehandlung Untergebrachter, NJW 1980, 1873, 1874.

[17] Zu den einzelnen Unterbringungsgesetzen der Länder vgl *Rieger* RdNr 1808.

[18] LG Freiburg MedR 1995, 411, 412 ff Vgl auch *Riedel/Seidel/Hoff/Kurtz/Günther/Laakmann,* Zwangsbehandlung gegen den Willen des Patienten in der Psychiatrie, 1996.

[19] Einzelheiten bei *Rieger* RdNr 2008–2017.

[20] BGBl I S 461.

13. Kapitel. Die Pflichten des Patienten aus dem Arztvertrag   10–12 § 76

eine große Wahrscheinlichkeit besteht, dass der Strafgefangene Virusträger ist und zu Dritten ansteckungsgeeignete Kontakte aufnehmen wird, ohne diese zuvor über seinen HIV-Status zu informieren.[21]

Zivilprozessuale Untersuchungsduldungspflichten sind nur selten gesetzlich geregelt. Für die Zulässigkeit medizinischer Maßnahmen gilt Entsprechendes wie zu § 81a StPO. Untersuchungen zur Feststellung der Abstammung nach § 372a ZPO sind zulässig.[22] Soweit es zur Feststellung der Abstammung erforderlich ist, hat jede Person entsprechende Untersuchungen, insbesondere die Entnahme von Blutproben, zu dulden, es sei denn, dass die Untersuchung dem zu Untersuchenden nicht zugemutet werden kann. In der bis zum 31.8.2009 geltenden Fassung enthielt § 372a ZPO die weiteren Einschränkungen, dass die Untersuchung nach den anerkannten Grundsätzen der Wissenschaft erfolgen muss, eine Aufklärung des Sachverhalts verspricht und dem zu Untersuchenden nach der Art der Untersuchung, nach den Folgen ihres Ergebnisses für ihn oder einen der in § 383 Abs 1 Nr 1–3 ZPO bezeichneten Angehörigen und ohne Nachteil für seine Gesundheit zugemutet werden kann.[23] 10

Im **öffentlichen Gesundheitsrecht** können nach § 29 Abs 1 IfSG Kranke, Krankheitsverdächtige, Ansteckungsverdächtige und Ausscheider einer Beobachtung unterworfen werden. Wer der Beobachtung unterworfen ist, hat die erforderlichen Untersuchungen zu dulden (§ 29 Abs 2 S 1 IfSG) und Auskünfte über alle seinen Gesundheitszustand betreffenden Umstände zu erteilen (§ 29 Abs 2 S 2 IfSG). Der Wehrpflichtige hat ärztliche Untersuchungen im Rahmen der Musterung zu dulden (§ 17 Abs 4, 6, 7 WPflG). Der Soldat muss ärztliche Maßnahmen, die der Verhütung und Bekämpfung übertragbarer Krankheiten dienen, gem § 17 Abs 4 S 3 SG dulden. Für anerkannte Kriegsdienstverweigerer gilt Entsprechendes nach § 39 Abs 2, § 40 Abs 2 ZDG. Vgl auch die VO über die ärztlichen Untersuchungen nach dem Jugendarbeitsschutzgesetz (JArbSchUV) v 16.10.1990.[24] 11

2. Nichterzwingbare Duldungspflichten. Neben den unmittelbar erzwingbaren gesetzlichen Untersuchungs- und Behandlungsduldungspflichten gibt es solche, deren Verletzung lediglich Rechtsnachteile für den Patienten zur Folge hat. Der wichtigste Teilbereich sind die Mitwirkungspflichten in den §§ 60–64 SGB I.[25] Wer Sozialleistungen beantragt oder erhält, soll sich auf Verlangen des zuständigen Leistungsträgers ärztlichen und psychologischen Untersuchungsmaßnahmen unterziehen, soweit diese für die Entscheidung über die Leistung erforderlich sind (§ 62 SGB I).[26] Die **Grenzen der Mitwir-** 12

---

[21] Einzelheiten bei *Pfeffer,* Durchführung von HIV-Tests ohne den Willen des Betroffenen, 1989, S 135 ff. Vgl auch *Kloppenborg,* S 87, 88.
[22] Vgl allgemein zu den Neuerungen im Abstammungsverfahren *Coester-Waltjen,* Besonderheiten im Abstammungsverfahren, Jura 2009, 427 ff.
[23] Vgl zur alten Fassung und insgesamt zur Duldung von Untersuchungen *Sautter,* Die Pflicht zur Duldung von Körperuntersuchungen nach § 372a ZPO, AcP 161, 215; *Selbherr,* Zumutbarkeit der Untersuchungsduldungspflicht, 1962; *Weber* NJW 1963, 574; *Beitzke/Hosemann/Dahr/Schade,* Vaterschaftsgutachten für die gerichtliche Praxis, 1965; *Bosch,* Die Pflicht zur Duldung von Untersuchungen gem § 372a ZPO 1950, DRiZ 1951, 137; BGH VersR 1997, 1357.
[24] BGBl I S 2221.
[25] Vgl *v Maydell,* S 65; *Rieger* RdNr 812; *Möllhoff* ASP 1982, 5; *Peters,* Handbuch der Krankenversicherung § 192 Anm 10 g; *Leithoff,* Die Duldungspflicht ärztlicher Behandlung in verschiedenen medizinischen Versorgungssystemen, Lebensversicherungs-Medizin 1976, 85; *Weißauer,* Mitwirkungs- und Duldungspflichten des Leistungsberechtigten bei ärztlichen Maßnahmen, Mitteilungen der Landesversicherungsanstalt Oberfranken und Mittelfranken, Nr 11/1981, S 486.
[26] Vgl OVG Münster NVwZ-RR 1988, 31. Einzelheiten bei *Hauck/Noftz,* Kommentar zum Sozialgesetzbuch, SGB I – Allgemeiner Teil, E 100, S 10 und die Kommentierungen von *Freischmidt* zu den §§ 60 ff SGB I; *Dickmann,* Mitwirkungspflichten des Leistungsberechtigten im Entwurf eines Sozialgesetzbuches – Allgemeiner Teil, SGB I 1975, 168; Bochumer Kommentar zum SGB, Allgemeiner Teil, 1979, vor § 62 SGB I *(Freitag)* Anm 5 ff; vgl auch *Lilge,* Berliner Kommentar zum Sozialrecht, SGB I, § 62 RdNr 2 ff.

kungspflichten des Leistungsberechtigten sind in § 65 SGB I festgelegt. Untersuchungen und therapeutische Maßnahmen können ua abgelehnt werden, wenn sie unzumutbar sind oder eine besondere Gefährdung für den Untersuchten mit sich bringen.[27] Sozialgerichte gehen deutlich häufiger von einer Duldungspflicht aus[28] als Zivilgerichte.[29] Die Folgen fehlender Mitwirkung des Leistungsberechtigten richten sich nach § 66 SGB I: Der Leistungsträger kann ohne weitere Ermittlungen die Leistung bis zur Nachholung der Mitwirkung (§ 67 SGB I) ganz oder teilweise versagen oder entziehen, soweit die Voraussetzungen der Leistung nicht nachgewiesen sind. Verweigert der Beamte eine Untersuchung, so kann ihm Unfallfürsorge verweigert werden (§§ 33 Abs 2, 3, 44 Abs 2 BeamtVG). Nach einem Urteil des BSG war die Bundesanstalt für Arbeit nicht berechtigt, Arbeitslose nach § 132 AFG aF zu einer ärztlichen Untersuchung in das Arbeitsamt vorzuladen.[29a] Der neue § 309 SGB III enthält dagegen ausdrücklich die Pflicht des Arbeitslosen, zur Untersuchung zu erscheinen, nicht jedoch eine Pflicht, dieselbe zu dulden. Die Duldung ärztlicher Untersuchungen ist abschließend in § 62 SGB I geregelt.[30] Zum Entzug der Versorgung nach dem Soldatengesetz bzw nach dem Zivildienstgesetz bei Verweigerung ärztlicher Behandlung vgl § 17 Abs 4 SG, § 40 Abs 3 ZDG. Eine Pflicht zur Duldung ärztlicher Behandlung kann auch in der privaten Unfallversicherung bestehen.[31]

3. Die Duldungspflicht im Rahmen der allgemeinen Schadensminderungspflicht. Arztfehler führen oft zu gesundheitlichen Komplikationen, die nur durch einen operativen Eingriff zu beseitigen sind, so zB bei Fehlstellungen nach Brüchen infolge unzureichender Kontrolle des heilenden Knochenbruchs. Hier stellt sich die Frage, ob der Arzt im Schadensersatzprozess wegen des aufgrund der Fehlstellung eingetretenen Schadens einwenden kann, diese Folge sei durch eine weitere Operation behebbar.

Den geschädigten Patienten trifft nach § 254 Abs 2 BGB die Verpflichtung, den Schadensumfang möglichst gering zu halten und ggf eine **ärztliche Behandlung oder Operation zu dulden**. Eine Duldungspflicht des Patienten wird von der Rechtsprechung aber nur in den Fällen bejaht, in denen sie gefahrlos durchgeführt werden kann und nicht mit besonderen Schmerzen verbunden ist. Ferner muss der Eingriff **sichere Aussicht auf Heilung oder wesentliche Besserung** bieten und der Schädiger für die Kosten einstehen.[32] Ein für einen behaupteten ärztlichen Kunstfehler bei einem Sterilisationseingriff beantragtes Sachverständigengutachten ist nach Auffassung des OLG Düsseldorf[33] ein

---

[27] Vgl BSG MedR 1984, 152. Einzelheiten bei *v Maydell*, S 74–78; Bochumer Komm-*Freitag* § 65 SGB I Anm 21 ff; vgl auch *Lilge* (Fn 26) § 65 SGB I RdNr 11 ff. Die Untersuchung kann ferner abgelehnt werden, wenn sie mit erheblichen Schmerzen verbunden ist oder einen erheblichen Eingriff in die körperliche Unversehrtheit bedeutet; vgl § 65 Abs 2 SGB I.

[28] Duldungspflicht bejaht: LSG BaWü Breith 1967, 300; LSG BaWü Breith 1969, 576; BSGE 34, 254; LSG Niedersachsen Breith 1988, 190. Duldungspflicht verneint: BSG Breith 1981, 950; BSG SGb 1984, 354.

[29] Vgl unten RdNr 13 u 14.

[29a] Urt v 8. 12. 1987, Az 7 RAr 4/86.

[30] So schon BSG Urt v 8. 12. 1987 – 7 RAr 4/86; jetzt auch *Winkler*, in: *Gagel*, Kommentar zum SGB III, § 309 SGB III RdNr 8.

[31] Vgl *Rieger* RdNr 812. Zu den Beschäftigungsverboten bei Verweigerung von Jugendarbeitsschutzuntersuchungen, Untersuchungen nach den Unfallverhütungsvorschriften der Berufsgenossenschaft sowie Untersuchungen nach den Strahlenschutzvorschriften vgl *Kloppenborg*, S 94.

[32] Ständige Rechtsprechung: RGZ 129, 398, 399; 139, 131, 133; BGHZ 10, 18, 19 = NJW 1953, 1098; BGH VersR 1961, 1125; 1987, 408 m Anm *Deutsch* in VersR 1987, 559; NJW 1994, 1592, 1593; dazu *Grunsky* JZ 1997, 831 f; OLG Düsseldorf VersR 1975, 1031, 1032; OLG Oldenburg NJW 1978, 1260; *Staudinger/Schiemann* § 254 BGB RdNr 83; MünchKomm-*Oetker* § 254 BGB RdNr 81; *Palandt/Heinrichs* § 254 BGB RdNr 39; *Jauernig/Teichmann* § 254 BGB RdNr 10. Für das französische Recht vgl *Louis Kornprobst*, Responsabilité du Medicin devant la loi et la jurisprudence française, 1957, S 144, 237 f, 358 ff, 428 ff.

[33] VersR 1985, 457.

13. Kapitel. Die Pflichten des Patienten aus dem Arztvertrag   1 § 77

unzulässiges Beweismittel, wenn das Gutachten nur im Zusammenhang mit einer Operation erstattet werden kann, die mit lebensgefährlichen und gesundheitsgefährdenden Risiken verbunden ist. Nach zutreffender Auffassung von *Oetker*[34] sind letztlich die Verhältnisse des Einzelfalles maßgeblich wie zB die Schwere des Eingriffs, körperliche und seelische Konstitution des Verletzten, sein Alter etc. Eine sichere Aussicht auf Heilung ist nicht erforderlich, vielmehr reicht eine sichere Aussicht auf wesentliche Besserung aus.[35] Selbst geringe Zweifel begründen die Unzumutbarkeit.[36] Zur Einfachheit und Gefahrlosigkeit des Eingriffs lassen sich keine allgemeinen Aussagen treffen.[37] Bei der Erheblichkeit der Schmerzen ist ihre Beherrschbarkeit durch Schmerzmittelgaben zu berücksichtigen.[38] Das Unterlassen einer rechtlich möglichen Schwangerschaftsunterbrechung stellt sich nicht als Mitverschulden iS von § 254 BGB dar.

§ 77 Die Obliegenheit zur Offenbarung

Inhaltsübersicht

	RdNr
I. Inhalt	1
II. Folgen der Nichtbeachtung	4
III. Offenbarung als (echte) Nebenpflicht	5

Schrifttum: *Balint,* Der Arzt, sein Patient und die Krankheit, 10. Aufl 2001; *Bliesner,* Erzählen erwünscht. Erzählversuche von Patienten in der Visite, in: *Ehlich* (Hrsg), Erzählen im Alltag, 1980; *Engst,* Patientenpflichten und -lasten, 2008; *Groß,* Medizinische Diagnostik – Grundlagen und Praxis, 1969; *Kohlhaas,* Wie weit ist der Patient aufklärungspflichtig? DMW 1970, 1896; *Langer* (Hrsg), Das Arzt-Patient-Patient-Arzt-Gespräch: ein Leitfaden für Klinik und Praxis, 2009; *Meerwein,* Das ärztliche Gespräch. Grundlagen und Anwendungen, 4. Aufl 1998; *Reimer,* Ärztliche Gesprächsführung, 2. Aufl 1999.

I. Inhalt

Im Rahmen ärztlicher Behandlung trifft den Patienten auch die Obliegenheit, dem 1
Arzt umfassend sämtliche behandlungsrelevanten Tatsachen zu offenbaren. Diese bezieht sich auf die Untersuchung, Anamnese, Diagnose und Behandlung. Ob der Patient dabei von sich aus informieren muss oder nur auf ausdrückliche Anfrage wahrheitsgemäß zu antworten hat, hängt von den konkreten Umständen ab.

Grundsätzlich ist der Arzt verpflichtet, im Rahmen der Anamnese nach Vorerkrankungen, früheren Verletzungen, Unfällen und Operationen, Medikamentenunverträglichkeiten und familiären Besonderheiten zu fragen. Dabei darf der Arzt sich nicht auf die stereotype Frage nach „besonderen Erkrankungen" beschränken, sondern muss gezielt nach besonders wichtigen Vorerkrankungen mit familiärer Häufung wie zB Diabetes, Gicht, Nervenkrankheiten, Arteriosklerose, Venenleiden etc fragen.[1] Der Arzt ist auch einer Eigendiagnose niemals enthoben. Er darf Befunde von Arztkollegen nicht etwa blind übernehmen, wenn er genügend Zeit hat, selbst zu diagnostizieren.[2]

---

[34] MünchKomm-*Oetker* § 254 BGB RdNr 81. Zum Tragen einer Augenklappe vgl BGH NJW 1989, 2250.
[35] BGH NJW 1989, 2332, 2333; MünchKomm-*Oetker* § 254 BGB RdNr 81.
[36] BGH NJW 1989, 2332, 2333; OLG Hamm VersR 1992, 1120, 1121.
[37] Vgl dazu BGHZ 10, 18; OLG Düsseldorf VersR 1975, 1031, 1032; OLG Oldenburg NJW 1978, 1200, 1201; OLG Oldenburg VersR 1982, 175, 176; BGH NJW 1994, 1592, 1593.
[38] BGH NJW 1994, 1592, 1593.
[1] Vgl *Groß,* Medizinische Diagnostik, S 31 u oben § 46.
[2] So jedenfalls für in Zeitstufen aufeinander folgende Behandlungen verschiedener Ärzte: KG GesR 2004, 136 f; *Geiß/Greiner,* Arzthaftpflichtrecht, 5. Aufl 2006, Kap B RdNr 119; *Steffen/Pauge,*

2 Allerdings hat der Patient im Rahmen der ärztlichen Diagnostik **auf Besonderheiten und besondere Symptome hinzuweisen**.[3] Ein Patient mit Herzerkrankung ist zB verpflichtet, seinen Zahnarzt vor der Behandlung über die Erkrankung zu unterrichten. Gleiches gilt für Patienten, die Blutverdünnungsmittel einnehmen müssen. Besteht beim Patienten eine Medikamentenempfindlichkeit, so hat er ungeachtet der Tatsache, dass ihn der Arzt hiernach zu fragen hat, den Arzt hierauf hinzuweisen.[4] Im Rahmen der Anamnese ist auch eine Alkoholabhängigkeit mitzuteilen.[5] Ein Patient, der nach Auftreten von Magen-Darm-Beschwerden, die er mit dem in dem Magen implantierten Ballon in Verbindung bringen muss, weder den vorbehandelnden Arzt noch die Krankenhausärzte alsbald auf das Implantat hinweist, trägt, wenn es zu einer Operation des Darmverschlusses kommt, ein Mitverschulden.[6]

3 Instruktiv ist auch ein von *M Kohlhaas*[7] geschilderter Fall:

„Ein Patient unterzog sich einer Routineoperation, wurde vorher aufgeklärt, obwohl es in seinem Falle gar nicht notwendig war, und vom Anästhesisten exploriert. Er gab an, daß er zweimal verwundet und einmal operiert worden war, aber er gab keinerlei Hinweis darauf, daß er jemals in seinem Leben Blutgerinnungsstörungen gehabt haben könne. Während der Operation trat dann eine Blutgerinnungskomplikation ein, wie sie äußerst selten ist, und das Rätselraten begann. Eines nämlich hatte der Patient vergessen zu sagen, daß sich, möglicherweise schon von Jugend an wenig beachtet, ganz zweifellos aber im Verlaufe der vergangenen vier Jahre, auffallende Hämatome am Körper gebildet hatten, wenn er auch nur leicht irgendwo anstieß. Er hatte sogar vergessen zu erwähnen, daß ihn einmal ein Hausarzt darauf hingewiesen hatte, er sei im Falle eines Unfalls gefährdet."

Im vorliegenden Fall kann es dem behandelnden Arzt nicht angelastet werden, wenn ihm ein Patient aus Nachlässigkeit ein Symptom verschweigt, das immerhin nicht alltäglich ist. Die Frage, ob einem medizinischen Laien zuzumuten ist, aus dem gelegentlichen Auftreten von Hämatomen so gewichtige Schlüsse zu ziehen, dass man ihm eine Obliegenheitsverletzung und ein mitwirkendes Verschulden anlasten kann, lässt sich nur nach den Besonderheiten des Einzelfalles entscheiden.

Zusammenfassend ist festzustellen, dass im Rahmen der Anamnese, Untersuchung und Diagnostik den Arzt die Verpflichtung trifft, den Patienten nach Vorerkrankungen und Unverträglichkeiten zu fragen. Der Patient verletzt jedoch seine Nebenpflichten aus dem Arztvertrag, wenn er dem Arzt bewusst oder fahrlässig wichtige Vorerkrankungen und Unverträglichkeiten verschweigt. Beruht das Verschweigen jedoch auf der Erkrankung selbst oder ist sie eine Folge des Zustandes oder Alters des Patienten, so liegt keine Verletzung seiner Offenbarungsobliegenheit vor.

II. Folgen der Nichtbeachtung

4 Weist der Patient entgegen seiner Obliegenheit nicht auf besondere Symptome oder Vorerkrankungen hin, so liegt darin uU eine die Schadensersatzpflicht des Arztes ein-

---

Arzthaftungsrecht – Neue Entwicklungslinien der BGH-Rechtsprechung, 10. Aufl 2006, RdNr 243 jew mwN. Bei der horizontalen Arbeitsteilung gilt idR der Vertrauensgrundsatz: *Geiß/Greiner* aaO Kap B RdNr 128; *Steffen/Pauge* aaO RdNr 235 f jew mwN; OLG Köln MedR 2009, 343 ff. Vgl zur ärztlichen Anamnese- und Diagnosepflicht ausführlich oben § 46 bis § 49.

[3] Dazu *Göben,* Das Mitverschulden des Patienten im Arzthaftungsrecht, 1996, S 49 ff; *Kohlhaas* (DMW 1970, 1896) spricht insoweit zu Unrecht von einer Aufklärungspflicht des Patienten.

[4] Veraltet das LG Köln, Urt v 11. 5. 1962 – III O 20/61 –, wonach es nicht Aufgabe des Patienten sein kann, den Arzt in jedem Fall von sich aus über seine medikamentösen Empfindlichkeiten zu unterrichten. Es müsse im Gegenteil als Sache des Arztes betrachtet werden, von Fall zu Fall sich durch Befragen des Patienten in die Lage zu versetzen, dass er beurteilen könne, ob der Patient auch das ins Auge gefasste Medikament vertragen könne.

[5] OLG Koblenz MedR 1998, 421.

[6] OLG Köln NJW-RR 1992, 986.

[7] DMW 1970, 1896.

schränkende oder ausschließende Mitverursachung iS von § 254 Abs 1 BGB.[8] Bei einer Zerstörung des Vertrauensverhältnisses durch die unzureichenden bzw fehlenden Informationen seitens des Patienten steht dem Arzt ggf auch die Kündigungsmöglichkeit nach § 627 Abs 2 S 1 BGB zu.[9] Zudem kommt ein Verlust von Ansprüchen gegen die Krankenversicherung in Betracht, wenn aufgrund der Obliegenheitsverletzung unnötige oder erfolglose Behandlungen vorgenommen wurden.

III. Offenbarung als (echte) Nebenpflicht

Ausnahmsweise stellt die Offenbarung durch den Patienten eine echte Nebenpflicht 5 iSv § 241 Abs 2 BGB dar, wenn der Patient an einer gefährlichen, infektiösen Krankheit leidet. Der Patient ist aus dem Arztvertrag zur Rücksicht auf die Rechte, Rechtsgüter und Interessen des Arztes verpflichtet. Dazu gehört auch, diesen vor Ansteckung zu schützen und ihm die Möglichkeit zu besonderen Schutzmaßnahmen für sich und seine Mitarbeiter zu geben.[10] Verletzt der Patient diese Pflicht, kommt eine Kündigung des Vertragsverhältnisses durch den Arzt in Betracht. Bei einer nachweislich auf der fehlenden Mitteilung beruhenden Ansteckung stehen dem Arzt neben deliktischen auch vertragliche Schadensersatzansprüche zu.[11]

§ 78 Weisungsrecht und Befolgungspflicht des Patienten

Inhaltsübersicht

	RdNr
I. Weisungsrecht des Patienten	1
1. Allgemeines	1
2. Grenzen des Weisungsrechts	4
3. Abgrenzungsfragen	7
II. Die Obliegenheit zur Befolgung ärztlicher Anordnungen	8
1. Allgemeines	8
2. Verletzung der Befolgungsobliegenheit	10
3. Fallgruppen	12

Schrifttum: *Engst,* Patientenpflichten und -lasten, 2008; *Gesellschaft für Grundlagenforschung,* München: Einstellungen und Verhaltensweisen zum Thema Gesundheit. Repräsentativbefragung der Bevölkerung der BRD einschließlich West-Berlin, 14 bis 70 Jahre. Durchgeführt im Auftrag der Bundeszentrale für gesundheitliche Aufklärung, 1971; *Horn,* Der medizinisch nicht indizierte, aber vom Patienten verlangte Eingriff – strafbar?, JuS 1979, 29; *Kaupen-Haas,* Stabilität und Wandel ärztlicher Autorität, 1969; *Opderbecke,* Limitierende Faktoren ärztlicher Behandlungspflicht, ÄP 1975, 2978; *Schmädel,* Nichtbefolgung ärztlicher Anordnungen, MedKlin 1976, 1460; *ders* ÄP 1980, 1359; *Uhlenbruck,* Kunstfehler auf Weisung?, Arzt und Krankenhaus 1979, 310.

I. Weisungsrecht des Patienten

1. Allgemeines. Der Arztvertrag ist gekennzeichnet durch die Besonderheit, dass 1 einerseits dem Arzt kein originäres Behandlungsrecht gegenüber dem Patienten zusteht, andererseits aber er die Behandlungsmethode bzw Therapie bestimmt.[1] Die Methoden-

---

[8] Zum Verhältnis des § 242 BGB zu § 254 BGB vgl BGHZ 34, 355; BGH NJW 1972, 334; 1978, 2024; 1980, 1518; 1982, 168; *MünchKomm-Oetker* § 254 BGB RdNr 4; *Schmidt,* Die Obliegenheiten, 1953; *Staudinger/Schiemann* § 254 BGB RdNr 3 f; *Palandt/Heinrichs* § 254 BGB RdNr 1, 12 ff.
[9] Vgl *Engst,* S 116.
[10] *Heberer/Mößbauer* MedR 2004, 138; *Engst,* S 114.
[11] Vgl *Heberer/Mößbauer* MedR 2004, 138; *Engst,* S 114, jeweils mwN.
[1] Vgl BGH LM Aa Nr 59 = NJW 1982, 2121; BGH NJW 89, 1538 f; *MünchKomm-Wagner* § 823 BGB RdNr 689; *Laufs,* Arztrecht, 1993, RdNr 41 ff u 484 ff; *Ulsenheimer* MedR 1984, 164; *Eser*

und Therapiefreiheit des Arztes ist jedoch eingeschränkt durch den Willen des Patienten[2] und die besonderen Sorgfaltspflichten, die die Verfahrensqualität gewährleisten.[3] Ob auch dem kassenärztlichen Wirtschaftlichkeitsgebot in diesem Zusammenhang Bedeutung zukommt, ist strittig.[4] Nach richtiger Meinung dürfen wirtschaftliche Gesichtspunkte die Therapiewahl nicht beeinflussen.[5] Andererseits kann der haftungsrechtliche Sorgfaltsmaßstab die Grenzen der Finanzierbarkeit und Wirtschaftlichkeit nicht völlig vernachlässigen, weil es sonst zu einem Auseinanderlaufen von Haftungs- und Sozialrecht käme.[6]

2 Die Methoden- und Therapiefreiheit schließt keineswegs aus, dass dem Patienten in beschränktem Umfang ein Weisungsrecht zusteht. Das **Direktions- oder Weisungsrecht** ist das dienstvertragliche Recht des Leistungsberechtigten, Art und Umfang der Leistung des Dienstverpflichteten zu bestimmen.[7] Im medizinischen Bereich richten sich Art und Umfang der Leistung grundsätzlich nach dem Krankheitsbild, dem Zustand des Patienten und den therapeutischen Erfordernissen. Vor allem die medizinische Indikation von Behandlungen und Eingriffen bestimmt sich nicht nach dem Willen des Patienten, sondern nach objektiven Merkmalen. Bestehen allerdings mehrere, gleich erfolgversprechende und übliche Behandlungsmöglichkeiten mit jeweils unterschiedlichen Risiken für den Patienten, muss diesem die Entscheidung überlassen bleiben, auf welches er sich einlassen will.[8] Bedeutsamer ist dagegen das **Weisungsrecht des Patienten im Rahmen der kosmetischen Chirurgie**. Meist kommt der Patient mit festen Vorstellungen zum Arzt. Dieser hat zu prüfen, ob er mit seiner ärztlichen Leistung dem Willen des Patienten entsprechen kann und darf.

3 Instruktiv sind die drei folgenden Urteile:

Eine junge Frau hatte von einem Dentisten verlangt, ihr 22 Zähne und Zahnwurzeln zu ziehen. Von den Zähnen waren fünf völlig gesund, 6 leicht kariös und durch Füllung zu erhalten. Die Frau wollte aber statt ihrer großen hässlichen Zähne kleine weiße haben und bestand auf der Entfernung. Der Dentist fügte sich ihren Wünschen. Später bereute die Patientin den Verlust ihrer Zähne und klagte auf Schadensersatz. Das OLG hat der Klage stattgegeben und den Dentisten zum Schadensersatz verurteilt. Unter dem Gesichtspunkt des Verstoßes gegen die guten Sitten (§ 138 BGB) sei die Weisung an den Dentisten nichtig gewesen.[9]

Eine Patientin litt seit Jahren ständig unter Kopfschmerzen. Sie äußerte dem behandelnden Arzt gegenüber die Absicht, sich alle plombierten Zähne ziehen zu lassen, weil nach ihrer Überzeugung ein Zusammenhang zwischen dem Leiden und den kranken Zähnen bestand. Der Arzt lehnte das Ansinnen ab und überwies sie einem Zahnarzt, der die Zähne extrahierte, obgleich keine medizinische Indikation bestand. Der BGH hat in dem Strafurteil festgestellt, dass ein Patient, der in laienhaftem

---

ZStW 97 (1985), 12; *Goetze*, Arzthaftungsrecht und kassenärztliches Wirtschaftlichkeitsgebot, S 84; und unten Rechtsprechungsübersicht § 154 (Therapiewahl).

[2] S unten Rechtsprechungsübersicht § 162 (Aufklärung).
[3] *Laufs* (Fn 1) RdNr 44; *Kern* GesR 2009, 1.
[4] Vgl *Goetze* (Fn 1) S 109 ff. Die Pflichtenstellung des Kassenarztes gegenüber dem Kassenpatienten unterscheidet sich nach zutreffender Feststellung von *Steffen/Pauge* (Arzthaftungsrecht – Neue Entwicklungslinien der BGH-Rechtsprechung, 10. Aufl 2006, RdNr 47 ff und 134 ff) nicht von der des Selbstzahlers. Jedoch ist der Leistungsrahmen durch das allgemeine Wirtschaftlichkeitsgebot der §§ 2, 12, 70 SGB V und den Gesamtvertrag vorgegeben.
[5] ArbG Gelsenkirchen MedR 1997, 224.
[6] *Steffen/Pauge* (Fn 4) RdNr 134; die von ihnen im Folgenden genannten Beispiele (RdNr 135–147) relativieren diese Aussage allerdings in Richtung auf den Vorrang des Haftungsrechts. So auch *Kern* MedR 2004, 300.
[7] Schon *Hellweg* (Die Stellung des Arztes im bürgerlichen Rechtsleben, 1905, S 20) hat den Arztvertrag als einen auf Geschäftsbesorgung (§ 675 BGB) gerichteten Dienstvertrag angesehen und das Weisungsrecht des Patienten aus § 665 BGB hergeleitet.
[8] Entsprechend besteht auch eine umfassende Aufklärungspflicht des Arztes. Vgl zum Ganzen BGH NJW 1982, 2121 f; *Kern* GesR 2009, 1, 5, 7; OLG Naumburg MedR 2008, 442 = MDR 2008, 745; *Kern/Laufs*, Die ärztliche Aufklärungspflicht, 1983, S 84–90.
[9] OLG Colmar v 20. 4. 1916, mitget bei *Ebermayer*, Der Arzt im Recht, S 123.

Unverstand aufgrund einer unsinnigen selbstgestellten Diagnose von einem Zahnarzt eine umfassende Extraktion seiner Zähne wünscht, damit keine wirksame Einwilligung zu dieser Maßnahme erteilte. Der Arzt mache sich einer Körperverletzung nach § 223 StGB schuldig. Der Tatbestand des § 225 StGB wurde nur deswegen verneint, weil die durch die Zahnextraktionen bewirkte Entstellung der Patientin beseitigt worden war.[10]

Ein Varietékünstler ließ sich von einem Chirurgen nach Art der Sauerbruchkanäle Löcher in die Hände und Füße operieren, um auf der Bühne eine Kreuzigungsszene aufführen zu können. Da der gewünschte Erfolg nicht eintrat und die Prozedur des Kreuzigens so schmerzhaft war, dass er damit nicht auftreten konnte, verklagte er den operierenden Arzt und hatte mit seiner Klage Erfolg. Das Gericht hat die Sittenwidrigkeit des Eingriffs bejaht.[11]

2. Grenzen des Weisungsrechts. Die Grenzen des Weisungsrechts sind nicht immer identisch mit den Grenzen der medizinischen Indikation. Auch eine soziale Indikation im Rahmen kosmetischer Operationen kann den Arzt berechtigen, der Weisung eines Patienten Folge zu leisten und einen bestimmten gewünschten Eingriff vorzunehmen. Eine Schauspielerin, die ohne die kosmetische Operation arbeitslos werden würde, ist ebenso zu operieren wie der Transsexuelle, der eine genitalverändernde Operation begehrt, die seine richtige geschlechtliche Zuordnung ermöglicht.

Objektiv überflüssige diagnostische und therapeutische Maßnahmen sind von Rechts wegen unzulässig. So hat der Patient, der zur Absicherung des Befundes, dass er keinen Hirntumor hat, eine Computertomographie verlangt, obwohl die Ärzte einen Tumor bereits mit anderen diagnostischen Mitteln ausgeschlossen haben, keinen Anspruch auf diese Maßnahme. Der Arzt darf sie nicht durchführen.

Das Weisungsrecht des Patienten findet spätestens dort seine Grenze, wo der Arzt durch die Befolgung der Weisung zu gesetz-, berufs- oder sittenwidrigem Verhalten gezwungen würde oder ihm die Art der Behandlung nicht zugemutet werden kann.[12] Ist eine Behandlung kontraindiziert, darf sie auch nicht auf nachhaltigen Wunsch des Patienten vorgenommen werden.[13] Die Beurteilung, ob eine Behandlung angezeigt ist oder nicht durchgeführt werden sollte, obliegt dem Arzt, der aufgrund seiner medizinischen Fachkenntnisse Vor- und Nachteile sowie Risiken einer Maßnahme einschätzen kann.[14]

Das **Weisungsrecht des Patienten** hat auch **in der GOÄ und in der GOZ** Ausdruck gefunden. Nach § 1 Abs 2 S 2 GOÄ darf der Arzt bei der Behandlung von Privatpatienten Leistungen, die über das Maß einer medizinisch notwendigen ärztlichen Versorgung hinausgehen, nur berechnen, wenn sie auf Verlangen des Zahlungspflichtigen erbracht worden sind. Nach § 2 Abs 3 GOZ können Leistungen, die über das Maß einer zahnmedizinisch notwendigen zahnärztlichen Versorgung hinausgehen und weder im Gebührenverzeichnis der GOZ noch im Gebührenverzeichnis der GOÄ enthalten sind, ebenso wie ihre Vergütung abweichend von der GOZ schriftlich vereinbart werden. Das muss allerdings in einem **Heil- und Kostenplan** erfolgen, der vor Erbringung der Leistung zu erstellen ist und der die einzelnen Leistungen und Vergütungen sowie die Feststellung enthalten muss, dass es sich um Leistungen auf Verlangen handelt und eine Erstattung nicht gewährleistet ist.

---

[10] BGH NJW 1978, 1206; vgl dazu *Kern/Laufs* (Fn 8) S 10 mwN; *Horn* (JuS 1979, 29, 31) stellt mit Recht die Frage, wie im Fall der Entscheidung des BGH (NJW 1978, 1206 m Anm *Rogall* NJW 1978, 2344) entschieden worden wäre, wenn die Extraktion der Zähne mit anschließender Prothetisierung zu kosmetischen Zwecken erfolgt und damit straflos geblieben wäre.
[11] *Goldhahn* MedKlin 1936, 909.
[12] OLG Karlsruhe MedR 2003, 104.
[13] Vgl *Kern* GesR 2009, 1, 2; OLG Düsseldorf VersR 2002, 611; OLG Karlsruhe MedR 2003, 104 = VersR 2004, 244; anders noch OLG Köln VersR 2000, 492. Vgl dazu auch OLG Karlsruhe VersR 2002, 717.
[14] OLG Karlsruhe MedR 2003, 104, 106; OLG Düsseldorf VersR 2002, 611 f; OLG Köln VersR 2000, 492.

7 **3. Abgrenzungsfragen.** Das Weisungsrecht des Patienten ist nicht zu verwechseln mit **Wunschvorstellungen**, mit denen der Kranke seinen Arzt aufsucht. Vielfach hat der Patient aus laienhaften Darstellungen medizinischer Sachverhalte in den Medien und aufgrund der Schilderung von Therapiemöglichkeiten bestimmte Vorstellungen hinsichtlich der anzuwendenden Therapie. Diese Vorstellungen können im Einzelfall erheblich von den ärztlichen Therapievorstellungen abweichen, vor allem wenn sie Außenseitermethoden betreffen.[15] Der Patient kann nicht wirksam in eine Behandlung einwilligen, die nicht dem Standard entspricht.[16] Hier ist es Sache des Arztes, den Patienten von der richtigen Therapie zu überzeugen und notfalls die Behandlung abzulehnen, wenn der Patient bei der vorgefassten Meinung bleibt. Das Weisungsrecht des Patienten darf niemals zur **Gefälligkeitsbehandlung** führen. Dies gilt auch für die Verschreibung von Medikamenten und die Medikation.

II. Die Obliegenheit zur Befolgung ärztlicher Anordnungen

8 **1. Allgemeines.** Jede erfolgreiche Therapie setzt voraus, dass der Patient den ärztlichen Anordnungen folgt. Nicht selten muss der Arzt sich auch unmittelbar der **Hilfe des Kranken selbst** bedienen, um die Behandlung überhaupt durchführen zu können. In diesen Fällen ist die Mitwirkung des Patienten notwendiger Teil des Behandlungskonzepts.[17] Der Patient ist dennoch nicht als Erfüllungsgehilfe des Arztes iS von § 278 BGB anzusehen, für dessen Verschulden der Arzt unabhängig von eigenem Verschulden einzustehen hätte. **Auswahlpflichten** des Arztes gegenüber seinem Patienten bestehen nicht, denn der Arzt kann sich seine Patienten, auch wenn er ihre Mithilfe in Anspruch nimmt, nicht aussuchen.[18]

9 Die Mitwirkung des Patienten kann in der bloßen Einnahme der verordneten Medikamente liegen oder eine (vollständige) Änderung der Lebensweise erfordern. Trotz der Wichtigkeit für den Behandlungserfolg handelt es sich bei der Befolgung ärztlicher Anweisungen nicht um eine erzwingbare Pflicht des Patienten, sondern lediglich um eine Obliegenheit.[19] Grund dafür ist auch hier das Selbstbestimmungsrecht des Patienten. Er muss nicht aktiv an der Behandlung mitwirken; bei einer Nichtbefolgung der ärztlichen Anweisungen drohen ihm jedoch uU Rechtsnachteile.

10 **2. Verletzung der Befolgungsobliegenheit.** Befolgt der Patient die ärztlichen Anweisungen trotz hinreichender Aufklärung nicht und schlägt allein deshalb die Behandlung fehl, trifft den Arzt kein haftungsbegründender Vorwurf.[20] Liegt daneben auch eine Pflichtverletzung des Arztes vor, wird der mögliche Schadensersatzanspruch des Patienten gem § 254 Abs 1 BGB in Höhe seines eigenen Mitverschuldensanteils herabgesetzt oder entfällt vollständig.[21] Unter Umständen ist der Arzt berechtigt, gem § 627 Abs 2 S 2 BGB den Behandlungsvertrag zu kündigen, wenn der Patient die Einhal-

---

[15] Besteht der Patient trotz eingehender Aufklärung darauf, Außenseitermethoden anzuwenden, so handelt der Arzt, wenn er im Rahmen der erforderlichen Sorgfalt bleibt, rechtmäßig. Vgl OLG Frankfurt/M VersR 1981, 42; MünchKomm-*Wagner* § 823 BGB RdNr 758 f; OLG Hamm NJW-RR 2002, 814. Zur besonderen Aufklärungspflicht des Arztes bei Anwendung von Außenseitermethoden vgl BGH NJW 1980, 633 = VersR 1980, 1145.

[16] Dabei ist der Standard selten auf eine einzige Behandlungsmethode reduziert. *Kern* GesR 2009, 1; BGH MedR 2008, 158; MedR 2009, 47; BGH MedR 2008, 435, 436. Allerdings geht das Gericht im zuletzt genannten Fall zu Unrecht davon aus, dass die Behandlung nicht dem medizinischen Standard entsprach.

[17] *Göben*, Das Mitverschulden des Patienten im Arzthaftungsrecht, 1996, S 54.

[18] Zutreffend *Kamps*, Ärztliche Arbeitsteilung und strafrechtliches Fahrlässigkeitsdelikt, 1981, S 171.

[19] *Schellenberg* VersR 2005, 1620, 1621; BGH VersR 1997, 449, 450; OLG Köln VersR 1998, 1510; *Deutsch* VersR 1983, 993, 996; *Katzenmeier* MedR 1998, 167; *Engst*, S 137.

[20] *Schellenberg* VersR 2005, 1620.

[21] Vgl BGH VersR 1997, 449 f; VersR 1992, 1229; *Engst*, S 139; *Schellenberg* VersR 2005, 1620; ähnl *Katzenmeier* MedR 1998, 167.

tung der ärztlichen Anweisungen bewusst verweigert oder trotz mehrfacher Aufforderung nicht einhält.[22] Der Arzt behält trotz des Behandlungsmisserfolges seinen Honoraranspruch. Der Behandlungsmisserfolg begründet weder einen Anscheinsbeweis zulasten des Arztes noch wird ihm im Haftungsprozess die Darlegungslast auferlegt. Vielmehr hat der Patient zu beweisen, dass trotz der Nichtbefolgung ärztlicher Anordnungen eine Falschbehandlung vorgelegen hat.[23]

Die Nichtbeachtung der ärztlichen Anweisungen ist dem Patienten jedoch nur dann vorzuwerfen, wenn er vom behandelnden Arzt umfassend über Art, Umfang und Bedeutung der notwendigen Mitwirkung aufgeklärt wurde.[24] Es ist Sache des Arztes, dem Patienten die Überzeugung zu vermitteln, dass seine Diagnose richtig ist und die verschriebenen Medikamente eine wirksame Therapie gegen die Krankheit darstellen. Eine Reihe empirischer Untersuchungen hat ergeben, dass Patienten, die mit dem Arzt oder der Behandlung unzufrieden sind, die ärztlichen Anweisungen weniger befolgen als zufriedene Patienten.[25] Vielfach trifft den Arzt ein Verschulden hinsichtlich der Nichtbefolgung von Anordnungen durch den Patienten, weil er bei jeder unterbliebenen Mitwirkung des Patienten aggressiv reagiert, anstatt das Gespräch zu suchen und diese selbst als behandlungsbedürftiges Symptom einer gestörten Arzt-Patient-Beziehung zu sehen. Der Arzt kann bei genügender Aufklärung im Regelfall davon ausgehen, dass der Patient seinen Anweisungen folgt. Bei geistiger Schwäche oder ersichtlicher Unreife des Patienten oder bei psychischen Erkrankungen kann jedoch im Einzelfall eine Überwachung geboten sein.[26]

3. Fallgruppen. Wenn 30 bis 50% der Patienten die Anordnung des Arztes nicht befolgen und der Prozentsatz der Nichtbefolgung bei Hypertonikern 80% erreicht,[27] so lässt dies darauf schließen, dass fast jeder Arzt zu einem Drittel bis zur Hälfte seiner Zeit erfolglos arbeitet. Eine Kontrolle über die Einhaltung ärztlicher Anordnungen und Verordnungen ist so gut wie ausgeschlossen.[28] Ärztliche Anweisungen werden um so eher befolgt, je einfacher sie sind und je weniger sie eine Änderung der Lebensgewohnheiten vom Patienten verlangen. Komplexe ärztliche Anweisungen wie zB, verschiedene Tablettenarten zu verschiedenen Tageszeiten einzunehmen, werden nach kurzer Zeit vergessen, so dass eine genaue Befolgung der ärztlichen Anweisungen auch bei gutem Willen des Patienten nicht mehr möglich ist. Ärztliche Anweisungen, die sich auf die allgemeine Lebensführung beziehen, wie zB die, das Rauchen aufzugeben, Diät zu halten oder sich des Alkohols zu enthalten, haben sehr viel höhere Nichtbefolgungsraten als die Einnahme von Medikamenten.[29]

Die erforderliche Mithilfe des Patienten kann bis hin zur Hämodialyse gehen.[30] Vor allem bei der **Heimdialyse**, also außerhalb der in einer zentralen Dialyseeinrichtung ambulant oder stationär erfolgenden „Limited-Care-Dialyse", erfolgt die Dialyse durch den Patienten und meist einen geeigneten Partner.[31] Dabei besteht die Arztbehandlung

---

[22] Vgl *Engst*, S 138 f mwN.
[23] *Schellenberg* VersR 2005, 1620; *Deutsch* VersR 1983, 993.
[24] BGH VersR 1997, 449, 450; OLG Köln VersR 1998, 1510; LG Memmingen VersR 1981, 585; *Schellenberg* VersR 2005, 1620; *Engst*, S 138 mwN.
[25] Vgl *Schmädel* MedKlin 1976, 1460, 1463.
[26] Vgl BGH VersR 1970, 324, 325; MünchKomm-*Mertens* (3. Aufl 1997) § 823 BGB RdNr 387.
[27] Vgl *Schmädel* MedKlin 1976, 1460; *ders* ÄP 1980, 1359.
[28] *Schmädel* MedKlin 1976, 1460, 1463.
[29] *Schmädel* MedKlin 1976, 1460, 1463.
[30] Unter Hämodialyse versteht man ein Verfahren zur Ausschaltung der im Stoffwechsel anfallenden Schlackensubstanzen und Fremdstoffe bei akuter oder chronischer Niereninsuffizienz. Vgl *Pschyrembel* „Hämodialyse", „Dialyse"; *Preißler*, in: HK-AKM, 1410 RdNr 4; *Rieger*, Verantwortlichkeit des Arztes und des Pflegepersonals bei der Dialysebehandlung, NJW 1979, 582.
[31] Nach einem mehrmonatigen intensiven „Training" im Dialysezentrum sind der Patient und sein Dialysepartner in der Lage, sämtliche Aufgaben, die bei der Zentrumsdialyse vom Pflegepersonal wahrgenommen werden, selbst durchzuführen.

vorwiegend in einer Instruktion und ärztlichen Überwachung, um die sichere und ordnungsgemäße Durchführung zu ermöglichen. Es ist weitgehend Sache des Patienten und seines Dialysepartners, den Anweisungen des Arztes Folge zu leisten. Eine Verletzung der Mitwirkungsobliegenheit führt niemals zur Haftung des Arztes, wenn er nicht seine Überwachungspflicht schuldhaft verletzt.

14 Die Mitwirkung des Patienten kommt auch bei der Behandlung der **Diabetes mellitus** in Betracht, bei der sich der Patient selbst Insulin spritzt. Wenn sich der Arzt auch den Patienten nicht aussuchen kann, so bleibt er trotzdem verpflichtet, im regelmäßigen Behandlungsverlauf den zuckerkranken oder chronisch nierenkranken Patienten zu überwachen.[32] Vergleichbares gilt für die Behandlung der chronischen Hypertonie.[33]

15 Besonders wichtig ist die Mitwirkung des Patienten auch im Rahmen der **Medikation.** Nimmt der Patient die ihm ärztlich verordneten Medikamente nicht oder nur unregelmäßig, so verletzt er damit ebenso seine Mitwirkungsobliegenheit wie bei der Nichteinhaltung einer Diätanweisung oder eines Rauchverbots. Da der Arzt lediglich die Behandlung als Dienstleistung schuldet, tritt keine Unmöglichkeit iS des § 323 BGB ein. Den Nichteintritt des Behandlungserfolges hat der Patient allein zu verantworten, denn der Arzt kann das Rauchverbot, Gewichtsabnahme oder Bewegung beim Patienten ebensowenig erzwingen wie eine Medikation bei Hypertonie, Diabetes, Hyperlipoproteinämie und Urikämie. Fehlende Mitwirkung des Patienten entbindet den Arzt aber nicht von der vertraglichen Pflicht, nach den Gründen zu forschen und den Patienten zu mehr Therapietreue anzuhalten. So können etwa Nebenwirkungen wie zB Übelkeit mit Erbrechen oder heftiger Kopfschmerz dazu führen, dass der Patient „eigenmächtig" ein Medikament absetzt.

16 Grundsätzlich ist der Patient auch gehalten, die Instruktionen des Arztes und die **Hinweise des Arzneimittelherstellers** in der Packungsbeilage (Beipackzettel) eines Medikaments zu beachten.[34] Bei möglichen schwerwiegenden Neben- und Wechselwirkungen ist zusätzlich eine Aufklärung durch den verordnenden Arzt erforderlich.[35] Der Patient darf darauf vertrauen, dass der Arzt Wirkungen und Nebenwirkungen des verschriebenen oder verabreichten Arzneimittels kennt.[36] Er verletzt jedoch schuldhaft seine Offenbarungsobliegenheit, wenn er dem Arzt auf dessen Frage eine kontraindizierende Tatsache verschweigt.[37] Es kann sich aber als schuldhafte Verletzung der Kontroll- und Überwachungspflicht des Arztes darstellen, wenn der Arzt ohne weiteres darauf vertraut, dass der Patient die verordneten Medikamente in der verschriebenen Dosis und regelmäßig einnimmt.[38]

---

[32] *Eb Schmidt,* Der Arzt im Strafrecht, 1957, S 194, geht zu weit in seinen Anforderungen, wenn er „größte Vorsicht" bei der Überlassung pflegerischer Maßnahmen an Patienten anrät und ein „Vertrauen auf fehlerfreie Mitwirkung des Patienten" nicht für angebracht hält. Wie hier *Kamps* (Fn 18) S 172.

[33] *Göben* (Fn 17) S 54.

[34] LG Dortmund MedR 2000, 331, 332 und ausführlich *Engst,* S 142-146.

[35] BGHZ 162, 320–327 = VersR 2005, 834–836, ähnlich auch *Hart* MedR 2003, 603, 609, der aber wohl eine gesonderte mündliche Aufklärung durch den Arzt für jede Medikation annimmt.

[36] LG Köln VersR 1963, 296 (Leits); *Rieger,* Lexikon des Arztrechts, 1984, RdNr 1832. Zum Problem der Non-Compliance vgl auch *Rieger* (aaO) RdNr 1341; *Aumiller* MMW 1978, 91 u 1078.

[37] Vgl *Uhlenbruck* MedKlin 1974, 48; *Rieger* (Fn 36) RdNr 1832; s auch oben § 77.

[38] Immer wieder wird in der medizinischen Literatur darauf hingewiesen, dass ein hoher Prozentsatz der Patienten die verordneten Medikamente nur unregelmäßig und unterdosiert einnimmt. Schon der griechische Arzt Hippokrates (Über den Anstand, in: *Mayer/Steinegg-Schonack:* Über Aufgaben und Pflichten des Arztes in einer Anzahl auserlesener Stellen aus dem Corpus Hippocraticum, 1913, Kap 14, S 19, 22) hat den Ärzten den Rat gegeben, auch auf die Fehler der Patienten aufzupassen, „deren viele häufig hinsichtlich des Einnehmens von verordneten Mitteln schwindeln: sie nehmen die verhaßten Heiltränke, weder Arzneien noch sonstige der Behandlung dienenden Mittel nicht ein und sterben. Und solch Geschehnis wird dann dem Arzt in die Schuhe geschoben." Vgl auch *Eb Schmidt* (Fn 32) S 194; *Kamps* (Fn 18) S 172.

Vor allem im Bereich der **kieferorthopädischen Behandlung** stellt sich die Mitwirkung des Patienten als wesentlicher Faktor dar. „Ohne die Mitarbeit des Patienten läuft nichts in der Kieferorthopädie."[39] Die erforderliche Mitwirkung betrifft im kieferorthopädischen Bereich vor allem die Pflege der Behandlungsgeräte und den Umgang mit diesen Geräten wie zB das Weiterdrehen der Schrauben an aktiven Platten oder die Kontrolle des Innenbogens des Headgears anhand einer Schablone.[40] Hat der Patient es unterlassen, den Zahnarzt vor einem Eingriff trotz entsprechender Aufklärung auf ein bei ihm zu beachtendes, ihm bekanntes erhöhtes Behandlungsrisiko hinzuweisen, stellt diese Unterlassung eine schuldhafte Vertragsverletzung dar. Keine Verletzung seiner Mitwirkungsobliegenheit ist dagegen das plötzliche Wegdrehen des Kopfes bei einer Injektion, Schluckbewegungen, Zungenbewegungen oder Würgereflexe bei der Wurzelbehandlung, Verschlucken und Aspiration.[41]

Erscheint der Patient aus einem von ihm zu vertretenden Umstand nicht zu dem mit dem Arzt vereinbarten Termin zur (Nach-)Behandlung oder Kontrolle, kann auch darin eine Obliegenheitsverletzung liegen.[42] Voraussetzung dafür ist allerdings idR, dass er hinreichend über die Notwendigkeit einer weiteren Behandlung – ggf auch innerhalb einer bestimmten Frist – und die möglichen Folgen eines Ausbleibens aufgeklärt wurde.[43] Musste sich dem Patienten jedoch (auch als medizinischem Laien) die Unvollständigkeit der ärztlichen Beratung aufdrängen oder erscheint wegen erheblicher fortbestehender Beschwerden jedes Zuwarten des Patienten als völlig unverständlich, kann auch ohne die entsprechende Aufklärung eine Obliegenheitspflichtverletzung gegeben sein.[44]

In derartigen Fällen haftet der Arzt nicht für gesundheitliche Beeinträchtigungen, die ausschließlich auf der fehlenden Weiterbehandlung beruhen. Liegt daneben auch ein Behandlungsfehler des Arztes vor, verringert sich der daraus entstehende Schadensersatzanspruch des Patienten in Höhe seines eigenen Mitverschuldensanteils nach § 254 Abs 2 BGB.[45]

---

[39] *Oexmann/Georg*, Die zivilrechtliche Haftung des Zahnarztes, 1989, RdNr 408.
[40] Einzelheiten bei *Oexmann/Georg* (Fn 39) RdNr 408.
[41] *Günther*, Zahnarzt – Recht und Risiko, RdNr 506.
[42] Zur Frage der Zahlungspflicht des Patienten bei einem versäumten Arzttermin vgl oben § 75 RdNr 22 ff.
[43] OLG München OLGR 2006, 90; KG Berlin GesR 2005, 251; BGH MedR 1987, 42; OLG Stuttgart MedR 1985, 175; *Engst*, S 148 f.
[44] OLG Stuttgart VersR 2002, 1563; OLG München VersR 1988, 1156.
[45] Vgl dazu *Engst*, S 150 f und zum Ganzen S 146–151 mit ausführlichen Beispielen aus der Rechtsprechung.

14. Kapitel. Die öffentlich-rechtlichen Rahmenbedingungen des Beziehungssystems Krankenhaus/Arzt/Patient

§ 79 Die Bedeutung der Einrichtungen der stationären Versorgung

Inhaltsübersicht

	RdNr
I. Verlagerung von Kompetenzen auf die Bundesebene und auf die Krankenkassen	1
1. Ausgangslage	2
2. Rahmenvorgaben des Bundes	7
a) Beispiel Qualitätssicherung	9
b) Beispiel Integrierte Versorgung	10
c) Beispiel Krankenhausplanung	12
3. Grunddaten der Krankenhausversorgung	13
II. Die Stellung der stationären Versorgung im Gesundheitssystem	15
III. Einrichtungen der stationären Versorgung	21
1. Legaldefinition der Krankenhäuser im KHG	21
2. Krankenhausbegriff im GKV-Leistungsrecht	26
3. Legaldefinition der Vorsorge- oder Rehabilitationseinrichtungen	32
IV. Einteilung der medizinischen stationären Versorgungseinrichtungen	39
1. Ziel- und Zwecksetzung	40
2. Aufgabenstellung	41
3. Betriebliche Funktion	44
4. Trägerschaft und Betriebsform	51
5. Anforderungs- und Versorgungsstufen	55
6. Aufgaben im Rahmen der GKV	57
V. Abgrenzung zu anderen Einrichtungen der medizinischen und sozialen Versorgung	58
1. Ambulante ärztliche Leistungserbringung	59
a) Zulassung und Ermächtigung	59
b) Hochschulambulanzen und Psychiatrische Institutsambulanzen	61
c) Sozialpädiatrische Zentren	62
d) Ermächtigung von Krankenhausärzten	63
e) Ermächtigung von Krankenhäusern	70
f) Bisherige Polikliniken in den neuen Ländern	71
g) Vergütungsregelungen	72
2. Soziale Versorgungseinrichtungen	76

Schrifttum: *Andreas,* Die Vernetzung von Krankenhäusern und niedergelassenen Ärzten, ArztR 2000, 32; *Andreas/Debong/Bruns,* Handbuch Arztrecht in der Praxis, 2001; *Arbeitsgemeinschaft Medizinrecht im Deutschen Anwaltverein* (Hrsg), FS 10 Jahre Arbeitsgemeinschaft Medizinrecht im DAV, 2008; *Axer,* Gemeinsame Selbstverwaltung, in: v *Wulffen/Krasney* (Hrsg), FS 50 Jahre Bundessozialgericht, 2004, 339; *ders,* Neue Rechtsinstrumente der Qualitätssicherung in der ambulanten und stationären Versorgung unter Einbeziehung des Koordinierungsausschusses, VSSR 2002, 215; *Bär,* Bayerisches Krankenhausgesetz, Kommentar, 2. Aufl 1999; *Bachof/Scheuing,* Krankenhausfinanzierungsgesetz und Grundgesetz, 1971; *Baum,* Die Krankenhäuser unter dem Zwang zur Anpassung, f&w 2000, 118; *Becker,* Das Schiedsstellen-Verfahren im Sozialrecht, SGb 2003, 664 (Teil I), 712 (Teil II); *ders,* Zur Konkretisierung des Versorgungsauftrages – eine Betrachtung aus leistungsrechtlicher Sicht, in: Krankenhäuser im Spannungsfeld zwischen Versorgungssicherheit und Wirtschaftlichkeit (Düsseldorfer Krankenhausrechtstag 2006), 49; *Becker/Kingreen* (Hrsg), SGB V – Gesetzliche Krankenversicherung, Kommentar, 2008; *Behrends/Gerdelmann* (Hrsg), Krankenhaus-Rechtsprechung (KRS),

Loseblatt, 2009; *Biermann/Ulsenheimer/Weißauer,* Liquidation wahlärztlicher Leistungen − rechtliche Grundlagen, MedR 2000, 107; *Blum/Offermanns/Perner,* Krankenhaus Barometer 2008 (Umfrage Deutsches Krankenhausinstitut 2008), Oktober 2008; *Bohle,* Die Bedeutung des Kartell- und Wettbewerbsrechts bei Krankenhausfusionen und Krankenhauskooperationen, MedR 2006, 259; *ders,* Integrierte Versorgung, 2. Aufl 2008; *Braun/Rau/Tuschen,* Die DRG-Einführung aus gesundheitspolitischer Sicht. Eine Zwischenbilanz, in: *Klauber/Robra/Schellschmidt* (Hrsg), Krankenhaus-Report 2007, 3; *Bruckenberger,* In Zukunft einheitliche Rahmenvorgaben?, KU 2007, 927; *ders,* Wie wäre es mit einer dualistischen Monistik?, KU 6/2008, 14; *Bruckenberger/Klaue/Schwintowski,* Krankenhausmärkte zwischen Regulierung und Wettbewerb, 2006; *Burgi,* Konkurrentenschutz in der Krankenhausplanung, NZS 2005, 169; *Burgi/Maier,* Kompetenzfragen der Krankenhausplanung, DÖV 2000, 579; *Butzer/Kaltenborn,* Die demokratische Legitimation des Bundesausschusses der Ärzte und Krankenkassen, MedR 2001, 333; *Carstensen/Ulsenheimer* (Hrsg), Ambulantes Operieren − Vernetzung der Dienste, 1997; *v Camphausen,* Staatliche Krankenhausfinanzierung als Erfüllung grundrechtlicher Ansprüche, DVBl 1985, 266; *Clement,* Ambulantes Operieren, in: *Rieger/Dahm/Steinhilper* (Hrsg), Heidelberger Kommentar-Arztrecht Krankenhausrecht Medizinrecht (60); *Cremer,* Krankenhausfinanzierung im europarechtlichen Kontext, in: Krankenhausrecht: Herausforderungen und Chancen (Düsseldorfer Krankenhausrechtstag 2005), 23; *Dahm,* Rechtsprobleme des Vertrages „Ambulantes Operieren" gemäß § 115b SGB V und sektorübergreifende Kooperationen, ZMGR 2006, 161; *Degener-Hencke,* Zum Recht der Krankenhausinvestitionsförderung: Die Baupauschale nach dem nordrhein-westfälischen Krankenhausgestaltungsgesetz vom 11. Dezember 2007, NZS 2009, 6; *ders,* Rechtliche Möglichkeiten der ambulanten Leistungserbringung durch Krankenhäuser, VSSR 2006, 93; *ders,* Integration von ambulanter und stationärer Versorgung − Öffnung der Krankenhäuser für die ambulante Versorgung, NZS 2003, 629; *ders,* Behutsame Öffnung der Krankenhäuser für die ambulante Versorgung, f&w 2003, 329; *ders,* Ersatz der Bundespflegesatzverordnung durch eine neue Entgeltverordnung für die stationäre Versorgung, in: Speyerer Arbeitsheft Nr 148 (2003); *Depenheuer,* Staatliche Finanzierung und Planung in der Krankenhauswesen (eine verfassungsrechtliche Studie über die Grenze sozialstaatlicher Ingerenz gegenüber freigemeinnützigen Krankenhäusern), Staatskirchenrechtliche Abhandlung Bd 17,1986; *Dietz* (Hrsg), Landeskrankenhausgesetz Baden-Württemberg, Kommentar, Loseblatt 2008; *Dietz/Bofinger/Geiser/Quaas/Söhnle,* Krankenhausfinanzierungsgesetz, Bundespflegesatzverordnung und Folgerecht, Kommentar, Loseblatt 2009; *Dietz/Geiser,* Krankenhausentgeltgesetz, Kommentar, Loseblatt 2007; *DKG (Deutsche Krankenhausgesellschaft),* Bestandsaufnahme zur Krankenhausplanung und Investitionsfinanzierung in den Bundesländern (Stand: Juni 2008); *dies,* Zahlen/Daten/Fakten 2009; *dies,* Ambulantes Operieren und stationsersetzende Eingriffe im Krankenhaus nach § 115b SGB V − Materialien und Umsetzungshinweise, 13. Aufl 2009; *dies,* Hinweise zur Gründung Medizinischer Versorgungszentren, 3. Aufl 2007; *dies,* Stichprobenprüfung im Krankenhaus nach § 17c KHG − Materialien und Hinweise, 2005; *dies,* Umsetzungshinweise zur Arzneimittelversorgung im Krankenhaus, 2004; *Doelfs/Goldschmidt/Greulich/Schmid/Thiele* (Hrsg), Management Handbuch DRGs (MH-DRGs), Loseblatt 2009; *Ebsen,* Perspektiven der Krankenhausplanung in einem gewandelten Markt und einem föderalen Gefüge, in: *Klauber/Robra/Schellschmidt* (Hrsg), Krankenhaus-Report 2006, 117; *ders,* Protonentherapie als GKV-Krankenhausbehandlung (Rechtsgutachten 2004); *Engelmann,* Die Kontrolle medizinischer Standards durch die Sozialgerichtsbarkeit, MedR 2006, 245; *ders,* Untergesetzliche Normsetzung im Recht der gesetzlichen Krankenversicherung durch Verträge und Richtlinien, NZS 2000, 1 (Teil 1), 76 (Teil 2); Enquete-Kommission, „Strukturreform der gesetzlichen Krankenversicherung" Endbericht, Bd 1 u 2, 1990; *Faltin,* Freigemeinnützige Krankenhausträger im System staatlicher Krankenhausfinanzierung, 1986; *Francke,* Die Bewertung von Untersuchungs- und Behandlungsmethoden sowie Arzneimitteln nach dem SGB V − Rechtliche Bindung und gerichtliche Kontrolle, in: *Kern/Wadle/Schroeder/Katzenmeier* (Hrsg), HUMANIORA Medizin-Recht-Geschichte (FS Laufs), 2006, 793; *Gamperl,* Qualitätssicherung in der stationären Versorgung: Rechtsinstrumente und offene Rechtsfragen, in: Das Krankenhaus im Gesundheitsgewährleistungsstaat (Düsseldorfer Krankenhausrechtstag 2007), 109; *Gassner,* Kartellrechtliche Re-Regulierung des GKV-Leistungsmarktes, NZS 2007, 281; *Genzel,* Teilnahme von Krankenhäusern an der ambulanten Versorgung, ArztR 2008, 200; *ders,* Aufgaben des Instituts für Qualität und Wirtschaftlichkeit im Gesundheitswesen, ArztR 2006, 228; *ders,* Die Durchbrechung der sektoralen Grenzen bei der Erbringung von Gesundheitsleistungen durch die Reformgesetzgebung, insbesondere durch das GKV-Modernisierungsgesetz 2003, in: *Kern/Wadle/Schroeder/Katzenmaier* (Hrsg), HUMANIORA Medizin-Recht-Geschichte (FS Laufs), 2006, 817; *ders,* Der Krankenhaussektor und die 3. Stufe der Gesundheitsreform, MedR 1997, 479; *ders,* Die Zukunft der Patientenversorgung im neuen Selbstverwaltungssystem, NZS 1996, 359 (Teil I), 401 (Teil II); *ders,* Sozialstaat und Gesund-

14. Kapitel. Krankenhausrecht. Öff-rechtl Rahmen § 79

heitsökonomie, Zu den verfassungsrechtlichen und wirtschaftlichen Grundlagen des Gesundheitswesens, insbesondere des Krankenhausbereichs, 1983; *ders,* Zum stationären Versorgungsauftrag der Kommunen, BayVBl 1984, 449; *Genzel/Hanisch/Zimmer,* Krankenhausfinanzierung in Bayern, Kommentar, 2. Aufl 1991; *Goedereis,* Finanzierung, Planung und Steuerung des Krankenhaussektors – Dualistik und Monistik im Strukturvergleich, 1999; *Greulich/Hellmann/Korthus/Thiele* (Hrsg), Management Handbuch Krankenhaus (MHK), Loseblatt 2009; *Grüning/Schreck/Walger,* Qualitätssicherung in der stationären Versorgung – Vereinbarungen der Selbstverwaltungspartner, 5. Aufl 2006; *Gruhl,* Qualitätssteuerung statt Preiswettbewerb, f&w 2008, 298; *Hauck/Noftz,* Sozialgesetzbuch V, Kommentar, Loseblatt 2009; *Hauser/Weddehage,* Datenschutz im Krankenhaus, 3. Aufl 2008; *Heinze,* Schiedsstellen werden überfordert, f&w 1997, 8; *ders,* in: *Schulin,* Handbuch des Sozialversicherungsrechts, § 38 (Beziehungen zu den Krankenhäusern), 1994; *Heinze/Wagner* (Hrsg), Die Schiedsstelle nach dem Krankenhausfinanzierungsgesetz, 1989; *Hess,* Der Gemeinsame Bundesausschuss, in: Heidelberger Kommentar – Arztrecht Krankenhausrecht Medizinrecht, 2045; *ders,* Darstellung der Aufgaben des Gemeinsamen Bundesausschusses, MedR 2005, 385; *Höfling,* Vom Krankenhausrecht zum Krankenhausregulierungsrecht, GesR 2007, 289; *InEK-Institut für das Entgeltsystem im Krankenhaus* (Hrsg), G-DRG Definitionshandbuch Version 2009 und 2010; *Ipsen,* Die Kompetenzverteilung zwischen Bund und Ländern nach der Föderalismusnovelle, NJW 2006, 2801; *Isensee,* Das katholische Krankenhaus und die Verfassung des sozialen Rechtsstaates, in: *Lauer* (Hrsg), Eigene Wege im katholischen Krankenhaus, 1982; *Jaeger,* Die Reformen in der gesetzlichen Sozialversicherung im Spiegel der Rechtsprechung des Bundesverfassungsgerichts, NZS 2003, 225; *Jarass/Pieroth,* Grundgesetz für die Bundesrepublik Deutschland, Kommentar, 10. Aufl 2009; *Kaltenborn,* Das „Krankenhaus" – Überlegungen zu einem vielschichtigen Rechtsbegriff, in: Krankenhäuser im Spannungsfeld zwischen Versorgungssicherheit und Wirtschaftlichkeit (Düsseldorfer Krankenhausrechtstag 2006), 15; *ders,* Richtliniengebung durch ministerielle Ersatzvornahme – Zur Aufsicht des Bundesministers für Gesundheit über die Bundesausschüsse der (Zahn-)Ärzte und Krankenkassen gem § 94 SGB V, VSSR 2000, 249; *Kasseler Kommentar,* Sozialversicherungsrecht (Gesamtredaktion Niesel), Loseblatt 2009; *Kern/Wadle/Schroeder/Katzenmeier* (Hrsg), HUMANIORA Medizin-Recht-Geschichte (FS Laufs), 2006; *Kingreen,* Wettbewerbsrechtliche Aspekte des GKV-Modernisierungsgesetzes, MedR 2004, 188; *Klauber/Robra/Schellschmidt* (Hrsg), Krankenhaus-Report 2007, Schwerpunkt: Krankenhausvergütung – Ende der Konvergenzphase?, 2008; *dies,* Krankenhaus-Report 2006, Schwerpunkt: Krankenhausmarkt im Umbruch, 2007; *Knispel,* Rechtsfragen der Versorgungsverträge nach SGB V, NZS 2006, 120; *Knorr,* Die Letztverantwortung der Bundesländer für die Gewährleistung der Krankenhausversorgung nach dem Ende der Konvergenzphase, in: *Klusen/Meusch* (Hrsg), Zukunft der Krankenhausversorgung (2008), 81 ff; *ders,* Neuer Ordnungspolitischer Rahmen für Krankenhäuser, Die Krankenversicherung 2007, 336; *ders,* Krankenhausentgelte und ordnungspolitischer Rahmen des stationären Sektors, in: *Rebscher* (Hrsg), Gesundheitsökonomie und Gesundheitspolitik im Spannungsfeld zwischen Wissenschaft und Politikberatung, FS Neubauer, 2006, 611; *ders,* Staatliche Verantwortung und Krankenhausversorgung – Argumente für das duale Finanzierungssystem, KH 1994, 548; *Knorr/Wernick,* Rechtsformen der Krankenhäuser, 1991; *Korthus/Schliephorst,* Krankenhausrecht 2008/2009 – Rechtsvorschriften der Länder, 2. Aufl 2008; *Kuchinke/Schubert,* Staatliche Zahlungen an öffentliche Krankenhäuser, MHK, 2475; *Laufs,* Medizinrecht im Wandel, NJW 1996, 1571; *Leber,* Der Sanierungsbeitrag der Krankenhäuser, eine unzulässige „finanzierungsrechtliche Solidargemeinschaft", das Krankenhaus 2007, 999; *Leisner,* Die Konzessionspflicht für Privatkrankenanstalten nach § 30 GewO – eine dringend reformbedürftige Vorschrift, GewArch 2006, 188; *Lenz/Dettling/Kieser,* Krankenhausrecht – Planung – Finanzierung – Wettbewerb, 2007; *Manssen,* Das Schiedsstellenverfahren im Krankenhausrecht, ZFSH/SGB 1997, 81; *v Maydell/Ruland/Becker* (Hrsg), Sozialrechtshandbuch SRH, 4. Aufl 2008; *Möller,* Rechtliche Grundsätze des Genehmigungsverfahrens von Krankenhausentgelten, das Krankenhaus 2008, 610; *Neubauer,* Einführung und Entwicklung der DRGs in Deutschland, MH-DRGs (A 1050); *ders,* Von der Leistung zum Entgelt, neue Ansätze zur Vergütung von Krankenhäusern, 1989; *Nösser/Korthus,* Ambulantes Operieren im Krankenhaus, MHK, 100; *Orlowski/Rau/Schermer/Wasem/Zipperer* (Hrsg), GKV-Kommentar SGB V, Loseblatt 2009; *Orlowski/Wasem,* Gesundheitsreform 2007 (GKV-WSG), 2007; *Papier,* Der Einfluss des Verfassungsrechts auf das Sozialrecht, in: *v Maydell/Ruland/Becker,* Sozialrechtshandbuch SRH, 4. Aufl 2008; *Peters,* Handbuch der Krankenversicherung, SGB V, Loseblatt 2009; *Pinter,* Qualitätssicherung im Krankenhaus nach dem GKV-WSG, KHR 2008, 1; *Prütting,* Krankenhausgestaltungsgesetz Nordrhein-Westfalen, Kommentar, 3. Aufl 2009; *Quaas,* Das Schiedsstellenverfahren nach § 18a KHG, in: Das Krankenhaus im Gesundheitsgewährleistungsstaat (Düsseldorfer Krankenhausrechtstag 2007), 35; *ders,* Der Krankenhausbegriff im Wandel, f&w 2006, 564; *ders,* Der Versorgungsvertrag nach dem

§ 79 § 79 Die Bedeutung der Einrichtungen der stationären Versorgung

SGB V mit Krankenhäusern und Rehabilitationseinrichtungen, 2000; *ders,* Der Versorgungsauftrag des Krankenhauses – Inhalt und Grenzen der gesetzlichen und vertraglichen Leistungsverpflichtung –, MedR 1995, 54; *Quaas/Zuck,* Medizinrecht, 2. Aufl 2008; *Ratzel/Luxenburger* (Hrsg), Handbuch Medizinrecht, 2008; *Rau,* Regelungen des Krankenhausfinanzierungsreformgesetzes, KH 2009, 198; *ders,* DRG-Einbindung in die Krankenhausfinanzierung, MHK, 668; *Rebscher* (Hrsg), Gesundheitsökonomie und Gesundheitspolitik im Spannungsfeld zwischen Wissenschaft und Politikberatung (FS Neubauer), 2006; *Rieger/Dahm/Steinhilper* (Hrsg), Heidelberger Kommentar, Arztrecht Krankenhausrecht Medizinrecht (HK-AKM), Loseblatt 2009; *Rixen,* Verhältnis von IQWiG und G-BA: Vertrauen oder Kontrolle? – Insbesondere zur Bindungswirkung der Empfehlungen des IQWiG, MedR 2008, 24; *Robbers/Steiner* (Hrsg), Berliner Kommentar zur Finanzierung zugelassener Krankenhäuser, 2. Aufl 2005; *dies,* Kommentierung Abrechnungsbestimmungen und Vereinbarung Besondere Einrichtungen 2009, 3. Aufl 2009; *Robbers/Wallhäuser,* Belegärztliche Versorgung – Zukunftsmodell oder Vergangenheit, f&w 2008, 53; Robert Bosch Stiftung – Kommission Krankenhausfinanzierung, Krankenhausfinanzierung in Selbstverwaltung – Vorschläge zu einer Neuordnung der Organisation und Finanzierung der Krankenhausversorgung, Teil I, 1987; *Roeder/Bunzemeier* (Hrsg), Kompendium zum G-DRG-System 2009 – News und Trends, 2009; *Roters,* Die Bewertung medizinischer Methoden nach der Verfahrensordnung des G-BA, NZS 2007, 176; *Rüschmann,* Krankenhausplanung für Wettbewerbssysteme. Leistungssicherung statt Kapazitätsplanung, 2000; Sachverständigenrat zur Begutachtung der Entwicklung im Gesundheitswesen, Kooperation und Verantwortung (Gutachten 2007); *Sawicki,* Aufgaben und Arbeit des Instituts für Qualität und Wirtschaftlichkeit im Gesundheitswesen, MedR 2005, 389; *Schlegel,* Gerichtliche Kontrolle von Kriterien und Verfahren, MedR 2008, 30; *Schlottmann/Köhler/Brändle,* G-DRG-System Version 2010, das Krankenhaus 2009, 1045; *Schmidt,* Investitionen im Krankenhausbereich: Rechtsgrundlagen und Finanzierung – Handlungsoptionen, MHK, 1315; *ders,* Finanzierung von Investitionen im Krankenhaus: Sachstand, Auswirkungen des DRG-Systems, Handlungsoptionen und Lösungen, MH-DRGs (C 3310); *Schmidt am Busch,* Die Beleihung: Ein Rechtsinstitut im Wandel, DÖV 2007, 533; *Schmidt-Rettig/Arnold/Kolb (begr von Rippel/Rippel),* Krankenhaus und ambulante Versorgung, Loseblatt 2009; *Schnapp/Wigge* (Hrsg), Handbuch des Vertragsarztrechts, 2. Aufl 2006; *Schulz/Mertens,* Ambulantes Operieren im Krankenhaus – Zulässigkeit und Vergütung, MedR 2006, 191; *Seiler/Maier/Vollmöller,* Das Krankenhausrecht in Thüringen, 3. Aufl 2004; *Siebig/Geiser/Einwag/Heineck,* Ordnungspolitischer Rahmen der Krankenhausfinanzierung, das Krankenhaus 2007, 523; *Sodan,* Der „Sanierungsbeitrag" der Krankenhäuser nach dem GKV-Wettbewerbsstärkungsgesetz als Verfassungsproblem (Rechtsgutachten im Auftrag der Deutschen Krankenhausgesellschaft), 2007; *ders,* Die institutionelle und funktionale Legitimation des Bundesausschusses der Ärzte und Krankenkassen, NZS 2000, 581; *Spickhoff,* Wahlärztliche Leistungen im Krankenhaus: Leistungspflicht und Haftung, NZS 2004, 57; *Stapf-Finé/Schölkopf,* Die Krankenhausversorgung im internationalen Vergleich – Zahlen, Fakten, Trends, 2003; *Statistisches Bundesamt* (Hrsg), Fachserie 12 (Gesundheitswesen) Reihe 6.1.1 (Grunddaten der Krankenhäuser); *Steiner,* Höchstrichterliche Rechtsprechung zur Krankenhausplanung, NVwZ 2009, 486; *Stellpflug/Meier/Tadayon* (Hrsg), Handbuch Medizinrecht, Loseblatt 2009; *Stollmann,* Mindestmengenregelung des § 137 SGB V – Ausnahmeentscheidung der Planungsbehörde, GesR 2007, 303; *ders,* Die jüngere Rechtsprechung zum Krankenhausrecht, DVBl 2007, 475; *ders,* Grundlagen des Rechts der Krankenhausplanung und der Krankenhausinvestitionsförderung, NZS 2004, 350; *Thier,* Teilstationäre Krankenhausleistungen, KH 2006, 969; *Trefz,* Der Gemeinsame Bundesausschuss und seine Mindestmengenregelung, f&w 2006, 316; *Tuschen,* Krankenhausfinanzierung 2009, f&w 2009, 12; *Tuschen/Quaas,* Bundespflegesatzverordnung, Kommentar, 5. Aufl 2001; *Tuschen/Trefz,* Krankenhausentgeltgesetz, Kommentar, 2. Aufl. 2010; *Udsching,* Probleme der Verzahnung von ambulanter und stationärer Krankenhausbehandlung, NZS 2004, 411; *Uleer/Miebach/Patt,* Abrechnung von Arzt- und Krankenhausleistungen (GOÄ, BPflV), 3. Aufl 2006; *Vollmöller,* Die Schnittstelle Krankenhaus – Rehabilitation, ZMGR 2006, 171; *Wabnitz,* Hessisches Krankenhausgesetz 2002, Kommentar, 2003; *Wenner,* Vertragsarztrecht nach der Gesundheitsreform, 2008; *ders,* Einbeziehung von Krankenhäusern in die ambulante Versorgung – Auswirkungen des VÄndG und des GKV-WSG, in: Das Krankenhaus im Gesundheitsgewährleistungsstaat (Düsseldorfer Krankenhausrechtstag 2007), 69; *Wenzel* (Hrsg), Handbuch des Fachanwalts Medizinrecht, 2007; *Wigge/Harney,* Erbringung nachstationärer Leistungen für Krankenhäuser gemäß § 115a SGB V durch niedergelassene Vertragsärzte, KH 2007, 958 u 1118; *v Wulffen/Krasney* (Hrsg), FS 50 Jahre Bundessozialgericht, 2004; *Zach,* Die Gesundheitsreform 2004 im vorparlamentarischen Beratungsverfahren zwischen Bund und Ländern, MedR 2004, 206; *Zuck,* Welche haftungsrechtlichen Konsequenzen ergeben sich aus der Teilnahme bzw Nichtteilnahme an qualitätssichernden Maßnahmen im Krankenhaus?, KH 1996, 299.

14. Kapitel. Krankenhausrecht. Öff-rechtl Rahmen 1–3 § 79

I. Verlagerung von Kompetenzen auf die Bundesebene und auf die Krankenkassen

Ziel des Krankenhausfinanzierungsrechts des Bundes ist die **wirtschaftliche Sicherung der Krankenhäuser**. Der Bundesgesetzgeber sieht in einem wirtschaftlich gesunden Krankenhauswesen die entscheidende Voraussetzung für die bedarfsgerechte Versorgung der Bevölkerung und für sozial tragbare Krankenhauskosten (§ 1 Abs 1 KHG). Die Bedeutung dieser **Gemeinwohlbelange** hat das Bundesverfassungsgericht als außerordentlich hoch bezeichnet[1]. Dabei wirkt sich der soziale Aspekt der Kostenbelastung im Gesundheitswesen in erster Linie auf die **gesetzliche Krankenversicherung** aus, deren **finanzielle Stabilität** nach ständiger Rechtsprechung des Bundesverfassungsgerichtes ein Gemeinwohlinteresse von so hohem Gewicht ist, dass sie auch erhebliche Grundrechtseingriffe rechtfertigen kann.[2]   1

1. Ausgangslage. Das Ziel eines wirtschaftlich gesunden Krankenhauswesens lag letztlich der **Änderung des Grundgesetzes** im Jahr **1969** zu Grunde, wodurch dem Bund in Art 74 Abs 1 Nr 19a GG die Zuständigkeit zur konkurrierenden Gesetzgebung über die „wirtschaftliche Sicherung der Krankenhäuser und die Regelung der Krankenhauspflegesätze" übertragen wurde[3]. Danach könnte der Bund die wirtschaftliche Sicherung auch selbst übernehmen (Ausgabenkompetenz auf Grund der Gesetzgebungskompetenz). Ausdrücklich nicht dem Bund zugewiesen wurden die Krankenhausorganisation und die **Krankenhausplanung**[4]. Dem Bund ist somit eine auch nur mittelbare Aushöhlung der in der Gesetzgebungs- und Verwaltungskompetenz der Länder verbliebenen Planungskompetenz verwehrt (Art 30, 70 GG). Die umfangreichen Änderungen der **Föderalismusreform 2006** gerade in der Verteilung der Gesetzgebungskompetenzen zwischen Bund und Ländern haben den Konsens über die alleinige Verantwortung der Länder als Träger der Krankenhausplanung unberührt gelassen[5].   2

Die **Letztverantwortung der Länder** als Inhaber der sog **Gewährleistungsverantwortung**[6] darf durch den Bund nicht etwa unter Berufung auf seine Verantwortung für die finanzielle Stabilität der GKV und seine Kompetenz zur Regelung der Sozialversicherung nach Art 74 Abs 1 Nr 12 GG beseitigt werden.[7] Auch mit größer werdendem zeitlichem Abstand zur Grundgesetz-Änderung von 1969 ist der Satz aus der Begründung des Gesetzentwurfs der Bundesregierung zum Gesetz zur wirtschaftlichen Sicherung der Krankenhäuser und zur Regelung der Krankenhauspflegesätze – Krankenhausfinanzierungsgesetz[8] „Die Planung der Krankenhausversorgung bleibt Angelegenheit der Länder" unumstößlich. ME zählt die Krankenhausplanung der Länder zu den „Regierungsauf-   3

---

[1] BVerfGE 82, 209, 230.
[2] Siehe nur BVerfGE 68, 193, 218; E 70, 1, 25, 29; E 103, 172, 184; E 114, 196, 242.
[3] 22. Gesetz zur Änderung des Grundgesetzes v 12. 5. 1969, BGBl I, 363; vgl auch Stellungnahme des Bundesrates, BT-Drucks VI/3896, 10 f.
[4] Siehe BVerfGE 83, 363, 380.
[5] Vgl *Ebsen*, in: *Klauber/Robra/Schellschmidt* (Hrsg), Krankenhaus-Report 2006, 117, 124 ff, auch zum Fortbestand der Erforderlichkeitsklausel des Art 72 Abs 2 GG ua für Art 74 Abs 1 Nr 19a GG.
[6] *Burgi* NZS 2005, 169, 170.
[7] So aber letztlich und aA *Ebsen*, in: Krankenhaus-Report 2006, 117, 124, der dem Bundesgesetzgeber allein gestützt auf Art 74 Abs 1 Nr 12 GG die Kompetenz einräumen will, ein System des allein für die GKV geltenden „Vertragskrankenhausrechts" unter gänzlicher Unabhängigkeit von der Landeskrankenhausplanung zu schaffen, ohne auf die Entscheidung und die Motive des Gesetzgebers aus dem Jahre 1969 zu Art 74 Abs 1 Nr 19a GG zu achten; s demgegenüber auch Ulmer Papier des 111. DÄT (Ziff 3.3): „unverzichtbare staatliche Aufgabe", abgedruckt in Arzt und Krankenhaus 2008, 166; auf Grund Art 74 Abs 1 Nr 12 GG Erlass des Fünften Buches Sozialgesetzbuch – Gesetzliche Krankenversicherung v 20. 12. 1988 (BGBl I, 2477, 2482), zuletzt geändert durch das Krankenhausfinanzierungsreformgesetz – KHRG v 17. 3. 2009 (BGBl I, 534).
[8] BT-Drucks VI/1874 v 25. 2. 1971, 12.

gaben, die wegen ihrer politischen Tragweite nicht generell der Regierungsverantwortung entzogen und auf von Regierung und Parlament unabhängige Stellen übertragen werden dürfen".[9] In der Natur der Sache liegt es freilich, dass die Nutzung der Bundeskompetenzen systembedingt zulässige Auswirkungen auf die grundsätzliche und generelle Zuständigkeit der Länder für die stationäre Krankenhausversorgung haben kann. Nur darf der Bund den Regelungsspielraum der Ländergesetzgebung nicht übermäßig beschneiden[10].

4 So gibt es beispielsweise keine zwingenden unmittelbaren rechtlichen **Auswirkungen des** grundlegenden **Fallpauschalengesetzes** vom 23. 4. 2002 (BGBl I S 1412) und weiterer Änderungen des Entgeltrechts auf den Inhalt der Krankenhausplanung[11]. Anders ausgedrückt: Die Bundeskompetenz für die Regelung der Krankenhausvergütung erfordert keine Mit-Regelung von Aspekten der kapazitätsorientierten Krankenhausplanung.

5 Umgekehrt muss durch Regelungen im Vergütungssystem eine zum Wohl der Bevölkerung **flächendeckende Versorgung** mit höchstmöglicher Qualität sichergestellt sein (s **Sicherstellungszuschlag** gem. § 5 Abs 2 KHEntgG). Dies erfordert auch die **kommunale Selbstverwaltungsgarantie** (Art 28 Abs 2 GG). Daseinsvorsorge insbesondere durch Sicherstellung der Krankenhausversorgung zählt zum Kernbereich kommunaler Aufgaben in Deutschland;[12] im Einklang damit haben die Länder die Krankenhausversorgung als Pflichtaufgabe in kommunaler Selbstverwaltung bestimmt (zB § 3 LKHG Baden-Württemberg[13]). Ein – erzwungener – Rückzug wäre eine Preisgabe kommunaler Grundaufgaben. Deshalb darf ein neuer ordnungspolitischer Rahmen für die Krankenhausfinanzierung die kommunale Selbstverwaltung, den landesrechtlich geregelten kommunalen Sicherstellungsauftrag nicht beeinträchtigen. Mehr wettbewerbliche Spielräume für die Krankenkassen im Bundesrecht durch Einzelverträge müssen darauf Rücksicht nehmen.

6 Entsprechendes folgt im Hinblick auf die Verlagerung von Kompetenzen für die kirchlichen Krankenhäuser aus dem **kirchlichen Selbstbestimmungsrecht** (Art 140 GG/ Art 137 Abs 3 S 1 WRV) und der kirchlichen Vermögensgarantie (Art 140 GG/Art 138 Abs 2 WRV).[14] Die **Kirchen-Artikel** der Weimarer Reichsverfassung sind durch Art 140 in das Grundgesetz inkorporiert. Zum Kern gehören die staatliche Gewährleistung des caritativen Engagements in der Krankenversorgung und die wirtschaftliche Absicherung.[15] Die Eigenart kirchlicher Krankenhauspflege besteht darin, dass sie sich zwar „wie in jedem Krankenhaus der bestmöglichen ärztlichen und medizinischen Behandlung der Kranken widmet, dabei das speziell Religiöse caritativer Tätigkeit im Auge behält, das die Behandlung der Kranken durchdringt und sich im Geiste des Hauses, in der Rücksicht auf die im Patienten angelegten religiös-sittlichen Verantwortungen niederschlägt.[16]

7 **2. Rahmenvorgaben des Bundes.** Weder die kommunale Selbstverwaltungsgarantie noch das kirchliche Selbstverwaltungsrecht müssen einer gebotenen Weiterentwicklung des Krankenhausrechts – auch durch weitere Verlagerung von Kompetenzen auf die Bundesebene und die Krankenkassen – entgegenstehen. Es überrascht aber, dass diese Garantien in der aktuellen am Ziel einer wettbewerblichen Steuerung des stationären Versor-

---

[9] Siehe BVerfGE 30, 268, 281 ff.
[10] BVerfGE 34, 9, 20; generell zum Grundsatz bundesfreundlichen Verhaltens auch mit zusätzlichen Pflichten des Bundes gegenüber den Ländern *Pieroth,* in: *Jarass/Pieroth,* GG, Art 20 RdNr 20 ff.
[11] Zutreffend *Bruckenberger,* in: *Bruckenberger/Klaue/Schwintowski,* 87.
[12] Zum Sicherstellungsauftrag nach den Kommunalgesetzen s *Knorr,* in: *Klusen/Meusch* (Hrsg), 81, 82 f; ferner *Bär,* Bay Krankenhausgesetz, Art 1 Nr 6 und Einführung 2.2.1.
[13] Vom 29. 11. 2007, GBl 2008, 13.
[14] Siehe dazu BVerfGE 66, 1, 22.
[15] Siehe BVerfGE 53, 366, 393, 400 ff; *Bachof/Scheuing,* 57 ff.
[16] BVerfGE 46, 37, 95 f.

gungsgeschehens orientierten gesundheitspolitischen Diskussion vernachlässigt werden. Dies ist umso bedenklicher, als die gegenwärtig vom Bund verfolgte Strategie darin besteht, durch kleine unumkehrbare Schritte hin zur **zentralstaatlichen Steuerung** des gesamten Gesundheitswesens die Kompetenzen der Länder und Kommunen zu beschneiden und die Kernkompetenz insbesondere der Kirchen in der Krankenhausversorgung zu ignorieren.

Entscheidend ist die Grenzziehung, wie Forderungen nach einer Begrenzung der Krankenhausplanung auf eine **Rahmenplanung der Länder** (ohne Standorte und Betten) und deren Ergänzung durch eine **GKV-interne Planung** sowie das Beispiel der Qualitätssicherung zeigen. Da die Krankenhausplanung der Länder unstrittig die Vorgabe von Standorten verbunden mit einer Kapazitätsvorgabe in Gestalt von Betten sowie die Ausweisung von Fachgebieten in Abstimmung mit der Weiterbildungsordnung der Ärzte umfasst,[17] bleibt für eine wie auch immer geartete Verpflichtung zur Reduzierung der Planung von vornherein kein Raum.[18] Entsprechendes gilt für die stets wiederkehrende Forderung nach einer im Bundesrecht zu verankernden gleichberechtigten Beteiligung der gesetzlichen Krankenkassen an der Krankenhausplanung.[19] Das **Letztentscheidungsrecht der Länder** ist verfassungsfest. 8

a) **Beispiel Qualitätssicherung.** Die Regelung des § 137 SGB V zur Befugnis des Gemeinsamen Bundesausschusses zur bundesweiten **Sicherung der Qualität** der stationären Leistungen der Krankenhäuser ist demgegenüber ohne weiteres durch die Gesetzgebungskompetenz des Bundes Art 74 Abs 1 Nr 12 GG (Recht der Sozialversicherung) gedeckt, und zwar grundsätzlich einschließlich der Festlegung von Mindestmengen für die jeweiligen Leistungen je Arzt oder Krankenhaus (§ 137 Abs 3 S 1 Nr 2 SGB V); die Länder sind nach einer Klarstellung im Bundesrecht (§ 137 Abs 3 S 3 SGB V) ausdrücklich berechtigt, durch Ausnahmeregelung die in ihrer Verantwortung liegende flächendeckende Versorgung der Bevölkerung sicherzustellen.[20] Genauso selbstverständlich ist, dass ergänzende Qualitätsanforderungen der Länder im Rahmen der Krankenhausplanung zulässig sind,[21] insbesondere zur Strukturqualität.[22] 9

b) **Beispiel Integrierte Versorgung.** Ein über den Krankenhausplan für die Fachrichtung Chirurgie zugelassenes Krankenhaus darf nicht etwa als Partner eines Integrationsvertrages von der beteiligten Krankenkasse dazu bestimmt werden, auch orthopädische Leistungen zu erbringen.[23] Diese Feststellung ist umso bedeutsamer, je stärker sich die **integrierte Versorgung** nach §§ 140 a ff SGB V in Richtung einer Regelversorgung entwickelt und ist Richtschnur für die Auslegung von § 140b Abs 4 S 1 und 3 SGB V zur Abweichung vom ansonsten geltenden Recht. Die **Planungshoheit der Länder** wäre in der Substanz beeinträchtigt, wenn zB die rechtskräftige Ablehnung eines Antrages auf 10

---

[17] Siehe demgegenüber *Höfling* GesR 2007, 289, 291f. „Krankenhausplanung als Beispiel gesundheitssystemspezifischen Steuerungsversagens".
[18] Siehe BVerfGE 83, 363, 380.
[19] Siehe zuletzt Beschlussantrag BÜNDNIS 90/DIE GRÜNEN, BT-Drucks 16/9008 v 29. 4. 2008; ein eigenständiger Verzicht auf Aussagen im Plan zu Planbetten (auch keine Gesamtbettenzahl, nur Standorte, Versorgungsstufen und Fachgebiete) mit Rahmenvorgaben des Landes und deren Umsetzung unter wesentlicher Beteiligung der Krankenkassen ist demgegenüber eine zulässige Alternative (so zB nunmehr § 3 Krankenhausgesetz Sachsen-Anhalt v 14. 4. 2005, GVBl LSA 2005/ 203, außerhalb der psychiatrischen Fachbereiche), s dazu kritische Anmerkung *Kraus*, Arzt und Krankenhaus 2005, 120.
[20] Siehe Stollmann GesR 2007, 303; als Beispiel zur Umsetzung im Landesrecht s § 42a LKHG BW v 29. 11. 2007 (GBl 2008, 13).
[21] So nunmehr ausdrücklich § 137 Abs 3 S 7 SGB V in der ab 1. 7. 2008 geltenden Fassung.
[22] Siehe amtl Begründung zum Gesetzentwurf der Regierungsfraktionen v 24. 10. 2006 zum GKV-Wettbewerbsstärkungsgesetz, BT-Drucks 16/3100, 147.
[23] Siehe dazu *Degener-Hencke* NZS 2003, 629, 631.

Aufnahme in den Krankenhausplan durch **Integrationsabsprachen außerhalb des Versorgungsauftrages** de facto entwertet würde.[24]

11 Die von Kritikern einer „Schutzzaunfunktion" für Plankrankenhäuser durch das „Exklusivität bewirkende Zulassungssystem zur GKV-Versorgung" aufgestellte These, die in einem Vertrag zur integrierten Versorgung zusammengeschlossenen Leistungserbringer könnten auch außerhalb ihres jeweiligen Zulassungssektors tätig werden, solange nur überhaupt ein beteiligter Leistungserbringer die Leistungen mit seinem Zulassungsstatus abdecke,[25] wird in dieser Allgemeinheit für den stationären Versorgungsauftrag nicht durch § 140b Abs 4 S 3 SGB V gedeckt. Auch insoweit ist die spezielle Einschränkung in § 140b Abs 1 Nr 2 SGB V von Bedeutung; Träger zugelassener Krankenhäuser sind zur stationären GKV-Leistungserbringung stets – auch nach Abschluss eines Integrationsvertrages – nur befugt, „soweit sie zur Versorgung der Versicherten berechtigt sind", also der **eigene stationäre Versorgungsauftrag** reicht. In den Gesetzesmotiven und aus der Gesetzesberatung findet sich kein Hinweis darauf, dass angesichts des Sinns und der Eigenart der integrierten Versorgung Versorgungsaufträge durch teilnehmende Krankenhäuser untereinander getauscht werden dürfen; Qualität, Wirtschaftlichkeit und Wirksamkeit der integrierten Versorgung würden dadurch wohl nicht verbessert werden.[26]

12 *c) Beispiel Krankenhausplanung.* Insbesondere ist es dem Bund auch verwehrt, **bundeseinheitliche Rahmenvorgaben** für die **Krankenhausplanung** einzuführen.[27] Dementsprechend beschränkt sich das geltende Krankenhausfinanzierungsgesetz des Bundes in §§ 6 bis 8 auf das Grundsätzlichste,[28] und zwar Kraft Sachzusammenhangs mit der Bundeskompetenz für die wirtschaftliche Sicherung der Krankenhäuser.[29] Daran und an die Grundgesetzänderung von 1969 wird zu erinnern sein, falls der Bund unter Berufung auf den ab 2009 wirkenden und vom Bundesversicherungsamt verwalteten Gesundheitsfonds (§ 271 SGB V) die Notwendigkeit bundeseinheitlicher Krankenhaus-Rahmenvorgaben postulieren sollte.[30]

13 **3. Grunddaten der Krankenhausversorgung.** Aus den Kennzahlen der **Krankenhausstatistik** auf der Grundlage von § 28 Abs 2 KHG in Verbindung mit der **Verordnung über die Bundesstatistik für Krankenhäuser** vom 10. 4. 1990 lassen sich Argu-

---

[24] Ähnlich im Ergebnis *Genzel*, FS Laufs, 817, 827 und *Kuhlmann*, KH 2004, 417, 420 f auch unter dem Gesichtspunkt der Qualitätssicherung und *Hess*, in: *Wenzel* (Hrsg), Handbuch des Fachanwalts Medizinrecht, RdNr 507, unter Hinweis darauf, dass die Begrenzung auf das eigene Fachgebiet durch die Ausnahmeregelung zur Abweichung vom Zulassungsstatus nicht tangiert werden darf.

[25] So zB *Ebsen*, in: Krankenhaus-Report 2006, 117, 118.

[26] Dazu auch *Hencke*, in: *Peters*, KV (SGB V), § 140b RdNr 7, insbesondere für die Teilnahme an der vertragsärztlichen Versorgung.

[27] Ebenso *Genzel* MedR 2008, 119, 120; nach Meinung von *Bruckenberger* KU 2007, 927 werden Gesundheitsfonds, steigende Bundeszuschüsse und einheitlicher Beitragssatz gem § 241 SGB V (festgesetzt durch die Bundesregierung durch Rechtsverordnung ohne Zustimmung des Bundesrates) auf Dauer bundeseinheitliche Rahmenvorgaben für die stationäre Krankenhausbehandlung auch zur Rechtfertigung der Verwendung öffentlicher Mittel erzwingen; angesichts des Referentenentwurfs eines Gesetzes zur Weiterentwicklung der Organisationsstrukturen in der GKV (Stichwort: Insolvenzfähigkeit gesetzlicher Krankenkassen) haben die Krankenkassen zu Recht die geplante extreme Machtfülle des als wettbewerblich neutral gegründeten Spitzenverbandes Bund der Krankenkassen mit Aufsicht durch das Bundesgesundheitsministerium (§ 217d SGB V) und generell zentralistische Tendenzen hin zur Vereinheitlichung und Verstaatlichung auf Bundesebene kritisiert, s dazu *Ballast*, Die Ersatzkasse 2008, 171.

[28] Vgl *Dietz*, KHG, § 6 Erl I; zur freiwilligen zunehmenden Beschränkung auf eine Rahmenplanung (ua nur Gesamtbettenzahl) s *Knorr*, in: *Klusen/Meusch* (Hrsg), 81, 83; ausführlich zur Krankenhausplanung unten § 82 RdNr 20 ff.

[29] Vgl BVerfGE 72, 38 = NJW 1986, 796; generell zur Gesetzgebungskompetenz kraft Sachzusammenhangs *Pieroth*, in: *Jarass/Pieroth*, Art 70 GG, RdNr 9–11.

[30] Generell zu zentralistischen und krankenkassenorientierten Bestrebungen des Bundes insbesondere bei der Gesundheitsreform 2004 *Zach* MedR 2004, 206.

mente für eine Verlagerung von Kompetenzen auf die Bundesebene und die Krankenkassen nicht herleiten.[31] Im Gegenteil: Überkapazitäten werden auf der Grundlage des geltenden Krankenhausrechts kontinuierlich abgebaut. In der Zeit von 2000 bis 2008 hat die **Zahl der Krankenhäuser** insgesamt in Deutschland von 2.242 auf 2.083, die **Zahl der Betten** von 559.651 auf 503.360 abgenommen[32]; 1991 waren noch 665.565 Betten in 2.411 Krankenhäusern aufgestellt (Bettendichte 1991: 832 Betten je 100.000 Einwohner, 2008: 613 Betten).

Die Annahme, unser System der Planung und Finanzierung der Krankenhäuser verhindere eine Anpassung der Kapazitäten (zB infolge der Substitution stationärer durch ambulante Behandlung) ua an sinkende Verweildauern (insbesondere durch die Einführung der DRGs), kann nicht aufrechterhalten werden.[33] Der insbesondere von den Ländern zu beachtende Grundsatz der Trägervielfalt (§ 1 Abs 2 KHG) ist weiterhin gewahrt: Der **Anteil freigemeinnütziger Krankenhäuser** liegt nahezu unverändert bei 37,5 % im Jahr 2008 (1991: 39,1 %). Zurückgegangen ist der **Anteil öffentlicher Krankenhäuser** von 46,0 % im Jahre 1991 auf 31,9 % (2008); der **Anteil der Krankenhäuser in privater Trägerschaft** ist von 14,8 % (1991) auf 30,6 % (2008) gestiegen.

II. Die Stellung der stationären Versorgung im Gesundheitssystem

Das deutsche Gesundheitswesen ist – begründet aus der historischen Entwicklung – in drei Bereiche gegliedert: in die **ambulante Versorgung,** die **stationäre Versorgung** und den **öffentlichen Gesundheitsdienst.** Die notwendige Verzahnung und Vernetzung der einzelnen Leistungsbereiche war bereits vor über 15 Jahren eines der wesentlichen Reformziele des GSG;[34] damals wurde die vor- und nachstationäre Behandlung im Krankenhaus in § 115a SGB V verankert und das ambulante Operieren auch durch Krankenhäuser mit § 115b SGB V ermöglicht.

Mit dem Gesetz zur Reform der gesetzlichen Krankenversicherung[35] wurde die starre **Trennung zwischen ambulanter und stationärer Versorgung** durch die Einführung der integrierten Versorgung (§§ 140a – 140h SGB V) als eine verschiedene Leistungssektoren übergreifende, an den Versorgungsbedürfnissen der Patienten orientierte Behandlung gelockert, weiterentwickelt durch das GKV-Modernisierungsgesetz[36] und das GKV-Wettbewerbsstärkungsgesetz[37]. Durch das GKV-Wettbewerbsstärkungsgesetz wurden auch die ambulanten Behandlungsmöglichkeiten der Krankenhäuser erheblich erweitert im Hinblick auf hochspezialisierte Leistungen, seltene Erkrankungen und Erkrankungen mit besonderen Krankheitsverläufen mit Zulassung durch die Krankenhausplanungsbehörde im jeweiligen Land gem § 116b Abs 2–6 SGB V.

Die **Gesetzgebungskompetenz** für das formelle und materielle Gesundheitsrecht ist zwischen Bund und Ländern aufgeteilt. Für den öffentlichen Gesundheitsdienst liegt sie weitgehend[38] bei den Ländern (Art 70 GG). Die konkurrierende Gesetzgebung (Art 72

---

[31] Quelle: Statistisches Bundesamt Fachserie 12 (Gesundheitswesen) Reihe 6.1.1 (Grunddaten der Krankenhäuser), http:destatis.de/publikationen sowie *Bölt,* in: *Klauber/Geraedts/Friedrich* (Hrsg), Krankenhaus-Report 2010, 318ff; zur KHStatV – BGBl I, 730 – (zuletzt geändert durch das KHRG v 17. 3. 2009) *Tuschen/Trefz,* KHEntgG, Einführung 4.3, 90ff.

[32] Zeitraum 1997–2007: Wegfall von 171 Krankenhäusern = Reduzierung 7,6 %; Abbau der Betten um 73.471 = Reduzierung 12,7 %.

[33] Ebenso *Stapf-Finé/Schölkopf,* 65 ff.

[34] Gesetz zur Sicherung und Strukturverbesserung der gesetzlichen Krankenversicherung (Gesundheits-Strukturgesetz – GSG) v 21. 12. 1992 (BGBl I 2266); zu den Auswirkungen des Gesetzes auf den Krankenhausbereich *Genzel* MedR 1994, 83.

[35] GKV-Gesundheitsreformgesetz 2000 v 22. 12. 1999 (BGBl I, 2626).

[36] GMG v 14. 11. 2003 (BGBl I, 2190).

[37] GKV-WSG v 26. 3. 2007 (BGBl I, 378).

[38] Zuständig im Rahmen der konkurrierenden Gesetzgebung ist der Bund allerdings für das Seuchengeschehen (Art 74 Nr 19 GG); die Aufgaben und die Organisation des öffentlichen Gesundheitsdienstes sind in den Gesundheitsdienstgesetzen (GDG) der Länder geregelt.

GG) für die wirtschaftliche Sicherung der Krankenhäuser und die Regelung der Pflegesätze (Art 74 Abs 1 Nr 19a GG) sowie das Arbeitsschutzrecht und das Sozialversicherungsrecht (Art 74 Abs 1 Nr 12 GG) hat der Bund. Nach der Föderalismusreform[39] besteht die konkurrierende Gesetzgebungskompetenz des Bundes für Art 74 Abs 1 Nr 19a GG – anders als für Art 74 Abs 1 Nr 12 und 19 GG – nur, wenn und soweit die Herstellung gleichwertiger Lebensverhältnisse im Bundesgebiet oder die Wahrung der Rechts- oder Wirtschaftseinheit im gesamtstaatlichen Interesse eine bundesgesetzliche Regelung erforderlich macht (Art 72 Abs 2 GG).[40] Auch das Recht der Zulassung zu den ärztlichen und anderen Heilberufen (Fachberufen des Gesundheitswesens), des Verkehrs mit Arzneien, Heil- und Betäubungsmitteln sowie Giften ist Bundesangelegenheit (Art 74 Nr 19 GG, s auch § 5 RdNr 3 und 4). Für die akutstationäre Versorgung kommt hinzu, dass die nach den bundesrechtlichen Vorgaben des KHG[41] erlassenen Landesgesetze insbesondere zur Krankenhausplanung und - investitionsförderung, aber auch im Übrigen eine unterschiedlich hohe Regelungsdichte aufweisen.[42]

18   Das **Krankenhaus** hat sich aus seiner ursprünglichen Ergänzungsfunktion zur ambulanten Versorgung[43] zu einem eigenständigen Versorgungsbereich mit anerkannt hohem medizinischem Leistungspotential entwickelt; der **medizinische, medizinisch-technische und pharmakologische Fortschritt** ist von besonderer Relevanz. Diagnostisch ist der direkte oder indirekte Zugriff zu allen menschlichen Organen und Organsystemen möglich geworden. Besonders die bildgebenden Verfahren wie Sonographie und Szintigraphie, invasive Verfahren der Endoskopie und Angiographie, Computertomographie und Kernspintomographie sowie Positronenemissionstomographie haben große Bedeutung erlangt. Das Spektrum der biochemischen und molekulargenetischen Labortests und der histologischen und zytologischen Untersuchungsmethoden ist erheblich erweitert worden. Im therapeutischen Bereich haben Transplantationsverfahren, der künstliche Organersatz, Dialyse, Herzschrittmacher, Reanimationsverfahren mit Defibrillatoren und Beatmungsgeräten, Steinzertrümmerung durch Ultraschall, mikrochirurgische Verfahren durch Lasertherapie, endoskopisches Operieren wie überhaupt minimal-invasive Verfahren und Methoden ua Eingang in das Behandlungsspektrum des Krankenhauses gefunden. Die **Zahl stationärer Behandlungsfälle** ist von 14,5 Mio im Jahr 1991 über 16,4 Mio im Jahr 1997 zunächst auf 17,4 Mio im Jahr 2002 angestiegen und ist geringfügig angestiegen auf 17,5 Mio im Jahr 2008. Die **Zahl der hauptamtlichen Ärzte** ist von 98.051 im Jahr 1991 kontinuierlich auf 139.294 im Jahr 2008 gestiegen. Hingegen entspricht die **Zahl der Mitarbeiter im Pflegedienst** mit 396.221 im Jahr 2008 in etwa dem Stand von 1991 mit 389.511 (zwischenzeitlicher Höchststand 1995: 429.183). Die Beschäftigtenzahl insgesamt ist von 1.119.791 im Jahr 1991 auf 1.078.212 im Jahr 2008 gesunken.[44]

19   Der Einsatz hochtechnisierter, aber auch risikobehafteter Medizin löst ein **erhöhtes Schutzbedürfnis** bei den Patienten aus. Es entspricht der Tendenz des modernen Sozialstaates, im Interesse der Gewährleistung sozialer Chancengleichheit für alle Bürger So-

---

[39] 52. Gesetz zur Änderung des Grundgesetzes v 28. 8. 2006 (BGBl I, 2034).
[40] Siehe zur Kompetenzverteilung zwischen Bund und Ländern nach der Föderalismusnovelle *Ipsen* NJW 2006, 2801.
[41] Gesetz zur wirtschaftlichen Sicherung der Krankenhäuser und zur Regelung der Krankenhauspflegesätze (Krankenhausfinanzierungsgesetz – KHG) idF der Bek v 10. 4. 1991 (BGBl I, 866), zuletzt geändert durch das KHRG v 17. 3. 2009 (BGB I, 534).
[42] Mit Abstand geringste Regelungsdichte in Nds: Nds KHG v 12. 11. 1986 (Nds GBVl, 344), geändert durch Gesetz v 19. 12. 1995 (Nds GVBl, 463).
[43] Nach dem „Gesetz betr die Krankenversicherung der Arbeiter" v 15. 6. 1883 (RGBl, 73) (in Kraft getreten am 1. 12. 1884) konnte den Versicherten anstelle ärztlicher Behandlung und des Krankengeldes freie Kur und Verpflegung in einem Krankenhaus gewährt werden. Diese Leistung stand im pflichtgemäßen Ermessen der Krankenkasse.
[44] Quelle: Statistisches Bundesamt, Fachserie 12 Gesundheitswesen, Reihe 6.1.1 Grunddaten der Krankenhäuser, abrufbar unter www.destatis.de.

zialfunktionen wie die bedarfsgerechte medizinische Versorgung der Bevölkerung weitgehend als öffentliche Aufgabe zu deklarieren und zu steuern. Die Schutzfunktion des Staates und staatliche Steuerung führen aber automatisch zu einem erheblichen Normbedarf, da nur auf diese Weise im Rechtsstaat (Art 20 Abs 3, Art 28 Abs 1 GG) die Bindung staatlicher Tätigkeit an Recht und Gesetz erreicht werden kann. Die vor allem von Ärzten immer wieder beklagte „Verrechtlichung" des Krankenhausgeschehens ist damit begründbar.

Neben der Dynamik der modernen Medizin führen die **Zwänge der Volkswirtschaft**, 20 insbesondere die negativen Auswirkungen steigender Ausgaben der gesetzlichen Krankenversicherung auf die Lohnnebenkosten, zu politischem Handlungsbedarf, der immer wieder steuernde staatliche Eingriffe bedingt. Die **GKV-Ausgaben für Krankenhausbehandlung** (ohne Dialysekosten und ambulante ärztliche Behandlung) sind von 42,336 Mrd € im Jahr 1997 auf 52,57 Mrd € im Jahr 2008 gestiegen. Der prozentuale Anteil an den gesamten GKV-Ausgaben betrug 2008 32,7 Prozent; er verändert sich nur unwesentlich (1997: 35,8 Prozent).[45] Im Jahr 2006 waren 62,3 Prozent der Kosten der Krankenhäuser Personalkosten (41,2 Mrd € von 66,2 Mrd €); davon entfielen 26 Prozent auf den Ärztlichen Dienst und 33,7 Prozent auf den Pflegedienst (zusammen $3/5$ der Personalkosten).

III. Einrichtungen der stationären Versorgung

Für die Aufgabenzuordnung im Gesundheitswesen, insbesondere für Fragen der Pla- 21 nung und Finanzierung von Versorgungsleistungen, aber auch für die Einordnung in das sozialversicherungsrechtliche Beziehungssystem von Krankenkassen und Leistungserbringern, ist das Krankenhaus als Rechtsbegriff in Abgrenzung zu anderen Einrichtungen der Gesundheitsversorgung von Bedeutung. Wichtig ist vor allem, dass der Kreis der Krankenhäuser, auf die das Pflegesatzrecht (KHG, KHEntgG, BPflV) Anwendung findet, identisch ist mit dem Kreis der zugelassenen Krankenhäuser nach § 108 SGB V.

1. Legaldefinition der Krankenhäuser im KHG. Nach der weiten Legaldefinition des § 2 Nr 1 KHG sind Krankenhäuser:

> „Einrichtungen, in denen durch ärztliche und pflegerische Hilfeleistung Krankheiten, Leiden, Körperschäden festgestellt, geheilt oder gelindert werden sollen oder Geburtshilfe geleistet wird und in denen die zu versorgenden Personen untergebracht und verpflegt werden können."

Dieser **Krankenhausbegriff** hat über das KHG hinaus, soweit nicht ausdrücklich zweckbestimmte Sonderregelungen (zB § 107 Abs 1 SGB V) gelten, für den Gesamtbereich des Krankenhauswesens rechtliche Bedeutung. Auch wenn keine ausdrückliche Verweisung erfolgt, ist die Definition anwendbar im Steuerrecht, Heimrecht, Pflegerecht, Kommunalrecht, im übrigen Gesundheitsrecht ua.

Nach der Rspr des Bundessozialgerichts ist **Krankheit** ein regelwidriger Körper- oder 22 Geisteszustand mit Funktionsbeeinträchtigung von einer gewissen Erheblichkeit, der ärztlicher Behandlung bedarf oder Arbeitsunfähigkeit zur Folge hat. Regelwidrig ist ein Körper- und Geisteszustand, der von der Norm abweicht, die das Leitbild des gesunden Menschen prägt (s auch § 1 RdNr 20 und 21). Eine gesetzliche Definition der Krankheit enthält § 14 Abs 2 SGB XI. Sie orientiert sich an körperlichen, geistigen und seelischen Funktionsstörungen, die Pflegebedürftigkeit iS des SGB XI auslösen (§ 14 Abs 1 SGB XI).

Behandlungsbedürftigkeit besteht, wenn der regelwidrige Zustand ohne ärztliche 23 Hilfe nicht mit Aussicht auf Erfolg geheilt, mindestens aber gebessert oder vor Verschlimmerung bewahrt werden kann oder wenn ärztliche Hilfe erforderlich ist, um Schmerzen oder sonstige Beschwerden zu lindern.[46] Die ärztliche planmäßige Tätigkeit zählt zu den

---

[45] BMG, GKV-Rechnungsergebnisse und Pressemitteilung Nr 11 v 4. 3. 2008 sowie für 2008 Pressemitteilung Nr 69 v 3. 7. 2009, abrufbar unter www.bmg.bund.de.
[46] BSGE 26, 240 u 35, 10.

wesentlichen Begriffsmerkmalen; allerdings wird weder ständige ärztliche Hilfeleistung noch hauptamtliche Tätigkeit des Arztes vorausgesetzt. Für die Begriffsbestimmung ist es ohne Bedeutung, ob es sich bei der zu behandelnden Krankheit um eine akute (schnell einsetzende und kurz verlaufende) oder um eine chronische (allmählich sich entwickelnde, lang verlaufende) Erkrankung handelt. Da nach der Legaldefinition des KHG das **Stadium der Behandlung** der Erkrankung keine entscheidende Rolle spielt, also auch (sekundär) präventive Maßnahmen zur Vermeidung der Verschlimmerung eines Leidens, wie sie vor allem in Vorsorgeeinrichtungen erfolgen, dazu gehören oder rehabilitative Maßnahmen, wie sie in Rehabilitationskliniken durchgeführt werden, unterfallen auch diese Einrichtungen dem Krankenhausbegriff.

24 Der Krankenhausbegriff erfasst sowohl Stätten **diagnostischer** als auch **therapeutischer Maßnahmen.** Im Regelfall dient ein Krankenhaus beiden Zwecken. Aber auch Diagnosekliniken, wenn sie die übrigen Voraussetzungen wie Unterbringungs- und Verpflegungsmöglichkeit bieten, sind Krankenhäuser iS des KHG. Ärztliche und pflegerische Hilfeleistungen müssen in der Einrichtung erbracht werden. Aus der notwendigen Diagnostik oder Therapie folgt, dass die pflegerische Hilfeleistung insbesondere durch Gesundheits- und Krankenpfleger unter maßgeblicher Verantwortung des Arztes erfolgt; medizinisch-technische Assistenten, Krankengymnasten, Ergotherapeuten, Diätassistenten, Logopäden ua, die nicht pflegen, müssen nicht vorhanden sein (vgl Katalog der Ausbildungsberufe in § 2 Nr 1 lit a KHG). Die Intensität der einzelnen Maßnahmen kann verschieden sein. Die ärztliche Behandlung muss nach der Zielsetzung in das Versorgungskonzept eingebunden sein. Die ärztliche Betreuung darf nicht von ganz untergeordneter Bedeutung sein.[47] Darin unterscheidet sich das Krankenhaus von anderen stationären Einrichtungen mit medizinischer und sozialer Betreuungsfunktion, wie zB Alten- und Pflegeheimen (s RdNr 76 ff).

25 Für den Krankenhausbegriff nicht notwendig ist, dass die **Unterbringung** und **Verpflegung** der Patienten stets auch tatsächlich erfolgt. Entsprechend der Fassung des Gesetzes („können") genügt es, wenn nach der Zielsetzung und Zweckbestimmung der Einrichtung die Möglichkeit der Unterbringung und Verpflegung besteht. (Beispiel: **teilstationäre** Versorgungsformen wie Tages- und Nachtkliniken). Die Möglichkeit zur Teilnahme an der vertragsärztlichen ambulanten Versorgung für Krankenhäuser oder Krankenhausärzte (vgl § 95 Abs 1, § 98 Abs 2 Nr 11, § 116, § 116a SGB V; §§ 31, 31a Ärzte-ZV; s auch § 29 RdNr 69 ff) wird damit nicht erweitert, erfordert vielmehr jeweils eine besondere gesetzliche Regelung.

26 **2. Krankenhausbegriff im GKV-Leistungsrecht.** Für den **Bereich der GKV,** insbesondere das Leistungsrecht, enthält § 107 Abs 1 SGB V – ausgehend von der allgemeinen Krankenhausdefinition des KHG, unter Berücksichtigung der Rspr des BSG – eine Konkretisierung und Ergänzung des Krankenhausbegriffs durch organisatorische und funktionelle Kriterien.

27 Die Einrichtung muss der **Krankenbehandlung** oder **Geburtshilfe** dienen (Nr 1). Krankenbehandlung umfasst im Rahmen des Versorgungsauftrages alle Leistungen, die im Einzelfall nach Art und Schwere der Erkrankung für die medizinische Versorgung des Versicherten notwendig sind, insbesondere ärztliche Behandlung (§ 28 Abs 1 SGB V), Krankenpflege, Versorgung mit Arznei-, Heil- und Hilfsmitteln, Unterkunft und Verpflegung (§ 39 Abs 1 S 3 SGB V). Ärztliche Behandlung umfasst auch die palliativ-medizinische Betreuung von Schwerkranken und Sterbenden in klinischen Einrichtungen.

28 Die Einrichtung muss fachlich-medizinisch unter **ständiger ärztlicher Leitung** stehen, über ausreichende, dem Versorgungsauftrag entsprechende diagnostische und therapeutische Möglichkeiten verfügen und nach wissenschaftlich anerkannten Methoden

---

[47] BVerwG DVBl 1981, 260; BVerwG DÖV 1989, 275 = ArztR 1989, 162 (Krankenhaus als Therapieeinrichtung, Behandlung unter ärztlicher Letztverantwortung).

arbeiten (Nr 2). Die unternehmerische Leitung kann auch in den Händen eines Nichtmediziners liegen. Das Krankenhaus muss über die seiner Aufgabenstellung entsprechende apparative Mindestausstattung verfügen.[48] Die Untersuchung und Behandlung hat sich an gesicherten Erkenntnissen der medizinischen Wissenschaft zu orientieren.

Das Krankenhaus muss mit jederzeit verfügbarem **ärztlichen, Pflege-, Funktions- und medizinisch-technischen Personal** darauf eingerichtet sein, vorwiegend durch ärztliche und pflegerische Hilfeleistung Krankheiten der Patienten zu erkennen, zu heilen, ihre Verschlimmerung zu verhüten, Krankheitsbeschwerden zu lindern oder Geburtshilfe zu leisten (Nr 3). Ärztliche Präsenz bedeutet, dass zumindest ein ständig rufbereiter, fachlich geeigneter Arzt für die Behandlung zur Verfügung steht.[49] Wesentliches Merkmal der Krankenhausbehandlung ist, dass sie vorwiegend durch ärztliche und pflegerische Hilfeleistung erbracht wird. Die ärztliche Letztverantwortung unter nachgeordneter pflegerischer Assistenz ist wesentliches Kriterium für ein Krankenhaus,[50] auch in Abgrenzung zu den Vorsorge- und Rehabilitationseinrichtungen (§ 107 Abs 2 SGB V).

Die Patienten müssen in der Einrichtung **untergebracht** und **verpflegt** werden können.[51] Die Krankenhausbehandlung kann somit auch teilstationär (§ 39 Abs 1 S 2 SGB V) zB in Tages- und Nachtkliniken sowie durch ambulantes Operieren und sonstige stationsersetzende Eingriffe (§ 115b SGB V) erbracht werden. Allerdings sind Einrichtungen, in denen ausschließlich ambulant operiert wird, weder ein Krankenhaus iS des KHG noch iS des SGB V. Dies kann vor allem auch für die Firmierung einer derartigen Einrichtung bedeutsam sein. Entscheidend für die Anforderungen an ein Krankenhaus ist das Gesamtbild, in das die Gewichtung des jeweiligen ärztlichen und pflegerischen Aufwands für die stationären und ambulanten Behandlungstätigkeiten Eingang findet.[52]

Jedes zur Behandlung GKV-Versicherter zugelassene Krankenhaus benötigt ein **Entlassungsmanagement,** um einen nahtlosen Übergang von der Krankenhausbehandlung in die ambulante Versorgung, Rehabilitation oder Pflege zu gewährleisten (§ 11 Abs 4 S 2 SGB V idF des GKV-Wettbewerbsstärkungsgesetzes v 26. 3. 2007). Ein für das Gesetz zur strukturellen Weiterentwicklung der Pflegeversicherung (v 28. 5. 2008) zunächst vorgesehener gesetzlich festgeschriebener Vorrang von Pflegefachkräften zur Durchführung des Entlassungsmanagements im Krankenhaus wäre ein durch einen sachlichen Grund nicht gerechtfertigter Eingriff in die innere Struktur der Krankenhäuser gewesen, ist es doch ureigene Aufgabe der Krankenhausleitung selbst, die am besten geeigneten Kräfte auszuwählen, beispielsweise einen Arzt und nicht eine Pflegefachkraft.

3. Legaldefinition der Vorsorge- oder Rehabilitationseinrichtungen. Die Begriffsbestimmung in § 107 Abs 2 SGB V konkretisiert die früher im Recht der GKV verwandten Begriffe Kurkliniken und Spezialkliniken (§ 184a RVO) und grenzt gleichzeitig diese stationären Einrichtungen gegenüber den Krankenhäusern ab. Maßgeblich

---

[48] BSGE 28, 199.
[49] BSGE 28, 199.
[50] Zu den Konfliktfeldern und Kompetenzen von Arzt und Krankenpflege auch *Steffen* MedR 1996, 265 und *Opderbecke* MedR 1996, 542. Zu neuen Wegen bei der Organisation der Verantwortungsbereiche ärztlicher und pflegerischer Tätigkeiten *Ulsenheimer* KH 1997, 22; zur „Teamverantwortung" *Rosenau* ArztR 2000, 268; zur klinischen Forschung durch Pflegekräfte *Taupitz/Fröhlich* MedR 1998, 257.
[51] Kontinuierlicher Rückgang der durchschnittlichen Verweildauer von 10,8 Tagen im Jahr 1996 auf 8,1 Tage im Jahr 2008; ebenso der Berechnungs- und Belegungstage von 175,2 Mio auf 142,5 Mio. Quelle: Statistisches Bundesamt, Fachserie 12 Gesundheitswesen, Reihe 6.1.1 Grunddaten der Krankenhäuser, abrufbar unter www.destatis.de.
[52] BGH MedR 1996, 563. Siehe zu ausschließlich teilstationär behandelnden Krankenhäusern BSG, Urt v 28. 1. 2009, GesR 2009, 487: kein Ausschluss der nur teilstationär arbeitenden Tages- und Nachtkliniken aus § 107 Abs 1 SGB V (Geltung der in Abs 1 Nr 2–4 normierten Anforderungen nur für die Betriebszeiten).

orientiert sich diese Begriffsbestimmung an der **Aufgabenstellung**. Eine Unterscheidung ist geboten, da für beide Einrichtungen verschieden ausgestaltete Planungs- und Finanzierungsgrundsätze (§ 111 SGB V) gelten (s § 83 RdNr 11 ff) und es auch gemischte Einrichtungen gibt (s § 111 Abs 6 SGB V).

33 Krankenhäuser und Vorsorge- und Rehabilitationseinrichtungen sind Teil des stationären medizinischen Versorgungssystems, die von der Zielsetzung her die Aufgaben nur graduell unterschiedlich wahrnehmen. Bei den Vorsorge- und Rehabilitationseinrichtungen steht der Einsatz von Heilmitteln durch nicht-ärztliche Therapeuten im Vordergrund, während in Krankenhäusern die ärztliche Leistung dominiert. Die Abgrenzung ist im Wesentlichen nach der Art der Einrichtung, ihren Behandlungsmethoden und dem Hauptziel der Behandlung vorzunehmen.[53] Behandlungsziel im Krankenhaus ist die Bekämpfung der Krankheit selbst, während in der Rehaeinrichtung die Beseitigung oder Milderung von Krankheitsfolgen im Vordergrund steht, die sich kurativ nicht beheben lassen.[54] Eine Differenzierung ist letztlich nur aus einer Gesamtsicht des Leistungsspektrums der einzelnen Einrichtung möglich.[55]

34 Aufgabe einer Vorsorge- oder Rehabilitationseinrichtung ist die Vorbeugung und Verhütung drohender Krankheiten (Vorsorge) bzw Behandlung oder Nachbehandlung bereits eingetretener Krankheiten (Rehabilitation). In der Praxis erfolgt dies häufig in einer Einrichtung.

35 Vorsorge- oder Rehabilitationseinrichtungen dienen der stationären Behandlung der Patienten, um

– „eine Schwächung der Gesundheit, die in absehbarer Zeit voraussichtlich zu einer Krankheit führen würde, zu beseitigen oder einer Gefährdung der gesundheitlichen Entwicklung eines Kindes entgegenzuwirken (Vorsorge) oder
– eine Krankheit zu heilen, ihre Verschlimmerung zu verhüten oder Krankheitsbeschwerden zu lindern oder im Anschluss an Krankenhausbehandlung den dabei erzielten Behandlungserfolg zu sichern oder zu festigen, auch mit dem Ziel, eine drohende Behinderung oder Pflegebedürftigkeit abzuwenden, zu beseitigen, zu mindern, auszugleichen, ihre Verschlimmerung zu verhüten oder ihre Folgen zu mildern (Rehabilitation), wobei Leistungen der aktivierenden Pflege nicht von den Krankenkassen übernommen werden dürfen".

Bei der **Vorsorge** liegt der entscheidende Unterschied zur Krankenhausbehandlung darin, dass noch keine Krankheit vorzuliegen braucht. Ziel der **Rehabilitation** ist in Übereinstimmung mit der Krankenhausbehandlung die Heilung und Linderung von Krankheit. Dazu kommt beginnend im Krankenhaus und im Anschluss an einen Krankenhausaufenthalt die Sicherung des Behandlungserfolges; die akutstationäre Behandlung umfasst nach § 39 Abs 1 S 3 HS 2 SGB V auch die im Einzelfall erforderlichen und zum frühestmöglichen Zeitpunkt einsetzenden Leistungen zur Frührehabilitation. Sowohl originäre als auch nachgehende Rehabilitation sollen Behinderung vermeiden oder beseitigen oder Pflegebedürftigkeit verhindern, vermindern oder beseitigen.

36 Die **fachlichen** und **personellen Voraussetzungen** für das Vorliegen einer Vorsorge- oder Rehabilitationseinrichtung sind, dass sie

„fachlich-medizinisch unter ständiger ärztlicher Verantwortung und unter Mitwirkung von besonders geschultem Personal darauf eingerichtet sind, den Gesundheitszustand der Patienten nach einem ärztlichen Behandlungsplan vorwiegend durch Anwendung von Heilmitteln einschließlich Kran-

---

[53] BSGE 94, 139 (3. Senat); BSGE 94, 161 (1. Senat).
[54] Siehe zur Abgrenzung anhand der BSG-Rechtsprechung Hambüchen GesR 2008, 393, 400; ferner *Schmidt*, in: Peters, KV (SGB V), § 39, RdNr 88 ff.
[55] Zur Schnittstelle Krankenhaus – Rehabilitation ausführlich *Vollmöller* ZMGR 2007, 10; zur Abgrenzung von Krankenhaus- zur Kur- und Sanatoriumsbehandlung im Hinblick auf die private Krankenversicherung BGH ArztR 1996, 205; zur Umwandlung von Vorsorge- und Rehaeinrichtungen in Akutkrankenhäuser und Aufnahme in den Krankenhausplan des Landes VGH BW MedR 2000, 139.

kengymnastik, Bewegungstherapie, Sprachtherapie oder Arbeits- und Beschäftigungstherapie, ferner durch andere geeignete Hilfen, auch durch geistige und seelische Einwirkungen, zu verbessern und den Patienten bei der Entwicklung eigener Abwehr- und Heilungskräfte zu helfen".

Die gebotene **ständige ärztliche Verantwortung** bedeutet, dass nicht die Einrichtung unter ärztlicher Leitung zu stehen hat, sondern nur die ärztliche Behandlung. Dies gilt vor allem für den ärztlichen Behandlungsplan und dessen Durchführung. Ärztliche Verantwortlichkeit schließt die Delegation von Aufgaben und Maßnahmen an nachgeordnetes ärztliches und nichtärztliches Personal nicht aus. Die Mitwirkung von für die Aufgaben der Einrichtung besonders geschultem Personal wird verlangt.

Bei der Art der Behandlung steht die **Anwendung von Heilmitteln** (§§ 32, 124, 125 SGB V) im Vordergrund. Diese umfassen sowohl sächliche Mittel wie auch besondere Dienstleistungen von therapeutischem Personal. Für dessen Qualifikation gelten die Voraussetzungen des § 124 Abs 2 und 3 SGB V.

Auch für die Vorsorge- und Rehabilitationseinrichtungen ist es notwendig, dass die Patienten **untergebracht** und **verpflegt** werden können. Es gelten die gleichen Grundsätze wie für Krankenhäuser. Rehabilitative Maßnahmen können deshalb auch teilstationär erbracht werden; da die Einrichtungen meist überregional vorgehalten werden, scheidet diese Versorgungsform faktisch oftmals aus.

IV. Einteilung der medizinischen stationären Versorgungseinrichtungen

Krankenhäuser oder Kliniken,[56] beide Begriffe werden herkömmlich synonym gebraucht, können nach verschiedenen Kriterien eingeteilt werden. Die jeweilige **Zuordnung** hat dabei rechtliche, ökonomische, aber auch soziale Bedeutung. Durch sie wird erkennbar, welche normativen Regelungen im konkreten Einzelfall Anwendung finden, zB öffentliches Planungs- und Finanzierungsrecht, Sozialversicherungsrecht, Hochschulrecht, Gewerberecht, Steuerrecht ua. Die Typologie der Krankenhäuser kann auch dazu beitragen, die Vielgestaltigkeit des Rechtsbeziehungssystems Krankenhaus rechtsdogmatisch besser aufzubereiten und klarer erkennbar zu machen.

1. Ziel- und Zwecksetzung. Nach ihrer Ziel- und Zwecksetzung können Krankenhäuser in **erwerbs- und bedarfswirtschaftlich (gemeinwirtschaftlich)** ausgerichtete Einrichtungen eingeteilt werden. Bei Ersteren steht der ökonomische Zweck, nämlich die Gewinnerzielung, im Vordergrund, während bei den bedarfswirtschaftlich orientierten Krankenhäusern die Erfüllung von Versorgungsaufgaben im öffentlichen Interesse Betriebsziel ist.[57] Diese gemeinwirtschaftliche Ausrichtung ist im Krankenhauswesen der Bundesrepublik vorherrschend. Nach dem KHG sind Krankenhäuser ohne Rücksicht auf ihre Trägerschaft und ihre Rechtsform nur förderungsfähig, wenn sie die Voraussetzungen der Gemeinnützigkeit (§ 67 AO) erfüllen (§ 5 Abs 1 Nr 2 KHG). Das Gesetz ist eindeutig bedarfswirtschaftlich orientiert und unterstellt dies bei einem bestimmten Anteil (40 %) der Versorgung von Patienten der gesetzlichen Krankenversicherung in einem Kranken-

---

[56] Der Begriff Klinik leitet sich aus dem Griechischen „kline" [Bett] ab und wird besonders für Krankenhäuser der Hochschulen und für Fachkrankenhäuser verwandt. Die Verkehrserwartung orientiert sich beim Begriff „Klinik" entscheidend an den Möglichkeiten einer stationären Behandlung, was besonders bedeutsam für Fragen des Wettbewerbs ist (BGH MedR 1996, 563). Weitgehend nicht mehr gebräuchlich ist der dem öffentlichen Anstaltsrecht entnommene Begriff der Krankenanstalten; s aber noch unverändert § 30 GewO mit der Konzessionspflicht für „Privatkrankenanstalten" aus Gründen der Gefahrenabwehr und andererseits die Umbenennung des Bundesverbandes Deutscher Privatkrankenanstalten eV: seit 2006 Bundesverband Deutscher Privatkliniken eV. Zur Teilnahme von Polikliniken an der vertragsärztlichen Versorgung s § 311 Abs 2 SGB V (Einrichtungen aus der ehemaligen DDR mit angestellten Ärzten aus vielen Fachrichtungen) sowie zur Teilnahme von Praxiskliniken an der ambulanten und stationären Versorgung mit mehreren Vertragsärzten s § 115 Abs 2 S 1 Nr 1 SGB V.

[57] Zur Betriebszielbestimmung des Krankenhauses und zur Positionierung im Wettbewerb *Greiling/Muszynski*, Strategisches Management im Krankenhaus, 2. Aufl 2008.

haus als sog Zweckbetrieb;[58] entfallen mehr als 60 % der jährlichen Belegungstage oder Berechnungstage auf Patienten, die Wahlleistungen in Anspruch nehmen, sowie die Voraussetzungen des § 67 AO nicht mehr erfüllt.

41 **2. Aufgabenstellung.** Nach der Aufgabenstellung lassen sich Krankenhäuser unterscheiden in solche, bei denen die stationären Versorgungsaufgaben eindeutig vorrangig sind, und in solche, bei denen Ausbildungsaufgaben das Betriebsgeschehen mitbestimmen. Bei den 32 **Hochschulkliniken** liegt das Schwergewicht ihrer Zielsetzung in der medizinischen Ausbildung (Lehre) und Forschung. Art und Umfang der ärztlichen und pflegerischen Leistungen werden entscheidend von Lehre und Forschung bestimmt. Soweit sie **Versorgungsaufgaben** und damit Versorgungsverantwortung in Abstimmung mit der Krankenhausplanung (§ 6 KHG und die jeweiligen Landeskrankenhausgesetze) und aufgrund des Versorgungsvertrages (§ 109 Abs 1 S. 2 SGB V) übernehmen, haben sie **Lehre und Forschung** zu berücksichtigen. Die Versorgungsaufgaben sind dann gleichwertig zu erfüllen. Eine Einbeziehung in die staatliche Krankenhausplanung (Bedarfsfeststellung und Versorgungsplanung) hat ebenfalls Lehre und Forschung hinreichend zu bewerten. Hochschulkliniken nehmen in aller Regel dann Aufgaben der obersten Versorgungsstufe wahr.[59]

42 Außerhalb der Hochschulen sind Allgemeinkrankenhäuser in die klinisch-praktische Ausbildung von Medizinstudenten als **Akademische Lehrkrankenhäuser** einbezogen. Siehe auch § 7 RdNr 12.

43 Ausbildungsaufgaben für bestimmte Fachberufe des Gesundheitswesens werden auch von staatlich anerkannten Einrichtungen an Krankenhäusern wahrgenommen. Diese mit dem Krankenhaus notwendigerweise verbundenen **Ausbildungsstätten,** in § 2 Nr 1a KHG enumerativ aufgezählt, sind in die staatliche Krankenhausplanung und in das Finanzierungssystem des KHG einbezogen (§ 8 Abs 3 iVm Abs 1, § 17a KHG).

44 **3. Betriebliche Funktion.** Als Unterscheidungsmerkmal für Krankenhäuser kann auch ihre betriebliche Funktion herangezogen werden. Nach der ärztlich-pflegerischen Ausrichtung sind zu unterscheiden: Allgemein-, Fach- und Sonderkrankenhäuser.

45 **Allgemeine Krankenhäuser** dienen der umfassenden stationären Versorgung der Bevölkerung und halten deshalb mehrere medizinische Fachrichtungen vor.

46 **Fachkrankenhäuser** als Untergruppe dienen ebenfalls der allgemeinen Versorgung der Bevölkerung, sind aber auf eine Fachrichtung spezialisiert und versorgen durch Fachärzte bestimmte Krankheitsarten oder Gruppen von Krankheiten der allgemeinen oder besonderen ärztlichen Disziplinen (Beispiel: Fachkliniken zur Behandlung von Erkrankungen der Atmungsorgane, § 5 Abs 1 Nr 4 KHG).

47 **Sonderkrankenhäuser** waren die Krankenhäuser mit ausschließlich psychiatrischen oder psychiatrischen und neurologischen Betten sowie reine Tages- und Nachtkliniken. Für sie kennzeichnend ist eine längere Verweildauer. Seit 1990 sind die Vorsorge- oder

---

[58] Im Hinblick darauf, dass Krankenhäuser zunehmend in der Rechtsform einer Kapitalgesellschaft (GmbH, AG) betrieben werden, gewinnen steuerrechtliche Fragen an Bedeutung. Kapitalgesellschaften sind grundsätzlich körperschaftsteuer-, gewerbesteuer- und als Unternehmen auch umsatzsteuerpflichtig (§ 1 Abs 1 Nr 1 KStG, § 2 Abs 2 GewStG, § 1, § 2 UStG). Steuerbefreiung und Steuervergünstigungen bestehen aber für diejenigen Betriebe, die die Voraussetzungen der §§ 51 ff AO erfüllen. Steuerbefreit ist eine gemeinnützige Körperschaft (§ 5 Abs 1 Nr 9 KStG, § 3 Nr 6 GewStG). Hierzu ist Voraussetzung, dass das Unternehmen ausschließlich und unmittelbar gemeinnützige Zwecke selbstlos verfolgt. Es darf nicht in erster Linie eigenwirtschaftlichen Zwecken dienen. Der wirtschaftliche Geschäftsbetrieb darf nicht überwiegen (§ 55, § 56 AO). Nach § 52 Abs 1 AO verfolgt eine Körperschaft gemeinnützige Zwecke, wenn ihre Tätigkeit darauf gerichtet ist, die Allgemeinheit auf materiellem, geistigem oder sittlichem Gebiet selbstlos zu fördern; die Förderung des öffentlichen Gesundheitswesens fällt darunter (§ 52 Abs 2 S 1 Nr 3 AO). Im Einzelnen wird auf die steuerrechtliche Literatur verwiesen; s vor allem *Klaßmann,* Aktuelle Besteuerungsfragen für Krankenhäuser, 4. Aufl 2008; *Ellermann/Gietz,* Steuerrecht der Krankenhäuser, 2007.

[59] Vgl beispielsweise § 4 Abs 2 Nr 3 SächsKHG sowie Art 4 Abs 2 S 4 BayKrG.

Rehabilitationskliniken aus der Krankenhausstatistik ausgegliedert und werden als eigenständiger Bereich ausgewiesen. Die frühere Aufteilung der Krankenhäuser in Akut- und Sonderkrankenhäuser ist entfallen; in der **Krankenhausstatistik**[60] wird seit 1990 zwischen den Allgemeinen Krankenhäusern einerseits und den sonstigen Krankenhäusern (Krankenhäuser mit ausschließlich psychiatrischen, psychotherapeutischen oder psychiatrischen, psychotherapeutischen und neurologischen Betten sowie reine Tages- oder Nachtkliniken) andererseits unterschieden.

In **Belegkrankenhäusern** wird die ärztliche Behandlung durch niedergelassene Vertragsärzte erbracht, die vom Krankenhausträger das Recht erhalten haben, ihre Patienten oder ihnen überwiesene Patienten ihres Fachgebiets im Krankenhaus stationär zu behandeln (§ 121 Abs 2 SGB V, § 18 KHEntgG) (s auch § 12 RdNr 13). Krankenhäuser können auch einzelne Belegabteilungen haben (gemischte Krankenhäuser). 48

In engem Zusammenhang mit dem Belegkrankenhaus ist die sog. **Praxisklinik** zu nennen, wie sie ausdrücklich in § 115 Abs 2 S 1 Nr 1 SGB V vorgesehen ist. Mit dem Ziel, eine bessere Verzahnung der ambulanten und stationären Versorgung herbeizuführen, sollen durch dreiseitige Verträge der Krankenkassen- und Krankenhausverbände sowie der Kassenärztlichen Vereinigungen Einrichtungen gefördert werden, in denen die Versicherten durch mehrere Vertragsärzte **ambulant und stationär** versorgt werden können. Anders als bei der belegärztlichen Tätigkeit steht die ambulante Behandlung im Vordergrund (näher dazu § 83 RdNr 10). 49

Als weiteres Differenzierungsmerkmal kommt in Betracht die Art der Leistungserbringung, nämlich voll- oder teilstationär. **Tages-** oder **Nachtkliniken** gewinnen über den Bereich der Versorgung psychisch Kranker hinaus immer mehr Bedeutung (zB in der geriatrischen Akutrehabilitation und bei Stoffwechselerkrankungen). Sie sind vielfach organisatorisch und betrieblich mit dem Krankenhaus verbunden und bieten Behandlung nach einem bestimmten Konzept während der Tages- oder der Nachtzeit (zeitweiliger Aufenthalt des Patienten in der gewohnten familiären Umgebung). Das abgestufte Versorgungskonzept hat auch nicht unerhebliche ökonomische Auswirkungen. Entscheidendes Kriterium ist das einheitliche, konzentrierte Behandlungskonzept.[61] Besondere Bedeutung besitzen teilstationäre Versorgungsformen durch den Grundsatz der **Nachrangigkeit** der **vollstationären Behandlung** (§ 39 Abs 1 S 2 SGB V). 50

4. Trägerschaft und Betriebsform. Ein wesentliches Unterscheidungskriterium für Krankenhäuser ist die **Rechtsform der Trägerschaft** und die **Betriebsform des Krankenhauses.** Es wird herkömmlich unterschieden zwischen Krankenhäusern in öffentlicher, freigemeinnütziger und privater Trägerschaft.[62] Diese Einteilung hat unter verfassungsrechtlichen, planungs- und finanzierungsrechtlichen Aspekten erhebliche Bedeutung (s § 81); bei der Durchführung des Krankenhausfinanzierungsgesetzes ist die Vielfalt der Krankenhausträger zu beachten und nach Maßgabe des Grundrechts insbesondere die wirtschaftliche Sicherung freigemeinnütziger und privater Krankenhäuser (neben den öffentlichen) zu gewährleisten (§ 1 Abs 2 S 1 u 2 KHG). Öffentliche Krankenhäuser sind solche, deren Träger eine Körperschaft, Anstalt oder Stiftung des öffentlichen Rechts ist, 51

---

[60] Auf der Ermächtigungsgrundlage des § 28 Abs 2 KHG ist die VO über die Bundesstatistik für Krankenhäuser (Krankenhausstatistik-Verordnung – KHStatV –) v 10. 4. 1990 (BGBl I 730) ergangen, zuletzt geändert durch Gesetz v 17. 3. 2009 (BGBl I, 534).

[61] Im Leistungsgeschehen der Tageskliniken haben eine erhebliche Bedeutung die Erbringung von Heilmitteln als Dienstleistungen wie physikalische Therapie, Sprachtherapie und Beschäftigungstherapie Anspruch eines Plankrankenhauses für Psychiatrie (nur Tagesklinikplätze) auf psychiatrische Institutsambulanz gem § 118 Abs 1 SGB V: so grundlegend BSG, Urt v 28. 1. 2009, GesR 2009, 487.

[62] Ausführlich zu Begriff, Struktur, Entwicklung und Funktion des Trägers von Krankenhäusern *Schmid*, MHK, 2674; s auch zur Trägerschaft als Kriterium für die Abbildung in der Krankenhausstatistik Statistisches Bundesamt, Fachserie 12 Gesundheitswesen, Reihe 6.1.1 Grunddaten der Krankenhäuser, abrufbar unter www.destatis.de.

der Bund, das Land, kommunale Gebietskörperschaften (zB Stadt, Landkreis, Bezirk, Zweckverband) sowie Sozialversicherungsträger wie die Berufsgenossenschaften; rechtlich selbstständige Träger zählen zu den öffentlichen Trägern, wenn die öffentliche Hand unmittelbar oder mittelbar mit mehr als 50 % des Nennkapitals oder Stimmrechts beteiligt ist. Freigemeinnützige Krankenhäuser werden von Trägern, die einer religiösen, humanitären oder sozialen Vereinigung zuzuordnen sind, auf der Grundlage der Freiwilligkeit und der satzungsgemäßen Gemeinnützigkeit vorgehalten (zB caritative Organisationen, kirchliche Orden und Kongregationen, gemeinnützige Vereine und Stiftungen). Private Krankenhäuser werden von natürlichen und juristischen Personen des Privatrechts vielfach nach erwerbswirtschaftlichen Grundsätzen betrieben; sie bedürfen einer gewerberechtlichen Konzession nach § 30 GewO.[63] Die **Bedeutung einzelner Trägergruppen** ist von Bundesland zu Bundesland stark unterschiedlich (2008 bundesweit 2.083 Krankenhäuser: 31,9 % öffentliche Krankenhäuser (665); 37,5 % freigemeinnützige Krankenhäuser (781); 30,6 % private Krankenhäuser (637); Nordrhein-Westfalen: 20,4 % öffentliche, 69,3 % freigemeinnützige, 10,3 % private Krankenhäuser; Bayern: 54,1 % öffentliche Krankenhäuser, 13,9 % freigemeinnützige, 32,0 % private Krankenhäuser; Mecklenburg-Vorpommern: 17,6 % öffentliche, 35,3 % freigemeinnützige, 47,1 % private Krankenhäuser.[64]

52   Nach der **Betriebsform** ist zu differenzieren zwischen den nach öffentlich-rechtlichen Grundsätzen und den nach zivilrechtlichen Regeln vorgehaltenen Kliniken. Die Betriebsform in öffentlichen Krankenhäusern kann ein Regie- oder Eigenbetrieb einer juristischen Person des öffentlichen Rechts sowie ein selbstständiges staatliches oder kommunales Unternehmen sein.[65] Das Krankenhaus kann aber auch unmittelbar durch eine juristische Person betrieben werden (zB einen Zweckverband). Auch rechtlich unselbstständige Anstalten sind denkbar. Nach zivilrechtlichen Normen geführte Krankenhäuser stellen sich dar als Einzelunternehmen (Einzelfirma einer natürlichen Person) in der Rechtsform einer Gesellschaft, eines Vereins oder einer Stiftung des bürgerlichen Rechts. Entscheidend ist, inwieweit Identität von Trägerorgan und Betriebs- und Handlungsorgan des Krankenhauses besteht. Im Jahr 2008 wurde bereits mehr als die Hälfte (57,7 %) der 665 öffentlichen Krankenhäuser in privatrechtlicher Form (vor allem als GmbH) geführt; 2002 waren es lediglich 28,3 %. Demgegenüber sank der Anteil öffentlicher Krankenhäuser, die öffentlich-rechtlich unselbstständig vor allem als Eigenbetriebe oder Regiebetriebe betrieben werden, von 56,9 % im Jahr 2002 auf 20,6 % im Jahr 2008; 21,7 % der in öffentlich-rechtlicher Form betriebenen Krankenhäuser waren 2008 rechtlich selbstständig (vor allem als Zweckverbände, Anstalten, Stiftungen).[66]

---

[63] Die öffentliche Förderung von Privatkliniken setzt deren Gemeinnützigkeit iS des Steuerrechts voraus (§ 5 Abs 1 Nr 2 KHG, § 67 AO).

[64] Zur zunehmenden Bedeutung der privaten Krankenhausketten in Deutschland – auch differenziert nach den Standorten der Krankenhäuser in den einzelnen Bundesländern – siehe *Bruckenberger*, in: *Bruckenberger/Klaue/Schwintowski*, 60 ff; 2005: Anteil der privaten Krankenhausketten von rd 30 % an den privaten Krankenhäusern (191 private Ketten-Krankenhäuser) und von rd 66 % an den privaten Krankenhausbetten (49.460 private Ketten-Krankenhausbetten); zur unterschiedlichen Besteuerung siehe *Knorr/Klaßmann*, MHK, 2550 (öffentlich-rechtliche Trägerschaft), 2540 (freigemeinnützige Trägerschaft), 2560 (private Trägerschaft).

[65] Regiebetriebe der öffentlichen Hand sind allgemeine Einrichtungen ohne rechtliche und wirtschaftliche Selbstständigkeit, bei denen Personal- und Sachmittel organisatorisch auch hinsichtlich der Betriebsverantwortung weitgehend in die allgemeine öffentliche Verwaltung eingegliedert sind. Eigenbetriebe sind wirtschaftliche Einrichtungen, die, ohne eine eigene Rechtspersönlichkeit zu haben, aus der allgemeinen Verwaltung ausgegliedert und in organisatorischer und wirtschaftlicher Selbstständigkeit geführt werden. Geltung der Vorschriften des Kommunalrechts; s zB Art 25 BayKrG, § 32 KHGG NW; generell zur Betriebsform kommunaler Krankenhäuser *Genzel* MedR 1994, 83.

[66] Quelle: Statistisches Bundesamt, Fachserie 12 Gesundheitswesen, Reihe 6.1.1 Grunddaten der Krankenhäuser, abrufbar unter www.destatis.de.

53 Der gesetzliche Gestaltungsauftrag, die bedarfsgerechte Versorgung der Bevölkerung mit „leistungsfähigen, **eigenverantwortlich** wirtschaftenden Krankenhäusern" zu gewährleisten (§ 1 Abs 1 KHG), muss dazu führen, dass Kliniken, vor allem in öffentlicher Trägerschaft, unter Herauslösung aus dem öffentlichen Verwaltungsaufbau **rechtlich** und **wirtschaftlich verselbstständigt** und betriebswirtschaftlich selbstverantwortlich geführt werden.[67]

54 Die Länder haben ihre Hochschulgesetze mit dem Ziel geändert, Hochschulkliniken rechtlich und wirtschaftlich zu verselbstständigen, sei es als rechtsfähige Anstalten des öffentlichen Rechts oder besondere Landesbetriebe. Auch privatrechtliche Organisationsformen sind möglich. Die Finanzkreisläufe für Forschung und Lehre einerseits und Krankenversorgung andererseits sollen getrennt werden. Zielsetzung ist die **Stärkung der Eigenverantwortlichkeit der Hochschulkliniken** und die Schaffung klarer Verantwortungsstrukturen in organisatorischer, verwaltungsmäßiger und finanzwirtschaftlicher Hinsicht.[68] In der Mehrzahl der Länder sind die Medizinischen Einrichtungen der Universitäten als rechtlich selbstständige Anstalten des öffentlichen Rechts neben die Universität getreten. Ihre rechtliche Bindung an die Universitäten wird nur noch über den Fachbereich Medizin (Fakultät) aufrechterhalten; der Fachbereich Medizin erfüllt seine Aufgaben in enger Zusammenarbeit mit dem Universitätsklinikum. Die zulässige Organisationsvielfalt kann auch zu einer Privatisierung nach dem hessischen Modell „Marburg/Gießen" (Übernahme durch die Rhön-Klinikum AG) in anderen Ländern führen.

55 **5. Anforderungs- und Versorgungsstufen.** Für die Krankenhausplanung und -finanzierung von erheblicher Bedeutung ist die Einteilung nach Anforderungs- und Versorgungsstufen. Die **nach Landesrecht definierten Versorgungsstufen** haben innerhalb eines Versorgungssystems bestimmte Aufgaben zu erfüllen. Die Zuordnung ist damit nicht eine bewertende Klassifizierung. Je nach landesgesetzlicher näherer Ausgestaltung kann ausgegangen werden von Krankenhäusern der Ergänzungs- und Grundversorgung, der Regel- und Hauptversorgung, der Schwerpunkt- und Zentral- oder Maximalversorgung. Maßgebliches Kriterium für die planerische Einordnung sind Art und Umfang des medizinischen Leistungsangebots, insbesondere die Fachrichtungen und das Spektrum der medizinisch-technischen Ausstattung. Nicht jedes Krankenhaus kann personell und einrichtungsmäßig so ausgestattet sein, dass es alle, auch weniger häufig anfallende Krankheiten diagnostisch und therapeutisch bewältigt oder an bestimmte medizinisch-technische Voraussetzungen gebundene Leistungen erbringen kann. Daraus ist bedarfsplanerisch die Konsequenz zu ziehen, dass die Krankenhäuser in ihrem medizinischen Leistungsangebot abzustufen und aufeinander abzustimmen sind; eine der wesentlichen Aufgaben staatlicher Planung, zB zur Begrenzung einer unerwünschten Ausweitung von Kapazitäten im Bereich der Maximalversorgung.[69]

56 Aus der Einbindung in ein öffentliches Planungs- und Versorgungssystem folgt für die Krankenhäuser die Verpflichtung, entsprechend ihrem Versorgungsauftrag zusammenzuarbeiten und im Interesse einer wirtschaftlichen Leistungserbringung Untersuchungs- und Behandlungsschwerpunkte zu bilden, zB auch die Aufnahmebereitschaft abzustimmen und die Notfallaufnahme wechselseitig sicherzustellen. Zur Aufnahme- und Behandlungspflicht eines Krankenhauses im Einzelnen § 80 RdNr 31 ff.

---

[67] Zum Betrieb eines kommunalen Krankenhauses in der Rechtsform einer GmbH im Einzelnen: Sonderdruck des Bay Staatsministeriums für Arbeit und Sozialordnung, Familie, Frauen und Gesundheit, 1993.

[68] Zur Strukturreform der Hochschulkliniken in den Ländern s die Zwischenbilanz von *Karthaus/Schmehl* MedR 2000, 299; zum aktuellen Stand *Wahlers* MedR 2008, 249 mit Darstellung des nordrhein-westfälischen Hochschulmedizingesetzes.

[69] Siehe demgegenüber § 6 LKHG BW idF v 29. 11. 2007 (GBl 2008, 13): Abschaffung der Kategorisierung der Krankenhäuser in Leistungsstufen (erforderlichenfalls Präzisierung des Versorgungsauftrages zielgerichtet durch Fachplanungen).

57 **6. Aufgaben im Rahmen der GKV.** Unter dem Gesichtspunkt der Leistungserbringung für Versicherte der GKV kann eingeteilt werden in **zugelassene Krankenhäuser** (Hochschulkliniken, Plankrankenhäuser und Vertragskrankenhäuser ieS gemäß § 108 SGB V), in mit Versorgungsvertrag gebundene Vorsorge- und Rehabilitationseinrichtungen (§ 111 SGB V) und in andere Kliniken, bei denen keine vertragliche Bindung mit der GKV besteht. Siehe auch § 82 RdNr 22 und § 83 RdNr 2–11.

V. Abgrenzung zu anderen Einrichtungen der medizinischen und sozialen Versorgung

58 Mit der Legaldefinition des Krankenhauses (§ 2 Nr 1 KHG, § 107 Abs 1 SGB V) und der Vorsorge- oder Rehabilitationseinrichtung (§ 107 Abs 2 SGB V) werden die medizinischen stationären Einrichtungen von anderen Institutionen unseres arbeitsteiligen **medizinischen** und **sozialen Versorgungssystems** abgegrenzt. Es werden damit aber auch rechtlich nachprüfbare Maßstäbe gesetzt für die Rechtsnormzuweisung bei den einzelnen Leistungserbringern, was ihre Zulassung, die Erbringung und Vergütung der Leistungen wie überhaupt ihre Finanzierung anlangt. Öffentliche Krankenhausfinanzierung und Gewährleistungspflicht der GKV sind gebunden an die Zuordnung der einzelnen Versorgungseinrichtungen.

59 **1. Ambulante ärztliche Leistungserbringung.** Bei der Erbringung von **ärztlichen Leistungen** ist grundsätzlich zu unterscheiden zwischen ambulanter und stationärer Versorgung. Die Übergänge, besonders bei den im Krankenhaus erbrachten ambulanten ärztlichen Leistungen, sind fließend.[70]

a) Zulassung und Ermächtigung. Die ambulante ärztliche Versorgung obliegt im Rahmen der GKV den an der vertragsärztlichen Versorgung teilnehmenden **zugelassenen** und **ermächtigten Ärzten** und **zugelassenen Medizinischen Versorgungszentren** sowie ermächtigten ärztlich geleiteten Einrichtungen (§ 95 Abs 1 S. 1 SGB V); s im Einzelnen hierzu § 29. Zulassung und Ermächtigung als die beiden Teilnahmeformen erfolgen einheitlich für alle Versicherten der gesetzlichen Krankenkassen. Die näheren Regelungen über die einzelnen Teilnahmeformen enthalten das SGB V (§§ 95, 116 bis 119 SGB V) und untergesetzliche Normen wie die aufgrund der § 95 Abs 2 S 4, § 98 ergangenen Zulassungsverordnungen für Vertragsärzte und Vertragszahnärzte (Ärzte-ZV, Zahnärzte-ZV) sowie die Bundesmantelverträge (BMV-Ä). Zulassung und Ermächtigung schaffen als statusbegründende Akte Rechte und Pflichten (§ 95 Abs 3 und 4 SGB V), die in den Gesamtverträgen (§§ 82, 83 SGB V), den Richtlinien des Gemeinsamen Bundesausschusses (§ 92 SGB V) und den Satzungen der Kassenärztlichen Vereinigungen (§ 81 Abs 1 Nr 4, Abs 4 und 5 SGB V) präzisiert werden. Wenn auch die ermächtigten Ärzte und ärztlich geleiteten Einrichtungen nicht Mitglieder der Kassenärztlichen Vereinigungen werden, so gelten für sie dennoch entsprechende Versorgungspflichten und Vertragsrechte (§ 95 Abs 4 SGB V).

60 Die ambulante vertragsärztliche Versorgung wird **vorrangig** durch in freier Praxis (Einzel- oder Gemeinschaftspraxis) tätige **niedergelassene Ärzte mit Vertragsarztsitz** sichergestellt (§ 95 Abs 1 S 2 SGB V, § 32 Abs 1 Ärzte-ZV). Es wird vom Primat oder der Präponderanz des Vertragsarztes gesprochen.[71] Der Schwerpunkt der vertragsärztlichen Versorgung liegt damit eindeutig in den ambulanten ärztlichen Untersuchungen und

---

[70] Problematisch erweist sich die Zuordnung zur ambulanten und stationären Versorgung insbesondere bei solchen Leistungen, die zwar ambulant, aber im Hinblick auf die stationäre Behandlung durchgeführt werden, weil sie nach Art und Schwere der Krankheit für die medizinische Versorgung im Krankenhaus funktionell erforderlich sind, zB für eine durchzuführende Operation. Die präoperative Eigenblutspende ist deshalb dem stationären Bereich zuzurechnen. Die Leistungen können nicht Gegenstand einer vertragsärztlichen Ermächtigung eines Krankenhausarztes sein (BSG ArztR 1995, 269).

[71] Siehe zu den verfassungsrechtlichen Grundlagen BVerfGE 16, 286.

Behandlungen. Stationäre ärztliche Leistungen sind nur insoweit Gegenstand der vertragsärztlichen Versorgung, als sie von Belegärzten erbracht werden (§ 121 Abs 3 SGB V). Krankenhausärzte und -einrichtungen sind nur ausnahmsweise an der ambulanten vertragsärztlichen Versorgung beteiligt,[72] soweit sie ausdrücklich aufgrund des Gesetzes hierzu ermächtigt sind. Im Gegensatz zur Zulassung ist die Ermächtigung eine bedarfsorientierte, zeitlich und umfänglich beschränkte, selektive und leistungsspezifische Beteiligungsform. Der Träger eines zugelassenen Krankenhauses kann mit einem Medizinischen Versorgungszentrum durch angestellte Ärzte an der vertragsärztlichen Versorgung teilnehmen (§ 95 Abs 1 S 6 SGB V).

b) **Hochschulambulanzen und Psychiatrische Institutsambulanzen.** Leistungsträger besonderer Art im Bereich der vertragsärztlichen Versorgung sind alle **Hochschulambulanzen** (§ 117 SGB V) und die **Psychiatrischen Institutsambulanzen der Psychiatrischen Krankenhäuser** (§ 118 SGB V). Der Zulassungsausschuss (§ 96 SGB V) ist verpflichtet, die Hochschulambulanzen auf Verlangen ihrer Träger zur ambulanten ärztlichen Behandlung der Versicherten und der nach § 75 Abs 3 SGB V gleichgestellten Personen zu ermächtigen, um Untersuchungen und Behandlungen in dem für Forschung und Lehre erforderlichen Umfang durchführen zu können (s im Einzelnen § 29 RdNr 78 ff); die Begrenzung auf **Polikliniken** ist zum 1. 1. 2003 entfallen und der Kreis der Teilnahmeberechtigten erheblich ausgedehnt worden (Fallpauschalengesetz v 23. 4. 2002).[73] Psychiatrische Kliniken sind vom Zulassungsausschuss zur ambulanten psychiatrischen und psychotherapeutischen Versorgung der Versicherten zu ermächtigen. Die Behandlung ist auf diejenigen Versicherten auszurichten, die wegen Art, Schwere oder Dauer ihrer Erkrankung oder wegen zu großer Entfernung zu geeigneten Ärzten auf die Behandlung durch diese Krankenhäuser angewiesen sind. Der Krankenhausträger stellt sicher, dass die für die ambulante psychiatrische und psychotherapeutische Behandlung erforderlichen Ärzte und nichtärztlichen Fachkräfte sowie die notwendigen Einrichtungen bei Bedarf zur Verfügung stehen. Psychiatrische Krankenhäuser haben einen öffentlich-rechtlichen Anspruch auf Erteilung der Ermächtigung (§ 118 Abs 1 S. 1 SGB V). Mit dem GKV-Gesundheitsreformgesetz 2000 wurden die Versorgungsaufgaben der Allgemeinkrankenhäuser mit selbstständigen, fachärztlich geleiteten psychiatrischen Abteilungen im Interesse einer Verbesserung der Integration von psychisch Kranken erweitert; 1996 verfügten nur 43 von 119 psychiatrischen Abteilungen über eine Institutsambulanz (seit 1976 mit Bedarfsprüfung ermöglicht), noch dazu mit Befristung auf in der Regel 2 Jahre durch den Zulassungsausschuss. Soweit sie regionale Versorgungsaufgaben wahrnehmen, sind sie zur Behandlung bestimmter Gruppen psychisch Kranker gesetzlich ermächtigt (§ 118 Abs 2 S 1 SGB V); die Bedarfsabhängigkeit der Zulassung ist also entfallen. Die Spitzenverbände der Krankenkassen gemeinsam und einheitlich (seit 1. 7. 2008 Spitzenverband Bund der Krankenkassen) mit der Deutschen Krankenhausgesellschaft und der Kassenärztlichen Bundesvereinigung legen in einem **Vertrag** die **Gruppe psychisch Kranker** fest, die wegen ihrer Art, Schwere oder Dauer ihrer Erkrankung der ambulanten Behandlung durch die entsprechenden Einrichtungen bedürfen. Dies ist durch Vertrag vom 14. 2. 2001[74] erfolgt; Patientengruppen, Zugangsvoraussetzungen und Leistungsinhalte der Versorgung wurden festgelegt (weite Fassung der Gruppe „psychisch Kranker").

---

[72] Zur möglichen Zulassung eines Krankenhausarztes zu der vertragsärztlichen Versorgung bei Ausschluss einer Interessen- und Pflichtenkollision BSG ArztR 1998, 217; hierzu Anm *Andreas* ArztR 1998, 221.
[73] BGBl I, 1412, Art 1 Nr 3a; ferner Vergütung nunmehr unmittelbar durch die Krankenkassen und nicht mehr aus der vertragsärztlichen Gesamtvergütung.
[74] DÄBl 2001, A-566.

62 **c) Sozialpädiatrische Zentren.** Eine **Sonderstellung** nimmt die sozialpädiatrische Betreuung und Behandlung von Kindern in Sozialpädiatrischen Zentren ein. Diese können, sofern sie fachmedizinisch unter ständiger ärztlicher Leitung stehen und die Gewähr für die leistungsfähige und wirtschaftliche Behandlung bieten, vom Zulassungsausschuss zur ambulanten sozialpädiatrischen Behandlung von Kindern ermächtigt werden (§ 119 Abs 1 SGB V). Die Ermächtigung ist zu erteilen, soweit und solange sie notwendig ist, um eine ausreichende sozialpädiatrische Behandlung sicherzustellen (§ 119 Abs 1 S 2 SGB V), weil diese nicht bereits durch zugelassene Kinderärzte sichergestellt wird (Bedarfsprüfung). Sie ist auf solche Kinder auszurichten, die wegen der Art, Schwere oder Dauer ihrer Krankheit oder einer drohenden Krankheit nicht von geeigneten Ärzten oder in geeigneten Frühförderstellen versorgt werden können (§ 119 Abs 2 S 1 SGB V). Eine enge Zusammenarbeit zwischen Zentren, Ärzten und Frühförderstellen soll erreicht werden. Siehe im Einzelnen § 29 RdNr 93–95.

63 **d) Ermächtigung von Krankenhausärzten.** Im aufgabengeteilten Gesundheitssystem können ambulante ärztliche Leistungen im Krankenhaus durch ärztlich geleitete Einrichtungen oder durch Krankenhausärzte nur erbracht werden, wenn eine **Ermächtigung** des Zulassungsausschusses erteilt ist (§ 95 Abs 1, § 96 SGB V); s auch § 29 RdNr 73–77. Es sollen auf diese Weise das besondere Fachwissen der Krankenhausärzte und die diesen in den Krankenhäusern zur Verfügung stehenden Einrichtungen im Bedarfsfall auch ambulanten Patienten zugute kommen. Die ambulante Versorgung im Krankenhaus ist aber systembedingt **nachrangig;** die ambulante Versorgung ist in erster Linie den niedergelassenen Ärzten vorbehalten.[75] Sie steht für die einzelnen Ermächtigungsarten unter einem speziellen qualitativen Bedürfnis (§ 116 SGB V, § 31a Abs 1 S 2 Ärzte-ZV) oder einem quantitativen und qualitativen Bedürfnis (§ 98 Abs 2 Nr 11 SGB V iVm § 31 Abs 1 Ärzte-ZV).

64 Eine Sonderregelung galt für die neuen Bundesländer der ehemaligen DDR nach § 311 Abs 2 und 3 SGB V idF des Einigungsvertrages v 31. 8. 1991, Art 8 iVm Anlage I Kapitel VIII Sachgebiet G Abschnitt II Nr 1. Ärztlich geleitete kommunale, staatliche und freigemeinnützige (zB kirchliche) Gesundheitseinrichtungen einschließlich der Einrichtungen des Betriebsgesundheitswesens (Polikliniken, Ambulatorien, Krankenhausfachambulanzen ua) waren kraft Gesetzes bis zum 31. 12. 1995 zur ambulanten Versorgung zugelassen. Der Zulassungsausschuss der Ärzte und Krankenkassen konnte allerdings diese Zulassung widerrufen, wenn eine ordnungsgemäße und wirtschaftliche ambulante Versorgung durch diese Einrichtungen nicht möglich war. Der Zulassungsausschuss konnte aber auch im Benehmen mit der zuständigen Landesbehörde über eine Verlängerung der Zulassung entscheiden.

65 **Krankenhausärzte mit abgeschlossener Weiterbildung** können mit Zustimmung des Krankenhausträgers vom Zulassungsausschuss (§ 96) zur Teilnahme an der vertragsärztlichen Versorgung der Versicherten ermächtigt werden.[76] Die Ermächtigung ist zu erteilen, soweit und solange eine ausreichende ärztliche Versorgung der Versicherten ohne die besonderen Untersuchungs- und Behandlungsmethoden oder Kenntnisse von hierfür geeigneten Krankenhausärzten nicht sichergestellt wird (qualitativ-spezielle Bedürfnisprüfung) (§ 116 SGB V).[77] Entscheidend kommt es darauf an, ob sich das vorhandene Wissen und Können des Krankenhausarztes in dem Angebot besonderer Leistungen niederschlägt, die für eine ausreichende ärztliche Behandlung der Versicherten notwendig sind und von den niedergelassenen Ärzten nicht erbracht werden können. Eine Ermächtigung kann auch geboten sein, wenn der Krankenhausarzt die Untersuchungsmethode

---

[75] BVerfGE 16, 286, 298; BSGE 70, 167 = SozR 3-2500 § 116 Nr 2.
[76] Siehe dazu KassKomm-*Hess*, Erl zu § 116 SGB V.
[77] BSGE 56, 295, 297; § 31a Abs 1 Ärzte-ZV regelt wortgleich diese Form der Ermächtigung; die Bestimmung kann nur aus Gründen des verfahrensmäßigen Zusammenhangs eigenständige Bedeutung haben (vgl Abs 2 u 3).

mit erheblich geringeren gesundheitlichen Nebenwirkungen und Beeinträchtigungen als niedergelassene Ärzte anbieten kann.

Der Kreis der für eine Teilnahme an der vertragsärztlichen Versorgung infrage kommenden Krankenhausärzte ist weit gezogen. Alle Krankenhausärzte mit abgeschlossener Weiterbildung, also auch Oberärzte und Assistenzärzte, können zur vertragsärztlichen Versorgung ermächtigt werden.[78] Das Gebot der persönlichen Leistungserbringung gilt nach § 32a Ärzte-ZV auch für ermächtigte Ärzte. Siehe auch § 26 RdNr 33, 34. 66

Wirksamkeitsvoraussetzung für die Ermächtigung ist die **Zustimmung des Krankenhausträgers.** Verfahrensmäßig geht dieser in aller Regel im Beziehungsverhältnis Krankenhausträger–Krankenhausarzt die Erlaubnis zur Ausübung einer Nebentätigkeit voraus (s zu den Fragen der Nebentätigkeit bei beamteten und angestellten Krankenhausärzten § 86). Diese ist auch insoweit notwendig, als der ermächtigte Arzt bei seiner ambulanten Tätigkeit vielfach Einrichtungen, Personal und Sachmittel des Krankenhausträgers in Anspruch nimmt. Außerdem muss sichergestellt werden, dass durch die ambulante Nebentätigkeit des Krankenhausarztes die ärztlichen Leistungen im stationären Bereich nicht beeinträchtigt werden. 67

Die Ermächtigung eines Krankenhausarztes ist nur zur **Schließung einer Lücke** in der medizinischen Versorgung der Versicherten durch die in freier Praxis niedergelassenen Vertragsärzte[79] zulässig. Liegen diese Voraussetzungen vor, für welche dem Zulassungsausschuss ein Beurteilungsspielraum eröffnet ist, so steht dem Krankenhausarzt ein subjektiv-öffentlich-rechtlicher Anspruch auf Erteilung der Ermächtigung zu. Der Wortlaut des § 116 S 2 SGB V ergibt dies eindeutig.[80] Es besteht nach der Rspr des BSG kein zusätzlicher Ermessensspielraum.[81] Siehe auch § 29 RdNr 75. Der Beurteilungsspielraum erstreckt sich auch auf die Dauer der Befristung einer Ermächtigung.[82] Es gilt ein Vorrang der persönlichen Ermächtigung von Ärzten gegenüber Institutsermächtigungen, auch bei Hochschulkliniken.[83] 68

Neben der Teilnahme an der vertragsärztlichen Versorgung nach § 116 SGB V kann der Zulassungsausschuss über den Kreis der zugelassenen Ärzte hinaus weitere Ärzte, insbesondere in Krankenhäusern und Einrichtungen der beruflichen Rehabilitation, oder in besonderen Fällen ärztlich geleitete Einrichtungen zur Teilnahme an der vertragsärztlichen Versorgung ermächtigen, sofern dies notwendig ist, um eine unmittelbar drohende **Unterversorgung** abzuwenden oder einen begrenzten Personenkreis zu versorgen. (**Bedarfsermächtigung** nach § 98 Abs 2 Nr 11 SGB V iVm § 31 Abs 1 Ärzte-ZV). Darüber hinaus können die KBV und der Spitzenverband Bund der Krankenkassen im Bundesmantelvertrag Ermächtigungen zur Erbringung bestimmter ärztlicher Leistungen im Rahmen der vertragsärztlichen Versorgung vorsehen (§ 31 Abs 2 Ärzte-ZV);[84] s außerdem § 29 RdNr 76. 69

---

[78] Die Ermächtigung kann sowohl für die leitenden Ärzte als auch nachgeordnete Klinikärzte erteilt werden. Damit soll sichergestellt werden, dass vor dem Hintergrund der persönlichen Leistungserbringung im Vertragsarztrecht nur der Krankenhausarzt ermächtigt wird, der die Leistung beherrscht und auch im Krankenhaus tatsächlich erbringt; s dazu KassKomm-*Hess*, § 116 SGB V RdNr 14.

[79] Die Teilnahme an der vertragsärztlichen Versorgung wird in der Regel auf Überweisungsfälle beschränkt, s § 31 Abs 7 Ärzte-ZV; BSGE 29, 65; E 60, 291; BSG SozR 3–2500, § 116 Nr 6.

[80] Siehe auch RegE zum Gesundheitsreformgesetz v 20.12.1988 (BGBl I, 2477), BT-Drucks 11/2237, 201 zu § 124 SGB V.

[81] Siehe vor allem BSGE 60, 297 = SozR 5520 § 29 Nr 8.

[82] BSG SozR 3-2500 § 116 Nr 3.

[83] BSGE 82, 216.

[84] Einen Sonderfall einer Ermächtigung regelt § 31 Abs 3 Ärzte-ZV. Während in allen Fällen die Teilnahme an der vertragsärztlichen Versorgung vom Zulassungsausschuss (§ 96 SGB V) ausgesprochen wird, entscheidet bei der Ermächtigung von Ärzten, die keine Approbation nach deutschem Recht besitzen, die Kassenärztliche Vereinigung.

70 *e) **Ermächtigung von Krankenhäusern.*** Neben diese Regelung ist durch das **GKV-Modernisierungsgesetz (GMG)** v 14. 11. 2003[85] § 116a SGB V getreten, nämlich die **Ermächtigung von Krankenhäusern** zur Teilnahme an der vertragsärztlichen Versorgung durch den Zulassungsausschuss, wenn dies nach Feststellung einer **Unterversorgung in einem Planungsbereich** (durch den dafür zuständigen Landesausschuss Ärzte/Krankenkassen – § 100 SGB V) zur Deckung der Unterversorgung erforderlich ist. Der Unterschied zwischen § 116a SGB V, § 31a Abs 1 Ärzte-ZV und § 31 Abs 1 lit. a Ärzte-ZV besteht darin, dass die Ermächtigung nach § 31 Ärzte-ZV streng subsidiär gegenüber der persönlichen Ermächtigung eines Krankenhausfacharztes nach §§ 116 SGB V, 31a Ärzte-ZV ist; vorrangig vor der Erteilung einer Institutsermächtigung nach § 31 Ärzte-ZV ist zu prüfen, ob die Unterversorgung nicht bereits durch eine solche persönliche Ermächtigung beseitigt werden kann.[86] Durch § 116a SGB V wird dem Zulassungsausschuss demgegenüber ein größerer Ermessens-Spielraum in der Auswahl zwischen beiden Ermächtigungsformen eingeräumt (keine Einschränkung auf besondere Fälle wie in § 31 Abs 1 Ärzte-ZV).[87] Die Ermächtigung von Krankenhäusern in unterversorgten Planungsbereichen soll erleichtert werden, so dass die Erteilung einer persönlichen Ermächtigung nicht vorrangig ist, vielmehr Gleichrangigkeit gewollt ist.[88]

71 *f) **Bisherige Polikliniken in den neuen Ländern.*** Eine Sonderregelung gilt für die neuen Bundesländer nach der Bestandsschutzregelung des § 311 Abs 2 SGB V (idF des GMG 2003). **Ärztlich geleitete kommunale, staatliche und freigemeinnützige (zB kirchliche) Gesundheitseinrichtungen** einschließlich der Einrichtungen des Betriebsgesundheitswesens (Polikliniken, Ambulatorien, Krankenhausfachambulanzen ua) aus DDR-Zeiten nehmen an der vertragsärztlichen Versorgung teil, und zwar im Umfang ihrer Zulassung am 31. 12. 2003 (im Übrigen Anwendung der Vorschriften für Medizinische Versorgungszentren im Sinne von § 95 Abs 1 SGB V). Die poliklinischen Einrichtungen nach § 311 Abs 2 SGB V sind kraft Gesetzes als Medizinische Versorgungszentren zur vertragsärztlichen Versorgung zugelassen.

72 *g) **Vergütungsregelungen.*** Während die Leistungen der Hochschulambulanzen (§ 117 SGB V) der psychiatrischen Institutsambulanzen (§ 118 SGB V) und der Sozialpädiatrischen Zentren (§ 119 SGB V) unmittelbar von den Krankenkassen vergütet werden (§ 120 Abs 2 SGB V),[89] sind die Entgelte für die im Krankenhaus erbrachten ambulanten ärztlichen Leistungen der ermächtigten Krankenhausärzte (§ 116 SGB V) und ermächtigten ärztlich geleiteten Einrichtungen (§ 95 Abs 1 iVm § 31 Abs 1 Ärzte-ZV, § 116a SGB V, § 75 Abs 9 SGB V) sowie in entsprechender Anwendung auch der Krankenhausfachambulanzen nach § 311 Abs 2 S 1 u 2 SGB V nach den für Vertragsärzte geltenden Grundsätzen aus der **vertragsärztlichen Gesamtvergütung** zu bezahlen[90] (s § 27

---

[85] BGBl I, 2190.
[86] BSGE 82, 216 = SozR 3-5520 § 31 Nr 9.
[87] Siehe *Genzel*, FS Laufs, 817, 830 f; KassKomm – *Hess*, § 116a RdNr VI.
[88] AA *Becker*, in: *Becker/Kingreen*, SGB V, § 116a RdNr 3: Nachrangigkeit v § 116a als Institutsermächtigung; *Hencke*, in: *Peters*, KV (Hrsg), § 116a RdNr 2: Institutsermächtigung nur als „ultima ratio".
[89] Die Vergütungen werden vertraglich vereinbart (§ 120 Abs 2 S 2 SGB V); Vergütungsmaßstab ist die Gewährleistung der Leistungsfähigkeit bei wirtschaftlicher Betriebsführung (§ 12 Abs 2 S 3 SGB V); im Konfliktfall setzt sie die Schiedsstelle nach § 18a Abs 1 KHG fest (§ 120 Abs 4 SGB V). Eine staatl Genehmigung ist anders als im Pflegesatzrecht (§ 18 Abs 5 KHG) für die Rechtswirksamkeit der Vereinbarung bzw der Schiedsentscheidung nicht notwendig.
[90] Abgesehen von den Leistungen der ermächtigten Krankenhausärzte kann die Vergütung für ambulante Leistungen im Krankenhaus pauschaliert werden (§ 120 Abs 3 S 1 SGB V). Bei öffentlich geförderten Krankenhäusern ist sie um einen Investitionskostenabschlag von 10% zugunsten der Krankenkassen zu kürzen (§ 120 Abs 3 S 2 SGB V); auf die Vergütung ambulanter Notfallbehandlungen im Krankenhaus ist die Abschlagsregelung entsprechend anzuwenden: BSG SozR 3-2500

RdNr 19, 20 u § 32 RdNr 36, 37). Die mit diesen Leistungen verbundenen allgemeinen Praxiskosten, die durch die Anwendung von ärztlichen Geräten entstehenden Kosten sowie die sonstigen Sachkosten sind mit den Gebühren abgegolten, soweit in den einheitlichen Bewertungsmaßstäben nichts Abweichendes bestimmt ist. Die Abrechnung der Vergütung erfolgt für die ermächtigten Krankenhausärzte durch den Krankenhausträger mit der KV (§ 120 Abs 1 S 2 und 3 SGB V).[91] Zu den Fragen des Abrechnungsverfahrens s § 82 RdNr 142, § 87 RdNr 27 ff. Seit dem 1.1.2003 wird die Vergütung der Polikliniken (nunmehr umfassend Hochschulambulanzen) nicht mehr aus der vertrgsärztlichen Gesamtvergütung (Absatz 1) finanziert. Durch **unmittelbare Vergütungsvereinbarungen mit den Krankenkassenverbänden** sollen für die **Hochschulambulanzen** angemessene, ausgabendeckende Vergütungen ermöglicht werden. Dabei erfolgt eine Abstimmung mit den Entgelten für vergleichbare Leistungen (gleichzeitig Wegfall des bisherigen Abschlages bei Polikliniken von 20 % für Forschung und Lehre; stattdessen Berücksichtigung eines Investitionskostenabschlages bei Hochschulambulanzen an öffentlich geförderten Krankenhäusern nach § 120 Abs 2 S 4 SGB V).[92]

Auch die **belegärztlichen Leistungen** (§ 121 Abs 3 SGB V, § 18 KHEntG) werden aus der vertragsärztlichen Gesamtvergütung bezahlt. Dabei ist die Besonderheit der belegärztlichen Tätigkeit zu berücksichtigen. Diese stationär erbrachten ärztlichen Leistungen dürfen nicht über den Pflegesatz vergütet werden. Bei privatärztlicher Behandlung sind sie nach der GOÄ abzugelten.

Im Krankenhaus erfolgt auch **ambulante ärztliche Behandlung von Selbstzahlern** (Privatpatienten). Soweit es sich um vor- und nachstationäre Behandlung (§ 115a SGB V) oder ambulantes Operieren einschließlich stationsersetzender Eingriffe (§ 115b SGB V) handelt, liegt „Krankenhausbehandlung" vor (iS v § 39 Abs 1 S 1 SGB V). Die ambulanten Leistungen können erbracht werden durch eine Krankenhausambulanz (Institutsambulanz) durch die Ärzte des Krankenhauses oder einzelne leitende Krankenhausärzte, denen eine Privatambulanz vom Krankenhausträger gestattet ist. Wer Vertragspartner des Patienten ist, beurteilt sich nach den konkreten Vereinbarungen des Einzelfalls. Als Indiz kann die Handhabung des Liquidationsrechtes angesehen werden. Im Rahmen der erweiterten Krankenhausbehandlung nach § 39 Abs 1 S 1 SGB V ist grundsätzlich anzunehmen, dass das Krankenhaus als Institution die entsprechenden Leistungen erbringt. Im Übrigen kann bei einer privaten ambulanten Behandlung im Krankenhaus der Privatpatient in Vertragsbeziehungen zu dem Arzt treten, der die Privatambulanz betreibt und auf Grund einer Vereinbarung mit dem Krankenhausträger liquidationsberechtigt ist. Hinsichtlich der Art der persönlichen Leistungserbringung gelten die allgemeinen Grundsätze; besonderes Gewicht erhalten dabei die Regelungen des Behandlungsvertrages und die Abrechnungsfähigkeit der einzelnen Leistungen, s § 87 RdNr 12 ff. Für die Kostenerstattung gelten ebenfalls die allgemeinen Grundsätze, s § 87 RdNr 29 f. Für die Entgelte der ambulanten Leistungen im Krankenhaus bestehen verschiedene Vergütungswege, unabhängig davon, wer die ärztliche Leistung dem Patienten gegenüber erbringt. Handelt es sich um eine Institutsleistung des Krankenhauses bei der vor- und nachstationären Behandlung, so erfolgt die Vergütung für alle Patienten (Sozialversicherte und Selbstzahler) nach einheitlichen Grundsätzen auf der Grundlage einer Vereinbarung nach § 115a Abs 3 SGB V (s auch § 1 Abs 2 BPflV, § 1 Abs 3 S 1 KHEntgG); die Vereinbarung gesondert berechenbarer Wahlleistungen ist möglich und erstreckt sich auf alle an der

---

§ 120 Nr 2, 4; s auch *Leber*, KH 2007, 374 ua zur vergütungsrechtlichen Gleichstellung der bei Nofallbehandlungen tätigen Krankenhäuser einerseits und der Vertragsärzte andererseits; Notfallbehandlungen zu immerhin rd ein Drittel in Krankenhäusern.

[91] Siehe BSGE 69, 1 = SozR-2500 § 120 Nr 1.

[92] Änderung durch Art 1 FallpauschalenG v 23.4.2002 (BGBl I, 1412; s BT-Drucks 14/7862 zu § 120; s dazu KassKomm-*Hess*, § 120 RdNr 14a, 16.

Behandlung des Patienten beteiligten Ärzte (§ 17 Abs 3 S 1 KHEntgG), s im Einzelnen § 82 RdNr 139 ff.

75 Ambulante Operationen und sonstige stationsersetzende Eingriffe werden bei Selbstzahlern grundsätzlich nach Vereinbarung bzw GOÄ abgerechnet (§ 1 Abs 2 S 2 BPflV, 1 Abs 3 S 2 KHEntgG). Das ambulante Operieren ist als nichtstationäre Institutsleistung des Krankenhauses nicht wahlleistungsfähig. Dies schließt nicht aus, dass der liquidationsberechtigte Krankenhausarzt im Rahmen einer ihm zugestandenen Privatambulanz ambulant operiert und nach der GOÄ abrechnet. Für die Vergütung der ambulanten ärztlichen Leistungen im Übrigen gilt grundsätzlich, unerheblich wer die Abrechnung tätigt, die GOÄ bzw die GOZ.

76 **2. Soziale Versorgungseinrichtungen.** Mit der Definition des Krankenhauses iwS (§ 2 Nr 1 KHG, § 107 Abs 1 und 2 SGB V) wird zugleich auch die Abgrenzung gegenüber pflegerischen, sozialpflegerischen und anderen sozialen Betreuungseinrichtungen im ambulanten und stationären Bereich herbeigeführt. Eine Leistungspflicht der GKV für ihre Versicherten, die in sozialen Versorgungseinrichtungen betreut werden, besteht grundsätzlich nicht. Für **Sozialstationen, sozialpsychiatrische Dienste, berufliche und soziale Rehabilitationseinrichtungen, Altenheime** und **Pflegeheime** oder ähnliche Häuser gelten auch nicht die Bestimmungen des Krankenhausplanungs- und finanzierungsrechts.[93] Eine eindeutige Abgrenzung des Krankenhauses vom Heim ist durch § 1 Heimgesetz[94] erfolgt. Dieses Gesetz gilt für Altenheime, Altenwohnheime, Pflegeheime und gleichartige Einrichtungen, die ältere Menschen oder pflegebedürftige oder behinderte Volljährige nicht nur vorübergehend aufnehmen und betreuen. Das Heimrecht war nur bis 2006 Gegenstand der konkurrierenden Gesetzgebungskompetenz des Bundes gemäß Art 74 Abs 1 Nr 7 GG (Herausnahme durch die Föderalismusreform); das Heimgesetz gilt als Bundesrecht fort, ist aber bereits zunehmend durch Landesrecht ersetzt worden (s Art 125a Abs 1 GG).

Ein Anreiz zur Umstellung von Krankenhäusern oder Abteilungen von Krankenhäusern auf **Pflegeheime** oder selbstständige, organisatorisch und wirtschaftlich vom Krankenhaus getrennte Pflegeabteilungen ist durch § 9 Abs 2 Nr 6 und Abs 3a KHG[95] geschaffen worden; ausreichende Fördermittel zur Umwidmung sind durch die Länder zur Verfügung zu stellen, soweit Krankenhäuser nicht mehr bedarfsnotwendig sind. Auch die durch das PflegeVG bundesrechtlich eingeführte Koordinationspflicht für die Krankenhausplanung der Länder zur Abstimmung mit den pflegerischen Leistungserfordernissen (§ 6 Abs 3 KHG) dient dem gleichen Ziel.

77 Das **Pflegefallrisikos** wird mit der Einführung der sozialen Pflegeversicherung zum 1. 1. 1995 abgesichert,[96] und zwar als **soziale Grundsicherung** (Teilabsicherung im Fall der Pflegebedürftigkeit). Mit der **sozialen Pflegeversicherung** (SGB XI)[97] hat sich der Gesetzgeber für eine **Zweigleisigkeit** – wie im Bereich der gesetzlichen Krankenversicherung – entschieden. Neben der öffentlich-rechtlich organisierten sozialen Pflegeversicherung steht die Privatversicherung. Die Pflegeversicherung folgt dabei der Krankenversicherung. Der sozialen Pflegeversicherung gehören alle an, die in der gesetzlichen

---

[93] Von der Möglichkeit des § 5 Abs 2 KHG, durch Landesrecht öffentliche Förderung nach den Grundsätzen des KHG zB auch für Einrichtungen für Pflegefälle in Krankenhäusern vorzusehen, haben die Länder keinen Gebrauch gemacht.

[94] Heimgesetz v 7. 8. 1974 (BGBl I, 1873) idF der Bekanntmachung v 5. 11. 2001 (BGBl I, 2970, zuletzt geändert durch Art 78 VO v 31. 10. 2006 (BGBl I, 2407).

[95] § 9 Abs 2 Nr 6 KHG idF Art 22 Nr 3 GRG v 21. 12. 1992 (BGBl I, 2266) und § 9 Abs 3a KHG idF des PflegeVG v 26. 5. 1994 (BGBl I, 1014).

[96] Soziale Pflegeversicherung (SGB XI) v 26. 5. 1994 (BGBl I, 1014), zuletzt geändert durch G v 15. 12. 2008 (BGBl I, 2426).

[97] Siehe *Udsching*, SGB XI, Soziale Pflegeversicherung, Kommentar 3. Aufl 2010 m umfangreichem Literaturverzeichnis.

14. Kapitel. Krankenhausrecht. Öff-rechtl Rahmen 78–81 § 79

Krankenversicherung pflicht- oder freiwilligversichert sind. Alle Privatversicherten müssen Mitglied einer privaten Pflegeversicherung werden (§ 1 Abs 2 S. 2 SGB XI). Für diese bestehen verbindliche Vorgaben, nämlich Kontrahierungszwang, Unerheblichkeit von Vorerkrankungen der Versicherten, kein Ausschluss bereits pflegebedürftiger Personen und Gleichwertigkeit der privaten Pflegeleistungen (§ 110 SGB XI).

Die **Grundprinzipien** und **Strukturen** der sozialen Pflegeversicherung sind in § 1 **78** SGB XI näher bestimmt:
– Pflegeversicherung als eigenständiger Zweig der Sozialversicherung (Abs 1),
– Gespaltene Pflegeversicherung (Sozialversicherte und Privatversicherte); Pflegeversicherung folgt der Krankenversicherung (Abs 2),
– Eigenständige Pflegekassen als Träger der sozialen Pflegeversicherung; Aufgabenwahrnehmung durch die Krankenkassen (Abs 3),
– Notwendige solidarische Hilfe für Pflegebedürftige (Abs 4),
– Beitragsfinanzierte Versicherungsleistungen mit sozialem Ausgleich (Abs 6).

Das Pflegeversicherungsrecht statuiert das sog Normalisierungsprinzip (Ziel: möglichst **79** selbstständige Lebensführung) und hebt das Selbstbestimmungsrecht des Pflegebedürftigen hervor (§ 2 SGB XI). Der dem Sozialrecht immanente Grundsatz der **Eigenverantwortlichkeit** wird besonders hervorgehoben (§ 6 SGB XI). Er korrespondiert mit dem **Grundsatz der Solidarität**, der ohne die Selbst- und Mitverantwortung des Einzelnen nicht realisierbar ist. Nur auf der Grundlage der Selbstverantwortlichkeit lässt sich eine solidarische soziale Sicherheit erreichen.

Die pflegerische Versorgung der Bevölkerung wird als **gesamtgesellschaftliche Auf- 80 gabe** bestimmt mit der Konsequenz, dass Länder, Kommunen, Pflegeeinrichtungen und Pflegekassen unter Beteiligung des MDK eng zusammenarbeiten, um eine leistungsfähige, regional gegliederte, ortsnahe aufeinander abgestimmte ambulante und stationäre pflegerische Versorgung der Bevölkerung zu gewährleisten (§ 8 Abs 1 und 2 SGB XI). Das SGB XI geht von einer geteilten **Infrastrukturverantwortung** aus. Den Pflegeeinrichtungen obliegt es, die konkrete Versorgung der Pflegebedürftigen im Einzelfall durchzuführen. Die Pflegekassen tragen die Verantwortung für die Sicherstellung der pflegerischen Versorgung (§§ 12, 69 SGB XI) ihrer Versicherten. Die Länder haben auf eine ausreichende pflegerische Infrastruktur hinzuwirken. In Erfüllung ihres **Sicherstellungsauftrages** schließen die Pflegekassen mit den Trägern von Pflegeeinrichtungen und sonstigen Leistungserbringern Versorgungsverträge und Vergütungsvereinbarungen (§ 69 S 2 SGB XI). Dabei sind die Vielfalt, die Unabhängigkeit und Selbstständigkeit sowie das Selbstverständnis der Träger von Pflegeeinrichtungen in Zielsetzung und Durchführung ihrer Aufgaben zu achten (§ 69 S 3 SGB XI). Bei den Vereinbarungen ist der Grundsatz der Beitragssatzstabilität von herausragender Bedeutung (§ 70 SGB XI).

Im **Leistungsrecht** geht die soziale Pflegeversicherung vom **Sachleistungsprinzip** **81** aus (§ 4 Abs 1 S 1 SGB XI) und lässt als Ausnahme Kostenerstattung zu (vgl § 91 SGB XI). Art und Umfang der Pflegeleistungen richten sich nach der Schwere der Pflegebedürftigkeit und danach, ob häusliche, teilstationäre oder vollstationäre Pflege in Anspruch genommen wird (§ 4 Abs 1 S 2 SGB XI). Die Pflegeversicherung stellt eine Grundsicherung dar. Bei häuslicher und teilstationärer Pflege ergänzen die Leistungen die familiäre, nachbarschaftliche oder sonstige ehrenamtliche Pflege und Betreuung. Bei teil- und vollstationärer Pflege werden die Pflegebedürftigen von **pflegebedingten Aufwendungen entlastet** (§ 4 Abs 2 SGB XI). Die Aufwendungen für Unterkunft und Verpflegung haben die Pflegebedürftigen selbst zu tragen. Die Pflegeversicherung gewährt damit unterstützende Hilfe, die Eigenleistungen des Pflegebedürftigen nicht entbehrlich macht. Für Maßnahmen der Prävention und medizinischen Rehabilitation besteht gegenüber den Leistungen der Pflegeversicherung eindeutig Vorrang (§ 5 SGB XI). Mit dem **Vorrang der häuslichen Pflege** vor stationären Versorgungsformen (§ 3 SGB XI) soll vor allem den Bedürfnissen und Wünschen der Pflegebedürftigen Rechnung getragen werden. Pflegebedürftige Personen sollen so lange wie möglich in der vertrauten häuslichen Umgebung betreut werden können. Durch eine Verbesserung der Pflegebedingungen im häuslichen Bereich soll auch die Bereitschaft der Familien gefördert werden, Angehörige zu pflegen. Leistungen der teilstationären Pflege und der Kurzzeitpflege gehen den Leistungen der umfassenden vollstationären Versorgung vor. Neben der Erhaltung der Lebensqualität hat das Vorrangprinzip auch erhebliche ökonomische Bedeutung.

82 **Leistungsberechtigt** sind pflegebedürftige Personen nach der näheren Legaldefinition des § 14 SGB XI. Für die Gewährung von Leistungen nach Art und Umfang sind die pflegebedürftigen Personen drei Pflegestufen zuzuordnen (§ 15 Abs 1 SGB XI, Pflegestufe I: erheblich Pflegebedürftige, Pflegestufe II: Schwerpflegebedürftige, Pflegestufe III: Schwerstpflegebedürftige). Die Pflegekassen haben durch den MDK die Voraussetzungen der Pflegebedürftigkeit zu prüfen und die Zuordnung zu den Pflegestufen vornehmen zu lassen (§ 18 SGB XI).

83 Nach mehr als 10 Jahren ist das Pflegeversicherungssystem durch das **Pflege-Weiterentwicklungsgesetz** vom 28. 5. 2008[98] in verschiedenen Bereichen gestärkt worden.[99] Neben Leistungsverbesserungen ist die Einführung eines Anspruchs auf Pflegeberatung als Fallmanagement (§ 7a SGB XI) und die **Etablierung von Pflegestützpunkten** zur wohnortnahen Beratung, Versorgung und Betreuung unter Vernetzung aufeinander abgestimmter pflegerischer und sozialer Versorgungs- und Betreuungsangebote (§ 92c SGB XI) zu nennen. Hervorzuheben ist in diesem Zusammenhang, dass GKV-Versicherte nach § 11 Abs 4 SGB V Anspruch auf ein Fall-Versorgungsmanagement haben, insbesondere im Interesse eines nahtlosen Übergangs zwischen einer Krankenhausbehandlung und einer sachgerechten Anschlussversorgung, und nunmehr durch das Pflege-Weiterentwicklungsgesetz die Pflegeeinrichtungen und die Pflegeberater ausdrücklich mit dem Ziel einer engen Zusammenarbeit einbezogen werden.

84 Zugleich wurde die SGB V-Regelung über die Durchführung von Modellvorhaben durch die Krankenkassen (§ 63) mit dem Ziel einer **Übertragung medizinischer Kompetenzen auf Pflegefachkräfte** erheblich erweitert (§ 63 Abs 3b und c SGB V); insbesondere kann in Modellvorhaben sogar erprobt werden die Übertragung von ärztlichen Tätigkeiten, bei denen es sich um selbstständige Ausübung von Heilkunde handelt und für die die Angehörigen der im Kranken- und Altenpflegegesetz geregelten Berufe qualifiziert sind (Bestimmung der infrage kommenden ärztlichen Tätigkeiten durch den Gemeinsamen Bundesausschuss).[100]

85 Ferner ist durch das Pflege-Weiterentwicklungsgesetz eine **Sonderregelung zur ärztlichen Versorgung in stationären Pflegeeinrichtungen** geschaffen worden: Kommt ein vorrangiger Kooperationsvertrag mit einem vertragsärztlichen Leistungserbringer (insbesondere niedergelassenen Vertragsärzten und Medizinischen Versorgungszentren) auch mit Unterstützung der Kassenärztlichen Vereinigung nicht zustande, ist die stationäre Pflegeeinrichtung vom Zulassungsausschuss (§ 96 SGB V) zur Teilnahme an der vertragsärztlichen Versorgung der pflegebedürftigen Versicherten in der Pflegeeinrichtung mit angestellten Ärzten zu ermächtigen **(Institutsermächtigung nach § 119b SGB V)**; das Recht auf freie Arztwahl der Versicherten in der Pflegeeinrichtung bleibt unberührt. Der Vorrang eines Kooperationsvertrages war ursprünglich nicht vorgesehen, vielmehr ein Anspruch der Pflegeeinrichtung auf Ermächtigung für mindestens fünf Jahre, soweit eine ausreichende ambulante ärztliche Versorgung in dem Pflegeheim ohne einen dort angestellten **Heimarzt** in der konkreten Versorgungssituation nicht sichergestellt ist; bei einer derartigen Regelung wäre der Sicherstellungsauftrag der Kassenärztlichen Vereinigungen (§ 75 SGB V) und die damit verbundene Verantwortung auf den Träger des Pflegeheimes übergegangen. Noch bedenklicher wäre die ebenfalls diskutierte freie Anstellung von Heimärzten völlig unabhängig von einer möglichen ambulanten Versorgung durch Ver-

---

[98] BGBl I, 874.
[99] Siehe dazu *Möwisch/Ruser/v Schwanenflügel*, Pflegereform 2008, 2008.
[100] Näher dazu *Ruser*, in: *Möwisch/Ruser/v Schwanenflügel*, Pflegereform 2008, RdNr 321–331.

tragsärzte gewesen. Der gefundene Kompromiss ist vertretbar; die Kassenärztlichen Vereinigungen werden für eine ausreichende Zahl von Kooperationsverträgen Sorge tragen und so angestellte Heimärzte verhindern, die ohnehin nur in sehr großen Pflegeheimen mit mehr als 300 Pflegebedürftigen wirtschaftlich und sinnvoll wären.

Als besondere Leistung bei Krankheit sieht § 37 SGB V die **häusliche Krankenpflege** 86 vor.[101] Versicherte erhalten in ihrem Haushalt oder ihrer Familie neben der ärztlichen Behandlung häusliche Krankenpflege durch geeignete Pflegekräfte als Sach- und Dienstleistung, wenn **Krankenhausbehandlung** geboten, aber nicht ausführbar ist, oder wenn sie durch die häusliche Krankenpflege vermieden oder verkürzt wird (klinikvermeidende häusliche Krankenpflege).[102] Durch das GKV-Wettbewerbsstärkungsgesetz v 26. 3. 2007 ist der Haushaltsbegriff erweitert worden auf neue Wohnformen, Wohngemeinschaften und betreutes Wohnen, um Lücken im Bereich zwischen ambulanter und stationärer Versorgung zu vermeiden (Konkretisierung durch den Gemeinsamen Bundesausschuss gemäß § 37 Abs 6 SGB V). Häusliche Krankenpflege kann als Behandlungspflege erbracht werden, wenn sie zur Sicherung des Zieles der ärztlichen Behandlung erforderlich ist (§ 27 Abs 1 S 2 Nr 4, § 37 Abs 2 SGB V) (Sicherungspflege). Die häusliche Krankenpflege umfasst die im Einzelfall erforderliche Grund- und Behandlungspflege sowie hauswirtschaftliche Versorgung (§ 37 Abs 1 S 3 SGB V). Der Anspruch ist beschränkt auf bis zu vier Wochen je Behandlungsfall (§ 37 Abs 1 S 4 SGB V); nur nach Begutachtung durch den Medizinischen Dienst (MDK)[103] darf die Höchstdauer von vier Wochen je Krankheitsfall verlängert werden. Der Anspruch auf häusliche Krankenpflege besteht nur, soweit eine im Haushalt lebende Person den Kranken in dem erforderlichen Umfang nicht pflegen und versorgen kann (§ 37 Abs 3 SGB V). An Stelle einer Kraft für die häusliche Krankenpflege können auch die Kosten für eine selbstbeschaffte Kraft in angemessener Höhe erstattet werden; der Sachleistungsanspruch (§ 2 Abs 2 SGB V) wird dann zum Kostenerstattungsanspruch (§ 13 Abs 1, § 37 Abs 4 SGB V).

Auf die **häusliche Krankenpflege** besteht als Leistung der Krankenbehandlung (§ 27 87 SGB V) ein **Rechtsanspruch.** Häusliche Krankenpflege nach § 37 Abs 1 S 1 SGB V (Krankenhausersatzpflege bzw Krankenhausvermeidungspflege) und Behandlungspflege nach § 37 Abs 2 S 1 SGB V (Sicherungspflege) sind **Regelleistungen** der gesetzlichen Krankenversicherung. Grundpflege und hauswirtschaftliche Versorgung bei der Sicherungspflege sind **satzungsmäßige Mehrleistungen** in der Form einer Sachleistung. Versicherungsfall ist bei der häuslichen Krankenpflege die behandlungsbedürftige Krankheit. Die Leistung muss durch den behandelnden Arzt verordnet werden (§ 73 Abs 2 S 1 Nr 8 SGB V). Sie setzt laufende ärztliche Behandlung voraus und muss auf dieses Ziel ausgerichtet sein. Sie erfordert auch die ständige ärztliche Überwachung und Kontrolle.[104]

Mit dem GKV-Gesundheitsreformgesetz 2000 wurde der Leistungskatalog der GKV 88 um die **Soziotherapie** (§ 37a SGB V) erweitert.[105] Bei schweren psychischen Erkrankungen besteht ein Anspruch auf Soziotherapie, wenn dadurch Krankenhausbehandlung vermieden oder verkürzt wird oder wenn diese geboten, aber nicht ausführbar ist. Sie ist befristet. Der Abschluss von Verträgen zwischen Krankenkassen und soziotherapeutischen

---

[101] Ausführlich dazu *Zipperer*, in: *Orlowski et al*, GKV-Komm, Erl zu § 37 SGB V.
[102] Zu den Voraussetzungen im Einzelnen s BSGE 63, 140.
[103] Zu der Organisation und den Aufgaben des Medizinischen Dienstes der Krankenversicherung §§ 275 ff, 278 ff SGB V.
[104] S bereits Richtlinien des damaligen Bundesausschusses der Ärzte und Krankenkassen über die Verordnung von „häuslicher Krankenpflege" nach § 92 Abs 1 S 2 Nr 6 und Abs 7 SGB V v 16. 2. 2000 (BAnz Nr 91 v 13. 5. 2000, 8878); s dazu BSG v 31. 5. 2006 – B 6 KA 69/04 R, KrV 2006, 226; zu den Vorgaben des GKV-WSG gemäß § 37 Abs 6 SGB V s Beschluss des G-BA v 17. 1. 2008/ 10. 4. 2008 (BAnz Nr 84 v 10. 6. 2008, 2028). Jeweils aktueller Stand aller Richtlinien des G-BA abrufbar unter www.g-ba.de/informationen/richtlinien/.
[105] Ausführlich dazu *Krauskopf-Wagner*, SozKV, § 37a SGB V RdNr 1–12.

Leistungserbringen ist in § 132b SGB V geregelt. Über die näheren Voraussetzungen, Art und Umfang der Versorgung hat der Gemeinsame Bundesausschuss in Richtlinien nach § 92 SGB V Regelungen festzulegen (§ 37a Abs 2).[106]

89 Zu den Leistungen bei Krankheit gehört auch die Gewährung einer **Haushaltshilfe** (§ 27 Abs 1 S 2 Nr 4, § 38 SGB V).[107] Sie ist zu stellen, wenn wegen Krankenhausbehandlung, Vorsorge- oder Rehabilitationsmaßnahmen, häuslicher Krankenpflege uÄ dem Versicherten (also nicht dem Ehegatten ohne Anspruch auf Familienversicherung, § 10 SGB V) die Weiterführung des Haushalts nicht möglich ist. Voraussetzung ist (Annexleistung), dass im Haushalt ein Kind unter zwölf Jahren oder ein auf Hilfe angewiesenes behindertes Kind lebt. In anderen Fällen kann Haushaltshilfe nach Art, Umfang und Dauer als Satzungsleistung gewährt werden (§ 38 Abs 2 SGB V). Der Anspruch besteht nur, soweit eine im Haushalt lebende Person diesen nicht weiterführen kann (§ 38 Abs 3 SGB V). Für eine selbstbeschaffte Kraft sieht Absatz 4 eine Kostenerstattung vor. Verwandten und Verschwägerten bis zum zweiten Grad können die Fahrtkosten und der Verdienstausfall ersetzt werden.

90 **Weitere Leistungspflichten mit sozialem Bezug** ergeben sich bei Leistungen zur medizinischen Rehabilitation, Mutter-Vater-Kind-Maßnahmen, Belastungserprobung und Arbeitstherapie, nichtärztlichen sozialpädiatrischen Leistungen (ua heilpädagogische und psychosoziale) nach § 27 Abs 1 S 2 Nr 6, §§ 40, 41, 42, 43 und 43a SGB V (Überführung der Ermessensleistungen nach §§ 40, 41 SGB V in Pflichtleistungen durch das GKV-Wettbewerbsstärkungsgesetz v 26. 3. 2007).

91 Der rasante Fortschritt der modernen Klinikmedizin, und damit verbunden die Verschiebung der Grenzen des medizinisch Machbaren, haben vielfach humane Defizite im Umgang mit dem schwerstkranken, sterbenden Menschen entstehen lassen. Zwischen ärztlicher Lebenserhaltungspflicht und dem Selbstbestimmungsrecht des Patienten besteht ein Spannungsverhältnis, dessen Auflösung unter den vorgegebenen Rahmenbedingungen vor allem einer hochdifferenzierten Medizin in einem Krankenhaus nicht immer gelingt. Der Anspruch des Patienten bei inkurablen Endzuständen auf einen schmerzfreien humanen Tod wird nicht stets erfüllt. Demgegenüber stehen in der **Hospizversorgung** gerade die Schmerzlinderung und die Sterbebegleitung und nicht medizinische Behandlungsmaßnahmen im Vordergrund. Zu den grundlegenden Zielen der weltweiten Hospizbewegung, wie sie auch in Deutschland durch verschiedene Initiativen gesellschaftspolitisch Resonanz und Anerkennung gefunden hat, gehört der offene und menschenwürdige Umgang mit Sterben, Tod und Trauer; die ganzheitliche Fürsorge für den sterbenden Menschen und seine Angehörigen steht inmitten der Bestrebungen. Die breite Anerkennung des Hospizgedankens hat zur Finanzierung vor allem der **stationären** Einrichtungen durch die GKV geführt. Damit sollte aber der **Vorrang ambulanter Hospizdienste** (Förderung nach § 39a Abs 2 SGB V) mit dem Ziel verstärkter häuslicher Sterbebegleitung nicht beseitigt werden.[108] Versicherte der GKV, die keiner Krankenhausbehandlung in einem klinischen Hospiz[109] bedürfen, haben seit 1997 Anspruch auf einen **Zuschuss zu stationärer oder teilstationärer Versorgung in einem Hospiz,** in dem palliativ-medizinische Behandlung, etwa durch einen niedergelassenen Arzt, möglich ist, wenn eine ambulante Versorgung im Haushalt oder der Familie des Versicherten nicht erbracht wer-

---

[106] Soziotherapie–Richtlinien v 23. 8. 2001 (BAnz Nr 217 v 21. 11. 2001, 23735).

[107] Ausführlich dazu *Krauskopf-Wagner*, SozKV, § 38 SGB V RdNr 1–29.

[108] Ausführlich zum GKV-Leistungsrecht *Krauskopf-Wagner*, SozKV, Erl zu § 39a SGB V u *Schmidt*, in: *Peters*, KV (SGB V), Erl zu § 39a; s vor allem die auf Bundesebene im Hinblick auf § 39a Abs 1 S 4 bzw Abs 2 S 6 SGB V bestehende Rahmenvereinbarung zur stationären Hospizversorgung v 13. 3. 1998 (idF v 9. 2. 1999) und zur ambulanten Hospizarbeit v 3. 9. 2002 (idF v 17. 1. 2006), abrufbar unter www.hospiz.net/gesetze.

[109] Zur palliativ-medizinischen Versorgung in klinischen Hospizeinrichtungen s *Genzel/Binsack* KH 1995, 536.

den kann (§ 39a Abs 1 S 1 SGB V).[110] Die Höhe des Zuschusses ist gesetzlich näher festgelegt (§ 39a Abs 1 S 2 und 3 SGB V iVm § 18 Abs 1 SGB IV). Dieser Zuschuss bedeutet naturgemäß **keine Vollfinanzierung der stationären Hospize** außerhalb der Krankenhausfinanzierung.[111]

Im Rahmen des GKV-Wettbewerbsstärkungsgesetzes vom 26. 3. 2007 wurde durch § 37b SGB V ein eigenständiger **Anspruch auf „spezialisierte ambulante Palliativversorgung"** geschaffen, und zwar als koordinierte Gesamtleistung mit ärztlichen und pflegerischen Leistungsanteilen.[112] Ziel ist die Betreuung bis zum Tode in der vertrauten häuslichen Umgebung für die Gruppe von Palliativpatienten mit einer begrenzten Lebenserwartung und besonders aufwendigem Versorgungsbedarf (ca 10 Prozent aller Sterbenden). Die Krankenkassen schließen für dieses neue Leistungssegment **Verträge mit Leistungserbringern** (Palliative-Care-Teams mit ärztlichem und pflegerischem Personal) ab (§ 132 d SGB V), auch Verträge mit den bereits existierenden (Vertragsärzte, Medizinische Versorgungszentren, Pflegedienste, Krankenhäuser, Hospize, Pflegeeinrichtungen nach dem SGB XI, auch als Versorgungsverbünde). Das Gesetz gewährt die **Verordnungsbefugnis** nicht nur den Vertragsärzten, sondern im Interesse des bruchlosen Übergangs in die ambulante Versorgung auch jedem **Krankenhausarzt** (s § 37 b Abs 1 S 2 SGB V). 92

§ 80 Die Aufgaben der Krankenhäuser im gesundheitlichen Versorgungssystem

Inhaltsübersicht

	RdNr
I. Der verfassungsrechtliche Sicherstellungsauftrag	1
1. Die Bedeutung der Grundrechte	2
2. Die Bedeutung des Sozialstaatsprinzips	4
3. Der sozialstaatliche Gewährleistungsauftrag	11
II. Die bundes- und landesrechtliche Konkretisierung des sozialstaatlichen Sicherstellungsauftrags	13
1. Die Krankenhaus-Neuordnung 1984	16
2. Die Auswirkungen der Gesundheits-Strukturreform 1992 auf die Krankenhäuser	17
3. Die Regelungen für den Krankenhausbereich im Rahmen der dritten Stufe der Gesundheitsreform 1997	18
4. Die Regelungen für den Krankenhausbereich im GKV-Gesundheitsreformgesetz 2000	21
5. Das Gesetz zur Modernisierung der gesetzlichen Krankenversicherung 2003 und die Krankenhäuser	24
6. Das Gesetz zur Stärkung des Wettbewerbs in der gesetzlichen Krankenversicherung 2007 und die Krankenhäuser	26
7. Das Krankenhausfinanzierungsreformgesetz 2009	28
8. Das Landeskrankenhausrecht	29

---

[110] Ausführlich zum Zuschuss und zu den Änderungen durch das GKV-WSG zu den Kinderhospizen *Schmidt,* in: *Peters,* KV (SGB V), § 39a RdNr 4, 4a, 17–23.
[111] Siehe BSG, Urt v 8. 11. 2005, SGb 2006, 38.
[112] Siehe Richtlinie des G-BA v 20. 12. 2007 zur Verordnung von spezialisierter ambulanter Palliativversorgung gem § 37 b iVm § 92 Abs 1 S 2 Nr 14 SGB V (BAnz Nr 39 v 11. 3. 2008, 911); abrufbar unter www.g-ba.de; unwirksame Einschränkung der Verordnungsbefugnis der Krankenhausärzte in § 7 Abs 1 S 2 u 3 der Richtlinie (Änderungskompetenz des G-BA gem § 37b Abs 3 Nr 3 SGB V nur für „Inhalt und Umfang der Zusammenarbeit des verordnenden Arztes mit dem Leistungserbringer"), ablehnend auch *Rixen,* in: *Becker/Kingreen,* SGB V, § 37b RdNr 6 u 7.

	III. Die Aufnahme- und Behandlungspflicht	31
	1. Aufnahmepflicht eines Krankenhauses	31
	2. Aufnahmepflicht bei Vorsorge- oder Rehabilitationseinrichtungen	35
	3. Behandlungspflicht der Krankenhausärzte	36
	IV. Die Nachrangigkeit der Krankenhausbehandlung	37
	V. Krankenhausgesetze der Länder und Krankenhausaufsicht	40
	1. Landesrecht	41
	2. Rechtsaufsicht	44
	3. Aufsicht über die Einhaltung des Versorgungsauftrages/Abweisung von Patienten	50

I. Der verfassungsrechtliche Sicherstellungsauftrag

1 Das Grundgesetz enthält für das System der Gesundheitsversorgung **institutionelle Vorgaben,** die entscheidend von den grundrechtlich geschützten Rechtsgütern der Patienten, aber auch der Erbringer von Gesundheitsleistungen bestimmt werden.[1] Das verfassungsrechtliche Normgefüge gestaltet unmittelbar die Strukturen des Krankenhauswesens.

2 **1. Die Bedeutung der Grundrechte.** Nach Art 2 Abs 2 S 1 GG steht das **Recht auf Leben** und körperliche Unversehrtheit unter dem besonderen verfassungsrechtlichen Schutz. Leben und damit auch Gesundheit besitzen innerhalb der grundrechtlichen Ordnung als ein Fundament der Menschenwürde (Art 1 GG) einen hohen Wert. Der Staat hat sich schützend und fördernd vor diese Rechtsgüter zu stellen und vor allem rechtswidrige Eingriffe zu verhindern. An diesem Gebot haben sich alle staatlichen Organe bei ihrem Handeln zu orientieren. Als verfassungsrechtliches Schutzrecht und zugleich objektive Wertentscheidung gewährleistet Art 2 Abs 2 S 1 GG kein subjektives Recht des Einzelnen auf Versorgung mit bestimmten Gesundheitsleistungen oder auf eine medizinische Mindestversorgung.[2] Damit haben die Ansprüche des einzelnen Versicherten auf Bereitstellung und Gewährleistung spezieller einzelner Gesundheitsleistungen grundsätzlich keinen verfassungsmäßigen Rang.[3] Die verfassungsrechtlichen Grenzen, die bei der Bestimmung des GKV-Leistungsumfangs einzuhalten sind, hat das Bundesverfassungsgericht mit seinem Beschluss v 6. 12. 2005[4] mithilfe von Art 2 Abs 2 S 1 GG sowie Art 2 Abs 1 GG iVm dem Sozialstaatsprinzip abgesteckt: Die gesetzliche Krankenversicherung darf in Fällen der Lebensgefahr die Finanzierung einer Behandlungsmethode, die eine nicht ganz fern liegende Heilungschance bedeutet, nicht verweigern, auch wenn sie schulmedizinisch nicht anerkannt ist.[5] Es besteht im Rahmen der sozialstaatlichen Verpflichtung (Art 20 Abs 1, Art 28 Abs 1 GG) ein Auftrag an den Gesetzgeber, sich um das gesundheitliche Wohl der Gemeinschaft zu kümmern und möglichst gleiche Gesundheitschancen für alle Bürger zu gewährleisten. Daraus folgt einerseits die Verpflichtung des Staates, durch ein funktionsfähiges Sozialversicherungssystem gegen die elementaren Risiken des Lebens, insbesondere Krankheit und Invalidität, Vorsorge zu treffen, andererseits Einrichtungen der Daseinsvorsorge im gesundheitlichen Bereich zur Verfügung zu stellen. Es handelt sich um wichtige Gemeinschaftsgüter von hohem Wert, deren Erhaltung auch Eingriffe in individuelle Freiheitsrechte in gebotenem Umfang rechtfertigen kann.[6] Es besteht somit die Bereithaltungs-, Versorgungs- oder zumindest **Gewährleis-**

---

[1] Zum Einfluss des Verfassungsrechts auf das Sozialrecht *Papier,* in: *v Maydell/Ruland/Becker* (Hrsg), SRH, 100 ff.
[2] *Jarass,* in: *Jarass/Pieroth,* GG, Art 2 RdNr 94.
[3] Zur Leistungspflicht der GKV unter verfassungsrechtlichen Grundsätzen BVerfG v 5. 3. 1997, MedR 1997, 318.
[4] 1 BvR 347/98, BVerfGE 115, 25 = NJW 2006, 891.
[5] Zur Umsetzung der verfassungsrechtlichen Vorgaben durch das BSG siehe ua BSG, Urt v 7. 11. 2006, BSGE 97, 190; ferner *Schmidt,* in: *Peters,* KV (SGB V), § 27 RdNr 340–340b.
[6] BVerfGE 16, 286, 304; 45, 376, 387; BSGE 47, 148, 153.

tungsaufgabe der öffentlichen Hand für Gesundheitseinrichtungen, und zwar je nach gesetzlicher Ausgestaltung subsidiär, vorrangig, ausschließlich oder gleichwertig alternativ.

Der verfassungsrechtliche **Gestaltungsauftrag** wird inhaltlich mitbestimmt vom Anwendungsbereich der einzelnen Grundrechte, nämlich Art 2 Abs 2 GG (Handlungsfreiheit und damit auch Gewährleistung fremdnützigen Handelns), Art 9 Abs 2 GG (Garantie des verbandsmäßigen Zusammenschlusses), Art 12 GG (Berufsfreiheit und unternehmerische Entfaltungsfreiheit), Art 14 GG (Eigentums- und Vermögensschutz). Darüber hinaus wird der Status der von kirchlichen Institutionen getragenen Gesundheitseinrichtungen durch Art 4 Abs 1 und 2, Art 140 GG geprägt. Diese verfassungsrechtlichen Rahmenbedingungen beeinflussen die Strukturen des Krankenhauswesens maßgeblich.

2. Die Bedeutung des Sozialstaatsprinzips. Aus dem Sozialstaatsprinzip des GG leitet sich der allgemeine **stationäre Sicherstellungsauftrag** des Staates ab. Die bedarfsgerechte Versorgung der Bevölkerung mit leistungsfähigen Krankenhäusern ist eine verfassungsrechtlich vorgegebene Aufgabe im Rahmen der öffentlichen Daseinsvorsorge. Die öffentliche Hand hat dafür Sorge zu tragen, dass quantitativ und qualitativ ausreichend stationäre medizinische Versorgungseinrichtungen für alle Bürger zur Verfügung stehen. Der allgemeine verfassungsrechtliche Gestaltungsauftrag bedarf einer näheren normativen Konkretisierung. Dem Bundes- und Landesgesetzgeber obliegt es, entsprechend der Kompetenzverteilung des GG (Art 72 Abs 1 und 2, Art 74 Abs 1 Nr 12 – Sozialversicherung, Art 74 Abs 1 Nr 19a – Wirtschaftliche Sicherung der Krankenhäuser und Regelung der Krankenhauspflegesätze), Art und Umfang der stationären Versorgung festzulegen und zu bestimmen, wer jeweils die rechtliche und politische Verantwortung zu tragen hat.

Für die Erfüllung dieses sozialstaatlichen Sicherstellungsauftrages steht dem **Gesetzgeber** ein weiter **Gestaltungsspielraum** zu.[7] Leitlinien für das gesetzgeberische Ermessen sind die entsprechenden verfassungsrechtlichen Vorgaben:
– Anerkennung der bestehenden Vielfalt und Vielgestaltigkeit der Leistungsträger in einem pluralistisch ausgerichteten Gemeinwesen (Trägerpluralität),
– Gewährleistung der Autonomie der Träger im Rahmen der Funktionsfähigkeit des Versorgungssystems,
– Anwendung des Grundsatzes der Subsidiarität bei der Leistungserfüllung,
– Beachtung der gesamtwirtschaftlichen Grenzen bei der Finanzierung des Versorgungssystems.[8]

Es ist eine **öffentliche Aufgabe,** der Bevölkerung eine nach dem allgemein anerkannten Stand der medizinischen, medizinisch-technischen und pharmakologischen Entwicklung ausgerichtete **Krankenhausversorgung** anzubieten. Die Inanspruchnahme ist auf den medizinisch notwendigen Bedarf zu begrenzen.[9] Die ökonomische Zugänglichkeit, die räumliche Erreichbarkeit und die medizinische Bedarfsangemessenheit sind Bestimmungsfaktoren für gesetzgeberische Maßnahmen. Ungeachtet der finanziellen Leistungs-

---

[7] Siehe *Jaeger* NZS 2003, 225, 227, 233, ausführlich auch zu den Reformen in der gesetzlichen Krankenversicherung im Spiegel der Rechtsprechung des Bundesverfassungsgerichts.

[8] Zur verfassungsrechtlichen Bedeutung der Erhaltung der finanziellen Stabilität der GKV s im Einzelnen BVerfGE 68, 193, 218; 70, 1, 26; 77, 84, 107; 103, 172, 184; 114, 196, 221.

[9] Ohne Kostensensibilität ging der Bericht der Sozialenquete-Kommission 1966 noch von dem Satz aus: „Für die Erhaltung und die Wiederherstellung der Gesundheit ist kein Aufwand zu groß" (249 Nr 704). Das Gebot der Optimierung als beherrschender Grundsatz der Gesundheitspolitik bestimmt auch noch das KHG 1972. Die dauerhafte wirtschaftliche Sicherung der Krankenhäuser sollte im Interesse einer „optimalen Versorgung der Bevölkerung" erfolgen (AmtlBegr RegE KHG BR-Drucks 731/70, 9; BT-Drucks 7/4530, 6). Zur Rspr BVerfGE 53, 366, 401. Unter dem heute geltenden Grundsatz gesundheitsökonomischer Adäquanz ist ein Recht auf „bestmögliche medizinische Versorgung" nicht mehr anzuerkennen.

fähigkeit muss die gebotene Krankenhausbehandlung entsprechend der festgestellten medizinischen Notwendigkeit für jeden Patienten verfügbar sein. Ein Angebot von Zusatz- und Alternativleistungen (Wahlleistungen) darf dieses Ziel nicht gefährden. Anzahl, Leistungsspektrum und räumliche Verteilung von Krankenhäusern müssen sicherstellen, dass alle Patienten in zumutbarer Entfernung eine dem Bedarf angemessene Versorgung erreichen können.

7   Die Vielfalt der Krankenhäuser in der Bundesrepublik schafft für den Patienten **Wahlmöglichkeiten.** Verschiedene gesellschaftliche Gruppierungen können ihre Wertvorstellungen in Angebote von Krankenhausleistungen umzusetzen. Der besonderen verfassungsrechtlichen Stellung von kirchlichen Trägern ist dabei Rechnung zu tragen[10] (s § 81 RdNr 17 ff).

8   Der dem Bereich der Sozial- und Gesundheitspolitik immanente Rechtsgrundsatz der **Subsidiarität** verlangt bei der Aufgabenerfüllung ein Zusammenwirken zwischen Staat und sozialer Selbstverwaltung. Staatliches Handeln soll in vertretbarem Umfang durch Zusammenwirken in der gemeinsamen Selbstverwaltung von Krankenhäusern und Krankenkassen ergänzt oder ersetzt werden. Subsidiarität bedeutet aber auch die Gewährung von Handlungsspielräumen für das einzelne Krankenhaus. Eingriffe in die Autonomie des Trägers sind nur aus übergeordneten Interessen der Funktionsfähigkeit des Gesamtsystems zu rechtfertigen. Dieser Grundsatz wäre zB missachtet, wenn der **Gesetzgeber** für bestimmte Aufgaben des Krankenhauses den **Einsatz einer bestimmten Mitarbeitergruppe** bzw deren Vorrang statuieren würde, wie etwa beim **Entlassungsmanagement** nach § 11 Abs 4 SGB V in **Federführung von Pflegefachkräften** und beispielsweise nicht eines Arztes oder des Sozialdienstes als Case-Manager.[11] Die Gesetzgebungskompetenz des Bundes für die „Sozialversicherung" (Art 74 Abs 1 Nr 12 GG) umfasst ohnehin nicht Vorgaben oder auch nur Empfehlungen zur Eignung bestimmter Berufsgruppen zur Erledigung bestimmter gesetzlicher Aufgaben des Krankenhauses. Subsidiarität hat aber auch im Verhältnis des einzelnen zur Gemeinschaft zu gelten. Selbstbestimmung (Art 2 Abs 2 S 1 GG) und Selbstverantwortung sind Grundelemente jedes sozialen und solidarischen Leistungssystems. Solidarität und Eigenverantwortung ergänzen und bedingen einander (§ 1 SGB V, § 1 Abs 4, § 6 SGB XI).

9   Eine **Steuerung des Versorgungssystems** hat die gesamtwirtschaftlich sinnvolle Abstimmung der Ausgaben für das Krankenhauswesen mit dem Finanzbedarf für andere gesundheitspolitische Bereiche und die sonstigen öffentlichen Aufgaben herbeizuführen. Steuerung in diesem Sinn ist auch verfassungsrechtlich geboten.[12] Der aus dem Rechtsstaatsprinzip (Art 20 Abs 3, Art 28 Abs 1 GG) abzuleitende Grundsatz der Verhältnismäßigkeit stellt jedes staatliche Handeln unter die Voraussetzung von Geeignetheit, Zwecktauglichkeit, Erforderlichkeit und Adäquanz von Mittel und Erfolg. Fragen der Leistungsfähigkeit (Effektivität) eines Versorgungssystems, der Wirtschaftlichkeit (Effizienz), insbesondere seiner Einrichtungen, sind damit bei der medizinischen Versorgung der Bürger nicht nur Fragen der politischen Zweckmäßigkeit, sondern auch der rechtlichen Notwendigkeit. Sie stellen sich umso mehr, als die Sicherung eines angemessenen Versorgungsniveaus auf die Dauer nur gewährleistet und dem medizinischen Fortschritt angepasst werden kann, wenn die Gesamtausgaben für Gesundheitsleistungen in einer angemessenen Relation zur Leistungskraft der Volkswirtschaft gehalten werden. In der Rechtsprechung des Bundesverfassungsgerichts hat gerade im Gesundheitswesen der Kostenaspekt für gesetzgeberische Entscheidungen erhebliches Gewicht. Die **Stabilität der gesetzlichen Krankenversicherung,** deren Finanzierbarkeit und Funktionsfähigkeit ist

---

[10] Art 4 Abs 1 und 2, Art 140 GG iVm Art 137 Abs 3 S 1, Art 138 Abs 2 WRV.
[11] Siehe zum entsprechenden „Versuch" im vorparlamentarischen Raum des Pflege-Weiterentwicklungsgesetzes v 28. 5. 2008 oben § 79 RdNr 31.
[12] *Genzel,* Sozialstaat und Gesundheitsökonomie, Sonderdruck der BayKrankenhausgesellschaft, 1983, 6.

für das Gemeinwohl anerkanntermaßen von hoher Bedeutung.[13] „Soll die Gesundheitsversorgung der Bevölkerung mit Hilfe eines Sozialversicherungssystems erreicht werden, stellt auch dessen **Finanzierbarkeit** einen **überragend wichtigen Gemeinwohlbelang** dar, von dem sich der Gesetzgeber bei der Ausgestaltung des Systems und bei der damit verbundenen Steuerung des Verhaltens der Leistungserbringer leiten lassen darf."[14] Nicht die Verfassung, sondern angesichts dieser gesetzgeberischen Freiheit die Politik entscheidet somit letztlich, welches der richtige Weg zu einer angemessenen finanzierbaren Gesundheitsversorgung der Bevölkerung ist; die Handlungsspielräume des Gesetzgebers sind bei der Gewährleistung sozialer Sicherheit – an der Verfassung gemessen – sehr weit.[15]

Es liegt weitgehend im gesetzgeberischen Ermessen, mit welchen **Steuerungsstrategien**, mit welchen Steuerungsmitteln vor dem Hintergrund der Knappheit ökonomischer Ressourcen und des Leistungsvolumens der Medizin ein Ausgleich zwischen dem möglichen Standard und den Ausgaben hierfür herbeigeführt werden soll. Steuerung hat damit Ausgleichsfunktion. Es ist abzuwägen zwischen dem medizinischen Leistenkönnen und einem vertretbaren Kostenaufwand. Die Steuerung im System kann im einzelnen Leistungsprozess, beim einzelnen Leistungserbringer oder global für eine Vielzahl von Leistungsabläufen erfolgen. Einzelsteuerung und Globalsteuerung können dabei einer Fehlorientierung des Systems oder auch Fehlentwicklung entgegenwirken. Dies kann geschehen mit gesetzlichen oder administrativen Maßnahmen, mit Mitteln der Selbstverwaltung (korporatistische Steuerung) oder dem Einsatz marktwirtschaftlich orientierter Konzepte. Die Ausgestaltung des Steuerungssystems, die Durchführung, Übertragung und Überlassung von steuernden Maßnahmen mit Eingriffswirkung in einem gesundheitlichen Versorgungssystem stehen unter dem Vorbehalt des Gesetzes (Art 20 Abs 1, 3 GG) und dem Grundsatz der Effizienz staatlichen Handelns.[16] 10

3. Der sozialstaatliche Gewährleistungsauftrag. Vom verfassungsrechtlichen Sicherstellungsauftrag zu unterscheiden ist die auf mitgliedschaftlicher Grundlage beruhende Verpflichtung der GKV zur notwendigen Krankenhausbehandlung der Versicherten. Dieser **Gewährleistungsauftrag** wird näher geregelt in § 27 Abs 1 S 2 Nr 5, § 39 Abs 1, § 73 Abs 4 SGB V. Die Krankenhausbehandlung wird vollstationär, teilstationär, vor- und nachstationär (§ 115a SGB V) sowie ambulant (§ 115b, § 116b SGB V) erbracht. Versicherte haben Anspruch auf eine vollstationäre Behandlung in einem zugelassenen Krankenhaus, wenn die Aufnahme nach Prüfung durch das Krankenhaus erforderlich ist, weil das Behandlungsziel nicht durch teilstationäre, vor- und nachstationäre oder ambulante Behandlung einschließlich häuslicher Krankenpflege erreicht werden kann. Die Krankenhausbehandlung hat im Rahmen des Versorgungsauftrages des Krankenhauses alle Leistungen zu umfassen, die im Einzelfall nach Art und Schwere der Erkrankung für die medizinische Versorgung des Patienten im Krankenhaus notwendig sind, insbesondere ärztliche Behandlung (§ 28 Abs 1 SGB V), Krankenpflege, Versorgung mit Arznei-, Heil- und Hilfsmitteln, Unterkunft und Verpflegung (§ 39 Abs 1 S 3 SGB V). Qualität und Wirksamkeit der Leistungen haben dem allgemein anerkannten Stand der medizinischen Erkenntnisse zu entsprechen und den medizinischen Fortschritt zu berücksichtigen (§ 2 Abs 1 S 3 SGB V). Die gesetzlichen Krankenkassen stellen diese ihre Rechtsverpflichtung durch ein System öffentlich-rechtlicher Versorgungsverträge mit Krankenhäusern und Vorsorge- oder Rehabilitationseinrichtungen (§§ 107–111 SGB V) sicher. 11

---

[13] BVerfGE 70, 1, 30; E 82, 209, 230; ausführlich zum Grundsatz der finanziellen Stabilität der GKV *Schaks* VSSR 2008, 31.
[14] BVerfGE 103, 172, 183 ff.
[15] Siehe *Jaeger* NZS 2003, 225, 234 zur Rechtsprechung des BVerfG zum Sozialversicherungsrecht unter dem Aspekt „Krankenversicherungsschutz zu bezahlbaren Konditionen".
[16] Siehe im Einzelnen *Genzel* NZS 1996, 359, 401.

12 **Verfassungsrechtlich** abgesichert ist dieser Gewährleistungsauftrag insoweit, als sozialversicherten Patienten der Zugang zu einem bedarfsgerechten Versorgungssystem in gleicher Weise eröffnet sein muss wie allen anderen. Art 3 GG in seiner besonderen Ausgestaltung auch als soziales Grundrecht verbietet eine Ungleichbehandlung ohne eine sachliche Rechtfertigung. Bei Krankenhausbehandlungsbedürftigkeit muss der Zugang für Sozialversicherte zu den entsprechenden medizinischen Einrichtungen grundsätzlich offenstehen.

II. Die bundes- und landesrechtliche Konkretisierung des sozialstaatlichen Sicherstellungsauftrags

13 Der sozialstaatliche Sicherstellungsauftrag zur stationären Versorgung wird entsprechend der grundgesetzlichen Kompetenzverteilung durch **bundes-** und **landesrechtliche** Regelungen konkret ausgestaltet. Mit dem 22. GG-ÄndG vom 12. 5. 1969[17] erhielt der Bund durch die Einfügung des Art 74 Abs 1 Nr 19a die konkurrierende Gesetzgebungszuständigkeit für die „wirtschaftliche Sicherung der Krankenhäuser und die Regelung der Krankenhauspflegesätze". Auf diese Weise sollte eine umfassende **Neuordnung der Krankenhausfinanzierung** ermöglicht werden. Durch das 21. GG-ÄndG vom 12. 5. 1969[18] wurde in Art 104a die Möglichkeit der Beteiligung des Bundes an der Finanzierung von Investitionen im Krankenhaus durch Finanzhilfen an die Länder eröffnet. Auf der Grundlage dieser verfassungsrechtlichen Kompetenz erließ der Bund das Krankenhausfinanzierungsgesetz – KHG vom 29. 6. 1972. Mit diesem Gesetz wurde die Krankenhausplanung und -förderung in den Ländern auf eine neue Rechtsgrundlage gestellt. Die Rechtsmaterie der Krankenhauspflegesätze wurde durch die VO zur Regelung der Krankenhauspflegesätze (BPflV) vom 25. 4. 1973[19] aus dem Preisrecht herausgenommen und eigenständig als ein Teil der Krankenhausfinanzierung normiert.[20]

14 Das **KHG 1972** hatte das **Ziel,** die finanzielle Grundlage der Krankenhäuser durch die Verbindung von öffentlicher Förderung und kostendeckenden Pflegesätzen zu sichern. Damit sollte die bedarfsgerechte Versorgung der Bevölkerung mit leistungsfähigen Krankenhäusern gewährleistet und zu sozial tragbaren Pflegesätzen beigetragen werden. Die Vorhaltung von Krankenhäusern wurde eindeutig als öffentliche Aufgabe anerkannt. Die öffentliche Hand übernahm deshalb die Vorhaltekosten für lang-, mittel- und kurzfristige Investitionen. Dabei mussten grundsätzlich die öffentliche Förderung nach dem Gesetz und die Erlöse aus den von den Patienten/Krankenkassen zu zahlenden Pflegesätzen zusammen die Selbstkosten eines sparsam wirtschaftenden und leistungsfähigen Krankenhauses decken. Das **duale Finanzierungssystem** und der Grundsatz der **Selbstkostendeckung** waren bestimmende Elemente der neuen Krankenhausfinanzierung. Voraussetzung der öffentlichen Förderung war die Aufnahme eines Krankenhauses in den Krankenhausbedarfsplan des Landes und bei bestimmten Investitionen in das jährlich zu erstellende Krankenhausbauprogramm. Ein subjektiv-öffentliches Recht auf Förderleistung entstand erst mit feststellenden Verwaltungsakten über die Aufnahme in die entsprechenden Pläne. Die Pflegesätze waren für alle Benutzer nach einheitlichen Grundsätzen zu bemessen. Sie mussten auf der Grundlage der Selbstkosten eines sparsam wirtschaftenden, leistungsfähigen Krankenhauses und einer Kosten- und Leistungsrechnung eine wirtschaftliche Betriebsführung ermöglichen und die medizinisch und wirtschaftlich rationelle Versorgung durch die Krankenhäuser sichern. Die Pflegesätze waren von der zuständigen Landesbehörde nach Durchführung von Einigungsverhandlungen zwischen den Krankenhausträgern und den Sozialleistungsträgern durch Verwaltungsakt festzusetzen.

---

[17] BGBl I, 363.
[18] BGBl I, 359.
[19] KHG 1972 (BGBl I, 1009); BPflV 1973 (BGBl I, 333).
[20] Bis dahin galt die auf Grund des Preisgesetzes v 10. 4. 1948 (§ 2) ergangene VO PR Nr 7/54 v 31. 8. 1954 (BAnz Nr 173).

Der **Bund** gewährte den Ländern **Finanzhilfen** in Form von Investitionszuschüssen, 15
die teils plafondiert, teils ohne betragsmäßige Begrenzung geleistet wurden. Die Art und
Höhe der **Mischfinanzierung** führte in den folgenden Jahren zu nicht unerheblichen
Auseinandersetzungen zwischen Bund und Ländern und war auch Anlass für eine Änderung des Finanzierungssystems.[21] Die Forderungen nach dem Abbau der Mischfinanzierung und die Notwendigkeit der Kostendämpfung im Krankenhausbereich waren Anlass
für eine Neuordnung der Krankenhausfinanzierung im Jahr 1984.

1. Die Krankenhaus-Neuordnung 1984. Mit dem Krankenhaus-Neuordnungsge- 16
setz vom 20. 12. 1984 (KHNG) wurde das KHG 1972 idF des Krankenhaus-Kostendämpfungsgesetzes vom 22. 12. 1981 (KHKG) grundlegend novelliert.[22]
 Schwerpunkte der am 1. 1. 1985 in Kraft getretenen Neuregelung waren:
– Auflösung der Mischfinanzierung,[23]
– grundsätzliche Beibehaltung des dualen Finanzierungssystems (§ 4 S 1),
– Modifizierung des Selbstkostendeckungsgrundsatzes (§ 4 S 2, § 17 Abs 1),
– Stärkung der Vielfalt und Eigenständigkeit der Krankenhausträger (§ 1 Abs 1 S 2 und 3),
– Beschränkung auf bundesgesetzliche Vorgaben für die Krankenhausplanung und
 öffentliche Förderung und damit Erweiterung des gesetzgeberischen Gestaltungsspielraumes der Länder (§§ 5–10),
– Stärkung der gemeinsamen Selbstverwaltung von Krankenhäusern und Krankenkassen bei der Krankenhausplanung und -förderung (§ 7 Abs 1 S 1 und 2),
– Stärkung der gemeinsamen Selbstverwaltung von Krankenhäusern und Krankenkassen im Pflegesatzverfahren durch Einführung des Vereinbarungsprinzips für die Festlegung der Pflegesätze und Konfliktlösung durch paritätisch besetzte Schiedsstelle;
 Aufrechterhaltung der Letztverantwortung des Staates durch Genehmigungsvorbehalt
 für vereinbarte oder durch Schiedsspruch festgesetzte Pflegesätze (§§ 18, 18a),
– Betonung der Wirtschaftlichkeit der Krankenhausversorgung; bei der Pflegesatzbemessung Berücksichtigung der Kosten und Leistungen vergleichbarer Krankenhäuser
 sowie der von Krankenkassen und Krankenhäusern zu erarbeitenden Empfehlungen
 über Maßstäbe und Grundsätze zur Wirtschaftlichkeit und Leistungsfähigkeit (§ 17
 Abs 1 S 3, § 19).

2. Die Auswirkungen der Gesundheits-Strukturreform 1992 auf die Kranken- 17
häuser. Vorrangiges Ziel des GSG[24] war es, Überkapazitäten und Unwirtschaftlichkeiten
in den einzelnen Leistungsbereichen abzubauen und die unzureichende Verzahnung der
verschiedenen Versorgungsebenen zu beseitigen. Auch sollte durch Beseitigung falscher
Anreizstrukturen die Effektivität des Systems erhöht werden. Leitgedanke war, durch
Rationalisierung im System Rationierung bei den medizinischen Leistungen zu vermeiden. Die Regelungen des GSG hatten erhebliche Auswirkungen auf die Vertrags- und
Leistungsbeziehungen der Krankenhäuser mit den Krankenkassen (Art 1 – Änderungen
des SGB V) und novellierten unmittelbar das Recht der Krankenhausfinanzierung
(Art 11 – Änderungen des KHG, Art 12 – Änderungen der BPflV 1989).[25]
 Zu den **grundlegenden Neuregelungen** gehörten:
– Aufhebung des Selbstkostendeckungsgrundsatzes (§§ 4, 17 Abs 1 aF KHG) zum 1. 1.
 1993,
– Feste Klinikbudgets (Deckelung) in den Jahren 1993 bis 1995 (§ 17 Abs 1a KHG),

---

[21] Zu den Auswirkungen des KHG 1972 und der weiteren Entwicklung der Krankenhausfinanzierung *Genzel/Hanisch/Zimmer*, Einl VI und VII vor § 1 KHG.
[22] BGBl I, 1716.
[23] Streichung der §§ 21 bis 26 KHG 1972.
[24] Gesetz zur Sicherung und Strukturverbesserung der gesetzlichen Krankenversicherung (Gesundheits-Strukturgesetz, GSG v 21. 12. 1992, BGBl I, 2266).
[25] Zu den rechtlichen und ökonomischen Auswirkungen im Einzelnen *Genzel* MedR 1994, 83.

- Einführung von leistungsorientierten Vergütungsformen (§ 17 Abs 2a S 1 KHG),[26]
- Bessere Verzahnung von ambulanter und stationärer Versorgung,
- Gesetzliche Zulassung der Kliniken zur vor- und nachstationären Behandlung (§ 115a SGB V) und zum ambulanten Operieren (§ 115b SGB V),
- Entlastung der Krankenhausbudgets durch höhere Kostenerstattung bei privatärztlicher Liquidation (§ 11 Abs 3 und 3a, § 13 Abs 3 Nr 6 und 6a BPflV 1993),
- Anspruch auf Finanzierung von Rationalisierungsinvestitionen über den Pflegesatz (§ 18b KHG).

18 **3. Die Regelungen für den Krankenhausbereich im Rahmen der dritten Stufe der Gesundheitsreform 1997.** Ziel der dritten Stufe der Gesundheitsreform war es, in Weiterführung des GSG die hohe medizinische Leistungsfähigkeit des Systems und dessen Finanzierbarkeit zu für Arbeitgeber und Arbeitnehmer akzeptablen Beiträgen zu sichern. Das medizinisch Erforderliche sollte mit dem volkswirtschaftlich Vertretbaren und dem Versicherten Zumutbaren in Einklang gebracht werden mittels verstärkter Selbststeuerung durch die unmittelbar Betroffenen. Durch Begrenzung der staatlichen Regelungen auf das unbedingt Notwendige sollten Freiräume für die Selbstverwaltung eröffnet werden. Sozialverträglicher Wettbewerb und mehr Eigenverantwortung der Beteiligten waren Eckpunkte der gesetzlichen Regelungen.

19 Während das 1. GKV-Neuordnungsgesetz[27] Beitragssatzsteigerungen durch automatische Erhöhung der Zuzahlungen (zB für den Bereich der Krankenhäuser, § 39 Abs 4 SGB V) und ein außerordentliches Kündigungsrecht der Versicherten erschwert hat, hat das 2. GKV-Neuordnungsgesetz[28] im stationären Versorgungsbereich die Gestaltungsmöglichkeiten für die Selbstverwaltung erweitert.[29] Die mit dem Gesetz zur Stabilisierung der Krankenhausausgaben 1996[30] rückwirkend zum 1.1.1996 angeordnete strikte Budgetierung der Gesamterlöse eines Krankenhauses wurde nicht fortgeführt.

20 **Schwerpunkte** des 2. GKV-NOG:
- Vereinbarung des Entgeltkatalogs für Fallpauschalen und Sonderentgelte und dessen Weiterentwicklung ab 1998 durch die Spitzenverbände der Krankenkassen und die Deutsche Krankenhausgesellschaft (zunächst Vorgabe von 73 Fallpauschalen und 147 Sonderentgelten in der Bundespflegesatzverordnung);
- Verantwortlichkeit der Selbstverwaltung für die Einhaltung des Grundsatzes der Beitragssatzstabilität durch Vereinbarung der jährlichen Veränderungsrate ab 1998;
- Einführung einer Bundesschiedsstelle zur Konfliktlösung zwischen DKG und Spitzenverbänden der Krankenkassen (§ 18a Abs 6 KHG);
- zu Ungunsten der Krankenhäuser geänderte Ausgleichsregelungen für Krankenhausbudget und Fallpauschalen sowie Sonderentgelte;
- Aufhebung der Pflege-Personalregelung;[31]
- Aufhebung der Großgeräteplanung für den ambulanten und stationären Bereich;[32]
- Einführung eines Verbandsklagerechts zugunsten der PKV im nichtärztlichen Wahlleistungsbereich der Krankenhäuser (s nunmehr § 17 Abs 1 S 5 KHEntgG).

21 **4. Die Regelungen für den Krankenhausbereich im GKV-Gesundheitsreformgesetz 2000.** Qualität und Wirtschaftlichkeit der gesundheitlichen Versorgung sollten durch eine Stärkung der Kompetenzen der gesetzlichen Krankenversicherung sicherge-

---

[26] Umgesetzt durch die Verordnung zur Regelung der Krankenhauspflegesätze (Bundespflegesatzverordnung – BPflV) v 26. 9. 1994 (BGBl I, 2750).
[27] V 23. 6. 1997 (BGBl I S 1518); Koppelung von Beitragssatzerhöhungen mit Zuzahlungserhöhungen durch das GKV-Solidaritätsstärkungsgesetz v 19. 12. 1998 (BGBl I, 3853) wieder gestrichen.
[28] V 23. 6. 1997 (BGBl I S 1520).
[29] S im Einzelnen *Genzel* MedR 1997, 479; *ders* ArztR 1998, 43.
[30] V 29. 4. 1996 (BGBl I, 654) als Zeitgesetz für ein Jahr.
[31] Pflege-Personalregelung v 21. 2. 1992 (BGBl I, 2266, 2316).
[32] § 122, § 85 Abs 2a SGB V, § 10 KHG.

stellt und dauerhaft finanzierbar werden. Im Mittelpunkt der vorgesehenen gesetzlichen Regelungen stand dabei ein sektorenübergreifendes Globalbudget als feste Obergrenze für das gesamte jährliche Ausgabenvolumen einer Krankenkasse, begrenzt auf eine bundesweite jährliche Veränderungsrate der Einnahmen. Im Krankenhausbereich war Handlungsbedarf für neue gesetzliche Regelungen gesehen in der Abschaffung des dualen Finanzierungssystems und stufenweisen Einführung einer monistischen Krankenhausfinanzierung, der Beteiligung der Krankenkassen an der Kapazitätsplanung und Investitionssteuerung und der leistungsgerechten Mittelverteilung durch ein durchgängiges pauschaliertes Entgeltsystem.

Die zunächst umfassend konzipierte Strukturreform des Gesundheitswesens[33] zum 1. 1. 2000 ist angesichts der Einwendungen des Bundesrats nur mit einem nicht zustimmungsbedürftigen Teil in Kraft getreten. Im Krankenhausbereich ist die Einführung der monistischen Finanzierung nicht realisiert worden.[34] Auch der Dualismus von Bereithaltungs- und Versorgungsverantwortung des Staates (Länder) durch Krankenhausplanung sowie öffentliche Investitionsförderung und andererseits Leistungsverantwortung der GKV durch Bezahlung leistungsgerechter Entgelte (Pflegesätze) wurde nicht verändert.

Das **Gesetz zur Reform der gesetzlichen Krankenversicherung ab dem Jahr 2000** vom 22. 12. 1999[35] enthält für den Krankenhausbereich grundlegende Neuregelungen:
– Einführung eines durchgängigen, leistungsorientierten und pauschalierenden Entgeltsystems, das sich an einem international bereits eingesetzten Vergütungssystem auf der Grundlage der Diagnosis Related Groups (DRG) orientiert (§ 17 b KHG);
– Gesetzliche Verpflichtung zur Sicherung und Weiterentwicklung der Qualität von Krankenhausleistungen sowie zur Beteiligung an einrichtungsübergreifenden Maßnahmen der Qualitätssicherung und Einführung eines einrichtungsinternen Qualitätsmanagements (§ 135 a, § 137, SGB V);
– Teilnahme an der Integrierten Versorgung auf Grund von Verträgen mit Krankenkassen (§§ 140 a ff SGB V);
– Bewertung von Untersuchungs- und Behandlungsmethoden im Krankenhaus in einem „Ausschuss Krankenhaus" als Organ der gemeinsamen Selbstverwaltung (§ 137c SGB V).

5. Das Gesetz zur Modernisierung der gesetzlichen Krankenversicherung 2003 und die Krankenhäuser. Zum **Kernbereich** des Gesetzes zur Modernisierung der gesetzlichen Krankenversicherung vom 14. 11. 2003[36] zählt die **Erweiterung der Berechtigung der Krankenhäuser zur ambulanten Leistungserbringung.** Der Gesetzgeber hat sich davon leiten lassen, dass eine am Patienten orientierte Gestaltung der Versorgung das Sektorendenken überwinden muss. Patienten müssen dort versorgt werden, wo dies den medizinischen Erfordernissen am besten entspricht. Ein Wettbewerb zwischen unterschiedlichen Versorgungsformen kann außerdem Innovationen beschleunigen und Effizienzreserven erschließen. Im Einzelnen handelt es sich um folgende fünf Tatbestände:[37]
– Bedarfszulassung als Medizinisches Versorgungszentrum auch in Trägerschaft eines zur GKV zugelassenen Krankenhauses zur Teilnahme an der vertragsärztlichen Versorgung – § 95 Abs 1 SGV V[38]

---

[33] RegEntw BT-Drucks 14/1245.
[34] Zur rechtlichen und gesundheitspolitischen Problematik s *Genzel* ArztR 1999, 288; *Igl* MedR 2000, 157.
[35] BGBl I, 2626.
[36] GKV-Modernisierungsgesetz – GMG (BGBl I, 2190).
[37] Zur Öffnung der Krankenhäuser für die ambulante Versorgung im Rahmen des GMG *Degener-Hencke* NZS 2003, 629.
[38] Siehe DKG, Hinweise zur Gründung Medizinischer Versorgungszentren, 2007; zu Chancen oder Risiken für Krankenhaus und Chefarzt *Andreas* ArztR 2005, 144.

- Ambulante Behandlung durch Krankenhäuser bei Unterversorgung im vertragsärztlichen Bereich – § 116a SGB V
- Einbeziehung der Krankenhäuser in die ambulante Leistungserbringung bei Teilnahme an Disease-Management-Programmen aufgrund von Einzelverträgen mit Krankenkassen – § 116b Abs 1 SGB V
- Ambulante Erbringung hochspezialisierter Leistungen durch Krankenhäuser aufgrund von Einzelverträgen mit Krankenkassen – § 116b Abs 2–5 SGB V[39]
- Begrenzte Teilnahme von Krankenhäusern mit ambulanten Leistungen an der integrierten Versorgung in Abhängigkeit vom Versorgungsspektrum beteiligter Vertragsärzte in Fachrichtungen des stationären Versorgungsauftrages – §§ 140a ff SGB V.

25 **Weitere** für den Krankenhausbereich **bedeutsame Regelungen:**
- Errichtung eines Gemeinsamen Bundesausschusses mit Vertretern der Vertragsärzte, Krankenhäuser und Krankenkassen – § 91 SGB V/Anhörungsrecht der Kammern der Heilberufe auf Bundesebene zu Richtlinien, deren Gegenstand die Berufsausübung der Ärzte, Psychotherapeuten und Zahnärzte berührt
- Zusammenfassung aller Zuständigkeiten zur Qualitätssicherung (stationäre und ambulante Versorgung sowie Rehabilitation) beim Gemeinsamen Bundesausschuss – §§ 135 ff SGB V/stationäre Versorgung: §§ 137, 137c SGB V (Wegfall des Ausschusses „Krankenhaus")[40]
- Beanstandungs- und Ersatzvornahmerecht des Bundesministeriums für Gesundheit gegenüber Beschlüssen des G-BA zur Bewertung von Untersuchungs- und Behandlungsmethoden im Krankenhaus (Rechtsaufsicht – Überprüfung auf Übereinstimmung mit höherrangigem Recht/kein fachliches Entscheidungsermessen) – §§ 137c, 94 SGB V
- Gründung eines Institutes für Qualität und Wirtschaftlichkeit im Gesundheitswesen – §§ 139a – 139c SGB V[41]
- Verpflichtung zur Übermittlung der notwendigen Daten bei Krankenhausabrechnungen auf Datenträgern oder im Wege der elektronischen Datenübermittlung – § 301 SGB V
- Auflösung der Konzertierten Aktion im Gesundheitswesen unter Fortbestand des Sachverständigenrates nunmehr zur „Begutachtung der Entwicklung im Gesundheitswesen" – Streichung von § 141/Änderung von § 142 SGB V.

26 **6. Das Gesetz zur Stärkung des Wettbewerbs in der gesetzlichen Krankenversicherung 2007 und die Krankenhäuser.** Durch das Gesetz zur Stärkung des Wettbewerbs in der gesetzlichen Krankenversicherung vom 26. 3. 2007[42] sollen die Beziehungen zwischen Patienten und Ärzten, Versicherten und Krankenkassen, Krankenkassen und Leistungserbringern transparenter, flexibler und stärker wettbewerblich ausgestaltet werden.[43] Bis heute umstritten ist die Einführung des zentralen Gesundheitsfonds gemäß §§ 270, 220 Abs 1 und 2 SGB V, in dem seit dem 1. 1. 2009 ua die Beiträge der Arbeitgeber und der GKV-Mitglieder sowie die Zuschüsse des Bundes aus Steuermitteln (§ 221

---

[39] Ersetzung der Vertragslösung durch Zulassungsentscheidung des Landes im GKV-Wettbewerbsstärkungsgesetz v 26. 3. 2007 (BGBl I, 378).

[40] Umfassend zu den Aufgaben des G-BA *Hess* MedR 2005, 385; zur Qualitätssicherung in der stationären Versorgung siehe grundlegend *Klauber/Robra/Schellschmidt* (Hrsg), Krankenhaus-Report 2004 (Schwerpunkt: Qualitätstransparenz).

[41] Zu den Aufgaben des Institutes *Genzel* ArztR 2006, 228; *Sawicki* MedR 2005, 389; zur Anerkennung neuer Untersuchungs- und Behandlungsmethoden und zur Stellung des IQWiG *Engelmann* MedR 2006, 245; zum Verhältnis von IQWiG und G-BA *Rixen* MedR 2008, 24.

[42] GKV-Wettbewerbsstärkungsgesetz – GKV-WSG (BGBl I, 378); s auch die informative „Krankenhauspolitische Chronik" vom GKV-Gesundheitsreformgesetz 2000 bis zum GKV-WSG u KHRG, *Visarius/Lehr,* in: *Klauber/Robra/Schellschmidt* (Hrsg), Krankenhaus-Report 2003–2010.

[43] Siehe *Bitter* GesR 2007, 152 mit einem Überblick zum GKV-WSG.

14. Kapitel. Krankenhausrecht. Öff-rechtl Rahmen **27 § 80**

SGB X) gesammelt werden und der durch das Bundesversicherungsamt verwaltet wird; die Bundesregierung legt den einheitlichen Beitragssatz gemäß § 241 Abs 2 SGB V durch Rechtsverordnung fest. Reichen die Zuweisungen an eine Krankenkasse aus dem Gesundheitsfonds nicht aus, hat diese einen Zusatzbeitrag zu erheben (§ 242 Abs 1 SGB V). Die bisherigen sieben Bundesverbände der Krankenkassen sind durch den Spitzenverband Bund der Krankenkassen als Körperschaft des öffentlichen Rechts ersetzt worden, der seine Arbeit am 1. 7. 2008 aufgenommen hat (§§ 217 a–g SGB V).

Daneben sind für die Krankenhäuser folgende **Regelungen von Bedeutung:** 27
– Neustrukturierung des Gemeinsamen Bundesausschusses zum 1. 7. 2008[44] mit einem einzigen sektorenübergreifenden Beschlussgremium mit 13 stimmberechtigten Mitgliedern (unparteiischer hauptamtlicher Vorsitzender, zwei weitere unparteiische hauptamtliche Mitglieder, fünf vom Spitzenverband Bund der Krankenkassen sowie jeweils zwei von der Kassenärztlichen Bundesvereinigung und der Deutschen Krankenhausgesellschaft benannte Mitglieder und ein von der Kassenzahnärztlichen Bundesvereinigung berufenes Mitglied) – § 91 SGB V
– Grundlegende, sektorenübergreifende, zusammenfassende Regelung zu Richtlinien und Beschlüssen des G-BA zur Qualitätssicherung – § 137 SGB V (ua Vergütungsabschläge für alle Leistungserbringer, die ihre Verpflichtungen zur Qualitätssicherung nicht einhalten); zusätzlich für Krankenhäuser gemäß Absatz 3 wie bereits im bisherigen Recht Beschlüsse über:[45]
  – Nachweise im Abstand von 5 Jahren über die Erfüllung der Fortbildungspflichten der Krankenhausfachärzte (Nr 1)[46]
  – Katalog planbarer Leistungen mit Mindestmengen je Arzt oder Krankenhaus unter dem Aspekt der Qualität der Behandlungsergebnisse (Nr 2), Verbot der Leistungserbringung unterhalb einer Mindestmengenregelung des G-BA mit Ausnahmeentscheidung der Krankenhausplanungsbehörde des Landes zur Sicherstellung einer flächendeckenden Versorgung der Bevölkerung[47]
  – Grundsätze zur Einholung von Zweitmeinungen vor Eingriffen (Nr 3)
  – Strukturierte Qualitätsberichte im Abstand von zwei Jahren, ua zur Beachtung der Mindestmengenregelungen (Nr 4)[48]
– Einführung eines Zweitmeinungsverfahrens in der vertragsärztlichen Versorgung für besondere Arzneimittel mit hohen Jahrestherapiekosten oder mit erheblichem Risikopotential, ua in der ambulanten Weiterbehandlung nach erstmaligem Einsatz im Krankenhaus – § 73d SGB V
– Anwendung von Arzneimitteln im Krankenhaus, die auch in der weiteren Arzneimitteltheltherapie in der vertragsärztlichen Versorgung zweckmäßig und wirtschaftlich sind – § 115c Abs 2 SGB V
– Öffnung der Krankenhäuser für ambulante hochspezialisierte Leistungen sowie zur ambulanten Behandlung seltener Erkrankungen und Erkrankungen mit besonderen Krankheitsverläufen nicht mehr durch Verträge mit Krankenkassen, sondern durch Zulassungsentscheidung der Länder – § 116b Abs 2–6 SGB V[49]

---

[44] Ausführlich dazu *Hess* HK-AKM, 2045.
[45] Richtlinien abrufbar unter www.g-ba.de. Einheitlichkeit der QS unabhängig vom Versichertenstatus (§ 137 Abs 1 S 1 u Abs 3 S 1 idF des KHRG v 17. 3. 2009).
[46] Regelungen des G-BA zur Fortbildung im Krankenhaus v 19. 3. 2009; s auch *Grüning et al*, Qualitätssicherung in der stationären Versorgung, 155 ff.
[47] Siehe *Stollmann* GesR 2007, 303; Ablehnung der Mindestmengenregelung durch BÄK, VLK und DKG.
[48] Zur Qualitätssicherung im Krankenhaus nach dem GKV-WSG *Pinter* KHR 2008, 1; ferner *Selbmann* zu den Qualitätsberichten KU 2007, 1032 sowie zur Zertifizierung von Krankenhäusern AuK 2007, 3; *Gamperl* (Gemeinsamer Bundesausschuss), in: Das Krankenhaus im Gewährleistungsstaat (Düsseldorfer Krankenhausrechtstag 2007), 109.
[49] Siehe *Stollmann* ZMGR 2007, 134; *Pitschas* MedR 2008, 473; *Möller* SGb 2009, 345.

§ 80   28, 29   § 80 Die Aufgaben der Krankenhäuser

- Integrierte Versorgung mit „bevölkerungsbezogener Flächendeckung" der Versorgung/ Einbeziehung der Pflegekassen und der zugelassenen Pflegeeinrichtungen – § 140a Abs 1, § 140 Abs 1 Nr 5 SGB V
- Zeitnahe Durchführung der Einzelfallprüfung durch Krankenkassen nach § 275 Abs 1 Nr 1 SGB V (Krankenhausbehandlungsbedürftigkeit/Abrechnungsprüfung) mit Zahlung einer Aufwandspauschale von 100 € durch die Krankenkasse bei ungerechtfertigter Beanstandung – § 275 Abs 1c SGB V
- Dreigliedriger „Sanierungsbeitrag" der Krankenhäuser zur finanziellen Stabilisierung der GKV: Rechnungsabschlag in den Jahren 2007 und 2008 in Höhe von 0,5 % bei gesetzlich Krankenversicherten – § 8 Abs 9 KHEntgG, Kürzung der Mindererlösausgleiche von 40 % auf 20 % – § 4 Abs 9 S 2 KHEntgG sowie teilweise Aufhebung der Rückzahlungspflicht für nicht verwendete Mittel der Anschubfinanzierung der integrierten Versorgung – § 140d Abs 1 S 8 SGB V.

28 **7. Das Krankenhausfinanzierungsreformgesetz 2009.** Mit dem Gesetz vom 17. 3. 2009 zum ordnungspolitischen Rahmen der Krankenhausfinanzierung ab dem Jahr 2009[50] werden die Rahmenbedingungen der Krankenhausfinanzierung ab dem letzten Schritt der Konvergenzphase des DRG-Systems vorgegeben. Das Gesetz enthält etliche weitere Punkte, ua auch Maßnahmen zur Verbesserung der wirtschaftlichen Situation der Krankenhäuser. Folgende **Regelungen** sind hervorzuheben:
- Verlängerung der Konvergenzphase um ein Jahr (§ 5 Abs 6 KHEntgG)
- Umstellung auf Landesbasisfallwerte/Abschaffung der krankenhausindividuellen Basisfallwerte (§ 4 KHEntgG)
- Berücksichtigung der Veränderung der Schweregrade bei der Vereinbarung des Landesbasisfallwertes (§ 10 Abs 3 KHEntgG)
- Annäherung der Landesbasisfallwerte in den Jahren 2010–2014 an einen Bundesbasisfallwertkorridor (§ 10 Abs 8 und 9 KHEntgG)
- Als Alternative zur Grundlohnanbindung der Krankenhausentgelte Entwicklung eines Orientierungswertes durch das Statistische Bundesamt bis Mitte 2010 zur besseren Berücksichtigung der Kostenentwicklung im Krankenhausbereich (§ 10 Abs 6 KHEntgG)
- Pauschaliertes Vergütungssystem für psychiatrische und psychosomatische Einrichtungen ab 2013 (§ 17 d KHG)
- Leistungsorientierte Investitionspauschalen mit bundeseinheitlichen Investitionsbewertungsrelationen als Option für die Länder ab 2012 (Entwicklungsauftrag gemäß § 10 KHG)
- Anteilige Finanzierung der Tariflohnerhöhung 2008/2009 (§ 10 Abs 5 KHEntgG/§ 6 Abs 2 BPflV)
- Förderprogramm für die Pflege/zusätzliche Finanzierung von bis zu 16.500 Stellen im Pflegedienst zu 90 % in den Jahren 2009–2011 (§ 4 Abs 10 KHEntgG/§ 6 Abs 4 BPflV)
- Abschluss von Honorarverträgen mit Belegärzten/Abrechnung der Fallpauschalen für Hauptabteilungen in Höhe von 80 Prozent (§ 121 Abs 5 SGB V iVm § 18 Abs 3 KHEntgG).

29 **8. Das Landeskrankenhausrecht.** Seit dem KHNG 1984 sind die bundesrechtlichen Vorgaben für Krankenhausplanung und öffentliche Förderung auf Grundsatzvorschriften beschränkt; dabei wird teilweise in einzelnen Bestimmungen auf das Landesrecht ausdrücklich verwiesen.[51] Damit bestehen für die Länder auf dem Gebiet des Krankenhausrechts erweiterte Handlungs- und Gestaltungsmöglichkeiten. Bundesrechtlich umfassend geregelt ist nur mehr das Pflegesatzrecht. Die einzelnen Länder haben von ihrer Gesetzgebungszuständigkeit mit verschiedener Intensität Gebrauch gemacht. Die erlassenen

---

[50] Krankenhausfinanzierungsreformgesetz – KHRG (BGBl I, 534); dazu *Rau* KH 2009, 198.
[51] Vgl § 6 Abs 4, § 7 Abs 2, § 11 KHG („Das Nähere wird durch Landesrecht bestimmt"); § 1 Abs 2, § 9 Abs 5 („nach Maßgabe des Landesrechts").

14. Kapitel. Krankenhausrecht. Öff-rechtl Rahmen **29 § 80**

Landeskrankenhausgesetze enthalten alle Regelungen in Ausführung und Ergänzung des Bundesrechts. Einzelne Länder haben darüber hinaus auch Bestimmungen über die Leitungs- und Organisationsstrukturen und damit die innere Gliederung der Krankenhäuser, allerdings mit verschiedener Regelungstiefe, erlassen.

Im Einzelnen sind folgende **Landeskrankenhausgesetze** ergangen:[52]

Baden-Württemberg:	Landeskrankenhausgesetz Baden-Württemberg (LKHG) vom 29. 11. 2007 (GBl 2008, 13),
Bayern:	Bayerisches Krankenhausgesetz (BayKrG) vom 28. 3. 2007 (GVBl 2007, 288), geändert durch Gesetz vom 23. 4. 2008 (GVBl 2008, 139),
Berlin:	Landeskrankenhausgesetz Berlin (LKG) idF vom 1. 3. 2001 (GVBl, 110), zuletzt geändert durch Gesetz vom 22. 10. 2008 (GVBl, 294),
Brandenburg:	Gesetz zur Entwicklung der Krankenhäuser im Land Brandenburg (Brandenburgisches Krankenhausentwicklungsgesetz – BbgKHEG) vom 8. 7. 2009 (GVBl, 310),
Bremen:	Bremisches Krankenhausfinanzierungsgesetz (BremKHG) idF vom 15. 7. 2003 (Brem GBl, 341), zuletzt geändert durch Gesetz vom 5. 5. 2009 (Brem GBl, 141),
Hamburg:	Hamburgisches Krankenhausgesetz (HmbKHG) vom 17. 4. 1991 (Hmb GVBl 1991, 127), zuletzt geändert durch Gesetz vom 6. 10. 2006 (Hmb GVBl 2006, 510),
Hessen:	Hessisches Krankenhausgesetz 2002 (HKHG) vom 6. 11. 2002 (GVBl, 662), zuletzt geändert durch Gesetz vom 19. 11. 2008 (GVBl I, 986),
Mecklenburg-Vorpommern:	Landeskrankenhausgesetz für das Land Mecklenburg-Vorpommern (Landeskrankenhausgesetz – LKHG M-V) idF vom 13. 5. 2002 (GVOBl M-V 2002, 263), zuletzt geändert durch Gesetz vom 15. 10. 2008 (GVOBl M-V 2008, 374),
Niedersachsen:	Niedersächsisches Gesetz zum Bundesgesetz zur wirtschaftlichen Sicherung der Krankenhäuser und zur Regelung der Krankenhauspflegesätze (Nds KHG) idF vom 12. 11. 1986 (Nds GVBl, 344), zuletzt geändert durch Gesetz vom 19. 12. 1995 (Nds GVBl, 463),
Nordrhein-Westfalen:	Krankenhausgestaltungsgesetz des Landes Nordrhein-Westfalen (KHGG NRW) vom 11. 12. 2007 (GV NRW 2007, 702), berichtigt am 18. 2. 2008 (GV NRW 2008, 157),
Rheinland-Pfalz:	Landeskrankenhausgesetz (LKG) Rheinland-Pfalz vom 28. 11. 1986 (GVBl 1986, 342), zuletzt geändert durch Gesetz vom 7. 3. 2008 (GVBl 2008, 52),
Saarland:	Saarländisches Krankenhausgesetz (SKHG) vom 13. 7. 2005 (Amtsbl, 1290), zuletzt geändert durch Gesetz vom 6. 5. 2009 (Amtsbl, 862)
Sachsen:	Gesetz zur Neuordnung des Krankenhauswesens (Sächsisches Krankenhausgesetz – SächsKHG) v 19. 8. 1993 (GVBl, 675), zuletzt geändert durch Gesetz vom 29. 1. 2008 (GVBl, 138),
Sachsen-Anhalt:	Krankenhausgesetz Sachsen-Anhalt (KHG LSA) vom 14. 4. 2005 (GVBl LSA 2005/203), zuletzt geändert durch Gesetz vom 10. 8. 2007 (GVBl LSA 2007/306),

---

[52] Siehe *Korthus/Schliephorst,* Krankenhausrecht 2008/2009 – Rechtsvorschriften der Länder (Stand: 1. 7. 2008).

Schleswig-Holstein:	Gesetz zur Ausführung des Krankenhausfinanzierungsgesetzes (AG-KHG) Schleswig-Holstein vom 12. 12. 1986 (GVOBl Schl-H 1986, 302), zuletzt geändert durch LVO vom 12. 10. 2005 (GVOBl 2005, 487),
Thüringen:	Thüringer Krankenhausgesetz (ThürKHG) idF vom 30. 4. 2003 (GVBl 2003, 262).

30 **Aufgabe des Landesrechts** ist es auch, näher zu bestimmen, wer für die stationäre Versorgung in einem Gebiet die **rechtliche** und **politische Verantwortung** zu tragen hat. Das Landesrecht enthält darüber ausdrückliche Festlegungen.[53] Die Landeskrankenhausgesetze, teilweise auch die Kommunalgesetze, verpflichten die kommunalen Gebietskörperschaften zur Errichtung und **Vorhaltung von Krankenhäusern.** Die **in kommunaler Selbstverwaltung durchzuführende Pflichtaufgabe** umfasst grundsätzlich auch die Planungshoheit für diese gemeindliche Betätigung.[54] Dieser tragende Grundsatz erfährt durch die staatlichen gesamtplanerischen Vorgaben und Ordnungsgrundsätze eine nicht unbedeutende Modifizierung. Bundes- und Landeskrankenhausrecht schränken den kommunalen Sicherstellungsauftrag ein.[55] Besonders der Grundsatz der Beachtung der Trägerpluralität (§ 1 Abs 2 S 1 KHG) führt dazu, dass kein Vorrang kommunaler Krankenhausträger bei planerischen und förderrechtlichen Entscheidungen besteht.[56] Das Abwägungsgebot bei der Aufnahme eines Krankenhauses in den Krankenhausplan des Landes (§ 8 Abs 2 S 2 KHG) setzt die Gleichwertigkeit und Gleichrangigkeit der Krankenhausträger voraus. Bei notwendiger Auswahl zwischen mehreren Krankenhäusern ist „unter Berücksichtigung der öffentlichen Interessen und der Vielfalt der Krankenhausträger nach pflichtgemäßem Ermessen" zu entscheiden, welches Krankenhaus den Zielen der Krankenhausplanung des Landes am besten gerecht wird. Die Sicherstellung der stationären Versorgung durch ein koordiniertes System bedarfsgerecht gegliederter Krankenhäuser, die in ihrem diagnostischen und therapeutischen Leistungsangebot aufeinander abgestimmt sind, schließt aber auch die Anwendung des im Sozialrecht geltenden Subsidiaritätsprinzips zugunsten freigemeinnütziger oder privater Träger aus, auch weil für freigemeinnützige und private Träger keine Rechtspflicht besteht, die Aufnahme in den staatlichen Krankenhausplan zu beantragen. Auch führt die Aufnahme in den Plan nicht dazu, dass der Krankenhausträger nunmehr uneingeschränkt verpflichtet ist, seinen Betrieb fortzusetzen. Er kann auch wieder aus den planerischen und förderrechtlichen Rechtsbeziehungen ausscheiden. Der kommunale Sicherstellungsauftrag bedeutet die Letztverantwortung kommunaler Träger für die stationäre Versorgung in ihrem Gebiet.

III. Die Aufnahme- und Behandlungspflicht

31 **1. Aufnahmepflicht eines Krankenhauses.** Aus der Einbindung in ein öffentlich-rechtliches Planungs- und Finanzierungssystem folgt für das einzelne Krankenhaus im Rahmen seiner planerischen Aufgabenstellung und Leistungsfähigkeit eine allgemeine Aufnahme- und Behandlungspflicht, sofern bei einem Patienten Krankenhausbehand-

---

[53] Krankenhausversorgung als Pflichtaufgabe in kommunaler Selbstverwaltung: § 3 LKHG BW, § 1 Abs 2 und 3 BbgKHEG, § 3 HKHG, § 1 Abs 2 LKHG M-V, § 1 NdsKHG, § 1 Abs 2 und 3 KHGG NRW § 2 LKG Rh-Pf, § 3 Abs 3 SKHG, § 1 Abs 3 SächsKHG, § 1 Abs 1 KHG LSA, § 1 AG-KHG SH, § 2 ThürKHG.

[54] Dies folgt aus dem kommunalen Sicherstellungsauftrag als Aufgabe des eigenen Wirkungskreises. Die Vorhaltepflicht besteht nur für bedarfsnotwendige Einrichtungen. Neben der Erforderlichkeit schränkt die wirtschaftliche Leistungsfähigkeit den gesetzlichen Auftrag ein.

[55] Zum stationären Sicherstellungsauftrag der Kommunen in Bayern *Genzel* BayVBl 1984, 449 ff.

[56] Zur Trägerpluralität § 81 RdNr 1, 2.

14. Kapitel. Krankenhausrecht. Öff-rechtl Rahmen　　32–34　§ 80

lungsbedürftigkeit[57] besteht. Aus dieser öffentlich-rechtlichen Verpflichtung leitet sich die generelle **Pflicht** gegenüber dem einzelnen Patienten **zum Abschluss eines** entsprechenden **Krankenhausaufnahme- und Behandlungsvertrages ab.**[58] Durch landesgesetzliche Regelungen kann diese allgemeine Rechtspflicht präzisiert werden.[59] Für sozialversicherte Patienten folgt darüber hinaus eine Aufnahme- und Behandlungspflicht aus dem sozialrechtlichen Beziehungsverhältnis Krankenkassen/Krankenhaus. Mit dem Abschluss eines Versorgungsvertrages nach § 109 Abs 1 SGB V, sei er fingiert oder vereinbart, wird das zugelassene Krankenhaus im Rahmen seines Versorgungsauftrages zur Krankenhausbehandlung der Versicherten verpflichtet (Abs 4 S 2). Der Inhalt der Verpflichtung bestimmt sich generell nach den Kriterien des § 39 Abs 1 SGB V. Er umfasst alle voll-, teilstationären und ambulanten Leistungen, die im Einzelfall nach Art und Schwere der Krankheit für die Versorgung eines Versicherten im Krankenhaus notwendig sind.

Die **konkrete Leistungspflicht** wird durch den Umfang des öffentlich-rechtlichen 32 Versorgungsauftrages festgelegt. Der **Versorgungsauftrag** folgt in erster Linie aus den krankenhausplanerischen Entscheidungen der zuständigen Landesbehörde entsprechend der fachlichen Ausrichtung (§ 108 Nr 2 SGB V) oder der landesrechtlichen Anerkennung als Hochschulklinik (§ 108 Nr 1 SGB V), wie in § 4 Nr 1 und 2 BPflV sowie § 8 Abs 1 S 3 KHEntgG hervorgehoben. Die Aufnahme- und Behandlungspflicht kann bei den Universitätskliniken durch die Vorrangigkeit von Lehre und Forschung eingeschränkt sein. Handelt es sich um ein Vertragskrankenhaus ieS nach § 108 Nr 3 SGB V, wird der Versorgungsauftrag durch den abzuschließenden Vertrag nach § 109 Abs 1 SGB V, was Aufgabenstellung und Leistungsfähigkeit anlangt, beschrieben. Auch bei den Plankrankenhäusern und den Hochschulkliniken können ergänzende vertragliche Vereinbarungen mit den Krankenkassen von Bedeutung sein (§ 109 Abs 1 S 4 und 5 SGB V).

Für die auf der Grundlage des sozialversicherungsrechtlichen Beziehungssystems be- 33 stehende Aufnahme- und Behandlungspflicht, auch gegenüber dem einzelnen Patienten, ist es grundsätzlich unerheblich, wie im Einzelfall der **Krankenhausaufnahme-** und **Krankenhausbehandlungsvertrag** rechtlich ausgestaltet ist. In aller Regel kommt es zum Abschluss eines (privatrechtlichen) Behandlungsvertrages. Ist ein Krankenhaus aus betrieblichen Gründen nicht in der Lage, seine Aufnahme- und Behandlungspflicht zu erfüllen, weil es zB voll belegt ist, größere Renovierungen durchgeführt werden, notwendige Geräte ausgefallen sind ua, so hat es einen Patienten, dessen sofortige Aufnahme geboten und durch ein anderes geeignetes Krankenhaus nicht sichergestellt ist, einstweilen aufzunehmen und nötigenfalls für seine Verlegung Sorge zu tragen.

In **Unglücks-** und **Notfällen**[60] ist, wenn aus medizinischen Gründen eine umgehende 34 Behandlung des Patienten geboten, jedes für die Erstversorgung geeignete Krankenhaus zur Aufnahme und Behandlung verpflichtet. Die Krankenhäuser haben in unserem Gesundheitssystem eine Auffangfunktion. Die Kostenerstattungspflicht für sozialversicherte Patienten bei unaufschiebbaren Leistungen nach § 13 Abs 3 SGB V trägt dem Rechnung (selbstbeschaffte Leistung). Neben der allgemeinen Aufnahme- und Behandlungspflicht des Krankenhauses steht die strafrechtliche Sanktion des § 323c StGB (Unterlassene Hilfeleistung) für den einzelnen Krankenhausmitarbeiter. Diese Bestimmung gilt für jedermann. Sie ist kein Sondertatbestand für Ärzte. Der Straftatbestand hat aber für den Arzt auch im Krankenhaus besondere Bedeutung, weil er aufgrund seiner Ausbil-

---

[57] Siehe zur Notwendigkeit der Krankenhausbehandlung iSd § 39 Abs 1 S 2 SGB V grundlegend BSG Großer Senat, Beschluss v 25. 9. 2007 – GS 1/06, SGb 2008, 295 mit Anmerkung *Quaas*, 261; s auch Anmerkung *Ladage*, KH 2008, 511.
[58] Zum Krankenhausaufnahme- und Behandlungsvertrag s §§ 88–90; § 92 RdNr 1–4.
[59] §§ 28, 29 LKHG BW, § 23 LKG Berlin, § 3 LKGBbg, § 4 BremKHG, § 5 HKHG, § 10 LKHG M-V, § 2 Abs 1 KHGG NRW, § 1 Abs 3 LKG Rh-Pf, § 5 SKHG.
[60] Siehe zur Notfall- und Katastrophenversorgung ua § 3 HmbKHG und § 30 SächsKHG sowie ausführlich zur Aufnahme und Behandlung von Notfallpatienten § 18 ThürKHG.

dung, seiner Fähigkeiten und seiner Erfahrung vielfach in der Lage ist, entsprechende Hilfe tatsächlich zu leisten. Ausführlich zu § 323c StGB unten § 141.

35 **2. Aufnahmepflicht bei Vorsorge- oder Rehabilitationseinrichtungen.** Die allgemeine Aufnahme- und Behandlungspflicht besteht nicht für Vorsorge- oder Rehabilitationseinrichtungen (§ 107 Abs 2 SGB V) und Krankenhäuser mit Sonderaufgaben, zB Polizeikrankenhäuser, Krankenhäuser im Straf- und Maßregelvollzug (vgl § 3 Nr 2 und 3 KHG), Versorgungskrankenhäuser (§ 5 Abs 1 Nr 6 KHG) uÄ. Sie haben besondere Aufgaben für einen bestimmten Patientenkreis und sind nicht in die allgemeine Versorgung eingebunden (vgl auch § 3 Nr 4 KHG). Für sie besteht eine Pflicht zur Versorgung nur im Rahmen besonderer öffentlich-rechtlicher Regelungen. Hierzu zählen auch die Versorgungsverträge nach § 111 SGB V, die im Einzelnen die Verpflichtung zur Aufnahme und Behandlung sozialversicherter Patienten festzulegen haben (Abs 4 S 1). Entsprechendes gilt für wirtschaftlich und organisatorisch selbstständige, gebietsärztlich geleitete Vorsorge- und Rehabilitationsabteilungen an zugelassenen Krankenhäusern (gemischte Einrichtungen nach § 111 Abs 6 SGB V).

36 **3. Behandlungspflicht der Krankenhausärzte.** Die allgemeine Rechtspflicht zur Aufnahme und Behandlung und darauf beruhend der Abschluss eines Behandlungsvertrages löst für die nach der Aufgabengliederung des Krankenhauses zuständigen Ärzte die konkrete Behandlungspflicht aus. Dabei besteht für den einzelnen Patienten in aller Regel kein Anspruch auf Betreuung durch einen bestimmten Arzt des Krankenhauses. Die ärztliche Behandlungspflicht ist in der Regel durch Dienstordnungen oder Dienstvertrag konkretisiert. Dem Krankenhausträger obliegt es, durch eine entsprechende Organisation und Personalausstattung sicherzustellen, dass seine Aufnahme- und Behandlungspflicht ausreichend erfüllt werden kann.[61] Steht ausnahmsweise dem Krankenhausarzt aus berufsrechtlichen oder dienstvertragsrechtlichen Gründen die Ablehnung der Übernahme einer Behandlung zu,[62] so hat der ablehnende Arzt dessen ungeachtet für die allgemeine ärztliche Versorgung Sorge zu tragen.

IV. Die Nachrangigkeit der Krankenhausbehandlung

37 Die herkömmliche Aufteilung in unserem Gesundheitswesen in die ambulante und stationäre Versorgung bedingt eine Festlegung der **Zugangsvoraussetzungen** zu einem einzelnen Teilsystem und die Bestimmung des Verhältnisses der einzelnen Sektoren zueinander. Da eine Fehlleitung von Ressourcen im deutschen Gesundheitssystem nicht zuletzt auch auf diese Teilung zurückzuführen ist, kommt dem Gebot der Wirtschaftlichkeit, wie es uneingeschränkt im Recht der Krankenhausfinanzierung (§ 1 Abs 1, § 4, § 9 Abs 5, § 17 Abs 1 und 2 KHG) und der gesetzlichen Krankenversicherung (§ 2 Abs 1 S 1, Abs 4, § 12 Abs 1, § 70 SGB V) gilt, besondere Bedeutung zu. Die Leistungen, auf die ein Anspruch des sozialversicherten Patienten besteht, müssen „ausreichend, zweckmäßig und wirtschaftlich sein; sie dürfen das Maß des Notwendigen nicht überschreiten" (§ 12 Abs 1 S 1, § 70 Abs 1 S 2 SGB V). Diese gesetzlichen Kriterien sind unbestimmte Rechtsbegriffe, die in einem untrennbaren Zusammenhang stehen[63] und voller richterlicher Überprüfung zugänglich sind.[64] Mit der **Notwendigkeit einer Maßnahme** wird die Obergrenze für das Maß der Leistungspflicht der Krankenkasse bestimmt. Auf Maßnahmen, die nach Art, Umfang und Dauer nicht notwendig sind, hat der Versicherte keinen Rechtsanspruch.

---

[61] Zur Organisation des Nacht- und Sonntagsdienstes in einem Krankenhaus OLG Düsseldorf NJW 1986, 790; zu gewährleisten ist der medizinische Standard eines Facharztes auch in Not- und Eilfällen.
[62] Generell zur ärztlichen Behandlungspflicht oben § 50.
[63] BSGE 17, 19; 76, 194, 201.
[64] BSG, Urt v 24. 11. 1983, SozR 2200 Nr 93 zu § 182 RVO; s auch *Scholz*, in: *Becker/Kingreen*, SGB V, § 12 RdNr 4.

Leistungserbringer dürfen sie auch nicht bewirken und die Krankenkassen nicht bewilligen (§ 12 Abs 1 S 2 SGB V). Während die Begriffe „ausreichend", „zweckmäßig" und „notwendig" darauf abstellen, ob eine Maßnahme sich nach Art, Umfang und Dauer eignet, den angestrebten Heilerfolg zu erreichen, stellt der Begriff der **Wirtschaftlichkeit** die Relation zu den Kosten her. Unter mehreren medizinisch gleichwertigen Maßnahmen ist diejenige anzuwenden, welche die geringsten Kosten verursacht. Es ist aber immer der therapeutische Nutzen vor dem Preis entscheidend. Dies gilt gleichermaßen für die Notwendigkeit wie für die Dauer einer Krankenhausbehandlung. Wenn eine ambulante Versorgung zur Erzielung des Heilerfolges nicht ausreicht, dann ist eine Krankenhausbehandlung gleichwohl wirtschaftlich, auch wenn sie teurer ist.

Die Notwendigkeit der Krankenhausbehandlung als Leistungsart wird im SGB V ausdrücklich geregelt. So hängt der Anspruch des Versicherten auf Krankenhausbehandlung davon ab, dass die Aufnahme in ein Krankenhaus nach objektiven medizinischen Kriterien erforderlich ist. Mit der Erweiterung der Behandlungsformen im Krankenhaus wird gleichzeitig auch eine Abstufung vorgenommen. Die Krankenhausbehandlung wird voll-, teil-, vor- und nachstationär erbracht (§ 39 Abs 1 S 1 SGB V). Vollstationäre Behandlung ist nur angebracht, wenn das Behandlungsziel nicht durch teilstationäre, vor- und nachstationäre oder ambulante Behandlung einschließlich der häuslichen Krankenpflege (§ 37 SGB) erreicht werden kann (§ 39 Abs 1 S 2 SGB V). Der **Vorrang der ambulanten Behandlung** durch niedergelassene Ärzte wird damit gleichfalls betont. 38

Krankenhausbehandlung darf durch den Vertragsarzt nur verordnet werden, aber auch durch das Krankenhaus nur erbracht werden, wenn eine ambulante Versorgung zur Erzielung des Heil- und Linderungserfolges nicht ausreicht (§ 73 Abs 4 S 1 SGB V). Für die Beurteilung dieser **Nachrangigkeit der Krankenhausbehandlung** kommt den Richtlinien des Gemeinsamen Bundesausschusses nach § 92 Abs 1 S 2 Nr 6 SGB V bedeutendes Gewicht zu.[65] Sie sind nach § 92 Abs 8 SGB V Bestandteil der Bundesmantelverträge (§ 82 Abs 1, § 87 SGB V) und haben für die Beteiligten, insbesondere den einzelnen Vertragsarzt, normative Wirkung (§ 95 Abs 3 u 4 SGB V).[66] Die Überprüfung der Notwendigkeit und Dauer der Krankenhausbehandlung ist Regelungsgegenstand der zweiseitigen Verträge und Rahmenempfehlungen nach § 112 Abs 2 S 1 Nr 2, Abs 5 SGB V; im Einzelfall kann eine gutachtliche Stellungnahme des Medizinischen Dienstes der Krankenversicherung (MDK) eingeholt werden (§ 275 Abs 1 Nr 1, § 276 Abs 4 SGB V). 39

V. Krankenhausgesetze der Länder und Krankenhausaufsicht

In der Praxis stellt sich immer wieder die Frage, ob die **Länder** eine allgemeine **Rechtsaufsicht** über die zugelassenen Krankenhäuser besitzen und auf diesem Wege beispielsweise die Einhaltung des Versorgungsauftrages zu überwachen haben (Beispiel: Abweisung von Patienten aus finanziellen Gründen), zur Beanstandung von Qualitätsmängeln berechtigt sind oder die sog verdeckte Belegarzttätigkeit (Zusammenarbeit mit dem Krankenhaus auf Honorarbasis) beanstanden durften.[67] Nicht gemeint sind in diesem Zusammenhang die zahlreichen Behörden, die die Krankenhäuser auf speziellen Gebieten beaufsichtigen, wie dem Bauwesen, dem Arbeitsschutz, dem Infektionsschutz und der Hygiene, der Sicherheitstechnik, der gewerblichen und ordnungsbehördlichen Kontrolle, dem Arzneimittelbereich, dem Medizinproduktebereich, dem Datenschutz[68] und der 40

---

[65] Siehe Richtlinien über die Verordnung von Krankenhausbehandlung v 24.3.2003 (BAnz 2003 Nr 188, 22577); abrufbar unter www.g-ba.de/informa tionen/richtlinien/. Zur Abgrenzung vollstationär/teilstationär/ambulant BSGE 92, 223.
[66] Für Rechtsnormqualität BSG E 28, 73; 78, 70; s ferner *Hencke,* in: *Peters,* KV (SGB V), § 82 RdNr 5.
[67] Berlin hat die Praxis der verdeckten Belegarzttätigkeit 2006 im Wege der Krankenhausaufsicht beanstandet und in der Regel beendet.
[68] Siehe dazu *Hauser/Weddehage,* Datenschutz im Krankenhaus, 2008.

Berufsausübung[69]; ferner sind in diesem Zusammenhang zu nennen die Kommunalaufsicht und die Aufsicht des Landes über die Aus- und Weiterbildungsstätten, über die medizinischen Einrichtungen der Hochschulen und über die Krankenhäuser im Straf- und Maßregelvollzug.

41 1. Landesrecht. Die Krankenhäuser unterliegen nicht einer allgemeinen Rechtsaufsicht durch die Länder. Entscheidend kommt es darauf an, ob eine entsprechende **Regelung im Landeskrankenhausgesetz** vorliegt.[70] In der Hälfte der Bundesländer besteht eine Regelung über die allgemeine Krankenhausaufsicht, die als Rechtsaufsicht jeweils sicherstellen soll, dass die Krankenhäuser im Sinne des § 2 Nr 1 KHG einschließlich ihrer gemeinschaftlichen Einrichtungen und der mit ihnen notwendigerweise verbundenen Ausbildungsstätten (§ 2 Nr 1a KHG) die krankenhausrechtlichen Vorschriften einhalten. Im Landesrecht handelt es sich vornehmlich um Regelungen betreffend Patienten, Pflichten der Krankenhäuser, innere Strukturen der Krankenhäuser. Im Bundesrecht ist etwa an das gesamte Pflegesatzverfahren zu denken, also über die Pflegesatzgenehmigung (§ 18 Abs 5 KHG) und die Genehmigung der landesweit geltenden Basisfallwerte (§ 14 KHEntgG) hinausgehend. Dies sind Brandenburg (§ 11 BbgKHEG), Hamburg (§ 5 HmbKHG), Hessen (§ 13 HKHG), Mecklenburg-Vorpommern (§ 9 LKHG M-V), Nordrhein-Westfalen (§ 11 KHGG NRW), Saarland (§ 15 SKHG), Sachsen (§ 28 SächsKHG)

---

[69] Vgl *Wabnitz*, § 13 HKHG, RdNr 1.
[70] Baden-Württemberg: Landeskrankenhausgesetz BW (LKHG) v 29. 11. 2007 (GBl 2008, 13).
Bayern: Bayerisches Krankenhausgesetz (BayKrG) v 28. 3. 2007 (GVBl 2007, 288), geändert durch Gesetz v 23. 4. 2008 (GVBl 2008, 139).
Berlin: Landeskrankenhausgesetz (LKG) Berlin idF v 1. 3. 2001 (GVBl, 110), zuletzt geändert durch Gesetz v 22. 10. 2008 (GVBl, 294).
Brandenburg: Gesetz zur Entwicklung der Krankenhäuser im Land Brandenburg (Brandenburgisches Krankenhausentwicklungsgesetz – BbgKHEG) v 8. 7. 2009 (GVBl, 310).
Bremen: Bremisches Krankenhausfinanzierungsgesetz (BremKHG) idF v 15. 7. 2003 (Brem GBl, 341), zuletzt geändert durch Gesetz v 5. 5. 2009 (Brem GBl, 141).
Hamburg: Hamburgisches Krankenhausgesetz (HmbKHG) v 17. 4. 1991 (HmbGVBl 1991, 127), zuletzt geändert durch Gesetz v 6. 10. 2006 (HmbGVBl 2006, 510).
Hessen: Gesetz zur Weiterentwicklung des Krankenhauswesens in Hessen (Hessisches Krankenhausgesetz 2002 – HKHG) v 6. 11. 2002 (GVBl I, 662), zuletzt geändert durch Gesetz v 19. 11. 2008 (GVBl I, 986).
Mecklenburg-Vorpommern: Landeskrankenhausgesetz für das Land Mecklenburg-Vorpommern (Landeskrankenhausgesetz – LKHG M-V) idF v 13. 5. 2002 (GVOBl M-V 2002, 263), zuletzt geändert durch Gesetz v 15. 10. 2008 (GVOBl M-V 2008, 374).
Niedersachsen: Niedersächsisches Gesetz zum Bundesgesetz zur wirtschaftlichen Sicherung der Krankenhäuser und zur Regelung der Krankenhauspflegesätze (Nds KHG) idF v 12. 11. 1986 (Nds GVBl 344), zuletzt geändert durch Gesetz v 19. 12. 1995 (Nds GVBl 463).
Nordrhein-Westfalen: Krankenhausgestaltungsgesetz des Landes Nordrhein-Westfalen (KHGG NRW) v 11. 12. 2007 (GVBl NRW 2007, 702).
Rheinland-Pfalz: Landeskrankenhausgesetz (LKG) Rheinland-Pfalz v 28. 11. 1986 (GVBl 1986, 342), zuletzt geändert durch Gesetz v 7. 3. 2008 (GVBl 2008, 52).
Saarland: Saarländisches Krankenhausgesetz (SKHG) v 13. 7. 2005 (ABl, 1290), zuletzt geändert durch Gesetz v 6. 5. 2009 (ABl, 862).
Sachsen: Gesetz zur Neuordnung des Krankenhauswesens (Sächsisches Krankenhausgesetz – SächsKHG) v 19. 8. 1993 (GVBl 675), zuletzt geändert durch Gesetz v 29. 1. 2008 (GVBl, 138).
Sachsen-Anhalt: Krankenhausgesetz Sachsen-Anhalt (KHG LSA) v 14. 4. 2005 (GVBl LSA 2005/203), zuletzt geändert durch Gesetz v 10. 8. 2007 (GVBl LSA 2007/306).
Schleswig-Holstein: Gesetz zur Ausführung des Krankenhausfinanzierungsgesetzes (AG-KHG) Schleswig-Holstein v 12. 12. 1986 (GVBl SH 1986, 302), zuletzt geändert durch LVO v 12. 10. 2005 (GVBl 2005, 487).
Thüringen: Thüringer Krankenhausgesetz (ThürKHG) idF v 30. 4. 2003 (GVBl 2003, 262).

und Thüringen (§ 26 ThürKHG).[71] Die Krankenhäuser sind verpflichtet, der Rechtsaufsichtsbehörde (überwiegend das für das Gesundheitswesen/die Krankenhäuser zuständige Ministerium)[72] die für die Durchführung der Rechtsaufsicht erforderlichen Auskünfte zu erteilen (auch notwendige Einsicht in Geschäftsunterlagen) und deren Beauftragten Zutritt zu gewähren (bei Gefahr im Verzuge jederzeit). Unberührt von dieser allgemeinen Krankenhausaufsicht in den genannten acht Ländern bleibt ausdrücklich insbesondere die Aufsicht über die Gemeinden und Gemeindeverbände, die Universitätskliniken sowie über die Krankenhäuser im Straf- oder Maßregelvollzug.[73]

Bei gemeinschaftlichen Einrichtungen können **verschiedene Aufsichtsbehörden** zuständig sein, die sich dann im Wege der **Amtshilfe** unterstützen können. Dies ist der Fall, wenn ein Krankenhaus eine gemeinschaftliche Einrichtung mit einem Partner aus einem anderen Gesundheitsbereich betreibt. Handelt es sich beispielsweise um eine gemeinschaftliche Einrichtung mit Vertragsärzten, unterliegt diese zwingend auch der Krankenhausaufsicht.[74]

Die sogenannte **Trägeraufsicht** bleibt unberührt. Die Gemeinden und Landkreise sowie das Land als Träger von Krankenhäusern haben für die Einhaltung aller krankenhausrechtlichen Vorschriften durch ihre Einrichtungen Sorge zu tragen. Dementsprechend hat sich um Patientenbeschwerden in einem kommunalen Krankenhaus neben der allgemeinen Krankenhausaufsichtsbehörde auch die Kommune, bei einer Hochschulklinik auch das für Wissenschaft und Forschung zuständige Ministerium zu kümmern.[75]

2. Rechtsaufsicht. Rechtsaufsicht bedeutet zum einen Kontrolle eines Trägers hoheitlicher Verwaltung durch eine übergeordnete Behörde eines anderen Trägers hoheitlicher Verwaltung und zum anderen Beschränkung auf eine reine Rechtmäßigkeitskontrolle. Eine zur **Fachaufsicht** berechtigte Kontrollinstanz trägt demgegenüber eigene Sachverantwortung und dürfte beispielsweise auf Grund eigener Interpretation in der Regelung enthaltener unbestimmter Rechtsbegriffe und aus Zweckmäßigkeitserwägungen die Entscheidung des zu Beaufsichtigenden in fachlich-inhaltlicher Hinsicht korrigieren.[76] Beispielsweise ist auch die Aufsicht über die Kassenärztlichen Vereinigungen nach § 78 Abs 3 S 1 SGB V Rechtsaufsicht; die Aufsicht erstreckt sich auf die Beachtung von Gesetz und sonstigem Recht. Die Rechtsaufsicht ist auch die maßgebliche Aufsicht über die Sozialversicherungsträger (§ 87 Abs 1 S 2 SGB IV).

Als Eingriff einer Verwaltungsbehörde bedarf die Aufsicht einer **gesetzlichen Ermächtigung.** Diese ist für die allgemeine Krankenhausaufsicht als Rechtsaufsicht in acht Bundesländern geschaffen worden. Allerdings fällt auf und ist untypisch, dass auch privatrechtlich organisierte, als Wirtschaftsunternehmen tätige Krankenhäuser der Aufsicht unterworfen werden, und zwar vom Wortlaut her regelmäßig ohne Rücksicht auf die Aufnahme in den Krankenhausplan, eine Investitionsförderung durch das Land und generell ohne Ansehen der Trägerschaft.[77] Als Rechtsaufsicht bestehen dagegen aber keine Bedenken, geht es doch um die im Rahmen der Daseinsvorsorge beabsichtigte Gesamtsteuerung

---

[71] In der Vorläuferregelung zu § 11 KHGG NRW – § 12 KHG NRW v 16.12.1998 – waren als Gegenstand der Aufsicht interessanterweise bestimmte Gesetze konkret als nicht abschließende Beispiele aufgelistet, nämlich neben dem KHG NRW auch das KHG des Bundes, die BPflV, die Krankenhausbauverordnung und das Transplantationsgesetz.
[72] In NRW sind untere Aufsichtsbehörden die Landkreise und kreisfreien Städte, obere Aufsichtsbehörden die Bezirksregierungen und oberste Aufsichtsbehörde das für das Gesundheitswesen zuständige Ministerium (§ 11 Abs 4 KHGG NRW).
[73] Siehe zB § 11 Abs 2 S 2 KHGG NRW.
[74] Siehe *Prütting*, KHGG NRW, § 11 RdNr 5.
[75] Siehe *Prütting*, KHGG NRW, § 11 RdNr 14.
[76] Vgl *Kaltenborn* VSSR 2000, 249 zur Aufsicht des Bundesministers für Gesundheit nach § 94 SGB V.
[77] Siehe zB für NRW *Prütting*, KHGG NRW, § 11 RdNr 2, 3, 8.

des Krankenhauswesens im Land, insbesondere zur wirksamen Umsetzung der patienten- und betriebsbezogenen Vorschriften des Landeskrankenhausrechts.

46 Beurteilungsmaßstab sind allein Rechtssätze, vorliegend vor allem krankenhausspezifische Gesetze und Verordnungen. Den **Aufsichtsmaßstab** bestimmt der Landesgesetzgeber. Dementsprechend erstreckt sich beispielsweise in Nordrhein-Westfalen und Brandenburg die Aufsicht auf die Beachtung des gesamten krankenhausspezifischen Landes- und Bundesrechts (s § 11 Abs 2 KHGG NRW bzw § 11 Abs 2 BbgKHEG), während nach dem Hessischen Krankenhausgesetz (§ 12 Abs 2) Gegenstand der allgemeinen Krankenhausaufsicht abschließend die landesrechtlichen Regelungen im zweiten bis fünften Abschnitt sowie die Vorschriften im Krankenhausfinanzierungsgesetz des Bundes (nebst dazu erlassener Rechtsverordnungen) sind. Führen Qualitätsmängel zu Fehlern in der Behandlung oder beruhen sie auf Organisationsverschulden, greift die Rechtsaufsicht.[78]

47 Die zulässigen **Aufsichtsmittel** sind im Landeskrankenhausrecht der acht Länder nur unzureichend geregelt (regelmäßig nur Auskunftsrecht und Zutrittsrecht, teilweise ausdrücklich Einsicht in die notwendigen Geschäftsunterlagen). Nach § 5 Abs 5 des Hamburgischen Krankenhausgesetzes beispielsweise kann die Aufsichtsbehörde zur Beachtung und Einhaltung der für das Krankenhauswesen geltenden Vorschriften „die erforderlichen Anordnungen" treffen; nach § 13 Abs 4 des Hessischen Krankenhausgesetzes kann die Aufsichtsbehörde das Krankenhaus anweisen, innerhalb einer bestimmten Frist „das Erforderliche" zu veranlassen, wenn das Krankenhaus die ihm obliegenden gesetzlichen Verpflichtungen oder Aufgaben nicht erfüllt hat.

48 Am konkretesten ist die Regelung über die **Aufsichtsmittel** im **Saarländischen Krankenhausgesetz** (§ 15 Abs 4): „Wird durch das Handeln oder Unterlassen eines Krankenhauses das Recht verletzt, soll die Aufsichtsbehörde zunächst beratend darauf hinwirken, dass das Krankenhaus die Rechtsverletzung behebt. Kommt das Krankenhaus dem innerhalb der gesetzten Frist nicht nach, kann die Aufsichtsbehörde das Krankenhaus verpflichten, die Rechtsverletzung zu beheben. Die Verpflichtung kann mit den Mitteln des Verwaltungsvollstreckungsrechts durchgesetzt werden, wenn ihre sofortige Vollziehung angeordnet worden oder sie unanfechtbar geworden ist." Nur die saarländische Regelung entspricht dem Grundsatz des allgemeinen Verwaltungsrechts, dass aus der Zuweisung einer Aufgabe nicht bereits die Zulässigkeit jedes zu ihrer Erfüllung erforderlich scheinenden Mittels folgt.[79] Eine Konkretisierung der zulässigen Aufsichtsmittel in den übrigen sieben Ländern erscheint angezeigt.

49 Es gilt ferner der verwaltungsrechtliche **Grundsatz einer maßvollen Ausübung der Rechtsaufsicht,**[80] anders als bei der Fachaufsicht.[81] Daraus folgt, dass in jedem Fall eine vorherige Beratung durch die Krankenhausaufsichtsbehörde als am geringsten belastende Maßnahme in Anwendung des Verhältnismäßigkeitsgrundsatzes das Aufsichtsmittel der Wahl ist. Ob die Behörde überhaupt einschreiten soll, unterliegt ohnehin dem Opportunitätsprinzip.

50 **3. Aufsicht über die Einhaltung des Versorgungsauftrages/Abweisung von Patienten.** Die Krankenhäuser unterliegen somit nicht generell einer allgemeinen Krankenhausaufsicht als Rechtsaufsicht. Überwachungsbefugnisse können sich nur aus einer speziellen Rechtsgrundlage ergeben, wie sie in Brandenburg, Hamburg, Hessen, Mecklenburg-Vorpommern, Nordrhein-Westfalen, Saarland, Sachsen und Thüringen geschaffen wurde. In diesen Ländern bezieht sich die allgemeine Krankenhausaufsicht, soweit die Landeskrankenhausgesetze selbst betroffen sind, auf alle Bereiche außerhalb der Kranken-

---

[78] Siehe *Prütting* KHGG NRW, § 7 RdNr 16 sowie zur Prüfung eines etwaigen Verstoßes gegen den Grundsatz der patientenfreundlichen Behandlung § 3 RdNr 4.
[79] Siehe zu diesem Grundsatz *Schnapp*, in: *Schnapp/Wigge* (Hrsg), § 24, 751, 766.
[80] BSGE 67, 85, 89.
[81] Siehe *Kaltenborn* VSSR 2000, 249, 252.

hausplanung und der Investitionsförderung, wo Entscheidungen im Einzelfall ohnehin durch Bescheid erfolgen.

Gegenstände der Krankenhausaufsicht sind in den genannten acht Ländern[82] insbesondere: kindgerechte Betreuung im Krankenhaus und Mitaufnahme von Begleitpersonen, Einrichtung und Tätigkeit von Patientenbeschwerdestellen, Sicherstellung eines Sozialen Dienstes mit Entlassungs- und Versorgungsmanagement (s nunmehr auch § 11 Abs 4 SGB V)[83], Zusammenarbeit mit anderen Krankenhäusern und den niedergelassenen Ärzten, mit dem Öffentlichen Gesundheitsdienst, dem Rettungsdienst und dem Katastrophenschutz (Organisation eines zentralen Bettennachweises), letztlich teilweise auch Regelungen zur Bestellung leitender Ärzte für die Fachabteilungen und Regelungen zur Krankenhausleitung sowie zu Abgaben aus Liquidationserlösen bei wahlärztlicher Tätigkeit[84] und zur persönlichen Ermächtigung von Krankenhausärzten (§ 116 SGB V).

Somit unterliegen die Krankenhäuser auch in den Ländern mit allgemeiner Krankenhausaufsicht grundsätzlich nicht einer Rechtsaufsicht dahingehend, ob der **Versorgungsauftrag** eingehalten wird. Der Begriff des Versorgungsauftrages wurde im Fünften Buch Sozialgesetzbuch geprägt. Er ist vorwiegend sozialversicherungsrechtlicher Natur und kein Begriff des Landesrechts. Nach § 109 Abs 4 S 2 SGB V ist das nach § 108 SGB V zur stationären Krankenhausbehandlung zugelassene Krankenhaus „im Rahmen seines Versorgungsauftrages zur Krankenhausbehandlung (§ 39) der Versicherten verpflichtet". Im Krankenhausrecht des Bundes findet sich der Versorgungsauftrag und dessen Erfüllung als ein Maßstab zur Beachtung des ebenfalls sozialrechtlichen Grundsatzes der Beitragssatzstabilität (§ 71 Abs 1 SGB V in Verbindung mit § 17 Abs 2 S 1 und 2 KHG, § 8 Abs 1 KHEntgG sowie § 4 BPflV). Auf die Einhaltung dieser sozialversicherungsrechtlich begründeten Pflicht müssen die sozialversicherungsrechtlichen Partner des Krankenhauses achten, insbesondere also die **gesetzlichen Krankenkassen.**

Dies wird deutlich am Beispiel der Krankenhäuser, für die ein Versorgungsvertrag nach § 108 Nr 3 SGB V abgeschlossen worden ist. Diese Krankenhäuser sind nicht in den Krankenhausplan aufgenommen, und das Landesrecht von Baden-Württemberg, Bayern, Berlin, Bremen, Niedersachen, Rheinland-Pfalz, Sachsen-Anhalt und Schleswig-Holstein begründet für diese Krankenhäuser erst recht keine Rechtsaufsichtsbefugnisse. In den **Ländern mit Rechtsaufsicht** ist entscheidend, ob diese die **Beachtung von Pflichten nach dem Fünften Buch Sozialgesetzbuch** einbeziehen. Dies ist beispielsweise in Hessen (§ 13 Abs 2 S 1 HKHG) ausdrücklich nicht der Fall. Deshalb können Überwachungsbefugnisse allenfalls aus allgemeinen Regelungen in den Landeskrankenhausgesetzen zur Aufnahme in ein Krankenhaus (beispielsweise § 28 LKHG BW) hergeleitet werden.

---

[82] Inhaltlich vergleichbare materiell-rechtliche Vorschriften bestehen in den übrigen Ländern ohne Rechtsaufsicht.
[83] Eingefügt durch das GKV-Wettbewerbsstärkungsgesetz v 26. 3. 2007, BGBl I, 378, ergänzt durch das Pflege-Weiterentwicklungsgesetz v 30. 5. 2008, BGBl I, 874, 899 zur Einbeziehung der Pflegeeinrichtungen.
[84] Besonders detaillierte Regelungen zur Abrechnung von Entgelten für wahlärztliche Leistungen und zur Verteilung der einbehaltenen Beträge enthalten § 24 SächsKHG und §§ 34–37a LKHG BW.

§ 81 Die Strukturen der stationären Versorgung

Inhaltsübersicht

	RdNr
I. Der Grundsatz der Trägerpluralität	1
II. Verfassungsrechtliche Sonderstellung von Krankenhäusern	4
1. Staatliche Krankenhäuser	5
2. Kommunale Krankenhäuser	7
3. Freigemeinnützige Krankenhäuser	10
4. Kirchliche Krankenhäuser	17
a) Umfang des verfassungsrechtlichen Garantiebereiches	18
b) Verfassungsrechtliche Schranken der Kirchenautonomie	26
5. Private Krankenhäuser	31
III. Zur Krankenhausfusionskontrolle durch das Bundeskartellamt	35
1. Keine Bereichsausnahme von der Fusionskontrolle	36
2. Gesundheitsversorgungs-Sicherstellungsklausel	39

I. Der Grundsatz der Trägerpluralität

1 Die **Vielfalt** und **Vielgestaltigkeit der Krankenhäuser** ist ein tragendes Merkmal der stationären Versorgung in der Bundesrepublik Deutschland. Die Trägerpluralität ist ein Spiegelbild einer freiheitlichen und pluralistischen Gesellschaftsordnung. Aus dem Zusammenspiel der grundrechtlichen Freiheitsgarantie mit dem Sozialstaatsprinzip folgt die **Existenz- und Funktionsgarantie für die nichtstaatliche Krankenhausversorgung.**[1] An der institutionellen Garantie freier Krankenhausversorgung scheitert jeder staatliche Monopolanspruch. Aber auch staatliche Planungs-, Finanzierungs- und Steuerungsmaßnahmen werden durch die institutionelle verfassungsrechtliche Garantie freier Krankenhausträger begrenzt. Respektierung der Existenz unterschiedlicher Träger, Förderung von deren Gemeinwohlverpflichtung und Gewährung eines Freiraumes für die Erfüllung der öffentlichen Funktion freier Krankenhauspflege sind Wesenselemente der Sozialstaatlichkeit. Die institutionelle Verfassungsgarantie eines Trägerpluralismus bedingt auch die Vielfalt des Angebots von Krankenhausleistungen, der Art und Weise der Leistungserbringung, der Pflege und Betreuung. Leistungspluralismus erfährt nur dort seine Begrenzung, wo die sozialstaatliche Gemeinwohlverpflichtung wie die bedarfsgerechte Versorgung oder das Gebot der Wirtschaftlichkeit tangiert sind. Sowohl das KHG und SGB V wie die Krankenhausgesetze der Länder bekennen sich zum verfassungsrechtlichen Gebot der Trägervielfalt.[2]

2 Die **Trägervielfalt** kann zB entscheidungserheblich sein, wenn eine **Auswahl zwischen gleich geeigneten Krankenhäusern** zu treffen ist.[3] Im Einzelfall kann der Grundsatz beispielsweise dazu führen, dass einem privaten oder freigemeinnützigen Krankenhausträger – bei gleicher Leistungsfähigkeit und Wirtschaftlichkeit der Konkurrenten – der Vorrang einzuräumen ist, wobei der Grundsatz aber nicht etwa zwingend im Sinne einer zahlenmäßig ausgewogenen Trägerstruktur zu verstehen ist.

---

[1] Zur institutionellen Dimension der Grundrechte *Böckenförde*, Grundrechtstheorie und Grundrechtsinterpretation, Staat, Gesellschaft, Freiheit, 1976, 228 ff.

[2] § 1 Abs 2 S 1 KHG, § 2 Abs 3 SGB V, § 1 Abs 2 LKHG BW, Art 1 BayKrG, § 1 Abs 1 LKG Bln, § 1 Abs 4 BbgKHEG, § 3 Abs 3 BremKHG, § 1 Abs 1 HmbKHG, § 1 Abs 2 HKHG, § 1 Abs 3 LKHG M-V, § 1 Abs 3 KHGG NRW, § 2 Abs 2 LKG Rh-Pf, § 3 Abs 1 S 2 SKHG, § 1 Abs 4 Sächs KHG, § 1 Abs 1 S 2 KHG LSA, § 1 Abs 1 S 2 AG-KHG SH, § 1 Abs 2 Thür KHG.

[3] BVerfGE 82, 209, 231; BVerwGE 72, 38, 58; ausführlich zur Trägervielfalt *Dietz*, KHG, § 1 Erl III; zur Entwicklung der Trägerschaften auf Bundesebene und in den einzelnen Bundesländern detailliert *Bruckenberger*, in: *Bruckenberger/Klaue/Schwintowski*, 33 ff.

14. Kapitel. Krankenhausrecht. Öff-rechtl Rahmen   3–7 § 81

Krankenhausträger ist der **Betreiber des Krankenhauses.** Im Regelfall sind Eigen- 3
tümer und Betreiber personenidentisch. Bei einem Betriebsführungsvertrag (insbesondere
Managementvertrag) bleibt der Auftraggeber Krankenhausträger;[4] der Beauftragte führt den
Betrieb in Namen und auf Rechnung des Auftraggebers, der auch ertragszuständig bleibt.

II. Verfassungsrechtliche Sonderstellung von Krankenhäusern

Im Bereich der Krankenhausversorgung treffen zusammen und konkurrieren unter- 4
einander staatliche, kommunale, freigemeinnützige und private Träger in der **Erfüllung
von Aufgaben der Daseinsvorsorge.** Ihr verfassungsrechtlicher Status, insbesondere ihre
Grundrechtsfähigkeit beeinflußt die gesetzliche Ausgestaltung der Versorgungsstrukturen,
Art und Umfang staatlicher Lenkung sowie die Steuerung bei Angebot und Nachfrage.

1. Staatliche Krankenhäuser. Keine verfassungsrechtliche Sonderstellung haben 5
Kliniken in staatlicher Trägerschaft. Deren Aufgaben legitimiert das Sozialstaatsprinzip.
Sie können sich nicht auf Grundrechte berufen.[5] Einen Sonderfall stellen die **32 Hochschulkliniken** an 38 Standorten als besondere universitäre Einrichtungen dar, vor allem
wenn sie eigene Rechtspersönlichkeit haben. Sie können sich je nach ihrer Ausrichtung
und Aufgabenstellung partiell auf die **grundrechtliche Freiheitsgarantie von Wissenschaft, Lehre und Forschung** (Art 5 Abs 3 GG) berufen. Soweit diese reicht, hat sie
normative Wirkkraft als Direktive für den Gesetzgeber.[6]

Für die Aufgabenstellung, die organisatorische Gliederung und die Art der Aufgaben- 6
erfüllung gelten die Hochschulgesetze der Länder. Die Hochschulkliniken nehmen an der
allgemeinen stationären Versorgung der Bevölkerung teil. Ihre Einbindung in die Krankenhausversorgung sozialversicherter Patienten geschieht nach § 108 Nr 1, § 109 Abs 1 S 2,
Abs 4 SGB V; die **Anerkennung als Hochschulklinik** nach den landesrechtlichen Vorschriften gilt als Abschluss des GKV-Versorgungsvertrages. Hochschulkliniken sind nach
näherer landesrechtlicher Regelung auch bei der staatlichen Krankenhausplanung zu
berücksichtigen. Hochschulkliniken werden nicht nach dem KHG öffentlich gefördert,
wenn – wie im Regelfall – ihre Investitionsfinanzierung nach landesrechtlichen Vorschriften für den Hochschulbau (spezielle Regelungen in den Universitäts- bzw. Universitätsklinikagesetzen)[7] erfolgt (§ 5 Abs 1 Nr 1 KHG). Akademische Lehrkrankenhäuser[8]
hingegen sind in die KHG-Förderung als Plankrankenhäuser eingebunden. Die Betriebskostenfinanzierung erfolgt über die Benutzerentgelte, also die Pflegesätze (§ 2 Nr 4, 5
KHG). Das Pflegesatzrecht ist uneingeschränkt anwendbar. Die Kosten für wissenschaftliche Lehre und Forschung, die über den normalen Krankenhausbetrieb hinausgehen,
werden naturgemäß nicht berücksichtigt (§ 17 Abs 3 Nr 2 KHG).

2. Kommunale Krankenhäuser. Kommunale Krankenhäuser können eingeschränkt 7
verfassungsmäßige Rechtspositionen haben, die staatliche Einwirkungsmöglichkeiten
begrenzen. Zwar kann eine kommunale Gebietskörperschaft grundsätzlich nicht Grundrechtsträger sein,[9] der verfassungsrechtliche Schutzbereich der Kommune wird aber

---

[4] Siehe zB § 29 LKHG BW v 29. 11. 2007 (GBl 2008, 13) und Begründung des Gesetzentwurfs v 11. 7. 2007 zu Art 1 Nr 3 (LT-Drucks 14/1516, 17).
[5] Die öffentliche Gewalt ist grundrechtsverpflichtet, aber nicht grundrechtsbegünstigt, BVerfGE 15, 256, 262; 21, 362, 369; 68, 193, 206; damit sind auch juristische Personen des öffentlichen Rechts jedenfalls insoweit nicht grundrechtsfähig, als sie in ihrer Funktion der Wahrnehmung gesetzlich zugewiesener und geregelter öffentlicher Aufgaben durch den beanstandeten Akt der staatlichen Gewalt betroffen sind (BVerfGE 68, 193, 213).
[6] BVerfGE 57, 70, 95.
[7] Siehe *Kingreen/Banafsche/Szabados* WissR 2007, 283, 305 ff.
[8] Krankenhäuser, welche die praktische Ausbildung von Medizinstudenten im PJ übernommen haben (§ 1 Abs 2 S 1 Nr 1, §§ 3, 4 ÄAppO).
[9] BVerfGE 61, 82, 105 ff; zur Problematik bes *Maunz/Dürig* GG Art 2 RdNr 67, Art 19 RdNr 48; *Jarass*, in: *Jarass/Pieroth*, GG, Art 19 RdNr 15 ff.

durch die Garantie des Selbstverwaltungsrechts umrissen. Ein Entzug oder eine erhebliche Einschränkung der Aufgabe „Krankenhauswesen" könnte diese institutionelle Gewährleistung unvertretbar beeinträchtigen.

8 Art 28 Abs 2 S 1 GG gewährleistet den Gemeinden das Recht, alle Angelegenheiten der örtlichen Gemeinschaft im Rahmen der Gesetze in eigener Verantwortung zu regeln. Dieses **Recht der kommunalen Selbstverwaltung** gilt entsprechend auch für Gemeindeverbände, wie zB kommunale Zweckverbände (Art 28 Abs 2 S 2 GG). Eigenverantwortliche Erfüllung örtlicher Aufgaben durch die Gemeinden ist verfassungsmäßig institutionell garantiert. Der Umfang der Aufgaben der Selbstverwaltungsträger kann im Einzelnen durch Gesetz festgelegt werden. Die Einrichtungsgarantie enthält aber keine Bestandsgarantie der Aufgaben und damit keine Gewährleistung des jeweiligen gegenständlichen Wirkungsbereiches.[10] Damit besteht auch kein subjektiv-verfassungsmäßiges Recht[11] auf Erhalt einzelner Erscheinungsformen des Selbstverwaltungsrechts. Der Gesetzgeber darf aber die Selbstverwaltung nicht aufheben und die Aufgaben der örtlichen Gemeinschaft nicht schlechthin staatlichen Behörden übertragen. Er darf die Selbstverwaltung auch nicht derart einschränken, dass sie innerlich ausgehöhlt wird und damit die kommunale Betätigung ihre Bedeutung für die staatliche Gemeinschaft verliert. Beschränkungen der **Selbstverwaltung der Gemeinden** sind mit Art 28 Abs 2 GG nur vereinbar, wenn sie deren **Kernbestand** unangetastet lassen.[12] Bei der Bestimmung dessen, was zu dem Bereich gehört, der durch die Verfassung gegen jede gesetzliche Schmälerung gesichert ist, muss der geschichtlichen Entwicklung und der soziologischen Situation Rechnung getragen werden. Gemeindliche Selbstverwaltung umfasst deshalb auch kein feststehendes Aufgabenfeld, sondern entwickelt sich dynamisch.[13] Die verfassungsmäßige Garantie kommunaler Selbstverwaltung erfasst somit die Gewährleistung des Wesensgehalts eigenverantwortlichen Handelns, und zwar im typisch essentiellen Bereich, wie es das Bild der Gemeinden prägt. Zu den anerkannten Aufgaben örtlicher Daseinsvorsorge gehört auch das Krankenhauswesen.

9 Soweit aufgrund Landesrechts den Kommunen eine **Sicherstellungsverantwortung** zukommt und diese wesentlich eingeschränkt oder entzogen werden sollte, wäre eine Berufung auf Art 28 Abs 2 GG möglich. In Ländern wie zB Bayern, in denen nach der historischen Entwicklung die Vorhaltung von Krankenhäusern eine wesentliche Aufgabe der kommunalen Gebietskörperschaften war[14] und ist,[15] würde eine Entkommunalisierung und Übertragung der Sicherstellung der stationären Versorgung auf neue Körperschaften des öffentlichen Rechts (beispielsweise unter wesentlicher Beteiligung der Krankenkassen) den Kernbereich kommunaler Selbstverwaltung berühren.

10 **3. Freigemeinnützige Krankenhäuser.** Freigemeinnützige Krankenhäuser in verschiedener Trägerschaft[16] stellen einen traditionell geprägten Bereich der stationären Ver-

---

[10] BVerfGE 23, 253; 79, 127, 152; 110, 370, 401.

[11] Die Streitfrage, ob das „Recht auf Selbstverwaltung" als kommunales Grundrecht, grundrechtsähnliches Recht oder allgemein subjektiv-verfassungsmäßiges Recht anzusehen ist, hat im Hinblick auf die Zulässigkeit einer Verfassungsbeschwerde nach Art 93 Abs 1 Nr 4b GG, § 91 BVerfGG keine praktische Bedeutung.

[12] BVerfGE 7, 358; 22, 180, 219; 56, 298, 312; 79, 127, 153; 91, 228, 238; 107, 1, 12.

[13] BVerfGE 79, 127, 152; 110, 370, 401; BVerwGE 67, 321, 323.

[14] *Genzel* BayVBl 1984, 449.

[15] In Bayern Krankenhäuser im Jahr 2008 insgesamt: 379 (71 678 Betten); davon 196 öffentliche (54 907 Betten), 134 private (11 646 Betten), 49 freigemeinnützige (8946 Betten); unter den öffentlichen Krankenhäusern 5 Unikliniken mit 6747 Betten. Quelle: DKG, Zahlen, Daten, Fakten 2009, 30.

[16] Zu den freigemeinnützigen Trägern zählen in erster Linie diejenigen, deren Spitzenverbände in der „Bundesarbeitsgemeinschaft der Freien Wohlfahrtspflege" zusammenarbeiten: Deutscher Caritasverband, Diakonisches Werk der EKD, Deutsches Rotes Kreuz, Arbeiterwohlfahrt, Paritätischer Gesamtverband; Näheres unter www.bagfw.de. Krankenhäuser in freigemeinnütziger Trägerschaft

14. Kapitel. Krankenhausrecht. Öff-rechtl Rahmen   11–13   § 81

sorgung dar. Freigemeinnützige Anbieter von Krankenhausleistungen sind in ihrer Existenz und ihrer Betätigung unter sozialstaatlichem Blickpunkt grundrechtlich legitimiert und verfassungsrechtlich durch die Grundrechte geschützt. Staatliches Einwirken durch Gesetzgebung, vollziehende Gewalt und Rechtsprechung auf den Wirkungsbereich freigemeinnützigen Handelns bedarf deshalb der Rechtfertigung (Art 1 Abs 3, Art 20 Abs 3 GG).

Caritatives und soziales Helfen als besondere Form menschlichen Handelns ist grundrechtlich durch Art 2 Abs 1 GG abgesichert. Es erhält durch Art 9 Abs 1 und Art 19 Abs 3 GG seine kollektive Erweiterung. Die Teilnahme an der stationären Versorgung ist damit Ausdruck der allgemeinen Handlungsfreiheit.[17] Die grundrechtliche **Gewährleistung fremdnützigen Handelns** enthält auch die Freiheit der Aufgabendefinition nach Art, Inhalt und Umfang des caritativen Engagements. Es lässt sich darin gerade das **Selbstverständnis des Trägers in humanitärer, weltanschaulicher, sozialer Hinsicht** realisieren. Dem freigemeinnützigen Krankenhausträger obliegt es deshalb, grundsätzlich zu entscheiden, in welcher Weise er an der allgemeinen Versorgung der Bevölkerung mit medizinischen Leistungen teilnehmen will und welche Krankenhauseinrichtungen vorgehalten werden sollen. Der verbandsmäßige Zusammenschluss, um im Verein mit anderen Krankenhäuser zu errichten und zu betreiben, wird durch Art 9 Abs 1 GG gewährleistet. Das Grundrecht der Vereinigungsfreiheit gibt das Recht, sich zum Zweck der Krankenhausversorgung in kollektiver Trägerschaft zusammenzuschließen. Gründungsfreiheit, Bestands- und Funktionsgarantie für Verbände der freien Wohlfahrtspflege sind grundrechtlich garantiert.[18] 11

Die Freiheit gemeinsamen kollektiven Handelns erfährt eine Präzisierung und Verstärkung durch das Grundrecht der **Berufsfreiheit.** Art 12 Abs 1 GG sichert auch freigemeinnützigen Krankenhausträgern die unternehmerische und vor allem wirtschaftliche Entfaltungsmöglichkeit, die **materielle Grundlage für die Verwirklichung der ideellen Ziele.** Aus dieser verfassungsmäßigen Garantie folgt konsequenterweise für den Staat die Verpflichtung, die finanzielle Grundlage freigemeinnütziger Träger für ihre Tätigkeit im Rahmen öffentlicher Aufgabenerfüllung sicherzustellen; allerdings besteht ein Anspruch auf Erfolg im Wettbewerb und auf Sicherung künftiger Erwerbsmöglichkeiten naturgemäß nicht. Das Grundrecht der Berufsfreiheit gilt trotz seiner personalen Natur auch für „inländische juristische Personen" des Privatrechts und ihnen gleichzustellende Vereinigungen (Art 19 Abs 3 GG)[19] Gemeinnützige Einrichtungen können sich (lediglich) im Bereich erwerbswirtschaftlicher Tätigkeiten auf Art 12 GG berufen, auch wenn der Ertrag für gemeinnützige Zwecke verwendet wird.[20] 12

Im Hinblick auf die Gleichstellung aller Krankenhäuser öffentlicher, freigemeinnütziger und privater Träger bei der bedarfsgerechten Versorgung der Bevölkerung üben freigemeinnützige Krankenhausträger keinen eigenständigen Beruf iS eines bestimmten Berufsbildes aus.[21] Planungs-, Steuerungs- und Strukturregelungen betreffen deshalb die **Stufe der Berufsausübung** und sind mit dem Grundgesetz vereinbar, wenn sie durch vernünftige Erwägungen des Gemeinwohls gerechtfertigt sind.[22] Bei freigemeinnützigen Krankenhausträgern wird das Grundrecht der Berufsfreiheit insoweit zurückgedrängt, als sie 13

im Jahr 2008: 781 (von insgesamt 2083) = 37,5%/Betten: 177 085 (von insgesamt 503 360) = 35,2%; Quelle: Statistisches Bundesamt, Fachserie 12 Gesundheitswesen, Reihe 6.1.1 Grunddaten der Krankenhäuser, abrufbar unter www.destatis.de.

[17] BVerfGE 20, 150, 157, 159; für gemeinnützige Organisationen offengelassen BVerfGE 24, 236, 252.
[18] BVerfGE 4, 92, 102; 13, 174, 175; s auch BVerfGE 80, 244, 253; 84, 372, 378; zum verfassungsrechtlichen Status freigemeinnütziger Krankenhausträger s auch Quaas VBlBW 1987, 164.
[19] BVerfGE 50, 290, 363; 97, 228, 253; 105, 252, 265; BVerwGE 97, 12, 23; BGHZ 161, 376, 382.
[20] Vgl BVerfGE 97, 228, 253; BVerwGE 95, 15, 20; Jarass DÖV 2002, 755.
[21] BVerfGE 7, 377, 378, 402 ff; 13, 97, 106; 21, 173, 180.
[22] BVerfGE 13, 97, 104; 25, 1, 12; 70, 1, 28; 103, 1, 10; BSGE 60, 76, 78.

durch das KHG und das Recht der GKV in das staatlich organisierte System der stationären Versorgung eingebunden und wirtschaftlich abgesichert werden. Damit aber wird ihr Wirken nicht etwa zu einem „staatlich gebundenen Beruf" iS der Rspr des BVerfG.[23] Der freigemeinnützige Krankenhausträger entscheidet über Errichtung, Betrieb und Schließung eines Krankenhauses. Er legt Aufgabenstellung und fachlich-medizinische Ausrichtung des Hauses fest. Ihm obliegen die ärztlich-pflegerische Zielrichtung, das Leistungsangebot, insbesondere Art und Umfang der Wahlleistungen uÄ.

14 In engem Zusammenhang mit der Gewährleistung der persönlichen Freiheit steht der **Schutz des Eigentums** nach Art 14 GG. Nach der Rspr des BVerfG hat dieses Grundrecht die Funktion, den „Freiheitsraum im vermögensrechtlichen Bereich sicherzustellen und damit eine eigenverantwortliche Gestaltung des Lebens zu ermöglichen".[24] Für freigemeinnützige Krankenhausträger bedeutet dies, dass ihnen die **materielle Grundlage für ihr humanitäres und soziales Engagement** verfassungsrechtlich garantiert wird, um die Autonomie bei der Aufgabenerfüllung zu stärken. Verfassungsrechtlich gewährleistet ist die Gesamtheit des wirtschaftlichen Werts einer Klinik einschließlich des Patientenstammes und des vertraglichen Beziehungssystems zu den gesetzlichen Krankenkassen und den Privatversicherern.

15 Nicht umfasst der eigentumsgrundrechtliche Schutz den **Status einer Klinik als Plankrankenhaus,** da die durch das KHG vermittelten Positionen keine auf eigene Leistung zurückzuführende, vermögenswerte öffentlich-rechtliche Ansprüche sind.[25] Das Planungsermessen des Staates wird deshalb durch Art 14 GG nicht eingeschränkt (kein Anspruch auf eine bestimmte Dauer der erfolgten Aufnahme in den Plan). Eine Einschränkung oder ein Entzug der öffentlich-rechtlichen Position als Plankrankenhaus beeinträchtigt das Eigentumsrecht nicht, da der eigentumsrechtliche Schutz eines Betriebs nicht weiter reichen kann als der Schutz seiner wirtschaftlichen und technischen Grundlagen.[26] Beruht die Unternehmenstätigkeit auf einer öffentlich-rechtlichen Grundlage, so ist das darauf aufbauende Privateigentum im Verhältnis zu der verwaltungsrechtlichen Grundlage akzessorisch.[27] Der Inhalt des Eigentums wird durch den öffentlich-rechtlichen Hintergrund mitbestimmt. Wird die öffentlich-rechtliche Position eingeschränkt oder entzogen, wird die Begrenzung offenbar. Die Eigentumsgarantie kann ihre Schutzwirkung nur entfalten, wenn der öffentlich-rechtliche Status rechtswidrig verändert wird.

16 Art 14 GG wird nicht tangiert, wenn im Zeitpunkt der Aufnahme des Betriebs die öffentlich-rechtliche Einbindung in das staatlich organisierte Sicherstellungskonzept erfolgte. Dies bedeutet, dass Krankenhäuser, die auf der Grundlage des öffentlich-rechtlichen Planungs- und Finanzierungssystems errichtet, erweitert oder grundlegend verändert wurden, in den Schutzbereich des Art 14 Abs 1 GG nur auf der Grundlage der gegebenen Planungssituation nach Maßgabe der im Krankenhausplan ausgewiesenen Funktion kommen. Aus der Bedarfslage heraus sich ergebende Veränderungen des Krankenhausplanes können ohne Beeinträchtigung der Eigentumsgarantie vollzogen werden. Eine medizinisch leistungsfähige, sozial tragbare und wirtschaftliche Krankenhausversorgung setzt eine systematische und kontinuierliche Planung der Kapazitäten voraus. Sie steht unter dem Vorbehalt der Flexibilität, also der Anpassung an den tatsächlichen Versorgungsbedarf.[28]

---

[23] Zu den staatlich gebundenen Berufen (nur enger Kreis) vgl *Jarass,* in: *Jarass/Pieroth, GG,* Art 12 RdNr 63.
[24] BVerfGE 24, 367, 400; 83, 201, 208; 97, 350, 371.
[25] Vgl BVerfGE 72, 9, 18 f; 97, 271, 284; s zum Schutz öffentlich-rechtlicher Positionen *Jarass,* in: *Jarass/Pieroth, GG,* Art 14 RdNr 11.
[26] BVerfGE 58, 300, 353.
[27] *Maunz/Dürig, GG,* Art 14 RdNr 104 mwN.
[28] Zu den Grundrechten der Leistungserbringer bei der Umsetzung von Planungsmaßnahmen *Ilg* MedR 2000, 160.

4. Kirchliche Krankenhäuser. Eine **verfassungsrechtliche Sonderstellung** nehmen unter den freigemeinnützigen Krankenhausträgern die kirchlichen stationären Einrichtungen ein. Sie werden getragen von kirchlichen Organisationen und Verbänden wie Caritas, Innere Mission, Orden und Kongregationen, kirchlichen Stiftungen ua. Sie haben besondere verfassungsrechtliche Positionen und Schutzrechte.

a) **Umfang des verfassungsrechtlichen Garantiebereiches.** Die Rechtspositionen, insbesondere die Abwehrrechte gegenüber dem Staat, werden durch Art 4 Abs 1 und 2 und Art 140 GG konkretisiert.[29] Auch die rechtlich selbstständigen Einrichtungen der Kirchen können die **Religionsfreiheit** für sich in Anspruch nehmen, sofern „deren Zweck auf die Erfüllung caritativer Aufgaben in Erfüllung einer Grundforderung des religiösen Bekenntnisses gerichtet ist".[30] Damit ist auch der einzelne konfessionelle Krankenhausträger grundrechtlich geschützt und zur Geltendmachung des Grundrechts legitimiert. Eine institutionelle Verbindung der caritativen Aufgabenerfüllung mit der Institution Kirche ist nicht erforderlich.

Eine zusätzliche verfassungsmäßige Absicherung erhalten die stationären Einrichtungen der Krankenpflege in kirchlicher Trägerschaft durch die staatskirchenrechtlichen Bestimmungen des Art 140 GG. Die Kirchenartikel der Weimarer Reichsverfassung sind mit dieser Norm in das Grundgesetz inkorporiert. In ihnen kommt die **korporative Religionsfreiheit** zum Ausdruck. Das **kirchliche Selbstbestimmungsrecht** (Art 137 Abs 3 S 1 WRV) und die **Kirchengutsgarantie** (Art 138 Abs 2 WRV) schützen nicht nur die Kirchen und Religionsgemeinschaften als überindividuelle Gesamtheit (einschließlich der organisatorisch und institutionell mit den Kirchen verbundenen Einrichtungen), sondern alle zugeordneten Einrichtungen ohne Rücksicht auf ihre Rechtsform, wenn sie nach kirchlichem Selbstverständnis, ihrem Zweck oder ihrer Aufgabe entsprechend, berufen sind, ein Stück Heilauftrag der Kirchen in dieser Welt wahrzunehmen und zu erfüllen.[31] Auf die Rechtsform – etwa eines Vereins, einer Stiftung des bürgerlichen Rechts oder des Kirchenrechts – kommt es nicht an. Jeder kirchliche Krankenhausträger kann sich damit gegenüber staatlichen Einwirkungsmaßnahmen auf sein Autonomierecht berufen.[32]

Die verfassungsrechtlichen Garantien der freien Religionsausübung umfassen einmal die grundsätzliche **Präsenz der Kirchen** und Religionsgemeinschaften **im Bereich der stationären Krankenpflege.** Verfassungsrechtlich erschöpft sich zum anderen die Freiheit religiöser Betätigung nicht im öffentlichen Kultus, wie der Glaubensverkündigung, dem Gottesdienst und der Seelsorge. Auch das Leben nach dem Glauben, bekenntnishaftes Handeln im Vollzug des Glaubens[33] wird von der Religionsfreiheit erfasst, also gerade auch die soziale-caritative Tätigkeit der Kirchen oder einzelner kirchlicher Einrichtungen als einer „christlichen Grundfunktion".[34] Kirchlich getragene Krankenpflege ist damit Religionsausübung.

Kirchliche Krankenhauspflege erhält ihre Funktionsfähigkeit durch die **Kirchengutsgarantie** des Art 138 Abs 2 WRV. Sie schützt über Art 14 GG hinausgehend den substantiellen und wertgemäßen Bestand des kirchlichen Vermögens gegen jede Form der Säkularisierung und gewährleistet in umfassender Weise die materiellen Voraussetzungen kirchlicher Selbstständigkeit. Sie sichert den Religionsgemeinschaften insbesondere auch

---

[29] Siehe zur kirchlich getragenen Krankenpflege BVerfGE 46, 73, 83; 57, 220, 241; 70, 138, 163. Beide Vorschriften ergänzen sich gegenseitig und bilden zusammen mit den inkorporierten Artikeln der WRV ein organisches Ganzes iS eines einheitlichen Grundrechts der Freiheit der Religionsausübung.
[30] BVerfGE 53, 366, 367.
[31] BVerfGE 46, 73, 83; 53, 366, 391; 57, 220, 242; 70, 138, 162.
[32] BVerfGE 53, 366, 367.
[33] Vgl BVerfGE 32, 98, 106.
[34] Vgl BVerfGE 53, 366, 393.

die Möglichkeit des Erwerbs der für ihren Dienst notwendigen Mittel durch Spenden und Stiftungen.

22   Ein wesentliches Merkmal der verfassungsrechtlich garantierten Kirchenautonomie ist das Selbstbestimmungsrecht des Art 137 Abs 3 S 1 WRV. Die **Eigenart kirchlicher Krankenhauspflege** besteht darin, dass sie sich zwar

> „wie in jedem Krankenhaus der bestmöglichen ärztlichen und medizinischen Behandlung der Kranken widmet, aber dabei das speziell Religiöse caritativer Tätigkeit im Auge behält, das die Behandlung der Kranken durchdringt, sich im Geiste des Hauses, in der Rücksicht auf die im Patienten angelegten religiös-sittlichen Verantwortungen und Bedürfnisse, im Angebot sakramentaler Hilfe usw und damit notwendigerweise auch im Organisatorischen niederschlägt".[35]

Das gewährleistete kirchliche Selbstbestimmungsrecht eröffnet die „unerlässliche Freiheit der Bestimmung über Organisation, Normsetzung und Verwaltung" und ist damit die institutionelle Voraussetzung für die Erfüllung des humanitär-religiösen Dienstes am Menschen.

23   Der **Schutzbereich der Kirchenautonomie** bezieht sich im Einzelnen:
– auf die Organisationshoheit, nämlich die Freiheit des kirchlichen Trägers, Ausrichtung, Aufgabenstellung, innere Struktur und Größe eines Krankenhauses eigenverantwortlich zu bestimmen[36] sowie
– auf die Personalhoheit, nämlich die religiöse Prägung und Ausrichtung eines Krankenhauses auch in der Einstellung und in der Art und Weise der Aufgabenerfüllung der darin Tätigen sicherzustellen.

24   Während die Organisationshoheit die Festlegung von Betriebsform, Betriebsziel und den inneren strukturellen Aufbau eines Krankenhauses umfasst, wird im Rahmen der Personalhoheit das dienstrechtliche Verhältnis, insbesondere Einstellung, Auswahl und Ausbildung der Mitarbeiter, näher geregelt. Die Autonomie kirchlicher **Personalverfassung** ist ein wesentlicher Bestandteil der Kirchenfreiheit. Die kirchliche Personalhoheit folgt dem Leitbild der Dienstgemeinschaft.[37] Das Bundesverfassungsgericht erkennt diesen Grundgedanken kirchlicher Personalverwaltung an, dass nämlich „jedes Mitglied und jeder Mitarbeiter das kirchliche Selbstverständnis der Einrichtung anerkennt und es sich in seinem dienstlichen Handeln zu Eigen macht".[38]

25   Zu den besonderer religiöser Formung zugänglichen Angelegenheiten kirchlicher Krankenhäuser gehört die **Personalauswahl** und die Personalführung. Probleme können dabei entstehen im Zusammenhang mit der persönlichen Lebensführung von Mitarbeitern im Krankenhaus. Entscheidendes Gewicht erhält hier einerseits die Funktion des Mitarbeiters bei der Aufgabenerfüllung im Rahmen der religiösen Ausrichtung eines Krankenhauses; andererseits kann der kirchliche Krankenhausträger persönliche und berufliche Identifikation mit der Kirche verlangen.

26   b) **Verfassungsrechtliche Schranken der Kirchenautonomie.** Während das individuelle Recht freier Religionsausübung in Art 4 Abs 2 GG ohne ausdrücklichen Gesetzesvorbehalt gewährleistet ist, wird das kollektive Selbstbestimmungsrecht der Kirchen und Religionsgemeinschaften beschränkt durch die „für alle geltenden Gesetze" (Art 140 GG iVm Art 137 Abs 3 S 1 WRV). Im Blick auf das einheitliche Grundrecht der Freiheit der Religionsausübung kann eine Auflösung dieser Schrankendivergenz nur danach erfolgen, welche Normwirkung eine gesetzliche Maßnahme gerade für die kirchliche Betätigung hat.[39]

---

[35] BVerfGE 46, 73, 95 f.
[36] BVerfGE 53, 366.
[37] Zur rechtlichen Verfassung der Dienstgemeinschaft in der Grundordnung des katholischen Krankenhauses *Kessels/Klein/Lauer*, Die Gestalt des katholischen Krankenhauses, 1981, 39 f, 47 f, 57.
[38] BVerfGE 53, 366, 403.
[39] BVerfGE 42, 312, 334; 46, 73, 95; 66, 1, 20; 70, 138, 166.

14. Kapitel. Krankenhausrecht. Öff-rechtl Rahmen 27–30 § 81

Maßgeblich für die Zuordnung und damit für die Reichweite der Freiheit religiöser 27 Betätigung ist das traditionell geprägte und institutionell anerkannte **Selbstverständnis des kirchlichen Grundrechtsträgers**. Mit seiner Hilfe ist auch nach der Rspr des BVerfG der Gegenstand der Kirchenautonomie und die Grenze des für alle geltenden Rechts zu bestimmen.[40] Je mehr Organisation und innere Struktur des kirchlichen Krankenhauses Ausdruck der objektivierten religiösen Überzeugung sind, umso mehr ist es staatlicher Einwirkung entzogen. Je weniger das Handeln mit dem religiösen Selbstverständnis und sog rein innerkirchlichen Angelegenheiten verknüpft ist, umso mehr ist die Einbindung in ein sozialstaatlich ausgerichtetes Versorgungssystem im „Rahmen der für alle geltenden Gesetze" möglich.

Zum **Kern vorbehaltloser Religionsausübung** gehören sicher die staatliche Gewähr- 28 leistung des caritativen Engagements in der allgemeinen Krankenversorgung und die wirtschaftliche Absicherung. Staatliche Krankenhausplanung und öffentliche Investitionsförderung haben dies sicherzustellen. Durch die Anerkennung der Trägervielfalt (§ 1 Abs 2 S 1 KHG), die Gewährleistung der wirtschaftlichen Sicherung auch der kirchlichen Krankenhausträger nach Maßgabe des Landesrechts (§ 1 Abs 2 S 2 KHG) und die Einbindung der kirchlichen Krankenhausträger in ein öffentlich-rechtliches Sozialleistungssystem (§§ 69, 70, 108 ff SGB V) unter Berücksichtigung der religiösen Bedürfnisse der Versicherten bei der Auswahl der Leistungserbringer (§ 2 Abs 3 S 2 SGB V) ist bundesrechtlich der verfassungsrechtlichen Pflicht Rechnung getragen (s auch zB § 6 Abs 4 HmbKHG und § 6 HKHG – entspr Art 140 GG iVm Art 141 WRV – zur Gewährleistung der seelsorgerischen Betreuung in allen Krankenhäusern und § 1 Abs 2 S 3 LKHG BW zur „Gewährleistung der Wohlfahrtspflege der kirchlichen Krankenhäuser sowie des verfassungsrechtlich geschützten Selbstbestimmungsrechts der Kirchen und anderen Religionsgemeinschaften").

Zu den essentiellen Anforderungen der Religionsfreiheit gehören die Aspekte, die 29 wegen ihrer unmittelbaren religiösen Motivation die Kirchen unmittelbar betreffen. Solche **Kirchenbelange** sind die Krankenhausseelsorge, die Krankenpflege, die Sterbebegleitung uÄ. Ärztliches Handeln kann spezifisch-religiösen Bezug bei der Anwendung bestimmter Heil- und Behandlungsmethoden mit besonderer ethisch-moralischer Relevanz haben, etwa im Hinblick auf künstliche Befruchtung, Sterilisation, Schwangerschaftsabbruch und Kastration. Hingegen fehlt ein religiöser Bezug bei der medizinischen und medizinisch-technischen Leistungsfähigkeit, der wirtschaftlichen Betriebsführung, bei Buchführungspflichten,[41] aber auch weitgehend bei der sozialen Betreuung der Patienten in einem kirchlichen Krankenhaus und wohl auch beim Datenschutz.[42] Die Sicherstellung der medizinischen Qualität der ärztlichen Behandlung, die Sicherheit der apparativen Versorgung und die Gestaltung der entsprechenden Betriebsabläufe unterscheiden ein kirchliches Krankenhaus nicht von einer Klinik in anderer Trägerschaft. Die Frage nach der Religionszugehörigkeit bei der Aufnahme in ein Krankenhaus ist nur zulässig, wenn gleichzeitig auf die Freiwilligkeit der Antwort hingewiesen wird.[43]

Verfassungsrechtlich überlassen bleibt es dem kirchlichen Krankenhausträger, den 30 „Geist eines Krankenhauses" nach seinen traditionsgefestigten Leitlinien und Grundsätzen auszurichten. Deshalb steht ihm auch die Freiheit zu, die **innere Organisation und Leitungs- und Betriebsstruktur** seines Krankenhauses zu bestimmen. Gesetzliche Regelungen und Vorgaben hierzu wären deshalb nicht verfassungsgemäß.[44] Aus diesem Grund beanspruchen Regelungen in Landeskrankenhausgesetzen zur inneren Struktur

---

[40] BVerfGE 24, 236, 247; 53, 366, 401, 406; 72, 278, 289; auch BVerwGE 68, 62, 66 ff.
[41] BVerfG NJW 1984, 970; s zB § 42 Abs 1 LKHG M-V: Ausrichtung aller Krankenhäuser an den Grundsätzen des kaufmännischen Rechnungswesens.
[42] Siehe § 43 Abs 2 LKHG BW: Geltung der datenschutzrechtlichen Vorschriften des Landeskrankenhausgesetzes für kirchliche Krankenhäuser, soweit die Kirchen bis zum 1. 1. 2008 keine „gleichwertigen" Regelungen geschaffen haben; näher dazu *Ungerer*, in: *Dietz*, LKHG BW, § 43 RdN 24.
[43] BVerfGE 46, 266, 267 f; s Art 140 GG iVm Art 136 Abs 3 WRV.
[44] BVerfGE 53, 366.

und Organisation der Krankenhäuser keine Geltung für Krankenhäuser, die von Religionsgemeinschaften betrieben werden.[45]

31   **5. Private Krankenhäuser.** Private Krankenhäuser werden von natürlichen Personen (Einzelunternehmer, Gesellschaft bürgerlichen Rechts), juristischen Personen des Privatrechts (rechtsfähiger Verein, Stiftung, GmbH, AG) oder Handelsgesellschaften (OHG, KG, GmbH & Co. KG) betrieben.[46] Sie werden in aller Regel von ihren Trägern nach erwerbswirtschaftlichen Grundsätzen geführt. Die **Gewinnerzielungsabsicht** steht also im Vordergrund. Sie bedürfen deshalb der **gewerberechtlichen Konzession** nach § 30 Abs 1 S 1 GewO.[47] Diese Absicht ist immer dann anzunehmen, wenn ein Unternehmen danach strebt, mehr zu erwirtschaften als zur Deckung der Betriebskosten erforderlich ist. Auf die Gewinnverwendung kommt es hingegen nicht an. Auch wenn letztlich der Gewinn für gemeinnützige Zwecke verwandt wird, liegt eine erwerbswirtschaftliche Betriebsführung vor.

32   Die Einbindung der Privatkliniken in die **allgemeine Krankenhausversorgung** nach dem KHG setzt voraus, dass die Privatklinik „**gemeinnützig**" iSd **§ 67 AO** ist. Öffentlich gefördert werden nur Krankenhäuser, bei denen mindestens 40 % der jährlichen Belegungstage oder Berechnungstage auf Patienten entfallen, bei denen nur Entgelte für allgemeine Krankenhausleistungen (§ 7 KHEntgG, § 10 BPflV) berechnet werden (§ 5 Abs 1 Nr 2 KHG, § 67 AO), also nicht auch Wahlleistungen vereinbart wurden. Sie müssen sich also an der allgemeinen Versorgung, vor allem sozialversicherter Patienten in entsprechendem Umfang beteiligen.

33   Eine verfassungsrechtliche Sonderstellung haben private Krankenhäuser nicht. Grundrechtlich geschützt sind sie durch die Berufsfreiheit (Art 12 GG)[48] und die Eigentumsgarantie des Art 14 GG. Es gelten insoweit die allgemeinen Grundsätze, wie sie auch für andere Unternehmungen gelten. Der **grundrechtliche Status der privaten Krankenhausträger** begrenzt die Regelungsmacht des Gesetzgebers. Staatliche Krankenhausplanung und -förderung finden in den Grundrechten ihre Schranken (Art 1 Abs 3 GG).

34   In einem **Verfassungsbeschwerdeverfahren** wegen der **Versagung der Aufnahme eines Krankenhauses eines privaten Krankenhausträgers in den Hamburger Krankenhausplan 2000** hat das Bundesverfassungsgericht mit Beschluss v 4. 3. 2004[49] die Rechte der Krankenhausträger im Wesentlichen über das Grundrecht der Berufsfreiheit gestärkt angesichts der existenziellen Bedeutung der Aufnahme in einen Krankenhausplan. Wird das **Gebot der Beachtung der Trägervielfalt** (§ 1 Abs 2 S 1 und 2 KHG) bei der Abwägung durch eine unausgewogene Verteilung vernachlässigt, liegt ein unverhältnismäßiger Eingriff in die Berufsfreiheit nach Art 12 Abs 1 S 1 GG iV mit dem Gleichheitsgrundsatz nach Art 3 GG vor. Die Aufnahme des in privater Trägerschaft betriebenen Krankenhauses mit Schwerpunkt auf orthopädischem Fachgebiet für insgesamt 20 Betten in den Hamburger Krankenhausplan war zuvor mit der Begründung abgelehnt worden, dass Krankenhäuser mit breiter Allgemeinversorgung vorrangig aufgenommen würden; im Hamburger Krankenhausplan waren damals von insgesamt 36 Krankenhäusern lediglich 2 private Krankenhäuser ausgewiesen. Den Hinweis der Behörde, das Gebot der Ausgewogenheit der Trägerstruktur könne angesichts gewachsener Strukturen nur langfristig

---

[45] Siehe zB § 3 Abs 2 LKG Rh-Pf, § 2 Abs 2 SKHG, § 2 Abs 2 SächsKHG, § 3 Abs 1 ThürKHG, § 2 Abs 3 LKHG M-V, § 33 KHGG NRW.

[46] Krankenhäuser in privater Trägerschaft im Jahr 2008: 637 (von insgesamt 2083) = 30,6 %/Betten: 79 852 (von insgesamt 503 360) = 15,9 %; Quelle: Statistisches Bundesamt, Fachserie 12 Gesundheitswesen, Reihe 6.1.1 Grunddaten der Krankenhäuser, abrufbar unter www.destatis.de; ferner DKG, Zahlen/Daten/Fakten 2009, 30.

[47] BVerwGE 70, 201, 203; ausführlich dazu *Leisner* GewA 2006, 188.

[48] Zum Betreiben eines Krankenhauses als Beruf im Hinblick auf einen geltend gemachten Anspruch auf Aufnahme in den Krankenhausplan BVerfGE 82, 209; *Ilg* MedR 2000, 160.

[49] Az: 1 BvR 88/00, NJW 2004, 1648 = GesR 2004, 296 mit Anm *Stollmann*.

verwirklicht werden, hat das Bundesverfassungsgericht als sachlich nicht gerechtfertigt im Zusammenhang mit der Prüfung der Verhältnismäßigkeit der Beschränkung der Berufsfreiheit angesehen und Folgendes hervorgehoben: „Ein genereller Rechtssatz, dass größere Häuser mit einem umfassenden Leistungsangebot zu bevorzugen seien, lässt sich dem Krankenhausfinanzierungsgesetz nicht entnehmen. Er wäre auch verfassungsrechtlich nicht zu rechtfertigen. Damit würde größeren Versorgungseinheiten eine Priorität eingeräumt, für die es jedenfalls in dieser Allgemeinheit keinen sachlichen Grund gibt. Private Krankenhäuser würden hiervon in besonderem Maße betroffen, weil sie regelmäßig nur über ein begrenztes Bettenkontingent verfügen und in Spezialgebieten tätig sind."

III. Zur Krankenhausfusionskontrolle durch das Bundeskartellamt

Jede weitere Verstärkung der Kompetenz der Krankenkassen zum selektiven Kontrahieren wäre ein weiteres zusätzliches unumstößliches Argument für die umfassende **Geltung des Kartellrechts im Rahmen der GKV** als Kehrseite der Medaille.[50] Das Kartellrecht ist die Rahmenordnung für den wirtschaftlichen Wettbewerb, die zB auch verhindert, dass für die Krankenkassen im Rahmen der integrierten Versorgung nach §§ 140a ff SGB V nur noch marktbeherrschende – private oder auch öffentliche oder freigemeinnützige – Krankenhausketten als Anbieter in einer bestimmten Region infrage kommt, und die ein ausdifferenziertes Instrumentarium zur Kontrolle marktstarker Unternehmen und zur Ausschaltung unfairer Wettbewerbspraktiken beinhaltet.

1. Keine Bereichsausnahme von der Fusionskontrolle. Der Zusammenschluss von Krankenhäusern unterliegt der **Fusionskontrolle** nach §§ 35–43 des Gesetzes gegen Wettbewerbsbeschränkungen und wird weder durch § 69 SGB V noch durch das Krankenhausfinanzierungsgesetz mit seinem anderen Regelungsbereich ausgeschlossen.[51] Aufgabe der Fusionskontrolle ist es, als sogenannte „Strukturkontrolle" die Wahlfreiheit der Patienten, den Qualitätswettbewerb zwischen den Krankenhäusern und wettbewerbliche Strukturen auf dem Krankenhausmarkt auch im Sinne einer Erhaltung des Verhandlungsspielraumes der Krankenkassen zu sichern; diese Funktion kann weder durch im Fünften Buch Sozialgesetzbuch noch im Krankenhausfinanzierungsgesetz gesetzlich vorgegebene Strukturen ersetzt werden.

Der Sachverständigenrat zur Begutachtung der Entwicklung im Gesundheitswesen bejaht in seinem Gutachten 2007 die „generelle Zweckmäßigkeit der Fusionskontrolle im

---

[50] Umfassend zur Geltung des Kartellrechts im Rahmen der Leistungserbringung für die GKV *Sodan/Adam* NZS 2006, 114; *Kingreen* MedR 2004, 188, der zutreffend von der „nicht begründeten Angst des Sozialgesetzgebers vor dem Wettbewerbsrecht" spricht (197); ferner *Gassner* NZS 2007, 281 mit durchschlagender Argumentation zur Anwendung des gesamten kartellrechtlichen Vollzugsinstrumentariums einschließlich besonderer Kartellspruchkörper in der Zivilgerichtsbarkeit in allen Instanzen; *Möschel* gpk Nr 8/2007, 7 mit einem Plädoyer gegen eine Rechtswegzuweisung an die Sozialgerichte, an eine Sozialgerichtsbarkeit ohne jede Expertise in Wettbewerbsfragen, neuerdings *Engelmann* SGb 2008, 133: Keine Geltung des Kartellvergaberechts für Selektivverträge der Krankenkassen mit Leistungserbringern/Rechtsweg zu den Sozialgerichten bei Streitigkeiten aus Auftragsvergaben.

[51] OLG Düsseldorf v 11.4.2007 – VI Kart6/05, GesR 2007, 264; bestätigt durch Beschluss des Kartellsenates des BGH v 16.1.2008 – KVR 26/07, BGHZ 175, 333; ebenso OLG Düsseldorf v 7.5.2008 – VIKart1/07 (V); zustimmend zum Eingreifen der nationalen Fusionskontrolle *Bohle* MedR 2006, 259; ablehnend zur Krankenhausfusionskontrolle auf der Grundlage des GWB *Höfling* GesR 2007, 289: „Krankenhausplanung wird durch zunehmenden Einsatz des Kartellrechts bei Krankenhausfusionen konterkariert"; *Bruckenberger/Klaue/Schwintowski*, insbesondere 179 ff, 207 ff u 60 (Liste von 13 privaten Krankenhausketten, die jeweils mindestens vier zugelassene Krankenhäuser betreiben); *Pföhler* f&w 2008, 126, 128; zu den Voraussetzungen einer ausnahmsweisen Ministererlaubnis (Bundeswirtschaftsminister) gem § 42 Abs 1 S 1 GWB – Gesamtwirtschaftliche Vorteile/ überragendes Allgemeininteresse – nach Einholung einer Stellungnahme der Monopolkommission s *Mareck* f&w 2008, 266.

Krankenhaussektor" und fordert gerade vor dem Hintergrund wettbewerblich orientierter Bestrebungen dafür Sorge zu tragen, dass keine marktbeherrschenden Stellungen auf Seiten der Leistungserbringer entstehen.[52] Die Existenz eines spezifischen Regulierungsrahmens begründet **keine Bereichsausnahme von der Fusionskontrolle,** wie die Beispiele des öffentlichen Personen-Nahverkehrs und des Energiesektors mit hoher Regulierungsdichte zeigen. Die Nutzung von Spielräumen für eine Preisbildung setzt voraus, dass in den jeweiligen Regionen wettbewerbliche Strukturen vorhanden sind und nicht nur ein marktbeherrschendes Unternehmen tätig ist. Dabei ist auch zu bedenken, dass das Recht der GKV, auch jedes Preissystem für Krankenhäuser künftig weiterentwickelt werden wird (Beispiel: DRGs als Richtpreise?) und beispielsweise die anerkannt hohe Qualität der in den Krankenhäusern der privaten Krankenhausketten erbrachten Leistungen etwa durch eine neue Aktionärsstruktur oder die Übernahme durch Finanzinvestoren ebenfalls Veränderungen (ua auch Angebotsbeschränkung und Patientenselektion) unterliegen kann.

38 Die **Bildung betriebswirtschaftlich sinnvoller Cluster** auf regionaler Ebene wird durch die kartellrechtliche Fusionskontrolle nicht ausgeschlossen. Die Expansionsstrategie insbesondere der privaten Krankenhausketten, ein notwendiger Strukturwandel wird durch die Bestätigung der Rechtsauffassung des Bundeskartellamtes durch den Bundesgerichtshof nicht ernsthaft beeinträchtigt. Krankenhäuser in den Ballungszentren und in den meisten Großstädten haben in der Regel keine marktbeherrschende Stellung; falls doch, ist eine Kompensation durch einen Teilverkauf möglich.[53] Soweit insbesondere in ländlichen Gebieten marktbeherrschende Stellungen bestehen, ist in der Regel angesichts eines bloßen Trägerwechsels keine Verstärkung einer marktbeherrschenden Stellung zu erwarten (so auch im Fall des Zusammenschlusses und der anschließenden Übernahme der Universitätskliniken Marburg und Gießen durch die Rhön-Klinikum AG). Freilich ist die Folge eine auch gesundheitspolitisch sinnvolle stärkere Durchmischung der Krankenhausmärkte durch jeweils mehrere private, öffentliche oder auch freigemeinnützige Krankenhausträger.

39 **2. Gesundheitsversorgungs-Sicherstellungsklausel.** Den Leistungserbringern in der GKV können nicht erweiterte Vertragsfreiheiten eingeräumt werden, ohne ihnen auch klare wettbewerbsrechtliche Grenzen zu ziehen. Anderseits ist es zentrales Leitbild im Gesundheitswesen, die medizinische Versorgung soweit wie möglich aus einem Guss in vernetzten Strukturen zu organisieren und zu steuern. Deshalb empfiehlt es sich, **im Wettbewerbsrecht** eine **Gesundheitsversorgungs-Sicherstellungsklausel** zur Berücksichtigung der zentralen Leitbilder der medizinischen Versorgung für die Fusionskontrolle zu verankern (Sicherstellung einer patientenorientierten Versorgung mit den notwendigen Gesundheitsleistungen, Patientensouveränität, Sicherstellung einer wohnortnahen flächendeckenden effizienten Versorgung mit abgestimmten Versorgungsketten und Synergieeffekten, beispielsweise durch steigende Fallzahlen, Verhinderung der Schließung bedarfsnotwendiger Krankenhäuser aus wirtschaftlichen Gründen nur wegen der Untersagung eines Zusammenschlusses zur Abwendung einer Marktbeherrschung, Qualitätssicherung, Förderung von Kooperationen, Aufrechterhaltung des kommunalen Sicherstellungsauftrages, Versorgungsverbünde in der Region). Eine derartige Regelung ist bereits aus rechtssystematischen Gründen dem Vorschlag vorzuziehen, die Entscheidung des Bundeskartellamtes vom Einvernehmen mit der zuständigen Landesplanungsbehörde abhängig zu machen.[54]

40 Hervorzuheben ist aber, dass keine fusionskontrollrechtlichen Entscheidungen mit Ergebnissen ergangen sind, die im **Widerspruch** zum **Sozialversicherungsrecht** oder

---

[52] Siehe Gutachten 2007, 366 f, RdNr 471.

[53] Beispiel: Bundeskartellamt, Beschluss v 28. 4. 2005, B-10-161/04 „Asklepioskliniken/LBK Hamburg".

[54] So aber Gemeinsames Thesenpapier des Saarl Ministeriums für Justiz, Gesundheit und Soziales und der Saarl Krankenhausgesellschaft (2007), 3 f.

14. Kapitel. Krankenhausrecht. Öff-rechtl Rahmen § 82

zum **Krankenhausrecht,** insbesondere zum Recht der Krankenhausplanung, stehen.[55] So gab es in dem dem Beschluss des Kartellsenates des Bundesgerichtshofs vom 16.1.2008 zu Grunde liegenden Fall keinerlei Anhaltspunkte dafür, dass das Kreiskrankenhaus ohne den Zusammenschluss ohnehin aus dem Krankenhausplan ausscheiden würde; es kam also nicht etwa gegenüber dem Zusammenschluss als einzige Alternative die sofortige Liquidation des sanierungsbedürftigen Unternehmens in Betracht. In dem zweiten Zusammenschlussvorhaben derselben privaten Krankenhauskette stand bereits vor der Anmeldung des Vorhabens beim Bundeskartellamt fest, dass dieses Kreiskrankenhaus ua auf Grund seiner Größe (nur 70 Planbetten) nicht wirtschaftlich zu betreiben war und in ein Medizinisches Versorgungszentrum umgewandelt werden sollte; die Betten dieses Krankenhauses (Schließung zum 31.12.2006) wurden später zum größten Teil auf das verbliebene Kreiskrankenhaus übertragen; die Untersagung der Fusion war also nicht etwa krankenhausplanerisch bedenklich und auch nicht kausal für eine Verschlechterung der stationären Versorgung der Bevölkerung.

Hingewiesen werden soll in diesem Zusammenhang auf die Begründung zum GKV- **41** Wettbewerbsstärkungsgesetz zu § 171a SGB V zur **kartellrechtlichen Überprüfung von Krankenkassenfusionen**:[56] „Flankierende gesetzliche Regelungen, die verhindern, dass durch kassenartenübergreifende Fusionen wettbewerbsschädliche Monopolbildungen entstehen, sind nicht erforderlich. Auch Vereinigungen von Krankenkassen sind nach den Regeln der Fusionskontrolle des Gesetzes gegen Wettbewerbsbeschränkungen (GWB) durch das Bundeskartellamt zu prüfen."

§ 82 Das Recht der Krankenhausfinanzierung

Inhaltsübersicht

	RdNr
I. Bedeutung und Zielsetzung des Krankenhausfinanzierungsgesetzes	1
1. Ziel und Zweck des KHG	1
2. Anwendungsbereich des KHG	5
3. Nicht förderfähige Einrichtungen	7
4. Geltung des Pflegesatzrechts	10
5. Duales Finanzierungssystem	14
6. Zur Selbstkostendeckung	17
II. Die staatliche Krankenhausplanung	20
1. Funktion der Krankenhauspläne	22
2. Inhalt der Krankenhauspläne	23
a) Aufbaustufen der Krankenhausplanung	24
b) Landesgesetzliche Vorgaben	25
3. Rechtliche Bedeutung der Krankenhauspläne	35

---

[55] Siehe zB die ausführliche Auseinandersetzung in den Beschlüssen des Kartellsenates des BGH v 16.1.2008, BGHZ 175, 333 und des Kartellsenates des OLG Düsseldorf v 11.4.2007, GesR 2007, 264, 266 ff und in dem zu Grunde liegenden Beschluss des Bundeskartellamtes v 10.3.2005, B-10-123/04 „Rhön AG/Rhön-Grabfeld", abrufbar unter www.bundeskartellamt.de; ferner der frühere Präsident des Bundeskartellamtes *Böge,* in: *Klauber/Robra/Schellschmidt* (Hrsg), Krankenhaus-Report 2006, 35, 40f; s auch *Quaas/Müller* f&w 2007, 328, 330 f: generell kein Zielkonflikt zwischen Gesundheitspolitik und Kartellrecht; anderer Ansicht *Schwintowski,* Klinikmarkt inside 2005, 8: Verhinderung angestrebter kostensenkender Synergieeffekte durch Fusionskontrolle; *Klaue,* in: *Bruckenberger/Klaue/Schwintowski,* 179 ff: Verhinderung im öffentlich-rechtlichen Gesundheitssystem gewollter Strukturveränderungen mit breiter und tiefer Kostensenkung und Vorschlag zur Anwendung der Fusionskontrolle nur, wenn „in einer Fusion zweier oder mehrerer Krankenhäuser kein Beitrag für den Fortbestand des deutschen Systems der sozialen Sicherheit zu sehen ist".

[56] Siehe Gesetzentwurf der Fraktionen CDU/CSU und SPD v 24.10.2006 (BT-Drucks 16/3100, 156); GKV-WSG v 26.3.2007 (BGBl I, 378).

		a) Rechtsnatur des Krankenhausplanes	36
		b) Planungsumsetzung	39
		c) Zur Rechtsstellung des Krankenhausträgers und zum Planungsermessen	43
	4.	Investitionsprogramme und Krankenhausplanung	49
	5.	Planung und öffentliche Förderung von Ausbildungsstätten	53
	6.	Planungs- und Förderverfahren	55
III.	Die Krankenhausinvestitionsförderung		57
	1.	Duales Finanzierungssystem seit 1972	59
	2.	Einzelförderung und Pauschalförderung	63
		a) Investitionskosten	65
		b) Einzelförderung	69
		c) Pauschalförderung	72
	3.	Rechtsanspruch auf Investitionsförderung	76
		a) Rückgang der Fördermittel seit 1994	77
		b) Aufnahme in den Krankenhausplan	79
		c) Aufnahme in das Investitionsprogramm	80
		d) Zeitpunkt der Einzelförderung und Haushaltsvorbehalt	82
		e) Teilweise Förderung einer Investition	86
		f) Ausgliederung und Fremdbewirtschaftung (Outsourcing)	88
		g) Mitnutzung für den ambulanten Bereich der Krankenhäuser	93
	4.	Gemeinsam finanziertes Krankenhausinvestitionsprogramm für die neuen Länder	98
	5.	Investitionsförderung für Universitätsklinika	102
	6.	Investitionsförderung und EU-Beihilfenaufsichtsrecht	106
IV.	Allgemeine Krankenhausleistungen, Wahlleistungen, belegärztliche Leistungen und Kostenerstattung der Ärzte		112
	1.	Allgemeine Krankenhausleistungen	113
	2.	Wahlleistungen	120
		a) Abschluss einer Wahlleistungsvereinbarung	122
		b) Art der Wahlleistungen	125
		c) Krankenhausbehandlungsvertrag und Wahlleistungsvereinbarung	129
		d) Ärztliche Wahlleistung und persönliche Leistungserbringung	131
		e) Abrechnungsfähigkeit der ärztlichen Wahlleistung nach der GOÄ	133
		f) Angemessenheit der Entgelte bei der Komfortunterbringung und der ärztlichen Wahlleistung	136
		g) Wahlarztkette	139
		h) Abrechnung	142
	3.	Belegärztliche Leistungen	145
	4.	Kostenerstattung der Ärzte	152
		a) Ambulante ärztliche Leistungen	155
		b) Belegärztliche Leistungen	156
		c) Wahlärztliche Leistungen	157
		d) Sonstige ärztliche Leistungen	158
V.	Die Finanzierung über die Pflegesätze		160
	1.	Pflegesätze	161
	2.	Grundsatz der Beitragssatzstabilität	174
	3.	Krankenhausbudgets	179
	4.	Vergütung nach der Bundespflegesatzverordnung für psychiatrische und psychosomatische Einrichtungen	189
		a) Vereinbarung eines leistungsgerechten Budgets	190
		b) Budgetberichtigung auf Grund der Tariflohnentwicklung	194
		c) Bildung und Berechnung tagesgleicher Pflegesätze	199
		d) Entwicklung eines neuen pauschalierenden Vergütungssystems	201
	5.	Vergütung nach dem Krankenhausentgeltgesetz für DRG-Krankenhäuser	203
		a) Diagnosis Related Groups – Kernelemente der DRG-Systeme	205
		b) Gesetzliche Vorgaben: Fallpauschalen-Katalog, Zusatzentgelte, Abrechnungsbestimmungen, Zu- und Abschläge, Sicherstellungszuschlag, krankenhausindividuelle Entgelte	211
		c) Landesbasisfallwert	214

14. Kapitel. Krankenhausrecht. Öff-rechtl Rahmen   1–3   § 82

    d) Konvergenzphase 2005–2009/2010 224
    e) Beleihung der Deutschen Krankenhausgesellschaft und der Landeskrankenhausgesellschaft mit Hoheitsbefugnissen 227
    f) Innovationsentgelte/Finanzierung neuer Untersuchungs- und Behandlungsmethoden 234
    g) Kostenerstattung aus wahlärztlicher Leistung im DRG-System 244
    h) G-DRG-System 2009 und 2010 Vereinbarungen der Selbstverwaltungspartner auf der Bundesebene 248
  6. Schiedsstellenverfahren und Genehmigungsverfahren 259
    a) Festsetzung der Pflegesätze durch die Schiedsstelle 260
    b) Genehmigung der vereinbarten oder festgesetzten Pflegesätze durch die Landesbehörde 267
    c) Erhöhte Eigenverantwortung und Deregulierung durch Wegfall des Genehmigungserfordernisses? 270

I. Bedeutung und Zielsetzung des Krankenhausfinanzierungsgesetzes

1. Ziel und Zweck des KHG. In Erfüllung des sozialstaatlichen Gestaltungsauftrages **1** wird der weitaus größte Teil der Krankenhäuser in der Bundesrepublik in ein **staatliches Planungssystem** mit öffentlicher Förderung der Investitionskosten und leistungsgerechten Erlösen aus den Pflegesätzen einbezogen.[1] Durch die Verbindung von administrativen Planungs- und Lenkungsmaßnahmen unter Beteiligung der Selbstverwaltung von Krankenhäusern und Krankenkassen und beschränkter Anwendung auch marktwirtschaftlicher Elemente wird die Krankenhausversorgung gesteuert. Dieses gemischte Steuerungssystem ist angebotsorientiert. An dieser **Grundkonzeption** haben insbesondere das Gesundheits-Reformgesetz 1989, das Gesundheitsstrukturgesetz 1992, das 2. GKV-Neuordnungsgesetz 1997, das GKV-Gesundheitsreformgesetz 2000, das Fallpauschalengesetz 2002, das GKV-Modernisierungsgesetz 2003, das GKV-Wettbewerbsstärkungsgesetz 2007 und das Krankenhausfinanzierungsreformgesetz vom 17. 3. 2009 (BGBl I, 534) nichts verändert.

Unmittelbarer Zweck des KHG ist die **wirtschaftliche Sicherung der Krankenhäu-** **2** **ser** (§ 1 Abs 1 KHG). Durch staatliche Krankenhausplanung (§ 6 KHG) und Investitionsförderung (§§ 8, 9 KHG) unter Mitwirkung der an der Krankenhausversorgung im Land Beteiligten (§ 7 KHG) und vom Land zu genehmigende, von Krankenkassen und Krankenhäusern vereinbarte oder durch eine Schiedsstelle festgesetzte Pflegesätze (§§ 17, 18, 18a KHG) soll der Gesetzeszweck erreicht werden. Das KHG ist nach Inhalt und Zweck, auch von seiner Entstehungsgeschichte her, ein gesundheitspolitisch motiviertes Finanzierungs- und Leistungsgesetz zugunsten der Krankenhäuser.[2] Der Gesetzgeber sieht in einem wirtschaftlich gesunden Krankenhaussystem die entscheidende unabdingbare Voraussetzung für die bedarfsgerechte akutstationäre Versorgung der Bevölkerung und sozial tragbare Krankenhauskosten.[3] Der dem GKV-System immanente Zielkonflikt von Leistungsfähigkeit, Humanität und Wirtschaftlichkeit findet demgegenüber Ausdruck im **Grundsatz der Beitragssatzstabilität** (§ 17 Abs 1 S 3 KHG iVm § 71 Abs 1 SGB V). Das GSG hat dessen Rechtsverbindlichkeit für das einzelne Krankenhaus im Zusammenhang mit der Aufhebung des Selbstkostendeckungsgrundsatzes (§ 4 KHG aF) betont; der Vorrang der Selbstkostendeckung beim einzelnen Krankenhaus gegenüber dem Grundsatz der Beitragssatzstabilität ist entfallen. Die Beachtung des Grundsatzes bei der Ermittlung der Pflegesätze folgt heute unmittelbar aus dem Pflegesatzrecht (§ 17 Abs 1 S 3 KHG, § 3 Abs 1 S 5 iVm § 6 BPflV, § 10 Abs 4 KHEntgG).

Die Deckung des im Rahmen der Krankenhausplanung zu ermittelnden Bedarfs erfolgt **3** durch „leistungsfähige, eigenverantwortlich wirtschaftende Krankenhäuser" (§ 1 Abs 1 KHG). Diese Bestimmung enthält einen konkreten **Gestaltungsauftrag an Gesetz-**

---

[1] Siehe *Dietz*, KHG, Erl II zu § 1.
[2] BVerfGE 70, 201.
[3] Siehe BVerfGE 82, 209.

gebung und Verwaltung. Die Krankenhäuser müssen in die Lage versetzt werden, ihrer Verpflichtung zur eigenverantwortlichen Betriebsführung nachzukommen. Deshalb war es naheliegend, im Landesrecht für kommunale Krankenhäuser anstelle des Regiebetriebes auch den Eigenbetrieb und privatrechtliche Rechtsformen zuzulassen, da dadurch die wirtschaftliche Eigenverantwortung erheblich gestärkt werden kann.[4]

4   Zweck des KHG ist es auch, zu **sozial tragbaren Pflegesätzen** beizutragen (§ 1 Abs 1 KHG). Maßgeblich ist dabei die Höhe des Pflegesatzes in Beziehung gesetzt zu den Ausgaben für stationäre Krankenhausleistungen. In welcher Höhe ein Pflegesatz noch sozial tragbar ist, kann aus dem Gesetz nicht entnommen werden. Eine unmittelbare Begrenzung des Pflegesatzes nach oben beinhaltet diese Vorschrift nicht. Aus dem Wort „beizutragen" folgt vielmehr, dass die gesundheitspolitische Zielsetzung der bedarfsgerechten Versorgung rechtlichen Vorrang vor der sozialpolitischen, der Beitragsbegrenzung hat. In Zeiten knapper finanzieller Ressourcen und – dadurch ausgelöst – der Budgetierung der Krankenhausausgaben ist dieser Vorrang durch ausgabenbegrenzende Regelungen im KHG, im KHEntgG und in der BPflV eingeschränkt worden (s § 17 Abs 1 S 3 KHG, § 10 KHEntgG, § 6 BPflV), um ohne Verluste und unter Erhaltung der Leistungsfähigkeit des Krankenhauses eine sachgerechte Balance zwischen dem medizinischen Leistungsvolumen und den zur Verfügung stehenden finanziellen Mitteln herbeizuführen.

5   **2. Anwendungsbereich des KHG.** Das KHG enthält keine alle Krankenhäuser umfassende Finanzierungsregelung, nennt vielmehr abschließend die Krankenhäuser, auf die es keine Anwendung findet (§ 3). Sie werden weder nach dem KHG gefördert (§ 9) noch gilt für sie das Pflegesatzrecht (§§ 16 ff KHG). Es handelt sich um Krankenhäuser, die nicht der allgemeinen Versorgung, sondern nur einem bestimmten Patientenkreis zur Verfügung stehen oder bei denen durch eine bestimmte Trägerschaft die wirtschaftliche Sicherheit gewährleistet ist. Im einzelnen ist das **KHG nicht anwendbar** auf
– Krankenhäuser im Straf- und Maßregelvollzug,
– Polizeikrankenhäuser,
– Krankenhäuser, deren Träger die gesetzliche Rentenversicherung ist, sowie Krankenhäuser der Berufsgenossenschaften, soweit die gesetzliche Unfallversicherung die Kosten trägt; aber Einbeziehung der Fachkliniken der Renten- und Unfallversicherungsträger zur Behandlung von Erkrankungen der Atmungsorgane, soweit sie der allgemeinen Versorgung der Bevölkerung dienen.[5]

6   Für diese Krankenhäuser gelten allerdings Auskunftspflichten und Mitteilungspflichten im Rahmen der Krankenhausstatistik (§ 3 S 2, § 28 KHG).

7   **3. Nicht förderfähige Einrichtungen.** Zu unterscheiden von den Krankenhäusern, auf die das KHG keine Anwendung findet, sind die Einrichtungen, auf die das Gesetz grundsätzlich anwendbar ist, die aber ganz oder teilweise **keine KHG-Investitionsförderung** durch das Land erhalten (§ 5 Abs 1 KHG).[6] Es sind dies

---

[4] *Genzel* BayVBl 1985, 609; *ders* NZS 1996, 359, 401; *Knorr/Wernick*, Rechtsform der Krankenhäuser, 1991; Bay Staatsministerium für Arbeit, Sozialordnung, Familie, Frauen und Gesundheit, Betrieb eines kommunalen Krankenhauses in der Rechtsform einer Gesellschaft mit beschränkter Haftung (GmbH), 1993; *Buse*, Geeignete Rechtsformen für kommunale Krankenhäuser, 2000.
[5] Die Bestimmung trägt dem bereits 1984 erfolgten Übergang der Leistungszuständigkeit für die Tbc-Heilbehandlung von der Renten- auf die Krankenversicherung Rechnung.
[6] Siehe dazu ausführlich *Dietz*, KHG, Erl 1–2 zu § 5. Das Landesrecht kann die Einrichtungen nach Nr 2 bis 8 in die Krankenhausförderung und damit auch in die Krankenhausplanung einbeziehen (§ 5 Abs 2 KHG). Von dieser Möglichkeit, insbesondere was die Pflegefälle anlangt, wurde bisher noch nicht Gebrauch gemacht. Das Recht der Sozialen Pflegeversicherung (SGB XI) würde einer solchen Einbeziehung nicht entgegenstehen, da die pflegerische Versorgung der Bevölkerung eine gesamtgesellschaftliche Aufgabe ist (§ 8 SGB XI) und die Länder für die Vorhaltung einer leistungsfähigen, ausreichenden und wirtschaftlichen pflegerischen Versorgungsstruktur die Verantwortung tragen (§ 9 SGB XI).

14. Kapitel. Krankenhausrecht. Öff-rechtl Rahmen   8–12   § 82

– Hochschulkliniken, die nach den landesrechtlichen Vorschriften für den Hochschulbau gefördert werden (Nr 1),[7]
– Krankenhäuser, die nicht gemeinnützig iS des § 67 AO sind (Nr 2),
– Einrichtungen in Krankenhäusern, in denen Pflegefälle[8] oder Personen im Maßregelvollzug aufgrund strafrechtlicher Bestimmungen untergebracht sind (Nr 3),
– Tuberkulosekrankenhäuser, außer Fachkliniken oder Fachabteilungen zur Behandlung von Erkrankungen der Atmungsorgane, soweit sie nach der Krankenhausplanung des Landes der allgemeinen Versorgung der Bevölkerung dienen (Nr 4),
– Krankenhäuser von Sozialleistungsträgern, soweit sie nicht der allgemeinen Versorgung der Bevölkerung dienen (Nr 5),
– Versorgungskrankenhäuser (Nr 6),[9]
– Vorsorge- oder Rehabilitationseinrichtungen nach § 107 Abs 2 SGB V (Nr 7),
– mit den Krankenhäusern verbundene Einrichtungen, die nicht unmittelbar der stationären Versorgung dienen, insbesondere die nicht für den Betrieb des Krankenhauses unerlässlichen Unterkunfts- oder Aufenthaltsräume (Nr 8),[10]
– Einrichtungen aufgrund bundesrechtlicher Rechtsvorschriften (Nr 9),[11]
– Einrichtungen des Zivilschutzes (Nr 10),
– Krankenhäuser der Träger der gesetzlichen Unfallversicherung (Nr. 11).

Die Förderung von BG-Kliniken nach dem KHG ist somit generell ausgeschlossen; 8 auch soweit dort Patienten zulasten der GKV behandelt werden, erfolgt also nicht etwa eine zumindest teilweise Investitionsförderung durch das Land.

Die mit dem Krankenhaus notwendigerweise verbundenen **Ausbildungsstätten** für 9 medizinische Heil- und Heilhilfsberufe (Fachberufe des Gesundheitswesens) sind in die öffentliche Krankenhausfinanzierung einbezogen. Die Aufzählung der Berufe in § 2 Nr 1a KHG ist erschöpfend. Voraussetzung ist, dass das jeweilige Krankenhaus, mit dem die Ausbildungsstätte verbunden ist, Träger oder Mitträger ist.

4. Geltung des Pflegesatzrechts. Für die nach § 5 Abs 1 KHG nicht förderfähigen 10 Krankenhäuser gilt grundsätzlich das formelle und materielle Pflegesatzrecht. Soweit Krankenhäuser der Berufsgenossenschaften Patienten außerhalb der Kostentragung durch die Unfallversicherung behandeln, gilt trotz der nicht bestehenden KHG-Förderung des Pflegesatzrecht (s § 3 S 1 Nr 4 KHG iVm § 1 Abs 2 KHEntgG und § 1 Abs 2 Nr 1 BPflV).

Die Geltung des Pflegesatzrechts ist **ausgeschlossen** (§ 20 KHG, § 1 Abs 2 S 2 Nr 2 11 KHEntgG, § 1 Abs 2 Nr 2 BPflV) für
– Krankenhäuser, die nicht gemeinnützig iS des § 67 AO sind und
– Tuberkulosekrankenhäuser, soweit sie nicht der allgemeinen Versorgung der Bevölkerung dienen (§ 5 Abs 1 Nr 4 BPflV).

Es gilt jedoch insoweit die Begrenzung der Höhe der Pflegesätze gegenüber Sozial- 12 leistungsträgern und sonstigen öffentlichen Kostenträgern, nicht aber gegenüber Selbst-

---

[7] Akademische Lehrkrankenhäuser (§ 1 Abs 2 Nr 1, § 3, § 4 ÄAppO) sind als Plankrankenhäuser grundsätzlich in die Förderung nach dem KHG einbezogen.
[8] Zum Pflegefall vgl BSGE 47, 83.
[9] Krankenhäuser, unabhängig von der Trägerschaft, in denen Leistungen nach dem Bundesversorgungsgesetz idF v 22.1.1982 (BGBl I, 21), zuletzt geändert durch Gesetz v 30.7.2009 (BGBl I, 2495), für Kriegsopfer und gleichgestellte Personen gemäß § 11 Abs 1 Nr 5 erbracht werden.
[10] Nicht förderfähig sind mittelbar der stationären Versorgung dienende Einrichtungen, die für den Funktions- und Betriebsablauf nicht unbedingt nötig sind, zB Personalwohnungen, Kindergärten, Rettungswachen.
[11] Bedeutungslos, da die einzige in Betracht kommende Einrichtung, die Absonderungseinrichtung nach § 30 des Infektionsschutzgesetzes v 20.7.2000 (Stichwort: Quarantäne), ausgenommen ist, § 30 Abs 6 u 7 (Ablösung des BundesseuchenG zum 1.1.2001 durch das InfektionsschutzG).

zahlern (§§ 20, 17 Abs 5 KHG).[12] Bei Tuberkulosekrankenhäusern ist Maßstab für die Höhe der Pflegesätze ein vergleichbares öffentliches Krankenhaus (§ 20 S 2 KHG).

13   Eine Sonderregelung gilt für die Vorsorge- oder Rehabilitationseinrichtungen (§ 5 Abs 1 Nr 7 KHG) nach dem SGB V. Nach § 111 Abs 5 SGB V ist die Vergütung für die Leistungen dieser Einrichtungen ohne konkrete gesetzliche Vorgaben zwischen den Krankenkassen und den Trägern vertraglich zu vereinbaren. Zu berücksichtigen sind hierbei die allgemeinen Grundsätze wie das Gebot der Wirtschaftlichkeit (§§ 12, 70 SGB V), der Beitragssatzstabilität (§ 71 SGB V), aber auch der leistungsadäquaten Vergütung unter Berücksichtigung der gebotenen Qualität der Leistungserbringung.

14   **5. Duales Finanzierungssystem.** Zu den tragenden Grundsätzen der Krankenhausfinanzierung gehört das durch das KHG 1972 eingeführte[13] duale Finanzierungssystem.

15   Die wirtschaftliche Sicherung der Krankenhäuser erfolgt auf zwei Wegen: Die **Investitionskosten** (§ 2 Nr 2 und 3 KHG) werden von den Ländern entsprechend den bundesrechtlichen Vorgaben (§ 9 KHG) und den näheren landesrechtlichen Regelungen öffentlich gefördert (§ 4 Nr 1 KHG). Zur Deckung der **Betriebskosten** erhalten die Krankenhäuser leistungsgerechte Erlöse aus den Pflegesätzen (§ 2 Nr 4, § 4 Nr 2, §§ 16 ff KHG) sowie Vergütungen für vor- und nachstationäre Behandlung (§ 115a SGB V) und für ambulantes Operieren einschließlich stationsersetzender Eingriffe (§ 115b SGB V). Die **Art der Kosten** bestimmt damit ihre Finanzierung. In der Praxis ergeben sich aus der Zuordnung der einzelnen Kostenarten nicht unerhebliche Schwierigkeiten, zB beim Erhaltungs- und Wiederherstellungsaufwand und damit bei den Instandhaltungs- und Instandsetzungsinvestitionen. Systembedingt besteht auch die Tendenz, Kosten zulasten des Krankenhauses zwischen den Finanzierungsträgern zu verschieben. In Anlehnung an das Handels- und Steuerbilanzrecht, modifiziert durch die Bedürfnisse des Krankenhauses, definiert § 2 Nr 2 KHG die Investitionskosten und die ihnen gleichzusetzenden Kosten (§ 2 Nr 3 KHG) unabhängig von der sonstigen betriebswirtschaftlichen Zuordnung. Die Abgrenzung zwischen den im Pflegesatz nicht zu berücksichtigenden Investitionskosten und den pflegesatzfähigen Kosten erfolgt nach den Zuordnungsgrundsätzen des § 3 AbgrV.[14]

---

[12] Bedeutung hat diese Bestimmung für nicht gemeinnützige Krankenhäuser (§ 67 AO). Es soll verhindert werden, dass von diesen Kliniken die staatliche Krankenhausplanung unterlaufen wird. Ähnlich wie bei Krankenhäusern, die keinen Antrag auf Aufnahme in den Krankenhausplan stellen, soll sichergestellt werden, dass die mit Steuermitteln geförderten Kliniken auch angenommen werden. Zur verfassungsrechtlichen Problematik insbesondere OVG Lüneburg DVBl 1979, 884, 887; OVG Koblenz KHS 07/KHG/01, 6; *Scheuing*, Verfassungsrechtliche Zentralfragen der Krankenhausfinanzierung, 1985, 30. Die Vorschrift hat keine größere Bedeutung erlangt, da in der Praxis die Einbeziehung in die staatliche Planung und öffentliche Förderung wegen der Finanzierungssicherheit von den Krankenhausträgern angestrebt wird.

[13] Das System geht zurück auf die ordnungs- und verteilungspolitische Konzeption von *Auerbach*, Sozialer Fortschritt 17, 1968, 35 ff. Im Einzelnen zum Gesetzgebungsverfahren KHG 1972 BT-Drucks V/3515, 11. Da nicht alle Kosten des Krankenhauses durch öffentliche Förderung und Pflegesätze gedeckt werden, wird auch von einer trialen Finanzierung gesprochen.

[14] VO über die Abgrenzung der im Pflegesatz nicht zu berücksichtigenden Investitionskosten von den pflegesatzfähigen Kosten der Krankenhäuser (Abgrenzungsverordnung – AbgrV) v 12. 12. 1985 (BGBl I, 2255), zuletzt geändert durch das Krankenhausfinanzierungsreformgesetz – KHRG v 17. 3. 2009 (BGBl I, 534). Die Novellierung durch Art 8 des 2. GKV-NOG – Aufhebung des § 3 Abs 2 Nr 3 und Neufassung des § 4 – trägt dem Urteil des BVerwG v 21. 1. 1993 (NJW 1993, 2391) Rechnung. Das BVerwG hat § 4 Nr 2 AbgrV mangels entsprechender gesetzlicher Ermächtigung für unwirksam erklärt. Die Instandhaltungskosten (zB Sanierungsmaßnahmen) sind deshalb – sofern sie nicht nach der Rechtsprechung des BFH (s DB 1995, 1841) als Herstellungskosten anzusehen sind – grundsätzlich pflegesatzfähig und werden bei den Entgelten nach der BPflV pauschal durch Zuschläge in Höhe von 1,1 vom Hundert der für die allgemeinen Krankenhausleistungen vereinbarten Vergütungen finanziert (§ 17 Abs 4b KHG); demgegenüber keine krankenhausbezogene Berücksichtigung im Fallpauschalenbereich, vielmehr bei der Vereinbarung der Bewertungsrelationen nach § 9 Abs 1 S 1 Nr 1 KHEntgG und des landeseinheitlichen Basisfallwertes nach § 10 Abs 3 KHEntgG; s dazu *Dietz*, KHG, § 17 Erl VI 4, und BPflV/AbgrV, Erl zu § 4 AbgrV.

Auch mit dem **GSG 1992** blieb das duale Finanzierungssystem aufrechterhalten. Es sollte 16 zwar in einem längerfristigen Prozess durch ein monistisches System ersetzt werden. Nach einer im Zusammenhang mit dem GSG verabschiedeten **Entschließung des Deutschen Bundestages** sollte die Finanzierung der Krankenhausinvestitionen zukünftig nicht mehr aus den öffentlichen Haushalten von Ländern und Kommunen, sondern über die Pflegesätze erfolgen; die Beitragsneutralität sollte allerdings gewährleistet werden. Wie der Wegfall der Investitionsverpflichtung der Länder ausgeglichen werden soll, ist ungelöst. Betriebswirtschaftlich bietet eine monistische Finanzierung durch das Zusammenführen von Entscheidungs- und Betriebsverantwortung im Krankenhaus sicherlich Vorteile. Dem stehen aber auch erhebliche rechtliche und wirtschaftliche Probleme und Risiken gegenüber, da der Staat (das Land) sich weitgehend aus seiner sozialstaatlichen Verantwortung, eine bedarfsgerechte, leistungsfähige Krankenhausversorgung für alle Bürger sicherzustellen, zurückzieht. Die Gewährleistung der Bereithaltungs- und Versorgungsfunktion der Krankenhäuser läge allein bei der gesetzlichen Krankenversicherung. Die mit dem **Entwurf** aus dem Jahr **1999** eines Gesetzes zur Reform der gesetzlichen Krankenversicherung ab dem Jahr 2000[15] beabsichtigte **stufenweise Einführung einer monistischen Krankenhausfinanzierung** scheiterte am Widerstand des Bundesrats.[16]

6. Zur Selbstkostendeckung. Nach dem KHG 1972 (§ 4 Abs 1 S 2 aF) waren die 17 Selbstkosten eines sparsam wirtschaftenden und leistungsfähigen Krankenhauses die Grundlage für die Bemessung der öffentlichen Investitionsförderung und der Pflegesätze (§ 4 Abs 1 S 2 aF, § 17 Abs 1 S 2 aF KHG). Der Grundsatz der Selbstkostendeckung galt unabhängig von der jeweiligen Trägerschaft für jedes einzelne Krankenhaus (Individualprinzip).[17] Für freigemeinnützige und private Krankenhausträger hat dieser Grundsatz vor allem im Hinblick auf Art 12 und Art 14 GG verfassungsrechtliche Relevanz (Anspruch auf zumindest selbstkostendeckende Leistungsentgelte).[18]

Mit dem **GSG 1992** wurde der **Selbstkostendeckungsgrundsatz** für die betrieblichen 18 Aufwendungen des Krankenhauses **aufgehoben.** Er wurde als grundlegender Strukturfehler des Finanzierungssystems betrachtet.[19] Das Prinzip enthalte in Verbindung mit dem tagesgleichen Pflegesatz tendenziell einen Anreiz zur Verlängerung der Verweildauer, zur möglichst weitgehenden Auslastung der Bettenkapazitäten und damit zu Unwirtschaftlichkeiten. Da die Deckung der Kosten für die gebotenen Krankenhausleistungen in untrennbarem Zusammenhang mit der bedarfsgerechten Versorgung der Bevölkerung im Rahmen der staatlichen Krankenhausplanung steht und rechtlich wie wirtschaftlich ein Äquivalent für die Aufnahme- und Behandlungspflicht des Krankenhauses zu schaffen war, erfolgt die wirtschaftliche Sicherung der Krankenhäuser nunmehr über **leistungsgerechte Erlöse aus den Pflegesätzen.** Bei der Bemessung der Pflegesätze sind nicht mehr allein die Kosten des Krankenhauses, sondern die zu erbringenden Leistungen Anknüpfungspunkt. Es soll damit ein Anreiz für leistungsgerechtes, wirtschaftliches Verhalten entstehen. Die Automatik zwischen entstandenen Selbstkosten des Krankenhauses und deren Erstattung über die Pflegesätze ist damit entfallen. Vor allem aber wurde entscheidend die Anbindung der Krankenhausbudgets an die Einnahmen der Krankenkassen.

Der Grundsatz der Beitragssatzstabilität (§ 71 Abs 1 SGB V) gilt unmittelbar auch für 19 die Bemessung der Pflegesätze (§ 17 Abs 1 S 3 KHG iVm § 6 BPflV und § 10 Abs 4 KHEntgG) und kollidiert mit dem Anspruch der Krankenhäuser auf „leistungsgerechte Erlöse aus den Pflegesätzen" gemäß § 4 Nr 2 KHG.

---

[15] BT-Drucks 14/1245.
[16] Zur gesundheitspolitischen und rechtlichen Problematik s *Genzel* ArztR 1999, 288.
[17] Abzustellen war auf die Selbstkosten des einzelnen Krankenhauses, BVerwG DVBl 1984, 521.
[18] Siehe auch *Quaas* MedR 2002, 273, 274.
[19] BT-Drucks 12/3608.

II. Die staatliche Krankenhausplanung

20 Die **Länder** bestimmen aufgrund ihrer **Planungs- und Regelungskompetenz** die Grundsätze und Maßstäbe der Krankenhausplanung.[20] Der Hinweis im Bundesrecht auf die Bestimmung des Näheren zur Krankenhausplanung durch Landesrecht (§ 6 Abs 4 KHG) ist rein deklaratorisch, im Gegensatz zur Verpflichtung zur Abstimmung der Krankenhausplanung zwischen benachbarten Ländern gemäß § 6 Abs 2 KHG. Die einzelnen Ländergesetze enthalten hinsichtlich der zu planenden Versorgungsstrukturen, der Grundlagen der Krankenhausplanung, der Inhalte der Krankenhauspläne, der Umsetzung planerischer Entscheidungen und des Planungsverfahrens allgemeine Zielvorgaben und Vorschriften mit verschiedener Regelungstiefe.[21]

21 Ein aktuelles Beispiel für eine **zurückhaltende Nutzung der Planungshoheit der Länder** stellt die **Regelung in § 3 des Krankenhausgesetzes Sachsen-Anhalt** vom 14. 4. 2005 dar.[22] Mit der Umstellung der Krankenhausplanung von der bisherigen Kapazitätsplanung auf eine stärker fall- und leistungsorientierte Planung soll der Leistungsorientierung im DRG-Vergütungssystem Rechnung getragen werden. Der **Krankenhausplan** wird auf der Basis von Rahmenvorgaben aufgestellt und enthält grundsätzlich **keine Aussagen zu Planbetten** (nur Fachgebiete getrennt nach Haupt- und Belegabteilungen und Festlegung von Schwerpunkten); nur für die psychiatrischen Fachbereiche werden bis auf Weiteres Planbetten ausgewiesen. Die **Rahmenvorgaben** werden vom Land gemeinsam mit der Landeskrankenhausgesellschaft, den Landesverbänden der Krankenkassen, den Landesverband der Privaten Krankenversicherung und den kommunalen Spitzenverbänden im Land entwickelt.[23] Entscheidend und krankenhausplanerisch neu ist die Umsetzung der Rahmenvorgaben durch die Krankenkassenverbände, die mit jedem Plankrankenhaus **Leistungs- und Qualitätsvereinbarungen** abzuschließen haben (ohne Erfordernis der Zustimmung durch das Land und mit entsprechender Stärkung der Krankenkassenseite); dadurch wird der Versorgungsauftrag hinsichtlich der Struktur und der Menge der jeweils zu erbringenden Leistungen konkretisiert. Im Konfliktfall zwischen Krankenhausträger und Krankenkassen entscheidet eine neue „Landesschiedsstelle für Krankenhausplanung" (Verwaltungsrechtsweg; Klagegegner nicht die Schiedsstelle, sondern der Krankenhausträger bzw die Landesverbände der Krankenkassen; nur Beobachterstatus des Landes).

22 **1. Funktion der Krankenhauspläne.** Die Länder haben aufgrund ihrer Planungshoheit zur Sicherstellung einer bedarfsgerechten Versorgung der Bevölkerung mit leistungsfähigen Krankenhäusern **Krankenhauspläne und Investitionsprogramme** aufzustellen und entsprechend der Entwicklung fortzuschreiben (§ 6 Abs 1 KHG). Planung bedeutet, den sich ständig verändernden Versorgungsbedürfnissen Rechnung zu tragen. Sie ist deshalb keine Festschreibung von Versorgungskapazitäten, sondern ein kontinuierlicher Vorgang zur bestmöglichen Zielerreichung. Die allgemeinen Ziele der Krankenhausfinanzierung (§ 1 Abs 1 KHG) werden konkretisiert, indem die Pläne die Zielvorstellungen in räumliche, fachliche, qualitative (zB Versorgungs- und Leistungsstufen) und

---

[20] BVerwGE 62, 86; 72, 38; BVerwG NJW 1997, 2318; zur Vereinbarkeit des Planungsrechts mit Art 12 Abs 1 GG BVerfGE 82, 209; zur Grundrechtsrelevanz von Planungsmaßnahmen *Ilg* MedR 2000, 160.

[21] Siehe die aktuelle Übersicht aller Krankenhausgesetze der Länder oben § 80, RdNr 29; zu den Kompetenzfragen der Krankenhausplanung: Vom Bundesstaat zum Kassenstaat? *Burgi/Maier* DÖV 2000, 579; *Dietz*, KHG, § 6 Erl II 1–8.

[22] GVBl LSA 2005/203, zuletzt geändert durch Gesetz v 10. 8. 2007, GVBl LSA 2007/306.

[23] Rahmenvorgaben für Versorgungs- und Qualitätsziele der Krankenhausplanung in Sachsen-Anhalt gemäß § 3 Abs 2 KHG LSA (Stand: 11. 2. 2008); abrufbar unter www.ms.sachsen-anhalt.de; ablehnend zum Verzicht auf eine kapazitätsorientierte Bettenplanung *Thier*, in: FS AG Medizinrecht im DAV, 638 ff (zur Rechtslage in Sachsen-Anhalt und Schleswig-Holstein); grundlegend zum Fortbestand der Planung von Bettenkapazitäten *Bruckenberger*, in: *Bruckenberger/Klaue/Schwintowski*, 86 f.

14. Kapitel. Krankenhausrecht. Öff-rechtl Rahmen   23, 24   § 82

quantitative (Zahl der vorzuhaltenden Betten und Behandlungsplätze in Krankenhäusern) Planungsentscheidungen umsetzen. Nicht in jedem Versorgungsgebiet eines Landes muss ein Krankenhausangebot in allen Versorgungsstufen vorgehalten werden.[24] Die Krankenhauspläne sind die Grundlage für staatliche Steuerungsmaßnahmen, insbesondere im investiven Bereich. Mit der Aufnahme eines Krankenhauses in den Krankenhausplan und in das Investitionsprogramm übernimmt der Staat die Investitionskosten im Wege der öffentlichen Förderung (§ 8 Abs 1 S 1 KHG). Über Pflegesätze sind die Betriebskosten zu finanzieren (§ 2 Nr 4 und 5, § 4 Nr 2, § 17 Abs 1 KHG). Für die GKV, die rund 93 % der Bevölkerung in den neuen Ländern und 87 % in den alten Ländern erfasst und damit Hauptkostenträger der Krankenhäuser ist, besteht eine Finanzierungspflicht. Die **Plankrankenhäuser** sind **als zur GKV zugelassenes Krankenhaus** (§ 108 Nr 2 SGB V) aufgrund eines fingierten Versorgungsvertrages (§ 109 Abs 1 S 2 SGB V) zur Leistungserbringung zugelassen und haben einen Rechtsanspruch auf Abschluss einer Pflegesatzvereinbarung mit leistungsgerechten Pflegesätzen (§ 109 Abs 4 S 3 SGB V), ebenso wie die nach den landesrechtlichen Vorschriften als Hochschulklinik anerkannten Krankenhäuser. Das Plankrankenhaus hat Anspruch auf leistungsgerechte Erlöse und damit eine bestimmte Garantie wirtschaftlicher Sicherheit. Andere Krankenhäuser mit ergänzender Funktion können nur bei Abschluss eines Versorgungsvertrages (§ 108 Nr 3 iVm § 109 SGB V) eine ähnliche wirtschaftliche Position erreichen.[25]

2. Inhalt der Krankenhauspläne. Der zentralen Funktion der Krankenhausplanung 23 im Gesamtgefüge des Krankenhausfinanzierungsrechts muss der Inhalt der Pläne Rechnung tragen. Während die Krankenhauspläne die für die bedarfsgerechte Versorgung der Bevölkerung erforderlichen Krankenhäuser nach Standort, Bettenzahl, Behandlungsplätzen[26] und Fachrichtungen sowie in einigen Ländern Versorgungsstufen[27] ausweisen, dienen die Investitionsprogramme (Jahresbauprogramme) der finanziellen Realisierung des Krankenhausplanes. Der nähere Inhalt und die Form der Pläne und Programme beurteilen sich nach Landesrecht (§ 6 Abs 4 KHG). Krankenhausplan und auf das einzelne Krankenhaus bezogener Feststellungsbescheid ergeben die Krankenhausplanung im Sinne von § 6 KHG.

a) **Aufbaustufen der Krankenhausplanung.** Nach der weiterhin zu beachtenden 24 Rspr des BVerwG[28] zu den bundesrechtlichen Vorgaben des § 6 Abs 2 KHG aF hat der Krankenhausplan folgende **planerische Aussagen** zu enthalten:

---

[24] Siehe *Rasche*, Aktuelle Rechtsprechung zum Krankenhausrecht (Düsseldorfer Krankenhausrechtstag 2004), 105, 114; zur Konzentration der Brustkrebsbehandlung in Nordrhein-Westfalen auf 51 im Rahmen der Krankenhausplanung ausgewiesene Brustzentren kritisch (insbesondere angesichts des regionalen Behandlungsmonopols und der Vorgabe von OP-Mindestmengen) *Fritz* MedR 2008, 355.

[25] Zur Zulassung von Vertragskrankenhäusern und der „Sperrwirkung" des Krankenhausplanes für neue Vertragskrankenhäuser BSGE 78, 233; 82, 261: Vorrang der staatlichen Krankenhausplanung mit Vorrang der zugelassenen Plankrankenhäuser gegenüber dem sich um einen Versorgungsvertrag bewerbenden Krankenhaus (nur subsidiäre Bedeutung des Versorgungsvertragsrechts der Krankenkassenverbände); ausführlich *Quaas*, Der Versorgungsvertrag nach dem SGB V, 17, 38 ff; ferner *Wünschmann* NZS 2006, 403, 406 ff.

[26] Von Krankenhausbetten (Planbetten) wird bei der vollstationären Versorgung gesprochen, während Behandlungsplätze Versorgungseinheiten in teilstationären Bereichen (insbes Tages- und Nachtkliniken) sind.

[27] Siehe aber Wegfall der Gliederung des Versorgungssystems in verschiedene Leistungsstufen (Grund-, Regel-, Zentral- und Maximalversorgung) in BW gemäß § 6 LKHG idF v 29.11.2007.

[28] BVerwGE 62, 86; 72, 38; bestätigt durch BVerwG-Urt v 25.9.2008 – DVBl 2009, 44 = MedR 2009, 102 = GesR 2009, 27 (Bestätigung der Vorinstanz VGH Baden-Württemberg Urt v 9.10.2007, MedR 2008, 166). Ausführlich zu den Grundsätzen der Krankenhausplanung auf der Grundlage der Rspr des BVerwG *Möller* VSSR 2007, 263; *Stollmann/Hermanns* DVBl 2007, 475; *Stollmann* NZS 2004, 350; *Kraemer* NZS 2003, 523; *Prütting*, KHGG NRW, Erl zu §§ 12–16.

– eine Krankenhauszielplanung, welche die Ziele festlegt, auf deren Verwirklichung der Plan ausgerichtet ist,
– eine Bedarfsanalyse (Bedarfssituation und Bedarfsprognose), die eine Beschreibung des zu versorgenden Bedarfs der Bevölkerung enthält,
– eine Krankenhausanalyse, die eine Beschreibung der Versorgungsbedingungen bei den in den Plan aufgenommenen Krankenhäusern enthält,
– die Versorgungsentscheidung darüber, mit welchen Krankenhäusern der festgestellte Bedarf der Bevölkerung gedeckt werden soll.

Krankenhausplanung ist demnach eine Bedarfsfeststellungs- und Versorgungsplanung. Auf der ersten Stufe stellt die nach Landesrecht zuständige Behörde (regelmäßig eine oberste Landesbehörde) den Krankenhausplan des Landes auf. Auf der zweiten Stufe wird dem einzelnen Krankenhaus gegenüber festgestellt, ob es in den Krankenhausplan aufgenommen ist oder nicht (in aller Regel durch eine nachgeordnete Behörde).

25 *b) Landesgesetzliche Vorgaben.* Alle Landesgesetze gehen davon aus, dass die auf ministerieller Ebene aufgestellten Krankenhauspläne die für die bedarfsgerechte Versorgung der Bevölkerung erforderlichen Krankenhäuser enthalten müssen. Nach dem BayKrG (Art 1) beispielsweise soll die bedarfsgerechte Versorgung erreicht werden „durch ein funktional abgestuftes und effizient strukturiertes Netz einander ergänzender Krankenhäuser freigemeinnütziger, privater und öffentlich-rechtlicher Träger". Die inhaltlichen Planungsvorgaben des § 1 KHG werden teilweise ergänzt, so vor allem um die „Ziele der Raumordnung und Landesplanung".[29]

26 Fachliches Ziel der Krankenhausplanung ist die Bereitstellung eines Netzes von Krankenhäusern, das der Bevölkerung eine stationäre Versorgung in zumutbarer Entfernung in den verschiedenen Versorgungsstufen[30] eröffnet. **Aufgabe des Versorgungssystems** ist es, für einen räumlich abgegrenzten Bereich (Versorgungsgebiet) auf der Grundlage der krankenhausfachlichen Daten, der Bedarfsdeterminanten (Bevölkerungszahl, Bevölkerungsentwicklung, Krankenhaushäufigkeit, Bettennutzung, Verweildauer), den abgestuften Versorgungsbedarf darzustellen und zu bestimmen, welche Häuser mit welcher Bettenzahl oder Behandlungsplätzen und welcher fachlichen Ausrichtung oder welchen medizinischen Schwerpunkten gegenwärtig und zukünftig diesen Bedarf erfüllen sollen. Gegenstand der kapazitätsorientierten Krankenhausplanung sind weiterhin die Krankenhäuser und nicht die darin erbrachten Leistungen; es gibt keine unmittelbaren rechtlichen Auswirkungen des neuen leistungsorientierten pauschalierenden Vergütungssystems (DRGs) auf den Inhalt der Krankenhausplanung.[31]

27 Da die mit den Krankenhäusern notwendigerweise verbundenen als bedarfsnotwendig angesehenen **Ausbildungsstätten** für die in § 2 Nr 1 a KHG abschließend genannten nichtärztlichen Heil-/Ausbildungsberufe ebenfalls nach dem KHG gefördert werden (§ 8 Abs 3 iVm § 2 Nr 1a, 3e KHG), sind sie in den Krankenhausplan nach näherer landesgesetzlicher Regelung ebenfalls aufzunehmen.

---

[29] § 6 Abs 1 S 3 LKHG BW; § 12 Abs 3 S 2 BbgKHEG; § 15 Abs 2 S 3 HmbKHG; § 17 Abs 2 HKHG; § 23 Abs 3 LKHG M-V; § 3 Abs 2 Nds KHG; § 6 Abs 2 S 1 LKG Rh-Pf; § 22 Abs 2 SKHG; § 4 Abs 1 S 3 Sächs KHG; § 2 Abs 1 S 2 AG-KHG SH; § 4 Abs 2 S 2 ThürKHG.

[30] Bei den Versorgungsstufen/Leistungsstufen wird teilweise in den Krankenhausplänen hinsichtlich der planerischen Aufgabenstellung für ein abgestuftes Versorgungssystem unterschieden zwischen Krankenhäusern der Grundversorgung/Regelversorgung, der Zentral-/Schwerpunktversorgung und der Maximalversorgung. Die Differenzierung, insbesondere die Kriterien hierfür sind nicht einheitlich.

[31] Zutreffend *Bruckenberger*, in: *Bruckenberger/Klaue/Schwintowski*, 86–88; gegen eine Leistungsplanung auch *Thier*, in: FS AG Medizinrecht im DAV, 638–642 (Verstoß gegen das Bundes-KHG und Art 12 Abs 1 GG). Zu Auswirkungen des DRG-Vergütungssystems auf die Krankenhausplanung auch *Quaas* f&w 2007, 548 u MedR 2002, 273, 275 f; *Möcks* AuK 2004, 39.

Eine zentrale Versorgungsplanung setzt als ersten Verfahrensschritt die **Ermittlung** 28
des notwendigen Bedarfs an medizinischen Leistungen voraus. Das Krankenhausfinanzierungsrecht enthält insoweit keine normativen Regeln. Die Größe des zu befriedigenden medizinischen Leistungsbedarfs ist unter eindeutig objektiven Kriterien kaum ermittelbar, da er von einer Vielzahl von Faktoren abhängt, die einer exakten Bewertung vielfach nicht zugänglich sind. Im Blick auf die Relativität des Gesundheits- und Krankheitsbegriffs, die Therapiefreiheit des Arztes, die Anerkennung neuer Diagnose- und Therapieformen und die Entwicklung neuer Medizintechnologie erscheint es nicht möglich, allgemeingültige Bedarfsmaßstäbe zu entwickeln. Vor allem die Festlegung von Bedarfsprognosen, die Bestimmung des zukünftig zu befriedigenden Bedarfs an stationären Krankenhausleistungen ist im Hinblick auf die rasch voranschreitende medizinische Entwicklung und den „Panoramawandel der Krankheiten" als problematisch anzusehen. Dazu kommt, dass das Behandlungsspektrum des Krankenhauses durch die Ausweitung der Aufgabenstellung hin zu teilstationären, ambulanten und integrierten Versorgungsformen die Beurteilung des jeweiligen örtlichen Versorgungsbedarfs weiter erschwert.

Die in der fachwissenschaftlichen Diskussion vertretenen Methoden zur Bedarfsermittlung 29
nach angebots-, mortalitäts-, morbiditätsorientierten Kriterien (zB Bettenmessziffern) stellen vergangenheitsbezogen auf das Leistungsangebot ab und schließen daraus auf den künftigen Bedarf;[32] infolge ihrer retrospektiven Betrachtungsweise sind sie nur eingeschränkt brauchbar. Die staatliche Planung von Versorgungskapazitäten in den Ländern basiert im Wesentlichen auf einer **analytischen, formelhaften Bedarfsberechnungsmethode**.[33] Die aufgrund analytischer Bestandsaufnahme ermittelten, wesentlich den Bedarf bestimmenden Determinanten (Einwohnerzahl, Krankenhaushäufigkeit, Verweildauer, Krankenhausauslastung/Bettennutzung) werden nach ihren Einflussfaktoren gewichtet und für einen überschaubaren Zeitraum mittels Trendberechnung prognostiziert. Unter Anwendung der Bedarfsformel wird der globale Bedarf berechnet. Unter Heranziehung der tatsächlichen und prognostizierten Werte für Krankenhaushäufigkeit und Verweildauer in einem bestimmten Versorgungs- oder Einzugsgebiet eines Krankenhauses und unter Berücksichtigung der Patientenbewegung ist eine realistische Einschätzung des Versorgungsbedarfs grundsätzlich möglich. Dabei bereitet in der Verwaltungspraxis die gegenseitige Abhängigkeit einzelner Determinanten, wie Verweildauer und Krankenhaushäufigkeit von patientenbezogenen (Alter, Geschlecht, Familienstand, Wohn- und Unterbringungsmöglichkeiten uÄ), medizinisch-organisatorischen und krankenhausspezifischen (Versorgungsvertrag, Einzugsgebiet, medizinische Schwerpunkte) Faktoren, nicht unerhebliche Schwierigkeiten. Eine Bedarfsermittlung lässt sich auch fachrichtungs- und schwerpunktbezogen durchführen (zB Transplantationsmedizin, Versorgung Schwerbrandverletzter uÄ), sofern fachrichtungsbezogene Einzugsstatistiken zur Verfügung stehen, so dass aufgrund der bekannten Patientenzahlen auch fachrichtungsbezogene Werte für Krankenhaushäufigkeit und Verweildauer festgestellt werden können.

Die Ermittlung und Feststellung des Versorgungsbedarfs an Krankenhausleistungen 30
wirft nicht zuletzt wegen der aus sozialstaatlichen Gründen notwendigen **Bereithaltungsfunktion** der Krankenhäuser Probleme auf, handelt es sich doch insoweit vielfach auch um gesundheitspolitische Vorgaben. Auch verliert die Bemessungsgröße „Betten" infolge der Abrechnung leistungsorientierter Fallpauschalen an Bedeutung für die Krankenhausplanung.[34]

---

[32] Zu den einzelnen Verfahren der Bedarfsberechnung vgl *Eichhorn*, Krankenhausbetriebslehre, Bd I, 56 ff; ferner *Quaas/Zuck*, § 25 RdNr 355–357 mwN.

[33] Vgl beispielsweise Krankenhausplan des Freistaates Bayern (Stand 1. 1. 2009 34. Fortschr) Teil I Allgemeine Grundsätze Nr 6.

[34] Siehe *Quaas/Zuck*, § 25 RdNr 357 zu einer leistungsorientierten Rahmenplanung mit fallzahlorientierten Vorgaben für das Leistungsangebot des Krankenhauses.

31 Nur ausnahmsweise weist bereits heute ein Land im Sinne einer **„Rahmenplanung"** **keine Planbetten** mehr aus (s § 3 Abs 1 S 3 und 4 KHG **Sachsen-Anhalt** mit Ausnahme psychiatrischer Fachbereiche) oder eröffnet das Landeskrankenhausrecht die Möglichkeit, **nur** die **Gesamtbettenzahl** auszuweisen und lediglich optional die Zahl der Planbetten je Fachgebiet (s § 6 Abs 1 S 4 und 5 LKHG **Baden-Württemberg**). Die detaillierte Kapazitätsplanung wird zunehmend durch eine Rahmenplanung mit Gestaltungsraum durch Krankenhausträger und Krankenkassen ersetzt; zu nennen ist insoweit vor allem in **Nordrhein-Westfalen** die **Einführung von regionalen Planungskonzepten** der Krankenhausträger und der Verbände der Krankenkassen auf der Grundlage von Rahmenvorgaben des Ministeriums (Planungsgrundsätze und Vorgaben für die notwendigen aufeinander abzustimmenden Versorgungsangebote nach ihrer regionalen Verteilung, Art, Zahl und Qualität) sowie der ministeriellen Festlegung von Gebieten, Gesamtplanbettenzahlen und Gesamtbehandlungsplatzkapazitäten nach § 14 iVm §§ 12, 13 KHGG NRW.[35]

32 Die **verwaltungsgerichtliche Kontrolle** betrifft vor allem die Prüfung, ob die zuständige Planungsbehörde von zutreffenden Ausgangsdaten ausgegangen ist und ob sie sich zur Ermittlung des Versorgungsbedarfs einer wissenschaftlich vertretbaren Methode bedient hat.[36] Das BVerwG erkennt dabei die analytische Bedarfsermittlung nach der Bettenformel als rechtlich zulässige Methode an. Die Rechtsprechung geht allgemein davon aus, dass **„Bedarf" iS des KHG** der in dem Einzugsbereich des Krankenhauses **tatsächlich vorhandene** und zu versorgende und nicht ein mit diesem tatsächlichen Bedarf nicht übereinstimmender oder erwünschter Bedarf zu verstehen ist. Örtliche Gegebenheiten und Bedarfsstrukturen sind zu berücksichtigen, zB Patientenzu- und abwanderungen.[37] Die Feststellung des tatsächlichen Versorgungsbedarfs verlangt, dass Einwohner eines Landes, die regelmäßig Krankenhausleistungen in einem anderen Land in Anspruch nehmen, nicht zu dem im Wohnsitzland zu versorgenden Bedarf gehören (zur Berücksichtigung des Versorgungsangebotes benachbarter Länder zB § 12 Abs 2 S 2 KHGG NRW). Sowohl die Ermittlung des gegenwärtigen Bedarfs als auch die Prognose zum künftigen Bedarf betreffen Feststellungen auf tatsächlichem Gebiet und sind deshalb wie bei sonstigen Tatsachen gerichtlich voll nachprüfbar.

33 Im Krankenhausplan hat auch zum Ausdruck zu kommen, welche planerischen Ziele gesetzt und realisiert werden sollen. Zur Gestaltung der Krankenhausstruktur enthalten die Krankenhausgesetze der Länder Vorgaben. Es ist unter dem Gesichtspunkt des rechtsstaatlichen Bestimmtheitsgebots ausreichend, wenn sich die **Planungsgrundsätze** mithilfe allgemeiner Auslegungsgrundsätze, insbesondere aus dem Zweck, dem Sinnzusammenhang und der Vorgeschichte, erschließen lassen. Die verwendeten Tatbestandsmerkmale müssen aussagekräftig genug sein, um als unbestimmte Rechtsbegriffe gehandhabt und gerichtlich überprüft werden zu können.[38] Es ist vor allem eine gesundheitspolitische Aufgabe, Entscheidungen über die künftige Struktur des Versorgungssystems zu treffen. Größe, Ausrichtung, Ausstattung, Standard, Erreichbarkeit, medizinische Prioritäten sind Planungselemente, die erhebliche Zielkonflikte beinhalten. Sie können letztlich nur im Rahmen planerischen Ermessens aufgrund auch politischer Vorgaben gelöst werden.

34 Die **steuernde Funktion** des Krankenhausplanes kommt dadurch zum Tragen, dass der festgestellte Bedarf nach Maßgabe der planerischen Zielsetzung auf bestehende oder neue Krankenhäuser zu verteilen ist. Insoweit enthält jeder Plan notwendigerweise eine **Versorgungsentscheidung,** dh die zusammenfassende Aufstellung derjenigen Kranken-

---

[35] Siehe *Schillhorn*, Regionale Planungskonzepte nach § 16 KHG NRW (Düsseldorfer Krankenhausrechtstag 2005), 79 ff; *Prütting*, KHGG NRW, Erl zu §§ 12–14; s auch § 17 Abs 2, § 18 Abs 2 iVm § 22 Hessisches KHG zur Entwicklung von regionalen Planungskonzepten durch Krankenhauskonferenzen.

[36] BVerwGE 62, 86, 107; 72, 38, 47; BVerfGE 82, 209.

[37] BVerwG, Beschluss v 31. 5. 2000, Buchholz 451.71 § 6 KHG Nr 5; Vorinstanz Nieders OVG, Urt v 15. 12. 1998, MedR 2000, 93; zur Problematik s auch *Bruckenberger/Runge* KH 1999, 276.

[38] BVerfGE 82, 224.

häuser, mit welchen der Versorgungsbedarf befriedigt werden soll.[39] Der Krankenhausplan ist dadurch ein Instrument zentraler Struktur- und Investitionslenkung. Nach der Konzeption des Krankenhausfinanzierungsrechts ist der Krankenhausplan ein „influenzierender" Plan, der mit finanziellen Anreizen seine Ziele erreichen möchte.[40] Die Zuständigkeit liegt nach Landesrecht bei der Landesregierung, dem für das Gesundheitswesen zuständigen Landesministerium, dem Senat oder dem Senator.

3. Rechtliche Bedeutung der Krankenhauspläne. Der Bundesgesetzgeber hat die rechtliche Qualität des Krankenhausplanes, die verfahrensmäßige Aufstellung, den Inhalt des Planes und den Umfang der gerichtlichen Kontrolle nicht ausdrücklich geregelt. Weder das GSG 1992, das 2. GKV-NOG 1997, das GKV-Gesundheitsreformgesetz 2000, das GKV-Modernisierungsgesetz 2003, das GKV-Wettbewerbsstärkungsgesetz 2007 noch das KHRG 2009 haben an den (angesichts der grundsätzlichen Gesetzgebungskompetenz der Länder für die Krankenhausplanung ohnehin nur sehr allgemeinen) planungsrechtlichen Vorgaben des Bundesrechts etwas geändert, so dass die bisherige Rechtsprechung auch unter der Geltung dieser Gesetze bedeutsam bleibt. 35

a) **Rechtsnatur des Krankenhausplanes.** Der Krankenhausplan enthält vielfältige Aussagen zu bestimmten planerischen Zielen, zum Bedarf an stationären Leistungen, Feststellungen hinsichtlich der einzelnen Krankenhäuser (Bettenzahl, Behandlungsplätze, Bestimmung der Funktion und der Fachrichtungen, Zuordnung zu einer Versorgungsstufe, Ausweisung als Fachkrankenhaus). Nach der Rspr des BVerwG[41] hat der Plan keine unmittelbare normative Außenwirkung. Er ist weder Rechtsnorm noch eine Zusammenfassung von Verwaltungsakten in Form einer Allgemeinverfügung. Vielmehr ist er eine **verwaltungsinterne Maßnahme** ohne unmittelbare Rechtswirkungen gegenüber Betroffenen (Krankenhäusern, Krankenkassen, Patienten). Der Plan hat wie eine innerdienstliche Weisung die Anordnung zum Inhalt, die dem Plan entsprechenden positiven oder negativen Einzelentscheidungen zu erlassen.[42] 36

Da die konkrete Umsetzung des Krankenhausplanes durch verwaltungsgerichtlich anfechtbaren „Feststellungsakt" gesetzlich vorgeschrieben ist (§ 8 Abs 1 S 3 KHG), kann die Aufnahme in den Plan als solche nicht Gegenstand einer Verpflichtungsklage (§ 42 Abs 1 VwGO) sein. Es fehlt für eine Klage das **Rechtsschutzbedürfnis**. Es besteht aber auch keine Notwendigkeit, den Krankenhausplan aus Gründen der verfassungsrechtlichen Gewährleistung des Rechtsschutzes (Art 19 Abs 4 GG) als Rechtsnorm zu qualifizieren. 37

Bei der Begründung der Rechtsnatur des Krankenhausplanes stellt das BVerwG darauf ab, dass im Bundesrecht (§ 6 Abs 1 KHG 1981) für die Krankenhauspläne weder die Form der Rechtsverordnung noch ein förmliches Planfeststellungsverfahren und darüber hinaus auch keine förmliche Verkündung in einem amtlichen Verkündungsorgan vorgesehen war, wie dies bei Rechtsnormen grundsätzlich erforderlich ist. Seit dem Krankenhaus-Neuordnungsgesetz 1984 ist für die Bestimmung der Rechtsnatur der Krankenhauspläne das Landesrecht maßgebend (s § 6 Abs 4 KHG). Die Landeskrankenhausgesetze haben eine Festlegung im Sinne eines Normcharakters nicht vorgenommen, jedoch mit Ausnahme von Schleswig-Holstein **Veröffentlichungspflichten** festgelegt.[43] 38

---

[39] BVerwGE 60, 269, 271 f; 62, 86, 97..
[40] BVerwG 62, 86; s auch *Möller* VSSR 2007, 263, 267.
[41] BVerwGE 62, 86, 96; 72, 38, 45; BVerfGE 82, 209; so auch ausdrücklich § 6 Abs 1 S 2 LKG Rh-Pf.
[42] BVerwG NJW 1995, 1628, 1629; BVerwG DVBl 2009, 44, 45 = MedR 2009, 102 104 = GesR 2009, 27, 29; dementsprechend keine verwaltungsgerichtliche Normenkontrolle nach § 47 VwGO, s *Stollmann* NZS 2004, 350, 353.
[43] Art 4 Abs 3 BayKrG (Veröffentlichung des Planes und der jeweiligen Fortschreibung zum 1. 1. eines Jahres im Bay Staatsanzeiger), § 4 Abs 3 LKHG BW (Veröffentlichung im Staatsanzeiger für BW und im Internet auf der Homepage des Ministeriums für Arbeit und Soziales), § 4 Abs 1 S 3 LKG Berlin (Öffentliche Auslegung), § 12 Abs 1 S 2 KHGG NRW (Veröffentlichung im Internet),

39 *b) Planungsumsetzung.* Die Transformation der Aufnahme mit unmittelbarer Außenwirkung oder die Ablehnung eines Antrages auf Aufnahme in den Krankenhausplan erfolgt durch eine rechtsverbindliche Verfügung, also einen **Verwaltungsakt** (§ 35 VwVfG).[44] Der „feststellende Bescheid" nach § 8 Abs 1 S 3 KHG dient der Rechtssicherheit im Hinblick auf die rechtlichen Folgen, die das KHG und die Landesgesetze an den Status eines geförderten Krankenhauses knüpfen. Im Rechtssinne wird das Krankenhaus erst durch den Bescheid nach außen hin in den Krankenhausplan aufgenommen.[45] Der Bescheid ist krankenhaus- und trägerbezogen, was bei Trägerwechsel bedeutsam ist. Erst mit der **Feststellung der Aufnahme** erhält das Krankenhaus einen Rechtsanspruch auf öffentliche Förderung; der Feststellungsbescheid ist Fördervoraussetzung. Er kann im Rahmen der Zweckbestimmung des Verwaltungsaktes grundsätzlich auch mit Nebenbestimmungen versehen werden (§ 36 Abs 2 VwVfG und die entsprechenden Regelungen in den Landeskrankenhausgesetzen). Dabei darf der Feststellungsbescheid keine über den Inhalt des Krankenhausplanes hinausgehenden Aussagen treffen. Rechtsgrundlage des Bescheids sind das KHG und die Landeskrankenhausgesetze in ihren durch die Krankenhauspläne konkretisierten Aussagen.

40 **Adressat des Bescheids** über Aufnahme oder Ablehnung einer Aufnahme oder auch der Herausnahme aus dem Plan[46] ist der jeweilige **Krankenhausträger.** Auch angesichts der gesetzlichen Abschlussfiktion und der Verbindlichkeit eines Versorgungsvertrages (§ 109 Abs 1 S 2 und 3 SGB V) für alle gesetzlichen Krankenkassen und damit auch die rechtliche Wirkung eines Feststellungsbescheids gegenüber den Parteien eines Versorgungsvertrages (Landesverbände der Krankenkassen, Ersatzkassen) und den Vertragsparteien der Pflegesatzvereinbarungen (§ 18 Abs 2 KHG) ist den Kostenträgern nicht generell ein entsprechender Bescheid bekanntzugeben,[47] sondern nur falls im Landesrecht statuiert (so § 15 Abs 8 Hmb KHG, § 6 Abs 4 S 2 LKG Rh-Pf); die Krankenkassen sind nicht am Verwaltungsverfahren beteiligt, ein Klagerecht gegen den Aufnahmebescheid besteht nicht.[48]

41 Die **inhaltliche Ausgestaltung** des Bescheids der zuständigen Behörde folgt aus seiner Funktion. Er enthält die bedarfsplanerischen Festlegungen des Krankenhausplanes, bezogen auf das einzelne Krankenhaus (s zB Mindestinhalt nach § 16 Abs 1 KHGG NRW). Die richtige und vollständige Planwiedergabe hinsichtlich der Aufnahme oder Nichtaufnahme eines Krankenhauses (Bindung der nachgeordneten Behörde) erhält gegenüber dem betroffenen Krankenhaus unmittelbare Rechtsverbindlichkeit. Der Bescheid erfüllt aber auch Rechtsschutzfunktion (§ 8 Abs 1 S 4 KHG). Er ist Gegenstand der verwaltungsgerichtlichen Kontrolle und muss deshalb alle Umstände aufweisen, die für die Aufnahme oder Nichtaufnahme eines Krankenhauses bestimmend sind, die also die Planungsentscheidung tragen. Hierzu gehören vor allem auch Aussagen über die Grundsätze einer ordnungsgemäßen, den Zielvorstellungen des Krankenhausfinanzierungsrechts entsprechenden zeitnahen Bedarfsplanung im konkreten Einzelfall. Im Übrigen gelten

---

[43] § 12 Abs 1 S 4 BbgKHEG; § 5 Abs 4 Brem KHG; § 15 Abs 2 S 2 Hmb KHG; § 18 Abs 4 S 3 HKHG; § 23 Abs 1 S 3 LKHG M-V, § 3 Abs 1 S 3 Nds KHG; § 7 Abs 5 LKG Rh-Pf; § 24 Abs 2 SKHG, § 4 Abs 4 Sächs KHG; § 3 Abs 1 S 2 KHG LSA; § 4 Abs 2 S 4 ThürKHG.

[44] Anzuwenden sind die Verwaltungsverfahrensgesetze der Länder (§ 1 Abs 3 VwVfG); s auch zB § 7 Abs 1 S 1 LKHG BW: Bescheid des Regierungspräsidiums sowie § 19 Abs 1 S 1 HKHG: Bescheid des für das Gesundheitswesen zuständigen Ministeriums.

[45] *Dietz*, KHG, § 8 Erl II 2, der deshalb auch von „Aufnahmebescheid" spricht; s auch BVerwG DVBl 2009, 44 = MedR 2009, 102 = GesR 2009, 27 (Feststellungsbescheid auf der zweiten Stufe des Verwaltungsverfahrens der Krankenhausplanung).

[46] Siehe dazu *Stollmann/Hermanns* DVBl 2007, 475, 481; *Rasche-Sutmeier* GesR 2004, 272, 278; *Quaas/Zuck*, § 25 RdNr 342–345.

[47] Zutreffend *Dietz*, KHG, § 8 Erl II 4; *Wabnitz*, HKHG 2002, § 19 Erl 3.

[48] Siehe BVerwG NJW 1995, 1628; zum Drittschutz im Krankenhausplanungsrecht *Stollmann* GesR 2005, 385 und *Rennert* GesR 2008, 344.

für den Feststellungsbescheid die formellen Grundsätze des VwVfG, insbesondere die Begründungspflicht nach § 39 VwVfG.

Dem Hinweis auf die **Zulässigkeit des Verwaltungsrechtsweges** (§§ 40, 42 VwGO) 42 gegen den Bescheid über die Feststellung der Aufnahme oder Nichtaufnahme eines Krankenhauses in den Krankenhausplan in § 8 Abs 1 S 4 KHG kommt nur klarstellende Bedeutung zu. Die Landesverbände der Krankenkassen oder einzelne **Krankenkassen** besitzen mangels Drittschutz vermittelnder Vorschriften **keine Klagebefugnis**[49], obwohl alle Plankrankenhäuser zur Behandlung gesetzlich Krankenversicherter auf Kosten der Krankenkassen berechtigt sind (§ 109 Abs 4 S 3 SGB V). Der **unterlegene Bewerber** ist zur **Drittanfechtung** des zugunsten des konkurrierenden Krankenhauses ergangenen Feststellungsbescheides (sog positive Konkurrentenklage) im Hinblick auf die Verfahrensgewährleistung des Art 19 Abs 4 GG berechtigt.[50] Als Klagearten kommen Anfechtungs- und Verpflichtungsklage (§ 42 VwGO) in Betracht. In den Verfahren ist inzident auch die Rechtmäßigkeit der krankenhausplanerischen Festlegungen zu überprüfen.[51] Im Landesrecht ist teilweise angeordnet, dass eine Konkurrentenklage in Abweichung von § 80 Abs 1 S 1 VwGO keine aufschiebende Wirkung hat (zB § 7 Abs 1 S 4 LKHG BW, § 16 Abs 3 KHGG NRW). Wird aufgrund einer gerichtlichen Entscheidung der Feststellungsbescheid geändert, so ändert er insoweit unmittelbar den Krankenhausplan (so ausdrücklich § 7 Abs 1 S 4 LKHG BW, § 25 Abs 1 S 3 SKHG).

c) **Zur Rechtsstellung des Krankenhausträgers und zum Planungsermessen.** 43 Krankenhausträger ist der Betreiber des Krankenhauses (so zB ausdrücklich § 2a LKHG BW und Art 9 Abs 4 S 2 BayKrG). Dementsprechend liegt ein Trägerwechsel vor, wenn der Betreiber wechselt, also zB nicht beim Abschluss eines Management-Vertrages durch einen kommunalen Krankenhausträger. Der neue Krankenhausträger bedarf eines neuen Feststellungsbescheides (s zB § 25 LKHG BW u § 4 Abs 3 S 2 ThürKHG).[52] Ein Anspruch auf Feststellung der Aufnahme eines Krankenhauses in den Krankenhausplan besteht nach dem Wortlaut des Gesetzes nicht (§ 8 Abs 2 S 1 KHG). Der Planungspflicht des Staates zur Herbeiführung genügender, leistungsfähiger Versorgungskapazitäten soll kein subjektiv-öffentliches Recht der Krankenhausträger auf Aufnahme in den Krankenhausplan entsprechen. Die Aufstellung, die inhaltliche Gestaltung, Änderung und Aufhebung von Krankenhausplänen erfolgt grundsätzlich im Rahmen eines **Planungsermessens.** Dieses ist allerdings in den einzelnen Planungsschritten umfänglich verschieden auszuüben. Bei der Planaufstellung gilt für die **Krankenhauszielplanung** ein planerischer Gestaltungsspielraum, der nur durch die Regelungen des KHG und der Landeskrankenhausgesetze umgrenzt wird. Auch die Landesgesetze gehen von einem planerischen Ermessen aus.[53]

---

[49] BVerwG NJW 1995, 1628; *Stollmann* NZS 2004, 350, 353; *Prütting*, KHGG NRW, § 16 RdNr 44.

[50] BVerfG, Beschluss v 14.1.2004, NZS 2004, 199 = NVwZ 2004, 718 = DVBl 2004, 431 = GesR 2004, 85 mit Anm *Thomae*; zu den verschiedenen Konkurrentenklagen s *Quaas/Zuck*, § 25 RdNr 382–388. Siehe nunmehr auch BVerwG, Urt v. 25.9.2008, DVBl 2009, 44 = MedR 2009, 102 = GesR 2009, 27: keine Klagebefugnis des Trägers eines Plankrankenhauses gegen die Planaufnahme eines konkurrierenden Krankenhauses, wenn Betten nicht gleichzeitig gestrichen werden (noch keine Auswahlentscheidung, teilweise Planherausnahme wegen nunmehriger Bedarfsüberdeckung erst in Aussicht genommen); für Drittwirkung *Bracher*, Anm zum Urteil des BVerwG, DVBl 2009, 49, 50; Verfassungsbeschwerde nicht zur Entscheidung angenommen, BVerfG, Beschluss v 23.4.2009, GesR 2009, 376 (keine sog defensive Konkurrentenklage).

[51] Ausführlich zu den Rechtsschutzfragen *Steiner* NVwZ 2009, 486; *Quaas/Zuck*, § 25 RdNr 371ff; *Quaas* f&w 2008, 77 und f&w 2009, 79 (Teil 1) sowie 195 (Teil 2); *Rennert* GesR 2008, 344; *Stollmann* GesR 2005, 385 – jeweils mit umfangreichen Nachweisen zur Rechtsprechung.

[52] Siehe auch die Sonderregelungen zum Trägerwechsel in § 6 Abs 4 BremKHG, § 25 Abs 4 LKHG M-V u Art 20 BayKrG.

[53] Vgl § 5 Abs 3 S 1 LKHG BW: „Ein Anspruch auf Aufnahme in den Krankenhausplan besteht nicht."; § 25 Abs 1 S 5 LKHG M-V; § 4 Abs 1 S 3 AG-KHG SH; s aber dazu RdNr 45/Fn 56.

44 Bei der **Bedarfsanalyse** auf der Ebene der Planaufstellung[54], also der Ermittlung des gegenwärtigen Bedarfs und der Prognostizierung des voraussichtlichen Versorgungsbedarfs, handelt es sich um Feststellungen und Schätzungen, die auf tatsächlichem Gebiet liegen; als indikative Pläne enthalten die Krankenhauspläne eine Sammlung von Daten und Prognosen als Grundlage für das Verwaltungshandeln. Diese können grundsätzlich in gleicher Weise wie jede Tatsachenermittlung gerichtlich überprüft werden. Bei Prognosen über die zukünftige Entwicklung der tatsächlichen Verhältnisse ist die Kontrolldichte allerdings eingeschränkt. Es ist lediglich zu beurteilen, ob die Planungsbehörde von zutreffenden Werten, Daten und Zahlen ausgegangen ist und ob sie sich einer fachlich anerkannten Berechnungs- und Bewertungsmethode bedient hat.[55] Die **Krankenhausanalyse,** also die Beschreibung der tatsächlichen Versorgungsbedingungen in den einzelnen Versorgungsgebieten, insbesondere nach Standort, Bettenzahl und Fachrichtungen, sowie die entsprechende Versorgungsprognose zum stationären Leistungsangebot, bemisst sich nach denselben Grundsätzen wie die allgemeine Bedarfsanalyse.

45 Auch für die **Planvollziehungsstufe** – die Bestimmung der zur Versorgung notwendigen einzelnen Krankenhäuser und damit die Regelung konkreter Einzelfälle (Versorgungsentscheidung) – gilt nach der Fassung des Gesetzes Ermessen (so auch nach Landesrecht, zB § 5 Abs 3 S 2 LKHG BW). Falls die Zahl der Betten, die in den geeigneten Krankenhäusern vorhanden ist, die Zahl der für die Versorgung erforderlichen Betten nicht übersteigt, besitzt das leistungsfähige Krankenhaus nach der Rspr des BVerfG einen direkten Aufnahmeanspruch (verfassungskonforme Auslegung von § 8 Abs 2 S 1 KHG). Umfang und Grenzen des Ermessens sind im Fall der notwendigen Auswahl zwischen mehreren bedarfsgerechten, leistungsfähigen und kostengünstigen Krankenhäusern eingeschränkt (§ 8 Abs 2 S 2 KHG). Die zuständige Landesbehörde hat bei der notwendigen Auswahl zwischen mehreren Krankenhäusern zu entscheiden, welche Klinik den Zielen des Krankenhausplanes am besten gerecht wird.[56] Dieser Bestimmung kommt im Hinblick darauf, dass das Bettenangebot oftmals den Bettenbedarf in einem Versorgungsgebiet übersteigt, erhebliche Bedeutung zu. Die Abwägung der betroffenen öffentlichen und privaten Belange und ihr Ausgleich unter Wahrung des Grundsatzes der Verhältnismäßigkeit ist gerichtlich nur eingeschränkt überprüfbar.[57]

46 Nicht im Krankenhausplan befindliche Krankenhäuser haben durchaus eine realistische Chance auf Aufnahme; denn bei jeder neuen Auswahlentscheidung stehen auch die **Plankrankenhäuser auf dem Prüfstand** (zB Verringerung der Planbettenzahl).[58] Die Bedarfsdeckung bereits durch die in den Plan aufgenommenen Krankenhäuser ist ohne Bedeutung im Hinblick auf neu hinzutretende Bewerber, eine erhebliche Stärkung der Rechtsposition hinzutretender kleinerer spezialisierter Krankenhäuser (bestätigt durch das BVerfG im Jahr 2004), insbesondere allerdings verbunden mit erheblichen übermäßigen Erschwernissen für die Planungsbehörde bei der Erfüllung ihres verfassungsrechtlichen Auftrages zur Daseinsvorsorge und durchzusetzenden Bettenkürzungen bei Plankranken-

---

[54] Siehe dazu ausführlich *Möller* VSSR 2007, 263, 268 ff mit umfassenden Nachweisen der Rspr.
[55] BVerwGE 62, 86; 72, 38.
[56] Näher zur Planvollziehungsstufe, wenn nach Prüfung in der ersten Entscheidungsstufe mehrere Krankenhäuser für die bedarfsgerechte Versorgung in Betracht kommen *Steiner* NVwZ 2009, 486, 488; *Möller* VSSR 2007, 263, 273 ff, 280 ff; zum direkten Planaufnahmeanspruch BVerfGE 82, 209, 228 und BVerwG NVwZ 2009, 525.
[57] Vgl BVerwGE 62, 86; 72, 38; *Möller* VSSR 2007, 263, 281 f; *Stollmann/Hermanns* DVBl 2007, 475, 476: Anspruch des Krankenhausträgers auf fehlerfreie Auswahl unter den Konkurrenzkrankenhäusern (ua Nachprüfung, ob zutreffender und vollständig ermittelter Sachverhalt und sachgerechte, dem gesetzlichen Anliegen entsprechende Erwägungen).
[58] Siehe bereits VGH Baden-Württemberg v 6.11.2001 – 9 S 772/01, NVwZ – RR 2002, 504: keine „Versteinerung der Krankenhauslandschaft" (bestätigt durch Urt v 9.10.2007 – 9 S 2240/07, MedR 2008, 166, 167).

häusern mit umfassendem Leistungsangebot.[59] Mit einem Hinweis auf die bereits bestehenden Kapazitäten kann also nicht jeder Neuzugang verhindert werden.[60] Demgegenüber besteht ein **Vorrang der Plankrankenhäuser** gegenüber der nur ergänzenden **Bedarfsdeckung durch Versorgungsverträge mit Nicht-Plankrankenhäusern**[61]; es ist also nicht zu prüfen, ob das einen Versorgungsvertrag begehrende Krankenhaus den Bedarf im Einzugsbereich besser decken kann als die bereits zugelassenen Plankrankenhäuser.

Das **Abwägungsgebot** als Ausprägung eines allgemeinen Rechtsgrundsatzes des Planungsrechts[62] fordert die Einstellung aller Belange, also auch rechtlich geschützter privater Interessen, entsprechend ihrem Gewicht. So können in die Wertung einbezogen werden:
– der Sicherstellungsauftrag kommunaler Krankenhäuser,
– Grundrechtspositionen privater Krankenhausträger,
– der verfassungsrechtliche Schutz kirchlicher Krankenhausträger,
– der Grundsatz der Trägerpluralität bei der Versorgung,
– ein großes Disziplinenspektrum,
– der Erhalt nicht ausgelasteter Planabteilungen (statt kostenintensiver Errichtung einer neuen Abteilung, zB Strahlentherapie).

Ein genereller Grundsatz einer Bevorzugung größerer Krankenhäuser mit umfangreichem Leistungsangebot besteht nicht. Eine Planherausnahme einer kleinen HNO-Belegabteilung und eine Konzentration der Versorgung in einem anderen Krankenhaus können sachlich vertretbar sein. Mehrere in gleichem Maße geeignete Krankenhäuser müssen grundsätzlich anteilig berücksichtigt werden (Grundsatz der Gleichbehandlung gemäß Art 3 Abs 1 GG).

4. Investitionsprogramme und Krankenhausplanung. Bei Investitionen nach § 9 Abs 1 Nr 1 KHG (Errichtung von Krankenhäusern einschließlich der Erstausstattung mit den für den Krankenhausbetrieb notwendigen Anlagegütern) kann ein **Rechtsanspruch des Trägers des Plankrankenhauses auf öffentliche Förderung** grundsätzlich erst mit der Aufnahme einer Maßnahme in das Investitionsprogramm des Landes entstehen. Das Investitionsprogramm (§ 6 Abs 1 KHG) ist ein wesentliches Steuerungsinstrument der Krankenhausplanung und -förderung.

Die Investitionsprogramme können nach näherer landesrechtlicher Ausgestaltung (§ 6 Abs 4 KHG) als mehrjährige Programme mit jährlicher Fortschreibung oder als Jahreskrankenhausbauprogramm aufgestellt werden. Bundesrechtlich sind die mehrjährigen Programme nicht mehr ausdrücklich vorgesehen. Die einzelnen landesrechtlichen Regelungen sehen verschiedene Möglichkeiten vor. Das Jahreskrankenhausbauprogramm dient der Vorausplanung der vorhandenen Finanzmittel für das kommende Haushaltsjahr. Zugleich soll sichergestellt werden, dass der Anspruch des Trägers des Plankrankenhauses auf Förderung in einer bestimmten Höhe erst entstehen kann, wenn entsprechende **Haushaltsmittel** zur Verfügung stehen oder das haushaltsmäßige Finanzvolumen übersehen werden kann. Mehrjährige Investitionsprogramme und Jahresbauprogramme, zB sog Vorwegfestlegungen, haben die gleiche Funktion. Sie dienen einer Abstimmung von Bedarf und Finanzierungsmöglichkeit für einen überschaubaren Zeitraum.

---

[59] Siehe BVerfG, Beschluss v 4. 3. 2004, NJW 2004, 1648 = GesR 2004, 296 mit Anm *Stollmann*, BVerwG DVBl 2009, 44, 49 mit kritischer Anm *Bracher*; OVG Schleswig-Holstein v 3.11.2004, NVwZ-RR 2005, 483.
[60] Ausführlich zu den Folgen dieser Rspr *Steiner* NVwZ 2009, 491, 488 ff.
[61] BSGE 87, 25 = NZS 2001, 361; OVG Münster NVwZ 2003, 630, 631.
[62] Grundlegend BVerwGE 34, 301; 45, 30; zur Zulässigkeit berufsregelnder Eingriffe im Krankenhausplanungsrecht BVerfGE 82, 209 und BVerfG NJW 2004, 1648 (Beschluss v 4. 3. 2004, auch zum Prinzip der abgestuften Krankenhausversorgung und zum Grundsatz der Trägervielfalt; zu letzterem s auch oben § 81 RdNr 34).

51 Für die Aufstellung der Programme gilt ebenfalls – wie bei der Krankenhausplanung – **Planungsermessen**. Ein Rechtsanspruch auf Aufnahme einer bestimmten Investitionsmaßnahme besteht nicht (§ 8 Abs 2 S 1 KHG). Im Hinblick auf die Vielfalt der maßgeblichen Faktoren sind normative Vorgaben kaum möglich. Für die Ausübung des Planungsermessens gelten die allgemeinen Schranken des § 40 VwVfG. Das Abwägungsgebot (§ 8 Abs 2 S 2 KHG) und die hinreichende Berücksichtigung freigemeinnütziger und privater Träger (§ 1 Abs 2 S 2 KHG) sind zu beachten. Im Rahmen der Ermessensentscheidung spielen Fragen der Dringlichkeit und Notwendigkeit einer Maßnahme neben den haushaltsmäßigen Möglichkeiten eine entscheidende Rolle.

52 Mit der Aufnahme einer Investitionsmaßnahme in ein Programm erhält der Träger des Plankrankenhauses zur Herbeiführung einer gewissen Planungssicherheit ein Anwartschaftsrecht auf öffentliche Förderung. Die Anwartschaft verdichtet sich zu einem subjektiv-öffentlichen Recht auf Förderung in einer bestimmten Betragshöhe erst mit dem Bescheid[63] auf Bewilligung von Fördermitteln. Das Investitionsprogramm ist wie der Krankenhausplan weder eine Rechtsnorm noch ein Verwaltungsakt in Form der Allgemeinverfügung, sondern eine **innerdienstliche Regelung** ohne verbindliche Außenwirkung. Für die Anfechtung der Verwaltungsentscheidung über die Gewährung oder Ablehnung von Fördermitteln mit Anfechtungs- und Verpflichtungsklage (§ 42 VwGO) gelten die allgemeinen verwaltungsrechtlichen Grundsätze. Die gerichtliche inhaltliche Überprüfung der Investitionsprogramme erfolgt anhand des konkreten Einzelfalls inzidenter.

53 **5. Planung und öffentliche Förderung von Ausbildungsstätten.** Die in § 2 Nr 1a KHG erschöpfend aufgezählten Ausbildungsstätten für medizinische Fachberufe, die mit dem Krankenhaus notwendigerweise verbunden sind, wurden mit dem Krankenhaus-Kostendämpfungsgesetz vom 22. 12. 1981 in die öffentliche Krankenhausförderung einbezogen. Sie werden hinsichtlich der öffentlichen Förderung den Plankrankenhäusern gleichgestellt. Es gelten die Grundsätze der Investitionsförderung der Krankenhäuser (2. Abschnitt des KHG) entsprechend (§ 8 Abs 3 KHG). Voraussetzung der öffentlichen Förderung der Investitionskosten von Ausbildungsstätten ist deshalb die **Aufnahme der Einrichtung in den Krankenhausplan** und bei Errichtungsinvestitionen zusätzlich in ein Investitionsprogramm.

54 Die **Betriebskosten** dieser Einrichtungen und die Ausbildungsvergütungen gehen grundsätzlich in die **Pflegesätze** ein (§ 17a KHG). Dies gilt – im Widerspruch zur grundsätzlichen Verantwortung der Länder für die Finanzierung von Schuleinrichtungen aus dem Landeshaushalt – zeitlich uneingeschränkt auch für die Kosten des theoretischen Teiles der Ausbildung.[64]

55 **6. Planungs- und Förderverfahren.** Die Regelungskompetenz für die Planungs- und Förderverfahren liegt bei den Ländern. Diese haben durch Landeskrankenhausgesetze, Landesverordnungen und Verwaltungsvorschriften **Form und Inhalt der einzelnen fachlichen Prüfungsverfahren** näher geregelt. **Bundesrechtliche Vorgaben** enthält lediglich § 7 KHG. Das Landesrecht hat nähere Bestimmungen über die „Mitwirkung der Beteiligten" bei der Durchführung der Krankenhausfinanzierung zu treffen. Dies gilt sowohl für die „enge Zusammenarbeit", das „Anstreben einvernehmlicher Regelungen" als auch den Kreis der an der Krankenhausversorgung im Land Beteiligten

---

[63] Bei der Aufstellung der Krankenhauspläne und der Investitionsprogramme sind die Folgekosten, insbesondere die Auswirkungen auf die durch die Pflegesätze zu deckenden Betriebskosten, zu berücksichtigen (§ 6 Abs 1 HS 2 KHG). Die Verknüpfung von Planung und Krankenhausfinanzierung im Rahmen des dualen Finanzierungsprogramms (§ 4 KHG) soll aus Gründen der Wirtschaftlichkeit herbeigeführt werden. Die nähere Ausgestaltung dieser Rechtspflicht hat durch Landesrecht zu erfolgen (§ 6 Abs 4 KHG). In den sachlichen Prüfungsverfahren für Investitionsvorhaben eines Krankenhausträgers sind deshalb die voraussichtlich entstehenden Betriebskosten zu berücksichtigen und durch eine Betriebskostenvorausschau darzulegen.

[64] Durch Art 22 Nr 4 GRG v 20. 12. 1988 wurde die Befristung (bis zum 31. 12. 1988) gestrichen.

und der „unmittelbar Beteiligten", desgleichen für die Art und die Form der Anhörung des betroffenen Krankenhauses.

Die meisten Länder haben zur Wahrung der Mitwirkungsrechte der unmittelbar Beteiligten **Krankenhaus(planungs)ausschüsse** institutionalisiert.[65] In diesen sind einvernehmliche Regelungen bei der Krankenhausplanung und der Aufstellung der Investitionsprogramme anzustreben. **Unmittelbar Beteiligte** im Sinne von § 7 Abs 1 S 2 KHG sind in allen Ländern die Landeskrankenhausgesellschaft, die Landesverbände der Krankenkassen und der Landesausschuss des Verbandes der privaten Krankenversicherung sowie – abgesehen von den Stadtstaaten und dem Saarland – die kommunalen Spitzenverbände im Land; im Saarland sind die Krankenhausträger selbst (nicht die Landeskrankenhausgesellschaft) unmittelbar Beteiligte. Die Landesärztekammern zählen nur in Baden-Württemberg, Nordrhein-Westfalen und Sachsen zu den unmittelbar Beteiligten. Die Kassenärztlichen Vereinigungen gehören nur in Baden-Württemberg und Sachsen zu diesem Kreis, ferner in Sachsen die Liga der freien Wohlfahrtsverbände sowie der Landesverband der Privatkliniken. 56

III. Die Krankenhausinvestitionsförderung

Das Gesetz zur wirtschaftlichen Sicherung der Krankenhäuser und zur Regelung der Krankenhauspflegesätze wurde vor über 35 Jahren als „Finanzierungs- und Leistungsgesetz zugunsten der Krankenhäuser" konzipiert.[66] Zu diesem Zweck wurden die Krankenhäuser zum weitaus größten Teil in ein **staatliches Planungs- und Zulassungssystem mit öffentlicher Förderung der Investitionskosten** und gesetzlich vorgegebener Finanzierung der notwendigen laufenden Betriebs- und Behandlungskosten über die Pflegesätze einbezogen. An dem Grundsystem mit den drei Eckpfeilern: zurückhaltende Rahmenregelung für die Krankenhausplanung in §§ 6 und 7 KHG, Förderrecht mit allgemeinen Tatbeständen und begrenztem Handlungsspielraum für die Länder in §§ 8, 9, 11, 2 Nr 2 und 3 in Verbindung mit § 4 Nr 1 und §§ 6, 7 KHG sowie detaillierte, im Verhältnis zu den Ländern abschließende Regelung der Pflegesätze[67] hat sich seitdem nichts verändert,[68] weder durch die Kostendämpfungsgesetze der Vergangenheit noch durch die Einführung des DRG-Fallpauschalensystems noch in jüngerer Zeit durch das GKV-Modernisierungsgesetz, das GKV-Wettbewerbsstärkungsgesetz und das Krankenhausfinanzierungsreformgesetz. Wenn die wirtschaftliche Sicherung der Krankenhäuser nach § 1 KHG auch erfolgt, um zu sozial tragbaren Pflegesätzen „beizutragen", folgt daraus zugleich, dass die wirtschaftliche Sicherung zur Gewährleistung einer bedarfsgerechten Versorgung rechtlichen Vorrang vor der Beitragsbegrenzung hat.[69] 57

---

[65] § 9 LKHG BW (Landeskrankenhausausschuss); Art 7 BayKrG (Krankenhausplanungsausschuss); § 17 LKG Berlin (Krankenhausbeirat); § 13 BbgKHEG (Landeskonferenz für Krankenhausplanung), § 18 Hmb KHG (Landesausschuss für Krankenhaus- und Investitionsplanung); § 21 HKHG (Landeskrankenhausausschuss); § 9 Nds KHG (Planungsausschuss); §§ 14, 15 KHGG NRW (Landesausschuss); § 8 LKG Rh-Pf (Ausschuss für Krankenhausplanung); § 12 SKHG (Krankenhauskonferenz); § 5 Sächs KHG (Krankenhausplanungsausschuss); § 9 KHG LSA (Planungsausschuss); § 5 Thür KHG (Krankenhausplanungsausschuss).

[66] Krankenhausfinanzierungsgesetz in der Ursprungsfassung v 29. 6. 1972 – BGBl I, 1009, nunmehr idF der Bekanntmachung v 10. 4. 1991 – BGBl I, 886, zuletzt geändert durch das Krankenhausfinanzierungsreformgesetz v 17. 3. 2009 – BGBl I, 534.

[67] Nunmehr auch Krankenhausentgelte gemäß Krankenhausentgeltgesetz v 23. 4. 2002 – BGBl I, 1412.

[68] Siehe zur Entwicklung *Bär,* Art 9 RdNr 2, ua zur Aufhebung der Mischfinanzierung zwischen Bund und Ländern durch das Krankenhaus-Neuordnungsgesetz v 20. 12. 1984 – BGBl I, 1716; ferner *Tuschen/Trefz,* KHEntgG, Einführung 2, 18 ff.

[69] BVerwGE 70, 201: Fördergesetz zugunsten der Krankenhäuser; siehe zum System der Krankenhausinvestitionsförderung *Degener-Hencke* NZS 2009, 6, 7, ua auch zur nicht bestehenden Erforderlichkeitskompetenz des Bundes (s Art 72 Abs 2 iVm Art 74 Abs 1 Nr 1a GG) zur etwaigen Vorgabe verbindlicher bundeseinheitlicher Investitionsbewertungsrelationen ab 2012 (14).

58 Das Krankenhausfinanzierungsgesetz enthält in § 5 einen **Katalog,** der generell **nicht förderfähigen Einrichtungen.**[70] In der Regel handelt es sich ohnehin nicht um in den Krankenhausplan aufgenommene Krankenhäuser, so dass bereits deshalb die Grundvoraussetzung für die Investitionsförderung nach § 8 Abs 1 S 1 KHG nicht erfüllt ist. Die Investitionsförderung der Hochschulkliniken (s § 5 Abs 1 Nr 1 KHG) ist nach der Föderalismusreform ohnehin allein Aufgabe der Länder; im Übrigen ist die Aufnahme einer Hochschulklinik in die Gruppe der Plankrankenhäuser mit der Folge der KHG-Investitionsförderung – und nicht mehr der Förderung nach landesrechtlichen Vorschriften für den Hochschulbau – krankenhausrechtlich ohne weiteres zulässig. Krankenhäuser des Maßregelvollzugs sind bereits nach § 3 KHG von der Anwendung des Gesetzes ausgenommen. Soweit Krankenhäuser der gesetzlichen Unfallversicherung Patienten behandeln und die gesetzliche Unfallversicherung nicht die Kosten trägt, findet zwar das Krankenhausfinanzierungsgesetz Anwendung, insbesondere das Pflegesatzrecht (s § 1 Abs 2 KHEntgG), wird aber dennoch gem § 5 Abs 1 Nr 11 KHG der Bereich der BG-Klinik, der der Versorgung dieser Patienten dient, nicht gefördert (wie bei der Behandlung von Zivilpatienten in Bundeswehrkrankenhäusern). Die Öffnungsklausel des § 5 Abs 2 KHG, bundesrechtlich von der Förderung ausgeschlossene Einrichtungen, landesrechtlich in die KHG-Förderung einzubeziehen, wird weiterhin bedeutungslos bleiben.

59 **1. Duales Finanzierungssystem seit 1972.** Seit der Verabschiedung des Krankenhausfinanzierungsgesetzes im Jahr 1972 ist tragendes Prinzip der Krankenhausfinanzierung die **duale Finanzierung,** also einerseits der Investitionskosten für die vollstationäre und die teilstationäre Versorgung im Wege staatlicher Förderung und andererseits der laufenden Betriebs- und Behandlungskosten durch die von den Krankenkassen zu tragenden (teilkostendeckenden) Pflegesätze (§ 4 KHG).[71] Die ursprüngliche Mischfinanzierung der Investitionskosten durch Länder und Bund wurde mit dem Krankenhaus-Neuordnungsgesetz vom 20. 12. 1984[72] aufgehoben, um die Gestaltungsmöglichkeiten der Länder bei der öffentlichen Förderung der Krankenhäuser zu erweitern; die duale Finanzierung blieb, die Förderung erfolgt aber seit dem 1. 1. 1985 allein durch die Länder.[73]

60 Damals wurde zugleich – bis heute unverändert – in § 1 Abs 2 S 3 KHG festgelegt, dass die **Gewährung** von **Fördermitteln** nicht mit **Auflagen** verbunden werden darf, durch die die Selbständigkeit und Unabhängigkeit von Krankenhäusern über die Erfordernisse der Krankenhausplanung und der wirtschaftlichen Betriebsführung hinaus beeinträchtigt werden; dadurch sollte die Gesamtverantwortung des Krankenhausträgers für Unternehmens- und Betriebsentscheidungen verdeutlicht und gesichert werden. Von Bedeutung für die Ansprüche der Krankenhäuser ist auch, dass die im Regierungsentwurf des Krankenhaus-Neuordnungsgesetzes zu § 4 KHG noch enthaltenen einschränkenden Wörter zu Nummer 1 „nach Maßgabe dieses Gesetzes und des Landesrechts" nicht in den endgültigen Gesetzestext übernommen wurden.[74] Schließlich ist bereits durch das Krankenhaus-Neuordnungsgesetz 1984 die Berücksichtigung der Folgekosten bei der Aufstellung des Krankenhausplans und des Investitionsprogramms eingeführt worden (§ 6 Abs 1 KHG), so dass Betriebskostenschätzungen bei Investitionsentscheidungen von erheblicher Bedeutung sind; insbesondere deshalb wurde zugleich festgelegt, dass einvernehmliche

---

[70] Siehe Regierungsentwurf eines Krankenhausfinanzierungsgesetzes, BT-Drucks VI/1874 v 25. 2. 1971, zu § 4, Begründung, 11 f; dazu im Einzelnen *Dietz,* KHG, § 5 Erl 1 ff.

[71] Siehe Regierungsentwurf eines Gesetzes zur wirtschaftlichen Sicherung der Krankenhäuser und zur Regelung der Krankenhauspflegesätze, BT-Drucks VI/1874 v 25. 2. 1971, Begründung, 9 ff; ferner *Tuschen/Trefz,* KHEntgG, Einführung 2.3–2.5, 22 ff.

[72] BGBl I, 1716.

[73] Zur damaligen ursprünglichen Ausgestaltung des Förderrechts nach dem KHG s *Siebig,* KH 1985, 121; *Harsdorf/Friedrich,* KHG-Kommentar (3. Aufl, Nachtrag 1. 1. 1985), 21 ff.

[74] Siehe *Harsdorf/Friedrich,* aaO, § 4, 25 f.

Regelungen mit den unmittelbar Beteiligten – gemeint sind insbesondere die Krankenkassen – anzustreben sind.

Kaum war die duale Finanzierung eingeführt, wurden bereits **Forderungen nach** **61** **einer monistischen Finanzierung** erhoben, also einer Finanzierung der Krankenhäuser aus einer Hand durch die Krankenkassen.[75] Spätere Versuche des Bundesgesetzgebers, die monistische Finanzierung einzuführen, bereits beginnend mit den Beratungen zum Gesundheitsstrukturgesetz im Jahr 1992 und später im Rahmen der GKV-Gesundheitsreform 2000, sind am Widerstand der Länder gescheitert.[76] In der aktuellen Diskussion spielt – neben betriebswirtschaftlichen Nachteilen durch die Trennung der Finanzierungsverantwortung –[77] die negative Entwicklung der Investitionsfinanzierung durch die Länder eine maßgebliche Rolle.[78] Demzufolge wird von Seiten der Krankenhäuser ganz überwiegend ein Übergang von der dualen zur monistischen Finanzierung abgelehnt, wenn die Unterfinanzierung beibehalten und der Einfluss des Landes auf die Krankenhäuser lediglich durch den Einfluss der Krankenkassen abgelöst wird; die aus betriebswirtschaftlicher Sicht erheblichen Vorteile einer simultanen Entscheidung über den Einsatz von Investitionen und Arbeit sind unbestritten. Und von Seiten der Krankenkassen wird einer monistischen Finanzierung überwiegend ua unter der Voraussetzung zugestimmt, dass auch die Krankenhausplanung in ihre Verantwortung übergeht.[79]

Die Einführung der von Seiten des Bundes ebenfalls favorisierten monistischen Finan- **62** zierung würde erheblich erleichtert werden, wenn der Bund auf bisher stets geforderte **Kompensationszahlungen der Länder** an die Krankenkassen verzichten und diese Leistungen in Übereinstimmung mit Art 74 Abs 1 Nr 19a und Art 120 Abs 1 S 4 GG durch **Zuschüsse des Bundes zur gesetzlichen Krankenversicherung** unter Verdoppelung der bisherigen unzureichenden Ländermittel selbst übernehmen und entsprechende Einzahlungen in den Gesundheitsfonds (§ 271 SGB V) fortlaufend erbringen würde; der damit verbundene Anreiz für einzelne Länder wäre allerdings mit den ohnehin mit der monistischen Finanzierung verbundenen zentralstaatlichen Steuerungsmöglichkeiten[80] abzuwägen. Alternativ könnte der Bundesgesetzgeber die Einführung der monistischen Finanzierung den einzelnen Ländern zur eigenen Entscheidung überlassen und für die Länder, die von der Option Gebrauch machen, im Pflegesatzrecht die Einbeziehung der Investitionskosten regeln.[81] Ein derartiges **Optionsmodell einer monistischen Finanzierung** hätte zumindest den Vorteil, dass die monistisch orientierten Länder bei negativem Ausgang ihres Modellversuchs ohne Nachteil für das Gesamtsystem berechtigt wären, im Interesse der wirtschaftlichen Sicherung ihrer Krankenhäuser zur dualen Finanzierung zurückzukehren.[82]

---

[75] So Bericht der Kommission Krankenhausfinanzierung der Robert Bosch Stiftung 1987, Teil I, 19, 92 ff. Zur Entwicklung der Diskussion *Bär,* BayKrG Art 9 Erl 2.2.1 und *Knorr* KH 1994, 548; s auch *Knieps* DOK 1994, 603, 609 mit der Auffassung, dass es den heute Kranken nicht zugemutet werden könne, über ihr Benutzerentgelt die Vorhaltung und die Neuinvestitionen für die Zukunft zu finanzieren; ferner oben § 80 RdNr 21 f.

[76] Näher dazu *Bär,* Art 9 Erl 2.2.2 u 2.2.3; *Tuschen/Trefz,* KHEntgG, Einführung 3.7, 48.

[77] Siehe Sachverständigenrat, Gutachten 2007, RdNr 453 ff „Mängel der dualen Krankenhausfinanzierung".

[78] Näher dazu unten RdNr 77 f; *Bruckenberger* KU 6/2008, 14 mit aufschlussreichem Länderranking 2006 unter Einbeziehung der Investitionen in Form der KHG-Mittel.

[79] Ähnlich bereits 1995 *Knieps,* Die Krankenhausversorgung der Zukunft – eine politische Standortbestimmung der Krankenkassen, in: *Arnold/Paffrath* (Hrsg), Krankenhaus-Report '95, 31, 34: „Krankenhausplanung als allen Kassenarten einheitlich und gemeinsam obliegende Aufgabe".

[80] Siehe *Bruckenberger* KU 6/2008, 14, 19.

[81] Siehe demgegenüber *Rürup,* Umstellung auf eine monistische Finanzierung von Krankenhäusern (Expertise v 12.3.2008), 38: Orientierung von Finanzierungs- und Vergütungsmaßstäben an Bundesländergrenzen in der Sozialversicherung generell fragwürdig.

[82] Siehe zu den Investitionen im Krankenhausbereich auch *Schmid* MHK, 1315 u MH-DRGs, C 3110 mit Überlegungen zur Erweiterung der Finanz- und Handlungsspielräume der Krankenhäuser.

63 **2. Einzelförderung und Pauschalförderung.** Die Förderung von Krankenhausinvestitionen ist Aufgabe der Länder und dementsprechend jeweils im Landesrecht detailliert geregelt, aber in ihren Grundsätzen im Krankenhausfinanzierungsgesetz des Bundes festgelegt. Das **Bundes-KHG** enthält im zweiten Abschnitt (§§ 8 ff) die Grundsätze der Investitionsförderung und überlässt das Nähere zur Förderung dem Landesrecht (§ 11 KHG).[83] Bundesrechtlicher Regelung vorbehalten ist die Abgrenzung der durch öffentliche Förderung zu übernehmenden Investitionskosten von den Aufwendungen, die über die Pflegesätze zu finanzieren sind (§ 2 Nr 2 und 3, § 16 S 1 Nr 5 KHG).[84] Die **Krankenhausgesetze der Länder** regeln – ausgehend von den bundesgesetzlichen Vorgaben – die näheren Einzelheiten der Fördertatbestände, die Aufstellung von Investitionsprogrammen sowie das Förder- und Prüfverfahren (ua Sicherung der Zweckbindung, Überwachung der Verwendung). Die Mittel für die staatliche Investitionsförderung werden in den Ländern über den Haushalt aufgebracht.

64 Nach Landesrecht sind die **Kommunen** zum Teil in erheblichem Umfang an der **Mittelaufbringung** beteiligt.[85] Die Finanzierungsbeteiligung der Kommunen entspricht dem im Landeskrankenhausrecht oder im Kommunalrecht verankerten ergänzenden Sicherstellungsauftrag.[86]

65 a) **Investitionskosten.** Jedes Bundesland hat nach § 6 Abs 1 KHG ein **Investitionsprogramm**[87] im Hinblick auf die Investitionskosten nach § 9 Abs 1 Nr 1 KHG aufzustellen. Wie bei der Krankenhausplanung sind nach § 7 Abs 1 S 2 KHG einvernehmliche Regelungen mit den unmittelbar Beteiligten anzustreben. Von wesentlicher Bedeutung ist, dass die **Letztentscheidung** beim **Land** liegt, also ein Vetorecht beispielsweise der Landesverbände der Krankenkassen nicht besteht.

66 Die **förderfähigen Investitionskosten** und ihnen gleichstehende Kosten sind in § 2 Nr 2 und 3 KHG abschließend geregelt.[88] Danach sind Investitionskosten insbesondere die Kosten der Errichtung (Neubau, Umbau, Erweiterungsbau) von Krankenhäusern und der Anschaffung der zum Krankenhaus gehörenden Wirtschaftsgüter (Verbrauchsgüter ausgenommen) sowie die Kosten der Wiederbeschaffung der Güter des zum Krankenhaus gehörenden Anlagevermögens (Anlagegüter).[89]

---

[83] Siehe oben § 80 RdNr 29 Liste der 16 Landeskrankenhausgesetze in aktueller Fassung; vgl im Einzelnen § 10 LKHG BW; Art 9 ff BayKrG; §§ 4 ff LKG Berlin; §§ 15 ff BbgKHEG; §§ 8 ff BremKHG; §§ 16 ff HmbKHG; §§ 20, 23 ff HKHG; §§ 26, 28 ff LKHG M-V; §§ 4 ff Nds KHG; §§ 17 ff KHGG NRW; § 11 ff LKG Rh-Pf; §§ 28 ff SKHG; §§ 8 ff SächsKHG; §§ 4 ff KHG LSA; §§ 5 ff AG-KHG-SH; §§ 8 ff ThürKHG.

[84] Erlass der Abgrenzungsverordnung v 12.12.1985 – BGBl I, 2255, zuletzt geändert durch das KHRG v 17.3.2009 – BGBl I, 534, auf Grund von § 16 S 1 Nr 5 KHG zur Abgrenzung der pflegesatzfähigen Anlage-, Gebrauchs- und Verbrauchsgüter von den nicht-pflegesatzfähigen Aufwendungen; s dazu das Grundsatzurteil des BVerwG v 21.1.1993, BVerwGE 91, 363 = NJW 1993, 2391; ausführlich *Tuschen/Trefz*, KHEntgG, Einführung 4.1, 74 ff; ferner *Dietz*, KHG, § 11 Erl 5, § 16 Erl 3.

[85] Sog Krankenhausumlage, s zB § 36 HKHG, § 17 S 3 KHGG NRW, § 8 Abs 2 SächsKHG, § 8 Abs 2 ThürKHG.

[86] Siehe BVerfGE 83, 363, 378 f zum rh-pf Landesrecht: Begrenzung des Aufkommens aus der Krankenhausumlage auf den Fördermittelbedarf von Krankenhäusern kommunaler Träger oder solcher Träger, deren Engagement ein Tätigwerden der Kommune erspart; ferner VerfGH NRW DÖV 2004, 662 zur Krankenhausumlage in NRW; ausführlich und beispielhaft zur Krankenhausumlage *Genzel/Hanisch/Zimmer*, Erl zu Art 10b Bayerisches Finanzausgleichsgesetz.

[87] Auch Jahreskrankenhausbauprogramm (so in BW und Bay).

[88] BVerwGE 91, 363 = NJW 1993, 2391; s auch BVerwGE 62, 18: Sachversicherungskosten für Krankenhaus-Anlagegüter keine Investitionskosten, sondern pflegesatzfähige Kosten.

[89] Eingehend dazu *Dietz*, KHG, § 2 Erl III 1–13; *Bär*, BayKrG, Art 11 Erl 3 ff; *Quaas/Zuck*, § 25 RdNr 26 ff; s auch *Stollmann* NZS 2004, 350, 357, ua zur Qualifizierung einer Maßnahme als förderfähiger Herstellungsaufwand oder pflegesatzfähiger Erhaltungsaufwand (Instandhaltungskosten gemäß § 17 Abs 4b KHG).

Mit den Krankenhäusern notwendigerweise verbundene **Ausbildungsstätten** für die 67
in § 2 Nr 1a KHG abschließend aufgeführten nichtärztlichen Heil-/Ausbildungsberufe[90]
sind seit 1982 in das duale Finanzierungssystem einbezogen (§ 8 Abs 3 KHG iVm § 1 Nr 3e
KHG). Es muss sich um staatlich anerkannte Einrichtungen an Krankenhäusern handeln,
bei denen das Krankenhaus Träger oder Mitträger der Ausbildungsstätte ist.[91] Stellt das
Krankenhaus lediglich seine Räumlichkeiten zur Verfügung, ist es noch nicht Mitträger;
es muss vielmehr gemeinsam mit einem Dritten als mitverantwortlicher Schulträger die
Ausbildungsstätte betreiben (Beteiligung eines Krankenhauses oder mehrerer Krankenhäuser zu mehr als 50%).

Zu den Investitionskosten zählen nicht die **Kosten des Grundstücks,** des Grund- 68
stückserwerbs, der Grundstückserschließung sowie ihrer Finanzierung sowie die Kosten
der Telematikinfrastruktur gemäß der Sonderregelung in § 291a Abs 7 S 4 SGB V (Stichwort: Einführung der elektronischen Gesundheitskarte). Mehrkosten für die **Vorhaltung von Wahlleistungen** werden auch nach Landesrecht nicht gefördert; eine Ausnahme wird
mitunter ausdrücklich zugunsten einer Förderung in angemessenem Umfang von Einbettzimmern und Zweibettzimmern gemacht (so § 13 Abs 3 S 2 LKHG BW). Im Übrigen
ist ohnehin nur das für die vollstationäre und teilstationäre Versorgung Notwendige –
dem stationären Versorgungsauftrag entsprechend – gemäß § 9 Abs 5 KHG förderfähig
(vgl für den Pflegesatzbereich § 17 Abs 3 Nr 1 KHG).

b) **Einzelförderung.** Nach § 9 Abs 1 KHG fördern die Länder auf Antrag **Investi-** 69
tionskosten für die **Errichtung von Krankenhäusern** einschließlich der Erstausstattung mit den für den Krankenhausbetrieb notwendigen Anlagegütern (Nr 1) sowie für
die Wiederbeschaffung von Anlagegütern mit einer durchschnittlichen Nutzungsdauer
von mehr als drei Jahren (Nr 2);[92] Kosten der Wiederbeschaffung von Anlagegütern mit
einer Nutzungsdauer bis zu drei Jahren sind pflegesatzfähig (§ 17 Abs 4 Nr 1 KHG). Sechs
weitere Fördertatbestände werden in § 9 Abs 2 KHG aufgeführt, ua zur Erleichterung
der Schließung von Krankenhäusern (Nr 5) und zur Umwidmung von Krankenhäusern
in Pflegeeinrichtungen (Nr 6), um den Abbau überflüssiger Krankenhausbetten zu
erleichtern.[93] Für die Vergabe von Investitionsmitteln nach § 9 Abs 1 Nr 1 KHG ist die
Aufnahme in ein Investitionsprogramm erforderlich (§ 8 Abs 1 S 2 KHG).

Regelungen zur Art der Förderung (Zahlung von Haushaltsmitteln, Übernahme des 70
Schuldendienstes) und zur **Förderung durch Festbetrag** enthält das Krankenhausfinanzierungsgesetz des Bundes nicht. Maßgebend ist das Landesrecht. Die Förderung der
Investitionskosten durch einen festen bestimmten Betrag ist in allen Ländern möglich
(s zB § 14 Abs 2 LKHG BW, Art 11 Abs 4 BayKrG, § 16 Abs 2 S 2 BbgKHEG). Vorteile
bestehen für beide Seiten: Kostensenkung durch erhöhte Sparsamkeit kommt dem Krankenhaus zugute, da es mehr Entscheidungsfreiheit besitzt. Die pauschale Prüfung entlastet die Förderbehörden durch geringeren Verwaltungsaufwand; aber auch der fest
bestimmte Betrag hat naturgemäß seine Grundlage in den voraussichtlich entstehenden
Kosten.[94]

---

[90] Bisher nicht: Operationstechnische Assistentinnen/Assistenten (OTA); deshalb bisher keine Einbeziehung der 73 von der DKG anerkannten OTA-Schulen mit 1342 gemeldeten Ausbildungsplätzen und 457 angeschlossenen Krankenhäusern. Siehe GesetzE der Länder NRW u Saarl (BR-Drucks 111/1/09 v 19. 2. 2009) – Entwurf eines Gesetzes über den Beruf des Operationstechnischen Assistenten und zur Änderung des Krankenhausfinanzierungsgesetzes (Ergänzung von § 2 Nr 1a KHG um den Beruf des OTA).
[91] Vgl *Dietz*, KHG, § 2 Erl II; *Prütting*, KHGG NRW, § 12 RdNr 53.
[92] Näher dazu *Dietz*, KHG, § 9 Erl III 1–8; *Quaas/Zuck*, § 25 RdNr 56 ff.
[93] Näher dazu *Dietz*, KHG, § 9 Erl IV–VIII; *Quaas/Zuck*, § 25 RdNr 65 ff.
[94] Siehe *Quaas/Zuck*, § 25 RdNr 123 ff u *Bär*, BayKrG, Art 11 Erl 8.3–8.5 zur Festbetrags-, Höchstbetrags- und Festsetzungsförderung.

71 Die **Höhe der Fördermittel im Einzelfall** richtet sich für alle Fördertatbestände nach § 9 Abs 5 KHG, ohne dass das Bundesrecht vorgibt, in welcher Höhe die Länder Fördermittel insbesondere für Investitionsprogramme bereitstellen müssen.[95]

72 *c)* **Pauschalförderung.** Die **Wiederbeschaffung kurzfristiger Anlagegüter sowie kleine bauliche Maßnahmen** werden nach § 9 Abs 3 KHG durch einen festen **Jahresbetrag als Pauschale** gefördert. Das Krankenhaus darf im Einzelfall über eine Anschaffung oder eine kleinere Investitionsmaßnahme allein entscheiden, muss allerdings die Zweckbindung beachten. Demzufolge dürfen vom Gesetz her mit der Jahrespauschale nicht Investitionen finanziert werden, die der Einzelförderung unterliegen; diese bundesrechtliche Regelung ist von Bedeutung im Zusammenhang mit der neuen leistungsbezogenen Baupauschale in teilweiser Deckungsfähigkeit zur fortbestehenden Jahrespauschale (sog kurzfristige Pauschale) nach dem Krankenhausgestaltungsgesetz des Landes Nordrhein-Westfalen vom 11. 12. 2007. Aus der Gesetzessystematik folgt im Übrigen, dass die Jahrespauschale gar nicht den tatsächlichen Bedarf in diesem Jahr decken soll; demzufolge wird durch das Land weder ein Jahresüberschuss abgeschöpft noch ein Jahresdefizit abgedeckt.[96]

73 Die **Bemessungsgrundlagen** für die Pauschale werden im Landesrecht festgelegt (§ 11 KHG). Dementsprechend haben die Länder die Einzelheiten zur Pauschalförderung im jeweiligen Landeskrankenhausgesetz geregelt und die Bemessungsmaßstäbe für die Höhe der Jahrespauschalen in gesonderten Rechtsverordnungen über die Pauschalförderung.[97] Bei wesentlich abweichendem Bedarf kann nach Landesrecht ein anderer Pauschalbetrag festgesetzt werden, soweit dies zur Erhaltung der Leistungsfähigkeit des Krankenhauses im Rahmen seiner Aufgabenstellung nach dem Krankenhausplan notwendig oder ausreichend ist (so zB § 16 Abs 2 LKHG BW). Die Pauschale darf nicht willkürlich aus Finanznot gekürzt werden, ist vielmehr im Gegenteil fortlaufend an die Kostenentwicklung anzupassen (§ 9 Abs 3 S 3, Abs 5 KHG).

74 In Beachtung von § 9 Abs 3 S 2 KHG[98] ist die früher übliche Orientierung an der Bettenzahl zunehmend aufgegeben worden;[99] das DRG-System hat die Einbeziehung vor allem der Bezugsgröße „Fallzahl" beschleunigt. Hervorzuheben sind als Länder mit grundlegend **neuen Pauschalförderverordnungen** Nordrhein-Westfalen (v 18. 3. 2008/ 12. 5. 2009), Hamburg (v 17. 4. 2007/29. 1. 2008) und Bayern (v 14. 12. 2007). Nach der Hamburger Regelung bemisst sich die Jahrespauschale wie folgt: In Höhe von 71 Euro je effektiver Bewertungsrelation für Fälle, die nach DRG-Fallpauschalen oder nach § 6 Abs 1 KHEntgG nicht mit den DRG-Fallpauschalen vergütet werden, in Höhe von 83 Euro je Fall für stationäre und teilstationäre Fälle in den Fachdisziplinen Psychiatrie und Psychosomatik, in Höhe von 77 Euro je Ausbildungsplatz für die notwendigerweise mit dem Krankenhaus verbundenen Ausbildungsstätten, in Höhe von 6 Euro je ambulant versorgtem Notfall und in Höhe von 33 Euro je Quartalsschein für Fälle der psychiatrischen Institutsambulanzen sowie der Suchtambulanzen. Diese neuen variantenreichen Regelungen der Länder mit verschiedenen, auch miteinander kombinierten Kriterien zur Be-

---

[95] Vgl *Dietz,* KHG, § 9 Erl III 4.5 u XI.
[96] So zutreffend *Dietz,* KHG, § 9 Erl IX 2 u 6; s zu § 9 Abs 3 KHG auch *Quaas/Zuck,* § 25 RdNr 95 ff. Zur fehlenden Vereinbarkeit der NRW-Baupauschale (s insbes § 18 Abs 1 Nr 1 KHGG NRW) mit dem Bundesrecht (s insbes § 9 Abs 1 Nr 1 iVm § 6 Abs 1 u § 8 Abs 1 S 1 KHG sowie die Sperrwirkung von Art 72 Abs 1, 74 Abs 1 Nr 19 a GG) ausführlich *Degener-Hencke* NZS 2009, 6–15.
[97] Siehe DKG, Krankenhausrecht 2008/2009, Rechtsvorschriften der Länder, mit allen Krankenhaus-Pauschalförderverordnungen; dazu den anschaulichen, inhaltlichen Überblick über die Verordnungen in der DKG-Bestandsaufnahme zur Investitionsfinanzierung (Juni 2008).
[98] Eingefügt durch das Gesundheitsstrukturgesetz v 21. 12. 1992 – BGBl I, 2266.
[99] Pauschale je Bett (kombiniert mit vier aus der Gesamtbettenzahl abgeleiteten Anforderungsstufen) nur noch in Niedersachsen, s § 6 Abs 2 NdsKHG in Verbindung mit der Pauschalförderverordnung v 23. 11. 2001 idF v 19. 3. 2009.

messung der Jahrespauschalen zeigen den hohen Stellenwert, den die Länder unter Beachtung von § 9 Abs 5 KHG zunehmend der Pauschalförderung nach betriebswirtschaftlichen Grundsätzen und dem damit verbundenen freien Wirtschaften der Krankenhäuser beimessen.[100]

Dementsprechend hat die Regelung des § 9 Abs 3a KHG zur verpflichtenden **Weitergewährung ungekürzter Pauschalmittel** im Falle einer nach § 109 Abs 1 S 4 und 5 SGB V vereinbarten **Verringerung der Bettenzahl**[101] nunmehr noch geringere Bedeutung. Nur dort, wo das Bett auch die Förderhöhe mit bestimmt, kann Absatz 3a als unmittelbar bindendes Recht einen Anspruch gewähren. Entscheidend ist deshalb heute, ob und unter welchen Voraussetzungen das Landesrecht einen vergleichbaren Anreiz zum Bettenabbau setzt. Dies ist beispielsweise in Bayern der Fall; nach Art 12 Abs 2 S 2 BayKrG bleiben aus krankenhausplanerischen Gründen erforderliche Kapazitätsminderungen bei der Bemessung der Jahrespauschale grundsätzlich für die Dauer von zwei Jahren unberücksichtigt.[102]

3. Rechtsanspruch auf Investitionsförderung. Die Förderung nach dem Krankenhausfinanzierungsgesetz besitzt eine eigene Rechtsqualität und kann als Ausgleich für nur teilkostendeckende Pflegesätze (§ 4 KHG) beispielsweise nicht als Zuwendung im Sinne der Landeshaushaltsordnungen eingestuft werden. Gerade angesichts zunehmend knapper Fördermittel der Länder stellt sich aber die Frage heute besonders, ob das Krankenhaus einen Rechtsanspruch auf Förderung nach § 9 KHG besitzt.[103]

a) **Rückgang der Fördermittel seit 1994.** Insbesondere angesichts einer nicht ausreichenden Investitionsfinanzierung der Krankenhäuser über die Pflegesätze durch die Krankenkassen wurde die seit 1936 bestehende monistische Finanzierung nach 36 Jahren durch die duale Finanzierung ersetzt.[104] Die in der ersten Hälfte der seit 1972 folgenden weiteren 36 Jahre noch zufriedenstellende **Entwicklung der Höhe der Investitionsmittel** ist rückläufig. Von 1973 bis 1993 stiegen die KHG-Fördermittel kontinuierlich von 1,636 Mrd Euro über 2,331 Mrd Euro im Jahr 1983 auf 3,903 Mrd Euro im Jahr 1993.[105] Seit 1994 geht die KHG-Förderung kontinuierlich zurück, wobei die in den einzelnen Ländern zur Verfügung gestellten Mittel stark divergieren.[106]

Die **aktuelle Situation** ist wie folgt:[107] 2008 stellten die Länder 2,66 Mrd Euro bereit. Im Vergleich zum Jahr 1997 beläuft sich der reale Rückgang der Fördermittel – unter Berücksichtigung des Verbraucherpreisindex – auf 34,33 % (alte Länder: –27,26 %, neue

---

[100] Siehe auch die klare Bewertung der verschiedenen Länderregelungen durch *Quaas,* in: *Quaas/Zuck,* § 25 RdNr 156 ff, der allerdings die Ersetzung der leicht handhabbaren Größe „Planbett" durch eine variable und beeinflussbare Größe kritisch sieht (RdNr 163).
[101] Eingeführt durch das Pflege-Versicherungsgesetz v 26.5.1994 – BGBl I, 1014; näher dazu *Dietz,* KHG, § 9 Erl XII.
[102] Siehe auch die Regelungen in § 11 Abs 7 BremKHG, § 6 Abs 4 KHG Sachsen-Anhalt.
[103] Siehe bereits *Zuck* NJW 1984, 642.
[104] Siehe Regierungsentwurf zum KHG, BT-Drucks VI/1874 v 25.2.1971, 9: „Erhebliche Überalterung der Krankenhäuser" (mehr als ein Drittel älter als 50 Jahre); s dazu *Tuschen/Trefz,* KHEntgG, Einführung 2.2 und 2.3, 20 ff.
[105] Quelle: Berechnung *Bruckenberger* auf der Grundlage von Daten aus den Länderumfragen der Arbeitsgruppe Krankenhauswesen der Arbeitsgemeinschaft der Obersten Landesgesundheitsbehörden (AOLG), basierend auf den jährlichen Haushaltsansätzen (ohne Hochschulkliniken), s *Bruckenberger,* in: *Bruckenberger/Klaue/Schwintowski,* 78 f, ab 1991 alte und neue Länder.
[106] Siehe *Bruckenberger,* aaO: für die Jahre 1972 bis 2005 in den alten Ländern Spitzenplatz für Bayern mit 247.748 Euro pro Planbett, gefolgt von Hamburg mit 197.269 Euro pro Planbett und dem Saarland mit 193.694 Euro pro Planbett.
[107] Siehe DKG, Bestandsaufnahme zur Krankenhausplanung und Investitionsfinanzierung in den Bundesländern (Stand: Juni 2008), 64 ff; aktuelle Länderumfragen der Arbeitsgruppe Krankenhauswesen der AOLG; Zahlen abrufbar unter www.dkgev.de.

Länder: −51,36 %).[108] Zwischen 1991 und 2006 hat die Krankenhaus-Investitionsquote (Berechnung aus den Krankenhausausgaben der GKV und PKV als Bezugsgröße für die KHG-Fördermittel) von 11,1 % auf 4,9 % abgenommen; die volkswirtschaftliche Investitionsquote (Quotient aus Bruttoanlageinvestitionen und Bruttoinlandsprodukt) lag demgegenüber im Jahr 2006 bei 17,8 %. Das Gesamtvolumen der Einzelförderung nach § 9 Abs 1 und 2 KHG betrug 2007 1,58 Mrd. Euro, dasjenige der Pauschalförderung nach § 9 Abs 3 KHG 1,08 Mrd. Euro. Gegenüber 1997 ist die Einzelförderung real (unter Zugrundelegung des Verbraucherpreisindex) um 41,55 % und die Pauschalförderung um 19,89 % gesunken. Auch in der Verteilung der KHG-Fördermittel auf Pauschal- und Einzelförderung bestehen erhebliche Unterschiede zwischen den Ländern.[109] In der Tendenz ist in den vergangenen drei Jahrzehnten eine Verlagerung von KHG-Mitteln hin zur Pauschalförderung festzustellen (1973: Einzelförderung 77,3 %/Pauschalförderung 22,7 %; 2005: Einzelförderung 59,8 %/Pauschalförderung 40,2 %).[110]

79   b) **Aufnahme in den Krankenhausplan.** Das Krankenhausfinanzierungsgesetz des Bundes hat zwar einerseits im Interesse der Kostensenkung zugunsten der Krankenkassen Ansprüche auf staatliche Investitionskostenübernahme begründet, jedoch gleichzeitig den **Kreis der geförderten Krankenhäuser** auf die Plankrankenhäuser begrenzt (§ 8 Abs 1 S 1 KHG).[111] Umgekehrt ist eines der Ziele der Krankenhausplanung der sinnvolle und gemeinwohlverträgliche Einsatz von Investitionsfördermitteln, so dass bei einer krankenhausplanerischen Abwägungsentscheidung zwischen mehreren Krankenhäusern auch die Frage einbezogen werden sollte, wie die öffentlichen Fördermittel am effektivsten zum Einsatz kommen. Eine entsprechende Regelung enthält nunmehr das baden-württembergische Krankenhausgesetz (§ 5 Abs 3 S 2).[112]

80   c) **Aufnahme in das Investitionsprogramm.** Das Förderrecht des Bundes verlangt die Aufstellung von Investitionsprogrammen in jedem Bundesland zur regelhaften projektbezogenen gezielten bedarfsgerechten Einzelförderung (keine Ersetzung durch eine „Baupauschale" für alle Plankrankenhäuser unabhängig vom tatsächlichen Investitionsbedarf). Die Aufnahme eines Plankrankenhauses in das **Investitionsprogramm** (auch Jahreskrankenhausbauprogramm) ist Voraussetzung für den Anspruch auf Einzelförderung nach § 9 Abs 1 Nr 1 KHG (§ 8 Abs 1 S 1 KHG). Das Investitionsprogramm des zuständigen Landesministeriums ist ein **verwaltungsinterner Verwendungsplan,** der − ebenso wie zB der Haushaltsplan − die Verwaltung zu Ausgaben ermächtigt.[113] Es gilt der **Grundsatz planerischen Ermessens**[114] unter Beachtung des Abwägungsgebotes nach § 8 Abs 2 S 2 KHG und der Berücksichtigung auch freigemeinnütziger und privater Krankenhausträger nach § 1 Abs 2 S 2 KHG. Erst mit der Aufnahme des Vorhabens in das Programm und der Bewilligung der Fördermittel liegt im Außenverhältnis eine verbindliche Entscheidung vor.[115] Ein Rechtsanspruch auf Förderung entsteht nach den Rege-

---

[108] Vgl zum gemeinsam finanzierten Krankenhausinvestitionsprogramm für die neuen Länder nach Art 14 GSG nachfolgend RdNr 98 ff.

[109] Siehe DKG, Bestandsaufnahme, 70.

[110] Siehe *Bruckenberger,* aaO, 78; Beispiele 2007: Nordrhein-Westfalen Verteilung der Mittel auf 59 % Pauschal − und 41 % Einzelförderung/Bayern 37 % Pauschal − und 63 % Einzelförderung, s auch Tabelle 70 in DKG-Bestandsaufnahme.

[111] So ausdrücklich BVerfGE 82, 209, 224, auch zur Vereinbarkeit mit Art 12 Abs 1 S 2 GG trotz eines erheblichen Konkurrenznachteils der nicht in den Plan aufgenommenen Krankenhäuser; vgl in diesem Zusammenhang *Dietz,* KHG, § 17 Erl VII zur Pflegesatzbegrenzung bei nicht geförderten Krankenhäusern nach § 17 Abs 5 KHG. Zur Krankenhausplanung s oben RdNr 20 ff.

[112] Vom 29. 11. 2007 − GBl 2008, 13; s auch Begründung des Gesetzentwurfs der Landesregierung, LT-Drucks 14/1516 v 11. 7. 2007, zu Nr 7 (§ 5).

[113] Siehe *Dietz,* KHG, § 6 Erl III 1 u 2 sowie § 8 Erl IV 8.1; ferner oben RdNr 49 ff.

[114] *Stollmann* NZS 2004, 350, 357.

[115] BVerwG v 10. 7. 1980, Buchholz 451.731 KHG Nr 5.

lungen im Landesrecht erst mit dem Bescheid auf Bewilligung der Fördermittel (so zB Art 10 Abs 1 S 2 BayKrG, § 15 Abs 1 S 6 BbgKHEG, § 9 Abs 2 SächsKHG).

Für die Feststellung der Aufnahme in das Investitionsprogramm fällt die Ausgestaltung des Verfahrens in die Zuständigkeit der Länder (§ 11 KHG). Anders als bei der Krankenhausplanung ist bundesrechtlich nicht bestimmt, dass der Verwaltungsrechtsweg offensteht (s § 8 Abs 1 S 3 und 4 KHG). Als innerdienstliche Regelung ohne verbindliche Außenwirkung besteht im Hinblick auf die Nichtaufnahme in das Investitionsprogramm kein unmittelbarer **Rechtsschutz.** Vielmehr muss der Krankenhausträger im Wege der **Stufenklage** beantragen, die Maßnahme in das Investitionsprogramm aufzunehmen und die Förderung – der Sache nach als Bescheidungsbegehren unter Beachtung der Rechtsauffassung des Gerichts – zu bewilligen.[116]

d) **Zeitpunkt der Einzelförderung und Haushaltsvorbehalt.** Wenn die Krankenhäuser nach Maßgabe des Krankenhausfinanzierungsgesetzes Anspruch auf Förderung haben, soweit und solange sie in den Krankenhausplan eines Landes und bei Investitionen zusätzlich nach § 9 Abs 1 Nr 1 KHG in das Investitionsprogramm aufgenommen sind (§ 8 Abs 1 S 1 KHG), bedarf es keiner zusätzlichen Begründung, dass mit der Grundentscheidung der Aufnahme in den Krankenhausplan der Zeitpunkt der Einzelförderung nicht der Gestaltungsfreiheit des Landes überlassen ist. Vielmehr besitzt jedes Plankrankenhaus einen Anspruch darauf, mit der **Förderung der notwendigen Investitionskosten** gemäß § 9 Abs 1 Nr 1 KHG **innerhalb angemessener Zeit** in das Investitionsprogramm aufgenommen zu werden; Entsprechendes gilt unmittelbar für notwendige weitere Investitionsmaßnahmen nach § 9 Abs 1 Nr 2 und Abs 2 KHG. In welchem Jahr eine Errichtungsmaßnahme in das Investitionsprogramm aufgenommen wird, liegt im pflichtgemäßen Ermessen des Landes (kein Anspruch auf Aufnahme in ein bestimmtes Investitionsprogramm).[117]

Zutreffend hat *Zuck*[118] bereits vor 25 Jahren festgestellt, dass das **Ermessen der Behörde** nach Ablauf der angemessenen Zeit „immer auf Null" schrumpft. Ein Haushaltsvorbehalt schließt diese Ermessensreduzierung auf Null nicht aus. Freilich wird trotz des Investitionsstaues kaum vor den Verwaltungsgerichten geklagt,[119] so dass es im Übrigen zu den Förderregelungen des Bundes und der Länder kaum jüngere Rechtssprechung gibt,[120] zur Angemessenheit der „Wartefrist" – soweit ersichtlich – gar keine.

Auf Krankenhausinvestitionen bezogen bedeutet ein **Haushaltsvorbehalt,** dass nicht die beantragten notwendigen Investitionsmaßnahmen der Plankrankenhäuser aufgelistet und sodann die notwendigen Finanzierungsbeträge in den Haushalt eingestellt werden, sondern vielmehr umgekehrt der Landeshaushalt von vornherein den Rahmen, die Grenze für die mögliche Krankenhausinvestitionsförderung bildet. Ein derartiger Haushaltsvorbehalt ist üblich und nicht zu beanstanden für Zuwendungen im Sinne des Haushaltsrechts, also für freiwillige Leistungen, jedenfalls aber nicht für Leistungen, auf die der Empfänger dem Grunde und der Höhe nach einen Anspruch hat.

Der Bundesgesetzgeber hat den **Rechtsanspruch auf Investitionsförderung** im Hinblick auf den mit Blick auf die Eigentumsgarantie des Art 14 GG verfassungsrechtlich gebotenen **Ausgleich für lediglich teilkostendeckende Pflegesätze** geschaffen;[121] zusammen mit den Pflegesätzen ist die Investitionsförderung also auch der Höhe nach Bestandteil der Gegenleistung für die stationäre Krankenhausbehandlung. Deshalb ist der stets wiederkehrende Hinweis, Fördermittel dürften nur im Rahmen der zur Verfügung

---

[116] *Stollmann* NZS 2004, 350, 358.
[117] Siehe *Quaas/Zuck,* § 25 RdNr 107 ff, auch zur vergleichbaren Frage eines Rechtsanspruchs auf Aufnahme in den Krankenhausplan (BVerwGE 72, 38, 51 ff; BVerfGE 82, 209, 228).
[118] NJW 1984, 642, 644.
[119] Siehe zu den Gründen *Quaas/Zuck,* § 25 RdNr 113.
[120] Siehe *Stollmann* DVBl 2007, 475, 485 f.
[121] Siehe auch *Wabnitz,* § 23 RdNr 1; *Quaas/Zuck,* § 25 RdNr 103.

stehenden Haushaltsmittel bewilligt werden,¹²² nicht entscheidend. Die Länder sind auch bei der Ausgestaltung ihrer Investitionsprogramme an den Grundsatz des § 4 KHG – Mittel der Länder als Teil des Leistungsentgelts – gebunden. Der allgemeine Gesetzesvorbehalt nach Landesrecht (§ 9 Abs 5 in Verbindung mit § 11 KHG) ermöglicht es den Ländern von Rechts wegen nicht, das bauliche Niveau der Krankenhäuser im Land über § 8 Abs 1 S 1, Abs 2 KHG und das Investitionsprogramm auf Dauer selbst zu bestimmen.¹²³

86 *e)* **Teilweise Förderung einer Investition.** Der Grundsatz der vollen Förderung der Investitionskosten (§ 4 Nr 1 in Verbindung mit § 8 Abs 1 S 1 und § 9 Abs 1 KHG) ist durch das Gesundheitsstrukturgesetz vom 21. 12. 1992¹²⁴ eingeschränkt worden: Eine rechtlich an sich **voll förderungsfähige einzelne Investition** nach § 9 Abs 1 KHG kann **nur anteilig,** also teilweise gefördert werden (§ 8 Abs 1 S 2 KHG), wenn der Krankenhausträger, der gemäß § 9 Abs 5 KHG Anspruch auf volle Förderung hat, einverstanden ist. Einvernehmen insbesondere mit den Landesverbänden der Krankenkassen ist anzustreben, weil die teilweise Förderung untrennbar mit der möglichen Finanzierung des Restbetrages über den Pflegesatz nach § 17 Abs 5 KHG verbunden ist.¹²⁵

87 Angesichts knapper Fördermittel und deren Einsatz für prioritäre Bereiche sind Krankenhausträger zunehmend zu einer teilweisen Förderung der Gesamtmaßnahme bereit, um die Investitionen nicht verschieben zu müssen, wenn die nicht vom Land finanzierten Anteile refinanziert werden können, beispielsweise durch künftige Betriebskosteneinsparungen und aus Rücklagen oder auch aus DRG-Konvergenzgewinnen.¹²⁶ Unter **Beachtung des Grundsatzes der Freiwilligkeit** sind entsprechende ergänzende Regelungen im Landesrecht erfolgt (beispielsweise Art 9 Abs 2 BayKrG). Unabhängig davon ist aber festzustellen, dass ein Krankenhausträger weder stillschweigend noch ausdrücklich auf KHG-Fördermittel verzichten kann, um den Gesetzeszweck nicht zu gefährden. Es bleibt dem Träger eines Plankrankenhauses aber unbenommen, Fördermittel – ohne materiell-rechtlichen Verzicht – ganz oder teilweise oder für eine bestimmte Zeit nicht zu beantragen.

88 *f)* **Ausgliederung und Fremdbewirtschaftung (Outsourcing).** Nach dem Krankenhausfinanzierungsgesetz des Bundes und den Krankenhausgesetzen der Länder dürfen die **Fördermittel** nur im Rahmen der Aufgabenstellung des Krankenhauses nach den **Feststellungen im Krankenhausplan** für die in § 9 KHG genannten Zwecke verwendet werden. Zugrunde liegt die **enge Verknüpfung** zwischen dem stationären Versorgungsauftrag und der Bewilligung und Verwendung von Fördermitteln. Eine Verwendung außerhalb der akutstationären Krankenhausversorgung ist grundsätzlich ausgeschlossen (s zB Art 18 Abs 1 BayKrG, § 33 Abs 1 HKHG, § 17 S 2 KHGG NRW). Werden die Mittel nicht zweckentsprechend eingesetzt, ist eine Rückforderung nach den jeweiligen landeskrankenhausrechtlichen und verwaltungsverfahrensrechtlichen Vorschriften angezeigt (s zB §§ 18, 19 SächsKHG). Eine zweckwidrige Verwendung liegt beispielsweise vor, wenn Fördermittel für die Einrichtung oder Vorhaltung nicht im Feststellungsbescheid ausgewiesener Abteilungen oder Betten genutzt werden.¹²⁷

---

¹²² Zutreffend *Dietz,* KHG, § 8 Erl IV zum Rechtsanspruch auf Förderung (unterschiedliche Rechtslage bei den einzelnen Fördertatbeständen im Bundesrecht).
¹²³ Siehe BVerfGE 83, 363, 388: „Befugnis des Landes, erforderliche und vorgesehene Investitionen der bedarfsdeckenden Krankenhäuser nach Maßgabe der verfügbaren Haushaltsmittel auf mehrere Haushaltsjahre zu verteilen und so nach Prioritäten zu ordnen und zeitlich zu strecken."
¹²⁴ BGBl I, 2266.
¹²⁵ Siehe näher dazu *Dietz,* KHG, § 8 Erl VII, § 17 Erl VII 4; ferner *Hoffmann,* in: Düsseldorfer Krankenhausrechtstag 2006, Krankenhäuser im Spannungsfeld zwischen Versorgungssicherheit und Wirtschaftlichkeit, 35, 43.
¹²⁶ Näher dazu *Knorr* KH 2007, 743, 745.
¹²⁷ *Prütting,* KHGG NRW, § 28 RdNr 5 ff, 12.

14. Kapitel. Krankenhausrecht. Öff-rechtl Rahmen   89–92 § 82

89 Ausgehend von diesen Grundsätzen ist die Frage nach den Auswirkungen des zunehmenden sog Outsourcing, der Ausgliederung und Fremdbewirtschaftung einzelner Krankenhauseinrichtungen durch einen rechtlich außerhalb des Krankenhausträgers stehenden Dritten zu beurteilen (ua Küche, Wäscherei, Radiologie, physikalische Therapie, Labor). Nach Landeskrankenhausrecht ist die Ausgliederung von Teilen eines Krankenhauses durch Übertragung auf einen Dritten zur eigenverantwortlichen Bewirtschaftung mit Zustimmung des Landes zulässig.[128] Es handelt sich um Bereiche, die grundsätzlich förderfähig sind. Nicht nur der Behandlungs- und Pflegebereich im engeren Sinne ist förderfähig, sondern die gesamte zum Betrieb eines Krankenhauses notwendige Infrastruktur (zB Cafeteria, Verkaufskiosk, Aufenthaltsräume für Patienten und Personal, Besucherparkplätze).[129]

90 Die **Investitionsförderung** ist an die **Betreiberfunktion** gekoppelt. Deshalb können nach der Ausgliederung der Krankenhauseinrichtung Kosten für Umbau, Sanierung oder Ersatzneubau sowie für die Beschaffung von Anlagegütern nicht mehr gefördert werden.[130] Bei jeder Ausgliederung von Teilen des Krankenhauses ist die im Landesrecht geregelte **Erstattung anteiliger Fördermittel** zu beachten.[131] Beispielsweise lautet die Erstattungsregelung im Krankenhausgestaltungsgesetz des Landes Nordrhein-Westfalen in § 22 Abs 1 S 3 wie folgt: „Die anteiligen Fördermittel sind, soweit Investitionen nicht abgeschrieben oder Fördermittel nicht zweckentsprechend verwendet worden sind, zurückzuerstatten."

91 **Bayern** hat zur **Förderung des Outsourcing** mit dem Ziel höherer Wirtschaftlichkeit und der Konzentration des Krankenhauses auf die wichtigen Kernaufgaben die Ausgliederung von Krankenhauseinrichtungen förderrechtlich privilegiert (Art 21 Abs 1 S 1 Nr 1 BayKrG). Dem Krankenhausträger werden bereits gewährte Fördermittel belassen, damit die Bezugspreise, die das Krankenhaus an die ausgegliederte Einrichtung zu entrichten hat, insoweit nicht mit akutstationären Investitionskostenanteilen belastet werden müssen.[132] Allerdings erfordert es die Zweckbindung der Fördermittel, für die Nutzung außerhalb der stationären Versorgung einen angemessenen Erstattungsbetrag zu erheben, der den Fremdnutzungsanteil am zeitanteiligen Restbuchwert widerspiegelt (Art 21 Abs 1 S 1 Nr 2 BayKrG). Zum Ausgleich der Wettbewerbs- und Finanzierungsvorteile für den Outsourcing-Nehmer wird für die Fremdnutzung stets ein pauschalierter Zuschlag von 10 % des zeitanteiligen Restbuchwertes erhoben (Art 21 Abs 1 S 3 BayKrG). Diese differenzierte Regelung ist zu begrüßen, geht es doch um eine beispielhafte Änderung im Förderrecht der Länder, um Krankenhausträger nicht durch das Förderrecht an einer sinnvollen Änderung der bestehenden – und geförderten – Strukturen zu hindern. Interessant ist in diesem Zusammenhang, dass die vom Baden-Württembergischen Ministerpräsidenten eingesetzte **Expertenkommission zur „Zukunft der Krankenhausstruktur Baden-Württemberg"** vorgeschlagen hat, eine Sonderregelung einzuführen, die bei Outsourcing bestimmter Bereiche eine Rückforderung geleisteter Fördermittel in der Regel ausschließt, wenn die geförderten Anlagen auch künftig stationär genutzt werden.[133]

92 Regelungen über die **Rückforderung von Fördermitteln** (Stichwort: Zweckbindung/Zweckverfehlung) sind ohnehin in allen Landesgesetzen enthalten. Diese greifen bei-

---

[128] So zB ausdrücklich § 22 Abs 1 S 1 KHGG NRW; s zum Krankenhausbegriff auch unter dem Aspekt des Outsourcing *Kaltenborn*, Das „Krankenhaus" – Überlegungen zu einem vielschichtigen Rechtsbegriff (Düsseldorfer Krankenhausrechtstag 2006), 15, 19 f, 29.
[129] *Prütting*, KHGG NRW, § 18 RdNr 41.
[130] Siehe zB die ausdrückliche Regelung in § 22 Abs 1 S 2 KHGG NRW: „Für ausgegliederte Teile dürfen keine Fördermittel eingesetzt werden."
[131] Siehe *Prütting*, KHGG NRW, § 22 RdNr 9–11.
[132] Siehe Gesetzentwurf der Bayerischen Staatsregierung (LT-Drucks 15/3794 v 12. 7. 2005), Begründung zu § 1 Nr 17 (Art 21), 15; dazu auch *Knorr*, KH 2007, 743, 745.
[133] Bericht der Expertenkommission (Mai 2006), 53 f; abrufbar unter www.sozialministerium-bw.de.

spielsweise ein, wenn geförderte Krankenhausräume nachträglich für andere als stationäre Krankenhauszwecke genutzt werden (zB Vermietung an einen niedergelassenen Arzt).[134]

93   g) **Mitnutzung für den ambulanten Bereich der Krankenhäuser.** Nach § 5 Abs 1 Nr 8 KHG werden nach dem Krankenhausfinanzierungsgesetz des Bundes nicht gefördert **mit Krankenhäusern verbundene Einrichtungen,** die nicht unmittelbar der stationären Krankenversorgung dienen; gemeint ist nicht die Krankenhauseinrichtung, vielmehr nur die mit dem Krankenhaus verbundene Einrichtung wie Kindergarten, Rettungswache, Altenheim.[135] Aus dem ambulanten Bereich werden nur eigenständige Einrichtungen erfasst, wie zB eine Arztpraxis mit eigenen Praxisräumen im Krankenhausgebäude. Die Problematik – insbesondere die aktuelle – betrifft indes die in Nummer 8 nicht erfasste Mitnutzung der für die stationäre Versorgung vorgehaltenen Einrichtungen für ambulante Zwecke.

94   aa) Wie bereits dargelegt, ist nur das für die stationäre Versorgung Notwendige förderfähig. Dementsprechend haben einige Länder ausdrückliche allgemeine **Regelungen über die Mitnutzung** von geförderten Anlagegütern, insbesondere Räumen und Geräten, für Zwecke außerhalb des stationären oder teilstationären Krankenhausbetriebs in ihre Krankenhausgesetze aufgenommen (zB Art 21 Abs 2 BayKrG, § 29 Abs 3 SaarlKHG, § 10 Abs 5 Satz 1–3 ThürKHG).[136] Von aktuell herausragender Bedeutung und problematisch sind allerdings nur Regelungen, die die im Fünften Buch Sozialgesetzbuch seit 1993 zunehmend ausgeweiteten ambulanten Behandlungsmöglichkeiten der Krankenhäuser betreffen. Dies wird deutlich beispielsweise an § 10 Abs 5 S 4 des **Thüringischen Krankenhausgesetzes;** danach ist die Mitbenutzung von Anlagegütern für Zwecke der ambulanten Versorgung durch Einrichtungen des Krankenhauses oder durch nach § 116 SGB V ermächtigte Ärzte des Krankenhauses förderrechtlich unbeachtlich. Nach § 29 Abs 4 des **Saarländischen Krankenhausgesetzes** soll die Nutzung von Anlagegütern für eine ambulante Behandlung nach §§ 115b, 116, 116b, 118, 119, 120 Abs 3 (in Verbindung mit § 117),[137] § 140 SGB V und generell für eine ambulante Behandlung durch Krankenhausärzte nicht bei der Ermittlung der sog Wesentlichkeitsgrenze (Nutzung bis zur Höhe von 10 Prozent) berücksichtigt werden (also im Ergebnis ähnlich wie in Thüringen).

95   Regelungen wie diejenigen in **§ 10 Abs 5 S 4 ThürKHG** und **§ 29 Abs 4 SaarlKHG** lassen sich **nicht aufrechterhalten.** Dies wird bereits daraus ersichtlich, dass beispielsweise die Vergütungen für ambulantes Operieren nach § 115b Abs 1 S 1 Nr 2 SGB V durch Vertragsärzte einerseits und durch Krankenhäuser andererseits gleich sind und deshalb auch einen Investitionskostenanteil enthalten (monistische Finanzierung). Nur in der Anfangsphase der ambulanten Krankenhausbehandlung mag eine förderrechtliche Privilegierung noch vertretbar gewesen sein, um die Einführung beispielsweise des ambulanten Operierens zu erleichtern und dadurch zu einem weiteren Bettenabbau beizutragen. Wenn die Krankenhausbehandlung ambulant erfolgt und die Finanzierung wie im niedergelassenen Bereich monistisch ist, ist die entsprechende Vergütungsregelung auf der Grundlage des Fünften Buches Sozialgesetzbuch als abschließend anzusehen, so dass die Vorteile der zulässigen Mitnutzung für ambulante Zwecke oberhalb einer **Geringfügigkeitsgrenze** abzuschöpfen sind, um eine vom Bundesrecht nicht gewollte Doppelfinanzierung zu vermeiden.

96   bb) Auch **europarechtlich** ist eine Doppelfinanzierung unter dem **Gesichtspunkt einer unzulässigen Beihilfe** nach den Wettbewerbsregeln des EG-Vertrages (Artikel

---

[134] Siehe zB die besonders detaillierte Regelung in § 23 LKHG BW.
[135] Ausführlich zum Begriff der „verbundenen" Einrichtungen *Dietz,* KHG, § 5 Erl 8.
[136] Ausführlich zum förderrechtlichen Tatbestand der Mitnutzung von Anlagegütern zu Zwecken außerhalb der stationären Krankenhausversorgung *Bär,* BayKrG, Art 11 RdNr 6.
[137] Vgl Investitionskostenabschlag iHv 10 % nach § 120 Abs 3 S 2 SGB V bei den „öffentlich geförderten Krankenhäusern"; entsprechende Anwendung im Hinblick auf die Vergütung für ambulante Notfallbehandlungen durch Krankenhäuser BSG NZS 2001, 533, 534.

14. Kapitel. Krankenhausrecht. Öff-rechtl Rahmen **97, 98 § 82**

87 ff EG) von Belang.[138] MEDI Deutschland als Interessenvertretung von niedergelassenen Haus- und Fachärzten hat 2005 bei der **Kommission der Europäischen Gemeinschaften** – Generaldirektion Wettbewerb **Beschwerde** eingereicht, die sich – ebenfalls wie die Beschwerde der Asklepios-Kliniken GmbH – auch gegen gemeinschaftsrechtswidrige **Beihilfen in der Form des Ausgleichs** von Betriebsdefiziten durch Kommunen als Krankenhausträger richtet, was als zusätzliche Finanzierungsquelle auch dem ambulanten Bereich der Krankenhäuser zugute komme; beispielsweise könnten die Krankenhäuser in einigen Formen der ambulanten Behandlung (Integrierte Versorgung und Disease-Management-Programme) die Preise frei vereinbaren, so dass der Defizitausgleich ein Angebot ambulanter Leistungen zu nicht kostendeckenden Preisen ermögliche.[139] Ebenso wie in der genannten Untätigkeitsklage wird auch von MEDI Deutschland die staatliche Investitionsförderung der Plankrankenhäuser nicht infrage gestellt.[140]

Die EU-Kommission hat die MEDI-Beschwerde im Hinblick auf das immer weitere **97** Vordringen der Krankenhäuser in den Markt für ambulante Behandlungen zum Anlass genommen, beispielhaft am Betrieb von Medizinischen Versorgungszentren durch Krankenhäuser (§ 95 Abs 1 SGB V) das **Wettbewerbsverhältnis zu niedergelassenen Ärzten** zu prüfen. Im Ergebnis hat die Kommission zu Recht festgestellt, dass die **Medizinischen Versorgungszentren eines Krankenhausträgers nicht quersubventioniert** werden dürfen, also weder durch die staatliche Investitionsförderung noch durch die Defizitausgleiche von Kommunen direkt oder indirekt Vorteile erlangen dürfen.[141] Deshalb sind dem MVZ nicht nur die vom Krankenhaus bezogenen Leistungen (zB Laboruntersuchungen, Personalgestellung), sondern auch die Nutzung von öffentlich geförderten Räumen und Geräten in Rechnung zu stellen, und zwar in Höhe sachgerechter Kosten auf Vollkostenbasis oder marktüblicher Entgelte.[142]

4. Gemeinsam finanziertes Krankenhausinvestitionsprogramm für die neuen 98 Länder. Mit Artikel 14 des Gesundheitsstrukturgesetzes[143] wurde als Bestandteil des **Investitionsprogramms Aufbau Ost** ein **Krankenhausinvestitionsprogramm** mit einem Volumen von insgesamt 21 Mrd DM (10,74 Mrd Euro) zur zügigen und nachhaltigen Verbesserung des Niveaus der stationären Versorgung der Bevölkerung in den neuen Bundesländern und zur Anpassung an das Niveau im übrigen Bundesgebiet geschaffen.[144] Dieses Krankenhausinvestitionsprogramm sah für die neuen Bundesländer und Berlin (für den östlichen Teil der Stadt) in den Jahren **1995 bis 2004 eine jährliche Finanzhilfe**

---

[138] Siehe in diesem Zusammenhang zur 2004 erhobenen Untätigkeitsklage der Asklepios-Kliniken GmbH gegen die EU-Kommission vor dem Europäischen Gericht 1. Instanz (Rs. T-167/04) wegen des Defizitausgleichs bei kommunalen oder auch landeseigenen Krankenhäusern – als unbegründet abgewiesen durch Urteil v 11.7.2007 (Beschwerdeverfahren bei der EU-Kommission noch anhängig) – *Cremer*, Krankenhausfinanzierung im europarechtlichen Kontext (Düsseldorfer Krankenhausrechtstag 2005), 23; ferner zur Bewertung des Defizitausgleichs anhand von Art 87 EG *Kuchinke/Schubert* MHK, 2475.

[139] Beschwerdeschrift abrufbar unter www.medi-deutschland.de; s auch Prüfverfahren der EU-Kommission gegen ein geplantes Medizinisches Versorgungszentrum des Landkreises Darmstadt-Dieburg (auf Antrag des Landesverbandes Ambulantes Operieren Hessen) zur Frage, ob die vom Landkreis (auch Krankenhausträger) geplanten Investitionen in Höhe von 360.000 Euro gegen das EU-Beihilferecht verstoßen, EUREPORT social 11/2007, 14.

[140] So ausdrücklich Beschwerdeschrift, 2.

[141] Vgl *Barghoorn* KU 1/2008, 10.

[142] Siehe entsprechendes Schreiben des Bundesministeriums für Gesundheit v 4.7.2007 an die Deutsche Krankenhausgesellschaft und den Verband der Krankenhausdirektoren Deutschlands (Az: 215-48622/2) auf der Grundlage des Gesprächs mit der Generaldirektion Wettbewerb der EU-Kommission am 2.7.2007, abrufbar unter www.dkgev.de/pdf/1816.pdf; teilweise im Wortlaut wiedergegeben in *Kibele*, KH 2007, 1094, 1099 f.

[143] Vom 21.12.1992 – BGBl I, 2266.

[144] Siehe dazu auch *Dietz*, KHG, Erl zu Art 14 GSG (S 241–247).

des Bundes nach Art 104a Abs 4 GG aF[145] zur Finanzierung von Krankenhausinvestitionen nach § 9 Abs 1 und 2 KHG in Höhe von 700 Mio DM (357,9 Mio Euro) unter Beteiligung der Länder in mindestens gleicher Höhe (Komplementärfinanzierung) vor. Die Finanzhilfen des Bundes wurden an die Länder nach ihrer Einwohnerzahl – unabhängig vom konkreten Nachholbedarf – ausgezahlt; über den Länderhaushalt war jeweils mindestens derselbe Jahresbetrag aufzubringen, um die volle auf das jeweilige Land bezogene Bundesfinanzhilfe zu erhalten. Die Universitätsklinika waren und sind nicht Nutznießer dieses Programms.

99 Außerdem bringen die Patienten/deren Krankenkassen vom 1.1.1995 bis zum 31.12.2014, also in einem Zeitraum von 20 Jahren, jährlich rund 350 Mio DM (178,95 Mio Euro) über einen **Investitionszuschlag auf die Pflegesätze** der Krankenhäuser in den neuen Ländern auf. In Abweichung von § 7 Abs 1 S 2 KHG erfolgte die Aufstellung der Investitionsprogramme im Einvernehmen mit den Krankenhaus- und den Krankenkassenverbänden auf Landesebene bis einschließlich 2004. Der Investitionszuschlag von ursprünglich 8 DM je Berechnungstag beläuft sich seit 1998 auf 11 DM, nunmehr auf 5,62 Euro für jeden Berechnungstag eines tagesgleichen Pflegesatzes, bei Fallpauschalen für die entsprechenden Belegungstage. Der Investitionszuschlag steht dem Land zu. Er wird auch von Patienten aus den alten Bundesländern und auch bei der Behandlung in Universitätsklinika erhoben (s § 8 Abs 3 KHEntgG, § 14 Abs 3 BPflV).

100 Am 1. Januar 2002 ist das **Solidarpaktfortführungsgesetz**[146] in Kraft getreten, mit dem ua das Investitionsförderungsgesetz Aufbau Ost und Art 14 des Gesundheitsstrukturgesetzes geändert wurden. Die Mittel des Investitionsförderungsgesetzes Aufbau Ost wurden in den Jahren 2002 bis 2004 als Sonderbedarfs-Bundesergänzungszuweisungen für die neuen Länder und Berlin bereitgestellt (Gesamtlaufzeit der Ergänzungszuweisungen 2002–2019). Daher entfielen die zuvor in Artikel 14 GSG vorgesehenen zweckgebundenen jährlichen Bundesfinanzhilfen für die Jahre 2002–2004. Der **Investitionszuschlag** der Krankenhauspatienten bzw der Krankenkassen wird durch den Solidarpakt II nicht berührt, sondern wird – wie ursprünglich vorgesehen – **bis Ende 2014** erhoben.

101 Das Gesamtvolumen des **Investitionszuschlages** belief sich **2008** auf 153.888.424 Euro; kalkuliert wurden seinerzeit 350 Mio DM (entspr. 178,95 Mio Euro). Nach den Berechnungen von *Bruckenberger*[147] wurden in den **neuen Ländern von 1991 bis 2005** ausnahmslos **mehr KHG-Mittel** pro Planbett/Platz zur Verfügung gestellt **als in Nordrhein-Westfalen, Niedersachsen und Schleswig-Holstein von 1972 bis 2005** (in den neuen Ländern höchster Wert in Mecklenburg-Vorpommern mit 214.587 Euro pro Planbett/Platz und niedrigster Wert in Sachsen mit 159.812 Euro).

102 **5. Investitionsförderung für Universitätsklinika.** Für die 34 Universitätsklinika, die rund 9,5 Prozent der akutstationären Fälle behandeln, hat sich infolge der **Änderung von Artikel 91a GG,** in dem die Bund-Länder-Gemeinschaftsaufgaben geregelt sind, durch die **Föderalismusreform 2006**[148] eine gravierend neue Situation ergeben. Der „Ausbau und Neubau von Hochschulen einschließlich der Hochschulkliniken" (Art 91a Abs 1 Nr 1 GG aF) ist als Gemeinschaftsaufgabe zum 1.9.2006 entfallen. Das darauf gestützte Hochschulbauförderungsgesetz galt noch bis zum 31.12.2006 fort (Art 125c Abs 1 GG).[149]

---

[145] Vgl die Ersetzung von Art 104a Abs 4 GG aF durch Art 104b GG (insbesondere Abs 1 Nr 1 u 2) im Rahmen der Föderalismusreform 2006 (52. Gesetz zur Änderung des Grundgesetzes v 28.8.2006, BGBl I, 2034).
[146] Vom 20.12.2001 – BGBl I, 3955.
[147] In: *Bruckenberger/Klaue/Schwintowski*, 78 ff.
[148] 52. Gesetz zur Änderung des Grundgesetzes v 28.8.2006 – BGBl I, 2034.
[149] HBFG v 1.9.1969, BGBl I, 1556; s dazu *Jarass*, in: *Jarass/Pieroth*, GG, Art 125c RdNr 1, Art 143c RdNr 1; förmliche Aufhebung des HBFG erst für die 17. Legislaturperiode des BT geplant (BMJ-Entwurf: Art 15 eines Gesetzes über die weitere Bereinigung von Bundesrecht).

14. Kapitel. Krankenhausrecht. Öff-rechtl Rahmen   103–106   § 82

Zur **Kompensation** verpflichtet Art 143c Abs 1 GG den **Bund,** in den Jahren 2007– **103** 2019 aus seinem Haushalt jährlich bestimmte Beträge an die Länder zu zahlen. Von 2007– 2013 erhalten die Länder für den Bereich Ausbau und Neubau von Hochschulen einschließlich Hochschulkliniken jährlich 695,3 Mio Euro (berechnet nach dem Durchschnitt der im Zeitraum von 2000–2008 geleisteten bzw vorgesehenen Zahlungen des Bundes), die mit bestimmten Prozentsätzen auf die Länder (nach dem Durchschnittsanteil eines jeden Landes im Zeitraum 2000–2003) als Festbeträge verteilt werden.[150] Im Rahmen der als Gemeinschaftsaufgabe von Bund und Ländern jeweils hälftig aufgebrachten Investitionen für Gebäude (Bauvorhaben über 1,5 Mio Euro) und Großgeräte (über 125 000 Euro) wurden von 1974–2004 insgesamt 22,9 Mrd Euro (reale HBFG-Ist-Ausgaben) für die Universitätsmedizin aufgewendet (im Jahr 2004: 844,13 Mio Euro); zusätzlich haben die Länder Investitionen, die unterhalb der Bagatellgrenze des HBFG lagen, in alleiniger Zuständigkeit durchgeführt. Durch die Einbeziehung in die Gemeinschaftsaufgabe Hochschulbau war die Universitätsmedizin in der Vergangenheit vergleichsweise gut ausgestattet. Bis Ende 2013 besteht eine Zweckbindung der Bundesmittel mit Berichtspflicht der Länder, angebunden an den Aufgabenbereich der bisherigen Mischfinanzierungen, also auch eine investive Zweckbindung zugunsten der Hochschulkliniken.[151]

Der sich für die Universitätsklinika letztlich günstig auswirkende **Grundsatz der** **104** **Kofinanzierung** – das Land musste für den Zugriff auf Bundesmittel eigene Mittel in gleicher Höhe beisteuern – ist naturgemäß entfallen. Die Länder entscheiden eigenständig ohne Gemeinsame Ständige Bund-Länder-Kommission über die investive Mittelausstattung der Uniklinika.

Vor diesem Hintergrund ist zum einen die Änderung von § 108 Nr 1 SGB V als Folge **105** des Wegfalls des Hochschulbauförderungsgesetzes zu sehen. Zum anderen sind die Weichen gestellt worden, die **Universitätsklinika** je nach der Entscheidung im Land in die Krankenhausplanung nicht nur nachrichtlich einzubeziehen, sondern ihnen – wie beispielsweise kommunalen Krankenhäusern der Maximalversorgung – den **Status als** **Plankrankenhaus** zuzuweisen. Bundesrecht stände nicht entgegen. Die automatische Folge wäre beispielsweise nicht nur die Festlegung der (Gesamt-)Bettenzahl durch den Krankenhausplan, sondern vor allem auch die Finanzierung der notwendigen Investitionen durch die Länder auf der Grundlage des Krankenhausfinanzierungsgesetzes des Bundes und der entsprechenden Landeskrankenhausgesetze (keine Förderung mehr „nach den landesrechtlichen Vorschriften für den Hochschulbau", vgl § 5 Abs 1 Nr 1 KHG). Freilich müssten die Länder die **Belange von Forschung und Lehre** in der Finanzausstattung angemessen berücksichtigen. In diesem Zusammenhang erscheint ein Hinweis auf den Vierten Krankenhausplan des Landes Mecklenburg-Vorpommern angezeigt, in dem für die Kliniken der Universitäten Rostock und Greifswald auch sog „Landesbetten" oder „Versorgungsbetten" ausgewiesen werden, die nicht für Forschung und Lehre benötigt werden und als bedarfsgerechte Planbetten der KHG-Förderung unterliegen.[152]

6. Investitionsförderung und EU-Beihilfenaufsichtsrecht. In der Literatur wird **106** teilweise die Auffassung vertreten, das **EU-Beihilfenaufsichtsrecht** nach Art 87 ff EG erfasse auch die Investitionskostenförderung nach dem KHG und den Krankenhausgeset-

---

[150] Regelung der finanziellen Kompensation im Gesetz zur Entflechtung von Gemeinschaftsaufgaben und Finanzhilfen als Teil des Föderalismusreform-Begleitgesetzes (Art 13) v 5. 9. 2006 – BGBl I, 2098, 2102; näher dazu *Kienemund*, in: *Bleibtreu/Klein*, GG, Erl zu Art 143c und *Henneke*, ebenda, Art 91a RdNr 10 mit den genauen Prozentsätzen der Verteilung auf die Länder nach § 4 Abs 1 Entflechtungsgesetz; Prozentsätze auch in DKG, Bestandsaufnahme zur Investitionsfinanzierung (Juni 2008), 11.
[151] Siehe zur Finanzierung der Hochschulmedizin am Bsp. NRW *Wahlers* MedR 2008, 249, 255.
[152] Krankenhausplan abrufbar unter www.sozial-mv.de (Greifswald: 28 Landesbetten von insgesamt 778; Rostock: 133 Landesbetten von insgesamt 1047).

zen der Länder.[153] Art 87 EG regelt die Zulässigkeit von staatlichen Beihilfen im Angesicht des EG-Vertrages mit dem Bekenntnis zum Binnenmarkt und damit zur Marktwirtschaft.[154] Eine staatliche Beihilfe ist dann mit dem gemeinsamen Markt unvereinbar, wenn diese an Unternehmen vom Staat gewährt wird, dem Empfänger einen wirtschaftlichen Vorteil verschafft, indem sie selektiv an bestimmte Unternehmen oder Wirtschaftszweige vergeben wird, den Wettbewerb verfälscht oder zu verfälschen droht und damit den Handel zwischen den Mitgliedsstaaten beeinträchtigt.

107 Es soll nur das entscheidende Argument hervorgehoben werden, warum die an die Plankrankenhäuser von den Ländern gezahlten Investitionsgelder auch von dem weiten EU-Beihilfebegriff nicht erfasst werden. **Beihilfen** sind alle Arten unmittelbarer oder mittelbarer wirtschaftlicher Förderung durch staatliche Stellen (Zinsrabatte, Steuerermäßigungen, Darlehen, Bürgschaften); mit erfasst wird naturgemäß der Subventionsbegriff.[155] Das Beispiel aus dem deutschen Krankenhausbereich ist der **Ausgleich von Defiziten kommunaler Krankenhäuser** durch Kommunen, der deshalb wegen der Erfüllung des Beihilfebegriffs zu Recht auf dem Prüfstand der EU-Kommission steht.[156]

108 Wie bereits dargelegt worden ist, stellt die Übernahme der Investitionskosten durch die Länder keine Zuwendung im Sinne der Landeshaushaltsordnungen dar. Die Investitionskostenförderung verwirklicht Rechtsansprüche. Es handelt sich nicht um freiwillige Leistungen der Länder, bei denen die Möglichkeit eröffnet wäre, von der Investitionsfinanzierung abzusehen. Vielmehr ist die **Investitionskostenförderung** der Länder im dualen Finanzierungssystem nach § 4 KHG **Teil des** aus zwei Quellen gespeisten **Leistungsentgelts.** Es handelt sich nicht um eine Begünstigung, sondern um den notwendigen finanziellen Ausgleich auf der Grundlage der Eigentumsgarantie des Art 14 Abs 1 GG wegen des gesetzlichen Ausschlusses der Finanzierung der Investitionskosten für den stationären Teil über die Pflegesätze (§ 17 Abs 4 Nr 1 KHG). Angesichts dieser deutschen Sonderregelung misst auch die Generaldirektion Wettbewerb der EU-Kommission der deutschen Investitionskostenförderung keine EU-beihilferechtliche Bedeutung zu.

109 Eine gewisse Problematik liegt allerdings in einem ungeschriebenen **Tatbestandsmerkmal** des Art 87 Abs 1 EG, der sog **Selektivität.** Die staatliche Maßnahme darf nicht punktuell das Gleichgewicht zwischen dem begünstigten Unternehmen und seinen Wettbewerbern negativ beeinträchtigen.[157] Gegenstand der Beurteilung sind meines Erachtens zwar nicht alle Krankenhäuser in Deutschland, aber im Rahmen des deutschen Krankenversicherungssystems doch alle zur Behandlung GKV-Versicherter zugelassenen Krankenhäuser (§ 108 SGB V). Nur die in den Krankenhausplan eines Landes aufgenommenen Krankenhäuser haben Anspruch auf die KHG-Förderung (§ 8 Abs 1 S 1 KHG); ferner werden die Investitionskosten der Universitätsklinika in vergleichbarer Weise übernommen.

110 Das Merkmal der Selektivität ist deshalb im Hinblick auf die Wettbewerbssituation der zugelassenen „**außerplanmäßigen**" **Krankenhäuser** von Bedeutung, die nicht gefördert werden. Bei dieser Gruppe der echten Vertragskrankenhäuser nach § 108 Nr 3 SGB V sind **Investitionskosten nur im Ansatz pflegesatzfähig** (Umkehrschluss aus § 17 Abs 4 Nr 1 KHG). Ob der darauf entfallende Anteil im Pflegesatz teilweise realisiert werden kann, richtet sich bei den unter die Bundespflegesatzverordnung fallenden Krankenhäusern nach § 17 Abs 5 S 1–4 KHG in Verbindung mit § 8 BPflV und im Übrigen im

---

[153] *Schwintowski*, in: *Bruckenberger/Klaue/Schwintowski*, 187 ff; *Cremer*, in: Düsseldorfer Krankenhausrechtstag 2005, 23, 26 (Fn 12), insbesondere auch zu dem verbreiteten kontinuierlichen Defizitausgleich durch Kommunen zugunsten ihrer Krankenhäuser und der Vereinbarkeit mit dem EU-Beihilfenrecht; aA zutreffend *Dettling*, in: *Lenz/Dettling/Kieser*, 80 RdNr 22 f; *Krauskopf*, in: Dietz (Hrsg), LKHG BW, § 1 RdNr 2.7.
[154] Näher dazu *Kuchinke/Schubert*, MHK, 2475.
[155] Siehe im Einzelnen *Kuchinke/Schubert*, MHK, 2475, RdNr 10.
[156] Siehe oben RdNr 96, 97.
[157] Siehe *Kuchinke/Schubert*, MHK, 2475, RdNr 15 ff.

14. Kapitel. Krankenhausrecht. Öff-rechtl Rahmen   111–113 § 82

Rahmen des DRG-Fallpauschalensystems nach § 17 Abs 5 S 5 KHG in Verbindung mit § 4 Abs 8 KHEntgG. In beiden Fällen ist die Pflegesatzbegrenzung erheblich.[158] Für die Hauptgruppe der DRG-Krankenhäuser gilt: In der Angleichungsphase der Jahre 2005–2009 konnten allenfalls bei solchen Krankenhäusern Investitionsaufwendungen teilweise noch berücksichtigt werden, deren individueller Basisfallwert (ohne Berücksichtigung von Investitionsaufwendungen) unter dem Landesbasisfallwert lag.

111 Um die Investitionskostenförderung der Plankrankenhäuser durch die Länder auch in Zukunft nicht durch das EU-Beihilfenrecht in Bedrängnis zu bringen, aber auch generell, um Wettbewerbsverzerrungen zu beseitigen, erscheint es als **Empfehlung** angezeigt, dem ungeschriebenen Tatbestandsmerkmal der Selektivität einer Beihilfe Rechnung zu tragen. Die **bisherigen Vertragskrankenhäuser** sollten unter Beachtung der Bedarfsgerechtigkeit auf Antrag jeweils in den **Krankenhausplan** des betreffenden Landes aufgenommen werden. Einen entsprechenden Vorschlag hat bereits die Expertenkommission zur „Zukunft der Krankenhausstruktur Baden-Württemberg" 2006 gemacht.[159] Konsequenterweise sollten neue Versorgungsverträge nach § 108 Nr 3 SGB V entfallen. Die Erfüllung des zusätzlichen Förderbedarfs wäre naturgemäß Aufgabe der Länder.

IV. Allgemeine Krankenhausleistungen, Wahlleistungen, belegärztliche Leistungen und Kostenerstattung der Ärzte

112 Die vollstationären und teilstationären Krankenhausleistungen, insbesondere ärztliche Behandlung, Krankenpflege, Versorgung mit Arzneimitteln, Heil- und Hilfsmitteln, Unterkunft und Verpflegung werden durch die Pflegesätze vergütet (§ 17 iVm § 2 Nr 4 KHG). Der Begriff der **Krankenhausleistungen** umfasst die „allgemeinen Krankenhausleistungen" und die „Wahlleistungen" (§ 2 Abs 1 S 1 HS 2 KHEntgG und § 2 Abs 1 S 1 HS 2 BPflV). Zu den Krankenhausleistungen gehören nicht die Leistungen der Belegärzte (§ 18 KHEntgG) sowie der Beleghebammen und der Belegentbindungspfleger. Für die Vergütung der Leistungen der Belegärzte gilt bei sozialversicherten Patienten das Vertragsarztrecht (§ 121 Abs 3 SGB V) bzw bei Selbstzahlern erfolgt die Leistungsvergütung nach der GOÄ. Die allgemeinen Krankenhausleistungen dürfen nur mit den in § 7 KHEntgG bzw § 10 BPflV genannten Entgelten/Pflegesätzen vergütet werden (zur möglichst frühzeitigen Unterrichtung der Patienten über die voraussichtlich maßgebenden Pflegesätze s § 8 Abs 8 KHEntgG und § 14 Abs 5 BPflV; zur seit dem 1.1.2004 vorgeschriebenen Patienteninformation nach Abschluss der Behandlung auf Verlangen des gesetzlich Versicherten über die erbrachten Leistungen und die von den Krankenkassen zu zahlenden Entgelte s § 305 Abs 2 S 5 SGB V).

113 **1. Allgemeine Krankenhausleistungen.** Sie umfassen die unter Berücksichtigung der Leistungsfähigkeit des Krankenhauses im Rahmen des Versorgungsauftrages im Einzelfall nach Art und Schwere der Erkrankung des Patienten medizinisch zweckmäßige, notwendige und ausreichende Versorgung (§ 2 Abs 2 S 1 KHEntgG/BPflV).[160] Inhaltlich deckt sich diese Begriffsbestimmung mit der Gewährleistungspflicht der GKV (§ 2, § 27 Abs 1 S 1 Nr 5, § 39 Abs 1, § 70 Abs 1, § 73 Abs 4 SGB V). Zur allgemeinen Krankenhausleistung gehören auch Früherkennungsmaßnahmen iS des SGB V (§§ 25, 26) während des Krankenhausaufenthalts, die vom Krankenhaus veranlassten Leistungen Dritter und die aus medizinischen Gründen **notwendige Mitaufnahme einer Begleitperson**

---

[158] Ausführlich dazu *Dietz,* KHG, § 17 Erl VII; s auch BVerfGE 82, 209, 229 f im Hinblick auf § 17 Abs 5 KHG mit der Einstufung der wirtschaftlichen Belastungen der nicht geförderten Krankenhäuser als so schwerwiegend, dass sie einer Einschränkung der Berufswahl nahekommen.
[159] Siehe Bericht der vom Baden-Württembergischen Ministerpräsidenten einberufenen Kommission, 29 ff, abrufbar unter www.sozialministerium-bw.de.
[160] Näher dazu *Wagener/Schwarz,* in: *Robbers/Steiner* (Hrsg), Berliner Kommentar, § 2 KHEntgG, RdNr 3.2.

(§ 2 Abs 2 S 2 Nr 1–3 KHEntgG/BPflV).[161] Auch die **besonderen Leistungen von Tumorzentren und onkologischen Schwerpunkten** für die stationäre Versorgung von krebskranken Patienten sowie von **geriatrischen Zentren** gehören zur allgemeinen Krankenhausleistung (§ 2 Abs 2 S 2 Nr 4 KHEntgG).[162] Da seit 2001 nach dem GKV-Leistungsrecht die akutstationäre Behandlung ausdrücklich auch eine im Einzelfall erforderliche **Frührehabilitation** umfasst (§ 39 Abs 1 S 3 HS 2 SGB V), ist dieser Bereich zugleich in die allgemeinen Krankenhausleistungen aufgenommen worden (§ 2 Abs 2 S 2 Nr 5 KHEntgG); soweit und solange primär und gleichzeitig akutstationärer Behandlungsbedarf besteht, sind zum frühestmöglichen Zeitpunkt durchgeführte rehabilitative Maßnahmen zwingend Bestandteil der Krankenhausbehandlung.[163] Hinzu können kommen Maßnahmen der künstlichen Befruchtung, wenn diese in einem zugelassenen Krankenhaus (§ 108 SGB V), dem die Genehmigung erteilt ist, durchgeführt werden (§ 27a § 121a Abs 1 Nr 5, Abs 2, 3 SGB V).

114   Die Einbeziehung der **Drittleistungen** dient dem Schutz des Patienten. Alle im Zusammenhang mit der Behandlung des Patienten im Krankenhaus gebotenen Leistungen dürfen durch Dritte, zB den Konsiliararzt, das Fremdlabor, erbracht werden, wenn das Krankenhaus die Leistungen aufgrund seiner Aufgabenstellung, insbesondere seiner Ausstattung, selbst nicht durchführen kann. Zu prüfen ist dabei im Einzelfall, ob aus medizinischen oder wirtschaftlichen Gründen die **Verlegung** des Patienten in ein anderes Krankenhaus etwa einer höheren Versorgungsstufe mit erweitertem Versorgungsangebot oder in eine Fachklinik geboten erscheint. Grundsätzlich zählen Verlegungstransporte nicht zu den allgemeinen Krankenhausleistungen. Wird wegen einer Spezialuntersuchung oder besonderen Behandlung, die im Zusammenhang mit dem behandlungsbedürftigen Leiden steht, eine kurzfristige Unterbringung und Behandlung des Patienten extern **(Verbringung)** erforderlich, so gehören diese Leistungen, einschließlich des notwendigen Transportes, zur allgemeinen Krankenhausleistung.[164] Auch die medizinisch notwendige Begleitung durch einen Arzt ist dann mit dem Pflegesatz abgegolten.

115   Besondere Fragestellungen ergeben sich bei **interkurrenten Erkrankungen,** also Erkrankungen, die nicht Anlass für die Aufnahme des Patienten in das Krankenhaus waren, aber unaufschiebbar behandlungsbedürftig sind und bei isolierter Betrachtung ambulant versorgt werden könnten. Sie gehören zu den allgemeinen Krankenhausleistungen **im Rahmen des Versorgungsauftrages** und sind mit den Pflegesätzen abzugelten. Dies gilt naturgemäß nicht für die Behandlung von Krankheiten außerhalb der Leistungsfähigkeit des Krankenhauses; vielmehr ist dann der Patient in ein geeignetes Krankenhaus zu verlegen oder ambulant (zB Zahnerkrankung) zu versorgen.[165] Da die Abgrenzung interkurrenter Erkrankungen bei der Vielfalt der möglichen Fallgestaltungen im Einzelfall schwierig ist, trifft § 2 Abs 2 S 3 KHEntgG für eine besonders kostenintensive Versorgung eine ausdrückliche Regelung: Nicht zu den Krankenhausleistungen gehört eine **Dialyse,** wenn hierdurch eine entsprechende Behandlung fortgeführt wird, das Krankenhaus keine eigene Dialyseeinrichtung hat und im Zusammenhang mit dem Grund der Krankenhausbehandlung nicht besteht. Die Dialyse ist dann von dem Leistungserbringer nicht als Drittleistung nach § 2 Abs 2 S 2 Nr 2 KHEntgG gegenüber dem Krankenhaus, sondern als ambulante Leistung gegenüber dem Patienten bzw dessen Kostenträger abzurechnen. In Krankenhäusern, die der Bundespflegesatzverordnung unterliegen (psychiatrische und

---

[161] Durch § 11 Abs 3 SGB V wird die medizinisch notwendige Mitaufnahme einer Begleitperson des Patienten in den gesetzlichen Leistungskatalog der GKV einbezogen.
[162] Hierzu gehören insbesondere Konzile, interdisziplinäre Videokonferenzen einschließlich der Nutzung moderner Kommunikationstechnologien, besondere Dokumentationsleistungen, zB für klinische Krebsregister und Nachsorgeempfehlungen.
[163] Siehe dazu *Schmidt*, in: *Peters*, KV (SGB V), § 39 RdNr 222–224.
[164] Zur Abgrenzung von Verlegung und Verbringung und zu der Frage der Vergütung s *Tuschen/Trefz*, KHEntG, § 2, 221f, auch zur Übernahme der Fahrkosten durch die GKV (§ 60 SGB V).
[165] Siehe OLG Düsseldorf MedR 1985, 85; OLG Stuttgart MedR 1986, 201.

psychosomatische Einrichtungen), zählt eine Dialyse generell nicht zu den allgemeinen Krankenhausleistungen (§ 2 Abs 2 S 3 BPflV).

Auch die Kosten für die medizinisch indizierte **Mitaufnahme einer Begleitperson** 116 sind mit dem Pflegesatz abgegolten. Ganz überwiegend ist dies von Bedeutung für die Mitaufnahme der Mutter oder des Vaters bei stationärer Behandlung des Kindes. Ist die Mitaufnahme nicht aus medizinischen Gründen geboten, kann sie als Wahlleistung (§ 17 KHEntgG) angeboten und dann gesondert abgerechnet werden.

Nicht zur allgemeinen Krankenhausleistung gehört der **Krankentransport** zum oder 117 vom Krankenhaus, sei es bei der Einlieferung, Entlassung oder Verlegung. **Verlegungsfahrten** sind weder eine Krankenhausleistung des verlegenden noch des aufnehmenden Krankenhauses.[166]

Keine Krankenhausleistungen sind ferner **orthopädische Hilfsmittel** (Schuhe, Krücken, 118 Rollstühle ua), die dem Patienten zur weiteren persönlichen Verwendung nach dem Krankenhausaufenthalt überlassen werden und in sein Eigentum übergehen.

Generell nicht zu den allgemeinen Krankenhausleistungen zählen die Leistungen, die 119 der **Gemeinsame Bundesausschuss** (§ 91 SGB V) im Rahmen der **Bewertung von Untersuchungs- und Behandlungsmethoden** nach § 137c SGB V in einer Richtlinie von der Finanzierung durch die gesetzlichen Krankenkassen ausgeschlossen hat **(Sperrwirkung),** weil die Methode für eine ausreichende, zweckmäßige und wirtschaftliche Versorgung unter Berücksichtigung des allgemein anerkannten Standes der medizinischen Erkenntnisse nicht erforderlich ist.[167] Die Verbindlichkeit der Richtlinien auch für die Versicherten ist ausdrücklich in § 91 Abs 6 SGB V verankert. Der GKV-Leistungsausschluss über § 137c SGB V wirkt sich entsprechend auf das Verhältnis zu Privatpatienten aus, weil die allgemeinen Krankenhausleistungen für alle Patienten einheitlich sind (s § 8 Abs 1 KHEntgG, § 10 BPflV). In Betracht kommt die **Vereinbarung als medizinische Wahlleistung,** wenn der Ausschluss auf einer Unwirtschaftlichkeit im Vergleich zu anderen Methoden beruht und nicht auf einem wissenschaftlich belegbaren fehlenden Nutzen.

2. Wahlleistungen. Zu den Krankenhausleistungen gehören auch die Wahlleistungen 120 (§ 17 KHEntgG).[168] **Art und Umfang** bestimmt der Krankenhausträger kraft seiner **Autonomie.** Sie dürfen neben den Pflegesätzen für die allgemeinen Krankenhausleistungen (§§ 7 KHEntgG, 10 BPflV) nur gesondert berechnet werden, wenn sie die allgemeinen Krankenhausleistungen nicht beeinträchtigen und die gesonderte Berechnung mit dem Krankenhaus vereinbart ist (§ 17 Abs 1 S 1 KHEntgG). Ihre Vergütung ist nicht Gegenstand der Pflegesatzverhandlung und der Pflegesatzvereinbarung.

Die Art der Wahlleistung ist der zuständigen **Landesbehörde** spätestens zusammen 121 mit dem Genehmigungsantrag für die vereinbarten oder von der Schiedsstelle festgesetzten Pflegesätze mitzuteilen (§ 17 Abs 2 S 2 KHEntgG). Die **Mitteilung** ist Wirksamkeitsvoraussetzung für ihre Erbringung und Berechnung. Es soll damit sichergestellt werden, dass für jeden Patienten die allgemeinen Krankenhausleistungen, auf die er nach dem Be-

---

[166] Ausführlich dazu *Dietz*, KHEntgG, § 2 Erl 4 mwN, auch zur Einschränkung des Sachleistungsanspruchs des Versicherten durch die Neuregelung in § 60 Abs 2 S 1 Nr 1 SGB V.
[167] Siehe Richtlinie Methoden Krankenhausbehandlung v 21. 3. 2006 (BAnz 2006 Nr 111, 4466), zB Protonentherapie bei Hirnmetastasen, abrufbar unter www.g-ba.de/informationen/richtlinien/ in aktueller Fortschreibung. Siehe nunmehr auch BSG Urt v 6. 5. 2009 – B 6 A 1/08 R: Aufhebung der Beanstandung des GBA-Beschlusses über den Ausschluss der Protonentherapie bei Brustkrebs durch das Bundesministerium für Gesundheit (Wirksamkeit dieser Therapieform nicht ausreichend gesichert/ Anwendung nur im Rahmen klinischer Studien/Keine Fachaufsicht, nur Rechtsaufsicht des BMG).
[168] Siehe dazu ausführlich vor allem *Dietz*, KHEntgG, Erl zu § 17; *Tuschen/Trefz*, KHEntgG, Erl zu § 17; *Wagener/Schwarz*, in: *Robbers/Steiner* (Hrsg), Berliner Kommentar, Erl zu § 17 KHEntgG. Bis zum 31. 12. 2004 richteten sich Vereinbarung und Berechnung von Wahlleistungen sowie die Kostenerstattung der Ärzte nach den nahezu inhaltsgleichen §§ 22 u 24 BPflV (s § 16 KHEntgG, § 22 Abs 1 S 2 BPflV); seit dem 1. 1. 2005 gilt für alle Krankenhäuser § 17 KHEntgG unabhängig davon, ob für sie das Krankenhausentgeltgesetz oder die Bundespflegesatzverordnung eingreift.

handlungsvertrag einen Anspruch hat, erfüllbar sind. So können Krankenhäuser nur dann eine Komfortunterbringung (zB Einbettzimmer) anbieten, wenn auch die Aufnahme von Patienten mit allgemeinen Krankenhausleistungen, die aus medizinischen Gründen eine Behandlung in einem Einbettzimmer benötigen, gewährleistet ist.

122 a) **Abschluss einer Wahlleistungsvereinbarung.** Voraussetzung für die gesonderte Berechnung der Wahlleistungen neben den Pflegesätzen ist eine **schriftliche Vereinbarung** (§ 126 BGB)[169] **mit dem Krankenhaus** (Wahlleistungsvereinbarung) vor ihrer Erbringung (§ 17 Abs 2 S 1 HS 1 KHEntgG). Nach den pflegesatzrechtlichen Vorgaben ist Vertragspartner der Krankenhausträger (§ 17 Abs 1 S 1 KHEntgG), dessen „Aufnahmekraft" dementsprechend die Vereinbarung unterzeichnet (nicht etwa der liquidationsberechtigte Chefarzt). Wegen fehlerhafter Wahlarztvereinbarung kann somit eine Schadenersatzpflicht des Krankenhausträgers gegenüber dem liquidationsberechtigten Arzt bestehen.[170]

123 Der Patient ist vor Abschluss der Vereinbarung über die Entgelte der Wahlleistungen und deren Inhalt im Einzelnen zu unterrichten (§ 17 Abs 2 S 1 HS 2 KHEntgG). Der Patient soll in einer vielfach existentiellen Ausnahmesituation vor vermögensmäßiger Ausnutzung und Überforderung geschützt werden. Sein Selbstbestimmungsrecht soll in dieser gesundheitlichen Notlage gewährleistet bleiben. Es besteht insoweit eine „wirtschaftliche Aufklärungspflicht" des Krankenhauses und bei einem Arztzusatzvertrag auch des liquidationsberechtigten Krankenhausarztes. Die **Unterrichtungspflicht** erstreckt sich auf die nähere Ausgestaltung der einzelnen Wahlleistung und das Entgelt. Diese bezieht sich insbesondere auch auf den Unterschied zu den allgemeinen Krankenhausleistungen. Der Umfang der pflegesatzrechtlichen Informations- und Aufklärungspflicht wird von ihrem Ziel und Zweck her bestimmt. Zwischen dem Informationsbedürfnis des Patienten und den Belangen des Krankenhauses ist sachgerecht abzuwägen; es ist nicht erforderlich, den Patienten in Art eines Kostenvoranschlages über die voraussichtliche Höhe der entstehenden Arztkosten zu unterrichten.[171] Die ungefragte Vorlage der GOÄ ist entbehrlich, da dieser für sich genommen kein besonderer Informationswert zukommt; der durchschnittliche Wahlleistungspatient ist auch nicht annähernd in der Lage, sich selbst anhand des Studiums der GOÄ einen Überblick über die Höhe der auf ihn zukommenden Arztkosten zu verschaffen. Ausreichend ist eine kurze **Charakterisierung des Inhalts wahlärztlicher Leistungen** mit Hinweis auf die Gewährleistung der medizinisch notwendigen Versorgung durch hinreichend qualifizierte Ärzte auch ohne Wahlleistungsvereinbarung, eine **kurze Erläuterung der Preisermittlung nach der GOÄ**, ein **Hinweis** auf mögliche erhebliche finanzielle Mehrbelastungen, auf die **Wahlarztkette** sowie auf die Möglichkeit der Einsichtnahme in die GOÄ auf Wunsch. Daneben bestehen die Hinweis- und Erläuterungspflichten des ärztlichen Gebührenrechts (zB nach § 2 Abs 2 S 1, § 12 Abs 2 GOÄ). Die Unterrichtungspflicht nach § 18 Abs 2 S 1 HS 2 KHEntgG hat Vorrang gegenüber vertraglichen pauschalen Regelungen.[172]

124 Erfolgt die durch das Pflegesatzrecht geforderte Unterrichtung nicht in dem gebotenen Umfang, ist über einen wesentlichen Bestandteil der Wahlleistungsvereinbarung eine Einigung nicht zustande gekommen (§ 154 BGB); die Wahlleistungsvereinbarung ist unwirk-

---

[169] Schriftform setzt nach § 126 BGB die Unterzeichnung durch beide Partner eines Vertrags voraus; sie hat Warn- und Beweisfunktion. Zur Frage der Rechtswirksamkeit einer Wahlleistungsvereinbarung, die nur vom Patienten oder sonst Zahlungspflichtigen, nicht aber vom Krankenhaus oder liquidationsberechtigten Arzt unterschrieben ist, s im Einzelnen LG Hamburg MedR 1995, 333 mit Anm *Körner*, aA LG Flensburg MedR 1993, 200 mit Problemstellung *Genzel*. Zum Formerfordernis eines Arztzusatzvertrages BGH MedR 1998, 361; zur Unterschrift von Bevollmächtigten und der nachträglichen Genehmigung bei Nichtbevollmächtigten (§ 177, § 184 BGB) *Biermann/Ulsenheimer/Weißauer* MedR 2000, 108.

[170] BayVGH, Beschluss v 2. 11. 2006 – 3 B 03.1766, ArztR 2007, 192.

[171] Siehe BGH NJW 2004, 684; BGH NJW 1996, 781; ausführlich *Dietz*, KHEntgG, § 17 Erl III 4.

[172] *Miebach/Patt* NJW 2000, 3377.

sam.¹⁷³ Mit diesen zwingenden Regelungen überlagert das Pflegesatzrecht als lex specialis das bürgerlich-rechtliche Vertragsrecht (§ 305 BGB). Der privatrechtliche Behandlungsvertrag über die Wahlleistungen kann nur in der vorgegebenen Form und mit dem entsprechenden Inhalt rechtswirksam abgeschlossen werden.¹⁷⁴

b) **Art der Wahlleistungen.** Wahlleistungen sind Zusatzleistungen, da sie über die allgemeinen Krankenhausleistungen hinausgehen. Zu den Wahlleistungen eines Krankenhauses gehören herkömmlich die wahlärztlichen Leistungen, Komfortunterbringung in Ein- und Zweibettzimmern (sofern bei Letzteren diese nicht zur Regelunterbringung gehören)¹⁷⁵, Mitaufnahme einer Begleitperson, wenn dies nicht medizinisch geboten ist, die besondere Ausstattung eines Krankenzimmers mit Telefon, Fernsehgerät, Naßzelle, Balkon ua. Die aus medizinischen Gründen notwendige Unterbringung in Ein- oder Zweibettzimmern gehört zur allgemeinen Krankenhausleistung, die vorrangig sichergestellt sein muss. Je nach dem Zustand des Patienten kann das Eingreifen des Chefarztes auch im Rahmen der allgemeinen Krankenhausleistungen erforderlich und dem Patienten geschuldet sein.¹⁷⁶

Diagnostische und therapeutische Leistungen sind als Wahlleistungen nur gesondert berechenbar, wenn sie von einem **Arzt** erbracht werden (§ 17 Abs 1 S 2 KHEntgG); nicht als Wahlleistung abrechenbar ist also zB die Leistung eines klinischen Chemikers oder Biologen als Leiter des Krankenhauslabors. Für die Abrechnung gilt die GOÄ oder die GOZ unabhängig davon, ob sie vom liquidationsberechtigten Arzt unmittelbar oder durch das Krankenhaus (Institutsleistung) erfolgt (§ 17 Abs 3 S 7 KHEntgG). Bei der Erbringung und gesonderten Berechnung der ärztlichen Wahlleistung ergeben sich **pflegesatzrechtliche, gebührenrechtliche** und **dienstrechtliche Beziehungen.** Zwischen ihnen zu differenzieren erleichtert die Lösung der einzelnen Rechtsfragen.

Auch die wahlärztliche Leistung ist eine Krankenhausleistung, und zwar unabhängig davon, ob sie durch den Krankenhausarzt **als Dienstaufgabe oder in genehmigter Nebentätigkeit** erbracht wird (s § 86 RdNr 12 ff und 30, § 87 RdNr 1–6). Der Krankenhausträger als Vertragspartner der Wahlleistungsvereinbarung gewährleistet dem Patienten, sofern die allgemeine Krankenhausleistung nicht beeinträchtigt wird, dass alle notwendigen ärztlichen Leistungen ganz oder teilweise von bestimmten Ärzten erbracht werden, anstatt von Krankenhausärzten, die im Rahmen der normalen Ablauforganisation die Patientenbehandlung sonst übernehmen. Das Krankenhaus bietet dem Patienten die „**freie Arztwahl" als zu vergütende Wahlleistung** an. Über die Erbringung wahlärztlicher Leistungen ist ein eigener Behandlungsvertrag mit dem liquidationsberechtigten Krankenhausarzt (Arztzusatzvertrag) nicht mehr erforderlich.¹⁷⁷ Wie die ärztliche Wahlleistung im Einzelnen gegenüber dem Patienten berechnet und wie der interne Ausgleich zwischen dem liquidationsberechtigten Krankenhausarzt und dem Krankenhausträger geregelt wird, ist für die Vertragsbeziehung zwischen Krankenhausträger und Patient ohne rechtliche Bedeutung. Pflegesatzrechtlich ist die Vertragsgestaltung verbindlich vorgegeben. Die Notwendigkeit eines pflegesatzrechtlich nicht gebotenen Arztzusatzvertrags kann sich allenfalls gebührenrechtlich wegen abweichender Vereinbarungen zur Gebüh-

---

¹⁷³ So bereits BGH NJW 1998, 1778; fortgeführt durch BGH NJW 2004, 684; auch kein Anspruch aus ungerechtfertigter Bereicherung wegen des Schutzzwecks der Unterrichtungspflicht, die andernfalls unterlaufen würde; OLG Hamm NJW 2000, 3437.
¹⁷⁴ Zur Frage der Organisationspflicht des Krankenhausträgers zum Abschluss ordnungsgemäßer und rechtswirksamer Wahlleistungsvereinbarungen und zur Haftung gegenüber dem liquidationsberechtigten Arzt *Biermann/Ulsenheimer/Weißauer* MedR 2000, 107, 109.
¹⁷⁵ Siehe LG Bonn NJW 1995, 2419 zur Abgrenzung von allgemeiner Krankenhausleistung und Wahlleistung bei Unterbringung in Zwei-Bett-Zimmern, wenn der Krankenhausträger auch Patienten ohne Wahlleistungsvereinbarung („Kassenpatienten") in Zwei-Bett-Zimmern unterbringt.
¹⁷⁶ BVerfGE 106, 225, 234 f.
¹⁷⁷ Anders noch BGHZ 95, 63 (entschieden unter der Geltung des § 6 S 4 BPflV 1973).

renhöhe (§ 2 Abs 1 und 2 GOÄ) oder wegen besonderer organisatorischer Absprachen über Art und Umfang der Behandlung (zB Behandlung durch Vertreter) ergeben. Die liquidationsberechtigten Krankenhausärzte können sich beim Abschluss einer Arztzusatzvereinbarung vertreten lassen (§ 164 BGB). Maßgeblich ist der Wille der Parteien, wie er sich in den abgegebenen Willenserklärungen manifestiert. Auch die Allgemeinen Vertragsbedingungen (AVB) des Krankenhauses können entsprechende Klauseln enthalten. Der Patient muss aber mit der Einbeziehung in das Vertragsverhältnis einverstanden sein (§ 305 Abs 2 BGB).[178]

128 Grundsätzlich kann es auch ein **Angebot medizinischer Wahlleistungen** (unabhängig von einer Wahlarztvereinbarung) geben, bei dem die Anwendung einer bestimmten Methode oder die Verwendung eines besonders hochwertigen Medizinproduktes (Beispiel: Titanimplantat) oder Arzneimittels zur Wahl gestellt wird,[179] wenn sie eindeutig nicht dem Spektrum der allgemeinen Krankenhausleistungen zuzurechnen sind und einen gewissen Nutzen für den Patienten erwarten lassen (vgl § 17 Abs 1 Satz 2 KHEntgG); rechtliche Hindernisse bestehen nicht. Äußerst schwierig erscheint aber die Bestimmung des Umfangs der allgemeinen Krankenhausleistungen und eines sich daraus unter Umständen ergebenen Spielraumes für ein wünschenswertes Wahlleistungsangebot.[180] Denn eine einheitliche und verbindliche Definition des Standards einer Methode oder bezüglich der Verwendung bestimmter Medizinprodukte besteht auch im Rahmen des DRG-Systems als Leistungsbeschreibung für allgemeine Krankenhausleistungen nicht. Im Zweifel besteht kein Raum für ein Angebot medizinischer Wahlleistungen.

129 *c)* **Krankenhausbehandlungsvertrag und Wahlleistungsvereinbarung.** Sowohl für die Wahlleistungsvereinbarung mit dem Krankenhaus als auch einen Arztzusatzvertrag sind die **gebührenrechtlichen Regelungen,** insbesondere die Beschränkungen, verbindlich (§ 17 Abs 3 S 7 KHEntgG, § 2 Abs 2 S 1, Abs 3 S 2 GOÄ – abweichende Vereinbarungen über Gebührenhöhe, § 4 Abs 2 S 3 und 4 GOÄ – Abrechnungsfähigkeit eigener Leistungen); s im Einzelnen hierzu § 87 RdNr 20 ff, § 89 RdNr 14–16. Für die Rechtsbeziehungen des Krankenhausträgers zum Patienten bleibt ohne Bedeutung, wer die wahlärztlichen Leistungen abrechnet und wie die interne Kostenerstattung (§ 19 Abs 2 KHEntgG) zwischen Krankenhausärzten und Krankenhausträgern näher geregelt ist (RdNr 157, § 87 RdNr 31 ff).

130 Die Konsequenz dieser normativ zwingend vorgegebenen Vertragslage ist, dass der Krankenhausträger unabhängig davon, ob ein Arztzusatzvertrag im konkreten Einzelfall geschlossen worden ist, durch den **Krankenhausbehandlungsvertrag** und die **Wahlleistungsvereinbarung** gegenüber dem Patienten zur fehlerfreien Erbringung aller Leistungen im Zusammenhang mit dem Krankenhausaufenthalt einschließlich der gesamten ärztlichen Behandlung und Betreuung verpflichtet ist. Begeht der liquidationsberechtigte Arzt schuldhaft gegenüber dem Wahlleistungspatienten einen **Behandlungsfehler,** so haftet der Krankenhausträger für ihn als Erfüllungsgehilfen (§ 278 BGB) vertraglich für entstandene Schäden.[181]

131 *d)* **Ärztliche Wahlleistung und persönliche Leistungserbringung.** Das Pflegesatzrecht geht bei der ärztlichen Wahlleistung von einer grundsätzlich **persönlichen Leis-**

---

[178] Siehe Übernahme des Rechts der Allgemeinen Geschäftsbedingungen (AGB) nahezu deckungsgleich in das Bürgerliche Gesetzbuch (§§ 305–310 BGB) mit Wirkung zum 1.1.2002 durch das Gesetz zur Modernisierung des Schuldrechts v 26.11.2001 (BGBl I, 3138).

[179] Siehe *Trefz* KH 2003, 628; *Wagener/Nösser/Korthus* KH 2005, 396; *Bender,* Heidelberger Kommentar – AKM, 5485 RdNr 112 ff. Zum Verhältnis zu § 137c SGB V s RdNr 119.

[180] Siehe das ausführliche Informationspapier der DKG zum „Angebot medizinischer Wahlleistungen durch Krankenhäuser", abgedruckt in: KH 2005, 401.

[181] Zu Fragen der Haftung von Arzt und Krankenhausträger bei wahlärztlichen Leistungen *Spickhoff* NZS 2004, 57; s auch § 89 RdNr 15, 16, § 94 RdNr 13–16, § 115 RdNr 52–54; zu den Grundlagen der Krankenhaushaftung s auch *Reiling* MedR 1995, 443.

tungserbringung aus (entsprechend § 613 S 1 BGB als dem Leitbild für zu einer Dienstleistung Verpflichtete): Mit der zur allgemeinen Krankenhausleistung zusätzlich vereinbarten Wahlleistung schuldet der Krankenhausträger das persönliche Tätigwerden eines bestimmten Arztes oder mehrerer bestimmter Ärzte (§ 17 Abs 3 KHEntgG). Als persönliche Leistung ist unter Anknüpfung an das ärztliche Gebührenrecht jede selbstständige ärztliche Leistung des gewählten und zur gesonderten Abrechnung berechtigten Krankenhausarztes, die er selbst eigenhändig erbracht hat oder die unter seiner Aufsicht nach fachlicher Weisung durch qualifiziertes Personal erbracht wurde, anzusehen (§ 17 Abs 3 S 7, § 4 Abs 2 S 1 GOÄ). Entscheidend ist also, welche einzelnen Behandlungsmaßnahmen einem bestimmten Arzt nach herkömmlichem Verständnis zur eigenen Verantwortung zuzurechnen sind (s im Einzelnen § 87 RdNr 12 ff). Der Krankenhausbehandlungsvertrag und die Wahlleistungsvereinbarung können den Leistungsumfang näher bestimmen. Dies gilt insbesondere auch für den Verhinderungs- und Vertretungsfall. Der Vertreter des Wahlarztes kann dann selbst zum Wahlarzt werden.[182] Auch einzelne unselbstständige Behandlungsmaßnahmen des medizinischen und pflegerischen Fachpersonals, das der Aufsicht und Weisung des Wahlarztes untersteht, können „ärztliche Wahlleistung" sein. Die **prägende Kernleistung** muss der Wahlarzt aber **persönlich** und eigenhändig erbringen (nur Delegation einfacher ärztlicher und sonstiger medizinischer Verrichtungen).[183] Das Postulat der **höchstpersönlich** zu erbringenden Leistung gilt nach § 2 Abs 3 S 2 GOÄ nur im Falle von Honorarvereinbarungen mit Wahlleistungspatienten.

In welchem Umfang der Wahlarzt **Personal- und Sachmittel** für die gesondert berechenbare ärztliche Wahlleistung heranziehen darf, bemisst sich nach den dienstrechtlichen Regelungen (Dienstvertrag, Auflage in einer Nebentätigkeitsgenehmigung) zwischen Krankenhausarzt und Krankenhausträger (zur Kostenerstattung s RdNr 152 ff). Die Grenzen für den Einsatz von Personal und Sachmitteln für die Wahlleistungen sind dort zu ziehen, wo die allgemeine Krankenhausleistung beeinträchtigt wird, also das Krankenhaus seinen allgemeinen Versorgungsauftrag bei wirtschaftlicher Betriebsführung nicht mehr hinreichend zu erfüllen vermag.

e) **Abrechnungsfähigkeit der ärztlichen Wahlleistung nach der GOÄ.** Zu unterscheiden vom Inhalt und Umfang der ärztlichen Wahlleistung ist die **Abrechnungsfähigkeit** der einzelnen erbrachten Leistungen **nach der ärztlichen Gebührenordnung.** Für den Krankenhausträger besteht aus Gründen der Wirtschaftlichkeit ein Interesse daran, nur ärztliche Wahlleistungen anzubieten, für die eine entsprechende Abrechnungsmöglichkeit besteht. Im Zweifel ist von der Konformität von Wahlleistungsangebot und Abrechnungsfähigkeit auszugehen (§ 17 Abs 3 S 7 KHEntgG). Die Neufassung der GOÄ im Jahr 1996[184] hat für die Vergütung gesondert berechenbarer ärztlicher Wahlleistungen im Krankenhaus rechtlich und organisatorisch erhebliche Auswirkungen gebracht. Von besonderer Bedeutung sind:
– Unzulässigkeit einer Koppelung von Notfall- und akuter Schmerzbehandlung an eine abweichende Vereinbarung über die Gebührenhöhe (§ 2 Abs 1 S 3 GOÄ);
– Abdingungsverbot für Leistungen nach den (technischen) Abschnitten A, E, M und O der GOÄ (§ 2 Abs 3 S 1 GOÄ);
– Abdingbarkeit der Gebührenhöhe bei vollstationären, teilstationären sowie vor- und nachstationären wahlärztlichen Leistungen nur für vom Wahlarzt höchstpersönlich erbrachte Leistungen (§ 2 Abs 3 S 2 GOÄ);
– Abrechnungsfähigkeit bestimmter Leistungen (Aufnahme-/Entlassungsuntersuchung, Visiten, Verbände ua) nur, wenn sie vom Wahlarzt oder dessen vor Abschluss des Wahl-

---

[182] Zur Vertragsfreiheit im ärztlichen Gebührenrecht *Taupitz* MedR 1996, 533.
[183] Siehe BGH NJW 2008, 987; LG Aachen VersR 2002, 195; *Uleer/Miebach/Patt* § 4 GOÄ RdNr 54 u 55.
[184] Gebührenordnung für Ärzte idF der Bekanntmachung v 9. 2. 1996 (BGBl I, 210), zuletzt geändert durch Gesetz v 4. 12. 2001 (BGBl I, 3320).

§ 82 Das Recht der Krankenhausfinanzierung

arztvertrages dem Patienten benannten ständigen fachärztlichen Vertreter[185] als eine einzige konkret benannte Person persönlich erbracht werden (§ 4 Abs 2 S 3 GOÄ)[186];
— Abrechnungsfähigkeit von Leistungen nach Abschnitt E (Physikalische Medizin) nur, wenn Wahlarzt oder ständiger ärztlicher Vertreter durch Zusatzbezeichnung „Physikalische Therapie" oder durch Gebietsbezeichnung „Facharzt für Physikalische und Rehabilitative Medizin" qualifiziert und Leistungen nach fachlicher Weisung unter deren Aufsicht erbracht werden (§ 4 Abs 2 S 4 GOÄ);
— Berechnung des Höchstsatzes bei Anwendung des Gebührenrahmens (3,5-fach, 2,5-fach, 1,3-fach) nur bei wahlärztlichen Leistungen, die durch den Wahlarzt oder dessen vor Abschluss des Wahlleistungsvertrages benannten ständigen ärztlichen Vertreter erbracht werden (§ 5 Abs 5 GOÄ);
— Berechnung nur bis zur jeweiligen Begründungsschwelle bei Delegation von Leistungen an den ärztlichen Dienst bzw das Pflege- und Assistenzpersonal (§ 5 Abs 5 GOÄ);
— Keine Abrechnungsfähigkeit von Vorhalteleistungen nach Abschnitt M I (Labor) im Krankenhaus oder einer krankenhausähnlichen Einrichtung;
— Zuordnung von Leistungen des Basislabors nach M II an den Wahlarzt als eigene Leistungen, wenn nach fachlicher Weisung im von Ärzten ohne eigene Liquidationsberechtigung geleiteten Krankenhauslabor erbracht (§ 4 Abs 2 S 2 GOÄ);
— Abrechenbarkeit von Leistungen nach Abschnitt III und M IV (Speziallabor) nur in den Fällen der Erbringung durch Wahlarzt selbst oder unter dessen Aufsicht nach fachlicher Weisung durch qualifizierte Mitarbeiter;
— Reduzierung des Gebührensatzes bei Versicherten des Standardtarifs der privaten Krankenversicherung (§ 5b GOÄ);
— Minderungspflicht für Gebühren und Zuschläge[187] um 25 % bzw 15 % für vollstationäre, teilstationäre sowie vor- und nachstationäre wahlärztliche Leistungen (§ 6a GOÄ).[188]

S im Einzelnen zum Liquidationsrecht der Krankenhausärzte § 87.

134 Für die **Beurteilung einer externen ärztlichen Leistung,** die also nicht im Krankenhaus erbracht wird, in dem der Patient behandelt wird, **als stationäre Leistung** im Sinne von § 6a GOÄ hat der Bundesgerichtshof[189] auf den Stellenwert der ärztlichen Leistung im Rahmen der jeweiligen Behandlung abgestellt. Im Ergebnis sieht der BGH einen sachlichen Grund für die Gebührenminderung angesichts des systematischen Zusammenhangs mit dem Pflegesatzrecht bei allen externen Ärzten, die Leistungen an einem stationär aufgenommenen Patienten erbringen.[190] Aus der Organisationsentscheidung des Kranken-

---

[185] Zum Begriff des „ständigen ärztlichen Vertreters" s *Wienke/Sauerborn* MedR 1996, 352; *Kuhla* NJW 2000, 841.

[186] Ausführlich zur persönlichen Leistungserbringung *Biermann/Ulsenheimer/Weißauer* NJW 2001, 3366 und *Miebach/Patt* NJW 2000, 3377; zur Stellvertretervereinbarung beim Wahlarztvertrag BGH NJW 2008, 987, näher dazu unten § 87 RdNr 12 ff, 20 ff.

[187] Keine Minderung beim Zuschlag für die belegärztliche Visite, da dieser ausschließlich der Abgeltung von Kosten des für die Patienten der Belegärzte vorgehaltenen ärztlichen Bereitschaftsdienstes dient (§ 6a Abs 1 S 3 GOÄ).

[188] Die Verpflichtung der liquidationsberechtigten leitenden Krankenhausärzte zur Minderung ihrer Honorare bei stationären, teilstationären, vor- und nachstationären Wahlleistungspatienten (§ 6a GOÄ) stellt einen Ausgleich für nicht entstehende Praxiskosten dar, die bei niedergelassenen Ärzten bis zu 50 % ihrer Honorareinnahmen betragen können. Die Gebührenminderung kommt dem Patienten bzw dessen Krankenkasse zugute. Es soll eine Doppelbelastung vermieden werden. Seit 1. 1. 1996 sind bei voll-, teil-, vor- und nachstationären privatärztlichen Leistungen die zu berechnenden Gebühren um 25 % zu mindern (§ 6a Abs 1 S 1 GOÄ). Für Belegärzte oder andere niedergelassene Ärzte, wenn sie vollstationär, teilstationär sowie vor- und nachstationär tätig werden, gilt eine 15 %ige Minderung. Soweit niedergelassene Konsiliarärzte ihre Leistungen im Krankenhaus erbringen, sind die Gebühren ebenfalls um 15 % gemindert.

[189] Urt v 17. 9. 1998, NJW 1999, 868.

[190] Urt v 13. 6. 2002, BGHZ 151, 102 = NJW 2002, 2948; OLG Düsseldorf, Urt v 7. 6. 2001, MedR 2002, 91/Sachverhalt: Untersuchung von Gewebeproben durch einen externen Arzt ohne Inan-

hauses „Outsourcing" (zB Pathologie) darf kein Nachteil für die Patienten entstehen. Die **Anwendung der Minderungsverpflichtung** hängt also nicht vom Krankenhaus als Ort der Leistungserbringung ab. Sie greift im Übrigen auch ein, wenn eine extern erbrachte Nebenleistung für sich genommen keine stationäre Behandlungsbedürftigkeit erfordert. Der BGH stellt die externen Krankenhausärzte niedergelassenen Ärzten gleich mit der Folge einer Gebührenminderung um lediglich 15 Prozent (§ 6a Abs 1 S 2 GOÄ).

Die **seit 2000** vorgegebenen **Vergütungshöchstsätze** bei Versicherten des 1994 eingeführten brancheneinheitlichen **Standardtarifs der privaten Krankenversicherung** (§ 5b GOÄ) sind für Wahlleistungen ohne Bedeutung, da der Standard-Tarifversicherte in der stationären Behandlung als „Regelleistungspatient" gilt und eine Zusatzversicherung für Krankenhauswahlleistungen durch die Versicherungsbedingungen ausgeschlossen ist. Demgegenüber ist neben dem zum **1.1.2009** eingeführten brancheneinheitlichen **Basistarif der PKV** (§ 12 Abs 1 Versicherungsaufsichtsgesetz) – mit den Leistungen der GKV vergleichbar – auch der Abschluss eines zusätzlichen Versicherungsvertrages für wahlärztliche Leistungen möglich (keine Vergütungshöchstsätze wie in § 5b GOÄ). Für die Vergütung der Leistungen der Vertragsärzte, der in § 115b und §§ 116b bis 119 SGB V genannten Leistungen der Krankenhäuser, also zB ambulante Operationen, und der belegärztlichen Leistungen gelten die gesetzlichen Höchstsätze nach § 75 Abs 3a S 2 SGB V im Hinblick auf beide Tarife; PKV-Verband, Beihilfekostenträger und Kassenärztliche Vereinigungen können nach § 75 Abs 3b SGB V abweichende Vergütungen vereinbaren (mit Schiedsstellenlösung nach § 75 Abs 3c).[191] § 5b GOÄ ist in Folge dieser SGB V-Regelung gegenstandslos.

f) **Angemessenheit der Entgelte bei der Komfortunterbringung und der ärztlichen Wahlleistung.** Die **Entgelte** für Wahlleistungen dürfen in keinem unangemessenen Verhältnis **(Angemessenheitsgebot)** zu den Leistungen stehen (§ 17 Abs 1 S 3 KHEntgG); es ist also auf den Wert abzustellen, den die Wahlleistung für den Patienten hat. Dies gilt in besonderer Weise für die Komfortunterbringung. Auch die Wahlleistungsentgelte unterliegen der gerichtlichen Inhaltskontrolle bei Komfortunterbringungen nach den von der Rspr entwickelten Grundsätzen, ggf nach § 315 Abs 3 BGB.[192]

Die Deutsche Krankenhausgesellschaft und der Verband der privaten Krankenversicherung können **Empfehlungen zur Bemessung der Entgelte für nichtärztliche Wahlleistungen** abgeben (§ 17 Abs 1 S 4 KHEntgG); diese sind allerdings für die einzelnen Krankenhausträger nicht verbindlich. Auf der Basis des Urteils des Bundesgerichtshofs vom 4.8.2000 ist eine **Empfehlung zur „Bemessung der Entgelte für eine Wahlleistung Unterkunft"** mit Wirkung zum 1.8.2002 beschlossen worden.[193] Die Gemeinsame

---

spruchnahme von Diensten des Krankenhauses für seine Leistungen; Verfassungsbeschwerde vom BVerfG durch Beschluss v 19.3.2004, NJW 2004, 3172 = ArztR 2005, 42, nicht zur Entscheidung angenommen: „Verfassungsrechtlich unbedenkliche Vorschrift des § 6a GOÄ".

[191] Schiedsstelle im Herbst 2009 eingerichtet. Versicherte im Basistarif zum 30.6.2009: nur 9.800, im Standardtarif zum 31.12.2008: 36.461. BVerfG, Urt v 10.6.2009, NZS 2009, 436: Verfassungsmäßigkeit des Basistarifs. Zur Änderung durch das GKV-WSG v 26.3.2007 (BGBl I, 378) s BT-Ausschuss für Gesundheit v 31.1.2007 (Drucks 16/4200 und v 1.2.2007 (Drucks 16/4247).

[192] BGH Urt v 4.8.2000 – III ZR 158/99, BGHZ 145, 66 = NJW 2001, 892 = MedR 2000, 592 mit der richterlichen Festlegung von Grundsätzen zur Angemessenheit von Kosten und Leistungen bei Zuschlägen für Ein- und Zweibettzimmer und damit höhenmäßigen Begrenzung der Wahlleistungsentgelte zum Schutz der Patienten; ausführlich zur Rspr über die Zimmerzuschläge unter Fortbestand der „Gemeinsamen Empfehlung" (DKG/Verband der privaten Krankenversicherung) *Trefz* KH 2006, 302; *Tuschen/Quaas*, BPflV, § 22, 408 ff.

[193] Vom 15./24.7.2002, abrufbar unter www.pkv.de; abgedruckt in MHK, 5700; bisher trotz Wegfalls der Bezugsgröße „Unterkunft" im DRG-System weiterhin ungekündigt und deshalb Fortbestand der Berechtigung der Krankenhausträger entsprechend der Gemeinsamen Empfehlung vorzugehen (bisherige Berechnungssystematik auch unter Geltung des Krankenhausentgeltgesetzes); s zur aktuellen Positionierung der PKV und zur neuesten Rechtsprechung der Instanzgerichte nach dem

Empfehlung enthält 30 Einzeldefinitionen von Komfortleistungen in fünf Leistungsabschnitten (Ausstattung mit Sanitärzonen, Zimmerausstattung, Größe und Lage, Zusatz- und Wahlverpflegung, diverse Serviceleistungen). Einzelzimmerzuschläge von deutlich über 100 € pro Tag sind möglich.[194] Die durchschnittlichen Einbettzimmerzuschläge haben sich im Jahr 2008 in den alten Ländern auf 84,84 € pro Tag und in den neuen Ländern auf 69,51 € pro Tag belaufen (Zweibettzimmerzuschläge: 43,16 € bzw 33,36 €).[195] Verlangt ein Krankenhaus ein unangemessen hohes Entgelt für nichtärztliche Wahlleistungen, kann der Verband der privaten Krankenversicherung seit 1997 die Herabsetzung auf eine angemessene Höhe verlangen (§ 17 Abs 1 S 5 KHEntgG). Die **Klagebefugnis und Aktivlegitimation des Verbands der privaten Krankenversicherung,** der nicht unmittelbar in seiner Rechtsstellung betroffen ist, dient als Korrektiv gegenüber der einseitigen Festlegung der Höhe der nichtärztlichen Wahlleistungsentgelte durch die Krankenhausträger, ist doch verhandelbarer Gegenstand nur die Wahlleistung als solche und nicht auch die Höhe des Entgelts. Gegen die Ablehnung einer Herabsetzung ist der Zivilrechtsweg gegeben (§ 17 Abs 1 S 5 HS 2 KHEntgG, § 13 GVG).[196]

138 Die **Angemessenheit** der Entgelte für **wahlärztliche Leistungen** ergibt sich aus der Anwendung der GOÄ und der GOZ (§ 17 Abs 3 S 7 KHEntgG). Die Angemessenheitsgrenze ist jedenfalls überschritten, wenn ein Krankenhaus duldet, dass liquidationsberechtigte Ärzte ihre wahlärztlichen Leistungen grundsätzlich von einer Abdingungsvereinbarung abhängig machen (§ 2 Abs 1 S 1 GOÄ). Das ärztliche Gebührenrecht mit der Beschränkung und dem Ausschluss von Honorarvereinbarungen in bestimmten Fällen (§ 2 GOÄ) soll Missbräuchen in der Praxis entgegenwirken. Der Rechtsprechung des BGH,[197] dass **Abweichungen von den Steigerungssätzen der GOÄ** grundsätzlich nur in Gestalt einer **individuellen Vereinbarung** zwischen Arzt und Patient möglich sind, trägt die Fassung des § 2 Abs 2 GOÄ weitgehend Rechnung: Eine abweichende Vereinbarung über die Gebührenhöhe ist nach persönlicher Absprache **im Einzelfall** zwischen Arzt und Zahlungspflichtigem vor Erbringung der Leistung des Arztes in einem Schriftstück zu treffen, das außer gebührenmäßigen Merkmalen und Hinweisen keine weiteren Erklärungen enthalten darf. Damit sind Formularverträge nicht möglich.[198] Der Gebührenrahmen der GOÄ gilt zum Schutz der Wahlleistungspatienten auch dann, wenn das Krankenhaus die wahlärztlichen Leistungen liquidiert (§ 17 Abs 3 S 7 KHEntgG).

139 *g)* **Wahlarztkette.** Die Vereinbarung über wahlärztliche Leistungen erstreckt sich auf alle an der Behandlung des Patienten beteiligten Ärzte des Krankenhauses, soweit diese zur gesonderten Berechnung ihrer Leistungen im Rahmen der vollstationären, teilstationären sowie einer vor- und nachstationären Behandlung (§ 115a SGB V) berechtigt sind, einschließlich der von diesen Ärzten veranlassten Leistungen von Ärzten und ärztlich geleiteten Einrichtungen außerhalb des Krankenhauses **(interne und externe Liquidationskette).** Darauf ist der Patient in der Wahlleistungsvereinbarung ausdrücklich hinzuweisen (§ 17 Abs 3 S 1 KHEntgG).

140 Die **1972 eingeführte Wahlarztkette** soll dem Umstand Rechnung tragen, dass die ärztliche Krankenhausbehandlung eine komplexe Teamarbeit darstellt, an der in aller

---

BGH-Urteil v 4. 8. 2000 *Leber* KH 2008, 57 u *Jansen* KH 2009, 150; neue Entscheidung des BGH – voraussichtlich erneut im Rahmen eines Verbandsklageprozesses – bleibt abzuwarten.

[194] Siehe PKV Publik 8/2008, 89.

[195] PKV-Zahlenbericht 2008/2009 (11/2009). Siehe auch: Einbettzimmerzuschläge Bundesdurchschnitt 2007 83,46 € und 2008 83,09 € (höchster Wert 2008 Bremen mit 90,58 € und niedrigster Wert Saarland mit 64,10 €) – Zweibettzimmerzuschläge Bundesdurchschnitt 2007 41,93 € und 2008 42,04 € (höchster Wert 2008 NRW mit 46,11 € und niedrigster Wert Saarland mit 28,78 €).

[196] Zur Angemessenheitsbeurteilung und zur Verbandsklage des Verbandes der privaten Krankenversicherung BGH NJW 2003, 209 u *Patt* NZS 2000, 71.

[197] BGHZ 115, 391; zu den Konsequenzen dieser Rechtsprechung *Taupitz* ArztR 1993, 333.

[198] Hierzu überzeugend *Taupitz* MedR 1996, 533, 536; *ders* ArztR 1996, 209.

14. Kapitel. Krankenhausrecht. Öff-rechtl Rahmen **141, 142** § 82

Regel Vertreter verschiedener medizinischer Disziplinen in untrennbarer Kooperation beteiligt sind, und soll ferner die Nachwuchsgewinnung erleichtern. Durch die Regelung werden vertragliche Beziehungen als Abrechnungsgrundlage mit den weiteren Ärzten fingiert. Weder der Patient noch der Krankenhausträger sind in der Lage, die Wahlarztabrede auf einzelne liquidationsberechtigte Ärzte zu beschränken. Auch die vor- und nachstationäre Behandlung ist Teil der Wahlarztkette. Letztlich umfasst die Wahlleistung „Chefarztbehandlung" die Leistungen aller Chefärzte des Krankenhauses, in deren Fachgebiet eine Behandlung oder Diagnose erforderlich ist.[199] Eine über § 17 Abs 3 S 1 KHEntgG hinausgehende, von dessen Wortlaut abweichende formularmäßige Erstreckung auf alle an der Behandlung des Patienten „beteiligten Ärzte" ist wegen Verstoßes gegen § 307 Abs 2 BGB (unangemessene Benachteiligung) unwirksam.[200]

Die **zwingende Wahlarztkette** wird in der höchstrichterlichen Rechtsprechung als **141** unbedenklich angesehen[201], wird aber im Übrigen unter Beibehaltung der Einzelleistungsabrechnung wahlärztlicher Leistungen zunehmend unter Hinweis auf die Patientenautonomie kritisch gesehen. Bereits seit längerem ist seitens des Bundesministeriums für Gesundheit eine **Streichung zumindest der externen Wahlarztkette angedacht,** ist doch bei externen Leistungen durch niedergelassene Ärzte ohnehin keine dem Krankenhaus vergleichbare Struktur eines nachgeordneten Arztdienstes (Chef-, Ober- und Assistenzärzte) vorhanden.[202] Auch wird darauf hingewiesen, dass es dem Wahlleistungspatienten unbenommen bleibt, auf freiwilliger Basis umfassend alle Ärzte zu wählen, die an seiner Behandlung beteiligt sein sollen. Die Problematik ist in der Krankenhausgesetzgebung 2008/2009 ausgeklammert worden.[203]

h) **Abrechnung.** Ein zur gesonderten Berechnung wahlärztlicher Leistungen berech- **142** tigter Krankenhausarzt darf eine **Abrechnungsstelle** mit der Abrechnung der Vergütungen für wahlärztliche Leistungen beauftragen oder die Abrechnung, wie in der Praxis häufig der Fall, dem Krankenhaus überlassen (§ 17 Abs 3 S 2 KHEntgG). Die Form des Abrechnungsverfahrens, nämlich durch den Krankenhausarzt unmittelbar, durch das Krankenhaus oder durch Dritte (zB Inkassobüro), bleibt der Entscheidung des Arztes vorbehalten. Bestehende Vereinbarungen über das Abrechnungsverfahren bleiben unberührt. Krankenhausarzt oder Abrechnungsstelle haben die zur Ermittlung der Kostenerstattung (§ 19 Abs 2 KHEntgG) erforderlichen Unterlagen einschließlich einer Auflistung aller erbrachten Leistungen vollständig zur Verfügung zu stellen (§ 17 Abs 3 S 3 KHEntgG). Der Arzt ist verpflichtet, die Rechnungslegung überprüfen zu lassen (§ 17 Abs 3 S 4 KHEntgG). Durch diese **Informationspflichten** soll eine umfassende Abrechnungstransparenz hergestellt werden. Es entspricht verwaltungsökonomischen Gründen, dass das abrechnende Krankenhaus erst nach Abzug der anteiligen Verwaltungskosten und der zu erstattenden Kosten (§ 17 Abs 3 S 5 KHEntgG) die verbleibende Vergütung an den berechtigten Arzt weiterleitet. Diese Ermächtigung deckt sich mit der Abrechnung ambulanter Leistungen von Krankenhausärzten (vgl § 120 Abs 1 S 3 SGB V). Wird eine **externe Abrechnungsstelle** beauftragt, ist aus datenschutzrechtlichen Gründen die Einwilligung des jeweiligen betroffenen Patienten erforderlich (§ 17 Abs 3 S 6 KHEntgG). Es wird davon ausgegangen, dass Ärzte nur Abrechnungsstellen beauftragen,

---

[199] OLG Stuttgart MedR 1995, 320, 322.
[200] Siehe OLG Stuttgart MedR 2002, 411.
[201] Siehe zB BGH NJW 1999, 2731, 2732f; NJW 2004, 684; kritisch *Patt*, in: *Uleer/Miebach/Patt*, RdNr 73 f zu 17 KHEntgG, insbesondere im Hinblick auf die Einbeziehung externer Ärzte.
[202] Siehe BMG-Positionspapier v 4.3.2001, erstellt zur Vorbereitung des „Runden Tisches" im Gesundheitswesen 2001, f&w 2001, 118, 119f.
[203] Siehe Regierungsentwurf eines Gesetzes zum ordnungspolitischen Rahmen der Krankenhausfinanzierung ab dem Jahr 2009, BR-Drucks 696/08 v 26.9.2008/KHRG v 17.3.2009 (BGBl I, 534).

die den datenschutzrechtlichen und gebührenordnungsrechtlichen Anforderungen vor allem beim Einsatz moderner Datentechnik Rechnung tragen.[204]

143 Mit dem **Gebot der einfachen Entkoppelung** (§ 17 Abs 4 KHEntgG) ist dem Krankenhaus untersagt, eine Vereinbarung über eine Komfortunterbringung von einer Vereinbarung über eine sonstige, insbesondere eine ärztliche Wahlleistung abhängig zu machen. Dagegen darf die Vereinbarung über wahlärztliche Leistungen davon abhängig gemacht werden, dass der Patient die Wahlleistung Komfortunterbringung hinzukauft. Die sog große (doppelte) Entkoppelung hat in das Pflegesatzrecht keinen Eingang gefunden, kann aber landesrechtlich festgelegt sein (zB § 2 Abs 2 S 2 iVm § 36 Abs 2 KHGG NRW für die öffentlich geförderten Krankenhäuser).[205]

144 Aus dem Zusammenhang und der Abgrenzung zwischen allgemeinen Krankenhausleistungen und Wahlleistungen folgt, dass die Inanspruchnahme von Wahlleistungen zur Gewährleistung einer medizinisch zweckmäßigen und ausreichenden Versorgung im Krankheitsfall nicht notwendig ist. Erfordern Art und Schwere der Erkrankung die Behandlung durch den leitenden Arzt, so handelt es sich um allgemeine Krankenhausleistungen. Davon ausgehend haben die **Bundesländer** Berlin, Brandenburg, Bremen, Hamburg, Mecklenburg-Vorpommern, Niedersachsen, Saarland, Sachsen-Anhalt und Schleswig-Holstein zur Entlastung ihrer Haushalte die **Gewährung von Beihilfen für die Inanspruchnahme wahlärztlicher Leistungen** ausgeschlossen.[206] Die verfassungsrechtliche Zulässigkeit hat das Bundesverfassungsgericht bestätigt[207]: Der Ausschluss der Beihilfe für Krankenhauswahlleistungen verstößt angesichts der Vollversorgung durch Inanspruchnahme allgemeiner Krankenhausleistungen nicht gegen einen hergebrachten Grundsatz des Berufsbeamtentums – wie die Fürsorgepflicht und das Alimentationsprinzip – gemäß Artikel 33 Abs 5 GG.

145 **3. Belegärztliche Leistungen.** Die Leistungen der Belegärzte (§ 18 Abs 1 S 2 KHEntgG, § 121 Abs 2 SGB V) sind keine Krankenhausleistungen und werden deshalb nicht über die Pflegesätze vergütet. Sie werden aufgrund besonderer Vereinbarungen mit den Patienten oder deren gesetzlichen Kostenträgern erbracht. Zum gespaltenen Krankenhausaufnahmevertrag s § 89 RdNr 12 und 13. Die Vergütung der Leistungen der Belegärzte erfolgt im Rahmen des Vertragsarztrechts aus der vertragsärztlichen Gesamtvergütung (§ 121 Abs 3 SGB V) und bei Selbstzahlern nach der GOÄ.

146 Den **Umfang belegärztlicher Leistungen** definiert § 18 Abs 1 S 2 KHEntgG. Es gehören dazu die persönlichen Leistungen des Belegarztes (Nr 1). Klargestellt wird, dass auch der Bereitschaftsdienst für Belegpatienten eine belegärztliche Leistung und keine Grundleistung des Krankenhauses ist (Nr 2). Werden in gemischten Krankenhäusern nachgeordnete, angestellte Krankenhausärzte vom Belegarzt zur Behandlung hinzugezogen und gehört der nachgeordnete Arzt demselben Fachgebiet wie der Belegarzt an, so wird er als dessen Erfüllungsgehilfe tätig (Nr 3); die von ihm erbrachten Leistungen werden dem Belegarzt zugeordnet mit der Konsequenz der Kostenerstattung an den Krankenhausträger (§ 19 Abs 1 KHEntgG). Leistungen leitender Krankenhausärzte oder deren Erfüllungsgehilfen aus anderen Fachgebieten, die auf Veranlassung des Belegarztes erbracht werden, sind allgemeine Krankenhausleistungen, die mit dem Pflegesatz des Krankenhauses abgegolten sind (zB Beteiligung der Anästhesisten des Krankenhauses an der Operation des Belegarztes). Zu den Belegarztleistungen gehören auch solche eines vom

---

[204] Inhaber des informationellen Selbstbestimmungsrechts ist nur der Patient; kein subjektives Recht des behandelnden Arztes, auch nicht gegenüber dem Krankenhaus, BGH NJW 1990, 510.
[205] Siehe dazu *Prütting*, KHGG NRW, § 2 RdNr 25 f: Keine Errichtung von Privatstationen.
[206] In Nds zB ab 1. 1. 2005; in Rh-Pf weiterhin Beihilfefähigkeit von Wahlleistungen, aber nur gegen Zahlung von 13 €/monatlich; Fortbestand der Beihilfefähigkeit im Bund und in den übrigen Ländern; siehe im Einzelnen unter www.beihilfe-online.de.
[207] Beschluss v 7. 11. 2002, BVerfGE 106, 225, 233 zum Ausschluss der Beihilfefähigkeit von Wahlleistungen durch § 44 S 1 Landesbeamtengesetz Berlin.

14. Kapitel. Krankenhausrecht. Öff-rechtl Rahmen   147–152   § 82

Belegarzt zugezogenen krankenhausfremden Arztes bzw einer externen, ärztlich geleiteten Einrichtung (Nr 4).

Die **Abgrenzung der Leistungen des Belegarztes von den allgemeinen Krankenhausleistungen** im Schnittbereich von ambulanter und stationärer Versorgung ist so durchzuführen, dass es nicht zur Kumulation von Vergütungsansprüchen aus der ambulanten und stationären Versorgung kommt: Erbringt ein Belegarzt Leistungen selbst, die Bestandteil des von den Krankenkassen an das Krankenhaus gezahlten Pflegesatzes sind, hat er allenfalls einen Erstattungsanspruch gegen das Krankenhaus. Leistungen, die zum Versorgungsauftrag des Krankenhauses gehören und mit der Belegfallpauschale oder dem Belegpflegesatz abgegolten werden, die das Krankenhaus aber nicht mit Eigenmitteln erbringen kann, hat es an Dritte zu delegieren, ohne dass diese Leistungen damit ihren Charakter als allgemeine Krankenhausleistungen verlieren.[208]   147

Die Tätigkeit der Belegärzte als nicht am Krankenhaus angestellte Vertragsärzte stellt letztlich die Fortsetzung der ambulanten vertragsärztlichen Tätigkeit dar, weil das Schwergewicht der Gesamttätigkeit des Arztes bei der ambulanten Tätigkeit verbleibt.[209] Die Krankenhäuser sollen Belegärzten gleicher Fachrichtung die Möglichkeit geben, ihre Patienten gemeinsam zu behandeln (§ 121 Abs 1 S 2 SGB V). **Das kooperative Belegarztsystem** ist eine Versorgungsform, die medizinisch leistungsfähig, wirtschaftlich und patientenorientiert ist und damit nach dem Willen des Gesetzes gestärkt werden sollte. Auch im Rahmen der Krankenhausplanung und der öffentlichen Krankenhausförderung kann die Einrichtung von Belegabteilungen und die Errichtung von Belegkliniken initiiert werden.   148

Für Belegkliniken und Belegabteilungen sind durch die Pflegesatzparteien **gesonderte Belegpflegesätze** zu vereinbaren, soweit die Krankenhäuser nach der Bundespflegesatzverordnung abrechnen (§ 18 Abs 2 S 2 KHEntgG; für Fachbereiche mit sehr geringer Bettenzahl kann auch ein gemeinsamer Belegpflegesatz abgesprochen werden (§ 13 Abs 2 S 2 BPflV). Für Belegpatienten in DRG-Krankenhäusern gibt es gesonderte **Beleg-DRGs** und Zusatzentgelte gemäß § 17b KHG iVm § 18 Abs 2 S 1 KHEntgG (2009: 882 Beleg-DRGs). Da die ärztlichen Leistungen für Belegpatienten vom Belegarzt gesondert abgerechnet werden (§ 121 Abs 3 SGB V), sind die Krankenhausentgelte entsprechend niedriger.   149

Soweit Belegärzte **Privatpatienten** stationär oder teilstationär behandeln, sind sie, was die Abrechnung ärztlicher Leistungen angeht, den liquidationsberechtigten angestellten Krankenhausärzten gleichgestellt.   150

Die **belegärztliche Versorgung** deckt mit **21 795** Krankenhausbetten 4,3 % der gesamten Bettenkapazitäten ab (deutliche **regionale Schwerpunkte** in Bayern, Hessen, Baden-Württemberg, Nordrhein-Westfalen, Niedersachsen, Rheinland-Pfalz); 5859 Fachärzte sind bundesweit als Belegärzte tätig (Stand: 31.12.2008). Es gibt 179 reine Belegkliniken.[210] Normative Vorgaben der Länder für die Krankenhäuser, bestimmte Abteilungen mit Belegärzten zu führen, gibt es in der Regel nicht. Allerdings kann die **Führung als Hauptabteilung bzw als Belegabteilung/Belegklinik** ausdrücklich im Feststellungsbescheid des Plankrankenhauses ausgewiesen sein.[211]   151

4. Kostenerstattung der Ärzte. Um die wirtschaftliche Sicherung der Krankenhäuser zu gewährleisten, enthält das Pflegesatzrecht seit dem Krankenhaus-Neuordnungsgesetz v 20.12.1984 Regelungen zur **Kostenerstattungspflicht der liquidationsberechtigten Ärzte.** Der Krankenhausträger wurde zur Änderung seiner Arztverträge in den Fällen verpflichtet, in denen die Arztabgaben nicht kostendeckend waren. Pflegesatz-,   152

---

[208] LSG Nds-Bremen, Urt v 23.5.2007 – 3 KA 268/04; s dazu *Kraemer* NZS 2008, 460.
[209] Siehe BSG SozR 3–2500 § 121 Nr 3.
[210] Siehe auch Geschäftsbericht des Bundesverbandes Deutscher Privatkliniken 07/08, 18 f; DKG, Zahlen, Daten, Fakten 2009, 41.
[211] Vgl. OVG Berlin/Brandenburg, Urt v 23.3.2006 – 5 B 5.05, GesR 2007, 32; *Robbers/Wallhäuser* f&w 2008, 53, 56 f; zB auch Vorgaben zur Mindestgröße einer Hauptabteilung.

ärztliches Gebühren- und Dienstrecht werden konsequent miteinander verknüpft (§ 24 Abs 2 u 3 BPflV bzw seit dem 1. 1. 2005 § 19 Abs 2 u 3 KHEntgG iVm § 22 BPflV).

153 Das KHG fasst unter dem **Begriff des Nutzungsentgelts** die Kostenerstattung und den Vorteilsausgleich sowie diesen vergleichbare Abgaben zusammen (§ 16 Abs 1 S 1 Nr 3 KHG). Unter **Kostenerstattung** versteht der Gesetzgeber die Entrichtung von Abgaben zur Deckung der nicht-pflegesatzfähigen (Personal- und Sach-)Kosten der abgerechneten Wahlleistungen; der **Vorteilsausgleich** ist demgegenüber ein Entgelt für die Vorteile, die der Arzt durch die Bereitstellung der für die Ausübung der ärztlichen Tätigkeit erforderlichen Infrastruktur hat.[212] Die gesetzlich vorgegebene Kostenerstattung und ein vertraglich vereinbarter Vorteilsausgleich setzen naturgemäß die Chefarztliquidation voraus; wenn das Krankenhaus die wahlärztlichen Leistungen selbst liquidiert und den Chefarzt an den Einnahmen beteiligt, scheidet ein Nutzungsentgelt bereits begrifflich aus.[213] Pflegesatzrechtlich bedeutsam ist nur die Kostenerstattung (§ 19 KHEntgG). Bei nicht öffentlich geförderten Krankenhäusern erfasst die Kostenerstattung grundsätzlich auch die auf diese Leistungen entfallenden nicht förderfähigen Investitionskosten (§ 19 Abs 4 KHEntgG). Zur Frage der Mitnutzung öffentlich geförderter Einrichtungen für den ambulanten Bereich des Krankenhauses (zB Geräten) s RdNr 93–95.

154 Beamtenrechtliche Vorschriften über die Entrichtung eines Entgelts bei der Inanspruchnahme von Einrichtungen, Personal und Material des Dienstherrn oder vertragliche Regelungen über ein **weitergehendes Nutzungsentgelt,** das neben der Kostenerstattung auch den Vorteilsausgleich und sonstige Abgaben der Ärzte umfasst, werden durch die pflegesatzrechtliche Kostenerstattung nicht berührt (§ 19 Abs 5 KHEntgG). Dies bedeutet auch, dass Rechtsgrundlage für ein weitergehendes Nutzungsentgelt nicht das Pflegesatzrecht ist. Aus den pflegesatzrechtlichen Vorschriften ergibt sich andererseits keine Verpflichtung des Krankenhausträgers, Arztverträge anzupassen, wenn diese höhere als kostendeckende Abgaben vorsehen.

155 *a)* **Ambulante ärztliche Leistungen.** Pflegesatzrechtlich besteht unmittelbar für **Krankenhausärzte,** denen die **ambulante Behandlung** von Privatpatienten vom Träger gestattet ist, oder die zur vertragsärztlichen Versorgung ermächtigt sind (§§ 95, 116 SGB V), eine Kostenerstattungspflicht nicht mehr.[214] Mit der Einführung des Nettoprinzips durch die Verordnung zur Neuordnung des Pflegesatzrechts v 26. 9. 1994[215] ist sie weggefallen. In den Budget- und Pflegesatzverhandlungen wird nur noch über die voll- und teilstationären Leistungen und deren Kosten verhandelt; seit dem 1. 1. 2005 auch darüber nur noch in den Krankenhäusern, die der Bundespflegesatzverordnung und nicht dem Krankenhausentgeltgesetz (sog DRG-Krankenhäuser) unterliegen. Die Folge ist, dass es der **vertraglichen Regelung** vorbehalten bleibt, in welchem Umfang und in welcher Höhe für die Inanspruchnahme von Personal- und Sachmitteln des Krankenhauses ein Ausgleich verlangt wird. Ein genereller Verzicht auf entsprechende Kostenerstattung kommt nicht in Frage, weil dies einer wirtschaftlichen Betriebsführung widersprechen würde. Bestehende Nutzungsvereinbarungen mit entsprechenden Abgabe- und Erstattungspflichten gelten grundsätzlich weiter.

Durch das in § 120 Abs 1 S 3 SGB V vorgesehene Verfahren für die **Abrechnung** der Vergütung der von den ermächtigten Krankenhausärzten erbrachten ambulanten Leistungen (Finanzierung aus der vertragsärztlichen Gesamtvergütung) soll eine Verwaltungsvereinfachung herbeigeführt werden.[216] Die Krankenhausärzte sollen von dem mit der Abrechnung verbundenen Verwaltungsaufwand befreit und für die Krankenhausträger soll eine ordnungsgemäße Kostenerstattung sichergestellt werden. Der Vergütungsan-

---

[212] Siehe im Einzelnen *Tuschen/Trefz*, KHEntgG, § 19, 368 ff.
[213] BAG MedR 2003, 689 mit Anm *Kuhlmann*.
[214] Nach altem Recht § 11 Abs 1, § 13 Abs 3 Nr 4 BPflV 1993.
[215] BPflV 1995 (BGBl I, 2750).
[216] Siehe RegE zum GRG zu § 129 Abs 1 (BT-Drucks 11/2237); BSGE 69, 1.

14. Kapitel. Krankenhausrecht. Öff-rechtl Rahmen   **156, 157 § 82**

spruch für die erbrachten ambulanten ärztlichen Leistungen geht nicht auf den Krankenhausträger über. Dieser gilt nur als ermächtigt, für den Krankenhausarzt die Leistungen gegenüber der Kassenärztlichen Vereinigung abzurechnen und die Vergütung einzuziehen. Nach Abzug der anteiligen Verwaltungskosten sowie der dem Krankenhaus entstandenen Praxis- und Sachkosten hat der Krankenhausträger die Vergütung an die berechtigten Krankenhausärzte weiterzuleiten. Für die Höhe der Erstattung der Personal- und Sachkosten (einschließlich Investitionskosten) enthält das Gesetz keine konkreten Festlegungen.[217] Es wird vielmehr ausdrücklich klargestellt, dass die Erstattungsmodalitäten aufgrund beamtenrechtlicher Vorschriften und vertraglicher Regelungen gelten (§ 120 Abs 5 SGB V). Die Frage kostendeckender Erstattungsbeträge hat dabei besonderes Gewicht.

b) **Belegärztliche Leistungen.** Die Kostenerstattung im stationären und teilstationären Bereich umfasst die Kosten des ärztlichen Dienstes, soweit er der **Belegarztleistung** (§ 2 Abs 1 S 2 BPflV/KHEntgG iVm § 18 Abs 1 S 2 KHEntgG) zuzurechnen und damit nicht pflegesatzfähig (§ 7 Abs 2 S 2 Nr 3 BPflV) ist (§ 19 Abs 1 KHEntgG). Der Belegarzt hat insbesondere die **Kosten des Krankenhauses für ärztlichen Bereitschaftsdienst** sowie von ihm **veranlasste Leistungen nachgeordneter Ärzte des Krankenhauses**, die bei der Behandlung seiner Belegpatienten in demselben Fachgebiet wie der Belegarzt tätig werden, zu erstatten; denn für diese Leistungen und seine eigenen persönlichen Leistungen erhält er die Vergütung aus der vertragsärztlichen Gesamtvergütung (§ 121 Abs 3 SGB V) bzw bei Privatpatienten nach der GOÄ. Nimmt der Belegarzt hingegen leitende Ärzte des Krankenhauses oder nachgeordnete Ärzte, die in einem anderen Fachgebiet tätig werden, in Anspruch, handelt es sich um Krankenhausleistungen; denn diese gehen ebenso wie die Sachkosten und die nichtärztlichen Personalkosten in die Kalkulation der Pflegesätze des Krankenhauses ein (§ 18 Abs 2 KHEntgG: gesonderte Beleg-Fallpauschalen und Zusatzentgelte in DRG-Krankenhäusern und gesonderte Belegpflegesätze in BPflV-Krankenhäusern). Eine Pauschalierung der Kostenerstattung ist möglich (§ 19 Abs 1 S 2 KHEntgG) und zwar auch vorab aufgrund wirklichkeitsnaher Schätzung. Soweit vertragliche Regelungen der Kosten dem entgegenstehen, sind sie anzupassen (§ 19 Abs 1 S 3 KHEntgG). Die Leistungen der Belegärzte zählen nicht zu den Krankenhausleistungen und sind somit auch nicht Gegenstand der allgemeinen Krankenhausleistungen und können deshalb nicht Wahlleistungen sein (s § 2 Abs 1 S 2 KHEntgG/BPflV); aus der vertragsärztlichen Gesamtvergütung werden sowohl die ambulanten als auch in deren Fortsetzung die belegärztlichen Leistungen für diese vom Arzt ambulant und stationär behandelten Patienten finanziert (s § 121 Abs 2 u 3 SGB V, § 18 Abs 1 KHEntgG). **156**

c) **Wahlärztliche Leistungen.** Die Kostenerstattung der liquidationsberechtigten Ärzte im **voll- und teilstationären Bereich** bestimmt sich nach festen Sätzen. Zu erstatten sind die nichtpflegesatzfähigen Kosten, **unterschieden nach Alt- und Neuverträgen** (vor und nach dem 1. 1. 1993) bzw vergleichbaren Rechtsverhältnissen (§ 19 Abs 2 KHEntgG, § 7 Abs 2 S 2 Nr 4 und 5 BPflV).[218] Einem vor dem 1. 1. 1993 abgeschlossenen Vertrag über die Erbringung ärztlicher Wahlleistungen (geringere Kostenerstattung) steht eine vor diesem Zeitpunkt erteilte aufgrund beamtenrechtlicher Vorschriften genehmigte Nebentätigkeit gleich. Damit ist sichergestellt, dass sich bei beamteten Hochschullehrern die in einem Bundesland erteilte Nebentätigkeitsgenehmigung pflegesatzrechtlich auch dann nach den Grundsätzen eines „Altvertrags" bestimmt, wenn der Inhaber an die Universität eines anderen Landes wechselt; auch können diese innerhalb des Landes die Universität wechseln, ohne von einem „Altverträger" zu einem „Neuver- **157**

---

[217] Siehe dazu *Hencke,* in: Peters, KV (SGB V), § 120 RdNr 7 f.
[218] Siehe Berechnungsbeispiele in *Tuschen/Trefz,* KHEntgG, § 19, 371 und *Tuschen/Quaas,* BPflV, § 24, 427 ff, auch zu beamtenrechtlichen (weitergehenden) Nutzungsentgeltregelungen, s § 19 Abs 5 KHEntgG.

träger" zu werden (Identität des Krankenhausträgers gemäß § 19 Abs 2 S 2 KHEntgG). Die Regelung dient dem Ziel, den für Forschung und Lehre unentbehrlichen Wechsel auf Lehrstühle anderer Universitäten abzusichern und die notwendige Mobilität der Hochschullehrer auch über die Ländergrenzen hinweg aufrechtzuerhalten.[219] Die spätere Anpassung eines vor dem 1. 1. 1993 geschlossenen Vertrages macht einen Altvertrag nicht zu einem Neuvertrag.

158 **d) Sonstige ärztliche Leistungen.** Die Kostenerstattung für sonstige stationäre ärztliche Leistungen erfasst vor allem **Begutachtungsfälle** im Krankenhaus (§ 19 Abs 4 KHEntgG). Diese Kosten sind nicht pflegesatzfähig (§ 7 Abs 2 Nr 6). Es ist deshalb eine Kostendeckung des Krankenhauses sicherzustellen. Der Umfang der zu erstattenden Kosten ist zu ermitteln. Eine Pauschalierung ist möglich.

159 Die **pflegesatzrechtlichen Abgabepflichten** der liquidationsberechtigten Ärzte sind **Mindestbeträge.** Beamtenrechtliche oder vertragliche Regelungen über die Entrichtung eines Entgelts bei der Inanspruchnahme von Einrichtungen, Personal und Material des Krankenhauses, soweit sie ein über die Kostenerstattung hinausgehendes Nutzungsentgelt festlegen, und sonstige Abgaben der Ärzte werden nicht berührt (§ 19 Abs 5 KHEntgG). **Weitergehende Nutzungsregelungen,** sei es nach dem Beamtenrecht oder aufgrund dienstvertraglicher Vereinbarungen zwischen Arzt und Krankenhausträger, haben also Vorrang. Die über die Kostenerstattung (§ 19 Abs 1–4 KHEntgG) und die Gebührenminderung (§ 6a GOÄ) hinausgehenden Zahlungsverpflichtungen müssen in einem angemessenen Verhältnis zu den Leistungen des Arztes und den Vorteilen stehen, die ihm mit dem Liquidationsrecht eingeräumt werden.[220]

V. Die Finanzierung über die Pflegesätze[221]

160 Der Begriff „Pflegesatzrecht" ist abgeleitet aus der herkömmlichen Bezeichnung der Krankenhausentgelte als Pflegesätze. Pflegesatzrecht ist zwingendes Preisrecht.

161 **1. Pflegesätze.** Nach der weiten **Legaldefinition** in § 2 Nr 4 KHG[222] sind **Pflegesätze** die „Entgelte der Benutzer oder ihrer Kostenträger für stationäre und teilstationäre Leistungen". Dementsprechend sind auch die im Krankenhausentgeltgesetz vom 23. 4. 2002[223] geregelten Entgelte, insbesondere die DRG-Fallpauschalen, Pflegesätze. Der Begriff des Pflegesatzes umfasst demnach nicht nur die Entgelte für allgemeine Krankenhausleistungen (§ 2 Abs 2 iVm § 7 KHEntgG, § 2 Abs 2 iVm § 10 BPflV) für alle Krankenhauspatienten, sondern auch die Wahlleistungen (§ 17 KHEntgG, § 22 BPflV). Gesondert und zusätzlich berechnete **Wahlleistungsentgelte** werden allerdings in keiner Vorschrift des Krankenhausfinanzierungsrechts als Pflegesätze bezeichnet. Es ist jeweils im Einzelfall zu prüfen, ob die Regelungen über Pflegesätze auch für die Wahlleistungen gelten. Beispielsweise sind in der Regelung des Pflegesatzverfahrens in § 18 KHG unter Pflegesätzen nur die Entgelte für allgemeine Krankenhausleistungen zu verstehen, während für die Geltung des Grundsatzes der Einheitlichkeit der Pflegesätze nach § 17 Abs 1 S 1 KHG vom weiten Begriff des § 2 Abs 1 Nr 4 KHG (einschließlich der Entgelte für Wahlleistun-

---

[219] Siehe *Tuschen/Quaas,* BPflV, Einführung 5.8.
[220] BVerwG NJW 1974, 1440; MedR 1987, 248; OVG Lüneburg MedR 2000, 40.
[221] Zur Finanzierung über die Pflegesätze bis zum Jahr 2001 und den Vorbereitungen zur Einführung des DRG-Entgeltsystems s die Vorauflage des Handbuches, § 86 RdNr 95 ff, ferner RdNr 230 ff zur „Grundsteinlegung" für das DRG-System im GKV-Gesundheitsreformgesetz 2000 und zu den ersten Vereinbarungen der Selbstverwaltungspartner (insbes Entscheidung für das australische AR-DRG-System als Grundlage für die Entwicklung eines deutschen Fallpauschalenkataloges).
[222] Unverändert seit Erlass des Krankenhausfinanzierungsgesetzes v 29. 6. 1972 – BGBl I, 1009.
[223] BGBl I, 1412 – Art 5 des Gesetzes zur Einführung des diagnose-orientierten Fallpauschalen-Systems für Krankenhäuser.

gen) auszugehen ist.²²⁴ Deshalb darf ein Wahlleistungsentgelt für gleiche Leistungen nicht unterschiedlich hoch berechnet werden.

Die **Pflegesätze** sind **Teil des dualen Finanzierungssystems,** das zum einen den Anspruch der Plankrankenhäuser auf Förderung der Investitionskosten durch das jeweilige Land und zum anderen den Anspruch der zugelassenen Krankenhäuser auf „leistungsgerechte Erlöse aus den Pflegesätzen" umfasst (§ 4 KHG). **162**

Das **Pflegesatzrecht** gilt vom Grundsatz her für alle Krankenhäuser, die nicht gemäß § 3 KHG aus dessen **Geltungsbereich ausgenommen** sind (Krankenhäuser im Straf- und Maßregelvollzug, Polizeikrankenhäuser, Krankenhäuser der Träger der gesetzlichen Rentenversicherung und Unfallkliniken der Berufsgenossenschaften, soweit die gesetzliche Unfallversicherung die Behandlungskosten trägt) und die nicht gemäß § 20 S 1 iVm § 5 Abs 1 Nr 2, Nr 4 oder 7 KHG vom Pflegesatzrecht ausgenommen sind (s auch § 1 Abs 2 S 2 Nr 1 und 2 KHEntgG und § 1 Abs 2 BPflV).²²⁵ **163**

Ausgenommen vom Pflegesatzrecht sind also auch die Krankenhäuser, die nicht die in **§ 67 der Abgabenordnung** bezeichneten Voraussetzungen erfüllen, also keine **Zweckbetriebe** sind (§ 5 Abs 1 Nr 2 KHG). Ein Krankenhaus wird als Zweckbetrieb anerkannt, wenn mindestens 40 Prozent der jährlichen Belegungstage oder Berechnungstage auf Patienten entfallen, bei denen nur Entgelte für allgemeine Krankenhausleistungen berechnet werden (§ 67 Abs 1 AO).²²⁶ Fallen also mehr als 60 Prozent der Tage auf Patienten, die Wahlleistungen in Anspruch nehmen, ist das Krankenhaus nicht mehr im Rahmen eines Zweckbetriebes tätig und kann damit auch nicht als steuerbegünstigt nach § 5 Abs 1 Nr 9 Körperschaftsteuergesetz anerkannt werden.²²⁷ Diejenigen Patienten, die neben allgemeinen Krankenhausleistungen lediglich die Überlassung von Telefon- und Fernsehgeräten gegen Entgelt gewählt haben, können für die 40 vH-Quote zur Einordnung des Krankenhauses als Zweckbetrieb aus Billigkeitsgründen außer Betracht bleiben.²²⁸ **164**

Für derartige **Privatpatientenkliniken** gilt somit das Pflegesatzrecht nicht, also beispielsweise auch nicht der Grundsatz der Einheitlichkeit der Pflegesätze für alle Patienten des Krankenhauses gemäß § 17 Abs 1 S 1 KHG; im Übrigen gibt es ohnehin einen Vertragspartner für eine Pflegesatzvereinbarung nicht (s § 18 Abs 2 KHG). Die Entgelte dieser Krankenhäuser sind lediglich an § 138 Bürgerliches Gesetzbuch (sittenwidriges und damit nichtiges Rechtsgeschäft bei auffälligem Missverhältnis zwischen Leistung und Gegenleistung) zu messen. Deshalb sind zB „selbstdefinierte Fallpauschalen" mit den Entgelten zu vergleichen, die andere ebenfalls nicht dem Pflegesatzrecht unterliegende Krankenhäuser verlangen (Marktvergleich des vereinbarten Entgeltes mit dem marktüblichen Preis, den die Mehrzahl der übrigen Anbieter für vergleichbare Leistungen fordert). Unerheblich für diesen Marktvergleich sind also die Krankenhäuser, die nach der Bundespflegesatzverordnung bzw dem Krankenhausentgeltgesetz abrechnen.²²⁹ **165**

Ausgehend von der Legaldefinition der Pflegesätze in § 2 Nr 4 KHG ist für die Verordnung zur Regelung der Pflegesätze auf der Grundlage von § 16 KHG die Bezeichnung „**Bundespflegesatzverordnung**" gewählt worden (BPflV-1973, BPflV-1986, BPflV-1994).²³⁰ Seit dem 1. Januar 2004 gilt die Bundespflegesatzverordnung nur noch für die **166**

---

²²⁴ Zutreffend *Dietz*, KHG, § 17 Erl II 2.1; zur Einbeziehung „einreisender ausländischer Patienten" in diesen Grundsatz (vgl § 3 Abs 4 iVm § 14 Abs 1 S 1 BPflV) *Dietz*, BPflV, § 3 Erl VII.
²²⁵ Näher dazu RdNr 5–16; *Dietz*, KHG, § 5 Erl 2, 4, 7.
²²⁶ AO v 1. 10. 2002 idF des Gesetzes v 13. 12. 2006 (Art 10 Nr 7 a) – BGBl I, 2878.
²²⁷ Entsprechend entfallen die Befreiungen des § 4 Nr 16b Umsatzsteuergesetz, § 3 Nr 20 Gewerbesteuergesetz und § 4 Nr 6 Grundsteuergesetz; s näher zu § 67 AO *Wizemann/Schanbacher*, in: *Lenz/Dettling/Kieser*, 286, 294 RdNr 34 ff, und *Nauen* KH 2006, 521.
²²⁸ Verfügung der Oberfinanzdirektion Rheinland v 10. 3. 2006 – S 0186-1000-St 1/S 7172-1000-St 4.
²²⁹ BGH, Urt v 12. 3. 2003 – IV ZR 278/01, BGHZ 154, 154 (159 f) = MedR 2003, 407.
²³⁰ Ausführlich zur Rechtsentwicklung *Tuschen/Quaas*, BPflV, Einführung Ziff 4 u 5; *Tuschen/Trefz*, KHEntgG, Einführung Ziff 5.

Einrichtungen der Psychiatrie sowie die Einrichtungen für psychosomatische Medizin und Psychotherapie (§ 17b Abs 1 S 1 zweiter HS KHG, § 1 Abs 1 BPflV), und zwar für diese Bereiche neben dem Krankenhausfinanzierungsgesetz als „Grundgesetz der Krankenhausfinanzierung"[231], zB § 17 Abs 2 KHG. Im Übrigen – und somit für den weitaus größten Bereich – werden die vollstationären und teilstationären Leistungen zwar ebenfalls auf der Grundlage des Krankenhausfinanzierungsgesetzes vergütet, wofür aber zusätzlich und von entscheidender Bedeutung mit Artikel 5 des Fallpauschalengesetzes vom 23. 4. 2002[232] das Gesetz über die Entgelte für voll- und teilstationäre Krankenhausleistungen (Krankenhausentgeltgesetz) erlassen wurde; beispielsweise hat § 17 KHG („Grundsätze für die Pflegesatzregelung") für die unter das Krankenhausentgeltgesetz fallenden DRG-Krankenhäuser (Anwendung des DRG-Fallpauschalensystems gemäß § 17b KHG) nur noch geringe Bedeutung.[233] Auch die Entgelte des Krankenhausentgeltgesetzes sind Pflegesätze im Sinne der Legaldefinition des Krankenhausfinanzierungsgesetzes, obwohl das Krankenhausentgeltgesetz diesen Begriff nicht mehr kennt (s insbesondere § 7 „Entgelte für allgemeine Krankenhausleistungen" und § 8 „Berechnung der Entgelte").

167 Die **Zukunft** liegt in der **Terminologie des Krankenhausentgeltgesetzes,** zumal der „Pflege"satz als überkommener Begriff für Krankenhausentgelte nicht den Kern der Krankenhausleistungen erfasst. Der Zeitpunkt für eine terminologische Anpassung des Krankenhausfinanzierungsgesetzes an das Krankenhausentgeltgesetz wird spätestens mit der Einführung eines pauschalierenden tagesbezogenen Entgeltsystems für psychiatrische und psychosomatische Einrichtungen ab dem Jahr 2013 erreicht sein.[234] Bereits jetzt kann und sollte ohne Nachteil im Übrigen § 39 Abs 3 SGB V zur Erstellung sog **Preisvergleichslisten**[235] durch die Landesverbände der Krankenkassen, die Landeskrankenhausgesellschaft und die Kassenärztliche Vereinigung als überflüssig und ungeeignet entfallen, zumal diese mit dem Gesundheits-Reformgesetz 1988 geschaffene Regelung zur Schaffung von Transparenz über Krankenhausleistungen und deren Preiswürdigkeit nie praktiziert worden ist und die notwendige Transparenz längst auf andere Weise besser hergestellt wird, insbesondere im DRG-System.

168 Die **Legaldefinition der pflegesatzfähigen Kosten** in § 2 Nr 5 KHG[236] ist ohne besondere Bedeutung, auch nicht für die einzigen Bezugnahmen in § 16 Nr 5 KHG und § 7 BPflV. Es handelt sich um Kosten, die die Fähigkeit haben, im Pflegesatz berücksichtigt zu werden, die aber nicht zwingend auch berücksichtigt werden müssen.[237] Dementsprechend kann die Legaldefinition ohne Nachteil als überflüssig gestrichen werden. Ausreichend sind Regelungen wie in § 17 Abs 3 KHG zur konkreten Bestimmung der für alle Krankenhäuser nicht pflegesatzfähigen Kosten: Die **Kosten für wissenschaftliche Forschung und Lehre,** „die über den normalen Krankenhausbetrieb hinausgehen", sind nicht pflegesatzfähig; Kostenanteile für Forschung und Lehre dürfen nicht ausgegliedert werden, wenn die mit der Behandlung einhergehende Versorgung nicht zu zusätzlichen Kosten geführt hat.[238] Im Übrigen sind die Pflegesätze nicht etwa zu kürzen, wenn der Patient im Rahmen einer klinischen Studie behandelt wird (s § 8 Abs 1 S 2 KHEntgG, Finanzierung des Versorgungsanteils auch bei Arzneimittelstudien);[239] der Versorgungsanteil

---

[231] So *Quaas/Zuck*, § 25 RdNr 201.
[232] BGBl I, 1412.
[233] Siehe dazu im Einzelnen *Dietz*, KHG, § 17, insbesondere Erl I 5, VII 1.
[234] Siehe § 17d KHG idF des Gesetzes v 17. 3. 2009 zum ordnungspolitischen Rahmen der Krankenhausfinanzierung ab dem Jahr 2009 (BGBl I, 534); näher dazu unten RdNr 201f.
[235] Siehe dazu ausführlich *Schmidt*, in: *Peters*, KV (SGB V), § 39 RdNr 255 ff.
[236] Eingefügt durch das Gesundheitsstrukturgesetz v 21. 12. 1992 – BGBl I, 2266.
[237] So zutreffend *Dietz*, KHG, § 2 Erl III 15.2.
[238] Siehe *Dietz*, KHG, § 17 Erl IV 3.
[239] Angesichts des Urteils des BSG v 22. 7. 2004 (BSGE 93, 137), wonach bei klinischen Studien zur Erprobung von nicht zugelassenen Arzneimitteln die Krankenhausbehandlung von den Krankenkassen in der Regel nicht zu vergüten ist, hat der Gesetzgeber im Rahmen des 14. Gesetzes zur

14. Kapitel. Krankenhausrecht. Öff-rechtl Rahmen   169–171 § 82

umfasst die Leistungen, die ohne die Durchführung der Studie ohnehin erbracht worden wären. Für die **Abgrenzung** der nicht pflegesatzfähigen Kosten von den **Investitionskosten** der Plankrankenhäuser im Rahmen der dualen Finanzierung[240] greift § 17 Abs 4 Nr 1 KHG ein, ferner auf der Grundlage von § 16 Abs 1 S 1 Nr 2 KHG die Abgrenzungsverordnung des Bundes vom 12. 12. 1985[241] und für die Pflegesatzfähigkeit von Instandhaltungskosten § 17 Abs 4b KHG.[242] Für die unter das Krankenhausentgeltgesetz fallenden DRG-Krankenhäuser hat § 17 KHG nur noch geringe Bedeutung. Für die Höhe der pauschalen Entgelte sind die Kosten des einzelnen Krankenhauses bedeutungslos. Allerdings ist bei der Festlegung der Bewertungsrelationen auf Bundesebene (§ 9 KHEntgG) und der Vereinbarung des Landesbasisfallwertes (§ 10 Abs 3 KHEntgG) die Pflegesatzfähigkeit von Kosten von Bedeutung.[243]

Pflegesatzfähig auf Grund besonderer Regelung in § 17a KHG (idF des KHRG v 17. 3. **169**
2009) sind grundsätzlich die **Kosten,** die für den **Betrieb** der mit den Krankenhäusern verbundenen **Ausbildungsstätten** anfallen (s § 2 Nr 1a KHG) und die Kosten der Ausbildungsvergütungen[244] (ebenso die Mehrkosten des Krankenhauses infolge der Ausbildung, insbes die **Mehrkosten der Praxisanleitung** infolge des Krankenpflegegesetzes vom 16. 7. 2003). Die Vertragsparteien auf Bundesebene haben eine Rahmenvereinbarung über die zu finanzierenden Tatbestände und das Kalkulationsschema am 25. 2. 2009 abgeschlossen.[245] Wettbewerbsneutralität soll über einen **Ausgleichsfonds** durch ein besonderes Ausgleichsverfahren erreicht werden (Zuständigkeit der Landeskrankenhausgesellschaft und der Landesverbände der Krankenkassen gemäß § 17a Abs 5 KHG); der Fonds wird durch einen Ausbildungszuschlag gespeist, der von allen Krankenhäusern im Land – ausbildenden und nicht ausbildenden – allen Patienten/Krankenkassen in Rechnung gestellt wird. Ausgleichsfonds bestehen in Baden-Württemberg, Bayern, Berlin, Bremen, Hessen, Niedersachsen, Nordrhein-Westfalen, Rheinland-Pfalz, Saarland, Schleswig-Holstein und Thüringen. In den Ländern ohne Ausgleichsfonds rechnen die ausbildenden Krankenhäuser die Ausbildungskosten über krankenhausindividuelle Zuschläge ab (s § 17a Abs 9 KHG).

Die **Rechtsgrundlage für Vergütungsansprüche** des Krankenhausträgers ist § 109 **170**
Abs 4 S 3 SGB V iVm der jeweiligen genehmigten Pflegesatzvereinbarung. Eine **Zweckbindung der Erlöse** aus Pflegesätzen besteht nicht (freie Verfügbarkeit, auch für Investitionen, im Gegensatz zur Zweckbindung der Investitionsfördermittel gemäß § 9 KHG). Nur Erlöse, die zur Finanzierung des Ausbildungsbudgets erzielt worden sind, sind nach § 17a Abs 7 KHG zweckgebunden für die Ausbildung zu verwenden.

Die Pflegesätze sind bezogen auf die stationären und teilstationären **Leistungen inner-** **171**
halb des Versorgungsauftrages des Krankenhauses (s § 109 Abs 4 S 2 SGB V sowie § 3 Abs 1 S 3 und 4 iVm §§ 4, 14 Abs 1 S 2 BPflV sowie § 8 Abs 1 S 3 und 4 iVm § 11 Abs 1 S 1 KHEntgG). Somit werden nur Leistungen und Kosten berücksichtigt, die der Erfüllung

---

Änderung des Arzneimittelgesetzes v 29. 8. 2005 (BGBl, 2570) durch Einfügung eines zweiten Halbsatzes in § 8 Abs 1 S 2 KHEntgG klargestellt, dass der Versorgungsanteil mit den ungekürzten normalen Entgelten für die allgemeinen Krankenhausleistungen auch bei Arzneimittelstudien vergütet wird, und hat somit der BSG-Rechtsprechung zu Recht jede Grundlage entzogen; ausgenommen von der Finanzierung durch die Krankenkassen ist nur der Forschungsanteil; kritisch zum BSG-Urteil auch *Schmidt,* in: Peters, KV (SGB V), § 39 RdNr 212c.

[240] Siehe BVerwGE 62, 18; E 91, 363.
[241] BGBl I, 225, zuletzt geändert durch das Gesetz v 17. 3. 2009 (BGBl I, 534, 548); dazu ausführlich *Tuschen/Trefz,* KHEntgG, Einführung 4.1; ferner *Quaas/Zuck,* § 25 RdNr 208 zur geringen Bedeutung der Abgrenzungsverordnung im heutigen Pflegesatzsystem.
[242] Siehe dazu *Dietz,* KHG, § 17 Erl VI; *Tuschen/Quaas,* BPflV, Einführung 3.1.3.
[243] Siehe dazu unten RdNr 203 ff.
[244] Näher zum eigenständigen System der Ausbildungsfinanzierung, ua zum getrennten Ausbildungsbudget *Rau* MHK, 686, RdNr 90–93; *Dietz,* KHG, Erl zu § 17a; ferner DKG-Rundschreiben Nr 64/2007 mit ausführlichen grundlegenden Hinweisen.
[245] Abrufbar unter www.gkv-spitzenverband.de.

des Versorgungsauftrages dienen.²⁴⁶ Nur Entgelte für die Behandlung von Notfallpatienten sind außerhalb des Versorgungsauftrages abrechenbar.²⁴⁷

172 Sowohl im Geltungsbereich der Bundespflegesatzverordnung als auch im Geltungsbereich des Krankenhausentgeltgesetzes sind für jedes einzelne Krankenhaus auf der örtlichen Ebene prospektiv **Pflegesatzvereinbarungen** zu schließen (§ 18 KHG, § 17 BPflV, § 11 KHEntgG), und zwar schriftlich (§ 11 Abs 1 S 4 HS 2 KHEntgG/§ 17 Abs 1 S 2 HS 2 BPflV iVm § 69 S 4 SGB V, § 126 BGB). Vertragsparteien sind der Krankenhausträger und diejenigen Sozialleistungsträger, die für einen Mindestanteil von Krankenhausleistungen die Kosten zu tragen haben, also insbesondere die gesetzlichen Krankenkassen (§ 21 Abs 2 SGB I); entscheidend ist, ob im Jahr vor Beginn der Pflegesatzverhandlungen mehr als 5 vH der Belegungs- und Berechnungstage des Krankenhauses auf den betreffenden Sozialleistungsträger oder einen Zusammenschluss von Sozialleistungsträgern (häufig bei Innungskrankenkassen und Betriebskrankenkassen) entfallen sind (§ 18 Abs 2 KHG).²⁴⁸ Die Pflegesatzvereinbarung ist ein öffentlich-rechtlicher Vertrag (§§ 54 ff Verwaltungsverfahrengesetz). Die Krankenkassen handeln gemeinsam und einheitlich²⁴⁹ in Erfüllung ihrer sozial-rechtlichen Verpflichtung nach § 109 Abs 4 S 3 SGB V, mit den zugelassenen Krankenhäusern (§ 108 SGB V) „Pflegesatzverhandlungen nach Maßgabe des Krankenhausfinanzierungsgesetzes, des Krankenhausentgeltgesetzes und der Bundespflegesatzverordnung zu führen". Auch wird der Vereinbarungsinhalt weitgehend durch öffentlich-rechtliche Regelungen bestimmt (zB Anlage 1 „Aufstellung der Entgelte und Budgetermittlung – AEB" gem § 11 Abs 4 KHEntgG und Anlage 1 „Leistungs- und Kalkulationsaufstellung – LKA" gem § 17 Abs 4 BPflV).

173 Bei der Vereinbarung über die Entgelte können die Vertragsparteien im Rahmen von Freiräumen des geltenden Rechts selbst festlegen, wie das Volumen der Erlöse ausfällt und welche Faktoren bei der Entgeltbestimmung mit welchem Gewicht Berücksichtigung finden;²⁵⁰ auch vor diesem Hintergrund erscheint das Erfordernis der Zustimmung der Landesverbände der Krankenkassen und des Landesausschusses des Verbandes der privaten Krankenversicherung (§ 18 Abs 1 S 3 KHG) angesichts der Kompetenz der Pflegesatzparteien entbehrlich.²⁵¹ Die gesetzlichen Vorgaben sind allerdings erheblich, so dass sich nur ein sehr begrenzter **„gesetzlich geschützter Verhandlungsspielraum der Pflegesatzparteien"**²⁵² als Gestaltungsmöglichkeit ergibt. Der Gestaltungsspielraum bezieht sich naturgemäß nicht auf die Bereiche der Zulassung des Krankenhauses zur GKV: Beispielsweise können die Pflegesatzparteien weder den Inhalt des Versorgungsauftrages noch die Zulassung zur teilstationären Behandlung regeln. Die Pflegesatzvereinbarung stellt keine verbindliche Konkretisierung des Versorgungsauftrages dar;²⁵³ das Pflegesatzrecht sieht an keiner Stelle insbesondere eine Ermächtigung der Pflegesatzparteien zu Einschränkungen, die vom Versorgungsauftrag an sich abgedeckte Behandlungen betreffen, vor, auch nicht in § 17 Abs 6 S 1 BPflV bzw § 11 Abs 5 KHEntgG (lediglich Beschleunigungsgebot zur Abklärung/Feststellung des von dritter Seite bereits festgelegten Versorgungsauftrages).

---

²⁴⁶ Siehe BSG, Urt v 24. 7. 2003 – B 3 KR 28/02 R, GesR 2003, 382; v 24.1. 2008 – B 3 KR 6/07 R, ArztR 2009, 81 = GesR 2008, 323; BVerwG, Urt v 20. 12. 2007 – 3 C 53/06, ZMGR 2008, 148; OVG Nds GesR 2006, 223; LSG NW KHR 2009, 133.

²⁴⁷ Zur Finanzierung der Notfallversorgung *Bussmann*, in: *Robbers/Steiner* (Hrsg), Berliner Kommentar, § 7 Ziff 3.5.2 u § 8 Ziff 2.3.4.

²⁴⁸ Ausführlich zu den Pflegesatzverhandlungen *Dietz*, KHG, Erl zu § 18.

²⁴⁹ Kritisch *Leber* f&w 2003, 185: „Gemeinsame und einheitliche Budgetverhandlungen in Zeiten des Kassenwettbewerbs ein Anachronismus."

²⁵⁰ *Tuschen/Trefz*, KHEntgG, § 11, S 328.

²⁵¹ Für Streichung auch *Dietz*, KHG, § 18 Erl II 4, auch unter Hinweis darauf, dass kein Fall bekannt sei, in dem eine Pflegesatzvereinbarung an fehlender Zustimmung der Landesverbände gescheitert sei.

²⁵² BVerwGE 91, 363 = NJW 1993, 2391.

²⁵³ BSG, Urt v 24. 7. 2003 – B 3 KR 28/02 R, GesR 2003, 382, 383; s auch *Tuschen/Trefz*, KHEntgG, § 11, S 328 f.

2. Grundsatz der Beitragssatzstabilität. Nach § 71 Abs 1 S 1 SGB V nF haben die **174** Vertragspartner auf Seiten der Krankenkassen und der Leistungserbringer die Vereinbarungen über die Vergütungen nach dem Fünften Buch Sozialgesetzbuch so zu gestalten, dass Beitragserhöhungen ausgeschlossen werden, es sei denn, die notwendige medizinische Versorgung ist auch nach Ausschöpfung von Wirtschaftlichkeitsreserven nicht zu gewährleisten **(Grundsatz der Beitragssatzstabilität).**[254] Das Bundesministerium für Gesundheit stellt nach § 71 Abs 3 S 1 SGB V bis zum 15. September eines jeden Jahres für die Vereinbarungen der Vergütungen des jeweils folgenden Jahres die durchschnittlichen **Veränderungsraten** der beitragspflichtigen Einnahmen aller Mitglieder der Krankenkassen je Mitglied (sog **Grundlohnrate)** für den gesamten Zeitraum der zweiten Hälfte des Vorjahres und der ersten Hälfte des laufenden Jahres gegenüber dem entsprechenden Zeitraum des jeweiligen Vorjahres fest (je Mitglied getrennt nach dem gesamten Bundesgebiet sowie dem Gebiet der neuen Länder und der alten Länder).[255] Gesetzgeberisches Ziel ist es, die Leistungsfähigkeit und Wirtschaftlichkeit der GKV sowie deren Finanzierung zu vertretbaren Beitragssätzen auf Dauer zu sichern.

Ursprünglich waren in § 71 Abs 1 S 1 SGB V neben Vergütungsvereinbarungen nach **175** dem SGB V auch solche nach dem „Krankenhausfinanzierungsgesetz sowie den nach diesen Vorschriften getroffenen Regelungen" einbezogen. In der Folgezeit war es zu Auslegungsproblemen angesichts besonderer **Regelungen im Pflegesatzrecht** über die Beachtung des sozialversicherungsrechtlichen Grundsatzes der **Beitragssatzstabilität** gekommen; Krankenkassen vertraten die Auffassung, dass das nach § 6 BPflV unter Beachtung des dort konkretisierten Grundsatzes der Beitragssatzstabilität ermittelte Budget nachfolgend nochmals an § 71 SGB V zu messen sei.[256] Dieser Auffassung hat der Gesetzgeber mit Art 1 Nr 2 des Fallpauschalengesetzes v 23. 4. 2002[257] durch Streichung der Bezugnahme auf das Krankenhausfinanzierungsgesetz und danach getroffene Regelungen endgültig den Boden entzogen. Gleichzeitig wurde in § 17 Abs 1 S 3 KHG eindeutig festgelegt, dass bei der Ermittlung der Pflegesätze der Grundsatz der Beitragssatzstabilität (§ 71 Abs 1 SGB V) nach Maßgabe des Krankenhausfinanzierungsgesetzes und des Krankenhausentgeltgesetzes zu beachten ist; § 17 Abs 1 S 3 KHG nimmt ausschließlich Bezug auf § 71 Abs 1 SGB V, nicht aber auf § 71 Abs 2 SGB V.

Maßgebend für die Beachtung des Grundsatzes der Beitragssatzstabilität ist das **Pflege- 176 satzrecht als lex specialis** (s § 10 Abs 1 und 4 KHEntgG für die DRG-Krankenhäuser und die Vereinbarung des Landesbasisfallwertes und § 6 BPflV für die übrigen Krankenhäuser und die Pflegesatzvereinbarung der örtlichen Vertragsparteien), und zwar wegen der Besonderheiten des Entgeltsystems im Krankenhausbereich, selbst wenn die Folge ist, dass Beitragssatzstabilität nicht erreicht wird.[258] Von der Regelung des § 71 SGB V ist im Bereich der Krankenhausfinanzierung neben Absatz 1 nur Absatz 3 über die maßgebliche Veränderungsrate anwendbar.[259] Die an der Einnahmenentwicklung der gesetzlichen Krankenkassen orientierte Veränderungsrate begrenzt bei der Vereinbarung des Landes-

---

[254] Mit Wirkung zum 1. 1. 2009 ua Ersetzung des Wortes „Beitragssatzerhöhungen" durch das Wort „Beitragserhöhungen" durch Art 1 Nr 41 Buchstabe a) GKV-Wettbewerbsstärkungsgesetz; Grund: Anpassung an § 241 Abs 2 SGB V nF, also der Festlegung des allgemeinen Beitragssatzes für die Zeit ab 1. 1. 2009 durch Rechtsverordnung der Bundesregierung (ergo: nur noch mittelbarer Einfluss der gesetzlichen Krankenkassen), s Begründung zum Gesetzentwurf BT-Drucks 16/3100, 308; näher dazu *Hencke,* in: *Peters,* KV (SGB V), § 71 RdNr 1h.

[255] Einführung des Begriffs der Beitragssatzstabilität durch das Gesundheitsreformgesetz v 20. 1. 1988 (BGBl I, 2477); näher dazu *Hencke,* in: *Peters,* KV (SGB V), Erl zu § 71.

[256] Siehe *Dietz,* KHG, § 17 Erl II 4 u Dietz, BPflV, § 6 Erl III.

[257] BGBl I, 1412; amtliche Begründung BT-Drucks 14/6893.

[258] Siehe auch *Quaas/Zuck,* § 25 RdNr 15.

[259] Siehe VGH BW, Urteil v 1. 3. 2005 – 9 943/04, MedRecht 2005, 533; bestätigt im Beschluss des BVerwG v 1. 12. 2005 – 3 B 75/05 (Nichtzulassungsbeschwerde): kein genereller Vorrang des § 71 SGB V vor § 6 BPflV, s *Kraemer* NZS 2006, 579.

basisfallwertes (§ 10 KHEntgG) stark die Berücksichtigung von Kostensteigerungen. Generell ist festzustellen, dass die Regelungen zur Beitragssatzstabilität im Krankenhausentgeltgesetz strikter als in der Bundespflegesatzverordnung ausgestaltet sind.[260]

177 Das **Bundesministerium für Gesundheit** hat am 15. September 2007 die durchschnittlichen **Veränderungsraten der beitragspflichtigen Einnahmen** aller Mitglieder der Krankenkassen je Mitglied nach § 71 Abs 3 SGB V im Hinblick auf das Jahr 2008 im Bundesanzeiger bekannt gemacht. Diese betragen im gesamten Bundesgebiet + 0,64 Prozent (+ 0,65 Prozent in den alten Bundesländern einschließlich Berlin und + 0,51 Prozent im Beitrittsgebiet ohne Berlin). Für die Feststellung der Veränderungsraten waren das zweite Halbjahr 2006 und das erste Halbjahr 2007 mit dem entsprechenden Zeitraum der beiden Vorjahre in Vergleich zu setzen. Die **Veränderungsrate von + 0,64 Prozent** gilt gemäß § 71 Abs 3 S 1 SGB V für die **Vergütung der Krankenhausleistungen 2008**[261] im gesamten Bundesgebiet; denn die Veränderungsrate für das Beitrittsgebiet lag nicht oberhalb der Veränderungsrate für die alten Länder (s § 71 Abs 2 S 3 SGB V).

178 Im Hinblick auf die **Vergütungsvereinbarungen** für das Jahr **2009** hat das Bundesministerium für Gesundheit am 2. September 2008 „die durchschnittliche **Veränderungsrate** der beitragspflichtigen Einnahmen der Mitglieder aller Krankenkassen je Mitglied" bekannt gegeben:[262] Die **Veränderungsrate** beträgt im gesamten Bundesgebiet **+ 1,41 Prozent.** Eine Trennung der Veränderungsraten wie bisher nach Rechtskreisen ist nicht erfolgt, da durch die Aufhebung des § 313a SGB V mit Ablauf des Jahres 2007 die getrennte Meldung für die alten Länder und das Beitrittsgebiet eingestellt wurde. Der gesetzliche Auftrag im unverändert gebliebenen § 71 Abs 3 S 1, Abs 2 S 3 SGB V wurde insoweit nicht erfüllt, so dass eine Entscheidung des Gesetzgebers zur Frage weiterhin differenzierter Veränderungsraten (mit notwendiger Erhebung und Meldung durch die Krankenkassen) unumgänglich ist. Für **2010** beträgt die Veränderungsrate im gesamten Bundesgebiet **+ 1,54 Prozent.**

179 **3. Krankenhausbudgets.** Für die Vergütung der Leistungen der Krankenhäuser in der Vergangenheit, der Gegenwart und auch in der Zukunft sind die **Kernpunkte des Budgetierungssystems** mit möglichen Variationen von großer Bedeutung, nicht nur in Anwendung zunächst der Bundespflegesatzverordnung, sondern seit 2003 auch in Anwendung des Krankenhausentgeltgesetzes für die DRG-Krankenhäuser. Krankenhausbudgets werden prospektiv anhand einer Schätzung der voraussichtlichen Leistungsentwicklung für den Pflegesatzzeitraum/Vereinbarungszeitraum (regelmäßig das nächste Kalenderjahr) festgelegt (s § 12 Abs 1 BPflV sowie § 11 KHEntgG). Ohne Budgets würden sich die Erlöse des Krankenhauses auf Basis der jeweiligen Höhe der Pflegesätze allein noch nach der Leistungsmenge richten.[263]

180 Mit der Bundespflegesatzverordnung vom 21. 8. 1985[264] wurde erstmals eine **Begrenzung der Erlöse** des Krankenhauses für den Pflegesatzzeitraum festgelegt, und zwar durch einen im Voraus zu vereinbarenden bestimmten Gesamtbetrag (Budget). Gäbe es nur einen Kostenträger, könnte dieser das Budget dem Krankenhaus in einer Summe zur Verfügung stellen. Wegen der Vielzahl der Kostenträger wird das Budget über die Pflegesätze aufgeteilt. Die **Höhe des tagesgleichen Pflegesatzes** ergibt sich dadurch, dass das Budget durch die voraussichtliche Zahl der Berechnungstage geteilt wird (s § 3 Abs 1 Nr 1 BPflV 1986 und § 10 Abs 1 Nr 2 BPflV 1995); der **Pflegesatz** ist **Abschlagszahlung,** Verrechnungseinheit zur Erwirtschaftung des vereinbarten Budgets.

---

[260] Näher dazu unten RdNr 189 ff. und 203 ff.
[261] Infolge des Arzneimittelversorgungs-Wirtschaftlichkeitsgesetzes (AVWG) v 26. 4. 2006 (BGBl I, 981, 985) galt für die Vergütung der Krankenhausleistungen für die Jahre 2006 und 2007 die Sonderregelung des § 71 Abs 3a SGB V.
[262] Bekanntmachung im Bundesanzeiger Nr 139 v 12. 9. 2008; für 2010 Nr 138 v 16. 9. 2009.
[263] Grundsätzlich zum Budgetierungssystem *Quaas/Zuck*, § 25 RdNr 213 ff.
[264] BGBl I, 1666.

14. Kapitel. Krankenhausrecht. Öff-rechtl Rahmen 181–183 § 82

Da die geschätzte voraussichtliche Zahl von Berechnungstagen nicht mit der tatsächlichen Zahl übereinstimmen wird, ist in einem derartigen System gleichzeitig festzulegen, was mit den erzielten **Mehrerlösen** (Mehrbelegung) oder **Mindererlösen** (Minderbelegung) geschieht **(flexibles Budget oder festes Budget)**. Unter dem dann erforderlichen Ausgleich wird im Pflegesatzrecht ein Betrag verstanden, der die während eines zurückliegenden Budgetzeitraumes eingetretene Abweichung bestimmter Ist-Werte von den prospektiven Annahmen nachbessert,[265] ohne dass der einzelnen Krankenkasse beim Mehrerlösausgleich eine Gläubigerstellung zukommt.[266] Bei einem flexiblen Budget wird die bei Mehrerlösen eintretende Fixkostenüberdeckung und die bei Mindererlösen vorhandene Fixkostenunterdeckung über das nachfolgende Budget ausgeglichen; es werden also die variablen Kosten berücksichtigt, die erhöhten variablen Kosten bei Mehrleistungen und die verminderten bei Minderleistungen. Ein derartiges flexibles Budget enthielt ursprünglich die Bundespflegesatzverordnung 1986 (§ 4) mit einem angenommenen Verhältnis von Fixkosten und variablen Kosten von 75 zu 25 Prozent (Rückzahlung/Verrechnung von 75 % der Mehrerlöse und bei Mindererlösen deren Ausgleich durch Zahlung/Verrechnung von 75 % der Mindererlöse). 181

Durch das **Gesundheitsstrukturgesetz** vom 21.12.1992[267] wurde für drei Jahre (**1993 bis 1995**) ein **festes Budget** geschaffen: Die Erlöse für Mehrleistungen mussten zu 100 Prozent zurückgezahlt werden; bei Minderleistungen wurden die eigentlich entfallenen Erlöse dem Krankenhaus gewährt, obwohl insoweit variable Kosten für das Krankenhaus gar nicht entstanden waren. Wegen der damit verbundenen Ungerechtigkeiten und leistungshemmenden Anreize wurde mit der **Bundespflegesatzverordnung 1995** (§ 12 Abs 6) wieder das **flexible Budget** gewählt (Ausgleich von Mindererlösen nicht mehr zu 75 %, sondern nur noch zu 50 %; seit 2000 zu 40 % gemäß § 12 Abs 4 BPflV aF und seit 2007 nur noch zu 20 % gemäß § 12 Abs 2 BPflV[268]/Ausgleich von Mehrerlösen seit 1997 bis heute zu 85 bzw 90 % zugunsten der Krankenkassen gemäß § 12 Abs 2 BPflV). Das Krankenhaus wird bestrebt sein, eine „Punktlandung" zu erzielen, also die vorauskalkulierte Zahl von Berechnungstagen zu erreichen bzw zumindest nicht zu überschreiten, und geplante Mehrleistungen bereits bei der prospektiven Pflegesatzvereinbarung durchzusetzen. Denn die mit den veränderten Ausgleichssätzen bezweckte starke Entlastung der Krankenkassen bedeutet bei erhöhten Patientenzahlen, dass das Krankenhaus für jeden über die prospektive Vereinbarung hinausgehenden Berechnungstag nur 15 bzw 10 % des Pflegesatzes endgültig behält. 182

Der **Ausgleich von Mehrerlösen** als Bestandteil des Budgetsystems kommt nur zum Tragen bei einer erhöhten Belegung durch **höhere Nutzung im Rahmen des Versorgungsauftrages**. Einnahmen, die ein Plankrankenhaus durch den Einsatz von nicht in den Krankenhausplan aufgenommenen Betten erzielt, unterliegen nicht dem Mehrerlösausgleich.[269] Hat der Träger des Plankrankenhauses also zB zusätzlich mit den gesetzlichen Krankenkassen einen Versorgungsvertrag nach § 111 SGB V über die Nutzung als Reha-Klinik geschlossen und werden in diesem weiteren Betriebsteil Reha-Betten mit Akutpatienten belegt, handelt es sich nicht um eine „abweichende Belegung" im Sinne von § 12 Abs 2 183

---

[265] *Tuschen/Trefz*, KHEntgG, Einführung 5.1.2, 5.2.3 u 6.4.3.
[266] Siehe *Degener-Hencke*, in: Speyerer Arbeitsheft Nr 148, 63, 68, zum Mehrerlösausgleich im Insolvenzverfahren über den Krankenhausträger.
[267] BGBl I, 2266 – Art 11.
[268] Geändert durch Art 20 Nr 2 des GKV-Wettbewerbsstärkungsgesetzes v 26.3.2007 (BGBl I, 378) als Bestandteil des aus drei Einzelmaßnahmen bestehenden sog „Sanierungsbeitrages" der Krankenhäuser (ferner: 0,5 %iger Rechnungsabschlag gem § 8 Abs 9 KHEntgG sowie Aufhebung der Rückzahlungspflicht nicht verwendeter Mittel der Anschubfinanzierung der integrierten Versorgung gem § 140d Abs 1 S 8 SGB V, soweit die Mittel in den Jahren 2004–2006 einbehalten wurden); entsprechende Verringerung des Mindererlösausgleichs in § 4 Abs 9 S 2 KHEntgG gemäß Art 19 Nr 1b GKV-WSG.
[269] BVerwG, Urt v 20.12.2007, NZS 2008, 595 = ZMGR 2008, 148.

S 1 BPflV.²⁷⁰ In einen Ausgleich kann nur ein Vorgang einbezogen werden, der, wäre er rechtzeitig bekannt gewesen, bereits bei der Budgetfestsetzung hätte berücksichtigt werden können und müssen. Überschreitungen des Versorgungsauftrages (Behandlung von Akut-Patienten in Reha-Betten) sind von Rechts wegen nicht tolerierbar; für solche Leistungen erwirbt das Krankenhaus generell einen Entgeltanspruch gegen die Kostenträger nicht.²⁷¹

184 Ein **kalkulatorischer Gewinnzuschlag** wird in der Pflegesatzvereinbarung nicht berücksichtigt, auch nicht etwa deshalb, weil Über- oder Unterschreitungen der geschätzten Belegungsrate nach § 12 Abs 2 BPflV nicht stets kostendeckend ausgeglichen werden. Ziel dieser Bestimmung ist es, den Krankenhausträger zu veranlassen, die voraussichtliche Belegungsrate verantwortlich vorauszuschätzen und die Schätzung anschließend möglichst punktgenau umzusetzen; dies darf nicht durch die Zubilligung eines kalkulatorischen Gewinnzuschlages unterlaufen werden.²⁷²

185 In einem **DRG-Fallpauschalensystem** ist die Abrechnung der Entgelte im Rahmen eines Budgetierungs- und Ausgleichssystems nicht zwangsläufig beendet (s § 4 KHEntgG zur Vereinbarung eines Erlösbudgets für die Jahre 2005 bis 2008 und zum Fortbestand ab 2009, falls eine andere gesetzliche Regelung nicht in Kraft getreten ist – § 4 Abs 12). Entsprechend den bisherigen Regelungen der §§ 11 Abs 8 und 12 Abs 4 BPflV enthielt § 4 Abs 9 KHEntgG die **Mehr- und Mindererlös-Ausgleichsquoten** für den Fall, dass die tatsächlichen Erlöse aus Fallpauschalen und Zusatzentgelten von den prospektiv vereinbarten Erlösen abweichen (Ausgleich von Mindererlösen ab 1.1.2007 grundsätzlich nur zu 20% – wie auch nach § 12 Abs 2 BPflV/Mehrerlösausgleich in unterschiedlicher Höhe).

186 Die im Krankenhausentgeltgesetz und in der Bundespflegesatzverordnung bestimmten Ausgleichsquoten für Mehr- oder Mindererlöse gehören jeweils zu dem Jahr, für das das flexible Krankenhausbudget vereinbart wird. Dies folgt aus der nach wie vor in der Bundespflegesatzverordnung und im Krankenhausentgeltgesetz vorgesehenen prospektiven Vereinbarung des Krankenhausbudgets, wenn auch in der Praxis häufig erst verspätet verhandelt wird. Das Krankenhaus soll von vorn herein verlässlich wissen, welches die finanziellen Folgen von Budgetabweichungen sind. Deshalb kann der durch das **GKV-Wettbewerbsstärkungsgesetz** vom 26.3.2007 rückwirkend zum 1. Januar 2007 zulasten der Krankenhäuser von 40% **auf 20% abgesenkte Mindererlösausgleichssatz** (§ 4 Abs 9 S 2 KHEntgG, § 12 Abs 2 S 1 BPflV) nur auf Krankenhausbudgets angewendet werden, die für 2007 oder später vereinbart werden (Berücksichtigung als Ausgleichsbetrag frühestens im Vereinbarungszeitraum 2008).

187 Auch nach dem Gesetz vom 17. März 2009 zum ordnungspolitischen Rahmen der Krankenhausfinanzierung ab dem Jahr 2009²⁷³ ist im Krankenhausentgeltgesetz **weiterhin** die **Vereinbarung eines Erlösbudgets** nunmehr **mit einem neuen System für die anteiligen Mehr- und Mindererlösausgleiche** vorgesehen (siehe § 4 Abs 2 und 3 KHEntgG – neu).

188 Die **Krankenhausbudgets** ihrerseits sind über Regelungen zur **Umsetzung des Grundsatzes der Beitragssatzstabilität** mit der Einnahmenentwicklung bei den Krankenkassen verbunden.²⁷⁴ Die mit dem GKV-Gesundheitsreformgesetz 2000 verschärfte Begrenzung der einzelnen Krankenhausbudgets ist bis heute detailliert in § 6 BPflV ent-

---

²⁷⁰ So auch Vorinstanz OVG Nds, Urt v 22.9.2005 – 11 LC 87/04, GesR 2006, 223, 225; *Tuschen/Quaas*, BPflV, § 12, S 299 f.
²⁷¹ BVerwG ZMGR 2008, 148, 152; kein Anspruch aus ungerechtfertigter Bereicherung, vgl BSG NZS 2006, 29, 31 f und MedR 2005, 609, 611.
²⁷² BVerwG, Urt v 7.7.2005 – 3 C 23/04, *Buchholz* 451.74 § 18 KHG Nr 12 = NZS 2006, 248.
²⁷³ Krankenhausfinanzierungsreformgesetz – KHRG (BGBl I, 534); siehe *Trefz/Dietz* f&w 2009, 134, 135 f.
²⁷⁴ Siehe dazu eingehend *Tuschen/Quaas*, BPflV, Erl zu § 6, S 206 ff, auch zur Entwicklung der Budgetbegrenzungen seit 1993, Einführung 2, S 15 ff, sowie *Tuschen/Trefz*, KHEntgG, Einführung 1.5, S 12 ff.

14. Kapitel. Krankenhausrecht. Öff-rechtl Rahmen **189, 190 § 82**

halten und gilt nur noch für die Vergütung der allgemeinen Krankenhausleistungen, die in psychiatrischen und psychosomatischen Einrichtungen erbracht werden. Demgegenüber ist für alle anderen Krankenhäuser – und damit für die weitaus überwiegende Zahl – im Rahmen des DRG-Vergütungssystems ab 2005 die Begrenzung der einzelnen Krankenhausbudgets aufgegeben worden, weil sie eine leistungsgerechte Vergütung verhindert und in der Tendenz notwendige Strukturveränderungen in einer Versorgungsregion erschwert. Die einzelnen Krankenhausbudgets werden deshalb seit dem 1.1.2005 bis zum 1.1.2010 (Verlängerung der Konvergenzphase um 1 Jahr gemäß § 5 Abs 6 KHEntgG idF des KHRG) stufenweise an eine leistungsorientierte Höhe mit grundsätzlich landesweit einheitlichem Preisniveau angepasst.[275] Seit 2005 wird die Budgetbegrenzung über den Grundsatz der Beitragssatzstabilität bei der Vereinbarung des Basisfallwertes auf der Landesebene angewendet (§ 10 KHEntgG).

4. Vergütung nach der Bundespflegesatzverordnung für psychiatrische und **189**
psychosomatische Einrichtungen. Die soeben dargestellten Grundsätze sind für alle Krankenhäuser von Bedeutung. Davon ausgehend ist für die Ermittlung der konkreten Vergütung entscheidend, ob es sich um ein psychiatrisches Krankenhaus, eine psychiatrische Abteilung eines Allgemeinkrankenhauses oder eine Krankenhauseinrichtung für psychosomatische Medizin und Psychotherapie handelt. Nur für die entsprechenden Leistungen dieser Einrichtungen gilt seit 2003 neben dem Krankenhausfinanzierungsgesetz noch die Bundespflegesatzverordnung vom 26.9.1994.[276] Für die Vergütung der nichtpsychiatrischen Leistungen aller übrigen Krankenhäuser, der sog **DRG-Krankenhäuser,** ist neben dem Krankenhausfinanzierungsgesetz das Krankenhausentgeltgesetz v 23.4.2002[277] entscheidend (§ 17b Abs 1 S 1 KHG, § 1 Abs 2 Nr 3 KHEntgG); hält ein psychiatrisches Krankenhaus zB eine Abteilung für Neurologie vor, gilt für diese Abteilung das Krankenhausentgeltgesetz. Ausschließliche **BPflV-Einrichtungen** sind im Gegensatz zu den DRG-Krankenhäusern die Einrichtungen, in denen bei gleicher Diagnose die Behandlungsdauer für die einzelnen Patienten sehr unterschiedlich ist und verweildauerverkürzende Anreize des DRG-Systems problematisch sind; es handelte sich im Jahr 2007 um insgesamt 273 psychiatrische und psychosomatische Krankenhäuser.

a) **Vereinbarung eines leistungsgerechten Budgets.** Die allgemeinen Kranken- **190**
hausleistungen werden durch einen **Gesamterlösbetrag** nach § 12 BPflV **(Budget)** vergütet, der über tagesgleiche Pflegesätze nach § 13 BPflV den Patienten oder ihren Kostenträgern anteilig berechnet wird:[278]
– Vereinbarung eines medizinisch leistungsgerechten Budget zur Erfüllung des Versorgungsauftrages bei wirtschaftlicher Betriebsführung gemäß §§ 3, 12 Abs 1 BPflV
– Flexibles Budget mit Ausgleich von Mehrerlösen und Mindererlösen gemäß § 12 Abs 2 BPflV
– Berücksichtigung mehrerer Bemessungsfaktoren (insbesondere und beispielhaft Verkürzung der Verweildauern, Ergebnisse von Fehlbelegungsprüfungen, Leistungsverlagerungen in die ambulante Versorgung, Orientierungsmaßstäbe aus Krankenhausvergleichen, § 5 BPflV) gemäß § 6 Abs 1 BPflV[279]
– Begrenzung des leistungsgerecht bemessenen Budgets durch eine Obergrenze als zentrales Element der Wahrung der Beitragssatzstabilität[280] (Fortschreibung des vereinbarten periodengerechten Budgets des Vorjahres grundsätzlich maximal um die Ver-

---
[275] Siehe *Tuschen/Trefz,* KHEntgG, Einführung 1.5, S 13 f.
[276] BGBl I, 2750; Vorläufer: VO v 25.4.1973 (BGBl I, 333) und v 21.8.1985 (BGBl I, 1666).
[277] BGBl I, 1412 – Art 5 des Fallpauschalengesetzes.
[278] Ausführlich dazu *Dietz,* BPflV, Erl zu § 6; *Quaas/Zuck,* § 25 RdNr 259 ff.
[279] Ausführlich zum Krankenhausvergleich *Tuschen/Quaas,* BPflV, Erl zu § 5.
[280] Siehe auch BVerfGE 114, 196, 242: Verordnungsermächtigung zur Regelung der Pflegesätze in § 16 S 1 Nr 1 KHG umfasst auch Maßnahmen zur Sicherung der Beitragssatzstabilität (entsprechend § 17 Abs 1 S 3 KHG).

änderungsrate = Kappung auf den Obergrenzenbetrag bei Überschreitung der Obergrenze) gemäß § 6 Abs 1 S 3 BPflV iVm § 71 Abs 3 S 1 SGB V
— Vereinbarte Fortschreibung des bisherigen Budgets um die Veränderungsrate ohne besondere Ermittlung des leistungsgerechten Budgets gemäß § 3 Abs 2 S 4 BPflV[281]
— **Budgetvereinbarung oberhalb des Obergrenzenbetrages** nur bei Eingreifen eines Ausnahmetatbestandes (**Ausdeckelungstatbestände** — abschließend — für eine erhöhte Obergrenze, an der das leistungsgerechte Budget zu messen ist) gemäß § 6 Abs 1 S 4 iVm § 3 Abs 1 BPflV, insbesondere:
  — Veränderungen der medizinischen Leistungsstruktur oder der Fallzahlen[282]
  — Zusätzliche Kapazitäten für medizinische Leistungen auf Grund der Krankenhausplanung oder des Investitionsprogrammes des Landes[283]
  — Vorgaben der Psychiatrie-Personalverordnung zur Stellenzahl[284]
  — Auswirkungen einer Angleichung der Vergütungshöhe nach dem Tarifvertrag für den öffentlichen Dienst in den neuen Ländern an die in den alten Ländern geltende Höhe
— Keine zwangsläufige Ausschöpfung der erhöhten Obergrenze, falls leistungsgerechtes Budget niedriger/volle Ausschöpfung nur, wenn leistungsgerechtes Budget über der erhöhten Obergrenze.

191 Mit der **Berechnung des Gesamtbetrages der Erlöse (Budget)** in dem zweistufigen Verfahren nach der Bundespflegesatzverordnung hat sich das Bundesverwaltungsgericht im grundlegenden Urteil vom 8. 9. 2005 befasst.[285] Den ersten Schritt bildet die **Ermittlung des medizinisch leistungsgerechten Budgets** unter Beachtung der Vorgaben des § 6 Abs 1 S 1 und 2 iVm § 3 BPflV. Dieses leistungsgerechte Budget ist in einem zweiten Schritt nach § 6 Abs 1 S 3 und 4 BPflV der **Erlösobergrenze** gegenüberzustellen, die im Rahmen der Deckelung der Krankenhausausgaben eine **Kappungsgrenze** darstellt. Bleibt das leistungsgerechte Budget unterhalb der Erlösobergrenze, ist es von den Pflegesatzparteien zu vereinbaren. Überschreitet es die Erlösobergrenze, ergibt diese den maßgeblichen Vereinbarungsbetrag. Die Regelung des § 6 Abs 1 S 4 BPflV, wonach der Gesamtbetrag den um die Veränderungsrate der beitragspflichtigen Einnahmen der Krankenkassenmitglieder veränderten Gesamtbetrag des Vorjahres nur überschreiten darf, soweit die aufgeführten Tatbestände dies erforderlich machen (zB zusätzliche Kapazitäten für medizinische Leistungen), lässt eine unmittelbare Verrechnung mit anderweitig erzielten Einsparungen nicht zu; denn die **Berücksichtigung von Einsparungen** ist gemäß § 6 Abs 1 S 2 BPflV nur der Ermittlung des leistungsgerechten Budgets, also dem ersten Schritt, zugeordnet.

192 Der Ausdeckelungstatbestand „**Vorgaben der Psych-PV**"[286] (§ 6 Abs 1 S 4 Nr 4 BPflV) geht auf das GKV-Gesundheitsreformgesetz 2000 zurück. Die PsychPV regelt nur den Anspruch auf Stellen für das medizinische Fachpersonal in den unter die Bundespflegesatzverordnung fallenden Krankenhäusern und die Berücksichtigung bei der Vereinbarung des Budgets (s §§ 1, 2 PsychPV). Hat das Krankenhaus nach der PsychPV einen Anspruch

---

[281] Siehe dazu BVerwG NZS 2007, 424; *Dietz*, BPflV, § 6 Erl IV 2.
[282] Im Falle der Nichteinigung von Krankenhaus und Krankenkassen seit Inkrafttreten des Gesetzes v 17. 3. 2009 zum ordnungspolitischen Rahmen der Krankenhausfinanzierung ab dem Jahr 2009 Schiedsstellenfähigkeit wieder gegeben (s § 19 Abs 3 iVm § 6 Abs 1 S 4 Nr 1 BPflV).
[283] BVerwG v 21.1. 2003 – 3 C 4.02, GesR 2003, 244: Bettenhausneubau nur, wenn infolgedessen zusätzliche medizinische Leistungen.
[284] Ausführlich dazu *Dietz*, BPflV, § 6, Erl V 3.4. Zur Verbesserung der Personalbesetzung in der Psychiatrie aufgrund der Nachverhandlung gemäß § 6 Abs 1 S 4 Nr 4 BPflV idF des KHRG (Anhebung des Personalbestandes auf 90 % der Psych-PV-Vorgaben) mit Wirkung zum 1. 1. 2009 *Rau* KH 2008, 1293, 1295.
[285] BVerwGE 124, 209, 215 ff; s dazu auch *Kraemer* NZS 2006, 578.
[286] Verordnung über Maßstäbe und Grundsätze für den Personalbedarf in der stationären Psychiatrie v 18.12.1990 (BGBl I, 2930), zuletzt geändert durch VO v 26.9.1994 (BGBl I, 2750); s *Kunze/Kaltenbach*, Psychiatrie-Personalverordnung, 5. Aufl 2005.

auf zusätzliche Stellen, sind diese in Höhe der voraussichtlich entstehenden (tatsächlichen) zusätzlichen Personalkosten anzusetzen. Bereits bisher im Budget berücksichtigte Stellen lösen keinen Anspruch nach der PsychPV aus.[287] Es ist sicherzustellen, dass das Personal nach der PsychPV nicht anderweitig, zB im somatischen Bereich des Krankenhauses, eingesetzt wird.

Nach § 12 Abs 3 S 2 BPflV kann das **Budget** nur während des noch laufenden Pflegesatzzeitraumes (§ 17 Abs 2 BPflV) neu vereinbart werden. Voraussetzung für ein **Verlangen auf Neuvereinbarung** sind „wesentliche Änderungen der der Vereinbarung eines Budgets zu Grunde gelegten Annahmen". Es muss eine so schwerwiegende Abweichung von den gemeinsamen Annahmen vorliegen, dass „das Austauschverhältnis zwischen Leistung und Gegenleistung in einer mit dem Gerechtigkeitsgedanken nicht mehr akzeptablen Weise gestört ist".[288] Es handelt sich somit um eine Anpassung nach dem im Bürgerlichen Recht entwickelten **Rechtsinstitut des Wegfalls der Geschäftsgrundlage** (s § 313 BGB als gesetzliche Ausformung des Gedankens von **Treu und Glauben**); das Festhalten an der Vereinbarung wird unter eng auszulegenden Voraussetzungen aufgegeben, weil es zu einem mit Recht und Gerechtigkeit nicht zu vereinbarenden Ergebnis führen würde. Die Risiken, die mit einer abweichenden Belegung verbunden sind, werden grundsätzlich bereits durch die pauschale Ausgleichsregelung des § 12 Abs 2 BPflV erfasst (Belegungsschwankungen in einigermaßen überschaubarem Rahmen).

b) **Budgetberichtigung auf Grund der Tariflohnentwicklung.** Sämtliche pflegesatzrelevanten Kostensteigerungen, also auch der Personalkosten auf Grund von Tarifabschlüssen, können bei der Ermittlung des leistungsgerechten Budgets berücksichtigt werden. Ein entsprechender Ausdeckelungstatbestand für die Berechnung der Obergrenze ist allerdings nicht vorgesehen (s § 6 Abs 1 S 4 BPflV). Vielmehr ermöglicht § 6 Abs 2 BPflV für den Fall, dass die durchschnittlichen Auswirkungen der tarifvertraglich vereinbarten **Erhöhung der Vergütungstarifverträge** und vereinbarter **Einmalzahlungen** (Tarifrate) die Veränderungsrate nach § 71 Abs 3 S 1 SGB V übersteigen, eine Budgetberichtigung, soweit dies erforderlich ist, um den Versorgungsvertrag zu erfüllen. Die höheren Personalkosten wurden nicht vollständig ausgeglichen. Vielmehr hatte das Krankenhaus bis 2008 nur einen Anspruch auf 50 Prozent der linearen TVöD-Steigerung, die über der Veränderungsrate liegt: Bei einem angenommenen Personalkostenanteil von 67 Prozent entspricht ein Ausgleichsanspruch von 50 Prozent bezogen auf die Personalkosten einem Ausgleichsanspruch von etwa 33 Prozent bezogen auf das gesamte Budget.[289] Deshalb war in § 6 Abs 2 BPflV bestimmt, dass das Budget nach § 12 um ein Drittel des Unterschieds zwischen beiden Raten berichtigt wird.[290]

Da die **Ermittlung der durchschnittlichen Berichtigungsrate** schwierig sein kann (Vereinbarung sowohl einer linearen Tarifsteigerung als auch einer Einmalzahlung), sind die Vertragsparteien auf der Bundesebene gemäß § 15 Abs 1 BPflV mit der Vereinbarung der Berichtigungsrate nach § 6 Abs 2 BPflV betraut worden (TVöD-Berichtigungsrate 2008: neue Länder + 0,55 %/alte Länder + 0,45 %).

---

[287] Siehe näher dazu *Tuschen/Quaas*, BPflV, Einführung 3.4, S 62 ff u Erl zu § 6, S 226 f; s ferner zur lediglich von 1993 bis 1996 geltenden Pflege-Personalregelung v 21. 12. 1992 für die Personalbemessung im Pflegedienst (nachgebildet der PsychPV) *Tuschen/Trefz*, KHEntgG, Einführung 4.5, S 99 ff, auch zur weiteren Anwendung in Krankenhäusern auf freiwilliger Basis für die interne Personaleinsatzplanung.
[288] BVerwG, Urt v 16. 11. 1995 – 3 C 32/94, Buchholz 451.73 § 4 BPflV Nr 3 = NJW 1997, 816 (Ls) = KH 1997, 29.
[289] § 6 Abs 3 idF des 2. GKV-Neuordnungsgesetzes v 23. 6. 1997 (nunmehr § 6 Abs 2; Begründung zum Änderungsantrag im BT-Gesundheitsausschuss, Drucks 0774 v 12. 3. 1997): „Mit dieser Regelung verbleibt den Krankenhäusern ein Restrisiko, das sie im Rahmen des prospektiven Ansatzes und nach Abschaffung des Selbstkostendeckungsprinzips eigenverantwortlich tragen müssen."
[290] Ausführlich dazu *Tuschen/Quaas*, BPflV, § 6, 230 ff mit anschaulichem Berechnungsbeispiel.

196 Wurde ein unterhalb der Obergrenze liegendes leistungsgerechtes Budget vereinbart, war die Veränderungsrate somit nicht von Belang. § 6 Abs 2 BPflV ist in einem derartigen Fall nicht einschlägig. Im Krankenhausbudget konnten ohnehin die gesamten Personalkostensteigerungen berücksichtigt werden. Greift die Regelung des § 6 Abs 2 BPflV ein, wird das prospektiv vereinbarte Budget nachträglich korrigiert. Der Fortschreibung dieses Budgets im nächsten Pflegesatzzeitraum um die Veränderungsrate wird das erhöhte berichtigte Budget zu Grunde gelegt; auf Grund der **Basisanpassung** erhöhen sich also auch die Budgets der Folgejahre entsprechend. Der Berichtigungsbetrag selbst wird durch Zuschlag auf das neue Budget ausgeglichen (§ 6 Abs 2 S 2 iVm § 12 Abs 2 S 5 BPflV).[291]

197 Von streitbeladener Bedeutung war eine Änderung der Vorschrift durch das GKV-Gesundheitsreformgesetz 2000 vom 22.12.1999[292] zulasten der Krankenhäuser, wodurch die bis dahin verbindliche und allen Krankenhäusern zustehende Berichtigung eingeschränkt wurde: Die **Berichtigung** erfolgte nur noch, „soweit dies erforderlich ist, um den **Versorgungsvertrag** zu **erfüllen".**[293] Nähere Beurteilungskriterien fehlten.

198 Durch das Gesetz zum ordnungspolitischen Rahmen der Krankenhausfinanzierung ab dem Jahr 2009 (Art 4 Nr 2b) ist nunmehr in zweifacher Hinsicht eine **Erweiterung der eng gefassten Öffnungsklausel** des § 6 Abs 2 BPflV erfolgt: Die durch das GKV-Gesundheitsreformgesetz 2000 eingeführte Berücksichtigung der wirtschaftlichen Situation des einzelnen Krankenhauses wurde zu Recht wieder gestrichen. Vor allem aber werden **Tariflohnerhöhungen in der Psychiatrie** (Personalanteil rund 80 Prozent, in somatischen Krankenhäusern rund 67 Prozent) dauerhaft in größerem Umfang als bisher in den Budgets anteilig berücksichtigt: Die auf das Krankenhausbudget bezogene Refinanzierungsquote wurde von einem Drittel auf 40 % erhöht; dies entspricht bei einem angenommenen Personalkostenanteil von 80 % einer Finanzierungsquote von 50 % bezogen auf die Personalkostensumme (s § 6 Abs 2 iVm § 15 Abs 1 BPflV idF des KHRG).

199 *c)* **Bildung und Berechnung tagesgleicher Pflegesätze.** Das zur Vergütung der allgemeinen Krankenhausleistungen vereinbarte Budget wird den Patienten bzw ihren Kostenträgern anteilig durch **tagesgleiche Pflegesätze** berechnet, also je Tag (§ 10 Abs 1 Nr 1 BPflV). Dazu vereinbaren die Vertragsparteien auf der Grundlage des Budgets und der voraussichtlichen Belegung **Abteilungspflegesätze** und einen **Basispflegesatz** (§ 13 Abs 1 BPflV); soweit Krankenhausleistungen teilstationär erbracht werden, wird neben dem teilstationären Basispflegesatz ein teilstationärer Abteilungspflegesatz festgelegt. Abteilungspflegesätze sind das Entgelt für ärztliche und pflegerische Leistungen des Krankenhauses; der für das Krankenhaus einheitliche Basispflegesatz ist das Entgelt für die nicht durch ärztliche oder pflegerische Tätigkeit veranlassten Leistungen, insbesondere Unterkunft und Verpflegung (§ 17 Abs 2 S 4 KHG, § 13 Abs 2 und 3 BPflV). Für den Aufnahmetag und jeden weiteren Tag des Krankenhausaufenthaltes wird der für die behandelnde Abteilung gültige Abteilungspflegesatz berechnet, daneben für jeden dieser Tage ein für alle Abteilungen identischer Basispflegesatz (§ 14 Abs 2 BPflV).[294]

200 **Grundlage** für die **tagesgleichen Pflegesätze** ist also das **Budget;** es soll anteilig nach und nach durch die Erlöse aus den Pflegesätzen bis zum Jahresende erwirtschaftet werden. Für die Ermittlung der Höhe der tagesgleichen Pflegesätze ist die voraussichtliche Zahl der Berechnungstage („voraussichtliche Belegung" im Sinne von § 13 Abs 1 S 1 BPflV) entscheidend. Der Gesamtbetrag des Budgets (aufgeteilt auf die einzelnen Bereiche

---

[291] Näher dazu *Tuschen/Quaas,* BPflV, § 6, 232 f.
[292] BGBl I, 2626.
[293] Kritisch dazu *Dietz,* KHG, § 6 Erl VI.
[294] Eingehend zur Ermittlung der tagesgleichen Pflegesätze *Dietz,* BPflV, § 13 Erl I 5, II ff, § 17 Erl I 6; *Tuschen/Quaas,* BPflV, zu § 13, S 309 ff und zu § 14, S 321 ff.

verschiedener tagesgleicher Pflegesätze) wird durch die Zahl der Tage geteilt, für die tagesgleiche Pflegesätze berechnet werden dürfen.[295] Eine Differenzierung nach der Staatsangehörigkeit des Patienten oder dem Kostenträger oder der Eigenschaft als Selbstzahler ist unzulässig (§ 14 Abs 1 S 1 BPflV, § 17 Abs 1 S 1 KHG). Die Festlegung insbesondere der Höhe der tagesgleichen Pflegesätze ist wichtiger Bestandteil der Pflegesatzvereinbarung, bei der allerdings naturgemäß das Budget weit im Vordergrund steht, bestimmt es doch den Umfang der Gesamterlöse, die das Krankenhaus im Pflegesatzzeitraum erhalten soll (s § 17 BPflV); die Laufzeit der neuen tagesgleichen Pflegesätze ist in § 21 Abs 1 BPflV geregelt.[296]

d) **Entwicklung eines neuen pauschalierenden Vergütungssystems.** Nach dem **201** Konzept der Arbeitsgemeinschaft der Obersten Landesgesundheitsbehörden (AOLG) zur „Weiterentwicklung der Krankenhausversorgung unter Berücksichtigung der Finanzierungsfragen" vom 16. 11. 2007[297] soll für den Bereich der psychiatrischen Leistungen ein **neues tagesbezogenes pauschaliertes Vergütungssystem** entwickelt werden. Ein entsprechender gesetzlicher Auftrag hat Eingang in das Gesetz vom 17. 3. 2009 zum ordnungspolitischen Rahmen der Krankenhausfinanzierung ab dem Jahr 2009 gefunden (§ 17d KHG – neu).[298] Dabei soll insbesondere von den Leistungskomplexen ausgegangen werden, die der Psychiatrie-Personalverordnung zu Grunde liegen. Die Entgelte sollen grundsätzlich tagesbezogen sein, weil in diesem Versorgungsbereich ein Fallbezug wie beim DRG-System nicht geeignet erscheint, insbesondere zu Fehlanreizen wie einer zu frühen Entlassung führen würde. Nach Vereinbarung der Grundstrukturen durch die Selbstverwaltungspartner auf der Bundesebene (wie beim DRG-System) bis Ende 2009 sollen diese bis zum 30. 9. 2012 einen ersten bundeseinheitlichen Entgeltkatalog und bundeseinheitliche Bewertungsrelationen festlegen, die dann **erstmals 2013** für die Abrechnung der Leistungen psychiatrischer und psychosomatischer Einrichtungen eingesetzt werden sollen. Die Entgelthöhe ergibt sich dann letztlich aus der Multiplikation der Bewertungsrelation mit einem Basiswert für den Tag (Basistageswert). Die Bundespflegesatzverordnung kann ab 2013 insgesamt entfallen. Die Entwicklungsarbeiten sollen aus dem DRG-Systemzuschlag – angemessen erhöht – finanziert werden, der ohnehin bereits heute auch von den psychiatrischen und psychosomatischen Einrichtungen in Rechnung gestellt wird (s § 17b Abs 5 S 6 KHG).

Dieses neue pauschalierende Entgeltsystem ist vorgesehen für die Vergütung der allgemeinen Krankenhausleistungen von Fachkrankenhäusern und selbstständigen, gebietsärztlich geleiteten Abteilungen an somatischen Krankenhäusern für die Fachgebiete Psychiatrie und Psychotherapie, Kinder- und Jugendpsychiatrie und -psychotherapie **(psychiatrische Einrichtungen)** sowie Psychosomatische Medizin und Psychotherapie **(psychosomatische Einrichtungen)**. Die insoweit von § 17b Abs 1 S 1 KHG aF teilweise abweichende Terminologie wurde in Anpassung an die geänderte ärztliche Weiterbildungsordnung gewählt. Eine Einbeziehung der ambulanten Leistungen der rund 300 psychiatrischen Institutsambulanzen nach § 118 SGB V in das Vergütungskonzept soll geprüft werden. **202**

5. Vergütung nach dem Krankenhausentgeltgesetz für DRG-Krankenhäuser. **203** Die Deutsche Krankenhausgesellschaft, die Spitzenverbände der Krankenkassen und der Verband der privaten Krankenversicherung sind durch das GKV-Gesundheitsreformgesetz beauftragt worden, ein „durchgängiges, leistungsorientiertes und pauschalierendes Vergütungssystem" für die Vergütung der allgemeinen Krankenhausleistungen einzufüh-

---

[295] Siehe *Dietz,* BPflV, § 13, Erl I 3.
[296] Dazu eingehend *Dietz,* BPflV, § 21, Erl I.
[297] Abrufbar unter www.gmkonline.de, Nr 8, S 3; auch wiedergegeben in: KH 2007, 1256.
[298] Art 1 Nr 5, BGBl I, 534, 535. Zu den anstehenden Entwicklungsarbeiten s *Wöhrmann,* Die Ersatzkasse 2009, 174.

ren (§ 17b KHG).²⁹⁹ Ausgehend von § 17b KHG wurden die Einzelheiten der DRG-Einbindung in die Krankenhausfinanzierung im **Gesetz zur Einführung des diagnoseorientierten Fallpauschalensystems für Krankenhäuser** vom 23. 4. 2002³⁰⁰ geregelt, dessen Bestandteil das Krankenhausentgeltgesetz ist (Art 5). Geregelt werden die **budgetneutrale Einführungsphase 2003/2004** (s § 17b Abs 4 und 6 KHG)³⁰¹ und die **Überführungsphase (Konvergenzphase) ab 2005.** In der Einführungsphase erfolgten die Budgetverhandlungen zwar noch nach den herkömmlichen Grundsätzen (insbesondere nach Maßgabe von § 6 BPflV), die DRG-Fallpauschalen entfalteten aber bei ihrer Abrechnung bereits ihre Wirkung (Verkürzung der Verweildauer, erhöhte Transparenz über Leistungsstrukturen und Wirtschaftlichkeitsunterschiede der einzelnen Krankenhäuser, Vergleich der unterschiedlichen krankenhausindividuellen Basisfallwerte); DRG-bedingte Gewinne oder Verluste sollten möglichst vermieden werden.³⁰² Die seit dem 1. 1. 2005 laufende Konvergenzphase (§ 17b Abs 6 KHG) wurde durch das **2. Fallpauschalenänderungsgesetz** vom 15. 12. 2004³⁰³ um zwei Jahre – bis zum 1. 1. 2009 – und durch das **Krankenhausfinanzierungsreformgesetz** vom 17. 3. 2009 um ein weiteres Jahr – bis zum 1. 1. 2010 – verlängert; die stufenweise, behutsame Überführung der nach bisherigem Recht ermittelten und in der Praxis oftmals lediglich grundlohnorientiert fortgeschriebenen Krankenhausbudgets in leistungsgerechte Erlösvolumina soll allen DRG-Krankenhäusern ausreichend Zeit für erforderliche Anpassungsmaßnahmen geben.

204 **1.676 Krankenhäuser** rechneten **Fallpauschalen** im Jahr 2007 ab (1304 mit ausschließlicher Anwendung des DRG-Systems und weitere 372 mit Anwendung auch der Bundespflegesatzverordnung).³⁰⁴ In den Jahren 2006 und 2007 waren 53 Krankenhäuser und Fachabteilungen „Besondere Einrichtung" und im Jahr 2008 86; sie waren deshalb von der DRG-Abrechnung ausgenommen und haben weiterhin krankenhausindividuelle Entgelte vereinbart.³⁰⁵

205 *a)* **Diagnosis Related Groups – Kernelemente der DRG-Systeme.** DRG-Systeme sind **ärztlich-ökonomische Patientenklassifikationssysteme,** in denen die Behandlungsfälle von Akutkrankenhäusern in eine beschränkte Anzahl klinisch definierter Gruppen mit möglichst ähnlichen Behandlungskosten eingeteilt werden; die einzelnen DRGs sind über die Bezeichnung und die zugehörigen Diagnose- und (meist chirurgischen) Prozedurencodes definiert, eine detaillierte Charakterisierung zu erbringender Leistungen fehlt also.³⁰⁶ Jedem Patienten wird pro Krankenhausaufenthalt genau eine DRG zugeordnet (so auch § 17b Abs 1 S 3 KHG). Die Patienten, die verschiedenen DRGs zugewiesen werden, sollen hinreichend heterogen im Kostenaufwand sein. Davon ausgehend ist das australische AR-DRG-System, das die Behandlungsschwere von Patienten, die einer DRG zugeordnet werden, gut abbildet, als Vorlage für das deutsche

---

²⁹⁹ Ausführlich zur Ausgangslage und den Phasen der DRG-Einführung *Tuschen/Trefz,* KHEntgG, Einführung 6; *Rau* MHK, 686; zum Diskussionsstand 2001 *Degener-Hencke,* in: Speyerer Arbeitsheft Nr 148, 63 ff; zur Zwischenbilanz der DRG-Einführung *Braun/Rau/Tuschen,* in: Klauber/Robra/Schellschmidt (Hrsg), Krankenhaus-Report 2007, 3 ff.
³⁰⁰ Fallpauschalengesetz-FPG, BGBl I, 1412; ausgenommen sind die psychiatrischen und psychosomatischen Einrichtungen, s oben RdNr 189 ff; zu den gleichzeitig eingeführten verdachtsunabhängigen Stichprobenprüfungen nach § 17c KHG durch den Medizinischen Dienst der Krankenversicherung und zur fortbestehenden Einzelfallprüfung durch den MDK nach § 275 Abs 1 Nr 1 und Abs 1c SGB V als Fehlbelegungs- und Abrechnungsprüfungen s *Rau* MHK 668, RdNr 70–78; seit DRG-Einführung deutlicher Anstieg der Einzelfallprüfungen und nur wenige Stichprobenprüfungen.
³⁰¹ Zum Optionsmodell 2003 *Rau/Braun,* MH-DRGs (A 1100).
³⁰² Näher dazu *Rau* MHK, 686, RdNr 20 ff.
³⁰³ BGBl I, 3429.
³⁰⁴ Quelle: Statistisches Bundesamt, Referat VIII A – Gesundheit, Krankenhausstatistik.
³⁰⁵ Siehe nachfolgend unter RdNr 212, 256.
³⁰⁶ Generell und eingehend zur Konstruktion von DRG-Systemen *Fischer,* MH-DRGs, (A 1200); zur Einführung und Entwicklung der DRGs in Deutschland *Neubauer,* MH-DRGs, (A 1050).

Fallpauschalensystem genommen worden.[307] Die **Fallgruppen** sind in einem **Katalog** nach überwiegend organbezogenen Hauptbereichen untergliedert.[308] Für die Zuordnung eines Behandlungsfalles zu einer abrechenbaren DRG ist die Hauptdiagnose maßgeblich, bei chirurgischen Patienten auch die wichtigste Prozedur; eine weitere Differenzierung erfolgt anhand des Schweregrades der Erkrankung, insbesondere auf Grund von Nebendiagnosen und Komplikationen.[309] Die Zuordnung erfolgt anhand von Datensätzen durch ein Softwareprogramm, den sog Grouper.

Jeder Behandlungsfallgruppe, also jeder DRG, wird ein **Kostengewicht** zugeordnet, das den relativen Aufwand bei der Behandlung von Patienten der jeweiligen Gruppe widerspiegelt **(Bewertungsrelation)** und auf einen Referenzfall mit dem Relativgewicht 1,0 bezogen wird. Um also die Wertigkeit der einzelnen Leistungen zueinander – die Relativgewichte – zu bestimmen, müssen die absoluten Kosten für jede einzelne DRG bekannt sein; aus den absoluten Kosten, kann – bezogen auf eine Basis – das jeweilige relative Kostengewicht gefunden werden. Das Kostengewicht einer Behandlungsfallgruppe ist ein Maß für die durchschnittliche Aufwendigkeit der Behandlung;[310] die der einzelnen Fallgruppe zuzurechnenden durchschnittlichen Kosten werden nicht ausgewiesen, sondern das Kostengewicht. Je umfangreicher und schwieriger der durchschnittliche Behandlungsaufwand einer Fallgruppe ist, desto größer ist die Bewertungsrelation. In Deutschland werden die Fallgruppen und ihre Bewertungsrelationen bundeseinheitlich festgelegt und jährlich aktualisiert (§ 17b Abs 1 S 10 und 11 KHG).

Bezogen auf die Vergütung in der vertragsärztlichen Versorgung in Deutschland entsprechen die Bewertungsrelationen den Punktzahlen und der **Basisfallwert** (auch Basispreis/base rate) dem Punktwert (vgl §§ 85 bis 87 SGB V zum einheitlichen Bewertungsmaßstab – EBM, insbesondere § 87 Abs 2 und § 85 Abs 4 SGB V). Der Basisfallwert gilt für alle DRGs gleichermaßen; er wird in Deutschland landesweit festgelegt und ebenfalls jährlich angepasst (§ 10 KHEntgG). Wird die Bewertungsrelation einer DRG mit dem Basisfallwert multipliziert, erhält man die Fallpauschale zu dieser DRG.

Die Zahl der Belegungstage, für die die Fallpauschale durchschnittlich kalkuliert ist, ist die sog **mittlere Verweildauer.** Davon ausgehend gilt jede Fallpauschale für eine bestimmte Bandbreite des Krankenhausaufenthaltes. Innerhalb dieser Bandbreite, die durch die **obere** und die **untere Grenzverweildauer** begrenzt wird, werden die allgemeinen Krankenhausleistungen pauschal mit einer Fallpauschale vergütet. Falls die obere Grenzverweildauer überschritten wird, erhält das Krankenhaus für jeden weiteren Tag zusätzlich ein im Fallpauschalenkatalog genanntes tagesbezogenes Entgelt; ist die Verweildauer kürzer als die untere Grenzverweildauer, ist für die bis zur unteren Grenzverweildauer nicht erbrachten Belegungstage ein ebenfalls im Katalog bestimmter Abschlag von der Fallpauschale vorzunehmen.[311]

---

[307] Zum Katalogvergleich zwischen Deutschland und Australien s *Rau/Braun,* MH-DRGs (A 1100, RdNr 40 ff).

[308] MDC = Major Diagnostic Category = oberste Gliederungsebene in DRG-Systemen; MDC 01 bis 23, zB 02 Augen, 05 Kreislaufsystem.

[309] CC-Kennzeichnung für Comorbidity or Complication, siehe § 17b Abs 1 S 2 KHG; weitere Kriterien zB bei Neugeborenen das Geburtsgewicht und das Alter als Indikator für Multimorbidität und Schweregrad der Erkrankung; je differenzierter die DRG-Systeme ausgestaltet wurden, desto mehr konnte auf eine Unterteilung bei Alter 65 verzichtet werden, s *Fischer,* MH-DRGs (A 1200, RdNr 23–30), auch zu den zunehmenden Verfeinerungen der Schweregradabbildungen (RdNr 33–36 „Refined" DRGs).

[310] Casemix = Summe der Kostengewichte aller Behandlungsfälle eines Krankenhauses, einer Region oder eines Landes; Casemix-Index = durchschnittliches Kostengewicht pro Behandlungsfall (Indikator für die durchschnittliche Aufwendigkeit der Fälle), s näher dazu *Fischer,* MH-DRGs (A 1200, RdNr 38–43); ferner *Braun/Rau/Tuschen,* in: *Klauber/Robra/Schellschmidt* (Hrsg), Krankenhaus-Report 2007, 3, 12 f.

[311] Siehe zur Berücksichtigung der Verweildauer mit Beispielen *Rau/Braun,* MH-DRGs (A 1100, RdNr 5 ff).

209 Eine vortreffliche **zusammenfassende Beschreibung der DRG-Systeme** gibt *Fischer*:[312] „DRG-Systeme basieren auf einem minimalen Austrittsdatensatz mit Hauptdiagnose, Prozeduren und weiteren Diagnosen. Sie verwenden gewöhnlich eine gleichartige Kernstruktur von Hauptkategorien (MDCs 1–23), und sie unterscheiden sich vordergründig hauptsächlich durch die Art der Verfeinerung nach Begleiterkrankungen oder Komplikationen (CC-Stufen) und nach Alter."

210 In **Australien** und in den meisten anderen Ländern mit DRGs werden **DRG-Systeme zur Budgetmessung** verwendet. In den USA und in **Deutschland** wird das DRG-System demgegenüber als **Preissystem zur Abrechnung einzelner Krankenhausfälle** genutzt, so dass die Fallpauschalen erheblich genauer den Behandlungsaufwand und damit die mittleren Kosten der jeweiligen Behandlung erfassen müssen. Aus diesem Grund wurde der für die DRG-Einführung in Deutschland zu Grunde gelegte australische DRG-Katalog durch Ist-Kostenkalkulationen an die deutsche Versorgungssituation angepasst.

211 *b)* **Gesetzliche Vorgaben: Fallpauschalen-Katalog, Zusatzentgelte, Abrechnungsbestimmungen, Zu- und Abschläge, Sicherstellungszuschlag, krankenhausindividuelle Entgelte.** Der Gesetzgeber hat für das deutsche DRG-Fallpauschalensystem – ausgehend von den Kernelementen aller derartigen Systeme – etliche Entscheidungen getroffen. Diese werden nachfolgend wiedergegeben, soweit sie grundsätzlicher Natur sind. Für die Vergütung der DRG-Krankenhäuser wesentliche Festlegungen hat der Gesetzgeber den **Selbstverwaltungspartnern auf der Bundesebene (Deutsche Krankenhausgesellschaft** sowie Spitzenverbände der Krankenkassen – seit dem 1.7.2008 **Spitzenverband Bund der Krankenkassen** – und **Verband der privaten Krankenversicherung)** und auf der **Landesebene** (Landeskrankenhausgesellschaft, Landesverbände der Krankenkassen, Verbände der Ersatzkassen – seit dem 1.7.2008 Ersatzkassen – und Landesausschuss des Verbandes der privaten Krankenversicherung) übertragen (siehe insbesondere § 9 KHEntgG Vereinbarung auf Bundesebene und § 10 KHEntgG Vereinbarung auf Landesebene); die Vereinbarungen sind jeweils für die Pflegesatzparteien auf örtlicher Ebene verbindlich. **Beteiligungsrechte** (vor allem beratende Teilnahme an den Sitzungen der Vertragsparteien) besitzen unter bestimmten Voraussetzungen die **Bundesärztekammer** und die **Berufsorganisationen der Krankenpflegeberufe** (§ 17b Abs 2 S 4 KHG) und in abgeschwächter Form (nur Gelegenheit zur Stellungnahme) die medizinischen Fachgesellschaften, die Spitzenorganisationen der pharmazeutischen Industrie und der Industrie für Medizinprodukte (§ 17b Abs 2 S 5 KHG).

212 Die Selbstverwaltungspartner auf der Bundesebene haben als GmbH ein **Institut für das Entgeltsystem im Krankenhaus (InEK)** im Jahr 2001 gegründet,[313] das auf gesetzlicher Grundlage als „DRG-Institut" durch einen **DRG-Systemzuschlag** je Fall finanziert wird (§ 17b Abs 5 KHG). Das InEK führt seit Ende 2002 den erforderlichen Dialog mit den medizinischen Fachgesellschaften, kalkuliert jährlich seit 2003 die Entgeltkataloge, bestimmt die Bewertungsrelationen, zieht dazu eine Stichprobe von Krankenhäusern heran und wertet die DRG-Leistungsdaten der Krankenhäuser (§ 21 KHEntgG) aus.[314] Das InEK bedarf der Zustimmung der Gesellschafterversammlung insbesondere für alle wesentlichen Entscheidungen zu den Grundstrukturen des Vergütungssystems, des Verfahrens zur Ermittlung der Bewertungsrelationen sowie zur laufenden Pflege des Systems auf Bundesebene (§ 7 Abs 1 Gesellschaftsvertrag); die Gesellschafterversammlung hat insoweit als „permanentes fachliches Steuerungsgremium" für die Gesellschaft einen „Kranken-

---

[312] MH-DRGs (A 1200, RdNr 49).
[313] Gesellschaftsvertrag v 10.5.2001; zur Versagung der Gemeinnützigkeit der InEK GmbH s Urteil des Bundesfinanzhofs v 7.3.2007 – I R 90/04, BFHE 217, 43 = Der Betrieb 2007, 1229.
[314] Nähere Informationen unter www.g-drg.de, Zusammenstellung der Vorschläge durch das InEK v 15.5.2009; s ferner *Tuschen/Trefz*, KHEntgG, Einführung 6.1, S 135 ff; *Roeder/Bunzemeier*, 117 ff; zur DRG-Datenübermittlung *Rau*, MHK (686, RdNr 79–84) und *Völlink*, in: *Robbers/Steiner* (Hrsg), Berliner Kommentar, Erl zu § 21.

haus-Entgelt-Ausschuss (KEA)" gebildet, der für die Gesellschafterversammlung interner Ansprechpartner des InEK ist, insbesondere im Hinblick auf die notwendige Zustimmung. Alle Rechte, die den Gesellschaftern nach dem Gesetz in den Angelegenheiten der Gesellschaft zustehen, werden durch Beschlussfassung in der Gesellschafterversammlung ausgeübt (§ 6 Abs 1 Gesellschaftsvertrag); der Krankenhaus-Entgelt-Ausschuss fasst keine Beschlüsse mit verbindlicher Außenwirkung.

— Der **Fallpauschalenkatalog** wird durch die Selbstverwaltungspartner auf der Bundesebene vereinbart (§ 17b Abs 2 KHG, § 9 Abs 1 S 1 Nr 1 KHEntgG; Verordnungsermächtigung für das Bundesministerium für Gesundheit zur Ersatzvornahme in § 17b Abs 7 S 1 Nr 1 und 2 KHG). Er enthält neben den bundeseinheitlichen DRG-Leistungsdefinitionen auch die bundeseinheitlichen Bewertungsrelationen (§ 17b Abs 1 S 10 und 11 KHG) und die Regelungen zur Grenzverweildauer und die in Abhängigkeit von diesen zusätzlich zu zahlenden Entgelte oder vorzunehmenden Abschläge (§ 9 Abs 1 S 1 Nr 1 KHEntgG). Die DRGs sind jährlich weiterzuentwickeln und insbesondere an medizinische Entwicklungen, Kostenentwicklungen und Verweildauerverkürzungen anzupassen (sog lernendes System). Die **Diagnosen-Klassifikation** (ICD-10-GM) und der **Operationen- und Prozedurenschlüssel** (OPS-301) – gemäß § 301 Abs 2 SGB V entwickelt durch das Deutsche Institut für Medizinische Dokumentation und Information (DIMDI)[315] als nachgeordnete Behörde des Bundesministeriums für Gesundheit – sind die Grundlagen für die Definition der Fallpauschalen und deren Abrechnung. Kalkulierende Krankenhäuser liefern auf freiwilliger Basis pro Behandlungsfall einen Kalkulationsdatensatz als Grundlage für die Ermittlung der DRG-Fallpauschalen (Abgrenzung der Fallpauschalen und Höhe der Bewertungsrelationen).[316]

— Ein **Katalog ergänzender Zusatzentgelte** für Leistungen, Leistungskomplexe oder Arzneimittel wird durch die Selbstverwaltungspartner auf der Bundesebene vereinbart, soweit dies zur Ergänzung der Fallpauschalen in eng begrenzten Ausnahmefällen erforderlich ist (§ 17b Abs 1 S 13, § 9 Abs 1 S 1 Nr 2 KHEntgG). Es handelt sich um Leistungen, die einen signifikanten Anteil an den gesamten Behandlungskosten ausmachen und durch deren gesonderte Vergütung die Kostenhomogenität innerhalb der Fallgruppe gewahrt werden kann.[317] Zusatzentgelte existieren bisher für teure Arzneimittel, teure Sachmittel und besondere therapeutische Verfahren; für die Abbildung hochspezialisierter Diagnostik ist bisher nur ein Zusatzentgelt definiert.

— Ferner vereinbaren die Vertragsparteien auf Bundesebene die **Abrechnungsbestimmungen** (§ 9 Abs 1 S 1 Nr 3 KHEntgG), die für die individuelle Abrechnung wichtig sind. Daneben gibt es auch gesetzliche Abrechnungsregelungen. So ist die Abrechnung einer vorstationären Behandlung (mit Beginn der vollstationären Aufnahme des Patienten innerhalb der Fünf-Tages-Frist nach § 115a Abs 2 S 1 SGB V) neben einer Fallpauschale ausnahmslos nicht zulässig (§ 8 Abs 2 S 3 Nr 4 KHEntgG), vergütet doch die Fallpauschale die gesamte Behandlung, und zwar grundsätzlich unabhängig von der Verweildauer. Eine Vergütung für die nachstationäre Behandlung nach § 115a Abs 1 Nr 2 SGB V kann demgegenüber berechnet werden, soweit in einer Gesamtbetrachtung die Grenzverweildauer der Fallpauschale (in seltenen Fällen) überschritten wird (s § 8 Abs 2 S 3 Nr 4 KHEntgG).[318]

— Bundeseinheitliche Regelungen für **Zuschläge** und **Abschläge** sind zu vereinbaren (§ 9 Abs 1 S 1 Nr 3 KHEntgG) im Hinblick auf Finanzierungstatbestände, die nicht in allen Krankenhäusern vorliegen und deshalb nicht in die Fallpauschalen einkalkuliert

---

[315] Nähere Informationen unter www.dimdi.de.
[316] Siehe *Steiner/Jaeger/Mörsch,* in: *Roeder/Bunzemeier,* 19, 20 ff; in die Kalkulation der DRGs 2009 gingen Daten von 218 Krankenhäusern mit 3.075.378 Fällen ein, davon 10 Universitätsklinika.
[317] *Bussmann,* in: *Robbers/Steiner* (Hrsg), Berliner Kommentar, § 7 Erl 3.3.
[318] Siehe *Bussmann,* in: *Robbers/Steiner* (Hrsg), Berliner Kommentar, § 8 Erl 3.4.5.2.

werden können, zB für die Notfallversorgung und die Aufnahme von Begleitpersonen (§ 17b Abs 1 S 4 KHG).[319] Sie sind bei der Vereinbarung für das einzelne Krankenhaus zu beachten (§ 5 Abs 1 iVm § 11 KHEntgG). Im Hinblick auf die aus medizinischen Gründen notwendige Mitaufnahme einer Begleitperson des Patienten (s § 2 Abs 2 S 2 Nr 3 KHEntgG) können für den Aufnahmetag und jeden weiteren Tag des vollstationären Krankenhausaufenthaltes 45,00 Euro für Unterkunft und Verpflegung abgerechnet werden (entsprechende Anwendung auf die BPflV-Krankenhäuser, § 2 Abs 2 S 2 Nr 3 BPflV, geboten); der entsprechende Leistungsanspruch des gesetzlich versicherten Patienten ergibt sich aus § 11 Abs 3 SGB V. Durch das Krankenhausfinanzierungsreformgesetz vom 17. 3. 2009 wurde ein **Pflegepersonalstellen-Programm** für nach dem Krankenpflegegesetz ausgebildetes Pflegepersonal geschaffen; in den Jahren 2009–2011 werden aufgrund der detaillierten Regelung in § 4 Abs 10 KHEntgG schätzungsweise bis zu 16.500 Stellen zu 90 Prozent durch die Krankenkassen finanziert (Abrechnung über einen prozentualen Zuschlag auf die Entgelte).

– Die **Konfliktlösung** für die für das **DRG-System** wesentlichen Vereinbarungsgegenstände (gemäß § 9 Abs 1 S 1 Nr 1–3 KHEntgG: Fallpauschalenkatalog, Katalog ergänzender Zusatzentgelte, Abrechnungsbestimmungen, Zuschläge und Abschläge) liegt in der Ersatzvornahme durch das **Bundesministerium für Gesundheit** im Wege der Rechtsverordnung ohne Zustimmung des Bundesrates (§ 17b Abs 7 KHG). Die demgegenüber bisher der **Bundesschiedsstelle** (§ 18a Abs 6 KHG) zugewiesenen Gegenstände sind von geringer Bedeutung (§ 9 Abs 2 iVm Abs 1 S 1 Nr 4 und S 2 KHEntgG) und teilweise bereits obsolet (§ 9 Abs 1 S 1 Nr 5 und 6 KHEntgG).[320]

– Ein krankenhausindividueller **Sicherstellungszuschlag** kann durch die Pflegesatzparteien vereinbart werden, wenn die Vorhaltung von Leistungseinheiten, zB die Geburtshilfe, auf Grund geringen Versorgungsbedarfs in einer Region mit den Fallpauschalen nicht kostendeckend finanzierbar ist (§ 17b Abs 1 S 6–9 KHG iVm § 5 Abs 2 KHEntgG). Dabei ist zu prüfen, ob die Leistung durch ein anderes geeignetes Krankenhaus in zumutbarer Entfernung ohne Zuschlag erbracht werden kann (§ 5 Abs 2 S 2 KHEntgG). Von Bedeutung für eine Zuschlagsregelung der Pflegesatzparteien wären bisher nicht vorliegende bundeseinheitliche leistungsbezogene Empfehlungen der Selbstverwaltungspartner und bisher ebenfalls nicht bestehende ergänzende oder abweichende Vorgaben in einer Rechtsverordnung der Landesregierung. Einigen sich die Pflegesatzparteien im Hinblick auf § 5 Abs 1 S 1 und 2 KHEntgG nicht, entscheidet insoweit die Krankenhausplanungsbehörde (Notwendigkeit zur Deckung des Versorgungsbedarfs/anderes geeignetes Krankenhaus?)[321]

– Eine **krankenhausindividuelle Vereinbarung der Entgelte** (fall- oder tagesbezogen)[322] durch die Vertragsparteien nach § 11 KHEntgG iVm § 18 Abs 2 KHG (Parteien der Pflegesatzvereinbarung) ist vor allem in zwei Fällen möglich (§ 6 Abs 1 und 3 KHEntgG): Zum einen geht es um Leistungen, die mit den **DRG-Fallpauschalen**

---

[319] Siehe Vereinbarung von Zuschlägen für die Aufnahme von Begleitpersonen v 16. 9. 2004 durch die Selbstverwaltungspartner auf der Bundesebene, abgedruckt in vdek, Vereinbarungen zum Krankenhausrecht 2009, 179 f. Ferner § 11 Abs 3 SGB V idF des G zur Regelung des Assistenzpflegebedarfs im Krankenhaus v 30. 7. 2009 (BGBl I, 2495): Mitaufnahme der gewohnten Pflegekraft.

[320] Zur Bildung der Bundesschiedsstelle s Vereinbarung der Spitzenverbände der Krankenkassen und der Deutschen Krankenhausgesellschaft v 27. 8. 1997 (abgedruckt in MHK, 5600); bisher keine Anrufung dieser Schiedsstelle im Rahmen des DRG-Systems (einzige Anrufung im Rahmen der Einführung der elektronischen Gesundheitskarte im Hinblick auf den Telematikzuschlag nach § 291a Abs 7a SGB V; Einigung ohne Schiedsspruch Juni 2008; zu den Aufgaben der Bundesschiedsstelle näher *Bussmann*, in: Robbers/Steiner (Hrsg), Berliner Kommentar, § 9 Erl 2.4 ff.

[321] Siehe zum Sicherstellungsauftrag *Dietz*, KHEntgG, § 5 Erl III; *Tuschen/Trefz*, KHEntgG, § 5, S 259 ff; *Vaillant*, in: Robbers/Steiner (Hrsg), BerlKomm, § 5 Erl 7 und *Bussmann*, ebenda, § 7 Erl 3.5.3.

[322] Ausführlich dazu *Rau* MHK 686, RdNr 57–60, 62.

14. Kapitel. Krankenhausrecht. Öff-rechtl Rahmen   213–215 § 82

und Zusatzentgelten noch **nicht sachgerecht** vergütet werden können (§ 17b Abs 1 S 14 KHG iVm § 6 Abs 1 S 1 Nr 2 KHEntgG). Und zum anderen um „**Besondere Einrichtungen**" nach § 17b Abs 1 S 15 KHG, deren Leistungen mit den Entgeltkatalogen noch nicht sachgerecht vergütet werden können, insbesondere aus medizinischen Gründen, wegen einer Häufung von schwerkranken Patienten oder aus Gründen der Versorgungsstruktur; es kann sich um das gesamte Krankenhaus handeln oder um fachlich abgegrenzte Organisationseinheiten im Krankenhaus.[323] Beide **Öffnungstatbestände** setzen eine Feststellung der Vertragsparteien auf Bundesebene voraus, im zweiten Fall eine befristete Regelung, unter welchen Voraussetzungen von einer „Besonderen Einrichtung" auszugehen ist (s auch Verordnungsermächtigung für das Bundesministerium für Gesundheit nach § 17b Abs 7 S 1 Nr 3 KHG); die einen Antrag stellenden Krankenhäuser müssen die festgelegten Kriterien jedes Jahr neu erfüllen und nachweisen. Ferner ist in eng begrenzten Ausnahmefällen für hochspezialisierte, nur in sehr wenigen Krankenhäusern durchgeführte Leistungen (zB große Aneurysmenoperationen) eine Vereinbarung individueller Zusatzentgelte gemäß § 6 Abs 2a KHEntgG möglich.

Die **DRG-Fallpauschalen** sind in ein krankenhausindividuelles Budget eingebunden, 213 haben also die Funktion einer Abschlagszahlung auf das Budget.[324] Da das Ziel eine leistungsorientierte Vergütung der Krankenhäuser nach dem Grundsatz „**Das Geld folgt der Leistung**" ist, wurde das Budget für jeden zusätzlich vereinbarten Behandlungsfall im Jahr 2008 in Höhe von 80 Prozent der entsprechenden Fallpauschale angeglichen, von 33 Prozent im Jahr 2005 ausgehend (s § 4 Abs 4 und 5 KHEntgG iVm § 4 Abs 12 aF).[325]

c) **Landesbasisfallwert.** Für das den Krankenhäusern im jeweiligen Bundesland ins- 214 gesamt zur Verfügung stehende Geldvolumen sind die Vorgaben des § 10 KHEntgG zur schriftlichen **Vereinbarung des Landesbasisfallwertes** entscheidend und von zentraler Bedeutung.[326] Die Höhe der Fallpauschalen wird mithilfe eines Basisfallwertes ermittelt, der **jährlich** bis zum 31. Oktober für das folgende Kalenderjahr – erstmalig für 2005 – durch die **Landeskrankenhausgesellschaft,** die **Landesverbände der Krankenkassen** (s § 20 KHEntgG) und den **Landesausschuss des Verbandes der privaten Krankenversicherung** ermittelt wird, also prospektiv und grundsätzlich ohne nachträgliche Korrekturen (keine „floatenden Punktwerte" wie im KV-Modell). Durch **Multiplikation der Bewertungsrelation der jeweiligen Fallgruppe mit dem jeweiligen Landesbasisfallwert** ergibt sich ein **Festpreis,** auf den das Krankenhaus einen Anspruch hat; dabei wird der Bewertungsrelation 1 der Landesbasisfallwert zugeordnet.[327]

Trotz der genannten Frist (31. Oktober des Vorjahres) ist eine Vereinbarung des Landes- 215 basisfallwertes auch erst im laufenden Pflegesatzjahr möglich und häufig der Fall (Verrech-

---

[323] Siehe *Dietz,* KHEntgG, § 6 Erl V 4, ausführlich zur Anwendung der Vergütungsregelungen der Bundespflegesatzverordnung gemäß § 6 Abs 3 S 3 KHEntgG (s auch Begründung zum FPÄndG, BT-Drucks 15/614, 9); s auch oben RdNr 204 und unten RdNr 256.

[324] Siehe oben RdNr 179 ff, auch zu den Ausgleichsregelungen bei Über- oder Unterschreitung des Budgets.

[325] Zu den Erfahrungen der Praxis mit der DRG-Einführung (Krankenhaus- und Krankenkassenverbände, Bundesärztekammer, Arbeitsgemeinschaft der Wissenschaftlichen Medizinischen Fachgesellschaften, Deutscher Pflegerat, Arzneimittel- und Medizinprodukteverbände) s Kurz- und Langfassung des BMG-Berichtes (24. 7. 2007), einsehbar unter www.bmg.bund.de, Suchbegriff: DRG.

[326] Siehe zum Landesbasisfallwert *Quaas/Zuck,* § 25 RdNr 274.

[327] Beispiel aus Fallpauschalen-Katalog 2010: DRG aus MDC 05 Krankheiten und Störungen des Kreislaufsystems: F12H – Implantation eines Herzschrittmachers/Ein-Kammersystem ohne invasive kardiologische Diagnostik – und Bewertungsrelation bei Hauptabteilung von 1,692 und angenommenem Landesbasisfallwert von 2.935 € = Höhe der Fallpauschale: 4.966,02 €; bei Belegoperateur Bewertungsrelation von 1,435 = Fallpauschale von 4.211,73 €.

nungsregelungen in § 15 KHEntgG). Die Vertragsparteien auf der Landesebene haben naturgemäß die von den Vertragsparteien auf Bundesebene vereinbarten Entgeltkataloge zu Grunde zu legen. Empfehlungen und **Vorgaben der Vertragsparteien auf Bundesebene** an die Vertragsparteien auf Landesebene gemäß § 9 Abs 1 S 2 KHEntgG bestehen bisher nicht.

216 Gemäß § 10 Abs 6 S 4, § 13 KHEntgG iVm § 18a Abs 1 KHG setzt die betreffende **Landesschiedsstelle** im Falle der Nichteinigung auf Antrag der Landeskrankenhausgesellschaft oder der Landesverbände der Krankenkassen den Landesbasisfallwert fest. Der vereinbarte bzw festgesetzte **Landesbasisfallwert** wird wirksam mit der **Genehmigung der Landesbehörde** als Verwaltungsakt gemäß § 13 KHEntgG (Prüfung der Rechtmäßigkeit, § 14 Abs 1 S 2 KHEntgG). Nach dem eindeutigen Wortlaut des § 14 Abs 4 S 1 KHEntgG ist eine **Klage** (Verwaltungsrechtsweg) gegen die Genehmigung bzw deren Versagung je nach Beschwer nur durch die Landeskrankenhausgesellschaft und/oder einen Landesverband der Krankenkassen zulässig; eine entsprechende Anfechtungs- oder Verpflichtungsklage ist bisher in keinem Bundesland erhoben worden. Klagebefugt sind also nicht die vom Landesbasisfallwert erheblich betroffenen DRG-Krankenhäuser, eine einzelne Krankenkasse oder ein Landesverband, der nicht Vertragspartei gemäß § 10 KHEntgG ist; sie sind nur in ihren wirtschaftlichen Interessen betroffen und nicht unmittelbar in ihren rechtlich geschützten Interessen (lediglich sog Inzident-Kontrolle im streitigen Pflegesatzgenehmigungsverfahren durch die Verwaltungsgerichte).[328]

217 Grundlagen für den Basisfallwert sind das Ausgabenvolumen im Land und die erbrachten Leistungen nach dem DRG-Fallpauschalenkatalog. Somit zeigt ein hoher Landesbasisfallwert an, dass im Vergleich zu anderen Bundesländern das Ausgabenvolumen der Krankenkassen für die erbrachte Leistungsmenge zu hoch ist.[329] Der Landesbasisfallwert spiegelt – vereinfacht gesagt – die Durchschnittspreise für eine Krankenhausbehandlung im jeweiligen Land wider (Mittelwert der krankenhausindividuellen Basisfallwerte). Nach Beendigung der Konvergenzphase, dh der Angleichung der bisherigen Krankenhausbudgets und der bisherigen krankenhausindividuellen Basisfallwerte an den Landesbasisfallwert, gibt es ab 2010 grundsätzlich krankenhausindividuelle Basisfallwerte nicht mehr. Der **Grundsatz der Beitragssatzstabilität** kann in einem leistungsorientierten Vergütungssystem mit Einheitspreisen nicht mehr auf der Ebene des einzelnen Krankenhauses bei der Budgetvereinbarung umgesetzt werden,[330] vielmehr nur bei der **Vereinbarung des Basisfallwertes auf der Landesebene** (siehe § 10 Abs 4 KHEntgG): Bei der erstmaligen Vereinbarung des Basisfallwertes für das Jahr 2005 war dieser deshalb so festzulegen, dass Beitragssatzerhöhungen grundsätzlich ausgeschlossen wurden. Durch den Wechsel von krankenhausindividuellen zu landesweiten Basisfallwerten sollten keine Mehrausgaben entstehen. Da der Bezug auf das einzelne Krankenhausbudget aufgehoben ist, konnte auf Ausnahmetatbestände verzichtet werden;[331] leistungsfähige Krankenhäuser haben Entwicklungschancen. Die **Parameter,** die für die Folgejahre ab 2006 bei der Vereinbarung zu berücksichtigen sind, sind in **§ 10 Abs 3 KHEntgG** aufgeführt,[332] davon ausgehend, dass

---

[328] Siehe zur Klagebefugnis *Dietz,* KHEntgG, § 14 Erl IV und KHG, § 18 Erl VII 3; kritisch und ausführlich zum begrenzten Rechtsschutz des einzelnen Krankenhausträgers *Leber,* in: *Robbers/Steiner* (Hrsg), Berliner Kommentar, § 14 Erl 11. Zur Genehmigung der Pflegesätze und zum Klageverfahren s unten RdNr 267 ff.

[329] Näher dazu *Braun/Rau/Tuschen,* in: *Klauber/Robra/Schellschmidt* (Hrsg), Krankenhaus-Report 2007, 3, 12 ff.

[330] Siehe *Tuschen/Trefz,* KHEntgG, Einführung 1.5, S 12 ff.

[331] Siehe demgegenüber zur Vergütung nach der Bundespflegesatzverordnung oben unter RdNr 189 ff.

[332] Siehe *Rau* MHK, 668, RdNr 43–45; *Geiser,* in: *Robbers/Steiner* (Hrsg), Berliner Kommentar, § 10 Erl 4, kritisch Erl 4.3 – zur Unterstellung von existierenden Wirtschaftlichkeitsreserven als Generalargument zur Absenkung des Basisfallwertes gem Abs 3 S 1 Nr 3.

sich Veränderungen, die alle Fallpauschalen betreffen, nicht bereits über die Bewertungsrelationen abbilden lassen (allgemeine Kosten- und Fallzahlentwicklungen).

Es handelt sich also **nicht** etwa um die Vorgabe eines landesweiten Gesamtbetrages **218 (Landesbudget).** Denn eine retrospektive Kopplung der Höhe des Basisfallwertes mit dem Gesamtausgabenvolumen des Krankenhausbereichs gibt es nicht. Das tatsächliche Ausgabenvolumen entsteht durch die tatsächlich eintretenden Veränderungen von Fallzahlen und Leistungsstrukturen.[333] In diesem Zusammenhang ist das **Urteil des 3. Senats des Bundessozialgerichts vom 5. 7. 2000**[334] zum Abschluss eines Versorgungsvertrages nach § 109 Abs 3 SGB V und zum wesentlichen Zulassungskriterium der Bedarfsgerechtigkeit auf den Prüfstand zu stellen. Das BSG äußert **Zweifel am Fortbestand der Rechtfertigung des Systems bedarfsabhängiger Krankenhauszulassung** im Falle einer Ersetzung der tagesgleichen Pflegesätze durch **Festpreise in Form von Fallpauschalen;** der Vorrang der finanziellen Stabilität der GKV als Gemeinwohlbelang vor den Grundrechten von Krankenhausbetreibern aus Art 12, 14 und 2 Abs 1 GG entfalle möglicherweise, wenn sich Überkapazitäten nicht mehr auf die von der GKV zu tragenden Kosten auswirkten. Indes können auch in unserem DRG-Fallpauschalensystem mit Festpreisen Überkapazitäten zu einer medizinisch nicht begründeten, die Krankenkassen belastenden Mengensteigerung führen: Die Leistungsmengen sind auf der Ebene des Krankenhauses nicht begrenzt. Ein Landesbudget – vergleichbar der vertragsärztlichen Gesamtvergütung – gibt es nicht. Das tatsächliche Ausgabenvolumen hängt auch von gestiegenen Fallzahlen ab. Deshalb sind die Überlegungen des BSG angesichts des aktuellen DRG-Systems ohne Bedeutung für die weitere Zulässigkeit und Notwendigkeit der Bedarfsprüfung auch bei DRG-Krankenhäusern.

Die **Beachtung des Grundsatzes der Beitragssatzstabilität** ist in § 10 Abs 4 **219** KHEntgG geregelt. Bei der Prüfung einer Erhöhung des Basisfallwertes darf die Veränderungsrate nach § 71 Abs 3 S 1 SGB V[335] nicht überschritten werden. Kostenerhöhungen oberhalb dieser Rate (2008: + 0,64 %, 2009: + 1,41 % und 2010: + 1,54 %) werden grundsätzlich nicht zusätzlich finanziert. Dadurch wird die **Höhe der Preisentwicklung begrenzt,** nicht hingegen – wie bei einem Landesbudget – die Leistungsmenge; dies ist leistungsorientiert, ist doch eine Erhöhung der Ausgaben für die Krankenhausversorgung bei zu erbringenden Mehrleistungen im betroffenen Land zuzulassen (Mengenkomponente). In gewisser Weise mengenbegrenzend auf der Ebene des landesweiten Basisfallwertes wirkt allerdings die Neufassung von § 10 Abs 3 S 1 Nr 4 KHEntgG durch das KHRG vom 17. 3. 2009[336]; zusätzliche Fälle und Schweregradveränderungen sollen die Kostenträger nur in Höhe der zusätzlich entstehenden variablen Fallkosten belasten (siehe entsprechende Absenkung des Basisfallwertes, § 10 Abs 3 S 2 KHEntgG).[337] Fallzahlminderungen (niedrigere Summe der Bewertungsrelationen) können im Basisfallwert steigernd ausgeglichen werden (§ 10 Abs 4 S 3 KHEntgG idF des GKV-Wettbewerbsstärkungsgesetzes vom 26. 3. 2007): Der bisherige Landesbasisfallwert darf für den neuen Pflegesatzzeitraum über die Veränderungsrate hinaus erhöht werden, aber nur soweit dies nicht zu einer Erhöhung der Gesamtausgaben im Land für Krankenhausleistungen führt.[338]

Wegen der Begrenzung des Landesbasisfallwertes durch den Grundsatz der Beitrags- **220** satzstabilität anhand der Grundlohnentwicklung der Vergangenheit (§ 10 Abs 4 KHEntgG iVm § 71 Abs 3 S 1 SGB V) werden auch **außerordentliche Kostensteigerungen,** die nicht betriebswirtschaftlich verantwortet und durch das Krankenhausmanagement nicht zu beeinflussen sind, bei einer Grundlohnrate von 0,64 % (2008, 1,41 % (2009) oder

---

[333] *Rau* MHK, 668, RdNr 49.
[334] BSGE 87, 25, 28 f; s auch BSGE 88, 111, 113.
[335] Siehe dazu oben unter RdNr 174 ff.
[336] Siehe *Tuschen* f & w 2009, 12, 16.
[337] Vgl *Tuschen/Trefz,* KHEntgG, § 10, S 310 ff.
[338] Siehe zur Obergrenze bei vermindertem Casemix *Dietz,* KHEntgG, § 10 Erl IV 4.

1,54% (2010) nur völlig unzureichend berücksichtigt (s § 10 Abs 3 S 1 Nr 2 iVm § 10 Abs 4 KHEntgG). Beispiele sind die erheblichen **Personalkostensteigerungen infolge der Tarifabschlüsse,** die Erhöhungen der letzten Jahre aus der VBL-Umlage (Versorgungsanstalt des Bundes und der Länder, betriebliche Zusatzversorgung), die Mehrwertsteuererhöhung und die deutlich höheren Energiekosten. Soweit die Personalkostenentwicklung betroffen ist, wird auf Grund eines Vergleichs mit der Grundlohnsummenentwicklung seit langem von der sog **BAT-Schere** (seit 1. 10. 2005 TVöD-Schere) gesprochen; die Grundlohnsumme hat sich von 1993 bis 2005 nur um 14,6 Prozentpunkte erhöht, die Personalkosten hingegen sind um 32,3 Prozentpunkte, also um mehr als das Doppelte (alte Länder) gestiegen. Sachgerechter ist deshalb die mit dem Krankenhausfinanzierungsreformgesetz vom 17. 3. 2009 (§ 10 Abs 6 KHEntgG) beschlossene **Ermittlung eines Orientierungswertes erstmals zum 30. 6. 2010** durch das Statistische Bundesamt, der zeitnah die Kostenstrukturen und -entwicklungen im Krankenhausbereich erfassen soll, diese also besser als die Veränderungsrate beim Grundlohn berücksichtigt.

221 Eine stets aktuelle **Übersicht über die genehmigten Landesbasisfallwerte in den einzelnen Ländern** stellen ua der vdek-Verband der Ersatzkassen und der AOK-Bundesverband zur Verfügung.[339] Im Jahr 2009 hatten die niedrigsten Landesbasisfallwerte unter 2.850 €: Schleswig-Holstein (2.777 €), Mecklenburg-Vorpommern (2.795,99 €), Sachsen (2.825 €), Sachsen-Anhalt (2.832,77 €), Thüringen (2.835,14 €) und Nordrhein-Westfalen (2.847,52 €); die höchsten Werte über 2.950 € galten in: Rheinland-Pfalz (3.072,68 €), Saarland (3.008 €) und Bremen (2.966,68 €).[340]

222 Nach dem Gesetz zum ordnungspolitischen Rahmen der Krankenhausfinanzierung ab dem Jahr 2009[341] sollen jeweils zum 1. Januar der Jahre 2010 bis 2014 die unterschiedlichen Landesbasisfallwerte in fünf gleichen Schritten in Richtung auf einen durch das DRG-Institut berechneten **einheitlichen Basisfallwertkorridor** angeglichen werden; diejenigen Landesbasisfallwerte sollen erhöht oder abgesenkt werden, die außerhalb des einheitlichen Basisfallwertkorridors in Höhe von plus 2,5 Prozent bis minus 1,25 Prozent um den durchschnittlichen einheitlichen Basisfallwert (früher: Bundesbasisfallwert) liegen (§ 10 Abs 8 und 9 KHEntgG – neu). Landesbasisfallwerte, die innerhalb des Korridors liegen, werden zunächst nicht angeglichen (für 2010 Festlegung des einheitlichen Basisfallwertes durch GKV-Spitzenverband, PKV-Verband und DKG auf 2.935,78 € mit der Folge einer oberen Korridorgrenze von 3.009,17 € und einer unteren von 2.899,08 €); die außerhalb des Korridors liegenden Basisfallwerte werden an dessen Außengrenzen herangeführt.[342] Der aus den unterschiedlichen Landesbasisfallwerten errechnete einheitliche Basisfallwert und der Basisfallwertkorridor haben also zunächst nur die Funktion eines Bezugspunktes für die teilweise Angleichung der Landesbasisfallwerte. Festzustellen ist allerdings, dass sich die Landesbasisfallwerte auch ohne gesetzlich festgelegte Konvergenzschritte ohnehin entsprechend einpendeln würden.[343] Mit der Angleichung ist naturgemäß eine Umverteilung von Finanzmitteln verbunden, die deutschlandweit gesehen auch zu einer erheblichen Verminderung der Ausgaben der Krankenkassen für die DRG-Krankenhäuser führen kann.

223 Ferner ist nach dem KHRG (§ 10 Abs 5 KHEntgG – neu) einmalig für die **Vereinbarung des Landesbasisfallwertes für** das Jahr **2009** eine **anteilige** zusätzliche **Finanzierung** bestimmter für die Jahre 2008 und 2009 **tariflich vereinbarter Lohn- und**

---

[339] Abrufbar unter www.vdek.com und www.-aok-gesundheitspartner.de.
[340] Analyse der Abweichung der Basisfallwerte der Universitätsklinika vom jeweiligen Landesbasisfallwert 2005–2007: *Leber/Wolff,* in: *Roeder/Bunzemeier* (Hrsg), Kompendium zum DRG-System 2008, 45, 85 ff mit Fazit einer deutlichen Positionsverbesserung.
[341] Krankenhausfinanzierungsreformgesetz – KHRG v 17. 3. 2009 (BGBl I, 534).
[342] S auch *Leber/Wolff,* in: *Roeder/Bunzemeier* (Hrsg), Kompendium zum DRG-System 2009, 49, 88 ff, ua mit Länder-Tabelle.
[343] Vgl *Fetzer/Focke,* Die BKK 2008, 464, 466.

Gehaltssteigerungen über die Obergrenze nach § 10 Abs 4 KHEntgG hinaus[344] vorgesehen (auch Basiserhöhung für die Folgejahre). Die Höhe des Unterschieds zwischen dem Tarifergebnis (Tarifrate) und der Veränderungsrate und damit die grundsätzlich anteilig berücksichtigungsfähige Tarifsteigerung wird durch die Vertragsparteien auf Bundesebene festgelegt; dieser bedeutsame Vereinbarungsgegenstand „Erhöhungsrate für Tariferhöhungen" ist schiedsstellenfähig, hätte also zur erstmaligen Anrufung der Bundesschiedsstelle (§ 18a Abs 6 KHG) im DRG-Bereich führen können, was aber durch die **Vereinbarung vom 2. 4. 2009 – Erhöhungsrate von 6,24 %** auf Basis einer Tarifrate von 7,65 % – vermieden worden ist. 50 Prozent des Unterschieds zwischen der Veränderungsrate (+ 1,41 %) und der Tarifrate (+ 7,65 %), also von 6,24 %, werden durch Erhöhung des Landesbasisfallwertes damit über die DRGs zusätzlich finanziert (Erhöhung der Landesbasisfallwerte 2009 um ein Drittel der Erhöhungsrate, also jeweils um 2,08 %).

d) **Konvergenzphase 2005–2009/2010.** In der vom 1. 1. 2005 bis zum 1. 1. 2009 laufenden Konvergenzphase wurden die krankenhausindividuellen Basisfallwerte schrittweise Jahr für Jahr in fünf Stufen an das künftig landeseinheitliche DRG-Preisniveau (Landesbasisfallwert) herangeführt (§ 17b Abs 6 KHG iVm § 4 KHEntgG).[345] Das auf DRG-Basis ermittelte **Zielbudget des Krankenhauses (DRG-Erlösvolumen)** wurde mit dem zuletzt **vereinbarten Erlösbudget** des Krankenhauses verglichen; die Differenz wurde in jährlichen Schritten abgebaut.[346] Entstehende Budgetminderungen belasteten die Krankenhäuser nur bis zu einer jeweils geltenden besonderen Obergrenze (2005: Obergrenze bei 1 % des Budgets, 2006: 1,5 %, 2007: 2 %, 2008: 2,5 %, 2009: 3 %). Durch diese Absenkungsgrenze oder Kappungsgrenze für konvergenzbedingte Budgetminderungen wurden die Krankenhäuser geschützt, die im Konvergenzprozess hohe Budgetanteile verlieren. Die Konvergenzphase wurde durch das KHRG (s insbes § 5 Abs 6 KHEntgG) zur finanziellen Entlastung der GKV um ein Jahr bis zum 1. 1. 2010 verlängert.[347]

In der Konvergenzphase vom 1. 1. 2005 bis 1. 1. 2009 hatten die Fallpauschalen die Funktion einer Abschlagszahlung auf das krankenhausindividuelle Erlösbudget: Aus dem vereinbarten Erlösbudget wurde ein **krankenhausindividueller Basisfallwert** abgeleitet (§ 4 Abs 7 KHEntgG aF); dazu wurde der Erlösbetrag durch die Summe der Bewertungsrelationen aller Behandlungsfälle geteilt. Der sich ergebende krankenhausindividuelle Basisfallwert war der Abrechnung der Fallpauschalen zu Grunde zu legen (§ 4 Abs 7 S 3 KHEntgG aF), indem der individuelle Basisfallwert mit der Bewertungsrelation der betreffenden DRG nach dem DRG-Fallpauschalenkatalog multipliziert wurde, woraus sich die krankenhausindividuelle Höhe der abzurechnenden DRG-Fallpauschale ergab.

Seit dem 1. 1. 2009 rechnen alle DRG-Krankenhäuser den Landesbasisfallwert ab. Im Jahr 2009 wurden aber nur 50 % der noch bestehenden Differenz vom krankenhausindividuellen Basisfallwert zum Landesbasisfallwert abgebaut. Die restlichen 50 % der Konvergenz wurden auf den 1. 1. 2010 verschoben.[348] Über 2009 hinaus bleibt es beim Fest- oder Einheitspreissystem.

e) **Beleihung der Deutschen Krankenhausgesellschaft und der Landeskrankenhausgesellschaften mit Hoheitsbefugnissen.** Der Gesetzgeber hat der **Deutschen Krankenhausgesellschaft** und den **Landeskrankenhausgesellschaften** seit dem Gesundheits-Reformgesetz 1988 zunehmend eine **Reihe von hoheitlichen Aufgaben**

---

[344] Siehe oben RdNr 176, 178, 219 (Veränderungsrate von + 1,41 % für 2009).
[345] Siehe *Rau* MHK 668, RdNr 37–40; *Quaas/Zuck*, § 24 RdNr 294 ff; *Dietz*, KHEntgG, Erl zu § 4; *Koerdt*, in: *Robbers/Steiner* (Hrsg), Berliner Kommentar, Erl zu § 4.
[346] Siehe die anschauliche Darstellung bei *Tuschen/Trefz*, KHEntgG, Einführung 6.3, S 143, Abbildung 2 zur Konvergenz der Krankenhausbudgets.
[347] Siehe *Trefz/Dietz* f & w 2009, 134, 135 f zur Abweichung der bisherigen Konzeption für 2009.
[348] Siehe *Tuschen* f & w 2009, 12, 15.

im Rahmen der gemeinsamen Selbstverwaltung im Gesundheitswesen übertragen. Dies geschah ausgehend vom Vertragsarztrecht der GKV, wo die gemeinsame Selbstverwaltung ihre Wurzeln hat, und an dessen Vorbild orientiert. Die bedeutsamste gesetzliche Aufgabe der Deutschen Krankenhausgesellschaft liegt heute in der Weiterentwicklung des DRG-Systems gemäß § 17b KHG iVm § 9 KHEntgG (insbesondere Vereinbarung des Fallpauschalen-Kataloges mit Bewertungsrelationen).[349] Auch die 16 Landeskrankenhausgesellschaften erfüllen ihre bedeutsamste gesetzliche Aufgabe im Rahmen des DRG-Systems, und zwar bei der Vereinbarung des Landesbasisfallwertes gemäß § 10 KHEntgG iVm § 18 Abs 1 S 2 KHG.

228 Die gesetzliche Beauftragung der Deutschen Krankenhausgesellschaft und der Landeskrankenhausgesellschaften ist unter stillschweigender Nutzung des **Rechtsinstituts der Beleihung** erfolgt. Die Krankenhausgesellschaften sind **eingetragene Vereine nach §§ 21 ff BGB** und somit Zusammenschlüsse auf freiwilliger Basis (also ohne öffentlich-rechtliche Zwangskorporation mit Pflichtmitgliedschaft wie bei den Kassenärztlichen Vereinigungen und der Kassenärztlichen Bundesvereinigung gem. § 77 Abs 5 SGB V als Körperschaften des öffentlichen Rechts). Mitgliedsverbände der DKG sind neben den 16 Landeskrankenhausgesellschaften 12 Spitzenverbände auf Bundesebene (ua Bundesverband Deutscher Privatkliniken eV, Verband der Universitätsklinika Deutschlands eV, Deutscher Caritasverband, Diakonisches Werk der EKD, die drei kommunalen Spitzenverbände); die Erwähnung der DKG und der Landeskrankenhausgesellschaften (als Zusammenschluss von Trägern zugelassener Krankenhäuser im Land) in § 108a SGB V knüpft an die auf Landes- und Bundesebene bestehenden privatrechtlichen Organisationsstrukturen an und beschreibt lediglich den Status quo.[350] In der Satzung der DKG und auch in den Satzungen der Landeskrankenhausgesellschaften ist als Vereinszweck auch die Erfüllung der durch Gesetz übertragenen Aufgaben genannt.[351]

229 Der Staat übernimmt nicht selbst die Erfüllung der hoheitlichen Aufgabe, sondern überträgt Hoheitsbefugnisse durch **legislative Beleihung** auf **Private** mit deren Einverständnis wegen deren **Situationsnähe** und spezifischen Fachwissens zur gemeinsamen Selbstverwaltung, wobei ihm ein erhebliches eigenes Steuerungspotential verbleibt.[352] Der Beliehene handelt bei der Wahrnehmung der ihm übertragenen Aufgaben hoheitlich und demzufolge im Außenverhältnis mit verbindlicher Wirkung im eigenen Namen gegenüber allen Aufgabenbetroffenen; dementsprechend sind die Vereinbarungen auf der Bundesebene gem § 9 Abs 1 S 1 KHEntgG und die Vereinbarungen auf der Landesebene gem § 10 Abs 1 KHEntgG für die Pflegesatzparteien (§ 11 KHEntgG) verbindlich.

230 Eine zwingende Notwendigkeit von Fachaufsicht besteht nicht generell, ist doch der Beliehene gerade wegen seiner oftmals größeren Fachkompetenz und Situationsnähe besser als der Staat in der Lage, die zweckmäßigste der rechtmäßigen Entscheidungen zu treffen. Die im Krankenhausbereich verbleibende reine **Rechtsaufsicht** (s insbesondere Verordnungsermächtigung für das **Bundesministerium für Gesundheit** gemäß § 17b Abs 7 S 1 Nr 2 KHG auch ohne vorheriges Scheitern der Selbstverwaltungspartner sowie die Pflichten des DRG-Instituts gegenüber dem Bundesministerium für Gesundheit gemäß § 17b Abs 7 S 3 und 5 KHG und die Teilnahme des BMG an den Sitzungen der Vertragsparteien gemäß § 17b Abs 2 S 7 KHG) erfordert aber eine hohe Regelungsdichte im

---

[349] Siehe im Übrigen *Wagener*, in: Heidelberger Kommentar – AKM (1390, RdNr 12) mit einer Aufstellung der wichtigsten gesetzlichen DKG-Aufgaben.
[350] Ausführlich zur Entstehungsgeschichte und zur geringen Bedeutung von § 108a SGB V *Klückmann*, in: *Hauck/Noftz*, SGB V, Erl zu § 108a; zur Deutschen Krankenhausgesellschaft *Wagener*, in: Heidelberger Kommentar – AKM (1390).
[351] DKG-Satzung wiedergegeben in DKG, Zahlen/Daten/Fakten 2009, 100 ff, s § 2 Abs 1 S 3.
[352] Grundsätzlich zum Rechtsinstitut der Beleihung *Schmidt am Busch* DÖV 2007, 533; s ferner *Axer*, in: v *Wulffen/Krasney* (Hrsg), FS 50 Jahre BSG, 339 ff, zu der gemeinsamen Selbstverwaltung im Sozialrecht, insbesondere im Vertragsarztrecht, anhand gemeinsam gebildeter Ausschüsse und zum Demokratieprinzip.

14. Kapitel. Krankenhausrecht. Öff-rechtl Rahmen 231, 232 § 82

Hinblick auf die Tätigkeit des Beliehenen in der gesetzlichen Beleihung selbst. Auch für die legislative Beleihung gilt, dass der Gesetzgeber die wesentlichen und grundlegenden Entscheidungen selbst treffen muss (s zur Weiterentwicklung des DRG-Systems durch die Selbstverwaltungspartner die Vorgaben insbesondere in § 17b KHG und §§ 9, 10 KHEntgG)[353]; erforderlich sind präzise gesetzliche Vorgaben über Inhalt, Zweck und Ausmaß der Entscheidungsbefugnisse der Selbstverwaltungspartner.[354] Im Hinblick auf das DRG-System hat der Gesetzgeber diesem Erfordernis grundsätzlich ausreichend Rechnung getragen; erhebliche Zweifel bestehen allerdings beim gesetzlichen Auftrag zur Herausnahme Besonderer Einrichtungen aus dem DRG-System, werden doch Abgrenzungskriterien und medizinisch-ökonomische Kriterien in § 17b Abs 1 S 15 KHG nur vage benannt. Eine Begründungspflicht besteht, wenn ohne Begründung die Rechtskontrolle im Hinblick auf die Beachtung der gesetzlichen Vorgaben unmöglich ist.[355]

Den Staat trifft die **Verpflichtung zu einem angemessenen finanziellen Ausgleich** 231 im Interesse der ordnungsgemäßen Aufgabenerfüllung durch den Beliehenen (ergo: DRG-Systemzuschlag gemäß § 17b Abs 5 KHG zur weitgehenden Befreiung der DKG von der Finanzierungslast).

Das **Bundesverfassungsgericht** hat sich im **Urteil** vom 17. 12. 2002 zur **Festsetzung** 232 von **Festbeträgen für Arzneimittel** und Hilfsmittel gemäß §§ 35, 36 SGB V ua durch die **Verbände der Ersatzkassen** auch mit dem Rechtsinstitut der Beleihung befasst;[356] so war auch der Verband der Angestellten-Krankenkassen (VdAK) als Dachorganisation der sieben Angestellten-Krankenkassen ein eingetragener Verein nach §§ 21 ff BGB, ebenso der AEV – Arbeiter-Ersatzkassen-Verband. Das Bundesverfassungsgericht hat festgestellt, dass die Verbände der Ersatzkassen (§ 212 Abs 5 SGB V) bei der Festbetragsfestsetzung als „beliehene juristische Personen des Privatrechts" handeln, denen das Gesetz ausdrücklich einzelne hoheitliche Kompetenzen zur Wahrnehmung im eigenen Namen überträgt,[357] ohne Zweifel an der demokratischen Legitimation zu äußern.[358] Diese Rechtsprechung kann auf die Deutsche Krankenhausgesellschaft und die Landeskrankenhausgesellschaften grundsätzlich übertragen werden.[359] Frühere Überlegungen, die Krankenhausgesellschaften in Körperschaften des öffentlichen Rechts (mit Zwangsmitgliedschaft aller zugelassenen Krankenhäuser) nach dem Modell der Kassenärztlichen Vereinigungen zu überführen,[360] können bereits deshalb außer Betracht bleiben.

---

[353] Zum „Vorbehalt des Gesetzes" gemäß Art 20 GG und zu der „Selbstverwaltung als ökonomisch-rechtliches Steuerungselement im Krankenhausbereich" s *Genzel* MedR 1997, 479, 482 f und NZS 1996, 359, 362.
[354] *Axer*, in: *Wulffen/Krasney* (Hrsg), FS 50 Jahre BSG, 339, 358 f.
[355] Vgl *Axer*, in: *Schnapp/Wigge* (Hrsg), 274 ff, RdNr 69 zur Normsetzung im Vertragsarztrecht.
[356] BVerfGE 106, 275, 305 f; s auch generell zur „Indienstnahme Privater für öffentliche Aufgaben" BVerfGE 30, 292, 311 (Bevorratungspflicht für Erdölerzeugnisse).
[357] Aufsicht durch das BMG gemäß § 214 Abs 2 SGB V; s auch LG München I, Urteil v 15. 3. 2006 – 35 O 20636/04, KRS 06.009: gesetzliche Beleihung des VdAK mit dem Abschluss von Versorgungsverträgen nach § 111 SGB V; zu den Ersatzkassen s *Schrinner*, in: *Orlowski et al*, GKV-Komm, § 212 RdNr 5–11.
[358] Anders Vorlagebeschluss des BSG v 14. 6. 1995 (3 RK 20, 21, 23/94), NZS 1995, 502 = SGb 1995, 387.
[359] Ebenso *Axer*, in: *v Wulffen/Krasney* (Hrsg), FS 50 Jahre BSG, 339, 341, 357; *Wagener*, in: HK – AKM, 1390, RdNr 11; Entsprechendes gilt für den Verband der privaten Krankenversicherung eV; der Spitzenverband Bund der Krankenkassen ist ohnehin eine Körperschaft des öffentlichen Rechts (§ 217a Abs 2 SGB V).
[360] Siehe *Quaas* NZS 1995, 482 u KH 1994, 122; *Genzel* MedR 1997, 479, 486 u NZS 1996, 359, 365 ff, 401 ff; s ferner (gescheiterter) Gesetzentwurf der SPD-Fraktion eines Zweiten Gesundheitsstrukturgesetzes (GSG II) v 30. 1. 1996 (BT-Drucks 13/3607): Bildung von Krankenhausvereinigungen als Zwangskörperschaften des öffentlichen Rechts auf Landes- und Bundesebene (Art 1 Nr 44, § 108a SGB V – Entwurf).

233 Hochproblematisch wäre demgegenüber eine **unmittelbare legislative Beleihung der InEK GmbH**, die nicht unmittelbar zur gemeinsamen Selbstverwaltung zählt und als Institut zur erleichterten Umsetzung der ihren Gesellschaftern – dem Spitzenverband Bund der Krankenkassen, dem Verband der privaten Krankenversicherung und der Deutschen Krankenhausgesellschaft – gesetzlich übertragenen Aufgabe der Weiterentwicklung des DRG-Systems nicht „beleihungstauglich" ist. Deshalb darf zB auch nicht die Ermittlung des einheitlichen Basisfallwertes und des einheitlichen Basisfallwertkorridors eigenverantwortlich der InEK GmbH übertragen werden, wie dies aber im Gesetz vom 17. 3. 2009 zum ordnungspolitischen Rahmen für die Krankenhausfinanzierung ab dem Jahr 2009 (s § 10 Abs 9 KHEntgG – neu) erfolgt ist.[361] Das InEK kann nur damit betraut werden, für eine Vereinbarung der DRG-Selbstverwaltungspartner eine Empfehlung abzugeben (weitergehend Abs 9 S 5).

234 *f)* **Innovationsentgelte/Finanzierung neuer Untersuchungs- und Behandlungsmethoden.** Das Gesundheitswesen soll für Innovationen offengehalten werden; eine zentrale Rolle beim medizinischen Fortschritt haben die Krankenhäuser.[362] Davon ausgehend soll die **Vereinbarung krankenhausindividueller fallbezogener Vergütungen** gemäß § 6 Abs 2 S 1 KHEntgG durch die örtlichen Vertragsparteien im Hinblick auf **neue Untersuchungs- und Behandlungsmethoden** (kein Ausschluss von der Finanzierung gemäß § 137c SGB V) die Lücke schließen, bis die Vertragsparteien auf Bundesebene durch entsprechende Fortschreibung des Fallpauschalenkataloges eine sachgerechte Vergütung durch die neuen ausgewiesenen Bewertungsrelationen ermöglicht haben, nachdem valide Ist-Kosten-Daten vorliegen;[363] es handelt sich somit um eine notwendige Ergänzung des DRG-Systems im Interesse des medizinischen Fortschritts (keine Begrenzung des Vergütungsvolumens durch den Grundsatz der Beitragssatzstabilität, s § 4 Abs 3 S 1 Nr 2 KHEntgG; außerbudgetäre Finanzierung, s § 6 Abs 3 S 1 KHEntgG). Die Innovationsregelung gilt für alle Krankenhäuser, nicht etwa nur für Krankenhäuser der Spitzenversorgung. Die auf „Krankenhäuser der Spitzenversorgung" und eine Begrenzung der Regelung auf (von den Krankenkassen) „ausgesuchte Schwerpunktkrankenhäuser" abstellende amtliche Begründung[364] ist angesichts des klaren und eindeutigen Gesetzeswortlautes ohne Bedeutung;[365] diese Begründung ist im Übrigen ohnehin auf den im Gesetzentwurf noch vorgesehenen Ausschluss der Schiedsstellenfähigkeit und das insoweit notwendige Einvernehmen mit den Krankenkassen bezogen und angesichts der Schiedsstellenfähigkeit nach der endgültigen Gesetzesfassung insoweit obsolet. Ferner ist von Bedeutung, dass die Innovationsregelung auch **diagnostische Verfahren** betrifft; ein genereller Ausschluss innovativer Diagnostik wäre rechtswidrig.

235 *aa)* Vor dem Abschluss einer derartigen Vereinbarung ist von den Selbstverwaltungspartnern auf der Bundesebene jeweils bis zum 31. Oktober „eine Information einzuholen, ob die neue Methode mit den bereits vereinbarten Fallpauschalen und Zusatzentgelten sachgerecht abgerechnet werden kann" (§ 6 Abs 2 S 3 KHEntgG); es handelt sich nicht um eine unverbindliche bloße Information, sondern um eine verbindliche Feststellung/Bestätigung als Voraussetzung für die krankenhausindividuelle Entgeltvereinbarung (s § 6 Abs 2 S 4 KHEntgG).[366] Für Methoden, für die nicht nachgewiesen werden kann, dass sie bereits mit dem DRG-System finanziert werden, sind krankenhausindividuelle Ent-

---

[361] BGBl I, 534, s a Regierungsentwurf, Begründung zu Art 2 Nr 10 Buchstabe i, 64.

[362] Generell zum medizinischen Fortschritt aus Sicht der Krankenhäuser *Robbers*, in: *Rebscher* (Hrsg), FS Neubauer, 459 ff, auch im Zusammenhang mit dem DRG-System.

[363] Zur Öffnungsklausel des § 6 Abs 2 KHEntG s auch *Tuschen/Trefz*, KHEntgG, Erl zu § 6, S 279 ff sowie *Roeder* KV 2009, 38.

[364] Zum KHEntgG v 23. 4. 2002, BT-Drucks 14/6893, Art 5 zu § 6 Abs 2, 43 f.

[365] Vgl auch *Tuschen/Trefz*, KHEntgG, Erl zu § 6, S 279: „möglichst auf bestimmte Kliniken oder Zentren begrenzen".

[366] Es besteht Begründungspflicht.

14. Kapitel. Krankenhausrecht. Öff-rechtl Rahmen   236, 237   § 82

gelte ebenfalls zulässig; verbleibende Zweifel gehen zulasten der Krankenkassen. Dies ist die **erste Stufe des insgesamt dreistufigen NUB-Verfahrens** (NUB = Neue Untersuchungs- oder Behandlungsmethode).

Die Deutsche Krankenhausgesellschaft, die Spitzenverbände der Krankenkassen und der Verband der Privaten Krankenversicherung haben ihrerseits das **Institut für das Entgeltsystem im Krankenhaus** (InEK GmbH), das sie zu ihrer Unterstützung zur Umsetzung des gesetzlichen Auftrages nach § 17b Abs 2 KHG (Einführung, Weiterentwicklung und Pflege des DRG-Systems)[367] am 10. Mai 2001 in der Rechtsform einer gemeinnützigen GmbH gegründet hatten,[368] beauftragt, „stellvertretend" für sie den gesetzlichen Auftrag nach § 6 Abs 2 S 3 – 6 KHEntgG zu erfüllen (§ 1 der **Vereinbarung** zu § 6 Abs 2 S 3 KHEntgG – **Neue Untersuchungs- und Behandlungsmethoden vom 17.12. 2004).**[369] Das InEK trifft nicht etwa eine Zulassungsentscheidung, prüft vielmehr lediglich, ob eine neue Methode mit den DRG-Fallpauschalen bereits sachgerecht abgerechnet werden kann, ob also die plausiblen Mehrkosten bei Erbringung der angefragten Methode/Leistung im Verhältnis zu den typischerweise bei diesen Fällen vergüteten DRGs von relevanter Höhe sind. Für das Jahr 2009 hat das InEK von den insgesamt 12.616 eingegangenen Anfragen für 6.795 einen positiven Bescheid (krankenhausindividuelle Vereinbarung möglich) erteilt (Status 1). Den 12.616 Anfragen entsprechen 546 inhaltlich verschiedene Methoden/Leistungen, wovon 87 die Kriterien der NUB-Vereinbarung erfüllen (bewertet mit Status 1). 236

Die anschließende **krankenhausindividuelle Vereinbarung eines NUB-Entgelts** in dem betreffenden Krankenhaus ist die **zweite Verfahrensstufe** der Innovationsregelung. Die Krankenhäuser kritisieren eine Blockade durch die Krankenkassen vor Ort, entstehen doch durch die Vereinbarung Mehrausgaben angesichts der Finanzierung ohne Grundlohnbegrenzung außerhalb der DRG-Budgets[370]; andererseits machen Krankenhäuser von der Möglichkeit, die Schiedsstelle anzurufen, oft keinen Gebrauch. Von Bedeutung zugunsten der Krankenhäuser ist insoweit auch § 137c SGB V (Bewertung neuer und auch etablierter Untersuchungs- und Behandlungsmethoden durch den Gemeinsamen Bundesausschuss): Ein Ausschluss der Finanzierung durch die GKV liegt nicht im Kompetenzbereich der einzelnen gesetzlichen Krankenkasse oder des Medizinischen Dienstes der Krankenversicherung, sondern kann abschließend und verbindlich nur durch den Gemeinsamen Bundesausschuss erfolgen;[371] auch hochgradig innovative medizinische Leistungen dürfen außerhalb kontrollierter medizinischer Studien erbracht werden, solange nicht eine negative G-BA-Entscheidung vorliegt. Die **Anerkennung als NUB-Entgelt** ist auf **ein Jahr** beschränkt, weil auch die Weiterentwicklung des DRG-Systems und die Budgetverhandlungen jährlich erfolgen; jedes Jahr muss erneut geprüft werden, ob eine 237

---

[367] Siehe oben unter RdNr 211 ff.
[368] Nähere Angaben zum InEK unter www.g-drg.de; s auch § 5 des Grundlagenvertrages v 30. 6. 2000 der Selbstverwaltungspartner auf der Bundesebene über die Einführung eines pauschalierenden Entgeltsystems nach § 17b KHG: „Bei der Wahrnehmung ihrer Aufgaben nach § 17b Abs 2 und 3 KHG bedienen sich die Vertragspartner eines für die Selbstverwaltungspartner arbeitenden Instituts."
[369] Abrufbar unter www.g-drg.de; auch Wiedergabe der „Verfahrenseckpunkte" sowie der Prüfergebnisse zu den Anfragen der Krankenhäuser (Letztere unter „Aufstellung der Informationen nach § 6 Abs 2 KHEntgG für 2009" mit vier Kategorien: Status 1 bis 4; Status 1 = Kriterien der NUB-Vereinbarung erfüllt; Status 2 = nicht erfüllt).
[370] Im Gesetz zum ordnungspolitischen Rahmen der Krankenhausfinanzierung ab dem Jahr 2009 ist in § 6 Abs 2 S 1 KHEngG eine entsprechende Klarstellung erfolgt: Vereinbarung außerhalb des Erlösbudgets nach § 4 Abs 2 und der Erlössumme nach § 6 Abs 3; NUB-Entgelte machen in den Uniklinika nur rd 0,2 % der Erlöse aus, die über das DRG-System erzielt werden.
[371] Siehe BSGE 90, 289, 291 ff (noch zum früheren „Ausschuss Krankenhaus", eingeführt mit § 137c SGB V durch das GKV-Gesundheitsreformgesetz 2000 v 22.12.1999, BGBl I, 2626); zur Rechtslage vor dem 1. 1. 2000 s BSG NZS 2003, 206, 209.

Innovation bereits in das jeweils neue DRG-System einkalkuliert werden konnte. Auf der Grundlage des KHRG vom 17. 3. 2009 können die Pflegesatzparteien NUB-Entgelte nunmehr auch unabhängig von der Vereinbarung des Erlösbudgets vereinbaren (Entkoppelung von den eigentlichen Budgetverhandlungen, s § 6 Abs 2 S 6 KHEntgG), um eine frühzeitige Abrechnung zu ermöglichen.

238   Nach der Entgeltvereinbarung müssen die Krankenkassen vor Ort in der **dritten Verfahrensstufe** den Selbstverwaltungspartnern auf der Bundesebene Art und Höhe der Innovationsentgelte melden sowie die Kalkulationsunterlagen und eine ausführliche Beschreibung der Methode vorlegen, wichtige Informationen für die künftige Einbeziehung der Innovationen in die DRG-Kalkulation. Die Selbstverwaltungspartner auf der Bundesebene können ihrerseits gemäß § 6 Abs 2 S 7 KHEntgG (gemeinsam) eine Bewertung der Untersuchungs- und Behandlungsmethode nach § 137c SGB V durch den Gemeinsamen Bundesausschuss veranlassen (Prüfung, ob Methode für eine ausreichende, zweckmäßige und wirtschaftliche Versorgung der Versicherten erforderlich ist); nach § 137c Abs 1 S 1 SGB V steht das Antragsrecht für den Ausschluss einer neuen oder bereits länger praktizierten Methode aus der GKV-Finanzierung ohnehin – und zwar jeweils gesondert – dem Spitzenverband Bund der Krankenkassen und der Deutschen Krankenhausgesellschaft zu (Beteiligung des Verbandes der privaten Krankenversicherung nur über § 6 Abs 2 S 7 iVm § 9 Abs 1 S 1 KHEntgG).

239   *bb)* Dieses teilweise zu bürokratische und intransparente NUB-Verfahren stellt grundsätzlich sicher, dass **innovative Medizintechnologie** oder auch ein neues **medikamentöses Behandlungsschema** soweit wie möglich **zeitnah** und ohne Verzögerungen wegen des DRG-Kalkulationsprozesses **in die Krankenhausbehandlung** einfließen. Innovationen können von der Zulassung und Markteinführung bis in die Aufnahme der Kosten in die DRG-Fallpauschalen durchgängig finanziert werden (s auch im Krankenhausbereich – anders als in der vertragsärztlichen Versorgung gemäß § 135 SGB V – Erlaubnis mit Verbotsvorbehalt für Neue Untersuchungs- und Behandlungsmethoden gemäß der innovationsfreundlichen Regelung in § 137c SGB V). Wenn es drei Jahre dauert, bis Innovationen in die DRG-Fallpauschalen einkalkuliert werden können, so ist dies DRG-systembedingt: Datenerfassung im Jahr 2008, Kalkulation im Jahr 2009, Vergütung im Fallpauschalenkatalog 2010. Auch die Beschränkung der Verhandlung eines NUB-Entgelts auf das beantragende Krankenhaus erscheint sinnvoll; bei einer sofortigen Erstreckung von NUB-Entgelten auf alle Krankenhäuser würde die Chance einer Erprobung von Innovationen vor flächendeckender Anwendung vertan.

240   *cc)* Einer gesonderten Betrachtung bedürfen Behandlungs- und Kostenvorteile durch **innovative Methoden,** die dazu führen, dass die **untere Grenzverweildauer unterschritten** wird. Infolge der kürzeren Verweildauer sind die Kosten des Krankenhauses niedriger. Die Folge ist ein Abschlag von der Fallpauschale (s § 9 Abs 1 S 1 Nr 1 KHEntgG).[372] Da in einem derartigen Fall die DRG-Vergütung die Anwendung der Innovation mit umfasst, die neue Methode kostengünstiger als die in die DRG-Vergütung originär einkalkulierte Methode ist, ist ein Abschlag von der Fallpauschale keine Fehlsteuerung, sondern systemgerecht; auch werden die Abschläge ohnehin ohne die Kosten für Untersuchungs- und Behandlungsmethoden kalkuliert.

241   *dd)* Die juristische Hauptproblematik liegt in der **Delegation der gesetzlich den Selbstverwaltungspartnern übertragenen Aufgabe auf deren DRG-Institut** zur eigenverantwortlichen Ermessens-Entscheidung. Durch § 1 Abs 1 der NUB-Vereinbarung vom 17. 12. 2004 wird das InEK beauftragt, stellvertretend für die Vertragsparteien „nach eigenem Ermessen unter Berücksichtigung der bei den Weiterentwicklungsprozessen der vergangenen Jahre erlangten Erkenntnisse zu entscheiden". Diese Aufgabenzuweisung ist von der Sache her als Annexkompetenz grundsätzlich sinnvoll und ökonomisch,

---

[372] Zur Grenzverweildauer s RdNr 208.

14. Kapitel. Krankenhausrecht. Öff-rechtl Rahmen   242, 243 § 82

ist doch das InEK die von den Selbstverwaltungspartnern berufene Organisation, die die Partner bei ihrer gesetzlichen Aufgabe der Weiterentwicklung des DRG-Systems wesentlich vorbereitend unterstützt (zB jeweils Entwurf des neuen G-DRG-Kataloges)[373] und im Übrigen auf gesetzlicher Grundlage durch einen sog **DRG-Systemzuschlag** je Fall finanziert wird (§ 17b Abs 5 KHG).[374]

Unabhängig davon ist aber wesentlich, dass der Gesetzgeber die konkrete Entscheidungsbefugnis sowohl beim DRG-System selbst als auch bei der Innovationsregelung nur dem Spitzenverband Bund der Krankenkassen, dem Verband der privaten Krankenversicherung und der Deutschen Krankenhausgesellschaft zugewiesen hat.[375] Nach der Begründung zur Änderung von § 6 Abs 2 KHEntgG durch das Fallpauschalenänderungsgesetz vom 14. 7. 2003[376] können als Voraussetzung für die Vereinbarung eines NUB-Entgeltes zwar „die Selbstverwaltungspartner auf der Bundesebene oder ihr DRG-Institut bestätigen", dass die neue Methode mit dem DRG-Fallpauschalenkatalog noch nicht vergütet werden kann; der eindeutige **Wortlaut der legislativen Beleihung** steht indes als Grenze jeder Auslegung entgegen. Abweichend von der gesetzlichen Regelung in § 6 Abs 2 KHEntgG soll das DRG-Institut ohne Überprüfung durch die Vertragsparteien abschließend und unmittelbar verbindlich für das anfragende Krankenhaus nach der NUB-Vereinbarung entscheiden; die Vertragsparteien werden lediglich informiert, insbesondere über das Prüfergebnis (s zB § 1 Abs 3 S 1 NUB-Vereinbarung). Eine Kontrollbefugnis des Bundesministeriums für Gesundheit besteht für die Entscheidungen des InEK nach § 6 Abs 2 KHEntgG nicht. 242

Wegen fehlender gesetzlicher Rechtsgrundlage kann das **InEK** eine Information bzw **Bestätigung** gemäß § 6 Abs 2 S 3 KHEntgG **nicht** abschließend **verbindlich** erteilen. Denn ein mit Hoheitsbefugnissen Beliehener ist nicht berechtigt, diese Befugnisse an einen Dritten zu übertragen;[377] die Vertragsparteien auf Bundesebene sind zwar die alleinigen Gesellschafter des Instituts für das Entgeltsystem im Krankenhaus, das indes nicht als bloße vorbereitende Arbeitsgemeinschaft/Arbeitseinheit – wie ansonsten bei der Weiterentwicklung des DRG-Systems – tätig wird, sondern mit eigener Rechtspersönlichkeit als GmbH unmittelbar und abschließend gegenüber den Krankenhäusern als Aufgabenbetroffenen nach der NUB-Vereinbarung handeln soll. Im öffentlich-rechtlichen Institut der Beleihung ist eine **bürgerlich-rechtliche Bestellung eines Stellvertreters** unzulässig, so dass nur die vorbereitende Entgegennahme der Anfragen durch das InEK und deren Vorprüfung/Aufarbeitung mit anschließender Vorlage an die Selbstverwaltungspartner für deren abschließende Entscheidung zulässig sein dürfte. Deshalb greift die Rechtsfolge des § 6 Abs 2 S 5 erster HS KHEntgG ein, also die grundsätzliche Zulässigkeit der Verein- 243

---

[373] Siehe auch Beauftragung des InEK mit der Führung eines „strukturierten Dialoges" zur Einbindung des medizinischen, wissenschaftlichen und weiteren Sachverstandes in einem regelhaften Verfahren, Vorschlagsverfahren für 2009 wiedergegeben in MH-DRGs (D 4325); für 2010 abrufbar unter www.g-drg.de.

[374] Siehe „Vereinbarung nach § 17b Abs 5 des Krankenhausfinanzierungsgesetzes (KHG) zur Umsetzung des DRG-Systemzuschlages" der Vertragsparteien auf der Bundesebene für 2009 (jährliche Aktualisierung insbesondere im Hinblick auf die Zuschlagshöhe: 0,99 € pro Fall für 2010, davon Zuschlagsanteil für Teilnahme von Krankenhäusern an der Kalkulation 0,75 € und für Finanzierung der InEK GmbH Zuschlagsanteil 0,24 €), abgedruckt in MH-DRGs (D 4340); Erhebung auch in den Krankenhäusern, die nach der Bundespflegesatzverordnung abrechnen (§ 17b Abs 5 S 7 KHG); s ferner Hinweise der Selbstverwaltungspartner zur Abrechnung und Handhabung des DRG-Systemzuschlages, abrufbar unter www.g-drg.de.

[375] Siehe zB die Aufgaben im Zusammenhang mit der Übermittlung und Nutzung von DRG-Daten, zu deren Erfüllung die weiterhin umfassend verantwortlichen Selbstverwaltungspartner gemäß § 21 Abs 1 S 1 KHEntgG eine „Stelle auf Bundesebene (DRG-Datenstelle)" benennen können; Betrauung des InEK erfolgt, Vereinbarung wiedergegeben in MH-DRGs (D 4310); legislative Beleihung des InEK ohnehin unzulässig, s RdNr 233.

[376] BGBl I, 1461; Gesetzentwurf BR-Drucks 15/614, 9.

[377] Siehe zur Beleihung oben unter RdNr 227 ff.

barung eines NUB-Entgeltes ab 1.1. 2010 auf Grund eigenverantwortlicher Entscheidung der Pflegesatzparteien für alle bis zum 31.10.2009 anfragenden Krankenhäuser, bis die NUB-Vereinbarung an die Rechtsanlage angepasst worden ist und entsprechend verfahren wird; im Falle der Ablehnung durch die Krankenkassen vor Ort entscheidet die Schiedsstelle (§ 13 KHEntgG). Den in § 1 Abs 2 der NUB-Vereinbarung vorgesehenen Antworten des InEK über das jeweilige Prüfergebnis bis zum 31.12. 2009 muss jeweils eine eigenverantwortliche Prüfung durch die drei Vertragsparteien vorangehen, so dass das InEK lediglich als Bote deren Prüfergebnis übermittelt, also keine eigene Erklärung wie bei einer zulässigen Stellvertretung abgibt.

244 **g) Kostenerstattung aus wahlärztlicher Leistung im DRG-System.** Geboten erscheint eine Änderung der Regelung zur Kostenerstattung der liquidationsberechtigten Krankenhausärzte aus wahlärztlicher Leistung. Angesichts des DRG-Systems sollte die Kostenerstattung zu Recht nur übergangsweise bis Ende 2006 gelten (§ 19 Abs 2 KHEntgG idF des Fallpauschalengesetzes vom 23. 4. 2002), wurde aber durch das Vertragsarztrechtsänderungsgesetz vom 22.12.2006 entfristet (Art 3, Nr 2: Streichung der Wörter „in den Jahren 2005 und 2006").[378] Diese **Entfristung** war überraschend: Grundsätzlich handelt es sich bei der Kostenerstattung um die Entrichtung von Abgaben zur Deckung von nicht-pflegesatzfähigen Kosten der abgerechneten Wahlleistungen, die also nicht im Krankenhausbudget oder in den Pflegesätzen berücksichtigt bzw von dem Krankenhausbudget abgezogen werden; eine derartige Kostenerstattung kann also notwendig sein, um nicht gedeckte Kostenabzüge und damit Verluste des Krankenhauses zu vermeiden.[379] Daraus folgt zugleich, dass eine **Fortführung der Kostenerstattung** nicht gerechtfertigt ist, weil **im DRG-System** Regelungen zur Ausgliederung von nicht-pflegesatzfähigen Kosten nicht mehr bestehen (nur übergangsweise bis zum Ende der Konvergenzphase vertretbar angesichts der indirekten Absenkung der Krankenhausbudgets 2004 – 2008 infolge der Fortschreibung der nach altem Recht abgesenkten Gesamtbeträge). Da bei der Kalkulation der Fallpauschalen von vornherein nur die Kosten für die voll- und teilstationären allgemeinen Krankenhausleistungen erfasst werden, bleibt für eine pflegesatzmindernde Ausgliederung von Kosten, die mit der Erbringung wahlärztlicher Leistungen verbunden sein sollen, kein Raum mehr.[380]

245 Steht somit die Fortgeltung der Kostenerstattung im DRG-System über 2008 hinaus im systemimmanenten Widerspruch, so kommt Folgendes hinzu: **Wahlärztliche Leistungen** sind im Vergleich zu den allgemeinen Krankenhausleistungen keine anderen ärztlichen und nichtärztlichen Leistungen (keine die allgemeinen Krankenhausleistungen ersetzende Leistungen); die ärztlichen Leistungen werden lediglich durch einen bestimmten Arzt erbracht (insoweit Zusatzleistung). Deshalb fallen **Mehrkosten** grundsätzlich nicht an (Beispiele: Gerätenutzung, Inanspruchnahme des nicht-ärztlichen Personals); in geringem Umfang entstehen Mehrkosten bei einer höheren Stundenvergütung des Wahlarztes im Verhältnis zum dienstplanmäßig zuständigen Arzt. Die Kostenerstattung ist somit auch für die **Krankenhäuser,** die nach der **Bundespflegesatzverordnung** abrechnen, nicht gerechtfertigt (s demgegenüber § 7 Abs 2 S 2 Nr 4 und 5 BPflV iVm § 19 Abs 2 KHEntgG).

---

[378] VÄndG – BGBl I, 3439; Entfristung im Gesetzentwurf der Bundesregierung v 30.8.2006 (BT-Drucks 16/2474) noch nicht vorgesehen; erst im Gesetzgebungsverfahren über Änderungsantrag ohne Begründung (s BT-Drucks 16/3157).

[379] Siehe *Tuschen/Trefz*, KHEntgG, § 19, S 369. Ausf zu den wahlärztlichen Leistungen RdNr 127 ff.

[380] So bereits Positionspapier des Bundesministeriums für Gesundheit v 4. 3. 2001 zur Einführung eines Fallpauschalensystems im Krankenhaus (Ziff 6.6) sowie vor allem die Anlage „Auswirkungen zur Finanzierung der Wahlleistungen", wiedergegeben in f&w 2001, 112, 117 ff; s vor allem *Kirchhof*, Staatlich angeordnete Abzüge von privaten Liquidationen der Krankenhaus-Chefärzte, 2004.

Mit dem unumgänglichen Wegfall der Kostenerstattung wäre die **bisherige Quersub-** 246
ventionierung der allgemeinen Krankenhausleistungen aus den Entgelten für wahlärztliche Leistungen insbesondere zugunsten der GKV (in weit geringerem Umfang auch zugunsten der Beihilfe und der PKV) beendet. Die Größenordnung ist immens: 400–600 Mio €/Jahr. Im Umfang der bisherigen Kostenerstattung müssten die Wahlleistungspatienten bzw deren Kostenträger entlastet werden, die zurzeit nach § 6a GOÄ ein überhöhtes Entgelt zu entrichten haben; beispielsweise könnte die GOÄ-Minderung von derzeit 25 Prozent auf 35 Prozent erhöht werden. Zeitgleich müssten die Landesbasisfallwerte so weit erhöht werden, dass Finanzneutralität für die Krankenhäuser gegeben ist.

Demgegenüber ist die gesetzliche Vorgabe zur Kostenerstattung durch die liquidations- 247
berechtigten Krankenhausärzte aus wahlärztlicher Leistung nach § 19 Abs 2 KHEntgG erheblichen verfassungsrechtlichen Bedenken unter dem Aspekt einer vorliegenden Sonderabgabe ausgesetzt; die vom **Bundesverfassungsgericht** aufgestellten **Zulässigkeitskriterien für Sonderabgaben**[381] dürften nicht erfüllt sein.[382]

h) **G-DRG-System 2009 und 2010/Vereinbarungen der Selbstverwaltungspart-** 248
ner auf der Bundesebene. Der Spitzenverband Bund der Krankenkassen, der Verband der privaten Krankenversicherung und die Deutsche Krankenhausgesellschaft haben sich im September 2008 und 2009 auf die zentralen Bestandteile des G-DRG-Systems 2009 bzw 2010 (7. bzw 8. deutsche DRG-Version) geeinigt;[383] das Institut für das Entgeltsystem im Krankenhaus hatte zuvor einen Entwurf erarbeitet.[384] Seit dem 1.7.2008 sind nicht mehr die Spitzenverbände der Krankenkassen, sondern ist der Spitzenverband Bund der Krankenkassen (§ 217f SGB V) zuständig; für die vorgesehene gemeinsame Beschlussfassung des Spitzenverbandes Bund der Krankenkassen und des Verbandes der privaten Krankenversicherung haben der Spitzenverband Bund der Krankenkassen zwei Stimmen und der Verband der privaten Krankenversicherung eine Stimme (§ 17b Abs 2 S 6 KHG).

Im Einzelnen handelt es sich um folgende Bausteine: 249
– Fallpauschalenvereinbarung 2009 bzw 2010 (Abrechnungsbestimmungen) gemäß §§ 1–12
– Fallpauschalen-Katalog (Anlage 1)
– Teil a Bewertungsrelationen bei Versorgung durch Hauptabteilungen
– Teil b Bewertungsrelationen bei Versorgung durch Belegabteilungen
– Teil c Bewertungsrelationen bei teilstationärer Versorgung
– Zusatzentgelte-Katalog gemäß § 17b KHG (Anlage 2)
– Nicht mit dem Fallpauschalen-Katalog vergütete vollstationäre Leistungen (Anlage 3a)
– Nicht mit dem Fallpauschalen-Katalog vergütete teilstationäre Leistungen (Anlage 3b)
– Zusatzentgelte nach § 6 Abs 1 KHEntgG (Anlage 4)
– Zusatzentgelte-Katalog gemäß § 17b KHG – Definition und differenzierte Beträge (Anlage 5)
– Zusatzentgelte nach § 6 Abs 1 KHEntgG – Definition (Anlage 6)
– Deutsche Kodierrichtlinien Version 2009 bzw 2010.

---

[381] Siehe BVerfGE 114, 196, 219, 249 ff.
[382] Ausführlich zu den Sonderabgaben und deren verfassungsrechtliche Voraussetzungen *Sodan*, Der „Sanierungsbeitrag" der Krankenhäuser nach dem GKV-Wettbewerbsstärkungsgesetz als Verfassungsproblem (Rechtsgutachten im Auftrag der DKG, Juni 2007), S 16–35 im Hinblick auf die Prüfung der Rechnungsabschläge nach § 8 Abs 9 S 1 KHEntgG aF.
[383] Fallpauschalenvereinbarung 2009 (FPV) v 23.9.2008 und FPV 2010 v 29.9.2009 mit sechs Anlagen, abrufbar unter www.g-drg.de, www.gkv-spitzenverband.de und www.dkgev.de; jährliche Vereinbarungen der Selbstverwaltungspartner seit 2004.
[384] Siehe Institut für das Entgeltsystem im Krankenhaus GmbH (Hrsg), Abschlussbericht – Weiterentwicklung des G-DRG-Systems für das Jahr 2010, Abschlussbericht abrufbar unter www.g-drg.de.

250 Der **Fallpauschalen-Katalog für die DRGs mit Bewertungsrelationen** besteht aus drei Teilen: Für **Hauptabteilungen** stehen 1.192 Fallpauschalen im Jahr 2009 und 1.200 im Jahr 2010 zur Verfügung (2008: 1.137; 2007: 1.082; 2006: 954; 2005: 878; 2004: 824; 2003: 664), davon fünf für die **teilstationäre Versorgung** (wie im Vorjahr). Von den 1.192 bzw. 1.200 DRGs sind 1.147 bzw. 1.155 bewertet (davon 1 teilstationär) und – nach Anlagen 3a und 3b – 45 unbewertet (davon 4 teilstationär). Für **Belegabteilungen** gibt es gesondert (§ 18 Abs 2 S 1 KHEntgG) 882 bewertete DRGs für das Jahr 2009 und 873 für das Jahr 2010 (2008: 933; 2007: 771), davon 81 für das Jahr 2009 und 84 für das Jahr 2010 auf Basis von Ist-Kosten kalkulierte DRGs[385] und 801 bzw 789 analytisch abgeleitete (2008: 867; 2007: 707; 2006: 698; 2005: 745); beim analytischen Verfahren werden vom Kalkulationswert der Hauptabteilungs-DRG die Kosten des Moduls „Ärztliche Leistungen" abgezogen (Vergütung aus der vertragsärztlichen Gesamtvergütung gemäß § 121 Abs 3 SGB V) und teilweise die Verweildauer korrigiert.[386] Beispiele für die weitere Systemverbesserung sind neben der Definition neuer Fallgruppen die Geburtshilfe, die Kinderintensivmedizin, die Aufnahme weiterer Alterssplits und die bessere Abbildung von Fällen mit extrem hohen Kosten.[387] Durch zunehmende Differenzierung unter Abbildung auch sehr aufwändiger Leistungen wird die **Problematik der sog Kostenausreißer** (s § 17b Abs 1 S 16 KHG) etwas entschärft.[388] Es gibt 290 DRGs, für die das Alter gruppierungsrelevant ist (222 DRGs für Kinder und Jugendliche). Die **Spannweite der Bewertungsrelationen** liegt 2010 zwischen 0,130 und 73,763.[389] Perspektivisch zunehmend ist eine exakte und aufwandsgerechte Fallkostenkalkulation auf hohem Niveau möglich.[390] Das Datenjahr 2008 liegt dem Fallpauschalenkatalog für das Jahr 2010 zu Grunde (s § 21 KHEntgG).

251 Im Bereich zahlreicher **Standardleistungen** sinken die **Bewertungsrelationen** weiter (Ursachen: Bereinigung um komplexe Fälle, Verbesserung der Kalkulationsgrundlage und Prozessoptimierung in den Kliniken). Der **Pauschalierungsgrad** für die meisten Leistungen nimmt zu. Von den 100 häufigsten G-DRGs werden 59 Prozent aller Fälle erfasst. Rund 1.200 Krankenhäuser rechnen in einem Jahr weniger als 500 verschiedene Fallpauschalen ab, weniger als 300 Krankenhäuser mehr als 500 DRGs mindestens zweimal im Jahr.[391]

252 Es gibt weiterhin nur **eine bewertete teilstationäre Fallpauschale**[392], da angemessene Kalkulationsergebnisse nicht erreicht werden konnten. Die Aufnahme einer Legaldefinition „teilstationär" in § 39 Abs 1 SGB V in Abgrenzung zur ambulanten Behandlung wäre

---

[385] = Abbildung von rd 68 % aller Belegfälle in deutschen Krankenhäusern, s *Schlottmann/Köhler/Fahlenbrach/Brändle* KH 2008, 1145, 1148 u *Schlottmann/Brändle/Köhler* KH 2009, 1045, 1048.

[386] Siehe zur Bewertung der belegärztlichen DRGs (fortschreitende Abwertung) aus Sicht der Krankenkassen *Leber/Wolff,* in: *Roeder/Bunzemeier* (Hrsg), Kompendium zum DRG-System 2008, 45, 66 ff und andererseits zur Kritik der Belegkrankenhäuser/-abteilungen Bundesverband Deutscher Privatkliniken, Geschäftsberichte 08/09, 07/08 und 06/07, jeweils 18 f (179 reine Belegkliniken überwiegend in privater Trägerschaft).

[387] Ausführlich zum DRG-System 2009 aus medizinischer Sicht *Roeder,* in: *Roeder/Bunzemeier* (Hrsg), 117 und *Schlottmann,* AuK 2008, 300. Zum DRG-System 2010 ausführlich *Schlottmann/Brändle/Köhler* KH 2009, 1045.

[388] Siehe zum Ziel einer sachgerechteren Abbildung von Extremkostenfällen *Roeder,* in: *Roeder/Bunzemeier* (Hrsg), Kompendium zum DRG-System 2008, 119, 122.

[389] Zur Entwicklung der sog Dekompression als Indikator für eine leistungsgerechtere Vergütung seit 2003 s *Mohr,* Die BKK 2007, 528, 530; seit Beginn der DRG-Einführung nachhaltige Verminderung des sog Kompressionseffektes, durch den teure Leistungen im Fallpauschalenkatalog unterbewertet und einfache Leistungen überbewertet waren.

[390] Zur Fallkostenkalkulation und zur bereits erreichten hohen Qualität der Datengrundlage *Heimig* f & w 2007, 136.

[391] Siehe *Roeder,* in: *Roeder/Bunzemeier* (Hrsg), Kompendium zum DRG-System 2009, 117, 123 f.

[392] G-DRG L90C Niereninsuffizienz, teilstationär, Alter › 14 Jahre ohne Peritonealdialyse; übrige je zwei DRGs für Dialyse und für geriatrische Frührehabilitation unbewertet.

14. Kapitel. Krankenhausrecht. Öff-rechtl Rahmen   253, 254   § 82

von Vorteil. Deshalb bleibt bei den meisten teilstationären Leistungen nur die Abrechnung krankenhausindividueller Entgelte nach § 6 Abs 1 KHEntgG.[393]

Das **Nebeneinander von Hauptabteilungs- und Belegabteilungs-DRGs** ist eine Besonderheit des deutschen DRG-Systems. Angesichts der fortschreitenden Abwertung belegärztlicher DRGs wird mit guten Gründen die Forderung erhoben, die belegärztliche Vergütung insgesamt in das DRG-System zu überführen (vollständige Herauslösung der belegärztlichen Vergütungsanteile aus der vertragsärztlichen Gesamtvergütung – § 121 Abs 3 SGB V und der Versorgung durch einen Belegarzt aus dem Sicherstellungsauftrag der Kassenärztlichen Vereinigungen – § 121 Abs 2 SGB V/einheitlicher DRG-Katalog mit einheitlichen Bewertungsrelationen für Haupt- und Belegabteilungen/Vergütung des Belegarztes durch das Krankenhaus im Innenverhältnis auf Honorarbasis)[394]; auch der Bundesrat hat 2006 einen entsprechenden Änderungsantrag (Initiative des Landes Hessen) anlässlich der Beratung des GKV-Wettbewerbsstärkungsgesetzes beschlossen.[395] Der DRG-Katalog müsste nach dem Grundsatz „gleiche Vergütung für gleiche Leistungen" unter Einbeziehung der Kostenkalkulationen aus den Belegkrankenhäusern und -abteilungen neu kalkuliert werden; soweit im Belegbereich teilweise Leistungen erbracht werden, die nur einen geringer zu bewertenden Ausschnitt aus der mit der DRG vergüteten Leistungsgruppe darstellen, kann das Ergebnis nach der Neukalkulation des Kataloges eine gesonderte, niedriger bewertete DRG sein. Nach den bisherigen Kalkulationen des DRG-Institutes sollen die auf Ist-Kostenbasis kalkulierten Beleg-DRGs im fallzahlgewichteten Mittel um rd 30 % unter den Kosten entsprechender Hauptabteilungs-DRGs liegen, die analytisch abgeleiteten Beleg-DRGs hingegen im Mittel nur um rd 12 %.[396] In diesem Zusammenhang ist seit 2009 die Regelung in § 121 Abs 5 idF des **KHRG** von Bedeutung, wonach Krankenhäuser mit Belegbetten zur Vergütung der genannten belegärztlichen Leistungen **mit Belegärzten Honorarverträge** schließen können. Das Krankenhaus kann dann die Hauptabteilungs-DRG in Höhe von 80 Prozent abrechnen; die Vergütung des Honorararztes richtet sich allein nach der Vereinbarung mit dem Krankenhausträger (§ 18 Abs 3 KHEntgG). Die Wahl der 80 %-Regelung würde sich finanziell in aller Regel nachteilig auswirken. Hinzu kommt, dass eine Honorierung der belegärztlichen Leistungen für Privatpatienten über die GOÄ nicht zulässig wäre, da allein das Krankenhaus als allgemeine Krankenhausleistung liquidiert (keine wahlärztliche Leistung, vgl insoweit § 17 Abs 3 S 7 KHEntgG).

Gemäß § 17b Abs 1 S 1 KHG sind – die gesetzlichen Regelungen ergänzende – **Abrechnungsbestimmungen** vereinbart worden (FPV 2009 v 23. 9. 2008 sowie FPV 2010 v 29. 9. 2009). Diese regeln ua, wie eine Fallpauschale ermittelt und abgerechnet wird einschließlich der Veränderung der Bewertungsrelation bei Überschreitung der oberen Grenzverweildauer und Unterschreitung der unteren Grenzverweildauer (§ 1), wie bei Wiederaufnahme in dasselbe Krankenhaus zu verfahren ist (§ 2), welche Abschläge bei Verlegungen anfallen (§ 3) und wie Fallpauschalen bei bestimmten Transplantationen abgerechnet werden (§ 4). Ferner gibt es besondere Abrechnungsbestimmungen für Zusatzentgelte (§ 5), teilstationäre Leistungen (§ 6) und sonstige Entgelte (§ 7) sowie für die Fallzählung (§ 8), den Kostenträgerwechsel (§ 9) und die Laufzeit der Entgelte (§ 10).[397]

---

[393] Zu den Problemfeldern in der Kalkulation und den Besonderheiten bei der Abrechnung *Derix/Koerdt*, in: *Robbers/Steiner* (Hrsg), Erl zu § 6 FPV.
[394] Ausführliche Darstellung der Problematik, auch zu den Wettbewerbsargumenten, *Robbers/Wallhäuser* f&w 2008, 53 und *Leber/Wolff*, in: *Roeder/Bunzemeier* (Hrsg), 49, 63 ff.
[395] BR-Drucks 755/06 (Antrag Hessen); erfolglos trotz entsprechender Festlegung der Regierungskoalition im Koalitionsvertrag v 1. 11. 2005.
[396] Umstritten; Tabelle zur Abweichung der Bewertungsrelationen 2005–2009 zwischen Haupt- und Beleg-DRGs bei *Leber/Wolff*, in: *Roeder/Bunzemeier* (Hrsg), 49, 64.
[397] Ausführliche Kommentierung der Abrechnungsbestimmungen durch *Derix/Koerdt*, in: *Robbers/Steiner* (Hrsg), 1 ff. Zur Abrechnung nach der FPV 2009 auch *Steiner/Koerdt/Derix*, Redaktionsbeilage zu das Krankenhaus 12/2008.

255 Für 41 vollstationäre DRGs wurde für 2009 und auch für 2010 eine **Bewertungsrelation nicht berechnet;** für diese Fallgruppen (s Anlage 3a zur FPV)[398] können nach § 6 Abs 1 KHEntgG krankenhausindividuelle Entgelte vereinbart werden. Zusätzlich zu einer Fallpauschale oder einem krankenhausindividuellen Entgelt dürfen die bundeseinheitlich bewerteten Zusatzentgelte (s Anlagen 2 und 5) abgerechnet werden. Die in den Anlagen 4 und 6 benannten, nicht bewerteten Zusatzentgelte können krankenhausindividuell vereinbart werden. Insgesamt wurden 127 **Zusatzentgelte** (davon 74 bewertet) für 2009 und 143 (davon 81 bewertet) für 2010 vereinbart (2008: 115; 2007: 105; 2006: 83; 2005: 71; 2004: 26). Die 2010er-Zusatzentgelte betreffen teure Medikamente/Blutprodukte (73), teure Sachmittel (31) sowie besondere therapeutische Verfahren (38). Teure Medikamente machen den überwiegenden Anteil aller Zusatzentgelte aus. Für besondere diagnostische Verfahren gibt es nur ein (unbewertetes) Zusatzentgelt (seit 2006).[399]

256 Die Selbstverwaltungspartner auf Bundesebene haben ferner im Hinblick auf eine befristete Nichtanwendung des DRG-Systems gemäß § 17 Abs 1 S 15 KHG in Verbindung mit § 6 Abs 1 S 1 KHEntgG eine **Vereinbarung zur Bestimmung von Besonderen Einrichtungen für das Jahr 2009** (VBE 2009) und für das Jahr **2010** – ebenso wie in der Vergangenheit für die Jahre 2006 bis 2008 – am 26.11.2008 bzw 17.11.2009 abgeschlossen.[400] Grundgedanke der gesetzlichen Ausgangsregelung ist es, Ausnahmen vom DRG-System nur zu erlauben, soweit eine sachgerechte Vergütung insbesondere „wegen einer Häufung von schwerkranken Patienten oder aus Gründen der Versorgungsstruktur" nicht erreichbar ist; entscheidend ist das Patienten- und Leistungsspektrum der Einrichtung insgesamt, nicht also einzelne nicht sachgerecht vergütete Leistungen. Eine besondere Einrichtung kann auch ein organisatorisch abgegrenzter Teil eines Krankenhauses mit einem eigenen Leistungsangebot sein.[401]

257 Im Jahr **2009** und **2010** können folgende **Leistungsbereiche vom DRG-System ausgenommen** werden, wenn bestimmte von den Selbstverwaltungspartnern in der VBE 2009 bzw 2010 festgelegte Kriterien erfüllt sind:[402] Krankenhäuser, in denen die überwiegende Anzahl der Fälle regelmäßig viel länger behandelt wird als im Fallpauschalen-Katalog vorgesehen (Überschreitung der mittleren Verweildauer der DRG-Fallpauschalen in mehr als 75 Prozent der Fälle, Überschreitung der oberen Grenzverweildauer in mehr als 50 Prozent der Fälle); selbstständige Kinderkrankenhäuser[403], Palliativstationen oder -einheiten, Kinder- und Jugend-Rheumatologie, Tropenerkrankungen, Multiple Sklerose, Morbus Parkinson, Epilepsie, Isolierstationen, Einrichtungen für Schwerbrandverletzte, neonatologische Satellitenstationen. Nicht ausgenommen werden können grundsätzlich Intensivabteilungen. Bemerkenswert ist die differenzierte Schiedsstellenlösung (§ 4 Abs 1 S 2 iVm § 1 Abs 2 bis 4 und Abs 5 S 2 und 3 VBE 2009 bzw 2010).[404]

258 Die notwendigen gesetzlichen Vorgaben für den **Regelbetrieb des DRG-Vergütungssystems ab 2009** (ua Wegfall krankenhausindividueller Basisfallwerte sind in dem Gesetz zum ordnungspolitischen Rahmen der Krankenhausfinanzierung ab dem Jahr 2009 enthalten: Nach § 4 KHEntgG – neu sind die in den **Fallpauschalen- und Zusatzentgeltkata-**

---

[398] Insbesondere Definition von 13 Frühreha-DRGs (s auch § 39 Abs 1 S 3 zweiter HS SGB V), nur drei bewertete Frühreha-DRGs; zur Frührehabilitation und DRGs s *Vollmöller* ZMGR 2006, 171, 173 und *Tuschen* f&w 2003, 566 sowie Stellungnahme (2004) der Deutschen Gesellschaft für Medizinische Rehabilitation, www.degemed.de.

[399] Siehe im Einzelnen *Schlottmann/Köhler/Brändle*, G-DRG-System Version 2010, KH 2009, 1045, 1056 ff, auch zur Überführung von NUB-Leistungen mit Status 1 in das DRG-System; zu letzterem s auch oben RdNr 236.

[400] Abrufbar unter www.g-drg.de. VBE 2010: lediglich redaktionelle Anpassung.

[401] Siehe oben RdNr 212.

[402] Ausführliche Kommentierung *Vaillant*, in: *Robbers/Steiner* (Hrsg), VBE 2009, 159 ff.

[403] Zu den Einzelheiten der Neuregelung für selbstständige Kinderkrankenhäuser *Leber/Wolff*, in: *Roeder/Bunzemeier* (Hrsg), 49, 77 f.

[404] Siehe dazu unten RdNr 263 f.

logen enthaltenen und bewerteten **Leistungen** Bestandteil des von den Pflegesatzparteien nach § 11 KHEntgG zu vereinbarenden **Erlösbudgets**. Nicht in das Budget einbezogen werden die krankenhausindividuell zu vereinbarenden Entgelte, also die Entgelte, die ohne Bewertung in den Entgeltkatalogen enthalten sind (§ 6 Abs 1 KHEntgG), die Entgelte für die von der DRG-Anwendung ausgenommenen Besonderen Einrichtungen (§ 6 Abs 1 KHEntgG), die Entgelte für neue Untersuchungs- und Behandlungsmethoden (§ 6 Abs 2 KHEntgG) und die Entgelte für hochspezialisierte, in nur sehr wenigen Krankenhäusern durchgeführte Leistungen (§ 6 Abs 2a KHEntgG) sowie die Zu- und Abschläge (§ 7 Abs 1 KHEntgG). Die **anteiligen Mehr- und Mindererlösausgleiche** bleiben erhalten, allerdings mit Änderungen zur Ermittlung des Erlösausgleichsbetrages sowie der notwendigen Verrechnung über Zu- oder Abschläge. Sobald die sachgerechte **Abbildung der Leistungen einer Besonderen Einrichtung im DRG-System** gelungen ist, gilt für die bisherige Besondere Einrichtung mit der erstmaligen Anwendung des DRG-Systems eine Konvergenzphase von drei Jahren zur Angleichung an das landeseinheitliche Preisniveau in drei Schritten (§ 4 Abs 7 KHEntgG), um eine andernfalls im Regelfall entstehende plötzliche Unterdeckung des Budgets zu vermeiden (Gewährung eines Zuschlages im Regelfall angesichts der regelmäßig höheren bisherigen Vergütung der Besonderen Einrichtung, die diesen Status verloren hat).

6. Schiedsstellenverfahren und Genehmigungsverfahren. Wie dargelegt, ist für 259 jedes einzelne BPflV-Krankenhaus und für jedes einzelne DRG-Krankenhaus eine Pflegesatzvereinbarung zu verhandeln (§ 18 Abs 1–3 KHG, § 17 BPflV, § 11 KHEntgG). Vereinbarungsgegenstände sind für die unter die Bundespflegesatzverordnung fallenden Krankenhäuser das Krankenhausbudget sowie Art, Höhe und Laufzeit der tagesgleichen Pflegesätze (Abteilungspflegesätze und Basispflegesatz) und für die unter das Krankenhausentgeltgesetz fallenden Krankenhäuser der Gesamtbetrag, das Erlösbudget, die Summe der Bewertungsrelationen, die Zu- und Abschläge, die sonstigen Entgelte; ferner bei beiden Krankenhausgruppen die Mehr- und Mindererlösausgleiche. Erfolgt eine Einigung nicht oder nur teilweise, wird die **Schiedsstelle** gemäß § 18 Abs 4 iVm § 18a Abs 1 KHG (§ 19 BPflV, § 13 KHEntgG) insoweit angerufen.[405] Nach § 18a Abs 1 KHG bilden die Landeskrankenhausgesellschaft und die Landesverbände der Krankenkassen die Schiedsstelle. Die Grundzüge der Besetzung der Schiedsstellen und ihres Verfahrens sind in § 18a Abs 2 und 3 KHG geregelt (ergänzende Regelungen durch Rechtsverordnung der Landesregierung). Solange von der Verordnungsermächtigung nicht Gebrauch gemacht worden ist, können die Träger der Schiedsstellen die gesetzlichen Verfahrensregelungen ergänzen (zB Zahl der Mitglieder der Schiedsstelle und deren Amtsdauer);[406] die Schiedsstelle als Selbstverwaltungseinrichtung bleibt funktionsfähig.

a) Festsetzung der Pflegesätze durch die Schiedsstelle. Zum Schiedsverfahren sollen 260 nachfolgend wesentliche Rechtsgrundsätze hervorgehoben werden.

aa) Vom **Grundsatz der Schiedsstellenfähigkeit** gibt es Ausnahmen, wie dies besonders 261 deutlich durch § 19 Abs 3 BPflV wird. Genannt als nicht schiedsstellenfähig war zB auch § 6 Abs 1 S 4 Nr 1 BPflV, also der Ausdeckelungstatbestand für „vereinbarte Veränderungen der medizinischen Leistungsstruktur oder der Fallzahlen".[407] Generell kann § 19 Abs 3 BPflV die Regel entnommen werden, dass die Schiedsstelle nicht über Tatbestände in

---

[405] Ausführlich zum Schiedsstellenverfahren *Quaas*, in: Das Krankenhaus im Gesundheitsgewährleistungsstaat (Düsseldorfer Krankenhausrechtstag 2007), 35 ff; *Leber*, in: Robbers/Steiner (Hrsg), Berliner Kommentar, Erl zu § 13 KHEntgG; *Dietz*, KHG, § 18 Erl V, KHEntgG Erl zu § 13, BPflV Erl zu § 19; *Möller*, KH 2008, 610; *Manssen* ZFSH/SGB 1997, 81; generell zum Schiedsstellenverfahren im Sozialrecht unter Einbeziehung der KHG-Schiedsstellen nach § 18a und der Landesschiedsstelle nach § 114 SGB V *Becker* SGb 2003, 664.
[406] BVerwG, Urt v 20. 1. 2005 – 3 C 1/04, GesR 2006, 20.
[407] Statuierung der Schiedsstellenfähigkeit durch das KHRG v 17. 3. 2009 (BGBl I, 534); s Regierungsentwurf zu Art 4 Nr 2 und 10 (BR-Drucks 696/08, 27, 28, 69, 72).

sog „**Kann-Vorschriften**" entscheidet, in denen also der Gesetz- oder Verordnungsgeber dem Krankenhaus einen Anspruch gerade nicht einräumt, wie zB in dem Tatbestand „vereinbarte" Veränderung der Fallzahlen; wird der Zusatz „vereinbarte" gestrichen, ist die Schiedsstellenfähigkeit nach redaktioneller Anpassung von § 19 Abs 3 BPflV wieder hergestellt (wie durch das KHRG geschehen). Die Regel, dass Kann-Vorschriften die Anrufung der Schiedsstelle ausschließen, gilt auch für die DRG-Krankenhäuser, obwohl § 13 KHEntgG eine § 19 Abs 3 BPflV entsprechende Klarstellung nicht enthält. Im Interesse der Rechtssicherheit sollten indes auch im Krankenhausentgeltgesetz die Tatbestände des Ausschlusses der Schiedsstellenfähigkeit angesichts denkbarer Zweifelsfälle ausdrücklich genannt werden; so ist meines Erachtens § 6 Abs 2a KHEntgG (Vereinbarung eines Zusatzentgelts bei Leistungserbringung nur durch sehr wenige Krankenhäuser mit überregionalem Einzugsgebiet und Komplexität der Behandlung) trotz der formellen Einkleidung in eine Kann-Vorschrift wegen der engen gesetzlichen Voraussetzungen schiedsstellenfähig.[408]

262 Andererseits ist mit einem **Ausschluss der Schiedsstellenfähigkeit für Vereinbarungen mit den Krankenkassen** nicht zwingend eine Änderung des materiellen Pflegesatzrechts verbunden. Das vom Krankenhausträger isoliert und unmittelbar mit dem Antrag auf Abschluss einer Teilvereinbarung gemäß § 6 Abs 1 S 4 Nr 1 BPflV (allgemeine Leistungsklage) angerufene Verwaltungsgericht hat zu prüfen, ob nachvollziehbare plausible Gründe unter Beachtung des Gesetzeszwecks für die Ablehnung einer Vereinbarung durch die Krankenkassen vorliegen.[409] Soll der Abschluss einer Vereinbarung ausnahmsweise in das freie Belieben der Kostenträger gestellt werden, muss sich dies aus der materiellen Regelung ergeben, was indes im Hinblick auf § 6 Abs 1 S 4 Nr 1 BPflV aF mit der Verwendung des Zusatzes „in der Pflegesatzvereinbarung zwischen den Vertragsparteien vereinbarte" nicht eindeutig war.

263 Die **Schiedsstellenfähigkeit**, also die sachliche Zuständigkeit der Krankenhausschiedsstelle für ihr durch Gesetz oder Rechtsverordnung übertragene Aufgaben, kann nicht durch die Selbstverwaltungspartner ausgeschlossen werden. Dies folgt bereits aus der Rechtsnatur des Krankenhausschiedsstellenverfahrens als einem obligatorischen Schlichtungsverfahren. Eine entsprechende **Kompetenz der Selbstverwaltungspartner** wird auch nicht quasi automatisch mit der gesetzlichen Übertragung einer Aufgabe im Wege der Beleihung[410] eingeräumt. Beispielhaft ist die befristete **Herausnahme Besonderer Einrichtungen aus dem DRG-Vergütungssystem** gemäß § 17b Abs 1 S 15 KHG zu nennen;[411] insoweit besteht eine Verordnungsermächtigung zugunsten des Bundesministeriums für Gesundheit (§ 17b Abs 7 S 1 Nr 3 KHG), aber auch eine Kompetenz der Selbstverwaltungspartner auf der Bundesebene (§ 17b Abs 2 S 1 KHG iVm § 6 Abs 1 S 1 KHEntgG). Die Vereinbarung der Selbstverwaltungspartner zur Bestimmung von Besonderen Einrichtungen für das Jahr 2010 **(VBE 2010)** enthält in § 1 Abs 5 bei Besonderheiten in seltenen Ausnahmefällen (Einrichtungen, die auf die Behandlung besonders teurer Patientengruppen oder auf spezifische, sehr aufwändige, diagnostische/therapeutische Maßnahmen spezialisiert sind) eine **Regelung zur Schiedsstellenfähigkeit:**[412] Nur für Krankenhäuser mit bis zu zwei Fachabteilungen soll Schiedsstellenfähigkeit gegeben sein, während die übrigen Krankenhäuser auf Grund fehlender Schiedsstellenfähigkeit auf eine einvernehmliche Lösung mit den Krankenkassen verwiesen werden;[413] für die weitaus größte Zahl der betroffenen Einrichtungen (außerhalb von § 1 Abs 5) ist aber Schiedsstellenfähigkeit gemäß § 4 Abs 1 S 2 VBE 2010 gegeben.

---

[408] Ebenso *Leber* KH 2006, 877, 879 f.
[409] VG Stuttgart, Urt v 9.2.2006 – 4 K 3853/05, KRS 06.005; *Quaas/Trefz*, KH 2000, 611, ausführlich zur gerichtlichen Durchsetzung eines Anspruchs auf Vereinbarung nach § 6 Abs 1 S 4 Nr 1 BPflV.
[410] Dazu oben RdNr 227 ff.
[411] Siehe dazu oben RdNr 230.
[412] Zur VBE 2009 bzw 2010 s oben RdNr 256.
[413] Näher dazu *Vaillant*, in: *Robbers/Steiner* (Hrsg), VBE 2009, § 1 Erl 4.1.5.

Der **Gesetzgeber** sollte die ohnehin nur vagen Kriterien für Besondere Einrichtungen 264
in § 17b Abs 1 S 15 KHG durch klare und justiziable Maßstäbe ergänzen[414] und bei dieser
Gelegenheit auch die allein ihm zustehende Entscheidung über einen etwaigen **Ausschluss der Schiedsstellenfähigkeit** für etwaige Sonderfälle treffen.

bb) Nach ständiger Rechtsprechung des Bundesverwaltungsgerichts hat die **Schiedsstelle dieselben rechtlichen Grenzen** zu beachten, die auch für die **Pflegesatzparteien** selbst im Falle der Regelung durch Vereinbarung gelten.[415] Innerhalb dieser Grenzen hat die Schiedsstelle die ansonsten den Vertragsparteien zustehenden **Gestaltungsmöglichkeiten**.[416] Dementsprechend ist eine Entscheidung der Schiedsstelle nur rechtswidrig, wenn die Pflegesatzparteien eine entsprechende Regelung im Vereinbarungswege nicht hätten treffen dürfen.[417] Die Grenzen zieht § 18 Abs 5 KHG gleichermaßen für die Pflegesatzparteien wie für die Pflegesatzfestsetzung durch die Schiedsstelle bei der Einhaltung der Vorschriften des Krankenhausfinanzierungsgesetzes und des sonstigen Rechts. Der Schiedsstelle steht eine „**Einschätzungsprärogative**" somit wie den Vertragsparteien zu, also ein Beurteilungsspielraum für die Anwendung und Auslegung unbestimmter Rechtsbegriffe und für Sachverhalte, die prospektiv mithilfe einer Prognose zu bewerten sind;[418] eine vertretbare Prognose hat Bestand. 265

cc) Der Amtsermittlungsgrundsatz des Verwaltungsverfahrensgesetzes (§ 24 Abs 1 266
VwfG) greift nicht ein.[419] Vielmehr ist das Krankenhausschiedsstellenverfahren seiner
ganzen Anlage nach durch den **Beibringungsgrundsatz** geprägt,[420] so dass die Schiedsstelle lediglich auf die durch die Vertragsparteien vorgebrachten substantiierten Einwendungen und streitig gestellten Punkte eingehen muss (wie im Zivilprozessrecht). Wie in den Pflegesatzverhandlungen muss auch im Schiedsstellenverfahren jede Seite ihre Positionen substantiiert darlegen und erforderlichenfalls belegen, wenn sie Gehör finden will. Im Übrigen wäre die in § 19 Abs 2 BPflV bzw § 13 Abs 2 KHEntgG vorgegebene Entscheidung der Schiedsstelle innerhalb von sechs Wochen ausgeschlossen, wenn sie zB verpflichtet wäre, ohne substantiierte Beanstandungen der Gegenseite die Leistungs- und Kalkulationsaufstellung gemäß § 17 Abs 4 BPflV bzw die Aufstellung der Entgelte und Budgetermittlung gemäß § 11 Abs 4 KHEntgG zu überprüfen.

b) **Genehmigung der vereinbarten oder festgesetzten Pflegesätze durch die** 267
Landesbehörde. Das Pflegesatzverfahren wird mit der Genehmigung der vereinbarten
oder festgesetzten Pflegesätze durch die nach Landesrecht zuständige Behörde abgeschlossen (§ 18 Abs 5 KHG, § 20 Abs 1 BPflV, § 14 Abs 1 KHEntgG). Die **Genehmigung** als Verwaltungsakt mit verbindlicher Außenwirkung führt zur **Wirksamkeit der Pflegesatzvereinbarung bzw des Schiedsspruches** unmittelbar privatrechtsgestaltend für alle Krankenhausbehandlungsverträge.[421] Der Schiedsspruch ist lediglich ein interner vorgeschalteter Mitwirkungsakt zur Pflegesatzermittlung, der selbst für die Vertragsparteien nicht verbindlich ist; es bleibt ihnen unbenommen, einen Antrag auf Genehmigung des Schiedsspruchs nicht zu stellen, sondern eine anderweitige Vereinbarung zu treffen.[422]

---

[414] Grundsätzlich zur Gefahr der Überforderung der Krankenhausschiedsstellen bei fehlenden hinreichenden gesetzlichen Maßstäben *Heinze* f&w 1997, 8 ff.
[415] BVerwGE 105, 97, 100; E 124, 209, 211.
[416] Näher dazu *Möller,* KH 2008, 610, 612 f.
[417] BVerwG NZS 2007, 424.
[418] Siehe *Quaas,* in: Das Krankenhaus im Gesundheitsgewährleistungsstaat (Düsseldorfer Krankenhausrechtstag 2007), 35, 48.
[419] Anderer Ansicht *Becker* SGb 2003, 664, 713; *Manssen* ZFSH/SGb 1997, 81, 85 f.
[420] BVerwGE 124, 209, 212 ff.
[421] BVerwGE 94, 301 = NJW 1994, 2435; OVG Niedersachsen, GesR 2006, 22 = KRS 05.096.
[422] Ausführlich zur Begründungspflicht der Schiedsstelle, gerade im Hinblick auf die Prüfung durch die Genehmigungsbehörde VG Stuttgart, Urt v 18. 11. 2004 – 4 K 4307/03, KRS III 04.039.

Deshalb ist gerichtlicher Rechtsschutz nur gegen die Entscheidung der Genehmigungsbehörde gegeben.

268 aa) Die Genehmigung dient ausschließlich der **Rechtskontrolle der Pflegesatzvereinbarung/-festsetzung** (s § 18 Abs 5 S 1 KHG). Eine Befugnis der Genehmigungsbehörde zu einer von der Vereinbarung der Pflegesatzparteien oder der Festsetzung der Schiedsstelle abweichenden Gestaltung oder zur Erteilung einer Teilgenehmigung besteht nicht.[423] Die Behörde darf also nicht etwa den Pflegesatz abweichend vom Schiedsspruch „in rechtmäßiger Höhe" genehmigen. Die von den Pflegesatzparteien vorgelegte Vereinbarung oder die Schiedsstellenentscheidung ist das Genehmigungssubstrat, das die Behörde von sich aus nicht verändern darf (Pflegesatzvereinbarung als „Paketlösung"). Genehmigt die Landesbehörde den Schiedsspruch nicht, so entscheidet die Schiedsstelle auf Antrag erneut unter Beachtung der Rechtsauffassung des Landes (§ 20 Abs 3 BPflV, § 14 Abs 3 KHEntgG); in entsprechender Anwendung dieser Regelung hat die Schiedsstelle nach Aufhebung der Pflegesatzgenehmigung im verwaltungsgerichtlichen Verfahren die Rechtsauffassung des Gerichts bei ihrer neuen Entscheidung zu beachten.[424]

269 bb) Nach § 18 Abs 5 S 2 KHG ist gegen die Genehmigung (einschließlich ihrer Versagung) der **Verwaltungsrechtsweg** (§ 40 VwGO) gegeben. Somit sind alle Entscheidungen der Länder im Recht der Krankenhausplanung, der Investitionsförderung und der Pflegesätze der Verwaltungsgerichtsbarkeit und nicht der Sozialgerichtsbarkeit zugewiesen (s auch § 8 Abs 1 S 4 KHG).[425] Nur die **Vertragsparteien der Pflegesatzvereinbarung** sind als Adressaten des Genehmigungsbescheides **klagebefugt**.[426] Auch die Landesverbände als Beteiligte gemäß § 18 Abs 1 S 2 KHG sowie Sozialleistungsträger, die nicht selbst Vertragspartei sind, sind nicht klagebefugt; sie können sich nicht auf eine öffentlich-rechtliche Norm stützen, die ihnen eine eigene schutzwürdige Position einräumt.[427] Die Rechtslage entspricht damit derjenigen beim Landesbasisfallwert und dessen Genehmigung (Klagebefugnis nur für die Vertragsparteien auf Landesebene gemäß § 14 Abs 4 KHEntgG).

270 c) **Erhöhte Eigenverantwortung und Deregulierung durch Wegfall des Genehmigungserfordernisses?** Soweit die Genehmigung der vereinbarten oder festgesetzten Pflegesätze gemäß § 18 Abs 5 KHG iVm § 20 BPflV bzw § 14 KHEntgG betroffen ist, sind seit Jahren Stimmen zu vernehmen, die eine **Aufhebung des Genehmigungserfordernisses** vorschlagen, und zwar insbesondere aus einzelnen Ländern, aber auch aus Krankenhausschiedsstellen. Als Argumente gegen die Genehmigung werden genannt: zu geringes Maß an Eigenständigkeit und Verantwortlichkeit für die Pflegesatzparteien, Prozessrisiko des Landes ohne Gestaltungsmöglichkeiten im Genehmigungsverfahren, teilweise erhebliche Verzögerung durch das Genehmigungsverfahren, zu geringer Einigungsdruck im Schiedsstellenverfahren, Fremdkörper im DRG-System, Deregulierung und Entbürokratisierung.

271 Der Gesetzgeber hat diesen Vorschlag zu Recht auch im Krankenhausfinanzierungsreformgesetz vom 17. 3. 2009 nicht aufgegriffen: Während die Deutsche Krankenhausgesellschaft und die Landeskrankenhausgesellschaften infolge der gesetzlichen Übertragung

---

[423] Ständige Rechtsprechung BVerwGE 91, 363 = NJW 1993, 2391; BVerwG DVBl 2003, 674.
[424] BVerwG, Urt v 26. 9. 2002 – 3 C 49/01, DVBl. 2003, 674.
[425] Siehe zur Begründung weiterhin zutreffend *Genzel*, in: *Genzel/Hanisch/Zimmer*, Erl 9 zu § 51 SGG, auch zu dem beim KHNG 1984 gescheiterten Versuch des Bundes, die Rechtswegzuweisungen zulasten der Verwaltungsgerichtsbarkeit und zugunsten der Sozialgerichtsbarkeit zu verschieben.
[426] BVerwG, Urt v 3. 8. 2000 – 3 C 30/99, BVerwGE 111, 359 = NJW 2001, 909 = VersR 2002, 81; BVerwG, Urt v 26. 2. 2009 – 3 C 8.08, GesR 2009, 313.
[427] Zur Zulässigkeit der Anfechtung der Genehmigung durch einen selbstzahlenden Krankenhauspatienten BVerwGE 100, 230; kritisch zur Klagebefugnis in diesem Sonderfall *Dietz*, KHG, § 18 Erl VII 3.

hoheitlicher Aufgaben im Rahmen der gemeinsamen Selbstverwaltung als Beliehene Regelungen mit verbindlicher Außenwirkung für Dritte treffen,[428] ist dies beim einzelnen Krankenhausträger, der im ureigenen wirtschaftlichen Interesse die Pflegesatzvereinbarung schließt, nicht der Fall. Nur der durch die Landesbehörde **genehmigte Pflegesatz** kann **für alle Patienten** des Krankenhauses **unmittelbar verbindlich** sein und auch für die Sozialleistungsträger, die wegen geringer Patientenanteile nicht zu den Pflegesatzparteien zählen (vgl § 18 Abs 2 KHG), die Vergütungspflicht begründen (Art **„Allgemeinverbindlichkeitserklärung"**). Anders ausgedrückt: Die Genehmigung dient auch dem **Rechtsschutz der nicht an der Vergütungsregelung Beteiligten,** die dennoch in deren Geltungsbereich einbezogen sind (Selbstzahler, Beihilfe, PKV, gewerbliche Berufsgenossenschaften, kleine gesetzliche Krankenkassen ohne Beteiligung an einer Arbeitsgemeinschaft von Sozialleistungsträgern).[429]

Die Rechtsposition der nicht am Pflegesatzverfahren Beteiligten, die – ohne selbst auf das Vereinbarungsergebnis Einfluss nehmen zu können – an die vereinbarten Pflegesätze auch im Hinblick auf den Grundsatz der Einheitlichkeit der Pflegesätze (§ 17 Abs 1 S 1 KHG) gebunden sind, würde sich ohne die **Aufsichts- und Schutzfunktion der Genehmigung** in nicht vertretbarer Weise verschlechtern. Auch könnte der **Kreis der Klagebefugten** wohl nicht mehr auf die unmittelbar Beteiligten (Pflegesatzparteien) beschränkt werden, was naturgemäß für die Planungssicherheit der Krankenhäuser (Bestandskraft der Pflegesatzvereinbarung) von Nachteil wäre und generell einen **Verlust an Rechtssicherheit** mit sich bringen würde. Das Rechtmäßigkeitskontrollverfahren der Länder besitzt im Übrigen – anders als ein bloßes Anzeigeverfahren – einen nicht zu unterschätzenden erheblichen präventiven Charakter im Interesse der nicht selbstverständlichen Beachtung des Pflegesatzrechts durch die Vertragsparteien vor Ort; demgegenüber ist die Entscheidungskompetenz der Schiedsstelle auf das beschränkt, was ihr die Pflegesatzparteien als streitig vorlegen. Nach alledem ist die Pflegesatzgenehmigung auch im DRG-System unverzichtbar. 272

§ 83 Die Rechtsbeziehungen zwischen den gesetzlichen Krankenkassen und den Krankenhäusern

Inhaltsübersicht

	RdNr
I. Gemeinsame Gewährleistungspflicht von Krankenkassen und Krankenhausträgern und GKV-Zulassung der Krankenhäuser im Überblick	1
1. Zulassung ohne Vertrag mit den Krankenkassen	2
2. Echte Vertragskrankenhäuser	4
3. Zulassung als Transplantationszentrum	6
4. Kostenerstattungskrankenhäuser	7
5. Bundeswehrkrankenhäuser	8
6. Krankenhäuser als Eigeneinrichtungen von Krankenkassen	9
7. Praxiskliniken	10
8. Vorsorge- und Rehabilitationseinrichtungen	11
II. Zum Leistungsrecht der GKV	14
1. Leistungsanspruch des Versicherten auf Krankenhausbehandlung	14
a) Sachleistung und Kostenerstattung	15
b) Krankenhausbehandlungsbedürftigkeit und Abgrenzung zwischen vollstationärer, teilstationärer und ambulanter Krankenhausbehandlung	17

---

[428] Siehe dazu oben RdNr 227 ff.
[429] Siehe als anschauliches Beispiel das dem Urteil des BVerwG v 3.8.2000 (BVerwGE 111, 359 = NJW 2001, 909) zu Grunde liegende Problem für eine gewerbliche Berufsgenossenschaft als Kostenträger.

	c) Konkrete Leistungspflicht	31
	d) Tragende Grundsätze zur Leistungserbringung	32
2.	Leistungsbegrenzung durch das Wirtschaftlichkeitsgebot	50
	a) Umfassende Geltung im Recht der GKV	51
	b) Ausschluss neuer und alter Untersuchungs- und Behandlungsmethoden/Alleinverwerfungskompetenz des Gemeinsamen Bundesausschusses	58
3.	Der Leistungsanspruch des Versicherten auf medizinische Rehabilitation	61
4.	GKV-Versorgungsverträge zur stationären Behandlung/Leistungstransparenz	70

III. Krankenhausambulante Leistungserbringung: Gesetzliche Zulassung im SGB V/Zulassungsentscheidung der Krankenhausplanungsbehörde/Zulassung über GKV-Einzelvertrag 81
    1. Ambulantes Operieren 83
    2. Ambulante Erbringung hochspezialisierter Leistungen 87
        a) Einschränkung des gesetzlichen Leistungskataloges durch den G-BA .. 88
        b) Zulassung durch das Land 90
        c) Mindestmengenregelung des G-BA 94
        d) Vorrang vor der persönlichen Ermächtigung eines Krankenhausarztes .. 98
        e) Überweisung durch einen Vertragsarzt 99
        f) Versorgung mit Arzneimitteln 100
    3. Teilnahme an strukturierten Behandlungsprogrammen 101
IV. Integrierte Versorgung 104
    1. Kernregelungen 105
    2. Wesensmerkmale einer integrierten Versorgung 106
    3. Bachtung der Grenzen des stationären Versorgungsauftrages 109
    4. Ambulante Integrationsleistungen durch Krankenhäuser 110
    5. Automatische Zulassung zur ambulanten Erbringung von Katalogleistungen nach § 116 b Abs 3 SGB V 112
    6. Befugnis zur Abweichung vom geltenden Recht 113
    7. Gemeldete Integrationsverträge 114
V. Abgrenzung zum Sicherstellungsauftrag der Kassenärztlichen Vereinigungen .. 115
    1. Sicherstellungsauftrag und Verzahnung zwischen ambulanter und stationärer Versorgung am Beispiel der vor- und nachstationären Behandlung im Krankenhaus 115
    2. Vor- und nachstationäre Behandlung in der Vertragsarztpraxis im Auftrag des Krankenhauses 120
    3. Arzneimittelversorgung durch die Krankenhausapotheke 123
    4. Verordnung besonderer Arzneimittel und nachstationäre Behandlung ... 126

I. Gemeinsame Gewährleistungspflicht von Krankenkassen und Krankenhausträgern und GKV-Zulassung der Krankenhäuser im Überblick

1   Im geltenden Krankenhausfinanzierungssystem wird der Staat in Gestalt der Länder seiner Verantwortung durch Krankenhausplanung, Krankenhausinvestitionsförderung und Genehmigung der Pflegesätze gerecht. Die **gemeinsame Gewährleistungspflicht** von Krankenkassen und Krankenhausträgern nach § 70 SGB V bezieht sich auf die Aufgabe, auf der Grundlage der staatlichen Entscheidungen stets eine bedarfsgerechte Versorgung mit der gebotenen Qualität, Humanität und Wirtschaftlichkeit zu gewährleisten. Eigenständige Planungsrechte sollen durch diese Regelung im SGB V – Kapitel „Beziehung der Krankenkassen zu den Leistungserbringern" naturgemäß nicht begründet werden. Davon zu unterscheiden ist im Hinblick auf die Kommunen als Träger von Krankenhäusern die kommunale Verpflichtung, die Vorhaltung der erforderlichen Krankenhäuser sicherzustellen, wenn und sobald sich kein anderer Träger findet.[1]

---

[1] Siehe zB § 3 LKHG BW v 29. 11. 2007 – GBl 2008, 13; § 1 Abs 3 KHGG NRW v 11. 12. 2007 – GVBl NRW 2007, 702; ferner § 81 RdNr 7 ff.

14. Kapitel. Krankenhausrecht. Öff-rechtl Rahmen   2, 3   § 83

1. Zulassung ohne Vertrag mit den Krankenkassen. An der Zulassung von Kran- 2
kenhäusern zur stationären Behandlung GKV-Versicherter sind die Krankenkassen im
Regelfall nicht beteiligt (s §§ 108, 109 SGB V). Ziel der gesetzlichen Regelung ist es,
über einen besonderen **Versorgungsauftrag** sicherzustellen, dass die Versicherten nur in
Krankenhäusern behandelt werden, die für eine bedarfsgerechte Krankenhausbehandlung
erforderlich sind und eine leistungsfähige und wirtschaftliche Behandlung gewährleisten.[2] Zulassungsfähig ist eine Einrichtung gemäß § 107 Abs 1 Nr 2 SGB V nur, wenn sie
nach wissenschaftlich anerkannten Methoden arbeitet und die Anforderungen des Quali-
tätsgebots (§ 2 Abs 1 S 3 SGB V) erfüllt.[3] Bei den **Plankrankenhäusern** und den Krankenhäusern, die nach den landesrechtlichen Vorschriften als **Hochschulkliniken** (in
Angliederung an die Medizinische Fakultät einer Universität) anerkannt sind, fingiert
§ 109 Abs 1 S 2 in Verbindung mit § 108 Nr 1 und 2 SGB V den Abschluss eines Versorgungsvertrages mit den Landesverbänden der Krankenkassen und den Ersatzkassen im
Umfang des vom Land festgelegten Versorgungsauftrages.[4] Der Versorgungsauftrag des
Krankenhauses richtet sich nach den vom Land ausgewiesenen Fachgebieten, definiert
durch die Inhalte der ärztlichen Weiterbildungsordnung. Innerhalb des Fachgebietes darf
das einzelne Plankrankenhaus aus medizinischen Gründen grundsätzlich sein Leistungsspektrum auf bestimmte Fallgruppen konzentrieren. Schwerpunktleistungen gehören
naturgemäß zum entsprechenden Fachgebiet, zB die Hämatologie/Onkologie zur Inneren
Medizin. Durch die Ausweisung bestimmter Zentren, zB Brustzentren, wird der umfassende Versorgungsauftrag der übrigen Plankrankenhäuer mit gynäkologischer Fachabteilung im Regelfall nicht eingeschränkt (weiterhin Diagnostik und Behandlung von
Brustkrebs).

Der **GKV-Zulassungsstatus** eines **Universitätsklinikums** ergibt sich seit dem 1. 1. 3
2007 unmittelbar durch die Anerkennung als Hochschulklinik im jeweiligen Landesrecht
(§ 108 Nr 1 SGB V). Bis zum Wegfall der Gemeinschaftsaufgabe „Ausbau und Neubau von
Hochschulen einschließlich Hochschulkliniken" (Art 91a Abs 1 Nr 1 GG aF) und der
Nicht-Fortgeltung des Hochschulbauförderungsgesetzes[5] infolge von Art 1 Nr 12 des 52.
Gesetzes zur Änderung des Grundgesetzes vom 28. 8. 2006[6] im Rahmen der Föderalismusreform erfolgte die Zulassung durch Aufnahme der Hochschule in das Hochschulver-
zeichnis als Anlage zum HBFG gem. § 108 Nr 1 SGB V aF, und zwar mit unbegrenztem
und durch die Krankenhausplanung auch nicht beschränkbarem Zulassungsstatus beispielsweise hinsichtlich der Bettenzahl.[7] Die Einbeziehung der Universitätsklinika in die
jeweilige Krankenhausplanung richtet sich naturgemäß nach Landesrecht.[8] Eine echte Einbeziehung – nicht nur nachrichtliche Erwähnung im Krankenhausplan – unter Berück-

---

[2] Zum entsprechenden Versorgungsauftrag im Hinblick auf die Bemessung der Pflegesätze s § 8 Abs 1 S 4 KHEntgG und § 4 BPflV.
[3] Siehe dazu BSG NZS 1998, 518 für eine auf die Protonentherapie spezialisierte Krebsklinik und BSG, Urt v 28. 7. 2008 – B 1 KR 5/08 R, KHR 2008, 155 = GesR 2008, 641 = ZMGR 2008, 155 für eine Fachklinik für onkologische Akutbehandlungen mit Schwerpunkt auf Außenseiter-methoden (ohne GKV-Leistungspflicht).
[4] Ausführlich *Quaas*, Der Versorgungsvertrag nach dem SGB V mit Krankenhäusern und Rehabi-litationseinrichtungen, insbes RdNr 49 ff; *ders* MedR 1995, 54; *Heinze*, in: Schulin, Hdb. des Sozial-rechts, § 38, insbes RdNr 37 ff; *Arndt/Krasney*, in: *Stellpflug/Meier/Tadayon*, I, 3000, insbes RdNr 6 ff; *Knispel* NZS 2006, 120. Zum Versorgungsauftrag des Krankenhauses *Thomae*, in: FS 10 Jahre AG Medizinrecht im DAV, 2008, 645 ff. Zur Krankenhausplanung ausführlich oben § 82 RdNr 20 ff und speziell zu den Hochschulkliniken RdNr 105.
[5] Vom 1. 9. 1999, BGBl I, 1556.
[6] BGBl I, 2034.
[7] Zum alten Recht *Quaas* KH 2007, 670.
[8] Vgl zB § 12 Abs 3 iVm § 14 Abs 1 KHGG NRW (Festlegung der Leistungsstrukturen, ua auch Gesamtbettenzahl), § 6 Abs 2 LKG Rh-Pf, § 24 Abs 4 LKHG MV; § 3 Abs 4 Nds KHG. Siehe zB *Prütting*, KHGG NRW § 1 RdNr 18 und § 12 RdNr 67, 69, 73.

sichtigung der Aufgaben aus Forschung und Lehre[9] ist nach der Änderung von § 108 Nr 1 SGB V naheliegend. Die Universitätsklinika dienen im weiten Umfang über Forschung und Lehre hinaus der allgemeinen Versorgung der Bevölkerung; krankenhausplanerische Festlegungen hinsichtlich der Bettenzahl und der Leistungsstruktur sind auch insoweit von Nöten. Die Zuständigkeit für die Investitionsförderung liegt seit dem 1. 1. 2007 auf Grund der Föderalismusreform ausschließlich bei den Ländern.[10]

4   **2. Echte Vertragskrankenhäuser.** Der Versorgungsvertrag für die **dritte Gruppe der echten Vertragskrankenhäuser** (§ 108 Nr 3 SGB V) ist mit notwendiger Genehmigung des Landes von echter statusbegründender Wirkung.[11] Von den insgesamt 2.083 Krankenhäusern (503.360 Betten) im Jahr 2008 waren 149 reine Vertragskrankenhäuser nach § 108 Nr 3 SGB V (mit lediglich 9.380 Vertragsbetten); ohne psychiatrische Krankenhäuser sowie reine Tages- und Nachtkliniken: 112 Vertragskrankenhäuser.[12]

5   Alle zugelassenen Krankenhäuser sind im Rahmen ihres jeweiligen Versorgungsauftrages zur akutstationären Behandlung der GKV-Versicherten berechtigt und verpflichtet.[13] Aus der Einbindung in das öffentlich-rechtliche Planungs- und Finanzierungssystem folgt die grundsätzliche **Aufnahme- und Behandlungspflicht des zugelassenen Krankenhauses** zugunsten stationär behandlungsbedürftiger Patienten (mit Kontrahierungszwang für die gesetzlichen Krankenkassen). Der Versorgungsauftrag des Plankrankenhauses kann nach § 109 Abs 1 S 4 u 5 SGB V durch Vereinbarungen zwischen den Landesverbänden der Krankenkassen und dem Krankenhausträger zwar konkretisiert, aber nicht etwa einvernehmlich abgeändert werden.[14]

6   **3. Zulassung als Transplantationszentrum.** Einen besonderen Versorgungsauftrag als Transplantationszentrum nehmen Krankenhäuser wahr, die nach § 10 Transplantationsgesetz[15] für die Übertragung von Herz, Niere, Leber, Lunge, Bauchspeicheldrüse und Darm zugelassen sind.[16] Der Gesetzgeber hat ein neues **eigenständiges Zulassungsverfahren** nicht geschaffen, sondern die Zulassung nach § 10 TPG in das allgemeine Zulassungsverfahren für Krankenhäuser eingebunden. Auch ein zugelassenes Krankenhaus (§ 108 SGB V) benötigt eine spezifische Zulassungsentscheidung als Transplantationszentrum[17]; dies kann nach Landesrecht die Krankenhausplanungsbehörde sein, ist also bei einem Universitätsklinikum nicht zwingend das Wissenschaftsressort.

7   **4. Kostenerstattungskrankenhäuser.** Die **Inanspruchnahme nicht zugelassener Leistungserbringer** ist grundsätzlich zulasten einer gesetzlichen Krankenkasse nicht möglich. Allerdings kann auf Grund des GKV-Modernisierungsgesetzes[18] seit dem 1. 1. 2004 ausnahmsweise ua auch ein nicht zugelassenes Krankenhaus gewählt werden, wenn die Krankenkasse aus medizinischen oder sozialen Gründen bei zumindest gleich-

---

[9] Siehe dazu BVerwG DVBl 2003, 323, 324.
[10] Siehe dazu näher unter § 82 RdNr 102 ff, ua zu den Kompensationszahlungen des Bundes an die Länder zunächst bis 2013 als Ausgleich für den Wegfall der Gemeinschaftsaufgabe mit entsprechender finanzieller Beteiligung des Bundes.
[11] So BSGE 78, 233, 243; BSG, Urt v 24.1. 2008 – B 3 KR 17/07 R, KHR 2008, 74 = NZS 2009, 154 (Leitsatz); *Klückmann*, in: Hauck/Noftz, SGB V, § 109 RdNr 40; KassKomm-*Hess* § 109 RdNr 2; *Quaas/Zuck*, § 26 RdNr 41.
[12] Quelle: Statistisches Bundesamt, Fachserie 12 Reihe 6.1.1, www.destatis.de.
[13] Siehe dazu grundsätzlich oben § 80 RdNr 31 ff. Ausführlich zum Versorgungsauftrag *Quaas/Zuck*, § 24 RdNr 72 ff; *Dietz*, KHG, § 17 Erl III 3.2; *Becker*, in: Düsseldorfer Krankenhausrechtstag 2006, 49 ff
[14] Siehe dazu *Quaas*, Der Versorgungsvertrag nach dem SGB V, RdNr 67 ff
[15] Gesetz über die Spende, Entnahme und Übertragung von Organen und Geweben idF der Bekanntmachung v 4. 9. 2007 (BGBl I, 2206), zuletzt geändert durch G v 17. 7. 2009.
[16] Vgl *Deutsch* NJW 1998, 777; *Clement*, HK-AKM, 5150.
[17] BVerwGE 115, 103, 106 ff; zur Organtransplantation s §§ 131, 142.
[18] Vom 14. 11. 2003, BGBl I, 2190.

14. Kapitel. Krankenhausrecht. Öff-rechtl Rahmen   8, 9 § 83

wertiger medizinischer Versorgung vorher zugestimmt hatte (§ 13 Abs 2 S 6 und 7 SGB V). Es handelt sich um einen Fremdkörper im System; das Zulassungssystem für Leistungserbringer darf durch die Einwilligungspraxis nicht unterlaufen werden. Es muss sich um schwerwiegende Gründe handeln, die die grundsätzliche Beschränkung der Versicherten auf zugelassene Leistungserbringer (Ziele insbesondere: Vermeidung unwirtschaftlicher, auf angebotsinduzierter Nachfrage beruhender Leistungen/Zulassungssteuerung im Interesse angemessener Auslastung) in wenigen Ausnahmefällen aufheben.[19] Ihre Hauptvoraussetzung im Krankenhausbereich (kein zugelassenes Krankenhaus mit entsprechender indikationsbezogener Qualifikation in angemessener Wohnortnähe) dürfte aber ohnehin nicht erfüllbar sein. Wie der Standort zeigt, kann die Regelung nur im Rahmen der Kostenerstattung von Bedeutung sein.[20]

5. Bundeswehrkrankenhäuser. Die zurzeit noch fünf Bundeswehrkrankenhäuser in Berlin, Hamburg, Koblenz, Ulm und Westerstede nehmen eine Sonderstellung ein.[21] Verfassungsrechtlich ist für diese Art 73 Abs 1 Nr 1 GG „Verteidigung" lex specialis zu Art 74 Abs 1 Nr 19a und Nr 12 GG. § 3 S 1 Nr 1 KHG, wonach das Gesetz keine Anwendung auf Krankenhäuser findet, deren Träger der Bund ist, wurde durch das Fallpauschalengesetz[22] aufgehoben, und zwar im Zusammenhang mit § 1 Abs 2 S 1 KHEntgG; dadurch wurden die Leistungen der Bundeswehrkrankenhäuser erstmals in das Pflegesatzrecht einbezogen, soweit sie sog **Zivilpatienten** behandeln.[23] Die Behandlung von Zivilpatienten ist in den Inanspruchnahmerichtlinien vom 5. 3. 1996 und in dem Zivilpatientenerlass vom 1. 11. 1996 geregelt. Vier Bundeswehrkrankenhäuser sind mit dem Anteil der sog **Versorgungsbetten** in die Krankenhausplanung einbezogen.[24] Obwohl es sich also insoweit um bedarfsnotwendige Planbetten handelt, stellt das Land für ein Bundeswehrkrankenhaus nicht etwa anteilig Investitionsfördermittel zur Verfügung; auch angesichts des erheblichen Bundesinteresses an der Unterstützung des Auftrages der Bundeswehr durch die Behandlung von zivilen Patienten zur Weiterbildung trägt die Investitionskosten allein der Bund. Aufgabe der Bundeswehrkrankenhäuser ist es, Ärzte, Rettungssanitäter und Pflegepersonal der Streitkräfte auf die Einsatzerfordernisse vorzubereiten, und zwar in enger Verzahnung mit den örtlichen Versorgungsstrukturen des zivilen Gesundheitssystems.[25] Deshalb werden auch Zivilpatienten in Bundeswehrkrankenhäusern behandelt, wofür aktuell jeweils rund $1/4$ der Betten zur Verfügung steht.

6. Krankenhäuser als Eigeneinrichtungen von Krankenkassen. Der Betrieb eines Krankenhauses durch eine gesetzliche Krankenkasse als sog Eigeneinrichtung ist grundsätzlich unzulässig (s § 140 SGB V)[26]; gesetzgeberisches Ziel ist eine leistungsfähige, ge-

8

9

---

[19] Ebenso *Hauck,* in: *Peters,* KV (SGB V), § 13 RdNr 147 ff
[20] So zutreffend *Zipperer,* in: *Orlowski et al,* GKV-Komm, § 13 RdNr 35.
[21] Von ehemals 15 Bundeswehrkrankenhäusern gab es Ende der 90er Jahre noch acht; nach Schließung der Krankenhäuser in Hamm, Leipzig und Amberg seit 2007 sind es noch fünf.
[22] Vom 23. 4. 2002, BGBl I, 1412.
[23] Entsprechend die Unfallkliniken, soweit die Berufsgenossenschaften die Kosten nicht tragen, § 3 S 1 Nr 4 KHG.
[24] So zB Niedersächsischer Krankenhausplan für das Bundeswehrzentralkrankenhaus Westerstede mit 85 Zivilbetten – sog Versorgungsbetten; ferner Berlin (170 Versorgungsbetten), Hamburg (95), Ulm (222); Zulassung des Bundeswehrzentralkrankenhauses Koblenz über Versorgungsvertrag nach § 108 Nr 3 SGB V mit 125 Betten – zuzüglich 1.100 Behandlungsfälle Herzchirurgie – für zivile Patienten.
[25] Siehe beispielsweise Kooperation des Bundeswehrkrankenhauses Westerstede mit der auf demselben Gelände befindlichen Ammerland-Klinik.
[26] Siehe demgegenüber in diesem Zusammenhang die 1976 gegründete Sana Kliniken AG mit rund 60 vorwiegend Akutkrankenhäusern, getragen von 33 privaten Krankenversicherungen als Aktionäre, abrufbar unter www.sana.de.

gliederte Versorgungsstruktur durch selbstständige Leistungserbringer.[27] **Bestandsschutz** besteht für die am 1.1.1989 von Krankenkassen betriebenen Eigeneinrichtungen; eine Erhöhung der Bettenzahl setzt eine entsprechende krankenhausplanerische Feststellung des Landes voraus (§ 140 Abs 1 S 2 SGB V).[28] Eine besondere Zulassung durch Versorgungsvertrag nach § 109 SGB V ist für die stationäre Behandlung der eigenen Versicherten nicht erforderlich.[29] Schließlich kann eine zugelassene Einrichtung auch an der integrierten Versorgung (§§ 140 a ff SGB V) teilnehmen und ein Medizinisches Versorgungszentrum (§ 95 Abs 1 SGB V) gründen.

10   **7. Praxiskliniken.** Eine Praxisklinik ist in erster Linie eine Einrichtung des ambulanten Bereichs; in ihr versorgen mehrere Vertragsärzte die Versicherten durch Zusammenarbeit ambulant und stationär, wie sich aus der Definition in § 115 Abs 2 S 1 Nr 1 SGB V als Regelungsgegenstand eines dreiseitigen Vertrages ergibt.[30] Zwar kann eine derartige Praxisklinik bereits definitorisch auch für den geringfügigen stationären Anteil kein Plankrankenhaus sein;[31] allerdings ist die vom Gesetzgeber im Interesse einer **ambulant/ stationären Verzahnung** gewollte Förderung von Praxiskliniken grundsätzlich über den Abschluss eines Versorgungsvertrages zwischen den Vertragsärzten als Träger auch der stationären Einrichtung und den Landesverbänden der Krankenkassen mit Genehmigung durch das Land möglich (GKV-Zulassung nach § 108 Nr 3 SGB V). Hauptbeispiel ist die Durchführung ambulanter vertragsärztlicher Operationen mit Vorhaltung weniger Betten für die ausnahmsweise notwendig werdende kurze stationäre Nachbetreuung, wobei das Erfordernis der Bedarfsnotwendigkeit angesichts der gesetzlichen Zulassung der Krankenhäuser zur Durchführung ambulanter Operationen (§ 115b SGB V) häufig entgegenstehen wird.[32] Durch das **Krankenhausfinanzierungsreformgesetz** vom 17.3. 2009 wurde mit § 122 SGB V ein **eigener Paragraph „Behandlung in Praxiskliniken"** geschaffen: Der GKV-Spitzenverband und die für die Wahrnehmung der Interessen der in Praxiskliniken tätigen Vertragsärzte gebildete Spitzenorganisation sollen in einem Rahmenvertrag einen Katalog von in Praxiskliniken ambulant oder stationär durchführbaren stationsersetzenden Behandlungen vereinbaren. Es handelt sich um einen untauglichen Versuch des Gesetzgebers, die Position der Praxiskliniken zu verbessern. Die GKV-Zulassung zur stationären Behandlung wird durch diesen Regelungsversuch bereits vom Wortlaut her ohnehin nicht ermöglicht, auch nicht iVm § 140b Abs 1 Nr 7 SGB V – neu (Praxisklinik als Partner in der integrierten Versorgung).

11   **8. Vorsorge- und Rehabilitationseinrichtungen.** Anders als bei Akutkrankenhäusern erfolgt die **Zulassung** von Vorsorge- oder Rehabilitationseinrichtungen[33] zur GKV **ausschließlich** durch statusbegründenden **Versorgungsvertrag** mit den Landesverbän-

---

[27] *Orlowski*, in: *Orlowski et al*, GKV-Komm, § 140 RdNr 3.
[28] Zu nennen sind die acht Krankenhäuser der Bundesknappschaft (6 in NRW und 2 im Saarl), die im Rahmen der knappschaftlichen Krankenversicherung (s nunmehr § 167 SGB V) für die im Bergbau Beschäftigten und ihre anspruchsberechtigten Familienangehörigen entstanden sind, abrufbar unter www.kbs.de.
[29] Vgl *Hencke*, in: *Peters*, KV (SGB V), § 76 RdNr 24.
[30] Näher dazu *Preißler* MedR 1992, 263; zum davon zu trennenden berufsrechtlichen Begriff der rein ambulanten Praxisklinik ohne stationäre Versorgung nach der (Muster-)Berufsordnung Ärzte s *Jansen*, HK-AKM, 4280 (Praxisklinik).
[31] Ebenso KassKomm-*Hess*, § 115 RdNr 5.
[32] Im Entwurf eines Krankenhaus-Neuordnungsgesetzes 1997 (BT-Drucks 13/3062) waren dementsprechend sog ambulante Praxiskliniken von Vertragsärzten mit bis zu vier Betten pro Arzt (Änderungsantrag: zwei Betten pro Arzt, zehn Betten insgesamt, Verweildauer max. zwei Tage) ohne Bedarfsprüfung vorgesehen, s Begründung zu § 116a SGB V; angesichts des damit verbundenen Aufbaus paralleler Strukturen zu Recht am Widerstand des Bundesrates gescheitert, vgl BR-Drucks 372/1/96; s im Einzelnen *Schiller* NZS 1999, 325.
[33] Zur zulässigen Kombination mit einem Akutkrankenhaus „unter einem Dach" s § 111 Abs 6 SGB V; Frührehabilitation im Akutkrankenhaus (§ 39 Abs 1 S 3 HS 2 SGB V/§ 2 Abs 2 S 2 Nr 5

14. Kapitel. Krankenhausrecht. Öff-rechtl Rahmen   12–14 § 83

den der Krankenkassen (§ 111 SGB V); seit dem 1. 4. 2007[34] müssen stationäre Rehabilitationseinrichtungen nach § 20 Abs 2a SGB IX zertifiziert sein (§ 40 Abs 2 S 1 in Verbindung mit § 111 SGB V). Im GKV-Zulassungssystem als Ausnahme von Bedeutung ist die Möglichkeit der **Inanspruchnahme einer zertifizierten Rehabilitationseinrichtung ohne Versorgungsvertrag** mit Verpflichtung zur Tragung etwaiger Mehrkosten (§ 40 Abs 2 S 2 SGB V). Auch die Zahl der zugelassenen Vorsorge- oder Rehabilitationseinrichtungen nimmt kontinuierlich ab (1996: 1.404 Einrichtungen mit 189.900 Betten / 2006: 1.255 mit 172.700 Betten/2008: 1.239 mit 171.060 Betten).[35]

Der bedeutsamste Unterschied besteht allerdings in der Frage der **Bedarfsprüfung:** 12 Durch das Gesundheitsstrukturgesetz vom 21. 12. 1992[36] wurde in § 111 Abs 2 S 1 SGB V als Voraussetzung für den Abschluss eines Versorgungsvertrages – wie im Akutkrankenhausbereich – vor allem auch die Bedarfsgerechtigkeit festgelegt (s § 111 Abs 2 S 1 Nr 2), um einer bisherigen unkontrollierten und ungesteuerten Entwicklung der Behandlungsangebote in diesen Bereichen entgegenzuwirken.[37] Nach einem grundlegenden, zuzustimmenden Urteil des 3. Senates des Bundessozialgerichts vom 23. 7. 2002 untersagt § 111 Abs 2 S 1 SGB V in verfassungskonformer Auslegung (Art 12 GG – Freiheit der Berufswahl/Berufsausübung) nicht den Abschluss von zu einem Überangebot führenden zusätzlichen Versorgungsverträgen.[38] Die Planungs- und Strukturverantwortung der Kassenverbände für eine bedarfsgerechte Versorgung bezieht sich nur auf die Sicherstellung einer Mindestausstattung einer Region mit geeigneten Vorsorge- und Rehabilitationseinrichtungen. Mit der Zulassung ist nicht automatisch eine Verpflichtung der Mitgliedskassen zur Belegung der Einrichtungen verbunden (Auswahlermessen unter Beachtung der Grundsätze der Wirtschaftlichkeit und Sparsamkeit, § 19 Abs 4 S 2 SGB IX). Auch nach der Umwandlung der Leistungen der medizinischen Rehabilitation in Pflichtleistungen durch das GKV-WSG erfolgt – anders als im Krankenhausbereich – grundsätzlich eine vorherige Begutachtung durch den Medizinischen Dienst der Krankenversicherung (§ 275 Abs 2 Nr 1 SGB V).[39] Bedarfsgerecht ist eine Reha-Einrichtung nach dem Bundessozialgericht jedenfalls dann, wenn sie einer Nachfrage gerecht wird, die bislang noch nicht anderweitig gedeckt wird.

Der **Gesetzgeber** sollte aus dieser schlüssigen Rechtsprechung die Konsequenz ziehen 13 und das **Wort „bedarfsgerechte"** in § 111 Abs 2 S 1 Nr 2 SGB V wieder **streichen,** zumal die gesetzlichen Krankenkassen seit 1993 eine rechtssichere nachvollziehbare transparente Bedarfsplanung für Vorsorge- und Rehaeinrichtungen – so wie die Bundesländer für den Akutkrankenhausbereich – nicht etabliert haben.

II. Zum Leistungsrecht der GKV

1. Leistungsanspruch des Versicherten auf Krankenhausbehandlung. Die 14 GKV-Versicherten erhalten die GKV-Leistungen als sog Sach- und Dienstleistungen (§ 2 Abs 2 S 1, § 11 Abs 1 Nr 4 SGB V) auch im Hinblick auf ihren zeitlich unbegrenzten

---

KHEntgG), nur soweit und solange primärer und gleichzeitig akutstationärer Behandlungsbedarf besteht; zur Frühreha an der Schnittstelle Krankenhaus-Rehabilitation *Vollmöller* ZMGR 2006, 171.

[34] Siehe GKV-WSG v 26. 3. 2007 (BGBl I, 378); näher dazu *Zipperer*, in: Orlowski et al, GKV-Komm, § 140 RdNr 62 ff, auch zur Übergangsregelung der Spitzenverbände der Krankenkassen für alte Versorgungsverträge.

[35] Quelle: Statistisches Bundesamt, Fachserie 12, Reihe 6.1.2, www.destatis.de.

[36] BGBl I, 2266.

[37] Vgl BT-Drucks 11/2237, 140; ferner „Anstreben des Einvernehmens" mit der Krankenhausplanungsbehörde statt bloßes „Benehmen", § 111 Abs 4 S 3 SGB V.

[38] BSGE 89, 294, 302 in Fortführung von BSGE 81, 189 = NZS 1998, 429; s auch *Thier* KH 2003, 378; *Vollmöller* ZGMR 2006, 171.

[39] Zur Argumentation im Einzelnen s BSGE 89, 294, 300 ff, auch zur monistischen Finanzierung im Vorsorge- und Rehabereich ohne Investitionsförderung durch das Land.

Anspruch auf Krankenhausbehandlung[40] (§ 27 S 2 Nr 5, § 39 Abs 1 SGB V). Sachliche Mittel und persönliche Dienste (§ 39 Abs 1 S 3 SGB V) werden von den Krankenkassen im Rahmen des Systems von Versorgungsverträgen mit den Krankenhäusern den Versicherten zur Verfügung gestellt (§ 2, § 109 SGB V) unter Beachtung des Wirtschaftlichkeitsgebots (§ 12 SGB V).

15 a) **Sachleistung und Kostenerstattung.** Die Voraussetzungen einer **Kostenerstattung** in Abweichung vom Grundsatz der Sachleistung als **Wahlmöglichkeit** sind in § 13 SGB V geregelt; durch das GKV-Modernisierungsgesetz (GMG) vom 14. 11. 2003 wurden zahlreiche Ausnahmen vom Sachleistungsprinzip geschaffen.[41] Der Anspruch auf Erstattung besteht höchstens in Höhe der Vergütung, die die Krankenkasse bei Erbringung als Sachleistung zu tragen hätte (§ 13 Abs 2 S 9 SGB V). Nähere Regelungen sind dem Satzungsrecht der Krankenkassen vorbehalten (§ 13 Abs 2 S 10 u 11 SGB V). Die Wahl der Kostenerstattung kann auf einzelne Leistungsbereiche, zB auf die stationäre Versorgung, beschränkt werden (§ 13 Abs 2 S 5 SGB V). Die Versicherten sind an ihre Wahl ein Jahr lang gebunden (§ 13 Abs 2 S 12 SGB V). In seltenen Ausnahmefällen können Versicherte, die sich für eine Leistungsinanspruchnahme im Rahmen der Kostenerstattung nach § 13 Abs 2 SGB V entschieden haben, auch **nicht zugelassene Leistungserbringer** mit Zustimmung der Krankenkasse in Anspruch nehmen, wenn medizinische oder soziale Gründe bei zumindest gleichwertiger Versorgung dies rechtfertigen (§ 13 Abs 2 S 6 u 7 SGB V).[42] Für selbstbeschaffte Krankenhausleistungen zB auch in nicht zugelassenen Krankenhäusern (vgl § 107 Abs 1 SGB V) besteht bei medizinischer Unaufschiebbarkeit oder bei unrechtmäßiger Leistungsablehnung ein gesetzlicher Kostenerstattungsanspruch (§ 13 Abs 3 S 1 SGB V).

16 Eine besondere Form der **Kostenbeteiligung** des mindestens 18 Jahre alten Versicherten sind die befristeten **Zuzahlungen** bei vollstationärer Krankenhausbehandlung (§ 39 Abs 4 SGB V), die das Sachleistungsprinzip als solches grundsätzlich unberührt lassen. Die Zuzahlungspflicht des Patienten (seit 1. 1. 2001 innerhalb eines Kalenderjahres für längstens 28 Tage zehn Euro/Tag, § 61 S 2 SGB V) tangiert grundsätzlich die Leistungspflicht der gesetzlichen Krankenkasse nicht. Diese Form der Selbstbeteiligung an den Krankenhauskosten hat kaum steuernde Wirkung. Die Eigenverantwortung des Patienten für seine Gesundheit wird nicht gestärkt, da eine medizinisch notwendige Klinikbehandlung sicherlich unabhängig von der Zahlung eines relativ geringen Betrags ist. Sie kann lediglich als Ausgleich für eingesparte Verpflegungsaufwendungen gerechtfertigt werden. Sie dient letztlich der Verbesserung der Einnahmen der GKV (Begrenzung der Zuzahlungen bis zu einer Belastungsgrenze gemäß § 62 SGB V idF des GMG). Die technische Abwicklung der Zuzahlung erfolgt auf der Grundlage des § 43b Abs 2 u 3 SGB V.

17 b) **Krankenhausbehandlungsbedürftigkeit und Abgrenzung zwischen vollstationärer, teilstationärer und ambulanter Krankenhausbehandlung.** Die **Krankenhausbehandlung** als Leistung der GKV wird **vollstationär, teilstationär, vor- und nachstationär** (§ 115a SGB V) sowie als **ambulantes Operieren** und sonstige stationsersetzende Eingriffe (§ 115b SGB V) erbracht (§ 39 Abs 1 S 1 SGB V), ferner als ambulante Behandlung seltener Erkrankungen und Erkrankungen mit besonderen Krankheitsverläufen sowie bei **hochspezialisierten Leistungen** im Falle einer Zulassung

---

[40] Der Anspruch auf zeitlich unbegrenzte Krankenhausbehandlung schließt nicht aus, dass die Krankenkassen bei der Erklärung zur Kostenübernahme zunächst eine Befristung auf der Grundlage von vertraglichen Vereinbarungen nach § 112 Abs 2 S 1 Nr 1b SGB V aussprechen.

[41] BGBl I, 2190; s Amtl Begründung des Fraktionsentwurfs eines GMG, BT-Drucks 15/1525, 80 mit Verweis auf den unmündigen Bürger und die Verstärkung des Kostenbewusstseins; ausführlich *Zipperer*, in: *Orlowski et al*, SGB V, §13 RdNr 35 ff.

[42] Zur Bestandsaufnahme der Kostenerstattung in der gesetzlichen Krankenversicherung aus Sicht der Wissenschaft, der Politik, der Leistungserbringer und der gesetzlichen Krankenversicherung s PVS/Verband der Privatärztlichen Verrechnungsstellen (Schriftenreihe Band 7, 2008).

14. Kapitel. Krankenhausrecht. Öff-rechtl Rahmen 18–20 § 83

durch das Land (§ 116b Abs 2–6 SGB V).[43] Dieses erweiterte Leistungsspektrum bestimmt die Stellung des Krankenhauses im gesundheitlichen Versorgungssystem und hat Auswirkungen auf die Krankenhausplanung und öffentliche Förderung.

aa) Krankenhausbehandlungsbedürftigkeit. Der Anspruch auf eine vollstationäre Krankenhausbehandlung ist nur gegeben, wenn die Aufnahme nach Prüfung durch das Krankenhaus erforderlich ist, weil das Behandlungsziel nicht durch teilstationäre, vor- und nachstationäre oder ambulante Behandlung einschließlich häuslicher Krankenpflege erreicht werden kann (§ 39 Abs 1 S 2 SGB). Damit ist die **Nachrangigkeit der vollstationären Leistungen gegenüber teilstationären und ambulanten Versorgungsformen festgelegt** (s auch § 80 RdNr 37 ff). Dies gilt auch für medizinische Maßnahmen zur Herbeiführung einer Schwangerschaft (künstliche Befruchtung) in einem zugelassenen Krankenhaus (§ 27a, § 121a Abs 1 Nr 5 SGB V). 18

Die Krankenhausbehandlung muss erforderlich sein, um das Behandlungsziel, nämlich eine Krankheit zu erkennen, zu heilen, ihre Verschlimmerung zu verhüten oder Krankheitsbeschwerden zu lindern und Geburtshilfe zu leisten (§ 2 Nr 1 KHG, § 107 Abs 1 SGB V), zu erreichen. Sie muss die allein medizinisch notwendige und geeignete Behandlungsform sein. Die **Krankenhausbehandlungsbedürftigkeit** beurteilt sich nach objektiven Kriterien. Nach Art der Erkrankung muss sie sich mit Aussicht auf Erfolg nur in einem Krankenhaus mit dessen besonderen Einrichtungen und Mitteln behandeln lassen.[44] Für die ärztliche Entscheidung, eine Krankenhausbehandlung vollstationär oder teil-, vor- und nachstationär oder ambulant durchzuführen, sind vor allem Risikoabwägungen und die konkreten Umstände des Einzelfalles ausschlaggebend.[45] Die Bewertung des einweisenden Arztes, der seine Entscheidung bei der Verordnung von Krankenhausbehandlung zu begründen hat (§ 73 Abs 4 S 2 SGB V), muss der aufnehmende oder behandelnde Krankenhausarzt fachlich werten.[46] 19

Von grundlegender Bedeutung ist insoweit der **Beschluss des Großen Senates des Bundessozialgerichts vom 25.9.2007**[47] zur Notwendigkeit der Krankenhausbehandlung, der die Vorlagefragen des 1. Senates und des 3. Senates wie folgt beantwortet hat: Ob einem Versicherten vollstationäre Krankenhausbehandlung zu gewähren ist, richtet sich nach den medizinischen Erfordernissen. Reicht nach den Krankheitsbefunden eine ambulante Therapie aus, so hat die Krankenkasse die Kosten eines Krankenhausaufenthalts auch dann nicht zu tragen, wenn der Versicherte aus anderen, nicht mit der Behandlung zusammenhängenden Gründen eine spezielle Unterbringung oder Betreuung benötigt und wegen des Fehlens einer geeigneten Einrichtung vorübergehend im Krankenhaus verbleiben muss. Ob eine stationäre Krankenhausbehandlung aus medizinischen Gründen notwendig ist, hat das Gericht im Streitfall uneingeschränkt zu überprüfen. Es hat dabei von dem im Behandlungszeitpunkt verfügbaren Wissens- und Kenntnisstand des verantwortlichen Krankenhausarztes auszugehen. Eine „Einschätzungsprärogative" oder ein Beurteilungsspielraum im Sinne eines Entscheidungsfreiraumes mit verminderter Kontrolldichte 20

---

[43] Versehentlich bisher in § 39 Abs 1 S 1 SGB V nicht erwähnt.
[44] Zur umfangreichen Rspr s *Schmidt*, in: Peters, KV (SGB V), § 39, RdNr 162–175a; ferner *Becker*, in: Becker/Kingreen, SGB V, § 39 RdNr 8 ff.
[45] BSG, Urt v 4.4.2006, BSGE 96, 161, 169.
[46] Die ärztliche Verordnung von Krankenhausbehandlung allein begründet grundsätzlich keine Leistungspflicht der GKV, außer es wird für den Versicherten ein Vertrauenstatbestand geschaffen, s BSG, Urt v 9.6.1998, ArztR 1999, 298.
[47] GS 1/06, SGb 2008, 295 mit Anm *Quaas* SGb 2008, 261; s ferner die Besprechungen von *Korthus* KH 2008, 155 und sehr kritisch *Ladage* NZS 2008, 408 sowie KH 2008, 511; *Heberlein* NZS 2008, 292; *Müller* ZMGR 2009, 17; zur Prüfung der Notwendigkeit einer vollstationären Krankenhausbehandlung in nachträglichen Abrechnungsstreitigkeiten BSG, 3. Senat, Urt v 10.4.2008 – B 3 KR 19/05 R, SozR 4-2500 § 39 Nr 12 = NZS 2009, 273, insbesondere zur Konkretisierung der „medizinischen Erfordernisse" auf der Grundlage des Beschlusses des Großen Senates; zum Beschluss des Großen Senates und zum Urteil des 3. Senates s *Hambüchen* GesR 2008, 393, 401 f.

kommt dem Krankenhausarzt nicht zu, weil nicht er, sondern die Krankenkasse über den Anspruch auf Krankenhausbehandlung entscheidet. Allerdings kann in Grenz- oder Zweifelsfällen der Beurteilung und Befragung des behandelnden Krankenhausarztes bei einer nachträglichen gerichtlichen Prüfung besonderes Gewicht zukommen; denn die in der Vergangenheit liegende Behandlungssituation lässt sich auch bei einer ordnungsgemäßen Dokumentation des Krankheitsgeschehens und Behandlungsverlaufs unter Umständen nur begrenzt nachvollziehen. Eine sorgfältige lückenlose ärztliche Dokumentation ist in jedem Fall zu empfehlen, um Beweisnachteile bis zum Anspruchsverlust in einem möglichen späteren Prozess mit einem gerichtlich beauftragten Sachverständigen auszuschließen.

21 Erfolgt eine Versorgung in einem Krankenhaus, obwohl Krankenhausbehandlungsbedürftigkeit nicht bestand, ist ein Leistungsanspruch ausgeschlossen. Es ist auch nicht ein Kostenerstattungsanspruch nach § 13 Abs 3 SGB V gegeben; die Regelung greift nur bei „Systemversagen", wenn ein Sach- und Dienstleistungsanspruch geschuldet wird.

22 Das **Verordnen von Krankenhausbehandlung** (§ 39 Abs 1, § 73 Abs 2 S 1 Nr 7, Abs 4 SGB V) gehört zur vertragsärztlichen Versorgung. Der Arzt unterliegt deshalb auch für diese Tätigkeit den Bestimmungen des Vertragsarztrechts (s oben §§ 22 ff). Die Pflichten des Arztes bei der Verordnung von Krankenhausbehandlung sind in § 73 Abs 4 SGB V konkretisiert. Zwischen der Verordnung von Krankenhausbehandlung und der Vergütung der Leistungen im Krankenhaus besteht kein Junktim. Der Versicherte hat einen Anspruch auf Behandlung in einem zugelassenen Krankenhaus bei Vorliegen stationärer Behandlungsbedürftigkeit auch dann, wenn keine vertragsärztliche Einweisung gegeben ist. Damit ist auch eine unmittelbare Aufnahme („Selbsteinweisung" oder „selbstbeschaffte Krankenhausbehandlung") von Versicherten ins Krankenhaus möglich. In aller Regel wird der Aufnahme eines Versicherten in ein Krankenhaus aber die Einweisung durch einen Vertragsarzt vorausgehen.

23 Das eigene **Aufnahmerecht** der Krankenhäuser ist nicht auf Notfälle iSd § 76 Abs 1 S 2 SGB V beschränkt, da diese Vorschrift nur die ambulante Notfallbehandlung betrifft. Der Versicherte, der sich ohne oder trotz Ablehnung der Einweisung durch einen Vertragsarzt in stationäre Behandlung begibt, trägt allerdings das Risiko, die Kosten der Behandlung selbst tragen zu müssen, wenn die Krankenhausbehandlung nicht notwendig ist.[48]

24 Ähnliches gilt, wenn ein Versicherter ohne zwingenden Grund ein anderes als in der **ärztlichen Einweisung genanntes Krankenhaus** aufsucht. In diesem Fall können ihm die Mehrkosten ganz oder teilweise auferlegt werden (§ 39 Abs 2 SGB V). Zwingende Gründe für die Wahl eines anderen Krankenhauses als in der Einweisung benannt können sein: die Erfahrungen in einem bestimmten Krankenhaus, religiöse Bedürfnisse des Versicherten (§ 2 Abs 3 S 3 SGB V), die Entfernung für Angehörige und Bezugspersonen, besondere ärztliche Vertrauensbindungen.

25 *bb) Stichprobenprüfungen des Medizinischen Dienstes der GKV.*[49] Die Krankenkassen sind verpflichtet, bei Auffälligkeiten die medizinischen Voraussetzungen für die **Notwendigkeit der Krankenhausbehandlung** durch den Medizinischen Dienst der gesetzlichen Krankenversicherung überprüfen zu lassen (Einzelfallprüfung nach § 275 Abs 1 Nr 1 SGB V). Der Sinn dieser **verdachtsabhängigen Einzelfallprüfung** wird seit einigen Jahren durch eine übermäßige Einschaltung des MDK infrage gestellt; bei Prüfquoten

---

[48] Zur Frage der formellen Bedeutung der verweigerten oder erteilten Kostenübernahmeerklärung der Krankenkasse s BSGE 86, 166, 170 ff u E 89, 104, 106 f: Kostenübernahmeerklärung als deklaratorisches Schuldenerkenntnis mit Umkehr der Beweislast (Vertrauensschutz zugunsten des Krankenhauses/Beweislast der Krankenkasse für fehlende Krankenhausbehandlungsbedürftigkeit); *Schmidt*, in: *Peters*, KV (SGB V), § 39 RdNr 354 ff.

[49] Grundsätzlich zur Stellung des MDK im Verhältnis zu den Krankenkassen BSG, Urt v 28. 9. 2006, GesR 2007, 83 und *Hambüchen* GesR 2008, 393, 399.

von elf Prozent im Jahr 2007 (rd. zwei Mio Fälle) handelte es sich nicht um Einzelfälle.[50]

Die weit darüber hinausgehende Einschaltung des MDK richtet sich unter der Überschrift „Prüfung der Abrechnung von Pflegesätzen" seit dem 1. 1. 2003 nach § 17 c KHG in der Fassung des Fallpauschalengesetzes vom 23. 4. 2002 (**verdachtsunabhängige Stichprobenprüfung**). Im Hinblick auf die in einem Fallpauschalensystem bestehenden Risiken einer Mengenausweitung sind die Prüfmöglichkeiten der gesetzlichen Krankenkassen erheblich erweitert worden. Es soll verhindert werden, dass Patienten aufgenommen werden, die nicht der stationären Krankenhausbehandlung bedürfen (klassischer Fall der Fehlbelegung), und – bei Abrechnung von tagesgleichen Pflegesätzen nach der Bundespflegesatzverordnung bzw nach dem Krankenhausentgeltgesetz bei DRGs im Falle einer Überschreitung der oberen Grenzverweildauer – Patienten im Krankenhaus verbleiben, die nicht mehr der stationären Krankenhausbehandlung bedürfen (sog. sekundäre Fehlbelegung), ferner dass Patienten aus wirtschaftlichen Gründen vorzeitig verlegt oder entlassen werden und schließlich, dass Krankenhausfälle nicht ordnungsgemäß abgerechnet werden. Die Überprüfung der Notwendigkeit der stationären Aufnahme ist der Schwerpunkt der Stichprobenprüfungen nach § 17 c SGB V.[51]

Krankenhäuser, die den Qualitätsbericht nach § 137 Abs 1 S 3 Nr 6 SGB V nicht fristgerecht veröffentlichen, werden überraschenderweise jährlich geprüft (§ 17 c Abs 2 S 8 SGB V); ein innerer Zusammenhang mit dem Qualitätsbericht besteht nicht. Eine besondere **Sanktionsvorschrift** enthält § 17 c Abs 3 S 4 KHG: Wird durch die Stichprobenprüfung festgestellt, dass bereits bezahlte Krankenhausleistungen „grob fahrlässig" zu hoch abgerechnet wurden, ist zusätzlich zum Differenzbetrag ein Betrag in derselben Höhe an die Krankenkasse zu zahlen. Die ermittelten Ausgleichszahlungen werden über ein pauschaliertes Ausgleichsverfahren verrechnet. Im Konfliktfall entscheidet ein Schlichtungsausschuss auf Landesebene, eingerichtet nach dem Vorbild der Schiedsstellen nach § 18 a KHG. Die Spitzenverbände der Krankenkassen und die Deutsche Krankenhausgesellschaft haben eine Gemeinsame Empfehlung zum Prüfverfahren abgegeben.[52] Sowohl bei der Einzelfallprüfung nach § 275 Abs 1 Nr 1 SGB V als auch bei der Stichprobenprüfung nach § 17 c KHG sind die Ärzte des Medizinischen Dienstes im Rahmen des Untersuchungszwecks befugt, zwischen 8 Uhr und 18 Uhr die Krankenhäuser zu betreten (nur nach rechtzeitiger Anmeldung).

cc) Abgrenzung zwischen vollstationärer, teilstationärer und ambulanter Krankenhausbehandlung. Nach ständiger Rechtssprechung ist zur **Abgrenzung zwischen vollstationärer, teilstationärer und ambulanter Krankenhausbehandlung** auf das **Merkmal der geplanten Aufenthaltsdauer** abzustellen, soweit **Operationsleistungen** betroffen sind[53]; die Einstufung sagt naturgemäß nichts darüber aus, ob Erforderlichkeit im Sinne von § 39 Abs 1 S 2 SGB V gegeben ist. Vollstationäre Behandlung liegt vor, wenn ein zeitlich durchgehender Aufenthalt für mindestens einen Tag und eine Nacht geplant ist; dann ist eine physische und organisatorische Eingliederung in das spezifische Versorgungssystems

---

[50] Siehe DKI – Krankenhausbarometer 2008 (10/2008), 23 ff, abrufbar unter www.dki.de, auch zu den Prüfergebnissen: Abrechnungsbetrag unverändert 56,6%; Minderung Abrechnungsbetrag 39,4%; Erhöhung Abrechnungsbetrag 4%; häufigster Prüfanlass „Dauer der stationären Behandlung" (56,4%), „Richtigkeit abgerechneter Leistungen" (23%), „Notwendigkeit der stationären Behandlung" (16,4%); durchschnittliche Länge einer MDK-Prüfung: 13 Wochen. Zu der Problematik s auch *Pick/Busley* AuK 2009, 196 aus Sicht des Medizinischen Dienstes des Spitzenverbandes Bund der Krankenkassen einerseits und *Janowitz* AuK 2009, 201 aus Sicht der Krankenhäuser andererseits.

[51] Siehe DKI – Krankenhausbarometer 2008, 30.

[52] Siehe DKG, Stichprobenprüfung im Krankenhaus nach § 17c KHG, 2005, 14 ff, mit Wiedergabe der am 15. 4. 2004 in Kraft getretenen Empfehlung und mit Erläuterungen.

[53] BSG, Urt v 4. 3. 2004, BSGE 92, 223, 229 f = MedR 2004, 702; BSG, Urt v 8. 9. 2004, MedR 2005, 609, BSG, Urt v 18. 9. 2008, ArztR 2009, 137 = KHR 2009, 25.

des Krankenhauses gegeben (auch für die teilstationäre Behandlung erforderlich). Ist nach dem Behandlungsplan vorgesehen, dass der Patient über Nacht im Krankenhaus bleiben soll, liegt selbst im Falle eines vorzeitigen Abbruches eine stationäre Behandlung vor,[54] sei es aus medizinischen Gründen oder gegen ärztlichen Rat aus eigenem Antrieb des Patienten. Auch geht eine ambulante Operation in eine einheitliche vollstationäre Behandlung über, wenn eine Entlassung des Patienten noch an demselben Tag wider Erwarten nicht möglich ist, beispielsweise wegen einer Komplikation im nachoperativen Verlauf; dementsprechend verweisen der Spitzenverband Bund der Krankenkassen, die DKG und die KBV für diesen Fall im Vertrag nach § 115 b Abs 1 S 1 SGB V zu Recht auf die Vergütung nicht mehr nach § 115 b SGB V, sondern nach Maßgabe des Krankenhausentgeltgesetzes (s § 7 Abs 3 AOP-Vertrag vom 4. 12. 2009).[55]

29 Handelt es sich um eine **nicht-operative Behandlung** (zB als Notfallversorgung), stellt das Bundessozialgericht nicht auf die Bedeutung des Behandlungsplanes mit der prognostizierten Aufenthaltsdauer ab. Entscheidend für die Abgrenzung einer nicht-operativen stationären Behandlung von einer ambulanten Behandlung im Krankenhaus ist vielmehr, in welchem Umfang der Patient die Infrastruktur des Krankenhauses in Anspruch nimmt.[56] Deshalb ist die **Behandlung auf einer Intensivstation** als vollstationäre Behandlung zu bewerten, auch wenn der Patient dort nicht einen Tag und eine Nacht verbringt; denn der Aufenthalt auf einer Intensivstation stellt die nachhaltigste Form der Einbindung in einen Krankenhausbetrieb und damit den „Prototyp einer stationären Behandlung" dar.

30 Bei der **teilstationären Versorgung** ist eine „Rund-um-die-Uhr-Versorgung" des Patienten nicht erforderlich. Die **medizinisch-organisatorische Infrastruktur** eines **Krankenhauses** wird – anders als bei der ambulanten Behandlung – benötigt, ohne dass eine ununterbrochene Anwesenheit des Patienten im Krankenhaus über den regelmäßig längeren Behandlungszeitraum hinweg notwendig ist.[57] Dementsprechend sind operative Eingriffe im Sinne von § 115 b SGB V ambulant, wenn der Patient die Nacht vor und die Nacht nach dem Eingriff nicht im Krankenhaus verbringt, also nicht etwa teilstationär. Die Dialyse stellt einen Grenzfall zwischen teilstationärer und ambulanter Behandlung dar.[58]

31 *c)* **Konkrete Leistungspflicht.** Die Krankenhausbehandlung umfasst im Rahmen des Versorgungsauftrags des Krankenhauses alle Leistungen, die im konkreten Einzelfall nach Art und Schwere der Krankheit für die medizinische Versorgung der Versicherten im Krankenhaus notwendig sind einschließlich der im Einzelfall erforderlichen und zum frühestmöglichen Zeitpunkt einsetzenden Frührehabilitation (§ 39 Abs 1 S 3 SGB V). Die Aufzählung der einzelnen Teilleistungen wie ärztliche Behandlung, Krankenpflege, Versorgung mit Arznei-, Heil- und Hilfsmitteln, Unterkunft und Verpflegung ist beispielhaft.[59] Vorrangiges **Ziel der frühen Rehabilitation im Krankenhaus** ist die

---

[54] BSG, Urt v 17. 3. 2005, NZS 2006, 88.
[55] AOP-Vertrag abrufbar unter www.gkv-spitzenverband.de; ferner DKG, Materialien und Umsetzungshinweise zu § 115 b SGB V.
[56] BSG, Urt v 28. 2. 2007, NZS 2007, 657; s dazu *Hambüchen* GesR 2008, 393, 398.
[57] BSGE 92, 223, 229 f.
[58] Siehe BSGE 47, 285; E 92, 223: tendenziell ambulante Behandlung; s auch die vergütungsrechtliche Lösung in § 2 Abs 2 S 3 KHEntgG/BPflV.
[59] Die leistungsrechtliche Definition der Krankenhausbehandlung bedingt zugleich eine eindeutige Zuordnung der einzelnen Leistungen zur ambulanten und stationären Versorgung unter Beachtung des Grundsatzes des Vorranges der ambulanten Behandlung durch niedergelassene Vertragsärzte. Dieses Prinzip wird durch § 115a und § 115b SGB V nicht aufgehoben (s BSGE 73, 25). Problematisch erweist sich die Zuordnung bei Leistungen, die außerhalb der Fünf-Tages-Frist der vorstationären Behandlung zwar ambulant erbracht, aber im Hinblick auf die stationäre Behandlung notwendigerweise durchgeführt werden; der funktionelle Zusammenhang mit der stationären Versorgung muss entscheidendes Kriterium sein: Deshalb ist die präoperative Eigenblutspende in der

Wiederherstellung der Basisfähigkeiten, wozu neben der Mobilität die weitgehende Unabhängigkeit in den einfachen Aktivitäten des Lebens gehört; die Ausschöpfung des Rehabilitationspotentials im Rahmen der Krankenhausbehandlung endet, sobald akutstationäre Behandlungsbedürftigkeit nicht mehr gegeben ist.[60] Zur Krankenbehandlung gehört unter den näheren Voraussetzungen des § 27a SGB V auch eine künstliche Befruchtung. Die Herstellung der Zeugungs- und Empfängnisfähigkeit, wenn diese nicht vorhanden war oder durch Krankheit oder wegen einer durch Krankheit erforderlichen Sterilisation verlorengegangen war, zählt ebenfalls zu den Leistungspflichten (§ 27 Abs 1 S 4 SGB V). Eine Wiederherstellung der Empfängnisfähigkeit bei einer freiwillig ohne Krankheit veranlassten Sterilisation ist demnach keine Krankenbehandlung, die eine Leistungspflicht auslösen könnte. Leistungseinschränkungen können sich auch ergeben bei selbstverschuldeter Krankheit (§ 52 SGB V).

d) **Tragende Grundsätze zur Leistungserbringung.** Im Leistungsrecht der GKV werden Qualität, Leistungsfähigkeit und Wirksamkeit (Effektivität) und Humanität als tragende Prinzipien der Gesundheitsversorgung eigens hervorgehoben. Das SGB V hat diese Grundsätze zur Versorgung der Versicherten in einer für Krankenkassen und Leistungserbringer einheitlich geltenden Regelung zusammengefasst (§ 2 S 3, § 70 Abs 1 SGB V).

aa) Qualität und Wirksamkeit der Leistungen zugelassener Krankenhäuser. **Qualitätssicherung** erfolgt durch alle Maßnahmen, die Struktur-, Prozess- und Ergebnisqualität gewährleisten sollen (kontinuierliches Streben nach Bestleistung auf stets aktuellem Stand).[61] Qualitätssicherung bedeutet, die Aufbauorganisation, die Bestimmung der Verantwortlichkeiten, die Abläufe, Verfahren und Mittel zur Verwirklichung der Qualitätsziele zu gestalten. Das Bestreben, die Qualität einer Leistung nicht dem Zufall zu überlassen, sondern zu bewerten und zu messen, bedeutet auch im Rahmen der Medizin mehr Behandlungssicherheit, Optimierung der Behandlungsergebnisse, aber auch Bestätigung ökonomischer Vertretbarkeit.[62] Durch **die Beteiligung an einrichtungsübergreifenden Qualitätssicherungsmaßnahmen** soll die Möglichkeit geschaffen werden, dass Krankenhäuser die Qualität ihres Leistungsangebots im Vergleich zu anderen Leistungserbringern zu beurteilen vermögen und entsprechende Defizite erkennen und abstellen können. Vergleichende Prüfungen und Bewertungen sollen dazu dienen, die Ergebnisqualität zu verbessern.

Unter **Qualitätsmanagement** ist eine Methode zu verstehen, die – auf die Mitwirkung aller Mitarbeiter gestützt – die Qualität einer Leistung in den Mittelpunkt stellt und kontinuierlich bestrebt ist, die Bedürfnisse der Patienten, der Mitarbeiter, der An-

---

Klinik aus Anlass und im Zusammenhang mit einer bevorstehenden stationär durchzuführenden Operation (vier Wochen bis eine Woche vor der OP) unter Verantwortung eines im Krankenhaus tätigen Arztes eine stationäre Leistung, die pflegesatzrechtlich zu entgelten ist. Eine vertragsärztliche Ermächtigung des Krankenhausarztes für diese Leistungen ist nicht möglich (BSG ArztR 1995, 269). Demgegenüber ist die Untersuchung eines Patienten auf seine Narkosefähigkeit in der Klinik vor einer Operation als vorstationär innerhalb der Fünf-Tages-Frist vor Beginn der stationären Behandlung einzustufen (§ 115a Abs 2 S 1 SGB V).

[60] Begründung des Gesetzesentwurfs zum SGB IX v 19.6.2001 (BGBl I, 1046), BT-Drucks 14/5074, 117 f zu Nr 11; ausführlich zu den Leistungen zur Frührehabilitation *Schmidt*, in: *Peters*, KV (SGB V), § 39 RdNr 222 ff und § 40 RdNr 53 ff.

[61] Zum angestrebten dynamischen Verbesserungsprozess auf dem Gebiet der Qualitätssicherung *Koller*, in: *Orlowski et al*, GKV-Komm, Vorbemerkungen zu §§ 135–139, RdNr 1–183; zur Gewährleistung der Qualität insbes in der vertragsärztlichen Versorgung s auch oben § 30 RdNr 30–33.

[62] Zu den haftungsrechtlichen Aspekten bei Abweichung von medizinischen Qualitätsstandards und qualitätssichernden Vorgaben in der GKV *Kern* GesR 2002, 5; zur Haftpflichtgefahr als eine der Sanktionsmöglichkeiten vernachlässigter Qualitätssicherungsmaßnahmen s auch bereits *Zuck* KH 1996, 299: tendenzielle Erhöhung des Haftungsrisikos durch Qualitätssicherung.

gehörigen oder auch der einweisenden Ärzte zu berücksichtigen.⁶³ Besondere Bedeutung hat dabei die hierarchie-, berufsgruppen- und fachübergreifende Zusammenarbeit. Kooperation und Koordination haben für alle Professionen im Krankenhaus oberste Priorität. Voraussetzung für einen zielgerichteten umfassenden Verbesserungsprozess im Krankenhaus ist dabei eine eindeutige Dokumentation der durchgeführten Leistungen.

35 Die Diskussion um die Grundsätze und Maßstäbe einer **Bewertung medizinischer Leistungen im Rahmen evidenzbasierter Medizin**⁶⁴ hat rechtliche, medizinische und gesundheitsökonomische Aspekte. Mit den Qualitätssicherungsinstrumenten verfolgt der Gesetzgeber neben dem vorrangigen Ziel einer Verbesserung der Gesundheitsversorgung in der GKV, insbesondere den effizienten Einsatz der beschränkten Finanzmittel, auch eine dauerhafte Beitragssatzstabilität (§ 71 SGB V). Das Bundesverfassungsgericht hat Steuerungsinstrumente, mit denen auf medizinisches Handeln in der GKV eingewirkt werden soll, grundsätzlich als zulässigen Eingriff in die Berufsausübung vor allem des Arztes iSv Art 12 Abs 1 GG angesehen, soweit sie den allgemeinen verfassungsrechtlichen Anforderungen entsprechen.⁶⁵ Bei der Ausgestaltung der gesetzlichen Krankenversicherung sind sozialpolitische Entscheidungen des Gesetzgebers hinzunehmen, solange seine Erwägungen weder offensichtlich fehlsam noch mit der Wertordnung des Grundgesetzes unvereinbar sind.⁶⁶ So müssen entsprechende Regelungen den Anforderungen genügen, die aus dem Grundsatz der Verhältnismäßigkeit resultieren. Sie müssen danach insbesondere geeignet und erforderlich sein und dürfen für die Betroffenen keinen unverhältnismäßigen, dh unzumutbaren Eingriff darstellen. Es sind insbesondere keine schematischen und generalisierenden oder undifferenzierten Regelungen erlaubt. Die Grundlagen der evidenzbasierten Medizin als Feststellung des Umfangs wissenschaftlicher Anerkennung medizinischer Methoden und Verfahren werden als ein geeignetes Bewertungsinstrumentarium angesehen, vor allem auch wenn sie die ärztliche Erfahrung und die praktische Anwendung mit in die Entscheidung einbeziehen. Zwar sollte ein medizinischer Standard auf der bestmöglichen Evidenz beruhen; erfahrungsbasierte Standards sind aber auch dort möglich, wo eine wissenschaftliche Evidenz nicht erreichbar ist.

36 Die Grundlagen und Maßstäbe für die Bewertung medizinischer Untersuchungs- und Behandlungsmethoden in Bezug auf diagnostischen und therapeutischen Nutzen, medizinische Notwendigkeit und Wirtschaftlichkeit sind näher zu definieren. Nach den **Kriterien evidenzbasierter Medizin** wird der **medizinische Nutzen** danach bewertet, ob ein diagnostisches oder therapeutisches Verfahren entweder die Lebensqualität oder die Lebenserwartung des Patienten verbessert. Die medizinische Wirksamkeit eines Verfahrens beurteilt sich demnach nicht alleine danach, ob bei den physiologischen oder psychischen Parametern eine Verbesserung eintritt, sondern sich vielmehr der medizinische Nutzen in der Dimension der Lebensverlängerung oder Lebensqualität ergibt. Kennzeichnend für die evidenzbasierte Bewertung medizinischer Verfahren und Methoden ist die Tatsache, dass die zugrundeliegenden Studien vollständig und systematisch ausgewertet werden und das Studiendesign nach Evidenzgraden beschrieben wird. Die medizinische Notwendigkeit für Patienten kann nur in Abhängigkeit von den vorgegebenen Versorgungszielen definiert werden. Dies ist in erster Linie Aufgabe des Gesetzgebers, da nur auf diese Weise ein gesamtgesellschaftlicher Konsens erreicht werden kann. Daraus ergibt sich auch, ob gesundheitliche Einschränkungen für den versicherten Patienten hinnehmbar bzw im

---

⁶³ Zum Modell eines klinikspezifischen Qualitätsmanagements im Rahmen eines Unternehmensverbundes *Koch* MHK, 2228; zum Qualitätsmanagement im Krankenhaus aus der Sicht des BMG *Kastenholz*, in: *Geisen/Mühlbauer*, Qualitätsmanagement im Krankenhaus, 2002.
⁶⁴ Zur evidenzbasierten Medizin s *Hart* MedR 2000, 1; ferner zu evidenz–basierten Richtlinien und Leitlinien als Qualitätssicherungs- und Steuerungsinstrument in der GKV *Wigge* MedR 2000, 578.
⁶⁵ BVerfG, Beschluss v 17. 6. 1999, BVerfGE 46, 256.
⁶⁶ BVerfG 89, 365.

Rahmen solidarischer Finanzierbarkeit mit medizinischen Mitteln verhindert, verzögert oder rückgängig gemacht werden können.

Gesetzliche Krankenkassen und Leistungserbringer haben eine bedarfsgerechte und gleichmäßige Versorgung der Versicherten zu gewährleisten. **Qualität und Wirksamkeit der Leistungen** haben dem allgemein anerkannten Stand der medizinischen Erkenntnisse zu entsprechen und den medizinischen Fortschritt zu berücksichtigen. Die Gewährleistungspflicht des § 70 SGB V betrifft die sozialpolitische Aufgabe von Krankenkassen und Krankenhausträgern, auf der Grundlage der staatlichen Planungs- und Förderentscheidungen für die Qualität und Wirtschaftlichkeit der Krankenversorgung der Versicherten Sorge zu tragen. Die Verpflichtung zur bedarfsgerechten Versorgung der Versicherten begründet aber keine eigenständige, von der Krankenhausplanung der Länder unabhängige Planungsbefugnis für Krankenkassen und Krankenhausträger. Die auf die Krankenhausversorgung der Gesamtbevölkerung abzielenden Planungsentscheidungen der Länder, an denen Krankenkassen und Krankenhausträger mitwirken (§ 7 KHG), sind auch für die Versorgung der GKV-Versicherten maßgeblich; einvernehmliche Regelungen sind anzustreben (§ 7 Abs 1 S 2 KHG). 37

So sind Krankenhäuser, die in den Krankenhausplan eines Landes aufgenommen oder nach den landesrechtlichen Vorschriften als Hochschulklinik anerkannt sind, kraft Gesetzes zur Versorgung der Versicherten zugelassen (§ 108 Nr 1 u 2 § 109 Abs 1 S 2 Abs 4 SGB V); ein GKV-Versorgungsvertrag wird fingiert. Der Abschluss von Versorgungsverträgen der Landesverbände der Krankenkassen mit den Trägern sonstiger Krankenhäuser bedarf der Genehmigung durch die für die Krankenhausplanung zuständige Landesbehörde (§ 109 Abs 3 S 2 SGB V).[67] 38

Die mit dem GSG seit 1993 eröffnete Möglichkeit der Landesverbände der Krankenkassen zur **Konkretisierung des Versorgungsauftrages** mit dem einzelnen Krankenhaus vom Krankenhausplan abweichende oder ergänzende Regelungen zur Bettenzahl und Leistungsstruktur zu treffen, bedeutet keine Übertragung von Planungskompetenzen. Krankenhausträger und Krankenkassen sind nicht etwa befugt, den Versorgungsauftrag des Plankrankenhauses einvernehmlich zu ändern. Die Vertragsparteien des Versorgungsvertrages können nur im Einvernehmen mit der Landesplanungsbehörde eine geringere Bettenzahl vereinbaren, soweit die Leistungsstruktur nicht verändert wird (§ 109 Abs 1 S 4 SGB V). Enthält der Krankenhausplan keine oder keine abschließende Festlegung der Bettenzahl oder der Leistungsstrukturen des Krankenhauses, werden diese auch unter Qualitätsaspekten durch die Vertragsparteien im Benehmen mit der zuständigen Landesplanungsbehörde ergänzend vereinbart. Die praktische Bedeutung derartiger planmodifizierender, aber auch plankonkretisierender Vereinbarungen ist – unabhängig vom Einvernehmen/Benehmen mit dem Land – gering (kein Einigungszwang/keine Konfliktlösung). 39

Die Frage der Qualität der Krankenhausversorgung hat erhöhte Bedeutung erhalten;[68] dabei besteht nicht nur eine Regelungskompetenz des Bundes (Art 74 Abs 1 Nr 12 GG), sondern gleichrangig auch der Länder (Art 74 Abs 1 Nr 19a iVm Art 70 Abs 1 GG).[69] Dies 40

---

[67] Ausführlich zu den Versorgungsverträgen und den zweiseitigen Verträgen über Krankenhausbehandlung nach § 112 SGB V *Quaas/Zuck,* § 26 RdNr 40 ff; zur Krankenhausplanung s oben § 82 RdNr 20 ff.

[68] Siehe zur Sicherung der Qualität der Leistungserbringung den anschaulichen Überblick in KassKomm-*Hess,* Vorbemerkung zu §§ 135–139; ferner *Grüning/Schreck/Walger,* Qualitätssicherung in der stationären Versorgung mit allen einschlägigen Vorschriften des Bundesrechts sowie wichtigen Regelungen des Gemeinsamen Bundesausschusses; zu letzterem stets aktueller Stand unter www.g-ba.de. Siehe auch *Klauber/Robra/Schellschmidt* (Hrsg), Krankenhaus-Report 2004, Schwerpunkt: Qualitätstransparenz, 2005

[69] Zutreffend *Laufs* NJW 1996, 1571, 1575.

ist mit dem GKV–WSG v 26. 3. 2007 durch §§ 137 Abs 3 S 11 SGB V im Interesse der Krankenhausplanung der Länder ausdrücklich klargestellt worden.[70]

41 Sowohl für zugelassene Krankenhäuser also auch für die vertragsärztliche Versorgung bestimmt der **Gemeinsame Bundesausschuss** sektorübergreifend durch **Richtlinien** nach § 92 Abs 1 S 2 Nr 13 SGB V ua die verpflichtenden **Maßnahmen der Qualitätssicherung** (auch für das krankenhausambulante Operieren nach § 115 b SGB V und die ambulante Erbringung hochspezialisierter Leistungen nach § 116 b Abs 2 – 6 SGB V), die Anforderungen an ein einrichtungsinternes Qualitätsmanagement sowie Grundsätze für Vergütungsabschläge für Krankenhäuser, die ihre Verpflichtungen zur Qualitätssicherung nicht einhalten; ferner auch Kriterien für die indikationsbezogene Notwendigkeit und Qualität der durchgeführten diagnostischen und therapeutischen Leistungen (mit Mindestanforderungen an die Struktur-, Prozess- und Ergebnisqualität).[71] Die unmittelbare Verbindlichkeit für alle zugelassenen Krankenhäuser ist in § 137 Abs 3 S 6 SGB V angeordnet.

42 *bb) Stationäre Mindestmengenregelung.* Von besonderer Bedeutung sind die verbindlichen Mindestmengen, festgelegt durch den **Gemeinsamen Bundesausschuss** (s. grundlegende **Mindestmengenvereinbarung** vom 21.3./18. 12. 2008 mit den Zielen der Mindestmengen und der Verfahrensregelung sowie dem fortlaufend ergänzten Mindestmengenkatalog und der Festlegung allgemeiner Ausnahmetatbestände) auf der Grundlage von § 137 Abs 3 S 1 Nr 2 SGB V:[72]
– Lebertransplantation (inklusive Teilleber-Lebendspende); jährliche Mindestmenge pro Krankenhaus: 20
– Nierentransplantation (inklusive Lebendspende); jährliche Mindestmenge pro Krankenhaus: 25
– Komplexe Eingriffe am Organsystem Ösophagus; jährliche Mindestmenge pro Krankenhaus: 10
– Komplexe Eingriffe am Organsystem Pankreas; jährliche Mindestmenge pro Krankenhaus: 10
– Stammzelltransplantation; jährliche Mindestmenge pro Krankenhaus: 25
– Kniegelenk-Totalendoprothese (Knie-TEP); jährliche Mindestmenge pro Krankenhaus: 50.

43 Neben der Anwendung von Ausnahmetatbeständen bilden Kooperationen eine Möglichkeit, dem **Versorgungsausschluss durch die Mindestmengenregelung** (§ 137 Abs 3 S 2 SGB V) zu entgehen. Die Länder können zur **Sicherstellung einer flächendeckenden Versorgung der Bevölkerung** Ausnahmen zulassen (§ 137 Abs 3 S 3 SGB V).

44 In die Festsetzung von Mindestmengen werden planbare stationäre Leistungen einbezogen, bei denen die Qualität des Behandlungsergebnisses in besonderem Maße von der Menge der erbrachten Leistungen abhängig ist (Mindestmengen für die jeweiligen Leistungen je Arzt oder Krankenhaus). Die Mindestmengenregelung im Krankenhaus wird weiterhin und zunehmend kontrovers diskutiert. Dies zeigt die Diskussion der Ergebnisse der Studie „Begleitforschung zur Einführung von Mindestmengen" im Auftrag des G-BA, die das Deutsche Krankenhausinstitut und die Heinrich-Heine-Universität Düsseldorf im Frühjahr 2008 vorgelegt haben.[73] Es stellt sich zunehmend die Frage nach einer Ersetzung

---

[70] Besondere Regelungen zur Qualitätssicherung in einzelnen Landeskrankenhausgesetzen, s vor allem § 7 KHGG NRW, § 8 Hess KHG, § 3 Abs 2 u 3 KHG LSA.

[71] Richtlinien/Beschlüsse/Vereinbarungen zur Qualitätssicherung abrufbar unter www.g-ba.de; s Vereinbarung des G-BA gem § 137 Abs 1 SGB V iVm § 135 a SGB V über Maßnahmen der Qualitätssicherung für zugelassene Krankenhäuser idF v 15. 8. 2006, zuletzt geändert am 12. 11. 2009; ferner *Hess*, Der Gemeinsame Bundesausschuss, HK-AKM, 2045.

[72] Mindestmengenvereinbarung des G-BA mit zwei Anlagen unter www.g-ba.de.

[73] *Blum/de Cruppé/Ohmann/Geraedts* (Verfasser der Studie), Umsetzung der Mindestmengenregelung im Krankenhaus, KH 2008, 474; *dies*, Mindestmengen im Krankenhaus, AuK 2008, 99 („bisher geringe Auswirkungen der Mindestmengenregelung", „Imageschaden durch Versorgungsausschluss",

der Mindestmengenregelung durch „Kriterien guter Qualität"; nur Krankenhäuser, die zusätzlich bestimmte Qualitätskriterien erfüllen, dürften dann – ohne Mindestmengen – an der Versorgung teilnehmen.

cc) Humane Krankenhausbehandlung. Der jedem Handeln im Gesundheitswesen immanente **Grundsatz der Humanität** gilt auch für das Leistungs- und Vertragsrecht der GKV. Krankenkassen und Leistungserbringer haben deshalb durch geeignete Maßnahmen auf eine humane Krankenbehandlung der Versicherten hinzuwirken (§ 70 Abs 2 SGB V). Dieses tragende Prinzip der GKV umfasst das gesamte Leistungsgeschehen. Der Grundsatz hat nicht nur die Funktion eines ethischen Programmsatzes, er ist vielmehr im Vollzug des SGB V zu beachten und löst für Krankenkassen und Leistungserbringer auch Rechtspflichten aus (rechtsverbindliche Handlungsanweisung). 45

Besondere Bedeutung erhält diese Verpflichtung bei der Krankenhausbehandlung, da der Patient infolge der Schwere seiner Erkrankung und der stationären Unterbringung besonders schutzbedürftig ist. Das Gesetz definiert den unbestimmten Rechtsbegriff „**humane Krankenhausbehandlung**" nicht näher. Dies erscheint auch im Hinblick auf die Vielgestaltigkeit der Behandlung und Betreuung im Krankenhaus nicht möglich. Humane Krankenversorgung ist nicht nur die Frage übermäßiger Technisierung und Spezialisierung. Da diese Verpflichtung letztlich im Verfassungsgebot zur Achtung der Menschenwürde (Art 1 GG) und im freiheitlichen Menschenbild des Grundgesetzes wurzelt, das sich im Recht auf freie Entfaltung der Persönlichkeit konkretisiert, geht es darum, bei der Behandlung Würde und Autonomie des Patienten zu wahren, ihn nicht zum bloßen Objekt der Behandlung herabzuwürdigen, die unerlässliche menschliche Zuwendung nicht zu vernachlässigen und seine Persönlichkeits- und Intimsphäre zu achten. Ausgehend von dieser Zielsetzung werden Krankenkassen und Krankenhausträger zu prüfen haben, in welchem Bereich insoweit Defizite bestehen, um dann durch geeignete Maßnahmen auf ihre Beseitigung hinzuwirken. In erster Linie ist dies auch Aufgabe der zweiseitigen Verträge und Rahmenempfehlungen, mit denen die allgemeinen Bedingungen der Krankenhauspflege (§ 112 Abs 2 S 1 Nr 1, Abs 5 SGB V) geregelt werden. 46

Soweit Leistungserbringer die Versorgungsverantwortung haben, wie gerade auch im Krankenhaus, besteht für die Krankenkassen nicht nur das Recht, humane Behandlungsmethoden zu verlangen, sondern auch die Pflicht, **finanzielle Rahmenbedingungen** zu schaffen, welche die Einhaltung des Grundsatzes der Humanität gewährleisten. Da die Möglichkeiten, Humanität im Krankenhaus zu praktizieren, ganz wesentlich davon abhängen, welchen finanziellen Spielraum der Krankenhausträger vor allem im Personalbereich hat, stellt die Verankerung des Prinzips ein notwendiges und rechtlich zwingendes Korrektiv zu jeder einseitigen wirtschaftlichen Betrachtungsweise dar. Es kann zu Zielkonflikten zwischen dem Humanitätsgebot einerseits und den Prinzipien der Wirtschaftlichkeit, besonders der Beitragssatzstabilität, kommen, die zugunsten einer humanen Behandlung und Versorgung der Patienten zu lösen sind.⁷⁴ 47

---

vor allem „Gebot einer modellgestützten Überprüfung der Auswirkungen von Mindestmengen auf die flächendeckende Versorgung vor Einführung weiterer Mindestmengen", „kein genereller Zusammenhang zwischen Menge und Qualität"); Kurzfassung der Studie unter www.g-ba.de; zu Recht kritisch *Weiser*, AuK 2008, 97 und 2006, 66 sowie *Junghanns* ArztR 2007, 4 und *Bruckenberger* KU 2006, 306; s auch regelmäßig aktualisierte „Knie-TEP-Transparenzliste der Verbände der Krankenkassen auf Bundesebene und des Verbandes der privaten Krankenversicherung" – Liste von Krankenhäusern, die mindestens 50 Knie-TEP/pro Jahr erbracht haben, abrufbar unter www.aok-gesundheitspartner.de; bei Knie-TEP-Implantationen sind von 2005 bis 2007 144 Krankenhäuser (von 1.054) also rd 13,7 % aus der Versorgung ausgeschieden. Zur Ausnahmeentscheidung der Krankenhausplanungsbehörde *Stollmann* GesR 2007, 303.

⁷⁴ *Genzel/Hanisch/Zimmer*, § 70 SGB V, Erl 5. Grundlegend zum eigenständigen Gewicht des Gebots humaner Krankenbehandlung nunmehr auch *Baltzer* KHR 2007, 1 mit realen Beispielen für eine Nichtbeachtung in der Gesundheitsversorgung und Überlegungen zu einer passenden Sanktion (Extremfall: Schadensersatzanspruch).

48 Die der humanen Krankenversorgung besonders verpflichteten Einrichtungen sind die **stationären Hospize,** in denen mit Mitteln der palliativen Medizin Schwerstkranke und Sterbende ärztliche, pflegerische und psychosoziale Betreuung und Hilfe in der Terminalphase einer unheilbaren Erkrankung erfahren sollen.[75] Die Konzepte der verschiedenen Versorgungsformen sind vielfältig. Im Rahmen des Leistungsrechts der GKV können folgende grundlegende Leitlinien unterschieden werden:
- Palliativ-medizinische Versorgung im Akutkrankenhaus (§ 2 Nr 1 KHG, § 107 Abs 1 SGB V) und Finanzierung nach den Grundsätzen des KHG,
- Zuschüsse an Versicherte nach § 39a Abs 1 SGB V für stationäre Hospizleistungen (ohne Krankenhausbehandlungsbedürftigkeit),
- Förderung ambulanter Hospizdienste nach § 39a Abs 2 SGB V,
- Spezialisierte ambulante Palliativversorgung als koordinierte Gesamtleistung mit ärztlichen und pflegerischen Leistungsmerkmalen (§ 37b SGB V) nach Verordnung durch einen Vertragsarzt oder jeden Krankenhausarzt (im Interesse einer sachgerechten Anschlussversorgung);[76]

49 Bei stationären Hospizeinrichtungen ist im Interesse einer ganzheitlichen Versorgung der Patienten die Einbindung niedergelassener Ärzte, ambulanter, professioneller und ehrenamtlicher Betreuungsdienste und der Familienangehörigen und Freunde geboten. Eine Vollfinanzierung aus einer Hand ist nicht möglich. Kooperationsvereinbarungen mit ambulanten Komplementärdiensten, mit karitativen Einrichtungen oder Institutionen sind in der Praxis üblich. Finanzierungslücken, etwa durch die Kosten für die besondere Ausbildung und Weiterbildung, die psychologische Betreuung sowie die Entschädigung für ehrenamtliche Hospizhelfer sind letztlich nur durch Zuwendungen gemeinnütziger Fördervereine, Partnerschaften und Spenden erreichen. Siehe zum stationären Hospiz auch § 79 RdNr 91.

50 **2. Leistungsbegrenzung durch das Wirtschaftlichkeitsgebot.** Jede Leistungserbringung steht unter dem generellen **Gebot der Wirtschaftlichkeit** (§ 12 Abs 1 SGB V). Dieser Grundsatz bestimmt seit je das gesamte Leistungsrecht der GKV (vgl § 182 Abs 2 RVO). Die solidarische Finanzierung der Krankenversicherung über Beiträge (§ 3 SGB V) erfordert einen sparsamen und rationellen Mitteleinsatz.

51 *a)* **Umfassende Geltung im Recht der GKV.** Das Gebot gilt für alle Leistungsarten der GKV und damit auch für die einzelnen Leistungen im Rahmen der Krankenhausbehandlung (§ 11 Abs 1 Nr 4 iVm § 27 Abs 1 S 2 Nr 5, § 39 SGB V). Der Grundsatz ist zB auch zu berücksichtigen bei der aus medizinischen Gründen notwendigen Mitaufnahme einer Begleitperson des Versicherten bei stationärer Behandlung (§ 11 Abs 3 SGB V), für medizinische und ergänzende Leistungen zur Rehabilitation (§ 11 Abs 2 S 1 SGB V) oder bei Maßnahmen zur Früherkennung von Krankheiten im Rahmen der Krankenhausbehandlung (§§ 25, 26, 73 Abs 6 SGB V).

52 Die Krankenkassen haben bei der Leistungsgewährung den Grundsatz der Wirtschaftlichkeit zu beachten (§ 2 Abs 1 S 1, § 12 Abs 1 SGB V), für die Versicherten wird der Leistungsanspruch begrenzt (§ 12 Abs 1 S 2 SGB V), und im Vertragsrecht werden die Beziehungen der Krankenkassen zu den Leistungserbringern diesem Gebot unterstellt (§ 70 Abs 1 S 2 SGB V).[77] Das Wirtschaftlichkeitsgebot markiert die finanziellen Grenzen der

---

[75] Zur Palliativmedizin und Hospizarbeit unter medizinischen und rechtlichen Aspekten s *Genzel/Binsack* KH 1995, 536; *Schmidt,* in: *Peters,* KV (SGB V), Erl zu § 37b, 39a; *Rixen,* in: *Becker/Kingreen,* SGB V, Erl zu §§ 37b, 39a.

[76] Zutreffend *Rixen,* in: *Becker/Kingreen,* SGB V, § 37b RdNr 6f: uneingeschränkte gesetzliche Verordnungsbefugnis der Krankenhausärzte; Unwirksamkeit der Einschränkung in § 7 Abs 1 S 2 der G-BA-Richtlinie v 20. 12. 2007 (Verordnungsbefugnis nur bei ambulanter Versorgung durch Krankenhausarzt und in einem Übergangszeit von sieben Tagen).

[77] Siehe zum Wirtschaftlichkeitsgebot nach § 70 Abs 1 *Krauskopf,* in: *Krauskopf,* SozKV § 70 RdNr 2 ff mit Überblick zu den besonderen Ausgestaltungen im SGB V (RdNr 6).

Leistungsfähigkeit der GKV. Diese werden durch die Belastbarkeit der Beitragszahler und der Volkswirtschaft gezogen.[78] Auch für das Recht der öffentlichen Investitionsförderung gilt das Wirtschaftlichkeitsgebot (§ 9 Abs 5 KHG und die Krankenhausgesetze der Länder).

Die Leistungen müssen ausreichend, zweckmäßig und wirtschaftlich sein; sie dürfen das **Maß des Notwendigen** nicht überschreiten. Leistungen, die nicht notwendig oder unwirtschaftlich sind, können Versicherte nicht beanspruchen, dürfen die Leistungserbringer nicht bewirken und die Krankenkassen nicht bewilligen (§ 12 Abs 1 S 2 SGB V).[79] Bei den im Gesetz genannten Merkmalen – ausreichend, zweckmäßig, wirtschaftlich, notwendig – handelt es sich um unbestimmte Rechtsbegriffe, die in einem untrennbaren Zusammenhang miteinander stehen und in vollem Umfang gerichtlich überprüfbar sind.[80] 53

Das SGB V enthält weder eine eindeutige Definition noch eine systematische **Abgrenzung dieser Begriffe.** Das Merkmal **ausreichend** legt die Untergrenze für die Leistungsgewährung fest. Die Krankenkasse muss nach Art, Umfang und Dauer mindestens die Leistungen gewähren, die erforderlich sind, um die Krankheit wirksam zu bekämpfen. Wenn es nur durch Behandlung in einem Krankenhaus möglich ist, die „Krankheiten des Patienten zu erkennen, zu heilen, ihre Verschlimmerung zu verhüten, Krankheitsbeschwerden zu lindern oder Geburtshilfe zu leisten" (§ 107 Abs 1 Nr 3 SGB V), muss der Vertragsarzt Krankenhausbehandlung verordnen, die Kasse sie finanzieren.[81] **Zweckmäßigkeit** setzt voraus, dass die gewählte Behandlung und Medikation allgemein anerkannt sind, oder zumindest einen Behandlungserfolg als möglich erscheinen lassen.[82] Nicht zweckmäßig, da keinem medizinischen Zweck dienend, sind solche Leistungen, die zum Ausgleich von Nachteilen in anderen Bereichen, etwa auf beruflichem oder sozialem Gebiet, bestimmt sind. Dafür liegt die Leistungspflicht nicht bei der Krankenkasse. Dementsprechend sind auch Mehraufwendungen, die einem Versicherten wegen der Krankheit im täglichen Leben erwachsen, von der Krankenkasse nicht zu übernehmen.[83] 54

Die Notwendigkeit oder **Erforderlichkeit** einer Maßnahme stellt die Obergrenze für Art, Umfang und Dauer der Leistungspflicht dar. Sie verbietet ein Übermaß der Leistungen. Es muss im konkreten Fall ein Bedarf für medizinische Maßnahmen bestehen. Die Notwendigkeit der Krankenhausbehandlung als Leistungsart wird in § 39 Abs 1 S 2 u 3, § 73 Abs 4 SGB V konkretisiert. Darüber hinaus können die Richtlinien des Gemeinsamen Bundesausschusses nach § 92 Abs 1 Nr 6 SGB V und die Bewertung von Untersuchungs- und Behandlungsmethoden nach § 137c SGB V durch den Gemeinsamen Bundesausschuss eine Präzisierung für die erforderliche Versorgung der Versicherten vornehmen.[84] Regelungen zur Überprüfung der Notwendigkeit und Dauer von Krankenhausbehandlungen sind auch Gegenstand der zweiseitigen Verträge und Rahmenempfehlungen nach § 112 Abs 2 S 1 Nr 2, Abs 5 SGB V. 55

Während die Begriffe „ausreichend", „zweckmäßig" und „notwendig" darauf abstellen, ob eine Maßnahme sich nach Art, Umfang und Dauer überhaupt dazu eignet, den angestrebten Heilerfolg zu erzielen, stellt der Begriff der Wirtschaftlichkeit den Bezug zu 56

---

[78] BVerfG MedR 1997, 318.
[79] Bei Erbringung von Behandlungs- und Pflegeleistungen über das medizinisch Notwendige hinaus im Krankenhaus trifft die Kostentragungspflicht – nach entsprechender Aufklärung – den Patienten, OLG Düsseldorf, Urt v 13. 4. 2000 – 8 U 126/99.
[80] BSGE 17, 19; 52, 134; BSG SozR 2200 Nr 93 zu § 182 RVO.
[81] Siehe zur ausreichenden Leistung BSG SozR 2200 Nr 10 zu § 257a.
[82] BSGE 63, 102; 64, 225; 70, 24; Methoden und Mittel, die keine wissenschaftlich ernstzunehmende Therapiemöglichkeit darstellen und auch keine geringen Erfolgsaussichten bieten, sind unzweckmäßig und begründen keine Leistungspflicht: BSG SozR-3-2200 Nr 13 zu § 182 RVO.
[83] BSGE 42, 229.
[84] Abrufbar unter www.g-ba.de.

den Kosten her. Unter mehreren medizinisch gleichwertigen Maßnahmen ist diejenige anzuwenden, die die geringsten Kosten verursacht. Beim Abwägen zwischen Aufwand und Wirksamkeit soll eine angemessene möglichst günstige **Kosten-Nutzen-Relation** erreicht werden.[85] Dabei ist in jedem Fall der therapeutische Nutzen vor dem Preis entscheidend. Wenn eine ambulante Versorgung zur Erzielung des Heil- oder Linderungserfolges nicht ausreicht, dann ist eine Krankenhausbehandlung gleichwohl wirtschaftlich, auch wenn sie teurer ist. Wenn es medizinisch geboten ist, einen Patienten länger im Krankenhaus zu behandeln, weil andernfalls der Heilerfolg gefährdet wäre, ist diese Behandlung auch dann wirtschaftlich, wenn sie in den Krankenhäusern, die nach der Bundespflegegesetzverordnung abrechnen, über die durchschnittliche Verweildauer hinausgeht und damit zu höheren Kosten führt. Bei den DRG-Krankenhäusern muss die Festlegung von Durchschnitts- und Pauschalwerten stets die Möglichkeit eines Abweichens von der kostengünstigsten Art und Dauer der Behandlung offenlassen. Das Krankenhausentgeltgesetz trägt dem durch die Einführung der Grenzverweildauer bei den Fallpauschalen Rechnung (ergänzendes Entgelt bei Überschreitung der Grenzverweildauer, § 7 Abs 1 S 1 Nr 3, § 9 Abs 1 S 1 Nr 1 KHEntgG).

57 Entspricht eine Leistung den Grundsätzen der Notwendigkeit oder der Wirtschaftlichkeit nicht, hat der Versicherte keinen Leistungsanspruch. Die Leistungserbringer trifft ein **Bewirkungs-** und die Krankenkassen ein **Bewilligungsverbot** (§ 12 Abs 1 S 2 SGB V). Eine ergänzende Verpflichtung für Krankenkassen, Leistungserbringer und Versicherte, darauf zu achten, dass die Leistungen wirksam und wirtschaftlich erbracht und nur im notwendigen Umfang in Anspruch genommen werden, ergibt sich aus § 2 Abs 4 SGB V. Dieser Verpflichtung wird im Krankenhausbereich grundsätzlich durch die generelle Wirtschaftlichkeitsprüfung nach § 113 SGB V[86], die entsprechenden Verfahrens- und Prüfungsgrundsätze in den zweiseitigen Verträgen und Rahmenempfehlungen nach § 112 Abs 2 S 1 Nr 3, Abs 5 SGB V, vor allem aber die Einzelfallprüfung durch die Krankenkassen nach § 275 Abs 1 Nr 1 SGB V und die Stichprobenprüfung nach § 17c KHG, jeweils unter Einholung einer gutachtlichen Stellungnahme des Medizinischen Dienstes der Krankenversicherung, Rechnung getragen.

58 In engem Zusammenhang mit dem Wirtschaftlichkeitsgebot steht der Grundsatz der **Beitragssatzstabilität.** Zur Sicherung der Leistungsfähigkeit der GKV sowie deren Finanzierung zu vertretbaren Beitragssätzen haben Krankenkassen und Leistungserbringer in den Vereinbarungen über die Vergütung der Leistungen den Grundsatz der Beitragssatzstabilität zu beachten (§ 71 SGB V). Dies bedeutet, dass Beitragserhöhungen vermieden werden sollen, es sei denn, die notwendige medizinische Versorgung ist auch unter Ausschöpfung von Wirtschaftlichkeitsreserven ohne Beitragserhöhung nicht zu gewährleisten (§ 71 Abs 1 S 1 SGB V). Im Rahmen der Festlegung der jährlichen Veränderungsrate durch das BMG nach § 71 Abs 2 u 3 SGB V erhält dieser Grundsatz entscheidendes Gewicht. Für den Krankenhausbereich gelten die Sonderregelungen in § 10 Abs 4 KHEntgG für die DRG-Krankenhäuser und in § 6 Abs 1 S 3 u 4 BPflV für die BPflV-Krankenhäuser, jeweils in Verbindung mit § 71 Abs 3 S 1, Abs 2 S 3 SGB V (s oben § 82 RdNr 174 ff).

59 *b)* **Ausschluss neuer und alter Untersuchungs- und Behandlungsmethoden/ Alleinverwerfungskompetenz des Gemeinsamen Bundesausschusses.** In der vertragsärztlichen Versorgung schließt das Fehlen einer Entscheidung des G-BA über den diagnostischen und therapeutischen Nutzen einer **Untersuchungs- und Behandlungsmethode** sowie deren medizinische Notwendigkeit und Wirtschaftlichkeit eine Vergütung durch die Krankenkassen aus (§ 135 SGB V). Demgegenüber gibt es im **Krankenhausbereich** dieses Verbot mit Erlaubnisvorbehalt nach der bewussten Differenzierung

---

[85] BSGE 52, 71; 56, 197.
[86] Siehe zur Wirtschaftlichkeits- (und Qualitäts-)Prüfung nach § 113 SGB V (kaum noch Nutzung durch die Krankenkassen) *Rau*, in: Orlowski et al, GKV-Komm, Erl zu § 113.

durch den Gesetzgeber nicht: Erst wenn der G-BA festgestellt hat, dass die Methode für eine ausreichende, zweckmäßige und wirtschaftliche Versorgung der Versicherten unter Berücksichtigung des allgemein anerkannten Standes der medizinischen Erkenntnisse nicht erforderlich ist, entfällt die GKV-Leistungspflicht (**Erlaubnis mit Verbotsvorbehalt** nach der innovationsfreundlichen Regelung des § 137c SGB V). Die Prüfung soll die Qualität in der stationären Versorgung sichern und verhindern, dass fragwürdige Leistungen zulasten der GKV erbracht werden.[87]

Das Fehlen eines Erlaubnisvorbehalts in § 137c SGB V bedeutet somit, dass im Krankenhaus auch neuartige Verfahren einer vorherigen Zulassung mit Evidenz- und Effizienzprüfung nicht bedürfen. Die Gefahr, dass deshalb zweifelhafte oder unwirksame Maßnahmen zum Einsatz kommen, ist im Krankenhaus schon wegen der internen Kontrollmechanismen und der anderen Vergütungsstrukturen geringer als bei der Behandlung durch einzelne niedergelassene Ärzte.[88] Seit der Einführung dieser Regelung durch das GKV-Gesundheitsreformgesetz 2000 vom 22.12.1999[89] ist eine Entscheidung durch die einzelne Krankenkasse von Fall zu Fall unzulässig. Vielmehr besteht nach dem zutreffenden Urteil des Bundessozialgerichts vom 19.2.2003 eine **Alleinverwerfungskompetenz des G-BA;** die Krankenkasse darf ihre Leistungspflicht nur verneinen, wenn der Ausschuss eine entsprechende Feststellung getroffen hat. Das **Qualitätsgebot** des § 2 Abs 1 S 3 SGB V soll allerdings nach dem Urteil des Bundessozialgerichts vom 28.7.2008 dazu führen, dass die Landesverbände der Krankenkassen den Abschluss eines Versorgungsvertrages ablehnen dürfen, wenn nach der Konzeption des Krankenhauses dessen Schwerpunkt auf Außenseitermethoden liegt, für die der G-BA eine Verbotsentscheidung noch nicht erlassen hat (häufig mangels Antrages nach § 137c SGB V).[90]

3. Der Leistungsanspruch des Versicherten auf medizinische Rehabilitation. Verstärkt und erweitert wurde durch das SGB V der Leistungsanspruch der Versicherten auf medizinische und ergänzende Leistungen zur **Rehabilitation,** die notwendig sind, um einer drohenden Behinderung oder Pflegebedürftigkeit vorzubeugen, sie zu beseitigen, zu mindern oder eine Verschlimmerung zu verhüten (§ 11 Abs 2, § 27 Abs 1 S 2 Nr 6 SGB V). Den besonderen Bedürfnissen psychisch Kranker ist dabei Rechnung zu tragen (§ 27 Abs 1 S 3 SGB V).

Die Rehabilitationsleistungen sind im Einzelnen in § 40 SGB V (ambulante und stationäre medizinische Rehabilitation),[91] § 41 SGB V (Medizinische Rehabilitation für Mütter und Väter), § 42 (Belastungserprobung und Arbeitstherapie), § 43 SGB V (ergänzende Leistungen zur Rehabilitation) und § 43a SGB V (nichtärztliche sozialpädiatrische Leistungen) geregelt, aber auch in § 39 Abs 1 S 3 SGB V (Frührehabilitation im Akutkrankenhaus). Ein Anspruch auf Krankenhausbehandlung entfällt, wenn eine stationäre Akutbehandlung nicht mehr erforderlich ist, sondern medizinische Rehabilitation ausreichend ist.[92] Durch das GKV-Wettbewerbsstärkungsgesetz v 26.3.2007[93] wurden alle Rehabilitationsleistungen von Ermessensleistungen in **Pflichtleistungen** umgewandelt; dies ist ins-

---

[87] Ausgeschlossene Methoden gem „Richtlinie Methoden Krankenhausbehandlung" abrufbar stets aktuell unter www.g-ba.de; s a *Roters* NZS 2007, 176 zur Methodenbewertung.
[88] So ausdrücklich BSG, Urt v 19.2.2003 – B 1 KR 1/02 R – BSGE 90, 289, 294 = NZS 2004, 140; für weitgehende Angleichung des stationären Bereiches an die Regelung des § 135 SGB V zu Unrecht BSG, Urt v 6.5.2009 – B 6 A 1/08 R, BeckRS 2009, 69263 sowie *Hauck* NZS 2007, 461 bereits nach geltendem Recht.
[89] BGBl I, 2626.
[90] BSG, Urt v 28.7.2008 – B 1 KR 5/08 R, SGb 2009, 360 m zutreffender kritischer Anm *Felix* (Negierung des § 137c-Verfahrens durch BSG); zur stark eingeschränkten gerichtlichen Kontrolle *Engelmann* MedR 2006, 245; *Schlegel* MedR 2008, 30; *Franke*, FS Laufs, S 793.
[91] Ausführlich zu den Rehabilitationsleistungen *Schmidt*, in: *Peters*, KV (SGB V), § 40. Zum Vorrang der Rehabilitation vor Pflege s *Welti*, in: *Becker/Kingreen*, SGB V, § 40 RdNr 40, 41.
[92] BSGE 92, 300, 305.
[93] BGBl I, 378.

besonders wichtig für die geriatrische Rehabilitation sowie die Rehabilitationsleistungen für Mütter und Väter (kontinuierlicher Rückgang der GKV-Leistungsausgaben für Mutter-Vater-Kind-Maßnahmen seit 2000 ohne rechtfertigende Gründe).

63 Zur Abgrenzung der Leistungspflicht der GKV im Verhältnis zur sozialen Pflegeversicherung wird klargestellt, dass die Leistungen der **aktivierenden Pflege** mit dem Ziel, vorhandene Fähigkeiten des Pflegebedürftigen zu erhalten oder verlorene zurückzugewinnen (§ 28 Abs 4 S. 1 SGB XI) von den Pflegekassen zu erbringen sind (§ 12 SGB V). Die GKV ist im gegliederten System neben den Trägern der Unfallversicherung, der Rentenversicherung, der Kriegsopferversorgung und der Sozialhilfe auch **Rehabilitationsträger** (§ 6 SGB IX). Die Zugangsvoraussetzungen sind unterschiedlich, aber die Leistungen werden nach einheitlichen Grundsätzen erbracht (zur Zusammenarbeit der Rehaträger s §§ 12, 13 SGB IX). Das SGB IX (Rehabilitation und Teilhabe behinderter Menschen) gilt für die Krankenkassen als Rehabilitationsträger, soweit im SGB V nichts Abweichendes bestimmt ist. Die Leistungspflicht der **GKV** ist grundsätzlich **nachrangig** (s § 40 Abs 1, 2 u 4 SGB V). Es besteht kein Anspruch, wenn Leistungen als Folge eines Arbeitsunfalls oder einer Berufskrankheit im Sinne der gesetzlichen Unfallversicherung zu erbringen sind (§ 11 Abs 5 SGB V).

64 Reicht bei Versicherten eine ambulante Krankenbehandlung einschließlich ambulanter Rehabilitationsmaßnahmen nicht aus, um die Rehabilitationsziele (§ 11 Abs 2, § 27 Abs 1 S 1 SGB V) zu erreichen, erbringt die Krankenkasse stationäre Behandlung mit Unterkunft und Verpflegung in einer Rehabilitationseinrichtung (§ 107 Abs 2 SGB V), mit der im Regelfall ein Vertrag nach § 111 SGB V besteht (§ 40 Abs 2 SGB V). Dieser Versorgungsvertrag ist ein statusbegründender öffentlich-rechtlicher Vertrag (§ 53 Abs 1 S 1 SGB X), aus dem sich gegenseitige Rechte und Pflichten von Kliniken und Krankenkassen ergeben.

65 Das Verhältnis – vor- und nachrangig – **stationärer Rehabilitationsmaßnahmen** (§ 40 Abs 2 SGB V) zur Leistungspflicht anderer Träger der Sozialversicherung regelt § 40 Abs 4 SGB V. Stationäre Rehabilitationsleistungen sind vorrangig von der gesetzlichen Krankenkasse zu erbringen, wenn sie **anstelle einer erforderlichen Krankenhausbehandlung** (§ 39 Abs 1 SGB V) durchgeführt werden. Gleichzeitige Ansprüche auf Rehabilitationsleistungen nach § 31 SGB VI schließen den Anspruch aufgrund des § 40 Abs 2 SGB V nicht aus. Haben Renten- oder Unfallversicherungsträger Rehabilitationsleistungen zu gewähren (zB nach § 15 SGB VI), besteht keine Leistungspflicht der gesetzlichen Krankenkasse (§ 40 Abs 4, § 11 Abs 5 SGB V).

66 Vorgesehen für eine stationäre Behandlung in einer Rehabilitationseinrichtung ist, wie bei der Krankenhausbehandlung, eine vertragsärztliche Verordnung (§ 73 Abs 2 S 1 Nr 7 SGB V). Gleiches gilt für ambulante medizinische Leistungen der Rehabilitation, Belastungserprobung und Arbeitstherapie (§ 73 Abs 2 S 1 Nr 5 SGB V). Sie ist aber auch ohne Verordnung durch einen Vertragsarzt mit Zustimmung der Krankenkasse, zB bei einer Anschlussrehabilitation (§ 275 Abs 2 Nr 1 SGB V), möglich (Entscheidungskompetenz der Krankenkassen).

67 Voraussetzung für die Erbringung von stationären rehabilitativen Leistungen ist, dass sie in einer nach § 20 Abs 2a SGB IX **zertifizierten Rehabilitationseinrichtung** (§ 107 Abs 2 SGB V) erfolgt, mit der **im Regelfall ein Versorgungsvertrag** nach § 111 SGB V besteht. Grundsätzlich wird die Rehaeinrichtung durch die Krankenkasse nach pflichtgemäßem Ermessen ausgewählt (§ 40 Abs 3 S 1 SGB V) unter Beachtung des Wunsch- und Wahlrechtes des Versicherten (§ 9 Abs 1 SGB IX). Wählt der Versicherte eine andere zertifizierte Einrichtung, mit der ein Versorgungsvertrag nicht besteht, hat er dadurch entstehende Mehrkosten zu tragen (§ 40 Abs 2 S 2 SGB V); der Grundsatz der Auswahl des kostengünstigsten Anbieters bei gleich geeigneten Einrichtungen[94] gilt insoweit nicht mehr. Das besondere Gewicht der **Zertifizierung von Rehaeinrichtungen** beruht auf dem

---

[94] BSGE 89, 294.

GKV-Wettbewerbsstärkungsgesetz vom 26.3.2007[95], und zwar in mehrfacher Hinsicht: Die Zertifizierung einer stationären Rehaeinrichtung richtet sich nach § 20 Abs 2a SGB IX. Die Zertifizierung ist von herausragender Bedeutung. Auch die Einrichtungen mit Versorgungsvertrag müssen zertifiziert sein. Versicherte können auch eine zertifizierte Einrichtung ohne Versorgungsvertrag wählen. Zum Ausschluss von der Leistungserbringung führt nicht mehr allein der Nicht-Abschluss eines Versorgungsvertrages, sondern das Fehlen der Zertifizierung. Verträge mit nicht zertifizierten Einrichtungen werden gekündigt (§ 21 Abs 3 SGB IX).

Die **Vergütung** für die medizinischen Leistungen zur Rehabilitation richtet sich nach den zwischen den Krankenkassen und den Trägern der zugelassenen Rehabilitationseinrichtungen getroffenen Vereinbarungen (§ 111 Abs 5 SGB V). Konkrete gesetzliche Vorgaben – wie für Akutkrankenhäuser – bestehen nicht einmal ansatzweise (auch keine wünschenswerte Konfliktlösung durch Schiedsstelle).

Die unbegrenzte **Zuzahlung** für Versicherte der GKV, die das 18. Lebensjahr vollendet haben, beträgt bei stationären Rehabilitationsleistungen zehn Euro je Kalendertag (§ 40 Abs 5 iVm § 61 SGB V). Für die befristete Zuzahlung bei Anschlussrehabilitationen (Beginn innerhalb von 14 Tagen nach Entlassung aus dem Krankenhaus) gilt § 40 Abs 6 SGB V (längstens 28 Tage/Kalenderjahr); die Tage der Krankenhauszuzahlung werden angerechnet. Die Befreiung von der Zuzahlung in Härtefällen richtet sich nach § 61 SGB V.

4. GKV-Versorgungsverträge zur stationären Behandlung/Leistungstransparenz. Für die stationären Einrichtungen gilt ein vertragliches Zulassungssystem, das für Krankenhäuser (§ 107 Abs 1 SGB V) und Vorsorge- oder Rehabilitationseinrichtungen (§ 107 Abs 2 SGB V) verschieden ausgestaltet ist[96]. Mit der begrifflichen und inhaltlichen, organisatorischen und funktionellen Abgrenzung wird gleichzeitig auch die Voraussetzung für unterschiedliche Versorgungsaufgaben innerhalb des Gesamtsystems der GKV geschaffen. Der arbeitsteilige Versorgungsverbund soll abgestimmt und durch vertragliche Regelungen der Beteiligten koordiniert werden (§§ 111, 112 Abs 2 Nr 5 SGB V). Im Gegensatz zu den Akutkrankenhäusern besteht für Vorsorge- und Rehabilitationseinrichtungen keine staatliche Planung. Um eine Koordinierung mit der staatlichen Krankenhausplanung sicherzustellen, ist bei Abschluss und Kündigung von Versorgungsverträgen das Einvernehmen mit der zuständigen Planungsbehörde anzustreben (§ 111 Abs 4 S 3 SGB V).

Die Krankenkassen dürfen Krankenhausbehandlungen (§ 39 SGB V) nur in **zugelassenen Krankenhäusern** erbringen lassen (§ 108 SGB V). Die Zulassung erfolgt über einen Versorgungsvertrag. Mit einem Versorgungsvertrag wird das Krankenhaus für die Dauer des Vertrages zur Krankenhausbehandlung der Versicherten zugelassen. Das zugelassene Krankenhaus ist im Rahmen seines Versorgungsauftrags zur Krankenhausbehandlung (§ 39 SGB V) der Versicherten verpflichtet (§ 109 Abs 4 S 1 u 2 SGB V).

Zugelassene Krankenhäuser sind:
- Krankenhäuser, die nach den landesrechtlichen Vorschriften als Hochschulklinik anerkannt sind
- Krankenhäuser, die in den Krankenhausplan eines Landes aufgenommen sind (Plankrankenhäuser)
- Krankenhäuser, die einen Versorgungsvertrag mit den Landesverbänden der Krankenkassen und den Ersatzkassen abgeschlossen haben (Vertragskrankenhäuser ieS).

Die **Versorgungsverträge** kommen zustande aufgrund gesetzlicher Fiktion bei Hochschulkliniken und Plankrankenhäusern (§ 109 Abs 1 S 2 SGB V) und durch übereinstim-

---

[95] BGBl I, 378.
[96] Ausführlich *Quaas/Zuck*, § 26 RdNr 40 ff (Krankenhäuser) und 97 ff (Vorsorge- und Rehabilitationseinrichtungen).

mende Willenserklärung (Einigung) zwischen den Landesverbänden der Krankenkassen und den Ersatzkassen gemeinsam mit dem Krankenhausträger (§ 109 Abs 1 S 1 SGB V). Der Vertrag bedarf der Schriftform (§ 126 BGB, § 61 S 2 SGB X).[97]

74 Von diesem Versorgungsvertrag des öffentlichen Rechts (s § 69 SGB V)[98] ist der im Einzelfall abzuschließende privatrechtliche Behandlungsvertrag mit dem Patienten zu unterscheiden. Dieser wird beim sozialversicherten Patienten, der nur die allgemeine Krankenhausleistung beansprucht, durch das öffentlich-rechtliche **Abrechnungsverhältnis** überlagert.[99]

75 Der **Vergütungsanspruch des Krankenhauses** richtet sich ausschließlich und unmittelbar gegen die gesetzliche Krankenkasse des Versicherten. Der Patient ist gegenüber dem Krankenhaus nicht zahlungspflichtig.[100] Der Anspruch des Krankenhauses gegen die einzelne Krankenkasse folgt aus dem für alle Krankenkassen unmittelbar verbindlichen Versorgungsvertrag (§ 109 Abs 1 S 3 SGB V), unabhängig davon, ob und mit welchem Inhalt eine formelle Kostenzusage (Kostenübernahmeerklärung) vorliegt. Dies folgt unmittelbar aus dem Gesetz (§ 109 Abs 4 S 3 SGB V), wonach als Gegenleistung für die Behandlungspflicht des Krankenhauses (§ 109 Abs 4 S 2 SGB V) die Krankenkasse verpflichtet ist, mit dem Krankenhausträger „Pflegesatzverhandlungen nach Maßgabe des Krankenhausfinanzierungsgesetzes, des Krankenhausentgeltgesetzes und der Bundespflegesatzverordnung zu führen".

76 Voraussetzung für eine qualifizierte Überprüfung von Wirtschaftlichkeit, Zweckmäßigkeit, Notwendigkeit und Einhaltung qualitativer Standards ist **Transparenz des Leistungsgeschehens bei der Erfüllung des GKV-Versorgungsauftrages** auf der Grundlage des Versorgungsvertrages. Die gesetzlichen Grundlagen für die Erhebung und Erfassung der Versicherungs- und Leistungsdaten unter Wahrung des Datenschutzes sind in §§ 284 ff SGB V näher geregelt. Für die **Krankenhäuser** ergeben sich **Aufzeichnungs- und Mitteilungspflichten** aus §§ 294, 301 SGB V. Zugelassene Krankenhäuser sind befugt und verpflichtet, die im § 301 Abs 1 und 4 SGB V abschließend aufgezählten Angaben den Krankenkassen im Hinblick auf die voll- und teilstationäre sowie die vor- und nachstationäre Behandlung und das ambulante Operieren zu übermitteln (insbesondere zur Abrechnung, Vergütung und Prüfung).[101] Die gesetzlichen Regelungen und die nähere vertragliche Ausgestaltung (§ 301 Abs 3 u 4 S 4 SGB V) dienen nicht nur der technischen Abwicklung der Datenübermittlung, sondern tragen vorrangig auch datenschutzrechtlichen Erfordernissen Rechnung.[102] Die Angaben über die Diagnosen sind entsprechend den gesetzlichen Vorgaben (§ 301 Abs 2 SGB V) zu verschlüsseln. Anzuwenden ist der Schlüssel der Internationalen Klassifikation der Krankheiten (ICD-10-GM, einheitliche Fassung im ambulanten und stationären Bereich) in der jeweilig geltenden vom Deutschen Institut für medizinische Dokumentation und Information (DIMDI) im Auf-

---

[97] Zum alten Recht nach § 371 Abs 1 RVO: BSGE 51, 126, 129 mwN.
[98] Siehe dazu *Krauskopf*, in: *Krauskopf*, SozKV, § 69 RdNr 2 ff.
[99] BGHZ 89, 250.
[100] BSG SozR 3-2500, § 39 Nr 1 SGB V; NJW 1990, 1537.
[101] Siehe BSG NJW 2002, 845 mit Anm *Gebauer* NJW 2003, 777: aus datenschutzrechtlichen Gründen abschließende Aufzählung; ausführlich zur Übermittlung der Leistungs- und Abrechnungsdaten *Leber*, in: *Orlowski et al*, GKV-Komm, Erl zu § 301, insbesondere zu den Verwendungszwecken (RdNr 10 ff) und den erheblichen Vorteilen der parallelen und einheitlichen Vorgabe des OPS (Rdnr 29 und § 295 RdNr 11).
[102] Zur Schweigepflicht in der Medizin und zum Datenschutz ua im Krankenhaus (auch im Rahmen der Rechnungsstellung privatliquidierender Ärzte) s oben § 71 insbes RdNr 9–24, 50–62 und § 72 RdNr 15 ff; *Hauser/Weddehage*, Datenschutz im Krankenhaus, auch zur Datenverarbeitung im Auftrag des Krankenhauses (externe Abrechnung) und vor allem zur Datenübermittlung an die gesetzlichen Krankenkassen (141 ff) und an den MDK (160 ff); zur Nutzung von Sozialdaten durch die gesetzlichen Krankenkassen *Quaas/Zuck*, § 8 RdNr 57; umfassend zum Datenschutz auch *Hanika*, HK-AKM, 1340, auch nach dem jeweiligen Landesrecht (RdNr 34 ff).

trag des Bundesministeriums für Gesundheit herausgegebenen Fassung und bei Operationen und sonstigen Prozeduren der herausgegebene Schlüssel auf der Grundlage der Internationalen Klassifikation der Prozeduren in der Medizin (OPS-301). Das Bundesministerium für Gesundheit gibt den Zeitpunkt der Inkraftsetzung der jeweiligen Fassung des Schlüssels und der Klassifikation für die Anwendung im Bundesanzeiger bekannt (§ 301 Abs 2 S 3). Das Nähere über Form und Inhalt der erforderlichen Vordrucke, die Zeitabstände für die Übermittlung der gesetzlich bestimmten Angaben und das Verfahren der Abrechnung im wege elektronischer Datenübertragung oder auf maschinell verwertbarem Datenträger ist in der Datenübermittlungsvereinbarung der Spitzenverbände der Krankenkassen und der Deutschen Krankenhausgesellschaft geregelt.[103] Über den Regelungskatalog des § 301 Abs 1 SGB V zum allgemeinen Datenaustausch hinausgehend können sich konkrete **Auskunftspflichten und Mitteilungspflichten aus den zwei- und dreiseitigen Verträgen** (§§ 112, 115 SGB V) ergeben. Für Vorsorge- und Rehabilitationseinrichtungen (§ 111 SGB V) besteht eine umfänglich begrenzte Datenübermittlungspflicht (§ 301 Abs 4 SGB V).

Eine größere Leistungstransparenz soll auch erreicht werden durch die **Auskunftspflicht der Krankenhäuser** und der Sozialleistungsträger **gegenüber dem BMG und den zuständigen Länderbehörden** nach § 28 Abs 1 KHG. Es kann verlangt werden, Auskünfte zu geben über Umstände, die für die Beurteilung der Bemessung der Pflegesätze sowie deren Entwicklung notwendig sind; darunter fallen Angaben über die personelle und sachliche Ausstattung, die ambulanten und stationären Leistungen im Krankenhaus, über die Patienten und ihre Erkrankungen. Die zuständigen Landesbehörden können auch Auskünfte über Umstände verlangen, die nach Landesrecht für die Wahrnehmung der Aufgaben der Krankenhausplanung und Krankenhausfinanzierung benötigt werden. Bedeutsame Verpflichtungen zu Auskünften an das Statistische Landesamt (Weiterleitung an das Statistische Bundesamt)[104] ergeben sich für Krankenhäuser und Vorsorge- oder Rehabilitationseinrichtungen in Form von jährlichen Erhebungen aus der **Krankenhausstatistik** als Bundesstatistik[105] (§ 28 Abs 2 KHG) oder Landesstatistik (§ 28 Abs 3 KHG).

Fragen des Datenschutzes, die nicht zuletzt im Hinblick auf die Unübersichtlichkeit der Rechtsmaterie sehr differenziert zu beantworten sind,[106] werden sich vor allem im Zusammenhang mit der Ausgestaltung der vorgesehenen vertraglichen Regelungen stellen. Für den allgemeinen Datenschutz im Krankenhausbereich[107] ist dabei von folgenden grundsätzlichen Gesichtspunkten auszugehen:
– Rechtsgrundlagen des Datenschutzes (BDSG, Landesdatenschutzgesetze, spezielle Regelungen zum Datenschutz in den meisten Krankenhausgesetzen der Länder, SGB V, kirchenrechtliche Datenschutzregelungen[108])
– Geltungs- und Schutzbereich der jeweiligen Datenschutzbestimmungen
– Zulässigkeitsvoraussetzungen für die Verarbeitung und Nutzung von Patientendaten

---

[103] Datenübermittlungs-Vereinbarung nach § 301 SGB V v Dezember 1994, in Kraft getreten am 12. 12. 1994 (DOK 1995, 267).
[104] Siehe *Dietz,* KHG, § 28 Erl 6–8.
[105] VO über die Bundesstatistik für Krankenhäuser (Krankenhausstatistik-Verordnung-KHStatV) v 10. 4. 1990 (BGBl I, 730), zuletzt geändert durch Gesetz v 17. 3. 2009 (BGBl I, 534; s Statistisches Bundesamt Fachserie 12 Gesundheitswesen Reihe 6.1 Krankenhäuser, abrufbar unter www.destatis.de.
[106] Siehe oben § 71 zu den spezifischen ärztlichen Mitteilungspflichten sowie § 72 RdNr 15 ff.
[107] Ausführlich *Hauser/Weddehage,* Datenschutz im Krankenhaus, auch mit Fallbeispielen (zB Warnung vor „Krankenhauswanderern", 225; Auskunft an das Bundeskartellamt im Hinblick auf die Prüfung einer Krankenhausfusion, 128; Einsicht in die Krankenunterlagen einer Uniklinik durch den Landesrechnungshof zwecks Prüfung der Einnahmeerhebung aus der ambulanten Behandlung, 121 f – s dazu BVerfG, Beschluss v 29. 4. 1996 – 1 BvR 1226/89, KH 1996, 432.
[108] Siehe *Hauser/Weddehage,* aaO, 27 f, 33 f.

- Datenschutzpflichten des Krankenhauses
- Rechte des Patienten
- Datenschutzbeauftragte und Datenschutzaufsicht.

79 Unter Heranziehung der landesrechtlichen Datenschutzbestimmungen[109] ist dabei nach dem grundlegenden Urteil des Bundesverfassungsgerichts v 15.12.1983 (zum Volkszählungsgesetz v 25. 3. 1982)[110] von folgenden wesentlichen Grundsätzen auszugehen:
- Recht auf informationelle Selbstbestimmung (Art 2 Abs 1 iVm Art 1 Abs 1 GG)
- Strenge Zweckbindung der Daten auf Basis einer bereichsspezifischen gesetzlichen Regelung
- Beachtung des Übermaßverbots bei der notwendigen Datenerfassung und Datenübermittlung im Hinblick auf diesen Zweck/Keine Datensammlung „auf Vorrat"
- Normenklarheit bei den entsprechenden Regelungen/Kein Rückzug auf Generalklauseln.

80 Eine besondere datenschutzrechtliche Problematik löst § 73 Abs 1b SGB V (idF GKV-Gesundheitsreform 2000) insbesondere für den **Datentransfer zwischen Hausarzt und Krankenhaus.**[111] Das Krankenhaus hat bei gesetzlich versicherten Patienten als „behandelnder Leistungserbringer" nach deren Hausarzt zu fragen und diesem die Behandlungsdaten und Befunde zum Zwecke der Dokumentation und Weiterbehandlung zu übermitteln. Voraussetzung dafür ist, dass der Patient schriftlich in jederzeit widerrufbarer Weise seine Einwilligung erteilt. Korrespondierend hierzu darf der Krankenhausarzt beim Hausarzt sowie bei anderen Leistungserbringern die für die Behandlung erforderlichen Daten erheben, verarbeiten und nutzen.[112] Für die Übermittlung von Patientendaten durch das zur Behandlung GKV-Versicherter zugelassene Krankenhaus an den MDK – etwa zur Begutachtung der Notwendigkeit einer Krankenhausbehandlung – gilt die Voraussetzung einer schriftlichen Einwilligung des Patienten nicht (§ 73 Abs 1b S 4, § 276 Abs 2 S 1 HS 2 SGB V).

III. Krankenhausambulante Leistungserbringung: Gesetzliche Zulassung im SGB V/Zulassungsentscheidung der Krankenhausplanungsbehörde/ Zulassung über GKV-Einzelvertrag

81 Mit dem **Gesundheits-Strukturgesetz 1993** wurden die Krankenhäuser kraft Gesetzes zur **ambulanten Durchführung von Operationen** und mit dem **GKV-Gesundheitsreformgesetz 2000** auch zu sonstigen stationsersetzenden Eingriffen zugelassen (§ 115b SGB V). Die Krankenhäuser erhielten das ambulante Operieren als zusätzliches Leistungsspektrum, und zwar zur Auflockerung der Trennung ambulant/stationär sowohl als Maßnahme der Kostendämpfung als auch im wohlverstandenen Interesse der Patienten.[113]

82 Das **GKV-Modernisierungsgesetz 2003** berechtigte die Krankenkassen, auf der Grundlage eines Leistungskataloges mit zugelassenen Krankenhäusern jeweils einen Einzelvertrag zur **ambulanten Erbringung hochspezialisierter Leistungen** sowie zur ambulanten Behandlung seltener Erkrankungen und Erkrankungen mit besonderen Krankheitsverläufen zu schließen; angesichts nur in wenigen Einzel- und Sonderfällen

---

[109] Sehr detaillierte Regelung über die Erhebung, Speicherung, Veränderung und Nutzung von Daten zB im LKHG BW (§ 43 bis § 51) v 29.11.2007 (GBl 2008, 12).
[110] BVerfGE 65, 1.
[111] Gesetz zur Reform der GKV ab dem Jahr 2000 v 22.12.1999 (BGBl I, 2626). Siehe zur grundsätzlichen Verpflichtung zur Einhaltung der „Schweigepflicht von Arzt zu Arzt" oben § 71 RdNr 1–3.
[112] Näher dazu Hencke, in: Peters, KV (SGB V), § 73 RdNr 6c.
[113] Siehe Begründung zum GSG, BT-Drucks 12/3608, 102, 103 und BT-Ausschuss für Gesundheit, BT-Drucks 12/3937, 37. Zur Durchführung krankenhausambulanter Operationen durch Vertragsärzte unten § 84 RdNr 30 ff.

14. Kapitel. Krankenhausrecht. Öff-rechtl Rahmen   83, 84   § 83

zustande gekommener Verträge ist diese Vertragskompetenz durch das **GKV-Wettbewerbsstärkungsgesetz 2007** durch eine Zulassung durch die Krankenhausplanungsbehörden der Länder ersetzt worden (§ 116b Abs 2 SGB V). Auch können Krankenhäuser seit 2007 – ohne an weitere Voraussetzungen gebunden zu sein – im Rahmen der integrierten Versorgung nach dem Katalog des § 116b Abs 3 SGB V hochspezialisierte Leistungen sowie Leistungen zur Behandlung seltener Erkrankungen und Erkrankungen mit besonderen Krankheitsverläufen ambulant erbringen (§ 140b Abs 4 S 4 SGB V), auch ohne Abstimmung mit an der Integrationsversorgung teilnehmenden Vertragsärzten. In der **gesundheitspolitischen Diskussion** spielte sowohl 2003 als auch 2007 eine große Rolle, ob nicht **an Stelle des Vertragsmodells bzw des Zulassungsmodells** eine **gesetzliche Zulassung der Krankenhäuser** zur ambulanten Erbringung hochspezialisierter Leistungen analog der Regelung zum ambulanten Operieren als weitergehende Öffnung der Krankenhäuser vorzugswürdig wäre.[114]

1. Ambulantes Operieren. Grundlage für ambulantes Operieren im Krankenhaus ist eine **Vereinbarung des Spitzenverbandes Bund der Krankenkassen, der Deutschen Krankenhausgesellschaft und der Kassenärztlichen Bundesvereinigung.** Sie regeln in einem dreiseitigen Vertrag[115] einen Katalog ambulant durchführbarer Operationen und sonstiger stationsersetzender Eingriffe sowie einheitliche Vergütungen für Krankenhäuser und Vertragsärzte. Aus dem **Katalog ambulant durchführbarer Operationen** folgt nicht etwa die Verpflichtung, die dort aufgeführten Eingriffe ausschließlich ambulant durchzuführen (Einzelfallprüfung unter Berücksichtigung von Art und Schwere des Eingriffs und des Gesundheitszustandes des Patienten). In der Vereinbarung sind gemäß § 115b Abs 1 S 2 SGB V die ambulant durchführbaren Operationen und stationsersetzenden Eingriffe gesondert benannt, die in der Regel ambulant durchgeführt werden können (ferner allgemeine Tatbestände, bei deren Vorliegen eine stationäre Durchführung erforderlich sein kann); es handelt sich um die Katalog-Kategorie Ziffer 1 (etwa die Hälfte aller Katalogleistungen), bei deren stationärer Durchführung ein erheblicher Begründungszwang für die Krankenhäuser bis zur Beweislastumkehr gegeben sein kann. Nach § 115b Abs 1 S 3 SGB V sind die Qualitätsvoraussetzungen nach § 135 Abs 2 SGB V (Qualitätserfordernisse für Vertragsärzte) sowie die Richtlinien des G-BA nach § 92 Abs 1 S 2 und § 137 SGB V zu berücksichtigen. 83

Voraussetzung für die Zulassung ist nach § 115b Abs 2 S 1 und 2 SGB V ohne Bedarfsprüfung lediglich eine **Mitteilung des Krankenhauses** mit den gewünschten Leistungsbereichen an die Landesverbände der Krankenkassen und die Ersatzkassen, die Kassenärztliche Vereinigung und den Zulassungsausschuss (§ 96 SGB V).[116] Vom Gesetzeszweck her ist eine Zulassung naturgemäß nur in den Leistungsbereichen möglich, in denen das Krankenhaus auch stationäre Krankenhausbehandlung **im Rahmen seines Versorgungsauftrages** erbringt. Die Mitteilung dient dazu, die Situation im Rahmen der 84

---

[114] Umfassend zur Teilnahme der Krankenhäuser an der ambulanten Versorgung *Genzel* ArztR 2008, 200; zur Öffnung der Krankenhäuser für die ambulante Versorgung nach dem GMG *Degener-Hencke* NZS 2003, 329; zum ambulanten Operieren insbesondere unter dem Aspekt der Sorgfalts- und Aufklärungspflichten und zu den haftungsrechtlichen Fragen *Schlund* ArztR 2005, 172; zu den dreiseitigen Verträgen nach § 115 Abs 1 SGB V, ua zu den allgemeinen Bedingungen der ambulanten Behandlung im Krankenhaus s oben § 32 RdNr 39 ff.

[115] Vertrag nach § 115b Abs 1 SGB V – Ambulantes Operieren und stationsersetzende Eingriffe im Krankenhaus – (AOP-Vertrag) v 4. 12. 2009 (Beschränkung der Gültigkeit des AoP-Kataloges auf 2010), abrufbar unter www.gkv-spitzenverband.de; s auch DKG, Materialiensammlung und Umsetzungshinweise zum ambulanten Operieren; auch abgedruckt in MH-DRGs (D4500); insgesamt über 300 EBM-Positionen als ambulant durchführbare Operationen (s Katalog in Anlage 1); ausführlich zum ambulanten Operieren im Krankenhaus *Nösser/Korthus*, MHK, 100, und *Clement*, HK-AKM, 60.

[116] Option des Krankenhauses, s BSG MedR 2000, 242; jederzeitige Erweiterung, Einschränkung oder Rücknahme der sog Bereiterklärung.

vertragsärztlichen Versorgung bei der Erteilung von Ermächtigungen an Krankenhausärzte und die Zulassung von Schwerpunktpraxen hinreichend beurteilen zu können (entsprechende Unterrichtung der Landeskrankenhausgesellschaft über den Versorgungsgrad in der vertragsärztlichen Versorgung durch die Kassenärztliche Vereinigung). Mit der Mitteilung sind die **Krankenhäuser** zur Durchführung der angegebenen Operationen und stationsersetzenden Eingriffe **kraft Gesetzes zugelassen** (§ 115b Abs 2 S 1 SGB V), und zwar ohne die Notwendigkeit einer Überweisung durch einen Vertragsarzt.[117] Der Versicherte hat die freie Wahl, ob er einen niedergelassenen Vertragsarzt oder ein Krankenhaus für eine ambulante Operation in Anspruch nimmt. Hat allerdings ein Krankenhausträger eine Bereiterklärung nicht abgegeben, so darf der Patient nicht etwa – mangels Vergütung einer ambulanten OP durch die Krankenkassen in diesem Krankenhaus – vollstationär operiert werden. Ein operativer Eingriff ist ambulant im Sinne des § 115b SGB V möglich, wenn der Patient weder die Nacht vor noch die Nacht nach dem Eingriff im Krankenhaus verbringen muss.[118]

85 Soweit das Krankenhaus von seinem Zulassungsanspruch Gebrauch macht, entfällt der Bedarf für eine **Ermächtigung eines Krankenhausarztes** (Vorrang der Zulassung nach § 115b SGB V). Eine bereits erteilte Ermächtigung ist mit sofortiger Wirkung zu entziehen, soweit eine Kollision mit dem Geltungsbereich der Zulassung des Krankenhauses besteht. Schränkt ein Krankenhaus den Umfang der als Krankenhausleistungen angebotenen ambulanten Operationen nachträglich gezielt ein, um für die durchführbaren, aber nicht angebotenen Eingriffe eine Ermächtigung des leitenden Krankenhausarztes zu ermöglichen, kann dies der Erteilung einer Ermächtigung unter dem Gesichtspunkt rechtsmissbräuchlicher Gestaltung entgegenstehen;[119] allerdings darf der Krankenhausträger grundsätzlich eine bestehende Ermächtigung bei seiner Entscheidung über die Reichweite seiner Bereiterklärung berücksichtigen.

86 Die am ambulanten Operieren teilnehmenden Krankenhäuser sind zur **Einhaltung des AOP-Vertrages** nach § 115b Abs 2 S 3 SGB V verpflichtet, obwohl sie nicht selbst unmittelbar Vertragspartner sind. Die vertraglichen Regelungen der Selbstverwaltungspartner haben **Normwirkung** in gleicher Weise wie die übrigen kollektiv-vertraglichen Regelungen nach § 112 und § 115 SGB V. Die **Vergütung** erfolgt unmittelbar **ohne Mengenbegrenzung** durch die Krankenkassen (§ 115b Abs 2 S 4 SGB V), und zwar zu den Bedingungen der Niedergelassenen (EBM).[120] Erbringt ein Krankenhaus irrtümlich eine ambulant durchführbare Operation ohne ausreichenden medizinischen Anlass stationär, kann die Operation als ambulante Leistung nach dem EBM vergütet werden, wenn das Krankenhaus kraft Zulassung zum ambulanten Operieren grundsätzlich auch berechtigt gewesen wäre, dieselbe Operation ambulant zu erbringen;[121] die Rechtslage wäre anders zu beurteilen, wenn ein Krankenhaus systematisch gegen den Vorrang ambulanten Operierens verstößt. Eine vom Gesetz her zulässige Vergütung über Fallpauschalen haben die Selbstverwaltungspartner bisher nicht vereinbart (s entsprechende Absichtserklärung in § 20 AOP-Vertrag).

87 **2. Ambulante Erbringung hochspezialisierter Leistungen.** Mit dem GKV-Modernisierungsgesetz 2003 ist ein weiter **gesetzlicher Katalog zur ambulanten Behandlung durch Krankenhäuser** aufgestellt worden. Dieser umfasst bestimmte hochspezialisierte Leistungen, seltene Erkrankungen und Erkrankungen mit besonderen Krankheitsverläufen, ua CT/MR-gestützte interventionelle schmerztherapeutische Leis-

---

[117] Siehe demgegenüber § 2 AOP-Vertrag: „in der Regel auf Veranlassung eines niedergelassenen Vertragsarztes unter Verwendung eines Überweisungsscheines" (Soll-Regelung).
[118] Vgl. BSG MedR 2005, 610.
[119] BSG MedR 2000, 242.
[120] Siehe auch BSGE 92, 223 = MedR 2004, 702 zum bestehenden Bereicherungsanspruch des Krankenhausträgers im Falle versäumter Mitteilung nach § 115b Abs 2 S 2 SGB V.
[121] BSG, Urt v 18. 9. 2008 – B 3 KR 22/07 R, ArztR 2009, 137 = KHR 2009, 25.

14. Kapitel. Krankenhausrecht. Öff-rechtl Rahmen   88, 89 § 83

tungen, Diagnostik und Versorgung von Patienten im Rahmen der pädiatrischen Kardiologie mit schwer Herzinsuffizienz, mit onkologischen Erkrankungen, mit Mukoviszidose, mit Multipler Sklerose (s im Einzelnen § 116b Abs 3 SGB V); der Katalog war zunächst für das Vertragsmodell (§ 116b Abs 2 SGB V aF: Zulassung eines Krankenhauses durch Einzelvertrag mit Krankenkassen) von Bedeutung und ist nunmehr Grundlage für die Zulassung durch die Länder nach § 116b Abs 2 SGB V idF des GKV-Wettbewerbsstärkungsgesetzes 2007. Die bewusste Entscheidung des Gesetzgebers zugunsten der Krankenhäuser für einen weiten Katalog, der insbesondere auch onkologische, nicht seltene Erkrankungen ohne besonderen Krankheitsverlauf umfasst, ist vor dem Hintergrund der zu Grunde liegenden „Eckpunkte der Konsensverhandlungen zur Gesundheitsreform" bei der Gesetzesauslegung besonders zu beachten.[122]

a) **Einschränkung des gesetzlichen Leistungskataloges durch den G-BA.** Die 88 Ergänzung des Kataloges und auch die Konkretisierung des Leistungsumfangs im Hinblick auf die in § 116b Abs 3 S 1 Nr 2 SGB V genannten Erkrankungen ist Aufgabe des Gemeinsamen Bundesausschusses (§ 116b Abs 4 SGB V),[123] der in einer Richtlinie zusätzliche sächliche und personelle Anforderungen sowie Maßnahmen der Qualitätssicherung nach § 135a iVm § 137 SGB V festlegt.[124] Der G-BA ist nicht berechtigt, Leistungsbereiche zu streichen oder einzuschränken, sodass die ambulante Behandlung insoweit verhindert würde; als Hauptbeispiel ist die **Behandlung onkologischer Erkrankungen** zu nennen, die der Gesetzgeber bewusst umfassend zur Vermeidung immer wieder auftretender Versorgungsbrüche einbezogen hat, also nicht etwa auf Erkrankungen mit besonderem Krankheitsverlauf begrenzt hat.[125] Beispielsweise ist unerheblich, in welchen Bereichen onkologische Erkrankungen „selten" sind; denn der Gesetzgeber hat über die Zuordnung zu den Erkrankungen im Sinne von Absatz 2 verbindlich entschieden, also den onkologischen Erkrankungen generell den Status von seltenen Erkrankungen bzw solchen mit besonderem Krankheitsverlauf zugesprochen (gesetzliche Fiktion).

Eine innerhalb der Regierungskoalition diskutierte **Beschränkung des ambulanten** 89 **Zugangs** auf die Diagnostik und Versorgung von **Patienten mit seltenen onkologischen Erkrankungen** und auf **besondere Krankheitsverläufe** (Komorbilität, Komplikationen) hat in den Gesetzesbeschluss keinen Eingang gefunden. Der Gesetzgeber hat sich bewusst für die weite Fassung entschieden; bei den ebenfalls in dem Katalog enthaltenen rheumatologischen Erkrankungen beispielsweise wurde demgegenüber das Erfordernis der schweren Verlaufsformen in das Gesetz aufgenommen. Eine Einschränkung auf „seltene Tumorerkrankungen" hätte bedeutet, dass sich für eine Klinik der Aufbau einer Infrastruktur, wie er für eine funktionierende Ambulanz notwendig ist, wohl nur selten

---

[122] Siehe Eckpunkte v 21. 7. 2003 der Bundestagsfraktionen von SPD, CDU/CSU, BÜNDNIS 90/DIE GRÜNEN und FDP: „Eine an den Patientenbedürfnissen orientierte Gestaltung der Versorgung muss das Sektorendenken überwinden. Patienten müssen dort versorgt werden, wo dies den medizinischen Erfordernissen am besten entspricht. Ein Wettbewerb zwischen unterschiedlichen Versorgungsformen kann außerdem Innovationen beschleunigen und Effizienzreserven erschließen. Den Patienten werden deshalb mehr Möglichkeiten eingeräumt, zwischen verschiedenen Versorgungsformen zu wählen." (zitiert bei *Degener-Hencke* NZS 2003, 629); s demgegenüber *Kingreen*, Beck-OK zum SGB V, § 116b RdNr 6 („lediglich eine Aufstellung von Krankheiten, die unter der Voraussetzung, dass sie besonders schwer diagnostizierbar sind oder einen ungewöhnlichen Verlauf nehmen, auch tatsächlich unter § 116b Abs 3 S 1 Nr 2 SGB V fallen."
[123] Kritisch im Hinblick auf die Katalogergänzung *Genzel*, FS Laufs, S 817, 833 f angesichts fehlender gesetzlicher objektiver Kriterien.
[124] Siehe Richtlinie über die ambulante Behandlung im Krankenhaus nach § 116b SGB V idF v 18. 10. 2005 (letzte Änderung: 18. 6. 2009); in stets aktueller Fassung mit drei Anlagen abrufbar unter www.g-ba.de und www.gkv-spitzenverband.de.
[125] Siehe bedenkliche einschränkende „Konkretisierung der onkologischen Erkrankungen" in Anlage 3 Nummer 1 der Richtlinie gem Beschluss v 17. 1. 2008 (in Kraft getreten am 21. 6. 2008), BAnz Nr 92, 2161, v 20. 6. 2008.

lohnen würde. Die unverändert weite Fassung des Kataloges im Bereich der Onkologie (ebenso: pädiatrische Kardiologie) ermöglicht nach Auffassung des Gesetzgebers die gewünschte enge Verzahnung zwischen stationärem und ambulantem Bereich zugunsten einer lückenlosen Versorgung. Der G-BA soll nach dem Willen des Gesetzgebers den Katalog auf seinen Fortbestand und seine Fortentwicklung nur im Hinblick auf Änderungen in der Bewertung des Nutzens, der medizinischen Notwendigkeit und der Wirtschaftlichkeit im Lichte neuer wissenschaftlicher Erkenntnisse überprüfen.[126]

90 *b)* **Zulassung durch das Land.** Die beschlossene Richtlinie nach § 116b SGB V enthält als wesentlichen Teil im Anhang den konkretisierten Leistungskatalog, vor allem auch die Anforderungen an die Qualität der Leistungserbringung. In § 5 der Richtlinie werden Anforderungen an die Bestimmung geeigneter Krankenhäuser aufgeführt.

91 Auf dieser Grundlage trifft die seit dem 1.4.2007 nach § 116b Abs 2 SGB V für die **Zulassung** von Krankenhäusern zur ambulanten Leistungserbringung zuständige **Landesbehörde** ihre Entscheidung.[127] Die Landesbehörde entscheidet „im Rahmen der Krankenhausplanung", auch soweit es sich um Versorgungsvertragskrankenhäuser (§ 108 Nr 3 SGB V) oder Hochschulkliniken (§ 108 Nr 1 SGB V) handelt, und ohne Bindung an die vertragsärztliche Bedarfsplanung „unter Berücksichtigung der vertragsärztlichen Versorgungssituation"[128] auf Antrag eines zur GKV zugelassenen Krankenhausträgers (§ 108 SGB V); mit den an der Krankenhausplanung im Land unmittelbar Beteiligten ist Einvernehmen anzustreben (Letztentscheidung durch das Land). Eine Zulassung scheidet aus, wenn und soweit das Krankenhaus „nicht geeignet" ist; generell kann eine ambulante Leistungserbringung nur für Leistungsbereiche zugelassen werden, in denen das Krankenhaus stationäre Leistungen für GKV-Versicherte erbringen darf, knüpft doch die Regelung gerade an die Zulassung gem. § 108 SGB V und die entsprechende Kompetenz des Krankenhauses im Rahmen des stationären Versorgungsauftrages an (s auch Zulassung nach § 116b Abs 2 SGB V durch die Krankenhausplanungsbehörde). Eine **Befristung** des Verwaltungsaktes der Zulassung durch das Land (etwa gem § 32 Abs 2 Nr 1 SGB X) ist unzulässig, da vom Gesetzgeber nicht gewollt (s demgegenüber § 116 S 2 SGB V für die Ermächtigung eines Krankenhausarztes).

92 Eine **Bedarfsprüfung** erfolgt nicht;[129] der Passus „in Ergänzung zur vertragsärztlichen Versorgung" in § 116b Abs 3 S 1 SGB V in der Fassung des GMG 2003 ist in das GKV-WSG 2007 nicht übernommen worden. Die vertragsärztliche Bedarfsplanung ist orientiert an den Fachgebieten nach der Weiterbildungsordnung, bezieht sich also nicht speziell auf die Frage, ob bestimmte Leistungen im vertragsärztlichen Versorgungsbereich auch tatsächlich in ausreichender Weise erbracht werden. Selbst wenn aber die vom Krankenhaus zu erbringenden Leistungen von Vertragsärzten in hinreichendem Umfang und in hinreichender Qualität angeboten werden, ist die „Bestimmung" des Krankenhauses nach § 116b Abs 2 SGB V zulässig.[130] Auch lässt sich dem Gesetz und den Gesetzesmotiven nicht entnehmen, dass eine Zulassung ausscheidet, wenn bereits tätige konkurrierende Vertragsärzte „noch besser geeignet" sind als das Krankenhaus. Mangels Bedarfsprüfung kommt es zu einer **„parallelen" Zulassung von Krankenhäusern und Vertragsärzten** für identi-

---

[126] Amtliche Begründung zum GMG, BT-Drucks 15/1525, 120.
[127] Siehe dazu *Quaas/Dietz* f&w 2007, 142; *Stollmann* ZMGR 2007, 134; *Wagener/Weddehage* MedR 2007, 643; *Mohr* KU 2007, 444; DKG KH 2007, 411. Für NRW s Kriterien des Landesausschusses für Krankenhausplanung mit Antragsraster wiedergegeben in *Prütting,* KHGG NRW, § 1 RdNr 27 f.
[128] Dazu ausführlich *Möller* KH 2007, 1103.
[129] Amtliche Begründung zum GKV-WSG, BT-Drucks 16/3100 zu Art 1 Nr 85, 139.
[130] Keine Klagebefugnis konkurrierender Vertragsärzte u der KVen: *Möller* SGb 2009, 345; *Stollmann* NZS 2009, 248; *Wenner* MedR 2007, 337, 343; *Quaas/Zuck,* § 15 RdNr 90; s auch BVerfG, Beschl v 31.7.2008, MedR 2008, 610 (Klagebefugnis des Vertragsarztes offengelassen; obiter dictum: Rechtsweg zu den Sozialgerichten); LSG Hamburg GesR 2008, 212 (kein Beteiligungsrecht der Kassenärztlichen Vereinigung in Hamburg); aA Klagebefugnis der Vertragsärzte: *Steinhilper* MedR 2007, 469, 472; *Pitschas* MedR 2008, 474, 481; *Knittel* in: *Krauskopf,* SozKV, § 116b SGB V RdNr 18.

14. Kapitel. Krankenhausrecht. Öff-rechtl Rahmen   93–95 § 83

sche Leistungen (s § 116b Abs 5 SGB V zur Vergütung unmittelbar durch die Krankenkassen entsprechend vergleichbarer vertragsärztlicher Leistungen). Dies ist verfassungsrechtlich nicht zu beanstanden[131] angesichts des Zieles des Gesetzgebers, einen häufigen Arztwechsel bei stationärer und ambulanter Versorgung zu vermeiden und im Wettbewerb die besondere Qualifikation der Krankenhausärzte, ihre Erfahrung und Routine, die vorhandene Kompetenzbündelung und die bessere Möglichkeit der Beherrschung von Risiken in der Behandlung zu nutzen[132] (Gleichrangigkeit der Leistungserbringung von Krankenhäusern und Vertragsärzten). Andererseits ist auch großes Verständnis für die Niedergelassenen angezeigt, wenn beispielsweise in Hamburg nahezu alle Krankenhäuser onkologische Ambulanzen einrichten wollen, obwohl es dort bereits 12 onkologische Schwerpunktpraxen (bundesweit: 350) gibt. Kooperation statt Konfrontation ist angesagt.

Die **Krankenhausplanung des Landes** ist materiellrechtlich nicht betroffen, handelt 93 es sich doch bei dieser um eine Bedarfsplanung für die stationäre Versorgung der Bevölkerung. Deshalb ist die Vorgabe des Gesetzgebers an die Länder, im Rahmen der Krankenhausplanung zu entscheiden und dabei eine einvernehmliche Bestimmung mit den an der Krankenhausplanung im Land unmittelbar Beteiligten anzustreben, eine bloße **Regelung des Verwaltungsverfahrens,** aber auch der „**Einrichtung der Behörden**" (Übertragung von Aufgaben) iSv Art 84 Abs 1 S 1 u 2 iVm Art 83 GG. Jedes Land darf demzufolge nach **Art 84 Abs 1 S 2 GG** ua von der bundesrechtlichen Regelung des Verwaltungsverfahrens der Länder durch eine **eigene landesgesetzliche Regelung** (Entscheidung außerhalb der Krankenhausplanung) abweichen, was bisher nicht erfolgt ist.[133] Der in Art 84 Abs 1 S 5 GG vorgesehene Ausschluss der Abweichungskompetenz durch Bundesgesetz mit Zustimmung des Bundesrates (hier: GKV-WSG v 26. 3. 2007) betrifft ohnehin nur das Verwaltungsverfahren, für das der Bundesgesetzgeber indes ein „besonderes Bedürfnis nach bundeseinheitlicher Regelung" beim GKV-WSG nicht reklamiert hat. Ein derartiger Ausschluss der Abweichungsmöglichkeit der Länder ist im Hinblick auf die „Einrichtung der Behörden", ua durch Festlegung des Aufgabenkreises einer bestehenden Behörde über eine rein quantitative Vermehrung der Aufgaben hinausgehend[134] (hier: erstmalige Zuweisung einer Aufgabe im ambulanten Bereich an die Krankenhausplanungsbehörde des Landes) ohnehin nicht im Grundgesetz vorgesehen.

c) **Mindestmengenregelung des G-BA.** Die eigenverantwortlich entscheidenden 94 Länder sind an die vom **G-BA beschlossenen Mindestmengen** (beispielsweise im Bereich der Onkologie für jede einzelne vom G-BA definierte Tumorgruppe) nicht gebunden. Im Gesetz wird eine unmittelbare **Verbindlichkeit der Richtlinie des G-BA für die Länder nicht angeordnet.**

Der G-BA orientiert sich generell und pauschal bei der Festlegung von Mindestmengen 95 an einem „Wert von 50 Behandlungsfällen pro Jahr" (Richtwert: 1 Fall pro Woche) und beruft sich pauschal auf die qualitätssichernde Funktion der Richtlinie.[135] Eine **Rechtsgrundlage für die Mindestmengenregelung** des G-BA enthält das Gesetz nicht, auch nicht aufgrund der allgemeinen Regelung des § 116b Abs 4 S 4 SGB V zu „zusätzlichen sächlichen und personellen Anforderungen" durch den G-BA. Auch der vom G-BA hergestellte Bezug zur Qualitätssicherung führt in die Irre. Denn der Umkehrschluss aus dem

---

[131] Ebenso *Wenner,* Vertragsarztrecht, § 14 RdNr 10; *Degener-Hencke* VSSR 2006, 93, 102 f; s andererseits BSG NZS 2008, 147: keine Geltung von § 135 Abs 1 SGB V.
[132] Siehe amtliche Begründung zum GMG, BT-Drucks 15/1170, 97 zu Nr 66 sowie zum Vorläufer-Entwurf eines Gesundheitssystemmodernisierungsgesetzes, BT-Drucks 15/1525, 120 zu Nr 85.
[133] Siehe zur Abweichungskompetenz auf Grund der Neufassung von Art 84 Abs 1 S 2 GG durch die Föderalismusreform 2006 (in Kraft getreten zum 1. 9. 2006) *Pieroth,* in: *Jarass/Pieroth,* Art 84 RdNr 8. Zur Umsetzung in Baden-Württemberg s § 7 Abs 5 LKHG BW.
[134] BVerfGE 105, 313, 331.
[135] Siehe Änderung der § 116b – Richtlinie zu „§ 6 Mindestmengen" v 21. 2. 2008 sowie die Anlagen mit Mindestmengen für bestimmte Erkrankungen (verabschiedet gegen DKG), abrufbar unter www.g-ba.de; keine Mindestmengen bei Kindern (pädiatrische Abteilung).

ausdrücklichen Auftrag an den G-BA zur Festlegung von Mindestmengen im stationären Bereich in § 137 Abs 3 S 1 Nr 2 SGB V zeigt klar auf, dass eine Mindestmengenregelung in der Richtlinie zu § 116b Abs 2 SGB V eine Entscheidung des Gesetzgebers voraussetzt. Im **Gesetzgebungsverfahren** ist die Frage einer Mindestmengenregelung nicht einmal ansatzweise erörtert worden, auch nicht etwa im Zusammenhang mit der Diskussion der notwendigen Qualitätssicherung für die ambulanten Krankenhausleistungen oder im Sinne einer notwendigen Zentrenbildung. Mindestmengen im Bereich des § 116b Abs 2 SGB V können sinnvoll sein; nur kann die Entscheidung für diesen Weg nur der Gesetzgeber – beispielsweise durch Übernahme oder Modifizierung der Regelung in § 137 Abs 3 S 1 Nr 2 SGB V oder beispielsweise durch Vorgabe einer Schwerpunktbildung – treffen und nicht der G-BA, dessen „Tragende Gründe" zur Aufnahme des § 6 (Mindestmengen) sich in weiten Teilen wie eine Gesetzesbegründung lesen.

96   Somit liegt die **Prüfung der „Eignung eines Krankenhauses" ohne Relevanz der Mindestmengenvorgaben des G-BA** allein und eigenverantwortlich bei den Krankenhausplanungsbehörden der Länder. Diese dürfen beispielsweise im versorgungsintensiven Bereich der Hämato-/Onkologie aber auch beispielsweise bei der Behandlung von Mukoviszidose ohne Mindestmengenvorgaben entscheiden und können so eine Unterversorgung in ländlichen Regionen verhindern.

97   Nach der repräsentativen **Umfrage des Deutschen Krankenhausinstituts** im Rahmen des **Krankenhaus-Barometers 2008** sind rund 44 Prozent der Krankenhäuser der Auffassung, dass ihr Leistungsspektrum für die ambulante Erbringung im Rahmen von § 116b SGB V geeignet ist. Von den nach eigenen Angaben über ein geeignetes Leistungsspektrum verfügenden Häusern haben 23 Prozent keinen Antrag gestellt; der häufigste Grund waren die zu hohen Mindestmengen für diese Leistungen (Beispiel: mindestens 330 Patientinnen/Jahr bei der Behandlung gynäkologischer Tumore). Mit 82 Prozent der (geplanten) Anträge liegt der Schwerpunkt bei der Behandlung onkologischer Erkrankungen; mit weitem Abstand folgt die Leistungserbringung im Rahmen der pulmonalen Hypertonie (24,9 Prozent) sowie die ambulante Behandlung der Multiplen Sklerose (18,2 Prozent) und der Mukoviszidose (15,4 Prozent).[136]

98   *d)* **Vorrang vor der persönlichen Ermächtigung eines Krankenhausarztes.** Wird ein Krankenhaus nach § 116b Abs 2 SGB V durch ein Land deutschlandweit zugunsten aller GKV-Patienten zugelassen, kann sich dies naturgemäß – wie beim krankenhausambulanten Operieren nach § 115b SGB V – **zulasten persönlicher Ermächtigungen** von Krankenhausärzten nach § 116 SGB V auswirken. Die persönliche Ermächtigung des Chefarztes für Leistungen, die jetzt dessen Krankenhaus als Institution ambulant erbringen kann, wird nicht verlängert bzw nicht wieder erteilt werden,[137] ist doch nunmehr eine ausreichende ärztliche Versorgung auch ohne die Ermächtigung des Krankenhausarztes sichergestellt. Die Zulassung des Krankenhauses nach § 116b Abs 2 SGB V ist gegenüber der Ermächtigung eines Krankenhausarztes nach § 116 SGB V nicht nachrangig.[138] Eine Klagebefugnis des ermächtigten Krankenhausarztes gegen die Entscheidung der Landesbehörde besteht deshalb nicht. Im Rahmen der Prüfung der vertragsärztlichen Versorgungssituation fragen die Länder ganz überwiegend zu recht auch nach bestehenden Ermächtigungen und deren Umfang. Teilweise wird sogar die positive Bescheidung des Zulassungsantrages davon abhängig gemacht, dass die Zustimmung zu persönlichen

---

[136] Siehe DKI, Krankenhaus-Barometer 2008, 17 ff mit Fazit (22): Verschärfung der Ausführungsbestimmungen durch G-BA, so dass manche Krankenhäuser trotz hoher Qualifikation die Bedingungen nicht erfüllen können.

[137] So auch *Denzer* AuK, 28, 30; s auch BSG MedR 2000, 242, 243: Keine Ermächtigung eines Krankenhausarztes für ambulante Operationen, wenn dieselben Leistungen vom Krankenhaus auf Grundlage von § 115b SGB V erbracht werden, dazu oben RdNr 85.

[138] Vgl. *Becker*, in: *Becker/Kingreen*, SGB V, § 116b RdNr 8.

Ermächtigungen zurückgenommen wird bzw die persönliche Ermächtigung nur eingeschränkt fortbesteht.

e) **Überweisung durch einen Vertragsarzt.** Die Ausgestaltung des Erfordernisses **99** der Überweisung hat der Gesetzgeber dem G-BA übertragen (§ 116b Abs 4 S 3 SGB V). In den Anlagen 1 bis 3 der G-BA-Richtlinie zu § 116b SGB V wird jeweils bestimmt, ob und in welchen Fällen die ambulante Behandlung bei Kataloginhalten von einer Überweisung durch einen Vertragsarzt/Facharzt abhängig ist; besteht eine solche Regelung nicht, setzt die ambulante Erbringung hochspezialisierter Kataloginhalte (Anlage 1) eine Überweisung durch einen Vertragsarzt voraus, wenn dies auch im vertragsärztlichen Bereich notwendig ist (§ 4 der Richtlinie). Umstritten sind die Beschlüsse v 22. 11. 2007 zum Überweisungsverfahren bei der Diagnostik und Versorgung von Patienten mit Tuberkulose (Anlage 2 Nr 13) und Patienten mit Multipler Sklerose (Anlage 3 Nr 6), vor allem aber von Patienten mit onkologischen Erkrankungen (Anlage 3 Nr 1)[139]: Bei Erstzuweisung besteht ein Überweisungserfordernis durch einen Vertragsarzt (im Ausnahmefall im stationären Bereich als Konsil oder hausinterne Überweisung). Eine Überweisung ohne bereits zweifelsfrei gesicherte Diagnose wird zu Recht nicht ausgeschlossen (auch Diagnostik durch das Krankenhaus). Ein **Facharztvorbehalt** besteht bei Tuberkulose und Mukoviszidose nicht, bei onkologischen Erkrankungen für Patienten mit „Carcinoma in situ".[140]

f) **Versorgung mit Arzneimitteln.** Die Versorgung mit Arzneimitteln erfolgt durch **100** die Krankenhausapotheke zur unmittelbaren Anwendung im Krankenhaus (§ 14 Abs 7 S 2 Apothekengesetz idF des Pflege-Weiterentwicklungsgesetzes v. 28. 5. 2008). Insbesondere die Versorgung von Patienten mit onkologischen Erkrankungen, von Patienten mit HIV/AIDS oder von Patienten mit Hämophilie kann arzneimittelkostenintensiv sein. Die **Vergütung** der Arzneimittel wird in entsprechender Anwendung von § 129a SGB V durch den nach § 116b Abs 2 SGB V zugelassenen Krankenhausträger mit den Krankenkassen vereinbart (Erzielung erheblicher Preisrabatte durch Krankenhausapotheken beim Einkauf). Das zur ambulanten Behandlung zugelassene Krankenhaus ist nach § 116b Abs 6 SGB V idF des Pflege-Weiterentwicklungsgesetzes zur **Verordnung von Arzneimitteln** berechtigt, aber nicht zur Abgabe der verordneten Arzneimittel durch die Krankenhausapotheke. Ferner darf das Krankenhaus generell Leistungen nach § 73 Abs 2 Nr 5 – 8 und 12 SGB V verordnen (also ua medizinische Rehabilitation und häusliche Krankenpflege), soweit diese zur Erfüllung des Behandlungsauftrages im Rahmen der Zulassung erforderlich sind. Gem § 116b Abs 6 S 2 SGB V gelten die G-BA-Richtlinien nach § 91 Abs 1 S 2 SGB V entsprechend.

3. Teilnahme an strukturierten Behandlungsprogrammen. Einzelne Krankenkas- **101** sen oder Krankenkassenverbände können nach § 116b Abs 1 SGB V (Neuregelung durch das GKV-Modernisierungsgesetz – GMG 2003) mit zugelassenen Krankenhäusern, die an der Durchführung eines strukturierten Behandlungsprogramms für chronisch kranke Patienten teilnehmen, **Verträge über ambulante ärztliche Behandlung** schließen, soweit die Anforderungen an die ambulante Leistungserbringung in den Verträgen zu den strukturierten Behandlungsprogrammen[141] dies erfordern. Entscheidend ist somit der konkrete Inhalt des einzelnen Programmes im Sinne eines Rechtfertigungsgrundes. Die

---

[139] Richtlinie mit Anlagen abrufbar unter www.g-ba.de; Konkretisierung der onkologischen Erkrankungen durch Beschluss v 17. 1. 2008 und v 19. 6. 2008.
[140] Klagen der KBV gegen den G-BA (Beschlüsse v 22. 11. 2007) vor dem LSG Berlin-Brandenburg mit dem Ziel: Aufnahme eines Facharztvorbehaltes generell sowie der Zulässigkeit der Überweisung nur nach gesicherter Diagnose; Klagebefugnis der KBV als Körperschaft des öffentlichen Rechts und angesichts ihrer eigenen Mitträgerschaft des G-BA und mangels eigener unmittelbarer Betroffenheit nicht gegeben; keine aufschiebende Wirkung der Klagen. Abweisung der beiden Klagen als unzulässig am 15. 7. 2009.
[141] Siehe dazu *Huster*, in: *Becker/Kingreen*, SGB V, § 137 f RdNr 14 ff

Zulassung zur Beteiligung an der ambulanten ärztlichen Versorgung (außerhalb der vertragsärztlichen Bedarfsplanung) steht im Ermessen der Krankenkassenseite, wobei das gesetzgeberische Ziel, den chronisch kranken Patienten einen Wechsel zwischen den beteiligten Leistungserbringern möglichst zu ersparen (Versorgung „aus einer Hand")[142], zugunsten der Krankenhäuser zu beachten ist; ein Abwehrrecht besteht mangels vertragsärztlicher Bedarfsprüfung nicht.[143] Die **Vergütung** der ambulanten Leistungen erfolgt auf der Grundlage des abgeschlossenen Vertrages direkt durch die Krankenkassen[144] und nicht etwa aus der vertragsärztlichen Gesamtvergütung;[145] die Kassenärztlichen Vereinigungen sind an den Verträgen nach § 116b Abs 1 SGB V nicht beteiligt.

102   Strukturierte Behandlungsprogramme, auch **Disease-Management-Programme** (DMP) genannt (so in § 139a Abs 3 Nr 4 SGB V), sind eine relativ neue Versorgungsform.[146] Ursprünglich wurde dieser Begriff in den USA geprägt und beinhaltet den strukturierten Umgang mit der Erkrankung unter Einbeziehung aller an der Behandlung Beteiligten. Die DMPs haben die Verbesserung des Behandlungsablaufs und der Qualität der medizinischen Versorgung zum Ziel. Chronische Krankheiten (s § 137 f SGB V zu den Empfehlungen des G-BA „Auswahl der Krankheiten für DMPs") erfordern eine besonders gut aufeinander abgestimmte kontinuierliche Behandlung und Betreuung der Patienten. Die Programme beinhalten deshalb eine koordinierte, evidenzbasierte Behandlung über alle Versorgungssektoren hinweg und unter aktiver Beteiligung der Versicherten. Kernelemente der DMPs sind eine an evidenzbasierten Leitlinien bzw der besten verfügbaren Evidenz ausgerichtete Behandlung, die verbesserte Zusammenarbeit und Abstimmung der Leistungserbringer, eine individuelle Behandlung nach den Bedürfnissen der Patienten und dem jeweiligen Krankheitszustand und die aktive Mitwirkung der Patienten (Schulungsmaßnahmen) sowie die regelmäßige Dokumentation und Qualitätssicherung.

103   Die **Zulassung eines DMP** mit den zu seiner Durchführung geschlossenen Verträgen erteilt das **Bundesversicherungsamt** für längstens fünf Jahre, und zwar auf Antrag einer Krankenkasse, mehrerer Krankenkassen oder eines Krankenkassenverbandes (§ 137g iVm § 137f SGB V). Zurzeit sind DMPs für folgende Krankheiten vorgesehen: Diabetes mellitus Typ 1 und 2, Brustkrebs, Koronare Herzkrankheit, Asthma bronchiale und chronisch obstruktive Lungenerkrankung. Die Durchführung der Programme wird im Risikostrukturausgleich bei den Zuweisungen an die Krankenkassen aus dem Gesundheitsfonds berücksichtigt.[147] Weitere DMPs sind zunächst nicht geplant.

IV. Integrierte Versorgung

104   In die gesetzliche Krankenversicherung eingeführt wurde die **Integrierte Versorgung** durch das **GKV-Gesundheitsreformgesetz 2000**[148] mit dem Ziel einer übergreifenden Steuerung von Behandlungsabläufen und einer besseren Vernetzung der einzelnen gesundheitlichen Versorgungsbereiche (§§ 140 a ff SGB V).[149] Krankenhäuser waren damit

---

[142] Siehe amtl. Begründung zum GMG, BT-Drucks 15/1525, 119.
[143] *Steinhilper* MedR 2007, 469, 472.
[144] *Quaas/Zuck*, § 15 RdNr 79; *Degener-Hencke* NZS 2003, 629, 631, auch zum geringen ökonomischen Anreiz für die Krankenkassen: entsprechende Kürzung der vertragsärztlichen Gesamtvergütung wegen ambulanter DMP-Leistungen der Krankenhäuser von eher theoretischer Natur.
[145] So aber *Knittel*, in: *Krauskopf*, SozKV, § 116b SGB V RdNr 6: Analoge Anwendung von § 120 SGB V, obwohl kein Fall der Ermächtigung.
[146] Siehe *Greulich/Berthold/Löffel* (Hrsg), Disease Management, 2002.
[147] Siehe zur Anbindung der DMPs an den Risikostrukturausgleich *Huster*, in: *Becker/Kingreen*, SGB V, § 137 f RdNr 1 – 5. Zur Zulassung durch das BVA s www.bundesversicherungsamt.de.
[148] Vom 22. 12. 1999, BGBl I, 2657; zur Entwicklung und Evaluation integrierter Versorgungsmodelle in der EU, der Schweiz und den USA *Preuß/Räbiger/Sommer*, Managed Care, 2002; ferner zu frühen Managed-Care-Systemen in den USA und in der Schweiz Vorauflage § 31 RdNr 19 ff.
[149] Siehe amtliche Begründung, BT-Drucks 14/1245, 96: Durchbrechung der starren Aufgabenteilung zwischen der ambulanten und stationären Versorgung; ausführlich zu den rechtlichen Rahmen-

14. Kapitel. Krankenhausrecht. Öff-rechtl Rahmen   **105** **§ 83**

erstmals Integrationspartner, im Gegensatz zu den Vertragspartnern der vertragsärztlichen Versorgung, die bereits seit 1997 im Rahmen eines Strukturvertrages (§ 73a SGB V) die Möglichkeit haben, neue Versorgungsstrukturen zu vereinbaren (Praxisnetze als Zusammenschluss von Vertragsärzten unterschiedlicher Fachrichtungen mit Gesamtverantwortung für die ambulante medizinische Versorgung der eingeschriebenen Versicherten).[150]

1. Kernregelungen. Nach notwendigen Änderungen der Vorschriften über die integrierte Versorgung durch das **GKV-Modernisierungsgesetz 2003**[151] und das **GKV-Wettbewerbsstärkungsgesetz 2007**[152] bestehen heute folgende für die Krankenhäuser bedeutsame **Kernregelungen** für Integrationsverträge:[153]   **105**

– **Vertragsgegenstand**: Einzelverträge über eine „leistungssektoren-übergreifende oder interdisziplinär-fachübergreifende Versorgung"/Soll-Regelung „bevölkerungsbezogene Flächendeckung der Versorgung" (§ 140a Abs 1 SGB V), Verpflichtung der Leistungserbringer im vertraglichen Versorgungsauftrag zu „qualitätsgesicherter, wirksamer, ausreichender, zweckmäßiger und wirtschaftlicher Versorgung der Versicherten" (§ 140b Abs 3 SGB V)
– **Vertragspartner**:[154] Krankenkassen (auch ein Krankenkassenverband) und die abschließend in § 140b Abs 1 Nr 1 bis 6 SGB V genannten Vertragspartner, insbesondere einzelne Vertragsärzte, Träger zugelassener Krankenhäuser (§ 108 SGB V), Träger zugelassener Vorsorge- oder Rehabilitationseinrichtungen (§ 111 SGB V), Praxiskliniken (§ 115 Abs 2 S 1 Nr 1 SGB V) sowie GKV-übergreifend Pflegekassen und zugelassene Pflegeeinrichtungen (auf der Grundlage von § 92b SGB V)[155]
– **Abweichung vom 4. Kapitel des SGB V sowie von dem Krankenhausfinanzierungsgesetz, dem Krankenhausentgeltgesetz und der Bundespflegesatzverordnung**: soweit dies dem „Sinn und der Eigenart der integrierten Versorgung" entspricht oder die Qualität, die Wirksamkeit und die Wirtschaftlichkeit der integrierten Versorgung verbessert wird (§ 140b Abs 4 S 1 SGB V)
– **Vergütung**: Vereinbarungslösung entsprechend dem Gegenstand des Integrationsvertrages und dem definierten Versorgungsauftrag (§ 140 c Abs 1 SGB V); einzelleistungsbe-

---

bedingungen der Neuregelung *Becker* NZS 2001, 505; s auch DKG, Das Krankenhaus als Anbieter von Leistungen in der integrierten Versorgung nach §§ 140a – h SGB V, 2002, mit einer Materialiensammlung zu frühen Integrationsprojekten mit Krankenhausbeteiligung; zur Vernetzung von Krankenhäusern und niedergelassenen Ärzten *Andreas* ArztR 2000, 32.

[150] Siehe *Quaas/Zuck*, § 11 RdNr 60 ff, auch zur nur noch geringen Bedeutung des § 73a SGB V nach Einführung der integrierten Versorgung; ferner oben § 31 RdNr 65, 66 u § 32 RdNr 29, 32.

[151] Siehe *Bäune*, HK-AKM, Integrierte Versorgung, 2685; *Genzel*, FS Laufs, S 817, 823 ff; *Kuhlmann* KH 2004, 417; *Degener-Hencke* NZS 2003, 629, 631 ff; *ders* VSSR 2006, 93, 103 ff.

[152] Siehe *Quaas/Zuck*, § 11 RdNr 73 ff.

[153] Anschubfinanzierung durch Kürzung der KV-Gesamtvergütung sowie sämtlicher Rechnungen an gesetzliche Krankenkassen für voll- und teilstationäre Leistungen um bis zu 1 % nur in den Jahren 2004 bis 2008 (s § 140 d SGB V).

[154] Zur Auswahl des Vertragspartners durch die Krankenkassen sowie zur Anwendbarkeit des Wettbewerbs- und Vergaberechts *Quaas/Zuck*, § 11 RdNr 96 ff; s auch *Bäune*, aaO RdNr 50 ff: keine Verpflichtung zur Ausschreibung; anderer Ansicht in Anwendung von §§ 97 ff GWB *Kuhlmann* KH 2004, 417, 424 und in Anwendung des Europäischen Kartellrechts *Kingreen* MedR 2004, 188, 192 ff; Wegfall der Beteiligung von Kassenärztlichen Vereinigungen als Vertragspartner durch Änderung von § 140b SGB V durch das GMG 2003 – Entkoppelung von vertragsärztlicher und integrierter Versorgung (s § 140b Abs 2 SGB V aF); keine Gründung von Eigeneinrichtungen durch gesetzliche Krankenkassen in Abweichung vom Grundsatz des § 140 SGB V (keine Errichtung neuer Eigeneinrichtungen) mit eigenem Personal zur Durchführung einer integrierten Versorgung ihrer Versicherten (so vorgesehen im Gesetzentwurf von SPD und GRÜNEN zu einem Gesundheitssystemmodernisierungsgesetz, BT-Drucks 15/170 v 15. 6. 2003 (§ 140b Abs 2 SGB V E, 32, 109).

[155] Zur zulässigen Beteiligung von öff Apotheken als selbstständige Vertragspartner (s Sonderregelung in § 129 Abs 5b SGB V) *Quaas/Zuck*, § 11 RdNr 80; *Felix/Brockmann* NZS 2007, 623, 625 f. Zu den Praxiskliniken s oben RdNr 10.

zogene Vergütung, Komplexpauschalen, Mengenrabatte, qualitätsabhängige Vergütung mit Zielvereinbarungen, Bonus-Malus-Regelungen; Übernahme einer besonderen Gewährleistung gegen Vergütungsaufschlag[156]; Übernahme der Budgetverantwortung durch die Leistungserbringer in vollem Umfang oder für definierte Teilbereiche, insbesondere für veranlasste Leistungen (§ 140 c Abs 2 SGB V)[157]
- **Vorlage der Verträge**: keine Genehmigungspflicht, aber Verpflichtung zur Vorlage an die Länder, in denen die Integrationsverträge wirksam werden, im Hinblick auf deren „Pflicht zur Gewährleistung einer flächendeckenden Gesundheitsversorgung in ihrem Land"[158] (§ 71 Abs 5 SGB V)
- **Teilnahme der Versicherten**: Grundsatz der Freiwilligkeit (§ 140a Abs 2 S 1 SGB V); Angebot eines GKV-Wahltarifs, beispielsweise mit Prämien oder Zuzahlungsermäßigungen (§ 53 Abs 3 SGB V)[159]
- **Zulassungsstatus der beteiligten Leistungserbringer**: Aufhebung der Anbindung an den Zulassungs- oder Ermächtigungsstatus des jeweiligen Leistungserbringers; Hauptbeispiel: ambulante Behandlung durch Krankenhäuser in den durch den stationären Versorgungsauftrag abgedeckten Fachgebieten und unabhängig von der vertragsärztlichen Bedarfsplanung bei Teilnahme eines Vertragsarztes derselben Fachrichtung (s. § 140b Abs 4 S 3 SGB V)
- **Sonderregelung zur ambulanten Behandlung durch teilnehmende Krankenhäuser**: Berechtigung zur ambulanten Erbringung der im Katalog nach § 116b Abs 3 SGB V genannten hochspezialisierten Leistungen sowie zur ambulanten Behandlung der aufgeführten seltenen Erkrankungen und Erkrankungen mit besonderen Krankheitsverläufen auch ohne Zulassung nach § 116b Abs 2 SGB V (§ 140b Abs 4 S 4 SGB V).

106 **2. Wesensmerkmale einer integrierten Versorgung.** Im Vordergrund der **leistungssektorenübergreifenden Versorgung** steht naturgemäß die Zusammenarbeit zwischen Vertragsärzten und Krankenhäusern im stationären Bereich (Beispiel: Sicherstellung der onkologischen oder kardiologischen Versorgung von Versicherten einer Krankenkasse in einer Region durch teilnehmende Vertragsärzte und Krankenhäuser), aber auch zwischen Krankenhäusern und Rehaeinrichtungen; auch alle übrigen Versorgungsbereiche des SGB V sind integrationsvertragsfähig. Als Beispiel für eine **interdisziplinär-fachübergreifende Versorgung** kann auch ein Integrationsvertrag genannt werden, an dem mindestens zwei Krankenhäuser mit verschiedenen Fachdisziplinen entsprechend der Weiterbildungsordnung beteiligt sind (zB Onkologie und Strahlentherapie); die Vertragspartner der Krankenkasse müssen in diesem Unterfall der integrierten Versorgung (zur Erweiterung der integrierten Versorgung eingeführt durch das GMG) gerade nicht zwei verschiedenen Sektoren angehören (keine zusätzliche Bedeutung des Merkmals „interdisziplinär" neben dem Merkmal „fachübergreifend").

107 Die Soll-Bestimmung des § 140a Abs 1 S 2 SGB V ist angesichts einer großen Zahl indikationsbezogener Integrationsverträge, mit denen die Ziele einer sektorenübergreifenden Versorgungssteuerung nicht stets erreicht werden, durch das GKV-Wettbewerbsstärkungsgesetz 2007 eingefügt worden. Eine **bevölkerungsbezogene Flächendeckung** ist ins-

---

[156] Zur risikobehafteten Garantieübernahme s *Bäune*, HK-AKM, aaO RdNr 80 ff.
[157] Zur Sonderregelung für den Krankenhausbereich befristet bis zum 31.12.2008 nach § 140 d Abs 4 SGB V s *Quaas/Zuck*, § 11 RdNr 86 ff.
[158] Begründung BT-Ausschuss für Gesundheit, BT-Drucks 16/4247, IG v 1.2.2007; zu Recht kritisch gegenüber den angesprochenen Verpflichtungen und Möglichkeiten der Länder *Krauskopf*, in: *Krauskopf*, SozKV, § 71 RdNr 22.
[159] Zur Regelung der Teilnahmebedingungen s *Bäune*, aaO RdNr 63 ff; keine Regelung von Art und Dauer der Bindung im Gesetz; zur Inanspruchnahme von nicht an der integrierten Versorgung teilnehmenden Leistungserbringern s *Knittel*, in: *Krauskopf*, SozKV, § 140 c RdNr 4: nur auf Überweisung oder bei dem Integrationsvertrag geregelter Berechtigung (vgl § 140 c Abs 1 S 3 SGB V).

besondere dann anzunehmen, wenn entweder in einer größeren Region (zB mehrere Stadt- oder Landkreise) die Behandlung einer versorgungsrelevanten Volkskrankheit (zB Diabetes, Schlaganfallprävention oder Bandscheibenerkrankungen) umfassend in einer integrierten Versorgung angeboten wird oder in einer auch kleineren Region das gesamte oder ein Großteil des Krankheitsgeschehens der Versicherten in einer integrierten Versorgung betreut wird.

Die integrierte Versorgung wird nicht im Rahmen des Kollektivvertragssystems durchgeführt, kann vielmehr als **„alternative Regelversorgung"** bezeichnet werden, bei der dem Versorgungsverbund die Gewährleistung von Qualität und Wirtschaftlichkeit übertragen ist.[160] Finden die Behandlungsleistungen, die vertraglich näher geregelt werden, weiterhin im Rahmen der bisherigen Regelversorgung statt, liegt kein Fall der integrierten Versorgung vor; notwendig ist die „Etablierung einer eigenständigen, neben der Regelversorgung stehenden Versorgungsorganisation".[161]

3. Beachtung der Grenzen des stationären Versorgungsauftrages. Der stationäre GKV-Versorgungsauftrag eines Krankenhauses bedeutet nicht nur die Aufnahme in den potenziellen Kreis der Integrationsvertragspartner; er begrenzt zugleich die stationäre Behandlung durch dieses Krankenhaus im Rahmen der Integrationsversorgung. Deshalb darf ein über den Krankenhausplan für die Fachrichtung Chirurgie zugelassenes Krankenhaus nicht als Partner eines Integrationsvertrages von der beteiligten Krankenkasse – geschweige denn von einem ebenfalls beteiligten weiteren Krankenhaus beispielsweise mit der Fachrichtung Orthopädie – dazu bestimmt werden, über die Fachgebietsgrenzen des Krankenhausplanes hinaus auch orthopädische Leistungen zu erbringen.[162] In der strikten Beachtung der Grenzen des stationären Versorgungsauftrages auch für die Durchführung von integrierter Versorgung liegt der wesentliche Grund für die GMG-Ergänzung von § 140b Abs 1 Nr 2 SGB V (Träger zugelassener Krankenhäuser, „soweit sie zur Versorgung der Versicherten berechtigt sind").

4. Ambulante Integrationsleistungen durch Krankenhäuser. Von besonderer Bedeutung für die Krankenhäuser ist demzufolge nur im Hinblick auf die ambulante Erbringung von Integrationsleistungen die ebenfalls durch das GMG eingeführte Regelung des § 140b Abs 4 S 3 SGB V: „Die Vertragspartner der integrierten Versorgung können sich auf der Grundlage ihres jeweiligen Zulassungsstatus für die Durchführung der integrierten Versorgung darauf verständigen, dass Leistungen auch dann erbracht werden können, wenn die Erbringung dieser Leistungen vom Zulassungs- oder Ermächtigungsstatus des jeweiligen Leistungserbringers nicht gedeckt ist." Diese Vorschrift zur „Überwindung der Abschottung der einzelnen Leistungsbereiche" und „bestehender Zulassungsschranken"[163] soll für die Durchführung der integrierten Versorgung eine **zulassungsüberschreitende Absprache** ermöglichen. Aufgrund dieser Sonderregelung darf ein teilnehmendes Krankenhaus in seinem stationären Leistungsspektrum (beispielsweise Versorgungsauftrag für Innere Medizin) auch ambulant Integrationsleistungen unabhängig von der vertragsärztlichen Bedarfsplanung erbringen, beispielsweise ambulante kardiologische Leistungen, wenn am Integrationsvertrag ein niedergelassener Kardiologe beteiligt ist und dies vom Konsens der Integrationspartner getragen wird.[164] Die ambulante Behandlung durch ein Krankenhaus ist also auf das von den beteiligten Vertragsärzten eingebrachte Versorgungsspektrum begrenzt; eine Abweichung vom Zulas-

---

[160] Siehe *Degener-Hencke* NZS 2003, 629, 632.
[161] BSG, Urt v 6. 2. 2008, ZMGR 2008, 208 – „Barmer-Hausarztvertrag".
[162] Siehe bereits oben § 79 RdNr 10 unter den wesentlichen Aspekten der Planungshoheit der Länder und der Qualität der Leistungserbringung; ferner *Genzel* ArztR 2008, 200, 206.
[163] Siehe amtliche Begründung zum GMG, BT-Drucks 15/1525, 130.
[164] Ebenso *Genzel*, FS Laufs, S 817, 827; *Quaas/Zuck*, § 11 RdNr 82 f; s auch bereits *Degener-Hencke* NZS 2003, 629, 632.

sungsstatus (akutstationäre Behandlung) ist nur bei solchen Leistungen möglich, die ansonsten im Rahmen des Integrationsprojektes in den Zuständigkeitsbereich teilnehmender Vertragsärzte fallen würden.[165] Sich aus dem Berufs- bzw Weiterbildungsrecht ergebende Beschränkungen dürfen auch im Rahmen der integrierten Versorgung vertraglich nicht aufgehoben werden.[166]

111 Durch diese Regelung des § 140b Abs 4 S 3 SGB V ebenfalls nicht gedeckt wäre ein **„Austausch von stationären Versorgungsaufträgen durch teilnehmende Krankenhäuser"** untereinander.[167]

112 **5. Automatische Zulassung zur ambulanten Erbringung von Katalogleistungen nach § 116b Abs 3 SGB V.** Die Berechtigung der an einer Integrationsversorgung teilnehmenden Krankenhäuser zur ambulanten Erbringung von Katalogleistungen nach § 116b Abs 3 SGB V verwundert. Allein die Beteiligung zugelassener Krankenhäuser im Rahmen ihres stationären Versorgungsauftrages an einem Integrationsvertrag mit einer Krankenkasse soll von Gesetzes wegen (§ 140b Abs 4 S 4 SGB V) mit der Rechtsfolge verknüpft sein, alle Katalogleistungen nach § 116b Abs 3 SGB V ambulant erbringen zu dürfen; weder wird dies durch die Fachrichtungen des stationären Versorgungsauftrages noch durch Tatbestandsmerkmale der Eignung und der Berücksichtigung der ambulanten Versorgungssituation vor Ort noch durch die Anordnung der Geltung der Richtlinie des G-BA zu § 116b Abs 2 SGB V noch durch irgendein Zustimmungserfordernis begrenzt. Selbst eine angesichts des klaren Wortlauts kaum vertretbare einschränkende Auslegung anhand der Gesetzesmaterialien scheitert; die Neuregelung ist nicht begründet worden.[168] Ein Bedürfnis für diese **Eröffnung einer zweiten Zulassungsschiene** neben der weit gefassten Möglichkeit der Zulassung durch § 116b Abs 2 SGB V ist nicht ersichtlich.[169] Die Regelung sollte ersatzlos gestrichen werden; Krankenhäuser, die eine Zulassung nach § 116b Abs 2 SGB V nicht beantragt oder nicht erhalten haben, benötigt die integrierte Versorgung zu ihrem Erfolg auch für ambulante Leistungen nicht.

113 **6. Befugnis zur Abweichung vom geltenden Recht.** Wenn integrierte Versorgung eine übergreifende Steuerung von Behandlungsabläufen, eine verstärkte integrierte Behandlung der Versicherten im Verhältnis zur Regelversorgung ermöglichen soll, ist die eingeräumte Möglichkeit der **Abweichung im Integrationsvertrag vor den Vorschriften des 4. Kapitels des SGB V** (Beziehungen der Krankenkassen zu den Leistungserbringern)**, des Krankenhausfinanzierungsgesetzes, des Krankenhausentgeltgesetzes und der Bundespflegesatzverordnung** (§ 140b Abs 4 S 1 SGB V) nur konsequent. Voraussetzung ist lediglich, dass „die abweichende Regelung dem Sinn und der Eigenart der integrierten Versorgung entspricht, die Qualität, die Wirksamkeit und die Wirtschaftlichkeit der integrierten Versorgung verbessert oder aus sonstigen Gründen zu ihrer Durchführung erforderlich ist. Als **Beispiele für zulässige Abweichungen** sind hervorzuheben: Vergütungsregelungen des Krankenhausentgeltgesetzes und der

---

[165] *Degener-Hencke* VSSR 2006, 93, 104 f.
[166] *Hencke,* in: Peters, KV (SGB V), § 140b RdNr 7.
[167] Siehe bereits oben § 79 RdNr 11.
[168] Siehe Gesetzentwurf zum GKV-WSG, BT-Drucks 16/3100 v 24.10. 2006, Begründung 89, 152 lediglich mit dem als Begründung untauglichen Hinweis auf die Nichtnutzung der früheren Einzelvertragsoption des § 116b Abs 2 SGB V aF durch die Krankenkassen (152) sowie Bericht des BT-Ausschusses für Gesundheit, BT-Drucks 16/4247 v 1. 2. 2007 zu II: „Krankenhäuser können künftig – ohne an weitere Voraussetzungen gebunden zu sein – im Rahmen der integrierten Versorgung hochspezialisierte Leistungen, Leistungen zur Behandlung seltener Erkrankungen und von Erkrankungen mit besonderen Krankheitsverläufen ambulant erbringen."
[169] Kritisch zu einer umfänglichen, lediglich vom gemeinsamen Willen eines Krankenhauses und einer Krankenkasse abhängigen Berechtigung des Krankenhauses, im Rahmen der integrierten Versorgung ambulante Leistungen zu erbringen bereits *Degener-Hencke* VSSR 2006, 93, 104 unter Hinweis auf die Aufhebung der Legitimation für die vertragsärztliche Bedarfsplanung.

Bundespflegesatzverordnung, Richtlinien des G-BA (§ 92 SGB V), Regelungen zur Qualitätssicherung (§ 135 ff SGB V), Vertragsrecht zur Arzneimittelversorgung (§ 129 ff SGB V), Regelung zu Heilmitteln und Hilfsmitteln (§ 124 ff SGB V), Sicherstellungsauftrag und Grundsätze der vertragsärztlichen Versorgung nebst Gesamtverträgen (§§ 72, 73, 82 ff SGB V). Von insbesondere folgenden Grundsätzen ist eine Abweichung ausgeschlossen mangels des notwendigen inneren Zusammenhanges mit der integrierten Versorgung: persönliche Leistungserbringung (ua bei Wahlleistungen, § 22 KHEntgG; s auch § 613 BGB, § 4 Abs 2 GOÄ); Beachtung der Fachgebietsgrenzen (s auch § 15 Abs 1 SGB V). Nach der ausdrücklichen Regelung in § 140b Abs 4 S 2 SGB V ist die **Geltung des Grundsatzes der Beitragssatzstabilität** (§ 71 Abs 1 SGB V) nur für bis zum 31. 12. 2008 abgeschlossene Integrationsverträge ausgeschlossen.

7. Gemeldete Integrationsverträge. Die Zahl der gemeldeten Integrationsverträge beläuft sich zum Stichtag 31. 12. 2008 auf 6.407 (Finanzierungsvolumen von 811 Mio. € für 2008). **Vertragspartner-Kombinationen**: nur niedergelassene Ärzte 29,9%; niedergelassene Ärzte/Krankenhäuser 19,9%; nur Krankenhäuser 16,4%; Rehabilitation/Krankenhäuser 10,9%. **Direkte Vertragspartner/Zahl der Verträge auf Leistungserbringerseite**: niedergelassene Ärzte 1.932, niedergelassener Arzt/Krankenhaus 1.182, Krankenhäuser 1.001, Rehabilitation/Krankenhaus 714.[170] Die Integrationsverträge sind von äußerst unterschiedlicher Integrationstiefe und -breite sowie regionaler Verteilung. Angesichts des Wegfalls der Anschubfinanzierung zum 1. 1. 2009 (s. § 140 d SGB V) wird damit gerechnet, dass etwa jeder zweite Vertrag in den kommenden Jahren durch die Krankenkassen nicht mehr verlängert oder gekündigt wird.

V. Abgrenzung zum Sicherstellungsauftrag der Kassenärztlichen Vereinigungen

1. Sicherstellungsauftrag und Verzahnung zwischen ambulanter und stationärer Versorgung am Beispiel der vor- und nachstationären Behandlung im Krankenhaus. Zentrales Organisationsprinzip der ambulanten vertragsärztlichen Versorgung ist der **Sicherstellungsauftrag der Kassenärztlichen Vereinigungen**;[171] die Kassenärztlichen Vereinigungen stellen die ambulante ärztliche Versorgung den bei einer gesetzlichen Krankenkasse Versicherten zur Verfügung (Sicherstellungsauftrag) und gewährleisten gegenüber den Krankenkassen, dass die vertragsärztliche Versorgung den gesetzlichen und vertraglichen Erfordernissen entspricht (ergänzende Gewährleistungspflicht). Der Sicherstellungsauftrag wird vorrangig über die Mitglieder der Kassenärztlichen Vereinigungen, also durch niedergelassene, freiberuflich tätige Vertragsärzte erfüllt;[172] der grundsätzliche Ausschluss der Krankenhäuser und der Krankenhausärzte von der ambulanten Versorgung ist verfassungsrechtlich unumstritten. Andererseits ist der Gesetzgeber nicht gehindert, den KV-Sicherstellungsauftrag durch eine bedarfsunabhängige gleichberechtigte Zulassung von Krankenhäusern zur ambulanten Versorgung zu beschneiden, wie dies durch das GKV-Wettbewerbsstärkungsgesetz v 26. 3. 2007 mit dem unmittelbaren Zugang von

---

[170] Siehe Bericht der Bundesgeschäftsstelle Qualitätssicherung (BQS) als gemeinsame Registrierungsstelle gem Vertrag nach § 140 d SGB V v 9. 1. 2008 (DKG, KBV, Spitzenverbände der Krankenkassen), abrufbar unter www.bqs-register140d.de.
[171] Eingehend *Orlowski*, in: *Orlowski et al*, GKV-Komm, § 75 RdNr 2 ff.
[172] Siehe BSGE 38, 73; BSG ArztR 2002, 268, 271; zur Fortsetzung einer möglichst preisgünstigen Arzneimitteltherapie durch Vertragsärzte s § 115 c SGB V – Therapievorschlag der Krankenhausärzte grundsätzlich nur unter Angabe der Wirkstoffbezeichnungen (Abs 1 gem Arzneimittelausgaben – Begrenzungsgesetz v 15. 2. 2002 – BGBl I, 684) sowie grundsätzlich nur Verabreichung von Arzneimitteln im Krankenhaus, die auch bei nachfolgender längerer Anwendung im Rahmen der vertragsärztlichen Versorgung als wirtschaftlich gelten (Abs 2 gem Gesetz zur Verbesserung der Wirtschaftlichkeit der Arzneimittelversorgung v 26. 4. 2006 – BGBl I, 981; näher dazu *Hencke*, in: *Peters*, KV (SGB V), § 115 c RdNr 1–4).

Krankenhäusern zur ambulanten Erbringung nach dem weiten Leistungskatalog gemäß § 116b Abs 2–5 SGB V geschehen ist. Der Vorrang der niedergelassenen Ärzte im Bereich der ambulanten Versorgung hat keinen Verfassungsrang; das verfassungsrechtliche Problem liegt allerdings in der Frage nach der fortdauernden Legitimation der vertragsärztlichen Bedarfsplanung.[173]

116 Die **vor- und nachstationäre Behandlung im Krankenhaus** nach § 115a Abs 1 SBG V zählt kraft Gesetzes nicht zum Bereich der vertragsärztlichen Versorgung (§ 73 SGB V), auf den sich der KV-Sicherstellungsauftrag bezieht. Vielmehr hat sie der Gesetzgeber als eigenständige nichtstationäre **Behandlungsform sui generis** geschaffen (auch eigenständige Vergütungsregelung gem § 115a Abs 3 SGB V, keine Zuzahlung gem § 39 Abs 4 SGB V), die in innerem Zusammenhang mit einer vollstationären Krankenhausbehandlung steht (ua im Regelfall Verordnung von Krankenhausbehandlung gem § 73 Abs 2 S 1 Nr 7 SGB V, Zulässigkeit der Vereinbarung als wahlärztliche Leistung gem § 17 Abs 3 S 1 KHEntgG).[174] Ziel ist es, die stationäre Krankenhausbehandlung bei geeigneten Patienten auf das medizinisch notwendige Maß zu reduzieren und die Krankenhausbehandlung vor- und nachstationär – dh in der Regel mit geringerem Aufwand – zu erbringen, indem diagnostische und therapeutische Maßnahmen in die vor- und nachstationäre Phase verlagert werden.[175] Nicht betroffen sind Leistungen, die faktisch bisher stets ambulant erbracht worden sind. Zu keiner Zeit ist während des Gesetzgebungsverfahrens zu § 115a SGB V eine Verschiebung von Leistungen aus dem ambulanten in den stationären Bereich thematisiert worden; im Gegenteil ging es darum, die Kosten der stationären Versorgung zu vermindern.[176]

117 Letztlich legt die Regelung exemplarisch das Augenmerk auf die notwendige **ambulant-stationäre Verzahnung**. In Anerkennung des Sicherstellungsauftrages der Kassenärztlichen Vereinigungen ist der Zeitraum der Prä-Post-Behandlung eng befristet worden.[177] Eine mögliche und ausreichende ambulante vertragsärztliche Versorgung ist auch innerhalb der Fristen vorrangig (vgl § 115a Abs 2 S 5 SGB V). Nur wenn die post-operative Behandlung gerade durch die Krankenhausärzte zur Sicherung des Behandlungserfolges aus besonderen medizinischen Gründen der Betreuung durch die eigentlich zuständigen Vertragsärzte vorzuziehen ist, greift der Sicherstellungsauftrag der Kassenärztlichen Vereinigung nicht ein und ist die Festigung des Behandlungserfolges nicht mehr ausschließlich Aufgabe der Vertragsärzte.[178] Anders ausgedrückt: Die nachstationäre Behandlung im Krankenhaus setzt voraus, dass eine ambulante vertragsärztliche Versorgung nicht ausreicht, um den Behandlungserfolg zu sichern oder zu festigen. Jedes Krankenhaus muss die vor- und nachstationäre Behandlungsform anbieten (s auch § 39 Abs 1 S 2 SGB V). Im Einzelfall entscheidet der Krankenhausarzt über die medizinische Notwendigkeit einer Betreuung in dem betreffenden Krankenhaus (gebundene Ermessensentscheidung); Wahlfreiheit des Patienten besteht deshalb nicht.

118 Für die **Vergütung** der vor- und nachstationären Behandlung gilt grundsätzlich nicht Pflegesatzrecht (s Abs 3 S 1 KHEntgG, zB kein Genehmigungserfordernis nach § 18 Abs 5

---

[173] *Wenner*, in: Düsseldorfer Krankenhausrechtstag 2007, 69, 83 f; generell zur Umsetzung des § 116b Abs 2 SGB V durch die Krankenhausplanungsbehörde *Stollmann* ZMGR 2007, 134 sowie *Möller* KH 2007, 1103 sowie oben RdNr 90 ff.

[174] Ähnlich BSG, Urt v 19.6.1996, SozR 3-2500 § 116 Nr 13; ferner LSG SH, Urt v 27.10.2004 – L 4 KA 2/03, GesR 2005, 127, auch in Abgrenzung zur Ermächtigung eines Krankenhausarztes für ambulante vertragsärztliche Leistungen.

[175] Siehe Begründung des Fraktionsentwurfs der CDU/CSU, SPD und FDP zum GSG v 21.12.1992 zu § 115a, BT-Drucks 12/3608, 102.

[176] Siehe *Hencke*, in: *Peters*, KV (SGB V), § 115a RdNr 1; *Degener-Hencke* VSSR 2006, 93, 94.

[177] Zur eher theoretischen Möglichkeit der Vereinbarung längerer Fristen unter Einbeziehung der KVs § 115 Abs 2 S 1 Nr 4 SGB V.

[178] Zum Ausnahmecharakter der Prä-Post-Regelung s auch OLG SH MedR 2004, 270, 272.

KHG), sondern **Sozialversicherungsrecht** (§ 115a Abs 3 SGB V).[179] Von entscheidender Bedeutung ist unverändert die zwischen der Deutschen Krankenhausgesellschaft und den Spitzenverbänden der Krankenkassen mit Wirkung vom 1.1.1997 vereinbarte „Gemeinsame Empfehlung über die Vergütung für vor- und nachstationäre Behandlung nach § 115a Abs 3 SGB V", die entweder in zweiseitige Verträge auf Landesebene unverändert übernommen wurde oder Geltung gemäß § 115a Abs 3 S 4 SGB V beansprucht.[180]

Die vor- und nachstationäre Behandlung durch das Krankenhaus hat grundsätzlich Vorrang vor einer auf dieselben Leistungen bezogen **Ermächtigung eines Krankenhausarztes** nach § 116 SGB V. Bedarf für eine derartige Ermächtigung besteht in der Regel nicht.[181] **119**

2. Vor- und nachstationäre Behandlung in der Vertragsarztpraxis im Auftrag des Krankenhauses. Vor diesem Hintergrund ist die Frage zu beantworten, ob ein Vertragsarzt, der Patienten nach einem stationären Aufenthalt weiterversorgt (insbesondere Leistungen wie Verbandswechsel, Wundkontrolle oder Fädenziehen), dies dem Krankenhaus in Rechnung stellen kann oder die Bezahlung aus der vertragsärztlichen Gesamtvergütung (§ 85 SGB V) zu erfolgen hat. Insoweit werden Krankenhäusern **Kooperationsvereinbarungen** mit einweisenden Vertragsärzten nahegelegt.[182] Aber auch Krankenhäuser bieten den Abschluss eines Vertrages an, der Vertragsärzte dazu veranlassen soll, Patienten eine stationäre Behandlung in diesem Krankenhaus zu empfehlen; den Ärzten wird vertraglich zugesichert, mit der Erbringung vor- und nachstationärer Leistungen gegen Entgeltzahlung beauftragt zu werden, wenn sie dem Krankenhaus zuvor Patienten zugewiesen hatten. Der Sicherstellungsauftrag der Kassenärztlichen Vereinigungen ist nicht betroffen, bezieht er sich doch nicht auf die Behandlung durch Vertragsärzte in „Geschäftsbesorgung" für Krankenhäuser. **120**

Die vor- und nachstationäre Behandlung erfordert **zwingend** eine **Behandlung im Krankenhaus** als Ort der Leistungsbringung, wie Wortlaut (s auch Überschrift zu § 115a „im Krankenhaus") sowie Sinn und Zweck der gesetzlichen Regelungen zeigen.[183] Etwas anderes ergibt sich auch nicht aus § 3 Abs 2 Nr 8 Bundesmantelvertrag-Ärzte,[184] wonach Leistungen, die für Krankenhäuser ua im Rahmen einer vor- und nachstationären Behandlung auf deren Veranlassung durch Vertragsärzte in dem Krankenhaus oder „ambulanten Einrichtungen" erbracht werden, aus der vertragsärztlichen Versorgung ausgeschlossen sind. Denn die Vertragspartner des Bundesmantelvertrages (Kassenärztliche Bundesvereinigung und Spitzenverband Bund der Krankenkassen, § 82 Abs 1 SGB V) besitzen im Hinblick auf § 115a SGB V keine eigenständige Regelungskompetenz. **121**

Jede nachstationäre Behandlung setzt ihrem Wesen nach voraus, dass eine ambulante vertragsärztliche Versorgung nicht ausreicht. Ist diese Voraussetzung nicht gegeben, besteht **122**

---

[179] Siehe zur Übernahme von Fahrtkosten durch die GKV § 60 Abs 2 S 1 Nr 4 SGB V, zur einheitlichen Vergütung für GKV-Patienten und Privatpatienten § 17 Abs 1 S 1 KHG sowie zur Vereinbarung als wahlärztliche Leistung § 17 Abs 3 S 1 KHEntgG.
[180] Zur Berechnung einer Vergütung für eine nachstationäre Behandlung zusätzlich zu einer Fallpauschale s § 8 Abs 2 S 3 Nr 4 KHEntgG.
[181] BSG SozR 3-2500 § 116 Nr 13 = MedR 1997, 299 noch zu der vor Einfügung von § 115a in das SGB V in einem dreiseitigen Vertrag festgelegten vor- und nachstationären Behandlung – in der Sache nicht überholt.
[182] Zum berufsrechtlichen Verbot einer Zuweisung/Patientenvermittlung gegen Entgelt OLG Koblenz v 20.5.2003 – 4 U 1532/02 – MedR 2003, 580; OLG Düsseldorf v 16.11.2004 – 20 U 30/04, MedR 2005, 169 = KH 2005, 501; OLG SH v 4.11.2003 – 6 U 17/03 – MedR 2004, 270 mit Anm *Dahm*; *Wigge/Harney* KH 2007, 1118, 1122, auch zu den Kooperationsvereinbarungen.
[183] Ebenso OLG SH MedR 2004, 270, 272; *Wigge/Harney* KH 2007, 958, 964; aA *Dahm*, Anm zum Urteil des OLG SH MedR 2004, 270, 271. Siehe auch LG Duisburg, Urt v 1.4.2008 – 4 O 300/07, ZMGR 2008, 202: Zahlung von vertraglich festgelegten prä- und postoperativen Behandlungspauschalen durch Krankenhausträger an niedergelassene Ärzte als Verstoß gegen §§ 3, 4 Nr 1 UWG.
[184] Abgedruckt im HK – AKM, R 401.

kein Grund, eine Aufgabe auf einen Leistungserbringer durch entgeltlichen Geschäftsbesorgungsvertrag zu übertragen, der nach der gesetzlichen Systematik ohnehin dafür zuständig ist. Die Regelung des § 2 Abs 2 S 2 Nr 2 KHEntgG, wonach auch die vom Krankenhaus veranlassten Leistungen Dritter zu den allgemeinen Krankenhausleistungen zählen, gilt ohnehin nur für die vollstationären und teilstationären Leistungen. Der **Ort der Leistungserbringung** ist und bleibt auch im Übrigen entscheidendes **Abgrenzungskriterium** zwischen ambulanter und stationärer Versorgung.[185] Wird ein Patient nach einem stationären Krankenhausaufenthalt in einer Vertragspraxis wegen einer mit dem Krankenhausaufenthalt in Zusammenhang stehenden Indikation behandelt, ist dies als vertragsärztliche Leistung aus der KV-Gesamtvergütung zu entgelten, selbst wenn die Voraussetzungen einer nachstationären Behandlung im Krankenhaus vorgelegen haben (vgl § 115a Abs 2 S 5 SGB V).

123 **3. Arzneimittelversorgung durch die Krankenhausapotheke.** Die Arzneimittelversorgung durch Krankenhausapotheken soll beispielhaft im Rahmen der vor- und nachstationären Behandlung erörtert werden.[186] Der Träger eines Krankenhauses im Sinne von § 2 Nr 1 KHG mit einer **Erlaubnis** nach § 14 Abs 1 des Gesetzes über das Apothekenwesen[187] zum **Betrieb einer Krankenhausapotheke** ist in zunehmend größerem Umfang zur Arzneimittelversorgung berechtigt (s § 14 Abs 7 S 2 ApothG): Abgabe an einzelne Stationen und andere Teileinheiten bei vollstationärer, teilstationärer, vor- und nachstationärer Behandlung sowie beim ambulanten Operieren (§ 115b SGB V) sowie Abgabe zur unmittelbaren Anwendung in den ermächtigten Ambulanzbereichen des Krankenhauses (§§ 116 bis 119 SGB V). Bei vor- und nachstationärer Behandlung – und auch beim krankenhausambulanten Operieren – dürfen den Patienten ausnahmsweise Teilmengen von Fertigarzneimitteln zur Anwendung außerhalb des Krankenhauses ausgehändigt werden.[188]

124 Bei der Entlassung von Patienten nach stationärer oder ambulanter Behandlung im Krankenhaus darf vor einem Wochenende oder einem Feiertag die zur Überbrückung benötigte Menge an Arzneimitteln mitgegeben werden (§ 14 Abs 7 S 3 ApothG). Eine grundsätzliche **Öffnung der Krankenhausapotheken für den ambulanten Bereich** besteht demzufolge angesichts eines andernfalls ungleichen Wettbewerbs mit den öffentlichen Apotheken nicht. Unzulässig ist beispielsweise die Abgabe von Arzneimitteln an einen niedergelassenen Arzt (auch mit Praxisräumen im Krankenhaus) oder an ein Medizinisches Versorgungszentrum des Krankenhausträgers. Generell kann die Arzneimittelversorgung im Krankenhaus entweder durch die eigene Krankenhausapotheke bzw per Versorgungsvertrag durch eine – naturgemäß in örtlicher Nähe befindliche – Apotheke eines anderen Krankenhauses oder eine öffentliche Apotheke erfolgen.

125 Durch das Pflege-Weiterentwicklungsgesetz vom 14. 3. 2008[189] wurde auch die **ambulante Erbringung hochspezialisierter Leistungen** durch Krankenhäuser nach § 116b Abs 2 SGB V in der Fassung des GKV-WSG in diese Regelung einbezogen, was bei der Umstellung von der bisherigen Einzelvertragsoption der Krankenkassen auf die Zulassung von Krankenhäusern für ambulante hochspezialisierte Leistungen durch die jeweilige Krankenhausplanungsbehörde versehentlich unterblieben war. Nach § 116b Abs 6 SGB V sind diese Krankenhäuser nunmehr ua zur **Verordnung von Arzneimitteln** (vgl § 73 Abs 2 S 1 Nr 7 SGB V) unter entsprechender Geltung von Richtlinien des Gemeinsamen

---

[185] Zutreffend *Wigge/Harney* KH 2007, 1118, 1119.
[186] Siehe DKG, Umsetzungshinweise zur Arzneimittelversorgung im Krankenhaus, 2004, ua zur Mitversorgung anderer Krankenhäuser.
[187] ApothG v 15. 10. 1980 (BGBl I, 1993), zuletzt geändert durch G v 28. 5. 2008 (BGBl I, 874).
[188] Siehe *Rippel* KU 1996, 68 ff; ferner *Kaemmerer* Krankenhauspharmazie 1996, 474.
[189] BGBl I, 874, 900, 906; Inkrafttreten: 1. 7. 2008.

14. Kapitel. Krankenhausrecht. Öff-rechtl Rahmen   126–128 § 83

Bundesausschusses (§ 92 SGB V) berechtigt.[190] Dementsprechend richtet sich die notwendige Vereinbarung mit den Krankenkassen über die Vergütung für die Abgabe vom Krankenhaus verordneter Arzneimittel durch die Krankenhausapotheke ebenfalls – wie bei vertragsärztlicher Versorgung – nach § 129 a SGB V.[191]

4. Verordnung besonderer Arzneimittel und nachstationäre Behandlung. Die 126 Verordnung von Arzneimitteln, insbesondere von Spezialpräparaten mit hohen Jahrestherapiekosten oder erheblichem Risikopotenzial, bei denen auf Grund ihrer besonderen Wirkungsweise zur Verbesserung der Qualität ihrer Anwendung, insbesondere hinsichtlich der Patientensicherheit sowie des Therapieerfolges besondere Fachkenntnisse erforderlich sind, die über das Übliche hinausgehen (besondere Arzneimittel), erfolgt durch den behandelnden Arzt in Abstimmung mit einem **Arzt für besondere Arzneimitteltherapie** oder durch diesen Arzt. Diese durch das GKV-Wettbewerbsstärkungsgesetz v 26. 3. 2007[192] mit § 73 d SGB V geschaffene Regelung bezieht sich insbesondere auf gentechnisch entwickelte und biotechnologisch hergestellte Arzneimittel und andere hochwirksame, neue Arzneimitteltherapien, die zB zur Behandlung von Autoimmun- oder Tumorerkrankungen eingesetzt werden (entsprechende Anwendung auf Diagnostika). Die Schwere der betroffenen Erkrankungen sowie der oftmals hohe Preis der Arzneimittel machen die gezielte Gewährleistung einer indikationsgerechten Anwendung und einer gezielten Kontrolle der Anwendung notwendig (Regelungsziele: Patientensicherheit, Therapieerfolg, Qualitätssicherung, Wirtschaftlichkeit).

Die ärztliche Verordnung dieser besonderen Arzneimittel erfordert deshalb die Einho- 127 lung einer Zweitmeinung, die Abstimmung mit einem Arzt für besondere Arzneimitteltherapie gem § 73 d Abs 2 SGB V. Die Regelung des § 73 d SGB V[193] hat ausschließlich die **Verordnung besonderer Arzneimittel in der vertragsärztlichen Versorgung** zum Gegenstand. Im Hinblick auf die Beteiligung von Krankenhäusern handelt es sich um eine Ergänzung der allgemeinen Regelung in § 115 c SGB V zur Fortsetzung einer im Krankenhaus begonnenen Arzneimitteltherapie in der vertragsärztlichen Versorgung, nicht hingegen zur nachstationären Behandlung nach § 115 a SGB V. **Krankenhäuser** können vom **Zweitmeinungsverfahren** gemäß § 73 d SGB V in zweierlei Hinsicht betroffen sein: Neben der erstmaligen Behandlung mit einem besonderen Arzneimittel im Rahmen eines stationären Aufenthaltes ist vor allem auch die ambulante Erbringung hochspezialisierter Leistungen nach § 116 b Abs 2–6 SGB V zu nennen. Auch die Krankenhausärzte, die nach § 116 b Abs 2 SGB V ambulant behandeln, können zu Ärzten für besondere Arzneimitteltherapie bestimmt werden (§ 73 d Abs 2 S 4 SGB V); bei der Verordnung von Arzneimitteln gem § 116 b Abs 6 SGB V ist § 73 d SGB V entsprechend (ambulante, nicht vertragsärztliche Versorgung nach § 116 b Abs 2 SGB V) anzuwenden. Eine **abgestimmte Arzneimitteltherapie** bei Übergang von der stationären in die ambulante Versorgung ist unerlässlich im Interesse der Patienten und der notwendigen Begrenzung der GKV-Ausgaben für Arzneimittel.

Diese Ausgangslage hat der **Gemeinsame Bundesausschuss** bei der ihm aufgetrage- 128 nen **Ausgestaltung des Abstimmungsverfahrens** zwischen dem behandelnden Krankenhausarzt und dem Arzt für besondere Arzneimitteltherapie im Rahmen der Arzneimit-

---

[190] Siehe BT-Ausschuss für Gesundheit, BT-Drucks 16(14)/0359 v 5. 3. 2008, Änderungsantrag 39 zu Art 6 Nr 9 a; mE entsprechende Geltung bei der ambulanten Erbringung von § 116 b Abs 3 – Katalog-Leistungen im Rahmen eines Vertrages zur integrierten Versorgung – § 140 b Abs 4 S 4 SGB V; s auch bereits oben RdNr 100.
[191] Keine Geltung der Arzneimittelpreisverordnung für Krankenhausapotheken; zur Vereinbarung der Abgabepreise s *Hencke*, in: *Peters*, KV (SGB V), § 129 a RdNr 2.
[192] BGBl I, 378.
[193] Siehe Begründung zum Gesetzentwurf der Fraktion CDU/CSU und SPD v 24. 10. 2006 (BT-Drucks 16/3100 zu Art 1 Nr 47) und Bericht BT-Ausschuss für Gesundheit v 1. 2. 2007 (BT-Drucks 16/4247); ferner *Hencke*, in: *Peters*, KV (SGB V), Erl zu § 73d.

tel-Richtlinie Rechnung zu tragen (§ 73 d Abs 1 S 3 u 5 iVm § 92 Abs 1 Satz 2 Nr 6 SGB V). Der Krankenhausarzt kann zum einen so früh wie möglich den vom Patienten benannten weiterbehandelnden Arzt über die Notwendigkeit der Abstimmung mit einem Arzt für besondere Arzneimitteltherapie unterrichten; der weiterbehandelnde Arzt leitet dann das Abstimmungsverfahrens unverzüglich ein und ist auch später für Folgeverordnungen zuständig. In Betracht kommt auch die Einleitung des Abstimmungsverfahrens unmittelbar durch den Krankenhausarzt, und zwar ausnahmsweise und nur ersatzweise, falls ein weiterbehandelnder Arzt nicht bekannt ist; ist das Abstimmungsverfahren bei Entlassung des Patienten noch nicht abgeschlossen, ist der Krankenhausarzt verpflichtet, dem Patienten einen Arzt für besondere Arzneimitteltherapie zu benennen. Weitere Verpflichtungen der zur Behandlung GKV-Versicherter zugelassenen Krankenhäuser sind weder § 73 d SGB V zu entnehmen noch hat der Gesetzgeber dem G-BA insoweit eine Ermächtigung zur Regelung in der Arzneimittel-Richtlinie erteilt.

129 Dieses Regel-Ausnahme-Verhältnis hat der G-BA in seinem Beschluss vom 16. 10. 2008 zur Ergänzung der Arzneimittel-Richtlinie (Abschnitt Q, Nr 51.3)[194] nicht ohne Grund dahingehend verändert, dass bei der erstmaligen Behandlung in einem Krankenhaus mit einem besonderen Arzneimittel das Abstimmungsverfahren vom zuständigen Krankenhausarzt mit Beginn der Therapie einzuleiten und soweit möglich während der Krankenhausbehandlung abzuschließen ist. Es besteht allerdings keine **gesetzliche Ermächtigung** für den **G-BA**, das Krankenhaus zu verpflichten, im Regelfall das Abstimmungsverfahren mit einem Arzt für besondere Arzneimitteltherapie unmittelbar selbst und ausschließlich einzuleiten. Eine derartige ausschließliche Übertragung des Abstimmungsverfahrens ist dem **Gesetzgeber** vorbehalten, handelt es sich doch um die ausnahmsweise Einbeziehung der Krankenhäuser in die vertragsärztliche Versorgung; zudem wäre durch den Gesetzgeber die Frage der Vergütung zu entscheiden.

130 Es ist nicht etwa Aufgabe des Krankenhauses, die Versorgung eines Patienten mit einem besonderen Arzneimittel im Rahmen der **nachstationären Behandlung,** also für 14 Tage nach der Entlassung, zu gewährleisten (sa Frist von 3 Monaten nach Organtransplantationen, § 115 a Abs 2 S 2 SGB V). Denn die Regelung zur **Verordnung besonderer Arzneimittel** nach § 73 d SGB V steht in keinerlei rechtlichem Zusammenhang mit der Regelung über die nachstationäre Behandlung nach § 115 a SGB V, die nach der Entlassung des Patienten eine erneute Behandlung im Krankenhaus (sa Überschrift zu § 115 a SGB V) innerhalb von 14 Tagen beinhaltet. Bei der nachstationären Behandlung entscheidet der Krankenhausarzt im Einzelfall über die medizinische Notwendigkeit einer weiteren Betreuung in dem betreffenden Krankenhaus.[195] Eine nachstationäre Behandlung ohne notwendige Behandlung im Krankenhaus gibt es nicht. Die Versorgung eines Patienten mit einem besonderem Arzneimittel zählt nur dann zu den Aufgaben des Krankenhauses, wenn der Patient im Krankenhaus nachbetreut werden muss, weil eine ambulante vertragsärztliche Versorgung (s § 115 a Abs 2 S 5 SGB V) nicht ausreicht, um den Behandlungserfolg zu sichern oder zu festigen. Somit kann nur der Gesetzgeber die Krankenhäuser verpflichten, nach Entlassung eines Patienten 14 Tage oder länger dessen ambulante Versorgung mit einem besonderen Arzneimittel, das erstmalig im Krankenhaus angewendet worden ist, zu gewährleisten (mit entsprechender Vergütungsregelung).

---

[194] Abrufbar unter www.g-ba.de. Siehe auch KassKomm-*Hess,* § 73 d RdNr 5.
[195] Siehe oben unter RdNr 115 ff, 120 ff, ua zum Gesetzeszweck, BT-Drucks 12/3608, 102.

15. Kapitel. Die Rechtsbeziehungen zwischen Arzt und Krankenhaus

Schrifttum: *Andreas,* Delegation ärztlicher Tätigkeit auf nichtärztliches Personal, ArztR 2008, 144; *ders,* Vergütungsstrukturen in neuen Chefarztverträgen, ArztR 2005, 312; *ders,* Der Chefarzt und seine Mitarbeiter, ArztR 2000, 4; *ders,* Internes Budget und Therapiefreiheit, ArztR 1997, 207; Arbeitsgemeinschaft Medizinrecht im Deutschen Anwaltverein, Medizinrecht heute: Erfahrungen, Analysen, Entwicklungen, FS 10 Jahre Arbeitsgemeinschaft Medizinrecht im DAV, 2008; *Bender,* Der Einsatz „selbständiger Drittärzte" als abrechenbare Krankenhausleistung?, KH 2009, 563; *ders,* Chefarzt, HK-AMK, 1280; *Bergmann,* Delegation und Substitution ärztlicher Leistungen auf/durch nichtärztliches Personal, MedR 2009, 1; *Dahm/Ratzel,* Liberalisierung der Tätigkeitsvoraussetzungen des Vertragsarztes und Vertragsrechtsänderungsgesetz – VÄndG, MedR 2006, 555; *Debong,* Organisationspflichten im Krankenhaus, ArztR 2002, 32; *ders,* Die Rechtsstellung des Ärztlichen Direktors heute und in Zukunft, Ärztlicher Direktor oder Sprecher der Chefärzte?, ArztR 1993, 141; DKG, Allgemeine Vertragsbedingungen (AVB), Behandlungsverträge und Wahlleistungsvereinbarung für Krankenhäuser (Musterverträge), 8. Aufl 2009; *dies,* Der niedergelassene Arzt im Krankenhaus (Musterverträge unter Mitwirkung der BÄK und der KBV), 2008; *dies,* Zahlen/Daten/Fakten 2009, *dies,* Empfehlungen für die Struktur und Organisation des ärztlichen Dienstes im Krankenhaus, KH 1983, 3; *dies,* Grundsätze für die Organisation der Krankenhausführung, KH 1992, 198, 238; *Eichhorn,* Leitung und Leistung im Krankenhaus – Führungsorganisation aus Sicht des Krankenhausträgers, 1993; *Eichhorn/Schmid-Rettig* (Hrsg), Krankenhausmanagement im Wert- und Strukturwandel, 1995; *dies,* Krankenhausmanagement – zukünftige Struktur und Organisation der Krankenhausleitung, 2001; *Ekkernkamp/Scheibe* (Hrsg), Qualitätsmanagement in der Medizin, Hdb 1997, 20. ErgLfg 2003; *Genzel,* Die Kompetenz des leitenden Kliniksarztes (Chefarztes) bei der Umsetzung der BPflV 1995, ArztR 1995, 205; *ders,* Die Aufwertung der Stellung des Chefarztes durch die neuen Entgeltformen der BPflV 1995 aus juristischer Sicht, ArztR 1996, 39; *Genzel/Siess,* Ärztliche Leitungs- und Organisationsstrukturen im modernen Krankenhaus, MedR 1999, 1; *Greulich/Hellmann/Korthus/Thiele* (Hrsg), Management Handbuch Krankenhaus (MHK), Loseblatt 2009; *Hellmann* (Hrsg), Krankenhausmanagement für Leitende Ärzte, 2008; *Herder-Dorneich/Wasem,* Krankenhausoekonomie zwischen Humanität und Wirtschaftlichkeit, 1986; *Hoefert,* Führungs- und Managementtechniken im Krankenhaus, MHK, 980; *ders* (Hrsg), Führung und Management im Krankenhaus, 2. Aufl 2007; *Hoffmann,* Die ökonomische Verantwortung des Krankenhausarztes, AuK 1993, 20, 125; 1994, 218; *ders,* Welche Auswirkungen hat das GSG auf die Arbeit des leitenden Krankenhausarztes, AuK 1995, 230; *ders,* Die Stellung des leitenden Arztes im deutschen Krankenhaus, KH 1996, 502; *ders,* Führungsstrukturen im modernen Krankenhaus, AuK 2001, 165; *Hohmann* Das Belegarztsystem, MHK, 370; *Junghanns,* Soll der Chefarzt die Budgetverantwortung übernehmen? Aus ärztlicher Sicht, ArztR 1993, 271; *ders,* Die Aufwertung der Stellung des Chefarztes durch die neuen Entgeltformen der Bundespflegesatzverordnung 1995 aus ärztlicher Sicht, ArztR 1996, 42; *Klaue,* Das Consultant- oder Konsiliararztsystem, AuK 2008, 276; *Knorr,* Die neue Rolle des leitenden Krankenhausarztes vom Nur-Mediziner zum Medizin-Manager. Aus der Sicht des Wirtschaftsprüfers, AuK 1994, 214; *Köninger,* Interne Budgetierung im Krankenhaus, MHK, 620; *Krämer,* Medizin muss rationiert werden, MedR 1996, 1 (mit Erwiderung *Bossmann,* MedR 1996, 456); *Lange,* Einkauf von Drittleistungen und deren Berücksichtigung im Budget des Krankenhauses, KH 2008, 1309; *Lippert/Kern,* Arbeits- und Dienstrecht der Krankenhausärzte von A bis Z, 2. Aufl 1993; *Neiheiser/Offermanns,* Neuordnung von Aufgaben des Medizinischen Dienstes (DKI-Studie im Auftrag der DKG), KH 2008, 463; *Nierhoff,* Singuläre Führungsspitze – was sonst?, f&w 1993, 367; *Norden,* Neuordnung ärztlicher Tätigkeiten im Krankenhaus (Positionspapier des Verbandes der leitenden Krankenhausärzte – Mai 2008), AuK 2008, 195; *Pföhler,* Die Stellung des Arztes im zukünftigen Gesundheitszentrum. Chefärzte als Manager im Krankenhaus, KH 1996, 329; *Philip,* Der Chefarzt als Manager, AuK 2008, 104; *Quaas,* Der Honorararzt im Krankenhaus: Zukunfts- oder Auslaufmodell?, GesR 2009, 459; *Regler,* Die neue Rolle des leitenden Krankenhausarztes vom Nur-Mediziner zum Medizin-Manager aus der Sicht des Krankenhausträgers, AuK 1994, 209; *Riegel,* Brauchen Chefärzte Marketing?, f&w 1993, 270; *Rieger/Dahm/Steinhilper* (Hrsg), HK-AKM, Loseblatt 2009; Sachverständigenrat zur Begutachtung der Entwicklung im Gesundheitswesen, Kooperation und Verantwortung

§ 84   1   § 84 Die Organisation und Struktur des ärztlichen Dienstes

(Gutachten 2007); *Schmidt-Rettig/Eichhorn* (Hrsg), Krankenhaus-Managementlehre, Theorie und Praxis eines integrierten Konzepts, 2008; *Schriefers,* Die Zukunft des angestellten Arztes im Krankenhaus, AuK 1995, 23; *Schulenburg,* Eingriff in den Status der Chefärzte, Reform der Hochschulmedizin, DÄBl 1996, 3254; *Schulz/Mertens,* Ambulantes Operieren durch Vertragsärzte im Krankenhaus, MedR 2006, 191; *Siegmund-Schultze,* Soll der Chefarzt die Budgetverantwortung übernehmen? Aus juristischer Sicht, ArztR 1993, 269; *Siess,* Ärztliche Leistungsstrukturen und Managementaufgaben im modernen Krankenhaus, Diss 1998; *Simpson,* Doctors and management – why bother?, BrMedJ 1994, 1505; *Trill,* Krankenhausmanagement Aktionsfelder und Erfolgspotentiale, 1996; *Vincenti/Behringer,* Krankenhausführung, HK-AKM, 1470; *Wagener/Haag,* Ambulantes Operieren im Krankenhaus durch Vertragsärzte – Ist verboten, was nicht ausdrücklich erlaubt ist?, MedR 2009, 72; *Weiser,* Der Medizinmanager. Die Rolle des leitenden Arztes in der künftigen Krankenhauslandschaft, AuK 2007, 362; *Wuttke,* Zur Frage der Mitgeschäftsführung des Ärztlichen Direktors in einer Krankenhaus-GmbH, f&w 1993, 370; *Zuck,* Welche haftungsrechtlichen Konsequenzen ergeben sich aus der Teilnahme bzw Nichtteilnahme an qualitätssichernden Maßnahmen im Krankenhaus?, KH 1996, 299.

§ 84 Die Organisation und Struktur des ärztlichen Dienstes im Krankenhaus

Inhaltsübersicht

	RdNr
I. Grundsätze	1
1. Behandlungsaufgaben des ärztlichen Dienstes	2
2. Überwachungsaufgaben des ärztlichen Dienstes	3
3. Koordinationsaufgaben des ärztlichen Dienstes	4
4. Führungsaufgaben des ärztlichen Dienstes	5
5. Ökonomische Mitverantwortung des ärztlichen Dienstes	6
II. Die besonderen Bedingungen ärztlichen Handelns im Krankenhaus	7
1. Die besondere Zielsetzung	7
2. Die Besonderheiten ärztlicher Entscheidungsprozesse	9
3. Die Spezialisierung in der Medizin	14
4. Die rechtlichen Determinanten ärztlichen Handelns	16
5. Die ärztliche Verantwortungskompetenz und die Beteiligung am Risikomanagement	17
III. Die Gliederung des ärztlichen Dienstes	18
1. Übertragung von Aufgaben	19
2. Gestaltungsmittel der Betriebsorganisation	22
3. Struktur des ärztlichen Dienstes	23
IV. Liberalisierung des Vertragsarztrechts – Auswirkungen auf die Krankenhäuser am Beispiel ambulanter und stationärer Operationen im Krankenhaus	26
1. Konsiliarärzte	27
2. Belegärzte	28
3. Krankenhausambulante Operationen durch Vertragsärzte	30
a) Kein sozialrechtliches/krankenhausrechtliches Verbot	31
b) Mengenausweitung beim krankenhausambulanten Operieren	37
4. Stationäre Operationen durch Vertragsärzte	39
a) Kein sozialrechtliches/krankenhausrechtliches Verbot	40
b) Änderung des vertragsarztrechtlichen Zulassungsrechts	41
c) Erweitertes Honorararzt-Modell vor dem Durchbruch	45

I. Grundsätze

1   Der ärztliche Dienst und damit der einzelne Krankenhausarzt ist im Rahmen der gesetzlichen Bestimmungen auf Grund vertraglicher oder rechtlicher Beziehungen in ein **Ordnungssystem** eingebunden, das von den vorgegebenen Zielen und Aufgabenstellungen bestimmt wird. Die gesetzliche Zweckbestimmung (wie sie in der Legaldefinition der § 2 Nr 1 KHG, § 107 Abs 1 SGB V zum Ausdruck kommt) prägt im Hinblick auf die Er-

füllung der Bereithaltungs- und Versorgungsfunktion das gesamte Leistungsgeschehen eines Krankenhauses. Dazu kommen der konkrete Versorgungsauftrag einer Klinik (§ 1, § 17 Abs 2 S 1 und 2 KHG, § 8 Abs 1 KHEntgG, § 3 Abs 1 S 3, § 4 BPflV) und die gesetzliche Festlegung von Art, Form und Umfang der Krankenhausbehandlung (§ 39 Abs 1 SGB V). In der Verantwortung und damit der **Zuständigkeit des Krankenhausträgers** oder, soweit in Einzelbereichen übertragen, der Krankenhausleitung liegt im Rahmen der normativen Vorgaben die Bestimmung der Betriebsform, der Betriebsziele, deren Überwachung und Kontrolle, die Wahl der Organisationsform des ärztlichen Dienstes (angestellter Krankenhausarzt, Honorararzt oder Belegarzt), die Berufung und Einstellung der Ärzte und der Abschluss der Verträge sowie die Gestaltung des Medizinbetriebes Krankenhaus.[1] Krankenhausträger ist der Betreiber des Krankenhauses; Betreiber und Eigentümer des Krankenhauses können personell auseinanderfallen (so zB ausdrücklich § 2a S 1 u 2 LKHG BW v 29.11.2007).[2]

1. Behandlungsaufgaben des ärztlichen Dienstes. Die Ärzte im Krankenhaus gewährleisten auf der Grundlage fachspezifischer medizinisch-wissenschaftlicher Grundsätze entsprechend dem allgemein anerkannten Stand der medizinischen Erkenntnisse unter Berücksichtigung des medizinischen Fortschritts die **gebotene ärztliche Versorgung und Patientenbetreuung**. Dabei sind humane Behandlungsformen zu wählen, und den betriebswirtschaftlichen Erfordernissen ist Rechnung zu tragen. Die Gebote der Leistungsfähigkeit, der Wirtschaftlichkeit und der Humanität, wie sie vom Krankenhaus als Leistungserbringer zu beachten sind (§ 70 SGB V), wirken auch auf das ärztliche Handeln im Krankenhaus ein. Die gebotene Patientenversorgung fordert ärztliche Leistungen: Bestimmung der Diagnose, Durchführung der Therapie, fachspezifische Hygiene und medizinische Dokumentation. Die Organisation und fachlich strukturelle Gliederung des ärztlichen Dienstes im Krankenhaus muss sicherstellen, dass jeder Patient seiner Krankheit gemäß individuell ärztlich versorgt wird. Dies verlangt die Schaffung überschaubarer ärztlicher Verantwortungsbereiche und die enge Zusammenarbeit aller an der Untersuchung und Behandlung beteiligten Ärzte. Die fachliche Gliederung des ärztlichen Dienstes muss auch gewährleisten, dass die in der medizinischen Wissenschaft und Praxis neu gewonnenen gesicherten Erkenntnisse in Diagnostik und Therapie dem Krankenhauspatienten zugute kommen. Dies betrifft sowohl die Fort- und Weiterbildung als auch die Einarbeitung in neue diagnostische und therapeutische Verfahren.[3]

2. Überwachungsaufgaben des ärztlichen Dienstes. Die **ärztliche Verantwortung** für die medizinische Behandlung des Patienten auf der Grundlage der Therapiefreiheit erfordert auch die Überwachung von Pflegeleistungen. Wenn auch heute aufgrund des fachlich bedingten arbeitsteiligen Behandlungsprozesses mit seiner breitgefächerten Spezialisierung die Meinung, dass im Rahmen der ärztlichen Letztverantwortung für das Wohl des Patienten die gesamte pflegerische Tätigkeit ein Annex zum ärztlichen Handeln darstellt, nicht mehr aufrechterhalten werden kann, so darf aus haftungs- und damit organisationsrechtlicher Sicht der Primat ärztlichen Tuns nicht außer Betracht bleiben. Es ist entsprechend der medizinischen Entwicklung und der für den Pflegedienst maßgeblichen gesetzlichen Regelungen (§ 4 KrPflG, § 1 Abs 3 Pflege-PR,[4] § 2 Nr 1 KHG, § 107 Abs 1

---

[1] Zur Organisationspflicht des Krankenhausträgers und der leitenden Ärzte unter haftungsrechtlichen Gesichtspunkten (Haftungsgrundlagen, Organisationsverschulden, Dokumentation der Krankenhausbehandlung, Vorhalten eines hinreichenden Personalbestandes, betriebliche Organisation für Haftungsfälle) s unten § 101 (Organisatorisches Fehlverhalten als Behandlungsfehler).
[2] Begriff, Struktur, Entwicklung & Funktion d Trägers v Krankenhäusern *Schmid* MHK, 2674.
[3] Siehe bereits DKG, Grundsätze für die Organisation der Krankenhausführung, KH 1992, 238.
[4] Die Pflege-Personalregelung v 21.12.1992 (BGBl I, 2266, 2316) wurde 1997 durch das 2. GKV-NOG aufgehoben; die Zielvorstellung eines ganzheitlichen Pflegekonzepts im Rahmen der Krankenhausbehandlung (§ 39 Abs 1 SGB V) wirkt über das allgemeine rechtliche Grundmuster der Pflege iSd § 39 Abs 1 S 3 SGB V fort.

§ 84 3   § 84 Die Organisation und Struktur des ärztlichen Dienstes

SGB V, § 39 Abs 1 S 3 SGB V, § 2 Abs 2 KHEntgG/BPflV) zwischen Leistungen zu differenzieren, die **eigenverantwortlich** vom **Pflegedienst** wahrzunehmen sind, wie die allgemeine, umfassende und sach- und fachkundige Pflege des Patienten (Grundpflege, ggf. auch einfache Behandlungspflege), solchen, die **unterstützend** und **ergänzend** für den Arzt bei der Durchführung diagnostischer und therapeutischer Maßnahmen erfolgen (spezifische Behandlungspflege, medizinische Funktionspflege) und der Assistenz bei ärztlichen Verrichtungen, aber auch neuen potenziellen Aufgaben wie der Begleitung des Patienten von seiner Aufnahme bis zu seiner Entlassung (Versorgungsmanagement, sa § 11 Abs 4 SGB V).[5] Durch die nicht immer mögliche scharfe Abgrenzung entstehen unsichere **Konfliktfelder,** die nur in enger Kooperation auszuräumen sind.[6] Auch die Leistungserbringung durch medizinisches, medizinisch-technisches Assistenz- und Hilfspersonal obliegt grundsätzlich der Überwachung durch den ärztlichen Dienst. Dabei stehen Fragen der fachlichen Kompetenzen, insbesondere der Delegationsfähigkeit von Aufgaben, im Vordergrund.[7] Zu den im Einzelfall delegationsfähigen Leistungen zählen Injektionen, Infusionen und Blutentnahmen sowie radiologische Leistungen und Laborleistungen (Anordnung über die Durchführung in jedem Einzelfall durch den Arzt). Die Durchführung des Case Managements darf an speziell ausgebildete Mitarbeiter delegiert werden, die diagnostische und therapeutische Gesamtverantwortung verbleibt beim Arzt. Der Sachverständigenrat zur Begutachtung der Entwicklung im Gesundheitswesen bemängelt in seinem Gutachten 2007 „eine nicht immer effiziente Arztzentriertheit der Krankenversorgung" (Nr 9) und die „hierarchische Position der Ärzte im Gesundheitswesen, die

---

[5] Siehe Positionspapier des Verbandes der Pflegedirektorinnen und Pflegedirektoren der Universitätsklinika (Februar 2008), abrufbar unter www.vpu-online.de

[6] Siehe zur Entwicklung der Diskussion Positionspapier der „Konferenz der Fachberufe im Gesundheitswesen bei der BÄK" zur Kooperation zwischen Ärzten und Pflegeberufen (DÄBl 1994, C 386); zu den Konfliktfeldern und Kompetenzen s *Steffen* MedR 1996, 265 (für eine originäre, nicht aus dem ärztlichen Tätigkeitsbereich abgeleitete Aufgabenzuordnung); *Opderbecke* MedR 1996, 542 (für interdisziplinäre Kooperation ohne Verselbstständigung von Pflegeaufgaben); *Ulsenheimer* KH 1997, 22 (für Endverantwortung des Arztes im Behandlungsprozess aus haftungsrechtlicher Sicht); zur gestuften Teamverantwortung (Primär- und Sekundärverantwortung) *Rosenau* ArztR 2000, 268; zur rechtlichen Problematik bei der Dekubitusprophylaxe *Böhme* PKR 1998, 29; s auch BGH ArztR 1998, 121.

[7] Siehe Positionspapier des Verbandes der leitenden Krankenhausärzte „Neuordnung ärztlicher Tätigkeiten im Krankenhaus" (Mai 2008): Rückführung der ärztlichen Arbeitskraft auf die ärztlichen Kernkompetenzen/Delegation und Substitution arztnaher Tätigkeiten, abrufbar unter www.vlk-online.de, s dazu *Norden* AuK 2008, 195; ferner Verband der Pflegedirektorinnen und Pflegedirektoren der Universitätsklinika, Leitfaden zur Übernahme ärztlicher Tätigkeiten, 2007, abrufbar unter www.vpu-online.de; zu Möglichkeiten und Grenzen der Delegation ärztlicher Leistungen s auch Stellungnahme der BÄK und der KBV (Stand: 29.8.2008), abrufbar unter www.bundesaerztekammer.de (Fragestellungen ua: Aufklärung des Patienten, OP-Assistenz, Anästhesie, Labor, Blutentnahme, Injektion, Infusion, Wundversorgung, Case Management); zur Abgrenzung/Neuordnung von ärztlichen Aufgaben im Krankenhaus s auch Studie des Deutschen Krankenhausinstituts (April 2008), DKI-Studie abrufbar unter www.dkgev.de – zu den wesentlichen Inhalten *Neiheiser/Offermanns* KH 2008, 463; Pressemitteilung Arbeitsgemeinschaft für Arztrecht (12.5.2007) ArztR 2007, 184 und drei auf der Tagung der Arbeitsgemeinschaft gehaltene Referate: *Junghanns* ArztR 2007, 200, *Polonius* ArztR 2007, 202, *Debong* ArztR 2007, 204; *Günter* AZR 2009, 31; *Bergmann* MedR 2009, 1; zur Delegation ärztlicher Tätigkeiten auf nichtärztliches Personal *Andreas* ArztR 2008, 144; auch zum Arztvorbehalt im Vertragsarztrecht und zur Gewährleistung des Facharztstandards; Sachverständigenrat, Gutachten 2007, Nr 117–130 mit „Praxisleitfaden zur Delegation von Tätigkeiten, insbes im stationären Bereich" und dem „Beispiel einer Neuorganisation des Arbeitsfeldes Anästhesie", Nr 133; zur Delegation an das Pflegefachpersonal auch *Roßbruch* PflegeR 2003, 95–102, 139–149 unter Berücksichtigung zivilrechtlicher, arbeitsrechtlicher und versicherungsrechtlicher Aspekte; zum ambulanten Bereich s Neuregelung zu Modellvorhaben nach § 63b und c SGB V idF des Pflege-Weiterentwicklungsgesetzes v 28.5.2008; dazu *Roters* ZMGR 2009, 171.

einem modernen, auf Kooperation gegründeten Verständnis von Zusammenarbeit der Gesundheitsberufe im Wege steht" (Nr 73).[8]

3. Koordinationsaufgaben des ärztlichen Dienstes. Die notwendige angemessene ärztliche Versorgung der Patienten im Krankenhaus setzt die Zusammenarbeit aller an der Versorgung beteiligten Ärzte voraus. Die funktionelle Einordnung des ärztlichen Dienstes in den Gesamtbetrieb Krankenhaus erfordert organisatorische Maßnahmen auf allen Stufen ärztlicher Verantwortung, insbesondere hinsichtlich des Arbeitsablaufs im jeweiligen ärztlichen Fachbereich, der Ordnung und Koordination übergreifender ärztlicher Funktionen sowie der **Gewährleistung enger und partnerschaftlicher Zusammenarbeit** mit Krankenpflege, Krankenhausverwaltung und Krankenhausträger. Dies sicherzustellen, ist Aufgabe einer vom Krankenhausträger zu erlassenden Dienstanweisung.

4. Führungsaufgaben des ärztlichen Dienstes. Dem ärztlichen Dienst obliegen zusätzliche Führungsaufgaben auch für nicht unmittelbar unterstellte Krankenhausmitarbeiter. Im einzelnen kann sich dies erstrecken auf die Anleitung, Fortbildung und Motivation ärztlicher, pflegerischer und sonstiger im diagnostischen und therapeutischen Team stehender Mitarbeiter hinsichtlich medizinischer, aber auch humaner Behandlungserfordernisse. Der Krankenhausarzt steht in einem besonderen Spannungsverhältnis zwischen Führungsaufgabe und Fachkompetenz.[9]

5. Ökonomische Mitverantwortung des ärztlichen Dienstes. Die mit dem GRG 1989 eingeleiteten und in den beiden folgenden Jahrzehnten in engem zeitlichen Abstand bis zum Krankenhausfinanzierungsreformgesetz v 17. 3. 2009 beschlossenen Reformen im Gesundheitswesen veränderten auch die rechtlichen und wirtschaftlichen Rahmenbedingungen für die Krankenhäuser in vielfältiger Weise (s § 80 RdNr 17 ff). Besonders die DRG-Fallpauschalen nach § 17 b KHG haben seit dem 1. 1. 2003 zu einer neuen Dimension ökonomischen Handelns im Krankenhaus geführt (§ 82 RdNr 203 ff). Selbstverwaltungssteuerung und Eigenverantwortung der Krankenhäuser sind wesentliche Elemente der Versorgung mit Gesundheitsleistungen. Eigenwirtschaftlichkeit als gesetzlicher Gestaltungsauftrag (§ 1 Abs 1 KHG) bedeutet auch organisatorische und ökonomische **Eigenverantwortung eines qualifizierten Krankenhausmanagements** – innerhalb eindeutiger Kompetenzabgrenzung zwischen Träger und Krankenhausbetriebsleitung. Da dem ärztlichen Dienst im Krankenhaus als Medizinbetrieb Leitungsfunktion zukommt, ist es unabdingbar, ihn auch in die ökonomische Verantwortung in den verschiedenen Betriebsstufen einzubeziehen. Die Anforderungen an ein modernes Krankenhausmanagement[10] erfassen auch die ärztlichen Mitarbeiter. Sie sind wesentliche Leistungsträger im Krankenhaus. Sie bestimmen in Diagnostik und Therapie das Betriebsgeschehen. Sie tragen Verantwortung im Kernbereich einer Klinik. Ihr Handeln hat erhebliche Kostenrelevanz. Rund 70 % bis 80 % der Kosten einer Klinik entstehen unmittelbar oder mittelbar durch ärztliches Handeln oder aufgrund ärztlicher Veranlassung, wenn auch lediglich 10 %–20 % steuerbar erscheinen. Dies bedeutet neben der gebotenen medizinischen Fachkompetenz auch ökonomische Sensibilität und die Bereitschaft, betriebswirtschaftliche Mitverantwortung zu übernehmen. Die volle verantwortliche **Einbindung der Klinik-**

---

[8] Ferner: Prozess der Arbeitsteilung zwischen Ärzten und der Pflege durch Rechtsunsicherheit gekennzeichnet (Nr 9, 116, 133, 250) und Exkurs zur historischen Entwicklung der Aufgabenverteilung zwischen den Gesundheitsberufen (Nr 102).

[9] *Siess,* Zu den ärztlichen Leitungsstrukturen und Führungsaufgaben im modernen Krankenhaus, Organisationskonzepte für das moderne Krankenhaus; *Genzel/Siess* MedR 1999, 1. Zu den organisatorischen Sorgfaltspflichten der leitenden Ärzte bei Auswahl und Einsatz der Mitarbeiter unten § 101 RdNr 31–36.

[10] Allgemein zum Krankenhausmanagement – Aktionsfelder und Erfolgspotentiale bereits *Trill* 1996; neuerdings *Schmidt-Rettig/Eichhorn* (Hrsg), Krankenhaus-Managementlehre; s auch *Bender,* HK-AKM, 1280, zur Beachtung des Wirtschaftlichkeitsgebotes durch den Chefarzt (RdNr 52 ff).

ärzte in das Leistungs- und Kostengeschehen ist im DRG-System besonders geboten.[11] Die Übernahme von Kostenmitverantwortung der Klinikärzte ist darüber hinaus im Rahmen der „internen Budgetierung" eine Voraussetzung betrieblicher Effektivität.[12] Leistungs- und Kostenbudgetierung als wichtiges betriebliches strategisches und operatives Führungs- und Steuerungsinstrument ermöglicht Planung, verantwortungsbewusste Entscheidung und zeitnahe Kontrolle. Ihre Wirkung kann sie aber nur entfalten, wenn die Budgetverantwortung an die Personen übertragen wird, die Leistungen und Kosten verursachen oder veranlassen.

Zusammenfassung der Unternehmens- und Managementanforderungen an leitende Ärzte des Krankenhauses:
– Fachliche und personale Organisationsverantwortung für die Abteilung
– Budget-, Kosten-, Leistungs- und Erlösverantwortung
– Steuerung und Kontrolle der Dokumentationsaufgaben, hinsichtlich der internen und externen Qualitätssicherung, vor allem aber der Codierqualität im Rahmen des DRG-Vergütungssystems
– Umsetzung der dem Vergütungssystem immanenten Verweildauerverkürzung
– Integrationsaufgaben im vor- und nachstationären Bereich („Integrierte Versorgung"/ Verzahnung mit dem ambulanten ärztlichen und pflegerischen Bereich).

Dementsprechend müssen die leitenden Krankenhausärzte angesichts ihrer vielfältigen Aufgaben nicht nur als medizinische Spezialisten, sondern auch als Krankenhausökonomen, Qualitätsmanager, Personalmanager und medizinische Lehrer in die wesentlichen unternehmerischen Entscheidungen des Krankenhausträgers fortlaufend einbezogen werden.[13]

II. Die besonderen Bedingungen ärztlichen Handelns im Krankenhaus

1. Die besondere Zielsetzung. Alle im Krankenhaus verantwortlich Tätigen soll die allgemeine Zielsetzung verbinden, dem Patienten bestmöglich zu helfen und die Voraussetzungen hierfür auf Dauer sicherzustellen. Bei dieser Tätigkeit ist auch der ärztliche Dienst eingebunden in die vom Krankenhausträger getroffenen Entscheidungen zu Art und Umfang der **Aufgabenerfüllung**. Die Zuordnung von abgestuften Versorgungsaufgaben durch die Krankenhausplanung der Länder, aber auch das System der Versorgungsverträge und deren inhaltliche Ausgestaltung durch die Kollektivverträge nach §§ 112, 115 SGB V können ärztliches Handeln im Krankenhaus entscheidend beeinflussen. Die Größe, die fachliche Gliederung, die personelle und sachliche Ausstattung oder Ausrüstung des Krankenhauses und damit auch die Strukturierung des ärztlichen Dienstes hängen von der Aufgabenstellung der einzelnen Klinik ab.

---

[11] Zur besonderen ökonomischen Verantwortung des Krankenhausarztes im DRG-System bereits *Genzel* ArztR 2000, 324.
[12] *Köninger* MHK, 620; *Knorr* f & w 1993, 326; die „interne Budgetierung" ist die Planung von Leistungen (Art und Menge) und die Planung der auf die Leistungsmengen bezogenen anfallenden Kosten (Anzahl der Leistungen je Leistungsart x Preise pro Mengeneinheit) für einen bestimmten Zeitraum. Das interne Budget ist eine verbindliche Vorgabe des Krankenhausträgers oder eines Budgetverantwortlichen in Bezug auf die für einen Zeitraum geplanten Leistungsmengen und Leistungspreise; zur Verbindlichkeit interner Budgets *Andreas* ArztR 1997, 207, auch im Hinblick auf die Therapiefreiheit. Zur Haftung des leitenden Arztes eines Krankenhauses bei Überschreitung des internen Budgets – soweit verbindlich – bei Verletzung der Bemühungspflicht LAG Hessen ArztR 1994, 293.
[13] Zutreffend *Weiser* AuK 2008, 362 mit der Prognose, dass sich das Berufsbild des leitenden Krankenhausarztes künftig noch stärker in Richtung „Medizinmanager" verändern wird (gesamtunternehmerisches abteilungsübergreifendes Denken und Handeln mit organisatorischen Fähigkeiten und betriebswirtschaftlichen, insbesondere auch auf das Vergütungssystem bezogenen Kenntnissen/Führung einer Krankenhausabteilung als qualitätsorientiertes Profit-Center; ferner *Philip* AuK 2008, 104 zum Chefarzt als Manager und dessen Vorbereitung über Qualitätsmanagementausbildungen für Ärzte.

Auch die Entscheidung über die **Organisation des ärztlichen Dienstes,** nämlich ob 8 die Versorgung durch hauptamtliche Ärzte, Honorarärzte oder Belegärzte erfolgen soll, wird von der Aufgabenstellung mitbestimmt.[14] Belegärzte sind vor allem auf Gebieten tätig, für welche die Einrichtung einer hauptberuflich geleiteten Fachabteilung, zB von der Größe her, nicht fachgerecht ist, oder auf Spezialgebieten im Rahmen einer medizinischen Fachdisziplin (gemischte Krankenhäuser). Die Zahl der von einem Belegarzt höchstens zu versorgenden Betten ist von dem jeweiligen Fachgebiet abhängig. Sicherzustellen ist jedenfalls die fachärztliche Versorgung rund um die Uhr, zB durch ein kooperatives Belegarztsystem (§ 121 Abs 1 S 2 SGB V) und durch den ärztlichen Bereitschaftsdienst des Krankenhauses (zum Umfang der Belegarztleistung § 18 Abs 1 S 2 KHEntgG). Neben den Anstaltskrankenhäusern können für die Versorgung der Patienten – in aller Regel im Rahmen der Grundversorgung – Belegkrankenhäuser zur Verfügung stehen.

2. Die Besonderheiten ärztlicher Entscheidungsprozesse. Der Ablauf der Ent- 9 scheidungsprozesse vollzieht sich im Krankenhaus, wie auch in anderen Betrieben, in verschiedenen Phasen, nämlich der Entscheidungsvorbereitung, der Entscheidungsfällung sowie der Durchsetzung und Kontrolle der getroffenen Entscheidung. Die Krankenhausorganisation, die hierarchisch fachliche Gliederung des ärztlichen Dienstes sowie die anzuwendenden Führungsstile[15] haben den Besonderheiten der zu treffenden klinischen Maßnahmen zu genügen. Die Entscheidungen, an denen Ärzte im Krankenhaus mitzuwirken haben, lassen sich methodisch in medizinisch-fachwissenschaftliche, insbesondere diagnostische und therapeutische Maßnahmen, und in organisatorisch-verwaltungstechnische einteilen. Die Übergänge sind fließend, da im Krankenhaus als Medizinbetrieb der überwiegende Teil der Maßnahmen medizinische Relevanz hat oder auf ärztliche Primärentscheidungen zurückgeht. Aber auch organisatorische Anordnungen können unmittelbar oder mittelbar therapeutische Bedeutung haben (zB die Unterbringung in einem 1-Bett-Zimmer aus medizinischen Gründen).

Bei der Festlegung der Grundsätze, nach denen diagnostisch-therapeutische Entschei- 10 dungen und Anordnungen getroffen werden, spielt die ärztliche **Qualifikationskompetenz** eine herausragende Rolle. Es würde den Realitäten widersprechen anzunehmen, dass alle approbierten Ärzte oder auch Fachgebietsärzte im Krankenhaus die gleiche medizinische oder ärztliche Qualifikation besitzen. Neben erlernten medizinisch-naturwissenschaftlichen Kenntnissen spielt gerade die praktische klinische Erfahrung eine erhebliche Rolle. Es sind Ärzte tätig mit differenziertem Weiterbildungsgrad, mit unterschiedlichem Wissen und Kenntnisstand, mit verschiedener Berufserfahrung und Begabung, mit ungleicher Führungs- und Organisationsqualität und unterschiedlicher beruflicher Interessenlage. Damit müssen Aufgaben-, Kompetenz- und Verantwortungsstruktur, die in der modernen Betriebslehre nach dem Prinzip der Subsidiarität zu erfolgen hat, also Delegation von Aufgaben und Verantwortung an eine möglichst niedrige Einheit, durch Qualifikationsmerkmale begrenzt sein.

Situationen mit Entscheidungszwang unter Zeitdruck bedingen im Krankenhaus einen 11 klaren **Organisationsaufbau** mit einem adäquaten Führungsstil. Die Notwendigkeit zu raschen Entscheidungen ist in der Krankenhausmedizin oftmals gegeben. Kritische Situationen gehören in einer Klinik zum Alltag. Lagen mit Entscheidungszwang können sich etwa ergeben bei Operationen, beim operationstechnischen und -taktischen Vorgehen, bei Reanimation nach Herzstillstand in der Intensivmedizin.

Neben eilbedürftigen Entscheidungen bestimmen auch Standardmaßnahmen das Kli- 12 nikgeschehen. Sie sind fester Bestandteil der Routine medizinisch-wissenschaftlichen und

---

[14] Zur Struktur des Ärztlichen Dienstes s unten RdNr 23 ff und zu den Auswirkungen der Liberalisierung des Vertragsarztrechts auf die Krankenhäuser am Beispiel ambulanter und stationärer Operationen (Honorararzt-Modell) unten RdNr 26 ff.
[15] Siehe *Hoefert,* Führungs- und Managementtechniken im Krankenhaus, MHK, 980 und *Hoefert* (Hrsg), Führung und Management im Krankenhaus (Reihe: Organisation und Medizin).

ärztlichen Handelns im Krankenhaus und zugleich ein absolutes Erfordernis für die Sicherheit des Patienten. Solche **Routinemaßnahmen** sind notwendig. Hierzu zählen die gründliche klinische Untersuchung des Patienten, die regelmäßige Blutdruckmessung, die Pulsfrequenzzählung, die Temperaturmessung, aber auch die sorgfältige Anlage von Krankenblättern, die Arzneimittelverordnung, die Einnahmekontrolle, die Festlegung von Verfahren bei der Vorbereitung von Injektionen, das Legen von Infusionen uÄ. Die Festlegung und ständige kritische Überprüfung dieser Routinemaßnahmen sowie die Kontrolle ihrer Durchführung bedingen ebenfalls verantwortliche Kompetenzzuordnung und eindeutige Dokumentation.

13 Für das ärztliche Entscheidungshandeln spielt auch der **Aufbau eines Vertrauens- und Bezugsverhältnisses** zum Patienten eine entscheidende Rolle. Betriebsorganisation und anzuwendender Führungsstil haben dies zu berücksichtigen. Für den Patienten erkennbare, klare ärztliche Kompetenzen sind unabdingbar. Dauernde rotierende Verantwortung im ärztlichen Dienst und Verantwortungs- und Entscheidungskollektive verhindern den Aufbau von Bezugspersonen und beeinträchtigen letztlich Therapie und Diagnostik.

14 **3. Die Spezialisierung in der Medizin.** Mit der Qualifizierung des Arztes eng verbunden ist die Spezialisierung in der Medizin. Der zunehmende Fortschritt medizinischer Erkenntnisse bedingt auch eine Differenzierung des medizinischen Wissens und damit eine Aufteilung herkömmlicher medizinischer Fachgebiete (zB in der Chirurgie: Allgemeinchirurgie, Unfallchirurgie, Neurochirurgie, Thoraxchirurgie, Gefäß- und Handchirurgie, Kinderchirurgie, Transplantationschirurgie usw). Die Zahl der Ärzte, die von immer weniger immer mehr wissen, nimmt zu. Die **voranschreitende Spezialisierung** in der Medizin, die sicherlich auch zu den großen Erfolgen in Diagnostik und Therapie in der Vergangenheit beigetragen hat, findet verstärkt Eingang in die Allgemeinkrankenhäuser und führt dort organisatorisch zur Departementierung. Für die Kliniken mit Versorgungsaufgaben bedeutet dieses **Departementsystem mit kleinen hochspezialisierten Einheiten** einen Rückgang medizinisch-ökonomischer Effizienz und wegen der erhöhten Verantwortungsqualität des Spezialisten besondere Organisationsprobleme für Koordination und Integration. Lösungen werden gesucht durch die Zusammenfassung von einzelnen Abteilungen zu medizinischen und operativen Zentren, durch zentrale Einrichtungen der Funktionsdiagnostik und fachübergreifende Intensiveinheiten und fachübergreifende Aufnahmestationen. Gerade die Behandlungsformen im Krankenhaus – vollstationär, teilstationär, vor- und nachstationär, ambulant (§ 39 Abs 1 S 1 SGB V) erfordern integrierte Versorgungsstrukturen entsprechend der medizinischen Aufgabenstellung.

15 Für die in **Weiterbildung** stehenden nachgeordneten **Ärzte** soll ein breites Erfahrungswissen durch ein Rollierungssystem ermöglicht werden. Festzustellen ist insoweit, dass die Bereitschaft von Krankenhäusern, ärztliche Weiterbildungsstellen anzubieten, angesichts damit verbundener Mehrkosten leidet. Deshalb sind die DRG-Selbstverwaltungspartner (DKG, GKV-Spitzenverband, Verband der privaten Krankenversicherung) mit dem Krankenhausfinanzierungsreformgesetz v 17. 3. 2009 beauftragt worden, bis zum 30. 6. 2009 zu prüfen, ob für eine sachgerechte Finanzierung Zu- oder Abschläge zu den DRG-Fallpauschalen erforderlich sind; ggf sollen diese dann in Abhängigkeit von Qualitätsindikatoren für die Weiterbildung abgerechnet werden (§ 17b Abs 1 S 17 KHG).[16] Die zur Sicherstellung der Versorgung notwendige ärztliche Weiterbildung ist zwar in den DRG-Fallpauschalen einkalkuliert; es bestehen aber Umverteilungsprobleme, vor allem weil Universitätsklinika und andere Krankenhäuser der Maximalversorgung weitaus mehr Weiterbildung leisten als die übrigen Krankenhäuser.

---

[16] Gesetz zum ordnungspolitischen Rahmen der Krankenhausfinanzierung ab dem Jahr 2009 – Krankenhausfinanzierungsreformgesetz (KHRG), BGBl I, 534. Frist erfolglos verstrichen.

4. Die rechtlichen Determinanten ärztlichen Handelns. Für die Frage der Orga- **16** nisation und der fachlichen Strukturierung des ärztlichen Dienstes im Krankenhaus hat die juristische Verantwortlichkeit grundlegende Bedeutung.[17] In der aufgabenorientierten Organisation des Krankenhauses ist aus rechtlicher Sicht die Schaffung einer betrieblichen Rangordnung mit einer abgestuften Aufgaben-, Kompetenz- und Verantwortungsstruktur einschließlich eines Kontroll-, Eingriffs- und Weisungsrechtes von oben nach unten ein unverzichtbares Erfordernis. Die Arbeitsteilung als wesentliches Gliederungselement mit einer Vielzahl von Einzelleistungen im Bereich Diagnose, Therapie, Pflege, Behandlung, Versorgung und Verwaltung bestimmen das Leistungsgeschehen im modernen Krankenhaus. Für das Haftungssystem unserer Rechtsordnung[18] ergibt sich daraus die Unterscheidung zwischen **Handlungsverantwortung** einerseits und **Führungs-** oder **Organisationsverantwortung** andererseits (s im Einzelnen dazu § 93 und § 103). Dabei setzt sowohl die zivilrechtliche als auch die strafrechtliche Verantwortlichkeit grundsätzlich Verschulden (Vorsatz und Fahrlässigkeit) voraus. Dies bedeutet für den Krankenhausarzt persönliche rechtliche Verantwortlichkeit für sein Handeln. Alle Modelle der Organisation des ärztlichen Dienstes im Krankenhaus[19] sehen die Stellung eines letztverantwortlichen Arztes vor, dem ein nachgeordneter ärztlicher Dienst mit geringeren Verantwortungsbereichen untersteht und dessen Aufsichts- und Weisungsrecht aus der Stellung der Letztverantwortung folgt.

5. Die ärztliche Verantwortungskompetenz und die Beteiligung am Risiko- 17 management. Die Diskussion um die Verknüpfung der qualitativen Verbesserung der Patientenbehandlung in der Klinik mit der Minimierung des zivilrechtlichen und/oder strafrechtlichen Haftungsrisikos von Krankenhausträger und Krankenhausärzten hat auch in Deutschland die Fragen des Risikomanagement („Risk management") in den Vordergrund treten lassen.[20] Unterschieden werden zwei Formen des Risikomanagements: ein fehlerbezogen – haftungsrechtliches und ein risikobezogen – medizinisches.[21] Das mögliche Instrumentarium und die organisatorischen Maßnahmen wie zB die Einrichtung eines Frühwarnsystems, die Aufdeckung von Schwachstellen, die Reaktion auf haftungsrelevante Vorkommnisse ua tangieren den ärztlichen Bereich in besonderer Weise. Ursachen, Fehlerquellen finden sich in der Hauptsache nämlich bei der Aufklärung, der Behandlung, der Dokumentation und der Organisation der betrieblichen Abläufe; hier ist der ärztliche Dienst, insbesondere die Leitungs- und Verantwortungsebene, in besonderer Weise gefordert.[22] Risk management dient vor allem der kontinuierlichen Risikoreduktion mit Identifizierung, Analyse, Korrektur und ständiger Evaluation der Schwachpunke eines Klinikbetriebs. Ziel ist Vermeidung von Fehlern, die unmittelbar oder mittelbar den Patienten oder die Mitarbeiter im Klinikbetrieb, aber auch Außenstehende (zB Besucher), gefährden oder schädigen können.

---

[17] Zur rechtlich eingeschränkten Meinungsfreiheit für Ärzte im Krankenhaus BGH Urt v 26. 11. 1996 mit Anm von *Andreas/Debong* ArztR 1997, 186.

[18] Zu den Grundlagen der Krankenhaushaftung s die Ausführungen im 17. und 18. Kap.

[19] Siehe zB DKG, Beratungs- und Formulierungshilfe Chefarztvertrag, 8. Aufl 2007; zur Kollegialentscheidung und Individualverantwortung *Grafe/Debong* ArztR 1997, 95.

[20] Zur Entwicklung und Bedeutung des Risk-Managements in den USA (vor allem im Hinblick auf die Fehlerprophylaxe in der Anästhesie) *Eichhorn* ArztR 2000, 150; Risk-Management als wichtiger Bestandteil des Qualitätssicherungsmanagements *Ulsenheimer*, in: *Ekkernkamp/Scheibe* (Hrsg), Qualitätsmanagement in der Medizin, Hdb 167; Sachverständigenrat zur Begutachtung der Entwicklung im Gesundheitswesen, Gutachten 2007, 593 ff (Qualität und Patientensicherheit); s auch Gründung des Aktionsbündnisses Patientensicherheit eV im Jahr 2005 durch die meisten Partner im deutschen Gesundheitswesen, www.aktionsbuendnis-patientensicherheit.de.

[21] Ausführlich *Hart*, HK-AKM, 4605.

[22] *Hart*, HK-AKM, 4605, RdNr 5 ff; s bereits *Junghanns* ArztR 1999, 88; *Schulte-Sasse* ArztR 1999, 89; *Grafe* ArztR 1999, 91; *Bruns*, ArztR 1999, 21; *Andreas* ArztR 1999, 127; *Debong* ArztR 1999, 130.

III. Die Gliederung des ärztlichen Dienstes

18 Bei der Festlegung der Organisation des ärztlichen Dienstes ist zu regeln, welche einzelnen Aufgaben der jeweilige Arzt (oder eine Gruppe von Ärzten) im Krankenhausgeschehen, sei es bei der Betreuung des Patienten oder in der Verwaltung, zu erfüllen hat. Weiter ist zu bestimmen, in welcher Weise der Arzt an der medizinischen Versorgung und den dazu notwendigen Entscheidungen mitwirkt und in welchem Umfang er Verantwortung trägt, insbesondere welche Kompetenzen ihm im Rahmen der Führungs- und Leitungsstruktur zustehen. Entscheidendes Kriterium für die **Aufgaben- und Verantwortungszuordnung** hat die fachliche und persönliche Qualifikation des Arztes zu sein (s allgemein zur beruflichen Gliederung der Gruppe der Krankenhausärzte § 12 RdNr 5 bis 12).

19 **1. Übertragung von Aufgaben.** Entsprechend der **vertikalen Gliederungsstruktur** können Aufgaben übertragen werden im Rahmen der
- Krankenhausbetriebsführung (oberstes betriebliches Management für den Teilbereich Ärztlicher Dienst) an Ärztliche Direkoren, Fachbereichsleiter ua;
- Abteilungs- und Institutsleitung (oberes betriebliches Management für den Teilbereich Ärztlicher Dienst) an Abteilungsärzte, leitende Ärzte (Chefärzte), Oberärzte, an Vertreter des Abteilungsarztes ua;
- Stationsleitung und Leitung von Funktionsdiensten (mittleres betriebliches Management für den Teilbereich Ärztlicher Dienst) an Oberärzte, Stationsärzte, Funktionsärzte, Assistenzärzte als Vertreter der Stations- oder Funktionsärzte.

20 Die organisatorische Gliederung gibt das Rangordnungsverhältnis wieder, insbesondere die **Entscheidungs- und Leitungskompetenz**.[23] Dementsprechend ist zu unterscheiden zwischen Ärzten mit alleiniger Entscheidungs- und Leitungskompetenz, Ärzten mit beschränkter Entscheidungs- und Leitungszuständigkeit und Ärzten ohne Entscheidungskompetenz. Der letztverantwortliche Arzt und der Arzt, der im Rahmen der an ihn delegierten Verantwortungsbereiche handelt, sind für die in diesem Bereich von ihnen selbst vorgenommenen Handlungen und Entscheidungen voll und allein verantwortlich. Der Arzt, dem lediglich Routinemaßnahmen zur alleinigen Durchführung übertragen werden, deren Indikation durch generelle Entscheidung angeordnet ist, trägt lediglich die Handlungsverantwortung für die von ihm vorzunehmenden Handlungen. Eine Entscheidungsverantwortung oder Leitungsverantwortung trifft ihn grundsätzlich nicht. Die Leitungskompetenz vollzieht sich durch **Aufsicht und Weisung** sowie durch Aufgabendelegation und Kontrolle. Die Leitungskompetenz umfasst auch die Koordination mit anderen Leitungs- und Funktionsbereichen sowie die Sicherstellung der Kooperation. Auch die Beratung und Leitung von Beschluss- und Beratungsgremien im Krankenhaus kann ihm übertragen sein.

21 Am 31.12.2008 waren 1,08 Mio Personen in den 2083 Krankenhäusern beschäftigt. Die Zahl der hauptamtlichen Ärzte (ohne Belegärzte und Zahnärzte) belief sich auf 139 294 und die Zahl der Beschäftigten im Pflegedienst auf 366 045; verwendet man anstelle der Kopfzahl zum besseren Vergleich sog Vollzeitäquivalente waren es im Ärztlichen Dienst 128 117 und im Pflegedienst 300 417 Vollkräfte im Jahresdurchschnitt (insgesamt 797 600 Vollkräfte in den 2083 Krankenhäusern).[24] Von den 139 294 beschäftigten

---

[23] Zur Rechtsstellung des Chefarztes gegenüber anderen Krankenhausmitarbeitern (Ärztl Direktor, andere Chefärzte, nachgeordnete Ärzte, nicht-ärztliches Personal) s *Bender,* HK-AKM, 1280, RdNr 102 ff. Siehe auch *Hoffmann* AuK 2001, 165, 168 f: System der Gliederung des ärztlichen Dienstes nach dem Ordnungsprinzip Leitender Arzt – Oberarzt – Assistenzarzt konkurrenzlos leistungsfähig, weil qualifikationsentsprechend.

[24] Quelle. Statistisches Bundesamt, Fachserie 12 Reihe 6.1.1 (Grunddaten der Krankenhäuser), abrufbar unter www.destatis.de; s auch *Bölt,* Grund- und Kostendaten der Krankenhäuser 2006, in: *Klauber/Robra/Schellschmidt* (Hrsg), Krankenhaus-Report 2008/2009, 241, 257 ff, auch mit einem

Ärzten waren 12 460 Leitende Ärzte, 30 019 Oberärzte, 96 815 Assistenzärzte (davon rd 32 000 mit abgeschlossener Weiterbildung). Hinzu kommt die Zahl der Belegärzte mit 6235 und der von Belegärzten angestellten Ärzte mit 482.

2. Gestaltungsmittel der Betriebsorganisation. Zu den betrieblichen Gestaltungsmitteln gehören Geschäftsordnungen, Geschäftspläne, Stellenbeschreibungen, Dienstanweisungen, aber auch Festlegungen in den Anstellungsverträgen. Entsprechend dem innerbetrieblichen Regelungsinstrumentarium sollten bei der Einweisung eines Arztes in eine bestimmte Position die Aufgabenzuordnung, der Umfang der Verantwortung, aber auch die Führungskompetenz eindeutig festgelegt werden. Nicht nur aus rechtlichen Gründen, sondern auch aus betriebsökonomischen Notwendigkeiten ist es geboten, klare Zuordnungen von Aufgaben, Verantwortung und Leistungszuständigkeiten der einzelnen Ärzte im Krankenhaus, seien es Assistenzärzte, Oberärzte, leitende Abteilungsärzte, zu bestimmen.

3. Struktur des ärztlichen Dienstes. Neben den hauptamtlich im Krankenhaus tätigen Ärzten haben bei der Organisation des ärztlichen Dienstes im Krankenhaus die **Belegärzte**[25] (§ 121 Abs 2 SGB V, § 22 Abs 1 S 1 BPflV/§ 18 KHEntgG) ihre besondere Bedeutung. Der Belegarzt ist im Rahmen seiner ärztlichen Tätigkeit letztverantwortlich. Soweit ihm ärztliche Mitarbeiter des Krankenhauses zugeordnet werden (zB im ärztlichen Bereitschaftsdienst), besitzt er auch Leitungskompetenz. In diesem Rahmen besteht auch Delegationsmöglichkeit.[26] Für Fachgebiete, die im Krankenhaus nicht durch einen hauptamtlich angestellten Arzt versorgt werden und für die auch keine Belegabteilung vorhanden ist, kann sich die Notwendigkeit ergeben, einen fachkompetenten Arzt konsiliarisch hinzuzuziehen. Dies geschieht insbesondere an kleineren Krankenhäusern, bei denen nicht erwartet werden kann, dass alle medizinischen Fachrichtungen durch hauptamtliche angestellte Ärzte oder Belegärzte abgedeckt sind. **Konsiliarärzte** können, müssen aber nicht in einem ständigen Vertragsverhältnis zum Krankenhaus stehen. Die Beratung durch den Konsiliararzt[27] kann sich auf Diagnostik und Therapie beziehen, bspw im Zusammenhang mit der Einholung einer Zweitmeinung vor erheblichen chirurgischen Eingriffen (second opinion) im Rahmen der Qualitätssicherung (§ 137 Abs 3 S 1 Nr 3 SGB V). Die Verantwortung des leitenden Arztes für die Behandlung des Patienten wird dadurch aber nicht eingeschränkt. Herkömmlicherweise handelt es sich also um eine hochspezialisierte Leistung, die nur selten und nicht routinemäßig in dem betreffenden Krankenhaus erbracht wird.

Über die Zusammenarbeit der angestellten Krankenhausärzte mit Konsiliarärzten und Belegärzten hinaus wird seit 2007 die Struktur des ärztlichen Dienstes der Krankenhäuser zunehmend und ergänzend auch durch sog **Honorarärzte**/teilzeitangestellte (Vertrags-)Ärzte mitbestimmt. Diese letztgenannte Arztgruppe erbringt selbstständig auch operative Leistungen in größerem Umfang, die bisher durch das eigene ärztliche Personal der Fachabteilung regelmäßig vorgenommen wurden, und ist dann fester Bestandteil des ärztlichen Dienstes des Krankenhauses; die Gesamtverantwortung liegt beim Krankenhaus. Grundlage für die Ausweitung der Tätigkeit externer Ärzte im Krankenhaus auf Regel-

---

Schaubild (262) zur Personalstruktur der Krankenhäuser 2006 (Vollkräfte: insbesondere Pflegedienst 37,8 %, ärztl Personal 15,6 %, medizinisch-technischer Dienst 15,5 %, Funktionsdienst 10,7 %, Verwaltungsdienst 7,2 %, Wirtschafts- und Versorgungsdienst 6,5 %; s auch die Übersicht in DKG, Zahlen/Daten/Fakten 2009, 34 (Entwicklung 1991–2007); vgl auch Ärztestatistik der BÄK: insgesamt 153 799 stationär tätige Ärzte (incl Reha) zum 31.12. 2008 (Tabelle 7 mit Differenzierung nach Gebietsbezeichnungen und Altersgruppen), www.bundesaerztekammer.de

[25] Näher zum Begriff des Belegarztes nachfolgend unter RdNr 28; zum Belegarztvertrag unten § 86 RdNr 57 ff.
[26] Siehe *Hohmann*, Das Belegarztsystem, MHK, 370; *Peikert*, Belegarzt, HK-AKM, 805.
[27] Näher zum Begriff des Konsiliararztes nachfolgend RdNr 27.

eingriffe ist – soweit es sich um Vertragsärzte handelt – die Liberalisierung des Vertragsarztrechts.[28]

25 In diesem Zusammenhang ist auch die Neuregelung in § 121 Abs. 5 SGB V idF des Gesetzes zum ordnungspolitischen Rahmen der Krankenhausfinanzierung ab dem Jahr 2009[29] von Bedeutung, wonach Krankenhäuser mit Belegbetten zur Vergütung der belegärztlichen Leistungen mit **Belegärzten Honorarverträge** schließen können und dann ihrerseits die DRG-Fallpauschalen für Hauptabteilungen in Höhe von (nur) 80 Prozent abrechnen (§ 18 Abs. 3 KHEntgG). Die auf Basis eines Honorarvertrages in der Belegabteilung vom Belegarzt erbrachten Leistungen werden dann nicht mehr als vertragsärztliche Leistungen eingestuft und somit auch nicht mehr aus der vertragsärztlichen Gesamtvergütung bezahlt (abweichend von § 121 Abs 3 SGB V), sondern als vertragliche Leistung durch das Krankenhaus.

IV. Liberalisierung des Vertragsarztrechts – Auswirkungen auf die Krankenhäuser am Beispiel ambulanter und stationärer Operationen im Krankenhaus

26 Für die vollstationäre und teilstationäre Behandlung sowie die vor- und nachstationäre Behandlung besteht als Entgeltregelung eine klare Rechtsgrundlage für die **Einbeziehung niedergelassener Ärzte:** Nach § 2 Abs 2 S 2 Nr 2 KHEntgG und § 2 Abs 2 S 2 Nr 2 BPflV gehören zu den allgemeinen Krankenhausleistungen auch die vom Krankenhaus veranlassten Leistungen Dritter. Die **Drittleistung** wird herkömmlicherweise durch Konsiliarärzte oder Belegärzte erbracht.

27 1. Konsiliarärzte. Wenn die eigenen im Krankenhaus vorhandenen medizinischen Kenntnisse oder Fähigkeiten zur optimalen Diagnostik oder Behandlung nicht ausreichend sein sollten, kann insbesondere in Krankenhäusern der Grund- und Regelversorgung ein **Konsiliararzt** aus dem niedergelassenen Bereich ergänzend zur Beratung in speziellen Einzelfragen und zur Mitbehandlung von Fall zu Fall tätig werden; die Durchführung von Operationen wird vom herkömmlichen Begriff des Konsiliararztes nicht umfasst.[30] Zugrunde liegen Rahmenverträge mit bestimmten Ärzten, die wegen ihrer besonderen Kenntnisse immer wieder um ein medizinisches Konsil, um bestimmte Mitbehandlungen gebeten werden. Zulässig ist dieser Weg nur, wenn die Hauptleistung vom Versorgungsauftrag umfasst wird und wenn nicht etwa wegen der Art und Schwere der Erkrankung die Verlegung des Patienten in ein leistungsfähigeres Krankenhaus geboten ist.[31] Die Vergütung der Drittleistung im Rahmen des Versorgungsauftrages erfolgt über die für die allgemeinen Krankenhausleistungen vorgesehenen Entgelte (§ 7 iVm § 8 Abs 1

---

[28] Siehe dazu nachfolgend RdNr 26 ff; ferner die Musterverträge der DKG (unter Mitwirkung der BÄK und der KBV), der niedergelassene Arzt im Krankenhaus, 2008: ua „Honorararztvertrag" (ausgehend vom klassischen, reinen Konsiliararzt und mit den vertraglichen Besonderheiten des Honorararztes neuen Typs) und „Belegarztvertrag/Kooperativer Belegarztvertrag", ferner Hinweise zur „Vereinbarung von Schiedsgerichtsklauseln" (Ausschluss des ordentlichen Rechtsweges).

[29] KHRG v 17. 3. 2009, BGBl I, 534. Siehe zur Abrechnung auf Basis der Hauptabteilungs-DRGs oben § 82 RdNr 253.

[30] Näher zum Begriff des Konsiliararztes *Prütting*, KHGG NRW, 3. Aufl 2009, § 31 RdNr 26; *Quaas* f & w 2006, 452; s auch (Muster-)Berufsordnung Ärzte, zuletzt geändert durch Beschluss des Vorstandes der BÄK v 24. 11. 2006 (DÄBl 2007, A 1613), Abschnitt C 2 Nr 2 zu dem Behandlungsgrundsatz der rechtzeitigen Hinzuziehung anderer Ärzte, wenn die eigene Kompetenz zur Lösung der diagnostischen und therapeutischen Aufgabe nicht ausreicht, abgedruckt in HK-AKM, R100; ferner DKG, Beratungs- und Formulierungshilfe Konsiliararztvertrag (noch Juli 1998, gemeinsam mit BÄK und KBV). Siehe auch BSG NZS 2007, 657, 660 zu § 2 Abs 2 S 2 Nr 2 KHEntgG: „Leistungen, die im Verhältnis zu der vom Krankenhaus zu erbringenden Hauptbehandlungsleistung lediglich ergänzende oder unterstützende Funktion haben".

[31] Ebenso *Wagener/Schwarz*, in: *Robbers/Steiner* (Hrsg), Berliner Kommentar, § 2 KHEntgG RdNr 3.2.2.

S 3 KHEntgG). Das Konsiliararztsystem erfasst aber nicht Verträge mit niedergelassenen Fachärzten über Leistungen, die bisher durch die eigenen Krankenhausärzte regelmäßig selbst vorgenommen wurden.

2. Belegärzte. Die **Förderung** der stationären Tätigkeit von nicht am Krankenhaus angestellten Vertragsärzten als **Belegärzte** (§ 121 SGB V/§ 18 KHEntgG) im Interesse ihrer Patienten und zur Verzahnung von ambulanter und stationärer Versorgung war ein zentrales Anliegen bei der Verabschiedung des Gesundheits- Reformgesetzes vom 20. 12. 1988[32], wie insbesondere § 115 Abs 2 S 1 Nr 1 SGB V mit der Förderung des Belegarztwesens als Regelungsgegenstand eines dreiseitigen Vertrages zeigt. Der Belegarzt arbeitet per definitionem sektorübergreifend im Sinne einer integrierten Versorgung, insbesondere in ländlichen Gebieten, und unter Beschränkung auf die Fälle, in denen nicht die dauernde und sofortige Verfügbarkeit eines Facharztes erforderlich erscheint und Wohnung und Praxis so nah am Krankenhaus liegen, dass die unverzügliche und ordnungsgemäße Versorgung seiner Patienten gewährleistet ist.[33] Der Belegarzt als Vertragsarzt kann außerhalb seiner eigenen belegärztlichen Tätigkeit naturgemäß auch konsiliarärztliche Leistungen für Patienten in anderen Abteilungen erbringen. Auch die in einem Medizinischen Versorgungszentrum tätigen Ärzte kommen als Belegärzte in Betracht (s. § 95 Abs 1 S 1 und 2 SGB V); der Belegarztvertrag wird durch das MVZ abgeschlossen.

5 859 **Fachärzte** sind bundesweit als **Belegärzte** tätig.[34] Für die belegärztliche Versorgung stehen nahezu 22 000 Krankenhausbetten zur Verfügung. Die Zahl der reinen Belegkliniken beläuft sich auf 179, überwiegend in privater Trägerschaft. Es bestehen deutliche regionale Schwerpunkte: Bayern (30 % der gesamten Belegbetten), Hessen (15 %), Baden-Württemberg (12 %), Nordrhein-Westfalen (12 %), Niedersachsen (10 %), Rheinland-Pfalz (8 %). Nicht in allen Ländern werden Belegkapazitäten im Krankenhausplan ausgewiesen. Das Konzept der belegärztlichen Versorgung hat in den neuen Ländern mit einem Belegbettenanteil von insgesamt nur 3,3 % kaum Bedeutung.

3. Krankenhausambulante Operationen durch Vertragsärzte. Die Einbeziehung niedergelassener Ärzte in die Durchführung ambulanter Operationen gemäß § 115 b SGB V durch das Krankenhaus war mangels gesetzlichen Verbotes stets – seit Einführung durch das Gesundheitsstrukturgesetz vom 21. 12. 1992[35] – zulässig.

a) **Kein sozialrechtliches/krankenhausrechtliches Verbot.** Das **Fünfte Buch Sozialgesetzbuch** verbietet die Durchführung ambulanter Operationen durch niedergelassener Ärzte im Auftrag des Krankenhauses (Krankenhaus als Leistungserbringer) nicht, beispielsweise durch im stationären Bereich als Belegärzte tätige Vertragsärzte. Insbesondere enthält § 115 b SGB V zum ambulanten Operieren im Krankenhaus ein derartiges sozialrechtliches Verbot nicht. Entsprechendes gilt für den AOP-Vertrag (vgl zB § 7 Abs 1), für den im Übrigen eine Kompetenz der Selbstverwaltungspartner zur Statuierung eines derartigen Verbotes – in Abweichung von § 115b SGB V – ohnehin nicht gegeben ist; deshalb ist im Jahr 2004 zu Recht der Vorschlag der Spitzenverbände der Krankenkassen gescheitert, nur noch die Abrechnung solcher ambulanter Operationen zuzulassen, die durch „angestellte Mitarbeiter" erbracht worden sind.

---

[32] BGBl I, 2477; s dazu und generell zu Problemen der Verzahnung von ambulanter und stationärer Krankenbehandlung *Udsching* NZS 2003, 411, 415.

[33] Siehe § 39 Abs 4 Bundesmantelvertrag-Ärzte.

[34] Stand: 31. 12. 2008, ohne von Belegärzten angestellte Ärzte, Quelle: Statistisches Bundesamt, Fachserie 12 Reihe 6.1.1 und DKG, Zahlen/Daten Fakten 2009; Hauptbereiche: HNO-Ärzte (1 530), Frauenärzte (1.195), Orthopäden (619), Chirurgen (597), Augenärzte (588), Urologen (512).

[35] BGBl I, 2266. Zum ambulanten Operieren durch Krankenhäuser s bereits oben § 83 RdNr 83 ff.

32 Auch aus den **Krankenhausgesetzen der Länder** kann sich ein Hindernis nicht ergeben.[36] Nach Aufhebung von § 36 Abs 2 KHG NRW durch das Krankenhausgestaltungsgesetz NRW v 11. 12. 2007[37] war nur noch im Krankenhausgesetz des Landes Brandenburg[38] festgelegt, dass Ärzte, die weder als Belegärzte noch hauptamtlich im Krankenhaus tätig sind, nur zur ergänzenden Untersuchung und Behandlung hinzugezogen werden dürfen (§ 25 Abs 2 S 2). Zum einen konnte diese Regelung wie das gesamte Gesetz nur für die vollstationäre und teilstationäre Leistungserbringung durch das Krankenhaus Geltung beanspruchen. Zum anderen und vor allem aber besitzen die Bundesländer ohnehin nicht die Gesetzgebungskompetenz, ein Verbot insbesondere der Erbringung ambulanter Operationen durch niedergelassene Ärzte im Auftrag des Krankenhauses zu statuieren; ein Sachzusammenhang mit der Krankenhausplanung der Länder besteht nicht (zu Recht Aufhebung durch das Brandenburgische Krankenhausentwicklungsgesetz v 8. 7. 2009).

33 Eine unzulässige **Umgehung der vertragsärztlichen Gesamtvergütung** (§ 85 SGB V) liegt nicht vor. Zwar kann der Gesetzeszweck nicht dahin interpretiert werden, dass alle bisher aus der Gesamtvergütung honorierten Leistungen nunmehr ausschließlich auf der Grundlage von § 115 b Abs 2 S 4 SGB V von den Krankenkassen außerhalb der Gesamtvergütung zu honorieren wären.[39] Daraus folgt aber nicht etwa ein Vorrang der Abrechnung im Krankenhaus durchgeführter ambulanter Operationen mit niedergelassenen Ärzten aus der vertragsärztlichen Gesamtvergütung.[40] Entscheidend ist der verantwortliche Leistungserbringer, und dies ist das Krankenhaus beim nach § 115 b zugelassenen krankenhausambulanten Operieren. Der Spitzenverband Bund der Krankenkassen, die Deutsche Krankenhausgesellschaft und die Kassenärztliche Bundesvereinigung haben von der ihnen eingeräumten Befugnis, Regelungen über ein gemeinsames Budget zur Vergütung aller ambulanten Operationen der Krankenhäuser und der Vertragsärzte zu vereinbaren (§ 115 b Abs 5 SGB V) keinen Gebrauch gemacht; damit ist auch zukünftig angesichts nicht behebbarer Interessengegensätze nicht zu rechnen.

34 Umso bedeutsamer ist freilich, dass die Krankenhäuser **ambulante Operationen** nur in den Leistungsbereichen erbringen dürfen, auf die sich ihr **stationärer Versorgungsauftrag** bezieht.[41] § 115 b ist durch das Gesundheitsstrukturgesetz[42] in das Fünfte Buch Sozialgesetzbuch eingefügt worden, um ein Ausweichen auf die teure vollstationäre Behandlung durch die gesetzliche Zulassung zum ambulanten Operieren in den Fällen zu vermeiden, in denen dies medizinisch aufgrund der Fortschritte im operativen Bereich nicht erforderlich ist, und um so erhebliche Einsparungen zu erzielen.[43] Zwar hat der Gesetzgeber der vertragsärztlichen Bedarfsplanung nach §§ 101 ff SGB V bei der Zulas-

---

[36] AA *Dahm* ZMGR 2006, 161, 167; *Schulz/Mertens* MedR 2006, 191, 195.
[37] GV NRW 2007, 702 (vgl § 31).
[38] Vom 11. 5. 1994, GVBl I 94, 106; nunmehr BbgKHEG v 8. 7. 2009, GVBl I 310.
[39] BSG MedR 2000, 242.
[40] Siehe demgegenüber *Schulz/Mertens* MedR 2006, 191, 197: „unzulässige Umgehung der Gesamtvergütung durch Verschaffung einer extrabudgetären Vergütung". Unzutreffend Sächsisches LSG, Urt v 30. 4. 2008 – L 1 KR 103/07, MedR 2009, 114 (Anm *Steinhilper*) = KHR 2008, 128, wonach das Krankenhaus einen Vergütungsanspruch nicht besitzt, wenn es die Operation durch einen Arzt durchführen lässt, der nicht Beschäftigter des Krankenhauses, sondern niedergelassener Arzt ist; aA zutreffend *Bender* KH 2009, 563; *Kuhlmann* KH 2008, 1313; *Quaas* GesR 2009, 459.
[41] Ebenso *Clement*, HK-AKM, 60 RdNr 26, 66; *Nösser/Korthus*, MHK, 100 RdNr 17, 71, 73; *Schulz/Mertens* MedR 2006, 191; *Dahm* ZMGR 2006, 161, 166; aA *Wigge/Frehse* MedR 2001, 549, 551; *Pflugmacher* Chirurgen Magazin 2004, 40, 41.
[42] Vom 21. 12. 1992, BGBl, 2266, 2285.
[43] Begründung Fraktionsentwurf der CDU/CSU, SPD und FDP, BT-Drucks 12/3608, 102, 103; nicht gefolgt ist der Gesetzgeber dem Vorschlag der KBV, die Zulassung davon abhängig zu machen, dass Krankenhausbetten in Folge ambulanter Operationsmöglichkeiten abgebaut werden.

sung der Krankenhäuser keinerlei Beachtung geschenkt.[44] Der weite Wortlaut des Gesetzes – weder ausdrückliche Begrenzung auf zur GKV zugelassene Krankenhäuser (§ 108 SGB V) noch auf den Umfang des stationären GKV-Versorgungsauftrages (§ 109 Abs 4 S 2 SGB V) – muss auf der Grundlage des klar zu Tage getretenen Motivs des Gesetzgebers einschränkend ausgelegt werden. Eine vom stationären Bereich unabhängige Zulassung der Krankenhäuser zu ambulanten Operationen lag jedenfalls bei der Verabschiedung des Gesundheitsstrukturgesetzes vor über 15 Jahren außerhalb der Vorstellungskraft des Gesetzgebers in Abgrenzung zum unstrittigen Sicherstellungsauftrag der Kassenärztlichen Vereinigungen für die ambulante ärztliche Versorgung.

Dementsprechend enthält § 1 Abs 1 S 1 des Vertrages nach § 115 b SGB V (**AOP-Vertrag**) des Spitzenverbandes Bund der Krankenkassen, der Deutschen Krankenhausgesellschaft und der Kassenärztlichen Bundesvereinigung, wonach die Krankenhäuser nur in den Leistungsbereichen zugelassen sind, in denen sie auch stationäre Krankenhausbehandlung erbringen,[45] keine (unzulässige) Einschränkung des Gesetzes,[46] ist vielmehr deklaratorischer Natur.[47]

Dieses Ergebnis wird bestätigt durch das Gesetzgebungsverfahren zum GKV-Gesundheitsreformgesetz 2000,[48] durch das die Zulassung der Krankenhäuser um „sonstige stationsersetzende Eingriffe" erweitert wurde, ohne § 1 Abs 1 S 1 AOP-Vertrag zu thematisieren.

b) **Mengenausweitung beim krankenhausambulanten Operieren.** Zu einer Mengenausweitung beim ambulanten Operieren ist es – anders als vom Gesetzgeber zur Substitution stationär durchgeführter Operationen gewollt – zunächst nur in der vertragsärztlichen Versorgung gekommen. So wurden beispielsweise im Jahr 1999 im niedergelassenen Bereich 5,5 Mio. Operationen und im Krankenhausbereich nur 219.500 Operationen ambulant durchgeführt. Die Wende wurde durch das GKV-Gesundheitsreformgesetz 2000 eingeleitet, indem der von den Selbstverwaltungspartnern zu vereinbarende Katalog ambulant durchführbarer Operationen um „stationsersetzende Eingriffe" erweitert und insbesondere ein Regel-Ausnahme-Verhältnis ausdrücklich statuiert wurde (Umkehr der Darlegungs- und Beweislast für besonders gekennzeichnete Katalogleistungen; Kennzeichnung regelmäßig ambulant erbringbarer Leistungen mit Ausnahmetatbeständen als Grundlage für gezielte verdachtsunabhängige Fehlbelegungsprüfungen bei stationärer Durchführung);[49] bei den entsprechend markierten Leistungen trägt letztlich das Krankenhaus die Beweislast für die Erforderlichkeit einer stationären Behandlung.

---

[44] Zur deshalb fraglichen Rechtfertigung des Fortbestandes der Bedarfsplanung zumindest für die fachärztliche Versorgung s generell *Wenner* GesR 2003, 129, 130 und insbesondere im Hinblick auf § 116 b Abs 2 SGB V aF *Degener-Hencke* VSSR 2006, 93, 102 f.

[45] AOP-Vertrag v 4. 12. 2009 (im Wesentlichen Fortschreibung des Vertrages v 17. 8. 2006), abrufbar unter www.gkv-spitzenverband.de.

[46] AA *Schulz/Mertens* MedR 2006, 191, 192, die allerdings in der vertraglichen Regelung eine aufgrund der Normgebungskompetenz der AOP-Vertragspartner wegen des gesetzgeberischen Ziels zulässige Beschränkung der gesetzlichen Zulassung sehen und dementsprechend zu demselben Ergebnis gelangen; nach *Pflugmacher* Chirurgen Magazin 2004, 40, 41 ist § 1 Abs 1 S 1 AOP-Vertrag wegen Verstoßes gegen § 115 b unwirksam.

[47] Beschränkung der Gültigkeit des AOP-Kataloges auf das Jahr 2010 (Neuverhandlungen Anfang 2010).

[48] Vom 22. 12. 1999 – BGBl, 2626.

[49] Siehe auch Gemeinsame Empfehlung zum Prüfverfahren nach § 17 c KHG der Spitzenverbände der Krankenkassen und der Deutschen Krankenhausgesellschaft v 15. 4. 2004, DKG, Materialien zur Stichprobenprüfung im Krankenhaus nach § 17 c KHG, und § 3 AOP-Vertrag zu den allgemeinen Tatbeständen, bei deren Vorliegen eine stationäre Durchführung erforderlich sein kann; näher dazu *Nösser/Korthus*, MHK, 100 RdNr 5 und zu den regelhaft ambulant zu erbringenden Leistungen RdNr 31 ff; ferner *Wenner* GesR 2003, 29, 131 zur Wichtigkeit der Regel-Ausnahme-Festlegung durch die Selbstverwaltungspartner.

38 Die Ausweitung und Umstellung des Kataloges ambulant durchführbarer Operationen und möglicherweise auch bereits die Durchführung krankenhausambulanter Operationen durch Vertragsärzte hatten erstmals im Jahr 2004 eine deutliche **Fallzahlsteigerung bei den krankenhausambulanten Operationen** zur Folge: Während die Zahl der ambulanten Operationen im Krankenhaus 2002 bei nur 575 613 lag, waren es 2004 bereits 1 160 573 und 2006 1 513 716 sowie 2007 1 638 911 und 2008 1 758 305.[50] In welchem Umfang die parallele Einführung der DRG-Fallpauschalen zum rasanten Anstieg beigetragen hat, kann nicht eingeschätzt werden; von nicht unerheblich kausaler Bedeutung ist die Vergütung unmittelbar durch die Krankenkassen jenseits des Krankenhausbudgets.[51] Fasst man die Anzahl der ambulanten Operationen nach § 115b und die Anzahl der stationären Fälle als Gesamtleistung eines Krankenhauses auf, lag der Anteil der ambulanten Operationen im Jahr 2005 im Mittel über alle Krankenhäuser bei 8 %.[52] Die Zahl der Krankenhäuser, die eine Bereiterklärung zum ambulanten Operieren gemäß § 115b Abs 2 S 2 SGB V abgegeben haben, stieg von 1059 im Jahr 2002 auf 1260 im Jahr 2004 und 1303 im Jahr 2008.[53]

39 **4. Stationäre Operationen durch Vertragsärzte.** Das Fünfte Buch Sozialgesetzbuch sowie das Krankenhausfinanzierungsgesetz, das Krankenhausentgeltgesetz und die Bundespflegesatzverordnung enthalten auch im Hinblick auf die Einbeziehung von Vertragsärzten als Operateure in die stationäre Behandlung – auch außerhalb der belegärztlichen Versorgung – kein ausdrückliches Verbot.

40 *a)* **Kein sozialrechtliches/krankenhausrechtliches Verbot.** Insbesondere lässt sich aus **§ 121 SGB V** nicht etwa im **Umkehrschluss** herleiten, dass im stationären Bereich Hauptbehandlungsleistungen durch nicht am Krankenhaus angestellte Ärzte nur erbracht werden dürfen, wenn es sich um Belegärzte handelt;[54] diese Konstellation lag bei der Aufnahme des herkömmlichen Belegarztsystems in das SGB V durch das Gesundheitsreformgesetz vom 20. 12. 1988[55] außerhalb der Vorstellungskraft des Gesetzgebers, der auch später – nach zunehmender sog verdeckter Belegarzttätigkeit – diese nicht untersagt hat. Es gab und es gibt keinen gesetzlich verankerten Grundsatz, dass im Regelfall die akutstationäre Behandlung, die allgemeine Krankenhausleistung durch angestellte eigene Krankenhausärzte erbracht wird. **§ 2 Abs 2 S 2 Nr 2 KHEntgG** (ebenso § 2 Abs 2 S 2 Nr 2 BPflV), wonach zu den allgemeinen Krankenhausleistungen auch die vom Krankenhaus veranlassten Leistungen Dritter gehören, ist bereits deshalb nicht einschlägig, weil es sich um eine reine Entgeltregelung handelt, die zudem nicht zwischen (zulässigen) Nebenleistungen und (unzulässigen) Hauptleistungen unterscheidet.[56] Der **Versorgungsauftrag** des Krankenhauses darf durch die Erbringung der Hauptleistung mit einem externen Arzt nicht ausgeweitet werden, was aber regelmäßig auch nicht der Fall ist. Die **Leistungsfähigkeit** des Krankenhauses wird ebenfalls regelmäßig nicht tangiert, weil sie durch die Kooperationsverträge mit den niedergelassenen Ärzten und die fort-

---

[50] Quelle: Gesundheitsberichterstattung des Bundes, abrufbar unter www.gbe-bund.de.
[51] Nach dem Regierungsentwurf des GKV-Gesundheitsreformgesetzes wäre für markierte Katalogleistungen jeweils die ausdrückliche Zustimmung der Krankenkasse erforderlich gewesen, um bei stationärer Durchführung gegenüber den Krankenkassen vergütungsberechtigt zu sein, BR-Drucks 454/99, zu Art 1 Nr 66, S 13.
[52] Quelle: DKI, Krankenhausbarometer 2007, 12, abrufbar unter www.dkicomnetinfo.de.
[53] Quelle: Gesundheitsberichterstattung des Bundes, abrufbar unter www.gbe-bund.de.
[54] Ebenso *Muckel/Hiddemann*, in: *Schnapp/Wigge* (Hrsg), § 15, 443; *Quaas* f&w 2006, 452, 454.
[55] BGBl, 2477; Regierungsentwurf v 29. 4. 1988, BR-Drucks 200/88.
[56] Ebenso *Mohr* KU 2007, 226, 227. Für Zulässigkeit der Erbringung der Operationsleistung durch niedergelassene Ärzte im Rahmen des Versorgungsauftrages und der Gesamtverantwortung des Krankenhauses *Bender* KH 2009, 563 und *Lange* KH 2008, 1309; aA SächsLSG, Urt v 30. 4. 2008 – L 1 KR 103/07 (nicht rechtskräftig), KHR 2008, 128; kritisch *Prütting*, KHGG NRW, § 31 RdNr 28 unter dem Aspekt einer Überschreitung des Versorgungsauftrages.

bestehende Gesamtverantwortung des Krankenhauses gemeinsam mit den festangestellten Mitarbeitern gewährleistet wird.

b) **Änderung des vertragsarztrechtlichen Zulassungsrechts.** Vor dieser rechtlichen Ausgangslage sind die **Auswirkungen** des zum 1. 1. 2007 in Kraft getretenen **Vertragsarztrechtsänderungsgesetzes** vom 31. 10. 2006[57] auf die Krankenhäuser im Allgemeinen und das Belegarztwesen im Besonderen zu beurteilen.

Von herausragender Bedeutung ist die Änderung des vertragsarztrechtlichen Zulassungsrechts unter dem Stichwort **Liberalisierung des Vertragsarztrechts** im Hinblick auf die „Eignung" für die Tätigkeit als Vertragsarzt.[58] § 20 Abs 2 S 1 der Zulassungsverordnung für Vertragsärzte, wonach für die Ausübung vertragsarztrechtlicher Tätigkeit ein Arzt nicht geeignet ist, der eine ärztliche Tätigkeit ausübt, die ihrem Wesen nach mit der Tätigkeit des Vertragsarztes am Vertragsarztsitz nicht zu vereinbaren ist, wurde durch folgenden Satz ergänzt: „Die Tätigkeit in oder die Zusammenarbeit mit einem zugelassenen Krankenhaus nach § 108 des Fünften Buches Sozialgesetzbuch oder einer Vorsorge- oder Rehabilitationseinrichtung nach § 111 des Fünften Buches Sozialgesetzbuch ist mit der Tätigkeit des Vertragsarztes vereinbar." Damit sind vertragsarztrechtliche Probleme im Hinblick auf eine **gleichzeitige Tätigkeit als Vertragsarzt** und **angestellter Krankenhausarzt** mit der Rechtsprechung des Bundessozialgerichts zur Inkompatibilität[59] obsolet; der Gesetzgeber hat im Vertragsarztrecht nachvollzogen, was nach Sozialrecht und Krankenhausrecht ohnehin zulässig war und in der Praxis bereits gelebt wurde. Die Anstellung eines Arztes in einer Vertragsarztpraxis nach § 95 Abs 9 SGB V und in einem Krankenhaus ist ebenfalls möglich (§ 20 Abs 2 iVm § 1 Abs 3 Ärzte-ZV). Zugleich ist den Vertragsärzten gestattet worden, ihren Versorgungsauftrag durch Erklärung gegenüber dem Zulassungsausschuss auf die Hälfte zu beschränken (§ 19a Abs 2 Ärzte-ZV).

Der Hinweis auf § 108 SGB V soll lediglich der Abgrenzung zu den nicht zur GKV zugelassenen Krankenhäusern mit der Folge dienen, dass nicht nur die vollstationäre, teilstationäre sowie vor- und nachstationäre Behandlung erfasst wird, sondern **auch** der **ambulante Leistungsbereich der Krankenhäuser,** insbesondere das ambulante Operieren und Medizinische Versorgungszentren des Krankenhausträgers (in Verbindung mit § 1 Abs 3 Ärzte-ZV).[60] Trotz des Wortlautes von § 20 Abs 2 S 1 Ärzte-ZV erfasst die Liberalisierung nach ihrem Sinn und Zweck **auch** die Tätigkeit von Vertragsärzten in **nicht zur GKV zugelassenen Krankenhäusern,**[61] beispielsweise in Privatpatientenkliniken; eine Klarstellung im Verordnungstext ist angezeigt. Im übrigen standen einer Tätigkeit als privatärztlich niedergelassener Arzt und gleichzeitig in Teilzeit als Krankenhausarzt bereits in der Vergangenheit rechtliche Hindernisse nicht entgegen.

Unverändert geblieben ist § 20 Abs 1 Ärzte-ZV, wonach für die Ausübung vertragsärztlicher Tätigkeit nicht geeignet ist, wer wegen eines Beschäftigungsverhältnisses persönlich

---

[57] BGBl I, 3439.
[58] Siehe BT-Drucks 16/2474 zu Art 5 Nr 6 (§ 20 Ärzte-ZV), 29; ferner – auch im Hinblick auf die vorangegangenen Beschlüsse des 107. DÄT 2004 in Bremen zur Lockerung der berufsrechtlichen Begrenzungen ärztlicher Berufsausübung und zur Änderung der (Muster-)Berufsordnung Ärzte – *Orlowski/Halbe/Karch,* Vertragsarztrechtsänderungsgesetz, insbes 4 ff, 159 ff.
[59] Siehe BSG v 5. 11. 1997, BSGE 81, 143; BSG v 5. 2. 2003, GesR 2003, 173.
[60] Zu weiteren Änderungen betreffend die MVZ-Regelungen und die integrierte Versorgung durch das Vertragsarztrechtsänderungsgesetz s *Wagener/Weddehage* f&w 2007, 76 und zu den Auswirkungen des VÄndG auf Medizinische Versorgungszentren *Möller* MedR 2007, 263; die MVZ-Gründereigenschaft für zugelassene Krankenhäuser war wesentlich für die nun erfolgte generelle Zulassung gleichzeitiger Tätigkeit im Krankenhaus, MVZ und Praxis, siehe Gesetzesbegründung zu Nr 6 (§ 20 Abs 2), BT-Drucks 16/2474, 29; vgl auch *Orlowski/Halbe/Karch,* 4 ff; zum Krankenhaus-MVZ s a *Genzel,* FS Laufs, 817, 836 ff; empirische Analyse der MVZ am Krankenhaus *Hansen,* in: *Klauber/Robra/Schellschmidt* (Hrsg), Krankenhaus-Report 2008/2009, 35 ff.
[61] Ebenso *Dahm/Ratzel* MedR 2006, 555, 568 unter Hinweis darauf, dass eine solche Zusammenarbeit bei vertragsärztlicher Versorgung als Hauptaufgabe schon immer möglich gewesen ist.

nicht im erforderlichen Maße zur Verfügung steht.⁶² Deshalb bleibt in Fortgeltung der Rechtsprechung des Bundessozialgerichts die Arbeitszeit im Angestelltenverhältnis für ein Krankenhaus auf die **13-Stunden-Regel** beschränkt.⁶³ Ein Ausweg liegt in der durch das Vertragsarztrechtsänderungsgesetz geschaffenen Möglichkeit, den **Versorgungsauftrag des Vertragsarztes** auf die **Hälfte** der grundsätzlich vollzeitig auszuübenden vertragsärztlichen Tätigkeit zu ermäßigen (§ 19a Abs 2 S 1 Ärzte-ZV). Demzufolge bestehen keine Bedenken, wenn ein Arzt mit der Hälfte der regulären Arbeitszeit eines Vollbeschäftigten im Krankenhaus tätig ist, falls er eine Teilzulassung als Vertragsarzt (Beschränkung des Versorgungsauftrages auf die Hälfte) erhalten hat.⁶⁴

45   c) **Erweitertes Honorararzt-Modell vor dem Durchbruch.** Aufgrund der Liberalisierung des Vertragsarztrechts haben sich die Möglichkeiten der Krankenhausträger zur **Anstellung von Vertragsärzten erheblich erweitert.** Neben dem bisherigen Belegarztwesen wird der größere Gestaltungsspielraum für Hauptabteilungen mit Fachärzten aus dem niedergelassenen Bereich eine zunehmend bedeutendere Rolle spielen.⁶⁵ Auch **bisherige Belegärzte** werden in größerem Umfang in Hauptabteilungen arbeiten, ein festes Honorar von einem oder mehreren Krankenhausträger(n) aus den Hauptabteilungs-DRGs erhalten, das höher ist als die entsprechende Vergütung des Belegarztes nach dem EBM, und mitunter auch den Belegarztvertrag kündigen.⁶⁶

46   Nach der repräsentativen **Umfrage 2007** des Deutschen Krankenhausinstituts (**DKI-Krankenhausbarometer**)⁶⁷ möchten rd. 70 % der zugelassenen Krankenhäuser den Einsatz von ärztlichem Personal flexibilisieren. Geplante Änderungen betreffen die Anstellung von Vertragsärzten im Krankenhaus (39 %) und die Tätigkeit von Krankenhausärzten im vertragsärztlichen Bereich außerhalb eines MVZ (20 %) bzw in einem vertragsärztlich gegründeten MVZ (33 %). In der Tendenz planen Krankenhäuser mit zunehmender Bettengrößenklasse eher Änderungen aufgrund des Vertragsarztrechtsänderungsgesetzes als kleinere Kliniken. Rund ein Drittel der Krankenhäuser, die noch nicht an einem MVZ beteiligt sind, beabsichtigen nunmehr aufgrund der Liberalisierung die Gründung eines MVZ.⁶⁸

---

⁶² Siehe dazu *Wenner,* in: Das Krankenhaus im Gesundheitsgewährleistungsstaat (Düsseldorfer Krankenhausrechtstag 2007), 69, 87; ferner *Dahm/Ratzel* MedR 2006, 555, 566f.
⁶³ BSGE 89, 134 = NJW 2002, 3278; BSG NZS 2004, 219. *Bender* KH 2009, 563, 565: 14 Stunden bei einer in arztspezifischen Tarifverträgen üblichen Arbeitszeit von 42 Stunden.
⁶⁴ *Wenner,* aaO, 88, zugleich zu Recht gegen eine rein schematische (rechnerische) Vorgehensweise; s demgegenüber *Andreas* ArztR 2006, 144, 145 und *Nösser/Korthus,* MHK, 100, RdNr 72, Fn 86: Verdopplung auf 26 Stunden bei Teilzulassung.
⁶⁵ Siehe *Hermann* AuK 2008, 276, mit der Sorge vor einer Amerikanisierung unseres Krankenhaussystems durch Ausweitung der Konsiliararzttätigkeit auf die Regeleingriffe einer Klinik.
⁶⁶ Zur entsprechenden Verschärfung des Wettbewerbs für Krankenhäuser mit Belegabteilungen und erst recht für reine Belegkliniken und zur Umwandlung von Belegabteilungen s auch *Robbers/Wallhäuser* f&w 2008, 53; ferner Geschäftsberichte 2007/2008 und 2008/2009 des Berufsverbandes Deutscher Privatkliniken, 18f, abrufbar unter www.bdpk.de. Zum Abschluss eines Honorarvertrages zwischen Krankenhaus und Belegarzt und Abrechnung der Hauptabteilungs-DRG in Höhe von 80 Prozent durch das Krankenhaus gegenüber den Krankenkassen nach dem Krankenhausfinanzierungsreformgesetz v 17. 3. 2009 s RdNr 25 und § 82 RdNr 253.
⁶⁷ S 53ff; abrufbar unter www.dkicomnet.info.de.
⁶⁸ Entwicklung Gesamtzahl MVZ: 733 (31.3.07), 1023 (31.3.08), 1325 (30.6.09); Entwicklung MVZ in (Mit-)Trägerschaft von Krankenhäusern: 232 (31.3.07), 363 (31.3.08), 507 (30.6.09); Entwicklung der Zahl der Ärzte im Anstellungsverhältnis in Krankenhaus-MVZ: 844 (31.3.07), 1524 (31.3.08), 2448 (30.6.09); Quelle: KBV, Abt 4.2., abrufbar unter www.kbv.de/koop/9173.html; zu MVZ in Trägerschaft von Krankenhausketten s *Grether* f&w 2008, 371, Rhön: 19 MVZ (63 Vertragsarztsitze), Helios: 18 MVZ (61 Vertragsarztsitze, ferner Poliklinik Berlin-Buch mit 44 Sitzen), Vivantes: 8 MVZ.

§ 85 Die ärztlichen Leitungsstrukturen im Krankenhaus

Inhaltsübersicht

	RdNr
I. Die Organisationsstruktur des Krankenhauses	1
1. Das Beziehungssystem Krankenhaus	1
2. Die Gliederungsstruktur des Krankenhauses	6
3. Etwaige Schwachstellen der Organisationsstruktur	7
4. Die Auswirkungen der Reformgesetzgebung auf die Krankenhäuser	9
II. Landesgesetzliche Vorgaben für die Leitungsstruktur	11
1. Landeskrankenhausgesetze mit Regelungen zur Leitungsstruktur	12
2. Trägerautonomie und Leitungsstruktur	22
III. Auswahl und Bestellung von Krankenhausärzten	24
1. Der leitende Arzt des Krankenhauses (Ärztlicher Direktor)	25
2. Der leitende Arzt einer Fachabteilung oder eines Instituts (Chefarzt)	28
3. Die übrigen Krankenhausärzte	31

I. Die Organisationsstruktur des Krankenhauses

1. Das Beziehungssystem Krankenhaus. Die Organisationsstruktur eines Krankenhauses wird bestimmt von den wechselseitigen Beziehungen der menschlichen (personellen) und technischen (sachlichen) Produktivfaktoren Arbeitskraft, Sachgüter und Betriebsmittel. Durch entsprechende organisatorische Regelungen (Dienstordnungen, Geschäftsordnungen) ist dieses **kommunikative Beziehungssystem** so zu gestalten, dass das Betriebsziel, Heilung des Patienten, bestmöglich erreicht wird. Sozialstaatliche Aufgabe des Krankenhauses ist es, dem Patienten ohne Rücksicht auf seine wirtschaftliche Lage und soziale Stellung, entsprechend Art und Schwere seiner Erkrankung unter rationellem Einsatz der personellen und sachlichen Mittel eine medizinisch wirkungsvolle Behandlung und Versorgung zu gewährleisten. Die drei Funktionsbereiche des Ärztlichen Dienstes, des Pflegedienstes und des Verwaltungsdienstes treten dabei zum Patienten in Erfüllung des Heilzwecks unmittelbar oder mittelbar und wechselseitig in Beziehung. Die durch den medizinischen und medizinisch-technischen Fortschritt herbeigeführte Intensivierung von Behandlung und Pflege sowie die Rationalisierung des Krankenhausbetriebes allgemein und aufgrund der Reformgesetzgebung im Besonderen haben das Krankenhaus zu einem hochspezialisierten und komplizierten Betriebsorganismus gemacht. Der moderne Dienstleistungsbetrieb des Krankenhauses erfordert eindeutige Organisationsstrukturen, welche die betriebswirtschaftlichen Grundsätze über Betriebsform, Betriebsaufbau, Betriebsablauf und Betriebsführung, modifiziert durch die humanitäre Aufgabenstellung der Einrichtung, hinreichend berücksichtigen. Dabei wäre es verfehlt anzunehmen, dass es entsprechend der Vielzahl der Krankenhäuser, die nach Aufgabenstellung, Trägerschaft und oftmals auch ihrem eigenen Selbstverständnis die verschiedensten innerbetrieblichen Strukturen aufweisen, möglich wäre, Gliederung und Gefüge des Krankenhausbetriebes einheitlich als „Normaufbau" festzulegen. Darin liegt gerade die Problematik gesetzlicher, also normativer Vorgaben (RdNr 11 ff). Die dynamischen Prozessabläufe im Krankenhaus erfahren durch die auf die individuellen Bedürfnisse abgestellte Organisationsstruktur ihre Stabilisierung und Optimierung.

Ausgangspunkt für die Organisationsstruktur eines Krankenhauses ist die **Arbeitsteilung** als Grundlage für die Aufgabengliederung. Charakteristisch für den modernen Krankenhausbetrieb ist die fachlich gebotene arbeitsteilige Struktur. Nicht mehr die Leistungseinheit, sondern die Vielzahl der Einzelleistungen bei Diagnose, Therapie, Pflege und Behandlung sowie Versorgung bestimmt das Krankenhaus von heute. Die Zusammenfassung aller Teilleistungen zu einem geschlossenen abgestimmten Gefüge ergibt die Gesamtleistung. Qualität und Güte dieser Krankenhausleistung hängen entscheidend auch davon ab, inwieweit es dem innerbetrieblichen Zusammenwirken durch Kooperation und Koordination gelingt, sie dem Patienten gegenüber als einheitliche Leistung darzustellen.[1]

3   Die einzelnen **Teilaufgaben** und Teilleistungen im Krankenhaus lassen sich unter organisatorischen Gesichtspunkten gliedern, funktional nach dem Aufgabenzweck, nämlich ob sie unmittelbar patientenbezogen sind oder nicht, nach dem Rang der Aufgabe, nämlich Entscheidung oder Ausführung, und nach dem verfahrensmäßigen Ablauf, nämlich Planung, Organisation, Personaleinsatz, Führung, Kontrolle (Fünferkanon von Managementfunktionen).[2] Die kleinste organisatorische Einheit als Träger einer bestimmten Teilleistung ist im Krankenhaus die **Leistungsstelle.** Sie hat eine Teilaufgabe zu erfüllen, hat eine bestimmte personelle und apparative Ausstattung, zB die Station, mit abgegrenzter Kompetenz und Verantwortung. Die Zusammenfassung einzelner Leistungsstellen zu einer organisatorischen, mit einer gewissen Selbständigkeit ausgestatteten Einheit ergibt den Leistungsbereich, der sich, insofern er mit Leitungsbefugnissen ausgestattet ist, etwa als Abteilung oder Institut darstellt. Daneben bestehen im Krankenhaus vielfach noch formal-organisatorische **Gruppenbildungen** wie Arbeitskreise und Arbeitsgruppen mit meist temporär ausgerichteter Zuteilung einzelner Aufgaben ohne Entscheidungskompetenz. Die Zusammenfassung aller Leistungsstellen und Leistungsbereiche ergibt den Gesamtorganismus Krankenhaus.

4   Art und Umfang der Zuordnung der Aufgaben an Leistungsstellen und Leistungsbereiche richten sich nach dem **Grundsatz der funktionalen Optimierung,** dh diejenige Leistungsstelle soll mit einer Aufgabe ganz oder teilweise betraut werden, die eine bestmögliche Erfüllung gewährleistet.[3] Dabei können verschiedene Gründe für die Zuordnung sprechen, die gegeneinander und miteinander abzuwägen sind. Zu nennen sind zB medizinisch-funktionelle wie ärztliche Spezialisierung; betriebwirtschaftliche wie rationeller Einsatz der personalen und sachlichen Betriebsmittel; baulich-organisatorische Gründe wie räumliche Vorgaben und die entsprechende Ausstattung. Auch die Frage, ob gleichartige Teilaufgaben zentral oder dezentral erledigt werden sollen, beurteilt sich nach dem Grundsatz bestmöglicher Erfüllung. So können sich etwa empfehlen die Dezentralisierung der Normalpflege aus baulichen, organisatorischen, aber auch funktionalen Gründen (überschaubare Bereiche, um bestmögliche persönliche Pflege zu gewährleisten); die Zentralisierung der Intensivpflege zur Gewährleistung hoher Pflegeintensität mit großem kostspieligen apparativen, rationellen Einsatz; Zentralküche, Zentralwäscherei, Zentralreinigung, Zentralapotheke, Zentralsterilisation. Gerade der Aufgabenzuordnung kommt unter dem Gesichtspunkt der rechtlichen Verantwortung für die Organisation Gewicht zu.[4]

5   Eine immer größere Bedeutung für den Klinikbetrieb gewinnt das **Outsourcing.**[5] Es bedeutet, dass bestimmte zur Erfüllung der Aufgabenstellung notwendige Leistungen nach außen vergeben werden. Damit brauchen kein eigenes Personal und keine eigenen Einrichtungen mehr vorgehalten zu werden. Vor allem Dienstleistungen werden am Markt nach bestimmten Entscheidungskriterien abgerufen. In erster Linie sind dabei Kostengründe bedeutsam; aber auch die Qualität der angeforderten Leistungen kann maßgeb-

---

[1] Zu Kooperation und Koordination als Führungsaufgabe und modernen leistungsorientierten Führungsstrukturen *v Eiff* KH 1997, 745 und *Pföhler* KH 1997, 389.
[2] *Vincent/Behringer,* Krankenhausführung, MHK, 1470, RdNr 10.
[3] Zu den Organisationspflichten des Krankenhausträgers und der leitenden Ärzte unten § 101; zum Einfluss institutioneller Sorgfaltspflichtverletzungen auf die Organisation eines Krankenhauses und zum Gesichtspunkt des „Organisationsverschuldens" *Kern* MedR 2000, 347.
[4] Siehe *Zapp/Kerth,* Prozessanalyse auf der Intensivstation, MHK, 2186; *Zapp/Winkler,* Prozessanalyse im Stationsbereich, MHK, 2189; *Zapp/Erlemann/Törbecke,* Prozessanalyse in der Röntgenabteilung, MHK, 2188; *Zapp/Gläser,* Prozessanalyse im Verwaltungsbereich, MHK, 2187.
[5] Siehe *Seidl/Fladung,* MHK, 1560, RdNr 75 ff. Zu den Auswirkungen des Outsourcing auf die Krankenhausinvestitionsförderung durch die Länder oben § 82 RdNr 88 ff.

lich sein. Mit dem Erbringer oder Lieferanten bestehen meist vertragliche Bindungen. Auch im Rahmen einer Kooperation mit einem anderen Krankenhaus kann Outsourcing durchgeführt werden und aus ökonomischen Gründen zweckmäßig sein. Im Vordergrund stehen Versorgungs- und Verpflegungsleistungen (Speisenversorgung, Reinigungsdienst, Bewachungsdienste). Auch medizinische Leistungen (Labor, Radiologie, Nuklearmedizin, Pathologie) können ggf kostengünstiger und qualitativ besser von Einrichtungen außerhalb einer Klinik angefordert werden. In der Krankenhausbetriebswirtschaft spielt die „make or buy"-Problematik zunehmend eine größere Rolle. Die Entscheidungskriterien sind dabei vielfältig.[6] In engem Zusammenhang mit der Leistungsvergabe nach außen steht die Privatisierung von innerbetrieblichen Krankenhauseinrichtungen und Überführung in ambulante Versorgungseinheiten.[7] Praktiziert werden auch Rechts- und Betriebsformen, bei denen Teilaufgaben eines Krankenhauses rechtlich und betrieblich verselbstständigt werden (zB als GmbH) und mit dem Krankenhaus **Kooperationsverträge** bestehen (zB Einkauf, Verwaltungsdienste, Hotelleistungen[8]). Im Hinblick auf hohe qualitative Anforderungen an das Krankenhausmanagement kann Veranlassung bestehen, die Krankenhausbetriebsführung an rechtlich selbstständige **Managementgesellschaften** zu übertragen. Einzelne private Klinikketten haben sich auf die Übernahme von Betriebsführungsaufgaben durch entsprechende Managementverträge spezialisiert. Auch der rechtliche Zusammenschluss von mehreren Klinikträgern zu einer gemeinsamen Managementgesellschaft (zB GmbH, AG) ist denkbar. Dabei sind je nach den Gegebenheiten Holdinglösungen oder Betriebsführungsvertragslösungen möglich.

2. Die Gliederungsstruktur des Krankenhauses. Die Krankenhäuser sind traditionell horizontal und vertikal strukturiert. Diese **gewachsene Gliederung** hat sich bewährt und wird heute in der Bundesrepublik ausschließlich praktiziert. Innerhalb der horizontalen Struktur sind drei Bereiche zu unterscheiden: der ärztliche, der pflegerische und der Verwaltungs- und Wirtschaftsbereich. Es wird herkömmlich von den **drei Säulen des Krankenhauses** gesprochen.

Vertikal kann die Struktur durch drei „Anforderungspyramiden" dargestellt werden. An der Spitze stehen der Ärztliche Direktor, die Pflegedienstleitung und der Verwaltungs- und Wirtschaftsdirektor. Die vertikale Gliederung nach Entscheidungs- und Ausführungsaufgaben bedingt eine Rangordnung der Verantwortung. Diese wird durch Gleich-, Über- und Unterordnungsbeziehungen bestimmt. Man spricht von **Leitungsstrukturen.** Dabei ist die Abgrenzung der Verantwortlichkeit einerseits und die Zusammenfassung einzelner Dienste in Leitungsorgane andererseits ein wesentliches Organisationselement. Grundlegend waren die DKG-Empfehlungen „Moderne Betriebsführung im Krankenhaus" von 1969 mit der Bestimmung des Krankenhausdirektoriums als Leitungs- und Entscheidungsorgan in allen Fragen der laufenden Betriebsführung.

Innerhalb der horizontalen und vertikalen Gliederungsstruktur kann die **Aufgabenverteilung** fachdisziplinär, zB in den einzelnen Fachabteilungen, aber auch system- und arbeitsorientiert erfolgen. Die Übergänge sind fließend.

3. Etwaige Schwachstellen der Organisationsstruktur. Die Betriebsführung im Krankenhaus erfordert – entsprechend der Eigendynamik der Geschehensabläufe – einen hohen Grad an Eigenverantwortung. Die arbeitsmäßigen, personellen und finanziellen **Betriebsabläufe** lassen sich in aller Regel nicht in ihrem Umfang festlegen, wie das bei bürokratisch arbeitenden Verwaltungsstellen möglich ist. Dieser Eigenverantwortung muss vielmehr ein ganz bestimmtes Maß an organisatorischer und wirtschaftlicher Eigen-

---

[6] Siehe die Checkliste-Outsourcing bei *Trill,* Krankenhausmanagement, 131.
[7] Zur Privatisierung einer Krankenhausabteilung durch Zulassung des leitenden Arztes zur vertragsärztlichen Versorgung und Kooperation mit dem Krankenhaus s BSG, Urt v 15. 3. 1995, ArztR 1996, 99.
[8] Siehe unten § 89 RdNr 28 ff (Patientenhotels).

ständigkeit entsprechen. Daraus ergibt sich die Forderung nach eigenwirtschaftlichen Betriebsformen auch für öffentliche Krankenhäuser.

8   Im einzelnen lassen sich folgende **potenzielle Problemkreise** nennen:
– Ungenügende Verdeutlichung der Wert- und Zielvorgaben durch den Krankenhausträger in Leit- und Führungsrichtlinien
– Unzureichende oder falsche Abgrenzung der Kompetenzen zwischen Krankenhausträger und Krankenhausleitung
– Fehlende Übereinstimmung zwischen den Aufgaben, den Kompetenzen und der wirtschaftlichen und organisatorischen Verantwortung der Krankenhausführung (unangemessene Einschränkung der Handlungsautonomie der Krankenhausleitung)
– Ungenügende Integration des klinisch (diagnostisch und therapeutisch) selbstständigen Arztdienstes in die Gesamtorganisation des Krankenhauses (einschließlich der Finanzverantwortung)
– Gegensätze und Konkurrenz zwischen den Zielvorstellungen der ärztlichen und pflegerischen Leitung gegenüber den gesamtbetrieblichen Zielvorgaben für das Krankenhaus
– Unzureichende Beachtung ökonomischer Notwendigkeiten im ärztlichen Dienst
– Defizite bei der entscheidungsorientierten Berichterstattung und Information
– Ungenügende Vorbereitung der Mitglieder der Krankenhausleitung auf die Aufgaben des Krankenhausmanagements.

Die Bewältigung struktureller Probleme ist unabdingbar, da nur dann die Voraussetzungen für eine leistungsfähige und wirtschaftliche Patientenversorgung auf Dauer gesichert werden können. Zur Überwindung von Schwachstellen im Krankenhaus ist ein modernes Prozessmanagement unverzichtbar.[9]

9   **4. Die Auswirkungen der Reformgesetzgebung auf die Krankenhäuser.** Die rechtlichen und wirtschaftlichen Rahmenbedingungen für die Krankenhäuser haben sich – beginnend mit dem Gesundheitsstrukturgesetz 1992 (GSG) – in vielfacher Hinsicht geändert. Der Kostendruck auf die Kliniken hat erheblich zugenommen. Eine Anpassung der Krankenhausorganisation und der Betriebsabläufe an die ökonomischen Erfordernisse wurde unabdingbar. Das medizinische Leistungsgeschehen war und ist effektiv und effizient zu gestalten, um einen angemessenen Versorgungsstandard auf Dauer sicherzustellen. Rationalisierung vor Rationierung von Gesundheitsleistungen war von Anfang an ein Hauptziel der Reformmaßnahmen.[10]

10   Die neuen Rahmenbedingungen haben vielfältige **grundlegende Maßnahmen** bewirkt:
– Zulassung eigenwirtschaftlicher Betriebs- und Rechtsformen für öffentliche Krankenhäuser (im Gegensatz zum verwaltungsmäßigen Regiebetrieb mit seinen nicht unerheblichen strukturellen Mängeln)
– Überprüfung der Leitungsstrukturen in den Kliniken; organisatorische und ökonomische Eigenverantwortlichkeit eines qualifizierten Krankenhausmanagements innerhalb klarer Aufgaben- und Kompetenzabgrenzungen
– Minimierung der Betriebskosten durch Privatisierung einzelner Klinikbereiche
– Aufbau eines umfassenden Qualitätsmanagements für alle Prozessabläufe[11]
– Delegation von organisatorischen und betrieblichen Aufgaben und Verantwortungen innerhalb einer Klinik an einzelne Leistungsstellen, insbesondere Abbau von überflüssigen Hierarchiestufen

---

[9] *Zapp/Bettig/Torbecke/Dorenkamp,* Prozessmanagement, MHK, 2193.
[10] Zu den einzelnen Reformgesetzen im Krankenhausbereich seit dem GSG s § 80 RdNr 17 ff. Zu den rechtlichen Grenzen der Rationierung in der Medizin *Uhlenbruck* MedR 1995, 427.
[11] Siehe *Koch,* Qualitätsmanagement im Spannungsfeld zwischen dem Anspruch eines Unternehmensverbundes und klinikspezifischen Anforderungen, MHK, 2228.

- Auf- und Ausbau einer patientenbezogenen Leistungs- und Kostenrechnung
- Interne Leistungs- und Kostenbudgetierung als betriebliches Führungs- und Steuerungsinstrument mit Einbeziehung des ärztlichen Dienstes in die Budgetverantwortung
- Verkauf öffentlicher Krankenhäuser an private Träger.

II. Landesgesetzliche Vorgaben für die Leitungsstruktur

Ausgehend von der Aufbauorganisation der Krankenhausbetriebsführung in Form einer berufsständisch gegliederten, kollegialen Krankenhausleitung haben einige **Länder** durch **Krankenhausgesetze**[12] weiterführende Bestimmungen über die Leitungsstrukturen erlassen. Allen gesetzlichen Regelungen ist gemeinsam, dass sie von der vertikalen und horizontalen Gliederungsstruktur des Krankenhauses ausgehen. Die Stellung des letztverantwortlichen Arztes für Diagnose und Therapie innerhalb der Krankenhausorganisation wird anerkannt. Die Betriebsführung eines Krankenhauses soll im Sinn kooperativer Führung durch Beratungs- und Mitwirkungsgremien verstärkt werden. Ausgehend von der Gliederung des Krankenhauses in Behandlung, Pflege und Verwaltung enthalten die einzelnen Landeskrankenhausgesetze Bestimmungen mit verschiedener Regelungstiefe. Die Trägerautonomie wird in verschiedener Weise und mit verschiedener Intensität begrenzt. In der Regel verbleibt zu Recht noch ein weiter Gestaltungsspielraum, wenn es zB möglich ist, entweder das sog Dreierdirektorium (Leitende Ärztin/Leitender Arzt; Leitende Pflegekraft; Leiterin/Leiter des Wirtschafts- und Verwaltungsdienstes) einzurichten und mit der Betriebsführung zu betrauen oder über dieser Leitung noch einen letztverantwortlichen Betriebsleiter zu bestimmen. Dem Sonderstatus der kirchlichen Krankenhausträger wird dabei Rechnung getragen.[13]

1. Landeskrankenhausgesetze mit Regelungen zur Leitungsstruktur. Beispielhaft für die **aktuelle Diskussion** ist der Bericht der vom baden-württembergischen Ministerpräsidenten eingesetzten **Expertenkommission** zur Zukunft der Krankenhausstruktur **Baden-Württemberg** aus dem Jahr **2006**.[14] Die Kommission hat zur Deregulierung, Entbürokratisierung und Aktualisierung vorgeschlagen, die landesrechtlichen Vorschriften, die wirtschaftliches Handeln behindern und in unternehmerische Freiheiten eingreifen, soweit wie möglich abzubauen, indem vor allem die Bestimmungen zur Krankenhausbetriebsleitung gestrichen werden. Diese Anregung aufgreifend wurde mit dem Landeskrankenhausgesetz v 29.11.2007 die bisherige detaillierte Regelung zur Krankenhausbetriebsleitung (§ 33) ersatzlos aufgehoben. Auch die Regelungen zur zweistufigen Leitungsstruktur in Berlin (§§ 38–49) sind entfallen (2001).

Das Krankenhausentwicklungsgesetz des Landes **Brandenburg** v 8.7.2009 (BbgKHEG) sieht eine kollegiale Betriebsleitung vor (§ 23), deren Aufgaben im Einzelnen der Krankenhausträger zu regeln hat (gleichberechtigte Beteiligung eines leitenden Arztes, der Leitung des Pflegedienstes und der Leitung des Wirtschafts- und Verwaltungsdienstes).

Das **Hessische Krankenhausgesetz** 2002 – HKHG – v 6.11.2002 gibt ebenfalls eine kollegiale Leitungsstruktur vor (§ 14 Abs 3). Der Krankenhausträger hat an der Kranken-

---

[12] Siehe Fundstellen der 16 Landeskrankenhausgesetze in § 80 RdNr 29. Zu Vorgaben in den Hochschulgesetzen und Universitätsklinikagesetzen der Länder siehe für Bayern *Kingreen/Banafsche/Szabados* WissR 2007, 283 und für Nordrhein-Westfalen *Wahlers* ZBR 2006, 221.

[13] Siehe zB § 25 BbgKHEG, § 33 KHGG NRW. Das BVerfG hat 1980 (BVerfGE 53, 366) verschiedene Bestimmungen des KHG NW 1975 für unvereinbar mit Art 140 GG iVm Art 137 Abs 3 WRV erklärt. Bei Krankenhäusern von Religionsgemeinschaften oder ihnen gleichgestellten Einrichtungen sind Vorschriften über die Mitwirkung der Krankenhausbetriebsleitung bei der Bestimmung der Ziele des Krankenhauses sowie bei der Einstellung und Entlassung von leitendem Krankenhauspersonal verfassungswidrig. Das Recht kirchlicher Autonomie umschließt die Organisations- und Personalhoheit (BVerfGE 42, 312, 332; 46, 73; 53, 366, 400; 57, 220, 224; 66, 1, 19); s. ausführlich § 81 RdNr 17 ff.

[14] Aufrufbar unter www.sozialministerium-bw.de

hausleitung die ärztliche Leitung, die Leitung des Wirtschafts- und Verwaltungsbereiches und die Leitung des Pflegedienstes gemeinsam zu beteiligen.

15 Das Landeskrankenhausgesetz für das Land **Mecklenburg-Vorpommern** (LKHG M-V) v 13. 5. 2002 statuiert die genannte kollegiale Krankenhausleitung (§ 43) und überlässt es dem Krankenhausträger, Aufgaben, Verfahren sowie die Zuständigkeit der Mitglieder der Krankenhausleitung näher festzulegen. Die Krankenhausleitung ist dem Krankenhausträger gegenüber verantwortlich für die patientengerechte Versorgung, die Beachtung der Grundsätze der Sparsamkeit und Wirtschaftlichkeit und die Erhaltung der Leistungsfähigkeit des Krankenhauses.

16 Nach dem Krankenhausgestaltungsgesetz des Landes **Nordrhein-Westfalen** – KHGG NRW – v 11. 12. 2007 sind an der Betriebsleitung die genannten drei Gruppierungen (Ärzteschaft/Pflegedienst/Wirtschafts- und Verwaltungsdienst) zu beteiligen (§ 31 Abs 1). Andere Formen der kollegialen Betriebsleitung sind zulässig, wenn die drei Funktionsbereiche angemessen vertreten sind.

17 Im Landeskrankenhausgesetz (LKG) **Rheinland-Pfalz** v 28. 11. 1986 ist die Regelung der inneren Struktur und Organisation des Krankenhauses sowie die Bildung von Krankenhausgremien nach gesetzlichen Vorgaben und den Regelungen einer Krankenhausbetriebsverordnung dem Krankenhausträger vorbehalten (§ 22 Abs 2, § 23 Abs 2). Die vom Krankenhausträger getroffenen Regelungen sollen dem Patienten dienen und eine wirksame Aufgabenerfüllung des Krankenhauses, eine wirtschaftliche Betriebsführung sowie eine partnerschaftliche Zusammenarbeit und eine kollegiale Willensbildung der im Krankenhaus Tätigen gewährleisten.

18 Das **Saarländische Krankenhausgesetz** – SKHG – v 13. 7. 2005 sieht eine Krankenhausleitung vor, die mindestens aus einer Verwaltungsdirektorin oder einem Verwaltungsdirektor, einer Ärztlichen Direktorin oder einem Ärztlichen Direktor und einer Pflegedirektorin oder einem Pflegedirektor besteht; für jedes Mitglied der Krankenhausleitung ist ein Stellvertreter zu benennen (§ 16 Abs 1 u 2). Die jeweiligen Zuständigkeiten der drei Mitglieder sind in detaillierten gesetzlichen Katalogen (§§ 17–19) aufgeführt (vorbehaltlich einer abweichenden Zuständigkeitsregelung durch den Krankenhausträger, § 16 Abs 4). Die Krankenhausleitung ist dem Krankenhausträger dafür verantwortlich, dass die patientengerechte Versorgung und die Grundsätze der Sparsamkeit und Wirtschaftlichkeit beachtet werden und die Leistungsfähigkeit des Krankenhauses gewährleistet ist (§ 16 Abs 3).

19 Das **Sächsische Krankenhausgesetz** – SächsKHG – v 19. 8. 1993 enthält Vorgaben zur Zusammensetzung der Betriebsleitung (§ 21 Abs 2). Der Betriebsleitung gehören der leitende Chefarzt, die leitende Pflegekraft und der Leiter des Wirtschafts- und Verwaltungsdienstes an. Vorsitzender der Betriebsleitung ist der leitende Chefarzt (§ 21 Abs 2 S 3). Der Krankenhausträger regelt die Aufgaben der Betriebsleitung und die Zuständigkeit ihrer Mitglieder, insbesondere die Verwaltung des Krankenhauses. Andere Formen der kollegialen Betriebsleitung sind zulässig, wenn die Funktionsbereiche des Krankenhauses angemessen vertreten sind (§ 21 Abs 3).

20 Das **Thüringer Krankenhausgesetz** – ThürKHG – v 30. 4. 2003 überlässt ausdrücklich mit § 28 Abs 1 dem Krankenhausträger die Regelung der inneren Struktur und Organisation des Krankenhauses sowie die Bildung von Krankenhausgremien (entsprechend der Rechtslage in allen Ländern, deren Krankenhausgesetze Regelungen zur Leitungsstruktur ohnehin nicht enthalten). Nach § 28 Abs 2 sind bei der Leitung des Krankenhauses entsprechend ihrem Aufgabengebiet der leitende Chefarzt, der Leiter des Pflegedienstes und der Verwaltungsdirektor zu beteiligen. Eine kollegiale Betriebsleitung im Sinne eines Dreier-Direktoriums wird somit nicht vorgeschrieben. Die Regelungen des Krankenhausträgers sollen den Patienten dienen und eine wirksame Aufgabenerfüllung des Krankenhauses, eine wirtschaftliche Betriebsführung sowie eine partnerschaftliche Zusammenarbeit und kollegiale Willensbildung der im Krankenhaus Tätigen gewährleisten (§ 28 Abs 1 S 2).

15. Kapitel. Rechtsbeziehungen zwischen Arzt u Krankenhaus 21–24 § 85

Zu den landesrechtlichen Regelungen lässt sich generalisierend folgendes festhalten: 21
Die Beteiligung des leitenden Arztes, der leitenden Pflegekraft und des Leiters des Wirtschafts- und Verwaltungsdienstes ist programmatischer Natur; auch weitere Mitarbeiter können der Leitung angehören. Letztlich ist es ausschließlich **Angelegenheit des Krankenhausträgers** die Aufgaben der Betriebsleitung und die Kompetenzen sowie die Verantwortung der einzelnen Mitglieder festzulegen. Auch die Hierarchie innerhalb der Krankenhausleitung liegt in der Organisationsgewalt des Krankenhausträgers (angemessene Vertretung aller drei Bereiche). Die genannten landesrechtlichen Regelungen schließen auch nicht aus, dass die Führung des Krankenhauses, die Geschäftsführung einer Person übertragen wird, die dem Dreier-Direktorium übergeordnet ist. Eine **singuläre letztverantwortliche Führungsspitze** wird häufig bspw für eine kommunale Krankenhaus GmbH gewählt, um die Entscheidungsprozesse flexibler, problemorientierter und schneller zu gestalten. Freilich dürfen im Landesrecht vorgesehene Kompetenzen der Mitglieder des Direktoriums nicht durch den der kollegialen Betriebsleitung vorgesetzten Geschäftsführer ausgehebelt werden.[15]

2. **Trägerautonomie und Leitungsstruktur.** Die Notwendigkeit effizienter Lei- 22
tungsstrukturen in den Krankenhäusern ist unbestritten. Fachliche und ökonomische Gründe sprechen eindeutig dafür, die Verantwortung für die Betriebsziele und Funktionen möglichst betriebsnah zu bestimmen. Um einen den Bedürfnissen angepaßten Krankenhausbetrieb mit der nötigen Elastizität zu führen und hierbei die ärztliche-pflegerische Zielsetzung des Krankenhauses zu beachten und um die sachgerechte Vorbereitung und Durchführung der Beschlüsse der Organe des Krankenhausträgers sicherzustellen und aus organisationsrechtlichen Gründen ist es notwendig, dass die **Aufgabengebiete der obersten Organe des Krankenhausträgers** (zB Stadtrat, Kreistag, Gemeindekirchenrat, Kirchenvorstand, Ordensleitung, Gesellschafterversammlung, Oberstes Stiftungsorgan) oder der oberen Verwaltungsorgane (Landrat, Bürgermeister, Verwaltungsrat, Stiftungsvorstand) und der **Krankenhausbetriebsleitung** untereinander eindeutig definiert werden.

Der **Krankenhausleitung** obliegt neben der Vorbereitung und Durchführung der 23
Beschlüsse der Krankenhausträgerorgane die **Führung der laufenden Geschäfte** des Krankenhauses. Dabei ist zu unterscheiden zwischen Aufgaben mit gemeinsamer Verantwortung und Aufgaben, die in der Verantwortung der einzelnen Mitglieder der Krankenhausleitung liegen. Aus der gemeinsamen Verantwortung ergibt sich auch der Anspruch auf umfassende Information, den die Mitglieder der Krankenhausleitung untereinander haben. Es ist zweckmäßig, in einer Dienstordnung den mit der Betriebsführung des Krankenhauses Beauftragten ihre Aufgabengebiete zuzuordnen und sie gegeneinander und gegenüber den vom Krankenhausträger wahrzunehmenden Aufgaben abzugrenzen. Haftungsrechtlich sind die Krankenhausleitung und ihre Mitglieder im Rahmen ihrer Aufgabengebiete als „verfassungsmäßig berufene Vertreter" iS der §§ 31, 81 BGB anzusehen.[16]

III. Auswahl und Bestellung von Krankenhausärzten

Eine gute Organisation als die zweckmäßige Anordnung von Teilen einer Gesamtein- 24
heit ist sicherlich allein nicht funktionstüchtig, wenn alle Entscheidungen nach vorgegebenen Regeln festgelegt und kontrolliert werden, sondern setzt unabdingbar voraus, dass die Teilbereiche mit genügend qualifizierten und motivierten Mitarbeitern, die sich dem

---

[15] Siehe zB auch *Prütting*, KHGG NRW, § 31 RdNr 1 ff, 7. Zur singulären Führungsspitze/Doppelspitze ausführlich *Genzel/Siess* MedR 1999, 1, 10 f, auch zum hauptamtlich tätigen Ärztlichen Direktor; ferner *Nierhoff* f & w 1993, 367. Siehe auch Thesen des Verbandes der Leitenden Krankenhausärzte Deutschlands (VKL) „Leitbild für den Chefarzt", wiedergegeben in AuK 2007, 131; These 6: „In der Leitung des Krankenhauses muss ein Leitender Krankenhausarzt in maßgeblicher Position vertreten sein.".
[16] Siehe auch §§ 93, 94 und §§ 103, 104 RdNr 2, 12 ff.

gemeinsamen Zweck verbunden fühlen, besetzt sind. Dies bedeutet für den Krankenhausträger, dass er die Auswahl von qualifizierten, für die jeweiligen Leistungsbereiche fachlich und persönlich geeigneten Ärzten mit Sorgfalt durchzuführen hat. Zur Sicherstellung dieser Organisationspflicht empfiehlt es sich, die Grundsätze für das **Auswahlverfahren bei Leitungs- und Führungspositionen im ärztlichen Dienst** des Krankenhauses entsprechend, zB durch eine Dienstordnung, festzulegen.

25   **1. Der leitende Arzt des Krankenhauses (Ärztlicher Direktor).** Im Rahmen der Organisationseinheit Krankenhaus übt der Ärztliche Direktor wesentliche Führungs- und Leitungsfunktionen (zB Dienstaufsicht) aus. Es ist deshalb weitgehend ein „funktionelles Amt". Er ist Mitglied des Geschäftsführungsorgans Krankenhausbetriebsleitung und vertritt in dieser Eigenschaft die medizinischen und ärztlichen Belange im Krankenhaus gegenüber dem Krankenhausträger. Er hat in dieser Eigenschaft die Koordination für alle medizinischen Fragen, insbesondere solche, die über den Bereich einer einzelnen Fachabteilung oder eines Instituts hinausreichen, vorzunehmen.[17] Diese Organisationsfunktion nimmt er für den Krankenhausträger wahr. Einen anschaulichen **Überblick** zu den **Sicherstellungsaufgaben** der Ärztlichen Direktorin/des Ärztlichen Direktors gibt § 18 Abs 2 SKHG: Sicherstellung der Zusammenarbeit des ärztlichen Dienstes und der Fachabteilungen, Koordinierung der ärztlichen und medizinisch-technischen Dienste sowie die Ausübung der ärztlichen Fachaufsicht in diesen Bereichen, Sicherstellung des ärztlichen Aufnahmedienstes, Sicherstellung der ärztlichen Aufzeichnung und Dokumentation, Sicherstellung der Krankenhaushygiene und der kontinuierlichen Qualitätskontrolle der Krankenhausleistungen, Weiter- und Fortbildung von Ärztinnen und Ärzten, Überwachung der Durchführung gesundheitsbehördlicher Anordnungen, Sicherstellung der gesundheitlichen Überwachung der Beschäftigten im Krankenhaus und Sicherstellung der Zusammenarbeit mit anderen Einrichtungen des Gesundheits- und Sozialwesens.

26   Der Ärztliche Direktor wird in aller Regel auf Vorschlag der Ärzte oder ärztlicher Gremien des Krankenhauses durch den Krankenhausträger ausgewählt. Die Leitungsposition des Ärztlichen Direktors ist kein Wahlamt, bei dem der Gewählte von den Ärzten des Krankenhauses gewählt oder wieder abgewählt werden kann. Die Entscheidung und Verantwortung für die **Berufung,** insbesondere was die Eignung für diese Führungs- und Leitungsaufgabe anbelangt, liegt rechtlich beim **Krankenhausträger** (s auch § 12 RdNr 6, 7, s zu den Haftungsfragen § 104 RdNr 13 f).

27   Unbeschadet der einzelnen landesgesetzlichen Detailbestimmungen für Krankenhäuser haben sich folgende **Grundsätze für die Bestellung** des Ärztlichen Direktors entwickelt:
– Die Berufung erfolgt in aller Regel auf eine bestimmte Zeit mit der Möglichkeit der Wiederberufung;
– der Ärztliche Direktor übt seine Tätigkeit in diesem speziellen Amt neben seiner übrigen Tätigkeit, meist als leitender Arzt einer Fachabteilung oder eines Instituts, aus;
– seine Aufgaben werden im Einzelnen durch eine Dienstordnung des Krankenhausträgers (meist zusammen mit der Dienstordnung über die Betriebsführung des Krankenhauses) geregelt;
– bei der Berufung haben besonderes Gewicht die Fähigkeit zur Kooperation und Koordination der einzelnen Dienste im Krankenhaus, die Kenntnis der rechtlichen und wirtschaftlichen Rahmenbedingungen des Krankenhausbetriebes, die Beherrschung der Führungsstile;
– die Berufung des Ärztlichen Direktors erfolgt nach Anhörung oder auf Vorschlag der Fachärzte des Krankenhauses oder ärztlicher Gremien unter der Letztverantwortung des Krankenhausträgers;
– für seine Tätigkeit erhält der Ärztliche Direktor eine meist pauschalierte Aufwandsentschädigung.

---

[17] Zur Stellung des Ärztlichen Direktors aus rechtlicher und medizinisch-organisationsrechtlicher Sicht grundlegend *Debong/Sachweh* ArztR 1993, 141; *Steffen* ArztR 1995, 263; *Genzel/Siess* MedR 1999, 1, 6 f; s auch oben § 12 RdNr 6 f.

2. Der leitende Arzt einer Fachabteilung oder eines Instituts (Chefarzt).[18] Der 28 leitende Arzt vertritt in seiner Fachabteilung oder in seinem Funktionsbereich sein Fachgebiet medizinisch selbstständig.[19] Er ist verantwortlich für Diagnostik und Therapie bei allen Patienten seiner Abteilung oder seines Funktionsbereiches. Er trägt rechtlich die **Gesamtverantwortung** für die ärztliche Versorgung der Patienten. Dem Ärztlichen Direktor untersteht er in medizinischen Angelegenheiten nur insoweit, als die Koordination der Patientenbehandlung betroffen ist. Er ist in diagnostischer und therapeutischer Hinsicht fachlich weisungsberechtigter Vorgesetzter (mit Direktionsrecht) des ärztlichen wie des medizinisch-technischen Personals und in medizinischen Fragen des Pflegepersonals seiner Abteilung.[20] Er ist für die Sicherung einer reibungslosen ärztlichen Versorgung seiner Abteilung verantwortlich. Er kann seinen ärztlichen Mitarbeitern und dem medizinisch-technischen Personal und dem Pflegepersonal, entsprechend der Vorbildung und den besonderen Kenntnissen, bestimmte Tätigkeitsfelder oder einzelne Aufgaben zur selbstständigen Erledigung übertragen. Diese Delegationsbefugnis umfasst insbesondere die Organisationsverantwortung. Der Leiter einer Abteilung hat auch für die ordnungsgemäße Führung der ärztlichen Unterlagen über Patienten (Dokumentationspflicht), die Erstellung von Arztberichten sowie für die Beantwortung von Anfragen, für die Ausfertigung der Berichte und für die Erstellung von Gutachten grundsätzlich die Letztverantwortung zu übernehmen. Zu den Aufgaben des Leitenden Arztes gehören auch die Beachtung der für das Krankenhaus einschlägigen Rechtsvorschriften, zB über Arzneimittel und über Gerätesicherheit, der allgemeinen Hygienevorschriften wie Hygienerichtlinien, soweit nicht einem eigenen Krankenhaushygieniker übertragen, und der durch das Krankenhausplanungs- und Finanzierungsrecht vorgegebenen Grundsätze, insbesondere der Mitverantwortung im Bereich des Pflegesatzrechts und der „internen Budgetierung".

Der Krankenhausträger hat die Verantwortung für die **Auswahl des Leitenden Arz-** 29 **tes,** der die Gesamtverantwortung für die Abteilung trägt. Er hat deshalb den ärztlichen Leiter der Fachabteilung oder des Instituts zu ernennen. Deren Aufgabe ist in Dienstverträgen oder Dienstanweisungen näher zu regeln. Im Hinblick auf die Bedeutung der Funktion des leitenden Arztes einer Fachabteilung oder eines Instituts eines Krankenhauses haben sich für die Auswahl und Berufung folgende Grundsätze herausgebildet:

---

[18] Siehe auch oben § 12 RdNr 8 ff. Die Dienstbezeichnung des Lt Arztes mit alleiniger Letztverantwortung für Diagnose und Therapie für alle Patienten seines Bereiches ist nicht einheitlich. Üblich sind die Begriffe Chefarzt als leitender Arzt einer Fachabteilung oder eines Funktionsbereiches (s § 18 Abs 1 S 1 ArbZG: Keine Geltung des Arbeitszeitgesetzes für „Chefärzte"); Fachgruppenarzt als verantwortlicher Arzt eines Leistungsbereiches; verantwortlicher Abteilungsarzt; Leiter eines Instituts ua. Im universitären Bereich ist auch die Bezeichnung Klinik statt Abteilung gebräuchlich, weshalb ein leitender Arzt auch als „Klinikdirektor" bezeichnet wird; s auch *Bender,* HK-AKM, Chefarzt, 1280, RdNr 1 f; gesetzliche Regelungen in Bbg (§ 24 Abs 1: Abteilungsärztin/Abteilungsarzt), M-V (§ 44 Abs 2: leitender Arzt), NRW (§ 31 Abs 2: Abteilungsärztin/Abteilungsarzt); s nunmehr auch DKG-Leitlinien zum Chefarztvertragsrecht v 11. 3. 2008, KH 2008, 898: Schaffung sog Fachbereiche bzw Departements innerhalb der Fachabteilung mit mehreren sog „leitenden Oberärzten" oder „Fachbereichsoberärzten".

[19] Zu den Verantwortlichkeiten und Pflichten des Chefarztes *Hoffmann* AuK 2001, 165, 169 ff, ua auch Ablehnung eines „wie auch immer gearteten Teamarztmodells" und für eine klare Verantwortungsstruktur in der Führung einer Krankenhausabteilung; ferner „Leitbild für den Chefarzt 2000" des VLK und dessen Modernisierung 2007 in sechs Thesen, AuK 2007, 131. In größeren Kliniken sind vielfach Abteilungen oder Funktionsbereiche gleicher oder verwandter Fachgebiete und Institute zu Zentren (zB Zentrum für Innere Medizin, Zentrum für operative Medizin, Biologisch-technisches Zentrum ua) zusammengefasst. Die Leiter derartiger Zentren haben gegenüber den Patienten unmittelbar keine ärztliche medizinische Funktion, üben vielmehr ähnlich dem Ärztlichen Direktor, unter Beschränkung dessen Aufgaben (z B Dienstaufsicht), koordinierende Organisationsaufgaben aus.

[20] Zu der Fachaufsicht des leitenden Arztes über den nachgeordneten ärztlichen Dienst unten § 101 RdNr 33, 34.

- Die Besetzung einer freiwerdenden Stelle eines leitenden Arztes soll auf der Grundlage einer öffentlichen Ausschreibung erfolgen. Damit soll sichergestellt werden, dass jeder geeignete Bewerber an dem Auswahlverfahren teilnehmen kann.
- Die Beurteilung der fachlichen Qualifikation sollte einer Fachkommission von Ärzten desselben Fachgebiets übertragen werden, die langjährige Erfahrung als letztverantwortliche leitende Krankenhausärzte besitzen.
- Am Auswahlverfahren sollten auch Ärzte desselben Fachgebiets oder eines verwandten Fachgebiets des Krankenhauses oder ärztliche Gremien des Krankenhauses beteiligt werden. Eine entsprechende Fachkommission des Krankenhauses sollte unter Einholung einer Stellungnahme der Krankenhausleitung dem berufungsberechtigten Gremium des Krankenhausträgers eine begrenzte Anzahl von Bewerbern auswählen und in Reihung vorschlagen. Dieser Vorschlag sollte schriftlich begründet werden.
- Um die gebotene Transparenz sicherzustellen, sollte das Auswahlverfahren im Einzelnen in einer Dienstordnung festgelegt werden.

30 In jüngerer Zeit ist eine Tendenz zur **Einführung flacherer Hierarchien** zu verzeichnen, indem Krankenhausträger die ärztliche Leitung einer Abteilung einschließlich der Erbringung wahlärztlicherLeistungen auf mehrere Ärzte verteilen. Die in einem derartigen **Kollegialsystem** tätigen leitenden Abteilungsärzte/Chefärzte (auch sog leitende Oberärzte/Fachbereichsoberärzte) können sich turnusmäßig in der Führung abwechseln („primus inter pares").[21]

31 **3. Die übrigen Krankenhausärzte.** Da der Leitende Arzt seinen ärztlichen Mitarbeitern Aufgaben entsprechend ihrer Vorbildung und ihrer besonderen Kenntnisse übertragen kann und für die Gesamtorganisation der Abteilung die Letztverantwortung trägt, ist ihm bei der Einstellung von Ärzten durch den Krankenhausträger für seine Abteilung oder sein Institut ein **Vorschlagsrecht** einzuräumen. Ein Abweichen davon bei der Einstellung von Oberärzten, Stationsärzten, Assistenzärzten sollte nur aus wichtigen, übergeordneten Versorgungsgründen erfolgen. Besondere Bedeutung hat die Bestellung des ständigen Vertreters des Leitenden Arztes.[22] Im Hinblick auf die Gesamtverantwortung für die Abteilung sollte zum ständigen Vertreter nur ein Arzt mit Fachgebiets- oder Teilgebietsbezeichnung und entsprechender mehrjähriger Krankenhauserfahrung bestellt werden.

§ 86 Dienstrecht der Ärzte des Krankenhauses

Inhaltsübersicht

	RdNr
I. Grundsätze zum Dienstrecht	1
1. Krankenhausärzte als Beamte	3
a) Chefarztposition in der Hochschulmedizin	4
b) Besonderes Dienst- und Treueverhältnis	5
c) Hauptamt und Nebentätigkeit	7
d) Organisationsrechte des Dienstherrn	10
e) Besoldung	11
2. Krankenhausärzte als Arbeitnehmer	20
a) Allgemeiner Inhalt des Arbeitsvertrages	21
b) Tarifverträge	22
c) Besonderheiten für leitende Krankenhausärzte	23
d) Besonderheiten für nachgeordnete Ärzte	31

---

[21] Vgl *Müller* AuK 2007, 350.
[22] Besondere gebührenrechtliche Bedeutung hat der „ständige ärztliche Vertreter" des liquidationsberechtigten Krankenhausarztes (§ 4 Abs 2 S 3 GOÄ), der nicht mit dem ständigen Vertreter des Leitenden Arztes iS des Tarifrechts identisch zu sein braucht. s dazu unten § 87 RdNr 23–25.

15. Kapitel. Rechtsbeziehungen zwischen Arzt u Krankenhaus   **§ 86**

  II. Die Rechtsbeziehungen der Belegärzte zum Krankenhaus 57
      1. Gegenstand und Rechtsnatur des Vertragsverhältnisses 57
      2. Vertragsgrundlagen und Vertragsgestaltung 60
  III. Die Rechtsbeziehungen der Honorarärzte zum Krankenhaus 64
      1. Gegenstand und Rechtsnatur des Vertragsverhältnisses 64
      2. Vertragsgrundlagen und Vertragsgestaltung 66

Schrifttum: Arbeitsgemeinschaft für Arztrecht, Muster eines Chefarztdienstvertrages, 9. Aufl 2009, ArztR 2009, 230; *Baumann,* Verträge mit Chefärzten, in: *Lenz/Dettling/Kieser,* Krankenhausrecht, 2007, 181; *Baur,* Chefarzt-/Belegarztvertrag, 2003; *ders,* Chefärzte: Mustervertrag mit Arbeitgeberschlagseite, DÄBl 2002, A 1495 (Heft 22); *Bender,* Chefarzt, HK-AKM, 1280; Berufsverband der Deutschen Chirurgen, Chefarztdienstverträge – Mustervertrag, 2005; *Blum/Offermanns/Perner,* Gestaltung von Chefarztverträgen, AuK 2008, 42; *Bohle,* Chefarztvertrag und AGB-Kontrolle, KH 2004, 724; *Debong,* Entwicklungen im Chefarzt-Vertragsrecht, ZMGR 2008, 12; *ders,* Entwicklungsklausel – Gefahrenpotential und -abwehr, ArztR 2006, 256; Deutsche Krankenhausgesellschaft, Leitlinien zum Chefarztvertragsrecht, KH 2008, 898; *dies,* Der niedergelassene Arzt im Krankenhaus (Musterverträge unter Mitwirkung der BÄK und der KBV), 2008; *dies,* Beratungs- und Formulierungshilfe Chefarztvertrag, 8. Aufl 2007; Deutsches Krankenhausinstitut, DKI – Krankenhaus Barometer, Umfrage 2007; Deutscher Caritasverband, Richtlinien für Arbeitsverträge in den Einrichtungen des Deutschen Caritasverbandes, 2009; Diakonisches Werk der EKD, Arbeitsvertragsrichtlinien, 2007; *Hauser/Renzenitz/Schliephorst,* Vertragsärztliche Tätigkeit im Krankenhaus, 2. Aufl 2009; *Junghanns,* Vorwort zur 9. Auflage des Musters eines Chefarztvertrages (Arbeitsgemeinschaft für Arztrecht), ArztR 2009, 228; *Knickenberg,* Zur Eingruppierung von Oberärzten nach dem neuen TV-Ärzte, KH 2008, 729; *Köhler-Hohmann,* Arbeitsrecht der Klinikärzte, in: *Ratzel/Luxemburger* (Hrsg), Handbuch Medizinrecht, 2008, 959 ff; *Köpf,* Tarifrecht in Krankenhäusern, MHK, 2640; *Laufs/Katzenmeier/Lipp,* Arztrecht, 6. Aufl 2009; *Luxemburger,* Das Liquidationsrecht der leitenden Krankenhausärzte, 1981; *Müller,* Neues Muster für Chefarztverträge, AuK 2008, 3; *Münzel,* Chefarzt- und Belegarztvertrag, Becksche Mustervertträge, 3. Aufl 2008 (Bd 23); *Nahmacher/Clausen,* Der Chefarztvertrag (Frankfurter Musterverträge), 2006; *Narr/Hess/Nösser/Schirmer,* Ärztliches Berufsrecht, Loseblatt 2007; *Notz/Beume/Lenz,* Der Krankenhausarzt in leitender Stellung, 2007; *Quaas/Zuck,* Medizinrecht, 2. Aufl 2008; *Reinicke,* Gerichtliche Kontrolle von Chefarztverträgen, NJW 2005, 3383; *Rumpenhorst/Müller,* Eingruppierung der Oberärzte nach dem TV-Ärzte, AuK 2008, 316; *Schaub,* Arbeitsrechts-Handbuch, 13. Aufl 2009; *Schaub/Koch/Neef/Schrader/Vogelsang,* Arbeitsrechtliches Formular- und Verfahrenshandbuch (§ 7 Arbeitsverträge mit Ärzten), 9. Aufl 2008; VLK-Verband der Leitenden Krankenhausärzte Deutschlands, Thesen für eine verantwortungsbewusste, sachgerechte und zukunftsgerichtete Einbindung der Leitenden Krankenhausärzte in die Patientenversorgung, AuK 2007, 131; *Wagener,* Die Entwicklung des Chefarztvertragsrechts – die Evolution geht weiter, KH 2008, 894; *Wagener/Hauser,* Das Ende der chefärztlichen Entwicklungsklausel?, KH 2006, 19; *Wagener/Meister,* Das neue Chefarztvertragsmuster der DKG: Revolution oder Evolution, KH 2002, 302; *Wahlers,* Zweifelsfragen zur Rechtsstellung der neu berufenen Leiter klinischer Abteilungen in Universitätskliniken, ZBR 2006, 221; *Zuck,* Auswirkungen des Krankenhausfinanzierungsrechts auf bestehende Chefarztverträge, NZA 1988, 763.

I. Grundsätze zum Dienstrecht

Die Rechtsbeziehungen des Krankenhausträgers zu den hauptamtlichen im Krankenhaus tätigen Ärzten sind grundsätzlich entweder dem **Arbeitsrecht** oder dem **Beamtenrecht** zuzuordnen. Je nach der Trägerschaft des Krankenhauses und der Ausgestaltung des Dienstverhältnisses sind Krankenhausärzte Arbeitnehmer oder Beamte.[1] Inhaltlich wirken auf das Rechtsverhältnis ärztliches Berufsrecht einschließlich des Gebührenrechts, das Krankenhausfinanzierungs- und Planungsrecht sowie das Recht der GKV ein. Nach der BÄO (§ 1 Abs 2) übt der **Arzt** einen seiner Natur nach **freien Beruf** aus. Auf die wirtschaftliche Selbständigkeit kommt es dabei nicht an. Die besondere Freiheit ergibt sich aus

---

[1] Zum Arbeitnehmerbegriff *Schaub,* Handbuch, § 8; auch ein leitender Krankenhausarzt (Chefarzt, Abteilungsarzt ua) ist Arbeitnehmer, allg M seit BAG, Urt v 27. 7. 1961, NJW 1961, 2085; BAG AP 24 § 611 BGB Ärzte, Gehaltsansprüche.

dem ärztlichen Standesrecht. Dieses regelt die Berufspflichten und die Rechtsstellung, ohne nach selbstständigen, angestellten oder beamteten Ärzten zu unterscheiden.[2] Die planerischen, wirtschaftlichen und strukturellen **Vorgaben des Krankenhausrechts** von Bund und Ländern einschließlich des Rechts der GKV beeinflussen unmittelbar oder mittelbar die Rechtsbeziehungen zwischen Krankenhausträger und Krankenhausärzten.

2   Der rasante Fortschritt der Medizin in den letzten Jahren und die sich abzeichnenden vielfältigen gesellschaftlichen und demographischen Entwicklungen gebieten es, das durch die Krankenhausgesetzgebung geschaffene öffentliche Versorgungssystem flexibel zu gestalten. Konsequenterweise wird deshalb auch von öffentlichen Krankenhausträgern bei der Ordnung der Personalverhältnisse im ärztlichen Dienst dem **privatrechtlichen Dienstvertrag** gegenüber dem **Beamtenverhältnis** der Vorzug gegeben. Das auf dem Prinzip der Vertragsfreiheit gegründete arbeitsrechtliche Beziehungsverhältnis bietet im Vergleich zum Grundsatz der Über- und Unterordnung im Beamtenverhältnis mehr Möglichkeiten der Anpassung an die Anforderungen der Zeit und damit eine bessere Arbeitsgrundlage. Ein reines Beamtenverhältnis ohne ergänzende Regelungen, zB bei verbeamteten Chefärzten, ist selten geworden. Heute hat das Beamtenrecht bei öffentlichen Krankenhausträgern Bedeutung noch im Hochschul- und Sozialversicherungsbereich. Die stationäre Versorgung in den Hochschulkliniken ist unmittelbar mit der öffentlichen Aufgabe von wissenschaftlicher Lehre (Ausbildung) und Forschung verbunden. Doch besteht auch hier die Tendenz, mit einer Veränderung der Rechtsform der Hochschulkliniken privatrechtliche Gestaltungsmöglichkeiten der Dienstverhältnisse der ärztlichen Mitarbeiter zu wählen.[3]

3   **1. Krankenhausärzte als Beamte.** Krankenhausärzte als Bedienstete der juristischen Personen des öffentlichen Rechts, also von Bund, Ländern, Kommunen, anderen Körperschaften, Anstalten und Stiftungen des öffentlichen Rechts, können unter den näheren bundes- und landesrechtlichen Voraussetzungen[4] in ein **Beamtenverhältnis** berufen sein.

4   *a) Chefarztposition in der Hochschulmedizin.* Für den Hochschulbereich, insbesondere für Hochschullehrer, bestimmt sich die beamtenrechtliche Stellung ergänzend nach dem Bundes- oder Landeshochschulrecht.[5] Die Beschlüsse der Kultusministerkonferenz vom 19. 11. 1999 zur „Neugestaltung des Personalrechts einschließlich des Vergütungssystems der Professoren mit ärztlichen Aufgaben im Bereich der Hochschulmedizin" haben zu einer **Neugestaltung der Chefarztposition in der Hochschulmedizin** geführt: Abschluss eines privatrechtlichen Chefarztvertrages und Ernennung des Chefarztes für die Aufgaben in Forschung und Lehre wie bisher zum beamteten Universitätsprofessor in den meisten Ländern nur für den Fall, dass ein neu berufener Leiter einer klinischen Abteilung an seiner bisherigen Universität bereits im Beamtenverhältnis auf Lebenszeit steht; im Regelfall Abschluss von zwei bürgerlich-rechtlichen Dienstverträgen, zum einen mit dem Rektor der Universität als Vertreter des Landes (Übertragung

---

[2] Siehe § 3 RdNr 8–12.
[3] Zum beamteten Chefarzt s *Bender,* HK-AKM, 1280, RdNr 150 ff.
[4] Bund und Länder haben jeweils Beamtengesetze erlassen; im Bund gilt das Bundesbeamtengesetz (BBG) v 5. 2. 2009 (BGBl I, 160). Das bisherige Beamtenrechtsrahmengesetz (BRRG), das für die Landesgesetzgebung weitgehende und konkrete Vorgaben machte, ist zum 1. 4. 2009 durch das Gesetz zur Regelung des Statusrechts der Beamtinnen und Beamten in den Ländern weitgehend abgelöst worden (Beamtenstatusgesetz – BeamtStG v 17. 6. 2008, BGBl I, 1010); das unmittelbar geltende BeamtStG beschränkt sich (entspr der geänderten Gesetzgebungszuständigkeit auf Grund der Föderalismusreform 2006 mit der Neuregelung in Art 74 Abs 1 Nr 27 GG) auf eine Vereinheitlichung und Modernisierung der statusrechtlichen Grundstrukturen, um die Mobilität insbesondere bei Dienstherrenwechsel zu gewährleisten.
[5] Soweit Hochschullehrer Beamte sind, gelten unmittelbar das Hochschulrahmengesetz (HRG) idF v 19. 1. 1999 (BGBl I, 18), zuletzt geändert durch Gesetz v 12. 4. 2007 (BGBl I, 506), das BeamtStG und die Hochschul- und Hochschullehrergesetze der Länder.

15. Kapitel. Rechtsbeziehungen zwischen Arzt u Krankenhaus   5–8 § 86

der Rechte und Pflichten eines Universitätsprofessors) und zum anderen mit dem Universitätsklinikum (Übertragung der Rechte und Pflichten als Chefarzt).[6]

b) **Besonderes Dienst- und Treueverhältnis.** Beamte sind keine Arbeitnehmer. Sie 5
stehen in einem besonderen Dienst- und Treueverhältnis zu der sie beschäftigenden juristischen Person des öffentlichen Rechts. Zu den prägenden Grundsätzen des Beamtenrechts gehört das Leistungsprinzip.[7] Es verlangt, dass öffentliche Ämter nach charakterlicher Eignung, fachlicher Befähigung und Leistung vergeben werden. Ausbildung, Vorbildung, Berufs- und Lebenserfahrung sind entscheidende Kriterien für die Übernahme in den öffentlichen Dienst als Beamter. Dabei belassen die unbestimmten Rechtsbegriffe der persönlichen und fachlichen Eignung nach ständiger Rspr des BVerwG[8] der Einstellungsbehörde einen Beurteilungsspielraum. Die hergebrachten Grundsätze des Berufsbeamtentums (Art 33 Abs 5 GG) bestimmen das Beamtenverhältnis. Zu ihnen zählen vor allem die regelmäßige Anstellung auf Lebenszeit, die Tätigkeit als Haupt- und Lebensberuf, das Leistungsprinzip, die Treuepflicht innerhalb eines besonderen Rechts- und Pflichtenverhältnisses, die Alimentationspflicht des Dienstherrn, die Fürsorge- und Schutzpflicht des Dienstherrn und das Recht auf Führung einer entsprechenden Dienstbezeichnung.

Das beamtenrechtliche Pflichtenverhältnis wird aber durch die besondere Eigenart ärzt- 6
lichen Handelns modifiziert. Das Verhältnis zwischen Arzt und Patient lebt von der vertrauensvollen und uneingeschränkten Zuwendung beider Partner. Dies setzt aufseiten des Arztes **ärztliche Unabhängigkeit** voraus. Der Arzt kann nur dann verantwortlich nach seinem Gewissen handeln, wenn er sich allein an das Recht und die Berufsethik, nicht aber an die Weisungen anderer gebunden sieht.[9] Ähnlich der grundrechtlich geschützten Wissenschaftsfreiheit (Art 5 Abs 3 S 1 GG), auf die sich auch der einzelne Hochschullehrer berufen kann,[10] besitzt der behandelnde, letztverantwortliche Arzt aufgrund seines Berufsbildes bei Diagnostik und Therapie fachliche Unabhängigkeit. Er ist frei von Weisungen seiner Vorgesetzten und nur dem Gesetz und Recht verpflichtet. Das Grundrecht des einzelnen auf persönlichen Lebens- und Gesundheitsschutz (Art 2 Abs 2 GG) fordert diese Beschränkung. Gegenüber nachgeordneten Ärzten steht in Ausübung ärztlicher Verantwortlichkeit dem leitenden Krankenhausarzt ein fachliches Weisungsrecht zu.

c) **Hauptamt und Nebentätigkeit.** Beamteten Ärzten wird zur Erfüllung ihrer 7
öffentlichen Versorgungsaufgaben ein Amt übertragen. Der Dienstherr bestimmt dabei im Rahmen des Beamtenrechts aufgrund seiner Organisationsgewalt, welcher Kreis von Aufgaben dem **Hauptamt** zugewiesen werden soll und was auf den Bereich der **Nebentätigkeit** entfällt. Als Hauptamt ist dabei das konkrete Amt im funktionalen Sinn anzusehen.[11] Art und Umfang der zu erfüllenden Dienstaufgaben bestimmen sich nach den einschlägigen beamten- und hochschulrechtlichen Vorschriften, den darauf beruhenden Dienstanweisungen und sonstigen allgemeinen oder speziellen Organisationsverfügungen (zB Stellen- und Funktionsbeschreibungen).

Nach dem **Hochschulrecht** obliegt es den Hochschullehrern, Aufgaben in Wissen- 8
schaft, Lehre und Forschung im Hauptamt wahrzunehmen. Ist dem Hochschullehrer die Leitung einer Klinik, einer Abteilung oder eines Instituts übertragen, so hat er auch diese Aufgabe sowie die Mitwirkung an der unmittelbaren und mittelbaren Patientenversor-

---

[6] Siehe *Wahlers* ZBR 2006, 221, 227 ff, mit verfassungsrechtlichen Bedenken gegenüber dem Paradigmawechsel; Medizinischer Fakultätentag 2003 „Resolution zu Dienstverträgen in der Hochschulmedizin", 236.
[7] BVerfGE 56, 146.
[8] Seit BVerwGE 9, 192 st. Rspr.
[9] Siehe oben § 3 RdNr 12.
[10] BVerfGE 35, 79.
[11] BVerwGE 40, 104.

gung, also die Erbringung der allgemeinen ärztlichen Krankenhausleistung (§ 2 Abs 2 KHEntgG/BPflV), in seinem Bereich im Rahmen seines Hauptamtes wahrzunehmen.[12] Wegen der untrennbaren Verknüpfung von Forschung, Lehre und Krankenversorgung an den Universitätskliniken darf das Grundrecht des medizinischen Hochschullehrers auf Wissenschaftsfreiheit (Art 5 Abs 3 S 1 GG) auch bei seiner Tätigkeit in der Krankenversorgung nicht unberücksichtigt bleiben; dies kann zB dazu führen, dass zur Sicherung der wissenschaftlichen Belange Einvernehmen auch des Fachbereiches Medizin der Universität mit Organisationsmaßnahmen (zB Schließung einer Bettenstation) erforderlich ist.[13]

9 Allgemein ist davon auszugehen, dass leitende Krankenhausärzte grundsätzlich die **Behandlung aller Patienten** in ihrem Versorgungs- und Funktionsbereich sicherzustellen haben. Zu den Dienstaufgaben im Rahmen des Hauptamtes gehört auch die Ausarbeitung von Gutachten, gutachtlichen Äußerungen und wissenschaftlichen Ausarbeitungen, die nicht von einem Dritten angefordert und vergütet werden. Es sind dies vor allem Gutachten, die im Interesse des Krankenhausträgers erstellt werden müssen. Hingegen sind Gutachten, die von einem Dritten in Auftrag gegeben worden sind, regelmäßig dem Nebentätigkeitsbereich zugeordnet. Auch die konsiliarische Beratung der Ärzte anderer Abteilungen des Krankenhauses, einschließlich der Belegabteilungen und Funktionsbereiche anderer Krankenhäuser des gleichen Trägers, soweit sein Fachgebiet berührt ist, gehört zu den Dienstaufgaben des Hauptamtes.

10 d) **Organisationsrechte des Dienstherrn.** Fragen der Dienstzeit, der Diensteinteilung, des Bereitschaftsdienstes, der Rufbereitschaft, des gebietsärztlichen Hintergrunddienstes, der Überstundenvergütung uÄ können vom Dienstherrn aufgrund seiner Organisationsrechte unter Beachtung beamtenrechtlicher Vorgaben einseitig bestimmt werden. Wegen des engen inhaltlichen, aber auch betrieblichen Zusammenhangs mit den tarifvertraglichen Regelungen für angestellte Ärzte (s RdNr 20) empfiehlt es sich, zur Herbeiführung einheitlicher Dienstverhältnisse eine Angleichung vorzunehmen. Der Gleichheitssatz (Art 3 GG) gebietet es aber nicht, zB bei in Bereitschaft geleisteter Mehrarbeit von Beamten dieselben Regelungen anzuwenden, die für Angestellte gelten. Auch das Arbeitszeitgesetz gilt für Beamte unmittelbar nicht (arg § 19 ArbZG); ohnehin nicht anzuwenden ist es nach der ausdrücklichen Regelung in § 18 Abs 1 Nr 1 auf leitende Angestellte (§ 5 Abs 3 BetrVerfG) sowie Chefärzte.

11 e) **Besoldung.** Der beamtete Arzt erhält als Äquivalent für die Erfüllung seiner Dienstpflichten im Rahmen des Hauptamtes eine Besoldung entsprechend den Besoldungsordnungen von Bund und Ländern. Ob damit auch bestimmte besondere Verrichtungen wie Vorsorgeuntersuchungen bei Neugeborenen und Kleinkindern,[14] Teilnahme am Rettungsdienst als Notarzt, Leichenschau und Ausstellung von Todesbescheinigungen, Bescheinigungen über Arbeitsunfähigkeit uÄ abgegolten sind, beurteilt sich nach der beamtenrechtlichen Zuordnung dieser Aufgaben.

12 Zum Erscheinungsbild des deutschen Krankenhauses gehört traditionell das **Liquidationsrecht der leitenden Krankenhausärzte**.[15] Beamteten Klinik- und Institutsdirektoren an den Hochschulkliniken und sonstigen Krankenhäusern in öffentlicher Trägerschaft steht herkömmlich das Recht der Privatbehandlung von Patienten zu und damit die gesonderte Honorierung von ärztlichen Leistungen. Mit dem Liquidationsrecht sollen

---

[12] BVerfGE 57, 70 = NJW 1981, 1995; BVerwG NJW 1974, 1440.
[13] Siehe BVerfG, Beschluss v 27. 11. 2007 – 1 BvR 1736/07, GesR 2009, 95 (Uniklinikum Düsseldorf).
[14] Bei Neugeborenen gehören Maßnahmen zur Früherkennung von Krankheiten (§ 26 SGB V), wenn sie bei einem stationären Aufenthalt von einem Krankenhausarzt durchgeführt werden, nicht mehr zur vertragsärztlichen Versorgung, sondern sie sind Bestandteil der allgemeinen Krankenhausleistung (§ 2 Abs 2 S 2 Nr 1 KHEntgG/BPflV).
[15] *Luxenburger*, Liquidationsrecht, 24.

Anreize geschaffen werden, um qualifizierte Ärzte für die Leistungsaufgaben im Krankenhaus zu gewinnen. Vor allem angesichts der aus sozial- und wirtschaftspolitischen Gründen gebotenen Beschränkung der Ausgaben für das Gesundheitswesen wird zunehmend die Frage nach der Berechtigung eines besonderen Liquidationsrechtes gegenüber bestimmten Patienten gestellt.

Während der klassische Chefarztdienstvertrag eine feste tarifliche Vergütung, das Liquidationsrecht bei Wahlleistungspatienten und Einnahmen aus Nebentätigkeit (Hauptbeispiel: ambulante Behandlung) beinhaltet, sieht das **Vertragsmuster der Deutschen Krankenhausgesellschaft** seit 2002 den **Wegfall der Liquidationsberechtigung** für den Chefarzt und die Überführung der klassischen Nebentätigkeitsbereiche in einen umfassenden Katalog von Dienstaufgaben vor.[16] Nach der **Umfrage 2007** des **Krankenhaus Barometer** des Deutschen Krankenhausinstituts[17] – repräsentativ für alle allgemeinen zur GKV zugelassenen Krankenhäuser ab 50 Betten – besitzt die überwiegende Anzahl der Chefärzte (70%) weiterhin ein eigenes Liquidationsrecht; das eigene Liquidationsrecht ist in öffentlichen und privaten Krankenhäusern seltener (jeweils rd 60% der Chefärzte) als in freigemeinnützigen (rd 80% der Chefärzte). Bei der **Neugestaltung von Chefarztverträgen** wird das klassische Liquidationsrecht von 60% der Krankenhäuser weiterhin eingeräumt (seltener – 32% – in größeren Krankenhäusern ab 600 Betten sowie in privaten Krankenhäusern); in der Mehrzahl der öffentlichen (54%) sowie vor allem der freigemeinnützigen Krankenhäuser (69,6%) gibt es in neuen Chefarztverträgen ein eigenes Liquidationsrecht der Chefärzte. 13

Das **vereinbarte Liquidationsrecht** erstreckt sich grundsätzlich im wesentlichen auf: 14

- die voll- und teilstationäre ärztliche Behandlung von Wahlleistungspatienten (§ 17 KHEntgG);
- die vor- und nachstationäre Behandlung von Wahlleistungspatienten (§ 115 a SGB V);
- die ambulante ärztliche Beratung und Behandlung vom Privatpatienten innerhalb der Klinik während bestimmter Sprechstunden (Fach- und Privatambulanz) einschließlich ambulantes Operieren;
- die ambulante ärztliche Beratung und Behandlung von sozialversicherten Patienten innerhalb der Klinik, sofern eine Ermächtigung zur Teilnahme an der vertragsärztlichen Versorgung besteht (§ 95 Abs 4, § 98 Abs 1 und 2 Nr 11, § 116, § 120 Abs 1 SGB V, §§ 31, 31a Ärzte-ZV – Kassenambulanz)
- die konsiliarische Beratung anderer Ärzte innerhalb des Krankenhauses bei Privatpatienten;
- die Konsiliartätigkeit im Einzelfall außerhalb des Krankenhauses;
- stationäre und nichtstationäre Gutachtertätigkeit für Dritte;
- ambulante Durchgangsarzttätigkeit für gesetzliche Unfallversicherungsträger;
- Teilnahme am Unfallheilverfahren.

Entsprechendes gilt jeweils für die **Ärzte nichtbettenführender Abteilungen** wie Röntgeninstitute, nuklearmedizinische Einrichtungen, Labors. 15

Die **rechtsdogmatische Begründung** der Einräumung eines privaten Liquidationsrechts an beamtete leitende Krankenhausärzte trotz des allgemeinen Verbots, dem Beamten über das Besoldungsrecht hinausgehende Bezüge zu gewähren (s zB § 2 Abs 2 BBesG), bereitete der verwaltungsrechtlichen Judikatur und dem Schrifttum nicht un- 16

---

[16] DKG, Beratungs- und Formulierungshilfe Chefarztvertrag, nunmehr 8. Aufl 2007; s auch DKG-Leitlinien zum Chefarztvertragsrecht (Vorstandsbeschluss v. 11.3.2008), wiedergegeben in KH 2008, 898 (in Anknüpfung an die DKG-Eckpunkte zur Weiterentwicklung des Chefarztvertragsrechts v 22.1.1996, KH 2002, 303; Ablehnung als Abkehr von medizinischen Prioritäten hin zu ökonomischen Vorgaben durch BÄK, VLK u Marburger Bund („Gemeinsame Hinweise"), DÄBl 2003, B 1353; VLK u BÄK, DÄBl 2007, 1419; ferner VLK, Thesen 2007, AuK 2007, 131; ablehnend auch *Baur* DÄBl 2002, A 1495: Mustervertrag mit „Arbeitgeberschlagseite"; Erläuterung der DKG-Positionen *Wagener* KH 2007, 876 u KH 2008, 894; zum eigenen Liquidationsrecht des Chefarztes s unten § 87.

[17] Abrufbar unter www.dki.de; Zusammenfassung der wesentlichen Ergebnisse zur derzeitigen Struktur von Chefarztverträgen *Blum/Offermanns/Perner* AuK 2008, 42.

erhebliche Schwierigkeiten.[18] Das BVerwG[19] ging von der Einordnung des Liquidationsrechts des beamteten Krankenhausarztes als Nebentätigkeit aus. Das BVerfG[20] sieht in seiner Entscheidung zur Verfassungsmäßigkeit der Beteiligung nachgeordneter Ärzte an den Liquidationserlösen der leitenden Ärzte im Liquidationsrecht eine Ausprägung der hergebrachten Grundsätze des Berufsbeamtentums (Art 33 Abs 5 GG). Das Gericht geht von der Möglichkeit einer zusätzlichen Vergütung oder der Möglichkeit der Eigenliquidation sowohl für Aufgaben des Hauptamtes als auch der Nebentätigkeit aus. Das Liquidationsrecht der beamteten leitenden Krankenhausärzte wird als organisatorischer Bestandteil des Dienstrechts angesehen.

17 Die verfassungsrechtliche Qualität des Liquidationsrechts beamteter leitender Krankenhausärzte schließt nicht aus, dass gewisse **Änderungen** hinsichtlich der Ausübung dieses Liquidationsrechts zulässig sind. Gesetzliche Änderungen, die sich auf die tatsächlichen Voraussetzungen für die Ausübung des Rechts beschränken und lediglich eine organisatorische und strukturelle Umgestaltung des Liquidationsrechts bewirken, müssen von den beamteten Ärzten hingenommen werden, soweit sie nicht zu einer wesentlichen Beeinträchtigung der liquidationsberechtigten Tätigkeit und der damit verbundenen Liquidationseinkünfte führen.[21] Dies gilt auch, soweit die Einschränkung der Ausübung auf ärztlichem Gebührenrecht oder Pflegesatzrecht beruht. Der verfassungsrechtliche Schutz erstreckt sich nicht auf die Erwartung, den überwiegenden Teil der Nebentätigkeitsvergütung zu behalten; Chefärzte können nicht darauf vertrauen, dass das zu entrichtende Nutzungsentgelt nach Erteilung der Nebentätigkeitsgenehmigung nicht mehr erhöht wird.

18 Art und Umfang der liquidationsberechtigten Tätigkeit können auch im Rahmen der allgemein geltenden beamtenrechtlichen Grundsätze durch **öffentlich-rechtliche Verträge** (§§ 54, 57 VwVfG), zB schriftliche Berufungs- und Einstellungsvereinbarungen insbesondere im Hochschulbereich, oder durch eine schriftliche Zusicherung (§ 38 VwVfG) bei leitenden Krankenhausärzten näher festgelegt werden. Diese das allgemeine Beamtenrecht ergänzenden Regelungen begründen einen besonderen Rechte- und Pflichtenkreis und gewähren dienstliche und wirtschaftliche Vergünstigungen dort, wo die Belange des Dienstherrn und die dienstrechtliche Stellung des Krankenhausarztes, insbesondere seine Pflichten gegenüber dem Krankenhauspatienten, es zulassen.[22]

19 Die **HochschullehrernebentätigkeitsVOen der Länder** bestimmen, dass die Betreuung und Behandlung von ambulanten Privatpatienten innerhalb der Klinik während der Sprechstunden (ambulante Privatbehandlung), die stationäre ärztliche Behandlung von Wahlleistungspatienten, soweit hierfür Krankenbetten zur Verfügung gestellt werden (stationäre Privatbehandlung) und die konsiliarische Tätigkeit im Einzelfall außerhalb der Klinik **allgemein als genehmigt** gilt oder allgemein durch die Verwaltung erteilt wird.[23] Die BayHSchLNV[24] auf der Grundlage des BayHSchPG sieht beispielsweise vor,

---

[18] Zur Rspr des BVerfG und des BVerwG *Jansen* MDR 1986, 49.

[19] BVerwG ZBR 1970, 229; NJW 1970, 1248; BVerwG NJW 1974, 1440; BVerwG NJW 1980, 654: Das Liquidationsrecht der beamteten Ärzte ist „mit dem geltenden Beamtenrecht zwar schwer, aber unter Berücksichtigung der Besonderheit des atypischen Beamtenverhältnisses leitender Krankenhausärzte gerade noch zu vereinbaren ...".

[20] BVerfGE 52, 303, 335.

[21] BVerfGE 52, 303, 347; BVerwG NVwZ-RR 2007, 185 = ArztR 2007, 90; BVerwG NVwZ-RR 2001, 673; BVerwGE 130, 252 = NVwZ 2008, 1029 = ArztR 2009, 97, 99.

[22] BVerfGE 52 503.

[23] Darüber hinaus ist die Ausübung einer Privatpraxis nicht gestattet, so ausdrücklich § 13 Abs 2 S 2 BayHSchlNV.

[24] VO über die Nebentätigkeit des beamteten wissenschaftlichen und künstlerischen Personals an den staatlichen Hochschulen (Bay Hochschullehrernebentätigkeitsverordnung – BayHSchLNV) v 15. 9. 1992 (GVBl 428) idF v 2. 10. 1995 (GVBl 724), zuletzt geändert durch VO v 28. 9. 2006 (GVBl I, 790); ferner Bay Hochschulpersonalgesetz – BayHSchPG v 23. 5. 2006 (GVBl I, 230), Art 6 (Nebentätigkeit und Mitarbeiterbeteiligung); Art 73 ff Bay Beamtengesetz idF v 27. 8. 1998 (GVBl I, 702) iVm der AusführungsVO gemäß Art 77.

dass den Vorständen der Kliniken sowie den Leitern bestimmter Abteilungen die **voll-, teil-, vor- und nachstationäre Privatbehandlung** von Patienten, soweit hierfür vom Krankenhausträger Krankenbetten zur Verfügung gestellt werden, als allgemein genehmigt gilt, zunächst befristet auf 5 Jahre (§ 13 Abs 1 S 1, Abs 3). Desgleichen dürfen sie Patienten während der Sprechstunden innerhalb der Klinik persönlich beraten, untersuchen und behandeln (**ambulante Privatbehandlung**). Ihnen steht für diese Patienten das Liquidationsrecht zu. Auch die Konsiliartätigkeit im Einzelfall außerhalb der Klinik ist allgemein genehmigt. Die Behandlungsleistungen haben grundsätzlich persönlich zu erfolgen (§ 13 Abs 4). Nachgeordnete Ärzte der Klinik oder sonstiger klinischer Einrichtungen und Abteilungen dürfen nur unter Aufsicht der liquidationsberechtigten Ärzte nach fachlicher Weisung herangezogen werden. Eine Vertretung durch einen anderen Arzt ist beamtenrechtlich nur zulässig bei Verhinderung aus zwingendem Grund. Für das dann weiterbestehende Liquidationsrecht (§ 13 Abs 4 S 4) ist das ärztliche Gebührenrecht (GOÄ, GOZ) zu beachten (§ 13 Abs 5). Ärztlichen Mitarbeitern in leitenden Funktionen, die mit der allgemeinen Stellvertretung des Vorstandes einer Klinik ständig und selbstverantwortlich betraut sind, kann unter Berücksichtigung der besonderen Umstände des Einzelfalles und vorbehaltlich der Versagungsgründe eine Genehmigung zur stationären und/oder ambulanten Privatbehandlung erteilt werden (§ 13 Abs 6). Die Genehmigungspflicht erstreckt sich auch auf die Inanspruchnahme von Einrichtungen, Material und Personal des Dienstherrn. Dabei werden die Voraussetzungen, Art und Umfang der Inanspruchnahme durch das Nebentätigkeitsrecht,[25] auch durch Auflagen im Genehmigungsbescheid oder durch Vereinbarungen im Einzelnen festgelegt. Zugleich ist sicherzustellen, dass ein angemessenes Nutzungsentgelt (Kostenerstattung und Vorteilsausgleich) entrichtet wird (s § 82, RdNr 244 ff und § 87 RdNr 31 ff).

2. Krankenhausärzte als Arbeitnehmer. Das Beschäftigungsverhältnis der Krankenhausärzte[26] beruht ganz überwiegend auf einem privatrechtlichen, gegenseitigen Austauschvertrag, durch den sich der Arzt zur Leistung von Arbeit im Dienste des Krankenhauses und der Arbeitgeber zur Zahlung einer Vergütung verpflichtet.[27] Die Leistungspflicht des Arbeitnehmers ist dabei fremdbestimmt und weitgehend weisungsabhängig. Der Arbeitsvertrag mit einem Krankenhausarzt ist ein Unterfall des **bürgerlich-rechtlichen Dienstvertrages** (§§ 611 ff BGB), auf den die allgemeinen Grundsätze des bürgerlichen Rechts, insbesondere des Schuldrechts, über gegenseitige Verträge anzuwenden sind. Dies gilt auch dann, wenn an ihm juristische Personen des öffentlichen Rechts (der Bund, ein Land, eine Kommune oder eine sonstige Körperschaft, Anstalt oder Stiftung des öffentlichen Rechts) beteiligt sind und kraft Tarifvertrages oder aufgrund Einzelvereinbarung auf Teile des öffentlichen Dienstrechts verwiesen wird (zB Versorgung nach beamtengleichen Grundsätzen, Zusatzversorgung, Beihilfe- und Dienstreiserecht ua). Die Besonderheiten der Dienstleistungspflicht, etwa die Tätigkeit entsprechend den Grundsätzen des öffentlichen Haushalts- und Wirtschaftsrechts, die Arbeit im öffentlichen Interesse, das Zusammenwirken mit Beamten, führen zu einer weitgehenden Anpassung des Dienstrechts an die beamtenrechtlichen Bestimmungen.[28]

---

[25] Zum Beispiel §§ 20, 21, 22 Abs 4, §§ 23, 25 BayHSchLNV.
[26] Insgesamt waren in den 2087 Krankenhäusern der Bundesrepublik tätig: (Stand: 31.12.2007): 136 267 hauptamtliche Ärzte, davon 12 473 leitende Ärzte, 28 693 Oberärzte, 95 101 Assistenzärzte (Quelle: Statistisches Bundesamt, Fachserie 12, Reihe 6.1.1, abrufbar unter www.destatis.de; s ferner zur Entwicklung der Zahl der in Krankenhäusern tätigen Ärzte nach ihrer funktionalen Stellung 1991–2007 DKG, Zahlen/Daten/Fakten 2009, 34); s zu den ärztlichen Berufen auch § 12, ua Krankenhausärzte RdNr 5–14.
[27] Zum Begriff des Arbeitsvertrages und Arbeitsverhältnisses *Schaub* (Fn 1) § 29 I und II und zur Abgrenzung Arbeitsvertrag – Dienstvertrag § 36 I; zu den rechtlichen Aspekten beim Wechsel des Krankenhausträgers s *Debong* ArztR 1995, 291, insbes zur Bedeutung des § 613 a BGB.
[28] *Linck,* in: *Schaub* (Fn 1) § 186 III.

21 *a)* **Allgemeiner Inhalt des Arbeitsvertrages.** Der **Inhalt des Arbeitsvertrags** der Klinikärzte wird entscheidend bestimmt von den rechtlichen Rahmenbedingungen des Krankenhausrechts und den zu übertragenden Aufgaben und Funktionen innerhalb der Organisationsstruktur des einzelnen Krankenhauses. Organisationspläne, Dienstordnungen, Stellenbeschreibungen und Dienstanweisungen sind bei der Vertragsgestaltung zu berücksichtigen. Sie werden vielfach durch Verweisung Inhalt des einzelnen Arbeitsvertrages. Der Grad der Führungs- und Handlungsverantwortung, die Art der Mitwirkung am Betriebsgeschehen und damit auch der Umfang der persönlichen Gestaltungsfreiheit prägen das Arbeitsverhältnis. Eindeutige betriebsorganisatorische Regelung einerseits und die Zuordnung klarer Verantwortungsbereiche entsprechend den persönlichen, fachlichen Fähigkeiten und Erfahrungen andererseits sind unbedingte Voraussetzung einer bestmöglichen Leistungserbringung im Krankenhaus. Die Arbeitsverträge haben deshalb der Verantwortungs- und Leitungshierarchie des Krankenhauses zu entsprechen. Die Arbeitsverträge sind ganz überwiegend vorformuliert. Deshalb ist von erheblicher Bedeutung, dass seit dem 1. 1. 2002 das Recht der Allgemeinen Geschäftsbedingungen auch für Arbeitsverträge gilt (Integration des AGB-Gesetzes in das BGB, §§ 305–310, durch das Schuldrechtsmodernisierungsgesetz v 26. 11. 2001); bei der Anwendung auf Arbeitsverträge sind die im Arbeitsrecht geltenden Besonderheiten zu berücksichtigen (§ 310 Abs 4 S 2 BGB).

22 *b)* **Tarifverträge.** Die einzelvertraglichen Regelungen werden durch **kollektive Vereinbarungen** (Tarifverträge und Betriebsvereinbarungen) ergänzt und, soweit diese normative Wirkungen haben,[29] ersetzt. Für den **Bereich der öffentlichen Krankenhausträger** und deren angestellte Ärzte finden in erster Linie die Regeln des Tarifvertrages für Ärztinnen und Ärzte an kommunalen Krankenhäusern (**TV-Ärzte/VKA**) bzw der Tarifvertrag für Ärztinnen und Ärzte an Universtätskliniken (**TV-Ärzte**) Anwendung, in erster Fassung abgeschlossen am 17. 8. 2006 zwischen der Vereinigung der kommunalen Arbeitgeberverbände (VKA) und dem Marburger Bund – Verband der angestellten Ärztinnen und Ärzte Deutschlands bzw am 16. 6. 2006 zwischen der Tarifgemeinschaft deutscher Länder (TdL) und dem Marburger Bund. Daneben existiert der Tarifvertrag für den öffentlichen Dienst **(TVöD)** mit dem Besonderen Teil Krankenhäuser (BT-K), vereinbart durch Bund und VKA mit den Gewerkschaften verdi und dbb-Tarifunion und in Kraft getreten am 13. 9. 2005; ferner haben diese beiden Gewerkschaften am 19. 5. 2006 mit der TdL den Tarifvertrag für den öffentlichen Dienst der Länder **(TV-L)** abgeschlossen,[30] so dass – anders als beim abgelösten seit 1961 geltenden Bundesangestelltentarifvertrag (BAT) – für Bund und Kommunen auf der einen Seite sowie die Länder auf der anderen Seite jeweils eigenständige Tarifwerke gelten. Für die Beschäftigtengruppe der Ärzte ist der jeweilige Tarifvertrag mit dem Marburger Bund von entscheidender Bedeutung, wobei im Einzelfall auch die Regelungen des TVöD bzw TV-L zur Anwendung kommen können. Durch den Abschluss arztspezifischer Tarifverträge mit dem Marburger Bund sind in den öffentlichen Krankenhäusern mindestens zwei verschiedene Tarifverträge anzuwenden **(Tarifpluralität)**. Eigenständige **arztspezifische Tarifverträge** des Mar-

---

[29] Zur normativen Wirkung von Tarifverträgen *Schaub* (Fn 1) § 31 V, § 202 II und zur normativen Bedeutung von Betriebsvereinbarungen § 231.

[30] Ausführlich zu den Tarifverträgen für kommunale Krankenhäuser und Universitätskliniken – zwischenzeitlich Änderungstarifverträge *Köpf*, MHK, 2640; zu den unterschiedlichen Tarifregelungen auch *Köhler-Hohmann*, in: *Ratzel/Luxemburger* (Hrsg), Handbuch Medizinrecht, 959 ff, RdNr 33–50. Zur umstrittenen Eingruppierung von Oberärzten in die Entgeltgruppe III nach dem TV-Ärzte/VKA *Rumpenhorst/Müller* AuK 2008, 316, *Knickenberg* KH 2008, 729; *Kern* DÄBl 2007, B 2955 und *Bruns* ArztR 2007, 60, jeweils mit Hinweisen auf Entscheidungen der Arbeitsgerichte und der Landesarbeitsgerichte. Oberarzt ist nach § 16 Protokollerklärung derjenige, „dem die medizinische Verantwortung für selbstständige Teil- oder Funktionsbereiche der Klinik bzw Abteilung vom Arbeitgeber ausdrücklich übertragen worden ist." Nunmehr BAG, Urteile v 9. 12. 2009, ua 4 AZR 841/08, über 7 Eingruppierungsklagen: überwiegend Abweisung, Pressemitteilung Nr 114/09.

15. Kapitel. Rechtsbeziehungen zwischen Arzt u Krankenhaus   23, 24 § 86

burger Bundes gelten **in vielen privaten Kliniken** (zB Konzerntarifvertrag für die Helios Kliniken GmbH, ferner zB der „TV-Ärzte Sana" für die Sana Kliniken AG), aber auch in kommunalen Krankenhäusern (zB Vivantes GmbH Berlin). Die Arbeitsverhältnisse von angestellten Ärzten mit freigemeinnützigen Krankenhausträgern werden inhaltlich vor allem durch die **Richtlinien der Spitzenverbände der Freien Wohlfahrtspflege** bestimmt. Besonders gestaltete Dienstverhältnisse bestehen im Hinblick auf das Autonomierecht der Kirchen[31] (Art 140 GG iVm Art 137 Abs 3 WRV). Für die Bediensteten der Inneren Mission und des **Diakonischen Werkes der Evangelischen Kirche** gelten die **Arbeitsvertragsrichtlinien** und für den Bereich des **Deutschen Caritasverbandes** die entsprechenden Arbeitsvertragsrichtlinien (AVR). Die Arbeitsgerichte sehen in ihnen arbeitsvertragliche Einheitsrichtlinien, die nur durch einzelvertragliche Bezugnahme wirksam werden können. Sie sind deshalb auch abdingbar. Der Marburger Bund verfolgt das Ziel einer Anwendung der TV-Ärzte/VKA auch in den kirchlichen Krankenhäusern – wie generell in den freigemeinnützigen Krankenhäusern[32].

c) **Besonderheiten für leitende Krankenhausärzte.** Innerhalb der Organisation 23
des ärztlichen Dienstes im Krankenhaus nehmen die leitenden Ärzte (ihre Bezeichnung ist nicht einheitlich, s § 85 RdNr 28) eine hervorgehobene Stellung ein. Sie vertreten in ihren Abteilungen oder ihren Funktionsbereichen ihr Fachgebiet selbstständig, eigen- und letztverantwortlich. Sie sichern für den Krankenhausträger die ärztliche Versorgung der Patienten in Diagnostik und Therapie in ihrem Leistungsbereich. Die leitenden Ärzte sind fachlich weisungsberechtigte Vorgesetzte des ärztlichen, medizinisch-technischen und beschränkt des pflegerischen Personals. Sie haben innerhalb der Krankenhausorganisation **Leitungs- und Führungsfunktion** und sind in ärztlicher Hinsicht letztverantwortlich. Im einzelnen sind ihre Aufgaben in den Dienstverträgen, den Dienstordnungen und Dienstanweisungen zu regeln.

aa) *Vertragsmuster.* Ihr privatrechtlicher Dienstvertrag[33] (§§ 611 ff BGB) basiert ganz 24
überwiegend auf Musterverträgen zum Abschluss von Arztverträgen.[34] Solche **Vertrags-**

---

[31] Zum Arbeitsverhältnis der Kirchenbediensteten allgemein *Linck*, in: *Schaub* (Fn 1) § 186 VIII mwN; zum Arbeitsrecht in der Evangelischen Kirche § 186 IX; zum Arbeitsrecht in der Katholischen Kirche § 186 X. Siehe ferner BAG v 24. 9, 1997, AP Nr 10 u 11 zu § 12 AVR Caritasverband.
[32] Beschluss Nr 12 Hauptversammlung v 7./8. Nov 2008; s auch *Rumpenhorst* AuK 2008, 91 zum TV-Ärzte/Diakonie in NRW, Rh-Pf u Saarland.
[33] Siehe zum Chefarzt als Arbeitnehmer *Schaub* (Fn 1) § 16 VI 2. Obwohl der Vertrag mit einem leitenden Krankenhausarzt herkömmlich als „Dienstvertrag" bezeichnet wird, gründet sich das Beschäftigungsverhältnis auf einen Arbeitsvertrag. Dies hat zur Folge, dass auf ihn das KSchG Anwendung findet. Auch das Betriebsverfassungsrecht – ausgenommen bei kirchlichen Trägern – ist grundsätzlich anwendbar; es ist aber entsprechend der Dienststellung im Einzelfall zu prüfen, ob der Arzt leitender Angestellter iS des § 5 Abs 3 BetrVG ist; s zu den Anforderungen, unter denen ein Chefarzt als leitender Angestellter iSd § 5 Abs 3 BetrVG anzusehen ist, BAG, Beschluss v 10. 10. 2007, ArztR 2008, 235 = GesR 2008, 210; *Quaas/Zuck*, § 15 RdNr 30 ff; *Bender*, HK-AKM, 1280, RdNr 9 ff; *Diringer* NZA 2003, 890; generell zum Begriff des leitenden Angestellten *Koch*, in: *Schaub* (Fn 1) § 212 IV. Ein leitender Krankenhausarzt (Chefarzt) ohne selbstständige Personalbefugnis ist kein leitender Angestellter iSd KSchG: BAG Urt v 18. 11. 1999, ArztR 2000, 102. Als Mitglied der Krankenhausleitung ist er dies in aller Regel. Von der Geltung des ArbZG sind Chefärzte ausgenommen, auch dann, wenn sie nicht leitende Angestellte sind (§ 18 Abs 1 S 1 ArbZG).
[34] Neben der Beratungs- und Formulierungshilfe der DKG (inzwischen für den Chefarztvertrag 8. Aufl 2007) hatten auch die Spitzenverbände der Krankenhausträger verschiedene Vertragsmuster entwickelt, zB die Kommunalen Spitzenverbände, Heidelberger Musterverträge für caritative Träger, Musterverträge der Westdeutschen Diözesen, 1978; auch ärztliche Fachverbände und Standesvertretungen hatten Vertragsempfehlungen ausgesprochen, zB Mustervertrag für leitende Anästhesisten, 1977, Mustervertrag für leitende Ärzte der Berliner Ärztekammer, 1980, Mustervertrag des Berufsverbandes der Deutschen Chirurgen, 1985, nunmehr 2005). Hinzuweisen ist weiter auf den neuen Mustervertrag für Chefärzte der Arbeitsgemeinschaft für Arztrecht, 9. Aufl 2009, ArztR 2009, 230; s ferner *Münzel*, Chefarzt- und Belegarztvertrag (Beck'sche Musterverträge), 3. Aufl 2008; *Nahmacher*/

muster sind geeignet, Interessenkonflikten in einer ausgleichenden Weise Rechnung zu tragen.[35] Die Krankenhausträger bevorzugen die von der DKG verfasste „Beratungs- und Formulierungshilfe Chefarztvertrag", sind doch in dieser die Interessen der Krankenhausträger weit mehr berücksichtigt als die der Chefärzte. Dementsprechend unterliegen Chefarztverträge regelmäßig der **AGB-Vertragskontrolle nach** §§ 305–310 BGB, soweit sie nicht „im Einzelnen" ausgehandelt sind; ausgehandelt ist eine Klausel nur, wenn der Krankenhausträger diese inhaltlich ernsthaft zur Disposition gestellt und dem Arzt Gestaltungsfreiheit zur Wahrung eigener Interessen eingeräumt hat (Beweislast beim Krankenhausträger). Allgemeine Vertragsbedingungen (AVB/AGB) sind alle für eine Vielzahl von Verträgen vorformulierte Vertragsbedingungen, die eine Vertragspartei (Verwender) der anderen Vertragspartei bei Abschluss eines Vertrages stellt (§ 305 Abs 1 S 1 u 3 BGB). Nach der Unklarheitenregel des § 305 c Abs 2 BGB erfolgt die Auslegung zu Ungunsten dessen, der die Unklarheit verursacht hat, bei Chefarztverträgen also in der Regel zu Ungunsten des Krankenhausträgers.[36] Neben der Vertragskontrolle als sog Einbeziehungskontrolle zur Beantwortung der Frage, was Vertragsbestandteil geworden ist, kann zusätzlich die Ausübungskontrolle nach § 315 BGB von Bedeutung sein, wenn nämlich der Arbeitgeber ein vereinbartes Recht zur einseitigen Änderung einzelner Vertragsbestimmungen ausübt (Entwicklungsklauseln).

25   Bei den konkreten vertraglichen Regelungen sind die Aufgabenstellung und die Organisationsstruktur des Krankenhauses hinreichend zu berücksichtigen. Den Vertragspartnern – Krankenhausträger und leitender Krankenhausarzt – sind trotz des das bürgerliche Recht beherrschenden Prinzips der Vertragsfreiheit (§ 305 BGB) in der Ausgestaltung ihrer rechtlichen und finanziellen Beziehungen nicht unerhebliche Schranken gesetzt. **Auswirkungen auf die Dienstverträge** haben die Bestimmungen des Krankenhausfinanzierungsrechts (KHG, KHEntgG, BPflV), die Vorschriften der Landeskrankenhausgesetze, insbesondere soweit sie Bestimmungen zur inneren Struktur enthalten, aber auch das Recht der GKV (SGB V).[37] Beispielsweise bedürfen die für die Krankenhausträger verbindlichen Regelungen der zwei- und dreiseitigen Verträge (§ 112, § 115 SGB V) und der Durchführung der vor- und nachstationären Behandlung im Krankenhaus (§ 115 a SGB V) und des ambulanten Operierens einschließlich stationsersetzender Eingriffe (§ 115 b SGB V) einer Umsetzung im Krankenhaus. Eine dienstvertragliche Einbindung des leitenden Krankenhausarztes ist insoweit unabdingbar. Dies gilt auch für Maßnahmen zur Qualitätssicherung (§ 135 a, § 137 SGB V). Auch die Regelungen zu den ärztlichen Abgaben im ambulanten und stationären Bereich einschließlich des Abrechnungsverfahrens (vgl zB § 120 Abs 1 SGB V, §§ 17, 19 KHEntgG) erfordern eine nähere vertragliche Ausgestaltung.

26   Das bestehende **Spannungsverhältnis** zwischen dem angestellten leitenden Krankenhausarzt als Erfüllungsgehilfen des Krankenhausträgers und der unabhängigen und nur dem Gesetz verpflichteten ärztlichen Verantwortung bei Diagnostik und Therapie kann letztlich nur durch eindeutige, auf Interessenausgleich abzielende vertragliche Regelungen abgebaut werden.

Clausen, Der Chefarztvertrag (Frankfurter Musterverträge), 2006; *Schaub/Koch/Neef/Schrader/Vogelsang,* Arbeitsrechtliches Formular- und Verfahrenshandbuch, 9. Aufl 2008, Arbeitsverträge: § 7 I Chefarzt im kirchlichen Bereich, II Chefarzt einer Uniklinik, III 1 Vertrag mit Oberarzt, III 2 Vertrag mit Assistenzarzt; s auch *Notz/Beume/Lenz,* Der Krankenhausarzt in leitender Stellung, 2007, als Kommentierung der 8. Aufl des DKG-Vertragsmusters (Schriftenreihe Deutsche Krankenhaus Verlagsgesellschaft).

[35] Siehe BGH ArztR 2007, 75 für den Fall der Kündigung eines Belegarztvertrages und die Beantwortung der Frage nach der angemessenen Kündigungsfrist.
[36] Zur gerichtlichen Kontrolle der in Chefarztverträgen häufig verwendeten Klauseln ausführlich *Reinicke* NJW 2006, 3383; ferner *Bohle* KH 2004, 724. Zum „Aushandeln" einer Vertragsklausel BGH NJW 1998, 3488, 3489.
[37] Siehe oben vor allem § 82, § 83 RdNr 14–114, § 84 RdNr 26–46, § 85 RdNr 11–21; umfassend zum Chefarztvertrag *Bender* HK-AKM, 1280.

bb) Verweisung auf Tarifrecht. Auf das Dienstvertragsrecht der leitenden Krankenhausärzte 27
bei öffentlichen Krankenhausträgern findet ein **Tarifvertrag keine unmittelbare Anwendung**.[38] Chefärzte sind regelmäßig vom Anwendungsbereich ausgenommen (§ 1 Abs 2a TVöD, § 1 Abs 2 TV-Ärzte/VKA, § 1 Abs 3 TV-Ärzte).[39] Der Mustervertrag der DKG enthält eine Verweisung auf tarifliche Regelungen nicht mehr (seit 6. Aufl 2002). Ist nur der Arbeitgeber tarifgebunden, gilt der entsprechende Tarifvertrag nur bei einzelvertraglicher Vereinbarung. Den genannten Tarifverträgen entsprechen im kirchlichen Bereich die AVR (Arbeitsvertragsrichtlinien) des Deutschen Caritasverbandes und die AVR des Diakonischen Werkes der EKD.

In vielen **älteren Chefarztverträgen** (beruhend auf dem Formulierungsvorschlag aus 28
der 5. oder einer älteren Auflage des DKG-Mustervertrages) wird für die Grundvergütung auf den BAT mit der höchsten Vergütungsgruppe (I BAT) verwiesen, für den **Fall der Ersetzung des BAT** durch einen anderen Tarifvertrag auf dessen entsprechende Vergütungsgruppe. Da der BAT nicht durch einen neuen Tarifvertrag, sondern durch zwei neue Tarifverträge, nämlich den TV-Ärzte/VKA und den TVöD ersetzt worden ist (s RdNr 22), stellt sich die Frage, ob ein Chefarzt, der bisher nach I BAT vergütet wurde, in die **Entgeltgruppe IV TV-Ärzte/VKA** (rd 1400 Euro höher dotiert als nach **TVöD Entgeltgruppe 15 Ü)** einzugruppieren ist. Eine Entscheidung des Bundesarbeitsgerichts ist 2010 zu erwarten.[40]

cc) Wesentliche Vertragsgegenstände. Der **Dienstvertrag** hat die **arbeitsrechtlichen Grund-** 29
lagen zu enthalten. Im Interesse der Rechtssicherheit und Rechtsklarheit sollten die gegenseitigen Rechte und Pflichten eindeutig bestimmt und dabei auch ein gerechter Ausgleich der Interessen gesucht werden.[41]

Im einzelnen sollten die Vertragsparteien Regelungen zu folgenden wesentlichen **The-** 30
men treffen:

– Stellung des Arztes als Inhaber eines besonderen Berufs (§ 1 BÄO) und zugleich angestellter Mitarbeiter des Krankenhausträgers;[42]
– Festlegung der Dienstaufgaben im Bereich der Krankenhausbehandlung[43] entsprechend der Aufgabenstellung und Zielsetzung des Krankenhauses (Versorgungsauftrag);[44]

---

[38] Umfassend zum aktuellen Tarifrecht in Krankenhäusern *Köpf,* MHK, 2640; zu den einschlägigen Tarifverträgen s oben RdNr 22.
[39] TVöD v 13. 9. 2005, TV-Ärzte/VKA v 22. 11. 2006, TV-Ärzte v 30. 10. 2006, jeweils in der Ursprungsfassung.
[40] Umfangreiche Rspr der Arbeitsgerichte und Landesarbeitsgerichte, s *Morawietz* ArztR 2009, 30, 58, 170. Zulassung der Revision gegen Urteil des HessLAG v 15. 8. 2008 – 3 Sa 1798/07 (KHR 2008, 159) durch Beschluss des BAG v 11. 2. 2009 – 5 AZR 122/09.
[41] Zwar unterliegt der Vertrag mit einem leitenden Krankenhausarzt als auszuhandelnder Individualvertrag mit bestimmten, umfänglich beschriebenen Leistungspflichten nicht dem generellen arbeitsrechtlichen Gleichbehandlungsgrundsatz, doch sollten im Interesse des Betriebsfriedens bei gleichen Voraussetzungen wesentlich gleiche Vertragsbedingungen für alle leitenden Ärzte angestrebt werden; vgl *Schaub* (Fn 1) § 112 III.
[42] Der Annahme eines Angestelltenverhältnisses steht die bei ärztlicher Diagnose und Therapie notwendige Weisungsfreiheit nicht entgegen. Im Dienstvertrag ist näher zu bestimmen, wer Dienstvorgesetzter des leitenden Arztes ist und wie der weisungsfreie vom weisungsabhängigen Bereich abgegrenzt wird. Ob der leitende Krankenhausarzt ausnahmsweise auch leitender Angestellter mit einer arbeitsrechtlichen Sonderstellung ist, beurteilt sich nach den im Einzelfall eingeräumten „Unternehmensfunktionen". Für den Ärztlichen Direktor als Mitglied der Krankenhausleitung wird dies in aller Regel zu bejahen sein.
[43] Diese umfasst teil- und vollstationäre Behandlungsleistungen sowie die vor- und nachstationäre Behandlung (§ 115 a SGB V) uneingeschränkt, ambulantes Operieren einschließlich stationsersetzender Eingriffe (§ 115 b SGB V), aber auch andere ambulante Versorgungsformen, soweit das Krankenhaus hierfür zugelassen ist (§ 39 Abs 1 S 1 SGB V). Deshalb kann auch die ambulante Notfallbehandlung des Krankenhauses außerhalb des Durchgangsarztverfahrens und des Unfallheilverfahrens im Rahmen der Unfallversicherung Dienstaufgabe sein. Nicht zu den Dienstaufgaben im Krankenhaus

§ 86   30   § 86 Dienstrecht der Ärzte des Krankenhauses

– Zielvereinbarungen als Rahmenregelung (Ausfüllung durch jährliche konkrete einvernehmliche Zielbestimmung mit Steuerungsfunktion);[45]
– Festlegung der Dienstaufgaben im Zusammenhang mit der Leitung und Betriebsführung des übertragenen Bereichs einschließlich der Beteiligung an der Aus-, Fort- und Weiterbildung des ärztlichen und nichtärztlichen Personals sowie der gutachtlichen Beratung des Krankenhausträgers;[46]
– Gebot der Sicherung der Qualität[47] und der Wirtschaftlichkeit[48] der Versorgung;

zählt – ohne ausdrückliche Vereinbarung – die Mitwirkung des Chefarztes im Medizinischen Versorgungszentrum des Krankenhausträgers (MVZ als externe Einrichtung, keine Institutsleistung). Zur Tendenz zum umfassenden Dienstaufgabenkatalog *Debong* ZMGR 2008, 12 f. Bei der Wahrnehmung der Dienstaufgaben ist zu unterscheiden, ob der leitende Arzt persönliche Dienstleistungen zu erbringen hat oder ob er nur die Organisations- und Aufsichtsverantwortung trägt. Es ist näher zu bestimmen, dass der leitende Arzt in seiner Abteilung den Bereitschaftsdienst und die Rufbereitschaft zu organisieren hat. Da das ArbZG für leitende Ärzte (Chefärzte) nicht gilt, besteht kein gesetzlicher Arbeitszeitschutz iS, dass ein leitender Arzt nicht über die gesetzlichen Grenzen hinaus zur Arbeit verpflichtet werden kann. Sofern in seinem Arbeitsvertrag keine ausdrückliche Regelung enthalten ist, um die gebotene flexible Gestaltung der leitenden Tätigkeit zu ermöglichen, gelten die allgemeinen Rechtsgrundsätze über die zeitliche Beanspruchung bei Erfüllung der Dienstaufgaben. Dies bedeutet, dass der Krankenhausträger als Arbeitgeber gegenüber allen Mitarbeitern eine allgemeine Fürsorgepflicht hat, sie nur in einem vernünftigen und vertretbaren Umfang zur Arbeitsleistung heranzuziehen. Die Grenzen der Belastung ergeben sich aus Treu und Glauben (§ 242 BGB) und der Sittenwidrigkeit eines entsprechenden Leistungsverlangens. Gesichtspunkte des Gesundheitsschutzes sind hierbei ebenfalls mit heranzuziehen. Es kommt dabei auf den konkreten Einzelfall an (*Debong* ArztR 1996, 123).

[44] Grundsätzlich entscheidet der Krankenhausträger über die Zielsetzung und den Leistungsumfang seines Krankenhauses. Im Hinblick auf die krankenhausplanerischen Vorgaben und die Festlegung des Leistungsspektrums auch im Rahmen des Pflegesatzrechts (§ 17 Abs 2 KHG iVm § 3 Abs 1 S 2, § 4 BPflV, § 11 Abs 1 S 1 KHEntgG), insbesondere beim Budget, muss der Krankenhausträger in der Lage sein, innerbetrieblich die Festlegungen umzusetzen. Die im Rahmen der Organisationshoheit erlassenen Dienstordnungen, Dienstanweisungen oder die Allgemeinen Vertragsbedingungen für Behandlungsverträge (AVB) können dies sicherstellen (Billigkeitskontrolle nach § 315 BGB); letztere können durch ausdrückliche Bezugnahme Inhalt des Dienstvertrages werden. Größere Bedeutung in der Praxis erhalten immer mehr betrieblich konsentierte Leitlinien und Zielvorgaben („Unternehmensphilosophie"), die dienstvertraglich übernommen und damit verbindlich gemacht werden sollen.

[45] Siehe zu den Zielvereinbarungen und deren betriebswirtschaftlicher Steuerungsfunktion *Bender*, HK-AKM, 1280, RdNr 36 ff und zur auf einer Zielvereinbarung basierenden Bonusvergütung *Rumpenhorst* AuK 2007, 188; generell zu arbeitsrechtlichen Zielvereinbarungen *Hümmerich* NJW 2006, 2294.

[46] Medizinische Gesamtverantwortung des Chefarztes für seine Abteilung; s *Bender*, HK-AKM, 1280, RdNr 37: Chefarzt als „Organisationsverantwortlicher"/Schwerpunkt seiner Tätigkeit; ferner zu der Tendenz zum umfassenden Dienstaufgabenkatalog *Debong* ZMGR 2008, 12. Dienstaufgabe kann auch sein, sich als Leitender Arzt des Krankenhauses (Ärztlicher Direktor) zur Verfügung zu stellen und diese Funktion wahrzunehmen.

[47] Fragen der Sicherstellung der Qualität der Versorgung (§ 2 Abs 1 S 3 SGB V) und der internen Qualitätssicherung haben in Zusammenhang mit §§ 135a, 137, 137b SGB V besondere Bedeutung. Zur Qualitätssicherung im Krankenhaus nach dem GKV-Wettbewerbsstärkungsgesetz v 26. 3. 2007 s *Pinter* KHR 2008, 1.

[48] Siehe zur ökonomischen Mitverantwortung des ärztlichen Dienstes und zur internen Budgetierung oben § 84 RdNr 6 und zur GKV-Leistungsbegrenzung durch das Wirtschaftlichkeitsgebot oben § 83 RdNr 50–57. Das Wirtschaftlichkeitsgebot bestimmt nach dem Krankenhausfinanzierungsrecht (§ 4, § 9 Abs 5, § 17 Abs 2 S 1 KHG) und dem Recht der GKV (§§ 12, 70 SGB V) das gesamte Leistungsgeschehen. Eine Einbindung des leitenden Krankenhausarztes in die wirtschaftliche Gesamtverantwortung seines Leistungsbereiches ist unabdingbar; s dazu *Bender,* HK-AKM, 1280, RdNr 52 ff. Das Vergütungssystem zwingt dazu, den leitenden Arzt in die Budgetplanung und den Budgetvollzug verantwortlich mit einzubeziehen (zum Pflegesatzrecht s oben § 82 RdNr 160 ff). Dies bedeutet auch, dass der leitende Arzt einer Abteilung in das Pflegesatzverfahren eingebunden werden sollte. Auch die „interne Budgetierung" als betriebswirtschaftliches Steuerungsinstrument

15. Kapitel. Rechtsbeziehungen zwischen Arzt u Krankenhaus **30 § 86**

- Sicherstellung der ärztlichen Aufklärung[49] und Wahrnehmung der Dokumentationspflichten;[50]
- Art und Umfang des Weisungs- und Direktionsrechts bei der Durchführung der Dienstaufgaben;[51]
- Mitwirkung in Personalangelegenheiten, insbesondere ein Vorschlagsrecht bei der Einstellung, Umsetzung, Versetzung, Abordnung, Beurlaubung oder Entlassung nachgeordneter Ärzte seines Versorgungsbereiches;
- Vergütungsregelungen im dienstlichen Aufgaben- und im Nebentätigkeitsbereich;[52]
- Einräumung des Liquidationsrechts oder Beteiligung an Liquidationserlösen (s § 87 RdNr 1–8);
- Nutzungsentgelt (Kostenerstattung und Vorteilsausgleich) im dienstlichen und Nebentätigkeitsbereich (s § 87 RdNr 31–59);
- Alters- und Hinterbliebenenversorgung;[53]
- Finanzielle Beteiligung der nachgeordneten Ärzte[54] (s § 87 RdNr 60–72);

erfordert die Beteiligung des für das Leistungsgeschehen in einer Abteilung verantwortlichen Arztes. Wirkungsvolles Handhaben des Budgets ist Aufgabe des Leiters einer Abteilung oder sonstigen organisatorisch selbstständigen Einheit in einer Klinik (sa VLK, Thesen zur Einbindung der Chefärzte in die Patientenversorgung – These 3: Gesamtunternehmerisches Denken und Handeln, AuK 2007, 131, 132 (Aktualisierung der Thesen aus dem Jahr 2000). Umstritten ist das Sanktionsinstrumentarium bei Budgetüberschreitung. Bonus- und Malusregelungen, mit deren Hilfe gezielt unmittelbar die ärztliche Behandlungsmethodik beeinflusst werden soll, sind im Hinblick auf die ärztliche Therapiefreiheit (§ 1 Abs 2 BÄO) und eine unzulässige Verlagerung des Arbeitgeberrisikos rechtlich problematisch und können im Einzelfall nichtig sein (§ 134 BGB); s *Debong* ArztR 2007, 316, 318. Rechtlich anerkannt ist die Ausgestaltung der Budgetverantwortung iS einer Bemühenspflicht (LAG Frankfurt ArztR 1994, 293) und auch Begründungspflicht bei Abweichungen vom vorgegebenen Budget. Unbedenklich sind vertraglich vereinbarte Leistungsanreize (zB Prämien, Veränderungen bei der Höhe des zu zahlenden Vorteilsausgleiches, erweiterte Dispositions- oder Verwendungsmöglichkeiten bei Erzielung von Überschüssen für die personelle und apparative Ausstattung einer Abteilung ua). Zur internen Budgetierung im Krankenhaus *Köninger,* MHK, 620 und zur Budgethaftung des leitenden Krankenhausarztes *Andreas* ArztR 1997, 207. Im Wahlleistungsbereich (§ 17 KHEntgG) ist die Gestaltungsfreiheit des Krankenhausträgers von vornherein größer. Die Einbindung in die wirtschaftliche Verantwortung verlangt auch, dass der leitende Arzt über die Einführung neuer diagnostischer und therapeutischer Untersuchungs- und Behandlungsmethoden, die wesentliche Mehrkosten verursachen, ein Einvernehmen mit dem Krankenhausträger herbeizuführen hat, soweit nicht im Einzelfall die medizinische Notwendigkeit solcher Maßnahmen und Methoden unabdingbar ist. Entsprechendes gilt für die Abgabe von Arzneimitteln (zB Bindung an eine von einer Arzneimittelkommission erstellte Arzneimittelliste) und die Aufwendungen für medizinischen Sachbedarf (zB Einsatz medizinisch-technischer Geräte).

[49] Zur ärztlichen Aufklärungspflicht s oben §§ 57–64; ferner Empfehlungen der DKG zur Aufklärung von Krankenhauspatienten über vorgesehene ärztliche Maßnahmen, 5. Aufl 2008. Zum Umfang der Patientenaufklärung über Behandlungsqualität und Versorgungsstrukturen („Organisationsaufklärung") *Pflüger* MedR 2000, 6.

[50] DKG, Die Dokumentation der Krankenhausbehandlung – Hinweise zur Durchführung, Archivierung und zum Datenschutz, 3. Aufl 2007.

[51] Zum rechtlichen Verhältnis des leitenden Arztes zu seinen Mitarbeitern (arbeits-, haftungs- und weiterbildungsrechtliche Grundlagen) *Andreas* ArztR 2000, 4.

[52] Siehe die systematische Übersicht möglicher Vergütungsgestaltungen – Anhang zu These 4 des VLK-Leitbildes für den Chefarzt, AuK 2007, 131, 133 f; ferner *Bender,* HK-AKM, 1280, RdNr 27 ff und *Debong* ZMGR 2008, 14 f; s auch BAG ArztR 1993, 138: Zulässigkeit unterschiedlicher Vergütungsregelungen in den Chefarztverträgen eines Krankenhauses/Keine Geltung des Gleichheitsgrundsatzes für die individuell ausgehandelte Vergütung.

[53] Zu einer vereinbarten beamtenähnlichen Versorgung von angestellten Krankenhausärzten: Absicherung der Versorgungszusagen bei Ausscheiden und Krankenhausprivatisierung *Boecken* ArztR 1998, 256 (Beilage) und *ders* ArztR 1999, 104; *ders,* Zur Zulässigkeit von frühzeitigen Altersgrenzen für leitende Krankenhausärzte, ArztR 2000, 60; zur beamtenähnlichen Versorgung angestellter Chefärzte: Anrechnung von Zahlungen aus Zusatzversorgungen (Ärzteversorgung) BAG, Urt v 22. 2. 2000, ArztR 2001, 39.

[54] Nach welchen Grundsätzen und in welchem Umfang die nachgeordneten Ärzte an den Liquidationserlösen leitender Krankenhausärzte zu beteiligen sind, beurteilt sich in BW, Hessen, MV, Rh-Pf, Sachsen u Thüringen zunächst nach entsprechenden landesgesetzlichen Regelungen (zB § 34–

§ 86   30   § 86 Dienstrecht der Ärzte des Krankenhauses

– Urlaub, Dienstreisen, Dienstbefreiung, Teilnahme an wissenschaftlichen Kongressen ua;
– Vergütung bei Dienstunfähigkeit, Beihilfen im Krankheitsfall;
– Vertretungsregelungen;[55]
– Versicherungsschutz;
– Entwicklungs- und Anpassungsklausel;[56]
– Vertragsdauer[57] und Kündigung.[58]

37a LKHG BW, § 15 Abs 2–5 HKHG, § 45 Abs 2–4 LKHG MV, §§ 27–29 LKG Rh-Pf, §§ 24–26 Sächs KHG, § 28a Abs 2 u 3 ThürKHG; in BW, Rh-Pf, Sachsen und Thüringen Geltung nur für Plankrankenhäuser und in Hessen sowie MV umfassend für alle Krankenhäuser, die der allgemeinen stationären Versorgung dienen; die kirchlichen Krankenhäuser sind in den sechs Ländern von der Verpflichtung zur Mitarbeiterbeteiligung ausgenommen. Zur Mitarbeiterbeteiligung im Hochschulbereich: zB Art 6 BayHSchPG v 23. 5. 2006), § 14 BayHSchLNV). Inwieweit die berufsrechtliche Verpflichtung der Ärzte (ausgehend von §§ 29 Abs 3 MBO-Ä) nach den landesrechtlichen Berufsordnungen zur Mitarbeiterbeteiligung (zB § 15 Abs 4 BOÄ/Bay, vgl auch § 15 Abs 2 BOÄ) institutionell umgesetzt wird, bleibt dem einzelnen Krankenhausträger überlassen. Vielfach erfolgt die Mitarbeiterbeteiligung in Form eines Honorarpools als BGB-Gesellschaft (§§ 705 ff BGB). Steht dem Chefarzt nicht das Liquidationsrecht, sondern lediglich eine Beteiligungsvergütung zu, entfällt naturgemäß eine Verpflichtung zur Mitarbeiterbeteiligung nach Landesrecht und Standesrecht.

[55] Die Gewährleistung eines funktionierenden ärztlichen Dienstes am Krankenhaus ist in erster Linie Aufgabe des Krankenhausträgers. Bei Urlaubs- und Krankheitsabwesenheit ist es deshalb primär Angelegenheit des Trägers, für die Vertretung der leitenden Ärzte durch organisatorische Vorkehrungen Sorge zu tragen. Dieser kann aber bei der Vertretung bei Dienstaufgaben eine Mitwirkungspflicht des leitenden Arztes festlegen. Im Nebentätigkeitsbereich hingegen obliegt die Vertretungsregelung dem einzelnen Arzt. Dabei ist im Hinblick darauf, dass die gesondert berechenbare ärztliche Wahlleistung (§ 17 KHEntgG) zur Krankenhausbehandlung zählt (§ 2 Abs 1 S 1 Hs 2 KHEntgG/BPflV) das Einvernehmen mit dem Krankenhausträger herzustellen. Das Vertretungsrecht wird auch von den Regelungen zum ärztlichen Gebührenrecht wie dem „ständigen ärztlichen Vertreter" nach § 4 Abs 2 S 3 GOÄ beeinflusst; der einzelne Arzt hat insoweit für die Kosten der Vertretung einzustehen.

[56] Zur Herbeiführung zwingend notwendiger struktureller und organisatorischer Veränderungen im Krankenhaus sind Entwicklungsklauseln sinnvoll; sie finden sich dementsprechend auch in fast jedem Chefarztvertrag und sind als vertragliche Konkretisierung des Rechtsinstituts des Wegfalls der Geschäftsgrundlage (§ 242 BGB) grundsätzlich zulässig. Die Klauseln betreffen dem Krankenhausträger ohnehin auf Grund seines Direktionsrechts zustehende strukturelle Änderungen (Bsp: Teilung der Abteilung, Änderung der Bettenzahl, Einstellung neuer Chefärzte – auch desselben Fachgebietes), die allerdings erheblichen Einfluss auf die Einkünfte des Chefarztes haben können, und regeln deshalb die finanziellen Folgen der Änderung für den Chefarzt. Zu unterscheiden ist zwischen der Vertragsinhaltskontrolle (wirksame Vereinbarung?) und der Ausübungskontrolle (Wahrung der Grenzen billigen Ermessens gem § 315 BGB); s BAG E 86, 61 = NZA 1997, 1160; BAG NZA 2004, 735; *Reinicke* NJW 2005, 3383, 3386 f; *Bender*, HK-AKM, 1280 RdNr 88. Die vertragliche Anpassung geht einer Kündigung (ultima ratio) vor; ursächlich kann auch eine Gesetzesänderung sein. In Reaktion auf das Urteil des BAG v 12. 1. 2005 (NJW 2005, 1820) zur Unwirksamkeit eines Widerrufsvorbehalts in einem Arbeitsvertrag (fehlende Nennung der konkreten Voraussetzungen für den Widerruf) und die klaren Worte von *Reinicke* NJW 2005, 3383, 3387 f („Folgerungen aus dem Urteil des BAG") Überarbeitung der chefärztlichen Entwicklungsklausel im Muster-Chefarztvertrag der DKG; Neuformulierung in § 15 seit 7. Auflage 2006 (Aufnahme konkreter Gründe für die vorbehaltenen Änderungen/Anwendung der Klausel im Rahmen des Direktionsrechts nur „im Benehmen" mit dem Chefarzt); s dazu *Wagener/Hauser* KH 2006, 19, 23 f und *Debong* ArztR 2006, 256, 258 sowie ZMGR 2008, 12, 16 ff; Zur Entwicklungsklausel in Chefarztverträgen s auch *Böhmann* MedR 2007, 465 und *Maus* KHR 2007, 6.

[57] Für befristete Dienstverträge gelten die allgemeinen arbeitsrechtlichen Grundsätze, wie sie von der Rspr entwickelt worden sind. Die im Grundsatz zulässige Befristung von Arbeitsverträgen ist unwirksam, wenn sie als rechtliches Gestaltungsmittel objektiv funktionswidrig verwendet wird. Dies ist anzunehmen, wenn der durch die Kündigungsvorschriften gewährte Bestandsschutz objektiv vereitelt wird und dafür kein sachlich rechtfertigender Grund vorliegt (s § 14 Teilzeit- und Befristungsgesetz v 21. 12. 2000 – TzBfG mit Katalog der sachlichen Gründe in Abs 1). Kriterien der Bewährung sowie wirtschaftliche Aspekte sind grundsätzlich kein sachlich rechtfertigender Grund für eine Befristung; hingegen zu bejahen bei Schließung einer Abteilung oder deren Zusammen-

d) **Besonderheiten für nachgeordnete Ärzte.** Die meisten Ärzte im Krankenhaus 31 sind im nachgeordneten ärztlichen Dienst tätig. Zum Stichtag 31. 12. 2008 arbeiteten in 2083 Krankenhäusern neben 12 460 Leitenden Ärzten 30 019 Oberärzte und 96 815 Assistenzärzte (davon rd 32 000 mit abgeschlossener Weiterbildung.[59] Entsprechend dem Umfang der Entscheidungs- und Handlungskompetenz in Diagnose und Therapie wird herkömmlich differenziert zwischen **Oberärzten** und Assistenzärzten. Erstere sind ständige Vertreter des leitenden Arztes oder mit bestimmten Versorgungsaufgaben in Eigenverantwortung betraut. Zu den wesentlichen Aufgaben des Oberarztes gehört die Beratung und Beaufsichtigung der in seinem Bereich (zB einer Station) tätigen Ärzte. Bei allen Beratungs- und Kontrollfunktionen vertritt der Oberarzt den letztverantwortlichen Arzt, sofern eine Delegation erfolgt ist. Oberärzte sollen nur Ärzte mit Gebiets- oder Teilgebietsbezeichnung (Fachärzte) sein. Sie haben beschränkt ärztliche Führungsverantwortung und weitgehend selbstständige Handlungsverantwortung. Sie sind die wesentlichen Leistungsträger im Mittelbau eines Krankenhauses.

Assistenzärzte sind Ärzte im Krankenhaus ohne besondere Entscheidungskompetenz, 32 die nach der ÄAppO ärztliche Leistungen erbringen dürfen, ohne jedoch über Diagnostik und Therapie letztverantwortlich zu entscheiden und ohne anderen Ärzten gegenüber weisungsberechtigt zu sein. Sie befinden sich überwiegend in der Weiterbildung.[60] Je nach den Fortschritten in der Weiterbildung und der beruflichen Erfahrung können ihnen im Einzelfall weitere medizinische Aufgaben übertragen werden. Der Assistenzarzt trägt bei allen von ihm vorgenommenen ärztlichen Handlungen die Verantwortung dafür, dass diese dem Stand der medizinischen Erkenntnisse und Erfahrungen entsprechen. Er hat

---

legung aus betrieblichen Gründen, vorübergehender Dienstunfähigkeit des bisherigen leitenden Arztes und Beurlaubung des leitenden Arztes (zusammenfassend BAG AP Nr 67 zu § 620 BGB befristeter Arbeitsvertrag); Übersicht über die Rspr *Schaub* (Fn 1) § 39 II u III (Anerkannte Befristungsgründe). Sachgrundlose Befristungen nach § 14 Abs 2 TzBfG ermöglichen ein befristetes Chefarztvertragsverhältnis bis zur Dauer von zwei Jahren; eine Befristung zur Erprobung ist in § 14 Abs 1 Nr 5 TzBfG genannt. Teilzeit- und Befristungsgesetz v 21. 12. 2000 (BGBl I, 1966), Wissenschaftszeitvertragsgesetz v 12. 4. 2007 (BGBl I, 506), Gesetz über befristete Arbeitsverträge mit Ärzten in der Weiterbildung – ÄArbVtrG v 15. 5. 1986 (BGBl I, 742); zur erforderlichen Schriftform BAG NZA 2005, 923 u LAG Hamm GesR 2007, 310; zum ÄArbVtrG BAG MedR 2003, 306; zum WissZeitVG *Löwisch* NZA 2007, 479. Siehe auch die grundlegenden, weiterhin bedeutsamen Ausführungen von *Zuck* NZA 1994, 961 (mit prägnanten Fallbeispielen zum Vorliegen eines sachlichen Grundes für die Befristung eines Chefarztvertrages).

[58] Für die ordentliche und außerordentliche Kündigung gelten die von der Rspr entwickelten allgemeinen Grundsätze auch für die Verträge mit leitenden Krankenhausärzten. Zur Bedeutung und Anwendung bei Chefarztverträgen ausführlich *Bender* HK-AKM, 1280, RdNr 121 ff; Kündigung eines Chefarztes wegen Bildung eines Zentrums mit einem Zentrumsleiter (Zusammenlegung von Kliniken für Orthopädie und Unfallchirurgie), SächsLAG ArztR 2009, 161: Änderungskündigung als milderes Mittel; Schließung der Abteilung nach Herausnahme aus dem Krankenhausplan als dringender betrieblicher Grund zur Kündigung von Chefärzten, LAG Rh-Pf ArztR 2006, 150; zur Kündigung bei Betriebsübergang durch Umwandlung eines Kreiskrankenhauses in eine GmbH (§ 613 a BGB) BAG ArztR 2001, 92; zum Vorbringen konkreter Kündigungsgründe LAG Köln ArztR 1997, 157; zur außerordentlichen Kündigung nach Annahme von Schmiergeldern (regelmäßig berechtigt) BAG NZA 2003, 691. Zur Frage des Vorrangs des Direktionsrechts gegenüber der Änderungskündigung LAG Berlin ArztR 2000, 13. Ordentliche Kündigung während der sechsmonatigen Probezeit des Chefarztes: nur Missbrauchskontrolle – auch bei einer Einstellung im öffentlichen Dienst nach Maßgabe des Art 33 Abs 2 GG (keine willkürlichen oder sachfremden Motive, Darlegungs- und Beweislast für Verstoß nach § 242 BGB beim Arbeitnehmer), s BVerfG v 21. 6. 2006 – 1 BvR 1659/04, ArztR 2007, 179.

[59] Quelle: Statistisches Bundesamt, Fachserie 12, Reihe 6.1.1 zu Ziff 2.4.1, abrufbar unter www.destatis.de.

[60] Zur ärztlichen Weiterbildung s oben § 11 RdNr 10 ff; Abschaffung des Arztes im Praktikum durch Änderung der Bundesärzteordnung (Art 1 des Gesetzes v 21. 7. 2004, BGBl I, 1776) zum 1. 10. 2004. Zur Finanzierung auch oben § 84 RdNr 15.

keine Führungsverantwortung für diese Handlungen, da sie von anderer Seite angeordnet sind. Lediglich in Notfällen, in denen er auf eine solche Anordnung nicht warten kann, trägt er auch für diese Handlungen die Führungsverantwortung. Es entspricht der Krankenhauspraxis, dass Assistenzärzte mit mehrjähriger Berufserfahrung, die meist vor dem Abschluss ihrer Weiterbildung stehen, bereits mit Aufgaben betraut werden (zB der Leitung einer Station), die sonst nur Oberärzten zustehen. Es obliegt der Entscheidungskompentenz des leitenden Arztes, ob und in welchem Umfang eine solche Übertragung von Aufgaben in Diagnostik und Therapie gerechtfertigt ist. Entscheidendes Kriterium ist die Gewährleistung des Facharztstandards beim Leistungsspektrum des Krankenhauses.

33 Infolge von Mehrkosten, die durch die **ärztliche Weiterbildung** entstehen, leidet die Bereitschaft der Krankenhäuser, entsprechende Stellen anzubieten. Deshalb hat der Gesetzgeber mit dem Krankenhausfinanzierungsreformgesetz v 17. 3. 2009 (§ 17b Abs 1 S 17 KHG)[61] die Deutsche Krankenhausgesellschaft, den Spitzenverband Bund der Krankenkassen und den Verband der Privaten Krankenversicherung mit der Prüfung beauftragt, ob zur sachgerechten Finanzierung Zu- oder Abschläge zu den DRG-Fallpauschalen erforderlich sind (ggf Abrechnung in Abhängigkeit von Qualitätsindikatoren für die Weiterbildung).

34 Für die Dienstverträge der nachgeordneten Ärzte gelten weitgehend **Tarifverträge** (s oben RdNr 22) und **Tarifordnungen** (zB die AVR des Deutschen Caritasverbandes oder des Diakonischen Werkes und der Inneren Mission der Evangelischen Kirche in Deutschland). Die AVR sind keine Tarifverträge und gelten nur kraft vertraglicher Vereinbarung. Die Tarifverträge werden von den Tarifvertragsparteien fast jährlich der Entwicklung angepaßt, fortgeschrieben und ergänzt. Sie enthalten eine umfassende, detaillierte Regelung der gegenseitigen Rechte und Pflichten des Arbeitsvertragsverhältnisses der nachgeordneten Ärzte. Für das Arbeitsverhältnis hat eine Reihe von Problemen besondere Bedeutung.

35 *aa) Befristung des Arbeitsvertrages.* Der Regelfall des Chefarztdienstvertrages und auch der Verträge mit nachgeordneten Ärzten ist der kündigungsrechtlich bestandsgeschützte unbefristete Vertrag. Die Zahl der in ein Krankenhaus drängenden approbierten Ärzte und eine aus wirtschaftlichen Gründen beschränkte ärztliche Personalausstattung machen es notwendig, besonders mit Assistenzärzten auch **befristete Arbeitsverträge** abzuschließen. Aus dem Grundsatz der Vertragsfreiheit (Art 2 Abs 1 GG, §§ 241, 305, 620 BGB) folgt, dass Arbeitsverhältnisse bestimmter Dauer begründet werden können, nach deren Ablauf diese ohne Kündigung enden. Damit finden auch die Kündigungsschutzbestimmungen grundsätzlich keine Anwendung. Eine zeitliche Begrenzung ist aber aus sozialstaatlichen Gründen nicht uneingeschränkt möglich. Für einen befristeten Vertrag muss nach Auffassung verständiger und verantwortungsbewußter Vertragspartner ein **sachlich gerechtfertigter Grund**[62] bestehen. Durch eine zeitliche Begrenzung des Arbeitsvertrages dürfen auch die Grundsätze und Bestimmungen zum Kündigungsschutz nicht umgangen werden. Dies wäre ein Missbrauch der vertraglichen Gestaltungsmöglichkeiten. Für die Beurteilung des sachlich gerechtfertigten Grundes für ein befristetes Arbeitsverhältnis haben sich in der Rspr des BAG einzelne Fallgruppen herausgebildet.[63] Auch aus Tarifverträgen kann sich die Unwirksamkeit eines befristeten Arbeitsvertrages ergeben.

36 Durch das Gesetz über Teilzeitarbeit und befristete Arbeitsverträge (**Teilzeit- und Befristungsgesetz** – TzBfG) vom 21. 12. 2000 wurde neben der Frage der Zulässigkeit der Befristung eines Arbeitsvertrages (§ 14 bis § 23) umfassend die Teilzeitarbeit (§ 6 bis § 13) geregelt. Ziel des TzBfG ist, die Teilzeitarbeit zu fördern, die Voraussetzungen für die Zulässigkeit befristeter Arbeitsverträge festzulegen und die Diskriminierung von teilzeit-

---

[61] BGBl I, 534.
[62] Grundlegend BAG (Großer Senat), Beschluss v 12. 10. 1960, BAGE 10, 65 = NJW 1961, 798.
[63] Siehe die Fallgruppen in Fn 57.

beschäftigten und befristet beschäftigten Arbeitnehmern zu verhindern (§ 1). Diskriminierungs- und Benachteiligungsverbot sind wesentliche Grundlagen des Gesetzes. Die Regelungen gelten uneingeschränkt auch für den Krankenhausbereich.[64] Nach § 620 Abs 3 BGB gilt das Teilzeit- und Befristungsgesetz für alle Arbeitsverträge, die auf bestimmte Zeit abgeschlossen werden. Eine gesetzliche Sonderregelung gilt für **Arbeitsverträge mit wissenschaftlichem, auch ärztlichem Personal** an Hochschul- und Forschungseinrichtungen nach dem Gesetz über befristete Arbeitsverträge in der Wissenschaft (Wissenschaftszeitvertragsgesetz – WissZeitVG) v 12. 4. 2007; die Befristung wird erleichtert. Über den Bereich der wissenschaftlichen Hochschulen hinaus ermöglicht das Gesetz über befristete **Arbeitsverträge mit Ärzten in der Weiterbildung** v 15. 5. 1986 die zeitliche Beschränkung von Arbeitsverträgen, insbesondere um die Bereitstellung von Weiterbildungsstellen zu erleichtern. Ein die Befristung eines Arbeitsvertrages rechtfertigender Grund liegt vor, wenn die Beschäftigung des Arztes seiner Weiterbildung zum Facharzt oder dem Erwerb einer Anerkennung für ein Teilgebiet oder dem Erwerb einer Zusatzbezeichnung dient.[65] Maßstab hierfür sind die Weiterbildungsordnungen der Landesärztekammern.

bb) Arbeitszeitregelungen. Der zeitliche **Umfang der Dienstleistungspflicht** des Arbeitnehmers ergibt sich aus dem Arbeitsvertrag. Der Arbeitnehmer hat im Rahmen der gesetzlichen, tariflichen, vertraglichen oder betrieblichen Arbeitszeit dem Arbeitgeber seine Arbeitskraft zur Verfügung zu stellen. Er hat die Arbeit zu leisten, die nach Treu und Glauben billigerweise erwartet werden kann. Erbringt der Arbeitnehmer eine größere Arbeitsleistung, als nach dem Arbeitsvertrag erwartet werden kann, so ist diese zusätzlich zu vergüten. Für die Mehr- und Überstundenarbeit (Überschreitung der tarifvertraglichen oder einzelvertraglichen Vereinbarung über die regelmäßige Arbeitszeit) ist dies allgemein anerkannt. Besteht keine ausdrückliche Vereinbarung, so gilt § 612 BGB. Die Arbeitszeit wird wie die übrigen Arbeitsbedingungen grundsätzlich durch den Arbeitsvertrag bestimmt oder tarifvertraglich festgelegt und entsprechend angeordnet. Dies gilt grundsätzlich auch für die Aufteilung der wöchentlichen Arbeitszeit. Arbeitszeit ist die Zeitspanne, während der ein Arbeitnehmer seine Arbeitskraft dem Arbeitgeber zur Verfügung stellen muss. Es ist die Zeit vom Beginn bis zum Ende der Arbeit ohne Ruhepausen (§ 2 ArbZG). Grundsätzlich beginnt und endet die Arbeitszeit mit Betreten und Verlassen des Betriebes. Die nähere Umgrenzung der Dienstaufgaben als Haupttätigkeit und die Abgrenzung zur Nebenbeschäftigung (Nebentätigkeit) ergibt sich in aller Regel aus den tarifvertraglichen Regelungen.

Die Vertragsfreiheit ist auf dem Gebiet der **Arbeitszeitbestimmung** mit dem Arbeitszeitgesetz[66] auch im Krankenhaus weitgehend durch öffentlich-rechtliche Sicherheits- und Gesundheitsschutzvorschriften eingeschränkt.[67] Die Vereinheitlichung des öffentlich-

---

[64] Zur Zulässigkeit von frühzeitigen Altersgrenzen für leitende Krankenhausärzte *Bender*, HK-AKM, 1280, RdNr 120 und *Boecken* ArztR 2000, 60; zur Befristung von Chefarztverträgen bereits *Zuck* NZA 1994, 961.

[65] Siehe auch *Schaub* (Fn 1) § 39, I, II; *Löwisch* NZA 2007, 479.

[66] Gesetz zur Vereinheitlichung und Flexibilisierung des Arbeitszeitrechts – ArbZRG v 6. 6. 1994 (BGBl I, 1170) idF v 24. 12. 2003 (BGBl I, 3002), zuletzt geändert durch VO v 31. 10. 2006 gem § 24 ArbZG (BGBl I, 2407). Kernstück dieses Artikel-Gesetzes ist Art 1, das Arbeitszeitgesetz (ArbZG); in Kraft getreten zum 1. 7. 1994, zuletzt geändert durch G v 15. 7. 2009. Mit dem ArbZG wurden die auf Grund des Art 118 a EWG-Vertrag ergangenen Richtlinien des Rates der EU 89/391/EWG v 12. 6. 1989 über die Durchführung von Maßnahmen zur Verbesserung der Sicherheit und des Gesundheitsschutzes der Arbeitnehmer bei der Arbeit (ABl L 183, 1) und 93/104/EG v 23. 11. 1993 über einzelne Aspekte der Arbeitszeitgestaltung (ABl L 307, 18) in nationales Recht umgesetzt.

[67] Ausführlich zum ArbZG *Kiesecker*, HK-AKM, 220; s auch *Kempner*, Auswirkungen des ArbZG auf die Arbeitszeitregelung im Krankenhaus, NZA 1996, 1190; zum ArbZG aus arzthaftungsrechtlicher Sicht *Teichner* MedR 1999, 255; zur Haftung des Krankenhausträgers bei personeller ärztlicher Unterversorgung ua beim Nachtdienst s § 101 RdNr 14.

rechtlichen Arbeitszeitschutzes mit Festlegung von Rahmenbedingungen für die Arbeitszeit aller Arbeitnehmer im öffentlichen Dienst und in der Privatwirtschaft hat Auswirkungen auf alle Krankenhäuser der einzelnen Trägergruppen (öffentliche, freigemeinnützige[68] und private Träger). Die gesetzlichen Regelungen zur Arbeitszeit erfassen grundsätzlich alle Krankenhausmitarbeiter, soweit nicht die Anwendung ausdrücklich ausgeschlossen ist (§ 18 ArbZG). Das ArbZG gilt nicht für Beamte, leitende Angestellte iS des § 5 Abs 3 BetrVG, Chefärzte (leitende Ärzte),[69] Leiter von öffentlichen Dienststellen und deren Vertreter sowie Arbeitnehmer im öffentlichen Dienst, die zu selbstständigen Entscheidungen in Personalangelegenheiten befugt sind. Mit dem Arbeitszeitgesetz bestehen erstmals auch für nachgeordnete Krankenhausärzte zwingende gesetzliche Vorgaben zur Arbeitszeit. Dies gilt auch dann, wenn Krankenhausärzte in einem weiteren Angestelltenverhältnis Tätigkeiten ausüben (zB bei einem Träger des Rettungsdienstes). Die Arbeitszeiten sind dann zusammenzurechnen (§ 2 Abs 1 S 1 ArbZG).

39 Die Tarifvertragsparteien erhalten durch das ArbZG größere Handlungsspielräume für **flexible Lösungen.** Es können durch **Tarifvertrag** oder aufgrund eines Tarifvertrags in einer **Betriebsvereinbarung** abweichende Regelungen unter den näheren Voraussetzungen der §§ 7, 12 ArbZG getroffen werden. Die Stellung der Partner des kollektiven Arbeitsrechts ist gegenüber dem bisherigen Recht generell verstärkt worden.[70]

40 Der **Arbeitszeitschutz des ArbZG**[71] gewährt dem Arbeitnehmer im Krankenhaus im Einzelnen einen vierfachen Schutz, nämlich
– eine **Höchstgrenze** für die tägliche Arbeitszeit,
– eine **angemessene zeitliche Lage der Arbeitszeit** durch Regelungen für Nacht- und Schichtarbeit,
– **Mindestruhepausen** während der Arbeit und
– **Mindestruhezeiten** nach Beendigung bis zur Wiederaufnahme der Arbeit.

Die Regelungen sind gleichzeitig wesentliche Vorgaben für die organisatorische Gestaltung der Betriebsabläufe im Krankenhaus, insbesondere den Personaleinsatz entsprechend den Dienstplänen. Unter bestimmten gesetzlichen Voraussetzungen werden auch den Betriebsparteien mehr Befugnisse und mehr Verantwortung für eine praxisnahe, flexible und effektive Arbeitszeitgestaltung eingeräumt (§§ 7, 12 ArbZG). Die Schutzbestimmungen des ArbZG sind grundsätzlich zwingendes Recht; sie können nur im Rahmen der gesetzlichen Vorgaben durch Tarifverträge oder aufgrund des Tarifvertrages durch Betriebsvereinbarung auch zum Nachteil des Arbeitnehmers geändert und ergänzt werden.

41 Zu unterscheiden von den gesetzlichen Rahmenbedingungen der Arbeitszeitgestaltung sind die **arbeitsvertraglichen Regelungen über die individuelle Arbeitszeit,** wie sie sich aus den tarifvertraglichen, betrieblichen und arbeitsvertraglichen Regelungen ergeben. Das ArbZG enthält keine Regelungen für Überstunden, also die Überschreitung

---

[68] Dem verfassungsmäßig garantierten Selbstbestimmungsrecht kirchlicher Träger (s § 81 RdNr 17–30) nach Art 140 GG soll dadurch Rechnung getragen werden, dass diese die tarifvertraglich möglichen Abweichungen zur Arbeitszeit, Ruhepausen, Ruhezeit, Nacht- und Schichtarbeit (§ 7 Abs 1 und 2 ArbZG) in ihren Regelungen vorsehen können.
[69] Der Arbeitsschutz für leitende Ärzte (Chefärzte) ergibt sich aus den konkreten Regelungen des Dienstvertrages; soweit solche nicht bestehen, gelten die allgemeinen Rechtsgrundsätze der Erfüllung der Fürsorgepflicht durch den Dienstherrn nach Treu und Glauben (§ 242 BGB), s Debong ArztR 1994, 123. Aus der Differenzierung in § 18 Abs 1 Nr 1 ArbZG folgt, dass der Gesetzgeber davon ausgeht, dass ein Chefarzt nicht von vornherein leitender Angestellter ist, sondern den Schutz des Betriebsverfassungsgesetzes genießt (LAG BW Urt v 13. 2. 1992, ArztR 1993, 115).
[70] Die Befugnisse der Aufsichtsbehörden (§ 17) – Gewerbeaufsichtsämter – zur Bewilligung von Ausnahmen von Bestimmungen des Gesetzes (§ 15 ArbZG) sind gegenüber der aufgehobenen Arbeitszeitordnung (AZO) aus dem Jahr 1938 (keine Geltung für Ärzte) nicht unerheblich beschnitten worden.
[71] Zur Bedeutung des ArbZG für das Krankenhaus Debong ArztR 1996, 123 u Plücker AuK 2007, 228; allgemein zu den arbeitszeitrechtlichen Begriffen Linck, in: Schaub (Fn 1), § 45 V 3.

der tarifvertraglichen oder einzelvertraglichen Vereinbarungen über die regelmäßige Arbeitszeit. Solange die Grenze des ArbZG nicht überschritten ist, sind Überstunden zulässig.[72] Entsprechendes gilt für Sonn- und Feiertagsarbeit, Nacht- und Schichtdienst, Bereitschaftsdienst und Rufbereitschaft. Die Bezahlung von Überstunden, Mehrarbeit oder sonstiger von der Regelarbeitszeit abweichender Beschäftigung ist Gegenstand der kollektiven und individuellen Arbeitsvereinbarungen. Die grundsätzliche Unabdingbarkeit der Bestimmungen des ArbZG bedeutet, dass individuelle Vereinbarungen zum Nachteil des Arbeitnehmers über die zulässige Höchstarbeitszeit hinaus (§ 3 ArbZG) oder die Nichteinhaltung von Ruhepausen (§ 4 ArbZG) und Ruhezeiten (§ 5 ArbZG) wegen Verstoßes gegen ein gesetzliches Verbot nichtig sind (§ 134 BGB). Die **werktägliche Arbeitszeit** (§ 2 Abs 1 ArbZG) darf grundsätzlich acht Stunden nicht überschreiten (§ 3 S 1 ArbZG). Der Samstag zählt weiterhin als Werktag, so dass das wöchentliche Arbeitszeitvolumen 48 Stunden beträgt. Die Regelung setzt die Vorgaben des Art 6 EU-Arbeitszeit-Richtlinie 93/104 v 23. 11. 1993 um, mit der erstmals eine durchschnittliche Höchstarbeitszeit von 48 Stunden/Woche (einschließlich der Überstunden) für alle EU-Mitgliedsländer festgelegt wurde. Die tägliche Arbeitszeit kann aus jedem sachlichen Grund bis zu zehn Stunden verlängert werden, wenn innerhalb eines Ausgleichszeitraumes von sechs Monaten oder innerhalb von 24 Wochen im Durchschnitt acht Stunden werktäglich nicht überschritten werden (§ 3 ArbZG). Die Regelung steht unter einem Tarifvorbehalt (§ 7 Abs 1 und 2 ArbZG).

Nach der einheitlich für alle Arbeitnehmer, also auch für nachgeordnete Ärzte geltenden und nicht abdingbaren Regelung sind **Mindestruhepausen** im Krankenhausbetrieb einzuhalten (§ 4 ArbZG). Die Arbeit ist durch im Voraus feststehende Ruhepausen zu unterbrechen. Sie betragen bei einer Arbeitszeit von sechs bis neun Stunden 30 Minuten und bei einer Arbeitszeit von über neun Stunden 45 Minuten. Die Ruhepausen können in Zeitabschnitte von 15 Minuten aufgeteilt werden.[73] Kein Arbeitnehmer darf länger als sechs Stunden hintereinander im Tag- oder Nachtdienst ohne Ruhepause beschäftigt werden (§ 4 S 3 ArbZG). Dies kann im Krankenhausbetrieb besonders im Operationsbereich zu organisatorischen Schwierigkeiten führen. Auch bei tatsächlicher Arbeitsleistung während des Bereitschaftsdienstes und der Rufbereitschaft gilt die Sechs-Stunden-Grenze.

Zu den einschneidenden Bestimmungen des Arbeitszeitschutzes für den Krankenhausbereich zählen die Regelungen über die **Mindestruhezeiten** (§ 5 ArbZG). Nach Beendigung der täglichen Arbeitszeit muss den Arbeitnehmern eine ununterbrochene **Ruhezeit** von grundsätzlich elf Stunden gewährt werden (§ 5 Abs 1 ArbZG). In Krankenhäusern und anderen Einrichtungen zur Behandlung, Pflege und Betreuung von Personen kann die Ruhezeit zwar um eine Stunde verkürzt werden; diese Verkürzung muss jedoch innerhalb eines Kalendermonats oder innerhalb von vier Wochen durch Verlängerung einer anderen Ruhezeit auf mindestens zwölf Stunden ausgeglichen werden (§ 5 Abs 2 ArbZG). Ruhezeiten sind sämtliche Zeiten, in denen nicht gearbeitet wird. Damit sind Bereitschaftsdienst und Rufbereitschaft grundsätzlich keine Arbeitszeiten, mit der Folge, dass notwendige Ruhezeiten auch dann eingehalten sind, wenn der betroffene Arbeitnehmer Bereitschaftsdienst und Rufbereitschaft im Anschluss an die Regelarbeitszeit leistet. Dies kann jedoch nur für die Zeit der Bereithaltung gelten. Wird der Mitarbeiter aus der Bereitschaft heraus zu Arbeitsleistungen in Anspruch genommen, ist die Ruhezeit unterbrochen. Im Anschluss daran läuft erneut die gesetzliche Ruhezeit. Soll die normale Arbeitszeit vor Ablauf der Ruhezeit beginnen, so ist sie entsprechend zu verschieben.

Diese allgemeinen Grundsätze sind, um den Besonderheiten des Krankenhauses Rechnung zu tragen, insbesondere eine notwendige Personalaufstockung im finanziell und sozial vertretbaren Rahmen zu halten, modifiziert worden. Nach § 5 Abs 3 ArbZG kön-

---

[72] Zu den Zulässigkeitsgrenzen von Überstunden *Diller* NJW 1994, 2726.
[73] Im Schichtbetrieb kann die Aufteilung auf Kurzpausen von angemessener Länge durch Tarifvertrag erfolgen (§ 7 Abs 1 Nr 2 ArbZG).

nen in Krankenhäusern und anderen Einrichtungen zur Behandlung und Pflege und Betreuung von Personen **Kürzungen der Ruhezeit** durch **Inanspruchnahme während des Bereitschaftsdienstes oder der Rufbereitschaft,** die nicht mehr als die Hälfte der Ruhezeit betragen, zu anderen Zeiten ausgeglichen werden. Dies bedeutet, dass ein Arbeitnehmer, der während des Bereitschaftsdienstes oder der Rufbereitschaft in der Summe nicht mehr als fünfeinhalb Stunden gearbeitet hat, im Anschluss an den Dienst zur Regelarbeitszeit herangezogen werden darf. Die fehlende Ruhezeit ist zu anderen Zeiten auszugleichen. Hat er in der Summe mehr als fünfeinhalb Stunden gearbeitet, ist der vorgesehene Arbeitsbeginn so zu verschieben, dass nach Beendigung der letzten Inanspruchnahme während des Dienstes eine mindestens elf- bzw zehnstündige Ruhezeit eingehalten wird (§ 5 Abs 2 ArbZG).[74] Diese Regelungen führen in der Krankenhauspraxis zu nicht unerheblichen organisatorischen Schwierigkeiten, da die Arbeitsbelastung bei Bereitschaftsdienst und Rufbereitschaft im vorhinein nicht voraussehbar ist. Tarifvertraglich abweichende Regelungen sind möglich (§ 7 Abs 1 Nr 3 ArbZG). Die Ruhezeit kann um bis zu zwei Stunden verkürzt werden, wenn ein Ausgleich innerhalb eines näher festzulegenden Zeitraums vorgesehen ist. Außerdem sind tarifliche und betriebliche Sonderregelungen über die Ruhezeiten bei Bereitschaftsdienst und Rufbereitschaft möglich, um den betrieblichen Erfordernissen Rechnung tragen zu können (§ 7 Abs 2 Nr 1 ArbZG).

45 Im Krankenhaus von besonderer Bedeutung ist die **Nachtarbeit.** Das ArbZG definiert im Einzelnen Nachtarbeitnehmer und Nachtzeit (§ 2 Abs 3, 4 und 5 ArbZG). Demnach sind Nachtarbeiter alle Arbeitnehmer, die aufgrund ihrer Arbeitszeitgestaltung normalerweise in Wechselschicht Nachtarbeit (von 23 bis 6 Uhr mindestens zwei Stunden) leisten oder an mindestens 48 Tagen im Kalenderjahr nachts arbeiten. Auch für Nachtarbeiter gilt die Arbeitszeitbegrenzung des § 3 ArbZG mit dem Unterschied, dass der Ausgleichszeitraum für eine über acht Stunden hinausgehende Arbeit nicht sechs Monate oder 24 Wochen beträgt, sondern nur einen Kalendermonat oder vier Wochen (§ 6 Abs 2 ArbZG). Auch bei der Nachtarbeit ist eine Verlängerung der Arbeitszeit auf zehn Stunden täglich möglich, wobei flexible Gestaltungsmöglichkeiten durch abweichende tarifvertragliche oder betriebliche Regelungen denkbar sind (§ 7 Abs 1 Nr 4 und 5, Abs 2 Nr 3 ArbZG). Mit der umfassenden und für Männer und Frauen einheitlichen Gestaltung der Nachtarbeit kommt der Gesetzgeber einem Auftrag des BVerfG[75] nach, dem objektiven Gehalt des Grundrechts auf körperliche Unversehrtheit (Art 2 Abs 2 S 1 GG) hinreichend Rechnung zu tragen. Im einzelnen soll Nachtarbeitszeit (wie Schichtarbeit) nach den gesicherten arbeitswissenschaftlichen Erkenntnissen über die menschengerechte Gestaltung der Arbeit festgelegt werden (§ 6 Abs 1 ArbZG).[76] Zur Einschränkung der gesundheitlichen Risiken des Nachtarbeiters besteht ein Anspruch auf arbeitsmedizinische Untersuchung bei Aufnahme und in regelmäßigen Zeitabständen (§ 6 Abs 3 ArbZG) auf Kosten des Arbeitgebers. Die gesetzliche Verpflichtung zum finanziellen bzw zeitlichen Ausgleich bei Nachtarbeit (§ 6 Abs 5 ArbZG) ist gegenüber bestehenden oder tarifvertraglichen Regelungen subsidiär. Ist der Ausgleich der besonderen Arbeitsbelastung durch Nachtarbeit bereits in der tariflichen Grundentgeltfindung oder einem Freizeitausgleich enthalten, so gelten diese Regelungen uneingeschränkt. Nachtarbeitern ist der gleiche Zugang zur betrieblichen Weiterbildung und zu aufstiegsfördernden Maßnahmen wie allen übrigen Arbeitnehmern zu gewähren (§ 6 Abs 6 ArbZG), und zwar in Konkretisierung des allgemeinen arbeitsrechtlichen Gleichbehandlungsgrundsatzes.

46 Die verfassungsrechtliche institutionelle **Garantie der Sonn- und Feiertagsruhe** (Art 140 GG iVm Art 139 WRV) verpflichtet den Gesetzgeber, eine verbindliche Arbeitszeitgestaltung für alle Beschäftigten vorzugeben. Das generelle Beschäftigungsverbot (§ 9 Abs 1 ArbZG) erfährt durch § 10 Abs 1 Nr 3 ArbZG für Krankenhäuser und andere Ein-

---

[74] Siehe im Einzelnen *Debong* ArztR 1996, 123.
[75] BVerfG, Urt v 28. 1. 1992, NZA 1992, 633.
[76] Zu den Fragen der Rechtsqualität dieser Vorschrift *Erasmay* NZA 1994, 1108.

15. Kapitel. Rechtsbeziehungen zwischen Arzt u Krankenhaus **47, 48 § 86**

richtungen zur Behandlung, Pflege und Betreuung von Personen eine gesetzliche Ausnahme. Eine Verpflichtung des einzelnen Arbeitnehmers zur Sonn- und Feiertagsarbeit ergibt sich dabei aus dem individuellen Arbeitsvertrag iVm tarifvertraglichen Regelungen.[77] Für die zu leistende Sonn- und Feiertagsarbeit gelten die allgemeinen gesetzlichen Vorgaben für die Werktagsarbeit entsprechend (§ 3 bis § 8, § 11 Abs 2 ArbZG). Der grundsätzliche Achtstundentag ist einzuhalten. Die Arbeitszeit kann aber auf zehn Stunden verlängert werden, wenn ein Ausgleich innerhalb von sechs Monaten erfolgt.

Für die Arbeitnehmer, die zulässigerweise an Sonn- und Feiertagen beschäftigt werden, sind besondere Ausgleichsregelungen vorgesehen (§ 11 ArbZG), nämlich:
– mindestens 15 Sonntage im Jahr müssen für den einzelnen Arbeitnehmer beschäftigungsfrei bleiben (§ 11 Abs 1 ArbZG),
– durch die an Sonn- und Feiertagen abgeleistete Arbeit darf weder die Höchstarbeitszeit noch der Ausgleichszeitraum (§ 3 ArbZG) überschritten werden (§ 11 Abs 2 ArbZG),
– für die Beschäftigung an Sonn- und Feiertagen ist ein Ersatzruhetag zu gewähren; bei Sonntagsarbeit steht hierfür ein Zeitraum von zwei Wochen und bei Feiertagen von acht Wochen zur Verfügung (§ 11 Abs 3 ArbZG),
– sowohl die Sonn- und Feiertagsruhe als auch der Ersatzruhetag sind in unmittelbarem Zusammenhang mit der täglichen Ruhezeit von elf Stunden zu gewähren, soweit technische oder arbeitsorganisatorische Gründe nicht entgegenstehen (§ 11 Abs 4 ArbZG).

Damit soll eine grundsätzliche Wochenendruhe von 35 Stunden sichergestellt werden. Aus betriebsorganisatorischen Gründen, zB bei Schichtwechsel, kann die Mindestruhezeit auf 24 Stunden verkürzt werden. Durch Tarifvertrag oder aufgrund eines Tarifvertrags durch Betriebsvereinbarung kann im Krankenhausbereich die Anzahl der beschäftigungsfreien Sonntage auf mindestens zehn im Jahr verringert werden (§ 12 Nr 1 und 2 ArbZG).

Um bei **außergewöhnlichen Situationen** eine hinreichende Versorgung zu ermöglichen, kann im Einzelfall vorübergehend von Vorgaben des ArbZG abgewichen werden (§ 14 Abs 1 ArbZG). Bei unaufschiebbaren Arbeiten zur Behandlung, Pflege und Betreuung von Personen und bei Universitätskliniken auch im Zusammenhang mit Forschung und Lehre kann von den arbeitsschutzrechtlichen Bestimmungen an einzelnen Tagen abgewichen werden, wenn dem Arbeitgeber andere Vorkehrungen nicht zugemutet werden können (§ 14 Abs 2 Nr 2 ArbZG). Da die Versorgung medizinischer Notfälle zum Routinealltag eines Krankenhauses gehört, ist mit diesem Hinweis ein Abweichen von den Schutznormen des ArbZG nicht zu rechtfertigen (arg § 14 Abs 1 ArbZG). In Frage kommen nur außergewöhnliche, unabsehbare Not- und Katastrophenfälle, die den Krankenhausbetrieb wesentlich über das Normale hinaus belasten. Weitgehend vorhersehbare und damit auch einplanbare Abweichungen von den Operationsplänen rechtfertigen in der Regel nicht die Inanspruchnahme des § 14 Abs 2 Nr 2 ArbZG;[78] deshalb sollte bei der Planung von Operationen der zulässige gesetzliche Rahmen für die Arbeitszeit nicht voll ausgeschöpft werden. **47**

Um die Umsetzung der Arbeitszeitregelungen im Betrieb sicherzustellen, bestehen gesetzliche **Publikations- und Aufzeichnungspflichten.** Der Krankenhausträger als Arbeitgeber wird verpflichtet, einen Abdruck des ArbZG und der aufgrund des Gesetzes erlassenen, für den Betrieb geltenden Rechtsverordnungen und der für den Betrieb geltenden Tarifverträge und Betriebsvereinbarungen an geeigneter Stelle im Betrieb zur Einsichtnahme auszulegen oder auszuhändigen (§ 16 Abs 1 ArbZG). Ferner ist er verpflichtet, die über die werktägliche Arbeitszeit von 8 Stunden hinausgehende Arbeitszeit der Arbeitnehmer und einen etwaigen Ausgleich von Mehrarbeit durch Verkürzung der Arbeitszeit an anderen Tagen innerhalb des Ausgleichszeitraumes zu dokumentieren und die Aufzeich- **48**

---
[77] Siehe im Einzelnen zur Sonn- und Feiertagsruhe *Schaub* aaO § 159 I.
[78] *Kiesecker,* HK-AKM, 220, RdNr 10.

nungen mindestens zwei Jahre aufzubewahren (§ 16 Abs 2 ArbZG);[79] zur Mehrarbeit zählt Arbeitszeit über 8 Stunden, bezogen auf einen 24-stündigen Zeitraum einschließlich der Arbeitseinsätze während des Bereitschaftsdienstes oder der Rufbereitschaft. Mittelbar besteht deshalb auch eine Aufzeichnungspflicht aus dem Gesetz für die Zeiten der Inanspruchnahme durch Arbeit während des Bereitschaftsdienstes und der Rufbereitschaft (§ 5 Abs 3 ArbZG). Der Arbeitgeber kann diese Pflicht auf den Mitarbeiter selbst übertragen und diesen verpflichten, die geleistete Arbeitszeit selbst zu notieren; eine stichprobenweise Überwachung der Aufzeichnungen ist dann geboten.

49 cc) *Bereitschaftsdienst und Rufbereitschaft.* Die Versorgungsaufgabe des Krankenhauses mit Gewährleistung des Facharztstandards bringt die Notwendigkeit zum Tätigwerden auch außerhalb der regelmäßigen Arbeitszeit in passiven Versorgungsphasen mit sich. Zu unterscheiden ist zwischen Bereitschaftsdienst und Rufbereitschaft. Bereitschaftsdienst liegt vor, wenn der Arbeitnehmer sich an einer vom Arbeitgeber bestimmten Stelle innerhalb oder außerhalb des Betriebes aufzuhalten hat, um bei Notwendigkeit seine Arbeit unverzüglich aufzunehmen (s zB § 7 Abs 3 TVöD.[80] Der **EuGH** hat mit **Urteil v 3. 10. 2000** entschieden, dass unter Anwendung der EU-Richtlinie 89/391/EWG des Rates v 12. 6. 1989 über die Durchführung von Maßnahmen zur Verbesserung der Sicherheit und des Gesundheitsschutzes der Arbeitnehmer bei der Arbeit und der EU-Richtlinie 93/104/EG v 23. 11. 1993 über bestimmte Aspekte der Arbeitszeitgestaltung (Arbeitszeitrichtlinie), die durch das ArbZG 1994 in innerstaatliches Recht umgesetzt wurden, der **Bereitschaftsdienst,** den die Ärzte der „Teams zur medizinischen Grundversorgung von regionalen Gesundheitszentren" (eine Einrichtung im spanischen Gesundheitssystem mit weitgehend auch ambulanten Aufgaben) in Form persönlicher Anwesenheit in der Gesundheitseinrichtung leisten, insgesamt als Arbeitszeit (gegebenenfalls als Überstunden) anzusehen ist.[81] Der Gerichtshof ging von der in Art 2 Nr 1 der Richtlinie 93/104/EG getroffenen Bestimmung der Arbeitszeit aus; danach ist Arbeitszeit „jede Zeitspanne, während der ein Arbeitnehmer gemäß den einzelstaatlichen Rechtsvorschriften und/oder Gepflogenheiten arbeitet, dem Arbeitgeber zur Verfügung steht und seine Tätigkeit ausübt oder Aufgaben wahrnimmt". Der EuGH hat festgestellt, dass sich die Ärzte auf Anordnung des Arbeitgebers in einem Bereitschaftsdienstzimmer im Krankenhaus aufhalten und bei Bedarf ihre ärztliche Tätigkeit unverzüglich aufnehmen müssen. Die tatsächlich geleistete Arbeit hängt zwar von den Umständen ab, ändert aber nach Auffassung des EuGH nichts daran, dass der Bereitschaftdienst Leistende während des Bereichsdienstes seine Aufgaben für den Arbeitgeber wahrnimmt. In Deutschland war nach diesem Urteil die herkömmliche Auslegung, Bereitschaftsdienst in Krankenhäusern als Ruhezeit im Sinne von § 5 ArbZG zu werten, umstritten.

50 Auf Vorlagebeschluss des LAG Schleswig-Holstein[82] hat der **EuGH** in seinem **Urteil v 9. 9. 2003**[83] festgestellt, dass **Bereitschaftsdienst in Form persönlicher Anwesenheit im Krankenhaus** in vollem Umfang **Arbeitszeit** im Sinne der EU-Arbeitszeit-Richtlinie 93/104 ist, unabhängig davon, ob es dem Arzt gestattet ist, sich an der Arbeitsstelle auszuruhen. Auf Grund dieser Rechtsprechung des EuGH wurde das **deutsche Arbeitszeitgesetz** geändert: **Bereitschaftsdienstzeiten** sind in vollem Umfang **Arbeitszeit** (bei Rufbereitschaft zählt unverändert nur die tatsächliche Inanspruchnahme zur Arbeits-

---

[79] Siehe *Schlottfeldt/Hoff* NZA 2001, 530.
[80] BAG v 5.6.2003 NZA 2004, 164; näher dazu, ua zu den drei Bereitschaftsdienst-Stufen nach dem TVöD/BT-K u TV-Ärzte/VKA und zur Verlängerung der wöchentlichen Arbeitszeit im sog Opt-out auf bis zu 60 Std im Durchschnitt *Köpf,* MHK, 2640, RdNr 37 ff und zu den zwei Bereitschaftsdienststufen und zum Opt-out für Ärzte an Universitätskliniken nach dem TV-Ärzte RdNr 62 ff.
[81] EuGH-Rs C-303/98 (SIMAP), NZA 2000, 1227 = ArztR 2000, 335.
[82] v 12. 3. 2002, NZA 2002, 621.
[83] EuGH-Rs C-151/02 (Jäger), NJW 2003, 2971 = NZA 2003, 1019 = ArztR 2003, 334.

15. Kapitel. Rechtsbeziehungen zwischen Arzt u Krankenhaus 51–53 § 86

zeit.[84] Von Bedeutung ist in diesem Zusammenhang das sog **Opt-out** als schriftliche Einwilligung des Arbeitnehmers zur Verlängerung der durchschnittlichen Wochenarbeitszeit über 48 Stunden hinaus, wenn regelmäßig und in erheblichem Umfang Bereitschaftsdienst anfällt und soweit dies tarifvertraglich vorgesehen ist (s § 7 Abs 2a, Abs 7 ArbZG); neben Deutschland nutzen zurzeit 14 weitere der 27 EU-Staaten die Möglichkeit des „Opt-out".

Ausgehend von dieser EuGH-Rechtsprechung wird seit Mitte 2008 der **Vorschlag** **51** **des EU-Ministerrates** zur Fortentwicklung der EU-Arbeitszeitrichtlinie diskutiert: Danach soll der **Bereitschaftsdienst** in einen **aktiven** und einen **inaktiven Teil** aufgespalten werden. Der **aktive Teil** wird als **Arbeitszeit** gewertet. Der inaktive Teil – in Deutschland zur Arbeitszeit gezählt – soll EU-rechtlich weder als Arbeitszeit noch als Ruhezeit eingestuft werden mit der Möglichkeit für die Mitgliedstaaten oder die Sozialpartner, die inaktive Bereitschaftszeit entweder als Arbeitszeit oder als Ruhezeit zu werten.[85] Das **EU-Parlament** hat eine Unterteilung der Bereitschaftsdienste in eine aktive und inaktive Arbeitszeit im Dezember 2008 abgelehnt, da dadurch die Gefahr von neuen „Marathondiensten in Krankenhäusern" bestünde (pro gesamter Bereitschaftsdienst generell als Arbeitszeit); eine Einigung im Vermittlungsausschuss von EU-Ministerrat und EU-Parlament ist gescheitert.[86]

Rufbereitschaft ist die Verpflichtung des Arbeitnehmers, sich an einem selbst **52** bestimmten, aber dem Arbeitgeber anzugebenden Ort auf Abruf arbeitsbereit zu halten, und zwar in den Fällen, in denen erfahrungsgemäß lediglich in Ausnahmefällen Arbeit anfällt. In den Tarifverträgen (§ 8 Abs 4 TVöD iVm § 45 Abs 8 TVöD/BT-K, § 10 Abs 8 TV-Ärzte/VKA, § 43 Nr 4 TV-L, § 8 Abs 6 TV-Ärzte) ist sie wie folgt definiert: „Rufbereitschaft leisten Beschäftigte, die sich auf Anordnung des Arbeitgebers außerhalb der regelmäßigen Arbeitszeit an einer dem Arbeitgeber anzuzeigenden Stelle aufhalten, um auf Abruf Arbeit aufzunehmen."[87] Wesentliches Merkmal der Rufbereitschaft gegenüber dem Bereitschaftsdienst ist somit, dass der Arbeitnehmer seinen Aufenthaltsort selbst bestimmen kann,[88] zB bei der Absicherung des Bereitschaftsdienstes eines Arztes in Weiterbildung durch einen Facharzt. Die Rufbereitschaft ist in zwei Formen denkbar. Einerseits handelt es sich um den Hintergrunddienst fachlich besonders qualifizierter Ärzte, die gerufen werden, wenn dies die Schwierigkeit der Situation im Krankenhaus verlangt. Andererseits werden auch Mitarbeiter in Rufbereitschaft gehalten, bei denen es sich nicht um die besondere fachliche Qualifikation handelt, die ihre Einteilung zur Rufbereitschaft rechtfertigt, sondern die nur deshalb zur Verfügung stehen müssen, weil zB größere Operationen eine höhere Anzahl von ärztlichen oder auch nichtärztlichen Mitarbeitern im Krankenhaus verlangen, als es sonst die Verhältnisse in der Nacht, am Sonntag oder Feiertag notwendig machen.[89]

Die **Entscheidungskompetenz** für die Beurteilung, welche ärztliche oder nichtärzt- **53** liche Mitarbeiter zum Bereitschaftsdienst aufgrund ihrer Qualifikation herangezogen werden können, liegt beim leitenden Arzt. Er trägt die Führungsverantwortung (Direktionsrecht). Dabei genügt für die Entscheidung die subjektiv nachvollziehbare Einschätzung durch den leitenden Arzt (Chefarzt). Schon das mangelnde fachliche Vertrauen des leitenden Arztes in die Leistungsfähigkeit des nachgeordneten Arztes reicht aus, um diesen nicht

---

[84] Siehe dazu *Köpf*, MHK, 2640, RdNr 37 ff; *Bruns* ArztR 2004, 216.
[85] Siehe zur Entwicklung der Diskussion *Hoff* AuK 2008, 204 und zur Kritik der europäischen Ärzteverbände an dem Vorschlag des Ministerrates *Jencik/Nolte* AuK 2008, 350.
[86] Siehe EUREPORTsocial 1/2009, 6 und 4–5/2009, 7.
[87] Siehe bereits BAG AP Nr 3 § 7 AZO; BAG NZA 2001, 165; s *Schaub* aaO § 45 VI RdNr 56.
[88] Zur Rufbereitschaft per Handy BAG, Urt 29.6.2000, NZA 2001, 165 u Urt v 24.10.2000, NZA 2001, 449.
[89] Zum Beginn und Ende der Rufbereitschaft BAG BB 1995, 731; bei Teilzeitbeschäftigung *Debong* ArztR 1993, 45.

zum Bereitschaftsdienst heranzuziehen.[90] Die Organisation des Bereitschaftsdienstes und der Rufbereitschaft kann dabei an fachkompetente Ärzte delegiert werden. Die nachgeordneten Ärzte sind zur Ableistung von Bereitschaftsdienst und Rufbereitschaft verpflichtet. Bereitschaftsdienst kann nur angeordnet werden, wenn der Arbeitgeber zwar davon ausgehen darf, dass Arbeit anfällt, diese aber in der Zeit des Bereitschaftsdienstes aller Erfahrung nach den Angestellten nicht mehr als die Hälfte dieser Zeit in Anspruch nimmt. Wird nach allgemeiner Erfahrung die Beanspruchung mehr als 50 % der Gesamtzeit des Bereitschaftsdienstes betragen, so ist die Anordnung von Bereitschaftsdienst nicht mehr zulässig. Rufbereitschaft darf der Arbeitgeber nur anordnen, wenn lediglich in Ausnahmefällen Arbeit anfällt. Es ist davon auszugehen, dass im Durchschnitt während der Rufbereitschaft nicht mehr als 10 % Arbeitsleistungen anfallen werden.

54 Die Leistung von Bereitschaftsdienst gehört zu den Hauptpflichten des Arztes. Die **Tarifnormen** enthalten die nähere **Ausgestaltung von Bereitschaftsdienst und Rufbereitschaft,** die Begrenzung dieser Dienste und die Vergütung oder die Abgeltung durch Freizeitausgleich sowie zum Umfang des Wahlrechts des Arbeitgebers. Die Zuweisung zu den einzelnen Stufen des Bereitschaftsdienstes, die entsprechenden Nachweise und die Bewertung der Tätigkeiten wird nur auf der Grundlage von Aufzeichnungen vorgenommen werden können. Für die Ärzte besteht die Dienstpflicht, schriftliche Aufzeichnungen über die tatsächliche arbeitszeitmäßige Belastung im Bereitschaftsdienst zu führen. Die **Verpflichtung eines Chefarztes** zur Teilnahme an der **Rufbereitschaft** und am **Bereitschaftsdienst** ist die Ausnahme und richtet sich in erster Linie nach dem Chefarztdienstvertrag. Nach dem DKG-Mustervertrag (§ 4 Abs 2) kommt eine turnusgemäße Teilnahme des Chefarztes an der Rufbereitschaft in Frage, wenn die Abteilung mit weniger als drei Oberärzten besetzt ist, bei einer Besetzung mit mehr als zwei Oberärzten nur in Ausnahmefällen. Eine turnusmäßige Teilnahme am Bereitschaftsdienst gehört demgegenüber von vornherein nicht zu den Aufgaben des Chefarztes (nur im Einzelfall bei einer personellen Notsituation).[91] Der Chefarztvertrag sollte eine klare Regelung über etwaige abzuleitende Dienste und deren Umfang enthalten.[92]

55 Besondere Rechtsfragen ergeben sich im Zusammenhang mit dem **fachübergreifenden ärztlichen Bereitschaftsdienst.**[93] Dieser ist in Krankenhäusern der Akutversorgung aller Versorgungsstufen bei dem derzeitigen Stand der medizinisch-wissenschaftlichen Entwicklung nur in Ausnahmefällen zu verantworten (Gewährleistung des erforderlichen Facharztstandards im Interesse der Patientensicherheit). Das erhöhte Risiko eines fachübergreifenden Bereitschaftsdienstes durch fachgebundene Rufbereitschaft auszugleichen, wird nur selten tragbar sein. In diesem Fall besteht die Gefahr, dass aufgrund mangelnder fachspezifischer Kenntnisse Problemsituationen auftreten oder nicht rechtzeitig erkannt werden und der die Rufbereitschaft wahrnehmende Arzt nicht rechtzeitig gerufen wird. Es sollte sich zumindest um verwandte Fachgebiete handeln.

56 Die Besonderheiten des ärztlichen Dienstes im Krankenhaus im Hinblick auf die Betreuung und Versorgung der Patienten rund um die Uhr – wenngleich mit verschiedener Intensität – bedingen auch vertragliche Regelungen über die Art des Dienstes (zB Schichtdienst, Nachtdienst, Bereitschaftsdienst, Rufbereitschaft, fachgebietsärztlicher Hintergrunddienst ua), die Zulassung und Begrenzung von Mehrarbeit und die Vergütung (oder Freizeitausgleich) bei quantitativen oder qualitativen Mehrleistungen (zB vorüber-

---

[90] LAG Frankfurt ArztR 1996, 187.
[91] Siehe DKG, Beratungs- und Formulierungshilfe Chefarztvertrag, 3, 4, 19; ferner *Münzel,* § 4 Abs 3 Chefarzt-Mustervertrag mit mehreren Alternativen, 42, 44.
[92] Vgl den dem Urteil des LAG BW v 16.12.2004 ArztR 2005, 236 zu Grunde liegenden Fall: Verpflichtung des Chefarztes „erforderlichenfalls auch an solchen Diensten selbst teilzunehmen", s zur Fallkonstellation auch *Debong* ZMGR 2008, 12, 13 f; ferner LAG Nds GesR 2009, 359.
[93] Siehe *Köhler-Hohmann,* in: FS 10 Jahre AG Medizinrecht im DAV, 2008, 535 ff.

gehende Übertragung einer höherwertigen Tätigkeit, Mehrarbeit, Überstunden, Arbeit zu ungünstigen Zeiten).[94] Sind keine vertraglichen Absprachen getroffen, so gilt die Fiktion des § 612 Abs 1 BGB entsprechend. Umstände, aus denen eine **stillschweigende Vergütungsvereinbarung** herzuleiten ist, sind die Verkehrssitte, Umfang und Dauer der Arbeitsleistung, deren regelmäßige Erbringung, eine volle oder überwiegende Beanspruchung der Arbeitskraft des Dienstverpflichteten. Entscheidend sind die objektive Sachlage und die Verhältnisse des Einzelfalls. Der gesamte Bereitschaftsdienst ist regelmäßig vergütungspflichtig, nicht lediglich die darin enthaltene Vollarbeitszeit.[95] Die Vergütung kann aber wegen der geringeren Arbeitsbelastung geringer als die Vergütung für normale Arbeitszeit sein.

II. Die Rechtsbeziehungen der Belegärzte zum Krankenhaus

1. Gegenstand und Rechtsnatur des Vertragsverhältnisses. Die Rechtsbeziehungen zwischen Krankenhaus und Belegarzt (s § 18 KHEntgG, § 121 Abs 2 SGB V)[96] werden bestimmt vom bürgerlich-rechtlichen Grundsatz der Abschluss- und Vertragsfreiheit;[97] der **Vertrag sui generis** enthält **Elemente des Miet- und Gesellschaftsrechts sowie des Dienstvertragsrechts.**[98] Der Belegarzt steht zum Krankenhausträger also nicht etwa in einem dienstrechtlichen Verhältnis (Anstellungsverhältnis). Er ist nicht Arbeitnehmer; auch besteht kein arbeitnehmerähnliches Rechtsverhältnis. Für Rechtsstreitigkeiten sind deshalb die ordentlichen Gerichte (§ 13 GVG) zuständig.[99] Die Notwendigkeit zur vertraglichen Gestaltung der Rechtsbeziehungen zwischen Krankenhaus und Belegarzt ergibt sich aus der gemeinsamen **Partnerschaft zum Patienten** (s auch § 12 RdNr 13), den der Belegarzt als Vertragsarzt in seiner Vertragsarztpraxis auch ambulant betreut. Der Belegarzt als freiberuflicher Vertragsarzt übt seine selbstständige Tätigkeit in einer fremden Betriebsstätte, dem Krankenhaus, unter Inanspruchnahme von dessen Räumen und Einrichtungen aus, um dem Patienten gegenüber ärztliche Leistungen zu erbringen. Krankenhaus und Belegarzt wirken bei den Behandlungs- und Versorgungsleistungen in verschiedenen Funktionen als Kooperationspartner zusammen. Neben dem Abschluss eines Belegarztvertrages ist Grundvoraussetzung die Anerkennung des Vertragsarztes als Belegarzt durch seine Kassenärztliche Vereinigung gemäß §§ 38–41 Bundesmantelvertrag-Ärzte (BMV-Ä).[100] Unter den in § 103 Abs 7 SGB V genannten Voraussetzungen kann ein im Planungsbereich nicht zugelassener Arzt eine Ausnahmezulassung als Vertragsarzt erhalten, wenn mit ihm ein Belegarztvertrag abgeschlossen worden ist.[101]

Ziel und **Gegenstand des Belegarztvertrages** ist es, dass Krankenhausträger und Belegarzt in ihrem Verhältnis zueinander sicherstellen, den Patienten in dem notwendigen Umfang zu versorgen. Abschluss und Erfüllung der gegenüber dem Patienten bestehenden Behandlungsverpflichtung müssen gegenseitig gewährleistet werden. Im Regelfall wird der Belegarzt in einem gemischten Krankenhaus – mit Hauptabteilungen und Belegabteilungen – tätig; das reine Belegkrankenhaus besitzt einen eigenen ärztlichen Dienst nicht.

---

[94] Zu den Vergütungszuschlägen allgemein *Schaub* (Fn 1) § 69 sowie zur Vergütung von Bereitschaftsdienst und Rufbereitschaft im Krankenhaus § 45 VI.
[95] BAG NZA 2004, 656.
[96] Zum Begriff des Belegarztes oben § 84 RdNr 28 f.
[97] Siehe bereits BGH NJW 1972, 1128.
[98] Siehe BGH ArztR 2007, 75: Dauervertrag atypischen Inhalts; OLG Hamm MedR 1989, 148.
[99] Zur Stellung und Haftung des Belegarztes im Verhältnis zum Krankenhausträger grundlegend *Franzki/Hansen* NJW 1990, 737. Keine Haftung des Belegarztes für Pflegefehler des Klinikpersonals: OLG München ArztR 1998, 17; s auch OLG Karlsruhe VersR 2003, 116 u VersR 2005, 1587 = ArztR 2005, 266.
[100] Siehe dazu *Hencke*, in: Peters, KV (SGB V), § 121 RdNr 5 f; *Becker*, in: *Becker/Kingreen*, SGB V, § 121 RdNr 8 ff u § 103 RdNr 17.
[101] Ausführlich zu § 103 Abs 7 *Peikert*, HK-AKM, 805, RdNr 14–19 und *Homann*, MHK, 370, RdNr 104–120.

Der Belegarzt rechnet seine stationären ärztlichen Leistungen nicht nur bei Selbstzahlern, sondern auch bei den Kassenpatienten unmittelbar ab, und zwar bei letzteren gegenüber der Kassenärztlichen Vereinigung (§ 121 Abs 3 SGB V). Die Vergütung der belegärztlichen Leistungen ist Gegenstand der Gesamtverträge nach § 82 Abs 2 und § 83 SGB V; darunter fällt zB auch der ärztliche Bereitschaftsdienst für Belegpatienten.

59 Zu den Krankenhausleistungen gehören somit nicht die Leistungen der Belegärzte (§ 18 Abs 1 KHEngG, § 2 Abs 1 S 2 BPflV/KHEntgG). Für **Belegpatienten** in DRG-Krankenhäusern werden gesonderte Fallpauschalen und Zusatzentgelte nach § 17b KHG vereinbart, bei Krankenhäusern, für die die Bundespflegesatzverordnung gilt und die tagesgleiche Pflegesätze abrechnen, gesonderte Belegpflegesätze (§ 18 Abs 2 KHEntgG).[102] In diese **Krankenhausentgelte** sind nicht einbezogen die vom Belegarzt veranlassten Leistungen nachgeordneter Ärzte des Krankenhauses, die bei der Behandlung der Belegpatienten in demselben Fachgebiet wie der Belegarzt tätig werden und die vom Belegarzt veranlassten Leistungen von Ärzten außerhalb des Krankenhauses, weil diese – wie die persönlichen Leistungen des Belegarztes und der ärztliche Bereitschaftsdienst – aus der vertragsärztlichen Gesamtvergütung finanziert werden. Anders – vereinfacht und auf das Verhältnis zum Patienten bezogen – ausgedrückt: Der Belegarzt schuldet die ärztliche Behandlung, der Krankenhausträger die übrigen notwendigen Krankenhausleistungen.[103]

60 **2. Vertragsgrundlagen und Vertragsgestaltung.** Die Vielfalt der Gestaltungsmöglichkeiten, aber auch die hinreichende Berücksichtigung rechtlicher Rahmenbedingungen haben bereits 1959 dazu geführt, dass sich DKG, KBV und BÄK auf „Grundsätze für die Gestaltung von Verträgen zwischen Krankenhausträgern und Belegärzten" einigten.[104] Sie wurden durch gemeinsame Hinweise zum kooperativen Belegarztwesen 1981 ergänzt.[105] Die von der DKG auf dieser Grundlage erarbeitete und mit KBV und BÄK verabschiedete „Beratungs- und Formulierungshilfe für den Abschluss eines Belegarztvertrages" wurde weitgehend in der Praxis übernommen. Auch das **aktuelle Vertragsmuster** „Belegarztvertrag/Kooperativer Belegarztvertrag" ist von **DKG, KBV und BÄK** gemeinsam verabschiedet worden (September/Oktober 2008).[106]

61 Das **kooperative Belegarztwesen** (§ 121 Abs 1 S 2 SGB V) soll durch Krankenhausträger und Kassen besonders gefördert werden. Die gemeinsame Tätigkeit mehrerer Belegärzte gleicher Fachrichtung an einem Krankenhaus setzt in erhöhtem Maße Kooperations- und Koordinationsbereitschaft voraus. Sie soll besonders in kleineren Krankenhäusern eine verbesserte fachärztliche Versorgung ermöglichen, dabei zugleich eine ständige kostensparende ärztliche Patientenversorgung sowohl im ambulanten als auch stationären Bereich durch denselben Arzt erreichen. Das gemeinsam von der DKG, KBV und BÄK verabschiedete Muster für den Abschluss eines Belegarztvertrages bietet auch für das kooperative Belegarztwesen eine praktikable Grundlage, die individuelle Gestaltungsmöglichkeiten für das einzelne Krankenhaus eröffnet.

---

[102] Ausführlich zu den belegärztlichen Leistungen § 82 RdNr 145–151, 156 sowie zum Pflegesatzrecht bei Belegpatienten § 82 RdNr 160 ff, 250, 253.

[103] Zum Belegpatienten als Anwendungsfall des gespaltenen Krankenhausaufnahmevertrages s unten § 89 RdNr 12 f; zur Kostenerstattung durch den Belegarzt an das Krankenhaus § 82 RdNr 156 und § 87 RdNr 51–53.

[104] KH 1959, 345 = DÄBl 1959, 1247 (Ärztliche Mitteilungen).

[105] Gemeinsame Hinweise der DKG, KBV und BÄK zur Anwendung der Grundsätze für die Gestaltung von Verträgen zwischen Krankenhausträger und Belegärzten, KH 1981, 199 = DÄBl 1981, 750; DKG, Beratungs- und Formulierungshilfe Belegarztvertrag/kooperativer Belegarzt (1985).

[106] Siehe Vertragsmuster nebst Erläuterungen zum Belegarztvertrag/Kooperativer Belegarztvertrag, in: DKG, Der niedergelassene Arzt im Krankenhaus (unter Mitwirkung der BÄK und der KBV), 2008, 27–49; s ferner *Münzel*, Chefarzt- und Belegarztvertrag, 2008, 88 ff sowie *Schaub/Koch/Neef/Schrader/Vogelsang*, Arbeitsrechtliches Formular- und Verfahrenshandbuch, § 7 III 4, RdNr 67 ff: Vertrag mit einem Belegarzt.

Im einzelnen sollte **Inhalt eines Belegarztvertrages** sein: 62

– Art und Umfang der Tätigkeit des Belegarztes (zB Regelungen über die konsiliarische Tätigkeit im Rahmen der allgemeinen Krankenhausleistungen in Hauptabteilungen, Fortbildung des ärztlichen und pflegerischen Personals ua);
– die Stellung des Belegarztes und die Sicherung der Zusammenarbeit mit anderen Abteilungen und Einrichtungen des Krankenhauses (auch Regelung zur Klärung von Meinungsverschiedenheiten zwischen Belegarzt und anderen am Krankenhaus tätigen Ärzten),
– gegenseitige Rechte und Pflichten (zB Zahl der Belegbetten oder Bettenpool, deren Nutzung, Verfügung über nicht belegte Betten, Überlassung von Personal und Einrichtungen des Krankenhauses,[107] Weisungsrecht, Hygieneverantwortung, Mitteilungspflichten, Dokumentationspflichten, Aufklärungspflichten, fakultativ auch eine Wettbewerbsklausel),[108]
– das Wirtschaftlichkeitsgebot,
– die Sicherung der Qualität der belegärztlichen Leistungen und die Mitwirkung an Qualitätssicherungsmaßnahmen,
– die Kostenerstattung (soweit zur Erbringung der Belegarztleistungen Ärzte des Krankenhauses in Anspruch genommen werden),
– eine Vertretungsregelung,
– Haftung und Versicherungsschutz,
– der Umfang ambulanter Tätigkeit im Krankenhaus,
– die Vertragsdauer (zB Kündigung),[109]
– eine Organisations- und Anpassungsklausel.

Beim **kooperativen Belegarztsystem** sollten die Rechtsbeziehungen zwischen Belegärzten und Krankenhaus durch selbstständige, in ihrem rechtlichen Bestand voneinander **unabhängige Verträge** geregelt werden, die aber zur Sicherstellung der Kooperation inhaltlich aufeinander abgestimmt sein müssen und entsprechende Pflichten festlegen.[110] Es ist vor allem geboten, Regelungen zum Betriebsablauf und zur Anwesenheit der Ärzte im Krankenhaus, zur gegenseitigen Assistenz, zur Leistung des Bereitschaftsdienstes sowie zur Vertretung bei Urlaub, Krankheit oder Ortsabwesenheit zu Kongressen zu treffen. Ferner sind geboten vertragliche Festlegungen für die Zusammenarbeit der Belegärzte mit den angestellten Ärzten und anderen Mitarbeitern des Krankenhauses. Das Vertragsmuster der DKG enthält für den Fall des kooperativen Belegarztsystems einen ausführlichen Ergänzungsvorschlag, insbesondere zur Zusammenarbeit der Belegärzte der Abteilung (§ 2a). 63

III. Die Rechtsbeziehungen der Honorarärzte zum Krankenhaus

1. Gegenstand und Rechtsnatur des Vertragsverhältnisses. Die vom Krankenhaus 64 dem Patienten geschuldete ärztliche Versorgung umfasst neben den ärztlichen Leistungen des Krankenhauses auch alle veranlassten notwendigen Leistungen von Ärzten und ärztlich geleiteten Einrichtungen außerhalb des Krankenhauses (§ 2 Abs 2 S 2 Nr 2 KHEntgG/BPflV). Wenn die eigenen im Krankenhaus vorhandenen medizinischen Kenntnisse oder Fähigkeiten zur optimalen Diagnostik oder Behandlung nicht ausreichend sein sollten, kann insbesondere in Krankenhäusern der Grund- und Regelversorgung ein **Konsiliararzt** aus dem niedergelassenen Bereich oder einem anderen Krankenhaus ergänzend zur Beratung in speziellen Einzelfragen und zur Mitbehandlung von Fall zu Fall tätig wer-

---

[107] Zur Umsatzsteuerfreiheit der Personal- und Sachmittelgestellung an Belegärzte sowie zur Steuerpflicht der Krankenhäuser für hieraus erzielte Gewinne DKG, Der niedergelassene Arzt im Krankenhaus, 46f (Ziff 18, 19) sowie generell 3ff mit steuerrechtlichen Hinweisen zu Kooperationen zwischen Krankenhäusern und Vertragsärzten.
[108] Siehe dazu *Münzel* (Fn 106), 88f.
[109] Zur Kündigungsfrist für einen Belegarztvertrag s BGH ArztR 2007, 74: im Regelfall sechs Monate, falls keine vertragliche Abrede.
[110] Vgl § 2a DKG – Vertragsmuster (Fn 106), 32f; zu den Organisationspflichten des Belegkrankenhausträgers BGH MedR 1996, 467.

den.[111] Ärzte können dabei in einem festen Vertragsverhältnis zum Krankenhaus stehen. Der Vertrag ist seinem Zweck und Inhalt nach ein auf Leistung selbstständiger Tätigkeit gerichteter bürgerlich-rechtlicher Dienstvertrag (§§ 611 ff BGB); für Rechtsstreitigkeiten aus dem Vertragsverhältnis sind die ordentlichen Gerichte (§ 13 GVG) zuständig.

65 Neben dem Typus des reinen Konsiliararztes wird im Hinblick auf die Zusammenarbeit mit externen Ärzten seit der Liberalisierung des Vertragsarztrechts (Vertragsarztrechtsänderungsgesetz v 31. 10. 2006)[112] zunehmend vom **Typus des Honorararztes** gesprochen. Ebenso wie beim Konsiliararzt fallen darunter auch nicht zur vertragsärztlichen Versorgung zugelassene Ärzte, die indes eigenverantwortlich und selbstständig Hauptleistungen in größerem Umfang erbringen. Der Begriff des Konsiliararztes mit seinem eingeschränkten Leistungsspektrum passt für einen derart umfassenden, einem externen Arzt erteilten Leistungsauftrag nicht mehr.[113] Der **Honorararzt** kann danach ein **fester Bestandteil des Leistungsspektrums des Krankenhauses** (innerhalb dessen Versorgungsauftrages) mit entsprechender Eingliederung in den betrieblichen Ablauf sein. Der Honorararzt in diesem Sinne ist als „freier Mitarbeiter" und nicht als Arbeitnehmer in Teilzeitanstellung tätig.[114]

66 **2. Vertragsgrundlagen und Vertragsgestaltung.** Durch den Dienstvertrag wird der Arzt oder die ärztlich geleitete Einrichtung zur Erbringung der ärztlichen Leistung verpflichtet, der Krankenhausträger zu Bezahlung der vereinbarten Vergütung. Die GOÄ findet Anwendung, wenn dies vereinbart ist (Zulässigkeit eines Pauschalhonorars).[115] Die Drittleistung ist Teil der Krankenhausleistung (§ 2 Abs 1 S 1, Abs 2 S 2 Nr 2 KHEntgG/BPflV), was auch für die Wahlleistungen gilt (Einheitlichkeit der Krankenhausleistung). Die **Vergütung für externe ärztliche Leistungen** bezahlt somit das Krankenhaus bei GKV-Patienten. Bei Wahlleistungen ist unter gebührenrechtlichen Aspekten festzustellen, dass die Honorarminderungspflicht (§ 6 a GOÄ) für externe Ärzte grundsätzlich gilt. Sämtliche im Zusammenhang der stationären Behandlung erbrachte externe Leistungen sind stationäre Leistungen; ihre Abrechnung gegenüber Wahlleistungspatienten unterliegt daher der **Gebührenminderung nach** § 6 a GOÄ. In Gleichstellung der externen Krankenhausärzte mit anderen niedergelassenen Ärzten beträgt die Minderung 15 % des Honorars (§ 6 a Abs 1 S 2 GOÄ).[116] Entscheidend ist der **stationäre/pflegesatzrechtliche Zusammenhang** und nicht isoliert der Ort der Leistungserbringung; für den Patienten ist es ohne Belang, ob die notwendigen Behandlungen im Krankenhaus vorgehalten oder extern eingekauft werden. Anders ausgedrückt: Die Minderungsregelung greift bei externen ärztlichen Leistungen stets ein, wenn sich die ärztlichen Gebühren auf vollstationäre, teilstationäre sowie vor- und nachstationäre Leistungen beziehen, für die somit Pflegesätze bzw Entgelte nach § 115 a SGB V vom Krankenhaus abgerechnet werden (Vermeidung einer Doppelbelastung des Patienten).

---

[111] Zum Begriff des reinen Konsiliararztes s näher oben § 84 RdNr 23, 27.

[112] Ausführlich dazu oben § 84 RdNr 24, 25, 39–46.

[113] Siehe Verwendung des Begriffs des Honorararztes umfassend für jede freiberufliche Tätigkeit eines externen Arztes im Krankenhaus in: DKG (unter Mitwirkung von BÄK und KBV), Der niedergelassene Arzt im Krankenhaus, 54.

[114] Siehe zur Gefahr einer sog Scheinselbstständigkeit DKG, aaO, 55 f, ua bei Weisungsabhängigkeit im Hinblick auf die Arbeitszeit im Krankenhaus und starker Integration in die Arbeitsabläufe. Zur Frage des Arbeitnehmerstatus von sog „Locum-Ärzten" an Krankenhäusern ausführlich *Meier* MedR 2007, 709.

[115] Ebenso OLG Zweibrücken, Urt v 10. 3. 2009, GesR 2009, 415; für zwingende Anwendung der GOÄ im Rahmen von Kooperationsverträgen zwischen niedergelassenem Arzt und Krankenhaus *Schremb*, in: FS 10 Jahre AG Medizinrecht im DAV, 2008, S. 815 ff.

[116] BGHZ 151, 102 = NJW 2002, 2948; Verfassungsbeschwerde des betr Arztes nicht zur Entscheidung angenommen, BVerfG, Beschluss v 19. 3. 2004, NJW 2004, 3172; ferner *Uleer/Miebach/Patt*, Abrechnung von Arzt- und Krankenhausleistungen, 3. Aufl 2006, § 6 GOÄ RdNr 2, 3, 10 ff mit ausführlicher Darstellung des Meinungsstandes; s ferner oben § 82 RdNr 133, 134.

15. Kapitel. Rechtsbeziehungen zwischen Arzt u Krankenhaus **§ 87**

Der **Mustervertrag** der **DKG** (unter Mitwirkung von BÄK und KBV) **eines Hono-** 67
rararztvertrages geht davon aus, dass es sich um die selbstständige Tätigkeit eines Arztes handelt, der ein Fachgebiet vertritt, das am Krankenhaus nicht vorhanden ist, oder der in einem Fachgebiet besondere Kenntnisse aufweist.[117] Im Einzelnen soll **Inhalt eines Honorarvertrages** als Dienstvertrag sein:
- Art und Umfang der zu erbringenden Leistung (ua Konsilium, Operationsleistungen, fachärztliche Rufbereitschaft)
- Selbstständige und höchstpersönliche Leistungserbringung auf Anforderung des zuständigen leitenden Abteilungsarztes oder seines Vertreters
- Regelung der Vergütung: Differenzierung nach Regelleistungspatienten (Rechnungsstellung des Arztes an das Krankenhaus in Anwendung der GOÄ – einfacher Gebührensatz)[118] und Wahlleistungspatienten (Einräumung des Liquidationsrechts mit Vereinbarung eines Nutzungsentgelts, alternativ: Beteiligungsvergütung)
- Anzeigepflicht bei Verhinderung/Regelung der Vertretung durch den Arzt im Einvernehmen mit dem Krankenhaus
- Eigene Haftpflichtversicherung des Arztes
- Zustimmungsvorbehalt des Krankenhauses für den Fall einer angestrebten Kooperation mit einem weiteren Krankenhaus
- Vertragsdauer/Kündigung.

§ 87 Besondere Leistungsvergütungen im ärztlichen Dienst (Liquidationsrecht)

Inhaltsübersicht

	RdNr
I. Das Liquidationsrecht der leitenden Krankenhausärzte	1
1. Entwicklung des Liquidationsrechts	1
2. Rechtsdogmatische Begründung des Liquidationsrechts	4
II. Die Ausübung des Liquidationsrechts	7
1. Zustimmung des Krankenhausträgers	7
2. Umfang des Liquidationsrechts	10
3. Persönliche Leistungserbringung	12
a) Delegation und Stellvertretung	17
b) Vertreterklausel in AGB und als Individualabrede	19
4. GOÄ und persönliche Leistungserbringung	20
a) Gebührenrechtliche Grundsätze	20
b) Ständiger ärztlicher Vertreter	23
5. Abrechnungsverfahren	27
a) Stationärer Bereich	27
b) Ambulanter Bereich	29
III. Abgabenpflicht der liquidationsberechtigten leitenden Krankenhausärzte	31
1. Rechtliche Grundlagen	31
2. Inhalt der Abgabenregelung	40
a) Abgabenregelungen für beamtete leitende Krankenhausärzte	41
b) Abgabenregelungen für angestellte leitende Krankenhausärzte	49
c) Exkurs: Abgabenregelungen für Belegärzte	51
3. Anpassungsgrundsätze	54
4. Besondere Abgabenregelungen	58

---

[117] DKG, Der niedergelassene Arzt im Krankenhaus, 58 ff, Ziel: keine Geltung des Arbeitsrechts, des Kündigungsschutzrechts und des Tarifvertragsrechts; sa 71 ff zu dem weiteren Fall der Anstellung eines Vertragsarztes im Krankenhaus mit Checkliste für Anstellungsverträge.

[118] Zulässigkeit eines Pauschalhonorars ohne Bezug auf das Leistungsverzeichnis der GOÄ fraglich, vgl *Brück*, GOÄ, § 1 Ziff 4.2.2; dafür zutreffend *Hauser*, 177 ff.

IV. Mitarbeiterbeteiligung 60
   1. Standesrecht 61
   2. Landesgesetzliche Grundlagen 62
   3. Vertragliche Regelungen 72

Schrifttum: *Andreas,* Pflicht zur höchstpersönlichen Leistungserbringung?, ArztR 2009, 172; *ders,* Die Zukunft der PKV und der stationären Privatliquidation, ArztR 2008, 172; *ders,* Zukunft des Liquidationsrechts, ArztR 2006, 172; *ders,* Vergütungsstrukturen in neuen Chefarztdienstverträgen, ArztR 2005, 312; *ders,* Die Mitarbeiterbeteiligung nach Standesrecht, ArztR 2004, 420; *Baur,* Chefärzte: Musterverträge mit Arbeitgeberschlagseite, DÄBl 2002, A 1495; *Bender,* Vertretung des Chefarztes bei wahlärztlicher Behandlung, MedR 2008, 336; *ders,* Liquidationsrecht, HK-AKM, 3420; *ders,* Nutzungsentgelt, HK-AKM, 3900; *ders,* Mitarbeiterbeteiligung, HK-AKM, 3690; *Biermann/Ulsenheimer/Weißauer,* Liquidation wahlärztlicher Leistungen – rechtliche Grundlagen, MedR 2000, 107; *dies,* Persönliche Leistungserbringung und Vertretung des Chefarztes bei wahlärztlichen Leistungen, NJW 2001, 3366; *Brück/Hess/Klakow-Franck,* Kommentar zur GOÄ, Loseblatt 2009; *Bruns,* Mitarbeiterbeteiligung, ArztR 2003, 204; *Clausen/Schroeder-Printzen,* Das Liquidationsrecht des Chefarztes, in: *Ratzel/Luxemburger* (Hrsg), Handbuch Medizinrecht, 2008, 997 ff; *dies,* Wahlleistungsvereinbarung/Privatliquidation bei stationären Behandlungen, 2006; *Debong,* Entwicklungen im Chefarzt-Vertragsrecht, ZMGR 2008, 12; *Diederichsen,* Die Vergütung ärztlicher Leistungen im Krankenhaus, 1979; DKG, Allgemeine Vertragsbedingungen (AVB), Behandlungsverträge und Wahlleistungsvereinbarung für Krankenhäuser, 8. Aufl 2009; *Geiß/Greiner,* Arzthaftpflichtrecht, 5. Aufl 2006; *v Harbou/Scharpf,* Vergütung im Krankenhaus durch Mitarbeiterbeteiligung, NZA 2008, 333; *Hoffmann/Kleinken,* Gebührenordnung für Ärzte (GOÄ) Kommentar, Loseblatt, 2008; *Jansen,* Die Vergütung des Chefarztes im Wandel – Das Liquidationsrecht und neue Vergütungsformen, in: Arbeitsgemeinschaft Medizinrecht im Deutschen Anwaltverein, FS 10 Jahre AG Medizinrecht im DAV, 2008, 519 ff; *ders,* Das Liquidationsrecht beamteter Klinikdirektoren – ein hergebrachter Grundsatz des Berufsbeamtentums, MedR 1986, 49; *Kalis,* Der ständige Streit um den ständigen ärztlichen Vertreter – Anmerkungen zu § 4 Abs 2 GOÄ, VersR 2002, 23; *Kirchhof F,* Staatlich angeordnete Abzüge von privaten Liquidationen der Krankenhaus-Chefärzte (Tübinger Schriften zum Staats- und Verwaltungsrecht, Bd 7), Rechtsgutachten 2004; *Kuhla,* Liquidation des Chefarztes für Vertreterleistungen, NJW 2000, 841; *Lang/Schäfer/Stiel/Vogt,* GOÄ-Kommentar, 2. Aufl 2002; *Luxenburger,* Das Liquidationsrecht der leitenden Krankenhausärzte, 1981; *Miebach/Patt,* Persönliche Leistungserbringung und Vertretung des Chefarztes bei wahlärztlichen Leistungen, NJW 2000, 3377; *Münzel,* Chefarzt- und Belegarztvertrag, 3. Aufl 2008; *Nahmacher/Clausen,* Der Chefarztvertrag, 2006; *Notz/Beume/Lenz,* Der Krankenhausarzt in leitender Stellung, 2007; *Schulte/Eberz,* Die Abrechnung von wahlärztlichen Leistungen in (Universitäts-)Großkliniken: Höchstpersönliche Leistungspflicht des liquidationsrechtsberechtigten Chefarztes oder Vertreterlösung?, MedR 2003, 388; *Spickhoff,* Wahlärztliche Leistungen im Krankenhaus: Leistungspflicht und Haftung, NJW 2004, 57; *Taupitz,* Vertragsfreiheit im ärztlichen Gebührenrecht, MedR 1996, 533; *Uleer/Miebach/Patt,* Abrechnung von Arzt- und Krankenhausleistungen, 3. Aufl 2006; *Wagener/Hauser,* Der Mitarbeiterpool im Krankenhaus, 3. Aufl 2006; *Wahlers,* Das Ende des Privatliquidationsrechts der leitenden Abteilungsärzte in den Universitätskliniken, MedR 2007, 515; *Weißauer,* Das Nutzungsentgelt der Hochschullehrer bei ärztlicher Nebentätigkeit, 1986; *Weth/Thomae/Reichold* (Hrsg), Arbeitsrecht im Krankenhaus, 2007; *Zuck,* Rechtsfragen der Ambulanz im Krankenhaus, 2. Aufl 1997.

I. Das Liquidationsrecht der leitenden Krankenhausärzte

1. Entwicklung des Liquidationsrechts. Das Recht der leitenden Krankenhausärzte, für persönlich im Krankenhaus erbrachte wahlärztliche Leistungen eine Vergütung vom Wahlleistungspatienten fordern zu können, wird herkömmlich als Liquidationsrecht bezeichnet.[1] Die sozial- und gesellschaftspolitische Rechtfertigung geht auf die Entwicklung des Krankenhauses im 19. Jahrhundert zurück. Der allgemeine Zugang der Bevölke-

---

[1] Siehe *Biermann/Ulsenheimer/Weißauer* MedR 2000, 107; vgl auch *Strehl,* in: *Arnold/Klauber/Schellschmidt* (Hrsg), Krankenhaus-Report 2001, 123: „gering dotierter Einheitsvertrag mit Recht auf lukrative Liquidation bei Privatpatienten", zur dienst- und vergütungsrechtlichen Ausgangssituation und der „Ablösung der Privatliquidation durch eine Klinikliquidation" als Reformoption. Unter dem „Liquidationsrecht der leitenden Krankenhausärzte" wird nachfolgend grundsätzlich auch das

15. Kapitel. Rechtsbeziehungen zwischen Arzt u Krankenhaus   2 § 87

rung zu den Errungenschaften der modernen Medizin in den Krankenhäusern war nur sicherzustellen, wenn qualifizierte Ärzte an die klinischen Einrichtungen gebunden werden konnten. Aus Kostengründen schied eine hohe Bezahlung der Klinikärzte aus. Als Ausweg bot sich an, den berufserfahrenen niedergelassenen Ärzten gegen ein geringes Entgelt – bei konfessionellen Krankenhausträgern oftmals ohne Entgelt – die medizinische Behandlung der vielfach mittellosen Patienten zu übertragen, dem einzelnen Arzt aber gleichzeitig das Recht der Liquidation gegenüber Privatpatienten einzuräumen. Krankenhausträger gehen auch heute noch überwiegend davon aus, dass hochqualifizierte berufserfahrene Ärzte nur dann an ein Krankenhaus gebunden werden können, wenn ihnen durch das Recht der Liquidation gegenüber bestimmten Patienten ein zusätzliches Einkommen gewährleistet ist. Das Krankenhausrecht des Bundes und der Länder stellen das Liquidationsrecht als Teil der Gesamtvergütung des leitenden Krankenhausarztes als solches nicht in Frage. Das Beamtenrecht geht vom Bestand des Liquidationsrechts aus. Die Musterverträge der Verbände enthalten – allerdings mit einer wesentlichen Ausnahme – die Einräumung der Privatliquidation. Die **Deutsche Krankenhausgesellschaft** sieht bereits seit 2002 in ihrem Muster eines Chefarztvertrages (6. Aufl) ein Liquidationsrecht der leitenden Krankenhausärzte für wahlärztliche Leistungen sowie die Eigenliquidaton im ambulanten privatärztlichen Bereich sowie im Ermächtigungsbereich nicht mehr vor.[2] Bis 1996 (5. Aufl) hatte die DKG das Liquidationsrecht noch als Alternative empfohlen, und zwar zur Beteiligungsvergütung als Regelfall; seit der 6. Aufl 2002 wird die Vereinbarung einer variablen Vergütung – bestehend aus **Beteiligungsvergütung und Bonus** – empfohlen (Wegfall des Liquidationsrechts und Überführung der klassischen Nebentätigkeitsbereiche in den Katalog der Dienstaufgaben).

Wenn auch die Krankenhausträger naturgemäß generell die „Beratungs- und Formulierungshilfe Chefarztvertrag" der DKG für neue Verträge bevorzugen, so ist doch festzustellen, dass **auch im Jahr 2010** die Chefärzte **überwiegend** das herkömmliche **Liquidationsrecht** besitzen. Das eigene Liquidationsrecht bleibt nach den bestehenden Chefarztverträgen die klassische Variante des variablen Einkommens des Chefarztes; die Abgeltung der chefärztlichen Leistung über eine Beteiligungsvergütung (als prozentuale Beteiligung des Arztes an den Liquiditätserlösen des Krankenhausträgers aus wahlärztlichen Leistungen) nimmt tendenziell zu.[3] Bei der **Neugestaltung von Chefarztverträgen** wird nach dem DKI-Krankenhausbarometer 2007 das Liquidationsrecht noch von 59,4 % der zugelassenen Krankenhäuser (§ 108 SGB V) ab 50 Betten eingeräumt. Allerdings zeigen sich hier deutliche Unterschiede nach Bettengrößenklassen und Trägern: weitaus seltenere Einräumung in Krankenhäusern ab 600 Betten (nur 32 %) und bei privaten Krankenhausträgern (freigemeinnützige 69,6 %, öffentliche 54 %, private nur 40 %).[4]

2

Liquidationsrecht verstanden, das besonders qualifizierten Oberärzten eingeräumt worden ist; s zum Liquidationsrecht als Gegenstand des Chefarztdienstvertrages auch oben § 86 RdNr 12 ff.

[2] DKG, Beratungs- und Formulierunghilfe Chefarztvertrag, nunmehr 8. Aufl 2007; s bereits § 86 RdNr 24 zu den Vertragsmustern.

[3] Ergebnis der Umfrage 2007 – repräsentativ für alle zur GKV zugelassenen Krankenhäuser ab 50 Betten – zum Krankenhaus Barometer des Deutschen Krankenhausinstituts, abrufbar unter www.dki.de; Einzelergebnisse: eigenes Liquidationsrecht 69,6 % (freigemeinnützige Krankenhäuser 80 %, öffentliche und private 60 %); Beteiligungsvergütung 25,6 %, reine Festvergütung (3,3 %) sowie andere Gestaltungsformen nur geringe Bedeutung/entsprechende Ergebnisse für den Bereich der Chefarztambulanz (75,5 % eigenes Liquidationsrecht, 22,3 % Beteiligungsvergütung); Verträge mit Bonusvereinbarung (zusätzlich zum Liquidationsrecht/zur Beteiligungsvergütung) 15 %, Verträge mit Bonusvereinbarung (anstelle Liquidationsrecht/Beteiligungsvergütung) 2,9 %, Verträge ohne Bonusvereinbarungen 82,9 %; s auch *Blum/Offermanns/Perner* (DKI) AuK 2008, 42.

[4] Siehe auch die *Kienbaum*-Vergütungsstudie „Führungs- und Fachkräfte in Krankenhäusern 2008" (Fragebogenerhebung in 157 Krankenhäusern): in den jüngeren Chefarztverträgen (unter 3 Jahren) Einräumung des Liquidatonsrechts nur noch zu 39 %, auszugsweise *Thurm* (Kienbaum Management Consultants), AuK 2009, 76, 78; s zum Stand 2005 auch *Andreas*, Vergütungsstrukturen in neuen Chefarztdienstverträgen, ArztR 2005, 312.

Auch bei den Erlösen aus der Chefarztambulanz zählt das eigene Liquidatonsrecht weiterhin zur klassischen Gestaltungsform des variablen Enkommens; nach dem Krankenhaus Barometer 2007 liquidieren 75,5 % der Chefärzte in eigenem Namen, im Übrigen das Krankenhaus mit Beteiligungsvergütung des Chefarztes.[5]

3 Beschränkungen bei der Ausübung des Liquidationsrechts bestehen nur im Interesse der Sicherstellung der allgemeinen Krankenhausleistungen (§ 17 Abs 1 S 1 und 2 KHEntgG iVm § 2 Abs 2 KHEntgG/BPflV) und der wirtschaftlichen Sicherung des Krankenhausbetriebs (§ 19 Abs 2 KHEntgG). Ein unmittelbarer Eingriff in das Liquidationsrecht ist durch die in den Chefarztverträgen regelmäßig vereinbarte Entwicklungs- und Anpassungsklausel nicht gedeckt.

4 **2. Rechtsdogmatische Begründung des Liquidationsrechts.** Der Inhalt des Liquidationsrechts folgt ausschließlich aus dem Behandlungsvertrag.[6] Vergütet wird die nach Art und Schwere der Erkrankung des Patienten medizinisch zweckmäßige und gebotene ärztliche Leistung. Nicht eine medizinisch überflüssige Leistung wird geschuldet; vielmehr rechtfertigen der Wille des Patienten, eine andere als die planmäßig von dem Krankenhaus angebotene ärztliche Leistung in Anspruch zu nehmen, und die dadurch entstandene Bindung zwischen Arzt und Patient das Liquidationsrecht. Ein vereinbartes Recht zur Privatliquidation findet seine Begründung in der Befugnis des Patienten zur freien Arztwahl im Krankenhaus. Subjektiv handelt es sich für den einzelnen Patienten um eine Zusatzleistung. Er hat für die Wiederherstellung seiner Gesundheit den nach seiner Auffassung qualifiziertesten Arzt seines Vertrauens für die Behandlung gewählt und an sich gebunden.

5 Im Schrifttum wird zwischen dem **originären** und dem **derivativen Liquidationsrecht** unterschieden. Während einerseits unter standesrechtlichen Gesichtspunkten das Recht zur Liquidation aus dem freien Beruf des Arztes (§ 1 BÄO) mit personaler Bindung abgeleitet wird, sehen sich andererseits die Krankenhausträger als ursprüngliche Inhaber dieser Befugnis mit der Folge, dass es erst nach einer Übertragung an den leitenden Krankenhausarzt durch diesen ausgeübt werden kann. Diese rechtsdogmatischen Fragen sind heute noch ohne erhebliche Bedeutung, da die Ausübung des Rechts im stationären Bereich eine Vereinbarung der wahlärztlichen Leistung mit dem Krankenhausträger voraussetzt (§ 17 Abs 1 S 1 und 2 KHEntgG, § 22 Abs 1 S 2 BPflV). Inhalt, Umfang und Gläubigerstellung beurteilen sich danach, was im einzelnen Behandlungsvertrag[7] vereinbart ist. Für den liquidationsberechtigten Krankenhausarzt kann sich die Behandlung des Wahlleistungspatienten auch als Erfüllung der ihm dienstvertraglich obliegenden Dienstaufgabe darstellen.[8] Da die wahlärztliche Leistung eine Krankenhausleistung ist (§ 2 Abs 1 S 1 HS 2 KHEntgG/BPflV), kann das Liquidationsrecht auch vom Krankenhausträger ausgeübt werden (arg § 17 Abs 3 S 7 KHEntgG); die **wahlärztliche Leistung** wird dann **als Institutsleistung** erbracht und vom Krankenhaus abgerechnet.[9]

6 Von einer Institutsleistung ausgehend werden im **Bundesministerium für Gesundheit** seit längerem Überlegungen angestellt, **alle wahlärztlichen Leistungen** eines stationären Behandlungsfalles durch einen Zuschlag auf das Krankenhausentgelt **pauschal abzugelten,** anknüpfend an die DRG-Fallpauschalen, und zwar mit einem gesetzlichen Anspruch der leistungserbringenden Krankenhausärzte auf angemessene Beteiligung an den Einnahmen des Krankenhausträgers aus der Pauschale und einer – ohnehin nach den

---

[5] Siehe zur nach wie vor klassisch dreigeteilten Einkommensstruktur bei Chefärzten *Debong* ZMGR 2008, 12.

[6] Zur Schadensersatzpflicht des Krankenhausträgers gegenüber dem Chefarzt wegen fehlerhafter Wahlarztvereinbarung BayVGH v 2. 11. 2006, ArztR 2007, 192.

[7] Im Einzelnen zum Inhalt des Krankenhausaufnahmevertrages §§ 88, 89.

[8] Vgl BHGZ 95, 63.

[9] Herrschende Meinung, s *Tuschen/Trefz,* KHEntgG, § 17, S 361 f; *Biermann/Ulsenheimer/Weißauer* MedR 2000, 107; s zu den Argumenten der Mindermeinung *Nahmacher/Clausen,* 23 ff sowie *Clausen/Schroeder-Printzen,* 28 ff.

Regeln über den Wegfall der Geschäftsgrundlage (§ 242 BGB) zivilrechtlich gebotenen – Übergangsregelung zu Gunsten bisher liquidationsberechtigter Krankenhausärzte, die ihnen für einen bestimmten Zeitraum ihren bisherigen Anteil an den Einnahmen aus wahlärztlichen Leistungen sichert (deutlich reduzierter Regulierungsaufwand mit „automatischer" Weiterentwicklung der Pauschalen für wahlärztliche Leistungen im Rahmen des DRG-Systems, Aufhebung krankenhausspezifischer Regelungen in der GOÄ und Bedeutungslosigkeit der Wahlarztkette angesichts Pauschalabgeltung aller wahlärztlichen Leistungen aller beteiligten Ärzte). Für einen derartigen **grundlegenden Systemwandel** ist eine Mehrheit im Deutschen Bundestag in absehbarer Zukunft (in der Legislaturperiode 2009–2013) nicht zu erwarten (anders möglicherweise bei der unabhängig davon ebenfalls vorbereiteten Abschaffung der Wahlarztkette). Rechtliche Bedenken bestünden wohl nicht, wenn das Liquidationsrecht nicht als originäres Recht, das automatisch aus der Position des Chefarztes erwächst, eingestuft wird, vielmehr der Krankenhausträger ohnehin autonom entscheiden kann, welchen Ärzten er das dann derivative Liqidationsrecht einräumt (höchstrichterlich noch nicht entschieden).[10] Die rechtsdogmatische Begründung des Liquidationsrechts könnte bei einem entsprechend konkretisierten Systemwechsel von grundlegender Bedeutung für die Realisierung sein; das herkömmliche Liquidationsrecht wäre abgeschafft, zumindest erheblich beeinträchtigt: Eine „Art Liquidationserlös" würde dem Krankenhausträger über den Wahlarzt-Zuschlag zur Fallpauschale zufließen, allerdings mit wesentlichem Unterschied zur GOÄ-Abrechnung, die von einer individualisierten Abrechnung und dem Prinzip der Einzelleistungsvergütung ausgeht.[11]

II. Die Ausübung des Liquidationsrechts

1. Zustimmung des Krankenhausträgers. Im oder am Krankenhaus erbrachte ärztliche Leistungen gesondert abrechnen können leitende Krankenhausärzte nur, wenn über Art und Umfang der Träger zugestimmt hat. Dieses Erfordernis beurteilt sich für beamtete und angestellte leitende Krankenhausärzte entsprechend ihrem Dienstverhältnis verschieden.

Bei **beamteten Ärzten** sind die gesondert berechenbaren Leistungen, für die liquidiert wird, fast ausschließlich dem Nebentätigkeitsbereich zugeordnet. Der beamtete Krankenhausarzt bedarf deshalb, unabhängig davon, ob im Einzelfall die Tätigkeit als Nebenamt oder Nebenbeschäftigung ausgeübt wird, nach dem Nebentätigkeitsrecht von Bund und Ländern der **Genehmigung**.[12] Diese ist grundsätzlich widerruflich. Die Genehmigungspflicht erfasst auch Art und Umfang der Inanspruchnahme von Einrichtungen, Personal und Material des Dienstherrn gegen Entrichtung eines Nutzungsentgeltes.[13] Eine zur

---

[10] Siehe für das Liquidationsrecht der beamteten Chefärzte BVerfGE 52, 303, 335 aus dem Jahr 1979: zwar hergebrachter Grundsatz des Berufsbeamtentums (Art 33 Abs 5 GG), aber kein absoluter Bestandsschutz; ausführlich dazu bereits oben § 86 RdNr 16 f.

[11] Interessant ist in diesem Zusammenhang die von *Andreas* ArztR 2008, 172 zur kritischen Diskussion gestellte Vorsorgeklausel in Chefarztverträgen der von der PKV getragenen Sana-Kliniken. Nach zutreffender Feststellung von *Andreas* soll für den Fall einer Gesetzesänderung bis hin zur Abschaffung des Liquidationsrechts das entsprechende finanzielle Risiko allein und einseitig den Chefärzten aufgebürdet werden.

[12] Das Recht der beamteten Chefärzte zur Privatliquidation gehört zum Dienstrecht der Beamten, gleichgültig, ob es als variabler Bestandteil der Gesamtvergütung oder als Einkommen aus genehmigter Nebentätigkeit anzusehen ist. Der Schutzbereich des Art 33 Abs 5 GG umfasst jedoch nur einen Kernbestand der den Inhabern solcher Ämter eingeräumten besonderen Rechtsstellung (BVerfGE 52, 303; BVerwG, Urt v 24. 1. 1991, ArztR 1992, 11); s oben § 86 RdNr 16 ff. Zur gesetzlichen Einschränkbarkeit des Liquidationsrechts BVerwG, Urt v 27. 2. 2001, ArztR 2002, 10. Siehe auch BVerwG, Urt v 29. 8. 1996, ArztR 1997, 215 für beamtete Chefärzte in Bundeswehrkrankenhäusern: stationäre Behandlung von Zivilpatienten als Tätigkeit im Nebenamt nach Maßgabe des sog Zivilpatientenerlasses mit „widerruflicher Abtretung des Liquidationsrechtes für wahlärztliche Leistungen"; zu den Bundeswehrkrankenhäusern s oben § 83 RdNr 8.

[13] Siehe unten RdNr 41.

Liquidation berechtigende Nebentätigkeit kann auch durch **öffentlich-rechtlichen Vertrag** mit dem Dienstherrn geregelt werden (§ 54 S 2 VwVfG). Dies hat Bedeutung bei Berufungen in Hochschulen. Nach den **HochschullehrernebentätigkeitsVOen der Länder** ist Hochschullehrern als Vorständen der Kliniken und sonstigen klinischen Einrichtungen die Beratung und Behandlung von Privatpatienten innerhalb der Klinik während der Sprechstunden und die Erbringung von wahlärztlichen Leistungen allgemein genehmigt. Auch die Konsiliartätigkeit im Einzelfall außerhalb der Klinik gilt **allgemein als genehmigt.** Die selbstständige Gutachtertätigkeit im Rahmen von Lehr- und Forschungsaufgaben ist grundsätzlich genehmigungsfrei.

9 Für die Liquidation durch **angestellte Krankenhausärzte** gelten die im jeweiligen Dienstvertrag getroffenen Regelungen. Sie können vorsehen, dass gesondert berechenbare ärztliche Leistungen zu den Dienstaufgaben des leitenden Arztes gehören.[14] Die Zuordnung einzelner ärztlicher Leistungen zum Hauptamt oder zur Nebentätigkeit kann für die Frage des Nutzungsentgelts bedeutsam sein.

10 **2. Umfang des Liquidationsrechts.** Das Recht zur Liquidation kann sich je nach der beamtenrechtlichen oder dienstvertraglichen Ausgestaltung auf verschiedene ärztliche Leistungen erstrecken. Die allgemeinen Krankenhausleistungen (§ 2 Abs 2 KHEntgG/BPflV) dürfen durch gesondert berechenbare, liquidationsfähige ärztliche Leistungen nicht beeinträchtigt werden. § 17 Abs 1 S 1 und 2 KHEntgG deklariert insoweit einen **Rechtsgrundsatz,** der sich auf alle ambulanten und stationären ärztlichen Verrichtungen bezieht. Für beamtete leitende Klinikärzte kann durch Auflagen im Rahmen der Nebentätigkeitsgenehmigung, im Übrigen durch Klauseln im Dienstvertrag sichergestellt werden, dass die voll- und teilstationäre gleichmäßige **Versorgung aller Patienten** entsprechend der konkreten Aufgabenstellung des Krankenhauses stets **Schwerpunkt der Tätigkeit** ist und durch ärztliche Leistungen, die zur Liquidation berechtigen, keine Beeinträchtigung erfährt.[15]

11 Im einzelnen kann das Liquidationsrecht der leitenden Krankenhausärzte Leistungen in der vollstationären, teilstationären und ambulanten Versorgung umfassen, in der ambulanten Versorgung nur für die Chefarztambulanz, nicht hingegen bei der vom Krankenhausträger betriebenen sog Krankenhaus- oder Institutsambulanz (nur Vereinbarung einer Beteiligungsvergütung für ihre dortige Tätigkeit). Maßgeblich ist grundsätzlich die arbeitsrechtliche Ausgestaltung (s § 86 RdNr 13 f). Dabei können sich **rechtliche und tatsächliche Beschränkungen** neben dem Pflegesatzrecht aus dem ärztlichen Gebührenrecht und dem Krankenversicherungsrecht (SGB V) ergeben. Als Beispiel sei die vor- und nachstationäre Behandlung im Krankenhaus (§ 115a SGB V) genannt, deren Vergütung nach § 17 Abs 1 S 1 KHG für GKV-Versicherte und Selbstzahler einheitlich zu bemessen ist (Erstreckung der GKV-Vergütung auf selbstzahlende Patienten), soweit es sich um allgemeine Krankenhausleistungen handelt (entspr Regelung in § 1 Abs 3 S 1 KHEntgG/§ 1 Abs 3 BPflV), also in Übereinstimmung mit dem Grundsatz der Einheitlichkeit der Pflegesätze bei vollstationärer und teilstationärer Behandlung. Die Erbringung des ärztlichen Teils als wahlärztliche Leistung ist möglich: zum einen bereits weil die vor- und nachstationäre Behandlung in innerem Zusammenhang mit einer vollstationären Krankenhausbehandlung steht und zum anderen wegen der ausdrücklichen Einbeziehung in § 17 Abs 3 S 1 KHEntgG iVm § 6a Abs 1 S 1 u § 2 Abs 3 S 2 GOÄ.[16]

---

[14] Siehe DKG, Beratungs- und Formulierungshilfe Chefarztvertrag, § 8 Vergütung und zum Katalog der Dienstaufgaben § 4; dazu Kommentierung *Notz/Beume/Lenz,* 75 ff, 27 ff.

[15] Gehört die Behandlung aller Patienten im Rahmen der Krankenhausleistungen (allgemeine Krankenhausleistung + Wahlleistung) zu den Dienstaufgaben (s § 4 Abs 1 S 4 Nr 1 DKG-Beratungshilfe), so ist die gleichmäßige Versorgung dienstrechtlich sichergestellt.

[16] Siehe bereits oben § 83 RdNr 116; unzutreffend *Bender,* HK-AKM, 5485, RdNr 7, denn lediglich eine „isolierte" Vereinbarung als wahlärztliche Leistung ist ausgeschlossen.

3. Persönliche Leistungserbringung. Aus der fachlich unabhängigen Stellung des **12** Arztes, der Art seiner Tätigkeit und dem persönlichen Recht zur Liquidation ergibt sich, dass er seine ärztlichen Verrichtungen leitend und eigenverantwortlich zu bewirken hat (s auch als Auslegungsregel und gesetzliches Leitbild § 613 S 1 BGB) und dieser Leistung dadurch sein persönliches Gepräge gibt. Sowohl das ärztliche Berufsrecht (vgl § 1 Abs 2, § 17 und § 29 Abs 3 MBO-Ä) wie das Vertragsarztrecht (§§ 95, 98, 116 SGB V, §§ 32, 32 a Ärzte-ZV) verpflichten den Arzt zur persönlichen Leistungserbringung (s auch oben § 45). Dies schließt nicht aus, dass der Arzt bei der Behandlung des einzelnen Patienten bestimmte Teilleistungen an Personen delegiert, die unter seiner Aufsicht und Weisung stehen und für die Erbringung der Hilfeleistung qualifiziert sind. Inwieweit eine Delegation an Assistenzpersonal erfolgen darf, hängt im wesentlichen von der Art der Leistung, der Schwere der Krankheit und der Qualifikation des Hilfspersonals ab.

In der stationären Versorgung ergibt sich die besondere **Rechtspflicht zur persön-** **13** **lichen Leistungserbringung für den leitenden Krankenhausarzt** in verschiedener Weise. Es bestehen drei miteinander in Verbindung stehende Rechtskreise, aus denen sich Art und Umfang der Leistungspflicht ableitet: einerseits der Vertrag des Patienten mit dem Krankenhaus und ggf dem leitenden Krankenhausarzt (s im Einzelnen § 89), aus dem sich der Anspruch ergibt, ärztliche Leistungen persönlich zu erhalten, andererseits das Dienstverhältnis des leitenden Krankenhausarztes zum Krankenhausträger, das entsprechende Verpflichtungen vorsehen kann, und das ärztliche Gebührenrecht, das kraft Pflegesatzrechts für die Abrechnung gegenüber dem Zahlungspflichtigen anzuwenden ist (§ 17 Abs 3 S 7 KHEntgG).

Durch die Wahl der gesondert berechenbaren ärztlichen Leistung erhält der **Patient** **14** einen **Anspruch auf persönliche Betreuung und Behandlung** durch den liquidationsberechtigten Arzt gegenüber dem Krankenhausträger, wobei der leitende Arzt als Erfüllungsgehilfe (§ 278 BGB) des Krankenhauses tätig wird, oder einen unmittelbaren Rechtsanspruch gegenüber dem leitenden Arzt, wenn selbstständige vertragliche Beziehungen bestehen (zB aufgrund eines Arztzusatzvertrages). Die Wahlarztabrede beinhaltet die Verpflichtung des Chefarztes, die Behandlung des Patienten persönlich zu übernehmen; deshalb ist ein Rückgriff auf die Auslegungsregel des § 613 S 1 BGB, nach der die Behandlung grundsätzlich in Person zu leisten ist, nicht erforderlich. Dies bedeutet, dass der Arzt neben seinem persönlichen Tätigwerden bei der Inanspruchnahme dritter Personen eigenverantwortlich mitwirkt und dadurch die Leistung gestaltet und ihr sein Gepräge gibt; dies ist besonders der Fall, wenn Dritte seiner Aufsicht unterstehen und nach seiner fachlichen Weisung tätig werden. Über die persönliche Leistungserbringung hinausgehend wird nach der Chefarztvertragsversion der von der PKV getragenen Sana-Kliniken vom Chefarzt grundsätzlich die **höchstpersönliche Leistung** bei wahlärztlicher Behandlung verlangt;[17] die gewählte einschränkende Formulierung „höchstpersönlich" findet sich auch in der GOÄ, allerdings nur in § 2 Abs 3 S 2 als Ausnahmeregelung für eine von der GOÄ abweichende Gebührenhöhe und bedeutet hier, dass die von der Abdingungsvereinbarung erfassten Leistungspositionen eine Übertragung an den ständigen ärztlichen Vertreter gebührenrechtlich unzulässig ist.

Pflegesatzrechtlich besteht die **Verpflichtung zur Unterrichtung des Patienten** **15** oder Zahlungspflichtigen vor Abschluss der schriftlichen Vereinbarung über den Inhalt der Wahlleistung und über die Entgelte (§ 17 Abs 2 S 1 KHEntgG). Damit ist auch über den **Umfang der persönlichen Leistungserbringung** zu informieren. Der Patient muss

---

[17] Siehe *Andreas* ArztR 2008, 172. Zur „Praxis einiger privater Krankenversicherer", insbesondere im Hinblick auf die klinischen Nebenfächer, vor allem Radiologie und Anästhesie (Teil der Wahlarztkette) die höchstpersönliche Leistungserbringung als Voraussetzung einer Erstattung zu verlangen, kritisch und mit Argumenten losgelöst vom geltenden Recht *Schulte/Ebertz* MedR 2003, 388, 389 („praktische Kappung der Wahlarztkette").

Kenntnis davon haben, wer ihn behandeln wird und welche Leistungen nach welchen Grundsätzen abgerechnet werden.[18]

16 Die Verpflichtung zur persönlichen Leistungserbringung im Rahmen der Liquidation kann sich auch ergeben aus dem **Beamten-,** insbesondere dem **Nebentätigkeitsrecht**[19] oder bei angestellten leitenden Ärzten aus ihrem **Dienstvertrag.**[20] Die Pflicht zur persönlichen Leistungserbringung gilt uneingeschränkt auch für die ambulante Beratung und Behandlung von Privatpatienten im Krankenhaus (Sprechstundentätigkeit).

17 a) **Delegation und Stellvertretung.** Die vertragliche Festlegung, dass der leitende Krankenhausarzt die gesondert berechenbaren Leistungen grundsätzlich persönlich erbringen muss, bedeutet nach allgemeiner Verkehrssitte (§ 157 BGB) nicht, dass er jede einzelne Maßnahme höchstpersönlich auszuführen hat. Dies wäre bei der funktionellen Arbeitsteilung im Krankenhaus auch nicht durchführbar. Die **Haupt- oder Kernleistungen** als die Maßnahmen, die die wahlärztliche Behandlung prägen, muss der **Wahlarzt persönlich** erbringen.[21] Die **Zuziehung von nachgeordneten Ärzten** und nichtärztlichen Hilfskräften ist in dem erforderlichen und üblichen Umfang zulässig, und zwar im Wege der **Delegation** (ohne Notwendigkeit einer Vereinbarung). Der Umfang der zulässigen Delegation **nachgeordneter Aufgaben** hängt nicht von der Größe des Krankenhauses/der Abteilung ab, ist also nicht etwa zulasten des Wahlleistungspatienten in einer Uniklinik generell und tendenziell weiter als in einem kleinen Krankenhaus;[22] auch hier geht der Wahlleistungspatient von einer persönlichen Erbringung der Kernleistung durch den gewählten Arzt aus und kann den spezialisierten Oberärzten unmittelbar der Status eines Wahlarztes eingeräumt werden.[23] Der leitende Arzt erbringt eine Leistung noch nicht stets persönlich, wenn er die grundlegenden Entscheidungen über die Diagnose und Therapie selbst trifft und die Behandlung überwacht und entsprechende Weisungen erteilen kann. **Überwachung** allein ist bei der **Kernleistung** – anders als bei der Delegation von begleitenden Maßnahmen – nicht ausreichend,[24] zumindest dann nicht, wenn sich die besondere Qualifikation des gewählten Arztes gerade in der persönlichen Durchführung der Behandlung manifestiert. Die Vornahme von Hilfs- und Nebenleistungen durch nachgeordnete Ärzte und sonstiges Hilfspersonal nimmt der ärzt-

---

[18] Zur Unterrichtung des Wahlleistungspatienten über die GOÄ/GOZ BGH NJW 2004, 686 u 684; *Uleer/Miebach/Patt,* § 17 KHEntgG RdNr 25 ff mwN.

[19] Zum Beispiel § 8 Abs 3 NebentätigkeitsVO-NW: „Die persönlichen Leistungen müssen in allen wesentlichen Teilen vom leitenden Arzt selbst erbracht werden ..."; § 13 Abs 1 S 1 Nr 1 BayHSchlNV: „... persönlich zu beraten, zu untersuchen und zu behandeln (stationäre Privatbehandlung) ..."

[20] § 6 Abs 2 DKG-Beratungshilfe Chefarztvertrag: Persönliche Leistung nach Maßgabe der GOÄ. „Im Verhinderungsfall übernimmt diese Aufgabe des Arztes sein ständiger ärztlicher Vertreter".

[21] Siehe *Biermann/Ulsenheimer/Weißauer* NJW 2001, 3336, 3367 mit der Feststellung, dass die persönliche Leistungspflicht für die Kernleistung nicht als kleine Münze gehandelt werden dürfe, wenn das Liquidationsrecht der leitenden Krankenhausärzte Bestand haben solle; ferner *Miebach/Patt* NJW 2000, 3377, 3379 f.

[22] So aber *Spickhoff* NZS 2004, 57, 59, der zur Sicherstellung der qualitativ bestmöglichen Behandlung eine weitgehende Delegation auf spezialisierte Oberärzte zulassen will. Siehe auch *Schulte/Eberz* MedR 2003, 388 für („Universitäts-)Großkliniken" mit der These, dass der liquidationsberechtigte Klinikdirektor abrechnen dürfe, wenn dem Privatpatienten entsprechend seinem Krankheitsbild „der kompetenteste und erfahrenste Arzt der Klinik" zur Verfügung gestellt wird (Regelfall in einem Großklinikum: keine Verpflichtung des liquidationsberechtigten Klinikdirektors zur persönlichen Leistungserbringung).

[23] So zutreffend *Bender,* HK-AKM, 5485, RdNr 104.

[24] So aber letztlich OLG Hamm NJW 1995, 2420: Entwicklung des Therapieprogrammes (zumindest persönliche Überprüfung vor Behandlungsbeginn) und engmaschige Überwachung des Verlaufs der psychiatrischen und psychotherapeutischen teilstationären Behandlung; demgegenüber zu Recht kritisch OLG Köln GesR 2009, 33.

lichen Behandlung nicht die Qualität einer besonderen ärztlichen Leistung.[25] Wird indes eine Kernleistung delegiert, besteht ein Vergütungsanspruch nur, wenn der Wahlarzt ordnungsgemäß vertreten wurde; bei Kernleistungen ist also allein die „echte" Stellvertretung des Wahlarztes abrechnungsunschädlich.[26]

Von der Frage der Delegationsfähigkeit einzelner nachgeordneter Behandlungsleistungen aus fachlichen Gründen an nachgeordnete Ärzte oder nachgeordnetes Hilfspersonal ist somit zu unterscheiden die **Übertragung der Behandlung an einen Vertreter.** Die Grenze zwischen der Unterstützung eines leitenden Arztes bei der persönlichen Leistungserbringung und die Erbringung der Leistung durch einen Vertreter ist nach den konkreten Umständen des Falles zu beurteilen.[27] Eine persönliche Leistung im Sinn der vertraglichen Vereinbarung kann dann nicht angenommen werden, wenn für den abwesenden leitenden Arzt (zB im Urlaubs- und Krankheitsfall) nachgeordnete Ärzte im vollen Umfang die Entscheidung über eine Behandlung treffen und diese durchführen. Die Zulässigkeit einer Vertretung infolge vorübergehender Verhinderung (etwa aus dienstlichen Gründen, Krankheit, Urlaub, Kongressteilnahme) bei der ärztlichen Leistungserbringung hängt grundsätzlich von der **Zustimmung des Patienten** ab. Diese kann auch nachträglich im Rahmen der Behandlung eingeholt werden, wenn nicht bereits im Behandlungsvertrag eine entsprechende Regelung vereinbart ist.

b) **Vertreterklausel in AGB und als Individualabrede.** Die persönliche Leistung des Wahlarztes ist essentieller Bestandteil der Wahlleistungsvereinbarung, ohne einer Vereinbarung im Kernbereich der wahlärztlichen Behandlung von vornherein entgegenzustehen. Über die Delegation nachgeordneter Aufgaben hinaus darf der Wahlarzt im Fall seiner Verhinderung die **Ausführung** seiner **Kernleistungen** auf einen **Stellvertreter** übertragen, wenn er mit dem Patienten eine entsprechende Vereinbarung wirksam getroffen hat; der Honoraranspruch verbleibt beim Wahlarzt. Die **Vertreterklausel in formularmäßigen Wahlleistungsvereinbarungen** für Fälle der Verhinderung des Wahlarztes unterliegt als allgemeine Geschäftsbedingung den Schranken der §§ 305 ff BGB. Zu unterscheiden ist zwischen der unvorhersehbaren und der vorhersehbaren Verhinderung. Der **Bundesgerichtshof** hat mit **Urteil v 20. 12. 2007** im Hinblick auf § 308 Nr 4 BGB (Änderungsvorbehalt für die Person des Leistenden) zur Ausführung von Kernleistungen entschieden, dass eine Vertreterklausel für den Patienten unzumutbar und damit unwirksam ist, wenn sie „auch die Konstellationen erfasst, in denen die Verhinderung des Wahlarztes bereits zum Zeitpunkt des Abschlusses der Wahlleistungsvereinbarung feststeht";[28] die Vertreterklausel ist überdies nur wirksam, wenn darin als Vertreter der ständige ärztliche Vertreter nach Gebührenrecht namentlich benannt ist, weil dieser nach Dienststellung und medizinischer Kompetenz voll in die Behandlungsgestaltung des Wahlarztes eingebunden ist und deshalb die Behandlungsübernahme weder überraschend noch unzumutbar ist (anders beim vom Wahlarzt eingesetzten ad-hoc-Vertreter). Bei der Prüfung nach § 308 Nr 4 BGB ist also zwischen der unvorhersehbaren Verhinderung und der vorhersehbaren Verhinderung zu unterscheiden (bezogen auf den Zeitpunkt des Abschlusses der Wahlleistungsvereinbarung). Für den Fall der vorhersehbaren Verhinderung (Urlaub, Kongressbesuche) kann eine Vertretervereinbarung nur durch eine Individualabrede wirksam geschlossen werden; der Patient akzeptiert in Kenntnis der tatsächlichen – vorhersehbaren – Verhinderung die Behandlung durch einen Vertreter.[29] Wird eine

---

[25] *Biermann/Ulsenheimer/Weißauer,* MedR 2000, 107, 110; vgl auch § 28 Abs 1 SGB V zur Einschaltung sog Heilhilfspersonen in der Arztpraxis.
[26] Siehe *Bender* MedR 2008, 336, 338 f, auch zum Inhalt der von Fachgebiet zu Fachgebiet unterschiedlichen und vom konkreten Behandlungsfall abhängigen Kernleistungen.
[27] *Kukla* NJW 2000, 841.
[28] BGH NJW 2008, 987 = MedR 2008, 155.
[29] Siehe *Rumpenhorst/Müller,* Mustervereinbarung über die Behandlung durch den Chefarztvertreter (wegen Abwesenheit des Chefarztes), AuK 2008, 123 sowie DKG, Wahlleistungsvereinbarung für Krankenhäuser, Mustervereinbarung Anlage 1, 69.

(ebenfalls der Schriftform unterliegende) **Stellvertretervereinbarung** im Wege der **Individualrede** auch für die **Fälle einer vorhersehbaren Verhinderung** geschlossen, bestehen **besondere Aufklärungspflichten** (nicht notwendigerweise durch den Wahlarzt selbst), bei deren Verletzung dem Honoraranspruch der Einwand der unzulässigen Rechtsausübung entgegensteht;[30] der Patient ist so früh wie möglich über die Verhinderung des Wahlarztes zu unterrichten (mit Option: bestimmter Vertreter oder Verzicht auf Inanspruchnahme wahlärztlicher Leistungen mit Behandlung durch den jeweils diensthabenden Arzt; soweit möglich auch Verschiebung bis zum Ende der Verhinderung des Wahlarztes). Auch eine vorformulierte Vertragsbedingung kann als Individualabrede ausgehandelt sein, wenn sie der Wahlarzt als eine von mehreren Alternativen anbietet, zwischen denen der Vertragspartner die Wahl hat.[31]

20 **4. GOÄ und persönliche Leistungserbringung.** *a)* **Gebührenrechtliche Grundsätze.** Die grundsätzliche Pflicht des Wahlarztes zur persönlichen Behandlung hat ihre gebührenrechtliche Entsprechung in § 4 Abs 2 S 1 GOÄ.[32] Für den Umfang der persönlichen Leistungspflicht des liquidationsberechtigten Krankenhausarztes aufgrund der Wahlleistungsvereinbarung kann umgekehrt die Abrechnungsfähigkeit der Behandlungsleistungen von Bedeutung sein. Vorrangig ist freilich stets der Inhalt der Wahlarztabrede, die den vertraglichen Abrechnungsrahmen ergibt, der dann durch die GOÄ nur ausgefüllt und eingeschränkt werden kann;[33] dementsprechend richtet sich nach § 17 Abs 3 S 7 KHEntgG die „Berechnung" und nicht die „Vereinbarung" wahlärztlicher Leistungen nach der GOÄ. Eine Leistungsberechnung kann zwar den Anforderungen von § 4 Abs 1 GOÄ gerecht werden, ein entsprechender Vergütungsanspruch aber daran scheitern, dass die sich aus der Wahlarztabrede ergebenden Anforderungen an die persönliche Leistungserbringung nicht erfüllt worden sind.[34] **Grundlage** für die **Berechnung der ärztlichen Wahlleistungen** sind die **GOÄ** und die GOZ. Diese werden Vertragsinhalt der Wahlleistungsvereinbarung. Der Krankenhausträger wird sich im Zweifel nur in dem Umfang zur persönlichen Behandlungspflicht des liquidationsberechtigten Krankenhausarztes verpflichten wollen, als eine Abrechnungsfähigkeit eröffnet ist. Die Bestimmungen der Gebührenordnungen sind grundsätzlich zwingendes Recht. Mit der Neufassung des § 4 Abs 2 GOÄ[35] ist der Grundsatz der persönlichen Leistungserbringung seit 1996 konkretisiert, aber auch verstärkt. Nach Satz 1 kann der Arzt – wie bisher – für selbstständige ärztliche Leistungen berechnen, wenn er sie selbst erbracht hat oder wenn sie unter seiner Aufsicht nach fachlicher Weisung erbracht worden sind (eigene Leistungen). Die Berechnung von ärztlichen Leistungen setzt demnach entweder voraus die Erbringung in eigener Person oder die Übernahme der tatsächlichen und fachlichen Verantwortung bei zulässig delegierten Leistungen im Einzelnen durch Aufsicht und Weisung. Diese Abgrenzung verdeutlicht, dass grundsätzlich nur unter diesen Voraussetzungen Leistungen dem liquidationsberechtigten Krankenhausarzt zugerechnet werden können. Dies gilt auch dann, wenn das Krankenhaus die Leistungen berechnet. Der Arzt muss im Fall der Delegation die persönliche Überwachung, Anleitung und Kontrolle so ausüben, dass er seiner Verantwortung für die Durchführung übertragener Leistungen

---

[30] So BGH aaO und bereits LG Aachen VersR 2002, 195 sowie *Biermann/Ulsenheimer/Weißauer* NJW 2001, 3366, 3369; umfassend zur Vertretung des Chefarztes bei wahlärztlicher Behandlung, auch zur Vertreterregelung als Individualabrede *Bender* MedR 2008, 336 u *Andreas* ArztR 2009, 172.

[31] BGHZ 153, 148, 151.

[32] BGH NJW 2008, 987 = MedR 2008, 155, 156.

[33] So zutreffend *Bender* MedR 2008, 336, 340 mwN.

[34] *Miebach/Patt* NJW 2000, 3377, 3379.

[35] 4. ÄnderungsVO zur GOÄ v 23. 12. 1995 (BGBl I, 1861), GOÄ neugefasst durch Bekanntmachung v 9. 2. 1996 (BGBl I, 210), zuletzt geändert durch Art 17 des Gesetzes v 4.12.2001 (BGBl I, 3320); s zur Neufassung von § 4 Abs 2 GOÄ *Kalis* VersR 2002, 23: „alle wesentlichen Leistungen grundsätzlich in persona zu erbringen."

auch tatsächlich und fachlich gerecht werden kann; so ist als wahlärztliche Behandlung beispielsweise eine selbstständige therapeutische Maßnahme abrechenbar, wenn es sich um eine ärztliche Maßnahme handelt (s § 17 Abs 1 S 2 KHEntgG) und der Wahlarzt ihr durch persönliche Befassung mit dem Patienten zu Beginn, während und zum Abschluss der Maßnahme sein persönliches Gepräge gegeben hat.[36] Übertragene Leistungen sind aber nur mit einem geringeren Steigerungssatz liquidationsfähig (§ 5 Abs 5 GOÄ).

Im ärztlichen Gebührenrecht haben sich durch Neufassung der GOÄ zum 1. 1. 1996 **21** für den wahlärztlichen Bereich grundlegende Veränderungen zur persönlichen Leistungserbringung ergeben.[37] Bei voll- und teilstationären sowie vor- und nachstationären wahlärztlichen Leistungen im Krankenhaus ist eine **abweichende Vereinbarung über die Gebührenhöhe** (§ 2 Abs 1 S 1 GOÄ) – wie die Festlegung eines über den Höchstsätzen liegenden Steigerungssatzes – nur zulässig für vom liquidationsberechtigten Arzt **höchstpersönlich** erbrachte Leistungen (§ 2 Abs 3 S 2 GOÄ). Eine vereinbarte Vertretungsregelung wäre, was die Abrechnungsfähigkeit anlangt, rechtsunwirksam (§ 134 BGB),[38] kann also einen Honoraranspruch nicht begründen.

Für den **Laborbereich** bestehen Sonderregelungen (§ 4 Abs 2 S 2 GOÄ).[39] Der Grund- **22** satz der persönlichen Leistungserbringung wird modifiziert. Für den Krankenhaussektor ergibt sich daraus folgendes:
– Laborleistungen des Abschnitts M I des Gebührenverzeichnisses (Praxislabor) können nicht abgerechnet werden, wenn sie in einem Krankenhaus erbracht werden, unabhängig davon, wer sie erbringt;
• Laborleistungen des Abschnitts M II des Gebührenverzeichnisses (Basislabor) können abgerechnet werden; sie gelten als eigene Leistungen des liquidierenden Arztes, wenn sie nach fachlicher Weisung unter Aufsicht eines anderen qualifizierten Arztes in Laborgemeinschaft oder in einem von Ärzten ohne Liquidationsberechtigung geleiteten Labor erbracht werden;
• Laborleistungen des Abschnitts M III und IV des Gebührenverzeichnisses (Speziallabor) können nur von dem Arzt abgerechnet werden, der das Krankenhauslabor leitet und unter dessen Aufsicht und fachlicher Weisung die Leistungen erbracht werden.

Damit sind Krankenhausärzte, die nicht leitende Funktionen im Labor ausüben, von der Liquidation ausgeschlossen; eine kollegiale Leitung des Zentrallabors durch alle leitenden Krankenhausärzte ist nicht möglich.[40] Bei der Gebührenbemessung für Laborleistungen gelten im Hinblick darauf, dass diese Leistungen in aller Regel im Wege der Delegation erfolgen, reduzierte Steigerungssätze (§ 5 Abs 4 GOÄ).

b) **Ständiger ärztlicher Vertreter.** Die Problematik der persönlichen Leistungserbringung bei den wahlärztlichen Leistungen in der Vergangenheit einschließlich der vor- und nachstationären Behandlung im Krankenhaus, insbesondere das Schutzbedürfnis des Patienten, von dem Arzt auch tatsächlich behandelt zu werden, den er gewählt und dessen Leistungen er neben den allgemeinen Krankenhausleistungen zu vergüten hat, veranlasste den Verordnungsgeber, die Anforderungen an bestimmte „eigene Leistungen" iS des § 4 Abs 2 S 1 GOÄ ausdrücklich zu konkretisieren und zu definieren. Die **Vertretung**

---

[36] OLG Köln GesR 2009, 33; s auch *Hess* DÄBl 1995, B 2482.
[37] Zu den für leitende Ärzte bedeutsamen Neuregelungen und der rechtlichen Problematik s *Andreas* ArztR 1996, 67, *ders* ArztR 1997, 67; s im Einzelnen zu den Beschränkungen oben § 86 IV 2.
[38] Zur Einschränkung der Vertragsfreiheit im ärztlichen Gebührenrecht *Taupitz* MedR 1996, 533, *ders* ArztR 1996, 209 unter Hinweis auf die frühere Rechtsprechung des BGH und der Oberlandesgerichte.
[39] Eingehend dazu *Bender,* HK-AKM, 3420, RdNr 74–79.
[40] Siehe BÄK DÄBl 1996, 2720, 2721; auch keine Beteiligung des Chefarztes an den Liquidationseinnahmen des Laborleiters (s § 31 MBO-Ä: Verbot der Zuweisung von Untersuchungsmaterialien gegen Entgelt).

bei der **Behandlung des Wahlleistungspatienten** im Krankenhaus sollte **gebührenrechtlich** nicht unerheblich eingeschränkt werden. Bestimmte wahlärztliche Leistungen sind von der Liquidation ausgeschlossen, wenn sie nicht vom Wahlarzt persönlich oder dessen vor Abschluss des Wahlleistungsvertrages dem Patienten benannten „ständigen ärztlichen Vertreter" erbracht werden (§ 4 Abs 2 S 3 GOÄ).

Zum unverzichtbaren Kernbestand der Krankenhausbehandlung, durch deren persönliche Erbringung das Wahlleistungsverhältnis seine Prägung erfährt, gehören die **Grundleistungen** innerhalb der ersten Tage nach der Aufnahme und der letzte Tag vor der Entlassung sowie einzelne Leistungen während der gesamten Dauer der stationären Behandlung:

– Leistungen nach Nr 1 bis 62 des Gebührenverzeichnisses innerhalb von 24 Stunden nach der Aufnahme und innerhalb von 24 Stunden vor der Entlassung (Nr 1)
– Visiten nach Nr 45 und 46 des Gebührenverzeichnisses während der gesamten Dauer der stationären Behandlung (Nr 2) sowie
– allgemeine Leistungen wie Anlegen von Verbänden, Blutentnahme aus der Vene bzw Kapillarblutentnahme, Injektionen und Infusionen (Nr 56, 200, 250, 250 a, 252, 271, 272) während der gesamten Dauer des Krankenhausaufenthaltes (Nr 3).

24 Nur der liquidationsberechtigte Krankenhausarzt oder der selbstständig handelnde, aber mit ihm in kommunikativer Beziehung stehende ständige ärztliche Vertreter[41] können diese Leistungen gebührenrechtlich als eigene Leistungen erbringen. Es handelt sich nicht um eine Stellvertretung, sondern um eine **Delegation an den ständigen ärztlichen Vertreter:** Der Wahlarzt benennt durch einen einseitigen, vom Patientenwillen unabhängigen Akt eine für ihn zu handeln berechtigte Person.[42] Der ständige ärztliche Vertreter ist in gebührenrechtlicher Hinsicht dem Wahlarzt angenähert, weil er nach Dienststellung und medizinischer Kompetenz in engem fachlichen Kontakt mit dem liquidationsberechtigten Krankenhausarzt steht und deshalb davon ausgegangen werden kann, dass er jedenfalls in die Behandlungsgestaltung des Wahlarztes eingebunden ist;[43] deshalb ist sein Tätigwerden für den Wahlleistungspatienten weder überraschend noch unzumutbar.[44] Der ständige ärztliche Vertreter braucht allerdings nicht identisch mit dem ständigen Vertreter des leitenden Arztes im organisations- und arbeitsrechtlichen Sinn zu sein. Er ist funktioneller Vertreter des Wahlarztes und muss deshalb auch Facharzt desselben Gebietes sein. Der Vertreter ist dem Patienten vor der Behandlung zu benennen. Seine persönliche Leistungspflicht wird Inhalt der Wahlleistungsvereinbarung. Dies bedeutet vom Wortlaut und Zweck der Regelung her, dass grundsätzlich nur ein einzelner Arzt ständiger ärztlicher Vertreter für bestimmte Leistungen sein kann;[45] gegenüber verschiedenen Patienten können verschiedene ständige Vertreter benannt werden.[46] Die oberärztlichen Leiter abteilungsinterner Kompetenzzentren können im Patienteninteresse jeweils für ihren ärztlichen Verantwortungsbereich – in Ausnahme von dem genannten Grundsatz – als ständige ärztliche Vertreter des Chefarztes benannt werden;[47] allerdings muss der Patient erkennen können, für welches Teilgebiet oder welchen Schwerpunkt der einzelne Arzt die Behandlung übernimmt. Um die gebührenrechtlichen Voraussetzungen für die Erfüllung der Leistungspflicht zu schaffen, sind innerbetrieblich, vor allem im Hinblick auf die Dienstpläne,

---

[41] Zum Begriff und zur rechtlichen Stellung des ständigen ärztlichen Vertreters BGH NJW 2008, 987 = MedR 2008, 155, 156 f.; *Bender* MedR 2008, 336, 337 f.
[42] *Biermann/Ulsenheimer/Weißauer* MedR 2000, 107, 110.
[43] *Lang/Schäfer/Stiel/Vogt*, GOÄ, § 4 RdNr 23.
[44] BGH NJW 2008, 987 = MedR 2008, 155, 156.
[45] HM, s *Uleer/Miebach/Patt*, § 4 GOÄ RdNr 89 mwN.
[46] *Schulte/Eberz* MedR 2003, 388; *Lang/Schäfer/Stiel/Vogt*, GOÄ, § 4 RdNr 23; kritisch *Kalis* VersR 2002, 23, 25.
[47] *Bender* MedR 2008, 336, 337 mwN; *Biermann/Ulsenheimer/Weißauer* MedR 2000, 107, 111; aA *Uleer/Miebach/Patt*, aaO; *Kalis*, aaO.

15. Kapitel. Rechtsbeziehungen zwischen Arzt u Krankenhaus   25–27 § 87

entsprechende Regelungen in den einzelnen Abteilungen zu treffen. Das **Bestimmungsrecht für den ständigen ärztlichen Vertreter** steht aus fachlichen Gründen dem liquidationsberechtigten Arzt zu, bedarf jedoch im Hinblick auf die Abschlusskompetenz (§ 17 Abs 1 und 2 KHEntgG) der Zustimmung des Krankenhausträgers. Sind die Voraussetzungen einer persönlichen Leistungserbringung durch den Wahlarzt oder seinen ständigen ärztlichen Vertreter nach § 4 Abs 2 S 3 GOÄ nicht gegeben, scheidet auch eine Abrechnung mit abgesenktem Gebührenrahmen nach § 5 GOÄ bei diesen Leistungen aus.

Für die **Anwendung des Gebührenrahmens** bei wahlärztlichen Leistungen im Krankenhaus gelten besondere Regelungen (§ 5 Abs 5 GOÄ). Demnach ist der liquidationsberechtigte Krankenhausarzt bei wahlärztlichen Leistungen, die er oder sein vor Abschluss des Wahlleistungsvertrages dem Patienten benannter ständiger ärztlicher Vertreter persönlich erbracht haben, keinen Beschränkungen bei der Anwendung des Gebührenrahmens bis zu den Höchstsätzen – für ärztliche Leistungen bis zum 3,5fachen Satz (§ 5 Abs 1 S 1 GOÄ), für medizinisch-technische Leistungen bis zum 2,5fachen (§ 5 Abs 3 S 1 GOÄ) und für Laboratoriumsuntersuchungen bis zum 1,3fachen (§ 5 Abs 4 GOÄ) – unterworfen. Andererseits können bei einer Delegation von abrechnungsfähigen Leistungen an den ärztlichen Dienst oder Pflege-/Assistenzpersonal Leistungen nur bis zur jeweiligen Begründungsschwelle – unter den Voraussetzungen des § 4 Abs 2 S 1 GOÄ – berechnet werden (§ 5 Abs 2 S 4, Abs 3 S 2, Abs 4 S 2 GOÄ, dh 2,3facher, 1,8facher und 1,15facher Satz). 25

Eine weitere Beschränkung hat sich auf Grund des mit dem GKV-Gesundheitsreformgesetz 2000 eingeführten § 5 b GOÄ bei der Bemessung der **Gebühren bei Versicherten des Standardtarifs der privaten Krankenversicherung** ergeben. Der Standardtarif wurde zum 31. 12. 2008 geschlossen. Am 1. 1. 2009 ist die Regelung über die **Einführung des neuen Basistarifs in der privaten Krankenversicherung** in Kraft getreten.[48] Ob der Patient basis- oder standardtarifversichert ist, ist für die Abrechnungsberechtigung des Arztes von erheblicher Bedeutung: Der basistarifversicherte Patient (ohne Zusatzversicherung) hat keinen Anspruch auf Wahlleistungen; gem § 4 Abs 2 der Allg. Versicherungsbedingungen für den Basistarif (MB/BT 2009) ist das Recht des Versicherten, Privatärzte aufzusuchen, ausgeschlossen. Der Ausschluss erfasst auch die chefärztliche Ambulanz (Privatsprechstunde). 26

5. Abrechnungsverfahren. *a)* **Stationärer Bereich.** Die Berechnung der wahlärztlichen Leistungen nach – und bei Liquidation durch das Krankenhaus entsprechend – der GOÄ (§ 17 Abs 3 S 7 KHEntgG) erfolgt grundsätzlich durch den **Inhaber des Liquidationsrechts**. Dieser ist Gläubiger der Forderung gegenüber dem Patienten. Er kann das Honorar geltend machen und darüber im Rahmen des Gebührenrechts verfügen (Stundung, Abtretung, Erlass). Das Liquidationsrecht kann entweder vom Krankenhausträger oder vom liquidationsberechtigten Arzt ausgeübt werden. Da in der DKG-Vergütungsgestaltung das Liqudationsrecht des Chefarztes für wahlärztliche Leistungen (ebenso die Möglichkeit der Eigenliquidation im ambulanten privatärztlichen Bereich sowie im Ermächtigungsbereich und im D-Arzt-Verfahren) nicht mehr vorgesehen ist, ist es für diesen Fall per se zwingend, dass alle Honorare vom Krankenhaus abgerechnet und 27

---

[48] Schließung des (modifizierten) Standardtarifs durch das GKV-Wettbewerbsstärkungsgesetz v 26. 3. 2007 (BGBl I, 378) zum 31. 12. 2008 mit Wahlrecht der Bestandsversicherten (36 461 zum 31. 12. 2008) zur Umstellung auf den ab 1. 1. 2009 geltenden branchenweit einheitlichen Basistarif gem § 12 Abs 1a Versicherungsaufsichtsgesetz – VAG, s §§ 314, 315 iVm § 257 Abs 2a SGB V; Orientierung von Art, Umfang und Höhe der Leistungen im Basistarif an den GKV-Leistungen nach §§ 11–68 SGB V, und zwar bei der Festlegung durch den PKV-Verband auf Grund dessen Beleihung nach § 12 Abs 1d VAG (ergo: Versicherungsschutz auf GKV-Niveau, s *Begrenzung* der GOÄ-Steigerungssätze in § 75 Abs 3a SGB V für die ärztliche Versorgung (s oben § 82 RdNr 135); § 5 b GOÄ allenfalls noch von Bedeutung für die Bestandsversicherten im Standardtarif ohne Wechsel in den Basistarif, falls nicht auch für diese die Begrenzung der GOÄ-Steigerungssätze nach § 75 Abs 3a SGB V gilt); s zum Basistarif PKVpublik 1/2009, 4 ff.

eingezogen werden (s § 9 DKG-Mustervertrag). Der liquidationsberechtigte Arzt als Gläubiger der Honorarforderung kann selbst abrechnen (durch seine Mitarbeiter) oder eine externe Abrechnungsstelle beauftragen.[49] Auch kann er dem Krankenhausträger eine **Einzugsermächtigung** und gleichzeitig die Zustimmung zur internen Verrechnung der Inkassokosten, der Nutzungsentgelte (s. RdNr 31 ff) und der Mitarbeiterbeteiligung (s RdNr 60 ff) erteilen. Der Krankenhausträger erhält dadurch das Recht, die Honorarforderung im eigenen Namen geltend zu machen, während der Chefarzt weiterhin Inhaber der Forderung bleibt (anders bei einer Inkassozession: Abtretung der Honorarforderung an den Krankenhausträger).

28   Die **Wahl des Abrechnungsverfahrens** bei wahlärztlichen Leistungen[50] bleibt grundsätzlich der Vereinbarung zwischen dem Krankenhausträger und den liquidationsberechtigten Ärzten vorbehalten. Klarstellend sieht § 17 Abs 3 S 2 KHEntgG vor, dass ein zur Berechnung der Wahlleistungsvergütung berechtigter Arzt die Abrechnung dem **Krankenhausträger** überlassen oder eine externe Abrechnungsstelle beauftragen kann. Die für den Krankenhausträger zur Ermittlung der Kostenerstattung notwendige Abrechnungstransparenz wird durch umfangreiche Informations-, Überlassungs- und Rechnungslegungspflichten sichergestellt (§ 17 Abs 3 S 3 und 4 KHEntgG). Bei der Beauftragung einer Abrechnungsstelle ist aus datenschutzrechtlichen Gründen die Einwilligung des betroffenen Patienten erforderlich (§ 17 Abs 3 S 6 KHEntgG). Führt das Krankenhaus die Abrechnung durch, wird festgelegt, dass vor Abführung der Vergütung der Abzug der anteiligen Verwaltungskosten und der zu erstattenden Kosten (§ 17 Abs 3 S 5 KHEntgG) zu erfolgen hat. Insoweit verringert sich der Anspruch des Klinikarztes gegenüber dem Krankenhaus auf Abführung der eingezogenen Beträge durch die Aufrechnung des Krankenhausträgers mit einer Gegenforderung (§ 387 BGB).

29   *b)* **Ambulanter Bereich.** Das Abrechnungsverfahren für die Vergütung der von den nach Vertragsarztrecht ermächtigten Krankenhausärzten (§ 116 SGB V) erbrachten ambulanten Leistungen wird durch § 120 Abs 1 S 3 SGB V geregelt.[51] Es sollen die Abrechnung erleichtert, die ermächtigten Krankenhausärzte von mit der **Abrechnung** verbundenem Verwaltungsaufwand befreit und eine ordnungsgemäße Kostenerstattung gewährleistet werden. Der Vergütungsanspruch des ermächtigten Krankenhausarztes, der nach den geltenden Grundsätzen aus der vertragsärztlichen Gesamtvergütung zu erfüllen ist, wird vom **Krankenhausträger** mit der **KV** abgerechnet und nach Abzug der anteiligen Verwaltungskosten sowie der dem Krankenhaus entstehenden allgemeinen Praxiskosten (alle Kosten, die zur Errichtung und Aufrechterhaltung einer Arztpraxis erforderlich sind, wie Raumkosten, Einrichtungskosten, Personalkosten, Versicherungsbeiträge, Steuern und Abgaben ua), der ärztlichen sowie sonstigen Sachkosten an die ermächtigten Krankenhausärzte weitergeleitet. Der Vergütungsanspruch der ermächtigten Krankenhausärzte geht also nicht etwa kraft Gesetzes auf den Krankenhausträger über. Dieser wird lediglich zum Einzug und zur Abrechnung gegenüber der KV ermächtigt. Diese leitet mit befreiender Wirkung an den Krankenhausträger. Der Honorarbescheid mit Rechtsmittelbelehrung ergeht gegenüber dem Chefarzt, der auch widerspruchs- und kla-

---

[49] Nach dem Gesamtbild der Verhältnisse (ua Fehlen der Unternehmerinitiative und des Unternehmerrisikos) im Regelfall Lohnsteuerpflicht des Chefarztes bei Liquidationserlösen aus wahlärztlicher Tätigkeit (Arbeitslohn aus unselbstständiger Tätigkeit: BFH, Urt v 5.10.2005 – VI R 152/01, ZMGR 2005, 365 = GesR 2006, 18 (Änderung der bisherigen Rspr); Geltendmachung der zu leistenden Abgaben als Werbungskosten analog zu dem bisherigen Betriebsausgabenabzug; für Einkünfte aus ambulanter Behandlung und Beratung weiterhin Einkommensteuerpflicht (freiberufliche Einkünfte aus selbstständiger Tätigkeit). Ausführlich dazu *Müller/Denzer* AuK 2006, 2 u *Hagen/Luche* MedR 2006, 715.

[50] Ausführlich dazu *Bender*, HK-AKM, 3420, RdNr 80ff.

[51] Siehe dazu *Bender*, HK-AKM, 3420, RdNr 88ff. Zum Behandlungsvertrag zwischen Privatpatient und Chefarzt bei Inanspruchnahme der Chefarztambulanz s BGHZ 105, 189.

gebefugt ist.⁵² Um eine ordnungsgemäße Abrechnung zu gewährleisten, sind die ermächtigten Krankenhausärzte verpflichtet, dem Krankenhausträger die für die Abrechnung der vertragsärztlichen Leistungen erforderlichen Unterlagen zu übermitteln (§ 301 Abs 5 S 1 SGB V). § 120 Abs 1 S 3 SGB V als eine vom früheren System abweichende vertragsärztliche Abrechnungsregelung – eingeführt durch das GRG 1988 – berücksichtigt nicht hinreichend das bestehende vertragsarzt- und arbeitsrechtliche Beziehungsverhältnis des ermächtigten leitenden Krankenhausarztes zum Krankenhausträger und den engen Zusammenhang zwischen dem Kostenabzug bei den Selbstkosten und der Erstattungspflicht hinsichtlich der Verwaltungskosten sowie der ärztlichen Sachkosten. Da die Regelung nur die **Abrechnungswege** (Geltendmachung der Vergütung durch den Krankenhausträger gegenüber der KV, Empfangnahme des Vergütungsbetrags und Weiterleitung der Vergütung nach entsprechendem Kostenabzug an den Arzt) verändert, nicht aber das wirtschaftliche Ergebnis kostenmäßig verschieben will, gelten für Inhalt und Umfang der Kostenerstattung die getroffenen dienstrechtlichen Regelungen zwischen Krankenhausärzten und Krankenhaus.

§ 120 Abs 1 S 3 SGB V gestattet dem Krankenhaus, die **entstehenden Sachkosten** (allgemeine Praxiskosten, durch den Einsatz ärztlicher Geräte entstehende Kosten, sonstige Sachkosten) einzubehalten. Damit soll nicht die Höhe der vereinbarten Abgaben verändert, sondern nur ein neuer Zahlungsweg festgelegt werden. Die beamtenrechtlich vorgegebene oder dienst- und arbeitsvertraglich vereinbarte Kostenerstattung ist inhaltlich weiterhin maßgeblich (§ 120 Abs 5 SGB V).⁵³ Danach ist Ausgangspunkt für die Kostenerstattungsregelung nach dem pflegesatzrechtlichen „Nettoprinzip" die zwischen dem Kostenträger und dem ermächtigten Krankenhausarzt getroffene Nutzungsvereinbarung. Dabei kann die Kostenerstattung auch pauschaliert werden.

III. Abgabenpflicht der liquidationsberechtigten leitenden Krankenhausärzte

1. Rechtliche Grundlagen. Der Krankenhausarzt erbringt seine zur Liquidation berechtigenden Leistungen im Krankenhaus oder im Zusammenhang mit seiner Tätigkeit im Krankenhaus unter Inanspruchnahme von Einrichtungen,⁵⁴ Personal und Material⁵⁵ des Krankenhausträgers. Als Ausgleich hierfür hat er ein **Nutzungsentgelt** zu entrichten.⁵⁶ Dementsprechend kann ein Nutzungsentgelt im Fall der Ersetzung des Liquidationsrechts durch eine Beteiligungsvergütung nicht anfallen.⁵⁷ Eine Legaldefinition des Nutzungsentgelts ist in § 16 S 1 Nr 3 KHG und § 7 Abs 2 Nr 5 BPflV enthalten. Das Nutzungsentgelt setzt sich zusammen aus dem Entgelt für die Deckung der Personal- und Sachkosten, die dem Krankenhaus durch die Inanspruchnahme entstehen **(Kostenerstattung)**, und dem Entgelt für die Vorteile, welche der Krankenhausarzt durch die Bereitstellung von Einrichtungen, Personal und Material erhält **(Vorteilsausgleich** sowie sonstige

---

⁵² BSGE 69, 1 = SGb 1992, 224 mit Anm *Schmitt* u 1992, 455 Anm *Plagemann* = ArztR 1991, 342 mit Anm *Andreas*; Zulässigkeit einer von § 120 Abs 1 S 3 SGB V abweichenden Vereinbarung als öffentlich-rechtlicher Vertrag (§ 56 SGB X) zwischen Chefarzt und Krankenhausträger durch BSG offengelassen; für zwingenden Charakter *Becker*, in: *Becker/Kingreen*, SGB V, § 120 RdNr 6; aA Kass-Komm–*Hess*, § 120 RdNr 11.
⁵³ Ausführlich zu § 120 Abs 1 S 3 u Abs 5 *Hencke*, in: *Peters*, KV (SGB V), § 120 RdNr 7 u 14.
⁵⁴ Hierzu gehören alle Sachmittel des Krankenhauses, insbesondere Diensträume, apparative Ausstattung, Instrumente.
⁵⁵ Material sind alle verbrauchbaren Sachen einschließlich Energie.
⁵⁶ Kritisch *Kirchhof,* 132: derzeitiges System der Abzüge „wegen Verstoßes gegen Art 3 Abs 1 u Art 12 Abs 1 in großen Teilen verfassungswidrig" u *Kirchhof/Häußermann* MedR 2002, 631; s dazu die kritische Würdigung des im Auftrag von Chefärzten zu den verfassungsrechtlichen Fragen erstellten Rechtsgutachtens durch *Andreas* ArztR 2006, 4. Zur Kostenerstattung der Ärzte im Rahmen des Pflegesatzrechts s auch oben § 82 RdNr 152 ff und speziell zur Problematik der pflegesatzrechtlichen Kostenerstattung im DRG-System § 82 RdNr 244 ff.
⁵⁷ Siehe BAG MedR 2003, 689.

vereinbarte Abgaben der Ärzte). Grundlage für die Abgabepflicht, insbesondere deren Höhe, ist das beamten- oder arbeitsrechtliche Dienstverhältnis des Krankenhausarztes zum Krankenhausträger. Dieses ist maßgeblich für den Umfang der zu leistenden Abgaben.[58] § 19 Abs 5 KHEntgG stellt dies ausdrücklich klar. Bei der Festlegung des Nutzungsentgelts sind jedoch die dem Krankenhaus durch die Ausübung des Liquidationsrechts entstehenden Kosten ein wesentlicher Aspekt. Die konkurrierende Gesetzgebungskompetenz des Bundes für die wirtschaftliche Sicherung der Krankenhäuser und die Regelung der Pflegesätze (Art 74 Abs 1 Nr 19a GG) erfasst nicht das Nutzungsentgelt von Beamten in der Krankenversorgung; andererseits verdrängt das Pflegesatzrecht des Bundes landesgesetzliche Regelungen der Kostenerstattung (Art 31 GG bzw Art 72 Abs 1 GG).[59]

32 Eine pflegesatzrechtliche Pflicht zur Vertragsanpassung wegen nicht mehr kostendeckender Abgaben (§ 11 Abs 1 S 3, Abs 3 S 2, Abs 4 S 2 aF BPflV 1985) ist nach Wegfall des Kostenerstattungsprinzips zum 1. 1. 1993 nicht mehr ausdrücklich vorgesehen. Als **Bemessungsgrundlage** für die Höhe der Kostenerstattung der liquidationsberechtigten Krankenhausärzte an das Krankenhaus für wahlärztliche Leistungen sowie des entsprechenden Kostenabzugs zur Entlastung der pflegesatzfähigen Kosten wird an die **dienstvertraglich vereinbarten** oder **beamtenrechtlich festgelegten Nutzungsentgelte** angeknüpft. Damit wird aus Gründen der Rechtssicherheit eine Kongruenz von arbeitsrechtlichen Dienstverträgen bzw beamtenrechtlichen Dienstverhältnissen und Pflegesatzrecht herbeigeführt. Hinsichtlich der Höhe der Kostenerstattung wird sachgerecht differenziert nach dem Grad der Kostenintensität der einzelnen Leistungen. Weiter wird unterschieden zwischen Neu- und Altverträgen (vor oder nach dem 1. 1. 1993) oder diesen vergleichbaren Rechtsverhältnissen, vor allem beamtenrechtlichen Beziehungen oder auch Beteiligungsformen.

33 **Pflegesatzrechtlich** ist einheitlich für alle Krankenhäuser (unabhängig von der Abrechnung nach dem KHEntgG oder der BPflV) von folgender Berechnung der Kostenerstattung auszugehen:[60]

Bei wahlärztlichen Leistungen mit der Pflicht zur Kostenerstattung (§ 19 Abs 2 S 1 KHEntgG iVm § 7 Abs 2 S 2 Nr 4 BPflV) aufgrund von **Neuverträgen** (nach dem 31. 12. 1992) und beamtenrechtlich genehmigter Nebentätigkeit beträgt der **Kostenabzug**
– 40 % der Gebühren für die in den Abschnitten A, E, M und O des Gebührenverzeichnisses der GOÄ und GOZ genannten Leistungen und
– 20 % für die in den übrigen Abschnitten des Gebührenverzeichnisses der GOÄ und GOZ genannten weitgehend persönlichen Leistungen.[61]

Für die **Kostenerstattung** sind jeweils die **Gebühren vor Abzug der Gebührenminderung** (§ 6a Abs 1 S 1 GOÄ, § 7 S 1 GOZ) – Bruttorechnungsbeträge – maßgeblich.[62] Für nach § 6 Abs 2 GOÄ und nach § 6 Abs 2 GOZ berechnete Gebühren ist dem Kostenabzug der Vomhundertsatz zu Grunde zu legen, der für die als gleichwertig herangezogene Leistung des Gebührenverzeichnisses gilt.

34 Bei wahlärztlichen Leistungen mit der Pflicht zur Kostenerstattung (§ 19 Abs 2 S 2 KHEntgG iVm § 7 Abs 2 S 2 Nr 5 BPflV) aufgrund von **Altverträgen** (vor dem 1. 1. 1993) oder einer vor diesem Zeitpunkt aufgrund beamtenrechtlicher Vorschriften genehmigten Nebentätigkeit beträgt der Kostenabzug 85 % des für diese Leistungen vor dem

---

[58] Zutreffend *Bender*, HK-AKM, 3900, RdNr 4, 5, 12, 19.
[59] BVerwG NVwZ-RR 2001, 390, 393, 672; BVerwGE 130, 252 = NVwZ 2008, 1029 = ArztR 2009, 97, 99.
[60] Zur Kostenerstattung bei Chefarzt-Altverträgen BAG ArztR 1997, 130; zur Neuregelung durch das GSG *Genzel* MedR 1996, 46; *Tuschen/Trefz*, KHEntgG, § 19, 371f; *Tuschen/Quaas*, BPflV, § 7, S 246 ff; *Bender*, HK-AKM, 3900, RdNr 20 ff, 37 ff.
[61] Siehe BVerwGE 130, 252 = NVwZ 2008, 1029 = ArztR 2009, 97, 100.
[62] Die Grundsätze des Kostenabzugs (§ 7 Abs 2 S 2 Nr 4 und 5 BPflV) und der Honorarminderung (§ 6a GOÄ) gelten unabhängig davon, ob die Liquidation durch hierzu berechtigte Krankenhausärzte oder den Krankenhausträger ausgeübt wird.

15. Kapitel. Rechtsbeziehungen zwischen Arzt u Krankenhaus   35–40   § 87

1. 1. 1993 vereinbarten oder aufgrund beamtenrechtlicher Vorschriften zu entrichtenden Nutzungsentgelts (Kostenerstattung und Vorteilsausgleich sowie diesen vergleichbare Abgaben), höchstens jedoch in Höhe des für Neuverträge geltenden Abzuges.[63] Zur Klarstellung: Es wird lediglich festgelegt, dass unabhängig von der vertraglichen oder beamtenrechtlichen Aufteilung 85 % des festgelegten Nutzungsentgelts als Kostenerstattung aus dem Budget auszugliedern sind; der Chefarzt muss an den Krankenhausträger weiterhin 100 % abführen (ergo: strenge Differenzierung zwischen Pflegesatzrecht einerseits und dienstvertraglichen bzw beamtenrechtlichen Regelungen andererseits).[64]

Die wahlärztlichen Leistungen können auch **teilstationär** erbracht werden (arg § 17 Abs 3 S 1 KHEntgG). Für die Kostenerstattungspflicht gelten deshalb die Regelungen des § 19 Abs 2 KHEntgG unmittelbar. Berechnungsgrundlage sind auch hier grundsätzlich die getroffenen Vereinbarungen bzw die beamtenrechtlichen Nebentätigkeitsgenehmigungen.   35

Soweit Ärzte des Krankenhauses zur Erbringung **sonstiger vollstationärer und teilstationärer Leistungen** berechtigt sind, die sie selbst berechnen können und bei denen Personen, Einrichtungen oder Mittel des Krankenhauses in Anspruch genommen werden, sind sie pflegesatzrechtlich zur Kostenerstattung verpflichtet (§ 19 Abs 3 KHEntgG). Es handelt sich um ärztliche Gutachterleistungen bei Patienten, die zur Begutachtung in das Krankenhaus aufgenommen worden sind, sowie um die berufsgenossenschaftliche Heilbehandlung von Patienten im D-Arzt-Verfahren (bei Unfallchirurgen und Orhopäden), deren Kosten nicht pflegesatzfähig sind.   36

Auch bei wahlärztlichen Leistungen im Rahmen der **vor- und nachstationären Behandlung** (§ 1 Abs 3 S 1 KHEntgG/BPflV, § 115 a SGB V) ist von einer pflegesatzrechtlichen Erstattungspflicht auszugehen (analog § 19 Abs 3 KHEntgG).   37

Eine Kostenerstattungspflicht für privatärztliche Leistungen beim **ambulanten Operieren** und bei sonstigen stationsersetzenden Eingriffen ergibt sich ausschließlich aus dem dienstrechtlichen Vertragsverhältnis bzw beamtenrechtlichen Grundsätzen. Eine Erstattungspflicht kann für den ambulanten Bereich aus § 19 KHEntgG nicht abgeleitet werden (§ 1 Abs 3 S 2 BPflV).[65]   38

Mit der BPflV 1995 wurde das sog Nettoprinzip eingeführt. In den Budget- und Pflegesatzverhandlungen wird seitdem über die voll- und teilstationären Leistungen eines Krankenhauses und die damit eng verbundenen Leistungen verhandelt. Die **nicht pflegesatzfähigen Kosten** für **ambulante Leistungen** einschließlich des ambulanten Operierens (§ 115b SGB V) in der Privatambulanz einer Klinik und entsprechende Kostenerstattungspflichten sind nicht mehr Gegenstand des Pflegesatzverfahrens. Eine **Kostenerstattungspflicht** ergibt sich aber in aller Regel für den liquidationsberechtigten Krankenhausarzt aus dem Dienstvertrag oder aufgrund beamtenrechtlicher Regelungen.   39

2. Inhalt der Abgabenregelung. Die Festlegung des Umfangs der Abgaben liquidationsberechtigter Krankenhausärzte an den Krankenhausträger durch Beamtenrecht oder arbeitsvertragliche Regelungen steht inhaltlich in untrennbarem Zusammenhang mit den Rechtsgrundsätzen des KHG, des KHEntgG, der BPflV, der GOÄ und dem SGB V. Die wirtschaftliche Sicherung der Krankenhäuser durch leistungsgerechte Entgelte mit dem Ziel, eine bedarfsgerechte stationäre Versorgung der Bevölkerung auf Dauer zu gewährleisten (§ 1 KHG), und die wirtschaftliche Leistungserbringung durch Krankenhäuser, Vertragsärzte und Krankenkassen (§§ 12, 70 SGB V) haben die Regelungen über das Nutzungsentgelt der leitenden Krankenhausärzte zu bestimmen. Im Regelfall hat der liquidationsberechtigte Arzt Kostenerstattung und Vorteilsausgleich nach der dienstver-   40

---

[63] Zum Altvertägler und Neuvertägler s *Bender,* HK-AKM, 3900, RdNr 29 ff.
[64] Siehe *Bender,* HK-AKM, 3900, RdNr 12, 19, 45.
[65] Zu der in den Chefarztverträgen sehr unterschdlch geregelten Ambulanzabgabe *Bender,* HK-AKM, 3900, RdNr 46 ff, auch zu den beiden Nebenkostentarifen der Deutschen Krankenhausgesellschaft (DKG-NT u DKG-NT II).

traglichen Regelung nur von tatsächlichen Einnahmen zu leisten; bei einem Honorarausfall entfallen Abgaben an das Krankenhaus.

41   a) **Abgabenregelungen für beamtete leitende Krankenhausärzte.** Beamtete leitende Krankenhausärzte einschließlich ärztlicher Hochschullehrer werden nicht nur bei der Versorgung ambulanter Patienten, sondern auch bei der stationären Behandlung von Privatpatienten (Selbstzahlern) weitgehend im Nebentätigkeitsbereich tätig. Sie haben für die Inanspruchnahme von Einrichtungen, Material und Personal des Dienstherrn bei der Ausübung der Nebentätigkeit ein **kostendeckendes Nutzungsentgelt** zu entrichten. Diese im Nebentätigkeitsbereich von Bund und Ländern verankerte Pflicht folgt aus dem grundsätzlichen Verbot unentgeltlicher Staatsleistungen. Die Pflicht zur Entrichtung eines Nutzungsentgelts muss sowohl dem Grunde wie der Höhe nach aus rechtsstaatlichen Gründen normativ bestimmt sein. Durch § 42 Abs 4 BRRG[66] (Geltung auch für ärztliche Hochschullehrer nach § 49 HRG) wurden kraft Bundesrechts die Voraussetzungen und Bemessungskriterien für das Nutzungsentgelt geregelt: „Der Beamte darf bei der Ausübung von Nebentätigkeiten, Einrichtungen, Personal oder Material des Dienstherrn nur bei Vorliegen eines öffentlichen oder wissenschaftlichen Interesses mit dessen Genehmigung und gegen Entrichtung eines angemessenen Entgelts in Anspruch nehmen. Das Entgelt hat sich nach den dem Dienstherrn entstehenden Kosten zu richten und muss den besonderen Vorteil berücksichtigen, der dem Beamten durch die Inanspruchnahme entsteht." Infolge der **Föderalismusreform 2006**[67] sind durch die Aufhebung der Rahmengesetzgebungskompetenz des Bundes (s Art 75 Abs 1 Nr 1 GG aF) neue ausschließliche Gesetzgebungskompetenzen der Länder mit Wirkung zum 1. 9. 2006 entstanden, was auch das Beamtenrecht betrifft: Die neue konkurrierende Gesetzgebungskompetenz des Bundes nach Art 74 Abs 1 Nr 27 GG erfasst lediglich „die Statusrechte und -pflichten der Beamten der Länder, Gemeinden und anderen Körperschaften des öffentlichen Rechts mit Ausnahme der Laufbahnen, Besoldung und Versorgung";[68] für das vor dem 1. 9. 2006 erlassene Bundesrecht – wie das BRRG – ist die Übergangsregelung des Art 125 a Abs 1 GG zu beachten (Fortgeltung als Bundesrecht bis zur Ersetzung durch Landesrecht für den Bereich dieses Landes oder insgesamt bis zur Aufhebung durch den Bundesgesetzgeber). Auf der Grundlage von Art 74 Abs 1 Nr 27 GG ist das Beamtenstatusgesetz v 17. 6. 2008[69] erlassen worden, das zum 1. 4. 2009 das BRRG weitgehend abgelöst hat; auch § 42 Abs 4 BRRG wurde aufgehoben (s § 63 Abs 2 BeamtStG). Die am Verbot unentgeltlicher Staatsleistungen orientierten Grundsätze sind auch ohne diese ausdrückliche Regelung zu beachten.

42   Das Nutzungsentgelt ist eine **Gegenleistung** für die Inanspruchnahme von Einrichtungen, Personal und Material des Dienstherrn. An diesen Grundsätzen hat sich das Nebentätigkeitsrecht der Beamten zu orientieren. Für die Bemessung des Nutzungsentgelts gelten das **Kostendeckungsprinzip** und das **Vorteilsausgleichsprinzip.** Die durch die Inanspruchnahme personeller und sachlicher Mittel des Dienstherrn entstandenen Kosten und der vom beamteten Arzt gezogene Vorteil sind Grundlage der Festlegung des Nutzungsentgelts.

43   Die Nutzung der Einrichtungen des Dienstherrn bei Ausübung der Nebentätigkeit darf nur gegen **angemessenes Entgelt** erfolgen.[70] Das aus dem verfassungsrechtlichen

---

[66] Beamtenrechtsrahmengesetz – BRRG idF der Bekanntmachung v 31. 3. 1999 (BGBl I, 654), zuletzt geändert durch BeamtenstatusG v 17. 6. 2008 (BGBl I, 1010).
[67] G v 28. 2. 2006 (BGBl I, 2034).
[68] Siehe dazu *Pieroth,* in: *Jarass/Pieroth,* GG, Art 74 RdNr 64, Art 75 RdNr 1.
[69] Gesetz zur Regelung des Statusrechts der Beamtinnen und Beamten in den Ländern (Beamtenstatusgesetz – BeamStG) v 17. 6. 2008 (BGBl I, 1010).
[70] Siehe zur Angemessenheitsprüfung *Bender,* HK-AKM, 3900, RdNr 54 ff, ua unter Hervorhebung der grundverschiedenen Berechnungsfaktoren: Kostenerstattung = betriebswirtschaftliche Kosten und Vorteilsausgleich = Fehlen eines unternehmerischen Risikos.

15. Kapitel. Rechtsbeziehungen zwischen Arzt u Krankenhaus   **44, 45** **§ 87**

Grundsatz der Verhältnismäßigkeit abzuleitende **Äquivalenzprinzip** besagt, dass der Maßstab für das Nutzungsentgelt die Leistung ist, die der Dienstherr dem Beamten für die Ausübung der Nebentätigkeit zur Verfügung stellt. Zwischen dem Wert dieser Leistung, bemessen konkret nach den Kosten, die sie verursacht, und dem Vorteil, den der Beamte aus ihr zieht, muss ein angemessenes Verhältnis bestehen. Die Angemessenheit des Vorteilsausgleichs bemisst sich also nach dem wirtschaftlichen Wert der Inanspruchnahme aus der Sicht des Chefarztes; dem Chefarzt bleiben der Aufbau der im Krankenhaus vorhandenen kostenaufwendigen, materiellen und personellen Ausstattung sowie das betriebliche Risiko ihres effizienten Einsatzes erspart (keine Investitions- und Betriebskosten, Minimierung des Unternehmerrisikos, Wettbewerbsvorteil gegenüber niedergelassenen Ärzten).[71] Das Gebot der Angemessenheit der Höhe des Nutzungsentgelts setzt auch Grenzen. Ein Vomhundertsatz der Vergütung ist als Nutzungsentgelt nur dann sachlich gerechtfertigt und zumutbar, also verhältnismäßig und damit angemessen, wenn er den Beamten den eindeutig überwiegenden Teil des aus der Nebentätigkeit gewonnenen wirtschaftlichen Nutzens belässt (Gesamtbetrachtung der Abgabenverpflichtungen).[72]

Da eine betriebswirtschaftlichen Anforderungen genügende Kosten- und Vorteilsberechnung die Krankenhausträger meist überfordern wird, ist eine **Pauschalierung des Nutzungsentgelts** zulässig, wenn die Kosten des Dienstherrn sowie darüber hinausgehende Vorteile des beamteten Krankenhausarztes als Durchschnittswert wirklichkeitsnah kalkuliert und nicht willkürlich gegriffen werden (vgl § 19 Abs 1 S 2 KHEntgG). Pauschalen müssen mit dem Äquivalenzprinzip und dem Gleichheitssatz (Art 3 GG) in Einklang stehen. An diesen Grundsätzen hat sich das Beamtennebentätigkeitsrecht in Bund und Ländern zu orientieren. **44**

Das **Nebentätigkeitsrecht** für **beamtete leitende Krankenhausärzte** (Nebentätigkeitsverordnungen) und für **ärztliche Hochschullehrer** (Hochschullehrernebentätigkeitsverordnungen) geht bei **stationärer privatärztlicher Behandlung** (ärztliche Wahlleistung) üblicherweise von einem Nutzungsentgelt von 20–30 % der Bruttoliquidationserlöse aus, aufgeteilt in die Kostenerstattung (§ 19 Abs 2 KHEntgG iVm § 7 Abs 2 S 2 Nr 4 BPflV) und einen prozentualen Vorteilsausgleich von 15 % bis 20 % der bezogenen Vergütung.[73] Mit Beschluss v 8.12.2006 hat das BVerfG die **Verfassungsbeschwerde eines Chefarztes und Universitätsprofessors** im hessischen Hochschuldienst, mit der die Verfassungswidrigkeit des vom Land Hessen festgesetzten Nutzungsentgelts geltend gemacht wurde, mangels grundsätzlicher verfassungsrechtlicher Bedeutung und mangels hinreichender Aussicht auf Erfolg nicht zur Entscheidung angenommen;[74] der Beschwerdeführer hatte zuvor erfolglos bis zum BVerwG eine **Herabsetzung des Nutzungsentgelts** (20 % der um den Wahlarztabschlag nach § 6a Abs 1 GOÄ geminderten Bruttoein- **45**

---

[71] Siehe BVerwGE 130, 252, 259 ff = ArztR 2009, 97, 101; BVerwGE 112, 170, 172 = ArztR 2001, 190; BVerwGE 109, 283, 291.

[72] St Rspr seit BVerwG NJW 1974, 1440; BVerwG MedR 1987, 248; BVerwG NVwZ-RR 2001, 671; BVerwGE 130, 252 = NVwZ 2008, 1029 = ArztR 2009, 97, 102; keine verfassungsrechtliche Absicherung eines derartigen „Mindestbehalts" des beamteten Chefarztes, nur generell „Anspruch auf amtsangemessene Alimentierung": BVerfG MedR 2007, 299, 301; zur Berechnung des Mindestbehaltes Bender, HK-AKM, 3900, RdNr 66 ff.

[73] Nach § 25 Abs 4 S 1 Nr 2 BayHSchlNV für Chefärzte an Unikliniken zum Ausgleich des durch die Bereitstellung von Einrichtungen, Personal und Material erwachsenen wirtschaftlichen Vorteils ein Betrag in Höhe von 17 % der bezogenen Vergütung (Sonderregelung für Altverträger in § 28 BayHSchlNV); dynamische Verweisung auf das Pflegesatzrecht in § 25 Abs 1 S 1 Nr 1; entsprechende Regelungen für die übrigen beamteten Chefärzte in §§ 17, 17a BayNebentätigkeitsVO. Siehe auch BVerwG, Urt v 27.2.2008 – 2 C 27.06, E 130, 252, 260 = ArztR 2009, 97: Vorteilsausgleich in Höhe von 20 % der bezogenen Nebentätigkeitsvergütung, dh der Bruttoeinnahmen, noch im Rahmen des Angemessenen (beamteter Chefarzt einer Uniklinik in NRW; s § 17 Abs 1 Nr 2 HochschulnebentätigkeitsVO NRW).

[74] Az: 2 BvR 385/05, MedR 2007, 299 = GesR 2007, 121.

nahmen) um zwei Drittel verlangt und darauf verwiesen, dass ihm angesichts weiterer Reduktionen letztlich nur ein Anteil von 36 % verbleibe. Das **BVerfG** hat hervorgehoben, dass es dem Gesetz- und Verordnungsgeber unbenommen sei, neben dem Instrumentarium der Genehmigungsversagung bei konkreter Besorgnis der Beeinträchtigung dienstlicher Interessen auf andere Gestaltungsformen wie etwa die Verringerung von Nebentätigkeitsvergütungen zurückzugreifen. Insbesondere bei den Nebentätigkeiten beamteter Krankenhausärzte handele es sich um Tätigkeiten, die zu den originären Hauptpflichten der leitenden Ärzte zählen, bei denen der leitende Arzt aber auch die Möglichkeit gewinne, während des Dienstes private Einnahmen zu erzielen. Es könne daher nicht beanstandet werden, dass der Beamte einen Ausgleich für die privatnützige Inanspruchnahme von Personal und Material zu leisten habe; über die bloße Kostenersparnis hinaus verbleibe ein Nutzungsvorteil, weil er auf die hochtechnisierte Infrastruktur der Universitätsklinik zurückgreifen könne. Das Nutzungsentgelt, das der Chefarzt dafür zu entrichten habe, schmälere seine Einnahmen aus der Privatliquidation nicht in einem Umfang, der über die sachlich gerechtfertigte Abschöpfung der ihm zufließenden Vorteile hinausginge.

46 Für die Inanspruchnahme öffentlicher Einrichtungen bei der privaten Beratung und Behandlung von nicht in die Klinik aufgenommenen Patienten **(Privatambulanz)** und Erstattung der Kosten des ärztlichen Dienstes und der Arztschreibkräfte einschließlich des Vorteilsausgleichs wird meist ein Nutzungsentgelt in Höhe von 20 % der um die Kostenerstattung verminderten Vergütung aus dieser Nebentätigkeit entrichtet. Für Sachkosten als Selbstkosten der Kliniken für die Einrichtungen, das Material und das nichtärztliche Personal (mit Ausnahme der Arztschreibkräfte) werden aufgrund von Kostentarifen (zB DKG-NT oder anderen nach durchschnittlichen Kosten berechneten Sätzen) Beträge festgesetzt.

47 Für das **Nutzungsentgelt** bei der **ambulanten Behandlung sozialversicherter Patienten** gelten grundsätzlich die gleichen Bestimmungen wie bei der ambulanten Behandlung von Privatpatienten. Maßgeblich für die Höhe sind die beamtenrechtlichen Regelungen bzw die mit dem Krankenhausträger geschlossenen Vereinbarungen über die Inanspruchnahme von Einrichtungen, Personal und Material des Dienstherrn (§ 120 Abs 5 SGB V). Für das Abrechnungsverfahren jedoch gilt § 120 Abs 1 S 3 SGB V. Die Erstattung der ärztlichen Sachkosten nach vereinbarten Sätzen erfolgt über die KV (s oben RdNr 29), so dass insoweit eine unmittelbare Kostenerstattung durch den ermächtigten Krankenhausarzt zunächst ausscheidet. Der Krankenhausträger übernimmt die Forderung nur erfüllungshalber; sie erlischt erst mit der tatsächlichen Erfüllung (§ 362 BGB).

48 Soweit im Rahmen der Nebentätigkeit **Gutachten** über die Einleitung oder den Erfolg einer **berufsgenossenschaftlichen Heilbehandlung,** Einleitung und Durchführung des Durchgangsarztverfahrens, arbeitsmedizinische Vorsorgeuntersuchungen ua erfolgen, ist die Abgabepflicht vielfach gesondert im Nebentätigkeitsrecht[75] geregelt.

49 **b) Abgabenregelungen für angestellte leitende Krankenhausärzte.** Nach der Rspr des BAG ist der leitende Krankenhausarzt Arbeitnehmer. Die Einnahmen aus dem Liquidationsrecht bei der Behandlung von stationären Wahlleistungspatienten sind nicht Einnahmen aus freiberuflicher Tätigkeit, sondern eine besondere Form der Vergütung aus dem Arbeitsverhältnis. Entscheidende Grundlage für die Verpflichtung des Arztes zur Zahlung eines Nutzungsentgelts (Kostenerstattung und Vorteilsausgleich) ist der Chefarztvertrag.[76] Die **Kostenerstattung** bemisst sich nach dem vorzunehmenden Kosten-

---

[75] Vgl zB § 25 Abs 4 und 5 BayHSchlNV.
[76] Siehe zB *Nahmacher/Clausen*, Muster Chefarztvertrag (§ 10 Nutzungsentgelt u § 11 Nebentätigkeiten), 62 ff, 134 ff sowie Muster Nebentätigkeitserlaubnis/Nutzungsvertrag, 69 ff und *Münzel*, Vertragsmuster eines Chefarztvertrages (§ 10 Kostenerstattung), 62 ff sowie Muster Nebentätigkeitserlaubnis/Nutzungsvertrag, 78 ff einerseits und andererseits DKG, Beratungs- und Formulierungshilfe Chefarztvertrag, 33: Kein Liquidationsrecht/Integration der bisherigen Nebentätigkeit des Chefarz-

15. Kapitel. Rechtsbeziehungen zwischen Arzt u Krankenhaus   50, 51 § 87

abzug (§ 19 Abs 2 KHEntgG, § 7 Abs 2 S 2 Nr 4 u 5 BPflV und § 19 Abs 3 KHEntgG, § 7 Abs 2 S 2 Nr 6 BPflV). Entfällt ein Kostenabzug nach diesen Bestimmungen (s oben RdNr 31–37), kann dennoch eine Kostenerstattung für alle entstehenden Kosten bei der Leistungserbringung vereinbart werden. Unabhängig von der Kostenerstattung leistet der Krankenhausarzt dem Krankenhausträger einen **pauschalierten,** prozentual an den Bruttohonorareinnahmen bemessenen **Vorteilsausgleich** auf Grund dienstvertraglicher oder beamtenrechtlicher Regelungen (§ 19 Abs 5 KHEntgG). Als Bruttohonorareinnahme[77] ist die Summe der tatsächlichen Zahlungseingänge aus allen Bereichen anzusehen, in denen dem Arzt das Liquidationsrecht im stationären Bereich eingeräumt ist, ohne Abzug der zu entrichtenden Beträge für Nutzungsentgelt (Kostenerstattung und Vorteilsausgleich), Verwaltungskosten sowie ohne Abzug von Zuwendungen an nachgeordnete Ärzte und Hilfskräfte und ohne andere Kürzungen wie zB durch Aufrechnung oder durch Abzug von Einzugsvergütungen oder Leistungen an Dritte. Entscheidend ist die Definition im Chefarztvertrag.

Für die dem **Nebentätigkeitsbereich** zugeordneten und damit der Erlaubnispflicht **50** unterliegenden **ambulanten Leistungen** leitender Krankenhausärzte wird herkömmlicherweise eine Nebentätigkeitserlaubnis erteilt. Die Ausübung der Nebentätigkeit durch den Arzt setzt einen Vertrag zwischen dem Krankenhausträger und dem Arzt voraus, in dem die näheren Einzelheiten über Art und Umfang der Inanspruchnahme von Personal, Räumen, Einrichtungen und Material des Krankenhauses sowie über die Entrichtung eines Nutzungsentgelts (Kostenerstattung und Vorteilsausgleich) festgelegt sind. Für einen solchen die Nebentätigkeitserlaubnis ergänzenden Nutzungsvertrag sind herkömmlich zwei Alternativen vorgesehen:
– Nutzungsentgelt nach Kostenrechnung,
– Nutzungsentgelt nach einem Vomhundertsatz der Liquidationseinnahmen und DKG-NT.[78]

Da die DKG jegliche ärztliche Tätigkeit im Krankenhaus einschließlich der ambulanten in die Dienstaufgaben integriert, entfallen grundsätzlich die bisherige Nebentätigkeitserlaubnis und ein Nutzungsvertrag mit Nutzungsentgelt. Hintergrund ist ua die weiterhin zunehmende Öffnung der Krankenhäuser als Institution im ambulanten Bereich (vor allem § 115b SGB V, nunmehr auch § 116b Abs 2–6 SGB V) mit der Folge der Mitwirkung auch des Chefarztes (s § 4 Abs 1 Nr 6 DKG-Chefarztvertragsmuster: Erbringung von Institutsleistungen im ambulanten Bereich als Dienstaufgabe).[79]

c) **Exkurs: Abgabenregelungen für Belegärzte.** Für die Abgabenpflicht der Beleg- **51** ärzte sind die im Belegarztvertrag getroffenen Regelungen maßgeblich.[80] Diese haben sich an den pflegesatzrechtlichen Bestimmungen zur Kostenerstattung (§ 19 Abs 1 KHEntgG, § 7 Abs 2 S 2 Nr 3 BPflV) zu orientieren. Die **Erstattungspflicht im stationären Behandlungsbereich** umfasst grundsätzlich die Kosten des ärztlichen Dienstes

---

tes in die Dienstaufgaben/kein Nutzungsvertrag/kein Nutzungsentgelt, alternativ: DKG – Muster von Nutzungsverträgen, 34 ff.

[77] Zur Verwendung des Begriffs „Bruttohonorareinnahmen" des Chefarztes in den meisten Chefarztverträgen *Bender*, HK-AKM, 3900, RdNr 13.

[78] Siehe DKG, aaO, 34 ff, 39 ff; *Nahmacher/Clausen*, aaO, 73 ff, *Münzel*, aaO, 81 ff; *Quaas/Zuck*, § 15 RdNr 55 zur Erhebung auch von Vorteilsausgleiches wie im stationären Bereich (großer Wettbewerbsvorteil gegenüber niedergelassenen Ärzten), RdNr 56 zur Vollkosten-, Teilkosten- und Grenzkostenmethode für die Kostenausgliederung sowie RdNr 57 zur Pauschalierung anstelle der Vollkostenermittlung.

[79] Siehe *Notz/Beume/Lenz*, Der Krankenhausarzt in leitender Stellung, 33 ff, ua „Beseitigung der Chefarztambulanzen als Unternehmen im Unternehmen" (34) und Zuordnung der ambulanten Ermächtigungsleistungen (§ 116 SGB V) zum Dienstaufgabenbereich (38–42); s auch DKG-Chefarztvertragsmuster § 8 Abs 2c (Beteiligungsvergütung bei Ambulanzleistungen).

[80] Siehe *Münzel*, Belegarztvertrag, 88 ff (§ 7 Finanzielle Regelungen); DKG, Der niedergelassene Arzt im Krankenhaus, 27 ff Vertragsmuster Belegarztvertrag (§ 13 Finanzielle Regelungen).

des Krankenhauses, soweit die ärztlichen Tätigkeiten zu den Belegarztleistungen (§ 18 Abs 1 KHEntgG, zB der ärztliche Bereitschaftsdienst für Belegpatienten) gehören und deshalb nach § 7 Abs 2 S 2 Nr 3 BPflV nicht pflegesatzfähig sind. Diese werden im Rahmen der Abrechnung des Belegarztes aus der vertragsärztlichen Gesamtvergütung abgegolten (§ 121 Abs 3 SGB V). Es besteht aber grundsätzlich keine Verpflichtung zur Erstattung von Sach- und nichtärztlichen Personalkosten, weil diese in die Pflegesätze eingehen (§ 18 Abs 2 KHEntgG, s oben § 82 RdNr 145 ff). Wird ein **Belegarzt im Honorararztmodell** nach § 121 Abs 5 SGB V idF des Krankenhausfinanzierungsreformgesetzes – KHRG v 17. 3. 2009 tätig (s oben § 84 RdNr 25), entfällt eine Abgabenregelung (§ 19 Abs 1 S 1 HS 2 KHEntgG), da in diesem Fall das von den Krankenkassen zu entrichtende Entgelt für die gesamte stationäre Leistung dem Krankenhaus zusteht (§ 18 Abs 3 KHEntgG) und der Belegarzt lediglich im Innenverhältnis gegenüber dem Krankenhaus den vereinbarten Honoraranspruch besitzt.

52 Bei der Abrechnung der stationären und teilstationären Behandlung von **Privatpatienten** gelten für Belegärzte dieselben Grundsätze (die Regeln der GOÄ) wie für liquidationsberechtigte angestellte Ärzte. Neben der Kostenerstattung (§ 19 Abs 1 KHEntgG) kann zwischen dem Krankenhausträger und dem Belegarzt auch ein **Vorteilsausgleich** vereinbart werden (§ 19 Abs 5 KHEntgG). Soweit Belegärzte für die **ambulante Behandlung** von Patienten Personal, Einrichtungen und sonstige Sachmittel des Krankenhauses in Anspruch nehmen, werden gesondert Nutzungsentgelte vereinbart, beispielsweise im Falle der Praxis des Belegarztes in den Räumen des Krankenhauses mit Durchführung ambulanter Operationen.[81]

53 Bei der **Vereinbarung eines Vorteilsausgleiches** bei Belegärzten können die allgemeinen Rechtsgrundsätze, wie sie auch für angestellte Krankenhausärzte gelten, herangezogen werden (s oben RdNr 49). In der Praxis hat sich die Vereinbarung eines Vorteilsausgleichs angesichts ohnehin niedriger Vergütung der belegärztlichen Leistungen nicht durchgesetzt (s Versuch des Gesetzgebers – § 121 Abs 4 SGB V – zur angemessenen – höheren – Bewertung der belegärztlichen Leistungen im EBM).

54 **3. Anpassungsgrundsätze.** Das leitenden Krankenhausärzten eingeräumte Liquidationsrecht steht unter dem **Vorbehalt der bestehenden rechtlichen und wirtschaftlichen Verhältnisse.**[82] Gesetzliche Änderungen, die sich auf die tatsächlichen Voraussetzungen für die Ausübung des Liquidationsrechts erstrecken (Umgestaltung des Nutzungsentgelts) und lediglich eine organisatorische und strukturelle Umgestaltung bewirken, sind grundsätzlich rechtlich zulässig, soweit sie nicht zu einer wesentlichen, unzumutbaren Beeinträchtigung der liquidationsberechtigten Tätigkeit und der damit verbundenen Liquidationseinkünfte führen.[83]

55 Die **Anpassungspflicht für Arztverträge** ist **pflegesatzrechtlich** ausdrücklich nur noch bei der Kostenerstattung der Belegärzte (§ 19 Abs 1 S 3 KHEntgG) und sonstigen voll- und teilstationären ärztlichen Leistungen (§ 19 Abs 3 KHEntgG) festgelegt. Sie gilt aber pflegesatzrechtlich auch für die wahlärztlichen Leistungen, ohne dass dies ausdrücklich in § 19 Abs 2 u 4 KHEntgHG hätte zum Ausdruck kommen müssen. Die Kostenerstattung dient dem Zweck, im Interesse der Erhaltung der Leistungsfähigkeit einer Klinik kostenmäßige Unterdeckungen zu vermeiden. Die Erfüllung des Versorgungsauftrages darf ökonomisch nicht gefährdet werden. Eine wirtschaftliche Betriebsführung erfordert, dass für die Inanspruchnahme von Personen und Einrichtungen eines Krankenhauses auch entsprechende Entgelte geleistet werden. Insoweit enthält § 3 Abs 1 S 3 BPflV iVm § 1 KHG einen allgemeinen Rechtsgrundsatz, dessen Beachtung durch die Vereinbarung einer

---

[81] Siehe DKG, Der niedergelassene Arzt im Krankenhaus, Vertragsmuster Belegarztvertrag (41) iVm Mustervertrag über die (Mit-)Nutzung der Infrastruktur des Krankenhauses (79 ff, § 6 Nutzungsentgelt).

[82] Siehe bereits § 86 RdNr 30 zur Entwicklungs- und Anpassungsklausel in Chefarztverträgen.

[83] Für beamtete leitende Krankenhausärzte BVerfGE 52, 303, 347.

15. Kapitel. Rechtsbeziehungen zwischen Arzt u Krankenhaus   56–58 § 87

adäquaten Kostenerstattung gewährleistet wird. Auch bestehende Arztverträge müssen diesen Grundsätzen entsprechen und ggf angepaßt werden.[84]

Als **Gestaltungsmittel für die Anpassung** kommen die Änderungskündigung, die Ausübung eines vertraglichen Widerrufsvorbehalts[85], der Abschluss eines Änderungsvertrags und die Berufung auf das Rechtsinstitut des Wegfalls der Geschäftsgrundlage in Betracht. In Chefarztverträgen wird häufig ein **Widerrufsvorbehalt** zum Zweck der Anpassung der vertraglichen Abgabenregelung an gesetzliche Änderungen des Pflegesatzrechts vereinbart.   56

Da die **pflegesatzrechtliche Anpassungspflicht** nur für den **Krankenhausträger** besteht und dessen Interessen dienen soll, können leitende Krankenhausärzte nicht allein mit der Berufung darauf unter dem Gesichtspunkt des Wegfalls der Geschäftsgrundlage (§ 242 BGB) eine Änderung ihres Vertrags herbeiführen, wenn das bisherige Nutzungsentgelt die Kostenabzüge nach § 19 KHEntgG, § 7 Abs 2 BPflV übersteigt. Ein Anpassungsbedarf kann entsprechend der konkreten Vertragssituation (zB bei Ausschluss eines Vorteilsausgleiches) dann mit dem **Wegfall der Geschäftsgrundlage für die Abgabenregelung** bestehen, wenn – ein Beispiel aus der Vergangenheit – im Hinblick auf die Honorarkürzung nach § 6a GOÄ und die Abgabenpflicht eine erhebliche Äquivalenz- und Zweckstörung eingetreten war.[86] Die Minderungspflicht im Außenverhältnis um 25 % bzw 15 % (§ 6a GOÄ) allein führte nicht zu einem Wegfall der Geschäftsgrundlage bestehender vertraglicher Abgabenregelungen, da vielfach nach den Dienstverträgen die Verpflichtung bestand, bei der Honorarbemessung die Berechnung der Sachkosten durch den Krankenhausträger zu berücksichtigen. Bei der Beurteilung, ob wesentliche Äquivalenzstörungen vorliegen, sind das gesamte Vergütungssystem und die einzelnen Leistungen zu würdigen.   57

4. Besondere Abgabenregelungen. Bei nicht oder nur teilweise öffentlich geförderten Krankenhäusern (s §§ 8, 17 Abs 5 KHG) umfasst die Kostenerstattung der Ärzte auch die anteiligen Investitionskosten (§ 19 Abs 4 KHEntgG). Die Arztverträge haben dies bei der Regelung der Kostenerstattung zu berücksichtigen.   58

---

[84] Eine entsprechende Anwendung dieser Bestimmung und damit eine Anpassung der Nebentätigkeitserlaubnis für beamtete liquidationsberechtigte Ärzte ist geboten; sofern das Recht zur Liquidation auf einem öffentlich-rechtlichen Vertrag beruht, ist § 60 VwVfG (Anpassung und Kündigung in besonderen Fällen) anwendbar. Unbestritten war, dass § 11 Abs 1 S 3 BPflV aF (seit 1986) keine unmittelbare normative Wirkung hatte und damit auch keine Anpassung der Arztverträge herbeiführte (s v *Maydell* ArztR 1989, 133 und *Münzel* NJW 1993, 2969); zu der Neuregelung der pflegesatzrechtlichen Kostenerstattung durch das GSG 1992 und der ergänzenden Anordnung (Art 26 GSG), dass Vereinbarungen in Chefarztverträgen „in den Teilen unwirksam" sind, in denen sie mit den Regelungen des GSG unvereinbar sind, s *Bender*, HK-AKM, 3900, RdNr 73, 77, auch zum Wegfall der Geschäftsgrundlage in Bezug auf die Kostenerstattungsregelungen in Chefarztverträgen durch § 13 BPflV 1986 (dazu BAG NJW 1989, 1562 = MedR 1988, 318).

[85] Siehe BAG NJW 1999, 886 = MedR 1998, 423; *Bender*, HK-AKM, 3900, RdNr 74.

[86] Zum Wegfall der Geschäftsgrundlage allgemein BGHZ 25, 390; BAGE 52, 273 = AP Nr 7 zu § 242 BGB Geschäftsgrundlage. Anerkannt ist in der Rspr, dass Gesetzesänderungen die Geschäftsgrundlage eines bürgerlich-rechtlichen Vertrags so verändern können, dass Leistung und Gegenleistung nicht mehr in dem zuvor vereinbarten Verhältnis stehen. Die vertraglichen Abreden sind dann nach den Regeln über den Wegfall der Geschäftsgrundlage bzw Änderung der Geschäftsgrundlage anzupassen, wenn den Parteien ein Festhalten am Vertrag nicht mehr zuzumuten ist. Zum Wegfall der Geschäftsgrundlage bei Chefarztverträgen s *Siegmund-Schultze* ArztR 1985, 149; zur Anpassung von Verträgen im Hinblick auf die Harmonisierung der GOÄ 1983 mit der BPflV zum 1. 1. 1985 (2. VO zur Änderung der GOÄ und 4. VO zur Änderung der BPflV v 20. 12. 1984) *Jansen* AuK 1986, 3; zum Wegfall des automatischen Liquidationsrechts bei Selbstzahlern der 3. Pflegeklasse BAG NJW 1980, 1912 und LAG München mit Anm *Ulsenheimer* AuK 1984, 304; zum Wegfall des Liquidationsrechts des angestellten Anästhesisten bei Belegpatienten BAG NJW 1984, 686 = MedR 1984, 230; Änderung der GOÄ kein Wegfall der Geschäftsgrundlage: BAG KH 1989, 524.

59 Besonders zu nennen sind ferner Abgaben der Ärzte auf **Investitionskosten bei geförderten Krankenhäusern.** Soweit die Mitbenutzung von Anlagegütern außerhalb der akutstationären Krankenhausversorgung ausnahmsweise bis zu einer Geringfügigkeitsgrenze förderunschädlich ist (vgl zB Art 21 Abs 2 S 4 BayKrG für Fälle geringer Bedeutung),[87] ist grundsätzlich eine Erstattung von Investitionskosten ausgeschlossen. Eine förderrechtliche Erstattungspflicht durch den Krankenhausträger bei der Mitbenutzung von öffentlich geförderten Einrichtungen (zB Geräte) außerhalb der akutstationären Versorgung durch Krankenhausärzte (zB Privatambulanz) bedarf innerbetrieblich der Umsetzung. Soweit landesrechtlich gegenüber Plankrankenhäusern eine unmittelbare Erstattungspflicht besteht, bedarf es einer ausdrücklichen vertraglichen Vereinbarung. Bei nicht förderfähigen Investitionen kann die Refinanzierung über den Vorteilsausgleich vereinbart werden. § 19 KHEntgG kann allerdings als Rechtsgrundlage hierfür nicht herangezogen werden. Da die nach der GOÄ abzurechnenden Honorare der Ärzte auch Vorhaltekosten enthalten, liegt in der zusätzlichen Erstattung von Investitionskosten keine Beschwer.

IV. Mitarbeiterbeteiligung

60 Die wahlärztliche Behandlung durch liquidationsberechtigte leitende Krankenhausärzte erfasst nur einen Teil der im Rahmen der allgemeinen Krankenhausleistungen gegenüber dem Patienten zu erbringenden ärztlichen Leistungen. Neben ärztlichen stationären Grundleistungen, die für alle Patienten zu erbringen sind, wie Präsenz- und vor allem Bereitschaftsdienste, sind nachgeordnete Ärzte unter Aufsicht und fachlicher Weisung des liquidationsberechtigten Krankenhausarztes an der Betreuung und Behandlung von Wahlleistungspatienten mit verschiedener Intensität beteiligt. Bei Funktionsdiensten ist dies regelmäßig der Fall. Bei der Ausübung des Liquidationsrechts durch den Krankenhausarzt bzw die Krankenhäuser stellt sich gleichzeitig die Frage nach der **Beteiligung ärztlicher Mitarbeiter an den Liquidationserlösen** der leitenden Krankenhausärzte.[88] Besitzen die Chefärzte das Liquidationsrecht nicht, ist die leistungsfördernde Mitarbeiterbeteiligung unmittelbare systemimmanente Aufgabe des Krankenhausträgers. Bundesrechtliche Regelungen bestehen nicht.

61 **1. Standesrecht.** Die Mitarbeiterbeteiligung gehört zu den **Berufspflichten des Arztes.** Die Regelung des § 29a Abs 3 MBO-Ä ist von den Ärztekammern in den einzelnen Ländern weitgehend inhaltlich übernommen worden.[89] Aus den ärztlichen Berufsordnungen lassen sich unmittelbar einklagbare Ansprüche auf Mitarbeiterbeteiligung nicht ableiten; die Verpflichtung des liquidationsberechtigten Arztes zur angemessenen finanziellen Beteiligung der nachgeordneten Ärzte an seinen Liquidationserlösen hat deshalb Eingang in die Verträge mit leitenden Krankenhausärzten gefunden.[90] Für die angestellten nachgeordneten Ärzte gehört die **Mitarbeit im wahlärztlichen Bereich** je nach näherer Ausgestaltung ihrer Dienstverträge in aller Regel zu den **Dienstaufgaben.**

62 **2. Landesgesetzliche Grundlagen.** Eine gesetzliche **Verpflichtung zur Mitarbeiterbeteiligung** besteht nach den Landeskrankenhausgesetzen in Baden-Württemberg,

---

[87] Siehe zur Krankenhausinvestitionsförderung und zur Mitnutzung für den ambulanten Bereich oben § 82 RdNr 93ff.

[88] Ausführlich zur Mitarbeiterbeteiligung *Bruns* ArztR 2003, 204; *Wagener/Hauser*, Der Mitarbeiterpool im Krankenhaus, 24 ff; *Bender*, HK-AKM, 3690; zur Mitarbeiterbeteiligung nach Standesrecht *Andreas* ArztR 1999, 116 u ArztR 2004, 420.

[89] (Muster-)Berufsordnung für die deutschen Ärztinnen und Ärzte (Stand 2006); vgl zB § 29 Abs 3 Berufsordnung für die Ärzte Bayerns idF v 6.8.2007; zu den modifizierten Regelungen der Ärztekammern Nds und BW *Bender*, HK-AKM, 3690, RdNr 27 ff und *Andreas* ArztR 2004, 420 f. Siehe auch Verurteilung des liquidationsberechtigten Chefarztes eines kommunalen Krankenhauses wegen unterlassener Mitarbeiterbeteiligung (Assistenzarzt) zu einer Geldbuße in Höhe von 4.000 Euro durch das Ärztliche Berufsgericht Niedersachsen, Urt v 17.11.2004 – BG 17/02, ArztR 2005, 295.

[90] Vgl zB *Münzel*, 16 f (§ 12) sowie *Nahmacher/Clausen*, 65 (§ 12); s unten RdNr 72.

15. Kapitel. Rechtsbeziehungen zwischen Arzt u Krankenhaus

Hessen, Mecklenburg-Vorpommern, Rheinland-Pfalz, Saarland, Sachsen und Thüringen in unterschiedlicher Regelungstiefe.[91] Sie legen für die Krankenhausträger Rechte und Pflichten fest. Unmittelbare Zahlungsansprüche der nachgeordneten Ärzte gegenüber dem liquidationsberechtigten Arzt oder dem Krankenhausträger begründen sie grundsätzlich nicht. Gegenstand der landesrechtlichen Regelungen ist im Regelfall die Beteiligung an den stationären Liquidationseinnahmen der Chefärzte (auch beim Liquidationsrecht der sog „nicht bettenführenden Ärzte" – Laborarzt, Pathologe etc. – auf Grund der Wahlarzt- oder Liquidationskette, § 17 Abs 3 S 1 KHEntgG), also nicht der Fall, dass das Krankenhaus unmittelbar gegenüber dem Patienten die wahlärztlichen Leistungen liquidiert (sog Krankenhausliquidation) und Anteile daraus an den leitenden Arzt auf Grund des Dienstvertrages abgibt (sog Beteiligungsvergütung). Die landesgesetzlichen Regelungen bedürfen der Umsetzung im Arbeitsvertrag (zumindest Zusicherung der Mitarbeiterbeteiligung nach Maßgabe der gesetzlichen Vorschriften). Im Gegensatz zur standesrechtlichen Beteiligung wird der Krankenhausträger in die Pflicht genommen (treuhänderische Verwaltung eines Mitarbeiterpools/Mitarbeiterfonds als Sondervermögen).[92] Die Regelungen beanspruchen keine Geltung für kirchliche Krankenhäuser, in denen aber häufig entsprechend verfahren wird; mit Rücksicht auf die Kirchenautonomie könnten landesrechtliche Regelungen zur Mitarbeiterbeteiligung ohnehin nicht unmittelbar für Mitarbeiter in kirchlichen Krankenhäusern gelten.[93] Die Regelungen zur Mitarbeiterbeteiligung gelten in Baden-Württemberg (s § 2 Abs 1), Rheinland-Pfalz (s § 3 Abs 1), Sachsen (s § 2 Abs 1) und Thüringen (s § 3 Abs 1) nur für geförderte Krankenhäuser, in Hessen (s § 2 Abs 1) und Mecklenburg-Vorpommern (s § 2 Abs 1) für die Krankenhäuser, die der allgemeinen stationären Versorgung dienen, und im Saarland (s § 2 Abs 1) für alle Krankenhäuser, also in den drei letztgenannten Ländern auch für Krankenhäuser mit Versorgungsvertrag nach § 108 Nr 3 SGB V.[94]

Nach dem **LKHG Baden-Württemberg**[95] sind ärztliche Mitarbeiter an den Liquidationserlösen der im stationären Bereich von leitenden Krankenhausärzten erzielten Einkünfte angemessen zu beteiligen. Bei beamteten ärztlichen Mitarbeitern setzt die Beteiligung eine Nebentätigkeitsgenehmigung für die Mitarbeit an den wahlärztlichen Leistungen voraus (§ 34 Abs 2). Bei Krankenhäusern, die vom ärztlichen Inhaber selbst geleitet werden, können abweichende Regelungen getroffen werden (§ 34 Abs 3). Die abzuführenden Beträge – bis zu 40 % der Nettoliquidationserlöse – zieht der Krankenhausträger ein und sammelt sie getrennt nach Fachabteilungen in einem Pool (§ 35). Die angesammelten Mittel sind nach Leistung, Befähigung und Verantwortung der ärztlichen Mitarbeiter durch einen vom Krankenhausträger zu bildenden Verteilungsausschuss zu verteilen. Ansprüche, die im Zusammenhang mit der Abführung des Liquidationserlöses und der Verteilung der angesammelten Mittel entstehen, sind von und gegenüber dem Krankenhausträger geltend zu machen (§ 36). Baden-Württemberg hat also – als einziges Bundesland – einen Beteiligungsanspruch der ärztlichen Mitarbeiter gesetzlich festgelegt. Nähere Regelungen über

---

[91] Aufhebung der Regelungen in NRW 1987 u in Berlin 2000.
[92] Siehe zu den Regelungen in den sieben Landeskrankenhausgesetzen *Wagener/Hauser*, Der Mitarbeiterpool im Krankenhaus, 14 ff. Zur Poolpflicht der beamteten Chefärzte in Bundeswehrkrankenhäusern im Hinblick auf die Behandlung sog Zivilpatienten (s oben § 83 RdNr 8) BVerwG, Urt v 29. 8. 1996, ArztR 1997, 215 (Pool-Abgabe auch durch Ärzte, denen keine Ärzte nachgeordnet sind, hier: Leitender Arzt des Zentrallaboratoriums).
[93] BVerfG, Urt v 25. 3. 1980, ArztR 1980, 235 zu § 25 KHG NRW 1975; BAG ArztR 1981, 174.
[94] Unzutreffend *Bruns* ArztR 2003, 204, nach dem alle Landeskrankenhausgesetze als „Subventionsgesetze" nur in dem öffentlich-rechtlichen Förderungsverhältnis zwischen dem jeweiligen Bundesland und einem Krankenhausträger gelten, also nur für Plankrankenhäuser; zu Sonderregelungen für Unikliniken im Landeskrankenhausrecht und im Hochschulrecht *Bender*, HK-AKM, 3690, RdNr 25 f.
[95] V 29. 11. 2007 (GBl 2008, 13); sehr ausführliche Regelung; s Erl zu §§ 34–37 a *Ungerer*, in: *Dietz*, LKHG-Kommentar, 2008.

§ 87   64–68   § 87 Besondere Leistungsvergütungen im ärztlichen Dienst

die Höhe der abzuführenden Beträge werden durch eine Rechtsverordnung der Landesregierung bestimmt.[96] Auch für Universitätsklinika ist die finanzielle Beteiligung ärztlicher Mitarbeiter, insbesondere das Verfahren, durch Rechtsverordnung zu regeln (§ 37), auch in Abweichung von §§ 35, 36 im Hinblick auf die besondere Struktur der Universitätsklinika. Die Bestimmungen zur Verteilung der angesammelten Mittel sind dispositiv. Der Krankenhausträger kann mit Zustimmung des Regierungspräsidenten abweichende gleichwertige Regelungen treffen (§ 36 Abs 9). Ist für einige Abteilungen die Chefarztliquidation und für andere die Krankenhausliquidation maßgeblich, darf der Krankenhausträger auch in den Fällen der Chefarztliquidation von den §§ 34 ff abweichen (§ 37a).

64   Im Vorfeld des Gesetzgebungsvorhabens zum neuen Landeskrankenhausgesetz hatte die 2005 vom baden-württembergischen Ministerpräsidenten eingesetzte **Expertenkommission „Zukunft der Krankenhausversorgung Baden-Württemberg"** in ihrem Bericht[97] die Abschaffung des 5. Abschnittes des LKHG BW (§§ 34–37a) über die finanzielle Beteiligung ärztlicher Mitarbeiter gefordert; es handele sich um arbeitsentgeltrechtliche Fragen, die grundsätzlich in die unternehmerische Entscheidungskompetenz des Krankenhausträgers fallen und deshalb auch dort geregelt werden sollten. Wegen möglicher Auswirkungen auf geschlossene Tarifverträge insbes im universitären Bereich ist die Aufhebung unterblieben, wird aber mittelfristig weiter angestrebt.[98]

65   Eine Mitarbeiterbeteiligung sieht auch das **Hessische Krankenhausgesetz 2002**[99] in § 15 Abs 2–5 vor. Geregelt werden ua die gestaffelte Abführung der Abgaben an einen Mitarbeiterfonds und die Verteilung an die ärztlichen Mitarbeiter. Die Einbeziehung nichtärztlicher Mitarbeiter ist fakultativ vorgesehen (§ 15 Abs 2 S 2).

66   Auch das **Landeskrankenhausgesetz für das Land Mecklenburg-Vorpommern**[100] enthält Regelungen zur Mitarbeiterbeteiligung (§ 45 Abs 2–4), wobei die Sicherstellung der Beteiligung und nähere Festlegungen über Höhe, Umfang und Durchführung der Mitarbeiterbeteiligung nach gesetzlicher Vorgabe der Verantwortung des Krankenhausträgers unterliegen.

67   Das **LKG Rheinland-Pfalz**[101] sieht eine finanzielle Beteiligung ärztlicher Mitarbeiter an den Erlösen liquidationsberechtigter Ärzte im stationären Bereich und auch aus der ambulanten Tätigkeit (mit Ausnahme der Einnahmen aus Gutachtertätigkeit) detailliert vor (§ 27).[102] Über die Verteilung der angesammelten Mittel an die ärztlichen Mitarbeiter entscheidet ein vom Krankenhausträger bestimmtes Gremium (§ 28); im Streitfall erfolgt die Konfliktlösung durch eine Schiedsstelle. Abweichende Regelungen durch den Krankenhausträger sind grundsätzlich zulässig (§ 29 Abs 1). Der Krankenhausträger kann auch bestimmen, dass nichtärztliche Mitarbeiter, deren Tätigkeit mit derjenigen ärztlicher Mitarbeiter vergleichbar ist, finanziell beteiligt werden. Belegärzte im Krankenhaus sollen ihre ärztlichen Mitarbeiter nach freier Vereinbarung unmittelbar beteiligen (§ 29 Abs 3).

68   Im **Saarländischen KHG**[103] ist die Verpflichtung zur Beteiligung der nachgeordneten Ärzte sowie auch der nichtärztlichen Mitarbeiter statuiert (§ 16 Abs 6 S 1). Falls der Kran-

---

[96] Verordnung über die Mitarbeiterbeteiligung: LKHG – MAVO v 21.12.1987 (GBl 735), zuletzt geändert durch G v 30.11.2001 (GBl 605).
[97] Mai 2006, abrufbar unter www.sozialministerium-bw.de, 18, Ziff 41, 53 f.
[98] Siehe LT BW – Drucks 14/1516, 32 f; s auch die grundsätzliche differenziert begründete vehemente Kritik von *Bruns* ArztR 2003, 204 an einer landesgesetzlichen Verpflichtung zur Mitarbeiterbeteiligung.
[99] V 6.11.2002 (GVBl I, 662), zuletzt geändert durch G v 19.11.2008 (GVBl I, 986); s im Einzelnen *Wabnitz*, HKHG-Kommentar, Erl zu § 15, auch zur RVO nach § 15 Abs 5 mit Konfliktlösung durch Schiedsausschuss: KrankenhausfondsVO v 1.7.1994 (GVBl I, 299).
[100] V 13.5.2002 (GVOBl 2002, 263), zuletzt geändert durch G v 15.10.2008 (GVOBl 2008, 374).
[101] V 28.11.1986 (GVBl 1986, 342) zuletzt geändert durch G v 7.3.2008 (GVBl 2008, 52).
[102] Siehe BVerfGE 52, 303 = NJW 1980, 1327 = ArztR 1980, 315: Verfassungsmäßigkeit der gesetzlichen Poolregelung für Rh-Pf-Vorläuferregelung.
[103] V 13.7.2005 (ABl, 1290), zuletzt geändert durch G v 6.5.2009 (ABl, 862).

15. Kapitel. Rechtsbeziehungen zwischen Arzt u Krankenhaus 69–72 § 87

kenhausträger keine andere Regelung trifft, haben die liquidationsberechtigten Ärzte von ihren nach Abzug der Abgaben an den Krankenhausträger verbleibenden Liquidationseinnahmen im stationären Bereich bestimmte prozentuale Anteile einer Mitarbeiterbeteiligung zuzuführen (Abs 7 S 2). Bei der Verteilung sind Verantwortung, Leistung, Erfahrung und Dauer der Zugehörigkeit zum Krankenhaus zu berücksichtigen (Abs 7 S 3).

Nach dem **Sächsischen Krankenhausgesetz**[104] rechnet der Krankenhausträger die 69
Entgelte für wahlärztliche Leistungen und die Entgelte aus ambulanter ärztlicher Tätigkeit (ausgenommen nach §§ 117–119 SGB V) ab (§ 24 Abs 1), behält bestimmte Anteile ein (§ 24 Abs 2 u 3) und verteilt das restliche Entgelt an den Arzt (nach Maßgabe des Absatzes 4) sowie an die ärztlichen Mitarbeiter und das nichtärztliche Fachpersonal (nach Maßgabe des § 25). Über die Verteilung der beim Träger angesammelten Mittel an die Mitarbeiter entscheidet der Träger nach Anhörung eines Gremiums, in dem die an der Leistungserbringung beteiligten Berufsgruppen, die Krankenhausleitung und der Personalrat vertreten sind. Kommt eine Einigung über die Verteilung an die Mitarbeiter nicht zustande, entscheidet auf Antrag eines Mitglieds des Krankenhausgremiums eine Beschwerdestelle (§ 25 Abs 2). Wie in Rheinland-Pfalz sollen Belegärzte ihre ärztlichen Mitarbeiter nach freier Vereinbarung unmittelbar beteiligen (§ 26 Abs 2).

In das **Thüringer Krankenhausgesetz**[105] ist 2003 eine sehr allgemein gehaltene Rege- 70
lung zur Mitarbeiterbeteiligung aufgenommen worden (§ 28 a Abs 2 u 3): „Werden im stationären Bereich von hierzu berechtigten Krankenhausärzten wahlärztliche Leistungen gesondert berechnet, so hat der Krankenhausträger sicherzustellen, dass die anderen Krankenhausärzte an den hieraus erzielten Einnahmen beteiligt werden." (nähere Regelung durch bisher nicht vorliegende RVO der Landesregierung).[106]

Generelle Verpflichtungen zur Beteiligung verantwortlicher Mitarbeiter in angemesse- 71
nem Umfang an den aus privater Krankenbehandlung (stationär und ambulant) erzielten Einnahmen enthält auch das **Hochschullehrernebentätigkeitsrecht**.[107] Die Einzelregelungen im Hochschulbereich sind vielgestaltig.

3. Vertragliche Regelungen. Soweit landesgesetzliche Vorgaben nicht bestehen, 72
kann der **Krankenhausträger** die Fragen der **Mitarbeiterbeteiligung in eigener Kompetenz und Vertragsfreiheit** regeln.[108] Es bedarf dabei der Festlegung entsprechender Verpflichtungen in den Dienstverträgen der liquidationsberechtigten Ärzte und komplementärer Bestimmungen in den Verträgen der nachgeordneten Ärzte; für den Fall der Krankenhausliquidation besteht keine Veranlassung, den Chefarzt zu verpflichten, aus seiner Beteiligungsvergütung die Mitarbeiterbeteiligung sicherzustellen (unmittelbare Aufgabe des Krankenhausträgers).[109] Ein Rechtsanspruch eines nachgeordneten Arztes

---

[104] V 19. 8. 1993 (GVBl, 675), zuletzt geändert durch G v 29. 1. 2008 (GVBl, 138).

[105] V 30. 4. 2003 (GVBl 2003, 262).

[106] Siehe zu der Regelung *Seiler/Maier/Vollmöller*, Das Krankenhausrecht in Thüringen, Erl zu § 28 a.

[107] Siehe zB Art 6 Abs 2 BayHSchPG v 23. 5. 2006 (GVBl, 230), §§ 14, 14 a, 14 b BayHSchLNV v 15. 9. 1992 (GVBl, 428) – zuletzt geändert durch VO v 28. 9. 2006 (GVBl, 790) mit Kommission zur Festlegung der Grundsätze der Mitarbeiterbeteiligung und Schiedsstelle zur Konfliktlösung.

[108] Siehe bereits Empfehlung der DKG v 8. 12. 1982: „Angemessene Honorierung der ärztlichen Mitarbeiter zur Erhaltung eines leistungsfähigen ärztlichen Dienstes im Krankenhaus", in: KH 1983, 3; ferner *Wagener/Hauser*, Mitarbeiterpool, 24 ff, auch zu tariflichen Regelungen (26 ff) und mit einer „Musterpoolordnung" zum Erlass durch den Krankenhausträger (56 ff); *Bruns* ArztR 2003, 204, 210 f zur Vereinbarung zwischen Chefarzt und nachgeordnetem Arzt; zur Haftung des Krankenhausträgers bei fehlerhafter Verteilung der Poolmittel Hess LAG, ArztR 2000, 11.

[109] Nach der *Kienbaum*-Vergütungsstudie „Führungs- und Fachkräfte im Krankenhaus 2008" (Fragebogenerhebung in 157 Krankenhäusern) beteiligen rd $2/3$ der Chefärzte ihre nachgeordneten Ärzte an den Liquidationseinnahmen; die sog Poolverpflichtung liegt im Durchschnitt bei 13 %, s *Thurm* (Kienbaum/Management Consultants), AuK 2009, 76, 79.

auf Beteiligung an den wahlärztlichen Erlösen des Chefarztes besteht nur, wenn dies zwischen beiden vereinbart worden ist; ansonsten müsste es sich im Hinblick auf die in einem Chefarztdienstvertrag geregelte Mitarbeiterbeteiligung um einen Vertrag zu Gunsten Dritter (§ 328 BGB) handeln.[110] Aus dem ärztlichen Standesrecht allein können zivilrechtliche Ansprüche nicht abgeleitet werden.[111]

73 Der Krankenhausträger kann sich vorbehalten, in einer gesonderten Dienstordnung zu regeln, in welchem Umfang und nach welchen Grundsätzen die Mitarbeiterbeteiligung zu erfolgen hat. Er kann dabei einen **Krankenhauspool** oder einen **Abteilungspool** in Form einer Gesellschaft des BGB (§§ 705 ff BGB) mit entsprechenden gesellschaftsrechtlichen Vereinbarungen vorsehen.[112] Der **Krankenhausträger** übernimmt meist **treuhänderische Funktion.** Für die Ausgestaltung entsprechender Beteiligungsmodelle spielen arbeits-, steuer- und sozialversicherungsrechtliche Gesichtspunkte eine erhebliche Rolle.[113] Besondere Rechtsfragen ergeben sich, wenn liquidationsberechtigte leitende Krankenhausärzte mit alten Verträgen in neue Beteiligungsregelungen einbezogen werden sollen, da in aller Regel eine Änderungskündigung für die bestehenden Verträge ausscheidet. Lediglich wenn neue gesetzliche Verpflichtungen begründet werden, kann ein berechtigter Grund für eine Änderungskündigung gegeben sein.

---

[110] So als im Einzelfall mögliche Vertragsgestaltung LAG Nürnberg ArztR 2001, 340; *v Harbou/Scharpf* NZA 2008, 333, 336; *Münzel* NJW 2001, 1752, 1756; aA LAG Hamm ArztR 2000, 287; LAG Köln ArztR 2001, 235; *Bruns* ArztR 2003, 209 f; zur Vereinbarung *Bender,* HK-AKM, 3690, RdNr 36 ff u zum Auskunftsanspruch des Oberarztes gegen den Chefarzt OLG Celle ArztR 1997, 212.

[111] BAG ArztR 1988, 69; BAG ArztR 1991, 38; BAG NZA 2005, 952.

[112] Ablehnend zur Einrichtung von Poolkommissionen (falls nicht im Landesrecht zwingend vorgegeben) *Bruns* ArztR 2003, 204, 209.

[113] Zur Mitbestimmung des Betriebsrates bei der Verteilung von Fondsmitteln BAGE 89, 97 = NZA 1998, 1185; zur Abführung des Arbeitgeberanteils zur Sozialversicherung BAG AP Nr 66 zu § 611 BGB Ärzte, Gehaltsansprüche = ArztR 2006, 188; zu den steuerrechtlichen und sozialversicherungsrechtlichen Fragen der Mitarbeiterbeteiligung *Wagener/Hauser,* Mitarbeiterpool, 49 ff; *Bender,* HK-AKM, 3690, RdNr 69 ff.

16. Kapitel. Die Rechtsbeziehungen zwischen Patient und Krankenhaus/Krankenhausarzt

Schrifttum: *Bender,* Krankenhausaufnahmevertrag, HK-AKM, 3080; *ders,* Wahlleistungen, HK-AKM, 5485; *Bohle,* Die Private Krankenanstalt nach § 30 GewO am Plankrankenhaus, KHR 2009, 1; *Bunte,* Gedanken zum Krankenhausvertrag – de lege lata – de lege ferenda, JZ 1982, 279; *Clausen/Schroeder-Printzen,* Wahlleistungsvereinbarung/Privatliquidation bei stationären Behandlungen, 2006; DKG, Muster Allgemeine Vertragsbedingungen (AVB), Behandlungsverträge und Wahlleistungsvereinbarung für Krankenhäuser, 8. Aufl 2009; *Dolinski,* Der Belegarzt, 1996; *Heinze,* in: *Schulin,* Handbuch des Sozialversicherungsrechts, Bd 1, 1994, § 38 (Beziehungen zu den Krankenhäusern, 985); *Kern,* Arzt-Behandlungsvertrag, HK-AKM, 335; *Kramer,* Die formularmäßige Spaltung des Krankenhausvertrages: ein Verstoß gegen das AGB-Gesetz, NJW 1996, 2398; *Leber,* Privatpatienten-Kliniken im Bereich öffentlicher Krankenhäuser im Lichte der Strategien der privaten Krankenversicherung, GesR 2007, 49; *Patt/Wilde,* Ausgründung von Privatkliniken durch öffentliche Krankenhäuser – zulässige Rechtsgestaltung oder Gestaltungsmißbrauch?, MedR 2008, 707; *Quaas,* Der Krankenhausbegriff im Wandel – Zwischen Akutkrankenhaus, Privatpatientenklinik und Patientenhotel, f&w 2006, 564; *Quaas/Zuck,* Medizinrecht, 2. Aufl 2008, *Robbers/Wagener* (Hrsg), Die Krankenhausbehandlung, Praxiskommentar zur Vertragsgestaltung, Bd 1: Verträge zwischen Krankenhaus und Patient, 2. Aufl 2006; *Schloßer,* Der gespaltene Krankenhausaufnahmevertrag bei wahlärztlichen Leistungen, MedR 2009, 313; *Spickhoff,* Wahlärztliche Leistungen im Krankenhaus: Leistungspflicht und Haftung, NZS 2004, 57; *Uleer/Miebach/Patt,* Abrechnung von Arzt- und Krankenhausleistungen, 3. Aufl 2006.

§ 88 Rahmenbedingungen einer Krankenhausaufnahme

Inhaltsübersicht

	RdNr
I. Die allgemeinen Rechtsbeziehungen zum Krankenhausträger	1
II. Die Erbringung der Krankenhausleistungen	2
III. Zu den rechtlichen Gestaltungsmöglichkeiten	4
IV. Feststellung des fehlenden Versicherungsschutzes	10

I. Die allgemeinen Rechtsbeziehungen zum Krankenhausträger

Der Patient vermag nicht ohne Schwierigkeit zu erkennen, in welche rechtlichen Beziehungen er zum Krankenhausträger und zu den behandelnden Ärzten tritt. Dies beruht vor allem darauf, dass keine einheitlich ausgeformte Rechtsmaterie „Krankenhausrecht" besteht, sondern vielmehr verschiedene sich überschneidende Rechtskreise die Beziehungen des Patienten zum Krankenhaus bestimmen. Privates Vertragsrecht (§§ 611 ff BGB) wird durch öffentlich-rechtliche Planungs- und Finanzierungsregelungen (KHG, KHEntgG, BPflV) sowie durch Sozialversicherungsrecht (SGB V) unmittelbar beeinflußt und gestaltet. Zur Klärung der einzelnen Rechtsbeziehungen ist es geboten, zwischen **Patienten als Selbstzahlern** (ggf mit einem Kostenerstattungsanspruch aus Mitgliedschaft in einer privaten Krankenkasse) und **Sozialversicherten** mit einem Sachleistungs- oder Kostenerstattungsanspruch (§ 2 Abs 2, § 13 SGB V) aus der Mitgliedschaft in einer gesetzlichen Krankenkasse zu unterscheiden. Wenn auch bei beiden Patientengruppen die allgemeinen Krankenhausleistungen nach einheitlichen Grundsätzen zu vergüten sind (§ 17 Abs 1 S 1 KHG), eine Differenzierung nach Kostenträgern also – anders als im ambulanten Bereich – ausgeschlossen ist, so sind doch die Zahlungspflichten und Zahlungswege verschieden. Daraus ergeben sich die rechtsdogmatischen Fragestellungen.[1] 1

---

[1] Siehe zu den vertragsrechtlichen Rahmenbedingungen und den unterschiedlichen Vertrags-

II. Die Erbringung der Krankenhausleistungen

2 Zu differenzieren ist zwischen der Inanspruchnahme der **allgemeinen Krankenhausleistungen** (§ 2 Abs 2 KHEntgG/BPflV) und der vom Krankenhaus angebotenen **Wahlleistungen** (§ 17 Abs 1 KHEntgG). Sie können von **allen Patienten** neben den allgemeinen Krankenhausleistungen mit dem Krankenhaus schriftlich vor ihrer Erbringung vereinbart werden – **Wahlleistungsvereinbarung** (§ 17 Abs 1 und 2 KHEntgG). Diagnostische und therapeutische Leistungen dürfen als Wahlleistung nur gesondert berechnet werden, wenn sie mit dem Krankenhaus als Leistungsträger vereinbart sind und von einem liquidationsberechtigten Arzt erbracht werden (§ 17 Abs 1 S 2 KHEntgG). Privatrechtliche Gestaltungsmöglichkeiten stehen unter diesen zwingenden normativen Vorgaben. Deshalb sind Behandlungsvereinbarungen über die gesondert berechenbare ärztliche Wahlleistung mit Krankenhausärzten nur eingeschränkt denkbar (s § 89 RdNr 14 ff).

3 Für den Wahlleistungspatienten von erheblicher Tragweite ist weiter, dass sich die Vereinbarung über wahlärztliche Leistungen auf alle an der Behandlung des Patienten beteiligten Ärzte des Krankenhauses erstreckt, soweit diese zur gesonderten Berechnung ihrer Leistungen im Rahmen der vollstationären und teilstationären sowie einer vor- und nachstationären Behandlung (§ 115 a SGB V) berechtigt sind. Diese Bündelung erfaßt ferner die von ihnen veranlassten Leistungen von Ärzten und ärztlich geleiteten Einrichtungen außerhalb des Krankenhauses (§ 17 Abs 3 S 1 EntgG). Es ist dabei unerheblich, ob mit diesen Ärzten vertragliche Beziehungen bestehen oder nicht (**Wahlarzt- oder Liquidationskette**). Rechtsgrundlage für die Zahlungspflicht ist insoweit das Pflegesatzrecht. Die ärztliche Behandlung im Krankenhaus stellt eine komplexe Teamarbeit dar, an der in aller Regel die Vertreter verschiedener medizinischer Disziplinen in nicht trennbarer Kooperation beteiligt sind. Es wurde deshalb 1974 als sachfremd angesehen, innerhalb ärztlicher Krankenhausleistungen zu differenzieren zwischen einem Bereich, für den Wahlleistungsangebote vom Patienten angenommen werden könnten, und anderen ärztlichen Leistungen, die dann nur zu den allgemeinen Krankenhausleistungen zählen würden; eine Auswahlmöglichkeit einzelner Ärzte könne die Organisationseinheit Krankenhaus beeinträchtigen. Die wahlärztliche Leistung anstatt der allgemeinen ärztlichen Krankenhausleistung kann deshalb nach geltendem Recht nur insgesamt einheitlich erbracht werden.[2] Die Haupt-Patientengruppe für wahlärztliche Leistungen sind gesetzlich Krankenversicherte mit einer entsprechenden Zusatzversicherung.

III. Zu den rechtlichen Gestaltungsmöglichkeiten

4 Das Zurückdrängen des Liquidationsrechts der Chefärzte durch die Krankenhausträger hat die Frage aufgeworfen, ob es nicht im Interesse zumindest der Patienten liegt, die Idee eines „klassenlosen" Krankenhauses zu verwirklichen. Der Gesetzgeber hat hierzu keine Veranlassung gesehen und hat das Liquidationsrecht als solches nicht verändert, auch nicht durch das Gesetz v 17. 3. 2009 zum ordnungspolitischen Rahmen der Krankenhausfinanzierung als dem Jahr 2009 (Krankenhausfinanzierungsreformgesetz). Die Entscheidung über Art und Umfang bleibt der Autonomie der Krankenhausträger vorbehalten. Ausgehend vom Bestand des Liquidationsrechts wird zB die Entrichtung eines Nutzungsentgelts für die nichtpflegesatzfähigen Kosten im ärztlichen Wahlleistungsbereich (§ 16 S 1 Nr 3 KHG, § 7 Abs 2 S 2 Nr 4 und 5 BPflV, § 19 Abs 2 KHEntgG) geregelt.

---

gestaltungen *Robbers/Wagener* (Hrsg), Verträge zwischen Krankenhaus und Patient; *Uleer/Miebach/Patt*, S 137 ff, RdNr 18 ff; *Bender*, HK-AKM, 3080.

[2] Siehe zu den gesundheitspolitischen Überlegungen für einen Systemwechsel beim Liquidationsrecht und der Wahlarztkette oben § 87 RdNr 6 und § 82 RdNr 140 f; zur Aufnahme der Wahlarztkette in § 6 BPflV 1974 BT-Ausschuss für Jugend, Familie und Gesundheit, BR-Drucks 596/1/72, 4; kritisch zur internen und externen Wahlarztkette *Uleer/Miebach/Patt*, § 17 KHEntgG, RdNr 73 f.

16. Kapitel. Rechtsbeziehungen zw Patient u Krankenhaus/Arzt

Der zwischen dem Krankenhausträger und dem (gesetzlich oder privat versicherten) **5** Patienten – in Ausnahmefällen mit einem Dritten – abgeschlossene **Krankenhausaufnahmevertrag** (auch: Krankenhausbehandlungsvertrag) ist ein (gemischter) **privatrechtlicher** Dienstvertrag.[3] Auch öffentliche Krankenhausträger (zB Hochschulkliniken, kommunale Krankenhäuser) gestalten die Rechtsbeziehungen zu den Patienten nicht mehr normativ, etwa durch Satzung in Form eines öffentlich-rechtlichen Benutzungsverhältnisses. Nur bei zwangsweiser Einweisung eines Patienten zur Behandlung zB aufgrund strafprozessualer Vorschriften können öffentlich-rechtliche Beziehungen entstehen.[4]

Ebenfalls **privatrechtlich** zu beurteilen ist die in der Regel vom Behandlungsvertrag **6** getrennte und auch dogmatisch davon zu unterscheidende **Wahlleistungsvereinbarung** nach dem Pflegesatzrecht (§ 2 Abs 1 S 1 HS 2 BPflV, § 2 Abs 1 HS 2, § 17 KHEntgG; s im Einzelnen oben § 82 RdNr 120 ff). Privatrechtliche Rechtsbeziehungen zwischen Krankenhaus und PKV-Patient bestehen unverändert, auch wenn die Abrechnung der Krankenhausleistungen im Rahmen eines **Klinik-Card-Vertrages** direkt zwischen Krankenhausträger und privatem Krankenversicherer erfolgt (akzessorische Kostenübernahmegarantie ohne Veränderung der vertraglichen Beziehungen der Beteiligten).[5]

Auch mit dem **sozialversicherten Patienten** („Kassenpatient") wird bei Aufnahme **7** in ein Krankenhaus ein **privatrechtlicher Krankenhausbehandlungsvertrag** geschlossen.[6] Der Patient unterzeichnet meist persönlich die Aufnahmeerklärung. Aus den getroffenen Absprachen stehen dem Patienten alle vertraglichen und deliktischen Ansprüche des Zivilrechts zu. Auch wenn die Krankenhausaufnahme aufgrund einer Verordnung eines Vertragsarztes im Rahmen der vertragsärztlichen Versorgung – wie im Regelfall – erfolgt (§ 73 Abs 2 S 1 Nr 7 und Abs 4 SGB V), wird das Behandlungsverhältnis durch Vertrag begründet, da der Patient in gleicher Weise wie bei einer „Selbsteinweisung" entscheiden kann, ob er die Krankenhausaufnahme wünscht oder nicht. Der zivilrechtliche Krankenhausaufnahmevertrag eines Kassenpatienten unterscheidet sich vom Vertrag des Selbstzahlers allein dadurch, dass die Kostentragung durch einen Dritten, nämlich die gesetzliche Krankenkasse, erfolgt (öffentlich-rechtliches Abrechnungsverhältnis).

Die privatrechtliche Vertragsgestaltung wird überlagert durch den aufgrund der Mit- **8** gliedschaft in einer gesetzlichen Krankenkasse bestehenden sozialrechtlichen **Dienst- und Sachleistungsanspruch bzw Kostenerstattungsanspruch** (§ 2 Abs 2, § 13 SGB V). Bis zum GKV-Wettbewerbsstärkungsgesetz 2007 war es nur möglich, die Kostenerstattung für alle Behandlungen zu wählen oder alternativ nur auf ambulante Behandlungen zu erstrecken; nach § 13 Abs 2 S 5 SGB V ist es seit dem 1. 4. 2007 zulässig, die **Wahl der Kostenerstattung** auf den Bereich der ärztlichen Versorgung, der zahnärztlichen Versorgung, den **stationären Bereich** oder auf veranlasste Leistungen einzuschränken (zugleich Wegfall der Mindestbindungszeit von einem Jahr). Jeder Kostenerstattungspatient ist alleiniger Schuldner der Behandlungskosten („Selbstzahler"), was für die Krankenhäuser zunehmend von Bedeutung sein wird.[7] Der Sachleistungsanspruch wird im Rahmen des bestehenden Versorgungsvertrages der Landesverbände der gesetzlichen Krankenkassen mit dem Krankenhaus umgesetzt (§ 2 Abs 2 S 3, §§ 108, 109 SGB V). Die zugelassenen Krankenhäuser haben aus dem öffentlich-rechtlichen Vertragsverhältnis als Gegenleistung für ihre Behandlungspflicht (§ 109 Abs 4 S 2 SGB V) unmittelbar einen materiellen Anspruch auf Zahlung „leistungsgerechter Entgelte" nach dem Pflegesatzrecht (§ 109 Abs 4 S 3

---

[3] Vgl BGHZ 2, 94, 96; 89, 250, 252; 105, 160, 161; BGHZ 163, 42 = NJW 2005, 2069; s auch *Heinze*, in: Schulin HS-KV § 38 RdNr 1; s zu den einzelnen Vertragstypen der Krankenhausbehandlung § 89.

[4] BGHZ 38, 49 (Einweisung in psychiatrisches Landeskrankenhaus); BSGE 53, 160; zur Zwangsbehandlung (auch im Strafvollzug) s unten § 155.

[5] Ausführlich zum Klinik-Card-Vertrag der PKV *Uleer/Miebach/Patt*, 146 ff, RdNr 33–40.

[6] BGHZ 89, 250; BGH VersR 2005, 947.

[7] Vgl *Meister/Ganse*, in: *Robbers/Wagener* (Hrsg), Verträge zwischen Krankenhaus und Patient, 22 ff.

SGB V, § 17 KHG, §§ 1 ff KHEntgG/BPflV). Die von den Pflegesatzparteien ausgehandelten oder durch die Schiedsstelle (§ 18 Abs 4 iVm § 18a Abs 1 KHG) festgesetzten und genehmigten Pflegesätze sind für alle Patienten verbindlich. Sie sind zu entrichten ohne Rücksicht darauf, wer zur Zahlung verpflichtet ist (§ 17 Abs 1 S 1 KHG). Durch die **Regelungen des Krankenhausfinanzierungsrechts** wird unmittelbar in die **Vertragsfreiheit** der Krankenhäuser und Krankenkassen eingegriffen (s im Einzelnen § 80 RdNr 31, § 82 RdNr 160 ff). Das zwingende Pflegesatzrecht bestimmt als Preisrecht abweichend von dem Grundsatz der Vertragsfreiheit die zulässigen Preise, bspw auch bei der Behandlung ausländischer Patienten, die zum Zweck der stationären Behandlung eingereist sind. Die Krankenhauspflegesätze gelten als Festpreise unmittelbar für die Parteien des privatrechtlichen Krankenhausaufnahmevertrages (§§ 7, 15 Abs 1 KHEntgG, §§ 10, 21 Abs 1 BPflV).[8] Die gesetzlichen Regelungen zur Berechnung der dem Krankenhaus zustehenden Vergütung, zur Entkoppelung der Wahlleistung „Unterkunft" von sonstigen Wahlleistungen (§ 17 Abs 4 KHEntgG) sowie zum Angebot von zusätzlichen Wahlleistungen neben den allgemeinen Krankenhausleistungen schränken die Vertragsfreiheit ein.

9   Die früher vertretene Auffassung, wonach zwischen der gesetzlichen Krankenkasse und dem Krankenhausträger durch die Kostenübernahmeerklärung ein privatrechtlicher oder öffentlich- rechtlicher Vertrag zugunsten Dritter (§ 328 BGB, § 53 SGB X) durch Annahme des vom Krankenhaus angebotenen Krankenhausaufnahmevertrages zustande kommt (Versorgungskonzept), ist spätestens seit dem GRG 1988 und der Neugestaltung der Versorgungsverträge nicht mehr haltbar.[9] Auch der Kassenpatient ist vertragschließende Partei. Er tritt nicht als bevollmächtigter Vertreter seiner gesetzlichen Krankenkasse auf. Die **Kostenübernahmeerklärung der Krankenkasse** begründet kein selbstständiges Recht, sondern dient lediglich der beweismäßigen Bestätigung der versorgungsvertraglichen Zahlungspflicht nach § 109 Abs 4 S 2 SGB V iVm der Inanspruchnahme der Krankenhausleistung durch den Versicherten. In der Kostenübernahmeerklärung der Krankenkasse gegenüber dem Krankenhaus, die nach § 112 Abs 2 S 1 Nr 1b SGB V zum Regelungsbereich der zweiseitigen Verträge auf Landesebene zählt, liegt lediglich ein deklaratorisches Schuldanerkenntnis; die Krankenkasse ist mit allen Einwendungen ausgeschlossen, die sie bereits im Zeitpunkt der Abgabe der Erklärung kannte oder mit denen sie rechnen musste.[10] Die Kostenübernahmeerklärung ist dementsprechend für das Entstehen des Vergütungsanspruchs unerheblich; ohnehin liegt sie in der Praxis beim Abschluss des Behandlungsvertrages nur äußerst selten vor (Anforderung erst durch das Krankenhaus nach Aufnahme). Auch aus der Verpflichtung der gesetzlichen Krankenkassen zur **Unterstützung der Versicherten bei Behandlungsfehlern** (§ 66 SGB V) folgt, dass nicht eigene Ansprüche der Krankenkasse aus Vertragsrecht infrage kommen, sondern bei der Geltendmachung und Durchsetzung von Schadensersatzansprüchen des Patienten aus Vertrag (§§ 305, 276 BGB) oder unerlaubter Handlung (§§ 823 ff BGB) Hilfestellung gewährt wird (s a § 116 SGB X).

IV. Feststellung des fehlenden Versicherungsschutzes

10   Ob ein angenommener **Versicherungsschutz** wirklich besteht, liegt im **Risikobereich des Patienten**[11] und nicht des Krankenhausträgers (unversicherte Selbstzahler: ca. 0,3 % der Bevölkerung). Der Patient muss sich selbst rückversichern, ob er krankenver-

---

[8] Vgl BGHZ 73, 114, 117; 105, 160, 162; BGH NJW 1999, 868, 870.
[9] Siehe dazu auch oben § 40 RdNr 26.
[10] BSGE 86, 166, 170; BSG SozR 3-2500 § 112 Nr 1 u 2; s ferner *Quaas/Zuck*, § 26 RdNr 23 zum Wechsel der Beweislast auf die Krankenkasse bei nachträglich bekannt werdenden Umständen.
[11] Siehe zur davon zu trennenden Frage einer Erstreckung der ärztlichen Aufklärungsfrist auf „wirtschaftliche Bewandtnisse" (Bsp: Zweifel an Kostenübernahme durch die Krankenkasse bei Anwendung alternativer Methoden der Heilmedizin) oben § 61 RdNr 17 u § 3 RdNr 20, 21.

16. Kapitel. Rechtsbeziehungen zw Patient u Krankenhaus/Arzt   1, 2   § 89

sichert ist. Ist dies nicht der Fall, besteht also eine Zahlungspflicht einer gesetzlichen Krankenkasse im Rahmen des zum Zeitpunkt des Vertragsschlusses angenommenen Sachleistungsprinzips nicht, führt die gebotene Vertragsanpassung wegen Fehlens der Geschäftsgrundlage (beiderseitige Fehlvorstellung) zu einem Zahlungsanspruch des Krankenhausträgers gegen den Patienten;[12] entsprechendes gilt für vermeintlich privatversicherte Patienten. Es kann dem Krankenhausträger nicht zugemutet werden, sich ohne konkreten Anlass mit dem Versicherungsschutz zu befassen. Im Falle der **Zahlungsunfähigkeit eines Patienten** ohne Versicherungsschutz muss nicht etwa der Staat für die Kosten einer Notfallbehandlung aufkommen.[13]

§ 89 Die einzelnen Vertragstypen der Krankenhausbehandlung

I. Grundfragen zu den vertraglichen Leistungen 1
II. Die einzelnen Vertragstypen 8
  1. Der totale Krankenhausaufnahmevertrag 9
  2. Der gespaltene Krankenhausaufnahmevertrag 12
  3. Der totale Krankenhausaufnahmevertrag mit Arztzusatzvertrag 14
III. Die Pflicht zum Abschluss eines Krankenhausaufnahmevertrages 17
IV. Privatpatienten-Kliniken im System des Krankenhausrechts 19
  1. Übereinstimmung mit Krankenhausrecht und Sozialversicherungsrecht . . 20
  2. Landesrechtliche Regelungen 23
  3. Vertragsarztrecht 26
  4. Exkurs: Patientenhotels 28

I. Grundfragen zu den vertraglichen Leistungen

Der Patient erhält auf Grund einer Verordnung durch einen niedergelassenen Arzt/ ermächtigten Krankenhausarzt oder auf eigene Initiative die notwendige Behandlung vollstationär, teilstationär (zB in einer Tages- oder Nachtklinik), vor- und/oder nachstationär (§ 115 a SGB V) und ambulant (insbes §§ 115 b, 116 b Abs 2–6 SGB V). Wenn § 39 Abs 1 S 1 SGB V die einzelnen Formen der Krankenhausbehandlung deskriptiv festlegt, für welche die Leistungspflicht der GKV besteht, so hat dies auch allgemeine Bedeutung für die Aufgabenstellung der Krankenhäuser im Gesundheitssystem. Das gesetzlich vorgegebene Leistungsspektrum der Kliniken hat durch die Verknüpfung mit der Krankenhausplanung und Krankenhausfinanzierung (KHG, KHEntgG, BPflV) zugleich Auswirkungen auf die Vertragsgestaltung für den selbstzahlenden Patienten.

Alle Patienten erhalten die medizinisch gebotene Krankenhausversorgung auf der Grundlage des mit dem Krankenhausträger abgeschlossenen **Krankenhausaufnahme- (Krankenhausbehandlungs-)vertrages**. Dieser präzisiert unter Beachtung der gesetzlichen Vorgaben den Umfang der jeweiligen Krankenhausleistungen. Beim Abschluss des Vertrages spielen die **Allgemeinen Vertragsbedingungen (AVB)** des Krankenhauses eine bedeutende Rolle; der standardisierte Behandlungsvertrag mit vorformulierten AVB ist der Regelfall.[1] Als **Allgemeine Geschäftsbedingungen** unterliegen sie der Kontrolle nach §§ 305–310 BGB. Überraschende Klauseln werden nicht Vertragsbestandteil (§ 305 c Abs 1 BGB); Zweifel bei der Auslegung der AGB gehen zu Lasten des Verwenders (§ 305 c Abs 2 BGB).

---

[12] BGHZ 163, 42, 48 ff = NJW 2005, 2069, 2071 = VersR 2005, 947 mit Anm *Dettling*.
[13] BGH NJW 2005, 1363.
[1] Siehe Muster-AVB der DKG, 8. Aufl 2009; s zur Genehmigung der AVB in 7. Aufl durch das Bundeskartellamt als Konditionenempfehlung gem § 38 Abs 2 S 3 des Gesetzes gegen Wettbewerbsbeschränkungen *Meister/Ganse*, in: *Robbers/Wagener*(Hrsg), Verträge zwischen Krankenhaus und Patient, 28; zu den Muster-AVB der DKG s Erläuterungen von *Wagener/Hauser/Korthus*, in: *Robbers/Wagener*, ebda, 115 ff.

3   Die **Krankenhausbehandlung** umfasst im Rahmen des Versorgungsauftrages und der Leistungsfähigkeit des Krankenhauses alle Leistungen, die im Einzelfall nach Art und Schwere der Krankheit für die medizinische Versorgung des Patienten im Krankenhaus notwendig sind. Qualität und Wirksamkeit der Leistungen haben dem allgemein anerkannten Stand der medizinischen Erkenntnisse zu entsprechen und den medizinischen Fortschritt zu berücksichtigen (§ 2 Abs 1 S 3 SGB V). Hierzu gehören ärztliche Behandlung insbesondere durch angestellte Ärzte, Krankenpflege, Versorgung mit Arznei-, Heil- und Hilfsmitteln, Unterkunft und Verpflegung (§ 39 Abs 1 S 3 SGB V). Die ärztliche Behandlung umfaßt die Tätigkeit, die zur Verhütung, Früherkennung und Behandlung von Krankheiten nach den Regeln der ärztlichen Kunst ausreichend und zweckmäßig ist; auch die Hilfeleistung anderer Personen, die vom Arzt angeordnet und von ihm zu verantworten ist, gehört zur ärztlichen Behandlung (§ 28 Abs 1 SGB V). Im Krankenhaus stehen die ärztlichen Behandlungsleistungen im Vordergrund. Bei der teilstationären Versorgung ist die sog Hotelleistung und ggf auch die Pflege zurückgenommen und eingeschränkt. Der **Leistungsumfang im voll- und teilstationären Bereich** deckt sich inhaltlich mit dem **pflegesatzrechtlichen Begriff** der Krankenhausleistungen (§ 1 Abs 1, § 2 Abs 1 S 1 KHEntgG/BPflV). Sie umfassen **allgemeine Krankenhausleistungen** (§ 2 Abs 2 KHEntgG/BPflV) und **Wahlleistungen** (§ 17 KHEntgG, § 22 Abs 1 S 2 BPflV), die neben den allgemeinen Krankenhausleistungen vereinbart werden können. Auch die Wahlleistungen unterliegen dem Gebot der Notwendigkeit und der Wirtschaftlichkeit (s im Einzelnen § 82 RdNr 120–144). Nicht zu den Krankenhausleistungen gehören die Leistungen der Belegärzte (s im Einzelnen § 82 RdNr 145–151) und der Beleghebammen und Belegentbindungspfleger (§ 18 KHEntgG, § 2 Abs 1 S 2 KHEntgG/BPflV).

4   Die **Vergütung** der voll- und teilstationären Leistungen der Krankenhäuser erfolgt aufgrund der zwingenden Regelungen des Pflegesatzrechts (KHG, KHEntgG, BPflV). Damit besteht für den **Inhalt des Krankenhausaufnahmevertrages** auch insoweit **Normzwang**. Die vor- und nachstationäre Behandlung wird für alle Patienten aufgrund Vereinbarung nach § 115 a SGB V iVm § 1 Abs 3 S 1 KHEntgG/BPflV vergütet (s § 83 RdNr 118). Das ambulante Operieren einschließlich stationsersetzender Eingriffe wird für die gesetzlich versicherten Patienten aufgrund des AOP-Vertrages der Selbstverwaltungspartner auf der Bundesebene nach § 115 b SGB V (s im Einzelnen § 83 RdNr 83–86) und für sonstige Patienten nach den für diese geltenden Vorschriften, Vereinbarungen oder Tarifen abgegolten (§ 1 Abs 3 S 2 KHEntgG). Dies bedeutet, dass beim selbstzahlenden Patienten ambulantes Operieren auf Grund eines Behandlungsvertrages mit dem Krankenhaus und/oder dem liquiditätsberechtigten Krankenhausarzt erfolgt; für die Vergütung gilt die GOÄ.

5   Auch die **ärztliche Wahlleistung** wird grundsätzlich vom Krankenhaus als Leistungsträger geschuldet. Jedoch schließt dies eine **Vertragsgestaltung** mit zusätzlicher unmittelbarer vertraglicher Haftung des behandelnden liquidationsberechtigten Arztes nicht aus.

6   Dem Krankenhausträger ist es untersagt, eine Vereinbarung über eine Komfortunterkunft mit einer Vereinbarung über sonstige Wahlleistungen zu koppeln (§ 17 Abs 4 KHEntgG). Von Bedeutung ist die Entkoppelung vor allem für die gesondert berechenbare ärztliche Wahlleistung. Dies bedeutet für den Patienten praktisch, dass die Unterbringung in einem medizinisch nicht notwendigen **Ein- und ggf Zweibettzimmer** hinzugekauft werden kann, ohne dass er gleichzeitig die **ärztliche Wahlleistung** wählen muss. Umgekehrt darf die Vereinbarung über wahlärztliche Leistungen davon abhängig gemacht werden, dass der Patient die Wahlleistung „Komfortunterkunft" ebenfalls vereinbart. Allerdings kann die Abhängigmachung einer Vereinbarung über wahlärztliche Leistungen von einer zusätzlichen Vereinbarung über die Wahl eines Einbett- oder Zweibettzimmers **landesrechtlich** als sog **große Entkoppelung** ausgeschlossen sein; so dürfen nach § 2 Abs 2 S 2 KHGG NRW[2] und § 3 Abs 2 S 3 BbgKHEG[3] besondere Verpflegung, beson-

---

[2] V 11. 12. 2007 (GVBl NRW 2007, 702); s a oben § 82 RdNr 143.
[3] V 8. 7. 2009 (GVBl, 310).

dere Unterkunft und der Abschluss eines gesonderten ärztlichen Behandlungsvertrages in öffentlich geförderten Krankenhäusern nicht voneinander abhängig gemacht werden. Die Entscheidung, welche Wahlleistungen mit welcher Verbindung im Übrigen angeboten werden, trifft der Krankenhausträger eigenverantwortlich.

Die Vertrags- und Gestaltungsfreiheit wird weiter pflegesatzrechtlich durch die **sog Bündelungsbestimmung** des § 17 Abs 3 S 1 KHEntgG eingeschränkt (s oben § 82 RdNr 140, 141 u § 88 RdNr 3). Die Vereinbarung der ärztlichen Wahlleistung erstreckt sich auf alle an der Behandlung beteiligten Ärzte, soweit sie zur gesonderten Berechnung ihrer Leistungen berechtigt sind, einschließlich der von diesen Ärzten veranlassten Leistungen von Ärzten oder ärztlich geleiteten Einrichtungen außerhalb des Krankenhauses. Auf diese „Liquidationskette" ist der Patient bei Abschluss der Vereinbarung ausdrücklich hinzuweisen. Die Regelung gilt auch für die zunehmenden Fälle der Krankenhausliquidation (kein Liquidationsrecht der leitenden Krankenhausärzte).

II. Die einzelnen Vertragstypen

In der Praxis der vergangenen Jahrzehnte haben sich **drei Grundtypen von Krankenhausaufnahme-(Krankenhausbehandlungs-)verträgen** herausgebildet.[4] Dabei wird die Vertragsgestaltung nach den allgemeinen Regeln des Bürgerlichen Gesetzbuches durch das Pflegesatzrecht unmittelbar beeinflußt. Die pflegesatzrechtlichen Bestimmungen sind weitgehend zwingendes Recht und deshalb nicht im Rahmen der Privatautonomie abdingbar.

1. Der totale Krankenhausaufnahmevertrag. Durch den formlos möglichen Abschluss eines totalen Krankenhausaufnahmevertrages (KHAV) als Regelfall einer stationären Krankenhausbehandlung tritt der **Patient** allein zum **Krankenhausträger** in vertragliche Beziehungen.[5] Beim totalen KHAV schuldet aufgrund eines gemischten Vertrages, der Elemente des Beherbergungs-, Miet-, Kauf-, Werk- und Dienstvertrages enthält, der Krankenhausträger die gesamte notwendige Krankenhausbehandlung, wie sie als allgemeine Krankenhausleistung im Pflegesatzrecht (§ 2 Abs 2 KHEntgG/BPflV) und für sozialversicherte Patienten auch im SGB V (§ 39 Abs 1 S 3 SGB V) definiert ist. Im Vordergrund steht die ärztliche Behandlung, die durch die anderen Leistungen ermöglicht und unterstützt wird. Entscheidend sind deshalb – wie generell beim ärztlichen Behandlungsvertrag[6] – die Vorschriften des Dienstvertrages nach §§ 611ff BGB. Das Krankenhaus hat unter Berücksichtigung seiner Leistungsfähigkeit und seines Versorgungsauftrages im Einzelfall alle Leistungen zu erbringen, die nach Art und Schwere der Erkrankung notwendig, ausreichend und zweckmäßig sind,[7] insbesondere die der ärztlichen Kunst entsprechende Untersuchung und Behandlung des Patienten unter Beachtung der damit zusammenhängenden Aufklärungs-, Dokumentations- und sonstigen Nebenpflichten.[8] Beim totalen KHAV tritt der leitende Krankenhausarzt zu dem

---

[4] Vgl *Uhlenbruck*, Typische Formen des Krankenhausaufnahmevertrages, NJW 1964, 431; *ders* NJW 1973, 1399; *Daniels* NJW 1972, 305; *Bunte* JZ 1982, 279; *Luxenburger*, Das Liquidationsrecht der Leitenden Krankenhausärzte, 1981, S 76; *Diederichsen*, Die Vergütung ärztlicher Leistungen im Krankenhaus, 1979, S. 8. Siehe zu den drei typischen Gestaltungsformen vor allem auch BGHZ 138, 91 = NJW 1998, 1778, 1779. Zum Pflegesatzrecht ausführlich § 82 RdNr 160–270.
[5] Vgl BGHZ 2, 94; 5, 321, 323 = NJW 1952, 658; BGH NJW 1982, 706; BGH VersR 1988, 272; BGH NJW 1998, 1778; BGHZ 163, 42, 48 = NJW 2005, 2069, 2071.
[6] Siehe BGHZ 63, 306; 76, 249; 97, 273; *Kern*, HK-AKM, 335, RdNr 2ff mwN.
[7] Vgl zum totalen Krankenhausaufnahmevertrag bereits RG-JW 1936, 3182 m Anm *Kallfelz*; BGHZ 2, 94; 5, 321; BGH NJW 1988, 759, 760; OLG Hamm MDR 1954, 166; OLG Hamburg VersR 1954, 125; *Uhlenbruck*, Krankenhausaufnahmevertrag, S 35; zur Konkretisierung des Anspruchs auf Krankenhausbehandlung durch Leistungen des Krankenhauses *Meydam* SGb 1997, 101.
[8] Siehe *Meister/Ganse*, in: *Robbers/Wagener* (Hrsg), Verträge zwischen Krankenhaus und Patient, 24f.

Patienten nicht in vertragliche Beziehungen. **Vertragspartner** ist **allein** der **Krankenhausträger,** der die ärztlichen Leistungen vor allem durch angestellte Ärzte erbringen lässt. Diese sind Erfüllungsgehilfen iS von § 278 BGB. Dementsprechend trifft die vertragliche Haftung ausschließlich den Krankenhausträger. Aufgrund des totalen Krankenhausaufnahmevertrages schuldet der Krankenhausträger sämtliche Leistungen „total" und erwirbt dementsprechend einen eigenen Honoraranspruch nach § 611 Abs 1 BGB, der durch die Pflegesätze nach Maßgabe des Pflegesatzrechts abgegolten wird. Der Arzt erwirbt keinen eigenen Honoraranspruch gegen den Patienten. Der Patient besitzt keinen Anspruch auf Behandlung durch einen bestimmten Arzt; die Einteilung der Krankenhausärzte ist bei dieser Vertragsgestaltung ausschließlich eine krankenhausinterne Angelegenheit, wobei die medizinischen Notwendigkeiten ausnahmsweise den Einsatz eines bestimmten Arztes erfordern können.

10 Im Rahmen der Behandlung von **Kassenpatienten** im stationären Bereich ist eine **Dreiecks-Beziehung** von Bedeutung: Zwischen Kassenpatient und Krankenkasse besteht ein öff-rechtl Versicherungsverhältnis (§§ 2, 5 ff, 27, 39 SGB V), die Krankenkassen sind durch öff-rechtl Versorgungsverträge ihrer Verbände mit den zur Krankenhausbehandlung zugelassenen Krankenhäusern verbunden (§§ 108, 109 SGB V), und schließlich werden durch den KHAV privatrechtliche Verpflichtungen und Rechte zwischen Patient und Krankenhausträger begründet[9] (s im Einzelnen § 88 RdNr 5 ff, zum Versorgungsvertrag § 83 RdNr 2–5, § 80 RdNr 31–33).

11 Zu den Krankenhausleistungen gehören auch die Wahlleistungen (§ 2 Abs 1 S 1 HS 2 KHEntgG/BPflV). Ihre gesonderte Berechnung ist mit dem Krankenhaus vor ihrer Erbringung schriftlich zu vereinbaren (§ 17 Abs 1 S 1, Abs 2 S 1 KHEntgG). Sie ergänzen den KHAV. Es gelten für sie die pflegesatzrechtlichen Vorgaben (s im einzelnen § 82 RdNr 120 ff). Es ist rechtlich nicht entscheidend, ob sie formal eine Einheit mit dem KHAV darstellen, oder als selbstständige gesonderte vertragliche Beziehung (Regelfall in der Praxis) betrachtet werden **(Wahlleistungsvereinbarung).**[10] Das Pflegesatzrecht geht davon aus, dass sie neben den allgemeinen Krankenhausleistungen zu vereinbaren sind, unerheblich ob in einem eigenen Schriftstück oder nicht.[11] Ein Zusatzvertrag mit dem liquidationsberechtigten Arzt ist von Rechts wegen nicht erforderlich. Nichtärztliche Wahlleistungen werden naturgemäß ohnehin nur zwischen Patient und Krankenhausträger vereinbart.

12 **2. Der gespaltene Krankenhausaufnahmevertrag.** Der gespaltene oder aufgespaltene KHAV galt bis zum Inkrafttreten der BPflV 1973 als der Regelfall, soweit es sich um Selbstzahler der ersten und zweiten Pflegeklasse handelte.[12] Beim aufgespaltenen KHAV bestehen **doppelte Vertragsbeziehungen:** Zum einen schuldet der Krankenhausträger dem Patienten die Krankenhausversorgung, zum andern ist der leitende Krankenhausarzt zur Erbringung der ärztlichen Leistung verpflichtet. Eine exakte Aufteilung der einzelnen Leistungsbereiche ist allerdings nicht möglich. Umstritten ist, ob im Falle der Vereinbarung wahlärztlicher Leistungen ein gespaltener Krankenhausaufnahmevertrag heute

---

[9] Vgl BGHZ 96, 360, 363; 89, 250, 252.
[10] Siehe DKG, AVB, Behandlungsverträge und Wahlleistungsvereinbarung für Krankenhäuser: Variante 1 (Behandlungsvertrag mit separaten AVB), 1 ff und Variante 2 (Behandlungsvertrag ohne separate AVB), 21 ff sowie getrennte Wahlleistungsvereinbarung, 59 ff; ferner *Uleer/Miebach/Patt,* 141 f; *Clausen/Schroeder-Printzen,* 31 ff: Drei Vertragsmuster (totaler Krankenhaus-Aufnahmevertrag mit Arztzusatzvertrag, Wahlleistungsvereinbarung für wahlärztliche Leistungen beim gespaltenen Krankenhausaufnahmevertrag und Wahlleistungsvereinbarung für nichtärztliche Wahlleistungen beim gespaltenen Krankenhausaufnahmevertrag).
[11] Die Formvorschriften nach dem ärztlichen Gebührenrecht wie etwa bei einer abweichenden Vereinbarung über die Gebührenhöhe (§ 2 Abs 2 GOÄ) bleiben davon unberührt.
[12] Vgl *Uhlenbruck* NJW 1973, 1399, 1400; *Daniels* NJW 1972, 305; BGH NJW 1962, 1763.

noch abgeschlossen werden kann;[13] denn der klare Regelfall ist angesichts der Interessenlage der Vertragspartner sicherlich der totale Krankenhausaufnahmevertrag, ist doch die mit der **Aufspaltung der Vertragsbeziehungen** verbundene **Haftungsfreizeichnung des Krankenhauses** für den Patienten gravierend und nur nachteilig. Entfällt der Krankenhausträger als Haftungsschuldner, trägt der Patient – angesichts der Wahlarztkette und der daraus resultierenden Mehrzahl potenzieller Haftungsschuldner – das Prozessrisiko, den Falschen zu verklagen.[14] Auch dürfte die Entgeltregelung des § 17 Abs 1 S 1 KHEntgG entgegenstehen, wonach letztlich Teile von Krankenhausleistungen, also auch von Wahlleistungen, nicht aus dem notwendigen Vertrag zwischen Krankenhaus und Patient ausgeklammert werden können.[15]

Der klassische Anwendungsfall des aufgespaltenen KHAV ist die stationäre Behandlung von Patienten durch einen **Belegarzt** (§ 18 KHEntgG, § 22 Abs 1 S 1 BPflV, § 121 Abs 2 SGB V).[16] Der klassische Belegarzt ist für seinen Bereich (§ 18 Abs 1 KHEntgG) der alleinige Vertragspartner des Patienten, was insoweit seine alleinige Haftung bedeutet, falls nicht auch der Verantwortungsbereich des Krankenhausträgers betroffen ist. Die Entscheidung darüber, ob im Einzelfall eine nichtärztliche Hilfsperson oder ein nachgeordneter Arzt Erfüllungsgehilfe des Belegarztes oder des Krankenhausträgers ist, hängt von den tatsächlichen Umständen im Einzelfall ab.[17] Dabei ist Beurteilungsmaßstab vor allem Abgrenzung und Umfang der belegärztlichen Leistungen (§ 18 Abs 1 S 2 KHEntgG) und die vertragliche Ausgestaltung der organisationsmäßigen Überlassung von Personal des Krankenhauses. So sind die Pflegekräfte außerhalb spezieller Anweisungen des Belegarztes lediglich im Bereich der sog allgemeinen Pflege tätig, für die das Krankenhaus die Verantwortung trägt.[18]

3. Der totale Krankenhausaufnahmevertrag mit Arztzusatzvertrag. Beim totalen KHAV mit Vereinbarung wahlärztlicher Leistungen und deren gesonderter Berechnung schuldet der Krankenhausträger dem Patienten sowohl die wahlärztliche Behandlung als auch die übrige Krankenhausversorgung. Darüber hinaus kann der Patient mit dem Chefarzt oder einem sonstigen liquidationsberechtigten Arzt des Krankenhauses einen zusätzlichen Arztvertrag abschließen, der den Arzt zur persönlichen Behandlung des Patienten verpflichtet und zur Eigenliquidation nach der GOÄ berechtigt.[19] Eine (nochmalige) schriftliche Vereinbarung ist entbehrlich, ein mündlicher oder auch nur

---

[13] Vgl BGHZ 121, 107 zu AGB mit haftungsausschließender Wirkung zugunsten des Krankenhausträgers (Einstufung als überraschende Klausel – § 305c Abs 1 BGB/§ 3 AGBG aF – mit der Folge der Unwirksamkeit).
[14] *Spickhoff* NZS 2004, 57, 63: auch deutliches Minus in Bezug auf die Solvenz eines einzelnen Chefarztes gegenüber einem Klinikträger; evtl unwirksamer Versicherungsvertrag des Arztes, Wechsel der Versicherungen.
[15] Zutreffend *Uleer/Miebach/Patt*, 142f (RdNr 29) mwN; *Kramer* NJW 1996, 2398, 2400; s auch *Spickhoff* NZS 2004, 57, 60ff: Spaltungsklausel als sog verhüllter Haftungsausschluss, eine Quasi-Freizeichnung als eigentlicher Zweck/Umgehung einer an sich bestehenden Pflicht/in AGB Verstoß gegen § 309 Nr 7a BGB (S 62); aA *Bender*, HK-AKM, 3080, RdNr 60, 76ff und 5485, RdNr 74; *Clausen/Schroeder-Printzen,* 8f, 45f; Schloßer MedR 2009, 313.
[16] Siehe BGH NJW 1985, 2189; BGH NJW 2000, 2741; DKG, Allgemeine Vertragsbedingungen (AVB), 31ff (Behandlungsvertrag mit Patienten, die belegärztliche Leistungen in Anspruch nehmen); *Spickhoff* NZS 2004, 57, 62; ferner *Franzki/Hansen,* Der Belegarzt – Stellung und Haftung im Verhältnis zum Krankenhausträger, NJW 1990, 737.
[17] Vgl BGH NJW 1975, 1463, 1465; OLG München, Urt v 20.6.1996 – I U 4529/95.
[18] Zu den Organisationspflichten des Krankenhausträgers, wenn der Belegarzt die Abteilung so organisiert, dass dem Pflegepersonal Aufgaben außerhalb des pflegerischen Bereichs zugewiesen werden, BGH NJW 1996, 2429.
[19] Näher dazu *Uleer/Miebach/Patt,* 142. Für die Frage, wer liquidiert, kommt es auf die mit dem Patienten getroffenen Vereinbarungen und die mit dem liquidationsberechtigten leitenden Arzt getroffenen dienstvertraglichen Absprachen an.

konkludenter Abschluss des Vertrages mit dem Arzt ausreichend. Der Patient erhält durch die Ergänzung der im Krankenhausaufnahmevertrag enthaltenen Wahlarztabrede ohne finanzielle Mehrbelastung einen weiteren Schuldner für die wahlärztlichen Leistungen; der Pflichtenkreis des Krankenhausträgers wird im Regelfall nicht eingeschränkt.

15 Der **Arztzusatzvertrag** enthält die doppelte Verpflichtung hinsichtlich einer einzigen Leistung. Sowohl der Krankenhausträger als auch der liquidationsberechtigte Krankenhausarzt schulden dem Patienten die ärztliche Behandlung bzw die Operation; sämtliche weiteren in die Behandlung einbezogenen liquidationsberechtigten Ärzte sind mit erfasst (Wahlarztkette). Der liquidationsberechtigte Arzt kann die gesonderte Berechnung der ärztlichen Wahlleistungen auch aus eigenem Recht (nicht nur gemäß § 328 BGB als begünstigter Dritter des Krankenhausbehandlungsvertrages) verlangen. Das Krankenhaus hat die ärztliche Leistung zu verschaffen, der selbstliquidierende Chefarzt hat sie zu erbringen. Das Krankenhaus haftet daher neben dem Chefarzt für diesen vertraglich nach § 278 BGB, deliktisch gem §§ 30, 31 BGB. Nimmt man an, die vertragliche Verpflichtung auf Erbringung ärztlicher Leistungen sei eine Doppelverpflichtung, die dem Patienten lediglich einen Rechtsanspruch auf persönliche Behandlung durch den Chefarzt verschafft, so „kauft" der Privatpatient mit dem Zusatzvertrag lediglich den **Anspruch auf persönliche Behandlung** iS der „eigenen Leistung" des Gebührenrechts (§ 17 Abs 3 S 7 KHEntgG, § 4 Abs 2 GOÄ). Er verschafft sich gleichzeitig einen weiteren vertraglichen Haftungsschuldner.[20] Da die Ansprüche des Patienten gegen Krankenhausträger und leitenden Krankenhausarzt zueinander im Verhältnis der „Zweckidentität" stehen, kann die ärztliche Leistung nur durch den einen oder anderen erbracht werden. Das Honorar wird nur einmal fällig. Die Folge dieser Konstruktion ist eine doppelte vertragliche gesamtschuldnerische Haftung für Behandlungsfehler des Arztes mit nur einfachem Honoraranspruch; die Haftung für die ärztliche Behandlung kann der Krankenhausträger nicht durch AGB ausschließen (§ 309 Nr 7a BGB).[21] Der **totale Krankenhausaufnahmevertrag** und der **Arztzusatzvertrag** stellen eine **rechtliche Einheit** dar; ist die mit dem Krankenhausträger abgeschlossene Wahlleistungsvereinbarung unwirksam (zB mangels Einhaltung der Schriftform), ist auch der Zusatzvertrag gem § 139 BGB nichtig.[22] Dem Chefarzt steht auch nicht etwa ein Anspruch aus ungerechtfertigter Bereicherung zu; denn wegen der Wirksamkeit des Krankenhausaufnahmevertrages selbst sind die ärztlichen Leistungen mit Rechtsgrund erbracht worden. Andererseits kann dem Anspruch des Patienten auf Rückzahlung des Wahlarzthonorars trotz unwirksamer Wahlleistungsvereinbarung der Einwand unzulässiger Rechtsausübung entgegengesetzt werden, wenn die Wahlleistungen über einen langen Zeitraum abgerufen, beanstandungsfrei erbracht und honoriert worden sind.[23] Umgekehrt hängt der Bestand des Krankenhausaufnahmevertrages naturgemäß nicht von der Wirksamkeit des Arztzusatzvertrages ab.

16 Der Grundsatz der Vertragsfreiheit lässt den totalen KHAV mit Arztzusatzvertrag zu. Auch das Pflegesatzrecht schließt ihn nicht aus. Die normative Abschlusskompetenz des Krankenhauses (§ 17 Abs 1 S 1 und 2 KHEntgG) ist vorrangig und grundsätzlich zwingend. Weitere **Vereinbarungen mit dem liquidationsberechtigten Arzt** zur **Ausgestaltung der konkreten Behandlung** sind denkbar (Individualabsprache), zB eine Abdingungsvereinbarung nach § 2 Abs 1 S 1, Abs 3 S 2 GOÄ für „höchstpersönlich" zu erbringende Leistungen. Sie sind nach persönlicher Absprache im Einzelfall zwischen Arzt und Zahlungspflichtigem vor Erbringung der Leistung des Arztes in einem geson-

---

[20] Vgl BGHZ 95, 63 = NJW 1985, 2189 = VersR 1985, 1043; BGHZ 138, 91 = NJW 1998, 1778.
[21] So auch BGHZ 95, 63, 69; s ferner OLG Bamberg VersR 1994, 813 zum Ausschluss der Haftung des Krankenhausträgers durch AGB bei Fortbestand von dessen Behandlungspflicht (Einstufung als überraschende Klausel, § 305c Abs 1 BGB/§ 3 AGBG, mit der Folge der Unwirksamkeit).
[22] BGHZ 138, 91 = NJW 1998, 1778 = MedR 1998, 361 = VersR 1998, 728; ausführlich zum Urteil des BGH v 19. 2. 1998 *Haberstroh* VersR 1999, 8.
[23] BGH, Urt v. 1. 2. 2007, NJW-RR 2007, 710 = MDR 2007, 702 = ArztR 2008, 68 = MedR 2007, 302.

derten Schriftstück zu treffen (s § 2 Abs 2 GOÄ). Dieses muss neben der Nummer und der Bezeichnung der Leistung, dem Steigerungssatz und dem vereinbarten Betrag auch die Feststellung enthalten, dass die Erstattung der Vergütung durch Erstattungsstellen möglicherweise nicht in vollem Umfang gewährleistet ist. Weitere Erklärungen darf diese Vereinbarung nicht enthalten, so dass sie auch nicht in die Wahlleistungsvereinbarung aufgenommen werden kann. Der Arzt hat dem Zahlungspflichtigen einen Abdruck der Vereinbarung auszuhändigen. Die Grenzen dieses Vertragstypus sind dort zu sehen, wo der Patient für die persönliche Behandlung und Operation durch den leitenden Krankenhausarzt verpflichtet wird, für ein und dieselbe Leistung doppelt zu zahlen. Dies würde im Widerspruch zu den eindeutigen, vertragsgestaltenden Vorgaben des Pflegesatzrechts stehen.

III. Die Pflicht zum Abschluss eines Krankenhausaufnahmevertrages

Der BGH hat die Frage, ob Krankenhäuser wegen ihrer Monopolstellung zum Abschluss von Krankenhausaufnahmeverträgen und damit zur Krankenhausaufnahme verpflichtet sind, generell für allgemeine Krankenhausleistungen bei GKV-Patienten und Selbstzahlern bejaht, nicht hingegen für Wahlleistungen.[24] Eine gesetzliche Grundlage für die Annahme eines Abschlusszwanges für Wahlleistungen besteht nicht; ein Wahlleistungsangebot muss nicht vorgehalten werden. Allerdings ordnen die Krankenhausgesetze verschiedener Bundesländer einen **Aufnahme- und Kontrahierungszwang für allgemeine Krankenhausleistungen** entsprechend der Aufgabenstellung und der Leistungsfähigkeit an.[25] Nach einer weiteren ausdrücklichen Regelung in § 5 Abs 4 SKHG darf aus medizinischen, pflegerischen hygienischen und baulichen Gründen die Patientenaufnahme nur im Rahmen der anerkannten Krankenhausplanbetten erfolgen. Einige Landeskrankenhausgesetze enthalten detaillierte Regelungen zur vorrangigen Aufnahme und Behandlung von Notfallpatienten (so zB § 18 ThürKHG); bei Nichtversorgung oder Abweisung von Notfallpatienten ist zu prüfen, ob das Krankenhaus trotz Nichterfüllung seiner Aufgaben im Krankenhausplan verbleiben kann. Auch aus dem Versorgungsvertrag einer zugelassenen Klinik (§§ 108, 109 SGB V) folgt für sozialversicherte Patienten eine Aufnahme- und Behandlungspflicht (§ 109 Abs 4 S 2 SGB V). Generell ist davon auszugehen, dass sich für die allgemeinen Krankenhausleistungen grundsätzlich eine allgemeine Abschlusspflicht der Krankenhausträger aus der Einbindung der zugelassenen Krankenhäuser in das öffentlich-rechtliche Planungs- und Finanzierungssystem unter Berücksichtigung der aktuellen Belegungssituation und des Versorgungsauftrages ergibt.

Aufnahme und Versorgung des Patienten dürfen nicht davon abhängig gemacht werden, dass er Wahlleistungen in Anspruch nimmt (so ausdrücklich und deklaratorisch § 30 Abs 3 LKHG BW). Auch darf ein **Wahlleistungsangebot** nicht vom **Versichertenstatus des Patienten** abhängig gemacht werden. Dies ist von Bedeutung im Hinblick auf **Privatpatientenkliniken** (siehe nachfolgend RdNr 19 ff) und in Baden-Württemberg ausdrücklich klarstellend geregelt: Wenn ein Krankenhausträger nicht nur ein **Plankrankenhaus**, sondern in dessen unmittelbarer Nähe auch eine Privatpatientenklinik betreibt und das Plankrankenhaus Wahlleistungen anbietet, müssen diese auch für Selbstzahler und Privatversicherte zur Verfügung stehen (§ 32 S 4 LKHG BW).[26] Die Entscheidung der Privatpatienten, ob sie sich im Plankrankenhaus oder in der Privatpatientenklinik behandeln lassen, darf also vor allem nicht dadurch gesteuert werden, dass ihnen im Falle einer Behandlung im Plankrankenhaus Wahlleistungen gezielt vorenthalten werden, diese also

---

[24] BGH NJW 1990, 761, 762, 763 = VersR 1990, 91.
[25] Vgl § 28 LKHG BW, § 23 LKG Berlin, § 3 Abs 1 BbgKHEG, § 4 BremKHG, § 5 HKHG, § 10 LKHG M-V, § 2 Abs 1 KHGG NRW, § 1 Abs 3 LKG Rh-Pf, § 5 SKHG, § 30 Sächs KHG; s Zusammenstellung der 16 Landeskrankenhausgesetze in aktueller Fassung oben § 80 RdNr 29; zur Aufnahmepflicht s auch oben § 80 RdNr 31.
[26] Näher dazu *Gohl*, in: *Dietz* (Hrsg), LKHG BW, 2008, § 32 Erl 1.5.

nur GKV-Versicherten (mit Zusatzversicherung) angeboten werden. Selbstverständlich ist ohnehin, dass das Plankrankenhaus Privatversicherte und Selbstzahler für die Erbringung von allgemeinen Krankenhausleistungen nicht abweisen und auf die Privatpatientenklinik verweisen darf (§ 32 S 3 LKHG BW). Die Entscheidung fällt in die Vertragsfreiheit des Patienten.

IV. Privatpatienten-Kliniken im System des Krankenhausrechts

19 In der Diskussion über die **Zulässigkeit von Privatpatienten-Kliniken** sind Grundsatzfragen der Krankenhausversorgung und Krankenhausfinanzierung betroffen. Typisch ist folgende **Konstellation**: Der Träger eines Plankrankenhauses gründet eine Privatpatientenklinik-GmbH und betreibt durch diese in unmittelbarer räumlicher Nähe (teilweise in demselben Gebäude) zusätzlich ein Krankenhaus, das nur Privatpatienten behandelt und bei dem es sich dementsprechend nicht um ein zur GKV zugelassenes Krankenhaus im Sinne von § 108 SGB V handelt (nur Konzession zur Gefahrenabwehr gemäß § 30 GewO als sog. Privatkrankenanstalt[27]). Geboten werden hochwertige Leistungen insbesondere in der Diagnostik, der Therapie, der Pflege und dem Zimmerkomfort gegen Vereinbarung eines weitaus höheren Entgelts als im Pflegesatzrecht für die zugelassenen Krankenhäuser vorgesehen. Die Privatpatienten-Klinik arbeitet in mehr oder weniger großem Umfang auch mit Ärzten und Pflegekräften des Plankrankenhauses über einen Kooperationsvertrag, der auch die Inanspruchnahme sächlicher Mittel des Plankrankenhauses regelt.[28] Weder werden die Patienten des Plankrankenhauses benachteiligt noch wird der Ablauf im Plankrankenhaus gestört.

20 **1. Übereinstimmung mit Krankenhausrecht und Sozialversicherungsrecht.** Das Krankenhausrecht – und auch das – Fünfte Buch Sozialgesetzbuch – stehen der **Gründung** und dem Betrieb einer derartigen **Privatpatienten-Klinik** nicht entgegen:[29] Jeder Krankenhausträger darf unstreitig mehrere rechtlich selbstständige Krankenhäuser betreiben, naturgemäß auch auf demselben Grundstück. Auch ist der Betrieb der beiden Krankenhäuser in demselben Gebäude nicht untersagt.[30] Es gibt ferner keine gesetzliche Regelung, die den Betrieb eines Krankenhauses nur mit Personal oder Sachmitteln gestattet, die nicht über einen Kooperationsvertrag zusätzlich für ein anderes Krankenhaus eingesetzt werden; insbesondere enthalten § 107 Abs 1 und § 39 Abs 1 SGB V eine derartige Voraussetzung nicht, ist vielmehr entscheidend, dass zB die ständige ärztliche Leitung, die Verfügung über alle notwendigen diagnostischen und therapeutischen Möglichkeiten, die Unterbringung gewährleistet sind. Auch handelt es sich nicht etwa um im Landesrecht teilweise geregelte sog. Privatstationen, unter denen räumlich abgegrenzte Pflegebereiche innerhalb eines Krankenhauses verstanden werden, die bestimm-

---

[27] Mit entsprechenden Vollzugsrichtlinien der Länder; *Leisner* GewArch 2006, 188 plädiert de lege ferenda für eine Einbeziehung der öffentlichen und freigemeinnützigen Krankenhäuser in die Kontrolle.
[28] Ca. 90 Privatpatienten-Kliniken bestehen bereits im Zusammenhang mit öffentlichen Krankenhäusern, s PKV Publik 8/2008, 88; Ende 2008 sieben Unterlassungsklagen des PKV-Verbandes wegen der Ausgründung von Privatkliniken bei Gericht anhängig, s PKV-Rechenschaftsbericht 2008 (5/2009), 85. Zu denkbaren – teilweise auch unzulässigen – Varianten *Prütting*, KHGG NRW, § 2 RdNr 27–30.
[29] Ebenso *Leber* GesR 2007, 49; *ders* KH 2008, 362 auch unter Hinweis auf ein Urteil des LG Frankfurt/Main v 20. 7. 2007 – 2/1 S 25/07; *Quaas* f&w 2006, 564; kritisch LG Hamburg, Urt v 16. 8. 2005 – 33 O 507/04, im Zusammenhang mit § 4 Abs 4 Musterbedingungen der privaten Krankenversicherung; aA *Uleer/Miebach/Patt*, 163 ff, RdNr 69 ff.
[30] Vgl § 111 Abs 6 SGB V: wirtschaftlich und organisatorisch selbstständige, gebietsärztlich geleitete Vorsorge- oder Rehabilitationseinrichtung an einem zugelassenen Krankenhaus sowie § 6 Abs 3 KHG: Umwidmung von Teilen eines Krankenhauses in eine wirtschaftlich selbstständige stationäre Pflegeeinrichtung.

ten Ärzten vertraglich zur ausschließlichen Nutzung der von ihnen betreuten Privatpatienten überlassen sind.[31] Schließlich wird auch nicht etwa der Versorgungsauftrag des Plankrankenhauses beeinträchtigt, haben doch Privatpatienten weiterhin die Möglichkeit der Behandlung im Plankrankenhaus. Allerdings kann der Betrieb der Privatpatienten-Klinik eine Verminderung der bedarfsnotwendigen Planbetten mit sich bringen, da Gegenstand der Krankenhausplanung die Versorgung der Bevölkerung ist, also einschließlich der Privatpatienten.

Dass **kein Gestaltungsmissbrauch** gegeben ist, zeigen im Umkehrschluss zwei Regelungen in § 17 KHG: Das Gebot der Einheitlichkeit der Pflegesätze für GKV-Versicherte, PKV-Versicherte und Selbstzahler gem § 17 Abs 1 S 1 KHG bezieht sich wie alle Vorschriften des 3. KHG-Abschnitts nur auf die Krankenhäuser und Krankenhausbereiche, auf die das Pflegesatzrecht anwendbar ist.[32] Ein Schutzcharakter dieser Regelung zugunsten Nicht-gesetzlich-Versicherter ist nicht tangiert, weil es sich um ein zusätzliches Angebot an Privatpatienten handelt.[33] Die **Prüfung der Entgelte** einer Privatpatienten-Klinik erfolgt über das Vertragsrecht des Bürgerlichen Gesetzbuches; nach § 138 BGB darf kein **auffälliges Missverhältnis zwischen Leistung und Gegenleistung** bestehen, wofür auf einen Vergleich mit den Entgelten anderer nicht dem Pflegesatzrecht unterworfener Privatkliniken abzustellen ist (Darlegungs- und Beweislast beim Versicherer).[34] Nach § 17 Abs 5 S 1 KHG unterliegen Krankenhäuser, die nach dem Krankenhausfinanzierungsgesetz nicht oder nur teilweise gefördert werden, gewissen Reglementierungen bei der Bemessung der Pflegesätze im Hinblick auf die Einbeziehung von Investitionskosten.[35] Aus dieser Schutzbestimmung zugunsten der Sozialleistungsträger und sonstiger öffentlich-rechtlicher Kostenträger lässt sich ein restriktiver Maßstab für die Entgeltbemessung in Privatpatienten-Kliniken nicht herleiten.[36]

Gründung und Betrieb einer Privatpatientenklinik in der Konstallation des eingangs genannten Regelfalles sind zulässig.[37] Ein über § 138 BGB hinausgehender begrenzender Maßstab kann nur durch **Befassung des Bundesgesetzgebers** geschaffen werden. Vorzugswürdig erscheint eine Orientierung an § 17 Abs 1 KHEntgG zur Bemessung der Entgelte für Wahlleistungen.

2. Landesrechtliche Regelungen. Ein Landesgesetzgeber hat sich nunmehr dieses Bereiches angenommen: **§ 32 des Landeskrankenhausgesetzes Baden-Württemberg** vom 29. 11. 2007[38] enthält folgende mit dem Bundesrecht im Einklang stehende Regelung über „Räumlich mit Plankrankenhäusern verbundene Krankenhäuser":

„Wird ein Krankenhaus, das nicht in den Anwendungsbereich des Krankenhausentgeltgesetzes oder der Bundespflegesatzverordnung fällt, in unmittelbarer räumlicher Nähe zu einem in den Krankenhausplan aufgenommenen Krankenhaus betrieben, so muss es räumlich, personell und organisatorisch eindeutig von dem Plankrankenhaus abgegrenzt

---

[31] Zur Aufhebung des Verbots der Errichtung von Privatstationen für öffentlich-rechtliche Krankenhausträger in Hessen s *Wabnitz*, Hess KHG 2002, § 5 RdNr 2; s ferner für BW Aufhebung des Verbots (§ 32) durch LKHG v 29. 11. 2007 – GBl 2008, 13, um den Krankenhäusern mehr Freiheit in der Anpassung ihrer Organisation an wirtschaftliche Erfordernisse zu geben – Begründung LT-Drucks 14/1516 v 11. 7. 2007, 26; s andererseits für NRW, *Prütting*, KHGG NRW, § 2 RdNr 30: keine Ausweisungen von Privatstationen an Krankenhäusern, die öffentlich gefördert werden (Plankrankenhäuser u Unikliniken).
[32] Ebenso *Dietz,* KHG, § 17 Erl II 2.5.
[33] AA *Uleer/Miebach/Patt,* Gesamtübersicht, RdNr 75, S 165 f.
[34] BGH, Urt v 12. 3. 2003 – IV ZR 278/01, BGHZ 154, 154 = MedR 2003, 407 = GesR 2003, 179; zustimmende Anm *Bold* MedR 2003, 412 f.
[35] Siehe dazu näher *Dietz,* KHG, § 17 Erl VII.
[36] Ebenso *Leber* GesR 2007, 49, 53; FS 10 Jahre AG Medizinrecht im DAV, 563, 575.
[37] Für grundsätzliche Zulässigkeit ebenfalls *Bohle* KHR 2009, 1; aA *Patt/Wilde* MedR 2008, 707.
[38] GBl 2008, 13.

sein. Kriterien hierfür werden in den Krankenhausplan aufgenommen. Das Plankrankenhaus muss seinen Versorgungsauftrag nach dem Krankenhausplan vollständig erfüllen und auch Selbstzahlern und Privatversicherten für die Erbringung von allgemeinen Krankenhausleistungen und Wahlleistungen zur Verfügung stehen."

25 Wie aus den obigen Ausführungen folgt, handelt es sich um eine im Hinblick auf die grundsätzliche Zulässigkeit einer Privatpatienten-Klinik **deklaratorische Regelung**; auch in den übrigen Bundesländern ist ohne weiteres davon auszugehen. Der Landesgesetzgeber hat die notwendige Abgrenzung auf Gründe des Verbraucherschutzes und der ordnungsgemäßen Abrechnung von Krankenhausleistungen gestützt.[39] Ein Erfordernis eines völlig getrennten eigenständigen Betriebes – beispielsweise ohne die Tätigkeit von Ärzten des Plankrankenhauses in der Privatpatienten-Klinik – sollte damit nicht aufgestellt werden.[40] Die räumliche, personelle und organisatorische Abgrenzung muss nur eindeutig sein, was auch bei der Inanspruchnahme von Ärzten und Pflegekräften oder von Medizintechnik des GKV-Hauses ohne weiteres möglich ist.

26 **3. Vertragsarztrecht.** Die Zulässigkeit einer Privatpatienten-Klinik steht im Hinblick auf die Tätigkeit von angestellten Ärzten sowohl im Plankrankenhaus als auch in der Privatpatienten-Klinik im Einklang mit einer bedeutsamen Regelung im **Vertragsarztrechtsänderungsgesetz-VÄndG** vom 22.12.2006.[41] Bereits durch das GKV-Modernisierungsgesetz – GMG vom 14.11.2003[42] hat der Gesetzgeber zur GKV zugelassenen Krankenhäusern in § 95 Abs 1 SGB V die Möglichkeit eingeräumt, ein Medizinisches Versorgungszentrum zur Teilnahme an der vertragsärztlichen Versorgung zu gründen.[43] Diese Trägeridentität ist nur dann wirtschaftlich sinnvoll zu nutzen, wenn das **Personal sowohl im Krankenhaus als auch im MVZ** eingesetzt werden darf.[44]

27 Durch Änderung des § 20 Abs 2 iVm § 1 Abs 3 der Ärzte-Zulassungsverordnung ist durch das VÄndG vertragsarztrechtlich klar gestellt worden, dass ein Vertragsarzt als Angestellter gleichzeitig in einem Krankenhaus und einem MVZ desselben Trägers tätig sein darf.[45] Diese Unterstützung einer **personellen Verzahnung** durch den Gesetzgeber wird erforderlichenfalls sicherlich auf andere Bereiche zugunsten der Krankenhausträger ausgedehnt werden.[46]

28 **4. Exkurs: Patientenhotels.** Anders als bei einer Privatpatienten-Klinik handelt es sich bei einem Patientenhotel (auch Klinikhotel oder Patientenhaus genannt) um eine separate Low-Care-Einrichtung im Klinikkomplex, die für alle Patientengruppen eine komfortable Unterkunft ohne Zuschlagsregelung bietet, ohne ein selbstständiges Krankenhaus zu sein. Der GKV- wie der PKV-Patient mit nur noch geringem Behandlungsbedarf erhalten dort nach interner Verlegung neben Unterkunft und Verpflegung weitere Krankenhausleistungen wie die Grundpflege mit allen notwendigen Pflegestandards, und zwar so bald wie möglich dem Krankheitszustand entsprechend und solange der Patient noch stationär behandlungsbedürftig ist (noch keine Entlassungsfähigkeit); ärztliche Konsultationen und Behandlungen können naturgemäß auch im Krankenhaus-Hauptkomplex durchgeführt werden. Ziel des Krankenhausträgers ist die Kostenreduktion (vor allem Reduzierung der Pflegekosten), aber auch die Steigerung der Attraktivität

---

[39] LT-Drucks 14/1516, 26.
[40] Ebenso *Leber* KH 2008, 362, 364.
[41] BGBl, 3439.
[42] BGBl, 2190.
[43] Siehe dazu *Degener-Hencke* VSSR 2006, 93, 99 f.
[44] *Orlowski/Halbe/Karch*, VÄndG, 2. Aufl 2008, 24.
[45] Vgl Begründung zu Art 5 Nr 6 – § 20 Abs 2 Ärzte-ZV, BT-Drucks 16/2474, 29.
[46] Ähnliche Prognose *Wenner*, in: Das Krankenhaus im Gesundheitsgewährleistungsstaat (Düsseldorfer Krankenhausrechtstag 2007), 69, 87; ferner beispielhaft *Pföhler* f&w 2008, 256, 258 f zur Strategie der Rhön-Klinikum AG, durch MVZ im Verbund mit Tele-Portal-Kliniken die ambulante und stationäre Grundversorgung aus einer Hand zu sichern (Ende 2009: 22 MVZ).

16. Kapitel. Rechtsbeziehungen zw Patient u Krankenhaus/Arzt   § 90

des Krankenhauses für die Patienten; den Anstoß gibt häufig eine ohnehin anstehende Modernisierung des Bettenhauses.[47]

Ein derart gestaltetes Patientenhotel[48] ist **integraler Bestandteil einer stationären** 29 **Versorgung.** Deshalb fügt es sich ohne Brüche in das System der Krankenhausversorgung und -finanzierung ein: Die stationäre Krankenhausbehandlung wird insgesamt im zugelassenen Krankenhaus erbracht (s § 107 Abs 1 Nr 4 SGB V, § 2 Nr 1 KHG); die begriffsnotwendige Bettenstation[49] kann für die Low-Care-Patienten im Patientenhotel betrieben werden, in einem anderen Gebäude auf dem Krankenhausgelände. Somit wird die zwingende Voraussetzung der Ortsgebundenheit der Leistungserbringung erfüllt.[50] Die **Gesamtverantwortung der Fachabteilungen** nach der internen Verlegung muss unverändert gewährleistet sein; insbesondere folgt dies für GKV-Patienten aus dem einheitlichen umfassenden Versorgungsauftrag für den Betrieb (s § 39 Abs 1 S 3 SGB V iVm § 107 Abs 1 Nr 2–4 SGB V). Wird das Patientenhotel oder Patientenhaus in zulässiger Weise als selbstständiges Unternehmen geführt, zB durch eine GmbH[51], ist dementsprechend im Kooperationsvertrag die uneingeschränkte andauernde medizinisch notwendige stationäre Behandlung sicherzustellen, so als ob die Low-Care-Patienten unter dem Dach des Krankenhauses auf einer Station vereint untergebracht wären.

Im Hinblick auf die notwendige Einstufung der Patientenzimmer im Patientenhotel 30 bei einem Plankrankenhaus als „Planbetten" empfiehlt sich eine vorherige **Abstimmung mit der Planungsbehörde** bzw bei einer Zulassung nach § 108 Nr 3 SGB V mit den Landesverbänden der Krankenkassen. Die Pauschalförderung des Landes (§ 9 Abs 3 KHG) ist nicht tangiert; Aussicht auf anteilige Einzelförderung besteht allerdings regelmäßig nicht. Aufenthalt und Behandlung im Patientenhotel werden mit der vollen einheitlichen Fallpauschale für diesen Krankenhausfall vergütet. Besonderheiten im Verhältnis zur GKV bestehen nicht (Kostenneutralität). Freilich werden die Krankenkassen auf die Notwendigkeit andauernder stationärer Behandlungsbedürftigkeit besonderes Augenmerk legen, falls die obere Grenzverweildauer überschritten wird.

§ 90 Rechtliche Grenzen der Wirksamkeit von Krankenhausaufnahmeverträgen

Inhaltsübersicht

	RdNr
I. Verwendung vorformulierter Krankenhausaufnahmeverträge	1
II. Rechtliche Mängel beim Vertragsschluss	2
1. Allgemeines	2
2. Wahlleistungsvereinbarungen	4
III. Verstöße gegen das AGBG (jetzt §§ 305–310 BGB nF)	8

---

[47] Zum wirtschaftlichen Potential und den primären Patientengruppen für ein Patientenhotel s *Beivers/Neubauer* KU 2007, 215.
[48] Zu weiteren Fallgestaltungen, insbesondere bei Privatversicherten, s *Leber* KH 2006, 313, 314 ff.
[49] Zutreffend *Dietz,* KHG, § 2 Erl I 5; zur Vorhaltung von Betten als Essentiale eines Krankenhauses und zwingenden Gegenstand der kapazitätsorientierten Krankenhausplanung zutreffend *Bruckenberger,* in: *Bruckenberger/Klaue/Schwintowski,* Krankenhausmärkte zwischen Regulierung und Wettbewerb (2006), 30 u 86.
[50] Ebenso für dieses Merkmal *Leber* KH 2006, 313, 317; *Quaas* f&w 2006, 564, 567.
[51] Vgl zB Uniklinikum Mannheim als Betreiber eines Patientenhauses mit 120 Einbettzimmern in der Mitte des Klinikgeländes seit Ende 2008; Übernahme des Managements durch die Klinikotel GmbH (Mehrheitsgesellschafter: Paracelsus-Kliniken Deutschland), s Paracelsus Partner News 2/2008 und www.klinik-otel.de; ferner Deutsche Patientenhotel GmbH-Beratungsgesellschaft, www.deutsche-patientenhotel.de.

Schrifttum: *Bender*, in: *Rieger/Dahm/Steinhilper* (Hrsg), Heidelberger Kommentar. Arztrecht – Krankenhausrecht – Medizinrecht, Losebl Stand Mai 2009, 3080 (Krankenhausaufnahmevertrag); *Kutlu*, AGB-Kontrolle bei stationärer Krankenhausaufnahme, 2006; *Paulic*, Allgemeine Geschäftsbedingungen im Arztvertrag, 2003.

I. Verwendung vorformulierter Krankenhausaufnahmeverträge

1   Bei der Krankenhausaufnahme werden dem Patienten oder seinen Angehörigen generell vorformulierte Krankenhausverträge, in denen die Pflichten und Rechte beider Vertragspartner detailliert geregelt sind, zur Unterschrift vorgelegt. Dabei handelt es sich in der Regel um Verträge, die dem von der Deutschen Krankenhausgesellschaft (DKG) entwickelten Muster Allgemeiner Vertragsbedingungen (AVB) für Krankenhäuser entsprechen. Die Anforderungen, die der BGH in seinem Urteil vom 9.11.1989[1] an diese AVB gestellt hat, sind in den neueren Auflagen (aktuell 8. geänd Aufl 2009) der AVB berücksichtigt worden.[2] Vorformulierte Verträge (und auch Benutzungsordnungen) werden allerdings nur wirksam, wenn der Patient ausdrücklich darauf hingewiesen wird (§ 305 Abs 2 Nr 1 BGB nF) oder er den Text ausgehändigt bekommt. Die Aushändigung bei einem früheren Klinikaufenthalt reicht nicht aus.[3] Solche Vertragsbedingungen entfalten selbstverständlich für den bewusstlos eingelieferten Patienten keine Wirksamkeit.[4] Zu beachten ist fernerhin, dass alle schriftlichen und mündlichen Individualabreden dem vorformulierten Text vorgehen (§ 305b BGB nF).

II. Rechtliche Mängel beim Vertragsschluss

2   **1. Allgemeines.** Beim Abschluss eines Krankenhausaufnahmevertrages können alle erdenklichen Mängel auftreten, die in der Rechtsgeschäftslehre bekannt sind. So kann der Vertrag zB **sittenwidrig** und damit nichtig sein, er kann wegen **Irrtums** anfechtbar oder wegen eines **Dissenses** nicht zustande gekommen sein. Auch Mängel bei der Stellvertretung sind denkbar.

3   Der Abschluss eines totalen Krankenhausaufnahmevertrages durch den Krankenhausträger mit einem zwar pflege- aber nicht behandlungsbedürftigen Patienten, hinter dem kein Kostenträger steht und der selbst über allenfalls bescheidene Mittel verfügt, kann gegen die **guten Sitten** verstoßen und daher nichtig sein, wenn der Krankenhausträger alle Umstände kennt.[5]

4   **2. Wahlleistungsvereinbarungen.** Nach Auffassung des BGH[6] rechtfertigt die Marktstärke des Krankenhausträgers nicht, den das Schuldrecht beherrschenden Grundsatz der Vertragsfreiheit auch in den Fällen außer Kraft zu setzen, in denen das Gesetz keinen Kontrahierungszwang anordnet. Der Krankenhausträger darf Benutzern, die früher gegen ärztliche oder pflegerische Anordnungen oder die Hausordnung verstoßen oder die Kosten einer vorherigen Krankenhausbehandlung nicht bzw erheblich verspätet gezahlt haben, Wahlleistungen versagen. Der Krankenhausträger ist im Rahmen der Abschlusspflicht nur zur Gewährung allgemeiner Krankenhausleistungen verpflichtet.[7]

5   Die Vereinbarung von Wahlleistungen hat vor deren Erbringung schriftlich zu erfolgen, § 17 Abs 2 KHEntgG. Die mündliche Vereinbarung des Unterbringens in einem Einzel-

---

[1] NJW 1990, 761 = VersR 1990, 91.
[2] Ebenso die weiterführende Rechtsprechung: zu einzelnen Klauseln, vgl unten RdNr 8–19.
[3] Hans OLG Hamburg MedR 1991, 38, 39.
[4] LG Hannover MedR 2000, 88.
[5] BGH NJW 1988, 759.
[6] NJW 1990, 761, 763 = VersR 1990, 91, 92.
[7] Vgl auch *Niebling*, Krankenhausaufnahmebedingungen, Honorarvereinbarungen und AGB-Gesetz, MedR 1985, 262; *Staudinger/Coester* § 307 BGB RdNr 503; *Bender*, in: HK-AKM, 5485 RdNr 29.

16. Kapitel. Rechtsbeziehungen zw Patient u Krankenhaus/Arzt   6–8   § 90

zimmer begründet keine Zahlungspflicht (§§ 125 BGB, 17 Abs 2 KHEntgG), auch nicht unter dem Gesichtspunkt der ungerechtfertigten Bereicherung.[8]

Wird im Krankenhausaufnahmevertrag eine ärztliche Wahlleistung und eine bevorzugte **6** Unterbringung verabredet, so gilt es, Missverständnisse zu vermeiden, also dem Patienten Klarheit zu verschaffen.[9] Ein Patient, der einen Antrag auf Gewährung ärztlicher Wahlleistungen unterzeichnet hat, kann diese **Erklärung wegen Irrtums anfechten,** wenn er lediglich den Wunsch nach einem Einzelzimmer geäußert hat und mit ihm nur über die Mehrkosten des Einzelzimmers gesprochen wurde, nicht aber über die der privatärztlichen Behandlung.[10] In der vom Chefarzt vorbereiteten schriftlichen Erklärung eines Patienten, er wünsche Unterbringung in einem Zweibettzimmer in Verbindung mit gesondert berechenbaren ärztlichen Leistungen, ist nur dann eine Offerte zum Abschluss eines Behandlungsvertrages als Privatpatient zu sehen, wenn der Patient die formularmäßige Erklärung in diesem Sinne auch verstanden hat.[11] Zudem darf nach § 17 Abs 4 KHEntgG eine Vereinbarung über eine gesondert berechenbare Unterkunft nicht von einer Vereinbarung über sonstige Wahlleistungen abhängig gemacht werden.[12]

Ein Chefarzt verletzt seine vorvertragliche Aufklärungspflicht, wenn er eine Patientin **7** bei der Annahme des Antrags auf Gewährung von Wahlleistungen nicht darauf hinweist, dass er in jedem Fall die Operation durchführen wird, und zwar unabhängig davon, ob sich diese als sog Kassenpatientin oder aber als Privatpatientin behandeln lässt.[13] Nach Meinung des AG Michelstadt[14] ist die Verknüpfung von Aufnahmeerklärung und Anerkennung einer zusätzlichen Zahlungspflicht gegenüber Chefärzten eines Krankenhauses derartig überraschend iSv § 3 AGBG (jetzt § 305c Abs 1 BGB nF), dass kein Patient damit unmittelbar zu rechnen braucht. Die Krankenhausaufnahme darf nicht vom Abschluss eines Arztzusatzvertrages abhängig gemacht werden.[15]

III. Verstöße gegen das AGBG (jetzt §§ 305–310 BGB nF)

Da selbst bei der Aufnahme in Kliniken öffentlich-rechtlicher Träger – einschließlich **8** der Universitätskliniken – das Benutzungsverhältnis privatrechtlich ausgestaltet ist,[16] findet das AGB-Gesetz (jetzt § 305 ff BGB nF) Anwendung.[17] Demzufolge dürfen **Klauseln in Krankenhausaufnahmeverträgen** nicht gegen das **AGB-Gesetz** verstoßen.[18] Liegen indessen Verstöße gegen das AGBG vor, so sind die jeweiligen Klauseln unwirksam, der

---

[8] AG Essen VersR 1995, 969, 970.
[9] Vgl LG Köln VersR 1989, 1265 (Anfechtung; Aufklärung über wirtschaftliche Bedeutung der Wahlleistung); OLG Köln VersR 1989, 1264 (Abschluss eines privaten Behandlungsvertrages); *Laufs* NJW 1990, 1505, 1506; LG Duisburg NJW 1988, 1523.
[10] LG Köln VersR 1989, 1265.
[11] OLG Köln VersR 1989, 1264; LG Duisburg NJW 1988, 1523.
[12] Vgl auch *Bender,* in: HK-AKM, 5485 RdNr 22. Zum ganzen *Staudinger/Coester* § 307 BGB RdNr 408.
[13] LG Hanau NJW 1989, 2335.
[14] VersR 1983, 192.
[15] LG Bremen NJW 1986, 785; *Staudinger/Coester* § 307 BGB RdNr 401.
[16] Vgl BGH NJW 1990, 761; BGHZ 9, 145; BGH NJW 1985, 677, 678; *Staudinger/Coester* § 307 BGB RdNr 400; *Kern,* in: HK-AKM, 335 RdNr 5, 1031; *Narr,* Ärztliches Berufsrecht. Ausbildung–Weiterbildung–Berufsausübung, Stand Sept 2007, RdNr B 272; *Musielak* JuS 1977, 87, 90; *Kern,* Die Haftpflicht des beamteten Arztes aus § 839 BGB, VersR 1981, 316; *Schlund,* Festschr Trinkner, S 337 ff.
[17] BGH NJW 1990, 761 = VersR 1990, 91; OLG Köln VersR 1989, 372; *Niebling* MedR 1985, 262; *Laufs,* Arztrecht, 1993, RdNr 92; *ders* NJW 1990, 1505, 1509; *Narr* (Fn 16) RdNr 991; *Bunte* JZ 1982, 279; *ders* NJW 1986, 2351; *Ulmer/Brandner/Hensen,* AGB-Recht, 10. Aufl 2006, Anh zu § 310 BGB RdNr 480; *Kistner,* Wahlbehandlung und direktes Liquidationsrecht des Chefarztes, 1990, S 11.
[18] Zur Inhaltsprüfung von Formularbedingungen s BGH NJW 1990, 761 = VersR 1990, 91; *Steffen/Pauge,* Arzthaftungsrecht, 10. Aufl 2006, RdNr 14 ff.

Vertrag im Übrigen bleibt jedoch wirksam (§ 6 Abs 1 AGBG, jetzt § 306 Abs 1 BGB nF). Umfassend zur Inhaltskontrolle der „Allgemeinen Vertragsbedingungen für Krankenhausbehandlungsverträge" hat der BGH in einem Urteil vom 9.11.1989[19] Stellung genommen. Darüber hinaus gibt es zahlreiche Urteile, die einzelne Klauseln von Krankenhausaufnahmeverträgen zum Gegenstand haben.

9 Die Regelungen im Aufnahmevertrag müssen gemäß § 5 AGBG (jetzt § 305c Abs 2 BGB nF) so klar abgefasst sein, dass keine Zweifel bei deren Auslegung entstehen können. Etwaige Zweifel gehen zulasten des Verwenders, also des Krankenhausträgers. Bei objektiver Mehrdeutigkeit des vorformulierten Textes gilt die für den Patienten günstigere Auslegung,[20] wenn nicht die Klausel überhaupt unwirksam ist.[21]

10 Die Krankenhausaufnahmebedingungen sind auch dann an § 11 Nr 14a AGBG (jetzt § 309 Nr 11a BGB nF) zu messen, wenn eine Begleitperson als „Antragsteller" bezeichnet wird und diese eine gesamtschuldnerische Haftung mit dem Patienten für die Krankenhauskosten übernehmen soll. Soweit sich der Krankenhausträger von der Begleitperson versichern lässt, der Patient sei mit der Bevollmächtigung einverstanden, liegt ein Verstoß gegen § 11 Nr 14b AGBG (jetzt § 309 Nr 11b BGB nF) vor, denn ohne verwandtschaftliche oder sonst nähere Beziehung der Begleitperson zum Patienten kann das Krankenhaus nicht davon ausgehen, dass der Dritte zur Abgabe von Willenserklärungen bevollmächtigt ist.[22] Damit würde § 179 Abs 3 BGB unterlaufen. Eine Erklärung, in der sich die Begleitperson bereit erklärt, gegebenenfalls neben dem Patienten für die Kosten zu haften, kann gemäß § 138 BGB nichtig sein.[23]

11 Eine Klausel in einem Krankenhausaufnahmevertrag, die den unzutreffenden Anschein erweckt, als sei eine **rückwirkende Erhöhung des Pflegesatzes** stets wirksam, enthält eine unangemessene Benachteiligung des Vertragspartners des Verwenders (§ 9 Abs 1 AGBG, vgl jetzt § 307 BGB Abs 1 BGB nF).[24]

12 Eine Klausel im Krankenhausaufnahmevertrag, die einen Kassenpatienten selbst zur Zahlung des Entgelts für die Krankenhausleistungen verpflichtet, sofern kein öffentlichrechtlicher Kostenträger für ihn eintritt, ist überraschend und verstößt gegen § 3 AGBG, jetzt § 305c Abs 1 BGB nF.[25] Zudem liegt eine Abweichung von den wesentlichen Grundgedanken der gesetzlichen Regelungen der §§ 39, 107ff SGB V vor, wonach sich der Honoraranspruch des Krankenhausträgers unmittelbar gegen die Krankenkasse richtet.[26] Dadurch wird der Patient unangemessen benachteiligt, § 9 AGBG (§ 307 Abs 1, 2 Nr 1 BGB nF).[27] Anders liegt der Fall nur, wenn der Patient die Selbstzahlerverpflichtung im Bewusstsein der fehlenden Kostentragung (zB vorherige Ablehnung der Kostenübernahme durch die Krankenkasse, gänzliches Fehlen einer Versicherung) eingegangen ist.[28]

13 Klauseln, die die **Haftpflicht des Arztes oder Krankenhausträgers ausschließen** „widersprechen grundsätzlich dem Leitbild des gerade auf den Schutz der Gesundheit des

---

[19] NJW 1990, 761 = VersR 1990, 91.
[20] LG Duisburg NJW 1988, 1523. Einzelheiten bei *Kistner* (Fn 17) S 118–126.
[21] *Ulmer/Brandner/Hensen* (Fn 17) § 305c BGB RdNr 91.
[22] LG Düsseldorf NJW 1995, 3062 = VersR 1996, 639, 640; OLG Köln NJW-RR 99, 733; *Staudinger/Coester* § 307 BGB RdNr 512; *Ulmer/Brandner/Hensen* (Fn 17) Anh zu § 310 BGB RdNr 484.
[23] OLG Hamm NJW 2001, 3497; ähnl LG Düsseldorf NJW 1995, 3062.
[24] BGHZ 105, 160, 166 f = NJW 1988, 2951 m Anm *Niebling* VersR 1989, 87, 89; auch *Staudinger/Coester* § 307 BGB RdNr 513.
[25] OLG Hamburg MDR 2002, 1301; *Staudinger/Coester* § 307 BGB RdNr 513; Saarl OLG MedR 2001, 141, 142.
[26] Vgl auch SG Wiesbaden, Gerichtsbescheid v 24.9.2008, Az S 17 KR 296/07 (juris); OLG Köln NJW-RR 2003, 1699; Saarl OLG MedR 2001, 141; OLG Hamburg MDR 2002, 1301.
[27] SG Wiesbaden, Gerichtsbescheid v 24.9.2008, Az S 17 KR 296/07 (juris).
[28] Saarl OLG MedR 2001, 141; SG Wiesbaden, Gerichtsbescheid v 24.9.2008, Az S 17 KR 296/07 (juris); *Staudinger/Coester* § 307 BGB RdNr 513.

16. Kapitel. Rechtsbeziehungen zw Patient u Krankenhaus/Arzt   14–17   § 90

Patienten angelegten Behandlungsvertrages und verschieben die Risikolasten unzulässig" (§ 9 Abs 2 AGBG, jetzt § 307 Abs 2 BGB nF).[29]

Zulässig sind aber „**haftungssplittende Formularbedingungen** im Rahmen eines **14** gespaltenen Krankenhausvertrages, soweit sie den Krankenhausträger aus einer Mithaftung für die Fehler des selbstliquidierenden Chefarztes entlassen, vorausgesetzt, dass der Patient deutlich auf Existenz und Tragweite dieser Klauseln hingewiesen wird" (§ 3 AGBG, jetzt § 305c Abs 1 BGB nF).[30] Dem Patienten muss hinreichend verdeutlicht werden, dass der Krankenhausträger nicht Schuldner der ärztlichen Leistungen ist und ihm auch für etwaige ärztliche Fehlleistungen nicht haftet.[31] Kann der Patient trotz dieses Hinweises nicht erkennen, gegen wen sich seine Ansprüche konkret richten (undurchschaubare Behandlungs- und Zuständigkeitsstrukturen im Krankenhaus), liegt uU ein Verstoß gegen § 307 Abs 1 S 1 BGB vor. Durch den Rückzug des Krankenhauses aus der Haftung ohne deutliche Bezeichnung des richtigen Schuldners wird der Patient de facto rechtlos gestellt.[32]

Die Klausel in den Aufnahmebedingungen eines Krankenhausträgers, wonach von der **15** Haftung des Krankenhausträgers Schäden ausgenommen sind, die durch liquidationsberechtigte Professoren sowie deren Beauftragte infolge der persönlichen privaten Behandlung durch diese verursacht werden, verstößt nach Auffassung des OLG Köln[33] gegen das AGBG. Modifiziert eine Klausel im formularmäßigen Krankenhausaufnahmevertrag die Haftung, so hat der Verwender der Klausel den Patienten deutlich auf Existenz und Tragweite der Bestimmung hinzuweisen.

Vertreterklauseln in Wahlarztvereinbarungen sind nur noch unter strengen Vorausset- **16** zungen zulässig. Will der liquidationsberechtigte Chefarzt die Behandlung eines Patienten trotz Vertretung selbst abrechnen, muss dies vorher vereinbart worden sein. Die entsprechende vorformulierte Klausel darf die Vertretung nur für unvorhersehbare Verhinderungen vorsehen und muss den nach § 4 Abs 2 S 3 und 4, § 5 GOÄ bestimmten ständigen ärztlichen Vertreter namentlich als Vertreter für Verhinderungsfälle benennen.[34] Andernfalls ist die Klausel jedenfalls nach § 10 Nr 4 AGBG (§ 308 Nr 4 BGB nF) unwirksam, da die einseitige Änderung bzw Abweichung von der versprochenen Leistung durch den Wahlarzt dem Patienten nicht zumutbar ist.[35] Eine diesen Anforderungen genügende (daher an sich zulässige) Klausel kann aber überraschend sein, wenn sie sich an versteckter Stelle befindet.[36]

Nach Auffassung des BGH steht im Einklang mit dem Gesetz eine **Sektionsklausel** **17** mit folgendem Wortlaut: „Die innere Leichenschau kann vorgenommen werden, wenn sie zur Feststellung der Todesursache aus ärztlicher Sicht notwendig ist oder wenn ein wissenschaftliches Interesse besteht."[37] Diese auf der „Widerspruchslösung" basierende Entschei-

---

[29] *Steffen/Pauge* (Fn 18) RdNr 14 ff, 21; *Staudinger/Coester* § 307 BGB RdNr 507; OLG Düsseldorf NJW-RR 1988, 884. Grundlegend zu unzulässigen Formularbedingungen BGH NJW 1990, 761 = VersR 1990, 91. Vgl auch OLG Köln VersR 1989, 372 u *Laufs* (Fn 17) RdNr 92; ferner die Ausführungen in § 89.
[30] *Steffen/Pauge* (Fn18) RdNr 22. Vgl auch *Staudinger/Coester* § 307 BGB RdNr 508; OLG Frankf/M MedR 2009, 532; BGH NJW 1993, 779; OLG Köln VersR 1985, 844, 845. Der BGH hat die Revision durch Beschl v 8. 4. 1986 – VI ZR 60/85 – nicht angenommen. Vgl ausführl zum gespaltenen Krankenhausaufnahmevertrag *Schloßer*, Der gespaltene Krankenhausaufnahmevertrag bei wahlärztlichen Leistungen, MedR 2009, 313 ff.
[31] BGH NJW 1993, 779; *Staudinger/Coester* § 307 BGB RdNr 408 und 508.
[32] *Ulmer/Brandner/Hensen* (Fn 17) Anh zu § 310 BGB RdNr 480; *Staudinger/Coester* § 307 BGB RdNr 508; BGH NJW 1993, 779.
[33] NJW 1990, 776.
[34] BGH NJW 2008, 987. Vgl auch *Spickhoff*, Wahlärztliche Leistungen im Krankenhaus: Leistungspflicht und Haftung, NZS 2004, 57; *Staudinger/Coester* § 307 BGB RdNr 402.
[35] *Spickhoff* NZS 2004, 57; BGH NJW 2008, 987; OLG Stuttgart NJOZ 2002, 2781.
[36] OLG Karlsruhe NJW 1987, 1489; OLG Düsseldorf NJW 1995, 2421. Vgl auch *Spickhoff* NZS 2004, 57; *Staudinger/Coester* § 307 BGB RdNr 402.
[37] BGH MedR 1990, 331 = NJW 1990, 2313 mit abl Anm *Deutsch* NJW 1990, 2315 und *Ackmann* JZ 1990, 925 ff. Vgl auch OLG Koblenz NJW 1989, 2950.

dung hat in der Literatur Kritik erfahren.[38] *Steffen/Pauge*[39] haben zu Recht darauf hingewiesen, dass in dieser Entscheidung die Wirksamkeit der Klausel nur im Rahmen eines Verbandsprozesses auf die Vereinbarkeit mit den §§ 9–11 AGBG (vgl jetzt §§ 307–309 BGB nF) beschränkt untersucht worden ist. Offengeblieben sei insbesondere, ob die Klausel § 3 AGBG/§ 305c Abs 1 BGB nF (Überraschungsklausel) standhalte. Ein Patient, der sich mit Hoffnung auf Heilung in eine Klinik begibt, rechnet nicht damit, dass er Entscheidungen für den Fall seines Todes trifft. Allerdings ist schwer vorstellbar, wie es zu einer Klage kommen soll, die die Klausel an § 3 AGBG (jetzt § 305c Abs 1 BGB nF) misst.

18 Unverhältnismäßig häufig mussten sich Gerichte mit Verwahrungsklauseln beschäftigen. Dabei wurde die nachstehende Formulierung für zulässig erachtet: „Eingebrachte Sachen. In das Krankenhaus sollen nur die notwendigen Kleidungsstücke und Gebrauchsgegenstände eingebracht werden. Geld und Wertsachen werden bei der Verwaltung in für das Krankenhaus zumutbarer Weise verwahrt. Bei handlungsunfähig eingelieferten Patienten werden Geld und Wertsachen in Gegenwart eines Zeugen festgestellt und der Verwaltung zur Verwahrung übergeben."[40]

19 In gewissen Grenzen wird sogar ein Haftungsausschluss durch den Krankenhausaufnahmevertrag als zulässig angesehen. Das gilt etwa für die folgende Formulierung: „Haftungsbeschränkung. Für den Verlust oder die Beschädigung von eingebrachten Sachen, die in der Obhut des Patienten bleiben, oder von Fahrzeugen des Patienten, die auf dem Krankenhausgrundstück oder auf einem vom Krankenhaus bereitgestellten Parkplatz abgestellt sind, haftet der Krankenhausträger nur bei Vorsatz und grober Fahrlässigkeit; das Gleiche gilt bei Verlust von Geld und Wertsachen, die nicht der Verwaltung zur Verwahrung übergeben wurden."[41] Folgende Formulierung hingegen ist unzulässig: „Für Schäden, die bei der Reinigung, Desinfektion und Entsorgung eingebrachter Sachen entstehen, haftet der Krankenhausträger nur bei Vorsatz und grober Fahrlässigkeit." Eine solche Vertragsklausel würde den Patienten in den Fällen, in denen die Notwendigkeit der Reinigung vom Krankenhauspersonal selbst verursacht wurde, unangemessen benachteiligen.[42]

§ 91 Die Testamentserrichtung im Krankenhaus

Inhaltsübersicht

	RdNr
I. Organisatorische Maßnahmen des Krankenhauses	1
II. Die ordentliche Testamentserrichtung	4
III. Die Nottestamente	7
IV. Testierfähigkeit	14
V. Die Haftung des Krankenhauses für Organisationsmängel	17
VI. Erbeinsetzung des behandelnden Arztes	18

Schrifttum: *Behrens,* Die Testamentserrichtung im Krankenhaus, KH 1997, 500; *Plantholz/Rochon,* Letztwillige Verfügungen zugunsten des behandelnden Arztes, FamRZ 2001, 270; *Schlund,* Die Testamentserrichtung im Krankenhaus, Informationen des Berufsverbandes der Deutschen Chirurgen eV Nr 11/1978, 167.

---

[38] Vgl *Ackmann* JZ 1990, 925; *Deutsch* NJW 1990, 2315; *Bender,* in: HK-AKM, 3080 RdNr 131–133.

[39] (Fn 18) RdNr 18. Vgl auch *Ackmann* JZ 1990, 925 ff; *Schlund,* Festschr Trinkner, S 356 f; *Solbach* MedR 1991, 27 ff; *Ehlers* MedR 1991, 227 ff.

[40] Deutsche Krankenhausgesellschaft (Hrsg), Muster Allgemeiner Vertragsbedingungen (AVB) für Krankenhäuser, 8. Aufl 2009, § 15 Abs 1–3, S 17.

[41] Muster-AVB (Fn 40), § 16 Abs 1, S 18; der BGH (VersR 1990, 91, 93) sieht in dieser Formulierung keinen Verstoß gegen das AGBG.

[42] BGH NJW 1990, 761; *Steffen/Pauge* (Fn 18) RdNr 17.

16. Kapitel. Rechtsbeziehungen zw Patient u Krankenhaus/Arzt   1–6 § 91

I. Organisatorische Maßnahmen des Krankenhauses

Die Fürsorgepflicht des Arztes oder Krankenhauses dem Patienten gegenüber ist zwar **1** primär auf Erhaltung des menschlichen Lebens und Wiederherstellung der Gesundheit gerichtet, dennoch treffen Ärzte und Krankenhausträger über die reine Behandlungspflicht hinaus organisatorische Pflichten, zu denen ua die **Schaffung der Voraussetzungen für die Errichtung eines wirksamen Testaments** gehört. In einem Urteil vom 13. 2. 1958[1] hat der BGH die Möglichkeit einer Amtshaftung des Trägers eines kommunalen Krankenhauses bejaht, der die Pflicht verletzt hatte, einen testierwilligen Patienten die Erfüllung seines Wunsches durch geeignete organisatorische Maßnahmen in der Klinik zu ermöglichen.

Demzufolge hat der Krankenhausträger einem Patienten, der ein Testament errichten **2** möchte, jede mit der Anstaltsordnung zu vereinbarende und zumutbare Unterstützung zur Erfüllung dieses Wunsches zu gewähren.[2] Dazu gehört es allerdings nicht, dem Patienten Rechtsrat zu erteilen, wozu das Krankenhauspersonal generell auch nicht in der Lage ist. Der Träger hat jedoch das Krankenhauspersonal für Rechtsangelegenheiten von so außerordentlicher Bedeutung wie eine Testamentserrichtung zu instruieren und Anweisungen zu erlassen, wie auf derartige Patientenwünsche einzugehen ist. Dazu reicht es aus, wenn dem Personal rechtskundige Personen und Dienststellen genannt werden, bei denen es sich seinerseits danach erkundigen kann, was im Bedarfsfall zu veranlassen sei.[3] Jedenfalls ist dem Personal alles zu untersagen, was die Errichtung eines rechtswirksamen Testaments behindern oder die Errichtung eines unwirksamen Testaments bewirken kann.[4]

Ist dennoch unter pflichtwidriger Mitwirkung des Krankenhauspersonals ein form- **3** unwirksames Testament errichtet worden, so kann das Personal verpflichtet sein, die dadurch geschaffene Gefahrenlage durch geeignete und zumutbare Maßnahmen, nämlich durch Einwirken auf den Patienten, ein wirksames Testament zu errichten, wieder zu beseitigen.[5]

II. Die ordentliche Testamentserrichtung

Gemäß § 2064 BGB darf ein Testament **nur persönlich errichtet** werden. Eine Vertre- **4** tung ist nicht möglich.[6] § 2231 BGB sieht zwei ordentliche Testamentsformen vor: „1. zur Niederschrift eines Notars und 2. durch eine vom Erblasser nach § 2247 abgegebene Erklärung".

Will der Patient ein sog **öffentliches Testament** gemäß § 2232 BGB errichten, so **5** kann er entweder dem hinzugezogenen Notar seinen letzten Willen mündlich erklären oder ihm eine Schrift mit der Erklärung übergeben, dass die Schrift seinen letzten Willen enthalte. Er kann die Schrift offen oder verschlossen übergeben. Sie braucht nicht von ihm geschrieben zu sein, bedarf allerdings seiner Unterschrift. Das Klinikpersonal soll auf Wunsch des Patienten einen Notar bestellen.

Praktisch häufiger ist das **eigenhändige Testament** nach § 2247 Abs 1 BGB. Dieses **6** eigenhändige Testament muss nicht nur eigenhändig geschrieben sondern auch eigenhändig – tunlichst mit Vor- und Zunamen des Erblassers – unterschrieben sein (§ 2247 Abs 3

---

[1] NJW 1958, 2107.
[2] Vgl auch *Staudinger/Wurm* § 839 BGB RdNr 632.
[3] BGH NJW 1989, 2945 im Anschluss an BGH NJW 1958, 2107.
[4] BGH NJW 1989, 2945; OLG München Urt v 13. 7. 2000, Az 1 U 2883/00 (juris Leitsatz 3 und RdNr 41).
[5] NJW 1989, 2945 = MedR 1990, 30. Vgl auch *Schlund*, S 167; *Schmelcher* DMW 1958, 1788; *Behrens* Krankenhaus 1997, 500.
[6] Anders als bei der Vorsorgevollmacht ist eine Vertretung im Willen nicht möglich. Einzelheiten bei *Schlund*; vgl auch *Brox*, Erbrecht, 22. Aufl 2007, § 9 RdNr 95 f; MünchKomm-*Leipold* § 2064 BGB RdNr 3 f.

S 1 BGB). Die Unterschrift muss das Testament abschließen und geeignet sein, den Testator zu identifizieren. Daher reichen auch Vor- und Kosenamen, Pseudonyme und Familienbezeichnungen, wie zB „*Euer Vater*" oder „*Eure Tante*" aus (§ 2247 Abs 3 S 2 BGB).[7] Der anwesende oder hinzugerufene Arzt sollte darauf achten, dass die Schriftzüge des Testierenden ohne oder allenfalls mit geringer Schreibunterstützung Dritter gefertigt werden. Eine **Schreibunterstützung** durch Dritte ist zwar grundsätzlich zulässig; die Schriftzüge müssen aber vom Willen des Testierenden bestimmt sein.[8] Zusätze Dritter oder Einfügungen in mechanischer Schrift sowie die Bezugnahme auf nicht eigenhändig geschriebene Beilagen sind ebenso nichtig wie unleserliche Teile des Testaments und die dort enthaltenen letztwilligen Verfügungen.[9]

III. Die Nottestamente

7   Eine besondere Art der Testamentserrichtung im Krankenhaus ist die eines **Nottestamentes.** Das BGB sieht zwei Formen des Nottestaments vor, das sog Bürgermeistertestament (§ 2249 BGB) und das Drei-Zeugen-Testament (§ 2250 BGB). Beim Bürgermeistertestament wird gewissermaßen der Notar durch den zuständigen Bürgermeister ersetzt (§ 2249 Abs 1 S 4 BGB). Das Drei-Zeugen-Testament ist ein mündliches Testament, das protokolliert werden muss (§ 2250 Abs 1 u Abs 3 S 1 BGB). Beide Nottestamente dürfen erst und nur dann errichtet werden, wenn der Patient nicht mehr in der Lage ist, ein eigenhändiges Testament aufzusetzen[10] und ein Notar nicht rechtzeitig herbeigeholt werden kann.[11] Da im Regelfall in der Klinik ein Bürgermeister nicht besser erreichbar ist als ein Notar, konzentriert sich das praktische Interesse auf das Drei-Zeugen-Testament. Dieses verlangt gegebenenfalls aktive Mitwirkung des Klinikpersonals.

8   Befindet sich der Patient an einem Ort, der infolge außerordentlicher Umstände, wie zB infolge seiner Erkrankung (Isolierstation), dergestalt abgesperrt ist, dass die Errichtung eines notariellen Testaments nicht möglich oder erheblich erschwert ist, kann der Patient das Testament **durch mündliche Erklärung vor drei Zeugen** errichten (§ 2250 Abs 1 BGB). Gleiches gilt, wenn der Patient sich derartig in **akuter naher Todesgefahr** befindet, dass voraussichtlich auch die Errichtung eines Nottestaments vor dem Bürgermeister nicht mehr möglich ist (§ 2250 Abs 2 BGB).

9   Die Voraussetzungen des Drei-Zeugen-Testaments müssen nicht tatsächlich gegeben sein. Es reicht aus, wenn die drei Zeugen vom Vorliegen des besonderen Falles oder der Todesgefahr überzeugt sind (§ 2250 Abs 3 S 2 HS 2 iVm § 2249 Abs 2 S 2 BGB).[12] Besteht keine nahe Todesgefahr, wohl aber die begründete Sorge, der Patient könne alsbald dauerhaft testierunfähig werden, so kann gleichfalls ein Nottestament errichtet werden.[13]

10   Die drei oder mehr Zeugen müssen ausdrücklich zur Errichtung des Nottestaments zusammengekommen sein. Ihre zufällige Anwesenheit im Kranken- oder Sterbezimmer reicht nicht aus.[14] Sie müssen während des gesamten Vorgangs der Testamentserrichtung anwesend sein, also nicht nur bei der Erklärung des letzten Willens durch den Erblasser. Nicht als Zeugen in Betracht kommen Angehörige, die von dem Testament betroffen sind. Das gilt auch für Klinikpersonal, das im Testament bedacht werden soll (§ 2250 Abs 3 S 2 BGB iVm §§ 6 und 7 BeurkG).

---

[7] OLG Celle NJW 1977, 1690; MünchKomm-*Leipold* § 2247 BGB RdNr 26 mwN.
[8] BGH NJW 1981, 1900, 1901; OLG Hamm NJW-RR 2002, 222.
[9] *Schlund*, S 168.
[10] *Brox* (Fn 6) § 12 RdNr 129.
[11] OLG München NJW Spezial 2009, 568.
[12] BGHZ 3, 372, 376; MünchKomm-*Hagena* § 2250 BGB RdNr 7; *Brox* (Fn 6) § 12 RdNr 133.
[13] BGHZ 3, 372, 377; Palandt/*Edenhofer* § 2250 BGB RdNr 1, 3; MünchKomm-*Hagena* § 2250 BGB RdNr 7; aA *Brox* (Fn 6) § 12 RdNr 130.
[14] BGH NJW 1972, 202; BGH MDR 1971, 281.

16. Kapitel. Rechtsbeziehungen zw Patient u Krankenhaus/Arzt   11–16 § 91

Von der mündlichen Erklärung des Patienten ist ein Protokoll anzufertigen. Darin **11** haben die Zeugen ihre eigenen Personalien, die des testierenden Patienten sowie das mündlich Erklärte wörtlich niederzuschreiben. Sie haben Ort und Tag der Aufnahme der Niederschrift anzugeben, die Testierfähigkeit des Patienten zu vermerken,[15] das Erklärte gemäß §§ 2250 Abs 3 iVm § 13 Abs 1 BeurkG wörtlich vorzulesen[16] und sich das vom Patienten genehmigen und – wenn er hierzu noch imstande ist – auch unterschreiben zu lassen. Ist der Patient außerstande, eine eigenhändige Unterschrift zu leisten, so muss zumindest einer der Zeugen unterschreiben. Das Testament kann in jeder Sprache aufgenommen werden, die Erblasser und Zeugen hinreichend beherrschen (vgl § 2250 Abs 3 S 3, 4 BGB).[17]

Formfehler bei der Abfassung der Niederschrift über die Errichtung kommen in den **12** Genuss des Privilegs des § 2249 Abs 6 BGB. Danach steht der Formverstoß der Wirksamkeit der Beurkundung nicht entgegen, wenn mit Sicherheit anzunehmen ist, dass das Testament eine zuverlässige Wiedergabe der Erklärung des Patienten (Erblassers) enthält. Verstirbt der Patient trotz der möglichen Formfehlerheilung nach § 2249 Abs 6 BGB unmittelbar nach der Erklärung seines Willens vor drei Zeugen, ohne dass diese aber das Erklärte zu seinen Lebzeiten niedergeschrieben und vorgelesen haben und der Erblasser unterschrieben hat, so führt dies zur **Nichtigkeit des Testaments**.[18] Überhaupt sind die meisten Drei-Zeugen-Testamente nichtig.[19]

Erweist sich die Todesgefahr im Nachhinein als falsch und lebt der Patient weiter, so **13** verliert das Nottestament nach 3 Monaten seine Wirksamkeit (§ 2252 Abs 1 BGB). Darauf ist der Patient nach Errichtung des Nottestaments hinzuweisen. Wirkt ein Klinikarzt an der Errichtung eines Nottestaments mit, das durch diesen Zeitablauf unwirksam wird, so hat er den Patienten mit Nachdruck darauf hinzuweisen, dass nicht wirksam testiert wurde. Das Äußern von Zweifeln an der Gültigkeit des Testaments reicht nicht aus.

IV. Testierfähigkeit

Fehlt dem Patienten die erforderliche Testierfähigkeit, dh die Fähigkeit, ein Testament **14** zu errichten, aufzuheben oder zu ändern, so darf der Arzt nicht aktiv an einer Testamentserrichtung mitwirken. Zweifel sollte er in die Krankenakten aufnehmen, die aber sowieso entsprechende Auskünfte enthalten sollten, obwohl die Beweislastregel besagt, dass ein Erblasser so lange als testierfähig anzusehen sei, bis seine Testierunfähigkeit bewiesen ist.[20]

Erhöhte Zweifel an der Testierfähigkeit ergeben sich vor allem bei der Abfassung von **15** Nottestamenten, insbesondere, wenn sie in Kliniken aufgesetzt wurden. Das Krankenhauspersonal, das bei der Testamentserrichtung anwesend ist oder den Patienten aus dem Behandlungsverlauf kennt, wäre als Zeuge für die Testierfähigkeit des früheren Patienten (vgl § 2229 Abs 4 BGB) von erheblicher Bedeutung, insbesondere, weil es auf die Testierfähigkeit zum Zeitpunkt der Testamentserrichtung ankommt und weil Ärzte und nichtärztliches Personal im Gegensatz etwa zum Notar[21] sachverständige Zeugen sind.

Allerdings ist höchst strittig, inwieweit Ärzte und nichtärztliches Personal als Zeugen **16** für das Vorliegen der Testierfähigkeit in Betracht kommen. Ausgehend von den gesetzlichen Vorgaben in § 203 Abs 4 StGB (vgl auch § 9 Abs 1 S 1 MBO) besteht die (umfassende)

---

[15] Zwar ist ein Erblasser so lange als testierfähig anzusehen, bis seine Testierunfähigkeit bewiesen ist, die Ärzte können aber im Prozess als Zeugen gehört werden. KG NJW 2001, 903.
[16] LG Nürnberg-Fürth NJW-Spezial 2009, 40.
[17] *Palandt/Edenhofer* § 2250 BGB RdNr 7.
[18] BGH NJW 1991, 3210, 3211; *Palandt/Edenhofer* § 2250 BGB RdNr 7.
[19] *Brox* (Fn 6) § 12 RdNr 135.
[20] KG NJW 2001, 903.
[21] Die Feststellungen des Notars zur Testierfähigkeit sind nur als Meinungsäußerungen eines medizinischen Laien anzusehen, denen nur eine Indizwirkung zukommt: KG NJW 2001, 903, 905.

ärztliche Schweigepflicht nicht nur zu Lebzeiten des Patienten. Der Geheimnisschutz wird vielmehr ohne Einschränkung auch auf die Zeit nach dem Tode des Betroffenen erstreckt. Dementsprechend steht dem Arzt ein Zeugnisverweigerungsrecht im Zivil- (§ 383 Abs 1 Nr 6 ZPO) und im Strafprozess (§ 53 Abs 1 Nr 3 StPO) zu. Weder Erben noch nahe Angehörige können ihn von der Schweigepflicht über Umstände aus der höchstpersönlichen Sphäre des Verstorbenen entbinden.[22] Der Arzt kann grundsätzlich nur durch eine lebzeitige (ausdrückliche oder konkludente) Erklärung des Erblassers selbst von der Schweigepflicht befreit werden.[23] Daneben kommt nur ausnahmsweise eine mutmaßliche Einwilligung des Erblassers in Betracht, wenn davon ausgegangen werden kann, dass der Verstorbene die konkrete Offenlegung durch den Arzt mutmaßlich gebilligt haben würde.[24] Diese Beurteilung obliegt dem behandelnden Arzt, weil nur er allein das Geheimnis kennt und den mutmaßlichen Willen des Verstorbenen beurteilen kann.[25] Dabei sind immer nur die Umstände des konkreten Einzelfalles maßgeblich. Die pauschale Erwägung in der Rechtsprechung[26] und Teilen der Literatur,[27] dass ein Patient, der ein Testament errichtet, wünsche, dass Zweifel an seiner Testierfähigkeit zerstreut werden, geht schon deshalb viel zu weit, weil bis zum Beweis des Gegenteils von der Testierfähigkeit auszugehen ist.

V. Die Haftung des Krankenhauses für Organisationsmängel

17 Der Krankenhausträger ist verpflichtet, das Pflegepersonal, das nicht über die notwendigen Rechtskenntnisse verfügt, darüber zu belehren, wie es sich zu verhalten hat, wenn Patienten um Hilfeleistung bei Rechtsangelegenheiten von so außerordentlicher Bedeutung wie einer Testamentserrichtung nachsuchen: „Das Personal sollte wissen, bei welcher rechtskundigen Person oder Dienststelle es sich erkundigen kann, was im konkreten Fall zu veranlassen ist."[28] Hat das Krankenhaus bzw der Krankenhausträger den Organisationsmangel zu vertreten, so haftet es bzw er auf Schadenersatz, wenn ein wirksames Testament nicht zustande kommt.[29]

VI. Erbeinsetzung des behandelnden Arztes

18 Zunehmend treten Fälle auf, in denen Patienten solche Personen als Erben einsetzen oder mit einem Vermächtnis bedenken, die sie in seiner letzten Lebensphase medizinisch betreut oder gepflegt haben.[30] Derartige testamentarische Verfügungen sind unter mehre-

---

[22] Dazu zählen Angaben über den Gesundheits- und Geisteszustand (relevant für die Beurteilung der Testierfähigkeit). Vgl *Hülsmann/Baldamus* ZEV 3/1999, 91, 93; *Kern* MedR 2006, 205, 206; *Kiesecker*, in: HK-AKM, 4740 RdNr 44; *Kiesecker/Rieger*, in: HK-AKM, 5710 RdNr 6; BGHZ 91, 392, 398; BGH NJW 1983, 2627; BayObLG, Beschl v 21. 8. 1986, NJW 1987, 1492.

[23] *Kern* MedR 2006, 205, 206.

[24] BGHZ 91, 392, 399; *Kühnl* JA 1995, 328, 330. Allerdings sollte man im Hinblick auf §§ 4, 4a und 3 BDSG mit einer mutmaßlichen Einwilligung vorsichtig sein, weil die Einwilligung in die Weitergabe von Daten ausdrücklich der Schriftform bedarf und nur in Ausnahmefällen eine andere Form zulässig ist.

[25] BGHZ 91, 392, 399; BayObLG, Beschl v 21. 8. 1986, NJW 1987, 1492; *Kern* MedR 2006, 205, 207.

[26] OLG München MedR 2009, 49, 50 f; OLG Naumburg NJW 2005, 2018, 2019; BGHZ 91, 392, 400.

[27] *Spickhoff*, Postmortaler Persönlichkeitsschutz und ärztliche Schweigepflicht, NJW 2005, 1982; *Hülsmann/Baldamus* ZEV 3/1999, 91, 94 mwN.

[28] *Bergmann/Kienzle*, Krankenhaushaftung, RdNr 480; Informationen der Bundesarbeitsgemeinschaft Deutscher Kommunalversicherer 1995, 3.

[29] BGH NJW 1989, 2945; *Staudinger/Wurm* § 839 BGB RdNr 632; *Schlund*, S 167 ff; *ders* ArztR 1979, 206.

[30] *Plantholz/Rochon* FamRZ 2001, 270.

ren rechtlichen Gesichtspunkten in ihrer Wirksamkeit zweifelhaft. Die Zweifel beruhen in der Regel auf der Auswahl der Person des Begünstigten (des behandelnden Arztes) und sind im deutschen Recht nur schwach ausgeprägt.[31] Die Diskussion einschließlich der Rechtsprechung verliert dabei häufig den das deutsche Erbrecht beherrschenden Grundsatz der Testierfreiheit aus den Augen.

Alle auch nur entfernt einschlägigen Regeln (zB § 32 MBO, § 14 Abs 1 u 5 HeimG, § 43 BRRG, § 70 BBG, § 10 BAT, § 3 Abs 2 TVöD, einschlägige Normen der Landesbeamtengesetze) enthalten keine ausdrücklichen Aussagen zur Erbeinsetzung, sondern untersagen das Sich-Versprechen-Lassen und die Annahme von Belohnungen, Geschenken oder anderen Vorteilen. Dazu zählen indessen auch die Zuwendungen aufgrund letztwilliger Verfügungen.[32]

Soweit es sich um „Heimärzte" iSd Heimgesetzes handelt, sind letztwillige Verfügungen zu ihren Gunsten gemäß §§ 14 Abs 1 u 5 HeimG, 134 BGB nichtig.[33] Für den Krankenhausarzt gilt das nicht, weil Krankenhäuser nicht unter das Heimgesetz fallen (§ 1 HeimG).

Für verbeamtete oder angestellte Ärzte gelten die §§ 43 BRRG, 70 BBG, 3 Abs 2 TVöD oder § 3 Abs 3 TV-Ärzte. Sie machen das Behaltendürfen einer Erbschaft von der Genehmigung des Arbeitgebers abhängig. Ob es sich insoweit um Verbotsgesetze iSv § 134 BGB handelt, ist strittig.[34] Das ändert aber wohl nichts daran, dass der bedachte Arzt die Erbschaft gegebenenfalls ausschlagen muss.

Für den selbstständig tätigen Arzt bleibt nur § 32 MBO, der allerdings auch für die angestellten und verbeamteten Ärzte gilt. Ob er als Verbotsgesetz iSv § 134 BGB angesehen werden kann, ist aufgrund seiner Satzungsqualität strittig.[35] Fraglich ist allerdings schon ein Verstoß gegen § 32 MBO, der nur vorliegt, wenn durch die Zuwendung „der Eindruck erweckt wird, dass die Unabhängigkeit der ärztlichen Entscheidung beeinflusst wird."[36] Davon kann bei einer Einsetzung als Testamentserbe oder Vermächtnisnehmer allenfalls höchst selten die Rede sein, wenn der Arzt vor dem Tode des Patienten von seiner Erbeinsetzung weiß. Selbständig tätige Ärzte können daher von ihren Patienten als Erben eingesetzt werden.

Auch bei dieser Gruppe – wie bei allen hier behandelten Personen – kann allerdings noch eine Unwirksamkeit des Testaments wegen Sittenwidrigkeit gemäß § 138 Abs 1 BGB in Betracht kommen, wenn nämlich die Umstände der Testamentserrichtung dafür sprechen.[37] Demzufolge sollte sich die Mitwirkung des Arztes an der Errichtung eines Testaments, in dem er selbst als Erbe oder Vermächtnisnehmer bedacht werden soll, darauf beschränken, einen Notar zu bestellen.

---

[31] Vgl dazu BayObLG FamRZ 1985, 1082, 1083.
[32] BVerwG NJW 1996, 2319, 2320.
[33] *Plantholz/Rochon* FamRZ 2001, 270; BVerfG ZEV 1998, 312.
[34] Vgl dazu einerseits *Stach,* Nichtigkeit letztwilliger Verfügungen zugunsten Bediensteter staatlicher Altenpflegeeinrichtungen, NJW 1988, 943, 944f; andererseits *Plantholz/Rochon* FamRZ 2001, 271.
[35] BGH NJW 1986, 2360, 2361; BayObLGZ 2000, 301, 307 ff; aA *Plantholz/Rochon* FamRZ 2001, 272.
[36] Vgl dazu OVG NRW ArztR 2008, 217.
[37] BayObLG FamRZ 1985, 1082.

§ 92 Die Verwahrungspflicht des Krankenhausträgers

Inhaltsübersicht

	RdNr
I. Krankenhausaufnahmevertrag	1
1. Privatrechtsvertrag	1
2. Dienstvertrag	3
II. Pflicht zur Verwahrung eingebrachter Sachen des Patienten	5
1. Verwahrungsvertrag	5
2. Stationäre Unterbringung	8
III. Empfehlungen der Deutschen-Krankenhaus-Gesellschaft (DKG)	10
1. Eingebrachte Sachen	10
2. „Wertsachen"	11
3. 6-Wochen-Frist	12
IV. Haftungsfreizeichnung	13
1. § 16 der DKG-Bedingungen	13
2. Einbeziehungsvoraussetzungen	14
V. Rechtsprechungsbeispiele	18
1. OLG Karlsruhe NJW 1975, 597	19
2. LG Hannover ArztR 1983, 289	20
3. LG Dortmund VersR 1987, 1023	21
4. AG Frankfurt ArztR 1989, 163	22
5. OLG Hamburg MedR 1991, 38	23
6. LG Bochum MedR 1993, 147	24
7. LG Nürnberg-Fürth ArztR 1994, 65	25
8. OLG Köln ArztR 1999, 73	26
9. LG Hannover MedR 2000, 88	27

Schrifttum: *Bergmann,* Die Organisation des Krankenhauses unter haftungsrechtlichen Gesichtspunkten, VersR 1996, 810; *Bunte,* Handbuch der Allgemeinen Geschäftsbedingungen, 1989; *ders,* Gedanken zum Krankenhausvertrag, JZ 1982, 279; *Kern,* Haftung für mangelhafte Verwahrung, in: Gramberg-Davidsen, Rechtliche Grundlagen der augenärztlichen Tätigkeit, Stand 2004; *Kiesecker,* Abgelegte Kleidungsstücke in der Arztpraxis. Der Urologe Ausgabe B 1999, 548; *ders,* Keine Pflicht zur Verwahrung und Beaufsichtigung abgelegter Kleidungsstücke durch die Arztpraxis, MedR 1999, 143–144; *Laufs,* Arztrecht, 5. Aufl 1993; *Schlund,* Rechtsfragen zum bewußtlosen bzw unter „Schock stehenden" verletzten Skifahrer, Praktische Sport-Traumatologie und Sportmedizin 1990, 8–12; *ders,* Standardisierte Krankenhausaufnahmeverträge im Fokus des AGB-Gesetzes und auf dem „Prüfstand" der Gerichte, FS Trinkner 1995, 337–360; *Siegmund-Schultze,* Versicherung von Kleidungsstücken in der Ambulanz, ArztR 1982, 22; *Ulmer/Brandner/Hensen,* AGB-Gesetz, 10. Aufl 2006; *Wolf/Lindacher/Pfeiffer,* AGB-Recht, 5. Aufl 2007.

I. Krankenhausaufnahmevertrag

1 **1. Privatrechtsvertrag.** Das Rechtsverhältnis zwischen dem Patienten und seinem Arzt ist **privatrechtlicher Natur.** Das gilt selbstverständlich nicht nur für den zahlenmäßig kleinen Kreis der **Privatpatienten,** sondern auch für die rechtlichen Beziehungen zwischen dem Arzt und dem gesetzlich versicherten Patienten, sowie bei der Aufnahme des Privat- und gesetzlich versicherten Patienten in eine **Krankenanstalt.** Auch das Benutzungsverhältnis der Krankenanstalten mit öffentlich-rechtlichen Trägerschaften – insbesondere der Universitätskliniken – folgt dem Privatrecht.[1]

2 Der Krankenhausvertrag – die vertragliche Beziehung zwischen dem Krankenhausträger und dem Patienten über Aufnahme, Unterbringung, Behandlung und Pflege –

---

[1] *Laufs* Arztrecht RdNr 87.

16. Kapitel. Rechtsbeziehungen zw Patient u Krankenhaus/Arzt   3–6 § 92

stellt sich als **Dienstvertrag** (§§ 611 ff BGB) dar, dem jedoch auch Elemente der Miete (Raum-, Zimmerüberlassung) und des Werkvertrages (Beköstigung) innewohnen. Diese treten jedoch hinter dem dienstvertraglichen Charakter der ärztlichen Behandlung und der Krankenhauspflege stark zurück.[2]

2. Dienstvertrag. Zum Krankenhausvertrag haben sich in der Vergangenheit drei Formen herausgebildet:[3]   3
– der **totale Krankenhausaufnahmevertrag,** bei dem der Patient mit dem Krankenhausträger über alle für eine stationäre Behandlung erforderlichen Leistungen einschließlich der ärztlichen Betreuung und Behandlung einen Vertrag schließt;
– der **aufgespaltene Krankenhausaufnahmevertrag.** Hier bestehen Dienstverträge des Patienten mit dem Krankenhausträger einerseits und dem behandelnden Arzt andererseits. Dieser Vertragstypus galt und gilt vor allem für Belegärzte;
– der **totale** Krankenhausaufnahmevertrag mit **Arztzusatzvertrag.** Hier kommt zum allumfassenden Krankenhausaufnahmevertrag ein zusätzlicher Vertrag des Patienten mit seinem Arzt über die Behandlung zustande. Einerseits wird die Ansicht vertreten, dass mit Inkrafttreten des Krankenhausfinanzierungsgesetzes 1972[4] und der Bundespflegesatzverordnung 1973[5] regelmäßig der Krankenhausträger **allein** Vertragspartner des Patienten sei.[6] Auf der anderen Seite anerkennt der BGH[7] im Arztzusatzvertrag jedoch offensichtlich das Regelmodell.

Vielfach wird es aber vom Inhalt der getroffenen Vereinbarungen abhängen, ob der   4
selbstliquidierende Arzt alleiniger Vertragspartner des Patienten wird, oder ob er neben dem zur Verschaffung auch seiner Leistung verpflichteten Krankenhausträger dem Krankenhausvertrag lediglich hinzutritt.[8]

II. Pflicht zur Verwahrung eingebrachter Sachen des Patienten

1. Verwahrungsvertrag. Das bürgerliche Recht kennt neben den verschiedenen Krankenhausverträgen auch den **Verwahrungsvertrag** (§§ 688 ff BGB), der unentgeltlich zu   5
erfüllen ist, sofern sich aus den Umständen des Einzelfalles nicht anderes ergibt.

Nach wohl herrschender Ansicht[9] wird im Falle eines Arztbehandlungs- sowie eines   6
Krankenhausaufnahmevertrages hinsichtlich der Garderobe und sonstiger Wertgegenstände des Patienten *kein* (gesonderter) Verwahrungsvertrag abgeschlossen. Vielmehr erachtet man eine Verwahrungs- und Sicherungspflicht für (Wert-)Gegenstände des Patienten als **Nebenpflicht** des Arztbehandlungs-/Krankenhausaufnahmevertrages. Jedoch gilt es auch hier zu differenzieren und eine solche Nebenverpflichtung nur insoweit anzunehmen, als die **Notwendigkeit** zum Ablegen von Kleidern und anderen Gegenständen bestand. Dies dürfte vor allem zutreffen bei Augengläsern und Haftschalen, bei Gebiss- und Zahnbrückenteilen, bei Oberbekleidung und Unterwäsche sowie Strümpfen und Schuhen des Patienten; denn eine Notwendigkeit zum Ablegen dieser Gegenstände kann regelmäßig nur dort angenommen werden, wo das Ablegen dieser Kleidungsstücke und anderer Gegenstände die eigentliche Voraussetzung für die ärztliche Untersuchung und Behandlung (beispielsweise des Augen- oder Zahnarztes, des Urologen wie des Gynäkologen oder des Dermatologen) ist. Lediglich in derartigen Fällen besteht eine Pflicht des Arztes/des Krankenhausträgers (bei ambulanter Versorgung), eine für die Verhältnisse

---

[2] *Bunte,* Hdb, Anm 2 zu VIII, S. 346.
[3] Nähere Einzelheiten unter § 93.
[4] BGBl I, 1009, idF 10. 4. 1991, zuletzt geändert am 26. 3. 2007 (AGBl I, 378, 455).
[5] BGBl I, 333 idF v 21. 8. 1985 (BGBl I, 1666), zuletzt geändert am 20. 4. 2007 (BGBl I, 554, 575).
[6] *Laufs* Arztrecht RdNr 49.
[7] NJW 1985, 2189.
[8] *Laufs* Arztrecht RdNr 91.
[9] *Siegmund-Schulze* ArztR 1982, 22.

angepaßte gesicherte Unterbringung oder Verwahrung der Kleidungsstücke sowie Wert- und Körpergegenstände des Patienten schaffen zu müssen. Geschieht dies und kommt es dann dennoch ohne Verschulden des Arztes/des Krankenhausträgers zum Verlust dieser Gegenstände, so haftet der Arzt bzw der Krankenhausträger in einem solchen Fall nicht.

7   Hingegen ist das Ablegen von Überkleidern, eines Winter- oder Regenmantels, eines Hutes oder eines Regenschirmes an der Garderobe des Arztes üblich und nicht in jedem Falle notwendig. Sucht der Patient seinen Arzt etwa nur zu einer kurzen Besprechung auf, kommt er lediglich, um sich ein Rezept erneuern zu lassen oder vom Fortgang seiner Genesung zu berichten, dann muss es ihm überlassen bleiben, ob er sich von den genannten Gegenständen trennen und sie an der Garderobe ablegen will oder nicht. Trennt er sich von ihnen, geht ein eventueller Verlust derselben *nicht* **zulasten des Arztes.**[10]

8   **2. Stationäre Unterbringung.** Anderes gilt bei der **stationären Unterbringung** des Patienten oder wenn dieser gar **bewusstlos** ins Krankenhaus[11] eingeliefert wird. Hier umfaßt die vertragliche Nebenpflicht des Krankenhausträgers auch Überkleidung und sonstige Wertgegenstände des Patienten wie Geldbörse, Brille, Ausweise, Prothese, Ringe, Uhr, Radio- und Fernsehgeräte und dergleichen.

9   Dieser Sicherungs- und Verwahrungsverpflichtung kommt ein Krankenhausträger als **Nebenpflicht** aus dem geschlossenen Krankenhausaufnahmevertrag nur dann in ausreichendem Maße nach, wenn er dem Patienten auf der Station, im Krankenzimmer oder im Bereich der Verwaltung ein Wertfach zur Verfügung stellt, oder zumindest dafür Sorge trägt, dass diese Wert- und sonstigen Gegenstände des Patienten von diesem selbst oder bei dessen Verhinderung durch die Verwaltung ordnungsgemäß verwahrt und vor Diebstählen gesichert werden können.

III. Empfehlungen der Deutschen-Krankenhaus-Gesellschaft (DKG)

10   **1. Eingebrachte Sachen.** Das unter II. näher geschilderte Haftungsproblem ist den Krankenhausträgern und deren verantwortlichen Organen schon seit längerem bekannt. Dies hat in der Vergangenheit dazu geführt, dass die DKG von Zeit zu Zeit in ihren Krankenhausaufnahme- und -behandlungsverträgen entsprechende **Klauseln** einfügte. § 15 der vom Vorstand der DKG am 9. 3. 2005 zur Herausgabe verabschiedeten und nach §§ 24 ff GWB beim Bundeskartellamt in Bonn erneut angemeldeten Empfehlungen nämlich der „Allgemeinen Vertragsbedingungen (AVB) für Krankenhäuser" lautet:

§ 15. Eingebrachte Sachen

(1) In das Krankenhaus sollen nur die notwendigen Kleidungsstücke und Gebrauchsgegenstände eingebracht werden.
(2) Geld und Wertsachen werden bei der Verwaltung in für das Krankenhaus zumutbarer Weise verwahrt.
(3) Bei handlungsunfähig eingelieferten Patienten werden Geld und Wertsachen in Gegenwart eines Zeugen festgestellt und der Verwaltung zur Verwahrung übergeben.
(4) Zurückgelassene Sachen gehen in das Eigentum des Krankenhauses über, wenn sie nicht innerhalb von 12 Wochen nach Aufforderung abgeholt werden.
(5) Im Fall des Abs 4 wird in der Aufforderung ausdrücklich darauf verwiesen, dass auf den Herausgabeanspruch verzichtet wird mit der Folge, dass die zurückgelassenen Sachen nach Ablauf der Frist in das Eigentum des Krankenhauses übergehen.

---

[10] Nach einer Entscheidung des OLG Köln (VersR 1999,121) haftet ein niedergelassener Arzt nicht für das Abhandenkommen von Kleidungsstücken, die vom Patienten an im Rezeptionsbereich der Praxis angebrachten Garderobenhaken aufgehängt werden. Eine Haftung kommt allerdings dann in Betracht, wenn der Patient um sichere Verwahrung bittet und die Praxishelferin ihn daraufhin veranlasst, das Kleidungsstück am Garderobenhaken aufzuhängen.
[11] Schlund, Praktische Sport-Traumatologie und Sportmedizin 1990, 8, 10, sowie LG Hannover MedR 2000, 88..

(6) Abs 4 gilt nicht für Nachlassgegenstände sowie für Geld und Wertsachen, die von der Verwaltung verwahrt werden. Die Aufbewahrung, Herausgabe und Verwertung dieser Sachen erfolgt unter Beachtung der gesetzlichen Bestimmungen.

2. „Wertsachen": Unter den Begriff **„Wertsachen"** fallen Wertpapiere und sonstige **11** Urkunden sowie Kostbarkeiten (§ 372 BGB). Ob eine Sache als Wertsache anzusehen ist, richtet sich nach der allgemeinen Verkehrsanschauung. In der Regel handelt es sich bei Wertsachen um Sachen, deren Wert im Verhältnis zu Größe und Gewicht besonders hoch ist. Im Zweifel wird man zur Auslegung des Begriffs Wertsachen die Rechtsprechung zu §§ 372 und 702 BGB heranziehen müssen. Unter Umständen empfiehlt es sich aber auch, in größeren Krankenhäusern und Kliniken für die Verwahrung eine autorisierte, annahmeberechtigte Stelle oder Person zu bestimmen.

3. 6-Wochen-Frist. Gegen die vormals (in den Bedingungen des Jahres 1981) in § 16 **12** Abs 4 der Allgemeinen Vertragsbedingungen vorgesehene **6-Wochen-Frist** wurden zu Recht erhebliche Bedenken geäußert.[12] Es liegt darin ein Verstoß gegen § 9 AGBG (jetzt § 307 BGB nF). Danach gelten derartige Fiktionsklauseln nur dann, wenn für sie ein berechtigtes Interesse gegeben ist und gleichzeitig die Belange der Patienten gewahrt werden. Den Interessen des Krankenhausträgers entspräche es wohl in keinem Fall, wenn er von Patienten zurückgelassene Gegenstände und Sachen auf unabsehbare Zeit aufbewahren müßte. Dies gilt besonders dann, wenn es sich um nicht oder nur sehr schwer hinterlegungsfähige Gegenstände handelt. Bei einer lediglich 6wöchigen Frist erscheint aber das Interesse der jeweiligen Patienten nicht ausreichend genug berücksichtigt. Die nunmehr vorgesehene **12-Wochen- (oder 3-Monats-)Frist** kommt den Interessen der Patienten weit eher entgegen und kann auch dem Krankenhausträger noch zugemutet werden.[13]

IV. Haftungsfreizeichnung

1. § 16 der DKG-Bedingungen. Hinsichtlich der Haftung eingebrachter Sachen (der **13** Patienten) sieht § 16 der DKG-Bedingungen unter anderem vor: ...

(1) Für den Verlust oder die Beschädigung eingebrachte Sachen, die in der Obhut des Patienten bleiben, oder von Fahrzeugen des Patienten, die auf dem Krankenhausgrundstück oder auf einem vom Krankenhaus bereitgestellten Parkplatz abgestellt sind, haftet der Krankenhausträger nur bei Vorsatz und grober Fahrlässigkeit; das gleiche gilt bei Verlust von Geld und Wertsachen, die nicht der Verwaltung zur Verwahrung übergeben werden.
(2) Haftungsansprüche wegen Verlustes oder Beschädigung von Geld und Wertsachen, die durch die Verwaltung verwahrt wurden, sowie für Nachlassgegenstände, die sich in der Verwahrung der Verwaltung befunden haben, müssen innerhalb einer Frist von drei Monaten nach Erlangung der Kenntnis von dem Verlust oder der Beschädigung schriftlich geltend gemacht werden; die Frist beginnt frühestens mit der Entlassung des Patienten.

2. Einbeziehungsvoraussetzungen. Hierzu ist folgendes anzumerken:
Nicht wenige Krankenhausträger haben ihre Aufnahmebedingungen noch immer nicht **14** dem seit 1. 4. 1977 in Kraft befindlichen Gesetz zur Regelung des Rechts der Allgemeinen Geschäftsbedingungen (AGBG) angeglichen, das mittlerweile zum 1. 1. 2002 außer Kraft getreten ist, dessen Regelungen sich jetzt in den §§ 305 ff BGB nF finden.[14] Daher kommt

---

[12] *Bunte,* Hdb, Anm 10 zu VIII, 348.
[13] So auch der BGH in seiner Entscheidung v 9. 11. 1989 (MedR 1990, 136 ff = ArztR 1990, 213 ff); vgl hierzu *Schlund,* FS Trinkner 1995, 337, 355 ff. Diese 12-Wochen-Frist ist in der von der Krankenhausverwaltung in der an den Patienten gerichteten Aufforderung kalendermäßig zu bestimmen. Die Beweislast für den Zeitpunkt des Zugangs der Aufforderung liegt beim Krankenhausträger. Es muss daher empfohlen werden, das Benachrichtigungsschreiben als „Postzustellungsauftrag" zuzustellen.
[14] Vgl hierzu Einzelheiten bei *Schlund* (Fn 12) 340 ff; BGH NJW 1990, 761.

es nicht zu selten vor, dass schon die **Einbeziehungsvoraussetzungen** des § 2 AGBG (jetzt § 305 BGB nF) nicht erfüllt werden, so dass die verwendeten Allgemeinen Vertragsbedingungen und Aufnahmebedingungen **gar nicht Vertragsinhalt** werden.

15 Es mag auch noch Krankenhausbedingungen geben, in denen sich ein formularmäßiger Ausschluss der **Arzthaftung** für **leichte** Fahrlässigkeit befindet. Ein solcher wäre aber vor allem stets dann **unwirksam,** wenn er die für die Erhaltung von Leben und Gesundheit erforderlichen Behandlungs- und Aufklärungspflichten betrifft.[15]

16 Ebenso verhielte es sich mit dem **Ausschluss jeglicher Haftung** für eingebrachte Sachen. Ein solcher verstieße eindeutig gegen § 11 Nr 1 AGBG (jetzt § 309 Nr 1 BGB nF).[16]

17 Ein **Haftungsausschluss** für **leichte Fahrlässigkeit** käme nur dann in Betracht, wenn es weder die Haftung nach § 11 Nr 8 AGBG (jetzt § 309 Nr 8 BGB nF), noch Pflichten für Leben und Gesundheit betrifft. Dies dürfte etwa hinsichtlich der Haftung für eingebrachte Sachen gelten, die in der Obhut des Patienten bleiben.[17] Ein **Haftungsausschluss** für **Vorsatz** und **grobe Fahrlässigkeit** bei Verletzung der Verwahrpflicht hinsichtlich eingebrachter Sachen des Patienten, die er in seiner Verwahrung behält, ist also gem § 11 Nr 7 AGBG (jetzt § 309 NR 7 BGB nF) **unwirksam**.[18] Eine **Haftungsbeschränkung** auf **leichte Fahrlässigkeit** wäre hingegen möglich.[19]

V. Rechtsprechungsbeispiele

18 Die Frage der Haftung oder Nichthaftung eines Arztes oder eines Krankenhausträgers hinsichtlich vom Patienten mitgebrachter Gegenstände ist – soweit ersichtlich – noch nicht allzuoft Gegenstand von Gerichtsentscheidungen gewesen.

19 **1. OLG Karlsruhe NJW 1975, 597.** Die „Pilot"-Entscheidung stammt vom OLG Karlsruhe,[20] welches meint, der Krankenhausträger habe (aus dem Krankenhausvertrag) die Nebenpflicht, für in das Krankenhaus mitgebrachte Wertgegenstände der Patienten **geeignete Verwahrmöglichkeiten** zu schaffen. Welche Art von Verwahrung im Einzelfall in Betracht komme, unterliege der pflichtgemäßen Bestimmung des Krankenhausträgers, die dieser unter Abwägung des Sicherheitsbedürfnisses gegenüber den vorrangigen Belangen ärztlicher und pflegerischer Versorgung des Patienten zu treffen habe. Seien jedoch ausreichend sichere sonstige Verwahrungsmöglichkeiten von seiten der Krankenhausverwaltung angeboten – etwa eine Hinterlegung von Wertsachen in der Verwaltung –, dann habe der Patient auch bei der Benutzung eines Einzelzimmers **keinen Anspruch auf Aushändigung eines Zimmerschlüssels.** Der Krankenhausträger

---

[15] OLG Stuttgart NJW 1979, 2355.
[16] *Ulmer/Brandner/Hensen* RdNr 451a; *Wolf/Lindacher/Pfeiffer,* AGB-Gesetz, 694ff; vor Inkrafttreten des AGBG befand das OLG Karlsruhe (Urteil v 6.11.1974, NJW 1975, 597, 598), dass Klauseln, wonach „für alle Sachen, die Patienten oder Begleitpersonen bei sich behalten, die Anstalt keine Haftung übernimmt", rechtens seien.
[17] So BGH (Fn 12); *Wolf/Lindacher/Pfeiffer,* AGB-Gesetz, 661ff.
[18] So auch BGH (Fn 12).
[19] So der BGH (Fn 12). Um etwas ganz anderes handelt es sich bei der vielerorts von Krankenhausträgern verwendeten Klausel, wonach zurückgelassene Sachen des Patienten in das **Eigentum** des Krankenhauses übergehen, wenn sie nicht innerhalb von 12 Wochen nach Aufforderung abgeholt werden. Nach Ansicht des BGH (Fn 12) verstößt auch eine solche Klausel nicht gegen § 9 Abs 1, 2 AGBG. Hingegen erachtet der BGH eine Vertragsbedingung in Krankenhausaufnahmeverträgen, wonach Haftungsansprüche wegen **Verlustes** oder **Beschädigung** von **Geld** und **Wertsachen,** die durch die Krankenhausverwaltung **verwahrt** werden, innerhalb einer Frist von drei Monaten nach Erlangen der Kenntnis (schriftlich) geltend gemacht werden müssen, als gegen § 9 AGBG verstoßend und damit **unwirksam,** weil sie geeignet sei, die Rechte des Krankenhausbenutzers unangemessen zu verkürzen (vgl hierzu Einzelheiten in der BGH-Entscheidung in MedR 1990, 136, 138 unter IV der Entscheidungsgründe).
[20] NJW 1975, 597 (Diebstahl aus dem Einzelzimmer einer Intensivstation der Städtischen Krankenanstalten).

komme mit dem Verwahrangebot in der Verwaltung seinen nebenvertraglichen (Verwahrungs-)Verpflichtungen ausreichend nach. Sei der Patient seines Gesundheitszustandes wegen aber nicht in der Lage, seine Wertsachen selbst (eigenhändig) bei der Krankenhausverwaltung zu hinterlegen, so sei die Hinterlegung dort dennoch eine ausreichende Sicherung, sofern das Krankenhauspersonal dem Patienten auf sein Ersuchen die entsprechende zur Hinterlegung erforderliche Hilfe leiste.

2. LG Hannover ArztR 1983, 289. In der Entscheidung des LG Hannover[21] bekannte sich das Gericht zur Beweislast der Klägerin dafür, dass sie die Prothese auch tatsächlich in der Praxis des HNO-Arztes zurückgelassen hat, die sie für die Dauer der Behandlung ihrem Arzt in die Verwahrung gegeben hatte. Es sei aber Sache der Klägerin gewesen, die während der gesamten Behandlungsdauer im selben Raum liegende **Zahnprothese** nach Beendigung der Behandlung wieder an sich zu nehmen. Dies gelte um so mehr, als die Klägerin – im Gegensatz zum Arzt und seinen Helferinnen – eine persönliche Beziehung zu diesem Gegenstand hatte und es von den Helferinnen nicht gefordert werden könne, die Patientin beim Verlassen des Behandlungsraumes auf das Mitnehmen abgelegter Gegenstände besonders aufmerksam zu machen und ihre ganze Konzentration darauf zu richten. Derartiges könne auch vom behandelnden Arzt, der eine schwierige Dienstleistung vorzunehmen hatte, nicht gefordert werden.

3. LG Dortmund VersR 1987, 1023. Das LG Dortmund sah in einer Entscheidung[22] aufseiten des beklagten Krankenhausträgers weder eine grob fahrlässige Verletzung eines Verwahrungsvertrages noch ein Organisationsverschulden, denn keiner der Besucher wurde angehalten, seine Oberbekleidung vor Betreten der **Schleuse zur Intensivstation** abzulegen und an einen Haken dort selbst aufzuhängen. Die jeweiligen Intensivstationsbesucher wurden lediglich ersucht, einen Schutzkittel überzuziehen. Im übrigen waren in dieser Schleuse auch noch ausreichend große und gut lesbare **Schilder** angebracht (worden), die dazu aufforderten, alle Wertgegenstände nicht in der Schleuse liegen zu lassen. Bei dem *Pelzmantel* habe es sich um ein wertvolles Kleidungsstück gehandelt, das einer besonderen Obhut bedurfte.

4. AG Frankfurt ArztR 1989, 163. In der Entscheidung des AG Frankfurt[23] wird die Auffassung vertreten, der Krankenhausträger hafte weder vertraglich noch deliktisch, weil dem verstorbenen Ehemann der Klägerin wie schon bei den vorausgegangenen so auch bei der letzten Operation die Möglichkeit geboten worden war, seine Wertsachen im **Wertfach der Station** verwahren zu lassen. Davon habe er jedoch keinen Gebrauch gemacht. Mit der Zurverfügungstellung eines Wertfaches auf der Station sei der Krankenhausträger jedoch seiner nebenvertraglichen Verwahrungspflicht in ausreichendem Maße nachgekommen.

Eine deliktische Haftung des Krankenhausträgers (gem § 831 BGB) scheitere schon am Vortrag anspruchsbegründender Tatsachen durch die Klägerin. Hierzu müsse sie wenigstens den Vorfall nach Art, Zeit und Umständen so kennzeichnen, dass sich daraus ein Tätigwerden des Pflegepersonals des beklagten Krankenhausträgers ergeben könne. Dem Verstorbenen wurden diese Gegenstände zudem auch nicht vor Beginn der Operation vom Pflegepersonal abgenommen. Es könne daher nicht ausgeschlossen werden, dass der Verstorbene diese Gegenstände schon am Abend vor seiner Operation selbst in den Nacht-

---

[21] ArztR 1983, 289: Dort ging es um die beim HNO-Arzt von der Patientin vor der Untersuchung abgelegten Zahnprothese, die sie beim Weggehen mitzunehmen vergaß.

[22] VersR 1987, 1023 = ArztR 1988, 203: Verlust eines wertvollen Pelzmantels, der von einer Besucherin eines Patienten in der Schleuse der Intensivstation abgehängt worden war.

[23] ArztR 1989, 163: Verschwinden eines goldenen Armbands mit Gravurplatte, einer Halskette mit Christus-Kreuz-Anhänger (mit eingraviertem Hochzeitsdatum) und einer Bifokal-Brille im Gesamtwert von DM 3557,40 aus dem Krankenzimmer eines auf der Intensivstation nach Operation verstorbenen Mannes.

kasten ablegte und dieser sodann von der Stationsschwester lediglich mit Heftpflaster verschlossen wurde. Dies begründe aber keine Einstandspflicht nach § 831 BGB, denn dazu müsse der Sachvortrag der Klägerin ergeben, dass das Klinikpersonal selbst die Gegenstände entwendet habe.

23   **5. OLG Hamburg MedR 1991, 38.** In seiner Entscheidung vom 29. 9. 1989[24] trifft das Hanseatische Oberlandesgericht folgende drei Kernaussagen:
– Der in der Krankenhaus-Benutzungsordnung vorgesehene Haftungsausschluss für nicht gegen Empfangsquittung übergebene Wertsachen wird nur bei einem § 2 Abs 1 Nr 1 AGB-Gesetz (jetzt § 305 BGB nF) entsprechenden Hinweis Bestandteil des Krankenhausaufnahmevertrages.
– Der Senat lässt im entschiedenen Fall bewusst offen, ob aus einem Krankenhausaufnahmevertrag **allgemein** die vertragliche Nebenpflicht abzuleiten ist, für die Sicherheit von Patienten eingebrachter Gegenstände zu sorgen. Er bejaht im konkreten Fall aber eine solche (vertragliche) Nebenpflicht, weil in diesem Krankenhaus eine signifikante Häufung von Diebstählen festzustellen bzw der Zugang zu den Krankenhausstationen frei war und die Ablage wertvollen Schmucks in unverschlossener Nachttischschublade vor den Augen des Personals stattfand.
– Der Patient muss sich allerdings ein **Mitverschulden** dann zurechnen lassen, wenn er selbst keinerlei Sicherheitsvorkehrungen über die Verwahrung seiner Wertsachen trifft, obwohl ihm dies trotz seiner Erkrankung möglich gewesen wäre.

24   **6. LG Bochum MedR 1993, 147.** Aus der Entscheidung des LG Bochum vom 2. 8. 1991[25] kann die Schlussfolgerung gezogen werden, dass dem Patienten ein so hohes Eigenverschulden angelastet werden muss, dass daneben eine mögliche Haftung der beklagten Krankenanstalt (gemäß § 254 Abs 1 BGB) ausscheidet, wenn der Patient seine Brieftasche mit Ausweiskarten für mehrere Postsparbücher, Eurocheckkarten, Personalausweis und Führerschein mehr als zwei Wochen im unverschlossenen Spind seines Krankenzimmers aufbewahrt und die entwendeten Gegenstände unmittelbar vor der Entlassung des Patienten aus dem Krankenhaus noch in seinem Besitz waren.

Zu dieser Entscheidung muss jedoch der Hinweis gegeben werden, dass heutzutage jedes Krankenhaus eigentlich **verpflichtet** ist, einem jeden Patienten ein verschließbares Schränkchen (Spind) im Krankenzimmer zur Verfügung zu stellen. Dann dürfte auch bei einem Diebstahl aus diesem (verschlossenen) Behältnis die „Einbruchsklausel" einer patienteneigenen Hausratversicherung greifen.

25   **7. LG Nürnberg-Fürth ArztR 1994, 65.** Dem Urteil des LG Nürnberg-Fürth vom 21. 1. 1993[26] kann entnommen werden, dass der Krankenhausträger aufgrund nebenvertraglicher Obhutspflicht dafür zu sorgen hat, dass Patienten ihre Wertsachen sicher aufbewahren können. Besteht eine Möglichkeit, Wertgegenstände im Tresor der Klinik zu deponieren (oder zu hinterlegen) und wird darauf in den Allgemeinen Krankenhausaufnahme-Bedingungen hingewiesen, dann ist ein Haftungsausschluss in diesen allgemeinen Vertragsbedingungen für das Abhandenkommen derartiger Sachen, die im Patientenzimmer verbleiben, wirksam.

26   **8. OLG Köln ArztR 1999, 73.** Das OLG Köln entschied am 1. 10. 1997,[27] dass ein (niedergelassener) Arzt nicht für das Abhandenkommen von Kleidungsstücken hafte, die von Patienten an im Rezeptionsbereich der Praxis angebrachten Garderobenhaken aufgehängt werden. Eine Haftung käme nur dann in Betracht, wenn der Patient um eine

---

[24] MedR 1991, 38.
[25] MedR 1993, 147 = ArztR 1993, 168 = VersR 1992, 886; vgl. hierzu AG Augsburg Nr AHRS 0380/9; AG Darmstadt Nr AHRS 0380/16.
[26] ArztR 1994, 65.
[27] MDR 1998, 65; ArztR 1999, 73 = MedR 1999, 143; vgl Fn 10.

sichere Verwahrung bittet und die Arzthelferin ihn daraufhin veranlasst, das Kleidungsstück (hier: Pelzcape) am Garderobenhaken aufzuhängen.

9. LG Hannover MedR 2000, 88. Das LG Hannover meinte in seinem Urteil vom 15. 2. 1999,[28] dass alle Wertgegenstände, die ein bewusstlos eingelieferter Patient bei sich trägt (hier: Brillantring), vom Krankenhausträger in Verwahrung genommen werden müssen. Mit dem Einwand, das Pflegepersonal sei mit der Übertragung dieser Aufgaben überfordert, konnte der Krankenhausträger nicht gehört werden. Auch nahe Angehörige, die den Patienten ins Krankenhaus begleiten, treffe kein Mitverschulden, wenn sie sich nicht um Schmuckstücke von ihm kümmern. Soweit sich der Träger auf seine allgemeinen Vertragsbedingungen beruft, entfalten diese schon deshalb keine Wirksamkeit, weil sie nicht in den (stillschweigend) abgeschlossenen Arzt-Behandlungsvertrag einbezogen werden.

---

[28] MedR 2000, 88; vgl Fn 10

17. Kapitel. Die vertragliche Haftpflicht des Arztes und des Krankenhausträgers

Schrifttum (zu Kap 17 und 18): *M Andreas,* Delegation ärztlicher Tätigkeiten auf nichtärztliches Personal, ArztR 2008, 144; *Ankermann ua* (Hrsg), Arzthaftpflicht-Rechtsprechung digital Teil I-III: Entscheidungen von 1949 bis heute; *Annuß,* Die Haftung des Arbeitnehmers unter besonderer Berücksichtigung der Haftung des angestellten Arztes, 1998; Arbeitsgemeinschaft Rechtsanwälte im Medizinrecht eV (Hrsg), Das Belegarztsystem. Risiko für Arzt, Krankenhaus und Patient?, 1994; *dies,* Gutachterkommissionen und Schlichtungsstellen: Anspruch, Praxis, Perspektiven, 1990; *dies,* Krankenhaus im Brennpunkt. Risiken, Haftung, Management, 1997; *Badura/Hart/Schellschmidt,* Bürgerorientierung im Gesundheitswesen, 1999; *v Bar,* Gemeineuropäisches Deliktsrecht, Bd I 1996, Bd II 1999; *Barta,* Medizinhaftung, 1995; *Bäune/Dahm,* Auswirkungen der Schuldrechtsreform auf den ärztlichen Bereich, MedR 2004, 645-655; *Berg/Ulsenheimer* (Hrsg), Patientensicherheit, Arzthaftung, Praxis- und Krankenhausorganisation, 2006; *Bergmann,* Die Arzthaftung. Ein Leitfaden für Ärzte und Juristen, 1999; *ders,* Die Organisation des Krankenhauses unter haftungsrechtlichen Gesichtspunkten, VersR 1996, 810–817; *Bischoff,* Zur Haftung des Durchgangsarztes, FS Steffen, 1995, 57–64; *ders,* Die Haftung des Arztes aus Diagnosefehlern oder unterlassenen Untersuchungen, FS Geiß, 2000, 345–352; *Bergmann/Kienzle,* Krankenhaushaftung, 1996; *Bodenburg,* Der ärztliche Kunstfehler als Funktionsbegriff zivilrechtlicher Dogmatik, Perspektiven des Arzthaftungsrechts, 1983; *Boemke/Kern* (Hrsg), Arbeitszeit im Gesundheitswesen. Arbeitszeitschutz – Dienstplangestaltung – Haftung, 2004; *Bolsinger,* Dogmatik der Arzthaftung, 1999; *Brüggemeier,* Deliktsrecht 1986, 376–451: Verkehrspflichten freier Berufe – Das Beispiel der Arzthaftung; *ders,* Prinzipien des Haftungsrechts, 1999; *Büsken/Klüglich,* Die Krankenhausbehandlung: Haftungssystem und innerbetrieblicher Schadensausgleich (Freistellung – Regreß), VersR 1994, 1141–1151; *Damm,* Medizintechnik und Arzthaftungsrecht, NJW 1989, 737–744; *Deutsch,* Die Haftung von Arzt und Krankenhaus in der Bundesrepublik Deutschland. Eine Bestandsaufnahme der Rechtsprechung, FS Weißauer, 1986, 12–22; *ders,* Das Organisationsverschulden des Krankenhausträgers, NJW 2000, 1745–1749; *Deutsch/Matthies,* Arzthaftungsrecht. Grundlagen, Rechtsprechung, Gutachter- und Schlichtungsstellen, 3. Aufl 1988; *Deutsch/Schreiber* (Hrsg), Medical Responsibility in Western Europe. Research Study of the European Science Foundation, 1985; *Deutsch/Spickhoff,* Medizinrecht, 6. Aufl 2008; *Deutsch/Taupitz* (Hrsg), Haftung der Dienstleistungsberufe, 1993; *Dierks/Feussner/Wienke* (Hrsg), Rechtsfragen der Telemedizin, 2001; *Dressler,* Ärztliche Leitlinien und Arzthaftung, FS Geiß, 2000, 379–388; *Ehlers/Broglie/Günter* (Hrsg), Praxis des Arzthaftungsrechts, 4. Aufl 2008; *Fischer/Lilie,* Ärztliche Verantwortung im europäischen Rechtsvergleich, 1999; *Flatten,* Die Arzthaftpflichtversicherung – Ein Überblick, VersR 1994, 1019 –1023; *Flohr,* Arzthaftung in Österreich. Eine rechtsvergleichende Darstellung des deutschen und österreichischen Arzthaftpflichtrechts, 1997; *Frahm/Nixdorf,* Arzthaftungsrecht. Leitfaden für die Praxis, 1996; *Francke/Hart,* Ärztliche Verantwortung und Patienteninformation, 1987; *dies,* Charta der Patientenrechte 1999; *H Franzki,* Arzthaftung in Ost und West, FS Remmers, 1995, 467–477; *ders,* Von der Verantwortung des Richters für die Medizin – Entwicklungen und Fehlentwicklungen der Rechtsprechung zur Arzthaftung, MedR 1994, 171–179; *Gehrlein,* Grundriss der Arzthaftpflicht, 2. Aufl 2006; *ders,* Leitfaden zur Arzthaftpflicht, 2000; *Geiß/Greiner,* Arzthaftpflichtrecht, 6. Aufl 2009; *Giesen,* Arzthaftungsrecht, Die zivilrechtliche Haftung aus medizinischer Behandlung in der Bundesrepublik Deutschland, in Österreich und der Schweiz, 4. Aufl 1995; *ders,* International Medical Malpractice Law. A Comparative Law Study of Civil Liability Arising from Medical Care, 1988; *ders,* Wandlungen im Arzthaftungsrecht, Die Entwicklung der höchstrichterlichen Rechtsprechung auf dem Gebiet des Arzthaftungsrechts in den achtziger Jahren, JZ 1990, 1053–1064; *Goetze,* Arzthaftungsrecht und kassenärztliches Wirtschaftlichkeitsgebot, 1989; *Gramberg-Danielsen* (Hrsg), Rechtliche Grundlagen der augenärztlichen Tätigkeit, Stand Oktober 2008; *Grambow,* Die Haftung bei Gesundheitsschäden infolge medizinischer Betreuung in der DDR, 1997; *J Gross,* Haftung für medizinische Behandlung im Privatrecht und im öffentlichen Recht der Schweiz, 1987; *Gründel,* Psychotherapeutisches Haftungsrecht, 2000; *J Hager,* Staudinger Komm zum BGB, §§ 823–825, 13. Bearb 1999, § 823, RdNr J 1–41 u J 130–133; *Hahn,* Die Haftung des Arztes für nichtärztliches Hilfspersonal, 1981; *Hansis/Hansis,* Der ärztliche Behandlungsfehler. Verbessern statt streiten, 1999; *Hart* (Hrsg), Ärztliche Leitlinien: Empirie und Recht professioneller Normsetzung, 2000; *ders* (Hrsg), Ärztliche Leitlinien im Medizin- und Gesundheitsrecht: Recht und Empirie professioneller Normbildung, 2005; *ders,* Diagnosefehler – Seine Verortung als Behandlungsfehler und die Verpflichtung zur Aufklärung, Liber Amicorum Eike Schmidt, 2005, 131–157; *ders,* Grundlagen des Arzthaftungsrechts, Jura 2000, 14–19 u 64–70; *ders,* Organisationshaftung und Medikationstechnik. Krankenhausorganisation als Gegenstand der Arzthaftung, Liber Amicorum Gert Brüggemeier, 2009, 345–362; *Heidelk,* Gesundheitsverletzung und Gesundheitsschaden, 2005; *Heilmann,* Der Stand der deliktischen Arzthaftung, NJW 1990, 1513–1520; *Hirte,* Berufshaftung. Ein Beitrag zur Entwicklung eines einheitlichen Haftungsmodells für Dienstleistungen, 1996; *Honsell* (Hrsg), Handbuch des Arztrechts, 1994; *Jung/Meiser/Müller* (Hrsg), Aktuelle Probleme und Perspektiven des Arztrechts, 1989; *Kasche,* Verlust von Heilungschancen, 1999; *Katzenmeier,* Arzthaftung, 2002; *ders,* Schuldrechtsmodernisierung und Schadensersatzrechtsänderung – Umbruch in der Arzthaftung, VersR 2002, 1066-1074; *Kern,* Die Genugtuungsfunktion des Schmerzensgeldes – ein pönales Element im Schadensrecht?, AcP 191 (1991), 247–272; *ders,* Schmerzensgeld bei totalem Ausfall aller geistigen Fähigkeiten und Sinnesempfindungen?, in: Heinze/Schmitt (Hrsg), FS für Wolfgang Gitter zum 65. Geburtstag am 30. Mai 1995, 1995, 447–459; *ders,* Haftungsrechtliche Fragen und Probleme des ambulanten Operierens, NJW 1996, 1561–1564; *ders,* Organisationsverschulden – Ausdruck institutioneller Sorgfaltspflichtverletzungen –, MedR 2000, 347–351; *ders,* Haftung des Arztes für Behandlungsfehler mit besonderer Berücksichtigung der Haftung im Krankenhaus, in: Gramberg-Danielsen, Rechtliche Grundlagen der augenärztlichen Tätigkeit, 2004, 2/530 – 554; *ders,* Spannungsverhältnis von Haftungsrecht und Kassenarztrecht, MedR 2004, 300; *ders,* Organisationspflichtverletzung – Haftung von Mitarbeitern und Krankenhausträgern, in: Boemke/Kern (Hrsg), Arbeitszeit im Gesundheitswesen. Arbeitszeitschutz – Dienstplangestaltung – Haftung, 2004, 143–154; *ders,* Arzthaftpflichtrecht, Ad Legendum 2006, 182; *Kern/Schaefer,* Verschuldensunabhängige Haftung bei Gesundheitsschäden infolge medizinischer Maßnahmen in den neuen Bundesländern, MedR 1996, 452–453; *Kistner,* Wahlbehandlung und direktes Liquidationsrecht des Chefarztes. Vertragsgestaltung, Haftung und Regreß, 1990; *Kleuser,* Die Fehleroffenbarungspflicht des Arztes unter besonderer Berücksichtigung der versicherungsrechtlichen Obliegenheiten nach einem Behandlungszwischenfall, 1995; *Köhler/v Maydell* (Hrsg), Arzthaftung – „Patientenversicherung" – Versicherungsschutz im Gesundheitswesen, 1997; *Könning-Feil,* Das internationale Arzthaftungsrecht, 1992; *Laufs,* Deliktische Haftung ohne Verschulden? – eine Skizze, FS Gernhuber, 1993, 245–258; *ders,* Patientenrechte, NJW 2000, 846–848; *ders,* Unglück und Unrecht. Ausbau oder Preisgabe des Haftungssystems?, 1994; *ders,* Zur Freiheit des Arztberufes, FS Deutsch, 1999, 625–633; *Laufs/Dierks/Wienke/Graf-Baumann/Hirsch* (Hrsg), Die Entwicklung der Arzthaftung, 1997; *Littbarski* (Hrsg), Entwurf einer Richtlinie über die Haftung bei Dienstleistungen, 1992; *Macke,* Heilbehandlungsfolgenrecht in der ehemaligen DDR – Ein rechtsvergleichender Rückblick –, FS Steffen, 1995, 289–302; *Martis/Winkhart,* Arzthaftungsrecht, 2. Aufl 2007; *Mehringer,* Die Anfängeroperation. Zwischen Patientenrechten und Ausbildungsnotwendigkeit, 2007; *Mertens,* MünchKomm Schuldrecht Bes Teil III, 3. Aufl 1997, § 823, RdNr 346–465; *Meurer,* Außergerichtliche Streitbeilegung in Arzthaftungssachen, 2008; *Möhle,* Die Haftpflichtversicherung im Heilwesen: eine Studie über die versicherungsrechtliche Deckung medizinischer Haftungsschäden, 1992; *Müller,* Arzthaftung in Zeiten knapper Kassen, FS Hirsch, 2008, 413–422; *Nüßgens,* BGB-RGRK, 12. Aufl 1989, § 823 Anh II, RdNr 1–42 u 174–258; *Oechsmann/Georg,* Die zivilrechtliche Haftung des Zahnarztes interdisziplinär dargestellt für Mediziner und Juristen, 1989; *Pelz,* Entwicklungstendenzen des Arzthaftungsrechts, DRiZ 1998, 473–481; *Pichler,* Rechtsentwicklungen zu einer verschuldensunabhängigen Entschädigung im Medizinbereich, Bd 1, 1994; *Picker,* Vertragliche und deliktische Schadenshaftung, JZ 1987, 1041–1058; *ders,* Schadensersatz für die unerwünschte Nachkommenschaft („wrongful birth"). Medizinischer Fortschritt als zivilisatorischer Rückschritt?, 1997; *Quaas/Zuck,* Medizinrecht, 2. Aufl 2008; *Radau,* Ersetzung der Arzthaftung durch Versicherungsschutz. Eine Untersuchung am Beispiel der Patientenunfallversicherung in Schweden, 1993; *Ratajczak/Stegers,* Medizinhaftpflichtschäden. Ausgewählte Entscheidungen und Hinweise für die praktische Fallbearbeitung, 1989; *Ratzel,* Die deliktsrechtliche Haftung für ärztliches Fehlverhalten im Diagnosebereich, 1986; *Ratzel/Luxenburger* (Hrsg), Handbuch Medizinrecht, 2008; *Rehborn,* Aktuelle Entwicklungen im Arzthaftungsrecht, MDR 1999, 1169–1176; 2000, 1101–1110; 2001, 1148–1156; 2002, 1281–1288; 2004, 371–377; *ders,* Arzt – Patient – Krankenhaus. 3. Aufl 2000; *Reiling,* Die Grundlagen der Krankenhaushaftung – Eine kritische Bestandsaufnahme, MedR 1995, 443–455; *Schinnenburg,* Besonderheiten des Arzthaftungsrechts bei zahnärztlicher Behandlung, MedR 2000, 185–189; *Schmidt,* Wirtschaftliche Erwägungen im Arzthaftungsrecht – eine Bestands-

17. Kapitel. Vertragl Haftpflicht v Arzt u Krankenhausträger   1   § 93

aufnahme, 2007; *Schramm,* Der Schutzbereich der Norm im Arzthaftungsrecht, 1992; *Seehafer,* Der Arzthaftungsprozeß in der Praxis, Verhältnisse in Bremen, 1977–1987, 1991; *Spickhoff,* Ausschluß der Haftung des Krankenhausträgers für ärztliche Leistungen durch AGB?, VersR 1998, 1189–1198; *Steffen,* Der sogenannte Facharztstatus aus der Sicht der Rechtsprechung des BGH, MedR 1995, 360f; *ders,* Die Aushilfeaufgaben des Schmerzensgeldes, FS Odersky, 1996, 723–726; *ders,* Die Arzthaftung im Spannungsfeld zu den Anspruchsbegrenzungen des Sozialrechts für den Kassenpatienten, FS Geiß, 2000, 487–502; *ders,* Formen der Arzthaftung in interdisziplinär tätigen Gesundheitseinrichtungen, MedR 2006, 75–80; *Steffen/Pauge,* Arzthaftungsrecht. Neue Entwicklungslinien der BGH-Rechtsprechung, 10. Aufl 2006; *Stegers,* Das arzthaftungsrechtliche Mandat in der anwaltlichen Praxis, 1988; *Stellamor/Steiner,* Handbuch des österreichischen Arztrechts, 2 Bde, 1999; *Sundmacher,* Die unterlassene Befunderhebung des Arztes, 2008; *Taupitz,* Das Berufsrisiko des Arztes: Entwicklung, Steuerung und Risikominimierung, MedR 1995, 475–482; *Thumann,* Reform der Arzthaftung in den Vereinigten Staaten von Amerika, 2000; *Ulsenheimer,* Ausgreifende Arzthaftpflichtjudikatur und Defensivmedizin – ein Verhältnis von Ursache und Wirkung, 1997; *ders,* Patientensicherheit, Arzthaftung, Praxis- und Krankenhausorganisation, 2006; *Ulsenheimer/Schlüter/Böcker/Bayer,* Rechtliche Probleme in Geburtshilfe und Gynäkologie. Eine Fallsammlung zu den Themen Haftung, Aufklärung, Behandlungsfehler und Schweigepflicht, 1990; *Velten,* Der medizinische Standard im Arzthaftungsprozess, 2001; *Voß,* Kostendruck und Ressourcenknappheit im Arzthaftungsrecht, 1999; *Vosten,* Rationierung im Gesundheitswesen und Patientenschutz, 2001; *Weber-Steinhaus,* Ärztliche Berufshaftung als Sonderdeliktsrecht. Eigenmacht, Behandlungsfehler, Aufklärungsversäumnisse, 1990; *Wienke/Dierks* (Hrsg), Zwischen Hippokrates und Staatsmedizin, 2008; *v Ziegner,* Der Zahnarzt in der zivilrechtlichen Haftung unter besonderer Abwägung des anzusetzenden Haftungsstandards, 2007.

§ 93 Vertragshaftung und Deliktshaftung

Inhaltsübersicht

	RdNr
I. Die Flut der Arzthaftpflichtprozesse. Ausgangspunkte	1
1. Anstieg der Zahl der Haftpflichtprozesse	1
2. Verschuldensprinzip	4
3. Qualitätsabsicherung	12
II. Vertragliche und deliktische Haftpflicht des Arztes – einander angenähert	17
1. Anspruchskonkurrenz, Auswirkungen der BGB-Reformen	17
2. Angleichung durch die Rechtsprechung	21
3. Verlust von Heilungschancen	24
4. Haftungsbeschränkungen	25
5. Expertenstatus des Arztes und Selbstbestimmungsrecht des Patienten	29

I. Die Flut der Arzthaftpflichtprozesse. Ausgangspunkte

1. Anstieg der Zahl der Haftpflichtprozesse. Die **Konjunktur der** von Patienten   1
bei den Schlichtungs- und Gutachterstellen wie vor Gericht gegen Ärzte und Krankenhausträger erhobenen **Ansprüche** auf Schadensersatz zeigt sich ungebrochen. Auch die Haftpflichtversicherer anerkennen und regulieren außerprozessual eine stark gestiegene Zahl von Fällen.[1] Die Möglichkeiten der Medizin erweitern sich und damit die Gefahren schädlicher Nebenfolgen und Fehlschläge. Immer mehr Ärzte und immer mehr Eingriffe prägen das Bild des Gesundheitsdienstes, der sich auf den demographischen Wandel und eine infolge verminderten Risikoverhaltens angestiegene Morbidität und Mortalität einzustellen hat.

---

[1] Vgl die Zahlenangaben bei *Krumpaszky/Sethe/Selbmann* VersR 1997, 420, 425ff; *Lichtmannegger/Kleitner,* in: *Berg/Ulsenheimer,* 7ff.

2 Viele anspruchsvolle und technikgläubige Patienten betrachten das Schicksal dennoch als einklagbaren Rechtsverlust.² Doch wenn dem Arzt kein schuldhafter Behandlungsfehler unterlief, sondern ein **nicht aufzuhaltender, schicksalsmäßiger Verlauf** vorlag, kommt eine ärztliche Haftpflicht nicht in Betracht.

3 Wenngleich die Justiz je und je unbegründete Ansprüche abwies, so hat sie doch selbst einen Beitrag zum Anstieg der Arzthaftpflichtprozesse geleistet, die meist tief in das Leben von Patienten und Ärzten einschneiden.³ Sie hat die Sorgfaltspflichten des Arztes und mehr noch dessen Aufklärungspflicht verschärft. Die **Spezialspruchkörper** sind tief in medizinische Fachprobleme eingedrungen und haben sich dazu befähigt, den kaum jemals noch in Standeskollegialität befangenen Sachverständigen,⁴ ohne die kein Prozess auskommt, bohrende Fragen zu stellen, wobei freilich die **Verhandlungsmaxime** beachtet bleiben muss. Im Interesse der prozessualen Waffengleichheit haben die Gerichte, allen voran der VI. Zivilsenat des BGH, dem klagenden Patienten weitreichende **Beweislastumkehrungen** eingeräumt, die ärztliche Dokumentationspflicht zu einer vertraglichen Nebenpflicht ausgestaltet und in bestimmten Grenzen das Recht auf Einsicht in die Krankenunterlagen gewährt.

4 **2. Verschuldensprinzip.** Für die vertragliche wie die deliktische Haftpflicht gilt das **Verschuldensprinzip.** Es muss stets deutlich bleiben, dass es um das Einstehen für Unrecht, nicht für Unglück geht.⁵ „Die reine Arzttätigkeit einer Haftung für besondere Gefahr zu unterwerfen, erscheint absurd. Die medizinische Tätigkeit ist dem Patienten zugewendet. Der Arzt wirkt nicht auf einen gleichmäßigen, sondern auf einen bestenfalls fluktuierenden, regelmäßig sogar reduzierten oder gefährdeten Gesundheitszustand ein. Auch die weitere Verschlechterung liegt zunächst im Risikobereich des Patienten. Dabei hat der Arzt professionelle Standards einzuhalten, mehr nicht."⁶

5 Die rechtsethische Überlegenheit des gleichermaßen das Vertrags- wie das Deliktsrecht beherrschenden Verschuldensprinzips⁷ verbürgt berufliche Freiheit. Die Rechtsgemeinschaft gewinnt durch den normativen Effekt der Einstandspflicht kraft Verantwortlichkeit. Nach berechtigter Kritik zog die EU-Kommission den Richtlinien-Entwurf zur Dienstleistungshaftung mit dem Kernpunkt einer Beweislastumkehr für das Verschulden zugunsten des Dienstleistungsempfängers zurück.⁸

6 Kritisch festzuhalten bleibt, dass sich das Haftpflichtrecht nicht nur in Deutschland erosionsartig ausweitet,⁹ wobei sich die Grenzen zwischen Unrecht und Unglück, zwischen Schadenszurechnung und Schadensverteilung verwischen und verschärfte Verkehrspflichten sowie modifizierte Beweisregeln das freiheitsverbürgende Verschuldensprinzip abschwächen und versteckten Gefährdungstatbeständen den Weg bereiten.¹⁰

7 Vor dem für Ärzte und Krankenhausträger düsteren Hintergrund der prozessualen Hochkonjunktur erscheinen Versicherungslösungen, wie sie skandinavische Länder ken-

---

² Vgl *Katzenmeier*, § 1, zum demographischen Hintergrund der Arzthaftung; allg. zu den außerjuristischen Triebkräften der Haftungsverschärfung *Mansel*, FS Henrich, 2000, 425 ff.

³ Zu psychosozialen Belangen der Parteien in Arzthaftpflichtprozessen *Rumler-Detzel*, FS Steffen, 1995, 373 ff.

⁴ Vgl *G Müller* NJW 1997, 3049, 3054 u allgemein MedR 2001, 487 ff; *Bürger* MedR 1999, 100, 103 u 108 u *Kern*, in: *Kröber/Dölling/Leygraf/Sass* (Hrsg), 40–46. Anders noch *Giesen*, Arzthaftungsrecht, RdNr 395 ff.

⁵ *Katzenmeier*, § 3, insbes II.6.; *Laufs* NJW 1996, 2413 f; *ders*, in: *Laufs/Dierks/Wienke/Graf-Baumann/Hirsch* (Hrsg), 1 ff.

⁶ *Deutsch*, FS v Caemmerer, 329, 330.

⁷ *Larenz/Canaris*, Bd II, Halbbd 2, Bes Teil, § 84 I 2; *Canaris* JBl 1995, 2, 16 f.

⁸ ABl EG C 12 v 18. 1. 1991, 8 ff; krit etwa *Hirsch*, in: *Laufs/Dierks/Wienke/Graf-Baumann/Hirsch* (Hrsg), 149 ff; *Baumgärtel* JZ 1992, 321 ff; für die Initiative *Giesen* JR 1991, 485 ff.

⁹ Vgl *Honsell*, Symposium Stark, 1991, 19 ff, an Beispielen aus der schweizerischen Arzthaftung.

¹⁰ *Laufs*, Unglück und Unrecht. Ausbau oder Preisgabe des Haftungssystems?; *ders*, FS Gernhuber, 245 ff.

nen, als verlockender Ausweg. *Pichler* hat die internationalen Rechtsentwicklungen zu einer verschuldensunabhängigen Entschädigung im Medizinbereich aufgezeigt.[11] Diese Modelle vermitteln dem Patienten einen Anspruch gegen den Versicherer bei bestimmten Behandlungsschadensfällen – unabhängig von einer persönlichen Einstandspflicht des Schädigers: Versichert ist nicht das Haftpflichtrisiko des Behandelnden, sondern das Behandlungsrisiko des Patienten. Allerdings können sie das Hauptproblem aller Arzthaftung nicht lösen, das Kausalitätsprinzip. Auch die bekannten versicherungsrechtlichen Lösungen können auf die kausale Anknüpfung an die ärztliche Behandlung nicht verzichten.

Nicht zuletzt deshalb hat die Deutsche Gesellschaft für Medizinrecht (DGMR) eine Rezeption der skandinavischen Systeme der Schadensregulierung an die folgenden Voraussetzungen geknüpft: „eine praktikable Abgrenzung der versicherten Risiken, insbesondere die Differenzierung zwischen behandlungsbedingtem und schicksalbedingtem Verlauf; die Beibehaltung der Möglichkeit einer richterlichen Kontrolle ärztlichen Verhaltens, etwa durch Regreß bei Vorsatz und grober Fahrlässigkeit, sowie straf- und disziplinarrechtliche Sanktionierung; eine dauerhaft gesicherte Finanzierung ohne nennenswerte Mehrbelastung für die Volkswirtschaft; die präventive, verhaltenslenkende Funktion des Haftpflichtrechts muß auch bei faktischer Freistellung des Arztes erhalten bleiben; dabei muß auch der Ausgleich immaterieller Schäden gewährleistet sein; geltendes Berufsrecht, insbesondere eine sachgerechte Aufklärungs- und Dokumentationspflicht, dürfen dadurch nicht gemindert werden".[12] Das sind hohe Hürden, die im Grunde eine Absage an einen Systemwechsel bedeuten. Und so fehlt es nicht an Verteidigern des geltenden, durch die höchstrichterliche Spruchpraxis des BGH im Dienste des Patientenschutzes fortgebildeten Rechts,[13] die auf dessen Vorzüge hinweisen können: den umfassenden Schadensersatz nach dem Prinzip der Totalreparation mit dem Anspruch auf Schmerzensgeld, ferner den nicht zu unterschätzenden Aspekt der Prävention.[14] Auch können die triftigen Bedenken, insbesondere die Frage nach der Abgrenzung der versicherten Risiken und nach der Finanzierung, gegen eine Ablösung der Arzthaftpflicht durch Versicherungsschutz noch keineswegs als ausgeräumt gelten.

Unterdessen geht die Debatte um eine Reform der Arzthaftung weiter.[15] Während einerseits das Potential des Zivilrechts zum Schutz von Mensch und Gesundheit als noch nicht voll ausgeschöpft angesehen wird,[16] wird andererseits ein einheitliches Haftungssystem für alle Umsatzgeschäfte und Dienstleistungen verlangt, in dem das Verschuldensprinzip fallen soll.[17] Dieser Gedanke wird auch von der Europäischen Gemeinschaft favorisiert. Die Umsetzung der Pläne bedeutete eine vollständige Umwälzung des ärztlichen Haftungsrechts. Weiter findet sich die Idee eines kollektiven Schadensausgleichs durch eine Rezeption des *Bismarck*schen Modells der Arbeiterunfallversicherung unter Eintritt in das sozialgerichtliche Verfahren.[18] Auch die Patientenrechte haben im Zeichen der europäischen Rechtsvergleichung in jüngerer Zeit wieder ein verstärktes rechtswissenschaftliches

---

[11] Vgl *Pichler*, Rechtsentwicklungen zu einer verschuldensunabhängigen Entschädigung im Medizinbereich. Bd 1: Die Patientenversicherungen in Schweden, Finnland und Dänemark.
[12] *Laufs/Dierks/Wienke/Graf-Baumann/Hirsch* (Hrsg), 349, 351.
[13] *Laufs* NJW 1996, 2413 f; *Fuchs*, in: *Köhler/v Maydell*, 23 ff, 38; *Francke/Hart*, Charta der Patientenrechte, 243.
[14] Ausführlich dazu *Katzenmeier*, § 4 IV.4.c.
[15] Vgl *Fischer/Lilie*, Ärztliche Verantwortung im europäischen Rechtsvergleich, 1999; *Thumann*, Reform der Arzthaftung in den Vereinigten Staaten von Amerika, 2000.
[16] *Möllers*, Rechtsgüterschutz im Umwelt- und Haftungsrecht. Präventive Verkehrspflichten und Beweiserleichterungen in Risikolagen, 1996.
[17] *Hirte*, Berufshaftung. Ein Beitrag zur Entwicklung eines einheitlichen Haftungsmodells für Dienstleistungen, 1995.
[18] *Radau*, Ersetzung der Arzthaftung durch Versicherungsschutz. Eine Untersuchung am Beispiel der Patientenunfallversicherung in Schweden, 1993 und *Barta*, Medizinhaftung, 1995. Auch *Köhler* in dem instruktiven rechtsvergleichenden Sammelband von *Köhler/von Maydell* (Hrsg), 207 ff Dazu *Katzenmeier* AcP 198 (1998), 535 ff.

und rechtspolitisches Interesse auf sich gezogen. So hat denn die deutsche Gesundheitsministerkonferenz eine Deklaration unter dem Titel „Patientenrechte in Deutschland heute"[19] herausgebracht – eine nützliche Handreichung, die die Öffentlichkeit informieren und dadurch das Gespräch zwischen Ärzten und Patienten anregen will. Die holzschnittartige, nicht alle relevanten Punkte umfassende Dokumentation fordert in ihrer Präambel, „die Beteiligung von Patienten im Gesundheitswesen auszubauen", freilich ohne ein Programm dafür zu entwickeln.[20] Patientenrechte werden ein Dauerthema bleiben,[21] schon deshalb, weil Deutschland in der „Leistungsbewertung der Gesundheitssysteme" in der Untergruppe „Patientenrechte und –information" am unteren Ende liegt.[22] Schließlich wird für ein „integratives Medizinrecht" mit einer ihm gemäßen Gerichtsorganisation geworben.[23]

10   In Österreich hat die Debatte um eine verschuldensunabhängige Arzthaftung mit einem im Jahre 2001 eingeführten Entschädigungsmodell ein (vorläufiges) Ende gefunden; dieses Modell gewährt Spitalpatienten eine Entschädigung, wenn eine Haftung des Krankenanstaltträgers nicht eindeutig gegeben ist.[24]

11   Auch in der DDR bildete die Regulierung von Patientenschäden ein gewichtiges Thema, freilich in einem ganz anderen Ausgleichs- und Haftpflichtsystem,[25] das in der Erweiterung der materiellen Unterstützung der Bürger bei Schäden infolge medizinischer Eingriffe (EMU) Ausgleichsansprüche auch bei pflichtgemäßer Behandlung vorsah. Der Bundesgesetzgeber hat die verschuldensunabhängige Haftung für Gesundheitsschäden nach dem Muster der DDR für das wiedervereinigte Deutschland jedenfalls nicht, auch nicht in nachgebesserter Gestalt, fortgeführt. Medizinschadensfälle aus der DDR ließen sich forensisch wieder aufrollen, dürften heute indessen an der „steilen Hürde des Verjährungsrechts"[26] scheitern. Selbst wenn wegen Unmöglichkeit der Rechtsverfolgung nach § 477 I Nr 4 ZGB die Verjährung gehemmt war, solange ein Klageweg zur rechtsstaatlich geforderten gerichtlichen Durchsetzung nicht zu Gebote stand oder wenn der Betroffene in der praktischen Lebenswirklichkeit der DDR wegen konkreter politischer Zwänge gerichtliche Hilfe nicht in Anspruch nehmen konnte,[27] dürfte heute die Verjährung eingetreten sein.

12   **3. Qualitätsabsicherung.** Der Qualitätssicherung – deren Wert umstritten ist[28] – kommt im Gesundheitswesen ein immer größerer Stellenwert zu. Im vertragsärztlichen Bereich werden ambulanter und stationärer Sektor zur Beteiligung an einer einrichtungsübergreifenden Qualitätssicherung und zum einrichtungsinternen Qualitätsmanagement verpflichtet (§ 135a SGB V). Die Anforderungen für ein einrichtungsinternes Qualitätsmanagement hat der GBA mit Wirkung vom 1.1.2006 in der „Qualitätsmangament-

---

[19] Sie beruht auf dem Gutachten von *Francke/Hart*, Charta der Patientenrechte. Dazu *Katzenmeier* MedR 2000, 52f.
[20] Zu der Deklaration *Katzenmeier* MedR 2000, 24f; krit auch *Laufs* NJW 2000, 846f.
[21] Vgl *Kranich/Böcken*, Patientenrechte und Patientenunterstützung in Europa. Anregungen und Ideen für Deutschland; *Badura/Hart/Schellschmidt*, Bürgerorientierung des Gesundheitswesens; *Katzenmeier* MedR 1997, 498 ff; *Hanika* MedR 1999, 149 ff; *Schneider* MedR 2000, 497 ff Vgl auch *Francke/Hart*, Bürgerbeteiligung im Gesundheitswesen, 2001.
[22] Deutsches Gesundheitssystem fällt zurück, FAZ v 18.11.2008, 21. Nur Großbritannien ist noch schlechter bewertet als Deutschland, das mit Italien, Österreich und der Schweiz gleichauf liegt.
[23] *Eser/Just/Koch* (Hrsg), Perspektiven des Medizinrechts = Ethik und Recht in der Medizin Bd 38, 2004 und speziell in diesem Band Plädoyer für ein „integratives Medizinrecht", 293ff.
[24] Dazu *Bernat* MedR 2004, 310; *ders*, in *Wenzel*, Handbuch FA MedizinR 2009, RdNr 98.
[25] *Grambow*, Die Haftung bei Gesundheitsschäden infolge medizinischer Betreuung in der DDR, 1996; *Kern/Schaefer* MedR 1996, 452f; *Katzenmeier*, § 4 IV.2.c. u 4.g.
[26] *Deutsch*, Anm zu BGH, JZ 1994, 956, 960f.
[27] BGHZ 126, 87 = NJW 1994, 1792.
[28] Vgl dazu auch *Wienke/Lippert/Eisenmenger*, Die ärztliche Berufsausübung in den Grenzen der Qualitätssicherung, 1998; und die Besprechung von *Laufs* MedR 1998, 511.

Richtlinie vertragsärztliche Versorgung"[29] näher konkretisiert. Die Ärzteschaft hat in den vergangenen Jahren im Dienste der **Qualitätssicherung der medizinischen Praxis** viel geleistet. Zur qualitätssichernden Selbstkontrolle, zu der auch die Gutachter- und Schlichtungsstellen das ihre beitragen,[30] tritt zunehmend das Risikomanagement[31] durch Fremdkontrolle nach amerikanischem Vorbild, das durch die Analyse der Ursachen eingetretener Schäden und durch das Aufspüren vorhandener Schadensquellen neue Unbill, zumindest aber die Gefahr ihres Eintritts vermindern will.[32] Nicht unerwähnt bleiben darf freilich in diesem Zusammenhang die starke zusätzliche Belastung der Ärzte mit bürokratischen Aufgaben.

Die Zahl der Haftpflichtprozesse gegen Ärzte und Krankenhausträger wegen Behandlungsfehlern und Aufklärungsversäumnissen erscheint ausweislich der veröffentlichten Judikate wachsend. Die jährlich erscheinende bundeseinheitliche statistische Erhebung der Gutachterkommissionen und Schlichtungsstellen zum bundesweiten Vorkommen ärztlicher Behandlungsfehler ermöglicht seit 2006 eine qualitative Aussage zum Inhalt der erhobenen Vorwürfe.[33] Umfassende Statistiken und übersichtliche Studien über Anlass, Inhalt, Verlauf und Ausgang von Arzthaftpflichtprozessen fehlen,[34] während die Arbeit der Gutachter- und Schlichtungsstellen gut dokumentiert ist,[35] die der Versicherer jedenfalls gelegentlich.[36]

Zu den allgemeinen Leitprinzipien eines einheitlichen Arzthaftpflichtrechts gehört die durchgehende **rechtliche Kontrolle der Normen und Standards** ärztlicher Praxis. Doch gilt es, **Überspannungen der Rechtskontrolle** zu vermeiden, die zur defensiven, von forensischer Vorsorge bestimmten Medizin führen.[37] Die Medizin verdankt den strengen Sorgfaltsanforderungen der Justiz förderliche Antriebe, wenngleich die Haftpflichtprämien in manchen Fächern die Grenze der Belastbarkeit erreicht haben.

Arzthaftpflichtprozesse erscheinen nicht selten als Ausdruck eines gestörten **Vertrauensverhältnisses.** Nicht allein durch Umsicht und Sorgfalt bei Diagnose und Thera-

---

[29] Richtlinie des Gemeinsamen Bundesausschusses über grundsätzliche Anforderungen an ein einrichtungsinternes Qualitätsmanagement für die an der vertragsärztlichen Versorgung teilnehmenden Ärzte, Psychotherapeuten und medizinischen Versorgungszentren v 18.10.2005, BAnz 2005, Nr 248, 17329, in Kraft getreten am 1.1.2006.

[30] Vgl dazu *Smentkowski* chefarzt aktuell 2008, 79f.

[31] Vgl dazu *Hart* MedR 2007, 383, 388f, der von der Pflicht zur Einrichtung eines Risikomanagemants im Rahmen des Qualitätsmanagements ausgeht.

[32] Instruktiv dazu *Katzenmeier,* § 5 III.; s auch *ders* MedR 1997, 498ff; *Ulsenheimer* MedR 1995, 438, 441f; *ders,* in: *Laufs/Dierks/Wienke/Graf-Baumann/Hirsch* (Hrsg), 321ff; *J W Weidringer,* in: *Berg/Ulsenheimer* (Hrsg), 25ff; zur Qualitätssteuerung durch den Haftpflichtversicherer *Weidinger* MedR 2004, 289, 294f.

[33] Zu den Gutachterkommissionen und Schlichtungsstellen bei Haftpflichtstreitigkeiten vgl Tätigkeitsbericht der Bundesärztekammer 1997, 341ff; 1998, 367ff; 1999/2000, 277ff; 2000/2001, 282ff; Tätigkeitsberichte ab 2002/2003 online abrufbar unter www.bundesaerztekammer.de; auch die Tätigkeitsberichte der Landesärztekammern sind hilfreich, vgl nur zB *Kluge,* ÄBl Sachsen 2009, 289f; vgl weiterhin Arbeitsgemeinschaft Rechtsanwälte im Medizinrecht (Hrsg), Gutachterkommissionen und Schlichtungsstellen: Anspruch, Praxis, Perspektiven; *Neumann* MedR 1998, 309ff; *Weizel,* Gutachterkommissionen und Schlichtungsstellen für Arzthaftpflichtfragen; *Eissler* MedR 2005, 280; *Meurer,* 51ff

[34] Pauschale Angaben für ein Landgericht finden sich bei *Steiner* VersR 2009, 473.

[35] Zur Entwicklung abgeschlossener Schlichtungsverfahren *Meurer,* 65ff; *Kienzle/Smentkowski* MedR 2009, 222; u *Weber/Beck* Frauenarzt 2009, 406.

[36] Aus der Praxis eines Arztversicherers *Weidinger* MedR 2004, 289; *ders* MedR 2006, 571; *ders,* Handbuch FA MedizinR, 2009, Kap 5 RdNr 145ff; *Peters* MedR 2002, 227, wertete staatsanwaltliche Ermittlungsverfahren zwischen 1992 und 1996 aus. Weiterhin *Seehafer,* Der Arzthaftungsprozess in der Praxis, Verhältnisse in Bremen, 1977–1987. Eine verdienstvolle Pilotauswertung von Behandlungsfehlervorwürfen bieten *Sethe/Krumpaszky* VersR 1998, 420ff.

[37] *Ulsenheimer,* Ausgreifende Arztpflichtjudikatur und Defensivmedizin – ein Verhältnis von Ursache und Wirkung.

pie kann der Arzt dem Haftpflichtprozess vorbeugen, sondern auch durch das Gespräch mit dem Patienten und die Bereitschaft, auf Kritik und offengebliebene Wünsche einzugehen. Der Arzt soll sich die Zeit nehmen, dem Patienten die medizinischen Vorgänge zu erklären, und muss ihm auch Einsicht in die Krankenpapiere gewähren:[38] „Das Eingestehen eines Fehlers und die Bereitschaft, an seiner Wiedergutmachung mitzuwirken, dient dem Ansehen des Berufsstandes und der eigenen Reputation weit mehr als mancher verkrampft geführte Prozeß, in dem mitunter aussichtslose Positionen noch durch mehrere Instanzen hindurch verteidigt werden."[39] Die Frage der Haftpflicht kann am schonendsten für alle Beteiligten durch eine Schlichtungs- oder Gutachterstelle geklärt werden.[40]

16 Angesichts der Vielzahl arztrechtlicher Haftpflichtfälle und Judikate, die in den beiden vergangenen Jahrzehnten um ein Mehrfaches anstiegen, dürfen Mediziner und Juristen nicht übersehen, dass sie im Verhältnis zu der unermesslichen Menge täglicher ärztlicher Behandlungen und Eingriffe noch immer überaus gering blieb.[41]

II. Vertragliche und deliktische Haftpflicht des Arztes – einander angenähert

17 **1. Anspruchskonkurrenz, Auswirkungen der BGB-Reformen.** Die ärztliche Haftpflicht kann sich aus dem Behandlungsvertrag ergeben oder aus unerlaubter Handlung. Haftungsansprüche des Patienten gegen den Behandlungsträger können auf der einen wie der anderen Anspruchsgrundlage beruhen und **nebeneinander bestehen (Anspruchskonkurrenz);** die Schadensersatzsumme verdoppelt sich dadurch freilich nicht. Die vertrags- und die deliktsrechtlichen Bezüge **überlagern** sich: „Für die Reichweite der deliktischen Garantenstellung kann neben dem Fachgebiet und der organisatorischen Rollenverteilung auch die vertraglich übernommene Behandlungsaufgabe von Einfluß sein, wie andererseits faktische Kontrollzuständigkeiten die vertragliche Behandlungsaufgabe mit ausgrenzen."[42]

18 Seit den BGB-Reformen[43] sind die Unterschiede in der Verjährung vollständig und im Haftungsumfang (Schmerzensgeld) weitgehend beseitigt worden. Da die Pflichten des Arztes aus Vertrag und Delikt sich schon immer glichen, bedeuten die Reformen im Arzthaftungsrecht keine wirklichen Veränderungen. Ehestens wird die Bedeutung des Deliktsrechts als Anspruchsgrundlage zurücktreten. Ansprüche aus § 823 BGB sind in Zukunft nur noch für Ansprüche gegen Ärzte von Bedeutung, zu denen kein Vertragsverhältnis besteht, zB den angestellten Klinikärzten. Ein stärkerer Haftungsumfang als im Bereich der vertraglichen Haftung findet sich zudem im Deliktsrecht mit dem Ersatzanspruch für Unterhaltsverlust bei Tod des Patienten (§§ 844, 845 BGB).

19 Die vertragliche Haftung des Arztes für Behandlungsfehler knüpft an die Verletzung von Verhaltenspflichten an, die in gleicher Weise und mit demselben Inhalt auf den Schutz der Gesundheit des Patienten bezogen sind wie die Pflichten, deren Verletzung zur deliktischen Arzthaftung führt. Stimmen aber vertragliche und deliktische Verhaltenspflichten völlig überein oder besteht **„Strukturgleichheit"** von vertraglichen und deliktischen

---

[38] Wegweisend BGHZ 85, 327 u 339 = NJW 1983, 328 u 330; BGHZ 106, 146 = NJW 1989, 764; s auch BVerfG, NJW 1999, 1777; *Bender,* Das postmortale Einsichtsrecht in Krankenunterlagen, 1998. Zur Fehleroffenbarungspflicht des Arztes vgl die Ausführungen und Nachweise in § 65, RdNr 14 f.
[39] *H Franzki,* Laryngorhinootologie 1987, 397; *ders* zum Verhalten des Arztes im Haftpflichtfall MedR 2000, 464 ff
[40] Zu unrecht krit zur Arbeit der Schiedsinstanzen Arbeitsgemeinschaft Rechtsanwälte im Medizinrecht (Hrsg), Gutachterkommissionen und Schlichtungsstellen – Anspruch, Praxis, Perspektiven. Positiver *Berner* DÄBl 1999, A 2134 ff; *Weizel,* Gutachterkommissionen und Schlichtungsstellen für Arzthaftpflichtfragen.
[41] Zahlenangaben bei *Krumpaszky/Sethe/Selbmann* VersR 1997, 420, 427.
[42] *Steffen/Pauge,* RdNr 1.
[43] Gesetz zur Modernisierung des Schuldrechts v 26. 11. 2001, BGBl I, 3138; Gesetz zur Änderung schadensersatzrechtlicher Vorschriften v 19. 7. 2002, BGBl I, 2674.

Sorgfaltspflichten, dann muss auch der Haftungsgrund in gleicher Weise abgegrenzt werden.[44]

Das findet für die **Zuständigkeit im internationalen Recht** seine Entsprechung. **20** Bei Ansprüchen aus der Verletzung eines Arztvertrages unterstellt die Rechtsfigur der akzessorischen Anknüpfung die unerlaubte Handlung, wenn diese zugleich ein zwischen Schädiger und Geschädigtem bereits bestehendes Rechtsverhältnis verletzt, dem Recht, das für dieses Rechtsverhältnis gilt, weil dann in der Regel nicht der eher zufällige Begehungsort der unerlaubten Handlung, sondern das zwischen den Parteien bestehende Sonderrechtsverhältnis prägend ist.[45]

2. Angleichung durch die Rechtsprechung. Der Unterschied beim **Einstehen-** **21** **müssen für das Verhalten von Hilfspersonen** nach § 278 BGB oder § 831 BGB erscheint nach heutigem Verständnis von geringem Gewicht. Die Gerichte haben die Exkulpationsmöglichkeit bei § 831 BGB durch hohe Anforderungen sehr erschwert und damit die verschiedenen Einstandspflichten für Hilfspersonen im Ergebnis einander angenähert. Die Rechtsfigur des Organisationsverschuldens schließt im Übrigen Lücken des Deliktsrechts.

Auch im **Beweisrecht** strebt der BGH nach einem Gleichmaß. Nach Art und Umfang **22** entsprechen sich auch die rechtlich sanktionierten ärztlichen Pflichten hier wie dort. Die Pflicht des Arztes zur fachlich gebotenen Sorgfalt nach aktuellem Standard, zur Aufklärung des Patienten, zur Dokumentation, zur Gewährung von Einsicht in die Krankenunterlagen gilt vertraglich wie außervertraglich und auch dann, wenn der Arzt sich ausnahmsweise als Geschäftsführer ohne Auftrag in Anspruch genommen sieht. Dem Patienten kommt bei Diagnose und Therapie vertraglich und deliktisch der gleiche Schutz zu. Immer nimmt er Expertenautorität in Anspruch, auf die sich der ärztliche Heilauftrag gründet, der zusammen mit der Einwilligung des Kranken den medizinischen Eingriff legitimiert. „Die einem Arzt bei der Behandlung seines Patienten obliegenden vertraglichen und deliktischen Sorgfaltspflichten sind grundsätzlich identisch."[46]

Die Haftpflicht erfordert im Vertrags- wie im Deliktsrecht eine **objektive Sorgfalts-** **23** **pflichtverletzung** und eine dadurch verursachte Schädigung des Patienten an Körper und Gesundheit. Die Verletzung der Sorgfalt muss dabei einen subjektiven Vorwurf begründen. Liegt eine objektive Sorgfaltspflichtverletzung und eine dadurch verursachte gesundheitliche Unbill des Patienten vor, spricht das in aller Regel auch für einen zivilrechtlichen Vorwurf subjektiven Sorgfaltspflichtverstoßes – auch eine Folge des bei § 276 BGB geltenden typisierten und objektivierten Sorgfaltsmaßstabs.[47]

3. Verlust von Heilungschancen. Zu Recht trat der BGH der von *Deutsch* vertrete- **24** nen Ansicht entgegen, Haftungstatbestand bei der Einstandspflicht des Arztes sei grundsätzlich bereits der Behandlungsfehler, weshalb schon der **Verlust einer Heilungschance** zu einem anteiligen Ersatz führe.[48] Das Deliktsrecht bezwecke vielmehr den Schutz von Rechtsgütern und sehe die Sanktion des Schadensersatzes nur für den Fall der **Verletzung eines individuellen Rechtsguts** vor. Dies müsse auch für die Ansprüche aus verletzten vertraglichen oder nachvertraglichen Pflichten gelten. Auch im Rahmen der Vertragsverletzung wegen eines Arztfehlers ist die Feststellung, dass dieser zu einer **Gesundheitsbeschädigung** des Patienten geführt habe, nach § 286 ZPO zu treffen,

---

[44] BGH NJW 1987, 705.
[45] BGH NJW 1996, 1411; u BGH MedR 2008, 666 m Anm von *Seibl*, 668 = NJW 2008, 2344 = GesR 2008, 419 = MDR 2008, 934 = chefarzt aktuell 2008, 94. Vgl dazu *Schütt*, Deliktstyp und Internationales Privatrecht – dargestellt an grenzüberschreitenden Problemen der Arzthaftung.
[46] BGH NJW 1989, 767 m Anm *Deutsch*.
[47] RGRK-*Nüßgens*, § 823 Anh II RdNr 5; näher dazu *Katzenmeier*, § 3 II.2.
[48] *Deutsch* NJW 1986, 1541; ausführlich *Kasche*, Verlust von Heilungschancen; s auch *Fleischer* JZ 1999, 766 ff; krit *Katzenmeier*, § 8 IV.3.c.

soweit es um den ersten Verletzungserfolg geht. Erst die Weiterentwicklung der Schädigung gehört zur haftungsausfüllenden, nach § 287 ZPO festzustellenden Kausalität.[49]

25 **4. Haftungsbeschränkungen.** Strittig ist, ob und inwieweit der Arztvertrag auch deliktische Ansprüche ausschließen oder abschwächen, sie etwa auf Fälle grober Fahrlässigkeit beschränken kann. Grundsätzlich gilt allerdings, dass eine Freizeichnung von der vertraglichen und deliktischen Haftung weder durch Formularvertrag noch durch Individualvereinbarung möglich ist. Bei der Frage der rechtlichen Zulässigkeit der völligen oder teilweisen Haftungsfreizeichnung bei der Heilbehandlung ist zu unterscheiden zwischen dem individuell vereinbarten Haftungsverzicht und der formularmäßigen Freizeichnung.

26 Die **individuelle Haftungsfreizeichnung** ist wegen Ausnutzung einer Monopolstellung gem. § 138 BGB sittenwidrig und daher nichtig, wenn der Patient in einem Notfall auf die Hilfe des nächsterreichbaren Arztes angewiesen ist. Im übrigen dürfte jedenfalls ein völliger Haftungsausschluss angesichts der Monopolstellung des Arztes auch außerhalb der Notfallbehandlung, wegen der besonderen Vertrauensgewährung und der daraus resultierenden Haftungserwartung bei gleichzeitiger zumutbarer Versicherbarkeit des Risikos auch leicht fahrlässiger Sorgfaltspflichtverletzungen durch die Berufshaftpflichtversicherung wegen Verstoßes gegen Treu und Glauben gemäß § 242 BGB unwirksam sein.[50] Auf diesem Gedanken beruht auch § 49 Abs 1 der „Grundsätze des anwaltlichen Standesrechts" in der von der Bundesrechtsanwaltskammer am 25. 9. 1981 beschlossenen Fassung[51], wonach die Vereinbarung von Haftungsausschlüssen unzulässig ist, wenn das aus fahrlässigem Berufsversehen folgende Risiko durch die nach den Standesrichtlinien abzuschließende Haftpflichtversicherung im Rahmen der üblichen Bedingungen gedeckt werden kann. Nach diesen Grundsätzen wird man auch die Haftungsbegrenzung im Behandlungsvertrag für unzulässig erachten müssen. Auch eine teilweise Freizeichnung von der Haftung für Berufsversehen ist mit dem ärztlichen Auftrag zum Schutz von Leben und Gesundheit grundsätzlich nicht vereinbar.[52] Eine andere Beurteilung dürfte nur bei der **unentgeltlichen Behandlung,** soweit sie die ärztliche Berufsordnung zulässt (vgl § 12 Abs 2 MBO), angebracht sein. Zwar erwartet der Patient auch hier vom Arzt die normale Sorgfalt. Seine Haftungserwartung wird jedoch regelmäßig geringer sein.[53] Immerhin wird er darauf vertrauen, dass der Arzt eine Berufshaftpflichtversicherung in angemessenem Umfang unterhält, die für etwaige Behandlungsfehler eintritt. Angemessen erscheint heute eine Deckungssumme für Personenschäden von 2,5 bis 5 Mio €, für Sachschäden von mind. 150.000 € und für Vermögensschäden von mind. 50.000 €.[54] Bei der Gratisbehandlung dürfte deshalb eine Haftungsbegrenzung für Schäden jenseits dieser Grenzen unter dem Gesichtspunkt des § 242 BGB zulässig sein. Ferner wird man eine Haftungsbeschränkung dort für zulässig erachten dürfen, wo die Therapie von den besonderen subjektiven Fähigkeiten des Arztes abhängt.[55]

27 Zustimmung verdient die Ansicht, dass die vorstehenden Grundsätze nicht für **Eingriffe ohne medizinische Indikation** gelten, soweit es um nicht grob fahrlässig verursachte Schäden außerhalb der Beeinträchtigung von Leben und Gesundheit, insbesondere um bloße Vermögensinteressen geht.[56] Hier erscheint ein vertraglicher Ausschluss

---

[49] BGH NJW 1987, 705. Zur Abgrenzung von § 286 ZPO u § 287 ZPO vgl *Katzenmeier,* § 8 II.1.
[50] Vgl OLG Stuttgart NJW 1979, 2355, 2356; *Deutsch* VersR 1974, 301, 306; ders NJW 1983, 1351, 1352 f; *Deutsch/Spickhoff,* RdNr 126; *Bunte* NJW 1981, 2657, 2659; *Wolf* NJW 1980, 2433, 2436.
[51] Richtlinien der Bundesrechtsanwaltskammer, Ausg 1982.
[52] Vgl *Eser-Koch* DÄBl 1981, 1673, 1676; anders für die Haftungsbegrenzung bei Rechtsanwälten *Bunte* NJW 1981, 2657, 2659.
[53] Vgl *Deutsch* VersR 1974, 301, 306 f.
[54] *Ratzel,* in *Ratzel/Luxemburger,* § 13 RdNr 2.
[55] *Deutsch* NJW 1983, 1351, 1353.
[56] *Rieger,* Lexikon des Arztrechts, 1. Aufl 1984, RdNr 1001 (kosmetische Behandlung), RdNr 1125 (künstliche Insemination), RdNr 1738 (Sterilisation).

oder eine vertragliche Begrenzung des Haftungsrisikos generell möglich.[57] Unter diesem Gesichtspunkt soll auch ein Haftungsverzicht zulässig sein, der von einem Patienten ausgeht, der über Expertenwissen verfügt und auf einem nichtindizierten, diagnostisch nicht abgesicherten Eingriff besteht.[58]

Die Zulässigkeit des Haftungsausschlusses oder der Haftungsbeschränkung durch **Formularklauseln** richtet sich nach den §§ 305 ff BGB. Nach § 309 Nr 7a BGB ist ein Ausschluss oder eine Begrenzung der Vertragshaftung sowohl bei grober als auch bei leichter Fahrlässigkeit unwirksam, soweit es um die Verletzung von Leben, Körper und Gesundheit geht.[59] Dies gilt analog auch für die deliktische Haftung.[60] Ein Haftungsausschluss für leichte Fahrlässigkeit bei nicht personenbezogenen Pflichten ist dagegen gemäß § 309 Nr 7b zulässig und verstößt auch nicht gegen § 307 Abs 2 Nr 2 BGB.[61] 28

5. Expertenstatus des Arztes und Selbstbestimmungsrecht des Patienten. Dem Vertrags- wie dem Deliktsrecht muss der Patient gleichermaßen als Subjekt, nicht als Objekt der Behandlung gelten. Das längst nicht mehr paternalistisch gefügte, sondern im Zeichen grundgesetzlicher Wertentscheidungen stehende Verhältnis zwischen Arzt und Patient vereint den Expertenstatus des Behandelnden mit dem **Selbstbestimmungsrecht** und der personalen Würde des Kranken. So hat der Patient ein Recht darauf, vor größeren, nicht plötzlich anstehenden Eingriffen seinen Operateur vorher kennenzulernen und jedenfalls stets, zumindest nachträglich, seinen Namen zu erfahren.[62] Für den Arzt gilt das Gebot des „primum nil nocere" unabhängig davon, ob ein Vertrag ihn mit seinem Patienten verbindet oder nicht. 29

§ 94 Kläger, Passivlegitimation und Haftungsgrundlagen

Inhaltsübersicht

	RdNr
I. Aktivlegitimation	1
II. Anspruchsgrundlagen	2
III. Der Kreis möglicher Haftpflichtschuldner	4
1. Überblick	4
2. Fehler eines Erfüllungs- oder Verrichtungsgehilfen	5
3. Krankenhausträger	13
4. Selbstliquidierende Ärzte und Belegärzte	14
5. Instituts- und Chefarztambulanzen	17
6. Beamtete Ärzte	20
7. Hebammen	21

I. Aktivlegitimation

Klageberechtigt ist grundsätzlich der Patient selbst, soweit nicht seine Ansprüche gem § 116 SGB X auf die gesetzliche Krankenversicherung übergegangen sind.[1] Da die Ansprüche des Patienten teilweise nach § 1922 BGB auf den Erben übergehen, ist gegebenen- 1

---

[57] Vgl *Eser-Koch* DÄBl 1981, 1676 f; *Dunz*, Aktuelle Fragen, 17; *Schlund* Geburth u Frauenheilk 1977, 906, 908; weitergehend *Deutsch* NJW 1983, 1354, der im Rahmen einer Einzelvereinbarung – nicht bei formularmäßiger Haftungsfreizeichnung – auch einen Haftungsausschluss bei grober Fahrlässigkeit zulassen will.
[58] Saarl. OLG MedR 1998, 556, m zu recht krit Problemstellung v *Katzenmeier*.
[59] *Christensen* in: *Ulmer/Brandner/Hensen*, AGB-Recht, 10. Aufl 2006, Anh § 310 RdNr 484.
[60] *Christensen* in: *Ulmer/Brandner/Hensen*, AGB-Recht, 10. Aufl 2006, § 309 Nr 7 RdNr 15.
[61] Staudinger-*Coester*, § 307 RdNr 511.
[62] BGH NJW 1983, 2075.
[1] OLG Koblenz BeckRS 2009, 10745.

falls auch dieser klagebefugt.² Aus einem Vertrag mit Schutzwirkung zugunsten Dritter oder aus §§ 844, 845 BGB können auch Familienangehörige des Patienten klagebefugt sein.

Die GKV des Patienten kann dessen Haftpflichtprozess gegen den Arzt nicht als Nebenintervenient beitreten, weil das von ihr verfolgte Interesse nicht als rechtliches iSv § 66 ZPO angesehen werden kann.³

II. Anspruchsgrundlagen

2 Sowohl Privat- als auch Kassenpatienten verfolgen ihre Ansprüche auf Schadensersatz und Schmerzensgeld wegen eines Fehlers im Rahmen ambulanter oder (teil-) stationärer Behandlung im Zivilrechtsweg.⁴

3 Ärzte und Krankenhausträger haften für eigenes Fehlverhalten oder solches ihrer ärztlichen und nichtärztlichen Mitarbeiter auf der Grundlage des Behandlungsvertrags oder quasivertraglich wegen Geschäftsführung ohne Auftrag regelmäßig gemäß §§ 280 Abs 1, 278, 31, 89 BGB auf Schadensersatz. Eine deliktische Haftung ergibt sich aus den Vorschriften der §§ 823, 831, 839, 31, 89 BGB.

III. Der Kreis möglicher Haftpflichtschuldner

4 **1. Überblick.** Eine **vertragliche Einstandspflicht** trifft den Behandlungsträger, der die diagnostische oder therapeutische Aufgabe abredegemäß übernahm oder zu übernehmen hatte. In Frage kommen der niedergelassene Arzt, der Chefarzt für seine Privatpraxis und seine Krankenhausambulanz, der Krankenhausträger und der selbstliquidierende Krankenhausarzt für die stationäre sowie die vor- und nachstationäre Behandlung, der Krankenhausträger für das ambulante Operieren.⁵

5 **2. Fehler eines Erfüllungs- oder Verrichtungsgehilfen.** Als Vertragspartner des Patienten haben Krankenhausträger und Arzt für die Fehler der von ihnen herangezogenen Gehilfen nach § 278 BGB einzustehen. Für die Gehilfen selbst kann eine deliktische Haftpflicht infrage kommen. Der **Garantiehaftung für Erfüllungsgehilfen** liegt der Gedanke zugrunde, dass der Schuldner durch die Indienstnahme von Gehilfen im eigenen Interesse seinen Geschäftskreis erweitert und darum das mit der Arbeitsteilung verbundene Personalrisiko zu tragen hat. Nach ständiger Judikatur ist Erfüllungsgehilfe, wer rein tatsächlich mit dem Willen des Schuldners, also des Krankenhausträgers oder des Arztes, als dessen Hilfsperson bei der Erfüllung der geschuldeten Leistung tätig wird. Auf eine Weisungsbefugnis kommt es dabei nicht an.

6 Nimmt der behandelnde Arzt einen **Konsiliarius** in Anspruch, kommt es für die Haftung auf die vertraglichen Beziehungen an. Zieht der behandelnde Arzt im ausdrücklichen oder stillschweigenden Einverständnis seines Patienten einen Konsiliarius hinzu, so kommt zwischen diesem und dem Kranken regelmäßig ein weiterer selbstständiger Arztvertrag zustande, mit der Folge, dass der Konsiliararzt auch selbst haftet.⁶ Fehlt es an diesem Vertrag, haftet der überweisende Arzt für den Konsiliarius nach § 278 BGB.

7 Auch der **Urlaubsvertreter des niedergelassenen Arztes** hat grundsätzlich als dessen Erfüllungsgehilfe zu gelten.⁷ Der Vertreter selbst haftet dem Patienten, sofern keine Überweisung an ihn vorliegt, grundsätzlich nur deliktisch.

---

² OLG Naumburg MedR 2009, 292.
³ OLG Koblenz BeckRS 2009, 10745.
⁴ Ob der (teil-)stationär behandelte Kassenpatient Ansprüche gegen den Krankenhausträger als Vertragspartei oder aus § 328 BGB geltend macht, kann dahinstehen; vgl *Steffen/Pauge*, RdNr 53.
⁵ *Steffen/Pauge*, RdNr 23 ff, 69 ff; *Geiß/Greiner*, RdNr 2 ff, 55 ff, 90.
⁶ BGHZ 142, 126 = NJW 1999, 2731 = LM § 278 BGB Nr 138 m zust Anm *Laufs/Jungemann*; *Schinnenburg* MedR 2000, 311, 315; *Kern*, in: HK-AKM, 335 RdNr 28.
⁷ BGH NJW 2000, 2737; OLG Düsseldorf VersR 1985, 370.

17. Kapitel. Vertragl Haftpflicht v Arzt u Krankenhausträger   8–13 § 94

Ist der Arzt Teil einer ärztlichen Gemeinschaft, hängt die Frage des Haftungsgegners 8
von der Art der ärztlichen Kooperation ab.[8]

Bei der **Praxisgemeinschaft** haften die Partner nur für die Rechtsgeschäfte und Hand- 9
lungen, die sie in Verfolgung des Gesellschaftszwecks vornehmen, gesamtschuldnerisch.
Deliktisch indessen bleibt jeder von ihnen mangels Weisungsunterworfenheit für die eigenen Fehler passiv legitimiert. Das nichtärztliche Personal ist in medizinischen Angelegenheiten weisungsabhängig.[9] Für das **Praxisnetz** gilt das gleichermaßen.

Wird eine Gemeinschaftspraxis als Gesellschaft bürgerlichen Rechts betrieben, ist nach 10
neuerer Rechtsprechung[10] die Gesellschaft selbst Haftungssubjekt und haftet grundsätzlich
selbst für Fehlbehandlungen ihrer als Erfüllungsgehilfen (§ 278 BGB) handelnden Ärzte
und Gehilfen aus dem mit ihr geschlossenen Behandlungsvertrag.[11] Sie ist auch deliktsrechtlich verpflichtet. Die einzelnen Ärzte sind mangels Weisungsabhängigkeit zwar keine
Verrichtungsgehilfen iS des § 831 BGB. Die Behandlung durch den Arzt ist aber der
Geschäftsführung für die Gemeinschaftspraxis zuzurechnen und analog § 31 BGB ihr als
eigenes Handeln zuzuordnen.[12] Die Ärzte der Gemeinschaftspraxis haften daneben akzessorisch mit ihrem Privatvermögen als Gesamtschuldner für vertragliche und deliktsrechtliche Verbindlichkeiten analog §§ 128, 130 HGB. Intern haftet nur der Arzt, der für den
Schaden verantwortlich ist.[13]

Haben sich Freiberufler in einer **Partnerschaftsgesellschaft** zusammengeschlossen, 11
so haften die Gesellschaft und die Partner für Verbindlichkeiten gesamtschuldnerisch (§ 8
Abs 1 PartGG). Nach § 8 Abs 2 PartGG haften im Schadensfall aber nur die an der Behandlung beteiligten Ärzte neben der Partnerschaft. Deliktisches Handeln wird der Partnerschaft gemäß § 31 BGB zugerechnet.

Die **Ärzte-GmbH** haftet als juristische Person für Behandlungsfehler der beteiligten 12
Ärzte und Helfer vertraglich und deliktisch. Daneben haben angestellte Ärzte persönlich
und gesamtschuldnerisch für eigene Fehler einzustehen, die zu einer Schädigung des
Patienten geführt haben.

Da für das **MVZ** gem § 95 Abs 1 S 6 SGB V alle genannten zulässigen Gesellschaftsformen gewählt werden können,[14] folgt das Haftungsrecht der gewählten Rechtsform.[15]

3. Krankenhausträger. Den **Krankenhausträger**[16] kann eine **Haftpflicht** treffen 13
aufgrund eines totalen Krankenhausvertrages oder eines Krankenhausvertrages mit Arztzusatzvertrag **auch für** den **Chefarzt als** seinen **Erfüllungsgehilfen**.[17] Im Rahmen
gespaltener Vertragsverhältnisse haftet der Krankenhausträger nicht für Fehler des selbstliquidierenden Arztes, die diesem bei dem persönlich geschuldeten Dienst unterliefen.[18]
Das gilt nicht nur für die stationäre, sondern auch für die teilstationäre Behandlung.[19]
Zum **Pflichtenkreis des Krankenhausträgers** indessen gehört es, falls nicht anders
vereinbart, die ärztliche und nichtärztliche Assistenz zu stellen, auf die der selbstliqui-

---

[8] Zu den Kooperationsformen vgl oben § 31.
[9] § 831 BGB; vgl BGHZ 97, 273 = NJW 1986, 2364; OLG Köln VersR 1992, 1231.
[10] BGH NJW 2007, 2490 (Rechtsanwaltssozietät); für eine Gemeinschaftspraxis zuvor OLG Koblenz MedR 2005, 294, 295. Näheres oben § 31 RdNr 20 f.
[11] *Bartha/Wallhäuser* Frauenarzt 2009, 378.
[12] *Steffen* MedR 2006, 75, 77.
[13] BGH MedR 2009, 226; *Bartha/Wallhäuser* Frauenarzt 2009, 378.
[14] *Reichert*, Das Medizinische Versorgungszentrum in Form der GmbH, 2008.
[15] Vgl dazu *Braun* MedR 2009, 272.
[16] Träger einer Universitätsklinik ist grundsätzlich die Universität, nicht das Land (vgl BGHZ 96, 360 = NJW 1986, 1542, aber auch OLG Schleswig MedR 1996, 272), es sind aber auch andere juristische Konstruktionen denkbar.
[17] BGHZ 95, 63 = NJW 1985, 2189.
[18] BGHZ 129, 6 = NJW 1995, 1611; BGH NJW 2000, 2737; OLG Düsseldorf MedR 2009, 285.
[19] OLG Düsseldorf MedR 2009, 285, 286.

dierende Arzt angewiesen bleibt; insoweit droht dem Träger dann auch eine Haftpflicht nach § 278 BGB. Bildet die Pflege des Patienten einschließlich der Gabe von Medikamenten und Infusionen in erster Linie eine Vertragsaufgabe des Krankenhausträgers, der damit eine eigene Verantwortlichkeit für das eingesetzte Personal trägt, so kann der pflegerische Dienst doch auch zum Pflichtenkreis des Arztes gehören, „soweit es um die von ihm dem Pflegepersonal zu gebenden Instruktionen" geht. „Die erforderlichen Anweisungen für die Behandlungspflege zu geben, ist Sache des die Behandlung führenden Arztes."[20]

14 **4. Selbstliquidierende Ärzte und Belegärzte.** Der **selbstliquidierende Chefarzt oder Klinikdirektor** wird jedenfalls im Rahmen seiner Pflichten zur persönlichen Behandlung des Patienten aus einem gespaltenen Arzt-Krankenhaus-Vertrag oder aus einem Zusatzvertrag zum Krankenhausvertrag nicht nur für eigene Rechnung, sondern grundsätzlich auch haftpflichtrechtlich allein für sich tätig.[21] Dies gilt auch für den **Belegarzt.**[22] Dieser hat damit auch **für** die ihm **nachgeordneten Ärzte einzustehen,** die er als Assistenten heranzieht oder denen er medizinische Aufgaben überträgt. Leistungen der **Beleghebamme** schuldet der Belegarzt nicht. Er hat jedoch für deren Fehler einzustehen, sobald er die Behandlung der Gebärenden übernommen hat, denn damit gilt die Hebamme kraft Berufsrecht als seine Gehilfin.[23]

15 Nimmt der selbstliquidierende Arzt **medizinische Dienste und Hilfen anderer Fächer** in Anspruch, so eröffnen sich neue Verantwortlichkeiten, nämlich Einstandspflichten des Krankenhausträgers und der selbstliquidierenden Ärzte der zusätzlich befassten Disziplin. Für eigene Koordinations-, Kommunikations- und Informationsfehler bleibt er selbstverständlich verantwortlich.

16 Die **nichtärztliche Grund- und Funktionspflege** gehört zur Verantwortlichkeit des Krankenhausträgers, nicht des liquidationsberechtigten Arztes. Dies gilt grundsätzlich auch für die **Behandlungspflege,** es sei denn, dieser Dienst hinge so eng mit der ärztlichen Tätigkeit zusammen, dass zuerst der die Behandlung leitende Mediziner die Direktions- und Kontrollzuständigkeit haben muss.[24]

17 **5. Instituts- und Chefarztambulanzen.** Zusätzlich zur vollständigen Krankenhausbehandlung ist seit Inkrafttreten des Gesundheitsstrukturgesetzes[25] am 1.1.1993 gemäß § 115a SGB V die vor- und nachstationäre Behandlung durch das Krankenhaus ebenso wie gemäß § 115b SGB V das ambulante Operieren im Krankenhaus zugelassen.[26] Als Folge dieses Systemwechsels in der Krankenversorgung treten Krankenhausambulanzen auf, die sich in der Hand des Trägers befinden (**Institutsambulanz**); damit wird dieser alleiniger Vertragspartner des Patienten und einstandspflichtig.[27] Entsprechend der Rechts-

---

[20] BGHZ 89, 263 = NJW 1984, 1400; BGH NJW 1996, 2429 = LM § 823 BGB (Aa) Nr 165 m zust Anm *Giesen.*
[21] BGHZ 85, 393 = NJW 1983, 1374.
[22] BGHZ 129, 6 = NJW 1995, 1611 = MedR 1995, 366.
[23] BGH NJW 2000, 2737; BGHZ 129, 6 = NJW 1995, 1611; krit *K Müller* MedR 1996, 208 ff, der Liquidation und Haftung der Hebamme zuordnet.
[24] BGHZ 89, 263 = NJW 1984, 1400; BGH NJW 1994, 1594; *Steffen/Pauge,* RdNr 78. Vgl auch *Steffen* MedR 1996, 265 f und *Opderbecke* MedR 1996, 542 ff.
[25] Gesundheitsstrukturgesetz v 21.12.1992, BGBl I, 2266.
[26] Das Gesetz zur Modernisierung der gesetzlichen Krankenversicherung v 14.11.2003 (BGBl I, 2190) hat die Teilnahme der Krankenhäuser an der ambulanten Versorgung erweitert (vgl §§ 116a, 116 b); s § 83 RdNr 70 ff. Zu den haftungsrechtlichen Fragen des ambulanten Operierens *Kern* NJW 1996, 1561 ff; vgl ferner *Carstensen/Ulsenheimer* (Hrsg), Ambulantes Operieren – Vernetzung der Dienste.
[27] Im Rahmen von § 115a SGB V können Wahlleistungen vereinbart werden mit der Folge einer Haftung der liquidationsberechtigten Ärzte.

lage bei der stationären Versorgung sind Leistungserbringung, Haftung und auch Liquidation konzentriert.[28]

Bei der Krankenhausambulanz kommt es also bezüglich der Haftung darauf an, ob es sich um eine vom Chefarzt oder vom Krankenhausträger betriebene Ambulanz handelt. Mit der **Überweisung des Kassenpatienten in die Chefarztambulanz** und der Aufnahme zur Behandlung kommt ein Behandlungsvertrag zwischen diesem und dem beteiligten Chefarzt zustande. „Vertragspartner des Kassenpatienten, der an die Krankenhausambulanz überwiesen wird, ist ausschließlich der an der kassenärztlichen ambulanten Versorgung beteiligte Chefarzt" – abgesehen von der trägereigenen Ambulanz. Denn der Chefarzt ist über seine Mitgliedschaft bei der Kassenärztlichen Vereinigung durch den öffentlich-rechtlichen Gesamtvertrag mit der Krankenkasse des sozialversicherten Kranken verbunden. Nicht das Krankenhaus als Institution, also dessen Träger, soll die ambulante Behandlung übernehmen, „sondern der Chefarzt der Ambulanz, der sozialversicherungsrechtlich gegenüber dem Kassenpatienten allein dazu befugt ist, sofern es nicht um eine Einweisung zur stationären Behandlung oder um eine Notfallbehandlung in der Ambulanz geht".[29] Unklarheiten darüber, ob der Patient vertragsärztliche Leistungen oder Krankenhausleistungen in Anspruch genommen hat, dürfen haftungsrechtlich nicht zu seinen Lasten gehen. „Wenn nämlich in den Räumlichkeiten des Krankenhauses durch angestellte Ärzte des Krankenhausträgers ambulante Operationen durchgeführt werden, ohne dass die behandelnden Ärzte oder der Chefarzt zur vertragsärztlichen Versorgung ermächtigt sind, wird auf Grund des gesetzlichen Leitbildes der Anschein erweckt, dass zumindest der Krankenhausträger als von Gesetzes wegen grundsätzlich zur ambulanten Operation zugelassener Leistungsträger sozialrechtlich befugt ist. Deshalb muss dem gesetzlich Versicherten in dem Fall, dass keine anderen sozialrechtlich als befugt anzusehenden Ärzte zu ermitteln sind, jedenfalls der Krankenhausträger als zumindest auf Grund eines Organisationsverschuldens nach § 823 Abs 1 BGB Haftender zur Verfügung stehen."[30] Auch der **Privatpatient,** der sich im Krankenhaus ambulant behandeln lässt, tritt grundsätzlich in vertragliche Beziehungen zu dem Chefarzt, der die Ambulanz betreibt und gemäß seiner Abrede mit dem Krankenhausträger liquidationsberechtigt ist. Dieser Vertrag kommt auch dann zustande, wenn in Abwesenheit des Chefarztes nur der diensthabende nachgeordnete Krankenhausarzt Dienste leistet.[31]

Kommt es in der ambulanten Krankenversorgung zu einer ausschließlichen Vertragsbeziehung zwischen Patient und Chefarzt (**Chefarztambulanz**), haftet letzterer allein. Dagegen folgt der BGH für die **stationäre Behandlung** dem patientenfreundlichen Grundsatz der umfassenden Leistungs- und Haftungskonzentration beim Krankenhausträger. Die haftungsrechtliche Differenzierung zwischen ambulanter und stationärer Behandlung findet angesichts legislativer Bemühung um eine effektivere Verzahnung der beiden Versorgungsformen[32] keine Entsprechung im Sozialrecht. Darin liegt die Gefahr zunehmender Divergenz zwischen Haftpflicht- und Sozialversicherungsrecht.[33]

6. Beamtete Ärzte. Der **beamtete Arzt** haftet für Schäden aus Versäumnissen einer ambulanten Behandlung seiner Privatpatienten nach § 823 BGB und nicht nach § 839 BGB, so dass er sich nicht auf das Verweisungsprivileg des § 839 Abs 1 S 2 BGB berufen kann. Dasselbe gilt für seinen Vertreter, nicht aber für nachgeordnete Ärzte, die zur Mitwirkung bei der Behandlung herangezogen werden. Der Chefarzt ist nicht nur alleiniger

---

[28] Die postoperative Versorgung scheint hingegen in den Sicherstellungsauftrag der Vertragsärzte einbezogen, vgl *Rieger,* in: *Graf-Baumann/Hirsch/Weißauer/Welter* (Hrsg), 71, 87.
[29] BGHZ 100, 363 = NJW 1987, 2289; ebenso BGHZ 120, 376 = NJW 1993, 784; BGHZ 105, 189 = NJW 1989, 769.
[30] BGH NJW 2006, 767, 768.
[31] BGHZ 105, 189 = NJW 1989, 769.
[32] Vgl etwa §§ 115 a, 115 b, 116 a, 116 b, 117 ff SGB V.
[33] *Reiling* MedR 1995, 443, 444.

Vertragspartner des Patienten, sondern er wird ebenso wie gegenüber Kassenpatienten auch gegenüber Privatpatienten nicht als beamteter Arzt tätig, sondern im Rahmen einer genehmigungsbedürftigen Nebentätigkeit. Betreibt hingegen der Krankenhausträger eine Institutsambulanz, gehört die ärztliche Leistung zu den Dienstaufgaben, mit der Folge, dass dem Arzt auch das Verweisungsprivileg zusteht.[34]

21 **7. Hebammen.** Ist eine **Hebamme** Leiterin eines Geburtshauses, obliegen ihr neben ihrer geburtshilflichen Tätigkeit auch Leitungs- und Organisationspflichten wie einem Krankenhausträger, die dazu führen, dass ihr ärztliches Fehlverhalten bei der Entbindung zuzurechnen ist.[35]

§ 95 Schadensumfang

Inhaltsübersicht

	RdNr
I. Materieller Schadensersatz	3
II. Schmerzensgeld	8
III. Mitverschulden und Schadensermittlungspflicht des Patienten	12

1 Ärzte und Kliniken haben alle Nachteile zu ersetzen, die aus dem Behandlungsfehler oder der Aufklärungspflichtverletzung folgen: den materiellen und den ideellen Schaden. Art, Inhalt und Umfang der vertraglichen wie deliktischen Haftpflicht des Arztes folgen den allgemeinen gesetzlichen Vorgaben der §§ 249 ff BGB.

2 Das Schadensrecht gebietet die Naturalrestitution, die Wiederherstellung des Zustandes, der ohne den Eingriff bestünde (§ 249 BGB). Nicht nur beim Tod des Patienten, sondern auch in zahlreichen Fällen der Körper- und Gesundheitsverletzung scheidet eine Wiederherstellung im strengen Sinne aus. Selbst wenn sie möglich ist, kann der haftende Arzt sie häufig nicht vornehmen, weil der Patient das Vertrauen zu ihm verloren hat.[1] Bei gestörtem Vertrauensverhältnis darf der Patient also Abhilfe bei einem anderen Arzt suchen.

I. Materieller Schadensersatz

3 Ersatzfähig sind danach alle materiellen Schäden, bei der Verletzung einer Person also insbesondere die Heilungs-, Pflege- und Rehabilitationskosten. Diese Kosten werden generell von der GKV übernommen, und die Ansprüche gehen daher gem § 116 SGB-X auf sie über. Zu ersetzen sind auch die Aufwendungen für Krankenhausbesuche naher Angehöriger,[2] sowie der entgangene Gewinn, einschließlich des Verdienstausfalls (§ 252 BGB).[3] Gegebenenfalls sind auch die Kosten für den behindertengerechten Umbau der Wohnung und die Anschaffung eines geeigneten Autos zu ersetzen. Eine Erweiterung des Haftungsumfangs findet sich darüber hinaus im Deliktsrecht mit dem Ersatzanspruch für Unterhaltsverlust bei Tod des Patienten (§§ 844, 845 BGB). Bleibt ein dauernder Schaden, so kommt insoweit auch eine Rente in Betracht.

4 Ein geschädigter Kassenpatient kann ausnahmsweise die Erstattung der Kosten einer privatärztlichen Behandlung beanspruchen, wenn nach den Umständen des Einzelfalls feststeht, dass das Leistungssystem der GKV nur unzureichende Möglichkeiten zur Scha-

---

[34] BGHZ 120, 376 = NJW 1993, 784.
[35] BGH MedR 2005, 412; OLG Hamm MedR 2006, 353.
[1] Vgl dazu *Taupitz* NJW 1992, 713, 719 Anm 65.
[2] BGHZ 106, 28, 31 = NJW 1989, 766.
[3] Daran fehlte es beispielsweise in der Entscheidung OLG Hamm VersR 1985, 1072.

densbeseitigung bietet oder die Inanspruchnahme der vertragsärztlichen Leistung dem Geschädigten im konkreten Fall nicht zumutbar ist.[4]

Fiktive Behandlungskosten – etwa für eine Narbenkorrektur – werden nicht erstattet, um eine Umgehung der §§ 253, 847 BGB aF auszuschließen.[5] Die Nichterstattung fiktiver Behandlungskosten wird damit begründet, dass bei Personenschäden für einen Anspruch eine Zweckbindung bestehe, weil der Geschädigte anderenfalls entgegen der Wertung von § 253 Abs 1 BGB aus ideellen Schäden einen finanziellen Gewinn ziehen könne. Der Patient kann daher die Zahlung der für einen chirurgischen Eingriff erforderlichen Kosten nur verlangen, wenn er die nachweisliche Absicht hat, die Operation durchführen zu lassen.[6]

Ausnahmsweise kann nach Treu und Glauben der Anspruch auf Ersatz der Operationskosten ausgeschlossen sein, wenn die Aufwendungen für den ärztlichen Eingriff bei einer nur geringfügigen Körperverletzung eine für den Ersatzpflichtigen unzumutbare Höhe erreichen.[7]

In Ausnahmefällen kann der Geschädigte einen Ausgleich statt der Leistung verlangen. Beispielhaft sei hier der Fall erwähnt, in dem sich ein Patient nach dem Misslingen einer komplizierten Zahnbehandlung an einen anderen Zahnarzt wendet und Ersatz der bei diesem entstandenen Kosten verlangt. Hier kann der Geschädigte unter den weiteren Voraussetzungen der §§ 280 Abs 3, 281 „Schadensersatz statt der Leistung" verlangen.[8]

II. Schmerzensgeld

Dem Anspruch auf Ersatz immateriellen oder ideellen Schadens kommt nach ständiger Judikatur eine **Doppelfunktion** zu: Der Geschädigte soll für außerhalb der Vermögenssphäre liegende Unbill, etwa für körperliche Schmerzen oder seelische Leiden, für die Einbuße an physischen oder psychischen Funktionen trotz der Inkommensurabilität dieser Nachteile mit Geld einen Ersatz erhalten. Neben dieser vorwiegenden Ausgleichs- steht vornehmlich bei grober Fahrlässigkeit die ergänzende Genugtuungsfunktion, nach welcher der Schädiger den Verletzten durch Sühnung der Tat zu besänftigen hat.[9] Der Schmerzensgeldanspruch geht nicht auf den Sozialversicherungsträger über, ist jedoch übertrag- und vererbbar. Die Modernisierung des Schadensrechts hat daran nichts geändert.[10] Insbesondere ist an der bisherigen Spruchpraxis[11] zur notwendigen Überschreitung der Bagatellgrenze festzuhalten, unterhalb derer ein Anspruch auf Schmerzensgeld zu verneinen ist und deren Umfang die Gerichte auch zukünftig anhand der Formulierung „billige Entschädigung" festzusetzen haben.[12]

Der Anspruch umfasst auch Schmerzen, die im weiteren Verlauf des durch den schuldhaften Arztfehler ausgelösten Verhängnisses auftreten. So ist nach der Spruchpraxis des BGH[13] in dem durch fehlerhafte Sterilisation herbeigeführten **Eintritt einer ungewollten Schwangerschaft** eine Körperverletzung nach § 823 Abs 1 BGB zu sehen, die den Arzt ersatzpflichtig macht, weil auch die normal verlaufende Schwangerschaft und Geburt mit für die Betroffene nicht unerheblichen Beschwerden verbunden sei.

---

[4] BGH NJW 2004, 3324.
[5] BGHZ 97, 14 = NJW 1986, 1538 = JZ 1986, 638 m zust Anm *Zeuner;* abl *Giesen,* Arzthaftungsrecht, RdNr 57; s auch OLG Köln VersR 2000, 1021. OLG Hamburg MDR 2006, 873 = OLGR Hamburg 2006, 120, 121; vgl auch BR-Drucks 742/01, 52.
[6] OLG München MedR 2006, 596, 597.
[7] BGHZ 63, 295 = NJW 1975, 640.
[8] *Deutsch/Spickhoff,* RdNr 182.
[9] Vgl *Kern* AcP 191 (1991), 247 ff; *Steffen,* FS Odersky, 723 ff; allg BGHZ 128, 117 = NJW 1995, 781; BGH NJW 1996, 1591.
[10] BT-Drucks 14/8780, 20.
[11] BGH NJW 1992, 1043.
[12] *Müller* VersR 2003, 1 ff; *Diederichsen* VersR 2005, 433 ff.
[13] NJW 1980, 1452; NJW 1995, 2407.

10 Die **Schmerzensgeldbeträge** unterscheiden sich je nach dem Umfang der Verletzung und können sechsstellige Summen erreichen.[14] Das gilt insbesondere auch beim totalen Ausfall aller geistigen Fähigkeiten und Sinnesempfindungen, obwohl insoweit beide Funktionen des Schmerzensgeldes nicht greifen.[15] Bei schweren Dauerschäden kommt neben dem Kapitalbetrag oder auch ausschließlich eine Rente in Betracht.[16]

11 Besteht für den konkreten Anlass Schutz durch eine Versicherung, so kann bereits die Verschleppung der Schadensregulierung zur Verstärkung der mit dem Schadensereignis verbundenen negativen Empfindungen führen, wodurch sich auch der angemessene Schmerzensgeldbeitrag erhöht.[17]

III. Mitverschulden und Schadensminderungspflicht des Patienten

12 Die Norm des **§ 254 BGB** durchbricht das Prinzip der Totalreparation und erlaubt eine **Schadensabwägung**. Die Haftung des Arztes kann sich im Einzelfall mindern oder ganz entfallen, wenn den Patienten an der Entstehung oder am Umfang des Schadens ein Mitverschulden trifft.[18] „Ein solches Mitverschulden liegt vor, wenn der Patient diejenige Sorgfalt außer acht gelassen hat, die ein ordentlicher und verständiger Mensch zur Vermeidung eigenen Schadens anzuwenden pflegt."[19] Ein Mitverschulden bei der Schadensentstehung gemäß § 254 Abs 1 BGB kommt zB in Betracht, wenn der Patient es unterlassen hat, den Arzt auf besondere, für die Behandlung wesentliche und ihm bekannte Umstände hinzuweisen und diese für den Schaden ursächlich sind.[20] Allerdings darf sich ein Arzt im Normalfall[21] nicht allein auf die Angaben seiner Patienten über die von ihnen empfundenen Beschwerden verlassen.[22]

13 Weiterhin kann es als Mitverschulden des Patienten angesehen werden, wenn dieser den ärztlichen Hinweis auf die Notwendigkeit einer Kontrolluntersuchung nicht beachtet, so zB, wenn es nach einer Sterilisation und unterlassener Kontrolluntersuchung später zur Zeugung eines Kindes kommt, für dessen Unterhalt der Arzt in Anspruch genommen werden soll.[23] Entsprechendes gilt, wenn der Patient die ärztlichen Therapie- und Kontrollanweisungen nicht befolgt.[24] Alles in allem wird ein Mitverschulden des Patienten eher selten zu bejahen sein.[25] Das gilt insbesondere für die Mitwirkungspflichten bei der Beratung (therapeutische Aufklärung).[26]

14 Den geschädigten Patienten trifft die Obliegenheit, an den Heilungsbemühungen seines Arztes mitzuwirken.[27] Darüber hinaus muss sich der durch eine fehlerhafte ärztliche Behandlung Geschädigte gemäß § 254 Abs 2 S 1 BGB eine Minderung seiner Schadensersatzansprüche gefallen lassen, wenn er es unterlässt, sich einer zumutbaren Operation zur Beseitigung seiner körperlichen Beeinträchtigung zu unterziehen. Dabei muss es sich

---

[14] *Jaeger* VersR 2009, 159.
[15] Krit dazu *Kern*, FS Gitter, 447, 454.
[16] *Hacks/Ring/Böhm,* Schmerzensgeldbeträge, 26. Aufl 2008; *Slizyk,* Beck'sche Schmerzensgeld-Tabelle, 5. Aufl 2006. Bei der Rentenneurose, einem Fall unangemessener Erlebnisverarbeitung, ist der Schadensersatz generell ausgeschlossen; dazu MünchKommBGB-*Oetker,* § 249 RdNr 184.
[17] OLG Koblenz VersR 1989, 629, 631; OLG Karlsruhe VersR 1992, 370, 371.
[18] Vgl dazu auch BGH NJW 2002, 2944, 2945.
[19] BGH MDR 1997, 353.
[20] Vgl etwa OLG Köln NJW-RR 1992, 986 und oben § 77 RdNr 4.
[21] Anderes gilt, wenn mit dem Patienten keine hinreichende Kommunikation möglich ist; KG MedR 1999, 226.
[22] OLG Oldenburg NJW-RR 1990, 1363.
[23] BGH VersR 1992, 1229. Anders noch BGH MedR 1985, 272, in einem vergleichbaren Fall.
[24] BGH MDR 1997, 353.
[25] ZB BGHZ 96, 98 = NJW 1986, 775.
[26] BGH MDR 1997, 353.
[27] *Giesen,* Arzthaftungsrecht, RdNr 48; BGHZ 96, 98 = NJW 1986, 775 = JR 1986, 149 m Anm *Hohloch.*

jedoch um eine Operation handeln, die einfach und gefahrlos ist, keine besonderen Schmerzen bereitet und eine sichere Aussicht auf Heilung und wesentliche Besserung bietet.[28] Die Anforderungen an die Zumutbarkeit sind hoch.

Die Schadensminderungspflicht gilt aber nicht unbeschränkt. Ist es zB einem Kassenpatienten aufgrund erheblicher Schmerzen nicht zumutbar, einen Arzt zu suchen, der bereit ist, die Behandlung trotz ihrer besonderen Komplexität und Schwierigkeit zu den Sätzen der kassenärztlichen Vergütung zu übernehmen und gleichzeitig sein Vertrauen genießt, so stellt es keine Verletzung seiner Pflicht zur Schadensminderung dar, wenn er den Schaden als Privatpatient beheben lässt.[29] Hält sich der Patient an den Rat eines Arztes, so kommt ein Mitverschulden nur in Betracht, wenn sich die Unvollständigkeit der Beratung jedem medizinischen Laien hätte aufdrängen müssen.[30]

Anderes gilt allerdings, wenn die Operation die Schädigung nicht verursacht, sondern die Grunderkrankung lediglich nicht beseitigt hat. Unter diesen Voraussetzungen ist es dem Patienten zuzumuten, sich einer gleichartigen oder gleich erfolgversprechenden Operation zu unterziehen. Unterlässt er das, haftet der Arzt nicht für die weiteren Folgen.[31] Andererseits kann zB bei der Verletzung eines Auges mit der Folge des Doppelbildsehens von dem Geschädigten nicht gefordert werden, zur Wiederherstellung seiner Fahrtauglichkeit lebenslang eine Augenklappe auf dem verletzten Auge zu tragen, zumal wenn durch das Tragen der Augenklappe die Gefahr einer weiteren gesundheitlichen Beeinträchtigung besteht.[32]

§ 96 Verjährung

1. Ansprüche können verjähren, dh, der Anspruchsgegner erwirbt ein Leistungsverweigerungsrecht. Dieses Leistungsverweigerungsrecht ist eine **Einrede** (Verjährungseinrede), die vom Gericht nicht automatisch berücksichtigt wird, sondern nur dann Wirkung entfaltet, wenn sie innerhalb oder außerhalb eines Prozesses geltend gemacht wird.

2. Nach der bis 2001 geltenden Fassung des BGB ergab sich hinsichtlich der Verjährung ein bedeutender Unterschied zwischen vertraglicher und deliktischer Haftung. Während Ansprüche aus Schlechterfüllung des Vertrages in 30 Jahren verjährten, verjährten Ansprüche aus unerlaubter Handlung gemäß § 852 Abs 1 BGB aF in drei Jahren von dem Zeitpunkt an, zu dem der Geschädigte von dem Schaden und der Person des Ersatzpflichtigen Kenntnis erlangte.[1] Nunmehr gelten für beide Ansprüche gleichmäßig § 195 iVm § 199 Abs 1 BGB nF, die die Frist und die Modalitäten des § 852 BGB aF weithin übernommen und auf die vertraglichen Ansprüche übertragen haben. Insoweit sind die von der älteren Rechtsprechung zu § 852 BGB entwickelten Grundsätze in der Regel auf das neue Verjährungsrecht übertragbar.[2] Gem § 199 Abs 1 BGB beginnt die „regelmäßige Verjährungsfrist (...) mit dem Schluss des Jahres, in dem der Anspruch entstanden ist, und der Gläubiger von den den Anspruch begründenden Umständen und der Person des Schuldners Kenntnis erlangt oder ohne grobe Fahrlässigkeit erlangen müsste". Anders als § 852 Abs 1 BGB aF stellt § 199 Abs 1 BGB die **grobfahrlässige Unkenntnis** der positiven Kenntnis gleich. Insoweit wird zu Recht ein restriktiver Umgang mit dem Institut

---

[28] BGH VersR 1987, 408; NJW 1989, 2332; 1994, 1592, 1593; BGH MDR 1994, 667, 668; vgl dazu auch *Grunsky* JZ 1997, 825, 831 f u ausführlicher oben § 79 RdNr 8 f.
[29] BGH NJW 2004, 3324, 3326.
[30] OLG Stuttgart VersR 2002, 1563.
[31] OLG Köln VersR 1991, 1376.
[32] BGH NJW 1989, 2250.
[1] BGH VersR 1983, 1158; OLG Hamburg VersR 1992, 1405; und OLG Frankfurt/M VersR 1993, 579.
[2] So bezüglich § 203 S 1 BGB: BGH NJW 2009, 1806; u dazu *Gsell* ZJS 2009, 78.

der groben Fahrlässigkeit gefordert.³ Entscheidend ist dabei die Einschätzung aus der Sicht eines medizinischen Laien.⁴

3   Maßgeblich für die Verjährung gemäß § 852 Abs 1 BGB aF und § 195 iVm § 199 Abs 1 Nr 2 BGB nF ist die **Kenntnis** des Patienten von Tatsachen, aus denen sich für den medizinischen Laien ein Abweichen des Arztes vom ärztlichen Standard ergibt.⁵ Voraussetzung ist hierfür „eine ausreichende Kenntnis des Patienten von Tatsachen, die ein Fehlverhalten des Arztes, nämlich einen Aufklärungs- oder Behandlungsfehler, nahelegen".⁶ Da Komplikationen während der ärztlichen Behandlung nicht zwingend auf ein Fehlverhalten des Arztes hinweisen, gehört zur erforderlichen Kenntnis des Patienten bei einem Behandlungsfehler auch „das Wissen von den wesentlichen Umständen des Behandlungsverlaufs"⁷. „Eine ausreichende Kenntnis des Patienten von Tatsachen, die ein derartiges Fehlverhalten nahelegen, setzt deshalb zB die Kenntnis der wesentlichen Umstände des Behandlungsverlaufs, insbesondere auch etwaiger anatomischer Besonderheiten, eines vom Standard abweichenden ärztlichen Vorgehens, des Eintritts von Komplikationen und der zu ihrer Beherrschung ergriffenen Maßnahmen voraus. Der Patient muß darüber so viel wissen, daß bei zutreffender medizinischer und rechtlicher Subsumtion ohne weitere Ermittlung ihm etwa bisher verborgener Fakten eine Einschätzung der Prozeßaussichten möglich ist."⁸

4   Die Vorschrift des § 199 Abs 1 BGB stellt für den Beginn der regelmäßigen Verjährungsfrist nur auf die Kenntnis der anspruchsbegründenden Umstände ab, nicht auf deren zutreffende rechtliche Würdigung oder die Frage, ob der Geschädigte aus den ihm bekannten Tatsachen zutreffende Schlüsse auf den in Betracht kommenden naturwissenschaftlich zu erkennenden Kausalverlauf zieht.

5   „Fehlen ihm dazu erforderliche Kenntnisse, muß er versuchen, sich sachkundig zu machen."⁹ Insoweit trifft den Patienten allerdings keine allgemeine Pflicht, Informationen einzuholen, insbesondere kann von ihm nicht erwartet werden, dass er einen Rechtsanwalt zur weiteren Aufklärung, wie zB zur Überprüfung von Krankenunterlagen auf ärztliche Behandlungsfehler, einschaltet.¹⁰ Verschließt sich der Patient allerdings bewusst den Erkenntnisquellen, dann muss er sich nach Treu und Glauben so behandeln lassen, als habe er das zugängliche Wissen gehabt. Wenn es dem Geschädigten ohne besonderen Aufwand durch Erkundigungen leicht möglich ist, sich über den Ersatzpflichtigen zu unterrichten, entspricht die auf der Hand liegende Erkenntnismöglichkeit damit der positiven Kenntnis.¹¹ Bedenken bestehen gegenüber einer Spruchpraxis der Gerichte, die die wertende Kenntnis der Standardabweichung dem erforderlichen Grundwissen über das tatsächliche Behandlungsgeschehen zurechnet.¹²

6   **3.** Es genügt die Kenntnis oder grob fahrlässige Unkenntnis davon, dass der Arztfehler die körperliche Befindlichkeit beeinträchtigte; der Patient braucht nicht zu wissen, welche weiteren Gesundheitsschäden daraus erwuchsen. Ist eine Schadensfolge auch für Fachleute im Zeitpunkt der allgemeinen Kenntnis vom Schaden nicht vorhersehbar, wächst die Kenntnis dieser Schadensfolge aber in den beteiligten Fachkreisen heran, dann kommt es für den Beginn der Verjährung nicht darauf an, in welchem Zeitpunkt sich diese Kenntnis

---

³ *Deutsch/Spickhoff*, RdNr 459.
⁴ *Martis/Winkhart*, 861.
⁵ BGH NJW 1991, 2350.
⁶ BGH NJW 1988, 1516, 1517 = MedR 1988, 180; BGH NJW 1991, 2350; 1995, 776; 1998, 2736.
⁷ BGH NJW 1985, 2194 = MedR 1985, 281.
⁸ BGH NJW 1984, 661 m zust Anm *Taupitz*. Vgl auch *Eberhardt* NJW 1983, 2613 ff.
⁹ So schon zu § 852 BGB aF: BGH NJW 1984, 661.
¹⁰ BGH NJW 1995, 776 = MDR 1995, 482; NJW 1989, 2323; NJW 2000, 953; OLG Zweibrücken NJW-RR 2001, 667, 670.
¹¹ Vgl OLG Koblenz NJW 1996, 1603 unter Hinweis auf BGH VersR 1988, 465.
¹² BGH NJW 1991, 2350; 1995, 776; 1999, 2734; 2001, 885. Krit *Katzenmeier*, § 2 III.4.c.

in den beteiligten Fachkreisen durchgesetzt hat, vielmehr ist der Zeitpunkt entscheidend, in dem der Verletzte selbst von der Schadensfolge Kenntnis erlangt.[13]

Der Patient braucht nicht den gesamten Schadensumfang zu kennen; es genügt die **7** Kenntnis oder die grob fahrlässige Unkenntnis der Voraussetzungen für eine Feststellungsklage.[14] Die Voraussetzungen für eine Haftung braucht er nicht beweisen zu können. Eine Feststellungsklage hinsichtlich der Ersatzpflicht für Zukunftsschäden umfasst die ab Klageerhebung auftretenden Schäden.[15] Hingegen werden die nach Einreichung einer Leistungsklage entstehenden Schäden von dieser nicht erfasst und verjähren, wenn keine Feststellungsklage erhoben wird.[16]

Bei minderjährigen Patienten ist die **Kenntnis des gesetzlichen Vertreters** maßgeb- **8** lich; das gilt auch, wenn dem Kranken die Fähigkeit abgeht, selbst Kenntnis zu nehmen oder die Geschäftsfähigkeit während der Behandlung verlorengeht.[17]

4. Verjährte ein Ersatzanspruch wegen eines bestimmten Fehlers des Operators infolge **9** mangelnder Kenntnis oder grob fahrlässiger Unkenntnis des Patienten nicht, so ist auch ein weiterer Ersatzanspruch wegen eines anderen Fehlers desselben Arztes bei dem nämlichen Behandlungsvorgang nicht verjährt, selbst wenn der Kranke hierüber hinreichende Kenntnis besaß.

Unterschiedlich verjähren können indessen Ersatzansprüche aus Aufklärungsmängeln **10** und solche aus Behandlungsfehlern. Abweichend zum Behandlungsfehler trifft den Patienten bei Ansprüchen, welche auf Aufklärungsmängel gestützt werden, die Pflicht zur Erkundigung über den Umfang der Aufklärungsbedürftigkeit.[18] Fehlt es bei Auftreten schwerwiegender Komplikation sogar an der Grundaufklärung und ist dieses dem Patienten auch bewusst, so beginnt die Verjährungsfrist bereits ab diesem Zeitpunkt zu laufen.[19] Das Wissen um die Verwirklichung eines typischen Risikos des Eingriffs ist dazu nicht erforderlich.

Lassen **Dokumentationsmängel** die von der Verjährungsregel vorausgesetzte Kenntnis **11** des Patienten erst später eintreten, so belastet dies den säumigen Arzt und den beklagten Krankenhausträger: Der Beginn der Verjährung setzt später ein.[20]

Unabhängig von Kenntnis bzw Unkenntnis des Geschädigten und der Anspruchsent- **12** stehung gelten die Verjährungsfristen des § 199 BGB, wobei die Verjährung von Ansprüchen aus Verletzung des Lebens, des Körpers oder der Gesundheit gemäß § 199 Abs 2 BGB nach 30 Jahren, gerechnet ab der schädigenden Handlung bzw dem schadensauslösenden Ereignis, eintritt.

5. Gem § 203 S 1 BGB wird mit Anmelden der Ansprüche beim Ersatzpflichtigen **13** oder dessen Versicherer, wenn sich daran Regulierungsverhandlungen anschließen, die Verjährung solange gehemmt, bis eine Partei – abgesehen vom Fall des „Einschlafens der Verhandlung" – klar zu erkennen gibt, dass diese gescheitert sind.[21] Verhandlungen mit dem Haftpflichtversicherer sollten stets ausdrücklich im Hinblick auf einen mitversicherten (idR angestellten) Arzt geführt werden, um Zweifeln hinsichtlich einer **Verjährungshemmung** vorzubeugen.[22]

---

[13] BGH NJW 1997, 2448.
[14] BGH NJW 2002, 1793, 1797; NVwZ 2003, 1549, 1550; NJW-RR 2004, 1069, 1070; 2005, 1148, 1149.
[15] BGH NJW 2000, 3287.
[16] OLG Oldenburg VersR 2000, 976.
[17] BGH NJW 1995, 776, 777; NJW-RR 2005, 69, 70; NJW 2007, 217.
[18] *Kern/Laufs,* Die ärztliche Aufklärungspflicht, 168 ff; *Martis/Winkhart,* 864; OLG München MedR 2006, 431, 433.
[19] OLG München MedR 2006, 431.
[20] BGH NJW 1985, 2194.
[21] BGH NJW 1998, 2819; 2001, 1723; 2004, 1654, 1655; NZM 2004, 583, 584.
[22] BGH VersR 1990, 497; aA OLG Frankfurt VersR 1998, 1282; OLG Düsseldorf VersR 2000, 457.

§ 97 1, 2 § 97 Die medizinischen Standards. Behandlungsfehler

14 Ein Verfahren vor einer Gutachterkommission oder Schlichtungsstelle hemmt die Verjährung des Schadensersatzanspruchs nach § 852 Abs 2 BGB aF [23] und gemäß § 203 BGB nF. Eine möglicherweise zu erzielende gütliche Einigung, die insbesondere im Interesse des geschädigten Patienten liegt, soll nicht durch eine zu knappe Verjährungsfrist behindert werden. Die von der Rechtsprechung zu § 852 Abs 2 BGB aF entwickelten Grundsätze sind auf das neue Verjährungsrecht zu übertragen.[24]

15 Auch die nicht am Verfahren vor der Schlichtungs- oder Gutachterstelle Beteiligten können sich, wie die nicht an einem Zivilprozess Beteiligten, auf die Einrede der Verjährung berufen. Damit der Anspruch nicht verjährt, muss der Patient entweder einen vorsorglichen Verjährungsverzicht erreichen oder Klage erheben.

§ 97 Die medizinischen Standards. Behandlungsfehler

Inhaltsübersicht

	RdNr
I. Ausgangspunkte	1
II. Der ärztliche Behandlungsfehler (Arztfehler)	5
1. Definition als schuldhafte Standardunterschreitung	5
2. Einbeziehung des medizinischen Sachverständigen	9
3. Die berufsfachlich gebotene Sorgfalt	13
4. Fortentwicklung des Standards und Fortbildung des Arztes	15
5. Sorgfaltsmaßstab, Leitlinien	17
6. Übernahmeverschulden	21
7. Unterlassen, Einsatz besonderer Kenntnisse	30
8. Sorgfaltsmaßstab und Risiko	32
9. Äußere und innere Sorgfalt	35
III. Methodenwahl und Verfahrensqualität	36
1. Grundsatz ärztlicher Therapiefreiheit	36
2. Sorgfaltsanforderungen bei Therapiewahl, neuer Behandlungs- und Außenseitermethoden	37

I. Ausgangspunkte

1 Die **Berufshaftpflicht** (professional liability, responsabilité professionale) bedeutet das Einstehenmüssen eines Freiberuflers oder einer Person in vergleichbarer Position für den Standard seines Berufskreises. „Hinter dieser neuen Haftungsform steht die Erwägung, daß jedermann, der einer Ausbildung und staatlichen Anerkennung zur Ausübung seines Berufs bedarf, besonderen Anforderungen zu genügen hat. Diese Anforderungen werden nicht nur vom Staat oder der anerkennenden Behörde an ihn gestellt, sondern sie spiegeln sich auch im Vertrauen seiner Patienten, Klienten oder sonstiger Rat- oder Hilfesuchender wider."[1]

2 Weder im Vertrags- noch im Deliktsrecht erscheint die Fülle der professionellen Anforderungen im Einzelnen festgelegt. Die **Spruchpraxis der Gerichte** hat diese **ungeschriebenen Sorgfaltspflichten** in zahlreichen Tatbeständen auch zur Berufshaftpflicht konkretisiert. „Der Sache nach haben wir damit auch im deutschen Recht eine Generalklausel, daß jeder die vernünftigerweise zu erwartende Sorgfalt anzuwenden hat, um Schädigungen anderer zu vermeiden."[2]

---

[23] BGH NJW 1983, 2075; s auch OLG Oldenburg NJW 1993, 2997; OLG Zweibrücken OLGR 2000, 483.
[24] BGH NJW 2009, 1806.
[1] *Deutsch*, FS Weißauer, 12–22. Zu dem Topos ärztliche „Berufshaftung" vgl die Ausführungen von *Katzenmeier*, § 2.I.4.
[2] *v Caemmerer*, FS DJT 1964, II, 80.

17. Kapitel. Vertragl Haftpflicht v Arzt u Krankenhausträger 3–6 §97

Während früher regelmäßig der „Stand der Wissenschaft und Technik" als sorgfalts- 3
begründendes Merkmal hervortrat, begegnet dafür nun der Terminus „Standard".³ Bezeichnet der Stand von Wissenschaft und Technik etwas Gegebenes und Erreichtes, ja Feststehendes, so deutet **Standard** auf das, was der Gesetzgeber mit der erforderlichen Sorgfalt gebieten wollte, nämlich auf ein normativ auferlegtes fortwährendes Sichanpassen an Umstände und Gefahren. Standards bedeuten Dynamik. Die von Rechts wegen an den Arzt zu stellenden Anforderungen folgen regelmäßig aus dem Stand der medizinischen Wissenschaft wie Erfahrung, und die haftungsrelevanten Standards stellen nichts anderes dar als die erforderliche Sorgfalt im Rahmen des § 823 Abs 1 BGB.⁴

Den **Sorgfaltsmaßstab** bestimmen die Ärzte, generell nicht die Gerichte. Letztere 4
haben vielmehr nach einem Zwischenfall darauf abzustellen, wie sich ein gewissenhafter Arzt in der gegebenen Lage verhalten hätte. Das Recht und die Gerichte verlangen vom Arzt, sich an die in seinem Fach entwickelten Regeln zu halten. Während die gesetzgebende wie die rechtsprechende Gewalt kaum reglementierend in die Kernzone der ärztlichen Berufstätigkeit eingreifen, überziehen sich die medizinischen Fachgebiete selbst im Zuge ihres Fortschreitens, ihrer Professionalisierung und Spezialisierung mit einem zunehmend engeren und angespannteren Netzwerk von Sorgfaltsregeln. Diese durch die medizinische Wissenschaft selbst hervorgebrachten, immer anspruchsvolleren Maßgaben weisen die Gerichte auf die nach § 276 Abs 2 BGB gebotene Sorgfalt, ein – wie mancher Beobachter nicht ohne Grund findet – gefährlicher circulus vitiosus, den die gleichfalls fortschreitende Arbeitsteilung noch verschärft.

II. Der ärztliche Behandlungsfehler (Arztfehler)

1. Definition als schuldhafte Standardunterschreitung. Pflicht des Arztes ist es, 5
„den Patienten nach den Regeln der Medizin gewissenhaft zu behandeln und zu versorgen"⁵. Der Arzt muss also – mit anderen Worten – den medizinischen Standard einhalten. Den Arzt trifft insoweit die Pflicht, die ihm möglichen und zumutbaren Maßnahmen zu treffen. Geschieht das nicht oder nur unzureichend, so liegt ein Behandlungsfehler vor. Der Behandlungsfehler kann also als **schuldhafte Standardunterschreitung** definiert werden. Mit Grund folgt die richterliche Spruchpraxis mit *Eberhard Schmidt*⁶ und *Karl Engisch*⁷ einem **weiten, umfassenden Fehlerbegriff.** Er kann sowohl in einem Tun als auch in einem Unterlassen, in der Vornahme eines nicht indizierten wie in der Nichtvornahme eines gebotenen Eingriffs, und in Fehlmaßnahmen und unrichtigen Dispositionen des Arztes vor, bei und nach einer Behandlungsmaßnahme (Operation, Medikation, Beratung⁸ etc.) liegen.⁹ Der ältere, kaum mehr gebräuchliche Terminus **„Kunstfehler"** sollte seiner Mehrdeutigkeit wegen vermieden bleiben.¹⁰

Der Arzt muss von dem anerkannten Fachwissen und den Standards seiner Disziplin 6
ausgehen, um der von ihm geschuldeten Sorgfalt zu genügen. Was ärztlicher Standard ist, legen die Ärzte selbst durch ihr Tun fest. Das bedeutet aber nicht, dass in jeder Klinik sogleich das neueste Therapiekonzept verfolgt oder stets eine auf den neuesten Stand

---

³ *Deutsch* NJW 1987, 1480 f, zu BGH NJW 1987, 1479.
⁴ *Groß* VersR 1996, 657, 663; *Deutsch* VersR 1997, 1030, 1033; ausführlich *Velten*, Der medizinische Standard im Arzthaftungsprozess, 2001.
⁵ OLG Düsseldorf AHRS 6325/05.
⁶ In *Ponsold*, Lehrbuch der gerichtlichen Medizin, 2. Aufl 1957, 45 f: „Überall da, wo der Arzt einen Fehler macht, ist, falls sich dieser Fehler schädlich für den Patienten auswirkt, strafrechtliche Haftung möglich."
⁷ In: *Stich/Bauer* (Hrsg), Fehler und Gefahren bei chirurgischen Operationen.
⁸ BGH MedR 1994, 441.
⁹ In: *Stich/Bauer* (Hrsg), Fehler und Gefahren bei chirurgischen Operationen, 1538.
¹⁰ Vgl *Bodenburg*, Der ärztliche Kunstfehler als Funktionsbegriff zivilrechtlicher Dogmatik, 1983 u *Katzenmeier*, § 5 I.1.

gebrachte apparative Ausstattung bereitgehalten werden muss. Für eine Übergangszeit darf vielmehr nach älteren, bewährten Methoden behandelt werden.[11]

7 Dabei darf nicht von dem Misserfolg einer Behandlung auf einen Fehler rückgeschlossen werden. Vielmehr kommen auch schicksalhafte Verläufe vor, die zu suboptimalen Ergebnissen führen, ohne dass den Arzt ein Vorwurf trifft. Ein Behandlungsfehler liegt also nur dann vor, wenn der Arzt etwas objektiv Falsches getan oder unterlassen hat und ihm das subjektiv vorwerfbar ist. Die Frage nach dem Vorliegen eines Behandlungsfehlers beantwortet sich ausschließlich danach, ob der Arzt „unter Einsatz der von ihm zu fordernden medizinischen Kenntnisse und Erfahrungen im konkreten Fall vertretbare Entscheidungen über die diagnostischen sowie therapeutischen Maßnahmen getroffen und diese Maßnahmen sorgfältig durchgeführt hat".[12] Mit der Formulierung „vertretbare Entscheidungen" macht der BGH deutlich, dass auf dem Felde der Haftung für Behandlungsfehler kein Raum für die juristische Entscheidung von medizinischen Schulenstreitigkeiten ist. Es ist nicht Aufgabe der Gerichte, medizinische Auseinandersetzungen, die in der Wissenschaft noch nicht ausgetragen sind, zu entscheiden und dadurch zu helfen, die derzeitige Schulmedizin in engem Rahmen zu konservieren oder auch neue Methoden gegen den Widerstand der Schulmedizin durchzusetzen.[13]

8 Verpflichten die Gerichte den Arzt nicht zur engen Befolgung der Schulmedizin, so bedeutet das nicht, dass der Arzt sich beliebig über die Regeln der medizinischen Wissenschaft hinwegsetzen darf.

9 **2. Einbeziehung des medizinischen Sachverständigen.** Ein Behandlungsfehler oder ein Verstoß gegen die ärztliche Sorgfaltspflicht lässt sich in der Regel nur mithilfe des **medizinischen Sachverständigen** feststellen.[14] Gleichwohl handelt es sich nicht nur um eine medizinische Frage nach Art und Umfang ärztlicher Kunst, sondern auch und wesentlich um eine rechtliche nach dem Maßstab, der für die Erfüllung von Pflichten aus dem Behandlungsvertrag oder der Behandlungsübernahme gilt. Die Begriffe des Behandlungsfehlers und der im Verkehr erforderlichen Sorgfalt bilden **juristische Maßstäbe**, für die freilich medizinische Kategorien und Kriterien die Ausgangspunkte liefern. Den Richter trifft nicht die Pflicht, „die Begriffswelt des Arztes zu übernehmen, die teils weiter, teils aber auch enger sein kann als die juristischen Begriffe, die bei der Gesetzesanwendung allein zu Grunde zu legen sind".[15]

10 Die Gerichte können im Prozess nur überprüfen, ob eine Behandlung den medizinischen Anforderungen genügt, ob sie dem Standard des Faches entspricht oder dahinter zurückbleibt. Obwohl sie das Geschehen ex post betrachten, kommt es für die Entscheidung allein auf die Sicht ex ante an. Die Frage an den Gutachter lautet daher nicht, ob ein bestimmtes Geschehen heute als Behandlungsfehler anzusehen ist, sondern ob es zur Tatzeit ein solcher war. „Die Frage, ob das Vorgehen der im Jahr 1958 behandelnden Ärzte als schuldhafter Behandlungsfehler zu qualifizieren ist, kann nur nach dem damaligen Erkenntnisstand der ärztlichen Heilkunst und den damals zur Verfügung stehenden Untersuchungsmethoden beurteilt werden", entschied 1987 das OLG Karlsruhe.[16]

11 Die Anforderungen des medizinischen Sachverständigen an die ärztlichen Fähigkeiten dürfen sich nicht ohne weiteres an den Möglichkeiten von Universitätskliniken und Spezialkrankenhäusern orientieren, sondern müssen sich auch an den für den Patienten in der konkreten Situation faktisch erreichbaren Gegebenheiten ausrichten, sofern damit ein noch ausreichender medizinischer Standard erreicht werden kann.[17]

---

[11] BGH MedR 1988, 91: vgl auch BGH MedR 1984, 230.
[12] BGH MedR 1987, 234.
[13] BGH MedR 1988, 147, 148.
[14] BGH NJW 2002, 2944.
[15] BVerfG NJW 1982, 691, 693.
[16] OLG Karlsruhe VersR 1989, 808.
[17] BGH MDR 1994, 891.

Im wesentlichen sind folgende Gesichtspunkte beachtlich: **12**
a) Der Arzt soll zu dem anstehenden Eingriff befähigt sein. Seine Klinik muss dazu auch apparativ hinreichend ausgestattet sein.
b) Der Arzt muss sich nach der Durchführung der notwendigen Diagnosemaßnahmen für die richtige Therapie entscheiden. Für die Methodenwahl steht ihm ein begrenzter Spielraum zur Verfügung.
c) Bei der Durchführung der Therapie hat der Arzt alle bekannten, medizinisch vertretbaren Sicherheitsmaßnahmen anzuwenden, die eine möglichst erfolgreiche und komplikationsfreie Behandlung gewährleisten.
d) Ergeben sich während des Eingriffes nicht vorhersehbare Komplikationen, so erhöht sich die Sorgfaltspflicht. Gegebenenfalls soll der Arzt die Fortsetzung einer Operation von weiteren Kontrollmaßnahmen abhängig machen oder sie sogar abbrechen, wenn seine Fähigkeiten nicht ausreichen.
e) Die Nachsorge muss richtig organisiert und durchgeführt werden.

3. Die berufsfachlich gebotene Sorgfalt. Der Arzt schuldet die zurzeit der Behandlung **berufsfachlich gebotene Sorgfalt,** nicht nur die übliche; eingerissene Nachlässigkeiten entlasten ihn nicht.[18] Fahrlässig handelt der Mediziner, der „das in den Kreisen gewissenhafter und aufmerksamer Ärzte oder Fachärzte vorausgesetzte Verhalten unterläßt".[19] Nachträgliche Erkenntnisse können sich allein zum Vorteil des Arztes auswirken, wenn sie nämlich den von ihm eingeschlagenen Weg rechtfertigen.[20] **13**

Der Arzt „braucht nicht mehr zu leisten, als von einem Kollegen in gleicher Lage erwartet wird. Hier werden auch wirtschaftliche Vorgaben der Sozialversicherung bedeutsam, wenn sie auch nicht den Normalstandard herabdrücken dürfen."[21] **14**

4. Fortentwicklung des Standards und Fortbildung des Arztes. Medizinische Wissenschaft und ärztliche Erfahrung befinden sich in fortdauerndem Fluss. Der Standard verändert sich demzufolge ständig nach oben und folgt den Fortschritten der Wissenschaft. Der Arzt hat sich durch geeignete Fortbildungsmaßnahmen darüber zu informieren. Die zurzeit einer Behandlung geltenden Standards lassen sich nicht immer leicht feststellen.[22] Den Stand seiner Kenntnisse und den Grad seiner Erfahrenheit zurzeit der Tätigkeit hat der behandelnde Arzt im Behandlungsfehlerprozess vorzutragen und zu **beweisen.**[23] **15**

Der Arzt kann das Gebotene nur leisten, wenn er die in seinem Fach jeweils maßgebenden Standards kennt und beherrscht. Daraus folgt eine fortwährende **Rechtspflicht zur beruflichen Fortbildung,** deren Gewicht im Zeichen der raschen medizinischen und technischen Fortschritte weiter wächst.[24] Kennt der Arzt den neuesten Stand nicht, so haftet er dem Patienten für einen daraus entstandenen Schaden. Der Arzt hat auch dann gesteigerte Vorsicht walten zu lassen, wenn zwar noch keine gesicherten genauen Erkenntnisse zur Schädlichkeit einer Behandlung vorliegen, wohl aber erste Anzeichen auf schädliche Folgen im Behandlungsfall hindeuten.[25] Bei seinem Bemühen um Fortbildung darf **16**

---

[18] Bereits BGHZ 8, 138, 140.
[19] *Deutsch,* FS Weißauer, 12, 14; aus der Rspr BGHZ 113, 297 = NJW 1991, 1535; BGH NJW 1998, 814; 2000, 2737.
[20] *Geiß/Greiner,* Arzthaftungsrecht, B 9; MünchKommBGB-*Mertens,* 3. Aufl 1997 § 823 RdNr 367.
[21] *Deutsch/Spickhoff,* RdNr 189.
[22] Zum „Stand der medizinischen Wissenschaft" als Rechtsbegriff *Kriele* NJW 1976, 355 ff.
[23] BGH NJW 1980, 2751 (Beweisverfahren im Arztfehlerprozess).
[24] S oben § 11 RdNr 4 ff; BGHZ 113, 297 = NJW 1991, 1535 = MedR 1991, 195 (Heilpraktiker); s aber auch OLG München VersR 2000, 890.
[25] BGH VersR 1956, 224.

sich der Arzt grundsätzlich auf die Richtigkeit von **Fachpublikationen** verlassen. Indessen haftet er dann, wenn er augenfällige Fehler übersieht.[26]

17   5. **Sorgfaltsmaßstab, Leitlinien.** Der **Maßstab für die erforderliche Sorgfalt** richtet sich nach objektiv-typisierenden, nicht nach subjektiv-individuellen Merkmalen.[27] Einen einheitlichen Sorgfaltsmaßstab gibt es nicht. Es gilt das Prinzip der **Gruppenfahrlässigkeit.** Danach kommt es auf die im jeweiligen Verkehrskreis der Allgemein- oder Fachärzte vorausgesetzten Fähigkeiten, die dort zu erwartenden Kenntnisse und Fertigkeiten an, dagegen nicht auf persönliche Möglichkeiten des einzelnen Berufsangehörigen. Dabei haben die Ärzte, je nach ihrem Status, durchaus unterschiedlichen Ansprüchen zu genügen. Vom Direktor einer Universitätsklinik steht mehr fachliche Kompetenz zu erwarten als vom Chefarzt eines kleineren Krankenhauses. Der BGH hält es gegebenenfalls durchaus für akzeptabel, wenn eine schwierige Operation, die in einer Universitätsklinik in einer halben Stunde zu bewältigen ist, in einem Kreiskrankenhaus anderthalb Stunden dauert.[28] Der Notfallpatient, der in das nächstgelegene Krankenhaus eingewiesen wird, muss die personellen und technischen Verhältnisse hinnehmen, wie er sie vorfindet, und kann nicht den Standard einer Spezialklinik erwarten, wenn er in ein kleineres Krankenhaus eingeliefert wird.[29] In jedem Fall muss ein „noch ausreichender medizinischer Standard" gegeben sein, allerdings nicht unbedingt ein optimaler.[30] Kein Arzt kann sich zivilrechtlich mit dem Hinweis darauf entlasten, er sei schlecht ausgebildet, es fehle ihm die notwendige Erfahrung, er könne den Fortschritten seines Faches beim besten Willen nicht ständig oder nur langsam oder teilweise folgen.

18   Seit einigen Jahren ist bei den Ärzten und ihren Fachgesellschaften die Tendenz erkennbar, die ungeschriebenen und daher flexiblen Standards durch normierte **Leitlinien** zu ersetzen. Es erscheint fraglich, ob das für die Ausübung des ärztlichen Berufes überwiegend vorteilhaft ist oder nicht.[31] Leitlinien weisen nicht per se den einzig richtigen und zwingenden Standard aus.

19   Auch die Urteile nehmen überwiegend einen durchaus kritischen Standpunkt gegenüber den Leitlinien ein. Den Leitlinien der Arbeitsgemeinschaft der Wissenschaftlichen Fachgesellschaften (AWMF) wird einerseits lediglich Informationscharakter für die Ärzte zugesprochen. Um verbindliche Handlungsanleitungen für die ärztliche Praxis handelt es sich solange nicht, solange die Diskussion um ihre Legitimität, sowie ihre Qualität und Aktualität anhält.[32] Entsprechend urteilt das OLG Hamm[33], dass Leitlinien den medizinischen Standard nur wiedergeben, ihn nicht begründen können. Darüber hinaus bieten Leitlinien nur eine schematische Lösung, ohne sämtliche Behandlungsvariablen für den konkreten Einzelfall zu beinhalten. Deshalb können nach Ansicht des OLG Koblenz[34] die von der Gesellschaft für Gynäkologie und Geburtshilfe entwickelten Leitlinien für den zeitlichen Ablauf einer Schnittentbindung (Entschluss-Entwicklungszeit) nicht ohne weiteres auf eine Sectio übertragen werden, die nach einer häuslichen Uterusruptur notfallmäßig durchgeführt werden muss.

---

[26] BGH NJW 1970, 1963 (Haftung des Verlegers bei durch Druckfehler in medizinischem Werk veranlasster ärztlicher Fehlbehandlung: „NaCl iV 25 %", statt „2,5 %").

[27] *Giesen*, Arzthaftungsrecht, RdNr 72. Auch beim groben Fehler geht es nicht um den Grad subjektiver Vorwerfbarkeit, BGH NJW 1992, 754 = MedR 1992, 214.

[28] BGH MedR 1988, 253.

[29] OLG Stuttgart ArztR 1995, 62.

[30] BGH MDR 1994, 891.

[31] Zu Recht krit *Opderbecke* Anästhesiologie & Intensivmedizin 1997, 313 ff; so auch *Kern* ZaeFQ 2004, 222, 223.

[32] OLG Naumburg MedR 2002, 471

[33] OLG Hamm OLGReport Hamm 2002, 176.

[34] OLG Koblenz MedR 2008, 511.

In jedem Einzelfall muss also geprüft werden, ob die Empfehlungen oder Leitlinien tat- 20
sächlich den medizinischen Standard wiedergeben. Auch nach Ansicht des BGH können
Leitlinien kein Sachverständigengutachten ersetzen und nicht unbesehen als Maßstab für
den Standard übernommen werden.[35] Das OLG Stuttgart[36] hingegen bewertet das Abweichen von einer Leitlinie, die von 95% der betroffenen Ärzte abgelehnt wird, zu unrecht
als – wenn auch einfachen – Behandlungsfehler.

6. Übernahmeverschulden. Gelangt der Arzt an die Grenzen seiner eigenen Mög- 21
lichkeiten, so hat er einen **Konsiliarius** beizuziehen, den Patienten einem Spezialisten zu
überantworten oder in ein Krankenhaus einzuweisen. Übernimmt ein Arzt dagegen die
Behandlung eines Patienten, obwohl er dazu aufgrund unzureichenden Fachwissens, fehlender apparativer Ausstattung oder körperlicher Unfähigkeit (Müdigkeit, Krankheit)
nicht in der Lage ist, liegt darin ein **Übernahmeverschulden.**[37]

Bereits bei der Diagnose kann der Arzt einen Behandlungsfehler dadurch begehen, 22
dass er, obwohl er infolge unzureichender fachlicher Zuständigkeit oder mangels erforderlicher Apparatur zu einem sicheren Befund nicht gelangen kann, die gesteigerten Möglichkeiten eines Facharztes oder einer Klinik nicht sucht.

Ein (schweres) Übernahmeverschulden ist dann anzunehmen, wenn ein Arzt den unzu- 23
treffenden Eindruck erweckt, in seiner Praxis sei auch eine Not-Sectio möglich. Der Arzt
haftet für die schweren Behinderungen des Kindes, die auf die unterbliebene Not-Sectio
zurückzuführen sein können, wenn die Entbindung bei zutreffender Information (Beratung) in einer Klinik durchgeführt worden wäre.[38]

Ist die **apparative Ausstattung einer Klinik** nicht ausreichend, um eine dem zu 24
erwartenden Standard entsprechende Behandlung durchzuführen, muss der Patient in ein
anderes Krankenhaus überwiesen werden, das nach seiner personellen und apparativen
Ausstattung diesen Standard aufweist. Behandelt das Einweisungskrankenhaus den Patienten ohne Überweisung, liegt ein Übernahmeverschulden vor, wenn der Patient nicht über
die Möglichkeit, ein spezialisiertes Krankenhaus aufzusuchen, informiert worden ist.[39]

Erfordert die Art der Erkrankung oder Verletzung die Behandlung durch einen Spezia- 25
listen oder eine Spezialklinik, ist eine solche ärztliche Versorgung und Behandlung im
Einweisungskrankenhaus aber nicht gewährleistet, so liegt Übernahmeverschulden vor,
wenn das Einweisungskrankenhaus die Überweisung an eine Spezialklinik oder einen
Spezialisten unterlässt.[40]

Auch der **Notfall- oder Bereitschaftsarzt** muss imstande sein, die erforderlichen 26
Erstmaßnahmen durchzuführen. Bei der Prüfung des Übernahmeverschuldens ist jedoch
ein großzügigerer Maßstab anzulegen als im Rahmen des normalen Praxisbetriebes.[41]

Für das **Übernahmeverschulden des Heilpraktikers** hat der BGH[42] mit Recht darauf 27
hingewiesen, dass der Heilpraktiker in gleicher Weise wie ein Arzt gegen die gebotene
Sorgfalt verstößt, wenn er eine Therapie wählt, mit deren Handhabung, Eigenarten und
Risiken er sich zuvor nicht im erforderlichen Maße vertraut gemacht hat. Über die ihm
durch Einzelgesetze ausdrücklich verbotenen Behandlungsmaßnahmen hinaus dürfe der

---

[35] BGH GesR 2008, 361.
[36] OLG Stuttgart MedR 2002, 650.
[37] *Giesen,* Arzthaftungsrecht, RdNr 85; aus der Rspr vgl etwa BGH NJW 1989, 2321 = MedR 1989, 322 = VersR 1989, 851; NJW 1993, 2989; 1994, 3008; OLG Hamm GesR 2005, 462.
[38] OLG Hamm GesR 2006, 462.
[39] BGH NJW 1989, 2321 = VersR 1989, 851; BGHZ 72, 132; 88, 248; BGH NJW 1992, 1560; 1994, 3308; BGH VersR 1995, 195; BGH NJW 1988, 2298; OLG Düsseldorf VersR 1989, 190; OLG Oldenburg VersR 1983, 563, 888 (BGH NA-Beschl v 29. 3. 1983 – VI ZR 202/82). Vgl auch *Steffen/Pauge,* RdNr 156.
[40] Vgl BGH NJW 1982, 2121, 2123; *Giesen,* Arzthaftungsrecht RdNr 85.
[41] OLG Karlsruhe VersR 1990, 53.
[42] BGHZ 113, 297 = NJW 1991, 1535, 1536; OLG München VersR 1991, 471 (BGH NA-Beschluss v 29. 6. 1990 – VI ZR 193/89); vgl *Taupitz* NJW 1991, 1505, 1509.

Heilpraktiker Methoden, deren Indikationsstellung oder Risiken die medizinisch-wissenschaftliche Ausbildung und Erfahrung eines approbierten Arztes verlangen, nicht anwenden, solange er sich nicht ein entsprechendes Fachwissen und -können erworben hat. Sind die für eine ausreichende Diagnose und eine sachgemäße Heilbehandlung notwendigen Kenntnisse und Fähigkeiten beim Heilpraktiker nicht vorhanden, ist er verpflichtet, den Eingriff zu unterlassen.[43] Jeder Heilpraktiker ist verpflichtet, zunächst auf das gewissenhafteste zu prüfen, ob seine Kenntnisse und Fähigkeiten zur Feststellung und Behandlung einer Krankheit ausreichen. Je gefährlicher eine Erkrankung, um so höhere Anforderungen sind an die selbstkritische Prüfung des Heilpraktikers zu stellen.[44] Zur Beachtung der im Verkehr erforderlichen Sorgfalt nach § 276 Abs 2 BGB gehört schließlich auch, dass der Heilpraktiker prüft, ob seine Fähigkeiten und Kenntnisse ausreichen, um bei etwaigen diagnostischen und therapeutischen Eingriffen alle erforderlichen Vorsichtsmaßnahmen beachten zu können.[45]

28 Der Arzt hat den Patienten, um ihm einen selbstbestimmten Entschluss zu ermöglichen, nur dann über **mehrere zur Wahl stehende** diagnostische oder therapeutische **Verfahren** zu informieren und das Für und Wider mit ihm abzuwägen, wenn unterschiedliche Risiken entstehen können und der Kranke eine echte Wahlmöglichkeit hat. Der Arzt darf sich von dem Gedanken leiten lassen, „daß der Patient, der zu ihm kommt, jetzt untersucht und behandelt werden will und kein theoretisches Interesse daran hat, zu erfahren, ob die Medizin über kurz oder lang wohl über bessere Methoden werde verfügen können, die auch schon hier und da erprobt und angewendet würden". Anderes gilt, „wenn der Arzt weiß oder wissen muß, daß der Patient mit seinem speziellen Leiden zweckmäßiger und besser in einer Spezialklinik untersucht und behandelt wird".[46] Grundsätzlich schuldet der Arzt den fachlich anerkannten Standard. **Neue diagnostische oder therapeutische Methoden,** die den noch geltenden Standard übertreffen, hat er von Rechts wegen nur dann in die Behandlung einzuführen oder dem Patienten zugänglich zu machen, wenn dies möglich und notwendig erscheint.[47]

29 Den Arzt, der ein **aggressives Medikament** einsetzt, kann die Pflicht treffen, sich über die Erfahrungen mit dem Mittel in der Fachliteratur oder bei einem Spezialisten zu unterrichten: „Ein Patient darf erwarten, daß der Arzt, der bei ihm aggressive Medikamente einsetzt, das auch verantworten kann. Dazu gehört die Kenntnis ihrer therapeutischen Wirkung und die Kenntnis der Risiken, die der Patient mit der Einnahme der Mittel eingeht."[48]

30 **7. Unterlassen, Einsatz besonderer Kenntnisse.** Der Behandlungsfehler kann in einem Zuviel oder einem Zuwenig bestehen, in einem Tun oder einem Unterlassen. Für die den Arzt wegen eines **Sorgfaltsverstoßes** treffende Verantwortlichkeit macht es keinen Unterschied, ob das Schwergewicht seines Handelns in der **Vornahme** einer sachwidrigen oder in dem **Unterlassen** einer sachlich gebotenen Heilmaßnahme liegt. „Der Schutzbereich der Norm, der den Zurechnungszusammenhang im Hinblick auf den Schaden abgrenzt, ist für Handlungen und Unterlassungen gleich."[49]

31 Auch die seit langem in der Lehre von der Fahrlässigkeit umstrittene Frage, ob **besondere Kenntnisse** anzuwenden seien, fand höchstrichterlichen Bescheid: „Verfügt der Arzt

---

[43] BGH NJW 1991, 1535, 1537; zustimmend *Taupitz* NJW 1991, 1505, 1509.
[44] Vgl auch OLG Braunschweig NdsRpfl 1948, 92, 93; *Taupitz* NJW 1991, 1505, 1509; s auch RGSt 67, 12, 22.
[45] BGH NJW 1991, 1535, 1536.
[46] BGH NJW 1984, 1810, 1811.
[47] Vgl auch RGRK-*Nüßgens,* § 823 Anh II RdNr 190.
[48] BGH NJW 1982, 697, 698 (Verordnung von Myambutol durch einen Urologen); vgl auch OLG Köln VersR 1991, 186 (verspäteter Einsatz eines nicht zugelassenen Medikaments) m krit Anm *Deutsch* u OLG Bamberg NJWE-VHR 1997, 206 (Nebenwirkungen eines Antiarrhythmikums).
[49] *Deutsch* in seiner zust Anm zu BGH NJW 1989, 767, 769.

über den zu fordernden Standard hinaus über medizinische Spezialkenntnisse, dann hat er sie auch zugunsten seines Patienten einzusetzen."[50]

8. Sorgfaltsmaßstab und Risiko. Fahrlässigkeit zu vermeiden, heißt nicht, jedes **32 Risiko** zu meiden. Der Arzt kann vielfach Gefahren nicht ausschließen, ja er muss solche zum Wohl und im Dienst des Patienten oft seinerseits eingehen. Seine Hauptpflicht besteht darin, die Gefahren von Symptomen und Krankheiten abzuwägen gegen die Vorteile und Risiken diagnostischer und therapeutischer Eingriffe. Es geht um kontrollierten Umgang mit den Gefahren und darum, das Gesamtrisiko zu minimieren. „Zwar muß der Arzt nicht stets den sichersten therapeutischen Weg wählen; ein höheres Risiko muß aber in den besonderen Sachzwängen des konkreten Falles oder in einer günstigeren Heilungsprognose eine sachliche Rechtfertigung finden."[51] Grundsätzlich gebietet es die ärztliche Sorgfaltspflicht, von vermeidbaren Maßnahmen abzusehen, wenn diese auch nur ein geringes Risiko in sich bergen.[52]

Das Ausmaß der dem Arzt abzuverlangenden Sorgfalt hängt wesentlich von den **33** Umständen des Einzelfalles, insbesondere auch von der **Dringlichkeit einer medizinischen Maßnahme** ab. Das **Zeitmoment** bildet ein wesentliches Stück des abwägenden ärztlichen Kalküls. Notfälle stellen den Arzt oft unter Zeitdruck. Bei großer Eilbedürftigkeit eines Eingriffs gelten für die Vorbereitung andere Maßstäbe als bei einer medizinischen Maßnahme, für die dem Arzt genügend Zeit zu Gebote steht.[53]

Eine wesentliche Rolle für das Maß der erforderlichen Sorgfalt spielt die Intensität der **34** vom Patienten abzuwendenden Gefahr.

9. Äußere und innere Sorgfalt. Als sachgemäßes Verhalten lässt sich die Sorgfalt in **35** eine äußere und eine innere unterscheiden. Die **äußere Sorgfalt** besteht in der Tätigkeit, die sich als sachgemäßer Umgang mit dem Patienten, seiner Krankheit und seinen Symptomen darstellt. Die **innere Sorgfalt** umfaßt jede Disposition und Motivation, die zum Erkennen der Erkrankung und der Möglichkeiten zu ihrer Behandlung sowie zur Wahrnehmung der äußeren Sorgfalt befähigt. Der Arzt, der einen typischen Diagnosefehler begeht, lässt die innere Sorgfalt außer acht, er lässt es an der auf die Erkenntnis gerichteten Tätigkeit fehlen.

III. Methodenwahl und Verfahrensqualität

1. Grundsatz ärztlicher Therapiefreiheit. Höchstrichterliche Spruchpraxis[54] und **36** Rechtslehre anerkennen den **Grundsatz der ärztlichen Therapiefreiheit.**[55] Der Arzt ist von Rechts wegen nicht durchweg auf die wie auch immer bestimmte schulmedizinische oder anerkannte oder die den gegenwärtigen Stand der medizinischen Wissenschaft repräsentierende Methode verpflichtet. Der von der Ärzteschaft in Anspruch genommene und verteidigte **Ermessens- und Beurteilungsspielraum** findet sich bei anderen Experten-Klienten-Verhältnissen nicht. Er hat gute Gründe. Der Heilerfolg hängt im Einzelfall von vielen, teils auch rational kaum fassbaren Faktoren ab, also keineswegs nur von der gewählten Therapieform, deren Gewicht sich oft nur schwer einschätzen lässt. Der Arzt hat auf die Eigenheiten jedes Patienten Bedacht zu nehmen und dessen Willen nicht nur

---

[50] BGH NJW 1987, 1479 m zust Anm *Deutsch;* BGH, NJW 1997, 3090.
[51] BGH NJW 1987, 2927 (Bündelnagelung eines Torsionsbruchs statt Plattenosteosynthese).
[52] BGH VersR 1980, 676, 678; OLG Köln VersR 1992, 1097. Nicht indizierte Röntgenaufnahmen können den Tatbestand der gefährlichen Körperverletzung (§ 223 a StGB aF) erfüllen, indes nicht den Strafbestand des Freisetzens ionisierender Strahlen (§ 311d StGB), vgl BGH NJW 1998, 833.
[53] BGH NJW 1985, 1392; 1989, 1541; 1998, 814; OLG Braunschweig VersR 1999, 191; OLG Hamm NJW-RR 2000, 401; OLG Zweibrücken VersR 2000, 605; OLG Köln VersR 2000, 1150.
[54] BGH MedR 1992, 214.
[55] Vgl *Laufs* ZaeFQ 1997, 586ff; *ders* NJW 1997, 1609f; 1999, 2717ff; 2000, 1757, 1758; *ders,* FS Deutsch, 625ff; *Katzenmeier,* § 5 IV mwN.

zu berücksichtigen, sondern in den Dienst des Heilerfolgs zu stellen. Im Einverständnis mit dem Kranken darf der Arzt den Erfolg jenseits des Standards suchen und einen Heilversuch unternehmen.

37 **2. Sorgfaltsanforderungen bei Therapiewahl, neuer Behandlungs- und Außenseitermethoden.** Die Therapiefreiheit entbindet den Arzt nicht von seinen Sorgfaltspflichten. Das Verschuldensprinzip gibt dem Arzt die Handlungsfreiheit, solange er den Sorgfaltspflichten seines Berufes genügt.[56] Den Kern einer verantwortlichen, **sachgerechten Therapiewahl** nach der stets gebotenen genauen und umfassenden Erhebung der Befunde bildet die gewissenhafte Abwägung der Vorteile und Gefahren bei dem in Betracht gezogenen Verfahren. Hierbei hat der Arzt alle anderen, ernsthaft infrage kommenden und eingeführten Methoden vergleichend zu bedenken.

38 „Der operierende Arzt hat die Freiheit, die von ihm anzuwendende Operationsmethode danach auszusuchen, wie sie seiner Ausbildung, Erfahrung und Praxis entspricht. Unter mehreren praktisch gleichwertigen Methoden darf er das nach seinem Ermessen am besten geeignete Verfahren bevorzugen, insbesondere ein solches, für das er die größere Erfahrung besitzt".[57] „Der Arzt kann verpflichtet sein, **von der Kunstregel abzuweichen,** wenn er nach gewissenhafter Prüfung überzeugt ist, einer anderen Methode folgen zu müssen. Umgekehrt findet die Freiheit des Arztes, sich für ein bestimmtes Verfahren zu entscheiden, dort ihre Grenze, wo die Überlegenheit eines anderen Verfahrens allgemein anerkannt ist. Dieses in einem solchen Falle nicht anzuwenden wäre ein Behandlungsfehler, der auch durch die Einwilligung des Patienten nicht ausgeschlossen wird."[58]

39 Die Anwendung eines neuen Therapiekonzepts schuldet der Arzt erst dann, wenn die neue Methode risikoärmer ist und bessere Heilungschancen verspricht, in der medizinischen Wissenschaft im wesentlichen außer Streit steht und deshalb von einem sorgfältigen Mediziner nur ihre Anwendung verantwortet werden kann.[59]

40 Wenn anerkannte therapeutische Verfahren nicht zu Gebote stehen oder im Einzelfall als ungeeignet erscheinen, „gebieten es die Regeln der ärztlichen Kunst, daß der behandelnde Arzt bei seinen nach pflichtgemäßem Ermessen zu treffenden Therapieentscheidungen auch solche Behandlungsmaßnahmen in Erwägung zieht, deren Wirksamkeit zwar (noch) nicht gesichert ist, aber nach dem Stand der medizinischen Wissenschaft für möglich gehalten werden muß"[60]

41 Die Anwendung einer **neuen Behandlungsmethode** darf nur erfolgen, „wenn die verantwortliche medizinische Abwägung und ein Vergleich der zu erwartenden Vorteile dieser Methode und ihrer abzusehenden und zu vermutenden Nachteile mit der standardgemäßen Behandlung unter Berücksichtigung des Wohles des Patienten die Anwendung der neuen Methode rechtfertigt".[61]

42 Wählt der Arzt eine Außenseitermethode, so hat er alle bekannten und medizinisch vertretbaren Sicherungsmaßnahmen zu ergreifen, die eine erfolgreiche und komplikationsfreie Behandlung gewährleisten. Er muss sich ständig über mögliche Risiken und Nebenwirkungen, insbesondere durch unverzügliche Kontrolluntersuchungen informieren.[62]

---

[56] *v Caemmerer* RabelsZ 1978, 5, 23 f.
[57] OLG Hamburg VersR 1989, 147.
[58] *Rumler-Detzel* VersR 1989, 1008, 1009. Aus der Rspr vgl BGHZ 102, 17 = NJW 1988, 763; BGH NJW 1992, 754 = MedR 1992, 214.
[59] OLG Köln VersR 1992, 754. *Steffen/Pauge,* RdNr 147.
[60] BSGE 63, 102 = NJW 1989, 794. BGH, NJW 1981, 633; 1987, 2927.
[61] BGH MedR 2006, 650 (Robodoc) m Bespr *Katzenmeier* NJW 2006, 2738 u *Kern* LMK 2006, 189313.
[62] BGH MedR 2008, 87, 88 (Anwendung einer Außenseitermethode) m Anm *Spickhoff* MedR 2008, 89; BGH MedR 2007, 653, 655 (Heilversuch mit einem neuen, erst im Laufe der Behandlung zugelassenen Arzneimittel) m Bespr *Hart* MedR 2007, 631.

Maßstab für die erforderliche Sorgfalt ist nach Auffassung des BGH ein „vorsichtiger Arzt".[63]

Je problematischer eine Methode, je mehr der Mediziner von eingeführten und anerkannten Verfahren abweichen möchte, je stärker er von dem abgehen will, was der Kranke erwarten darf, und je tiefer er in Neuland vorstoßen will, desto weiter reichen die **Informationspflichten.** Stets bleibt die Methodenwahl bei Diagnose und Therapie eingebunden in die Sorgfalts- und Aufklärungspflichten, denen der Arzt bei Neulandsschritten in gesteigertem Maße zu genügen hat.[64] **43**

Der Arzt, der einer **Außenseitermethode** folgt, begeht dadurch möglicherweise, jedoch nicht zwingend, einen groben Behandlungsfehler mit den entsprechenden beweisrechtlichen Konsequenzen. Zu weit geht indessen, wer den Anwender einer Außenseitermethode schlechthin mit dem Nachweis belastet sehen will, dieses Verfahren habe sich nicht zum Schaden des Patienten ausgewirkt.[65] Auch bei der Abweichung vom Standard kommt es auf die Gegebenheiten des einzelnen Falles an, schematische Lösungen verbieten sich. **44**

§ 98 Fahrlässigkeiten – zur Kasuistik

Inhaltsübersicht

	RdNr
I. Ausgangspunkte	1
II. Diagnosefehler	6
1. Überblick	6
2. Einzelfallbetrachtung	7
3. Befunderhebungsfehler	11
4. Gerichtliche Leitsätze	12
III. Therapiefehler	19
1. Persönliche Untersuchung, Behandlung und therapeutische Aufklärung	19
2. Methodenwahl	22
3. Einsatz von Apparaten	25
4. Rezeptierung und Medikation	29
5. Narkose	31
IV. Nachsorge	33
V. Verstöße gegen nachwirkende Pflichten aus der Behandlung	34

I. Ausgangspunkte

Die Fülle der Judikatur lässt sich kaum überblicken.[1] Unter den Auskunftsmitteln, die den weiter stark anschwellenden Rechtsstoff erschließen, sei die umfassende, weithin nach den medizinischen Disziplinen gegliederte Rechtsprechungssammlung zur gesamten Arzthaftpflicht (AHRS)[2] hervorgehoben. Der reichhaltige Stoff der Gutachter- und Schlichtungsstellen blieb bisher zum Nachteil von Wissenschaft und Praxis nahezu unver- **1**

---

[63] BGH MedR 2008, 87, 88.
[64] Vgl dazu unten § 154; § 162; § 163.
[65] *Schmid* NJW 1986, 2339, 2342; *Rumler-Detzel* VersR 1989, 1008, 1010.
[1] Vgl die wichtigsten ausgewählten Fälle bei *Laufs* NJW 1976, 1121 f; NJW 1977, 1081 f; 1978, 1180 f; 1979, 1231 f; 1980, 1316 f; 1981, 1290 f; 1982, 1320 f; 1983, 1347 f; 1984, 1385 ff; 1985, 1363 f; 1986, 1518 ff; 1987, 1452 f; 1988, 1503 ff; 1989, 1526 f; 1990, 1505 ff; 1991, 1521 ff; 1992, 1534 ff; 1993, 1503 ff; 1994, 1562 f; 1995, 1596 f; 1996, 1575 ff; 1997, 1610 f; 1998, 1756 f; 1999, 1766; 2000, 1761 f; vgl ferner *Spickhoff* NJW 2001, 1762 f; 2002, 1763 ff; 2003, 1705 ff; 2004, 1714 ff; 2005, 1698; 2006, 1633 f; 2007, 1630 ff; 2008, 1639 f; 2009, 1717 f u *Kern*, unten Kap 24.
[2] Hrsg v *Ankermann* ua. Vgl auch *Behrends/Gerdelmann*, Krankenhaus-Rechtsprechung (KRS), Teil III: Urteile ab 2004.

öffentlicht und in Ansätzen ausgewertet.[3] Verantwortlicherweise haben die Herausgeber medizinischer Fachzeitschriften ihre Spalten den Rechtsfragen längst geöffnet.[4]

2 Die **Schwerpunkte** der Zwischenfallshäufigkeit liegen **bei den invasiven Fächern** in den Kliniken. Hier treten neben ärztlich verschuldeten Schäden **auch unvermeidliche Einbußen** auf.: „Krebs ist ein Teufel, den man nur mit dem Beelzebub austreiben kann. Auf deutsch: Jede Therapie beim Krebs ist aggressiv, sie muß aggressiv sein, und sie hinterläßt jedesmal Folgen, gleichviel ob nach der Operation, nach der Bestrahlung oder bei der Chemotherapie. Es gibt also keine Krebsbehandlung ohne starke Nebenwirkungen und keine Krebsheilung ohne starke Opfer nach den verschiedensten Richtungen."[5]

3 Die ärztlich verschuldete und schicksalhaft eintretende Unbill beim Einsatz der Hochleistungsmedizin in den Krankenhäusern wecken das von *Odo Marquard* so geheißene **„Prinzessin-auf-der-Erbse-Syndrom".**[6] Wo die Fortschritte helfen, konzentriert sich die Aufmerksamkeit auf jene Übel, die übrig bleiben: „Je mehr Krankheiten die Medizin besiegt, desto stärker wird die Neigung, die Medizin selber zur Krankheit zu erklären; und je mehr Unheil ihre Fortschritte lindern, desto mehr werden ihre Fortschritte selber als Unheil erfahren."

4 Die Suche nach ärztlichen Fehlern und die Feststellung von Fahrlässigkeiten dürfen den Blick weder auf die unabwendbaren Verläufe, noch auf Nutzen und Segen der Medizin im ganzen verstellen. Freilich gilt es auch, die **rechtlichen Grenzen der mächtigen apparativen Medizin** zu bestimmen, den Schutz des menschlichen Lebens und der Person voll aufrechtzuerhalten und ihn nicht durch neue medizinisch-technische Verfahren vornehmlich am Beginn und am Ende der Existenz abschwächen zu lassen.

5 Die Medizin setzt vielfach aggressive Mittel ein und sucht ihre Möglichkeiten fortwährend zu erweitern. „Die Sorgfalt hat sich von der Vermeidung zur Kontrolle der Gefahr gewandelt." Das gilt vornehmlich für die **Neulandmedizin.** Allerdings darf der Arzt vom Standard auf diesem Felde nicht „nur aufgrund einer validen Forschungsfrage und unter Einhaltung der stringenten Regeln der klinischen Forschung" abweichen.[7] Obwohl klinische Studien, oft multizentrischer Art, im ärztlichen Alltag überwiegen und weiter Raum gewinnen, sind individuelle Heilversuche durchaus zulässig, traten forensisch bisher indessen kaum hervor.[8] Durch Fahrlässigkeit verursachte Zwischenfälle ereignen sich selten. Der Grund dafür mag in der gesteigerten Umsicht und wachsamen Kontrolle, die den Heilversuch wie die klinischen Studien regelmäßig begleiten, zu suchen sein.

II. Diagnosefehler

6 **1. Überblick.** Das **diagnostische Fehlverhalten** umfasst einerseits den Fall der fehlerhaften Beurteilung trotz Inanspruchnahme aller Erkenntnismöglichkeiten, andererseits den Fall der unzureichenden, unterlassenen und verspäteten Diagnose. Als Behandlungsfehler hat eine Diagnose insbesondere aber auch dann zu gelten, wenn sie darauf beruht, dass der Arzt erforderliche und wesentliche Befunde nicht erhob, etwa angezeigte Röntgen- und Laboruntersuchungen nicht veranlasste[9] oder eine Einweisung unterließ[10] oder die Überprüfung einer ersten Arbeitsdiagnose im weiteren Behandlungsverlauf fehlerhaft

---

[3] Vgl oben § 93 RdNr 13.
[4] Für die Veröffentlichungen in der ersten Hälfte des 20. Jahrhunderts vgl *Kern,* Medizinrecht an der Juristenfakultät bis 1945, in: Mitglieder der Juristenfakultät (Hrsg), Festschrift der Juristenfakultät zum 600jährigen Bestehen der Universität Leipzig, 2009, 181.
[5] *Bauer,* in: *Forster* (Hrsg), Offene Fragen zwischen Ärzten und Juristen, 50.
[6] Gynäkologe 1989, 339, 341.
[7] So aber *Deutsch,* in: *Kleinsorge/Hirsch/Weißauer* (Hrsg), Forschung am Menschen, 1985, 34.
[8] Zu den Sorgfaltsanforderungen beim individuellen Heilversuch zuletzt BGH MedR 2007, 653 m Anm *Hart* MedR 2007, 631 (Behandlung mit einem neuen, erst im Laufe der Behandlung zugelassenen Medikament); BGH MedR 2008, 87 (Anwendung einer Außenseitermethode).
[9] BGH NJW 1995, 778; 1999, 1778 u 3408; OLG Köln VersR 2000, 102.
[10] BGH NJW 1994, 801; 1998, 814; s aber auch OLG Hamm VersR 1998, 982.

versäumte.[11] Andererseits hat der Arzt dann alle Diagnosemaßnahmen zu unterlassen, wenn keine Therapie zur Verfügung steht.

2. Einzelfallbetrachtung. Diagnoseirrtümer werden von der Rechtsprechung nur mit Zurückhaltung als Behandlungsfehler bewertet,[12] weil diagnostische Irrtümer oft nicht die Folge vorwerfbaren ärztlichen Versehens sind. Die Symptome sind nicht immer eindeutig, sondern können auf die verschiedensten Ursachen hinweisen. Wegen der Individualität des menschlichen Organismus' kann jeder Mensch die Anzeichen ein und derselben Krankheit in anderer Ausprägung aufweisen. Der Arzt soll zudem nicht in jedem Fall alle irgend denkbaren Diagnosemaßnahmen durchführen. Das belastete den Patienten gesundheitlich[13] und die Allgemeinheit finanziell übergebührlich.[14]

Wegen der Vielfalt der möglichen Geschehensabläufe kann die Verantwortlichkeit des Arztes für Versäumnisse und Fehler bei der Diagnose nicht nach einem festen Schema beurteilt werden. Eine Würdigung kann nur anhand des Einzelfalls und des konkreten Beschwerdebilds, wie es sich dem Arzt darstellt, vorgenommen werden.

Der Arzt hat demzufolge die notwendigen Befunde zu erheben und diese fachgerecht zu beurteilen. Dabei hat er alle ihm zu Gebote stehenden **Erkenntnisquellen** zu nutzen, soweit die Umstände und Verdachtsmomente dies verlangen und der Eingriff im Dienste der Erkenntnis nicht neue und überwiegende Gefahren von einem gewissen Gewicht heraufbeschwört. Je ernster sich die Krankheitsgefahr darstellt, desto höher dürfen auch die **Risiken** invasiver diagnostischer Verfahren sein.

Je deutlicher sich eine Krankheit abzeichnet, desto eher kann der Arzt auf weitere belastende und kostspielige Diagnostik verzichten. Wenn die Anzeichen den Ausschluss eines schweren Verdachts erforderlich erscheinen lassen, muss der Arzt die notwendigen abklärenden Maßnahmen ergreifen oder durch einen kompetenteren Spezialisten vornehmen lassen. Bei Symptomen einer bedrohlichen Erkrankung darf der Arzt sich nicht mit Arbeitshypothesen aufhalten, sondern er hat unverzüglich mit differentialdiagnostischen Erkenntnismitteln die infrage kommenden Ursachen abzuklären.[15] Ebenso stellt die verspätete Behandlungsaufnahme einen Diagnosefehler dar, wenn Eile bei der Diagnosestellung geboten war.[16] Die Pflicht zu einer gründlichen Diagnose kann auch im Interesse der Vermeidung eines nicht indizierten folgenschweren Eingriffs bestehen.[17]

3. Befunderhebungsfehler. Ehestens ist das Nichterheben von Befunden als vorwerfbarer Diagnosefehler anzusehen,[18] wobei das Unterlassen der Befunderhebung „bei zwei-

---

[11] BGH VersR 1985, 886; OLG Stuttgart VersR 1994, 313; OLG Frankfurt VersR 1997, 1358.
[12] BGH VersR 1981, 1033; BGH NJW 2003, 2827; BGH NJW 2008, 1381; OLG Düsseldorf VersR 1988, 807; OLG Köln VersR 1989, 631; OLG Karlsruhe AHRS 1815/100; OLG Koblenz MedR 1995, 364; OLG Bremen NJW-RR 1996, 1114; OLG Köln VersR 2004, 794; OLG Düsseldorf VersR 2006, 841; OLG Koblenz, NJW-RR 2006, 393; OLG Koblenz MedR 2006, 726; LG Magdeburg NJW-RR 2008, 536; *Rehborn* MDR 2002, 1281, 1282. Weit geringere Anforderungen an das Vorliegen eines Diagnosefehlers stellt allein das OLG Frankfurt/M NJW-RR 1994, 21, das einen Diagnosefehler schon bejaht, wenn das diagnostische Vorgehen nicht „eine den Regeln der ärztlichen Kunst entsprechende Versorgung des Patienten zu gewährleisten" vermag.
[13] Der BGH NJW 1998, 833, hat überflüssige Röntgenuntersuchungen als Körperverletzung angesehen. Die Einstufung als gefährliche Körperverletzung liegt nahe, wenn der Patient vielfach (140mal in zwei Jahren) überflüssig geröntgt wurde. Zum Umfang der Diagnostik auch OLG Hamm VersR 1997, 1342.
[14] BGH VersR 1975, 43.
[15] Vgl BGHZ 107, 222 = NJW 1989, 2318 = JZ 1989, 901 m Anm *Laufs;* BGH VersR 1985, 886.
[16] OLG München VersR 1996, 379; OLG Hamm VersR 1999, 845.
[17] Vgl OLG Düsseldorf VersR 1986, 64: Über die allgemeinen Anforderungen an die ärztliche Sorgfaltspflicht bei Abklärung eines Malignitätsverdachts durch Probeexzision von Brustgewebe und bei Vornahme einer subkutanen Mastektomie.
[18] OLG Celle VersR 1993, 483; OLG Hamm VersR 1993, 440; OLG Düsseldorf VersR 1997, 240; OLG Braunschweig MedR 2008, 372; OLG Zweibrücken NJW-RR 2008, 537, 538.

felsfrei gebotener Befundung ... als schwerer Behandlungsfehler" zu werten ist.[19] Andererseits darf ein niedergelassener Arzt, der einen Patienten zu weiterer Diagnostik in ein Krankenhaus oder an einen Facharzt überwiesen hat, die Ergebnisse der ihm in personeller und apparativer Ausstattung überlegenen Kollegen bei der Weiterbehandlung zugrunde legen, solange sich ihm nicht Zweifel an der Richtigkeit aufdrängen müssen.[20]

12   **4. Gerichtliche Leitsätze.** Die folgenden allgemeinen gerichtlichen Leitsätze mögen das Feld wenigstens knapp umreißen: „Voraussetzung für eine sachgerechte Behandlung ist die diagnostische Abklärung der konkreten Beschwerden. Zu diesem Zweck muß der Arzt den Patienten anhören und untersuchen. Sind die Beschwerden und Befunde außergewöhnlich und lassen sie eine sichere Zuordnung zu einem bestimmten Krankheitsbild nicht zu, so muß der Arzt, wenn es sich nicht um eine absolute Bagatellerkrankung handelt, **zusätzliche Untersuchungen** einleiten, notfalls unter Einschaltung zusätzlicher medizinischer Disziplinen."[21]

13   „Der Kranke hat einen Anspruch darauf, daß der Arzt ein **mehrdeutiges Krankheitsbild** durch alle ihm zur Verfügung stehenden Mittel moderner Untersuchungstechnik aufklärt. Auch entfernt liegende Krankheitsursachen hat er dabei in Erwägung zu ziehen und die zu deren Erkenntnis notwendigen Untersuchungsmethoden anzuwenden."[22]

14   „Es gehört zu den Aufgaben eines Arztes, sich von den Leiden seines Patienten ein eigenes Bild zu machen, dabei die Angaben Dritter nicht ungeprüft zu übernehmen und wichtige Befunde selbst zu erheben. **Ferndiagnosen** aufgrund mündlicher Berichte von Angehörigen können in den seltensten Fällen ausreichen."[23]

15   Der behandelnde oder untersuchende Arzt hat sich bezüglich der vorzunehmenden diagnostischen Maßnahmen nicht nach den Wünschen und Vorstellungen der oft fachunkundigen Patienten zu richten, sondern eigenverantwortlich die ärztlich gebotene Tätigkeit nach objektiven Gesichtspunkten zu bestimmen. Der Arzt handelt nicht fehlerhaft, wenn er von weiteren Untersuchungen in den Fällen absieht, in denen das Risiko einer Fehldiagnose so gering ist, dass es vernachlässigt werden kann, mögen sie auch von dem Patienten verlangt werden.

16   „Besteht die **Gefahr einer schwerwiegenden, das Leben bedrohenden Erkrankung** eines Patienten, dann muß der Arzt eine Diagnosemaßnahme empfehlen, die ein sicheres Ergebnis verspricht."[24] Ein Facharzt darf einfache und selbstverständlich gebotene differential-diagnostische Überlegungen und Untersuchungen nicht unterlassen.[25]

17   Jedoch bleibt stets zu berücksichtigen, dass die Diagnose im Spannungsverhältnis zwischen der diagnostischen Aussagefähigkeit, dem individuellen Aufklärungsbedürfnis, dem erwarteten therapeutischen Nutzen und den **Risiken der Maßnahme** für den Patienten steht.[26] Zu dem nach ärztlichen Regeln Gebotenen gehört es auch, Maßnahmen der Kontrolle und Sicherung gegen unerwünschte Nebenwirkungen der Behandlung zu ergreifen.[27]

18   Wenn es der Arzt unterlässt, die zweifelsfrei gebotene Befundung durchzuführen, kann sich die Nichterhebung durchaus als schwerer Behandlungsfehler darstellen.[28] Doch

---

[19] BGH MDR 1994, 1187 = NJW 1995, 778; LG Nürnberg MedR 2009, 226.
[20] OLG Köln NJW-RR 1993, 1440. Ein Beispiel für beachtliche Zweifel liegt der Entscheidung des BGH NJW 1997, 3090 zu Grunde. Beispiele für Diagnosefehler in der Augenheilkunde s *Kern*, in: *Gramberg/Danielsen*, 2/535–2/536.
[21] OLG Düsseldorf VersR 1986, 919, 921.
[22] OLG Frankfurt VersR 1956, 554.
[23] BGH NJW 1979, 1248, 1249.
[24] OLG Hamm AHRS 2002/3.
[25] BGH VersR 1983, 983; NJW 1991, 748; 1994, 801; 1995, 778; VersR 1999, 60.
[26] *Giesen*, Arzthaftungsrecht, RdNr 113.
[27] OLG Frankfurt VersR 1994, 1474.
[28] BGHZ 138, 1 = NJW 1998, 1780; 1998, 1782; OLG Hamm VersR 2000, 323; OLG Stuttgart VersR 2000, 362.

bedarf die Bejahung der Indikation zu einer risikobehafteten invasiven diagnostischen Maßnahme einer besonders **sorgfältigen Güterabwägung** zwischen der diagnostischen Aussagefähigkeit, den Klärungsbedürfnissen und den besonderen Risiken für den Patienten.[29]

III. Therapiefehler

1. Persönliche Untersuchung, Behandlung und therapeutische Aufklärung. Den Arzt trifft generell die Pflicht, die ihm möglichen und zumutbaren Maßnahmen durch Rat und Tat zu durchzuführen, um einen erkennbar drohenden gesundheitlichen Schaden von seinem Patienten abzuwenden. Dazu gehört die **Pflicht zur persönlichen Untersuchung** und Behandlung des Patienten.[30] Die Pflicht zu Hausbesuchen ist mitumfasst. Dieser **Besuchspflicht** darf sich der behandelnde Arzt nur dann entziehen, wenn gewichtige Gründe ihn abhalten und er für anderweitige ausreichende Hilfe sorgt. Das gilt auch bei telefonischer Konsultation, die zur Übernahme des Falles führen kann.[31]

Eine **Fahrlässigkeit** liegt vor, wenn der Arzt Gebotenes unterlässt, es an therapeutischen Maßnahmen und Fürsorge fehlen lässt. „Die Pflicht des Arztes, sich in der **kritischen Zeit** um den Zustand des operierten Patienten zu kümmern und diesen wirksam unter Kontrolle zu halten, besteht eben deshalb, um möglichen Komplikationen durch rechtzeitiges ärztliches Eingreifen entgegenzutreten und einen Schaden ... zu vermeiden."[32]

Der Arzt hat mit dem Patienten zusammenzuwirken, nicht nur im Interesse der Autonomie des Kranken, sondern auch zu dessen gesundheitlichem Wohl. Dazu gehören Ratschläge und Anweisungen in einer Sprache, die der Patient versteht.[33] Verletzt der Arzt die gebotene **therapeutische Aufklärung**[34] pflichtwidrig, so begeht er einen Behandlungsfehler.[35]

2. Methodenwahl. Fahrlässig handelt der Arzt, der **veraltete, überholte Methoden** bei Diagnostik oder Therapie anwendet. Dies ist als Behandlungsfehler zu werten und verpflichtet zum Schadensersatz.[36] Die **Methodenwahl** steht in engem Rechtszusammenhang mit der Aufklärungspflicht. Der Arzt hat, wenn gewichtige Stimmen in der medizinischen Literatur darauf hinweisen, dass eine hergebrachte Operationsmethode unter den gegebenen Umständen zu schwerem Schaden führen muss, den Patienten darüber zu informieren, sofern er sich über die fachlichen Einwände hinwegsetzen will.[37] Kommen verschiedene Operationsmethoden in Betracht, hat der Chirurg grundsätzlich den sichersten Weg zu wählen.[38] Eine mit höheren Risiken verbundene Behandlungsmethode kommt nur in Betracht, wenn sie in den besonderen Sachzwängen des konkreten Falls oder in einer günstigeren Heilprognose eine sachliche Rechtfertigung findet.[39]

Der Arzt handelt fahrlässig, wenn er bei chirurgischen, stofflichen oder radiologischen Eingriffen **das einzuhaltende Maß verfehlt.** So haftet der Arzt, der den Blutkreislauf seines Patienten mit Ersatzstoffen überfüllt und dadurch ein Lungenödem herbeiführt.[40] Haftpflichtig kann auch eine zu hoch dosierte Penizillin-Injektion machen.[41]

---

[29] BGH NJW 1995, 2410 = MedR 1995, 370.
[30] OLG München VersR 1994, 1113; vgl dazu oben § 45 RdNr 1 ff.
[31] BGH NJW 1979, 1248.
[32] BGH NJW 1967, 1508, 1509.
[33] BGH NJW 1970, 511; NJW 1981, 630.
[34] Dazu oben § 58; u *Kern* GesR 2009, 1, 9 f.
[35] BGH NJW 1989, 2318 = MedR 1989, 320 = JZ 1989, 901 m zust Anm *Laufs* NJW 1995, 2407.
[36] OLG Düsseldorf VersR 1985, 645.
[37] BGH NJW 1978, 587.
[38] OLG Köln VersR 1990, 856.
[39] BGH NJW 1987, 2927; OLG Frankfurt VersR 1998, 1378.
[40] OLG Hamm VersR 1986, 603.
[41] OLG München VersR 1978, 285.

24 Fahrlässig handelt der Arzt, dem bei einer dem Standard entsprechenden Behandlung ein **begleitender vermeidbarer Fehler** unterläuft. So darf der Operateur keine Mullkompresse in der Wunde zurücklassen.[42] Häufig führen unzureichende Kontrollen auch in der nachoperativen Phase zu Schäden, aus denen Einstandspflichten des Arztes und des Krankenhausträgers folgen.[43]

25 **3. Einsatz von Apparaten.** Der **Umgang mit technischem Gerät** erfordert volle Aufmerksamkeit. „Zwar bringt es die zunehmende Technisierung der modernen Medizin mit sich, daß der Arzt nicht mehr alle technischen Einzelheiten der ihm verfügbaren Geräte zu erfassen und gegenwärtig zu haben vermag. Das befreit ihn aber nicht von der Pflicht, sich mit der Funktionsweise insbesondere von Geräten, deren Einsatz für den Patienten vitale Bedeutung hat, wenigstens insoweit vertraut zu machen, wie dies einem naturwissenschaftlich und technisch aufgeschlossenen Menschen ... möglich und zumutbar ist."[44]

26 Die **apparative Ausstattung** der Krankenhäuser und niedergelassenen Ärzte vermehrt die Rechtspflichten, was auch im **MPG**[45] Ausdruck findet. Der Arzt hat die Geräte und deren Funktion auch beim Einsatz zu überwachen. Die Pflicht zum persönlichen Eingreifen besteht freilich nur dort, „wo die betreffende Tätigkeit gerade dem Arzte eigene Kenntnisse und Kunstfertigkeiten" abverlangt.[46]

27 Vorhandene **apparative Möglichkeiten** hat der Arzt bei gegebener Indikation zu **nutzen.** Er kann sogar einen groben Behandlungsfehler begehen, wenn er vorhandene medizinische Geräte für die Therapie nicht einsetzt.[47]

28 „Der gesteigerte Einsatz von Apparaten anstelle von Menschen muß eine entsprechende **Erhöhung der Kontroll- und Sicherheitsvorkehrungen** nach sich ziehen." Es darf kein Anreiz dafür entstehen, teureren und haftpflichtbelasteten menschlichen Dienst auf kostengünstigere und ohne Einstandsrisiko arbeitende Maschinen zu verlagern.[48] Zwar macht nicht jedes Versagen einer Maschine deren Betreiber oder Benutzer haftpflichtig. Doch sind umfassende Sicherheitsvorkehrungen im Hinblick auf mögliche Fehlfunktionen zu verlangen. Zwar führt die bloße Fehlfunktion einer Maschine noch nicht zu einer Haftung; aber die Forderung nach einer Gefährdungshaftung für medizinisch-technische Geräte[49] geht zu weit. Versagt eine Apparatur infolge menschlichen Verschuldens, so liegt ein Verstoß gegen die Pflicht zur Gewährleistung der gebotenen Sicherheit vor.[50]

29 **4. Rezeptierung und Medikation.** Auch bei der **Rezeptierung und Medikation** treffen den Arzt Sorgfaltspflichten, mit denen sich Judikatur und Literatur wiederholt zu befassen hatten.[51] Eine Haftung tritt bei unzureichender Vorratshaltung an Medikamenten für den vorauszubedenkenden Fall einer speziellen Operation ein.[52] Fahrlässig handelt der Mediziner, der ein fehlerhaftes oder unvollständiges oder missverständliches Rezept ausstellt, der mögliche Kontraindikationen nicht beachtet oder nicht dafür sorgt, dass die

---

[42] OLG Köln VersR 1988, 140; vgl andererseits OLG Celle VersR 1990, 50; OLG Oldenburg NJW-RR 1997, 1384.
[43] BGH, NJW 1995, 2407; OLG Hamm VersR 1991, 585.
[44] BGH NJW 1978, 584, 585.
[45] MPG idF der Bekanntmachung v 7.8. 2002 (BGBl I, 3146), zuletzt geändert durch Art 6 des Gesetzes v 29. 7. 2009 (BGBl I, 2326).
[46] BGH NJW 1975, 2245, 2246.
[47] BGH NJW 1989, 2321.
[48] MünchKommBGB-*Mertens*, 3. Aufl 1997, § 823 RdNr 393.
[49] *Deutsch/Spickhoff*, RdNr 410; *Hoxhaj*, Quo vadis Medizintechnikhaftung?, 2000, 213 ff.
[50] BGH NJW 1978, 584 = JZ 1978, 275 m Anm *Deutsch*.
[51] *Hart*, Arzneimitteltherapie und ärztliche Verantwortung, 1990, insbes 81–155 m Rspr-Nachw; ders MedR 1991, 300 ff; RGRK-*Nüßgens*, § 823 Anh II RdNr 203–207; MünchKommBGB-*Mertens*, § 823, 3. Aufl 1997, RdNr 386–389.
[52] BGH NJW 1991, 1543 = MedR 1991, 137 = JZ 1991, 673 m Anm *Giesen*.

zulässige Höchstdosis gewahrt bleibe. Wie bei allen seinen Maßnahmen hat der Arzt auch bei der Medikation vermeidbare Gefahren auszuschließen und jeweils die im Ganzen risikoärmere Alternative zu wählen. Auf die Angaben und Instruktionen des Herstellers darf er sich dabei grundsätzlich verlassen, sofern nicht Bedenken in der Fachliteratur erkennbar dagegen sprechen. Je unerprobter, gefährlicher und fachlich umstrittener ein Präparat, desto schwerer wiegt die Pflicht des Arztes, sich genau zu informieren und dann gewissenhaft insbesondere die Neben- und die Wechselwirkungen bei Mehrfachmedikation abzuwägen, auch den Patienten am Für und Wider eines Entschlusses teilnehmen zu lassen.[53]

Wie jeder therapeutische Akt erfordert die Medikation grundsätzlich eine vorausgehende Diagnose des verordnenden Arztes. Nach der Verordnung braucht der Arzt normalerweise nicht im Einzelnen nachzuprüfen, ob der Kranke den Anweisungen für die Einnahme der Arznei auch folgt. Anzeichen für einen – praktisch nicht seltenen – Mangel an Bereitschaft[54] zur Mitarbeit des Patienten hat der behandelnde Arzt nachzugehen, um Abhilfe zu schaffen. Eine ordnungsgemäße Medikation verlangt ein intensives Gespräch zwischen Arzt und Patient über alle für die Verordnung wesentlichen Umstände.

5. Narkose. Darüber hinaus bestehen **ärztliche Sorgfaltspflichten bei der Narkose.** Insoweit sind insbesondere die „Mindestanforderungen, die sich aus der Natur des Eingriffs und der vitalen Bedeutung sofortigen fachkundigen Eingreifens im Komplikationsfall ergeben und auch von der Medizin nicht in Zweifel gezogen werden"[55] einzuhalten. Verfügt ein in der Weiterbildung zum Anästhesisten stehender **Assistenzarzt** noch nicht über ausreichende Erfahrungen im Umgang mit Risiken, die sich bei einer Intubationsnarkose aus der intraoperativ notwendigen Umlagerung des Patienten von der sitzenden in die liegende Position ergeben können, so darf er jedenfalls während dieser Operationsphase die Narkose **nicht ohne unmittelbare Aufsicht eines Facharztes** führen. Die wohl wichtigste Funktion des leitenden Arztes besteht darin, die Aufgaben auf eine Weise zu verteilen, die den qualifizierten Vollzug in jeder Phase gewährleistet.[56]

In **Notfällen** hat der Arzt das ihm Mögliche und das zunächst Notwendige zur Gefahrenabwehr zu tun. Der dabei meist herrschende Zeitdruck begrenzt die ärztliche Verantwortlichkeit ebenso wie die konkret zu Gebote stehende medizinische Technik. Doch ist der Sorgfaltsmaßstab nicht generell niedriger anzusetzen, vielmehr „muß sich die Beurteilung nach dem richten, was vorhersehbar war und was wegen dieser Vorhersehbarkeit an Vorsorge möglich war".[57] Allerdings erfährt der ärztliche Standard im Hinblick auf den Behandlungsumfang als auch die Behandlungsqualität die erforderliche Anpassung.

IV. Nachsorge

Die ärztliche Tätigkeit im Rahmen der Nachsorge bezieht sich auf die Beseitigung der Folgen der Erkrankung und die Wiederherstellung der Gesundheit. Die Nachsorge kann alle bisher aufgezählten ärztlichen Tätigkeiten umfassen. Entsprechend groß sind die Fehlerquellen. Nach einer starken Sedierung während einer ambulanten Operation hat der Arzt durch geeignete Maßnahmen sicherzustellen, dass sich der Patient nach der Behandlung nicht unbemerkt entfernt.[58]

---

[53] BGH NJW 1982, 697; näher dazu *Hart*, Arzneimitteltherapie und ärztliche Verantwortung, 124 ff; *ders* MedR 1991, 300, 306 ff.
[54] In der Fachsprache: Non-Compliance; vgl dazu oben § 74 RdNr 4 ff.
[55] BGH NJW 1983, 1374, 1375.
[56] BGH NJW 1993, 2989, zust *Opderbecke/Weißauer* MedR 1993, 447 ff; BGH NJW 1994, 3008; 1998, 2736; OLG Braunschweig NJW-RR 2000, 238.
[57] *Frahm/Nixdorf*, RdNr 105.
[58] BGH NJW 2003, 2309; krit dazu *Laufs* NJW 2003, 2288.

V. Verstöße gegen nachwirkende Pflichten aus der Behandlung

34 Einen Arzt, der erkennt oder damit rechnen muss, dass er seinem Patienten eine Gesundheitsschädigung zufügte, trifft auch nach Abschluss des Behandlungsverhältnisses aus dem **fortwirkenden Vertrag** die Pflicht, von sich aus alles zu tun, um die Auswirkung der Schädigung so gering wie möglich zu halten.[59]

35 Jede Gegenbehandlung oder Restitution nach misslungenem Eingriff stellt eine selbständige therapeutische Maßnahme dar, für die grundsätzlich die gleichen Rechtsregeln gelten wie für jede andere Operation oder Medikation.[60] Freilich ist beim **restituierenden Eingriff** der Schadensbeseitiger mit dem Schädiger identisch, auch kann die Notwendigkeit der Aufklärung dem Arzt gebieten, einen Fehler zu offenbaren oder bei Gefahr im Verzug sofort das Erforderliche zu leisten, um die schädlichen Folgen der Falschbehandlung zu verhindern, auszugleichen oder zu mindern. Der wiederherstellende Eingriff oder die korrigierende medizinische Maßnahme erscheint nicht immer als Erfüllung einer Schadensersatzpflicht, sondern oft als eine dieser zeitlich vorausgehende **Rettungs- und Hilfspflicht** oder als Verletzungs- und Sorgfaltsausgleichspflicht. Die Pflicht des Arztes zur Beseitigung einer Verletzung setzt kein Verschulden voraus.

36 Eine Pflicht des behandelnden Arztes, **seine Patienten über einen Behandlungsfehlerverdacht** oder gar über einen zweifelsfrei unterlaufenen Fehler zu unterrichten, besteht immer dann, wenn das gesundheitliche Wohl des Kranken die Mitteilung erfordert, insbesondere um weitere medizinische Maßnahmen zu ermöglichen.[61]

§ 99 „Kind als Schaden"

Inhaltsübersicht

	RdNr
I. Grundsätzliches	1
II. Die Haftungstatbestände	7
1. Schwangerschaftsabbruch	7
2. Fehlerhafte genetische Beratung	14
3. Fehlgeschlagene Sterilisation und Empfängnisverhütung	16
III. Schadensumfang	17

I. Grundsätzliches

1 Eine bemerkenswerte Sonderstellung nimmt die Haftung für das verschuldete Fehlschlagen einer auf Verhinderung der Schwangerschaft oder der Geburt eines Kindes gerichteten ärztlichen Tätigkeit ein. Unabhängig davon, ob es sich im Einzelfall um einen erfolglosen Sterilisationsversuch, einen misslungenen, aber rechtmäßigen Schwangerschaftsabbruch, eine fehlerhafte genetische Beratung oder die zur Schwangerschaft führende, falsche Arzneimittelabgabe durch den Apotheker[1] handelt, werfen das Bestehen und der Umfang eines möglichen Schadenersatzanspruchs eine Vielzahl von juristischen Fragen auf, bewirkt doch das „Haben eines Kindes" reflexartig normativ angeordnete Rechtsfolgen, von denen die Unterhaltsbelastung der Eltern besondere haftungsrechtliche Relevanz genießt. Die Schwierigkeit der Situation ist dabei in der Tatsache begründet, dass die Haftung hier untrennbar mit der grundsätzlich wünschenswerten Entstehung

---

[59] BGH AHRS 2900/01; OLG Koblenz MedR 2000, 37 zur posttherapeutischen Sicherungsaufklärung.
[60] Vgl *Uhlenbruck,* FS Weißauer, 150 ff.
[61] Zur Reichweite der Aufklärungspflicht über Behandlungsfehler vgl die Ausführungen und Nachweise in § 61 RdNr 14 ff.
[1] LG Itzehoe FamRZ 1969, 90.

17. Kapitel. Vertragl Haftpflicht v Arzt u Krankenhausträger   2, 3 § 99

menschlichen Lebens verbunden ist. Die Verletzungshandlung führt also zur Entwicklung eines neuen und nach Auffassung des BGH bereits im Status des Nasciturus mit einem eigenen Lebensrecht[2] ausgestatteten Rechtsträgers. Von dieser Gruppe abzugrenzen ist die Haftung bei erwünschter Geburt für ein vor oder bei der Geburt geschädigtes Kind und die Haftung für einen Schwangerschaftsabbruch als Behandlungsfehlerfolge.[3]

Der BGH erkannte in diesem Zusammenhang sowohl für das schuldhafte Misslingen eines Schwangerschaftsabbruchs im Falle einer festgestellten Notlagenindikation nach dem alten Recht des § 218 a StGB als auch für eine misslungene Sterilisation der Mutter des Kindes einen Unterhaltsaufwand als Schaden zu.[4] Trotz des Widerspruchs des **2. Senats des BVerfG,** der die rechtliche Qualifikation des Daseins eines Kindes als Schadensquelle mit Rücksicht auf die verfassungsrechtlich garantierte Würde des Menschen in Art 1 Abs 1 GG und des neuen § 218a StGB untersagte,[5] hielt der BGH an seiner Judikatur fest, nach der jedenfalls in den Fällen einer aus ärztlichem Verschulden misslungenen Sterilisation oder Langzeitverhütungsbehandlung sowie eines verhinderten oder fehlgeschlagenen Schwangerschaftsabbruchs aus embryopathischer oder kriminologischer Indikation der Arzt den Unterhaltsschaden zu tragen hat, denn nicht das Kind, sondern dessen Unterhalt stelle den Schaden dar.[6]

Unter Verzicht auf die wohl erforderliche verfassungsgerichtliche Plenarentscheidung billigte der **1. Senat des BVerfG** die Spruchpraxis des BGH zur Arzthaftpflicht jedenfalls in Fällen fehlgeschlagener Sterilisation und fehlerhafter genetischer Beratung.[7] Dieser Kunstgriff ist allerdings nicht unbedenklich. Das Schlagwort vom **„Kind als Schaden"** trifft das Problem bei genauer Betrachtung weitaus besser, als die verschleiernde Argumentation des BGH[8], ist doch die Unterhaltszahlungspflicht so eng mit dem Haben des Kindes verknüpft, dass eine Differenzierung kaum möglich erscheint, ohne in Rabulistik zu verfallen. Die Existenz des unerwünschten Kindes bildet den Grund der Ersatzpflicht, die dem Restitutionszweck dient, nämlich die wirtschaftliche Unbill des Habens des Kindes finanziell wiedergutzumachen. Außerdem gilt es zu beachten, dass die Pflicht zur Wiedergutmachung der „planwidrigen", „aufgezwungenen" und „unzumutbaren" Situation der unfreiwilligen Eltern[9] sich aus der maßgeblichen Vergleichslage errechnet. Der Differenzhypothese gemäß sind elementare Folgen des unerwünschten Lebens auszugleichen – an diesem existenziellen Negativurteil führt kein Weg vorbei.[10]

2

3

---

[2] BGH NJW 2002, 886; 2006, 1660, 1661 = MedR 2007, 246; offen gelassen: EGMR NJW 2005, 727 ff.
[3] Vgl zu letzterer Konstellation OLG Braunschweig MedR 2008, 372 ff.
[4] BGH NJW 1985, 671 m Anm *Deutsch* = JZ 1985, 331 m Anm *Giesen;* vgl auch *Pahmeier,* Die Geburt eines Kindes als Quelle eines Schadens.
[5] BVerfGE 88, 203 = NJW 1993, 1751 m Problemstellung *Laufs/Reiling* MedR 1993, 301.
[6] BGHZ 124, 128 = NJW 1994, 788 m Anm *Deutsch* (776) = JZ 1994, 305 m Anm *Giesen;* NJW 2007, 989. Ebenso OLG Karlsruhe NJW 2006, 1006; OLG Celle NJW 2007, 1000; aA OLG Nürnberg MedR 1994, 200 dazu krit *Giesen* Arzthaftungsrecht RdNr 66.
[7] BVerfG NJW 1998, 519. Aus der BGH-Rspr vgl zuletzt BGHZ 143, 389 = NJW 2000, 1782 m Anm *Gehrlein,* 1771 f.
[8] Einzelheiten bei *Schöbener,* Menschliche Existenz als Schadensquelle?, JR 1996, 89 ff; *Picker,* Schadensersatz für das unerwünschte eigene Leben – „wrongful life", 1995; *Steffen/Pauge,* RdNr 305 ff; *Giesen,* Arzthaftungsrecht, RdNr 67. Vgl auch BVerfG NJW 1993, 1751, 1763; BVerfG MedR 1998, 176; dazu *Laufs* NJW 1998, 796 gegen *Deutsch* NJW 1998, 510. BGHZ 124, 128 = NJW 1994, 788 m Anm *Deutsch* NJW 1994, 776; *Roth* NJW 1994, 2402 ff; *R Giesen* MedR 1997, 17, 22 f. Vgl ferner *Hauberichs,* Haftung für neues Leben im deutschen und englischen Recht. Eine Darstellung am Beispiel der unerwünschten Geburt eines gesunden Kindes, 1998; *Merkel,* in: *Neumann/Schulz* (Hrsg), Verantwortung in Recht und Moral, 2000, 173 ff.
[9] BGHZ 86, 240 = NJW 1983, 1371.
[10] *Laufs* NJW 1998, 796, 797, gegen *Deutsch* NJW 1998, 510; *Rehborn* MDR 1998, 221; gegen die BGH-Judikatur *Stürner* JZ 1998, 317 ff; *Weber,* VersR 1999, 389; verteidigend *Losch/Radau* NJW 1999, 821.

4 Voraussetzung für einen Anspruch auf Ersatz des Unterhaltsschadens aus Anlass der **unerwünschten Geburt eine Kindes** ist stets das Vorliegen eines Behandlungs- oder Beratungsvertrages, welcher zumindest auch den Schutz vor finanziellen Belastungen bezweckt,[11] was bei einem Schwangerschaftsabbruch aufgrund medizinischer Indikation regelmäßig nicht der Fall ist.[12] Diese Auffassung lässt sich nur mit der Begründung halten, dass die Gründe, die einen Schwangerschaftsabbruch rechtfertigen, bei der medizinisch-sozialen Indikation ausschließlich in der Person der Schwangeren liegen. Anderes kann jedoch dann gelten, wenn sich gerade das spätere „Haben" des Kindes und die damit verbundene Unterhaltsbelastung negativ auf den Gesundheitszustand der Mutter auszuwirken drohen.[13] Die gemäß § 218a Abs 2 StGB nach ärztlicher Erkenntnis gebotene Prognose erfordert dabei regelmäßig die Einholung eines Sachverständigengutachtens.[14] Ist im Rahmen eines späteren Schadenersatzprozesses darzulegen, dass die Voraussetzung für den unterbliebenen, rechtmäßigen Schwangerschaftsabbruch vorlagen und sich die Mutter auch für den Abbruch entschieden hätte, so können dabei Art und Grad einer zu erwartenden Behinderung des Kindes Berücksichtigung finden.[15]

5 Der mit dem Arzt geschlossene Verhütungsvertrag, welcher auch der wirtschaftlichen Familienplanung dient, schützt nach Auffassung des BGH nicht nur den Vertragspartner, sondern entfaltet drittschützende Wirkung zu Gunsten eines freiwilligen Sexualpartners des Patienten, welcher für den Unterhalt aufzukommen hätte.[16] Diese Argumentation muss allerdings für andere Verträge, welche erkennbar der rechtmäßigen, auch ökonomisch motivierten Reproduktionsverhinderung dienen, in gleichem Maße gelten. Im Fall des medizinisch indizierten Schwangerschaftsabbruchs findet dagegen grundsätzlich keine Einbeziehung des Partners statt.[17]

6 Als ersatzberechtigte Personen kommen allein die Eltern in Betracht, dem Kind selbst steht dagegen kein eigener Schadenersatzanspruch zu.[18]

II. Die Haftungstatbestände

7 **1. Schwangerschaftsabbruch.** Nach der Rechtsprechung[19] ist der Arzt bei schuldhaft fehlerhaftem Vorgehen im Rahmen eines rechtmäßigen Schwangerschaftsabbruchs zum Schadensersatz verpflichtet. Aus diesem Grund kann die Vereitelung eines rechtswidrigen[20],

---

[11] BGH NJW 2000, 1782; 2005, 891, 892; 2007, 989, 990; 2008, 2846, 2847.
[12] BGH NJW 1985, 2749; 2002, 886, 887 m Anm *Gehrlein*, 870; 2002, 1489, 1491; 2002, 2636, 2639 m Anm *Schmidt-Recla/Schumann* MedR 2002, 643 ff.
[13] BGH NJW 2003, 3411 mwN
[14] BGH NJW 2003, 3411, 3412; *Müller* NJW 2003, 697, 703.
[15] BGH NJW 2006, 1660, 1662 = MedR 2007, 246, 248.
[16] BGH NJW 2007, 989; OLG Karlsruhe NJW 2006, 1006, 1007; *Mörsdorf-Schulte* NJW 2007, 964, 967.
[17] Offen gelassen, ob eine Einbeziehung in Ausnahmefällen möglich ist: BGH NJW 2002, 1489, 1490 f.
[18] *Aretz* JZ 1984, 719; *Müller* NJW 2003, 697, 699 f; *Riedel*, Kind als Schaden, 145 ff; *Steffen/Pauge*, RdNr 276; BGH NJW 1983, 1371 (1372 f). Für einen eigenen Anspruch des Kindes auf Ausgleich seines Mehrbedarfs im Fall genetischer oder vorgeburtlicher Schädigung: *Deutsch* NJW 2003, 26, 27; *Deutsch/Spickhoff*, RdNr 446. Anders auch der französische Cour de Cassation, Cass 13. 7. 2001, Gaz Pal 7/8.09.2001.
[19] Vgl auch *Steffen/Pauge*, RdNr 284a ff; *Deutsch* NJW 1993, 2361; BGHZ 86, 240; 89, 95; 95, 199 = NJW 1985, 2752 = VersR 1985, 965; 124, 128; BGH NJW 1985, 671; 1985, 2749; 1992, 1556; BGH VersR 1986, 869. Zu den Voraussetzungen einer Indikation gem § 218 a Abs 2 u 3 StGB aF bei einer Zwillingsschwangerschaft BGH FamRZ 2002, 386 mit Anm *Spickhoff*.
[20] So das Verständnis von § 281 Abs 1 StGB nach BVerfGE 88, 203 (273) = NJW 1993, 1751 (1757 ff); aA *Eser*, in: *Schönke/Schröder*, 27. Aufl, 2006, § 218a, RdNr 17a; OLG Braunschweig MedR 2008, 372, 373.

aber straffreien Abbruchs auf Grundlage der Beratungslösung nicht zur Haftung des Arztes führen.[21]

Die eigentlichen (**„klassischen"**) **Fälle** der Verletzung des Vertrages **über den Schwangerschaftsabbruch** sind die Fälle, in denen der Arzt entweder den Eingriff so fehlerhaft durchführt, dass die Schwangerschaft nicht verhindert wird, oder in denen er die Voraussetzungen für die Zulässigkeit einer rechtzeitigen Schwangerschaftsunterbrechung schuldhaft verkennt. Sucht zB eine Frau den Arzt auf, um die Schwangerschaft wegen Vorliegens einer medizinischen Indikation (§ 218a Abs 2 StGB) unterbrechen zu lassen und verneint der Arzt diese Indikation, obgleich sie vorliegt, so handelt es sich nicht mehr um vertraglich geschuldete Diagnostik, sondern um die Indikationsstellung im Rahmen des Schwangerschaftsabbruchs. Ebenso wie der misslungene Eingriff als solcher stellt sich die **fehlerhafte Indikationsstellung** als Verletzung des Vertrages über den Schwangerschaftsabbruch dar.

Auch der schwangerschaftsbetreuende Hausarzt muss zB durch regelmäßige vaginale Untersuchungen darauf achten, ob Anzeichen dafür bestehen, dass die Leibesfrucht absterben könnte oder abgestorben ist. Bei möglichen Komplikationen ist er zur Überweisung in fachärztliche Behandlung verpflichtet.[22]

Eine Haftung des Arztes für den Unterhaltsschaden kann sich ebenfalls daraus ergeben, dass eine Schwangere im Fall einer drohenden Frühgeburt nicht darüber aufgeklärt wurde, dass die Aufrechterhaltung der Schwangerschaft bis zum Zeitpunkt der Lebensfähigkeit des Kindes mit dem Risiko einer nur kurzfristigen Verlängerung der Schwangerschaft und der daraus folgenden Wahrscheinlichkeit schwerster Missbildungen verbunden ist.[23]

Um einen **Diagnosefehler** handelt es sich, wenn es der Arzt bei Fehlschlag einer Empfängnisverhütungsmaßnahme schuldhaft unterlässt, einem eine Schwangerschaft signalisierenden Anzeichen so rechtzeitig nachzugehen, dass noch ein Schwangerschaftsabbruch innerhalb der gesetzlichen Frist in Erwägung gezogen werden kann.[24] Da jede 80. bis 85. Geburt eine Zwillingsgeburt ist, gehört es auch zu den Vertragspflichten des Arztes, sich darüber zu vergewissern, dass sich nach Abbruch einer Schwangerschaft nicht eine zweite Schwangerschaft weiterentwickelt.[25]

Lehnt der behandelnde Arzt einen Schwangerschaftsabbruch bei seiner Patientin ab und lässt diese die Schwangerschaftsunterbrechung bei einem anderen Arzt durchführen, so hat der ablehnende Arzt im Rahmen einer Nachuntersuchung zwar die Pflicht, sich davon zu überzeugen, ob dieser Abbruch erfolgreich war, und die Patientin über die Möglichkeit des Fortbestandes einer Schwangerschaft aufzuklären, wenn der Schwangerschaftsabbruch fehlgeschlagen ist.[26] Da es sich hier aber um einen reinen Behandlungsvertrag handelt, dem nicht der Zweck unterstellt werden kann, den Erfolg oder Misserfolg der Abtreibung festzustellen, verletzt zwar der Arzt die Verpflichtung zur sorgfältigen Nachuntersuchung, hat aber grundsätzlich nicht für das Misslingen des Schwangerschaftsabbruchs einzustehen.

Nach alter Rechtslage war es für die Haftung unerheblich, ob der Abbruch aus medizinischer oder aus embryopathischer Indikation innerhalb von 22 Wochen nach der Empfängnis (§ 218a Abs 2 StGB aF) oder aus kriminologischer Indikation (§ 218a Abs 2 Nr 2 aF StGB) erfolgte. War allerdings vereinbart, dass das Kind aufgrund eugenischer Indikation (§ 218a Abs 2 Nr 1 StGB aF) bzw wegen wirklicher Notlagenindikation (§ 218a Abs 2 Nr 3 StGB aF) abgetrieben werden sollte, und kam das Kind im ersten Fall gesund

---

[21] BGH NJW 2002, 886; 1489, 1490; OLG Hamm NJW 2002, 2649; OLG Nürnberg NJW 2009, 1757.
[22] Vgl BGH JZ 1985, 332; OLG Celle VersR 1984, 444.
[23] OLG Celle MedR 2008, 516 m Anm *Schmidt-Recla*.
[24] LG Kiel VersR 1984, 451; *Harrer*, Zivilrechtliche Haftung bei durchkreuzter Familienplanung, 196.
[25] Vgl OLG Stuttgart NJW 1987, 2934.
[26] Vgl OLG Oldenburg VersR 1984, 692; *Harrer*, 198.

zur Welt oder hatte sich im zweiten Fall die wirtschaftliche Situation der Mutter nach der Geburt verbessert, so haftete der Arzt vom Schutzzweck des Arztvertrages aus gesehen nicht für den Kindesunterhalt.[27] Die frühere embryopathische Indikation des § 218a StGB aF ist im Rahmen des Schwangeren- und Familienhilfeänderungsgesetzes (SFHÄndG) v 21. 8. 1995 in die medizinische Indikation integriert worden,[28] weshalb ein Schwangerschaftsabbruch heute auch nach Ablauf von 22 Wochen post conceptionem wegen „Unzumutbarkeit" zulässig sein kann. Im Fall einer Mehrlingsschwangerschaft, bei welcher nur eines der Kinder behindert ist, kann sich ein medizinisch indizierter Abbruch der gesamten Schwangerschaft nur dann als zulässig erweisen, wenn besonders schwerwiegende Belastungen der Mutter festzustellen sind.[29]

14   **2. Fehlerhafte genetische Beratung.** Eine Haftung des Arztes kann auch aus einer schuldhaft fehlerhaften genetischen Beratung resultieren.[30] Unterlässt es der Arzt, die Patientin von sich aus auf die Möglichkeit einer Fruchtwasseruntersuchung zur Früherkennung von Mongolismus hinzuweisen, haftet er wegen Diagnoseverschuldens, nicht wegen schuldhafter Verletzung des Vertrages über den Schwangerschaftsabbruch.[31] Ein Diagnosefehler liegt ebenso vor, wenn der schwangerschaftsbetreuende Arzt angezeigte diagnostische Maßnahmen, wie zB pränataldiagnostische Untersuchungen, nicht durchführt.

15   Mancher Arzt wird angesichts des Haftungsrisikos bei der Geburt eines unerwünschten Kindes im Zweifelsfall die Mutter möglichst umfassend diagnostisch beraten und die Unzumutbarkeit einer Schwangerschaft bejahen.[32] Nicht zu vernachlässigen ist dabei auch das Problem der zunehmenden Kostensteigerung einer Versicherung schwangerschaftsbetreuender Tätigkeit. Hinter der Humangenetik und der Pränataldiagnostik lauert die Gefahr einer Menschenauswahl, die dem Individuum die bedingungslose Annahme in der Gesellschaft verweigert.[33] Die damit verbundene tiefe gesellschaftliche und juristische Kontroverse macht aus dem Schwangerschaftsabbruch und den Familienplanungsschäden mehr als eine bloße haftungsrechtliche Frage. Es scheint unserer pluralistischen Rechtsgemeinschaft das Los auferlegt, mit einer zunehmenden Zahl juristischer Aufgaben leben zu müssen, die sich nicht mehr ohne beträchtliche Reste lösen lassen oder die gar unlösbar bleiben.

16   **3. Fehlgeschlagene Sterilisation und Empfängnisverhütung.** Ebenso haftet der Arzt für die wirtschaftlichen Belastungen der Eltern bei der Geburt eines nicht gewollten Kindes im Fall der schuldhaft fehlgeschlagenen Sterilisation aus Gründen der Familienplanung,[34] der fehlerhaften Behandlung[35] mit einem empfängnisverhütenden Mittel und der fehlerhafte Beratung[36] über die Wirkung eines solchen Mittels. Der Nachweis eines

---

[27] *Giesen,* Arzthaftungsrecht, RdNr 67 unter Berufung auf BGH NJW 1985, 2749 u BGHZ 95, 199.

[28] BGH NJW 2002, 2636, 2637; 2003, 3411; 2006, 1660 f.; BT-Drucks 13/1850, 26.

[29] BGH NJW 2002, 886, 888.

[30] BGHZ 124, 128 = NJW 1994, 788; BGH NJW 1987, 2923; OLG München VersR 1988, 523; vgl dazu *Kern,* MedR 2001, 9 ff.

[31] Vgl BGH NJW 1987, 2923; 1989, 1536 = VersR 1989, 186; OLG München, Urt v 25. 9. 1986 – 24 U 329/85, NA Beschluss v 22. 9. 1987 = VersR 1988, 523.

[32] Vgl *Franzki* VersR 1990, 1185. Lesenswert der ärztliche Alarmruf nach dem Vorfall, bei dem ein Kind mit einer Trisomie 21 nach spätem Schwangerschaftsabbruch lebend zur Welt kam; DÄBl 1998, A 57.

[33] Zur Janusköpfigkeit der Pränatalmedizin mahnend *Hepp,* Jahres- und Tagesber d Görres-Gesellschaft 1997, 75 ff; *Laufs* NJW 2000, 2716 ff.

[34] BGH NJW 1980, 1450 f; 1980, 1452 f; 1981, 630, 631 f; 1981. 2002, 2003; 1984, 2625 f; 1995, 2407, 2408 f; 2008, 2846, 2847.

[35] BGH NJW 2007, 989, 990 f.

[36] BGH 1998, 155, 156.

früheren fehlerhaften Sterilisationsversuchs ist dabei auch durch Videoaufnahmen möglich, welche bei einem erneuten Sterilisationseingriff angefertigt wurden.[37]

III. Schadensumfang

Der Anspruch umfasst im Fall einer misslungenen Verhütung zumindest den zur Existenzsicherung des Kindes notwendigen Unterhalt in Höhe von 135% der entsprechenden Altersstufe nach der Regelbetrag-Verordnung, wobei ein Zuschlag von weiteren 135% für den Wert der Betreuungsleistung noch angemessen ist.[38] In der Situation eines verhinderten oder fehlgeschlagenen Schwangerschaftsabbruchs bei einem vorgeschädigten Kind ist der gesamte Unterhaltsbedarf, bestehend aus dem Grundunterhalt und dem behinderungsbedingten Mehrbedarf, ersatzfähig.[39] Ein Anspruch auf Ersatz des durch die Betreuung des Kindes entstandenen Verdienstausfalls besteht hingegen nicht.[40] 17

Daneben kommt für die Herbeiführung einer ungewollten Schwangerschaft ein **Schmerzensgeldanspruch** der Frau in Betracht, was selbst dann gilt, wenn die Schwangerschaft ohne pathologische Begleiterscheinungen verläuft.[41] 18

Nicht vom Schutzbereich eines Schwangerschaftsbetreuungsvertrages erfasst sind jedoch die Beerdigungskosten, welche aufgrund des missbildungsbedingten Todes eines vorgeschädigten, aber lebend geborenen Kindes entstanden sind, obwohl die Schwangerschaft bei ordnungsgemäßer Untersuchung abgebrochen worden wäre.[42] 19

Gemäß § 242 BGB entfallen Ersatzansprüche für die Belastung mit der Geburt und dem Unterhalt eines Kindes, wenn die Mutter sich geweigert hat, sich einer alsbald möglichen, medizinisch zumutbaren und rechtlich noch erlaubten Wiederholung des Eingriffs zu unterziehen.[43] Rechtlich nicht erlaubt ist die Wiederholung des Eingriffs, wenn zB die Zwölf-Wochen-Frist verstrichen ist und es um die Entscheidung für einen Abbruch aus der Indikation geht. Hier handelt es sich um eine veränderte Konfliktlage.[44] 20

§ 100 Horizontale und vertikale Arbeitsteilung. Die Anfängeroperation

Inhaltsübersicht

	RdNr
I. Arbeitsteilung	1
1. Überblick	1
2. Horizontale Arbeitsteilung	4
3. Fallgruppen horizontaler Arbeitsteilung	10
4. Vertikale Arbeitsteilung	13
5. Haftung bei Delegationsfehlern	17
6. Klinische Kontrollmechanismen	18
7. Medizinstudenten	19
8. Hebammen	20
9. Integrierte Versorgung	21
II. Die Anfängeroperation	22

---

[37] OLG Hamm NJW 1999, 1787 f.
[38] BGH NJW 2007, 989, 992; OLG Celle NJW 2007, 1000, 1001.
[39] BGH NJW 1984, 658; 1994, 788, 792; 2002, 886.
[40] BGH NJW 1997, 1638.
[41] BGH NJW 1980, 1452; 2008, 2846, 2847; OLG Hamm NJW 1999, 1787, 1788.
[42] OLG Düsseldorf VersR 1996, 711 f.
[43] OLG Braunschweig VersR 1992, 91; *Steffen/Pauge*, RdNr 307. Auch ein Mitverschulden des Patienten kann im Einzelfall eine Ersatzpflicht des Arztes ausschließen, so zB wenn der Patient zu einem Kontrolltermin nicht erscheint; vgl BGH NJW 1992, 2961; *Steffen/Pauge*, RdNr 318.
[44] *Steffen/Pauge*, RdNr 308, unter Berufung auf BGH NJW 1995, 484.

I. Arbeitsteilung

1 **1. Überblick.** Die Fortschritte der Medizin gründen auf der Arbeitsteilung,[1] die indessen auch Risiken für den Patienten mit sich bringt. Gefahren erwachsen aus mangelnder Qualifikation der beteiligten Mitarbeiter, unzulänglicher Kommunikation und Koordination und aus einer unzulänglichen Organisation. Schwachpunkt jeder Arbeitsteilung ist die Übergabe, die daher besonderer Aufmerksamkeit bedarf. Eine erfolgreiche ärztliche Zusammenarbeit gebietet eine – nicht selten durch Absprachen zu erreichende – klare **Abgrenzung der Zuständigkeiten** als Fundament auch des Vertrauensgrundsatzes.

2 Die **Delegation** ärztlicher Aufgaben auf Assistenzärzte[2] und auf nichtärztliche Mitarbeiter der sich ausweitenden pflegerischen und technischen Medizinalfachberufe[3] fordern dem Krankenhausträger und dem Arzt besondere Sorgfalt bei Auswahl und Überwachung ab.

3 Gleichordnung und Weisungsfreiheit der Beteiligten kennzeichnen die **horizontale**, fachliche Über- und Unterordnung die **vertikale Arbeitsteilung.** Erstere meint das kollegiale Prinzip der funktionsbedingten Gleichordnung verschiedener zusammenarbeitender Disziplinen, letztere die fachliche Über- und Unterordnung innerhalb eines Fachgebietes.

4 **2. Horizontale Arbeitsteilung.** Die **horizontale Arbeitsteilung** ist durch den Grundsatz der strikten Arbeitsteilung und den Vertrauensgrundsatz gekennzeichnet. Jeder Facharzt führt alle Untersuchungs- und Behandlungsmaßnahmen durch, die er für seine Tätigkeit braucht und vertraut darauf, dass der andere seine Tätigkeit richtig und vollständig ausübt. Der Vertrauensgrundsatz erlaubt es jedem Beteiligten, darauf zu bauen, auch der andere werde im Rahmen seiner Zuständigkeit die erforderliche Sorgfalt walten lassen.[4] Der BGH hat den **Vertrauensgrundsatz** bei koordinierter Tätigkeit in Strafurteilen ausdrücklich anerkannt.[5] Dieser Grundsatz besagt, „daß im Interesse eines geordneten Ablaufs der Operation sich die dabei beteiligten Fachärzte grundsätzlich auf die fehlerfreie Mitwirkung des Kollegen aus der anderen Fachrichtung verlassen können". Das Prinzip gilt auch für die zivilrechtliche Haftpflicht.[6] Es beschränkt sich auch nicht auf das Verhältnis zwischen Operateuren der verschiedenen Fächer und Anästhesisten, sondern gilt für alle selbstständig nebeneinander stehenden medizinischen Fachbereiche.

5 Beim horizontal arbeitsteiligen Zusammenwirken mehrerer Mediziner gilt der Vertrauensgrundsatz nicht, wenn Zweifel an der Richtigkeit der Entscheidung auftreten und wenn „die von den beteiligten Ärzten angewendeten Maßnahmen für sich genommen jeweils beanstandungsfrei waren und das besondere Risiko sich erst aus der Kombination der beiderseitigen Maßnahmen ergeben hat".[7]

6 Der Vertrauensgrundsatz gilt nicht bei der vertikalen Arbeitsteilung, obwohl bei stark ausdifferenzierten Fächern durchaus daran gedacht werden kann.

---

[1] Vgl etwa *Carstensen/Schreiber,* in: *Jung/Schreiber* (Hrsg), Arzt und Patient zwischen Therapie und Recht, 167 ff; *Wilhelm,* Verantwortung und Vertrauen bei Arbeitsteilung in der Medizin. Zu den rechtlichen Grenzen ärztlicher Sorgfalt, 1984.

[2] *Deutsch/Spickhoff,* RdNr 197; vgl § 45 RdNr 5 ff.

[3] *Hahn,* Die Haftung des Arztes für nichtärztliches Hilfspersonal, 1981; *ders* NJW 1981, 1977 ff Vgl auch *Seewald* NJW 1981, 2493 ff (im Hinblick auf das Sozialversicherungsrecht).

[4] Vgl BGH NJW 1980, 650; 1991, 1539; OLG Hamm MedR 1999, 35; OLG Oldenburg MedR 1999, 36; s aber auch BGH NJW 1999, 1779 = MedR 1999, 321. *Rumler-Detzel* VersR 1994, 254.

[5] BGH NJW 1980, 649 u 650.

[6] RGRK-*Nüßgens,* § 823 Anh II RdNr 217; OLG Düsseldorf MedR 2009, 285, 287. Anders *Steffen/Pauge,* RdNr 221: Dem Normzweck der Berufshaftpflicht entspreche „eher die Ausgrenzung der Haftungsbereiche nach dem medizinischen Einflußbereich und den medizinischen Kontrollmöglichkeiten der beanspruchten medizinischen Expertenstellung".

[7] BGH, NJW 1999, 1779, 1780 = MedR 1999, 321, 322. Hierzu *Katzenmeier* MedR 2004, 34, 35.

Einen exemplarischen Fall horizontaler Arbeitsteilung stellt das **Zusammenwirken** 7
von Anästhesisten und Chirurgen dar. Die Berufsverbände der westdeutschen Anästhesisten und Chirurgen vereinbarten Leitsätze für die Zusammenarbeit in der prä-, intra- und unmittelbar postoperativen Phase.[8] Sie folgen den bewährten Prinzipien der strikten Arbeitsteilung und des Vertrauensgrundsatzes. Bei anders nicht lösbarer Kollision fachlicher Bedürfnisse in der präoperativen Phase erkennen sie dem Chirurgen eine Kompetenz-Kompetenz zu.

Die **Grenzlinie** zwischen der Verantwortlichkeit des Operators und der des Anästhesisten beleuchtete der BGH wiederholt. In einem Fall ging es um eine schwere Blutung aus einer Verweilkanüle zwei Tage nach der Operation.[9] Die Kanüle hatte der Anästhesist in der Operation gelegt, um die Narkose zu ermöglichen. „Die Entscheidung zu dieser Maßnahme, ihre Durchführung und eine Gefahren vorbeugende Kontrolle in der operativen und in der postnarkotischen Phase bis zur Wiedererlangung der Schutzreflexe der Patientin und bis zu ihrer Verlegung in die Krankenstation war dessen Sache." Der Zwischenfall ereignete sich in einer Phase, in der es „nur noch um die therapeutische Nachbehandlung des operativen Eingriffs ging" und die deswegen in die fachliche Zuständigkeit und damit Verantwortlichkeit des nachbehandelnden Operateurs fiel.

In einem weiteren bedeutsamen Fall entschied der BGH:[10] Der Anästhesist, der die für die Narkose erforderlichen Befunde nicht ermittelte, ohne dass das zu einer Schädigung des Patienten bei der Anästhesie führte, ist für eine Schädigung des Patienten durch Versäumnisse anderer Ärzte nicht haftbar, die ihrerseits therapeutisch gebotene Befunde gleicher Art nicht erhoben.

3. Fallgruppen horizontaler Arbeitsteilung. Bei der horizontalen Arbeitsteilung 10
lassen sich mehrere **Fallgruppen** unterscheiden, wobei nicht nur das bereits dargestellte Zusammenwirken der einzelnen Fachabteilungen eines Krankenhauses darunterfällt, sondern auch die Zusammenarbeit der niedergelassenen Ärzte untereinander, meist bei Überweisung an den Spezialisten. Der den Patienten abgebende Arzt kann dem Spezialisten von Rechts wegen keine Weisungen erteilen, auch trifft ihn regelmäßig keine Überwachungspflicht. Der nunmehr für Diagnose und Therapie zuständige Mediziner gesteigerter Qualifikation darf den Mitteilungen des bisherigen Arztes vertrauen, soweit sie in dessen Kompetenz liegen. Auch im Verhältnis zwischen niedergelassenen Ärzten und Krankenhausärzten gelten grundsätzlich die Regeln über die horizontale Arbeitsteilung. Hier stellt sich die Frage, ob und inwieweit letztere die operativ und im Labor erhobenen Befunde der ersteren übernehmen dürfen. Im Interesse eines schonenden Umgangs mit dem Patienten und der Kostenersparnis lässt sie sich grundsätzlich bejahen. Bei Qualitätsunterschieden, die nach der Erfahrung des Krankenhausarztes in der Person des niedergelassenen Kollegen liegen können, oder wenn die Befunde des Einweisenden nicht zum Krankheitsbild passen oder wenn der Klinik überlegene technisch-apparative Möglichkeiten mit der Aussicht auf zuverlässigere und genauere Ergebnisse zu Gebote stehen, hat der Krankenhausarzt zusätzliche eigene Befunde zu erheben.[11] Neuen, eigenen Verdachtsdiagnosen muss der Arzt nachgehen, auch wenn ein voruntersuchender Facharzt diese Diagnose nicht gestellt hat.[12]

---

[8] MedR 1983, 21f, dazu *Weißauer* MedR 1983, 92ff – Die zahlreichen Vereinbarungen zwischen der Anästhesie und anderen Fachgebieten mit Fundstellen in Anästhesiol u Intensivmed 1989, 308. Vgl ferner *Opderbecke/Weißauer* (Hrsg), Entschließungen, Empfehlungen, Vereinbarungen. Ein Beitrag zur Qualitätssicherung in der Anästhesiologie, 3. Aufl 1999.
[9] BGHZ 89, 263 = NJW 1984, 1400 = MedR 1984, 143; vgl auch BGH NJW 1990, 759 = MedR 1990, 33; BGH NJW 1991, 1539 = MedR 1991, 198; OLG Naumburg MedR 2005, 232.
[10] BGH NJW 1987, 2293 = MedR 1988, 89.
[11] RGRK-*Nüßgens* § 823 Anh II.
[12] BGH NJW 1997, 3090.

11 Umgekehrt darf sich der niedergelassene Hausarzt im Allgemeinen darauf verlassen, dass die Klinikärzte seine Patienten richtig behandelt und beraten haben. Er darf insoweit auf deren bessere Sachkunde und größere Erfahrung vertrauen und ihren im Arztbrief niedergelegten Vorschlägen folgen.[13] Kann der Hausarzt hingegen ohne besondere weitere Untersuchung aufgrund der bei ihm vorauszusetzenden Kenntnisse und Erfahrungen erkennen oder hätte er erkennen müssen, dass ernste Zweifel an der Krankenhausbehandlung oder der dort seinen Patienten gegebenen ärztlichen Ratschlägen bestehen, so darf er dem Patienten gegenüber offenbare Versehen oder ins Auge springende Unrichtigkeiten nicht ignorieren.[14] Das gilt auch, wenn der Hausarzt gewichtige Zweifel oder Bedenken hat, ob sein Patient in der Klinik richtig behandelt wurde. Auch diese Bedenken hat er, gegebenenfalls nach Rücksprache mit den Kollegen in der Klinik, mit den Patienten zu erörtern. Kein Arzt, der es besser weiß, darf sehenden Auges eine Gefährdung seines Patienten hinnehmen, wenn ein anderer Arzt seiner Meinung nach etwas falsch gemacht hat, oder jedenfalls ein solcher Verdacht besteht.[15]

12 Den spezifischen **Gefahren der horizontalen Arbeitsteilung** hat jeder beteiligte Arzt entgegenzuwirken. Für jeden am diagnostischen und therapeutischen Gesamtablauf Mitwirkenden gilt es, die begrenzte Erkenntnis des vorbehandelnden Kollegen, die Präferenzen der beteiligten Spezialisten und deren möglicherweise fehlenden Gesamtüberblick zu berücksichtigen. Hat der hinzugezogene Arzt jedoch aufgrund bestimmter Anhaltspunkte Zweifel an der Richtigkeit der ihm übermittelten Diagnose, dann muss er diesen Zweifeln nachgehen und darf sie nicht auf sich beruhen lassen.[16] In jeder Phase des medizinischen Prozesses hat ein behandlungsführender Arzt für die **Koordination,** den Kommunikationsfluss und die Entscheidung positiver Zuständigkeitskonflikte zu sorgen. Negative Kompetenzkonflikte und damit Haftungslücken dürfen nicht entstehen. „Für Über- oder Unterbehandlung aufgrund solcher Versäumnisse haften die beteiligten Fächer gesamtschuldnerisch. Wo die Schadensursache aus dem Koordinationsbereich stammt, müssen sie sich von einer Verschuldensvermutung entlasten."[17]

13 **4. Vertikale Arbeitsteilung.** Das hierarchische Prinzip trägt die **vertikale Arbeitsteilung** in der Rangfolge vom ärztlichen Direktor und Chefarzt über den Oberarzt zu den Assistenten bis zum nichtärztlichen Personal. Die Gefahrenabwehr ist nicht nur Aufgabe des Gehilfen, sondern auch des behandlungsführenden Arztes und der Krankenhausleitung. Der Weisungsberechtigte trägt in aller Regel die Verantwortung für das Handeln der Angewiesenen, jedenfalls solange sie sich an die Weisungen halten. Insoweit haftet er auch für ihre Fehler. Das gilt allerdings nicht bei telefonischen Anweisungen, die erfolgen, ohne dass der anweisende Arzt den Patienten gesehen hat.[18] Ein Assistenzarzt darf sich auf die Richtigkeit der vom ausbildenden Facharzt getroffenen Entscheidung verlassen. Das gilt allerdings dann nicht, wenn sich dem Assistenzarzt nach den bei ihm vorauszusetzenden Fähigkeiten und Kenntnissen Bedenken gegen die Sachgemäßheit des von dem Facharzt angeordneten Vorgehens hätten aufdrängen müssen.[19]

14 **Ist ein Assistenzarzt einer Aufgabe nicht gewachsen, hat er einen qualifizierten Arzt zu benachrichtigen.** So haftet eine Anästhesistin, die unmittelbar vor Ablegung der Facharztprüfung steht, wenn sie nach zwei fehlgeschlagenen Intubationsversuchen statt der dienst-

---

[13] BGH NJW 1989, 1536, 1538 = MedR 1989, 84; NJW 2002, 2944.
[14] BGH NJW 1989, 1536, 1538 = MedR 1989, 84.
[15] BGH NJW 1997, 3090, 3091; NJW 2002, 2944.
[16] Vgl BGH NJW 1994, 797 = LM BGB § 823 (Db) Nr 24 m Anm *Laufs/Reiling;* OLG Naumburg VersR 1998, 983; OLG Celle VersR 1998, 1419.
[17] *Steffen/Pauge,* RdNr 240a, unter Berufung auf BGH NJW 1984, 1403 u BGH NJW 1990, 2929 = MedR 1990, 264 = JZ 1991, 983 m Anm *Giesen*.
[18] OLG Frankfurt/M VersR 1991, 929.
[19] OLG Düsseldorf VersR 2005, 230.

habenden Oberärztin einen weiteren Assistenzarzt herbeiruft in der Hoffnung, diesem werde die Intubation gelingen.[20]

Selbständig operierende Fachärzte (Oberärzte) tragen auch die Verantwortung für die Behandlung und haften insoweit allein, besonders dann, wenn sie sich auf bestimmte Operationstechniken spezialisiert haben, die generell in der Klinik nur von ihnen durchgeführt werden. Das Eingreifen des weisungsberechtigten Chefarztes in eine laufende Operation schließt die Verantwortlichkeit der für die Operation zunächst zuständigen Ärzte nicht ohne weiteres aus.[21]

Auch das Pflegepersonal haftet selbst, wenn es sich nicht an die Grundregeln der Zusammenarbeit zwischen Arzt und Pflegepersonal hält. Diesen Regeln zufolge hat das Pflegepersonal etwa „beim Eintreten von Komplikationen den zuständigen Arzt zu verständigen und bis zu seinem Eintreffen eigene weitere Bemühungen einzustellen, wenn der Patient nicht akut gefährdet ist".[22] Befolgt das Pflegepersonal telefonische Anweisungen des Arztes, obwohl es erkennen kann, dass sie therapeutisch nicht geboten sind, so haftet es neben dem anweisenden Arzt selbst.[23] Kann der Vorgesetzte wegen der Größe des ihm unterstehenden Bereichs oder der räumlichen Gegebenheiten die Überwachung nicht selbst kontinuierlich durchführen, so muss er durch organisatorische Maßnahmen sicherstellen, dass gleichwohl eine wirksame Kontrolle erfolgt. Im Hinblick auf das zumeist hohe Verletzungsrisiko des Patienten durch Fehlhandlungen ärztlichen oder nichtärztlichen Personals sind an die Verpflichtung zur Instruktion und Überwachung des Personals strenge Maßstäbe anzulegen.

5. Haftung bei Delegationsfehlern. Die Übertragung einer generell oder im Einzelfall nicht delegierbaren Aufgabe[24] auf **nichtärztliches Personal** stellt einen Behandlungsfehler dar.[25] Für Fehler bei der Delegation im Rahmen einer (teil-)stationären Behandlung haften – abhängig von der Vertragsgestaltung[26] – im Regelfall der Krankenhausträger oder der selbst liquidierende Chefarzt (§§ 280 Abs 1, 31 BGB). Deliktsrechtlich können der Krankenhausträger, der delegierende sowie der behandelnde Arzt verpflichtet sein (§§ 823 Abs 1, 831 Abs 1, 31).[27] Auch der nichtärztliche Mitarbeiter haftet deliktisch, wenn er die übertragene Aufgabe ausführt, obwohl er an der Ordnungsgemäßheit der Übertragung zweifelt und seine Bedenken nicht weiterträgt.

6. Klinische Kontrollmechanismen. Der leitende Arzt hat dem Risiko von Kommunikations- und Koordinationsmängeln vorzubeugen und die erforderlichen **klinischen Kontrollmechanismen** einzurichten und zu gebrauchen. So verlangt der Zuruf von Arzneimittelnamen immer eine Antwort, weil die Vielzahl ähnlich lautender Präparate die Gefahr von Hörfehlern begründet. Auch soll sich der Arzt mit der von der Hilfsperson aufgezogenen und bereitgestellten Spritze auch die leere Ampulle vorweisen lassen, um Irrtümer über Art und Dosis auszuschließen.[28]

7. Medizinstudenten. Eine Sonderstellung nimmt der Medizinstudent im „**praktischen Jahr**" (PJ) ein. Dass für ihn die Grundsätze für den Arzt im Praktikum entsprechend gelten,[29] ist aktuell wenig hilfreich. Das praktische Jahr hat die Aufgabe, dem vor

---

[20] OLG Köln VersR 1989, 372.
[21] BGH, MedR 1987, 234.
[22] LG Dortmund MedR 1985, 291, 292.
[23] OLG Frankfurt/M VersR 1991, 929.
[24] Vgl dazu § 45, RdNr 5 ff.
[25] Vgl dazu *Spickhoff/Seibl* MedR 2008, 463, 472. Zur Haftung am Beispiel des MAfA-Konzepts *Andreas* ArztR 2008, 144, 150 f.
[26] Vgl oben § 98 RdNr 17 f.
[27] Vgl auch *Andreas* ArztR 2008, 144, 150 f zur Haftung des Geschäftsführers des Klinikträgers, wenn er etwa das konkrete Konzept zum Einsatz nichtärzlichen Personals zur „Chefsache" erklärt hat.
[28] BGHSt 6, 282 = NJW 1954, 1536.
[29] OLG Stuttgart MedR 1996, 81; OLG Köln VersR 1992, 452.

seinem Schlussexamen stehenden Studenten praktische Kenntnisse und Erfahrungen zu vermitteln: Er darf zwar keine Maßnahmen anordnen, aber solche unter Anleitung und Aufsicht eines Facharztes durchführen.[30]

20 **8. Hebammen.** Besondere Probleme ergeben sich im Verhältnis zwischen Ärzten und **Hebammen,** die nicht als nichtärztliches Hilfspersonal einzuordnen sind, sondern als eigene Berufsgruppe. Eine erfahrene Hebamme wird daher bei einer Geburt, für die keine Risikokonstellation erkennbar ist, die Geburtsleitung übernehmen und eine unerfahrene Assistenzärztin anleiten und ihr Weisungen erteilen können. Bei einer derartigen Rollenverteilung bestehen Anhaltspunkte für Behandlungsfehler der Assistenzärztin nur dann, wenn für sie Fehler der Hebamme erkennbar wurden und die Ärztin daraufhin hätte handeln müssen – beispielsweise durch frühzeitigeres Heranziehen eines Facharztes – oder wenn die Ärztin bei ihren Unterstützungsmaßnahmen selbst Fehler beging. Tritt bei einer derartigen Rollenverteilung während der Geburt eine Schulterdystokie auf und ist der Facharzt schon informiert und herbeigerufen, hat die unerfahrene Assistenzärztin der erfahrenen Hebamme den Vortritt bei weiteren erforderlichen geburtshilflichen Maßnahmen zu lassen.[31]

21 **9. Integrierte Versorgung.** Inwieweit sich die Regeln der horizontalen Arbeitsteilung auf das Modell der **integrierten Versorgung** übertragen lassen,[32] muss die Zukunft zeigen.

II. Die Anfängeroperation

22 Medizinisches Wissen und ärztliche Erfahrung erfordern neben dem theoretischen Lernen einen praktischen Dienst, der das Einüben ermöglicht. Doch das Lernen durch Handanlegen und Eingreifen darf nicht zulasten des Patienten gehen. Geeignete Vorkehrungen müssen die **Gefahren der Anfängeroperation** auffangen.

23 Der BGH hat in einem wegweisenden Urteil von 1983 die Rechtsproblematik der Anfängeroperation beschieden.[33] Danach liegt in der Übertragung einer selbstständig durchzuführenden Operation auf einen dafür noch nicht ausreichend qualifizierten Assistenzarzt ein **Behandlungsfehler,** der dem ausbildenden Oberarzt zur Last fällt: „Unter dem rechtlichen Gesichtspunkt einer Verletzung der ärztlichen Aufklärungspflicht werden Ersatzansprüche dadurch grundsätzlich nicht begründet."[34] Die Ausbilder sollen den Anfänger schrittweise und unter Aufsicht an die Operationen der verschiedenen Schwierigkeitsstufen heranführen. Die ausbildenden Ärzte müssen, bevor sie einem jungen Kollegen einen eigenverantwortlichen Eingriff übertragen, „nach objektiven Kriterien prüfen und danach zu dem ärztlich vertretbaren Ergebnis kommen können, daß für den Patienten dadurch kein zusätzliches Risiko entsteht. Immer muß der Standard eines erfahrenen Chirurgen gewährleistet sein." Das Wohl und die Sicherheit des Patienten haben stets den Vorrang. Den chirurgischen Chefarzt trifft die Pflicht, „entweder selbst oder durch einen damit beauftragten ausgebildeten Facharzt alsbald Diagnose und eingeleitete Therapie des in der Facharztausbildung stehenden Arztes, der den Patienten bei der Aufnahme ärztlich versorgt hat, zu überprüfen".[35] Der aufsichtführende Arzt muss über die formale Facharzt-

---

[30] *Bergmann,* in: *Bergmann/Kienzle,* RdNr 127.
[31] OLG Stuttgart NJOZ 2004, 2772 = GesR 2004, 234.
[32] So *Krüger* VersR 2006, 192.
[33] BGHZ 88, 248 = NJW 1984, 655 = JZ 1984, 327; dazu *Deutsch* NJW 1984, 650 f; *Giesen* JZ 1984, 331 f; *H Franzki* MedR 1984, 186; *Müller-Graff* JuS 1985, 352 ff; zum Stand der Rechtsprechung bis 1990 vgl *Kern* DMW 1990, 1368, = S-H ÄBl 1991, 31. Ausführlich *Mehringer,* Die Anfängeroperation, 2007.
[34] So schon *Kern* Der Chirurg 1983, 124.
[35] BGH NJW 1987, 1479 m Anm *Deutsch* = MedR 1987, 231 = JZ 1987, 877 m Anm *Giesen.*

qualifikation verfügen. Nur er garantiert dem Patienten die von ihm zu beanspruchende Qualität und hat die erforderliche Autorität gegenüber dem Berufsanfänger.[36]

Denn der Patient hat aus der Übernahme seiner Behandlung durch das Krankenhaus einen Anspruch auf eine ärztliche Betreuung, die dem Standard eines Facharztes entspricht. Die mit der Ausbildung junger Ärzte naturgemäß verbundenen höheren Verletzungsgefahren sind von den für den Einsatz Verantwortlichen voll beherrschbar, sie müssen deshalb durch besondere Maßnahmen ausgeglichen werden.[37] Bei einer Anfängeroperation muss daher ständige Eingriffsbereitschaft und -fähigkeit des aufsichtsführenden Facharztes gewährleistet sein.[38] Stehen dem operationstechnische Hindernisse entgegen, so darf diese Art des Eingriffs durch einen Anfänger nicht stattfinden.[39]

Bei einem chirurgischen Eingriff, der zwingend die Assistenz eines weiteren Arztes verlangt, muss dieser assistierende Arzt die formale Facharztanerkennung besitzen.[40] Bei anderen operativen Eingriffen, die grundsätzlich ohne ärztliche Assistenz durchgeführt werden können, darf hingegen der in der Weiterbildung zum Facharzt stehende Arzt selbstverständlich und ohne unmittelbare Aufsicht operieren, wenn er dazu tatsächlich befähigt ist. Fehlt ihm diese Fähigkeit, so muss ihm ein anderer Arzt assistieren. Dieser assistierende Arzt bedarf nicht der formalen Facharztqualifikation[41], soweit er zu dem Eingriff, dem er assistiert, tatsächlich befähigt ist. Erst nach der Feststellung der Zuverlässigkeit und ausreichender Qualifikation darf der Assistenzarzt selbstverantwortlich operieren. Maßgeblich für das Kriterium der Aufsicht ist danach der jeweilige Ausbildungsstand des Operateurs, wobei mit zunehmender Qualifikation des Anfängers die Notwendigkeit der Überwachung und Kontrolle durch den Facharzt ständig abnimmt.

Für die **Anfängernarkose** stellte der BGH klar, dass „auf dem Gebiet der Anästhesie, bei dem am jeweiligen Operationstisch in aller Regel nur der Einsatz eines einzelnen Arztes erforderlich ist, ... die Verhältnisse ... grundlegend anders" sind.[42] Somit gilt für die Anästhesie, dass je nach Ausbildungsstand und Schwierigkeitsgrad der Arzt in Weiterbildung zum Facharzt selbstverantwortlich und ohne unmittelbare Aufsicht eines Facharztes die Narkose führen kann, soweit er über eine ausreichende Erfahrung und Zuverlässigkeit verfügt. Allerdings präzisiert der BGH die Anforderungen an die unmittelbare Aufsicht bei einer Narkoseführung, bei der der Assistenzarzt nach seinem Ausbildungsstand nicht allen Phasen gewachsen ist. Soweit die Narkoseführung dem Ausbildungsstand und der Routine des Assistenzarztes entspricht, genügt Blick- oder Rufkontakt zum im benachbarten Operationssaal tätigen Facharzt, während bei risikoreicheren Phasen der Narkoseführung, die dem Anfänger aufgrund seines Ausbildungsstandes noch nicht eigenverantwortlich übertragen werden können – zB Einleitung einer Intubationsnarkose oder Umlagerung –, die Anwesenheit des Facharztes im Operationssaal erforderlich ist.

Die dargelegten Grundsätze gelten auch für alle anderen Fachbereiche und innerhalb der Fachbereiche auch für sonstige Tätigkeiten des Anfängers, etwa für die Diagnostik und nichtoperative Maßnahmen. Dabei ist auch für diese Bereiche und Tätigkeiten die Rechtsprechung des BGH zu berücksichtigen: „Folgerichtig müßten die gleichen (eingeschränkten) Anforderungen an die Überwachung in Weiterbildung befindlicher Ärzte nicht nur

---

[36] BGH NJW 1992, 1560; *Steffen/Pauge*, RdNr 251. Die Entscheidung stieß in der Literatur auf erhebliche Kritik, vgl *Opderbecke/Weißauer* MedR 1993, 2; *Gramberg-Danielsen* Augenarzt 1993, 165; *Ulsenheimer* Gynäkologe 1993, 349.
[37] Vgl BGH NJW 1993, 2989. Zu den Anforderungen an den nächtlichen Bereitschaftsdienst vgl BGH NJW 1996, 2429.
[38] OLG Oldenburg VersR 1998, 1380 u 1381.
[39] OLG Oldenburg MDR 1998, 47.
[40] In der Entscheidung BGH NJW 1993, 2989 sollte dies nur gelten, weil „bei dem chirurgischen Eingriff ... ohnehin die Assistenz eines weiteren Arztes erforderlich war und es deshalb allein um die Frage ging, ob dem noch in der Weiterbildung zum Facharzt befindlichen Operateur zu solcher Assistenz ein erfahrener Arzt zur Seite zu stellen war".
[41] So auch OLG Düsseldorf NJW 1995, 1620.
[42] BGH NJW 1993, 2989, 2991.

§ 101

für Narkosen, sondern auch für solche operativen Eingriffe gelten, die in aller Regel ohne ärztliche Assistenz durchgeführt werden. Solche Eingriff gibt es nicht nur in der Chirurgie ..., sondern häufiger noch z.B. in der Augen- und HNO-Heilkunde",[43] aber auch für die Gynäkologie.[44]

28   Die **Anfängeroperation** erfordert ein **Pflichtenprogramm,** das sich nach dem Standard richtet, den Klinik und Arzt dem Kranken schulden. Dazu gehört die Pflicht des Berufsanfängers, „den Gang der von ihm selbstständig durchgeführten Operation auch bei sogenannten Routineeingriffen in den wesentlichen Punkten zu dokumentieren".[45] Die **Dokumentation** liegt im Interesse der Vervollkommnung des Arztes, noch mehr in dem des Patienten, zu dessen Vorteil damit ein Beweismittel entsteht.[46]

29   Der **Berufsanfänger** selbst haftet nur ausnahmsweise wegen Übernahmeverschuldens:[47] „Gerade von einem ärztlichen Berufsanfänger muß erwartet werden, daß er gegenüber seinen Fähigkeiten besonders selbstkritisch und sich der unter Umständen lebensbedrohenden Gefahren für einen Patienten bewußt ist, die er durch gedankenloses Festhalten an einem Behandlungsplan, durch Mangel an Umsicht oder das vorschnelle Unterdrücken von Zweifeln heraufbeschwören kann."[48] Erkennt der Anfänger, dass er zu einem angewiesenen Eingriff nicht befähigt ist, hat er den Patienten darüber zu informieren, um diese Vorgehensweise zu verhindern. Eine trotz dieser Information gegebene Einwilligung des Patienten rechtfertigt den Eingriff des Anfängers nicht.

30   Da der **Arzt im Praktikum (AIP)**[49] aufgrund der Änderung der BÄO mit Wirkung vom 1.10.2004 abgeschafft wurde, sei insoweit auf die Vorauflage verwiesen.

§ 101 Organisationspflichten

Inhaltsübersicht

	RdNr
I. Organisatorisches Fehlverhalten als Behandlungsfehler	1
II. Organisationspflichten im engeren Sinne (des Krankenhausträgers)	10
1. Allgemeines	10
2. Wahl der zweckmäßigen Rechtsform	11
3. Sicherstellung der sozialrechtlichen Befugnis zu ambulanten Operationen	12
4. Erstellen eines Haushalts- bzw. Wirtschaftsplans	13
5. Vorhalten eines hinreichenden Personalstandes	14
6. Vorhalten hinreichender Sachausstattung	16
7. Aufbewahrung der Krankenunterlagen, Dokumentation	19
8. Verkehrssicherungspflichten	20
9. Schutz der Patienten vor Selbstschädigungen	21
10. Sicherung des Patienteneigentums	26
11. Betriebliche Organisation für Haftungsfälle	27
12. Qualitätssicherung	28
13. Kontrolle des Chefarztes	30

---

[43] *Weißauer/Opderbecke* MedR 1993, 447, 450 (Anm z BGH NJW 1993, 2989).
[44] BGH, NJW 1994, 3008; 1998, 2736.
[45] BGH NJW 1985, 2193; OLG Düsseldorf VersR 1991, 1138.
[46] Zur umstrittenen Frage einer ärztlichen Beweissicherungspflicht *Bender* VersR 1997, 918, 924.
[47] BGHZ 88, 248 = NJW 1984, 655 m Anm *Deutsch* = JZ 1984, 327 m Anm *Giesen;* BGH NJW 1985, 2193. BGH NJW 1989, 2321; BGH NJW 1993, 2989; BGH NJW 1994, 1596 u 3008; BGH NJW 1998, 2736.
[48] BGH NJW 1988, 2298, 2300 = MedR 1988, 249, 250. – Zur Nichtverantwortlichkeit des unter Aufsicht und Anleitung operierenden Assistenzarztes, der weder voreilig noch eigenmächtig handelt, vgl OLG Zweibrücken VersR 1997, 833; OLG Hamm VersR 1998, 104.
[49] Vgl die Nachweise bei *Laufs* NJW 1989, 1526; *Haage* MedR 1998, 209, 212 f; ferner *Fahrenhorst* MedR 1991, 173 ff.

17. Kapitel. Vertragl Haftpflicht v Arzt u Krankenhausträger   1–4   § 101

 III. Organisationspflichten im weiteren Sinne (des Krankenhauses) 31
  1. Grundsätzliches 31
  2. Remonstrationspflicht des Chefarztes 32
  3. Dienstanweisungen, Überwachung des nachgeordneten Personals 33
  4. Verantwortung für den Sacheinsatz, Zugänglichkeit von
   Operationsräumen 37
  5. Krankenhaushygiene 39
  6. Vereinbarung und Überwachung von Arztterminen 41
  7. Dienstanweisungen bezüglich der Aufklärungspflicht 42
 IV. Haftung bei Organisationspflichtverletzung 47

I. Organisatorisches Fehlverhalten als Behandlungsfehler

Sowohl unter vertrags- wie deliktsrechtlichem Aspekt gewinnen die **organisatorischen Sorgfaltspflichten** des Arztes wie des Krankenhausträgers an Gewicht. Je größer die Zahl der an Diagnose und Therapie beteiligten Ärzte, Techniker und Hilfskräfte, je komplizierter und gefährlicher die apparativen und medikamentösen Mittel, je komplexer das arbeitsteilige medizinische Geschehen in einem großen Betrieb, desto mehr Umsicht und Einsatz erfordern die Planung, die **Koordination** und die **Kontrolle der klinischen Abläufe**. Der Leitungsfunktionen ausübende Arzt bleibt neben dem Krankenhausträger für eine sachgerechte Organisation des Umgangs mit dem Patienten verantwortlich.[1] Diese Probleme stellen sich, wenngleich regelmäßig viel weniger stark, auch in der Praxis des niedergelassenen Arztes.

Da die organisatorischen Aufgaben sowohl in den Pflichtenkreis der leitenden Ärzte als auch in den des Krankenhausträgers fallen können, kann es im Einzelfall für die Gerichte schwierig sein festzustellen, wen konkret die Organisationspflicht trifft. Da jedenfalls der Krankenhausträger für derartige Versäumnisses haftet, spricht die Rechtsprechung in diesem Zusammenhang gelegentlich, ohne zu differenzieren, von der „Behandlungsseite".[2]

Die Organisationspflicht gilt nicht nur für den vom Träger oder der Klinikleitung beherrschten Bereich, sondern weithin auch im Verhältnis zum **Belegarzt** und zu der **Chefarztambulanz**.[3] Andererseits ist die Frage, ob die Ausstattung eines Belegkrankenhauses ausreicht, um die nach der Eingangsdiagnose zu erwartende Behandlungsaufgabe bewältigen zu können, dem Aufgabenbereich des Belegarztes zuzurechnen und begründet daher regelmäßig keine Haftpflicht des Krankenhausträgers.[4]

Die **Organisation** muss dem Standard des Krankenhauses, den jeweils typischen Aufgaben und Gefahren entsprechen. Hochschulklinika haben regelmäßig auch auf diesem Felde höheren Ansprüchen zu genügen als kleinere, weniger differenzierte Häuser.[5] „Abzustellen ist hier jeweils auf die durch den Charakter der Klinik und durch die Unterrichtung der Patienten gesetzten **Vertrauenserwartungen** sowie auf die **Möglichkeiten der Verlegung** von Patienten in besser ausgerichtete Kliniken. Dabei ist **Raum für Wirtschaftlichkeitserwägungen** und für Gesichtspunkte einer das einzelne Krankenhaus übersteigenden, auf größere Gebiete bezogenen Planung der medizinischen Versorgung der Bevölkerung."[6]

1

2

3

4

---

 [1] *Deutsch* NJW 2000, 1745 ff; *Kern,* MedR 2000, 347 ff; *ders,* in: *Berg/Ulsenheimer* (Hrsg), 59 ff. Ausführlich zum Themenkomplex *Brandes,* Die Haftung für Organisationspflichtverletzung, 1994.
 [2] OLG Köln VersR 1990, 1240.
 [3] Vgl dazu *Stindt,* Haftungsrechtliche Relevanz von Organisationsstrukturen, in: Arbeitsgemeinschaft Rechtsanwälte im Medizinrecht (Hrsg), Krankenhaus im Brennpunkt. Risiken, Haftung, Management 1997, 27-35, 28-33; u BGH NJW 2006, 767.
 [4] OLG Karlsruhe NJW 2005, 107, auch m Ausf zur Beweislast.
 [5] Zum Organisationsverschulden in Hochschulklinika *Lippert* NJW 1984, 2606 ff.
 [6] MünchKommBGB-*Mertens,* 3. Aufl 1997, § 823 RdNr 395.

5 Ärztliche Verstöße gegen die zum Schutz des Patienten bestehenden organisatorischen Pflichten lassen sich durchaus als **Behandlungsfehler** bezeichnen.[7] Denn zu einer sachgerechten Behandlung gehört die Geordnetheit aller Abläufe im Sinne eines zuverlässig abgestimmten Gesamtgefüges, also die organisatorische Leistung, die nur der Fachmann in Kenntnis der Gefahrenquellen und Schwachstellen erbringen kann.[8]

6 Wird der Leitsatz einer Gerichtsentscheidung, wonach der Klinikbetrieb „so organisiert sein (muss), dass unmittelbar vor, nach und während der Behandlung eine Gefährdung des Patienten ausgeschlossen ist"[9], ernstgenommen, so kann das gesamte ärztliche Handeln unter dem Gesichtspunkt des Organisationsverschuldens erfasst werden. Die Gefahr einer solchen Betrachtungsweise liegt darin, dass für Versäumnisse gehaftet werden kann, obwohl im klassischen Sinne kein Behandlungsfehler vorliegt. Das mag das folgende Beispiel illustrieren:

7 Nach einer Operation musste ein Patient ein Medikament zur Normalisierung der Blutgerinnung einnehmen. In der Klinik erhielt er ein PPSB-Präparat. In der Folge verwirklichte sich das hohe Risiko einer Hepatitisinfektion. Die Verordnung eines PPSB-Präparates sah der BGH nicht als Behandlungsfehler an, wohl aber möglicherweise den Umstand, dass ein risikoärmeres Medikament nicht rechtzeitig vor der Operation zur Verfügung stand. Diesen Umstand wertete das Gericht als Organisationsverschulden.[10] Das bedeutet, dass für Verhaltensweisen, die nicht als Behandlungsfehler angesehen werden können, unter dem Gesichtspunkt des Organisationsverschuldens gehaftet werden kann.

8 Das bewirkt insgesamt eine Ausdehnung der Anforderung an die Behandlerseite und damit eine Verstärkung der Haftung des Krankenhausträgers. Für die zivilrechtliche Haftung wegen „Organisationsverschuldens" kommt es nicht auf das persönliche Verschulden der Ärzte, sondern auf das Vorliegen von Qualitätsmängeln an. Ein wesentlicher Schritt hin zur verschuldensunabhängigen Haftung ist getan. Auf die handlungssteuernde präventive Funktion des Verschuldens wird verzichtet.

9 Als Orientierungshilfe zur Vermeidung von Organisationsfehlern dienen die im Dezember 2005 von der Deutschen Gesellschaft für Medizinrecht (DGMR) verabschiedeten „**Einbecker-Empfehlungen**".[11]

II. Organisationspflichten im engeren Sinne (des Krankenhausträgers)

10 **1. Allgemeines.** Zu den Organisationspflichten gehören Aufgaben, die der einzelne Arzt, auch der Chefarzt, gar nicht oder nur schwer erfüllen könnte, wie zB die Bereitstellung einer ausreichenden Zahl von Ärzten und nichtärztlichen Mitarbeitern, die Gewährleistung des Einsatzes von Ärzten und nichtärztlichem Hilfspersonal nach ihrem Ausbildungsstand und ihren Kenntnissen sowie die Anschaffung von Geräten und der Abschluss von Wartungsverträgen dafür.

11 **2. Wahl der zweckmäßigen Rechtsform.** Die primäre Sorgfaltspflicht des Trägers eines Krankenhauses besteht darin, für eine zweckmäßige Organisation des Krankenhauses zu sorgen. Dies schließt die Auswahl einer geeigneten **Rechtsform** unter Berücksichtigung des Wirtschaftlichkeitsgebotes ein. Verstöße hiergegen stellen ein körperschaftliches Organisationsverschulden dar.

---

[7] *Brüggemeier*, 448, hingegen will den Begriff des ärztlichen Behandlungsfehlers „aus systematischen und sprachlichen Gründen auf den medizinischen Behandlungsprozeß im engeren Sinne beschränkt" wissen.

[8] Vgl etwa BGH NJW 1994, 1594 = JZ 1994, 787 m zust Anm *Uhlenbruck* (Einsatz funktionstüchtiger Wärmflaschen im Inkubator).

[9] LG Koblenz NJW 1988, 1521; differenzierender OLG Köln VersR 1990, 1240: „Die Behandlungsseite hat die Durchführung von Diagnostik und Therapie so zu organisieren, daß jede vermeidbare Gefährdung der Patienten ausgeschlossen ist."

[10] BGH MedR 1991, 137.

[11] MedR 2006, 127.

3. Sicherstellung der sozialrechtlichen Befugnis zu ambulanten Operationen. 12
Der Krankenhausträger hat dafür Sorge zu tragen, dass Klarheit darüber besteht, ob seine Ärzte, die in den Räumen seiner Klinik ambulante Operationen durchführen, dazu kassenärztlich ermächtigt sind. Ist das nicht der Fall und ist auch die Klinik kein sozialrechtlich zugelassener Leistungserbringer, so haftet der Träger für diese unklare rechtliche Lage aus Organisationsverschulden.[12]

4. Erstellen eines Haushalts- bzw. Wirtschaftsplans. Daneben hat der Träger für 13 die **finanzielle, räumliche und personelle Ausstattung** der Kliniken unter Berücksichtigung ihrer spezifischen Aufgaben zu sorgen. In diesem Bereich haben die Krankenhausträger bei der Erstellung des Haushalts- bzw Wirtschaftsplanes die Pflicht, darauf hinzuwirken, dass die Ausstattung der Aufgabenstellung entsprechend ausfällt. Neben der Erstorganisation besteht auch die Verpflichtung, zu kontrollieren, ob die Organisationsstruktur angemessen ist und eine effektive Arbeit gewährleistet.

5. Vorhalten eines hinreichenden Personalstandes. Nach der Spruchpraxis des 14 BGH kann eine personelle ärztliche Unterversorgung, die den erreichbaren medizinischen Standard einer sorgfältigen und optimalen Diagnose oder Therapie gefährdet, bei Verwirklichung dieser Gefahr zu einer Haftung des Krankenhausträgers führen. „Der Krankenhausträger muß organisatorisch gewährleisten, daß er mit dem vorhandenen ärztlichen Personal seine Aufgaben auch erfüllen kann. Dazu gehört die Sicherstellung eines operativen Eingriffs durch ausreichend erfahrene und geübte Operateure, und selbstverständlich muß auch sichergestellt sein, daß die behandelnden Ärzte körperlich und geistig in der Lage sind, mit der im Einzelfall erforderlichen Konzentration und Sorgfalt zu operieren. Deswegen darf der Krankenhausträger ... keine Organisation des ärztlichen Dienstes dulden, die die Gefahr mit sich bringt, daß durch vorhergehenden anstrengenden Nachtdienst übermüdete und deswegen nicht mehr voll einsatzfähige Ärzte zu einer Operation herangezogen werden."[13] „Es stellt ein haftungsbegründendes Organisationsverschulden des Krankenhausträgers dar, wenn der zu fordernde Standard der anästhesiologischen Leistungen auch bei ärztlicher Unterversorgung der Anästhesie nicht durch klare Anweisungen an die Ärzte gewährleistet ist."[14]

In einem Belegkrankenhaus hat der Träger dafür verantwortlich, dass alle organisatorischen Maßnahmen im pflegerischen Bereich getroffen werden, um die ärztliche Versorgung auch in den Belegabteilungen sicherzustellen.[15] So reichen zB zwei Schwestern für 88 Betten nicht aus.[16] Letzteres gilt selbstverständlich für alle anderen Kliniken auch. Auch müssen alle Funktionsstellen – insbesondere die Chefarzt-, aber auch die Oberarztstellen[17] – besetzt sein. Schon die Nichtbestellung eines verfassungsmäßig berufenen Vertreters (Organs) für sich allein wird als Haftungsgrund gewertet. Die hinreichende Personalausstattung wird gelegentlich selbst dem Krankenhausträger nicht gelingen, weil der ihm zugewiesene Haushalt das nicht erlaubt. In dieser Situation muss zunächst versucht werden, die Unterversorgung durch klare Dienstanweisungen auszugleichen. Gelingt das nicht, muss der Träger Teile der Klinik, im Extremfall die ganze Klinik schließen. Vorübergehende oder dauernde Personalausfälle dürfen nicht durch den Einsatz von Studenten im praktischen Jahr oder übermüdetem Personal überbrückt werden.[18] Dabei reicht es nicht aus, dass das Personal angestellt ist, es muss vielmehr auch schnell einsatzfähig sein. Das fällt gleichfalls in die Organisationspflicht des Trägers. Wenn es erforderlich ist, eine

---

[12] BGH NJW 2006, 767, 768.
[13] BGH NJW 1986, 776.
[14] BGHZ 95, 63 = NJW 1985, 2189.
[15] OLG Stuttgart NJW 1993, 2384.
[16] OLG Stuttgart NJW 1993, 2384; vgl dazu auch OLG Hamm NJW 1993, 2387.
[17] Vgl *Kern*, DÄBl 2007, A 3359; u *ders*, ÄBl Sachsen 2008, 48.
[18] BGH VersR 1986, 295 (= NJW 1986, 776); so auch *Rehborn*, 192.

Einsatzzeit von 20 Minuten oder darunter sicherzustellen, und ein Rufbereitschaftsdienst dazu grundsätzlich nicht ausreicht, ist Schicht- oder Bereitschaftsdienst im Haus anzuordnen.[19]

16 **6. Vorhalten hinreichender Sachausstattung.** Weiterhin ist dafür Sorge zu tragen, dass die zur Diagnose, Therapie und Operation benötigten Geräte bereitgestellt werden.[20] Welche Geräte vorgehalten werden müssen, richtet sich nach Ausrichtung und Größe der Klinik. Auch die **Funktionstüchtigkeit der medizinischen Geräte** und deren sachgerechte Handhabung hat der Krankenhausträger durch geeignete Maßnahmen, nicht zuletzt Unterweisungen, sicherzustellen. Schulungen des Personals sind zu organisieren, die Geräte regelmäßig zu warten und deren Funktionstüchtigkeit zu überprüfen. Vor jeder Inbetriebnahme eines neuen Gerätes hat sich das Personal mit der Bedienung ausreichend vertraut zu machen. Gegebenenfalls ist bei Schwierigkeiten die Herstellerfirma um Hilfe zu bitten.

17 Weiterhin besteht die Pflicht des Krankenhauses, Medikamente in ausreichendem Umfang vorzuhalten. In diesem Zusammenhang auftretende Mängel können nicht mit dem Argument der Unwirtschaftlichkeit entschuldigt werden. Auch bei einem sehr teuren Medikament kann sich das Krankenhaus nicht auf Unwirtschaftlichkeit der Vorratshaltung berufen, wenn das Medikament vor der Operation noch rechtzeitig hätte beschafft werden können.[21]

18 Anderes gilt allerdings bei der Beschaffung neuer oder einer hinreichenden Menge neuer Großgeräte. Treten insoweit Engpässe auf, so sind sie weder dem Arzt, noch dem Träger anzulasten, weil das Kapazitätsangebot letztlich auch von den finanziellen Möglichkeiten abhängt. Selbst in einer Universitätsklinik hat der Patient keinen Anspruch darauf, immer mit der denkbar besten Ausstattung behandelt zu werden. Freilich darf das nicht zu einer Standardunterschreitung aus Kostengründen führen.[22]

19 **7. Aufbewahrung der Krankenunterlagen, Dokumentation.** Zur Organisationspflicht des Trägers gehört es auch, die **Aufbewahrung der Krankenakten** zu organisieren. Mikroverfilmung ist dabei grundsätzlich zulässig, wobei aber zu gewährleisten ist, dass verfilmte Unterlagen rückkopierbar sind. Entsprechendes gilt für die digitale Krankenaktenführung.[23] Für Fehlverhalten der Ärzte bei der Dokumentation hat der Krankenhausträger einzustehen. Art und Umfang der Dokumentation liegen zwar im Kompetenzbereich der leitenden Abteilungsärzte, aber der Krankenhausträger ist verpflichtet, gegebenenfalls durch Dienstanweisung, auf die Rechtsprechung zur Dokumentationspflicht hinzuweisen und die Ärzte zur Erfüllung ihrer Pflicht anzuhalten.

20 **8. Verkehrssicherungspflichten.** Selbstverständlich treffen den Krankenhausträger auch die allgemeinen **Verkehrssicherungspflichten** gegenüber den Patienten,[24] und das in zunehmendem Maße. Gemeint ist damit die allgemeine Verkehrssicherungspflicht, dafür zu sorgen, dass niemand vermeidbar aufgrund von unsicheren oder unhygienischen Zuständen im Bereich der Klinik Schaden erleidet. Hygienische Zustände, unfallfreie Wege, Zugänge und Geräte für den Krankenhaustransport müssen gewährleistet, die Selbstschädigung von Patienten verhindert werden. Dies ist durch konkrete Regelungen

---

[19] BAG MedR 2003, 648, 649.
[20] Zu beachten sind insbes die Vorschriften des MPG idF der Bekanntmachung v 7. 8. 2002 (BGBl I, 3146), zuletzt geändert durch Art 6 des Gesetzes v 29. 7. 2009 (BGBl I, 2326). Die MedGV v 14. 1. 1985 (BGBl I, 93), zuletzt geändert durch Art 6 Zweites Medizinprodukte-ÄndG v 13. 12. 2001 (BGBl I, 3586), trat mWv 1. 1. 2002 außer Kraft.
[21] BGH MedR 1991, 137.
[22] OLG Köln Frauenarzt 1999, 1146 = VersR 1999, 847, m zust Anm v *Ratzel*. Es handelt sich um den Nichteinsatz eines computergestützten Bestrahlungssystems.
[23] *Berg*, in: *Berg/Ulsenheimer*, Patientensicherheit, Arzthaftung, Praxis- und Krankenhausorganisation, 2006, 233 f.
[24] OLG Schleswig VersR 1997, 69.

in Dienstanweisungen sicherzustellen. Fehlverhalten der Arbeitnehmer wie zB der Putzfrauen oder der technischen Angestellten muss sich der Krankenhausträger zurechnen lassen.[25] Beispielhaft seien hier nur die dem Krankenhausträger obliegenden verstärkten Schutz- und Obhutspflichten gegenüber seinen ophthalmologischen Patienten angeführt, die auf der besonderen Gefährdung dieser Patienten (Pupillenweitstellung, Rückenlage auf einer übertischhohen Liege) beruhen.[26] Der Krankenhausträger muss auf Antrag des Pflegepersonals auch kurzfristig in der Lage sein, eine Sitzwache für einen Patienten zur Verfügung zu stellen, um eine akute Gefährdung durch einen zu befürchtenden Sturz aus dem Rollstuhl zu vermeiden.[27] Das Anbringen von Bettgittern ist nur unter besonderen Umständen angezeigt.[28]

9. Schutz der Patienten vor Selbstschädigungen. Organisatorische Maßnahmen 21 erfordert ferner der **Schutz des Kranken vor Selbstschädigung.** Dabei spielt die Fürsorge der Krankenhausleitung für den **psychiatrischen Patienten** auch forensisch eine große Rolle. So bleibt dem Krankenhausträger, der einen Patienten wegen Selbstgefährdung zu behandeln und ihn vor einer Selbstschädigung zu bewahren hat, wenn der Kranke während der stationären Behandlung dennoch einen Selbsttötungsversuch unternimmt, grundsätzlich der Mitverschuldenseinwand versagt.[29] Denn Krankenhausärzte und Pflegepersonal haben die Aufgabe, den Patienten während der Behandlungszeit vor von ihm selbst veranlassten schädigenden Akten zu bewahren. Bei einem derartigen Vertrag bleibt ein der Fürsorge entgegenstehender Drang oder Wille des Patienten rechtlich belanglos. Er erzeugt jedenfalls keine Pflicht des Kranken, von sich aus der Suizidgefahr entgegenzuwirken.

Anstaltsleitung und behandelnde Psychiater stehen beim **suizidgefährdeten Patienten** 22 vor dem Dilemma der therapeutischen Notwendigkeit der Inkaufnahme von Risiken. Sie haben über die Gefahr einer schrittweise zu gewährenden Freiheit zu entscheiden. Gewähren sie diese Freiheit nicht, bleiben sie zwar eher vor dem größten therapeutischen Fehlschlag, dem Tod des Patienten bewahrt, sie verhindern aber zugleich die zur Lebensbejahung notwendige Verwirklichung von Autonomie.[30] Entwürdigende Überwachungs- und Sicherungsmaßnahmen dürfen eine erfolgversprechende Therapie nicht gefährden.[31] So ist der Grad der eingesetzten Sicherungsmittel in Relation zur Therapie und zur erkennbaren Gefahr zu setzen. In einer offenen Station einer psychiatrischen Klinik ist keine „Grundsicherung" erforderlich, dh, ohne konkrete Anhaltspunkte einer Selbstgefährdung wird keine Sicherung gegen einen überraschenden Selbstmordversuch verlangt.[32] Eine restriktive Handhabung ist „umso eher geboten, je mehr eine Gefährdung des therapeutischen Konzepts durch die konkrete Einschränkung fernliegt".[33]

---

[25] Zu den Anforderungen einer wirksamen Delegation der Verkehrssicherungspflichten auf eine Reinigungsfirma OLG Celle MDR 2006, 265.
[26] OLG Köln VersR 1990, 1240. Das Gericht verurteilte einen Krankenhausträger zur Zahlung von Schmerzensgeld, weil eine 72jährige Patientin nach Abschluss der Untersuchung in einer Augenklinik von der Untersuchungsliege gefallen ist. Ähnlich auch LG Koblenz NJW 1988, 1521.
[27] KG Berlin MedR 2006, 182, 184 = VersR 2006, 1366 m Anm *Jager*.
[28] OLG Koblenz MDR 2009, 147 = BeckRS 2008 25365.
[29] BGHZ 96, 98 = NJW 1986, 775.
[30] Vgl *Giemulla/Vollmoeller* MedR 1985, 101 ff; dazu *Helle* MedR 1986, 23 ff; *Meyer* MedR 1985, 210 ff Hilfreich die „Thesen zum Problem von Suicide während klinisch-psychiatrischer Therapie" von *Bochnik/Böcher/Böhme/Dörner/Köster/Maier/Lungershausen/Pohlmeier/Ritzel/Wanke* NStZ 1984, 108 f Vgl ferner *Wolfslast*, Psychotherapie in den Grenzen des Rechts; *Bergener*, Die zwangsweise Unterbringung psychisch Kranker. Problematik aus der Sicht von Richtern und Ärzten, 1986; *Less*, Die Unterbringung von Geisteskranken, 1989; *Bohle* MedR 1990, 298 ff; *Hein*, Die Grenzen der Hilfsleistungspflicht in Suizidfällen, 1992; *Gropp* MedR 1994, 127 ff.
[31] BGH NJW 1994, 794; 2000, 3425 = MedR 2001, 201.
[32] BGH NJW 2000, 3425 = MedR 2001, 201, 202.
[33] OLG Koblenz NJW-RR 2008, 1473 (Selbstentzündung durch eigenes Feuerzeug).

23 Entsprechend fiel ein Urteil in einen Fall aus, in dem eine psychisch erregte, vorübergehend im Badezimmer einer Station untergebrachte Patientin ein aggressives Reinigungsmittel in Selbstmordabsicht getrunken hatte.[34] Im Rahmen der **notwendigen Überwachung** galt es nicht ohne weiteres, Maßnahmen zur Verhinderung des Suizids zu treffen. Giftige Desinfektionsmittel „stehen üblicherweise in Haushalten frei herum und sind in Krankenhäusern gebräuchliche Mittel, ohne daß sie verschlossen aufbewahrt werden. Da sie laufend gebraucht werden, würde es die Sorgfaltspflichten eines Krankenhauses auch überspannen, sie immer wieder einzuschließen."

24 Die richterliche Spruchpraxis zeigt sich, wenngleich nicht frei von gewissen Schwankungen, durchaus darum bemüht, den Patienten Schutz zu gewähren, ohne Klinikträger und Ärzte zu überfordern oder in ihrem therapeutischen Bemühen über Gebühr einzuschränken.

25 Eine an sich harmlose Patientin, welche die gebotene **Kontrolle** erfährt, darf nicht nur deswegen hinter Gittern gehalten werden, damit sie sich nicht möglicherweise selbst gefährde und dadurch der Allgemeinheit Kosten verursache. Vielmehr hat auch die Patientin einer Heilanstalt ein Recht darauf, „möglichst nur solchen Einschränkungen ausgesetzt zu werden, wie sie in ihrem und der Allgemeinheit Interesse unbedingt notwendig sind. Eine ganz allgemein bestehende Unberechenbarkeit infolge der gegebenen Schizophrenie rechtfertigt jedenfalls ohne das Hinzutreten besonderer Umstände noch nicht eine besonders gesicherte Verwahrung."[35]

26 10. Sicherung des Patienteneigentums. Zu den Organisationsaufgaben des Krankenhausträgers gehört es auch, Vorkehrungen zu treffen, um die Sicherheit des Patienteneigentums zu garantieren. Verwahrungsmöglichkeiten müssen geschaffen werden. Den Patienten ist, insbesondere bei der Notaufnahme, unaufgefordert die Möglichkeit zu geben, diese Verwahrungsmöglichkeiten zu nutzen.[36]

27 11. Betriebliche Organisation für Haftungsfälle. Die Organisationspflicht des Krankenhausträgers ist auch im Verhältnis zum Versicherer von Bedeutung. Zwischen ärztlichem Direktor, Verwaltungsleiter und Versicherer hat eine Zusammenarbeit zu erfolgen. Tritt ein Schadensfall ein, hat der Krankenhausträger gem Ziff 25.1 AHB dies „unverzüglich" dem Versicherer anzuzeigen, „auch wenn noch keine Schadensersatzansprüche erhoben wurden". Führt der Krankenhausträger den Prozess ohne den Versicherer, verstößt er gegen seine Vertragspflichten aus dem Versicherungsvertrag (Ziff 25.5 AHB). Dem Versicherer sind ausführliche und wahrheitsgemäße Schadensberichte zu erstatten (Ziff 25.2 S 3). Alle Umstände, die der Versicherer für erheblich hält, müssen mitgeteilt werden, „sowie alle dafür angeforderten Schriftstücke übersandt werden" (Ziff 25.2 S 4 AHB). Ob diese Formulierung die Anforderung der Krankenunterlagen in Kopie[37] umfasst, ist in hohem Maße fraglich. Ohne ausdrückliche, auf den Fall bezogene Schweigepflichtentbindung durch den Patienten ist die Herausgabe unzulässig.[38] Liegt eine konkrete Schweigepflichtentbindung vor, haben die Bediensteten selbstverständlich die Schweigepflicht im Verkehr mit allen anderen Stellen zu wahren.

---

[34] OLG Hamm VersR 1986, 171 = MedR 1986, 154.
[35] OLG Düsseldorf VersR 1984, 1173, 1174. Vgl ferner beispielsweise OLG Düsseldorf MedR 1984, 69 („Flugversuche") m krit Anm *Deutsch* VersR 1984, 338; OLG Düsseldorf VersR 1983, 739; OLG Braunschweig VersR 1985, 576; OLG Köln VersR 1984, 1078; OLG Frankfurt VersR 1993, 1271; OLG Hamm VersR 1994, 729; OLG Celle VersR 1997, 365; OLG Düsseldorf VersR 1997, 1402; OLG Köln, VersR 1999, 624; OLG Koblenz MedR 2000, 136.
[36] Vgl dazu *Schlund*, § 96; *Kern*, in: *Gramberg-Danielsen* (Hrsg), Bd 1, 2/566 – 2/569.
[37] Jedenfalls nicht im Original, so aber zu Unrecht *Kern*, in: *Berg/Ulsenheimer* (Hrsg), S 59, 64.
[38] So auch *Fenger/Holznagel/Neuroth/Gesenhues*, Schadensmanagement für Ärzte, 2009, S 88; vgl dazu auch BVerfG MedR 2007, 351 = GesR 2007, 37 = VersR 2006, 1669.

12. Qualitätssicherung. Zu den gesetzlichen Aufgaben der Krankenhausträger gehört 28
die **Qualitätssicherung.** Ihre Durchführung kann auf unterschiedliche Weise geschehen,
in der Klinik, für mehrere Kliniken auch unterschiedlicher Träger, unter Einschluss der
Krankenkassen und Ärztekammern.[39] Bereits diese Aufzählung zeigt die Schwierigkeit
auf, insoweit eine Organisationspflicht anzunehmen. Dennoch geschieht das teilweise,
wenn auch ohne Begründung.[40]

Nach richtiger Ansicht[41] kann selbst das Fehlen eines Gremiums für schwere Zwischen- 29
fälle (serious events committee) nur dann als Organisationsfehler angesehen werden,
wenn nachgewiesen werden kann, dass eine solche Einrichtung den konkreten Zwischenfall verhindert hätte.

13. Kontrolle des Chefarztes. Der Chefarzt, der die Organisation seiner Klinik 30
oder Abteilung zu verantworten hat, muss seinerseits auch kontrolliert und angeleitet
werden. Daß kann nicht klinikintern erfolgen, sondern muss vom Träger durchgeführt
werden. Schon aus Gründen der fachlichen Kompetenz muss sich diese **Kontrolle und
Anleitung** auf wenige Bereiche beschränken. Den Krankenhausträger trifft daher die
Pflicht, den Chefarzt hinsichtlich der diesem übertragenen Organisationsaufgaben
zumindest in den Grundzügen zu überwachen, dessen Dienstaufgaben eindeutig festzulegen und die Kompetenzen abzugrenzen.[42] So hat zB der BGH entschieden, dass der
Träger „keine Organisation des ärztlichen Dienstes dulden (darf), die die Gefahr mit sich
bringt, dass durch vorhergehenden anstrengenden Nachtdienst übermüdete und deswegen nicht mehr voll einsatzfähige Ärzte zu einer Operation herangezogen werden".[43]

III. Organisationspflichten im weiteren Sinne (des Krankenhauses)

1. Grundsätzliches. Nicht nur den Träger eines Krankenhauses trifft die Organisa- 31
tionspflicht, sondern auch das Krankenhaus beziehungsweise im Hochschulbereich je nach
Organisationsform die Universität oder das Klinikum selbst. Die Durchführung der
Organisation ist Aufgabe der leitenden Ärzte. Sie haben das nachgeordnete Personal auszuwählen, einzusetzen und zu überwachen. Krankenhäuser sind bei der Erfüllung der
ihnen kraft Gesetzes übertragenen Aufgaben nicht nur an die speziell dafür erlassenen
Rechtsvorschriften gebunden, sondern darüber hinaus auch an die allgemeinen Gesetze,
die sie bei der Organisation des Betriebes und des Betriebsablaufes zu beachten haben.
Diesen gesetzlichen Vorgaben müssen die Krankenhäuser in finanzieller, räumlicher und
personeller Hinsicht genügen. Neben der Organisation des allgemeinen Betriebsablaufes
gilt es vor allem die erforderliche Hygiene, den Schutz von Mitarbeitern und Patienten
sowie die Gerätesicherheit zu gewährleisten.

2. Remonstrationspflicht des Chefarztes. Zu den Aufgaben und damit auch zu 32
den Organisationspflichten des leitenden Arztes gehört es, den Krankenhausträger auf
Gebrechen des Betriebes hinzuweisen, also etwa die Unzulänglichkeit von Apparaten
oder Personalmängel begründet vorzutragen und auf Abhilfe zu dringen (Remonstrationspflicht).[44]

3. Dienstanweisungen, Überwachung des nachgeordneten Personals. Im Vor- 33
dergrund steht die Pflicht des leitenden Arztes (Chefarztes), für die Überwachung des
nachgeordneten Personals zu sorgen, **geeignete Kontrollverfahren** vorzusehen und bei

---

[39] *Deutsch/Spickhoff,* RdNr 592–604.
[40] *Stindt,* Haftungsrechtliche Relevanz von Organisationsstrukturen, in: Arbeitsgemeinschaft Rechtsanwälte im Medizinrecht (Hrsg), Krankenhaus im Brennpunkt. Risiken, Haftung, Manage-ment 1997, 35 Ziff 10.
[41] *Deutsch/Spickhoff,* RdNr 389.
[42] Vgl dazu *Bergmann* VersR 1996, 810; *Deutsch* NJW 2000, 1745.
[43] BGH NJW 1986, 776, 777.
[44] RGRK-*Nüßgens,* § 823 Anm II RdNr 225 mwN

Auswahl und Einsatz der Mitarbeiter auf deren Qualifikation zu achten. Der Einsatz von nicht hinreichend qualifizierten Assistenzärzten muss so organisiert werden, dass immer der Standard eines erfahrenen Facharztes gewährleistet ist. Anfänger dürfen ohne Aufsicht nicht behandeln und insbesondere nicht operieren.[45] So „ist die Übertragung einer selbständig auszuführenden Operation auf einen dafür noch nicht ausreichend qualifizierten Assistenzarzt ein Behandlungsfehler, der im Falle einer Gesundheitsschädigung des Patienten infolge der Operation Schadensersatzansprüche gegen den Krankenhausträger und die für die Zuteilung der Operation verantwortlichen Ärzte … auslösen kann".[46] Die Übertragung einer Behandlungsmaßnahme auf einen nicht hinreichend qualifizierten Krankenpfleger stellt ein Organisationsverschulden dar.[47]

34   Dem **leitenden Arzt** obliegt die **Fachaufsicht** über den nachgeordneten ärztlichen Dienst. Er hat bei der Auswahl und dem Einsatz von nachgeordnetem Personal auf dessen Qualifikation zu achten und es laufend, durch regelmäßige Visiten, zu überwachen. Das gilt – bezüglich der Auswahl – für den Einsatz von Oberärzten ebenso wie für den von noch nicht hinreichend qualifizierten Assistenzärzten. Die Kontrolle der Oberärzte wird nur bei begründeten Anlässen erforderlich sein. Andererseits können sie wiederum an der Kontrolle und Anleitung der Assistenzärzte beteiligt werden. Der ärztliche Leiter hat die Mitarbeiter über typische Fehler und Gefahren zu belehren, sie anzuleiten und für ihre Fortbildung Sorge zu tragen. Eine Kontrollpflicht des Krankenhausträgers oder leitender Ärzte hinsichtlich niedergelassener Spezialisten, mit denen die Krankenhausärzte zusammenarbeiten, besteht jedoch nicht.[48]

35   Da die umfassende Versorgung der Patienten nur durch ein Zusammenwirken von ärztlichem, pflegerischem und medizinisch-technischem Personal gewährleistet werden kann, bildet die Arbeitsteilung einen wesentlichen Gegenstand der Organisation.[49]

36   In diesem Zusammenhang sind klare Zuständigkeits- und Vertretungsregeln erforderlich. Einsatzpläne, Vertretungsregelungen, Ruf- und Bereitschaftsdienst, Urlaubspläne, Zusammenarbeit mit anderen Abteilungen, mit einweisenden Ärzten sowie mit dem Pflegepersonal, müssen lückenlos gegliedert sein.[50] Durch Dienstanweisungen ist der Ablauf in der Klinik so zu ordnen, dass der Facharztstandard immer gewahrt bleibt. Eventuell vorhandene Unterversorgungen sind auszugleichen; Einsatz übermüdeten Personals ist zu verhindern. Grundsätzlich fallen diese organisatorischen Aufgaben in den Pflichtenkreis der leitenden Ärzte, nur ausnahmsweise in den des Krankenhausträgers.

37   **4. Verantwortung für den Sacheinsatz, Zugänglichkeit von Operationsräumen.** Die Organisation des **Einsatzes von Geräten** oder anderen Gegenständen obliegt der Klinik- oder der Abteilungsleitung, soweit sie nicht vom Träger wahrgenommen werden muss. Hier sei nur ein Beispiel herausgegriffen, das zeigt, wie weitgehend die Anforderungen sein können. So ist der Chefarzt einer Kinderklinik verpflichtet, durch organisatorische Maßnahmen sicherzustellen, dass bei Wärmflaschen aus Gummi, die zur Verwendung in einem Inkubator bestimmt sind, zumindest das Anschaffungsdatum erfasst wird, dass sie vor jedem Einsatz äußerlich geprüft und nach vergleichsweise kurzer Gebrauchsdauer ausgesondert werden.[51]

---

[45] OLG Düsseldorf VersR 1985, 169; OLG Stuttgart MedR 1989, 251.
[46] BGH NJW 1985, 2193. Vgl ferner BGHZ 88, 248 = NJW 1984, 655; BGH NJW 1989, 2321; BGH NJW 1993, 2989; 1994, 1596 u 3008; 1998, 2736.
[47] Vgl OLG Köln VersR 1988, 44. Weitere Beispiele finden sich bei *Büsken/Külglich* VersR 1994, 1141, 1146.
[48] OLG Hamm MedR 1999, 35.
[49] Vgl oben, § 100.
[50] *Stindt*, in: Arbeitsgemeinschaft Rechtsanwälte im Medizinrecht (Hrsg), Krankenhaus im Brennpunkt. Risiken, Haftung, Management 1997, 34.
[51] BGH NJW 1994, 1594; *Hoffmann*, Patienten, Ärzte, Krankenkassen und Recht, 1997, 104, RdNr 435.

Operationsräume müssen – auch für Notoperationen – zugänglich sein. Fraglich ist **38** daher schon, ob sie überhaupt – auch außerhalb der Dienstzeiten – verschlossen sein dürfen. Sind sie verschlossen, so hat die Klinikleitung dafür Sorge zutragen, dass der Aufbewahrungsort der Schlüssel den Ärzten sowie dem nichtärztlichen Personal bekannt ist.[52]

5. Krankenhaushygiene. Die **Krankenhaushygiene** erfordert erhebliche organisa- **39** torische Anstrengungen. Der Klinikbetrieb darf Infektionsketten nicht verlängern, sondern hat sie möglichst zu unterbrechen.[53] Nicht nur bei Angehörigen von Risikogruppen folgen daraus strenge planmäßige Sorgfalts- und Beratungspflichten, insbesondere in der Schwangerschafts-, Transfusions- und Transplantationsmedizin. Vermeidbare Fehlleistungen sind die nicht ausreichend kontrollierte Herkunft von Spenderblut.[54]

Die Klinikleitung hat die **Gebrauchsfähigkeit von Desinfektionsmitteln** zu ge- **40** währleisten, die für Patienten bestimmt sind. „Daß zur Krankenbehandlung bestimmte Chemikalien ‚zufällig' mit anderen, sie zersetzenden Stoffen vermischt werden, darf im Krankenhaus nicht vorkommen; dem muss sein Träger durch geeignete organisatorische Maßnahmen vorbeugen."[55]

6. Vereinbarung und Überwachung von Arztterminen. Zu den Organisations- **41** pflichten des Krankenhausträgers wie auch des Arztes gehört es, Termine mit den Patienten zu verabreden und zu überwachen. Die Umstände des Einzelfalles bestimmen dabei den Verantwortlichen und das Maß des gebotenen Arbeitsaufwands. So gehört es zu den Pflichten einer Klinik, einen Patienten, bei dem die Behandlung noch nicht abgeschlossen ist, zur weiteren Versorgung einzubestellen und, falls er nicht erscheint, ihn nochmals zu laden.[56] Erhält der behandelnde Mediziner einen Arztbericht, der für die weitere Beratung und Behandlung bedeutsame Befunde enthält, die einen baldigen Arztbesuch des Patienten unumgänglich machen, so hat er diesen einzubestellen.[57]

7. Dienstanweisungen bezüglich der Aufklärungspflicht. Erhebliche Organisa- **42** tionspflichten bestehen auch hinsichtlich der **Aufklärung**. Freilich ist die Zuordnung dieser Pflicht nicht unproblematisch. Organisationspflichten können teilweise nur schwer dem Träger oder der Klinik zugeordnet werden. Überschneidungen sind insoweit durchaus denkbar. Ein anderes Problem stellt sich indessen bei den Dienstanweisungen bezüglich der Aufklärungspflicht. Sie sind nicht von der Sache her nur vom Träger oder der Klinik zu erstellen. Da es sich bei der Aufklärung aber um eine ärztliche Aufgabe handelt, spricht m.M. nach alles dafür, auch die Dienstanweisungen von Ärzten erstellen zu lassen, und die Aufgabe demzufolge der Klinik zuzuteilen. Gehandhabt wird das allerdings nicht immer so.

Der Klinikchef und die Abteilungsleiter haben durch Richtlinien, Anleitung und Kon- **43** trollen für die Einhaltung der Aufklärungspflicht zu sorgen. Bei Verletzung dieser Pflichten kann sich der Krankenhausträger nicht nach § 831 BGB für das Verhalten eines Arztes entlasten.[58]

Anhaltspunkte für den notwendigen Inhalt der Aufklärungsgespräche und deren Moda- **44** litäten bieten die **„Empfehlungen zur Aufklärung der Krankenhauspatienten über**

---

[52] OLG Stuttgart VersR 2000, 1108.
[53] Vgl BGH VersR 1983, 735; BGH NJW 1978, 1683.
[54] BGHZ 114, 284 = NJW 1991, 1948 m Anm *Deutsch* NJW 1991, 1937; vgl auch BGHZ 116, 379 = NJW 1992, 743 = JR 1993, 19 m Anm *Giesen* = JZ 1992, 421 m Anm *Deutsch*. – *Giesen/Poll*, Zur Haftung für infizierte Blutkonserven im amerikanischen und deutschen Recht, RIW 1993, 265 ff; *Hart* MedR 1995, 61 ff.
[55] BGH NJW 1978, 1683.
[56] OLG Frankfurt MedR 1987, 187.
[57] BGH NJW 1985, 2749 = MedR 1985, 272; BGHZ 107, 222 = NJW 1989, 2318 = JZ 1989, 901 m Anm *Laufs*.
[58] MünchKommBGB-*Mertens*, 3. Aufl 1997, § 823 RdNr 444 mwN.

vorgesehene ärztliche Maßnahmen" der Deutschen Krankenhausgesellschaft. Teil III dieser Empfehlungen stellt folgende Grundsätze für organisatorische Maßnahmen des Krankenhausträgers auf:[59]

1. Der Krankenhausträger hat als Vertragspartner des Patienten für die Erfüllung der Aufklärungspflichten einzustehen. Er muss die leitenden Ärzte über Zeit, Umfang und Inhalt der Aufklärung unterrichten. Zur Sicherstellung einer ordnungsgemäßen Aufklärung muss der Krankenhausträger detailliert Anweisungen, Informationen und Kontrollen vornehmen und dokumentieren, um eine ausreichende Aufklärung des Patienten zu gewährleisten.
2. Zur Vermeidung eines Organisationsverschuldens sollte der Krankenhausträger eine Dienstanweisung über die bei der Durchführung einer Aufklärung zu beachtenden Grundsätze erlassen. Die Erstellung der Dienstanweisung kann sich an den unter Teil II im Fettdruck hervorgehobenen Leitsätzen zum Aufklärungsgespräch orientieren.
3. Bei Erlass einer Dienstanweisung zur Durchführung der ärztlichen Aufklärung hat der Krankenhausträger auch die Befolgung der Dienstanweisung zu überwachen und in regelmäßigen Abständen zu überprüfen.
4. Der ärztliche Leiter ist dem Krankenhausträger gegenüber verantwortlich, dass in Zusammenarbeit mit den leitenden Ärzten (Chefärzte und Belegärzte) des Krankenhauses sichergestellt wird, dass alle im Krankenhaus tätigen Ärzte über die ihnen im Zusammenhang mit der Aufklärung auferlegten Pflichten unterrichtet sind.
5. Der ärztliche Leiter hat zusammen mit den leitenden Ärzten der Krankenhausabteilungen festzulegen, in welcher Abteilung die Aufklärung über Untersuchungs- und Behandlungsmaßnahmen durchzuführen ist, wenn sich ein Patient gleichzeitig oder nacheinander in der Behandlung mehrerer Abteilungen befindet, sofern nicht ohnehin in jedem Fach eine gesonderte Aufklärung erfolgen muss.
6. Die Sicherstellung der organisatorischen Umsetzung und ordnungsgemäßen Durchführung der Aufklärung in den einzelnen Abteilungen obliegt dem leitenden Abteilungsarzt. Dieser hat insbesondere festzulegen, welcher Arzt die Aufklärung durchzuführen hat.
7. Unabhängig von den Ziffern 5 und 6 hat sich jeder Arzt, der nicht selbst aufklärt, davon zu überzeugen, dass eine ordnungsgemäße Aufklärung stattgefunden hat.
8. Der leitende Abteilungsarzt hat sicherzustellen, dass die Tatsache der Aufklärung, ihr Zeitpunkt sowie der wesentliche Inhalt des Aufklärungsgesprächs ordnungsgemäß dokumentiert und in der Krankengeschichte vermerkt sind. Die Dokumentation ist vom jeweils aufklärenden Arzt zu datieren und (ggf. auch elektronisch) zu unterzeichnen.
9. Hinsichtlich der Dokumentation einer Aufklärung genügt nicht der Vermerk, dass diese stattgefunden hat, vielmehr muss sie auch den wesentlichen Inhalt der Aufklärung, die dabei gegebenen Hinweise, Ratschläge und die anschließende Entscheidung des Patienten umfassen.
10. Der Patient muss in einer schriftlichen Erklärung durch Unterschrift die erfolgte Aufklärung und den wesentlichen Inhalt der Aufklärung bestätigen. Das Aufklärungsgespräch kann nicht durch eine formularmäßige Einwilligungerklärung des Patienten ersetzt werden.
11. Ist eine präoperative Aufklärung wegen der Notfallbehandlung oder Unansprechbarkeit des schwer verunfallten Patienten nicht möglich, wandelt sich die Aufklärungsverpflichtung des Arztes gegenüber dem Patienten jedenfalls bei für den Patienten und dessen Kontaktpersonen lebensgefährlichen Risiken (zB Möglichkeit einer HIV-Infektion) zu einer Pflicht zur alsbaldigen nachträglichen Selbstbestimmungs- und Sicherungsaufklärung. Auch der Ehepartner oder der ständige Lebensgefährte des Patienten ist in den Schutzbereich der Pflicht zur nachträglichen Sicherungsaufklärung über die Gefahr einer transfusionsassoziierten HIV-Infektion einbezogen.

45 Zur Organisation der Aufklärung durch die Klinikleitung gehört es auch, die Ärzte frühzeitig über anstehende Operationstermine zu informieren, damit eine rechtzeitige Aufklärung überhaupt möglich ist.[60]

46 Hat der Chefarzt im Rahmen seiner Organisationspflicht die Aufklärung einem nachgeordneten Arzt übertragen, darf er sich „auf deren ordnungsgemäße Durchführung und insbesondere die Vollständigkeit der Aufklärung nur dann verlassen, wenn er hierfür ausreichende Anweisungen erteilt hat, die er gegebenenfalls im Arzthaftungsprozess darlegen

---

[59] Stand: 5. Aufl 2008.
[60] OLG Bamberg VersR 1998, 1025, 1026.

muss. Dazu gehört ... die Angabe, welche Maßnahmen organisatorischer Art er getroffen hat, um eine ordnungsgemäße Umsetzung der von ihm erteilten Aufklärungsanweisungen zu überwachen."[61]

IV. Haftung bei Organisationspflichtverletzung

Fehlen notwendige Organisationsmaßnahmen liegt eine Organisationspflichtverletzung vor. Durch Nicht-Organisation wird der Patient im Krankenhausbetrieb besonders gefährdet.[62] Aber nicht nur das Fehlen, sondern auch die unbrauchbare oder ungenügende Organisation ist als Organisationsverschulden anzusehen.[63] Der Krankenhausträger muss durch organisatorisch klare Anweisungen dafür Sorge tragen, dass dem Patienten immer der erforderliche Standard zuteil wird.[64]

Werden die organisatorisch erforderlichen Maßnahmen durch den **Krankenhausträger** nicht oder nur ungenügend durchgeführt, so haftet er aus eigenem Organisationsverschulden gemäß § 823 BGB. Daneben kommt noch eine Haftung nach § 831 Abs 1 BGB in Betracht. Sie ist für den Anspruchsberechtigten insoweit nachteilig, als der Geschäftsherr sich exkulpieren kann. Das setzt voraus, dass er seine Verrichtungsgehilfen gut ausgewählt und überwacht hat. Da an den nach § 831 Abs 1 S 2 BGB möglichen Entlastungsbeweis strenge Anforderungen gestellt werden, gelingt dieser Entlastungsbeweis nur selten. Das wird durch das Organisationsverschulden noch verstärkt. Das Netz der Organisationspflichten wurde derart verdichtet, dass durch dessen Maschen „kein Geschäftsherr mehr schlüpfen kann".[65] Daher sind kaum noch Einzelfälle denkbar, in denen eine solche Entlastung gelingt.

Hinzu kommt, dass die leitenden Chefärzte – auch die von Abteilungen – nicht als Verrichtungsgehilfen des Trägers angesehen werden, sondern als dessen Organe, für die der Träger verschuldensunabhängig gemäß §§ 31 oder 31, 89 BGB haftet. Damit ist das Haftungsnetz endgültig eng geknüpft. Unabhängig davon, auf welcher Ebene die Erfüllung der Organisationspflicht praktisch angesiedelt wird, liegt die Verantwortung dafür beim Träger.[66] Er haftet letztlich nach außen.

Im Ergebnis besteht keine Entlastungsmöglichkeit des Krankenhausträgers für seine Haftung wegen Organisationsverschuldens. Die Haftung kann ausnahmsweise nur dann entfallen, wenn der Krankenhausträger nachweist, dass auch bei ordnungsgemäßer Organisation der nämliche Fehler passiert wäre.[67]

Ein Krankenhausarzt, der anderen Ärzten oder dem Hilfspersonal gegenüber Leitungsfunktionen ausübt, wird dadurch nicht deren Geschäftsherr nach § 831 BGB; diese Position kommt allein dem Krankenhausträger zu. Anderes gilt für den selbstliquidierenden Arzt.[68] Eine persönliche Haftpflicht kann den leitenden Arzt aber dann treffen, wenn er eine Operation durch einen unerfahrenen Kollegen ermöglicht oder gar vornehmen lässt.[69]

Die **Beweislast** dafür, dass die Verletzung der Organisationspflicht für die Schädigung ursächlich geworden ist, trägt der Patient.[70] Allerdings kann die Minderung des organisa-

---

[61] BGH MedR 2007, 169, 170 m Anm *Bender*.
[62] *Deutsch/Spickhoff*, RdNr 384.
[63] *Deutsch/Spickhoff*, RdNr 385.
[64] Vgl OLG Düsseldorf VersR 1993, 51; u OLG Stuttgart VersR 1994, 1114.
[65] *Pelz*, Verschulden – Realität und Fiktion – Die Ärztliche Haftung in der Rechtsprechung, in: *Laufs/Dierks/Wienke/Graf-Baumann/Hirsch*, 41, 51.
[66] *Deutsch/Spickhoff*, RdNr 386.
[67] *Rehborn*, 193.
[68] *Steffen/Pauge*, RdNr 103 ff; *Büsken/Klüglich* VersR 1994, 1141, 1146.
[69] OLG Düsseldorf VersR 1985, 1049; OLG Düsseldorf VersR 1985, 291.
[70] OLG Karlsruhe ArztR 2005, 266 f; zu Unrecht gehen *Sefrin/Wurmb* A&I 2006, 571, davon aus, dass die Beweislast sich in der Regel umkehrt.

torischen Qualitätsstandards, soweit sie geeignet ist, den Behandlungserfolg zu gefährden, die Beweislast zum Nachteil des Krankenhauses verlagern,[71] wenn ein grober Organisationsfehler vorliegt.[72] Als Beispiel sei etwa der Einsatz von Berufsanfängern genannt.

53 Die weitgehende **Konzentrierung der Schadenregulierung** beim Krankenhausträger kommt dem Arzt-Patienten-Verhältnis zugute,[73] weil die Streitigkeiten nicht mehr zwischen dem Arzt und seinem Patienten ausgetragen werden, sondern zwischen Patienten und Träger. Der Patient ist zudem von der Notwendigkeit entbunden, den oder die richtigen Anspruchsgegner zu finden. Alles in allem ist die Organisationspflichtverletzung als ein gelungener Versuch der Rechtsprechung – ohne Tätigwerden des Gesetzgebers – anzusehen, die Haftung der Behandlungsseite beim Träger zu bündeln. Dieser Vorteil – auch für den Arzt – musste allerdings durch ein engmaschiges Netz von Dienstanweisungen und Kontrollen und dem partiellen Abschied von dem Verschuldenserfordernis erkauft werden, die die Freiheit des ärztlichen Berufes und seine persönliche Verantwortlichkeit erheblich beschneiden.

§ 102 Wirtschaftlichkeitsgebote und Fahrlässigkeit

1 1. Leistungen der gesetzlichen Krankenversicherung müssen gemäß § 12 Abs 1 SGB V „...ausreichend, zweckmäßig und wirtschaftlich sein; sie dürfen das Maß des Notwendigen nicht überschreiten". Der Kassenpatient hat demzufolge keinen Anspruch auf die optimale, sondern nur einen auf eine gerade noch ausreichende, das Interesse der Kostenstabilität berücksichtigende Versorgung. Das hier – und ebenso in § 137e Abs 3 S 1 Nr 1 SGB V – zum Ausdruck kommende **Gebot der Wirtschaftlichkeit** gewinnt mit stärker wachsendem Kostendruck zunehmend an Bedeutung. Hinzu kommt, dass das BVerfG[1] die Sicherung der finanziellen Stabilität der GKV als Gemeinwohlaufgabe von hoher Bedeutung ansieht. Das Wirtschaftlichkeitsgebot stellt den diagnostisch und therapeutisch tätigen Arzt vor die Frage, ob er die vertraglich wie haftpflichtrechtlich begründete höchstmögliche Sorgfalt und beste Vorkehrung mit ihrem erhöhten Aufwand anwenden darf und soll.[2]

2 Das Wirtschaftlichkeitsgebot steht also in einem gewissen Spannungsverhältnis zum ärztlichen Standard, der sich bislang von Kostenerwägungen unbeeinflusst entwickelt hat. „Die Therapiewahl kann nicht von haushaltsrechtlichen Erwägungen abhängig gemacht werden", lautet noch der Leitsatz einer Entscheidung aus dem Jahre 1997.[3] Entsprechend heißt es in den Grundsätzen der Bundesärztekammer zur ärztlichen Sterbebegleitung (2004): „Die Entscheidung hierzu darf nicht von wirtschaftlichen Erwägungen abhängig gemacht werden."[4] Doch die Therapiefreiheit stößt sich zunehmend an den Vorgaben des Sozialversicherungsrechts. Der Weg zu einer Harmonisierung der gesetzlichen Haftpflichtregeln und der gesetzlichen Wirtschaftlichkeitsgebote ist praktisch (nahezu) ungeklärt.

---

[71] *Stindt*, in: Arbeitsgemeinschaft Rechtsanwälte im Medizinrecht (Hrsg), Krankenhaus im Brennpunkt. Risiken, Haftung, Management 1997, 35; OLG Köln VersR 1992, 452; vgl auch Kap 19, § 109.
[72] *Deutsch/Spickhoff*, RdNr 244.
[73] *Giesen*, Arzthaftungsrecht, RdNr 24 mwN
[1] BVerfG NJW 1999, 2730, 2732.
[2] *Katzenmeier*, § 5 II.2; *Voß*, Kostendruck und Ressourcenknappheit im Arzthaftungsrecht, 1999 PD 4720 V969; *Vosteen*, Rationierung im Gesundheitswesen und Kostendruck, 2001; *Goetze*, Arzthaftungsrecht und kassenärztliches Wirtschaftlichkeitsgebot, 1989; *Hart* MedR 1996, 60 ff; *Steffen*, FS Geiß, 2000, 487 ff; *Ulsenheimer* A & I 2009, 242; *Kern*, MedR 2004, 300.
[3] ArbG Gelsenkirchen MedR 1997, 224.
[4] DÄBl 2004, A 1298.

2. Nur vereinzelt hat die Rechtsprechung wirtschaftliche Erwägungen in ihren Ent- **3** scheidungen berücksichtigt, ohne dass bisher damit eine Systematisierung der Berücksichtigung ökonomischer Zwänge verbunden gewesen wäre.[5] 1954 urteilte der BGH, auf die **Kosten von sichernden Maßnahmen** für einen an Verwirrungszuständen leidenden Kranken komme es jedenfalls dann nicht an, wenn dieser Aufwand nicht außer allem Verhältnis zu der befürchteten Gefahr stehe und diese nicht nur ganz entfernt drohe.[6] In seinem Halsrippenurteil hat das Gericht dann zwanzig Jahre später den Kostenpunkt unmittelbar nach der statistischen Häufigkeit und dem Gewicht der Gefahr genannt und ihn damit aufgewertet.[7] In einer weiteren Entscheidung stellt der BGH klar, es könne nicht „jeweils das neueste Therapiekonzept verfolgt werden ..., wozu dann auch eine stets auf den neuesten Stand gebrachte apparative Ausstattung gehören müßte ..." Kliniken dürften für eine Übergangszeit nach älteren Methoden behandeln, weil unter anderem „schon aus Kostengründen ... nicht sofort jede technische Neuerung" angeschafft werden könne.[8]

3. Zu unterscheiden sind Maßnahmen der Rationierung und Rationalisierung. Eine **4** richtig definierte **Rationalisierung** steht zum medizinischen Standard dabei nicht in Widerspruch. Rationalisierung ist das Bemühen, den medizinisch gebotenen Standard möglichst kostengünstig zu erbringen. „Stehen ... mehrere gleich wirksame diagnostische Verfahren mit vergleichbaren Risiken zur Wahl, so muß der Arzt diejenige Therapie anwenden, die den geringsten wirtschaftlichen Aufwand nach sich zieht."[9]

Dagegen bedeutet **Rationierung** eine Beeinträchtigung des Standards.[10] Hierunter **5** wird die aus kosten- oder auch sonstigen Gründen verursachte Verknappung der ärzlichen Leistung im Standardniveau verstanden. Beispiele finden sich in der Transplantationsmedizin, wo die knappen natürlichen Ressourcen nach medizinisch möglichst vernünftigen Gesichtspunkten verteilt werden müssen.[11] Dieses Vorgehen wird als Standard akzeptiert, obwohl für den einzelnen Patienten – jeden für sich betrachtet – theoretisch eine bessere Behandlung erreichbar wäre.

Eine Rationierung aus reinen Finanzmängeln ist hingegen nicht zulässig. Kann bei- **6** spielsweise eine Klinik aus **Personalmangel** den erforderlichen Standard nicht erbringen, ist dies haftungsrechtlich nicht hinnehmbar.[12] Personelle ärztliche Unterversorgung oder der Einsatz übermüdeter Ärzte führen nicht zur Absenkung des Standards. Die erwähnte Rechtsprechung zur Einführung neuer Methoden ist auf diese Fälle nicht übertragbar. Dort handelt es sich um eine Gemengelage zwischen Geld- und sonstiger Ressourcenknappheit einerseits und einer Übergangsphase andererseits, so dass dieses Beispiel nicht regelbestimmend wirken kann, zumal der BGH das Argument nur zur Bekräftigung einsetzt. Auf der Ebene der Organisation müssen solche Mängelsituationen vom Träger gelöst werden. Können nicht ausreichend Personal und Sachmittel zur Verfügung gestellt werden, müssen Klinikabteilungen oder ganze Kliniken geschlossen werden.[13]

Nahezu ungelöst sind die Fälle außerhalb der personellen und instrumentellen Eng- **7** pässe, wenn der Ressourcen nicht mehr für alle Patienten ausreichen und der Zwang zur

---

[5] Vgl hierzu *Schmidt,* 195 ff, 264.
[6] BGH VersR 1954, 290.
[7] BGH VersR 1975, 43.
[8] BGHZ 102, 17, 21 = NJW 1988, 763, 764. Unzulässig ist allerdings der Umkehrschluss, dass aus Kostengründen auf veraltete, aber kostengünstigere Verfahren zurückgegriffen werden darf, wenn sich eine neue Methode als Standard etabliert hat.
[9] *Ulsenheimer* MedR 1995, 438, 440. So auch *Hart* MedR 1996, 60, 70.
[10] Zu den verfassungsrechtlichen Anforderungen vgl *Kluth* ZEFQ 2008, 204 ff.
[11] Vgl dazu *Schmidt,* Politik der Organverteilung: Eine Untersuchung über Empfängerauswahl in der Transplantationsmedizin, 1996.
[12] Vgl dazu *Ulsenheimer* MedR 1995, 438, 440; zuletzt *ders* A&I 2009, 242, 245.
[13] *Kern,* in: *Boemke/Kern,* Arbeitszeit im Gesundheitswesen, 143, 152.

Rationierung unausweichlich ist. Letztlich geht es um die **Konkurrenz zwischen Einzel- und Gemeinschaftsinteressen,** wobei der Arzt zuerst im Dienst seines konkreten Patienten und dessen Krankheit steht. Kein Arzt darf sich daher aus Gründen der Wirtschaftlichkeit über das anerkannte Fachwissen und die Standards seiner Disziplin hinwegsetzen. Das gilt insbesondere auch für den Vertragsarzt, der nach § 76 Abs 4 SGB V durch die Übernahme der Behandlung eines Kassenpatienten zur Sorgfalt nach den Vorschriften des bürgerlichen Vertragsrechts verpflichtet wird. Wirtschaftlichkeitsgeboten darf der Arzt allein im Rahmen seines Ermessens und Beurteilens und im Rahmen erlaubter Risiken genügen. Zu erinnern bleibt daran, dass die Therapiefreiheit kein Privileg des Arztes, sondern in ihrem letzten Grund ein fremdnütziges Recht darstellt.[14]

8   Der behandelnde Arzt kann der Spannungslage zwischen Heilauftrag und Kostendämpfungsmaßnahmen nur mit der Patientenaufklärung auflösen. Soweit er die medizinisch gebotene Behandlung eines Patienten zwar tatsächlich durchführen kann, diese aber – etwa wegen **Budgetüberschreitung** – nicht vergütet erhielte, hat er den Patienten darüber und über die Möglichkeit, durch Zuzahlung den Standard zu erreichen, zu informieren.[15] Geht der Patient darauf nicht ein, hat der Arzt die Behandlungsmaßnahme zu verweigern.

9   4. Auf der Grundlage der qualitätssichernden Vorgaben des neunten Abschnitts des SGB V wird es sich in Zukunft nicht mehr um einen medizinischen Standard handeln, sondern um einen überwiegend fremdbestimmten medizinisch-wirtschaftlichen Standard. Das Entstehen, aber auch das Erkennen medizinischer Standards wird durch die befürchtete „schleichende ökonomische Infiltration"[16] erheblich an Transparenz verlieren. Die normative Kraft des Faktischen wird dann den Interessenkonflikt zwischen medizinischem Standard und knappen Ressourcen beseitigt haben, indem dieser Konflikt schon in die Standardbestimmung einbezogen werden wird. Die Einführung der sog indikationsbezogenen Fallpauschalen (DRG) und des „Instituts für Qualität und Wirtschaftlichkeit im Gesundheitswesen" (§ 139a SGB V) wird diesen Prozess noch potenzieren und beschleunigen.[17] Zukünftig bliebe zu überlegen, ob nicht eine bewusst und vorsichtig eingesetzte Rationierung – stärker bei der Diagnostik als in der Therapie – der bessere Weg wäre als die sich jeder Kontrolle entziehende Fremdbestimmung des ärztlichen Standards unter stark wirtschaftlich bestimmten Vorgaben.[18] Die erwähnten Individualinteressen des Patienten und die Gemeinschaftsinteressen, die bei der einzelnen Behandlung im Vordergrund stehen, könnten transparenter gemacht und gegeneinander abgewogen werden. Derartige Maßnahmen dürften aber nicht die Beziehung zwischen Arzt und Patient belasten, sondern müssten auf einer höheren hierarchischen Ebene ausgetragen werden.[19]

10   Auch zwischen Kostendämpfung und Qualitätssicherung kann sich ein Widerspruch auftun.[20] Denn letztere erfolgt durch Ärzte für Ärzte, deren Handeln aus medizinisch-naturwissenschaftlicher Sicht optimiert werden soll.[21] Wenn Geldnot das Krankenhaus nicht davon befreien kann, die Leistungen bei Übernahme der Behandlung nach dem

---

[14] *Laufs,* FS Deutsch, 1999, 625 f; *ders* ZaeFQ 1997, 586, 588; *Künschner,* Wirtschaftlicher Behandlungsverzicht und Patientenauswahl, 1992, 220.

[15] *Steffen,* FS Geiß, 2000, 487, 502, der darauf hinweist, dass dieses Niveau derzeit „noch nicht" erreicht ist.

[16] So *Laufs* in der Voraufl RdNr 25. Ebenso *Hart* MedR 1996, 60, 70.

[17] Zu den Gefahren der Qualitätsverschlechterung durch DRGs vgl *Gerdelmann* chefarzt aktuell 2001, 73, 74; und *Schwartz* chefarzt aktuell 2003, 67.

[18] In diesem Sinne *Kretschmer* ArztR 2003, 144, 148; *Steffen,* FS Geiß, 2000, 487, 493.

[19] *Krämer* MedR 1996, 1, 5; *Laufs* NJW 1999, 2717, 2718; *Katzenmeier,* § 5 II 2 a bb) 288.

[20] Das verneint aber aus Sicht der Kassen *Richard,* in Steinmeyer/Wigge (Veranst), 1. Münsterische Sozialrechtstagung, Symposium z deutschen u niederländischen Krankenvers, 1997, 57, 67.

[21] *Schneider* NZS 1997, 267, 270.

medizinischen Standard zu erbringen,[22] wenn die medizinischen Notwendigkeiten zur Erhaltung der grundgesetzlich geschützten Gesundheit sich gegenüber dem Sozialstaat durchsetzen sollen,[23] dann dürfen die für das Budget Verantwortlichen die Ärzte nicht ihrem Dilemma überlassen.[24] Sonst drohte im Streitfall die Notwendigkeit einer judikativen Modifikation oder **Preisgabe des Standardbegriffs**[25] unter dem Vorzeichen des Verschuldensprinzips.

Dieser Umstand weist auf das **Finanzierungssystem** im ganzen, das *Walter Krämer* einer grundsätzlichen und herausfordernden Kritik unterzog. Die moderne Medizin sitze in einer Fortschrittsfalle.[26]

Mit seinen Richtlinien nimmt der G-BA und in der Folge wohl auch das IQWiG[27] Einfluss auf die Entstehung des medizinischen Standards. Eine gewisse Entspannung brachte die Entscheidung des BVerfG v 6. 12. 2005[28], die für das Zusammenspiel von ärztlichem Standard und Kassenleistung von erheblicher Bedeutung ist.[29] Das BVerfG hat darin eine Entscheidung des BSG korrigiert, in der bei einer neuen Behandlungsmethode („Bioresonanztherapie") die Leistungspflicht der GKV mit der Begründung verneint wurde, dass die Behandlungsmethode nicht dem allgemein anerkannten Stand der medizinischen Forschung entspreche und keine erfahrungsgemäß wirksame Methode sei. Nach Auffassung des BVerfG sei es mit dem Grundrecht aus Art 2 Abs 1 GG iVm dem Sozialstaatsprinzip und aus Art 2 Abs 2 S 1 GG nicht vereinbar, einen gesetzlich Krankenversicherten, für dessen lebensbedrohliche oder regelmäßig tödliche Erkrankung eine allgemein anerkannte, medizinischem Standard entsprechende Behandlung nicht zur Verfügung steht,[30] von der Leistung einer von ihm gewählten, ärztlich angewandten Behandlungsmethode auszuschließen, wenn eine nicht ganz entfernt liegende Aussicht auf Heilung oder auf eine spürbare positive Einwirkung auf den Krankheitsverlauf besteht.

---

[22] *Quaas* KH 1997, 542 ff, in der Hoffnung, die Judikatur werde sich notfalls mit den Auswirkungen auf den Standard auseinandersetzen.
[23] *Deutsch* VersR 1998, 261 ff.
[24] *Katzenmeier*, § 5 II.2. aE.
[25] Erwogen von *Ratajczak*, in: Arbeitsgemeinschaft Rechtsanwälte im Medizinrecht (Hrsg), Krankenhaus im Brennpunkt. Risiken, Haftung, Management, 1997, 5, 26.
[26] Pointiert *Krämer*, Die Krankheit des Gesundheitswesens. Die Fortschrittsfalle der modernen Medizin, 1989; *ders* MedR 1996, 1 ff Zum weiter steigenden Kostendruck s auch *Sommer*, Gesundheitssysteme zwischen Plan und Markt, 1999; *Ribhegge*, in: *Joerden* (Hrsg), Der Mensch und seine Behandlung in der Medizin, 1999, 115 ff.
[27] Vgl hierzu *Engelmann* MedR 2006, 245; *Francke/Hart* MedR 2008, 2; *Rixen* MedR 2008, 24.
[28] NJW 2006, 891.
[29] *Müller,* FS Hirsch, 2008, 421.
[30] So im Fall BVerfG NJW 2008, 2700.

18. Kapitel. Die deliktische Haftpflicht des Arztes und des Krankenhausträgers

§ 103 Tatbestandliche Grundlagen

Inhaltsübersicht

	RdNr
I. Ausgangspunkte	1
1. Schwerpunktverlagerung des Haftungsrechts	1
2. Die Rechtsgutsverletzung als Grundlage der deliktischen Haftung	2
II. Zurechnungszusammenhang, Kausalität	7
1. Sorgfaltspflichten und Behandlungsübernahme	7
2. Vorwurf des pflichtwidrigen Unterlassens	9
3. Haftungsgrund	10
4. Die besondere Anfälligkeit des Patienten	11
5. Grenzen der Einstandspflicht bei einer späteren Zweitschädigung	13
III. Der geschützte Personenkreis	18
1. Kreis der Ersatzberechtigten	18
2. Schutz der Leibesfrucht	19
3. Die deliktische Ersatzfähigkeit von Schäden Dritter	22

Schrifttum: Siehe Kapitel 17.

I. Ausgangspunkte

1. Schwerpunktverlagerung des Haftungsrechts. Mit der Verlagerung des Schmerzensgeldanspruchs (§ 847 BGB aF) aus dem Deliktsrecht in den Allgemeinen Teil des Schuldrechts des BGB (§ 253 II BGB) hat die deliktische Haftung endgültig einen Großteil ihrer eigenständigen Bedeutung eingebüßt, kann doch Schmerzensgeld nunmehr auch im Wege eines vertraglichen Sekundäranspruchs geltend gemacht werden. Insofern ist zumindest von einer Schwerpunktverlagerung in Richtung des Vertragsrechts zu sprechen,[1] die die Anwendung des Deliktsrechts nur bei Fehlen einer vertraglichen oder quasivertraglichen Rechtsbeziehung oder bei Ansprüchen gegen den behandelnden Arzt, zu dem keine vertraglichen Beziehungen bestehen (Klinikarzt), erforderlich werden lässt. Allerdings lassen sich bestimmte Ansprüche Dritter (§§ 844, 845 BGB), die in Arzthaftpflichtfällen von größter Bedeutung sein können, nur deliktisch begründen.[2] Daneben gewährt § 839a BGB einen eigenständigen Anspruch gegen den Arzt als gerichtlichen Sachverständigen, zu dem keine vertragliche Beziehung besteht.[3]

2. Die Rechtsgutsverletzung als Grundlage der deliktischen Haftung. Die **deliktsrechtliche Grundnorm** des § 823 Abs 1 BGB schützt ua Leben, Körper und Gesundheit. Durch Fehler bei Diagnose und Therapie kann der Arzt diese Rechtsgüter

1

2

---

[1] *Deutsch/Spickhoff,* Medizinrecht, RdNr 165. Vgl dazu auch *E Schmidt,* Der ärztliche Behandlungsfehler im Spannungsfeld zwischen medizinischem Versagen und juristischer Problembearbeitung, MedR 2007, 693; dagegen *Gödicke,* Aufgabe der Deliktshaftung für Behandlungsfehler?, MedR 2008, 405; und die Replik von *E Schmidt* MedR 2008, 408. Vgl dazu auch oben § 93.

[2] Hingegen für eine Beschränkung des Unterschieds von deliktischer und vertraglicher Haftung auf die Einstandspflicht für Hilfspersonen *Morawietz* ArztR 2009, 116 f.

[3] Vgl dazu unten Kapitel 21.

verletzen: den Körper, wenn er fachwidrig in die äußere, leibliche Integrität eingreift oder bloßen Schmerz zufügt, die Gesundheit, wenn er die inneren Funktionen stört, auch physische oder psychische Erkrankungen hervorruft.[4] So gilt der Schnitt als Körper-, die Vergiftung und die Infektion als Gesundheitsverletzung. Die problematische Distinktion hat haftpflichtrechtlich kaum Bedeutung.[5] Bedenken müssen aber Versuche wecken, den Tatbestand des § 823 Abs 1 BGB übergebührlich auszudehnen. Eben dies unternimmt, wer durch die schuldhafte Vernichtung eingefrorenen Spermas den Körper des Spenders verletzt sieht.[6]

3 Ungleich mehr hängt von der seit langem forensisch entschiedenen Frage ab, ob die medizinisch gebotene, fachgerecht ausgeführte ärztliche **Operation tatbestandsmäßig als Eingriff in die körperliche Integrität** zu gelten habe, selbst dann, wenn sie erfolgreich Heilzwecken diente. Die Rechtsprechung[7] bejaht diese Frage seit Jahrzehnten, unterstützt von einem Teil der Fachautoren.[8] Danach bedarf der ärztliche Eingriff der Einwilligung des Patienten nach dessen ausreichender Aufklärung; fehlt eine solche, geht die fachgerechte Operation bei Misslingen als Körperverletzung schadensrechtlich zulasten des Arztes. Die **Gegenansicht**[9] will die Operation deshalb nicht als Eingriff in die körperliche Integrität gekennzeichnet wissen, weil der Arzt mit ihr den körperlichen Zustand heilen und verbessern, aber keineswegs verschlechtern wolle. Danach könne allein der fehlerhafte Eingriff als Verletzung der körperlichen Integrität gelten; dagegen verletze der fehlerfreie, aber ohne die gebotene informierte Einwilligung vorgenommene Eingriff die Autonomie oder Entschlussfreiheit des Kranken und damit dessen in § 823 Abs 1 BGB ebenfalls geschütztes Persönlichkeitsrecht mit der möglichen Folge einer Schmerzensgeldsanktion. Der Körperverletzungsdoktrin kommt allerdings im Deliktsrecht keine so große Bedeutung zu wie im Strafrecht, in dem die Konsequenzen – der Einstieg in die erfolgsqualifizierten Straftatbestände – beträchtlich sind und durch die neuere Rechtsprechung auch nicht mehr aufgefangen werden.[10]

4 Für beide Positionen finden sich in der juristischen Literatur gute Gründe. So lässt sich einerseits der eigenmächtige **Heileingriff** mit Fug als Verletzung der **Dispositionsfreiheit** des Patienten auffassen. Andererseits erscheint diese transparent, erheblich bleibt das dahinterstehende, der Disposition zugewiesene Rechtsgut.[11] Außerdem dürfte der **Tatbestandswechsel** zur **Persönlichkeitsrechtsverletzung** die Rechtsposition des Patienten verschlechtern: eine erhebliche Körperverletzung kann sich als leicht fahrlässige Persönlichkeitsrechtsverletzung erweisen, für die es keinen Schadensersatzanspruch gibt. Auch bleiben Vermögensnachteile außerhalb des Schutzbereichs des verletzten Rechtsguts außer

---

[4] Vgl BGHZ 132, 341 = NJW 1996, 2425 (zur Haftung des Schädigers für seelisch bedingte Folgeschäden).

[5] Nach einem Strafurteil des BGH (NJW 1989, 781) zur HIV-Problematik tritt wie bei anderen Infektionen „die Schädigung der Gesundheit und damit die Körperverletzung bereits mit der bloßen Infizierung als solcher ein, da diese – objektiv – den körperlichen Normalzustand des Opfers tiefgreifend verändert"; für § 823 Abs 1 BGB, ebenso BGHZ 114, 284 = NJW 1991, 1948 und dazu *Deutsch* NJW 1991, 1937.

[6] BGHZ 124, 52 = NJW 1994, 127 m krit Anm *Laufs/Reiling* NJW 1994, 775 = LM § 823 (Aa) BGB Nr 151 m krit Anm *Pfeiffer* = JR 1995, 21 m krit Anm *Taupitz* = JZ 1994, 463 m krit Anm *Rohe; Voß*, Vernichtung tiefgefrorenen Spermas als Körperverletzung, Deliktsrechtliche Probleme ausgelagerter Körpersubstanzen des Menschen, 1997.

[7] RGSt 25, 375; BGHSt 11, 111 = NJW 1958, 267; BGHSt 12, 379 = NJW 1959, 825; BGHSt 16, 309 = NJW 1962, 682; BGHSt 35, 246 = NJW 1988, 2310.

[8] *Krey/Heinrich*, StrafR BT I, 13. Aufl 2005, RdNr 219 ff; *Horn*, SK-StGB, 6. Aufl 1997, § 223 RdNr 31 ff mwN.

[9] Vgl *Laufs* NJW 1969, 529 ff u NJW 1974, 2025 ff; *Katzenmeier* ZRP 1997, 156 ff; *Tag*, Der Körperverletzungstatbestand im Spannungsfeld zwischen Patientenautonomie und Lex artis, 2000, 165 ff, 439 f.

[10] BGH MedR 2008, 435; NStZ 2008, 150.

[11] *Deutsch* NJW 1965, 1989.

Betracht, schließlich läge die Beweislast hinsichtlich der Aufklärung beim Patienten.[12] Ob die Einordnung der eigenmächtigen Heilbehandlung als Persönlichkeitsrechtsverletzung statt als Körperverletzung im Zivilrecht dogmatisch befriedigende interessengerechte Ergebnisse erlaubte, bleibt offen.[13] Auch nach Jahrzehnten zähen Ringens verstummt die Forderung nach einem Vollzug des Tatbestandswechsels nicht. Der BGH meidet – entgegen früherer Praxis – den Terminus **Körperverletzung** heute jedoch nicht mehr.[14]

In seinem – bedauerlicherweise wieder zurückgezogenen – Entwurf eines 6. Gesetzes zur Reform des Strafrechts hatte das Bundesministerium der Justiz die rechtsdogmatische wie -politische Kontroverse wieder aufgenommen, indem es „sowohl im Bereich der eigenmächtigen Heilbehandlung als auch in demjenigen der behandlungsfehlerhaften Heilbehandlung neue Rechtsgrundlagen für deren strafrechtliche Beurteilung" vorschlug.[15]

Die Abkehr vom Leitbild des Heileingriffs als Körperverletzung darf, wenn sie denn erfolgen sollte, das durch die richterliche Rechtsfortbildung geschaffene Gefüge ziviler Einstandspflichten und Lasten nicht infrage stellen. Ein Tatbestandswechsel wird mit Gewißheit die ärztliche Tätigkeit strafrechtlich entlasten. Für das Zivilrecht sind mehr Probleme als Lösungen zu erwarten.

II. Zurechnungszusammenhang, Kausalität

1. Sorgfaltspflichten und Behandlungsübernahme. Die den Arzt bei Diagnose und Therapie treffenden **vertraglichen** und **deliktischen Sorgfaltspflichten** decken sich grundsätzlich. Für die Verantwortlichkeit des Arztes macht es keinen Unterschied, ob das Schwergewicht seines Handelns in der Vornahme einer sachwidrigen oder im Unterlassen einer medizinisch gebotenen Heilmaßnahme liegt.[16]

Aus der **Behandlungsübernahme** folgt für den Arzt die Pflicht, die notwendigen diagnostischen und therapeutischen Maßnahmen vorzunehmen, für deren Unterlassen er ebenso wie für sein Tun einzustehen hat. Auf das Zustandekommen eines Vertrages kommt es dabei nicht an. „Deliktisch haftet jeder an der Behandlung Beteiligte für die übernommene Behandlungsaufgabe, aber prinzipiell nur für die eigenen Fehler in seinem Kontrollbereich, nicht für Fremdverschulden Dritter."[17]

2. Vorwurf des pflichtwidrigen Unterlassens. Der **Vorwurf eines pflichtwidrigen Unterlassens** trifft den Arzt nur dann, wenn er eine entsprechende Garantenstellung verletzt, die ihrerseits eine Behandlungsübernahme, nicht notwendig einen wirksamen Vertrag, voraussetzt. Vertragliche Abreden wirken insofern auch deliktsrechtlich.[18] Nicht nur die Garantenpflicht, auch die Kausalität des Unterlassens kann im Einzelfall Probleme aufwerfen. Durch den bloßen Verstoß gegen die Regeln seines Faches macht sich der Arzt weder strafbar noch schadensersatzpflichtig; vielmehr müssen sich die Körperverletzung oder der Tod gerade auf die konkret vorgeworfene Pflichtwidrigkeit zurückführen lassen. So trifft einen Arzt, der eine gebotene Therapie pflichtwidrig nicht veranlasst, die Verantwortlichkeit für den Tod des Patienten nur dann, wenn dieser bei fachgerechtem Behandeln den Todeszeitpunkt mit an Sicherheit grenzender Wahrscheinlichkeit überlebt hätte: „Ist ein Überleben nach dem Stand der wissenschaftlichen Erkenntnisse nur möglich

---

[12] *Nüßgens*, FS Hauß, 1978, 287.
[13] *Katzenmeier*, Arzthaftung, 2002, § 2 III.1.d.; *ders* ZRP 1997, 156, 160 f; zust *Giebel/Wienke/Sauerborn ua* NJW 2001, 863, 868; s auch *Hartmann*, Eigenmächtige und fehlerhafte Heilbehandlung, 1999, 235 ff.
[14] BGH NStZ-RR 2004, 17; 2007, 340 f.
[15] Instruktiv dazu *Katzenmeier* ZRP 1997, 156 ff; *Müller* DRiZ 1998, 155 ff; *Cramer*, FS Lenckner, 1998, 761 ff; *Eser* u *Schreiber*, FS Hirsch, 1999, 465 ff u 713 ff.
[16] BGH NJW 1989, 767 m Anm *Deutsch*.
[17] *Steffen/Pauge*, Arzthaftungsrecht, RdNr 89.
[18] Ebenso *Nüßgens*, RGRK, 12. Aufl 1989, § 823 Anh II RdNr 37.

oder (in hohem Maße) wahrscheinlich, kann der verbleibende Zweifel nicht mit Erwägungen ausgeräumt werden, die diesen unberührt lassen."[19]

10 3. **Haftungsgrund.** Auch im Blick auf den Kausalitätsnachweis gewinnt die Frage nach dem **Haftungsgrund** Gewicht. Der in der Literatur vertretenen Ansicht, Haftungstatbestand sei arztrechtlich bereits der Behandlungsfehler,[20] trat der BGH mit Grund entgegen: „Das Deliktsrecht bezweckt den Schutz von Rechtsgütern und sieht die Sanktion des Schadensersatzes nur für den Fall vor, daß ein individuelles Rechtsgut verletzt ist."[21]

11 4. **Die besondere Anfälligkeit des Patienten.** Generell kommt es nicht darauf an, ob ein Behandlungsfehler die ausschließliche oder alleinige Ursache einer Gesundheitsbeeinträchtigung darstellt. Eine Mitursächlichkeit, sei es auch nur als Auslöser neben erheblichen anderen Umständen, steht der Alleinursächlichkeit in vollem Umfang gleich.[22] Die Ursächlichkeit eines Behandlungsfehlers für Gesundheitsschäden entfällt auch nicht deshalb, weil dabei die schlechte Konstitution des Patienten mitwirkte. Der Schädiger hat den Geschädigten grundsätzlich so zu nehmen, wie er nun einmal ist. Deshalb genügt es haftungsrechtlich, wenn eine Außendrehfehlstellung des Beines in Zusammenwirken mit einem operativen Behandlungsfehler das Fortschreiten einer Arthrose und die Verzögerung einer Krankengymnastik verursacht hat.[23]

12 Der Schädiger hat ferner für seelisch bedingte Folgeschäden einer Verletzungshandlung, auch wenn sie auf einer **psychischen Anfälligkeit** des Verletzten oder sonst auf einer neurotischen Fehlverarbeitung beruhen, haftungsrechtlich grundsätzlich einzustehen. Eine Zurechnung kommt nur dann nicht in Betracht, wenn das Schadensereignis im Verhältnis zur erlittenen Primärverletzung ganz geringfügig ist (Bagatelle) und nicht gerade speziell auf die Schadensanlage des Verletzten trifft.[24] Ist der psychisch vermittelte Gesundheitsschaden haftungsbegründender Natur, so ist eine Zurechnung nur dann möglich, wenn der Erfolg vorhersehbar war.[25]

13 5. **Grenzen der Einstandspflicht bei einer späteren Zweitschädigung.** Der Arzt hat „für alle Schadensfolgen aufzukommen, die mit dem von ihm zu verantwortenden schlechten Zustand des Patienten in adäquatem Kausalzusammenhang stehen, also insbesondere auch mit der von ihm veranlassten Belastung des Patienten mit einer Nachbehandlung und der mit dieser verbundenen Gefahr von Fehlern des nachbehandelnden Arztes. Die Grenze, bis zu welcher der Erstschädiger dem Verletzten für die Folgen einer späteren fehlerhaften ärztlichen Behandlung einzustehen hat, wird in aller Regel erst überschritten, wenn es um die Behandlung einer Krankheit geht, die mit dem Anlass für die Erstbehandlung in keinem inneren Zusammenhang steht, oder wenn der die Zweitschädigung herbeiführende Arzt in außergewöhnlich hohem Maße die an ein gewissenhaftes ärztliches Verhalten zu stellenden Anforderungen außer acht gelassen und derart gegen alle ärztlichen Regeln und Erfahrungen verstoßen hat, dass der eingetretene Schaden seinem Handeln haftungsrechtlich-wertend allein zugeordnet werden muß."[26]

---

[19] BGH NJW 1987, 2940 = MedR 1988, 25.
[20] *Deutsch* NJW 1986, 1541, unter Hinweis auf *Bodenburg*, 1983.
[21] BGH NJW 1987, 705, 706.
[22] BGH VersR 1999, 862; NJW 2000, 3423, 3424); 2005, 2072, 2073; NZV 2005, 462.
[23] BGH NJW 2000, 3423
[24] BGHZ 132, 341 = NJW 1996, 2425; so auch BGHZ 137, 142 = NJW 1998, 810ff = LM § 249 (A) BGB Nr 114 m Anm *Grunsky;* BGH NJW 2000, 862. Die Rspr unterscheidet unfallbedingte Wesensveränderungen (VersR 1960, 225), Depressionen (VersR 1966, 931), Aktual- oder Unfallneurosen sowie Konversionsneurosen (NJW 1986, 777).
[25] BGH NJW 2007, 1557.
[26] BGH NJW 1989, 767, 768; vgl. dazu auch BGH NJW 2003, 2313f; OLG Koblenz MedR 2009, 231.

Der BGH[27] hob in diesem Zusammenhang den Grundsatz der Risikoabhängigkeit hervor: Habe sich im Zweiteingriff nicht mehr das Schadensrisiko des Ersteingriffs verwirklicht, sei dieses Risiko vielmehr schon gänzlich abgeklungen gewesen und bestehe deshalb zwischen beiden Eingriffen bei wertender Betrachtung nur ein äußerlich-zufälliger Zusammenhang, dann brauche der Erstschädiger dem Geschädigten nicht für die Folgen des Zweiteingriffs einzustehen.

Ein Behandlungsfehler begründet keine Ersatzpflicht, wenn die Rechtsgutsverletzung aufgrund einer Anlage (Vorschädigung) auch ohne diesen eingetreten wäre. Die Rspr schenkt der **hypothetischen Kausalität** oder Reserveursache Beachtung:[28] Für eine Kurznarkose ließ der beklagte Urologe durch eine Krankenschwester der Patientin eine intravenös vorzunehmende Injektion verabreichen. Dabei wählte die Schwester nicht eine Vene in der Ellenbogenbeuge, sondern eine solche an der Radialseite des linken Handgelenks. Versehentlich traf die Injektion indessen die Radialschlagader. Auf eine Schmerzkundgabe der Klägerin kurz nach Beginn der Injektion wurde diese bei liegender Nadel unterbrochen, jedoch, weil sich keine Veränderung der Einstichstelle bemerken ließ, auf Anweisung des Arztes zu Ende geführt. Die fehlerhafte Injektion führte zur Amputation zweier Finger der Patientin.

Nach Lage des Falles ließ sich eine Verantwortlichkeit des beklagten Urologen nur für den zweiten, nicht aber für den ersten Teil der Injektion feststellen. Es war „von zwei möglichen Ursachen auszugehen, die jede schon für sich den allein wesentlichen Schaden, nämlich das spätere Absterben des Gewebes und die dadurch notwendig gewordene Amputation, verursacht haben können". Der Beklagte konnte sich mit dem Einwand verteidigen, der Schaden wäre auch ohne den von ihm zu verantwortenden zweiten Teil der Injektion schon infolge des ersten eingetreten. Die Besonderheit des Falles liegt darin, dass lediglich die Möglichkeit bestand, dass die Injektion durch die Schwester den Schaden herbeiführte. Der Arzt hätte insofern allerdings beweisen müssen,[29] dass die von ihm nicht zu vertretende erste Teildosis auch allein den Schaden herbeigeführt hätte. Weil er diesen Nachweis nicht führen konnte, drang er mit dem Verweis auf die hypothetische Kausalität nicht durch.

Die **Unterbrechung des Haftungs- oder Kausalzusammenhangs** hat die Gerichte wiederholt beschäftigt.[30] Die Einstandspflicht des Arztes für einen Fehler umfasst regelmäßig auch die Schadensfolgen, die dadurch entstehen, dass die unzulängliche Behandlung die Inanspruchnahme eines anderen Arztes veranlasste und dieser seinerseits nicht fachgerecht verfuhr.

III. Der geschützte Personenkreis

1. Kreis der Ersatzberechtigten. Das Deliktsrecht schützt vorrangig den Patienten selbst in seinen Integritätsinteressen. Aus Gründen der Risikobegrenzung zieht das Gesetz den **Kreis der Ersatzberechtigten eng.** Ansprüche aus unerlaubter Handlung kann nur derjenige geltend machen, in dessen Rechtsgütersphäre der Delinquent in einer den jeweiligen Tatbestand ausfüllenden Weise eingriff. Dieses Prinzip durchbrechen die §§ 844 und 845 BGB für bestimmte Rechtsgutsverletzungen zugunsten eines weiteren Personenkreises, nämlich der Unterhaltsberechtigten und derjenigen, denen gesetzliche Dienstleistungsansprüche zustehen. Die Vorschriften tragen Ausnahmecharakter und lassen sich deshalb nicht verallgemeinern.

---

[27] BGH NJW 1989, 767 m zust Anm *Deutsch,* wonach eine Unterbrechung des Haftungszusammenhangs nicht allein im Falle vorsätzlichen Dazwischentretens in Betracht komme; vgl auch BGH NJW 1991, 748 = JZ 1991, 782 m zust Anm *Giesen/Kloth.*
[28] BGHZ 78, 209 = NJW 1981, 628, unter Berufung auf *v Caemmerer,* Das Problem der überholenden Kausalität im Schadensersatzrecht, 1962.
[29] Ausdrücklich für die Beweislast der Behandlerseite: BGH NJW 2005, 2073.
[30] OLG Celle VersR 1987, 941; OLG Braunschweig VersR 1987, 76; OLG Frankfurt VersR 1995, 785; OLG München VersR 1996, 63; 1997, 577; OLG Saarbrücken MedR 2000, 326.

19 **2. Schutz der Leibesfrucht.** Das Vertrags- und das Deliktsrecht schützen die **Integrität der Leibesfrucht** nicht anders als die der werdenden Mutter während jedes ärztlichen Eingriffs sowohl pränatal als auch in der Geburt.[31] Die Leibesfrucht hat Anspruch auf Schutz ihrer körperlichen Unversehrtheit; sie ist insofern einem Geborenen gleichzuachten und damit verletzungsfähig im Sinne des Deliktsrechts. „Die Leibesfrucht ist dazu bestimmt, als Mensch ins Leben zu treten; sie und das später geborene Kind sind identische Wesen, eine naturgegebene Tatsache, der das Haftungsrecht Rechnung tragen muss. Verletzungen der Leibesfrucht werden daher jedenfalls mit Vollendung der Geburt zu einer Verletzung der Gesundheit des Menschen, für die der Schädiger gemäß § 823 BGB Ersatz leisten muss."[32]

20 Das gilt sogar dann, wenn die vom Arzt verursachte schuldhafte Gesundheitsverletzung vor der Zeugung des Kindes liegt.[33] Eine Patientin hatte im Krankenhaus bei einer Transfusion syphilitisch infiziertes Blut übertragen erhalten. Zeitlich später und noch bevor die Ansteckung bei der Patientin erkannt worden war, empfing sie ein **Kind, das lueskrank zur Welt kam,** weil die Erreger die plazentare Scheidewand durchdrungen hatten und in die fötale Blutbahn eingedrungen waren. Das Deliktsrecht verlangt also nicht die Präexistenz des Subjekts, sofern es um den Schutz von Leben und Gesundheit geht. Es könnten dementsprechend Entstehung und Verletzung zusammenfallen. Dann träfe konsequenterweise auch den Arzt, der die Gonaden der Eltern durch eine fahrlässigerweise überdosierte Bestrahlung verletzte, eine Ersatzpflicht für die Unbill, die das Kind von seinen äußersten Anfängen an zu tragen hat. Es fehlt in diesem Fall keineswegs an dem deliktsrechtlich erforderlichen Eingriff in die Integrität des Embryonen. Denn bei Genschäden trägt eine der beiden Zellen, die das neue Leben bilden, den Mangel in den Verschmelzungsvorgang hinein.[34]

21 Mit gutem Grund fand der **Status des Embryonen** auch unter verfassungsrechtlichen Gesichtspunkten vornehmlich im Zeichen der artifiziellen Reproduktion juristische Aufmerksamkeit.[35] Dabei hat sich die zivilrechtliche Spruchpraxis zum Schutz des ungeborenen Menschenlebens[36] voll bestätigt.

22 **3. Die deliktische Ersatzfähigkeit von Schäden Dritter.** Unter dem Problemkreis der „deliktischen Ersatzfähigkeit von Schäden Dritter" ist umstritten, inwieweit auch Personen, welche dem primären Schadensereignis ferner stehen, ein Anspruch nach § 823 BGB zu gewähren ist, wobei insbesondere die beiden Fallgruppen Schockschäden[37] und Infektionsketten[38] bedeutsam sind. Zu beachten gilt es dabei, dass die Haftungsnorm des § 823 BGB nicht zwischen einer direkt und einer durch Fernwirkung verursachten Schädigung differenziert. Beides stellt einen unmittelbaren Schaden dar.[39] Ein kausaler und

---

[31] *Steffen/Pauge,* Arzthaftungsrecht, RdNr 122 mwN.
[32] BGHZ 58, 48 = NJW 1972, 1126 (Autounfall einer Schwangeren); BGH NJW 1992, 741.
[33] BGHZ 8, 243 = NJW 1953, 417 (Lues-Fall).
[34] *Laufs* NJW 1965, 1053 ff; vgl auch *Weber,* Arzthaftpflicht für Nachkommenschaftsschäden?, 1988; *Katzenmeier,* Vertragliche und deliktische Haftung in ihrem Zusammenspiel, 1994, 92 ff, 103 f.
[35] *Keller/Günther/Kaiser,* Embryonenschutzgesetz, 1992; *Pap,* Extrakorporale Befruchtung und Embryotransfer aus arztrechtlicher Sicht, 1987; *Schirmer,* Status und Schutz des frühen Embryos bei der „In-vitro"-Fertilisation, 1987; *Laufs,* Rechtliche Grenzen der Fortpflanzungsmedizin, 1987; Inst f med Anthropologie u Bioethik Wien u Schweiz Ges f Bioethik Zürich (Hrsg), Der Status des Embryos. Eine interdisziplinäre Auseinandersetzung mit dem Beginn des menschlichen Lebens, 1989; *Rager* (Hrsg), Beginn, Personalität und Würde des Menschen, 1997; *Iliadou,* Forschungsfreiheit und Embryonenschutz. Eine verfassungs- und europarechtliche Untersuchung der Forschung an Embryonen, 1999; s auch *Laufs* NJW 2000, 2716 ff mwN.
[36] *Bernard,* Der Schwangerschaftsabbruch aus zivilrechtlicher Sicht unter besonderer Berücksichtigung der Rechtsstellung des nasciturus, 1995.
[37] Vgl BGHZ 56, 163 = NJW 1971, 1883; vgl auch BGHZ 137, 142 = NJW 1998, 810; BGH NJW 1998, 813; 2000, 862 (psychisch bedingte Folgewirkungen).
[38] OLG Düsseldorf MDR 1994, 44.
[39] Vgl BGH NJW 1971, 1883, 1884.

verschuldeter Schaden an einem der enumerativ genannten Rechtsgüter ist daher im Grundsatz immer ersatzfähig. Die Existenz einer personalen Sonderbeziehung zwischen dem Patienten und dem nachfolgend geschädigten Dritten im Zeitpunkt der haftungsbegründenden Handlung, welche vielfach für alle Fernwirkungsfälle verlangt wird,[40] ist daher nur geeignet, um im Rahmen eines möglichen Schockschadens die Intensität der Verletzung zu belegen. Zumindest erfasst der geschützte Personenkreis regelmäßig Ehepartner und Partner iSd § 1 LPartG, auch bei kurzzeitigem Getrenntleben mit fortbestehender emotionaler Verbundenheit,[41] sowie Kinder und Eltern.[42] Für die Ersatzfähigkeit des Schockschadens ist es erforderlich, dass es bei dem Dritten gerade aufgrund des Todes zu gewichtigen psychopathologischen Ausfällen mit Krankheitswert kommt,[43] ein Zusammenbruch in Form eines nach außen sichtbaren Kreislaufkollapses ist dagegen nicht erforderlich.[44] Der Schädiger haftet dem später mit einem Gesundheitsschaden zur Welt gekommenen Kind aus unerlaubter Handlung auf Schadensersatz grundsätzlich auch dann, wenn ein Angriff auf die Psyche der Schwangeren die Verletzung der Leibesfrucht vermittelte.[45]

Der Arzt, der schuldhaft die einzige Niere des Kindes entfernt, haftet für den Schaden, 23 den die Mutter infolge einer freiwilligen Nierenspende erleidet:[46] „Erst wenn der Schädiger verantwortlich einen Gefahrenzustand geschaffen hat, der von einem solchen Gewicht und von einem solchen **Aufforderungscharakter an den Retter** und Nothelfer ist, dass das von diesem auf sich genommene Risiko ebenso wie die für den zu Rettenden gesetzte Gefahr bei einer wertenden Betrachtung dem Schädiger zuzuordnen ist, weil er den zu Rettenden in eine Lage gebracht hat, die das Eingreifen des Retters und Nothelfers wenn nicht gebietet, so doch mindestens verständlich und billigenswert macht, muss er für die Selbstschädigung des Retters und Nothelfers einstehen."

In diesen Fällen **sekundärer Betroffenheit** geht es jedoch um selbst in ihren nach 24 § 823 Abs 1 BGB geschützten Rechtsgütern Verletzte, nicht hingegen um anspruchsberechtigte Dritte nach den §§ 844, 845 BGB.

§ 104 Haftung für Hilfspersonen. Organhaftung

Inhaltsübersicht

	RdNr
I. Haftung für den Verrichtungsgehilfen	1
1. Bedeutung des § 831 BGB	1
2. Reichweite der Haftung	4
3. Tatbestandsverwirklichung der unerlaubten Handlung durch den Verrichtungsgehilfen	6
4. Geschäftsherr und Verrichtungsgehilfe	7
II. Organhaftung	13
1. Dogmatik der Organhaftung	13
2. Einzelfälle	15
3. Organhaftung bei Verstößen gegen die ärztliche Aufklärungspflicht	20

---

[40] OLG Düsseldorf MDR 1994, 44; *Neufeind*, Arzthaftungsrecht, 3. Aufl 2001, 117.
[41] BSG NJW 2004, 1477.
[42] *Jahnke* r + s 2003, 91.
[43] OLG Naumburg NZV 2005, 532.
[44] BSG NJW 2004, 1477.
[45] BGHZ 93, 351 = NJW 1985, 1390 m Anm *Deubner*; BGHZ 58, 48 = NJW 1972, 1126; BGH VersR 1989, 853 m Anm *Deutsch* VersR 1990, 715.
[46] BGHZ 101, 215 = NJW 1987, 2925 = JZ 1988, 150 mit abl Anm *Stoll* (ein Problem der Haftungsfolgen, nicht der Haftungsbegründung) = JR 1988, 199 m Anm *Giesen*.

I. Haftung für den Verrichtungsgehilfen

1 **1. Bedeutung des § 831 BGB.** Das **Deliktsrecht** hat in § 831 BGB die Einstandspflicht für Gehilfen als eine Haftung des Geschäftsherrn mit **vermutetem Verschulden** bei Auswahl, Anleitung, Überwachung und Ausstattung normiert. Es handelt sich um einen selbstständigen Anspruch gegen den Geschäftsherrn wegen eigenen Verschuldens, wobei die zum Schadensersatz verpflichtende Handlung in einem Unterlassen liegt. Neben § 831 BGB kann sich gegen den Geschäftsherrn, wie zB den Krankenhausträger oder leitenden Arzt, ein Anspruch aus § 823 Abs 1 BGB wegen eines **Organisationsmangels**[1] ergeben. Dem Geschädigten kann auch ein Anspruch nach § 823 Abs 1 BGB gegen den Verrichtungsgehilfen selbst zustehen. Es kommt dann eine gesamtschuldnerische Haftung nach § 840 Abs 1 BGB in Betracht.

2 Der Geschäftsherr kann sich im Rahmen des § 831 BGB durch den **Nachweis fehlenden Verschuldens** oder fehlender haftungsbegründender Kausalität entlasten. Die Gerichte stellen freilich an diesen Entlastungsbeweis sehr hohe Anforderungen.[2] Darum hat sich der Unterschied zur vertraglichen Gehilfenhaftung nach § 278 BGB[3] in der Praxis erheblich vermindert.[4] Schließlich hat die richterliche Spruchpraxis die Einstandspflicht des Krankenhausträgers ausgedehnt, indem sie diesen für den weisungsfreien **Chefarzt als Organ** nach den §§ 31, 89 BGB ohne Exkulpationsmöglichkeit haften lässt.[5] So besteht ein lückenloses Haftpflichtsystem.[6]

3 Gelingt der Entlastungsbeweis ausnahmsweise, so kann den Behandlungsträger gleichwohl eine Pflicht im **Innenverhältnis** treffen, nämlich diejenige zur **Freistellung seines Verrichtungsgehilfen** von dessen Einstandspflicht bei durch den Betrieb veranlasster und aufgrund eines Arbeitsverhältnisses geleisteter Tätigkeit.[7]

4 **2. Reichweite der Haftung.** Weder aus einem Zwischenfall noch aus einem medizinischen Misserfolg lässt sich regelmäßig der Schluss auf ein pflichtwidriges Verhalten des Arztes ziehen. Indessen „widerspräche es dem Sinn der Vorschrift des § 831 Abs 1 BGB, wenn man aus diesen Erwägungen allzu strenge Anforderungen an die Feststellung knüpfen wollte, daß ein Arzt als Verrichtungsgehilfe objektiv pflichtwidrig Schaden zugefügt hat".[8] Im Schadensfall muss sich zur Begründung der Geschäftsherrenhaftung nach § 831 BGB nicht notwendig gerade derjenige Mangel des weisungsabhängigen Gehilfen ausgewirkt haben, den der Geschäftsherr bei dessen Auswahl oder Überwachung erkennen musste, aber den er schuldhaft nicht beachtet hat.

5 Dieser Grundsatz beschreibt aber nur die weitreichende Einstandspflicht des Geschäftsherrn für die **Schädigung durch einen Verrichtungsgehilfen** in den Fällen, in denen den Geschäftsherrn der Vorwurf trifft, den Einsatz dieses Gehilfen nicht verhindert zu haben. „Nicht bedeutet dieser Grundsatz, daß dem Geschäftsherrn die Berufung darauf versagt wäre, er hätte auch bei sorgfältiger Erfüllung seiner Geschäftsherrenpflichten die Schädigung durch seinen Verrichtungsgehilfen nicht verhindern können. Dieser Nachweis soll ihm vielmehr gerade durch die **Entlastungsmöglichkeit** nach § 831 Abs 1 S 2 BGB offengehalten werden. Mithin darf sich der Geschäftsherr stets darauf berufen, eine etwaige Gefährdung des Dritten durch die Verletzung von Auswahl- und Überwachungs-

---

[1] Vgl dazu oben, § 101.
[2] Insbesondere für den Fall einer Spezialisierung des Verrichtungsgehilfen; vgl OLG Bamberg VersR 1994, 813; BGH VersR 1996, 469 (Gefahrgutbeauftragter).
[3] Einstehenmüssen für Verschulden des Erfüllungsgehilfen ohne Exkulpationsmöglichkeit.
[4] *Steffen/Pauge,* Arzthaftungsrecht, RdNr 90.
[5] BGHZ 77, 74 = NJW 1980, 1901.
[6] Vgl *Katzenmeier,* Arzthaftung, 2002, § 2 III.2.
[7] Vgl dazu *Kern,* in: *Gramberg-Danielsen,* 2/550–2/551a u BAG NJW 1993, 1732 u BAG MedR 1998, 334 m Anm *Lippert;* vgl auch BGH NJW 1994, 852 u *Büsken/Klüglich* VersR 1994, 1141.
[8] BGH NJW 1978, 1681.

und Leitungspflichten gegenüber seinem Verrichtungsgehilfen habe sich im konkreten Fall nicht ausgewirkt; ein sorgfältig ausgewählter und überwachter Gehilfe hätte sich nicht anders verhalten."[9]

3. Tatbestandsverwirklichung der unerlaubten Handlung durch den Verrichtungsgehilfen. Die Haftpflicht des Geschäftsherrn nach § 831 BGB kommt allerdings „nur dann in Frage, wenn der Verrichtungsgehilfe den **objektiven Tatbestand einer unerlaubten Handlung** verwirklicht hat, denn der Geschäftsherr kann nach dem Sinn des § 831 BGB nur dann für eine Beschädigung fremden Vermögens durch seinen Verrichtungsgehilfen haftbar sein, wenn er, falls er selbst diese Handlung schuldhaft begangen hätte, aus unerlaubter Handlung haftbar wäre".[10]

4. Geschäftsherr und Verrichtungsgehilfe. Mit den Kriterien der **Geschäftsherreneigenschaft** haben sich die Gerichte je und je befasst. „Voraussetzung für die Stellung des Verrichtungsgehilfen ist nicht, dass er den Geschäftsherrn rechtsgeschäftlich vertritt. Vielmehr kann eine Verrichtung jede entgeltliche oder unentgeltliche Tätigkeit sein, die in Abhängigkeit von einem anderen zu leisten ist. Rein tatsächliche Handlungen bilden in gleicher Weise ihren Gegenstand wie die Vornahme von Rechtsgeschäften. Verrichtungsgehilfe iS von § 831 BGB ist, wer von den Weisungen des Geschäftsherrn abhängig ist. Ihm muss von einem anderen, in dessen Einflussbereich er allgemein oder im konkreten Fall ist und zu dem er in einer gewissen Abhängigkeit steht, eine Tätigkeit übertragen worden sein. Das dabei vorausgesetzte Weisungsrecht braucht nicht ins Einzelne zu gehen. Verrichtungsgehilfe kann vielmehr jemand auch dann sein, wenn er auf Grund eigener Sachkunde und Erfahrung zu handeln hat. Entscheidend ist nur, dass die Tätigkeit in einer organisatorisch abhängigen Stellung vorgenommen wird. Hierfür genügt es, dass der Geschäftsherr dem Gehilfen die Arbeit entziehen bzw. diese beschränken sowie Zeit und Umfang seiner Tätigkeit bestimmen kann. Für die Frage der Abhängigkeit kommt es auf die konkreten Bedingungen an, unter denen die schadenstiftende Tätigkeit geleistet wurde. So kann ein an sich Selbstständiger derart in einen fremden Organisationsbereich eingebunden sein, dass er als Verrichtungsgehilfe einzustufen ist."[11]

Der Chefarzt einer Klinik oder einer Teilklinik ist nie Verrichtungsgehilfe, sondern wird immer als Organ des Krankenhausträgers angesehen.[12] Ein Klinikarzt, der für die Landesversicherungsanstalt ein **Gutachten** erstellt, handelt nicht als Verrichtungsgehilfe des Krankenhausträgers. Denn bei einer solchen Expertenarbeit geht es nicht um einen Teil der dem Krankenhausarzt obliegenden dienstlichen Verrichtungen, sondern um eine lediglich gestattete, freiberufliche Nebentätigkeit.[13] Für Fehler bei der Erstversorgung und bei der Durchführung des berufsgenossenschaftlichen Heilverfahrens haftet der **Durchgangsarzt** persönlich. Der Träger des Krankenhauses, an dem er Dienst tut, haftet für solche Fehler weder vertraglich noch deliktisch.[14] Andererseits: „Wer als Arzt mit der Verwaltung der Praxis eines anderen Arztes während dessen vorübergehender Abwesenheit beauftragt wird, nimmt bei dieser **Vertretertätigkeit** regelmäßig eine Stellung ein, bei der ihm der auftraggebende Arzt als Geschäftsherr gegenübersteht, nach dessen Wünschen er sich im Allgemeinen zu richten hat. Daran ändert es nichts, dass er im Einzelfall die Behandlung eines Patienten nach eigener Entschließung aus eigener ärztlicher Erkenntnis vornimmt."[15]

---

[9] BGH NJW 1986, 776; BGH NJW 1993, 2989.
[10] BGH AHRS 0481/1 (1951).
[11] BGH NJW 2009, 1740, 1741.
[12] *Kern*, in: *Gramberg-Danielsen*, 2/546.
[13] OLG Bremen AHRS 0280/1, 1953.
[14] BGHZ 63, 265 = NJW 1975, 589; BGHZ 126, 297 = NJW 1994, 2417.
[15] BGH NJW 1956, 1834, 1835; 2009, 1740, 1741; OLG Stuttgart NJOZ 2001, 523, 528; OLG Oldenburg NJOZ 2002, 1992.

8 Das Belegkrankenhaus schuldet weder die Dienste der Hebamme noch die des **Belegarztes** und haftet darum für deren Fehlerhaftigkeit weder vertraglich noch deliktisch. Der Belegarzt schuldet die Leistungen der Beleghebamme nicht, haftet jedoch, sobald er die Behandlung der Gebärenden übernommen hat, denn damit ist die **Hebamme** kraft Berufsrechts seine Gehilfin.[16]

9 Als Trägerin der Universitätsklinik ist die **Universität,** nicht das Land **Geschäftsherrin** nach § 831 BGB, auch wenn der Verrichtungsgehilfe im Dienst des Landes steht.[17] Für die Passivlegitimation gilt es darauf abzustellen, wer dem Gehilfen aus seiner eigenen Verantwortung heraus die schadenstiftende Tätigkeit zugewiesen hat. „Dadurch, daß das Land den Kliniken zwar das erforderliche Personal zur Verfügung stellt, aber nicht über dessen konkreten Einsatz in der Klinik bestimmen kann, während die Universität kraft ihrer Verwaltungsautonomie über die Hochschuleinrichtungen, und damit auch über die Universitätskliniken, mit diesem Personal arbeitet, ist es daher allein sachgerecht, die Universität als Geschäftsherrn iS des § 831 BGB für die Klinikärzte wie auch für das andere Personal anzusehen."[18] Das gilt erst recht, wenn Universitätsklinika in eigener Rechtsform organisiert sind.

10 Im Übrigen kommt es bei der Krankenhausbehandlung auf die Vertragsverhältnisse im Einzelfall an. Im Regelfall des „**totalen Krankenhausvertrags**" ist ein Krankenhausarzt, auch wenn er anderen Ärzten oder dem Hilfspersonal gegenüber Leitungsfunktionen ausübt, nicht deren Geschäftsherr iS des § 831 BGB, dies ist vielmehr allein der Krankenhausträger."[19]

11 Bei einer Behandlung auf der Grundlage eines **gespaltenen Krankenhausvertrages** haftet der Klinikträger auch deliktisch nicht für Fehler des selbstliquidierenden Arztes. Fehlen aber ausdrückliche abweichende Abreden haftpflichtrechtlicher Art, so hat der Klinikträger auch hier für Fehler der ärztlichen und nichtärztlichen Hilfsdienste einzutreten. Für Fehler in der Chefarztambulanz haftet der Klinikträger nicht.[20] Denn dieser ist „bei der Überweisung eines Kassenpatienten in die Ambulanz des beteiligten Chefarztes in die sozialversicherungsrechtlichen und bürgerlichrechtlichen Beziehungen nicht einbezogen. Etwas anderes folgt auch nicht aus seinen vertraglichen Abmachungen mit dem Chefarzt, die diesem als Nebentätigkeit das Betreiben der Ambulanz in den Räumen und unter Zuhilfenahme persönlicher und sachlicher Mittel des Krankenhauses gestatten."[21] Hätte der Krankenhausträger allerdings aus seinen Verträgen mit den angestellten Ärzten über die Überlassung von Operationsräumen erkennen müssen, dass der von ihm ermächtigte Arzt nicht in erforderlicher Weise kassenärztlich zur ambulanten vertragsärztlichen Versorgung berechtigt war, so haftet er zumindest aufgrund seines Organisationsverschuldens nach § 823 I BGB.[22] Für die institutseigene Ambulanz haftet der Klinikträger vertraglich wie deliktisch.

12 Den **selbstliquidierenden Arzt,** wie den **Belegarzt,** trifft grundsätzlich nach § 831 BGB eine Einstandspflicht für die ärztliche Assistenz. Die Haftpflicht umfasst auch Fehler der (Behandlungs-) Pflege, soweit diese auf Anweisungsversäumnisse des selbstliquidierenden Arztes zurückgehen.[23] Der selbstliquidierende Chefarzt oder Klinikdirektor betätigt sich jedenfalls im Rahmen seiner Pflichten zur persönlichen Behandlung des Patienten

---

[16] BGHZ 129, 6 = NJW 1995, 1611; OLG Stuttgart NJOZ 2001, 523, 528.
[17] BGHZ 96, 360 = NJW 1986, 1542.
[18] BGHZ 96, 360, 369 = NJW 1986, 1542, 1544.
[19] OLG Düsseldorf VersR 1985, 291; VersR 1998, 1377; OLG Oldenburg, VersR 1998, 1285.
[20] BGHZ 100, 363 = NJW 1987, 2289; BGHZ 105, 189 = NJW 1989, 769; BGHZ 120, 376 = NJW 1993, 784.
[21] BGHZ 100, 363 = NJW 1987, 2289.
[22] BGH NJW 2006, 768.
[23] BGHZ 85, 393 = NJW 1983, 1374; BGHZ 89, 263 = NJW 1984, 1400; BGH NJW 1986, 2883 = JZ 1987, 93; NJW 1994, 1594; OLG Celle VersR 1999, 486. Zur Haftungsabgrenzung beim Belegarzt *Franzki/Hansen* NJW 1990, 737 ff.

aus einem gespaltenen Vertrag nicht nur für eigene Rechnung, sondern prinzipiell auch haftungsrechtlich allein für sich; „in diesem begrenzten Aufgabenbereich ist er weder Organ noch Verrichtungsgehilfe für eine Mithaftung des Krankenhausträgers".[24]

II. Organhaftung

1. Dogmatik der Organhaftung. Die Norm des § 31 BGB gewährt nicht selbst einen Schadensersatzanspruch, sondern setzt die zum Schadensersatz verpflichtende **Handlung eines verfassungsmäßigen Vertreters** voraus. Die Vorschrift rechnet – anders als § 278 BGB – der juristischen Person diese Handlung als eigene zu und zwar – im Unterschied zu § 831 BGB – ohne Exkulpationsmöglichkeit. Nach § 89 BGB findet die Vorschrift des § 31 BGB für den Fiskus sowie auf die Körperschaften, Stiftungen und Anstalten des öffentlichen Rechts entsprechende Anwendung.

Die Gerichte haben die Haftungsvorschrift des § 31 BGB früh **ausdehnend angewandt**. Weil es der juristischen Person nicht freistehe, selbst darüber zu entscheiden, für wen sie ohne Entlastungsmöglichkeit haften wolle, könne es nicht entscheidend darauf ankommen, ob die Satzung der Körperschaft die Stellung des Vertreters vorsehe. Es komme auch nicht darauf an, ob dem Betreffenden rechtsgeschäftliche Vertretungsmacht eingeräumt worden sei.[25]

2. Einzelfälle. Demgemäß haftet für Behandlungsfehler des **alleinigen Chefarztes** eines städtischen Krankenhauses, der den Anstaltsbetrieb in voller Eigenverantwortung leitet, die Stadtgemeinde nach den §§ 31, 89 BGB auch dann, wenn dem Mediziner rechtsgeschäftliche Vertretungsmacht nicht erteilt worden war.[26] Auch der Chefarzt einer organisatorisch nicht selbstständigen Klinik ist, wenn er medizinisch keinen Weisungen unterliegt, hinsichtlich der Haftung für von ihm begangene Behandlungsfehler als **verfassungsmäßig berufener Vertreter** der das Krankenhaus tragenden Körperschaft anzusehen.[27]

Es ging in dem entschiedenen Falle um die **Rechtsstellung des Leiters der Chirurgie kommunaler Krankenanstalten.** Wollte ihm die beklagte Stadt keine volle Selbständigkeit auf dem ärztlichen Felde und damit die Position eines Vertreters nach den §§ 31, 89 BGB einräumen, hatte sie ihn vielmehr ernstlich der fachlichen Weisung eines ärztlichen Direktors der Gesamtheit der Krankenanstalten unterstellt, dann hätte es „einer laufenden allgemeinen Aufsicht und Kontrolle hinsichtlich der ärztlichen Tätigkeit bedurft".[28] Dafür hatte die Stadt nichts vorgetragen. Sie könne sich aber, so das Gericht, „hinsichtlich ihres Chefarztes nicht einen haftungsrechtlichen Freiraum dadurch schaffen, daß sie ihm einerseits die Stellung eines verfassungsmäßig berufenen Vertreters vorenthält, andererseits aber wegen der gehobenen Art der Tätigkeit auf jede Überwachung verzichten zu können glaubt. Vielmehr muss ein im medizinischen Bereich völlig weisungsfrei arbeitender Chefarzt haftungsrechtlich als verfassungsmäßig berufener Vertreter behandelt werden."

An dieser strengen, doch **sachgerechten Linie** hat der BGH festgehalten. In einem weiteren Urteil ging es um die Operation eines zweiten Oberarztes, der als zuständiger Vertreter des Chefarztes der chirurgischen Abteilung dessen Funktionen wahrgenommen hatte. Die Stellung des Oberarztes sei „rechtlich nicht anders zu beurteilen als die des Chefarztes selbst, wenn er anwesend gewesen wäre". Es bleibe dabei, „daß die Leiter einzelner Fachbereiche eines Krankenhauses als verfassungsmäßig berufene Vertreter des Krankenhausträgers anzusehen sind". Das müsse „jedenfalls solange gelten, als der Kranken-

---

[24] BGHZ 85, 393 = NJW 1983, 1374, (Haftung des liquidationsberechtigten beamteten Arztes) dazu *Kistner* MedR 1990, 51; BGH NJW 1975, 1463; OLG Köln NJOZ 2003, 684, 686.
[25] BGH NJW 1968, 391.
[26] BGH NJW 1972, 334.
[27] BGHZ 77, 74 = NJW 1980, 1901.
[28] Der Verrichtungsgehilfe nach § 831 BGB ist aufsichtsbedürftig.

haus träger nicht darlegt, daß im Einzelfall die Organisation im Krankenhaus zu einer anderen Beurteilung führen muß".[29]

18 Der **liquidationsberechtigte Chefarzt** bleibt auch dann, wenn er im Rahmen eines Arztzusatzvertrages selbst den Patienten behandelt, Organ des Krankenhausträgers, der für seine Fehler miteinzustehen hat.[30] Soll der selbstliquidierende Arzt hiervon abweichend allein verpflichtet sein, so ist ein klarer und nachdrücklicher Hinweis beim Vertragsschluss notwendig.[31] Der **Belegarzt** dagegen ist, auch wenn er sich als leitender Arzt oder Chefarzt bezeichnet, weder Organ des Krankenhauses (§§ 823, 89, 31 BGB), noch ist er dessen Aufsichtsbeauftragter oder Verrichtungsgehilfe.[32] Anderes soll nach der Rechtsprechung allerdings dann gelten, wenn der Belegarzt „nicht nur selbst liquidierender Arzt, sondern auch Repräsentant des Klinikträgers" ist. Als solcher sei „er selbstverständlich auch verpflichtet, keine rechtswidrigen Operationen an den Patienten seiner Klinik durchzuführen und die Patienten zum entsprechenden Abschluss von Krankenhausaufnahmeverträgen zu bewegen."[33] Zweifelhaft ist dabei jedoch, inwieweit der Geschäftsführer in seiner Funktion als Organ tatsächlich zur Behandlung von Patienten verpflichtet ist. Nur im Fall einer Eröffnung des Organwirkungskreises wäre nämlich der erforderliche Haftungszusammenhang gegeben.[34]

19 Mit der Ausweitung des Anwendungsbereiches von § 31 BGB auf die BGB-Gesellschaft findet die Organhaftung nun auch bei einer, in dieser Rechtsform betriebenen, Gemeinschaftspraxis Anwendung. Verursacht hier ein an der Gesellschaft beteiligter Arzt in Ausübung seiner ihm zustehenden Verrichtung in haftungsauslösender Weise einen Schaden, so ist dieser der Gesellschaft zuzurechen, wodurch die anderen beteiligen Ärzte analog § 128 HGB verschuldensunabhängig und persönlich als Gesamtschuldner für diesen einzustehen haben.[35] Hat allerdings ein Gesellschafter den Schaden schuldhaft allein verursacht, so kann das im Innenausgleich unter Heranziehung des Rechtsgedankens von § 254 BGB zu einer Alleinhaftung führen.[36]

20 **3. Organhaftung bei Verstößen gegen die ärztliche Aufklärungspflicht.** Die Organhaftung gewinnt Bedeutung auch bei **Verstößen gegen die ärztliche Aufklärungspflicht**. So hat der Chefarzt einer Krankenhausabteilung, der Organ des Krankenhausträgers ist, die Aufklärung der Patienten und die richtige Anwendung von ihm eingeführter Behandlungsmethoden organisatorisch zu gewährleisten. In dem entschiedenen gynäkologischen Falle hatte eine paracervicale Blockade zu einer Bradykardie und einer schweren perinatalen Hirnschädigung des Kindes geführt. Zwar mochte der Krankenhausträger nicht dazu befugt gewesen sein, „die vom verantwortlichen Chefarzt der geburtshilflichen Abteilung bevorzugte und eingeführte Methode der Kreißsaalanästhesie – immerhin eine sogenannte Methode der Wahl – zu kritisieren oder zu untersagen. Er hatte aber sicherzustellen im Rahmen seiner Trägerschaft und der damit verbundenen Organisationsgewalt, daß von der Methode nur in rechtmäßiger Weise nach Beratung und Aufklärung Gebrauch gemacht werde." Weil der beamtete Chefarzt es an dem Gebotenen fehlen ließ, haftete der beklagte Träger des Kreiskrankenhauses nach den §§ 31, 89 BGB. Der behandelnde Arzt hat eine Schwangere vor der Geburt über die Risiken einer zur Geburtserleichterung vorgesehenen paracervicalen Blockade für das Kind

---

[29] BGHZ 101, 215 = NJW 1987, 2925 = JZ 1988, 150 m Anm *Stoll*.
[30] BGHZ 95, 63 = NJW 1985, 2189 = MedR 1986, 137; NJOZ 2003, 684, 686. Kritisch zu den haftungsrechtlichen Folgen *Kistner* MedR 1990, 51.
[31] BGH NJOZ 2003, 684, 686.
[32] OLG Koblenz MedR 1990, 155. – Zu den Abgrenzungen auch BGHZ 85, 393 = NJW 1983, 1374.
[33] OLG Frankfurt MedR 2006, 294 ff.
[34] Zu Recht kritisch *Nebendahl*, FS ARGE Medizinrecht im DAV, 2008, 245 f.
[35] *Bäune*, FS ARGE Medizinrecht im DAV, 2008, 139 f; BGH NJOZ 2005, 2858 ff.
[36] BGH ArztR 2009, 103.

aufzuklären. – Wie das Zitat andeutet, hätte sich eine Haftung des Krankenhausträgers auch über Organisationsverschulden nach § 823 Abs 1 BGB begründen lassen. Bei Annahme des § 831 BGB hätte sich der Beklagte nicht entlasten können.[37]

§ 105 Beamtete Ärzte

Inhaltsübersicht

	RdNr
I. Die deliktsrechtliche Einstandspflicht des beamteten Arztes	1
1. Grundlagen der deliktischen Haftung des Beamten	1
2. Voraussetzungen der Eigenhaftung und Verweisungsprivileg	3
3. Verweisungsprivileg und vertragliche Haftung	7
II. Haftung bei hoheitlicher ärztlicher Tätigkeit	11
1. Heilbehandlung als hoheitliche Tätigkeit	11
2. Einzelfälle	12

I. Die deliktsrechtliche Einstandspflicht des beamteten Arztes

1. Grundlagen der deliktischen Haftung des Beamten. Beamtete Ärzte haften nach § 839 BGB, der insoweit als lex specialis den § 823 BGB verdrängt. Die **deliktische Haftpflicht** des beamteten Arztes, sei er Krankenhausmediziner oder Hochschullehrer, bemisst sich also nicht nach § 823 BGB, sondern nach § 839 BGB. So haften der selbstliquidierende Direktor einer klinischen Abteilung und der beamtete Assistenzarzt gleichermaßen für Schäden aus medizinischen Versäumnissen nach § 839 BGB.[1] Dabei handelt es sich regelmäßig nicht um Staatshaftung (§ 839 BGB iVm Art 34 GG), sondern um Eigenhaftung des Beamten.[2] Beide Anspruchsgrundlagen decken sich nicht. 1

Einen Teil aus dem Komplex der Staatshaftung, nämlich die Amtshaftung für rechtswidriges und schuldhaftes Verhalten von Beamten, regelt § 839 BGB in Verbindung mit Art 34 GG. Die Eigenhaftung des Beamten kommt nur in Betracht, wenn die Staatshaftung nicht eingreift. Dies trifft zu bei einem Handeln im fiskalischen Bereich und bei schlicht-hoheitlichem Handeln in privaten Rechtsformen. Ein Hauptbeispiel dafür bietet der beamtete Arzt im Krankenhaus. Nach ständiger Spruchpraxis betätigt sich der beamtete Chefarzt einer Klinik nicht hoheitlich, sondern fiskalisch.[3] 2

2. Voraussetzungen der Eigenhaftung und Verweisungsprivileg. Im Rahmen der Eigenhaftung fallen unter § 839 nur **Beamte im staatsrechtlichen Sinne,**[4] unabhängig davon, ob sie auf Dauer, auf Probe, auf Widerruf oder auf Zeit eingestellt sind. Nichtbeamte im öffentlichen Dienst, etwa Angestellte oder Arbeiter, haften grundsätzlich nach § 823 BGB. 3

Der Beamte muss eine Amtspflicht verletzt haben. **Amtspflichten** ergeben sich aus besonderen Gesetzen, Verordnungen, auch Dienstanweisungen sowie aus allgemeinen Grundsätzen. Für den beamteten Arzt gelten die Regeln des Berufsstandes, die Amtspflichten begründen, weil der Arzt als solcher in den öffentlichen Dienst eintrat und den Beamtenstatus erhielt. Es müssen gegenüber Dritten bestehende Amtspflichten verletzt werden. Die Gerichte ziehen den Kreis der Dritten weit: Dritter ist, wessen Rechtskreis 4

---

[37] BGH VersR 1985, 598.
[1] BGHZ 85, 393 = NJW 1983, 1374; BGHZ 89, 263 = NJW 1984, 1400.
[2] *Kern,* Die Haftpflicht des beamteten Arztes aus § 839 BGB, VersR 1981, 316.
[3] *Kern,* Die Haftpflicht des beamteten Arztes aus § 839 BGB, VersR 1981, 316; BGHZ 77, 74 = NJW 1980, 1901; zum haftungsrechtlichen Beamtenbegriff vgl BGH NJW 1996, 2431; *Meysen* JuS 1998, 404 ff.
[4] BGH NJW 1964, 1895, 1897.

die Amtsausübung mittelbar oder unmittelbar berührt. Die Amtspflicht muss mindestens auch die Wahrnehmung der Interessen des einzelnen bezwecken.

5 Im Blick auf die allgemeinen Regeln des Deliktsrechts stellt § 839 BGB den Beamten insofern schlechter, als die Norm auch das Vermögen als solches schützt und weder absolute Rechte noch Rahmenrechte, weder Schutzgesetze noch die guten Sitten verletzt sein müssen. Andererseits stellen die §§ 839 Abs 1 S 2, Abs 2 und 3, 841 BGB den Beamten besser. In Haftpflichtprozessen gegen Ärzte spielt vornehmlich die **Subsidiaritätsklausel** eine den Beklagten entlastende Rolle: „Fällt dem Beamten nur Fahrlässigkeit zur Last, so kann er nur dann in Anspruch genommen werden, wenn der Verletzte nicht auf andere Weise Ersatz zu erlangen vermag." (§ 839 Abs 1 S 2 BGB)

6 Beamtete Ärzte können sich regelmäßig auf das Verweisungsprivileg berufen, weil jedenfalls der Krankenhausträger aus Vertrag sowie nach §§ 31, 89 und 831 BGB haftet. Hingegen ist die Verweisung auf mögliche Ersatzansprüche gegen andere Beamte, die ebenfalls nur subsidiär haften, unzulässig.

7 **3. Verweisungsprivileg und vertragliche Haftung.** Die Beamteneigenschaft eines Arztes steht dessen **Haftung aus Vertrag** nicht entgegen. Das Verweisungsprivileg des § 839 Abs 1 S 2 BGB gilt nämlich nur für deliktische Ansprüche. Es besteht kein Anlass, von diesem Grundsatz im Arzthaftpflichtrecht eine Ausnahme zu machen.[5]

8 Nach fester Spruchpraxis des BGH kann sich **bei stationärer Behandlung** auch der **selbstliquidierende beamtete Arzt** auf das Verweisungsprivileg berufen.[6] An dieser Ansicht hat die höchstrichterliche Judikatur festgehalten, obwohl das für den verletzten Patienten zu unbefriedigenden Situationen führen kann: „Die Tätigkeit des selbstliquidierenden beamteten Krankenhausarztes läßt sich in der Praxis schwerlich aufspalten in einen Teil, den er als Beamter ausübt, und in einen anderen, in dem er dem Patienten als privat praktizierender Arzt gegenübertritt. Auch als selbstliquidierender Arzt ist er in das Krankenhaus eingebunden und wird aus seiner beamtenrechtlichen Dienststellung heraus tätig; er wird insoweit nicht zum ,Privatarzt'. Dies steht einer teleologischen Reduktion der den beklagten Beamten begünstigenden Subsidiaritätsklausel entgegen.[7] Der Arzt kann sich auch dann auf § 839 Abs 1 S 2 BGB berufen, wenn sein Patient die Schädigung, für die es einzustehen gilt, nach Verlegung aus der Abteilung des Arztes in eine andere Abteilung des Krankenhauses erleidet.[8]

9 Bei **ambulanter Behandlung** durch den **selbstliquidierenden beamteten Arzt** wird die Anwendung des § 839 Abs 1 S 2 BGB verneint, weil „die ärztliche Tätigkeit … so stark aus dem Krankenhausbetrieb ausgegrenzt ist, daß nicht mehr davon ausgegangen werden kann, daß die von dem Inhaber dieser Ambulanz erbrachte ärztliche Tätigkeit zu seinen Dienstpflichten gehört, die ihm als Beamten obliegen". Das Verweisungsprivileg greift aber ein, wenn der beamtete Arzt im Rahmen seiner Dienstaufgaben in einer **Institutsambulanz** tätig wird.[9]

10 Dient die ambulante Behandlung der Vorbereitung einer später durchgeführten stationären Aufnahme, so stellt zumindest die Aufklärung einen Teil dieser stationären Behandlung dar, weshalb das Verweisungsprivileg durch die haftungsrechtliche Gleichstellung Anwendung findet.[10]

---

[5] BGHZ 105, 45 = NJW 1988, 2946 = JZ 1989, 93 m Anm *Giesen*.
[6] Grundlegend BGHZ 85, 393 = NJW 1983, 1374, in Anlehnung an *Kern* VersR 1981, 316.
[7] BGH NJW 1986, 2883 = JZ 1987, 93.
[8] BGHZ 89, 263 = NJW 1984, 1400.
[9] BGHZ 120, 376 = NJW 1993, 784.
[10] OLG Stuttgart OLGR 2000, 132.

18. Kapitel. Delikt. Haftpflicht v. Arzt u. Krankenhausträger   **11, 12**   **§ 105**

II. Haftung bei hoheitlicher ärztlicher Tätigkeit

1. Heilbehandlung als hoheitliche Tätigkeit. Die **Heilbehandlung von Kranken,** 11 insbesondere auch in Krankenhäusern, geschieht regelmäßig nicht in Ausübung eines öffentlichen Amtes nach Art 34 GG, und zwar selbst dann nicht, wenn die Einweisung des Kranken in die Klinik auf Vorgängen des öffentlichen Rechts beruht.[11] Die öffentlichen Krankenhäuser weisen in der Art, wie sie ihren Patienten gegenübertreten, privatrechtliche, nicht hoheitliche Züge auf. Etwas anderes gilt nur, wenn die ärztliche Maßnahme sich als Zwangsbehandlung darstellt oder der Arzt mit ihr unmittelbar ein ihm übertragenes öffentliches Amt ausübt, wie etwa der Truppenarzt oder der Amtsarzt des Gesundheitsamtes.[12] Der Heilbehandlungsarzt einer Berufsgenossenschaft hingegen handelt nicht in Ausübung eines öffentlichen Amtes.[13]

2. Einzelfälle. Betätigen sich Arzt oder Pfleger hoheitlich, dann haftet statt ihrer 12 gemäß § 839 BGB in Verbindung mit **Art 34 S. 1 GG** die Körperschaft, in deren Dienst sie stehen. Staatsrechtlicher Beamtenstatus ist dafür nicht erforderlich, vielmehr gilt hier der haftungsrechtliche Beamtenbegriff.[14] Es geht dabei vornehmlich um medizinische Zwangsmaßnahmen, die ausnahmsweise, unter besonderen Voraussetzungen, erfolgen können und sollen, ferner um therapeutische Maßnahmen im Rahmen freier Heilfürsorge etwa des Sanitätsoffiziers, des durch die Bundeswehr beauftragten Zivilarztes,[15] des Truppen-[16] oder Polizeiarztes, außerdem um Verfahren des öffentlichen Gesundheitsdienstes: des Amts- oder Schularztes, schließlich um den Vollzug von Aufgaben der Sozialversicherungsträger durch im medizinischen Dienst angestellte Ärzte[17] und Versorgungs-, Durchgangs-, Arbeitsamts- oder Bundesknappschaftsärzte.[18] Ist der Rettungsdienst eines Bundeslandes in öffentlich-rechtlicher Form organisiert, so übt auch der Notarzt hoheitliche Tätigkeit aus.[19] Die KBV haftet für die Verletzung von hoheitlichen Pflichten der durch sie gemäß § 87 III 1 SGB V bestellten Mitglieder des Bewertungsausschusses nach den Grundsätzen der Amtshaftung.[20]

---

[11] BGH NJW 1985, 677.
[12] Vgl BGHZ 59, 310 = NJW 1973, 554.
[13] BGH NJW 2009, 993.
[14] BGH NJW 1993, 1259; 2005, 287.
[15] BGH NJW 1996, 2431; OLG Brandenburg NVwZ-RR 2000, 408. Auch hier gilt die Haftungsbegrenzung des § 91a I SVG.
[16] BGHZ 108, 230 = NJW 1990, 760.
[17] *Jorzig*, FS ARGE Medizinrecht im DAV, 2008, 199; BGH NVwZ 2007, 487.
[18] BGHZ 126, 386 = NJW 1994, 3012 (Impfschäden); BGHZ 126, 297 = NJW 1994, 2417 (Behandlung durch einen Durchgangsarzt im Aufgabenbereich eines gesetzlichen Unfallversicherungsträgers); BGHZ 120, 176 = NJW 1993, 1529 (truppenärztliche Versorgung betreffend wehrdienstbedingte Gesundheitsstörung); BGHZ 109, 354 = NJW 1990, 1604 (anstaltsärztliche Versorgung von Untersuchungshäftlingen); BGHZ 21, 214 = NJW 1956, 1399 (anstaltsärztliche Versorgung von Strafgefangenen). Weitere Fallgruppen mit Rspr-Nachw bei *Geiß/Greiner*, Arzthaftpflichtrecht, RdNr A 85 ff.
[19] *Jorzig*, FS ARGE Medizinrecht im DAV, 2008, 192; BGH NJW 2003, 1184; 2005, 429 ff; beispielhaft für die Annahme einer Organisation in privatrechtlicher Form OLG Stuttgart NJW 2004, 2987 f.
[20] BGH NJW 2002, 1793.

§ 106 Zurechnung

Inhaltsübersicht

	RdNr
I. Grundsatz der Erforderlichkeit der Kausalität	1
II. Bedeutung des Kausalzusammenhangs	2
III. Das rechtmäßige Alternativverhalten und Kausalitätsabbruch	5
IV. Haftung für psychische Verläufe	9
V. Kausalität und Mitverschulden	10

I. Grundsatz der Erforderlichkeit der Kausalität

1   Arzt und Krankenhausträger haften nur für den durch einen Behandlungsfehler verursachten Schaden.

II. Bedeutung des Kausalzusammenhangs

2   „Der **Kausalzusammenhang** ist Grund und Grenze der Haftung zugleich. Grund der Haftung, weil für die Folgen eines wirksam gewordenen Verhaltens bei Zurechnung eingestanden werden muss. Die Kausalität begrenzt jedoch auch die Haftung, da nur so weit Schadensersatz zu leisten ist, als sich das Verhalten ausgewirkt hat."[1]

3   Der Arzt haftet nicht nur für die durch seinen Fehler herbeigeführte Primärverletzung, sondern grundsätzlich für alle sich daraus **adäquat entwickelnden Schadensfolgen,** auch dann, wenn sich an ihnen Dritte, etwa ein nicht fachgerecht nachbehandelnder Arzt, mitbeteiligen. Das **Dazwischentreten eines Dritten** entlastet nur dann, wenn es das zuzurechnende Verhalten neutralisiert und die Kausalität abbricht.

4   Fehlerunabhängig, also schicksalhaft eingetretene Unbill begründet ebenso wenig eine **Einstandspflicht** wie der Arztfehler, der folgenlos bleibt, der vom Krankheitsverlauf überholt wird oder der diesen nicht nennenswert verschlimmert. Bleibt es „zweifelhaft, ob eine frühere Erkennung des Karzinoms die gänzliche Amputation der Brust erspart hätte", weil die beweisbelastete Klägerin diesen Nachweis nicht erbringen kann, so entlastet dies den beklagten Arzt.[2] Hat ein Fehler bei der Operation, etwa das Zurücklassen eines Tupfers in der Wunde,[3] die Heilung des Grundleidens und damit die Wiederaufnahme der Erwerbstätigkeit des Patienten nicht nachweislich verzögert, so braucht der Arzt einen möglichen Einkommensverlust nicht zu vergüten. Bei einer wegen eines Aufklärungsmangels rechtswidrigen Nachoperation hat der Patient zu beweisen, dass gerade durch die Verschlimmerung der schon bestehenden erheblichen Schädigung der behauptete Schaden entstanden ist.[4]

III. Das rechtmäßige Alternativverhalten und Kausalitätsabbruch

5   Behauptet der Arzt, die auf seinen Fehler zurückzuführende Beeinträchtigung hätte den Patienten auch bei fachgerechter Therapie infolge des Krankheitsverlaufs zwar später, aber letztlich in ähnlich schwerer Weise betroffen, so hat er diesen hypothetischen Verlauf zu beweisen.[5] Es handelt sich dabei um einen Fall der Berufung auf ein rechtmäßiges Alternativverhalten.

---

[1] *Deutsch* NJW 1986, 2368.
[2] BGH VersR 1981, 754.
[3] Vgl BGH VersR 1981, 462; vgl auch BGH VersR 1988, 140.
[4] OLG München VersR 1988, 746.
[5] *Steffen/Pauge*, Arzthaftungsrecht, RdNr 310.

Zweifelhaft ist daher die folgende Entscheidung des BGH in einem Fall, in dem der **6** beklagte Hausarzt trotz früherer Untersuchungen und der nunmehr telephonisch mitgeteilten Symptome einen Krankenbesuch pflichtwidrig abgelehnt hatte. Ein anderer dringend gebetener Arzt kam sodann und überwies den gefäßleidenden Patienten sogleich ins Krankenhaus. Der Kranke begab sich jedoch erst am nächsten Tag in die Klinik – zu spät, denn die vorgenommene Thrombektomie konnte den Patienten vor einer späteren Unterschenkelamputation nicht mehr bewahren.[6] Der BGH hat einen **Abbruch der Kausalität** verneint. Den beklagten säumigen Arzt traf die Pflicht, die Verschlechterung des Gesundheitszustands festzustellen und für eine sofortige klinische Behandlung des Gefäßverschlusses zu sorgen und darauf zu drängen. Von dem ersatzweise gerufenen neuen Arzt war ein solcher nachdrücklicher Einsatz weniger zu erwarten. Dabei ging es um Stunden. Es konnte also keine Rede davon sein, dass sich das fehlerhafte Verhalten des beklagten Hausarztes im weiteren Verlauf des Krankheitsgeschehens nicht mehr auswirkte, weil es sich nicht aktualisiert hätte, vielmehr im Bereich des Möglichen steckengeblieben wäre.[7]

Indessen stellt sich ein weiteres **Kausalitätsproblem.**[8] Hätte ein Eingriff noch am **7** Tage des abgelehnten Hausbesuchs das Schicksal des Patienten gewendet? Ernstliche Zweifel daran führten zu einer Entlastung des Arztes. Bei einem groben Fehler, wie er hier naheliegt, hätte der Arzt zu beweisen, dass ein sofortiger Eingriff das Bein nicht gerettet hätte. Einen solchen Beweis hätte er im gegebenen Falle nicht führen können. Die Frage nach einer prozentualen Kausalität und teilweisem Schadensersatz stellt sich nach deutschem Recht nicht.

Ausnahmsweise kann der **Zurechnungszusammenhang** zwischen dem Fehler des **8** erstbehandelnden und dem des nachbehandelnden Arztes dann nicht gegeben sein, wenn letzterer die Anforderungen an ein gewissenhaftes ärztliches Verhalten in besonders gröblicher Weise missachtet oder in so intensiver Weise gegen die Regeln und Erfahrungen der ärztlichen Kunst verstößt, dass ihm der Schaden allein zuzurechnen ist.[9]

IV. Haftung für psychische Verläufe

Grundsätzlich umfasst die Haftpflicht auch **psychische Verläufe.**[10] So vermag der Arzt- **9** fehler ein seelisches Trauma zu verursachen, aus dem weitere Unbill etwa im Beruf und beim Erwerb folgen kann. Verarbeitet der Patient das ihm ärztlich zugefügte Missgeschick auf falsche Weise oder verfällt er einer **Begehrensneurose,** so fragt es sich, ob der Beklagte auch für die daraus entspringenden weiteren Nachteile einzustehen hat. Es kommt darauf an, „ob der Kläger ohne die Operation und deren Folgen aufgrund seiner Persönlichkeitsstruktur in seiner privaten und beruflichen Sphäre aus womöglich objektiv geringfügigem Anlass in ähnlicher Weise – alsbald oder später – gescheitert wäre, ferner inwieweit unbewusste Begehrensvorstellungen des Klägers zu einer unangemessenen Verarbeitung der erlittenen körperlichen Beeinträchtigung mit der Folge einer Minderung seiner Erwerbsfähigkeit geführt haben", die dann keine Einstandspflicht begründete.[11] Solche den Arzt ausnahmsweise nicht belastenden psychischen Verläufe lassen sich nur mit größter Vorsicht feststellen. Die Beweislast dafür trägt der Haftpflichtschuldner.

---

[6] BGH NJW 1986, 2367 m Anm *Deutsch*.
[7] So der BGH NJW 1986, 2367 unter Berufung auf *Deutsch,* Haftungsrecht I, 1976, 157.
[8] *Deutsch* (Fn 6) 2369.
[9] BGH NJW 1986, 2367; 1989, 767, 768; 2003, 2311, 2314; OLG Oldenburg VersR 1998, 1110; s aber auch OLG Hamm VersR 1992, 610 u OLG Köln VersR 1994, 987; OLG Saarbrücken VersR 2000, 1241.
[10] Vgl BGHZ 137, 142 = NJW 1998, 810; BGH NJW 2000, 862, 863; NJW-RR 2004, 1318, 1322.
[11] BGH NJW 1983, 340 = VersR 1982, 1141.

V. Kausalität und Mitverschulden

10   Die Schwere der ärztlichen Herausforderung, etwa die Kompliziertheit der Verletzungen eines Unfallopfers,[12] mäßigt die Anforerung an den Arzt nicht. Der Arzt hat **in jeder Lage die jeweils gebotene Sorgfalt** zu üben sowie den Standard seines Faches wie seines Hauses zu wahren. Es entlastet den Arzt auch nicht, wenn ein Dritter oder der Patient selbst die Notwendigkeit medizinischer Fürsorge verursachte, denn ein **Mitverschulden** führt nicht zur Durchbrechung des Zurechnungszusammenhangs. So bleibt dem Krankenhausträger zB der Mitverschuldenseinwand nach dem Selbstmordversuch eines psychiatrischen Patienten versagt.[13]

Ebenso wird der Zurechnungszusammenhang auch nicht durch einen der Therapie nachfolgenden Willensabschluss des Verletzten unterbrochen, wenn dieser „nicht frei getroffen, sondern durch das Verhalten des Schädigers herausgefordert oder wesentlich mitbestimmt" wurde.[14]

---

[12] Vgl BGH NJW 1988, 1511 = MedR 1988, 253.
[13] BGHZ 96, 98 = NJW 1986, 775; OLG Köln VersR 1999, 624.
[14] OLG Braunschweig MedR 2008, 372, 373.

19. Kapitel. Die Beweislast im Arztpflichtprozess

Schrifttum: *Bartlakowski,* Die ärztliche Behandlungsdokumentation, 2003; *Baumgärtel,* Handbuch der Beweislast im Privatrecht, Bd 1, 2. Aufl 1991 § 823 Anh C II.; *ders,* Beweislastpraxis im Privatrecht, 1996; *ders,* Das Wechselspiel der Beweislastverteilung im Arzthaftungsprozeß, Gedächtnisschrift Bruns, 1980, 93–109; *Bäune/Dahm,* Auswirkungen der Schuldrechtsreform auf den ärztlichen Bereich, MedR 2004, 645–655; *Bender,* Das postmortale Einsichtsrecht in Krankenunterlagen, 1998; *ders,* Der Umfang der ärztlichen Dokumentationspflicht. Ein weiterer Schritt zur Verrechtlichung, VersR 1997, 918–928; *ders,* Dokumentationspflichten bei der Anwendung von Blutprodukten, MedR 2007, 533–537; *Bergmann,* Die Arzthaftung, 2. Aufl 2004; *Berg-Winters,* Der Anscheinsbeweis im Arzthaftungsrecht, 2005; *Danner,* Justizielle Risikoverteilung und Sachverständige im Zivilprozeß, 2001; *Deutsch,* Schutzbereich und Beweislast der ärztlichen Aufklärungspflicht, NJW 1984, 1802f; *Dopheide,* Der grobe Behandlungsfehler – eine Beweislastverteilung nach Kollektiven?, VersR 2007, 1050–1054; *Fahrenhorst,* Beweislast im Arzthaftungsprozeß, ZRP 1992, 60–63; *Fastenrath,* Arzthaftpflichtprozeß und Beweislastverteilung, 1990; *D Franzki,* Die Beweisregeln im Arzthaftungsprozeß. Eine prozeßrechtliche Studie unter Berücksichtigung des amerikanischen Rechts, 1982; *Fuchs,* Das Beweismaß im Arzthaftungsprozess, 2005; *Gehrlein,* Arzthaftungsrecht nach der ZPO-Novelle, VersR 2002, 935–940; *ders,* Kein Anspruch des Patienten auf Ablichtung seiner Krankenunterlagen, NJW 2001, 2773–2774; *Giesen,* Arzthaftungsrecht, 4. Aufl 1995, RdNr 353–483; *Geiß/Greiner,* Arzthaftpflichtrecht, 5. Aufl 2006; *Groß,* Beweiserleichterungen für den Patienten bei Unterlassung medizinisch gebotener Befunderhebung, FS Geiß, 2000, 429–435; *Hausch,* Die neuere Rechtsprechung des BGH zum groben Behandlungsfehler – eine Trendwende?, VersR 2002, 670–678; *ders,* Einige kritische Anmerkungen zu den Beweiserleichterungen für den Patienten bei unterlassener Befunderhebung und -sicherung, VersR 2003, 1489–1497; *ders,* Die personelle Reichweite der Beweisregeln im Arzthaftungsprozess, VersR 2005, 600–607; *ders,* Vom therapierenden zum dokumentierenden Arzt, VersR 2006, 612–621; *ders,* Beweisprobleme bei der therapeutischen Aufklärung, VersR 2007, 167–174; *Heidelk,* Gesundheitsverletzung und Gesundheitsschaden – Ärztliche Verantwortung im Kontext des § 280 Abs 1 BGB, 2005; *Hinne,* Das Einsichtsrecht in Patientenakten, NJW 2005, 2270–2273; *Inhester,* Rechtliche Konsequenzen des Einsatzes von PACS, NJW 1995, 685–690; *Janßen,* Medizinische Expertensysteme und staatliche Sicherheitsregulierung, 1997; *Jorzig,* Der Amtsermittlungsgrundsatz im Arzthaftungsprozeß, 2002; *Jungmann,* Der „Anscheinsbeweis ohne ersten Anschein", ZZP 2007, 459–473; *Katzenmeier,* Arzthaftung, 2002; *ders,* Schuldrechtsmodernisierung und Schadensersatzrechtsänderungen – Umbruch in der Arzthaftung, VersR 2002, 1066–1074; *ders,* Haftung für HIV-kontaminierte Blutprodukte, NJW 2005, 3391-3393; *ders,* Verschärfung der Berufshaftung durch Beweisrecht – Der grobe Behandlungsfehler, FS Laufs, 2006, 909–929; *Kaufmann,* Die Beweislastproblematik im Arzthaftungsprozeß, 1984; *Kleinewefers/Wilts,* Die Beweislast für die Ursächlichkeit ärztlicher Kunstfehler, VersR 1967, 617–625; *Koyuncu,* Das Haftungsdreieck Pharmaunternehmen-Arzt-Patient, 2004; *Krämer,* Verfassungsrechtliche Fragen im Arzthaftungsprozeß, FS Geiß, 2000, 437–448; *ders,* Der Grundsatz der Waffengleichheit im Arzthaftungsprozeß, FS Hirsch, 2008, 387–395; *Laufs,* Deliktische Haftung ohne Verschulden? – eine Skizze, FS Gernhuber 1993, 245–258; *Laufs/Katzenmeier/Lipp,* Arztrecht, 2009; *Laumen,* Die „Beweiserleichterung bis zur Beweislastumkehr" – Ein beweisrechtliches Phänomen, NJW 2002, 3739–3746; *Lepa,* Der Anscheinsbeweis im Arzthaftungsrecht, FS Deutsch, 1999, 635–642; *Magnus,* Beweislast und Kausalität bei ärztlichen Behandlungsfehlern: Die jüngere Rechtsprechung des BGH zur Haftung für HIV-kontaminierte Bluttransfusionen, ZZP 120, 2007, 347–365; *Martis/Winkhart-Martis,* Arzthaftungsrecht – Fallgruppenkommentar, 2. Aufl 2007; *G Müller,* Beweislast und Beweisführung im Arzthaftungsprozeß, NJW 1997, 3049–3056; *dies,* Spielregeln für den Arzthaftungsprozeß, DRiZ 2000, 259–271; *dies,* Arzthaftung und Sachverständigenbeweis, MedR 2001, 487–494; *Mummelnhoff,* Erfahrungssätze im Beweis der Kausalität, 1997; *Muschner,* Der prozessuale Beweiswert ärztlicher (EDV-) Dokumentation, VersR 2006, 621–627; *Musielak,* Die Grundlagen der Beweislast im Zivilprozeß, 1975; *ders,* Die Beweislast, Arzthaftung, JuS 1983, 609–617; *ders,* Hilfe bei Beweisschwierigkeiten im Zivilprozeß, in 50 Jahre Bundesgerichtshof, Festgabe aus der Wissenschaft, Bd II, 2000, 193–225; *ders,* Zivilprozessordnung, 6. Aufl, 2008, § 268, RdNr 23–60; *Nixdorf,* Befunderhebungspflicht und vollbeherrschbare Risiken in der Arzthaftung: Beweislastverteilung im Fluß?, VersR 1996, 160–163;

Nüßgens, Zwei Fragen zur zivilrechtlichen Haftung des Arztes, FS Hauß, 1978, 287–301; *ders,* Zur ärztlichen Dokumentationspflicht und zum Recht auf Einsicht in die Krankenunterlagen, FS Boujong, 1996, 831–845; *ders,* BGB-RGRK, 12. Aufl 1989, § 823 Anh II, RdNr 286–334; *Prütting,* Beweisprobleme im Arzthaftungsprozeß, in: 150 Jahre LG Saarbrücken, 1985, 257–274; *Rechberger,* Zur prozessualen Waffengleichheit im Arzthaftungsprozeß, FS Tomandl, 1998, 649–663; *Rehborn,* Aktuelle Entwicklungen im Arzthaftungsrecht, MDR 2002, 1281–1288; *Roßnagel/Fischer-Dieskau,* Elektronische Dokumente als Beweismittel, NJW 2006, 806–808; *Schmid,* Verfahrensregeln für Arzthaftungsprozesse, NJW 1994, 767–773; *Schmidt,* Der ärztliche Behandlungsfehler im Spannungsfeld, MedR 2007, 693-702; *Schmidt-Beck,* Rechtliche Aspekte der EDV-gestützten ärztlichen Dokumentation, NJW 1991, 2335-2337; *Schneider,* Der katalogisierte Einzelrichter, MDR 2003, 555–557; *Schwalm,* Zum Begriff und Beweis des ärztlichen Kunstfehlers, FS Bockelmann, 1979, 539–556; *Scholz,* Zur Beweislast im Arzthaftungsprozeß, ZfS 1997, 1–4; 41–44; *Sick,* Beweisrecht im Arzthaftpflichtprozeß, 1986; *Spickhoff,* Grober Behandlungsfehler und Beweislastumkehr, NJW 2004, 2345–2347; *Spindler/Rieckers,* Die Auswirkungen der Schuld- und Schadensrechtsreform auf die Arzthaftung, JuS 2004, 272–278; *Steffen,* Beweislasten für den Arzt und den Produzenten aus ihren Aufgaben zur Befundsicherung, FS Brandner, 1996, 327–340; *Steffen/Pauge,* Arzthaftungsrecht, 10. Aufl 2006; *Stein/Jonas,* Kommentar zur Zivilprozessordnung, Band 4, 22. Aufl, 2008, § 286, RdNr 47–207; *Stoll,* Haftungsverlagerung durch beweisrechtliche Mittel, AcP 176, 1976, 145–196; *Sträter,* Grober Behandlungsfehler und Kausalitätsvermutung, 2006; *Stürner,* Entwicklungstendenzen des zivilprozessualen Beweisrechts und Arzthaftungsprozeß, NJW 1979, 1225–1230; *Sundmacher,* Die unterlassene Befunderhebung des Arztes, 2008; *Taupitz,* Prozessuale Folgen der „vorzeitigen" Vernichtung von Krankenunterlagen, ZZP 1987, 287–345; *H Weber,* Der Kausalitätsbeweis im Zivilprozeß, 1997; *R Weber,* Muß im Arzthaftungsprozeß der Arzt seine Schuldlosigkeit beweisen?, NJW 1997, 761–768; *Weber-Steinhaus/v. Mickwitz,* Diagnoseirrtum und unterlassene Befunderhebung, Liber Amoricum *G Brüggemeier,* 2009, 363–377; *Zöller,* Zivilprozessordnung, 26. Aufl 2007, vor § 284, RdNr 15–34d.

§ 107 Grundregeln. Arztrechtliche Besonderheiten

Inhaltsübersicht

	RdNr
I. Haftungsverlagerung durch beweisrechtliche Mittel	1
1. Grundsätze der Beweislastverteilung	1
2. Besonderheiten des Arzthaftpflichtprozesses	12
3. Aufklärungsrüge	17
II. Ausgangsregeln	24
1. Beweislast (für die anspruchsbegründenden Voraussetzungen)	24
2. Beweisantritt	27
3. Beweisvereitelung	29

I. Haftungsverlagerung durch beweisrechtliche Mittel

1. Grundsätze der Beweislastverteilung. Der Arzthaftpflichtprozess ist ein Zivilprozess für den weder das geschriebene materielle noch das Prozessrecht Besonderheiten vorsehen. Er ist wie jeder Zivilprozess dadurch geprägt, dass bestrittene **Tatsachen**behauptungen bewiesen werden müssen. Das hat grundsätzlich durch die Partei zu geschehen, die sich auf die tatsächlichen Voraussetzungen einer ihr günstigen Rechtsnorm beruft.[1] Tritt diese Partei den (Haupt)Beweis nicht an oder kann sie ihn nicht zur Überzeugung des Gerichts führen, verliert sie den Prozess. Die **objektive Beweislast** (Feststellungslast) gibt also Auskunft darüber, zulasten welcher Prozesspartei es geht, wenn eine entscheidungserhebliche Tatsache unbewiesen bleibt (sogenanntes ‚**non liquet**').[2] Die Feststellungslast kann während des Prozesses nicht auf die andere Partei übergehen.

---

[1] *Musielak/Foerste,* § 286, RdNr 35; *Zöller/Greger,* vor § 284 RdNr 17a.
[2] BGH NJW 1973, 2207, 2208; *Stein/Jonas/Leipold,* § 286 RdNr 48.

19. Kapitel. Die Beweislast im Arztpflichtprozess

Demgegenüber gibt die **subjektive Beweislast** (Beweisführungslast) an, welche Partei durch eigenes Tätigwerden, zum Beispiel durch die Benennung von Zeugen, den Beweis einer streitigen Tatsache führen muss, um den Prozessverlust zu verhindern. Sie ist variabel.

Zu Beginn des Arzthaftungsprozesses treffen Feststellungs- und Beweisführungslast regelmäßig den Patienten, weil er das Bestehen eines Schadensersatzanspruchs behauptet und deswegen die Tatsachen zur Überzeugung des Gerichts zu beweisen hat, an die das bürgerliche Recht die Entstehung des Anspruchs knüpft.[3] Das sind vor allem Tatsachen, die auf einen Behandlungsfehler und den durch diesen eingetretenen Schaden rückschließen lassen.

Der (Haupt)Beweis ist geführt, wenn ein so hoher Grad von Wahrscheinlichkeit für die Richtigkeit der Tatsache spricht, dass vernünftige Zweifel zu schweigen haben.[4]

Die Rechtsprechung geht davon aus, dass dieses strenge Beweismaß des § 286 ZPO bis zum Eintritt des Verletzungserfolges reicht und erst danach das abgeschwächte Beweismaß des § 287 ZPO zur Anwendung gelangen kann.[5] In diesem Fall kann der Gegner den Prozessverlust nur noch abwenden, wenn er den **Gegenbeweis** führt – die Beweisführungslast ist auf ihn übergegangen. Der Gegenbeweis, bei dem ein geringeres Beweismaß angelegt wird, ist bereits erfolgreich, wenn die bestehende Überzeugung des Gerichts von der Richtigkeit der klägerischen Tatsachenbehauptungen erschüttert wird.[6] Gelingt das, ergeht regelmäßig eine non liquet Entscheidung mit der Folge des Prozessverlusts der (objektiv) beweisbelasteten Partei.

Umgekehrt ist die Beweislage für die vom Beklagten grundsätzlich zu beweisenden anspruchshindernden oder -vernichtenden Tatsachen. Das ist vor allem die Einwilligung des Patienten in die Behandlung.

In der Praxis verwischen allerdings die Unterschiede zwischen objektiver und subjektiver Beweislast häufig, weil die Rechtsprechung idR nur von einer Beweislastumkehr spricht und damit meist beide Institute meint.[7]

Diese Beweislastverteilung zwischen Arzt und Patient ist im Regelfall auch interessengerecht. Schließlich kann der Arzt vielfach die medizinischen Risiken nicht gänzlich überblicken und sie trotz aller Fortschritte in der Wissenschaft nicht voll beherrschen. Hinzu kommt, dass der menschliche Körper je nach Konstitution und Gesundheitszustand unterschiedlich reagiert. Allein aus dem üblen Ausgang kann nicht auf ein pflichtwidriges Handeln des Arztes geschlossen werden. Ein solches Vorgehen würde auf eine Erfolgshaftung hinauslaufen und zu einer Dämpfung der ärztlichen Tatkraft und einer Lähmung des medizinischen Fortschritts führen. Das Ergebnis wäre eine **defensive Medizin,** also eine Heilpraxis, die sich von forensischen Indikationen und Kontraindikationen leiten ließe, statt allein von ärztlichen.[8] Eine solche wäre letztlich auch nicht im Interesse des Patienten. Einzelfallgerechtigkeit lässt sich nach Ansicht des **BVerfG**[9] dadurch gewährleisten, dass in jedem Fall die Zumutbarkeit der Beweislastverteilung zum Nachteil des Patienten zu überprüfen ist. Diese Prüfpflicht des Gerichts ergibt sich unmittelbar aus dem verfassungsrechtlichen Erfordernis eines gehörigen, fairen Gerichtsverfahrens, insbesondere aus dem Gebot der ‚**Waffengleichheit im Prozess**'[10] und dem Erfordernis der ‚**Rechtsanwen-**

---

[3] Zur Dogmatik der Beweislastverteilung vgl *Fuchs,* 35 ff.
[4] BGHZ 53, 245 = NJW 1970, 946; BGH NJW 1994, 801. Zum **Beweismaß** und zur Frage einer Beweismaßreduzierung im Arzthaftungsprozess vgl *Katzenmeier,* § 8 IV; *Fuchs,* 67 ff, 87 ff.
[5] Vgl dazu BGH VersR 1986, 1121, 1123.
[6] BGH NJW 1983, 1740. Noch strengere Anforderungen bestehen, wenn das Gesetz den Beweis des Gegenteils verlangt, vgl § 292 ZPO. Dann ist ein echter Hauptbeweis zu führen, so dass es nicht genügt, das Gericht von der Möglichkeit eines anderen Geschehensablaufs zu überzeugen.
[7] Vgl auch *Laumen* NJW 2002, 3739, 3742.
[8] *Ulsenheimer,* Ausgreifende Arzthaftpflichtjudikatur und Defensivmedizin – ein Verhältnis von Ursache und Wirkung, 1997.
[9] BVerfGE 52, 131 = NJW 1979, 1925.
[10] BGH NJW 1978, 1682. Vgl *Krämer,* FS Hirsch, 387 f.

dungsgleichheit: Sie ist damit jedenfalls auch eine verfassungsrechtliche Verpflichtung.[11]

9 Nicht übersehen werden darf in diesem Zusammenhang, dass jede Einzelfallentscheidung zugleich in der Zukunft prägend auf das Arzt-Patienten-Verhältnis einwirken und es gegebenenfalls deformieren kann.[12]

10 Zugleich stehen die Gerichte vor dem Problem, dass die **Vielgestaltigkeit der Haftungsfragen,** die sich in einer von Technik und Massenverkehr bestimmten Sozialwelt stellen, gebietet, die Regeln über die Einstandspflicht ständig zu verfeinern und an neue Bedürfnisse anzupassen. „Der auf sich selbst gestellte und weithin vom Gesetzgeber im Stich gelassene Richter bedient sich hierbei mit Vorliebe beweisrechtlicher Mittel; denn diese Mittel erlauben es, ohne erklärte Abwendung vom materiellen Recht den Haftungsstandard bei bestimmten Konstellationen und Fallgruppen anzuheben. Insbesondere erleichtern die Gerichte den grundsätzlich dem Geschädigten obliegenden Beweis einer schadensursächlichen Schuld des Schädigers vielfach mithilfe der Regeln über den Anscheinsbeweis oder durch Annahme einer Beweislastumkehr."[13]

11 Die **Haftungsverlagerung durch beweisrechtliche Mittel** hat im Schadensersatzprozess gegen Ärzte und Krankenhausträger breiten Raum gewonnen;[14] sie durchbricht das Verschuldensprinzip.[15] Sie darf freilich die Rollen im Arzt-Patienten-Verhältnis nicht verschieben, sie bedarf kritischer Rechtfertigung. „Grundsätzlich ist, wo die Ermittlung des Geschehens dem Sachverständigen und dem Gericht nicht gelingt, diese Erkenntnislücke der Krankheit des Patienten zuzuschreiben. Der Behandlungsseite ist die Beweislast nur zuzuschieben, wo auch die Erkenntnislücke selbst der ärztlichen Pflichtverletzung materiellrechtlich zuzurechnen ist, so dass zugleich auch die Grundregeln der prozessualen Durchsetzung von materiellen Rechten nicht nur nicht unterlaufen, sondern bestätigt werden."[16]

12 **2. Besonderheiten des Arzthaftpflichtprozesses.** Das wegweisende **Dammschnitt-Urteil** des BGH[17] hat wesentliche Ausgangspunkte treffend bezeichnet. Einmal liegt es in der **Eigentümlichkeit des ärztlichen Handelns,** dass sich weder aus einem medizinischen Zwischenfall noch aus einem therapeutischen Misserfolg der Schluss auf ein pflichtwidriges Verhalten des Arztes ziehen lässt. Zum anderen kennzeichnen den Arztfehlerprozess spezifische Beweisnöte auf beiden Seiten. Der Patient hat nur begrenzten Einblick in das Tun des Arztes. „Andererseits steht der Arzt vor der Schwierigkeit, dass Zwischenfälle, die in der Regel auf ärztliches Fehlverhalten hindeuten, in vielen Bereichen infolge der **Unberechenbarkeit des lebenden Organismus** ausnahmsweise auch schicksalhaft eintreten können"; um dies im Einzelfall beweisen zu können, müsste der Arzt jede Einzelheit seines Handelns dokumentarisch oder durch Zeugen absichern, was Effektivität und Zügigkeit seines Eingriffs lähmte.

13 Da der Arzt bei seinem Bemühen um Heilung keinen Erfolg schuldet, war die im alten Recht geltende Beweisregel des § 282 BGB (jetzt § 280 Abs 1 S 2 BGB) nicht, auch nicht

---

[11] Bedenken gegen eine so weit gehende „Materialisierung" des Waffengleichheitsgebots bei *Katzenmeier*, § 7 I mwN, mit Verweis insbes auf *Stürner* NJW 1979, 2334 ff. Zum Themenkreis auch *Kerschbaum*, Die Waffengleichheit im Arzthaftungsprozess, 2000.

[12] Vgl dazu *Kern*, Schwachstellenanalyse der Rechtsprechung, in: *Laufs et al* (Hrsg), Die Entwicklung der Arzthaftung, 1997, 313, 314.

[13] *Stoll* AcP 176, 1976, 146. – Zum Sachverständigenbeweis im Arzthaftungsrecht vgl Empfehlungen zur Abfassung von Gutachten in Arzthaftungsprozessen, *Lilie/Radke*, Lexikon Medizin und Recht. Juristische Fachbegriffe für Mediziner, 2005, 202–208; *Stegers/Hansis/Alberts/Scheuch*, Sachverständigenbeweis im Arzthaftungsrecht, 2008 u unten § 108 u § 110.

[14] Eingehend *Katzenmeier*, § 8.

[15] *Laufs*, FS Gernhuber, 245, 254.

[16] *Steffen/Pauge*, RdNr 491.

[17] NJW 1978, 1681; ausführlicher VersR 1978, 542 (zum Entlastungsbeweis hinsichtlich eines Assistenzarztes und zu den Beweisgrundsätzen im Arztfehlerprozess).

analog, anwendbar.[18] Die Schuldrechtsreform hat insoweit keine Veränderungen gebracht[19] und hatte auch nicht das Anliegen, die überkommene Verteilung der Beweislast zu modifizieren[20]. Dennoch wird seit Einführung von § 280 Abs 1 S 2 BGB heftig darüber diskutiert, ob dieser im Arzthaftungsrecht uneingeschränkt zur Anwendung gelangen soll,[21] obwohl dieser Frage keinerlei praktische Relevanz zukommt, weil der Beweis des ärztlichen Verschuldens nahezu nie problematisch ist.[22]

Es gilt allerdings an der bisher im Rahmen von § 282 BGB aF anerkannten Ausnahme **14** zugunsten des Patienten festzuhalten: setzt der Arzt Mittel ein, für deren Tauglichkeit er so wie jeder andere Vertragsschuldner einstehen muss, weil die schadensursächliche Handlung des Arztes in ihrer Handhabung oder Wirkung auf den Patienten „voll beherrschbar" ist, muss er sein fehlendes Verschulden beweisen.[23]

Das **Gebot der Waffengleichheit** im Arztfehlerprozess verlangt eine elastische mittlere **15** Linie im Beweisrecht, wie sie die Spruchpraxis verfolgt. Die Beweisfrage bildet den Angelpunkt vieler arztrechtlicher Haftpflichtprozesse. Die besonders schwierige und verantwortungsvolle richterliche Aufgabe der Tatsachenfeststellung im Arztfehlerprozess erfordert eine gesteigerte Aufmerksamkeit, zu der sich der Richter hier mehr als im durchschnittlichen Parteiprozess aufgerufen findet, was sich letztlich auch darin zeigt, dass gemäß § 348 Abs 1 Nr 2e ZPO im Arzthaftpflichtprozess als Ausnahme vom Einzelrichterprinzip regelmäßig der voll besetzte Spruchkörper das Beweisverfahren durchzuführen hat.

Voraussetzung ist jedoch, dass diese Verfahren geschäftsplanmäßig der Kammer zu- **16** gewiesen sind. Hintergrund dieser Einschränkung ist, dass der Gesetzgeber den Präsidien der Gerichte eine an die konkreten Bedürfnisse angepasste Geschäftsverteilung ermöglichen wollte.[24] Dabei hat er jedoch die Realität verkannt[25] und sich in Widerspruch zur bisher geltenden Rechtsprechung[26] gesetzt, nach welcher die in Arzthaftungsfällen regelmäßig bestehenden besonderen Schwierigkeiten tatsächlicher oder rechtlicher Art einer Übertragung auf den Einzelrichter entgegenstehen. Daher stellt die Existenz einer Spezialkammer im Geschäftsverteilungsplan kein taugliches Abgrenzungskriterium für eine Kammerzuständigkeit dar.[27] An der bisherigen Rechtsprechung ist festzuhalten.

3. Aufklärungsrüge. Die Schwierigkeit der forensischen Feststellung eines schadens- **17** ursächlichen Arztfehlers bildet den Hintergrund der **Konjunktur der Aufklärungsrüge**, des Auffangtatbestandes der Aufklärungspflichtverletzung: Kann der wegen erfolglosen oder verschlimmernden Heileingriffs klagende Patient den kausalen Arztfehler, für den er die Beweislast trägt, nicht nachweisen, dann muss umgekehrt der Arzt im nächsten Stadium des Verfahrens, in dem der Kläger mangelhafte Aufklärung rügt, den

---

[18] Vgl etwa BGH NJW 1991, 1540; 1999, 860. AA *Giesen*, RdNr 374 u 461f, krit dazu für die überwiegend vertretene Meinung *Weber* NJW 1997, 761ff. Genauer *Katzenmeier*, § 8 II.6.c.

[19] Ebenso *Martis/Winkhart/Martis*, 893; iE auch *Stein/Jonas/Leipold*, § 286 RdNr 120; *Spickhoff* NJW 2003, 1701, 1705; *Katzenmeier* VersR 2002, 1066, 1068f; *Bäune/Dahm* MedR 2004, 645, 652; *Spindler/Rieckers* JuS 2004, 272, 274.

[20] *Staudinger/Otto*, § 280 RdNr F29 f.

[21] *Roth* NJW 2006, 2814, 2815 f mwN; *Rehborn* MDR 2002, 1281, 1288; *Katzenmeier*, in: *Laufs/Katzenmeier/Lipp*, S 415 ff.

[22] *Fuchs*, 24 f, *Sundmacher*, 10. AA LG Bonn GesR 2008, 248.

[23] Vgl *Weber* NJW 1997, 761, 764; u BGH NJW 1978, 584 = JZ 1978, 275 m Anm *Deutsch* = JR 1978, 372 m Anm *Baumgärtel*.

[24] Vgl BT-Drucks 14/4722, 87.

[25] Vgl *Martis/Winkhart/Martis*, 455 f; *Schneider* MDR 2003, 555, 556. AA *Gehrlein* VersR 2002, 935, 936.

[26] BGH NJW 1993, 2377 f.

[27] Für eine Beibehaltung der bisherigen Rechtsprechung *Schneider* MDR 2003, 555, 556; *Martis/Winkhart/Martis*, 456; iE auch OLG Karlsruhe NJW-RR 2006, 205.

Beweis für die Einwilligung des Patienten und damit dessen hinreichende Informiertheit zur Überzeugung des Gerichts führen, will er den Prozess nicht verlieren.[28]

18 Diese Beweislastverteilung ergibt sich aus den allgemeinen Beweisregeln. Wegen der indizierten Rechtswidrigkeit des Eingriffs, stellt die Einwilligung eine systematische Ausnahme dar. Dass diese Systematik im ärztlichen Bereich, wo der Eingriff auf Grund einer Einwilligung der Regelfall ist, im Widerspruch zum gelebten Recht steht, war Anlass für die Forderung nach einer Beweispflicht des Patienten für das Fehlen der Einwilligung und damit auch einer unzureichenden Aufklärung.[29] Weder im Schrifttum noch in der Rechtsprechung hat sich diese Ansicht jedoch durchsetzen können. Auch im vertraglichen Haftungsbereich gilt nach der Schuldrechtsmodernisierung nichts anderes, obwohl die Verletzung der Aufklärungspflicht als eine Pflichtverletzung iSv § 280 BGB zu begreifen ist[30], die der Kläger beweisen müsste. Eine Modifizierung der bisher weitgehend anerkannten Beweislastverteilung war vom Gesetzgeber jedoch nicht gewollt.[31] Zudem ist diese Beweislastverteilung als Ausfluss des verfassungsrechtlich geschützten Selbstbestimmungsrechts zu begreifen, in welches bei einer anderen Regelung über Gebühr eingegriffen werden würde.[32]

19 Die Kausalität des Eingriffs, über den nicht aufgeklärt wurde, für die aufgetretenen Schäden, hat freilich der Patient zu beweisen.[33]

20 Für den Nachweis einer ordnungsgemäßen Aufklärung ist es unzureichend, ein vom Patienten unterschriebenes Formular, welches bei einem Eingriff mit erheblichen Risiken eine ganz allgemein gehaltene Einverständniserklärung enthält, als Beweismittel vorzulegen.[34] Hat der Arzt die Aufklärung auf einen Kollegen übertragen, muss er darlegen, welche Kontrollmaßnahmen er ergriffen und welche Anweisungen er erteilt hat.[35]

21 Gelingt dem Arzt der Beweis einer ordnungsgemäßen Aufklärung nicht, bedeutet das nicht unweigerlich den Prozessverlust, weil noch eine hypothetische Einwilligung in Betracht kommt. Jedoch muss der Arzt auch die Tatsachen für eine solche beweisen – allerdings dahingehend erleichtert, dass der Patient plausibel einen Entscheidungskonflikt darzulegen hat.[36]

22 Bestehen bei einem ärztlichen Eingriff **Behandlungsalternativen,** muss der Patient im Prozess zunächst deren Existenz darlegen, bevor der Arzt die Aufklärung über sie zu beweisen hat.[37] Auch in derartigen Prozessen spielt häufig die Frage nach einer mutmaßlichen Einwilligung eine bedeutende Rolle. Hier muss der Patient plausibel darlegen, warum er sich für die andere Behandlungsalternative entschieden hätte.[38] In diesen Fällen wird eine Gesamtwürdigung der Umstände des Einzelfalls vorgenommen, in die unter anderem der Leidensdruck, die Risikobereitschaft des Patienten, die Dringlichkeit des Eingriffs und die Erwartungen eines umfassend aufgeklärten Patienten vor dem ärztlichen Eingriff einzustellen sind.[39]

---

[28] Vgl das vorst Kap 11. Zum Beweis des Verständnisses der Aufklärung bei einem fremdsprachigen Patienten vgl OLG Nürnberg NJW-RR 2002, 1255 = MedR 2003, 172.
[29] *Baumgärtel,* Gedächtnisschrift Bruns, 93, 105 f; *Kern/Laufs,* Die ärztliche Aufklärungspflicht, 172.
[30] *Deutsch/Spickhoff,* RdNr 329; *Spickhoff* NJW 2002, 1758, 1762; *Dauner-Lieb,* § 280 RdNr 59.
[31] Vgl BT-Drucks 14/6040, 136.
[32] Zum Ganzen *Spickhoff* NJW 2002, 1758, 1762; vgl auch *Deutsch/Spickhoff,* RdNr 329.
[33] Ständige Rspr, zuletzt OLG Koblenz ArztR 2003, 25; vgl auch *Kern,* Die neuere Entwicklung in der Rechtsprechung zur Aufklärungspflicht, GesR 2009, 1.
[34] OLG Koblenz VersR 2008, 690 = MedR 2008, 286, 287.
[35] BGHZ 169, 364 = VersR 2007, 209.
[36] BGH NJW 2005, 1364.
[37] *Spickhoff* NJW 2002, 1758, 1762; vgl auch BGH NJW 2004, 3703, 3704.
[38] *Spickhoff* NJW 2002, 1758, 1762.
[39] OLG Koblenz NJW-RR 2004, 1166 = VersR 2005, 695.

19. Kapitel. Die Beweislast im Arztpflichtprozess   23–27 § 107

Da die Beratung[40] (therapeutische Aufklärung, Sicherungsaufklärung) Teil der Behandlung ist, zählt ihre Verletzung mit allen Konsequenzen zu den Behandlungsfehlern,[41] also auch bezüglich der beweisrechtlichen Vorgaben. Der Patient hat zu beweisen, dass ihn der Arzt nicht oder nur ungenügend beraten hat.[42] Ist die Beratung allerdings unstreitig unterblieben, muss der Arzt beweisen, dass diese nicht erforderlich war.[43]   23

Die Schadensfolgen hat ebenfalls der Patient zu beweisen. Das gilt insbesondere auch für die Behauptung, dass eine ordnungsgemäße Beratung den Patienten zu einem entsprechenden Verhalten veranlasst haben würde. Bei einer sterilisierten Patientin zB spricht „kein Anscheinsbeweis dafür, daß sie sich im Gegensatz zu vielen anderen nicht auf die immerhin sehr hohe contraceptive Sicherheit verlassen haben würde, die der Eingriff bei ordnungsgemäßer Durchführung bot"[44]. Der BGH hat in diesem Zusammenhang entschieden, dass es auf den Entscheidungskonflikt bei der Beratung nicht ankomme, sondern dass dieser „auf die Fälle der Selbstbestimmungsaufklärung beschränkt" sei.[45]

II. Ausgangsregeln

1. Beweislast (für die anspruchsbegründenden Voraussetzungen). Nimmt der Patient Arzt oder Krankenhausträger klageweise wegen eines Diagnose- oder Behandlungsfehlers in Anspruch, so trägt er die Beweislast für die anspruchsbegründenden Voraussetzungen. Im Einzelnen sind das der Arztfehler, die daraus entstandene Verletzung, die Kausalität und das Verschulden des Arztes.   24

Aus dem Umstand, dass der Patient die Pflichtverletzung beweisen muss, ergibt sich auch, dass er das Beweisrisiko für eine vertragliche Vereinbarung eines erhöhten Facharztstandards trägt, weil diese das Pflichtenprogramm des Schuldverhältnisses modifiziert.[46]   25

Der Arzt hat allerdings zu beweisen, dass er den vereinbarten Eingriff überhaupt durchgeführt hat (§ 362 BGB).[47] Zeigt zB der Eileiter bei genauer Inspektion kein Anzeichen einer vorangegangen Durchtrennung, spricht der Beweis des ersten Anscheins dafür, dass der Eileiter nicht durchtrennt wurde.[48]   26

2. Beweisantritt. Der **Beweisantritt** muss sich grundsätzlich auf konkrete Tatsachenbehauptungen stützen. Ein unsubstantiierter Beweisantritt kann als unzulässiger Ausforschungsbeweis zurückgewiesen werden. Die gebotene Genauigkeit findet vornehmlich im Arzthaftpflichtprozess ihre Grenze in der **Zumutbarkeit.** Regelmäßig sieht sich der Patient nicht in der Lage, in dem ihm fremden Sachgebiet der medizinischen Wissenschaft den behaupteten Arztfehler anders darzulegen als durch Rückschlüsse vom Misserfolg des Eingriffs. Das Verständnis medizinischer Gegebenheiten und Erfahrungssätze bleibt regelmäßig dem Sachverständigen vorbehalten. Konkrete Tatsachenbehauptungen braucht der Patient nicht wahrscheinlich zu machen, damit sie als schlüssig gelten. „Daher genügt der Kläger seiner Darlegungslast im Arzthaftungsprozess regelmäßig durch die aus dem Misserfolg einer ärztlichen Behandlung hergeleitete Behauptung konkreter Behandlungsfehler. Die Erweislichkeit dieses Rückschlusses ist zwar seine Beweislast, doch darf ein dahingehender Beweisantritt nicht bereits deshalb als unschlüssig übergan-   27

---

[40] Vgl dazu *Kern* GesR 2009, 9f.
[41] BGH NJW 1991, 748; BGH MedR 2009, 44, 46.
[42] BGH MDR 1981, 1003; BGH NJW 1989, 2320f; OLG Düsseldorf VersR 1992, 317ff; BGH NJW 1995, 2407.
[43] *Spickhoff* NJW 2002, 1758, 1763; OLG Köln VersR 2001, 66.
[44] BGH MDR 1981, 1003; vgl dazu jetzt aber auch BGH MedR 2009, 44, 46, der insoweit eine Rechtsprechungsänderung andeutet.
[45] BGH MedR 2009, 44, 46.
[46] Vgl OLG Karlsruhe NJW-RR 2006, 458.
[47] BGH NJW 1981, 2002 = JR 1981, 499 m Anm *Fischer*.
[48] *Deutsch/Spickhoff*, RdNr 522.

gen werden, weil der Kläger nicht in der Lage war, einem Sachverständigen vergleichbar die Wertung der ärztlichen Leistung medizinisch-sachkundig vorweg zu beurteilen."[49] Der Tatsachenvortrag muss aber zumindest in groben Zügen erkennen lassen, welches ärztliche Verhalten als fehlerhaft beanstandet wird und welcher Schaden daraus entstanden sein soll.[50] Vermutet der Patient lediglich einen Fehler, muss er seine Verdachtsgründe wenigstens in dem Maße darlegen, dass sich die Gegenseite oder ein Gutachter sachlich damit befassen kann.[51] Durch keinerlei Tatsachenvortrag untermauerte Wertungen zur Darlegung eines groben (Diagnose)Fehlers sind unzureichend.[52] Seiner **Darlegungspflicht** genügt der Patient jedoch, wenn er für den objektiven Misserfolg der ärztlichen Leistung den Zeugenbeweis und für den Rückschluss auf den behaupteten Berufsfehler den Sachverständigenbeweis antritt. Existiert ein gerichtliches Gutachten gegen das der Patient Einwendungen vorbringt, dürfen auch in dieser Hinsicht nur maßvolle Anforderungen gestellt werden.[53] Es wird nicht verlangt, dass die Einwendungen ihre Stütze in einem Privatgutachten haben.

28   Besondere Bedeutung können auch die Grundsätze der **sekundären Darlegungslast** im Arzthaftpflichtprozess erhalten.[54] Diese führen dazu, dass der Arzt nach § 138 Abs 2, 3 ZPO die Behauptungen des Patienten substantiiert, also durch Vortrag näherer Angaben zum Sachverhalt, bestreiten muss. Tut er das nicht, gilt die Tatsache als unstreitig und ein Beweisantritt durch den Patienten erübrigt sich.[55] Die Grundsätze der sekundären Darlegungslast kommen immer dann zum Tragen, wenn der Beklagte (Arzt) wesentliche Tatsachen kennt oder kennen muss und es ihm zumutbar ist, nähere Angaben zu machen.[56] Das hat der BGH nach der Behauptung der Klägerin, dem Patienten seien kontaminierte Blutprodukte gegeben worden, angenommen. Für ein hinreichendes Bestreiten musste der Arzt die Nummer der verabreichten Charge oder den Grund für die Unmöglichkeit dieser Angabe konkret darlegen.[57] Weil er dem nicht nachkam, galt im Prozess die Verabreichung eines kontaminierten Blutprodukts als unstreitig.

29   **3. Beweisvereitelung.** Die Partei, die den Beweis vereitelt, treffen beweisrechtliche Nachteile. Eine Beweisvereitelung liegt vor, wenn die Pflicht, Beweismittel aufzubewahren oder deren Beeinträchtigung zu unterlassen, verletzt wird.[58] Nach der Spruchpraxis des RG[59] führte die **Beweisvereitelung** zu einer Umkehr der Beweislast. Ob damit eine „echte" Beweislastumkehr oder eine Regel für die Beweiswürdigung gemeint war, blieb unklar.[60] Zu letzterem tendiert zunehmend die jüngere Lehre, derzufolge das Gericht gemäß § 286 ZPO unter Bedachtnahme auf den gesamten Inhalt der Verhandlung nach freier Überzeugung unter Würdigung der Erklärungen, Unterlassungen und Handlungen einer Partei, insbesondere unter Bewertung der für eine Beweisvereitelung angeführten Gründe zu entscheiden hat. Auch der BGH spricht von Beweiserleichterungen, die

---

[49] OLG München MDR 1979, 1030. Zu den – „maßvollen und verständig geringen" – Anforderungen an die Substantiierungspflicht des Klägers im Arzthaftungsprozess vgl BGH VersR 1981, 752; diese gelten auch nach der ZPO-Reform, vgl BGH NJW 2004, 2825. Zum ganzen *Jorzig*, 105 f.
[50] OLG Düsseldorf VersR 2005, 1737.
[51] OLG Düsseldorf VersR 2005, 1737.
[52] OLG Koblenz NJW-RR 2006, 1612 = VersR 2006, 1547 = ArztR 2007, 162. AA *Jaeger*, Anm zu OLG Koblenz VersR 2006, 1547, VersR 2006, 1548.
[53] BGH NJW 2004, 2825 = VersR 2004, 1177; vgl auch NJW 2006, 152.
[54] Kritisch *Magnus* ZZP 120, 347, 352 f, die sich für eine Analogie zu Normen über die Ursachenvermutung ausspricht.
[55] Vgl § 138 Abs 2, 3 ZPO.
[56] *Zöller/Greger*, vor § 284 RdNr 34.
[57] BGHZ 163, 209 = BGH NJW 2005, 2614, 2615. Dazu *Katzenmeier* NJW 2005, 3391, 3392f.
[58] *Deutsch/Spickhoff*, RdNr 528 mwN.
[59] RGZ 105, 259; ebenso noch BGH NJW 1972, 1131.
[60] *Stein/Jonas/Leipold*, § 268 RdNr 188.

19. Kapitel. Die Beweislast im Arztpflichtprozess 1, 2 § 108

bis zur Beweislastumkehr reichen können[61]. Für eine Lösung des Problems auf der Ebene der Beweiswürdigung spricht viel. Einzelfallgerechtigkeit kann so eher als mit der strengen Beweislastumkehr erzielt werden. Das Gebot der Rechtssicherheit erfordert hier keine vor Prozessbeginn feststehende Beweislastverteilung, weil die vereitelnde Partei nicht schutzwürdig ist und der Prozessgegner privilegiert wird.[62] Schließlich sehen die Normen der ZPO, die sich mit dem Problem der Beweisvereitelung auseinander setzen – § 371 Abs 3, § 427, § 441 Abs 3, § 444 ZPO –, nicht die strenge Rechtsfolge einer Beweislastumkehr vor.

Dementsprechend ist davon auszugehen, dass selbst die Vernichtung von Beweismitteln, 30 wie eines Operationsvideos, nicht schlechthin zu Beweiserleichterungen führt. Diese scheiden jedenfalls dann aus, wenn der medizinische Sachverständige zur Beantwortung der Beweisfragen anhand des vorliegenden Materials in der Lage ist.[63]

Auf Patientenseite kann eine Beweisvereitelung in Betracht kommen, wenn der Patient 31 die behandelnden Ärzte nicht oder zu spät von der Schweigepflicht entbindet.[64]

Beweiserleichterungen sind auch bei **fahrlässiger Beweisvereitelung** denkbar. Voraussetzung ist, dass für denjenigen, der einen Gegenstand vernichtet oder vernichten lässt, 32 der später als Beweismittel in Betracht kommt, bereits vor der Vernichtung erkennbar ist, dass dieser Gegenstand einmal Beweisfunktion erlangen kann.[65] Das gilt auch, wenn keine besondere gesetzliche Aufbewahrungspflicht bestand.[66]

§ 108 Anscheinsbeweis

Inhaltsübersicht

	RdNr
I. Allgemeines zu den §§ 108 und 109	1
1. Anforderungen an den prima-facie-Beweis	1
2. Wirkungen des Anscheinsbeweises	4
II. Kasuistik	5
1. Zulassung des Anscheinsbeweises	5
2. Ablehnung des Anscheinsbeweises	16

I. Allgemeines zu den §§ 108 und 109

1. Anforderungen an den prima-facie-Beweis. Bei typischen Geschehensabläufen 1 wird die Beweisführung durch den Beweis des ersten Anscheins **(prima-facie-Beweis)** erleichtert. Davon sind die Fälle des vollbeherrschbaren Risikos kaum abzugrenzen. Das zeigt sich insbesondere an den Injektionsfällen.[1]

Steht ein gewisser Tatbestand fest, der nach den Erfahrungen des Lebens auf eine 2 bestimmte Ursache hinweist, hat die beweisbelastete Partei lediglich einen Umstand darzutun, der nach der Lebenserfahrung auf das schadensursächliche Verschulden des Arztes hindeutet. Überzeugt sich das Gericht vom Vorliegen des Ausgangstatbestandes, so ist damit die bestimmte Ursache bewiesen.[2] Es bleibt Sache des Gegners, die **ernsthafte Möglichkeit** eines atypischen Geschehensablaufes darzulegen, um damit dem Anscheins-

---

[61] BGH NJW 2004, 222; BGH NJW 2006, 434, 436. Auch hier lässt es der BGH offen, ob er eine Umkehr der Feststellungslast meint.
[62] Vgl *Laumen* NJW 2002, 3739, 3746.
[63] OLG Köln MedR 2007, 599.
[64] BGH NJW 1967, 2012; OLG Frankfurt/M NJW 1980, 2758.
[65] BGH NJW 1994, 1594 = JZ 1994, 787 m Anm *Uhlenbruck*.
[66] OLG München NJOZ 2005, 4548.
[1] Vgl dazu unten, § 108 RdNr 13 ff und § 109.
[2] Vgl *Stein/Jonas/Leipold*, § 268 RdNr 129 ff.

beweis die Grundlage zu entziehen und die Beweisführungslast[3] der anderen Seite wieder voll herzustellen (Gegenbeweis). Eine abstrakte Vermutung genügt dafür aber nicht, der Inanspruchgenommene muss vielmehr dartun, dass eine andere Ursache ernsthaft in Betracht kommt.[4] Notfalls muss er die konkreten Tatsachen, aus denen er diesen Schluss zieht, auch beweisen.[5]

3   Unklar ist, welches Maß an Beweisstärke erforderlich ist, um den Richter vom Vorliegen eines den Anscheinsbeweis begründenden typischen Sachverhalts zu überzeugen. Während im Schrifttum[6] zum Teil davon ausgegangen wird, dass ein niedrigeres Maß als das des Vollbeweises anzulegen ist, fordert der BGH[7] mit zum Teil widersprüchlichen Formulierungen eine hohe Überzeugung.

4   **2. Wirkungen des Anscheinsbeweises.** Der durch die richterliche Spruchpraxis ausgebildete prima-facie-Beweis mildert die Beweisführungslast vornehmlich bei der Frage des Kausalzusammenhangs. Zu einer echten Beweislastumkehr kommt es hier nicht.[8] Weil er **nur bei typischen Geschehensabläufen**[9] in Betracht kommt, also in Fällen, in denen ein feststehender Umstand nach der Lebenserfahrung auf eine bestimmte Ursache hinweist, bleibt sein Raum im Arzthaftpflichtprozess eher begrenzt. Denn der Arzt trifft je und je bei seinem Eingriff auf unterschiedliche Gegebenheiten, die auch den Handlungsverlauf bestimmen.[10] Es fehlt vielfach die Typizität der Befunde.[11]

II. Kasuistik

5   **1. Zulassung des Anscheinsbeweises.** In folgenden Fällen kam der **Anscheinsbeweis** zum Tragen:

6   Zeigt sich nach einer in der Klinik allein durch eine Hebamme vorgenommenen Entbindung mit erschwerter Entwicklung einer Schulter eine Schädigung des Schulternervenstranges, so spricht der Anschein dafür, dass sich diese „Erb'sche Lähmung" durch Anwendung der aus medizinischer Sicht gebotenen ärztlichen **Geburtshilfemaßnahmen** hätte vermeiden lassen.[12]

7   Kommt es bei einer perkutanen Leberbiopsie, einer Blindpunktion, zur Perforation der Gallenblase, so spricht der Beweis des ersten Anscheins für ein Verschulden des Arztes.[13]

8   Der Arzt, der ohne gewichtige Gründe dreizehn Stunden nach einem Bruch des Sprunggelenks in die Schwellung hinein operiert, begeht einen Fehler. Dessen Ursächlichkeit für eine Infektion in der Bruchzone mit anschließender Versteifung des Sprunggelenks kann das Gericht auf der Grundlage eines medizinischen Erfahrungssatzes kraft Anscheinsbeweises feststellen, insbesondere dann, wenn der Zeitpunkt des Sichtbarwerdens der Entzündung so nahe bei dem der **Operation** liegt, dass andere Ursachen vernünftigerweise ausscheiden.[14]

---

[3] Die objektive Beweislast wird durch das Institut des Anscheinsbeweises hingegen nach hM nicht verschoben. *Laumen* NJW 2002, 3739, 3742 mwN.
[4] BGH VersR 1995, 723.
[5] *Stein/Jonas/Leipold*, § 268 RdNr 139; *Zöller/Greger*, vor § 284 RdNr 29.
[6] *Stein/Jonas/Leipold*, § 268 RdNr 133 mwN.
[7] BGH NJW 1982, 2668. So auch *Zöller/Greger*, vor § 284 RdNr 29; *Berg/Winters*, 71.
[8] Zu den verschiedenen Ansätzen vgl auch *Berg/Winters*, 80 ff.
[9] Zu zweifelhaften Konstellationen, in denen sich der typische Geschehensablauf nur mittels Ausschlussverfahren ermitteln ließ, vgl *Jungmann* ZZP 207, 459 f. Zur Typizität *Berg/Winters*, 17 ff.
[10] *Steffen/Pauge*, RdNr 495.
[11] *G Müller* NJW 1997, 3049, 3052. Für die HIV-Infektion durch Bluttransfusion vgl aber BGHZ 114, 284 = NJW 1991, 1948 m Anm *Deutsch*, 1937 = JZ 1991, 785 m Anm *Spickhoff*, 756. Differenziertes Bild bei *Lepa*, FS Deutsch, 635 ff.
[12] OLG Bremen VersR 1979, 1060.
[13] OLG Celle VersR 1976, 1178.
[14] OLG Hamm VersR 1988, 807.

19. Kapitel. Die Beweislast im Arztpflichtprozess 9–15 § 108

Für Fehler bei der Operation mithilfe eines Hochfrequenzchirurgiegeräts haftet der 9 Arzt nach den Grundsätzen des Anscheinsbeweises für die aufgetretenen endogenen Verbrennungen.[15]

Wird der Nervus lingualis bei der Extraktion eines Weisheitszahns primär durch ein 10 rotierendes Instrument geschädigt, so spricht ein Anscheinsbeweis für ein Verschulden des Operateurs.[16]

Treten Schädigungen nach Verabreichung eines noch nicht zugelassenen Medikaments 11 auf, wird der Ursachenzusammenhang nach Anscheinsgrundsätzen vermutet.[17]

Wird der Patient nicht über empfohlene Impfungen informiert, kann mithilfe des Anscheinsbeweises die Kausalität dieser Pflichtverletzung für eine spätere Ansteckung bewiesen werden.[18] 12

Eine Vielzahl arzthaftpflichtrechtlicher Urteile befasst sich mit Gesundheitsschäden 13 nach **Injektionen**.[19] Auch auf diesem Feld kommt der Anscheinsbeweis in Betracht, wobei der zeitliche Zusammenhang gesteigerte Aufmerksamkeit verdient.[20] Dass allein der zeitliche Zusammenhang zwischen Injektion und Entdeckung der Infektion plausibel ist, genügt nicht. Da Infektionen auch bei pflichtgemäßem Verhalten nicht immer zu vermeiden sind, greift ein Anscheinsbeweis nur, wenn der Patient in vermeidbarer Weise längere Zeit oder besonders intensiv mit einem Dauerausscheider ohne Einhaltung von Hygienestandards Kontakt hatte und andere Ansteckungswege ausgeschlossen sind.[21] Diese tatsächlichen Voraussetzungen hat der Patient darzulegen und ggf zu beweisen, bevor ihm der Anscheinsbeweis den Kausalitätsnachweis erleichtern kann. Das umfasst insbesondere auch den Nachweis, dass die entsprechenden Keime im Behandlungsbereich vorhanden waren. Steht hingegen fest, dass es gravierende Hygienemängel gab, wird idR sogar ein grober Behandlungsfehler vorliegen. Erkranken zahlreiche Patienten eines dauernd Hepatitis-B-Erreger ausscheidenden Zahnarztes an dieser Infektion, so spricht der Beweis des ersten Anscheins für eine Ansteckung durch diesen. Das gilt jedenfalls dann, wenn der Zahnarzt rissige Hände hatte und diese bei der Arbeit zeitweise ungeschützt ließ.[22]

Werden am Morgen eines Behandlungstages Injektionen „en bloc" aufgezogen und anschließend nicht fachgerecht gelagert, muss der Arzt beweisen, dass dieses Verhalten für die Infektionen der Patienten nicht ursächlich war.[23] 14

Treten nach glutaealer Injektion eines Antirheumatikums in den Gesäßmuskel sofort 15 erhebliche Schmerzen und Lähmungen auf, so spricht der Anscheinsbeweis für eine falsche Spritztechnik.[24] Der Eintritt einer ausgedehnten Gewebenekrose nach intraglutaealer Injektion eines gefäßtoxischen Medikaments spricht für einen Arztfehler.[25] Die Regeln des prima-facie-Beweises erleichtern den Nachweis des Kausalzusammenhangs zwischen einer HIV-Infektion und einer vorausgegangenen Bluttransfusion allerdings nur dann, wenn feststeht, dass der Patient die Blutkonserve eines infizierten Spenders empfing.[26]

---

[15] OLG Saarbrücken VersR 1991, 1289.
[16] OLG Köln, VersR 1999, 1018, s aber auch OLG Köln VersR 1999, 1500.
[17] BGHZ 172, 1, 3 f = NJW 2007, 2767, 2768 = VersR 2007, 995, 996.
[18] Deutsch VersR 2003, 801, 805.
[19] Vgl auch *Meinecke,* Haftungskriterien für Injektionsschäden, 1997.
[20] Instruktiv mit vielen Belegen *Jaeger* VersR 1989, 994 ff; s auch *Lepa,* FS Deutsch, 635, 640 f.
[21] Vgl *Deutsch/Spickhoff,* RdNr 520; *Berg-Winters,* 144 f.
[22] OLG Köln MedR 1986, 200; einschränkend OLG Oldenburg MedR 1991, 203. Zu weiteren Fällen: *Deutsch/Spickhoff,* RdNr 520.
[23] LG München GesR 2004, 512.
[24] LG Ravensburg VersR 1988, 1076.
[25] OLG Düsseldorf VersR 1984, 241.
[26] OLG Düsseldorf VersR 1998, 103. Vgl auch OLG Celle NJW-RR 1997, 1456 (zum Anscheinsbeweis für die Kausalität der Substitutionstherapie mit einem Immunglobulinpräparat für eine Hepatitis C-Infektion); ferner OLG Koblenz NJW-RR 1998, 167 (HIV-Infektion bei einem Blutkranken); BGHZ 163, 209 = BGH NJW 2005, 2614, 2615. Dazu *Magnus* ZZP 120, 347, 350 f.

Erkrankt auch der Ehegatte des Blutempfängers an AIDS, so spricht der Anscheinsbeweis dafür, dass er sich bei seinem Partner angesteckt hat.[27] Auch bei einem Blutplasmaprodukt ist Voraussetzung für die Annahme eines Anscheinsbeweises, dass der Erreger in der Trägersubstanz nachweislich vorhanden war.[28]

16 2. **Ablehnung des Anscheinsbeweises.** Überwiegend greift der **Anscheinsbeweis nicht** durch: So gibt es keinen allgemeinen Erfahrungssatz, wonach eine seltene oder äußerst seltene Komplikation, wie eine Nahtinsuffizienz nach Appendektomie, auf einen ärztlichen Fehler zurückgeht.[29] Traten in einer Arztpraxis nach **Injektionen** bei mehreren Patienten Infektionen auf, so führt dieser Umstand im Rahmen des Anscheinsbeweises noch nicht zur Annahme eines ärztlichen Verschuldens.[30] Es besteht auch kein Anscheinsbeweis dafür, dass eine Injektion in oder neben das Kniegelenk nur dann zu einer Entzündung führe, wenn die Einstichstelle ohne vorherige gründliche Reinigung und Desinfektion blieb.[31] Ebenso lässt eine Wundinfektion nach einer Operation nicht den Schluss zu, dass die Haut vor dem Eingriff nicht hinreichend desinfiziert wurde.[32] Ist nach einer intraartikulären Injektion in dem betroffenen Gelenk eine Infektion festzustellen, lässt dies nicht ohne weiteres auf ein Versäumnis des verantwortlichen Arztes schließen.[33] Kommt es während einer Operation beim Punktieren der Halsvene und beim Legen eines Venenkatheders zu einer Nervschädigung, so reicht dieser Umstand allein nicht für die Annahme eines anästhesistischen Arztfehlers aus.[34] Ein den Anscheinsbeweis für ein ärztliches Fehlverhalten ausschließendes spezifisches Risiko liegt ferner vor, wenn nach einer Herzkatheteruntersuchung, für die der Zugang zunächst über den rechten Unterarm versucht worden war, Verschlüsse und Verstopfungen der den Arm versorgenden Gefäße auftreten.[35] Der zeitliche Zusammenhang zwischen einer Tonsillektomie und dem Verlust des Geschmacksempfindens allein erlaubt es nicht, nach den Grundsätzen des prima-facie-Beweises einen Arztfehler festzustellen.[36]

17 **Läsionen** des Nervus reccurens bei Strumaoperationen sind selten geworden, „bilden aber noch immer den Schulfall für ein vom Arzt nicht mit Sicherheit zu vermeidendes Operationsrisiko."[37] Der Umstand, dass die Operation zu einer Verletzung des Nervus reccurens führte, lässt demzufolge auch nicht nach den Grundsätzen des prima-facie-Beweises auf ein fehlerhaftes ärztliches Vorgehen schließen.[38] Aus einer Gefäßverletzung im Rahmen einer Laparoskopie kann nicht auf ein fehlerhaftes Vorgehen beim Einführen der Nadel oder eines Trokars geschlossen werden.[39] Kommt es bei einer fehlerhaft durchgeführten operativen transaxilliären Resektion der ersten Rippe zur Behandlung eines Thoracic-Outlet-Syndroms zu einer Schädigung des Nervus medianus und des Nervus ulnaris, kann allein aus dem Fakt der Läsion nicht auf einen ärztlichen Fehler bei der Operation geschlossen werden.[40] Es besteht auch kein Anscheinsbeweis für einen Fehler eines Chirurgen, der erfolglos zahlreiche Fisteloperationen bei einem Patienten ausführte,

---

[27] BGHZ 163, 209 = BGH, NJW 2005, 2614, 2615.
[28] OLG Stuttgart VersR 2002, 577.
[29] BGH NJW 1992, 1560.
[30] OLG München VersR 1986, 496.
[31] OLG Oldenburg VersR 1987, 390; s auch OLG Köln NJW 1998, 1026; 1999, 1790; OLG Düsseldorf VersR 1998, 1242.
[32] OLG Hamburg MDR 2002, 1315.
[33] OLG Düsseldorf NJW-RR 1998, 170.
[34] OLG Stuttgart VersR 1988, 1137.
[35] OLG Koblenz MedR 2008, 672.
[36] OLG Düsseldorf VersR 1988, 742.
[37] BGH NJW 1980, 1333.
[38] OLG Düsseldorf VersR 1989, 191.
[39] OLG Zweibrücken VersR 2002, 317, 318.
[40] OLG Hamm MedR 2006, 649.

19. Kapitel. Die Beweislast im Arztpflichtprozess 1 § 109

wenn danach ein anderer Operateur mit einem einzigen Eingriff das Übel endgültig beseitigte.[41]

Tritt im zeitlichen Anschluss an eine **Tubensterilisation** eine Schwangerschaft ein, so ergibt sich aus dem Beweis des ersten Anscheins nicht das Vorliegen eines Arztfehlers.[42] Zwischen der **Inkubatorbehandlung** eines Neugeborenen und dessen anschließender Erkrankung an retrolentaler Fibroplasie besteht kein zwingender oder mit hoher Wahrscheinlichkeit anzunehmender Kausalzusammenhang; für einen solchen spricht darum auch kein Anscheinsbeweis.[43] Die Frage, in welcher Arztpraxis der zur falschen Blutgruppenbestimmung führende Fehler unterlief, lässt sich nicht nach den Regeln des Anscheinsbeweises beantworten.[44] 18

Generell lässt eine Schädigung des Kindes in der Geburt ohne Hinzukommen weiterer Umstände nicht den Schluss auf einen Behandlungsfehler zu.[45] Kommt bei einem Hirnstamminfarkt sowohl die Mobilisationsbehandlung durch einen Orthopäden als auch eine normale Alltagsbewegung des Patienten als Ursache in Betracht, kann von der Maßnahme nicht als Infarktursache ausgegangen werden, wenn zwischen Infarkt und Behandlung 24 Stunden liegen.[46] 19

§ 109 Voll beherrschbare Risiken

Inhaltsübersicht

	RdNr
I. Grundsatz	1
1. Arzteigenes Risiko	1
2. Horizontale und vertikale Arbeitsteilung	2
II. Richterliche Spruchpraxis	7
1. Beweislastumkehr bei Mangelhaftigkeit technischer Geräte	7
2. Weitere praxisrelevante Fallgruppen	9
3. Zusammenfassung	22

I. Grundsatz

1. Arzteigenes Risiko. Ausnahmsweise hat sich der Arzt von einer Verschuldens- oder Fehlervermutung (objektive Fehlverrichtung) zu entlasten, wenn feststeht, dass die Unbill aus einem Feld herrührt, dessen Gefahren medizinisch voll beherrscht werden können und müssen. Es geht um gesundheitliche Einbußen, die sich aus der **Organisation und Koordination** des medizinischen Geschehens, aus dem **technisch-apparativen Betrieb** ergeben. „Materiellrechtlich entspricht die Beweislast des Arztes hier seiner Pflicht zu der ihm möglichen umfassenden Gefahrausschaltung, mit der vertraglich analog § 282 BGB (aF – jetzt § 280 Abs 1 S 2 BGB) die deliktisch nicht anders geltende Pflicht korrespondiert, aufzuklären, wieso sich Gefahren aus dieser ‚arzteigenen' Risikosphäre verwirklichen konnten."[1] 1

Die Schuldrechtsreform bedingt keine Veränderungen in diesem Bereich, weil selbst bei der überwiegend abgelehnten Anwendung von § 280 Abs 1 S 2 BGB im Arzthaftungs-

---

[41] OLG Hamm VersR 1987, 1119.
[42] OLG Düsseldorf VersR 1985, 457; VersR 1987, 412. Vgl auch OLG Saarbrücken VersR 1988, 831.
[43] OLG Hamm VersR 1983, 885.
[44] BGH NJW 1989, 2943.
[45] OLG Schleswig VersR 1997, 831.
[46] OLG Jena NJW-RR 2006, 135.
[1] Vgl *Steffen/Pauge*, RdNr 512. Zum neuen Recht vgl *Katzenmeier*, 493, Fn 575; BGH NJW 2007, 1682, 1683.

recht für Beweiserleichterungen im Bereich der objektiven Fehlverrichtung auf die Grundsätze zum voll beherrschbaren Risiko zurückgegriffen werden müsste.

2 **2. Horizontale und vertikale Arbeitsteilung.** Der Gedanke des arzteigenen Risikos lässt sich auf spezifische Gefahren der Abstimmung, der Kooperation und Kommunikation bei der **horizontalen** medizinischen **Arbeitsteilung** erstrecken.[2] Dabei geht es um den voll beherrschbaren und verantwortbaren Anteil im Zusammenwirken von Ärzten verschiedener Fächer, also etwa des Chirurgen mit dem Anästhesisten, dem Röntgenologen und dem Histologen. Die Risiken indessen, die sich medizinisch nicht ausschließen lassen, weil sie sich aus dem letztlich nicht durch ärztliche Kunst steuerbaren menschlichen Schicksal ergeben, bleiben als Anlass für Beweiserleichterungen zum Vorteil des klagenden Patienten ganz ungeeignet. Das entscheidende **Kriterium** bildet vielmehr die **volle Beherrschbarkeit** medizinischer Vorgänge.[3] Dogmatisch ist die Abgrenzung sowohl zum prima-facie-Beweis als auch zur Beweislastumkehr wegen eines groben Behandlungsfehlers nicht immer einfach.

3 Dass die Schädigung aus einem solchen Gefahrenkreis resultiert, muss der Patient ggf beweisen.[4] Gelingt das, hat es an Arzt oder Krankenhausträger zu beweisen, dass nicht aus ihrem Risikobereich stammende, bei der Behandlungs- oder Operationsplanung nicht erkennbare Umstände vorlagen, die mit einer gewissen Wahrscheinlichkeit ebenfalls zum Primärschaden geführt haben könnten. Insbesondere ist hier an Umstände aus dem Verantwortungsbereich des Patienten, wie eine besondere Schadensanfälligkeit, zu denken.[5]

4 Für den Kausalitätsbeweis greifen nur ganz ausnahmsweise Beweiserleichterungen ein. Das kann der Fall sein bei groben Organisationspflichtverletzungen. Bei einfachen Organisationsfehlern hat die Behandlungsseite die Vermutung des Verschuldens oder der objektiven Pflichtverletzung zu widerlegen. Die Beweiserleichterung bezieht sich dabei nicht auf die Kausalität, vielmehr geht die Unaufklärbarkeit des Ursachenzusammenhanges zwischen Fehler und Gesundheitsschaden zulasten des Patienten.[6]

5 In der **vertikalen Arbeitsteilung** begründet § 831 BGB bei nachgewiesenen Fehlern des Gehilfen eine Vermutung für Organisations-, Auswahl-, Weisungs- und Kontrollfehler. Die zulasten der für die Organisation Verantwortlichen bestehende gesetzliche Verschuldensvermutung umfasst auch die Qualifikationsfrage.[7] „Die Darlegungs- und Beweislast dafür, daß ein Mißlingen der Operation oder eine eingetretene Komplikation nicht auf der mangelnden Erfahrung und Übung des nicht ausreichend qualifizierten Operateurs beruht, tragen der Krankenhausträger und die für die Übertragung der Operation verantwortlichen Ärzte."[8] Der Entlastungsbeweis gelingt nicht schon mit dem bloßen Hinweis, der Neuling habe bereits mehrere Eingriffe fehlerfrei durchgeführt.[9]

6 Die Regel des § 831 BGB umfasst nicht nur die Verschuldensvermutung für Mängel der Organisation, wie die Frage nach der hinreichenden Qualifikation des eingesetzten jungen Arztes, sondern auch die Vermutung der Kausalität der Unerfahrenheit für den Schadenseintritt.[10] Es ist also ebenfalls der Beweis zu führen, dass der Schaden auch bei sorgfältiger Auswahl und Überwachung des Gehilfen entstanden wäre.[11]

---

[2] BGHZ 140, 309 = NJW 1999, 1779.
[3] BGH NJW 1991, 1540.
[4] OLG Schleswig NJW-RR 2004, 237.
[5] BGH NJW 1995, 1618.
[6] BGH NJW 1994, 1594 = JZ 1994, 787 m Anm *Uhlenbruck*.
[7] BGH NJW 1978, 1681; *Deutsch* NJW 2000, 1745, 1748 f.
[8] BGHZ 88, 248 = NJW 1984, 655 (Anfängeroperation). Vgl ferner BGH NJW 1985, 2193.
[9] OLG Oldenburg VersR 1998, 1380; s aber auch BGH NJW 1998, 2736: Beweiserleichterungen nach den Grundsätzen zur Anfängeroperation gelten allein in Fällen fehlerhaften Einsatzes eines Arztes in Aus- oder Weiterbildung.
[10] BGH NJW 1993, 2989.
[11] BGH NJW 1993, 2989.

19. Kapitel. Die Beweislast im Arztpflichtprozess   7–11 § 109

II. Richterliche Spruchpraxis

1. Beweislastumkehr bei Mangelhaftigkeit technischer Geräte. Bildet die Mangel- 7
haftigkeit eines bei der Behandlung eingesetzten **technischen Geräts** die Ursache des
Misserfolgs, tritt eine Beweislastumkehr ein. So entschied überzeugend der BGH einen
Prozess, dem ein tragischer Narkosezwischenfall bei einer Hüftgelenksoperation zu Grunde
lag, der seinerseits auf das verhängnisvolle Zusammentreffen technischer Mängel zurück-
ging. Den beklagten Krankenhausträger traf die Pflicht, für die Operation ein funktionsfähiges **Narkosegerät** zur Verfügung zu stellen. „Diese Pflicht wurde objektiv verletzt, und
das hat zu dem geltend gemachten Schaden geführt. Der Arzt kann regelmäßig nur kunst-
gerechtes Bemühen, nicht aber den Heilerfolg (häufig nicht einmal eine objektiv zutreffende Diagnose) zusagen. Dieser Grundsatz kann jedoch auf die Erfüllung voll beherrsch-
barer Nebenpflichten, insbesondere die Gewährleistung technischer Voraussetzungen für
eine sachgemäße und gefahrlose Behandlung, keine Anwendung finden. Das beklagte Land
wird also zu beweisen haben, daß der ordnungswidrige Zustand des verwendeten Geräts
nicht von einem seiner Erfüllungsgehilfen (§ 278 BGB) verschuldet ist."[12]

Ferner gehört zu dem von der Behandlerseite voll beherrschbaren Gefahrenbereich, 8
dass es beim Röntgen nicht zu einer überhöhten Strahlung kommt.[13] Auch die Durchführung einer Infrarot-Bestrahlung, bei der sich der Patient unbeaufsichtigt in den Behand-
lungsraum einschließt, ist dem voll beherrschbaren Risikobereich der Behandlerseite
zuzurechnen. In einem solchen Fall ist von einer unzureichenden Belehrung des Patienten
über die Funktionsweise des eingesetzten Gerätes oder ein Fehlverhalten des eingesetzten
Personals auszugehen.[14]

2. Weitere praxisrelevante Fallgruppen. In einem anderen Fall hatte ein Säugling 9
in der postoperativen Phase durch vermeidbare Blutverluste aus einer Verweilkanüle
schwerste Dauerschäden erlitten.[15] Der Entblutungsschock infolge der **Entkoppelung
des Infusionssystems** konnte keineswegs als schicksalhaft gelten. Die Wahl eines zentral-
venösen Zugangs zur Anästhesierung eines Kindes war erforderlich gewesen, weil sein
körperlicher Zustand andere Möglichkeiten nicht zuließ, auch konnte der Weitergebrauch
des Infusionssystems für medikamentöse Infusionen nach der Operation als indiziert gelten. „Das ändert jedoch nichts daran, daß die Gefahr einer Entkoppelung des Infusions-
schlauchs von der Kanüle von ärztlicher und pflegerischer Seite voll beherrscht werden
kann und muß, jedenfalls was mögliche lebensbedrohende Auswirkungen solcher Entkoppelung für den Patienten betrifft." Der Entblutungsschock „war unbedingt zu vermeiden; daß er eingetreten ist, kann objektiv nur auf einer Sorgfaltsverletzung der dafür
Verantwortlichen beruhen".

Trifft den Krankenhauspatienten ein Gesundheitsschaden, weil die ihm verabreichte 10
Infusionsflüssigkeit bei oder nach ihrer Zubereitung im Krankenhaus **unsteril** wurde,
dann hat dessen Träger darzutun und zu beweisen, dass der Fehler nicht auf einem ihm
zuzurechnenden Organisations- oder Personalverschulden beruht.[16]

Zu dem „beherrschbaren Bereich der technischen Vorbereitung für eine sachgemäße 11
und gefahrlose Behandlung" gehören auch **einwandfreie Desinfektionsmittel:** „Daß zur
Krankenbehandlung bestimmte Chemikalien ‚zufällig' mit anderen, sie zersetzenden Stoffen vermischt werden, darf im Krankenhaus nicht vorkommen; dem muß sein Träger
durch geeignete organisatorische Maßnahmen vorbeugen."[17]

---

[12] NJW 1978, 584. Vgl. zur Gerätesicherheit auch etwa BGH, NJW 1994, 1594; OLG Hamm NJW 1999, 1787; OLG Köln VersR 2000, 974. Siehe auch *Laufs/Katzenmeier/Lipp/Katzenmeier*, 10 f.
[13] BGH VersR 2007, 1416.
[14] OLG Karlsruhe MDR 2003, 1233.
[15] BGHZ 89, 263 = NJW 1984, 1400.
[16] BGH NJW 1982, 699; vgl auch BGH VersR 1981, 462; BGH MedR 1991, 140 (Wunddesinfektionskomplikation).
[17] BGH NJW 1978, 1683.

12 Strittig ist, ob die Lagerung des Patienten zu den voll beherrschbaren Risiken gehört. Einerseits hat der BGH ausgeführt: „Die technisch richtige Lagerung des Patienten auf dem Operationstisch und die Beachtung der dabei zum Schutze des Patienten vor etwaigen Lagerungsschäden einzuhaltenden ärztlichen Regeln sind Maßnahmen, die dem Risikobereich des Krankenhauses und dem ärztlichen Bereich zuzuordnen sind. Sie sind vom Pflegepersonal und den verantwortlichen Ärzten voll beherrschbar. Diese sind, anders als der Patient, in der Lage, den Sachverhalt in dieser Hinsicht aufzuklären. Das rechtfertigt es, die Beweislast dafür, dass der Patient auf dem Operationstisch ordnungsgemäß gelagert und daß das ärztlich überprüft worden ist, dem Krankenhaus und den Ärzten aufzuerlegen."[18] Andere Urteile hingegen verneinen eine Beweislastumkehr bei Auftreten von Dekubitus-Geschwüren.[19]

13 Letzteres gilt jedenfalls, wenn bei dem Patienten eine ärztlicherseits nicht im Voraus erkennbare, extrem seltene körperliche Anomalie vorliegt, die ihn für den eingetretenen Schaden anfällig gemacht hat.[20] Auch bei Vorliegen einer Vorschädigung des Patienten im Bereich der Halswirbelsäule kommt es zu keiner Beweiserleichterung bei Nervschädigungen als Folge der Lagerung des Patienten.[21] Das Vorliegen einer körperlichen Anomalie hat die Behandlerseite zu beweisen.[22]

14 In den Bereich des voll beherrschbaren Risikos sind ferner Behandlungsvorgänge einzuordnen, die in Hinblick auf ein Verletzungsrisiko **wenig fehleranfällig** und von **einfachen Handgriffen** geprägt sind, wie ein Darmeinlauf.[23]

15 Der Arzt begeht eine Pflichtverletzung im voll beherrschbaren **Operationsbereich,** wenn er im Operationsgebiet einen Fremdkörper zurücklässt, ohne alle möglichen und zumutbaren Sicherungsvorkehrungen gegen ein solches Fehlverhalten zu treffen, wozu bei textilen Hilfsmitteln eine Kennzeichnung, eine Markierung, das Zählen der verwendeten Tupfer gehört.[24]

16 Nach den gleichen Prinzipien haftet ein Krankenhausträger für seine Erfüllungsgehilfen, wenn nach einer Operation des vorderen Kreuzbandes am linken Knie ein Kirschnerdraht im Körper des Patienten (hier wohl unbeachtet in den Rücken gebohrt) verbleibt, und dem Operateur ein Verschulden nicht nachzuweisen ist.[25]

17 Es muss jedoch zumindest feststehen, dass der Keimträger aus einer Sphäre des Behandelnden stammt. Da Infektionen in der Regel auch bei Einhaltung aller Hygienemaßnahmen unvermeidbar sind, kann man sich in solchen Fällen auf die Rechtsprechung zum voll beherrschbaren Risiko nur mit Erfolg berufen, wenn man die Keimquelle benennen kann,[26] beispielsweise, wenn eine Arzthelferin als Keimträgerin feststeht.[27]

18 „Bekommt ein Patient im Krankenhaus bei einer Bewegungs- und Transportmaßnahme der ihn betreuenden Krankenschwester aus unerklärten Gründen das Übergewicht und stürzt, ist es Sache des Krankenhausträgers, aufzuzeigen und nachzuweisen, daß der Vorfall nicht auf einem pflichtwidrigen **Verhalten der Pflegekraft** beruht."[28] Gleiches gilt, wenn ein Patient, der zum Zweck des Liegendtransports in ein Fahrzeug geschoben wird, sich mit dem Kopf an der Oberkante des Fahrzeugs stößt.[29] Von einer Verschul-

---

[18] BGH NJW 1984, 1403 = MedR 1985, 221; s auch OLG Oldenburg VersR 1995, 1194; OLG Hamm VersR 1998, 1243.
[19] BGH NJW 1988, 762; OLG Braunschweig chefarzt aktuell 2009, Nr 2/09, 30.
[20] BGH NJW 1995, 1618 = MedR 1995, 365 mit Problemstellung *Reiling*.
[21] OLG Schleswig OLGR Schleswig 2003, 389.
[22] OLG Zweibrücken MedR 2007, 423.
[23] OLG Zweibrücken MedR 2007, 423. Kritisch *Bergmann/Wever* MedR 2007, 423.
[24] BGHZ 79, 259 = NJW 1981, 983. OLG Köln VersR 1988, 140.
[25] OLG Zweibrücken GesR 2009, 88 f.
[26] Vgl OLG Hamm MedR 2008, 217, 219.
[27] Vgl BGH NJW 2007, 1682 = VersR 2007, 847.
[28] BGH NJW 1991, 1540 = MedR 1991, 139.
[29] OLG Hamm MDR 2006, 1228 = VersR 2007, 1525 = MedR 2006, 584.

densvermutung zulasten der Behandlungsseite ist auch dann auszugehen, wenn die Geeignetheit eines Rollstuhls (Standfestigkeit) beim Transport eines unruhigen Patienten infrage steht.[30] Ferner muss sich das Krankenhaus bei einem Patienten der auf die Benutzung von Unterarmgehhilfen angewiesen ist, vergewissern, dass dieser deren Verwendung beherrscht.[31]

Stürzt ein Patient von einer Untersuchungsliege, weil das Kopfteil so weit nach hinten klappt, dass es senkrecht zum Boden zeigt, wird eine Verletzung der Verkehrssicherungspflicht durch den Arzt vermutet.[32] Bei Durchführung einer Röntgenuntersuchung müssen in zumutbarer Weise Vorkehrungen getroffen werden, die der Abwendung von Gefahren, wie eines Kollabierens mit der Folge eines Sturzes, gelten.[33] Dem Risikobereich des Behandlers ist es auch zuzurechnen, wenn ein 85 Jahre alter Patient beim Versuch, von einer Massageliege zu steigen, stürzt.[34]

Kommt demgegenüber ein Patient mit Herzbeschwerden allein in die Praxis und begibt sich dort selbstständig in den Untersuchungsraum, ist dem Arzt nicht anzulasten wenn der Patient von der Untersuchungsliege stürzt, während er auf den Arzt wartet.[35] Nichts anderes ist anzunehmen, wenn ein 82 Jahre alter Patient nachts auf einer normalen Station aus dem Krankenbett fällt, ohne dass es zuvor konkrete Anhaltspunkte für eine Eigen- oder Fremdgefährdung gab.[36] Selbst bei einem Patienten, der während eines früheren Krankenhausaufenthaltes gestürzt war oder dem Beruhigungsmittel verabreicht wurden, müssen keine Bettgitter angebracht werden.[37] Auch ein an Demenz erkrankter Patient muss zur Vermeidung eines Sturzes nicht im Bett fixiert bzw dauernd beaufsichtigt werden.[38] Ein Vorwurf kann auch dann nicht gemacht werden, wenn der Patient nach einer Kreislaufschwäche die Anweisung erhält, nicht aufzustehen und kurzfristig allein gelassen wird, nachdem eine Besserung der Kreislaufsituation festgestellt wurde und der Patient angab, dass es ihm wieder gut gehe.[39] Geht ein Patient nach einer Vollnarkose selbstständig zur Toilette, bedarf es keiner Überwachung.[40]

Steht ein Verstoß gegen eine Befundsicherungspflicht im Raum und können die Befunde nicht vorgelegt werden, muss der Arzt sein fehlendes Verschulden beweisen, weil die Lagerung von Gewebeproben dem Bereich des voll beherrschbaren Risikos zuzuordnen ist.[41]

3. Zusammenfassung. Ein Verschulden des Arztes oder des Krankenhausträgers, so lässt sich die Judikatur zusammenfassen, steht billigerweise zu vermuten, wenn die Unbill erwiesenermaßen aus einem Feld herrührt, dessen Gefahren ärztlicherseits ganz ausgeschlossen werden können und sollen. Diese einleuchtende Beweislastregel kann als allgemein anerkannt gelten. Sie lässt sich auch über die Gefahrenkreislehre begründen, die der BGH in anderem Zusammenhang entwickelte.[42] Die Widerlegung der Verschuldensvermutung wird nur schwer und ausnahmsweise gelingen, ist aber möglich.[43]

---

[30] KG VersR 2006, 1366 = MedR 2006, 182 = ArztR 2006, 153, bestätigt durch BGH, Beschl v 31.1.2006 – VI ZR 69/05.
[31] OLG Koblenz NJW-RR 2004, 828 = VersR 2005, 943. AA OLG München NJW 1994, 1599.
[32] OLG Hamm MedR 2002, 196.
[33] LG Essen MedR 2002, 311: Klageabweisung, da im konkreten Fall kein Anhaltspunkt für eine Kollabiergefahr vorlag.
[34] LG Kassel VersR 2008, 405.
[35] OLG Celle ArztR 2003, 126, 128.
[36] OLG Schleswig NJW-RR 2004, 237.
[37] OLG Stuttgart MedR 2002, 153.
[38] OLG Düsseldorf GesR 2006, 214.
[39] OLG Düsseldorf VersR 2002, 1284.
[40] OLG Düsseldorf VersR 2002, 441.
[41] OLG Hamm NJW-RR 2003, 807, 808 = ArztR 2003, 80 f.
[42] *Giesen*, RdNr 455.
[43] *Kienzle/Smentkowski* MedR 2009, 222, 223 f.

§ 110 Grobe Behandlungsfehler

Inhaltsübersicht

	RdNr
I. Verschieben der Beweislast aus Billigkeitsgründen	1
1. Beweislastumkehr	1
2. Beweiserleichterungen bei Verletzung von Kontrollpflichten	8
II. Der grobe und schwere Behandlungsfehler	9
1. Der schwere Behandlungsfehler als juristisches Urteil	9
2. Feststellung des schweren Arztfehlers	10
III. Kasuistik	14
1. Diagnose-, Befunderhebungs- und Befundsicherungsirrtümer	14
2. Fehler der Therapie	22
IV. Umfang der Beweislastumkehr	32

I. Verschieben der Beweislast aus Billigkeitsgründen

1. Beweislastumkehr. Bisher wurden die allgemeinen zivilprozessualen Regeln in Anwendung auf den Arzthaftpflichtprozess vorgestellt. Im folgenden werden die Besonderheiten des Arzthaftpflichtprozesses erörtert. Die Rechtsprechung hat insoweit eine Beweislastumkehr an zwei Voraussetzungen geknüpft, den groben Behandlungsfehler und die mangelhafte Dokumentation.

Ist dem Arzt ein grober Behandlungsfehler unterlaufen, greift zu Gunsten des Patienten eine **Beweislastumkehr** für den Nachweis des ursächlichen Zusammenhangs zwischen Behandlungsfehler und Gesundheitsschaden.[1] Damit meint der BGH eine Umkehr der Feststellungslast. Die Folge ist, dass der Arzt und nicht der Patient den Hauptbeweis führen muss, also das Gericht davon zu überzeugen hat, dass der grobe Berufsfehler den Schaden nicht verursachte. Zu dieser Klarstellung sah sich der BGH im Jahr 2004 offenbar gezwungen, nachdem die seit den sechziger Jahren gebräuchliche Formulierung, dass es „Beweiserleichterungen bis hin zu einer Umkehr der Beweislast" gäbe, wegen der damit verbundenen Vermengung von Beweiswürdigung und Beweislast, zum Teil missverstanden worden war.[2]

Die Klarstellung des BGH ist zu begrüßen. Die frühere Formulierung wurde dem Gebot der Rechtssicherheit, nach dessen prozessualer Ausprägung die Beweislastverteilung vor Prozessbeginn feststehen muss, nicht gerecht.[3]

Gelingt dem Arzt jedoch der Nachweis, dass ein Ursachenzusammenhang zwischen dem Behandlungsfehler (hier: -verzögerung) und dem Schadenseintritt nicht besteht, findet eine Beweislastumkehr nicht statt.[4]

Da die Beweislastumkehr das materielle Recht modifiziert, bedarf die **richterliche Rechtsfortbildung** gewichtiger Gründe. Diese haben noch nicht allgemein zu überzeugen vermocht.[5] „Die Grundlagen ... sind unklar und verlieren sich wahrscheinlich im Bil-

---

[1] BGH NJW 2004, 2011 = MedR 2004, 561 = VersR 2004, 909; *Laumen* NJW 2002, 3739, 3744; BGH MedR 2009, 228.

[2] Vgl dazu Steffen, Anm zu BGH, MedR 2004, 561; *Stein/Jonas/Leipold* § 286 RdNr 207; *Kern*, Weitere Haftungsverlagerung zulasten der Ärzte – Umkehr der Beweislast bei groben Behandlungsfehlern, *Lindenmaier/Möhring,* 2005, 6 f.

[3] So auch *Laumen* NJW 2002, 3739, 3744; *Zöller/Greger,* vor § 284 RdNr 22. Vgl auch *Krämer,* FS Hirsch, 387, 388; *Sträter,* 57 f.

[4] OLG Köln, Urt v 18. 2. 2009 – AZ: 5 U 101/07.

[5] Vgl die Analyse und Kritik an der Judikatur von *Katzenmeier,* § 8 II.3., mit weiterführenden Überlegungen zur Legitimierung der Beweislastsonderregel; s auch *H Weber,* Der Kausalitätsbeweis im Zivilprozeß, 232 ff, 253 f; *Musielak,* Die Grundlagen der Beweislast im Zivilprozeß, 1975, 145 ff

ligkeitsrecht. Die deutsche Rechtsprechung löst auf diese Weise nach dem Alles- oder Nichts-Prinzip das Problem der unklaren Verläufe, welches die französische Rechtsprechung unter dem Aspekt des Verlustes einer Chance teilweise ausgleicht."[6] Als echte Alternative erscheint aber nur die Möglichkeit, das Problem auf die Ebene der Beweiswürdigung zu verlagern. Allerdings lässt sich die dort eher zu erreichende Einzelfallgerechtigkeit nur auf Kosten der Rechtssicherheit erkaufen. Dagegen hat sich der BGH auch mit dem Argument entschieden, dass Einzelfallgerechtigkeit bis zu einem gewissen Grad noch dadurch erreicht werden kann, dass dem Tatrichter die Wertung des Behandlungsgeschehens als grob fehlerhaft vorbehalten ist.[7] Der wesentlichen weiteren Kritik des Schrifttums, dass die Beweislastumkehr dogmatisch nicht zu rechtfertigen sei[8], wird so freilich nichts entgegengesetzt. Allerdings hat die Literatur bisher auch keinen tragfähigen Ansatz entwickelt, der in der Praxis tauglich ist.[9]

Zur Begründung seiner Rechtsprechung hat der BGH bereits 1967 festgestellt, dass ein **6** Arzt, der durch einen schwerwiegenden Verstoß gegen die Regeln der ärztlichen Kunst eine Lage geschaffen habe, die nicht erkennen lasse, wie der Verlauf bei ordnungsgemäßer Hilfe gewesen wäre, „näher daran" sei, das **Beweisrisiko** zu tragen, als der Patient, der kaum etwas zur Klärung des Sachverhalts beitragen könne. Es handelt sich nach der höchstrichterlichen Judikatur nicht um eine Sanktion für ärztliches Verschulden. Die Beweislastumkehr „knüpft vielmehr daran an, daß die Aufklärung des Behandlungsgeschehens wegen des Gewichts des Behandlungsfehlers und seiner Bedeutung für die Behandlung in besonderer Weise erschwert worden ist, so daß der Arzt nach **Treu und Glauben** dem Patienten den vollen Kausalitätsbeweis nicht zumuten kann".[10] Das gilt aber nur in Fällen in denen die Versorgung im Rahmen des Behandlungsverhältnisses durch den Arzt bewusst und gewollt übernommen wurde.[11] Zum Teil klingt in der Rechtsprechung an, dass zur Rechtfertigung der Beweislastumkehr auf eine Vergleichbarkeit mit den Grundsätzen der Beweisvereitelung abgestellt wird. So wird diese im Bereich der groben Befunderhebungsfehler damit begründet, dass die beweisrechtliche Situation bereits durch die Nichterhebung der Befunde beeinträchtigt werde.[12]

Mit der Frage, ob sich auch **Nebentäter** auf die Beweislastumkehr berufen können, **7** musste sich der BGH noch nicht auseinandersetzen. Soweit ersichtlich, musste bisher nur das OLG Köln[13] zu dieser Frage Stellung nehmen, welches ebenso wie die zu diesem

---

(Sonderfall des Anscheinsbeweises der Kausalität, bei dem die sonst an die Wahrscheinlichkeit gestellten Anforderungen vermindert werden); *Hausch* VersR 2005, 600, 603 f; *Schmidt* MedR 2007, 693, 700 f; *Spickhoff* NJW 2004, 2345, 2347.

[6] *Deutsch/Matthies*, Arzthaftungsrecht. Grundlagen, Rechtsprechung, Gutachter- und Schlichtungsstellen, 3. Aufl 1988, 61 f. Zum Gedanken einer anteiligen Wahrscheinlichkeitshaftung des Arztes vgl *Kasche*, Verlust von Heilungschancen, 1999; *Fleischer* JZ 1999, 766, 771 ff; *Katzenmeier*, § 8 IV.3.c; *Spickhoff* NJW 2004, 2345, 2346.

[7] BGH MedR 2004, 561, 563 = BGH NJW 2004, 2011, 2013. Kritisch dazu *Sträter*, 59 f.

[8] Übersicht über die verschiedenen dogmatischen Ansätze bei *Sträter*, 60 ff; *Sundmacher*, 32 ff; *Laufs/Katzenmeier/Lipp/Katzenmeier*, 397 f.

[9] *Schmidt* MedR 2007, 693, 700 f plädiert für eine Herausnahme der Gesundheitsbeeinträchtigung aus dem Tatbestand. *Heidelk*, 159, schlägt vor, § 280 Abs 1 S 2 BGB für den Bereich der nichterfolgsbezogenen Arzthaftung so auszulegen, dass nach Feststellung einer generellen Eignung des Behandlungsfehlers zur Herbeiführung des Gesundheitsschadens der Arzt zu beweisen hat, dass auch eine korrekte Behandlung zu keinem besseren Ergebnis geführt hätte. *Steiner*, Der grobe Behandlungsfehler in der Praxis, VersR 2009, 473, 474, empfiehlt eine „Proportionalhaftung".

[10] NJW 1967, 1508. Kritisch *Heidelk*, 145.

[11] OLG Düsseldorf NJW-RR 2008, 1474 zur Nichtanwendbarkeit der Beweislastumkehr bei einem groben Behandlungsfehler eines zufälligen ärztlichen Nothelfers (Nichtzulassungsbeschluss BGH Beck RS 2008, 13309).

[12] OLG Koblenz VersR 2007, 1565 = MedR 2007, 439; BGH NJW 2004, 1871, 1872 = MedR 2004, 559, 561.

[13] OLG Köln VersR 1989, 294.

Thema spärliche Literatur[14], die personelle Reichweite der Beweislastumkehr auf das Behandlungsverhältnis beschränkt hat. Für die Richtigkeit dieser Ansicht spricht die oben dargestellte Rechtfertigung der Beweislastverteilung, welche ihre Grundlage in dem Behandlungsgeschehen selbst hat. Hinzu kommt, dass andernfalls die Ärzte in Regressprozessen schlechter gestellt wären als andere Schädiger, die sich auf die herkömmliche Beweislastverteilung berufen könnten.[15]

2. Beweiserleichterungen bei Verletzung von Kontrollpflichten. Schließlich stellt sich die Frage, ob Beweiserleichterungen zum Vorteil des Patienten generell auch dann gelten sollen, wenn der Arzt Pflichten verletzte, die gerade unkontrollierte Geschehensabläufe vermeiden sollen oder die eben darum bestehen, weil Schadensfolgen noch nicht voll durchschaut erscheinen wie bei **Heilversuchen**.[16] Erschwert die Verletzung solcher gewichtiger Kontrollpflichten die nachträgliche Erhellung und die Rekonstruktion des Geschehens, so werden auf dem Boden der bisherigen rechtsfortbildenden richterlichen Spruchpraxis wohl auch hier Beweiserleichterungen Platz greifen.

II. Der grobe und schwere Behandlungsfehler[17]

1. Der schwere Behandlungsfehler als juristisches Urteil. Bei der Feststellung eines groben oder (besser) schweren Behandlungsfehlers handelt es sich um ein **juristisches Urteil**. Der regelmäßig unentbehrliche medizinische Sachverständige darf eine solche Qualifizierung nicht treffen.[18] „Es geht bei der Frage, ob ein Behandlungsfehler als ‚grob' anzusehen ist, um eine juristische Wertung, die nicht der Sachverständige, sondern das Gericht aufgrund der ihm unterbreiteten Fakten (im Rahmen einer Gesamtbetrachtung des Behandlungsgeschehens) zu treffen hat."[19] Eine Bindung an die Ausführungen des Sachverständigen besteht aber insoweit, als sich aus diesen ein schlechterdings unverständliches Verhalten des Arztes ergeben muss.[20]

2. Feststellung des schweren Arztfehlers. Entscheidend für die Feststellung eines groben Fehlers bleibt stets die Beurteilung des Gesamtgeschehens. Ob ein **schwerer Arztfehler** vorliegt, richtet sich nach den tatsächlichen Umständen des Einzelfalles. Die Würdigung liegt darum weitgehend beim Tatrichter, weshalb die umfangreiche Kasuistik zur Frage des Vorliegens eines groben Behandlungsfehlers nur eine begrenzte Hilfe sein kann. Die Würdigung im Einzelfall muss erkennen lassen, „daß nicht schon ein Versagen genügt, wie es einem hinreichend befähigten und allgemein verantwortungsbewußten Arzt zwar zum Verschulden gereicht, aber doch passieren kann".[21]

Ein grober Behandlungsfehler liegt bei einem solchen Fehlverhalten vor, das nicht aus subjektiven, in der Person des handelnden Arztes liegenden Gründen, sondern aus objektiver ärztlicher Sicht bei Anlegung des für einen Arzt geltenden Ausbildungs- und Wissensmaßstabes nicht mehr verständlich und verantwortbar erscheint, weil ein solcher Fehler dem behandelnden Arzt „schlechterdings nicht unterlaufen darf". Es kommt also nur darauf an, ob das ärztliche Verhalten eindeutig gegen gesicherte und bewährte medizinische Erkenntnisse und Erfahrungen verstößt.[22] Das kann etwa der Fall sein, wenn auf eindeutige Befunde nicht nach gefestigten Regeln der ärztlichen Kunst reagiert wird, oder wenn grundlos Standardmethoden zur Bekämpfung möglicher, bekannter Risiken nicht

---

[14] *Hausch* VersR 2005, 600 f; *Schramm*, 268 ff.
[15] Vgl *Hausch* VersR 2005, 600, 605 f.
[16] In diesem Sinne *Steffen/Pauge*, RdNr 548.
[17] Zu Recht kritisch: *Steiner*, Der grobe Behandlungsfehler in der Praxis, VersR 2009, 473.
[18] BGH NJW 1986, 1540.
[19] BGH NJW 1988, 1513; 2000, 2737; vgl zu Formulierungen von Sachverständigen *Hausch* VersR 2002, 670, 675.
[20] BGH NJW 2001, 2792, 2794.
[21] BGH NJW 1983, 2080, 2081.
[22] BGH NJW 1992, 754; BGH NJW 1983, 2080; BGH NJW 1998, 814.

angewandt werden, und wenn besondere Umstände fehlen, die den Vorwurf des Behandlungsfehlers mildern können.[23] Auch grobe Organisationsmängel kommen als Anknüpfungspunkt in Betracht.[24] Demgegenüber können grobe Fehler im Rahmen der Risikoaufklärung mangels ihrer Eigenschaft als Behandlungsfehler keine Beweislastumkehr begründen.[25] Ein grober Behandlungsfehler setzt indessen keine grobe Fahrlässigkeit voraus.[26] Aus einer schwerwiegenden Fehlentscheidung bei der Therapiewahl kann alleine nicht auf einen groben Behandlungsfehler geschlossen werden. Es ist festzustellen, ob der Fehler nur hinsichtlich der Folgen schwerwiegend ist, oder hinsichtlich der Standardabweichung.[27]

Der Fehler muss die Aufklärung des Behandlungsverlaufs besonders erschweren.[28] Vornehmlich infrage kommen Verstöße gegen grundlegende Regeln und Einsichten der Medizin. Auch nicht grobe Fehler können in der Summe die Aufhellung des Geschehens so sehr belasten, dass eine Beweislastumkehr gerechtfertigt erscheint.[29] Umgekehrt gilt: So wie bestimmte Umstände Arztfehlern das Gewicht nehmen können,[30] vermögen gewisse Bewandtnisse Aufklärungserschwernisse zu neutralisieren.[31]

12

Definitionen dieser Art können das Thema freilich nicht erschöpfen. Der VI. Zivilsenat des BGH hob indessen wiederholt hervor, „daß die infrage stehende Beweiserleichterung auf anderer Grundlage beruht als etwa diejenige des Anscheinsbeweises; jedenfalls in diesem Sinn muß der **Ursachenzusammenhang** zwischen grobem Behandlungsfehler und dem Schaden **nicht naheliegend** oder gar typisch sein, um Beweiserleichterungen zu rechtfertigen".[32]

13

III. Kasuistik

1. Diagnose-, Befunderhebungs- und Befundsicherungsirrtümer. Diagnosen, nicht nur die alsbald im Blick auf ein Spezialverfahren zu stellenden vorläufigen, bleiben oft mit Unsicherheiten belastet.[33] Darum müsse, so der BGH,[34] „die Schwelle, von der ab ein **Diagnoseirrtum** als schwerer Verstoß gegen die Regeln der ärztlichen Kunst zu beurteilen ist, der dann zu einer Belastung mit dem Risiko der Unaufklärbarkeit des weiteren Ursachenverlaufs führen kann, hoch angesetzt werden". Ein Diagnoseirrtum im Sinne einer Fehlinterpretation erhobener Befunde gilt nur dann als grober, wenn es sich um ein fundamentales Missverständnis handelt.

14

Der Arzt darf die Anzeichen einer schweren bakteriellen Infektion nicht übersehen oder gar durch eine Injektion verwischen.[35] Den alarmierenden Anstieg der Körpertempe-

15

---

[23] BGH NJW 1983, 2080; BGH NJW 1998, 814.
[24] OLG Bremen MedR 2007, 660; *Kern* GesR 2009, 1.
[25] OLG Oldenburg VersR 2008, 924, 925.
[26] BGH NJW 1992, 754 = MedR 1992, 214; *Geiß/Greiner*, RdNr B 252. Von einer Identität beider Begriffe geht hingegen *Sträter*, 83, aus.
[27] OLG Naumburg MedR 2009, 292, 294 f.
[28] OLG Stuttgart MedR 2000, 35. *Heidelk*, 144 f weist darauf hin, dass die bei groben Fehlern postulierten Aufklärungserschwernisse empirisch nicht belegt sind.
[29] *Geiß/Greiner*, RdNr 253; BGH NJW 2001, 2792, 2793. Ein grober Behandlungsfehler wurde bei drei Behandlungsfehlern im Zusammenhang mit der Behandlung von Nachblutungen nach einer Mandeloperation angenommen: OLG Celle VersR 2002, 1558. Ferner bei wiederholtem Legen suprapubischer Katheter, deren Verfallsdatum mehrere Jahre überschritten war: OLG Köln VersR 2003, 1444. Zur Summierung einfacher Versäumnisse eines Zahnarztes vgl OLG Koblenz MedR 2008, 657.
[30] BGH NJW 1988, 1511.
[31] BGH NJW 1988, 2949.
[32] BGHZ 85, 212 = NJW 1983, 333 m Anm *Matthies*, 1997, 796.
[33] Zum Diagnosefehler allgemein vgl oben § 48; u BGH NJW 2003, 2827.
[34] BGH VersR 1981, 1033.
[35] BGH VersR 1985, 886.

ratur eines am Sprunggelenk Operierten hat der Arzt zum Anlass einer Wundinspektion zu nehmen.[36] Ein thrombotisches Geschehen im Beckenvenenbereich darf nicht verkannt werden.[37] Ist die Arbeitshypothese eines Bronchialkarzinoms zu stellen, muss ihr bis zum Ausschluss nachgegangen werden.[38] Befundet ein Arzt eine komplizierte Migräne, handelt er grob fehlerhaft, wenn er der Verdachtsdiagnose einer transitorisch ischämischen Attacke nicht nachgeht.[39]

16 Von einem groben Fehler ist demgegenüber nicht auszugehen, wenn ein Tumor, der an dieser Stelle sehr selten vorkommt, auf einem CT übersehen wurde und nur 4 von 8 Ärzten im Rahmen einer vom Sachverständigen durchgeführten Befragung die Auffälligkeit erkannten.[40] Ein grober Diagnosefehler wurde auch nicht angenommen, als die Verrenkung des Mittelgliedes des Ringfingers auf einer Röntgenaufnahme nicht erkannt wurde.[41]

17 Strengere Maßstäbe als bei den Diagnoseirrtümern ieS gelten im Bereich unzureichender **Befunderhebung und -sicherung**,[42] sofern nicht bereits die unterlassene Befunderhebung selbst als grob fehlerhaft zu bewerten ist. Fehler in diesem Bereich sind oft schwer von Diagnosefehlern abzugrenzen.[43] Letztere sind nur dann anzunehmen, wenn die gebotenen Befunde **vollständig** erhoben, aber falsch interpretiert wurden. Unterschiedlich betrachtet wird der Fall in dem eine falsche Diagnose dazu führt, dass weitere erforderliche Befunde nicht erhoben werden. Während die Literatur hier zum Teil von einem Befunderhebungsfehler ausgeht[44], nimmt die obergerichtliche Rechtsprechung[45] überwiegend einen Diagnosefehler an. Will man die wegen der Schwierigkeiten der richtigen Diagnosestellung bestehende Haftungsprivilegierung nicht unterlaufen, erscheint die Lösung der Rechtsprechung interessengerecht. Auch der BGH ist in einem Fall einer außerordentlich schwierigen Diagnosestellung, in dem es der Pathologe unterlassen hatte, die Beurteilung des von ihm erhobenen Befundes durch Einholung einer zweiten Meinung zu überprüfen, nur von einem Diagnosefehler ausgegangen.[46] Befunderhebungsfehler sind dann als grobe Fehler zu bewerten, wenn der Arzt in erheblichem Ausmaß Diagnose- und Kontrollbefunde zum Behandlungsgeschehen **nicht** erhebt,[47] wenn er einfache und selbstverständlich gebotene differential-diagnostische Überlegungen und Untersuchungen unterlässt.[48] Der unterlassenen Befunderhebung steht die zu späte Befunderhebung gleich.[49] Ein grober Fehler kann ferner dann vorliegen, wenn die gestellte vertretbare Diagnose im

---

[36] BGH VersR 1987, 408.
[37] OLG Hamm VersR 2002, 315; auch zur unterlassenen Befunderhebung.
[38] OLG Hamm VersR 2002, 578.
[39] OLG München VersR 2005, 657.
[40] OLG Koblenz VersR 2007, 1565 = MedR 2007, 439 = NJW-RR 2007, 532.
[41] OLG Koblenz VersR 2006, 1547 = NJW-RR 2006, 1612 = ArztR 2007, 162; aA *Jaeger,* Anm zu OLG Koblenz VersR 2006, 1547, VersR 2006, 1548.
[42] Das gilt auch im Rahmen der Gestaltung einer postoperativen Überwachung durch eine Serie von Einzelkontrollen, vgl OLG München NJW-RR 2006, 33. Zur Befundsicherung vgl *Deutsch/Spickhoff,* RdNr 527. OLG Koblenz VersR 2007, 1565 = MedR 2007, 439 = NJW-RR 2007, 532. Das OLG Bamberg hat diese Rechtsprechung auf den Fall einer unterlassenen Befundübertragung entsprechend angewandt, vgl OLG Bamberg VersR 2005, 1244. Krit Anm *Baxhenrich* VersR 2006, 79, der die Behandlung als Dokumentationsversäumnis bevorzugt.
[43] Vgl *Schultze/Zeu* VersR 2008, 898f; *Sundmacher,* 77 f; u *Weber-Steinhaus/v Mickwitz.*
[44] *Schultze/Zeu* VersR 2008, 898, 900.
[45] OLG Köln NJW 2006, 69, 70 = VersR 2005, 1740; OLG München, Urt v 12. 4. 2007 – Az: 1 U 2267/04. So auch *Sundmacher,* 77.
[46] BGH NJW-RR 2007, 744 = VersR 2007, 541 = MedR 2008, 44.
[47] BGHZ 85, 212 = NJW 1983, 333 m Anm *Matthies* = MedR 1983, 144 m Anm *Kern;* OLG Oldenburg NJW-RR 2000, 403.
[48] BGH VersR 1983, 983; OLG Köln VersR 1999, 491; andererseits OLG Saarbrücken MedR 1999, 181.
[49] OLG Zweibrücken NJW-RR 2008, 537 = MedR 2008, 363.

weiteren Behandlungsverlauf nicht überprüft wird, obwohl die Therapie keine Wirkung zeigt.[50]

Ein Verstoß gegen die Pflicht zur **Erhebung und Sicherung medizinischer Befunde** 18 und zur ordnungsgemäßen Aufbewahrung der Befundträger lässt im Wege der **Beweislastumkehr** für den Patienten jedenfalls auf ein reaktionspflichtiges positives Befundergebnis schließen, sofern ein solches hinreichend wahrscheinlich ist.[51] Demgegenüber kann regelmäßig nicht auf eine Ursächlichkeit der unterlassenen Befundauswertung für einen vom Patienten erlittenen Gesundheitsschaden geschlossen werden. Dieser Schluss ist nur möglich in Fällen, in denen das Unterlassen der Befunderhebung selbst grob fehlerhaft ist[52], sofern der haftungsbegründende Ursachenzusammenhang nicht äußerst unwahrscheinlich ist[53]. Das kann aber nicht bereits dann angenommen werden, wenn neben der infolge der nicht erfolgten Befunderhebung unterlassenen Reaktion auf ein Untersuchungsergebnis auch viele andere Ursachen für den eingetretenen Gesundheitsschaden denkbar sind.[54] Dieses Beweisrisiko soll nämlich gerade die Behandlerseite tragen.[55]

Ferner kann auch ein **einfacher Fehler** bei der Befunderhebung oder Befundsicherung 19 zu einer Beweislastumkehr führen, wenn sich bei Abklärung mit **hinreichender Wahrscheinlichkeit** ein reaktionspflichtiges Ergebnis gezeigt hätte und sich die Verkennung dieses Befundes als fundamental oder die Nichtreaktion hierauf als grob fehlerhaft darstellen würde.[56] Der BGH geht in diesen Fällen von einer zweistufigen Kausalitätsprüfung aus.[57] Zunächst muss der Patient beweisen, dass der einfache Befunderhebungsfehler[58] mit hinreichender Wahrscheinlichkeit kausal für das Unterbleiben des Befundes geworden ist.[59] Die Instanzgerichte verlangen in diesem Bereich überwiegend einen Gewissheitsgrad von mehr als 50 Prozent.[60] Auf der zweiten Stufe betrachtet der BGH eine hypothetische Situation, nämlich die, dass der Befund erhoben wurde. Hier muss das Unterlassen der in Folge des erhobenen Befundes gebotenen Behandlung grob fehlerhaft sein. Darin liegt die Rechtfertigung für die Beweislastverschiebung, die also nur auf der zweiten Stufe erfolgt. Dafür muss entsprechend den allgemeinen Grundsätzen bei groben Behandlungsfehlern das Verkennen des gravierenden Befundes oder die Nichtreaktion auf diesen generell geeignet sein, den eingetretenen Gesundheitsschaden herbeizuführen, und der Zusammenhang nicht äußerst unwahrscheinlich sein[61]. Aus diesem Grund war es irrelevant, dass im vom BGH entschiedenen Fall feststand, dass auch bei Vornahme der gebotenen Behandlung der Schaden am Patienten mit **90-prozentiger Wahrscheinlichkeit** nicht ausgeblieben wäre.

---

[50] OLG Düsseldorf VersR 2005, 117.
[51] Unabhängig davon, ob ein einfaches oder grobes ärztliches Versäumnis im Raum steht, vgl OLG Koblenz VersR 2008, 1493.
[52] BGHZ 138, 1 = NJW 1998, 1780 (Fortführung von BGHZ 132, 47); OLG Koblenz VersR 2007, 1565 = MedR 2007, 439; OLG Saarbrücken MedR 2007, 486, 488; vgl *Groß*, FS Geiß, 429, 433 ff.
[53] Im Fall von OLG Saarbrücken MedR 2007, 486, 488 zu Unrecht angenommen. Vgl auch Anm *Schmidt/Recla* MedR 2007, 489 f.
[54] So aber OLG Saarbrücken MedR 2007, 486, 488.
[55] So auch *Schmidt/Recla* MedR 2007, 489 f.
[56] BGH NJW 2004, 2011, 2013. Krit *Hausch* VersR 2003, 1489, 1492f, der Rechtsprechung für unterlassene Befunderhebung vollständig ablehnt. Vgl auch *Schultze-Zeu* VersR 2008, 898.
[57] BGH NJW 2004, 2011, 2013; NJW 2004, 1871, 1872. Vgl auch *Spickhoff* NJW 2004, 2345 f.
[58] Die tatsächlichen Voraussetzungen für diesen muss der Patient beweisen. So auch die Voraussetzungen für eine ergänzende Befunderhebungspflicht, vgl dazu OLG Koblenz VersR 2008, 123.
[59] Dies darf nicht mit der Frage vermengt werden, ob der Befunderhebungsfehler den eingetretenen Gesundheitsschaden verursacht hat; vgl dazu NJW 2004, 1871, 1872 = MedR 2004, 559, 561.
[60] OLG Köln VersR 2004, 247; OLG Dresden VersR 2004, 648; OLG München MedR 2007, 361. Vgl *Sundmacher*, 138 f. Eine Wahrscheinlichkeit von unter 50 Prozent als ausreichend erachtet das OLG Zweibrücken NJW-RR 2008, 539, 540.
[61] So bei OLG Saarbrücken MedR 2007, 486 m Anm *Schmidt/Recla* MedR 2007, 489 f.

20 Der Arzt hat bei Sepsissymptomen an Bein und Hüfte nach einer Kaiserschnittoperation den konkreten Befund mit den üblichen Befunderhebungen abzuklären; er darf durch ungezielte Medikation das Krankheitsbild nicht verschleiern.[62] Eine histologische Abklärung ist zwingend geboten, wenn innerhalb kurzer Zeit ein auffallend wachsender Tumor festgestellt wird.[63] Liegen eindeutige Symptome einer frischen Hodentorsion vor, ist eine umgehende operative Freilegung des Hodens geboten.[64]

21 Bei kardialen Beschwerden muss der Arzt immer den bedrohlichsten Zustand annehmen und danach vorgehen.[65] Daher müssen bei einem Patienten, der sich mit Brustschmerzen vorstellt, unabhängig von seinem Alter ein EKG angefertigt und Infarktblutwerte ermittelt werden.[66] Ferner muss der Patient bei stärkeren Schmerzen im Schulter- und Armbereich zum Zwecke der vom Arzt selbst nicht durchführbaren diagnostischen Abklärung eines möglichen Herzinfarktes in ein Krankenhaus eingewiesen werden.[67] Der Verdacht auf eine Hirnhautentzündung zwingt den niedergelassenen Arzt zu sofortiger Einweisung des Patienten in die Klinik.[68] Besteht während einer Schwangerschaft der Verdacht einer Rötelninfektion, muss dieser diagnostisch abgeklärt werden.[69] Weiterhin ist vor einer chirotherapeutischen Behandlung die Möglichkeit eines Bandscheibenvorfalls diagnostisch abzuklären.[70]

22 **2. Fehler der Therapie. Grobe Fehler bei der Therapie** kann der Arzt begehen, wenn er eindeutige Befunde nicht zum Anlass für sein Handeln nimmt, wenn er grundlos ein eingeführtes Verfahren gegen bekannte Risiken nicht anwendet, dem Patienten durch Fehlorganisation qualifizierte Helfer vorenthält oder gebotene Kontrollen der Wirksamkeit von Heilmitteln nicht durchführt.[71]

23 So handelt der Arzt leichtfertig und grob fehlerhaft, der aseptische Vorkehrungen nicht trifft.[72] Einen groben Fehler begeht der Arzt, der eine operativ versorgte Fraktur mit Durchspießungswunde nicht rundum inspiziert und keine Wundrevision durchführt.[73] Ein grober Behandlungsfehler liegt vor, wenn der Arzt trotz deutlicher Warnzeichen, die eine sofortige Schnittentbindung gebieten, den Kreißsaal verlässt, um zuhause Mittag zu essen,[74] oder wenn der Chirurg bei einer Leistenbruchoperation eines Säuglings ohne triftige Gründe davon absieht, einen Hodenhochstand zu korrigieren.[75] Kommt es bei einer Geburt zu einer Schulterdystokie ist die Anwendung des Kristeller-Handgriffs vor dem Lösen der verkeilten Schulter des Kindes grob fehlerhaft.[76] Ein Arzt, der mit einer Außenseitermethode behandelt, begeht nicht zwingend einen groben Behandlungsfehler mit den beweisrechtlichen Folgen.[77] Es ist allerdings grob fehlerhaft, ein sich im experimentellen Stadium befindendes Verfahren, dessen Vor- und Nachteile nicht ausreichend bekannt

---

[62] BGH NJW 1988, 1513. Weitere Belege, nach Fächern geordnet, bei *Steffen/Pauge,* RdNr 526 ff.
[63] OLG Jena VersR 2008, 401 = MedR 2008, 520 m Anm *Jaeger.*
[64] OLG Brandenburg VersR 2002, 313; OLG Köln VersR 2003, 860.
[65] LG München I VersR 2004, 649 = NJW-RR 2003, 1179.
[66] LG Berlin VersR 2002, 1029.
[67] BGH NJW 1994, 801; vgl auch BGH NJW 1998, 814; u OLG Bamberg VersR 2005, 1292 zu Veränderungen im EKG.
[68] OLG Stuttgart MedR 1997, 275; OLG Oldenburg NJW-RR 1997, 1117.
[69] OLG Karlsruhe VersR 2002, 1426.
[70] OLG Hamm VersR 2003, 1132.
[71] *Steffen/Pauge,* RdNr 532 ff, mit zahlreichen Nachweisen.
[72] OLG Karlsruhe VersR 1989, 195; BGH MedR 2009, 228.
[73] OLG Stuttgart VersR 1989, 199.
[74] OLG Hamm VersR 1994, 730.
[75] OLG München NJW-RR 1997, 600.
[76] OLG Düsseldorf VersR 2005, 654.
[77] Vgl BGH NJW 2007, 2774 ff; zur Frage der Haftung bei Anwendung einer Neulandmethode BGH NJW 2006, 2477 ff m Anm *Kern* LMK H. 8, 2006, 189313.

sind, erneut anzuwenden, wenn es beim erstmaligen Einsatz nicht gewirkt hat.[78] Das Unterlassen einer Defibrillation bei einem Kammerflimmern ist grob fehlerhaft.[79]

Die Teilbelastung eines Beins durch vorsichtiges Gehen mit Unterarmstützen bereits vier Wochen nach der Operation einer Unterschenkelfraktur bleibt zwar auch bei gutem Sitz des Osteosynthesematerials und ordentlicher Position der Bruchfragmente riskant; der Arzt, der sie zulässt, handelt aber nicht grob fehlerhaft.[80] **24**

Eine Beweislastumkehr ist anzunehmen, wenn der Patient, bei dem seit unbekannter Zeit eine Indikation zum Austausch des Herzschrittmachers bestand, während des Wartens auf den Austausch seines Herzschrittmachers einen Zusammenbruch mit unklarer Ursache erleidet und bei sofortiger Kontrolle mit hinreichender Wahrscheinlichkeit eine Unzuverlässigkeit des Schrittmachers festgestellt worden wäre.[81] Gleiches gilt für das Unterlassen einer gebotenen Kontrollsonografie, bei der sich mit an Sicherheit grenzender Wahrscheinlichkeit eine anbahnende Subluxation gezeigt hätte, auf die reagiert hätte werden müssen.[82] Wird wegen einer unvollständigen Koloskopie ein Darmtumor übersehen, kommt dem Patienten die beschriebene Beweiserleichterung gleichfalls zu Gute.[83] Unterbleibt vor einer Teilresektion der Prostata eine weiterführende Diagnostik in Form einer Biopsie und einer Bestimmung des freien PSA-Wertes, ist eine Beweislastumkehr anzunehmen, wenn diese zur Feststellung des Karzinoms geführt und ein reaktionspflichtiges Ergebnis (Bestrahlung oder Totalresektion der Prostata) zur Folge gehabt hätte.[84] Ist bei einem Neugeborenen das Risiko einer kritischen Unterzuckerung erhöht, und werden dennoch nach der Geburt keine Blutzuckerkontrollen durchgeführt, kann es unter den og Voraussetzungen zu einer Beweislastumkehr kommen.[85] Treten nach einer Bypassoperation Beschwerden (Blut in der Hose, Rücken- und Bauchschmerzen) auf und wäre bei einer Untersuchung mit hoher Wahrscheinlichkeit eine verdeckt abgelaufene Perforation des Ulkus erkannt worden, die eine sofortige Reaktion erforderlich gemacht hätte, kommt es gleichfalls zu einer Beweislastumkehr.[86] **25**

Ein grober **Organisationsfehler** liegt vor, wenn in einer Klinik eine Streptokokkeninfektion auftritt und die Klinikleitung es wiederholt versäumt diesen Umstand den Chefärzten mitzuteilen.[87] Der Krankenhausträger hat sich dahingehend zu entlasten, dass ihn an der Nichtbeachtung der Hygieneerfordernisse kein Verschulden trifft. Ist der Keimträger unbekannt, muss er beweisen, dass er alle organisatorischen Vorkehrungen gegen von dem Operationspersonal ausgehende, vermeidbare Keimübertragungen getroffen hat.[88] Bei einer auffallend hohen Infektionsrate mit Stahphylokokken muss der Klinikträger besondere organisatorische Maßnahmen ergreifen.[89] Anderes gilt allerdings, wenn die Infektionen als Einzelfälle einzuordnen und sonst keine hygienischen Versäumnisse festzustellen sind.[90] Ein grober Organisationsfehler kommt ferner in Betracht, wenn bei einem Verdacht auf Rötelninfektion während der Schwangerschaft die ins Labor einzusendende Blutprobe ungenau beschriftet wird, so dass die Patientin verwechselt wird.[91] **26**

---

[78] OLG Karlsruhe VersR 2004, 244 zur Laserbehandlung am Auge.
[79] OLG Köln NJW-RR 2003, 458 = VersR 2004, 1459.
[80] OLG Nürnberg VersR 1989, 256. Vgl auch OLG Stuttgart VersR 1990, 858.
[81] BGH NJW 2004, 1871, 1872 = MedR 2004, 559, 561.
[82] OLG Hamm VersR 2003, 116.
[83] KG VersR 2008, 136.
[84] OLG Zweibrücken NJW-RR 2008, 539, 540.
[85] OLG Koblenz NJW 2005, 1200, 1202 = MedR 2005, 601, 603.
[86] OLG Koblenz NJW-RR 2008, 1055 = MedR 2008, 568, 569.
[87] OLG Oldenburg VersR 2003, 1544; weitere Nachweise bei *Steffen/Pauge,* RdNr 543.
[88] BGH NJW 1991, 1541 = MedR 1991, 140. Vgl auch BGH NJW 2007, 1682 = VersR 2007, 848.
[89] LG Zweibrücken NJW-RR 2004, 1607, 1608 = ArztR 2005, 129, 130.
[90] OLG Hamm GesR 2005, 164 f.
[91] OLG Karlsruhe VersR 2002, 1426.

27 Grundsätzlich kommt es bei der Feststellung eines groben Behandlungsfehlers nicht auf die ordnungsgemäße Aufklärung des Patienten durch den Arzt an.[92] Grobe Versäumnisse mit beweisrechtlichen Folgen kommen auch bei der therapeutischen Aufklärung **(Beratung)** in Betracht, sofern diese geeignet war den eingetretenen Schaden zu verursachen.[93] Ein Augenarzt hatte den Patienten nicht über eine Glaskörper-Abhebung als Vorstufe einer Netzhautablösung informiert und darüber beraten, dass er bei fortschreitender Symptomatik sofort einen Augenarzt aufsuchen müsse. Dieser Beratungspflichtverstoß führt zur Umkehr der Beweislast für die Kausalität zwischen Behandlungsfehler und Gesundheitsschaden. Eine Wahrscheinlichkeit für das Ergebnis einer Kontrolluntersuchung ist nicht erforderlich.

28 Soweit Gründe der Therapie es gebieten, hat der Arzt den Patienten unmittelbar, rechtzeitig und vollständig zu unterrichten. Einen schweren ärztlichen Behandlungsfehler begeht der Arzt, der seinen Patienten über einen bedrohlichen Befund, der Anlass zu umgehenden und umfassenden medizinischen Maßnahmen gibt, nicht informiert, und der dem Kranken den gebotenen Rat vorenthält.[94] Es ist auch grob fehlerhaft, einen Patienten nach Abschluss einer Notfalluntersuchung nicht darauf hinzuweisen, dass er bei Fortschreiten der Symptome sofort einen Facharzt aufsuchen muss.[95] Grob fehlerhaft ist es, eine Frau nicht über den konkreten Verdacht einer Brustkrebserkrankung und die dringende Notwendigkeit einer diagnostischen Abklärung aufzuklären.[96]

29 Erleidet der Patient bei einer **Anfängeroperation** Gesundheitsschäden, „so trifft die Beweislast dafür, dass dies nicht auf der mangelnden Qualifikation beruht, den Krankenhausträger und die für die Einteilung zur Operation verantwortlichen Ärzte". In solchen Fällen ist es gerechtfertigt, die Beweislast für den ursächlichen Zusammenhang auf Krankenhausträger und Organisationsverantwortliche zu verlagern.[97]

30 Eine Beweislastumkehr scheidet aus, wenn sich nicht das Risiko verwirklicht hat, dessen Nichtbeachtung den Fehler als grob erscheinen lässt.[98] Sie kommt auch dann nicht in Betracht, wenn der Patient durch ein selbstständiges Verhalten den Heilungserfolg vereitelt und dadurch in gleicher Weise wie der Arzt durch den groben Behandlungsfehler dazu beigetragen hat, dass das Behandlungsgeschehen nicht mehr aufgeklärt werden kann.[99] Das ist anzunehmen, wenn der mit medizinischen Sachverstand ausgestattete Patient seinen behandelnden Arzt über wesentliche Tatsachen täuscht oder solche ungefragt verschweigt.[100] Ein nicht überwiegendes **Mitverschulden** des Patienten lässt demgegenüber die Beweislastumkehr nicht entfallen.[101]

31 Die Beweislastumkehr greift ferner nicht ein, sofern es sich um weitere Gesundheitsschäden aus der durch den Fehler verursachten Primärverletzung handelt.[102] Anderes gilt,

---

[92] BGH NJW 1986, 1541, 1542.
[93] BGH NJW 2005, 427 = VersR 2005, 228 = MedR 2005, 226; BGH NJW 2009, 2820, 2822. Zu Beweisproblemen in Zusammenhang mit der therapeutischen Aufklärungspflicht vgl *Hausch* VersR 2007, 167 f.
[94] BGHZ 107, 222 = NJW 1989, 2318 = JZ 1989, 901 m Anm *Laufs;* OLG Braunschweig VersR 1998, 459.
[95] BGH NJW 2005, 427, 428 = MedR 2005, 226, 227.
[96] OLG Düsseldorf NJW-RR 2003, 1333 = VersR 2003, 1310.
[97] BGHZ 88, 248 = NJW 1984, 655 m Anm *Deutsch,* 650 f; vgl auch BGH NJW 1985, 2193.
[98] BGH NJW 2005, 427, 428 = MedR 2005, 226, 227; BGH VersR 1981, 954, 955.
[99] BGH NJW 2005, 427, 428 = MedR 2005, 226, 227; BGH NJW 2004, 2011, 2013. Die Beweislast für die Ausnahmesituation trägt der Arzt.
[100] LG Dresden MedR 2008, 223, zum Verschweigen einer schlechten Blutzuckereinstellung und eines Alkoholabusus' bei Wundbehandlung mit Folge der Amputation.
[101] OLG München MedR 2006, 174, 176 f, zum Verschweigen der Einnahme von Medikamenten. Zum Beweis des Mitverschuldens vgl *Koyuncu,* 224 f.
[102] OLG Oldenburg VersR 1999, 317; OLG Köln MedR 2008, 46. Zu Morbus Sudeck nach übersehener Fraktur am Finger vgl BGH NJW 2008, 1381 = VersR 2008, 644. Auflistung problematischer Fälle bei *Martis/Winkhart/Martis,* 494 f.

19. Kapitel. Die Beweislast im Arztpflichtprozess **32 § 110**

wenn der Sekundärschaden sich als typische Folge der Primärverletzung darstellt[103] oder die verletzte Pflicht gerade das Entstehen des Sekundärschadens verhindern sollte[104]. Liegt ein solcher Ausnahmefall nicht vor, können dem Patienten aber zum Beweis des Sekundärschadens die Beweiserleichterungen des § 287 ZPO zu Gute kommen.[105] Beweiserleichterungen scheiden ferner aus, wenn es um die Vermögensnachteile[106] des Gesundheitsschadens geht.[107] Beweiserleichterungen nach feststehendem groben Fehler können auch bei der Beurteilung von Zukunftsschäden dem klagenden Patienten zustatten kommen.[108]

IV. Umfang der Beweislastumkehr

Liegt ein grober Fehler vor, kommt es zwingend zu einer Beweislastumkehr für den Kausalzusammenhang zwischen Fehler und Schaden. Dem Arzt wird jedoch insoweit entgegengekommen, als für den Beweis der Nichtkausalität das Beweismaß des § 286 ZPO herabgesetzt wird. Der Arzt kann sich entlasten, indem er beweist[109], dass der Behandlungsfehler nicht generell geeignet war, einen Gesundheitsschaden der Art herbeizuführen, wie er tatsächlich eingetreten ist[110] oder dass jeglicher[111] Kausalzusammenhang aufgrund der besonderen Umstände des Einzelfalls äußerst unwahrscheinlich war[112]. Steht beispielsweise in Streit, ob Schadensursache eine allergische Reaktion oder ein Verstoß gegen Hygienestandards ist, muss der Arzt beweisen, dass eine Allergie vorgelegen hat. Für einen Kausalitätsausschluss reicht es also nicht, wenn eine Allergie die wahrscheinlichere Ursache war.[113] Für ein Entfallen des Kausalzusammenhangs ist es nicht einmal ausreichend, wenn 90 Prozent gegen einen solchen sprechen.[114] Die Kausalität ist vielmehr nur dann zu verneinen, wenn lediglich eine akademisch-theoretische bzw. logische Möglichkeit für eine ursächliche Verbindung zwischen Behandlungsfehler und Gesundheitsschaden spricht[115]. Das gilt auch in Fällen, in denen erst der Willensentschluss des Verletzten zum Schaden führt – so bei einem Schwangerschaftsabbruch, bei dem eine Missbildung des Ungeborenen infolge einer Medikamentenverabreichung nicht auszuschließen ist.[116]

32

---

[103] BGH NJW 1978, 1683; BGH NJW 1988, 2948.
[104] *Deutsch/Spickhoff*, RdNr 539 mit Beispielen; OLG Karlsruhe Urt v 24. 5. 2006, Az: 7 U 242/05.
[105] BGH NJW 2008, 1381 = VersR 2008, 644; OLG Köln MedR 2008, 46.
[106] Erwerbsunfähigkeit, Verdienstausfall.
[107] BGH VersR 1981, 462; dabei handelt es sich um eine Frage der haftungsausfüllenden Kausalität nach § 287 ZPO.
[108] BGH VersR 1979, 939.
[109] BGH NJW 2005, 427, 428; OLG Jena VersR 2008, 401; *Spickhoff* NJW 2004, 2345, 2347; *Schmidt/Recla* MedR 2007, 489, 490.
[110] BGHZ 85, 212; BGH NJW 1986, 1540. Das gilt auch bei einer groben Verletzung der therapeutischen Aufklärungspflicht, vgl BGH NJW 2005, 427 = MedR 2005, 226.
[111] OLG Celle NJW-RR 2002, 1603: Die Beweislastumkehr ist nicht schon dann ausgeschlossen, wenn die Alleinverursachung des Schadens durch den groben Fehler äußerst unwahrscheinlich ist, sofern nicht feststeht, dass die Mitursächlichkeit zu einem abgrenzbaren Teil des Schadens geführt hat.
[112] BGHZ 129, 6; 138, 1; BGH NJW 1995, 778; 2004, 2011. Für einen Teil der Gesundheitsschäden nach Einsatz von palladiumhaltigen Zahnersatz bei einem Allergiker angenommen durch OLG Oldenburg VersR 2007, 1699 = MedR 2008, 296, 297. Rechtsprechungsübersicht bei *Martis/Winkhart/Martis*, 513 f. Kritisch *Sundmacher*, 154 f.
[113] BGH NJW 2008, 1304 = VersR 2008, 490 = MDR 2008, 449.
[114] *Deutsch/Spickhoff*, RdNr 529; OLG Hamm VersR 2004, 1321; OLG Brandenburg VersR 2004, 1050 = MedR 2004, 226; zum Ganzen *Spickhoff* NJW 2004, 2345; vgl BGH NJW 2004, 2011; *Hausch* VersR 2002, 670, 677 geht – allerdings zur alten BGH Rechtsprechung – davon aus, dass die Kausalität bei einer Wahrscheinlichkeit von unter 50 Prozent entfalle.
[115] OLG Saarbrücken MedR 2007, 486, 488.
[116] OLG Braunschweig MedR 2008, 372.

Zu Einschränkungen kann es unter Umständen im Fall einer Vorschädigung kommen. Diese muss jedoch feststehen und gegenüber der durch den groben Fehler bewirkten Mehrschädigung abgegrenzt werden können, wofür die Behandlerseite jeweils die Beweislast trägt.[117]

§ 111 Dokumentationsmängel[1]

Inhaltsübersicht

	RdNr
I. Zur sachlichen Dokumentationspflicht	1
II. Beweisrecht	6
1. Inhalt, Umfang und Aufbewahrungsdauer der ärztlichen Dokumentation	6
2. Lückenhafte und fehlende Dokumentation	9
3. Folgen mangelhafter Dokumentation	10
4. Abschließende Bemerkung	16

I. Zur sachlichen Dokumentationspflicht

1 **Die aus dem Behandlungsvertrag** folgende ärztliche Dokumentationspflicht zeigt sich „inhaltlich geprägt von den Gesichtspunkten: Therapiesicherung, (teilweise) Rechenschaftspflicht und Persönlichkeitsrecht".[2] Auch nach berufsrechtlichen Regeln hat der Arzt über die in seinem Dienst getroffenen Feststellungen und Maßnahmen die erforderlichen **Aufzeichnungen** zu machen. Sie dienen nicht nur als Gedächtnisstützen für den Arzt, sondern auch dem Interesse des Patienten an einer ordnungsgemäßen Dokumentation.[3] Ärztliche Aufzeichnungen sind für die Dauer von zehn Jahren nach Abschluss der Behandlung aufzubewahren, soweit nicht nach gesetzlichen Vorschriften eine längere Frist besteht.[4]

2 Mit der älteren Ansicht, nach der Krankenunterlagen als in das Belieben des Arztes gestellte Gedächtnisstütze galten, brach der **BGH** 1978.[5] Das Gericht bejahte „eine Pflicht des Arztes zu angemessener Dokumentation" und erklärte sie „letztlich nur aus der selbstverständlichen therapeutischen **Pflicht gegenüber dem Patienten**".

3 Zugleich wies der BGH auf die **Bedeutung** der Dokumentationspflicht **für die Beweislastverteilung** im Arztfehlerprozess hin. Auch insofern könne es nicht ohne Gewicht sein, „daß eine Pflicht zu ordnungsgemäßer Dokumentation dem Patienten gegenüber ohnehin besteht, denn **soweit diese Pflicht geht,** kann der Arzt sich auch beweisrechtlich nicht auf eine angebliche Unzumutbarkeit der erforderlichen Aufzeichnungen berufen". Auch unterliege es keinen Bedenken, „diese Pflicht zur Dokumentation wenigstens in dem Umfang, in dem sie sich auch schon aus allgemeinen therapeutischen Erwägungen anbietet, dem Arzt auch außerprozessual als eine Art Rechenschaftspflicht aufzuerlegen, ähnlich der, die bei der Verwaltung fremden Vermögens seit langem selbstverständlich ist".[6]

---

[117] BGHZ 144, 296. Dazu *Katzenmeier*, FS Laufs, 909, 914f. An einer Abgrenzbarkeit vom Vorschaden fehlte es bei OLG Koblenz VersR 2008, 646.

[1] Vgl dazu *Schlund*, oben, Kap 10.

[2] *Nüßgens*, FS Boujong, 831, 836.

[3] *Hohloch* NJW 1982, 2577 ff. Für eine umfassende vertragliche Beweissicherungspflicht im Dienste das Patienten *Bender* VersR 1997, 918, 927, die den Arzt und die Krankenversorgung aber über Gebühr belastete.

[4] § 10 Abs 3 MBO; § 85 StrlSchV; vgl nunmehr die Vorschriften des InfektionsschutzG v 20.7.2000 (BGBl I, 1045), zuletzt geändert durch Art 16 des Gesetzes v 17.12.2008 (BGBl I, 2586), insbes §§ 6ff (Meldewesen); § 13 Abs 10 GCP-Verordnung v 9.8.2004 (BGBl I, 2081), zuletzt geändert durch Art 4 der Verordnung v 3.11.2006 (BGBl I, 2523); § 14 Abs 1, u 3 TFG.

[5] BGHZ 72, 132 = NJW 1978, 2337 = JZ 1978, 721 m Anm *Walter* JZ 1978, 806.

[6] BGH NJW 1978, 2337, 2339.

Im Arzthaftungsprozess ist das digitale medizinische Dokument gemäß § 371 Abs 1 S 2 **4** ZPO Objekt des Augenscheins, das der freien richterlichen Beweiswürdigung unterliegt.[7] Eine EDV-Dokumentation hat denselben Beweiswert wie eine handschriftliche.[8] Das soll selbst dann gelten, wenn die Dateien nicht vor einer nachträglichen Veränderung geschützt sind, sofern der Arzt plausibel darlegen kann, dass seine Eintragung richtig ist.[9] Eine Übertragung der im Handels- und Steuerrecht (vgl § 239 Abs 4 HGB, § 146 Abs 5 AO) geltenden Grundsätze einer ordnungsgemäßen Buchführung zum Erreichen einer fälschungssicheren Aufzeichnung ist abzulehnen.[10] Eine derart qualifizierte Aufzeichnung widerspricht dem Zweck der Dokumentationspflicht, der gerade nicht in der Beweissicherung für einen Haftpflichtprozess besteht. Absolute Sicherheit vor Fälschung wegen der Möglichkeit der Manipulation im Rahmen einer späteren Behandlung zu verlangen, ist überobligatorisch.

Ähnlich wie beim Verstoß gegen die Berufspflicht zur Befundsicherung, verschlechtert **5** die Verletzung der ärztlich geschuldeten Aufgabe der Dokumentation von Befunden die Möglichkeit, im Nachhinein den grundsätzlich vom Patienten zu erbringenden Beweis für den Ursachenverlauf zwischen Behandlungsfehler und Körperschaden zu führen.[11]

II. Beweisrecht

1. Inhalt, Umfang und Aufbewahrungsdauer der ärztlichen Dokumentation. **6** Die ärztliche Dokumentationspflicht dient vorrangig dem therapeutischen Interesse des Patienten. Danach bestimmen sich ihr Inhalt und ihr Umfang, nicht danach, wie am besten Beweise für einen späteren Arzthaftungsprozess zu sichern sind.

Eine unzulängliche Dokumentation stellt für sich genommen keinen Behandlungsfeh- **7** ler dar.[12] Der BGH hat betont, „daß die **unterlassene Dokumentation** nicht selbst eine Anspruchsgrundlage bildet. Sie kann nur dazu führen, daß dem Patienten der durch sie erschwerte Beweis eines behaupteten Behandlungsfehlers erleichtert wird. Damit bleibt es aber Voraussetzung des Anspruchs, daß ein schuldhafter Behandlungsfehler als Ursache des auszugleichenden Gesundheitsschadens ernstlich infrage kommt. Dies ist zunächst vom Patienten schlüssig zu behaupten, wobei an die Substantiierung keine allzugroßen Anforderungen gestellt werden dürfen."[13] Nach fester Spruchpraxis kann sie aber zu **Beweiserleichterungen** bis zu einer **Beweislastumkehr** im Haftpflichtprozess zugunsten des Patienten führen: Das Fehlen eines gebotenen Vermerks wirkt sich zugunsten des Fehlernachweises aus. Ausnahmsweise kann der Dokumentationsmangel auch für den Nachweis des Ursachenzusammenhangs Bedeutung gewinnen.[14] Anders als bei seiner Rechtsprechung zu den groben Behandlungsfehlern hat es der BGH bisher versäumt, klarzustellen,

---

[7] *Ortner/Geis* MedR 1997, 337, 341; *Bittner,* Die virtuelle Patientenakte, 2001. *Muschner* VersR 2006, 621, 622; *Bartlakowski,* 95 f. Vgl auch § 10 Abs 5 MBO-Ä („besondere Sicherungs- und Schutzmaßnahmen"); *Roßnagel/Fischer-Dieskau* NJW 2006, 806 va zur elektronischen Signatur.
[8] OLG Hamm VersR 2006, 842 = ArztR 2006, 50; *Muschner* VersR 2006, 621, 623 f. Nur bei elektronischer Signatur und Verschlüsselung – dann sogar mit höherem Beweiswert als handschriftliche Aufzeichnung: *Bartlakowski,* 108, 110.
[9] OLG Hamm VersR 2006, 842 = ArztR 2006, 50; aA noch *Schmidt/Beck* NJW 1991, 2335, 2337.
[10] So auch *Muschner* VersR 2006, 621, 623; aA *Schmidt/Beck* NJW 1991, 2335, 2336 f.
[11] BGHZ 99, 391 = NJW 1987, 1482, dazu *Peter* NJW 1988, 751 f.
[12] OLG Saarbrücken MedR 2007, 486, 487. Anders, aber falsch, *Inhester* NJW 1995, 685, 688; *Bender* MedR 2007, 533, 536.
[13] BGH NJW 1983, 332; BGH NJW 1988, 2949. – Zur Abgrenzung zwischen der Dokumentations- und der Befunderhebungspflicht *Hager* Gynäkologe 1989, 390 ff mwN.
[14] Im Rahmen der Befunderhebungs- und Sicherungspflicht gewinnt für die Kausalitätsfrage ein Verstoß nur Bedeutung, wenn im Einzelfall zugleich auf einen groben Behandlungsfehler zu schließen ist, vgl BGHZ 132, 47 = NJW 1996, 1589 = LM § 823 (Aa) BGB Nr 164 m Anm *Laufs*. Vgl ferner BGH NJW 1998, 1780; 1999, 860 u 3408. Zu den dogmatischen Ansätzen bzgl der Beweislastverteilung vgl *Hausch* VersR 2006, 612, 619 f.

ob er in diesen Fällen die Ebene der Beweiswürdigung hin zu einer Verschiebung der Feststellungslast verlassen will.[15] Jedenfalls steht dem Arzt der (Gegen)Beweis offen, den er etwa durch eine Zeugenvernehmung führen kann.[16]

Sind Dokumentationen nach Ablauf der Aufbewahrungsfrist nicht mehr vorhanden, kann sich das nicht negativ in beweisrechtlicher Hinsicht auswirken.[17] Fraglich ist indessen, ob eine noch vorhandene, aber unvollständige Aufzeichnung dem Patienten Beweiserleichterungen bringen kann.[18]

8 Ferner muss der Patient darlegen, dass überhaupt ein dokumentationspflichtiger Vorgang stattgefunden hat.[19] So kann beispielsweise bei Kontrolluntersuchungen nicht aus einer fehlenden Dokumentation auf das Unterbliebensein entsprechender Untersuchungen geschlossen werden, wenn es medizinisch üblich ist, bei Ausbleiben eines positiven Befundes, keine Aufzeichnungen vorzunehmen.[20]

9 **2. Lückenhafte und fehlende Dokumentation.** Nach fester Spruchpraxis des BGH kommen zugunsten eines Patienten Beweiserleichterungen dann in Betracht, wenn die gebotene ärztliche **Dokumentation lückenhaft** oder unzulänglich blieb und sich darum für ihn im Schadensfalle die Aufhellung des Sachverhalts unzumutbar erschwert. Dasselbe gilt, wenn erforderliche Aufzeichnungen über Maßnahmen der Krankenpflege fehlen, die nicht den gewöhnlichen Dienst betreffen, sondern wegen eines aus dem Krankheitszustand des Patienten folgenden spezifischen Pflegebedürfnisses Gegenstand ärztlicher Beurteilung und Anordnung sind. So hat der Arzt im Krankenblatt eines Krankenhauspatienten, bei dem die ernste Gefahr eines Durchliegegeschwürs (Dekubitus) besteht, sowohl die Gefahrenlage als auch die ärztlich angeordneten Vorbeugungsmaßnahmen zu dokumentieren.[21] „Die Unterlassung der erforderlichen Dokumentation ist ein Indiz dafür, daß im Krankenhaus der Bekl die ernste Gefahr der Entstehung eines Durchliegegeschwürs nicht erkannt und die Durchführung vorbeugender Maßnahmen nicht in ausreichender Form angeordnet wurde und daß daher das Pflegepersonal nicht so intensiv auf die Prophylaxe geachtet hat."[22]

10 **3. Folgen mangelhafter Dokumentation.** Das Fehlen eines Vermerks indiziert in erster Linie, dass eine **aufzeichnungspflichtige Maßnahme** unterblieben ist, wirkt sich also zugunsten des Patienten auf den Nachweis eines Arztfehlers aus. Demgegenüber verbinden sich Beweiserleichterungen hinsichtlich des Ursachenzusammenhangs zwischen Arztfehler und Gesundheitsschaden mit dem Dokumentationsmangel unmittelbar nicht. „Ausnahmsweise kann allerdings mittelbar der Dokumentationsmangel auch für den Nachweis des Ursachenzusammenhangs Bedeutung gewinnen, wenn der wegen des Fehlens der gebotenen Aufzeichnung indizierte Behandlungsfehler als grob zu bewerten ist oder sich als Verstoß des Arztes gegen eine besondere Befundsicherungspflicht darstellt und aus *diesem* Grund nach den dafür vom erkennenden Senat entwickelten Grundsätzen dem Patienten auch insoweit Erleichterungen für den Kausalitätsnachweis zuzubilligen sind."[23] Für die unterlassene Erstellung eines Suizidbogens wurde dies jedoch nicht angenommen.[24]

---

[15] Vgl *Laumen* NJW 2002, 3739, 3744 mit Darstellung der widersprüchlichen Judikatur.
[16] OLG Karlsruhe GesR 2006, 211; OLG Oldenburg GesR 2007, 66.
[17] OLG Hamm VersR 2005, 412, 413; OLG Karlsruhe ArztR 2004, 438.
[18] Gegen Beweiserleichterungen: OLG Hamm VersR 2005, 412, 413.
[19] OLG Koblenz MedR 2007, 365; 367 = VersR 2007, 396.
[20] BGH NJW 1993, 2375. Beispielhaft auch OLG Oldenburg NJW-RR 2009, 32 ff, zum Umfang der Dokumentationspflicht bzgl einer Patientenkrankenakte und des Operationsberichtes.
[21] BGH NJW 1986, 2365 = JZ 1986, 958 m Anm *Matthies*.
[22] BGH NJW 1986, 2367. Vgl auch BGH NJW 1988, 762.
[23] BGH NJW 1989, 2330; s auch etwa BGH NJW 1994, 1596; 1999, 3408.
[24] OLG Braunschweig NJW-RR 2008, 1060.

19. Kapitel. Die Beweislast im Arztpflichtprozess 11–16 § 111

Soweit sich die **Beweislast** des Patienten deshalb **ermäßigt,** weil der Arzt seine Dokumentationspflicht verletzte, „bleibt der Patient trotzdem verpflichtet, darzulegen und gegebenenfalls zu beweisen, daß ein vom Arzt zu vertretender Fehler als Ursache des eingetretenen Schadens ernstlich in Betracht kommt".[25] 11

Ein **non liquet** bei der Dokumentationsfrage führt also nicht schlechthin zu einer Beweislastumkehr bei Zweifelhaftigkeit des Arztfehlers oder des Kausalzusammenhangs. Ohne weiteres wirkt sich ein non liquet zum Nachteil des Arztes nur dann aus, wenn der Patient infolge der Lückenhaftigkeit der Dokumentation einen Schaden erleidet, weil er etwa eine Kosten verursachende Untersuchung wiederholen muss, die für weitere Maßnahmen erforderlich, in den Unterlagen aber nicht nachweisbar ist.[26] 12

Im Rahmen des Schadensprozesses um einen Arztfehler gilt es, Dokumentationsmängel stets im **Zusammenhang einer umfassenden Beweiswürdigung** zu bewerten. Dabei können Versäumnisse bei der Dokumentation je nach den weiteren Umständen im Einzelnen zu Beweiserleichterungen bis hin zur Beweislastumkehr führen, wenn dadurch die Aufklärung eines immerhin wahrscheinlichen Ursachenzusammenhangs zwischen ärztlichem Behandlungsfehler und Gesundheitsschäden erschwert oder vereitelt wird und die Befundsicherung gerade wegen des erhöhten Risikos des infrage stehenden Verlaufs geschuldet war.[27] 13

Eine Beweislastumkehr wegen Dokumentationsmängeln kommt auch dann in Betracht, wenn Krankenunterlagen gezielt **nachträglich manipuliert** werden.[28] Ferner hat der Krankenhausträger auch dann beweisrechtliche Nachteile zu fürchten, wenn der Verbleib der Krankenunterlagen unklar ist.[29] Etwas anderes gilt nur dann, wenn feststeht, dass die Unterlagen dem Patienten auf seinen Wunsch hin ausgehändigt wurden. Ist unklar, ob der Patient die Dokumente dem Arzt zurückgegeben hat, trägt hingegen der Patient die Beweislast.[30] 14

Schließlich kann auch das Fehlen eines für die Weiterbehandlung wesentlichen Hinweises in einem Entlassungsbrief eine Beweislastumkehr in Hinblick auf die Frage bewirken, ob dem Patienten ein entsprechender Hinweis erteilt worden ist.[31] 15

4. Abschließende Bemerkung. In der Tat darf die Last der Aufzeichnungen den diagnostischen und therapeutischen Dienst des Arztes nicht deformieren, die Verletzung der Dokumentationspflicht nicht zu einem Auffangtatbestand für unbewiesene Behandlungsfehler werden. Forensische Rücksichten dürfen die Medizin nicht von ihrer eigentlichen Aufgabe ablenken. Wie beim groben Fehler hat die richterliche Spruchpraxis auch beim Dokumentationsmangel beweisrechtlich teilweise schwankenden Boden betreten. Das **Gebot der Rechtssicherheit** verlangt eindeutige Grenzen. So bleibt festzuhalten, dass das Dokumentationsversäumnis als solches noch keine Verschiebung der Beweislast gleichsam als prozessuale Sanktion materiellrechtlicher Pflichtversäumnisse auslöst.[32] 16

---

[25] BGH NJW 1983, 332 = JR 1983, 192 m Anm *Baumgärtel*.
[26] *Baumgärtel*, § 823 Anh C II, RdNr 62. Vgl auch *Bergmann*, 156; *Steffen/Pauge*, RdNr 462.
[27] Vgl BGHZ 99, 391 = NJW 1987, 1482.
[28] OLG Frankfurt VersR 1992, 578.
[29] BGH NJW 1996, 779.
[30] OLG Hamm VersR 1993, 102.
[31] OLG Schleswig ArztR 2007, 107.
[32] *Steffen/Pauge*, RdNr 559.

20. Kapitel. Prozessuale Fragen der Arzthaftung

§ 112 Zivilrechtlicher Haftungsprozess und strafrechtliche Verantwortung

Inhaltsübersicht

	RdNr
I. Die forensische Bedeutung des Arzthaftungsrechts	1
1. Die steigende Zahl von Klagen und Strafverfahren	1
2. Gründe für diese Entwicklung	3
a) Das schwindende Vertrauensverhältnis Arzt – Patient	3
b) Übermäßige Ansprüche, Leistungsexplosion und Arbeitsteilung	4
c) Presseberichte, Konkurrenzdenken, Rechtsschutzversicherungen, ua	6
3. Das Strafverfahren als Vorspann des Zivilprozesses	7
II. Unabhängigkeit der zivil- und strafrechtlichen Haftung	8
1. Unterschiedliche Haftungsvoraussetzungen	10
2. Unterschiedliche Beweislastregelungen	11
3. Unterschiedliche Prozessmaximen	12
III. Aussetzung des Zivilprozesses bei anhängigem Ermittlungsverfahren	14
IV. Strafanzeige und ihre Folgen	17

Schrifttum: *Althoff/Solbach,* Analyse arztstrafrechtlicher Ermittlungsverfahren der StA Aachen zwischen 1978 und 1981, Zeitschrift für Rechtsmedizin 1984, 273 ff; *Baur/Hess,* Arzthaftpflicht und ärztliches Handeln, 1982; *Brandis, C/v Pribilla, O,* Arzt und Kunstfehlervorwurf, 1973; *Cyran,* Vermeidbare Behandlungsfehler des Arztes, Aus der Praxis einer Gutachterstelle, 1992; *Eisenmenger/Liebhardt/Neumeier,* Ergebnisse von „Kunstfehlergutachten", Beiträge zur gerichtlichen Medizin, Bd 36, 1978, 215; *Erdmann/Winter,* Führt die „Verrechtlichung" in der Medizin zum patientengefährdenden defensiven Denken und zur teuren Absicherungsmedizin?, in: *Madea/Winter* (Hrsg), Medizin – Ethik – Recht, 1994, 134 ff; *Fischer/Lilie,* Ärztliche Verantwortung im europäischen Rechtsvergleich, Hallesche Schriften zum Recht, Bd 7, 1999, 83 ff; *Flatten,* Die Arzthaftpflichtversicherung, VersR 1994, 1019 ff; *Frahm/Nixdorf,* Arzthaftungsrecht, 2. Aufl 2001; *Günter,* Staatsanwaltschaftliche Ermittlungen gegen Ärzte bei Verdacht eines „Kunstfehlers"; DRiZ 1982, 326 ff; *Hansis/Hansis,* Der ärztliche Behandlungsfehler, 1999; *Jahn/Kümper,* Aus der Praxis eines Haftpflichtversicherers: Der Medizinschaden aus rechtlicher und medizinischer Sicht, MedR 1993, 413 ff; *Jürgens,* Die Beschränkung der strafrechtlichen Haftung für ärztliche Behandlungsfehler, 2005; *Katzenmeier,* „Heilbehandlungsrisikoversicherung" – Ersetzung der Arzthaftung durch Versicherungsschutz? – VersR 2007, 137 ff; *Kochs,* Ärztliche Haftung aus der Sicht des Versicherers, Zfzärztl Fortbild 1995, 575 ff; *Krumpaszky/Sethe/Selbmann,* Die Häufigkeit von Behandlungsfehlervorwürfen in der Medizin, VersR 1997, 420 ff; *Laufs,* Arzt und Recht im Wandel der Zeit, MedR 1986, 163 ff; *Laufs ua* (Hrsg), Die Entwicklung der Arzthaftung, 1997; *Lilie/Orben,* Zur Verfahrenswirklichkeit des Arztstrafrechts, ZRP 2002, 154 ff; *Majunke,* Anästhesie und Strafrecht, 1988; *Mallach,* Ärztliche Kunstfehler, Beiträge zur gerichtlichen Medizin, Bd 42, 1984, 425 ff; *Marquard,* Medizinerfolg und Medizinkritik. Die modernen Menschen als Prinzessinnen auf der Erbse, Gynäkologe 1989, Bd 22, 339 ff; *Orben,* Arzthaftung für Behandlungsfehler, Diss 2002; *Peters,* Der strafrechtliche Arzthaftungsprozess, 2000; *Preuß/Dettmeyer/Medea,* Begutachtung behaupteter letaler und nicht letaler Behandlungsfehler im Fach Rechtsmedizin (bundesweite Multicenterstudie), 2005; *Ratajczak,* Nochmals: Ein gefährlicher Beruf: Strafverfahren gegen Ärzte, MedR 1988, 80 ff; *Ratajczak/Stegers,* Medizin-Haftpflichtschäden, 1989; *Schewe, G,* Risiko und Aufklärungspflicht – Haftungsrechtliche Aspekte, ArztR 1979, 64 ff; *Stegers, Ch-M,* Strafanzeige gegen Ärzte – ein anwaltlicher Kunstfehler? in: Medizin und Strafrecht, hrsg v d Arbeitsgemeinschaft Rechtsanwälte eV, 2000, 57 ff; *ders,* Das arzthaftungsrechtliche Mandat in der anwaltlichen Praxis, 2. Aufl 1989, 273 ff; *Ulrich, H J,* Die strafrechtliche Verantwortlichkeit bei ärztlicher Tätigkeit, ÄRP 1985, 379 ff; *Ulsenheimer,* Ein gefährlicher Beruf: Strafverfahren gegen Ärzte,

§ 112 1–3 § 112 Zivilrechtlicher Haftungsprozess u strafrechtl Verantwortung

MedR 1987, 207 ff; *ders*, Arztstrafrecht in der Praxis, 4. Aufl 2008; *ders*, Ausgreifende Arzthaftpflichtjudikatur und Defensivmedizin – ein Verhältnis von Ursache und Wirkung, Berliner Medizinethische Schriften, Heft 17, 1997; *Wehe*, Erfahrungen und Reaktionen am Beispiel USA, Der Frauenarzt 1992, 183 ff; *Weldinger*, Aus der Praxis der Haftpflichtversicherung für Ärzte und Krankenhäuser – Statistik, neue Risiken und Qualitätsmanagement, MedR 2006, 571 ff; *Wever*, Überlegungen zur Entkriminalisierung ärztlicher Fahrlässigkeitstat, ZMGR 2006, 120; *Weyers/Mirtsching*, Zum Stand des Arzthaftungsrechts, JuS 1980, 317 ff.

I. Die forensische Bedeutung des Arzthaftungsrechts

1 **1. Die steigende Zahl von Klagen und Strafverfahren.** Arzthaftung ist sicherlich „keine Entdeckung erst unserer Tage".[1] Prozesse über „Kunstfehler" hat es schon im Altertum gegeben, und sie werden, ja müssen auch in Zukunft die Gerichte beschäftigen. Denn der Arzt steht selbstverständlich bei der Ausübung seiner beruflichen Tätigkeit nicht im rechtsfreien Raum, sondern unterliegt – wie jeder andere Staatsbürger auch – mit all seinen menschlichen Schwächen, persönlichen Unzulänglichkeiten oder fachlichen Mängeln der Bindung an Recht und Gesetz. Aber – und das ist das eigentlich substanziell Neue: Im Arzthaftungsbereich hat sich in den letzten 30 Jahren eine fast **revolutionär zu nennende Entwicklung** sowohl in quantitativer als auch in qualitativer Hinsicht vollzogen.

2 Machten früher nur einige wenige Patienten Schadensersatz- und Schmerzensgeldansprüche gegen den Arzt gerichtlich geltend und waren Strafverfahren wegen fahrlässiger Körperverletzung oder fahrlässiger Tötung eine seltene Ausnahme,[2] so hat sich dieses Bild inzwischen völlig gewandelt. Ärztliche Haftpflichtfragen haben Hochkonjunktur. Seit 1980 hat sich die **Zahl der sog Kunstfehlerprozesse** vervielfacht. Zwar fehlt über die Jahre leider eine genaue Statistik, aber es gibt Einzelmitteilungen und übereinstimmende Schätzungen bzw Hochrechnungen. In 2004 sind 7 659 Zivilprozesse gegen Ärzte und Krankenhäuser vor den Amts- und Landgerichten, drei Jahre später (2007) 11 521 erledigt worden, so dass die geschätzte Zahl von etwa 10 000 bis 12 000 Klagen pro Jahr derzeit gut begründet ist. Haftpflichtversicherer zählen jährlich ca 30 000 bis 40 000[3] neue Arzthaftpflichtfälle mit steigender Tendenz. Alle Schlichtungsstellen und Gutachterkommissionen berichten übereinstimmend von einer erheblichen Steigerung der Anträge (Bay Landesärztekammer: 704 (01/02) – 870 (05/06); Nordrhein: 1689 (03) – 1925 (07/08); Westfalen-Lippe: 1452 (01) – 1777 (04)), die insgesamt von 8 884 im Jahre 1997 auf 10 967 im Jahre 2008 gestiegen sind.[4] Der Präsident des Bundesgerichtshofs konstatierte schon Anfang der 80er Jahre eine „unvergleichliche Zunahme" einschlägiger Revisionen;[5] Sachverständige sprachen bereits damals von einem „lawinenartigen Anwachsen der Aufträge für Kunstfehlergutachten";[6] und es ist kaum zu hoch gegriffen, wenn man gegenwärtig jährlich von etwa 3 000 bis 3 500 staatsanwaltschaftlichen Ermittlungsverfahren gegen Ärzte wegen angeblicher Behandlungs-, Organisations- und Aufklärungsfehler ausgeht.[7]

3 **2. Gründe für diese Entwicklung.** *a)* Das schwindende Vertrauensverhältnis **Arzt – Patient.** Die Gründe für diese Entwicklung liegen auf der Hand. In erster Linie ist hier die Unterminierung, teilweise wohl auch **Zerstörung der früheren Vertrauensbasis** zwischen Arzt und Patient zu nennen,[8] dh: anstelle des Vertrauensverhältnisses zwischen Arzt und Krankem ist eine rein geschäftsmäßige Beziehung getreten, die den

---

[1] *Steffen*, in: Beiträge zur gerichtlichen Medizin, Bd 43, 1985, 10.
[2] Vgl *Ulsenheimer* MedR 1987, 208; *ders*, Arztstrafrecht in der Praxis, 4. Aufl 2008, RdNr 1 ff.
[3] *Fenger*, Erfolgreiches Schadens-Management, in: *Eiff* (Hrsg), Risikomanagement 2006, 334.
[4] *Ulsenheimer*, Arztstrafrecht in der Praxis, RdNr 1 ff mwN; BÄK intern Juli 2009, 7 (Steigerung gegenüber 2007 um 5,1 %).
[5] Mitgeteilt von *Baur/Hess*, Arzthaftpflicht und ärztliches Handeln, 1982, 11.
[6] *Eisenmenger/Liebhardt/Neumeier*, Beiträge zur gerichtlichen Medizin, Bd 36, 1978, 215 ff.
[7] *Ulsenheimer* MedR 1987, 208; *ders*, Arztstrafrecht in der Praxis, RdNr 1.
[8] *Weyers/Mirtsching* JuS 1980, 317.

Behandlungsvertrag ausschließlich als Rechtsverhältnis sieht und deshalb die prozessuale Geltendmachung von Ersatzansprüchen als selbstverständlich oder geradezu zwangsläufig erscheinen lässt. Die natürliche innere Hemmschwelle, „seinen" Arzt zu verklagen, ist dadurch außer Kraft gesetzt, wie das deutliche Stadt-Land-Gefälle bei der Klagefreudigkeit eindrucksvoll belegt.

b) **Übermäßige Ansprüche, Leistungsexplosion und Arbeitsteilung.** Der zweite Grund steht fast gleichgewichtig neben dem ersten. „Wir leben im Zeitalter der übermäßigen, nämlich der absoluten Ansprüche; und absolute Ansprüche – auch und gerade an die Medizin – können nur enttäuscht werden".[9] Die enormen Fortschritte und Erfolge der Medizin, der auch in anderen Bereichen unseres Lebens anzutreffende Glaube an die menschliche Omnipotenz, an die zunehmende Perfektionierung der Technik, haben ein **„Übermaß an Erwartung und Anspruch"**[10] geweckt und die – gänzlich unbegründete – Neigung entstehen lassen, in einer erfolglosen Therapie, einer tödlichen Komplikation oder misslungenen Operation gleich ein menschliches Versagen zu sehen und hinter schicksalshaften Geschehensabläufen sofort den Arzt als „schuldigen Urheber zu suchen",[11] der wenigstens materielle Genugtuung durch finanzielle Entschädigung leisten soll. Die Bereitschaft des heutigen Patienten, zwischen Unrecht und Unglück, zwischen Schuld und Schicksal zu unterscheiden, ist weitgehend geschwunden. Die „durch absolute Überansprüche selbst gemachte Enttäuschung wird zum Treibstoff einer Fortschrittsschelte und Medizinkritik",[12] die durch die Anonymität der „Apparatemedizin" und die Unpersönlichkeit vieler Großkliniken begünstigt wird, indem sie Misstrauen und Skepsis, Vorbehalte und Vorurteile weckt.

Darüber hinaus erhöhen sich als Folge der **Leistungsexplosion** in der Medizin die jeweiligen Standards, der Maßstab guter ärztlicher Übung, es wächst die Größe des Risikos mit den immer komplizierteren Methoden und damit notwendigerweise auch die Quote der Fehlbehandlungen, zumal angesichts der auch das Gesundheitswesen immer mehr dominierenden **Ökonomisierung** ein erheblicher Zeitdruck und personelle Unterbesetzung oftmals die Tätigkeit des Arztes zusätzlich erschweren und fast zwangsläufig Fehler bei Diagnose, Therapie und Betreuung produzieren. Auch die zunehmende Spezialisierung und Subspezialisierung in der Medizin, die immer komplexere horizontale und vertikale Arbeitsteilung schaffen **Schnittstellen** und damit neues Haftungspotential durch Kooperations-, Kommunikations- und Koordinationsmängel, Missverständnisse und Delegationsfehler.

c) **Presseberichte, Konkurrenzdenken, Rechtsschutzversicherungen, ua.** Hinzu kommt ein verzerrtes, negatives Arztbild, das **„Patienten-Schutzbünde"**, „Vereinigungen zur Bekämpfung ärztlicher Kunstfehler" und oftmals einseitige **Presseberichte** nachhaltig pflegen, bedauerlicherweise oftmals unterstützt durch Unkollegialität, Intrigen und **Konkurrenz der Ärzte** untereinander, vermutlich als Folge des enormen Wettbewerbsdrucks und erheblicher Einkommenseinbußen im Zusammenhang mit den strukturellen und gebührenmäßigen Neuregelungen der letzten Jahre. **Rechtsanwälte** tun oft – bedauerlicherweise – ein Übriges, den Patienten als Klienten zu oder bei ihrem Vorgehen gegen die Ärzte zu ermutigen, zumal „Fachanwälte für Medizinrecht" natürlich ein Betätigungsfeld suchen und häufig auf Patientenseite **Rechtsschutzversicherungen** das **Kostenrisiko** eines zweifelhaften Prozesses **übernehmen.** Dabei spielt natürlich das **gewachsene Selbstbewusstsein** und die gestiegene Konfliktbereitschaft der Patienten entscheidend mit. Nicht zu vergessen sind schließlich aber auch Aktivitäten der Krankenkassen (§ 66 SGB V!), Prozessfinanzierungsgesellschaften und wesentliche Entwicklun-

---

[9] *Marquard* Gynäkologe 1989, Bd 22, 342.
[10] *Marquard* (Fn 7) 342.
[11] *Schewe* ArztR 1979, 65.
[12] *Marquard* (Fn 7) 342.

gen in der Arzthaftpflichtjudikatur mit Beweiserleichterungen, uU sogar Beweislastumkehrungen **zugunsten** der Patienten sowie einer **Überdehnung der Aufklärungsanforderungen**.[13]

7 **3. Das Strafverfahren als Vorspann des Zivilprozesses.** Innerhalb der beiden Bereiche des Arzthaftungsrechts liegt das Schwergewicht zwar eindeutig auf der zivilrechtlichen, schadensersatzorientierten Seite, aber nicht selten ist das Strafverfahren der Vorspann des Zivilprozesses, die Strafanzeige gleichsam der Eröffnungszug im „Kampf" um Schadensersatz und Schmerzensgeld und damit der Schwerpunkt der Auseinandersetzung um den Fehlervorwurf. Denn da im Strafprozess das sog. **Offizialprinzip** gilt, dh bis zur Hauptverhandlung die Staatsanwaltschaft und in der Hauptverhandlung das Gericht alle belastenden und entlastenden Umstände zu ermitteln und für die umfassende Erhebung der Beweise Sorge zu tragen hat (§§ 160 Abs 2, 244 Abs 2 StPO), können sich auf diesem Weg die Patienten als Anspruchsteller oder ihre Erben ebenso bequem wie kosten- und risikolos die für den Zivilprozess erforderlichen Beweise beschaffen lassen. Inwieweit diese Entwicklung durch das von der Judikatur anerkannte Recht auf Einsicht in und Herausgabe der Krankenblattunterlagen sowie die Einschaltung der ärztlichen Schieds- und Gutachterstellen gebremst wird, lässt sich nicht zuverlässig abschätzen, ist aber zu vermuten.

II. Unabhängigkeit der zivil- und strafrechtlichen Haftung

8 Zivilrechtliche Haftung und strafrechtliche Verantwortlichkeit schließen sich weder aus noch präjudizieren sie sich wechselseitig, vielmehr können sie *unabhängig nebeneinander,* also *kumulativ* eingreifen. Dies bedeutet praktisch – und im Justizalltag gar nicht einmal selten –, dass im Strafverfahren gegen den angeklagten Arzt ein Freispruch ergeht oder das Ermittlungsverfahren gegen ihn mangels hinreichenden Tatverdachts nach § 170 Abs 2 StPO bzw gem §§ 153, 153 a StPO eingestellt wird, während ihn das Zivilgericht zur Zahlung von Schadensersatz und Schmerzensgeld verurteilt. Die umgekehrte Fallgestaltung kommt gleichfalls, wenn auch sehr selten, vor: auf der einen Seite eine erfolglose Zahlungsklage des Patienten, auf der anderen Seite Anklageerhebung und Verurteilung des Arztes im Strafprozess. Zur strafrechtlichen Ahndung sollte allerdings – zumindest bei fahrlässiger Körperverletzung – nur eine sowohl nach rechtlichen als zugleich auch „ärztlichen Maßstäben unverantwortliche und darum unentschuldbare berufliche Nachlässigkeit, Vergeßlichkeit oder gar Verwegenheit"[14] führen, dh die Bestrafung sollte de lege ferenda auf Fälle grober Fahrlässigkeit in diesem Bereich begrenzt werden.[15]

9 Drei Gründe sind es vor allem, die für das **Auseinanderfallen von zivil- und strafrechtlicher Verantwortlichkeit** des Arztes ausschlaggebend sind:

10 **1. Unterschiedliche Haftungsvoraussetzungen.** Sie liegen zum einen in den **unterschiedlichen Haftungsvoraussetzungen** des Zivil- und Strafrechts. Die Grundvoraussetzung der Fahrlässigkeitshaftung, die Verletzung der *objektiven* Sorgfaltspflicht, ist zwar in beiden Bereichen dieselbe, doch setzt die Zurechnung eines objektiv-sorgfaltswidrigen Verhaltens zur strafrechtlichen Schuld zusätzlich voraus, dass der Arzt auch subjektiv, dh nach seinen *persönlichen* Fähigkeiten und *individuellen* Kenntnissen in der Lage war, diesen objektiven Sorgfaltsstandard eines gewissenhaften Facharztes in der konkreten Situation einzuhalten. Damit sind die Probleme der subjektiven Voraussehbarkeit des eingetretenen Erfolgs und der Zumutbarkeit pflichtgemäßen Verhaltens angesprochen. Auch die Verjährungsfristen sind für die deliktischen und vertraglichen Ansprüche einerseits und die einschlägigen Straftatbestände andererseits verschieden.

---

[13] Siehe dazu §§ 59 f, 110, 111 und im Folgenden RdNr 11.
[14] *Maihofer,* Archiv f Ohren-, Nasen- u Kehlkopfheilkunde, 1966, 520.
[15] *Ulsenheimer* MedR 1987, 216; *Jürgens,* Die Beschränkung der strafrechtlichen Haftung für ärztliche Behandlungsfehler, 2005, 144; *Wever* ZMGR 2006, 120; *Franzki,* Versicherungsmedizin 1990, 4.

2. Unterschiedliche Beweislastregelungen. Der zweite Grund für die Divergenz von zivil- und strafrechtlicher Haftung liegt in der unterschiedlichen **Beweislastregelung** begründet. Im Strafprozess gilt uneingeschränkt der Grundsatz „in dubio pro reo", dh: bleiben Zweifel hinsichtlich der Ursächlichkeit oder des Verschuldens des Arztes, müssen diese zu seinen Gunsten gewertet werden, so dass seine Verurteilung oftmals an diesem non liquet insbesondere bei der Kausalitätsprüfung scheitert. Im Zivilprozess dagegen gilt der sog prima-facie-Beweis bei typischen Geschehensabläufen; bei groben Behandlungsfehlern, „voll beherrschbaren Risiken" sowie Gerätedefekten tritt sogar stets eine Umkehr der Kausalitätsbeweislast zuungunsten des Arztes ein, und bei Dokumentationsmängeln kommen dem Patienten oftmals prozessentscheidende Beweiserleichterungen bis hin zur Beweislastumkehr zugute.[16] Für die haftungsbegründende Kausalität eines Behandlungsfehlers ist der Beweis gemäß § 286 ZPO, für die haftungsausfüllende gemäß § 287 ZPO zu erbringen.[17]

3. Unterschiedliche Prozessmaximen. Hinzuweisen ist drittens auf die **„andersartige Bedeutung und Auswertung der Behandlungsunterlagen";**[18] was vor allem auf den unterschiedlichen Verfahrensgang im Straf- und Zivilprozess zurückzuführen ist. Im Strafprozess geht es um die Realisierung des **staatlichen Strafanspruchs,** den die Staatsanwaltschaft und die Gerichte von **Amts** wegen, ohne Rücksicht auf die Haltung des Patienten durchzusetzen versuchen. Herr des Verfahrens sind die staatlichen Organe, so dass dem einzelnen – weder dem geschädigten Patienten noch dem beschuldigten Arzt – keine Dispositionsbefugnis im Sinne einer unmittelbaren Einwirkungsmöglichkeit zusteht. Hat also beispielsweise der Patient Strafanzeige mit Strafantrag gegen den Arzt wegen fahrlässiger Körperverletzung erstattet, darf die Staatsanwaltschaft bei Bejahung des besonderen öffentlichen Interesses das Ermittlungsverfahren selbst dann fortsetzen und Anklage erheben, wenn der Patient nach Zahlung einer Entschädigung kein Interesse mehr an der Strafverfolgung hat und den Strafantrag deshalb zurücknimmt.

Ganz anders dagegen stellt sich die Situation im Zivilprozess dar: Hier stehen sich die streitenden Parteien – der Patient bzw seine Erben als Kläger, der Arzt als Beklagter – gleichberechtigt gegenüber. Im Gegensatz zum strafprozessualen **Offizialprinzip** gilt im zivilrechtlichen Haftungsprozess die sog **Dispositionsmaxime,** dh: es hängt vom Patienten ab, ob und in welchem Umfang er Schadensersatz- und Schmerzensgeldansprüche stellt. Er kann während des Rechtsstreits darauf verzichten, er kann die Klage – etwa nach Erfüllung seiner Forderung – zurücknehmen, den Prozess für erledigt erklären, aber auch weitere Ansprüche stellen oder diese erhöhen. Der Kläger also bestimmt den Streitgegenstand und ist insoweit „Herr des Verfahrens".

III. Aussetzung des Zivilprozesses bei anhängigem Ermittlungsverfahren

Obwohl trotz Sachverhaltsidentität das Strafurteil den Zivilrichter nicht bindet (§ 14 Abs 2 Satz 1 EGZPO), ermöglicht § 149 ZPO im zivilrechtlichen Haftungsprozess die Aussetzung der Verhandlung bis zur Erledigung des Strafverfahrens, wenn die staatsanwaltschaftlichen oder strafgerichtlichen Ermittlungen für die Entscheidung des Rechtsstreits von Bedeutung sind. Der Zweck dieser Bestimmung, deren Anwendung im pflichtgemäßen Ermessen des Zivilgerichts steht, liegt zum einen darin, dass im Strafprozess infolge des Amtsermittlungsgrundsatzes (§§ 160 Abs 2, 244 Abs 2 StPO) die streitigen Fragen oft besser aufgeklärt werden, und zum anderen darin, dass insoweit eine Doppelarbeit verhindert werden soll.[19] Gleichzeitig trägt die Aussetzung in der Praxis dazu bei,

---

[16] Siehe dazu *Laufs,* §§ 107 ff in diesem Hdb; *Zoll,* MedR 09, 569, 571.
[17] BGH VersR 1986, 1121; 1987, 667.
[18] OLG Köln NJW 1990, 778.
[19] *Zöller/Greger,* Zivilprozessordnung, 26. Aufl, 2007, § 149 RdNr 1; *Baumbach/Lauterbach/Albers/Hartmann,* ZPO, 66. Aufl 2008, § 149 RdNr 2; OLG Düsseldorf MDR 1985, 239 mwN; OLG Köln NJW 1990, 778; ebenso *Schmid* NJW 1994, 768.

das Auseinanderfallen zwischen Straf- und Zivilurteil möglichst weitgehend auszuschalten. Im Rahmen seiner gebundenen Ermessensausübung muss das Gericht jedoch auf der anderen Seite auch die dadurch bedingten Verzögerungen, also das Gebot der Verfahrensbeschleunigung und die Tatsache beachten, dass sich ein Strafverfahren auf die Durchsetzung eines Schadensersatzanspruchs auch negativ auswirken kann, zB weil die Bereitschaft zur außergerichtlichen Einigung abnimmt oder aber ein Sachverständiger sein Gutachten im Strafprozess anders akzentuiert als im zivilrechtlichen Haftungsprozess.[20]

15 Vor diesem Hintergrund verdient die Auffassung mehrerer Oberlandesgerichte im Prinzip Zustimmung, wonach „in Arzthaftungsprozessen grundsätzlich nur in Ausnahmefällen eine Aussetzung mit Rücksicht auf oder wegen eines laufenden Straf- oder Ermittlungsverfahrens in Betracht" kommt.[21] Denn abgesehen von der oftmals nicht zumutbaren Verzögerung des Zivilverfahrens infolge der Aussetzung bringen die Ermittlungsverfahren häufig keine endgültige Klärung der streitigen Fragen, „weil sie nicht selten nach §§ 153, 153 a StPO eingestellt werden". Hinzu kommt, dass „sich gerade im Arzthaftungsprozess die Rechts- und vor allem die Beweislage" infolge der unterschiedlichen Verschuldensmaßstäbe, der andersartigen Bedeutung und Auswertung der Behandlungsunterlagen, der Beweiserleichterungen bis hin zur Beweislastumkehr „wesentlich anders" als im Strafverfahren darstellt, so dass oftmals die für den Zivilprozess relevanten strittigen Fragen nicht vorgeklärt oder „nur in wenigen Fällen von Nutzen"[22] sind.[23] „Erfahrungsgemäß hat das Zivilgericht, unabhängig vom Ausgang des Strafverfahrens, die Beweisaufnahme ganz oder in Teilen zu wiederholen und eine eigene Beweiswürdigung vorzunehmen."[24]

16 Dennoch darf ein wichtiges Gegenargument **zugunsten** der Aussetzung des Zivilprozesses bei anhängigem Ermittlungs- oder Strafverfahren nicht übersehen werden: Die mögliche Kollision zwischen zivilprozessualer Wahrheitspflicht (§ 138 Abs 1 ZPO) und dem strafprozessualen Recht des Arztes, sich nicht selbst belasten zu müssen, kann im Einzelfall dazu führen, dass die pflichtgemäße Ermessensausübung dem im Rechtsstaatsprinzip verankerten nemo-tenetur-Grundsatz den Vorrang einräumen **muss** und damit sogar eine Aussetzungs**pflicht** besteht. Anderenfalls wäre der Arzt gezwungen, als Beklagter vielleicht einen Behandlungsfehler einzuräumen, den er als Beschuldigter bestreiten darf, praktisch aber nach der wahrheitsgemäßen Aussage im Haftungsprozess nicht mehr mit Aussicht auf Erfolg in Abrede stellen kann. Dies wäre eine Verletzung des Rechtsstaatsprinzips, die durch die Aussetzung des Rechtsstreits zu vermeiden ist.[25] Die Auffassung, dass „die Aussetzung eines Arzthaftungsprozesses im Hinblick auf ein wegen desselben Sachverhalts geführtes Ermittlungsverfahren der Staatsanwaltschaft in der Regel ermessensfehlerhaft ist",[26] geht daher zu weit und ist abzulehnen.

IV. Strafanzeige und ihre Folgen

17 Vor diesem Hintergrund stellt sich für den Anwalt des verletzten Patienten oder der Angehörigen eines Verstorbenen daher die **Frage, ob eine Strafanzeige erstattet werden soll,** wenn der Auftraggeber Schadensersatz und (oder) Schmerzensgeld fordert. Dabei sind die Vor- und Nachteile dieser Entscheidung sorgfältig gegeneinander abzuwägen. Die Vorteile liegen in der Amtsermittlung durch den Staatsanwalt ohne eigenes

---

[20] Vgl OLG Köln NJW 1990, 778; OLG München AHRS 7450/1.
[21] OLG Köln NJW 1990, 778; ebenso OLG Stuttgart NJW 1991, 1556 mit zustimmender Anm *Lippert.*
[22] OLG Koblenz GesR 2004, 378 = OLGR 2004, 522 f; ebenso OLG Koblenz ArztR 2006, 330.
[23] OLG Köln NJW 1990, 778.
[24] OLG Koblenz GesR 2004, 378; OLG Stuttgart VersR 1991, 1027; OLG Köln VersR 1989, 518; OLG Celle, Beschluss v 7. 1. 2003 – 20 W 31/02. Siehe auch OLG Karlsruhe, Beschluss v 7. 3. 2003 – 13 W 8/03.
[25] Im Ergebnis ebenso *Frahm/Nixdorf,* Arzthaftungsrecht, RdNr 236.
[26] OLG Koblenz ArztR 2006, 330.

20. Kapitel. Prozessuale Fragen der Arzthaftung § 113

Kostenrisiko des Patienten, im Zugang zu allen Unterlagen, in der umfassenden Sachaufklärung durch die Pflicht der Zeugen zu wahrheitsgemäßer Aussage und zum Erscheinen sowie der Pflicht des Sachverständigen zur Übernahme und streng objektiven Erstattung des Gutachtens, die allerdings auch im Zivilprozess gilt. Außerdem kann sich der Antragsteller als Nebenkläger dem Verfahren gemäß § 395 Abs 1 StPO anschließen, bei fahrlässiger Körperverletzung allerdings nur bei Vorliegen „besonderer Gründe" (zB „schwere Folgen der Tat"; § 395 Abs 3 StPO), und dadurch Einfluss auf den Gang des Verfahrens nehmen. Nachteilig wirkt sich die meistens lange Dauer der staatsanwaltschaftlichen Ermittlungsverfahren aus, ferner das Risiko der Aussetzung des Zivilprozesses und damit der Verzögerung der Durchsetzung der Schadensersatz- und Schmerzensgeldansprüche sowie insbesondere der größere Widerstand von seiten des Arztes gegen den erhobenen Vorwurf aus Furcht vor einer Vorstrafe, Rufschädigung bei einer öffentlichen Hauptverhandlung und wirtschaftlichen Folgen. Daraus resultiert eine geringere Bereitschaft gegenüber der Haftpflichtversicherung, einen Fehler einzugestehen und damit die Schadensregulierung zu ermöglichen oder zu fördern. Eine „Verhärtung der Fronten" und damit nur allzu oft das „Aus" für sinnvolle Vergleichsregelungen ist die Folge, an der auch die Rücknahme des Strafantrags bei fahrlässiger Körperverletzung nichts ändert, wenn der Staatsanwalt das besondere öffentliche Interesse bejaht, also die Strafverfolgung von Amts wegen weiterführt.

Wer um diese Schwierigkeit und die Komplexität ärztlicher Haftpflichtfälle weiß, wird daher jedem Patienten im Regelfall dringend **von Strafanzeigen gegen den Arzt abraten**.[27] Dafür spricht schließlich auch folgende Überlegung: In Arztstrafsachen, in denen der Geschädigte oder die Hinterbliebenen eines verstorbenen Patienten Strafanzeige erstatten, gleichzeitig aber auch ein Zivilverfahren in Gang bringen, kann der Verteidiger des Arztes bei der Staatsanwaltschaft anregen, das Ermittlungsverfahren analog § 154 d StPO einzustellen. Zweck dieser Bestimmung ist zu vermeiden, die Staatsanwaltschaft durch Strafanzeige zu zwingen, über komplizierte Vorgänge, die in erster Linie zivil- oder verwaltungsrechtliche Bedeutung haben, schwierige Beweiserhebungen durchzuführen. Das Strafverfahren soll also nicht als Druckmittel auf den Gegner oder zur Vorbereitung eines anderen Verfahrens benutzt werden. Gerade diese Situation ist aber im Arztstrafverfahren typisch: der Anzeigeerstatter will auf dem ebenso kosten- wie gefahrlosen Weg über das staatsanwaltschaftliche Ermittlungsverfahren die erforderlichen Beweise für den Zivilrechtsstreit erhalten und mithilfe der Angst jedes Beschuldigten vor strafprozessualen Weiterungen (Anklage oder gar Verurteilung) zu einer schnelleren und finanziell besseren Einigung mit dem Arzt und/oder seiner Versicherung gelangen.[28]

18

§ 113 Die ärztlichen Schieds- und Gutachterstellen

Inhaltsübersicht

	RdNr
I. Zielsetzung und Zuständigkeiten	1
1. Schlichtungsstellen und Gutachterkommissionen	1
2. Sachliche Zuständigkeit der Gutachterkommissionen und Schlichtungsstellen	3
3. Die Besetzung der Gutachterkommissionen und Schlichtungsstellen	4

---

[27] So auch *Ratajczak* MedR 1988, 80 ff; einschränkend *Stegers*, Strafanzeige gegen Ärzte ein anwaltlicher Kunstfehler? in: Medizin und Strafrecht, 2000, 57 ff, der in der Regel zum Verzicht auf Strafanzeige und Strafantrag rät, bei schweren Tatfolgen, fragwürdigen Behandlungsmethoden, erheblichen Hygienemängeln oder Serienfällen aber ein strafrechtliches Vorgehen für „ernsthaft zu erwägen" hält.
[28] *Ulsenheimer*, Arztstrafrecht in der Praxis, RdNr 244.

§ 113

§ 113 Die ärztlichen Schieds- und Gutachterstellen

    II. Gemeinsame Verfahrensprinzipien 5
        1. Die Freiwilligkeit 6
        2. Die Unverbindlichkeit 7
        3. Die Gebührenfreiheit 9
    III. Rechtliche Folgeprobleme der Gutachterkommissions- und Schlichtungs-
        verfahren 11
        1. Die Verjährungsproblematik 11
        2. Rechtshängigkeit 13
        3. Strafantragsfrist 14
    IV. Die Gutachterkommissionen und Schlichtungsstellen im Lichte der Kritik . . . 15

Schrifttum: Ärztekammer Nordrhein, Aus der Arbeit der Gutachterkommission für ärztliche Behandlungsfehler, 2004, mit Beiträgen von Weltrich, Lent ua; Arbeitsgemeinschaft Rechtsanwälte im Medizinrecht eV (Hrsg), Gutachterkommissionen und Schlichtungsstellen, 1990, mit Beiträgen ua von *Carstensen, Fitting, Ratajczak, Rumler-Detzel; Behne,* Schlichtungsstellen – Juristische Fragen – MMW 1979 (Bd 121), 561; *Berner/Trostdorf/Vogel,* Schlichtung in Arzthaftpflichtfragen, DÄBl 1981, 183; *Bischof,* Ärztliche Schlichtungsstellen keine Schiedsinstanzen, BayÄrzteBl 1979 (Bd 34), 431; *Bodenburg/Matthies,* Ärztliche Gutachter- und Schlichtungsstellen – Theorie und Praxis eines Modells, VersR 1982, 729; *Carstensen,* Selbstkontrolle aus chirurgischer Sicht, MMW 1979 (Bd 121), 549; *ders,* Gutachterkommissionen und Schlichtungsstellen, in: *Ehlers/Broglie* (Hrsg), Praxis des Arzthaftungsrechts, 1994, 105 ff; *ders,* Was leisten medizinische Gutachterkommissionen?, VersWirtsch 96, 241; *Cyran,* Stellungnahme zum Beitrag von G. und P. Sandroß „Der Arzt im Schlichtungsverfahren", Klinikarzt 1994, 560 f; *Deutsch/Spickhoff,* Medizinrecht, 6. Aufl 2008, RdNr 567 ff; *Doms,* Die ärztlichen Gutachterkommissionen und Schlichtungsstellen, NJW 1981, 2389; *Eberhardt,* Selbstverständnis, Anspruch und Verfahrenspraxis der Ärztlichen Gutachterkommissionen und Schlichtungsstellen, 1988; *ders,* Die Aufgabe von Schlichtungsstellen und Gutachterkommissionen, Gynäkologe 1989 (Bd 22), 394; *ders,* Zur Praxis der Schlichtung in Arzthaftpflichtfällen, NJW 1986, 747; *Ellermann* (Hrsg), Ärztliche Schlichtungsstellen im Brennpunkt, 1987; *Eissler,* Die Ergebnisse der Gutachterkommissionen und Schlichtungsstellen in Deutschland – ein bundesweiter Vergleich, MedR 2005, 280 ff; *ders,* Auswertung der Ergebnisse der Gutachterkommission für Fragen ärztlicher Haftpflicht bei der Landesärztekammer Baden-Württemberg für das Jahr 2002, MedR 2004, 429 ff; *Franzki H u D,* Der Arzthaftungsprozess, in: Arzt und Patient zwischen Therapie und Recht, 1981, 177; *Grosse-Brockhoff,* Der Behandlungsfehler aus der Sicht des ärztlichen Gutachters, RheinÄrzteBl 1978 (Bd 32), 35; *Günter,* Verfahren vor der Gutachterkommission für ärztliche Behandlungsfehler und Verbot der reformatio in peius, AZR 08, 114; *Henschel,* Aufgabe und Tätigkeit der Schlichtungs- und Gutachterstellen für Arzthaftpflicht-Streitigkeiten, 1980, Bd 4 der Reihe Recht und Medizin; *Hoppe* (Hrsg), 20 Jahre Gutachterkommission für ärztliche Behandlungsfehler bei der Gutachterkommission Nordrhein 1975–1995, 1996; *Katzenmeier,* Außergerichtliche Streitbeilegung in Arzthaftungssachen, AnwBl 2008, 819; *Kaufmann/Fitting/Lent,* Erfahrungen der Gutachterkommission aus ärztlicher Sicht, in: Innere Medizin und Recht, 1995, 173; *Kleinewefers,* Gutachterstelle sowie ärztliche Sorgfalts- und Aufklärungspflichten, VersR 1986, 1140; *ders,* Gutachter- und Schlichtungsstellen, VersR 1988, 764; *Kohnle,* Die Gutachterkommission für Fragen ärztlicher Haftpflicht aus der Sicht des Juristen, Therapiewoche 1982 (Bd 32), 2333; *ders,* Entlastung der Gerichte und Staatsanwaltschaften durch die ärztlichen Gutachterstellen, DRiZ 1983, 140 ff; *Laum/Beck,* Im Interesse von Ärzten und Patienten, 25 Jahre Gutachterkommissionen u Schlichtungsstellen, DÄBl 2001, A 966; *Laum/Smentkowski,* Ärztliche Behandlungsfehler – Statut der Gutachterkommission, Kurzkommentar, hrsg v der Ärztekammer Nordrhein, 2. Aufl 2006; *Laum,* Außergerichtliche Streitbeilegung durch ärztliche Gütestellen, in: *Wenzel,* Handbuch des Fachanwalts Medizinrecht, 2. Aufl 2009, Kap 6, 611 ff; *ders,* Gutachterkommissionen und Schlichtungsstellen bei den Ärztekammern in Deutschland – Ein wegweisendes Beispiel außergerichtlicher Streitbeilegung, FS Samwer, 2008; *Matthies,* Schiedsinstanzen im Bereich der Arzthaftung: Soll und Haben, 1984; *ders,* Probleme der Verjährung bei Anrufen einer ärztlichen Gutachter- oder Schlichtungsstelle, VersR 1981, 1099; *Mau,* Als orthopädischer Arzthaftpflichtgutachter vor Gericht und bei Gutachterkommissionen, Orthopädische Praxis, 1987, 958 ff; *Meurer,* Außergerichtliche Streitbeilegung in Arzthaftungssachen – unter besonderer Berücksichtigung der Arbeit der Gutachterkommissionen und Schlichtungsstellen bei den Ärztekammern, 2008; *Morasch/Blankenburg,* Schieds- und Schlichtungsstellen – ein noch entwicklungsfähiger Teil der Rechtspflege, ZRP 1985, 217 ff; *Neu,* Die Schlichtungsstelle der Norddeutschen Ärztekammern – bewährte Einrichtung der ärztlichen Selbstverwaltung, NdsÄBl 1985 (Bd 58), 289; *ders,* Schlichtungsstelle für Arzthaftpflichtfragen der norddeutschen Ärztekammern, NdsÄBl 1995, 31 ff; *Neu/Scheppokat/Vinz,* Behandlungs-

20. Kapitel. Prozessuale Fragen der Arzthaftung 1 § 113

risiko und iatrogener Schaden –"Unfallberichte" aus der Norddeutschen Schlichtungsstelle, ZaeFQ 2004, 567 ff; *Neumann,* Gutachterkommissionen und Schlichtungsstellen, Der medizinische Sachverständige 1989, 210 ff; *ders,* Gutachterkommissionen und Schlichtungsstellen – eine Evaluation der Ergebnisse, MedR 1998, 309 ff; *ders,* Konsequenzen aus Entscheidungen von Gutachterkommissionen, MedR 2003, 326 ff; *Nicklisch,* Gutachter-, Schieds- und Schlichtungsstellen – rechtliche Einordnung und erforderliche Verfahrensgarantien, FS v Bülow, 1981, 169; *Prütting,* Die Schlichtungsstellen im Arzthaftungsrecht: Zusammensetzung, Arbeitsweise und Leistungsfähigkeit, in: *Jung* (Hrsg), Alternativen zur Strafjustiz und die Garantie individueller Rechte der Betroffenen, 1989, 245 ff; *Ratajczak/Stegers,* Medizin-Haftpflichtschäden, 1989, RdNr 91 ff; *Reiermann,* Gutachterkommission für ärztliche Haftpflichtfragen bei der Ärztekammer Westfalen-Lippe, MedWelt 1982 (Bd 33), 1287; *Rumler-Detzel,* Die Gutachterkommissionen und Schlichtungsstellen für Haftpflichtstreitigkeiten zwischen Ärzten und Patienten, VersR 1988, 6; *Sandroß G u P,* Der Arzt im Schlichtungsverfahren, Der Klinikarzt 1994, 555 ff; *Scheppokat,* Arztfehler und iatrogene Patientenschäden – Ergebnisse von 173 Schlichtungsverfahren in der Allgemeinmedizin, ZaeFQ 2004, 509 ff; *Schöler,* Die Bilanz der Gutachterkommission, RheinÄBl 1983 (Bd 37), 1094; *Smentkowski,* Erfolgreiche Streitschlichtung mit hoher Akzeptanz, Der Chirurg BDC 2004, M 352 ff; *Vorster/Neu,* Echte Alternative zu Gerichtsverfahren, Ärztliche Schlichtungsstelle veröffentlicht Bilanz 1990, NdsÄBl 1991, 30 ff; *Weizel,* Gutachterkommissionen und Schlichtungsstellen für Arzthaftpflichtfragen, 1999; *Weltrich/ Beck,* Positive Leistungsbilanz, Tätigkeitsbericht der Gutachterkommission für ärztliche Behandlungsfehler bei der Ärztekammer Nordrhein, RheinÄBl 1998, 10 ff; *Weltrich/Fitting,* Aufschlussreiche Umfrage zur weiteren Entwicklung abgeschlossener Begutachtungsverfahren, RheinÄBl 1993, 931; *ders,* 20 Jahre außergerichtliche Streitschlichtung in Arzthaftungssachen, Entwicklung und Perspektiven der Arbeit der Gutachterkommission für ärztliche Behandlungsfehler bei der Ärztekammer Nordrhein, RheinÄBl 1996, 21 ff; *Wessing/Helga,* Behandlungsfehlervorwürfe in der Anästhesiologie – Eine retrospektive Studie auf der Grundlage der Tätigkeit der Gutachterkommission für ärztliche Behandlungsfehler bei der Ärztekammer Nordrhein in den Jahren 1976–2004, 2008.

I. Zielsetzung und Zuständigkeiten

1. Schlichtungsstellen und Gutachterkommissionen. Der seit Beginn der 70er 1 Jahre zu beobachtende Anstieg der gegen Ärzte gerichteten Haftpflichtansprüche und Strafanzeigen, die zumeist lange Dauer dieser Verfahren, die Schwierigkeiten medizinischer Sachverhaltsermittlung, Beweisführung und Begutachtung sowie das für den Kläger im Regelfall beträchtliche Kostenrisiko bilden den Hintergrund für die zwischen 1975 und 1978 **von allen Ärztekammern der Bundesrepublik geschaffenen fünf ärztlichen Schlichtungsstellen** (mit Sitz in Hannover, Stuttgart, München[1] und Mainz) und vier ärztlichen **Gutachterkommissionen** (mit Sitz in Düsseldorf, Münster, Saarbrücken, Frankfurt/Main). Nach der Wiedervereinigung 1990 richtete nur die Sächsische Landesärztekammer eine eigene Schlichtungsstelle ein, während die Ärztekammern der vier anderen neuen Bundesländer sich der norddeutschen Schlichtungsstelle anschlossen. Als Alternative zur staatlichen Gerichtsbarkeit konzipiert, sollen sie im Interesse von Arzt **und** Patient durch das hohe Maß an Sachkunde und Objektivität eine rasche außergerichtliche Einigung fördern, indem sie dem Patienten die Durchsetzung begründeter, dem Arzt die Abwehr unbegründeter Schadensersatz- und Schmerzensgeldansprüche erleichtern, in Problem- und Zweifelsfällen aber darüber hinaus auch als „ehrliche Makler" einen Interessenausgleich herbeizuführen versuchen. Diese gemeinsame Zielsetzung gilt trotz mancher „föderalistischer" Unterschiede in den Satzungsdetails[2] und trotz des Dualismus von Schlichtungsstellen, die mit einem sog „Schlichtungsvorschlag" zum Ob und Wie der Schadensregulierung (nicht zur Anspruchshöhe) stets Stellung nehmen, und den Gut-

---

[1] In BW wurden vier Stellen errichtet: Freiburg, Karlsruhe, Stuttgart, Reutlingen (Ersatz für Tübingen). Die bayerische Schlichtungsstelle wurde durch Beschluss des 53. Bayerischen Ärztetages in eine Gutachterstelle für Arzthaftungsfragen bei der bayerischen Landesärztekammer umgewandelt.

[2] Die Statuten der Gutachterkommission und Schlchtungsstellen finden sich abgedruckt bei *Weizel,* Gutachterkommissionen und Schlichtungsstellen, 1999, 242 ff

achterkommissionen, deren Tätigkeit sich in der medizinischen Begutachtung des gerügten Behandlungs-(und/oder Aufklärungs-)fehlers sowie des dadurch verursachten Schadens erschöpft. In geeigneten Fällen dürfen sie jedoch mit Zustimmung der Beteiligten auch einen Schlichtungsversuch oder Vorschlag zur Streitbeilegung machen.[3] Zwischen 1975 und 1995 wurden insgesamt 62 368 Anträge verabschiedet, davon in etwa einem Viertel bis Drittel der Fälle der Haftungsgrund bejaht, 1997 insgesamt 8 884 Anträge eingereicht, deren Zahl seitdem bis 2008 auf 10 967 anstieg.[4]

2 Ein praktisch relevanter **Unterschied zwischen Schlichtungsstellen und Gutachterkommissionen** besteht allerdings hinsichtlich ihrer personellen Reichweite. Grundlage der Schlichtungsstellen ist ein Vertrag zwischen dem HUK-Verband und der jeweiligen Ärztekammer, so dass nur die bei einem Verbandsmitglied haftpflichtversicherten Ärzte, die Mitglieder der jeweiligen Landesärztekammer sind, sich am Schlichtungsverfahren beteiligen können, also zB nicht – inzwischen sind aber teilweise Sonderregelungen erfolgt – die öffentlich-rechtlich organisierten Krankenhäuser. Deshalb sind auch die Haftpflichtversicherer im Verfahren vor den Schlichtungsstellen förmlich beteiligt. Dagegen erstreckt sich die personelle Prüfungskompetenz der Gutachterkommissionen aufgrund ihrer statutarischen oder satzungsmäßigen Verankerung mit der jeweiligen Landesärztekammer auf sämtliche ihr angehörenden Ärzte.[5]

3 **2. Sachliche Zuständigkeit der Gutachterkommissionen und Schlichtungsstellen.** Negativ formuliert fallen aus der sachlichen Zuständigkeit der Gutachterkommissionen und Schlichtungsstellen rechtskräftig entschiedene und anhängige gerichtliche Verfahren, Honorarstreitigkeiten, überwiegend auch länger als 5 Jahre zurückliegende Haftpflichtansprüche sowie teilweise Amtspflichtverletzungen und Fälle unrichtiger Gutachtenerstattung heraus. Positiv formuliert sind also die Gutachterkommissionen und Schlichtungsstellen sachlich zuständig für die **Begutachtung bzw Schlichtung von Schadensersatz- und Schmerzensgeldansprüchen,** die die Patienten auf den Vorwurf fehlerhafter Behandlung stützten. Ob darunter auch die unzureichende oder unterlassene Aufklärung des Patienten zu subsumieren ist, geht aus dem Wortlaut der jeweiligen Statuten nicht eindeutig hervor und wird auch in der Praxis nicht einheitlich gehandhabt.[6] Nach *Matthies* untersuchen alle Gutachterkommissionen und Schlichtungsstellen inzwischen die vom Patienten geltend gemachte Verletzung der Aufklärungspflicht, jedenfalls bei unstreitigem Sachverhalt,[7] obwohl die Aufklärungsproblematik keine Gutachter-, sondern eine Rechtsfrage ist.

4 **3. Die Besetzung der Kommissionen und Schlichtungsstellen.** Die personelle Zusammensetzung ist unterschiedlich geregelt. Die Gutachterkommission besteht aus dem Vorsitzenden, der Volljurist mit langjähriger richterlicher Erfahrung sein muss, sowie 4 qualifizierten Ärzten aus verschiedenen Fachgebieten als Beisitzer. Die Schlichtungsstelle hat maximal 4 Mitglieder, und zwar einen Arzt als Vorsitzenden, den Gutachter mit besonderer Erfahrung auf dem jeweils in Rede stehenden medizinischen Fachgebiet, beide von der Ärztekammer berufen, sowie die von dem betroffenen Arzt und Patienten jeweils benannte Vertrauensperson, die nur ein Arzt oder ein Volljurist sein kann. Der Gutachter kann im nachfolgenden Gerichtsverfahren als Sachverständiger benannt werden; die Tatsache allein, dass er mit der Sache schon befaßt war, begründet nicht die Besorgnis der Befangenheit.

---

[3] *Rumler-Detzel* VersR 1988, 6; *Bodenburg/Matthies* VersR 1982, 729; *Eberhard* Gynäkologe 1989, 395; *Doms* NJW 1981, 2489; *Weizel,* Gutachterkommissionen und Schlichtungsstellen, 1999, 16 f.
[4] S oben RdNr 2; *Eissler* MedR 2005, 280.
[5] *Bodenburg/Matthies* aaO, 729; *Eberhard* Gynäkologe 1989, 394.
[6] Vgl *Franzki* in: Arzt und Patient zwischen Therapie und Recht, 1981, 177.
[7] VersR 1981, 1100; *Weizel,* aaO, 42 mwN; s auch *Eissler* MedR 2005, 280.

II. Gemeinsame Verfahrensprinzipien

Trotz aller Unterschiede in den Einzelheiten der Ausgestaltung des Verfahrens vor den ärztlichen Gutachterkommissionen und Schlichtungsstellen, die auf Vereinheitlichung drängen sollten, lassen sich **drei gemeinsame charakteristische Verfahrensprinzipien** herausstellen:

1. Die Freiwilligkeit. Das Prinzip der Freiwilligkeit besagt, dass das Verfahren vor den Gutachterkommissionen und Schlichtungsstellen die Zustimmung der beiden Betroffenen – bei den Schlichtungsstellen zusätzlich der Haftpflichtversicherung – voraussetzt, dh Arzt und Patient steht es frei, ob sie einen schriftlichen Antrag auf Tätigwerden dieser Einrichtungen stellen und ihm gegebenenfalls durch Teilnahme am Verfahren Folge leisten. Ebenso wie der Patient sofort – vor oder anstelle der Einschaltung der Gutachter- und Schlichtungsstellen – die staatlichen Gerichte anrufen kann, ebenso ist es dem Arzt (oder dem Haftpflichtversicherer und Krankenhausträger) unbenommen, dem Kommissions- oder Schlichtungsverfahren zu widersprechen und damit diesen Weg außergerichtlicher Streitbeilegung zu versperren. In der Praxis sind die Widerspruchsquoten auf ärztlicher Seite allerdings mit unter 2 % außerordentlich gering.[8]

2. Die Unverbindlichkeit. Die ärztlichen Gutachterkommissionen und Schlichtungsstellen sind **keine Schiedsgerichte im Sinne der** §§ 1025 ff ZPO. Ihre Bescheide haben daher keinerlei Bindungswirkung für die Parteien, sondern sind lediglich unverbindliche Feststellungen oder Empfehlungen. Dies bedeutet, dass sowohl der Arzt als auch der Patient den ordentlichen Rechtsweg beschreiten können, wenn er mit der Begutachtung nicht einverstanden ist, den Schlichtungsvorschlag für unzutreffend oder das Regulierungsangebot der Haftpflichtversicherung für nicht angemessen erachtet. Diese Unverbindlichkeit der medizinischen Sachverhaltsfeststellung und -wertung durch die Gutachter- und Schlichtungsstellen gilt auch für den Zivilprozess, in dem bei entsprechenden Beweisanträgen der Parteien die gesamte Beweisaufnahme erneut und unter Hinzuziehung anderer Sachverständiger durchgeführt werden kann bzw muss. Allerdings kann der Tatrichter eine ihm vorliegende Begutachtung durch eine Gutachter- oder Schlichtungsstelle im Wege des Urkundenbeweises würdigen,[9] so dass es „jedenfalls im Prozesskostenhilfeverfahren" idR nicht eines weiteren Sachverständigengutachtens bedarf.[10]

Abgesehen davon ist auch die **faktische Bindungswirkung** der Kommissionsgutachten und Schlichtungsvorschläge nicht zu verkennen. Denn zum einen sind ihre Stellungnahmen meist von großer Fachkompetenz geprägt, zum anderen beruhen sie auf einem gemeinsamen Auftrag und unterscheiden sich dadurch von vornherein in ihrem Gewicht deutlich vom bloßen „Parteigutachten". Es wundert daher nicht, dass nach Abschluss des Begutachterverfahrens „nur noch in insgesamt zwischen 10 und 15 Prozent der Fälle gerichtliche Klagen" erhoben werden.[11] Außerdem sehen die Verfahrensordnungen überwiegend die Möglichkeit der Überprüfung des Erstbescheids vor.

3. Die Gebührenfreiheit. Das Verfahren vor den ärztlichen Gutachterkommissionen und Schlichtungsstellen ist gebührenfrei, dh weder für das Verfahren noch für die „von Amts wegen" eingeholten Sachverständigengutachten werden Kosten erhoben. Die Kostenfreiheit betrifft jedoch nicht die **außerverfahrensmäßigen Kosten,** zB für anwaltliche Vertretung (die in den letzten Jahren auf Patientenseite stetig zugenommen hat und jetzt etwa bei 50% liegt, während sich die Ärzte in aller Regel nicht anwaltlich vertreten lassen)[12] oder Rechtsberatung sowie in Baden-Württemberg und im Saarland die Kosten

---

[8] *Eberhard* Gynäkologe 1989, 397.
[9] BGH VersR 1987, 1091, 1092.
[10] OLG Köln VersR 1990, 311.
[11] *Smentkowski*, Der Chirurg BDC 2004, M 354.
[12] *Weizel* aaO, 20, 154 ff.

für ein vom Arzt oder Patienten gesondert beantragtes Gutachten. Da die Einschaltung der Gutachterkommission bzw Schlichtungsstelle „gerade einer vorgerichtlichen Klärung und Einigung zwischen den Parteien dient", sind die im Rahmen dieser Verfahren anfallenden Anwaltskosten auf Seiten des Arztes und der Patienten „als Kosten notwendiger vorprozessualer Rechtsverfolgung anzusehen" und daher bei Vorliegen vertraglicher oder (und) deliktischer Schadensersatzansprüche erstattungsfähig.[13] Angesichts der Bedeutung der Bescheide und Empfehlungen der Gutachterkommissionen und Schlichtungsstellen für den weiteren Verfahrensgang, einschließlich eines eventuellen Strafverfahrens, ist die Einschaltung eines Rechtsanwalts auf Seiten des Arztes und des Patienten meist nicht entbehrlich, da die herausgearbeiteten medizinischen Erkenntnisse und Einschätzungen rechtlich bewertet werden müssen und nicht zuletzt unter Beweislastaspekten zu Zusatzfragen führen, die rechtskundiger Beratung bedürfen.[14] Außerdem wird das Ergebnis des Schlichtungsverfahrens von Patienten bisweilen zum Ausgangspunkt für ein Strafverfahren gegen den Arzt benutzt, so dass die Einschaltung eines Anwalts in diesem „Vorstadium" auch unter diesem Blickwinkel dem Arzt dringend zu empfehlen ist.

10 Vgl im Übrigen zur Frage der Anrufung einer ärztlichen Gutachterkommission oder Schlichtungsstelle als Voraussetzung für die Gewährung von **Prozesskostenhilfe** § 114 RdNr 21.

III. Rechtliche Folgeprobleme der Gutachterkommissions- und Schlichtungsverfahren

11 **1. Die Verjährungsproblematik.** Bei Zustimmung von Arzt und Patient ist während der Dauer des „Schiedsverfahrens" die Verjährungsfrist für Schadensersatz- und Schmerzensgeldansprüche wegen eines Behandlungsfehlers gem § 204 Abs 1 Nr 4 BGB gehemmt.[15] Das gilt auch für solche Ansprüche, die nach Ablauf der dreijährigen Verjährungsfrist wegen desselben Schadensereignisses nun mit einer Aufklärungspflichtverletzung begründet werden.[16] Dies wurde bislang im Hinblick auf Wortlaut und Zweck der Neufassung des § 852 Abs 2 BGB vom 1. 1. 1978 bejaht[17] und ist jetzt durch § 204 Abs 1 Nr 4 BGB auch gesetzlich klargestellt.

12 Im Unterschied zum früheren Recht umfasst § 204 Abs 1 Nr 4 BGB nF deliktische und vertragliche Ansprüche. Die Verjährungsfrist beträgt einheitlich 3 Jahre.[18] Zu berücksichtigen ist aber, dass die Hemmung immer nur **inter partes** wirkt, also andere potenzielle Anspruchsgegner (Krankenhausträger, andere Ärzte und ärztliches Hilfspersonal) bei fehlender Beteiligung am Schlichtungsverfahren zum Zwecke der Verjährungshemmung gem § 204 Abs 1 Nr 1 BGB nF verklagt werden müssen.[19]

13 **2. Rechtshängigkeit.** Die frühere Gesetzesregelung, wonach Schmerzensgeldansprüche nur bei Rechtshängigkeit vererblich waren, das Verfahren vor den Gutachter- und Schlichtungsstellen aber keine Rechtshängigkeit in diesem Sinne bewirkte, ist durch die ersatzlose Streichung des § 847 I S. 2 BGB ab 1. 7. 1990 (BGBl I 478) entfallen. Bis dahin bediente sich der Rechtsverkehr im Bereich der Schadensregulierung allerdings zunehmend der Möglichkeit, einen **Verzicht** des Schädigers (Versicherers) gegenüber dem Verletzten **auf den Einwand der mangelnden Rechtshängigkeit** zu vereinbaren. Eine

---

[13] LG Baden-Baden MedR 1987, 159; Hans OLG Bremen MedR 2003, 639 f; aA *Weizel* aaO, 175 für die Anwaltskosten des Arztes; aA OLG Düsseldorf AHRS 7410/2.
[14] Hans OLG Bremen MedR 2003, 639, 640.
[15] Zum früheren Recht s BGH NJW 1983, 2075 mit Anm *Ahrens*; OLG Düsseldorf VersR 1985, 744, 746; vgl *Franzki* (Fn 3) 179; *Bodenburg/Matthies* (Fn 1) 733.
[16] Befürwortend *Matthies* VersR 1981, 1100; vgl auch RGRK-*Kreft* § 852 RdNr 92.
[17] *Weizel* aaO, 103 ff.
[18] Zum früheren Recht für die Anwendung des § 852 auf vertragliche Arzthaftungsansprüche *Matthies* VersR 1981, 1101.
[19] *Bodenburg/Matthies* VersR 1982, 733.

20. Kapitel. Prozessuale Fragen der Arzthaftung　　　　　　14–16　§ 113

derartige Vereinbarung war rechtlich zulässig[20] und hatte zur Folge, dass der Schädiger (Versicherer) nach Treu und Glauben an den Inhalt seiner Erklärung gebunden war, dh sich so behandeln lassen musste, „als ob der Schmerzensgeldanspruch zu Lebzeiten des Verletzten rechtshängig gemacht worden wäre". Solche Absprachen sind heute überflüssig.

3. Strafantragsfrist. Schließlich bedarf es auch noch des Hinweises, dass die Strafantragsfrist wegen fahrlässiger Körperverletzung gem §§ 229, 230 StGB drei Monate beträgt (§ 77 b StGB), so dass entweder die Einschaltung der Schlichtungsstellen regelmäßig die Einhaltung der Strafantragsfrist oder aber die fristwahrende Stellung des Strafantrags das gewünschte Schlichtungsverfahren ausschließt. Zu bedenken ist allerdings, dass der fehlende oder verspätete Strafantrag die Strafverfolgung nicht unmöglich macht, wenn die Staatsanwaltschaft das „besondere öffentliche Interesse" an der Strafverfolgung bejaht (§ 230 StGB), und auch die Befugnis zum Anschluss als Nebenkläger im Verfahren nicht versperrt (§ 395 Abs 3 StPO). Mit Recht wird allerdings von manchen Staatsanwaltschaften ein Einschreiten von Amts wegen verneint, wenn der Patient die Unterlagen des Gutachterkommissions- oder Schlichtungsverfahrens zur Begründung einer Strafanzeige benutzt, da dies treuwidrig ist. Denn der Arzt hat sich in diesem auf Einigung abzielenden Verfahren eingelassen und soll aus seiner Offenheit nun auch keine Nachteile durch staatliche Stellen haben. Dies jedenfalls gebietet der allgemein anerkannte Grundsatz des fair trial.[21] 14

IV. Die Gutachterkommissionen und Schlichtungsstellen im Lichte der Kritik

Wägt man das **Pro und Contra** der auf freiwilliger Grundlage tätigen Gutachterkommissionen und Schlichtungsstellen ab, so stehen auf der Aktivseite 15
– der hohe medizinische Sachverstand der Spruchkörper,
– die Unabhängigkeit, Neutralität und Integrität ihrer Mitglieder,
– die fachübergreifende Begutachtung mit der Möglichkeit, das Gutachten im Zivilprozess im Wege des Urkundsbeweises beizuziehen und zu verwerten,[22]
– der vereinfachte Verfahrensablauf ohne formelle Prozessrisiken,
– die kostenlose Hilfe für den Patienten aus vorprozessualer Beweisnot,
– die allen, oft gegenläufigen Interessen gerecht werdende Förderung außergerichtlicher Einigung, die sich in einer Befriedigungsquote von knapp 87 % (Nordrhein) niederschlägt und dazu beiträgt, Zivilprozesse und Strafanzeigen zu vermeiden;[23]
– die Hemmung der Verjährung der Ansprüche gegen die am Schlichtungsverfahren beteiligten Ärzte,
– die häufige Regulierung der Ansprüche durch die Haftpflichtversicherer[24] nach einem (für den Patienten) positiven Bescheid.

Die **steigende Akzeptanz** dieser Einrichtungen bei allen Betroffenen findet ihren sichtbaren Ausdruck in der zunehmenden Ersetzung der Klagen durch Schlichtungsverfahren, die sich gegenüber den Anfangsjahren inzwischen bei allen Stellen vervielfacht haben. 16

---

[20] BGH MedR 1990, 83, 85.
[21] Siehe auch *Ulsenheimer,* Arztstrafrecht, RdNr 244.
[22] BGH VersR 1987, 1091.
[23] Siehe dazu *Weizel,* aaO, 115 ff: hohe Akzeptanz der Bescheide und Empfehlungen der Gutachterkommissionen und Schlichtungsstellen (ca. 90 % auf Seiten der Patienten, 70 %–80 % auf Seiten der Versicherer, vgl *Weizel* aaO, 138 f); s dazu auch *Rumler-Detzel,* Institutionalisierung von Chancengleichheit bei den Gutachter- und Schlichtungsstellen und Patientenberatungsstellen der Heilberufe, Vortrag v 18. 11. 2000 bei der Arbeitsgemeinschaft für Ärzte im Medizinrecht.
[24] Vgl. *Weidinger,* MedR 06, 571, 572.

17 Selbstverständlich gibt es auch „Schatten" und Ansatzpunkte für **Kritik**:
- die ausschließliche Schriftlichkeit des Verfahrens ohne Zeugenvernehmungen und mündliche Verhandlung, ohne laufende Information der Verfahrensbeteiligten, ohne Diskussion von Einwendungen gegen die Begutachtung (Verletzung rechtlichen Gehörs, Art 103 Abs 1 GG),[25]
- die unzureichende oder fehlende Auseinandersetzung mit Rechtsproblemen und der
- oftmals entscheidenden – Kausalitätsfrage,
- die Schwierigkeiten der Kommissionsmitglieder bei der Sachverhaltsermittlung,
- die fehlende Möglichkeit einer Beweisaufnahme,
- die Nichtberücksichtigung der Beweislastprobleme,
- die bei den meisten Schieds- und Gutachterstellen nicht vorhandene Möglichkeit des Einspruchs gegen einen Gutachtensbescheid oder Schlichtungsvorschlag,
- die doch sehr lange Dauer der Verfahren (im Durchschnitt zwischen 8 und 14 Monaten, bei großer Toleranzbreite in den Einzelfällen),[26]
- die Verschiedenheit der Verfahrensmodelle und schließlich die regionalen Unterschiede in der Anzahl der Fehlerfeststellung,
- die Anonymität der Gutachter, da ihre Person im Hinblick auf die möglichen Folgeverfahren und wegen der eventuell vorliegenden Besorgnis der Befangenheit von erheblichem Interesse ist,[27]
- die mögliche Präjudizwirkung des für die Behandlungs- oder Patientenseite nachteiligen Bescheids im Hinblick auf ein anschließendes Straf- oder Zivilverfahren.

18 Alles in allem aber darf man wohl feststellen, dass die ärztlichen Schieds- und Gutachterstellen „eine **Entkrampfung des Arzt-Patienten-Verhältnisses**" bewirkt haben und deshalb von allen Seiten – Ärzten und Patienten, Ärztekammern, Versicherungsgesellschaften, Gerichten, Staatsanwaltschaften und Anwälten – Aufmerksamkeit und Förderung verdienen. Bei der norddeutschen und bayerischen Schlichtungs- bzw Gutachterstelle sind die Haftpflichtversicherungen sogar unmittelbar mit eigenem Antragsrecht und rechtlichem Gehör am Verfahren beteiligt, bei den übrigen Gütestellen erhalten sie die Bescheide und können sich zur Sache äußern.

§ 114 Verfahrensrechtliche Einzelfragen

Inhaltsübersicht

	RdNr
I. Zuständigkeitsfragen	1
II. Substantiierungspflicht und Amtsermittlung	5
III. Beweissicherungsverfahren	13
IV. Beweismittel, Sachverständigenanhörung und Obergutachten	15
1. Beweismittel	15
2. Mündliche Anhörung des Sachverständigen	17
3. Einholung eines Obergutachtens	20
V. Prozesskostenhilfe	21
VI. Berufungsrechtliche Einzelfragen	24
VII. Verzicht auf die Einrede der Verjährung	28
VIII. Besondere Anwaltspflichten	29
IX. Schweigepflichtentbindung	32

---

[25] *Katzenmeier*, AnwBl 08, 822.
[26] *Weizel* aaO, 56 ff; ebenso *Katzenmeier*, AnwBl 08, 822.
[27] So mit Recht VG Minden MedR 1996, 469 (475); auch das OVG Münster NJW 1999, 1802 bejaht ein „berechtigtes Interesse" an der Nennung des Namens, wenn dem Arzt „in dem Gutachten der Kommission ein Behandlungsfehler bescheinigt worden ist".

20. Kapitel. Prozessuale Fragen der Arzthaftung 1 § 114

Schrifttum: Arbeitsgemeinschaft Rechtsanwälte im Medizinrecht eV (Hrsg), 1995, mit Beiträgen von *Bergmann, Krämer, Rumler-Detzel, Schulte* ua, in: Der medizinische Sachverständige; *Bergmann, O,* Die Arzthaftung, 2. Aufl 2003; *Bergmann/Kienzle,* Krankenhaushaftung, 1996; *Bochnik/Gärtner/Richtberg,* Richter und psychiatrischer Sachverständiger, MedR 1988, 73; *Bockey,* Das selbstständige Beweisverfahren im Arzthaftungsrecht, NJW 2003, 3453 ff; *Deutsch/Spickhoff,* Medizinrecht, 6. Aufl 2008; *Ehlers/Broglie* (Hrsg), Praxis des Arzthaftungsrechts, 4. Aufl 2008; *Fischer,* Selbständiges Beweisverfahren – Zuständigkeits- und Verweisungsfragen, MDR 2001, 608 ff; *Frahm/Nixdorf,* Arzthaftungsrecht, 3. Aufl 2005; *Franzki,* Von der Verantwortung des Richters für die Medizin, MedR 1994, 171; *Gehrlein,* in: Fehlerquellen im Arzthaftungsprozess, 2001; *ders,* Grundriss der Arzthaftpflicht, 2. Aufl 2006, 201 ff, E; *Gehrlein, M,* Grundriss der Arzthaftpflicht, 2. Aufl 2006; *Geiß/Greiner,* Arzthaftpflichtrecht, 5. Aufl 2006; *Giesen,* Anm zu LG Dortmund, Beschluss v 3. 2. 87 – 17 O 23/86, JZ 1988, 255 ff; *Jorzig,* Arzthaftungsprozess – Beweislast und Beweismittel MDR 2001, 481; *Katzenmeier,* Arzthaftung, 2002; *Martis/Winkhart,* Arzthaftungsrecht, 2 Aufl 2007; *Matthies,* Anm zu LG Aurich, Beschluss v 16. 3. 84 – 6 O 58/84, NJW 1986, 792; *Müller, Gerda,* Beweislast und Beweisführung im Arzthaftungsprozeß, NJW 1997, 3049 ff; *dies,* Spielregeln für den Arzthaftungsprozess, DRiZ 2000, 259 ff; *Oehler,* Zur Problematik der Sachverständigenauswahl, ZRP 1999, 285; *ders,* Nochmals: Der medizinische Sachverständige im Arzthaftungsprozess, VersR 2001, 1354; *Plagemann,* Das Gutachten des medizinischen Sachverständigen im Sozialgerichts- und Arzthaftungsprozess, MedR 1983, 170; *Rinke/Balser,* Selbständiges Beweisverfahren bei Streit über die medizinische Notwendigkeit einer vorgesehenen Heilbehandlung – zulässig? VersR 09, 188; *Rehborn,* Selbständiges Beweisverfahren im Arzthaftungsrecht? in: Schriftenreihe der Arbeitsgemeinschaft Medizinrecht im DAV, Bd 3, 2000, 1 ff; *Rosenberger,* Der Haftungsprozess, in: *Wenzel* (Hrsg), Handbuch des Fachanwalts Medizinrecht, 2. Aufl 2009, Kap 7, S. 714 ff; *Schlund,* Der Arzthaftungsprozess, in: Beck'sches Richterhandbuch, 2. Aufl 1999, 431 ff; *ders,* Die Besonderheiten des Arzthaftungsprozesses, A/ZusR 2006, 162 ff; *Schmid,* Verfahrensregeln für Arzthaftungsprozesse, NJW 1994, 767 ff; *Seehafer,* Der Arzthaftungsprozeß in der Praxis, 1991; *Steffen/Pauge,* Arzthaftungsrecht, Neue Entwicklungslinien der BGH-Rechtsprechung, 10. Aufl 2006; *Stegers,* Die Anrufung der Gutachterkommission für ärztliche Haftpflichtfragen – eine Rechtspflicht für die minderbemittelte Prozeßpartei? AnwBl 1989, 137 ff; *ders,* Selbständiges Beweisverfahren im Arzthaftungsrecht? in: Schriftenreihe der Arbeitsgemeinschaft Medizinrecht im DAV, Bd 3, 2000, 11 ff; *ders,* Der medizinische Sachverständige im Arzthaftungsprozess, VersR 2000, 419; *ders,* Vom Umgang mit dem Sachverständigenbeweis im Arzthaftungsprozess, ZMSR 2005, 31 ff; *ders/Hansis* ua, Der Sachverständigenbeweis im Arzthaftungsprozess, 2. Aufl 2002; *Terbille,* Die zivilrechtliche Arzthaftung, in: Münchener Anwaltshandbuch Medizinrecht, 2009, 5 ff, 65 ff; *Ulsenheimer,* Das fachärztliche Gutachten aus der Sicht des Juristen, Der Anästhesist 1998, 818; *ders,* Der Sachverständigenbeweis, Der Anästhesist 2005, 1081 ff; *Velten,* Der medizinische Standard im Arzthaftungsprozess, 2001; *Walter/Küper,* Die Einholung medizinischer Gutachten und Obergutachten im Zivilprozeß, NJW 1968, 182 ff; *Zoll,* Verfahrensrechtliche Besonderheiten im Arzthaftungsprozeß, MedR 2009, 569 ff.

I. Zuständigkeitsfragen

Im Hinblick auf die „besonders schwierige und verantwortungsvolle richterliche Aufgabe der Tatsachenfeststellung im Arztfehlerprozess"[1] sind bei den Land- und Oberlandesgerichten, beginnend mit dem erheblichen Anstieg der Arzthaftungsklagen zu Beginn der 70er Jahre, mehr und mehr spezielle Arzthaftungskammern bzw – senate eingerichtet worden. Die höchstrichterliche Judikatur hat diese Tendenz angesichts der komplexen Sachverhalte, Besonderheiten der Beweisführung und spezieller rechtlicher Probleme nachdrücklich gefördert,[2] so dass man gegenläufige Erscheinungen in den neuen Bundesländern nur mit Bedauern und Kritik zur Kenntnis nehmen kann. 1

Die sachliche Gerichtszuständigkeit richtet sich nach § 23 Nr 1 GVG, die örtliche nach § 12 ff ZPO, wobei zwischen vertraglichen und deliktischen Ansprüchen sowie Klägern und Beklagten (Arzt, Krankenhaus), Haftung für Erfüllungs- (§ 278 BGB) und Verrichtungsgehilfen (§ 831 BGB), Organhaftung (§§ 31, 89 BGB) zu unterscheiden ist. Für Klagen aus ärztlichen Behandlungsfehlern ist nicht nur das Gericht zuständig, in dessen

---

[1] BGH NJW 1080, 2751.
[2] Vgl BGH VersR 1985, 342; VersR 1993, 836.

§ 114   2–5   § 114 Verfahrensrechtliche Einzelfragen

Bezirk die unerlaubte Handlung begangen wurde (§ 32 ZPO), sondern auch das Gericht am Wohnort des Verletzten, da sich dort die Körperverletzung auswirkt,[3] so dass der Patient uU ein Wahlrecht hat (§ 35 ZPO), nach dessen Ausübung eine Zuständigkeitsbestimmung gem. § 36 Abs 1 Nr. 3 ZPO ausscheidet.

2   Gemäß § 348 Abs 1 ZPO aF sollte die Zivilkammer den Rechtsstreit einem ihrer Mitglieder als Einzelrichter zur Entscheidung übertragen, sofern die Klage nicht aus tatsächlichen oder rechtlichen Gründen besondere Schwierigkeiten aufweist oder die Sache von grundsätzlicherBedeutung ist. Durch die ZPO-Reform mit Wirkung vom 1. 1. 2002 wurde diese Regelung dahingehend geändert, dass nunmehr in einem beim Landgericht anhängigen Rechtsstreit die „originäre Kompetenz" beim Einzelrichter liegt, sofern nicht einer der in § 348 Abs 2 Satz 2 Nr 2 a-k ZPO formulierten Ausnahmetatbestände gegeben ist. Für Ansprüche aus Heilbehandlungen, also die vertraglichen und deliktischen Schadensersatz- und Schmerzensgeldansprüche gegen Ärzte, Zahnärzte, Heilpraktiker, Psychotherapeuten u.a. hat § 348 Abs 1 Satz 2 Nr 2 e ZPO nun ausdrücklich die Zuständigkeit der **Zivilkammer** bestimmt, soweit durch den Geschäftsplan eine Spezialkammer eingerichtet worden ist. Ist dies nicht der Fall, so verbleibt es bei der Grundsatzregelung des § 348 Abs 1 Satz 1 ZPO, die den „originären Einzelrichter" vorsieht, aber es gilt zugleich auch § 348 Abs 3 Nr 1 ZPO, wonach der Einzelrichter bei umfangreichen und tatsächlich oder rechtlich schwierig gelagerten Rechtsstreitigkeiten die Sache der Kammer zur Entscheidung vorlegen muss.

3   Da im Arzthaftungsprozess jedoch im Allgemeinen die tatrichterliche Feststellung medizinischer Sachverhalte, insbesondere die Aufgabe, das Gutachten eines Sachverständigen „in jeder tatsächlichen Hinsicht und unter Berücksichtigung aller rechtlichen Gesichtspunkte zu hinterfragen",[4] schwierig ist, kann im Regelfall auf die Fachkompetenz und kritische Mitwirkung des Richterkollegiums nicht verzichtet, dh der Rechtsstreit nicht dem Einzelrichter zur Entscheidung übertragen werden.[5] Der gegenteiligen Auffassung von Gehrlein,[6] der selbst bei komplexen Arzthaftungsklagen die regelmäßige funktionelle Zuständigkeit des Einzelrichters bejaht, ist daher auch nach der Neufassung des § 348 ZPO nachdrücklich zu widersprechen.[7] Überträgt die Kammer/der Senat den Rechtsstreit daher trotz einer umfangreichen und schwierigen Sach- und Rechtslage auf den Einzelrichter zur Beweisaufnahme und weiteren Entscheidung, so kann hierin ein wesentlicher Verfahrensmangel im Sinne des § 538 Abs 2 Ziff 1 ZPO liegen.[8]

4   Bei Einverständnis der Parteien mit der Entscheidung durch den Einzelrichter ist die Sache gem. § 348 a Abs 2 Nr 2 ZPO dennoch der Kammer (dem Senat gem. § 526 Abs 2 Nr. 2 ZPO) vorzulegen.

II. Substantiierungspflicht und Amtsermittlung

5   Im Zivilprozess muss die Klagepartei ihre Ansprüche schlüssig substantiiert darlegen und beweisen. Da im Arzthaftungsprozess der Patient jedoch aufgrund mangelnder medizinischer Kenntnisse den möglichen Verstoß gegen den jeweiligen fachmedizinischen Standard und dessen Ursächlichkeit für den eingetretenen Körperschaden kaum sachgerecht zu begründen vermag, ist es seit langem anerkannt, dass an seinen Sachvortrag „nur maßvoll und verständig geringe Anforderungen gestellt werden" dürfen.[9] Die Klagepartei

---

[3] KG GesR 2006, 409; BGH VersR 2008, 1668: Bei einer Medikamententherapie, die in der Schweiz verordnet wurde und am Wohnort des Patienten in der BRD schwere Nebenwirkungen auftraten, ist hier der „Erfolgsort" und deshalb ein deutsches Gericht zuständig.

[4] OLG München, Urteil v 31. 5. 2001 – Az 1 U 5146/00, 18.

[5] OLG Karlsruhe GesR 2005, 555; OLG München, Urteil v 31. 5. 2001 – AZ U 5146/00; OLG Celle VersR 1993, 483; OLG Oldenburg VersR 1990, 1399; OLG Köln VersR 1987, 164.

[6] VersR 2002, 935.

[7] So auch *Schlund*, A/ZusR 2006, 162, 163 f.

[8] Ebenso *Schlund*, aaO, 164.

[9] OLG Düsseldorf VersR 2005, 1737, 1738; ebenso für Schadensersatzansprüche gegen Medikamentenhersteller BGH NJW 2008, 2994.

20. Kapitel. Prozessuale Fragen der Arzthaftung   6, 7 § 114

„darf sich auf den Vortrag beschränken, der die Vermutung eines fehlerhaften Verhaltens des Arztes aufgrund der Folgen für den Patienten gestattet. Erforderlich ist aber ein Mindestmaß an nachvollziehbarem Vorbringen, das in sich schlüssig ist (vgl Geiß/Greiner, Arzthaftpflichtrecht, 4. Aufl, RdNr E 2)".[10] Praktisch bedeutet dies: Der Patient muss keine medizinischen Einzelheiten vortragen, „der Tatsachenvortrag muss aber zumindest in groben Zügen erkennen lassen, welches ärztliches Verhalten fehlerhaft gewesen und welcher Schaden hieraus entstanden sein soll (Frahm/Nixdorf, Arzthaftungsrecht, 2. Aufl, RdNr 239; Schmid, NJW 1994, 767). Deshalb genügt es nicht, allein aus dem Misslingen einer Heilbehandlung einen Verstoß gegen die Regeln der ärztlichen Kunst abzuleiten, sondern der Patient muss, wenn er schon einen Fehler lediglich vermutet und nicht begründet darstellen kann, doch wenigstens seine Verdachtsgründe darlegen, damit sich die Gegenseite oder ein Gutachter damit sachlich befassen können".[11] Der schlüssige Klagevortrag erfordert mehr als nur die Darstellung des Behandlungsmisserfolgs, da daraus nicht allgemein ein Indiz für ein Fehlverhalten oder Verschulden des Arztes abzuleiten ist,[12] umgekehrt das substantiierte Bestreiten auch mehr als nur die pauschale Zurückweisung der Vorwürfe als unzutreffend.[13] Lücken in der medizinischen Sachverhaltsdarstellung auf Klägerseite sind nicht als Zugeständnis zu werten.[14]

Aus dem typischerweise bestehenden „Informationsgefälle zwischen der ärztlichen Seite und dem Patienten" leitet die Judikatur als weitere Schlussfolgerung über eine extensive Auslegung des § 139 ZPO eine **gesteigerte Pflicht des Gerichts zur Sachverhaltsaufklärung** ab, die praktisch auf die Geltung des Amtsermittlungsgrundsatzes im Arzthaftungsprozess hinausläuft.[15] Da im Zivilprozess der Richter für ein faires Verfahren zu sorgen hat, muss er den Informationsvorsprung des Arztes gegenüber dem Patienten „soweit als möglich" ausgleichen, indem er Lücken im Sachvortrag bzw Sachverhalt durch eine entsprechende „Handhabung der Beweises", geeignete Fragen und Hinweise, Wahrnehmung eigener Aufklärungsmöglichkeiten durch Beziehung der Original-Krankenunterlagen und Einholung eines Sachverständigengutachtens und somit eine umfassende Sachaufklärung schließt.[16]   **6**

Die Beiziehung von Krankenunterlagen ist Ausfluss der Prozessförderungspflicht des Gerichtes, das die Krankenunterlagen bei der zuständigen Stelle anzufordern und dem Sachverständigen zur Fertigung des Gutachtens zu überlassen hat. Ist dies nicht möglich, weil der beklagte Arzt nicht von seiner Schweigepflicht entbunden ist (zB bei einer Klage der Erben des verstorbenen Patienten), so dürfen die Krankenakten nicht verwertet werden und sind daher ein ungeeignetes Beweismittel.[17] Der Antrag auf Beiziehung der Krankenunterlagen stellt grundsätzlich keinen unzulässigen Beweisermittlungsantrag dar.[18]   **7**

Gem. § 142 ZPO können regelmäßig die Krankenunterlagen auch bei Dritten, am Rechtsstreit nicht beteiligten Ärzten oder Kliniken angefordert werden. Wird diese Möglichkeit vom Gericht nicht einmal ins Auge gefasst, liegt ein Verfahrensfehler vor.[19]

Der Patient hat im Arzthaftungsprozess aber keinen Anspruch darauf, durch die Geschäftsstelle Kopien der beigezogenen Krankenunterlagen zu erhalten; diese sind nicht Bestandteil der Gerichtsakten und unterliegen daher nicht der Akteneinsichtsregelung des § 299 ZPO.[20]

---

[10] OLG Düsseldorf VersR 2005, 1737, 1738.
[11] OLG Düsseldorf, aaO, 1738; BGH NJW 2004, 2825, 2827; NJW 2003, 3411.
[12] BGH NJW 1977, 1103; 1978, 1681; MedR 1987, 193.
[13] *Schmid* NJW 1994, 768.
[14] BGH NJW 1981, 278; OLG Stuttgart VersR 1991, 229.
[15] *Steffen/Pauge,* Arzthaftungsrecht, 10. Aufl, RdNr 585.
[16] BGH VersR 1979, 939, 941; NJW 1984, 1823.
[17] LG Aachen MedR 2007, 734, 736.
[18] BGH NJW 08, 2994.
[19] Saarl OLG ZMGR 2004, 81 ff.
[20] OLG Hamm GesR 2006, 569 f.

§ 114 8–11   § 114 Verfahrensrechtliche Einzelfragen

8   Die Reform der ZPO 2002 hat an diesen Grundsätzen nichts geändert, weil der dafür maßgebende Gesichtspunkt, die Waffengleichheit zwischen Arzt und Patienten zu gewährleisten, weiterhin gilt.[21] Deshalb sind „der Patient und sein Prozessbevollmächtigter" auch „nicht verpflichtet, sich zur ordnungsgemäßen Prozessführung medizinisches Fachwissen anzueignen", zumal oftmals der Sachverhalt erst durch ein Sachverständigengutachten in seiner medizinischen und rechtlichen Problematik transparent wird.

9   Infolge der erhöhten (erweiterten) richterlichen Aufklärungspflicht im Arzthaftungsprozess kommt der Parteivernehmung nach § 448 ZPO und der Parteianhörung im Sinne des § 141 ZPO eine erhebliche praktische Bedeutung zu, wenn das Ergebnis der Beweisaufnahme nicht eindeutig ist, aber eine gewisse Wahrscheinlichkeit für die Richtigkeit der Behauptungen der einen oder anderen Partei spricht.[22] Da die Patientenaufklärung regelmäßig ohne Hinzuziehung von Zeugen stattfindet, kann oftmals nur die Wiedergabe des Aufklärungsgesprächs durch Arzt und Patient bezüglich Inhalt, Verlauf, Zeitpunkt, Art und Weise, Dokumentation, übliche Praxis ua den letzten noch fehlenden „Mosaikstein" für die richterliche Überzeugungsbildung in diesem Bereich bringen. Gleiches gilt für den Vortrag von Tatsachen, zB des Patienten, aus denen sich eine ergänzende Befunderhebungspflicht ergibt.[23]

10   Die Prüfung einer **hypothetischen Einwilligung** erfolgt nicht von Amts wegen.[24] Die Behauptungs- und Beweislast dafür, dass sich der Patient auch bei ordnungsgemäßer Aufklärung zu der tatsächlich durchgeführten Behandlung entschlossen hätte, trifft vielmehr den **Arzt,**[25] und zwar schon in der ersten Instanz.[26] Wird der Einwand der hypothetischen Einwilligung erst im zweiten Rechtszug erhoben, handelt es sich grundsätzlich um ein neues Verteidigungsmittel iS des § 531 Abs 2 ZPO.[27] Der Arzt muss den Beweis jedoch erst dann führen, wenn der Patient im Falle der rechtzeitigen Aufklärung über Risiken der Behandlung in einen echten Entscheidungskonflikt geraten wäre und hierfür plausible Gründe anführen kann.[28] Dabei dürfen an die Substantiierungspflicht insoweit allerdings keine zu hohen Anforderungen gestellt werden.[29]

11   Feststellungen darüber, wie sich ein Patient bei vollständiger, sachgerechter Aufklärung entschieden hätte und ob er in einen Entscheidungskonflikt geraten wäre, darf der Tatrichter grundsätzlich, dh in aller Regel nicht ohne persönliche Anhörung des Patienten treffen.[30] Denn maßgebend ist nicht, wie sich ein „vernünftiger" Patient voraussichtlich verhalten hätte.[31]

Deshalb darf das Gericht seine eigene Beurteilung dieses Konflikts nicht an die Stelle derjenigen des Patienten setzen, sondern muss auf dessen besondere persönliche Situation und Sensibilität, den Eindruck, seine besondere Lebensgeschichte und daher auch auf die Möglichkeit bzw Notwendigkeit konkreter Nachfragen zur Erfassung seiner inneren Einstellung abstellen. Von einer persönlichen Anhörung kann nur ausnahmsweise abgesehen werden, wenn „schon die unstreitigen äußeren Umstände eine sichere Beurteilung der hypothetischen Entscheidungssituation erlauben".[32] Dabei muss im Auge behalten werden, dass an den Nachweis einer hypothetischen Einwilligung durch die Behandlungsseite

---

[21] BGH NJW 2004, 2825, 2827.
[22] BGH NJW 2005, 2453; BGH MDR 2006, 285.
[23] OLG Koblenz VersR 2008, 123 ff.
[24] OLG Oldenburg VersR 2008, 124, 125 = MedR 08, 437, 440 m Anm *Ahrens*; BGH NJW 09, 1209, 1211 = VersR 09, 257 ff.
[25] BGH NJW 2005, 1718 = VersR 2005, 836 = MedR 2005, 599.
[26] OLG Oldenburg VersR 2008, 124, 125.
[27] BGH NJW 09, 1209, 1211 = VersR 09, 257.
[28] OLG Köln VersR 2006, 124.
[29] BGH MedR 2007, 718, 720 mwN.
[30] OLG Oldenburg VersR 2008, 124, 125; BGH NJW 07, 2771.
[31] BGH NJW 09, 1209, 1211.
[32] BGH VersR 2005, 694.

grundsätzlich strenge Anforderungen zu stellen sind, damit das Aufklärungsrecht des Patienten nicht auf diesem Wege unterlaufen wird.[33]

Wenn der Patient den Entscheidungskonflikt nicht mehr persönlich darlegen kann (zB durch Tod), wirkt sich die Unmöglichkeit der persönlichen Anhörung nicht „grundsätzlich zu dessen Lasten aus",[34] vielmehr kommt es auf die Umstände des jeweiligen Einzelfalles an. Richtig ist, dass die **Behandlungsseite** die Folgen der Unaufklärbarkeit zu tragen hat, wenn ein echter Entscheidungskonflikt ernsthaft in Betracht kommt. Ob dies der Fall ist, kann aber nur aufgrund einer umfassenden Abwägung des konkreten Sachverhalts festgestellt werden.[35]

III. Beweissicherungsverfahren

Werden nach einem **tödlichen Zwischenfall oder einer Komplikation mit gesundheitlichen Folgeschäden** Ersatzansprüche gegen den betroffenen Arzt, das Pflegepersonal und (oder) das Krankenhaus erhoben, kann jede Partei mit Zustimmung der anderen bzw bei Besorgnis eines Beweisverlustes, bei Gefahr der Beweiserschwerung oder rechtlichem Interesse an der Feststellung des Zustands einer Person (Sache, ihres Wertes), der Schadensursache oder des Aufwands zur Schadensbeseitigung die Vernehmung von Zeugen und/oder die Beauftragung von Sachverständigen zum Zwecke der **Beweissicherung** beantragen (§ 485 Abs 1 und 2 ZPO). Der Antrag ist zulässig, selbst wenn noch kein Rechtsstreit anhängig oder im anhängigen Verfahren ein Beweisbeschluss noch nicht ergangen ist, zB wegen Aussetzung, Ruhens ua. Das Gericht, dessen Zuständigkeit sich aus § 486 ZPO ergibt – bei Behandlungsfehlern kommt auch das Gericht am Wohnsitz des Verletzten in Betracht –[36] entscheidet nach pflichtgemäßem Ermessen. Umstritten war lange Zeit[37] die Anwendbarkeit des Verfahrens gemäß § 485 Abs 2 ZPO im Arzthaftungsrecht. Inzwischen hat jedoch der BGH[38] die prinzipielle Zulässigkeit des selbstständigen Beweisverfahrens gemäß § 485 Abs 2 ZPO bejaht.

Zur Begründung führt der BGH an, der Wortlaut des § 485 Abs 2 ZPO lasse keine Ausnahme für Arzthaftungsansprüche zu. Auch die Entstehungsgeschichte der Norm, ihr Sinn und Zweck sowie der Gesamtzusammenhang mit der Regelung in § 485 Abs 1 ZPO stünden der generellen Zulässigkeit des selbstständigen Beweisverfahrens bei Arzthaftungsforderungen nicht entgegen.[39] Das Ziel der vorprozessualen Beweissicherung nach § 485 Abs 2 ZPO, „die Gerichte von Prozessen zu entlasten und die Parteien unter Vermeidung eines Rechtsstreits zu einer raschen und Kosten sparenden Einigung zu bringen", werde in der Rechtspraxis durch die Klärung eines Gesundheitsschadens und seiner Ursachen „nicht selten" erreicht.[40] Außerdem könne das Gericht den Sachverständigen zur Aufklärung laden,[41] zur Ergänzung des Gutachtens auffordern, ein weiteres Gutachten einholen oder die Parteien zur Erörterung laden (§§ 492 Abs 1, 411 Abs 3, 412 Abs 1; 492 Abs 3 ZPO), so dass die vorprozessuale Beweiserhebung durchaus prozessökonomisch sein kann. Maßgebend sind deshalb die Umstände des Einzelfalles bei der Prüfung der Voraussetzungen des § 485 Abs 2 ZPO.[42] So fehlt zB das nötige rechtliche Interesse, wenn bereits die Gutachterkommission keinen Behandlungsfehler festgestellt und der Patient keine Einwendungen erhoben hat.[43] Dagegen ist ein rechtliches Interesse zu bejahen, wenn der

---

[33] BGH MedR 2007, 718, 720.
[34] BGH, aaO, 720.
[35] BGH, aaO, 720.
[36] KG GesR 2006, 409 f.
[37] Siehe die Nachweise bei *Bockey* NJW 2003, 3453 Fn 3.
[38] BGH NJW 2003, 1741 = MDR 2003, 590 = GesR 2003, 171 = MedR 2003, 405.
[39] BGH MDR 2003, 590, 591.
[40] BGH MDR 2003, 590, 591.
[41] BGH VersR 2006, 95 f.
[42] OLG München, Beschluss v 9. 2. 2006 – Az 1 W 805/06.
[43] OLG Hamm GesR 2004, 379.

Antragsteller mit substantiiertem Sachvortrag[44] die Feststellung eines Behandlungsfehlers und seiner Ursächlichkeit für den eingetretenen Schaden begehrt.[45] Der Prozessvermeidung kann jedoch das selbstständige Beweisverfahren auch dann dienen, wenn der Arzt eine gütliche Streitbeilegung bereits definitiv abgelehnt hat.[46] Streitig ist die Zulässigkeit dieses Verfahrens, wenn die Indikation der Heilbehandlung bestritten wird.[47]

Die **Kosten des Beweissicherungsverfahrens** gehören zu den Kosten des schwebenden oder anschließenden Rechtsstreits. Kommt es nicht zum Hauptsacheprozess, hat das Gericht auf Antrag durch Beschluss auszusprechen, dass der Antragsteller, der nach Beendigung der Beweiserhebung keine Klage erhoben hat, die dem Gegner entstandenen Kosten tragen muss (§ 494 a Abs 2 ZPO).[48] Im isolierten Beweissicherungsverfahren ist die Gewährung von Prozesskostenhilfe zulässig.[49] Die zu prüfende Erfolgsaussicht (§ 114 S 1 ZPO) bezieht sich auf den Antrag nach § 485 ZPO.[50]

Kosten für ein vorprozessual eingeholtes Gutachten können erstattungsfähig sein, wenn dieses für die Klärung des Sachverhalts zweckdienlich und für die Entscheidung des Gerichts von Bedeutung war. Auch im selbständigen Beweisverfahren kann ein Sachverständiger wegen Besorgnis der Befangenheit abgelehnt werden,[51] so dass kein Vergütungsanspruch entsteht (§ 8 JVEG).

IV. Beweismittel, Sachverständigenanhörung und Obergutachten

15 1. **Beweismittel** sind **Zeugen** (zB für die behaupteten Schmerzen),[52] **Urkunden** (zB das Gutachten einer ärztlichen Gutachterkommission und Schlichtungsstelle[53] oder aus einem anderen Prozess)[54] und – neben der formlosen Anhörung zu Informationszwecken gemäß § 141 ZPO[55] – die **Parteivernehmung** (zB für den Inhalt des Aufklärungsgesprächs oder zur Prüfung eines etwaigen Entscheidungskonflikts des Patienten, wenn der Arzt den Einwand erhebt, der Patient hätte auch bei ordnungsgemäßer Aufklärung in die Behandlung eingewilligt)[56] nach §§ 445 ff ZPO. Dabei steht, wie bereits oben (RdNr 6) ausgeführt, die Sachverhaltsaufklärung im Vordergrund der Prozessleitung durch das Gericht.

16 Der Sachverständige hat im Arzthaftungsprozess, soweit es um Behandlungsfehler geht, in der Regel praktisch eine streitentscheidende Funktion. Bedenklich ist deshalb im Hinblick auf die Vorbereitung und das Fragerecht der Parteien die teilweise von Gerichten geübte Praxis, auf die Einholung eines schriftlichen Gutachtens zu verzichten und den Sachverständigen nur mündlich zu hören.[57] Umso wichtiger sind seine Sachkunde, Objektivität, Erfahrung vor Gericht, Kenntnis seiner Rechte und Pflichten ua,[58] die das Gericht und die Prozessbevollmächtigten kritisch prüfen müssen. Denn in diesen Fällen steht im Mittelpunkt die Frage des medizinischen Standards, der nahezu ausschließlich

---

[44] OLG Oldenburg MDR 08, 1059.
[45] OLG Nürnberg MedR 09, 155; OLG Koblenz MedR 07, 252; OLG Karlsruhe VersR 03, 374; **aA** OLG Naumburg ZMGR 03/04, 135; KG ArztR 2007, 163.
[46] OLG Koblenz MedR 2005, 531 f
[47] Rinke/Balser VersR 09, 188.
[48] *Zöller/Herget,* ZPO, 26. Aufl 2007, § 494 a RdNr 4; OLG Hamburg MDR 2000, 53.
[49] LG Düsseldorf MDR 1986, 857 mwN
[50] OLG Koblenz OLGR 2001, 214.
[51] OLG Koblenz MDR 08, 1298.
[52] BGH NJW 1986, 1541.
[53] BGH NJW 1994, 480; 1596.
[54] BGH NJW 1995, 1294.
[55] BGH VersR 1992, 358.
[56] BGH NJW 1990, 2928; 1993, 2378; BGH VersR 2005, 694; 1995, 1055; s oben RdNr 6 ff.
[57] BGH NJW 1984, 1823.
[58] Siehe dazu *Schlund* §§ 116 ff.

20. Kapitel. Prozessuale Fragen der Arzthaftung   17 § 114

nur unter Heranziehung eines medizinischen Gutachters festzustellen ist.[59] Das Gericht hat dabei auf die Fachkenntnisse des Sachverständigen aus dem betreffenden medizinischen Fachgebiet abzustellen, dem der beklagte Arzt angehört[60] bzw in das der Eingriff fällt.[61] Die Auswahl des Sachverständigen aus dem falschen Sachgebiet ist ein Ermessensfehler (§ 404 Abs 1 ZPO).[62] Der Richter, der sich auf eigene Sachkunde beruft, ist deshalb gehalten, deren Herkunft im Urteil näher zu erläutern[63] und darzulegen, dass er „die für die Auswertung der Fachliteratur erforderliche medizinische Sachkunde besitzt". Denn „das Studium derartiger Literatur kann infolge der notwendigerweise generalisierenden" Darstellung „dem medizinischen Laien nur bruchstückhafte Kenntnisse vermitteln".[64] Das gilt insbesondere dann, wenn er von dem Gutachten des Sachverständigen abweichen und ihm Widersprüche vorhalten will.[65] Über einen medizinischen Sachverhalt einschließlich der Schadensfolgen darf das Gericht also nur entscheiden, wenn es sachverständig beraten war oder seine medizinischen Fachkenntnisse nach Inhalt, Umfang und Herkunft dartun kann.[66] Deshalb darf auch der Tatrichter einen groben Behandlungsfehler nicht ohne ausreichende Tatsachengrundlage in den medizinischen Darlegungen des Sachverständigen, erst recht nicht entgegen dessen fachlichen Ausführungen aus eigener Wertung bejahen.[67]

2. Mündliche Anhörung des Sachverständigen. Gemäß § 411 Abs 3 ZPO kann 17
das Gericht im Rahmen seines pflichtgemäßen Ermessens, also insbesondere zur Beseitigung von Unklarheiten, Widersprüchen und Zweifeln, das Erscheinen des Sachverständigen vor Gericht anordnen, damit er sein schriftlich erstattetes Gutachten erläutere.[68] Auch wenn dieses eindeutig, erschöpfend ist und auf alle Fragen eingeht, ist die mündliche Erläuterung nicht entbehrlich, sofern eine Partei dies für erforderlich hält.[69] Denn unabhängig von § 411 Abs 3 ZPO hat jede Partei zur Gewährleistung des rechtlichen Gehörs nach §§ 397, 402 ZPO einen Anspruch darauf, alle aus ihrer Sicht erläuterungsbedürftigen Punkte des Gutachtens abzufragen und mündlich erläutert zu erhalten.[70] Das gilt auch dann, wenn die Partei kein dem gerichtlichen Sachverständigengutachten entgegenstehendes Privatgutachten vorgelegt oder einen anderen Sachverständigen nicht benannt, sondern nur neue, ernst zu nehmende Bedenken gegen Teile des Gutachtens erhoben hat.[71] Dabei kann von der Partei, die den Antrag auf Ladung des Sachverständigen stellt, nicht verlangt werden, dass sie die Fragen im Voraus konkret formuliert, vielmehr genügt es, „wenn sie allgemein" deren Richtung und damit die Themenkomplexe angibt.[72] Der Tatrichter verletzt seine Aufklärungspflicht, wenn er Unklarheiten im Gutachten des gerichtlichen Sachverständigen oder Widersprüche zwischen diesem und einem anderen Sachverständigen, „selbst wenn es dabei um Privatgutachten geht", nicht durch mündliche Anhörung des gerichtlich bestellten Gutachters oder, falls danach Bedenken bleiben, durch Einholung eines weiteren Gutachtens auszuräumen

---

[59] BGH NJW 1995, 776; dabei muss sich das Gericht „darauf einstellen, dass manche Sachverständige Behandlungsfehler nur zurückhaltend ansprechen" (BGH VersR 2009, 1406, 1407).
[60] OLG Hamm VersR 2001, 249. Hierfür können die fachärztlichen Weiterbildungsordnungen herangezogen werden (BGH NJW 09, 1209, 1210).
[61] BGH NJW 09, 1209, 1210; OLG Hamm VersR 01, 249.
[62] BGH NJW 09, 1209, 1210.
[63] BGH NJW 1993, 2378; NJW 1994, 2419, 2421.
[64] BGH NJW 1994, 2419, 2421.
[65] BGH NJW 1993, 2378; 1994, 2419.
[66] OLG Stuttgart VersR 1991, 229; BGH VersR 1995, 681.
[67] BGH VersR 2001, 1030; VersR 2002, 1026; 2009, 1406, 1408.
[68] BGH NJW 1982, 2875; 83, 341; 1993, 1524; 1994, 2419; GesR 2003, 268.
[69] BGH ZMGR 07, 140; aA OLG Zweibrücken MedR 1984, 28.
[70] BGH ZMGR 07, 140; BGH VersR 09, 69, 70.
[71] BGH VersR 09, 499, 500.
[72] BGH ZMGR 07, 140.

sucht.[73] Äußert sich der medizinische Sachverständige mehrfach kritisch zum ärztlichen Vorgehen im schriftlichen Gutachten, so bestehen an seiner Folgerung, dass die Schädigung des Patienten „schicksalhaft" sei, Zweifel, denen das Gericht nachgehen muss.[74] „Gerade in Arzthaftungsprozessen sind Äußerungen medizinischer Sachverständiger auf ihre Vollständigkeit und Widerspruchsfreiheit zu prüfen."[75]

18   In derartigen Verfahren, in denen es „immer wieder um schwierige und dem Nichtmediziner nicht von vornherein leicht verständliche Abläufe geht", hat jede Partei nach gefestigter höchstrichterlicher Judikatur ein **Recht auf mündliche Anhörung** des gerichtlichen Sachverständigen, sofern der Antrag nicht missbräuchlich oder verspätet gestellt ist.[76] Ersteres liegt vor, wenn „bei fehlendem objektiven Klärungsbedarf" der Anhörungsantrag nicht begründet wird.[77] Letzteres ist anzunehmen, wenn der Sachverständige zu dem auf den Eingang des schriftlichen Gutachtens folgenden Termin nicht mehr geladen werden kann.[78] Gleichwohl ist das Berufungsgericht in besonderen Fällen auch dann verpflichtet, substantiierten Einwendungen durch Anhörung des Sachverständigen nachzugehen.[79] Hat das Landgericht einen rechtzeitig gestellten Antrag auf Ladung des Sachverständigen zur Erläuterung seines schriftlichen Gutachtens abgelehnt, muss das Berufungsgericht ihn hören,[80] und zwar auch dann, wenn dem Gericht das schriftliche Gutachten überzeugend erscheint.[81] Dasselbe gilt, wenn es seine Ausführungen anders als die Vorinstanz würdigen will.[82] Bei der Entscheidung, ob dem Antrag auf Anhörung des Sachverständigen stattzugeben ist, kommt es „nicht darauf an, ob das Gericht, sondern darauf, ob die von ihrem Anhörungsrecht Gebrauch machende Partei noch Aufklärungsbedarf sieht."[83] Bei der Beurteilung eines Behandlungsfehlers als „grob" ist der Richter an die Auffassung des Sachverständigen nicht gebunden, doch muss das Gericht dessen Ausführungen bei seiner rechtlichen Wertung berücksichtigen.[84]

19   Im Hinblick auf die **„Waffengleichheit"** im Arzthaftungsprozess muss eine medizinisch nicht sachkundige Partei, die erstmals im Rahmen der mündlichen Sachverständigenanhörung mit bestimmten medizinischen Aussagen und Beurteilungen konfrontiert wird, die Gelegenheit erhalten, hierzu – trotz Vorliegens eines schriftlichen Gutachtens – nach Erhalt des Vernehmungsprotokolls nochmals, gegebenenfalls nach eigener sachverständiger Beratung Stellung zu nehmen.[85] Mit einem solchen Privatgutachten hat sich das Gericht „ebenso sorgfältig auseinanderzusetzen, als wenn es sich um die abweichende Stellungnahme eines von ihm bestellten weiteren Gutachters handeln würde" – denn der Privatgutachter steht dem gerichtlich bestellten Gutachter bezüglich des sachlichen Gewichts seiner Ausführungen gleich –[86] und je nach den Umständen hat es die Pflicht, „den Sachverhalt weiter aufzuklären".[87] Andernfalls verletzt das Gericht die Vor-

---

[73] Saarl OLG MedR 1999, 222; s auch BGH NJW 1994, 2419; BGH VersR 2001, 592 m Anm *Gehrlein* VersR 2001, 593; BGH VersR 09, 499, 500; 1406.
[74] BGH NJW 1993, 1524.
[75] BGH NJW 2001, 1787, 1788; BGH GesR 2003, 267, 268, BGH VersR 09, 499, 500.
[76] BGH VersR 09, 69, 70; BGH MDR 2005, 1308; BGH NJW 1986, 2286, 2287; KG GesR 2007, 544; § 411 Abs 4 ZPO.
[77] KG GesR 2007, 544.
[78] OLG Zweibrücken MedR 1984, 27, 28.
[79] BGH NJW 1992, 1459; 1996, 788; *Müller* NJW 1997, 3056.
[80] BGH NJW 1996, 788.
[81] BGH NJW 1997, 802.
[82] BGH NJW 1994, 803.
[83] OLG München OLG Report 2004, 126; KG GesR 2007, 544.
[84] BGH VersR 1997, 315; s auch RdNr 16 aE, BGH VersR 2001, 1030.
[85] BGH NJW 1984, 1823: Art 103 GG; § 136 ZPO.
[86] BGH VersR 1996, 647; VersR 1980, 533; OLG Zweibrücken VersR 1998, 1114.
[87] BGH VersR 09, 499, 500; BGH NJW 1986, 1930; 1992, 1459; 1993, 2989; 1994, 1596; 1995, 779; 1996, 1597.

schriften der §§ 412, 286 ZPO.[88] Der Privatgutachter muss allerdings nicht geladen und gehört werden, wenn seine Ausführungen ersichtlich vom gerichtlichen Sachverständigen eingehend gewürdigt wurden.[89] Lehnt der klagende Patient seine Begutachtung durch den gerichtlichen Sachverständigen ab, ist der Rückgriff auf das in einem anderen Verfahren erstattete Gutachten zulässig.[90]

Wegen des für den Arzthaftungsprozess typischen Informationsgefälles zwischen Arzt und Patient sowie der bekannten Verständigungsschwierigkeiten zwischen den Medizinern auf der einen und dem Gericht und den Parteien auf der anderen Seite ist im Arzthaftungsprozess eine **mehrfache mündliche Anhörung des medizinischen Sachverständigen,** insbesondere wenn kein schriftliches Gutachten vorliegt, nicht von vornherein ausgeschlossen. Andernfalls wäre es der nicht sachkundigen Partei unmöglich, dem Sachverständigen etwaige abweichende medizinische Lehrmeinungen vorzuhalten, mögliche Lücken im Gutachten aufzuzeigen und auf Widersprüche zu früheren Aussagen hinzuweisen.[91] Nur auf diese Weise sind die Parteien, aber auch das Gericht, in die Lage versetzt, nach der ersten Anhörung neue sachliche Einwendungen gegen das schriftliche oder mündliche Gutachten zu erheben, „zu denen es einer weiteren sachverständigen Stellungnahme bedarf".[92] Unter Umständen, zB wenn bei der mündlichen Gutachtenerstattung neue Aspekte auftauchen oder „ausführlichere Beurteilungen gegenüber dem bisherigen Gutachten",[93] muss auch ohne Antrag ein nicht nachgelassener Schriftsatz Berücksichtigung finden und erneut in die mündliche Verhandlung eingetreten[94] oder ein Sachverständiger vom Berufungsgericht gehört werden, obwohl der Patient sein Anhörungsrecht durch grobe Nachlässigkeit im ersten Rechtszug verloren hat.[95] Nur ein solches Vorgehen wird den besonderen Schwierigkeiten der Tatsachenfeststellung im Arzthaftungsprozess und damit der „erhöhten Verantwortung" des Gerichts gerecht,[96] das allen Aufklärungsmöglichkeiten **von Amts wegen** nachgehen, die Gutachten kritisch auf Vollständigkeit und Folgerichtigkeit prüfen muss und die Sachverhaltsermittlung nicht einfach dem Sachverständigen überlassen darf.[97]

Wegen der herausragenden Bedeutung der medizinischen Begutachtung empfiehlt sich häufig seitens der Prozessbevollmächtigten ein **Antrag auf wörtliche** Protokollierung einzelner besonders wichtiger Passagen oder der gesamten mündlichen Ausführungen des Sachverständigen, dem das Gericht nachkommen muss, auch wenn eine Partei zunächst mit einem sog Berichterstattervermerk einverstanden war, der revisionsgerichtlich nachprüfbar sein muss.[98] Deshalb hat dieser Vermerk alle wesentlichen Punkte, insbesondere Abweichungen vom schriftlichen Gutachten in klarer Form zu enthalten.[99] Denn „mündliche Erklärungen von Sachverständigen sind gemäß § 160 Abs 3 Nr 4 ZPO grundsätzlich im Protokoll festzuhalten", jedenfalls dann, wenn sie von früheren Aussagen abweichen. „Daran darf im Einverständnis der Parteien nur abgesehen werden, wenn die an sich zu protokollierende Aussage in einem Berichterstattervermerk hinreichend klar und vollständig niedergelegt" wird.[100]

---

[88] BGH NJW 1996, 1597, 1598 f.
[89] OLG Karlsruhe VersR 1990, 83; BGH VersR 09, 69, 70; VersR 01, 525.
[90] OLG Koblenz VersR 1996, 908.
[91] BGH NJW 1984, 1823; NJW 1993, 1524; 1995, 779; 1996, 1597.
[92] BGH NJW 1986, 2886, 2887.
[93] BGH VersR 2001, 722.
[94] BGH NJW 1988, 2302.
[95] BGH VersR 1992, 722.
[96] *Müller* NJW 1997, 3056; s dazu auch *Schlund* in diesem Hdb § 118.
[97] OLG Stuttgart VersR 1991, 229.
[98] *Müller* NJW 1997, 3053.
[99] BGH VersR 1995, 195.
[100] BGH GesR 2003, 267, 268 mwN.

21 3. Einholung eines Obergutachtens. Aus dem Wesen und der Bedeutung des Sachverständigenbeweises im zivil- und strafrechtlichen Arzthaftungsprozess ergibt sich, dass „die in der Rechtsprechung zu § 244 StPO entwickelten Grundsätze auch im Zivilprozess herangezogen werden können".[101] Danach zwingen einander widersprechende Gutachten den Tatrichter nicht ausnahmslos, ein weiteres (Ober-)Gutachten einzuholen, vielmehr darf er mit entsprechender – logisch einleuchtender und nachvollziehbarer – Begründung im Rahmen der ihm obliegenden freien richterlichen Beweiswürdigung einem von ihnen den Vorzug geben.[102] § 412 ZPO stellt die Beauftragung eines neuen Gutachters ausdrücklich in das Ermessen des Gerichts. Die **Pflicht zur Einholung eines weiteren bzw „Obergutachtens"** – der Begriff ist dem Gesetz fremd – besteht vielmehr **nur ausnahmsweise** dann, wenn die Sachkunde des Erstgutachters fehlt oder auch nur im Hinblick auf seine berufliche Tätigkeit und Ausbildung zweifelhaft ist,[103] sein Gutachten von unzutreffenden tatsächlichen Voraussetzungen ausgeht oder grobe Mängel, insbesondere Widersprüche aufweist, unvollständig ist,[104] der neue Sachverständige über überlegene Forschungsmittel verfügt, wenn Beweisfragen von besonderer Schwierigkeit anstehen oder beachtliche, evtl sachverständig belegte Einwendungen gegen das vorliegende Gutachten erhoben sind. In diesen Fällen ist der Richter nicht in der Lage, sich die erforderliche Sachkunde selbst zu erarbeiten und sich eine eigene Überzeugung von der Richtigkeit der einen oder der anderen Meinung zu bilden, so dass es die richterliche Sachaufklärungspflicht (§§ 144, 286, 411 Abs 3, 412 ZPO, § 244 Abs 4 StPO) gebietet, vorhandene weitere Aufklärungsmöglichkeiten in Gestalt eines „Obergutachters" zu nutzen.[105] Dieser hat dann aufgrund der ihn auszeichnenden überragenden Sachkunde oder besonderen Autorität die durch die gegensätzlichen Auffassungen mehrerer Sachverständiger entstandenen Zweifel bzw Unvollständigkeiten, Unklarheiten und Widersprüche durch ein neues oder ergänzendes Gutachten auszuräumen.

V. Prozesskostenhilfe

22 Die Bewilligung der Prozesskostenhilfe gewinnt gerade in Arzthaftungssachen zunehmend an Bedeutung. Sachliche Voraussetzungen sind gem **§ 114 ZPO** zum einen die hinreichende tatsächliche und rechtliche Erfolgsaussicht der beabsichtigten Rechtsverfolgung, wobei an die Substantiierungspflicht nur „maßvolle" Anforderungen zu stellen sind,[106] und zum anderen der Umstand, dass diese „nicht mutwillig erscheinen" darf. Der Parteivortrag muss daher zumindest schlüssig sein, dh die Ansprüche und deren Beweisführung als berechtigt erscheinen lassen,[107] allerdings genügt für die Rüge der Aufklärungspflichtverletzung im Rahmen der Risikoaufklärung deren Behauptung, da die Beweislast bei der Behandlungsseite liegt.[108] Eine Zurückweisung des Prozesskostenhilfegesuchs wegen Nichtvorlage der Krankenunterlagen ist unzulässig.[109] Der Patient muss auch nicht vorprozessual ein Gutachten einholen.[110] Denn bei einer schlüssigen Klage darf die Bewilligung von PKH nicht vom Ergebnis einer Beweisaufnahme (eines Gutachtens) abhängig gemacht werden.[111] Daher darf ein Prozesskostenhilfegesuch auch nicht mit der Begrün-

---

[101] BGH NJW 1986, 2893.
[102] BGH BB 1980, 863.
[103] BayObLG NJW 86, 2893.
[104] BGH NJW 1997, 803.
[105] BGH BB 1980, 863; NJW 1986, 1930.
[106] BGH NJW 1985, 676; OLG Stuttgart VersR 1991, 229; GesR 09, 41, 42; OLG Oldenburg VersR 1998, 1156; OLG Zweibrücken VersR 1998, 1114.
[107] OLG Stuttgart VersR 2005, 524.
[108] OLG Saarbrücken MDR 2003, 1291.
[109] OLG Stuttgart AHRS 7400/4.
[110] OLG Köln VersR 1987, 79.
[111] OLG Stuttgart GesR 09, 41, 42.

dung abgelehnt werden, das beantragte Gutachten werde den Fehler- und Kausalitätsnachweis kaum erbringen können.[112]

Nach einer in der Judikatur teilweise vertretenen Auffassung[113] soll der rechtsuchenden **23** Partei Prozesskostenhilfe im Hinblick auf die Mutwilligkeitsklausel des § 114 Satz 1 ZPO versagt werden, wenn sie nicht zuvor zur Durchsetzung der erhobenen Ansprüche die mit keinen Verfahrenskosten verbundene, risikolose und praktisch effiziente Möglichkeit der **Anrufung der Gutachterkommissionen und Schlichtungsstellen** ergreift. Denn wenn es nicht um die Verletzung ärztlicher Aufklärungspflichten, sondern um die Frage eines vorwerfbaren Behandlungsfehlers geht, würde eine verständige Partei zunächst in dieser Weise vorgehen, zumal die Einschaltung der Gutachterkommission/Schlichtungsstelle verjährungshemmend (§ 204 Abs 1 Nr 4 BGB) wirkt.[114]

Diese Ansicht ist jedoch sowohl in der Rechtsprechung als auch im Schrifttum auf **24** nachdrückliche, berechtigte Kritik gestoßen.[115] Denn „die staatliche Prozesskostenhilfe beruht auf dem verfassungsrechtlich verankerten Gleichheits- und Sozialstaatsgebot", wonach jeder – auch die minderbemittelte Partei (!) – das Recht hat, seine Sache von den ordentlichen Gerichten entscheiden zu lassen.[116] Hinzu kommt, dass das vorgeschaltete Kommissionsverfahren keine unmittelbaren rechtlichen Auswirkungen auf den nachfolgenden Zivilprozess hat und unter Umständen einen Zeitverlust mit Beweisnachteilen und Aufklärungsproblemen betreffend den medizinischen Sachverhalt mit sich bringt. Die **Anrufung der Gutachterkommission/Schlichtungsstelle** ist deshalb **keine** praeter legem „von Amts wegen zu prüfende zusätzliche Voraussetzung" für die **Gewährung von Prozesskostenhilfe** im Arzthaftpflichtbereich.[117] Das gilt auch dann, wenn das Gutachterkommissions-/Schlichtungsverfahren bereits begonnen hat, nicht aber, wenn es kurz vor dem Ende steht und deshalb der Partei ein Zuwarten bis zur Entscheidung der Schlichtungsstelle zuzumuten ist.[118] Wurde von der Schlichtungsstelle/Gutachterkommission auf Grund eines Sachverständigengutachtens ein schadensursächlicher Behandlungsfehler verneint, ist Prozesskostenhilfe zu versagen, es sei denn, der Kläger vermag mit sachlichen Gründen Zweifel an der Richtigkeit des Gutachtens zu wecken.[119]

VI. Berufungsrechtliche Einzelfragen

Obwohl das seit dem 1.1.2002 geltende Berufungsrecht in den Vorschriften §§ 513, **25** 529 die Berufungsmöglichkeiten eingeschränkt und die Bindung der Berufungsinstanz an die Tatsachenfeststellung des Landgerichts eingeschränkt hat, bleibt im Arzthaftungsprozess der Grundsatz der Waffengleichheit auch für das Berufungsverfahren ein tragender Gesichtspunkt, der auch im Tatsachenbereich eine erweiterte Fehlerkontrolle zulässt. In einer Grundsatzentscheidung[120] hat der BGH – abweichend von der Vorinstanz (OLG Köln) – hervorgehoben, dass keine Bindung an die im ersten Rechtszug festgestellten Tatsachen besteht, wenn durch „konkrete Anhaltspunkte Zweifel an der Richtigkeit oder Vollständigkeit der entscheidungserheblichen Feststellungen" angebracht sind und eine

---

[112] OLG Hamm MedR 2006, 43.
[113] LG Dortmund MedR 1987, 195; LG Aurich NJW 1986, 792; OLG Oldenburg, Beschl v 4. 9. 1984 – 6 W 81/84; OLG Hamm, Beschl v 14. 7. 1987 – 3 W 51/87.
[114] Siehe oben § 113 RdNr 11.
[115] OLG Hamm VersR 2002, 1002; OLG Düsseldorf MedR 1989, 200 ff; MDR 1998, 1241; OLG Celle, Beschluss v 3. 5. 1986, AHRS Kza 7400/3; LG Tübingen, Beschl v 3. 11. 87 – 2 O 452/87; einschränkend auch OLG Oldenburg MedR 1988, 274; Giesen JZ 1988, 255; Zöller/Philippi ZPO, 26. Aufl 2007, RdNr 33 zu § 114; Eberhard Gynäkologe 1989, 398; Stegers AnwBl 1989, 137 ff; Matthies NJW 1986, 792 f; Schmid NJW 1994, 767; Weizel aaO, 86 ff.
[116] OLG Düsseldorf MedR 1989, 201.
[117] Stegers AnwBl 1989, 139.
[118] OLG Oldenburg AHRS 7400/2, 3.
[119] OLG Oldenburg NJW 1994, 807; OLG Köln VersR 1990, 311.
[120] BGH GesR 2004, 374 ff = NJW 2004, 2825 ff.

Klärung gebieten. Derartige Anhaltspunkte können sich aus Fehlern ergeben, die dem Eingangsgericht bei der Sachverhaltsermittlung unterlaufen sind. „Zweifel" im Sinne des § 529 Abs 1 Nr 2 iVm § 530, 531 Abs. 2 ZPO liegen daher auch dann vor, wenn diese an der Vollständigkeit und Richtigkeit eines Sachverständigengutachtens bestehen, so dass in einem solchen Fall das Berufungsgericht nach §§ 529 Abs 1 Nr 2 iVm §§ 530, 531 Abs 2 ZPO neue materiell-rechtliche Tatsachen und neuen unstreitigen Tatsachenvortrag berücksichtigen muss. Dies gilt auch dann, wenn dies zu einer weiteren Beweisaufnahme führt.[121]

26 Daraus folgt: Befasst sich ein vom erstinstanzlichen Gericht eingeholtes Sachverständigengutachten nicht mit allen entscheidungserheblichen Fragen, hat das Berufungsgericht von Amts wegen auf eine Vervollständigung des Gutachtens hinzuwirken. Deshalb hat es einem erstmals in II. Instanz gestellten Antrag auf Anhörung eines Sachverständigen gem. §§ 402, 397 ZPO stattzugeben, wenn dieser Antrag entscheidungserhebliche Gesichtspunkte betrifft, die das Gericht des ersten Rechtszugs aufgrund einer fehlerhaften Beurteilung der Rechtslage übersehen hat.[122] Die maßvollen Anforderungen an die Substantiierungspflicht der Klagepartei wirken sich im Berufungsrechtszug auch bei der Auslegung des § 531 Abs 2 S. 1 Nr 3 ZPO aus. Der Patient ist daher nicht verpflichtet, bereits in I. Instanz seine „Einwendungen gegen das Gerichtsgutachtens auf die Beifügung eines Privatgutachtens oder auf Sachverständigenrat zu stützen oder selbst oder durch Dritte in medizinischen Bibliotheken Recherchen anzustellen, um Einwendungen gegen ein gerichtliches Sachverständigengutachten zu formulieren".[123] Es kann daher nicht als Nachlässigkeit gewertet werden, wenn eine Partei erst in zweiter Instanz „ihren Angriff mit Hilfe eines Privatsachverständigen konkretisiert".[124] Ein Tatsachenvortrag (Angriffs- und Verteidigungsmittel) ist also nicht „neu" im Sinne des § 531 Abs 2 ZPO, wenn dadurch „ein bereits schlüssiges Vorbringen aus der I. Instanz durch weitere Tatsachenbehauptungen zusätzlich konkretisiert, verdeutlicht oder erläutert" wird.[125] Sind die der hypothetischen Einwilligung zugrunde liegenden Tatsachen *streitig*, findet die Präklusionsvorschrift des § 531 Abs 2 ZPO Anwendung, wenn der Einwand der hypothetischen Einwilligung in den ärztlichen Eingriff erstmals in zweiter Instanz erhoben wurde.[126]

27 Nach der Neufassung des § 538 Abs 2 Nr 1 ZPO ist die Zurückverweisung des Rechtsstreits „nicht nur auf krasse Ausnahmefälle beschränkt", sondern nach Wortlaut und Zielsetzung der Vorschrift dann auszusprechen, wenn eine Partei dies beantragt und eine umfangreiche Beweisaufnahme erforderlich ist. Davon ist im Arzthaftungsprozess „regelmäßig" auszugehen, insbesondere „beim Unterlassen einer Sachverständigenanhörung", weil sich diese „im Zweifel auf den vollen Umfang der Beweisfragen erstreckt und prognostisch die weitere Entwicklung sich anschließender Beweiserhebungen einzubeziehen ist".[127]

28 Ist im Arzthaftungsprozess die auf einen Behandlungs- sowie auf einen Aufklärungsfehler gestützte Klage unter beiden Gesichtspunkten abgewiesen worden, so muss die Berufungsbegründung erkennen lassen, ob das Urteil hinsichtlich beider Fehler angegriffen wird.[128] Zwischen den Ansprüchen wegen unzureichender ärztlicher Aufklärung einerseits und wegen fehlerhafter Behandlung andererseits besteht zwar eine Verknüpfung dergestalt, dass es Ziel des Schadenersatzbegehrens des Patienten ist, eine Entschädigung für die bei ihm aufgrund der Behandlung eingetretenen gesundheitlichen Nachteile zu erlangen, doch liegen den Haftungstatbeständen räumlich und zeitlich verschieden ge-

---

[121] BGH NJW 2004, 1876, 1878, NJW 2004, 2152; 2828 ff.
[122] BGH NJW 2004, 2828 ff (Berufungsinstanz: OLG Koblenz).
[123] BGH GesR 2004, 374, 376.
[124] BGH MedR 09, 44, 46 m Anm *Deutsch*.
[125] BGH aaO, 376; s zum Ganzen *Dieti*, VersR 2005, 442; *Rehborn* MDR 2004, 371, 376 f.
[126] BGH GesR 09, 154, 157; BGH (GSZ) MDR 08, 1414 = NJW 08, 3434.
[127] KG GesR 2007, 544, 545.
[128] BGH MedR 2007, 722 ff.

20. Kapitel. Prozessuale Fragen der Arzthaftung

lagerte Sachverhalte zugrunde, an denen unterschiedliche Personen beteiligt sein können. Auch sind die Schadensereignisse im Allgemeinen weder hinsichtlich der Auswirkungen noch hinsichtlich des Verschuldens gleichwertig. Es handelt sich daher bei der Rüge des Aufklärungs- und des Behandlungsfehlers um zwei **verschiedene Streitgegenstände,** die folglich nicht austauschbar sind.[129] Bei einem teilbaren Streitgegenstand oder bei mehreren Streitgegenständen muss die Berufungsbegründung deshalb klarstellen, auf welche Teile sie sich erstreckt, inwieweit also eine Änderung des erstinstanzlichen Urteils beantragt wird.

VII. Verzicht auf die Einrede der Verjährung

Unbeschadet des § 202 BGB ist der Verzicht auf die Einrede der Verjährung *nach* deren Eintritt rechtlich wirksam.[130] Da gerade in Arzthaftungssachen die Beurteilung der Erfolgsaussichten einer Klage höchst ungewiss ist, der geschädigte Patient im Hinblick auf das Kostenrisiko bezüglich der Klageerhebung oftmals schwankt und vielfach, nicht zuletzt durch Schwierigkeiten bei der Erlangung der Krankenblattunterlagen und (oder) einer privatgutachtlichen Stellungnahme, die vorbereitenden Sachverhaltsermittlungen einen erheblichen Zeitraum in Anspruch nehmen, kommt der **vertraglichen Vereinbarung des Verzichts auf die Verjährungseinrede** angesichts der nur dreijährigen Verjährungsfrist der Schadensersatz- und Schmerzensgeldansprüche eine erhebliche praktische Bedeutung zu. Diese liegt darin, dass der Kläger, gestützt auf eine solche Verzichtserklärung des Arztes bzw der hinter ihm stehenden Haftpflichtversicherung, einer nach Ablauf der Verjährungsfrist im Prozess dennoch erhobenen Verjährungseinrede den Arglisteinwand entgegensetzen kann, da ihn der Beklagte durch den Verzicht von der rechtzeitigen Klageerhebung abgehalten hat. Dessen spätere Berufung auf die Verjährung stellt ein gegen Treu und Glauben verstoßendes venire contra factum proprium dar und ist deshalb gem § 242 BGB rechtlich unbeachtlich, so dass der Anspruch des Klägers trotz § 214 Abs 1 BGB weiterhin durchsetzbar bleibt.[131] Der Verzicht auf die Verjährungseinrede ist allerdings jederzeit widerruflich und an Bedingungen knüpfbar, zB die Durchführung des Schlichtungsverfahrens.[132]

VIII. Besondere Anwaltspflichten

Der Anwalt des Patienten ist einerseits nach dem Grundsatz „Wahl des sicheren Weges" zur rechtzeitigen Klageerhebung, andererseits aber auch zur Ablehnung eines aussichtslosen Prozessführungsauftrags verpflichtet. Erfahrungsgemäß weisen nun aber gerade Arzthaftungssachen die Besonderheit auf, dass sowohl die Frage eines Behandlungsfehlers als auch ein in Betracht kommender Aufklärungs- oder Organsiationsmangel ohne „sachverständige Klärung der medizinischen Zusammenhänge nahezu ausgeschlossen und daher für den Anwalt als medizinischen Laien" regelmäßig die **Erfolgsaussichten einer Klage** allein aufgrund des „Sachvortrags seines Mandanten nicht zuverlässig" abzuschätzen sind.[133] Maßgebend ist, ob sich in dem ärztlichen Misserfolg das Handlungs- oder Krankheitsrisiko verwirklicht hat.[134]

Der Patienten-Anwalt muss seinen Mandanten auf diese Umstände, insbesondere auch die **kurze Verjährungsfrist des § 195 BGB**[135] hinweisen und versuchen, vom Arzt oder dessen Haftpflichtversicherung entweder eine Erklärung über den Verzicht auf die Verjährungseinrede zu erhalten oder aber die Hemmung der Verjährung gem § 204 Abs 1 Nr 4

---

[129] OLG Zweibrücken MedR 2006, 218; *Rehborn* GesR 2004, 403 ff; *Zoll* MedR 2009, 569, 575.
[130] MK-*v Feldmann*, BGB, 3. Aufl 1993, § 225 RdNr 3.
[131] BGH MedR 1990, 83, 85; VersR 1982, 365, 366; 1984, 689; 1986, 1080, 1081.
[132] BGH VersR 1984, 689; LG Aurich NJW 1986, 792.
[133] OLG Düsseldorf VersR 1985, 552.
[134] BGH NJW 2007, 217, 220; OLG Koblenz, OLG-Report 2006, 951, 953.
[135] Siehe dazu oben bei *Kern*, § 96 RdNr 2.

BGB durch entsprechende Verhandlungen oder die Durchführung des Verfahrens vor den ärztlichen Schieds- und Gutachterstellen zu gewährleisten. Ist dies nicht erreichbar, muss der Anwalt zur Hemmung der Verjährung trotz des Kostenrisikos Klage erheben oder dem Mandanten nach genauer Belehrung über die Sach- und Rechtslage den Anwaltswechsel anheimstellen. Denn „weil der Prozessausgang in Arzthaftungsprozessen in aller Regel von einer Beweisaufnahme abhängt, deren Ergebnis vorher für den medizinischen Laien kaum abschätzbar ist, darf der Anwalt ein Schadensersatzbegehren seines Mandanten in aller Regel nicht von vornherein als aussichtslos halten" und das Mandat „ruhen" lassen.[136] Allerdings knüpft der Verjährungsbeginn an die Kenntnis des Patienten von den anspruchsbegründenden Umständen und der Person des Schuldners (Arztes, Krankenhauses) an, doch steht die grob fahrlässige Unkenntnis der positiven Kenntnis gleich (§ 199 Abs 1 Nr 2 BGB). Dies ist anzunehmen, wenn sich das Vorliegen eines Behandlungsfehlers geradezu aufdrängt. Auf die zutreffende rechtliche Würdigung der Tatsachen kommt es jedoch nicht an,[137] ebensowenig muss der Patient oder sein Anwalt bei Verdacht auf das Vorliegen eines **Behandlungsfehlers** Einsicht in die Krankenunterlagen nehmen oder einen Gutachter beauftragen.[138] Bei **Aufklärungsmängeln** trifft dagegen den Patienten eine „Erkundigungspflicht zum Umfang der Aufklärungsbedürftigkeit".[139] Zu beachten ist auch, dass Behandlungsfehler nach rechtskräftiger Klageabweisung nicht einfach „nachgeschoben" bzw in einer neuen Klage geltend gemacht werden können. Denn „die Rechtskraft des Vorprozesses ergreift sämtliche dem Behandlungsgeschehen möglicherweise anhaftende Kunstfehler, unabhängig davon, ob sie von dem Patienten im Einzelnen vorgetragen wurden".[140] Die Rechtskraft des Urteils umfasst auch später eintretende „naheliegende" Verletzungsfolgen, wenn sie bei Erlass des Urteils in die Berechnung des Schmerzensgeldes eingehen konnten.[141]

32 Bei der Formulierung der Klageanträge genügt es den Anforderungen des § 253 Abs 2 Nr 2 ZPO, ohne Konkretisierung der Größenordnung den Schmerzensgeldbetrag einfach in das Ermessen des Gerichts zu stellen.[142] Zur Schmerzensgeldbemessung bei cerebral schwerst geschädigten Neugeborenen ist die Änderung der Rechtsprechung des BGH zu beachten,[143] die zu deutlich höheren Schmerzensgeldbeträgen geführt hat.[144] Übersetzte Schmerzensgeldanträge – häufig bei bloßen Aufklärungsversäumnissen zu finden – lösen unnötige Verfahrenskosten aus, die der Anwalt vermeiden muss.[145] Den größenordnungsmäßig angegebenen Betrag darf das Gericht auch erheblich (50 %) überschreiten,[146] andererseits ist der Patient nicht beschwert, wenn ihm das Gericht ein Schmerzensgeld in eben dieser Höhe zuspricht.[147] Der Antrag auf Feststellung der Ersatzpflicht für alle materiellen Schäden umfasst sämtliche ab Klageeinreichung und nicht nur die ab dem Zeitpunkt der letzten mündlichen Verhandlung entstandenen Schadensersatzansprüche.[148] Die Feststel-

---

[136] OLG Düsseldorf VersR 1985, 552.
[137] LG Duisburg MedR 2006, 433; OLG München GesR 2006, 119, 125; BGH NJW 1991, 2350 ff mwN.
[138] *Bäume/Dahm* MedR 2004, 645, 653; aA *Spindler/Rieckers* JuS 2004, 272, 277.
[139] OLG München GesR 2006, 119, 120 = VersR 2006, 705 f; OLG Düsseldorf NJW-RR 1999, 823.
[140] Saarl OLG MDR 2000, 1318.
[141] BGH VersR 1995, 471.
[142] BGH NJW 1984, 1807, 1809; NJW 2002, 3769.
[143] BGH NJW 1993, 781; dazu sehr instruktiv *G Müller* VersR 1993, 909, 911 ff.
[144] Siehe dazu *Diederichsen* VersR 2005, 433 ff; OLG Hamm VersR 2002, 1163; 2004, 386; OLG Braunschweig VersR 2004, 924; OLG Köln VersR 07, 219; OLG Celle VersR 09, 500; OLG Zweibrücken MedR 09, 88.
[145] *Schmid* NJW 1994, 767. Deshalb ist manchmal eine Teilklage sinnvoll (BGH NJW 1994, 460), die die Verjährung in Höhe der Teilforderung hemmt (**§ 204 ZPO**).
[146] BGH VersR 1996, 990, 992 f; OLG Brandenburg VersR 2000, 489 f.
[147] BGH GesR 2004, 323.
[148] BGH MedR 2001, 40.

20. Kapitel. Prozessuale Fragen der Arzthaftung   33, 34 § 114

lungsklage ist zulässig, wenn der Eintritt einer Schadensfolge möglich erscheint.[149] Ist ein Teil des Schadens bereits bezifferbar, kann der Kläger – ohne Aufspaltung seiner Klage in einen Leistungs- und einen Feststellungsteil – insgesamt auf Feststellung der Ersatzpflicht klagen.[150] Bei der Antragstellung ist der Forderungsübergang nach § 116 SGB X zu berücksichtigen. Das Schmerzensgeld ist eine „Kapitalschuld", doch kann bei schweren Dauerschäden auch zusätzlich gemäß § 308 Abs 1 ZPO eine Rente beantragt werden.

Aufklärungs- und Behandlungsfehler sind unterschiedliche Streitgegenstände im prozessualen Sinne und somit jeweils ein neues Angriffsmittel nach § 531 Abs 2 ZPO, wenn die betreffende Rüge erstmals in der Berufungsinstanz erhoben wird.[151] Gleiches gilt für den Einwand der hypothetischen Einwilligung auf Seiten des Behandlers und die Berufung auf einen (plausiblen) Entscheidungskonflikt auf Patientenseite:[152] sie müssen bereits im ersten Rechtszug vorgebracht werden, wenn das Vorbringen *streitig* ist. Bei unstreitiger Tatsachengrundlage kann der Einwand der hypothetischen Einwilligung auch noch in der Berufung mit Erfolg erhoben werden.[153]

IX. Schweigepflichtsentbindung

Der Arzt gehört zu den in **§ 383 Abs 1 Ziff 6 ZPO** genannten Personen, „denen kraft ihres Standes Tatsachen anvertraut sind, deren Geheimhaltung durch ihre Natur oder durch gesetzliche Vorschrift geboten ist". Insoweit steht ihm bezüglich aller Tatsachen, auf die sich die Verschwiegenheitspflicht bezieht, ein Zeugnisverweigerungsrecht zu (§ 383 Abs 1 Nr 6, 414 ZPO). Dasselbe gilt im Strafprozess **(§ 53 Abs 1 StPO)**. Die ärztliche Schweigepflicht überdauert den Tod des Patienten.[154] Danach kommt es, falls eine Willensäußerung zu Lebzeiten nicht vorliegt, auf den mutmaßlichen Willen des **Patienten** an; denn im Hinblick „auf die Höchstpersönlichkeit der Entscheidung" sind „nicht etwa die Erben berechtigt", den Arzt von der Schweigepflicht zu befreien.[155] Wenn und soweit er jedoch von seiner Schweigepflicht entbunden ist, **muss** der Arzt aussagen (§§ 385 Abs 2 ZPO, 53 Abs 2 StPO). Nach allgemein anerkannter Auffassung ist aber zur Abgabe einer wirksamen Entbindungserklärung nur derjenige berechtigt, zu dessen Gunsten die Verpflichtung zur Verschwiegenheit besteht. Hat daher „ein Zeuge in seiner beruflichen Eigenschaft als Arzt eine Person untersucht, so ist stets der Patient", nicht jedoch „eine dritte Person, die den Arzt zugezogen oder sonst beauftragt hat" (zB ein Versicherungsunternehmen), „allein und ausschließlich Geheimhaltungsherr und daher sachlich-rechtlich zur Erteilung der Befreiung befugt".[156]

Verboten und standeswidrig ist im Übrigen nur die *unbefugte* Geheimnisoffenbarung und -verwertung.[157] Daher darf der Arzt sich selbstverständlich unter dem Gesichtspunkt der **„Wahrnehmung berechtigter Interessen"** (§ 193 StGB) gegen Schadensersatz- und Schmerzensgeldansprüche aufgrund angeblicher Behandlungs-, Aufklärungs- oder Organisationsfehler ohne Rücksicht auf Patientengeheimnisse außergerichtlich oder gerichtlich zur Wehr setzen und Honoraransprüche auch prozessual geltend machen. Aussageberechtigt ist der Arzt natürlich auch, wenn der Patient ihn als Zeugen oder Sachverständigen benannt hat.

---

[149] BGH VersR 2007, 709 = MDR 2007, 792; BGH NJW 2001, 3414; *Wenzel*-FA Medizinrecht/ *Rosenberger*, Kap 7 B RdNr 322.
[150] BGH NJW 2003, 2827; *Rosenberger* aaO, RdNr 321.
[151] *Dieti* VersR 2005, 442; *Spickhoff* NJW 2005, 1701; s oben RdNr 28.
[152] OLG Köln GesR 2003, 85; OLG Oldenburg VersR 08, 124; BGH VersR 09, 257 = NJW 09, 1209.
[153] BGH (GSZ) NJW 2008, 3434; BGH VersR 09, 257; aA OLG Oldenburg MedR 08, 437; s auch RdNr 26.
[154] § 66 RdNr 10.
[155] LG Aachen MedR 2007, 734, 736 mwN.
[156] OLG Karlsruhe VersR 1960, 836.
[157] Siehe dazu oben *Ulsenheimer* § 67 RdNr 3 ff, *ders* Arztstrafrecht in der Praxis, 4. Aufl 2008, RdNr 373 ff.

§ 115 Die Passivlegitimation des beklagten Arztes

Inhaltsübersicht

	RdNr
I. Allgemeines	1
II. Anspruchsgegner bei ambulanter Behandlung	2
1. Einzelpraxis	2
2. Gemeinschaftspraxis	7
3. Praxisgemeinschaft	11
4. Partnerschaft	13
5. Konsiliarius	14
6. Krankenhaus	18
7. Hoheitliche Tätigkeit	26
III. Anspruchsgegner bei stationärer Behandlung	32
1. Totaler Krankenhausaufnahmevertrag	32
2. Gespaltener Krankenhausaufnahmevertrag	42
3. Totaler Krankenhausaufnahmevertrag mit Arztzusatzvertrag	52
4. Hoheitliche Tätigkeit	55
IV. Anspruchsgegner bei unentgeltlicher Behandlung	57
V. Anspruchsgegner bei Tätigkeit beamteter Chefärzte	61
VI. Anspruchsgegner bei Universitätskliniken	66
VII. Rechtsprechungsgrundsätze zur Passivlegitimation im Arzthaftungsprozess	72

Schrifttum: *Andreas/Sigmund-Schultze,* Abgrenzung von Konsilium und Mitbehandlung, ArztR 1977, 243 f; *dies,* Die Haftung des Krankenhausträgers bei der Ausbildung von Medizinstudenten, KHA 1980, 565 f; *Bergmann,* Die Organisation des Krankenhauses unter haftungsrechtlichen Gesichtspunkten, VersR 1996, 810–817; *Bergmann/Kienzle,* Krankenhaushaftung, Organisation, Schadensverhütung und Versicherung – Leitfaden für die tägliche Praxis, 1997; *Biermann,* Haftung bei Zusammenarbeit von Ärzten verschiedener Gebiete aus juristischer Sicht, Zärztl Fortbild 1995, 626–632; *Bitter,* Zur Problematik der zivilrechtlichen Haftung des nachgeordneten Arztes, 1974; *Bodenburg,* Die zivilrechtliche Haftungssituation des Medizinstudenten während der praktischen Ausbildung in Krankenanstalten, VersR 1979, 308–313; *Bohle,* Haftung des Trägers, Zärztl Fortbild 1995, 609–612; *Burck,* Die Haftung für Behandlungsfehler der Ärzte an Universitätskliniken unter dem Gesichtspunkt gefahrengeneigter Arbeit, VersR 1981, 613–623; *Daniels,* Probleme des Haftungssystems bei stationärer Krankenhausbehandlung, NJW 1972, 305–309; *Fastenrath,* Arzthaftpflichtprozess und Beweislastverteilung, 1990; *Fehn/Lechleuthner,* Amtshaftung bei notärztlichem Behandlungsfehler, MedR 2000, 114–122; *Frahm/Nixdorf/Walter,* Arzthaftungsrecht, Leitfaden für die Praxis, 4. Aufl 2009, 56 ff; *Franzki,* Leitfaden für Arzthaftungsprozesse, DRiZ 1977, 36–38; *Heinze,* Zur Qualifikation der ärztlichen Tätigkeit als gefahrgeneigte Tätigkeit, MedR 1983, 6–13; *Hempel,* Haftung bei Zusammenarbeit von Ärzten verschiedener Gebiete aus ärztlicher Sicht, Zärztl Fortbild 1995, 632–634; *Husmann,* Ärztliche Fehlbehandlung – ein Arbeitsunfall mit der Folge der Haftungsbefreiung nach § 636 RVO, VersR 1978, 793–797; *Kaiser,* Überblick über die Haftung für Arztfehler im Bereich der gesetzlichen Unfallversicherung, BG 1979, 323–337; *Kern,* Die Haftpflicht des beamteten Arztes aus § 839 BGB, VersR 1981, 316–318; *Kleinewefers/Wilts,* Die vertragliche Haftung bei gespaltenem Arzt-Krankenhaus-Vertrag, NJW 1965, 332–334; *Kramer,* Die formularmäßige Spaltung des Krankenhausvertrages: ein Verstoß gegen das AGB-Gesetz NJW 1996, 2398–2405; *Krieger,* Die Berufshaftpflichtversicherung des Arztes, Der Arzt und sein Recht 1990, 6–8; *Kurzowa,* Auswirkungen der unterschiedlichen Krankenhausorganisation der Krankenanstalten auf Art und Umfang der Arzthaftpflicht, VersR 1977, 799–802; *Laufs,* Arztrecht 5. Aufl 1993, S. 316–357; *Lippert,* Das Organisationsverschulden in Hochschulklinika – zivilrechtliche Aspekte, NJW 1984, 2606–2611; *Lohmann,* Behandlungsfehler des Durchgangsarztes: Wer haftet?, KHA 1977, 1080 f; *Macke,* Die deliktische Haftung des Krankenhausträgers bei Ungewissheit über den schädigenden Bediensteten, DRiZ 1991, 134 f; *Frhr Marschall v Bieberstein,* Überlegungen zur Haftung bei Heilbehandlung, FS Klingmüller, 1974, 249–260; *Müller,* Beweislast und Beweisführung im Arzthaftungsprozess, NJW 1997, 3049–3056; *G Müller,* Spielregeln für den Arzthaftungsprozess, DRiZ 2000, 259–271;

Natter, Der Streit um öffentlichrechtliche Schadensersatzpflicht des Kassenarztes, NJW 1986, 1529 f; *Nüßgens,* Zwei Fragen zur zivilrechtlichen Haftung des Arztes, FS Hauß, 1978, 287–301; *Petersen,* Die Haftung des Arztes in der Rechtsprechung des Bundesgerichtshofs 3. Teil: Pflichten des Arztes, Ursachenzusammenhang, Einschränkung der Haftung, Beweisfragen, Schmerzensgeld, DRiZ 1962, 264–269; *Rehborn,* Aktuelle Entwicklungen im Arzthaftungsrecht, MDR 2000, 1101–1110; *ders,* Aktuelle Entwicklungen im Arzthaftungsrecht, MDR 2004, 371–377; *Reiling,* Die Grundlagen der Krankenhaushaftung. Eine kritische Bestandsaufnahme, MedR 1995, 443–455; *Schinnenburg,* Passivlegitimation im Arzthaftungsprozess bei ambulanter Behandlung, MedR 2000, 311–315; *ders,* Zulässigkeit der Honorarklage eines Arztes am Praxisort, MedR 2001, 402; *Schmid,* Die Passivlegitimation im Arzthaftpflichtprozess, 1988; *K Schmidt,* Die BGB-Außengesellschaft: rechts- und parteifähig, NZW 2001, 993–1003; *Specht,* Haftung im Krankenhaus aus ärztlicher Sicht, Zärztl Fortbild 1995, 620–622; *Uhlenbruck,* Die Schadensausgleichspflicht des Krankenhausträgers gegenüber dem angestellten Krankenhausarzt aus dem Gesichtspunkt der gefahren- oder schadensgeneigten Tätigkeit, Festschr Knorr, 1968, 371–390; *ders,* Die vertragliche Haftung von Krankenhaus und Arzt für fremdes Verschulden, NJW 1964, 2187–2191; *Weißauer,* Die Aufteilung der Kompetenzen im Krankenhaus und die Verantwortung der leitenden Abteilungsärzte, BayÄBl 1980, 953–960; *ders,* Haftung nachgeordneter Ärzte, Haftung aus der Führungsverantwortung aus juristischer Sicht, Zärztl Fortbild 1995, 613–620; *Westermann,* Zivilrechtliche Verantwortlichkeit bei ärztlicher Teamarbeit, NJW 1974, 577–584; *Wieser,* Rechtsfähige BGB-Gesellschaft – Neue Rechtslage nach der BGH-Entscheidung, MDR 2001, 421–423; *Wilhelm,* Verantwortung und Vertrauen bei der Arbeitsteilung in der Medizin. Zu den rechtlichen Grenzen ärztlicher Sorgfalt, 1984.

I. Allgemeines

Bei jedem Schadensereignis im Rahmen der **ambulanten** wie der **stationären** Behandlung eines Patienten durch einen freipraktizierenden, angestellten oder beamteten Arzt sowie bei zurechenbaren Schadenszufügungen durch nichtärztliche Mitarbeiter in Praxis und Klinik erhebt sich für den Geschädigten wie dessen Anwalt nicht selten die prozessentscheidende Frage, wer kann, soll bzw muss verklagt werden. Dies gilt vor allem bei Schadensvorfällen im Krankenhausbereich, denn dort trifft der einzelne Patient auf eine anonyme Vielzahl von Ärzten und sonstigem Hilfspersonal, die ihn medizinisch und pflegerisch betreuen und versorgen. Hier ist es dann schon von entscheidender Bedeutung, wen der Patient aus Vertragsverletzung und/oder deliktischer Haftung verklagen muss: den Krankenhausträger und den Chef- wie den Ober- oder Assistenzarzt, die Hebamme, die Stationsschwester oder nur einen von diesen. Verklagt er jedoch die oder den Falschen, läuft er Gefahr, dass die Klage abgewiesen wird, ohne dass in der Sache selbst entschieden wurde; und das geschieht oft erst in der Revisionsinstanz.[1] Dies kostet Geld und Zeit. Verklagt der Patient jedoch nicht alle potenziell möglichen Schädiger, taucht der Nichtmitverklagte als Zeuge im Sitzungssaal auf und lässt die Prozesschancen rapide sinken.

II. Anspruchsgegner bei ambulanter Behandlung

1. Einzelpraxis. Begibt sich der **Privatpatient** in die Praxis eines **niedergelassenen Arztes,** kommt zwischen ihm und dem Arzt ein Vertrag privatrechtlicher Natur zustande. Dies gilt nach einer vorherrschenden Meinung in der Literatur[2] auch für den sog. **Kassenpatienten.** Zu anderen in der Praxis des Arztes tätigen Personen (Arzthelferin, Famulus, mitarbeitende Ehefrau und dgl) tritt der Patient jedoch in kein Vertragsverhältnis.

Kommt es sodann im Verlaufe der anschließenden Diagnostik oder Therapie zu einem **Behandlungsfehler,** verstößt der Arzt gegen sonstige Sorgfaltspflichten oder wird der Eingriff ohne ausreichende Aufklärung und Einwilligung des Patienten vorgenommen,

---

[1] Vgl hierzu BGH NJW 1983, 1374; sowie *Schmid,* Die Passivlegitimation im Arzthaftpflichtprozess, 1988, 2.

[2] Vgl hierzu statt vieler *Laufs,* Arztrecht, RdNr 87; sowie *Schinnenburg* MedR 2000, 311 ff. Dies gilt selbst dann, wenn der Arzt einen Kollegen honorarfrei behandelt (so BGH NJW 1977, 2120); aA *Schmid* (Fn 1), 69 f.

liegt ein **schuldhafter Verstoß** des Arztes gegen seine **Vertragspflichten** vor. Dann haftet dieser Arzt dem Patienten aus dem Gesichtspunkt der **positiven Vertragsverletzung.**

4   Basiert der Schaden des Patienten hingegen nicht auf eigenem Fehlverhalten des behandelnden Arztes, sondern auf einem solchen eines nichtärztlichen Mitarbeiters oder seines Vertreters (Assistenzarzt), dann haftet der Arzt dennoch für deren Verschulden gemäß § 278 BGB (Erfüllungsgehilfe) im nämlichen Umfang wie für eigenes Verschulden.[3] Insoweit steht dem Arzt aber **keine Exkulpationsmöglichkeit** zur Seite.

5   Eine schuldhafte Vertragsverletzung löst jedoch gleichzeitig auch (daneben) den Tatbestand einer **unerlaubten Handlung** iS von § 823 Abs 1 BGB, § 823 Abs 2 BGB iVm einem sog Schutzgesetz (zB einer fahrlässigen oder vorsätzlichen Körperverletzung gemäß §§ 229, 223 StGB) aus. Geht die Schadensverursachung nicht unmittelbar auf den Praxisinhaber, sondern auf einen Mitarbeiter zurück, haftet der Arzt für diesen dann gemäß § 831 BGB. Anders als bei der Vertragshaftung kann sich der Arzt jedoch in einem solchen Fall gemäß § 831 Abs 1 2 BGB mit der Behauptung **entlasten,** er habe diesen Mitarbeiter sorgfältig ausgewählt, weitergeschult und während einer längeren Zeit auch überwacht und dabei festgestellt, dass er gewissenhaft und zuverlässig arbeitet.

6   Beim mit einer Einzelpraxis niedergelassenen Arzt ist nur dieser für Schadensersatzansprüche passivlegitimiert.

7   **2. Gemeinschaftspraxis.** Die in einer **Gemeinschaftspraxis** zusammengeschlossenen Ärzte – dies geschieht meist in Form einer Gesellschaft des bürgerlichen Rechts (§§ 705 ff BGB) – treten dem Patienten gegenüber als eine **Einheit** auf, bilden auch nur **eine** Praxis, und der Patient schließt damit in der Regel mit **allen** Partnern der Gemeinschaftspraxis einen Vertrag ab.[4] Ein Verstoß gegen Vertragspflichten trifft damit **alle** Partner der Gemeinschaftspraxis **gemeinsam.**[5] Vgl dazu auch § 18 RdNr 14.

8   Ansprüche aus **deliktischen (unerlaubten) Handlungen** können hingegen nur dem **Schädiger** gegenüber, in der Gemeinschaftspraxis somit nur gegen denjenigen Arzt geltend gemacht werden, der die unerlaubte Handlung selbst begangen hat.[6]

9   Hat ein Mitarbeiter den Schaden verursacht, dann haften alle Partner der Gemeinschaft, jedoch mit der Entlastungsmöglichkeit des § 831 Abs 1 2 BGB.

10   Im Verhältnis zwischen mehreren in der Gemeinschaftspraxis tätigen Ärzte scheidet eine Anwendung des § 831 BGB jedoch mangels **Abhängigkeit** des einen vom anderen aus.[7] MaW: Eine gesamtschuldnerische Haftung aller Partner einer Gemeinschaftspraxis kommt im **deliktischen Bereich** damit grundsätzlich nicht in Betracht.

11   **3. Praxisgemeinschaft.** Im Gegensatz zur Gemeinschaftspraxis, dem Zusammenschluss von Ärzten zur **gemeinsamen Ausübung** des Berufs,[8] definiert man eine **Praxisgemeinschaft** als den Zusammenschluss von Ärzten zur **gemeinschaftlichen Nutzung** lediglich von Praxisräumen, diagnostischen und therapeutischen Einrichtungen sowie zur gemeinsamen Inanspruchnahme von Praxispersonal. Ansonsten führt in einer solchen Praxisgemeinschaft jeder Arzt eine **selbstständige** Praxis mit verschiedenem

---

[3] Vgl hierzu *Schmid,* 93 f; sowie *Schinnenburg,* 311.

[4] Vgl hierzu *Schmid,* 61 u 96 mwN; *Narr* ÄrztlBerufsR RdNr 1144; BGHZ 97, 273, 277; sowie *Schinnenburg,* 311 mwN; auch BGHZ 142, 126 = NJW 1999, 2731 = VersR 1999, 1241.

[5] Zur Frage einer möglichen Beschränkung der vertraglichen Haftung einer Gemeinschaftspraxis s bei *Schinnenburg,* 313 mwN

[6] Einer Entscheidung des II. Zivilsenats des BGH vom 29. 1. 2001 (NJW 2001, 1056) zufolge wird nunmehr der BGB-Gesellschaft eine aktive und passive Parteifähigkeit zuerkannt; vgl hierzu statt vieler *Wieser* MDR 2001, 421–423.

[7] Vgl Einzelheiten bei *Schmid,* 98; vgl BGHZ 45, 311 u *Schinnenburg,* 314; sowie *Steffen/Pange,* Arzthaftungsrecht 10. Aufl 2006 RdNr 88.

[8] Vgl IV. § 22 Kap D Nr 8 der Berufsordnung für die Ärzte Bayerns v 12. 10. 1997; sowie *Schmid,* 6.

20. Kapitel. Prozessuale Fragen der Arzthaftung   12–18 § 115

Patientenstamm, jeweils eigener Karteiführung und selbstständig privat- und vertragsärztlicher Abrechnung.

Eine Praxisgemeinschaft schließt nicht für sich einen Vertrag mit dem Patienten.[9] Hier wird **nur der einzelne Arzt** Vertragspartner des Patienten. Dieser haftet sodann vertraglich und deliktisch wie der Inhaber einer Einzelpraxis. Die Mitglieder der Praxisgemeinschaft haften somit nie gemeinschaftlich. 12

4. Partnerschaft. Das zum 1. 7. 1995 in Kraft getretene Partnerschaftsgesellschaftsgesetz (PartGG v 25. 7. 1994 (BGBl I, 1744), zuletzt geändert am 23. 10. 2008 (BGBl I, 2043, 2585)) bietet Angehörigen freier Berufe eine neue Form der Zusammenarbeit. Dazu ist der schriftlich abzufassende Partnerschaftsvertrag und die Eintragung der Partnerschaft in das Partnerschaftsregister erforderlich. § 8 des PartGG bietet die Möglichkeit zu einer Haftungsbeschränkung. In der ursprünglichen Fassung war lediglich eine Haftungskonzentration unter Verwendung vorformulierter Vertragsbedingungen zugelassen. In § 8 Abs 1 PartGG war als Grundsatz eine gesamtschuldnerische Haftung vorgesehen. Dies führte letztlich dazu, dass diese neue Form gesellschaftsrechtlicher Zusammenarbeit unter Ärzten nur einen sehr geringen Zuspruch fand. Erst seit der Neufassung (vom 22. 7. 1998) dürfte eine solche Partnerschaft bei Ärzten mehr Zuspruch erfahren. Denn es sind zwei gravierende Veränderungen feststellbar: Zum einen ist bei der BGB-Gesellschaft eine Haftungsbeschränkung nur noch durch Individualvereinbarung möglich, was eine Haftungsbeschränkungsmöglichkeit durch AGB attraktiver macht. Zum anderen ist bei der Partnerschaft nicht einmal diese mehr nötig, denn § 8 Abs 2 PartGG enthält nunmehr eine Haftungskonzentration auf den (allein)handelnden Partner von Gesetzes wegen. Zwar ist die beklagte Partnerschaft dafür beweispflichtig, dass nur ein Partner aus der Partnerschaft – etwa – mit dem Patienten befasst war. Aber die vom BGH für die BGB-Gesellschaft praktisch „ausgehebelte" Haftungskonzentration ist nun im Rahmen der Partnerschaft ausnahmslos gegeben.[10] 13

5. Konsiliarius. Holt sich der behandelnde Arzt lediglich bei einem Fachkollegen oder Spezialisten für sich selbst einen **ärztlichen Rat,** so steht dieser mit dem Patienten nicht in vertraglichen Beziehungen. Zieht hingegen der Arzt mit Zustimmung des Patienten einen oder mehrere andere Ärzte für die zu stellende Diagnose und/oder die beim Patienten einzuschlagende Therapie hinzu, so kommt zwischen diesem Konsiliarius und dem Patienten ein eigenes Vertragsverhältnis zustande. 14

Bei fehlender ausdrücklicher Zustimmung des Patienten entsteht ein solches Vertragsverhältnis idR jedoch **stillschweigend,** dann nämlich, wenn der Patient die Untersuchung an sich durch den Konsiliararzt duldet. Eine diagnostische Tätigkeit des Konsiliararztes geschieht dann allein zum Zwecke der Beratung; eine Behandlung des Patienten umfasst die Konsiliartätigkeit hingegen in der Regel nicht.[11] 15

Schuldhafte Verletzungen des Konsiliarvertrages oder Schadenszufügung durch den Konsiliararzt lassen diesen dann persönlich **haften.** 16

Hat der Konsiliarius jedoch nur einen Vertrag mit dem behandelnden Arzt abgeschlossen, haftet er im Schadensfalle lediglich letzterem. Der behandelnde Arzt hat dann allerdings gegen den Konsiliarius wegen dessen (ihm erst noch nachzuweisenden) Mitverschulden einen sog Freistellungsanspruch, der in der Regel auf die Hälfte des Schadensbetrages geht.[12] 17

6. Krankenhaus. Begibt sich der Patient zur ambulanten Behandlung in ein Krankenhaus, so ist zu differenzieren, ob dieses selbst als Institution die ambulante Leistung anbietet („Institutsleistung") oder ob diese als sog **„Vertragsleistungen"** von den Leiten- 18

---

[9] Vgl *Schmid,* 6 sowie *Schinnenburg,* 314.
[10] So *Schinnenburg,* 314/315 mwN aus Lit u Rspr.
[11] Vgl hierzu *Schmid,* 62 f; sowie *Laufs,* ArztR, RdNr 557.
[12] Vgl *Laufs,* ArztR, RdNr 557; sowie *Andreas/Siegmund-Schultze* ArztR 1977, 244.

den Krankenhausärzten im Rahmen ihrer genehmigten Nebentätigkeit erbracht werden. Im letzten Fall bestehen idR dann lediglich mit dem **Krankenhausarzt vertragliche** Beziehungen. Ob auch noch mit dem Krankenhausträger Vertragsbeziehungen bestehen, ist Frage des Einzelfalles.[13]

19 Werden ambulante Leistungen hingegen vom Krankenhaus als „Institutsleistungen" erbracht, etwa in den **poliklinischen Einrichtungen** der Universitätskliniken[14] und dies bei **Kassenpatienten,** dann kommen vertragliche Beziehungen dieser Patienten **lediglich** mit dem **Krankenhausträger** zustande, der diese Leistungen unter Zuhilfenahme angestellter (beamteter) Ärzte und nichtärztlicher Mitarbeiter erbringt. Zu den diese Patienten behandelnden Ärzten und Krankenhausmitarbeitern bestehen hingegen keine vertraglichen Beziehungen.

20 Vertragliche Haftungsgründe im Bereich der sog **„Vertragsleistungen"** dem Krankenhausträger gegenüber kämen uU nur über die „Haftungsschiene" der §§ 89, 31 BGB[15] in Betracht, und zwar dann, wenn der Leitende Krankenhausarzt als **verfassungsmäßig berufener Vertreter** iS dieser Vorschriften zu erachten ist. Dies würde jedoch voraussetzen, dass dieser verfassungsmäßig berufene Vertreter bei der Zufügung des Schadens gerade in Ausübung einer ihm übertragenen Verrichtung gehandelt hat. Es müsste somit zwischen dem Aufgabenbereich des Leitenden Krankenhausarztes und dem schadenstiftenden Ereignis, dem Verhalten des Organs, ein **innerer oder sachlicher,** nicht nur ein rein zeitlicher und örtlicher **Zusammenhang** bestehen. In **keinem** Regelfall wird aber der Krankenhauschefarzt bei seiner Tätigkeit in der **privaten Sprechstunde** – als genehmigte Nebentätigkeit – als verfassungsmäßig berufener Vertreter gerade für den Krankenhausträger tätig. Die vom Chefarzt hier erbrachten „Vertragsleistungen" sind **keine** angebotenen „Institutsleistungen" des Krankenhausträgers, weil die (eine) **ambulante Versorgung** von Patienten **nicht** zum **Aufgabenbereich** des Krankenhausträgers zählt.

21 Eine **deliktische** Haftung kommt für den behandelnden Krankenhausarzt aber stets dann in Betracht, wenn er sog „Vertragsleistungen" erbringt (§ 823 Abs 1 u 2 BGB). Dies auch dann, wenn es sich um einen **beamteten Chefarzt/Klinikleiter** handelt, denn die Erbringung ambulanter „Vertragsleistungen" gehört zur rein privaten Tätigkeit und nicht (auch noch) zum Aufgaben- und Pflichtenkreis des Krankenhausträgers.

22 Der Klinikarzt **haftet** auch noch gemäß § 831 BGB für tatbestandsmäßig rechtswidrige (nicht notwendig schuldhafte) unerlaubte Handlungen seiner **Mitarbeiter;** er kann sich hier jedoch unter den Voraussetzungen des § 831 2 BGB **exkulpieren.**

23 Die **deliktisch handelnden Mitarbeiter** sind selbstverständlich auch zur Erstattung des von ihnen verursachten Schadens verpflichtet (§§ 823 ff BGB).

---

[13] Vgl hierzu *Schmid*, 61; vgl aber auch noch BGHZ 95, 63, wonach dann, wenn der Patient das Angebot des Krankenhausträgers auf die Wahlleistung „gesondert berechenbare ärztliche Leistungen" (§ 6 S 4 BPflV) annimmt, auch der Krankenhausträger mangels ausdrücklicher anderweitiger Regelung diese Leistungen schuldet und vertraglich und deliktisch für Fehler in diesem Bereich (mit) einzustehen hat. Im übrigen muss – abweichend vom Regelfall des Arztzusatzvertrages (vgl BGHZ 95, 63 ff) – vom Krankenhausträger in seinen vorformulierten Vertragsbedingungen eines sog gespaltenen Krankenhausvertrages dem Patienten hinreichend (etwa durch einen besonderen Hinweis in dem von ihm unterzeichneten Vertragstext) verdeutlicht werden, dass der Träger der Krankenanstalt nicht Schuldner der ärztlichen Leistung ist und ihm auch ärztliche Fehlleistungen nicht angelastet werden können (so BGH NJW 1993, 779). Das BayObLG vertritt in ständiger Rechtsprechung (vgl Beschluss vom 23. 12. 2004 (Jur. Büro 2005, 323) sowie Beschluss vom 4. 8. 2005 (ArztR 2006, 249), dass der Schwerpunkt des Arztvertrages bei einem stationären Aufenthalt des Patienten die Heilbehandlung am Klinikort sei; daher sei von einem einheitlichen Leistungsort am Sitz der Klinik sowohl für die Leistungen der dort tätigen Ärzte als auch für die Zahlungspflicht des Patienten auszugehen.

[14] Vgl hierzu statt vieler BGH VersR 1999, 579, 581.

[15] Vgl OLG Zweibrücken MedR 2000, 537, 538; sowie *Rehborn* MDR 2000, 1101, 1102.

20. Kapitel. Prozessuale Fragen der Arzthaftung   24–31   § 115

Eine **gesamtschuldnerische Haftung** von Arzt und Mitarbeiter bietet der § 840 BGB.   24

Werden **ambulante Leistungen** des Krankenhauses als „Institutsleistung" erbracht, haftet der Träger allein. Dies entspricht der Rechtslage bei einer stationären Krankenhausbehandlung im Falle eines totalen Krankenhausaufnahmevertrages.[16]   25

7. Hoheitliche Tätigkeit. Das Rechtsverhältnis zwischen dem Patienten und dem Arzt seines Vertrauens ist in der Regel **privatrechtlicher Natur.** Dies selbst dann, wenn dieser Arzt Beamter ist, etwa der Ordinarius oder Extraordinarius einer Universitätsklinik oder der beamtete Chefarzt eines Stadt- oder Kreiskrankenhauses.   26

In Ausnahmefällen kann jedoch auch ein **öffentlich-rechtliches Verhältnis** gegeben sein, dann nämlich, wenn die Tätigkeit des Arztes in Ausübung ihm **übertragener Hoheitsrechte** erfolgt. Dies ist dann der Fall, wenn der Arzt in seiner Funktion als **Amtsarzt** tätig wird. Hierunter subsumieren sich alle Fälle der Zwangsimpfung, der Entnahme von Blutproben sowie aller anderer körperlicher Eingriffe aufgrund amtlicher Anordnung. Darüber hinaus trifft dies auch in den Fällen zu, in denen der Arzt ein ihm unmittelbar übertragenes Amt ausübt, wie etwa das des Amtsarztes im **Gesundheitsamt.**[17] Letztendlich stellt sich jedoch auch die Tätigkeit der ärztlichen Versorgung von Untersuchungs- und Strafgefangenen durch den **Anstaltsarzt,** dem der angestellte Vertragsarzt gleichgestellt ist,[18] als hoheitliche Tätigkeit dar.   27

Erfolgt nun eine ärztliche Behandlung in Ausübung einer solchen **hoheitlichen Tätigkeit,** so **haftet** für ein schuldhaftes Handeln dieses Arztes nach Art 34 Satz 1 GG iVm § 839 BGB der **Staat** oder die **Körperschaft,** in deren Diensten der Arzt steht.[19] Gleiches gilt auch für ein Fehlverhalten einer Hilfsperson. Dem Staat steht insoweit auch keine Exkulpationsmöglichkeit zur Seite.   28

Bei **fahrlässiger Amtspflichtverletzung** besteht dem Staat gegenüber jedoch nur dann ein Haftungsanspruch, wenn für den Geschädigten eine **anderweitige Ersatzmöglichkeit nicht vorhanden** ist. Dies ergibt sich aus § 839 Abs 1 2 BGB. Die Leistungen der gesetzlichen und der privaten **Krankenkassen** werden dabei **jedoch nicht** als anderweitiger Ersatz iSv § 839 Abs 1 2 BGB angesehen.[20]   29

Eine **Eigenhaftung** des hoheitlich tätigen bzw handelnden Arztes bzw der Hilfsperson dem Patienten gegenüber besteht dagegen nicht.   30

Der Dienstherr hat jedoch nach Art 34 Satz 2 GG – und den damit in Einklang stehenden Beamtengesetzen des Bundes und der Länder – eine **Rückgriffsmöglichkeit** in den-   31

---

[16] Vgl hierzu Einzelheiten bei *Schmid*, 100 ff; wird ein Kassenpatient nach einem stationären Krankenhausaufenthalt zwecks notwendiger **ambulanter** Nachbehandlung erneut in das Krankenhaus überwiesen, so kommt es zu vertraglichen Beziehungen nur mit dem die Ambulanz auf Grund vertragsärztlicher Bestellung betreibenden Chefarzt und nicht (auch noch) mit dem Krankenhausträger. Dieser haftet deshalb im Normalfall weder vertraglich noch aus Delikt für ärztliche Fehler die während einer solchen ambulanten Behandlung gemacht werden (so OLG Frankfurt aM VersR 1994, 430). Zur Frage, ob die Arbeitsstelle eines Krankenhausarztes als ladungsfähige Anschrift gilt s BGH MDR 2001, 164.

[17] Nach einer Entscheidung des BGH (NJW 2003, 1184 = MedR 2003, 455 = VersR 2003, 732 = GesR 2003, 201 m Anm *Petry*) sind Behandlungsfehler eines Notarztes im Rettungsdiensteinsatzes nach Amtshaftungsgrundsätzen zu beurteilen. Ebenso handelt es bei einem medizinischen Dienst der Krankenversicherung angestellten Arzt bei seiner Stellungnahme gem § 275 SGB V in Ausübung eines öffentlichen Amts. BGH GesR 2006, 413.

[18] Vgl hierzu *Schmid*, 76.

[19] Bei einer Klage gegen den beim medizinischen Dienst der Krankenversicherung angestellten Arzt wegen fehlerhafter Stellungnahme ist gem Art 34 S 1 GG iVm § 839 BGB nur die Körperschaft passiv legitimiert, so BGH, Urteil v 22.6.2006, A/ZusR 2006, 146.

[20] So BGH NJW 1981, 623; NJW 1981, 626; BGHZ 85, 393; 89, 263; 120, 376; ferner OLG München, Urteil v 19.11.1998 (1 U 3787/98) (nicht veröffentlicht) sowie *Schmid*, 105.

jenigen Fällen, in welchen dem tätigen Arzt **Vorsatz** oder auch nur **grobe Fahrlässigkeit** zur Last gelegt werden können.

III. Anspruchsgegner bei stationärer Behandlung

32   1. **Totaler Krankenhausaufnahmevertrag.** Kommt es zum Abschluss eines **totalen Krankenhausaufnahmevertrages** und werden im Verlaufe desselben Vertragspflichten verletzt, so stehen dem Patienten lediglich gegen den **Krankenhausträger vertragliche** Schadensersatzansprüche zu. Dies gilt unabhängig davon, in welcher Rechtsform das Krankenhaus betrieben wird.

33   Begeht der **ärztliche Inhaber einer Privatklinik** einen Behandlungs- oder sonstigen Fehler, so haftet er für eigenes Verschulden (§ 276 BGB).

34   Wird das Krankenhaus in der Form einer BGB-Gesellschaft betrieben und begeht **einer der Gesellschafter** eine schuldhafte Vertragsverletzung, haften alle Gesellschafter gesamtschuldnerisch.

35   Im Falle des totalen Krankenhausaufnahmevertrages sind sämtliche den Patienten behandelnden Ärzte entweder gesetzliche Vertreter, oder – wie meist – Erfüllungsgehilfen (§ 278 BGB) des Krankenhausträgers. Eine Entlastungsmöglichkeit für diese gibt es nicht.

36   Eine **persönliche vertragliche Haftung des (einzelnen) Schädigers** – quasi neben dem Krankenhausträger – existiert ebenfalls nicht.[21]

37   Aber auch Ansprüche aus **unerlaubter Handlung** können dem Krankenhausträger[22] gegenüber geltend gemacht werden. Dieser haftet insoweit für deliktische Handlungen seiner verfassungsmäßig berufenen **Vertreter** gemäß §§ 31, 89, 823 ff BGB. Voraussetzung hierfür ist jedoch, dass der Träger eine **juristische Person des Privatrechts** (Verein, Aktiengesellschaft, Kommanditgesellschaft, GmbH, Genossenschaft), eine juristische Person des **öffentlichen** Rechts (Körperschaft, Stiftung, Anstalt) oder diesen gleichgestellt ist. Dann haftet der Träger dieses Krankenhauses gem §§ 31, 89 BGB **ohne Entlastungsmöglichkeiten** für denjenigen Schaden, den ihr Vorstand, ein Mitglied des Vorstandes oder ein anderer, verfassungsmäßig berufener Vertreter durch eine **in Ausübung** der ihm zugeordneten oder zustehenden Verrichtung einem Dritten zugefügt hat. Dabei ist von eminenter Bedeutung, wer im Krankenhausbereich als verfassungsmäßig berufener Vertreter im Sinne von § 31 BGB anzusehen ist. Das Gesetz spricht hierbei von Vorstand, ein Mitglied des Vorstandes oder anderer verfassungsgemäß berufener Vertreter. Für das Krankenhaus übertragen kommen hier der Leitende Krankenhausarzt, auch „Ärztlicher Direktor" genannt, der Krankenhausleiter, und die Leitende Krankenhauspflegekraft in Betracht. Ärztliche Mitarbeiter, wie Ober-, Stations- und Assistenzärzte können demgegenüber nicht als verfassungsmäßig berufene Vertreter angesehen werden; sie gelten lediglich als Verrichtungsgehilfen iS von § 831 BGB.

38   Nach der Rechtsprechung des BGH[23] gilt aber ein in einem Krankenhaus völlig weisungsfrei arbeitender **Chefarzt einer Fachabteilung** haftungsrechtlich auch als verfassungsmäßig berufener Vertreter des Krankenhaus- und Klinikträgers.

39   Eine **unmittelbare Haftung** des Krankenhausträgers aus § 823 BGB entfällt schon deshalb, weil juristische Personen selbst nicht handlungsfähig sind. Nur wenn der Träger eine **natürliche Person** wäre – etwa Chefarzt mit eigener Privatklinik – käme eine solche Haftung in Betracht. Der Krankenhausträger haftet aber gemäß § 831 BGB für un-

---

[21] Vgl hierzu Einzelheiten bei *Schmid*, 106 ff.
[22] Zur Frage der Organisationspflichten eines Belegkrankenhausträgers s BGH MedR 1996, 466 ff. Kommt es bei einer stationären Unterbringung eines Patienten bei dessen Krankentransport in ein anderes Krankenhaus (zur konsilianischen Untersuchung) zu einem Schaden dieses (Kassen-)Patienten, dann ist der Krankenhausträger für alle Schadenersatzansprüche passiv legitimiert. OLG Hamm GesR 2006, 448.
[23] BGH NJW 1980, 1901; NJW 1987, 2925.

erlaubte Handlungen seiner Verrichtungsgehilfen. Jedoch besteht auch hier wieder für ihn die Exkulpationsmöglichkeit des § 831 Abs 1 2 BGB.[24]

Im Gegensatz zur fehlenden persönlichen Haftung aus Vertrag haftet der Schädiger beim **Delikt** gegebenenfalls als **Gesamtschuldner** neben dem Träger (§ 840 BGB).

Ist der Schädiger Beamter im staatsrechtlichen Sinne, richtet sich die Haftung nach § 839 BGB. Dann genießt der Beamte bei lediglich **fahrlässiger Schädigung** des Patienten das Privileg des § 839 Abs 1 2 BGB; er haftet dem Patienten gegenüber nur **subsidiär.**

2. Gespaltener Krankenhausaufnahmevertrag. Hier haftet der **Leitende Krankenhausarzt** oder Belegarzt[25] aus **Vertrag,** wenn er **schuldhaft** seine Vertragspflichten verletzt; etwa bei einem Behandlungsfehler, einer sonstigen Sorgfaltspflichtverletzung oder bei mangelnder Aufklärung.

Bei Fehlern **nachgeordneter Kräfte,** deren sich der Arzt zur Erfüllung seiner Vertragsverpflichtungen bedient, hat er ohne Entlastungsmöglichkeiten für deren Fehler (mit Schadenszufügung) gemäß § 278 BGB einzustehen.

Problematisch könnte in diesem Zusammenhang aber die Frage sein, ob nicht die vom Krankenhausträger angestellten Personen im nachgeordneten Pflegebereich damit nicht etwa auch noch Leistungen erbringen, die zum Pflichtkreis des Trägers selbst zählen. Hier hat jedoch in den vergangenen Jahren die Rechtsprechung[26] Kriterien entwickelt,[27] die eine Abgrenzung der Pflichtenkreise nach den **üblichen Funktionen** (etwa Bluttransfusion mit krankenhauseigenen Einrichtungen unter Leitung eines vom Krankenhaus angestellten Arztes; Spritzenaufziehen durch die Operationsschwester und dergl – gehören zum Krankenhausbereich) vornimmt. Es gibt jedoch auch Abgrenzungskriterien nach der sog **Anstellungstheorie** (welche Person von wem vertraglich angestellt wurde), unter dem Gesichtspunkt der sog **Repräsentationshaftung** (wer für wen repräsentiert) und/oder nach **Haupt- und Nebentätigkeiten.**

Zu lösen versucht hat man dieses Problem zudem noch mit dem Rechtsinstitut der Umkehr der Beweislast, oder durch Annahme einer gesamtschuldnerischen Haftung von Arzt und Krankenhaus und anderem mehr.[28]

Eine **vertragliche Haftung des Krankenhausträgers** tritt jedoch nur dann ein, wenn der zwischen dem Patienten und dem Träger geschlossene Vertrag über die Krankenhaus**versorgung** schuldhaft verletzt wird. Pflegekräfte und dergl agieren hier für den Träger insoweit lediglich als Erfüllungsgehilfen (§ 278 BGB).

Wird der vertragliche Pflichtenbereich durch den **für die Behandlung zuständigen Arzt** verletzt, gibt es keine Haftung des Trägers gemäß §§ 276, 278 BGB. Aktuell werden könnte hingegen eine **Trägerhaftung** bei Vertragspflichtverletzung durch den verfassungsgemäß berufenen Vertreter gemäß §§ 31, 89 BGB. Bedeutsam ist hier die Frage, ob der Leitende Krankenhausarzt, der mit seinem Patienten einen Vertrag über die ärztliche Leistung abgeschlossen hat, bei seiner Behandlungstätigkeit **ausschließlich** für den Patienten oder auch und **gleichzeitig** noch für den Träger des Krankenhauses tätig wird. Diese Frage wird in Literatur und Rechtsprechung unterschiedlich beantwortet.[29]

Eine **persönliche vertragliche Haftung** der als **Erfüllungsgehilfen** tätigen ärztlichen und nichtärztlichen Personen neben der des für die Behandlung einzig und allein verantwortlichen Chef- oder Abteilungsarztes bzw der des Krankenhausträgers besteht

---

[24] Vgl hierzu *Schmid*, 118 ff.
[25] Zur Problematik der Passivlegitimation im Krankenhausbetrieb – hier: im Fall einer Belegabteilung – OLG Karlsruhe VersR 2003, 16.
[26] Vgl BGHZ 5, 321 = NJW 1952, 658 = VersR 1952, 166; BGH NJW 1962, 1763 ff.
[27] Vgl hierzu Einzelheiten bei *Schmid*, 129 ff.
[28] Vgl hierzu *Schmid*, 131 ff; sowie BGH NJW 1991, 1540 ff; 1543 ff.
[29] Vgl hierzu *Schmid*, 153 ff.

gegenüber dem Patienten nicht, da vertragliche Beziehungen des Patienten mit diesen Personen ausscheiden.

49 **Deliktische** Haftungstatbestände des Leitenden Arztes gemäß §§ 823 Abs 1, Abs 2 BGB iVm einem Schutzgesetz oder gemäß § 831 BGB für unerlaubte Handlungen seiner Verrichtungsgehilfen sind selbstverständlich ebenso möglich, wie auch der Träger deliktisch für unerlaubte Handlungen im vertraglichen Pflichtenbereich des Krankenhausträgers gemäß §§ 31, 39, 823 ff, 831 BGB haften muss. Umstritten ist jedoch diese Frage bei unerlaubten Handlungen im Pflichtenkreis des für die Behandlung verantwortlichen Arztes.[30]

50 Im Gegensatz zur vertraglichen Haftung kommt im **deliktischen Bereich** neben der Trägerhaftung und des für die Behandlung verantwortlichen Arztes auch eine **persönliche Haftung** der ärztlichen wie der nichtärztlichen **Hilfskräfte** in Betracht. Dabei spielt es keine Rolle, in wessen Auftrag und für wessen Pflichtenkreis diese tätig wurden.

51 Eine **gesamtschuldnerische** Haftung (§ 840 BGB) ist dabei nicht ausgeschlossen.

52 **3. Totaler Krankenhausaufnahmevertrag mit Arztzusatzvertrag.** Bei schuldhafter **Vertragsverletzung** bestehen Ansprüche sowohl gegenüber dem Träger als auch gegenüber dem Arzt.

53 Im Bereich der **deliktischen** Haftung hinsichtlich des Trägers richtet sich diese wiederum nach §§ 31, 89, 823 ff BGB. Auch eine persönliche Haftung des Arztes bleibt nicht aus, gegebenenfalls als Gesamtschuldner (§ 840 BGB).

54 Zusätzlich zur Haftung des vertraglich verpflichteten Arztes für die von ihm selbst begangene unerlaubte Handlung kann jedoch auch eine Haftung desselben für seine **Verrichtungsgehilfen** (§ 831 BGB) treten.

55 **4. Hoheitliche Tätigkeit.** Erfolgt eine stationäre Unterbringung ausnahmsweise einmal in Ausübung **hoheitlicher Tätigkeit,** so richtet sich der Schadensersatzanspruch des Patienten bei schuldhafter Amtspflichtverletzung der Anstaltsärzte nach Art 34 Satz 1 GG iVm § 839 BGB gegen den **Staat** oder die **Körperschaft,** in deren Diensten die schuldhaft handelnden Ärzte und bei Fehlverhalten anderer in der Anstalt tätigen Mitarbeiter diese stehen. Eine **Exkulpationsmöglichkeit** des Staates entfällt.[31]

56 Bei fahrlässigem Tun kommt wieder § 839 Abs 1 Satz 2 BGB zur Anwendung.

IV. Anspruchsgegner bei unentgeltlicher Behandlung

57 Die Frage nach der rechtlichen Beziehung zwischen Arzt und Patienten stellt sich aber auch noch in den Fällen, in denen der Arzt den Patienten **unentgeltlich** (in der Regel ambulant) behandelt, sei es, weil es sich um **Angehörige** handelt (Ehepartner, Kinder, Enkel, Großeltern), zu denen der Arzt in einem gesetzlichen Unterhaltspflichtenverhältnis (§§ 1601 ff BGB; 1360 ff BGB) steht, oder es Geschwister, Freunde oder Kollegen sind.

58 **Im ersteren Fall** geht man in aller Regel nicht von einer vertraglichen Beziehung zwischen Arzt und seinen Angehörigen aus, weil die Unterhaltspflicht auch die notwendige Heilbehandlung mitumfasst. Hier **beschränkt sich die Haftung** nach den Vorschriften der §§ 1359 und 1664 Abs 1 BGB auf die „eigenübliche" Sorgfalt.[32]

59 **In den letzteren Fällen** kommt es hingegen durchaus zum **Vertragsabschluss.** Die vorher abgesprochene **Unentgeltlichkeit** der ärztlichen Tätigkeit wird als antizipierter **Erlassvertrag** (zum Behandlungsvertrag) iSv § 397 BGB definiert.[33]

---

[30] Vgl hierzu Einzelheiten bei *Schmid,* 163 ff.
[31] Zum Verweisungsprivileg des beamteten Chefarztes s OLG Köln VersR 2004, 1565.
[32] So *Schmid,* 67; sowie BGH NJW 1977, 2120.
[33] Vgl *Schmid,* 67.

20. Kapitel. Prozessuale Fragen der Arzthaftung

In einem solchen Fall kommen die nämlichen Haftungsansprüche aus Vertrag und Delikt zum Tragen, wie bereits beschrieben. **60**

V. Anspruchsgegner bei Tätigkeit beamteter Chefärzte

Unterläuft einem **beamteten** Chefarzt im Krankenhaus oder Klinikum eine schuldhafte Vertragsverletzung oder begeht er im Rahmen seiner Berufsausübung eine unerlaubte Handlung, dann steht dem klagenden Patienten ein Anspruch auf Zahlung von Schadensersatz inklusive Schmerzensgeld (gemäß §§ 823 Abs 1, 847, 89, 31 BGB) gegen den Träger des Klinikums oder Krankenhauses zu, denn dieser hat für Behandlungsfehler seines verfassungsgemäß berufenen Vertreters, zu denen nach allgemeiner Ansicht beamtete Chefärzte gehören, **ohne Entlastungsmöglichkeit** einzustehen.[34] **61**

Bei der Frage der Haftung des beklagten beamteten Chefarztes selbst ist wie folgt zu differenzieren: **62**

Für Schäden aus Versäumnissen einer **ambulanten** Behandlung seines **Privatpatienten** haftet der beamtete Chefarzt **nicht** nach § 839 BGB, so dass er sich **nicht** auf das Verweisungsprivileg des § 839 Abs 1 Satz 2 BGB berufen kann. Dies gilt auch für seinen (offiziellen) Vertreter, nicht jedoch für nachgeordnete Ärzte, die zur Mitwirkung bei der Patienten-Behandlung herangezogen werden.[35] **63**

Im **stationären** Bereich verhält es sich wie folgt: Nach der feststehenden Rechtsprechung des BGH[36] gehört die stationäre Behandlung sowohl von Kassen- als auch von Privatpatienten, die eine Wahlleistungsvereinbarung (im Sinne von § 7 BPflV) getroffen haben, zu den dienstlichen Aufgaben beamteter Chefärzte mit der Folge, dass er für Behandlungsfehler deliktisch nur nach § 839 BGB haftet und sich selbst deshalb auf das Verweisungsprivileg des § 839 Abs 1 Satz 2 BGB berufen kann. Dabei kommt als „anderweitige Ersatzmöglichkeit" im Sinne von § 839 Abs 1 Satz 2 BGB insbesondere ein Anspruch gegen den für den beamteten Chefarzt nach §§ 839, 31, 89 BGB haftenden Klinikträger in Betracht, und zwar auch dann, wenn der Ersatzberechtigte (oder sein Anwalt) es schuldhaft verabsäumt hat, von dieser anderweitigen Ersatzmöglichkeit rechtzeitig (etwa vor Eintritt der Verjährung) Gebrauch zu machen.[37] **64**

Bei einem misslungenen ärztlichen Heileingriff oder einem sonstigen ärztlichen Behandlungsfehler im Rahmen der ärztlichen Betreuung eines **Soldaten** im Rahmen Wehrdienstverhältnis, der zu einer Wehrdienstbeschädigung führt – sofern zwischen der Behandlungsmaßnahme und dem soldatischen Sozialbereich eine „innere Beziehung" bestanden hat –, sind Amtshaftungsansprüche, die ausschließlich auf einem truppenärztlichen Behandlungsfehler gestützt werden, nach Maßgabe des § 91a SVG beschränkt. Dh, nach dem Soldatenversorgungsgesetz versorgungsberechtigten Personen haben aus Anlass einer Wehrdienstbeschädigung gegen den Bund nur die auf diesem Gesetz beruhenden Ansprüche, es sei denn, dass die Wehrdienstbeschädigung durch eine **vorsätzliche** unerlaubte Handlung verursacht worden ist.[38] **65**

VI. Anspruchsgegner bei Universitätskliniken

Geschieht bei der ärztlichen Versorgung eines Patienten in einem **Universitätsklinikum** eine unerlaubte Handlung oder ein Vertragsverstoß, ist entscheidend, wer als Haftungsgegner in Betracht kommt. Dies kann – je nach Gesetzeslage in den entsprechen- **66**

---

[34] Vgl hierzu lediglich die Entscheidungen des OLG Köln VersR 1991, 1376; sowie ArztR 1996, 7 und die OLG-Köln-Entscheidung in Fn 31.
[35] BGHZ 120, 376 = NJW 1993, 784; sowie die Zusammenstellung von BGH-Entscheidungen bei *Geiß/Greiner*, Arzthaftpflichtrecht, 6. Aufl 2009 RdNr 85 ff.
[36] BGHZ 85, 393 = VersR 1983, 244; BGHZ 95, 63 = VersR 1985, 1043; und VersR 1993, 481; vgl ferner die Zusammenstellung von BGH-Entscheidungen hierzu bei *Geiß/Greiner* (Fn 34).
[37] So OLG Stuttgart VersR 1994, 1476, 1477 mwN.
[38] So BGH NJW 1992, 744, 745.

den Hochschulgesetzen der jeweiligen Bundesländer – entweder das Land selbst oder die jeweilige Universität sein.³⁹

67 Verwiesen sei zunächst einmal auf die Entscheidung des BGH vom 17. 12. 1985,⁴⁰ wonach der Träger der Universitäten im Bundesland **Rheinland-Pfalz** die jeweilige Universität und nicht das Land ist.

68 Aber auch das Bundesland **Schleswig-Holstein** sieht Derartiges vor. Dies ist dem Urteil des OLG Schleswig vom 13. 1. 1995⁴¹ zu entnehmen, wonach an und für sich die Universitätsklinik als eigenständige juristische Person des öffentlichen Rechts (gemäß § 9 Abs 1 HSGSH) als die richtige Beklagte in Betracht käme. Im vorliegenden Fall musste sich aber das Land gemäß § 242 BGB die Haftung der Universitätsklinik unmittelbar zurechnen lassen, da es erst nach 8 Jahren (!) Prozessdauer die Rüge der fehlenden Passivlegitimation erhoben hatte. Zu diesem Ergebnis kam das OLG schon deshalb, weil das beklagte Land auch gleichzeitig Träger der (eigentlich) haftenden Universität ist.

69 Eine deckungsgleiche Rechtslage sieht das Bundesland **Nordrhein-Westfalen** vor. Danach ist Vertragspartner eines in einem Universitätsklinikum stationär aufgenommenen Patienten nicht das Land Nordrhein-Westfalen, sondern die jeweilige Hochschule als Träger der Universitätsklinik.⁴²

70 Auch im Bundesland **Baden-Württemberg** verhält es sich ebenso, dass Haftungsschuldner für iatrogene Beratungs- und Behandlungsfehler die jeweilige Universität und nicht das Land selbst ist. Verwiesen sei insoweit auf die Entscheidung des BGH v 16. 11. 1993.⁴³

71 In anderen Bundesländern haftet hingegen meist der Staat für Fehlleistungen im Rahmen ärztlicher Tätigkeiten in Universitätskliniken.

VII. Rechtsprechungsgrundsätze zur Passivlegitimation im Arzthaftungsprozess

72 Abschließend sollen hier noch einige Grundsätze aus gerichtlichen Entscheidungen aufgeführt werden, die sich sämtlich mit dem Problem der Passivlegitimation im Arzthaftpflichtfall auseinandersetzen:
– Hat der frühere Krankenhausträger einem nach Wegfall der Trägerschaft aufgenommenen Patienten gegenüber dieses dieses Ereignis, das nach außen hin nicht ersichtlich war, unter Verletzung einer sachlich-rechtlichen Aufklärungspflicht jahrelang verschwiegen und beim Patienten den Irrtum unterhalten, dass er der richtige Schuldner sei, dann kann es gerechtfertigt sein, diesen früheren Krankenhausträger in der Rolle des Schuldners festzuhalten.⁴⁴

---

³⁹ 1. Bezeichnet die Klagepartei, in der Klageschrift eine nicht rechtsfähige Klinik als Beklagten, ergibt sich jedoch aus der Klagebegründung, dass Ansprüche wegen ärztlicher Behandlungsfehler im Zusammenhang mit dem stationären Aufenthalt in der Klinik geltend gemacht werden, richtet sich die Klage im Zweifel gegen den hinter der Klinik stehenden wahren Rechtsträger. Wird im Verlauf des Verfahrens auf Antrag der Klagepartei anstelle der Klinik deren Rechtsträger als Beklagter geführt, handelt es sich um eine zulässige Rubrumsberichtigung und nicht um einen Parteiwechsel.
2. Überträgt ein Land während eines Rechtsstreits durch Gesetz Teile seiner bisherigen Rechte und Pflichten auf eine neu gegründete Anstalt des Öffentlichen Rechts (hier: die Universitätsklinik), berührt dies weder seine prozessuale Stellung als Beklagter noch seine Passivlegitimation, sofern die Klagepartei der Übernahme des Verfahrens durch den neuen Rechtsträger nicht zustimmt. So das OLG München v 12. 3. 2009, GesR 2009.
⁴⁰ BGHZ 96, 360 = VersR 1986, 465; zur Passivlegitimation bei ambulanter Behandlung in einer Universitäts-Poliklinik s OLG Düsseldorf GesR 2003, 272.
⁴¹ VersR 1996, 634; sowie VersR 1971, 227.
⁴² OLG Düsseldorf AHRS 0180/26.
⁴³ BGHZ 124, 128; so auch in Niedersachsen (vgl OLG Celle NdsRpfl 1990, 225).
⁴⁴ BGH NJW 1971, 241.

20. Kapitel. Prozessuale Fragen der Arzthaftung

— Im Rahmen eines sog gespaltenen Arzt-/Krankenhaus-Vertrages wird der selbstliquidierende Chefarzt bei seiner Behandlungstätigkeit idR weder als Vertreter noch als Verrichtungsgehilfe des Krankenhausträgers tätig.[45]
— Zwischen dem selbstliquidierenden Chefarzt des Krankenhauses und dem Patienten bestehen auch nach Inkrafttreten des KrankenhausfinanzierungsG (v 29. 6. 1972) idF v 10. 4. 1991 zuletzt geändert am 26. 3. 2007 (BGBl I, 378, 455) und der Bundespflegesatz-VO (v 25. 4. 1973 zuletzt geändert am 20. 4. 2007 (BGBl I, 554, 575)) unmittelbare Vertragsbeziehungen.[46]
— Der Krankenhausträger haftet nicht für Fehler des selbstliquidierenden Chefarztes und seiner Erfüllungs- und Verrichtungsgehilfen, soweit es sich um ärztliche Leistungen handelt, die typischerweise von dem liquidationsberechtigten Arzt selbst geschuldet werden.[47]
— Der ärztliche Urlaubsvertreter des (Kassen-)Arztes (nunmehr: Vertragsarztes) ist dessen Erfüllungsgehilfe und selbst nicht Vertragspartner des Arztes.[48]
— Der Mitinhaber einer ärztlichen Gemeinschaftspraxis haftet für Verletzung des Arztvertrages durch den behandelnden Arzt.[49]
— Der Patient, der sich von einem in einer Praxisgemeinschaft (hier: Kinderarzt und Arzt für Allgemeinmedizin) tätigen Arztes behandeln lässt, auf den auch der Behandlungsschein der Krankenkasse ausgestellt ist, schließt den Behandlungsvertrag nur (allein) mit diesem Arzt.[50]
— Nimmt der Patient das Angebot des Krankenhausträgers auf die Wahlleistung „gesondert berechenbare ärztliche Leistungen" (im Sinne von § 6 Satz 4 BPflV) an, so schuldet — mangels ausdrücklicher anderweitiger Regelung — auch der Krankenhausträger diese Leistungen und hat vertraglich und deliktisch für Fehler in diesem Bereich mit einzustehen.[51]
— Der Kassenpatient, der lediglich zu einer ambulanten Behandlung in ein Krankenhaus überwiesen wird, tritt in vertragliche Beziehung nur zu dem die Ambulanz kraft vertragsärztlicher Beteiligung gemäß § 368a Abs 8 RVO (nunmehr: §§ 95, 116 SGB V) betreibenden Chefarzt, und nicht auch noch zum Krankenhausträger. Dies gilt selbst dann, wenn die Behandlung in der Krankenhausambulanz von einem nachgeordneten Arzt durchgeführt wird.[52]
— Der Privatpatient, der sich im Krankenhaus ambulant behandeln lässt, tritt grundsätzlich in vertragliche Beziehung nur zu dem Chefarzt, der die Ambulanz betreibt und aufgrund der Abmachung mit dem Krankenhausträger liquidationsberechtigt ist. Dies gilt auch dann, wenn er in Abwesenheit des Chefarztes lediglich von einem diensthabenden nachgeordneten Krankenhausarzt behandelt wird.[53]
— Ein Belegarzt ist idR weder Organ des Trägers des Belegkrankenhauses noch dessen Verrichtungsgehilfe im Rahmen seiner ärztlichen Tätigkeit, so dass für Behandlungsfehler des Belegarztes nur dieser, nicht aber (auch noch) der Träger das Belegkrankenhaus einzustehen hat.
Dies gilt selbst dann, wenn der Belegarzt sich auf Briefbögen als Leitender Arzt der Abteilung des Belegkrankenhauses bezeichnet.[54]

---

[45] BGH NJW 1975, 1463.
[46] BGH VersR 1981, 730 = NJW 1981, 2002.
[47] OLG Düsseldorf VersR 1984, 446.
[48] OLG Düsseldorf VersR 1985, 370.
[49] BGHZ, 97, 273 = NJW 1986, 2364.
[50] OLG Saarbrücken AHRS 0180/20.
[51] BGHZ 95, 63 = NJW 1985, 2189.
[52] BGHZ 100, 363 = NJW 1987, 2289.
[53] BGHZ 105, 189 = NJW 1989, 769.
[54] OLG Koblenz VersR 1990, 309; zur Haftung einer Belegärztegemeinschaft für Behandlungsfehler s BGH v 8. 11. 2005, ArztR 2006, 270.

- Der zum sog Durchgangsarzt bestellte Chirurg einer Klinik wird bei der ambulanten Behandlung des Patienten nicht aufgrund eines von diesem mit dem Krankenhausträger abgeschlossenen Vertrages, sondern aufgrund eigener Vertragsbeziehung zu dem Patienten tätig.[55]
- Entspricht es an einem Belegkrankenhaus den Gepflogenheiten, dass nach der Geburt eines Kindes das dort beschäftigte Pflegepersonal einen niedergelassenen Kinderarzt verständigt, auf dass dieser die Vorsorgeuntersuchung U 2 durchführt, so wird der Kinderarzt weder für das Krankenhaus noch für den Beleg-Gynäkologen tätig. Das Pflegepersonal handelt vielmehr in vollmachtloser Vertretung für die gesetzlichen Krankenkassen oder die Eltern des Kindes als künftige Vertragspartner des Kinderarztes. Dessen Beauftragung wird dadurch genehmigt, dass er einen vertragsärztlichen Berechtigungsschein erhält.[56]
- Wird abweichend vom Regelfall des Arztzusatzvertrages in vorformulierten Vertragsbedingungen ein sog gespaltener Krankenhausvertrag vereinbart, so muss dem Patienten hinreichend – etwa durch Hinweis in dem von ihm unterzeichnenden Vertragstext – verdeutlicht werden, dass der Krankenhausträger nicht Schuldner der ärztlichen Leistung ist und dieser ihm auch für etwaige ärztliche Fehlleistungen nicht haftet.[57]

---

[55] AHRS 0180/25.
[56] BGH VersR 1992, 1263.
[57] BGHZ 121, 107 = NJW 1993, 779.

21. Kapitel. Der Arzt als Sachverständiger und Gutachter

Schrifttum: *Andreas,* Der Chefarzt als Gutachter, ArztR 1998, 209–217; *Arbab-Zadeh,* Des Richters eigene Sachkunde und das Gutachterproblem im Strafprozeß, NJW 1970, 1214–1219; Arbeitsgemeinschaft Rechtsanwälte im Medizinrecht eV (Hrsg), Der medizinische Sachverständige 1996; *Bayerlein,* Praxishandbuch Sachverständigenrecht 4. Aufl 2008; *Becker,* Erfahrungen als Gutachter bei Vorwürfen wegen mangelnder Aufklärung und Fahrlässigkeit, Laryng Rhinol 1974, 75–89; *Becker/Laufs/Schreiber,* Zur Funktion und Rechtsstellung des medizinischen Sachverständigen, Laryng Rhinol 1977, 723–770; *Bergmann/Kienzle,* Der medizinische Sachverständige im Haftungsprozeß, Krankenhaushaftung 1996, 233–240; *Bichler,* Das Gutachten im Arzthaftrecht, Der Urologe 2004, 74–76; *Birner,* Kann der Sachverständige den Richter ablehnen? Der Sachverständige 1989, 218–220; *Bleutge,* Die Hilfskräfte des Sachverständigen – Mitarbeiter ohne Verantwortung?, NJW 1985, 1185–1191; *Bloemertz,* Die Schmerzensgeldbegutachtung, Leitfaden für Ärzte, Juristen und Versicherungsfachleute 4. Aufl 1984; *J Blomeyer,* Zur zivilrechtlichen Haftung des gerichtlichen Sachverständigen, ZRP 1974, 214–221; *Bochnik/Gärtner-Huth/Gärtner/Richtberg,* Der psychiatrische Sachverständige als Zeuge im Strafprozeß, psycho 1983, 349–350; *Bock,* Der Anästhesiezwischenfall und seine Begutachtung aus der Sicht des Strafverteidigers, Anästhesiologie & Intensivmedizin 1997, 304–306; *Bode,* Schutzpflicht des Staates und Fehler in Sachverständigen-Gutachten, DRiZ 1995, 348–350; *Breuer,* Arzthaftungsrecht und medizinische Sachverständigengutachten, ArztR 1982, 97–103; *Brill,* Der „grobe Behandlungsfehler" – Bewertung durch den Sachverständigen oder Rechtsfrage?, in: Der medizinische Sachverständige, Recht der Medizin Bd 2 1995, 137–144; *Broß,* Richter und Sachverständiger, dargestellt anhand ausgewählter Probleme des Zivilprozesses, ZZP 1989, 413–439; *Bürger,* Sachverständigenbeweis im Arzthaftungsprozeß, MedR 1999 S. 100–111; *Canaris,* Die Haftung des Sachverständigen zwischen Schutzwirkungen für Dritte und Dritthaftung aus culpa in contrahendo JZ 1998 603–607; *Carstensen,* Ärztliche Begutachtung im Zivil- und Strafrecht aus ärztlicher Sicht, Zeitschrift für ärztliche Fortbildung 1996, 581–586; *ders,* Der Konflikt des „Ober"-Gutachters, in: Der medizinische Sachverständige, Recht der Medizin Bd 2 1995, 111–117; *ders,* Medizinische Begutachtung im Prozess; *Carstensen/Kuhlendahl,* Der Zwiespalt des Gutachters im Arzthaftpflichtprozeß, MedSach 1976, 76–77; *Carstensen/Ulsenheimer,* Ambulantes Operieren – Vernetzung der Dienste, 1997 15–33; *Christopoulos/Heimann,* Frist zur Sachverständigenablehnung nach Erstattung des Gutachtens, MDR 2005, 1201–1203; *Cramer,* Strafprozessuale Verwertbarkeit ärztlicher Gutachten aus anderen Verfahren. NStZ 1996 209–214; *Cremer,* Zur Problematik medizinischer Begutachtung bei der Abgrenzung zwischen fahrlässigem (straflosem) Schwangerschaftsabbruch und den Körperverletzungs- und Tötungstatbeständen, MedR 1989, 301–304; *Dähn,* Die Leichenöffnung: Augenscheins- oder Sachverständigenbeweis, JZ 1978, 640–642; *Damm,* Entwicklungstendenzen der Expertenhaftung, JZ 1991, 373–385; *Dennemark,* Der ärztliche Gutachter beim Strafgericht, DRiZ 1971, 232–233; *Desch,* Die öffentliche Bestellung des Sachverständigen, Der Sachverständige 1997, 7–10; *Detter,* Der Sachverständige im Strafverfahren – eine Bestandsaufnahme NStZ 1998, 57–61; *Dettmeyer/Madea,* Rechtsmedizinische Gutachten in arztstrafrechtlichen Ermittlungsverfahren, MedR 1999, 533–539; *Deutsch,* Zivilrechtliche Verantwortlichkeit psychiatrischer Sachverständiger, VersR 1987, 113–116; *ders,* Arztrecht und Arzneimittelrecht 1983, 112 ff; *ders,* Begutachtung bei Haftungsfragen, Zeitschrift für ärztliche Fortbildung 1995, 581–584; *Deutsch/Spickhoff,* Der Arzt als Gutachter; Pflicht zur Erstattung eines Gutachtens; Fragen an den Gutachter, Medizinrecht 6. Aufl 2008, 345–355; *Dierks,* Ärztliche Begutachtung im Zivil- und Strafrecht – Die ärztliche Begutachtung aus der Sicht des Rechtsanwalts, Zeitschrift für ärztliche Fortbildung 1996, 602–605; *Dippel,* Die Stellung des Sachverständigen im Strafprozeß 1986; *Dirnhofer,* Die Arzthaftung aus gerichtsmedizinischer Sicht, Die Haftung des Arztes in zivil- und strafrechtlicher Sicht unter Einschluß des Arzneimittelrechts 1983 13–35; *Döbereiner/Graf von Keyserlingk,* Sachverständigenhaftung mit Haftungsbegrenzung sowie Versicherung des privaten und gerichtlichen Sachverständigen 1978; *Dörfler/Eisenmenger/Lippert,* Das medizinische Gutachten, Rechtliche Grundlagen, Relevante Klinik, Praktische Anleitung 1999; *Dufkova,* Der Gerichtsarzt – Praktische Erfahrung mit der Novellierung zu § 87 StPO, MedR 1990, 131–133; *Dunz,* Das heikle Thema oder Das Unbehagen an der Kunstfehlerbegutachtung MedSach 1976, 74–75; *Eicher,* Das medizinische Gutachten im sozialrechtlichen Verfahren, MedR 1989,

118–122; *Ellscheid*, Zur Einführung sachverständigen Wissens in den Arzthaftungsprozeß. Überlegungen zu einer Neubestimmung der Stellungen des Sachverständigen im gerichtlichen Verfahren, Aktuelle Probleme und Perspektiven in *Jung/Meiser/Müller* (Hrsg) 1989, 64–75; *Endrifl*, Kriterien für die Auswahl des Gutachters – aus der Sicht des Richters, Der Sachverständige 1994, 64–68; *Eschner*, Wege zu neuen Lösungen im Arzthaftungsprozeß und Empirie, NJW 1983, 2049–2053; *Figgener*, Typische Mängel in gerichtlichen Beweisbeschlüssen, in: Der medizinische Sachverständige, Recht der Medizin Bd 2 1995, 101–109; *Foerster*, Der psychiatrische Sachverständige zwischen Norm und Empirie NJW 1983, 2049–2053; *Frank/Harrer*, Der Sachverständige im Strafrecht, Kriminalitätsverhütung 1990; *Franzki*, Der Arzt als Sachverständiger vor Gericht in: Forensische Probleme in der Anästhesiologie, 1981, 105–110; *ders*, Das Gutachten des ärztlichen Sachverständigen, Der Frauenarzt 1988, 283–288; *ders*, Der Chirurg als Sachverständiger im Schadensersatzprozeß, Informationen des Berufsverbandes der Deutschen Chirurgen 1991, 5–11; *ders*, Der Sachverständige – Diener oder Herr des Richters? DRiZ 1991, 314–320; *ders*, Die Entwicklung der Begutachtung im Arzthaftungsprozeß aus richterlicher Sicht, Zeitschrift für ärztliche Fortbildung 1996, 652–656; *ders*, Die Tätigkeit des medizinischen Sachverständigen unter besonderer Berücksichtigung des Arzthaftungsprozesses, Praxishandbuch Sachverständigenrecht 2. Aufl 1996, 837–856; *ders*, Empfehlungen zur Abfassung von Gutachten in Arzthaftungsprozessen, chefarzt aktuell 2001, 42–46; *ders*, DGU Mitteilungen und Nachrichten 2002, 49–56; *ders*, Qualitätsmanagement in der Begutachtung, DGU-Mitteilungen und Nachrichten 2002, 22–25; *Friederichs*, Richter und Sachverständiger aus der Sicht der Sozialgerichtsbarkeit, Zeitschrift für Zivilprozeß 1970, 394–418; *ders*, Persönliche Gutachterpflicht in Kliniken und Obergutachten, DRiZ 1971, 312–313; *ders*, Sicherheit medizinischer Gutachten, NJW 1972, 1114–1117; *Fritze*, Die Bedeutung der medizinischen Begutachtung für die Versicherungsmedizin, Versicherungsmedizin 1998, 5–6; *Fritze/May*, Die ärztliche Begutachtung. Rechtsfragen, Funktionsprüfungen, Beurteilungen, Beispiele 5. Aufl 1996; *Gaidzik*, Die Begutachtung des Kausalzusammenhangs durch den Arzt in der privaten Unfallversicherung, 1986; *Geppert*, Zur Stellung des ärztlichen Sachverständigen im Spannungsverhältnis zwischen Strafgericht und Proband (Rollenprobleme beim strafgerichtlichen Sachverständigenbeweis) in: Festgabe von Lübtow, 1980, 773–796; *Gerchow*, Der Sachverständigenbeweis aus rechtsmedizinischer Sicht in: FS Schmidt-Leichner 1977, 68–82; *Giesen*, Wandlungen des Arzthaftungsrechts, 2. unveränd Aufl 1984, 97 ff, 119–123; *ders*, Arzthaftungsrecht 4. Aufl 1995, 344–353; *Göppinger*, Beobachtungen eines Sachverständigen in der Hauptverhandlung, in FS Tröndle 1989, 473–484; *Giesen*, Arzthaftungsrecht 5. Aufl 2001, 385–398; *Günter*, Staatsanwaltschaftliche Ermittlungen gegen Ärzte bei Verdacht eines „Kunstfehlers", DRiZ 1982, 326–328; *ders*, Das medizinische Gutachten im Strafprozess gegen den Arzt, in: *Ehlers* (Hrsg)/*Günter/Höffler/Pförringer/Schlund/Stevens-Bartol*, Medizinisches Gutachten im Prozess, 3. Aufl 2005; *Haddenbrock*, Das Sachverständigendilemma im deutschen Strafprozeß ohne Tat- oder Schuldinterlokut, NJW 1981, 1302–1305; *Halmenburger/Halmenburger*, Sachverständigentätigkeit eines Arztes ÄBl 2001, 331–332; *Hansen*, Das medizinische Gutachten, 1991; *von der Hardt*, Objektiver Behandlungsfehler und subjektiver Schuldvorwurf in der gutachterlichen Praxis, in: Der medizinische Sachverständige, Recht der Medizin Bd 2 1995, 25–28; *Hespeler*, Die Neuordnung der Vergütung für medizinische Sachverständige durch das JVEG, MedR 2004, 494–499; *Hempel*, Der Arzt (Chirurg) als Gutachter bei Gericht, Informationen des Berufsverbandes der Deutschen Chirurgen 1992, 215–218; *Hierholzer/Ludolph* (Hrsg), Gutachtenkolloquium 1. Ärztliche Gutachten in der gesetzlichen Unfallversicherung. Die Begutachtung der posttraumatischen/postoperativen Osteomyelitis, 1986; *Hierholzer/Ludolph* (Hrsg), Gutachtenkolloquium 2. Ausgewählte gutachtenrelevante Begriffe aus ärztlicher und juristischer Sicht 1987; *Hiersche*, Der gynäkologische Sachverständige im Zivil- und Strafprozeß. Der Gynäkologe 1998, 486–493; *H D Hiersche/F Hiersche*, Die rechtliche Position des Geburtshelfers gegenüber der werdenden Mutter, dem Vater und dem Kind sowie als Gutachter, Der Gynäkologe 1989, 384–389; *Hiersche/Graf-Baumann*, Der Gutachter als Schadensverursacher und Schadensbegrenzer, in *Laufs/Dierks/Wienke/Graf-Baumann/Hirsch* (Hrsg), Die Entwicklung der Arzthaftung 1997, 299–304; *Hilberg*, Das Paradoxon der heutigen Vaterschaftsbestimmung und seine überraschende Ursache, MedR 1984, 81–90; *Höffler*, Das Gutachten aus Sicht der Konservativen Medizin in: *Ehlers* (Hrsg)/*Günter/Höffler/Pförringer/Schlund/Stevens-Bartol*, Praxis des medizinischen Gutachtens im Prozess, 3. Aufl 2005 113–139; *Honsell*, Die Haftung für Gutachten und Auskunft unter besonderer Berücksichtigung von Drittinteressen, FS Medicus, 1999 211–233; *Hummel*, Das Blutgruppengutachten; seine Bedeutung vor Gericht, NJW 1981, 605–610; *Janßen/Püschel*, Zur Frage der Gutachter-Kompetenz in der Beurteilung ärztlicher Behandlungsfehler (sog Kunstfehler), MedR 1998, 119–121; *Jessnitzer/Ulrich*, Der gerichtliche Sachverständige. Ein Handbuch für die Praxis, 11. Aufl 2001; *ders*, Der Psychiater als gerichtlicher Sachverständiger, Der Nervenarzt 1971, 365–370; *ders*, Zur Haftung des Arztes als gericht-

21. Kapitel. Der Arzt als Sachverständiger und Gutachter

licher Sachverständiger, Der med Sachverständige 1979, 34–36; *ders,* Zur zivilrechtlichen Haftung des gerichtlichen Sachverständigen wegen Verletzung absoluter Rechte der Prozessbeteiligten durch ein falsches Gutachten, Der Sachverständige 1989, 139; *Jungbecker,* Schadensersatz bei mangelhaften medizinisch-psychologischen Eignungsgutachten?, Neue Zeitschrift für Verkehrsrecht 1994, 297–302; *ders,* Unterschiede zwischen medizinischem und juristischem Denken – ein bequemes Alibi?, in: Der medizinische Sachverständige, Recht der Medizin Bd 2 1995, 15–20; *Keltsch,* Wünsche an den Gerichtsgutachter aus der Sicht des Richters, Verkehrsunfall und Fahrzeugtechnik 1993, 299–302; *Kertzendorff,* Ärztliche Gutachtertätigkeit in der gesetzlichen Rentenversicherung, Der med Sachverständige 1990, 111–119; *ders,* Ärztliche Begutachtung im Sozialrecht – Aufgabenstellung des Arztes, Zeitschrift für ärztliche Fortbildung 1996, 612–617; *Kienzle,* Ärztliche Begutachtung im Zivil- und Strafrecht – Beurteilungsmaßstab ärztlicher Begutachtung, Zeitschrift für ärztliche Fortbildung 1996, 592–596; *Koschade,* Ärztliches Standesrecht und Pflichten des Sachverständigen – ein Konflikt?, in: Der medizinische Sachverständige, Recht der Medizin Bd 2, 37–44; *Kraemer,* Methodik der ärztlichen Begutachtung 1977; *Krauß,* Richter und Sachverständiger im Strafverfahren, Zeitschr für die gesamte Strafrechtswissenschaft 1973, 320–359; *Kremling,* Zur Ernennung von medizinischen Sachverständigen im Zivil- und Strafrecht, Der Frauenarzt 1994, 678–681; *Kreuzer,* Zur forensischen Begutachtung „gefährlicher" Drogen, NJW 1982, 1310–1314; *Kümper,* Ärztliche Begutachtung im Zivil- und Strafrecht aus haftungsrechtlicher Sicht, Zeitschrift für ärztliche Fortbildung 1996, 589–590; *Kullmann,* Zuziehung und Auswahl medizinischer Sachverständiger und deren Nachprüfung durch das Revisionsgericht, FS Hanns Karl Salger 1995, 651–662; *Lanz,* Zweiklassenrecht durch Gutachterkauf ZRP 1998 337–340; *Laufs,* Arztrecht, 5. Aufl 1993, S. 358–373; *Lippert,* Wem stehen die Ergebnisse eines Sachverständigengutachtens zu? NJW 1989, 2935–2936; *ders,* Der Sachverständige und sein Gutachten, DMW 1994, 482–484; *Ludolph,* Beweiswert unfallmedizinischer Gutachten nach Verstößen gegen Anschnallpflicht, NJW 1982, 2595–2596; *Ludolph/Lehmann/Schürmann,* Kursbuch der ärztlichen Begutachtung, 1998; *Luthe,* Bemerkungen zur „Krise der Begutachtung", NJW 1975, 1446–1450; *Marx,* Medizinische Begutachtung – Pflicht oder Gefälligkeit, DÄBl 1992, C 1291–C 1295; *ders,* Medizinische Begutachtung innerer Krankheiten 1997; *J Meyer,* Übermacht des Sachverständigen – aus der Sicht des Richters, DRiZ 1992, 125–130; *Müller,* Der Sachverständige im gerichtlichen Verfahren, Handbuch des Sachverständigenbeweises, 3. Aufl 1988; *Müller,* Arzthaftung und Sachverständigenbeweis, MedR 2001, 487–494; *Müller-Luckmann,* Übermacht des Sachverständigen?, DRiZ 1993, 71–74; *Müssing,* Falsche Auskunftserteilung und Haftung, NJW 1989, 1697–1704; *Motsch,* Vom rechtsgenügenden Beweis. Zur Entscheidung von Zivilsachen nach Wahrscheinlichkeit unter besonderer Berücksichtigung der Abstammungsfeststellung, 1983; *Narr,* Haftungsfragen des medizinischen Sachverständigen, Der med Sachverständige, 1978, 75–78; *Nedopil,* Forensische Psychiatrie, Begutachtung und Behandlung zwischen Psychiatrie und Recht 1996; *ders,* Verständnisschwierigkeiten zwischen dem Juristen und dem psychiatrischen Sachverständigen, NStZ 1999 433–439; *Neuhaus/Krause,* Die Auszahl des Sachverständigen im Zivilprozess, MDR 2006, 605–609; *Oehler,* Zur Problematik der Sachverständigenauswahl, ZRP 1999, 285–288; *ders,* Medizinische Gutachten sollten einer fachlichen Kontrolle unterliegen RPG 2002, 63–67; *Opderbecke,* Das operative Risiko – medico-legale Aspekte aus der Sicht des Sachverständigen, Anästhesiologie und Intensivmedizin 1990, 210–213; *Ost,* Zur urheberrechtlichen Begutachtung des auf ärztlichen Gutachten angebrachten Vermerks „Das Gutachten darf nicht für andere Zwecke verwendet werden", DMW 1976, 1504–1506; *Pelz,* Kollidierende Gutachten aus juristischer Sicht, Zeitschrift für ärztliche Fortbildung 1996, 636–639; *Pieper,* Richter und Sachverständige im Zivilprozeß, ZZP 1971, 1–40; *Pietzcker,* Ärztliche Begutachtung in der Psychiatrie, Zeitschrift für ärztliche Fortbildung 1996, 623–626; *Plagemann,* Die Gutachten des medizinischen Sachverständigen im Sozialgerichtsprozeß und Arzt-Haftpflicht-Prozeß, MedR 1983, 170–175; *ders,* Sachverständigenanhörung im Sozialgerichtsverfahren, NJW 1992, 400–404; *Puder,* Der medizinische Sachverständige im Arzthaftungsrecht, Der Sachverständige 1997 22–25; *Rasch,* Die psychologisch-psychiatrische Beurteilung von Affektdelikten, NJW 1980, 1309–1315; *ders,* Die Auswahl des richtigen Psycho-Sachverständigen im Strafverfahren NJW 1992, 257–265; *Ratajczak,* Die Qualifikation des Arztes als Sachverständiger, Der medizinische Sachverständige Richter in Weiß? 1995; *ders,* Die Qualifikation des Arztes als Sachverständiger, in: Der medizinische Sachverständige, Recht der Medizin Bd 2 1995, 61–74; *Ratzel,* Der Sachverständige im Haftpflicht- und Sozialversicherungsrecht, Der Anaesthesist 1998, 827–831; *Rauschelbach,* Ärztliche Gutachtertätigkeit im sozialen Entschädigungsrecht, Der med. Sachverständige 1990, 120–123; *Reinhard/Zink,* Die forensische Beurteilung von Nachtrunkbehauptungen, NJW 1982, 2108–2109; *Rieger,* Lexikon des Arztrechts, 1984, RdNr 1532 ff; *Rieger/Krieger,* Gutachten, in: *Rieger* (Hrsg), Lexikon des Arztrechts, 2. Aufl 2001, 2270; *Roeder,* Sozialrechtliche Aspekte der ärztlichen Begutachtung, Zeitschrift für ärztliche Fortbildung 1996, 607–611; *Rösner/Raddatz,* Neue „Anhaltspunkte für die ärztliche Gutachtertätigkeit im sozialen Entschädigungsrecht und nach dem Schwerbehindertengesetz", MedSach 1996, 173–181; *Rohde,* Der medizinische Sachverständige und der Standard der medizinischen Wissenschaft, NJW 1988, 2285–2286; *Rollmann,* Sachverständigenwesen in Deutschland, Der Sachverständige 1997, 10–13; *Rosenlöcher,* Ärztliche Begutachtung im Zivilrecht aus juristischer Sicht, Zeitschrift für ärztliche Forschung 1996, 570–574; *Rudolph,* Aufbau und Gestaltung von Sachverständigengutachten, Urheberrecht an Sachverständigengutachten, Praxishandbuch Sachverständigenrecht 2. Aufl 1996, 475–497; *Rumler-Detzel,* Anforderungen an ein ärztliches Gutachten aus der Sicht der Zivilgerichte VersR 1999 1209–1211; *Russig,* Ärztliche Befundberichte und ihre Bedeutung für die Begutachtung – aus richterlicher Sicht, Der med Sachverständige 1996, 48–51; *Scheppokat/Neu,* Zur ärztlichen Begutachtung in Arzthaftpflichtsachen, VersR 2001 23–28; *Schimanski,* Beurteilung medizinischer Gutachten, Methoden der Kritik an ärztlichen Verwaltungs- und Gerichtsexpertisen, 1976; *Schlund,* Zu den Pflichten und zur zivilrechtlichen Haftung des gerichtlich bestellten medizinischen Sachverständigen, Der Sachverständige 1988, 244–250; *ders,* Karlsruher Forum 1988, 21–23; *ders,* Ärztliche Begutachtung im Zivil- und Strafrecht – Juristische Wertung des ärztlichen Gutachtens, Zeitschrift für ärztliche Fortbildung 1996, 596–602; *ders,* in: *Ehlers* (Hrsg)/*Günter/Höffler/Pförringer/Schlund/Stevens-Bartol,* Medizinisches Gutachten im Prozess 3. Aufl 2005, 7–40; *ders,* Zur Stellung und Bedeutung von medizinischen Sachverständigen im Arzthaftungsprozeß. Der Frauenarzt 1998 917–922; *ders,* Das fachärztliche Gutachten aus der Sicht des Juristen. Die Perspektive des Richters, Der Anaesthesist 1998 823–827; *ders,* Das medizinische Gutachten im Zivilprozeß, RPG 1999 9–18; *ders,* Das medizinische Gutachten im Zivilprozeß, Der Zahnarzt und sein Recht 1998 3–16; *ders,* Ärztliche Begutachtung in Zivil- und Strafrecht – Juristische Wertung des ärztlichen Gutachtens ZaeFC 1996, 596–602; *ders,* Der inkompetente medizinische Sachverständige und Gutachter, FS Laufs 2006, 1041–1048; *Schnorr,* Teilabdankung des Richters? Zur Nachvollziehbarkeit von medizinischen Sachverständigengutachten DRiZ 1995, 54–57; *Scholl,* Sicherheit und Wahrscheinlichkeit – statistische, medizinische und juristische Aspekte, NJW 1983, 319–320; *Schreiber,* Der Sachverständige im Verfahren und in der Verhandlung in: *Venzlaff* (Hrsg) Psychiatrische Begutachtung 1986, 3–77; 151–165; *H-L Schreiber,* Grenzen der Mitwirkungspflicht des Patienten beim Sachverständigen, Zeitschrift für ärztliche Fortbildung 1996, 642–646; *ders,* Ärztliche Begutachtung in der Psychiatrie aus juristischer Sicht, Zeitschrift für ärztliche Fortbildung 1996, 626–630; *K Schreiber,* Die zivilrechtliche Haftung von Prozeßbeteiligten, Zeitschrift für Zivilprozeß 1992, 129–144; *Schreiber/Müller-Dethard,* Der medizinische Sachverständige im Strafprozeß, DÄBl 1977, 373–378; *Schriefers,* Der Arzt als Sachverständiger, Chirurgie und Recht 1993, 171–175; *ders,* Chirurgie und Recht, Der Arzt als Sachverständiger, Deutsche Gesellschaft für Chirurgie 1993, 147–149; *Schubert,* Zur Problematik des medizinischen Sachverständigen im Arzthaftungsprozeß, Med-Diss Technische Universität München 1991; *Schulte,* Die Tätigkeit des medizinischen Sachverständigen zwischen gerichtlicher Weisung und wissenschaftlicher Autonomie, Der medizinische Sachverständige, Recht der Medizin Bd 2 1995, 29–35; *Seifert,* Der Patient-Arzt-Konflikt und der medizinische (chirurgische) Gutachter, RPG 1997/4 137–144; *Sendler,* Richter und Sachverständige, NJW 1986, 2907–2915; *Specht,* Kollidierende Gutachten aus ärztlicher Sicht, Zeitschrift für ärztliche Fortbildung 1996, 640–641; *Staak/Berghaus,* Aktuelle Aspekte der Grenzwertdiskussion in der rechtsmedizinischen Alkoholbegutachtung, NJW 1981, 2500–2503; *Stegers,* Der medizinische Gutachter in der außergerichtlichen Streitbeilegung, in: Der medizinische Sachverständige, Recht der Medizin Bd 2 1995, 75–87; *ders,* Der medizinische Sachverständige im Arzthaftungsprozess, VerR 2000 419–421; *ders,* Der Chirurg als Sachverständiger in der Leistungs-Haftungsspirale, Informationen des Berufsverbandes der Deutschen Chirurgen, 1999 338–341; *Stegers/Hansis/Alberts/Scheuch,* Der Sachverständigenbeweis im Arzthaftungsrecht 2. Aufl 2008; *Steinlehner-Stelzner,* Zivilrechtliche Probleme in „Sachverständigenprozessen", Festgabe Graßhof, 1998, 223–235; *Stellpflug,* Die ärztliche Begutachtung aus der Sicht des Rechtsanwalts, Der Arzt und sein Recht 1996, 20–25; *Stelzner,* Der lästige Sachverständige, Informationen des Berufsverbandes der Deutschen Chirurgen eV 2001, 38–41; *ders,* Der Urologe Ausgabe B 2001, 308–311; *Stevens-Barthol,* Das medizinische Gutachten im Sozialgerichtsprozess in: *Ehlers* (Hrsg)/*Günter/Höffler/Pförringer/Schlund/Stevens-Barthol,* Medizinisches Gutachten im Prozess 3. Aufl 2005, 63–100; *Strauch,* Rechtsgrundlagen der Haftung für Rat, Auskunft und Gutachten, NJW 1992, 897–902; *Täschner,* Forensisch-psychiatrische Probleme bei der Beurteilung von Drogenkonsumenten, NJW 1984, 638–642; *Tröger/Bauer/Tutsch-Bauer,* Stellenwert der Tragzeitgutachtens im Vaterschaftsprozeß – Untersuchungen zur „Aussagekraft" an einem Münchner Geburtenkollektiv, MedR 1984, 90–92; *Ulrich,* Der gerichtliche Savchverständige 12. Aufl 2007; *Ulsenheimer,* Die Stellung des medizinischen Sachverständigen im Zivil- und Strafprozeß, Informationen des Berufsverbandes der Deutschen

21. Kapitel. Der Arzt als Sachverständiger und Gutachter

Chirurgen eV Heft 5, 1985, 58–63; *ders,* Stellung und Funktion des gynäkologischen Sachverständigen im Zivil- und Strafprozeß, Der Frauenarzt 1989, 673–677; *ders,* Stellung und Aufgabe des Sachverständigen im Strafverfahren, Gynäkologe 1989, 401–405; *ders,* Rechtliche Grundlagen und Schranken rechtsmedizinischer Gutachtertätigkeit im Strafprozeß, FS Otto Pribilla 1990, 53–69; *ders,* Die Stellung des medizinischen Sachverständigen im Zivil- und Strafprozeß, Hefte zur Unfallheilkunde 1984, 431–440; *ders,* Ärztliche Begutachtung im Strafprozeß aus juristischer Sicht, Zeitschrift für ärztliche Fortbildung 1996, 574–581; *ders,* Unachtsamkeiten, Fehler und Probleme von seiten des Gutachters – die juristische Seite, Der Frauenarzt 1997, 1003–1007; *ders,* Das fachärztliche Gutachten aus der Sicht des Juristen. Die Perspektive des Strafverteidigers. Der Anaesthesist 1998, 818-823; *ders,* Zur zivil- und strafrechtlichen Verantwortlichkeit des Sachverständigen, Informationen des Berufsverbandes der Deutschen Chirurgen 2000, 299–302; *Volze,* Haftung des Sachverständigen wegen sittenwidriger Schädigung eines Dritten durch fehlerhaftes Gutachten, Der Sachverständige 1992, 271; *ders,* Die Haftung des Sachverständigen, Zeitschrift für Schadensrecht 1993, 217–219; *ders,* Ärztliche Begutachtung im Zivil- und Strafrecht aus der Sicht der Schlichtungsstellen und der Gutachterkommissionen, Zeitschrift für ärztliche Fortbildung 1996, 586–589; *ders,* Sachverständigenfragen, Ausgewählte Probleme aus der Praxis 2. Aufl 1996; *Vorster,* Begutachtung bei Haftungsfragen aus ärztlicher Sicht, Zeitschrift für ärztliche Fortbildung 1995, 584–589; *Vygen,* Aus Rechtsprechung und Justiz, Schadensersatzansprüche Dritter gegen Sachverständige wegen unrichtiger Gutachten, Der Sachverständige 1995, 2–4; *Wachsmuth,* Zur Problematik des medizinischen Sachverständigen im Arzthaftungsprozeß, DRiZ 1982, 412–417; *Wachsmuth/Schreiber,* Sicherheit und Wahrscheinlichkeit – juristische und ärztliche Aspekte, NJW 1982, 2094–2098; *Weißauer,* Ist der Arzt zur Erstattung von Gutachten verpflichtet?, BayÄBl 1971, 437–443; *Wellmann,* Der Sachverständige in der Praxis 6. Aufl 1997; *Wieser,* Über die ärztliche Gutachtertätigkeit im Sozialgerichtsverfahren, Der med. Sachverständige 1990, 106–111; *Winkler,* Das ärztliche Gutachten im Sozialgerichtsverfahren, Zeitschrift für ärztliche Fortbildung 1996, 618–621; *Zeuner,* Haftung für Gutachten und sachverständigen Rat, Karlsruher Forum 1988; *Zuschlag,* Das Gutachten des Sachverständigen, 2. Aufl 2002; *Zziehoff,* Zur Problematik des Sachverständigenbeweises, GesR 2003, 297–305.

Spezialliteratur: Die Haftung des Sachverständigen: *Brüdener/Neumann,* Die Haftung des Sachverständigen nach neuem Delikts- und Werkvertragsrecht MDR 2003, 906–912; *Bruns,* Neue Gesetze im Arztrecht, ArztR 2002, 316–318; *Däubler,* Die Reform des Schadensersatzrechts, JuS 2002, 626–630; *Finn,* Zur Haftung des Sachverständigen für fehlerhafte Wertgutachten gegenüber Dritte, NJW 2004, 3752–3754; *Gerber,* Die Haftung des Sachverständigen. Der Sachverständige 1991, 73–78; *Häsemeier,* Die neue Haftung für gerichtliche Sachverständige (§ 839a BGB) auf dem zivilprozessrechtlichen Prüfstand, FS Laufs 2006, 569–583; *Jacobs,* Haftung des gerichtlichen Sachverständigen ZRP 2001, 489–493; *Jansen,* Haftung des Gutachters, ZfaeF 1990, 632–635; *Karczewski,* Der Reformentwurf eines Zweiten Gesetzes zur Änderung schadensersatzrechtlicher Vorschriften, VersR 2001, 1070–1081; *Kilian,* Die Haftung des gerichtlichen Sachverständigen nach § 839a BGB, VersR 2003, 683–689; *Lippert,* Die Arzthaftung unter dem Schuldrechtsmodernisierungsgesetz und dem Zweiten Gesetz zur Regelung schadensersatzrechtlicher Vorschriften – am besten nichts Neues?, GesR 2002, 41–45; *Ratzel,* Die Reformgesetze, AnwBl 2002, 485–489; *Schöpflin,* Probleme der Haftung des gerichtlichen Sachverständigen nach § 839a BGB, ZfS 2004, 241–246; *Thole,* Die Haftung des gerichtlichen Sachverständigen nach § 839a BGB. Der Haftungstatbestand und seine Folgen 2004; *ders,* Die zivilrechtliche Haftung des medizinischen Sachverständigen, insbesondere nach § 839a BGB, GesR 2006, 154–160; *ders,* Haftung des gerichtlichen Sachverständigen unter Berücksichtigung des neuen Haftungstatbestandes nach § 839a BGB – aus juristischer Sicht, Med Sach 2006, 93–97; *Wasner,* Die Haftung des gerichtlichen Sachverständigen, NJW 1986, 119–120; *Wessel,* Haftung und Haftpflichtversicherung des Sachverständigen, Praxishandbuch Sachverständigenrecht, 2. Aufl 1996, 529–561; *ders,* Die Haftung des Sachverständigen am Rande der Gutachtenserstattung, Der Sachverständige 1992, 232–233; *Wienke/Janke,* Die Haftung des Arztes als medizinischer Sachverständiger. HessÄBl 2006, 879–881.

§ 116 Begriff, Wesen und Aufgabe des gerichtlichen Sachverständigen

Inhaltsübersicht

	RdNr
I. Allgemeines	1
1. Gesetzliche Definition	1
2. Aufgabe	5
II. Unterschied zum Zeugen und sachverständigen Zeugen	13
1. Unterscheidung des Sachverständigen zum Zeugen	13
2. Beweismittel im Gerichtsverfahren	14
3. Sachverständiger Zeuge	15

I. Allgemeines

1. Gesetzliche Definition. Eine gesetzliche Definition, was unter einem Sachverständigen (SV) und seiner Tätigkeit zu verstehen ist, gibt es weder im Prozessrecht, wo er einer von mehreren Beweismitteln ist (§§ 402 ff ZPO; bzw §§ 72 ff StPO), noch findet sich eine entsprechende Begriffsdefinition in § 36 der GewO, welche die gewerbsmäßige Betätigung der SV regelt. Als SV im **weiteren** Sinne gilt jeder, der von den Dingen eines bestimmten Sachgebiets auf Grund seiner Ausbildung oder praktischer Erfahrung besondere Sachkunde vorzuweisen hat. Als SV im **engeren** Sinne werden hingegen alle jene Personen bezeichnet, die haupt- oder nebenberuflich damit befaßt sind, ihre Fach- und Spezialkenntnisse in Gutachten für Gerichte, Verwaltungsbehörden, sowie Privatpersonen und Firmen einzubringen.

Der SV lässt sich auch definieren „als eine natürliche Person, die auf einem abgrenzbaren Gebiet der Geistes- oder Naturwissenschaften, der Technik, der Wirtschaft, der Kunst oder in einem sonstigen Bereich über überdurchschnittliche Kenntnisse und Erfahrungen verfügt und diese besondere Sachkunde jedermann auf Anfrage persönlich, unabhängig, unparteilich und objektiv zur Verfügung stellt".[1]

Als **gerichtliche SVe** werden sodann diejenigen Personen erachtet, die im Einzelfall als prozessual zulässiges Beweismittel (neben dem Zeugen- und Urkundenbeweis, dem Augenschein und der Parteieinvernahme) vom Richter zur Entscheidung eines gerichtlichen Verfahrens – sei es eines Zivil-, eines Straf-, eines Sozialgerichts-, eines Verwaltungsgerichts- und evtl. auch eines Finanz- oder Arbeitsgerichtsverfahrens oder eines Verfahrens der Freiwilligen Gerichtsbarkeit – herangezogen werden (können).

Dabei geht es beispielsweise bei einem **medizinischen SV** und seiner Tätigkeit ua:
– um psychiatrische Begutachtung im Strafprozess hinsichtlich Schuld oder verminderter Schuldfähigkeit des Beschuldigten oder Angeklagten;
– um rechtsmedizinische Gutachten über Verletzungsfolgen und Todesursachen;
– um serologische Gutachten zur Blutalkohol- oder Blutgruppenbestimmung;
– um Gutachten über die Geschäfts- oder Prozessfähigkeit im Zivilprozess oder im Entmündigungsverfahren;
– um die Testierfähigkeit im Nachlassverfahren oder um die Berufs- und Erwerbsunfähigkeit im sozialgerichtlichen Prozess;
– um die Frage der Kausalität zwischen Operationsmisserfolg und eingetretenem Tod des Patienten auch um die Frage fehlerhafter Aufklärung über Eingriffsrisiken im Arztstraf- oder Arzthaftpflichtprozess.[2]

---

[1] Vgl hierzu statt vieler *Schlund*, Der Sachverständige 1988, 244. Bei der Prüfung, ob ein Bewerber die nach § 36 Abs 1 GewO erforderliche besondere Sachkunde für die öffentliche Bestellung als SV nachgewiesen hat, steht der zuständigen Stelle *kein* Beurteilungsspielraum zu (so das BVerwG NVwZ 1991, 268). Zur Rechtsentwicklung des Berufs eines Sachverständigen seit dem 19. Jahrhundert s *Franzki* DRiZ 1991, 314 ff.

[2] *Schlund*, 245.

2. Aufgabe. Der SV hat primär die **Aufgabe,** seinem Auftraggeber, dem Gericht 5 oder der Staatsanwaltschaft, das fehlende Fachwissen zur Beurteilung der für die Entscheidung des Prozesses maßgebenden Beweisfragen zu erschließen:

Er hat dem Gericht die Kenntnisse von **Erfahrungssätzen** auf seinem speziellen Wis- 6 sensgebiet zu vermitteln.

Beispiele: Auskünfte
— über heute verfügbare diagnostische Hilfsmittel bei klinischer Beobachtung von Kreislaufstörungen;
— über statistische Häufigkeit bestimmter Komplikationen;
— über persönliche Qualifikationserfordernisse und sachliche Voraussetzungen für einen medizinischen Eingriff;
— über die Frage, ob eine allgemein verbindliche Methode der Behandlung, eine Kunstregel, existiert.[3]

Er kann aufgrund seiner Sachkunde **Tatsachen** feststellen und diese dem Gericht über- 7 mitteln.

Beispiel:
— Die Feststellung eines medizinischen Sachverhalts mittels einer Röntgen- oder Sonographieaufnahme zu der Frage, ob nach einer Operation im Körper des Patienten ein Fremdkörper zurückgelassen wurde.[4]

Er muss bestimmte Tatsachen aufgrund dieser Erfahrungssätze seines Wissens und unter 8 Aufwendung seiner besonderen Sachkunde **beurteilen** und aus den Tatsachen bestimmte **Schlussfolgerungen** ziehen.

Beispiele:
— die Feststellung der Blutalkoholkonzentration;
— Auskünfte über Art und Ursachen einer Erkrankung oder darüber, ob die einer Person zugefügte Körperverletzung deren gegenwärtigen Zustand herbeigeführt hat und in welchem Maße und auf welche Dauer sie dessen Arbeitsfähigkeit herabgesetzt hat;
— die Schlussfolgerung von einer Fehlintubation auf die Kausalität hinsichtlich eines Hypoxieschadens;
— die Feststellung, ob aufgrund bestimmter und zu einem bestimmten Zeitpunkt vorliegender Krankheitssymptome eine bestimmte Operation indiziert war oder ist.[5]

Es kann aber auch sein, dass der SV, um seinen Auftrag ordnungsgemäß erfüllen zu 9 können, selbst erst seiner besonderen Sachkunde wegen die für die Gutachtenerstellung relevanten medizinischen Daten und Befunde ermitteln muss.

Beispiel:
— Aufschlüsse darüber, ob eine allergische Reaktion vorliegt oder der behauptete Schaden tatsächlich gegeben oder eingetreten ist.[6]

Rechtliche[7] und **sachliche** Grundlage seiner Tätigkeit ist der an ihn erteilte **Auftrag,** 10 den das Gericht (oder ein anderer Auftraggeber) so exakt wie möglich und so umfassend wie nötig zu formulieren hat. Der SV hat sich auf die gestellten **konkreten Einzelfragen** zu beschränken.

---

[3] *Schlund,* 245; sowie *Ulsenheimer,* Die Stellung des medizinischen Sachverständigen im Zivil- und Strafprozess, Informationen des Berufsverbandes der Deutschen Chirurgen eV 1985, 58.
[4] *Jessnitzer/Ulrich,* Der gerichtliche Sachverständige, 11. Aufl 2001, 4.
[5] *Schlund,* 245; *Ulsenheimer,* 59.
[6] *Schlund,* 245; *Ulsenheimer,* 59.
[7] Das Rechtsverhältnis zwischen Auftraggeber und SV gestaltet sich wie folgt: Beim privaten Auftraggeber richtet es sich nach Werkvertragsrecht (§§ 631 ff BGB). Beim Rechtsverhältnis zwischen öffentlich-rechtlichen Auftraggebern und SV ist die Rechtsbeziehung bei der Beauftragung durch das Gericht öffentlich-rechtlicher Natur (besonderer Art), bei der Beauftragung durch eine Verwaltungsbehörde ein öffentlich-rechtlicher Vertrag (vgl hierzu *Rieger* Lexikon (1. Aufl) RdNr 1533); vgl ferner *Rieger/Krieger* RdNr 7 ff.

Beispiel: Auskünfte darüber,
- welche Operationstechnik sachgerecht war (gewesen wäre);
- wie die Wirkungsweise eines bestimmten Medikaments zu beurteilen ist.

11 Zumindest im Zivilprozess ist der SV an die Fragestellung im **Beweisthema** des **Beweisbeschlusses gebunden.** Da aber nicht selten dem Gericht die entsprechende Sachkunde fehlt, kann das dem SV vorgegebene Beweisthema Lücken, Ungereimtheiten oder Unverständliches enthalten. In einem solchen Falle ist der SV *verpflichtet,* von sich aus das Gericht (den Auftraggeber) auf diese Mängel im Beweisthema *aufmerksam* zu machen und auf eine *Ergänzung* oder *Richtigstellung* des Beweisthemas zu dringen. Ohne gerichtliche Erlaubnis ist es dem SV jedoch verwehrt, von sich aus eigenmächtig die (gerichtliche) Fragestellung abzuwandeln und das Beweisthema abzuändern (§ 407 a nF ZPO).

12 Auch eine **Überschreitung** der durch den Beweisbeschluss abgesteckten Grenzen seines Auftrags ist dem SV verwehrt.[8] Der zum 1. 4. 1991 neugeschaffene § 404 a ZPO sieht die gerichtliche Anleitung des SV vor.

II. Unterschied zum Zeugen und sachverständigen Zeugen

13 **1. Unterscheidung des Sachverständigen zum Zeugen.** Die **Unterscheidung** des SV vom Zeugen ist von erheblicher praktischer Bedeutung – nicht nur, weil die Vorschriften zur Vereidigung verschieden sind. Der SV kann – im Gegensatz zum Zeugen – unter gewissen Voraussetzungen auch abgelehnt werden und erfährt zudem bei der Entlohnung für seine Bemühungen im Verhältnis zum Zeugen eine erhebliche Besserstellung.

14 **2. Beweismittel im Gerichtsverfahren.** Der SV gehört wohl wie der Zeuge zu einem der möglichen **Beweismittel des gerichtlichen Verfahrens** (Zeugen, Urkunden, Augenscheineinnahme, Parteivernehmung oder Einlassung des Angeklagten). Im *Gegensatz zum Zeugen,* der lediglich auf Grund *eigener,* konkreter Wahrnehmungen über vergangene Tatsachen und Zustände zu Beweiszwecken aussagt und daher **nicht** durch eine andere Person beliebig austauschbar oder ersetzbar ist, besteht die Aufgabe des SV darin, seinem Auftraggeber das fehlende Sach- und Fachwissen und die Zusammenhänge zur Beurteilung der für die Prozessentscheidung maßgeblichen Beweisfragen zu verdeutlichen und zu erschließen. Der SV ist daher iaR durch einen anderen SV ersetzbar.[9]

15 **3. Sachverständiger Zeuge.** Vom **sachverständigen Zeugen** (§ 414 ZPO, § 85 StPO) unterscheidet sich der SV dadurch, dass ersterer darüber aussagt, was er an vergangenen Tatsachen oder Zuständen aufgrund seiner besonderen Sachkunde wahrgenommen hat. Daß die Wahrnehmung ihm nur anhand seiner besonderen Fachkenntnis möglich ist, macht ihn damit noch nicht zum SV, der aus (selbst oder von einem Dritten wahrgenommenen) Tatsachen Schlüsse zieht.

Beispiel:
- Ein Arzt, der über Art und Umfang der von ihm bei einem Unfall festgestellten Verletzungen einer Person Bekundungen macht, ist **sachverständiger Zeuge.** Wird dagegen von ihm ein **Werturteil** über die infolge der Verletzung eingetretene Erwerbsminderung und die Heilungsaussichten abgegeben, so beschränkt sich seine Aussage nicht nur auf die bloße Wiedergabe von Wahrnehmungen, sondern stellt eine fachkundige Beurteilung der wahrgenommenen Tatsachen auf Grund von Schlussfolgerungen dar. In einem solchen Fall ist der Arzt SV.[10]

---

[8] *Ulsenheimer,* 59.
[9] *Ulsenheimer,* 59; zur Abgrenzung zwischen einem sachverständigen Zeugen und einem SV vgl OVG RhPf DVBl 1991, 1368.
[10] *Rieger* Lexikon (1. Aufl) RdNr 1562; *Laufs* Arztrecht RdNr 641, vgl hierzu auch OLG Hamm VersR 2001, 249.

§ 117 Als gerichtliche Sachverständige in Betracht kommende Personen

Inhaltsübersicht

	RdNr
I. Einzelgutachter und Sachverständiger	1
1. Allgemeines	1
2. Der öffentlich bestellte Sachverständige	3
3. Den öffentlich bestellten Sachverständigen gleichgestellte Personen	5
4. Sachverständiger mit hoheitlicher Funktion	6
5. Freie Sachverständige	7
II. Gutachten von Behörden und (Universitäts-)Kliniken	8
1. Behörden und sonstige öffentliche Stellen	8
2. Beauftragung durch Klinik	9

I. Einzelgutachter und Sachverständiger

1. Allgemeines. In sämtlichen möglichen Gerichtsverfahren (Zivil-, Straf-, Sozialgerichts-, Verwaltungsgerichts-, Finanzgerichts-, Arbeitsgerichtsverfahren, sowie im Verfahren der Freiwilligen Gerichtsbarkeit) können und werden in der Regel **Einzelpersonen** – dh natürliche Personen – mit der Erstellung von SV-Gutachten betraut. Die Prozessvorschriften sind auch in aller Regel auf eine Einzelperson zugeschnitten, so zB die Bestimmungen über die Vereidigung (etwa § 410 ZPO) oder die der Ablehnung (etwa § 406 ZPO). Bei der Bestellung zum SV durch das Gericht ist jedoch **nicht** Voraussetzung, dass der SV öffentlich bestellt ist. 1

Unter den möglichen SV wird unterschieden zwischen: 2
– öffentlich bestellten SV;
– den öffentlich bestellten SV gleichzustellenden Personen;
– SV mit hoheitlichen Prüfungsaufgaben;
– freien SV.[1]

2. Der öffentlich bestellte Sachverständige. Darunter versteht man Personen, die aufgrund besonderer gesetzlicher Vorschriften durch gesonderten Verwaltungsakt der hierfür zuständigen Behörde für ganz bestimmte Sachgebiete ausdrücklich zum SV „öffentlich bestellt" wurden. Derart bestellte SV haben **besondere Rechte und Pflichten.** Ua ist diese Berufsbezeichnung strafrechtlich geschützt (§ 132a StGB). Zum anderen besteht für derartige SV eine **Pflicht** zur Erstattung des Gutachtens auf ihrem Fachgebiet. 3

Voraussetzungen für eine öffentliche Bestellung und Vereidigung sind die *persönliche Eignung* und der Nachweis *besonderer Sachkunde*. 4

3. Den öffentlich bestellten Sachverständigen gleichgestellte Personen. Es gibt jedoch auch Angehörige bestimmter freiberuflich oder in einem Beamten- oder Angestelltenverhältnis ausgeübter Berufe, zu deren Aufgabe es gehört, ua auch SV-Gutachten zu erstatten. Diese SV sind nicht ausdrücklich zu öffentlichen SV bestellt, werden diesen jedoch gleichgestellt. Dazu zählen, neben Wirtschaftsprüfern und vereidigten Buchprüfern sowie öffentlich bestellten Vermessungsingenieuren, in Bayern die bayer **Landgerichtsärzte.** Diese gerichtlichen Dienste sind aufgrund § 3 Abs 2 des Gesetzes über den öffentlichen Gesundheitsdienst vom 12. 7. 1986[2] als sachverständige Behörde für diese Landgerichte, für die bei diesen bestehenden Staatsanwaltschaften und die am Sitz der jeweiligen Landgerichte bestehenden Amtsgerichte tätig.[3] 5

---

[1] *Jessnitzer/Ulrich*, 22 ff.
[2] BayGVBl, 120; zuletzt geändert am 24. 7. 2003 (BayGVBl, 467).
[3] *Jessnitzer/Ulrich*, 39.

6 **4. Sachverständiger mit hoheitlicher Funktion.** Eine Reihe speziell ausgebildeter und geprüfter Personen sind zudem durch Bundes- oder Landesgesetze im Interesse der öffentlichen Sicherheit hinsichtlich sachlich begrenzter Prüfungstätigkeiten mit hoheitlichen Funktionen versehen. Dazu zählen etwa Sachverständige zur Prüfung überwachungsbedürftiger Anlagen, solche für den Kfz-Verkehr, die Bezirksschornsteinfegermeister und die Weinkontrolleure.[4]

7 **5. Freie Sachverständige.** Für diese Spezies von SV existiert keine allgemein anerkannte Begriffsdefinition. Man versteht darunter SV, die keiner der vorstehenden Gruppen angehören und unterzuordnen sind. Hierzu zählen auch angestellte SV von Versicherungsgesellschaften.[5]

II. Gutachten von Behörden und (Universitäts-)Kliniken

8 **1. Behörden und sonstige öffentliche Stellen.** Gemäß § 1 Abs 2 des Gesetzes über die Entschädigung von Zeugen und Sachverständigen (ZSEG) gilt dieses Gesetz auch dann, wenn **Behörden** und sonstige öffentliche Stellen von den Gerichten oder der Staatsanwaltschaft zur Erstattung von Gutachten herangezogen werden. Nach der Legaldefinition des § 1 Abs 4 VwVfG sind Behörden Stellen, die Aufgaben der öffentlichen Verwaltung wahrnehmen. Dabei unterscheidet man zwischen *büromäßig oder monokratisch* organisierten Behörden (mit Bürgermeistern, Stadtdirektoren, Landräten, Oberkreis-Direktoren und Regierungspräsidenten besetzt) und *Kollegialbehörden* (etwa die Gutachterausschüsse nach dem Bundesbaugesetz).[6]

9 **2. Beauftragung durch Klinik.** „**Sonstige öffentliche Stellen**" (iSv § 1 Abs 2 Justizvergütungs- und -entschädigungsgesetz – JVEG v 5.5.2004 (BGBl I, 718, 776) zuletzt geändert am 22.12.2006 (BGBl I, 3416, 3428)) sind idR rechtsfähige Körperschaften, Anstalten oder Stiftungen des öffentlichen Rechts, wie etwa Allgemeine Ortskrankenkassen und die Bundesversicherungsanstalt für Angestellte.[7]

10 Die **Beauftragung einer Klinik** oder einer anderen Institution ohne Bezeichnung eines bestimmten Arztes als Gutachter ist schon im Hinblick auf die in § 404 ZPO normierte **persönliche Gutachterpflicht** unvereinbar.[8] Die Rechtsprechung – wenn auch nicht einheitlich – verlangt nämlich – und dies zu Recht – eine Benennung des Gutachters in Person.[9]

11 Ergeht der Gutachtenauftrag nicht an den **Klinikdirektor oder den Klinikvorstand** „in Verbindung mit seiner Dienststelle",[10] so trifft diesen keine persönliche Mitwirkungspflicht bei der Erstattung des Gutachtens. Er muss vielmehr lediglich dafür Sorge tragen, dass – soweit möglich – geeignete Ober- oder Assistenzärzte den Auftrag erledigen. Setzt er aber dann seine Unterschrift unter das Gutachten mit dem Zusatz „einverstanden", „genehmigt" oder dgl, dann macht er sich uU dessen Inhalt zu eigen mit der Folge, dass er für dessen Ergebnis (Vollständigkeit und Richtigkeit der Befunderhebung) die eigene Verantwortung übernimmt.[11]

---

[4] *Jessnitzer/Ulrich*, 31 ff.
[5] *Jessnitzer/Ulrich*, 45.
[6] Vgl hierzu Einzelheiten bei *Jessnitzer/Ulrich*, 41 ff.
[7] Zu den einzelnen Behörden und „sonstigen öffentlichen Stellen" *Jessnitzer/Ulrich*, 51 ff.
[8] *Rieger* Lexikon (1. Aufl) RdNr 1541; vgl auch § 407a Abs 2 1 nF ZPO.
[9] OLG München NJW 1968, 202; ferner OLG Düsseldorf FamRZ 1989, 1101; (aA BVerwG NJW 1969, 1591) sowie *Laufs* ArztR RdNr 655.
[10] *Hanack*, NJW 1961, 2041 (2043).
[11] *Ulsenheimer*, 62; vgl OLG Oldenburg NJW-RR 1997, 535 zur Frage der Beiziehung der Krankenakten vor der Einholung eines Gutachtens.

§ 118 Verhältnis des Sachverständigen zum Gericht

Inhaltsübersicht

	RdNr
I. Die Hilfsfunktion	1
1. Gehilfe des Gerichts	1
2. Verfahrensfehler	3
II. Abweichende Entscheidungen	5

I. Die Hilfsfunktion

1. Gehilfe des Gerichts. Gemäß Art 20, 92 und 97 GG sowie § 1 GVG geht die rechtsprechende Gewalt einzig und allein vom **Richter** aus. Nur dieser ist unabhängig und lediglich dem Gesetz unterworfen.

Der (medizinische) SV ist in seinem funktionalen Verhältnis zum Richter lediglich dessen Helfer und keinesfalls selbst zur Entscheidung berufen. **Gehilfe des Gerichts** bleibt er auch dann, wenn der eine oder andere Richter im Prozess mit (beispielsweise) höchst schwierigem „medizinischen Streitgegenstand" oder Fachfragen praktisch auf den SV angewiesen ist. Damit darf sich der Richter jedoch diesem SV nicht „ausliefern".

2. Verfahrensfehler. Nach einer Entscheidung des BGH[1] hat der Richter die Entscheidung über diese Frage selbst zu erarbeiten, ihre Begründung lediglich zu durchdenken. Er darf sich dabei vom SV helfen lassen. Je weniger sich der Richter auf die bloße Autorität des SV verlässt, je mehr er den SV nötigt, ihn – den Richter – über allgemeine Erfahrungen zu belehren und mit möglichst gemeinverständlichen Gründen zu überzeugen, desto vollkommener erfüllen beide ihre verfahrensrechtliche Aufgabe.

Dies wird jedoch in praxi nicht zu selten verkannt. Fragt der Richter vor seiner Entscheidung den SV lediglich nach dem Ergebnis seiner Beurteilung, dann geht dieser **Verfahrensfehler** meist in einen sachlich-rechtlichen Fehler über, denn der Tatrichter stellt dann (nicht selten) lediglich fest, zu welchem Ergebnis der SV gekommen ist, ohne auch noch in seiner Entscheidung auszuführen, ob das Gericht sich dieses Ergebnis zu eigen macht und aus welchen Überlegungen. Unterlässt der Richter dies aber, überlässt er dem SV indirekt die Entscheidung und lässt sie sich vom SV abnehmen. Ein solches Prozessieren und Entscheiden wird jedoch vom BGH nicht hingenommen.[2]

II. Abweichende Entscheidungen

Einer Entscheidung des BGH[3] zufolge darf das Gericht **von einem SV-Gutachten nur dann abweichen,** wenn es seine hiervon divergierende Überzeugung begründet und dabei auch erkennen lässt, dass seine anderslautende Beurteilung nicht von einem Mangel

---

[1] Vgl das Zitat bei *Schlund,* 245 Fn 7; sowie BGHSt 7, 239; ähnlich BGHSt 8, 118.
[2] *Schlund,* 245; *Laufs* ArztR RdNr 643; *Ulsenheimer,* 58 sowie BGH NJW 1995, 779.
[3] BGH NJW 1989, 2948; vgl ferner hierzu BGH VersR 1993, 749; NJW 1993, 1524; NZV 1993, 346; BGH EBE 1996, 30; VersR 1994, 480; wird ein SV im Anschluss an sein schriftlich erstattetes Gutachten (vom Landgericht) mündlich gehört und daraufhin in einer bestimmten Weise verstanden, so darf das Berufungsgericht von diesem Verständnis nicht ohne eigene Vernehmung des SV abweichen (so BGH VersR 1993, 1550). Zur Pflicht des Richters, SV-Gutachten kritisch zu würdigen, vgl auch noch BayObLG FamRZ 1994, 720. Hingewiesen sei aber auch auf die Entscheidung des BGH v 9. 1. 1996 (ArztR 1996, 315), wonach der Tatrichter verpflichtet ist, sich mit einem von der/einer Partei vorgelegten Privatgutachten auseinanderzusetzen und gegebenenfalls auf weitere Aufklärung des Sachverhalts hinzuwirken hat, wenn sich ein Widerspruch zum Gerichtsgutachten ergibt.

an Sachkunde getrübt und beeinflußt ist. Gutachten von Sachverständigen unterlägen wohl der *freien Beweiswürdigung* durch die Gerichte. Jedes Gericht könne von ihnen abweichen, wenn es von ihrer Richtigkeit nicht überzeugt sei. Die Pflicht des Tatrichters, solche Gutachten sorgfältig und kritisch zu überprüfen, berechtigten ihn jedoch noch lange nicht dazu, die sachverständigen Äußerungen ohne ausreichende Begründung einfach beiseite zu schieben. Vielmehr müsse das Gericht, wenn es einem Gutachten nicht folgen wolle, seine abweichende Meinung und Überzeugung ausführlich begründen, und diese Begründung müsse eindeutig erkennen lassen, dass die Beurteilung des Gutachtens und seines Ergebnisses nicht von mangelnder Sachkunde beeinflußt ist. Das Revisionsgericht könne eine solche Entscheidung dann dahin überprüfen, ob das Gericht sich mit der Aussage des Gutachtens hinreichend auseinandergesetzt und seine hierfür erforderliche Sachkunde auch ausreichend dargelegt hat. Denn da der SV ja gerade zu dem Zweck hinzugezogen wurde, um dem Richter die ihm auf einem Spezialgebiet (meist) fehlende Kenntnis zu vermitteln, müsse der Richter sorgfältig prüfen, ob er seine Zweifel am Gutachten ohne weitere sachkundige Hilfe zur Grundlage seines Urteils machen kann. Fehlt es jedoch hieran und verschließt sich das Gericht der zwingenden Erwägung, zur Klärung seiner Bedenken den SV zu einer Ergänzung oder mündlichen Erläuterung seines Gutachtens zu veranlassen oder einen weiteren Sachverständigen zu beauftragen, so bewege es sich bei seiner Überzeugungsbildung außerhalb des dem tatrichterlichen Ermessen eingeräumten Bereichs.[4]

§ 119 Auswahl des Sachverständigen

Inhaltsübersicht

	RdNr
I. Funktion des Gerichts	1
II. Beweisbeschluss	2

I. Funktion des Gerichts

1 Die Auswahl der zum Verfahren hinzuzuziehenden SV sowie die Bestimmung ihrer Anzahl erfolgt grundsätzlich durch das zur Entscheidung berufene **Gericht**. Dies bestimmen zB die §§ 404 Abs 1 ZPO, 73 Abs 1 StPO sowie §§ 21 SGB X, 109 SGG, § 118 Abs 1 SGG iVm § 402 ff ZPO. Im Zivilprozess erscheint der ausgewählte SV in der Regel in einer der Ziffern des Beweisbeschlusses, in welchem meist und richtigerweise das **Beweisthema** (die Bezeichnung der **streitigen Tatsachen,** über welche der Beweis zu erheben ist) an erster Stelle genannt wird.

II. Beweisbeschluss

2 Der Vollständigkeit halber sei hier angemerkt, dass nicht nur das **Beweismittel** (die zu vernehmenden Zeugen, Parteien oder Sachverständige), sondern auch der **Beweisführer** (die Partei, welche sich auf ein bestimmtes Beweismittel berufen hat) zum Inhalt eines ordnungsgemäßen Beweisbeschlusses zählen.[1]

---

[4] So der BGH in ständiger Rechtsprechung; vgl statt vieler NJW 1982, 2874; MedR 1996, 515. Zur Verpflichtung der Gerichte, bei Unvollständigkeit des vorgelegten SV-Gutachtens ein **zweites** Gutachten von Amts wegen einzuholen, s BGH VersR 1996, 1257; zuvor schon BGH EBE 1992, 247, sowie VersR 1993, 835; zuletzt wieder BGH MDR 1997, 493; vgl hierzu auch noch BGH GesR 2009, 189 = VersR 2009, 499; BGH VersR 2009, 518.

[1] Einzelheiten bei *Jessnitzer/Ulrich*, 115 ff; zur Problematik der Auswahl eines Sachverständigen vgl auch noch *Oehler* ZRP 1999, 285 ff und *Stegers* VersR 2000, 419 ff; sowie BGH NJW 1998, 2753; BGHSt 34, 355, 357.

§ 120 Ablehnung des Sachverständigen

Inhaltsübersicht

	RdNr
I. Absolute Ablehnungsgründe	1
1. Partei des Verfahrens	1
2. Ehegatte, Verwandtschaft	2
II. Besorgnis der Befangenheit	3

I. Absolute Ablehnungsgründe

1. Partei des Verfahrens. In allen Gerichtsverfahren kann ein Sachverständiger – anders als ein Zeuge oder ein sachverständiger Zeuge – aus denselben Gründen wie ein Richter abgelehnt werden.

2. Ehegatte, Verwandtschaft. Absolute Ablehnungsgründe stehen einer Heranziehung des SV entgegen:
– in Sachen, in denen der SV **selbst Partei** ist oder bei denen er zu einer Partei im Verhältnis eines Mitberechtigten, Mitverpflichteten oder Regresspflichtigen steht (§ 41 Nr 1 ZPO; im Strafverfahren, wenn er selbst durch die Straftat verletzt ist (§ 22 Nr 1 StPO));
– in Sachen eines **Ehegatten,** auch wenn die Ehe nicht mehr besteht (§ 41 Nr 2 ZPO; im Strafverfahren, wenn er Ehegatte oder Vormund des Beschuldigten oder des Verletzten ist oder gewesen ist (§ 22 Nr 2 StPO));
– in Sachen einer Person, mit der der SV in gerader Linie **verwandt oder verschwägert,** in der Seitenlinie bis zum dritten Grad verwandt oder bis zum zweiten Grad verschwägert ist oder war (§ 41 Nr 3 ZPO; im Strafverfahren gilt ähnliches bei Verwandt- und Schwägerschaft mit dem Beschuldigten oder dem Verletzten (§ 22 Nr 3 StPO)).

II. Besorgnis der Befangenheit

1. Darüber hinaus – und das hat weitaus praktischere Bedeutung – besteht in jedem Fall ein Ablehnungsgrund des Sachverständigen wegen der **Besorgnis der Befangenheit.** Daß dieser Ablehnungsgrund nur **Einzelsachverständigen** gegenüber und nicht auch gegenüber Behörden und sonstigen öffentlichen Stellen geltend gemacht werden kann, versteht sich von selbst.

Wegen Besorgnis der Befangenheit findet eine Ablehnung immer dann statt,[1] wenn ein **Grund** gegeben ist, der geeignet erscheint, **Misstrauen** gegen die Unparteilichkeit des SV zu rechtfertigen. Dabei lässt Befangenheit jeder Grund besorgen, der bei verständiger Würdigung vom Standpunkt des Ablehnenden aus gesehen ein Misstrauen gegen den SV

---

[1] Spätestens binnen 2-Wochen-Frist nach Beschlussverkündung oder -zustellung über die Ernennung (§ 406 Abs 2 1 ZPO). Aus der Vielzahl gerichtlicher Entscheidungen zum Ablehnungsgrund des SV wegen Besorgnis der Befangenheit seien hier einige wenige zitiert: OLG München, NJW 1992, 1569; OLG München OLG Report 2001, 60; OLG Hamm ArztR 2004, 265; BGH NJW 2005, 2858 = GesR 2005, 327 = ArztR 2006, 102; LG Mönchengladbach NZV 2006, 159; OLG München MDR 2006, 1309; OLG Frankfurt/M GesR 2006, 217; OLG Celle MedR 2007, 229; LG Münster ArztR 2007, 334; OLG Saarbrücken ArztR 2008, 53 = MedR 2007, 484; LG Nürnberg-Fürth GesR 2006, 252; OLG Nürnberg OLG-Report 2006 = ArztR 2006, 305; OLG Nürnberg MedR 2009, 413, 800; 2006, 873; OLG Saarbrücken GesR 2005, 207; OLG Düsseldorf GesR 2005, 42 = ArztR 2005, 133; OLG Jena MDR 2006, 1011; LG Berlin ArztR 2006, 332; OLG München ArztR 2007, 220; OLG Celle ArztR 2007, 310; sowie in Fn 5 zitierten Entscheidungen. Zur 2-Wochen-Frist für eine SV-Ablehnung (§ 406 Abs 2 ZPO) vgl OLG Nürnberg VersR 2001, 391; BGH ArztR 2006, 102; sowie Dettmeyer Rechtsmedizin 2004, 488.

gerechtfertigt erscheinen lässt. Es kommt jedoch nicht darauf an, ob nach der Auffassung des Gerichts objektiv ein Misstrauen gegen die Unparteilichkeit des SV gerechtfertigt ist, sondern ob *aus der subjektiven Sicht der ablehnenden Prozesspartei* dies gerechtfertigt erscheint. Um aber nicht jeder subjektiven Betrachtungsweise einen Ablehnungserfolg an die Hand zu geben, folgt die Rechtsprechung hier der *objektivierenden Forderung,* dass das Misstrauen gegen den SV „bei verständiger Würdigung", also nach dem Beurteilungsmaßstab eines vernünftigen Menschen, gerechtfertigt sein muss.

5   Gründe[2] hierfür sind ua:
– verwandtschaftliche Beziehungen;
– berufliche Verbindungen;
– Freundschaften;
– Feindschaften;
– wirtschaftliche und wissenschaftliche Konkurrenz;
– grobe Beleidigung des Patienten durch den Sachverständigen („Sie sind ein Säufer, Sie können mir nichts vormachen");
– der Sachverständige hat in derselben Sache schon ein Privatgutachten erstattet;
– wenn der Sachverständige über die gesetzlich vorgeschriebene Entschädigung hinaus eine private Zusatzvergütung angenommen hat;
– wenn der Sachverständige in einem anderen Prozess mit den gleichen Prozessbevollmächtigten für Kläger und Beklagte auf Beklagtenseite involviert ist;[3]
– wenn der Sachverständige einen der Verfahrensbeteiligten als Arzt behandelt hat;
– unbesonnene Erklärungen über den vermutlichen Prozessausgang gegenüber Dritten;
– einseitige Beschaffung von Untersuchungsmaterial von einer Partei, ohne die andere zu benachrichtigen;[4]
– unbedachte Sympathie- oder Antipathieäußerungen hinsichtlich einer Partei;
– auffällige Mimik oder Gestik einer der Parteien gegenüber;
– unsachliche Bemerkungen im schriftlichen Gutachten.

2. Kein Grund für eine Ablehnung wäre beispielsweise:
6   – die übliche Gutachtertätigkeit eines Klinikarztes für Versicherungsträger im Rechtsstreit einer Versicherung, es sei denn, der Arzt wäre vorprozessual in dieser konkreten Sache bereits tätig gewesen;
– im Zivilprozess, wenn der SV im parallel verlaufenden Strafverfahren im Auftrag der Staatsanwaltschaft tätig war;[5]

---

[2] *Jessnitzer/Ulrich,* 119 ff; insbesondere die zahlreichen Beispiele 119–130; im Übrigen vertritt beispielsweise das LG Bayreuth (Der Sachverständige 1994, 6) die Ansicht, dass es keine „Selbstablehnung" (wie beim Richter) für den SV gibt; vgl hierzu auch noch die Beispiele aus der Rechtsprechung bei *Andreas* ArztR 1998, 209, 210; sowie OLG Hamm r + s 2000, 117.

[3] OLG Naumburg MedR 1999, 183.

[4] Ein SV, der über die ihm durch den Beweisbeschluss und den Auftrag gezogenen Grenzen hinausgeht und den Prozessbeteiligten eigenmächtig den von ihm für richtig gehaltenen Weg zur Entscheidung des Rechtsstreits weist, kann wegen Besorgnis der Befangenheit abgelehnt werden (so OLG München OLG Report 1997, 10).

[5] Das OLG Braunschweig (MedR 1990, 356) meint, ein Ablehnungsgrund ergebe sich (auch) nicht daraus, dass ein SV, der in einem Arzthaftungsprozess vom Gericht mit einer Ergänzung zu einem von der Schlichtungsstelle für Arzthaftungsfragen eingeholten Gutachten beauftragt wird, zuvor bereits in dem Schlichtungsverfahren ein fachärztliches Gutachten erstattet hat. – Das OLG Köln (VersR 1992, 255) erklärte einen SV für befangen, der Fakten einerseits zugunsten des beklagten Arztes wertete, weiterhin einseitige Schlussfolgerungen zog, unklar und falsch akzentuierte und so Misstrauen des klagenden Patienten in seine Unparteilichkeit rechtfertigte. – Das OLG Stuttgart (VersR 1991, 1305; vgl hierzu auch OLG Köln MedR 1993, 145) stellt sich auf den Standpunkt, gehe der medizinische SV nach der allgemeinen Übung medizinischer Sachverständiger vor, bei der (körperlichen) Untersuchung des klagenden Patienten den beklagten Arzt **nicht** hinzuzuziehen, so gebe dies bei verständiger Würdigung seines Verhaltens keinen Anlass, an seiner Unparteilichkeit zu zweifeln und die Besorgnis der Befangenheit gegenüber dem beklagten Arzt anzunehmen. – Das

21. Kapitel. Der Arzt als Sachverständiger und Gutachter

- ist ein Sachverständiger Mitglied eines Prüfungsausschusses und soll er sich zum Verhalten dieses Prüfungsausschusses äußern, so liegt kein Befangenheitsgrund vor;[6]
- im Rechtsmittelverfahren, wenn der SV bereits in der Vorinstanz als SV auftrat;
- bei behaupteter mangelnder sachlicher Qualifikation des SV;
- scharfe Attacken und Angriffe – auch persönlicher Art – eines der Prozessbeteiligten gegen den gerichtlichen SV, es sei denn, dieser erklärt danach, dass er sich dieserhalb nicht mehr unbefangen genug fühle, um seine Aufgabe in sachlicher Weise zu erfüllen;[7, 8]
- Untersuchung des Patienten in Abwesenheit des beklagten Arztes;
- mangelnde Sachkunde;
- der Sachverständige hat als Klinikdirektor vom beklagten Arzt Patienten überwiesen erhalten;
- der Sachverständige hat als Klinikchef nach der Begutachtung des beklagten Arztes dessen Ehefrau in seine Klinik aufgenommen;
- der Sachverständige unterhält zum Chefarzt des beklagten Klinikarztes freundschaftliche Beziehungen.

OLG München (ArztR 1992, 266) stellt sich auf den Standpunkt, dass ein gerichtlich bestellter SV dann wegen Besorgnis der Befangenheit vom beklagten Arzt abgelehnt werden könne, wenn er bei der Erstattung seines Gutachtens im Arzthaftpflichtprozess von den Angaben des klagenden Patienten als glaubhaft ausgeht, obwohl dieser Punkt streitig ist. – Das OLG Köln (NJW 1992, 762) meint, es könne ein vom Gericht bestellter medizinischer SV im Rahmen eines Arzthaftpflichtprozesses dann wegen Befangenheit abgelehnt werden, wenn der Prozessbevollmächtigte des klagenden Patienten diesen SV für einen **anderen** klagenden Patienten bereits auf Schadensersatz vor Gericht verklagt hat. – Das OLG Stuttgart (r+s 1992, 180) vertritt die Auffassung, dass **kein** begründetes Misstrauen in die Unparteilichkeit des medizinischen SV bereits dann vorliege, wenn dieser die von dem Patienten bei der Untersuchung gemachten Angaben seinem Gutachten zu Grunde legt und die Gegenpartei zur Untersuchung nicht hinzuzieht. – Das OLG Köln (VersR 1992, 517) kommt zu dem Ergebnis, dass ein Arzt, der eine Partei nur einmal ärztlich behandelt hat, wodurch jedoch kein besonderes Vertrauensverhältnis zu dieser Partei begründet wurde, der sich aber weigert, für diese Partei als Privatgutachter tätig zu sein, nicht vom Gegner in einem späteren Prozess als SV wegen Besorgnis der Befangenheit abgelehnt werden könne. – Das OLG Koblenz (NJW-RR 1992, 1470) stellt sich auf den Rechtsstandpunkt, dass ein SV im Rechtsstreit gegen eine Versicherung nicht schon deshalb als befangen anzusehen sei, weil er in einer Vielzahl von Fällen außergerichtlich als Gutachter für Versicherungsgesellschaften und auch für die beklagte Versicherung schon tätig war und weiterhin noch tätig sein wird. – Das LG Dortmund (MedR 1993, 110) entschied, dass die Würdigung des Parteivortrags durch den SV für sich noch **keine** Besorgnis der Befangenheit begründe. Nehme jedoch der SV vorsätzlich eine Würdigung des Parteivortrags vor, die deutlich zulasten des Klägers ausfällt, so sei dies jedoch unter Zugrundelegung eines objektiven Maßstabes nicht (mehr) hinnehmbar. – Das OLG Bamberg (MedR 1993, 351) bekennt sich zu der Auffassung, dass ein Grund zur Besorgnis der Befangenheit eines medizinischen SV dann bestehe, wenn dieser im Arzthaftungsprozess die Themen des Beweisbeschlusses umformuliert und den substantiierten Vortrag einer Partei gänzlich unberücksichtigt lässt. – Das OLG Hamm (VersR 1996, 911) meint, dass die Ablehnung eines SV – anders als im Beweissicherungsverfahren alten Rechts – im selbstständigen Beweisverfahren grundsätzlich zulässig sei.

[6] So OLG München OLG-Report München/Bamberg/Nürnberg 1998, 366.

[7] *Jessnitzer/Ulrich*, 125; Zum Ablehnungsverfahren selbst und zu den Folgen vgl *Jessnitzer/Ulrich*, 131 ff.

[8] Meint eine Partei, eine Äußerung des SV bei dessen Vernehmung im Verhandlungstermin sei ein Ablehnungsgrund, so muss sie den SV vor Schluss der mündlichen Verhandlung ablehnen (OLG Karlsruhe MDR 1991, 161).

§ 121 Pflicht zur Übernahme von Begutachtungen

Inhaltsübersicht

	RdNr
I. Rechtsgrundlagen	1
I. Verweigerungsgründe	1
1. Ärztliche Schweigeverpflichtung	2
2. Frühere Patientenbehandlung	4
3. Arbeitsüberlastung	5

I. Rechtsgrundlagen

1 Generell besteht wohl **keine (allgemeine) Pflicht des (eines jeden) Arztes** zur Erstattung von SV-Gutachten. Diese ist aber dann gegeben, wenn zur Gutachtenerstattung eine **Rechtsvorschrift** besteht. Dies ist beispielsweise der Fall, wenn das **Gericht oder die Staatsanwaltschaft** den Arzt auffordern, ein Gutachten zu erstatten (§§ 407 ZPO, 75 StPO). Der Arzt ist in einem solchen Fall selbst dann zur Gutachtenerstattung verpflichtet, wenn er sich nicht beruflich, nicht öffentlich oder nicht zu Erwerbszwecken als Gutachter betätigt.[1]

II. Verweigerungsgründe

2 **1. Ärztliche Schweigeverpflichtung.** Ein vom Gericht bestellter SV kann aber im Einzelfall aus denselben Gründen, die einen Zeugen zur Zeugnisverweigerung berechtigen (§§ 383 ZPO, 52 StPO),[2] das bestellte Gutachten verweigern (§§ 408 Abs 1 ZPO, 76 Abs 1 StPO). Ein **Gutachtenverweigerungsrecht** kann damit ua aufgrund ärztlicher Schweigeverpflichtung[3] gegeben sein. Im übrigen kann jedoch das Gericht einen jeden SV – beispielsweise gemäß § 408 Abs 1 Satz 2 ZPO – auch aus anderen Gründen von der Verpflichtung zur Gutachtenerstattung entbinden.

3 Solche **Gründe** können ua sein:
– Arbeitsüberlastung des Gutachters;
– eine frühere Behandlung des Probanden/Patienten durch den Gutachter.[4]

4 **2. Frühere Patientenbehandlung.** Lehnt das Gericht jedoch trotz einer früheren Behandlung des Patienten durch den SV dessen Entbindung von der Gutachtenerstattungspflicht ab, so steht dem Arzt ein Gutachtenverweigerungsrecht aufgrund der ärztlichen Schweigepflicht zu, es sei denn, der Patient hat den Gutachter in Bezug auf das, was dieser aus der vormaligen Behandlung weiß, bereits von der Verschwiegenheitspflicht befreit, oder aber der Arzt kann sich das für die Erstellung des Gutachtens benötigte Wissen unabhängig von den vorhandenen Kenntnissen nunmehr als vom Gericht beauftragter SV völlig neu beschaffen.[5]

5 **3. Arbeitsüberlastung.** Ist der vom Gericht beauftragte SV wegen **Arbeitsüberlastung** zur alsbaldigen Gutachtenbearbeitung und -erstellung nicht in der Lage, so muss er gegebenenfalls einen ärztlichen Mitarbeiter mit den *Vorbereitungsarbeiten* betrauen, oder aber *mit Zustimmung des Gerichts* diesen auch zur *Ausarbeitung* des Gutachtens heranziehen.

---

[1] *Jessnitzer/Ulrich,* 97; der seit 1. 4. 1991 neugeschaffene § 407 a ZPO legt für den SV weitere Pflichten fest.
[2] Zum Zeugnisverweigerungsrecht eines ärztlichen Gutachtens s BGH ArztR 1993, 171.
[3] Nähere Einzelheiten im Kapitel 12.
[4] *Rieger* Lexikon (1. Aufl) RdNr 1538.
[5] *Rieger* Lexikon (1. Aufl) RdNr 1538.

21. Kapitel. Der Arzt als Sachverständiger und Gutachter 1 § 122

Ist eine Gutachtenerstellung wegen Überlastung oder aus anderen triftigen Gründen auf absehbare Zeit unmöglich, so hat der SV diesen Umstand dem beauftragenden Gericht unverzüglich mitzuteilen, damit dieses dann ohne Zeitverlust *einen anderen SV* mit der Begutachtung beauftragen kann.

Verweigert ein vom Gericht bestellter SV die Übernahme des Auftrags ohne wichtigen 6 (persönlichen) Grund, teilt er seine unabsehbare Verhinderung zur Gutachtenerstattung dem Gericht auch nicht unverzüglich mit, oder liefert er sein Gutachten **nicht termingerecht** ab, so wird ein solcher **Pflichtenverstoß** mit einer **Ordnungsstrafe** in Form eines Ordnungsgeldes belegt (§§ 409 Abs 1 2, 411 Abs 1 u. 2 ZPO).[6]

§ 122 Einzelne Pflichten des Sachverständigen bei der Begutachtung

Inhaltsübersicht

	RdNr
I. Objektivität und Neutralität	1
1. Objektive und unparteiliche Grundhaltung	1
2. Absolute Neutralität	2
II. Exakte Beantwortung der gerichtlich gestellten Fragen	4
1. Exakte Fragebeantwortung	4
2. Ausnahme: Strafprozess	6
3. Keine Stellungnahme zu Rechtsfragen	8
III. Aktuelles Fachwissen und Beschaffung des Tatsachenstoffes	11
1. Aktuelles Fachwissen	11
2. Beschaffung des Tatsachenstoffes	12
IV. Kollegiales Verhalten	13
1. ISv § 15 BOÄ (nF)	13
2. Keine falsch verstandene Kollegialität	14
V. Eigenverantwortliche Erstellung und Erstattung des Gutachtens	15
1. Pflicht zur persönlichen Gutachtenserstattung	15
2. Wissenschaftliche Mitarbeiter	18
VI. Kompetenzüberschreitung als Fehlerquelle medizinischer Gutachten	20
1. Überschreitung der Fachkompetenz	20
2. Keine enge Auslegung eigener Auffassung	22
VII. Schweigepflicht	23
VIII. Erscheinen vor Gericht	24
1. Höchstpersönliche Erscheinungspflicht bei Gericht	24
2. Recht zur Verweigerung des Gutachtens	25
IX. Rechtliches Gehör im Arzthaftpflichtprozess	27
X. Rechtzeitige Erstellung und Vorlage des Gutachtens	28
1. Termin- und fristgerechte Gutachtenserstellung	28
2. Bei Fristversäumung Ordnungsgeld	29
3. Erscheinen vor Gericht	30

I. Objektivität und Neutralität

1. Objektive und unparteiliche Grundhaltung. Auch der SV ist grundsätzlich frei 1 und unabhängig. Er hat sein Gutachten unparteiisch und nach bestem Wissen und Gewissen zu erstellen und zu erstatten. Er darf hierzu von keiner Seite beeinflußt werden und sich auch von niemandem beeinflussen lassen. Es zählt zur vornehmsten Pflicht des (gerichtlichen) SV, eine **völlig objektive und unparteiische Grundhaltung** an den Tag zu legen.[1]

---

[6] *Rieger* Lexikon RdNr 1538; OLG Celle NJW 1972, 1524.
[1] *Jessnitzer/Ulrich,* 173 ff; zu den persönlichen Anforderungen an den Gutachter s *Bürger* MedR 1999, 100, 102 ff; sowie *Rumler-Detzel* VersR 1999, 1209 ff und auch noch *Andreas* ArztR 1998, 209, 214 ff.

Mit anderen Worten: Es zählt zu den Kardinalpflichten eines jeden und damit auch des medizinischen SV, sich neben seiner notwendigen *persönlichen Integrität und wirtschaftlichen Unabhängigkeit* bei der Erstattung seines Gutachtens einer **absoluten Neutralität** zu befleißigen. Dies fängt schon mit der Verpflichtung an, mit keiner der Prozessparteien allein und unter Ausschluss der anderen zu verhandeln und auch rechtzeitig erkennen geben zu müssen, ob er mit einer der Parteien – insbesondere in Haftpflichtprozessen mit beklagten Ärzten – befreundet oder beruflich verbunden ist, gemeinsame Ausbildungs- und Studienzeiten erlebt, oder auch (nur) tiefgreifende wissenschaftliche Differenzen über das zur Entscheidung anstehende Thema hat.[2] Er muss sich bei seiner Begutachtung auch von Mitleid dem Angeklagten oder dessen Opfer gegenüber freimachen; er darf zudem nicht versuchen, mit seinem Gutachten Einfluss auf die Verurteilung des Angeklagten oder die Höhe der zu erwartenden Strafe nehmen zu wollen.

2. Absolute Neutralität. In allen seinen Schritten, die zur Erstattung des gerichtlich angeforderten Gutachtens notwendig sind, soll sich der SV immer bewusst sein, dass er den Prozess nicht selbst entscheiden darf und muss, er vielmehr **nur Helfer des Gerichts,** freilich in entscheidender Weise zur Mitwirkung an einem Akt der Rechtsprechung berufen ist, und dass er auf seine gutachtlichen Erkenntnisse und mündlichen Erläuterungen vereidigt werden kann.

Im übrigen lautet der von ihm **zu leistende Eid,** dass er sein Gutachten unparteiisch und nach bestem Wissen und Gewissen erstatten werde oder erstattet habe (§ 410 Abs 1 Satz 2 ZPO).[3]

II. Exakte Beantwortung der gerichtlich gestellten Fragen

1. Exakte Fragebeantwortung. Einerseits besteht für das Gericht nicht nur die Verpflichtung, den nach der Fachrichtung kompetentesten medizinischen SV auszuwählen, sondern ihm auch die zur Prozessentscheidung und der Gutachtenerstellung einschlägigen **Fragen exakt zu stellen.**[4] Diese ihm gerichtsseits gestellten Fragen muss der SV sodann ebenso genau beantworten.

Beispiel: Der medizinische SV, der nach einem vom Kläger behaupteten Behandlungsfehler des beklagten Arztes gefragt wird, darf von sich aus nicht – ohne vorher zumindest telefonischen Kontakt zum zuständigen Richter aufgenommen zu haben – auch noch ungefragt in seinem Gutachten zur Problematik ärztlicher Aufklärungsmängel, oder als Internist zudem noch zur Beurteilung des Behinderten hinsichtlich seiner Wirbelsäule Stellung beziehen. Denn im Zivilprozess mit seinen Parteimaximen ist der SV streng an seinen Gutachtensauftrag – dh an das Beweisbeschlussthema und die darin enthaltenen Fragen – gebunden.

2. Ausnahme: Strafprozess. Ganz anders verhält es sich hingegen im **Strafprozess:** Hier *muss* der SV, wenn er die Begrenztheit der ihm an die Hand gegebenen Fragestellung erkennt und schlussfolgert, dass für oder gegen den von der Staatsanwaltschaft beschuldigten Arzt andere wichtige Umstände eine prozessentscheidende Rolle spielen, das Beweisthema sprengen und dazu Stellung beziehen.[5]

---

[2] *Schlund,* 245; *Wachsmuth* DRiZ 1982, 414; Beschlüsse des DJT 1978, Abt Arztrecht unter IV, 2 (vgl NJW 1978, 2193).

[3] *Jessnitzer/Ulrich,* 294.

[4] Zum Fragenkatalog im Rahmen von staatsanwaltschaftlichen Ermittlungsverfahren gegen beschuldigte Ärzte vgl *Günter* DRiZ 1982, 326, 331 ff; zur gerichtlichen Anleitung des SV nunmehr § 404a ZPO. Nach einhelliger Rechtsprechung (vgl statt vieler OLG Oldenburg VersR 1997, 318) kann das in einem strafrechtlichen Ermittlungsverfahren erstattete SV-Gutachten grundsätzlich auch in einem Arzthaftungsprozess verwertet werden; vgl hierzu auch noch *Ulsenheimer* Der Frauenarzt 1997, 1003, 1004; zum Beweisantrag und zur Substantiierungspflicht im Arzthaftungsprozess vgl auch noch *Bürger* MedR 1999, 100 ff.

[5] Nach einer BGH-Entscheidung (s MedR 2002, 309) steht dem Arzt bei seiner Tätigkeit als SV kein Zeugnisverweigerungsrecht in Bezug auf die ihm vom Beschuldigten anvertrauten Tatsachen zu.

21. Kapitel. Der Arzt als Sachverständiger und Gutachter   7–13   § 122

Beispiel: Wird der SV gefragt, ob eine bestimmte Medikation den Tod des Patienten verursacht 7
haben kann, und muss er dies letztlich verneinen, so ist er gehalten, etwaige Anhaltspunkte für eine
andere Todescausa in seinem Gutachten aufzuzeigen. Unterläßt er dies, setzt er sich dem berechtigten
Vorwurf der Erstellung eines unvollständigen und damit im Ergebnis unrichtigen Gutachtens aus.

3. Keine Stellungnahme zu Rechtsfragen. Dem SV ist es selbstverständlich auch 8
verwehrt, zu **Rechtsfragen,** zu deren Beantwortung allein das Gericht berufen ist, Ausführungen zu machen; denn ein SV-Gutachten hat sich – was bereits hervorgehoben
wurde – nur auf die Frage von **Tatsachen** zu beschränken.[6]

Beispiel: Damit ist es dem SV auch untersagt, sich im Rahmen eines Prozesses über Schmerzensgeld zudem noch über den Grad des Verschuldens zu artikulieren, oder nähere Ausführungen 9
zur Fahrlässigkeit, zur Schuld oder zur Strafbarkeit zu machen; denn auf dem Sektor „Rechtsfragen"
und „Rechtsbegriffe" ist und bleibt der medizinische SV in der Regel ein genauso großer Dilettant,
wie es die meisten Richter im speziellen Fachgebiet und -bereich des ärztlichen SV sind.

Daß in einem Gutachten auch reine **Mutmaßungen und Unterstellungen** keinen 10
Platz haben, versteht sich von selbst und braucht hier nicht weiter vertieft zu werden.[7]

III. Aktuelles Fachwissen und Beschaffung des Tatsachenstoffes

1. Aktuelles Fachwissen. Schon nach der Rechtsprechung des Reichsgerichts gehört 11
es seit langem zu den **Aufgaben** eines jeden medizinischen SV, die **fachlichen Voraussetzungen** zur Gutachtenerstattung persönlich zu schaffen: Wer regelmäßig vom Gericht als
SV hinzugezogen wird, muss bestrebt sein, auf seinem Fach- oder Spezialgebiet stets auf
dem Laufenden zu sein. Erheben sich Spezialfragen, die dem SV nicht sogleich gegenwärtig
sind, muss er sich das für die Beantwortung derselben erforderliche Spezialwissen (geistig)
verschaffen. Er mag hierzu Fachliteratur studieren; er kann aber auch Rat und Auskunft
anderer Fachkollegen und Institutionen einholen. Er sieht sich uU sogar veranlasst, Experimente unternehmen zu müssen, um auf diese Weise selbst Erfahrungssätze zu gewinnen
oder allgemeine Erfahrungssätze auf ihre Richtigkeit und Exaktheit hin zu überprüfen.
Denn ein richtiges Urteil steht und fällt mit der **Zuverlässigkeit** des (medizinischen) SV.[8]

2. Beschaffung des Tatsachenstoffes. Für die Beschaffung des **Tatsachenstoffes**[9] be- 12
darf es zudem des gründlichen Studiums der Gerichtsakten; beim psychiatrischen Gutachten des sorgfältigen Lesens der Vorstrafenakten, der Beiziehung früherer Begutachtungen und dgl.

IV. Kollegiales Verhalten

1. ISv § 15 BOÄ (nF). Bei Arzthaftungsprozessen von vermeintlich oder tatsächlich 13
nicht ordnungsgemäß ärztlich versorgten Patienten galt bis vor einigen Jahren über Generationen hinweg der von Macrobius abgeleitete Satz: „Cornix cornici numquam oculos
effodit", „eine **Krähe** hackt der anderen kein Auge aus". Eine derartige, in so manchen dieser Verfahren nicht ganz von der Hand zu weisende Standessolidarität mag im bis 1979 geltenden § 15 der Berufsordnung für Ärzte einen ihrer Gründe gehabt haben. Hierzu stellt

---

[6] BGH NJW 1984, 355, 356. Auch wenn es sich bei der Beurteilung eines Behandlungsfehlers
als grob um eine **juristische** Wertung handelt, die dem Tatrichter obliegt, muss seine wertende Entscheidung auf tatsächlichen Anhaltspunkten beruhen, für die die Würdigung des medizinischen SV
nicht außer acht gelassen werden kann (so BGH VersR 1997, 315 = NJW 1997, 798); vgl hierzu ferner
BGH NJW 2001, 2792; NJW 2001, 2794 sowie NJW 2001, 2795. Der Tatrichter darf einen „groben
Behandlungsfehler" nicht ohne ausreichende Grundlage in den medizinischen Darlegungen des
Sachverständigen bejahen (so BGH VersR 2001, 1116, 1117 mwN; NJW 2002, 2944; EBE/BGH
2001, 226; sowie *Hausis*. Dt Gesellschaft für Chirurgie, Mitteilungen 2004, 154 ff.
[7] *Schlund*, 246.
[8] RGZ 151, 349, 356.
[9] Einzelheiten bei *Jessnitzer/Ulrich*, 189 ff; sowie BGH NStZ 2003, 611; VersR 2004, 1477.

die vom 82. Deutschen Ärztetag (1979) beschlossene **Neufassung** des Satzes 2 von **§ 15 BOÄ** nunmehr aber klar: „Die Verpflichtung des Arztes nach § 12 Satz 1, in einem Gutachten auch soweit es die Behandlungsweise eines anderen Arztes betrifft, nach bestem Wissen seine ärztliche Überzeugung auszusprechen, bleibt unberührt." Heutzutage gilt insoweit der Satz: „Objektivität geht stets vor Standessolidarität und Rivalität".[10]

14 **2. Keine falsch verstandene Kollegialität.** Es sollte eigentlich damit ausgeschlossen sein, dass medizinische SV in ihren Gutachten über gerichtlich involvierte Kollegen sich von einer **falsch verstandenen Kollegialität** leiten lassen. Daß dies bedauerlicherweise aber nicht Allgemeingut der einschlägig tätigen sachverständigen Ärzte war und vielleicht noch immer nicht ist, ergibt sich aus einer Entscheidung des OLG Celle,[11] in welchem der für Arzthaftpflichtsachen zuständige Spezialsenat darlegt, er habe Erfahrungen sammeln müssen, „dass Mediziner die Fehler, die in ihrem Fachgebiet anzutreffen sind, in ihrem eigenen Schrifttum wesentlich offener und objektiver beschreiben als in gutachterlichen Äußerungen, die sie im Haftungsprozess gegen ihren Standesgenossen abgeben und in denen sie sich nicht selten von kollegialen Rücksichtnahmen leiten lassen".[12]

V. Eigenverantwortliche Erstellung und Erstattung des Gutachtens

15 **1. Pflicht zur persönlichen Gutachtenserstattung.** Seit vielen Jahren kann es in der Rechtsprechung[13] als gesichert gelten, dass der vom Gericht in personam auszuwählende SV in der Regel sein Gutachten auch in eigener Person zu erstatten hat. Der Grund für diese **Pflicht zur persönlichen Erstattung** des Gutachtens dürfte wohl darin zu erblicken sein, dass gerade der ausgewählte SV und kein anderer mit der Erstellung des Gutachtens betraut wird, weil er eine besondere Sachkunde, oder jahre-, wenn nicht gar jahrzehntelange praktische Erfahrung oder eine besondere persönliche Integrität besitzt, die ihn aus dem Kreis der anderen (möglichen) SV besonders hervorhebt. Selbst wenn – fälschlicherweise – noch immer von Gerichten zum Teil Behörden, Kliniken oder Institute anstelle von Personen mit der Erstellung von Gutachten beauftragt werden, so sollten diese auch in der Regel nur vom jeweiligen Direktor oder Leiter erstellt werden.

16 Geschieht dies jedoch nicht und können die Beteiligten den eigentlichen Gutachtenerstatter nicht sicher eruieren, verwendet das Gericht aber auch noch ein solches Gutachten bei seiner Entscheidung, dann liegt in aller Regel ein **Verfahrensverstoß** vor, der zur Urteilsaufhebung führen kann. Jedes richtigerweise vom einzelnen SV angeforderte Gutachten muss also von diesem auch *in den wesentlichen Phasen und bedeutsamen Stadien persönlich erstellt* werden.

17 Das dürfte erwiesener- und zugegebenermaßen bei großen Kliniken und den mit einer Gutachtenerstattung in zahlreichen Fällen betrauten Chefs häufig problematisch sein. Man findet hier leider auch heute noch in Gutachten von Universitätskliniken lediglich links unten den Institutsleitervermerk: „einverstanden Prof Dr X" und dgl; und mehr hat dieser Chef oft auch mit der Gutachtererstellung faktisch nicht zu tun gehabt. Eine solche Übung widerspricht jedoch schon seit vielen Jahren der gefestigten höchstrichterlichen Rechtsprechung. Hierzu hat schon vor mehr als zwei Jahrzehnten das BVerwG[14] ausgeführt:

18 **2. Wissenschaftliche Mitarbeiter.** „Der gerichtlich bestellte Sachverständige darf bei der Vorbereitung und Abfassung seines schriftlichen Gutachtens **wissenschaftliche Mitarbeiter** und sonstige geeignete Hilfskräfte nur insoweit zu seiner Unterstützung

---

[10] Vgl *Ulsenheimer,* (Fn 4) 1004.
[11] Zitiert bei *Schlund,* 246.
[12] BGH NJW 1975, 1463, sowie *Ulsenheimer,* 60.
[13] Vgl statt vieler BVerwG NJW 1969, 1591; OLG Hamm DB 1968, 1903; sowie BSozG 9 RV 23/88 v 15. 2. 1989 (veröffentlicht in HV-INFO 1989, 1443); und BSozG 9 RV 29/88 v 27. 4. 1989 (VersR 1990, 992); sowie OLG Zweibrücken VersR 2000, 605; vgl auch § 407 a Abs 2 1 nF ZPO.
[14] NJW 1984, 2645 ff, sowie BSozG NJW 1985, 1422, sowie *Bleutge* NJW 1985, 1185 ff; *Ulsenheimer,* 62; *Laufs* ArztR RdNr 656; vgl hierzu auch § 407 a Abs 2 S 2 nF ZPO.

heranziehen, als seine **persönliche Verantwortung** für das Gutachten insgesamt **uneingeschränkt** gewahrt bleibt. Unterzeichnet ein zum gerichtlichen SV bestellter Klinikdirektor das von einem seiner ärztlichen Mitarbeiter auf Grund klinischer Untersuchung erstellte schriftliche Gutachten lediglich mit dem Vermerk ‚einverstanden', so wird dadurch nicht genügend erkennbar, dass der SV die ihm obliegende volle Verantwortung für das Gutachten übernommen hat und dazu nach seinem eigenen Kenntnisstand auch in der Lage war. Wissenschaftliche Mitarbeiter dürfen lediglich bei der Vorbereitung und Abfassung eines schriftlichen Gutachtens unter der Verantwortung des SV tätig werden; zur Erläuterung des Gutachtens in der mündlichen Verhandlung sind sie nicht befugt. Das Tatsachengericht muss das Erscheinen des gerichtlich bestellten medizinischen SV in der mündlichen Verhandlung anordnen, damit er sein schriftliches Gutachten erläutere, wenn eine der Parteien dies unter Hinweis darauf beantragt hat, dass der SV in Ermangelung eigener Erkenntnisse die Verantwortung für das von einem seiner Assistenzärzte erstellten Gutachten nicht übernehmen könne. Ordnet das Gericht die schriftliche ... Begutachtung des Klägers an, so überschreitet es sein Ermessen bei der Auswahl des SV, wenn es anstelle des ursprünglich zum SV bestellten Leitenden Arztes einer ... Universitätsklinik nachträglich einen noch in der Weiterbildung zum Facharzt ... befindlichen Assistenzarzt zum SV ernennt."

Hier erhebt sich die Frage, was nach diesen höchstrichterlichen Grundsätzen noch unter Einschaltung von **Hilfspersonen** bei der Gutachtenanfertigung erlaubt ist. Der SV muss auf alle Fälle **in jeder Phase** der Vorbereitung am Gutachten die **Organisationsgewalt** eigenverantwortlich innehaben und sie auch tatsächlich ausüben. Er muss aber auch bei der anschließenden Formulierung der Endfassung seines Gutachtens das Heft stets in der Hand behalten und die fachliche Leitung wahren. Der SV darf den Gegenstand seiner gutachtlichen Meinung also nicht unmittelbar durch die bloße Übernahme von Erkenntnissen Dritter, der Mitarbeiter, bilden. In der begutachtenden Medizin heißt dies: Der SV muss den Patient *selbst untersuchen und im Gutachten exakt kenntlich machen, welche Vorarbeiten von seiner Hilfskraft*, seinem Oberarzt oder Assistenzarzt, durchgeführt wurden und in welchem Umfang diese im Einzelnen tätig geworden sind. Wer dies als SV negiert und missachtet, versündigt sich an der Institution des gerichtlich beauftragten oder – für andere Fachrichtungen gesprochen – öffentlich bestellten und vereidigten SV.

VI. Kompetenzüberschreitung als Fehlerquelle medizinischer Gutachten

1. Überschreitung der Fachkompetenz. Im Zeitalter stetiger Spezialisierung auf dem naturwissenschaftlich-medizinischen Bereich besteht für jeden noch so erfahrenen SV die Gefahr, eines Tages unwissentlich oder gar wissentlich seine Kompetenz zu überschreiten. Kompetenzüberschreitungen bei der Erstattung medizinischer Gutachten können aber auch eine ihrer Ursachen in der nie ausschließbaren inkompetenten Gutachtenanforderung oder Fragestellung von seiten der Gerichte haben. Um jedoch nicht in **schuldhafter Weise** seine Fachkompetenz zu überschreiten, was Ursache für eine Fehlbegutachtung sein kann, muss der SV erkennen und den Mut haben, zu *bekennen*, dass er sich im zu begutachtenden Fall überfordert fühlt oder ist, oder dass zumindest ein Teilaspekt des von ihm angeforderten Gutachtens nicht ohne Hinzuziehung eines weiteren, anderen SV (Spezialisten) erstellt werden kann. In diesem Zusammenhang gilt: Es sollten eigentlich grundsätzlich nur solche Ärzte als SV benannt und bestimmt werden und als Gutachter fungieren, die auf dem zu begutachtenden Fachgebiet wissenschaftliche *und* praktische Erfahrungen haben und die ihr Wissen und ihre Weisheiten nicht lediglich aus Büchern schöpfen.

Beispiel: Die Hinzuziehung eines Rechtsmediziners als SV durch die Staatsanwaltschaft wirkt dort äußerst unangebracht, wo ein komplizierter chirurgischer Fall zur Begutachtung ansteht, oder folgenreiche ärztliche Maßnahmen eines Gynäkologen zu bewerten sind.

2. Keine enge Auslegung eigener Auffassung. Die zunehmende Spezialisierung birgt für den SV noch eine weitere Gefahr: Er muss sich vor allem vor einer zu **engen**

Auslegung seiner eigenen Auffassung, seiner eigenen Schule hüten. Voraussetzung jeglichen Fortschritts in der Medizin ist und bleibt eine, wenn auch kontrovers geführte, sachliche Auseinandersetzung der einzelnen Richtungen in der Medizin untereinander. Jedem einigermaßen engagierten und erfahrenen gutachtenden Mediziner dürfte zudem bekannt sein, dass jegliche Wahrheit in der Medizin relativ ist. Es sollte daher zu den Grundregeln und zum nobile officium eines jeden medizinischen Gutachters gehören, nicht dogmatisch der eigenen Schule verhaftet zu bleiben, nicht um jeden Preis der eigenen Denkweise oder Methode zu folgen. Der Experte darf seine eigenen Erfahrungen nicht starr zum alles entscheidenden Kriterium der Begutachtung fremder Handlungen und medizinischer Maßnahmen machen. Es gilt also der Gefahr eines gewissen Pharisäertums zu wehren.[15]

VII. Schweigepflicht

23 Die Besonderheiten der ärztlichen Schweigepflicht beim medizinischen SV sind im Kapitel: „Die ärztliche Schweigepflicht" und dort unter § 75 RdNr 47 ff näher dargestellt. Darauf sei verwiesen.[16]

VIII. Erscheinen vor Gericht

24 **1. Höchstpersönliche Erscheinungspflicht bei Gericht.** Die **Pflicht zum Erscheinen** bei oder vor Gericht (§ 409 ZPO; § 77 StPO) ist eine **höchstpersönliche**. Der Gutachter kann also nicht – etwa zur mündlichen Erläuterung seines Gutachtens gemäß § 411 Abs 3 ZPO[17] – irgendeinen Mitarbeiter oder den „heimlichen" Mitgutachter entsenden, wenn sein persönliches Erscheinen angeordnet ist. Die Pflicht zum Erscheinen setzt jedoch in *formeller* Hinsicht eine *ordnungsgemäße Ladung* des SV voraus.

25 **2. Recht zur Verweigerung des Gutachtens.** Möchte der SV, der unter den zur Gutachtenerstattung verpflichteten Personenkreis fällt, das **Recht zur Verweigerung des Gutachtens** geltend machen, so hat er hierfür zwei Möglichkeiten:

26 Er kann einmal *zum Vernehmungstermin erscheinen* und dort dann die Verweigerung erklären. Er hat dann aber die Tatsachen, auf die er seine Weigerung stützt, glaubhaft vorzutragen. Er kann jedoch auch – um sich den Gang zum Gericht zu ersparen – gemäß § 402 Abs 3 ZPO vorher seine *Weigerung schriftlich* oder zu Protokoll der Geschäftsstelle des Gerichts erklären und darin seine Verweigerungsgründe vortragen und glaubhaft machen.[18]

IX. Rechtliches Gehör im Arzthaftpflichtprozess

27 Nicht zu selten ergibt sich die Situation, dass der medizinische SV im Arzthaftungsprozess ein schriftliches Gutachten erstattet hat, von dem er dann bei seiner mündlichen Anhörung abweicht, indem er eine neue und ausführliche Beurteilung gegenüber seinem schriftlich erstatteten Gutachten abgibt. In einer solchen Situation muss vom Gericht der medizinisch nicht sachkundigen Partei Gelegenheit gegeben werden, dazu (ausführlich) Stellung nehmen zu können. Das Gericht hat dabei auch Ausführungen in einem an und für sich

---

[15] *Wachsmuth* DRiZ 1982, 415; klinische Erfahrungen eines Sachverständigen können zur Überzeugungsbildung des Gerichts ausreichen, OLG Karlsruhe VersR 2005, 1246.

[16] *Jessnitzer/Ulrich*, 184 ff und *Laufs* ArztR RdNr 658 ff.

[17] Die Prozessparteien haben einen Anspruch auf mündliche Erläuterung des schriftlichen Gutachtens des gerichtlichen SV (so BGH NJW 1997, 802); vgl zudem BVerfG (1. Kammer des Ersten Senats), wonach ein Gericht dann den Anspruch auf rechtliches Gehör verletzt, wenn es einen Antrag auf mündliche Erläuterung eines SV-Gutachtens entweder völlig übergeht oder ihm allein deshalb nicht nachkommt, weil das Gutachten ihm überzeugend und nicht weiter erörterungsbedürftig erscheint (NJW 1998, 2273); vgl ferner KG ArztR 2005, 273; BGH VersR 2004, 1579.

[18] Einzelheiten bei *Jessnitzer/Ulrich*, 186 ff; zur Frage der mündlichen Erläuterung eines schriftlichen SV-Gutachtens vgl auch OLG Hamm NJW-RR 1992, 1469.

21. Kapitel. Der Arzt als Sachverständiger und Gutachter 1, 2 § 123

nicht nachgelassenen Schriftsatz zur Kenntnis zu nehmen und es ist gehalten, sofern die Stellungnahme Anlass zu weiterer tatsächlicher Aufklärung gibt, die mündliche Verhandlung wieder zu eröffnen. Dies ist herrschende Ansicht in der Rechtsprechung des BGH.[19]

X. Rechtzeitige Erstellung und Vorlage des Gutachtens

1. Termin- und fristgerechte Gutachtenserstellung. Unter § 121 dieses Kapitels wurde bereits im Einzelnen dargelegt, welche Pflichten zur Übernahme von Begutachtungen für Ärzte bestehen und welche Möglichkeiten ihnen als SV und Gutachter offenstehen, sich wegen Arbeitsüberlastung oder aus anderen Gründen von der Gutachtenerstattungspflicht entbinden zu lassen. 28

2. Bei Fristversäumung Ordnungsgeld. Steht dem Arzt jedoch kein Gutachtenverweigerungsrecht zur Seite und gelingt ihm auch nicht seine Entpflichtung von der Begutachtung, dann muss er termin- und fristgerecht sein **schriftliches Gutachten** vorlegen. Verstreicht die Frist (ohne entsprechende gerichtliche Verlängerung), die ihm das Gericht zur Erstattung des Gutachtens gewährte, dann *kann* dieses gemäß § 411 Abs 2 ZPO dem SV ein **Ordnungsgeld** festsetzen. Vor dessen Festsetzung muss ein solches jedoch unter *Anordnung einer Nachfrist erst angedroht* werden (§ 411 Abs 2 2 ZPO). Im Falle wiederholter Fristversäumung kann das Ordnungsgeld in gleicher Weise noch einmal festgesetzt werden. 29

3. Erscheinen vor Gericht. Im übrigen können dem SV, der einer (gerichtlichen) Aufforderung zum Erscheinen vor Gericht nicht Folge leistet oder sich zur Erstattung des Gutachtens weigert, zugleich zu diesem Ordnungsgeld auch noch die dadurch verursachten Kosten auferlegt werden (§ 409 Abs 1 ZPO). 30

§ 123 Aufbau und Inhalt des Gutachtens

Inhaltsübersicht

	RdNr
I. Grundzüge	1
II. Sprache	3

I. Grundzüge

Hinsichtlich des Aufbaus und Inhalts eines SV-Gutachtens hat *Franzki*[1] wertvolle Fingerzeige gegeben: 1

Bei der Erstellung eines schriftlichen Gutachtens sollte außer der Auflistung der benutzten Krankenpapiere an der Spitze des Gutachtens stets die **Beweisfrage** stehen. Eine umfassende Wiedergabe des Inhalts der Gerichtsakten durch Aktenauszüge erscheint idR entbehrlich und ist oft geradezu schädlich. Der SV mag eine kurze gedrängte Sachverhaltsschilderung seinem Gutachten vorausschicken, damit er bei späteren mündlichen Anhörungen sich an den Fall erinnern kann, und im Übrigen diejenigen Tatsachen aus den Gerichtsakten und Krankenpapieren anführen, die er in seinem Gutachten verwertet. Keinesfalls ist es jedoch angebracht, im Gutachten seitenlang das beiderseitige Parteivor- 2

---

[19] Vgl nur BGH MedR 1988, 314; BGH VersR 1982, 371; NJW 2001, 2796 sowie MDR 2001, 888.
[1] Der Frauenarzt 1988, 283 ff; ders chefarzt aktuell 2001, 42 ff; ders DGU 2002, 49 ff; ders DGU 2002, 22 ff; vgl ferner die Beiträge in *Ehlers* (Hrsg)/*Günter/Höffler/Pförringer/Schlund/Stevens-Bartol*, Medizinisches Gutachten im Prozess, 3. Aufl 2005 sowie das dort im Anhang 1 abgedruckte Mustergutachten (139–147). Zu den inhaltlichen Anforderungen an das Gutachten vgl auch noch *Bürger* MedR 1999, 100, 105 ff und *Rumler-Detzel* VersR 1999, 1209, 1210 ff.

bringen im Prozess wiederzugeben. Wohl aber sollte sich der SV in seinen gutachtlichen Ausführungen mit anderen, bereits in den Gerichtsakten befindlichen gerichtlichen oder auch privaten Gutachten sachlich auseinandersetzen und erklären, warum er zu anderen Ergebnissen kommt oder mit diesen Gutachten im Ergebnis übereinstimmt. Am Ende jeder Begutachtung hat sodann eine **Zusammenfassung** zu stehen, bei der darauf zu achten ist, dass sie auch die gestellten Beweisfragen **erschöpfend** beantwortet. Dort, wo der SV nicht zum eindeutigen Ergebnis kommt oder kommen kann, Kausalverläufe nur mit einer mehr oder weniger großen Wahrscheinlichkeit angenommen werden können oder zu erwarten steht, dass eine andere Schulmeinung zu einem anderen Ergebnis kommen könnte, gebietet es die wissenschaftliche Redlichkeit, hierauf gesondert hinzuweisen. Ferner ist entweder im Gutachten selbst oder in einer Anlage das benutzte **Schrifttum** zu zitieren. Das gilt jedenfalls dann, wenn nicht allgemein gültiges und präsentes Wissen wiedergegeben, sondern zu Streitfragen Stellung genommen, eine bestimmte Ansicht belegt oder widerlegt, der Stand der medizinischen Wissenschaft von einem bestimmten Zeitpunkt beschrieben oder mit Statistiken gearbeitet wird.

II. Sprache

3   Großen Wert sollte der Gutachter schließlich aber auch noch darauf legen, dass er sich nicht der unter Medizinern üblichen **Fachsprache,** sondern einer auch dem Laien – und fast jeder Richter zählt zu diesen Laien – verständlichen Sprache bedient. Denn wenn der Richter oder Anwalt zum Verständnis des Gutachtens erst klinische Wörterbücher benutzen müssen, erwächst immer die Gefahr, dass es zu Missverständnissen kommen kann.

§ 124 Entschädigung des Gutachters und Sachverständigen

Inhaltsübersicht

	RdNr
I. Rechtsgrundlagen	1
1. GOÄ bzw IVEG	1
2. Bei Dienstaufgaben keine Entschädigung	4
II. IVEG	5
1. Leistungsentschädigung	5
2. Grad der erforderlichen Fachkenntnis	7
3. Durchsschnittlicher Stundensatz	8
4. Behörden im Verwaltungsverfahren	9

I. Rechtsgrundlagen

1   **1. GOÄ bzw IVEG.** Die Rechtsgrundlagen für die Entschädigung des ärztlichen SV sind je nachdem, wer als Auftraggeber infrage kommt, **verschieden**:

2   – Bei **privaten Auftraggebern** richtet sich die Vergütung des ärztlichen SV nach der GOÄ mit der Möglichkeit, durch entsprechende Vereinbarung – dies sieht § 2 GOÄ vor – eine höhere Vergütung zu vereinbaren.

3   – Bei einer SV-Beauftragung durch das **Gericht oder den Staatsanwalt** richtet sich die Vergütung nach dem IVEG v 5. 5. 2004[1] zuletzt geändert am 22.12. 2006[2]. Bei einer Beauftragung des SV durch die **Polizei** gilt dieses Gesetz auch dann, wenn die Polizei im Auftrag der Staatsanwaltschaft tätig wird.[3]

---

[1] BGBl I, 718, 776 bzw 3416, 3428.
[2] Zum Anspruch auf Erstattung von Kosten eines vorprozessual beauftragten Privatsachverständigen s BGH IR 2003, 421; zur Erstattungsfähigkeit der Kosten eines privaten Sachverständigen vgl auch noch OVG Koblenz NJW 2006, 1689.
[3] § 1 Abs 2 u 3 IVEG.

21. Kapitel. Der Arzt als Sachverständiger und Gutachter   4–8 § 124

2. Bei Dienstaufgaben keine Entschädigung. SVe, bei denen die Erstattung des 4
angeforderten Gutachtens zu ihren **Dienstaufgaben** zählt, haben hingegen **keinen** Entschädigungsanspruch (§ 1 Abs 2 IVEG). Jedoch gehört bei **Universitätsprofessoren und sonstigen Ärzten** an Universitätskliniken oder **öffentlichen** Krankenanstalten die Erstattung von Gutachten für Gerichte und Staatsanwaltschaften – mangels besonderer abweichender Vereinbarung – **nicht** zu deren Dienstaufgaben. Sie haben daher Anspruch auf Entschädigung nach dem IVEG. Hingegen zählt die Gutachtenerstattung für Ärzte beim **Gesundheitsamt** zu deren Dienstaufgaben und ist somit entschädigungsfrei zu erbringen.⁴

II. IVEG

1. Leistungsentschädigung. Die Entschädigung nach dem IVEG umfaßt die **Leis-** 5
tungsentschädigung (§ 1 Nr 1) sowie den Einsatz der zur Vorbereitung und Erstattung des Gutachtens erforderlichen **Aufwendungen** (§ 6). Darüber hinaus hat der SV Anspruch auf **Fahrtkostenerstattung** (§ 5), den durch die notwendige Terminwahrnehmung verursachten **Mehraufwand** (§ 7 u § 12) sowie sonstige notwendige **bare Auslagen,** zu denen auch die Kosten einer notwendig werdenden **Vertretung** zählen (§ 7).

Gemäß § 9 Abs 1 beträgt die **Leistungsentschädigung** des SV für jede Stunde der 6
erforderlichen Zeit zwischen 50 € und 85 €. Für die Bemessung des Stundensatzes sind der Grad der erforderlichen Fachkenntnisse, die Schwierigkeit der zu erbringenden (erbrachten) Leistung, ein nicht anderweitig abzugeltender Aufwand für die notwendige Benutzung technischer Vorrichtungen und besondere Umstände maßgebend, unter denen das Gutachten zu erarbeiten war.⁵ Die Zuordnung der Leistungen zu einer Honorargruppe bestimmt sich nach der Anlage 1 zu § 9 Abs 1 IVEG.

2. Grad der erforderlichen Fachkenntnis. Für den **Grad der erforderlichen Fach-** 7
kenntnis ist nicht entscheidend, über welche fachliche Qualifikation der ärztliche SV allgemein verfügt. Es kommt vielmehr allein darauf an, welche Fachkenntnisse im Einzelfall zur Gutachtenerstattung erforderlich sind (waren).

3. Durchschnittlicher Stundensatz. Der **durchschnittliche Stundensatz** beträgt 8
67,50 €, dies vor allem bei medizinischen Gutachten ohne besonderen Schwierigkeitsgrad. Die Zubilligung des **Höchstsatzes** setzt eine außergewöhnlich schwierige Gutachtertätigkeit voraus, die ein hervorragendes Maß an fachlichen Kenntnissen abverlangt. Sie steht medizinischen SV nur bei besonderer Qualifikation (Universitätsprofessoren der Medizin) und nur in **Ausnahmefällen** zu.⁶

---

⁴ *Rieger* Lexikon (1. Aufl) RdNr 1553; *Jessnitzer/Ulrich,* 353 ff.
⁵ *Rieger* Lexikon (1. Aufl) RdNr 1554. Zum Sachverständigenhonorar s ua AG Limburg zfs 2001, 114; Sächs LSG MedR 2001, 375; BVerfG NJW-RR 2002, 67; LSG Nds-Bremen MeR 2003, 530; Sächs LSG MedR 2003, 528; OLG Koblenz ArztR 2004, 266; LSG BW MedR 2006, 118; LSG NW MedR 2005, 732. Zur Frage, ob einem SV eine Entschädigung zusteht, wenn er erkennbar befangen ist vgl OLG Koblenz ArztR 2003, 229; zur Verwendung des Entschädigungsanspruchs eines gerichtlichen SV s OLG Koblenz VersR 2004, 130.
⁶ OLG Stuttgart NJW 1977, 1502; *Rieger* Lexikon (1. Aufl) RdNr 1556. Für die Aufstellung der Entschädigungsberechnung und die Anfertigung des Übersendungsschreibens sowie für evtl anfallende Schreiben im Rahmen der Weiterverfolgung des Entschädigungsanspruches oder auch für die Stellungnahme zu einem **Ablehnungsgesuch** wird eine Entschädigung **nicht** gewährt (so OLG Düsseldorf JurBüro 1984, 90; LG Krefeld JurBüro 1985, 262). Auch Schreibauslagen hierfür werden nicht erstattet. Zur Frage der Festsetzung des Zeitaufwandes bzw des Seitenumfangs durch den Kostenbeamten vgl auch noch Sächs LSG MedR 1999, 90, 91; zur Vergütung für Gutachten ganz allgemein *Andreas* ArztR 1998, 209, 212 ff. Zur Frage, ob ärztliche Gutachten umsatzsteuerbefreit sind, oder der Umsatzsteuer unterliegen s Verfügung der Oberfinanzdirektion Koblenz v 13. 2. 2007 (ArztR 2007, 267 ff); *van Nahmen,* Sachverständigentätigkeit und Umsatzsteuer eines Arztes, ArztR 2002, 4 ff; *Kenne,* Umsatzsteuerpflicht der Sachverständigentätigkeit der Ärzte gemäß BMF-Schrei-

§ 125 § 125 Folgen der Pflichtverletzung für den Sachverständigen

9 **4 Behörden im Verwaltungsverfahren.** Seinen Entschädigungsanspruch verliert derjenige SV, der seinen Gutachtenauftrag **eigenmächtig** an einen anderen Arzt zur eigenverantwortlichen Erledigung überträgt.[7]

10 Bei Gutachtenerstattung für **Behörden im Verwaltungsverfahren** gilt das IVEG zum Teil (nur) entsprechend. Im übrigen gelten hier besondere Vorschriften oder Vereinbarungen.

11 Die Entschädigung für ärztliche Gutachten für **Berufsgenossenschaften** ist im Berufsgenossenschaftsabkommen geregelt.

§ 125 Folgen der Pflichtverletzung für den Sachverständigen

Inhaltsübersicht

	RdNr
I. Strafrechtliche Verfolgung	1
II. Zivilrechtliche Haftung	2
1. Die Rechtslage bis 1. 8. 2002	4
a) Unerlaubte Handlung	4
b) Fahrlässige Verletzung	6
c) § 823 Abs 2 BGB iVm Schutzgesetzen	8
d) Keine Haftung iSv § 823 Abs 2 BGB mangels Beeidigung	9
e) Im Interesse der Rechtssicherheit	13
f) Frage der Ursächlichkeit	14
2. Die Rechtslage seit dem 1. 8. 2002	16
III. Amtspflichtverletzung	18
1. Amtspflichtverletzung iSv § 839a BGB	18
2. Ausnahmen	19
3. Vorsatz und grobe Fahrlässigkeit	20
IV. Ausschluss der Haftung	21
1. Vertragliche Vereinbarung bei Privatgutachten	21
2. Kein Haftungsausschluss bei Verstoß gegen §§ 138, 242 BGB	22
V. Verjährung des Schadensersatzanspruchs	23
1. Bei deliktischen Ansprüchen in drei Jahren (§ 195 BGB)	23
2. Bei vertraglichen Ansprüchen in zwei Jahren (§§ 634, 634a BGB)	25

---

ben v 13. 2. 2001, ArztR 2001, 205 ff; *Heberer,* Umsatzsteuerpflicht für ärztliche Gutachten, Chirurg BDC 2001, 184 ff; *Hidien,* Zur Umsatzsteuerpflichtigkeit der ärztlichen Gutachtertätigkeit MedR 2002, 252 ff; *Nösser,* Entgegnung zu Hidien MedR 2002, 637 ff. Das LSG Schleswig Holst (Abschluss v 22. 4. 2008 – MedR 2008, 576) hat wie folgt entschieden:
„1. Ein unverwertbares Gutachten löst keinen Vergütungsanspruch nach § 8 IVEG aus.
  2. Unverwertbarkeit liegt vor, wenn das Gutachten trotz Bemühungen um Nachbesserung die Beweisfrage nicht beantwortet oder die Ausführungen auch von einem bemühten Leser nicht zu verstehen sind.
  3. Das Fehlen wesentlicher Gutachtenteile kann im Einzelfall zur Unverwertbarkeit führen.
  4. Sind sprachlich Unklarheiten, methodische Unsicherheiten oder sonstige Mängel ausräumbar, führt dies kostenrechtlich nicht zur Unverwertbarkeit."

[7] *Rieger* Lexikon (1. Aufl) RdNr 1560. Ein SV verliert seinen Entschädigungsanspruch nicht allein schon wegen einer erfolgreichen Ablehnung durch eine der Prozessparteien. Ein Verlust seines Entschädigungsanspruch tritt nur dann ein, wenn der SV diese Ablehnung durch grobes Verschulden (selbst) verursacht hat (so das KG MDR 1993, 289); vgl hierzu ferner OLG Koblenz VersR 1990, 1255; OLG Düsseldorf MDR 1995, 1297; OLG Frankfurt/M NJW 1977, 1502; OLG Koblenz BB 1988, 1490; BGH NJW 1981, 2009; OLG Koblenz BB 1993, 75; OLG Hamburg MDR 1997, 102; OLG München NJW 1971, 258; BGH NJW 1976, 1154; OLG Hamburg JurBüro 1999, 426; sowie *Müller* JR 1981, 52 ff; zur Versagung und Kürzung der Entschädigung vgl auch noch *Jessnitzer/Ulrich,* 394 ff. Die Verjährung des Vergütungs- oder Entschädigungsanspruchs ist in § 2 IVEG geregelt. Sie beträgt idR drei Monate.

21. Kapitel. Der Arzt als Sachverständiger und Gutachter   1–6   § 125

VI. Juristische Wertung von ärztlichen Gutachten durch das Gericht 26
1. Generelles 26
2. Vorbemerkung 27
3. Verhaltensregeln 30
4. Schlussthesen 39

I. Strafrechtliche Verfolgung

Die möglichen Straftatbestände, die ein SV begehen kann, wenn er vorsätzlich, grob **1** oder leicht fahrlässig ein Gutachten erstattet und sich ebenso bei seiner mündlichen Erläuterung gem § 411 Abs 3 ZPO verhält – sei es, dass er vereidigt wird oder unbeeidigt bleibt – ist von *Ulsenheimer* in § 144 näher dargestellt. Hierauf sei verwiesen.

II. Zivilrechtliche Haftung

Bei den möglichen Haftungstatbeständen für den SV muss **unterschieden** werden, ob **2** er das (unzutreffende) Gutachten im Auftrag einer **Privatperson** erstattete, oder vom **Gericht** dazu beauftragt wurde.

Im ersteren Fall liegt zwischen ihm und dem Auftraggeber ein **privatrechtlicher** **3** **Werkvertrag** gem §§ 631 ff BGB vor, der im Falle der Nicht- oder Schlechterstellung zur Haftung aus dem Gesichtspunkt der **positiven Vertragsverletzung** zulasten des SV führt. Im Falle der gerichtlichen Beauftragung scheidet hingegen eine vertragliche Haftung aus, denn wenn man hier überhaupt von einer vertraglichen Beziehung zwischen den Gerichten und dem SV sprechen kann, dann eben nicht von einer privatrechtlichen, sondern nur von einer öffentlich-rechtlichen.

1. Die Rechtslage bis 1.8.2002. a) Unerlaubte Handlung. Nach allgemeiner **4** Ansicht in Literatur und Rechtsprechung[1] kam bis 1.8.2002 eine Haftung für Pflichtverletzungen des gerichtlichen SV nur bei **unerlaubter Handlung** iSv §§ 823 ff BGB in Betracht.

Dies setzt bei § 823 Abs 1 BGB jedoch zunächst einmal voraus, dass der SV mit seinem **5** falschen Gutachten vorsätzlich widerrechtlich das Leben, den Körper, die Gesundheit, die Freiheit, das Eigentum oder ein sonstiges (absolutes) Recht der Prozesspartei oder des Angeklagten verletzte. **Verschuldet** war eine solche Falschbegutachtung zB dann, wenn der SV seine **Pflicht** zur fachlichen Information, zur ordnungsgemäßen Vorbereitung des Gutachtens, insbesondere bei den notwendigen ärztlichen Untersuchungen nicht ordnungsgemäß erfüllt oder wenn er vorsätzlich im Gutachten selbst unzutreffende tatsächliche Angaben machte oder falsche Schlüsse zog. Dieses Schadensereignis in Form des unberechtigten Freiheitsentzuges traf etwa dann ein, wenn ein Patient aufgrund eines falschen SV-Gutachtens in einem psychiatrischen Krankenhaus oder in Sicherungsverwahrung (gem § 63, § 66 StGB) untergebracht wurde oder ein Angeklagter zu Unrecht deswegen in Strafhaft kam. Eine schuldhafte Verletzung eines anderen absoluten Rechtes iSv § 823 Abs 1 BGB lag beispielsweise dann vor, wenn ein SV einer Partei die Prozess- oder Geschäftsfähigkeit grob fahrlässig oder gar vorsätzlich zu Unrecht aberkennen wurde.

b) Fahrlässige Verletzung. Bei der Frage der **fahrlässigen Verletzung** eines absolu- **6** ten Rechts des Geschädigten war durch die Entscheidung des BGH aus dem Jahr 1973[2] ein Streitpunkt aufgetreten, den erst wieder ein Beschluss des BVerfG[3] beseitigte. Der BGH meinte nämlich in jener Entscheidung, bei leichter und grober Fahrlässigkeit eines

---

[1] Vgl hierzu die Zitate bei *Jessnitzer/Ulrich,* 332 ff in den entsprechenden Fn; sowie *Müssig* NJW 1989, 1697 ff; sowie *Andreas* ArztR 1998, 209, 216 ff; *Hager* in: Staudinger Komm 13. Aufl RdNr B 56 ff zu § 823 BGB; *Ulsenheimer,* Informationen des Berufsverbandes der Deutschen Chirurgen 2000, 299 ff; Gerichtliche Entscheidungen zur Frage der Haftung s FN 10.
[2] NJW 1974, 312 – sog „Weigand-Urteil".
[3] NJW 1979, 305.

SV bei seiner Begutachtung hafte dieser nicht, weil es in unserer Rechtsordnung an einer allgemeinen Vorschrift mangle, die den an einem gerichtlichen Verfahren Beteiligten (Angeklagter, Partei) bei jeder fahrlässigen Pflichtverletzung des SV einen Schadensersatzanspruch gewähre. Die Stellung des SV als Richter*gehilfe* spreche dagegen, dem SV ein so weitgehendes Risiko aufzuerlegen. Bestehe ein solches Risiko jedoch, tangiere dieses seine innere Unabhängigkeit. Fehle diese, sei das Funktionieren seiner Tätigkeit im gerichtlichen Verfahren nicht mehr gewährleistet. Aus Gründen der Rechtssicherheit müsse zudem der Wiederaufrollung einer Vielzahl von Verfahren durch nachfolgende Schadensersatzprozesse gegen SV, die darin ohne Vereidigung mitgewirkt haben, vorgebeugt werden.

7   Dieses Urteil stieß auf erhebliche Kritik[4] und wurde im Nachhinein auch vom BVerfG wegen Verletzung des Art 2 GG wieder aufgehoben. Dabei war die Mehrheit der Richter des BVerfG der Auffassung, dass eine Versagung von Schadensersatzansprüchen der infrage stehenden Art bei grober Fahrlässigkeit des SV eine Grundrechtsverletzung darstelle. Nur vier der am Beschluss beteiligten acht Richter des BVerfG waren der Ansicht, dass hierfür auch leichte Fahrlässigkeit genüge.

8   **c) § 823 Abs 2 BGB iVm Schutzgesetzen.** Weitaus weniger problematisch erschien hingegen eine Haftung des gerichtlichen SV gemäß § 823 Abs 2 BGB iVm den Vorschriften der **§§ 153, 154, 156, 163 StGB als Schutzgesetz.** Wer als SV nämlich ein vorsätzlich falsches uneidliches oder eidliches sowie ein fahrlässig falsches eidliches Gutachten, ferner ein Gutachten, dessen Richtigkeit er vorsätzlich oder fahrlässig an Eides Statt fälschlich versichert hat, erstattete, haftete hierfür im vollen Umfang auf Schadensersatz, somit auch auf Ersatz eines Vermögensschadens.

9   **d) Keine Haftung iSv § 823 Abs 2 BGB mangels Beeidigung.** Äußerst **umstritten** war jedoch die Frage der Haftung des SV, wenn er lediglich sein falsches schriftliches Gutachten dem Gericht vorlegte oder sein unzutreffendes Gutachten uneidlich mündlich erläuterte oder ergänzte.

10 In einem solchen Falle verneinte der BGH im bereits erwähnten „Weigand-Urteil" eine Haftung des SV ua mit der hier nur kursorisch wiederzugebenden Begründung: **Mangels Beeidigung** des SV liege hier keine Verletzung der als Schutzgesetz iS von § 823 Abs 2 BGB anerkannten Bestimmung des § 163 StGB (fahrlässiger Falscheid) vor. In der juristischen Literatur sowie in der obergerichtlichen Rechtsprechung[5] findet man zu dieser BGH-Ansicht durchaus zustimmende Äußerungen. Diesen muss man jedoch nachdrücklich **widersprechen.**

11 *Zeuner* vertrat zu dieser Rechtsfrage in seinem auf dem „Karlsruher Forum" 1988[6] gehaltenen Referat die zutreffende Auffassung, es seien in der Tat keine einleuchtenden Gründe ersichtlich, die Haftung eines gerichtlich bestellten SV für sein unrichtiges Gutachten letztlich und allein an der Frage seiner Nichtbeeidigung scheitern zu lassen. Er meint hierzu sinngemäß: Die **Eidesstraftatbestände** hätten es nicht mit der Statuierung einer Pflicht zu tun, die auf völlig andere Ziele gerichtet sei als das allgemeine Gebot zur Erstattung eines zutreffenden Gutachtens. Sie dienten insoweit vielmehr nur der Bestärkung und der Sicherung der fundamentalen Pflicht des Gutachters, die schon unabhängig davon bestehe. Bereits der hierfür maßgeblichen Norm müsse daher konsequenterweise ein Schutzzweck zugunsten der Verfahrensbeteiligten zugesprochen werden, wie er für die erwähnten Strafbestimmungen allgemein angenommen wird. Für diese Ausgangsposition spreche vor allem aber auch die Einsicht, dass die Beteiligten nicht bloße Objekte oder

---

[4] Vgl die Zitate in Fn 7 bei *Schlund,* 250.
[5] *Jessnitzer/Ulrich,* 335 ff; OLG Düsseldorf NJW 1986, 2891.
[6] Einzelheiten 10 ff. Dieses Problem wurde mit Inkrafttreten des im Zweiten Gesetz zur Änderung schadensersatzrechtlicher Vorschriften vorgesehenen § 839a BGB im Sinne einer Haftung des SV gelöst.

Betroffene des Verfahrens seien, sondern Subjekte, auf die dieses immer auch ausgerichtet sei. Die Auffassung, dass eine auf § 823 Abs 2 BGB gestützte Haftung des gerichtlichen SV wegen eines unrichtigen Gutachtens nur bei Vorliegen eines Straftatbestandes in Betracht kommen könne, führt nach Zeuner aber noch zu einem weiteren Problem, nämlich zu dem verschiedentlich geäußerten Gedanken, die Rechtssicherheit wäre gefährdet, wenn ein gerichtlicher SV wegen jeder leichten fahrlässigen Erstattung eines unzutreffenden Gutachtens auf Schadensersatz in Anspruch genommen und damit das Ergebnis einer ergangenen gerichtlichen Entscheidung ohne weiteres wieder infrage gestellt werden könnte.

Ging man aber einmal davon aus, dann ließ sich die nicht lediglich auf § 823 Abs 2 BGB beschränkte, vielmehr ebenso die Haftung nach § 823 Abs 1 BGB umfassende Frage stellen, ob nicht vielleicht die Erfüllung eines Straftatbestandes ein geeignetes Kriterium dafür ist, inwieweit Ersatzansprüche gegen den gerichtlichen SV zuzulassen sind. Man kann hierzu mit *Zeuner* ua darauf hinweisen, dass der Gesichtspunkt der Strafbarkeit auch für die Möglichkeit des **Wiederaufnahmeverfahrens** eine wichtige Rolle spielt, sowie nach § 839 Abs 1 Satz 1 BGB hinsichtlich der Grenzen der für Richtersprüche geltenden Haftungsvergünstigung. Für ein allgemeines Rechtsprinzip, kraft dessen es zwecks Abschirmung gerichtlicher Entscheidungen geboten gewesen wäre, die Haftung des gerichtlich bestellten SV für Unrichtigkeiten seines Gutachtens gem § 823 Abs 2 BGB lediglich auf Fälle der Strafbarkeit zu beschränken, bestand jedoch bei alledem kein hinreichender Anhalt. Gegen eine Konzeption dieser Art spricht insbesondere auch schon, dass sich das Problem der Haftung vornehmlich im Hinblick auf fahrlässige Falschbegutachtung stellte und dass es hier eher als Randfrage und Zufälligkeit erschienen, ob der SV beeidigt wurde oder nicht.

e) Im Interesse der Rechtssicherheit. Darüber hinaus konnte damals noch allgemein Folgendes festgestellt werden: Es war vielleicht im Interesse der **Rechtssicherheit** wünschenswert, Ersatzansprüche gegen SV und auch gegen andere Personen – man nehme nur Zeugen und deren Aussagen im Prozess –, die durch ihr Verhalten im Vorfeld einer gerichtlichen Entscheidung deren Inhalt (mit) beeinflusst haben, insoweit einzuschränken, als es darum ging, dass Folgerungen aus einer Unrichtigkeit der Entscheidung auf neuer Ebene materiell-rechtlich abgewälzt werden sollten. Aus Normierungen und **Wertungen des Rechts** war jedoch mit *Zeuner* eine solche auf die Abschirmung gerichtlicher Entscheidungen zielende Einschränkung der Sachverständigenhaftung nicht zwingend ableitbar.[7]

f) Frage der Ursächlichkeit. Ein weiteres Problem eröffnete sich vormals bei der Frage der **Ursächlichkeit,** denn der SV setzt mit seinem falschen Gutachten lediglich eine „Zwischenursache".[8] Der wirkliche Schadenseintritt bei der Prozesspartei oder beim Angeklagten beruhte nämlich noch auf dem „Voluntativ-Akt eines Dritten",[9] auf der Überzeugungsbildung des Gerichts, dies selbstverständlich aber nur dann, wenn dieses sein Urteil ausdrücklich auf die SV-Ausführungen gestützt und diese zur Grundlage seiner Entscheidung gemacht hat. Es dürfte jedoch allgemeine Ansicht sein, dass die gerichtliche Entscheidung, die auf den Aussagen und dem Ergebnis des SV und dessen Gutachten basiert, noch *innerhalb des Verantwortungsbereichs* des gerichtlich bestellten SV liegt, der eben auch für das Ergebnis seiner richterlichen Erkenntnisses seine entsprechende Verantwortung trägt. Es bestand Einvernehmen bei der Ansicht, dass auch lediglich *mittelbare Folgen* von schuldhafter Pflichtverletzung dem Handelnden zuzurechnen seien.

Urteile, in denen SV und andere Auskunftspersonen wegen eines unrichtigen Gutachtens oder einer falschen Auskunft zur **Haftung herangezogen** wurden, zählen noch

---

[7] *Schlund,* 250.
[8] *J Blomeyer* ZRP 1974, 214, 216.
[9] *Jessnitzer/Ulrich,* 155 ff mwN; *Blomeyer* 218.

immer zu den Ausnahmen.[10] Entscheidungen[11] zulasten medizinischer SV, die vom Gericht mit der Begutachtung betraut wurden, haben ausgesprochenen Seltenheitswert.[12]

16 **2. Die Rechtslage seit dem 1.8.2002.** Seit dem 1.8.2002 gilt nun der § 839a BGB. Dieser regelt als Sondervorschrift die Haftung für **gerichtlich** bestellte/ernannte Sachverständige. § 839a BGB lautet: „Abs 1: Erstattet ein vom Gericht ernannter Sachverständiger vorsätzlich oder grob fahrlässig ein unrichtiges Gutachten, so ist er zum Ersatz des Schadens verpflichtet, der einem Verfahrensbeteiligten durch eine gerichtliche Entscheidung entsteht, die auf diesem Gutachten beruht."[13]

17 Der gerichtlich ernannte SV haftet nunmehr nicht nur für vorsätzliche, sondern auch für grob fahrlässige Erstellung eines unrichtigen Gutachtens auf dem die gerichtliche Entscheidung beruht. Bis zum 1.8.2002 kam nach allgemeiner Ansicht eine SV-Haftung nur bei einer vorsätzlichen sittenwidrigen Schädigung (§ 826 BGB)[14] oder gem § 823 Abs 2 BGB iVm der Begehung eines Aussagedelikts gem §§ 153ff StGB – damit faktisch kaum – in Fratge. Eine Haftung des SV entfiele jetzt nur, wenn der Geschädigte es gem §§ 839a Abs 2 iVm 839 Abs III vorsätzlich oder fahrlässig unterlässt, den Schaden durch Gebrauch eines Rechtsmittels abzuwenden.

III. Amtspflichtverletzung

18 **1. Amtspflichtverletzung iSv § 839a BGB.** Die Amtshaftung ist bekanntlich in § 839 BGB iVm Art 34 GG geregelt. In den Fällen, in denen ein SV vom Gericht zur Begutachtung ausersehen ist und vernommen wird, findet diese Bestimmung jedoch *keine Anwendung*. Denn weder bei der Gutachtenerstattung noch bei dessen Vorbereitung – insbesondere den hierfür notwendigen Untersuchungen der Partei oder des Angeklagten – übt der SV Hoheitsrechte für das Gericht aus. Dies gilt auch dann, wenn ein Beamter in freiberuflicher Nebentätigkeit ein Gutachten für die Staatsanwaltschaft oder das Gericht erstellt.[15]

19 **2. Ausnahmen.** Als **Ausnahmen** werden aber anerkannt:[16]
– wenn eine **Behörde** einen Begutachtungsauftrag durch die Staatsanwaltschaft oder ein Gericht übernimmt. Dann haben deren Beamte, die die Sachen bearbeiten, die **Amts-**

---

[10] LG Ansbach NJW 1956, 1205; BGH NJW 1956, 1595; BGH BB 1960, 1301; BGH VersR 1962, 803; BGH NJW 1972, 678; BGH NJW 1973, 321; BGH NJW 1978, 997; NJW 1979, 1595; VersR 1982, 1143; NJW 1984, 355; NJW 1986, 180; VersR 1989, 628; BGH BB 1966, 1324; OLG Hamm VersR 1985, 841; OLG Hamm BB 1986, 1397; OLG Hamm NJW-RR 1987, 209; NJW-RR 1989, 600; vgl ferner LG Aachen ZfS 1990, 52; OLG Köln VersR 1989, 1196 = NJW-RR 1989, 989; OLG Karlsruhe NJW-RR 1990, 861; OLG München ZfS 1990, 296 = NZV 1991, 26; LG München I NZV 1991, 75; AG Königswinter MDR 1991, 1135; BGH NJW 1991, 3282; OLG Hamm BB 1993, 2407; BGH NJW 1995, 392; OLG Köln, Der Sachverständige 1996, 6; AG Bonn, Der Sachverständige 1997, 17; BGH JuS 1998, 557; OLG Hamm MedR 1998, 27; BGH NJW 2001, 574 = MDR 2001, 623.
[11] Vgl ua OLG Hamm MDR 1950, 221; OLG Nürnberg NJW-RR 1988, 791; AG Hannover NZV 1990, 276; BGH NJW 1989, 2941; NJW 1989, 2943; NJW-RR 1989, 1367 und VersR 1989, 628; OLG Oldenburg VersR 1991, 306; OLG Schleswig VersR 1995, 1058; BGH NJW 1995, 2412; OLG Hamm BB 1993, 2407; OLG Dresden NJW-RR 1997, 1456. Zur Frage des Widerrufsanspruches vgl LG Frankenthal MedR 1999, 184 mit weiteren Nachweisen aus der Rechtsprechung.
[12] *Schlund*, 250.
[13] Zur Neuregelung seit 1.8.2002 sei auf die unter „Spezialliteratur: Die Haftung des Sachverständigen" zu Beginn des 21. Kapitel veröffentlichte Literatur verwiesen.
[14] Vgl hierzu OLG Nürnberg r+s 2001, 504.
[15] *Jessnitzer/Ulrich*, 338ff; vgl zur Amtshaftung des Sachverständigen BGH MedR 1995, 274 = NJW 1995, 2412; zur Haftung eines gerichtlich bestellten Sachverständigen/Gutachter s OLG Frankfurt/M VersR 2008, 449; LG Bochum MedR 2009, 95; zur Haftung eines bei einem Medizinischen Dienst der Krankenversicherung angestellten Arztes s BGH MedR 2006, 652.
[16] *Jessnitzer/Ulrich*, wie Fn 13.

pflicht, das erbetene Gutachten unparteiisch, richtig, sachkundig und vollständig zu erstatten. Diese Amtspflicht obliegt ihnen auch gegenüber den Prozessbeteiligten;[17]
- wenn ein Beamter nicht lediglich als Behördenangehöriger ein Gutachten seiner Behörde ausarbeitet, sondern wenn er **persönlich** zum SV bestellt ist, die Gutachtenerstattung jedoch zu seinen Dienstaufgaben gehört (dienstliches Gutachten;
- wenn und soweit der SV im Rahmen des ihm von der Staatsanwaltschaft oder Richter erteilten Auftrages bei Untersuchungen zur Vorbereitung des Gutachtens **Zwangsmaßnahmen** durchführt, da er hierbei ein öffentliches Amt iSv Art 34 GG ausübt.[18] Hierunter fallen Untersuchungen gem §§ 372a ZPO, 81a, 81c StPO, soweit hierbei Gewalt angewandt wird.

3 Vorsatz und grobe Fahrlässigkeit. Kommt eine Haftung gem § 839 BGB iVm Art 34 GG in Betracht, besteht bei **leichter Fahrlässigkeit** keine Ersatzpflicht, wenn und sofern der Verletzte auf andere Weise Ersatz verlangen kann (§ 839 Abs 1 Satz 2 BGB). Nur bei **Vorsatz oder grober Fahrlässigkeit** muss der SV mit einem Regress der dem Geschädigten gegenüber haftenden öffentlichen Stelle rechnen.

IV. Ausschluss der Haftung

1. Vertragliche Vereinbarung bei Privatgutachten. Wenn überhaupt, käme ein Haftungs*ausschluss* oder lediglich eine Haftungs*milderung* nur durch eine **vertragliche Vereinbarung** zustande. Wer als SV vom Gericht mit der Begutachtung einer Sache oder Person betraut wird, kann aber nicht durch einen einseitigen Zusatz im Gutachten seine Haftung rechtswirksam ausschließen oder auch nur mildern. Eine solche Haftungsfreizeichnung ist damit lediglich bei der Erstattung eines **Privatgutachtens** möglich, ist jedoch auch hier unwirksam, wenn der SV insoweit versuchen sollte, Vorsatz und grobe Fahrlässigkeit mitauszuschließen.[19]

2. Kein Haftungsausschluss bei Verstoß gegen §§ 138, 242 BGB. Zudem muss bei der Abrede eines Haftungsausschlusses oder auch einer Haftungsminderung berücksichtigt werden, dass diese im Einzelfall nicht gegen die guten Sitten (§ 138 BGB – zB Ausnützung einer Monopolstellung) oder gegen den Grundsatz von Treu und Glauben (§ 242 BGB) verstößt.

V. Verjährung des Schadensersatzanspruchs

1. Bei deliktischen Ansprüchen in drei Jahren (§ 195 BGB). Schadensersatzansprüche aus dem Gesichtspunkt des Delikts (§§ 823 ff BGB) verjähren gem § 195 BGB nF regelmäßig in drei Jahren. Diese regelmäßige Verjährungsfrist beginnt mit dem Schluss des Jahres, in dem entweder der Anspruch entstanden ist (§ 199 Abs 1 Ziffer 1 BGB) oder der Gläubiger von den den Anspruch begründeten Umständen und der Person des Schuldners Kenntnis erlangt oder ohne grobe Fahrlässigkeit erlangen müsste. Gem § 199 Abs 2 BGB verjähren Schadensersatzansprüche, die auf Verletzung des Lebens, des Körpers, der Gesundheit oder der Freiheit beruhen, ohne Rücksicht auf ihre Entstehung und die Kenntnis oder grob fahrlässigen Unkenntnis in 30 Jahren von der Begehung der Handlung, der Pflichtverletzung oder dem sonstigen den Schaden auslösenden Ereignis. Sonstige Schadensersatzansprüche verjähren ohne Rücksicht auf Kenntnis oder grobfahrlässiger Unkenntnis in 10 Jahren von ihrer Entstehung an (§ 199 Abs 3 Ziffer 1 BGB) und ohne Rücksicht auf ihre Entstehung und die Kenntnis oder grobfahrlässige Unkenntnis in 30 Jahren

---

[17] BGH VersR 1962, 1205.
[18] BGH VersR 1962, 1205; NJW 1973, 554.
[19] *Jessnitzer/Ulrich,* 339 ff. Zu den Grenzen der Haftung für ein unrichtiges Gutachten s BGH VersR 2001, 468; VersR 2003, 1049; zur Haftung eines Privatgutachters/Privatsachverständigen s OLG Karlsruhe, OLG-Report 2005, 657.

von der Begehung der Handlung an (§ 199 Abs 3 Ziffer 2 BGB). Gem § 203 Abs 2 BGB ist der Eintritt der Verjährung jedoch so lange **gehemmt,** als zwischen dem Ersatzpflichtigen und dem Ersatzberechtigten Vergleichsverhandlungen schweben.

24 Aber auch bei schuldhaftem Verhalten eines **Privatgutachters** gelten diese Fristen für die Verjährung, soweit der Geschädigte **deliktische** Haftungsansprüche geltend machen kann.

25 **2. Bei vertraglichen Ansprüchen in zwei Jahren (§3 634, 634a BGB). Bei vertraglichen** Schadensersatzansprüchen verjähren die Ansprüche des privaten Gutachtenbestellers auf Nachbesserung, Wandlung, Minderung und Schadensersatz (gem §§ 634 Nr 4, 634a Abs 1 Nr 1 BGB) in 2 Jahren; ist der Mangel vom Gutachtenersteller **arglistig verschwiegen** gilt die regelmäßige Verjährungsfrist (§ 634a Abs 3). Diese Frist gilt selbstverständlich auch bei Schadensersatzansprüchen aus dem Gesichtspunkt der positiven Vertragsverletzung, die jemand dadurch widerfährt, dass er im Vertrauen auf die „Güte" eines tatsächlich falschen Gutachtens einen **Mangelfolgeschaden** hat.[20, 21]

VI. Juristische Wertung von ärztlichen Gutachten durch das Gericht

26 **1. Generelles.** Der streitentscheidende Gesichtspunkt in einem Zivilprozess ist nicht zu selten die **Wertung** von Sachverständigengutachten durch das Gericht. Sollte diese Wertung in fehlerhafter Weise erfolgen, verfällt das Urteil idR der Aufhebung durch die Oberinstanz. Es ist damit von **prozessentscheidender** Bedeutung für die Parteien, dass sie der Wertung von medizinischen Gutachten durch die Gerichte ihre besondere Aufmerksamkeit schenken. Es soll hier nun die juristische Wertung von medizinischen Gutachten durch die Gerichte kurz dargestellt werden.

27 **2. Vorbemerkung.** Dass ein Richter, der ein ärztliches Sachverständigengutachten einholt und bewertet, die Möglichkeiten und Grenzen der Medizin im Großen und Ganzen kennen, zumindest erahnen sollte, lässt sich wohl leicht fordern, geht jedoch bei der immer mehr spezialisierten Medizin meist an der grauen Wirklichkeit vorbei. Auch die lapidare Feststellung, je überlegener die Fachkenntnis des SV ist, desto mehr werde die selbstständige Stellung des streitentscheidenden Richters gefährdet, umso größer sei auch seine Versuchung, das Gutachten einfach kritiklos zu übernehmen,[22] hilft hier nicht weiter. Dass es aber immer schwieriger für den in Medizinfragen stets Laie bleibenden Richter ist, den Sachverstand und das vorgelegte Gutachten im Ergebnis überprüfen zu können, darüber braucht kein weiteres Wort verloren zu werden.

28 In diesem Zusammenhang sollte man sich jedoch die geradezu als mutig zu bezeichnende Entscheidung des BGH vom 2. 11. 1993[23] vergegenwärtigen, in der der VI. Zivilsenat **entgegen** dem medizinischen SV die Auffassung vertrat, dass auf die bei einer endonasalen Siebbeinoperation selten operativbedingte Sehstörung bis hin zur Gefahr einer äußerst seltenen Erblindung des Patienten ausdrücklich und besonders hinzuweisen sei, was der SV als Spezialist für diese Frage in seinem Gutachten noch verneint hatte.

---

[20] Einzelheiten bei *Jessnitzer/Ulrich,* 339, zum alten Recht; nunmehr *Ulrich,* Der gerichtliche Sachverständige 12. Aufl 2007 RdNr 761ff; zum Beginn der Verjährung (ab Kenntnis von fehlerhaften Gutachten) nach altem Recht (§ 852 Abs 1 aF) vgl OLG Zweibrücken VersR 2004, 345.

[21] Zum Verjährungsfristbeginn nach neuem Recht bei Mängelarglist s BGH v 25. 10. 2007, NJW-RR 2008, 258.

[22] Vgl *Louven* DRiZ 1988, 241, 246; das BVerfG (1. Kammer des Ersten Senats) vertritt in seinem Beschluss vom 7. 10. 1996 (FamRZ 1997, 151) folgende Ansicht: Beschränkt sich ein Gericht in seinem Urteil darauf, auf Gutachten und Ergänzungsgutachten des gerichtlichen Sachverständigen zu verweisen und diese ohne nähere Begründung als „überzeugend" zu übernehmen, so liegt ein Verstoß gegen Art 103 Abs 1 GG jedenfalls dann vor, wenn der von einer Partei vertretene gegenteilige Standpunkt, gestützt auf zwei Privatgutachten, in den Entscheidungsgründen keinerlei Bewertung erfährt.

[23] Vgl VersR 1994, 104.

21. Kapitel. Der Arzt als Sachverständiger und Gutachter   29–34   § 125

Die **Würdigung** und **Wertung** eines medizinischen Fachgutachtens gehört unbestritte- 29
nermaßen zu den schwierigsten richterlichen Aufgaben, die es gibt. Der Richter darf dabei
aber bei allem gebotenen Respekt vor der Medizin dem Gutachter nicht mit Voreingenommenheit und Misstrauen begegnen; er sollte jedoch stets auch darauf achten: Gutachter sind auch nur Menschen mit allen Unzulänglichkeiten und Fehlern.

3. Verhaltensregeln. Der Richter muss im Rahmen der Gutachtenswürdigung unbe- 30
dingt folgende Gesichtspunkte und **Verhaltensregeln** berücksichtigen:

Er muss wissen, dass schon die **Auswahl** des „richtigen" medizinischen SV, die nicht sel- 31
ten große Mühe macht, oft über den Ausgang des Verfahrens präjudizierend ist; er muss
überprüfen, ob eine **persönliche Begutachtung** durch den SV erfolgte; er muss testen,
ob der Gutachter nicht seine **Fachkompetenzgrenzen** überschritten hat; er muss nachvollziehen, ob die richterliche Gutachtensfrage **exakt beantwortet** wurde und damit der
Teil des Auftrags für das Gutachten erfüllt ist; insbesondere, ob dem SV die Krankenunterlagen des zu Begutachtenden **vollständig** vorlagen; er muss sein Augenmerk darauf richten, ob vom SV die **Objektivitäts-** und **Neutralitätskriterien** eingehalten wurden und
von welchen Anknüpfungspunkten er in seinem Gutachten ausging; er muss recherchie-
ren, ob der Gutachter von zutreffenden **tatsächlichen Voraussetzungen** ausgegangen ist,
welche Untersuchungen er selbst und in welcher Form (ambulant, teilstationär oder stationär) vorgenommen hat und ob das Gutachten ansonsten verfahrensmäßig einwandfrei
zustande kam; er muss der Frage nachgehen, ob sich der medizinische SV im Arzthaftpflichtprozess nicht von einer **falsch** verstandenen und aufgefassten **Standessolidarität**
und zu großer kollegialer **Rücksichtnahme** hat leiten lassen; hier wird nämlich noch
immer von einigen SV der „kollegiales-Verhalten-fordernde-Paragraph" 15 mit § 12 Satz 1
MBOÄ verwechselt;[24] der Richter muss aber auch darauf sehen, ob vom Gutachter der
Sachvortrag sämtlicher Verfahrensbeteiligter **mitberücksichtigt** wurde, und ob von
ihm alle nur möglichen (standardisierten) Befunde erhoben wurden.

Im sozialgerichtlichen Verfahren und in Familiensachen muss das Gericht besonderen 32
Wert darauf legen, dass der Gutachter auch das soziale **Umfeld** und die **psychosozialen
Verhältnisse** des Begutachteten in sein Sachverständigengutachten hat mit einfließen lassen, denn selbst ganzheitlich orientierte Mediziner müssen heutzutage neben den objektiven Befunden immer mehr auch **subjektive** Beschwerden der Untersuchten hinsichtlich
deren geistiger, leiblicher und seelischer Struktur mit in ihre Begutachtung einbeziehen,
weil ohne die Berücksichtigung derartiger individueller Belastungen und psychosozialer
Strukturen keine überzeugende Beurteilung, etwa bei der Frage der Berufs- oder Erwerbsfähigkeit, erfolgen kann.

Als ein besonders bedeutsamer, wenn nicht gar **der bedeutsamste** Gesichtspunkt bei 33
der kritischen Überprüfung und Würdigung des Ergebnisses eines medizinischen Sachverständigengutachtens erweist sich – neben einer eventuell noch vorhandenen, durch
jahrelange Berufserfahrung und Befassung mit derartigen Gutachten geförderte Sachkunde (in begrenztem Umfang) – stets die Kontrolle des Gutachtens auf seine **Plausibilität** und **Widerspruchsfreiheit.** Eine solche Prüfung setzt aber voraus, dass der Richter,
der medizinischer Laie ist und bleibt, das Gutachten im Inhalt und Ergebnis versteht.
Dazu muss er es gedanklich aufarbeiten und nachvollziehen können. Dies kann er aber
nur dann, wenn der Gutachter sein Werk **klar** und **verständlich** abgefasst, sich keiner
undurchsichtigen, verfremdeten, mit Fremdwörtern geradezu gespickten und über-
frachteten **Sprache** bedient. Und zudem muss das vom SV gefundene Ergebnis auch am
Ende noch einmal besonders griffig und transparent zusammengefasst sein.

Sollte dies nicht geschehen sein, muss der Richter den SV uU um **ergänzende** Erklä- 34
rungen und Klarstellungen, Erläuterungen und Interpretationen ersuchen. Zu allerletzt
könnte das Gericht aber auch noch zum Instrument des § 411 Abs 3 ZPO greifen und das

---

[24] Vgl hierzu *Laufs* NJW 1976, 1121, 1124.

Erscheinen des SV anordnen, damit dieser sein schriftliches Gutachten mündlich erläutert.[25] Dann kann es aber geschehen, dass ein (deutscher gynäkologischer Ordinarius-)SV vor Gericht das Eingeständnis ablegen muss, dass er zu seiner Jahre zuvor erstellten Bewertung geburtshilflicher Behandlungsfehler (im entschiedenen Fall ging es um die Frage, ob man mit einem CTG-Gerät und dessen Kurven abgeleitete Unregelmäßigkeiten kindlicher Herztöne nicht immer, sondern nur selten mit kindlichen Hirnschäden in Verbindung bringen kann) jetzt nicht mehr stehen könne.[26] Ein solches – wenn auch spätes – Eingeständnis wendet mit Sicherheit den Prozess und wirkt auf eine der Parteien geradezu ruinös.

35 Sollte für den Richter aber auch eine mündliche Erläuterung keine hinreichende, für die anstehende Entscheidung ausreichende klare Erkenntnis bringen, sollte dieser nicht davor zurückschrecken (kein Obergutachten, weil dies die Verfahrensordnungen im Zivil- und Strafprozess nicht kennen), ein **zusätzliches** Gutachten zu erholen und damit zu versuchen, bestehende Zweifel zu beseitigen oder Letzte Widersprüche aufzuklären.[27]

36 Liegen bei divergierenden Ergebnissen von zwei oder mehreren Sachverständigengutachten die formalen Voraussetzungen für eine zutreffende Sachverständigenstellungnahme vor, gehen zudem die verschiedenen Sachverständigen insbesondere von derselben Annahme aus, dann darf das erkennende Gericht jedoch nicht den Streit der Gutachter untereinander dadurch „lösen", indem es „ohne einleuchtende und logisch nachvollziehbare Begründung einem von ihnen den Vorzug gibt". Dies ist seit einigen Jahren schon herrschende Meinung in der höchstrichterlichen Rechtsprechung.[28] Der Richter muss bei einer solchen Ausgangslage vielmehr den einzelnen Widersprüchen in den unterschiedlichen Gutachten nachgehen und sich eine begründete Überzeugung von der Richtigkeit eines der Gutachten zu verschaffen versuchen.[29]

37 Der BGH hat die Position des Richters gegenüber dem SV bereits vor weit mehr als 50 Jahren[30] sehr eindrucksvoll wie folgt skizziert: „Der verfahrensrechtliche Ausgangspunkt für die Beurteilung liegt darin, dass der Tatrichter zu einem eigenen Urteil auch in schwierigen Fachfragen verpflichtet ist. Er hat die Entscheidung auch über diese Frage selbst zu erarbeiten, ihre Begründung selbst zu durchdenken. Er darf sich dabei vom Sachverständigen nur helfen lassen. Je weniger sich der Richter auf die bloße Autorität des Sachverständigen verlässt, je mehr er den Sachverständigen nötigt, ihn – den Richter – über allgemeine Erfahrung zu belehren und mit möglichen gemeinverständlichen Gründen zu überzeugen, desto vollkommener erfüllen beide ihre verfahrensrechtliche Aufgabe. Sowohl vom Gericht wie auch besonders vom Sachverständigen wird das leider oft verkannt. Es ist ein häufig vorkommender Verfahrensfehler, dass der Richter den Sachverständigen kurzerhand nach dem Ergebnis seiner Beurteilung fragt. Dieser Verfahrensfehler geht (ebenfalls nicht selten) in einen sachlich-rechtlichen Fehler über, wenn der Tatrichter nur feststellt, zu welchem Ergebnis der Sachverständige gekommen ist, ohne zu sagen, ob das Gericht sich dieses Ergebnis überhaupt zu eigen macht, und weshalb. Der Richter darf

---

[25] Siehe hierzu KG ArztR 2005, 273.
[26] Vgl gynäkologische praxis 1995, 611, 612.
[27] Vgl hierzu auch BGHSt 10, 116, 119; 23, 176, 185 ff; 23, 357, 359; zur Pflicht des Tatrichters, ein von einer Partei eingereichtes Privatgutachten zu berücksichtigen, vgl BGH DAR 2001, 76; zur Pflicht des Gerichts bei unklarem Sachverständigengutachten dies aufzuklären BGH GesR 2009, 189 = VersR 2009, 500; BGH VersR 2009, 518; BGH ArztR 1996, 315.
[28] Vgl statt vieler BGH NJW 1993, 2382. Der BGH meinte in seiner Entscheidung vom 17. 12. 1996 (EBE/BGH), dass das Gericht dem von einer Partei rechtzeitig gestellten Antrag, den gerichtlichen Sachverständigen nach Erstattung eines schriftlichen Gutachtens zu dessen mündlicher Erläuterung zu laden, auch dann stattgeben muss, wenn die schriftliche Begutachtung aus seiner Sicht ausreichend und überzeugend ist.
[29] BGH NJW 1990, 759; NJW 1994, 1596 und 2410; sowie auch *Pelz*, Zeitschrift für ärztliche Fortbildung 1996, 636 ff.
[30] Vgl BGHSt 8, 113, 118 = NJW 1955, 1642.

sich auch eine solche fachliche Entscheidung nicht einfach vom Sachverständigen abnehmen lassen."

Zum zentralen Problem der juristischen Wertung ärztlicher Gutachten gibt es eine **Vielzahl** von ober- und höchstrichterlichen Entscheidungen. Einige wenige seien hier zitiert: **38**
- Gutachten ärztlicher SV unterliegen der freien Beweiswürdigung;[31]
- Widersprüche zwischen mehreren Sachverständigengutachten sind vom Richter kritisch zu würdigen, nach Möglichkeit ist ihren Ursachen nachzugehen;[32]
- erweist sich ein Gutachten als unvollständig, muss das Gericht von Amts wegen ein weiteres Gutachten einholen;[33]
- der Richter sollte aber auch wissen, dass, wenn in einem Arzthaftpflichtprozess der SV erklärt, er könne hinsichtlich des Ablaufs einer Operation zu einer bestimmten Frage keine (abschließende) Stellung nehmen, weil dies nur von den am Eingriff beteiligten Ärzten beantwortet werden könne, dass sich dann dies nicht als Verstoß gegen die Verpflichtung zur Sachaufklärung darstellt, wenn das (Berufungs-)Gericht den SV nicht noch einmal zu diesem Punkt befragt;[34]
- der Tatrichter hat sorgfältig auf Anzeichen einer Voreingenommenheit des Gutachters aus Gründen der Kollegialität zu achten;[35]
- der Tatrichter hat sich um das Verständnis, wenn auch zurückhaltender, im Grunde aber nicht irreführender Formulierung des SV zu bemühen;[36]
- substantiierten Einwendungen der Parteien gegen ein Sachverständigengutachten hat das Gericht nachzugehen. Dies gilt vor allem auch, wenn die Partei ein widersprechendes Privatgutachten vorlegt;[37]
- ein einschränkendes Verständnis von Ausführungen medizinischer SV in schriftlichen Gutachten darf der Entscheidung nicht ohne vorherige Befragung des SV zu Grunde gelegt werden;[38]
- haben die SV alle medizinisch relevanten Tatsachen gekannt und aus ihrer Sicht gewürdigt, darf das Gericht nicht ohne weitere Aufklärung vermeintliche Lücken des Gutachtens aus eigener Sachkunde ausführen;[39]
- stehen Erklärungen des SV bei einer mündlichen Anhörung in Widerspruch zu dem, was er in seinem schriftlichen Gutachten und bei einer früheren Anhörung geäußert hat, ist ihm das vorzuhalten; andernfalls ist das Gutachten keine ausreichende Grundlage für die Überzeugungsbildung des Tatrichters;[40]
- Gutachten gerichtlich bestellter Sachverständiger in Arzthaftpflichtprozessen sind dann besonders kritisch zu würdigen, wenn sie nur lapidare Feststellungen zu den Fachfragen enthalten (hier: Gutachten eines Neurologen zur Frage der Regionalanästhesie), die nicht in das Spezialgebiet des Gutachters fallen.[41]

4. Schlussthesen. Richter und medizinische SV sind keine Antipoden; sie sitzen vielmehr „im gleichen Schiff", dessen „Kapitän" aber der Richter bleibt. Daß heißt, der ärztliche Gutachter ist und bleibt Gehilfe des Richters und ist kein „Richter im weißen **39**

---

[31] BGH NJW 1951, 566.
[32] BGH NJW 1971, 241; neuerdings VersR 1996, 1535; NJW 1997, 794; BGH VersR 2000, 766.
[33] BGH NJW 1996, 730, NJW 1997, 803.
[34] OLG Hamm VersR 1996, 332.
[35] BGH NJW 1975, 1463.
[36] BGH NJW 1978, 587.
[37] BGH VersR 1991, 752; vgl hierzu noch *Bürger,* MedR 1999, 100, 101 ff mit zahlreichen Zitaten aus der BGH-Rechtsprechung; sowie BGH EBE/BGH 2000, 378; BGH ArztR 1999, 24 = NJW 1998, 2735 = VersR 1998, 853.
[38] BGH VersR 1983, 735.
[39] BGH VersR 1984, 354; vgl auch BGH NJW 1997, 1446.
[40] BGH VersR 1985, 1187.
[41] OLG Stuttgart VersR 1988, 410.

Kittel"; er schlüpft im Strafverfahren auch nicht in die Robe eines „medizinischen Staatsanwalts".[42]

40 Der Richter darf auch nicht so ohne weiteres seine eigene Auffassung an die Stelle des Gutachters setzen, denn die Gutachter haben ein besonderes (Spezial-)Wissen, verfügen auf ihrem Fachgebiet über eine große Erfahrung und können damit ein weit zuverlässigeres Bild als jeder Laie, und wenn es auch ein Richter ist, abgeben. Das soll aber nicht heißen, dass sich der Richter nicht auch seine eigene Meinung und Rechtsauffassung zu den medizinischen Sachfragen bilden darf und muss.

41 Jeder Richter sollte zudem wissen: Folgt er allzu bereitwillig dem SV, droht ihm die Aufhebung seines Urteils durch die Oberinstanz; widersetzt er sich jedoch dem Erkenntnis des Experten, wird ihm uU die höhere Kollegenschaft vorwerfen, er habe in diesem Fall seine eigene Sachkunde überschätzt. Das Mittelmaß zu finden, verlangt vom Richter eine gehörige Portion an Fingerspitzengefühl, Berufserfahrung, Hinzulern-Motivation und auch richterliche Bescheidenheit.[43]

42 Der medizinische SV sollte sich hüten vor: fachlicher Eitelkeit, unzulässiger Delegation der Verantwortung, unzulässiger Amtsermittlung, Überforderung richterlichen Verständnisses, unzulässigen Ausflüchten in rechtliche Fragen, und vor allem vor einem irreführenden Gutachten. Dieses liegt auf alle Fälle dann vor, wenn sich schon die Zusammenfassung nicht mit den davorstehenden Ausführungen deckt.[44]

---

[42] Vgl *Janssen,* Kriminalistik 1970, 436.
[43] Vgl hierzu *Schlund* Zeitschrift für ärztliche Fortbildung 1996, 596 ff.
[44] Vgl hierzu auch *Bayerlein,* Praxishandbuch Sachverständigenrecht, 42. Aufl 2008, 389 ff.

22. Kapitel. Besondere ärztliche Eingriffe und Sonderprobleme

Schrifttum: Schrifttum zur Sterilisation und Kastration: *Bock,* Zwangssterilisation im Nationalsozialismus, 1986; *Bockelmann,* Strafrecht des Arztes, 1968; *Brenner,* Rechtliche Zulässigkeit der Sterilisation, Geburtshilfe und Frauenheilkunde 1982, 226; *Bürger-Prinz/Giese,* Zur Phänomenologie des Transvestitismus bei Männern, Beiträge zur Sexualforschung Heft 3, 2. Aufl 1966; Bundesvereinigung Lebenshilfe, Regelungen zur Sterilisation einwilligungsfähiger Personen im Betreuungsgesetz 1990; *Burchard,* Struktur und Soziologie des Transvestitismus und Transsexualismus, Beiträge zur Sexualforschung Heft 21, 1961; *Dannemann,* Arzthaftung für die unerwünschte Geburt eines Kindes, VersR 1989, 676; *Deuchler,* Die Haftung des Arztes für die unerwünschte Geburt eines Kindes („wrongful birth"). Eine rechtsvergleichende Darstellung des amerikanischen und deutschen Rechts, 1984; *Deutsch,* Das Kind oder sein Unterhalt als Schaden, VersR 1995, 609; *Dölling,* Einwilligung und überwiegende Interessen, FS Gössel 2002, 209 ff; *Ehrhardt,* Transsexualität – Medizinische, rechtliche und ethische Aspekte, in: *Buchholz/Doppelfeld/Fischer* (Hrsg), Der Arzt – Profil eines freien Berufes im Spannungsfeld von Gesundheitspolitik, Wissenschaft und Publizistik, FS v Deneke 1985, 272; *Eicher,* Transsexualismus, 2. Aufl 1992; *Engisch,* Die Strafwürdigkeit der Unfruchtbarmachung mit Einwilligung, FS H Mayer 1966, 399 ff; *Eser,* Freiwillige Sterilisation und Strafrechtsreform, Medizinische Welt 1970, 1751; *ders,* Sterilisation geistig Behinderter, FS Tröndle 1989, 625; *Eser/Hirsch* (Hrsg), Sterilisation und Schwangerschaftsabbruch, eine Orientierungshilfe zu medizinischen, psychologischen und rechtlichen Fragen, 1980; *Eser/Koch,* Aktuelle Rechtsprobleme der Sterilisation, MedR 1984, 6; *dies,* Aktuelle Rechtsprobleme der Sterilisation, Gynäkologe 1982, 62 ff; *Finger,* Schwangerschaftsabbruch und Sterilisation in der Ehe, KritV 1986, 326; *Fischer,* Zwangssterilisation geistig Behinderter?, Jur Diss 1989; *Foerster,* Grundsätzliches zur Strafwürdigkeit der Gefälligkeitssterilisation, JZ 1971, 123; *Franzki,* Neue Dimensionen in der Arzthaftung: Schäden bei der Geburtshilfe und wrongful life als Exponenten einer Entwicklung?, VersR 1990, 1181; *Gaidzik/Hiersche,* Historische, rechtstatsächliche und rechtspolitische Aspekte der Sterilisation Einwilligungsunfähiger, MedR 1999, 58 ff; *Geilen,* in Hdb d Fachanwalts Medizinrecht (Hrsg Wenzel), 2. Aufl 2009, RdNr 567 ff; *Grünen* (Hrsg), Argumente, Sterilisation Behinderter, Hilfe statt Zwang, 1988; *Hanack,* Die strafrechtliche Zulässigkeit künstlicher Unfruchtbarmachung, 1959; *ders,* Künstliche Eingriffe in die Fruchtbarkeit, in: *Göppinger* (Hrsg), Arzt und Recht, 1966, 11; *ders,* Die Sterilisation aus sozialer Indikation, JZ 1964, 393; *Hardwig,* Sterilisation und Sittlichkeit, GA 1964, 289; *Harmsen,* Familienplanung, in: *Mergen* (Hrsg), Die juristische Problematik in der Medzin, Bd III 1971, 104; *Heidenreich/Otto,* Sterilisation bei geistiger Behinderung, 1991; *Hiersche/Hiersche,* Sterilisation geistig Behinderter, 1991; *Hiersche/Hirsch/Graf-Baumann* (Hrsg), Die Sterilisation geistig Behinderter, Einbecker Workshop der Deutschen Gesellschaft für Medizinrecht, 1988; *Hirsch/Hiersche,* Sterilisation geistig Behinderter, MedR 1987, 135; *Hoerster,* Grundsätzliches zur Strafwürdigkeit der Gefälligkeitssterilisation, JZ 1971, 123; *Hoffmann,* Sterilisation geistig behinderter Erwachsener, 1996; *Horn,* Strafbarkeit der Zwangssterilisation, DÄBl 1984, 1105; *Horstkotte,* Zum Kastrationsgesetz, Soziale Arbeit 70, 193; *ders,* Juristische Aspekte der Sterilisation, MMW 1982, 70; *ders,* Strafbarkeit der Zwangssterilisation, ZRP 1983, 265; *Jung,* Stereotaktik und Kastrationsgesetz, NJW 1973, 2241; *Kaiser,* Eugenik und Kriminalwissenschaft heute, NJW 1969, 538; *Kern/Hiersche,* Zur Sterilisation geistig Behinderter, MedR 1995, 463; *Kohlrausch,* Sterilisation und Strafrecht, ZStW 52, 1932, 383; *Koffka,* Wie soll die freiwillige Sterilisation künftig gesetzlich geregelt werden?, Ehrengabe für Heusinger, 1968, 355; *Krause,* Freiwilligkeit und Strafmilderung als umstrittene Probleme bei der Kastration von Sittlichkeitsverbrechern, MSchrKrim 67, 240; *Krebs/Neuer-Miebach* (Hrsg), Schwangerschaftsverhütung bei Menschen mit geistiger Behinderung – notwendig, möglich, erlaubt?, 1988; *Kunz,* Die strafrechtliche Problematik der freiwilligen Sterilisation, JZ 1982, 788; *Mahnkopf,* Strafbarkeit der Zwangssterilisation, ZRP 1984, 6; *Majer,* Grundlagen des nationalsozialistischen Rechtssystems, 1987, 130; *Niedermair,* Körperverletzung mit Einwilligung und die Guten Sitten, 1999, 206 ff, 240 ff; *Nowack,* „Euthanasie" und Sterilisierung im „Dritten Reich", 3. Aufl 1984; *Pelchen,* in: *Erbs/Kohlhaas,* Strafrechtliche Nebengesetze, K 17; *Petersen* (Hrsg), Sterilisation. Beratung – Operation – Recht, 1981; *Pfenninger,* Ist freiwillige Sterilisation strafbar? SchZStR 82, 1966, 136; *Overzier,* Die Intersexualität, 1961; *Picker,* Schadensersatz für das unerwünschte eigene Leben – „wrongful life", 1995; *Pilatz/Ziegert/Seichter,* Medizin, Recht und Ethik, DÄBl 2008, A 1131 ff;

§ 126 1

Pieroth, Die Verfassungsmäßigkeit der Sterilisation Einwilligungsunfähiger gem dem Entwurf zu einem Betreuungsgesetz, FamRZ 1990, 117; *Posselt-Wenzel*, Medizinische Eingriffe bei geistig behinderten Menschen, 2004; *Ratzel*, Die Sterilisation der Frau, Frauenarzt 1993, 46; *ders*, in: *Rieger* (Hrsg), Lexikon des Arztrechts, 2. Aufl 2001, Stichwort „Sterilisation", Nr 499 d; *Reinhardt*, Einverständliche Sterilisation bei sozialer Indikation, JuS 1967, 399; *Reis* Sterilisation bei mangelnder Einwilligungsfähigkeit, ZRP 1988, 318; *Röhmel*, Das Problem der Strafwürdigkeit der freiwilligen Sterilisation, JA 1977, 183; *Rothärmel*, Rechtsfragen der medizinischen Intervention bei Intersexualität, MedR 2006, 274, 280 f; *Schlund*, Die Sterilisation der Frau: Zur Aufklärungsproblematik bei fehlgeschlagener Familienplanung, Frauenarzt 1993, 886; *ders*, Rechtliche Probleme bei der freiwilligen Sterilisation, Urologe B 1980, 147; *Eb Schmidt*, Das Sterilisationsproblem nach dem in der Bundesrepublik geltenden Strafrecht, JZ 1951, 65; *Schwalm*, Kastration, Sterilisation und Einwilligung in strafrechtlicher Sicht, in: Mergen (Hrsg), Die juristische Problematik in der Medizin, Bd III 1971, 200; *Schwenger*, Zulässigkeit einer Sterilisation geistig Behinderter, MedR 1988, 231; *Siess*, Die Änderung der Geschlechtszugehörigkeit, 1996; *Spann*, Rechtsgrundlagen der operative Sterilisation beim Mann und bei der Frau, GebFra 1975, 501; *ders*, Zur besonderen Problematik der Sterilisation aus sozialer Indikation und der Gefälligkeitssterilisation, GebFra 1976, 197; *Stieglitz*, Die wrongful birth- und wrongful life-Problematik im deutschen Deliktsrecht, 1989; *Ulsenheimer*, Arztstrafrecht in der Praxis, 4. Aufl 2008, RdNr 345 ff; *Urbanzyk*, Sind freiwillige Sterilisierungen strafbar? NJW 1964, 425; *Voll*, Die Einwilligung im Arztrecht, 1996; *Weißauer/Hirsch*, Vasektomie bei geistig Behinderten, Urologe 1982, 252; *Wild*, Rechtliche Aspekte der Sterilisation geistig Behinderter, in: Geistige Behinderung, 1985, 2; *Wulfhorst*, Wäre eine Strafbarkeit der freiwilligen Sterlisierung verfassungswidrig? NJW 1967, 649; Sonderheft 28 der MMW Bd 118 (1976) über „Probleme der Sterilisation bei Mann und Frau".

§ 126 Die Sterilisation

Inhaltsübersicht

	RdNr
I. Begriff und Geschichte	1
1. Begriff	1
2. Historisches	2
3. Die aktuelle Rechtsproblematik	3
II. Zivilrechtliche Probleme der Sterilisation	4
III. Die fehlgeschlagene Sterilisation	9
IV. Die Beratungspflicht des Arztes im Rahmen des Sterilisationsvertrages	11
V. Der Umfang des Schadensersatzanspruches	12
VI. Die Sterilisation einwilligungsunfähiger Personen	13
VII. Zur Strafbarkeit der Sterilisation	15

I. Begriff und Geschichte

1 **1. Begriff.** Sterilisation ist der Eingriff, durch den die Samenleiter beim Mann, die Eileiter bei der Frau unterbrochen werden, um eine Vereinigung von Samen und Ei, also die Zeugungs- bzw. Empfängnisfähigkeit zu verhindern.[1] Im Unterschied zur Kastration bleibt die Libido und Fähigkeit zum Sexualverkehr erhalten. Dennoch ist die Sterilisation wegen der möglicherweise dauerhaften Fortpflanzungsunfähigkeit einer der „schwersten Eingriffe in die körperliche Integrität und gesamte Lebensführung".[2]

---

[1] Vgl *Schwalm*, Kastration, Sterilisation und Einwilligung in strafrechtlicher Sicht, in: *Mergen* (Hrsg), Die juristische Problematik in der Medizin, Bd III, 200; *Narr* ÄrztlBerufsR RdNr 818; *Rieger* Lexikon RdNr 1726; *Gründel/Koch* Lexikon Medizin – Ethik – Recht, Sp 1102; *Laufs* ArztR, 5. Aufl 1993, RdNr 307 und die dort angegebene umfangreiche Literatur; RGRK-*Nüßgens* § 823 BGB Anh II RdNr 227.

[2] *Tröndle/Fischer*, StGB, 50. Aufl 2001, § 228 RdNr 13.

22. Kapitel. Besondere ärztliche Eingriffe und Sonderprobleme   2, 3   § 126

2. Historisches. Sterilisation als Empfängnisverhütung hat eine lange Geschichte.³ **2**
Vor dem am 1. 1. 1934 in Kraft getretenen **Gesetz zur Verhütung erbkranken Nachwuchses** vom 14. 7. 1933 (RGBl I 529) wurden freiwillige Sterilisierungen als schwere Körperverletzungen bestraft (RG JW 1933, 2060). Das Erbgesundheitsgesetz ließ jedoch in bestimmten Fällen die freiwillige Sterilisation straffrei, während es im Übrigen bei der Strafbarkeit verblieb. Eine unrühmliche Bedeutung erlangte § 12 Abs 1 des Gesetzes. Danach konnte das Gericht die Zwangssterilisation auch gegen den Willen des unfruchtbar zu Machenden beschließen.⁴ Der beamtete Arzt hatte bei der zuständigen Polizeibehörde die erforderlichen Maßnahmen zu beantragen. Soweit andere Maßnahmen nicht ausreichten, war die Anwendung unmittelbaren Zwanges zulässig. Aufgrund des Gesetzes zur Verhütung erbkranken Nachwuchses wurden in den Jahren 1934–1945 ca 350 000 Menschen zwangssterilisiert.⁵ Durch § 14 ErbGesG idF v 26. 6. 1935 (RGBl I 773) und den mit VO v 18. 3. 1943 in das StGB eingefügten § 226 b wurden freiwillige Sterilisierungen ganz aus dem Tatbestand der Körperverletzung herausgenommen und der Sondernorm des § 226 b StGB unterstellt. Diese Bestimmung ist jedoch durch Art I des Kontrollratsgesetzes Nr 11 v 30. 1. 1946 beseitigt worden und damit nach Ansicht des BGH (BGHSt 20, 81 ff) eine Lücke entstanden, die nur durch den Gesetzgeber geschlossen werden könne. Da dies bislang – trotz eines seit 1972 vorliegenden Entwurfs – nicht geschehen ist, gibt es nach höchstrichterlicher Judikatur „keine deutsche Strafvorschrift mehr, die freiwillige Sterilisierungen mit Strafe bedroht."⁶ Die hL sieht dagegen den Rechtszustand vor Einfügung des § 226 b StGB für wiederhergestellt. In einzelnen Bundesländern galt § 14 Abs 1 ErbGesG als partielles Bundesrecht weiter (BGHSt 2, 114). Das Erbgesundheitsgesetz wurde endgültig erst durch das Kastrationsgesetz vom 15. 8. 1969 (BGBl I, 1143) und das 5. Strafrechtsreformgesetz vom 18. 6. 1974 (BGBl I, 1297, Art 8 Nr 1) außer Kraft gesetzt. 1988 stellte der Deutsche Bundestag fest, dass die auf der Grundlage des Erbgesundheitsgesetzes während der Zeit von 1933 bis 1945 durchgeführten Zwangssterilisationen⁷ nationalsozialistisches Unrecht sind (BT-Drucks 11/1714 S 2). In der sowjetischen Besatzungszone und später in der DDR kam es trotz völliger Aufhebung des Erbgesundheitsgesetzes zu Sterilisationen an geistig Behinderten. Eine gesetzliche Grundlage hierzu erging erst 1969.

3. Die aktuelle Rechtsproblematik. Zwangssterilisationen sind unzulässig und **3**
strafbar (s RdNr 15). In der rechtspolitischen Diskussion stehen vor allem die Zulässigkeit einer **Sterilisation geistig Behinderter** und die **Grenzen zivilrechtlicher Ersatzansprüche** bei Geburt eines Kindes nach fehlgeschlagener Sterilisation im Vordergrund. Aber auch die strafrechtliche Problematik der **freiwilligen Sterilisation** ist angesichts einer fehlenden gesetzlichen Regelung, der beachtlichen normtheoretischen Einwendungen gegen das „Dohrn-Urteil" des BGH⁸ und der wechselvollen Gesetzgebungsge-

---

³ Vgl *Genesius*, Empfängnisverhütung, 3. Aufl 1970, 1 ff; *Kern/Hiersche* MedR 1995, 463.
⁴ Instruktiv insoweit auch die „Richtlinien für die Schwangerschaftsunterbrechung und Unfruchtbarmachung aus gesundheitlichen Gründen", hrsg von der Reichsärztekammer, 1936; *Böhr*, Die Unfruchtbarmachung nach geltendem und zukünftigem Recht, Diss 1933; *Flitner*, Rassenhygienische Betrachtungen im Recht, JW 1933, 2490; *Frick*, Die Rassenfrage in der deutschen Gesetzgebung, DJZ 1934, 1; *Gütt/Rüdin/Ruttke*, Gesetz zur Verhütung erbkranken Nachwuchses, 2. Aufl 1936; *U Weinbörner*, RpflBl 1987, 35; *Bock*, Zwangssterilisation im Nationalsozialismus, 1986; *Gansmüller*, Die Gesundheitspolitik des Dritten Reiches, 1987; *Nowack*, „Euthanasie" und Sterilisierung im „Dritten Reich", 3. Aufl 1984; *Kranz/Koller*, Die Gemeinschaftsunfähigen, Bd 2, 1941, 148; *Ristow*, Erbgesundheitsrecht, 1935.
⁵ Vgl auch *Bock*, Zwangssterilisation im Nationalsozialismus, 1986; *Hanack*, Die strafrechtliche Zulässigkeit künstlicher Unfruchtbarmachungen, 1959, 67; *Nowack*, 77.
⁶ Vgl auch *Wille*, Nachuntersuchungen an sterilisierten Frauen, 1978, Kapitel 9; BGHZ 67, 48; *Staudinger/Schäfer* § 823 BGB RdNr 23; *Deutsch/Spickhoff* MedR RdNr 529. Für die Schweiz s *Rehberg* bei *Honsell* (Hrsg), Handbuch des Arztrechts, 1994, 330 ff.
⁷ Die Zahl wird auf ca 400 000 geschätzt, s *Pilatz/Ziegert/Seichter*, DÄBl 08, A 1131.
⁸ BGHSt 20, 81 ff.

schichte noch nicht völlig geklärt.⁹ Die kirchliche Lehre lehnt die freiwillige Sterilisation im Grundsatz ab, während nach heute wohl allgemeiner Meinung die Sterilisation aus medizinischen, genetischen oder sozialen Gründen **standesrechtlich** zulässig¹⁰ ist. Auch die Muster-Berufsordnung für die deutschen Ärzte hatte bei diesen Indikationen keine standesrechtlichen Bedenken (§ 8), enthält sich aber einer klaren Aussage zur Zulässigkeit der Gefälligkeitssterilisation¹¹ und hat das Indikationsmodell inzwischen ersatzlos gestrichen.¹²

II. Zivilrechtliche Probleme der Sterilisation

4   Unbestritten dürfte inzwischen die Zulässigkeit der **medizinisch-sozialen Indikation** sein, wenn zB die Geburt weiterer Kinder bei einer völlig überlasteten Mutter zu erheblichen psychischen und physischen Gesundheitsschäden führen würde.¹³ Bei der rein freiwilligen Sterilisation im Falle der **medizinischen Indikation** wie zB Gebärmutterkrebs oder Eierstockoperation stellt sich die Sterilisation als Heilbehandlung dar.¹⁴ Zulässig ist auch eine Sterilisation aufgrund **eugenischer Indikation,** wenn der Betroffene an einer Erbkrankheit leidet und zu erwarten ist, dass die Nachkommenschaft körperlich oder seelisch erheblich geschädigt würde oder nicht lebensfähig wäre.¹⁵

5   Umstritten, aber überwiegend bejaht wird die Zulässigkeit der Sterilisation aus **sozialer Indikation** (wirtschaftliche Notlage, hohe Kinderzahl zB), wenn die Betroffene dem Eingriff zustimmt.¹⁶ Nach Auffassung des BGH¹⁷ handelt ein Arzt, der eine 34-jährige Frau und Mutter von drei Kindern unfruchtbar macht, wenn sie das wünscht, weil sie keine weiteren Kinder haben will, nicht rechtswidrig. Dafür spricht schon die Parallele zur Rechtfertigung des Schwangerschaftsabbruchs bei sozialer Indikation, dem gegenüber „eine präventive Sterilisation das zweifellos kleinere Übel darstellt".¹⁸ Der BGH hat in seiner Entscheidung hervorgehoben, dass nach den herrschenden Moralvorstellungen weder die Empfängnisverhütung als solche noch die ärztliche Mithilfe dazu verwerflich sind. Im Gegenteil werde die freie Entscheidung für oder gegen eine Elternschaft als Möglichkeit zu einer humaneren Lebensführung verstanden. Bei der Entscheidung der Frau auf Verzicht künftiger – weiterer – Mutterschaft spielten Lebensalter, Lebensverhältnisse sowie die psychische Belastbarkeit eine gewichtige Rolle. Dies entspreche der Wertordnung unserer Verfassung, die der Einzelpersönlichkeit in diesem innersten Bereich der Lebens-

---

⁹ Vgl *Eser* MedWelt 1979, 1731; *Hanack* JZ 1965, 221; *Schönke/Schröder/Eser* StGB, 27. Aufl 2006, § 223 StGB RdNr 54, 61; LK-*Hirsch* StGB, 11. Aufl 2001, § 228 StGB RdNr 41; *Hirsch* ZStW 1971, 169.

¹⁰ Vgl auch *Narr* ÄrztlBerufsR RdNr 819; *Brenner,* Arzt und Recht, 120 ff; *Rieger* Lexikon RdNr 1726; RGRK-*Nüßgens* § 823 BGB Anh II RdNr 226–241; *Harrer,* Zivilrechtliche Haftung bei durchkreuzter Familienplanung, 1989, 146 ff.

¹¹ Siehe dazu *Ulsenheimer,* Arztstrafrecht in der Praxis, RdNr 354.

¹² *Ratzel,* in: *Rieger* (Hrsg), Lexikon des Arztrechts, Nr 4990 (Stand 2005).

¹³ *Narr* ÄrztlBerufsR RdNr 821; *Schönke/Schröder/Eser* § 223 StGB RdNr 54, 50, 61; RGRK-*Nüßgens* § 823 BGB Anh II RdNr 230.

¹⁴ Nicht übersehen werden darf aber, dass – wie jede andere Heilbehandlung auch – die Sterilisation tatbestandlich eine schwere Körperverletzung iS von §§ 223, 226 StGB darstellt, die ihre Rechtfertigung lediglich durch die Einwilligung des Patienten erfährt und nicht sittenwidrig sein darf (§ 228 StGB).

¹⁵ *Hanack* JZ 1964, 401; *Hardwig* GA 1964, 300; *E Schmidt* JZ 1951, 68; *Kaiser* NJW 1969, 538; *Schönke/Schröder/Eser* § 223 StGB RdNr 61; LK-*Hirsch* § 228 StGB RdNr 39; *Kohlhaas* NJW 1963, 2351; str, aA *Kienzle* GA 1957, 75; *Maunz/Dürig,* Art 2 Abs 2 GG RdNr 33.

¹⁶ Rechtfertigung bei sozialer Indikation bejahen: *Kohlhaas* NJW 1963, 2352 Anm 23; *Eb Schmidt* JZ 1951, 69; *Tröndle/Fischer* § 228 StGB RdNr 13; *Urbanczyk* NJW 1964, 425; LK-*Hirsch* § 228 StGB RdNr 41; *Staudinger/Schäfer* § 823 BGB RdNr 23; ablehnend OLG Celle NJW 1963, 407; *Brühl* JR 1951, 498; *Hanack* JZ 1964, 393 f.

¹⁷ BGHZ 67, 48.

¹⁸ *Schönke/Schröder/Eser,* § 223 RdNr 61.

22. Kapitel. Besondere ärztliche Eingriffe und Sonderprobleme § 126

verwirklichung einen Freiheitsraum gewähre, zu dem die Gemeinschaft keinen Zugang habe, sei es auch nur in der Form der moralischen Kritik.[19]

Nach Auffassung des BGH[20] muss die Frage, „wann eine freiwillige Sterilisation, die weder medizinisch, kriminologisch oder genetisch noch sozial indiziert ist, aufgrund solcher Abwägung zu missbilligen ist, der Entscheidung des Einzelfalles vorbehalten bleiben, solange es an einer verbindlichen Entscheidung des Gesetzgebers fehlt."[21] Es ist also nach geltendem Recht immer im Einzelfall zu prüfen, ob eine **Gefälligkeitssterilisation sittenwidrig** ist oder nicht. Das heißt: prinzipiell ist ein Sterilisationseingriff mit Einwilligung der Frau auch ohne besondere medizinische oder soziale Indikation rechtlich zulässig.[22] Damit entfällt die Indikationsprüfungspflicht für den Arzt. Er hat aber im Hinblick auf die Irreversibilität des Eingriffs gewisse Grenzen des Selbstbestimmungsrechts der Frau zu beachten, wie zB Lebensalter, Lebensverhältnisse oder psychische Belastbarkeit, darf andererseits jedoch im Rahmen der Abwägung aller Umstände das Selbstbestimmungsrecht hoch veranschlagen.[23] Zur Rechtfertigung gehört auch, dass der oder die einwilligende Betroffene die Tragweite seiner (ihrer) Entscheidung zu beurteilen vermag. **Minderjährige** werden regelmäßig nicht imstande sein, den gewünschten Eingriff in seiner vollen Tragweite zu erfassen,[24] weshalb der Gesetzgeber in § 1631c BGB ausdrücklich klargestellt hat, dass weder die Eltern noch ihr Kind selbst in die Sterilisation wirksam einwilligen können. Bei einem jüngeren, noch unverheirateten oder kinderlosen Menschen verbietet sich der Eingriff in aller Regel, wenn er nicht medizinisch oder genetisch begründet ist. Vor jeder Sterilisation hat der Arzt seinen Patienten oder seine Patientin besonders sorgfältig, umfassend und eindringlich über die Eigenart des Eingriffs, seine Konsequenzen, die möglichen Komplikationen, die verschiedenen Sterilisationsmethoden[25] und die jeweilige Versagerquote mit den daraus sich ergebenden Folgerungen aufzuklären.[26] Dies gilt vor allem bei fehlender Indikation; denn dieses Minus muss durch ein Plus im Bereich der Aufklärung ausgeglichen werden: „Je weniger ein ärztlicher Eingriff medizinisch geboten ist, umso ausführlicher und eindrücklicher ist der Patient, dem dieser Eingriff angeraten wird oder der ihn selbst wünscht, über dessen Erfolgsaussichten und etwaigen schädlichen Folgen zu informieren".[27] Deshalb gehören Sterilisationseingriffe zu den ärztlichen Maßnahmen mit den höchsten Aufklärungsanforderungen. Die Einwilligung des Ehegatten ist rechtlich nicht erforderlich.[28] Allerdings entspricht es gutem ärzt-

---

[19] Eine Regelung der freiwilligen Sterilisation hat der Regierungsentwurf eines Fünften Gesetzes zur Reform des Strafrechts (BT-Drucks VI/3434) vorgeschlagen. Danach sollte gem § 226b StGB die Zulässigkeit der freiwilligen Sterilisation nicht mehr an eine bestimmte Indikation gebunden sein, wenn der Betroffene das 25. Lebensjahr vollendet hat. Vgl hierzu *Rieger* DMW 1973, 1781; *ders*, Lexikon des Arztrechts, 1984, RdNr 1728; Stellungnahme der Bundesärztekammer DÄBl 1972, 730; *Schlund*, Geburtshilfe und Frauenheilkunde 1978, 587.

[20] BGHZ 67, 48, 53; RGRK-*Nüßgens* § 823 BGB Anh II RdNr 231; *Laufs* ArztR RdNr 310.

[21] Vgl auch *Narr* ÄrztlBerufsR RdNr 824, 825; *Lenckner*, in: Eser/Hirsch (Hrsg), Sterilisation und Schwangerschaftsabbruch, 1980, 173, 1901 *Horn* ZRP 1983, 265. Das OLG Hamm (FamRZ 1983, 310) hält nur den Gesetzgeber zur Lösung des Problems für befugt. So auch *Hirsch/Hiersche* MedR 1987, 135, 140; *Reis* ZRP 1988, 318, 322; *Horn* ZRP 1983, 265, 266; vgl auch *Steffen/Pauge* ArzthaftungsR RdNr 262; BGHZ 76, 259 = NJW 1980, 1452 = VersR 1980, 558.

[22] BVerfG NJW 1993, 1751; BGHZ 124, 128 = NJW 1994, 788; *Schönke/Schröder/Eser* § 223 StGB RdNr 62.

[23] *Steffen/Dressler* Arzthaftungsrecht RdNr 262.

[24] *Ratzel*, in: *Rieger* Lexikon RdNr 3 zu Nr 4990; *Petersen* (Hrsg) Sterilisation, 45; *Siegmund-Schultze* Urologe B 1978, 156, 157, 158; RGRK-*Nüßgens* § 823 BGB Anh II RdNr 231.

[25] LG Heidelberg, Urteil v 19. 5. 98.

[26] BGH NJW 1976, 1791; OLG Düsseldorf VersR 2001, 1117; *Laufs* ArztR RdNr 314; s auch *Ulsenheimer*, Arztstrafrecht in der Praxis, RdNr 72b.

[27] BGH MedR 1991, 85 f.

[28] BGHZ 67, 48 = NJW 1976, 1790, BGHZ 76, 259 = NJW 1980, 1452; *Steffen/Pauge* ArzthaftungsR RdNr 262.

lichen Brauch, soweit möglich und rechtlich zulässig, den Ehegatten zu befragen und sich bei dessen Weigerung – je nach den von ihm ins Feld geführten Gründen – zurückzuhalten.[29] Die Zulässigkeit der Sterilisation ist nicht an ein bestimmtes Lebensalter gebunden.[30] Auch eine Achtzehnjährige kann triftige Gründe haben, die Sterilisation bei sich vornehmen zu lassen. Die Einwilligungsfähigkeit hat der Arzt im Einzelfall festzustellen. Je älter, reifer und erfahrener ein Mensch ist, um so eher wird er rechtsgültig in eine Sterilisation einwilligen können.[31]

7 Wegen der zentralen Bedeutung der Aufklärung vor Sterilisationseingriffen ist diese zeitaufwendig, und der Patient bzw die Patientin muss angesichts der weitreichenden Konsequenzen der Entscheidung eine ausreichende Bedenkzeit und angemessene Überlegensdauer haben. Eine Aufklärung vor der Tür des Operationssaals oder kurz vor Vornahme des Eingriffs verbietet sich, da sonst die Gefahr besteht, dass die Einwilligung wegen des psychischen Drucks unwirksam oder jedenfalls dem Einwand des Patienten ausgesetzt ist, er habe sich „aus dem in Gang gesetzten Geschehensablauf nicht mehr lösen"[32] können. Ein Aufklärungsgespräch erst 15 bis 20 Minuten vor Einleitung der vorbereitenden Maßnahmen für den Eingriff kann ausnahmsweise bei ambulanter Durchführung genügen, wenn die Patientin bereits zu diesem Eingriff entschlossen in die Praxis kommt, nachdem sie zuvor schon der überweisende Arzt und die Schwangerschaftsberatungsstelle informiert hatten.[33] Ansonsten aber muss die „Sterilisationsaufklärung" möglichst frühzeitig, am besten bei der Absprache des Operationstermins erfolgen. Die Überlegungsfrist von einem Tag wurde gerichtlich als „extrem knapp" angesehen.[34] Bei der laparoskopischen Tubenkoagulation ist die Darmverletzung, bei der laparoskopischen Elektrokoagulation sind Verbrennungsschäden aufklärungspflichtige Risiken, ebenso Lähmungserscheinungen und Beeinträchtigung der Ausscheidungs- und Genitalfunktionen bei der beiderseitigen Tubensterilisation.[35]

8 Zulässig ist auch die **vikariierende Sterilisation.** Hier wird nicht der Ehegatte sterilisiert, bei dem eine rechtfertigende Indikation vorliegt, sondern der andere.[36] Da § 3 EntgeltfortzG die freiwillige Sterilisation dem Krankheitsfall gleichstellt,[37] wird man davon ausgehen müssen, dass die Übernahme dieser Kosten nicht nur unter die Leistungspflicht der gesetzlichen Krankenversicherung, sondern auch der privaten Krankenversicherer fällt. Der Anspruch auf Beihilfe zu den Kosten einer Sterilisation hängt nach § 88 S.1 NWBG iVm der Beihilfeverordnung nur davon ab, dass der Eingriff „nicht rechtswidrig" ist, nicht aber von zusätzlichen Voraussetzungen, wie zB von einer Indikation, die einen Schwangerschaftsabbruch rechtfertigt (OVG Münster NJW 1994, 3030).

---

[29] BGH NJW 1976, 1791; OLG München VersR 2002, 717, 718.
[30] Für Österreich sieht § 90 Abs 2 ÖStGB seit 1975 eine gesetzliche Regelung der Sterilisation vor. Danach ist die von einem Arzt an einer Person mit deren Einwilligung vorgenommene Sterilisation zulässig, wenn die Person das 25. Lebensjahr vollendet hat oder der Eingriff aus anderen Gründen nicht gegen die guten Sitten verstößt. In der Schweiz wird die freiwillige Sterilisation ohne Bindung an bestimmte Indikationen und Altersgrenzen für zulässig gehalten. Vgl *Gründel/Koch*, Lexikon Medizin – Ethik – Recht, Sp 1111; *Rehberg*, in: *Honsell*, Handbuch des Arztrechts, S 330 ff.
[31] *Laufs* ArztR RdNr 315.
[32] BGH VersR 1994, 1235, 1236 f.
[33] OLG Bremen VersR 1999, 1370.
[34] OLG München VersR 2002, 717, 718.
[35] Str, s *Kremling*, in: *Kremling/Goecke/Solbach* (Hrsg) Forensische Gynäkologie, 1991, 126; OLG Hamm VersR 1986, 477; AHRS 4475/4 u 5).
[36] Einzelheiten bei *Narr* ÄrztlBerufsR RdNr 823.
[37] Vgl auch *Deutsch/Spickhoff* MedR RdNr 529; str, aA *Laufs* ArztR RdNr 313 für die privaten Krankenversicherer.

III. Die fehlgeschlagene Sterilisation

In den Fällen missglückter Sterilisation stellt sich die Herbeiführung der Schwangerschaft gegen den Willen der Frau als Körperverletzung nach §§ 823, 847 BGB dar.[38] Der Behandlungsfehler liegt in der nicht lege artis erfolgten Durchführung des Eingriffs. Da der Sterilisationsvertrag Schutzwirkungen zugunsten Dritter entfaltet,[39] stehen auch dem **Ehemann** Schadensersatzansprüche aus dem Arztvertrag in Höhe der Hälfte der Unterhaltslast zu.[40] Die fehlerhaft vorgenommene Sterilisation als Vertragsverletzung kann auch Schadensersatzansprüche eines **Kassenpatienten** auslösen.[41] Nach Auffassung des BGH (BGHZ 76, 259, 273) legt es der Rechtsgedanke der Vorschriften des § 1360 S 2 und des § 1606 Abs 3 S 2 BGB nahe, ohne Rücksicht auf eine etwaige Verschiedenwertigkeit der beiderseitigen Beiträge den vom Verantwortlichen insgesamt geschuldeten Betrag den Eltern zu gleichen Teilen zuzusprechen.[42] Der ersatzpflichtige Schaden besteht in dem Unterhaltsanspruch des Kindes gegen die Eltern und entsprechend in den Unterhaltspflichten der Eltern gegenüber dem Kind.[43]

Entscheidend ist im Einzelfall, ob der Sterilisationsvertrag auf den **Vermögensschutz** (keine Belastung mit einem „unerwünschten" Kind) angelegt war.[44] Dies ist in der Regel anzunehmen in den Fällen der Sterilisation aus sozialer oder kindlicher Indikation. Die Schadensersatzpflicht in Fällen der **medizinischen** Indikation ist vom BGH noch nicht abschließend geklärt. Nach Auffassung des BGH[45] spricht jedoch der erste Anschein dafür, dass die Eltern ihr Verhalten auf die Unfruchtbarkeit der Frau eingerichtet haben und dass die trotz Sterilisation erfolgende Geburt des Kindes „unerwünscht" für sie ist. Die Ersatzpflicht für die Belastung der Eltern mit Unterhalt für das „unerwünschte" Kind stellt sich

---

[38] BGHZ 76, 259 = VersR 1980, 550, 559 = NJW 1980, 1452, 1453; OLG Braunschweig NJW 1980, 643; *Ratzel*, in: *Rieger* Lexikon RdNr 14 zu Nr 4990; *Harrer* (Fn 9) S 195 ff; *Eser/Koch* DÄBl 1981, 1673; *Schlund* Geburtshilfe und Frauenheilkunde 1980, 893; *ders*, Urologe B 1980, 202; RGRK-*Nüßgens* § 823 BGB Anh II RdNr 233.

[39] Vgl *Waibl*, Kindesunterhalt als Schaden, 1986, S 45–49; *Dannemann* VersR 1989, 676, 682.

[40] Die Begründung lässt sich auch aus § 1357 BGB herleiten. Für die Ersatzansprüche des mit Unterhaltspflichten belasteten Ehemannes kommt es nicht darauf an, ob er selbst am Arztvertrag beteiligt war. Vgl BGHZ 76, 259 = NJW 1980, 1452; BGHZ 86, 240, 249 = NJW 1983, 1371; BGHZ 89, 96, 104; 96, 360, 368; BGH NJW 1995, 2407; RGRK-*Nüßgens* § 823 BGB Anh II RdNr 235. Nach Auffassung des BGH dient der Sterilisationsvertrag der Familienplanung und damit zugleich auch dem Schutz des anderen Ehegatten, soweit er unterhaltspflichtig ist. Auch ist es rechtlich unerheblich, ob die Frau Privatpatientin oder Kassenpatientin ist. Siehe auch *Palandt/Grüneberg* § 328 BGB RdNr 22; *Deutsch/Spickhoff* Medizinrecht, RdNr 529; *Gehrlein* Arzthaftpflicht, RdNr 83.

[41] BGHZ 76, 259 = NJW 1980, 1452; OLG Zweibrücken NJW-RR 1997, 666.

[42] Ob auch dem nichtehelichen Vater im Einzelfall Ansprüche gegen den Arzt zustehen können, hat der BGH bisher offen gelassen. Vgl BGH NJW 1985, 671, 672. Nicht entschieden ist auch, ob dem Kind unmittelbare Ansprüche gegen den Arzt zustehen. Vgl hierzu *Deutsch* JZ 1983, 451, 452; *Dannemann* VersR 1989, 676, 682.

[43] BGH NJW 1995, 1609 u 2407; BGH NJW 1997, 1638 = VersR 1997, 698; BGHZ 76, 245 = NJW 1980, 1450; BGHZ 76, 259 = NJW 1980, 1452; BGHZ 86, 240; BGHZ 89, 95, 104; BGHZ 124, 128 = NJW 1994, 788; *Deutsch* NJW 1994, 776; NJW 1993, 2361; VersR 1995, 609; *Giesen* JZ 1994, 286; *Picker*, Schadensersatz für das unerwünschte eigene Leben – „wrongful life" 1995; *Laufs* ArztR RdNr 319; RGRK-*Nüßgens* § 823 BGB Anh II RdNr 234; MünchKomm-*Grunsky* vor § 249 BGB RdNr 12; *Staudinger/Medicus* § 249 BGB RdNr 14; *Grunsky* Jura 1987, 82; *Waibl* NJW 1987, 1518; *Lange*, Schadensersatz, 1979, § 5 V 1 Fn 8; krit *Stürner* VersR 1984, 297, 304; *ders* FamRZ 1985, 753; *Backhaus* MedR 1996, 201 ff; ferner die ablehnende Entscheidung OLG Frankfurt NJW 1983, 341 und das Revisionsurteil BGH NJW 1984, 2625.

[44] *Steffen/Pauge*, Arzthaftungsrecht, RdNr 271.

[45] BGH NJW 1995, 1609 = VersR 1995, 964; BGH NJW 1995, 2407; NJW 1997, 1638; BGHZ 76, 249 = NJW 1980, 1450; BGH NJW 1981, 630 = VersR 1981, 278; BGH NJW 1981, 2002 = VersR 1981, 730; BGH NJW 1984, 2625 = VersR 1984, 1864. S auch OLG Düsseldorf VersR 1992, 493 u 317; VersR 1995, 1498.

als ein Schaden dar, der sich aus der unzulänglichen Vertragserfüllung durch den Arzt ergibt. Unerheblich für die Haftung ist die Weigerung der Frau, das Kind abzutreiben oder es zur Adoption freizugeben. Auch die „Akzeptanz" des Kindes beseitigt die Vertragsverletzung und den Schaden nicht.[46] Ferner kommt es nicht darauf an, ob die Eltern verheiratet sind oder wenigstens beabsichtigen, in absehbarer Zeit zu heiraten. Eine Lebensgemeinschaft reicht aus. Zur Gesamtproblematik „Kind als Schaden" liegen zwei unterschiedliche Entscheidungen des Bundesverfassungsgerichts vom 28. 5. 1993 (BVerfGE 88, 203, 296 = NJW 1993, 1751, 1764) und vom 12. 11. 1997 (MedR 1998, 176) vor: Während der 2. Senat verfassungsrechtliche Bedenken gegen die Rechtsprechung des BGH erhob, da „das Dasein eines Kindes" nicht als Schadensquelle qualifiziert werden dürfe, betonte der 1. Senat in seiner späteren Entscheidung die Verfassungsmäßigkeit der BGH-Judikatur zu diesem Problemkreis. Der BGH überprüfte „auftragsgemäß" seine bisherige Rechtsprechung und bestätigte sie jedenfalls für die Fälle, in denen die Sterilisation infolge ärztlichen Fehlverhaltens misslungen oder ein Schwangerschaftsabbruch trotz damals gesetzlich anerkannter embryopathischer oder kriminologischer Indikation verhindert bzw fehlgeschlagen war.[47] Zur Unterhaltspflicht im Falle eines unterlassenen erlaubten Schwangerschaftsabbruchs s die grundlegende Entscheidung BGHZ 151, 133 und die klarstellenden Ausführungen der Vorsitzenden Richterin *Müller*.[48]

IV. Die Beratungspflicht des Arztes im Rahmen des Sterilisationsvertrages

11   Wie bereits ausgeführt wurde, ist die Frau über die Bedeutung und Folgen der Sterilisation detailliert aufzuklären. Gleiches gilt für die Vasoresektion zur dauerhaften Sterilisation des Mannes. Hier reichen die normalen Aufklärungsbögen zur Aufklärung nicht aus, sondern können allenfalls als Basisinformation dienen. Denn die Rechtsprechung bejaht in zunehmendem Maße eine Schadensersatzpflicht des Arztes auch bei mangelhafter ärztlicher Beratung.[49] Zum Sterilisationsvertrag hat der BGH (NJW 1991, 630) ausgeführt, die besondere Beratungspflicht könne weithin nicht dem gleichgestellt werden, was typischerweise unter der Aufklärungspflicht des Arztes verstanden werde. Hieraus hat *Ströfer*[50] geschlossen, dass der BGH den „Ersatzhaftungsgrund" der Aufklärungspflichtverletzung durch den der **Beratungspflichtverletzung** ersetzt hat. Da der BGH aber nicht neben der Aufklärungspflicht eine besondere ärztliche Beratungspflicht schaffen wollte, ist es richtiger, bei Eingriffen mit schwerwiegenden und uU irreparablen Folgen für den Patienten eine **gesteigerte Aufklärungspflicht** anzunehmen.[51]

V. Der Umfang des Schadensersatzanspruches

12   Der Höhe nach war der Unterhalt in den Grenzen des doppelten Satzes des Regelunterhalts für nichteheliche Kinder (§§ 1615a ff BGB) mit einem angemessenen Zuschlag für den darin nicht enthaltenen Pflegeaufwand festzusetzen.[52] Infolge der durch das Kindschaftsreformgesetz v 16.12.97 (BGBl I, 2942) erfolgten Vereinheitlichung des Unterhaltsrechts für ehedliche und nichteheliche Kinder richtet sich der Unterhalt nunmehr nach der

---

[46] BGH NJW 1984, 2625 = VersR 1984, 864; Einzelheiten bei *Steffen/Pauge* ArzthaftungsR RdNr 271.
[47] BGHZ 124, 128 = NJW 1994, 877; NJW 1995, 1609; 2407; NJW 1997, 1638; 2000, 1782.
[48] NJW 2003, 697 f; s dazu auch *v Harder* Haftungsrechtliche Aspekte pränataler Ultraschalldiagnostik, Gynäkologie 2003, 366 ff mwN
[49] BGH NJW 1997, 1635; OLG Düsseldorf VersR 1997, 1402.
[50] VersR 1981, 796.
[51] Siehe RdNr 6 f; *Ulsenheimer* Arztstrafrecht, RdNr 72a zu § 1.
[52] Vgl BGHZ 76, 259, 265 = NJW 1980, 1452 = VersR 1980, 558, 561; s auch RegelbetragsVO v 6. 4. 1998 (BGBl I, 666), geändert durch VO v 28. 5. 99 (BGBl I, 1100); RGRK-*Nüßgens* § 823 BGB Anh II RdNr 237; *Schumacher* FamRZ 1999, 749.

RegelbetragsVO v 6. 4. 1998⁵³ Angerechnet werden Kindergeld und möglicherweise vom Kind später zu leistende Dienste (§ 1619 BGB).⁵⁴ Entsprechend § 1 Nr 3 RegUnterV wird der Anspruch für den Normalfall begrenzt auf die Vollendung des 18. Lebensjahres.⁵⁵ Für die Zeit danach kann nur auf Feststellung geklagt werden.⁵⁶ Tatsächliche höhere Aufwendungen sind ebensowenig erstattungsfähig wie die aus einem höheren Einkommen resultierenden höheren Unterhaltspflichten der Eltern⁵⁷ oder deren Verdienstausfall.⁵⁸ Eine weitergehende Schadensersatzpflicht des Arztes kann sich ausnahmsweise ergeben, wenn besondere Umstände spezielle Aufwendungen erfordern, wie z B bei genetisch oder perinatal geschädigten Kindern.⁵⁹ Die Ersatzpflicht umfasst aber auch nachgeburtliche Schädigungen.⁶⁰ Der Bundesgerichtshof hat bislang Ansprüche zwar den Eltern – je zur Hälfte – zuerkannt, nicht aber dem behinderten Kind selbst. Dies hat zur Folge, dass die Haftung des Arztes mit dem Tode beider Eltern erlischt.⁶¹ Zur Rechtsprechung betr den Schadensersatzanspruch der Eltern bei fehlerhafter genetischer Beratung, misslungener Sterilisation und verhindertem oder fehlgeschlagenem (erlaubtem) Schwangerschaftsabbruch s im Einzelnen die Zusammenstellungen bei *Steffen/Pauge,* Arzthaftungsrecht, RdNr 271 ff; *Gehrlein,* Grundriss der Arzthaftpflicht, B 82 ff; *Geiß/Greiner,* Arzthaftpflichtrecht, RdNr B 183 ff: bei diesen Fallgruppen muss der Arzt für den vollen Unterhaltsbedarf des Kindes aufkommen, wenn die Eltern bei richtiger Beratung von dessen Zeugung abgesehen oder die Schwangerschaft abgebrochen hätten.⁶²

VI. Die Sterilisation einwilligungsunfähiger Personen

Nach dem Betreuungsgesetz vom 12. 9. 1990 (BGBl I 2002)⁶³ ist das Rechtsinstitut der Betreuung ab 1. 1. 1992 an die Stelle von Entmündigung, Vormundschaft und Pflegschaft über Erwachsene getreten. Die Sterilisation Minderjähriger ist gem § 1631 c BGB ausnahmslos verboten (s o RdNr 6), für nicht einwilligungsfähige betreute Erwachsene gilt die Sonderregelung des § 1905 BGB.⁶⁴ Die Vorschrift lautet:
„(1) Besteht der ärztliche Eingriff in einer Sterilisation des Betreuten, in die dieser nicht einwilligen kann, so kann der Betreuer nur einwilligen, wenn
1. die Sterilisation dem Willen des Betreuten nicht widerspricht,

---

⁵³ OLG Hamm NJW 1999, 1787.
⁵⁴ So *Steffen/Pauge* Arzthaftungsrecht RdNr 274.
⁵⁵ BGHZ 76, 259, 273.
⁵⁶ BGH NJW 19890, 1452.
⁵⁷ *Dannemann* VersR 1989, 680; *Geiß/Greiner* Arzthaftpflichtrecht, 5. Aufl 2006, RdNr 186; vgl aber auch OLG Frankfurt NJW 1983, 341.
⁵⁸ *Geiß/Greiner* RdNr B186.
⁵⁹ Vgl auch BGH NJW 1994, 788; OLG Düsseldorf MedR 1992, 217; OLG Zweibrücken NJW-RR 1997, 666; *Giesen* JZ 1994, 286; *Rieger* Lexikon RdNr 1736; RGRK-*Nüßgens* § 823 BGB Anh II RdNr 237. Zur Geburt eines mongoloiden Kindes vgl BGHZ 89, 95; BGH NJW 1987, 2923; BGH NJW 1989, 1536, 1537; OLG Celle VersR 1988, 964; OLG Düsseldorf NJW 1989, 1548; OLG München VersR 1988, 523, 525.
⁶⁰ *Steffen/Pauge* RdNr 276; *Gehrlein* Arzthaftpflicht, RdNr B 84; *Geiß/Greiner* RdNr B 185.
⁶¹ Vgl hierzu BGH VersR 2002, 192 m Anm *Büsken:* kein Regressanspruch des Sozialversicherungsträgers; *Deutsch/Spickhoff* Medizinrecht, RdNr 343 aE; *Gehrlein* Arzthaftpflicht, RdNr 85; *Steffen/Pauge* ArzthaftungsR RdNr 276; RGRK-*Nüßgens* § 823 BGB Anh II RdNr 237; krit *Giesen* ArzthaftungsR RdNr 64 ff.
⁶² Kritisch hierzu *Laufs* ArztR RdNr 354; s auch Anm *Deutsch* NJW 1994, 776 ff; zustimmend *Giesen* ArzthaftungsR RdNr 65, 66. Eine Unterhaltspflicht haben abgelehnt OLG Nürnberg MedR 1994, 200, 201 und LG Düsseldorf NJW 1994, 805.
⁶³ Vgl die Begründung BR-Drucks 59/89, S 242; ferner *Pieroth* FamRZ 1990, 117.
⁶⁴ Nach wie vor bleibt die Sterilisation für volljährige Nichtbetreute und volljährige einwilligungsfähige Betreute ungeregelt. Zur Bedeutung des Betreuungsgesetzes für das Arztrecht s *Kern* MedR 1991, 66; s auch *E-M Fischer* Zwangssterilisation geistig Behinderter?, 1989; *Zimmermann/Damrau* NJW 1991, 538, 541.

2. der Betreute auf Dauer einwilligungsunfähig bleiben wird,
3. anzunehmen ist, dass es ohne die Sterilisation zu einer Schwangerschaft kommen würde,
4. infolge dieser Schwangerschaft eine Gefahr für das Leben oder die Gefahr einer schwerwiegenden Beeinträchtigung des körperlichen oder seelischen Gesundheitszustandes der Schwangeren zu erwarten wäre, die nicht auf zumutbare Weise abgewendet werden könnte, und
5. die Schwangerschaft nicht durch andere zumutbare Mittel verhindert werden kann.

Als schwerwiegende Gefahr für den seelischen Gesundheitszustand der Schwangeren gilt auch die Gefahr eines schweren und nachhaltigen Leides, das ihr drohen würde, weil vormundschaftsgerichtliche Maßnahmen, die mit ihrer Trennung vom Kind verbunden wären (§§ 1666, 1666 a BGB), gegen sie ergriffen werden müßten.

(2) Die Einwilligung bedarf der Genehmigung des Vormundschaftsgerichts. Die Sterilisation darf erst zwei Wochen nach Wirksamkeit der Genehmigung durchgeführt werden. Bei der Sterilisation ist stets der Methode der Vorzug zu geben, die eine Refertilisierung zulässt."[65]

14 Die gesetzliche Regelung wird ergänzt durch § 1899 Abs 2 BGB, wonach für die Entscheidung über die Zustimmung des Betreuers in die Sterilisation stets ein **besonderer Betreuer** zu bestellen ist. Die Regelung in § 1905 BGB greift ein für Volljährige, die selbst außerstande sind, wirksam in die Vornahme einer Sterilisation einzuwilligen. Für diesen Personenkreis hat der Gesetzgeber nach langen Diskussionen die Sterilisation aufgrund der stellvertretenden Einwilligung eines Betreuers unter engen Voraussetzungen und unter vormundschaftsgerichtlicher Kontrolle[66] sowie mit bestimmten Anforderungen an die Durchführung der Maßnahme (§ 1905 Abs 2 S 2, 3 BGB) zugelassen.[67] Ist der Betroffene selbst einwilligungsfähig, so kommt eine Zustimmung des Betreuers ebensowenig in Betracht wie eine Genehmigung des Vormundschaftsgerichts. Entscheidend für die Einwilligungsfähigkeit ist, dass der Erwachsene imstande ist, den Grund, die Tragweite der Sterilisation, ihre Folgen sowie ihre Bedeutung für das eigene Leben zu erfassen und eine eigene Entscheidung zu treffen.[68] Gem § 1905 Abs 1 S 1 Nr 2 BGB muss voraussichtlich dauernde Einwilligungsunfähigkeit vorliegen. **Zwangssterilisationen** sind unzulässig (§ 1905 Abs 1 S 1 Nr 1 BGB)[69], auch wenn „objektiv" eine Indikation vorliegt. Der entgegenstehende „natürliche" Wille des Betreuten macht deshalb die Einwilligung des Betreuers selbst bei einer durch die Schwangerschaft hervorgerufenen Lebensgefahr

---

[65] Zur Verfassungsmäßigkeit der gesetzlichen Regelung einer Sterilisation Einwilligungsunfähiger gem dem Entwurf für ein Betreuungsgesetz vgl *Pieroth* FamRZ 1990, 117, 121; krit *Finger* DAVorm 1989, 11, 21; *Reis* ZRP 1988, 318, 321.

[66] Gegenwärtig werden jährlich etwa 100 Anträge auf Genehmigung an das Vormundschaftsgericht gestellt, vgl *Pilatz/Ziegert/Seichter,* DÄBl 2008, A 1131, 1133.

[67] Vgl *Coester,* Die sorgerechtliche Indikation bei der Sterilisation behinderter Volljähriger (§ 1905 Abs 1 S 2 BetrG-E), ZfJ 1989, 350; *Finger,* Zur Einwilligung des Betreuers in die Sterilisation eines geistig Behinderten nach § 1905 BGB, NDV 1989, 87, 201; ders, Die Sterilisation geistig Behinderter und § 1905 BGB idF des BtG, DAVorm 1989, 11, 449; ders, Zulässigkeit einer Sterilisation geistig Behinderter aus eugenischer und sozialer Indikation, Recht Psychiatrie 1988, 14; ders, Zulässigkeit einer Sterilisation geistig Behinderter aus eugenischer oder sozialer Indikation – Stellungnahme von der Bundesärztekammer, MedR 1988, 231 ff; *Hiersche/Hirsch/Graf-Baumann,* Die Sterilisation geistig Behinderter, 1988; *Kern* MedR 1993, 245 ff; *Kern/Hiersche,* Zur Sterilisation geistig Behinderter, MedR 1995, 463; *Reis,* Sterilisation bei mangelnder Einwilligungsfähigkeit, ZRP 1988, 318; *Schwab* Schwangerschaftsverhütungsmethoden unter besonderer Berücksichtigung der Sterilisation in der Anwendung für einsichtsunfähige Menschen aus zivilrechtlicher Sicht, in: *Neuer/Miebach/Krebs* Schwangerschaftsverhütung bei Menschen mit geistiger Behinderung – notwendig, möglich, erlaubt?, 1987, 136; MünchKomm-*Schwab* § 1905 BGB RdNr 1 ff; s auch das Literaturverzeichnis vor § 126.

[68] MünchKomm-*Schwab* § 1905 BGB RdNr 5; *Palandt/Diederichsen* § 1905 BGB RdNr 1 ff. Zur Rechtslage in der Schweiz vgl *Honsell,* Handbuch des Arztrechts, 330 ff.

[69] OLG Hamm NJW 2001, 1800, 1802.

oder Gefahr schwerer gesundheitlicher Schädigung der betreuten Frau unwirksam. Angesichts der Höchstpersönlichkeit der Entscheidung ist der fehlende oder defekte Wille zur Sterilisation „durch niemanden ersetzbar".[70] Für die Äußerung des natürlichen Willens genügt jede Art der Willenskundgabe, zB Worte, Zeichen, Schreie oder Gegenwehr, die sich im Falle der Ablehnung aber „gegen die Sterilisation als solche" richten muss.[71] Richtet sich der Widerstand gegen andere Umstände, zB die ärztliche Untersuchung oder aus Angst gegen den Arzt selbst, müssen die „diesen Widerstand hervorrufenden Verhältnisse geändert" werden.[72] Schwierigkeiten ergeben sich für den Arzt deswegen, weil er verpflichtet ist, die Einwilligungsfähigkeit des Patienten auch dann zu prüfen, wenn ein Betreuer bestellt worden ist. Verfügt der Patient über die Einwilligungsfähigkeit, dh über die Reife und das Urteilsvermögen, die Tragweite des ärztlichen Eingriffs für Körper, Beruf und Lebensglück zu ermessen und danach selbstverantwortliche Beschlüsse zu fassen, so ist allein seine Erklärung maßgeblich.[73]

Weitere Voraussetzung für die Sterilisationseinwilligung nach § 1905 Abs 1 Nr 4 BGB ist eine **enge medizinische oder medizinisch-soziale Indikation,** dass „infolge dieser Schwangerschaft eine Gefahr für das Leben oder die Gefahr einer schwerwiegenden Beeinträchtigung des körperlichen oder seelischen Gesundheitszustandes der Schwangeren zu erwarten wäre, die nicht auf zumutbare Weise abgewendet werden könnte". Andere Interessen, zB der Allgemeinheit, der Verwandten oder des ungezeugten Kindes rechtfertigen es nicht, geistig Behinderte ohne ihre Einwilligung sterilisieren zu lassen. So sind zB Gefälligkeitssterilisationen bei diesem Personenkreis ausgeschlossen,[74] ebenso vorsorgliche Sterilisationen.[75] Als schwere Beeinträchtigung des seelischen Gesundheitszustandes ist es anzusehen, wenn eine Schwangerschaft und ihre Folgen für die Frau mit schwerem und nachhaltigem psychischen Leid verbunden wären.[76] Die Indikationen des § 1905 BGB wirken nur rechtfertigend, wenn die Schwangerschaft nicht durch andere zumutbare Mittel verhindert werden kann (§ 1905 Abs 1 Nr 5 BGB).[77] Als unzumutbare Alternative wird „das Unterbinden sexueller Kontakte der Betreuten gegen ihren natürlichen Willen" angesehen.[78] Dagegen sind „alle mechanischen und chemischen Empfängnisverhütungsmittel und -verfahren in Betracht zu ziehen."[79] Das Gericht überprüft, ob die Voraussetzungen einer wirksamen Einwilligung des Betreuers vorliegen. Wird die Genehmigung erteilt, so darf die Sterilisation gem § 1905 Abs 2 S 2 BGB erst 2 Wochen nach der Wirksamkeit der Genehmigung durchgeführt werden. Der Richter hat den Betroffenen persönlich anzuhören und sich einen unmittelbaren Eindruck zu verschaffen (§ 68 S 1 iVm § 69d Abs 1 FGG). Bei engem zeitlichem Zusammenhang zwischen Betreuerbestellung und vormundschaftsgerichtlicher Genehmigung ist es nicht erforderlich, die Bestellung eines Sachverständigen und die persönliche Anhörung des Betroffenen doppelt vorzunehmen[80] Die Entscheidung ist dem Betroffenen selbst bekannt zu machen (§ 69a Abs 1 S 1 iVm § 69d Abs 3 S 1 FGG). Gegen die Genehmigung oder ihre Versagung ist die **unbefristete Beschwerde** gegeben. Beschwerdeberechtigt ist gem § 20 FGG der Betroffene, bei Versagung der Genehmigung auch der einwilligende Betreuer.[81]

---

[70] SK-*Horn* § 228 RdNr 18 a.
[71] OLG Hamm Lebenshilfe 2000, 139 (140) = NJW 2001, 1800 (1802).
[72] OLG Hamm aaO
[73] So zutreffend *Kern* MedR 1993, 245, 247/248; *Laufs* ArztR RdNr 317.
[74] *Kern/Hiersche* MedR 1995, 463, 466.
[75] OLG Hamm NJW 2001, 1801.
[76] Zutreffend MünchKomm-*Schwab* § 1905 BGB RdNr 15.
[77] MünchKomm-*Schwab* § 1905 BGB RdNr 19; *Kern/Hiersche* MedR 1995, 463, 466.
[78] OLG Hamm NJW 2001, 1800, 1801; BayObLGZ 1997, 49.
[79] OLG Hamm NJW 2001, 1800, 1801.
[80] OLG Hamm NJW 2001, 1800.
[81] Vgl hierzu MünchKomm-*Schwab* § 1905 BGB RdNr 29.

VII. Zur Strafbarkeit der Sterilisation

15 Die **Zwangssterilisation** wird als schwere Körperverletzung gemäß §§ 223, 226 Abs 2 StGB mit Freiheitsstrafe nicht unter 3 Jahren, in minder schweren Fällen mit Freiheitsstrafe von einem Jahr bis zu 10 Jahren als **Verbrechen** bestraft. Denn die Qualifikationstatbestände der §§ 224 ff StGB sind auch auf ärztliche Heileingriffe anwendbar, wenn die jeweiligen tatbestandlichen Voraussetzungen erfüllt sind[82] Dagegen ist die **freiwillige** Sterilisation nach der Grundsatzentscheidung des BGH im Falle Dohrn[83] im heutigen deutschen Strafrecht **tatbestandlich** nicht mehr erfaßt, so dass die Straflosigkeit allein von einer rechtswirksamen Einwilligung, nicht aber vom Vorliegen einer bestimmten Indikation abhängig ist.[84] Diese aus der Gesetzesgeschichte abzuleitende **Tatbestandslücke** (Vakuumtheorie)[85] kann nach Ansicht des BGH nur der Gesetzgeber selbst schließen, was bislang nicht geschehen ist, so dass in der Praxis gegenwärtig die freiwillige Sterilisation strafrechtlich nicht verfolgt wird.[86]

16 Nach herrschender Lehre im Schrifttum erfüllt jede Sterilisation dagegen den Tatbestand der schweren Körperverletzung im Sinne der oben genannten Strafbestimmungen und ist **nur gerechtfertigt,** wenn sowohl die Einwilligung als auch der Ausschluss der Sittenwidrigkeit im Sinne des § 228 StGB vorliegen.[87] Insoweit werden insbesondere die medizinische Indikation zur Abwendung von Lebens- und Gesundheitsgefahren,[88] die medizinisch-soziale Indikation (berufliche Probleme, hohe Kinderzahl, wirtschaftliche Not) und die eugenische Indikation zur Verhinderung erbgeschädigten Nachwuchses allgemein oder doch ganz überwiegend als Ausschlussgründe anerkannt.[89]

17 Demgegenüber besteht hinsichtlich der „**Gefälligkeitssterilisation**" im strafrechtlichen Schrifttum ein erheblicher Meinungsstreit. Die Mindermeinung sieht in diesen Fällen, wenn keine medizinischen, genetischen (eugenischen) oder kriminologischen Gründe für den Eingriff angeführt werden können, die Einwilligung wegen Verstoßes gegen die guten Sitten als unbeachtlich an.[90] Nach einer etwas weitergehenden Auffassung soll die Zulässigkeit der „Gefälligkeitssterilisation" jedenfalls bei Fehlen vernünftiger, ernstzunehmender, gewichtiger „sozialer" Überlegungen fragwürdig sein.[91] Eine dritte Ansicht verneint demgegenüber zu Recht die Sittenwidrigkeit der Gefälligkeitssterilisation unabhängig vom Vorliegen eines Indikationsgrundes, da die Einwilligung auch dort als Rechtfertigungsgrund eingreift, wo – wie hier – „das sittliche Urteil über die Tat schwankt".[92]

18 Die Tatsache, dass nach der Muster-Berufsordnung für die deutschen Ärzte freiwillige Sterilisationen standesrechtlich nur zulässig sind, „wenn sie aus medizinischen, gene-

---

[82] OLG Köln NStE Nr 1 zu § 225 StGB.
[83] BGHSt 20, 81 ff; mit abl Anm Hanack JZ 1965, 221; s oben RdNr 2.
[84] OLG Köln JMBl NRW 1986, 273.
[85] *Geilen*, in: Hdb d Fachanwalts Medizinrecht, Kap 4 B RdNr 574.
[86] *Schönke/Schröder/Eser* § 223 RdNr 62; ebenso LK-*Hirsch* § 228 RdNr 41; *Wessels/Hettinger,* Strafrecht Bes.Teil/1, 31. Aufl 2007, RdNr 335; NK-*Paeffgen* § 227, RdNr 99.
[87] *Kunz* JZ 1982, 789; *Fischer* StGB, § 228 RdNr 21; LK-*Hirsch* § 228 RdNr 39 f; *Bockelmann* Strafrecht des Arztes, 1968, 43; s auch *Roxin* JuS 1964, 380 ff, der bei Prüfung der Sittenwidrigkeit der Einwilligung nicht auf eine bestimmte Indikation abstellt.
[88] Vgl BGHSt 19, 203 m Anm *Eb Schmidt* JZ 1964, 298.
[89] Vgl *Schönke/Schröder/Eser* § 223 RdNr 61 mwN; *Hirsch* § 228 RdNr 40.
[90] Vgl *Hanack* JZ 1974, 393 ff.
[91] Vgl *Hirsch* ZStW 83 (1971), 140 ff; *ders* LK § 228 RdNr 41.
[92] *Bockelmann* Strafrecht des Arztes, S 54; *Schönke/Schröder/Eser* § 223 RdNr 61; *Roxin* JuS 1964, 380 f; LK-*Hirsch* § 228 RdNr 41; *Lackner/Kühl* § 228 RdNr 18; *Laufs* ArztR RdNr 311, 312; *Steffen/Pauge* Arzthaftungsrecht, RdNr 262; *Schönke/Schröder/Eser* § 223 RdNr 61; *Hirsch* LK § 228 RdNr 41, jeweils mwN; *Roxin* JuS 1964, 380; *Urbancyk* NJW 1964, 425; *Wulfhorst* NJW 1967, 649; *Ulsenheimer* Arztstrafrecht in der Praxis, RdNr 352; s auch im Text RdNr 6; ebenso BVerfG NJW 1993, 1751; MedR 1998, 176 (178); BGH NJW 1994, 788.

tischen oder schwerwiegenden sozialen Gründen indiziert sind",[93] ist kein Gegenargument. Denn für die Frage der **Sittenwidrigkeit** ist die Standesethik „ein zwar wichtiger", aber nicht repräsentativer und daher auch nicht „letztverbindlicher" Maßstab.[94] Angesichts der bestehenden Meinungsunterschiede in der sittlich-moralischen Beurteilung der „Gefälligkeitssterilisation" in unserer Gesellschaft muss die Entscheidung jeweils anhand der konkreten Umstände des Einzelfalles getroffen werden.[95]

Voraussetzung für die Straflosigkeit der freiwilligen Sterilisation ist eine rechtswirksame Einwilligung, die – wie oben RdNr 6 dargelegt – eine besonders umfassende Aufklärung über die verschiedenen Methoden, deren Risiken und Folgen und auf Seiten des Patienten bzw. der Patientin die (natürliche) Einsichts- und Urteilsfähigkeit, dagegen keine feste Altersgrenze für Erwachsene, etwa in Analogie zu § 2 Abs 1 Nr 3 KastrationsG (25. Lebensjahr) verlangt. Bei Minderjährigen hat § 1631c BGB die Zulässigkeit der Sterilisation gänzlich ausgeschlossen. Fraglich ist, ob die Sterilisation einer minderjährigen oder geistig behinderten Person unter Verstoß gegen §§ 1631c, 1905 BGB nach §§ 223, 226 StGB strafbar ist oder „nach den allgemeinen Einwilligungsgrundsätzen bei Körperverletzung" straffrei sein kann.[96]

Besondere Vorsicht ist angesichts des erheblichen Strafbarkeitsrisikos für Ärzte dann angebracht, wenn sie die ausdrückliche Zustimmung der Patientin (des Patienten) nicht einholen können oder Verständigungsschwierigkeiten haben und sich deshalb auf den Rechtfertigungsgrund der **mutmaßlichen Einwilligung** stützen müssen. Das Risiko, den wirklichen Willen des oder der Betroffenen zu verfehlen, ist außerordentlich groß, da das, was gemeinhin oder aus ärztlicher Sicht vernünftig ist, durchaus nicht den persönlichen Wünschen, Bedürfnissen und Interessen auf Patientenseite entsprechen muss. Es genügt deshalb für die Bejahung der rechtfertigenden mutmaßlichen Einwilligung nicht, wenn der Arzt geltend machen kann, er habe sich intraoperativ zu der Sterilisation wegen der bei erneuter Schwangerschaft gegebenen lebensbedrohlichen Situation für Mutter und Kind „nach ärztlichem Gewissen und sorgfältigem Ermessen entschlossen, um das Beste für die Patientin zu tun".[97] Denn entscheidend sind ihre individuellen Wertvorstellungen, Ziele und Interessen.[98] Zu beachten ist, dass für das Rechtsinstitut der mutmaßlichen Einwilligung nur Raum ist, wenn „eine besondere Notlage" besteht, „in der der Eingriff objektiv angezeigt ist, um gesundheitliche Gefahren abzuwenden, die in ihrer Schwere deutlich über das hinausgehen, was der Eingriff an Beeinträchtigungen mit sich bringt".[99] Der Patient würde deshalb bei Abwägung der Risiken und Chancen „seine Zustimmung nicht ernstlich verweigern können", so dass eine andere Reaktion unverständlich wäre.[100] Gerade im Hinblick auf eine vor Beginn eines Kaiserschnitts von der Patientin abgelehnte Sterilisation betont deshalb der BGH ausdrücklich, die mutmaßliche Einwilligung komme als Rechtfertigungsgrund nur in Betracht, „wenn ohne einen – sofort oder später – erfolgenden Eingriff eine **erhebliche** Gefahr für Leben oder Gesundheit des Patienten besteht".[101]

Nimmt der Arzt irrigerweise die Zustimmung des Betroffenen an, dann irrt er über das Vorliegen der tatsächlichen Voraussetzungen der (mutmaßlichen) Einwilligung und begeht deshalb – analog § 16 Abs 1 StGB – keine vorsätzliche Körperverletzung.[102] Zu

---

[93] § 6 MBO.
[94] So mit Recht *Schönke/Schröder/Eser* § 223 RdNr 61.
[95] BGH NJW 1976, 1790, 1791.
[96] *Schönke/Schröder/Eser,* § 228 RdNr 62; *Hoffmann,* Sterilisation geistig behinderter Erwachsener, 1996, 190.
[97] OLG Köln NStE Nr 1 zu § 225 StGB.
[98] BGHSt 35, 246 ff; BGH MedR 2000, 231 f.
[99] OLG Koblenz MedR 2009, 93, 94.
[100] OLG Koblenz aaO S 93, 94.
[101] BGHSt 45, 219 ff, 223 = BGH MedR 2000, 231 (232); OLG Koblenz NJW 2006, 1928 ff; *Ulsenheimer,* Arztstrafrecht, RdNr 356, Anm 28.
[102] BGHSt 35, 246, 250; *Fischer* § 228 RdNr 19; s auch § 139 RdNr 59.

§ 127 1–4

weiteren Irrtumsfällen s § 139 RdNr 59. Ein Tatbestandsirrtum liegt auch vor, wenn der Arzt die dem Eingriff zustimmende Mutter des Patienten irrtümlich als dessen Betreuerin ansieht und glaubt, die übrigen formellen Voraussetzungen des § 1905 BGB seien gleichfalls erfüllt.

§ 127 Die Kastration

Inhaltsübersicht

	RdNr
I. Begriff	1
II. Die rechtliche Zulässigkeit der Kastration beim Menschen	2
1. Die Kastration aus medizinischen Gründen	3
2. Die Kastration zur Eindämmung des Geschlechtstriebs	4
III. Zur Strafbarkeit der Kastration	8

I. Begriff

1 Unter Kastration versteht man die völlige – absichtliche – Entfernung der Keimdrüsen oder die – absichtliche – auf Dauer angelegte Aufhebung der Funktionsfähigkeit der nicht entfernten Keimdrüsen des Mannes (sog „Entmannung") oder der Frau.[1] Die Kastration ist gegenüber der Sterilisation der radikalere Eingriff, denn er schaltet die Keimdrüsen (Hoden bzw Eierstöcke) auf Dauer aus. Neben der operativen Entfernung der Keimdrüsen ist beim Mann auch die Möglichkeit gegeben, durch Bestrahlung die Keimdrüsen dauernd funktionsunfähig zu machen. Möglich sind darüber hinaus andere Behandlungsmethoden, durch die eine dauernde Funktionsunfähigkeit der Keimdrüsen herbeigeführt wird, wie zB durch eine medikamentöse Behandlung mittels Östrogenen oder Antiandrogenen.[2]

II. Die rechtliche Zulässigkeit der Kastration beim Menschen

2 Die Kastration eines Menschen ist aus zwei Gründen zulässig: aus rein medizinischer Indikation und aus Gründen der Eindämmung des Geschlechtstriebs.

3 **1. Die Kastration aus medizinischen Gründen.** Bei Männern und Frauen kann die Kastration zur Heilung oder Linderung einer schweren Erkrankung der Hoden oder Eierstöcke notwendig werden.[3] Eine Orchiektomie, also die Exstirpation des Hodens, erfolgt beim Mann vor allem in den Fällen bösartiger Geschwulste an der Prostata. Die Ovarektomie, die operative Entfernung eines oder beider Eierstöcke, muss bei Frauen vielfach wegen Erkrankung (Zyste, Tumor) oder zur Ausschaltung der endokrinen Funktion, wie zB beim Mammakarzinom vorgenommen werden. Die Zulässigkeit medizinisch indizierter Kastrationen richtet sich nach den allgemeinen Grundsätzen über die ärztliche Heilbehandlung.[4]

4 **2. Die Kastration zur Eindämmung des Geschlechtstriebs.** Während die krankheitsbedingte medizinische Indikation für eine Kastration nicht speziell geregelt ist, bestimmt sich die freiwillige Kastration gegen die Auswirkungen eines abnormen

---

[1] Vgl *Schwalm*, in: *Mergen*, Die juristische Problematik in der Medizin, Bd III 200 u 213; *Rieger/Kern*, Lexikon des Arztrechts, 2. Aufl 2001, Nr 2830; *Hanack* in: *Spann*, Ärztl Rechts- und Standeskunde, 1962, 149; *Narr* ÄrztlBerufsR RdNr 829; *Laufs* ArztR RdNr 322; *Schönke/Schröder/Eser* § 223 StGB RdNr 55, 56; LK-*Hirsch*, 11. Aufl 2001, § 228 StGB RdNr 42.

[2] Vgl zur „medikamentösen Kastration" auch *Jung*, Stereotaktik und Kastrationsgesetz, NJW 1973, 2241, 2242; *Schönke/Schröder/Eser* § 223 StGB RdNr 56; *Schwalm* (Fn 1) S 213, 216 s dazu RdNr 5.

[3] *Narr* (Fn 1) RdNr 830.

[4] *Lackner/Kühl* § 228 RdNr 21; *Schönke/Schröder/Eser* § 223 StGB RdNr 54 ff, 56; *Wessels/Hettinger* Strafrecht BesTeil/1 RdNr 334; *Narr* RdNr 830; *Brenner*, Arzt und Recht, B II 22.3, 131.

22. Kapitel. Besondere ärztliche Eingriffe und Sonderprobleme   5 § 127

Geschlechtstriebes nach dem Gesetz über die freiwillige Kastration und andere Behandlungsmethoden (KastrG v 15. 8. 1969 – BGBl I 1143 –, geändert durch Gesetz v 23. 11. 1973 – BGBl I 1725 –). Das Gesetz regelt ausschließlich die **freiwillige Kastration** von **Männern** mit abnormem Geschlechtstrieb sowie die Anwendung **anderer Behandlungsmethoden,** die eine dauernde Funktionsunfähigkeit der Keimdrüsen des triebgestörten Mannes und der Frau zur Folge haben können (§§ 1, 4 KastrG). Das Kastrationsgesetz lässt eine Kastration sowohl aus kriminologischen als auch medizinischen Gründen zu. Vor der Durchführung des Eingriffs bedarf es in jedem Fall der sachverständigen Feststellung der Behandlungsmethoden durch eine Gutachterstelle (§ 5 KastrG). Eine **Zwangskastration** würde gegen das Grundrecht der Menschenwürde und der körperlichen Unversehrtheit (Art 1, 2 GG) verstoßen und ist deshalb unzulässig.[5] Auch bei der Kastration zur Eindämmung des Geschlechtstriebs unterscheidet man verschiedene Indikationen, wie zB die **Kastration aus kriminologischen Gründen** (§ 2 Abs 2 KastrG) und die **Kastration aus medizinischen Gründen** (§ 2 Abs 1 KastrG).

Medizinische Indikation liegt vor, wenn die Kastration dazu dient, bei dem Betroffenen schwerwiegende Krankheiten, seelische Störungen oder Leiden, die mit seinem abnormen Geschlechtstrieb zusammenhängen, zu verhüten, zu heilen oder zu lindern (§ 2 Abs 1 Nr 2 KastrG).[6] Der Betroffene muss das 25. Lebensjahr vollendet (§ 2 Abs 1 Nr 3 KastrG) und wirksam eingewilligt haben (§ 3 KastrG). Die Kastration muss durch einen **Arzt** nach den Erkenntnissen medizinischer Wissenschaft vorgenommen werden (§ 2 Abs 1 Nr 5 KastrG). Zuvor muss die Gutachterstelle bestätigen, dass die Voraussetzungen der Kastration nach § 2 KastrG und die Einwilligung des Betroffenen nach § 3 KastrG vorliegen und dass ein ärztliches Mitglied der Gutachterstelle den Betroffenen untersucht sowie die Aufklärung des Betroffenen, seines Vormundes, Betreuers oder seines Pflegers vorgenommen hat (§ 5 Abs 1 KastrG).[7] Ist der Betroffene nicht fähig, Grund und Bedeutung der Kastration voll einzusehen und seinen Willen hiernach zu bestimmen, ist die Kastration nur zulässig, wenn der Betroffene wenigstens verstanden hat, welche unmittelbaren Folgen eine Kastration hat (Teilaufklärung des Betroffenen). Ferner muss ein für den Betroffenen bestellter **Betreuer** die Einwilligung geben, der über Grund, Bedeutung und Nachwirkungen der Kastration seines Schutzbefohlenen umfassend aufgeklärt worden ist (§ 3 Abs 3 KastrG). Die Einwilligung des Betreuers bedarf außerdem der **Genehmigung des Vormundschaftsgerichts** (§ 6 KastrG), das den Betroffenen persönlich zu hören hat. Der Eingriff selbst ist nicht an die vormundschaftliche Genehmigung gebunden, sondern allein in die Verantwortung des Arztes gestellt.[8] Ist der Betroffene unfähig, die unmittelbaren Kastrationswirkungen zu verstehen, schließt das Gesetz die Durchführung einer **kriminologischen** Kastration aus. Jedoch ist aus **medizinischer** Indikation ohne Altersgrenze (§ 3 Abs 4 S 2 KastrG) eine Kastration zulässig, um eine lebensbedrohende Krankheit, die mit dem abnormen Geschlechtstrieb des Betroffenen in unmittelbarem Zusammenhang steht, zu verhüten, zu heilen oder zu lindern. Auch hier bedarf es allerdings der Einwilligung eines für den Betroffenen bestellten Pflegers oder Vormundes (Betreuers) und der **Genehmigung** des Vormundschaftsgerichts (§§ 3 Abs 4, 6 KastrG).[9]

---

[5] *Schwalm* (Fn 1), 203, 221; Amtliche Begründung zum Entwurf eines Kastrationsgesetzes – BT-Drucks V/3702, 6; *Rieger* Lexikon RdNr 944; *Narr* ÄrztlBerufsR RdNr 832; *Laufs* ArztR RdNr 322; *Jung* NJW 1973, 2241, 2242. Zur früheren Rechtslage vgl *Langelueddeke,* Zur Kastration von Sittlichkeitsverbrechern: Späte Rückfälle. Entmannung nach § 42 b StGB Untergebrachter, Der Nervenarzt 1968, 265; *Neumann,* Kasuistischer Beitrag zur Problematik der Kastration bei nach § 42 b StGB in einem Landeskrankenhaus untergebrachten Triebtätern, Nervenarzt 1968, 369; *H W Müller,* Zur Kastration der gem § 42 b StGB untergebrachten Sexualtäter, Nervenarzt 1968, 360.
[6] Vgl LG Trier NJW 1980, 1908.
[7] Einzelheiten b *Narr* ÄrztlBerufsR RdNr 833, 834 m Angabe der für die einzelnen Bundesländer zuständigen Gutachterstellen in RdNr 837.
[8] AG Kaiserslautern MDR 1981, 299; LG Zweibrücken MDR 1979, 758.
[9] Vgl auch *Laufs* ArztR RdNr 322, 323; *Narr* ÄrztlBerufsR RdNr 834.

6 **3. Andere Behandlungsmethoden gegen die Auswirkungen eines abnormen Geschlechtstriebs.** Neben der operativen Entfernung oder dauernden Ausschaltung der Funktionen der Keimdrüsen kommen weiterhin Behandlungsmethoden mit triebbeeinflussender Wirkung bei Mann und Frau in Betracht, mit denen **nicht** die dauernde Funktionsunfähigkeit der Keimdrüsen beabsichtigt ist (§ 4 Abs 1 KastrG).[10] In Frage kommen vor allem **medikamentöse Behandlungen** durch Östrogene oder Antiandrogene. Auch eine andere Behandlungsmethode iS von § 4 Abs 1 KastrG setzt voraus, dass der Betroffene über Grund, Bedeutung und Nachwirkungen der Kastration eingehend aufgeklärt wird sowie über andere in Betracht kommende Behandlungsmöglichkeiten. Die „andere Behandlung" ist auch zulässig, wenn der Betroffene noch nicht 25 Jahre alt ist (§ 4 Abs 1 S 2 KastrG). Hat der Betroffene allerdings das 21. Lebensjahr noch nicht vollendet, so ist die Gutachterstelle einzuschalten (§ 5 Abs 2 KastrG). Zudem bedarf es der Genehmigung des Vormundschaftsgerichts (§ 6 KastrG). Bei **Minderjährigen** ist die Einwilligung des gesetzlichen Vertreters und gegebenenfalls des (der) Sorgeberechtigten erforderlich (§ 4 Abs 3 KastrG). Sorgeberechtigt sind beide Elternteile, nach Auflösung der gemeinsamen Sorge der Elternteil, dem die elterliche Personensorge übertragen worden ist (§ 1671 Abs 1 und Abs 2, 1687 BGB). Für das nicht eheliche Kind hat grundsätzlich die Mutter das Sorgerecht (§ 1626 a Abs 2 BGB). Steht der Minderjährige unter Vormundschaft (Betreuung), hat der Vormund (§ 1793 BGB), der Pfleger (§ 1915 BGB) bzw der Betreuer die Zustimmung zu erteilen. Bei einwilligungsunfähigen Personen darf schon bei schwerwiegender Krankheit (nicht erst bei Lebensbedrohlichkeit) gemäß § 4 Abs 2 KastrG behandelt werden.

7 **Stereotaktische Eingriffe** fallen nicht unter § 4 KastrG.[11] Ihre Zulässigkeit ist umstritten.[12]

III. Zur Strafbarkeit der Kastration

8 Die sog **Entmannung** durch einen Arzt ist gemäß § 2 Abs 1 KastrG „nicht als Körperverletzung strafbar", wenn folgende Voraussetzungen gegeben sind:
- die Einwilligung des Betroffenen (§ 2 Nr 1),
- die **medizinische Indikation,** dh die Behandlung nach den Erkenntnissen der medizinischen Wissenschaft, um bei dem Betroffenen schwerwiegende Krankheiten, seelische Störungen oder Leiden, die mit seinem abnormen Geschlechtstrieb zusammenhängen, zu verhüten, zu heilen oder zu lindern (§ 2 Nr 2),
- die Vollendung des 25. Lebensjahres des Betroffenen (§ 2 Nr 3),
- die Wahrung des Grundsatzes der Verhältnismäßigkeit, dh die Kastration darf dem Betroffenen keine körperlichen oder seelischen Nachteile zufügen, die außer Verhältnis zu dem mit der Behandlung angestrebten Erfolg stehen,[13]
- die Durchführung des Eingriffs nach den Erkenntnissen der medizinischen Wissenschaft (§ 2 Nr 5).

---

[10] Vgl *Narr* ÄrztlBerufsR RdNr 835; *Rieger* Lexikon RdNr 945; *Jung* NJW 1973, 2241; *Schönke/Schröder/Eser* § 223 StGB RdNr 57; LK-*Hirsch* § 228 RdNr 42.

[11] OLG Hamm NJW 1976, 2311; *Schönke/Schröder-Eser* § 223 RdNr 57; *Lackner/Kühl* § 228 RdNr 21; *Jung* NJW 1973, 2241 ff; *Laufs* ArztR RdNr 322 Fn 32; *Horn* in: *Müller-Dietz*, Kriminaltherapie heute, 1974, 19, 24; LK-*Hirsch* § 228 StGB RdNr 2. Bei den stereotaktischen Eingriffen am Sexualzentrum handelt es sich um Operationen am Sexualzentrum im menschlichen Zwischenhirn, die nach zutreffender Auffassung des OLG Hamm wegen ihrer zurzeit wissenschaftlich noch nicht erforschten Auswirkungen keine geeignete Behandlungstherapie zur Heilung abartigen Sexualverhaltens sind. Vgl auch *Roeder*, Über die Möglichkeiten stereotaktischer Eingriffe bei Aggressionstätern; in: *Nass* (Hrsg), Kriminalität vorbeugen und behandeln, 1971, 63, 75.

[12] Vgl OLG Hamm NJW 1976, 2311; NJW 1980, 1909.

[13] Vgl LG Trier NJW 1980, 1908.

Streitig ist, ob in diesen Fällen medizinischer Indikation die Kastration bereits den **Tatbestand** der §§ 223, 226 Abs 2 StGB nicht erfüllt[14] oder zwar tatbestandsmäßig, aber **gerechtfertigt** ist.[15] Unstreitig ist dagegen, dass bei Vorliegen der **kriminologischen Indikation,** dh zur Verhinderung triebbedingter Taten nach §§ 175–178, 183, 211 f, 223–226 StGB und zur Unterstützung des Betroffenen „bei seiner künftigen Lebensführung", in Verbindung mit den in § 2 KastrG genannten Voraussetzungen Nr 1 sowie 3–5 die Tatbestandsmäßigkeit nach den genannten Strafvorschriften zu bejahen, die Rechtswidrigkeit jedoch durch einen **Rechtfertigungsgrund** ausgeschlossen ist (§ 2 Abs 2 KastrG). Die **Zwangskastration** ist gemäß §§ 223, 226 Abs 2 StGB strafbar.

Die in § 2 Abs 1 Nr 1 KastrG genannte Einwilligungsvoraussetzung wird in § 3 des Kastrationsgesetzes näher umschrieben (siehe dazu vorstehend RdNr 4) und dabei ausdrücklich klargestellt, dass die Einwilligung des Betroffenen „nicht deshalb unwirksam ist, weil er zurzeit der Einwilligung auf richterliche Anordnung in einer Anstalt verwahrt wird" (§ 3 Abs 2 KastrG). Ist der Betroffene **nicht einwilligungsfähig,** bleibt der Eingriff unter den Voraussetzungen des § 3 Abs 3 Nr 1 und 2, Abs 4 und § 6 KastrG mangels Tatbestandsmäßigkeit oder infolge Rechtfertigung zulässig.

Nimmt der Arzt bei Einwilligungsunfähigen die Kastration ohne die notwendige Genehmigung des Vormundschaftsgerichts vor, kann er gemäß § 7 KastrG mit Gefängnis bis zu einem Jahr oder mit Geldstrafe bestraft werden. Dasselbe gilt für den Fall, dass der Arzt gegen die formelle Voraussetzung der Einschaltung einer Gutachterstelle verstößt.

Die in den §§ 2 und 3 Abs 1–4 KastrG normierten Sonderregelungen für die Kastration „gelten entsprechend für eine gegen die Auswirkungen eines abnormen Geschlechtstriebes gerichtete ärztliche Behandlung eines Mannes oder einer Frau, mit der nicht beabsichtigt ist, die Keimdrüsen dauernd funktionsunfähig zu machen, die aber eine solche Folge haben kann" (§ 4 Abs 1 S 1 KastrG). Eine derartige Behandlung ist schon vor dem 25. Lebensjahr des oder der Betroffenen zulässig (§ 4 Abs 1 S 2 KastrG) und stellt selbst im Falle seiner mangelnden Einwilligungsfähigkeit nach § 3 Abs 3 Nr 1 KastrG keine (rechtswidrige) Körperverletzung dar, wenn die Behandlung „nach den Erkenntnissen der medizinischen Wissenschaft angezeigt ist und vorgenommen wird, um eine schwerwiegende Krankheit des Betroffenen zu verhüten, zu heilen oder zu lindern" (§ 4 Abs 2 KastrG). **„Andere Behandlungsmethoden"** im Sinne des § 4 KastrG bleiben also in weiterem Umfang als die Entmannung nach § 1 KastrG unter dem Aspekt der Körperverletzung straffrei. Auch für die besondere Strafvorschrift des § 7 KastrG ist der Anwendungsbereich hier eingeschränkt, da die Gutachterstelle bei einer Behandlung nach § 4 nur unter besonderen Voraussetzungen – der Betroffene muss unter 21 Jahre alt und nicht voll einwilligungsfähig sein – einzuschalten ist.

Für **Minderjährige** hat § 4 Abs 3 KastrG Sonderregelungen getroffen (siehe dazu oben RdNr 6). Verstöße hiergegen machen die Einwilligung unwirksam und damit die ärztliche Maßnahme rechtswidrig, so dass der Arzt wegen vorsätzlicher bzw fahrlässiger Körperverletzung bestraft werden kann.

Eingriffe, die den Verlust der Keimdrüsen zur (Neben-)Folge einer anderen medizinisch indizierten Heilmaßnahme (Krebsoperation) haben, fallen nicht unter die §§ 1 bzw 4 Abs 1 KastrG. Insoweit kommen „die allgemeinen Regeln"[16] zur Anwendung, dh sie stellen als Heileingriffe tatbestandlich keine Körperverletzung dar bzw sind durch Einwilligung des oder der Betroffenen gerechtfertigt. Ein Verstoß gegen die guten Sitten scheidet in diesen Fällen aus.[17]

---

[14] So *Schönke/Schröder/Eser* § 223 RdNr 56.
[15] So *Schwalm* in: *Mergen,* Die juristische Problematik in der Medizin, Bd III, 1971, 215 u die Rechtsprechung.
[16] *Schönke/Schröder/Eser* § 223 RdNr 58; LK-*Hirsch* § 228 RdNr 42; *Niedermair* aaO, 208 f; *Lackner/Kühl* § 228 RdNr 21.
[17] *Schönke/Schröder/Eser* § 223 RdNr 58.

§ 128

15 Vor Durchführung derartiger Eingriffe (außerhalb des Bereichs der §§ 1 und 4 Abs 1 KastrG) muss die Gutachterstelle nicht angerufen werden,[18] so dass eine Strafbarkeit nach § 7 KastrG entfällt.

16 Fehlt bei dem vorgenommenen Eingriff dagegen (zB zur Geschlechtsanpassung Transsexueller) die medizinische Indikation, so begeht der Arzt tatbestandlich eine Körperverletzung, deren Rechtswidrigkeit allerdings bei Vorliegen eines anderen Rechtfertigungsgrundes und Ausschluss der Sittenwidrigkeit nach § 228 StGB entfällt.[19] Bezweckt der Eingriff die Beeinflussung des Geschlechtstriebs, dürfte die Sittenwidrigkeit jedoch zu bejahen sein, da das Kastrationsgesetz insoweit die Grenzen des sozialethisch Vertretbaren gezogen hat.[20]

§ 128 Intersexualität und Transsexualität

Inhaltsübersicht

	RdNr
I. Der Begriff der Transsexualität und Intersexualität	1
II. Die rechtliche Problematik der Transsexualität	5
1. Geschichte	5
2. Das Transsexuellengesetz (TSG)	6

Schrifttum: *Augstein*, Entscheidungen zur Transsexualität und Intersexualität bis zum 31.12. 1980, StAZ 1982, 240f; *Bergmann*, Geschlechtskorrigierende Eingriffe bei Transsexualität aus juristischer Sicht, ZaeFQ 06, 696ff; *Correll*, Im falschen Körper, NJW 1999, 3372; *Eberle*, Transsexualität im Spannungsfeld von Medizin und Recht, Medizinische Klinik 1974, 304; *Eicher*, Geschlechtsidentität und psychosoziale Aspekte bei fehlerhafter Geschlechtsentwicklung, Gynäkologe 9 (1976), 39ff; *ders*, Transsexualismus, 2. Aufl 1992; *Finke/Höhne*, Intersexualität bei Kindern, 2008; *Hester*, Intersex(e) und alternative Heilungsstrategien, EthikMed 2004, 50f; *Koch*, Transsexualismus und Intersexualität, MedR 1986, 172; Leitlinie „Intersexualität" der Dt.Ges. f. Kinderchirurgie, 2002, AWMF-Register Nr 006/105 v Sept 02; *Lindemann*, Das paradoxe Geschlecht, 1993; *Müller-Emmert/Hiersche*, Medizinisch-juristische Aspekte der Geschlechtsumwandlung, Gynäkologe 9, 1976, 95ff; *Nevinny-Stickel/Hammerstein*, Medizinisch-juristische Aspekte der menschlichen Transsexualität, NJW 1967, 663; „Netzwerk Intersexualität", Kinderärztliche Praxis 2004, 412f, http://www.netzwerk–is.de/; *Richter-Appelt*, Intersexualität und Medizin, Erste Ergebnisse eines Forschungsprojekts, Zf Sexualforschung 2004 (Bd 17), 239ff; *Niedermair*, Körperverletzung mit Einwilligung und die Guten Sitten, 1999, 215ff; *Pfäfflin*, Geschlechtsumwandlung, in: Handbuch des Medizinstrafrechts, hrsg v Roxin/Schroth, 3. Aufl 2007, 499ff; *Pfäfflin/Junge*, Geschlechtsumwandlung, 1992; *Rothärmel*, Rechtsfragen der medizinischen Intervention bei Intersexualität, MedR 2006, 274ff; *Schneider*, Rechtsprobleme der Transsexualität – unter besonderer Berücksichtigung personenstandsrechtlicher und eherechtlicher Probleme (de lege lata und de lege ferenda), 1977; *ders*, Zu den Voraussetzungen einer Feststellung der Geschlechtszugehörigkeit, MedR 1984, 141; *ders*, Zur Feststellung der Geschlechtszugehörigkeit nach dem Transsexuellengesetz, NJW 1992, 2940; *Schwabe*, Der Schutz des Menschen vor sich selbst, JZ 1998, 66ff; *Siess*, Die Änderung der Geschlechtszugehörigkeit, Dissertation Konstanz 1996; *Sigusch*, Medizinischer Kommentar zum Transsexuellengesetz, NJW 1980, 2740ff; *Spängler*, Transsexualität – Eine Krankheit im Sinne der RVO, NJW 1978, 1192; *Wacke*, Vom Hermaphroditen zum Transsexuellen – zur Stellung von Zwittern in der Rechtsgeschichte, FS Rebmann 1989, 861ff; *Walter*, Zur rechtlichen Problematik der Transsexualität, JZ 1972, 263; *Will*, Symposium über medizinische und rechtliche Fragen der Transsexualität, NJW 1996, 769; *Wille/Kröhn/Eicher*, Sexualmedizinische Anmerkungen zum Transsexuellengesetz, FamRZ 1981, 418.

---

[18] OLG Hamm NJW 1976, 2311; krit zu dieser unterschiedlichen Regelung *Schönke/Schröder/Eser* § 223 RdNr 58.
[19] *Schönke/Schröder/Eser* § 223 RdNr 58.
[20] *Lackner/Kühl* § 228 RdNr 21, LK-*Hirsch* § 228 RdNr 42; aA *Niedermair* aaO, 212; NK-*Paeffgen* § 228 RdNr 103.

22. Kapitel. Besondere ärztliche Eingriffe und Sonderprobleme   1–3   § 128

I. Der Begriff der Transsexualität und Intersexualität

Soweit im Gesetz der **Begriff „Geschlecht"** gebraucht wird (Artikel 3 Abs 2, Abs 4 GG, § 21 Abs 1 Ziff 3 PStG, im Familienrecht: Mann-Frau; Vater-Mutter) ist der Gesetzgeber immer von einer eindeutigen Zuordnung der alternativen Kategorien „männlich" und „weiblich" ausgegangen.[1] Nach geltendem Recht wird die **Geschlechtszugehörigkeit** eines Menschen in der Bundesrepublik, auch wenn sie zweifelhaft ist, nach den Eingliederungsgesichtspunkten eingeordnet, die sich an dem Geschlecht oder dem „überwiegenden Geschlecht" orientieren, auf das die körperlichen Merkmale in erster Linie hinweisen. Da das Gesetz weder aussagt, was es unter „Mann" oder „Frau" versteht, ist der Schluss gerechtfertigt, dass diese Begriffe nicht juristischer Art, sondern medizinisch-naturwissenschaftlicher Art sind.[2]

Nun gibt es Personen, deren geschlechtliche Entwicklung nicht den normalen Verlauf nimmt, sondern die vielmehr Opfer einer nicht genügenden oder überhaupt nicht stattgefundenen **Geschlechtsdifferenzierung** sind. Die Betrachtung solcher Individuen aus naturwissenschaftlich-biologisch-psychiatrischer Sicht hat gezeigt, dass unterschiedliche Determinanten für sich allein oder zusammen mit anderen zum Ausgangspunkt der verschiedensten Fehlentwicklungen menschlicher Geschlechtlichkeit werden können.

Unter **Intersexualität** versteht man heute den Zustand eines Menschen mit Widersprüchen in der Ausbildung der allgemeinen äußeren geschlechtlichen Erscheinung, der Keimdrüsen bzw Geschlechtsorgane sowie des chromosomalen Geschlechts.[3] Intersexualität liegt nach medizinischem Verständnis bei allen Menschen vor, die weder ganz zum einen noch zum anderen Geschlecht zugeordnet werden können, sondern als „Intersexe" zwischen ihnen stehen.[4] Der Begriff „Intersexualität" wird auch synonym für fehlerhafte Geschlechtsentwicklung gebraucht, wobei diese auch nur auf psychologischem Gebiet ohne morphologisches Substrat verlaufen kann.[5]

---

[1] Das Corpus Juris Civilis des Kaisers *Justinian* enthielt bereits eine gesetzliche Regelung für zweigeschlechtliche Menschen (D 1.5.10: „Ulpianus libro primo ad Sabinum quaeritur: hermaproditum cui comparamus? et magis puto eius sexus aestimandum, qui in eo praevalet"). Diesen Satz des römischen Rechts nahmen verschiedene deutsche Partikularrechte, wie zB das Preußische ALR und § 46 des Sächsischen Gesetzbuches, auf. („Eine Person, deren Geschlecht zweifelhaft ist, wird dem bei ihr vorherrschenden Geschlechte beigezählt."). Das BGB enthält dagegen keinerlei Vorschriften über den Zwitter oder den Transsexuellen.

[2] Nicht zuletzt aus diesem Grunde hat es der BGH (BGHZ 57, 63 = NJW 1972, 330 m Anm *Eberle* und Anm *Walter* JZ 1972, 263) abgelehnt, im Wege der Rechtsfortbildung die Rechtsfolgen einer geschlechtsumwandelnden Operation anzuerkennen. Die Entscheidung des BGH lässt erkennen, dass die Bewältigung des Problemkreises der Geschlechtswandlung in erster Linie der medizinischen Wissenschaft und primär den behandelnden Ärzten zuzuordnen ist. Der Natur der Sache nach muss somit der Problemeinstieg zur Transsexualität im Bereich der Medizin erfolgen. Vgl auch *Uhlenbruck* Therap d Gegenw 1977, 2357; *H-G Koch* (MedR 1986, 172): „Im Zweifel muss der Standesbeamte das Geschlecht eintragen, auf das die körperlichen Merkmale des Betroffenen in erster Linie hinweisen: Das Personenstandsregister duldet keine Mehrdeutigkeit. Doch woran soll sich der Standesbeamte orientieren, verwirrt von Begriffen wie Bisexualität, Homosexualität, Transvestismus, Transsexualität und Intersexualität?" Das LG München (FamRZ 2004, 269) lehnte die Eintragung „Zwitter" oder „Hermaphrodit" im Geburtenbuch ab, weil „diese Begriffe kein bestimmtes Geschlecht bezeichnen".

[3] *Roche,* Lexikon Medizin „Intersexualität", *Pschyrembel,* Klinisches Wörterbuch, 256. Aufl 1990 „Intersexualität"; *Eicher,* Transsexualismus, 18; *Koch* MedR 1986, 172.

[4] Vgl *Nevinny-Stickel/Hammerstein,* Medizinisch-juristische Aspekte der menschlichen Transsexualität, NJW 1967, 663 ff; *Siess,* Die Änderung der Geschlechtszugehörigkeit, 1996, 19 u 46; *Augstein,* Entscheidungen zur Transsexualität und Intersexualität bis zum 31. 12. 1980, StAZ 1982, 240 ff.

[5] *Koch* (MedR 1986, 172, 173) weist darauf hin, dass für die Frage, welche Eingriffe der Arzt zur Behandlung morphologischer Intersexualität durchführen darf, die allgemeinen Regeln über die Heilbehandlung hinsichtlich Einwilligung und Aufklärung sowie gesetzlicher Vertretung gelten. Die Regelungen des Gesetzes über die freiwillige Kastration und andere Behandlungsmethoden (KastrG) finden keine entsprechende Anwendung. Findet sich bei der geplanten geschlechtszuwei-

4 Der **Transsexualismus** wird definiert als „Entwicklung einer Geschlechtsidentität, die zum somatischen Geschlecht in Widerspruch steht".[6] Transsexuelle sind körperlich gesehen eindeutig männlichen oder weiblichen Geschlechts, fühlen sich jedoch psychisch in jeder Hinsicht dem anderen Geschlecht zugehörig. Der Transsexuelle hat das Gefühl, in einem falschen Körper zu leben und einen falschen Personenstand zu besitzen. Beim Transsexualismus handelt es sich um echte Verhaltensprobleme bei Störung der Geschlechts-Differenzierung. Transsexuelle sind nicht etwa krank, aber sie leiden am Unverständnis ihrer Umwelt, was sie wiederum zum Kranken werden lässt.[7] Diesem psychischen Leidensdruck will das Transsexuellengesetz (TSG) „aus humanitären und sozialen Beweggründen"[8] abhelfen.

II. Die rechtliche Problematik der Transsexualität

5 **1. Geschichte.** Die Anerkennung der Zulässigkeit einer Geschlechtsänderung und das Bedürfnis für eine gesetzliche Regelung waren viele Jahre hindurch umstritten.[9] Durch Beschluss vom 21. 9. 1971[10] hat der BGH dem Antrag, eine Geschlechtsänderung bei einem männlichen Transsexuellen nach genitalverändernder Operation im Geburtenbuch einzutragen, mangels einer gesetzlichen Grundlage nicht stattgegeben. Den Durchbruch brachten erst zwei aufsehenerregende Beschlüsse des Bundesverfassungsgerichts über das Grundrecht der Transsexuellen auf Anerkennung ihres Persönlichkeitswandels.[11] Nach Auffassung des BVerfG[12] gebietet es Art 2 Abs 1 iVm Art 1 Abs 1 GG, die Eintragung des männlichen Geschlechts eines Transsexuellen im Geburtenbuch jedenfalls dann zu berichtigen, wenn es sich nach den medizinischen Erkenntnissen um einen irreversiblen Fall von Transsexualismus handelt und eine geschlechtsanpassende Operation durchgeführt worden ist. Heute ist Transsexualismus „international weitgehend als medizinisches Problem anerkannt".[13] Da es sich bei den geschlechtsangleichenden Eingriffen um therapeutische Maßnahmen handelt, sind sie nicht sittenwidrig. „Die medizinstrafrechtliche Frage, ob Geschlechtsumwandlungsoperationen bei entsprechend abgesicherter Indikationsstellung legitim sind oder aber gegen die guten Sitten und als schwere Körperverletzung einzustufen seien, ist obsolet."[14]

6 **2. Das Transsexuellengesetz (TSG).** Das *„Gesetz über die Änderung des Vornamens und die Feststellung der Geschlechtszugehörigkeit in besonderen Fällen"* (TSG) vom 10. 9. 1980 (BGBl I

---

senden Operation eine normale weibliche Anatomie mit intakten Geschlechtsorganen und fehlen männliche Keimdrüsen, muss der Arzt den Eingriff abbrechen, wenn die Patientin über diesen Befund nicht aufgeklärt wurde, da die Operation ohne wirksame Einwilligung rechtswidrig ist (LG Köln, Urteil v 6. 2. 2008, SZ v 7. 2. 2008, 10.

[6] *Pschyrembel* (Fn 3) „Transsexualität". Vgl auch *Koch* MedR 1986, 172, 173; *Eicher* Transsexualismus, 18; *Laufs* ArztR RdNr 324, 325; *Sigusch,* Medizinischer Kommentar zum Transsexuellengesetz, NJW 1980, 2740; *Siess* (Fn 4) S 28.

[7] Vgl LSG BW NJW 1982, 718; *Jörgensen* MMW 1982, 17. In der BRD wird die Zahl der Transsexuellen etwa auf 3000 geschätzt. Transsexuelle empfinden sich häufig als heterosexuell. Vgl auch *Spengler,* Transsexualität – eine Krankheit im Sinne der RVO, NJW 1978, 1192.

[8] Ausschussbericht BT-Drucks 8/4120, 14.

[9] Vgl *Eberle,* Transsexualität im Spannungsfeld von Medizin und Recht, Med Klin 1974, 304; *ders* NJW 1972, 330; *Nevinny-Stickel/Hammerstein* NJW 1967, 663; *Uhlenbruck* Med Klin 1969, 1178; *ders* Therapie der Gegenwart 1977, 2367; *Schneider,* Rechtsprobleme der Transsexualität, 1977, S 40; ferner BVerwG NJW 1969, 857; BGH NJW 1959, 1581; BGH NJW 1972, 330; OLG Hamm MedR 1984, 146; AG Bruchsal StAZ 1928, 232 u 1929, 317; LG Krefeld StAZ 1970, 314.

[10] BGHZ 57, 63 = NJW 1972, 330 m krit Anm *Eberle*. Vgl *Laufs* ArztR RdNr 325.

[11] Vgl auch *Uhlenbruck* Therapie der Gegenwart 1977, 2357 mwH; *Laufs* ArztR RdNr 325; *Deutsch* MedizinR RdNr 441 ff.

[12] BVerfG NJW 1979, 595; BVerfG NJW 1982, 2061 s auch Urteil des EuGH v 30. 4. 1996 – RsC – 13/94 (EuGH EuZW 1996, 398 = NZA, 695).

[13] EGMR NJW 2004, 2505 ff.

[14] *Pfäfflin,* in: Handbuch des Medizinstrafrechts, 526.

22. Kapitel. Besondere ärztliche Eingriffe und Sonderprobleme   7 § 128

1654) brachte endlich eine gesetzliche Regelung der Geschlechtsumwandlung. Es betrifft Personen, die Deutsche sind oder in der Bundesrepublik leben und die aufgrund ihrer transsexuellen Prägung sich nicht mehr dem in ihrem Geburtseintrag angegebenen, sondern dem anderen Geschlecht als zugehörig empfinden und seit mindestens drei Jahren unter dem Zwang stehen, ihren Vorstellungen entsprechend zu leben. Das Gesetz „regelt die personenstandsrechtlichen Fragen und nicht die Grenzen der Zulässigkeit solcher Eingriffe."[15] Voraussetzung für eine Personenstandsänderung ist aber, dass „mit hoher Wahrscheinlichkeit anzunehmen ist, dass sich ihr Zugehörigkeitsempfinden zum anderen Geschlecht nicht mehr ändern wird" (§ 1 Abs 1 TSG).[16] Weiterhin darf der Antragsteller nicht oder nicht mehr verheiratet (§ 8 Abs 1 Nr 2 TSG), muss dauernd fortpflanzungsunfähig sein und sich einem die äußeren Geschlechtsmerkmale verändernden operativen Eingriff unterzogen haben, durch den eine deutliche Änderung an das Erscheinungsbild des anderen Geschlechts erreicht worden ist (§ 8 Abs 1 Nrn 3 u 4 TSG).[17] Liegen die Voraussetzungen des § 8 Abs 1 Nr 2 und 3 nicht vor, ist die genitalverändernde Operation im Zweifel sittenwidrig[18]

Das TSG unterscheidet zwischen der sog **kleinen und großen Lösung.** Von der „kleinen" Lösung, die in den §§ 1–7 TSG geregelt ist, spricht man, wenn in einem gerichtlichen Verfahren nachträglich der Vorname geändert wird, da der Vorname eindeutig das Geschlecht einer Person erkennen lässt. Für die „kleine" Lösung musste der Antragsteller ursprünglich 25 Jahre alt sein, doch ist diese Altersgrenze vom Bundesverfassungsgericht für verfassungswidrig erklärt worden.[19] Trotz des Wortlauts des § 1 Abs 1 TSG, wonach der Antragsteller Deutscher iS des Grundgesetzes sein oder als Staaten- oder Heimatloser seinen gewöhnlichen Aufenthalt oder als Asylberechtigter oder ausländischer Flüchtling seinen Wohnsitz im Geltungsbereich des Gesetzes haben muss, wird man das Gesetz auch auf in Deutschland lebende **ausländische Transsexuelle** anwenden müssen, soweit es um die „kleine" Lösung geht. Denn das BVerfG hat in seiner Entscheidung vom 11. 10. 1978 (NJW 1979, 595) festgestellt, dass sich in Fällen irreversibler Transsexualität und nach durchgeführter geschlechtsanpassender Operation unmittelbar aus Art 1 und 2 GG ein Anspruch auf Berichtigung des Geschlechtseintrags im Geburtenbuch ergibt. Auf diese Entscheidung kann sich deshalb auch ein in Deutschland lebender Ausländer berufen.[20] Die transsexuelle Person hat nach der Namensänderung Anspruch auf Neuerteilung eines Arbeitszeugnisses.[21] Die **„große" Lösung** (§§ 8 ff TSG) führt zu einer gerichtlichen Feststellung der Zugehörigkeit des Transsexuellen zu einem anderen Geschlecht. Die Voraussetzungen hierfür sind in § 8 TSG geregelt und mit der Verfassung vereinbar.[22] Die gerichtliche Feststellung kann aber schon vor dem 25. Lebensjahr beantragt werden, sofern

7

---

[15] LK-*Hirsch,* StGB, 11. Aufl 2001, § 228 RdNr 45.
[16] Vgl auch *Eicher* Transsexualismus S 160; *Augstein* StAZ 1982, 339; *Maßfeller/Hoffmann,* Kommentar zum Personenstandsgesetz, § 30 RdNr 488. Durch Beschluss v 16. 3. 1982 (StAZ 1982, 170 m Anm Augstein) hat das BVerfG entschieden, dass § 8 Abs 1 Nr 1 TSG gegen Art 3 Abs 1 GG verstößt, soweit bei Transsexuellen unter 25 Jahren trotz Durchführung einer geschlechtsumwandelnden Operation und Vorliegen der übrigen gesetzlichen Voraussetzungen die personenstandsrechtliche Feststellung der Zugehörigkeit zum anderen Geschlecht ausgeschlossen ist.
[17] Einzelheiten zur geschlechtstransformierenden Operation bei *Siess* (Fn 4), 140 ff; *Wille/Kröhn/Eicher,* Sexualmedizinische Anmerkungen zum Transsexuellengesetz, FamRZ 1981, 418 ff; *Deutsch/Spickhoff* MedizinR RdNr 442.
[18] *Tröndle/Fischer,* 50. Aufl 2001, § 228 RdNr 10; ebenso *Schönke/Schröder/Eser,* § 223 RdNr 50b, wenn es nicht um eine „persönlichkeitskonformere Identitätsfindung" geht; BGHZ 57, 64, 71; kritisch dazu *Niedermair,* Körperverletzung mit Einwilligung und die Guten Sitten, 1998, 217 ff; zurückhaltender auch BVerfG NJW 1979, 595; LK-*Hirsch,* § 228 RdNr 45.
[19] BVerfG NJW 1993, 1517.
[20] Zutreffend *Sies* (Fn 4), 121.
[21] LAG Hamm NJW 1999, 3435.
[22] OLG Düsseldorf NJW 1996, 793.

die geschlechtsanpassende Operation bereits durchgeführt wurde.[23] Eine operative Ausbildung eines künstlichen Geschlechtsteils ist nicht zwingende Voraussetzung.[24]

8 Art 5 I R 76/207 des Rates der EU vom 9. 2. 1976 zur Verwirklichung des Grundsatzes der Gleichbehandlung von Männern und Frauen hinsichtlich des Zugangs zur Beschäftigung, zur Berufsbildung und zu einem beruflichen Aufstieg sowie in Bezug auf die Arbeitsbedingungen steht im Hinblick auf das mit dieser Richtlinie verfolgte Ziel der Entlassung einer transsexuellen Person aus einem mit der Umwandlung ihres Geschlechts zusammenhängenden Grund entgegen (EUGH EuZW 1996, 398). Die Wertentscheidung in Art 2 Abs 1 iVm Art 1 Abs 1 GG erfordert eine Auslegung der §§ 1, 10 Abs 1 TSG dahin, dass eine Person bereits nach Änderung ihres Namens entsprechend ihrem neuen Rollenverständnis anzureden und anzuschreiben ist (BVerfG NJW 1997, 1632). Zu den Voraussetzungen der Feststellung der Geschlechtszugehörigkeit bei Frau-zu-Mann-Transsexuellen vgl BayObLG NJW 1996, 791; zur Nichtangabe des wahren Geschlechts eines Transsexuellen bei Einstellungsverhandlungen vgl BAG NZA 1991, 719; zur Frage der Weiterbeschäftigung eines Mann-zu-Frau-Transsexuellen als Beamter des Bundesgrenzschutzes vgl VGH München NJW 1997, 1655.

9 Letztlich stellt sich die Frage der **Kostenübernahme** der Behandlung durch die Krankenkassen. Nach Auffassung des LSG Baden-Württemberg[25] ist die Transsexualität eine Krankheit iS der gesetzlichen Krankenversicherung.[26] Nach ständiger höchstrichterlicher Rechtsprechung ist als Krankheit ein regelwidriger Körper- oder Geisteszustand anzusehen, der ärztlicher Behandlung bedarf. Deshalb ist der Krankheitsbegriff auch dann zu bejahen, wenn bei einem Versicherten „das Verhältnis des seelischen Zustandes zum körperlichen Zustand nicht dem bei einem gesunden Menschen bestehenden Verhältnis des seelischen Zustandes zum Körperzustand entspricht" (LSG Baden-Württemberg NJW 1982, 718). Nach Auffassung des OLG Köln (VersR 1995, 447) entzieht sich die Behandlungsbedürftigkeit einer Transsexualität jedem Vergleich mit anderen kosmetischen Operationen oder sonstigen hormonellen oder psychischen Störungen in der Ausprägung der Geschlechtsidentität eines Menschen; sie kann nur nach den ganz konkreten individuellen Gegebenheiten des Einzelfalles beurteilt werden. Hat der Transsexualismus bei einem Versicherungsnehmer Krankheitswert, so ist es jedenfalls medizinisch vertretbar, die operative Behandlung und die Phalloplastik für indiziert zu halten. Der BGH hat die Revision der Beklagten gegen dieses Urteil nicht angenommen. Denn zu Recht habe das Berufungsgericht darauf abgestellt, dass bezüglich der operativen Veränderung der äußeren Geschlechtsmerkmale eines Versicherten jedenfalls dann eine medizinisch notwendige Heilbehandlung wegen Krankheit iS der MBKK vorliegt, wenn der Versicherte die rechtskräftige Feststellung erreicht hat, dass er als dem anderen Geschlecht zugehörig anzusehen ist (§§ 8 ff TSG). Nach einem Urteil des KG v 27. 1. 1995 (VersR 1996, 832) hat der Versicherte den Nachweis der medizinischen Notwendigkeit einer Geschlechtsumwandlung nach § 1 Abs 2 MBKK 76 nicht geführt, wenn es sich bei der Operation um einen Behandlungsversuch mit ungewissem Ausgang handelt. Angesichts der ohnehin sehr weitgehenden gesetzlichen Regelung[27] verdient diese Entscheidung Zustimmung. Beruhen der Entschluss zur Geschlechtsumwandlung und die vorangegangenen Maßnahmen (Selbstmedikation mit weiblichen Sexualhormonen) auf einem freigewählten Entschluss und nicht auf einem unwiderstehlichen innerlichen Zwang, so ist der Versicherungsfall

---

[23] BVerfG NJW 1982, 2061, s Anm 12.
[24] Vgl OLG Zweibrücken NJW 1992, 760; BayObLG NJW 1996, 791; *Deutsch/Spickhoff* MedizinR RdNr 786; *Siess* (Fn 4) S 132 ff; *Koch* MedR 1986, 172 ff.
[25] NJW 1982, 718. Krit *Erhardt* bei *Buchholz/Doppelfeld/Fischer* (Hrsg), Der Arzt – Profil eines freien Berufes im Spannungsfeld von Gesundheitspolitik, Wissenschaft und Publizistik, FS Deneke 1985, 285; *Eicher*, Transsexualismus, 163.
[26] Vgl auch *Spengler*, Transsexualität – Eine Krankheit im Sinne der RVO, NJW 1978, 1192; *Eicher*, Transsexualismus, 163.
[27] So mit Recht *Deutsch* MedizinR RdNr 442.

22. Kapitel. Besondere ärztliche Eingriffe und Sonderprobleme   § 129

gem § 5 Abs 1 b MBKK 76 vorsätzlich herbeigeführt worden. Allerdings verstößt es nach Ansicht des EGMR gegen Art 6 Abs 1 und Art 8 Abs 1 EMRK, wenn einer Transsexuellen die Beweislast für die Notwendigkeit einer medizinischen Behandlung auferlegt wird und ein Gericht ohne fachmedizinisches Gutachten feststellt, die Patientin habe ihre Transsexualität vorsätzlich herbeigeführt.[28]

§ 129 Fortpflanzungs- und Genmedizin

Inhaltsübersicht

	RdNr
I. Ausgangspunkte	1
1. Ambivalenzen	1
2. Rechtsquellen	3
3. Lebensschutz	5
4. Entwicklungslogik	6
II. Kontroversen	9
1. Grunddissense	9
2. Reformvorschläge	11
3. Aufgabe des Gesetzgebers	12
III. Ärzte und Reproduktionsverfahren	13
1. Verfahrensarten	13
2. Ärztekammern	15
3. Kinderrechte	16
IV. Bedenken	17
1. Heilauftrag?	17
2. Instrumentalisierung	20
V. Das Embryonenschutzgesetz	21
1. Strafrecht	21
2. Klonen	22
3. Chimären- und Hybridbildung	23
4. Spermienselektion	25
5. Kryokonservierung	26
6. Arztvorbehalt	28
7. Embryonenverbrauch	30
8. Überzählige Embryonen	33
VI. Präimplantionsdiagnostik	35
1. Das Dilemma	35
2. Geltendes Recht	37
VII. Stammzellen	41
1. Stammzellengesetz	41
2. Kritik	43
3. Therapeutisches Klonen	45
VIII. Der Rechtsstatus des Embryos	47
1. Kernfrage	47
2. Abstufungen	49
3. BVerfG	53
4. Widersprüche	57
IX. Kostenübernahme	59
1. GKV	59
2. PKV	68
X. Genmedizin	73
1. Querschnittsdisziplin	73
2. Somatische Gentherapie	77
3. Präkonzeptionelle Beratung	78

[28] EGMR NJW 2004, 2505 ff.

4. Recht auf Nichtwissen 81
5. Pränataldiagnostik 83
6. Genetische Informationen 85
7. Rechtspolitik 87
8. Das neue GenDG 89

Anhang: (Muster-)Richtlinie zur Durchführung der assistierten Reproduktion

Schrifttum: *Altner,* Leben in der Hand des Menschen. Die Brisanz des biotechnischen Fortschritts, 1998; *Baber,* Neue Fortschritte im Rahmen der Biomedizin in Spanien: Künstliche Befruchtung, Präembryonen und Transplantationsmedizin, 2008; *Backmann,* Künstliche Fortpflanzung und Internationales Privatrecht unter besonderer Berücksichtigung des Persönlichkeitsschutzes, 2002; *Beckmann, J. P.,* Ethik nach Vorgaben des Gesetzes? Überlegungen zur Aufgabe der Ethik gem §§ 5 und 6 Stammzellgesetz (StZG), Strafrecht, Biorecht, Rechtsphilosophie: FS Schreiber, 2003, 593–602; *ders,* Zur gegenwärtigen Diskussion um eine Novellierung des Stammzellgesetzes aus ethischer Sicht, Jahrb f Wiss u Ethik 12, 2007, 191–216; *Beckmann, R.,* Rechtsfragen der Präimplantationsdiagnostik, MedR 2001, 169–177; *ders,* Wachsendes Lebensrecht? Erwiderung zu Dreier, ZRP 2002, 377, ZRP 2003, 97–101; *ders*: Biomedizin–Konvention und Embryonenforschung: Soll Deutschland die Biomedizin–Konvention des Europarates unterzeichnen?, ZfL 2005, 85–88; *Beckmann/Löhr* (Hrsg): Der Status des Embryos: Medizin, Ethik, Recht, 2003; *Beitz,* Zur Reformbedürftigkeit des Embryonenschutzgesetzes. Eine medizinisch-ethisch-rechtliche Analyse anhand moderner Fortpflanzungstechniken, 2009; *Benda,* Verständigungsversuche über die Würde des Menschen, NJW 2001, 2147–2148; *Berger,* Embryonenschutz und Klonen beim Menschen – Neuartige Therapiekonzepte zwischen Ethik und Recht. Ansätze zur Entwicklung eines neuen Regelungsmodells für die Bundesrepublik Deutschland, 2007; *Bernat,* Die Reproduktionsmedizin am Prüfstand von Recht und Ethik, 2000; *ders,* Pränatale Diagnostik und Präimplantationsdiagnostik: Gibt es ein Recht auf informierte Fortpflanzung?, in: Humaniora. FS Laufs, 2006, 671–701; *ders.,* Sind geklonte Embryonen „entwicklungsfähige Zellen" iSv § 1 Abs 3 FMedG? – Anmerkungen zu R (on the Application of Quintavalle) v. Secretary of State for Healt, FS Deutsch, 2009, 19–41; Bioethik-Kommission Rh-Pf (Hrsg), Fortpflanzungsmedizin und Embryonenschutz. Medizinische, ethische und rechtliche Gesichtspunkte zum Revisionsbedarf von Embryonenschutz- und Stammzellgesetz, 2005, Download: www.justiz.rlp.de; *Böckenförde,* Menschenwürde als normatives Prinzip: Die Grundrechte in der bioethischen Debatte, JZ 2003, 809–815; *Böckenförde/Wunderlich,* Präimplantationsdiagnostik als Rechtsproblem: Ärztliches Standesrecht, Embryonenschutzgesetz, Verfassung, 2002; *Bogs,* Molekularmedizinische Fortschritte, verfassungsrechtliches Gendaten-Geheimnis und duale Krankenversicherungsordnung (PKV/GKV): grundrechtsdogmatische Prolegomena zu Fragen einer Regulierung prädiktiver Gentests (insbes bei Grundsicherungsverhältnissen), Strafrecht, Biorecht, Rechtsphilosophie: FS Schreiber, 2003, 603–613; *Bonvie/Naujoks,* Kostenübernahme der privaten und gesetzlichen Krankenversicherungen für reproduktionsmedizinische Maßnahmen im Wege der IVF-/ICSI-Behandlung, MedR 2006, 267–274; *Brewe,* Embryonenschutz und Stammzellgesetz: rechtliche Aspekte der Forschung mit embryonalen Stammzellen, 2006; *Brüske,* Der „therapeutische Imperativ" als ethisches und sozialethisches Problem, Zeitschr f med Ethik 2001, 259–275; Bundesärztekammer (Hrsg), Richtlinien zur prädiktiven genetischen Diagnostik, Jb f Wiss und Ethik 2003, 493–510; Bundesministerium für Gesundheit (Hrsg), Fortpflanzungsmedizin in Deutschland: wissenschaftliches Symposium des Bundesministeriums für Gesundheit in Zusammenarbeit mit dem Robert-Koch-Institut v 24.–26. 5. 2000 in Berlin, 2001 = Schriftenreihe des Bundesministeriums für Gesundheit, Bd 132; *Byrd/Hruschka/Joerden* (Hrsg), Themenschwerpunkt: Richtlinien für die Genetik = Guidelines for genetics, Jb f Recht und Ethik 10, 2002; *Catenhusen,* Das Stammzellgesetz: Entstehung und Bedeutung, Jb f Wiss und Ethik 2003, 275–281; *Damm,* Eckpunkte der Bundesregierung zu einem Gendiagnostikgesetz, MedR 2008, 535–538; *ders,* Privatversicherungsrecht der Fortpflanzungsmedizin. Zur Erstattungsfähigkeit der Kosten reproduktionsmedizinischer Maßnahmen, MedR 2007, 335–340; *ders,* Versicherungsvertrag und Fortpflanzungsmedizin – Kostenerstattung bei assistierter Reproduktion in der privaten Krankenversicherung, VersR 2006, 730–740; *Damschen/ Schönecker* (Hrsg), Der moralische Status menschlicher Embryonen. Pro und contra Spezies-, Kontinuums-, Identitäts- und Potentialitätsargument, 2003; *Deutsch,* Der rechtliche Rahmen des Klonens zu therapeutischen Zwecken, MedR 2002, 15–18; Deutsche Unesco-Kommission eV (Hrsg), Allgemeine Erklärung über Bioethik und Menschenrechte. Wegweiser für die Internationalisierung der Bioethik, oJ (2006); Deutscher Bundestag, Referat Öffentlichkeitsarbeit (Hrsg), Enquete-Kommission Recht und Ethik der modernen Medizin. Stammzellforschung und die Debatte des Deutschen Bundestages zum Import von menschlichen embryonalen Stammzellen, 2002;

22. Kapitel. Besondere ärztliche Eingriffe und Sonderprobleme §129

Djie, Präimplantationsdiagnostik aus rechtlicher Sicht, 2001; *Dreier,* Stufungen des vorgeburtlichen Lebensschutzes, ZRP 2002, 377–383; *Dreier/Huber,* Bioethik und Menschenwürde, 2002; *Dudenhausen/Schwinger* (Hrsg), Reproduktionsmedizin Möglichkeiten und Grenzen: ein Leitfaden der Stifung für das behinderte Kind zur Förderung von Vorsorge und Früherkennung, 2000; *Düwell/Mieth* (Hrsg), Ethik in der Humangenetik: die neueren Entwicklungen der genetischen Frühdiagnostik aus ethischer Perspektive, ^{2}2000 = Ethik in den Wissenschaften, 10; *Eibach,* Menschenwürde an den Grenzen des Lebens. Einführung in Fragen der Bioethik aus christlicher Sicht, 2000; *ders,* Gentechnik und Embryonenforschung. Leben als Schöpfung aus Menschenhand? Eine ethische Orientierung aus christlicher Sicht, 2002; *Emmrich,* Im Zeitalter der Bio-Macht. 25 Jahre Gentechnik – eine kritische Bilanz, ^{2}2001; *Eser,* Biomedizin und Menschenrechte. Die Menschenrechtskonvention des Europarates zur Biomedizin. Dokumentation und Kommentare, 1999; *Eser/Koch,* Rechtsprobleme biomedizinischer Fortschritte in vergleichender Perspektive. Zur Reformdiskussion um das deutsche Embryonenschutzgesetz, in: Gedächtnisschr Keller, 2003, 15–36; Europäisches Parlament, Entschließung des Europäischen Parlaments zum Klonen von Menschen, 2000, Jb f Wiss und Ethik 2001, 345–347; *Felberbaum/Bühler/van der Ven* (Hrsg), Das Deutsche IVF-Register 1996–2006. 10 Jahre Reproduktionsmedizin in Deutschland, 2007; *Faltus,* Neue Potenzen – Die Bedeutung reprogrammierter Stammzellen für die Rechtsanwendung und Gesetzgebung, MedR 2008, 544–549; *Fuchs,* Widerstreit und Kompromiss. Wege des Umgangs mit moralischem Dissens in bioethischen Beratungsgremien und Foren der Urteilbildung 2005; *ders,* Die Genomfalle. Die Versprechungen der Gentechnik, ihre Nebenwirkungen und Folgen, 2003; *ders,* Sexualität im Zeitalter ihrer technischen Reproduzierbarkeit, Scheidewege 32, 2002/2003, 59–75; *Gehrlein,* Das Stammzellgesetz im Überblick, NJW 2002, 3680–3682; Gen-Ethisches Netzwerk eV und *Pichlhofer* (Hrsg), Grenzverschiebungen. Politische und ethische Aspekte der Fortpflanzungsmedizin, 1999; *Geyer* (Hrsg), Biopolitik. Die Positionen, 2001; *Giwer,* Rechtsfragen der Präimplantationsdiagnostik. Eine Studie zum rechtlichen Schutz des Embryos im Zusammenhang mit der Präimplantationsdiagnostik unter besonderer Berücksichtigung grundrechtlicher Schutzpflichten, 2001; *Gottschalk* (Hrsg), Das Gen und der Mensch. Ein Blick in die Biowissenschaften, 2000; *Griesinger,* Präimplantationsdiagnostik: Methode und Anwendung aus produktionsmedizinischer Sicht, Zeitschr f med Ethik 2003, 325–342; *Günther,* Fremdnützige Verwendung menschlicher Embryonen?, in: Gedächtnisschr Keller, 2003, 37–43; *Günther/Taupitz/Kaiser,* Embryonen-Schutzgesetz. Juristischer Kommentar mit medizinisch-naturwissenschaftlichen Einführungen, 2008; *Haker,* Ethik der genetischen Frühdiagnostik, 2002; *Hartleb,* Grundrechtsschutz in der Petrischale. Grundrechtsträgerschaft und Vorwirkungen bei Art 2 Abs 2 GG und Art 1 Abs 1 GG, 2006; *Haßmann,* Embryonenschutz im Spannungsfeld internationaler Menschenrechte, staatlicher Grundrechte und nationaler Regelungsmodelle zur Embryonenforschung, 2003; *Heinemann/Kersten,* Stammzellforschung – Naturwissenschaftliche, rechtliche und ethische Aspekte, 2007; *Hepp,* Pränatalmedizin und Embryonenforschung und Verfassung – Lebensrecht und Menschenwürde des Embryos, JZ 2002, 517–524; *Herdegen,* Die Erforschung des Humangenoms als Herausforderung für das Recht, JZ 2000, 633–641; *ders,* Die Menschenwürde im Fluss des bioethischen Diskurses, JZ 2001, 773–779; *ders,* Kommentar zu Art 1 GG, in: *Maunz/Dürig* ua, GG Kommentar, 42. Lfg 2003; *ders,* Der Würdeanspruch des Embryo in vitro – zur bilanzierenden Gesamtbetrachtung bei Art 1 GG, FS Heinze, 2005, 357–366; *Herzog,* Präimplantationsdiagnostik – im Zweifel für ein Verbot?, ZRP 2001, 393–397; *Heyer/Dederer,* Präimplantationsdiagnostik, Embryonenforschung, Klonen. Ein vergleichender Überblick zur Rechtslage in ausgewählten Ländern, 2007; *ders,* Präimplantationsdiagnostik, Embryonenforschung, Therapeutisches Klonen. Ein vergleichender Überblick zur Rechtslage in ausgewählten Ländern, 2005; *Hilgendorf,* Strafbarkeitsrisiken bei der Stammzellforschung mit Auslandskontakten, ZRP 2006, 22–25; *Hillgruber/Goes,* Grundrechtsschutz für den menschlichen Embryo?, ZfL 2008, 43–49; *Hillenkamp,* Medizinrechtliche Probleme der Humangenetik, 2002; *Hirschmüller,* Internationales Verbot des Humanklonens. Die Verhandlungen in der UNO, 2009; *Höffe,* Klonen beim Menschen? Zur rechtsethischen Debatte eine Zwischenbilanz, Jb f Wiss und Ethik 2003, 21–33; *Höfling,* Verfassungsrechtliche Aspekte des so genannten therapeutischen Klonens, Zeitschr f med Ethik 2001, 277–284; *Honnefelder,* Was macht Genomanalyse und Genetik zur Herausforderung für den Menschen?, Strafrecht, Biorecht, Rechtsphilosophie: FS Schreiber, 2003, 711–717; *Hornstein/Rose,* Adoption bei risikobelastetem oder unerfülltem Kinderwunsch, ZfL 2005, 113–119; *Hufen,* Erosion der Menschenwürde?, JZ 2004, 313–318; *ders,* Präimplantationsdiagnostik aus verfassungsrechtlicher Sicht, MedR 2001, 440–451; *Iliadou,* Forschungsfreiheit und Embryonenschutz. Eine verfassungs- und europarechtliche Untersuchung der Forschung an Embryonen, 1999; *Ipsen,* Die Zukunft der Embryonenforschung, NJW 2004, 268–270; *Isensee,* Das entschlüsselte Genom im Verständnis der Verfassung,

§ 129 Fortpflanzungs- und Genmedizin

Zeitschr f med Ethik 2000, 137–141; *Joerden,* Menschenleben. Ethische Grund- und Grenzfragen des Medizinrechts, 2003; *John,* Die genetische Veränderung des Erbgutes menschlicher Embryonen. Chancen und Grenzen im deutschen und amerikanischen Recht, 2009; *Jungfleisch,* Fortpflanzungsmedizin als Gegenstand des Strafrechts? Eine Untersuchung verschiedenartiger Regelungsansätze aus rechtsvergleichender und rechtspolitischer Perspektive, 2005; *Katzorke,* Perspektiven eines geänderten Fortpflanzungsmedizingesetzes. Auswertung einer Umfrage des Bundesverbandes Reproduktionsmedizinischer Zentren Deutschlands eV zur Situation der Reproduktionsmedizin in Deutschland, Reproduktionsmedizin 2001, 325–333; *Keller/Günther/Kaiser,* Embryonenschutzgesetz. Kommentar, 1992; *Kern,* Rechtliche Aspekte der Humangenetik, MedR 2001, 9–13; *ders,* Unerlaubte Diagnostik – Das Recht auf Nichtwissen, in: *Dierks/Wienke/Eberbach/Schmidtke/Lippert* (Hrsg), Genetische Untersuchungen und Persönlichkeitsrecht = Schriftenreihe Medizinrecht, 2003, 55–69; *Kersten,* Das Klonen von Menschen. Eine verfassungs-, europa- und völkerrechtliche Kritik, 2004; *Kienhntopf/Pagel,* Der Entwurf des Gendiagnostikgesetzes – genetischer Exzeptionalismus oder allgemeines Diagnostikgesetz?, MedR 2008, 344–349; *Kirchhof,* Ethik und Recht als Maßstäbe für medizinisches und biotechnologisches Handeln, Jb f Wiss und Ethik 2002, 5–21; *ders,* Medizin zwischen Ethik, Recht und Vorbehalt des Möglichen, in: Humaniora. FS Laufs, 2006, 931–952; *Klekamp,* Embryonenselektion in Deutschland, ZfL 2009, 11–23; *Kluth,* Der rechtliche Status des Menschen am Beginn seines Seins, ZfL 2004, 100–106; *Knoepffler/Haniel* (Hrsg), Menschenwürde und medizinethische Konfliktfälle, 2000; *Kollek,* Präimplantationsdiagnostik. Embryonenselektion, weibliche Autonomie und Recht, ²2002; *Klutzer,* Embryonenschutzgesetz – Wertungswidersprüche zu den Regelungen bei Schwangerschaftsabbruch, Früheuthanasie, Sterbehilfe und Transplantation?, MedR 2002, 24–26; *Kopetzky,* Zur Lage der embryonalen Stammzellen in Österreich, FS Deutsch, 2009, 297–315; *Latsiou,* Präimplantationsdiagnostik. Rechtsvergleichung und bioethische Fragestellungen, 2008; *Laufs,* Auf dem Weg zu einem Fortpflanzungsmedizingesetz? Grundfragen der artifiziellen Reproduktion aus medizinrechtlicher Sicht, 2003; *Lehmann,* Die In-vitro-Fertilisation und ihre Folgen – Eine verfassungsrechtliche Analyse, 2007; *Lilie,* Biorecht und Politik am Beispiel der internationalen Stammzellendiskussion, Strafrecht, Biorecht, Rechtsphilosophie: FS Schreiber, 2003, 729–740; *Lindner,* Grundrechtsfragen prädiktiver Gendiagnostik, MedR 2007, 286–295; *Lorenz* (Hrsg), Rechtliche und ethische Fragen der Reproduktionsmedizin. Internationales Symposium im Rahmen der Kooperation zwischen dem Fachbereich Rechtswissenschaft der Universität Konstanz und der Universidad Santo Tomás Bogotá v 17.–19. 6. 2002 in Konstanz, 2003; *Maio* (Hrsg), Der Status des extrakorporalen Embryos. Perspektiven eines interdisziplinären Zugangs, 2007; *Mancino-Cremer/Borchmeyer* (Hrsg), Homunculus. Der Mensch aus der Phiole, 2003; *Mand,* Biobanken für die Forschung und informationelle Selbstbestimmung, MedR 2005, 565–575; *Marx,* Lebensschutz als Einsatz für die Menschenwürde, Familia et Vita 1, 2009, 36–48; *May,* Rechtliche Grenzen der Fortpflanzungsmedizin. Die Zulässigkeit bestimmter Methoden der assistierten Reproduktion und der Gewinnung von Stammzellen v Embryo in vitro im deutsch-israelischen Vergleich, 2003; *Morr,* Zulässigkeit von Biobanken aus verfassungsrechtlicher Sicht, 2005; *Merkel,* Forschungsobjekt Embryo. Verfassungsrechtliche und ethische Grundlagen der Forschung an menschlichen embryonalen Stammzellen, 2002; *Mildenberger,* Der Streit um die Embryonen: Warum ungewollte Schwangerschaften, Embryoselektion und Embryonenforschung grundsätzlich unterschiedlich behandelt werden müssen, MedR 2002, 293–300; *Müller-Terpitz,* Humane Stammzellen und Stammzellderivate – Rechtliche Rahmenbedingungen einer therapeutischen Verwendung, Jb f Wiss u Ethik, 2006, 79–105; *Neidert,* Brauchen wir ein Fortpflanzungsmedizingesetz?, MedR 1998, 347–353; *ders,* Das überschätzte Embryonenschutzgesetz – was es verbietet und nicht verbietet, ZRP 2002, 467–471; *ders,* Embryonenschutz im Zwiespalt zwischen staatlichem Gesetz und ärztlicher Lex artis, ZRP 2006, 85–87; *ders* „Entwicklungsfähigkeit" als Schutzkriterium und Begrenzung des Embryonenschutzgesetzes. Inwieweit ist der Single-Embryo-Transfer zulässig?, MedR 2007, 279–286; *ders.* Forschungsverbote im Embryonenschutzgesetz und ihre Grenzen – mit einem Exkurs zum Stammzellgesetz, Nova Acta Leopoldina NF 96, 2007, 207–226; *Nüsslein-Volhard,* Wann ist der Mensch ein Mensch? Embryologie und Genetik im 19. und 20. Jahrhundert, 2003; *Oberender/Fleischmann,* Regulierungsnotwendigkeiten bei Gentests, in: *Brink/Eurich/Hädrich/Langer/Schröder* (Hrsg), Gerechtigkeit im Gesundheitswesen, 2006, 79–103; *Panke,* Der Schutz des extrakorporalen Embryos. Eine rechtsvergleichende Untersuchung unter besonderer Berücksichtigung ausgewählter Probleme im Umgang mit extrakorporalen Embryonen, 2006; *Picker,* Menschenwürde und Menschenleben. Das Auseinanderdriften zweier fundamentaler Werte als Ausdruck der wachsenden Relativierung des Menschen. Mit einem Vorwort von Spaemann, 2002; *Propping,* Vom Sinn und Ziel der Humangenetik, Jb f Wiss und Ethik 2001, 91–106; *Propping/Aretz/Schumacher/Taupitz/Guttmann/Heinrichs,* Prädiktive genetische Testverfahren. Naturwissenschaftliche, ethische und rechtliche Aspekte, 2005; *Reimann,* Der gesetzliche Schutz extrakorporaler Embryonen und seine Bedeutung für ihren Status, ZfL 2004, 2–7; *Reinke,* Fortpflanzungfreiheit und das Verbot der Fremdzellspende, 2008; *Reiter,* Es droht eine Abwärtsspirale. Genmedizin im internationalen Vergleich, in: Herder-Korrespondenz 2002, 346–352; *ders,* Streit um Stammzellen. Was steht an in der Biopolitik?, in: Herder-Korrespondenz 2003, 389–394; *ders,* Regeln für die Biomedizin. Die neue Instruktion der Glaubenskongregation zur Bioethik, Herder Korrespondenz 2009, 19–25; *Roesler,* Das deutsche Stammzellgesetz – Spezifische Fragen der Auslegung des Gesetzes, Jb f Wiss und Ethik 2003, 283–287; *Rosenau,* Reproduktives und therapeutisches Klonen, Strafrecht, Biorecht, Rechtsphilosophie: FS Schreiber, 2003, 761–781; *Rothärmel,* Rechtsfragen der medizinischen Intervention bei Intersexualität, MedR 2006, 274–284; *Rütz,* Heterologe Insemination – Die rechtliche Situation des Samenspenders. Lösungsansätze zur rechtlichen Handhabung, 2008; *Schief,* Die Zulässigkeit postnataler prädiktiver Gentests. Die Biomedizin-Konvention des Europarats und die deutsche Rechtslage, 2003; *Schlink,* Aktuelle Fragen des pränatalen Lebensschutzes, 2002; *Schlüter,* Schutzkonzepte für menschliche Keimbahnzellen in der Fortpflanzungsmedizin, 2008; *Schneider,* Rechtliche Aspekte der Präimplantations- und Präfertilisationsdiagnostik, 2002; *Schott,* Das Ungeborene im Fadenkreuz der Medizin. Medizinhistorische Anmerkungen zur Pränataldiagnostik, Scheidewege 35, 2005/2006, 155–172; *Schreiber,* Rechtliche Grenzen der Gentechnologie, in: *Gottschalk* (Hrsg), Das Gen und der Mensch. Ein Blick in die Biowissenschaften, 2000, 240–251; *ders,* Die Würde des Menschen – eine rechtliche Fiktion?, in: *Elsner/Schneider* (Hrsg), Was ist der Mensch?, 2002, 231–247; *Schreiber/Lilie/Rosenau/Tadaki/Pak* (Hrsg), Globalisierung der Biopolitik, des Biorechts und der Bioethik. Das Leben an seinem Anfang und an seinem Ende, 2007; *Schroeder-Kurth,* Pro und Contra Keimbahntherapie und Keimbahnmanipulation, HD Jb 1998, 143–163; *Schütze,* Klonierung beim Menschen – Zusammenfassung der juristischen Untersuchung, Jb f Wiss und Ethik 2005, 293–311; *Seith,* Status und Schutz des extrakorporalen Embryos. Eine rechtsvergleichende Studie, 2007; *Sendler,* Menschenwürde, PID und Schwangerschaftsabbruch, NJW 2001, 2148–2150; *Siep,* Kriterien und Argumenttypen im Streit um die Embryonenforschung in Europa, Jb f Wiss und Ethik 2002, 179–195; *ders,* Wissenschaftsethik und „Biopolitik" in der Stammzellforschung, Jb f Wiss u Ethik 2007, 179–189; *Sloterdijk,* Regeln für den Menschenpark. Ein Antwortschreiben zu Heideggers Brief über den Humanismus, [4]2000; *Spaemann,* Personen. Versuche über den Unterschied zwischen „etwas" und „jemand", [2]1998; *Spickhoff/Schwab/Henrich/Gottwald* (Hrsg), Streit um die Abstammung – ein europäischer Vergleich, 2007; *Spickhoff,* Der Schutz von Embryo und Stammzelle im Internationalen Straf- und Privatrecht, FS Schreiber, 2003, 881–891; *Spieker,* Gescheiterte Reformen. Zur Problematik des Lebensschutzes in Deutschland, 2004; *ders,* Der verleugnete Rechtsstaat. Anmerkungen zur Kultur des Todes in Europa, 2005; *Spranger,* Das Rechtsinstrument der Patentierung im Zusammenhang der Biotechnologie: Grundlagen und Grenzen, Jb f Wiss und Ethik, 2004, 263–278; *Stockter,* Das Verbot genetischer Diskriminierung und das Recht auf Achtung der Individualität Gendiagnostik als Anlass für gleichheits- und persönlichkeitsrechtliche Erwägungen zum Umgang mit prognostischen und anderen statistischen Daten, 2008; *Taupitz,* Der rechtliche Rahmen des Klonens zu therapeutischen Zwecken, NJW 2001, 3433–3440; *ders,* Die Biomedizin-Konvention und das Verbot der Verwendung genetischer Informationen für Versicherungszwecke, Jb f Wiss und Ethik 2001, 123–177; *ders* (Hrsg), Das Menschenrechtsübereinkommen zur Biomedizin des Europarates – taugliches Vorbild für eine weltweit geltende Regelung?, 2002; *ders,* Import embryonaler Stammzellen. Konsequenzen des Bundestagsbeschlusses v 31. 1. 2001, ZRP 2002, 111–115; *ders,* Rechtliche Regelung der Embryonenforschung im internationalen Vergleich, 2003; *ders,* Die Aufgaben der Zentralen Ethik-Kommission für Stammzellforschung, Strafrecht, Biorecht, Rechtsphilosophie: FS Schreiber, 2003, 903–912; *ders,* Der Embryobegriff des Embryonenschutzgesetzes, Jb f Wiss u Ethik, 2008, 107–151; *Thiele,* Genetische Diagnostik und Versicherungsschutz. Die Situation in Deutschland, 2001; *Ulsenheimer,* Arztstrafrecht in der Praxis, 4. Aufl 2008; *Vogt,* Methoden der künstlichen Befruchtung. „Dreierregel" versus „Singel Embryo Transfer". Konflikt zwischen Rechtslage und Fortschritt der Reproduktionsmedizin in Deutschland im Vergleich mit sieben europäischen Ländern, 2008; *Wagner,* EU-Förderung der Embryonenforschung?, NJW 2004, 917–919; *Winter/Fenger/Schreiber* (Hrsg), Genmedizin und Recht. Rahmenbedingungen und Regelungen für Forschung, Entwicklung, Klinik, Verwaltung, 2001; *Wolf,* Staatliche Steuerung der Biotechnologie am Beispiel des Klonens von Menschen, 2005; Die Ratio des Embryonenschutzgesetzes, ZfL 2006, 15–17.

– Fortgeschriebene Fassung des gleichnamigen Kapitels in: *Laufs/Katzenmeier/Lipp,* Arztrecht, 6. Aufl 2009. –

I. Ausgangspunkte

1. Ambivalenzen. Die Reproduktionsmedizin in ihrer immer stärkeren Verbindung mit der Humangenetik bietet einen die naturwissenschaftliche und die juristische Fachwelt wie eine breite Öffentlichkeit fesselnde, ja aufwühlenden Themenkomplex, der **Grundfragen der menschlichen Existenz** berührt und dabei äußerst umfangreich und vielschichtig ist. Die Infertilität oder Subfertilität und Sterilität von Frauen und Männern mit dem Wunsch nach einem gesunden Kind manifestieren sich in vielen Zehntausenden von Fällen jährlich in Deutschland und werfen nicht nur medizinisch-physiologische, sondern ebenso psychische und soziale Probleme auf. Nicht zuletzt stellen sich schwere Rechts- und Gewissensfragen vornehmlich im Zusammenhang mit den gendiagnostischen Verfahren. Die medizinischen Fortschritte fordern einen hohen Preis. Reproduktionsmedizin und Humangenetik tragen so einen durchaus ambivalenten Charakter.[1]

Die Fortpflanzungsmedizin sucht legitime Kinderwünsche zu erfüllen, denen natürliche Hindernisse entgegenstehen. Die mit ihr zusammenhängende Genmedizin bemüht sich um die Aufklärung genetisch bedingter Krankheiten im Dienste von Prävention und Therapie. Die Reproduktionsmediziner behandeln mit der In-vitro-Fertilisation und der Intracytoplasmatischen Spermieninjektion im Grunde nicht eine Krankheit, weil die Sterilität selbst nach einer erfolgreichen, also zur Geburt eines Kindes führenden medizinischen Intervention die Gleiche bleibt wie zuvor; sie übernehmen vielmehr eine fehlende biologische Funktion. Dabei hat die Technik der künstlichen Befruchtung wie ein „Dammbruch" (*Ernst-Ludwig Winnacker*[2]) der Wissenschaft neue Wege und der Gesellschaft wie den Forschern neue Rechtsprobleme und neue ethische Dilemmata eröffnet: Todgeweihte Embryonen stehen auf dem Spiel.[3]

2. Rechtsquellen. Juristisch führt der Gegenstand in **verschiedene Rechtsschichten:** Einmal in das Verfassungsrecht des Grundgesetzes,[4] dann in das einfache Gesetzesrecht hauptsächlich des Bundes,[5] aber auch der Länder,[6] schließlich in das autonome Satzungsrecht der Ärztekammern: Körperschaften des öffentlichen Rechts, deren Rechtssetzungskompetenz freilich begrenzt bleibt. Keine Rechtssätze enthalten die in der Praxis oft gewichtigen Leit- oder Richtlinien der medizinischen Fachgesellschaften.[7]

Im Zentrum des Medizinrechts steht das Tun und Lassen des Arztes: Was darf der Arzt, was soll der Arzt, wozu ist er berechtigt, wozu verpflichtet? Die Antworten ergeben sich nicht im Geringsten aus der Natur. Aus deren verschwenderischem Umgang mit Keimzellen und Embryonen etwa lässt sich schlechterdings nichts ableiten. Und was mehr oder weniger verantwortlichen Sexualpartnern von Rechts wegen nicht verwehrt werden kann, ist dem Arzt darum noch nicht erlaubt.

3. Lebensschutz. Die Partner des Arztes, die Patienten oder Klienten, haben ein vertragliches Recht darauf, in ihren Wünschen und Bedürfnissen wie in ihren Persönlichkeitsrechten ernst genommen zu werden. Aber sie haben keinen Rechtsanspruch auf

---

[1] Eindrucksvoll die kompakte Übersicht von *Haker*, Fortpflanzung im Zeitalter der Reproduktionsmedizin und Humangenetik – ein ethischer Kommentar, Renovatio 56, 2000, 120–127; vgl ferner *Hillenkamp* (Hrsg), Medizinrechtliche Probleme der Humangenetik, 2002; instruktiv *Felberbaum, Bühler,/v d Ven* (Hrsg), Das Deutsche IVF-Register 1996–2006. 10 Jahre Reproduktionsmedizin in Deutschland, 2007; s auch die alljährliche Berichterstattung zum Fortpflanzungsmedizinrecht von *Spickhoff,* zuletzt NJW 2008, 1642 f.
[2] In dem von *Geyer* hrsg Sammelband Biopolitik, 103.
[3] *Spieker,* Der verleugnete Rechtsstaat, 89.
[4] Einschlägig insbes die Art 1, 2, 3, 5 und 6 GG.
[5] StGB, ESchG, StZG, GenDG, SGB V, BGB.
[6] Kammergesetze für die Heilberufe.
[7] *Hart* (Hrsg), Ärztliche Leitlinien im Medizin- und Gesundheitsrecht. Recht und Empirie professioneller Normbildung, 2005.

22. Kapitel. Besondere ärztliche Eingriffe und Sonderprobleme   6 § 129

Nachkommenschaft oder gar auf ein gesundes Kind. Das Kind hingegen, auch in seiner äußersten Jugend, hat ein Recht auf Leben, auf körperliche Integrität und auf seine Würde als Mensch. Aber hierüber herrscht Streit: Soll das **Wohl des Kindes,** so die Kernfrage, von Anfang an im Zentrum der rechtlichen Erörterungen, auch der rechtspolitischen, stehen? Die Gentechnik verlangt eine Antwort auf die Frage, „ob bereits mit der Verschmelzung von Ei und Samenzelle der verfassungsrechtliche Schutz greift, ob also zwar weder dem männlichen Samen noch der weiblichen Eizelle Menschenwürde zukommt, die befruchtete Eizelle – nach Verschmelzung der Zellkerne – aber schon menschliches Leben begründet und damit der verfassungsrechtliche Schutz beginnt".[8] Müssen wir nicht, wenn wir die Wirklichkeit wissend begreifen und den verfassungsrechtlichen Schutz auf jedes Entwicklungsstadium individuellen Lebens erstrecken, den Lebensschutz bereits für das befruchtete Ei gelten lassen, mit dem die Entwicklung des Menschen in seiner je eigenen genetischen Prägung und der damit begründeten Individualität beginnt? Müsste nicht, wer dem Embryo den Schutz der Menschenwürde aberkennt, weil dieser nicht über Ich-Bewusstsein, Vernunft, Fähigkeit zur Autonomie verfügt, auch dem nicht zu eigenverantwortlichem Leben fähigen Geborenen, dem Säugling, dem Geisteskranken die Würde absprechen[9]?

4. Entwicklungslogik. Wer die **Entwicklung der Reproduktions- und Gentech-** 6
nik während der letzten Jahrzehnte verfolgt hat, den mögen Zweifel befallen, ob überhaupt und inwieweit sich die naturwissenschaftlich-merkantilen Prozesse normativ steuern lassen. Werden Ethik und Recht die machtvollen, im internationalen wissenschaftlich-technischen wie wirtschaftlichen Wettbewerb vorandrängenden Verfahren der Reproduktionsmedizin und Genbiologie noch binden können,[10] oder wird die Theorie der Eigengesetzlichkeit des technischen Fortschritts an Wahrscheinlichkeit gewinnen[11]? Die Ohnmacht des Staates „gegenüber den explosiven Vorgängen, welche die Durchbildung der Technik zur Folge hat", sei längst offensichtlich, urteilte Friedrich Georg Jünger schon vor Jahrzehnten.[12] Es gebe keinen Staat, der diese Vorgänge meistere, denn in alle staatliche Organisation habe sich die technische hineingeschoben; sie höhlt den Staat von innen her aus. Der Mensch meistere die mechanische Gesetzlichkeit nicht mehr, die er selbst in Gang gebracht habe. Diese Gesetzlichkeit meistere ihn. Andere Denker folgten dieser Sicht der Dinge. Arnold Gehlen[13] sieht den Naturforscher durch die naturwissenschaftliche Forschung geradezu entmündigt. Denn weder stelle er die Probleme, noch entschließe er sich zur Anwendung des Erkannten, wie der Laie meine. Was Problem werden müsse, folge aus dem schon Erkannten, und es liege in der Logik des Experiments, dass die exakte Erkenntnis bereits die Beherrschung des Effekts einschließt. Der Entschluss zur Anwendung des Erkannten erübrige sich, er falle aus, er werde dem Forscher vom Objekt abgenommen. Der Zusammenhang von Wissenschaft, Applikation und Aus-

---

[8] *Kirchhof,* Ethik und Recht als Maßstäbe für medizinisches und biotechnologisches Handeln, Jahrbuch f Wiss und Ethik, 7, 2002, 5–21, 14, bejahend.
[9] *Kirchhof,* mit weiteren Nachweisen. – Die Problematik der Familienplanungsschäden kann hier nicht ausgebreitet werden; vgl etwa *Müller,* Unterhalt für ein Kind als Schaden? NJW 2003, 697–706. BGH MedR 2002, 640 m Anm *Schmidt-Recla* und *Schumann* = JR 2003, 66 m Anm *Katzenmeier.* Aus der elementaren moral-theologischen Einsicht in die Einheit und Selbstzwecklichkeit menschlichen Lebens zieht *Bormann* (in dem von *Maio* hrsg Sammelband, vgl Litverz, 673 ff) klare und überzeugende Konsequenzen.
[10] Der Verfasser hat dies schon vor mehr als 20 Jahren bezweifelt; *Laufs,* Fortpflanzungsmedizin und Arztrecht, in: *Günther/Keller* (Hrsg), Fortpflanzungsmedizin und Humangenetik – Strafrechtliche Schranken?, 1987, 2. Aufl 1991, 89–108, insbes 95 f.
[11] Eindrucksvoll *v d Pot,* Die Bewertung des technischen Fortschritts. Eine systematische Übersicht der Theorien, 2 Bde, 1985.
[12] Die Perfektion der Technik, 197.
[13] Die Seele im technischen Zeitalter. Sozialpsychologische Probleme in der industriellen Gesellschaft, Ausgabe 1969, 54.

wertung bilde längst eine automatisierte und ethisch indifferente Superstruktur. Eine Änderung lasse sich wohl nur durch Askese beim Wissenwollen oder beim Konsumierenwollen erreichen.

7 Neue fortpflanzungsmedizinisch-gentechnische Verfahren lassen sich, wie die Erfahrung mit der Pränatal- wie der Präimplantationsdiagnostik lehrt, nach einer Erlaubnis in der Anwendung nicht dauerhaft begrenzen. Die angebotsinduzierte Nachfrage erweist sich als überaus dynamisch. „Die Begrenzung auf spezielle Indikationen, der Versuch einer Orientierung an der Bewertung der Schwere einer Erkrankung, der Prognose und des hohen Risikos wird zu Beginn bei der Einführung eines neuen Verfahrens, bei dem genetische Diagnostik und Techniken der Fortpflanzungsmedizin aufeinandertreffen, vielleicht noch möglich sein. Dieser Versuch wird aber bei steigender technischer Verbesserung und Weiterentwicklung der Verfahren von einem gesellschaftlichen Aushandlungsprozess begleitet werden, in dem je nach Akzeptanz dieser Verfahren und der Bedeutung, die ihr Anbieter wie auch potenzielle Nutzer zuschreiben, sich der Einsatz und die Anwendungsmöglichkeiten verändern werden."[14] Die **Ausweitungsdynamik** einmal eingeführter Technologien wirkt, wie die Geschichte der Fortschritte zeigt, unwiderstehlich.

8 Vom Entwicklungsstand der Reproduktionsmedizin wie von den unfruchtbaren Paaren geht ein starker **Anwendungsdruck** aus, der den Zweifel daran erstickt, ob die Erfüllung eines vielleicht nur partikularen Interesses es rechtfertigt, die Grundlagen der Rechtsordnung zu verändern oder diese gar insgesamt ins Gleiten zu bringen, und ob die Nebenfolge der artifiziellen Reproduktion: Der Tod in vitro erzeugter menschlicher Embryonen, in Kauf zu nehmen sei.[15] Die medizinischen Fortschritte untergraben geltendes Recht: Während das EschG den Ärzten gebietet, alle erzeugten Embryonen auch auf die Frau zu übertragen, höchstens jedoch drei, können ihre ausländischen Kollegen aus einer Mehrzahl erzeugter menschlicher Keimlinge den am besten für die Transplantation geeigneten auswählen und übertragen („electiv Single-Embryo-Transfer", eSET), um optimale Schwangerschaftsraten zu erreichen und das hohe Risiko unerwünschter Mehrlingsschwangerschaften zu vermeiden. Der deutsche Embryonenschutz führe, so steht zu lesen,[16] in den „Zwiespalt zwischen staatlichem Gesetz und ärztlicher Lex artis".

II. Kontroversen

9 **1. Grunddissense.** Wie wohl kein anderes Rechtsgebiet zeigt sich das der Fortpflanzungsmedizin von tiefen **weltanschaulichen Gegensätzen** beherrscht, die befriedende gesetzliche Regeln kaum erlauben. Die folgenden Stimmen mögen die Schwere der Herausforderung anklingen lassen[17]:

10 „Die Fortpflanzungsvorgänge einschließlich der Embryonalentwicklung sind prinzipiell aus dem weiblichen Körper hinausverlagert, aus dem vormaligen Dunkel ins Licht des Labors gebracht ... Menschliches Leben lässt sich nun gezielt herstellen – angesichts dessen hat die Forderung, doch wenigstens auf die Selektion oder detaillierte Konstruktion der Fabrikate zu verzichten, immer schon etwas Nachträgliches" (Thomas Fuchs). – „Ob aber die langfristige Entwicklung auch zu einer genetischen Reform der Gattungseigenschaften führen wird – ob eine künftige Anthropotechnologie bis zu einer expliziten Merkmalsplanung vordringt; ob die Menschheit gattungsweit eine Umstellung vom Geburtenfatalismus zur optionalen Geburt und zur pränatalen Selektion wird vollziehen können – dies

---

[14] *Nippert,* Was kann aus der bisherigen Entwicklung der Pränataldiagnostik für die Entwicklung von Qualitätsstandards für die Einführung neuer Verfahren wie der Präimplantationsdiagnostik gelernt werden?, in: Fortpflanzungsmedizin in Deutschland, Wiss Symp d BMG (Schriftenreihe Bd 132), 293–321, 299.

[15] Eindrucksvoll das unwiderlegte Sondervotum von *Hennecke* zu dem Bericht der Ethik-Kommission Rh-Pfalz, 2005, 130 (www.justiz.rlp.de, vgl auch *Mertin* ZRP 2006, 59 f).

[16] *Neidert* ZRP 2006, 85–87, mit aufschlussreichen Daten.

[17] Vgl die Titel im Literaturverzeichnis; vgl insbes auch *Fuchs,* Widerstreit und Kompromiss.

22. Kapitel. Besondere ärztliche Eingriffe und Sonderprobleme   11, 12   § 129

sind Fragen, in denen sich, wie auch immer verschwommen und nicht geheuer, der evolutionäre Horizont vor uns zu lichten beginnt" (Peter Sloterdijk). – „Auf der einen Seite wird der Begriff der Menschenwürde fast uferlos angewendet, indem jede Frustration, die einem Menschen zugemutet wird, als Angriff auf seine Menschenwürde erscheint. Auf der anderen Seite wird das fundamentalste Rechtsgut, in dem sich die Würde des Menschen konkretisiert, das Leben, immer weitergehend zur Disposition utilitaristischer Erwägungen gestellt. Ein krasser hedonistischer Individualismus verbindet sich mit einer immer umfassenderen Vergesellschaftung des Menschen" (Robert Spaemann). – „In der Frage, wann das Leben beginnt, gibt es keinen Konsens in den Konventionsstaaten. Daher steht ihnen hier ein Beurteilungsspielraum zu. Auch in der Natur und der Rechtsstellung des Embryos oder des Fötus gibt es keinen Konsens auf europäischer Ebene, wenngleich erste Schritte zu einem Schutz zu erkennen sind. Deshalb ist es zum gegenwärtigen Zeitpunkt weder wünschenswert noch möglich, abstrakt die Frage zu beantworten, ob das ungeborene Kind ein ‚Mensch' im Sinne von Art 2 EMRK ist" (Europäischer Gerichtshof für Menschenrechte, Große Kammer, Urt v 8. 7. 2004, NJW 2005, 727).

2. Reformvorschläge. Seit dem Bericht der **Benda-Kommission** 1985[18] erschienen **11** zahlreiche Stellungnahmen und Vorschläge, während die Rechtsetzung eher zurückhaltend blieb. Als der Bundesgesetzgeber 1990 das strafrechtlich geprägte und darum thematisch unvollständige, bis heute geltende Embryonenschutzgesetz (EschG)[19] erließ, fehlte ihm noch die umfassende Legislativkompetenz, die er erst 1994 erhielt.[20] Hinzu kamen die Vorschriften des SGB V,[21] die mit den Richtlinien des Bundesausschusses der Ärzte und Krankenkassen die Voraussetzungen für Kassenleistungen bei „medizinischen Maßnahmen zur Herbeiführung einer Schwangerschaft" festlegen. Das Bundesministerium der Justiz hat im Zusammenwirken mit dem Bundesministerium für Gesundheit bereits 1997/98 den gesetzgeberischen Handlungsbedarf beim Embryonenschutzgesetz ermittelt im Hinblick auf die beim Klonen von Tieren angewandten Techniken und die sich abzeichnende weitere Entwicklung.[22] Die Bundesärztekammer überarbeitete ihre Mustervorgaben für das Satzungsrecht der Landesärztekammern, indem sie die bei schwerer männlicher Subfertilität angezeigte ICSI-Methode anerkannte, die artifizielle Reproduktion auf Paare in stabiler Partnerschaft hinsichtlich des seit dem 1. 7. 1998 geltenden Kindschaftsrechtsreformgesetztes[23] ausdehnte und im Dienste der Qualitätssicherung ein prospektives IVF-Register einführte.[24]

3. Aufgabe des Gesetzgebers. Die **Probleme,** welche die durchaus ambivalente Fort- **12** pflanzungsmedizin aufwirft, sind solche **der Allgemeinheit und damit der Rechtsgemeinschaft.** Sie dürfen nicht den Wissenschaftlern, nicht der Ärzteschaft und auch nicht Ethik-Räten überlassen bleiben. Die Notwendigkeit bundesgesetzlicher Regeln zeichnet sich immer deutlicher ab. Das verdienstvolle Symposium des Bundesministeriums für Gesundheit in Zusammenarbeit mit dem Robert-Koch-Institut im Mai 2000 zu Berlin[25] hat den moralischen und juristischen Aspekten in fächerübergreifender Arbeit die Publizi-

---

[18] Gentechnologie: Chancen und Risiken, Bd 6, dazu *Laufs* MedR 1986, 125.
[19] Noch immer unentbehrlich der Kommentar dazu von *Keller/Günther/Kaiser*, 1992. Heranzuziehen nunmehr auch der neubearbeitete Kommentar von *Günther/Taupitz/Kaiser*, 2008, u die Rez v *Neidert,* MedR 2009, 251 f.
[20] Art 74 Abs 1 Nr 26 GG.
[21] §§ 27 a, 121 a.
[22] BT-Drucks 13/1263.
[23] Das Gesetz gestaltet Abstammung, elterliche Sorge, Umgang, Unterhalt für alle Kinder, ohne zwischen ehelichen und nichtehelichen zu unterscheiden.
[24] (Muster-)Richtlinie zur Durchführung der assistierten Reproduktion, DÄBl 2006, A 1392 ff (mit Kommentar). – Deutsches IVF-Register (DIR) mit Jb, www.deutsches-ivf-register.de; vgl neuerdings das Buch von *Felberbaum/Bühler/v d Ven.*
[25] Vgl oben Fn 14; s ferner *Geyer* (Hrsg), Biopolitik. Die Positionen, 2001.

tät verschafft, deren es für die demokratische Willensbildung bedarf. Der Kongress hat zudem das Feld für den Gesetzgeber bereitet, indem er die Grundfragen eindrucksvoll zum Vorschein brachte, insbes. diejenige nach dem moralischen und rechtlichen Status des menschlichen Embryos, nach den Stufungen des vorgeburtlichen Lebensschutzes.[26] Den Stand der Debatte freilich kennzeichnet eine tiefe Kluft, die sich aufgetan hat zwischen den Verfechtern eines christlichen[27] oder kantischen Menschenbildes auf der einen Seite, eines scientistisch-sozialdarwinistischen auf der anderen, ein Gegensatz, den die mit Grund vielbeachteten Reden des Bundespräsidenten v 18. 5. 2001[28] und andererseits des Präsidenten der Max-Planck-Gesellschaft v 22. 6. desselben Jahres einer breiten Öffentlichkeit eindrucksvoll vor Augen führte. Die in der Reproduktionsmedizin tätigen Wissenschaftler und Ärzte fordern „eine generelle Liberalisierung des Embryonenschutzgesetzes".[29] Dessen Verteidiger beklagen die Krise vieler bisher noch als grundlegend geachteter moralischer und rechtlicher Vorstellungen. Vor diesem Hintergrund wird der Gesetzgeber mit größter Umsicht und Mäßigung zu entscheiden haben.

III. Ärzteschaft und Reproduktionsverfahren

13   **1. Verfahrensarten.** Vorderhand hat sich die **Ärzteschaft** zwischen den Eckpfeilern des Embryonenschutzgesetzes mit ihren eigenen Berufsregeln eingerichtet. Als assistierte Reproduktion gilt ihr „die ärztliche Hilfe zur Erfüllung des Kinderwunsches eines Paares durch medizinische Hilfen und Techniken". Sofern sich ein Kinderwunsch auf natürlichem Wege nicht erfüllen lasse, könne die medizinisch assistierte Reproduktion zumindest in begrenztem Umfange Hilfe bieten.[30] Im Zuge der medizinischen Fortschritte gehören zur assistierten Reproduktion die folgenden **Verfahren:** der intratubare Gamententransfer,[31] der intratubare Zygotentransfer,[32] der intratubare Embryonentransfer,[33] die In-vitro-Fertilisation mit Embryonentransfer[34] und die intrazytoplasmatische Spermatozoeninjektion.[35] Dem medizinisch erwünschten „elektiv Single- (oder Double-)Embryo-Transfer steht das Embryonenschutzgesetz entgegen.[36]

---

[26] *Dreier*, Stufungen des vorgeburtlichen Lebensschutzes, ZRP 2002, 377–383, um nur eine Stimme zu nennen.

[27] *Eibach*, Gentechnik und Embryonenforschung. Leben als Schöpfung aus Menschenhand?, 2002; *Reiter*, Die genetische Gesellschaft. Handlungsspielräume und Grenzen, 2002; *Huber*, in: *Dreier/Huber*, Bioethik und Menschenwürde, 51–65; *Marx*, Familia et Vita 2009, 36–48.

[28] *Rau*, FAZ Nr 116 v 19. 5. 2001, 45.

[29] *Katzorke*, Perspektiven eines geänderten Fortpflanzungsmedizingesetzes. Auswertung einer Umfrage d Bundesverbandes Reproduktionsmedizinischer Zentren Deutschlands eV zur Situation der Reproduktionsmedizin in Deutschland, Reproduktionsmed 6, 2001, 325–333; vgl ferner *Neidert* ZRP 2006, 85–87. Wohlbegründet zurückhaltend zur Reformbedürftigkeit des Embryonenschutzgesetzes *Beit*, 2009.

[30] So der Beginn der Richtlinien.

[31] GIFT, das heißt die Übertragung der männlichen und weiblichen Gameten oder Keimzellen in den Eileiter.

[32] ZIFT = Zygote-Intrafallopian-Transfer.

[33] EIFT = Embryo-Intrafallopian-Transfer.

[34] IVF und ET = Vereinigung einer Eizelle mit einer Samenzelle außerhalb des Körpers und die Einführung des Embryos in die Gebärmutter.

[35] ICSI: „Ein Verfahren, bei dem eine menschliche Samenzelle in eine menschliche Eizelle injiziert wird, mit dem Ziel, eine Schwangerschaft bei der Frau herbeizuführen, von der die Eizelle stammt. Die dazu verwandten männlichen Keimzellen können aus dem Ejakulat, aus dem Nebenhoden (MESA) oder aus dem Hoden (TESE) gewonnen werden." – Zu vermehrten Fehlbildungen bei ICSI-Kindern vgl bereits DÄBl 2001, C, 2436 f; ferner FertilSteril 2001, Aug, 76: 249–253.

[36] § 1 Abs 1 Nr 5, so entschieden *Günther*, in dem genannten Komm v *Günther/Taupitz/Kaiser*, S 180. Zur Problematik *Neidert* MedR 2007, 279; vgl ferner *Vogt*, Methoden der künstlichen Befruchtung: „Dreierregel" versus „Single Embryo Transfer", 2008, auch *Taupitz* in dem angeführten Komm., S 163 ff (auch zum „Deutschen Mittelweg".

22. Kapitel. Besondere ärztliche Eingriffe und Sonderprobleme 14–17 § 129

Den behandelnden Arzt trifft die berufsrechtliche Pflicht, „darauf hinzuwirken, dass **14** dem Paar eine kompetente Beratung über dessen mögliche psychische Belastung und die für das Wohl des Kindes bedeutsamen Voraussetzungen zuteil wird". Die satzungsrechtliche Berufsordnung folgt dem Embryonenschutzgesetz,[37] wenn sie bestimmt: „Beim Einsatz der genannten Methoden dürfen nur die Eizellen der Frau befruchtet werden, bei der die Schwangerschaft herbeigeführt werden soll." Auch das Verbot der Ersatzmutterschaft folgt dem Gesetz: Wird erkennbar, „dass die Frau, bei der die Schwangerschaft herbeigeführt werden soll, ihr Kind nach der Geburt auf Dauer Dritten überlassen will", dann darf der Arzt eine Methode der artifiziellen Reproduktion nicht anwenden.[38]

2. Ärztekammern. Mit den Vorschriften über die statusrechtlichen Voraussetzungen **15** der artifiziellen Reproduktion greifen die **Ärztekammern** in die Persönlichkeitssphäre der Patientinnen und Patienten ein und überschreiten ihre satzungsrechtliche Kompetenz. Grundentscheidungen in unserem Rechtsstaat bedürfen nach der Wesentlichkeitstheorie des BVerfG der Entscheidung des Parlaments. Freilich hat das Schweigen des Gesetzgebers das Dilemma verursacht. Die Berufsregeln bevorzugen das homologe System: Grusätzlich darf der Arzt nur Samen des Ehepartners verwenden. Bei nicht verheirateten Paaren in stabiler Partnerschaft darf er nur nach vorheriger Beratung durch die bei der Ärztekammer eingerichtete Kommission eingreifen. Zurückhaltung gebieten die Berufsregeln im heterologen System: „Sollen ... fremde Samenzellen verwendet werden, bedarf dies eines zustimmenden Votums der bei der Ärztekammer eingerichteten Kommission." Bei alleinstehenden Frauen und in gleichgeschlechtlichen Beziehungen dürfen die Ärzte nicht zu den Mitteln der künstlichen Reproduktion greifen. Über diese Maßgaben herrscht in der pluralistischen Gesellschaft Streit. Die rege in Anspruch genommenen Kommissionen sehen sich je und je überfordert. Nach welchen Kriterien sollen sie die Anträge bescheiden, in denen sich die unterschiedlichsten und ungewöhnlichsten Lebensstile spiegeln? Das Wohl des geplanten Kindes wird dabei im Mittelpunkt aller Überlegungen zu stehen haben.

3. Kinderrechte. Eine Kontroverse jedenfalls hat der Gesetzgeber mit dem kürzlich **16** in Kraft getretenen **Kinderrechteverbesserungsgesetz**[39] entschieden. Dabei ließ er sich von der Annahme grundsätzlicher Zulässigkeit der heterologen Insemination leiten. Er entschloss sich dazu, die Vaterschaftsanfechtung sowohl durch die Mutter als auch durch ihren der Insemination zustimmenden Mann auszuschließen, während der BGH das Anfechtungsrecht für rechtsgeschäftlich nicht verzichtbar gehalten hatte. Der Gesetzgeber hingegen will die artifiziell ins Leben gerufenen Kinder geschützt wissen. Nach erfolgreicher Anfechtung verlören diese nämlich ihre gesetzlichen Unterhalts- und Erbansprüche wie auch die persönlichen Beziehungen zum bisherigen Vater. Wer die Existenz eines Menschen durch künstliche Zeugung herbeiführen hilft, soll seine damit verbundene Verantwortung nicht im Nachhinein einfach aufkündigen können.[40]

IV. Bedenken

1. Heilauftrag? Mag das Verfahren auch weithin anerkannt sein und in der medizinischen Praxis wie selbstverständlich in Übung stehen, so können doch die tiefgreifenden Bedenken einzelner Ärzte, Juristen und Philosophen gegen die Methode und ihre Folgen noch keineswegs als gestillt gelten. Bei näherem Hinsehen zeigt sich nämlich, dass die In- **17**

---

[37] Vgl § 1 Abs 1, Ziff 1 und 2.
[38] EschG § 1 Abs 1 Nr 7, Richtlinien 3.2.3.
[39] *Roth*, Das Kinderrechteverbesserungsgesetz, JZ 2002, 651–655, 652 f, auch zu den offengebliebenen Fragen.
[40] Vgl auch *Spickhoff* NJW 2006, 1638. Zu den Rechten und Pflichten des dritten Samenspenders Marian, Die Rechtsstellung des Samenspenders bei der Insemination/IVF, 1998.

vitro-Fertilisation das keimende Leben instrumentalisiert und dass der Vollzug dieses Verfahrens weiterreichende Probleme enthält und in gewisser Weise präjudiziert.

18 Die Einwände richten sich gegen die Erweiterung seiner Funktion, die den Arzt bei der artifiziellen Reproduktion mit der Verantwortung für künftiges Leben belastet. Bereits die Indikation verlangt dem Arzt bei begrenzten prognostischen Erkenntnismitteln viel ab. Dabei wirkt der Mediziner an einem höchst beschwerlichen, im Wesentlichen ganzheitlich-psychosomatischen Prozess als Herr des Verfahrens und nicht nur als Assistent mit. „Der Arzt übernimmt als Mitschöpfer eines Menschenlebens die Rolle des Schicksals, ohne aber die Weitsicht des Schicksals zu besitzen."[41]

19 Die Einwände richten sich andererseits gegen die Gefahren für ungeborenes menschliches Leben, die sich auch aus den Folgetechniken ergeben. Nicht umsonst zeigt sich die Ärzteschaft gespalten – wie beim Schwangerschaftsabbruch nach vorgeschriebener Konfliktberatung. Die Berufsordnung gibt diesem Umstand Ausdruck, indem sie die künstliche Befruchtung einer Eizelle außerhalb des Mutterleibes zunächst als Sterilitätsbehandlung und ärztliche Tätigkeit legitimiert, dann aber eine Freistellungsklausel anfügt: „Ärztinnen und Ärzte können nicht verpflichtet werden, an einer In-vitro-Fertilisation oder einem Embryonentransfer mitzuwirken."[42] Zuvor schon hatte der Gesetzgeber für eine Freistellung gesorgt.[43] Normalerweise verpflichtet die Indikation den Arzt dazu, die angezeigte, das heißt vom Heilauftrag umfasste Maßnahme beim einwilligenden Patienten anzuwenden. Für die artifizielle Reproduktionsmedizin gilt diese Hauptregel des Arztrechts bezeichnenderweise nicht: Der Eingriff ist rechtlich erlaubt, aber nicht geboten.

20 **2. Instrumentalisierung.** Die In-vitro-Fertilisation bildet, was Einsichtige von Anfang an erkannten, den Ausgangspunkt für die **Gentechnologie** und neue wissenschaftliche Verfahren, die Embryonen verbrauchen. Auch bei der In-vitro-Fertilisation selbst verfügen Mediziner über frühes menschliches Leben, nicht nur als Forscher mit dem Ziel, die Methode überhaupt zu verbessern, sondern auch im klinischen Alltag, um die Erfolgschancen im Einzelfall zu erhöhen: Die „Aufopferung beim Mehrfachtransfer" zur Erzielung des „Helping-Effekts" geschieht unter Inkaufnahme des Untergangs der übrigen Embryonen.[44] Darf der Arzt als Herr über Leben und Tod Embryonen aufopfern im Dienste von Kinderwünschen? Stehen Kinderwünsche im Rang höher als das Streben nach Erkenntnisfortschritten durch Embryonenforschung im Interesse Schwerkranker? Hier wie dort, in der Fortpflanzungsmedizin wie bei den verbrauchenden Experimenten mit menschlichen Lebewesen, dient der Embryo als Mittel zu einem außerhalb seiner selbst liegenden, also fremdem Zweck. Nach überwiegender Ansicht gelten die Verluste bei der In-vitro-Fertilisation als hinnehmbar, nicht aber bei der Forschung – ein schwer einsehbarer Widerspruch.

V. Das Embryonenschutzgesetz

21 **1. Strafrecht.** Der Gesetzgeber[45] stand 1990 vor einer heiklen Aufgabe, bei der es Wertungswidersprüche zu vermeiden und die internationale Dimension, vor allem aber das Leben und die Würde des Menschen möglichst wirksam zu schützen galt. Das Embryonenschutzgesetz sucht Missbräuche zu ahnden. So bleibt denn im Einzelnen die Methode der

---

[41] *Petersen* aus der Sicht des Psychotherapeuten und Gynäkologischen Psychosomatikers in seinem abweichenden Votum zum Bericht der Benda-Kommission, vorst RFn 16, 55–65, 57. Die gewichtigen Bedenken des Autors blieben auch im Übrigen unwiderlegt.

[42] MBO D Nr 15 Abs 2. Zu Nr 15 vgl den Komm v *Ratzel* u *Lippert*, 4. Aufl 2006, S 437 ff, mit Lit.

[43] EschG § 10.

[44] *Pap*, Extrakorporale Befruchtung und Embryotransfer aus arztrechtlicher Sicht, 157.

[45] In ihrem Buch „Zur Reformbedürftigkeit des Embryonenschutzgesetzes", 2009, wirbt die Autorin Ulrike Beitz im Dienste des Embryonenschutzes sehr bedenkenswert für lediglich klarstellende, nicht liberalisierende Korrekturen.

22. Kapitel. Besondere ärztliche Eingriffe und Sonderprobleme   22–24 § 129

In-vitro-Fertilisation ungeregelt. Sie gilt offenbar als erlaubt, weil nicht ausdrücklich verboten, sondern vorausgesetzt. Der Gesetzgeber hat sie nicht als subsidiär ausgewiesen, das heißt als ein Verfahren, das der Arzt nur anwenden darf, wenn sich der Kinderwunsch nicht auf andere Weise erfüllen lässt. Diese Schwäche liegt in der Konsequenz des **strafrechtlichen Weges**. Inzwischen können die artifiziellen Methoden der In-vitro-Fertilisation wie der intrazytoplasmatischen Spermatozoeninjektion mit Embryotransfer als medizinisch eingeführt, also dem Versuchsstadium entwachsen, und als rechtlich erlaubt gelten.

2. Klonen. Das Embryonenschutzgesetz verbietet das **Klonen:** Eine Strafe verwirkt, „wer künstlich bewirkt, dass ein menschlicher Embryo mit der gleichen Erbinformation wie ein anderer Embryo, ein Fötus, ein Mensch oder ein Verstorbener entsteht".[46] Der auf diese Weise erzeugte Mensch erhielte seine Erbanlagen von anderen zugeteilt, die Individualität der menschlichen Persönlichkeit würde planmäßig missachtet, menschliches Leben instrumentalisiert. Darum verletzt das Klonen die Menschenwürde.[47] Ähnlich urteilt das Europäische Parlament in einer Entschließung vom September 2000,[48] in der es erklärt, „dass es keine Unterscheidung zwischen therapeutischem Klonen[49] und Klonen zu Reproduktionszwecken gibt und dass jede Lockerung des derzeitigen Verbotes zu einem Druck nach Weiterentwicklungen in der Produktion und der Verwendung von Embryonen führen wird". Im therapeutischen Klonen erkennt das Parlament „eine nicht wieder rückgängig zu machende Grenzüberschreitung der Forschungsnormen". Es wiederholt seine Forderung „nach Techniken künstlicher Befruchtung beim Menschen, die keine überschüssigen Embryonen erzeugen, um die Herstellung überschüssiger Embryonen zu verhindern". Das Europäische Parlament bekräftigte überdies und erneut „seine Forderung nach einem universellen und spezifischen Verbot der Klonierung des Menschen in allen Phasen seiner Entstehung und Entwicklung auf der Ebene der Vereinten Nationen".

3. Chimären- und Hybridbildung. Das geltende deutsche Recht verbietet ferner die **Chimären- und Hybridbildung,**[50] nämlich „Embryonen mit unterschiedlichen Erbinformationen unter Verwendung mindestens eines menschlichen Embryos zu einem Zellverband zu vereinigen, mit einem menschlichen Embryo eine Zelle zu verbinden, die eine andere Erbinformation als die Zellen des Embryos enthält und sich mit diesem weiter zu differenzieren vermag, oder durch Befruchtung einer menschlichen Eizelle mit dem Samen eines Tieres oder durch Befruchtung einer tierischen Eizelle mit dem Samen eines Menschen einen differenzierungsfähigen Embryo zu erzeugen".

So streng und eindeutig diese Bestimmungen auf den ersten Blick erscheinen, der Gesetzgeber hat der modernen Medizin doch eine gewichtige Konzession gemacht, wie der zuletzt zitierte Passus zu erkennen gibt. **Verschmelzungen menschlicher und tierischer Keimzellen,** also über die Artgrenzen hinweg, bleiben prinzipiell möglich. Damit hat der Gesetzgeber schon 1990 eine Grenze überschritten, die viele Menschen als unübersteigbar ansehen. Es geschah dies mit Rücksicht auf ein diagnostisches Verfahren, den weltweit praktizierten Goldhamstertest. Er dient dazu, die Befruchtungsfähigkeit männlichen Samens festzustellen. Viele menschliche Samenzellen können nur deshalb keine Befruchtung herbeiführen, weil sie die äußere Eihülle nicht zu durchdringen vermögen.

---

[46] EschG § 6. *Günther* (in seinem in Note 19 genannten Komm, 2008, nennt die umfängliche Literatur, die Techniken, die Reformansätze.
[47] Vgl den in Fn 19 genannten Kommentar von 1992, § 6 RdNr 3.
[48] Jahrb f Wiss und Ethik, Bd 6, 2001, 345–347. – Gewichtig die umfassende Monographie von *Kersten*, Das Klonen von Menschen. Eine verfassungs-, europa- und völkerrechtliche Kritik, 2004; dazu *Laufs* MedR 2005, 254. *Kersten* begründet verfassungsrechtlich das Verbot des Klonens von Menschen, das umfassend im EschG nicht enthalten ist: Der Zellkerntransfer beim Menschen fällt nicht unter § 6 des Gesetzes. Die somatische Kerntransplantation fällt mangels Befruchtung und mangels Kernverschmelzung nicht unter § 8. Vgl *Günther*, Komm 2008, S 257, 108.
[49] Zu dem schillernden Begriff klärend *Kersten*, Das Klonen von Menschen, 20 ff.
[50] EschG § 7.

Die Eihülle bei einer Frau hat die gleichen Eigenschaften wie die Goldhamster-Eihülle. Darum lassen sich die gewünschten Penetrations-Versuche durchführen, mit deren Hilfe sich der Grund der Unfruchtbarkeit in vielen Fällen klären lässt.

25 **4. Spermienselektion.** Auch bei seinem Verbot der **Geschlechtswahl** hat der Gesetzgeber der vorandrängenden Wissenschaft und der Eugenik Zugeständnisse gemacht, die weitreichende Folgen haben können. Das Gesetz verbietet „eine menschliche Eizelle mit einer Samenzelle künstlich zu befruchten, die nach dem in ihr enthaltenen Geschlechtschromosom ausgewählt worden ist". Das Verbot soll freilich nicht gelten, „wenn die Auswahl der Samenzelle durch einen Arzt dazu dient, das Kind vor der Erkrankung an einer Muskeldystrophie vom Typ Duchenne oder einer ähnlich schwerwiegenden geschlechtsgebundenen Erbkrankheit zu bewahren, und die dem Kind drohende Erkrankung von der nach Landesrecht zuständigen Stelle als entsprechend schwerwiegend anerkannt worden ist".[51] Danach darf der Arzt durch Selektion von Spermien das zu erzeugende Kind vor dem unheilbaren Muskelschwund oder einer ähnlich schwerwiegenden geschlechtsgebundenen Krankheit zu bewahren suchen. Hinter dem Gesetz steht die gute Absicht, vermeidbares Leid infolge schwerer Krankheit schon im Vorfeld durch Spermienselektion auszuschließen. Doch damit hat der Gesetzgeber das Einfalltor zur Eugenik ein erstes Stück weit aufgestoßen.

26 **5. Kryokonservierung.** Das Gesetz enthält kein Verbot der **Kryokonservierung.** Dennoch gehört das Tiefgefrieren von Eizellen und Embryonen zu den rechtspolitisch umstrittenen Verfahren. Mit Hilfe des Einfrierverfahrens lassen sich Embryonen ansammeln, die – sofern sie nicht früher oder später zum Transfer gelangen – in tiefgekühltem Zustand einer ungewissen Zukunft entgegengehen. Die Kryokonservierung ermöglicht die Geburt generationenversetzter Menschen. Sie verlockt auch zu wissenschaftlichem Zugriff auf den Vorrat an Embryonen.

27 Fragwürdig erscheint die **Kryokonservierung** nicht zuletzt im Hinblick auf die hohen, in Kauf genommenen Verluste durch den Gefrier- und den Auftauvorgang, die in das Lebensrecht des Embryos eingreifen. Gewiss lässt sich für die Fälle, in denen die als künftige Mutter vorgesehene Patientin erkrankt oder gar stirbt oder sich wider Erwarten weigert, den Embryo anzunehmen, das Prinzip des rechtfertigenden Notstands anwenden.[52] Die Kryokonservierung bietet in solchen Fällen in der Tat die einzige Chance für Embryonen. Doch hier muss sich die Frage anschließen, ob ein Verfahren der artifiziellen Reproduktion als zulässig und empfehlenswert gelten kann, das diesen Notstand heraufzubeschwören vermag.

28 **6. Arztvorbehalt.** Der beratende und helfende Dienst des berufsrechtlich und berufsethisch gebundenen Arztes erweist seinen Wert gerade auch in den medizinischen Randzonen mit ihren spezifischen Gefahren, wie etwa bei den klinischen Experimenten, beispielsweise den Arzneimittelprüfungen,[53] und auf dem Felde der künstlichen Fortpflanzung. So hat denn der Gesetzgeber mit gutem Grund den **Arztvorbehalt** in das Embryonenschutzgesetz eingefügt.[54] Er verlangt: „Nur ein Arzt darf vornehmen: 1. die künstliche Befruchtung, 2. die Übertragung eines menschlichen Embryos auf eine Frau, 3. die Konservierung eines menschlichen Embryos sowie einer menschlichen Eizelle, in die bereits eine menschliche Samenzelle eingedrungen oder künstlich eingebracht wor-

---

[51] EschG § 3.
[52] *Günther,* Wie geschützt sind Embryonen? Ethische und rechtliche Aspekte, Universitas 1991, 31, These 15, mwN.
[53] Umso bedauerlicher, dass die Richtlinie 2001/20/EG des Europäischen Parlaments und des Rates v 4. 4. 2001 zur Angleichung der Rechts- und Verwaltungsvorschriften der Mitgliedstaaten über die Anwendung der guten klinischen Praxis bei der Durchführung von klinischen Prüfungen mit Humanarzneimitteln den Arztvorbehalt aufgab; vgl *Laufs* MedR 2004, 583–593.
[54] EschG §§ 9, 11.

den ist." Die Methoden der artifiziellen Reproduktion, so die dem Gesetz zugrundeliegenden Gedanken, setzen wissenschaftlich gesicherte medizinische Kenntnisse voraus. Sie erschöpfen sich nicht in technischen Eingriffen. Jede adäquate fortpflanzungsmedizinische Maßnahme verlangt eine umfassende Diagnostik zur Sterilitätsursache. Ferner erfordert die Behandlung eine sehr gründliche Aufklärung des Paares über alle möglichen Alternativen, Konsequenzen und Gefahren. Überdies begrenzt der Arztvorbehalt die Möglichkeiten des Missbrauchs, weil Ärzte ihrem Standesrecht unterworfen bleiben.

In der Tat gehört der Arztvorbehalt zu den begrüßenswerten Elementen des Embryonenschutzgesetzes. Er bringt die Legitimationserfordernisse ins Spiel, an die das Handeln des Arztes stets gebunden bleibt: Die Indikation, die Einwilligung nach Aufklärung, die fachlichen Standards. Er verweist auf die Pflichten der Berufsordnung und damit auch auf diejenigen zum Schutze des keimenden Lebens. Die Grauzone freilich, die der Gesetzgeber mit den Vorschriften zur Geschlechtswahl, zur Hybridbildung und zur Kryokonservierung bestehen ließ, hellt der Arztvorbehalt kaum auf, zumal die Ärzteschaft selbst sich in vielen Fragen gespalten zeigt. Die Ärzte dürfen vornehmlich das Erfordernis der Indikation, des Heilauftrages nicht vernachlässigen.

7. Embryonenverbrauch. Der Gesetzgeber hat sich der **verbrauchenden Embryonenforschung** zu hochrangigen wissenschaftlich-therapeutischen Zwecken versagt. Dabei ließ er sich von der Sorge um die überlieferten Grundwerte menschlichen Zusammenlebens leiten. Die Argumente im Streit um den moralischen und rechtlichen Status menschlicher Embryonen, um pro und contra des Spezies-, Kontinuums-, Identitäts- und des Potentialitätsarguments[55] stehen sich unversöhnlich gegenüber. Letztlich hat das volksgewählte Parlament legitimerweise darüber zu entscheiden, zu welchem praktischen Umgang mit diesem Dilemma unserer Gesellschaft finden soll. Wer es mit dem Schutz menschlichen Lebens ernst meint, kann sich nur wünschen, die Barrieren des Embryonenschutzgesetzes mögen Bestand behalten.[56]

Nach dem Gesetz wird bestraft,[57] wer „es unternimmt, eine Eizelle zu einem anderen Zweck künstlich zu befruchten, als eine Schwangerschaft der Frau herbeizuführen, von der die Eizelle stammt", weiter „wer 1. künstlich bewirkt, dass eine menschliche Samenzelle in eine menschliche Eizelle eindringt, oder 2. eine menschliche Samenzelle in eine menschliche Eizelle künstlich verbringt, ohne eine Schwangerschaft der Frau herbeiführen zu wollen, von der die Eizelle stammt". Strafbar macht sich ferner, „wer einen extrakorporal erzeugten oder einer Frau vor Abschluss seiner Einnistung in der Gebärmutter entnommenen menschlichen Embryo veräußert oder zu einem nicht seiner Erhaltung dienenden Zweck abgibt, erwirbt oder verwendet", außerdem „wer zu einem anderen Zweck als der Herbeiführung einer Schwangerschaft bewirkt, dass sich ein menschlicher Embryo extrakorporal weiterentwickelt".

Das noch geltende deutsche Recht erlaubt also die Erzeugung menschlicher Embryonen in der Retorte **ausschließlich im Dienste menschlicher Fortpflanzung.** Verboten bleibt das Erzeugen menschlicher Keimlinge, mit dem Ziel, sie im Interesse hochrangiger Forschungszwecke zu verwenden. Darin läge ein planmäßiger Verbrauch menschlicher

---

[55] Lehrreich *Damschen/Schönecker* (Hrsg), Der moralische Status menschlicher Embryonen, 2002. Die Herausgeber lassen in ihrem eigenen umfangreichen Schlussbeitrag das Buch enden mit einem eindrucksvollen Plädoyer „in dubio pro embryone". – Die Literatur ist umfangreich; vgl insbes *Kersten,* Das Klonen von Menschen, u *Maio* (Hrsg), Der Status des extrakorporalen Embryos, dazu MedR 2008, 56.
[56] Anders *Merkel,* Forschungsobjekt Embryo, Verfassungsrechtliche und ethische Grundlagen der Forschung an menschlichen embryonalen Stammzellen, 2002: „Die therapeutischen Ziele der Forschung an embryonalen Stammzellen, zu denen im Übrigen neben den transplantationsmedizinischen noch gewichtige andre gehören, überwiegen unsere Schutzpflichten gegenüber frühen Embryonen und die von einer solchen Forschung möglicherweise nachteilig berührten Gesellschaftsinteressen deutlich und bei weitem" (269).
[57] EschG § 1 Abs 1 Nr 2 und Abs 2; § 2 Abs 1 und Abs 2.

Existenz als bloßes Forschungsobjekt für andere − wohl ein Paradefall einer Verletzung der Würde.[58]

33 **8. Überzählige Embryonen.** Einem Verbot unterliegt auch die verbrauchende Forschung an ungewollt **überzähligen,** nicht auf eine Frau transferierbaren **Embryonen.** Soll der todgeweihte Embryo seinem Schicksal überlassen bleiben oder soll das ungewollt nutzlose kurze Leben einen Sinn erhalten, indem es hochrangigen Forschungszielen zum Wohle der Menschheit dient? Auch diese Frage löste heftige Kontroversen aus, freilich nicht im deutschen Parlament, das die Embryonenforschung eindeutig verbot. Die Zulässigkeit der Verwendung überzähliger Embryonen zu Forschungszwecken wird, wie der internationale Rechtsvergleich zeigt, „in den Berichtsländern sehr unterschiedlich beurteilt; eine überwiegende Tendenz ist hier nicht erkennbar".[59]

34 Es bleibt überdies die Frage, wie und durch wen sich hochrangige Forschungsziele bestimmen lassen. Noch haben Wissenschaftler kein hochrangiges Forschungsziel definiert, das den Verbrauch menschlicher Embryonen unausweichlich verlangte. Ließe sich ein solches Ziel benennen, so bestünde doch der Zweifel fort, ob sich jeder Forscher dann mit einzelnen überzähligen Keimlingen begnügte. Die Freigabe von Experimenten beschwöre die Gefahr des Dammbruchs herauf, das Risiko einer immer weiter ausgreifenden Wissenschaft, die tötet um des Erkenntnisgewinnes willen. „Todesnähe macht aus den Betroffenen keine Leichname, und Chancenlosigkeit für ein Weiterleben eröffnet nicht die Möglichkeit lebenszerstörenden Zugriffs" (Wolfram Höfling),[60] auch nicht bei der Stammzellenforschung.

VI. Präimplantationsdiagnostik

35 **1. Das Dilemma.** Zu dem Programm derer, die eine Novelle zum Embryonenschutzgesetz fordern, gehört als Schlüsselthema vornehmlich die **Legalisierung** der Präimplantationsdiagnostik.[61] Doch dagegen erhebt sich **Widerspruch**[62]. Die Enquetekommission des Deutschen Bundestages „Recht und Ethik der modernen Medizin"[63] lehnt die PID mit großer Mehrheit ab. Auch der Bundespräsident, die frühere Bundesjustizministerin Herta Däubler-Gmelin, der Bundestagspräsident und der ehemalige Präsident des Bundesverfassungsgerichts Ernst Benda begegnen dem in vielen − nicht den deutschsprachigen − Ländern bereits praktizierten Verfahren dieser spezifischen Form eines Gentests mit Ablehnung. Auch an gewichtigen kritischen Monographien fehlt es nicht. Hille Haker[64] hat die verschiedenen Gegengründe eindrucksvoll herausgearbeitet: „Nicht die behinderten Kin-

---

[58] Darüber mit Nachweisen *Günther* MedR 1990, 162 f.
[59] *Taupitz,* Rechtliche Regelung der Embryonenforschung im internationalen Vergleich, 2003, 223. − *Heun* kommt in seinem Aufsatz über „Embryonenforschung und Verfassung − Lebensrecht und Menschenwürde des Embryos", JZ 2002, 517−524, zu dem Ergebnis, der Gesetzgeber sei in verfassungsrechtlicher Hinsicht weitgehend frei, Embryonenforschung zu beschränken oder zu verbieten oder sie auch zuzulassen.
[60] FAZ Nr 157 v 10. 7. 2001, 8.
[61] Aus der reichen Literatur *Schneider,* Rechtliche Aspekte der Präimplantations- und Präfertilisationsdiagnostik, 2002. Die Autorin erwägt als gesetzgeberische Lösung, „auf Rechtsfolgenebene den von den betroffenen Eltern geforderten Verzicht auf genetisch eigene und gesunde Kinder als ‚unzumutbar', in Anlehnung an die ‚Unzumutbarkeit' einer staatlich auferlegten Gebärpflicht im Falle einer Indikation beim Schwangerschaftsabbruch anzuerkennen". − Kritisch *Kollek,* Präimplantationsdiagnostik, 2. Aufl 2002; *Eibach* MedR 2003, 441−451; *Neidert,* MedR 2009, 251 f.
[62] Der Verfasser selbst hat sich wiederholt als juristischer Gegner zu Wort gemeldet, zuletzt in dem ertragreichen Schwerpunktheft zur Reproduktionsmedizin d Zeitschr f ärztl. Fortbildung und Qualitätssicherung 6−7, 96. Jahrg, Juli 2002, 351 ff, 419−422. − Die PID gehört nicht zu den Leistungen der GKV, SG Berlin, Zfl 2007, 54.
[63] BT-Drucks 14/9020 (Schlussbericht v 14. 5. 2002).
[64] Ethik der genetischen Frühdiagnostik. Sozialethische Reflexionen zur Verantwortung am Beginn des menschlichen Lebens, 2002.

der sind das eigentliche Problem, sondern die Gesellschaft, die meint, diese Kinder nicht in besonderer, ihnen angemessener Weise willkommen heißen zu müssen." Und: „Ist die Pränataldiagnostik erlaubt worden, weil sie eine medizinische Maßnahme zugunsten des Kindes ermöglichen sollte, so ist dies bei der Präimplantationsdiagnostik nicht gegeben. Vielmehr geht es ... um die gesundheitliche Situation eines Paares, die aber auch durch alternative Wege – die nicht die Selektion menschlicher Embryonen in Kauf nehmen – befördert werden kann."[65] Barbara Böckenförde-Wunderlich[66] erkennt die grundgesetzliche Angezeigtheit einer Aufrechterhaltung des Verbots der PID. Auf Dauer könne das Verbot seine Wirkung aber nur entfalten, wenn das geltende Abtreibungsrecht überdacht werde, sonst drohe „der Spannungsbogen zwischen Verfassung und gegebener Rechtswirklichkeit binnen einiger Jahre zu zerspringen".[67] Das Buch endet mit dem Satz: „Bleibt die PID in Deutschland weiterhin verboten, so verbleibt man – wenn auch unter fortwährenden Zerreißproben – im deutschsprachigen ‚Werteverbund', wird sie angewendet, so verlässt man ihn und wird weitere Verwendungen des Embryos trotz aller Bemühungen nur schwer aufhalten können."

Die PID ermöglicht es den Fortpflanzungsmedizinern, den Embryo in vitro vor dem intrauterinen Transfer auf genetische Defekte zu untersuchen, die zu schweren Krankheiten führen. Das neue Verfahren trägt einen Januskopf – wie bereits die eingeführte Pränataldiagnostik und im Grunde auch die In-vitro-Fertilisation. Die Pränataldiagnostik kann therapeutische Ansätze eröffnen, aber auch zur Selektion durch aktive intrauterine Tötung führen. Die In-vitro-Fertilisation mit ihrem Transfer von mehreren Keimlingen um des helping effect für den erwünschten einen Embryo willen und mit ihren hohen Verlusten überhaupt setzt im Dienste des Kinderwunsches bewusst menschliches Leben aufs Spiel. Die Präimplantationsdiagnostik verschärft das Dilemma: Der Mediziner setzt die Erzeugung eines menschlichen Embryos selbst ins Werk, um ihn im Falle eines pathologischen Befundes in planmäßigem Einvernehmen mit den Eltern zu verwerfen. Es geht um Zeugung mit dem primären Ziel der Selektion, nicht um therapeutische Zwecke. Die Problematik ist eine durchaus andere als beim Schwangerschaftsabbruch. Die artifizielle Reproduktion geschieht unter dem Vorbehalt der Vernichtung des Embryos mit einem Gendefekt: Mediziner stellen Leben her, um es zu testen und bei positivem Befund zu selektieren. Diesen düsteren Befund vermag die gute Absicht, den Elternwunsch nach einem gesunden Kind möglichst zu erfüllen, nicht aufzuhellen.

2. Geltendes Recht. Das geltende **Embryonenschutzgesetz steht der PID,** der Zeugung auf Probe, **entgegen**[68]. Bei näherem Zusehen geht es nicht nur um die strafrechtlichen Grenzen, sondern auch um berufsrechtliche[69] und nicht zuletzt verfassungsrechtliche[70] Schranken.

---

[65] Siehe 243, 307.

[66] Präimplantationsdiagnostik als Rechtsproblem. Ärztliches Standesrecht, Embryonenschutzgesetz, Verfassung, 2002. Neuerdings erkennt auch *Michaella Lehmann* in der PID einen Verstoß gegen die Würde und das Lebensrecht des in vitro erzeugten Embryos: Die In-vitro-Fertilisation und ihre Folgen – Eine verfassungsrechtliche Analyse, 2007.

[67] Siehe 235.

[68] *Beckmann*, Rechtsfragen der Präimplantationsdiagnostik, MedR 2001, 169–177. *Günther,* Komm 2008, S 222 f.: „umfassendes Verbot der PID ohne Rücksicht darauf, ob die dem Embryo entnommene Zelle totipotent oder pluripotent ist", § 2 Abs 1. – Die PID ist keine Leistung der GKV, SG Berlin, ZfL 2007, S 4. – *Dörner,* Das Gesundheitsdilemma, 2004, 41: „Aber auch am Anfang und Ende des Lebens wächst die präventive Optimierungsverführung, die den Menschen seiner Weltoffenheit und Nicht-Festgestelltheit beraubt. So beispielsweise, wenn in der Präimplantationsdiagnostik zur Selektion des ‚besten' Embryos dessen Konkurrenten getötet werden."

[69] Die PID widerspricht dem Gelöbnis („Ich werde jedem Menschenleben von der Empfängnis an Ehrfurcht entgegenbringen") und § 14 („Ärztinnen und Ärzte sind grundsätzlich verpflichtet, das ungeborene Leben zu erhalten").

[70] Art 2 Abs 2, Art 3 Abs 3, S 2, Art 1 Abs 1 GG.

38 Nach § 1 Abs 1 Nr 2 ESchG macht sich strafbar, wer „es unternimmt, eine Eizelle zu einem anderen Zweck künstlich zu befruchten, als eine Schwangerschaft der Frau herbeizuführen, von der die Eizelle stammt".[71] Die Befürworter der PID halten diese Strafnorm nicht für einschlägig, weil das Verfahren doch durchaus darauf gerichtet sei, eine Schwangerschaft bei der behandelten Frau herbeizuführen, wenn auch nach der Vornahme der diagnostischen Maßnahmen.[72] Die „Befruchtung der Eizelle" erfolgt indessen nicht zu dem Zweck, eine Schwangerschaft bei der Frau herbeizuführen, von der die Eizelle stammt. Vielmehr nehmen die Mediziner die Fertilisation vor ausschließlich zum Zweck der Qualitätskontrolle des Embryos vor der Implantation. Der Entschluss, durch Transfer des Embryos eine Schwangerschaft anzustreben, fällt nicht vor oder bei der Befruchtung, sondern erst nach dem diagnostischen Befund bei der befruchteten Eizelle. Ergibt sich im Verfahren der PID der befürchtete Gendefekt bei dem getesteten Embryo, so übertragen ihn die Ärzte verabredungsgemäß nicht auf die behandelte Frau, sondern „verwerfen" ihn, ein Verhalten, das seinerseits nach § 2 Abs 1 ESchG strafbar ist. Denn das „Wegschütten" oder anderweitige Abtöten des genetisch belasteten und auffällig gewordenen Embryos dient „nicht seiner Erhaltung".[73]

39 Das Verfahren der PID erzeugt menschliches Leben, dessen Fortexistenz es zugleich infrage stellt und dessen Würde es durch die Unterwerfung unter den diagnostischen Zweck bedroht. Zwar dürfen Juristen und Philosophen Art 1 GG nicht überspannen, das Feld des Gesetzgebers nicht über Gebühr verkleinern. Auch muss in der Fortpflanzungsmedizin das Grundrecht auf Leben und körperliche Unversehrtheit als primärer Maßstab vor Augen bleiben. Aber bei zweckhaft verbrauchenden Manipulationen geht es darum, ob wir an unserem überlieferten Bild vom Menschen festhalten wollen. Es erscheint bedroht, vielleicht auch durch andere Fertilisationstechniken, etwa die im Zeichen der Gleichberechtigung reklamierte Leih- oder Tragemutterschaft mittels Embryo-Transfer, bei der genetische und austragende Mutterschaft auseinanderfallen. Aber immerhin gibt dieses jedenfalls auch dem Kindeswohl verpflichtete Verfahren das menschliche Leben im Interesse anderer nicht planmäßig konditioniert preis.

40 Gegner der PID befürchten, die Zulassung könnte der verbrauchenden Embryonenforschung Vorschub leisten, die das deutsche Recht umfassend verbietet.[74] Die extrakorporale Züchtung menschlicher Embryonen zu wissenschaftlichen oder wirtschaftlichen Zwecken verstößt gegen die Menschenwürde. Denn menschliches Leben, das nicht zur Einpflanzung in eine Frau erzeugt wird, dient ausschließlich einem Zweck außerhalb seiner selbst.[75] Die Menschenrechtskonvention des Europarates zur Biomedizin[76] verbietet die Erzeugung menschlicher Embryonen zu Forschungszwecken rigoros,[77] während sie andererseits für die „Forschung an Embryonen in vitro" einen „angemessenen Schutz" gebietet[78] – eine Widerspiegelung ungleicher Wertvorstellungen.[79] Indessen muss auch die – in Deutschland unter Strafe stehende – Forschung an überzähligen Embryonen aus einer In-vitro-Fertilisation als Verstoß gegen die Menschenwürde gelten, weil der Wissenschaftler dabei – anders als beim Absterbenlassen – menschliches Leben als Mittel zum Zweck einsetzt.

---

[71] Die gleichzeitige Verwirklichung von § 1 Abs 2 ESchG tritt als mitbestrafte Vortat hinter § 1 Abs 1 Nr 2 ESchG zurück, *Beckmann* MedR 2001, 170. Zur Strafbarkeit KG Berlin, ZfL 2009, 25.

[72] So mehrere Autoren, genannt seien hier nur *Ratzel/Heinemann*, Zulässigkeit der Präimplantationsdiagnostik nach Abschnitt D, IV Nr 14 S. (Muster-)Berufsordnung – Änderungsbedarf?, MedR 1997, 540–543, 542; vgl auch *Neidert* ZRP 2006, 85–87.

[73] Darum greift ESchG § 2 Abs 1.

[74] ESchG § 2. Zu diesem ausnahmslosen Verbot *Günther*, Komm 2008, S 220 f.

[75] *Starck*, in: *v Mangoldt/Klein/Starck*, GG I, 4. Aufl 1999, Art 1 Abs 1 RdNr 89.

[76] *Eser* (Hrsg), Biomedizin und Menschenrechte. Die Menschenrechtskonvention des Europarates zur Biomedizin. Dokumentation und Kommentare, 1999.

[77] Art 18 Abs 2.

[78] Art 18 Abs 1.

[79] *Rössler* EthikMed 1996, 170.

VII. Stammzellen

1. Stammzellengesetz. Nach von großem Ernst getragenen Debatten hat der Deutsche Bundestag mit dem am 25. 4. 2002 verabschiedeten und am 1. 7. 2002 in Kraft getretenen **Stammzellengesetz**[80], das auf einen fraktionenübergreifenden Entwurf zurückgeht,[81] einen Weg zur Forschung an embryonalen Stammzellen geebnet.[82]

Durch ihren Beschluss für einen begrenzten, behördlich genehmigten, über ein Register transparenten Import menschlicher embryonaler Stammzellen hat eine Mehrheit des Deutschen Bundestages also die Tür zum fremdnützigen Verbrauch menschlicher Embryonen im Interesse alternativloser Forschung für Deutschland ein weiteres Stück geöffnet. Das Embryonenschutzgesetz stellt die Herstellung embryonaler Stammzellen zu Forschungszwecken unter Strafe, nicht aber deren Einfuhr, wenngleich diese dem Geist des Gesetzes widerspricht. Der Gesetzgeber könnte, verfassungsrechtlich unbedenklich, über das innerstaatliche Verbot hinaus, den **„Rechtswidrigkeitsimport"** verbieten, um Würde und Leben menschlicher Embryonen zu schützen. Ein Vorbild böte das Transplantationsgesetz, nach welchem im Ausland gewonnene Organe nur dann nach Deutschland vermittelt werden dürfen, wenn die Organentnahme nicht offensichtlich unvereinbar ist mit wesentlichen Grundsätzen des deutschen Rechts, insbes. mit den Grundrechten.[83] Die Bundestagsmehrheit aber wollte schließlich den Import humanembryonaler Stammzellen ausnahmsweise durch ein Gesetz zulassen. Eine **Stichtagsregelung** – Gewinnung im Herkunftsland vor dem 1. 1. 2002 – soll gewährleisten, dass zum Zweck des Imports humaner embryonaler Strammzellen nach Deutschland eine Ausweitung der Nachfrage und damit eine Tötung weiterer Embryonen zur Stammzellengewinnung vermieden werde. Damit suchte die Parlamentsmehrheit der Intention des Embryonenschutzgesetzes zu genügen, das die Tötung von Embryonen zu Forschungszwecken verbietet. Außerdem musste nach einem aufgegebenen Vorentwurf das ausdrückliche Einverständnis der Eltern zur Gewinnung von Stammzellen aus einem Embryo vorliegen. Dabei darf es sich nach wie vor nur um einen solchen Embryo handeln, der zur Herbeiführung einer Schwangerschaft gezeugt, aber aus Gründen, die nicht an ihm selbst liegen, nicht mehr implantiert wurde. Diese zentrale Bedingung des Bundestagsbeschlusses setzt das Recht der Eltern voraus, die Nachkommenschaft zur Tötung freizugeben. Ein solches Recht gibt es aber nicht. Weitere Voraussetzungen sollen ua in der Hochrangigkeit des Forschungsvorhabens und in der Prüfung durch eine interdisziplinär zusammengesetzte, **unabhängige zentrale Ethikkommission**[84] liegen. Die Bereitschaft zur Komplizenschaft hängt danach entscheidend von der Art der Zellgewinnung ab und das moralische Urteil vom Gewicht der medizinischen Perspektiven, worauf der Staatsrechtler Wolfram Höfling kritisch hinweist.[85] Beanspruchen

---

[80] BGBl I, 2002, 2277: „Gesetz zur Sicherstellung des Embryonenschutzes im Zusammenhang mit Einfuhr und Verwendung menschlicher embryonaler Stammzellen." StZG mit ZESV u StZG-KostV bei *Thürk,* Recht im Gesundheitswesen, 53–10.

[81] Deutscher Bundestag (Hrsg), Enquete-Kommission Recht und Ethik der modernen Medizin. Stammzellforschung und die Debatte des Deutschen Bundestages zum Import von menschlichen embryonalen Stammzellen, 2002; vgl ferner den kriten Aufsatz von *Schwarz,* Strafrechtliche Grenzen der Stammzellenforschung, MedR 2003, 158–163.

[82] *Gehrlein,* Das Stammzellgesetz im Überblick, NJW 2002, 3680–3682. – Umfassend die Monographie von *Brewe,* Embryonenschutz und Stammzellgesetz. Rechtliche Aspekte der Forschung mit embryonalen Stammzellen, 2006.

[83] § 12 Abs 1 S. 4, TPG; dazu den Kommentar *v Nickel/Schmidt-Preisigke/Sengler,* 2001. Zum ordre-public-Vorbehalt auch *Höfling,* in: *ders* (Hrsg), Kommentar zum TPG, 2003, § 12 RdNr 19.

[84] Vgl die Verordnung über die Zentrale Ethik-Kommission für Stammzellenforschung und über die zuständige Behörde nach dem Stammzellgesetz (ZESV) v 18. 7. 2002, BGBl I, 2663, zuletzt geändert durch VO v 31. 10. 2006, BGBl I, 2407. – Die Kostenverordnung zum Stammzellgesetz (StZG-KostV) erging am 28. 10. 2005 (BGBl I, 3115).

[85] FAZ v 28. 1. 2002 – *Merkel,* Forschungsobjekt Embryo, schreibt von der Doppelmoral des gesetzgeberischen Kompromisses (217).

diese Zulässigkeitskriterien dann nicht auch Geltung für die innerdeutsche Praxis? Die im Parlament unterlegene überparteiliche Fraktion erkennt in der Importerlaubnis eine Doppelmoral, eine mittelbare Billigung der verbrauchenden Forschung mit Embryonen und letztlich einen Antrieb für diesen Zweig der Wissenschaft.

43 **2. Kritik.** Ein Kritiker nannte den wenig konsistenten Mehrheitsbeschluss ein „verdrucktes Ja zur Forschung an Embryonen". Wie will, wer die Forschung nur an bereits existenten Stammzell-Linien zulässt, dem künftigen, weiterreichenden Verlangen von Forschern widerstehen? Wie könnten die Verantwortlichen einer vielversprechenden Wissenschaft die Tötung von Embryonen im Inland verweigern, wenn Forscher im Ausland verwertete schon jetzt nutzen? Und ließe sich die Schranke des Stichtages aufrechterhalten, wenn ein therapeutischer Durchbruch nahe scheint?

44 Was Kritiker befürchtet hatten, ist inzwischen eingetreten: Eine fragwürdige, das Gesetz schwächende Verschiebung des Stichtages.[86]

45 **3. Therapeutisches Klonen.** Neue attraktive Verfahren kündigen sich als Resultat laufender Forschungen an, so **das therapeutische Klonen.** Bei diesem Verfahren übertragen Mediziner den Kern einer von dem Patienten gewonnenen Spenderzelle in eine entkernte Eizelle und reprogrammieren sie dadurch. Auf diese Weise geraten der Zellkern und das darin laufende genetische Programm in einen Zustand, der eine Embryonalentwicklung von Anfang an ermöglicht. Die entstehenden Kerntransferblastozysten dienen dann als Ausgangsmaterial für die Etablierung individualspezifischer, immunkompatibler pluripotenter embryonaler Stammzellen. Mit Grund befürchten die Gegner der Importregelung, dass dieses Zugeständnis an die Wissenschaft am Ende auch dem therapeutischen Klonen den Weg öffne.

46 Beim Klonen zu therapeutischen Zwecken treten nicht zwei verschiedene Chromosomensätze zusammen, sondern nur der schon vorhandene Chromosomensatz des Zellkernlieferanten gelangt zur Wirkung: Es soll im Kerngenom identisches Gewebe entstehen. Dieser Umstand und der weitere, dass nämlich die Mediziner das Stadium der künstlich erzeugten Totipotenz lediglich für eine kurze Zeitspanne in Kauf nehmen, der ganze Vorgang sich aber ganz auf die Erneuerung bestimmter, therapeutisch verträglicher, somatischer Gewebestrukturen richtet, lege es nahe, „das Verfahren des therapeutischen Klonens aus dem Kontext des kategorialen Embryonenschutzes zu lösen und eigenen Zulässigkeitskriterien zu unterwerfen".[87]

VIII. Der Rechtsstatus des Embryos

47 **1. Kernfrage.** Schließlich sei die **Kernfrage** noch einmal aufgeworfen: Den Tenor hat die Enquete-Kommission „Chancen und Risiken der Gentechnologie" des Deutschen Bundestages mit den beiden folgenden kategorischen Sätzen bestimmt: „Ausgangspunkt aller Bewertung muss sein, dass die Menschlichkeit des Menschen im Kern auf natürlichem Werden beruht, nicht auf technischem Herstellen und nicht auf einem sozialen Akt der Anerkennung. Die Würde des Menschen gründet wesentlich in der Geburtlichkeit und der Naturwüchsigkeit seines Ursprungs, die er mit allen anderen Menschen teilt."

48 Die Embryonen verbrauchende Stammzellenforschung wirft wie der Single-Embryo-Transfer und die Präimplantationsdiagnostik die schwerwiegende Frage auf, ob sie die **Würde** des Menschen verletze. Art 1 Abs 1 des Grundgesetzes konstituiert mit dem Gebot auf Achtung und Schutz der Würde des Menschen das oberste Verfassungsprinzip, „das,

---

[86] Vom 1.1.2002 auf 1.5.2007: Gesetz zur Änderung des Stammzellgesetzes v 14.8.2008, BGBl 1708. Dazu krit und zukunftsgerichtet *Faltus* MedR 2008, 544–549; vgl auch *Kreß* ZRP 2008, 53f, ferner *J.P. Beckmann*, Jb f Wiss u Ethik, 2007, 191–207 („Wiedervorlage-Kontrolle" des Gesetzgebers).

[87] So der problematische Vorschlag von *Taupitz* NJW 2001, 3433–3440, 3440; vgl auch *Günther*, Komm 2008, S 254f.

keiner Abwägung mit noch so beachtlichen Rechtsgütern zugänglich, das staatliche Handeln bindet und die Rechtsordnung zwingt, Beeinträchtigungen von anderer Seite entgegenzuwirken" (Ernst Benda). Wer die Verfassungsnorm ernst nimmt, wird den Begriff der Würde des Menschen vorsichtig und zurückhaltend gebrauchen. Er wird bedenken, dass auch das volksgewählte Parlament an den Inhalt des ersten Verfassungsartikels gebunden bleibt, über dessen Reichweite zuletzt das Bundesverfassungsgericht zu entscheiden hat. Nach Günter Dürigs viel zitierter und noch immer anerkannten Formel ist die Würde des Menschen getroffen, wenn der konkrete Mensch zum Objekt, zum bloßen Mittel, zur vertretbaren Größe herabgewürdigt wird. Die Würde des Menschen verbietet es, ihn ausschließlich als Mittel den Zwecken anderer Menschen zu unterwerfen. Im Kern geht es um den von Kant aufgewiesenen Selbstzweckcharakter des Menschen. Die Würde des Menschen ist unantastbar und damit utilitären Abwägungen und Nützlichkeitserwägungen schlechterdings entzogen. Auch die nicht unter Gesetzesvorbehalt stehende Forschungsfreiheit (Art 5 Abs 3 GG) findet ihre Grenze an Art 1 Abs 1 GG. Noch so hochrangige Forschungsinteressen können eine Verletzung der Würde des Menschen nicht aufwiegen. Der Rechtsbegriff der Würde des Menschen erschließt sich durch die Bewertung eines Geschehens als Verletzungsvorgang. „Wir brauchen die Bedrohung des Menschenbildes, um uns im Erschrecken davor eines wahren Menschenbildes zu versichern" (Hans Jonas). Der Rückgriff auf die oberste Verfassungsnorm ist angemessen und geboten, wenn Probleme anstehen, die – im Zeichen der neuen Möglichkeiten von Biomedizin und Humangenetik – den Beginn und das Ende menschlichen Lebens zum Inhalt haben. Dabei zeigt sich die Angewiesenheit des Rechts auf sittliche Grundlagen.

2. Abstufungen. Im Brennpunkt der juristischen Debatte steht der rechtliche Status des Embryos. Ist bereits der frühe Embryo mit der Fertilisation, das heißt mit der Kernverschmelzung, die das einzigartige Genom des neuen Lebens festlegt, Mensch im Sinne des Artikels 1 GG? Nimmt also bereits die Zygote als funktionelle, sich selbst organisierende und differenzierende Einheit voll am Schutz der Würde des Menschen teil oder genießt frühes extrakorporales menschliches Leben, wie manche Stimmen im Fluss des bioethischen Diskurses es wollen, nur einen **abgestuften,** in seiner Intensität entwicklungsabhängigen **Schutz?**

Die Stellungnahme der Zentralen Ethikkommission bei der Bundesärztekammer zum „Forschungsklonen mit dem Ziel therapeutischer Anwendungen"[88] schlägt ihrerseits „ein doppelt gestuftes Modell vor, das sowohl der Problematik des Umgangs mit frühestem menschlichen Leben als auch der Problematik der Eizellengewinnung in differenzierender Weise Rechnung" zu tragen sucht. Die moralische Akzeptabilität des Umgangs mit frühestem menschlichen Leben lasse sich nach zwei Kriterien abstufen: „der Art der Herstellung der geklonten Blastozyste und ihrer Entwicklungsfähigkeit".

In der Neufassung des ehedem von Günther Dürig verantworteten Kommentars zu Art 1 des GG findet sich der Satz: „Trotz des kategorischen Würdeanspruches aller Menschen sind Art und Maß des Würdeschutzes für Differenzierungen durchaus offen, die den konkreten Umständen Rechnung tragen."[89] In seinem Beitrag über die Grundrechte in der bioethischen Debatte ist Ernst-Wolfgang Böckenförde[90] dem neuen Kommentar und der „prozesshaften Betrachtung des Würdeschutzes mit entwicklungsabhängiger Intensität eines bestehenden Achtungs- und Schutzanspruchs" überzeugend entgegengetreten. Die daraus hergeleitete entwicklungsabhängige unterschiedliche Qualität des Würdeanspruchs bringe „ein fließendes Element zum Tragen, das vielerlei Spielräume und Dispositionen eröffnet, je nach eingenommenem Standpunkt, und die der Menschenwürde und ihrer

---

[88] DÄBl 2006, A 645–649. Die Theorie der Vorwirkung von Grundrechten findet sich bei *Hartleb*, Grundrechtsschutz in der Petrischale, u *Schlüter,* Schutzkonzepte für menschliche Keimbahnzellen in der Fortpflanzungsmedizin.
[89] *Herdegen*, Art 1 Abs 1 GG, Lfg 42, 2003, RdNr 50, vgl auch 56, 65 f.
[90] JZ 2003, 809–815, 812.

Achtung eigene Unabdingbarkeit, ohne dies eigens auszusprechen, zum Verschwinden bringt".[91]

52 Das rechtspolitische Ringen um den Status des Embryos ist wie die ethische Kontroverse noch nicht zu einem Abschluss gelangt. In grundlegenden Entscheidungen hat das Bundesverfassungsgericht das Thema aufgenommen[92]: „Bei dem Ungeborenen handelt es sich um individuelles, in seiner genetischen Identität und damit in seiner Einmaligkeit und Unverwechselbarkeit bereits festgelegtes, nicht mehr teilbares Leben, das im Prozess des Wachsens und Sich-Entfaltens sich nicht erst zum Menschen, sondern als Mensch entwickelt. Wie immer die verschiedenen Phasen des vorgeburtlichen Lebensprozesses unter biologischen, philosophischen, auch theologischen Gesichtspunkten gedeutet werden mögen und in der Geschichte beurteilt worden sind, es handelt sich jedenfalls um unabdingbare Stufen der Entwicklung eines individuellen Menschseins. Wo menschliches Leben existiert, kommt ihm Menschenwürde zu."

53 **3. BVerfG.** Aus den Erkenntnissen des **Bundesverfassungsgerichts** lässt sich kaum ableiten, dass der Schutz der Würde des Menschen erst mit der Nidation beginne. Zwar fielen die Entscheidungen der beiden Senate im Zusammenhang mit der Problematik des Schwangerschaftsabbruchs. Doch lassen sich die Grundgedanken des höchsten Gerichts auf die Beurteilung der Lage des Embryos vom Zeitpunkt der Befruchtung an übertragen, wenngleich darüber Streit besteht. Warum auch sollte der in vitro erzeugte Embryo, der Zugriffen leichter ausgesetzt ist als der sich im Mutterleib entwickelnde, weniger Schutz verdienen?

54 Das BVerfG hat in seinen Entscheidungen zum Schwangerschaftsabbruch das Gebot, menschliches Leben zu schützen, durchaus nicht preisgegeben, vielmehr die nach der Einschätzung des Gesetzgebers wirksamste Methode hierzu verfassungsrechtlich gebilligt. Die dafür stehende vereinfachende Formel „rechtswidrig, aber nicht strafbar", ist kein Freibrief.

55 Die Anerkennung der Menschenwürde des Lebens in vitro liegt auch dem Embryonenschutzgesetz zugrunde. Dieses Strafgesetz verbietet die Erzeugung von Embryonen zu Forschungszwecken und die Forschung an Embryonen. Als Embryo im Sinne des Gesetzes „gilt bereits die befruchtete, entwicklungsfähige menschliche Eizelle vom Zeitpunkt der Kernverschmelzung an, ferner jede einem Embryo entnommene totipotente Zelle, die sich bei Vorliegen der dafür erforderlichen weiteren Voraussetzungen zu teilen und zu einem Individuum zu entwickeln vermag". Der Schutz des vorgeburtlichen Lebens folgt in Deutschland einer langen Rechtstradition. So bestimmte das Allgemeine Landrecht für die Preußischen Staaten von 1794: „Die allgemeinen Rechte der Menschheit gebühren auch den noch ungebornen Kindern, schon von der Zeit ihrer Empfängniß" (I 1 § 10). An diesen Satz hat das Bundesverfassungsgericht ausdrücklich erinnert. Der Gedanke des Menschenrechts bedeutet, dass der Mensch nicht kraft bestimmter Eigenschaften als kooptiertes Mitglied in die Gesellschaft eintritt, sondern aus eigenem Recht. Die Zugehörigkeit des Embryos zur menschlichen Gattung genügt, ihn – wie Mark Siemons formuliert – „in den politischen Tauburaum der Menschenwürde zu stellen": Dieser Dezisionismus ist eine Entscheidung, keine zu treffen, nämlich auf kasuistische Distinktionen und Ausgrenzungen zu verzichten und so die Unantastbarkeit zu gewährleisten.

56 Die therapeutische Finalität der Verwendung vermag den Zugriff auf solche Embryonen nicht zu rechtfertigen, die bei In-vitro-Fertilisationen in der frauenärztlichen Klinik

---

[91] *Herdegen* immerhin versteht sich zu dem Satz: „Die Erzeugung von Embryos nur für Forschungs- und Heilungszwecke verletzt den Würdeanspruch, der dem menschlichen Leben schon auf seinen frühesten Stufen zukommt", in: Gedächtnisschrift für Heinze, 2005, 357–366, 365. (Der Würdeanspruch des Embryo in vitro – zur bilanzierenden Gesamtbetrachtung bei Art 1 Abs 1 GG –.)

[92] BVerfGE 39, 1 und BVerfGE 88, 23. Dazu wichtig *Benda*, Verständigungsversuche über die Würde des Menschen, NJW 2001, 2147 f. – Eine „mittlere Linie" vertritt *Lorenz*, Die verfassungsrechtliche Garantie der Menschenwürde und ihre Bedeutung für den Schutz menschlichen Lebens vor der Geburt, Zeitschr f Lebensrecht 2001, 38–49.

22. Kapitel. Besondere ärztliche Eingriffe und Sonderprobleme 57–59 § 129

und Praxis übrig bleiben, weil es nicht zu der vorgesehenen Übertragung vom Glase auf die Mutter kommt. Gegen den wissenschaftlichen Verbrauch sprechen pragmatisch-prozedurale Gründe. Keine verantwortliche Stelle besitzt verlässliche Informationen über Anzahl, Ort und weitere Verwendung der in Deutschland artifiziell erzeugten Embryonen. Eine zuverlässige Kontrolle lässt sich schwer vorstellen. Vor allem begegnet der wissenschaftliche Verbrauch „überzähliger" Embryonen den vorgetragenen grundsätzlichen Einwänden.

4. Widersprüche. Verfechter einer **Lockerung des Embryonenschutzgesetzes,** wie Reinhard Merkel und Bernhard Schlink, weisen auf den Widerspruch hin zwischen dem noch geltenden strengen und wirksamen Schutz des in vitro erzeugten Lebens einerseits und dem viel weniger ausgeprägten des Fötus im Mutterleib andererseits. Dabei berücksichtigen sie nicht die nachdrückliche, freilich bisher uneingelöste Forderung des Bundesverfassungsgerichts, die Effektivität des Rechts des Schwangerschaftsabbruchs nach angemessener Beobachtungszeit zu überprüfen und wenn nötig zu verbessern. Gewiss besteht zwischen den Regeln zum Schwangerschaftsabbruch und denen zu In-vitro-Fertilisation ein Zusammenhang, gerade auch verfassungsrechtlicher Art. Das Bundesverfassungsgericht hat die Verpflichtung zum Schutz des ungeborenen Lebens im Mutterleib unmittelbar aus Art 1 Abs 1 des Grundgesetzes entnommen und sie keineswegs zur Disposition gestellt, sondern eine Lösung des Problems, die das Strafrecht zurücknahm und stattdessen einem Pflichtberatungssystem folgte, gelten lassen, weil dieser Kurs dem Gesetzgeber als wirksamster erschien. Die Zurücknahme des Strafrechts in Verbindung mit einem Beratungs- und Hilfesystem sollte den Lebensschutz nicht abschwächen, sondern vielmehr stärken. Die Notwendigkeit einer Reform auf diesem Feld, etwa im Blick auf die unvertretbaren eugenisch veranlassten Spätabtreibungen, bildet keinen Grund dafür, den Lebensschutz an anderer Stelle aufzuweichen. 57

Mit dem Hinweis auf **Wertungswidersprüche** lässt sich die Rücknahme des Lebensschutzes auf dem Feld der artifiziellen Reproduktion nicht rechtfertigen.[93] Die Lage eines Embryos im Kontext einer Schwangerschaft und die Situation eines künstlich erzeugten menschlichen Keimlings im Glase decken sich nicht. Die ungewollte Schwangerschaft führt zu einem Konflikt, dem die Regeln zum Schwangerschaftsabbruch zu genügen suchen. Bei der künstlichen Befruchtung, der bewussten und gewollten künstlichen Erzeugung, fehlt es an einem solchen Konflikt. Und anders als bei der natürlichen Zeugung und Schwangerschaft existiert der Embryo während der IVF-Prozedur zunächst allein, nicht in der Mutter, nicht leiblich durch sie geschützt. So erscheint der extrakorporal erzeugte Embryo schutzbedürftiger als der in vivo. Der Konflikt, der sich im Verfahren der PID eröffnen kann, hat die Verwerfung des Embryos nach positivem Gentest zum Gegenstand. Anders als der Schwangerschaftskonflikt verdankt dieses Problem aber seine Entstehung planmäßigem Handeln – ein wesentlicher Unterschied mit Konsequenzen für die juristische Bewertung. 58

IX. Kostenübernahme

1. GKV. Bei offensichtlich unaufhaltsamer Expansion technischer Optionen der artifiziellen menschlichen Reproduktion führt die **wunscherfüllende Medizin** nicht nur zu verfassungs- und strafrechtlichen Problemen, sondern auch zu steuerrechtlichen[94] und – schwieriger noch – zu **versicherungsrechtlichen Fragen,** die zum „leistungsrechtlich 59

---

[93] Das Folgende nach *Mildenberger,* Der Streit um die Embryonen: Warum ungewollte Schwangerschaften, Embryoselektion und Embryonenforschung grundsätzlich unterschiedlich behandelt werden müssen, MedR 2002, 293–300. – Gewichtig als philosophische Grundlegung des Schutzes allen ungeborenen Lebens *Spaemann,* Personen. Versuche über den Unterschied zwischen ‚etwas' und ‚jemand', 2. Aufl 1998, 252 ff.

[94] Über die Kosten als außergewöhnliche Belastungen differenzierend BFHE 183, 476 = NJW 1998, 854; BFH, NJW 1999, 2767; BFH, NJW 2005, 3517.

kompliziertesten Teil der Krankenbehandlung" gehören.[95] „Die Frage nach der Reichweite der Konsequenzen des individuellen selbstbestimmten Kinderwunsches für die Versichertengemeinschaft wird sich voraussichtlich sowohl mit Blick auf die Bestimmung dessen, was ‚Krankheit', ‚Heilbehandlung' und ‚medizinische Notwendigkeit' ausmacht, als auch mit Blick auf die Kostenentwicklung noch nachdrücklicher stellen als bereits gegenwärtig."[96] Auch das Versicherungsrecht gebietet die Suche nach den Grenzen des Zuträglichen und Billigenswerten.

60 Die höchstrichterliche Spruchpraxis hat gegen mancherlei Widerspruch die Erstattungsfähigkeit der Kosten medizinischer Maßnahmen künstlicher Befruchtung grundsätzlich anerkannt: Eheleute, die auf natürlichem Wege keinen Nachwuchs bekommen können und sich darum über eine IVF- oder ICSI-Behandlung den gemeinsamen Kinderwunsch erfüllen lassen wollen, haben prinzipiell einen **Leistungsanspruch gegen** ihre **private oder gesetzliche Krankenversicherung** auf Übernahme der – durchaus beträchtlichen – Kosten.[97]

61 Die Krankenkassen, gesetzliche wie private, haben die assistierte Reproduktion als Sterilitätsbehandlung in ihren Leistungskatalog aufgenommen. Voraussetzungen und Umfang des Versicherungsanspruchs unterscheiden sich grundlegend danach, ob die Kostenübernahme von der gesetzlichen oder einer privaten Krankenkasse begehrt wird. Für die Ansprüche bestehen dementsprechend verschiedene Gerichtsbarkeiten, so dass es gilt, jeweils auch die einschlägige Judikatur der Sozial- oder der Zivilgerichte heranzuziehen.

62 Den sozialrechtlichen Anspruch auf Kostenübernahme nach reproduktionsmedizinischen Maßnahmen regelt § 27a SGBV. Einzelheiten finden sich in den „Richtlinien über künstliche Befruchtung" des gemeinsamen Bundesausschusses der Ärzte und Krankenkassen.[98] Danach muss die jeweils zu treffende Maßnahme nach ärztlicher Feststellung erforderlich sein. Ferner muss nach ärztlicher Feststellung hinreichende Aussicht bestehen, „dass durch die Maßnahme eine Schwangerschaft herbeigeführt wird; eine hinreichende Aussicht besteht nicht mehr, wenn die Maßnahme drei Mal ohne Erfolg durchgeführt worden ist". Die Personen, die Maßnahmen zur Herbeiführung einer Schwangerschaft in Anspruch nehmen wollen, müssen miteinander verheiratet sein, es dürfen ausschließlich Ei- und Samenzelle der Ehegatten Verwendung finden (homologes System).[99] Erforderlich ist eine vorgängige Aufklärung der Ehegatten unter Einschluss der medizinischen und psychosozialen Bewandtnisse durch einen Arzt, der die Behandlung nicht selbst durchführt und die Beratenen sodann an einen der Ärzte oder eine der Einrichtungen überweist, „denen eine Genehmigung nach § 121a erteilt worden ist". Schließlich muss der Versicherte das 25. Lebensjahr vollendet haben. Außerdem dürfen die weibliche Versicherte das 40. und der männliche Versicherte das 50. Lebensjahr noch nicht vollendet haben.

63 Weil es um die Herbeiführung einer Schwangerschaft geht, kommt es nicht – wie nach § 27 SGBV – darauf an, dass die Intervention eine notwendige Behandlung zur

---

[95] Enquete-Kommission „Recht und Ethik der modernen Medizin", Schlussbericht 2002, 112; vgl auch die Nachweise von *Spickhoff* NJW 2007, 1636.

[96] *Damm* VersR 2006, 730–740, 739.

[97] Gründlich und mit allen Einzelheiten außer *Damm* auch *Bonvie/Naujoks* MedR 2006, 267–274. Vgl auch *Spickhoff* NJW 2006, 1639.

[98] BABl 1990, Nr 12; zuletzt geändert am 15. 11. 2007, BAnZ 2008, Nr 19, S 375, in Kraft getreten am 6. 2. 2008.

[99] Die Beschränkung hat das BSG mit Beschl. v 5. 7. 2005 – B1KR 1004/04 B unter Abwägung des Gleichheitssatzes (Art 3 Abs 1 GG) mit dem Schutz der Ehe (Art 6 Abs 1 GG) für verfassungskonform erachtet. – Den von den Richtlinien ursprünglich vorgesehenen Ausschluss von ICSI-Maßnahmen hat das BSG (E 88,62) als mit höherrangigem Recht unvereinbar erklärt, weil die Bedenken denjenigen gegen die IVF entsprächen und die Einschränkung gegen den allgemeinen verfassungsrechtlichen Gleichheitssatz verstoße. Das BVerfG (NJW 2007, 1343) hat durch Urteil entschieden, es sei mit dem GG vereinbar, dass § 27a Abs 1 Nr 3 SGB V die Leistung medizinischer Maßnahmen künstlicher Befruchtung auf Personen beschränkt, die miteinander verheiratet sind.

22. Kapitel. Besondere ärztliche Eingriffe und Sonderprobleme 64–67 § 129

Erkennung, Heilung oder Verhütung einer Krankheit darstellt. Der Leistungsanspruch gründet allein auf dem **unerfüllten Kinderwunsch**. Er besteht nach der Spruchpraxis auch dann, wenn keiner der Ehegatten nachweisbar krank ist und die Unfruchtbarkeit des Paares sich medizinisch nicht erklären lässt, weil der Arzt auch bei dieser Konstellation eine Indikation zur künstlichen Befruchtung bejaht.

Maßnahmen der künstlichen Befruchtung sind nicht erforderlich im Sinne des Gesetzes, „wenn die Unfruchtbarkeit des Ehepaares auf der Zeugungs- oder der Empfängnisunfähigkeit eines Ehepartners beruht und insoweit die Möglichkeit einer Heilbehandlung besteht".[100] Der Anspruch entsteht nur bei ungewollter Kinderlosigkeit, bezogen auf das betroffene Ehepaar. Ungewollt ist die Kinderlosigkeit also dann, wenn keiner der Ehepartner sich frei gegen das eigene Kind entschieden hat. „An ‚**ungewollter Kinderlosigkeit**' fehlt es hingegen, wenn auch nur einer der beiden Ehegatten – und sei es auch im Rahmen einer früheren Beziehung mit einem anderen Lebenspartner – freiwillig eine Sterilisation hat vornehmen lassen."[101] 64

Der in der Überschrift des § 27a SGB V verwendete Begriff der „künstlichen Befruchtung" erstreckt sich nach fester Spruchpraxis des BSG[102] „nur auf Maßnahmen, die dem einzelnen Zeugungsakt entsprechen und unmittelbar der Befruchtung dienen". Die **Kryokonservierung** vorsorglich gewonnener Samenzellen oder imprägnierter Eizellen für die spätere Wiederholung eines Fertilisationsversuches fällt darunter nicht. Das BSG hat darum eine Leistungspflicht der Krankenkassen für die Kryokonservierung verneint. 65

Die **Leistungspflicht der Kasse** umfasst nur solche medizinischen Akte, die bei ihrer oder ihrem Versicherten vorzunehmen sind. Bei der Ehefrau gehören dazu die Hormonbehandlung mit dem Ziel der Heranreifung mehrerer Eizellen, die operative Eizellgewinnung mittels Follikelpunktion und der Embryotransfer nach Beendigung der Fertilisation. Zu den Maßnahmen unmittelbar am Körper des Ehemanns gehört die operative Samengewinnung mittels Hodenbiopsie (TESE). Dafür hat die Krankenversicherung der Ehefrau nicht einzustehen, wohl aber die des Mannes. Zu den Leistungen außerhalb des Körpers beider Ehegatten gehören die Entfernung des Eizellkumulus von den gewonnenen Eizellen, die Aufbereitung des gewonnenen Spermas, die Injektion des Spermas in die Eizelle (ICSI) und die Kultur der befruchteten Eizelle bis zur Teilung in einen Mehrzeller (In-vitro-Kultur oder IVF). Der oder die Versicherte hat unabhängig davon, bei welchem Ehegatten die Unfruchtbarkeit vorliegt, gegen seine Krankenkasse einen Anspruch auf diese extrakorporalen Behandlungsmaßnahmen. Die Krankenkasse darf nach der Spruchpraxis des BSG ihrem Versicherten nicht entgegenhalten, die Kosten dieser extrakorporalen Maßnahme seien von der Versicherung des anderen Ehegatten zu tragen. Sind beide Ehegatten gesetzlich versichert, kann jeder von seiner Krankenkasse alle zur Herbeiführung einer Schwangerschaft erforderlichen Maßnahmen begehren, ausgenommen die beim anderen Partner durchzuführenden. „Insgesamt betrachtet können die Ehegatten somit von der gesetzlichen Krankenversicherung die Übernahme aller zur Herbeiführung der Schwangerschaft notwendigen medizinischen Leistungen beanspruchen, ohne dass es darauf ankommt, bei wem die Ursache für die Kinderlosigkeit zu suchen ist."[103] 66

Seit der Gesetzesänderung zum 1.1.2004 kann der Versicherte **nur 50% der anfallenden Kosten** beanspruchen (§ 27a Abs 3 SGBV). Die gesetzlich nicht geregelte Frage, ob der Versicherer auch die Kosten zur Herbeiführung einer zweiten oder weiteren Schwangerschaft zu tragen habe, verdient eine bejahende Antwort. „Denn die künstliche Befruchtung bleibt unabhängig von der Geburt eines Kindes in jedem neuen Behandlungsfall notwendig iS § 27a Abs 1 SGBV, um eine Schwangerschaft herbeizuführen."[104] 67

---

[100] BSG NJW 2005, 2476.
[101] BSG NJW 2005, 2476, 2479.
[102] BSG NJW 2005, 2476, 2477, mwN.
[103] BSG NJW 2005, 2476, 2477.
[104] *Bonvie/Naujoks* MedR 2006, 269, mwN.

68 2. **PKV.** Die für den **privaten Kostenersatz** regelmäßig maßgebenden Musterbedingungen für die Krankheitskostenversicherung in der Fassung von 1994 (MBKK) nennen als Versicherungsfall die medizinisch notwendige Heilbehandlung wegen Krankheit. Nicht die Kinderlosigkeit, sondern die Unfruchtbarkeit ist als Krankheit anzusehen: „Die Fortpflanzungsfähigkeit ist für Ehepartner, die sich in Ausübung ihres Selbstbestimmungsrechtes gemeinsam für ein eigenes Kind entscheiden, eine biologisch notwendige Körperfunktion. Die nicht behebbare Unfruchtbarkeit bedeutet oftmals für den sterilen Partner eine erhebliche Einschränkung seines Selbstwertgefühls und kann zu schwerwiegenden Konflikten zwischen den Ehepartnern bis hin zu seelischen Erkrankungen führen. Auch die organisch bedingte Sterilität als solche – unabhängig von ihren konkreten körperlichen Krankheitsursachen – ist als regelwidriger Körperzustand einzuordnen. In diesem Sinne ist der organbedingt sterile Ehepartner – im Unterschied zu kinderlosen Eheleuten schlechthin – als krank im Sinne der Versicherungsbedingungen anzusehen."[105] Daran hat der BGH festgehalten und in einem späteren Urteil[106] hinzugesetzt: Die Kosten der bei einer privat krankenversicherten Frau vorgenommenen In-vitro-Fertilisation habe der Versicherer dann nicht zu erstatten, wenn die Frau selbst gesund ist. Sie sei nicht schon deshalb krank im Sinne der MBKK, weil ein gemeinsamer Kinderwunsch infolge der Fortpflanzungsfähigkeit ihres Partners sich nicht verwirklichen lasse.

69 Anders als im Sozial- soll im **Privatversicherungsrecht** der Versicherungsnehmer über die Kosten der an seinem Körper und extrakorporal durchgeführten Maßnahmen hinaus die mit den am Körper des Ehepartners vorgenommenen medizinischen Leistungen verbundenen Kosten erstattet bekommen: „Zu den erstattungsfähigen Aufwendungen in der privaten Krankenversicherung gehören auch die Kosten einer wegen der Unfruchtbarkeit des versicherten Mannes vorgenommenen homologen In-vitro-Fertilisation (extrakorporale Befruchtung). Insoweit dient die Gesamtheit der ärztlichen Maßnahmen der Linderung der Krankheit des Versicherten und stellt daher eine Heilbehandlung des Mannes iS § 1 Abs 2 S 1 MB/KK 1994 dar."[107]

70 Eine erfolgreiche künstliche Befruchtung schließt den Anspruch auf Erstattung der Kosten für die artifizielle Reproduktion zur Zeugung eines weiteren Kindes nicht aus. Die „Prüfung hat von dem Kinderwunsch des Versicherten und seines Ehepartners ohne Einschränkungen auszugehen und auf dieser Grundlage danach zu fragen, ob die medizinische Behandlung notwendig ist".[108]

71 Für die Erstattungsfähigkeit der Kosten einer homologen In-vitro-Fertilisation mit intracytoplasmatischer Spermieninjektion gilt es, unter Berücksichtigung des IVF-Registers mit sachverständiger Hilfe die Erfolgsaussicht festzustellen. Dabei ist die Wahrscheinlichkeit eines positiven Resultats in Abhängigkeit vom Lebensalter der Frau und der sich aus ihren individuellen Bewandtnissen gegenüber den Durchschnittswerten der Altersgruppe ergebenden höheren oder niedrigeren Erfolgsaussichten zu prüfen, wobei dem Verlauf einer vorausgegangenen IVF/ICSI-Behandlung Bedeutung zukommen kann. „Von einer nicht mehr ausreichenden Erfolgsaussicht – und damit von einer nicht mehr gegebenen bedingungsgemäßen Notwendigkeit der IVF/ICSI-Behandlung – ist dann auszugehen, wenn die Wahrscheinlichkeit, dass ein Embryotransfer (Punktion) zur gewünschten Schwangerschaft führt, signifikant absinkt und eine Erfolgswahrscheinlichkeit von 15%

---

[105] BGHZ 99, 228 = NJW 1987, 703.
[106] BGH NJW 1998, 824.
[107] BGHZ 158, 166 = NJW 2004, 1658.
[108] BGH NJW 2005, 3783, 3784 = MedR 2007, 107 (Problemstellung *Walter*). Anders OLG Bamberg MedR 2005, 664: Ein Anspruch aus privater Versicherung bestehe nach Treu und Glauben (§ 242 BGB) „zumindest dann nicht mehr, wenn die Versicherungsnehmer auf diesem Weg bereits zwei Kinder (Zwillinge) gezeugt haben und der Versicherer insoweit die Kosten übernommen hatte". – Der Materie liegt „nach wie vor einiger rechtlicher, gesellschaftlicher und kostenbezogener Konfliktstoff zu Grunde" (*Damm* MedR 2007, 340).

nicht mehr erreicht wird."¹⁰⁹ Denn mit Rücksicht auf den Versicherer und die Versichertengemeinschaft bleibt einer Kostenerstattung für wiederholte Fertilisationsversuche Grenzen gesetzt. „Dabei trägt der geforderte Grad der Erfolgsaussicht bereits dem Umstand Rechnung, dass eine vital lebensnotwendige Behandlung nicht in Rede steht."

Die uneinheitliche, komplizierte und Deckungslücken lassende Rechtslage verlangt auch auf diesem Felde der gebotenen beratenden und aufklärenden Tätigkeit des Arztes viel ab.

X. Genmedizin

1. Querschnittsdisziplin. Die Genmedizin, eine **Querschnittsdisziplin**¹¹⁰, hat die systematische Aufklärung der genetischen Ursachen von Krankheiten und die Entwicklung darauf gründender therapeutischer Konzepte zum Ziel. Genetische Verfahren in der Medizin wecken Hoffnungen, aber auch Befürchtungen.¹¹¹ Einigkeit besteht darüber, dass die Würde des Menschen, in Deutschland oberstes Konstitutionsprinzip der Verfassung, die Persönlichkeitsrechte und die Unverfügbarkeit menschlichen Lebens auch gegen humangenetische Manipulationen und Eingriffe geschützt werden müssen, wobei freilich keine Einmütigkeit darüber besteht, wo nicht hinnehmbare Gefährdungen drohen und welche Maßnahmen im Einzelnen geboten sind.

Das **Embryonenschutzgesetz** verbietet bei Strafe die künstliche Veränderung menschlicher Keimbahnzellen.¹¹² Derartige genetische Eingriffe sollen dem Ziel dienen, die Nachkommen an Erbkrankheiten leidender Menschen von den dafür ursächlichen Genveränderungen zu befreien. Die Therapie soll nicht den erkrankten Eltern, sondern deren Kindern und Kindeskindern zugute kommen. Solche Eingriffe erscheinen künftig möglich an männlichen und weiblichen Keimbahnzellen oder deren Vorläuferzellen, ferner an der befruchteten Eizelle, schließlich an noch totipotenten Zellen eines Embryonalstadiums.

Den medizinisch verheißungsvollen Aussichten der Gentechnik stehen schwerwiegende Bedenken gegen **Eingriffe in menschliche Keimbahnzellen** gegenüber. „Kinder sollen nicht als die Produkte ihrer Eltern und deren Ärzte existieren", so die Enquete-Kommission des Bundestags¹¹³ in ihrer kategorischen Argumentation. Auch pragmatische Gegenargumente erweisen sich als begründet. Mit der Keimbahntherapie gehen unvertretbare Gefahren für die Betroffenen einher. Sie verlangt zerstörende Experimente mit menschlichen Embryonen. Außerdem leistet sie dem Missbrauch der Technik zur Menschenzüchtung Vorschub.¹¹⁴

Mit Recht betont die Bund-Länder-Arbeitsgruppe „Fortpflanzungsmedizin" in ihrem Abschlussbericht,¹¹⁵ ein wirksamer Schutz verlange „bereits im Vorfeld ein Verbot der künstlichen Veränderung von Keimbahnzellen, nicht erst ein Verbot der Verwendung der

---

¹⁰⁹ BGH NJW 2005, 3783, 3785.
¹¹⁰ Auch Medizinische oder Klinische Genetik, Humangenetik, Molekulare Medizin; vgl *Winter/Fenger/Schreiber* (Hrsg), Genmedizin und Recht. Rahmenbedingungen und Regelungen für Forschung, Entwicklung, Klinik, Verwaltung; *Kern*, Rechtliche Aspekte der Humangenetik, MedR 2001, 9–13.
¹¹¹ *Fuchs*, Die Genomfalle. Die Versprechungen der Gentechnik, ihre Nebenwirkungen und Folgen, 2000.
¹¹² § 5 Abs 1 EschG; vgl ferner § 5 Abs 2: „Ebenso wird bestraft, wer eine menschliche Keimzelle mit künstlich veränderter Erbinformation zur Befruchtung verwendet." Zu den Ergebnissen der vorangegangenen interdisziplinären Diskussion vgl die Nachweise b *Laufs*, Fortpflanzungsmedizin und Arztrecht, 1992, 84. Für ein Überdenken des geltenden Rechts *John*, Die genetische Veränderung des Erbgutes menschlicher Embryonen, auch im Blick auf das „liberale Regelungsmodell" der USA.
¹¹³ Drucks 10/6775, 184 ff (ausführlich und eindrucksvoll).
¹¹⁴ Wie Fn 110, 188. – Bewegende Argumente gegen Eingriffe in das menschliche Erbgut finden sich bereits in dem empfehlenswerten Sammelband von *Wagner* (Hrsg), Menschenzüchtung. Das Problem der genetischen Manipulation des Menschen, ²1970.
¹¹⁵ 1988.

in dieser Weise veränderten Keimbahnzellen". So weit geht das Embryonenschutzgesetz mit seinem prinzipiellen Verbot indessen nicht. Von der Strafbarkeit ausgenommen bleiben nämlich „1. eine künstliche Veränderung der Erbinformation einer außerhalb des Körpers befindlichen Keimzelle, wenn ausgeschlossen ist, dass diese zur Befruchtung verwendet wird, 2. eine künstliche Veränderung der Erbinformation einer sonstigen körpereigenen Keimbahnzelle, die einer toten Leibesfrucht, einem Menschen oder einem Verstorbenen entnommen worden ist, wenn ausgeschlossen ist, dass a) diese auf einen Embryo, Fötus oder Menschen übertragen wird oder b) aus ihr eine Keimzelle entsteht".[116] Damit lässt der Gesetzgeber das Vorfeld der Genmanipulation am Menschen straffrei.

77 **2. Somatische Gentherapie.** Eine besondere Form der **Substitutionstherapie** stellt hingegen die somatische Gentherapie dar. Während bisher bei dafür geeigneten Krankheiten der Patient eine von ihm nicht oder unzulänglich gebildete Substanz zugeführt erhielt, ersetzt der Arzt nun das krankheitsbedingende Gen. Die Methode setzt zwar auf der Ebene der Erbinformation an, bleibt aber in ihrer Wirksamkeit auf das behandelte Individuum beschränkt. Grundsätzlich neue Rechtsfragen stellen sich dabei nicht.[117]

78 **3. Präkonzeptionelle Beratung. Gentests** haben ein breites Feld. Außer Streit steht zunächst der präventive ärztliche Rat im Vorfeld einer Schwangerschaft. Die **präkonzeptionelle Beratung** und Diagnostik, die erbliche Merkmale mit Krankheitswert festzustellen oder auszuschließen suchen, „dienen den Ratsuchenden als Unterstützung für ihre Entscheidung, ob sie einen Kinderwunsch verwirklichen wollen oder nicht. Die Handlungsfreiheit der Eltern in Bezug auf die Verwirklichung eines Kinderwunsches ist Teil ihres allgemeinen Persönlichkeitsrechts. Im Hinblick auf eine verantwortliche Elternschaft muss ein Bedürfnis für eine umfassende Information als Entscheidungshilfe anerkannt werden, etwa wenn schwerwiegende familiäre genetische Belastungen oder äußere Einflussfaktoren ein erhöhtes genetisches Risiko befürchten lassen. Die präkonzeptionelle genetische Beratung kann allerdings nur einen Aspekt zu verantwortlicher Elternschaft beitragen".[118]

79 Der Arzt soll die präkonzeptionelle gentechnische Diagnostik solchen Paaren mit Kinderwunsch vorbehalten, bei denen ein Anhaltspunkt für die Gefahr einer genetischen Krankheit der Nachkommenschaft besteht. Der Arzt hat nicht die Aufgabe, nach genetischen Anlagen ohne Krankheitsbezug oder nach solchen mit diesem Bezug, aber ohne Anhaltspunkte zu suchen.[119] Nur eine indizierte Diagnostik lässt sich verantworten, denn eine allgemeine, nicht eigens begründete Nachsuche erzeugte eugenische Wunschbilder und am Ende einen gesellschaftlichen Zwang. Es steht also keineswegs nur die Kostenlast der indizierten Diagnostik der nicht indizierten Gefälligkeitsdiagnostik entgegen, sondern zuerst die Sorge vor einem Übermaß genetischer Planung.

80 Ein Katalog der Indikationen oder genetischen Krankheiten schüfe zwar Klarheit und gäbe dem Arzt eindeutige Kriterien an die Hand, eröffnete indessen den Weg zu Missverständnissen. Die Weitergabe bestimmter Krankheitsanlagen erführe eine negative Stigmatisation. Die Katalog-Indikation setzte Eltern und Ärzte unter einen gewissen Druck.

---

[116] § 5 Abs 4 Ziff 1 und 2 ESchG (Forschungsfreiheit!). Die Strafdrohung gilt ferner und fast selbstverständlich nicht für „3. Impfungen, strahlen-, chemotherapeutische oder andere Behandlungen, mit denen die Veränderung der Erbinformation von Keimbahnzellen nicht beabsichtigt ist". Zum Ganzen *Günther,* Komm 2008, S 248 ff.

[117] Vgl bereits die Richtlinien zur Gentherapie beim Menschen der Bundesärztekammer, DÄBl 1989, 2957 f.

[118] Abschlussbericht der Bund-Länder-Arbeitsgruppe „Genomanalyse", 1988, 53. Vgl auch *Keller,* JR 1991, 441–447. Vgl. ferner die „Richtlinien zur prädiktiven genetischen Diagnostik", bei *Günther/Taupitz/Kaiser,* Kommentar zum ESchG, 2008, S 364 ff.

[119] So zutreffend die Bund-Länder-Arbeitsgruppe, 63. Auch bei der präkonzeptionellen genetischen Beratung bewähren sich somit die drei Legitimationselemente ärztlichen Handelns: Indikation, informed consent und Verfahren lege artis.

Außerdem schränkte sie den Arzt unzulässig ein, weil sie ihm die Freiheit nähme, die individuellen Bewandtnisse gebührend zu berücksichtigen, auch das Zusammentreffen mehrerer für sich gesehen leichter oder mittelschwerer Krankheitsbilder als insgesamt schwere Belastung und damit als Indikation zu werten.

4. Recht auf Nichtwissen. Die **präkonzeptionelle genetische Diagnostik gehört zur Heilkunde** und damit in die Verantwortlichkeit des fachkundigen Arztes. Sie muss immer eingebettet bleiben in eine vorausgehende wie nachfolgende genetische Beratung, die ihrerseits wissenschaftlich-medizinische Fachkenntnisse voraussetzt und darum gleichfalls dem Arztvorbehalt unterliegt.[120] Es steht indes allein in der freien Entscheidung jedes Ratsuchenden, ob er eine präkonzeptionelle genetische Diagnostik durchführen lassen will oder nicht und welche Konsequenzen er aus einer solchen Untersuchung ziehen möchte. Der Arzt hat darum die Pflicht, die Konsultation nicht-direktiv durchzuführen. Denn Beratung bedeutet nicht Direktion. Grundsätzlich bleibt dem Arzt auch die aktive Beratung verwehrt, nämlich das unerbetene, unaufgeforderte Vermitteln von Kenntnissen aus der Beratung Verwandter an einen anderen, um den so Informierten einer genanalytischen Diagnostik zuzuführen.

Dieses Verbot ergibt sich auch aus dem **„Recht, nicht zu wissen"**[121]. Die Kenntnis der eigenen Gene vermag Handlungsmöglichkeiten nicht nur zu erweitern, sondern auch zu zerstören, Lebenshaltungen zu bestärken wie zu verdunkeln. Der Einzelne kann durchaus die Unbestimmtheit und Offenheit seiner Zukunft deren Berechenbarkeit vorziehen. Eine solche Position trägt durchaus existentiellen Charakter und verdient den Schutz der Rechtsgemeinschaft. Das BVerfG hat das Recht auf informationelle Selbstbestimmung anerkannt und damit die Freiheit des Einzelnen, über die Erhebung und Verbreitung persönlicher Daten selbst zu entscheiden.[122] „Jeder hat ein unentziehbares Recht, seine Gene zu kennen, aber er muss auch ein ebensolches Recht haben, sie nicht zu kennen".[123]

5. Pränataldiagnostik. Die schwierigste Beratungssituation führt hingegen unmittelbar in den Konflikt. Hier befindet sich die Patientin bereits in einer auf das Kind bezogenen Risikogravidität. Die **Pränataldiagnostik** soll Ratsuchenden Auskunft darüber geben, ob sie aus genetischer Sicht mit der Geburt eines gesunden Kindes rechnen können. Ein negativer Befund vermag die Eltern frühzeitig von Sorge zu entlasten; er liegt im Interesse der Lebenschancen des ungeborenen Kindes. Ein positiver Befund vermag die Voraussetzung für Therapiekonzepte zu bilden, die noch pränatal oder unmittelbar nach der Geburt einen Dauerschaden verhindern. Indessen kann das Bestreben zu therapeutischem Handeln Eltern und Ärzte in schwere Konflikte führen, etwa zu der Frage, ob ein an sich letaler Defekt eine Korrektur erfahren soll, die das Überleben gewährleistet, aber ein schweres lebenslängliches Handicap zur Folge hat.[124] Der ärztliche Befund

---

[120] Abschlussbericht, 53 ff. – Die Genanalyse ist als Ausübung von Heilkunde eine den approbierten Ärzten vorbehaltene Tätigkeit: *Cramer* Med Genetik 3, 1992, 35–43. Gegen den Arztvorbehalt mit Gründen *Oberender/Fleischmann*, Regulierungsnotwendigkeiten bei Gentests, in: *Brinkmann* ua (Hrsg), Gerechtigkeit im Gesundheitswesen, 2006, 92 ff. „Angesichts der Neuheit genetischer Informationen kommt es vielmehr gerade darauf an, gesellschaftliche Lernprozesse ablaufen zu lassen, die eine Anpassung an die neuen technologischen Möglichkeiten zulassen. Eine strikte Regulierung kann dies nicht leisten. Voraussetzung eines solchen Ansatzes ist aber eine Sicherung der Qualität genetischer Informationen. Gleichzeitig muss über ein Recht auf Nichtwissen die Freiheit des Einzelnen, auf Informationen über seine Genstruktur zu verzichten, gewährleistet bleiben" (100).
[121] Grundlegend bereits *v d Daele*, Mensch nach Maß? Ethische Probleme der Genmanipulation und Gentherapie 1985, 79 ff, 83 ff; vgl dazu auch *Kern*, Unerlaubte Diagnostik – Das Recht auf Nichtwissen.
[122] BVerfGE 65, 1 ff.
[123] *v d Daele*, Mensch nach Maß?, 81.
[124] Noch immer bedenkenswert: *Knörr*, Pränatale Diagnostik – Klinik und Folgerungen, in: *Marquard/Staudinger* (Hrsg), Anfang und Ende des menschlichen Lebens. Medizinethische Probleme,

einer schwerwiegenden Anomalie kann schließlich in den Entschluss der Mütter münden, die Schwangerschaft abzubrechen. Ein positives Ergebnis der Diagnostik begründet freilich auch die Gefahr eines Automatismus zwischen erkanntem Schaden und Schwangerschaftsabbruch.

84 Wenn die pränatale im Unterschied zur präkonzeptionellen Diagnostik zur Frage nach Leben oder Tod des ungeborenen Kindes führt, so fragt es sich, ob sich daraus Konsequenzen ergeben nicht nur für die Beratung, sondern auch für den Umfang der Untersuchung.[125] Unzweifelhaft gilt auch hier der Arztvorbehalt und die Trias: Beratung-Diagnostik-Beratung, ferner der Grundsatz uneingeschränkter Freiwilligkeit und eine zweifache Verantwortlichkeit: Diejenige der Eltern und die des Arztes. Der Kern der Problematik insbesondere bei Spätdiagnosen liegt in der strafrechtlichen Indikation zum Schwangerschaftsabbruch.[126]

85 **6. Genetische Informationen.** Bei der **Erhebung, Verarbeitung und Verwendung genetischer Informationen** darf es nicht zu unverhältnismäßigen Eingriffen in das allgemeine Persönlichkeitsrecht, insbes. das Recht auf informationelle Selbstbestimmung des Betroffenen kommen. So ist nach der jüngsten Rechtsprechung des BGH[127] eine heimlich veranlasste DNA-Vaterschaftsanalyse rechtswidrig und im Verfahren der Vaterschaftsanfechtung gegen den Willen des Kindes oder seines gesetzlichen Vertreters nicht verwertbar, auch nicht zur schlüssigen Darlegung von Zweifeln an der Vaterschaft.[128]

86 Bei der Genanalyse stellt sich neben dem **Verwendungsproblem** das **Erkenntnisproblem:** „Da genetische Daten besonders aussagekräftig und sensibel sind, wächst die Gefahr, dass sich durch die Verknüpfung von Daten, gegebenenfalls unter Einbeziehung der Sozialdaten, eine Biografie des Betroffenen erstellen und sogar prognostizieren lässt. Dieser Gefahr muss begegnet werden, indem das Sammeln, die Verarbeitung und das Aufbewahren genetischer Daten auf das unbedingt Erforderliche begrenzt werden."[129]

87 **7. Rechtspolitik.** Das Projekt einer – medizinrechtlich gewichtigen – speziellen Legislation[130] ist seit langem auf dem Weg, den zahlreiche Vorarbeiten säumen und der nun bei „Eckpunkten für ein Gendiagnostikgesetz" angekommen ist.[131] Sie bieten wichtige und weithin konsensfähige Grundpositionen, lassen heikle Fragen aber auch offen und verzichten auf die Einbeziehung der Forschung. Die „allgemeinen Anforderungen" gelten der Aufklärung und Beratung, der Weitergabe und Verwendung von Befunden,[132] enthalten ein Diskriminierungsverbot und einen umfassenden Arztvorbehalt. Die „speziellen Anforderungen" umfassen Qualifikations- und Qualitätsvoraussetzungen für zyto-

---

1987, 24–36; vgl ferner *Lenard,* Betrachtungen zur Ethik der Pränaldiagnostik aus der Sicht des Pädiaters, EthikMed 1992, 111–119. *Woopen/Rummer,* Beratung im Kontext von Pränataldiagnostik und Schwangerschaftsabbruch, MedR 2009, 130–138.

[125] Bejahend die Bund-Länder-Arbeitsgruppe „Genomanalyse" (Fn 115).

[126] Vgl zur Problematik insbes *Schumann* (Hrsg), Verantwortungsbewusste Konfliktlösungen bei embryopathischem Befund, 2008. Zum neuen Schwangerschaftskonfliktgesetz *Duttge/Bernau,* ZfL 2009, 42–47.

[127] BGHZ 162, 1 = NJW 2005, 497. Zur Diskussion *Spickhoff* NJW 2006, 1637 f, mwN.

[128] Im Sinne von § 1600b BGB. Das neue GenDG schließt heimliche, nicht konsentierte Abstammungstests aus (§ 17).

[129] *Ronellenfitsch,* Genanalyse und Datenschutz, NJW 2006, 321–325, 325. – Das vielerörterte Thema „Gentests und Privatversicherung" sprengte den Rahmen dieser Darstellung; vgl zuletzt IWE Brief 2006 Nr 1 mit dem Beitrag von *Hübner.*

[130] Die Debatte kennt das Schlagwort des „genetischen Exzeptionalismus". Dieses Konzept eines speziellen Gesetzes verwerfen *Kiehntopf/Pagel* in ihrer Besprechung des Entwurfs eines Gendiagnostikgesetzes, den die Fraktion Bündnis 90/Die Grünen in den Bundestag einbrachte: MedR 2008, 344–349.

[131] *Damm* MedR 2008, 535–538, auch zum Folgenden.

[132] Vgl auch *Stockter,* Das Verbot genetischer Diskriminierung und das Recht auf Achtung der Individualität, 2008 (s Litverz).

22. Kapitel. Besondere ärztliche Eingriffe und Sonderprobleme   88–93   § 129

und molekulargenetische Tests. Solche an nicht einwilligungsfähigen Personen stehen unter den Vorbehalten der Indiziertheit und des Individualnutzens. Gendiagnostik an Kindern und Nichteinwilligungsfähigen soll ausnahmsweise zum Wohle Dritter (Familiennutzen) zugelassen werden, wobei weitere Konditionen gelten sollen. Hier stellen sich ähnliche Probleme wie in der Neulandmedizin. Die Eckpunkte beschränken die Pränataldiagnostik auf medizinische Zwecke, doch überlassen sie es dem Gesetzgeber, intrikate Einzelfragen zu entscheiden. Arbeitgeber und Versicherer sollen nur in eng gefassten Ausnahmen Zugriff nehmen können.

Das Patentrecht bietet auf dem Feld der Genmedizin keine Anreize für Innovationen.[133]   88

8. Das neue GenDG. Endlich, freilich erst nach Abschluss der Vorarbeiten zu dieser Neuauflage und dem Satz, beschloss der Deutsche Bundestag am 24. April 2009 das „Gesetz über genetische Untersuchungen bei Menschen **(Gendiagnostikgesetz – GenDG)**"[134]. Damit hat sich die fragwürdige Idee von einer **Sonderstellung genetischer Informationen** durchgesetzt – fragwürdig deshalb, weil sich genetische Krankheiten oft durch eine unvollständige Penetranz und eine variable Expressivität auszeichnen und darum kaum ein höheres prädiktives Potenzial als konventionelle labordiagnostische oder gar neuere medizintechnische Untersuchungen besitzen. Auch bringen viele nicht-genetische diagnostische Verfahren wie beispielsweise HIV-Tests Informationen über künftige Gesundheitsrisiken zum Vorschein, die für Patienten ebenso weitreichende Folgen haben wie die Aufdeckung eines Gendefekts.   89

Es unterblieb aber nicht nur eine umfassende Regelung nach dem Prinzip „Prognose statt Methode", sondern der Gesetzgeber hat von seiner Regelung ausdrücklich genetische Untersuchungen und Analysen sowie den Umgang mit genetischen Proben und Daten **zu Forschungszwecken** ausgenommen[135]. Der **Bundesrat** hat in seinem Beschluss vom 15. Mai 2009[136] zwar keinen Antrag nach Art 77 Abs 2 GG gestellt, die Bundesregierung freilich gebeten, für solche genetisch-medizinischen Untersuchungen Regelungen in einer gesonderten Rechtsvorschrift zu treffen „angesichts der immer noch wachsenden Bedeutung von genetisch-medizinischer Forschung und der Zunahme der Zahl von Biobanken, die Proben sowie umfangreiche medizinisch-diagnostische Daten auch aus genetischen Untersuchungen vorhalten".   90

Der Bundesrat hat zudem bedauert, dass seine Empfehlung zur Aufnahme von Regelungen im Rahmen des **Neugeborenenscreenings** unberücksichtigt blieben, und die Bundesregierung um einen Bericht bis Ende 2010 darüber gebeten, welche Wirkungen die geänderte Rechtslage „auf die Durchführung des Neugeborenenscreenings für Hebammen, Kinderärzte und Fachärzte für Humangenetik in der Praxis hat und ob sich die Beteiligung von Neugeborenen am Screening" durch die neue Rechtslage geändert hat.   91

Nach tiefgehender rechtspolitischer Kontroverse erfuhren im Dienste des **Lebensschutzes** die vorgeburtlichen genetischen Untersuchungen eine bedeutsame **Grenze**[137]: „Eine vorgeburtliche genetische Untersuchung, die darauf abzielt, genetische Eigenschaften des Embryos oder des Fötus für eine Erkrankung festzustellen, die nach dem allgemein anerkannten Stand der medizinischen Wissenschaft und Technik erst nach Vollendung des 18. Lebensjahres ausbricht, darf nicht vorgenommen werden."   92

Das Gesetz verfolgt den **Zweck,** „die Voraussetzungen für genetische Untersuchungen und im Rahmen genetischer Untersuchungen durchgeführte genetische Analysen sowie die Verwendung genetischer Proben und Daten zu bestimmen und eine Benachteiligung auf Grund genetischer Eigenschaften zu verhindern, um insbesondere die staatliche Ver-   93

---

[133] *Eisenkolb,* Die Patentierbarkeit von medizinischen, insbes gentherapeutischen Verfahren, 2008.
[134] Drucksache 374/09. Beschlussempfehlung und Bericht d Ausschusses für Gesundheit v 22. 4. 2009: Drucks 16/12713. Unterrichtung durch die Bundesreg v 15. 10. 2008: Drucks 16/10582.
[135] § 2 Abs 2 Ziff 1 GenDG.
[136] Drucks 374/09.
[137] § 15 Abs 2 GenDG.

pflichtung zur Achtung und zum Schutz der Würde des Menschen und des Rechts auf informelle Selbstbestimmung zu wahren"[138].

94 Den **Anwendungsbereich** umreißt § 2. Danach gilt das Gesetz „für genetische Untersuchungen und im Rahmen genetischer Untersuchungen durchgeführte genetische Analysen bei geborenen Menschen sowie bei Embryonen und Föten während der Schwangerschaft und den Umgang mit dabei gewonnenen genetischen Proben und genetischen Daten bei genetischen Untersuchungen zu medizinischen Zwecken, zur Klärung der Abstammung sowie im Versicherungsbereich und im Arbeitsleben".

95 Das Gesetz postuliert ein **Benachteiligungsverbot**[139], das andere Schutzvorschriften nicht berührt: „Niemand darf wegen seiner oder der genetischen Eigenschaft einer genetisch verwandten Person, wegen der Vornahme oder Nichtvornahme einer genetischen Untersuchung oder Analyse bei sich oder einer genetisch verwandten Person oder wegen des Ergebnisses einer solchen Untersuchung oder Analyse benachteiligt werden." Weitere Vorschriften gelten der Qualitätssicherung genetischer Analysen und der Abgabe genetischer Untersuchungsmittel. Wichtig ist auch der **Arztvorbehalt**[140].

96 **Einwilligung und Aufklärung**[141] folgen nach Gewicht und Detailliertheit strengen arztrechtlichen Standards. „Eine genetische Untersuchung oder Analyse darf nur vorgenommen und eine dafür erforderliche genetische Probe nur gewonnen werden, wenn die betroffene Person in die Untersuchung und die Gewinnung der dafür erforderlichen genetischen Probe **ausdrücklich und schriftlich** gegenüber der verantwortlichen ärztlichen Person eingewilligt hat. Die Einwilligung nach Satz 1 umfasst sowohl die Entscheidung über den Umfang der genetischen Untersuchung als auch die Entscheidung, ob und inwieweit das Untersuchungsergebnis zur Kenntnis zu geben oder zu vernichten ist." Die Einwilligung bleibt „jederzeit mit Wirkung für die Zukunft schriftlich oder mündlich gegenüber der verantwortlichen ärztlichen Person" widerruflich. Die Liste der von der **ärztlichen Aufklärungspflicht** umfassten Umstände enthält sechs Positionen:

„1. Zweck, Art, Umfang und Aussagekraft der genetischen Untersuchung einschließlich der mit dem vorgesehenen genetischen Untersuchungsmittel im Rahmen des Untersuchungszwecks erzielbaren Ergebnisse; dazu gehören auch die Bedeutung der zu untersuchenden genetischen Eigenschaften für eine Erkrankung oder gesundheitliche Störung sowie die Möglichkeit, sie zu vermeiden, ihr vorzubeugen oder sie zu behandeln,

2. gesundheitliche Risiken, die mit der Kenntnis des Ergebnisses der genetischen Untersuchung und der Gewinnung der dafür erforderlichen genetischen Probe für die betroffene Person verbunden sind, bei Schwangeren auch gesundheitliche Risiken, die mit der vorgeburtlichen genetischen Probe für den Embryo oder Fötus verbunden sind,

3. die vorgesehene Verwendung der genetischen Probe sowie der Untersuchungs- oder der Analyseergebnisse,

4. das Recht der betroffenen Person, die Einwilligung jederzeit zu widerrufen,

5. das Recht der betroffenen Person auf Nichtwissen einschließlich des Rechts, das Untersuchungsergebnis oder Teile davon nicht zur Kenntnis zu nehmen, sondern vernichten zu lassen,

6. bei einer genetischen Reihenuntersuchung die Unterrichtung der betroffenen Personen über das Ergebnis der Bewertung der Untersuchung durch die Gendiagnostik-Kommission nach § 16 Abs 2."

97 Auch die **genetische Beratung** erfährt eine durchgehende Regelung, wie auch die Mitteilung, die Aufbewahrung und die Vernichtung der Ergebnisse genetischer Untersuchungen und Analysen sowie die Verwendung und Vernichtung genetischer Proben[142].

---

[138] § 1 GenDG.
[139] § 4 GenDG.
[140] § 7 GenDG.
[141] §§ 8 u 9 GenDG.
[142] §§ 10–13 GenDG.

Genetische Untersuchungen bei **nicht einwilligungsfähigen Personen**[143] sind eingeschränkt und nur dann zulässig, wenn − erste von vier Voraussetzungen − „die Untersuchung nach dem allgemein anerkannten Stand der Wissenschaft und Technik erforderlich ist, um bei der Person eine genetisch bedingte Erkrankung oder gesundheitliche Störung zu vermeiden oder zu behandeln oder dieser vorzubeugen, oder wenn eine Behandlung mit einem Arzneimittel vorgesehen ist, dessen Wirkung durch genetische Eigenschaften beeinflusst wird". Weiter darf die Person nicht ablehnen, also kein Vetorecht ausüben. Die Untersuchung darf nur „mit möglichst wenig Risiken und Belastungen verbunden sein, und schließlich muss der vorschriftsmäßig aufgeklärte und beratene Vertreter einwilligen, wenn der Eingriff als rechtmäßig gelten soll. Überdies darf eine genetische Untersuchung bei einer einwilligungsunfähigen Person auch erfolgen, wenn „sich bei einer genetisch verwandten Person im Hinblick auf eine geplante Schwangerschaft nach dem allgemein anerkannten Stand der Wissenschaft und Technik auf andere Weise nicht klären lässt, ob eine bestimmte genetisch bedingte Erkrankung oder gesundheitliche Störung bei einem künftigen Abkömmling der genetisch verwandten Person auftreten kann". Weitere Voraussetzungen kommen auch hier hinzu.

98

Genetische Untersuchungen zur **Klärung der Abstammung**[144] bedürfen ihrerseits des informed consent, ausnahmsweise durch den Vertreter. Heimliche Vaterschaftsanalysen bleiben also ausgeschlossen. Genetische Untersuchungen und Analysen im Zusammenhang mit dem Abschluss eines **Versicherungsvertrages** werden eingeschränkt, im **Arbeitsleben** − mit Ausnahmen im Dienste des Schutzes von Beschäftigten − ausgeschlossen; für öffentlich-rechtliche Dienstverhältnisse gilt Entsprechendes[145].

99

Eine interdisziplinär zusammengesetzte, unabhängige, vom Bundesministerium für Gesundheit berufene **Gendiagnostik-Kommission** mit umfassender Richtlinien-Kompetenz und Berichtspflicht soll die Anforderungen des Gesetzes gewährleisten, das mit Straf- und Bußgeldvorschriften endet[146].

100

Anhang:

(Muster-)Richtlinie
zur Durchführung der assistierten Reproduktion

− Novelle 2006 −

Vorwort

Ärztliches Handeln in der Reproduktionsmedizin hat wie in kaum einem anderen medizinischen Bereich die Interessen unterschiedlicher Beteiligter zu beachten. Sie reichen von der Sorge für das Kindeswohl und die physische sowie psychische Gesundheit des Paares mit Kinderwunsch bis zur diagnostischen und therapeutischen Betreuung der Schwangeren. Auch die Verpflichtungen gegenüber allen beteiligten Personen im Zusammenhang mit der Anwendung eines möglichen heterologen Verfahrens (Kind, Mutter, genetischer Vater, sozialer Vater) sind zu beachten. Entsprechend steht die Reproduktionsmedizin im Schnittpunkt vor allem des ärztlichen Berufsrechts, des Familienrechts, des Sozialrechts sowie des Embryonenschutzes und des Strafrechts.

Auf der Grundlage der gesetzlichen Regelungen bildet die Richtlinie zur assistierten Reproduktion für die beteiligten Ärzte seit langem wesentliche Orientierungshilfen, weil sie neben der Zusammenfassung von medizinischen Indikationen und Kontraindikationen für die verschiedenen Behandlungsverfahren auch die strukturellen sowie ablauf- und ergebnisorientierten Anforderungen praxisorientiert darlegt. Diese Orientierungsfunktion ist vor dem Hintergrund der Dynamik der

---

[143] § 14 GenDG.
[144] § 17 GenDG.
[145] §§ 18–22 GenDG.
[146] §§ 23, 25 GenDG.

§ 129

wissenschaftlich-technischen Entwicklung umso bedeutsamer, solange der Gesetzgeber das Recht der Fortpflanzungsmedizin nicht systematisch regelt.

Seit der letzten Fortschreibung der Richtlinie im Jahre 1998 wurden im Bereich der assistierten Reproduktion zahlreiche Verfahren modifiziert und neue Methoden entwickelt. Hierzu zählen zum Beispiel die Polkörperdiagnostik und die morphologische Beurteilung früher pränidativer Embryonen im Zusammenhang mit der Thematik des Single-Embryo-Transfers und der Vermeidung von Mehrlingsschwangerschaften.

Diese Entwicklungen sind nicht losgelöst zu betrachten von der Diskussion der gesetzlichen Rahmenbedingungen, insbesondere des Embryonenschutzgesetzes, sowie den ethischen Normen. So gilt der hohe Rang des Kindeswohls auch für den Umgang mit dem noch nicht geborenen Kind. In ethischer Hinsicht hat die Reproduktionsmedizin ferner die Selbstbestimmungsrechte von Paaren mit Kinderwunsch zu berücksichtigen, sich am Gesundheitsschutz der Schwangeren und des erhofften Kindes zu orientieren und ein hohes Niveau der Gesundheitsversorgung sicherzustellen.

Die im Fortschreibungsprozess der Richtlinie interdisziplinär und sehr umfassend geführte Auseinandersetzung mit der komplexen Thematik der assistierten Reproduktion soll zu einer Versachlichung der Debatte um Themen wie Präimplantationsdiagnostik, Polkörperdiagnostik, heterologe Insemination und Auswahl von Embryonen nach morphologischen Kriterien beitragen.

Die Richtlinie zeigt das Potenzial neuer reproduktionsmedizinischer Verfahren auf und erläutert im Kommentar unter anderem die Grenzen der rechtlichen Zulässigkeit oder die Unzulässigkeit ihrer Anwendung. In ihrem Regelungsteil muss die Richtlinie selbstverständlich von den gesetzlichen Vorgaben ausgehen. Der Gesetzgeber ist aber aufgefordert, die rechtlichen Rahmenbedingungen so zu gestalten, dass Verfahren, die in anderen Staaten zulässig sind und zu einer Verbesserung der Kinderwunschbehandlung geführt haben, in geeigneter Weise auch in Deutschland auf der Basis eines möglichst breiten gesellschaftlichen Konsenses ermöglicht werden.

Da viele Problembereiche der Reproduktionsmedizin in Deutschland nicht umfassend durch ein „Fortpflanzungsmedizingesetz" geregelt sind, wird es weiterhin Aufgabe des Wissenschaftlichen Beirats der Bundesärztekammer sein, die Entwicklungen auf dem Gebiet der Fortpflanzungsmedizin kontinuierlich zu begleiten, kritisch zu hinterfragen und bei Bedarf eine Fortschreibung der (Muster-)Richtlinie vorzunehmen.

Prof. Dr. med. Dr. h. c. P. C. Scriba
Vorsitzender des Wissenschaftlichen Beirats der Bundesärztekammer
Prof. Dr. med. Dr. h. c. J.-D. Hoppe
Präsident der Bundesärztekammer und des Deutschen Ärztetages

Nach Einführung der In-vitro-Fertilisation (IVF) Anfang der 1980er-Jahre hat die Bundesärztekammer „Richtlinien zur Durchführung von IVF und Embryotransfer (ET) als Behandlungsmethode der menschlichen Sterilität" erarbeitet. Sie sind durch Beschluss des 88. Deutschen Ärztetages 1985 Bestandteil der (Muster-)Berufsordnung und der meisten Berufsordnungen der Landesärztekammern geworden. Die Modifizierung und Ausweitung der Verfahren hat inzwischen die vorliegende Fortschreibung erforderlich gemacht.

Präambel

Die (Muster-)Richtlinie berücksichtigt die öffentliche Debatte über Chancen, Legitimität und ethische Grenzen der Fortpflanzungsmedizin, den gesellschaftlichen Wertewandel zu Familie, Ehe und Partnerschaft und die Kriterien der Medizinethik. Die Anwendung medizinisch assistierter Reproduktion ist durch das Leiden von Paaren durch ungewollte Kinderlosigkeit und durch ihren auf natürlichem Weg nicht erfüllbaren Kinderwunsch begründet. Zwar besitzt kein Paar ein Recht oder einen Anspruch auf ein Kind, jedoch ist der Wunsch nach einem eigenen Kind legitim und nachvollziehbar. Sofern sich ein Kinderwunsch auf natürlichem Weg nicht erfüllen lässt, kann die medizinisch assistierte Reproduktion zumindest in begrenztem Umfang Hilfe leisten. Der technische Fortschritt der Reproduktionsmedizin soll aber keine überhöhten Erwartungen wecken und keiner Verschiebung gesellschaftlicher Leitbilder zulasten behindert geborener Kinder Vorschub leisten.

Der medizinisch assistierten Reproduktion liegen die gesetzlichen Vorgaben, namentlich das Embryonenschutzgesetz (EschG), zugrunde. Die Schutzwürdigkeit und das Lebensrecht von Embryonen werden von der abgeschlossenen Befruchtung an gewahrt. Darüber hinaus orientiert sie

22. Kapitel. Besondere ärztliche Eingriffe und Sonderprobleme § 129

sich an ethischen Normen, die das Kindeswohl, d. h. den Schutz und die Rechte des erhofften Kindes, die Frau, den Mann und die behandelnden Ärztinnen/Ärzte betreffen.

Den hohen Rang des Kindeswohls bringen zum Beispiel das Übereinkommen der Vereinten Nationen über die Rechte des Kindes aus dem Jahr 1989 oder die von der 50. Generalversammlung des Weltärztebundes 1998 verabschiedete „Deklaration von Ottawa zum Recht des Kindes auf gesundheitliche Versorgung" zum Ausdruck. In der UN-Kinderrechtskonvention erkennen die Vertragsstaaten in Artikel 24 „das Recht des Kindes auf das erreichbare Höchstmaß an Gesundheit" an. Der Weltärztebund betont im Rahmen seiner „Allgemeinen Grundsätze", „dass die bestmögliche Wahrnehmung der Interessen des Kindes die wichtigste Aufgabe in der Gesundheitsversorgung sein muss". Der hohe Anspruch an das Kindeswohl gilt auch für den Umgang mit dem noch nicht geborenen Kind.

Sofern im konkreten Fall die Anwendung reproduktionsmedizinischer Verfahren die Voraussetzung dafür ist, dass ein Kinderwunsch überhaupt verwirklicht wird, trägt die Ärztin/der Arzt für das Wohl des mit ihrer/seiner medizinischen Assistenz erzeugten Kindes eine besondere Verantwortung. Die ärztliche Pflicht, zum Wohl der Patienten zu handeln und Schaden zu vermeiden, bezieht sich auf die Mutter und auf die erwünschten Kinder. Aufgrund der ärztlichen Verantwortung muss daher über Gefährdungen, die aus Mehrlingsschwangerschaften für Mutter und Kind resultieren, oder das Problem erhöhter nachgeburtlicher Gesundheitsschäden des Kindes sorgsam und umfassend aufgeklärt werden. Im Einzelfall müssen der Kinderwunsch eines Paares und eventuelle gesundheitliche Risiken, die eine medizinisch assistierte Reproduktion für das erhoffte Kind mit sich bringen können, gegeneinander abgewogen werden. Dem Recht des Kindes auf Kenntnis seiner genetischen Herkunft ist Rechnung zu tragen.

Paare mit Kinderwunsch und vor allem die betroffenen Frauen sind den Prinzipien der Patientenautonomie und des informed consent gemäß über die Einzelheiten und Risiken der für sie in Betracht kommenden Verfahren umfassend zu informieren und aufzuklären. Die medizinische Information soll von einer psychosozialen Beratung begleitet werden. Die Patientin bzw. das Paar sind in die Lage zu versetzen, unter Kenntnis der medizinischen Sachverhalte, der Risiken, die mit der Inanspruchnahme reproduktionsmedizinischer Verfahren verbunden sind, sowie der ethischen Aspekte, zu denen das Kindeswohl gehört, in eigener Verantwortung zu entscheiden, ob sie die Reproduktionsmedizin in Anspruch nehmen möchten und welche Verfahren der ärztlich assistierten Reproduktion es sind, von denen sie Gebrauch machen wollen.

Die Behandlungsstandards und das Niveau der gesundheitlichen Versorgung, die in Deutschland reproduktionsmedizinisch gewährleistet werden, sind im europäischen Kontext zu sehen. Sie lassen sich vom Fortschritt der Behandlungsmethoden, von den rechtlichen Entwicklungen sowie den – auch weniger restriktiven – ethischen Gesichtspunkten, die in anderen europäischen Ländern gelten, nicht abkoppeln. Nichtgenetische oder genetisch-diagnostische Verfahren, die in einer Reihe europäischer Staaten im Rahmen der dort geltenden Gesetze auf Wunsch der Eltern zu einer möglichen Verbesserung des Schwangerschaftserfolges und um der Gesundheit der erhofften Kinder willen praktiziert werden (z. B. Präimplantationsdiagnostik oder vor allem Kultivierung von Embryonen mit nachfolgendem Single-Embryo-Transfer), sind in der Bundesrepublik Deutschland zurzeit nicht statthaft oder in ihrer rechtlichen Zulässigkeit strittig. In ethischer Hinsicht gilt, dass die Reproduktionsmedizin die Selbstbestimmungsrechte von Paaren mit Kinderwunsch zu berücksichtigen, sich am Gesundheitsschutz der Schwangeren und des erhofften Kindes zu orientieren und ein hohes Niveau der Gesundheitsversorgung sicherzustellen hat. Letztlich liegt es am Gesetzgeber, die gesetzlichen Rahmenbedingungen so zu gestalten, dass Verfahren, die in anderen Staaten zu einer Verbesserung der Kinderwunschbehandlung geführt haben und dort statthaft sind, in der Bundesrepublik Deutschland übernommen werden können.

1. Begriffsbestimmungen zur assistierten Reproduktion

Als assistierte Reproduktion wird die ärztliche Hilfe zur Erfüllung des Kinderwunsches eines Paares durch medizinische Hilfen und Techniken bezeichnet. In der Regel wird im Zusammenhang mit diesen Verfahren eine hormonelle Stimulation durchgeführt. Darunter versteht man den Einsatz von Medikamenten zur Unterstützung der Follikelreifung, sodass im Zyklus ein oder mehrere Follikel heranreifen.

Die alleinige Insemination (ohne hormonelle Stimulation) sowie die alleinige hormonelle Stimulation (ohne Insemination) sind als Methode nicht von dieser Richtlinie erfasst.

§ 129

1.1. Insemination
Unter Insemination versteht man das Einbringen des Nativspermas in die Zervix (intrazervikale Insemination) oder des aufbereiteten Spermas in den Uterus (intrauterine Insemination) oder in die Eileiter (intratubare Insemination).

1.2. GIFT
Unter GIFT (Gamete-Intrafallopian-Transfer; intratubarer Gametentransfer) versteht man den Transfer der männlichen und weiblichen Gameten in den Eileiter.

1.3. Extrakorporale Befruchtung
1.3.1. IVF
Unter In-vitro-Fertilisation (IVF), auch als „extrakorporale Befruchtung" bezeichnet, versteht man die Vereinigung einer Eizelle mit einer Samenzelle außerhalb des Körpers.

1.3.2. ICSI
Unter der intrazytoplasmatischen Spermieninjektion (ICSI) versteht man ein Verfahren der IVF, bei dem eine menschliche Samenzelle in eine menschliche Eizelle injiziert wird.

1.4. ET
Die Einführung des Embryos in die Gebärmutter wird als Embryotransfer (ET) bezeichnet, unabhängig davon, ob es sich um den Transfer von einem Embryo (Single-Embryo-Transfer/SET), von zwei Embryonen (Double-Embryo-Transfer/ DET) oder drei Embryonen handelt.

1.5. Homologer/heterologer Samen
Als homolog gilt der Samen des Ehemannes oder des Partners in stabiler Partnerschaft. Als heterolog gilt der Samen eines Samenspenders.

1.6. PKD
Bei der Polkörperdiagnostik (PKD) wird eine mütterliche, genetische oder chromosomale Veränderung des haploiden weiblichen Chromosomensatzes durch Beurteilung des ersten und – wenn möglich – auch des zweiten Polkörpers im Ablauf einer IVF vor der Bildung des Embryos untersucht. Es handelt sich um eine indirekte Diagnostik der Eizelle.

1.7. PID
Bei der Präimplantationsdiagnostik (PID) werden in einem sehr frühen Entwicklungsstadium ein oder zwei Zellen eines durch extrakorporale Befruchtung entstandenen Embryos entnommen und auf eine Chromosomenstörung oder eine spezifische genetische Veränderung hin untersucht.[1]

Diese Form einer PID ist nicht als Regelungsgegenstand zugrunde gelegt, da sie in Deutschland nicht durchgeführt wird.

2. Medizinische Voraussetzungen für die assistierte Reproduktion

Jeder Anwendung der Maßnahmen der assistierten Reproduktion hat eine sorgfältige Diagnostik bei beiden Partnern vorauszugehen, die alle Faktoren berücksichtigt, die sowohl für den unmittel-

---

[1] Siehe hierzu auch:
- Präimplantationsdiagnostik – Thesen zu den medizinischen, rechtlichen und ethischen Problemstellungen: Bericht der Bioethik-Kommission des Landes Rheinland-Pfalz vom 20. 6. 1999, Ministerium der Justiz Rheinland-Pfalz; http://www.justiz.rlp.de.
- Diskussionsentwurf zu einer Richtlinie zur Präimplantationsdiagnostik: Wissenschaftlicher Beirat der Bundesärztekammer: Dtsch Arztebl 2000; 97: A 525–8.
- Ergänzende Stellungnahme zum Diskussionsentwurf. Wissenschaftlicher Beirat der Bundesärztekammer: Dtsch Arztebl 2002; 99: A 2972, und http://www.aerzte.blatt.de/pid.
- Deutscher Ärztetag – Entschließungen zum Tagesordnungspunkt VI: Präimplantationsdiagnostik: Dtsch Arztebl 2002; 99: A 1653.
- Enquete-Kommission – Recht und Ethik der modernen Medizin (Schlussbericht): Deutscher Bundestag, Referat Öffentlichkeitsarbeit 2002, Teil C.
- Genetische Diagnostik vor und während der Schwangerschaft, Stellungnahme vom 23. 1. 2003: Nationaler Ethikrat.
- Stellungnahme der Bioethik-Kommission der Bayerischen Staatsregierung zur Präimplantationsdiagnostik (PID) vom 21. 7. 2003: Bioethik-Kommission Bayern.
- Polkörperdiagnostik, Stellungnahme vom 16. 6. 2004: Nationaler Ethikrat.

22. Kapitel. Besondere ärztliche Eingriffe und Sonderprobleme § 129

baren Therapieerfolg als auch für die Gesundheit des Kindes von Bedeutung sind. Bei der Wahl der Methode sollten die Dauer des Kinderwunsches und das Alter der Frau Berücksichtigung finden.

2.1. Methoden und Indikationen

Die Voraussetzungen für die Methoden der alleinigen Insemination (ohne hormonelle Stimulation) und der alleinigen hormonellen Stimulation (ohne Insemination) sind durch die Richtlinien nicht geregelt.

2.1.1. Hormonelle Stimulation der Follikelreifung
Indikationen:
- Follikelreifungsstörungen
- leichte Formen männlicher Fertilitätsstörungen

2.1.2. Homologe Insemination
Indikationen:
- leichte Formen männlicher Fertilitätsstörungen
- nicht erfolgreiche hormonelle Stimulationsbehandlung
- somatische Ursachen (z.B. Hypospadie, retrograde Ejakulation, Zervikal-Kanal- Stenose)
- idiopathische Unfruchtbarkeit

2.1.3. Homologe In-vitro-Fertilisation mit intrauterinem Embryotransfer (IVF mit ET) von einem (SET), von zwei (DET) oder drei Embryonen
Uneingeschränkte Indikationen:
- Tubenverschluss bzw. tubare Insuffizienz
- männliche Fertilitätsstörungen nach erfolgloser Insemination

Eingeschränkte Indikationen:
- Endometriose von hinreichender Bedeutung
- idiopathische Unfruchtbarkeit

Eine unerklärbare (idiopathische) Unfruchtbarkeit kann nur als Indikation für eine assistierte Reproduktion im Sinne einer IVF-Behandlung angesehen werden, wenn alle diagnostischen Maßnahmen durchgeführt und hormonelle Stimulation, intrauterine und/oder intratubare Insemination nicht erfolgreich waren.

2.1.4. Intratubarer Gametentransfer (GIFT)
Indikationen:
- einige Formen männlicher – mit anderen Therapien einschließlich der intrauterinen Insemination nicht behandelbarer – Fertilitätsstörungen
- idiopathische Unfruchtbarkeit

2.1.5. Intrazytoplasmatische Spermieninjektion (ICSI)
Indikationen:
- schwere Formen männlicher Fertilitätsstörungen
- fehlende oder unzureichende Befruchtung bei einem IVF-Versuch

2.1.6. Heterologe Insemination
Indikationen:
- schwere Formen männlicher Fertilitätsstörungen
- erfolglose Behandlung einer männlichen Fertilitätsstörung mit intrauteriner und/oder intratubarer Insemination und/oder In-vitro-Fertilisation und/oder intrazytoplasmatischer Spermieninjektion im homologen System
- ein nach humangenetischer Beratung festgestelltes hohes Risiko für ein Kind mit schwerer genetisch bedingter Erkrankung.

Voraussetzung sind funktionsfähige, offene Eileiter.
Beim Einsatz heterologer Spermien sind die Voraussetzungen (s. Kapitel „Voraussetzungen für spezielle Methoden", Abschnitt „Verwendung von heterologem Samen") zu beachten.

2.1.7. Heterologe In-vitro-Fertilisation mit intrauterinem Embryotransfer (IVF mit ET), heterologe intrazytoplasmatische Spermieninjektion (ICSI mit ET)
Indikationen:
- schwere Formen männlicher Fertilitätsstörungen
- erfolgloser Einsatz der intrauterinen und/oder intratubaren Insemination und/ oder der In-vitro-Fertilisation und/oder der intrazytoplasmatischen Spermieninjektion im homologen System (nach Vorliegen der jeweiligen Indikation)

- erfolgloser Einsatz der heterologen Insemination
- ein nach humangenetischer Beratung festgestelltes hohes Risiko für ein Kind mit schwerer genetisch bedingter Erkrankung.

Beim Einsatz heterologer Spermien sind die Voraussetzungen (s. Kapitel „Voraussetzungen für spezielle Methoden", Abschnitt „Verwendung von heterologem Samen") zu beachten.

2.1.8. Polkörperdiagnostik (PKD)

Die PKD ist ein in Erprobung befindliches Verfahren.

Indikationen:
- Erkennung eines spezifischen genetischen einschließlich chromosomalen kindlichen Risikos mittels indirekter Diagnostik der Eizelle
- Erkennung unspezifischer chromosomaler Risiken im Rahmen von IVF zur möglichen Erhöhung der Geburtenrate

Eine Erhöhung der Geburtenrate ist bisher nicht hinreichend belegt.

Die PKD ist an die Anwendung der IVF und ICSI geknüpft, obwohl eine Fertilitätsstörung nicht vorliegen muss. Soweit diese Untersuchungen vor Bildung des Embryos erfolgen, ist das Embryonenschutzgesetz nicht berührt.

2.2. Kontraindikationen

Absolute Kontraindikationen:
- alle Kontraindikationen gegen eine Schwangerschaft

Eingeschränkte Kontraindikationen:
- durch eine Schwangerschaft bedingtes, im Einzelfall besonders hohes medizinisches Risiko für die Gesundheit der Frau oder die Entwicklung des Kindes
- psychogene Fertilitätsstörung: Hinweise auf eine psychogene Fertilitätsstörung ergeben sich insbesondere dann, wenn Sexualstörungen als wesentlicher Sterilitätsfaktor angesehen werden können (seltener Geschlechtsverkehr, Vermeidung des Verkehrs zum Konzeptionsoptimum, nicht organisch bedingte sexuelle Funktionsstörung). In diesem Fall soll zuerst eine Sexualberatung/-therapie des Paares erfolgen.

2.3. Humangenetische Beratung

Eine humangenetische Beratung soll die Partner in die Lage versetzen, auf der Grundlage ihrer persönlichen Wertmaßstäbe eine Entscheidung in gemeinsamer Verantwortung über die Vornahme einer genetischen Untersuchung im Rahmen der assistierten Reproduktion und über die aus der Untersuchung zu ziehenden Handlungsoptionen zu treffen. Im Rahmen dieser Beratung sollen ein mögliches genetisches Risiko und insbesondere die mögliche medizinische und ggf. psychische und soziale Dimension, die mit einer Vornahme oder Nicht-Vornahme einer genetischen Untersuchung sowie deren möglichem Ergebnis verbunden ist, erörtert werden.

Eine genetische Untersuchung darf erst vorgenommen werden, nachdem die betreffende Person schriftlich bestätigt hat, dass sie gemäß dem oben genannten Verfahren über die Untersuchung aufgeklärt wurde und in diese eingewilligt hat.

3. Allgemeine Zulassungsbedingungen

Bei der assistierten Reproduktion handelt es sich mit Ausnahme der alleinigen Insemination (ohne hormonelle Stimulation) und der alleinigen hormonellen Stimulation (ohne Insemination) um besondere medizinische Verfahren gem. § 13 i.V.m. § 5 der (Muster-)Berufsordnung für Ärzte (MBO-Ä). Die Ärztin/der Arzt hat bei der Anwendung dieser Verfahren insbesondere das Embryonenschutzgesetz und diese (Muster-)Richtlinie zu beachten.

3.1. Rechtliche Voraussetzungen
3.1.1. Statusrechtliche Voraussetzungen

Methoden der assistierten Reproduktion sollen unter Beachtung des Kindeswohls grundsätzlich nur bei Ehepaaren angewandt werden. Dabei darf grundsätzlich nur der Samen des Ehemannes verwandt werden; sollen Samenzellen eines Dritten verwandt werden, sind die unter 5.3. genannten Voraussetzungen zu beachten.

Methoden der assistierten Reproduktion können auch bei einer nicht verheirateten Frau angewandt werden. Dies gilt nur, wenn die behandelnde Ärztin/der behandelnde Arzt zu der Einschätzung gelangt ist, dass
- die Frau mit einem nicht verheirateten Mann in einer festgefügten Partnerschaft zusammenlebt und
- dieser Mann die Vaterschaft an dem so gezeugten Kind anerkennen wird.

22. Kapitel. Besondere ärztliche Eingriffe und Sonderprobleme §129

Dabei darf grundsätzlich nur der Samen des Partners verwandt werden; sollen Samenzellen eines Dritten verwandt werden, sind die unter 5.3. genannten Voraussetzungen zu beachten.

3.1.2. Embryonenschutzrechtliche Voraussetzungen

Für die Unfruchtbarkeitsbehandlung mit den genannten Methoden dürfen maximal drei Embryonen einzeitig auf die Mutter übertragen werden (§ 1 Abs. 1 Nrn. 3 u. 5 ESchG). An den zum Transfer vorgesehenen Embryonen dürfen keine Maßnahmen vorgenommen werden, die nicht unmittelbar der Erhaltung der Embryonen dienen.

Beim Einsatz der oben genannten Methoden dürfen nur die Eizellen der Frau befruchtet werden, bei der die Schwangerschaft herbeigeführt werden soll.

3.1.3. Sozialversicherungsrechtliche Voraussetzungen

Sofern Leistungen der Verfahren zur assistierten Reproduktion von der Gesetzlichen Krankenversicherung getragen werden, sind ferner die Bestimmungen des Sozialgesetzbuches V (insbes. §§ 27a, 92, 121a und 135 ff. SGB V) und die Richtlinien über ärztliche Maßnahmen zur künstlichen Befruchtung des Gemeinsamen Bundesausschusses der Ärzte und Krankenkassen in der jeweils gültigen Fassung zu beachten.

3.1.4. Berufsrechtliche Voraussetzungen

Jede Ärztin/jeder Arzt, der solche Maßnahmen durchführen will und für sie die Gesamtverantwortung trägt, hat die Aufnahme der Tätigkeit, soweit dies die Ärztekammer verlangt, bei der Ärztekammer anzuzeigen und nachzuweisen, dass die fachlichen, personellen und technischen Voraussetzungen erfüllt sind, außerdem hat sie/er an den Maßnahmen der Qualitätssicherung teilzunehmen. Änderungen sind der Ärztekammer unverzüglich anzuzeigen.

Eine Ärztin/ein Arzt kann nicht dazu verpflichtet werden, entgegen ihrer/seiner Gewissensüberzeugung Verfahren der assistierten Reproduktion durchzuführen.

3.2. Information, Aufklärung, Beratung und Einwilligung

Das Paar muss vor Beginn der Behandlung durch die behandelnde Ärztin/den behandelnden Arzt über die vorgesehene Behandlung, die Art des Eingriffs, die Einzelschritte des Verfahrens, seine zu erwartenden Erfolgsaussichten, Komplikationsmöglichkeiten, Risiken, mögliche Alternativen, sonstige Umstände, denen erkennbar Bedeutung beigemessen wird, und die Kosten informiert, aufgeklärt und beraten werden.

3.2.1. Medizinische Aspekte

Im Einzelnen sind Information, Aufklärung und Beratung insbesondere zu folgenden Punkten zu geben:
- Ablauf des jeweiligen Verfahrens
- Erfolgsrate des jeweiligen Verfahrens
- Möglichkeit einer behandlungsunabhängigen Schwangerschaft
- Zystenbildung nach Stimulationsbehandlung
- Überstimulationsreaktionen
- Nebenwirkungen von Medikamenten
- operative Komplikationen bei Follikelpunktionen
- Festlegung der Höchstzahl der zu transferierenden Embryonen
- Kryokonservierung für den Fall, dass Embryonen aus unvorhergesehenem Grund nicht transferiert werden können
- Abortrate in Abhängigkeit vom Alter der Frau
- Eileiterschwangerschaft
- durch die Stimulation bedingte erhöhte Mehrlingsrate und den damit verbundenen mütterlichen und kindlichen Risiken (u. a. mit Folge der Frühgeburtlichkeit)
- möglicherweise erhöhtes Risiko von Auffälligkeiten bei Kindern, insbesondere nach Anwendung der ICSI-Methode
- mögliche Risiken bei neuen Verfahren, deren endgültige Risikoeinschätzung nicht geklärt ist.

Neben diesen behandlungsbedingten Risiken müssen Faktoren, die sich auf das Basisrisiko auswirken (z. B. erhöhtes Alter der Partner, Verwandtenehe), Berücksichtigung finden. Hierzu sollte eine Stammbaumerhebung beider Partner über mindestens drei Generationen hinweg (u. a. Fehlgeburten, Totgeburten, Personen mit körperlichen oder geistigen Behinderungen, andere Familienmitglieder mit Fertilitätsstörungen) durchgeführt werden. Ergeben sich Hinweise auf Chromosomenstörungen oder auf Erkrankungen, die genetisch bedingt sein könnten, so muss über Information und Aufklärung hinaus das Angebot einer humangenetischen Beratung erfolgen und dies dokumentiert werden.

3.2.2. Psychosoziale Aspekte

Im Einzelnen sind Information, Aufklärung und Beratung insbesondere zu folgenden Punkten zu geben:
- psychische Belastung unter der Therapie (der psychische Stress kann belastender erlebt werden als die medizinischen Schritte der Behandlung)
- mögliche Auswirkung auf die Paarbeziehung
- mögliche Auswirkung auf die Sexualität
- mögliche depressive Reaktion bei Misserfolg
- mögliche Steigerung des Leidensdrucks der Kinderlosigkeit bei erfolgloser Behandlung
- Alternativen (Adoption, Pflegekind, Verzicht auf Therapie)
- mögliche psychosoziale Belastungen bei Mehrlingen.

3.2.3. Aspekte der humangenetischen Beratung

Dem Paar muss über Information und Aufklärung hinaus eine humangenetische Beratung (vgl. Kapitel „Humangenetische Beratung") insbesondere angeboten werden bei:
- Anwendung der ICSI-Methode im Zusammenhang mit einer schweren Oligoasthenoteratozoospermie oder nicht entzündlich bedingter Azoospermie
- genetisch bedingten Erkrankungen in den Familien
- einer Polkörperdiagnostik (PKD)
- habituellen Fehl- und Totgeburten
- Fertilitätsstörungen in der Familienanamnese.

3.2.4. Aspekte der behandlungsunabhängigen Beratung

Unabhängig von dieser Art der Information, Aufklärung und Beratung muss die behandelnde Ärztin/der behandelnde Arzt dem Paar die Möglichkeit einer behandlungsunabhängigen ärztlichen Beratung empfehlen und auf die Möglichkeit einer psychosozialen Beratung hinweisen.

3.2.5. Aspekte der Kostenübernahme

Fragen zur Übernahme der Kosten der Behandlung durch gesetzliche oder private Krankenkassen bzw. Beihilfeträger sind zu erörtern.

3.2.6. Aspekte der Dokumentation

Die erfolgte Information, Aufklärung, Beratung und die Einwilligung der Partner zur Behandlung müssen dokumentiert und von beiden Partnern und der aufklärenden Ärztin/dem aufklärenden Arzt unterzeichnet werden.

4. Fachliche, personelle und technische Voraussetzungen

Die Durchführung der Methoden
- homologe Insemination nach hormoneller Stimulation
- IVF mit ET
- GIFT
- ICSI mit ET
- heterologe Insemination nach hormoneller Stimulation
- heterologe IVF/ICSI
- PKD

als Verfahren setzt die Erfüllung der nachstehend festgelegten fachlichen, personellen und technischen Mindestanforderungen voraus.

Die Anzeige umfasst den Nachweis, dass die sachgerechte Durchführung der erforderlichen Leistungen sowohl fachlich (Ausbildungs- und Qualifikationsnachweis) als auch personell und sachlich (räumliche und apparative Ausstattung) auf den nachstehend genannten Teilgebieten gewährleistet ist.

4.1. Homologe Insemination nach Stimulation
4.1.1. Fachliche Voraussetzungen

Die anwendende Ärztin/der anwendende Arzt für Frauenheilkunde und Geburtshilfe muss über den Schwerpunkt bzw. über die fakultative Weiterbildung „Gynäkologische Endokrinologie und Reproduktionsmedizin" gemäß den Weiterbildungsordnungen der Ärztekammern der Länder verfügen.

4.1.2. Technische Voraussetzungen

Folgende Einrichtungen müssen ständig verfügbar bzw. einsatzbereit sein:
- Hormonlabor
- Ultraschalldiagnostik
- Labor für Spermiendiagnostik und Spermienpräparation.

22. Kapitel. Besondere ärztliche Eingriffe und Sonderprobleme § 129

4.2. Heterologe Insemination nach Stimulation
Es gelten die gleichen fachlichen und technischen Voraussetzungen wie für die homologe Insemination nach Stimulation (siehe hierzu: 4.1.1. und 4.1.2.).

4.3. IVF mit ET, GIFT, ICSI,PKD
Diese Methoden setzen für die Patientenbetreuung das Zusammenwirken in einer ständig einsatzbereiten interdisziplinären Arbeitsgruppe voraus.

4.3.1. Fachliche Voraussetzungen
Die Leitung bzw. die stellvertretende Leitung der Arbeitsgruppe obliegt Fachärztinnen/ Fachärzten für Frauenheilkunde und Geburtshilfe mit dem Schwerpunkt bzw. mit der fakultativen Weiterbildung „Gynäkologische Endokrinologie und Reproduktionsmedizin". Ihnen obliegen die verantwortliche Überwachung der in dieser (Muster-)Richtlinie festgeschriebenen Maßnahmen.

Die Mitglieder der Arbeitsgruppe müssen über folgende Kenntnisse und Erfahrungen verfügen:
- Endokrinologie der Reproduktion
- Gynäkologische Sonographie
- Operative Gynäkologie
- Reproduktionsbiologie mit dem Schwerpunkt der In-vitro-Kultur
- Andrologie
- Psychosomatische Grundversorgung.

Von diesen sechs Bereichen können nur zwei gleichzeitig von einer Ärztin oder Wissenschaftlerin/einem Arzt oder Wissenschaftler der Arbeitsgruppe neben der Qualifikation der Psychosomatischen Grundversorgung verantwortlich geführt werden. Grundsätzlich müssen Ärztinnen/Ärzte mit der Zusatzbezeichnung „Andrologie" in Diagnostik und Therapie im Rahmen der assistierten Reproduktion integriert sein.

Die regelmäßige Kooperation mit einer Humangenetikerin/einem Humangenetiker und einer ärztlichen oder Psychologischen Psychotherapeutin/einem Psychotherapeuten muss gewährleistet sein.

Es empfiehlt sich weiterhin eine Kooperation mit einer psychosozialen Beratungsstelle.

Falls eine PKD durchgeführt werden soll, obliegt die humangenetische Beratung und die zytogenetische oder molekulargenetische Diagnostik[2] Fachärztinnen/Fachärzten für Humangenetik oder Ärztinnen/Ärzten mit der Zusatzbezeichnung „Medizinische Genetik".

4.3.2. Technische Voraussetzungen
Folgende Einrichtungen müssen ständig verfügbar bzw. einsatzbereit sein:
- Hormonlabor
- Ultraschalldiagnostik
- Operationsbereitschaft mit Anästhesie-Team
- Labor für Spermiendiagnostik und -präparation
- Labor für In-vitro-Fertilisation, Invitro-Kultur und ggf. Mikroinjektion
- EDV-gestützte Datenerfassung.

Falls eine PKD durchgeführt werden soll, muss die untersuchende Institution über diagnostische Erfahrung mittels molekulargenetischer und molekularzytogenetischer Methoden an Einzelzellen verfügen.

5. Voraussetzungen für spezielle Methoden und Qualitätssicherung

5.1. Embryotransfer
Ziel einer Sterilitätstherapie ist die Herbeiführung einer Einlingsschwangerschaft, da diese Schwangerschaft im Vergleich zu Mehrlingsschwangerschaften das geringste Risiko für Mutter und Kind darstellt.

Zwillingsschwangerschaften beinhalten für die Mutter erhöhte Risiken (schwangerschaftsinduzierter Hypertonus, Präeklampsie), die in der Beratung mit zu berücksichtigen sind. Die Risiken für das Kind sind bei Zwillingen im Vergleich zu Einlingen ebenfalls erhöht, wobei besondere Komplikationen bei monozygoten Zwillingsschwangerschaften zu erwarten sind (z.B. fetofetales Transfusionssyndrom).

Höhergradige Mehrlinge (mehr als Zwillinge) sollen verhindert werden, da hierbei sowohl das Leben oder die Gesundheit der Mutter gefährdet als auch die Morbidität und Mortalität der meist frühgeborenen Kinder deutlich erhöht sein können.

---

[2] Für die laborgestützten Leistungen gelten die Bestimmungen der (Muster-)Weiterbildungsordnung (M-WBO).

§ 129

Das Risiko besonders für höhergradige Mehrlinge mit allen gesundheitlichen und sozialen Problemen für Kinder und Eltern wiegt so schwer, dass das Ziel, eine Schwangerschaft herbeizuführen, untergeordnet werden muss. Zur Senkung des Mehrlingsrisikos müssen folglich die wesentlichen Parameter wie Alter der Mutter, Anzahl der bisherigen Versuche und Indikation zur Therapie abgewogen werden.

Es ist daher unter Berücksichtigung des aktuellen Wissensstandes zu empfehlen, bei Patientinnen unter 38 Jahren im ersten und zweiten IVF- und/oder ICSI-Versuch nur zwei Embryonen zu transferieren. Wenn von dem Paar der Transfer von drei Embryonen gewünscht wird, darf dies nur nach ausführlicher Information und Aufklärung über das erhöhte Risiko für höhergradige Mehrlingsschwangerschaften und den damit verbundenen Risiken für Mutter und Kind sowie nach entsprechender Dokumentierung der hiermit verbundenen Gefahren erfolgen.

5.2. Kryokonservierung

Kryokonservierung von Eizellen im Stadium der Vorkerne zur Behandlung der Infertilität von Patientinnen ist zulässig. Kryokonservierung von Embryonen ist nur in Ausnahmefällen zulässig, wenn die im Behandlungszyklus vorgesehene Übertragung nicht möglich ist.

Die weitere Kultivierung von Eizellen im Vorkernstadium darf nur zum Zwecke des Transfers und nur mit der Einwilligung beider Partner vorgenommen werden. Das Paar ist darauf hinzuweisen, dass über konservierte Eizellen im Vorkernstadium beide nur gemeinschaftlich verfügen können. Hierüber ist eine schriftliche Vereinbarung zu treffen.

Die Kryokonservierung von Eizellen ist ebenfalls möglich, jedoch nicht so erfolgreich wie die Kryokonservierung von Eizellen im Vorkernstadium. Die Kryokonservierung von Ovarialgewebe ist als experimentell anzusehen.

Die Kryokonservierung von ejakulierten, epididymalen und testikulären Spermatozoen bzw. von Hodengewebe kann ohne Einschränkung durchgeführt werden.

5.3. Verwendung von heterologem Samen

5.3.1. Medizinische Aspekte

Der Einsatz von heterologem Samen ist medizinisch zu begründen, und es ist darzulegen, warum der Einsatz von homologem Samen nicht erfolgreich war oder nicht zum Einsatz kommen konnte (s. Kapitel „Medizinische Voraussetzungen", Abschnitt „Heterologe Insemination").

Die Ärztin/der Arzt hat sicherzustellen, dass
– kein Mischsperma verschiedener Samenspender verwendet wird,
– kein frisches Spendersperma verwendet wird,
– der Samenspender vor der ersten Samenprobe auf HIV 1 und 2 untersucht wurde,
– weitere HIV-Kontrollen in regelmäßigen Abständen von sechs Monaten erfolgt sind,
– die heterologe Insemination mit kryokonserviertem Sperma nur erfolgen darf, wenn es über eine Quarantänezeit von mindestens 180 Tagen gelagert wurde und wenn der Spender auch nach Ablauf dieser Zeit frei von HIV-1- und -2-Infektionen geblieben ist und
– eine serologische Untersuchung auf Hepatitis B und C, Treponema pallidum, Cytomegalieviren (Verwendung von CMV-positivem Spendersperma nur für CMV-positive Frauen) durchgeführt wurde.

Dies gilt auch bei der Kooperation mit Samenbanken.

Eine Erfassung von medizinischen und phänotypischen Merkmalen wie Blutgruppe, Augenfarbe, Haarfarbe, Körpergröße, Körperstatur und Ethnie erscheint sinnvoll. Die Ärztin/der Arzt soll darauf achten, dass ein Spender nicht mehr als zehn Schwangerschaften erzeugt.

5.3.2. Psychosoziale Beratung

Vor einer heterologen Insemination müssen die künftigen Eltern über die möglichen psychosozialen und ethischen Probleme, welche die heterologe Insemination mit sich bringt, beraten werden. Dabei soll auf die künftige Entwicklung ihrer Beziehung sowie auf die Frage der künftigen Aufklärung des Kindes über seine Abstammung besonderes Gewicht gelegt werden. Die Beratung erfolgt im Rahmen eines ärztlichen Gesprächs; dabei soll den künftigen Eltern eine weiterführende, qualifizierte Beratung durch ärztliche oder Psychologische Psychotherapeuten oder auch psychosoziale Beratungsstellen angeboten werden.

5.3.3. Rechtliche Aspekte

Die behandelnde Ärztin/der behandelnde Arzt muss sich über die möglichen rechtlichen Folgen der Verwendung von heterologem Samen für alle Beteiligten unterrichten. Unbeschadet dieser eigenverantwortlich durchzuführenden Unterrichtung wird empfohlen, folgende Grundsätze zu beachten:

22. Kapitel. Besondere ärztliche Eingriffe und Sonderprobleme § 129

5.3.3.1. Unterrichtung über Rechtsfolgen
Die behandelnde Ärztin/der behandelnde Arzt sollte sich vor der Verwendung von heterologem Samen vergewissern, dass der Samenspender und die künftigen Eltern über mögliche rechtliche Konsequenzen unterrichtet worden sind.

5.3.3.2. Dokumentation
Die behandelnde Ärztin/der behandelnde Arzt muss
- die Identität des Samenspenders und die Verwendung der Samenspende dokumentieren; außerdem muss sie/er dokumentieren,
- dass sich der Samenspender mit der Dokumentation von Herkunft und Verwendung der Samenspende und – für den Fall eines an sie/ihn gerichteten Auskunftsverlangens des Kindes – mit einer Bekanntgabe seiner Personalien einverstanden erklärt hat,
- dass sich die künftigen Eltern mit der Verwendung von heterologem Samen und der Dokumentation von Herkunft und Verwendung der Samenspende einverstanden erklärt haben und die behandelnde Ärztin/den behandelnden Arzt – für den Fall eines an diese/diesen gerichteten Auskunftsverlangens des Kindes oder eines der künftigen Elternteile – von ihrer/seiner Schweigepflicht entbunden haben.

Dies gilt auch für den Fall, dass die behandelnde Ärztin/der behandelnde Arzt mit einer Samenbank kooperiert; die Dokumentation kann nicht auf die Samenbank delegiert werden.

5.4. Verfahrens- und Qualitätssicherung
Erforderlich sind die Qualitätssicherung der medizinisch angewendeten Verfahren und deren Dokumentation.

5.4.1. Dokumentation
Zum Zwecke der Verfahrens- und Qualitätssicherung sollen die Ärztekammern gemeinsam ein Dokumentationszentrum (Deutsches IVF-Register = DIR) führen. Jede Arbeitsgruppe hat eine EDV-gestützte Dokumentation entsprechend dem Fragenkatalog des DIR zu erstellen.

Die Ärztekammern sollten das DIR beauftragen, jährlich einen Bericht über die Arbeit der IVF/ET-Zentren zu erstellen und zu veröffentlichen.

Die erhobenen Daten sollen regelmäßig so ausgewertet werden, dass der Ärztin/dem Arzt die individuelle Beurteilung seiner Tätigkeit ermöglicht wird.

Im Einzelnen müssen mindestens dokumentiert werden:
- homologe Insemination nach hormoneller Stimulation
- IVF mit ET
- GIFT
- ICSI
- heterologe Insemination nach hormoneller Stimulation
- heterologe IVF/ICSI
- PKD

bezüglich:
- Alter der Patientin
- Indikation der Methoden
- Verlauf der Stimulation
- Anzahl und Befruchtungsrate der inseminierten Eizellen bei IVF/ICSI
- Anzahl der transferierten Eizellen bei GIFT
- Anzahl der transferierten Embryonen bei IVF/ICSI
- Schwangerschaftsrate
- Geburtenrate
- Fehlgeburten
- Eileiterschwangerschaften
- Schwangerschaftsabbrüche
- Mehrlingsrate
- Fehlbildungen.

Die Beurteilung dieser Kriterien ist nur auf der Grundlage einer prospektiven Datenerfassung möglich. Konkret bedeutet die Prospektivität der Datenerhebung, dass die ersten Angaben zum Behandlungszyklus innerhalb von acht Tagen nach Beginn der hormonellen Stimulation eingegeben werden sollen. Dies ist notwendig, um eine nachträgliche Selektion nach erfolgreichen und nicht erfolgreichen Behandlungszyklen und somit eine bewusste oder unbewusste Manipulation der Daten zu vermeiden.

§ 129 Anhang zu § 129: Richtlinien

Durch die prospektive Erfassung der Daten wird eine Auswertung i. S. der Qualitätssicherung ermöglicht, die nicht nur der interessierten Ärztin/dem interessierten Arzt, sondern auch der interessierten Patientin den Behandlungserfolg sowie die Bedeutung eventuell beeinflussender Faktoren transparent macht.

5.4.2. Weitere Regelungen

Soweit die Behandlung als Leistung der Gesetzlichen Krankenversicherung erbracht wird, sind neben den vorstehenden Regelungen die Richtlinien des Gemeinsamen Bundesausschusses gemäß § 92 SGB V zu beachten.

5.4.3. Zuständige Kommissionen bei den Ärztekammern

Die Ärztekammern sollen Ständige Kommissionen bilden, welche die Einhaltung der in den Richtlinien definierten fachlichen, personellen und technischen Voraussetzungen prüfen. Zugleich sollen die Kommissionen die Qualität der Arbeitsgruppen verfahrens- und ergebnisbezogen prüfen und sie beraten. Ihnen sollen geeignete Ärztinnen/Ärzte und Juristinnen/ Juristen angehören, wobei mindestens eine Ärztin/ein Arzt Erfahrungen in der Reproduktionsmedizin haben muss.

Eine Kommission kann sich in speziellen Fragen durch Vertreter anderer Gebiete ergänzen.

Um eine möglichst einheitliche Anwendung dieser (Muster-)Richtlinie zu erreichen, sollten von mehreren Ärztekammern gemeinsam getragene Kommissionen und/oder bei der Bundesärztekammer eine Kommission zur Beurteilung grundsätzlicher Auslegungsfragen gebildet werden.

5.4.4. Meldung von Verstößen

Verdacht auf Verstöße gegen die (Muster-) Richtlinie, auch auffälliges Ausbleiben der Dokumentationen nach 5.4.1., sind der zuständigen Ärztekammer zu melden.

5.5. Berufsrechtliche Folgen

Die Nichtbeachtung des EschG und dieser (Muster-)Richtlinie kann neben den strafrechtlichen auch berufsrechtliche Sanktionen nach sich ziehen.

Kommentar

Der nachstehende Kommentar soll eine Interpretationshilfe für die vorstehende (Muster-)Richtlinie sein, ohne an ihrem verbindlichen Charakter teilzuhaben.

Zu 1. Begriffsbestimmungen

Die Befruchtung der instrumentell entnommenen Eizelle durch die Samenzelle erfolgt bei der In-vitro-Fertilisation in der Regel in einem Kulturgefäß (In vitro). Bei der intrazytoplasmatischen Spermatozoeninjektion (ICSI) wird eine männliche Keimzelle in die Eizelle injiziert. Nach erfolgter Befruchtung und Beobachtung von Zellteilungen erfolgt der Embryotransfer in die Gebärmutter (ET).

Zu 2.1.5. Intrazytoplasmatische Spermieninjektion (ICSI)

- **Zur Indikation**

Bei männlichen Fertilitätsstörungen sollen in der Regel weniger invasive Verfahren wie die homologe Insemination (evtl. nach hormoneller Stimulation) angewendet werden, wenn dies Erfolg verspricht. Bei schweren männlichen Fertilitätsstörungen kann die ICSI-Methode die Chancen für einen Schwangerschaftseintritt deutlich erhöhen. Eine eindeutige Grenzziehung im Spermiogramm zwischen den Methoden (interzervikale, intrauterine und intratubare Insemination, IVF und ICSI) lässt sich nicht finden.

- **Zur Gewinnung der Spermatozoen**

Die für die ICSI verwandten Spermien können aus dem Ejakulat, aus dem Hoden oder den ableitenden Samenwegen (vorwiegend dem Nebenhoden) gewonnen werden. Bei obstruktiver Azoospermie können Spermien aus dem Nebenhoden aspiriert werden (z. B. Microsurgical Epididymal Sperm Aspiration, MESA, oder unter Umständen Percutaneous Epididymal Sperm Aspiration, PESA). Bei Azoospermie und schwerster Oligoasthenoteratozoospermie lassen sich Spermien u. U. aus dem Hoden aspirieren (Testicular Sperm Aspiration, TESA) oder aus dem bioptisch gewonnenen Hodengewebe extrahieren (Testicular Sperm Extraction, TESE). Die Verwendung von haploiden Keimzellen vor der Entwicklung zu Spermien kann nicht empfohlen werden.

- **Zur humangenetischen Beratung und Diagnostik**

Im Vergleich zur Normalbevölkerung liegt bei Paaren, die zur ICSI-Behandlung kommen, häufiger eine chromosomale oder monogene Störung vor, und es ist von einem erhöhten genetischen Hintergrundrisiko auszugehen. Deshalb muss vor einer ICSI-Therapie durch die behandelnde Ärz-

22. Kapitel. Besondere ärztliche Eingriffe und Sonderprobleme § 129

tin/den behandelnden Arzt eine genaue Anamnese, insbesondere eine Stammbaumerhebung beider Partner über mindestens drei Generationen hinweg (u. a. Fehlgeburten, Totgeburten, Personen mit körperlichen oder geistigen Behinderungen, andere Familienmitglieder mit Fertilitätsstörungen), durchgeführt werden. Über die Notwendigkeit und Bedeutung einer Chromosomenanalyse muss aufgeklärt werden. Ergeben sich Hinweise auf Chromosomenstörungen oder auf Erkrankungen, die genetisch bedingt sein könnten, so muss über Information und Aufklärung hinaus das Angebot einer humangenetischen Beratung erfolgen und dies dokumentiert werden.

Bei nicht obstruktiver Azoospermie oder schwerer Oligozoospermie (< 5 Mio./ml) wird aufgrund von zzt. vorliegenden empirischen Daten empfohlen, vor Beginn der ICSI-Behandlung eine Chromosomenanalyse bei beiden Partnern durchzuführen. Die molekulargenetische Untersuchung des Genlocus Yq11 (Azoospermiefaktor, AZF) kann bei Azoospermie (außer bei gesicherter obstruktiver Azoospermie) und hochgradiger Oligozoospermie angeboten werden. Im Verdachtsfall eines kongenitalen beidseitigen Verschlusses der ableitenden Samenwege (Congenital Bilateral Aplasia of the Vas Deferens, CBAVD) muss das Angebot einer Beratung des Paares durch eine Humangenetikerin/einen Humangenetiker erfolgen. In diesem Fall ist eine detaillierte Mutationsanalyse im Gen für die Zystische Fibrose (Cystic fibrosis trans-membrane conductance regulator[CFTR]-Gen) notwendig. Von dem Ergebnis ist es abhängig, ob eine entsprechende molekulargenetische Untersuchung bei der Partnerin erforderlich ist.

Zu 2.1.8. Polkörperdiagnostik (PKD)

- **PKD zur Erkennung eines erhöhten spezifischen Risikos**

PKD vor abgeschlossener Befruchtung ermöglicht die indirekte Diagnostik einer spezifischen Veränderung innerhalb des haploiden weiblichen Chromosomensatzes oder einer spezifischen Genveränderung durch Untersuchung des ersten und zweiten Polkörpers, in solchen Fällen, in denen die Frau ein spezifisches Risiko trägt. Polkörper werden vor der Auflösung der Vorkernmembranen (Präfertilisationsphase) aus der Eizelle ausgeschleust und können entnommen werden, ohne dass der Eizelle und ihrer weiteren Entwicklung geschadet wird. Wenn eine PKD unter Verwendung beider Polkörper erfolgen soll, kann es notwendig sein, die Eizelle zu kryokonservieren, da sonst vor Abschluss der speziellen Untersuchungen die Auflösung der Vorkernmembranen stattfinden kann. Nach Transfer von vorher kryokonservierten Eizellen ist die Schwangerschaftsrate deutlich niedriger, sodass ein Gewinn an diagnostischer Sicherheit durch Untersuchung auch des zweiten Polkörpers möglicherweise aufgehoben wird.

Im Gegensatz zur PID weist die PKD aus medizinischer Sicht erhebliche Nachteile auf:
– nur mütterliche Chromosomen und genetische Veränderungen können diagnostiziert werden,
– es handelt sich um eine indirekte Diagnostik,
– Fehldiagnosen als Folge eines Crossingover können bei Untersuchungen nur des ersten Polkörpers vorkommen,
– es werden Oozyten verworfen, die bei Befruchtung nicht zu einem spezifisch erkrankten Kind geführt hätten, da nur der mütterliche haploide Chromosomensatz bzw. das haploide Genom im Rahmen der PKD indirekt untersucht werden kann. Auch wenn bei rezessiv X-chromosomal vererbten Erkrankungen der Gendefekt in der Eizelle erkannt wurde, besteht die Chance, dass das befruchtende Spermium ein X-Chromosom trägt und der sich aus dieser befruchteten Eizelle entwickelnde Embryo heterozygot für die Mutation ist und damit nicht erkranken wird. Auch wenn autosomal-rezessive Gendefekte indirekt in der Eizelle nachgewiesen wurden, besteht bei Anlageträgerschaft des Vaters für denselben Gendefekt eine 50-prozentige Chance, dass das Spermium diesen nicht trägt und ein heterozygoter, von der spezifischen Erkrankung selbst nicht betroffener Anlageträger entstehen würde.

- **PKD zur Erhöhung der Geburtenrate nach IVF**

Embryonale Triploidien (69 Chromosomen) und Trisomien (drei Chromosomen anstelle eines Chromosomenpaares), wahrscheinlich der meisten Autosomen (z. B. Trisomie 16), tragen erheblich zur niedrigen Geburtenrate nach IVF bei. Im Ausland wird mittels PID versucht, Embryonen, bei denen Trisomien vorliegen, zu erkennen und nicht zu transferieren. Auch mittels PKD können die Polkörper auf das Vorhandensein einer Disomie oder einer Nullsomie von Chromosomen hin untersucht werden. Wenn ein solcher Zustand für eine Chromosomengruppe vorliegt, hat der Embryo entweder eine Trisomie oder eine Monosomie für die entsprechenden Chromosomen. Auch Embryonen mit einer Monosomie X und solche mit einer Trisomie der Chromosomen 13, 18 und 21 werden in hohem Grade spontan abortiert. Triploidien können durch Polkörperuntersuchung nicht erkannt werden.

Obwohl PKD gegenüber PID die oben genannten Nachteile aufweist, könnte auch ein Vorteil gegenüber PID bei der Aneuploidie-Diagnostik bestehen. Nach Aneuploidie-Diagnostik des ersten und zweiten Polkörpers kann der Chromosomensatz für die untersuchten Chromosomen in der Eizelle relativ sicher festgelegt werden. Bei PID besteht immer die Möglichkeit, dass durch das Auftreten einer Nondisjunktion in den ersten postmeiotischen Zellteilungen ein Chromosomenmosaik entsteht. Wird eine Blastomere nach einer postmeiotischen Nondisjunktion untersucht, ist dieses Chromosomenergebnis in dieser einen Zelle nicht für den frühesten Embryo repräsentativ. Embryonen mit frühesten Chromosomenmosaiken haben aber durchaus Überlebenschancen, da sich einzelne Zellen mit Chromosomenstörungen nicht immer weiterentwickeln.

Zu 2.2. Kontraindikationen

Von überwiegend psychogener Fertilitätsstörung kann nur dann gesprochen werden, wenn ein Paar trotz Kinderwunsches und Aufklärung durch die Ärztin/den Arzt weiter fertilitätsschädigendes Verhalten praktiziert (z. B. Essstörung, Nikotinabusus, Genuss- und Arzneimittelmissbrauch, extremer – vor allem beruflicher – Stress) bzw. die Konzeptionschancen nicht nutzt (kein Geschlechtsverkehr an den fruchtbaren Tagen, nicht organisch bedingte sexuelle Funktionsstörung). Bei psychogener/psychisch mitbedingter Fertilitätsstörung sollte ein Psychotherapeut hinzugezogen werden. Gegebenenfalls kann auch in eine Paartherapie/Sexualtherapie/ Einzel- oder Gruppenpsychotherapie überwiesen werden.

Im Übrigen sind sämtliche medizinischen Kontraindikationen gegen eine Schwangerschaft Kontraindikationen gegen die Anwendung von Methoden assistierter Reproduktion. Hierzu können auch psychische/psychiatrische Erkrankungen von hinreichender Bedeutung sowie Alkoholabusus und Drogenabusus zählen, die vorher einer entsprechenden Therapie zugeführt werden sollten.

Zu 3.1.1. Statusrechtliche Voraussetzungen

Im Rahmen des homologen Systems bestehen zwischen einer durch natürliche Zeugung bewirkten Geburt und einer durch Methoden der assistierten Reproduktion bewirkten Geburt keine rechtlichen Unterschiede.

Als rechtlich unproblematisch erweist sich die Anwendung einer solchen Methode dann, wenn die künftigen Eltern miteinander verheiratet sind: Der Ehemann der Mutter ist leiblicher (genetischer) Vater und zugleich Vater im Rechtssinn. Die Art der Zeugung ist für das rechtliche Eltern-Kind-Verhältnis ohne Belang. Die Richtlinie knüpft deshalb die Zulässigkeit von Maßnahmen der assistierten Geburt an die Ehe der künftigen Mutter mit dem künftigen (auch genetischen) Vater.

Ist die Frau mit dem künftigen (genetischen) Vater nicht verheiratet, soll sichergestellt sein, dass das mit einer Methode der assistierten Reproduktion gezeugte Kind nicht ohne sozialen und rechtlichen Vater aufwächst. Dies ist nach Auffassung der Richtlinie grundsätzlich nur verbürgt, wenn die künftige Mutter und der künftige (genetische) Vater beiderseits nicht mit einem Dritten verheiratet sind, in einer festgefügten Partnerschaft miteinander zusammenleben und der künftige (genetische) Vater seine Vaterschaft frühestmöglich anerkennen und damit auch zum Vater des Kindes im Rechtssinn werden will.

Eine heterologe Insemination wird – auch im Hinblick auf die mit dieser Methode verbundenen rechtlichen Konsequenzen und Unwägbarkeiten – an zusätzlich enge Voraussetzungen geknüpft. Bei nicht miteinander verheirateten Paaren wird dabei einer heterologen Insemination mit besonderer Zurückhaltung zu begegnen sein; sie erklärt sich aus dem Ziel, dem so gezeugten Kind eine stabile Beziehung zu beiden Elternteilen zu sichern. Aus diesem Grund ist eine heterologe Insemination zurzeit bei Frauen ausgeschlossen, die in keiner Partnerschaft oder in einer gleichgeschlechtlichen Partnerschaft leben. In allen Fällen einer zulässigen Methode assistierter Reproduktion ist darauf zu achten, dass zwischen den Ehegatten oder Partnern eine Beziehung besteht, die sich als für die mit diesen Methoden im Einzelfall möglicherweise verbundenen medizinischen und psychologischen Probleme hinreichend tragfähig darstellt. Liegen konkrete Anhaltspunkte für medizinische, soziale oder psychische Probleme vor, durch welche eine dauerhafte und verlässliche Betreuung und Versorgung des Kindes gefährdet werden könnte, ist die Anwendung von Methoden assistierter Reproduktion von vornherein ausgeschlossen. In diesem Falle rechtfertigen der Wille und die Möglichkeit von Eltern, diesen Gefährdungen durch medizinische oder psychotherapeutische Behandlungen entgegenzuwirken, die Anwendung von Methoden assistierter Reproduktion nicht.

Zu 3.1.2. Embryonenschutzrechtliche Voraussetzungen

- **Gesetzliche Vorgaben**

Ziel einer Kinderwunschbehandlung ist es, eine Schwangerschaft und eine Geburt nach Beratung und medizinischer Behandlung zu ermöglichen. Auch im Rahmen der IVF- und/oder ICSI-Be-

22. Kapitel. Besondere ärztliche Eingriffe und Sonderprobleme § 129

handlung geht es primär um eine Einlingsschwangerschaft, da Mehrlingsschwangerschaften, insbesondere aber höhergradige Mehrlingsschwangerschaften zu einem erheblichen mütterlichen und kindlichen Risiko, darunter zur problematischen Frühgeburt führen können. Ein Ziel des Embryonenschutzgesetzes vom 13. 12. 1990 ist es, höhergradige Mehrlinge zu vermeiden, indem nicht mehr als drei Embryonen auf eine Frau übertragen werden dürfen (§ 1 Abs. 1 Nr. 3 ESchG).

Der reproduktionsmedizinische Fortschritt ermöglicht es inzwischen, Embryonen zu kultivieren, um aufgrund morphologischer Beobachtung weitgehend zwischen entwicklungsfähigen und nicht entwicklungsfähigen Embryonen zu unterscheiden. Indem nur ein Embryo auf die Frau übertragen wird (u. U. max. zwei Embryonen), lässt sich die Rate der Mehrlingsschwangerschaften deutlich senken. Der Single-Embryo-Transfer wird nicht nur in Skandinavien zum Standardverfahren. Hierdurch wird möglicherweise die Schwangerschaftsrate pro Behandlungsversuch günstiger als bisher gestaltet, und es wird die Gesundheit der Frau und des Kindes geschützt.

Daraus entsteht die Frage, ob eine Auswahl von Embryonen nach morphologischen Kriterien mit dem Embryonenschutzgesetz vom 13. 12. 1990 in Einklang zu bringen ist. In der medizinrechtlichen Debatte wird dieses Problem seit kurzem kontrovers diskutiert. Ausschlaggebend ist § 1 Abs. 1 Nr. 5 ESchG, der es verbietet, mehr Eizellen zu befruchten, als einer Frau innerhalb eines Zyklus übertragen werden sollen, sowie § 1 Abs. 1 Nr. 3 ESchG, dem zufolge auf eine Frau innerhalb eines Zyklus nicht mehr als drei Embryonen übertragen werden dürfen. Die Zusammenschau dieser beiden Bestimmungen führt zu der Schlussfolgerung, dass es gegenwärtig nicht zulässig ist, mehr als drei Eizellen zu befruchten und in einem Zyklus dann nur einen oder allenfalls zwei dieser Embryonen zu übertragen. Befruchtet man mehr Eizellen, um einen Embryo mit guten Entwicklungschancen zu wählen und nur ihn zu transferieren, ist dies mit dem Wortlaut der Norm, den historischen Vorstellungen des Gesetzgebers und dem systematischen Zusammenhang zwischen § 1 Abs. 1 Nrn. 3 und 5 ESchG nicht vereinbar. § 1 Abs. 1 Nr. 5 ESchG soll verhindern, dass überzählige Embryonen entstehen. Der Gesetzgeber hatte im Gesetzgebungsverfahren verschiedene Aspekte betont. Die Menschenwürdegarantie und der Lebensschutz für jeden Embryo nach der Vereinigung von Samen- und Eizelle, die Verhinderung einer gespaltenen Mutterschaft und der Spende von Embryonen eines anderen Paares, die Vermeidung überzähliger Embryonen, um einer späteren missbräuchlichen Verwendung vorzubeugen, die Verhinderung einer Befruchtung auf Vorrat, gleichzeitig die Vermeidung höhergradiger Mehrlingsschwangerschaften, die für die Gesundheit der Frau nachteilig sind, waren ausschlaggebend für diese Regelung. Der Gesetzgeber hat diese Gesichtspunkte vor dem Hintergrund der damaligen medizinischen Erkenntnisse gegeneinander abgewogen und – nach Auffassung maßgebender juristischer Autoren – das dem Wortlaut und Wortsinn zufolge klare Verbot normiert, mehr Eizellen zu befruchten, als in einem Zyklus übertragen werden sollen.

- **Ethische Perspektiven und rechtspolitische Schlussfolgerungen**

Aus ethischen Gründen wird in der rechtswissenschaftlichen und medizinethischen Literatur inzwischen verstärkt gefordert, das Embryonenschutzgesetz dem jetzigen Stand der reproduktionsmedizinischen Handlungsmöglichkeiten gemäß fortzuschreiben.

Medizinisches Handeln ist dem Wohl der Patienten verpflichtet und soll Schaden vermeiden. Patientinnen bzw. Paare, die ihren Kinderwunsch unter Inanspruchnahme fortpflanzungsmedizinischer Verfahren erfüllen möchten, besitzen ein Anrecht darauf, nach dem jeweils erreichten Kenntnisstand der Reproduktionsmedizin bestmöglich behandelt zu werden. Eine Prüfung der Entwicklungs- und Lebensfähigkeit von Embryonen vor der Implantation nach morphologischen Kriterien kommt dem Gesundheitsschutz der Frau zugute. Sie hat den Sinn, belastende Mehrlingsschwangerschaften zu vermeiden, die aus dem – dem geltenden Recht gemäßen – ungeprüften Transfer von bis zu drei Embryonen resultieren, und die Erfolgsrate einer Schwangerschaft nach IVF zu erhöhen. Die morphologische Beobachtung früher pränidationaler Embryonen und nachfolgender Transfer eines entwicklungsfähigen Embryos (oder u.U. einem Double-Embryo- Transfer) dient vor allem auch dem Gesundheitsschutz der Kinder, da Mehrlingsschwangerschaften insbesondere für Kinder (Frühgeborene), abgesehen von eventuellen familiären psychosozialen Problemen, schwere gesundheitliche Schäden bewirken können. Darüber hinaus vermag der Single-Embryo-Transfer die Zufügung von Schaden in der Hinsicht zu verhindern, dass die Gefahr des Fetozids, der bei höhergradigen Mehrlingsschwangerschaften droht, gebannt wird.

Die Beobachtung von Embryonen unter dem Gesichtspunkt ihrer Entwicklungs- und Lebensfähigkeit, die hinsichtlich der Zuverlässigkeit des Verfahrens fortlaufend geprüft und verbessert werden muss, stellt keine willkürliche oder gar diskriminierende Selektion dar. Die beiseite gelegten Embryonen würden sich voraussichtlich ohnehin nicht fortentwickeln. Zwar ist anzunehmen, dass – in überschaubarer, begrenzter Größenordnung – bei diesem Verfahren auch einzelne entwicklungsfähige

Embryonen erzeugt würden, die im Zuge des Single- Embryo-Transfers nicht übertragen würden, sodass sie überzählig blieben. Das Embryonenschutzgesetz nimmt jedoch schon jetzt das Vorhandensein überzähliger Embryonen hin und geht – darin ganz im Einklang mit philosophischen, theologischen und ethischen Ansätzen, die einen abwägenden Umgang mit Embryonen im frühesten Entwicklungsstadium vorschlagen – nicht vom Standpunkt des absoluten Embryonenschutzes aus. Denn das Gesetz akzeptiert, dass eine Frau den Transfer eines extrakorporalen Embryos verweigern darf (vgl. § 4 Abs. 1 Nr. 2 EschG). Aus ethischer Sicht lassen sich noch andere Argumente zugunsten des neuen Handlungsansatzes anführen. Zum Beispiel ließe sich die hohe Zahl von Eizellen, die in Deutschland im Vorkernstadium kryokonserviert aufbewahrt werden, reduzieren.

Insgesamt ist es aufgrund einer Mehrzahl unterschiedlicher Gründe, die in der neueren Literatur zur Sprache gebracht wurden, ethisch wünschenswert, dass der Gesetzgeber tätig wird und eine Klarstellung vornimmt, der zufolge die morphologische Beobachtung von Embryonen vor der Implantation mit nachfolgendem Single-Embryo-Transfer zukünftig statthaft ist.

Bereits jetzt können Umstände vorliegen, aufgrund derer ein pränidativer Embryo nicht transferiert werden kann. Das Embryonenschutzgesetz respektiert es, wenn eine Frau in den Transfer nicht einwilligt (§ 4 Abs. 1 Nr. 2 EschG). Daher sind auch in der Bundesrepublik Deutschland, im Vergleich zu anderen Ländern allerdings in sehr geringer Zahl, überzählige pränidative Embryonen kryokonserviert vorhanden. Der Gesetzgeber sollte den Umgang mit diesen befruchteten Eizellen, besonders die Dauer der Kryokonservierung oder z. B. auch die Möglichkeit sog. pränataler Adoption, im Embryonenschutzgesetz regeln.

Zu 3.2.1. Medizinische Aspekte

- **Zum Risiko von Auffälligkeiten bei Kindern nach Anwendung der ICSI-Methode**

In der deutschen „ICSI-Studie" zeigten sich vermehrt Auffälligkeiten bei Kindern, die nach Anwendung der ICSI-Methode gezeugt wurden im Vergleich zu spontan gezeugten Kindern (RR 1,44). Nach Adjustierung der Risikofaktoren (z. B. Alter der Mutter) vermindert sich das Risiko auf 1,24 (Fertil Steril 2004: 1604–6).

In weiteren Arbeiten wird diskutiert, ob die ICSI-Methode selbst die Ursache darstellt oder ob durch Hintergrundfaktoren, wie das Sterilitätsproblem des Paares, dieses Risiko erhöht ist. Insofern bedarf es einer besonderen Information, Aufklärung und Beratung des Paares zu diesem Punkt im Rahmen einer Sterilitätstherapie.

Zu 4. Fachliche, personelle und technische Voraussetzungen

Ein großer Teil der iatrogenen Mehrlingsschwangerschaften entsteht aus einer Stimulationsbehandlung ohne IVF, ICSI und Insemination. Daher besteht die dringende Notwendigkeit eines kritischen und sorgfältigen Umgangs mit der alleinigen hormonellen Stimulation. Dies gilt für jeden anwendungsberechtigten Arzt.

Zu 4.3. IVF mit ET, GIFT, ICSI, PKD

Die Mitglieder der Arbeitsgruppe vertreten die Teilbereiche Endokrinologie der Reproduktion, gynäkologische Sonographie, operative Gynäkologie, Reproduktionsbiologie mit dem Schwerpunkt der In-vitro-Kultur, Andrologie und psychosomatische Grundversorgung. Die Mitglieder der Arbeitsgruppe sind grundsätzlich an einem Ort ansässig. Für Teilbereiche können Ausnahmen gemacht werden.

Zu 5.1. Embryotransfer

Zur Zahl der zu transferierenden Embryonen in Abhängigkeit vom Alter

Generell steigt die Wahrscheinlichkeit zur Erlangung einer klinischen Schwangerschaft mit der Zahl der transferierten Embryonen. Zugleich wächst aber auch die Wahrscheinlichkeit für eine Zwillingsschwangerschaft oder höhergradige Mehrlingsschwangerschaft mit der Zahl der transferierten Embryonen. So ist die Wahrscheinlichkeit beispielsweise bei einer 30-jährigen Frau für eine Zwillings- oder Drillingsschwangerschaft erhöht, wenn ihr drei Embryonen übertragen werden, gegenüber einer 40-jährigen Frau, bei der das Zwillings- und Drillingsrisiko nicht so hoch ist. Die Wahrscheinlichkeit (DIR 2003) beim Transfer von drei Embryonen bei einer 31-jährigen Frau liegt im Falle einer Schwangerschaft bei 29 % für eine Zwillingsschwangerschaft und bei 6,3 % für eine Drillingsschwangerschaft. Bei einer 40-jährigen Frau beträgt die Wahrscheinlichkeit für eine Zwillingsschwangerschaft 13 % sowie für eine Drillingsschwangerschaft 0,7 % beim Transfer von drei Embryonen.

Es lässt sich keine eindeutige Grenze finden, bis zu welchem Alter der Frau ein Transfer von ein oder zwei Embryonen sinnvoll ist und ab wann ein Transfer von drei Embryonen risikoärmer erscheint.

22. Kapitel. Besondere ärztliche Eingriffe und Sonderprobleme § 129

Als Empfehlung sollten bei Frauen unter 38 Jahren im ersten und zweiten IVF- und/oder ICSI-Versuch nur bis zu zwei Embryonen transferiert werden.

Generell ist beim Transfer von drei Embryonen eine ausführliche Information und Aufklärung über das mögliche Risiko von höhergradigen Mehrlingen und den damit verbundenen Gefahren für Mutter und Kind notwendig.

Zu 5.2. Kryokonservierung

Eizellen im Vorkernstadium – nach Eindringen der Samenzelle, aber vor der Kernverschmelzung – überstehen die Kryokonservierung und das Auftauen besser als nicht imprägnierte Eizellen. Erst während der nach dem Auftauen erfolgenden Kultivierung *In vitro* kommt es durch Kernverschmelzung zum Abschluss der Befruchtung.

Die Kryokonservierung von Eizellen im Vorkernstadium erfolgt unter Aufsicht und fachlicher Weisung einer Ärztin/eines Arztes. Verträge über das Einfrieren von Eizellen im Vorkernstadium können befristet werden, wobei eine Mindestfrist vereinbart werden sollte. Diese Frist kann auf Verlangen des Paares auf Wunsch verlängert werden, wenn diese das dafür vereinbarte Entgelt entrichtet haben. Stirbt einer der Partner oder zieht einer der Partner seine Zustimmung zur Kryokonservierung oder Weiterkultivierung zurück, etwa nach einer Scheidung oder dauerhaften Trennung, endet der Vertrag, und die kryokonservierten Zellen sind zu verwerfen. Bei der Kryokonservierung ist der jeweilige Stand der medizinischen und technischen Wissenschaft zu berücksichtigen. Das Paar ist darauf hinzuweisen, dass die konservierten Eizellen im Vorkernstadium in ihrem Eigentum stehen.

Zu 5.3. Verwendung von heterologem Samen

Die Verwendung von heterologem Samen bedarf besonderer Regelungen, die auf die medizinischen, psychosozialen und rechtlichen Aspekte des heterologen Systems Bedacht nehmen und den damit verbundenen Gefahren nach Möglichkeit vorbeugen. Aus rechtlicher Sicht wird dabei zu fordern sein, dass der Samenspender wie auch die künftigen Eltern sich der – möglichen – rechtlichen Probleme des heterologen Systems bewusst sind und dem Kind die Chance einer künftigen Identitätsfindung nicht erschwert wird.

Die behandelnde Ärztin/der behandelnde Arzt muss sich über die möglichen rechtlichen Folgen einer heterologen Insemination für alle Beteiligten unterrichten. Unbeschadet dieser eigenverantwortlich durchzuführenden Unterrichtung wird – als Einführung in die rechtliche Problematik – angemerkt:

- **Zur Familienrechtlichen Ausgangslage**

Mutter eines Kindes ist die Frau, die es geboren hat. Vater eines Kindes ist der Mann, der mit der Mutter im Zeitpunkt der Geburt verheiratet ist, der die Vaterschaft anerkannt hat oder dessen Vaterschaft gerichtlich festgestellt worden ist. Eine gerichtliche Feststellung der Vaterschaft eines Mannes ist nicht möglich, solange die Vaterschaft eines anderen Mannes (kraft Ehe mit der Mutter im Zeitpunkt der Geburt oder kraft Anerkenntnisses) besteht.

- **Zur Anfechtung der Vaterschaft (im Rechtssinn)**

Die Vaterschaft des Mannes, der mit der Mutter im Zeitpunkt der Geburt verheiratet ist oder der seine Vaterschaft anerkannt hat, kann durch Anfechtung beseitigt werden. Die Anfechtung erfolgt durch Klage auf Feststellung, dass der Mann nicht der leibliche (genetische) Vater des Kindes ist. Anfechtungsberechtigt ist im Falle einer – mit wirksamer Einwilligung des Mannes und der künftigen Mutter durchgeführten – heterologen Insemination nur das Kind (§ 1600 Abs. 2 bis 4 BGB; für das minderjährige Kind vgl. § 1600a Abs. 4 BGB).

Die erfolgreiche Anfechtung bewirkt, dass der Mann, dessen Vaterschaft angefochten ist, auch im Rechtssinn nicht mehr Vater des Kindes ist. Damit entfallen insbesondere die wechselseitige gesetzliche Unterhalts- und Erbberechtigung. Zwar kann u. U. eine Unterhaltspflicht des Mannes gegenüber dem Kind aus der mit der Mutter getroffenen Abrede über die künstliche Insemination über die Anfechtung hinaus fortbestehen; allerdings wird mit der erfolgreichen Anfechtung der Vaterschaft durch das Kind vielfach die Geschäftsgrundlage für die Abrede mit der Mutter entfallen sein (vgl. BGH FamRZ 1995, 861 und a.a.O. 865). Außerdem eröffnet die erfolgreiche Anfechtung dem Kind die Möglichkeit, die Vaterschaft des Samenspenders gerichtlich feststellen zu lassen.

- **Zur Feststellung der Vaterschaft des Samenspenders**

Ist die Vaterschaft des Mannes, der mit der Mutter zum Zeitpunkt der Geburt verheiratet war oder der die Vaterschaft anerkannt hatte, durch Anfechtung beseitigt, kann das Kind (möglicherweise auch die Mutter, § 1600e Abs. 1 BGB) gegen den Samenspender auf Feststellung seiner Vaterschaft klagen. Dasselbe gilt, wenn von vornherein keine Vaterschaft im Rechtssinn besteht (weil die Mutter zum Zeitpunkt der Geburt nicht verheiratet ist und niemand die Vaterschaft anerkannt hat). Mit der gerichtlichen Feststellung seiner Vaterschaft wird der Samenspender zum Vater des Kindes (auch im Rechtssinn); rechtliche Unterschiede zu einem durch natürliche Zeugung begründeten Vater-Kind-Verhältnis bestehen nicht. Insbesondere werden Samenspender und Kind wechselseitig unterhalts- und erbberechtigt.

- **Zu Dokumentation und Auskunftsansprüchen**

Eine Klage des Kindes gegen den Samenspender auf Feststellung seiner Vaterschaft setzt voraus, dass das Kind den Samenspender namhaft machen kann. Das ist im Regelfall nur möglich, wenn die behandelnde Ärztin/der behandelnde Arzt Informationen über die Herkunft der für die heterologe Insemination verwandten Samenspende dokumentiert. Eine solche Dokumentationspflicht ist gesetzlich nicht normiert. Sie lässt sich aber möglicherweise aus dem Persönlichkeitsrecht des Kindes herleiten. Nach der Rechtsprechung des Bundesverfassungsgerichts umfasst das Persönlichkeitsrecht auch ein Recht des Kindes auf Kenntnis der eigenen Abstammung (vgl. etwa BVerfG FamRZ 1989, 147; FamRZ 1989, 255; FamRZ 1994, 881; FamRZ 1997, 869). Davon ist allerdings die Frage zu unterscheiden, ob, unter welchen Voraussetzungen und von wem das Kind verlangen kann, ihm die Kenntnis seiner Abstammung zu verschaffen (vgl. BVerfG Fam-RZ 1989, 255, 258; FamRZ 1994, 881, 882; FamRZ 1997, 869, 870). Diese Frage wird vom Gesetz nicht ausdrücklich beantwortet; sie erscheint derzeit auch noch nicht abschließend geklärt. Aus der in § 1618a BGB normierten wechselseitigen Pflicht zu Beistand und Rücksichtnahme wird – unter letztlich der richterlichen Rechtsfortbildung überlassenen Voraussetzungen – z.T. ein Anspruch des Kindes, jedenfalls des nichtehelichen Kindes, gegen seine Mutter auf Benennung des leiblichen Vaters hergeleitet (zur Wahrnehmung der dabei aus den Grundrechten folgenden Schutzpflicht der Gerichte vgl. BVerfG FamRZ 1997, 869). Auch und gerade in Fällen heterologer Insemination erscheint derzeit nicht verlässlich gesichert, ob, gegen wen, unter welchen Voraussetzungen und mit welchem genauen Inhalt dem so gezeugten Kind ein Anspruch auf Auskunft oder sonstige Verschaffung von Kenntnis über seine Abstammung zusteht und für das Kind einklagbar und vollstreckbar ist. Diese Unsicherheit dürfte auch für die Frage gelten, ob und ggf. welche Rechtsfolgen eintreten, wenn einem Auskunftspflichtigen eine von ihm an sich geschuldete Auskunftserteilung durch eigenes Verhalten – etwa durch unterlassene oder nicht hinreichend lange vorgehaltene Dokumentation der Herkunft der Samenspenden – unmöglich wird. (Zum Ganzen vgl. etwa MünchKomm/Seidel: BGB 4.Aufl. § 1589 RdNr. 26 ff., 40 ff.; MünchKomm/Wellenhofer-Klein: BGB 4.Aufl. § 1600 RdNr. 30; Staudinger/Rauscher: BGB 13. Bearb. § 1592 Anh. RdNr. 26; Erman/Holzhauer: BGB 11. Aufl. § 1589 RdNr. 8; jeweils mwN). Unbeschadet einer klaren gesetzlichen Regelung empfiehlt sich eine Dokumentationsdauer von mindestens 30 Jahren. (Zum Vergleich siehe § 18 Abs. 3 des Österreichischen Fortpflanzungsmedizingesetzes und Art. 26 des Schweizerischen Bundesgesetzes über die medizinisch unterstützte Fortpflanzung.)

Zu 5.4.1. Dokumentation

Im Gegensatz zu den skandinavischen Ländern und Großbritannien gibt es in Deutschland keine zentralen Melderegister, die sowohl eine Kinderwunschbehandlung als auch Schwangerschaft und Geburt in einer Datenbank dokumentieren. Insofern gibt es Ungenauigkeiten bei der Meldung von Fehlbildungen, da in der Regel nur diejenigen erfasst werden, die während der Schwangerschaft oder unmittelbar nach der Geburt dokumentiert werden. Aussagen zur perinatalen Mortalität von Geburten nach sterilitätsmedizinischer Behandlung sind lückenhaft, da es in Deutschland kein zentrales geburtshilfliches Register gibt, welches eine Kopplung mit Daten der Sterilitätsbehandlung ermöglicht.

§ 130 Heilversuch und klinisches Experiment

Inhaltsübersicht

	RdNr
I. Grundlagen	1
1. Ausgangspunkte	1
2. Standard und Experiment	4
3. Heilversuch und klinisches Experiment	5
II. Heilversuch und klinisches Experiment nach dem Arzneimittelgesetz	8
1. Unterschiedliche Rechtsregeln	8
2. Klinische Versuche am Kranken	9
3. Klinische Experimente	12
4. Kinder und Jugendliche	13
III. Standesregeln und Selbstkontrolle	14
1. Deklaration von Helsinki	14
2. Beratung	15
3. USA	16
4. Berufsordnung	17
5. Ethik-Kommission im AMG	20
6. Kernaufgaben	21
7. Diskurs	24
IV. Zur Legitimation des medizinischen Neulandschrittes	25
1. Die Grundelemente	25
2. Missbräuche	26
3. GKV	27
4. Einwilligung	28
V. Kontrollierte Studien	32
1. Randomisation	32
2. Vermittelnde Verfahren	33
3. Aufklärung	36
VI. Kontrollierte Arzneimittelprüfungen im Besonderen	37
VII. Humangewebe. Leichen	45
VIII. Versicherung, Haftung	46
1. Probandenversicherung	46
2. Haftpflicht	47
IX. Notwendig: Bedachtnahme auf die Grenzen der Fortschritte	53
Anhänge	

Schrifttum: *Baldus,* Das Zusammenwirken von Ethikkommissionen bei multizentrischen klinischen Prüfungen, MedR 2006, 202–204; *v Bar/Fischer,* Haftung bei der Planung und Förderung medizinischer Forschungsvorhaben, NJW 1980, 2734–2740; *Bender,* Heilversuch oder klinische Fügung? Annäherung an eine diffuse Grenze, MedR 2005, 511–516; *Bizer,* Forschungsfreiheit und Informationelle Selbstbestimmung, 1992; *Bock/Hofmann* (Hrsg), Arzneimittelprüfung am Menschen, 1980; *Bork,* Das Verfahren vor den Ethik-Kommissionen der medizinischen Fachbereiche, 1984; *Böse/Mölders,* Die Durchführung sog. Anwendungsbeobachtungen durch den Kassenarzt als Korruption im Geschäftsverkehr (§ 299 StGB)?, MedR 2008, 585–591; *Cloidt-Stotz,* Der Schadensausgleich für Probanden der humanmedizinischen Forschung, Rechtslage und Reformdiskussionen in den Vereinigten Staaten von Amerika und der Bundesrepublik Deutschland, 1990; *Czwalinna,* Ethik-Kommissionen, Forschungslegitimation durch Verfahren, 1987; *van den Daele/Müller-Salomon,* Die Kontrolle der Forschung am Menschen durch Ethikkommissionen, 1990; *Demol/Weihrauch,* Multinationale klinische Therapiestudien (MTS), MedKlin 92, 1997, 117–123; *Deutsch,* Medizin und Forschung vor Gericht, 1978; *ders,* Das Recht der klinischen Forschung am Menschen. Zulässigkeit und Folgen der Versuche am Menschen dargestellt im Vergleich zu dem amerikanischen Beispiel und der internationalen Regelungen, 1979; *ders,* Die Bildung von Ethikkommissionen nach § 40 AMG, VersR 1995, 121–125; *ders,* Das neue Bild der Ethikkommission, MedR 2006, 411–416; *ders,* Entstehung

§ 130 § 130 Heilversuch und klinisches Experiment

und Funktion der Ethikkommissionen in Europa, MedR 2008, 650–654; *Deutsch/Lippert,* Ethikkommission und klinische Prüfung. Vom Prüfplan zum Prüfvertrag, 1998; *Deutsch/Schreiber/Spickhoff/Taupitz* (Hrsg), Die klinische Prüfung in der Medizin. Europäische Regelungswerke auf dem Prüfstand, 2005; *Deutsch/Taupitz* (Hrsg), Forschungsfreiheit und Forschungskontrolle in der Medizin. Zur geplanten Revision der Deklaration von Helsinki, 2000, *Doppelfeld,* Regelungen für die medizinische Forschung – Harmonisierung durch den Europarat, in: FS Deutsch, 2009, 103–118; *Duttge,* Striktes Verbot der Arzneimittelprüfung an zwangsweise Untergebrachten (§ 40 I S 3 Nr 4 AMG)?, in FS Deutsch, 2009, 119–136; *Ebbinghaus/Dörner* (Hrsg), Vernichten und Heilen. Der Nürnberger Ärzteprozess und seine Folgen, 2001; *Eberbach,* Die zivilrechtliche Beurteilung der Humanforschung, 1982; *Ehling/Vogeler,* Der Probandenvertrag, MedR 2008, 273–281; *Ellermann/Jesdinsky,* Rechtliche und ethische Probleme bei klinischen Untersuchungen am Menschen, 1987; *Elzer,* Die Grundrechte Einwilligungsunfähiger in klinischen Prüfungen – ein Beitrag zum EMRÜ – Biomedizin, MedR 1998, 122–128; *Feiden* (Hrsg), Arzneimittelprüfrichtlinien. Sammlung nationaler und internationaler Richtlinien, Stand: 27. Erg-Lfg 2008 (zehn Ringordner); *Fischer,* Medizinische Versuche am Menschen. Zulässigkeitsvoraussetzungen und Rechtsfolgen, 1979; *ders,* Haftung für die Fehler von Ethik-Kommissionen nach der Änderung des AMG von 2004, in: FS Deutsch, 2009, 151–164; *Francke/Hart,* Die Leistungspflicht der gesetzlichen Krankenversicherung für Heilversuche, MedR 2006, 131–138; *Freund/Heubel,* Forschung mit einwilligungsunfähigen und beschränkt einwilligungsfähigen Personen, MedR 1997, 347–350; *Fries,* Die arzneimittelrechtliche Nutzen/Risiko-Abwägung und Pharmakovigilanz, 2009; *Fröhlich,* Forschung wider Willen? Rechtsprobleme biomedizinischer Forschung mit nichteinwilligungsfähigen Personen, 1999; *Furkel/Jung* (Hrsg), Bioethik und Menschenrecht, 1993, *Geiger,* Haftungsprivilegierungen in Forschungsverträgen, MedR 2009, 67–72; *Giesen,* Die zivilrechtliche Haftung des Arztes bei neuen Behandlungsmethoden und Experimenten, 1976; *Gödicke,* Berufsrechtliche Grundlagen für die Tätigkeit von Ethik-Kommissionen, MedR 2008, 636–640; *Habermann/Lasch/Gödicke,* Therapeutische Prüfung an Nicht-Einwilligungsfähigen im Eilfall – ethisch geboten und rechtlich zulässig?, NJW 2000, 3389–3395; *Hart,* Heilversuch, Entwicklung therapeutischer Strategien, klinische Prüfung und Humanexperiment, MedR 1994, 94–105; *ders,* Rechtliche Grenzen der „Ökonomisierung". Arzneimittel-, sozial- und haftungsrechtliche Aspekte der Pharmaökonomie, MedR 1996, 60–71; *ders,* Therapiestudien in der Onkologie, Strahlentherapie und Onkologie 172, 1996, 589–595; *ders,* Arzneimittel- und haftungsrechtliche Aspekte neuer Krebstherapien, MedR 1997, 51–58; *ders,* Nutzen und Risiko in klinischen Prüfungen von Arzneimitteln – Abwägung, Aufklärung, Verfahren, in: FS Deutsch, 2009, 197–216; *Helmchen,* Die Forschung mit nicht-einwilligungsfähigen Demenzkranken. Ein aktuelles Problem im Lichte der deutschen Geschichte, Jb Wiss und Ethik 4, 1999, S. 127–142; *Helmchen/Lauter* (Hrsg), Dürfen Ärzte mit Demenzkranken forschen?, 1995; *Helmchen/Winau* (Hrsg), Versuche mit Menschen in Medizin, Humanwissenschaft und Politik, 1986; *Herbst,* Die Widerruflichkeit der Einwilligung in die Datenverarbeitung bei medizinischer Forschung, MedR 2009, 149–152; *Hippius/Überla/Laakmann/Hasford* (Hrsg), Das Placebo-Problem, 1986; *Höfling/Demel,* Zur Forschung an Nichteinwilligungsfähigen, MedR 1999, 540–546; *Iliadon,* Forschungsfreiheit und Embryonenschutz. Eine verfassungs- und europarechtliche Untersuchung der Forschung an Embryonen, 1999; *Jung,* Die Zulässigkeit biomedizinischer Versuche am Menschen, 1996; *Kage,* Das Medizinproduktegesetz. Staatliche Risikosteuerung unter dem Einfluss europäischer Harmonisierung, 2005; *Keller,* Das Recht und die medizinische Forschung, MedR 1991, 11–17; *Kern,* Standortbestimmung: Ethikkommissionen – auf welchen Gebieten werden sie tätig? Gesetzliche Grundlagen, MedR 2008, 631–636; *Kienle,* Der sogenannte Placeboeffekt, 1995; *Kleinsorge* (Hrsg), Kontrollierte Arzneimittelstudien beim niedergelassenen Arzt, 1988; *Kleinsorge/Hirsch/Weißauer* (Hrsg), Forschung am Menschen, 1985; *Kloesel/Cyran/Feiden/Pabel,* Arzneimittelrecht, mit amtlichen Begründungen, weiteren Materialien und einschlägigen Rechtsvorschriften sowie Sammlung gerichtlicher Entscheidungen, Kommentar, Stand 108. ErgLfg 2008; *Kollhosser,* Medizinforschung und Datenschutz, FS W Henckel, 1995, 463–474; *Kollhosser/Krefft,* Rechtliche Aspekte sogenannter Pilotstudien in der medizinischen Forschung, MedR 1993, 93–97; *Krüger,* Vorenthaltung von Standardtherapien in klinischen Studien – kein gesetzgeberischer Handlungsbedarf? Inkonsistenzen des nationalen, europäischen und internationalen Regelungssystems, MedR 2009, 33–38; *Laufs,* Rechtliche Grenzen der Fortpflanzungsmedizin, 1987; *ders,* Die neue europäische Richtlinie zur Arzneimittelprüfung und das deutsche Recht, MedR 2004, 583–593; *Lilje,* Klinische ‚ethics consultation' in den USA. Hintergründe, Denkstile und Praxis, 1995; *Lipp,* Medizinische Forschung am Menschen: Legitimation und Probandenschutz, in: FS Deutsch, 2009, 343–358; *Lippert,* Die zustimmende Bewertung einer Ethikkommission bei der klinischen Prüfung von Arzneimitteln nach dem novellierten Arzneimittelgesetz und der GCP-Ver-

22. Kapitel. Besondere ärztliche Eingriffe und Sonderprobleme § 130

ordnung, FS Laufs, 2006, 973–987; *Magnus,* Medizinische Forschung an Kindern. Rechtliche, ethische und rechtsvergleichende Aspekte der Arzneimittelforschung an Kindern, 2006; *Michael,* Forschung an Minderjährigen. Verfassungsrechtliche Grenzen, 2004; *Picker,* Menschenrettung durch Menschennutzung?, JZ 2000, 693–705; *Plagemann,* Der Wirksamkeitsnachweis nach dem Arzneimittelgesetz von 1976, 1979; *Pöttgen,* Medizinische Forschung und Datenschutz, 2009; *Pramann,* Publikationsklauseln in Forschungsverträgen und Forschungsprotokollen klinischer Studien, 2007; Projektträgerschaft Forschung im Dienste der Gesundheit in der Deutschen Forschungsanstalt für Luft- und Raumfahrt e V (Hrsg), Klinische Studien in der Psychiatrie, 1990; *Rittner/Schaper/Wessler,* Zur Kritik der Obliegenheitspflichten des Versicherten bei Gefährdungshaftung nach dem Arzneimittelgesetz, Versicherungsmedizin 1996, 21–23; *Rittner/Kratz/Walter-Sack,* Zur Angemessenheit des Probandenschutzes nach § 40 Abs 1 Nr 8 AMG, VersR 2000, 688–694; *Rössler,* Ethische Aspekte der klinischen Arzneimittelprüfung, in: *Dölle/Müller-Oerlinghausen/Schwabe* (Hrsg), Grundlagen der Arzneimitteltherapie, 1986, 58–66; *ders,* Die Ethik-Kommissionen in den USA heute (Institutional Review Board, IRB), MedR 1998, 358–359; *Roßnagel/Hornung,* Forschung à la Card? Grenzen und Vorschläge für eine Nutzung der elektronischen Gesundheitskarte zur medizinischen Forschung, MedR 2008, 538–543; *Sander,* Arzneimittelrecht, Entscheidungssammlung zum Arzneimittelrecht einschließlich EuGH, Kommentar, Stand 21. Erg-Lfg 2008; *Schlacke,* Die Pflicht zur Anrufung von Ethik-Kommissionen bei multizentrischen Arzneimittelprüfungen nach der 8. AMG-Novelle, MedR 1999, 551–554; *Scholz/Stoll,* Bedarfsprüfung und Wirksamkeitskontrolle durch Ethik-Kommissionen?, MedR 1990, 58–62; *Schorn/Baumann,* Medizinprodukte-Recht, Recht, Materialien, Kommentar, Stand: 22. Erg-Lfg 2007; *Schwarz,* Leitfaden Klinische Prüfung. Planung, Organisation, Durchführung, Dokumentation und Überwachung, 1995; *Seyberth,* Arzneimittelsicherheit in der Pädiatrie verbessern, DÄBl 2000, A 1877–1880; *Sickmüller* (Hrsg), Klinische Arzneimittelprüfungen in der EU, 4. Aufl 1998; *Spickhoff,* Forschung an nicht-einwilligungsfähigen Notfallpatienten, MedR 2006, 707–715; *Spranger,* Fremdnützige Forschung an Einwilligungsunfähigen, Bioethik und klinische Arzneimittelprüfung, MedR 2001, 238–247; *Sprecher,* Medizinische Forschung mit Kindern und Jugendlichen nach schweizerischem, deutschem, europäischem und internationalem Recht, 2007; *Stamer,* Die Ethik-Kommissionen in Baden-Württemberg: Verfassung und Verfahren, 1998; *Stegemann-Boehl,* Fehlverhalten von Forschern. Eine Untersuchung am Beispiel der biomedizinischen Forschung im Rechtsvergleich USA–Deutschland, 1994; *Steinbeck,* Was ist ein Arzneimittel?, MedR 2009, 145–149; *Stock,* Der Probandenschutz bei der medizinischen Forschung am Menschen, 1998; *Sträter,* Zur Mitwirkung lokaler Ethikkommissionen an multizentrischen Studien, PharmR 1997, 337–342; *Tamm,* DAMA: Wertschöpfung auf Kosten der Patientensicherheit?, ZRP 2007, 123–126; *Taupitz,* Die Neufassung der Deklaration von Helsinki des Weltärztebundes vom Oktober 2000, MedR 2001, 277–286; *ders* (Hrsg), Die Bedeutung der Philosophie für die Rechtswissenschaft – dargestellt am Beispiel der Menschenrechtskonvention zur Biomedizin, 2001; *ders,* Biomedizinische Forschung zwischen Freiheit und Verantwortung. Der Entwurf eines Zusatzprotokolls über biomedizinische Forschung zum Menschenrechtsübereinkommen zur Biomedizin des Europarates, 2002; *Taupitz/Fröhlich,* Medizinische Forschung mit nichteinwilligungsfähigen Personen, Stellungnahme der Zentralen Ethikkommission, VersR 1997, 911–917; *Taupitz/Rösch,* Zustimmendes Votum einer Ethikkommission nach Ablehnung der AMG-Studie durch eine andere Ethikkommission?, in: FS Deutsch, 2009, 647–662; *Toellner* (Hrsg), Die Ethik-Kommission in der Medizin. Problemgeschichte, Aufgabenstellung, Arbeitsweise, Rechtsstellung und Organisationsformen Medizinischer Ethik-Kommissionen, 1990; *Van der Sanden,* Haftung medizinischer Ethik-Kommissionen bei klinischer Arzneimittelprüfung, 2008; *Victor,* Prüfung der wissenschaftlichen Qualität und biometriespezifischer Anforderungen durch die Ethikkommissionen?, MedR 1999, 408–412; *Wachenhausen,* Medizinische Versuche und klinische Prüfung an Einwilligungsunfähigen, 2001; *Wagner* (Hrsg), Arzneimittel und Verantwortung. Grundlagen und Methoden der Pharmaethik, 1993; *Walter-Sack,* Aufgaben und Arbeitsweise einer Ethikkommission nach der Änderung der Berufsordnung der Ärzte in Baden-Württemberg und Inkrafttreten des Medizinproduktegesetzes sowie der 5. Novelle des Arzneimittelgesetzes, MedR 1997, 301–304; *dies,* Regularien der klinischen Prüfung – Innovationshemmer oder ethische Notwendigkeit? Die Problematik aus der Sicht der Klinischen Pharmakologie, MedR 1997, 504–507; *dies,* „Zuständigkeit" medizinischer Ethikkommissionen – (wünschenswerte?) Ausweitung durch Satzungsrecht, dargestellt anhand der Regelungen für die Ethikkommission an der Universität Heidelberg und bei der Landesärztekammer Baden-Württemberg, MedR 1999, 357–360; *Walter-Sack/Haefeli,* Qualitätssicherung der pädiatrischen Arzneimittel-Therapie durch klinische Studien – ethische und rechtliche Rahmenbedingungen unter Berücksichtigung der spezifischen Bedürfnisse von Kindern, MedR 2000, 454–463; *Wenckstern,* Die Haftung bei der Arzneimittelprüfung und die Probandenversicherung. Haftungsersetzung durch Versicherungsschutz, 1999; *Wiesing/Simon/v Engelhardt* (Hrsg), Ethik in der medizinischen Forschung, 2000; *Wilkening,* Der Hamburger Sonderweg im System der öffentlich-rechtlichen Ethik-Kommissionen Deutschlands, 2000; *zum Winkel/Doerr/Herrmann/Kern/Laufs* (Hrsg), Randomisation und Aufklärung bei klinischen Studien in der Onkologie, 1984.

I. Grundlagen

1 Ausgangspunkte. Humanmedizinische Forschung tut not und ebenso juristisches Besinnen auf ihre rechtlichen Grenzen. Ärzte und Juristen können dabei aus nordamerikanischen Erfahrungen lernen. In Deutschland belasten das Humanexperiment die Untaten der nationalsozialistischen Rechtsperversion, die das Nürnberger Tribunal im Medizinerprozess ahndete. Die **Missbräuche der Zeitgeschichte** stehen als Mahnzeichen vor uns.[1]

Das vielfach besprochene und durch **zahlreiche juristische Monographien** abgehandelte Thema kann noch immer nicht in allen seinen Zügen als geklärt gelten, zumal die ihm gewidmeten besonderen Rechtsvorschriften nur Teilbereiche regeln. Ein dichtes Regelwerk gilt für die **Arzneimittelforschung.** Zu den systematischen Versuchen und Erprobungen am Menschen, deren Ziel es ist oder zu deren Zielen es gehört, das medizinische Wissen zu mehren, zählt auch die humanmedizinische Arzneimittelprüfung, die **klinische Prüfung bei Menschen,**[2] nämlich „jede am Menschen durchgeführte Untersuchung, die dazu bestimmt ist, klinische oder pharmakologische Wirkungen von Arzneimitteln zu erforschen oder nachzuweisen oder Nebenwirkungen festzustellen oder die Resorption, die Verteilung, den Stoffwechsel oder die Ausscheidung zu untersuchen, mit dem Ziel, sich von der Unbedenklichkeit oder Wirksamkeit zu überzeugen".[3] Im Mittelpunkt stehen die §§ 40, 41, 42 und 42a des AMG,[4] hinzu kommen die nach § 26 AMG durch das Bundesministerium „nach Anhörung von Sachverständigen aus der medizinischen und pharmazeutischen Wissenschaft durch Rechtsverordnung mit Zustimmung des Bundesrates" erlassenen Arzneimittelprüfrichtlinien, die Vorgaben der EWG folgen.[5] Die Arzneimittelprüfrichtlinien enthalten die Anforderungen an die Unterlagen über die analytische, pharmakologisch-toxikologische sowie klinische Prüfung und richten sich an die Zulassungs- und Überwachungsbehörden, die sie binden. Sie wirken so auf die Forscher zurück, die ihre Anträge entsprechend einzurichten haben. Hinzu kommt die „Verordnung über die Anwendung der Guten Klinischen Praxis bei der Durchführung von klinischen Prüfungen mit Arzneimitteln zur Anwendung am Menschen **(GCP-Verordnung)** mit wichtigen Begriffsbestimmungen.[6] Eine Vielzahl weiterer nationaler und

---

[1] Vgl dazu *Ebbinghaus/Dörner* (Hrsg), Vernichten und Heilen. Der Nürnberger Ärzteprozess und seine Folgen, 2001, ferner die einschlägigen Beiträge in dem gleichfalls gehaltvollen Sammelband von *Tröhler* u *Reiter-Theil* (Hrsg), Ethik und Medizin: 1947–1997. Was leistet die Kodifizierung von Ethik, 1997, 75 ff (*Rothman, Kanovitch, Deutsch, Arnold/Sprumeul*). *Süß,* Der ‚Volkskörper' im Krieg. Gesundheitspolitik, Gesundheitsverhältnisse und Krankenmord im nationalsozialistischen Deutschland 1939–1945, 2003. Siehe auch *Helmchen,* Jb f Wiss und Ethik 4, 1999, 127 ff.

[2] Aus der reichhaltigen Literatur: *Bernat/Kröll* (Hrsg), Recht und Ethik der Arzneimittelforschung, 2003; *Hägele,* Arzneimittelprüfung am Menschen. Ein strafrechtlicher Vergleich aus deutscher, österreichischer, schweizerischer und internationaler Sicht, 2004; *Pfeffer,* Therapieoptimierungsstudien und klinische Prüfungen von Arzneimitteln in der Onkologie, 2003; *Deutsch/Spickhoff,* Medizinrecht, 6. Aufl 2008, 745–780; *Schott,* Menschenversuche: Ethische Probleme im Spiegel der Medizingeschichte, Scheidewege 33, 2003/2004, 87–107.

[3] § 4 Abs 23 AMG. „Dieser Satz gilt nicht für eine Untersuchung, die eine nichtinterventionelle Prüfung ist." Vgl auch die Grundsätze für die ordnungsgemäße Durchführung der klinischen Prüfung von Arzneimitteln v 9. 12. 1987 (BAnz, 16617), 1.2.

[4] Gesetz über den Verkehr mit Arzneimitteln v 24. 8. 1976 idF der Bekanntmachung v 12. 12. 2005 (BGBl I, 3394), zuletzt geändert durch G v 23. 11. 2007, BGBl I, 2614, bei *Thürk* 431-7.

[5] *Deutsch/Spickhoff,* Medizinrecht, RdNr 1309, 752 f.

[6] Vom 9. 8. 2004, BGBl I, 2081, geändert durch VO v 15. 3. 2006, BGBl I, 542, bei *Thürk,* 431-7-38. Die AMG Verwaltungsvorschrift: Bundesanzeiger 2006, 2287.

22. Kapitel. Besondere ärztliche Eingriffe und Sonderprobleme

internationaler Richt- oder Leitlinien widmet sich einer Fülle von Einzelfragen.[7] Herausragenden Rang haben die „Recommendations guiding physicians in biomedical research involving human subjects" des Weltärztebundes, eine Deklaration, die zuerst in Helsinki 1964 erschien, ergänzt in Tokio (1975), Venedig (1983), Hong Kong (1989), Somerset West (Südafrika, 1996) und zuletzt in Edinburgh (2000).[8] Die Deklaration des Weltärztebundes hat mit ihren Maximen weltweit anerkannte berufsethische und daraus abgeleitete rechtliche Maßstäbe gesetzt. Von der Bundesrepublik Deutschland noch nicht unterzeichnet und parlamentarisch ratifiziert ist die mit ihren Forschungsartikeln umstrittene Menschenrechtskonvention des Europarates zur Biomedizin.[9]

Die wichtigste **Novelle zum AMG** ist die zwölfte vom 30. 7. 2004,[10] welche die Richtlinie 2001/20/EG des Europäischen Parlaments und des Rates vom 4. 4. 2001[11] umsetzte. Das Artikelgesetz ändert das AMG an vielen Stellen, teilweise tiefgreifend. Dessen sechsten Abschnitt zum „Schutz des Menschen bei der klinischen Prüfung" (§§ 40–42 aF) erfuhr eine Neufassung, die im Wesentlichen, aber nicht durchweg, der europäischen Richtlinie folgt und dabei den bisherigen Gesetzestext erheblich erweitert, ohne das überkommene System zu sprengen, wenngleich die Trennung von Heilversuch und Experiment weniger deutlich erscheint. Wie der alte § 40 gilt auch der neue den „Allgemeinen Voraussetzungen der klinischen Prüfung" und § 41 nach wie vor den „Besonderen Voraussetzungen der klinischen Prüfung". Gänzlich veränderten Inhalt erhielt § 42, der nun die Überschrift trägt: „Verfahren bei der Ethik-Kommission. Genehmigungsverfahren bei der Bundesbehörde." Hinzu tritt der neue § 42a, der „Rücknahme, Widerruf und Ruhen der Genehmigung" regelt. Trotz ihrer Länge lässt die Novelle Lücken. So bleibt die in der Praxis drängende und wohl wichtigste Frage nach der Zulässigkeit und den Grenzen der kontrollierten, randomisierten Studie mit Einwilligungsunfähigen ohne eindeutigen Bescheid.

Das klinische Prüfrecht gehört wie das Zulassungs- und das Pharmakovigilanzrecht zum **Arzneimittelsicherheitsrecht,** das allgemein die Sicherheit des Arzneimittelmodells gewährleistet, während das Arzthaftungsrecht konkret die Sicherheit der individuellen Behandlung mit dem Präparat gewährleistet.[12]

Die verfassungsrechtlichen Schlüsselfragen gewinnen ihre Qualität dadurch, dass Art 5 Abs 3 GG die Freiheit von Wissenschaft und Forschung vorbehaltlos garantiert. Die in diesem formell schrankenfreien Grundrecht enthaltene Wertentscheidung beruht auf dem hohen Rang, der einer freien Wissenschaft zukommt sowohl unter dem Gesichtspunkt der individuellen Freiheit des einzelnen Forschers als auch im Blick auf das gesamtgesellschaftliche Interesse an weiteren medizinischen Fortschritten. Dennoch gilt die im Verfassungstext als schrankenfreies Grundrecht ausgewiesene Forschungsfreiheit nicht absolut. Vielmehr begrenzen sie verfassungsimmanent andere Grundrechte. Weil Konflikte mit anderen verfassungsrechtlich geschützten Werte wie dem Leben, der körperlichen Unversehrtheit, auch der Würde des Menschen eintreten können, sind solche Kollisionen „nach Maßgabe der grundgesetzlichen Wertordnung und unter Berücksichtigung der Einheit dieses grundlegenden Wertsystems durch Verfassungsauslegung zu lösen."[13] Die Freiheit

---

[7] Vgl die acht Ordner der Sammlung von *Feiden,* Arzneimittelprüfrichtlinien. Dort auch ICH (ed), Harmonised Tripartite Guideline for Good Clinical Practice (2.213).

[8] Dazu die Hinweise von *Lippert,* in: Ratzel/Lippert, Kommentar zur Musterberufsordnung der deutschen Ärzte, 4. Aufl 2006, § 15 RdNr 23 f.

[9] *Eser* (Hrsg), Biomedizin und Menschenrechte. Die Menschenrechtskonvention des Europarates zur Biomedizin. Dokumentation und Kommentare. Zu der Konvention ua *Kern* MedR 1998, 485; *Laufs* NJW 1997, 776; *Taupitz* VersR 1998, 542.

[10] BGBl I, 2031.

[11] *Laufs* MedR 2004, 586 ff.

[12] *Hart* MedR 2003, 603–609, 603; vgl auch *Koyuncu,* Das Haftungsdreieck Pharmaunternehmen – Arzt – Patient, 204.

[13] *Keller* MedR 1991, 11, 12, nach BVerfGE 30, 173, 193 (für die Kunstfreiheit).

medizinischer Forschung findet also dort ihre Schranken, wo sie Grundrechte anderer verletzte. Damit unterliegt selbst die Forschungsfreiheit – wenn auch ungeschrieben und nur durch Auslegung zu ermitteln – einem Verfassungsvorbehalt: Gleichrangige oder höherrangige Verfassungswerte ziehen die Grenze des Freiheitsrechts für den Wissenschaftler und Forscher.

Die mannigfaltigen, mehr oder weniger öffentlich legitimierten **Empfehlungen und Richtlinien** können für den Prüfarzt bindende Kraft gewinnen über die Berufsordnung, die sie ausfüllen,[14] oder als Elemente der verkehrserforderlichen Sorgfalt.[15] So erwünscht, hilfreich, ja oft unentbehrlich Richtlinien öffentlich-rechtlich nicht legitimierter Sachverständigenkonferenzen und fachlich ausgewiesener Konsens-Kommissionen auch erscheinen, sie stoßen auf das Bedenken, dass sie in Konkurrenz zum staatlichen Gesetzgeber geraten können. In der Humanforschung stehen höchste Lebensgüter und Rechte auf dem Spiel. Hier muss in Konflikt- und Zweifelsfällen die **Rechtsfortbildung** in der Hand des Gesetzgebers und der Gerichte bleiben. Dort hat sie sich auch durchaus bewährt.

Den Normen des AMG nachgebildet hat der Gesetzgeber die Vorschriften zur klinischen Prüfung von Medizinprodukten bei Menschen in den §§ 20, 21, 22, 23 des MPG.[16] Die klinische Prüfung soll den Nachweis erbringen, dass das Medizinprodukt die von dessen Hersteller vorgegebenen Leistungen bei normalen Einsatzbedingungen erreichen kann; sie soll ferner unerwünschte Nebenwirkungen ermitteln und deren Risiko klären.[17] Seit gut zweieinhalb Jahrzehnten eingeführt ist die Strahlenschutzverordnung mit ihren Vorschriften zur Anwendung radioaktiver Stoffe oder ionisierender Strahlen am Menschen in der medizinischen Forschung.[18]

Die Notwendigkeit des planmäßigen Schrittes in medizinisches Neuland liegt deutlich zutage: Wer die Möglichkeiten der ärztlichen Kunst erweitern und ihr eine größere Sicherheit geben will, wird die Wirksamkeit neuer Methoden wie auch deren Nachteile durch vergleichende biostatistische Verfahren zu erfassen suchen. Dabei geht es regelmäßig nicht um strenge wissenschaftliche Beweise wie bei den Experimenten der Chemiker oder Physiker. Die experimentellen Studien in der Medizin als eine angewandte Naturwissenschaft, die es je und je mit unterschiedlichen Individuen zu tun hat, wollen vielmehr mutmaßliche Zusammenhänge in objektiven Verfahren mit möglichst hoher Wahrscheinlichkeit bestätigen oder widerlegen. Außer der planmäßig angelegten Versuchsreihe kann auch ein Einzelschritt, etwa ein bisher unbekannter oder ungebräuchlicher chirurgischer Eingriff, Neuland erschließen oder sich als Irrweg herausstellen, ohne dass es dafür statistischen Aufwandes bedürfte.

---

[14] § 2, § 15 MBO-Ä.
[15] § 276 BSB.
[16] Gesetz über Medizinprodukte v 2. 8. 1994, BGBl I, 1963, zuletzt geändert durch G v 14. 6. 2007, BGBl I, 1066. Zum Begriff der Medizinprodukte *Kage*, Das Medizinproduktegesetz, 39 ff.
[17] Vgl die weiteren Angaben bei *Schorn/Baumann*, Medizinprodukte-Recht. – Zur CE-Kennzeichnung (notwendige Zertifizierung im Konformitätsbewertungsverfahren) *Deutsch/Spickhoff*, Medizinrecht, RdNr 1631 ff, S 924 ff.
[18] Die VO über den Schutz vor Schäden durch ionisierende Strahlen v 20. 7. 2001 (BGBl I, 1714/ 2002/1459), zuletzt geändert durch Art 3 § 15 Nr 1 und 2 des Gesetzes v 13. 12. 2007, BGBl I, 2930 Strahlenschutzverordnung – StrlschV) zieht dem Einsatz radioaktiver Stoffe in der medizinischen Forschung die gebotenen Grenzen (§§ 23, 24) und macht den Umgang mit radioaktiven Stoffen genehmigungspflichtig. Keiner besonderen behördlichen Genehmigung bedürfen allein solche diagnostische Maßnahmen, die in jedem Einzelfall und ohne Rücksicht auf die klinische Studie voll indiziert sind (vgl § 80 Abs 1 StrlschV, 2: „Die rechtfertigende Indikation erfordert die Feststellung, dass der gesundheitliche Nutzen einer Anwendung am Menschen gegenüber dem Strahlenrisiko überwiegt."). – Normative Vorgaben für die humanmedizinische Forschung enthielt im Hinblick auf die Sicherheit medizinisch-technischer Geräte ferner die MedizingeräteVO v 14. 1. 1985 (BGBl I, 93), die im Zuge der Überarbeitung des MPG 2001 ersatzlos aufgehalten wurde.

22. Kapitel. Besondere ärztliche Eingriffe und Sonderprobleme 3–5 § 130

Wer sich anschickt, eingeführte und anerkannte Regeln zu übertreffen, steht in **gesteigerter Verantwortlichkeit**. Der ärztliche Pionier benötigt ein wachsames Gewissen. Der Vorstoß in medizinisches Neuland verlangt den mutigen Gewissensentschluss. Die Begrenzung des technisch Möglichen auf das dem Menschen Gemäße erfordert gleichfalls das Gewissensbedenken. Die Forderungen nach einem gleichermaßen wissenschaftlich wie sittlich hochqualifizierten Berufsstand bilden nicht nur für das Feld der Neulandmedizin eine unverbrüchliche Einheit.[19] „Die Anwendung neuer Behandlungsmethoden ... unterscheidet sich von herkömmlichen, bereits zum medizinischen Standard gehörenden Therapien vor allem dadurch, dass in besonderem Maße mit bisher **unbekannten Risiken und Nebenwirkungen** zu rechnen ist. Deshalb erfordert die verantwortungsvolle medizinische Abwägung einen – im Verhältnis zur standardgemäßen Behandlung – besonders **sorgfältigen Vergleich** zwischen den zu erwartenden Vorteilen und ihren abzusehenden oder zu vermutenden Nachteilen unter besonderer Berücksichtigung des Wohles der Patienten."[20] Besorgniserregende **Missbräuche** bei Arzneimitteltests[21] gebieten Vorsicht. Die gesetzlichen Vorschriften, die Leit- und Richtlinien dienen zuvörderst dem Schutz von Patienten und Probanden und verlangen sorgfältigste Beachtung. Der Grundsatz **„im Zweifel für die Forschung"** ist[22] dem Beratungsverfahren der Ethik-Kommissionen **nicht angemessen**. Die verantwortlichen **Ärzte haben ihr Feld zu behaupten:** Der Leiter der klinischen Prüfung darf sich seine fachliche Zuständigkeit nicht durch den pharmazeutischen Unternehmer einengen oder gar abnehmen lassen. Schon die erste Aufklärung des Probanden bei der Rekrutierung ist Aufgabe des Arztes, nicht eines Call-Centers.[23] Selbständige Forschungsvorhaben durch **Pflegeberufe** dürfen nur auf dem Feld nichtärztlicher Grund- und Funktionspflege stattfinden.[24]

2. Standard und Experiment. Der experimentelle Eingriff unterscheidet sich vom gewöhnlichen nicht durch die Ungewissheit des Ausgangs. Die Medizin gebraucht zahlreiche eingeführte Therapien mit zweifelhaftem Erfolg. Das Experiment überschreitet den Standard. Wer experimentiert, begibt sich auf **empirisch-wissenschaftliches Neuland**. Die Grenze ist also nicht zwischen sicheren und unsicheren diagnostischen oder therapeutischen Methoden zu ziehen, sondern zwischen anerkannten einerseits und noch in der Entwicklung oder Erprobung befindlichen andererseits. „Das Gegensatzpaar heißt nicht Versuch und Erfolg, sondern Versuchsbehandlung und Standardbehandlung."[25]

3. Heilversuch und klinisches Experiment. Beide bestimmen die medizinische Forschung. Eine wesentliche Distinktion trennt diese beiden Grundtypen. Bereits die „Richtlinien für neuartige Heilbehandlung und für die Vornahme wissenschaftlicher Versuche am Menschen", erlassen vom Reichsministerium des Innern 1931,[26] kannten diesen Unterschied. Sie verstanden unter der neuartigen Heilbehandlung, dem Heilversuch, „Eingriffe und Behandlungsweisen am Menschen ..., die der Heilbehandlung dienen, also in einem bestimmten einzelnen Behandlungsfall zur Erkennung, Heilung oder Verhütung einer Krankheit oder eines Leidens oder zur Beseitigung eines körperlichen Mangels vorgenom-

---

[19] Vortrefflich *Deneke*, Ärztliche Ethik in standespolitischer Sicht, in: *Gross/Hilger/Kaufmann/Scheurlen* (Hrsg), Ärztliche Ethik, 1978, 69 ff.
[20] BGH MedR 2007, 653, 655; dazu *Hart* MedR 2007, 631 u FS Deutsch, 2009, 197 ff: „Nutzen und Risiko in klinischen Prüfungen von Arzneimitteln – Abwägung, Aufklärung, Verfahren." Vgl ferner *Fries*, Die arzneimittelrechtliche Nutzen-Risiko-Abwägung und Pharmakovigilanz, 2009.
[21] *Johansen/Gotzsche*, The Journal of the American Medical Association (JAMA) 1999, 1752 ff; *Rennie*, ebda, 1766 ff.
[22] Entgegen *Deutsch* VersR 1999, 1 ff, 5.
[23] § 40 Abs 2 und 2a AMG. Es darf bei der ersten Kontaktaufnahme mit einem nichtärztlichen Helfer nicht zur Preisgabe von Daten kommen, die der ärztlichen Schweigepflicht unterliegen.
[24] *Taupitz/Fröhlich* MedR 1998, 257 ff.
[25] *Deutsch*, Medizin und Forschung vor Gericht, 1978, 42.
[26] DMW 1931, 509. Zur „Annäherung an eine diffuse Grenze" *Bender* MedR 2005, 511–516.

men werden, obwohl ihre Auswirkungen und Folgen auf Grund der bisherigen Erfahrungen noch nicht ausreichend zu übersehen sind". Unter wissenschaftlichen Versuchen, klinischen Experimenten, verstanden die Richtlinien „Eingriffe und Behandlungsweisen am Menschen ..., die zu Forschungszwecken vorgenommen werden, ohne der Heilbehandlung im einzelnen Falle zu dienen, und deren Auswirkungen und Folgen aufgrund der bisherigen Erfahrungen noch nicht ausreichend zu übersehen sind".

6 Ähnlich hat der BGH unterschieden in einem Fall, bei dem es um versuchsweise **Thorotrastinjektionen** ging, die ein Lazarettarzt während des Krieges bei einem granatsplitterverwundeten Soldaten wegen eines Aneurysmas durchgeführt hatte.[27] Die Arteriographie der Beinschlagader mit dem radioaktiven Kontrastmittel sollte die Operation vorbereiten. Die Thorotrastinjektionen führten beim Kläger zu einer Leberzirrhose und im weiteren Verlauf auch zu Kosten, welche die Versorgungsbehörde nicht trug. Das Gericht sprach dem klagenden Verletzten den Ersatz jener Kosten unter dem Gesichtspunkt der Aufopferungsentschädigung zu, weil der Verwundete als **Versuchsobjekt** ein über seine Kriegsverwundung hinausgehendes Sonderopfer gebracht habe. Denn der Arzt hatte das Kontrastmittel nicht gegeben wegen dessen besonderer Vorzüge im Blick auf die Heilung des Klägers. „Vielmehr war es der Forschungszweck, der bei der Behandlung des Klägers gerade mit Thorotrast im Vordergrund stand und ihr das entscheidende Gepräge gab. Dieser Sachverhalt ist rechtlich anders zu beurteilen als die Fälle, in denen bei einem erkrankten oder verwundeten Soldaten ein in seinen Auswirkungen noch nicht voll ausprobiertes Mittel zur Anwendung gekommen ist, das damit verbundene Risiko aber mangels anderer erfolgversprechender Mittel im Interesse der andernfalls voraussichtlich überhaupt nicht oder nicht so gründlich zu erzielenden Heilung in Kauf genommen werden musste." Die Behandlungsmethode war „nicht entscheidend im Blick auf die Heilung des Kranken, sondern entscheidend im Blick auf die damit verbundenen Forschungszwecke erfolgt".

7 Dem **Heilversuch** gibt also die in einem konkreten Krankheitsfall ins Werk gesetzte **therapeutische Absicht** das Gepräge, auch wenn Erkenntnisstreben mit im Spiel ist. Beim **klinischen Experiment** hingegen steht das **wissenschaftliche** oder allgemein medizinische **Interesse** im Vordergrund des Bemühens. Beide Felder umfassen ihrerseits wiederum verschiedene Fallgruppen, die sich auch teilweise überschneiden. Der Konflikt zwischen dem Interesse des Individuums an bestmöglicher Behandlung und dem der Allgemeinheit an den erhofften Fortschritten der Wissenschaft liegt nicht stets offen zu Tage. Mitunter erschließt er sich nur geschärftem Blick. Wo er sich zeigt, fordert er zum Schutz des einzelnen Menschen heraus.

II. Heilversuch und klinisches Experiment nach dem Arzneimittelgesetz

8 **1. Unterschiedliche Rechtsregeln.** Heilversuch und klinisches Experiment unterliegen **verschiedenen** Rechtsregeln, vornehmlich was die Zulässigkeit betrifft. Diesem Prinzip folgen, freilich seit der im Zeichen der Europäisierung stehenden Reform 2004 abgeschwächt, die Regeln des Arzneimittelgesetzes zum Schutz des Menschen bei der klinischen Prüfung.[28] Die „klinische Prüfung bei einer volljährigen Person, die an einer

---

[27] BGHZ 20, 61 = NJW 1956, 629f (zum Verhältnis von Wehrdienstbeschädigung und „Aufopferung").

[28] §§ 40 und 41. Vgl dazu Kommentar v *Kloesel/Cyran/Feiden/Pabel,* der auch die wichtigen Gesetzesmaterialien bietet, ferner das Sammelwerk von *Dölle/Müller-Oerlinghausen/Schwabe* (Hrsg), Grundlagen der Arzneimitteltherapie, 1986. Zum Arzneimittel-Begriff *Steinbeck,* MedR 2009, 145ff. Vgl *Stock,* Der Probandenschutz bei der medizinischen Forschung am Menschen, 1998; zu Legitimation der Forschung und Probandenschutz nach differenzierenden und in sich stimmigen Regelungen *Lipp,* FS Deutsch, 343ff. Siehe ferner *Elig/Vogeler,* Zum Probandenvertrag, MedR 2008, 273ff; *Deutsch/Spickhoff* MedR RdNr 1331ff (Erfordernisse therapeutischer Versuche). – Zur Neufassung der Deklaration von Helsinki des Weltärztebundes vom Oktober 2000 *Taupitz* MedR 2001, 285: „Die zentrale (wenn auch auf einem Kontinuum zwischen individuellem Wohl und Gemeinwohl anzusiedelnde und damit nicht trennscharf mögliche) Unterscheidung zwischen therapeutischer und

22. Kapitel. Besondere ärztliche Eingriffe und Sonderprobleme 9–11 § 130

Krankheit leidet, zu deren Behebung das zu prüfende Arzneimittel angewendet werden soll", unterliegt besonderen Voraussetzungen. Der verantwortliche Arzt[29] darf sie nach § 41 AMG nur durchführen, wenn die Anwendung des zu prüfenden Arzneimittels nach den Erkenntnissen der medizinischen Wissenschaft angezeigt ist, um das Leben des Kranken zu retten, seine Gesundheit wiederherzustellen oder sein Leiden zu erleichtern. Außerdem muss die Anwendung des zu prüfenden Arzneimittels „für die Gruppe der Patienten, die an der gleichen Krankheit leiden wie diese Person, mit einem direkten Nutzen verbunden sein". Im Unterschied zum klinischen Experiment mit Probanden darf der therapeutische Versuch auch stattfinden „bei einer volljährigen Person, die nicht in der Lage ist, Wesen, Bedeutung und Tragweite der klinischen Prüfung zu erkennen und ihren Willen hiernach auszurichten und die an einer Krankenheit leidet, zu deren Behandlung das zu prüfende Arzneitmittel angewendet werden soll".[30] Weitere strenge Voraussetzungen zum Schutze des Patienten treten hinzu.[31]

2. Klinische Versuche an Kranken. Geht das **Arzneimittelgesetz** für den planmäßigen klinischen Versuch am Kranken entschieden vom Grundsatz der therapeutischen Indikation aus, weil der von der Person des Arztes abhängige und in seiner Willensfreiheit als Leidender eingeschränkte Patient im Vergleich zum Gesunden besonders schutzwürdig erscheint, so trägt es andererseits unabweisbaren Geboten der ärztlichen Fürsorge Rechnung, wenn es im Gegensatz zum Experiment mit Probanden Erleichterungen bei Aufklärung und Einwilligung vorsieht. Die Rechtssätze des Arzneimittelgesetzes gelten zwar nur für den Bereich der Medikation, treffen aber den richtigen Ansatz und lassen sich insofern verallgemeinern: Es gilt, das Recht des Heilversuchs aus der juristischen Dogmatik des Heileingriffs zu entwickeln. 9

Weil sich die Indikation beim Heilversuch mangels Erfahrung nicht mit der Unbedingtheit und Begründetheit wie bei der Standardtherapie feststellen lässt, gewinnt für den Arzt das zweite Rechtfertigungselement, die **Einwilligung** des Patienten **und** damit die **Aufklärung,** zusätzlich Gewicht. Je neuer und unerprobter die Methode, desto umsichtiger und behutsamer muss der Arzt zu Werke gehen und desto eindringlicher und umfassender hat er den Patienten aufzuklären. 10

Der prüfende Arzt hat den Studienteilnehmer „über Wesen, Bedeutung, Risiken und Tragweite der klinischen Prüfung" sowie über sein „Recht **aufzuklären,** die Teilnahme an der klinischen Prüfung jederzeit zu beenden". Dem Studienteilnehmer „ist eine Aufklärungsunterlage auszuhändigen", außerdem soll er „Gelegenheit zu einem **Beratungsgespräch** mit einem Prüfer" erhalten. Die Einwilligung in die Teilnahme bleibt jederzeit – schriftlich oder mündlich – widerruflich.[32]

Die Vorbereitung einer klinischen Studie erfordert also eine **formularmäßige Fixierung** der Umstände, die der Arzt dem Patienten im Wege der Aufklärung zu vermitteln hat. Diese Dokumentation dient zugleich der Kontrolle durch die Ethik-Kommission. Bei klinischen Studien erscheinen vom Patienten nach mündlicher Instruktion zu unterzeichnende, verständlich abgefasste **Aufklärungsformulare** als Stützen der Unterrichtung wie der Beratung des Kranken (gegebenenfalls auch seiner Angehörigen) und als Beweismittel durchaus unentbehrlich. 11

---

nicht-therapeutischer Forschung, die unterschiedliche Abwägungskriterien bedingt und das Augenmerk der Ethikkommission in eine jeweils besondere Richtung lenkt, ist zwar der Sache nach erhalten geblieben; sie tritt jedoch nicht mehr so deutlich wie früher hervor. Gerade bezogen auf Einwilligungsunfähige hätte die Unterscheidung stärker akzentuiert werden müssen."

[29] „Oder in begründeten Fällen eine andere Person", § 4 Abs 25 AMG. Der **Arztvorbehalt** besteht also **nicht mehr;** vgl auch *Laufs* MedR 2004, 586f. Für die medizinische Versorgung muss indes ein Arzt verantwortlich sein, § 40 Abs 1 Ziff 9 AMG.

[30] § 41 Abs 3 AMG.
[31] Die Einzelheiten im vorstehenden 11. Kap, § 65.
[32] Aus den „allgemeinen Voraussetzungen der klinischen Prüfung": § 40 Abs 2 AMG.

12 **3. Klinische Experimente.** Strengeren Voraussetzungen als der Heilversuch unterliegt das **klinische Experiment,** das wie der therapeutische Versuch grundsätzlich einen **Vertrag** erfordert.[33] Das Arzneimittelgesetz lässt die klinische Prüfung eines Arzneimittels bei Menschen nur zu, wenn und solange – wichtigstes Erfordernis – „die vorhersehbaren Risiken und Nachteile gegenüber dem Nutzen für die Person, bei der sie durchgeführt werden soll (betroffene Person), und der voraussichtlichen Bedeutung des Arzneimittels für die Heilkunde ärztlich vertretbar sind".[34] Die Strahlenschutzverordnung aus dem Jahre 2001[35] verlangt für den Einsatz radioaktiver Stoffe in der medizinischen Forschung, dass die strahlenbedingten Gefahren des einem zwingenden wissenschaftlichen Bedürfnis folgenden Experiments „gemessen an der voraussichtlichen Bedeutung der Ergebnisse für die Fortentwicklung der Heilkunde oder der medizinischen Wissenschaft ärztlich gerechtfertigt sind".[36] Das Arzneimittelgesetz wie die Strahlenschutzverordnung kennen eine ganze Reihe weiterer Erfordernisse und Schranken. So kommen etwa Personen, „die auf gerichtliche oder behördliche Anordnung in einer Anstalt untergebracht" sind, als Probanden keineswegs in Betracht. Die Versuchsperson kann rechtswirksam nur einwilligen, wenn sie geschäftsfähig, voll aufgeklärt und fähig ist, das Wesen des Versuchs und seine Gefahr zu ermessen und ihren Willen danach zu bestimmen. Die Einwilligung bedarf der Schriftform und ist jederzeit auch mündlich widerruflich.

13 **4. Kinder und Jugendliche.** Für die **Arzneimittelprüfung an Kindern und Jugendlichen** gelten strenge, jüngst behutsam gelockerte gesetzliche Maßgaben.[37] Die Arzneimittelsicherheit auf dem Gebiet der Kinderheilkunde befriedigt keineswegs. Der verbreitete Gebrauch von Medikamenten über die Zulassung hinaus (off-label use) zeigt dies an. In der Pädiatrie fehlen Kinder- und altersspezifische Normwerte, weil die klinische Prüfung pädiatrischer Medikamente hinter den Bedürfnissen zurückbleibt. Das hat verschiedene Gründe, nicht zuletzt den des begrenzten Marktes. Es geht „um das **Grundproblem,** ob und wie medizinische Forschung an Kindern durchgeführt werden kann und sollte, ohne die Kinder in klinischen Studien unvertretbar zu belasten, aber andererseits die Gruppe der Kinder nicht vom medizinischen Fortschritt auszuschließen, der notwendig auf klinischen Prüfungen beruht".[38] Kinder dürfen freilich nicht zum bloßen Objekt von Forschung werden. Der Schutz des Kindes vor Instrumentalisierung lässt sich nur erreichen, wenn jedenfalls fremdnützige Versuche mit mehr als minimalen Risiken unzulässig bleiben. Auch muss die Einwilligung des gesetzlichen Vertreters an das personen- und privatrechtlich ausgelegte **Wohl des Kindes** gebunden bleiben. Das Erfordernis des Gruppenbezugs[39] ist wohl kein geeignetes Kriterium, um einen zumindest potenziellen Nutzen des Versuchsteilnehmers zu gewährleisten.

Zu den Kernvoraussetzungen gehört auch auf diesem Feld die **Risiko-Nutzen-Abwägung**: Der wohlbedachte Verhältnismäßigkeitsgrundsatz. **Nutzengesichtspunkte** bilden zwar ein Element der Rechtfertigung. Im Verhältnis zur **Autonomie** der Person haben sie aber eine lediglich begleitende Funktion.

Wenn nicht einmal die Hälfte der für die Therapie auf einer pädiatrischen Allgemeinstation benötigten Arzneimittel für Kinder zugelassen sind, führt dies dazu, dass jungen

---

[33] *Ehling/Vogeler,* Der Probandenvertrag, MedR 2008, 273, zu allen diffizilen Fragen. Wichtig der Vertragssschluss bereits bei Aufnahme der Voruntersuchungen, 276.
[34] § 40 Abs 1 Ziff 2 AMG.
[35] V 20. 7. 2001, BGBl I, 1714, ber. 2002, I, 1459, zuletzt geänd d G v 1. 9. 2005, BGBl I, 2618, bei *Thürk* 52-1-1.
[36] § 24 Abs 1 StrlschV.
[37] § 40 Abs 4, § 41 Abs 2 AMG. Dazu Näheres im vorstehenden 11. Kap, § 65.
[38] Wohlabgewogen und instruktiv *Magnus,* Medizinische Forschung an Kindern. Rechtliche, ethische und rechtsvergleichende Aspekte der Arzneimittelforschung an Kindern, 2006. Lehrreich auch die im vorst Litverz genannten Dissertationen von *Michael* und *Sprecher.*
[39] § 41 Abs 2 Ziff 2a.

22. Kapitel. Besondere ärztliche Eingriffe und Sonderprobleme   14 § 130

Patienten im Unterschied zu erwachsenen Kranken je und je notwendige Therapien vorenthalten bleiben oder dass Kinder durch ungeprüfte Behandlungen in Gefahr geraten. Auch gilt es, überflüssige weil wiederholende Versuche zu verhindern.[40] Nach wie vor stellt sich die Aufgabe, gewissenhaft abgewogene ethische wie rechtliche Schutzkriterien zugunsten von Kindern in der pädiatrischen Klinik und Praxis zu entwickeln sowohl für Studien wie zur Qualitätssicherung der Arzneimittel-Therapie im Alltag: Die Regeln müssen gewährleisten, dass der Arzt Kinder weder in Studien unvertretbar stark belastet, noch im Alltag unnötig durch eine prinzipiell risikoreiche (weil empirische) Behandlung gefährdet.[41]

Seit die Food and Drug Administration in den USA den **Einschluss von Frauen in klinische Prüfungen** forderte, diskutieren Verantwortliche dieses Thema auch in Europa. „Die Frage des Konzeptionsschutzes ist in jeder klinischen Prüfung an Frauen im konzeptionsfähigen Alter – auch bei Einmalgaben, bei nur topischer Aufbringung der Substanz oder abgeschlossenen, negativen Teratogenitätsprüfungen – zu berücksichtigen."[42] Die Ärzte dürfen aber keine bestimmte Verhütungsmethode vorschreiben, sondern haben das Selbstbestimmungsrecht auch insoweit zu achten.

III. Standesregeln und Selbstkontrolle

1. Deklaration von Helsinki. Stets hat der forschende Arzt das wissenschaftliche Vorhaben als Ganzes an **ethischen Maßstäben** auf seine Vereinbarkeit mit den Rücksichten der Humanität zu überprüfen. Die Maßgaben des Weltärztebundes in der **Revidierten Deklaration von Helsinki** nach dem Stand des Jahres 2004 mit ihren Empfehlungen für Ärzte, die in der biomedizinischen Forschung am Menschen tätig sind,[43] bilden ein hilfreiches Regelwerk. Es enthält unter anderem folgende Maximen: Das Unternehmen muss den allgemein anerkannten wissenschaftlichen Grundsätzen entsprechen und auf ausreichenden Laboratoriums- und Tierversuchen sowie einer umfassenden Kenntnis der wissenschaftlichen Literatur aufbauen. Eingehende Versuchsprotokolle sind ebenso geboten wie genaue Befunde in den Ergebnispublikationen. Der am Menschen forschende Arzt bedarf besonderer wissenschaftlicher Qualifikation. Immer muss die Bedeutung des Versuchsziels in einem angemessenen Verhältnis zum Risiko für die Versuchsperson stehen. Der Arzt hat die Risiken behutsam gegen den Nutzen abzuwägen. Die Sorge um die Belange der Versuchsperson muss stets ausschlaggebend sein im Vergleich zu den Interessen der Wissenschaft und der Gesellschaft. Das Recht der Versuchsperson auf Wahrung ihrer Unversehrtheit verlangt je und je Respekt. Die Privatsphäre der Versuchsperson und damit das Arztgeheimnis müssen gewahrt bleiben. Besonders strengem Maßstab müssen Einwilligung und Aufklärung genügen. Der Arzt hat jeden Versuch abzubrechen, sobald sich herausstellt, dass das Wagnis den möglichen Nutzen übersteigt. Das Versuchsprotokoll sollte in allen Fällen die ethischen Überlegungen im Zusammenhang mit der Durchführung des Versuchs darlegen und aufzeigen, dass die Grundsätze der Deklaration eingehalten sind.

---

[40] Der 102. DÄT hat lange vor der Novelle 2004 – aus Sorge um die Gesundheit der Kinder – den Gesetzgeber dazu aufgefordert, bessere Möglichkeiten der klinischen Prüfung von Arzneimitteln an Kindern zu schaffen, Kinder- und Jugendarzt 1999, 870; vgl auch *Leinmüller* DÄBl 1999, B-920; *Schwarz/Holz-Slomczyk/Wartensleben* die pharmazeutische Industrie, 1998, 386; *Kleist*, Schweiz Ärztezeitung 2001, 2221.

[41] *Walter-Sack/Haefeli* MedR 2000, 454 ff.

[42] *Breithaupt-Grögler/Heger-Mahn/Klipping* ua, Klinische Arzneimittelprüfung an Frauen, DÄBl 1997, A 991 ff.

[43] Im Anhang zu diesem Paragraphen. Eine ältere englische Fassung (World Medical Association's Revised Declaration of Helsinki 1975/83) in: *Giesen*, International Medical Malpractice Law, 1988, 731 ff. Der deutsche Text der Fassung von 1987 bei *Toellner*, 159 ff. Die dem Sommerset West-Text vorausgegangene Fassung von 1989 (Hongkong), DÄBl 1991, B 2927 f; eine deutsche Fassung des Textes von 2004 bei *Deutsch/Spickhoff*, Medizinrecht, 6. Aufl 2008, 977–982.

15 **2. Beratung.** Der klinisch forschende Arzt soll bei den ethischen Fragen, die seine Arbeit fortwährend aufwirft, die **Hilfe von Gutachterausschüssen** in Anspruch nehmen: Legitimation durch Verfahren. Nach dem Muster der amerikanischen Institutional Review Boards nahmen seit der Mitte der siebziger Jahre solche Ausschüsse für die Deutsche Forschungsgemeinschaft in vielen Kliniken, auch in der pharmazeutischen Industrie, ihre Arbeit auf. Sie vereinen Forscher und Ärzte aus der Institution, die das geplante wissenschaftliche Unternehmen trägt, mit Kollegen von außerhalb, sowie Juristen, Theologen und anderen Dritten. Solche **Ethik-Kommissionen** sollen und können dem Arzt und Wissenschaftler die Verantwortlichkeit nicht abnehmen. „Die ethische Verantwortung für sein Forschungsvorhaben bleibt ... beim Forscher, darin haben ihn die Ethik-Kommissionen zu beraten."[44] Sie werden ihm auf seinen Antrag hin helfen, die richtige Antwort zu finden, ihm zu- oder abraten. Behördlichen Zulassungsverfahren wie in den Vereinigten Staaten steht in unserem Land die grundgesetzlich gewährleistete Freiheit von Wissenschaft und Forschung entgegen. Es kann also nur darum gehen, Verfahren kritischer Konsultation einzurichten, die dem Gedanken- und Erfahrungsaustausch, der Gewissensprüfung wie der Selbstkontrolle dienen. Das Kernstück des Ratschlags bildet die Frage nach der Ausgewogenheit von Vorteil und Gefahr, nachdem Experten eine eindringende Analyse und Bewertung der Risiken vorgenommen haben.

16 **3. USA.** In den **USA** erscheint die Ethik-Kommission vielfach als Kontrolle der Wissenschaft durch die Gesellschaft. Dabei spielen die sogeheißenen Laien eine wesentliche Rolle. Ethik-Kommissionen als Instrumente der Selbstkontrolle haben eine andere Funktion. „Sie sollen nicht gesellschaftliche oder öffentliche Entscheidungen antizipieren, sie sollen die Vertrauenswürdigkeit der Wissenschaft in der Gesellschaft begründen und fördern. Hier werden die ethischen Fragen und Entscheidungen primär als Aufgaben der Wissenschaft selbst verstanden."[45]

17 **4. Berufsordnung.** Die neue **Musterberufsordnung** enthält folgende Regel:[46]

(1) „Ärztinnen und Ärzte müssen sich vor der Durchführung biomedizinischer Forschung am Menschen – ausgenommen bei ausschließlich epidemiologischen Forschungsvorhaben – durch eine bei der Ärztekammer oder bei einer Medizinischen Fakultät gebildeten Ethik-Kommission über die mit ihrem Vorhaben verbundenen berufsethischen und berufsrechtlichen Fragen beraten lassen. Dasselbe gilt vor der Durchführung gesetzlich zugelassener Forschung mit vitalen menschlichen Gameten und lebendem embryonalen Gewebe.

(2) Zum Zwecke der wissenschaftlichen Forschung und Lehre dürfen der Schweigepflicht unterliegende Tatsachen und Befunde grundsätzlich nur so weit offenbart werden, als dabei die Anonymität der Patientin oder des Patienten gesichert ist oder diese oder dieser ausdrücklich zustimmt.

(3) In Publikationen von Forschungsergebnissen sind die Beziehungen der Ärztin oder des Arztes zum Auftraggeber und dessen Interessen offenzulegen.

(4) Ärztinnen und Ärzte beachten bei der Forschung am Menschen die in der Deklaration von Helsinki des Weltärztebundes niedergelegten ethischen Grundsätze für die medizinische Forschung am Menschen."

---

[44] *Rupp,* FS Heckel 1999, 839 ff, 856 (die Voten sind jedenfalls ursprünglich keine Verwaltungsakte). Zu Entstehung und Funktion der Ethikkommissionen in Europa *Deutsch,* MedR 2008, 650 ff. Zur Harmonisierung der Forschungsregelungen durch den Europarat *Doppelfeld,* FS Deutsch, 103 ff.
[45] *Rössler* Neue Instanz 1990, 47 ff, 50, ferner *ders* MedR 1998, 358 f: „Autonomie und Bedeutung der Institutional Review Boards sind gewachsen."
[46] § 15 MBO-Ä. Die kammerrechtlichen Varianten bei *Ratzel/Lippert,* Kommentar, 190 f.

Längst genügte das Votum einer freien, also nicht öffentlich-rechtlich verfassten Kommission berufsrechtlich nicht mehr. Doch darum ging der Streit: Mit der Übernahme dieser Regel der Berufsausübung in das Satzungsrecht der Ärztekammern verloren die freien Ethik-Kommissionen ihr Tätigkeitsfeld weithin, während die Inanspruchnahme der auf Maßgaben des öffentlichen Rechts beruhenden, in das Organisationsgefüge korporativer Träger hoheitlicher Gewalt einbezogenen Instanzen mit ihren ehrenamtlich tätigen Sachverständigen erheblich anwächst.

Die Berufsordnungen der Ärztekammern können ohne ausdrückliche gesetzliche Ermächtigung die Pflicht der Ärzte, sich vor der Durchführung von Forschungsvorhaben an Menschen durch eine **Ethik-Kommission** beraten zu lassen, rechtgültig festschreiben. Aus formeller Sicht hält sich „die Verpflichtung noch im Rahmen der (allgemeinen) Kompetenz, die Pflicht des Arztes zu gewissenhafter Berufsausübung satzungsrechtlich auszugestalten. Diese Kompetenz betrifft die forschende Berufstätigkeit des Arztes notwendig mit und kann durch eine Beratungspflicht konkretisiert werden. Die Konsultationspflicht stellt – aus materieller Sicht – eine nur marginale Beeinträchtigung der Forschungsfreiheit dar und verletzt deswegen nicht das Grundrecht des Arztes aus Art 5 Abs 3 GG."[47] **18**

Die öffentlich-rechtlich legitimierten kritischen, unter Rechtsaufsicht stehenden Konsiliargremien,[48] deren Bescheide zwar nicht binden, doch rechtlich wirken, vornehmlich haftungsrechtlich liegen im Sinne der unverzichtbaren **berufsständischen Selbstkontrolle** und dienen dem Gemeinwohl. **19**

Die institutionellen Ethik-Kommissionen begutachten jede Studie auf dem Wege schlichten Verwaltungshandelns[49] im Sinne einer Sachverständigenkommission mit begrenzter Überwachungsfunktion nach allgemein festgelegten Bewertungskriterien in vollem Respekt vor der Forschungsfreiheit und ihren immanenten Schranken zum Schutz zuerst der Patienten und Probanden,[50] aber auch der Forscher, wobei es insbesondere über das individuelle Nutzen-Risiko-Verhältnis, den möglichen Erkenntnisgewinn für die Allgemeinheit und insoweit auch über die Validität des wissenschaftlichen Designs sowie nicht zuletzt über die Wahrung der Persönlichkeitsrechte der Patienten und Probanden zu wachen gilt.

5. Ethik-Kommission im AMG. Die fünfte Novelle zum AMG[51] hat die **Ethik-Kommissionen bundesgesetzlich geregelt.**[52] Die klinische Prüfung eines Arzneimittels darf bei Menschen nur begonnen werden, „wenn diese zuvor von einer nach Landesrecht gebildeten unabhängigen Ethik-Kommission zustimmend bewertet worden ist".[53] Damit hat sich das öffentlich-rechtliche System durchgesetzt. Anders als nach dem insoweit wenig überzeugenden Medizinproduktegesetz,[54] das – durchaus widersinnig – eine **20**

---

[47] Wohlbegründet *Schröder* VersR 1990, 243 ff, auch zur Unvereinbarkeit des satzungsrechtlichen Verbots der Embryonenforschung und der satzungsrechtlichen Beschränkungen der In-vitro-Fertilisation mit dem GG. Kritisch zu dem Aufsatz *Pfeiffer* VersR 1990, 685 ff, 1991, 613 ff. Zur Zulässigkeit der Bindung des Arztes an öffentlich-rechtliche Kommissionen *Laufs/Reiling*, Ethik-Kommissionen – Vorrecht der Ärztekammern?, 1991 (Auszüge in MedR 1991, 1 ff). Gegen die „öffentlich-rechtliche Monopolisierung der ethischen Beratung" *Schenke* NJW 1996, 745 ff; *Pfeiffer* ZRP 1998, 43 ff. – Inzwischen gelten ausdrückliche gesetzliche Ermächtigungen, vgl zB § 5 BadWürtt HeilberufeKammerG 1995, zuletzt geändert 11. 10. 2007 (GBl, 473).
[48] Wahl der Mitglieder durch die Vertreterversammlung der Ärztekammer.
[49] Ohne Erlass von Verwaltungsakten, ohne Verfahren mit Untersuchungsmaxime; vgl *Stamer*, Die Ethik-Kommissionen in Baden-Württemberg. Verfassung und Verfahren, 1998.
[50] Zu den patientenbezogenen Aspekten konzis *Walter-Sack*, ÄBW 12, 1998, Ethik in d Med 66.
[51] Vom 9. 8. 1994, BGBl I, 2071; *Deutsch* NJW 1994, 2381 ff.
[52] *Pfeiffer* VersR 1994, 1377 ff; *Deutsch* VersR 1995, 121 ff.
[53] § 40 I 2 aF AMG.
[54] MPG v 2. 8. 1994, BGBl I, 1963 (zum Stande vorst Fn 16; über das Gesetz auch *Deutsch* NJW 1995, 752 ff, m zutr krit Anm zur „Klinischen Prüfung". – Zur Produktbeobachtungspflicht einer Herstellerin von Atemüberwachungsgeräten: BGH JuS 1995, 354 (aufbereitet durch *Emmerich*).

private oder freie Kommission genügen lässt,[55] gelten nunmehr allein die Bescheide von Kommissionen der Ärztekammern und der Universitäten.[56] Grundsätzlich geändert hat sich die Funktion der Ethik-Kommissionen indessen nicht.[57] Zwar müssen sie unterrichtet werden über alle schwerwiegenden oder unerwarteten **unerwünschten Ereignisse,** die während der Studie auftreten und die Sicherheit der Studienteilnehmer oder die Durchführung der Studie beeinträchtigen könnten,[58] mit der Folge einer erneuten Bedachtnahme auf das Forschungsvorhaben. Aber ohne Disziplinargewalt und Inquisitionsmittel können die Ethik-Kommissionen **nicht** als zusätzliche **Kontrollbehörden** gelten, die sie mit ihrer Zuständigkeit für Rat und Schutz auch gar nicht sein sollen. Sie bleiben auf Mitteilungen angewiesen, mit denen sie sich in geeigneter Weise auseinanderzusetzen haben, indem sie etwa das Protokoll bestätigen, Auflagen erteilen oder die zustimmende Bewertung zurücknehmen.

Der volle Eintritt in ihr konstitutionelles Zeitalter hat den Ethik-Kommissionen eine Fülle von Organisations- und Verfahrensfragen beschert. Daneben bestehen die materiellen Probleme der sachlichen Arbeit weiter. Zu den wichtigsten gehört die Gewährleistung verantwortlicher Nutzen-Risiko-Abwägungen[59] und der Freiwilligkeit der Entschlüsse der an der Forschung beteiligten Probanden und Patienten.

Durch die zwölfte Novelle[60] hat das Gewicht der Ethik-Kommissionen zugenommen. Der Sponsor darf die klinische Prüfung eines Arzneimittels bei Menschen nur beginnen, „wenn die zuständige Ethik-Kommission diese nach Maßgabe des § 42 Abs 1 zustimmend bewertet und die zuständige Bundesoberbehörde diese nach Maßgabe des § 42 Abs 2 ge-

---

[55] § 20 Abs 7 nF MPG: „zustimmende Stellungnahme einer unabhängigen und interdisziplinär besetzten sowie beim Bundesinstitut für Arzneimittel und Medizinprodukte registrierten Ethik-Kommission." Vgl auch *Pfeiffer,* FS Salger, 1995, 699 ff.

[56] Vgl zB § 5 Abs 1 und 5 BadWürtt Heilberufe KammerG v 16. 3. 1995 (GBl 314), zuletzt geändert durch G v 11. 10. 2007 (GBl 473).: „Die **Landesärztekammer** errichtet eine Ethikkommission als unselbstständige Einrichtung durch **Satzung.** Die Ethikkommission hat die Aufgabe, die Mitglieder der Landesärztekammer und der Landeszahnärztekammer in berufsethischen Fragen zu beraten sowie die bundes- oder landesrechtlich einer öffentlich-rechtlichen Ethikkommission zugewiesenen Aufgaben wahrzunehmen, insbesondere die Aufgaben nach den §§ 40 bis 42 des Arzneimittelgesetzes (AMG), § 20 des Medizinproduktegesetzes, §§ 8 und 9 des Transfusionsgesetzes (TFG), § 92 der Strahlenschutzverordnung und § 28g der Röntgenverordnung ... Bei den **Universitäten** des Landes werden Ethikkommissionen errichtet. Diese treten für den Hochschulbereich an die Stelle der Ethikkommission der Landesärztekammer. Die Universitäten erlassen eine Satzung nach § 8 des Landeshochschulgesetzes..."

[57] Anders *Classen* MedR 1995, 148 ff, der aber zutr (anders als *Deutsch* VersR 1995, 121, 124, und *Deutsch/Spickhoff,* Medizinrecht, 6. Aufl 2008, 637) im Bescheid keinen Verwaltungsakt sieht.

[58] Zur Anzeige von Nebenwirkungen nach der GCP-VO *Deutsch/Spickhoff,* Medizinrecht, RdNr 1355. § 29 AMG hat eine Anzeigepflicht auch gegenüber der zuständigen Bundesoberbehörde statuiert. Vgl dazu *Sträter* PharmR 1999, 304 ff. Die Bearbeitung der Mitteilungen über **Serious Adverse Events** (SAE) verlangt von allen beteiligten Ethik-Kommissionen sorgfältige Dokumentation und kritische Einschätzung, falls notwendig Rückfragen, Recherchen, Festlegen von Auflagen und äußerstenfalls Anhalten der Studie. In der Meldung haben der Leiter der klinischen Prüfung und die Prüfärzte Stellung zu beziehen zu der Frage, wie sie das Gefahrenpotential vor dem Hintergrund der Nutzen-Risiko-Bewertung einschätzen, ob das aufgetretene unerwünschte Ereignis Konsequenzen für die Durchführung der Studie hat und ob eine Änderung von Prüfplan und Patientenaufklärung erforderlich ist. – Zur Erhebung von Gebühren durch eine Ethik-Kommission für die Prüfung und Bewertung von SUSAR-Meldungen (Suspect Unexpected Serious Reactions) bei einer klinischen Arzneimittelprüfung VG Berlin MedR 2009, 163 (Problemstellung *Hübner*). – Für die „Permanenz des Risikodiskurses zwischen Prüfer und Ethik-Kommission *Hart* MedR 1994, 94, 103.

[59] Vgl allgemein *Di Fabio,* Risikoentscheidungen im Rechtsstaat. Zum Wandel der Dogmatik im öffentlichen Recht, insbesondere am Beispiel der Arzneimittelüberwachung, 1994, 216 f.

[60] Vom 30. 7. 2004, BGBl I, 2031.

22. Kapitel. Besondere ärztliche Eingriffe und Sonderprobleme 20 § 130

nehmigt hat".[61] § 42 AMG regelt das Verfahren bei der Ethik-Kommission und das Genehmigungsverfahren bei der Bundesoberbehörde. Danach genehmigt die Ethik-Kommssion klinische Studien nicht, sondern erteilt oder verweigert wie bisher die zustimmende Bewertung. Gleichwohl hat sich nicht allein bei Deutsch/Spickhoff (S 776) die nicht unbedenkliche Rechtsmeinung gebildet, die zustimmende oder nicht zustimmende Bewertung der geschäftsführenden Ethik-Kommission sei ein **Verwaltungsakt** nach § 35 S 1 VerwVfG. Den Antrag stellt nicht mehr ein verantwortlicher Arzt, sondern der **Sponsor** „bei der nach Landesrecht für den Prüfer zuständigen unabhängigen interdisziplinär besetzten Ethik-Kommission".[62]

Ebenso wenig wie das alte AMG, das Medizinproduktegesetz[63] und die neue Röntgenverordnung[64] verlangt die Novelle zwingend eine öffentlich-rechtliche Verfassung der Ethik-Kommissionen, also deren Verbindung mit einer Landesärztekammer oder Landesuniversität. „Das Nähere zur Bildung, Zusammensetzung und Finanzierung der Ethik-Kommission wird durch Landesrecht bestimmt" so die Novelle im Einklang mit dem bisherigen Recht.

Wichtige Gegenstände freilich blieben einer Rechtsverordnung des Bundesministeriums mit Zustimmung des Bundesrates vorbehalten, nämlich Regelungen[65] unter anderem über „die Aufgaben der und das Verfahren bei Ethik-Kommissionen einschließlich der einzureichenden Unterlagen, auch mit Angaben zur angemessenen Beteiligung von Frauen und Männern als Prüfungsteilnehmerinnen und Prüfungsteilnehmer, der Unterbrechung oder Verlängerung oder Verkürzung der Bearbeitungsfrist[66] und der besonderen Anforderungen an die Ethik-Kommissionen bei klinischen Prüfungen nach § 40 Abs 4 und § 41 Abs 2 und 3".[67] Diese Themen reichen tief in das Arzt- und damit in das im Grunde den Landesgesetzgebern zustehende Gesundheitsrecht hinein. Aber die unerlässlich gebotene Rechtseinheit inbesondere auf dem Feld der randomisierten Studien mit Einwilligungsunfähigen lässt bundesrechtliche Regeln als unverzichtbar erscheinen.

Die zustimmende Bewertung darf die Ethik-Kommission nur versagen, wenn − so eine der Voraussetzungen − „die vorgelegten Unterlagen einschließlich des Prüfplans, der Prüferinformation und der Modalitäten für die Auswahl der Prüfungsteilnehmer nicht dem Stand der wissenschaftlichen Erkenntnisse entsprechen, insbesondere die klinische Prüfung ungeeignet ist, den Nachweis der Unbedenklichkeit oder Wirksamkeit eines Arzneimittels einschließlich einer unterschiedlichen Wirkungsweise bei Frauen und Männern zu erbringen."[68] Von den zu prüfenden Voraussetzungen[69] gehört die Geeignetheit der geplanten Studie zu den schwierigsten. Die Richtlinie spricht von der „Relevanz der klinischen Prüfung und ihrer Planung"[70], ohne zu klären, wie weit die Untersuchung der Erheblichkeit zu gehen habe. Wissenschaftlich nicht begründete Studien sind unethisch und abzulehnen. Andererseits gehört es nicht zu den Aufgaben der Ethik-Kommission, in wis-

---

[61] § 40 Abs 1 S 2 AMG.
[62] § 42 Abs 1 S 1 AMG. Zur Problematik der Beschränkung der Staatshaftung für Ethik-Kommissionen lehrreich *Gödicke* MedR 2004, 481–485.
[63] § 20 Abs 7 MPG − ohne Vorbehalt für das Landesrecht. − *Kage*, Das Medizinproduktegesetz, 2005, 318 ff.
[64] § 28g RöV. Textausgabe der Neufassung v 30. 4. 2003 (BGBl I, 604) mit amtlicher Begründung und Erläuterungen von *Peinsipp/Roos/Weimer*, 5. Aufl 2003.
[65] Auch nach § 42 Abs 1 Nr 3 AMG. Die „Verordnung über die Anwendung der Guten Klinischen Praxis bei der Durchführung von klinischen Prüfungen mit Arzneimitteln zur Anwendung am Menschen" erging am 9. 8. 2004 (BGBl I, 2081), geändert durch VO v 15. 3. 2006 (BGBl I, 542) bei *Thürk*, 431-7-38.
[66] „Von höchstens 60 Tagen nach Eingang der erforderlichen Unterlagen", § 42 Abs 1 aE.
[67] § 42 Abs 3 Nr 2 AMG.
[68] § 42 Abs 1 Nr 2 AMG.
[69] § 42 Abs 1 Nr 2 AMG.
[70] Art 6 Abs 3 lit a Richtlinie.

senschaftlichen Methoden- oder Schulenstreitigkeiten zu entscheiden. In der Praxis stellen sich hier je und je heikle Abgrenzungsfragen.

21 **6. Kernaufgaben.** Die **Ethik-Kommissionen**[71] sollen Patienten und Probanden vor gefährlicher oder überraschender Forschung bewahren. Es gilt, Belastungen zu minimieren, riskante Versuche nicht oder nur unter angemessenen Sicherheitsvorkehrungen geschehen zu lassen. Sodann soll die Ethik-Kommission auch den Forscher selbst und dessen wissenschaftliche Institution vor rechtlich und ethisch bedenklichen Vorhaben bewahren. In diesem umfassenden Sinne fordert auch das Transfusionsgesetz vom 6. Juli 1998 (BGBl I 1752) in § 8 II Ziffer 7 die Zustimmung einer Ethik-Kommission im Rahmen der Spenderimmunisierung.

22 Die öffentlich-rechtlichen Ethik-Kommissionen haben die Aufgabe, ihr Verfahren möglichst einheitlich, den gesetzlichen Vorgaben gemäß höchst anspruchsvoll auszubilden[72] und dabei nicht zuletzt auch auf den Datenschutz zu achten.[73] Dem Arbeitskreis medizinischer Ethik-Kommissionen und der Zentralen Kommission zur Wahrung ethischer Grundsätze in der Medizin und ihren Grenzgebieten kommt dabei eine vermittelnde und fördernde Rolle zu.

23 Der Erfahrungsaustausch zwischen den nicht überall gleichmäßig zusammengesetzten und verfahrenden Ethik-Kommissionen erweist sich als unentbehrlich. Ihm dient vornehmlich der Arbeitskreis medizinischer Ethik-Kommissionen, der auch Verfahrensgrundsätze beschloss.[74]

24 **7. Diskurs.** Der klärende, interdisziplinäre Diskurs und die kritische Auseinandersetzung in den Ethik-Kommissionen und in deren Arbeitskreis[75] können, so sehr sie den Sinn für Verantwortlichkeit schärfen, normative Maßstäbe etwa in der Reproduktions- oder Transplantationsmedizin letztlich nicht ersetzen, Gesetzgeber und Justiz nicht aus ihrer Pflicht entlassen, über den Schutz der Grundrechte zu wachen und ihn zu gewährleisten. Den Ethik-Kommissionen und ihren Mitgliedern kommt nicht zuletzt die Aufgabe zu, die Rechtsgemeinschaft und ihre Sachwalter auf prinzipielle Dissense und ungelöste Grundfragen aufmerksam zu machen. Im Alltag der klinischen Praxis ist der Konsens unter den Verantwortlichen über die Kriterien richtigen Entscheidens erfreulicherweise viel größer, als oft dargestellt.

IV. Zur Legitimation des medizinischen Neulandschrittes

25 **1. Die Grundelemente.** Der ärztliche Heileingriff befindet sich im Einklang mit dem Recht, wenn er angezeigtermaßen (also aufgrund einer medizinischen Indikation) erfolgt, wenn er weiter gedeckt ist durch eine auf ausreichender Aufklärung beruhende Einwilligung des Patienten (informed consent) und wenn er außerdem nach den Regeln

---

[71] *Deutsch* VersR 1989, 429 ff; *ders* NJW 2002, 491 f (Unentbehrlichkeit örtlicher Ethik-Kommissionen); *ders* MedR 2006, 411 ff (Das neue Bild der Ethik-Kommission), *Kern,* MedR 2008, 631 ff (gesetzliche Grundlagen). Zu den berufsrechtlichen Grundlagen *Gödicke,* MedR 2008, 636 ff.

[72] Wertvoll *Helmchen* EthikMed 1995, 58 ff. Zur Ethikberatung auch *Vollmann* EthikMed 1995, 181 ff. Vgl ferner *Schwarz,* Leitfaden Klinische Prüfungen, 1995. Ein Musterstatut stellt *Deutsch* vor, Recht und Politik im Gesundheitswesen (RPG) 1995, 19 ff. Kritik aus der Praxis *Hopf/Holtheide/Schäfer* RheinÄBl 1996, 18 ff. Zu Versicherungsfragen *Krejci* RdM 1995, 27 ff. Rechtsvergleichend zur Arzthaftung *Giesen* Medical Law Review 1995, 22 ff.

[73] *Kollhosser,* FS Henckel, 1995, 463 ff; *Lippert/Strobel* VersR 1996, 427 ff. – § 40 Abs 2a AMG.

[74] Der Text von 1986 bei *Czwalinna,* Ethik-Kommissionen, Forschungslegitimation durch Verfahren, 159 ff, ferner in der Fassung von 1988 bei *Toellner,* 163 ff. Der Arbeitskreis setzte und setzt seine Bemühungen um einheitliche Verfahrensgrundsätze fort.

[75] Dokumentation der Kölner Jahresversammlung 1995 im Anhang bei *Lachmann/Meuter,* Zur Gerechtigkeit der Organverteilung, 1997, 193 ff; der Jahresversammlung 1996 bei *Toellner/Wiesing* (Hrsg), Geschichte und Ethik in der Medizin, 1997, 173 ff, der Jahresversammlung 1999, in: *Wiesing/Simon/v Engelhardt* (Hrsg), Ethik in der medizinischen Forschung 2000, 150 ff.

22. Kapitel. Besondere ärztliche Eingriffe und Sonderprobleme   26, 27 § 130

des Faches (lege artis) geschieht. Diese **Kernstücke ärztlicher Legitimation**[76] gelten mutatis mutandis auch für den therapeutischen Neulandschritt zugunsten eines Leidenden. Zwar kann der Heilversuch nicht als im Sinne eines eingeführten, schulmäßigen Standards indiziert gelten. Doch er verlangt eine Angezeigtheit, oder besser: Eine Vertretbarkeit jedenfalls in der Weise, dass der Arzt sich im Hinblick auf gewisse Anhaltspunkte oder Erfahrungen auch mit Vorversuchen und nach Abwägung des Für und Wider mit Fug Hoffnung auf eine Hilfe durch die neue Methode machen kann. Je aussichtsloser sich die Lage des mit herkömmlichen Mitteln behandelten Patienten darstellt, umso eher darf der Arzt einen Heilversuch auch mit nicht hoher Chance in Betracht ziehen.

2. Missbräuche. Freilich darf der Arzt nicht die Gesundheitschancen der unmittelbar zu therapierenden Leidenden zugunsten der Aussichten zukünftiger Kranker aufs Spiel setzen. **Heilversuche** lassen sich **nur dann rechtfertigen,** „wenn sie im wohlverstandenen Interesse der unmittelbar zu behandelnden Patienten ebenso zu verantworten sind wie im Interesse des Wohles künftiger Patienten".[77] Unkonsentierte **Begleitexperimente**[78] dürfen den Destinatär des Heilversuchs nicht belasten. Auch darf die Prüfungsplanung „in der Limitierung ihrer Parameter nicht dazu führen, den Blick vom körperlich-seelischen Gesamtbild des Patienten abzulenken".[79] **Marketing-Studien** dienen dem Absatz, nicht wissenschaftlichen Zielen und sind darum unzulässig.

3. GKV. Grundsätzlich begründen weder das objektive Recht noch der Arztvertrag eine Pflicht, nicht oder noch nicht eingeführte Verfahren anzuwenden. Entscheiden sich aber Arzt und Patient für die Vornahme eines Heilversuchs, so stellt sich die Frage nach der **Leistungspflicht der Krankenkasse.** Die Pflicht zur Kostenübernahme besteht wohl dann, „wenn eine Standardbehandlungsmethode mit einigermaßen realistischen Erfolgschancen nicht zur Verfügung steht, die zu Gebote stehenden Standardverfahren fruchtlos ausgeschöpft worden sind und die Neulandmethode nach Abwägung von Nutzen und Risiken aufgrund bisher gewonnener Erfahrungswerte medizinisch vertretbar erscheint".[80]

In einem grundlegenden Beschluss[81] hat das **BVerfG die Leistungspflicht der GKV für Heilversuche** unter bestimmten Voraussetzungen anerkannt. Danach lässt es sich mit

---

[76] Die Legitimation der Medizin bedarf eines verbindlichen Ordnungssystems, das die Deklaration von Helsinki zu Grunde legt, wenn sie sich auf die Maxime konzentriert, dass die Interessen von Wissenschaft und Gesellschaft niemals den Vorrang haben dürfen vor dem Wohlergehen jedes Einzelnen; instruktiv *Schipperges,* Rechtfertigung ärztlichen Handelns, Hexagon Roche 9, 1981, Nr 3, 1–8. Zunehmendes Gewicht gewinnt auch die Menschenrechtskonvention zur Biomedizin des Europarates (MRB). Vgl auch *Lipp,* FS Deutsch, 343 ff.

[77] *Molinski* Renovatio 1988, 114.

[78] Versuche, die nicht dem Wohl des konkreten Kranken, sondern ausschließlich dem Erkenntnisfortschritt dienen. – Zur Komplexität und Legitimität des Humanexperiments *Eser,* Gedächtnisschrift Schröder, 1978, 191 ff.

[79] *Kleinsorge,* Arzneimittelstudien beim niedergelassenen Arzt, 1988, 56. Die Schrift hat im Ganzen hohen Informationswert. – Zur Problematik der Trendbeurteilung bei der Arzneimittelprüfung *Fischer* MedR 1987, 77–80.

[80] *Pap* MedR 1988, 10 ff. – *Herweck-Behnsen* PharmaR 1997, 206–212: Im Rahmen von Therapieoptimierungsstudien (klinischen Prüfungen, insbesondere in der Onkologie, auch bei anderen schweren Krankheiten, für deren Therapie noch kein einheitlicher Standard besteht) „sind verordnete oder angewandte Arzneimittel unter denselben Voraussetzungen von der Leistungspflicht der Krankenkassen umfasst wie bei a) der individuellen Therapieentscheidung des behandelnden Arztes durch Auswahl der wirtschaftlichsten unter verschiedenen Standardmethoden oder b) dem individuellen Heilversuch, der nach den Grundsätzen des BSG zu den sog Außenseitermethoden (Remedacen-Urteil des BSG: v 5. 7. 1995 – 1 RK 6/95) erstattungsfähig ist. Für Forschungskosten besteht keine Leistungspflicht der GKV". Inzwischen gilt § 135 SGB V, wonach Empfehlungen des Gemeinsamen Bundesausschusses maßgeblich sind.

[81] MedR 2006, 164, auf eine Verfassungsbeschwerde gegen eine Entscheidung des BSG (BSGE 81, 54). Zu dem Beschluss eingehend *Francke/Hart* MedR 2006, 131–138 (Muskeldystrophie/Bioresonanztherapie).

den Grundrechten aus Art 2 Abs 1 GG in Verbindung mit dem Sozialstaatsprinzip aus Art 2 Abs 2 S 1 GG nicht vereinbaren, „einen gesetzlich Krankenversicherten, für dessen lebensbedrohliche oder regelmäßig tödliche Erkrankung eine allgemein anerkannte, medizinischem Standard entsprechende Behandlung nicht zur Verfügung steht, von der Leistung einer von ihm gewählten, ärztlich angewandten Behandlungsmethode auszuschließen, wenn eine nicht ganz entfernt liegende Aussicht auf Heilung oder auf eine spürbare positive Einwirkung auf den Krankheitsverlauf besteht".

28 **4. Einwilligung.** Prinzipiell in stärkerem Maße als beim schulmedizinischen Eingriff bedarf der Arzt zu seiner Legitimation beim Neulandschritt des Einverständnisses seines Patienten. Wie bei allen Behandlungen kann der Patient seine Zustimmung jederzeit widerrufen. Das **Einverständnis** des kranken Menschen erfordert dessen Kenntnis vom Wesen des Eingriffs jedenfalls in den Grundzügen, von den Risiken desselben und von den Vorzügen wie Nachteilen des Versuchs im Vergleich mit der Standardmaßnahme oder mit dem Verlauf, der ohne ärztliche Hilfe zu erwarten steht.

29 Auch beim Heilversuch offenbart sich das **Dilemma der Aufklärung,** nämlich dass der Arzt mit bloßen Informationen und umfassenden Auskünften seiner Aufgabe nicht gerecht werden kann; der Patient benötigt, besonders wenn es um Leben und Tod geht, Rat und Zuspruch. Weil der Arzt helfen soll, kann auch einem in seiner Urteilskraft beschränkten Patienten ein Heilversuch zuteil werden. In besonders schweren Fällen können Aufklärung und Einwilligung des Kranken entfallen, wenn sonst der Behandlungserfolg gefährdet erschiene und ein entgegenstehender Wille des Kranken sich nicht erkennen lässt.[82]

30 Während beim Heilversuch am einwilligungsunfähigen Kind die **elterliche Sorge** aufgerufen ist, bleibt dem Mediziner das Humanexperiment als ausschließlich fremdnütziger Eingriff ebenso wie die Organentnahme von Rechts wegen grundsätzlich verwehrt, auch wenn die Eltern zugestimmt haben sollten.[83]

31 Pharmakologisch unwirksame Substanzen, **Placebos,** darf der Arzt nur in rechtlich engen Grenzen – bei minimalen Risiken und bei Krankheiten, für die es noch keine Standardtherapie gibt – einsetzen, wobei wiederum die Aufklärungspflicht zu beachten bleibt.[84]

Das Hauptproblem in der ethischen wie rechtspolitischen Debatte und in der Praxis vornehmlich der Arzneimittelprüfung wirft die medizinische **Forschung mit nichteinwilligungsfähigen Personen** auf.[85] Eine anspruchsvolle Aufgabe liegt bereits in der Beurteilung der Einwilligungsfähigkeit.[86] Fehlt diese, ist die Forschung – etwa eine kontrollierte Studie[87] – allenfalls unter hohen objektiven Schutzkriterien zulässig. Aus ärztlicher

---

[82] Vgl § 41 Abs 1 AMG.
[83] *Schmidt-Elsaeßer,* Medizinische Forschung an Kindern und Geisteskranken. Zur Strafbarkeit von Forschungseingriffen an Einwilligungsunfähigen, 1987.
[84] *Deutsch/Spickhoff,* Medizinrecht, RdNr 923, 952. *Hippius/Überla ua* (Hrsg), Das Placebo-Problem, 1986; *Schreiber,* ebenda, 11–22, und MMW 1986, 857–860. Kritisch *Kienle,* Der sogenannte Placeboeffekt, 1995. – Weniger problematisch als beim Versuch ist die indizierte individuelle Placebo-Therapie etwa in der Psychiatrie.
[85] Umfassend und weiterführend *Fröhlich,* Forschung wider Willen? Rechtsprobleme biomedizinischer Forschung mit nichteinwilligungsfähigen Personen, 1999, mit Quellenanhang; vgl ferner die im vorangestellten Literaturverzeichnis angeführten Titel zur „Forschung an nicht-einwilligungsfähigen Notfallpatienten" *Spickhoff* MedR 2006, 702–715 (in Grenzen möglich). – Für eine vorsichtige Korrektur des § 40 Abs 1 S 3 Nr 4 AMG *Duttge,* in: FS Deutsch, 119 ff.
[86] Praktische Handreichung: *Nedopil/Aldenhoff/Amelung/Eich/Fritze/Gastpar/Maier/Möller* (Arbeitsgruppe der AGNP), psycho 1999, 406. Vgl ferner *Vollmann,* Aufklärung und Einwilligung in der Psychiatrie, 2000.
[87] Nur durch eine solche lässt sich nach gegenwärtigen Qualitätssicherungskriterien die Wirksamkeit und Unbedenklichkeit von Arzneimitteln sichern. Dabei ist die Randomisation (Zufallsverteilung) der Teilnehmer ebenso wichtig wie problematisch.

Sicht bleibt unabdingbar, „dass die forschungsbedingte Instrumentalisierung des Patienten durch den Respekt vor der Würde des Patienten begrenzt wird, weiterhin die Forschung mit nicht mehr als minimalen Risiken und vernachlässigbaren Belastungen[88] für die teilnehmende Person verbunden ist und deren Ablehnung durch den Patienten akzeptiert wird".[89] Die Frage nach der Erlaubtheit des Einschlusses Nichteinwilligungsfähiger kann sich je nach dem wissenschaftlichen Design des Projekts in verschiedenen Varianten stellen. Vertretbar erscheint eine randomisierte Studie,[90] bei der sich die Nutzen-Risiko-Relation in beiden Armen, also in der Versuchs- wie in der Vergleichsgruppe, äquivalent darstellt, der Prüfarzt darum die eine wie die andere Methode gleichermaßen verantworten kann.

V. Kontrollierte Studien

1. Randomisation. Bei den vielfach und in mancherlei Spielart praktizierten kontrollierten Therapiestudien besteht die Schwierigkeit, die rechtlichen **Erfordernisse des Persönlichkeitsschutzes** mit den Verfahrensregeln der Wissenschaft in Einklang zu bringen. Der Persönlichkeitsschutz gebietet den informed consent. Die Biostatistik verlangt den Aufbau aussagekräftiger Studien. Den Regeln der Biostatistik entspräche am besten ein Verfahren mit folgenden Merkmalen: Der Forscher bildet zunächst eine Gesamtheit von Patienten, die sich möglichst gleichen im Blick auf ihre Krankheitsbilder und andere prognostisch bedeutsame Kennzeichen. Dabei wird die Stratifikation nur eine begrenzte Homogenität erreichen können. Denn der Forscher wird oft nicht alle prognostisch bedeutsamen Umstände oder Eigenschaften in ihrer Erheblichkeit für den Erfolg der Therapie übersehen. Außerdem braucht der Forscher eine möglichst große Anzahl von Patienten, um die kontrollierte Therapiestudie mit aussagekräftigen Ergebnissen abschließen zu können; eine zu weit getriebene Stratifikation der Ausgangsgesamtheit hielte die Zahl aber klein. Um die Überlegenheit der einen – neuen – therapeutischen Methode im Vergleich zur anderen – eingeführten – nachzuweisen, verteilt der Forscher in einem nächsten Schritt mittels **Randomisation,** also nach dem Zufall, die Patienten auf eine Versuchs- und eine Vergleichsgruppe. Je größer die Zahl der Patienten und ihre Ähnlichkeit in prognostisch erheblichen Merkmalen, desto aussagekräftiger das Ergebnis der vergleichenden Studie. Ein solches Verfahren verstieße gegen das Recht, weil es nicht auf den Willen der Patienten Bedacht nähme. Diese gerieten ohne ihr Wissen und ohne ihr Einverständnis über die Randomisation in eine der beiden Teilgruppen und erführen erst vor dem Eingriff das ihnen Zugedachte. Den Erfordernissen des Rechts genügte indessen ganz ein Modell, bei dem der forschende Arzt allen Patienten vollen Aufschluss gibt über die beiden therapeutischen Methoden, die bereits eingeführte und die zu erprobende in ihrem Für und Wider, und bei dem jeder Kranke die Wahl eröffnet erhält. Eine solche Studie entspräche aber höchsten biostatistischen Erfordernissen nicht. Denn die Information des Patienten und sein Entschluss können zu einer Auswahl prognostisch erheblicher Umstände führen.

2. Vermittelnde Verfahren. Die Unterschiede der zum Vergleich anstehenden medizinischen Methoden werden schon durch ihre äußeren Anmutungen den Entschluss nicht weniger Patienten beeinflussen. Außerdem wird die ärztliche Information viele Patienten lenken, vor allem diejenigen, die ihren Arzt nach seinem persönlichen Rat fragen. Die **Randomisation** kann so nicht gelingen.
Das Dilemma weckt das Bedürfnis nach **vermittelnden Verfahren,** die den rechtlichen wie den wissenschaftlichen Ansprüchen genügen. Der forschende Arzt kann die Patienten

---

[88] Ähnl der Vorschlag der BÄK (vgl *Taupitz/Fröhlich* VersR 1997, 911 ff) und auch Art 17 d Menschenrechtsübereinkommens zur Biomedizin.
[89] *Helmchen,* in: Jb f Wiss und Ethik, Bd 4, 1999, 127 ff, 141. Vgl auch *Woopen* ZME 1999, 51 ff.
[90] Etwa mit Infarktpatienten oder Unfallopfern. Zur Problematik der Vorenthaltung von Standardtherapien *Krüger,* MedR 2009, 33 ff.

über die verschiedenen therapeutischen Wege, wie den Versuchsplan, aufklären und sie fragen, ob sie sich der Randomisation unterwerfen wollen. Die bereitwilligen Patienten nehmen daraufhin an der kontrollierten Studie teil, die anderen erhalten eine Therapie nach Wahl und Möglichkeit. Dabei wird nur ein Mediziner mitwirken können, der beide therapeutischen Alternativen für ärztlich vertretbar hält. Dieses juristisch unbedenkliche Konzept hat freilich den Nachteil, dass viele Patienten, besonders die schwerer erkrankten, die Frage nach ihrem Einverständnis mit der Randomisation als bedrückende Zumutung empfinden. Auch wird die Bereitschaft wesentlich von der Art der Information und dem Stande der bereits gewonnenen Erkenntnisse abhängen. Der Weg zu Ergebnissen wird für den Wissenschaftler damit länger und ungewisser. Setzt er die Randomisation hingegen vor jede Aufklärung, so ebnet er sich die Bahn um den Preis anderer Nachteile. Wenn der Arzt die nach dem Zufall bestimmten Mitglieder der Versuchsgruppe über die Studie informiert und ihnen ein Wahlrecht einräumt, genügt er dem Selbstbestimmungsrecht dieser Patienten. Fraglich erscheint, ob er die Kranken der Vergleichsgruppe nur über die diesen zugedachte Standardmethode oder auch über die Versuchstherapie, die Studie und die Randomisation zu informieren hat.

35 Nach fester gerichtlicher Spruchpraxis soll der Arzt den Patienten über ernsthafte in Betracht kommende Alternativen aufklären.[91] Dieser Satz gilt grundsätzlich auch in der Neulandmedizin, obwohl der Kranke im Allgemeinen und von vornherein keinen Anspruch auf die Applikation der nicht oder noch nicht eingeführten Methode hat, weil der Arzt sich auf die Mittel der Schulmedizin, den Standard seines Faches beschränken darf. Der Arzt braucht freilich dann nicht über eine ernsthaft in Betracht kommende, noch nicht eingeführte Alternative zu unterrichten, wenn ihm diese praktisch nicht über ein bereits in Anspruch genommenes Maß hinaus zu Gebote steht. Nach diesem **Modell der umfassenden Aufklärung** beider durch Randomisation bestimmten Gruppen werden deutlich weniger Patienten dem Zufall folgen; die Studie wird also an Aussagekraft verlieren und länger dauern. Je gehaltvoller der Arzt seine Patienten instruiert, desto weniger Raum lässt er wohl dem Zufall und damit dem biostatistischen Nachweis. Doch mit seiner ernsthaften Aufklärung genügt er dem Recht. Dem Persönlichkeitsschutz gebührt stets der Vorrang.

36 3. **Aufklärung. Richterlich geklärt** sind die berührten Probleme noch nicht. Immerhin hat der BGH die Frage beschieden, unter welchen Umständen ein Arzt den Patienten über neue diagnostische oder therapeutische Verfahren informieren muss, die sich in der Erprobung befinden und erst an einzelnen Universitätskliniken zu Gebote stehen: „Solange eine bewährte und mit vergleichsweise geringem Risiko behaftete Untersuchungsmethode zur Verfügung steht, braucht der **Arzt den Patienten nicht von sich aus über andere, neuartige Verfahren zu unterrichten,** die erst nach einem längeren Zeitraum auch für seinen Fall zusätzlich oder alternativ in Betracht kommen könnten. Er darf davon ausgehen, dass der Patient, der zu ihm kommt, jetzt untersucht und behandelt werden will und kein theoretisches Interesse daran hat zu erfahren, ob die Medizin über kurz oder lang wohl über bessere Methoden werde verfügen können, die auch schon hier und da erprobt und angewendet würden." Solange das Krankenhaus und der behandelnde Arzt sich davon leiten lassen dürfen, dass der personelle und apparative Standard ausreicht, um den Patienten medizinisch zu versorgen, ist die Forderung nach einer Aufklärung über die neuesten Erkenntnisse der medizinischen Wissenschaft und über solche Diagnose- und Behandlungsmöglichkeiten, die erst in wenigen Spezialkliniken erprobt und durchgeführt werden, überzogen und durch die Bedürfnisse des Patienten nicht gerechtfertigt. „Sein Selbstbestimmungsrecht wird dadurch nicht angetastet. Anders wäre es dann, wenn der Arzt weiß oder wissen muss, dass der Patient mit seinem speziel-

---

[91] Ist die vom Arzt vorgeschlagene Behandlungsmethode ernsthaft umstritten, hat dieser seinen Patienten darüber aufzuklären; BGH NJW 1978, 587; vgl im Übrigen die Angaben im Kapitel über die ärztliche Aufklärungspflicht.

VI. Kontrollierte Arzneimittelprüfungen im Besonderen

Die klinische Prüfung eines Medikaments bedeutet dessen Applikation am Menschen „zu dem Zweck, über den einzelnen Anwendungsfall hinaus Erkenntnisse über den therapeutischen oder diagnostischen Wert eines Arzneimittels, insbesondere über seine Wirksamkeit und Unbedenklichkeit, zu gewinnen".[93] Der forschende Arzt sucht über die individuelle medizinische Fürsorge hinaus durch eine systematische Anwendung eines Arzneimittels einen allgemeinen Erkenntnisgewinn zu dem Prüfmedikament. Dies kann auch mit einem Arzneimittel geschehen, das in einer geprüften Dosis für eine bestimmte Indikation bereits zugelassen ist. Eine dem AMG unterliegende Arzneimittelstudie liegt danach vor, unabhängig davon, welchen Studientyp die Ärzte wählen, in welcher Institution sie das Vorhaben durchführen und ob sich ein Arzneimittelhersteller als Sponsor beteiligt.

Wendet der Arzt, weil eine andere therapeutische Alternative sich nicht (mehr) bietet, ein noch nicht zugelassenes Medikament ausschließlich im Interesse eines einzelnen Patienten an, so nimmt er eine Heilbehandlung vor, für die das allgemeine Recht gilt.[94] Bei den Pilot- oder Vorstudien hingegen geht es darum, über den Einzelfall hinaus Erkenntnisse zu gewinnen, die der Konzeption des Hauptprojekts dienen; diesem den Weg bereiten sollen. Pilotstudien unterliegen darum dem Arzneimittelgesetz und gehören vor die Ethik-Kommission.[95]

Der Begriff der klinischen Prüfung umfasst nicht nur die Erprobung von Arzneimitteln in Kliniken und Krankenhäusern, sondern auch in der Praxis des niedergelassenen Arztes, Zahnarztes und Tierarztes.[96] Dabei muss es sich um eine Prüfung handeln, die den Zweck verfolgt, relevante Zulassungsunterlagen oder aussagekräftige Ergebnisse zur Wirksamkeit und Unbedenklichkeit eines Arzneimittels zu erlangen. Nach dem Schutzzweck der §§ 40, 41 AMG müssen auch etwa an medizinischen Hochschulen oder Instituten stattfindende klinische Forschungen, die weder unmittelbar noch mittelbar der Erstellung von Zulassungsunterlagen dienen, als klinische Prüfungen nach den genannten Normen gelten.[97]

Bei der Bewertung neuer Arzneimitteltherapien spielen klinische Prüfungen eine Schlüsselrolle. Sie laufen in **standardisierten Phasen** ab.[98] In der **Phase I** geht es nach Abschluss des tierexperimentellen Teils der Arzneimittelentwicklung um die Prüfung hauptsächlich der Verträglichkeit an einer kleineren Zahl regelmäßig gesunder Probanden, die durch das Experiment gesundheitlich nichts gewinnen und an deren Freiwilligkeit darum die höchsten Anforderungen zu stellen sind. Auch Patienten können die Probandenrolle im Dienste des Erkenntnisfortschritts übernehmen, wenn sie sich uneingeschränkt frei zu entscheiden vermögen und wenn die Inanspruchnahme nach ärztlichem Urteil keine leibliche oder seelische Überforderung bedeutet. Die Phase I läuft in geeigneten Kliniken oder Abteilungen der pharmazeutischen Industrie ab.

---

[92] BGH NJW 1984, 1810 – „Einwilligung nach Aufklärung" vor der klinischen Prüfung definiert § 3 Abs 2b GCP-V.
[93] So die „Grundsätze für die ordnungsgemäße Durchführung der klinischen Prüfung ...", v 9.12.1987, BAnz, 16617; die neue Definition in § 4 Abs 23 S 1 AMG.
[94] Die Normen und Maßgaben zur klinisch-wissenschaftlichen Arzneimittelprüfung gelten jedenfalls unmittelbar nicht für den individuellen Heil- oder Arzneimittelversuch. Dieser verlangt eine realistische, begründbare Chance auf Besserung und eine dem Zustand des Patienten gemäße rücksichtsvolle Aufklärung; *Deutsch/Spickhoff*, Medizinrecht, RdNr 196.
[95] *Kollhosser/Krefft* MedR 1993, 93 ff.
[96] Vgl § 22 Abs 2 Ziff 3 AMG.
[97] *Kloesel/Cyran* zu § 22 Abs 2 Ziff 3 AMG.
[98] *Demol/Weihrauch* MedKlin 92, 1997, 118 (detailliertes Schema); *Deutsch/Spickhoff*, Medizinrecht, RdNr 1304–1308.

40 Die **Phase II** führt zur meist kontrollierten Erstanwendung an einer begrenzten Zahl von Patienten der Zielindikation und sucht – fast ausschließlich in Kliniken – den pharmakologischen Effekt, die Wirksamkeit insbesondere, zu klären, die beste Dosis zu finden und die relative Verträglichkeit, auch die Pharmakokinetik bei Begleitkrankheiten zu erfassen. Bei Arzneimittelstudien dieser Art suchen die Ärzte über die individuelle Versorgung des einzelnen Patienten hinaus durch eine systematische Anwendung eines Präparates durch Bildung von Test- und Kontrollgruppen einen allgemeinen Erkenntnisgewinn im Blick auf das Medikament zu erzielen. Weil es dabei auch wesentlich um das Wohl jedes einzelnen Patienten geht, kommen Mäßigungen beim Einwilligungserfordernis in Betracht. „Problematisch ist innerhalb der klinischen Prüfung der Phasen II und III, wie die Behandlung der Kontrollgruppe zu bewerten ist. Behandlung ist jedenfalls die Diagnostik und die Therapie der Kontrollgruppe beim Einsatz des Standardpräparates. Wird aber zulässigerweise gegen Placebo geprüft, liegt es nahe, insofern ein Humanexperiment anzunehmen, weil keine Behandlung stattfindet und die Kontrollgruppe zu wissenschaftlichen Zwecken eingerichtet wurde."[99] Beim randomisierten Vergleich gegen Placebo kann potenziell jeder Teilnehmer in die Rolle des Probanden geraten. Eine solche Arzneimittelstudie verlangt darum die **uneingeschränkte Einwilligungsfähigkeit** und das **Einverständnis aller Teilnehmer.** Das Nämliche wird gelten müssen, wenn die Ärzte ein neues, noch nicht bewährtes Medikament nach dem Zufallsverfahren gegen ein eingeführtes Standardpräparat prüfen. Hier unterwerfen die Prüfärzte alle Patienten einem – nach der Abwägung der Chancen gegen die Risiken durchaus legitimen – Verfahren, bei dem sich das Los der Teilnehmer nach dem Zufall bestimmt, wobei die Ungewissheit sich frühestens während der Studie aufklärt. Die mutmaßliche Einwilligung kommt aber für diejenigen kontrollierten Studien in Betracht, „bei denen die zu vergleichenden Therapiearme als gleichwertige individuelle Heilversuche angesehen werden können".[100] Behutsame Aufnahme verdient im Übrigen der Artikel, den das von Deutschland noch nicht angenommene europäische Übereinkommen zum Schutz der Menschenrechte und der Menschenwürde im Hinblick auf die Anwendung von Biologie und Medizin für das Problem bereithält.[101]

---

[99] *Hart* MedR 1994, 94 ff, 98.
[100] *Walter-Sack* MedR 1997, 504 ff, 506.
[101] Art 17.
„Article 17. (Protection of persons not able to consent to research)
1. Research on a person without the capacity to consent as stipulated in Article 5 may be undertaken only if all the following conditions are met:
 i. the conditions laid down in Article 16, sub-paragraphs (i) to (iv), are fulfilled;
 ii. the results of the research have the potential to produce real and direct benefit to his or her health;
 iii. reserach of comparable effectiveness cannot be carried out on individuals capable of giving consent;
 iv. the necessary authorisation provided for under Article 6 has been given specifically and in writing, and
 v. the person concerned does not object.
2. Exceptionally and under the protective conditions prescribed by law, where the research has not the potential to produce results of direct benefit to the health of the person concerned, such research may be authorised subject to the conditions laid down in paragraph 1, sub-paragraphs (i), (iii), (iv) and (v) above, and to the following additional conditions:
 i. the research has the aim of contributing, through significant improvement in the scientific understanding of the individual's condition, disease or disorder, to the ultimate attainment of results capable of conferring benefit to the person concerned or to other persons in the same age category or afflicted with the same disease or disorder or having the same condition.
 ii. the research entails only minimal risk and minimal burden for the individual concerned." – Aus der Literatur: *Eser* (Hrsg), Biomedizin und Menschenrechte, 1999; *Spranger* MedR 2001, 238 ff.

22. Kapitel. Besondere ärztliche Eingriffe und Sonderprobleme 41 § 130

Die **Phase III,** eine erweiterte klinische Prüfung, soll die Wirksamkeit und Verträglichkeit des neuen Medikaments bei einer großen Zahl von Patienten in Kliniken und in Praxen niedergelassener Ärzte so weit klären, dass ein Antrag auf die Zulassung des Arzneimittels begründet erscheint.

In der **Phase IV,** einer klinischen Prüfung mit Probandenschutz[102], kommen bereits zugelassene Arzneimittel zu bestimmungsgemäßem Einsatz mit dem zusätzlichen Ziel, seltene Nebenwirkungen zu erfassen und zu bewerten, auch das Wirksamkeits- und Verträglichkeitsprofil zu schärfen. **Anwendungsbeobachtungen (AWB)** „sind Beobachtungsstudien, die dazu bestimmt sind, Erkenntnisse bei der Anwendung verkehrsfähiger Arzneimittel zu sammeln. Ihr besonderes Charakteristikum ist die weitestgehende Nichtbeeinflussung des behandelnden Arztes in Bezug auf Indikationsstellung sowie Wahl und Durchführung der Therapie im Einzelfall."[103] Sie fallen nicht unter die klinische Prüfung (§ 4 Abs 23 S 2 AMG: „nichtinterventionelle Prüfung"). Von behördlicher Überwachung und der besonderen Versicherungspflicht bleiben frei auch die Beobachtungsstudien mit wissenschaftlicher, also methodischer Dokumentation. „Die Phase-IV-Prüfung unterscheidet sich ... von der Einzelbehandlung nicht in der Anwendung des Arzneimittels, sondern nur in der Kontrolle der Wirkungen des angewandten Arzneimittels. Sie erfolgt hier gründlicher als bei der Einzelbehandlung und wird für eine Mehrzahl von Fällen mit wissenschaftlichen Methoden ausgewertet."[104] Ob mit Anwendungsbeobachtungen die zuständige öffentlich-rechtliche Ethik-Kommission zu befassen ist, hängt auch von der Berufsordnung ab, die auch epidemiologische Studien vorlagepflichtig machen kann.[105]

Es gibt andererseits auch mit bereits zugelassenen Arzneimitteln klinische Prüfungen, die den gesetzlichen Erfordernissen dann voll genügen müssen. „Es kommt darauf an, in welchem Verhältnis die individuelle Behandlung mit dem Arzneimittel zum Beobachtungszweck steht. Immer dann, wenn im Hinblick auf den Beobachtungszweck zusätzliche diagnostische oder therapeutische Maßnahmen ergriffen werden, die durch die individuelle Behandlung nicht gerechtfertigt sind, handelt es sich um eine Prüfung im Sinne des Gesetzes."[106] Wenn sich das Schutzbedürfnis des Patienten erhöht, greifen stets die Normen der §§ 40, 41, 42 AMG und die sie ergänzenden Vorschriften, also auch etwa dann, wenn ein systematischer Vergleich zwischen zwei zugelassenen Arzneimitteln im Rahmen ihrer jeweiligen Indikation und Dosierung zur Durchführung gelangen soll.

Der Arbeitskreis medizinischer Ethik-Kommissionen hat die Sponsoren dazu aufgefordert, „vor einem geplanten **Wechsel des Studiendesigns** eine Zwischenauswertung durchzuführen, die Daten der Ethik-Kommission vorzulegen und den Patienten anlässlich der Aufklärung über die Studienfortsetzung im geänderten Design über die wesentlichen Ergebnisse der Zwischenauswertung zu informieren".[107]

---

[102] *Deutsch/Spickhoff,* Medizinrecht, RdNr 1308, mNw.
[103] Empfehlungen zur Planung und Durchführung von Anwendungsbeobachtungen v 12.11. 1998 (BAnz, 16884), bei *Feiden* (Hrsg), Arzneimittelprüfrichtlinien, 1.15. Zu den strafrechtlichen Gefahren *Böse/Mölders,* MedR 2008, 585 ff.
[104] *Kollhosser* MedR 1991, 184 ff, 187; vgl auch *Victor/Schäfer/Nowak* (Hrsg), Arzneimittelforschung nach der Zulassung. Bestandsaufnahme und Perspektiven, 1991, ferner *Schäfer/Viktor/Michaelis* DÄBl 1993, A 1, 1178 ff – Anwendungsbeobachtungen bedürfen nicht des Abschlusses einer Versicherung.
[105] Die neue MBO-Ä (§ 15) entbindet den Arzt im Unterschied zu früheren Regelungen von der Pflicht, die Ethikkommission anzurufen „bei ausschließlich epidemiologischen Forschungsvorhaben" – eine verfängliche und darum abzulehnende Klausel, die etwa in Baden-Württemberg nicht übernommen worden ist.
[106] *Glaeske/Greiser/Hart,* Arzneimittelsicherheit und Länderüberwachung, 1993, 146. – Über die Wirksamkeit der Arzneimittelkommission der deutschen Ärzteschaft informiert der Tätigkeitsbericht der BÄK 2007, ersch 2008, 297 ff.
[107] DÄBl 1998, A 1328.

42 In jüngster Zeit hat die **multizentrische Studie**[108] Raum gewonnen: Ein wissenschaftliches Vorhaben, an dem sich mehrere Zentren beteiligen und das darauf abzielt, die gewonnenen Befunde als einen Datensatz zu behandeln. Immer häufiger erscheint die multizentrische Studie etwa nach Phase III in Gestalt einer zugleich multinationalen. Oft überwiegen deren Vorteile – der Zugang zu einem umfangreichen Patientengut, die schnellere Rekrutierung und die breitere Erfahrung durch die Anwendung des Medikaments in unterschiedlichen Bevölkerungen, nicht zuletzt auch der Aufschluss weiterer Märkte – die Nachteile: Das Risiko des Scheiterns und die hohen Kosten, die sich aus der Komplexität von Organisation und Logistik wie aus den Unterschieden der Medizin- und Rechtskulturen ergeben.[109] Selbstverständlich entbindet die Internationalität einer Studie den deutschen Prüfarzt nicht vom deutschen und europäischen Recht. Bei der multizentrischen Studie hat sich jeder teilnehmende Forscher nach dem Berufsrecht der Kritik und dem Rat der Ethik-Kommission seiner Ärztekammer oder medizinischen Fakultät zu stellen, auch wenn das Vorhaben bereits durch eine andere öffentlich-rechtliche Ethik-Kommission geprüft worden ist. Gewisse Erleichterungen des Verfahrens liegen darin, „dass einmal für eine Studie, die in mehr als einem Zuständigkeitsbereich in der Bundesrepublik durchgeführt wird, eine **hauptzuständige Kommission** ermittelt wird".[110] Die **lokalen Ethik-Kommissionen** bleiben im Spiel. „Bei multizentrischen klinischen Prüfungen, die im Geltungsbereich des Arzneimittelgesetzes in mehr als einer Prüfstelle erfolgen, erhält jede weitere nach Landesrecht für einen Prüfer zuständige Ethik-Kommission (beteiligte Ethik-Kommission) zeitgleich eine Kopie des Antrages und der Unterlagen".[111]

43 **Alle Arzneimittelstudien,** auch die „Therapieoptimierungsstudien" insbesondere in der Onkologie, **unterliegen dem AMG,** bedürfen also eines Prüfplans und eines Leiters der klinischen Prüfung, außerdem einer speziellen Patienten- oder Probandenversicherung. Seit der 7. AMG-Novelle muss ferner der Einblick in Originalkrankenunterlagen berücksichtigt sein und die zuständige Ethik-Kommission studienbegleitend Mitteilung über die schwerwiegenden unerwünschten Ereignisse erhalten. Schließlich haben die Verantwortlichen die Pflicht, die Studie nicht nur dem Regierungspräsidium als der Überwachungsbehörde zu melden, sondern auch den Prüfplan mit dem Votum der Ethik-Kommission beim Bundesinstitut für Arzneimittel und Medizinprodukte in Berlin vorzulegen.[112]

44 Ein ordnungsgemäß aufgestellter **Prüfplan**[113] muss die folgenden Elemente enthalten, auch zu den folgenden Stichworten Auskunft bieten: Das Eröffnungsblatt hat zu benennen den Titel des Projekts, den Leiter der klinischen Prüfung nach AMG oder MPG, den Prüfarzt, die weiteren, an der klinischen Prüfung Beteiligten, den Biometriker, den Sponsor und den Monitor, schließlich das Datum und die Version des Prüfplans. Letzterer muss eine Zusammenfassung, ein Inhaltsverzeichnis und eine Einleitung über die wissenschaftlichen Grundlagen enthalten, ferner die Ziele der Studie und die Zielkriterien, die Haupt-

---

[108] Begriffsbestimmung in § 3 Abs 1 GCP-V. Zur Komplexität des Zusammenwirkens *Baldus* MedR 2006, 202–204.

[109] *Demol/Weihrauch* MedKlin 92, 1997, 117 ff; vgl auch *Gleiter* DÄBl 1997, B 366 f.

[110] *Deutsch/Spickhoff,* Medizinrecht, RdNr 1058 f; § 42 Abs 1 S 2 AMG, § 8 Abs 5 GCP-V; Art 7 Richtlinie 2001/20/EG (bei multizentrischen Prüfungen für jeden Staat der EU eine einzige Stellungnahme).

[111] § 7 Abs 1 S 4 GCP-V. – Zu der Frage, ob der Sponsor durch den Wechsel des Prüfleiters eine zweite Ethik-Kommission zuständig machen kann, nachdem sein Antrag von der ersten abgelehnt wurde, und ob diese zweite Kommission die klinische Prüfung trotz des negativen Votums der ersten zustimmend bewerten darf: *Taupitz/Rösch,* FS Deutsch, 647 ff.

[112] *Walter-Sack* MedR 1997, 301 ff; *dies* MedR 1997, 504 ff.

[113] „Prüfplan ist die Beschreibung der Zielsetzung, Planung, Methodik, statistischen Erwägungen und Organisation einer klinischen Prüfung. Der Begriff schließt nachfolgende Fassungen und Änderungen des Prüfplans ein", § 3 Abs 2 GCP-V; vgl ferner B13 der Deklaration von Helsinki (Text nachstehend).

22. Kapitel. Besondere ärztliche Eingriffe und Sonderprobleme   45 § 130

ziel- wie die Nebenzielkriterien, dartun. Die Prüfsubstanz oder das Prüfprodukt muss in einer allgemeinen Beschreibung erscheinen, auch andere Aufweise der therapeutischen und der unerwünschten Wirkungen nach Prüfplan, Investigators Brochure, Beipackzettel. Zur Darstellung der Prüfsubstanz gehören zudem Hinweise zur Bereitstellung der Prüfmuster und -produkte, Chargenbezeichnung und Beschriftung. Zu den Kernpunkten des Prüfplans zählen die Darlegung des Studiendesigns oder des Studientyps, die Einschluss- wie die Ausschlusskriterien, das Randomisierungsverfahren, der Studienablauf einschließlich Arzneimitteldosierung oder Gerätebedienung, die Begleittherapie, außerdem eine Antwort auf die Frage nach dem Sicherheitslabor. Der Prüfplan muss der Erfassung aller unerwünschten und schwerwiegenden Ereignisse Rechnung tragen und diese definieren. Wesentlicher Bestandteil des Prüfplans sind die Abbruchkriterien sowohl für die einzelnen Teilnehmer wie die gesamte Studie, außerdem das statistische Design. Zu den rechtlichen und ethischen Elementen gehören: Die Meldung an das Regierungspräsidium, die Vorlage des Prüfplans beim Bundesamt für Arzneimittel- und Medizinprodukte, die Hinterlegung der präklinischen Daten, die Patientenversicherung, die Inanspruchnahme einer öffentlich-rechtlichen Ethik-Kommission, der Datenschutz, die Regelung der Einsichtnahme in Originalunterlagen, das Monitoring, die Patienten- oder Probandenaufklärung und die Einverständniserklärung. Schließlich dürfen im Prüfplan der Hinweis auf studienbedingte radiologische Diagnostik[114] und die Unterschrift der Verantwortlichen nicht fehlen.[115]

VII. Humangewebe. Leichen

Teile des menschlichen Körpers, auch Gewebe und Körpersäfte von geringer Menge,   45
selbst wenn sie zur Verwerfung bestimmt sind, darf der Arzt zu medizinischen oder sonstigen wissenschaftlichen Zwecken nur weitergeben oder selbst nutzen, wenn die dokumentierte Einwilligung dessen vorliegt, von dem sie herrühren. Der Ge- oder Verbrauch embryonaler oder fetaler Organe oder Gewebe zu gewichtigen Forschungszwecken bedarf der schriftlichen Einwilligung der genetischen Eltern.[116] Unumgänglich notwendige wissenschaftliche Untersuchungen an oder mit Leichen[117] erfordern eine zu Lebzeiten erklärte schriftliche Einwilligung des Verstorbenen oder eine schriftliche Einwilligung der totensorgeberechtigten Angehörigen. Jeder Einwilligung hat eine umfassende und angemessene Aufklärung vorauszugehen, die auch wirtschaftliche Gesichtspunkte einzuschließen hat, sofern solche gegeben sind. In allen Fällen ist vor dem wissenschaftlichen Eingriff eine nach Landesrecht gebildete unabhängige Ethik-Kommission anzurufen.

---

[114] Der Länderausschuss für Atomenergie – Fachausschuss Strahlenschutz – hat die lange umstrittene Frage nach der Reichweite des § 41 Abs 10 Nr 2 aF StrlSchV zutreffend wie folgt beschieden: „Eine Genehmigungspflicht gem § 3 iV mit § 41 Abs 1 und 10 Nr 2 aF StrlSchV besteht nicht, wenn Untersuchungsverfahren mit radioaktiven Stoffen im Rahmen einer klinischen Prüfung von Arzneimitteln angewandt werden und die Untersuchungsverfahren Bestandteile der Heilbehandlung und nicht durch die klinische Prüfung bedingt sind." (Auf Vorschlag des BMU am 16./17. 6. 1992.)
[115] *Walter-Sack* MedR 1997, 304. Zur **Patienten- und Probandeninformation** vgl die Hinweise im Kapitel über die ärztliche Aufklärung.
[116] Vgl auch die „Stellungnahme der Zentralen Kommission der Bundesärztekammer zur Wahrung ethischer Grundsätze in der Reproduktionsmedizin, Forschung an menschlichen Embryonen und Gentherapie", bei *Feiden*, Arzneimittelprüfrichtlinien, 8.40. Vgl ferner *Lippert* MedR 1997, 457 ff, auch *Brohm* zu Humanbiotechnik, Eigentum und Menschenwürde, JuS 1998, 197 ff und nicht zuletzt *Schröder/Taupitz*, Menschliches Blut: verwendbar nach Belieben des Arztes? Zu den Formen erlaubter Nutzung menschlicher Körpersubstanzen ohne Kenntnis des Betroffenen, 1991.
[117] *Laufs/Peris*, Tote im Dienste der Lebenden aus juristischer Sicht, Heidelberger Jb XXXVIII, 1994, 155–169, mwN; *Mattern*, Traumatomechanische Forschung an Leichen – ist sie wissenschaftlich stringent?, ebenda, 125–153.

VIII. Versicherung, Haftung

46 **1. Probandenversicherung.** Nach § 40 Abs 1 S 3 Nr 8 AMG darf die **klinische Prüfung eines Arzneimittels bei Menschen** nur stattfinden, wenn „für den Fall, dass bei der Durchführung der klinischen Prüfung ein Mensch getötet oder der Körper oder die Gesundheit eines Menschen verletzt wird, eine Versicherung ... besteht, die auch Leistungen gewährt, wenn kein anderer für den Schaden haftet". § 40 Abs 3 AMG unterwirft diese Versicherung besonderen Anforderungen. Kraft der Verweisung in § 41 AMG gelten diese Vorschriften nicht nur für wissenschaftliche Studien, sondern auch für klinische Prüfungen mit Arzneimitteln an Kranken, allerdings nicht für sonstige Humanexperimente ohne Arzneimittel.[118] Die Arbeitsgruppe Versicherungsfragen des Arbeitskreises Medizinischer Ethikkommissionen hielt es für erforderlich, „die zwischen dem gesetzlich gefordertern Versicherungsschutz einerseits und dem von der Versicherungswirtschaft tatsächlich angebotenen Versicherungsschutz andererseits bestehenden Lücken zu beseitigen".[119]

Demgemäß trifft bei der klinischen Prüfung von Arzneimitteln den Arzt gegenüber Probanden und Patienten eine **Pflicht zur Information über den Versicherungsschutz.**[120] Die Aufklärung hat auch Lücken des zeitlich begrenzten Versicherungsschutzes zu umfassen, etwa im Hinblick auf sehr lange Entwicklungszeit möglicher Tumoren.

47 **2. Haftpflicht.** Die Neulandmedizin wirft auch juristische Fragen auf, die in Deutschland noch kaum gerichtliche Bescheide erfuhren. Es geht vornehmlich um die **Sorgfalts- und die Haftpflicht.**[121]

48 a) Als **Adressaten eines Schadensersatzanspruchs** kommen forschende Personen oder Institutionen in Betracht, die eine Fürsorge-, Aufsichts- oder Überwachungspflicht verletzen.

Der Arzt bleibt stets dem Gebot verpflichtet, den größtmöglichen therapeutischen Nutzen bei den geringstmöglichen Belastungen anzustreben. Die Wahl der risikoreicheren Alternative kann einen Behandlungsfehler darstellen. Auch der Heilversuch und die klinische Arzneimittelprüfung müssen sich vor dem bestehenden medizinischen Standard und möglichen Behandlungsalternativen legitimieren. „Jedes Versuchshandeln muss mindestens den Nutzen oder die positive Nutzen-Risiko-Bilanz versprechen, die die Standardbehandlung gewährleistet."[122]

Der Sponsor haftet für Verletzungen aus fehlerhaften Prüfungen, sofern diese sich als fahrlässige Körper- oder Gesundheitsverletzungen darstellen, auf Schadenersatz und Schmerzensgeld (§§ 823 Abs 1, 253 BGB). Der Sponsor haftet überdies aus Gefährdungshaftung nach dem Produkthaftungsgesetz.[123]

Den Klinikträger trifft die Organisationspflicht – eine Verkehrssicherungspflicht –, für die ordnungsgemäße Durchführung der klinischen Forschung zu sorgen. Er genügt ihr durch Dienstanweisungen und geeignete Kontrollverfahren.[124] Universitäten und Forschungsanstalten trifft also ein Organisationsverschulden, wenn sie nicht Zuschnitt und Anlage der wissenschaftlichen Projekte, die Einhaltung der Grundsätze über die aufge-

---

[118] *Bork* VersR 1983, 1094 mwN. Vgl ferner *Kollhosser* MedR 1991, 184 ff.

[119] *Rittner/Kratz/Walter-Sack,* Zur Angemessenheit des Probandenschutzes nach § 40 Abs 1 S. 3 Nr 8 AMG, VersR 2000, 688 ff.

[120] *Kollhosser* MedR 1983, 201 ff; *Bork* VersR 1983, 1094 ff. Zur Problematik des Kausalitätsnachweises kritisch arznei-telegramm 9, 1990, 77 f.

[121] Zur Haftung bei der Planung und Förderung medizinischer Forschungsvorhaben *v Bar/Fischer* NJW 1980, 2734 ff.

[122] *Hart* MedR 1997, 51 ff, 57. Vgl auch *ders* Strahlentherapie und Onkologie 172, 1996, 589 ff.

[123] § 15 Abs 1 TradHG mit § 84 AMG: *Deutsch/Spickhoff,* Medizinrecht, RdNr 1365.

[124] *Deutsch* MedR 1995, 483 ff, verlangt eine „institutionelle Ethik-Kommission". Stets sei das Forschungsvorhaben „auf die Besonderheiten der Personen und Einrichtungen zu projizieren".

klärte Einwilligung und das Verhältnis von Vorteil und Gefahr in großen Zügen auf eine Weise überwachen, die augenfällige Missbräuche ausschließt. Auch auftraggebende oder finanziell fördernde Gremien haben darauf zu achten, dass die wissenschaftliche Arbeit nicht die Rechtsgüter der Probanden, der Patienten oder Dritter verletzt. Dabei genügt eine Richtlinienkontrolle.

b) Schadensursächliche Fehlleistungen durch eine öffentlich-rechtlich verfasste Ethik-Kommission einer medizinischen Fakultät oder einer Ärztekammer können nach § 839 BGB iVm Art 34 S 1 GG Ersatzansprüche des beeinträchtigten Patienten oder Probanden gegen das Land, die Universität oder die Kammer begründen. Denn der Ethik-Kommission obliegen **Amtspflichten** nicht nur dem Forscher, sondern auch dem Patienten und Probanden gegenüber. Die Ethik-Kommissionen der Universitäten und Ärztekammern erfüllen durch ihre beratende Fürsorge öffentlich-rechtliche Aufgaben auch zum Schutz der Patienten oder Probanden. Erklärt also eine Ethik-Kommission einen fehlerhaften Versuchsplan für unbedenklich, so verletzt sie ihre Amtspflicht gegenüber den Patienten oder Probanden. Die Einstandspflicht der öffentlichen Hand erfordert das Verschulden mindestens eines Kommissionsmitgliedes, wenn sich der Sorgfaltsverstoß auf das Ergebnis ausgewirkt hat. Die Amtshaftung greift auch dann ein, wenn ein nicht der Universität oder der Kammer angehörendes Kommissionsmitglied, etwa ein Jurist oder ein niedergelassener Arzt, schadensursächliche Fehler verschuldete.

Als **subsidiäre Einstandspflicht** greift die Amtshaftung des Trägers nur ein, wenn dem Geschädigten keine anderen Ersatzansprüche zustehen, also etwa dann nicht, wenn der Versuchsleiter oder Versuchsarzt selbst haftet oder soweit eine Probandenversicherung bei Arzneimittelstudien besteht. Rückgriff kann der Träger der Amtshaftung bei einem Kommissionsmitglied nur nehmen, wenn dieses vorsätzlich oder grob fahrlässig handelte.[125] Die Sorgfaltspflicht richtet sich je nach der gebotenen Fachkompetenz.

Aufschlussreich sind die Erwägungen, die *Michael van der Sanden* in seiner Dissertation über die „Haftung medizinischer Ethik-Kommissionen bei klinischer Arzneimittelprüfung" (2008) anstellt: Die der Amtshaftungsanspruch auslösende Verletzung der Begutachtungspflicht liege in der Stimmabgabe eines jeden einzelnen fehlerhaft votierenden Kommissionsmitglieds, sofern sich dessen Meinung in der Kommissionsentscheidung realisierte. Die dafür erforderliche Zurechnung der übrigen Stimmen erfolge über § 830 Ab 1 S 1 BGB, durch dessen Anwendung auch der Ausschluss des Einwandes rechtmäßigen Alternativverhaltens gelinge. Die Subsidiaritätsklausel (§ 839 Abs 1 S 2 BGB) entlastet den Kommissionsträger in Fällen der Haftungskonkurrenz insbesondere bei Ansprüchen gegen private Forschungsinstitutionen oder gegen Sponsoren. Das Haftpflichtrisiko gegenüber Versuchsteilnehmern mindert die Probandenversicherung, die verschuldensunabhängig regelmäßig einen großen Teil der Risiken auffängt. Weil der Ethik-Kommission Ermessens- und Beurteilungsspielräume zu Gebote stehen und die richterliche Kontrolle darum einer gewissen Begrenztheit unterliegt, mag auch daraus eine Mäßigung des Haftpflichtrisikos folgen. Beteiligten Ethik-Kommissionen bleibt nur knapp bemessene Zeit. „Die Bewertung der über das Pflichtprogramm des § 8 Abs 5 S 2 GCP-Verordnung hinausgehende Kriterien wird sich angesichts dessen regelmäßig auf die Beachtung allgemeiner Standards und die Kennzeichnung offensichtlicher Defizite beschränken". Beim vertikalen Ausgleich über den Innenregress bei den Kommissionsmitgliedern kommt das

---

[125] Art 34 S 2 GG, § 46 Abs 1 S 1 BRRG. Vgl auch *Kollhosser*, Haftungs- und versicherungsrechtliche Fragen bei Ethik-Kommissionen, in: *Toellner* (Hrsg), Die Ethik-Kommission in der Medizin, 1990, 79 ff, 85 ff; *Kreß*, Die Ethik-Kommissionen im System der Haftung bei der Planung und Durchführung von medizinischen Forschungsvorhaben am Menschen, 1990. Vgl ferner *Fischer*, Haftung für die Fehler von Ethik-Kommissionen nach der Änderung des AMG von 2004, FS Deutsch, 151 ff, mit dem Appell, die Probandenversicherungen „endlich den Anforderungen des § 40 III 2 AMG" anzupassen, um Haftungsrisiken auszuräumen. – Über die sehr begrenzten Möglichkeiten von Haftungsprivilegierungen in Forschungsverträgen *Geiger*, MedR 2009, 67 ff.

Arbeitsrecht mit der Fürsorgepflicht des Rechtsträgers ins Spiel, wobei sich freilich seine verlässliche und vollständige Entlastung nur durch eine Selbstverpflichtungserklärung des Kommissionsträgers erreichen lässt. Für die Absicherung der Kommissionsträger empföhle sich, so der Autor, ein Trägermodell wie die verwaltungsorganisatorische Neukonzeption im Land Berlin.

51   c) Für die privatrechtlich als BGB-Gesellschaften oder GmbH organisierten **Ethik-Kommissionen** gelten die allgemeinen Regeln des Vertrags- und Deliktsrechts. Diese Kommissionen können mit Pharmafirmen Verträge abschließen, welche die Probanden und Patienten im Wege der Schutzwirkung zugunsten Dritter miteinbeziehen, mit der möglichen Folge von Ersatzansprüchen (§§ 280, 253 BGB). Daneben kommt die Haftpflicht aus unerlaubter Handlung in Betracht, welche die Ethik-Kommission wie deren Mitglieder unmittelbar treffen kann.

52   d) Zieht die Ethik-Kommission einen **Gutachter** heran, so ist dieser selbst haftbar, wobei er jedoch bei leichter Fahrlässigkeit einen Freistellungsanspruch hat, wenn er ohne oder gegen unzureichendes Entgelt tätig wurde. Dies gilt auch für Mitglieder privat organisierter Ethik-Kommissionen; insoweit belastet also die gefahrbehaftete Tätigkeit den Träger des Ausschusses.[126]

IX. Notwendig: Bedachtnahme auf die Grenzen der Fortschritte

53   Die unaufhaltsam voranschreitende Perfektionierung der Wissenschaft und Technik mit ihren Chancen und Gefahren gebietet die eingehende **ethische Reflexion** in allen Disziplinen.[127] In der Geschichte der Medizin erweist sich der therapeutische Optimismus als bestimmende und treibende Kraft; kritisches ärztliches Denken aber muss ihn zügeln.[128] Wie zu keiner anderen Zeit steht die „**Medizin zwischen Heil und Unheil**";[129] droht sie auf einzelnen Feldern zur „unmenschlichen Medizin"[130] zu werden, befinden sich „Medizin-Technik und Arzt-Ethik im Dilemma".[131] Wie die Kernphysik, so wirft auch die Kernbiologie, insbesondere die Humangenetik, Schicksalsfragen der Menschheit auf.[132] „Gegen das Klonieren von Menschen sprechen seine Individualität und das Instrumentalisierungsverbot."[133] Der Verbrauch menschlicher Embryonen bei der Präimplantationsdiagnostik wie bei der Stammzellforschung verstößt gegen das Recht auf Leben und gegen die Menschenwürde, die es verbietet, Menschen ausschließlich als Mittel den Zwecken anderer Menschen zu unterwerfen. „Zu jedem Zeitpunkt ist es geboten, das, was, von Menschen gezeugt, sich autonom auf eine erwachsene Menschengestalt hin entwi-

---

[126] Zum Vorstehenden *Deutsch/Spickhoff,* Medizinrecht, RdNr 1071 ff, zur strafrechtlichen Verantwortlichkeit RdNr 1076 f.
[127] Ausführlicher und mit zahlreichen Hinweisen *Laufs,* Rechtliche Grenzen der Fortpflanzungsmedizin, 1987, ferner JZ 1986, 769–777 und NJW 1986, 1515 f, außerdem NJW 2000, 2716 ff.
[128] *Koelbing,* Die ärztliche Therapie, Grundzüge ihrer Geschichte, 1985.
[129] *Diehl* MedKlin 1986, 100–104.
[130] Förderkreis Bad Nauheimer Gespräche (Hrsg), Unmenschliche Medizin. Geschichtliche Erfahrungen, gegenwärtige Probleme und Ausblick auf die zukünftige Entwicklung, 1983. – Zur Zeitgeschichte *Kudlien,* Ärzte im Nationalsozialismus, 1985; *Lifton,* Ärzte im Dritten Reich, 1988.
[131] *Schipperges* Scheidewege 15, 1985/86, 142–162.
[132] Vgl etwa *Eser,* Neuartige Bedrohungen ungeborenen Lebens. Embryo-Forschung und „Fetozid" in rechtsvergleichender Perspektive, 1990; *Eberbach,* Forschung an menschlichen Embryonen: Konsensfähiges und Begrenzungen, ZRP 1990, 217 ff. Aus der jüngeren kritischen Literatur, die sich kaum mehr übersehen lässt, seien noch die folgenden Titel genannt: *Gethmann/Honnefelder* (Hrsg), Jahrb f Wissenschaft und Ethik, Bd 1, 1996; *Byrd/Hruschka/Joerden* (Hrsg), Jahrb f Recht und Ethik, Bd 4, 1996 (Themenschwerpunkt Bioethik und Medizinrecht); *Hooft/Zanier,* Genetics, Bioethics and Law, FS Broekman, 1996; Eindringlich die Kritik von *Fuchs,* Die Genomfalle. Die Versprechungen der Gentechnik, ihre Nebenwirkungen und Folgen, 2000.
[133] *Reiter,* Herder-Korrespondenz 1997, 170 ff; vgl ferner *Kienle* ZRP 1998, 186 ff.

22. Kapitel. Besondere ärztliche Eingriffe und Sonderprobleme

ckelt, als ‚jemanden' zu betrachten, der nicht als ‚etwas', zum Beispiel als Organersatzlager zugunsten anderer, und seien sie noch so leidend, ausgeschlachtet werden darf"(*Robert Spaemann*).[134]

Grenzen ziehen dem Streben nach Erkenntnis nicht zuletzt das **Arztgeheimnis** und der mit den medizinischen Fortschritten notwendig **gewachsene Datenschutz**.[135] Die wissenschaftliche Arbeit an Krankengeschichten und Patientenakten ist nur mit pseudonymisierten Daten erlaubt. Der Zugang zu nicht pseudonymisierten Daten bleibt grundsätzlich den behandelnden Ärzten vorbehalten, die zur Weitergabe an einen anderen Arzt oder einen wissenschaftlichen Mitarbeiter einer personenbezogenen Ermächtigung bedürfen. Probanden und Patienten sind „über Zweck und Umfang der Erhebung und Verwendung personenbezogener Daten, insbesondere von Gesundheitsdaten, zu informieren".[136]

Bei Patienteninformation und Einverständniserklärung zu **genetischen Untersuchungen** sind folgende Punkte zu beachten: Die Genomanalyse[137] bedarf der Einwilligung des Patienten nach Aufklärung, die insbesondere die Reichweite der Untersuchung und die möglichen psychischen Folgen einzubeziehen hat. Die Einwilligung kann der Patient jederzeit widerrufen. Die Information muss vermitteln, ob und wie die Studienteilnehmer die Ergebnisse der genetischen Untersuchungen in Erfahrung bringen können. Es muss ein Hinweis darauf erfolgen, dass die Studienteilnehmer die Vernichtung der noch nicht pseudonymisierten Proben bei Rücktritt von der Studienteilnahme fordern können und dass keine anderen Untersuchungen als die im Studienziel genannten mit dem Probenmaterial geplant sind und durchgeführt werden. Für die Patienten und die Angehörigen sind getrennte Informationsblätter vorzusehen. Bei der Rekrutierung von Angehörigen hat der Arzt vorab die Aufgabe, zu prüfen, ob die Konfrontation der Familie mit der Fragestellung vertretbar erscheint. Bei unbehandelbaren Krankheiten sollten Jugendliche nicht auf ihre genetische Disposition hin untersucht werden. Der Arzt hat die Patienten zu befragen, ob ihnen Zufallsbefunde mitgeteilt werden sollen. Das die Genotypisierung durchführende Labor ist zu nennen.

Auch die Rechtsfragen im Zusammenhang mit Patentierungen und Verwertungen verdienen Notiz.[138] Die Prüfung von **Publikationsklauseln** obliegt den Ethik-Kommissionen. Solche Klauseln müssen dem Forscher grundsätzlich die Möglichkeit offenhalten, auf der Grundlage seiner wissenschaftlichen Leistungen wahrheitsgemäß zu publizieren. Einschränkungen des Rechts zur Veröffentlichung bedürfen des wichtigen Grundes, den es näher zu spezifizieren gilt (insbesondere im Interesse des Schutzes von Patienten und vertraulichen Informationen des Sponsors).[139] Die wissenschaftliche Publikation darf selbstverständlich nicht beschönigen.[140]

---

[134] Grundlegend *Spaemann*, Personen. Versuche über den Unterschied zwischen „etwas" und „jemand", 2. Aufl 1998. Vgl ferner die zur Vorsicht mahnenden Beiträge von *Reiter* in der Herder-Korrespondenz 2001, 12 ff, 284 ff; auch *Benda* NJW 2001, 2147 f; s außerdem *Geyer* (Hrsg), Biopolitik. Die Positionen, 2001.

[135] § 40 Abs 2a AMG. – *Pöttgen*, Medizinische Forschung und Datenschutz, 2009. Zum Datenschutz bei internationalen klinischen Studien *Weisser/Bauer* MedR 2005, 339–346; über Biobanken für die Forschung und informationelle Selbstbestimmung *Mand* MedR 2005, 565–575; zu den Krebsregistern *Deutsch/Spickhoff*, Medizinrecht, RdNr 623 f; zur Widerruflichkeit der Einwilligung in die Datenverarbeitung bei medizinischer Forschung *Herbst*, MedR 2009, 149 ff; zur Nutzung der elektronischen Gesundheitskarte *Roßnagel/Hornung*, MedR 2008, 538 ff.

[136] § 40 Abs 2a AMG mit detaillierten Maßgaben („insbesondere").

[137] Vgl *Deutsch/Spickhoff*, Medizinrecht, RdNr 1125 ff. – Das neue GenDG gilt nach § 2 Abs 2 „nicht für genetische Untersuchungen und Analysen und den Umgang mit genetischen Proben und Daten zu Forschungszwecken".

[138] *Deutsch/Spickhoff*, Medizinrecht, RdNr 1413 ff, 1417 ff (Arzneimittelschutz), 865 (Gewerbliche Schutzrechte für Körperteile oder die Weiterentwicklung aus dem Körper entfernter Substanzen).

[139] *Pramann*, Publikationsklauseln in Forschungsverträgen und Forschungsprotokollen klinischer Studien, 2007.

[140] *Lutterotti*, Von den Kunstfehlern in der medizinischen Literatur, FAZ Nr 132 v 10. 6. 2009, S N 1, mit Belegen.

Anhang 1 zu § 130:

WORLD MEDICAL ASSOCIATION DECLARATION OF HELSINKI

Recommendations guiding physicians in biomedical research involving human subjects

Adopted by the 18th World Medical Assembly, Helsinki, Finland, June 1964 and amended by the 29th World Medical Assembly, Tokyo, Japan, October 1975, 35th World Medical Assembly, Venice, Italy, October 1983, 41st World Medical Assembly, Hong Kong, September 1989 and the 48th General Assembly, Somerset West, Republic of South Africa, October 1996

INTRODUCTION

It is the mission of the physician to safeguard the health of the people. His or her knowledge and conscience are dedicated to the fulfillment of this mission.

The Declaration of Geneva of the World Medical Association binds the physician with the words, "The health of my patient will be my first consideration", and the International Code of Medical Ethics declares that, "A physician shall act only in the patient's interest when providing medical care which might have the effect of weakening the physical and mental condition of the patient".

The purpose of biomedical research involving human subjects must be to improve diagnostic, therapeutic and prophylactic procedures and the understanding of the aetiology and pathogenesis of disease.

In current medical practice most diagnostic, therapeutic or prophylactic procedures involve hazards. This applies especially to biomedical research.

Medical progress is based on research which ultimately must rest in part on experimentation involving human subjects.

In the field of biomedical research a fundamental distinction must be recognized between medical research in which the aim is essentially diagnostic or therapeutic for a patient, and medical research, the essential object of which is purely scientific and without implying direct diagnostic or therapeutic value to the person subjected to the research.

Special caution must be exercised in the conduct of research which may affect the environment, and the welfare of animals used for research must be respected.

Because it is essential that the results of laboratory experiments be applied to human beings to further scientific knowledge and to help suffering humanity, the World Medical Association has prepared the following recommendations as a guide to every physician in biomedical research involving human subjects. They should be kept under review in the future. It must be stressed that the standards as drafted are only a guide to physicians all over the world. Physicians are not relieved from criminal, civil and ethical responsibilities under the laws of their own countries.

I. BASIC PRINCIPLES

1. Biomedical research involving human subjects must conform to generally accepted scientific principles and should be based on adequately performed laboratory and animal experimentation and on a through knowledge of the scientific literature.
2. The design and performance of each experimental procedure involving human subjects should be clearly formulated in an experimental protocol which should be transmitted for consideration, comment and guidance to a specially appointed committee independent of the investigator and the sponsor provided that this independent committee is in conformity with the laws and regulations of the country in which the research experiment is performed.
3. Biomedical research involving human subjects should be conducted only by scientifically qualified persons and under the supervision of a clinically competent medical person. The responsibility for the human subject must always rest with a medically qualified person and never rest on the subject of the research, even though the subject has given his or her consent.
4. Biomedical research involving human subjects cannot legitimately be carried out unless the importance of the objective is in proportion to the inherent risk to the subject.

5. Every biomedical research project involving human subjects should be preceded by careful assessment of predictable risks in comparison with foreseeable benefits to the subject or to others. Concern for the interest of the subject must always prevail over the interests of science and society.
6. The right of the research subject to safeguard his or her integrity must always be respected. Every precaution should be taken to respect the privacy of the subject and to minimize the impact of the study on the subject's physical and mental integrity and on the personality of the subject.
7. Physicians should abstain from engaging in research projects involving human subjects unless they are satisfied that the hazards involved are believed to be predicable. Physicians should cease any investigation if the hazards are found to outweigh the potential benefits.
8. In publication of the results of his or her research, the physician is obliged to preserve the accuracy of the results. Reports of experimentation not in accordance with the principles laid down in this Declaration should not be accepted for publication.
9. In any research on human beings, each potential subject must be adequately informed of the aims, methods, anticipated benefits and potential hazards of the study and the discomfort it may entail. He or she should be informed that he or she is at liberty to abstain from participation in the study and that he or she is free to withdraw his or her consent to participation at any time. The physician should then obtain the subject's freely-given informed consent, preferably in writing.
10. When obtaining informed consent for the research project the physician should be particularly cautious if the subject is in a dependent relationship to him or her or may consent under duress. In that case the informed consent should be obtained by a physician who is not engaged in the investigation and who is completely independent of his official relationship.
11. In case of legal incompetence, informed consent should be obtained from the legal guardian in accordance with national legislation. Where physical or mental incapacity makes it impossible to obtain informed consent, or when the subject is a minor, permission from the responsible relative replaces that of the subject in accordance with national legislation.

    Whenever the minor child is in fact able to give a consent, the minor's consent must be obtained in addition to the consent of the minor's legal guardian.
12. The research protocol should always contain a statement of the ethical considerations involved and should indicate that the principles enunciated in the present Declaration are complied with.

II. MEDICAL RESEARCH COMBINED WITH PROFESSIONAL CARE (Clinical Research)

1. In the treatment of the sick person, the physician must be free to use a new diagnostic and therapeutic measure, if in his or her judgement it offers hope of saving life, re-establishing health or alleviating suffering.
2. The potential benefits, hazards and discomfort of a new method should be weighed against the advantages of the best current diagnostic and therapeutic methods.
3. In any medical study, every patient – including those of a control group, if any – should be assured of the best proven diagnostic and therapeutic method. This does not exclude the use of inert placebo in studies where no proven diagnostic or therapeutic method exists.
4. The refusal of the patient to participate in a study must never interfere with the physician-patient relationship.
5. If the physician considers it essential not to obtain informed consent, the specific reasons for this proposal should be stated in the experimental protocol for transmission to the independent committee (I, 2).
6. The physician can combine medical research with professional care, the objective being the acquisition of new medical knowledge, only to the extent that medical research is justified by its potential diagnostic or therapeutic value for the patient.

III. NON-THERAPEUTIC BIOMEDICAL RESEARCH INVOLVING HUMAN SUBJECTS (Non-Clinical Biomedical Research)

1. In the purely scientific application of medical research carried out on a human being, it is the duty of the physician to remain the protector of the life and health of that person on whom biomedical research is being carried out.
2. The subjects should be volunteers – either healthy persons or patients for whom the experimental design is not related to the patient's illness.
3. The investigator or the investigating team should discontinue the research if in his/her or their judgement it may, if continued, be harmful to the individual.

§ 130   § 130 Heilversuch und klinisches Experiment

4. In research on man, the interest of science and society should never take precedence over considerations related to the wellbeing of the subject.

Anhang 2 zu § 130:

Erklärung von Helsinki in der Fassung vom Oktober 2000 (52. Vollversammlung des Weltärztebundes in Edinburgh/Schottland, Stand 2004

WORLD MEDICAL ASSOCIATION DECLARATION OF HELSINKI
Ethical Principles for Medical Research Involving Human Subjects

Adopted by the 18th WMA, General AssemblyHelsinki, Finland, June 1964 and amended by the 29th WMA General Assembly, Tokyo, Japan, October 1975, 35th WMA General Assembly, Venice, Italy, October 1983, 41st WMA General Assembly, Hong Kong, September 1989, 48th WMA General Assembly, Somerset West, Republic of South Africa, October 1996 and the 52nd WMA General Assembly, Edinburgh, Scotland, October 2000.
Note of Clarification on Paragraph 29 added by the WMA General Assembly, Washington 2002;
Note of Clarification on Paragraph 30 added by the WMA General Assembly, Tokyo 2004

A. INTRODUCTION

1. The World Medical Association has developed the Declaration of Helsinki as a statement of ethical principles to provide guidance to physicians and other participants in medical research involving human subjects. Medical research involving human subjects includes research on identifiable human material or identifiable data.
2. It is the duty of the physician to promote and safeguard the health of the people. The physician's knowledge and consience are dedicated to the fullfillment of this duty.
3. The declaration of Geneva of the World Medical Association binds the physician with the words, "The health of my patient will be my first consideration", and the International Code of Medical Ethics declares that, "A physician shall act only in the patient's interest when providing medical care which might have the effects of weakening the physical and mental condition of the patient."
4. Medical progress is based on research which ultimately must rest in part on experimentation involving human subjects.
5. In medical research on human subjects, considerations related to the well-being of the human subject should take precedence over the interests of science and society.
6. The primary purpose of medical research involving human subjects is to improve prophylactic, diagnostic and therapeutic procedures and the understanding of the aetiology and pathogenesis of disease. Even the best proven prophylactic, diagnostic, and therapeutic methods must continuously be challenged through research for their effectiveness, effeciency, accessibility and quality.
7. In cureent medical practice and in medical research, most prophylactic, diagnostic and therapeutic procedures involve risk and burdens.
8. Medical research is subject to ethical standards that promote respect for all human beings and protect their health and rights. Some research populations are vulnerable and need special protection. The particular needs of the economically and medically disadvantaged must be recognized. Special attention is also required for those who cannot give or refuse consent for themselves, for those who may be subject to giving consent under duress, for those who will not benefit personally from the research and for those for whom the research is combined with care.
9. Research Investigators should be aware of the ethical, legal and regulatory requirements for research on human subjects in their own countries as well as applicable international requirements. No national ethical, legal or regulatory requirement should be allowed to reduce or eliminate any of the protections for human subjects set forth in this Declaration

B. BASIC PRINCIPLES FOR ALL MEDICAL RESEARCH

10. It is the duty of the physician in medical research to protect the life, health, privacy, and dignity of the human subjects.
11. Medical research involving human subjects must conform to generally accepted scientific principles, be based on a thorough knowledge of the scientific literature, other relevant sources of information, and on adequate laboratory and, where appropriate, animal experimentation.

12. Appropriate caution must be exercised in the conduct of research which may affect the environment, and the welfare of animals used for research must be respected.
13. The design and performance of each experimental procedure involving human subjects should be clearly formulated in an experimental protocol. This protocol should be submitted for consideration, comment, guidance, and where appropriate, approval to a specialy appointed ethical review committee, which must be independent of the investigator, the sponsor or any other kind of undue influence. This independent committee should be in conformity with the laws and regulations of the country in which the research experiment is performed. The committee has the right to monitor ongoing trials. The researcher has the obligation to provide monitoring information to the committee, especially any serious adverse events. The researcher should also submit to the committee, for review, information regarding funding, sponsors, institutional affiliations, other potencial conflicts of interest and incentives for subjects.
14. The research protocol should always contain a statement of the ethical considerations involved and should indicate that there is compliance with the principles enunciated in this Declaration.
15. Medical research involving human subjects should be conducted only by scientifically qualified persons and under the supervision of a clinically competent medical person. The responsibility for the human subject must always rest with a medically qualified person and never rest on the subject of the research, even though the subject has given consent.
16. Every medical research project involving human subjects should be preceded by careful assessment of predictable risks and burdens in comparison with foreseeable benefits to the subject or to others. This does not preclude the participation of healthy volunteers in medical research. The design of all studies should be publicly available.
17. Physicians should abstain from engaging in research projects involving human subjects unless they are confident that the risks involved have been adequately assessed and can be satisfactorily managed. Physicians should cease any investigation if the risk are found to outweigh the potential benefits or if there is conclusive proof of positive and beneficial results.
18. Medical research involving human subjects should only be conducted if the importance of the objective outweighs the inherent risks and burdens to the subject. This is especially important when the human subjects are healthy volunteers.
19. Medical research is only justified if there is a reasonable likelihood that the populations in which the research is carried out stand to benefit from the results of the research.
20. The subjects must be volunteers and informed participants in the research project.
21. The right of research subjects to safeguard their integrity must alsways be respected. Every precaution should be taken to respect the privacy of the subject, the confidentiality of the patient's information and to minimize the impact of the study on the subject's physical and mental integrity and on the personality of the subject.
22. In any research on human beings, each potential subject must be adequately informed of the aims, methods, sources of funding, any possible conflicts of interest, institutional affiliations of the researcher, the anticipated benefits and potential risks of the study and the discomfort it may entail. The subject should be informed of the right to abstain from participation in the study or to withdraw consent to participate at any time without reprisal. After ensuring that the subject has understood the information, the physician should then obtain the subject's freely-given informed consent, preferably in writing. If the consent cannot be obtained in writing, the non-written consent must be formally documented and witnessed.
23. When obtaining informed consent for the research project the physician should be particularly cautious if the subject is in a dependent relationship with the physician or may consent under duress. In that case the informed consent should be obtained by a well-informed physician who is not engaged in the investigation and who is completely independent of this relationship.
24. For a research subject who is legally incompetent, physically or mentally incapable of giving consent or is a legally incompetent minor, the investigator must obtain informed consent from the legally authorized representative in accordance with applicable law. These groups should not be included in research unless the research is necessary to promote the health of the population represented and this research cannot instead be performed on legally competent persons.
25. When a subject deemed legally incompetent, such as a minor child, is able to give assent to decisions about participation in research, the investigator must obtain that assent in addition to the consent of the legally authorized representative.
26. Research on individuals from whom it is not possible to obtain consent, including proxy or advance consent, should be done only if the physical/mental condition that prevents obtaining informed consent is a necessary characteristic of the research population. The specific reasons for

§ 130

involving research subjects with a condition that renders them unable to give informed consent should be stated in the experimental protocol for consideration and approval of the review committee. The protocol should state that consent to remain in the research should be obtained as soon as possible from the individual or a legally authorized surrogate.
27. Both authors and publishers have ethical obligations. In publication of the results of research, the investigators are obliged to preserve the accuracy of the results. Negative as well as positive results should be published or otherwise publicly available. Sources of funding, institutional affiliations and any possible conflicts of interest should be declared in the publication. Reports of experimentation not in accordance with the principles laid down in this Declaration should not be accepted for publication.

C. ADDITION PRINCIPLES FOR MEDICAL RESEARCH COMBINED WITH MEDICAL CARE

28. The physician may combine medical research with medical care, only to the extent that the research is justified by its potential prophylactic, diagnostic or therapeutic value. When medical research is combined with medical care, additional standards apply to protect the patients who are research subjects.
29. The benefits, risks, burdens and effectiveness of a new method should be tested against those of the best current prophylactic, diagnostic, and therapeutic methods. This does not exclude the use of placebo, or no treatment, in studies where no proven prophylactic, diagnostic or therapeutic method exists.[1]
30. At the conclusion of the study, every patient entered into the study should be assured of access to the best proven prophylactic, diagnostic and therapeutic methods identified by the study.[2]
31. The physician should fully inform the patient which aspects of the care are related to the research. The refusal of a patient to participate in a study must never interfere with the patient-physician relationship.
32. In the treatment of a patient, where proven prophylactic, diagnostic and therapeutic methods do not exist or have been ineffective, the physician, with informed consent from the patient, must be free to use unproven or new prophylactic, diagnostic and therapeutic measures, if in the physician's judgement it offers hope of saving life, re-establishing health or alleviating suffering. Where possible, these measures should be made the object of research, designed to evaluate their safety and efficacy. In all cases, new information should be recorded and, where appropriate, published. The other relevant guidelines of this Declaration should be followed.

[1] **Note of clarification on paragraph 29 of the WMA Declaration of Helsinki**
The WMA hereby reaffirms its position that extreme care must be taken in making use of a placebo-controlled trial and that in general this methodology should only be used in the absence of existing proven therapy. However, a placebto-controlled trial may be ethically acceptable, even if profen therapy is available, under the following circumstances:
– Where for compelling and scientifically sound methodological reasons its use is necessary to determine the efficacy or safety of a prohylactic, diagnostic or therpeutic method; or
– Where a prophylactic, diagnostic oder therpeutic method is being investigated for a minor condition and the patients who receive placebo will not be subject to any additional risk of serious or irreversible harm.
All other provisions of the Declaration of Helsinki must be adhered to, especially the need for appropriate ethical and scientific review.

[2] **Note of clarification on paragraph 30 of the WMA Declaration of Helsinki**
The WMA hereby reaffirms its position that it is necessary during the study planning process to identify post-trial access by study participants to prophylactic, diagnostic and therpeutic procedures identified as benefical in the study or access to other appropriate care. Post-trial access arrangements or other care must be described in the study protocol so the ethical review committee may consider such arrangements during its review.

22. Kapitel. Besondere ärztliche Eingriffe und Sonderprobleme   § 131

§ 131 Die zivilrechtliche Problematik der Organtransplantation

Inhaltsübersicht

		RdNr
I.	Begriff und medizinische Möglichkeiten	1
II.	Rechtsgrundlagen	2
III.	Anwendungsbereich	5
IV.	Aufklärung der Bevölkerung, Organspenderegister, Organspendeausweis	6
V.	Organ- und Gewebeentnahme mit Einwilligung des Organspenders	7
VI.	Organ- und Gewebeentnahme mit Zustimmung anderer Personen	11
VII.	Nachweisverfahren und Auskunftspflicht	13
VIII.	Organ- und Gewebeentnahme aus rechtfertigendem Notstand	14
IX.	Organ- und Gewebeentnahme bei lebenden Organspendern	15
X.	Entnahme, Vermittlung und Übertragung bestimmter Organe	20
XI.	Meldungen, Rückverfolgung, Datenschutz, Dokumentation, Richtlinien zum Stand der Erkenntnisse der medizinischen Wissenschaft	25
XII.	Verbot des Organ- und Gewebehandels	29
XIII.	Die Xenotransplantation	30

Schrifttum: *Albrecht,* Die rechtliche Zulässigkeit postmortaler Transplantatentnahmen, 1986; *Arbeitskreis Organspende* (Hrsg): Lebendspenden von Nieren nehmen zu, münchner ärztliche Anzeigen, 1997, S. 13 ff; *v Auer/Seitz,* Transfusionsgesetz, Kommentar (Loseblatt), 5. Lfg 2001; *Bachmann/ Heerklotz,* Der Wissenschaftliche Beirat der Bundesärztekammer, DÄBl 94, Heft 10 v 7. 3. 1997, B-470 ff; *Baltzer,* Transplantationsgesetz und Rechtsschutz, SGb 1998, 437 ff; *Baumann,* Erläuterungen zum Gesetz über die Spende, Entnahme und Übertragung von Organen (Transplantationsgesetz – TPG), Das Deutsche Bundesrecht, 794. Lieferung – Stand Feb 1998, I K 76, 17 ff; *Bavastro,* Das Hirnversagen und das Transplantationsgesetz, ZRP 1999, 114 ff; *Beckmann,* Ist der hirntote Mensch eine „Leiche"?, ZRP 1996, 219 ff; *Bender,* Organtransplantation und AMG, VersR 1999, 419 ff; *Bickeböller/ Gossmann/Kramer/Scheuermann,* „Sich in besonderer Verbundenheit offensichtlich nahe stehen". Eine Interpretation des Gesetzestextes zur Lebendnierenspende im Sinne der personalen Freundschaft, Zeitschr f med Ethik 44, 1998, 325 ff; *Böx,* Zur Zulässigkeit von Organentnahmen, ArztR 1994, 39; *Bonelli,* Leben – Sterben – Tod, in: *Schwarz/Bonelli* (Hrsg), Der Status des Hirntoten, 1995, 83 ff; *Brändel,* Organtransplantation: Sackgasse oder Ausweg, in: *M Steinhausen* (Hrsg), Grenzen der Medizin, 1978, 61; *Brenner,* Organtransplantation, in: *A Mergen* (Hrsg), Die juristische Problematik in der Medizin, Bd 1, Der Arzt und seine Beziehung zum Recht, 1971, 126; *Bruns/Debong/Andreas,* Das neue Transplantationsgesetz. Was müssen die Krankenhausärzte beachten?, ArztR 1998, 283 ff; *Carstens,* Das Recht der Organtransplantation, 1978; *ders,* Organtransplantation in Frankreich und in der DDR – Ein Kodifikationsvergleich, ZRP 1978, 146; *Clement,* in: *Rieger,* Lexikon des Arztrechts, 2. Aufl 2001, Transplantation, Nr. 5150, Transplantationsgesetz Nr 5160; *Dahl,* Hat der Schwarze Kutscher recht? Organtransplantation und die Folgen, in: Scheidewege 16, 1986/87, 168; *Daul/Metz-Kurschel/Philipp,* Kommerzielle Nierentransplantation in der „Dritten Welt", DMW 1996, 1341 ff; *Deutsch,* Stellungnahme zur Anhörung des Rechtsausschusses des Deutschen Bundestages am 15. 1. 1997 zu den Gesetzentwürfen für ein Transplantationsgesetz – BT-Drucks 13/2926; 13/4368; 13/4114; 13/6591 –, Rechtsausschuss – Sekretariat – Zusammenstellung der Stellungnahmen zur Anhörung des Rechtsausschusses zum Transplantationsgesetz vom 15. 1. 1997, Teil I, 1 ff; *ders,* Die rechtliche Seite der Transplantation, Nds ÄBl 1982, 302 u ZRP 1982, 174; *ders,* Das Transplantationsgesetz vom 5. 11. 1997, NJW 1998, 777; *Dietrich* (Hrsg), Organspende, Organtransplantation. Indikation, Technik, Resultate. Ein Report des Machbaren, 1985; *Edelmann,* Ausgewählte Probleme bei der Organspende unter Lebenden, VersR 1999, 1065 ff; *Eibach,* Organspende von Lebenden: Auch unter Fremden ein Akt der „Nächstenliebe"? Zeitschr f med Ethik 45, 217-231; *Eichholz,* Die Transplantation von Leichenteilen aus zivilrechtlicher Sicht, NJW 1968, 2272; *Eigler,* Das Problem der Organspende vom Lebenden, DMW Bd 122, 1398 ff; *Forkel,* Verfügungen über Teile des menschlichen Körpers, JZ 1974, 593; *Fuchs,* Tod bei Bedarf – das Mordsgeschäft mit den Organtransplantationen, 1997; *Geilen,* Probleme der Organtransplantation, JZ 1971, 41; *Giesen,* Die zivilrechtliche Haftung des Arztes bei neuen Behandlungsmethoden und Experimenten, 1976; *ders,* ArzthaftungsR, RdNr 271 ff; *ders,*

§ 131 § 131 Die zivilrechtliche Problematik der Organtransplantation

International Medical Malpractice Law, 1988 §§ 17 II RdNr 330, 332, 333, 345, 49 Abs 2 RdNr 1294, 49 IV RdNr 1331; *González*, Xenotransplantation: Prävention des xenogenen Infektionsrisikos, 2008; *Gramer*, Das Recht der Organtransplantation, 1981; *Greiner*, Organverteilungssysteme im Transplantationswesen aus ökonomischer Sicht, Ethik Med 1998, 64 ff; *Gruber*, Meldepflicht potenzieller Organspender, ZRP 1998, 127; *Gutmann*, Gesetzgeberischer Paternalismus ohne Grenzen? Zum Beschluss des Bundesverfassungsgerichts zur Lebendspende von Organen, NJW 1999, 3387 ff; *ders*, Probleme einer gesetzlichen Regelung der Lebendspende von Organen, MedR 1997, 147; *Haeffner*, Hirntod und Organtransplantation, Stimmen der Zeit 1996, 807 ff; *Hammer*, Tierorgane für Menschen, Berliner medizinethische Schriften Heft 32, 1999; *Hanack*, Rechtsprobleme bei Organtransplantationen, Studium Generale 1970, 428; Hanns-Seidel-Stiftung, Organtransplantation, Politische Studien Nr 339, 1995; *Henninger*, Todesdefinition und Organtransplantation, Diss 1972; *Heuer/Conrads*, Aktueller Stand der Transplantationsgesetzgebung 1997, MedR 1997, 195 ff; *Heun*, Der Hirntod als Kriterium des Todes des Menschen – Verfassungsrechtliche Grundlagen und Konsequenzen, JZ 1996, 213; *Hilchenbach*, Die Zulässigkeit von Transplantatentnahmen vom toten Spender aus zivilrechtlicher Sicht (unter besonderer Berücksichtigung der Zustimmungsfragen), 1973; *Hirsch/Schmidt-Didzuhn*, Transplantation und Sektion, 1992; *Höfling*, Hirntodkonzeption und Transplantationsgesetzgebung, MedR 1996, 6; *Höfling/Rixen*, Verfassungsfragen der Transplantationsmedizin, 1996; *Hoff/In der Schmitten*, Hirntote Patienten sind sterbende Menschen, in daselbst, Wann ist der Mensch tot?, 2. Aufl, 1995, 153 ff; *Holznagel*, Die Vermittlung von Spenderorganen nach dem geplanten Transplantationsgesetz, DVBl 1997, 393 ff; *Holznagel/Holznagel*, Rechtslage nach dem Transplantationsgesetz; DÄBl 1998, A-1718 ff; *Honecker* (Hrsg), Aspekte und Probleme der Organverpflanzung, 1973; *Kern*, Die rechtliche Grundlage für die Organtransplantation – Zur Rechtslage in den neuen Bundesländern, DtZ 1992, 348 ff; *ders*, Zivilrechtliche Gesichtspunkte der Transplantation, in: *Gramberg-Danielsen* (Hrsg), Rechtliche Grundlagen der augenärztlichen Tätigkeit, 1988, 2/800; *Kintzi*, Transplantationsgesetz in Kraft, DRiZ 1997, 499; *Klinge/Schlette*, Das „widersprüchliche" Transplantationsgesetz, Jura 1997, 642; *Kloth*, Rechtsprobleme der Todesbestimmung und der Organentnahme von Verstorbenen, Berlin 1994; *ders*, Todesbestimmung und postmortale Organentnahme, Frankfurt aM, Berlin ua 1996; *Kluth*, Die Hirntodkonzeption. Medizinisch-anthropologische Begründung, verfassungsrechtliche Würdigung, Bedeutung für den vorgeburtlichen Lebensschutz, ZfL 1996, 3 ff; *Koch/Neuser*, Transplantationsmedizin aus psychologischer Perspektive, 197; *Körner*, Hirntod und Organspende, 1994; *Kramer*, Rechtsfragen der Organtransplantation, 1987; v *Kreß/Heinitz*, Ärztliche Fragen der Organtransplantation, Schriften d Juristischen Gesellschaft e V, 1970, Heft 35; *Kübler*, Verfassungsrechtliche Aspekte der Organentnahme zu Transplantationszwecken, 1977; *Kühn*, Das neue deutsche Transplantationsgesetz, MedR 1998, 455; *Küpper*, Die arztrechtlichen Voraussetzungen in den EWG-Staaten zur Gewebe- und Organentnahme aus der Leiche, 1970; *Lachmann/Meuter*, Zur Gerechtigkeit der Organverteilung. Ein Problem der Transplantationsmedizin aus interdisziplinärer Sicht, 1997; *Largiadèr/Bearb*, Checkliste Organtransplantation 1996, hrsg v *Largiadèr,*, 1996; *Laufs*, Ein deutsches Transplantationsgesetz – jetzt?, NJW 1995, 2398; *ders*, Rechtliche Grenzen der Transplantationsmedizin, in: *Kamps/Laufs* (Hrsg), Arzt- und Kassenarztrecht im Wandel, FS Narr 1988, 34; *Lilie*, Zur Verbindlichkeit eines Organspendeausweises nach dem Tode des Organspenders, MedR 1983, 131; *Linck*, Gesetzliche Regelung von Sektionen und Transplantationen. Zu einer Initiative des Berliner Gesetzgebers, JZ 1973, 759; *ders*, Vorschläge für ein Transplantationsgesetz, ZRP 1975, 249; *Löllgen*, Das deutsche Gewebegesetz – ein halbes Jahr später, Q-med 08, 26; *Loose*, Organtransplantation, in: *Toellner* (Hrsg), Organtransplantation – Beiträge zu ethischen und juristischen Fragen, 1990, 3 ff; *Lund*, Organstransplantationen: Gegenwärtiger Stand und Entwicklungstendenzen, in: Langenbecks Archiv für Chirurgie 352, 87, 1980; *Maurer*, Die medizinische Organtransplantation in verfassungsrechtlicher Sicht, DÖV 1980, 7 ff; *Maunz/Dürig/Herzog/Scholz*, Grundgesetz, Kommentar, Loseblattausgabe; *Nagel* Die Zukunft der Organtransplantation, Berliner Medizinethische Schriften Heft 34, 1999; *Nagel/Schmidt*, Transplantation, 1996; *Nickel*, Verfassungsrechtliche Probleme der Transplantationsgesetzgebung am Beispiel des Gesetzesbeschlusses des rheinland-pfälzischen Landtags, MedR 1995, 139 ff; *ders*, Die Entnahme von Organen und Geweben bei Verstorbenen zum Zwecke der Transplantation, jur Diss, 1999; *Nickel/Schmidt-Preisigke/Sengler*, Transplantationsgesetz, 2001; *Opderbecke*, Medico – legale Voraussetzungen der Organentnahme, Anästh u Intensivmed 1986, 389; *Peuster*, Aktuelle Probleme des Transplantations- und Leichenrechts, MedKlin 1972, 682; *Pichlmayr/Brölsch*, Der Organspender, in: *Pichlmayr* (Hrsg), Aktuelle Fragen der Organtransplantation, 1981, 15; *Pichlmayr/Honecker/Wolfslast*, Organtransplantation, in: *Eser/v Lutterotti/Sporken*, Lexikon Medizin – Ethik – Recht, 1989 Sp 767–774; *Pöltner*, Die theoretische Grundlage der Hirntodthese, in: *Schwarz/Bonelli* (Hrsg) Der Status des Hirntoten, 1995, 125 ff; *Rampfl-Platte*, Das Transplantationsgesetz. Neue ärztliche Aufgaben mit Haftungsrisiko?, Der Chirurg BDC, 1999,

22. Kapitel. Besondere ärztliche Eingriffe und Sonderprobleme § 131

278 ff; *Reiter-Theil,* Altruismus mit ethischen Komplikationen? Erfahrungen aus der Begutachtung vor Lebendnierenspende, Zeitschr f med Ethik 45, 1999, 139 ff; *dies,* Anwendung ethischer Prinzipien bei der Begutachtung am Beispiel der Lebendnierenspende, in: *Dierks/Neuhaus/Wienke* (Hrsg): Die Allokation von Spenderorganen. Rechtliche Aspekte, 1999, 23 ff; *Renner,* Welche Organe und Gewebe können verpflanzt werden?, in: Themen 1986, 3; *Rieger,* Lexikon des Arztrechts, 1983, RdNr 1766–1771; *Rittner/Besold/Wandel,* Die anonymisierte Lebendspende nach § 9 S 1 TPG geeigneter Organe – ein Plädoyer pro vita und gegen ärztlichen und staatlichen Paternalismus, MedR 2001, 118 ff; *Rixen,* Datenschutz im Transplantationsgesetz, DuD 1998, 75 ff; *Roesch,* Transplantationsprobleme in haftpflichtrechtlicher Sicht, MMW 1970, 2278; *Sandvoß,* Anforderungen an ein Transplantationsgesetz, ArztR 1996, 151; *Schachtschneider/ Siebold,* Die „erweiterte Zustimmungslösung" des Transplantationsgesetzes im Konflikt mit dem Grundgesetz, DÖV 2000, 129 ff; *Schmidt-Didczuhn,* Transplantationsmedizin in Ost und West im Spiegel des Grundgesetzes, ZRP 1991, 264 ff; *Schöning,* Rechtliche Aspekte der Organtransplantation unter besonderer Berücksichtigung des Strafrechts, 1996; *Scholz-Harzheim,* Transplantationsgesetz (TPG), KH 1997, 705; *Schröder,* Gegen die Spendenlösung bei der Organgabe, ZRP 1997, 265; *Schreiber,* Die rechtliche Zulässigkeit der Transplantatentnahme, Der Internist 1974, 551; *ders,* Kriterien des Hirntodes, JZ 1983, 593; *ders,* Vorüberlegungen für ein künftiges Transplantationsgesetz, FS Klug, 1983, 341; *Schuster,* Organhandel, in: Lexikon der Bioethik, hrsg v Wilhelm Korff, Lutwin Beck und Paul Mikat, Band 2 (G–Pa), 1998, 805 ff; *Seewald,* Ein Organtransplantationsgesetz im pluralistischen Verfassungsstaat, VerwArch 1997, S 199 ff; *Seidenath,* Anmerkung zum Beschluss des BVerfG vom 11. 8. 1999, MedR 2000, 33 ff; *Sengler/Schmidt,* Verfassungsrechtliche Fragen einer gesetzlichen Regelung des Transplantationsrechts, DÖV 1997, 718 ff; *Spann,* Organtransplantation: Gegenwärtiger Stand und Entwicklungstendenzen, in: Langenbeck's Archiv für Chirurgie, Bd 352, 1980, 91; *Spittler,* Der Hirntod – Tod des Menschen, EthikMed 1995, 128 ff; *Stiebeler,* Transplantationsprobleme aus juristischer Sicht, in: *Gramberg/Danielsen* (Hrsg), Rechtsophthalmologie. Bücherei des Augenarztes, Bd 104, 1985, S 72; *Strätz,* Zivilrechtliche Aspekte der Rechtsstellung des Toten unter besonderer Berücksichtigung der Transplantationen, 1971; *Straßburger, Jana,* Grundrechtliche Fragen der Xenotransplantation, MedR 08, 723; *dies,* Rechtliche Probleme der Xenotransplantation – Internationale Regelungen und nationaler Regelungsbedarf unter besonderer Berücksichtigung des Infektionsrisikos, 2008; *Sturm,* Zum Regierungsentwurf eines Transplantationsgesetzes (BT-Drucks 8/2681), JZ 1979, 697; *Taupitz,* Um Leben und Tod: Die Diskussion um ein Transplantationsgesetz, JuS 1997, 203; *Vesting/Müller,* Xenotransplantation: Naturwissenschaftliche Grundlagen, Regelung und Regulierungsbedarf, MedR 1997, 203 ff; *Vollmann,* Ethische Probleme des Hirntodes in der Transplantationsmedizin, 1998; *Walter,* Organentnahme nach dem Transplantationsgesetz: Befugnisse der Angehörigen, FamRZ 1998, 201 ff; *H P Westermann,* Das allgemeine Persönlichkeitsrecht nach dem Tode seines Trägers, FamRZ 1969, 561; *Wicki/Sturm,* Organtransplantation, 1996; *Wimmer,* Zum Regierungsentwurf für ein Organtransplantationsgesetz, Renovatio 1978, 195; *Wolfslast,* Transplantation ohne Gesetz? Zur rechtlichen Situation der Organspende, MMW 1982, 105; *dies,* Transplantationsrecht im Europäischen Vergleich, Zeitschrift für Transplantationsmedizin 1989, 43; *dies,* Grenzen der Organgewinnung, MedR 1989, 163; *Zenker,* Ethische und rechtliche Probleme der Organtransplantation, FS Bockelmann 1979, 481; *Zerkowski/Schüler/Mohr/Teichmann/Schuler/Lilie,* Mitteldeutscher Transplantationsverbund. Regionalisierung der Herztransplantation, DÄBl 1997, 2397; *Ziegler* (Hrsg), Organverpflanzung. Medizinische, rechtliche und ethische Probleme, 1977. Weitere, insbesondere neuere zivil-, strafrechtliche und sonstige Literatur zur Organtransplantation findet sich im Literaturverzeichnis zu § 142.

I. Begriff und medizinische Möglichkeiten

Organtransplantation ist die Übertragung von Geweben oder Organen eines Spenders auf einen Empfänger zu Heilzwecken oder zum Zwecke des Heilversuchs.[1] Dabei unter-

---

[1] *Pichlmayr/Honecker/Wolfslast,* Organtransplantation, in: *Eser/v Lutterotti/Sporken,* Lexikon Medizin – Ethik – Recht Sp 757; *Clement,* in: *Rieger,* Lexikon des Arztrechts, 2. Aufl 2001, Nr. 5150, RdNr 2; *Rieger* Lexikon RdNr 1766; *Kern,* Zivilrechtliche Gesichtspunkte der Transplantation, in: *Gramberg-Danielsen,* Rechtliche Grundlagen der augenärztlichen Tätigkeit, 2/800; *Laufs* ArztR RdNr 271, 272; *Ziegler,* Organübertragung – medizinische, moraltheologische und juristische Aspekte, in: *Ziegler* (Hrsg), Organverpflanzung, 1977, S 52, 54; *Carstens,* Das Recht der Organtransplantation, S 13. Zum Gesetzgebungsverfahren s *Deutsch* NJW 1998, 777.

scheidet man zwischen der Entnahme vom **lebenden** (Lebendspende)[2] und vom **toten** Spender. Transplantiert werden kann heute fast jedes Organ. Leber-, Lungen-, Herz- und Pankreas-Transplantationen haben das Stadium der experimentellen und klinischen Erprobung längst überschritten. Gleiches gilt für Nierentransplantationen.Ein jahrhundertealter Menschheitstraum, verletzte oder erkrankte Körperteile zu ersetzen, ist damit Wirklichkeit geworden: Bereits 1990 wurden in der BRD 2300 Nieren-, 300 Leber-, 450 Herz- und weltweit 40 000 Knochenmarktransplantationen durchgeführt – mit stark steigender Tendenz, nachdem die immunsuppresiven Eigenschaften bestimmter Medikamente zu Beginn der 80er Jahre entdeckt worden waren. Die Nierenlebendspenden haben sich zwischen 1996 und 2004 verdreifacht (von 6,4 % auf 19,7 % aller Nierentransplantationen), allerdings ist die Zahl der Organtransplantationen vom **toten** Spender nach 1990 infolge der sinkenden Spendebereitschaft in Deutschland lange Zeit rückläufig gewesen,[3] hat dann ab 2004 bis 2007 kontinuierlich zugenommen, ehe sie 2008 wieder deutlich zurückgegangen ist. Insgesamt wurden 2007 4 139 Organe entnommen, 1313 Personen haben nach ihrem Tod Organe gespendet. Es ist eine bedauerliche, aber nicht wegzudiskutierende Tatsache, dass die deutschen Transplantationszentren über die Vermittlung Eurotransplant in Leiden/Niederlande von unseren Nachbarstaaten weit mehr Spenderorgane erhalten als dorthin abgeben.[4] Die Leidtragenden sind viele, größtenteils schwerkranke Menschen, die die Wartezeit bis zur medizinisch notwendigen Transplantation nicht überleben oder deren Gesundheitszustand sich während dieser Zeit weiter verschlechtert und damit die Erfolgsaussichten der Transplantation mindert. 12 000 Menschen warten derzeit auf ein Spenderorgan, davon fast 9 000 auf eine Niere, so dass die Wartezeit ca 6 Jahre beträgt und etwa 3 Personen täglich sterben müssen.[5] Zur Entwicklung der Organspende s auch den Jahresbericht 2008 der Deutschen Stiftung Organtransplantation. Die Funktionsdauer transplantierter Organe hat sich aufgrund verbesserter medizinischer Behandlungsverfahren und wirksamerer Arzneimittel in den letzten Jahren laufend erhöht. Nach den bisher erzielten Ergebnissen funktionieren ein Jahr nach der Transplantation noch über 90 % der übertragenen Nieren, nach 5 Jahren noch 83 %[6]; bei Kindern sind die Ergebnisse noch besser. Herzen und Lebern funktionieren nach 5 Jahren zu 60 % bis über 80 %; bei den Doppeltransplantationen von Niere und Bauchspeicheldrüse sowie Herz und Lunge liegen die Funktionsraten zum Teil etwas niedriger. Transplantierte Augenhornhaut gibt Erblindeten meist für Jahrzehnte das Augenlicht zurück.[7]

II. Rechtsgrundlagen

2 Die Organtransplantation war in der Bundesrepublik anders als in den meisten westeuropäischen Ländern bis 1997 spezialgesetzlich nicht geregelt, sondern bestimmte sich nach allgemeinen Regeln und Grundsätzen.[8] Der Landtag von Rheinland-Pfalz beschloß zwar 1994 ein Transplantationsgesetz, das vom Ministerpräsidenten auch unterzeichnet worden war, jedoch nicht in Kraft getreten ist. Das Gesetz basierte auf der sog **Widerspruchslösung.** Der Widerspruch sollte in einem besonderen Ausweis erklärt werden, den der Kranke mit sich zu führen oder dem Krankenhaus vorzulegen hatte. Aufgrund der Kritik wurde das Gesetz aber 8 Wochen nach der Verabschiedung vom Mainzer Landtag einstimmig wieder aufgehoben.[9] Dieser Vorgang gab jedoch – in Verbindung mit der Wiederver-

---

[2] Vgl *Gutmann* MedR 1997, 147 zur Lebendspende.
[3] Allein bei Leberspenden kann jedes Jahr nur die Hälfte des Bedarfs gedeckt werden (Manns FAZ v 25. 4. 01, 12).
[4] S DÄBl 2009, A 182; DÄBl 2008, 831.
[5] FAZ v 26. 1. 2007; *Zuck* GesR 06, 244; *Bachmann/Bachmann* MedR 2007, 94 ff; PKV Publik 2007, 99: die Zahl der Nierentransplantationen betrug 2004 2479, in 2005 2712 und in 2006 2776.
[6] *Bachmann/Bachmann* aaO, 94.
[7] So die Begründung des Gesetzentwurfs A. Allgemeiner Teil BT-Drucks 13/4355 S 10.
[8] Siehe § 142 RdNr 4 ff.
[9] *Weber/Lejeune* NJW 1994, 2392; *Deutsch* NJW 1998, 777.

22. Kapitel. Besondere ärztliche Eingriffe und Sonderprobleme   3   § 131

einigung – den Anstoß, frühere Gesetzgebungsinitiativen wieder aufzugreifen, die dann auch – anders als in den 70er Jahren – zum Erfolg führten.[10] Der Deutsche Bundestag hat am 5.11.1997 ein **Gesetz über die Spende, Entnahme und Übertragung von Organen (Transplantationsgesetz – TPG)** beschlossen (BGBl I, 2631), das durch das Gewebegesetz vom 20.7.2007 neu gefasst wurde.[11] Im Gesetzentwurf der Fraktionen der CDU/CSU, SPD und FDP (BT-Drucks 13/4355) wird darauf hingewiesen, dass vielen schwerkranken Menschen heute durch eine Organtransplantation das Leben gerettet oder die Krankheit weitgehend geheilt oder gelindert und damit die Lebensqualität entscheidend verbessert werden kann. Organ- und Gewebeübertragungen gehörten aufgrund der Entwicklung der Medizin in den letzten 25 Jahren zum Standard der medizinischen Versorgung. Eine Zusammenfassung wichtiger medizinischer, ärztlicher, ethischer und juristischer Grundsätze bei Organtransplantationen enthält der **Transplantationskodex,** den sich die deutschen Transplantationszentren 1987 gegeben (1992 überarbeitet, abgedruckt in Transplantationsmedizin Bd 7 (1995), S 154–156) und zu dessen Einhaltung sie sich selbst verpflichtet haben. Die in dem Gebiet der früheren DDR erlassenen Vorschriften (VO über die Durchführung von Organtransplantationen v 4.7.1975 – GBl I, 597) gelten nach dem Einigungsvertrag im Beitrittsgebiet als Landesrecht fort, soweit sie mit dem Grundgesetz vereinbar sind. Sie werden aber wegen verfassungsrechtlicher Bedenken gegen einzelne Bestimmungen insgesamt nicht mehr angewandt.

Auch mehrere Vorschriften des Transplantationsgesetzes wurden als verfassungswidrig   3 angegriffen, die diesbezüglichen Verfassungsbeschwerden jedoch teils als unzulässig, teils mangels der Annahmevoraussetzungen des § 93a Abs 2 BVerfGG zurückgewiesen. Der Argumentation, es gehe nicht an, eine „andere Person" im Sinne von § 4 TPG über die Organentnahme entscheiden zu lassen, wenn jemand sich dagegen, zB infolge eines Unfalls, nicht mehr wehren könne, hielt das Bundesverfassungsgericht entgegen, jedermann habe nach § 3 Abs 2 Nr 1 TPG die Möglichkeit, der Organentnahme zu widersprechen und sie dadurch „sowohl auf der Grundlage von § 3 Abs 1 als auch von § 4 TPG" absolut sicher zu verhindern.[12] Daß ein solcher Widerspruch zur Abwehr einer postmortalen Organentnahme und damit zum Ausschluss der behaupteten Grundrechtsverletzungen der Art 1 Abs 1 und Art 2 Abs 1 GG überhaupt erklärt werden muss, verstößt nach Ansicht des Bundesverfassungsgerichts nicht gegen Grundrechte.[13]

Besonders eingehend hat sich das Bundesverfassungsgericht mit der restriktiven Regelung der Lebendspende in § 8 Abs 1 Satz 2 TPG und der Strafbarkeit eines Verstoßes hiergegen gem. § 19 Abs 1 Nr 2 TPG befaßt. Im Ergebnis wurden alle verfassungsrechtlichen Bedenken – Verletzung des Rechts auf Leben und körperliche Unversehrtheit, des Gleichheitssatzes, der Berufsfreiheit, der Glaubens- und Gewissensfreiheit – zurückgewiesen und sowohl ein Verstoß gegen das rechtsstaatliche Bestimmtheitserfordernis als auch gegen das in der Verfassung verankerte Schuldprinzip und Übermaßverbot abgelehnt.[14] Die Tatsache, „dass der Gesetzgeber die Entnahme von Organen, die sich nicht wieder bilden können, nur zum Zweck einer Übertragung auf Verwandte, Ehegatten, Verlobte oder andere Personen, die dem Spender in besonderer persönlicher Verbundenheit offenkundig nahe stehen, erlaubt hat", bedeute zwar einen Eingriff in das Recht auf Leben und körperliche Unversehrtheit des Spendeempfängers, doch sei „der von § 8 Abs 1 Satz 2 TPG ausgehende Grundrechtseingriff gerechtfertigt".[15] Denn mit der Beschränkung der Lebendspende auf Personen, die sich „in besonderer persönlicher Verbundenheit" offenkundig nahe stehen, habe der Gesetzgeber drei vernünftige Zielsetzungen des Allgemeinwohls verfolgt, nämlich die Abwehr gesundheitlicher Schäden für den lebenden Organspender,

---

[10] Siehe auch § 142 RdNr 1.
[11] Geänderte Fassung v 4.9.2007, BGBl I, 2006.
[12] BVerfG NJW 1999, 858.
[13] BVerfG NJW 1999, 3403 f m Anm *Rixen* ebenda 3389.
[14] BVerfG NJW 1999, 3399 (3400, 3403).
[15] BVerfG, aaO, 3401.

die Sicherstellung der Freiwilligkeit der Spende und die Verhinderung des Organhandels, und dadurch dazu beigetragen, „in einem sensiblen Bereich wie der Transplantationsmedizin ein Höchstmaß an Seriosität und Rechtssicherheit herzustellen".[16]

4   Ziel des Transplantationsgesetzes (TPG) ist die zivil- und strafrechtliche Absicherung der Organspende und Organentnahme zum Zwecke der Übertragung auf andere Menschen, die gesundheitsrechtliche Absicherung der Organübertragung sowie das strafrechtlich bewehrte Verbot des Organhandels. Der Gesetzgeber hat zwischen den Verantwortungsbereichen **Organentnahme, Organvermittlung** und **Organübertragung** klar unterschieden. Das TPG regelt die Spende und die Entnahme von menschlichen Organen und ihre Übertragung auf andere Menschen. Darüber hinaus stellt es einen rechtlichen Rahmen zur Verfügung für die Organisation und Durchführung der im Zusammenhang mit der Spende, Entnahme, Vermittlung und Übertragung von Organen erforderlichen Maßnahmen. Schließlich enthält das Gesetz Vorschriften über die Strafbarkeit des Handels mit menschlichen Organen sowie unrechtmäßigen Verhaltens bei der Organentnahme, der Organübertragung und der Verwendung medizinischer Angaben und personenbezogener Daten Beteiligter.

Das **Transplantationsgesetz ist am 1. Dezember 1997 in Kraft** getreten. Gleichzeitig sind gem § 26 Abs 2 TPG außer Kraft getreten die Verordnung über die Durchführung von Organtransplantationen vom 4.7.1995 und die Erste Durchführungsbestimmung zur Verordnung über die Durchführung von Organtransplantationen vom 29.3.1977. Trotz der Regelungen im TPG sind zahlreiche Probleme offen geblieben, wie zB die Organentnahme vom Anenzephalus. Organe dürfen dem anenzephalischen Neugeborenen erst entnommen werden, wenn dessen Tod festgestellt worden ist.[17] Dennoch ist unbestreitbar, dass das TPG die Rechtssicherheit für die Ärzteschaft erheblich gestärkt und die Transparenz der Organtransplantation wesentlich erhöht hat, so dass langfristig auch mit einer Zunahme der „Spendefreudigkeit" in der Bevölkerung und einem Abbau irrationaler Ängste zu rechnen ist.

III. Anwendungsbereich

5   Nach § 1 Abs 1 TPG erfaßt der Regelungsbereich des Gesetzes alle Maßnahmen im Hinblick auf die Organspende sowie alle Eingriffe in den menschlichen Körper, bei denen Organe, Organteile oder Gewebe zu dem Zweck entnommen werden, sie auf andere Menschen zu übertragen. Die Übertragung zu Heilzwecken wird vom Gesetz nicht verlangt, so dass Übertragungen zu anderen Zwecken, wie zB kosmetischen Zielen, gleichfalls erfaßt werden. Auch **Vorbereitungsmaßnahmen für Eingriffe zur Organentnahme und -übertragung** einschließlich aller nach den §§ 9–11 TPG zur Organentnahme, -vermittlung und -übertragung erforderlichen Regularien fallen hierunter, wie zB intensivmedizinische Maßnahmen zur künstlichen Aufrechterhaltung der Atmungs- und Kreislauffunktion sowie die Konservierung und Beförderung der Organe zu Transplantationszentren. Nach § 1 Abs 1 S 1 TPG gilt das Gesetz nur für die Entnahme und Übertragung **menschlicher** Organe, nicht dagegen für Tiertransplantate oder künstliche Produkte, wie zB Herzschrittmacher oder Endoprothesen. Ferner findet das Gesetz **keine** Anwendung auf Blut und Blutbestandteile sowie „Gewebe, die innerhalb ein und desselben chirurgischen Eingriffs einer Person zum Zwecke der Rückübertragung entnommen werden (§ 1 Abs 2 TPG). Der Geltungsbereich des Gesetzes erstreckt sich nach der Einzelbegründung (BT-Drucks 13/4355, 16) auch nicht auf Gene oder andere DNA-Teile, Ei- und Samenzellen. Für embryonale und fetale Organe und Gewebe gilt nunmehr – nach der Gesetzesänderung 2007 – im Gegensatz zur früheren Rechtslage das TPG,

---

[16] BVerfG, aaO, 3401; s auch unten § 142 RdNr 26 ff, 33.
[17] Vgl *Laufs* FS Narr, 43; *Isemer/Lilie* MedR 1988, 66 ff; *Kloth,* Anenzephale als Organspender, MedR 1994, 180; *Deutsch* MedizinR RdNr 504; *Ulsenheimer* ZfärztlFortb Bd 87 (1993), 893 ff; *Wolfslast* MedR 1989, 163 ff.

22. Kapitel. Besondere ärztliche Eingriffe und Sonderprobleme 6, 7 § 131

allerdings müssen bestimmte, genau beschriebene Bedingungen erfüllt sein (§ 4a TPG), die über § 19 Abs 2 TPG strafbewehrt sind. Darüber hinaus ist der Anwendungsbereich des TPG auf die **Knochenmarkspende** erweitert, deren Voraussetzungen in §§ 3, 8, 8a TPG geregelt sind. Organe werden mit der Entnahme Arzneimittel (§ 2 Abs 1 Nr 5 AMG), ausgenommen die in § 2 Abs 3 Nr 8 AMG genannten Organe, Organteile und Gewebe eines Organs.[18]

IV. Aufklärung der Bevölkerung, Organspenderegister, Organspendeausweis

§ 2 TPG regelt die Verpflichtung der nach Landesrecht zuständigen Stellen, der Bundes- 6 behörden, insbesondere der Bundeszentrale für gesundheitliche Aufklärung, sowie der Krankenkassen zur Aufklärung der Bevölkerung über die Organ- und Gewebespende, Entnahme, Vermittlung und Übertragung von Organen und Geweben, damit auf der Grundlage sachgerechter Information möglichst viele Bürgerinnen und Bürger zu Lebzeiten eine persönliche Entscheidung zur Organspende treffen und dokumentieren. Die Erklärung, die auf bestimmte Organe oder Gewebe beschränkbar und an Altersgrenzen gebunden ist, kann die Zustimmung oder den Widerspruch zu einer Organ- und Gewebeentnahme bzw die Benennung einer Vertrauensperson enthalten, die hierüber befinden soll. Für die Einwilligung und die Übertragung der Entscheidung muss man mindestens 16, für den Widerspruch mindestens 14 Jahre alt sein (§ 2 Abs 2 TPG). Das Bundesministerium für Gesundheit kann durch Rechtsverordnung mit Zustimmung des Bundesrates eine Stelle (Organ- und Gewebespenderegister) mit der Aufgabe betrauen, die Erklärungen zur Organ- und Gewebespende auf Wunsch der Erklärenden zu speichern und darüber berechtigten Personen Auskunft zu erteilen (§ 2 Abs 3 TPG). Außerdem kann es durch allgemeine Verwaltungsvorschrift mit Zustimmung des Bundesrates ein Muster für einen **Organspendeausweis** festlegen und im Bundesanzeiger bekanntmachen (§ 2 Abs 5 TPG).

V. Organ- und Gewebeentnahme mit Einwilligung des Organspenders

§ 3 TPG regelt, unter welchen Voraussetzungen die Organentnahme zulässig ist, wenn 7 der Organ- oder Gewebespender in die Entnahme eingewilligt hatte. Nach § 3 Abs 1 Nr 2 TPG darf die Organ- oder Gewebeentnahme erst erfolgen, wenn der Tod des Organspenders nach dem Erkenntnisstand der medizinischen Wissenschaft in dem Verfahren nach § 5 Abs 1 TPG (Nachweisverfahren) festgestellt ist. Nach § 3 Abs 2 TPG ist die Organ- oder Gewebeentnahme unzulässig, wenn die Person, deren Tod festgestellt ist, der **Organoder Gewebeentnahme widersprochen** hatte. Die Entnahme darf auch nicht erfolgen, bevor nicht beim Organspender der endgültige, nicht behebbare Ausfall der Gesamtfunktion des Großhirns, des Kleinhirns und des Hirnstamms nach Verfahrensregeln festgestellt wird, die dem Stand der Erkenntnisse der medizinischen Wissenschaft entsprechen (§ 3 Abs 2 Nr 2 TPG). Das Gesetz geht vom **Gesamthirntod** aus,[19] doch ist in der Literatur umstritten,[20] wie der „endgültige, nicht behebbare Ausfall der gesamten Hirnfunktion" als Entnahmevoraussetzung zu bewerten ist.

---

[18] Siehe auch § 135 RdNr 17.
[19] Siehe die Erklärung zum Hirntod des Wiss Beirats der Bundesärztekammer ua; vgl auch *Heuer/Konrads* MedR 1997, 195, 196; *Deutsch* NJW 1998, 777, 778; *Kintzi* DRiZ 1997, 499; *Stoecker* EthikMed 1997, 194; *Vollmann*, Probleme des Hirntodes in der Transplantationsmedizin, 1998; *Ach/Quante* (Hrsg), Hirntod und Organverpflanzung, 1997; *Steffen* NJW 1997, 1619; *Beckmann*, Jb f Wiss u Ethik 2, 1997, S. 197 ff; *Spittler* JZ 1997, 747; *Römelt* Zeitschr f med Ethik 1997, 3 ff; *Laufs* NJW 1998, 1750, 1754. Zum Todesbegriff im Erbrecht s OLG Frankfurt NJW 1997, 3099.
[20] Der Todesbegriff ist nach wie vor umstritten. So wird in der Literatur teilweise gefordert, dass auch der Herz-Kreislauf-Tod eingetreten sein muss, um eine Organtransplantation mit Zustimmung der Angehörigen zu rechtfertigen. Vgl auch *Deutsch* NJW 1998, 777, 778; *Höfling* MedR 1996, 6; *Gutmann* MedR 1997, 147; *Kloth*, Todesbestimmung und postmortale Organentnahme, 1996; *Löw-Friedrich/Schoeppe*, Transplantation, 1996; *Hoff/in der Schmitten* (Hrsg), Wann ist der Mensch tot? Organ-

8 Diese Tatsache beruht auch darauf, dass das für die Todesfeststellung maßgebliche Hirntodkonzept nicht konsequent eingehalten ist. Denn im **Nachweisverfahren** nach § 5 Abs 1 TPG ist wieder von dem **Herz-Kreislauf-Tod** die Rede. Nach den Vorstellungen des Gesetzgebers hat der Stillstand von Herz und Kreislauf bereits nach kurzer Zeit den endgültigen, nicht behebbaren Ausfall der gesamten Hirnfunktion zur Folge, wenn dieser Ausfall nicht schon vor dem Stillstand von Herz und Kreislauf eingetreten ist. Im Rahmen der öffentlichen Anhörung vor dem Gesundheitsausschuß und dem Rechtsausschuß des Deutschen Bundestages am 28. 6. 1995[21] waren die Meinungen hinsichtlich des endgültigen, nicht behebbaren Ausfalls der gesamten Hirnfunktion als Grundlage einer gesetzlichen Regelung umstritten. Es standen sich im wesentlichen zwei Auffassungen gegenüber. Nach der einen ist der endgültige, nicht behebbare Ausfall der gesamten Hirnfunktion auch bei künstlich aufrechterhaltener Atmung – und Kreislauffunktion – ein sicheres Zeichen für den eingetretenen Tod eines Menschen. Nach der anderen Auffassung ist der Zustand des endgültigen, nicht behebbaren Ausfalls der gesamten Hirnfunktion, solange die Atmungs- und Kreislauffunktion künstlich aufrechterhalten wird, lediglich ein Zeichen für die Unumkehrbarkeit des Sterbeprozesses. Der Tod eines Menschen sei in diesem Zustand noch nicht eingetreten. Der nachgewiesene endgültige, nicht behebbare Ausfall der gesamten Hirnfunktion komme zwar als eine Zulässigkeitsvoraussetzung für die Entnahme von Organen, wie zB Niere, Herz, Leber, Lunge, Bauchspeicheldrüse und Darm in Betracht, könne aber bei künstlich aufrechterhaltener Atmungs- und Kreislauffunktion nicht als Zeichen für den eingetretenen Tod gewertet werden.

9 Der **Hirntod** ist nicht durch Wiederbelebungsmaßnahmen überwindbar, sondern **definitiv.** Das Leben des Menschen ist mit dem Hirntod beendet. Der Entwurf der Fraktionen Bündnis 90/Die Grünen mit der Behauptung, Hirntote seien noch „lebende Sterbende", hat sich im Gesetzgebungsverfahren nicht durchgesetzt. Diese Auffassung würde auch zu verfassungsrechtlichen Bedenken gegen Organtransplantationen bei Hirntoten führen, denn nach dieser Auffassung wären hirntote Menschen Sterbende, also lebende Menschen.[22] Richtig ist aber die Feststellung von *Heuer/Conrads*,[23] dass der Hirntod nicht etwa für die Transplantationsmedizin erfunden worden ist. Vielmehr wurde das Problem bereits seit langem im Rahmen von Therapiebegrenzung und Behandlungsabbruch diskutiert.

10 Neben dem Hirntod ist zwingende Voraussetzung für die Organ- oder Gewebeentnahme die **Zustimmung des Verstorbenen.** Die reine Widerspruchslösung ließ sich im Gesetzgebungsverfahren nicht durchsetzen. Danach hätten Organe oder Gewebe immer dann entnommen werden dürfen, wenn der Verstorbene zu Lebzeiten nicht widersprochen hatte. Das Gesetz geht einen Mittelweg und schaltet gem § 4 TPG die **Angehörigen** ein, wenn weder eine schriftliche Einwilligung noch ein schriftlicher Widerspruch des möglichen Organ- oder Gewebespenders vorliegt (sog erweiterte Zustimmungslösung).[24]

---

verpflanzung und „Hirntod" – Kriterium, 1995; *Schwarz/Bonelli,* Der Status des Hirntoten. Eine interdisziplinäre Analyse der Grenze des Lebens, 1995; *Körner,* Hirntod und Organspende, 1994; *Kluth* Zeitschrift für Lebensrecht 1996, 3 ff; *Rixen* ZRP 1995, 461 ff; *Wolbert* Ethik Med 1996, 6; *Spittler* Ethik Med 1995, 193.

[21] Ausschuss für Gesundheit, Drucks 13/137, 1995.

[22] Vgl auch *Höfling* MedR 1996, 6, 7 f; *Heuer/Conrads* MedR 1997, 195, 196 f mit einem Überblick über das Gesetzgebungsverfahren.

[23] MedR 1997, 195, 197. Vgl auch *Vollmann,* Probleme des Hirntodes in der Transplantationsmedizin, 1998; *Kern* MedR 1994, 389; *Opderbecke* MedR 1995, 152; *Beckmann* ZRP 1996, 219; *Brocker/Wagner* ZRP 1996, 226; *Heun* JZ 1996, 213; *Schreiber/Wolfslast* MedR 1992, 189, 1931 *Funck* MedR 1992, 182.

[24] Zur Informationslösung, Einwilligungslösung (Zustimmungslösung) und Widerspruchslösung vgl *Sandvoß,* Anforderungen an ein Transplantationsgesetz, ArztR 1996, 151 ff; *Gründel,* Stellungnahme zum Entwurf eines Transplantationsgesetzes. Deutscher Bundestag, Ausschuß für Gesundheit, Ausschußdrucks 13/137, 1995, 27 f; *Körner,* Stellungnahme zum Entwurf eines Transplantationsgesetzes. Deutscher Bundestag, Ausschuss für Gesundheit, Ausschussdrucks 13/137, 1995, 8 f; kritisch *Höfling* MedR 1996, 6, 8, der für eine enge Zustimmungslösung plädiert hatte.

VI. Organ- und Gewebeentnahme mit Zustimmung anderer Personen

Gem § 3 Abs 3 S 1 TPG hat der Arzt die nächsten Angehörigen des Organ- oder Gewebespenders über die beabsichtigte Organentnahme zu unterrichten. Liegt dem Arzt, der die Organ- oder Gewebeentnahme vornehmen soll, eine schriftliche Äußerung des Verstorbenen nicht vor, so ist nach § 4 Abs 1 S 1 TPG dessen nächster Angehöriger zu befragen, ob ihm von diesem eine Erklärung zur Organ- oder Gewebespende bekannt ist. Wird dies verneint, so ist die Entnahme unter den Voraussetzungen des § 3 Abs 1 S 1 Nr 2 u 3 S 2 und Abs 2 Nr 2 TPG nur zulässig, wenn ein Arzt den nächsten Angehörigen über diese Möglichkeit unterrichtet und dieser der Organ- oder Gewebeentnahme zugestimmt hat (§ 4 Abs 1 S 2 TPG). In diesem Bereich gewinnt die Vorsorgevollmacht (§ 1896 Abs 2 S 2 BGB) Bedeutung, dh wenn der Patient einen Vertreter in Gesundheitsangelegenheiten eingesetzt hat. Liegt keine Vollmacht vor, hat der Angehörige bei seiner Entscheidung den **mutmaßlichen Willen** des möglichen Organspenders zu beachten (§ 4 Abs 1 S 3 TPG). Rechtsgrundlage für das Zustimmungsrecht der Angehörigen ist das verfassungsrechtlich anerkannte Totensorgerecht, das den Angehörigen zwar kein selbstständiges Entscheidungsrecht einräumen kann, ihnen aber ein Informationsrecht und auch das Recht verschafft, den Willen des Verstorbenen kundzutun.[25] **Nächste Angehörige** iS des TPG sind der Ehegatte, volljährige Kinder, Eltern, oder, sofern der mögliche Organ- oder Gewebespender zur Todeszeit minderjährig war und die Sorge für seine Person zu dieser Zeit nur einem Elternteil, einem Vormund oder einem Pfleger zustand, dieser Sorgeinhaber, ferner volljährige Geschwister sowie Großeltern (§ 4 Abs 2 TPG). Der nächste Angehörige ist jedoch nur dann zu einer Entscheidung über die Organ- oder Gewebeentnahme befugt, wenn er in den letzten 2 Jahren vor dem Tod des möglichen Organ- oder Gewebespenders zu diesem persönlichen Kontakt hatte. Hatte der mögliche Organspender die Entscheidung über die Organ- oder Gewebeentnahme im Wege einer Vorsorgevollmacht einer bestimmten Person übertragen, tritt diese an die Stelle des nächsten Angehörigen (§ 4 Abs 3 TPG).

Die Entnahme von Organen oder Geweben bei toten Embryonen und Föten hat in § 4a TPG eine Sonderregelung gefunden, die mehrere Zulässigkeitsvoraussetzungen enthält: der Tod muss nach dem Stand der Wissenschaft festgestellt, die Schwangere durch einen Arzt aufgeklärt sein, ihre schriftliche Zustimmung zur Organ- oder Gewebeentnahme vorliegen und diese durch einen Arzt erfolgen, der Ablauf, Inhalt und Ergebnis der Aufklärung und Einwilligung zu dokumentieren hat, die ihrerseits erst nach der Todesfeststellung stattfinden dürfen (§ 4a Abs 1, Abs 2 S 1 TPG). Weitere Einzelheiten enthalten § 4a Abs 2 S 2 und 3, Abs 3 TPG.

VII. Nachweisverfahren und Auskunftspflicht

Nach § 6 Abs 1 TPG müssen die Organ- oder Gewebeentnahme und alle mit ihr zusammenhängenden Maßnahmen unter Achtung der Würde des Organ- oder Gewebespenders in einer der ärztlichen Sorgfaltspflicht entsprechenden Weise durchgeführt werden. Der Leichnam des Organ- oder Gewebespenders muss in würdigem Zustand zur Bestattung übergeben werden (§ 6 Abs 2 S 1 TPG). Beide Absätze des § 6 TPG gelten entsprechend für tote Embryonen und Föten (§ 6 As 3 TPG). Die Feststellung, ob der Patient tot ist, ist jeweils durch zwei dafür qualifizierte Ärzte zu treffen, die den Organspender unabhängig voneinander untersucht haben (§ 5 Abs 1 S 1 TPG). Allerdings genügt für die Feststellung des Todeseintritts die Untersuchung und Feststellung durch einen Arzt, wenn der endgültige, nicht behebbare Stillstand von Herz und Kreislauf eingetreten ist und seitdem mehr als 3 Stunden vergangen sind (§ 5 Abs 1 S 2 TPG). Die an den Untersuchungen beteiligten Ärzte dürfen weder an der Entnahme noch an der Übertragung der Organe oder Gewebe

---

[25] So zutreffend *Heuer/Conrads* MedR 1997, 195, 198; s auch *Walter* FamRZ 1998, 201.

des Organ- oder Gewebespenders beteiligt sein (§ 5 Abs 2 S 1 TPG). Dem Arzt, der eine Organ- oder Gewebeentnahme bei einem möglichen Spender beabsichtigt, oder der von der Koordinierungsstelle (§ 11 TPG) beauftragten Person ist auf Verlangen Auskunft zu erteilen, soweit dies zur Feststellung, ob die Organ- oder Gewebeentnahme nach diesen Vorschriften zulässig ist oder ob ihr medizinische Gründe entgegenstehen, sowie zur Unterrichtung nach § 3 Abs 3 S 1 TPG erforderlich ist (§ 7 Abs 1 TPG). Der auskunftspflichtige Personenkreis ist in § 7 Abs 2 TPG geregelt.

VIII. Organ- und Gewebeentnahme aus rechtfertigendem Notstand

14 Ob die Organ- oder Gewebeentnahme vom **toten** Spender durch den rechtfertigenden Notstand des § 34 StGB gedeckt sein kann, wenn es an einer Einwilligung des Verstorbenen und der Zustimmung der Angehörigen fehlt, ist streitig. Das TPG hat die Frage offen gelassen. Zum bisherigen Recht galt nach einer weit verbreiteten Ansicht der Grundsatz, dass ein höherwertiges Rechtsgut wie die Erhaltung des Lebens oder die Wiederherstellung der Sehfähigkeit einer Person einem geringerwertigen Rechtsgut, etwa dem Persönlichkeitsrecht an der Unversehrtheit der Leiche, vorgeht.[26] Demgegenüber ist jedoch auch nach dem Inkrafttreten des Transplantationsgesetzes davon auszugehen, dass die Gefahr für Leben und Gesundheit eines Organ- oder Gewebeempfängers auch nicht als ultima ratio eine Explantation von Organen oder Geweben unter dem Gesichtspunkt des § 34 StGB gegen den Willen des Verstorbenen oder seiner Angehörigen erlaubt,[27] um das Leben des Empfängers zu retten oder dessen gefährdeten Gesundheitszustand zu bessern. Denn dem steht das Selbstbestimmungs- bzw postmortale Persönlichkeitsrecht des Verstorbenen jedenfalls insoweit als Hinderungsgrund entgegen, als die „Zwangs-Organentnahme" kein „angemessenes Mittel" zur Gefahrenabwehr iS des § 34 S 2 StGB darstellt. Sie würde den Verstorbenen unzulässigerweise funktionalisieren, als bloße frei verfügbare biologische Ressource behandeln und die speziellen Regelungen der §§ 3 Abs 1 Nr 1 und 4 Abs 2 TPG außer Kraft setzen.

Die **Organentnahme zu wissenschaftlichen Zwecken** oder zur Lagerung in einer Organbank ist niemals durch den Notstand des § 34 StGB gerechtfertigt. Insoweit fehlt es immer an einer gegenwärtigen, nicht anders abwendbaren Gefahr.[28] Keinesfalls ist unter dem Gesichtspunkt des rechtfertigenden Notstandes nach § 34 StGB auch die Explantation von Organen oder Geweben bei einem **lebenden Spender** gerechtfertigt. Ein solcher Eingriff gilt nach allgemeiner Meinung als unangemessen, als Verstoß gegen seine Grundrechte aus Art 1 und Art 2 GG; darüber hinaus ist das Selbstbestimmungsrecht des

---

[26] Vgl *Carstens*, Das Recht der Organtransplantation, S 130 ff; *Kern*, in: Rechtliche Grundlagen der augenärztlichen Tätigkeit, 1988, S 806 f; *Deutsch* MedizinR RdNr 512. Vgl auch LG Bonn JZ 1971, 56. Nach *Schönke/Schröder/Lenckner* (§ 34 StGB RdNr 20) kann eine zur Transplantationszwecken durchgeführte Organentnahme bei einem Toten, soweit sie überhaupt tatbestandsmäßig iS von § 168 StGB ist, nach § 34 StGB auch dann gerechtfertigt sein, wenn sich der Arzt, obwohl ihm dies möglich gewesen wäre, nicht um die Einwilligung der Angehörigen bemüht hat. Instruktiv auch *Kern*, Zivilrechtliche Gesichtspunkte der Transplantation, in: *Gramberg/Danielsen*, Rechtliche Grundlagen der augenärztlichen Tätigkeit, 2/800, 815. Bejahend *Laufs* ArztR RdNr 280 unter Berufung auf OLG Frankfurt NJW 1975, 271 und die Empfehlungen der Deutschen Gesellschaft für Medizinrecht, wonach die Entnahme und Transplantation von Zellen, Geweben und Organen auch erfolgen kann, um den Empfänger aus seiner gegenwärtigen, anders nicht abwendbaren Lebensgefahr oder der gegenwärtigen Gefahr einer schwerwiegenden Gesundheitsschädigung zu retten.

[27] Wie hier *Schreiber* FS Klug, 352; *Wolfslast* MedR 1989, 163, 168; *Pichlmayr/Honecker/Wolfslast* Organtransplantation, in: *Eser/v. Lutterotti/Sporken*, Lexikon Medizin – Ethik – Recht, Sp 769; *Fischer*, § 168 RdNr 15 *Rüping*, GA 78, 129, 136; *Lackner/Kühl* § 168 RdNr 4; SK-*Rudolphi*, § 168 RdNr 8 a; *Schönke-Schröder/Lenckner*, § 168 RdNr 8; *Geilen*, FA Medizinrecht, Kap 4 B RdNr 528; *Ulsenheimer* unten § 142 RdNr 22.

[28] *Rösch* MedKlin 1978, 1711, 1713; *Pichlmayr/Honecker/Wolfslast* (Fn 1) Sp 769, 770; *Rieger* Lexikon RdNr 1768 sowie *Fischer, Geilen, Schönke/Schröder/Lenckner, Ulsenheimer* an den in Anm 27 angegebenen Fundorten.

Patienten und seine verantwortliche sittliche Entscheidung als ein „Grundprinzip unserer Rechtsordnung"[29] höher zu werten als das Interesse eines anderen.[30] Dem Arzt ist es untersagt, ohne oder gar gegen den Willen eines Menschen diesem lebensrettende Blut- oder Organ-/Gewebespenden zugunsten eines notleidenden Dritten zu entnehmen. *Laufs*:[31] „Das gewichtige Interesse an der Respektierung des Menschen als Selbstzweck, an der Achtung der Personenwürde, schlägt hier als absoluter Wert zu Buch. Die gute Absicht des Verletzers und der Rang seines Ziels ändern an diesem Urteil nichts."

IX. Organ- und Gewebeentnahme bei lebenden Organspendern

Eine Organ- oder Gewebeentnahme vom Lebenden ist nach § 8 TPG nur in Grenzen und unter besonderen Voraussetzungen zulässig. Die **Lebendspende** stellt sich für den Spender nicht als ärztlicher Heileingriff dar, so dass an die Aufklärung und Einwilligung strenge Anforderungen zu stellen sind.[32] Nach den Vorstellungen des Gesetzgebers (BT-Drucks 13/4355 S 14) hat die Organspende von Menschen mit endgültigem, nicht behebbarem Ausfall der gesamten Hirnfunktion oder endgültigem, nicht behebbarem Stillstand von Herz und Kreislauf klaren Vorrang vor der Lebendspende. Nach § 8 Abs 1 Nr 1 a–c TPG ist die Entnahme von Organen und Geweben einer lebenden Person nur zulässig, wenn die Person volljährig und einwilligungsfähig, nach § 8 Abs 2 S 1 TPG aufgeklärt worden ist, in die Entnahme eingewilligt hat, nach ärztlicher Beurteilung als Spender geeignet ist und voraussichtlich nicht über das Operationsrisiko hinaus gefährdet oder über die unmittelbaren Folgen der Entnahme hinaus gesundheitlich schwer beeinträchtigt wird. Zudem muss die Übertragung des Organs oder Gewebes auf den vorgesehenen Empfänger nach ärztlicher Beurteilung geeignet sein, das Leben dieses Menschen zu erhalten oder bei ihm eine schwerwiegende Krankheit zu heilen, ihre Verschlimmerung zu verhüten oder ihre Beschwerden zu lindern (§ 8 Abs 1 Nr 2 TPG). Der Eingriff darf gemäß § 8 Abs 1 Nr 3 und 4 TPG nur von einem Arzt vorgenommen werden und auch nur dann, wenn ein geeignetes Organ eines Spenders nach § 3 oder 4 TPG im Zeitpunkt der Organ- oder Gewebeentnahme nicht zur Verfügung steht (**Subsidiarität der Lebendspende**).

Die Entnahme von Organen, die sich nicht wieder bilden können, ist bei Lebendspendern darüber hinaus nur zulässig zum Zwecke der Übertragung auf **Verwandte ersten oder zweiten Grades, Ehegatten, Verlobte oder andere Personen, die dem Spender in besonderer persönlicher Verbundenheit offenkundig nahestehen**.[33] Während das Transplantationsgesetz im Regelfall den Kreis der Spender sehr präzise, enumerativ beschreibt, wird in § 8 Abs 1 S 2 TPG eine Ausdehnung auf eine unbestimmte Vielzahl von Personen vorgenommen, diese „Öffnungsklausel" dann allerdings sofort wieder dadurch eingegrenzt, dass die Spender drei Voraussetzungen erfüllen müssen: Sie müssen mit dem Organempfänger in besonderer Weise persönlich verbunden sein, ihm „nahestehen" und beides muss „offenkundig" sein. Was mit diesen Tatbestandsmerkmalen gemeint ist, lässt sich nach Ansicht des Bundesverfassungsgerichts allein durch den Wortlaut „nicht hinreichend" bestimmen, wohl aber unter Rückgriff auf die „üblichen Auslegungsmethoden".[34] Aus den Gesetzesmaterialien ergebe sich, dass die „besondere persönliche Verbundenheit"

---

[29] *Schönke/Schröder/Lenckner/Perron*, StGB, 27. Aufl 2006, § 34 RdNr 38, 41c, 47 mwN
[30] *Laufs* ArztR RdNr 276.
[31] *Laufs* ArztR RdNr 276; s auch die Literaturnachweise in Fn 27.
[32] *Schreiber/Wolfslast* MedR 1992, 189, 193.
[33] Einzelheiten bei *Gutmann*, Probleme einer gesetzlichen Regelung der Lebendspende von Organen, MedR 1997, 147, 149 f. Nach der Begründung zu § 7 des Entwurfs (BT-Drucks 13/4355, 20) würde eine allgemeine Freigabe der Lebendspende die Gefahr des Organhandels in letztlich nicht mehr kontrollierbarer Weise erhöhen. Eine besondere persönliche und sittliche Verbundenheit kann auch in einer häuslichen Lebensgemeinschaft bestehen, nicht dagegen in bloß ökonomisch motivierten Zweckgemeinschaften wie zB einer studentischen Wohngemeinschaft. Vgl auch BGHZ 101, 115. *Eigler* MedR 1992, 88.
[34] BVerfG NJW 1999, 3399, 3400.

sowohl „innere als auch regelmäßig äußere Merkmale wie eine gemeinsame Wohnung oder häufige Kontakte" voraussetze. Auch die systematische und teleologische Auslegung unterstreiche dies und verlange einen „Assoziationsgrad in äußerer und innerer Hinsicht, bei dem sich – wie etwa bei Verwandten – typischerweise die Vermutung aufstellen" lasse, „dass der Entschluss zur Organspende ohne äußeren Zwang und frei von finanziellen Erwägungen getroffen wurde".[35] Dennoch räumt das Bundesverfassungsgericht ein, dass „gleichwohl Auslegungsschwierigkeiten" bleiben, die jedoch „das rechtsstaatlich hinnehmbare Maß an Unbestimmtheit oder die Grenzen des Art 103 Abs 2 GG nicht übersteigen".

17 Dies mag aus juristischer Sicht hinnehmbar sein, für die unmittelbar Betroffenen – Organspender, Organempfänger und Ärzte – ist die Tatbestandsfassung des § 8 Abs 1 Satz 2 TPG jedoch mit erheblicher Unsicherheit und rechtlichen Unwägbarkeiten belastet, die sich noch dadurch verstärken, dass Verstöße gegen diese Vorschrift in § 19 Abs 1 Nr 2 TPG mit drastischen Strafandrohungen belegt sind. Insbesondere am Beispiel der sog **„Überkreuz-Lebendspende"** (Cross-Over-Lebendspende) ist das ganze Dilemma in jüngster Zeit sichtbar geworden: Der Ehemann möchte seiner dialysepflichtigen Ehefrau eine Niere spenden, doch ist dies aus medizinischen Gründen, wegen einer Blutgruppenunverträglichkeit, ausgeschlossen. Er gibt daraufhin eine Zeitungsannonce auf, um ein (Ehe-)paar in gleicher Situation mit umgekehrter Blutgruppenzugehörigkeit zu finden, woraufhin sich in kurzer Zeit 25 Paare meldeten.[36] Dann könnten der Ehemann zugunsten der dialysepflichtigen Ehefrau des gesuchten Paares und deren Ehemann zugunsten der dialysepflichtigen Ehefrau des inserierenden Paares wechselseitig als Spender fungieren. Strittig ist allerdings die rechtliche Zulässigkeit einer solchen „Cross-Over-Spende", und zwar einmal im Hinblick auf §§ 17 Abs 1 S 1, 18 Abs 1 TPG (Handeltreiben mit Organen)[37] und zum anderen im Hinblick auf § 8 Abs 1 S 2, § 19 Abs 1 Nr 2 TPG. Hält man sich die mit der restriktiven Gesetzesfassung verfolgte Zielsetzung vor Augen, spricht mE alles dafür, die besondere persönliche Verbundenheit der beiden Ehepaare (Partnerpaare) im gemeinsamen Leid, im gemeinsamen Krankheitserleben, bei der gemeinsamen Suche nach Besserung, kurzum, die Schicksalsgemeinschaft der beiden Paare und die sich daraus ergebende persönliche Verbundenheit als etwas Besonderes zu qualifizieren, das ein Näheverhältnis unabweisbar und in offenkundiger, dh zweifelsfreier Weise nach sich zieht. Dies gilt jedenfalls dann, wenn sich die (Ehe-)Paare vor dem Entschluss zur Lebendspende bereits kannten und daher die „besondere persönliche Verbundenheit" bereits über einen gewissen Zeitraum bestand. Die Voraussetzungen des § 8 Abs 1 S 2 TPG können aber auch dann erfüllt sein, wenn sich die (Ehe-)Paare vorher fremd waren und – etwa per Inserat – ausschließlich wegen der Durchführung der Überkreuz-Lebendspende in persönliche Beziehung zueinander traten. Denn wenn die Freiwilligkeit gewahrt, die Gesundheit des Spenders nicht beeinträchtigt und jeder Anhaltspunkt für die Verfolgung materieller Interessen (Organhandel) ausgeschlossen ist, steht den Intentionen des Gesetzgebers in diesen Fällen nichts im Wege.[38] Mit Recht hat das BSG bei einer Überkreuzkonstellation unter Ehepaaren hervorgehoben, dass „die Motivation zur Spende, nämlich letztlich dem eigenen Partner zu helfen, regelmäßig die innerliche Akzeptanz garantiert". Im Hinblick „auf die möglichen psychischen Folgen bei Komplikationen im Heilungsverlauf sowohl des Spenders als auch dessen Partner" sei jedoch „zu fordern, dass die persönliche Verbindung zwischen den Ehepaaren so starkt ist, dass ihr Fortbestehen über die Operation hinaus

---

[35] BVerfG NJW 1999, 3399, 3400.
[36] Ärztezeitung v 1. 3. 2001, Nr 39, 8.
[37] Siehe dazu § 142 RdNr 35.
[38] *Schroth* JZ 1997, 1149, 1151; *ders* MedR 1999, 67 f; *Seidennath* MedR 1998, 253, 255 ff; *Rittner/Besold/Wandel* MedR 2001, 1118; *Koch* Zentralblatt für Chirurgie, Bd 124, 1999, 718 ff; *Kühn* MedR 1998, 455 ff; *Bickeböller/Gossmann/Kramer/Scheuermann*, Zeitschr f med Ethik 44, 1998, 325 ff; *Gutmann* MedR 1997, 147 ff; *Nickel/Schmidt/Preisigke/Sengler*, Kommentar zum Transplantationsgesetz, RdNr 15 ff, insbesondere 19 ff zu § 8 TPG.

erwartet werden kann" und „aus Sicht der Beteiligten grundsätzlich auf eine unbefristete Dauer angelegt ist".[39]

Minderjährige und solche Personen, die wegen einer Behinderung oder Krankheit nicht einwilligungsfähig sind, sind kraft Gesetzes als Organspender ausgeschlossen (§ 8 Abs 1 Nr 1a TPG). Eine Ausnahme gilt für die Entnahme von Knochenmark, die in § 8a TPG für Minderjährige abweichend von § 8 Abs 1 S 1 Nr 1 Buchst a und b sowie Nr 2 gesondert geregelt ist. Bestehen hinsichtlich der Einwilligungsfähigkeit Zweifel, ist ein Psychiater als Sachverständiger hinzuzuziehen. Eine Fremdeinwilligung, zB durch den Betreuer eines geistig Behinderten, ist wirkungslos.[40]

Nach § 8 Abs 2 S 1 TPG ist der Organspender über die Art des Eingriffs, den Umfang und mögliche Folgen einschließlich Spätfolgen für seine Gesundheit sowie über die zu erwartende Erfolgsaussicht der Transplantation durch einen Arzt **aufzuklären.** Die Aufklärung, die in Anwesenheit eines weiteren Arztes erfolgen muss, ist in einer Niederschrift aufzuzeichnen und von den aufklärenden Personen, dem weiteren Arzt und dem Spender zu unterschreiben (§ 8 Abs 2 S 4 TPG). Der Spender kann seine Einwilligung jederzeit schriftlich oder mündlich widerrufen (§ 8 Abs 2 S 6 TPG). Im übrigen darf die Entnahme von Organen bei einem Lebenden erst durchgeführt werden, wenn sich der Spender und der Organempfänger, die Entnahme von Geweben erst, wenn sich der Spender zur Teilnahme an einer ärztlich empfohlenen Nachbetreuung bereiterklärt haben. Eine auf Landesebene einzurichtende Gutachterkommission hat Stellung zu nehmen, ob begründete tatsächliche Anhaltspunkte dafür vorliegen, dass die Einwilligung in die Organspende nicht freiwillig erfolgt oder das Organ Gegenstand verbotenen Handeltreibens nach § 17 TPG ist (§ 8 Abs 3 S 1, 2 TPG).[41]

X. Entnahme, Vermittlung und Übertragung bestimmter Organe

Das TPG hat in den §§ 9 ff Regelungen zur Organisation der im Zusammenhang mit der Organ- oder Gewebeentnahme zum Zwecke der Transplantation erforderlichen Maßnahmen getroffen. Nach den Vorstellungen des Gesetzgebers dienen die Regelungen dem Ziel, die nach den medizinischen Kriterien beste und eine im Interesse der wartenden Patienten gerechte Verteilung der zur Verfügung stehenden Organe zu sichern (BT-Drucks 13/4355 S 14).[42] Verbindliche Regelungen zur Vermittlung von Organen müssen die Grundrechte – Menschenwürde, Recht auf Leben und körperliche Unversehrtheit, Gleichbehandlung – beachten. Nach § 9 S 1 TPG ist die Übertragung von Herz, Niere, Leber, Lunge, Bauchspeicheldrüse und Darm bei Menschen mit nicht behebbarem Ausfall der gesamten Hirnfunktion ebenso wie die Vorbereitung der Entnahme, Vermittlung und Übertragung dieser Organe eine gemeinschaftliche Aufgabe der Transplantationszentren und der anderen Krankenhäuser in regionaler Zusammenarbeit. Die Transplantation dieser Organe (vermittlungspflichtige Organe) ist nur zulässig, wenn sie durch die **Vermittlungsstelle** unter Beachtung der Regelungen nach § 12 TPG vermittelt worden sind (§ 9 S 2 TPG). Gegenwärtig sind die Transplantationszentren in Deutschland in die internationale Organvermittlung durch die private gemeinnützige Stiftung Eurotransplant in Leiden/Niederlande einbezogen. Die Spitzenverbände der Krankenkassen, die Bundesärztekammer und die Deutsche Krankenhausgesellschaft haben durch die Regelung in § 12 TPG den Auftrag erhalten, eine **Vermittlungsstelle für die Organvermittlung** einzurichten oder zu beauftragen. Der entsprechende Vertrag ist am 16. 7. 2000 in Kraft getreten[43] und hat Eurotransplant als Vermittlungsstelle iS des § 12 Abs 1 benannt. Durch die Rege-

---

[39] BSG MedR 04, 330, 333 unter eingehender Auseinandersetzung mit den unterschiedlichen Ansichten des Schrifttums. Siehe zur neueren Literatur auch die Nachweise in § 142 RdNr 33.
[40] Vgl AG Mölln NJW 1995, 188; *Koch*, Zentralblatt für Chirurgie 124, 1999, 722; *Gutmann*, MedR 1997, 147, 159.
[41] Eingehend hierzu *Gutmann* MedR 1997, 147 ff; *Deutsch* NJW 1998, 777, 779.
[42] Siehe dazu auch *Greiner* Ethik Med 1998 (Bd 10), 64 ff.
[43] Siehe BAnz Nr 131 a, 13 ff.

lung in § 11 TPG ist klargestellt worden, dass die Organentnahme nicht eine zentrumsbezogene Aufgabe der einzelnen Transplantationszentren ist, sondern eine Gemeinschaftsaufgabe aller Transplantationszentren und anderen Krankenhäuser zugunsten aller Patienten auf den Wartelisten der Transplantationszentren. Mit der Organisation dieser Aufgabe wurde die Deutsche Stiftung Organtransplantation (DSO) betraut.[44] Dadurch soll ein Höchstmaß an Chancengleichheit und Transparenz gesichert werden.[45]

21 § 9 Abs 2 TPG hat den **Vorrang der Organspende**[46] festgelegt, dh die Entnahme von Geweben hat hinter die mögliche Entnahme und Übertragung eines vermittlungspflichtigen Organs zurückzutreten. Die Organspende darf durch die Gewebeentnahme nicht beeinträchtigt werden, was eine von der Koordinierungsstelle beauftragte Person ebenso festzustellen hat wie die Unmöglichkeit der Entnahme und Übertragung eines vermittlungspflichtigen Organs.

22 Die Vorschrift des § 10 TPG stellt klar, dass sich die **Zulassung als Transplantationszentrum** nach den für die Zulassung von Krankenhäusern geltenden Vorschriften richtet und sich auf die Übertragung einer oder mehrerer der bezeichneten Organarten erstrecken muss. Die dafür erforderlichen personellen, operativen und sonstigen strukturellen Anforderungen sind im jeweiligen Zulassungsverfahren zu prüfen, gleichgültig, ob die Zulassung auf § 108 SGB V oder § 30 GewO beruht. Nach § 10 Abs 2 Nr 1 TPG sind die Transplantationszentren verpflichtet, **Wartelisten** der zur Transplantation angenommenen Patienten mit den für die Organvermittlung nach § 12 TPG erforderlichen Angaben zu führen. Sie haben unverzüglich über die Annahme eines Patienten zur Organübertragung und seine Aufnahme in die Warteliste zu entscheiden. Der behandelnde Arzt ist hierüber ebenso zu unterrichten wie über die Herausnahme eines Patienten aus der Warteliste. Über die **Aufnahme in die Warteliste** haben die Transplantationszentren nach Regeln zu entscheiden, die dem Stand der Erkenntnisse der medizinischen Wissenschaft entsprechen, insbesondere nach Notwendigkeit und Erfolgsaussicht einer Organübertragung (§ 10 Abs 2 Nr 2 TPG). Bei der Konkretisierung der Dringlichkeit sind medizinisch objektivierbare Kriterien festzulegen und organspezifische Abstufungen zu beachten. Bezüglich der Erfolgsaussicht sind vorrangig die bei der Begutachtung des Patienten vorhandenen Parameter maßgebend, zusätzliche individuelle, primär nicht-medizinische Umstände können bei gleich guter Eignung der Empfänger unter rein medizinischen Aspekten Berücksichtigung finden.[47]

23 Die in § 10 Abs 2 Nr 4 TPG geregelte **Dokumentationspflicht** soll sicherstellen, dass eine lückenlose Rückverfolgung der Organe vom Empfänger bis zum Spender möglich ist.

24 Der Versicherte hat keinen Anspruch auf Erstattung der Kosten, die er für die Transplantation eines gegen Bezahlung gespendeten Organs aufgewendet hat.[48]

XI. Meldungen, Rückverfolgung, Datenschutz, Dokumentation, Fristen, Richtlinien zum Stand der Erkenntnisse der medizinischen Wissenschaft

25 Nach § 13 Abs 1 TPG sind aus Datenschutzgründen die personenbezogenen Daten des Organspenders durch Bildung einer Kenn-Nummer für jedes Spenderorgan zu verschlüsseln. Der behandelnde Arzt meldet Patienten, bei denen die Übertragung vermittlungspflichtiger Organe medizinisch indiziert ist, mit deren schriftlicher Einwilligung unverzüglich dem Transplantationszentrum. Für übertragene Gewebe gelten für Zwecke der Rückverfolgung und Risikoerfassung besondere Dokumentations- und Meldevorschriften (§§ 13 a, b und c TPG).

---

[44] Siehe auch *Lilie*, FS Deutsch, 1999, 643, 647.
[45] Siehe dazu die Empfehlungen für die Zusammenarbeit zwischen Krankenhäusern und Transplantationszentren bei der postmortalen Organentnahme, AuK 1999, 372 = DÄBl 1999 (Bd 96), Heft 31–32 v 9. 8.99.
[46] *Löllgen* Q-med 08, 26, 30.
[47] Siehe Einbecker-Empfehlungen MedR 1998, 532.
[48] BSG NJW 1997, 3114 in Fortführung von BSG NJW 1997, 823 = SozR 3-2500 § 27 Nr 7).

Aus datenschutzrechtlichen Gründen dürfen die Angehörigen eines Organspenders den Namen des Organempfängers nicht erfahren, ebenso der Organempfänger nicht den Namen des Organspenders. Insoweit trifft § 14 TPG eingehende Regelungen. **Aufbewahrungs- und Löschungsfristen** sind in § 15 TPG normiert.

§ 16 TPG legt in Absatz 1 fest, dass es Aufgabe der Bundesärztekammer ist, den Stand der Erkenntnisse der medizinischen Wissenschaft bei Organen in Richtlinien zu bestimmen. So gelten zB für den Nachweis des endgültigen, nicht behebbaren Ausfalls der gesamten Hirnfunktion die Grundsätze, die in einer Stellungnahme des Wissenschaftlichen Beirats der Bundesärztekammer zum endgültigen Ausfall der gesamten Hirnfunktion ("Hirntod") als sicheres Todeszeichen aufgeführt sind.[49] Die Bundesärztekammer hat eine Ständige Kommission Organtransplantation berufen, die die Aufgabe hat, Richtlinien zu erarbeiten. Die Bundesärztekammer hat nach § 16 Abs 1 Nr 2 TPG Regeln zur Aufnahme in die Warteliste einschließlich der Dokumentation der Gründe für die Aufnahme oder die Ablehnung der Aufnahme zu erarbeiten und weitere Grundsätze für die ärztliche Beurteilung nach § 11 Abs 4 S 2 TPG festzulegen.[50] Gleichzeitig hat sie die Anforderungen an die Untersuchung des Organspenders, die Konservierung, Aufbereitung, Aufbewahrung und Beförderung der Organe zu regeln. Die entsprechenden Richtlinien für die Warteliste zur Nieren-, Pankreas-, Leber- sowie Herz-, Herz-Lungen- und Lungentransplantation sind am 16. 7. 2000 in Kraft getreten (DÄBl 2000, B-1747; siehe auch DÄBl 2000, B-352 ff; BAnz 2000, Nr 131 a v 15. 7. 2000, 19 ff).

Die Anforderungen an Qualität und Sicherheit der Entnahme und Übertragung von **Geweben** werden durch Rechtsverordnung des Bundesministeriums für Gesundheit bestimmt. Ergänzend dazu kann die Bundesärztekammer in Richtlinien den allgemein anerkannten Stand der Erkenntnisse der medizinischen Wissenschaft im Einvernehmen mit der zuständigen Bundesoberbehörde zur Entnahme und Übertragung von Geweben feststellen, insbesondere zu den Voraussetzungen der ärztlichen Beurteilung der Eignung und Untersuchung der Gewebespender (§§ 16a, 16b TPG).

XII. Verbot des Organ- und Gewebehandels

Der Gesetzgeber war sich bewusst, dass im Hinblick auf den derzeitigen Mangel an geeigneten Transplantaten die Versuchung wächst, aus eigensüchtigen wirtschaftlichen Motiven die gesundheitliche Notlage lebensgefährlich Erkrankter in besonders verwerflicher Weise auszunützen. Deshalb ist der gewinnorientierte Handel mit menschlichen Organen oder Geweben in § 17 TPG verboten. Damit sollen zugleich auch finanzielle Anreize an potenzielle Lebendspender, ihre Gesundheit um wirtschaftlicher Vorteile willen zu beeinträchtigen, unterbunden werden.[51] Gleichzeitig hat der Gesetzgeber in § 18 TPG den Handel mit Organen oder Geweben und die widerrechtliche Entnahme von Organen oder Geweben nach § 17 Abs 1 Nr 2 TPG unter Strafe gestellt.[52]

XIII. Die Xenotransplantation

Eine Xenotransplantation liegt vor, wenn Spender und Empfänger Individuen verschiedener Arten angehören, also anderer Spezies sind, wenn zB ein Mensch ein Schweineherz übertragen bekommt.[53] Dabei werden lebende Zellen, Gewebe oder Organe artgrenzenüberschreitend – konkordant (zwischen nah verwandten Arten) oder diskordant (zwischen weiter entfernten Arten) – übertragen. Aus medizinischer Sicht bieten die

---

[49] Vgl DÄBl 1993, B 2177 ff.
[50] Siehe dazu DÄBl 2007, A 3428.
[51] Vgl hierzu eingehend die Begründung zu § 16 des Entwurfs (BT-Drucks 13/4355, 29); ferner *Gragert*, Strafrechtliche Aspekte des Organhandels, 1997.
[52] Siehe § 142 RdNr 35.
[53] Vgl hierzu eingehend *Vesting/Müller* MedR 1996, 203 ff; *Beckmann*, Xenotransplantation. Ethische Fragen und Probleme, 1997; *Stengel-Steicke/Steicke* AwnBl 2000, 574 ff.

schwierigsten Probleme zum einen die Abstoßungsreaktionen, die mit zunehmender Diskordanz zwischen Spender und Empfänger immer ausgeprägter werden, und zum anderen die erheblichen, bisher nicht quantifizierbaren Infektionsrisiken des Organempfängers.[54] Unter ethischen Aspekten wird die Xenotransplantation angesichts des unstreitigen Mangels an Spenderorganen und den damit verbundenen Leiden vieler Patienten sowie der schwierigen Problematik gerechter Zuteilung als eindeutig „gerechtfertigt bzw geboten" erachtet,[55] allerdings muss der Gesetzgeber zur Sicherung der betroffenen Grundrechte die erforderlichen Normen bereitstellen.[56]

Die rechtliche Beurteilung der Xenotransplantation ist durch erhebliche Unklarheiten und Regelungslücken gekennzeichnet, so dass teilweise der Ruf nach dem Gesetzgeber laut wurde.[57] Feststeht einerseits, dass das Transplantationsgesetz nach seinem eindeutigen Wortlaut in § 1 Abs 1 auf die Xenotransplantation ebensowenig anwendbar ist wie das Infektionsschutzgesetz vom 20. 7. 2000 (BGBl I, 1045, das gemäß Art 5 Abs 1 Nr 1 des Gesetzes zur Neuordnung seuchenrechtlicher Vorschriften vom 20. 7. 2000 das Bundesseuchengesetz abgelöst hat), die Frischzellenverordnung und das Medizinproduktegesetz (§ 2 Abs 5 Nr 5). Einschlägig sind dagegen das Tierschutzgesetz, das in § 6 Abs 1 Satz 2 Nr 4 bei Wirbeltieren die Organentnahme zu Transplantationszwecken zulässt, das Gentechnikgesetz für die gentechnische Vorbereitung von Spendertieren und das Produkthaftungsgesetz für die kommerzielle Aufbereitung bzw den kommerziellen Vertrieb der Xenotransplantate.[58] Nach herrschender Ansicht, ua auch des Wissenschaftlichen Beirats der Bundesärztekammer,[59] gilt für die Xenotransplantation das Arzneimittelgesetz (AMG), da es sich beim Xenotransplantat um Stoffe handelt (§ 2 Abs 1), die dazu bestimmt sind, durch ihre Anwendung im menschlichen Körper Krankheiten zu heilen oder zu lindern. Deshalb ist nach § 13 AMG eine Herstellungserlaubnis erforderlich, ferner die Anzeige der klinischen Prüfung nach § 67 AMG und die Beachtung der Schutzvorschriften für die klinische Prüfung in den §§ 40–42 AMG. Da das Inverkehrbringen bedenklicher Arzneimittel gem § 5 Abs 1 AMG verboten ist, die spezifischen Infektionsgefahren der Xenotransplantation für den Probanden oder Dritten aber gegenwärtig in ihrem Ausmaß nicht abschätzbar sind, ist die routinemäßige Anwendung von Xenotransplantaten unzulässig. Dies bedeutet jedoch keine Einschränkung der Xenotransplantationsforschung durch das Arzneimittelgesetz, da insoweit Art 5 Abs 3 Satz 1 GG keinen Vorbehalt durch ein einfaches Gesetz kennt. Die Grenzen der Forschung ergeben sich aber natürlich aus dem Grundrechtsschutz eventuell betroffener oder unbeteiligter Dritter,[60] nachdem das ärztliche Standesrecht den rechtlichen Rahmen der Xenotransplantation bislang nicht präzisiert hat.

Gegen die Anwendbarkeit des AMG hat sich vehement mit überzeugenden Gründen *Deutsch* ausgesprochen, da Organe, gleichgültig ob sie vom Menschen oder vom Tier stammen, bei einer funktionalen Auslegung des AMG „keine Arzneimittel sind und die Explantation und Implantation nicht als Herstellung eines Arzneimittels verstanden werden" darf.[61] Die bestehenden Unklarheiten und Regelungslücken machen eine gesetzliche Regelung der Xenotransplantation wünschenswert.[62]

---

[54] *Stengel-Steicke/Steicke* AnwBl 2000, 575 f; *Schlitt/Manns*, DÄBl Bd 96, 1999, A-1839 ff; *Straßburger* MedR 08, 723, 724.
[55] *Beckmann*, DÄBl Bd 96, A-1840; Stellungnahme des Wissenschaftlichen Beirats der Bundesärztekammer zur Xenotransplantation, DÄBl Bd 96, A-1920 ff, 1924.
[56] *Straßburger* MedR 08, 723, 731.
[57] *Vesting/Müller* MedR 1996, 203, 209; *Stengel-Steicke/Steicke* AnwBl 2000, 580.
[58] Siehe im Einzelnen *Stengel-Steicke/Steicke* AnwBl 2000, 574 ff.
[59] DÄBl 1996, A-1920 ff.
[60] *Stengel-Steicke/Steicke*, AnwBl 2000, 579.
[61] *Deutsch*, DÄBl 1997, 2000, A-321 f; ebenso *Lippert*, Implantate, Transplantate, Infusionen und Transfusionen – Wer haftet wie?, VersR 1994, 153.
[62] *Vesting/Müller* MedR 1997, 203, 209.

22. Kapitel. Besondere ärztliche Eingriffe und Sonderprobleme   § 132

§ 132 Die ärztliche Sterbehilfe

Inhaltsübersicht

	RdNr
I. Allgemeine Problematik der Lebenserhaltungspflicht und Selbstbestimmung	1
II. Begriff der Sterbehilfe	5
III. Gesetzliche und standesrechtliche Regelungen	8
1. Schweizerische Akademie der Medizinischen Wissenschaften	11
2. Grundsätze der BÄK zur Sterbebegleitung	17
3. Resolution der Dt. Ges. für Chirurgie	31
4. Leitlinien der DGAI	32
5. Leitsätze der DGHS	33
IV. Die zivilrechtliche Pflicht des Arztes zur Hilfe im Sterben	34
V. Das „Patiententestament" (Patientenverfügung)	38
VI. Die Betreuungsverfügung	43
VII. Genehmigung des Betreuungsgerichts	44
VIII. Die Vorsorgevollmacht	46
IX. Strafrechtliche Grenzen ärztlicher Sterbehilfe	48

Schrifttum: *Albers,* Sterbehilfe, Vormundschaftsgericht und Verfassung, NJW 1999, S 835 ff; *Amelung,* Vetorechte beschränkt Einwilligungsfähiger in Grenzbereichen medizinischer Intervention, 1995; *Ankermann,* Verlängerung sinnlos gewordenen Lebens? – Zur rechtlichen Situation von Koma-Patienten, MedR 1999, S 387 ff; *Atrott,* Patientenverfügungen – Hinwendung zum Patienten, MMW 1984, 976; *Atrott/Pohlmeier* (Hrsg), Sterbehilfe in der Gegenwart, 1990; *Auer/Menzel/Eser,* Zwischen Heilauftrag und Sterbehilfe, 1977; *Fr Barth,* Euthanasie – Das Problem der Vernichtung lebensunwerten Lebens, 1926; *K H Bauer,* Aufklärung und Sterbehilfe bei Krebs in medizinischer Sicht, FS Bockelmann 1979, S 497; *J Baumann ua* (Hrsg), Alternativentwurf eines Gesetzes über Sterbehilfe (AE-Sterbehilfe), 1986; *Baumann,* Richtigstellung zum Euthanasieproblem, JZ 1975, 202; *Becker-Schwarze,* Patientenautonomie aus juristischer Sicht, FPR 2007, 52; *Beckmann,* Patientenverfügungen: Autonomie und Selbstbestimmung vor dem Hintergrund eines im Wandel begriffenen Arzt-Patienten-Verhältnisses, Zeitschrift für Medizinische Ethik 1998, 143 ff; *Beckmann,* Patientenverfügungen – zwischen Autonomie und Fürsorge, ZfL 08, 49 ff; *Beleites/Hoppe,* Patientenverfügungen – Handreichungen für Ärzte, DÄBl 1996, A-2697 ff; *Belling/Eberl/Michlik,* Das Selbstbestimmungsrecht Minderjähriger bei medizinischen Eingriffen, 1994; *Benzenhöfer,* Der gute Tod?, 1999; *Berger,* Privatrechtliche Gestaltungsmöglichkeiten zur Sicherung der Patientenautonomie am Ende des Lebens, JZ 2000, S 797 ff; *Bernat,* Behandlungsabbruch nach vormundschaftlicher Genehmigung – Anmerkung zum Urteil OLG Frankfurt v 15. 7. 1998, RdM 1998, S 187 ff; *Bernat/Gaberc,* Das österreichische Patientenverfügungs-Gesetz: ein Schritt vorwärts, zwei Schritte zurück, GesR 2007, 1; *Bickhardt/Binsack/Burger/Fittkau-Tönnesmann/Kalb/Möller/Weissauer/Wuermeling,* Patientenverfügung, Bestellung einer Vertrauensperson, Vorsorgevollmacht und Betreuungsverfügung – rechtliche Hilfsmittel in Grenzsituationen der Arzt-Patienten-Beziehung, Sonderbeilage zu BayÄBl, 2/2000; *Bienwald,* Betreuungsrecht 1999; *Birnbacher,* Tun und Unterlassen, 1995; *Binding/Hoche,* Die Freigabe der Vernichtung lebensunwerten Lebens, 1920; *Blaha* (Hrsg), Schutz des Lebens – Recht auf Tod, 1978; *Bochnik,* Verzweiflung und freie Willensbestimmung bei Suizidversuchen, MedR 1987, 216; *Böckle,* Das Recht auf einen würdigen Tod, RheinÄBl 1978, 513; *Borasio/Heßler/Wiesing,* Patientenverfügungsgesetz – Umsetzung in der klinischen Praxis, DÄBl 2009, A 1952; *Brändel,* Über das Recht, den Zeitpunkt des eigenen Todes selbst zu bestimmen, ZRP 1985, 85; *Buchborn,* Ärztliches Ermessen, MedR 1987, 221; Bundesärztekammer, Richtlinien für die Sterbehilfe, DÄBl 1979, 957–960; *Catel,* Grenzsituation des Lebens. Beitrag zum Problem der begrenzten Euthanasie, 1962; *Coeppicus,* Behandlungsabbruch, mutmaßlicher Wille und Betreuungsrecht, NJW 1998, S 3381 ff; *Damrau/Zimmermann,* Betreuung und Vormundschaft, 1995; Deutsche Gesellschaft für Chirurgie, Leitlinie zum Umfang und zur Begrenzung der ärztlichen Behandlungspflicht in der Chirurgie – Eine Stellungnahme der Deutschen Gesellschaft für Chirurgie zu: Therapiebegrenzung und „ärztliche Sterbebegleitung", Frauenarzt 1998, S 527 ff; *v Dellingshausen,* Sterbehilfe und Grenzen der Lebenserhaltungspflicht des Arztes, 1981; *Deneke,* Die Forderung des menschenwürdigen Sterbens,

§ 132

in: *Lüth* (Hrsg) Sterben heute – ein menschlicher Vorgang?, 1976, S 69; Deutscher Anwaltsverein, Stellungnahme des Medizinrechtsausschusses zu den Vorschlägen zur Regelung einer Patientenverfügung, ZMGR 2009, 71; Deutsche Gesellschaft für Chirurgie: Resolution zur Behandlung Todkranker und Sterbender, MedWelt 1979, 1379–1380, abgedr in: MünchKomm-*Mertens* § 823 BGB RdNr 378; *Deutsch,* Sterbehilfe und Euthanasie als rechtliches Problem, ArztR 1980, 125; *ders/Spickhoff,* Medizinrecht, 6. Aufl 2008, RdNr 669 ff; *V Diehl/A Diehl,* Die Begleitung des Tumorkranken in Klinik und Praxis, 1982; *V. Diehl,* Medizin zwischen Heil und Unheil. Ethische Konflikte in der Medizin, 1988; *Dörner,* Tödliches Mitleid – zur Frage der Unerträglichkeit des Lebens, 2. Aufl 1989; *Duttge,* Das österreichische Patientenverfügungsgesetz: Schreckensbild oder Vorbild?, ZfL 2006, 81; *Eberbach,* Staatliche Genehmigung zum Sterben?, MedR 2000, S 267 ff; *H Ehrhardt,* Euthanasie und Vernichtung „lebensunwerten" Lebens, 1965; *ders,* Euthanasie, in: *Göppinger* (Hrsg) Arzt und Recht, Medizinisch-juristische Grenzprobleme, 1966, S 66; *ders,* Schwangerschaftsabbruch und Euthanasie, DÄBl 1974, 1696; *ders,* Sterbehilfe als Grenzproblem, Mitteilungsdienst der Gesellschaft z Bekämpfung der Krebskrankheiten, Sonderdr GBK-Mitteilungsdienst Nr 17, 1977; *Eibach,* „Du sollst Menschenleben nicht töten!" – Zwischen aktiver und passiver Sterbehilfe, MedR 2000, S 10 ff; *ders,* Sterbehilfe – Tötung auf Verlangen?, 1988; *ders,* Recht auf Leben – Recht auf Sterben, Anthropologische Grundlegung einer medizinischen Ethik, 1974; *Eid* (Hrsg) Euthanasie oder Soll man auf Verlangen töten?, 1975; *Eid/Frey* (Hrsg), Sterbehilfe oder Wie weit reicht die ärztliche Behandlungspflicht?, 1978; *Eisenbart,* Patienten-Testament und Stellvertretung in Gesundheitsangelegenheiten, 1998; *Eisenbart, B,* Patienten-Testament und Stellvertretung in Gesundheitsangelegenheiten, Alternativen zur Verwirklichung der Selbstbestimmung im Vorfeld des Todes, 2. Aufl, 2000; *Endlich,* Die Patientenverfügungen, in: *Kaufmann* (Hrsg), Moderne Medizin und Strafrecht, 1989, S 233 ff; *Engisch,* Der Arzt an den Grenzen des Lebens, 1973; *ders,* Euthanasie und Vernichtung lebensunwerten Lebens in strafrechtlicher Bedeutung, 1948; *ders,* Konflikte, Aporien und Paradoxien in der rechtlichen Beurteilung der ärztlichen Sterbehilfe, FS Dreher 1977, S 309; *ders,* Aufklärung und Sterbehilfe bei Krebs, FS Bockelmann 1979, S 519; *Epple,* Betreuungsverfügung und Testament, BWNotZ 2008, 147; *Eser* (Hrsg), Suizid und Euthanasie als human- und sozialwissenschaftliches Problem, 1976; *ders,* Freiheit zum Sterben – Kein Recht auf Tötung, JR 1986, 786; *ders,* Euthanasie – Sterbehilfe – Vernichtung sogenannten „lebensunwerten Lebens", in: *Schönke/Schröder/Eser,* StGB, 27. Aufl 2006, Vorbem 21–48 vor § 211 StGB und § 216 StGB RdNr 1–19; *ders,* Die Rolle des Rechts im Verhältnis von Arzt und Patient, in: Ärztliches Handeln zwischen Paragraphen und Vertrauen, 1984, S 111; *ders,* Sterbehilfe und Euthanasie in rechtlicher Sicht, in: *Eid* (Hrsg), Euthanasie oder Soll man auf Verlangen töten?, 1975, S 45; *ders,* Neues Recht des Sterbens, Einige grundsätzliche Betrachtungen, in: *Eser* (Hrsg) Suizid und Euthanasie als human- und sozialwissenschaftliches Problem, 1976, 392; *ders,* Lebenserhaltungspflicht und Behandlungsabbruch aus rechtlicher Sicht, in: *Auer/Menzel/Eser* (Hrsg), Zwischen Heilauftrag und Sterbehilfe, Zum Behandlungsabbruch aus ethischer, medizinischer und rechtlicher Sicht, 1977, S 75; *ders,* Sterbewille und ärztliche Verantwortung, MedR 1985, 6; Esslinger Initiative, Vorsorgen – Selbst bestimmen – im Leben und Sterben, FH Esslingen, Hochschule für Sozialwesen 1997, 4. Aufl; *Fritsche,* Grenzbereich zwischen Leben und Tod, 2. Aufl 1979; *Fritsche/Goulon/Eser/Braun/Riquet,* Das Recht auf einen menschenwürdigen Tod, 1977; *Fröschle,* Maximen des Betreuerhandelns und die Beendigung lebenserhaltender Eingriffe, JZ 2000, S 72 ff; *ders,* Euthanasie und Selbstbestimmung. Juristische Betrachtungen zum „Recht auf den eigenen Tod", 1975; *Gropp,* Suizidbeteiligung und Sterbehilfe in der Rechtsprechung, NStZ 1985, 97; *Gross,* Was bringt das neue Gesetz zur Patientenverfügung? MMW-Fortschr Med 2009, 14; *Gründel,* Sterbehilfe aus ethischer Sicht, MedR 1985, 1; *M Gründel,* Einwilligung des Betreuers in den Abbruch lebenserhaltender Maßnahmen, NJW 1999, S 3391 ff; *J Gründel,* Probleme des Lebensschutzes aus der Sicht der katholischen und evangelischen Theologie, in: Geschichte und Staat, Schutz des Lebens – Recht auf Tod, 1978, Bd 184, S 11 ff; *Gutjahr-Löser,* Der Schutz des Lebens und die Aufgabe der Politik, in: Geschichte und Staat, Schutz des Lebens – Recht auf Tod, 1978, Bd 184, S 123 ff; *Hackethal,* Humanes Sterben, 1988; *Hahne, M,* Zwischen Fürsorge und Selbstbestimmung. Über die Grenzen von Patientenautonomie und Patientenverfügung, FamRZ 2003, 1619; *Hanack,* Euthanasie in strafrechtlicher Sicht, in: *Hiersche* (Hrsg), Euthanasie, Probleme der Sterbehilfe. Eine interdisziplinäre Stellungnahme, 1975, S 121; *ders,* Grenzen ärztlicher Behandlungspflicht bei schwerstgeschädigten Neugeborenen aus juristischer Sicht, MedR 1985, 33; *Harder,* Voluntas aegroti suprema lex – Bemerkungen aus sogenannten Patiententestament –, ArztR 1991, 11; *Hartmann,* Patientenverfügung und Psychiatrische Verfügung – Verbindlichkeit für den Arzt?, NStZ 2000, S 113 ff; *Heine,* Sterbehilfe als rechtliches Problem: Die Situation in der Schweiz, JR 1986, 314; *Hennies,* Risikoreiche ärztliche Maßnahmen – betreuungsrechtliche Eingriffe, MedR 1999, S 341 ff; *Herzberg,* Straffreie Beteili-

22. Kapitel. Besondere ärztliche Eingriffe und Sonderprobleme   § 132

gung am Suizid und gerechtfertigte Tötung auf Verlangen, JZ 1988, 182; *ders,* Der Fall Hackethal: Strafbare Tötung auf Verlangen?, NJW 1986, 1635; *Heßler,* Patientenverfügung – Eckpunkte einer gesetzlichen Regelung im Zivilrecht, in: Hager, Johannes (Hrsg), Die Patientenverfügung, 2006; *Hiersche* (Hrsg), Euthanasie. Probleme der Sterbehilfe. Eine interdisziplinäre Stellungnahme, 1975; *ders,* Das Recht des Menschen auf einen würdigen Tod, FS Weißauer 1986, S 55; *ders,* Sitzungsbericht M z 56. DJT M 7 ff; *Hiersche/Hirsch/Graf-Baumann* (Hrsg), Grenzen ärztlicher Behandlungspflicht bei schwerstgeschädigten Neugeborenen, 1987; *H J Hirsch,* Behandlungsabbruch und Sterbehilfe, FS Lackner 1987, 597; *G Hirsch,* Der sterbende Mensch, ZRP 1986, 239; *Hoerster,* Rechtsethische Überlegungen zur Freigabe der Sterbehilfe, NJW 1986, 1786; *W Höfer,* Leben müssen – sterben dürfen, 1977; *Höfling,* Antizipative Selbstbestimmung – eine kritische Analyse der Entwürfe zu einem Patientenverfügungsgesetz, GesR 2009, 181; *ders,* Regelung der Patientenverfügungen aus der Sicht der Rechtspraxis, ZRP 2005, 92; *ders,* Das neue Patientenverfügungsgesetz, NJW 2009, 2849; *Holderegger* (Hrsg), Das medizinisch assistierte Sterben, 1999; *Hufen,* In dubio pro dignitate, NJW 2001, 849 ff; *Jens/Küng,* Menschenwürdig sterben, 1995; *Arthur Kaufmann,* Zur ethischen und strafrechtlichen Beurteilung der sog Früheuthanasie, JZ 1982, 481; *ders,* Euthanasie – Selbsttötung – Tötung auf Verlangen, MedR 1983, 121; *ders* (Hrsg), Moderne Medizin und Strafrecht, 1989; *Kehl,* Sterbehilfe. Ethische und juristische Grundlagen, 1989; *v Kenne,* Die Behandlungspflicht des Arztes in der Intensivmedizin, in: *Eid/Frey* (Hrsg), Sterbehilfe oder Wie weit reicht die ärztliche Behandlungspflicht?, 1978; *Kern,* Arzt und Betreuungsrecht, MedR 1993, S 245 ff; *ders,* Die Bedeutung des Betreuungsgesetzes für das Arztrecht, MedR 1991, S 66 ff; *Kirchenamt der Evangelischen Kirche in Deutschland,* Christliche Patientenverfügung, 1999, Nr 15; *Klinkhammer,* Ärztliche Sterbebegleitung – Grundsätze stoßen auf unterschiedliches Echo, DÄBl 95, A-2520; *O Klug,* Das Recht auf einen menschenwürdigen Tod. FS Sonnemann, 1982, S 114; *Knieper,* Anm zu OLG Frankfurt aM v 15. 7. 1998, NJW 1998, 2720; *G Koch,* Euthanasie, Sterbehilfe. Eine dokumentierte Bibliographie, 1984; *Koch/Schmäling,* Betreuung von Schwer- und Todkranken, 1982; *Kopetzki* (Hrsg), Antizipierte Patientenverfügungen. „Patiententestament" und Stellvertretung in Gesundheitsangelegenheiten, 2000; *Kreß,* Patientenverfügungen und Selbstbestimmung in Anbetracht der Notfallmedizin, ZRP 2009, 69; *Kreuzer,* Ärztliche Hilfeleistungspflicht in der Sicht des Strafrechts, in: *Mergen* (Hrsg), Die juristische Problematik in der Medizin, Bd II 1971, S 217; *Kübler/Kübler,* Selbstbestimmung am Lebensende? – Die Patientenverfügung im Gesetzgebungsverfahren, ZRP 2008, 236; *Kuhlmann,* Einwilligung, Behandlungsverzicht und Patientenauswahl, 1992; *Künschner,* Wirtschaftlicher Behandlungsverzicht und Patientenauswahl, 1992; *Kutzer,* Strafrechtliche Überlegungen zum Selbstbestimmungsrecht des Patienten und zur Zulässigkeit der Sterbehilfe, MDR 1985, 710; *ders,* Hat der Patient das letzte Wort? – Es muss Rechtsklarheit geben – für Ärzte und Patienten, ZRP 2008, 197; *Landwehr,* Selbstbestimmung durch Patientenverfügung, Diss. München, 2007; *Langenfeld,* Vorsorgevollmacht, Betreuungsverfügung und Patiententestament nach dem neuen Betreuungsrecht, 1994; *Laufs,* Zivilrichter über Leben und Tod?, NJW 1998, 3399 ff; *ders,* Medizin und Recht im Zeichen des technischen Fortschritts, 1978; *ders,* Recht und Gewissen des Arztes, HeidelbJahrb Bd XXIV, 1980, S 1 ff; *ders,* Selbstverantwortetes Sterben?, NJW 1996, 763; *Lawin/Huth* (Hrsg), Grenzen der ärztlichen Aufklärungs- und Behandlungspflicht, 1982; *Leonardy,* Sterbehilfe, DRiZ 1986, 281; *Lipp,* Privatautonomie, Sterbehilfe und Betreuung, DRiZ 2000, S 231 ff; *Lüth,* Sterben heute – ein menschlicher Vorgang?, 1976, S 56; *v Lutterotti,* Menschenwürdiges Sterben. Kann sich die Gesellschaft auf das Gewissen des Arztes verlassen?, 1985; *ders,* Sterbehilfe, lex artis und mutmaßlicher Patientenwille, MedR 1988, 55; *ders,* Der Arzt und das Tötungsverbot, MedR 1992, 7; *v Lutterotti/Eser,* Sterbehilfe, in: *Eser/v Lutterotti/Sporken* (Hrsg), Lexikon Medizin – Ethik – Recht, 1989 Sp 1086–1101; *Mayer,* Medizinische Maßnahmen an Betreuten, 1995; *Möllering,* Schutz des Lebens – Recht auf Sterben, 1977; *Müller-Freienfels,* Betreuungsrecht, Anmerkung zur Sterbehilfeentscheidung des OLG Frankfurt, JZ 1998, 22, 1123 ff; *Müller/Olbing* (Hrsg), Ethische Probleme in der Pädiatrie und ihren Grenzgebieten, 1982; *Opderbecke,* Grenzen der ärztlichen Behandlungspflicht, in: *Eser* (Hrsg), Suizid und Euthanasie; *ders,* Grenzen der Intensivmedizin, MedR 1985, 231; *Neumann/Körner* (Hrsg), Patientenautonomie und Humanes Sterben, 1997; *Nickel,* Genehmigung eines Behandlungsabbruchs durch das Vormundschaftsgericht – Anmerkung zum Urteil OLG Frankfurt v 15. 7. 1998, MedR 1998, S 519 ff; *Olzen,* Patientenverfügung und Vorsorgevollmacht, Klinische Onkologie 2009/2010, 50; *Opderbecke/Weißauer,* Ein Vorschlag für Leitlinien – Grenzen der intensivmedizinischen Behandlungspflicht, MedR 1998, S 395 ff; *dies,* Grenzen der Intensivmedizin – medikolegale Aspekte, in: *Lawin/Opderbecke/Schuster* (Hrsg), Die geschichtliche Entwicklung der Intensivmedizin in Deutschland, Der Anästhesist 2000, S 834 ff; *dies,* Grenzen intensivmedizinischer Behandlungspflicht, Der Anästhesist 1999, S 207 ff; *dies,* Ärztliche und rechtliche Aspekte der Sterbehilfe, Intensivmed 1984, 209; *H Otto,* Recht auf den

§ 132

eigenen Tod? Strafrecht im Spannungsverhältnis zwischen Lebenserhaltungspflicht und Selbstbestimmung, Gutachten D z 56. DJT Berlin 1986, 1986; *R Pichlmayr,* Leitlinie zum Umfang und zur Begrenzung der ärztlichen Behandlungspflicht in der Chirurgie, Mitteilungen der Deutschen Gesellschaft für Chirurgie, 5/96, S 364; *ders,* Ethische Aspekte bei Entscheidungen in der Chirurgie, in: *Zielinski* (Hrsg), Prüfsteine medizinischer Ethik V, 1984; S 249; *Quante,* Passive, indirekte und direkte aktive Sterbehilfe – deskriptiv und ethisch tragfähige Unterscheidungen?, Ethik Med 1998, S 206 ff; *Rehborn,* Passive Sterbehilfe und Patiententestament, MDR 1998, S 1464 ff; *Reiter,* Zwischen Ärztepflicht und Patientenautonomie – Neuer Richtlinienentwurf der Bundesärztekammer zur Sterbehilfe, MedR 1997, S 412 ff; *Reuter,* Die gesetzliche Regelung der aktiven ärztlichen Sterbehilfe des Königreichs der Niederlande – ein Modell für die Bundesrepublik Deutschland?, 2001; *Rickmann,* Zur Wirksamkeit von Patiententestamenten im Bereich des Strafrechts, 1987; *Roth,* Die Verbindlichkeit der Patientenverfügung und der Schutz des Selbstbestimmungsrechts, JZ 2004, 494; *Röver,* Einflußmöglichkeiten des Patienten im Vorfeld einer medizinischen Behandlung, 1997; *Sass/Kielstein,* Die Wertanamnese, Medizinethische Materialien (MM) 1992, Heft 76; *dies,* Materialien zur Erstellung von wertanamnestischem Betreuungsverfügen, MM Heft 84/1994; *dies,* Die medizinische Betreuungsverfügung in der Praxis, MM Heft 111/1997; *Saueracker,* Die Bedeutung des Patiententestamentes in der Bundesrepublik Deutschland aus ethischer, medizinischer und juristischer Sicht, 1990; *Sax,* Zur rechtlichen Problematik der Sterbehilfe durch vorzeitigen Abbruch einer Intensivbehandlung, Überlegungen zum „Unterlassen durch Tun", zum „Schutzzweck der Norm" und zur „scheinbaren Rechtsverletzung", JZ 1975, 137; *Schara,* Was darf die Intensivmedizin? – Überlegungen zum Behandlungsabbruch, in: *Zielinski* (Hrsg), Prüfsteine medizinischer Ethik V, 1984, S 141; *ders* (Hrsg), Humane Intensivtherapie, 1982; *ders,* Die Grenzen der Behandlungspflicht in der Intensivmedizin, MMW 1975, 1429; *Scheffen,* Zivilrechtliche Neuregelung der passiven Sterbehilfe und Sterbebegleitung, ZRP 2000, S 313 ff; *R Schmitt,* Ärztliche Entscheidungen zwischen Leben und Tod in strafrechtlicher Sicht, JZ 1985, 365; *Schneider,* Tun und Unterlassen beim Abbruch lebenserhaltender medizinischer Behandlung, 1997; *Schöllhammer,* Die Rechtsverbindlichkeit des Patiententestaments, 1993; *Schötler,* Menschenrechte für jeden oder „Sterbehilfe" von Anfang bis zum Ende?, 1990; *Schreiber,* Ein neuer Entwurf für eine Richtlinie der Bundesärztekammer zur Sterbehilfe, FS Deutsch 1999, S 773 ff; *ders,* Das Recht auf den eigenen Tod – zur gesetzlichen Neuregelung der Sterbehilfe, NStZ 1986, 337; *ders,* Das Recht auf Leben und das Recht auf Tod in juristischer Sicht, 1982, S 142; *ders,* Stellungnahme im Rahmen der öffentlichen Anhörung zum Thema „Sterbehilfe". Stenographisches Protokoll über die 51. Sitzung des Rechtsausschusses des Deutschen Bundestages, 1985, Anl S 83–105; Schweizerische Akademie der Medizinischen Wissenschaften (SAMW), Medizin-ethische Richtlinien für die ärztliche Betreuung sterbender und zerebral schwerst geschädigter Patienten, NJW 1996, S 767 ff; *Schwinge,* Die angelsächsische Welt und die sog Sterbehilfe, in: *Kaufmann/Schwinge/Welzel* (Hrsg), Erinnerungsgabe für Max Grünhut, 1964, 149; *Seitz,* Das OLG Frankfurt aM und die Sterbehilfe, ZRP 1998, S 417 ff; *Simson,* Die Suizidtat, 1976; *ders,* Die Tötung aus Barmherzigkeit in rechtsvergleichender Sicht, in: *Eser* (Hrsg), Suizid und Euthanasie als human- und sozialwissenschaftliches Problem, 1976, S 322; *ders,* Ein Ja zur Sterbehilfe aus Barmherzigkeit, FS Schwinge 1973, S 89; *ders,* Probleme der Lebensverlängerung im Rahmen einer neuen medizinischen Ethik, Schweizerische Ärztezeitung 1980, 1692; *ders,* Umgang mit Sterbenden, 1977; *ders,* Eltern und ihr geistig behindertes Kind. Das Bejahungsproblem, 1975; *ders,* Umgang mit Sterbenden, 1977; *ders,* Menschlich sterben, 2. Aufl 1973; *ders,* Euthanasie im Rahmen der Lebens- und Sterbehilfe, in: *Eser,* Suizid und Euthanasie, S 271; *ders,* Recht auf humanes Leben und Sterben. Verantwortlichkeit des Arztes und des Kranken, in: *Zielinski* (Hrsg), Prüfsteine medizinischer Ethik V, S 291; *Sternberg-Lieben,* Strafbarkeit des Arztes wegen Verstoß gegen ein Patiententestament, NJW 1985, 2734; *Strätling/Scharf/Wulf/Eisenbart/Simon,* Stellvertreterentscheidungen in Gesundheitsfragen und Vorausverfügungen von Patienten, Der Anästhesist 2000, S 657 ff; *Strasser,* Sterbehilfe – Anmerkung zum Urteil LG Ravensburg vom 3. 12. 1986, MedR 1987, S 196 ff; *Student,* Stellungnahme zum Entwurf der Richtlinien der Bundesärztekammer zur ärztlichen Sterbebegleitung und den Grenzen zumutbarer Behandlung, Der Arzt und sein Recht, 4/97, S 11 ff; *Stürmer,* Sterbehilfe. Verfügungen über das eigene Leben zwischen Lebensrecht und Tötungsverbot, 1989; *Taschke,* Patiententestament, Sonderheft Krankenhaushaftung, BADK November 1998, S 57 ff; *Taupitz,* Empfehlen sich zivilrechtliche Regelungen zur Absicherung der Patientenautonomie am Ende des Lebens?, NJW 2000, S 6 ff; *ders,* Gutachten A zum 63. DJT mit demselben Titel; *Thielicke,* Wer darf sterben? – Grenzfragen der modernen Medizin –, 1979; *Tölmein,* Der Entwurf der Richtlinie zur Sterbehilfe der Bundesärztekammer – Absage an die Rechtsprechung des Bundesgerichtshofes oder Rückzug aus der Auseinandersetzung?, MedR 1997, S 534 ff; *Trockel,* Sterbehilfe im Wandel der Zeit, NJW 1975, 1440;

22. Kapitel. Besondere ärztliche Eingriffe und Sonderprobleme 1 § 132

Tröndle, Warum ist die Sterbehilfe ein rechtliches Problem?, ZStrW 1987, 25; *v Troschke/ J Schmidt*, Ärztliche Entscheidungskonflikte, 1983; *Uhlenbruck*, Selbstbestimmtes Sterben durch Patienten-Testament, Vorsorgevollmacht, Betreuungsverfügung, 1997; *ders*, in: Rieger, Lexikon des Arztrechts, 2. Aufl 2001, „Sterbehilfe", Nr 4980; *ders*, Recht auf den eigenen Tod? Strafrecht im Spannungsverhältnis zwischen Lebenserhaltungspflicht und Selbstbestimmung, ZRP 1986, 209; *ders*, Die Rechtspflicht des Krankenhausarztes zur Schmerzbekämpfung und Leidensminderung, in: *Kamps/Laufs* (Hrsg), Arzt- und Kassenarztrecht im Wandel, FS Narr 1988, S 159; *ders*, Der Patientenbrief – Die privatautonome Gestaltung des Rechts auf einen menschenwürdigen Tod, NJW 1978, 566 ff; *ders*, Patienten-Testament und der Umgang mit Sterbenden, RheinÄBl 1980, 558; *ders*, Zur Rechtsverbindlichkeit des Patiententestamentes, MedR 1983, 16; *ders*, Entmündigung des Patienten durch den Gesetzgeber?, ZRP 1998, 46; *ders*, Patiententestament, Betreuungsverfügung und Vorsorgevollmacht, Berliner Medizinethische Schriften, Heft 8/1996; *Uhlenbruck/Rollin* (Hrsg), Sterbehilfe und Patiententestament, 1983; *Verrel*, Gewinn an Rechtssicherheit – Neue Urteile zum Thema „Sterbehilfe", Der Chirurg, BDC, 37. Jg, 1998, S 301 ff; *ders*, Richter über Leben und Tod? Zur Sterbehilfeentscheidung des OLG Frankfurt v 15. 7. 1998, JR 1999, S 5 ff; *Wachsmuth/Schreiber*, Erläuterungen zu den Hinweisen der Deutschen Gesellschaft für Chirurgie zur Behandlung Todkranker und Sterbender, Die medizinische Welt 1979, 1380; *J Wagner*, Selbstmord und Selbstmordverhinderung, 1975; *Waibel/Novak/Roller*, Patientenverfügungen: Der Arzt als Gesprächspartner, DÄBl 1996, A-836; *Walter*, Die Vorsorgevollmacht, 1997; *Wassermann*, Das Recht auf den eigenen Tod, in: *Wienau/Rosemeier* (Hrsg), Tod und Sterben, 1984; *ders*, Das Recht auf den eigenen Tod, DRiZ 1986, 291; *Wehkamp*, Sterben und Töten – Euthanasie aus der Sicht deutscher Ärztinnen und Ärzte, Ergebnisse einer empirischen Studie, Berliner Medizinethische Schriften, 1998; *Weißauer* Behandlung nicht willensfähiger Patienten – Rechtliche Anforderungen in der Chirurgie, Chirurg BDC, 38. Jg, 1999, S 318 ff; *ders*, Behandlungsverweigerung und fehlende Einwilligungsfähigkeit, in: *Mazal* (Hrsg), Grenzfragen der ärztlichen Behandlung, Schriftenreihe Recht der Medizin (RdM), 1998, Bd 4, S 12 ff; *ders*, Das Patiententestament, in: Der nicht einwilligungsfähige Patient, Anästhesiologie und Intensivmedizin, 1999, *ders*, Das Recht auf einen menschenwürdigen Tod, in: *Uhlenbruck* (Hrsg), Patienten-Testament mit Vorsorgevollmacht, 1997; *ders*, Selbstbestimmung in der Intensivtherapie, Fortschritte der Medizin, 1980, 1629; *ders*, Anästhesist zwischen ärztlicher und rechtlicher Verantwortung, in: *Opderbecke* (Hrsg), Forensische Probleme in der Anästhesiologie, 1981, S 33; *ders*, Ärztliche Behandlungspflicht und Sterbehilfe, Intensivmed 1988, 333; *ders*, Grenzen der Behandlungspflicht nach Suizidversuchen, Intensivmed 1984, 427; *Wettstein*, Leben- und Sterbenkönnen, 1995; *Witzel*, Sterben auf Verlangen aus der Sicht des Kranken und Sterbenden, in: *Hiersche* (Hrsg), Euthanasie, 1975, S. 183; *Wöbker*, Selbstmord und Selbstmordversuch als Unglücksfall in Sinne des § 323 c StGB, Diss 1981; *Wunderli*, Euthanasie oder über die Würde des Sterbens, 1974; *Ziegler*, Der Abruf in die Ewigkeit, in: *Deutsch/Kleinsorg/Ziegler*, Das Patiententestament, 1983, S 23; *Zielinski*, Wo Schmerzen ihre Schrecken verlieren, 1988; *ders*, Problem der Euthanasie aus politischer und moraltheologischer Sicht, in: *Zielinski* (Hrsg), Prüfsteine medizinischer Ethik V 1984, S 13; *Zimmermann*, Der Sterbende und sein Arzt, NJW 1977, 2101; *Th Zimmermann*, Die Auswirkungen des Betreuungsrechts in der ärztlichen Praxis, 1997; *Zöller*, Passive Sterbehilfe zwischen Selbstbestimmungsrecht des Patienten und mutmaßlicher Einwilligung, ZRP 1999, S 317 ff.

Weiteres Schrifttum, insbesondere die neuere Literatur zur Sterbehilfe und zu den strafrechtlichen Aspekten, findet sich bei § 149.

I. Allgemeine Problematik der Lebenserhaltungspflicht und Selbstbestimmung

Unser Sterben ist gekennzeichnet von doppelter Angst: vor dem „Nicht-mehr-existieren" und vor dem „Nicht-sterben-können" *(Karl Jaspers)*. Die Möglichkeiten, zugleich aber auch die Ambivalenz des medizinischen Fortschritts veranlassten *Paul Moor*, seinem 1973 erschienenen Buch „Die Freiheit vom Tode" einen Spruch aus der „Elektra" von *Sophokles* voranzustellen: „Der Tod ist noch das Schlimmste nicht, vielmehr den Tod ersehnen und nicht sterben dürfen." **Das Abdrängen des Sterbewillens** bei inkurablen Endzuständen in die Suizidproblematik und die Ausschaltung des Selbstbestimmungsrechts des Patienten mit zweifelhaften juristischen Konstruktionen zeigt, wie schwierig es ist, eine rechtlich und ethisch tragfähige Balance zu finden zwischen den fast unbegrenzten Möglichkeiten

1

der Intensivtherapie zur Lebenserhaltung und dem verfassungsrechtlichen Gebot, den Patientenwillen zu respektieren, eine Therapie einzustellen und sich auf ausreichende Leidensminderung sowie umfassenden menschlichen Beistand zu beschränken. „Persönliche Autonomie auch in der Zeit des Sterbens und Sterbehilfe durch Dritte berühren Grundfragen des Umgangs der Menschen miteinander"[1] Mit Entsetzen und Unverständnis, Verbitterung und Klagen müssen immer wieder Angehörige miterleben, wie unter bestgemeinten Bemühungen der Ärzte Patienten zum medizinischen Objekt entwürdigt werden, weil die personelle Ausdünnung in den Krankenhäusern und die Überbeanspruchung von Ärzten und Pflegekräften, die Verrechtlichung und Ökonomisierung der Medizin, das Kosten-Nutzen-Denken in Therapie und Pflege kaum Zeit für Zuwendung, Trostspenden, Zuhören und Verweilen ermöglicht. „Die Materialschlacht gegen den Tod, die einseitig auf das Überleben des Patienten ausgerichtet ist, lässt eben wenig Raum für Hilfe beim Sterben. Dem Todkranken helfen, bedeutet aber auch, sich ihm widmen, ihn nicht in dieser letzten Station seines Lebens inmitten eines Gewirrs von Schläuchen und Apparaturen alleine zu lassen."[2]

2 Die ständige Nähe zum Leiden überfordert jedoch oft – vielleicht zum „Selbstschutz" – emotional auch den Therapeuten. Ärzte und Pflegepersonal entwickeln Abwehrreaktionen, ein „Burn-out-Syndrom": **Ritualisierung, Routine und affektive Neutralität** treten an die Stelle persönlicher Anteilnahme und individueller Fürsorge. „Die Verführung des Machbaren und die ausgeweiteten technischen Möglichkeiten lassen diese Stationen oft zu einer ‚kalten Hölle der Effizienz' werden. Aufgeschnallt auf sein Bett, damit sich Infusions- und Ernährungsschläuche, Beatmungstuben und Überwachungssonden nicht verschieben, manchmal durch Curare gelähmt, unfähig zu sprechen, da der in seine Luftröhre eingeführte Beatmungsschlauch die Stimmbänder blockiert, die Augen mit Salbe bedeckt, damit die Hornhaut nicht austrocknet, ausgeliefert der Angst, der Ungewissheit, ausgeliefert dem ununterbrochenen Dauertag der Leuchtstoffröhren, im Ohr das ständige Piepsen der Überwachungsgeräte, das muss eine Hölle sein, wie sie schrecklicher selbst *Dante* nicht beschreiben konnte."[3] „Die Intensivstation wird hier ... zum Absturz der Seele ins Nichts, zur wissenschaftlichen Versuchsstation und Folterkammer, die verhindert, dass der Patient den Sinn seines Sterbens, Vollendung bzw den Abschluss seines Lebens erkennen und vielleicht bewältigen kann."[4]

3 Die Ärzte lernen in der Ausbildung nicht, in aussichtslosen Fällen **nichts zu tun.** Selbst namhafte Mediziner wie *Rudolf Kautzky* und der Chirurg *Christian Barnard* haben ihre Befürchtungen hinsichtlich der stationären Krankenhausaufnahme geäußert, weil die Patienten oft nicht zur Linderung ihrer Leiden behandelt werden, sondern „weil Ärzte ihre Macht über die Technik zur Verzögerung des Todes erproben wollen".[5] Häufig sind es aber auch nur Unwissenheit oder Unsicherheit, Angst vor einer falschen, zur Haftung oder gar strafrechtlichen Konsequenzen führenden Entscheidung, also die Folgen der Defensivmedizin, das Fehlen klarer ethischer Wertungskriterien und übereinstimmender gesellschaftlicher Anschauungen, die den Arzt dazu bringen, lieber etwas – wenngleich Aussichtsloses – in Richtung Lebensverlängerung zu tun, als mit dem Tod das uU folgenschwere Risiko des Nichtstuns einzugehen. Merkels Behauptung,[6] kaum ein anderer Bereich des Rechts stehe auf einer „derart brüchig gewordenen, von zahllosen Zweifeln, Unklarheiten und Inkonsistenzen dominierten normativen Grundlage" wie der der

---

[1] *Geisler,* aaO bei *Opderbecke/Weissauer,* Anästhesist 2000, 836; *Taupitz,* Gutachten A zum 63. DJT, 2000, S 9.

[2] *Geisler,* Ökonomische und sozialpolitische Aspekte der Intensivmedizin, in: Sterbehilfe oder Wie weit reicht die ärztliche Behandlungspflicht, hrsg v *Frey,* 1978, zitiert bei *Opderbecke/Weissauer,* Anästhesist 2000, 835.

[3] *Schara,* Humane Intensivtherapie, 1982, S 11.

[4] *Geisler* aaO bei *Opderbecke/Weißauer* aaO S 836.

[5] Christian *Barnard,* Glückliches Leben, würdiger Tod, 1981.

[6] ZStW 107 (1995), 535, 546 f; ebenso *Höfling* JuS 2000, 117.

22. Kapitel. Besondere ärztliche Eingriffe und Sonderprobleme 4 § 132

Sterbehilfe",[7] ist zwar mE weit übertrieben, aber es ist richtig, dass nach wie vor ein „für Juristen, Patienten und Angehörige gleichermaßen transparentes und geschlossenes Regelungssystem" fehlt,[8] nicht alle Probleme „hinreichend geklärt"[9] sind und sich „bei der gegenwärtigen Gesetzeslage in Grenzfällen gewisse Wertungswidersprüche nicht ganz vermeiden lassen".[10]

Mehrere Deutsche Juristentage, eine nicht mehr zu überblickende Flut von Stellungnahmen im Schrifttum und zwei ausgewogene, beachtliche Gesetzesvorschläge hochangesehener Professoren aus dem rechtswissenschaftlichen und medizinischen Bereich[11] haben deshalb verdienstvollerweise versucht, die strafrechtliche Problematik im Spannungsverhältnis zwischen Lebenserhaltungspflicht und Selbstbestimmung in den Griff zu bekommen,[12] das Selbstbestimmungsrecht des Patienten auch dem Arzt gegenüber als grundsätzlich bindend anzuerkennen, sicherzustellen, dass der Arzt dem Patienten immer die seiner Situation angemessene optimale Behandlung angedeihen lässt, sowie Rechtsklarheit für alle Beteiligten zu schaffen, wenn es darum geht, lebensverlängernde Behandlungen zu unterlassen oder abzubrechen. Gesetzgeberischer Erfolg war all diesen Bemühungen, Analysen und Kritiken bislang nicht beschieden, doch während die Politik vor gut 20 Jahren keine Veranlassung sah,[13] den Bereich der Sterbehilfe einer gesetzlichen Regelung zuzuführen, hat sich inzwischen – angesichts ausländischer Gesetzesregelungen (7.4.02 Niederlande, 16.5.02 Belgien), der Aktivitäten von Sterbehilfeorganisationen (zB Dignitas), mehrerer höchstrichterlicher Entscheidungen und spektakulärer Rechtsfälle (Terri Schiavo, Florida/USA), vor allem aber wohl auf Grund wachsenden Drucks der Öffentlichkeit – ein Meinungsumschwung vollzogen: Der Ruf nach dem Gesetzgeber hat Gehör gefunden. Ihm lagen eine Vielzahl[14] von Arbeitsgruppen-Berichten, Memoranden,

---

[7] *Merkel*, ZStW 107, 1995, 535, 546 f; ebenso *Höfling*, JuS 2000, 117.
[8] *Verrel*, 66. DJT, 2006, Thesen der Gutachter und Referenten, S. 24.
[9] BGH NJW 05, 2385 ff.
[10] BGHSt 32, 367, 371.
[11] *Baumann* ua AE-Sterbehilfe 1986; Alternativentwurf – Sterbebegleitung, GA 2005, 553 ff, 584 ff; dazu *Deutsch/Spickhoff*, Medizinrecht, RdNr 670 ff.
[12] Vgl Sitzungsbericht M z 56. DJT Berlin 1986, 1986; *H Otto*, Recht auf den eigenen Tod? Strafrecht im Spannungsverhältnis zwischen Lebenserhaltungspflicht und Selbstbestimmung, Gutachten D z 56. DJT, 1986; *Laufs* ArztR RdNr 220; *ders* NJW 1987, 1451.
[13] Der Bundesminister der Justiz in „recht" Heft 3/1985, S 41; „recht" Heft 4/87, S 45. Vgl aber auch *Schöch* ZRP 1986, 236; *Schreiber* NStZ 1986, 337, 343; *Dölling* MedR 1987, 6; *Weißauer*, Ärztliche Behandlungspflicht und Sterbehilfe, Intensivmed 1988, 333; *Hoerster*, Warum keine aktive Sterbehilfe?, ZRP 1988, 1; *Bochnik*, Verzweiflung und freie Willensbestimmung bei Suizidversuchen, MedR 1987, 216. Gegen jegliche Regelung oder Anerkennung der Sterbehilfe nur der Strafrechtslehrer *Bockelmann* (MedWochenschr 1976, 150): „Ich fühle mich verpflichtet, vor der rechtlichen Anerkennung der Sterbehilfe zu warnen, übrigens mit Bezug auf die passive Sterbehilfe ganz ebenso wie mit Bezug auf die aktive." Es „sollte uns auch das Leben des Sterbenden unantastbar sein. Denn der Mensch lebt, solange er stirbt." Instruktiv auch der von *D Giesen* (JZ 1990, 929) erstellte rechtsvergleichende Bericht für den Europarat (engl Orginal Straßburg CJ-DE/XX [90]2).
[14] Bericht der Arbeitsgruppe des Justizministeriums „Patientenautonomie am Lebensende" v 10.6.2004, www.bmj.bund.de/media/archive/695.pdf; Zwischenbericht der Enquete-Kommission des Bundestages (Ethik und Recht der modernen Medizin) zum Thema „Patientenverfügungen" (BT-Drucks 15/3700 v 13.9.2004); Stellungnahme des Nationalen Ethikrates „Patientenverfügung, Ein Instrument der Selbstbestimmung", ergänzt durch eine Stellungnahme v Juli 2006 „Selbstbestimmung und Fürsorge am Lebensende", www.ethikrat.org/stellungnahmen/pdf/stellungnahme patientenverfügung.pdf); Bericht der Bioethik-Kommission des Landes Rh-Pf „Sterbehilfe und Sterbebegleitung" v April 2004 (Ethische, rechtliche und medizinische Bewertung des Spannungsverhältnisses zwischen ärztlicher Lebenserhaltungspflicht und Selbstbestimmung des Patienten, s www.justiz.rlp.de); Vorschlag der Hospizstiftung „Gesetz zur Sicherung der Autonomie und Integrität von Patienten am Lebensende", s *Höfling* (MedR 2006, 25 ff); „Entwurf eines Gesetzes zum Verbot der geschäftsmäßigen Vermittlung von Gelegenheit zur Selbsttötung", eingebracht von den Ländern Saarland, Thüringen und Hessen gemäß Art 76 Abs 1 GG / BR-Drucks 230/06 v 27.3.2006).

Kommissionsvorschlägen und -stellungnahmen vor, die zu Gesetzentwürfen der Fraktionen geführt und nach langem Ringen im Parlament[15] eine Teilregelung des Rechts der Patientenverfügung im BGB (§§ 1901a ff) ab 1. 9. 09 gebracht haben.[16]

II. Begriff der Sterbehilfe

5   Der Begriff der Sterbehilfe (Euthanasie) ist ausweislich des Grimmschen Wörterbuchs (Bd 18, Sp 2408) eine „neue Wortbildung" als Ergebnis einer „Vergeudung der Sprachenergie", die angesichts der Vielfalt von möglichen Fallgestaltungen einer allgemein gültigen begrifflichen Typisierung nicht zugänglich[17] ist. Jedoch haben sich inzwischen gewisse Grundtatbestände der verschiedenen Formen der Sterbehilfe herausgebildet, deren Terminologie allerdings in jüngster Zeit als „verwirrend" und „missverständlich" kritisiert wird,[18] die aber angesichts ihrer langen Tradition und weiten Verbreitung hier beibehalten wird. **Aktive Sterbehilfe** ist die Verkürzung des verlöschenden Lebens durch eine tätige, gezielte Einflußnahme auf den Krankheits- und Sterbeprozess. Nach unserer Rechtsordnung ist die aktive Sterbehilfe unter keinem rechtlichen Gesichtspunkt gerechtfertigt.[19] Unzulässig und strafbar ist auch die „Vernichtung lebensunwerten Lebens".[20] **„Direkte aktive Euthanasie"** durch bewusste und gewollte Tötung auf Verlangen des Patienten zum Zwecke der Schmerzbeseitigung ist nach § 216 StGB auch dann rechtswidrig und strafbar, wenn sie dazu dient, den Patienten von einem offensichtlich sinnlos gewordenen Leidensdasein zu erlösen. In Extremsituationen sind Ausnahmen denkbar.[21] Dagegen kann die **„indirekte aktive Sterbehilfe"**, dh eine gezielte Schmerzlinderung mit nicht beabsichtigter, aber möglicher, in Kauf genommener lebensverkürzender Wirkung durch die Notstandsregelung des § 34 StGB im Einzelfall gerechtfertigt sein[22] oder

---

[15] Zu den Entwürfen s *Kübler/Kübler*, ZRP 2008, 236 ff; *Beckmann* ZfL 2008, 49; *Höfling* GesR 2009, 181 ff.

[16] Siehe BR-Drucks 593/2009 und BT-Drucks 16/8442 (Entwurf eines Dritten Gesetzes zur Änderung des Betreuungsrechts); BGBl 09, 2286.

[17] Einen Typisierungsversuch der Erscheinungsformen von Suizid und Euthanasie hat *Eser* (Suizid und Euthanasie als human- und sozialwissenschaftliches Problem, 1976, S 4–8) unternommen. Zutreffend weist aber *Thielicke* (Wer darf sterben – Grenzfragen der modernen Medizin, 1979, S 38) darauf hin, dass es bei der Differenzierung zwischen Töten und Sterbenlassen möglicherweise um „sophistische Haarspaltereien" geht. Auch *Engisch*, FS Dreher 1977, 314 f spricht von einem nutzlosen „Kategoriengeklapper", s auch § 149 RdNr 7. Vgl auch *Otto*, Recht auf den eigenen Tod? Strafrecht im Spannungsverhältnis zwischen Lebenserhaltungspflicht und Selbstbestimmung, Gutachten D z 56. DJT, 1986, D 29.

[18] *Verrel*, Gutachten 66. DJT, C 56; *Borasio*, 66. DJT, Thesen der Gutachter und Referenten S 29 Ziff 5; *Kutzer* ZRP 2005, 277.

[19] Auf die Ausnahme der Beihilfe zur – straflosen – Selbsttötung wird unten noch einzugehen sein; s auch die Ausführungen in § 149 RdNr 5 ff zu Hilfskonstruktionen, mit denen Fälle aktiver Sterbehilfe zu Unterlassungstaten umgewertet werden.

[20] Vgl *Roxin* bei *Blaha ua*, Schutz des Lebens – Recht auf Tod 1978, S 94; *Schönke/Schröder/Eser* §§ 211 ff StGB Vorbem 24, *v Lutterotti/Eser* „Sterbehilfe" in: *Eser/v Lutterotti/Sporken* (Hrsg), Lexikon Medizin – Ethik – Recht, 1989, Sp 1099; *Otto*, Gutachten D z 56. DJT Berlin 1986, D 30.

[21] Ein Beispiel bietet LG Ravensburg NStZ 1987, 229 ff.

[22] Diese Auffassung ist auch mit der katholischen Moraltheologie vereinbar. So hat Papst *Pius XII.* am 9. 9. 1948 in seiner Ansprache „Über die Psychopharmakologie und ihre sittlichen Normen" an den Kongress des „Collegium Internationale Neuro-Psycho-Pharmacologicum" in Rom folgendes ausgeführt: „Was die Betäubungsmittel betrifft, kann man dieselben Grundsätze auf ihre schmerzlindernde Wirkung anwenden. Was die bewusstseinsausschaltende Wirkung angeht, muss man deren Beweggründe und unbeabsichtigte oder gewollte Folgen prüfen. Wenn keine religiöse oder moralische Verpflichtung entgegensteht und ernste Gründe vorhanden sind, sie zu benützen, darf man sie sogar dem Sterbenden verabreichen, wenn sie einwilligen. Die Euthanasie, dh der Wille, den Tod herbeizuführen, ist offenkundig von der Moral verworfen. Wenn aber der Sterbende zustimmt, ist es erlaubt, mit Mäßigung Betäubungsmittel zu gebrauchen, die seine Schmerzen lindern, aber auch

22. Kapitel. Besondere ärztliche Eingriffe und Sonderprobleme   6-8 § 132

schon ihrem sozialen Sinngehalt nach aus dem Tatbestand der Tötungsdelikte herausfallen.[23]

Schmerzlinderung ohne lebensverkürzende Nebenwirkungen ist nicht nur zulässig, sondern allgemeine und vertragliche Rechtspflicht des Arztes und des Pflegepersonals.[24] Man spricht insoweit von der Pflicht zur **Hilfe im (beim) Sterben** durch Fortsetzung der Grundpflege in Verbindung mit der Schmerz- und Leidenslinderung, zu denen der Arzt und das Pflegepersonal auch dann noch verpflichtet bleiben, wenn das eigentliche Heilungsziel (Beseitigung des Grundleidens) nicht mehr erreicht werden kann.   6

Passives Sterbenlassen (passive Euthanasie)[25] ist der Verzicht auf lebensverlängernde Maßnahmen bei einem Sterbenden. Das passive Sterbenlassen ist nicht schlechthin straflos. So ist zB ein einseitiger Behandlungsabbruch als Sterbenlassen ohne Einverständnis des Patienten grundsätzlich als Tötung durch Unterlassen strafbar (§§ 211, 13 StGB), solange nicht der Hirntod eingetreten ist. Heute herrscht aber weitgehend Einigkeit darüber, dass „jedenfalls dort, wo bei einem Schwerleidenden der Sterbensprozess bereits unwiderruflich eingesetzt hat, der Arzt – vorbehaltlich der selbstverständlich auch dem Moribunden gebührenden Basispflege – von (weiteren) lebensverlängernden Maßnahmen Abstand nehmen darf" (v *Lutterotti/Eser*).[26] Insoweit ist allerdings zwischen der Hilfe **beim** und der Hilfe **zum** Sterben zu differenzieren; die eigentliche – allgemein als straflos anerkannte – Sterbehilfe umfasst nur den erstgenannten, vom BGH in seinen Voraussetzungen näher bestimmten Bereich, dessen Straflosigkeit im sog Kemptener Urteil auf Fälle mutmaßlicher Einwilligung mit dem Behandlungsabbruch auch bei fehlender Todesnähe, aber irreversibler schwerster cerebraler Schädigung, dh auf die Hilfe **zum** Sterben ausgedehnt wurde.[27] **Beihilfe zur Selbsttötung** ist nach geltendem deutschen Recht straffrei. Rechtlich weitgehend ungeklärt ist dagegen die Problematik des **Sterbenlassens von schwerstgeschädigten Neugeborenen**.[28]   7

III. Gesetzliche und standesrechtliche Regelungen

Gesetzlich ist die Sterbehilfe nur in dem **Straftatbestand** des § 216 StGB (Tötung auf Verlangen) geregelt. Danach ist auf Freiheitsstrafe von 6 Monaten bis zu 5 Jahren zu erken-   8

---

den Tod rascher herbeiführen. In diesem Fall wird der Tod nicht direkt gewollt. Doch ist er unvermeidlich und entsprechend wichtige Gründe rechtfertigen Maßnahmen, die sein Kommen beschleunigen." Vgl auch § 214 a AE-Sterbehilfe. *Hirsch* (ZRP 1986, 239) spricht von indirekter (medikamentöser) Sterbehilfe.

[23] BGHSt 42, 301 = NJW 1997, 807 = NStZ 1997, 182 = MedR 1997, 271; BGH JZ 2002, 150, 151, s dazu im Einzelnen mit Literaturhinweisen § 149 RdNr 8.

[24] *Hirsch* ZRP 1986, 239, 240; LK-*Jähnke* Vorbem vor § 211 StGB RdNr 15, 17; *Eser* in: *Auer/Menzel/Eser*, Zwischen Heilauftrag und Sterbehilfe, 1977, S 88; *Hanack* in: *Hiersche* (Hrsg) Euthanasie – Probleme der Sterbehilfe: Eine interdisziplinäre Stellungnahme, 1975, S 130. *Laufs* (NJW 1991, 1519): „Der Arzt ist nicht Herr über Leben und Tod. Er schuldet Hilfe, auch im, aber nicht zum Sterben." Siehe auch *Tröndle*, FS Göppinger 1990, 595 ff; *Condrau*, Der Mensch und sein Tod, 2. Aufl 1991. Siehe auch die Ausführungen in § 134 RdNr 7 ff.

[25] Passive Sterbehilfe ist auch die Einstellung einer begonnenen lebensverlängernden Therapie. Vgl *Otto*, Gutachten D z 56. DJT 1986, D 30; *Auer/Menzel/Eser* (Fn 9) S 93 ff; v *Dellingshausen*, Sterbehilfe und Grenzen der Lebenserhaltungspflicht des Arztes, 1981, S 357 ff; umfassend die Literaturangaben in AE-Sterbehilfe, Begr zu § 214 AE.

[26] Lexikon (Fn 7) Sp 1097; *Möllering*, Schutz des Lebens – Recht auf Sterben, S 68; *Uhlenbruck* in: *Uhlenbruck/Rollin*, Sterbehilfe und Patiententestament, 1983, S 36; *Hirsch* ZRP 1986, 239, 240. Instruktiv insoweit die „Richtlinien für die Sterbehilfe" der BÄK (DÄBl 1979, 957) und die „Resolution der Deutschen Gesellschaft für Chirurgie zur Behandlung Todkranker und Sterbender", abgedr in MünchKomm-*Mertens* § 823 BGB RdNr 378.

[27] BGHSt 40, 257 ff = MedR 1995, 72 = NJW 1995, 204; s dazu näher § 149 RdNr 10 ff.

[28] *Heifetz/Mangel*, Das Recht zu Sterben, 1976, S 47; *Regenbrecht* MMW 1973, 602; *Kaufmann* JZ 1982, 431; *Schönke/Schröder/Eser* Vorbem vor §§ 211 ff StGB, RdNr 32 a; s dazu auch § 58 RdNr 3 und § 149 RdNr 26 mwN.

nen, wenn jemand durch das ausdrückliche und ernstliche Verlangen des Getöteten zur Tötung bestimmt worden ist.[29] Im übrigen greifen bei der aktiven Sterbehilfe die allgemeinen Tötungsvorschriften der §§ 211, 212, 213 StGB ein. Eine Strafmilderung kommt nur unter den Voraussetzungen des § 213 StGB in Betracht.[30]

9   Im **hippokratischen Eid** schwört der Arzt: „An niemand werde ich tödlich wirkendes Gift abgeben, auch dann nicht, wenn man mich darum bittet, ich werde auch keinem solch verwerflichen Rat erteilen, ebensowenig werde ich einem Weib ein Mittel zur Vernichtung des keimenden Lebens geben." Der hippokratische Eid ist jedoch zum einen bloßes Gelöbnis und nicht Rechtsvorschrift; zum andern gehörte zurzeit der Entstehung des hippokratischen Eides (460–377 v Chr) die Behandlung unheilbarer Kranker keineswegs zu den ärztlichen Pflichten.[31]

10 Auch die BOÄ sowie die **Berufsordnungen** der Ärztekammern der Länder enthalten keine ausdrücklichen Regelungen der Sterbehilfe. Lediglich in § 2 Abs 1 S 1 MBO-Ä 2004 ist ausgeführt, dass der Arzt seinen Beruf nach den Geboten ärztlicher Ethik und der Menschlichkeit ausübt. Er darf keine Grundsätze anerkennen und keine Vorschriften oder Anweisungen beachten, die mit seiner Aufgabe nicht vereinbar sind oder deren Befolgung er nicht verantworten kann (§ 2 Abs 1 S 2 MBO-Ä). Deshalb sind die Bereiche straffreier und berufsrechtlich erlaubter Sterbehilfe keineswegs kongruent[32] Die MBO-Ä enthält im Übrigen keine rechtsverbindliche Regelung der Sterbehilfeproblematik.

11 **1. Schweizerische Akademie der Medizinischen Wissenschaften.** Entsprechend den „**Richtlinien der Schweizerischen Akademie der medizinischen Wissenschaften zur Sterbehilfe**" 1976[33] hatte der Vorstand der Bundesärztekammer im April 1979 „**Richtlinien für die Sterbehilfe**" und einen Kommentar hierzu verabschiedet.[34] Die Deutsche Gesellschaft für Chirurgie (Ausschuß: Behandlung Todkranker und Sterbender) gab unter dem 10. 4. 1979 eine „**Resolution zur Behandlung Todkranker und Sterbender**" heraus.[35] Beide Stellungnahmen enthalten in hervorragender Zusammenarbeit von Medizinern und Juristen erarbeitete Grundsätze zur Sterbehilfe. Angesichts des unausweichlichen und kurz bevorstehenden Todes kann Lebensverlängerung danach nicht unter allen Umständen Ziel ärztlichen Handelns sein. **Maßnahmen zur Lebensverlängerung** dürfen beendet werden, wenn bei einer unausweichlich in kurzer Zeit zum Tode führenden Krankheit die vitalen Funktionen des zentralen Nervensystems, der Atmung, der Herzaktion und des Kreislaufs offensichtlich schwer beeinträchtigt sind und der fortschreitende allgemeine Verfall nicht aufzuhalten oder nicht beherrschbare Infektionen vorliegen. In diesen Fällen und bei schwersten angeborenen **Missbildungen Neugeborener** darf die Behandlung auf die Schmerz- und Leidensminderung beschränkt werden. **Direkte (aktive)** Eingriffe zur Lebensbeendigung sind aber ärztlich und rechtlich unzulässig, auch wenn sie im Einzelfall vom Kranken verlangt werden. Nach Ziffer IV der Resolution zur Behandlung Todkranker und Sterbender widerspricht es dem ärztlichen Auftrag auch, an einer **Selbsttötung** aktiv mitzuwirken wie zB durch Überlassen von Tötungsmitteln.

---

[29] Vgl *Bringewat* bei *Eser,* Suizid und Euthanasie, S 369; *Hirsch,* Einwilligung und Selbstbestimmung, FS *Welzel,* S 775; *Simson,* Die Tötung aus Barmherzigkeit in rechtsvergleichender Sicht, in: *Eser* (Hrsg), Suizid und Euthanasie, S 322; *Weigend,* Über die Begründung der Straflosigkeit bei Einwilligung des Betroffenen, ZStW 1998, 44; *Schönke/Schröder/Eser* § 216 StGB RdNr 1; *Schreiber* ZFaeF 1993, 31.

[30] Vgl *Arzt* JR 1986, 309, 310. Einzelheiten § 58 RdNr 3, 4 und § 149 RdNr 7.

[31] Vgl auch *Möllering,* Schutz des Lebens – Recht auf Sterben, S 77, 78; *Bade,* Der Arzt an den Grenzen von Leben und Recht, 1988, S 50.

[32] Siehe § 149 RdNr 25.

[33] Abgedr in DÄBl 1977, 1933.

[34] Vgl DÄBl 1979, 957 = MedR 1985, 38. Die Richtlinien sind ferner abgedruckt bei *Laufs* ArztR RdNr 221–228.

[35] Die Resolution ist abgedruckt in der Beilage zu den Mitteilungen der Deutschen Gesellschaft für Chirurgie, Heft 3/1979. Vgl MünchKomm-*Mertens* § 823 BGB RdNr 378.

22. Kapitel. Besondere ärztliche Eingriffe und Sonderprobleme 12–16 § 132

Die Schweizerische Akademie der Medizinischen Wissenschaften (SAMW) hat die am 12
5. 11. 1976 veröffentlichten **Richtlinien für Sterbehilfe** 1981 erstmals revidiert und 1988
im Kommentar ergänzt. Ende September 1993 wurde ein erneut revidierter und ergänzter
Entwurf in der Schweizerischen Ärztezeitung (SÄZ) zur Diskussion gestellt und 1995 als
**„medizinisch-ethische Richtlinien für die ärztliche Betreuung sterbender und
zerebral schwerst geschädigter Patienten"** verabschiedet.[36] In den Schweizer Richtlinien heißt es nunmehr in Ziff II.1:

„1.2. Ausnahmen von der ärztlichen Verpflichtung zur Lebenserhaltung bestehen bei Sterbenden, deren Grundleiden einen unabwendbaren Verlauf zum Tode genommen hat, und bei cerebral schwerst Geschädigten. Hier lindert der Arzt die Beschwerden. Der Verzicht auf lebensverlängernde Maßnahmen und der Abbruch früher eingeleiteter Maßnahmen dieser Art sind gerechtfertigt. Dabei sind Nr 2 und 3 dieser Richtlinien zu beachten, und der Arzt soll sein Vorgehen mit dem Pflegepersonal und mit den Angehörigen besprechen.
1.3. Der Arzt lässt Sterbenden und cerebral schwerst Geschädigten stets eine angemessene Betreuung zukommen. Er ist verpflichtet, Schmerz, Atemnot, Angst und Verwirrung entgegenzuwirken, insbesondere nach Abbruch der Maßnahmen zur Lebensverlängerung. Er darf palliativmedizinische Techniken anwenden, auch wenn sie in einzelnen Fällen mit dem Risiko einer Lebensverkürzung verbunden sein sollten.
1.4. Auch gegenüber Sterbenden und cerebral schwerst Geschädigten sind aktive Maßnahmen zum Zwecke der Lebensbeendigung gesetzlich verboten."

Und zu **Ziffer II.2** heißt es: 13

„2.1. Verlangt ein urteilsfähiger Patient den Verzicht auf Behandlung oder auf lebenserhaltende Maßnahmen oder den Abbruch bereits eingeleiteter Maßnahmen, so ist dieser Wille zu respektieren. Dabei sorgt der Arzt dafür, dass der Patient über die damit verbundenen medizinischen Tatsachen und ihre Folgen in für ihn verständlicher Weise informiert wird.
2.2. Beihilfe zum Suizid ist kein Teil der ärztlichen Tätigkeit. Der Arzt bemüht sich, die körper- 14
lichen und seelischen Leiden, die einen Patienten zu Suizidabsichten führen können, zu lindern und zu ihrer Heilung beizutragen."

Völlig neu ist nunmehr in den Richtlinien die **Verbindlichkeit einer Patientenver-** 15
fügung geregelt:

„3.4. Liegt dem Arzt eine Patientenverfügung vor, die der Patient in einem früheren Zeitpunkt als Urteilsfähiger abgefasst hat, so ist diese verbindlich; unbeachtlich sind jedoch Begehren, die dem Arzt ein rechtswidriges Verhalten zumuten oder den Abbruch lebenshaltender Maßnahmen verlangen, obwohl der Zustand des Patienten nach allgemeiner Erfahrung die Wiederkehr der zwischenmenschlichen Kommunikation und das Wiedererstarken des Lebenswillens erwarten lässt."

Im **Kommentar** zu den Richtlinien heißt es, dass auch ärztlicherseits in bestimmten 16
Situationen „passive Sterbehilfe" geleistet werden darf, indem der Arzt entweder die
Behandlung abbricht oder auf **lebenserhaltende Maßnahmen** verzichtet. Zu den
lebenserhaltenden Maßnahmen gehören insbesondere künstliche Wasser- und Nahrungszufuhr, Sauerstoffzufuhr, künstliche Beatmung, Medikation, Bluttransfusionen und Dialyse. *Laufs*[37] nennt die Neufassung der Schweizer Richtlinien einen „beherzten und nicht
ungefährlichen Schritt in Neuland, der jedenfalls größte Behutsamkeit und enge Eingrenzung verlangt". Dies gelte vor allem für den Verzicht auf lebensverlängernde Maßnahmen und den Abbruch früher eingeleiteter Maßnahmen dieser Art auch bei cerebral
schwerst Geschädigten. Gemeint sind, wie sich aus dem Kommentar ergibt, über mehrere
Monate oder Jahre andauernde chronisch-vegetative Zustände mit irreversiblem und definitivem Verlust der kognitiven Fähigkeiten des Äußerungsvermögens und der Kommunikation. Sehr klar ist andererseits die Strafbarkeit jedweder „Maßnahmen mit dem Ziel
der Lebensbeendigung bei Sterbenden und schwer Leidenden" („aktive Sterbehilfe") und
die Berufsrechtswidrigkeit der Beihilfe zum Selbstmord herausgestellt.

---

[36] Die Richtlinien sind abgedruckt in NJW 1996, 767 ff.
[37] NJW 1996, 763.

17   **2. Grundsätze der BÄK zur Sterbebegleitung.** In **Deutschland** hat die Bundesärztekammer die im April 1979[38] verabschiedeten und im Juni 1993 überarbeiteten[39] **Richtlinien für die ärztliche Sterbebegleitung** in der Folgezeit erneut als diskussionswürdig aufgegriffen[40] und nach Vorlage eines Entwurfs v. 25. 4. 1997 am 11. September 1998 als „**Grundsätze der Bundesärztekammer zur ärztlichen Sterbebegleitung**" verabschiedet.[41] Der Vorsitzende der Kommission für Medizinisch-Juristische Grundsatzfragen der Bundesärztekammer, *Egbert Beleites*,[42] hat sich in einer Anmerkung zu den Grundsätzen der Bundesärztekammer zu der Frage, warum nach weniger als vier Jahren „erneut intensiv über die Sterbebegleitrichtlinien nachgedacht werden" muss, und deren Inhalt, wie folgt geäußert:

18   „Neue Entwicklungen im Ausland, insbesondere die Schweizer Richtlinie für die ärztliche Betreuung sterbender und zerebral schwerst geschädigter Patienten und die Euthanasiepraxis in den Niederlanden, sowie eine Änderung der Rechtsprechung in der Bundesrepublik Deutschland mit dem sogenannten ‚Kemptener Urteil' veranlassten die Bundesärztekammer, die erst im Jahr 1993 beschlossenen Richtlinien zur Sterbebegleitung zu überdenken. Darüber hinaus war zu überprüfen, inwieweit medizinisch-technische Entwicklungen und zunehmende Möglichkeiten der Pharmatherapie Einfluß auf ärztliches Verhalten am Lebensende nehmen, denn je entwickelter die Medizin ist, um so problematischer ist ihre Anwendung, speziell in Grenzsituationen.

Unter Hinzuziehung vieler Fachkräfte wurde vom Ausschuß ‚Medizinisch-juristische Grundsatzfragen' der Bundesärztekammer bis zum April 1997 ein Entwurf erarbeitet und dem Vorstand der Bundesärztekammer vorgelegt. Da es sich um ein gesellschaftlich hochbrisantes Thema handelt, präsentierte der Vorstand der Bundesärztekammer erstmals in seiner Geschichte einen Richtlinienentwurf der Öffentlichkeit zur Diskussion. Nach Veröffentlichung im Deutschen Ärzteblatt (Heft 20 vom 16. Mai 1997) kam es zu zahlreichen Meinungsäußerungen verschiedener Verbände, Organisationen, aber auch von vielen Einzelpersonen. Alle uns übermittelten Argumente haben wir sorgfältig und verantwortungsbewusst geprüft. Vieles hat Eingang in eine weitere Novellierung gefunden, die dann im Januar 1998 in Königswinter wiederum der Öffentlichkeit vorgestellt wurde. Das Symposium in Königswinter hat die breite Diskussion erneut angefacht und weitere, gewichtige Akzente gesetzt.

Nach intensiver Überarbeitung des Entwurfes, also nach einer langen und ausführlichen öffentlichen Diskussion, hat der Vorstand der Bundesärztekammer die Grundsätze zur ärztlichen Sterbebegleitung am 11. September 1998 verabschiedet. Die getroffenen Aussagen sind zwar als Wegweiser für ärztliches Handeln zu verstehen, sie werden aber auch erhebliche Bedeutung für die Bewertung dieses Handelns durch die Juristen haben.

19   In den Grundsätzen wird klargestellt, dass die deutsche Ärzteschaft auch und gerade im Bewusstsein der sich schnell entwickelnden Medizintechnik und im Wissen um andere Entscheidungen in Europa aktive Sterbehilfe ablehnt und für sie nicht zur Verfügung steht. Die Ärzte fühlen sich an die Verpflichtung, Leben zu erhalten, weiterhin gebunden – unter anderem schon deshalb, weil der Tod ein irreversibler Zustand ist, der selbst durch intensivste Reanimationsbemühungen von Menschenhand nicht mehr rückgängig gemacht werden kann.

Es wird in den Grundsätzen aber auch hervorgehoben, dass es trotz der Pflicht des Arztes zur Lebenserhaltung Situationen geben kann, in denen Maßnahmen zur Lebensverlängerung nicht mehr angebracht sind. Ein Behandlungsabbruch ist jedoch auch dann nicht gestattet, sondern das Therapieziel ist in Richtung palliativ-medizinische Maßnahmen zu ändern.

Ausdrücklich schreiben die Grundsätze für alle Patienten – einschließlich denen mit lebensbedrohenden Schädigungen – ein Recht auf Behandlung, Pflege und Zuwendung, inbegriffen eine gegebenenfalls künstliche Ernährung, fest. Dies gilt selbstverständlich auch für sogenannte Wach-Koma-Patienten, die damit unter besonderen Schutz gestellt werden. Obwohl Wach-Koma-Patienten nicht zu den Sterbenden gehören, wurden sie in der Richtlinie thematisiert, um damit zu dokumentieren, dass Bewusstlosigkeit in Deutschland keine Indikation für eine Behandlungsbeschränkung sein darf. Nur unter bestimmten Voraussetzungen, dazu gehört der Ausfall mehrerer vitaler Organe, kann sich ausnahmsweise die Frage nach der Begrenzung lebenserhaltender Maßnahmen stellen.

---

[38] DÄBl 1979, 957.
[39] DÄBl Bd 90, 1993, Sonderdruck v 17. 9. 1993, B 1791 f.
[40] DÄBl 94, C 988 f.
[41] Abgedruckt in NJW 1998, 3406 f. Zu einem ersten Entwurf vgl DÄBl 1997, 1342 ff mit Vorwort *Beleites*.
[42] DÄBl 1998, A-2365.

22. Kapitel. Besondere ärztliche Eingriffe und Sonderprobleme   20, 21   § 132

In den Grundsätzen ist erstmals eine unverzichtbare Basisbetreuung definiert worden. Mit ihr soll das Recht des einzelnen auf ein menschenwürdiges Dasein garantiert werden. Diese Basisbetreuung billigt jedem Patienten unabhängig von der Phase des Sterbeprozesses menschenwürdige Unterbringung, Zuwendung, Körperpflege, Lindern von Schmerzen, Atemnot und Übelkeit sowie das Stillen von Hunger und Durst zu.

Wohl wissend, dass es sich bei Hunger und Durst um subjektive Empfindungen handelt, deren allmähliches Nachlassen bekannt ist, verzichtete man an dieser Stelle bewusst auf den Begriff Ernährung. Die Verpflichtung zur „Ernährung" würde bedeuten, dass man praktisch nur noch auf der Intensivstation sterben könnte. Zudem stellt besonders für alte und sterbende Menschen Nahrungs- und Flüssigkeitszufuhr oftmals eine unerträgliche Belastung dar, die man in solchen Fällen nicht vorschreiben darf. Der Hinweis auf diese Basisbetreuung heißt aber nicht, dass man künftig Patienten verhungern lassen darf. Auch bei Bewusstlosen ist klar, dass mutmaßlich kein Mensch verhungern will.

Ebenfalls neu in den Grundsätzen ist, dass das Selbstbestimmungsrecht des Patienten ausgesprochen betont wird. Der paternalistische Grundzug der früheren Richtlinien ist aufgehoben. Der Patient muss über seinen Zustand wahrheitsgemäß unterrichtet werden. Sein Wille ist entscheidend für den Übergang von lebensverlängernden zu palliativ-medizinischen Maßnahmen. **20**

Eine wichtige Rolle bei der Willensbestimmung eines nicht mehr aktuell zustimmungsfähigen Patienten spielen Patientenverfügungen, Betreuungsverfügungen und Vorsorgevollmachten. Eine Patientenverfügung ist eine Erklärung zur zukünftigen Behandlung. Sie ist in der Regel vor einer Erkrankung beziehungsweise vor dem Eintritt in den Sterbeprozess verfasst. In ihr erklärt der Patient zumeist, dass er in bestimmten, näher umrissenen Krankheitssituationen nicht mehr das Maximum an medizinisch-technischen Maßnahmen wünscht, wenn diese nur dazu dienen, sein ohnehin zu Ende gehendes Leben künstlich zu verlängern. Natürlich sind auch Erklärungen mit dem Wunsch nach Maximalbehandlung möglich.

Die teils heftigen Reaktionen nach der Verabschiedung der Grundsätze zeigen, wie sehr das Thema Sterbebegleitung von gesamtgesellschaftlichem Interesse ist. Erstaunlich ist der von verschiedenen Seiten geäußerte Ruf nach einer gesetzlichen Regelung der Sterbebegleitung. Der Übergang von kurativer zu palliativer Medizin kann nur individuell, vom Willen des Patienten bestimmt, durch Ärzte entschieden werden. Gesetzliche Regelungen können dabei nicht hilfreich sein, es sei denn, man legt ex ante Behandlungsbegrenzungen fest. Im übrigen sind die Dinge, die einer gesetzlichen Regelung im Umfeld der Problematik Sterbebegleitung bedurften, wie aktive Sterbehilfe oder Betreuungsverfügungen, bereits durch den Gesetzgeber geklärt und von den Grundsätzen ausdrücklich beachtet worden.

Sehr viele Personen und Institutionen haben sich an der Diskussion der Grundsätze beteiligt. Ein umfassender Konsens zu dieser Thematik konnte nicht erreicht werden, nicht zuletzt, weil einige Positionen zu sehr polarisiert formuliert wurden. Allen Personen und Institutionen, die in Wort und Schrift an der Diskussion teilgenommen haben, sei hier ausdrücklich herzlich gedankt."

Die **Grundsätze der Bundesärztekammer vom 11. 9. 98 zur ärztlichen Sterbe-** **21** **begleitung** sind jedoch angesichts der durch neue Urteile und die öffentliche Diskussion angestoßenen lebhaften Sterbehilfedebatte schon nach wenigen Jahren überarbeitet und am 7. 5. 2004 mit folgendem Wortlaut[43] verabschiedet worden:

Präambel
Aufgabe des Arztes ist es, unter Beachtung des Selbstbestimmungsrechtes des Patienten Leben zu erhalten, Gesundheit zu schützen und wieder herzustellen sowie Leiden zu lindern und Sterbenden bis zum Tod beizustehen.

Die ärztliche Verpflichtung zur Lebenserhaltung besteht daher nicht unter allen Umständen. So gibt es Situationen, in denen sonst angemessene Diagnostik und Therapieverfahren nicht mehr angezeigt, Begrenzungen geboten sein können. Dann tritt palliativ-medizinische Versorgung in den Vordergrund. Die Entscheidung hierzu darf nicht von wirtschaftlichen Erwägungen abhängig gemacht werden.

Unabhängig von anderen Zielen der medizinischen Behandlung hat der Arzt in jedem Fall für eine Basisbetreuung zu sorgen. Dazu gehören ua: Menschenwürdige Unterbringung, Zuwendung, Körperpflege, Lindern von Schmerzen, Atemnot und Übelkeit sowie Stillen von Hunger und Durst.

---

[43] DÄBl 101 (2004), A-1298, 1299 = ZfL 2004, 57 = *Deutsch/Spickhoff,* Medizinrecht, 6. Aufl 2008, RdNr 682.

Art und Ausmaß einer Behandlung sind gemäß der medizinischen Indikation vom Arzt zu verantworten; dies gilt auch für die künstliche Nahrungs- und Flüssigkeitszufuhr. Er muss dabei den Willen des Patienten beachten. Ein offensichtlicher Sterbevorgang soll nicht durch lebenserhaltende Therapien künstlich in die Länge gezogen werden. Bei seiner Entscheidungsfindung soll der Arzt mit ärztlichen und pflegenden Mitarbeitern einen Konsens suchen.

Aktive Sterbehilfe ist unzulässig und mit Strafe bedroht, auch dann, wenn sie auf Verlangen des Patienten geschieht. Die Mitwirkung des Arztes bei der Selbsttötung widerspricht dem ärztlichen Ethos und kann strafbar sein.

Diese Grundsätze können dem Arzt die eigene Verantwortung in der konkreten Situation nicht abnehmen. Alle Entscheidungen müssen individuell erarbeitet werden.

22 **1. Ärztliche Pflichten bei Sterbenden**

Der Arzt ist verpflichtet, Sterbenden, dh Kranken oder Verletzten mit irreversiblem Versagen einer oder mehrerer vitaler Funktionen, bei denen der Eintritt des Todes in kurzer Zeit zu erwarten ist, so zu helfen, dass sie unter menschenwürdigen Bedingungen sterben können.

Die Hilfe besteht in palliativer Behandlung und damit auch in Beistand und Sorge für Basisbetreuung. Dazu gehören nicht immer Nahrungs- und Flüssigkeitszufuhr, da sie für Sterbende eine schwere Belastung darstellen können. Jedoch müssen Hunger und Durst als subjektive Empfindungen gestillt werden.

Maßnahmen zur Verlängerung des Lebens dürfen in Übereinstimmung mit dem Willen des Patienten unterlassen oder nicht weitergeführt werden, wenn diese nur den Todeseintritt verzögern und die Krankheit in ihrem Verlauf nicht mehr aufgehalten werden kann. Bei Sterbenden kann die Linderung des Leidens so im Vordergrund stehen, dass eine möglicherweise dadurch bedingte unvermeidbare Lebensverkürzung hingenommen werden darf. Eine gezielte Lebensverkürzung durch Maßnahmen, die den Tod herbeiführen oder das Sterben beschleunigen sollen, ist unzulässig und mit Strafe bedroht.

Die Unterrichtung des Sterbenden über seinen Zustand und mögliche Maßnahmen muss wahrheitsgemäß sein, sie soll sich aber an der Situation des Sterbenden orientieren und vorhandenen Ängsten Rechnung tragen. Der Arzt kann auch Angehörige oder nahestehende Personen informieren, wenn er annehmen darf, dass dies dem Willen des Patienten entspricht. Das Gespräch mit ihnen gehört zu seinen Aufgaben.

23 **2. Verhalten bei Patienten mit infauster Prognose**

Bei Patienten, die sich zwar noch nicht im Sterben befinden, aber nach ärztlicher Erkenntnis aller Voraussicht nach in absehbarer Zeit sterben werden, weil die Krankheit weit fortgeschritten ist, kann eine Änderung des Behandlungszieles indiziert sein, wenn lebenserhaltende Maßnahmen Leiden nur verlängern würden und die Änderung des Therapieziels dem Willen des Patienten entspricht. An die Stelle von Lebensverlängerung und Lebenserhaltung treten dann palliativ-medizinische Versorgung einschließlich pflegerischer Maßnahmen. In Zweifelsfällen sollte eine Beratung mit anderen Ärzten und den Pflegenden erfolgen.

Bei Neugeborenen mit schwersten Beeinträchtigungen durch Fehlbildungen oder schweren Stoffwechselstörungen, bei denen keine Aussicht auf Heilung oder Besserung besteht, kann nach hinreichender Diagnostik und im Einvernehmen mit den Eltern eine lebenserhaltende Behandlung, die ausgefallene oder ungenügende Vitalfunktionen ersetzen soll, unterlassen oder nicht weitergeführt werden. Gleiches gilt für extrem unreife Kinder, deren unausweichliches Sterben abzusehen ist, und für Neugeborene, die schwerste Zerstörungen des Gehirns erlitten haben. Eine weniger schwere Schädigung ist kein Grund zur Vorenthaltung oder zum Abbruch lebenserhaltender Maßnahmen, auch dann nicht, wenn Eltern dies fordern. Wie bei Erwachsenen gibt es keine Ausnahmen von der Pflicht zu leidensmindernder Behandlung, auch nicht bei unreifen Frühgeborenen.

24 **3. Behandlung bei schwerster cerebraler Schädigung und anhaltender Bewusstlosigkeit**

Patienten mit schwersten zerebralen Schädigungen und anhaltender Bewusstlosigkeit (apallisches Syndrom: auch sog. Wachkoma) haben, wie alle Patienten, ein Recht auf Behandlung, Pflege und Zuwendung. Lebenserhaltende Therapie einschließlich – ggf. künstlicher – Ernährung ist daher unter Beachtung ihres geäußerten Willens oder mutmaßlichen Willens grundsätzlich geboten. Soweit bei diesen Patienten eine Situation eintritt, wie unter I.–II. beschreiben, gelten die dort dargelegten Grundsätze. Die Dauer der Bewusstlosigkeit darf kein alleiniges Kriterium für den Verzicht auf lebenserhaltende Maßnahmen sein. Hat der Patient keinen Bevollmächtigten in Gesundheitsangelegenheiten, wird in der Regel die Bestellung eines Betreuers erforderlich sein.

4. Ermittlung des Patientenwillens

Bei einwilligungsfähigen Patienten hat der Arzt die durch den angemessen aufgeklärten Patienten aktuell geäußerte Ablehnung einer Behandlung zu beachten, selbst wenn sich dieser Wille nicht mit den aus ärztlicher Sicht gebotenen Diagnose- und Therapiemaßnahmen deckt. Dies gilt auch für die Beendigung schon eingeleiteter lebenserhaltender Maßnahmen. Der Arzt soll Kranken, die eine notwendige Behandlung ablehnen, helfen, die Entscheidung zu überdenken.

Bei einwilligungsfähigen Patienten ist die in einer Patientenverfügung zum Ausdruck gebrachte Ablehnung einer Behandlung für den Arzt bindend, sofern die konkrete Situation derjenigen entspricht, die der Patient in der Verfügung beschrieben hat, und keine Anhaltspunkte für eine nachträgliche Willensänderung erkennbar sind.

Soweit ein Vertreter (zB Eltern, Betreuer oder Bevollmächtigter in Gesundheitsangelegenheiten) vorhanden ist, ist dessen Erklärung maßgeblich; er ist gehalten, den (ggf. auch mutmaßlichen) Willen des Patienten zur Geltung zu bringen und zum Wohl des Patienten zu entscheiden. Wenn der Vertreter eine ärztlich indizierte lebenserhaltende Maßnahme ablehnt, soll sich der Arzt an das Vormundschaftsgericht wenden. Bis zur Entscheidung des Vormundschaftsgerichts soll der Arzt die Behandlung durchführen.

Liegt weder vom Patienten noch von einem gesetzlichen Vertreter oder einem Bevollmächtigten eine bindende Erklärung vor und kann eine solche nicht – auch nicht durch Bestellung eines Betreuers – rechtzeitig eingeholt werden, so hat der Arzt so zu handeln, wie es dem mutmaßlichen Willen des Patienten in der konkreten Situation entspricht. Der Arzt hat den mutmaßlichen Willen aus den Gesamtumständen zu ermitteln. Anhaltspunkte für den mutmaßlichen Willen des Patienten können neben früheren Äußerungen seine Lebenseinstellung, seine religiöse Überzeugung, seine Haltung zu Schmerzen und zu schweren Schäden und sein für ihn verbleibende Lebenszeit sein. In die Ermittlung des mutmaßlichen Willens sollen auch Angehörige oder nahestehende Personen als Auskunftspersonen einbezogen werden, wenn angenommen werden kann, dass dies dem Willen des Patienten entspricht.

Läßt sich der mutmaßliche Wille des Patienten nicht anhand der genannten Kriterien ermitteln, so soll der Arzt für den Patienten die ärztlich indizierten Maßnahmen ergreifen und sich in Zweifelsfällen für Lebenserhaltung entscheiden. Dies gilt auch bei einem apallischen Syndrom.

5. Patientenverfügungen, Vorsorgevollmachten und Betreuungsverfügungen

Mit Patientenverfügungen, Vorsorgevollmachten und Betreuungsverfügungen nimmt der Patient sein Selbstbestimmungsrecht wahr. Sie sind eine wesentliche Hilfe für das Handeln des Arztes.

Eine Patientenverfügung (auch Patiententestament genannt) ist eine schriftliche oder mündliche Willensäußerung eines einwilligungsfähigen Patienten zur künftigen Behandlung für den Fall der Äußerungsunfähigkeit. Mit ihr kann der Patient seinen Willen äußern, ob und in welchem Umfang bei ihm in bestimmten, näher umrissenen Krankheitssituationen medizinische Maßnahmen eingesetzt oder unterlassen werden sollen.

Anders als ein Testament bedürfen Patientenverfügungen keiner Form, sollten aber schriftlich abgefasst sein.

Mit einer Vorsorgevollmacht kann der Patient für den Fall, dass er nicht mehr in der Lage ist, seinen Willen zu äußern, eine oder mehrere Personen bevollmächtigen, Entscheidungen mit bindender Wirkung für ihn, ua in seinen Gesundheitsangelegenheiten, zu treffen (§ 1904 Abs 2 BGB).

Vorsorgevollmachten sollten schriftlich abgefasst sein und die von ihnen umfassten ärztlichen Maßnahmen möglichst benennen. Eine Vorsorgevollmacht muss schriftlich niedergelegt werden, wenn sie sich auf Maßnahmen erstreckt, bei denen die begründete Gefahr besteht, dass der Patient stirbt oder einen schweren und länger dauernden gesundheitlichen Schaden erleidet. Schriftform ist auch erforderlich, wenn die Vollmacht den Verzicht auf lebenserhaltende Maßnahmen umfasst.

Die Einwilligung des Bevollmächtigten in Maßnahmen , bei denen die begründete Gefahr besteht, dass der Patient stirbt oder einen schweren und länger dauernden gesundheitlichen Schaden erleidet, bedarf der Genehmigung des Vormundschaftsgerichtes, es sei denn, dass mit dem Aufschub Gefahr verbunden ist (§ 1904 Abs 2 BGB). Ob dies auch bei einem Verzicht auf lebenserhaltende Maßnahmen gilt, ist umstritten. Jedenfalls soll sich der Arzt, wenn der Bevollmächtigte eine ärztlich indizierte lebenserhaltende Maßnahme ablehnt, an das Vormundschaftsgericht wenden. Bis zur Entscheidung des Vormundschaftsgerichts soll der Arzt die Behandlung durchführen.

Eine Betreuungsverfügung ist eine für das Vormundschaftsgericht bestimmte Willensäußerung für den Fall der Anordnung einer Betreuung. In ihr können Vorschläge zur Person eines Betreuers und Wünsche zur Wahrnehmung seiner Aufgaben geäußert werden. Eine Betreuung kann vom Gericht für bestimmte Bereiche angeordnet werden, wenn der Patient nicht in der Lage ist, seine Angelegenheiten selbst zu besorgen, und eine Vollmacht hierfür nicht vorliegt oder nicht ausreicht. Der Betreuer entscheidet im Rahmen seines Aufgabenkreises für den Betreuten. Zum Erfordernis der Genehmigung durch das Vormundschaftsgericht wird auf die Ausführungen zum Bevollmächtigten verwiesen.

27 In den neuen Grundsätzen wird ausdrücklich betont, dass Patienten mit chronisch-vegetativen Zuständen (apallisches Syndrom) Lebende sind. Ein Behandlungsabbruch soll nur dann zulässig sein, wenn dies dem erklärten oder mutmaßlichen Willen des Patienten entspricht. Aktive Sterbehilfe bleibt auch nach der Neufassung der Richtlinien nach wie vor ein Tabu für die deutsche Ärzteschaft. Sowohl in der Präambel als auch im Text der Richtlinien (Ziff I, Abs 3) wird die aktive Sterbehilfe mit Recht warnend als unzulässig und strafbar bezeichnet. Auch der assistierte Suizid wird als berufsrechtlich verboten und möglicherweise strafrechtlich zu ahnden besonders hervorgehoben.[44]

28 Die Neufassung der Richtlinien der Bundesärztekammer zur ärztlichen Sterbebegleitung und den Grenzen zumutbarer Behandlung stellt sich in großen Teilen als wesentliche Verbesserung der bisherigen Regelungen und Einarbeitung der jüngsten Rechtsprechung dar. Mit Recht wird darauf hingewiesen, dass der Arzt den Patientenwillen zu beachten hat, selbst wenn sich dieser Wille nicht mit den aus ärztlicher Sicht gebotenen Diagnose- und Therapiemaßnahmen deckt. Es gibt keine ärztliche Therapiehoheit, so dass der Arzt auch eine selbstbestimmte Behandlungsablehnung des Patienten zu respektieren und sich auf die Leidhilfe zu beschränken hat.[45]

29 In diesem Kontext ist auch die Patientenverfügung wesentlich aufgewertet und die Rechtsinstitute „Vorsorgevollmacht" und „Betreuungsverfügung" sind als wichtige Instrumente der Patientenautonomie ausführlich beschrieben worden. Der eine Behandlung ablehnenden Patientenverfügung wird eine zeitlich unbefristete Bindungswirkung zuerkannt – ohne Beschränkung auf die vom BGH verlangte Irreversibilität des tödlichen Verlaufs der Grunderkrankung – es sei denn, die konkrete Situation weicht von der in der Patientenverfügung beschriebenen ab oder der antizipative Wille hat sich geändert. Damit bleiben erhebliche Unklarheiten im Verhältnis zu BGH JZ 03, 732, 735 und BVerfG NJW 02, 206: Ist das apallische Syndrom ein „irreversibel tödliches Grundleiden" und lässt sich diese Voraussetzung „mit letzter Sicherheit" – wie vom BGH gefordert – feststellen? Gilt die Verbindlichkeit „in jedem Fall" – entgegen dem BVerfG? In welchen Fällen ist die vormundschaftsgerichtliche Genehmigung einzuholen? Ist die völlige Formfreiheit vernünftig?[46]

30 Trotz mancher Einzelkritik bleibt jedoch festzuhalten, dass die inhaltsreichen Grundsätze ein guter „Wegweiser" durch das Labyrinth der Meinungen auf diesem so schwierigen Terrain sind. Ihre rechtliche Unverbindlichkeit sehe ich nicht als „Nachteil" an, da die communis opinio medicorum ihr Eigengewicht entfalten, ihre Bedeutung in der Rechtspraxis erlangen wird und im Übrigen meist die konkreten Umstände des Einzelfalles so dominieren, dass sie sich einer verbindlichen generellen Regelung entziehen.[47] Die Entscheidung über Behandlung oder Nichtbehandlung wird „letztlich" der Arzt treffen, aber nicht gegen den erklärten oder mutmaßlichen Willen des Patienten – und darin liegt eine gewichtige, „fortschrittliche" Festschreibung der Patientenautonomie.

---

[44] S dazu *Schreiber* H.-L., Strafbarkeit des assistierten Suizides? FS Jakobs 2007, S 615; VG Gera ZfL 2009, 29.

[45] Zur Neufassung der Richtlinie von 1998 vgl *Reiter* MedR 1997, 412; *Laufs* NJW 1996, 763; *Steffen* NJW 1996, 1581; *Hörster* in: Sass (Hrsg), Medizin und Ethik 1989, S 287; *Kutzer* ZRP 1997, 117; *ders*, Mainzer Perspektiven (Orientierungen 1) 1995, S 77; *Lilie*, FS Steffen 1995, S 273 ff; *Uhlenbruck*, Selbstbestimmtes Sterben, S 30 ff.; *Tolmein* MedR 1997, 534; *Student*, Der Arzt und sein Recht 4/97, S.11.

[46] Siehe dazu *Spickhoff* JZ 2003, 732, 735; *Ulsenheimer*, Arztstrafrecht in der Praxis, 4. Aufl 2008, RdNr 115 ff; *Diederichsen*, FS Schreiber 2003, 635 ff; *Burchardi*, FS Deutsch 1999, 477 ff; *Stratenwerth*, FS Schreiber 2003, 893 f.

[47] Vgl auch *Uhlenbruck* MedR 1983, 16, 18; *Detering* JuS 1983, 418, 419; *Narr* ÄrztlBerufsR RdNr 547; *Uhlenbruck*, in: Rieger, Lexikon RdNr 23, 24 bei Nr 4980.

22. Kapitel. Besondere ärztliche Eingriffe und Sonderprobleme　　31, 32　§ 132

3. Resolution der Dt. Ges. für Chirurgie. Außer in den „Richtlinien" bzw „Grundsätzen" der Bundesärztekammer zur ärztlichen Sterbebegleitung gibt es weitere berufsständische Empfehlungen. An erster Stelle ist hier die „Resolution der *Deutschen Gesellschaft für Chirurgie* zur Behandlung Todkranker und Sterbener" zu nennen.[48] Im Februar 1996 beriet die Deutsche Gesellschaft für Chirurgie erneut über dieses Thema und legte einen Entwurf zu „Umfang und Begrenzung der ärztlichen Behandlungspflicht in der Chirurgie" der Mitgliederversammlung im April 1996 vor, der nach Ergänzungen und Änderungen im **September 1996** als **„Leitlinie"** zu den Grundpositionen der Deutschen Gesellschaft für Chirurgie im Bereich „Therapiebegrenzung" und „ärztliche Sterbebegleitung" veröffentlicht wurde.[49] Situationen, bei denen Therapiebegrenzung in Betracht kommen kann, sind danach 31

„1. Patient im Sterbeprozess befindlich (zB „natürliches Sterben" im Alter, Endstadium eines Malignomleidens oder einer anderen konsumierenden Erkrankung).
2. Patient in kritisch-kranker Situation mit hinreichend sicher feststellbarer infauster Prognose:
   a) Absehbares Versagen der Intensivtherapie (zB progredientes (Multi-)Organversagen),
   b) Schwere, potenziell letale Komplikation bei Grunderkrankung mit infauster Prognose (zB schwere postoperative Komplikation nach nur palliativer Tumorchirurgie),
   c) Akute Erkrankung (Unfall mit infauster bzw besonders ungünstiger Prognose (zB schwere Verbrennungsgrade, schweres Polytrauma, zerebrale Massenblutung),
   d) Erhebliche Belastung bei Fortsetzung einer vermutlich erfolglosen Behandlung (zB wiederholte, bisher erfolglose Organtransplantation),
   e) Patient im anhaltenden Koma nach kardio-pulmonaler Reanimation.
3. Patient mit interkurrenter Erkrankung bei fehlender Kommunikationsfähigkeit (zB durch apallisches Syndrom).
4. Patient in kontinuierlicher Abhängigkeit von der Substitution vital wichtiger Funktionen (zB von künstlicher Beatmung etc).
5. Patient mit einer Erkrankung ohne effektive Behandlungschance, besonders im Spätstadium der Erkrankung, jedoch noch nicht in der Final-/Präfinalphase, (zB inkurables Karzinomleiden)."

4. Leitlinien der DGAI. Da der intensivmedizinisch tätige Arzt täglich mit der Frage der medizinischen Indikation intensivtherapeutischer Maßnahmen im Grenzbereich zwischen Leben und Tod konfrontiert wird, die Grundsätze der BÄK jedoch auf diese Fragestellung nicht genügend differenziert eingehen, hat das *Präsidium der DGAI* **„Leitlinien für die Grenzen intensivmedizinischer Behandlungspflicht"** beschlossen. Sie bilden „keine Gegenposition zu den Grundsätzen der BÄK, sondern sollen sie ergänzen und damit dem Intensivmediziner eine Entscheidungshilfe bieten".[50] Die DGAI verwendet bewusst den Begriff „Leitlinien", da es sich um „Empfehlungen" handelt, „die einen Entscheidungskorridor aufzeigen, der dem Arzt Beurteilungs- und Ermessensspielräume belässt. Die Unwägbarkeiten biologischen Geschehens mit seinen fließenden Übergängen und die Bandbreite ethischer Verhaltensnormen eignen sich" – so die DGAI – „nur begrenzt für strikte Reglementierungen". Die Leitlinien lauten: 32

„Die aktive Sterbehilfe, die einen infausten Krankheitsverlauf gezielt abkürzt und den Tod des Patienten herbeiführt oder beschleunigt, ist mit dem Heilauftrag des Arztes unvereinbar und ethisch nicht zu rechtfertigen. Sie ist als „Tötung auf Verlangen" durch § 216 StGB unter Strafe gestellt. Ärztlicherseits ist die aktive Sterbehilfe kategorisch abzulehnen.
Die Anwendung lebensverlängernder intensivmedizinischer Verfahren setzt voraus:
1. ihre medizinische Indikation in Abhängigkeit von der konkreten Situation des Einzelfalles. Lebensverlängernde Maßnahmen sind nicht mehr indiziert und sollten unterbleiben, wenn sie bei aussichtsloser Grunderkrankung für den Patienten keine Hilfe mehr bedeuten, sondern nur noch das Leiden und den unvermeidlichen Sterbevorgang verlängern. Die medizinische Indikation ist auch dann kritisch infrage zu stellen, wenn eine irreversible Bewusstlosigkeit eingetreten ist.

---

[48] Informationen des Berufsverbandes der Deutschen Chirurgen 1979, Heft 7; Anästhesist 1979, 357 ff.
[49] Mitteilungen der Deutschen Gesellschaft für Chirurgie 1996, S 364 ff.
[50] Der Anästhesist 1999, 213 ff mit Erläuterungen S 207 ff; s auch *Opderbecke/Weißauer* MedR 1998, 395 ff.

2. die Einwilligung des Patienten oder, falls er nicht entscheidungsfähig ist, seiner gesetzlichen Vertreter (Eltern minderjähriger Kinder) oder des gerichtlich bestellten Betreuers, ggf mit Genehmigung des Vormundschaftsgerichts.

Über unaufschiebbare Maßnahmen entscheidet der Arzt, soweit möglich nach Anhörung von Auskunftspersonen (nahe Angehörige), nach dem mutmaßlichen Willen des Patienten.

Darüber hinaus soll nach neuerer höchstrichterlicher Rechtsprechung („Kemptener Fall") auch bei einem aufschiebbaren Behandlungsabbruch (Beendigung der Sonderernährung) die mutmaßliche Einwilligung des Patienten ausreichen.

Der für die Intensivbehandlung verantwortliche Arzt sollte die Entscheidung über die Beendigung lebenserhaltender Maßnahmen im Rahmen der passiven Sterbehilfe nur mit Zustimmung des für die Behandlung des Grundleidens zuständigen Arztes treffen.

Zur bestmöglichen Hilfe, die der Arzt aufgrund seiner Garantenstellung seinem Patienten schuldet, gehört stets eine ausreichende Schmerztherapie. Diese Verpflichtung besteht bei unheilbar Erkrankten selbst dann, wenn nicht auszuschließen ist, dass eine unvermeidliche medikamentöse Nebenwirkung den Eintritt des Todes beschleunigt."

33 **5. Leitsätze der DGHS.** Zu erwähnen sind schließlich auch noch die „**rechtspolitischen Leitsätze und Vorschläge der Deutschen Gesellschaft für humanes Sterben (DGHS)**" zu einer gesetzlichen Regelung der Sterbehilfe und Sterbebegleitung, die zwar weder eine gesetzliche noch eine berufsständische Regelung darstellen, aber doch eine nicht unerhebliche praktische Bedeutung haben.[51] Die DGHS spricht sich in ihrem Forderungskatalog vor allem „gegen die juristischen Grauzonen" aus, verlangt eine Verbesserung der „Bedingungen für Sterbende", insbesondere eine patientengerechte Schmerzbekämpfung und Leidenslinderung und tritt für die „gesetzliche Regelung" des gesamten Fragenkreises ein. Unter Ziffer 8 heißt es: „Jeder Bürger hat das Recht auf eine Sterbensverkürzung aus humanitären Gründen. Dieses Recht schließt auch die Verfügung über das eigene Leben und Sterben ein. Der Bürger kann die Hilfe Dritter, insbesondere eines Arztes in Anspruch nehmen. Maßgeblich ist die Gesetzeslage". Obwohl danach aktive Sterbehilfe unter Strafandrohung verboten ist, heißt es in Ziffer 7 der rechtspolitischen Leitsätze, aktive Sterbehilfe, „dh eine auf die Abkürzung eines Leidenszustandes zielende Tötung" sei, wenn auch beschränkt auf „seltene Extremfälle", erlaubt. Aktive Sterbehilfe ist jedoch verboten, um den Gefahren des Missbrauchs, des Vertrauensverlustes und der möglichen Ausweitung der aktiven Sterbehilfe auf Fälle von Mitleidstötung zuvorzukommen. Daher müssen die seltenen Ausnahmesituationen im Sachverhalt ganz außergewöhnlich gelagert sein und sich von diesen Aspekten klar abheben.[52] Zu Abgrenzungsfragen im Hinblick auf die straflose Beihilfe zum Selbstmord und zum „Tun durch Unterlassen" s § 149 RdNr 16, 20 ff.

IV. Die zivilrechtliche Pflicht des Arztes zur Hilfe im Sterben

34 Auch im Bereich der Sterbehilfe gilt uneingeschränkt das Selbstbestimmungsrecht des Patienten. Bei der Behandlung eines urteilsfähigen Patienten hat der Arzt nach angemessener Aufklärung den Willen des Patienten zu respektieren, auch wenn dieser sich nicht mit der von dem Arzt für geboten angesehenen Therapie deckt. Es gibt keine ärztliche Therapiehoheit. Der Arzt ist nicht Herr über Leben und Tod.[53] Nach höchstrichterlicher Rechtsprechung hat das **Selbstbestimmungsrecht** des Patienten Vorrang vor dem Wohl des Patienten. „Voluntas aegroti", nicht „salus aegroti suprema lex"!

35 Verlangt der Patient den Behandlungsabbruch oder lehnt er eine medizinisch vital indizierte Maßnahme oder eine Operation ab, so reduzieren sich die ärztlichen Pflichten auf **leidensmindernde Maßnahmen.** Humanität kann zwar nicht erzwungen werden. Jedoch lassen sich die Rechtspflichten des Arztes im Bereich der Leidhilfe durchaus kon-

---

[51] Pressedienst der DGHS, Information v 23. 7. 1998.
[52] In der strafrechtlichen Literatur siehe dazu ua bei *Jakobs, Herzberg, Merkel, Hoerster, Wolfslast, Lüderssen, Kusch;* Nachweise bei *Roxin,* in: Handbuch des Medizinstrafrechts, (Hrsg *Roxin/Schroth*) 3. Aufl 2007, S 313 ff.
[53] BGHSt 11, 111 (114); *Steffen* NJW 1996, 1581.

kretisieren.⁵⁴ Die Grundsätze der Bundesärztekammer zur ärztlichen Sterbebegleitung legen in Ziff I. (Ärztliche Pflichten bei Sterbenden) standesrechtliche Pflichten fest, die als solche aber zugleich auch Rechtspflichten des Arztes sind. Verlangt der Patient, der Arzt möge ihn sterben lassen, so wird das Recht des Arztes zum Behandlungsabbruch zu einer vertraglichen Pflicht.⁵⁵

Die vertragliche Pflicht des Arztes zur **„Hilfe im Sterben"** wird nicht etwa dadurch beseitigt, dass der Patient zum Zeitpunkt der notwendigen Hilfeleistung bewusstlos oder sonst urteilsunfähig ist. In solchen Fällen hat der Arzt eine eventuell vorhandene antizipative Willenserklärung in Gestalt einer Patientenverfügung zu befolgen, andernfalls die im wohlverstandenen Interesse des Kranken medizinisch erforderlichen Behandlungsmaßnahmen unter dem Gesichtspunkt der Geschäftsführung ohne Auftrag (§ 677 BGB) durchzuführen. Dabei hat der **mutmaßliche Wille des Patienten** Berücksichtigung zu finden.⁵⁶

Diesbezüglich können nicht nur frühere mündliche und schriftliche Äußerungen gegenüber Ärzten, Schwestern und nahestehenden Personen Anhaltspunkte sein, sondern alle schriftlichen Willensbekundungen aus früherer Zeit – letztwillige Verfügung, Briefe, Notizen ua – zur Erforschung des Patientenwillens herangezogen werden, wobei natürlich auch der Krankheitszustand, die relative oder absolute medizinische Indikation der ärztlichen Maßnahme, ihre Heilungschancen, die altersbedingte Lebenserwartung ua eine Rolle spielen.⁵⁷

V. Das „Patiententestament" (Patientenverfügung)

Das sog Patiententestament fällt unter den Oberbegriff der **Patientenverfügung**.⁵⁸ Hierunter versteht man heute allgemein die in gesunden Zeiten oder jedenfalls vor dem Terminalstadium einer Erkrankung schriftlich niedergelegte Erklärung eines einsichts- und urteilsfähigen Menschen, dass er für den Fall einer definitiv gesetzten Todesursache

---

⁵⁴ Vgl auch die Ausführungen in § 58 und § 149 RdNr 6.

⁵⁵ *Geilen*, Euthanasie und Selbstbestimmung. Juristische Betrachtungen zum „Recht auf den eigenen Tod", 1975, S 11; *Engisch*, Suizid und Euthanasie nach deutschem Recht, in: *Eser* (Hrsg), Suizid und Euthanasie als human- und sozialwissenschaftliches Problem, 1976, S 312, 316.

⁵⁶ Sowohl § 1 Abs 1 BOÄ als auch die Strafvorschrift des § 323 c StGB sind Schutzgesetze zugunsten des Patienten iS von § 823 Abs 2 BGB, so dass bei schuldhafter Verletzung auch eine zivilrechtliche Haftung des Arztes in Betracht kommt. Vgl auch *Mertens* AcP 178 (1978), 227, 247; Münch-Komm-*Mertens* § 823 BGB RdNr 378.

⁵⁷ Siehe dazu § 149 RdNr 12 und *Ulsenheimer*, Zur Erforschung des mutmaßlichen Willens bei fehlender Einwilligungsfähigkeit des Patienten, Anästhesiologie und Intensivmedizin 2000, 693 ff.

⁵⁸ Die juristisch richtigere Bezeichnung „Patientenbrief" hat sich in der Praxis nicht durchgesetzt. Zum Patientenbrief bzw Patiententestament vgl *Uhlenbruck*, „Patiententestament" in: *Eser/v Lutterotti/Sporken* (Hrsg), Lexikon Medizin – Ethik – Recht Sp 782 – 791; *ders*, NJW 1978, 566, 568; *ders*, DMW 1978, 1902; *ders*, MedR 1983, 16; *ders* RheinÄBl 1980, 558; *ders* Selbstbestimmtes Sterben durch Patienten-Testament, Vorsorgevollmacht, Betreuungsverfügung, 1997; *Uhlenbruck/Rollin*, Sterbehilfe und Patienten-Testament, 1988, *Füllmich*, Der Tod im Krankenhaus und das Selbstbestimmungsrecht des Patienten, 1990; *ders* NJW 1990, 2301 ff; *Deutsch/Spickhoff* MedizinR, 6. Aufl RdNr 692 ff; *Kluth* MedR 1996, 546; *Verrel* MedR 1996, 248; *Herzberg* NJW 1996, 3043; *Sass/Kielstein*, Die medizinische Betreuungsverfügung in der Praxis, 1997; *Langenfeld*, Vorsorgevollmacht, Betreuungsverfügung und Patiententestament nach dem neuen Betreuungsrecht, 1994; *Röver*, Einflußmöglichkeiten des Patienten im Vorfeld einer medizinischen Behandlung, 1997; *Schöllhammer*, Die Rechtsverbindlichkeit des Patiententestaments, 1993; *Laufs* ArztR RdNr 293; *Harder*, ArztR 1991, 11; *Saueracker*, Die Bedeutung d Patiententestaments in der Bundesrepublik Deutschland, 1990; *Rieger* Lexikon RdNr 1348, 1349; *Spann* MedR 1983, 13; *ders*, Patiententestament, MMW 1987, 33/453; *ders*, MMW 1987, 12; *Sternberg-Lieben* NJW 1985, 2734; *Deutsch/Kleinsorg/Ziegler*, Das Patiententestament 1983; *Detering* JuS 1983, 418; *Wuermeling* MMW 1984, 973; *Hirsch* ZRP 1986, 239, 240; *Pierach*, The Living Will – ein Sterbetestament, MMW 1987, 467/52; *Rickmann*, Zur Wirksamkeit von Patiententestamenten im Bereich des Strafrechts, Frankfurt 1987; *Narr*, ÄrztlBerufsR RdNr 721. Vgl auch oben § 58 RdNr 7–9. Eine sehr gute Zusammenstellung der jüngsten Literatur zur Patientenverfügung findet sich bei *Deutsch/Spickhoff*, Medizinrecht, 6. Aufl 2008, S 431 f vor RdNr 685.

und eines in absehbarer Zeit schmerzvoll verlaufenden oder von großer Not begleiteten Sterbeprozesses, verbunden mit Bewusstseinsausschaltung oder Bewusstseinstrübung, weder diagnostische noch therapeutische ärztliche Maßnahmen wünscht, die letztlich nur dazu dienen, sein ohnehin zu Ende gehendes Leben künstlich und schmerzvoll zu verlängern, oder die zu einem menschenunwürdigen Siechtum führen würden. Der Patient wehrt sich mit einer solchen Verfügung gegen eine aufgedrängte Lebensverlängerung und verweigert seine Einwilligung in die ärztliche Behandlung. Was der Patient letztlich will, ist die Durchsetzung seines Rechts, in Würde sterben zu dürfen, also weitgehend frei von unerträglichem Schmerz, Not, Angst und Unruhe.[59]

39 Der BGH hat in seiner zivilrechtlichen Entscheidung[60] v 17. 3. 03 die Bindungswirkung einer in verantwortlichem Zustand getroffenen Patientenverfügung bejaht und diese „antizipative Willensbekundung" als zeitlich unbeschränkt in die Zukunft wirkend anerkannt, es sei denn, sie wurde widerrufen oder umfasst die aktuelle Krankheitssituation nicht. Der Betreuer darf diese – zwar nicht aktuelle, aber auch mehr als mutmaßliche – antizipative Erklärung nicht durch Rückgriff auf den mutmaßlichen Willen des Betroffenen beiseite schieben – unter „spekulativer Berufung darauf, dass der Patient in der konkreten Situation doch etwas anderes gewollt hätte".[61] Die Bindungswirkung sah der BGH jedoch in doppelter Hinsicht eingeschränkt: sie gelte nur, wenn der Patient sich in einem irreversibel tödlich verlaufenden Zustand befinde und dies mit „letzter Sicherheit" festgestellt sei. Die Entscheidung ist heftig kritisiert worden, da sie Widersprüche, Ungereimtheiten und Unklarheiten in den Urteilsgründen enthält, die Unsicherheit und Verwirrung bei Patienten, Ärzten, Betreuern und Richtern ausgelöst bzw bestärkt haben.[62] Daher erscholl verstärkt der Ruf nach dem Gesetzgeber.

40 Nach langen Debatten, denen insgesamt drei parteienübergreifende interfraktionelle Gesetzesentwürfe zugrunde lagen, hat der Deutsche Bundestag am 18. 6. 2009 aufgrund der Beschlussempfehlung des Rechtsausschusses den von den Abgeordneten Stünker ua eingebrachten Entwurf eines Dritten Gesetzes zur Änderung des Betreuungsrechts angenommen. Danach wurden die Patientenverfügung und die mit ihr zusammenhängenden Fragen wie folgt geregelt (BGBl I 2009, 2286):

§§ 1901a BGB:
„(1) Hat ein einwilligungsfähiger Volljähriger für den Fall seiner Einwilligungsunfähigkeit schriftlich festgelegt, ob er in bestimmte, zum Zeitpunkt der Festlegung noch nicht unmittelbar bevorstehende Untersuchungen seines Gesundheitszustandes, Heilbehandlungen oder ärztliche Eingriffe einwilligt oder sie untersagt (Patientenverfügung), prüft der Betreuer, ob diese Festlegungen auf die aktuelle Lebens- und Behandlungssituation zutreffen. Ist dies der Fall, hat der Betreuer dem Willen des Betreuten Ausdruck und Geltung zu verschaffen. Eine Patientenverfügung kann jederzeit formlos widerrufen werden.
(2) Liegt keine Patientenverfügung vor oder treffen die Festlegungen einer Patientenverfügung nicht auf die aktuelle Lebens- und Behandlungssituation zu, hat der Betreuer die Behandlungswünsche oder den mutmaßlichen Willen des Betreuten festzustellen und auf dieser Grundlage zu entscheiden, ob er in eine ärztliche Maßnahme nach Abs 1 einwilligt oder sie untersagt. Der mutmaßliche Wille ist aufgrund konkreter Anhaltspunkte zu ermitteln. Zu berücksichtigen sind insbesondere frühere mündliche oder schriftliche Äußerungen, ethische oder religiöse Überzeugungen und sonstige persönliche Wertvorstellungen des Betreuten.

---

[59] Einzelheiten bei *Uhlenbruck*, Selbstbestimmtes Sterben durch Patiententestament, Vorsorgevollmacht, Betreuungsverfügung, Berlin 1997; *ders*, Patiententestament, Betreuungsverfügung und Vorsorgevollmacht. Zur Selbstbestimmung im Vorfeld des Todes, Berliner Medizin-ethische Schriften, Heft 8, 1996; *Langenfeld*, Vorsorgevollmacht, Betreuungsverfügung und Patiententestament nach dem neuen Betreuungsrecht, 1994; *Füllmich*, Der Tod im Krankenhaus und das Selbstbestimmungsrecht des Patienten, 1990, 71 ff.
[60] BGH NJW 2003, 1588 ff; NJW 2005, 2385 f.
[61] BGH NJW 2003, 1588, 1590.
[62] *Spickhoff* JZ 2003, 738 ff; *Uhlenbruck* NJW 2003, 1710; *Kutzer* ZPR 2003, 213 f; *Verrel* NStZ 2003, 450.

22. Kapitel. Besondere ärztliche Eingriffe und Sonderprobleme   41, 42   § 132

(3) Die Abs 1 und 2 gelten unabhängig von Art und Stadium einer Erkrankung des Betreuten.
(4) Niemand kann zur Errichtung einer Patientenverfügung verpflichtet werden. Die Errichtung oder Vorlage einer Patientenverfügung darf nicht zur Bedingung eines Vertragsschlusses gemacht werden.
(5) Die Abs 1 bis 3 gelten für Bevollmächtigte entsprechend".

§ 1901 b: Gespräch zur Feststellung des Patientenwillen
„(1) Der behandelnde Arzt prüft, welche ärztliche Maßnahme im Hinblick auf den Gesamtzustand und die Prognose des Patienten indiziert ist. Er und der Betreuer erörtern diese Maßnahmen unter Berücksichtigung des Patientenwillens als Grundlage für die nach § 1901a zu treffende Entscheidung.
(2) Bei der Feststellung des Patientenwillens nach § 1901a Abs 1 oder der Behandlungswünsche oder des mutmaßlichen Willens nach § 1901a Abs 2 soll nahen Angehörigen und sonstigen Vertrauenspersonen des Betreuten Gelegenheit zur Äußerung gegeben werden, sofern dies ohne erhebliche Verzögerung möglich ist.
(3) Die Abs 1 und 2 gelten für Bevollmächtigte entsprechend".

Mit diesen gesetzlichen Festlegungen sind einige in der Literatur strittige Fragen beantwortet, so zB: die Patientenverfügung bedarf der Schriftform, nur einwilligungsfähige Volljährige (nicht Minderjährige) können sie wirksam errichten, sie bedarf nur der Unterschrift, aber keiner notariellen Beglaubigung, keiner vorherigen medizinischen oder rechtlichen Beratung und auch keiner in der Literatur teilweise geforderten Unterschriften von (zwei) Zeugen. Auch eine Eintragung in ein „Vorsorgeregister", die das größte praktische Problem lösen könnte, nämlich dass die Patientenverfügung den behandelnden Ärzten zur Kenntnis gelangt, ist im Gesetz nicht vorgesehen. **Die Patientenverfügung ist ferner jederzeit und formlos** in allen ihren Bestimmungen, einzeln oder insgesamt **widerruflich.** Der Widerruf braucht nicht einmal sprachlich artikuliert zu werden, sondern es genügt ein Zeichen mit den Augen oder ein Kopfnicken auf eine entsprechende Frage des Arztes. 41

Die **inhaltliche Gestaltung der „Patientenverfügung"** ist dem Verfasser weitgehend freigestellt. Es gibt keinerlei Beschränkung der Reichweite durch Art und Stadium der Erkrankung (§ 1901a Abs 3 BGB). Der Verfügende kann etwa bei Vorliegen einer bestimmten Diagnose und Prognose, wie zB „irreversibler Eintritt des Sterbeprozesses", „irreversible Bewusstlosigkeit", „apallisches Syndrom", eine das Leben künstlich verlängernde Intensivbehandlung, Reanimation oder künstliche Ernährung bzw Flüssigkeitszufuhr ablehnen. Der inhaltlichen Gestaltung der Patientenverfügung sind allerdings gewisse Grenzen gesetzt durch das ärztliche Standesrecht und die Rechtsordnung. So kann kein Patient wirksam verfügen, dass der behandelnde Arzt ihn für den Fall einer unheilbaren Erkrankung und großer Schmerzen durch aktives Tun tötet. Die in einem Patiententestament verfügte Behandlungsverweigerung stellt keinen Suizid dar. Wer lediglich den natürlichen Verlauf einer Erkrankung nicht durch bestimmte ärztliche Maßnahmen beeinflusst sehen möchte, begeht auch bei Eintritt des Todes keinen Selbstmord. Die **Rettungspflicht des Arztes** (aus Vertrag, Garantenstellung oder § 323 c StGB) hat deshalb gegenüber dem erklärten Patientenwillen zurückzustehen. Soweit der behandelnde Arzt gegen den im Patiententestament erklärten Willen des Patienten verstößt, macht er sich einer **Körperverletzung** iS § 223 BGB schuldig.[63] Richtig ist die Feststellung von *Laufs*,[64] dass es sich bei Patienten mit apallischem Syndrom um „lebende Menschen" handelt, denen eine volle Pflege mit Flüssigkeits- und Nahrungszufuhr von Rechts wegen zuteil werden muss. Dies ändert aber nichts daran, dass der Patient aufgrund seines Selbstbestimmungsrechts in diesen Fällen auch die Flüssigkeits- und Nahrungszufuhr untersagen kann, wenn das Koma voraussichtlich von Dauer und mit ruinösen Kosten für die Familie verbunden ist. Das Selbstbestimmungrecht ist ein Abwehrrecht. Deshalb begrenzt die fehlende Indikation den ärztlichen Heilauftrag und Behandlungsanspruch des Patienten (§ 1901b Abs 1 BGB). 42

---

[63] *Geilen*, FA Medizinrecht, Kap 4 B RdNr 517; *Sternberg-Lieben*, FS Lenckner, S 362.
[64] NJW 1997, 1616.

VI. Die Betreuungsverfügung

43 Die Betreuungsverfügung, in der jemand für den Fall einer Betreuung Vorschläge zur Auswahl des Betreuers oder Wünsche zur Wahrnehmung der Betreuung äußert, ist seit 1. 9. 2009 in § 1901c BGB geregelt. Inzwischen sind zahlreiche Muster von Betreuungsverfügungen im Umlauf. Die Bedeutung der Betreuungsverfügung liegt darin, dass der Patient seinen Betreuer selbst bestimmen kann. Ohne eine solche Betreuungsverfügung bestellt das Vormundschaftsgericht nach §§ 1897 Abs 1, 1900 Abs 1 und 5 BGB eine natürliche Person oder einen Verein bzw die zuständige Behörde, die geeignet sind, in dem gerichtlich bestimmten Aufgabenkreis die Angelegenheiten des Betreuten zu besorgen und ihn hierbei im erforderlichen Umfang persönlich zu betreuen.[65]

VII. Genehmigung des Betreuungsgerichts

44 Die strittigen Fragen im Zusammenhang mit dem bisherigen § 1904 Abs 1 BGB, ob die Behandlungsverweigerung überhaupt unter die Regelung des § 1904 Abs 1 BGB fällt und ob der Betreuer für die Entscheidung über den Abbruch lebensverlängernder Maßnahmen beim Betreuten die vormundschaftsgerichtliche (jetzt: betreuungsgerichtliche) Genehmigung einzuholen hat,[66] sind durch das Dritte Gesetz zur Änderung des Betreuungsrechts, in Kraft seit 1. 9. 2009, im Sinne der BGH-Judikatur entschieden. Die **Einwilligung** des Betreuers in eine Untersuchung des Gesundheitszustandes, eine Heilbehandlung oder einen ärztlichen Eingriff bedarf der Genehmigung des Betreuungsgerichts, wenn die begründete Gefahr besteht, dass der Betreute aufgrund der Maßnahme stirbt oder einen schweren und länger dauernden gesundheitlichen Schaden erleidet. Ohne Genehmigung darf die Maßnahme nur durchgeführt werden, wenn mit dem Aufschub Gefahr verbunden ist (§ 1904 Abs 1 BGB). Die **Nichteinwilligung** oder der Widerruf der Einwilligung des Betreuers in eine Untersuchung des Gesundheitszustandes, eine Heilbehandlung oder einen ärztlichen Eingriff ist ebenfalls von der Genehmigung des Betreuungsgerichts abhängig, wenn die Maßnahme medizinisch angezeigt ist und die begründete Gefahr besteht, dass der Betreute aufgrund des Unterbleibens oder des Abbruchs der Maßnahme stirbt oder einen schweren und länger dauernden gesundheitlichen Schaden erleidet. Ein derartiger Gerichtsbeschluss wird erst zwei Wochen nach Bekanntgabe an den Betreuer oder Bevollmächtigten sowie an den Verfahrenspfleger wirksam (§ 287 des Gesetzes über das Verfahren in Familiensachen und in den Angelegenheiten der freiwilligen Gerichtsbarkeit vom 17. 12. 2008 [BGBl I, S 2586, geändert durch das Dritte Gesetz zur Änderung des Betreuungsrechts]).

45 Die Genehmigung ist vom Betreuungsgericht zu erteilen, wenn die Einwilligung, die Nichteinwilligung oder der Widerruf der Einwilligung dem Willen des Betreuten entspricht. **Keine** Genehmigung nach § 1904 Abs 1 und 2 ist erforerlich, wenn zwischen Betreuer und behandelndem Arzt Einvernehmen darüber besteht, dass die Erteilung, die Nichterteilung oder der Widerruf der Einwilligung dem nach § 1901a festgestellten Willen des Betreuten entspricht. Auch insoweit ist der Gesetzgeber der BGH-Rechtsprechung gefolgt.[67] Im Falle eines übereinstimmenden Votums von Arzt und Betreuer über den Behandlungsabbruch bedarf es also keiner Genehmigung durch das Betreuungsgericht, ebenso wenig bei fehlender Indikation einer ärztlichen Maßnahme.

---

[65] Einzelheiten bei *Uhlenbruck,* Selbstbestimmtes Sterben, S 180 ff; *ders* NJW 1996, 1583 f; *A Langenfeld,* Vorsorgevollmacht, Betreuungsverfügung und Patienten-Testament nach dem neuen Betreuungsrecht, 1994, S 156 ff; *Frost,* Arztrechtliche Probleme des neuen Betreuungsrechts, 1994, S 49 ff; *Cypionka* NJW 1992, 207, 210; *ders* DNotZ 1991, 571, 586; *Palandt/Diederichsen,* Einf vor § 1896 BGB RdNr 5, 9.

[66] Beides bejaht vom BGH in MedR 1995, 72 bzw NJW 2003, 1588 ff.

[67] BGH NJW 2005, 2385 = JZ 2006, 144 m Anm *Höfling.*

VIII. Die Vorsorgevollmacht

Die Vorsorgevollmacht, auch Altersvorsorgevollmacht genannt, hat ihre Rechtsgrundlage in § 1896 Abs 2 BGB. Danach darf ein Betreuer nur für Aufgaben bestellt werden, in denen die Betreuung erforderlich ist. Eine Betreuung ist nach § 1896 Abs 2 S 2 BGB nicht erforderlich, soweit die Angelegenheiten des Volljährigen durch einen Bevollmächtigten ebensogut wie durch einen Betreuer besorgt werden können. Es entspricht heute allgemeiner Meinung, dass das **Gericht keinen Betreuer bestellen darf,** wenn der Patient eine Vorsorgevollmacht verfasst hat.[68] Trotz der Regelung in § 1896 Abs 2 S 2 BGB wurde für das deutsche Recht die Auffassung vertreten, dass die gewillkürte Stellvertretung in Gesundheitsangelegenheiten gewissen Einschränkungen und Grenzen unterliegt.[69] Nach hM[70] enthalten jedoch weder der Wortlaut des § 1896 Abs 2 S 2 BGB noch die amtliche Begründung des Gesetzes[71] einen Hinweis, dass durch Vollmachten nur der Bereich der Vermögenssorge, nicht dagegen die Vorsorge in Gesundheitsangelegenheiten geregelt werden sollte.[72] Zutreffend wies das OLG Stuttgart[73] darauf hin, dass zu einer solchen Beschränkung weder dogmatische Gründe noch der Vergleich mit rechtsähnlichen Wertungen zwingt. Denn es geht letztlich nicht um eine unzulässige Fremdbestimmung im höchstpersönlichen Bereich, sondern um die Frage, „ob der Betreffende auf die notwendige Fremdbestimmung noch selbst in der Weise Einfluß nehmen kann, dass er selbst eine Person seines Vertrauens einsetzen kann, um die erheblichen Belastungen des staatlichen Verfahrens zu vermeiden".

Die Streitfrage hat der Gesetzgeber zugunsten der Zulässigkeit der Vorsorgevollmacht 47 durch das **Gesetz zur Änderung des Betreuungsrechts sowie weiterer Vorschriften** (Betreuungsänderungsgesetz – BtÄndG v 25. 6. 98, BGBl I, S 1580), seit 1. 1. 1999 in Kraft, entschieden. Nach § 1904 Abs 5 BGB nF ist die Vollmacht nur wirksam, wenn sie schriftlich erteilt ist und die in § 1904 Abs 1 S 1 oder Abs 2 BGB genannten Maßnahmen ausdrücklich umfasst. Gleiches gilt nach § 1906 Abs 5 BGB für die in § 1906 Abs 4 BGB aufgeführten Maßnahmen, wie zB die Unterbringung des Patienten. In allen diesen Fällen ist allerdings – zur Verhinderung eines möglichen Missbrauchs und eventueller Interessenkollisionen – als „Kontrollinstanz" das Betreuungsgericht einzuschalten und seine Zustimmung einzuholen. Die Vorsorgevollmacht gilt unabhängig von Art und Stadium der Erkrankung des Betreuten und ist formlos widerruflich (§ 1901a Abs 5 BGB) Wenn der Bevollmächtigte zu Eingriffen und Maßnahmen nach den §§ 1904, 1906 BGB der Zustimmung des Vormundschaftsgerichts bedarf, ist die Vorsorgevollmacht in Gesundheitsangelegenheiten für das deutsche Recht in seiner praktischen Bedeutung zwar gemindert,[74] es bleibt jedoch in jedem Fall der Vorzug, dass der Patient selbst eine Person seines Vertrauens

---

[68] Vgl auch *Langenfeld* (Fn 58) S 87 ff; einschränkend *Röver,* Einflußmöglichkeiten des Patienten im Vorfeld einer medizinischen Behandlung, S 190 ff.

[69] *Röver* (Fn 68) S 174 ff, 235 ff; *Zimmermann,* Die Auswirkungen des Betreuungsrechts in der ärztlichen Praxis, 1997, S 250 ff; LG Frankfurt FamRZ 1994, 125.

[70] LG Stuttgart Die Justiz 1994, 62 ff; OLG Stuttgart Die Justiz 1994, 125 ff = FamRZ 1994, 1417; *Bühler* BWNotZ 1991, 153, 154; *Uhlenbruck* NJW 1996, 1583, 1584; *ders* MedR 1992, 134, 138 ff; *ders* NJW 1978, 566 ff; *Eisenbart* MedR 1997, 305; *Kern* NJW 1994, 753, 757; *Langenfeld/Langenfeld* ZEV 1996, 339 ff; *Giesen* JZ 1990, 929, 938 Fn 157; *Palandt/Diederichsen,* Einf vor § 1896 BGB RdNr 5 u 8; *Füllmich* (Fn 59) S 93; *Bauer,* Heidelberger Kommentar zum Betreuungs- und Unterbringungsrecht, § 1896 BGB RdNr 203, 207; *Deutsch* NJW 1985, 2181; *Deutsch/Spickhoff* MedizinR RdNr 702, 703.

[71] BT-Drucks 11/4528, S 122, 123.

[72] Zutreffend OLG Stuttgart FamRZ 1994, 1417; LG Stuttgart Die Justiz 1994, 62.

[73] FamRZ 1994, 1417.

[74] Vgl auch *Uhlenbruck,* Entmündigung des Patienten durch den Gesetzgeber?, ZRP 1998, 46. Unzutreffend *Zimmerman,* Die Auswirkungen des Betreuungsrechts in der ärztlichen Praxis, S 249 ff; *Walter,* Die Vorsorgevollmacht, 1997 S 201 ff. Instruktiv und zutreffend *Eisenbart,* Patienten-„Testament" und Stellvertretung in Gesundheitsangelegenheiten – Alternativen zur Verwirklichung der Selbstbestimmung im Vorfeld des Todes –, Diss 1997.

§ 133

benennen und dadurch zunächst das Einschreiten des Vormundschaftsgerichts zur Betreuerbestellung verhindern bzw überflüssig machen kann.

IX. Strafrechtliche Grenzen ärztlicher Sterbehilfe

48 Siehe dazu die Ausführungen von *Ulsenheimer* in § 149 dieses Handbuchs.

§ 133 Die Leichenschau

Inhaltsübersicht

	RdNr
I. Begriff der Leichenschau	1
II. Gesetzliche Regelungen	4
III. Verpflichtung zur Leicheschau	14
IV. Die Zulässigkeit klinischer Sektionen	21
1. Der Patient willigt in die Sektion ein	23
2. Die Zustimmung der Angehörigen	28
3. Klinische Sektionen zu Forschungszwecken	30
V. Die anatomische Sektion	31
VI. Entnahme von Organen nach dem Transplantationsgesetz	32
VII. Die Zulässigkeit von Crash-Tests mit Leichen	33

Schrifttum: *Andreas,* Zulässigkeit vorformulierter Einwilligungserklärungen für die innere Leichenschau, ArztR 1991, 46; *Bachmann,* Zur Praxis der Leichenschau, BayÄBl 1971, S 180 ff; *Bär,* Leichenschau und Obduktion, in: *Honsell* (Hrsg), Handbuch des Arztrechts, 1994, 433 ff; *Becker,* Die klinische Obduktion: Not und Notwendigkeit, 1986; *Benda,* Von der Vergänglichkeit zum Plastinat, NJW 2000, 1769 ff; *Berg,* Grundriß der Rechtsmedizin, 12. Aufl, 1984; *Berg/Ditt,* Probleme der ärztlichen Leichenschau im Krankenhausbereich, NdsÄBl 1984, 332; *F Berger,* Das Recht des Arztes zur Leichenobduktion, Diss 1932; *Bertram/Schwaiger,* Zur Bedeutung der Autopsie für die Qualitätssicherung in der Medizin aus der Sicht des Klinikers, MedWelt 1980, 1339; *Birnbacher,* Philosophische Überlegungen zum Status des menschlichen Leichnams, in: *Wellmer/Bockenheimer-Lucius* (Hrsg), Zum Umgang mit der Leiche in der Medizin, 2000, 79 ff; *Blaha/Krause,* Leichenschau und Fundortbesichtigung bei nichtnatürlichen Todesfällen, 2. Aufl 1981; *v Blume,* Fragen des Totenrechts, AcP 112, 367; *G Bohne,* Naturrecht und Gerechtigkeit, in: FS Lehmann, Bd I, 1956, S 3; *ders,* Das Recht zur klinischen Leichensektion, in: FS R Schmidt, Bd I, 1932, 105; *Bonte,* Ärztliche Leichenschau – oft trügt der Schein. Der informierte Arzt, Bd 11 1989, 1049; *Bosch,* Kritische Betrachtungen zur ärztlichen Leichenschau, Dtsch Z f die ges Gerichtl Med 1967, S 200 ff; *Breitfellner/Bayer,* Der Stellenwert der Autopsie in der heutigen Medizin, Pathologe 1980, 1; *Brettel,* Die Leichenschau und das Ausstellen des Leichenschauscheins durch den Notarzt, HessÄBl 1981, S 178 ff; *Brettel,* Medizinische und rechtliche Fragen beim Ausstellen des Leichenschauscheins, DÄBl 1982, 36; *Brettel/Wagner,* Die Todesursache – Feststellung bei der Leichenschau, DÄBl 1982, 39; *Brinkmann,* Fehlleistungen bei der Leichenschau in der Bundesrepublik Deutschland, Ergebnisse einer multizentrischen Studie (I) und (II), Arch Kriminol 1997, 2–12 (I) und 65–74 (II); *Brinkmann/Du Chesne,* Die Misere der ärztlichen Leichenschau in der Bundesrepublik Deutschland, Med Welt 1993, S 697 ff; *Brinkmann/Kleiber/Janssen,* Der unklare Tod – negative Trends in Rechtspflege und Gesundheitswesen?, Pathologe 1981, 201; *Brinkmann/Madea/Würmeling,* Exhumierung aus strafprozessualen Anlässen, Archiv für Kriminologie, Bd 177 1986, 65; *Brinkmann/Püschl,* Definition natürlicher, unnatürlicher, unklarer Tod. Todesursachenerklärung. Derzeitige Praxis, MedR 1991, 233; *Brinkmann/Banaschak,* Fehlleistungen bei der Leichenschau in der BRD, ArchKriminol 1997, 65 ff; *Brugger,* Zur Entwicklung des Obduktionswesens aus medizinischer und rechtlicher Sicht, MedDiss 1977; *Brugger/Kühn,* Sektion der menschlichen Leichen. Zur Entwicklung des Obduktionswesens aus medizinischer und rechtlicher Sicht, 1979; *Brunner,* Theorie und Praxis im Leichenrecht, NJW 1953, 1173; *Buchborn,* Nutzen der klinischen Sektion für den medizinischen Fortschritt aus internistischer Sicht, MedR 1991, 239; *Buschmann,* Zur Fortwirkung des Persönlichkeitsrechts nach dem Tode, NJW 1970, 2081; *v Caemmerer,* Der privatrechtliche Persönlichkeitsschutz nach deutschem Recht, in: FS v Hippel, 1967, 27; *Dähn,* Die Leichenöffnung: Augenscheins- oder Sachverständigenbeweis?, JZ 1978, 640; 93. DÄT: Entschlie-

22. Kapitel. Besondere ärztliche Eingriffe und Sonderprobleme § 133

ßungen zum Tagesordnungspunkt V – Obduktionsgesetz, DÄBl 1990, 1323; *Dettmeyer/Madea*, Ärztliches Schweigerecht bezüglich Daten der Leichenschau, NStZ 1999, 605 ff; *dies*, Obduktionen: Unsichere und uneinheitliche Rechtslage, DÄBl 2002, A 2311 ff; *G Dhom*, Aufgaben und Bedeutung der Autopsie in der modernen Medizin, DÄBl 1980, 669; *Dietz*, Über Wert und Praxis der ärztlichen Leichenschau aus der Sicht des Gerichtsmediziners, Das Deutsche Gesundheitswesen 1960, 603; *Dietz/Arnold*, Gesetz über das Friedhofs- und Leichenwesen (Bestattungsgesetz) in Baden-Württemberg, 2. Aufl 1982; *Dufková*, Die Zulässigkeit und Strafbarkeit der Organentnahme zu Transplantationszwecken im Vergleich zu klinischen Sektionen, MedR 1998, 304; *Ehlers*, Die Sektion zwischen individuell erklärter Einwilligung und Allgemeinen Geschäftsbedingungen in Krankenhausaufnahmeverträgen, MedR 1991, 227; *Einbecker* Empfehlungen zu Rechtsfragen der Obduktion v 14.10.90, MedR 1991, 76; *Eisenmenger*, Leichenschau – gerichtliche Leichenöffnung, MedWelt 1986, 219; *ders*, Begutachtung des ärztlichen Behandlungsfehlers aus der Sicht der Rechtsmedizin, in: *Madea/Winter* (Hrsg) Medizin-Ethik-Recht, Rechtsmedizinische Forschungsergebnisse 1994, Bd 7; *ders*, Leichenschau bei Notfallpatienten, Notarzt 1995, S 181 ff; *Eisenmenger/Spann/Liebhard*, Bestattungsgesetze und Praxis der Leichenschau – Eine kritische Bestandsaufnahme, Beitr Gerichtl Med 1982, S 50 ff; *Erlinger*, Ausstellen von Leichenschauscheinen: Exitus in tabula – „natürlicher Tod?", Chirurg, BDC 1999, 288; *Eser*, Wahrnehmung berechtigter Interessen als allgemeiner Rechtfertigungsgrund, 1969; *W Fischer*, Unerlaubte Leichensektionen? in: Zbl Allg Pathologie 1950, 417; *B. Forster/Ropohl*, Die Leichenschau, Sektionsrecht, Transplantation, in: *B Forster*, Praxis der Rechtsmedizin, 1986, S 2–5; *Franz/Peschel/Eisenmenger*, Leichenschau, Chirurgische Praxis 1999 (Bd 55), S 405 ff; *Franzki*, Medizinrechtliche Probleme der Obduktion und Sektion, MedR 1989, S 223 ff; *ders*, Die klinische Sektion aus juristischer Sicht, MedR 1991, 223; *Gabriel/Huckenbeck* (Hrsg), Grundlagen des Arztrechts. Ein praxisorientierter Leitfaden unter besonderer Berücksichtigung der ärztlichen Leichenschau, 1998; *Gaedke*, Handbuch des Friedhofs- und Bestattungsrechts, 9. Aufl 2004, S 128 ff; *Geerds*, Über rechtliche und tatsächliche Probleme von Leichenschau und Leichenöffnung (§ 87 StPO), Archiv für Kriminologie 1997, S 42 ff (I) u S 75 ff (II); *ders*, Leichensachen und Leichenschau aus juristischer Sicht, MedR 1984, 172; *Grolik*, Leichenschau und Leichenöffnung in rechtsvergleichender Sicht im deutschen Sprachraum, Diss 1995; *Gross*, Fehldiagnosen und ihre Usachen am Beispiel der Inneren Medizin, Med Welt 1983, S 877 ff; *Günter*, Staatsanwaltliche Ermittlungen gegen Ärzte bei Verdacht eines „Kunstfehlers", DRiZ 1982, S 326 ff; *Haas*, Die Zulässigkeit klinischer Sektionen, NJW 1988, 2929; *Händel*, Leichenschau und gerichtliche Leichenöffnung aus der Sicht der Rechtspflege, Dtsch Z ges gerichtl Med 1968, S 80 ff; *Hallermann*, Jeder Fall eines unerwarteten Todes sollte obduziert werden. Sonderdruck aus Dtsch Zschr gerichtl Med 1968, Heft 2; *Händel*, Gerichtliche Leichenöffnungen, MedKlin 1967, 1067; *ders*, Neuregelung des Leichenschauwesens in Baden-Württemberg, MedKlin 1970, 2218; *Hamperl*, Leichenöffnung, Befund und Diagnose, 1962; *Hof*, Die neue ärztliche Leichenschau in Bayern – Teil I, BayÄBl 2001, 273; *Holczabek/Spann*, Für den Arzt bedeutsame Unterschiede in den Rechtsvorschriften der Länder Österreich und Bundesrepublik Deutschland, MedR 1985, 104, 108; *Holzer*, Obduktion, in: *A Mergen* (Hrsg), Die juristische Problematik in der Medizin, Bd 1 S 62 ff; *Huff*, Die rechtlichen Grundlagen der Obduktion, MedDiss, 1971; *Janssen*, Kunstfehler – nichtnatürlicher Tod, MMW 1978, S 587 ff; *ders*, Rechtsmedizinische Probleme bei der diagnostischen Tätigkeit des Pathologen. Kunstfehler – nichtnatürlicher Tod, Anästhesiol Inform 1978, S 137 ff; *ders*, Definition und Meldung des nichtnatürlichen Todes im ärztlichen Bereich, Beitr Gerichtl Med 1979, S 105 ff; *ders*, Rechtsfragen in Verbindung mit Leichenschau, Sektion und bioptischer Diagnostik, in: *Remmle*, (Hrsg) Pathologie 1984, Bd 1; *ders*, Natürlicher oder nichtnatürlicher Tod – Forensisch-medizinische Probleme im Bereich ärztlicher Verantwortung, Verh Dtsch Ges Pathol 1984, S 348 ff; *ders*, Praxis und Gesetz der Leichenschau in der bisherigen Bundesrepublik Deutschland, in: *Oehmichen/Klose/Wegener* (Hrsg), Rechtsmedizin in Deutschland Ost und West, 1991; *ders*, Innere Leichenschau: Juristische Probleme, Informationen des Berufsverbandes der Deutschen Chirurgen 1983, 106; *ders*, Praktische und rechtliche Probleme bei der Feststellung des Todes und der Todesart, Hamburger ÄBl 1979, 286; *ders*, Definition und Diagnose des nicht-natürlichen Todes, Hamburger ÄBl 1991, 6; *Kaatsch/Thomsen*, Zur Garantenstellung des Leichenschauers, FS Schewe 1991, 81 ff; *Kahlo*, Zur strafrechtlichen Verantwortlichkeit des Arztes im Zusammenhang mit der Ausstellung einer Todesbescheinigung, NJW 1990, 1521; *G Kaiser*, Der Tod und seine Rechtsfolgen, in: *A Mergen*, Die juristische Problematik in der Medizin, Bd 1 S 31; *ders*, Kein ärztliches Schweigerecht bezüglich der Daten der Leichenschau, NStZ 1999, 86; *Kießling*, Verfügungen über den Leichnam oder Totensorge, NJW 1969, 533; *Kijewski*, Die Einwilligung in Leichensektionen im Lichte des strafrechtlichen Schutzes der Totenruhe, 2007; *Kimpel*, Leichensachen und Leichenöffnung. Eine strafprozessuale Studie zu den §§ 159, 87 StPO unter besonderer Berücksichtigung von Kriminalistik und Geschichte, 1986; *Klingshirn*, Bestattungsrecht

§ 133

in Bayern, 1982; *M Kohlhaas* Anzeigen des Leichenschauarztes im Konflikt mit den Schweigepflichten und Schweigerechten des Arztes, DMW 1967, 412 ff; *ders,* Zur Zulässigkeit der Sektion, DMW 1969, 1202; *ders,* Krankenhausarzt und Leichenschau, DMW 1966, 417; *ders,* Die Anzeigepflicht des Leichenbeschauers, DMW 1969, 2570; *ders,* Schweigepflicht und Meldepflicht bei unnatürlichem Tod, MMW 1973, 1932; *Kössling,* Nutzen von Obduktionen für die Aus-, Weiter- und Fortbildung, MedR 1991, 247; *ders,* Sonstige Zwecke der Obduktion und Sektion, MedR 1991, 249; *Laufs* ArztR RdNr 267–270; *Leithoff/Endris/Kleiber,* Und noch einmal – Leichenschau und Todesursachen. Beitr gerichtl Med Bd 43 1985, 49; *Linck,* Gesetzliche Regelung von Sektionen und Transplantationen, JZ 1973, 759; *Lippert,* Notarztdienst und Leichenschau, DMW 1987, 73; *Litzig,* Rechtsgrundlagen für die Durchführung von Leichenöffnungen, Die Heilkunst 1970, 172; *Madea* (Hrsg), Die Ärztliche Leichenschau, 1999; *ders,* Aufgaben und Bedeutung der Leichenschau. Feststellung des Todes. Teil 1, Fortschr Med 1995 a, S 189 ff; *ders,* Aufgaben und Bedeutung der Leichenschau. Todesart und Todesursache. Teil 2, Fortschr Med 1995 b, S 227 ff; *ders,* Aufgaben und Bedeutung der Leichenschau. Ärztliche Offenbarungspflicht iatrogener Schädigung. Teil 3, Fortschr Med 1995 c, S 247 ff; *ders,* Aufgaben und Bedeutung der Leichenschau. Meldepflichten und Verhalten gegenüber den Ermittlungsbehörden. Teil 4, Fortschr Med 1995 d, S 265 ff; *ders,* Durchführung der Leichenschau, Fortschr Med 1995 e, S 193 ff und S 231 ff; *ders,* Ärztliche Leichenschau und Todesbescheinigung: Kompetente Durchführung trotz unterschiedlicher Gesetzgebung der Länder, DÄBl 2003, A 3161 ff; *Madea/ Dettmeyer* Patient tot – Hausarzt in Not. Verhalten bei fraglich iatrogenen Todesfällen in der Praxis – Kasuistiken – Staatsanwaltschaftliche Ermittlung, Allgemeinarzt 1998, S 624 ff; *dies,* Rechtsgrundlagen der Leichenschau, in: *Madea,* Die Ärztliche Leichenschau, S 19 ff; *Maiwald,* Zur Ermittlungspflicht des Staatsanwaltes in Todesfällen, NJW 1978, S 561 ff; *Mallach/Narr,* Notfalldienst und Leichenschau, DMW 1980, 1561; *Mallach/Spengler/Spengler,* Vorschläge zur Novellierung der Leichenschaubestimmungen, MedWelt 1978, 548; *Mallach/Weiser,* Allgemeine gesetzliche Regelung der Leichenschau, in: *Kamps/Laufs* (Hrsg), Arzt und Kassenarztrecht im Wandel, FS Narr 1988, S 65 ff; *Mang,* Obduktion zur Qualitätssicherung der Intensivmedizin unverzichtbar, CHAZ 2004, 189 f; *Mikat,* Ärztliche Schweigepflicht und Leichenschauschein, DÄBl 1965, 20; *Mikat/Wandt,* Ärztliche Schweigepflicht und Leichenschauschein, DÄBl 1962, S 16; *Miltner,* Ärztliche Konflikte bei der Leichenschau im Krankenhaus, DMW 1986, 191; *Missliwetz,* Wiederholung der äußeren Leichenbesichtigung als Hilfsmittel der Befundaufnahme, ArchKriminol 1984, 45; *Mittmeyer,* Fehldiagnosen bei der Leichenschau, in: *Schrömbgens* (Hrsg), Die Fehldiagnose in der Praxis, 1987; *Mohr,* Medizinische und legislatorische Probleme der inneren Leichenschau, Pathologe 1981, 134; *B Mueller,* Aktuelle Fragen der Leichenschau und Leichenöffnung, Deutsche Zeitschrift für die gesamte Gerichtliche Medizin 1968, 65; *ders,* Innere Leichenuntersuchung unter rechtlichen Fragestellungen, in: Gerichtliche Medizin Bd 1, 2. Aufl 1975; *G Oberhoff,* Über die Rechtswidrigkeit und Strafbarkeit klinischer Leichensektionen, 1935; *Oehmichen/Saternus,* Leichenschau und Todesbescheinigung, Kriminalistik 1985, 2; *Oehmichen/Staak/v. Schmidt/Baedeker/Saternus,* Leichenschau und Obduktion bei Tod im Straßenverkehr, DÄBl 1986, 873; *Oehmichen/Saternus/Staak,* Zur Frage nach der Todesart, RheinÄBl 1985, 582; *Opderbecke,* Natürlicher – nicht-natürlicher Tod – ein ungelöstes definitorisches Problem, in: *Heberer/Opderbecke/Spann* (Hrsg), Ärztliches Handeln – Verrechtlichung eines Berufsstandes, FS Weißauer 1986, 104; *Penner,* Leichenschau – eine Sache des Rettungsarztes? MMW 1987, 81; *Peschel/ Priemer/Eisenmenger,* Der Arzt in der Pflicht. Zur Leichenschau, MMW 1997, 21; *dies,* Letzter Dienst am Menschen. Berechtigung und Verpflichtung zur Leichenschau, MMW 1997, 55; *dies,* Letzter Dienst am Menschen. Rechtliche Voraussetzungen der ärztlichen Leichenschau: Veranlassung und Schweigepflicht, MMW 1997, 33; *dies,* Letzter Dienst am Menschen. Sorgfaltspflichtverletzung bei der Leichenschau: Fehler und Konsequenzen, MMW 1997, 171; *Peschel/Priemer/Penning,* Unter welchen Voraussetzungen und wie ist die Leichenschau durchzuführen? Letzter Dienst, Folge 3., MMW 1997, 67 ff; *dies,* Todesfeststellung unter Reanimationsbedingungen und Ausstellen der Todesbescheinigung/Letzter Dienst, Folge 5.; MMW 1997, S 122 ff; *dies,* Eingrenzung der Todeszeit/Letzter Dienst, Folge 6., MMW 1997, S 138 ff; *dies,* Sorgfaltspflichtverletzung bei der Leichenschau/Letzter Dienst, Folge 8, MMW 1997, 171 ff; *Philipsborn,* Das Recht auf Leichensektionen in Krankenanstalten, JW 1930, 1552; *Pioch,* Zur geplanten Neufassung der Todesbescheinigung in Nordrhein-Westfalen, Informationen der Deutschen Gesellschaft für Rechtsmedizin 1984, 495; *ders,* Gesetzliche Grundlagen der Leichenschau, RheinÄBl 1978, 456; *Pribilla,* Arzt und Behandlungsfehlervorwurf, Beitr Gerichtl Med, 1988, S 27 ff; *ders,* Natürlicher und nicht-natürlicher Tod in der Anästhesie, Anästh u Intensivmed 1979, 221; *ders,* Plädoyer für die medizinische Sektion, Ärztl Praxis 1977, 3196; *ders,* Die Rechtslage bei der klinischen Autopsie, Ärztl Praxis 1977, 3235; *O. Prokop,* Rechtliche Stellung der Leiche, Leichenschau und Leichenöffnung, in: *O Prokop/Göhler* (Hrsg), Forensische

22. Kapitel. Besondere ärztliche Eingriffe und Sonderprobleme § 133

Medizin, 3. Aufl S 5; *Püschel,* Fehler und Probleme bei der ärztlichen Leichenschau und bei der Ausstellung der Todesbescheinigung, Materia Medica Nordmark 1980, S 30; *Püschel/Kappus/Janssen,* Ärztliche Leichenschau im Krankenhaus, 1987, S 101 ff; *Rabl,* Wertung der Sektionen im Wandel der Zeiten. Eine kulturgeschichtliche Betrachtung, Virch Arch path Anat 321 (1952) S 142–162; *Rasenack,* Die Todesbescheinigung, NdsÄBl 1989, S 6 ff; *Rieger,* Zulässigkeit der klinischen Sektion, in: Arztrecht in der Praxis: Rechtsprechung, aktuelle Mitteilungen, Problemfälle, DMW 1974, 1039; *ders,* Lexikon „Leichenschau" RdNr 1147–1153; *ders,* Die Straflosigkeit klinischer Sektionen ohne Einwilligung des Verstorbenen oder der Hinterbliebenen, DMW 1978, 683; *ders,* Übergabe von Leichen an Anatomische Institute, DMW 1975, 495; *ders,* Sektion einer Kindesleiche, DMW 1985, 234 u 697; *Saternus,* Die Obduktion als Hilfsangebot, FS Schreiber 2003, 793; *ders,* Der Umgang mit der menschlichen Leiche aus der Sicht des Rechtsmediziners, in: *Wellmer/Bockenheimer-Lucius* (Hrsg), Zum Umgang mit der Leiche in der Medizin, 2000, 211 ff; *Schenk,* Die Totensorge, 2007; *Schleyer,* Aktuelle Fragen der Leichenschau und Leichenöffnung, Dtsch Zeitschrift für die gesamte Gerichtliche Medizin, 1968, 155; *Schmidt,* Die ärztliche Leichenschau, BWÄBl 1970, S 441; *ders,* Die ärztliche Leichenschau, Therapiewoche 1970, S 3424 ff; *Eb Schmidt,* Rechtsfragen zur inneren Leichenschau in den Pathologischen Instituten der Krankenanstalten, Sonderdruck eines Referats auf der Freiburger Tagung der Deutschen Gesellschaft für Pathologie, 1952 und KHS 1952, 209, 215; *G Schmidt,* Bekanntgabe von Eintragungen im Leichenschauschein, DMW 1974, 312; *Schneider/Wegener,* Fehler bei der ärztlichen Leichenschau, Berliner Ärztekammer 1985, S 490 ff; *V Schneider,* Die Leichenschau, in Rechtsmedizin 2002, 339 ff; *Schütz/Kaatsch/Thomsen* (Hrsg), Medizinrecht – Psychopathologie-Rechtsmedizin, 1991; *Schulte,* Leichenuntersuchung, Zeitschr f Allgemeinmedizin 1989, 418; *Schwarze/Pawlitschko,* Autopsie in Deutschland, DÄBl 2003, A 2802 ff; *Schweitzer,* Zu Problemen von Leichenschau und Totenbescheinigung unter besonderer Berücksichtigung des Strafrechts, JurDiss 1986; *Schwerd,* Definition und Abgrenzung der Begriffe natürlicher und nichtnatürlicher Tod, in: *Opderbecke/Weissauer* (Hrsg), Forensische Probleme in der Anästhesiologie, 1981, S 123 ff; *ders,* Rechtsmedizin. Lehrbuch für Mediziner und Juristen, 5. Aufl 1992; *ders,* Kritische Bemerkungen zur Leichenschau, BundesgesundheitsBl 1965, 365; *Seeger,* Bestattungsrecht in Baden-Württemberg, 2. Aufl 1984; *Siegmund-Schultze,* Leichenschau und Krankenhaus, KHA 1977, 511; *ders,* Die Gebühren für eine Leichenschau durch angestellte Krankenhausärzte, KHA 1976, 856; *ders,* Todeszeit und Leichenschau, ArztR 1969, 163; *Solbach,* Zur Frage der Zulässigkeit vorformulierter Einwilligungserklärungen für eine Sektion in Krankenhausaufnahmeverträgen, MedR 1991, 27; *Spann,* Ärztliche Rechts- und Standeskunde 1962, S 205; *ders,* Die ärztliche Leichenschau. Bayerische Akademie für ärztliche Fortbildung, BayÄBl 1979, 136; *ders,* Überlegungen zur Leichenschau, insbesondere zum Problem der Anhaltspunkte für einen nicht natürlichen Tod, Pathologe 1982, 241; *ders,* Bestattung eines Feten, DMW 1985, 1095;*Spann/Eisenmenger,* Nochmals: Zur Leichenschau, BayÄBl 1981, 627; *Spann/Maidl,* Die Frequenz gerichtlicher Leichenöffnungen in der Bundesrepublik Deutschland, MedR 1985, 59; *Spranger,* Die ungenehmigte Verfügung der Krankenhäuser über Fehlgeborene, MedR 1999, 210 ff; *Staak/Ramme,* Die Obduktion als Instrument der Qualitätskontrolle bei der Feststellung von Todesursachen, Lebensversicherungsmedizin 1984, 205; *Staak/Saternus,* Aktuelle Probleme der ärztlichen Leichenschau, RheinÄBl 1981, 195; *Struckmann,* Obduktion ohne Anhörung der Angehörigen?, NJW 1964, 2244; *Tag,* Gedanken zur Zulässigkeit von Sektionen, in: FS Laufs 2006, 1079 ff; *Taupitz,* Das Recht im Tod: Freie Verfügbarkeit der Leiche?, Berliner Medizinethische Schriften Heft 10/1996; *ders,* Zum Umgang mit der Leiche in der Medizin, EthikMed 1994, 38; *Thomas,* Bedeutung der klinischen Obduktionen, MedKlin 1986, 370; *Thomsen/Schewe,* Ärztliche Leichenschau. Probleme im ärztlichen Bereich, bei Ermittlungsbehörden und bei landesrechtlichen Regelungen, Arch Kriminol 1994, S 79 ff; *Trockel,* Die Rechtswidrigkeit klinischer Sektionen. Eine Frage der Rechtswissenschaft und der Medizin. Neue Kölner Rechtswissenschaftliche Abhandlungen, Heft 10, 1957; *ders,* Die Rechtfertigung ärztlicher Eigenmacht, NJW 1970, 489; *Uhlenbruck,* Ärztlicher Kunstfehler und Todesbescheinigung, ArztR 1975, 182; *ders,* Die Zulässigkeit klinischer Sektionen (unter Außerachtlassung transplantationsrechtlicher Gesichtspunkte), MedKlin 1972, 1156; *Ulsenheimer/Bock,* Der juristische Notfallkoffer, Mitteilungen der Deutschen Gesellschaft für Chirurgie 08, 97 ff; *H J Wagner,* Die Todesursache – Feststellung bei der Leichenschau, DÄBl 1982, 39; *ders,* Leichenschau, DÄBl 1990, 2426; *Waider/Madea,* Zur ärztlichen und rechtlichen Problematik bei mehrfacher Todesbescheinigung, Arch Kriminol 1992, S 176 ff; *R Walter,* Die Leichenschau und das Sektionswesen. Grundzüge der Entwicklung von ihren Anfängen bis zu den Bemühungen um eine einheitliche Gesetzgebung, MedDiss 1977; *Wawersiek,* Kriterien des Todes. Studium Generale, 1970, 319; *Wegener,* Praxis und Gesetz der Leichenschau in der ehem. Deutschen Demokratischen Republik, in: *Oehmichen/Klose/Wegener* (Hrsg), Rechtsmedizin in Deutschland Ost und West, 1991, Rechtsmedizinische Forschungsergebnisse, Bd 1, S 47; *Weis, E,* Leichenschau: nicht natürlicher – natürlicher Tod? BDAktuell 03, Ausgabe 4; *Werther/Gipp,* Friedhofs- und Bestattungsrecht in Rheinland-Pfalz, 1984; *H P Westermann,* Das allgemeine Persönlichkeitsrecht nach dem Tode seines Trägers, FamRZ 1969, 561; *Winterhalter,* Juristischer Gesichtspunkt über der Leichenschau, Zeitschrift für Allgemeinmedizin, 1971, 1255; *Wolpert,* Persönlichkeitsrecht und Totenrecht, UFITA 34, 150; *Wörz,* Leichenschau und Leichenöffnung, in: Moderne Medizin und Strafrecht, S 261; *R Zimmermann,* Gesellschaft, Tod und medizinische Erkenntnisse. Zur Zulässigkeit von klinischen Sektionen, NJW 1979, 569.

I. Begriff der Leichenschau

1 Leichenschau ist die äußere oder/und innere Untersuchung einer menschlichen Leiche zur Feststellung des Todes, des Todeszeitpunkts, der Todesursache und der Todesart.[1] Die **äußere Leichenschau,** die sich in den einzelnen deutschen Staaten um die Wende des 18. zum 19. Jahrhundert entwickelte, besteht in der Regel darin, dass der Arzt die vollständig entkleidete Leiche von allen Seiten in Augenschein nimmt und die sicheren Zeichen des Todes feststellt. Auch ist auf Verletzungen zu achten. Ergeben sich Anhaltspunkte für einen nicht natürlichen Tod (Wunden, Hautabschürfungen, verdächtige Hautvertrocknungen, Stauungserscheinungen, Hinweise auf Vergiftungen oder Strangulationszeichen etc), so ist der Arzt verpflichtet, an die zuständige Behörde Meldung zu erstatten. Bei der **inneren Leichenschau** (Obduktion, Autopsie, Nekropsie, Sektion) erfolgt eine Leicheneröffnung zwecks Feststellung der Todesursache. Bei den Obduktionen unterscheidet man wiederum die klinische Sektion, die Seuchensektion, die Feuerbestattungssektion, die Versicherungssektion und die gerichtliche Obduktion. Für die gerichtliche Obduktion gelten die Vorschriften der §§ 87–91 StPO sowie § 159 StPO. Sie war schon in der Bambergischen Peinlichen Gerichtsordnung von 1507 und in der Constitutio Criminalis Carolina von 1532 gesetzlich geregelt.

2 Für die **gerichtliche Obduktion** schreibt § 89 ZPO den Umfang der Leichenöffnung vor: Sie muss sich, soweit der Zustand der Leiche dies gestattet, stets auf die Öffnung der Kopf-, Brust- und Bauchhöhle erstrecken.

3 Einige Landesgesetze wie zB Baden-Württemberg (§ 20 Abs 1 BestG), und Berlin (§ 1 Abs 2 BestG) unterstellen auch die **Totgeburt** dem Leichenschaurecht, wenn sie mindestens 35 cm Länge aufweist;[2] andere Bestattungsgesetze (zB Art 6 Abs 1 BestG Bayern und § 9 Abs 1 SächsBestG) heben in Anlehnung an § 29 Abs 3 PStV auf das Gewicht der Leibesfrucht ab: beträgt es *über* 500 g, handelt es sich bei fehlenden Lebensmerkmalen um eine Totgeburt, die als menschliche Leiche bestattet werden muss. Totgeborene Leibesfrüchte *unter* 500 g sind Fehlgeburten, die nicht den Regelungen der Bestattungsgesetze unterliegen. Gegen die derzeitige Praxis, Fehlgeburten ohne elterliche Zustimmung zu experimentellen Zwecken zu nutzen, sprechen beachtliche rechtliche und sittliche Einwände.[3]

II. Gesetzliche Regelungen

4 Da das Friedhofs- und Bestattungswesen ausschießlich zur Gesetzgebungskompetenz der Bundesländer (Art 70 Abs 1 GG) gehört, fehlt eine bundeseinheitliche Regelung, vielmehr weisen die einzelnen Ländergesetze erhebliche Unterschiede auf.[4] Insoweit zeigt sich, dass die bereits im 19. Jahrhundert angestrebte Vereinheitlichung des Leichenschau-

---

[1] *Pschyrembel,* Klinisches Wörterbuch „Leichenschau"; *Geerds,* MedR 1984, 172, 174; *Forster/Ropohl,* Die Leichenschau, Sektionsrecht, Transplantation, in: *B Forster* (Hrsg), Praxis der Rechtsmedizin, S 2, 3; *Forster/Ropohl,* Rechtsmedizin, 2. Aufl 1979, S 31, 33; *Maresch/Spann,* Angewandte Gerichtsmedizin, 2. Aufl 1987, S 235–241.

[2] Ähnlich Nds, wo es nach § 1 Abs 2, 3 LeichenwesG nicht auf das Geburtsgewicht oder die Länge ankommt. Vgl *Mallach/Weiser,* Kompetente gesetzliche Regelung der Leichenschau, FS Narr, S 67.

[3] *Spranger* MedR 1999, 210 ff.

[4] Vgl hierzu die Kritik bei *Spann* BayÄBl 1988/4, 124.

22. Kapitel. Besondere ärztliche Eingriffe und Sonderprobleme   4 § 133

rechts bis heute in der Bundesrepublik Deutschland leider nicht durchgeführt wurde und „auf absehbare Zeit auch nicht zu erwarten ist".[5]
In den einzelnen Bundesländern bestehen folgende gesetzliche Regelungen:
Baden-Württemberg: Gesetz über das Friedhofs- und Leichenwesen (Bestattungsgesetz – BestattG);[6] Rechtsverordnung des Ministeriums für Arbeit, Gesundheit, Familie und Sozialordnung zur Durchführung des Bestattungsgesetzes (Bestattungsverordnung;[7] Erlass des Innenministeriums zur Durchführung des Bestattungsgesetzes und der Bestattungsverordnung.[8]
Bayern: Bestattungsgesetz (BestG);[9] Verordnung zur Durchführung des Bestattungsgesetzes (Bestattungsverordnung [BestV]).[10]
Berlin: Gesetz über das Leichen- und Bestattungswesen (Bestattungsgesetz);[11] Verordnung zur Durchführung des Bestattungsgesetzes (DVO – Bestattungsgesetz).[12]
Brandenburg: Bestattungsgesetz v 7.11.01, das die frühere „DDR-Anordnung über die ärztliche Leichenschau" abgelöst[13] hat.
Bremen: Gesetz über das Leichenwesen;[14] (ehemals die Verordnung über die Behandlung menschlicher Leichen[15] und die Polizeiverordnung über das Leichenwesen).[16]
Hamburg: Gesetz über das Leichen-, Bestattungs- und Friedhofswesen (Bestattungsgesetz)[17], das die verschiedenen und deshalb unübersichtlichen früheren Regelungen ablöste.
Hessen: Gesetz über das Friedhofs- und Bestattungswesen[18] sowie die Verordnung über das Leichenschauwesen.[19]
Mecklenburg-Vorpommern: Gesetz über das Leichen- Bestattungs- und Friedhofswesen.[20]
Niedersachsen: Gesetz über das Leichenwesen;[21] Verordnung über die Bestattung von Leichen.[22]

---

[5] *Madea*, Herkunft, Aufgaben und Bedeutung der Leichenschau, in: *Madea*, Die Ärztliche Leichenschau, S 1.

[6] Vom 21.7.1970, GBl BW 1970, 395–405; geändert: 1972, 400; 1983, 199; 1983, 265; 1985, 71; 1993, 533; 1994, 86; 24.3.2009 (GBl S 125).

[7] Vom 10.12.1970, GBl BW 1970, 521, 527; geändert: 1983, 500; 1985, 71; 1993, 533.

[8] Vom 23.12.1970, Gemeinsames ABl des Innenministerium und des Ministeriums für Wirtschaft 1971, 34; geändert: 1981, 588.

[9] Vom 24.9.1970, GVBl für Bayern 1970, 417 f; 521; geändert: 1974, 610; 1982, 722; 1991, 496; 1993, 851; 1994, 770 = BayRS 2127-1-I.

[10] Vom 9.12.1970, GVBl für Bayern 1970, 671 ff = BayRS 2127-1-1-I, geändert 1974, 103; 1993, 851; Neufassung vom 1.3.2001 = BayRS 2127-1-1-G

[11] Vom 2.11.1973, GVBl für Berlin 1973, 1830–1833; 1987, 993, 998; 1988, 2263; 1994, 71; 1995, 608.

[12] Vom 22.10.1980, GVBl für Berlin 1980, 2403; geändert: 1986, 496, 1987, 1085.

[13] GVBl I/01, 226.

[14] Vom 27.10.1992, Brem GBl 1992, 627; abgedruckt in Sammlung des bremischen Rechts Bd I, Nr 2127-c-1, geändert durch Gesetz v 25.3.1997 (GBl 1997, 129).

[15] Vom 20.8.1936, Brem GBl 1936, 173; abgedruckt bisher in Sammlung des bremischen Rechts Bd I, Nr 2127-c-3.

[16] Vom 14.5.1963, Brem GBl 103; abgedruckt bisher in Sammlung des bremischen Rechts Bd I, Nr 2127-c-4.

[17] Vom 14.9.1988, Hamburgisches GVBl (Teil I) 1988, Nr 33, S 167–177, geändert durch Gesetz v 7.6.94 und 13.11.195 (GVBl 1994, 175 und 1995, 290).

[18] Vom 17.12.1964, GVBl Hess I 1964, 225 ff; geändert 1969, 199 ff; 1970, 598 ff; 1978, 109 ff; 1987, 193, 195.

[19] Vom 12.3.1965, GVBl Hess I 1965, 63 ff; geändert 1967, 183 ff; 1974, 335 ff; 1987, 193, 195; 1991, 428.

[20] Bestattungsgesetz v 3.7.98 (GVOBl 1998, 617).

[21] Vom 29.3.1963, in Kraft gesetzt am 1.4.1963, Nds GVBl 1963, 142 ff; geändert 1970, 237; 1974, 535; 1983, 282; 1990, 101, 108.

[22] Vom 29.10.1964, in Kraft gesetzt am 29.10.1964, Nds GVBl 1964, 183–184; geändert: 1967, 115; 1971, 268; 1986, 303 f.

Nordrhein-Westfalen: Gesetz über Aufbau und Befugnisse der Ordnungsbehörden (Ordnungsbehördengesetz);[23] Ordnungsbehördliche Verordnung über das Leichenwesen.[24]
Rheinland-Pfalz: Landesgesetz über das Friedhofs- und Bestattungswesen (Bestattungsgesetz – BestG –);[25] Landesverordnung zur Durchführung des Bestattungsgesetzes.[26]
Saarland: Polizeiverwaltungsgesetz;[27] Polizeiverordnung über das Bestattungs- und Leichenwesen.[28]
Sachsen: Gesetz über das Friedhofs-, Leichen- und Bestattungswesen v 8. 7. 1994.[29]
Sachsen-Anhalt: s. Brandenburg (identische Rechtslage).
Schleswig-Holstein: Allgemeines Verwaltungsgesetz für das Land Schleswig-Holstein;[30] Landesverordnung über das Leichenwesen.[31]
Thüringen: Bestattungsgesetz v 19. 5. 04 (GVBl S 505).
Zum Recht der Leichenschau in den neuen Bundesländern und zur Rechtslage in der ehemaligen DDR vgl *U Grolik*, Leichenschau und Leichenöffnung in rechtsvergleichender Sicht im deutschen Sprachraum, Diss Köln 1995, S 122 ff. Speziell zur Rechtslage in Mecklenburg-Vorpommern s *Anke/Baudach/Merkel* und *Wegener* im Ärzteblatt Mecklenburg-Vorpommern 1996, 546 ff. Zur Leichenschau und Obduktion in der Schweiz s *Bär*, Leichenschau und Obduktion, in: *Honsell* (Hrsg), Handbuch des Arztrechts, S 433 ff.

5   Das **Feuerbestattungsgesetz** vom 15. 5. 1934 (RGBl 1934 I, 380) und die DurchführungsVO vom 10. 8. 1938 (RGBl 1938 I, 519) gelten seit 1945 als Landesrecht fort, soweit sie nicht durch spätere Landesgesetze aufgehoben oder durch abweichendes Recht geändert worden sind.[32] In Baden-Württemberg, Bayern, Berlin, Hamburg und Rheinland-Pfalz und Sachsen ist die Feuerbestattung in den Bestattungsgesetzen und den dazu ergangenen Durchführungsverordnungen geregelt.

6   Im Interesse öffentlicher Gesundheitsorge, vor allem zwecks Seuchenbekämpfung, sieht § 26 Abs 3 S 2 des **Infektionsschutzgesetzes** v 20. 7. 2000 (BGBl 2000, Teil I, 1045) die innere Leichenschau bei Seuchenverdacht vor, die die zuständige Behörde gegenüber dem Gewahrsamsinhaber anordnen kann (§§ 1, 25 u 26 IfSchG). Nicht geregelt sind dagegen **Verwaltungssektionen** (Statistiksektionen) zur Aufklärung der Todesursache und zur Erstellung einer soliden Basis für eine Mortalitätsstatistik.[33] Die äußere Leichen-

---

[23] IdF d Bek vom 13. 5. 1980, GV NW S 528; Sammlung des bereinigten GVBl für das Land NW Nr 2060.
[24] Vom 7. 8./20. 10. 1980, GV NW S 756; 1980, 919; geändert durch VO v 6. 11. 84, GV NRW 1984, 670; Sammlung des bereinigten GVBl für das Land NW Nr 2127.
[25] Vom 4. 3. 1983, GVBl Rh-Pf S 69, geändert durch Gesetz v 6. 2. 96 (GVBl 1996, 65).
[26] Vom 20. 6. 1983, GVBl Rh-Pf S 133, geändert durch VO v 6. 3. 96 (GVBl 1996, 183).
[27] Vom 1. 6. 1931, abgedruckt in Sammlung des bereinigten saarl Landesrechts unter Nr 2012-2.
[28] Vom 9. 12. 1971, ABl Saarl 1971, 850 f; geändert 1985, 342 f und 1991, 1414; Sammlung des bereinigten Landesrechts 2129-1.
[29] GVBl 1994, 1321.
[30] Landesverwaltungsgesetz – LVwG –, idF d Bek v 19. 3. 1979, GVOBl SH 1979, 181; geändert 1985, 123, 127; 1986, 209.
[31] Vom 18. 12. 1975, GVOBl SH 1975, 337–340, geändert: 21. 7. 1989, 1989, 91 u 30. 11. 1995 (GVBl 1995, 395).
[32] Vgl § 17 Abs 1 BestV BW, § 20 Abs 2 BestG Berlin, § 8 Abs 5 BestG Rh-Pf. Einzelheiten bei *Mallach/Weiser* (Fn 2) S 66.
[33] Die derzeit erstellten Mortalitätsstatistiken gründen sich fast ausschließlich auf Befunde der äußeren Leichenschau. Diese Statistiken spiegeln allerdings nicht die tatsächlichen Verhältnisse wider, da Leichenschaudiagnosen eine erschreckend hohe Zahl an Falsch- und Verdachtsdiagnosen aufweisen. Vgl *B Mueller*, Innere Leichenuntersuchung unter rechtlichen Feststellungen, in: Gerichtliche Medizin Bd 1, 2. Aufl 1975; *Brugger/Kühn*, Sektion der menschlichen Leiche, S 12; *Madea* beklagt eindringlich – und zu Recht – die „zweifelhafte Validität" der zurzeit verfügbaren Todesursachenstatistiken, die fehlenden „flexiblen Lösungsmöglichkeiten bei Problemfällen", die „niedrige Quote klinischer und behördlicher Obduktionen" sowie die daraus resultierende hohe Dunkelziffer nicht-natürlicher Todesfälle (aaO S 16 f). Zwischen 1988 und 1999 ist in 15 befragten Pathologischen Insti-

22. Kapitel. Besondere ärztliche Eingriffe und Sonderprobleme   7 § 133

schau ist im Infektionsschutzgesetz nicht erwähnt, jedoch ergibt sich die Zulässigkeit aus § 26 Abs 3 S 1 IfSG.[34]

Gerichtliche Obduktionen sind geregelt in den §§ 87–91 StPO. Nach § 159 StPO sind die Polizei- und Gemeindebehörden zur sofortigen Anzeige an die Staatsanwaltschaft oder an das Amtsgericht verpflichtet, wenn Anhaltspunkte dafür vorhanden sind, dass jemand eines nicht natürlichen Todes gestorben ist, oder wenn der Leichnam eines Unbekannten gefunden wird. Zur Bestattung ist die schriftliche Genehmigung der Staatsanwaltschaft erforderlich (§ 159 Abs 2 StPO). Nach § 87 Abs 1 S 1 StPO wird die **Leichenschau** primär von der Staatsanwaltschaft, auf Antrag der Staatsanwaltschaft auch vom Richter unter Zuziehung eines Arztes möglichst kurzfristig im Interesse der Zuverlässigkeit und Verwertbarkeit der Ergebnisse vorgenommen. Nur bei der **richterlichen** Leichenschau haben der Beschuldigte und sein Verteidiger nach § 168 d StPO ein Anwesenheitsrecht. Denn insoweit handelt es sich um richterliche Augenscheinsnahme.[35] Ein Arzt wird nicht zugezogen, wenn dies zur Aufklärung des Sachverhalts offensichtlich entbehrlich ist (§ 87 Abs 1 S 2 StPO), was Staatsanwalt oder Richter nach pflichtgemäßem Ermessen zu entscheiden haben. Die **Leichenöffnung,** die stets **richterlicher** Anordnung bedarf (§ 87 Abs 4 S 1 StPO), wird von 2 Ärzten vorgenommen (§ 87 Abs 2 S 1 StPO), die ununterbrochen anwesend sein müssen.[36] Einer der Ärzte muss Gerichtsarzt oder Leiter eines öffentlichen Gerichtsmedizinischen oder Pathologischen Instituts oder ein von diesen beauftragter Arzt des Instituts mit gerichtsmedizinischen Fachkenntnissen sein (§ 87 Abs 2 S 2 StPO), bei Gefahr im Verzuge ist auch ein anderer Arzt dazu befugt.[37] Der behandelnde Arzt ist mit der Leichenöffnung nicht zu betrauen (§ 87 Abs 2 S 3 StPO), doch führt eine Verletzung dieser (Soll-)Vorschrift nicht zur Unwirksamkeit der Untersuchungshandlung.[38] Er kann jedoch aufgefordert werden, der Leichenöffnung beizuwohnen, um aus der Krankheitsgeschichte Aufschlüsse zu geben. *Oehmichen/Saternus/Staak* (RheinÄBl 1985, 582 ff) empfehlen im Hinblick auf die Frage der Kausalität, bei jedem geringsten Verdacht zunächst von einem nicht natürlichen Tod auszugehen, selbst wenn spätere Untersuchungen dies widerlegen sollten. Je ungewöhnlicher der Todesfall, je näher liegt der Verdacht auf einen nicht natürlichen Tod. Die Richtlinien für das Straf- und Bußgeldverfahren (RiStBV) sehen in § 33 Abs 1 S 1 ausdrücklich vor, dass bei Anhaltspunkten für einen nicht natürlichen Tod oder bei Fund der Leiche eines Unbekannten die Staatsanwaltschaft zu prüfen hat, ob eine Leichenschau oder eine Leichenöffnung erforderlich ist. Nach § 33 Abs 1 S 2 RiStBV ist eine Leichenschau regelmäßig schon dann erforderlich, wenn eine Straftat nicht von vornherein ausgeschlossen werden kann.[39] Verfassungsrechtlich ist

---

tuten die Zahl der Obduktionen von mehr als 8000 auf knapp über 2000 zurückgegangen. Die Zahl der klinischen Sektionen verringerte sich von 35 646 im Jahre 1994 auf 27 147 im Jahre 1999 (*Schwarze/Pawlitschko*, DÄBl 03, A 2802). Nur noch zwischen 2 % und 29 % der in Berlin Verstorbenen werden seziert (*Friemann/Pikkartz*, Berliner Ärzte, Bd 38, 2001, S 12), nur 10 % der im Krankenhaus Verstorbenen obduziert (*Schwarze/Pawlitschko*, DÄBl 03, A 2802). In Deutschland lagen die Sektionsraten schon 1995 nur bei 1,2 % (*Eisenmenger*, DMW Bd 126, 257). Nach einer Studie aus der Züricher Universitätsklinik sind 35 % aller klinischen Diagnosen falsch, unvollständig oder verbesserungsfähig (*Lancet*, Bd 355, S 2027). Die Leichenschauordnung der früheren DDR v 20. 11. 1961 idF v. 2. 12. 1968 sah sanitätspolizeiliche Leichenöffnungen vor. Einzelheiten bei *Prokop*, Rechtliche Stellung der Leiche, Leichenschau und Leichenöffnung, in: *Prokop/Göhler*, Forensische Medizin, 2. Aufl 1966, S 6.

[34] So zutreffend *Grolik*, Leichenschau und Leichenöffnung in rechtsvergleichender Sicht im deutschen Sprachraum, S 58.
[35] Str, vgl *Meyer-Goßner*, StPO, 49. Aufl 2006, § 87 RdNr 15, aber auch RdNr 3.
[36] KK-*Senge*, StPO, 4. Aufl 1999, § 87 RdNr 5.
[37] KK-*Senge*, aaO, § 87 RdNr 5.
[38] KK-*Senge*, § 87 RdNr 5; KMR-*Neubeck*, § 87 RdNr 16; **aA** *Meyer-Goßner*, § 87 RdNr 19.
[39] Vgl auch *Kimpel*, Leichensachen und Leichenöffnung. Eine strafprozessuale Studie zu den §§ 159, 87 ff StPO unter besonderer Berücksichtigung von Kriminalistik und Geschichte, Lübeck 1986; *König*, Todesbegriff, Todesdiagnostik und Strafrecht. Zur Strafbarkeit todesdiagnostischer Maß-

es nicht zu beanstanden, wenn das Gericht die Durchführung einer Obduktion zur Klärung der Todesursache deshalb für erforderlich hält, weil nach den Umständen des Falles ein ärztlicher Behandlungsfehler in der Form des Unterlassens von gebotenen und möglichen Behandlungsmethoden oder die Verletzung von Betreuungs- und Obhutspflichten als Todesursache nicht völlig auszuschließen ist.[40] Denn da schon geringe Verzögerungen bei der ärztlichen Feststellung über Todeszeit und -ursache die Zuverlässigkeit des Ergebnisses beeinträchtigen, muss die Obduktion bereits in einem sehr frühen Ermittlungsstadium angeordnet werden können.

8 Allerdings ist bei der Anordnung der Leichenöffnung stets der Grundsatz der Verhältnismäßigkeit zu wahren.[41] Über die Exhumierung entscheidet grundsätzlich der Richter (gemäß § 162 StPO der Ermittlungsrichter, nach Anklageerhebung das mit der Sache befaßte Gericht), bei Gefahr im Verzuge kann auch der zuständige Staatsanwalt die entsprechende Anordnung treffen (§ 87 Abs 4 StPO). Da die Angehörigen ein Totensorgerecht haben,[42] in welches durch die Anordnung der Leichenöffnung eingegriffen wird, sind sie vor der Anordnung der Leichenöffnung oder Exhumierung zu hören (s § 87 Abs 4 S 2 StPO), wenn dies den Untersuchungszweck nicht gefährdet. Im Falle ihrer Ablehnung ist die Beschlagnahme gemäß § 94 StPO zulässig.[43] Vor dem entsprechenden Beschluss sind die Angehörigen wiederum zu hören.[44]

9 Die Abgrenzung der Begriffe „natürlicher" und „nicht natürlicher" Tod ist umstritten. Im rechtswissenschaftlichen Schrifttum wird überwiegend der Tod bei oder nach einer Operation nur dann als „nicht natürlich" angesehen, „wenn wenigstens entfernte konkrete Anhaltspunkte für einen sog ‚Kunstfehler' oder für sonstiges Verschulden des behandelnden Personals vorliegen".[45] Andere halten diese Auffassung für zu eng und sprechen immer schon dann von einem „nicht natürlichen" Tod, wenn „keine sicheren Anzeichen für einen natürlichen Tod festzustellen sind",[46] anders formuliert: wenn ein unnatürlicher Tod nach Lage der Dinge nicht sicher auszuschließen ist. Die neue bayerische Bestattungsverordnung v 1. 3. 2001 umschreibt den „nicht natürlichen Tod" durch Anhaltspunkte für Selbsttötung, Unfall, strafbare Handlung oder sonstige Einwirkung von außen (§ 3 Abs 3 BestV).[47]
Daraus folgt: Sicherlich ist nicht bei jedem Fall einer tödlich verlaufenen Operation oder sogar bei jedem Todesfall im Krankenhaus Anzeige bei der Polizei oder Staatsanwaltschaft zu erstatten. Vielmehr ist wie folgt abzuwägen[48]:
– Verwirklicht sich beim Exitus in tabula das Risiko der Grunderkrankung oder das wegen ordnungsgemäßer Aufklärung und Einwilligung erlaubte Risiko der Operation und liegen keine Anhaltspunkte für ärztliches oder pflegerisches Fehlverhalten (oder das eines Dritten) vor, so handelt es sich um einen natürlichen Tod.
– Eine Ausnahme hiervon besteht dann, wenn bereits die Grunderkrankung von rechtlich bedeutsamen äußeren Faktoren bestimmt war. Zu denken ist zB an traumatische Verletzungen (Verkehrsunfall, Sturz etc) oder länger wirkende, rechtlich bedeutsame Einwirkungen (zB Vergiftungen, Berufskrankheiten etc).

---

nahmen, dargestellt am Beispiel der Zerebralangiographie, 1989; ferner die einschlägigen Kommentare zur StPO.
[40] BVerfG NJW 1994, 783 = NStZ 1994, 246).
[41] KK-*Senge*, § 87 RdNr 2; LG Waldshut NJW 1972, 1148.
[42] BVerfG NJW 1994, 783, 784; KG FamRZ 1969, 414.
[43] KK-*Senge*, § 87 RdNr 4 mwN
[44] BVerfG NStZ 94, 246.
[45] *Meyer-Goßner*, StPO, 49. Aufl 2006, § 159 RdNr 2; *Maiwald* NJW 1978, 563.
[46] *Geerds* MedR 1984, 173 mwN
[47] Zu den einzelnen diesbezüglichen landesrechtlichen Regelungen s *Weis* BDAktuell Jg 2003, Ausgabe 4.
[48] *Erlinger*, BDC-Informationen 1999, 288, 289.

22. Kapitel. Besondere ärztliche Eingriffe und Sonderprobleme   10–13 § 133

– Läßt sich der Tod, zB wegen fehlender präoperativer Diagnostik, nicht aus dem Krankheitsbild oder dem typischen Operationsrisiko erklären oder liegen Anhaltspunkte (nicht notwendig Beweise) für ein Fehlverhalten vor, so darf die Ankreuzung „natürlicher Tod" auf dem Leichenschauschein nicht erfolgen, sondern muss als Todesart „ungeklärt" oder „ungewiss" angegeben werden. Die endgültige Feststellung bleibt dann dem Obduzenten bzw Pathologen überlassen. Außerdem ist unter dieser Prämisse unverzüglich die Polizei oder Staatsanwaltschaft zu benachrichtigen.[49]

Die **klinische oder wissenschaftliche Sektion**, die dazu dient, Krankheitsursachen und Krankheitszusammenhänge festzustellen, ist in der Bundesrepublik außer in Berlin und Bremen nicht gesetzlich geregelt. Dasselbe gilt für die **anatomische Obduktion** zum Zwecke der studentischen Ausbildung, die Obduktion aus **privatversicherungsrechtlichen** Gründen, deren Rechtsgrundlage im Versicherungsvertrag wurzelt, und die **Privatsektionen**, wenn zB die totensorgeberechtigten Angehörigen oder der Verstorbene selbst dies wünschen.   10

Die hM in Literatur und Rechtsprechung[50] hält die klinische Sektion nur insoweit für zulässig, als die **Einwilligung** des Verstorbenen oder die Zustimmung der totensorgeberechtigten Angehörigen vorliegt.[51] Denn „jede Sektion stellt grundsätzlich einen Eingriff in das fortbestehende Persönlichkeitsrecht dar".[52] Die von der Deutschen Gesellschaft für Medizinrecht (DGMR) 1990 erarbeiteten Einbecker Empfehlungen zu Rechtsfragen der Obduktion (MedR 1991, 76) sind nicht rechtsverbindlich.[53]   11

Sozialrechtliche Sektionen zum Zweck der **Unfalluntersuchung** durch eine **Berufsgenossenschaft** sind zulässig, wenn es sich um die Frage der Kausalität zwischen Todeseintritt und Berufskrankheit (vgl §§ 103 ff SGB VII) handelt, die eine Leistungspflicht des Versicherungsträgers auslöst.[54] Obduktionen dürfen nach § 63 Abs 2 S 2, HS 2 SGB VII nur dann vom Unfallversicherungsträger durchgeführt werden, wenn die Angehörigen zustimmen. Die Hinterbliebenen haben ein Widerspruchsrecht, an dessen Ausübung jedoch ebenso wie bei der privatversicherungsrechtlich begründeten Obduktion Beweisnachteile geknüpft sind.[55]   12

Die Vielfalt der Sektions- und Obduktionsarten mit unterschiedlichen Zielsetzungen, Voraussetzungen und unübersichtlichen Rechtsgrundlagen macht die Notwendigkeit eines **einheitlichen Obduktionsgesetzes** deutlich, wie es der 93. Deutsche Ärztetag 1990 auch gefordert hat.[56]   13

---

[49] Vgl *Mildner* DMW 1986, 191; *Uhlenbruck*, Ärztliche Kunstfehler und Todesbescheinigung, ArztR 1975, 182, 184; *Narr* ÄrztlBerufsR RdNr 965, 966; *Erlinger*, Chirurg, BDC Informationen 1999, 288; eingehend *Madea/Dettmeyer*, aaO S 26 ff.
[50] BGHZ 9, 145, 149; BGH, Urteil v 31. 5. 1990 – IX ZR 257/89 –; OLG München NJW 1976, 1805; LG Bonn JW 1928, 2294, 2296; VersR 1970, 715, 716; *Haas* NJW 1988, 2929, 2932; *Soergel/Zeuner* § 823 BGB RdNr 64; MünchKomm-*Mertens* § 823 BGB RdNr 137; *Uhlenbruck* MedKlin 1972, 1159; *Bohne*, Das Recht zur klinischen Leichensektion, Festgabe für *R Schmidt* 1932, Bd I, 105, 159, 171; aA *Zimmermann* NJW 1979, 569, 574; für ein „gemäßigtes" Einwilligungsverfahren *Laufs* ArztR RdNr 228; *Mehrhoff/Müller* MedR 1990, 125; *Deutsch/Spickhoff* Medizinrecht 6. Aufl 2008, RdNr 718.
[51] Im Einzelnen s dazu RdNr 21 ff.
[52] *Deutsch/Spickhoff*, Medizinrecht, RdNr 716.
[53] Vgl auch *Ehlers* MedR 1991, 227 ff; *Deutsch/Spickhoff* MedizinR RdNr 718. Zur Zulässigkeit vorformulierter Einwilligungserklärungen für eine Sektion in Krankenhausaufnahmeverträgen vgl BGH NJW 1990, 2313 mit abl Anm *Deutsch* = JZ 1990, 923, m abl Anm *Ackmann* = MedR 1990, 330 und die Ausführungen unten zu RdNr 20.
[54] Einzelheiten bei *Grolik* (Fn 32) S 282 ff.
[55] LG Köln, Urteil v 18. 6. 91 – 25 O 354/88.
[56] *Tag*, FS Laufs, 2006, 1080, 1104; *Dettmeyer/Madea*, DÄBl 2002, A 2311 ff. Die ehemalige DDR hatte das Sektionswesen umfassend geregelt, s „Anordnung über die ärztliche Leichenschau" v 4.12.78, GBl der DDR 1978 I, 4, die – soweit nicht aufgehoben – als Landesrecht in den neuen Bundesländern weitergilt.

III. Verpflichtung zur Leichenschau

14 Die ärztliche Verpflichtung zur Leichenschau ist unterschiedlich in den Ländergesetzen geregelt.[57] Fast allen gesetzlichen Regelungen ist gemeinsam, dass bei einem Todesfall ein approbierter Arzt hinzugezogen werden muss, der die Leichenschau vorzunehmen und über den Eintritt des Todes eine ärztliche Bescheinigung auszustellen hat. Einige Bundesländer wie zB Bremen, Niedersachsen, Saarland und Schleswig-Holstein kennen keine gesetzliche Pflicht des Arztes zur Vornahme der Leichenschau. In allen Bundesländern besteht bei der Leichenschau die Verpflichtung, Feststellungen bezüglich Tod, Todeszeitpunkt, Todesursache und Todesart zu treffen. Dies ist im Rahmen einer Leichenschau nicht mit letzter Sicherheit möglich. Es muss jedoch der **Tod eindeutig** durch sichere Todeszeichen festgestellt werden. Deshalb muss die Leichenschau „zwingend persönlich" und „grundsätzlich an der vollständig entkleideten Leiche unter Einbeziehung aller Körperregionen, insbesondere auch des Rückens und der behaarten Kopfhaut" vorgenommen werden.[58] Dabei ist die gebotene Sorgfalt und Gewissenhaftigkeit, auch durch Erholung der notwendigen Informationen bei den Angehörigen oder dem vorbehandelnden Arzt anzuwenden. Diese sind auskunftspflichtig, es sei denn, sie haben ein Zeugnis- oder Auskunftsverweigerungsrecht nach § § 52 Abs 1 Nr 1–3, 55 StPO. Unsachgemäße Leichenschau kann als Ordnungswidrigkeit geahndet werden, uU aber auch zur strafrechtlichen Verantwortlichkeit wegen fahrlässiger Tötung führen.[59]

15 Der **Zeitpunkt der Vornahme** der Leichenschau wird in den einzelnen landesrechtlichen Regelungen nahezu einheitlich mit „unverzüglich" vorgegeben, dh sie muss „ohne schuldhaftes Zögern" nach Erhalt der Todesfallanzeige stattfinden. Nur vereinzelt finden sich noch konkrete Zeitangaben (6, 12 oder auch 24 Stunden). Die Todeszeit selbst ist im Hinblick auf ihre mögliche Beweisbedeutung so genau wie möglich festzuhalten. Gleiches gilt für die Personalien. Soweit sich der Leichenschauarzt dabei auf die Angaben Dritter verlässt, sollte er dies vermerken, bei Fehlen der notwendigen Auskünfte die zuständige Polizeibehörde verständigen. Ergeben sich Anhaltspunkte für einen nicht natürlichen Tod oder ist ein solcher nicht sicher ausschließbar, hat der Arzt „unverzüglich" bzw „sofort/sogleich" die Polizei/Staatsanwaltschaft zu verständigen.

16 Das Ergebnis der Leichenschau muss der Arzt in einem **Totenschein** (Leichenschauschein) niederlegen. Der Totenschein enthält einen offenen und einen verschlossenen Teil. Der offene Teil der Bescheinigung dient dazu, die Beurkundung des Sterbefalles zum Zwecke der Freigabe der Leiche zur Bestattung zu ermöglichen. Der vertrauliche Teil des Totenscheins dient in erster Linie der Erstellung einer zuverlässigen Todesursachenstatistik und der öffentlichen Gesundheitsfürsorge. Ebenso wie andere Verstöße gegen die Regelungen der Bestattungsgesetze (zB verspätete Vornahme der Leichenschau oder die Verletzung der Meldepflicht betr einen nichtnatürlichen Todesfall) stellt das unrichtige bzw unvollständige Ausfüllen einer Todesbescheinigung als solches keinen Straftatbestand, sondern nur – allerdings nicht in allen Bundesländern – eine Ordnungswidrigkeit[60] dar, die mit einer Geldbuße bis zu 25 000,– € geahndet werden kann. Einheitlich greifen allerdings uU die Straftatbestände der **mittelbaren Falschbeurkundung** (§ 271 StGB) und der **Strafvereitelung** (§ 258 StGB) ein. Der Totenschein (Leichenschauschein) stellt eine öffentliche Urkunde dar, deren inhaltliche Richtigkeit – im Gegensatz zu § 267 StGB – durch § 271 StGB geschützt wird. Der Versuch ist gemäß § 271 Abs 4 StGB strafbar; § 271 Abs 2 StGB erfaßt den Gebrauch einer falschen Beurkundung zur Täuschung im Rechtsverkehr, § 271

---

[57] Einzelheiten bei *Mallach/Weiser* (Fn 2) S 68, 69; *Grolik* (Fn 32a) S 91 ff. *Peschel/Priemer/Eisenmenger* MMW 1997, 21 u 55 u 171. Ein amtlich bestellter, nichtärztlicher Leichenbeschauer findet sich nur noch in SH.

[58] *Madea/Dettmeyer*, Rechtsgrundlagen der Leichenschau, in: *Madea* (Hrsg), Die Ärztliche Leichenschau, S 24; s auch § 3 Abs 1 Bayerische Bestattungsverordnung v 1. 3. 2001.

[59] *Madea/Dettmeyer*, aaO S 42 f.

[60] ZB § 49 Abs 3 BestG BW.

22. Kapitel. Besondere ärztliche Eingriffe und Sonderprobleme   17–19   § 133

Abs 3 StGB das Handeln in Bereicherungs- oder Schädigungsabsicht (Qualifikationstatbestand). In Betracht kommen in derartigen Fällen außerdem, zB wenn eine Fehlintubation mit tödlichem Ausgang im Totenschein als „natürlicher Tod" bezeichnet wird, der Tatvorwurf der **vollendeten** bzw **versuchten Strafvereitelung** (§§ 258 Abs 1, Abs 4 StGB). Allerdings verlangt dieser Tatbestand subjektiv entweder die Absicht, die Verhängung von Strafe oder Maßnahmen bzw ihre Vollstreckung zu vereiteln, oder aber Wissentlichkeit, dh der Arzt muss den Vereitelungserfolg als sichere Folge seiner unzutreffenden Todesbescheinigung voraussehen.[61] **§ 278 StGB** greift nicht ein, da der Totenschein kein Gesundheitszeugnis ist. Werden mit dem unrichtigen Totenschein zivilrechtliche Ansprüche verfolgt, ist Täterschaft oder Teilnahme am Betrug (§§ 25, 26, 27, 263 StGB) denkbar.[62]

Bei **Sterbefällen im Krankenhaus** ist nach den einzelnen Ländergesetzen[63] der Krankenhausarzt zur Leichenschau verpflichtet. Die Verpflichtung kann sich für den Krankenhausarzt auch aus dem Anstellungsvertrag (Chefarztvertrag) ergeben. Eine Ausnahme besteht nur für die Fälle, in denen der betreffende Arzt den Eingriff vorgenommen hat, anläßlich dessen der Patient verstorben ist.[64] Der Arzt, der sich der Gefahr einer Strafverfolgung aussetzen würde, wenn er im Leichenschauschein die entsprechenden – ihn belastenden – Angaben machen würde, darf die Leichenschau verweigern. Dies gilt auch, wo entsprechende gesetzliche Regelungen fehlen.[65] Nach § 20 Abs 3 BestG BW v 28. 3. 2009 (GBl S 125) darf der behandelnde Arzt bei „ursächlichem Zusammenhang" zwischen medizinischer Maßnahme und Tod die Leichenschau sogar nicht durchführen. 17

Im übrigen sind grundsätzlich alle erreichbaren niedergelassenen Ärzte und Ärztinnen, alle Ärzte/Ärztinnen der Gesundheitsämter, alle Notärzte/Notärztinnen und alle Notfallbereitschaftsdienstärzte/-ärztinnen[66] zur Vornahme der Leichenschau verpflichtet, wenn sie gerufen werden. Lediglich Ärzte und Ärztinnen im Rettungsdiensteinsatz sind in einigen Bundesländern von der Verpflichtung zur Leichenschau ausgenommen und berechtigt, nur einen „vorläufigen Leichenschein" auszustellen. 18

Die Informationspflicht gegenüber Angehörigen eines Verstorbenen. Stellt der Arzt im Rahmen der Leichenschau einen eigenen Behandlungsfehler fest, so ist er nicht verpflichtet, die Angehörigen des Verstorbenen hierüber bzw über seinen Verdacht zu informieren.[67] Dies gilt im Hinblick auf den Grundsatz, dass sich niemand selbst belasten muss, insbesondere, wenn der leichenschauende Arzt identisch ist mit dem behandelnden Arzt oder Operateur. Er muss jedoch, wenn er von seinem Weigerungsrecht (RdNr 17) keinen Gebrauch gemacht hat, die Polizei oder Staatsanwaltschaft verständigen, dass Anhaltspunkte 19

---

[61] Siehe hierzu *Klaiber*, Der „iatrogene Todesfall", medizinische und rechtliche Bedeutung, Habilitationsschrift, 1988, S 50 ff.
[62] Vgl *Schlund* chir praxis 59, 216.
[63] § 20 Abs 2 BestG BW, § 3 Abs 2 BestG Bln, § 11 Abs 2 BestG RhPf.
[64] Dies ist in einzelnen Gesetzen wie zB Art 2 Abs 3 BayBestG ausdrücklich geregelt, ansonsten aber hM.
[65] *Uhlenbruck* ArztR 1975, 182, 184; *Rieger* Lexikon RdNr 1147; vgl auch *Narr* ÄrztlBerufsR RdNr 966; *Siegmund-Schultze* MedWelt 1972, 473; *Händel* MedKlin 1970, 2219.
[66] Dies ergibt sich für Hess und NW aus der generellen gesetzlichen Leichenschaupflicht des Arztes. Eine ausdrückliche Regelung findet sich in § 11 Abs 2 BestG RhPf. Nach der Neuregelung des BestG BW (s GBl 2009, 125) sind Notärzte von der Verpflichtung zur Leichenschau freigestellt (§ 20 Abs 4). Einschränkend *Narr* (ÄrztlBerufsR RdNr 964), der den Notfalldienstarzt nur zur Leichenschau für verpflichtet hält, wenn sonstige Pflichten als Notfalldienstarzt nicht beeinträchtigt werden. Vgl auch *Mallach/Narr* DMW 1980, 1561; *Lippert* DMW 1987, 73. Zutreffend unterscheiden *Mallach/Weiser* (Fn 2) S 69 zwischen Notarzt und Notfallarzt. Der Notfallarzt gehöre dem Kreis der niedergelassenen Ärzte an und sei in subjektiven Notlagen zur Sicherstellung der ärztlichen Versorgung außerhalb der üblichen Sprechzeiten im Einsatz. Mit Funktion und Aufgabenstellung des Notarztes sei die Verpflichtung zur zeitaufwendigen Leichenschau nicht vereinbar, während sich die Verpflichtung des Notfallarztes aus der Tatsache seiner Niederlassung ergebe.
[67] *Uhlenbruck* ArztR 1975, 182, 186; *Narr* ÄrztlBerufsR RdNr 966; *Gubernatis* JZ 1982, 363, 364; *Langen*, in *Wenzel*, Hb FA Medizinrecht, 2. Aufl 2009, Kap 7 RdNr 798.

für ein todesursächliches Verhalten eines Dritten (Arztes) vorliegen. Bei Verdacht auf fremdes Fehlverhalten besteht gleichfalls keine Mitteilungspflicht gegenüber den Angehörigen, wohl aber gegenüber den genannten staatlichen Stellen. Im Falle der Leichenschau geht es nicht um den Informationsbedarf des Patienten,[68] sondern um mögliche Ersatzansprüche seiner Erben gegen einen anderen Arzt als Schädiger. Da insoweit keine Vermögensbetreuungspflicht des Leichenschauarztes besteht, obliegt ihm auch keine Verpflichtung gegenüber den Erben oder Angehörigen, sie über den Behandlungsfehler eines anderen Arztes zu unterrichten. Mangels Garantenstellung erfüllt der Leichenschauarzt auch nicht den Tatbestand der Strafvereitelung (§ 258 StGB) durch Verschweigen fremden Fehlverhaltens.[69] Ein **Recht zur Offenbarung** besteht in der Regel, da von der mutmaßlichen Einwilligung des Patienten auszugehen ist.[70] Der von nahen Angehörigen mit der Durchführung der Obduktion beauftragte Arzt ist verpflichtet, den Obduktionsbericht an die Auftraggeber herauszugeben. Die Aushändigung des Obduktionsprotokolls verstößt weder gegen die ärztliche Schweigepflicht noch das postmortale Persönlichkeitsrecht des Toten.[71]

20 Ohne die ausdrückliche oder mutmaßliche Einwilligung des Patienten bzw ohne Vorliegen eines anderen Rechtfertigungsgrundes ist der Leichenschauarzt dagegen zum Schweigen verpflichtet, da er bei der Leichenschau eine ärztliche Tätigkeit vornimmt und das Verschwiegenheitsgebot über den Tod hinaus gilt (§ 203 Abs 4 StGB).[72] Die Entscheidung des LG Berlin,[73] dass der Leichenbeschauer „nicht als vom Patienten beauftragter Arzt", sondern kraft einer gesetzlichen Verpflichtung handle und deshalb die „Einwilligung" des Toten „entbehrlich" sei, ist daher abzulehnen. Denn zwischen Leichenschauarzt und Verstorbenem besteht ein „schützenswertes Vertrauensverhältnis".[74] Stellt der Leichenschauarzt zB einen Tod durch Suizid fest, so muss er dies in die Todesbescheinigung aufnehmen, darf aber Einzelheiten des Geschehensablaufs und der Krankengeschichte nicht der Staatsanwaltschaft oder sonstigen Dritten ohne Befugnis mitteilen.[75]

IV. Die Zulässigkeit klinischer Sektionen

21 Die klinische Sektion dient der Feststellung des Befundes, der Sicherung eines Untersuchungsergebnisses, der Klarstellung bzw Bestätigung einer Diagnose, angewandten Therapie oder der Klärung der Todes- oder Krankheitsursache, zB aus versicherungsrechtlichen Gründen. Damit dient sie sowohl der Weiterentwicklung der medizinischen Wissenschaft als auch oft den individuellen Interessen der Spender (ihrer Körper)[76] oder ihrer Angehörigen,[77] die durch die klinische Sektion von Selbstvorwürfen und Schuldzuweisungen entlastet werden können.[78] Die klinische Sektion erfüllt strafrechtlich weder den Tatbestand des § 168 StGB noch den des § 303 StGB.[79] Allerdings stellt sie einen objektiv unerlaubten Eingriff in das nachwirkende Persönlichkeitsrecht des Verstorbenen dar und bedarf deshalb

---

[68] *Ulsenheimer*, Arztstrafrecht in der Praxis, 4. Aufl 2008, RdNr 423 ff; *Glatz*, Der Arzt zwischen Aufklärung und Beratung, 1998, S 363 ff, 371 ff mwN
[69] So zutreffend *Glatz*, aaO S 374 Anm 405; vgl auch *Rieger* DMW 111, 1986, 234.
[70] Vgl *Uhlenbruck* ArztR 1975, 182, 186; *Narr* ÄrztlBerufsR RdNr 966, *Gubernatis* JZ 1982, 363, 365; *Spann* DMW 1980, 1705.
[71] LG Göttingen MedR 04, 504 ff; *Saternus*, FS Schreiber, 2003, 793, 799 ff.
[72] Siehe *Schlund* § 70 RdNr 56 ff.
[73] NJW 1999, 878 f.
[74] *Dettmeyer/Madea* NStZ 99, 605, 606.
[75] So mit Recht *Dettmeyer/Madea* NStZ 1999, 605, 606; s auch die Entscheidung des OVG Lüneburg (NJW 1997, 2468), das dem Kind die Einsicht in den Leichenschauschein betr seinen verstorbenen Vater versagte.
[76] *Tag*, FS Laufs, 2006, 1081; *Deutsch/Spickhoff*, Medizinrecht, RdNr 716.
[77] *Saternus*, FS Schreiber, 2003, 796.
[78] *Schwarze/Pawlitschko*, DÄBl 03, A 2803.
[79] OLG München NJW 1976, 1805; OLG Karlsruhe DMW 1978, 683; *Zimmermann* NJW 1979, 570 Fn 11; anders aber KG NJW 1990, 782.

eines besonderen Rechtfertigungsgrundes, der regelmäßig entweder in dem früher geäußerten Willen des Verstorbenen oder in der Zustimmung der Angehörigen besteht.

Die klinische Sektion umfaßt auch die Entnahme und Untersuchung von Gewebs- und Organteilen des Verstorbenen.[80]

Die **rechtliche Zulässigkeit klinischer Sektionen** ist umstritten.[81] In der Vergangenheit ist vielfach gefordert worden, der Bundesgesetzgeber möge die Rechtsunsicherheit in diesem Bereich beenden, und zwar durch Zusammenfassung der Regelung von Transplantation und Sektion.[82] Die wegen der Rechtsunsicherheit[83] unbedingt notwendige **gesetzliche Regelung** ist bislang aber nicht erfolgt, weil nach Auffassung der Konferenz der für das Gesundheitswesen zuständigen Minister das bestehende breite Spektrum von Leichenöffnungen aus verschiedenem Anlass (klinische Sektion, anatomische Sektion, Sektion in Verbindung mit der gesetzlichen und privaten Unfallversicherung, Verwaltungssektionen, Sektionen nach dem Feuerbestattungsgesetz oder nach der Strafprozessordnung) eine umfassende gesetzliche Regelung wesentlich schwieriger und zeitaufwendiger gestaltete als die isolierte Regelung einer Transplantation. Nach wie vor besteht aber im Interesse des medizinischen Fortschritts ein erhebliches Bedürfnis, im Wege der Autopsie Erkenntnisse für Diagnose und Therapie zu gewinnen. „Die Autopsie soll Grundkrankheit und Todesursache abklären und dadurch eine fortwährende Qualitätskontrolle der klinischen Diagnostik und Therapie gewährleisten. Sie stellt darum auch ein unentbehrliches Mittel der Ausbildung dar. Die Fortschritte der Medizin mit ihren zunehmend aggressiven Methoden verlangen stetiges Überprüfen durch eine hohe Autopsie-Rate."[84] „Ernsthafte ethische oder verfassungsrechtliche Bedenken stehen der klinischen Sektion nicht entgegen."[85] „Wenn die Modalitäten menschenwürdig sind, wird man dem tiefen Grundsatz „der Lebende hat Recht" folgen müssen, also die volle Integrität des menschlichen Leichnams dem medizinischen Forschungsbedürfnis zum Heil der Lebenden opfern müssen. Dies sicherlich dann, wenn das primäre, über den Tod hinauswirkende Selbstbestimmungsrecht oder das sekundäre Bestimmungsrecht der Angehörigen nicht ausdrücklich geäußert dagegenstehen".[86] Nach *Deutsch*[87] haben der Schutzbereich und das nachwirkende Persönlichkeitsrecht des Patienten deutliche Grenzen. So kann die Entnahme von Knochenmaterial in geringem Umfang oder sonstiges nicht ins Gewicht fallendes Körpermaterial so geringfügig sein, dass das Persönlichkeitsrecht nicht tangiert wird. Überwiegende Interessen der Wissenschaft und der Klinik können ebenfalls die Obduktion rechtfertigen, wie zB der Verdacht einer opportunistischen Infektion, Überbehandlung, toxische Schädigungen oder Unklarheit bei der Behandlungsfolge bzw beim Todeseintritt. In diesen Fällen sei die Notwendigkeit der inneren Leichenschau aus Gründen der Verhinderung einer Ansteckung oder der Erkenntnis der Todesursache so groß, dass sie sogar den ausdrücklichen Widerspruch des Patienten bzw seiner Angehörigen beiseiteschiebe. Für die Zulässigkeit klinischer Sektionen gelten **folgende Grundsätze:**

---

[80] Vgl *Uhlenbruck,* Die Zulässigkeit klinischer Sektionen, MedKlin 1972, 1159; *Zimmermann* NJW 1979, 569; *Rieger* DMW 1978, 683; *ders* DMW 1974, 1039; *Brugger-Kühn,* Sektion der menschlichen Leiche, 1979; *Englert,* Todesbegriff und Leichnam als Element des Totenrechts, 1979.
[81] Vgl *Zimmermann* NJW 1979, 569; *Uhlenbruck* MedKlin 1972, 1159; *Kohlhaas* DMW 1969, 1212; *Rieger* DMW 1978, 683; *ders,* DMW 1974, 1039.
[82] Vgl *Laufs* NJW 1980, 1319; 1991, 1520; *Tag,* FS Laufs, 2006, 1080 ff; Einbecker Empfehlungen zu Rechtsfragen der Obduktion, MedR 1991, 76; *Rieger* Lexikon RdNr 1675. Vgl auch den „Entwurf eines Gesetzes über Eingriffe an Verstorbenen zu Transplantationszwecken (Transplantationsgesetz), das die Bundesregierung 1979 beschlossen hat (BT-Drucks 8/2681); ferner den Bericht der Bund-Länder-Arbeitsgruppe zur Vorbereitung einer gesetzlichen Regelung der Transplantation und Sektion, 1976, S 16; Landtag BW Drucks 7/6534, S 91 (1979).
[83] *Laufs* NJW 1991, 1520.
[84] *Laufs* NJW 1980, 1319; *Mang,* CHAZ 04, 189.
[85] *Laufs,* Arztrecht RdNr 267.
[86] *Dürig,* in: *Maunz-Dürig,* Kommentar zum Grundgesetz, 1994, Art 1 RdNr 26.
[87] Medizinrecht 3. Aufl 1997, RdNr 410; ebenso *Deutsch/Spickhoff,* RdNr 720.

23 **1. Der Patient willigt in die Sektion ein.** Klinische Sektionen sind immer zulässig, wenn der Patient vor seinem Ableben der Sektion zugestimmt hat. Eine **eigenmächtige Sektion** stellt sich dagegen je nach Auffassung von der Rechtsnatur der Leiche[88] **strafrechtlich** als Störung der Totenruhe (§ 168 StGB), Beleidigung (§ 185 StGB), Sachbeschädigung (§ 303 StGB) oder als Ordnungswidrigkeit (§ 118 OWiG) dar[89] und kann auch zu haftungsrechtlichen Konsequenzen führen (Verletzung des Totenfürsorgerechts, § 823 I BGB).[90] Das KG[91] hat darauf hingewiesen, dass künftig Ärzte, die unter vergleichbaren Umständen wie im dort entschiedenen Fall rechtswidrig obduzieren und dabei Leichenteile wegnehmen, damit rechnen müssen, nach § 168 Abs 1 StGB bestraft zu werden. Denn die Leiche stehe im Mitgewahrsam der Inhaber des Totensorgerechts. Im entschiedenen Fall waren die Ärzte nur wegen unvermeidbaren Verbotsirrtums nach § 17 S 1 StGB straffrei geblieben.[92]

24 **Zivilrechtlich** kann die ohne Einwilligung des Patienten erfolgte Sektion für die Ärzte zur Haftung auf Schmerzensgeld wegen einer Verletzung des Persönlichkeitsrechts der Angehörigen führen, wenn man das Totensorgerecht als absolutes Recht qualifiziert.[93]

25 Der Patient kann in die klinische pathologische Sektion auch mit einer **vorformulierten Erklärung** wirksam einwilligen. Eine solche Bestimmung in Allgemeinen Geschäftsbedingungen ist nach Auffassung des BGH[94] regelmäßig nicht nach der Generalklausel des §§ 9 Abs 1 AGB-Gesetz zu beanstanden, dh die „Sektionseinwilligung" ist wegen des wissenschaftlichen Interesses an der Sektion oder zur Feststellung der Todesursache wirksam. Zutreffend weist aber *Laufs*[95] darauf hin, dass Krankenhausverwaltungen und Pathologen das Urteil keineswegs überschätzen sollten. Der IX. Zivilsenat habe nicht darüber entscheiden können, unter welchen Voraussetzungen eine Sektionsklausel überhaupt Vertragsbestandteil wird. Die Problematik der §§ 2, 3 ABGB sei offengeblieben und damit letztlich unerfüllt auch der verbreitete Wunsch nach einem „gemäßigten Einwilligungsverfahren". Festzuhalten ist deshalb: die Klausel darf weder überraschend noch unangemessen sein, der Angehörige muss eine angemessene Frist zur Abgabe einer ausdrücklichen Erklärung haben und um die Bedeutung dieser Frist wissen. Andernfalls liegt eine fingierte Erklärung nach § 308 Ziff 5 BGB vor, die überwiegend als unzulässig angesehen wird.[96]

---

[88] Vgl *Brugger/Kühn*, Sektion der menschlichen Leiche, 1979, 26; *Hilchenbach*, Die Zulässigkeit von Transplantatentnahmen vom toten Spender aus zivilrechtlicher Sicht, 1973, S 23 ff; *Peuster*, Eigentumsverhältnisse an Leichen und ihre transplantationsrechtliche Relevanz, Diss 1971, 16 ff; *Zimmermann* NJW 1979, 569, 574; *Schünemann*, Die Rechte am menschlichen Körper, 1985.

[89] Vgl OLG München NJW 1976, 1805 m Anm *Linck* NJW 1976, 2310; OLG Karlsruhe DMW 1978, 683; OLG Stuttgart Die Justiz, 1977, 313; KG NJW 1990, 782. Umfassend auch *Zimmermann* NJW 1979, 569, 570; zu einem Strafverfahren nach § 168 StGB wegen Vornahme der Obduktion eines Feten gegen den Willen der Mutter s StA München I – 124 Js 10529/03.

[90] OLG Karlsruhe NJW 01, 2808.

[91] NJW 1990, 782.

[92] Siehe auch *Schönke/Schröder/Lenckner*, § 168 StGB RdNr 6, 7, 8; *Becker*, Der Umfang des Rechts öffentlicher Krankenanstalten zur Obduktion von Leichen, JR 1951, 328; *Trockel*, Die Rechtswidrigkeit klinischer Sektionen, 1957; *Rieger* Lexikon RdNr 1676.

[93] Vgl *Laufs* VersR 1972, 8; *ders*, ArztR RdNr 267 ff, 284, str; s auch *Zimmermann* NJW 1979, 569, 574; *Rieger* Lexikon RdNr 1681.

[94] BGH NJW 1990, 2313 m abl Anm *Deutsch* = JZ 1990, 923 m abl Anm *Ackmann*. So schon als Vorinstanz OLG Koblenz NJW 1989, 2950, kritisch auch *Solbach* MedR 1991, 27; *Deutsch* MedizinR RdNr 411; *Ehlers* MedR 1991, 227; *Ulmer/Brandner/Hensen* AGBG §§ 9–11 Anh RdNr 451 a; *Wolf/Horn/Lindacher* AGBG § 9, K 33; zustimmend *Jansen* DÄBl 1991, A 641; *Mehrhoff-Müller* MedR 1990, 125, 128; *Franzki* MedR 1991, 226 f; *Laufs* ArztR RdNr 268. Beachte: Das AGB-Gesetz ist mWv 1.1. 2002 durch das SchRModG in das BGB (§§ 305 ff) eingefügt worden. Die maßgebenden Vorschriften sind nun § 305 c, 307, 308 Ziff 5 BGB.

[95] NJW 1991, 1520; derselbe Arztrecht RdNr 269 f.

[96] *Deutsch/Spickhoff*, Medizinrecht, RdNr 721; gegen den BGH hat sich ausdrücklich auch das OLG Karlsruhe NJW 01, 2808 gewandt und die Klage auf Schmerzensgeld nur wegen entschuldig-

Die Deutsche Gesellschaft für Medizinrecht (DGMR) hat in den „Einbecker Empfehlungen zu Rechtsfragen der Obduktion"[97] **Richtlinien für die Zulässigkeit klinischer Sektionen** festgelegt: „II. Eine klinische Sektion ist zulässig mit individueller Einwilligung des Verstorbenen oder – soweit dieser sich nicht zu Lebzeiten geäußert hat – mit Zustimmung der totensorgeberechtigten Angehörigen. III. Die Einwilligung kann auf der Grundlage einer vorformulierten Erklärung (Krankenhausaufnahmebedingungen) erteilt werden, wenn diese nach § 2 AGB-Gesetz wirksamer Bestandteil des Vertrages geworden ist. Eine derartige Klausel darf jedoch nicht überraschend sein (§ 3 AGB-Gesetz). IV. Eine klinische Sektion, die nicht nach Nr. II und III gerechtfertigt ist, ist jedoch dann zulässig, wenn der Patient oder, nach seinem Ableben, seine Angehörigen auf die Möglichkeit einer Sektion hingewiesen wurden und dieser nicht widersprochen haben."

Hatte der **Verstorbene** einer klinischen Sektion für den Fall seines Todes **ausdrücklich widersprochen** oder einen Dritten als Totensorgeberechtigten bestimmt, der die Zustimmung zur Leichenöffnung verweigert, so ist sowohl der Krankenhausträger als auch der Krankenhausarzt an diese Erklärung gebunden. Eine **Ausnahme** gilt nur dann, wenn die Weigerung und das damit verbundene Obduktionsverbot zu einem von der Rechtsordnung nicht gebilligten Gesundheits- oder Vermögensschaden Dritter führen würde. Wird zB von dem Verstorbenen ein Obduktionsverbot ausgesprochen, um seinen Angehörigen oder Erben die Wahrnehmung ihrer Ansprüche unmöglich zu machen, so ist die Weigerung nach § 138 BGB sittenwidrig und damit rechtlich unbeachtlich.[98] Zulässig ist die Sektion trotz Widerspruchs auch zur Verhinderung einer Ansteckungsgefahr.[99]

2. Die Zustimmung der Angehörigen. Hat der Patient vor seinem Tode keine wirksame Erklärung abgegeben, so steht das Bestimmungsrecht hinsichtlich der Leiche, da es nicht zum Vermögen des Verstorbenen gehört, nicht den Erben, sondern den **nächsten Angehörigen** des Verstorbenen zu.[100] Für die Zustimmung, deren Wirksamkeit von einer Belehrung über den Umfang und die Tragweite der Leichenöffnung abhängt,[101] kommen neben dem Ehegatten bzw anstelle des verstorbenen Ehegatten in Betracht die volljährigen Kinder, Eltern, Großeltern, volljährige Geschwister und Enkelkinder des Verstorbenen. Es dürften keine Bedenken bestehen, insoweit die Vorschrift des § 11 Abs 1 Nr 1 StGB anzuwenden und hiernach den Begriff der Angehörigen zu bestimmen,[102] allerdings nicht ausschließlich. Denn auch „nahestehende" (§ 35 StGB) Personen, mit denen der Verstorbene in **Lebensgemeinschaft** gelebt hat, wird man als Zustimmungsberechtigte ansehen dürfen. Im übrigen kann sich der Arzt darauf verlassen, dass die Personen, die den Verstorbenen ins Krankenhaus eingeliefert und ihn dort besucht haben, nahestehende Personen oder Angehörige gewesen sind.[103]

Wird bei drohender **haftungsrechtlicher Inanspruchnahme** des Arztes von den Angehörigen des Verstorbenen eine klinische Sektion trotz eingehenden ärztlichen Hinweises auf deren Notwendigkeit abgelehnt, so hat der Arzt zwar nicht das Recht, die Sektion

---

ten Rechtsirrtums des Arztes (fehlerhafte bisherige Übung, fehlende Rechtsprechung zur Organentnahme ohne Zustimmung) abgewiesen; *Tag*, FS Laufs 2006, 1092.

[97] MedR 1991, 76.
[98] *Uhlenbruck* MedKlin 1972, 1159, 1160. Auf dieser Linie bewegt sich die Entscheidung EuGMR FamRZ 06, 1354, die trotz des Widerspruchs der Verwandten die Exhumierung des Verstorbenen wegen einer DNA-Analyse zum Zwecke der Klärung der Vaterschaft zuließ.
[99] Siehe o RdNr 22.
[100] Vgl OLG Zweibrücken NJW-RR 1993, 1482 = MDR 1993, 878; *Brugger/Kühn* (Fn 37) S 24, 25; *W Becker*, Der Umfang des Rechts öffentlicher Krankenanstalten zur Obduktion von Leichen, JR 1951, 328; *Hilchenbach*, Die Zulässigkeit von Transplantatentnahmen vom toten Spender aus zivilrechtlicher Sicht, JurDiss 1973, S 154; MünchKomm-*Holch* § 90 BGB RdNr 23; *Zimmermann* NJW 1979, 569.
[101] OLG Karlsruhe NJW 2001, 2808, 2809.
[102] Vgl auch *Brugger/Kühn* (Fn 37) S 25; *Rieger* Lexikon RdNr 1677; MünchKomm-*Holch* § 90 BGB RdNr 23.
[103] *Kohlhaas*, Medizin und Recht, S 118; *Rieger* Lexikon RdNr 1677.

trotzdem durchzuführen. In einem späteren Haftpflichtprozess gegen den Arzt geht aber der wegen nicht durchgeführter Leichenöffnung uU hervorgerufene prozessuale Beweisnotstand zulasten derjenigen, die die Zustimmung zur klinischen Sektion versagt haben. Dem Kliniker sei empfohlen, in solchen Fällen auf gerichtlicher Leichenschau zu bestehen, wenn Chancen für die objektive Feststellung der Todesursache und die Zurückweisung der Verdachtsgründe oder Vorwürfe bestehen.[104]

30   **3. Klinische Sektionen zu Forschungszwecken.** Grundsätzlich ist eine klinische Sektion auch im wissenschaftlichen Interesse ohne Zustimmung des Verstorbenen oder seiner Angehörigen unzulässig.[105] *H-J Rieger*[106] hält aber zutreffend eine differenzierende Betrachtungsweise für angebracht. Wo der Verstorbene sich zu Lebzeiten ausdrücklich gegen eine Sektion ausgesprochen habe, könne das medizinische Forschungsinteresse grundsätzlich keinen Vorrang gegenüber dem Selbstbestimmungsrecht des Verstorbenen haben. Hat der Verstorbene jedoch der Sektion zugestimmt oder gar über seinen Körper verfügt,[107] so geht der Wille des Verstorbenen dem gegenteiligen Willen der Angehörigen vor. Hat der Verstorbene dagegen keinen Willen geäußert, so kann im Einzelfall unter sorgfältiger Abwägung des Totensorgerechts der Angehörigen gegenüber dem wissenschaftlichen Interesse an einer Aufklärung der Erkrankung oder des Todes die klinische Sektion unter dem Gesichtspunkt der Güter- und Pflichtenabwägung auch ohne Zustimmung der Angehörigen oder gar gegen deren Willen zulässig sein.[108] Hier sollte der Arzt angesichts der Entscheidung des KG vom 20. 11. 1989 (NJW 1990, 782) jedoch im Hinblick auf die Strafbarkeit nach § 168 Abs 1 StGB und die mögliche Haftung auf Schmerzensgeld (OLG Karlsruhe NJW 01, 2808) äußerste Vorsicht walten lassen. Die Rechtsprechung lehnt es ab, eine gewohnheitsrechtliche Rechtfertigung der eigenmächtigen Sektion anzuerkennen.

V. Die anatomische Sektion

31   Die anatomische Sektion hat den Zweck, den Medizinstudenten die räumliche Vorstellung vom Bau des menschlichen Körpers zu vermitteln und ihn mit der Technik des Präparierens vertraut zu machen. Der Mensch kann seine Einwilligung zu einer anatomischen Sektion bereits zu Lebzeiten durch Vertrag erteilen.[109] Es genügt für die Einwilligung in eine anatomische Sektion die formlose Erklärung des Verstorbenen zu Lebzeiten. Die Formvorschriften für Testament und Erbvertrag greifen nicht ein.[110] Die Hinterblie-

---

[104] Einzelheiten bei *Uhlenbruck*, Die Zulässigkeit klinischer Sektionen, MedKlin 1972, 1159, 1160; s auch StA München I, 124 Js 10529/03.

[105] Vgl LG Bonn JZ 1971, 56, 58; KG NJW 1990, 782, 783; *Forkel* JZ 1974, 593, 597; *Uhlenbruck* MedKlin 1972, 1159, 1161; **anders** noch die ältere Meinung wie zB *Eb Schmidt* bei *Ponsold*, Lehrbuch der Gerichtlichen Medizin, 2. Aufl S 118; *ders* KHA 1952, 213; *Liertz/Paffrath*, Handbuch des Arztrechts, S 166; Einzelheiten bei *Zimmermann* NJW 1979, 569–576. Instruktiv auch OLG Koblenz NJW 1989, 2950.

[106] Lexikon RdNr 1679.

[107] Vgl *Reimann* NJW 1973, 2240; *Haas* FamRZ 1975, 72; *Rieger*, „Verkauf" von Körperbestandteilen an die pharmazeutische Industrie, DMW 1978, 290.

[108] *Laufs* ArztR RdNr 267; *Rieger* Lexikon RdNr 1679; *Deutsch* MedizinR RdNr 407, 410; *Deutsch/Spickhoff* RdNr 720; *Grolik* (Fn 34) S 280. In den meisten Ländern Europas enthalten die Krankenhausgesetze Sektionsregelungen, die den Ansprüchen ärztlichen Handelns und ihrer Überprüfungsmöglichkeit, den Ansprüchen der Wissenschaft, aber auch der allgemeinen Gesundheitspolitik ebenso Rechnung tragen wie den durchaus berechtigten Ansprüchen des Patienten auf Achtung seiner Persönlichkeit. Auf Dauer wird auf eine gesetzliche Regelung vor allem der klinischen Sektion im Interesse medizinischer Qualitätssicherung und der Gewinnung epidemiologischer Erkenntnisse als Grundlage eines effektiven Gesundheitswesens nicht verzichtet werden können. Die gesetzliche Regelung müsste gewährleisten, dass aus medizinischer Indikation eine Sektion auch gegen den Willen der Hinterbliebenen möglich ist.

[109] Vgl *Reimann* NJW 1973, 2240; *Grolik* (Fn 34) S 281.

[110] *Lehner* NJW 1974, 593; *Grolik* (Fn 34) S 281; str aA *Reimann* NJW 1973, 2240.

22. Kapitel. Besondere ärztliche Eingriffe und Sonderprobleme § 134

benen sind an den Willen des Verstorbenen gebunden, selbst wenn sie in der Überlassung der Leiche an die Anatomie eine Verletzung des Pietätsgefühls sehen.[111] „Der Wille des Verstorbenen überdauert seinen biologischen Tod",[112] die Angehörigen haben kein subsidiäres Entscheidungsrecht. Rechtlich nicht unbedenklich sind deshalb einzelne landesrechtliche Vorschriften über die Verwendung von Leichen für die Ausbildung von Medizinstudenten, wie zB für Baden-Württemberg der Erlass des Ministeriums für Arbeit, Gesundheit und Sozialordnung über die Ablieferung von Leichen an die anatomischen Institute der Landesuniversitäten vom 16. 5. 1974 (GABl 1974, 656) und in NW der Runderlaß des Ministers für Arbeit, Gesundheit und Soziales vom 21. 8. 1979 (SMBl NW 2127) sowie vom 4. 4. 1985 (SMBl NW 2127) zur Überlassung von menschlichen Leichen für den Anatomieunterricht an Medizinstudierende.

VI. Entnahme von Organen nach dem Transplantationsgesetz

Nicht um klinische Sektionen handelt es sich bei Entnahmen, die nach § 3 TPG zum Zwecke der Übertragung auf andere Menschen von einem Hirntoten entnommen werden. Insoweit gelten die Regelungen des TransplantationsG v 5. 11. 1997 (BGBl 1997 I 2631). Liegt eine wirksame Spendeerklärung des Spenders oder – subsidiär – seiner Angehörigen nicht vor, ist die Explantation nach § 19 Abs 1 TPG strafbar. 32

VII. Die Zulässigkeit von Crash-Tests mit Leichen

1993 wurde bekannt, dass an Instituten für Rechtsmedizin verschiedener Universitäten Crash-Tests mit Leichen durchgeführt wurden. Nach *Pluisch/Heifer*[113] werden eigenmächtige Versuche, jedenfalls an sezierten Leichen, von strafrechtlichen Tatbeständen nicht erfaßt, so dass weder eine Bestrafung nach den §§ 303, 168, 189 StGB noch nach §§ 133, 136 StGB in Betracht kommt. Dagegen ist ein ohne ausdrückliche Zustimmung des Verstorbenen oder seiner Angehörigen durchgeführter Versuch an intakten Leichen eine Verletzung von Totensorge und Persönlichkeitsrecht, die gem § 823 Abs 1 BGB zum Schadensersatz bzw zur Zahlung von Schmerzensgeld verpflichtet. Eine Ausnahme soll dagegen für sezierte Leichen gelten. Der Schadensersatz beschränkt sich allerdings auf einen nachweisbaren Schaden, wie zB bei einem Crash-Test, der zu einem Schock bei den Hinterbliebenen geführt hat. 33

§ 134 Arzt und Drogenwesen

Inhaltsübersicht

	RdNr
I. Rechtsgrundlagen	1
II. Begriff der Betäubungsmittel	2
III. Die ärztliche Verschreibung und Verabreichung von Betäubungsmitteln	4
IV. Einschränkung der Therapiefreiheit durch BtMG und BtMVV (Pflicht zur Schmerztherapie)	6

Schrifttum: *Adams,* Die Behandlung Heroinabhängiger, Stellung des Richters und des praktischen Arztes, Z Allg Med 1982, 557; *Adams/Eberth,* Die Therapievorschriften des Betäubungsmittelgesetzes in der Praxis, NStZ 1983, 193; *Adams/Gerhardt,* Die Berücksichtigung der Behandlungsbedürftigkeit von Drogenabhängigen im Rahmen des Ermittlungs-, Erkenntnis- und Vollstreckungsverfahrens, NStZ 1981, 241; *Adams/Dwinger,* Ist der Konflikt zwischen Therapie und Justiz unauflöslich?, in: *Deutsche Hauptstelle gegen die Suchtgefahren,* Sucht und Delinquenz, 1983;

---

[111] Einzelheiten sind umstritten. Vgl hierzu *Lilie* MedR 1983, 131, 132.
[112] *Tag,* FS Laufs 2006, S 1016.
[113] Die rechtliche Zulässigkeit von Leichenversuchen, NJW 1994, 2377.

§ 134

H-J Albrecht, Drogenpolitik und Drogenstrafrecht – Entwicklungen und Tendenzen –, BewHi 1993, 5 ff; *K Ameling*, Zum Verantwortungsmaßstab bei der mittelbaren Täterschaft durch Beherrschung eines nicht verantwortlichen Selbstschädigers, in: *B Schünemann* (Hrsg), Bausteine des europäischen Strafrechts, 1995, S 247 ff; *Andreas*, Straf- und haftungsrechtliche Aspekte der unterlassenen Schmerzbehandlung, Arztrecht 1999, 232 ff; *Arzt*, Zur Abgrenzung der Einwilligung in eine Fremdgefährdung von der Selbstgefährdung, JZ 05, 100; *M Becker/v Lück*, Die Therapievorschriften des BtMG, 1989; *L Böllinger*, Strafrecht, Drogenpolitik und Verfassung, KJ 1991, 393 ff; *Breimann*, Ärzte dürfen nicht länger von der Justiz verfolgt werden, Drogenreport 1991, 48 ff; *Bochnik*, Suchtbehandlung oder Suchtförderung durch Drogenfreigabe, HessÄBl 1992, 446 ff; *Bschor*, Zur Frage der Wirksamkeit strafrechtlicher Maßnahmen bei Drogenabhängigen vom Opiattyp, Zeitschrift für Rechtsmedizin 1976, 25; *Dölling*, Eindämmung des Drogenmissbrauchs zwischen Repression und Prävention, 1995; *Eberth/E Müller*, Betäubungsmittelrecht, Kommentar und Anleitung für die Praxis, 1982; *Ellinger*, Betäubungsmittel und Strafbarkeit, Schriftenreihe des BKA, 1974; *Endriß*, Drogen und Recht, 1984; *Endriß/Malek*, Betäubungsmittelstrafrecht, 2. Aufl 2000; *Endriß*, Verteidigung in Betäubungsmittelverfahren, in: *Cramer/Cramer*, Anwaltshandbuch Strafrecht, 2002; *Freund/Klapp*, Kausalität und Abgrenzung zwischen bewusster Fahrlässigkeit und bedingtem Vorsatz bei Herbeiführung einer Sucht infolge einer Substitutionsbehandlung, JR 03, 431; *W Frisch*, Selbstgefährdung im Strafrecht, NStZ 1992, 1 ff, 52 ff; *Gaspar/Rösinger*, Substitutionsgestützte Behandlung der Opiatabhängigkeit, DÄBl 1993, 1246 ff; *Haffke*, Drogenstrafrecht, ZStW 1995,761 ff; *v Harder*, Schmerztherapie, Der Schmerz 2007, 462 ff; *W Hassemer*, Rauschgiftbekämpfung durch Rauschgift? – BGH NJW 1991, 2359, JuS 1992, 110 ff; *R Hohmann*, Betäubungsmittelstrafrecht und Eigenverantwortlichkeit, MDR 1991, 1117 ff; *ders*, BGH NJW 1992, 2975, JuS 1993, 370; *Hügel/Junge/Winkler*, Deutsches Betäubungsmittelrecht, Loseblattkommentar, Stand März 06; *Kindermann/Sickinger/Hedrich/Kindermann*, Drogenabhängige, Lebenswelten zwischen Szene, Justiz, Therapie und Drogenfreiheit, 2. Aufl. 1992; *Köhler*, Rechtsgut, Tatbestandsstruktur und Rechtswidrigkeitszusammenhang, MDR 1992, 739; *ders*, Freiheitliches Rechtsprinzip und Betäubungsmittelstrafrecht, ZStW 1992, 3 ff; *Körner*, Kann die Verweigerung der Substitution eine Körperverletzung darstellen? Die Substitutionsbehandlung von Drogenabhängigen, MedR 1993, 257 ff; *ders*, Betäubungsmittelgesetz, 6. Aufl 2008; *ders*, Neuordnung des Betäubungsmittelrechts, NJW 1982, 673 ff; *ders*, Anm z OLG Zweibrücken, Urteil v 24.10.94, MedR 95, 331; *Kreuzer*, Kriminologische und kriminalpolitische Aspekte der Drogenproblematik, Kriminalistik, Zeitschrift für die gesamte kriminalistische Wissenschaft und Praxis, 1973, 1; *ders*, Drogen und Delinquenz, 1975; *ders*, Zur forensischen Begutachtung gefährlicher Drogen, NJW 1982, 1310; *ders*, Der Behandlungsaspekt im Umgang mit Drogenstraftätern, in: *Egg* (Hrsg), Drogentherapie und Strafe, 1988, 57; *ders*, Handbuch des Betäubungsmittelstrafrechts, 1998, mit umfangreichen Literaturhinweisen; *ders*, Drogen und Sicherheit des Straßenverkehrs, NStZ 1993, 209 ff; *ders*, Betäubungsmittelstrafrecht – Gedanken, Befunde, Kritik, in: *Kühne* (Hrsg), FS Miyazawa, 1995, S 177 ff; *Kreuzer/Römer-Klees/Schneider*, Beschaffungskriminalität Drogenabhängiger, BKA-Forschungsreihe 1991; *Kühne*, Kein Ende der Methadon-Debatte?, NJW 1992, 1547 ff; *Laufs/Relling*, Anm zu BGH Urteil v 17. 5. 1991 – 3 StR 8/91 = JZ 1992, 102 ff; *Lundt/Schiwy*, Betäubungsmittelrecht, Suchtbekämpfung, 2 Bde, 1987; *Moll*, Strafrechtliche Aspekte der Behandlung Opiatabhängiger mit Methadon und Kodein, 1990; *ders*, Das Ende der juristischen Methadon-Debatte, NJW 1991, 2334 ff; *Nimsch* (Hrsg), Heroin auf Krankenschein?, 1993; *Pfeil/Hempel/Schiedermair/Slotty*, Betäubungsmittelrecht Bd I, II, 1984/1987; *Püschel-Teichner*, Hamburger Rechtsprechung zur unzulässigen Verschreibung von BtM, HamburgerÄBl 1984, Heft 5; *Reuband*, Soziale Determinanten des Drogengebrauchs, 1994; *Scheerer*, Die Genese der Betäubungsmittelgesetze in der Bundesrepublik Deutschland und in den Niederlanden, 1982; *v Scheidt*, Die Behandlung Drogenabhängiger, 1974; *Schmidbauer/v Scheidt*, Handbuch der Rauschdrogen, 1984; *W Schneider*, Kontrollierter Gebrauch illegaler Drogen als selbstregulierende Schadensbegrenzung, MschrKrim 1994, 178 ff; *Schöch*, Probleme der Fahrsicherheit und Fahreignung bei Substitutionspatienten, BA 2005, 354; *B Schünemann*, Fahrlässige Tötung durch Abgabe von Rauschmitteln? – Besprechung des Urteils BGH NStZ 1981, 350, NStZ 1982, 60 ff; *Schumacher*, Metadon als Ersatzdroge, Die Suchtstoffsubstitution aus strafrechtlicher Sicht, 1989; *Sternberg-Lieben*, Strafbare Körperverletzung bei einverständlichem Verabreichen illegaler Betäubungsmittel. Anm z BGH v 11. 12. 03, 3 StR 120/03, JuS 04, 954; *Uchtenhagen/Gutzwiller/Dobler-Mikola/Blättler*, Versuche für eine ärztliche Verschreibung von Betäubungsmitteln: Zwischenbericht der Forschungsbeauftragten, unveröff Ms, 1995; *Ulsenheimer*, Die rechtliche Verpflichtung zur postoperativen Schmerztherapie, Der Anästhesist 1997, Suppl 2, S 138 ff; *ders*, Rechtliche Probleme der Schmerztherapie, Informationen des BDC 2006, 299; *Ulsenheimer/Erlinger*, Forensische Aspekte der Schmerztherapie, in: Lehrbuch der Schmerztherapie, hrsg v *Zens/Jurna*, 2. Aufl 2001, S 935 ff; *U Weber*, Einwände gegen die Lehre von der Beteiligung an eigenverantwortlicher Selbstgefährdung im Betäubungsmittelrecht, in: *M Seebode* (Hrsg), FS Spendel 1992, S 371 ff; *K Weber*, Betäubungsmittelgesetz (BtMG), 3. Aufl 2009; *ders*, Suchtmittelsubstitution, in: *Roxin/Schroth* (Hrsg), Handbuch des Medizinstrafrechts, 3. Aufl 2007, S 232 ff; *Winkler*, Umgang mit der Meldepflicht bei Therapieabbruch, in: Deutsche Hauptstelle gegen die Suchtgefahren, Sucht und Delinquenz, 1983, S. 125; *ders*, Rechtliche Ausgangssituation bei Drogendelinquenz, in: Sucht und Delinquenz, 1983, 29; *ders*, Zur Strafbarkeit des Arztes gemäß § 11 Abs 1 Nr 9 BtMG, in: Suchtgefahren, 1980, 28; *Winterfeld*, Die Rauschmittelsucht – Begegnung und Konflikte des Arztes, MedKlin 1974, 654; *Zaczyk*, Strafrechtliches Unrecht und die Selbstverantwortung des Verletzten, 1993; *Zuck*, Der Standort der besonderen Therapierichtungen im deutschen Gesundheitswesen, NJW 1991, 2933.

Siehe auch die Literaturangaben bei § 147.

I. Rechtsgrundlagen

Die wichtigsten Rechtsgrundlagen für Ärzte und Zahnärzte im Betäubungsmittelrecht sind das Gesetz über den Verkehr mit Betäubungsmitteln[1] (Betäubungsmittelgesetz – BtMG) vom 28. Juli 1981 (BGBl I S 681, ber S 1187), idF vom 1. 3. 1994 (BGBl I 358); zuletzt geändert durch das 3. Gesetz zur Änderung des Betäubungsmittelgesetzes v 28. 3. 00 (BGBl I, 302) und die 14. VO zur Änderung betäubungsrechtlicher Vorschriften v 27. 9. 00 (BGBl I, 1414); die Verordnung über das Verschreiben, die Abgabe und den Nachweis des Verbleibs von Betäubungsmitteln (Betäubungsmittel-Verschreibungsverordnung – BtMVV) vom 20. Januar 1998 (BGBl I, 74), zuletzt geändert durch Art 2 der VO v 10. 3. 05 (BGBl I, 757) und durch Art 34 G v 26. 3. 07 (BGBl I, 378). Weiterhin bestehen zahlreiche internationale Abkommen, Übereinkommen und Vorschriften, die auch in der Bundesrepublik gelten.[2]

II. Begriff der Betäubungsmittel

Betäubungsmittel iS des BtMG sind die in den Anlagen I–III des Gesetzes aufgeführten Stoffe und Zubereitungen (§ 1 Abs 1 BtMG). Ihr Charakteristikum besteht darin, dass sie aufgrund ihrer Wirkungsweise nach wissenschaftlicher Erkenntnis eine Abhängigkeit mit der Folge unmittelbarer oder mittelbarer Gesundheitsgefährdung erzeugen können (BVerfG NJW 1998, 669). Die Anlagen des BtMG sind wiederholt[3] geändert worden. Was **Stoffe**[4] und **Zubereitungen**[5] bzw Herstellungen iS von § 1 BtMG sind, bestimmt sich nach der Legaldefinition des § 2 BtMG; was ein Betäubungsmittel ist, grundsätzlich nach naturwissenschaftlichen Regeln, nicht dagegen nach Rechtsbegriffen, doch hat sich der Gesetzgeber im Interesse der Rechtsklarheit „für das System der Positivliste" entschieden.[6] In den Anlagen I und II sind Betäubungsmittel zusammengefasst, die nach § 13 Abs 1 S 3 BetMG nicht verschrieben, nicht verabreicht und nicht zum unmittelbaren Verbrauch überlassen werden dürfen. Dagegen enthält die Anlage III die verkehrs- und **verschreibungsfähigen** Betäubungsmittel. Zu ihnen gehören zB das Amphetamin, Kokain, Phentanyl, Levometadon, Methaqualon, Morphin, Opium, Telidin, Barbital. Zu den *nicht* verkehrs-

---

[1] *Körner*, Neuordnung des Betäubungsmittelrechts, NJW 1982, 673; *Schneider* DMW 1982, 791; *Rieger* Lexikon RdNr 408.

[2] Die Abkommen sind abgedruckt in Anh D 1–D 15 bei *Pfeil/Hempel/Schiedermair/Slotty*, Betäubungsmittelrecht Bd II; *Körner*, Betäubungsmittelgesetz, Anh B; *Lundt/Schiwy*, Betäubungsmittelrecht Nr 4.

[3] Die Neuregelungen in den Anlagen des BtMG sind durch die Aufnahme neuer Suchtstoffe in das Übereinkommen von 1971 über psychotrope Stoffe (BGBl 1976 II 1477) notwendig geworden.

[4] Stoffe sind Pflanzen, Pflanzenteile oder Pflanzenbestandteile sowie natürlich vorkommende chemische Verbindungen.

[5] Zubereitungen sind Stoffgemische oder Lösungen eines oder mehrerer Stoffe außer den natürlich vorkommenden Gemischen und Lösungen.

[6] *Körner*, AMG § 1 RdNr 2.

fähigen Betäubungsmitteln der Anlage I zählen ua das Heroin, das LSD, das Mescalin, Haschisch, Marihuana und das in der amerikanischen Drogenszene weitverbreitete Phencyclidin.[7] Beim Amphetamin[8] handelt es sich um synthetische Stoffe, die eine kurzfristige Leistungssteigerung herbeiführen, in der Medizin aber auch bei Depressionen und als Appetitzügler verordnet werden. Die Gefahr psychischer Abhängigkeit ist beim Amphetamin besonders hoch. Zudem besteht eine hohe Tendenz zur ständigen Steigerung der Dosis.

3   Die Begriffe „Betäubungsmittel" und „Arzneimittel" schließen sich nicht aus, wie sich aus § 13 BtMG in Verbindung mit der Anlage III zu § 1 BtMG und den §§ 9 und 11 BtMVV ergibt. Mit Recht bezeichnet *Körner* das Betäubungsmittelrecht als ein „Spezialgebiet des Arzneimittelrechts, das wegen der besonderen Gefährlichkeit der Substanzen einer erhöhten staatlichen Kontrolle unterliegt"[9] und als lex specialis dem AMG vorgeht. Daraus folgt zugleich, dass immer dann, wenn ein Stoff nicht in die Anlagen I bis III des BtMG aufgenommen ist, das Eingreifen der arzneimittelrechtlichen Kontrollvorschriften geprüft werden muss.[10] Im Hinblick auf den unterschiedlichen Schutzzweck der Gesetze bedarf die Erprobung eines Betäubungsmittels als Arzneimittel sowohl der Erlaubnis nach § 3 BtMG als auch der nach dem AMG in Betracht kommenden Erlaubnisse (zB gem § 13 AMG oder der Zulassung nach § 21 ff AMG).

III. Die ärztliche Verschreibung und Verabreichung von Betäubungsmitteln

4   Gem § 13 Abs 1 S 1 BtMG dürfen die in Anlage III bezeichneten Betäubungsmittel nur von Ärzten, Zahnärzten oder Tierärzten und von diesen nur dann verschrieben oder im Rahmen der ärztlichen Behandlung verabreicht oder einem anderen zum unmittelbaren Verbrauch überlassen werden, wenn ihre Anwendung am oder im menschlichen oder tierischen Körper begründet ist. Die Anwendung ist insbesondere dann nicht begründet, wenn der Behandlungserfolg auf andere Weise erreicht werden kann (§ 13 Abs 1 S 2 BtMG). § 13 regelt – im Unterschied zu § 3 BtMG – den BtM-Verkehr mit therapeutischer Zielsetzung, wozu nach dem ausdrücklichen Wortlaut der Bestimmung seit 1992 (BtMÄG v 9. 9. 92 und 4. BtMÄndV v 23. 12. 92) auch die Behandlung einer Betäubungsmittelabhängigkeit gehört. Die Bekämpfung der Beschaffungskriminalität und die Austrocknung des Drogenhandels sind dagegen keine ärztlichen Aufgaben.[11] Die Abgabe eines ärztlich verschriebenen Betäubungsmittels darf nur im Rahmen des Betriebes einer Apotheke erfolgen (§ 13 Abs 2 BtMG).

5   Um die Sicherheit und Kontrolle des legalen BtM-Verkehrs zu gewährleisten, engt § 13 BtMG die ärztliche Therapie- und Rezeptierfreiheit durch eine Vielzahl formaler Vorschriften ein. Nach § 13 Abs 3 S 2 BtMG können das Verschreiben auf bestimmte Zubereitungen, Bestimmungszwecke oder Mengen beschränkt, Form, Inhalt, Anfertigung, Ausgabe, Aufbewahrung und Rückgabe des zu verwendenden **amtlichen Formblatts für die Verschreibung** sowie der Aufzeichnungen über den Verbleib und den Bestand festgelegt und Ausnahmen von den Vorschriften des § 4 Abs 1 Nr 1c BtMG für die Ausrüstung von Kauffahrteischiffen erlassen werden. Von der gesetzlichen Ermächtigung ist Gebrauch gemacht worden durch den Erlass der Betäubungsmittel-Verschreibungs-Verordnung (BtMVV), die in 18 Bestimmungen sehr detaillierte Regelungen enthält und in § 1 die unbedingte Rezeptpflichtigkeit sowie die lückenlose Nachweispflicht über Bestand und Verbleib der Betäubungsmittel besonders betont. Wer entgegen § 13 Abs 1 BtMG Betäubungsmittel verschreibt, verabreicht oder zum unmittelbaren Verbrauch überlässt, wird mit Freiheitsstafe bis zu 5 Jahren oder mit Geldstrafe bestraft (§ 29

---

[7] Vgl *Schmidbauer/v Scheidt,* Handbuch der Rauschdrogen, 1984, S 294; *Endriß/Malek,* Betäubungsmittelstrafrecht, RdNr 25–35.
[8] *Schmidbauer/v Scheidt* (Fn 6) S 368.
[9] *Körner,* Betäubungsmittelgesetz, § 1 RdNr 12.
[10] BGH NJW 1998, 836 ff.
[11] *Körner,* BtMG § 13 RdNr 2; s auch § 5 BtMW.

22. Kapitel. Besondere ärztliche Eingriffe und Sonderprobleme   6, 7 § 134

Abs 1 Nr 6 BtMG). Darüber hinaus sind Verstöße gegen § 16 BtMVV nach § 29 Abs 1 S 1 Nr 14 BtMG als Straftaten und gegen § 17 BtMVV in Verbindung mit § 32 Abs 1 Nr 6 BtMG als Ordnungswidrigkeiten mit Sanktionen bewehrt. Die Strafbestimmung hat nur geringe praktische Bedeutung, da der Nachweis des subjektiven Tatbestandes kaum gelingt.[12] Im einzelnen siehe hierzu § 147 RdNr 1, 5 und 9 ff.

IV. Einschränkung der Therapiefreiheit durch BtMG und BtMVV

Kommt der Arzt zu dem Ergebnis, dass im Einzelfall die Verschreibung von BtM ärztlich **6** begründet ist, unterliegt er hinsichtlich der Auswahl der BtM-Zubereitung, der BtM-Konzentration, der BtM-Menge, der Darreichungsform und der Gestaltung der Verschreibung weiteren Einschränkungen, die in der BtMVV geregelt sind. So dürfen die in Anlage II des BtMG bezeichneten BtM nur als Zubereitungen, nicht dagegen als Stoff (§ 1 BtMVV), BtM-Zubereitungen nur mit einem bestimmten Höchstgehalt an BtM verschrieben werden. Weiterhin ist für einen Patienten, von gewissen Ausnahmen abgesehen, nur die Verschreibung einer bestimmten **Höchstmenge** erlaubt (§ 2 BtMVV) und die Verschreibung von mehreren BtM oder auf Vorrat unzulässig. Überdies ist sie an die Benutzung von bestimmten, vom BfArM ausgegebenen **Betäubungsmittelrezeptformularen** gebunden (§ 8 BtMVV). So ist ein dreiteiliges amtliches Formblatt (Betäubungsmittel-Rezept) zu benutzen. Die Teile I und II des Rezeptes werden dem Patienten vom Arzt ausgehändigt. Teil III verbleibt zur Kontrolle beim Arzt, der die Unterlagen drei Jahre lang aufzubewahren hat. Der Nachweis über Bestand und Verbleib ist auf Karteikarten oder in Betäubungsmittelbüchern mit fortlaufend numerierten Seiten zu führen. Aufzeichnungen mittels EDV sind zugelassen, doch muss jederzeit der Ausdruck der gespeicherten Daten möglich sein (§ 13 Abs 1 BtMVV). Die Kontrolle des Bestandes hat jeweils zum Monatsende zu erfolgen und ist mit Datum und Unterschrift zu bestätigen. BtM sind gesondert aufzubewahren und gegen unbefugte Entnahme zu sichern (§ 15 BtMG). Verdorbene, unbrauchbar gewordene oder infolge Bruchs verschüttete Betäubungsmittel (Ampullen), sind im Beisein von zwei Zeugen zu vernichten bzw „auszubuchen" (§ 16 BtMG).

Die **komplizierte Handhabung der BtMVV** hat zu mehreren Änderungen, insbe- **7** sondere durch die zweite VO zur Änderung betäubungsmittelrechtlicher Vorschriften (Zweite Betäubungsmittelrechts-Änderungs-Verordnung – 2. BtMÄndV –) vom 23. Juli 1986 (BGBl I S 1099) geführt. Eine Vereinfachung ist dadurch eingetreten für die Verschreibung von BtM zur **Schmerztherapie,** indem für viele einfache Opioide ein gewöhnliches Rezept genügt, die BtM-Höchstmengen heraufgesetzt und für die Behandlung schwerster Schmerzen alle wirksamen BtM für zulässig erklärt wurden. Aber immer noch werden die Vorschriften von der Ärzteschaft als störend und zu umständlich angesehen, so dass eine merkliche Zurückhaltung bezüglich der Schmerztherapie vor allem im ambulanten Bereich zu konstatieren ist. Aber auch abgesehen davon wird allgemein die Versorgung von Patienten mit schweren und schwersten Schmerzzuständen in der Bundesrepublik als unbefriedigend bezeichnet.[13] Die Zahl der schmerztherapeutischen Einrichtungen in der Bundesrepublik ist keineswegs ausreichend, um vor allem chronisch Schmerzkranke ausreichend zu versorgen.[14] Manche Kliniken verfügen nicht einmal über Anweisungen zur Aufbewahrung von Opiaten.

---

[12] Vgl *Kreuzer*, Handbuch, RdNr 308.
[13] Vgl hierzu das Ergebnis einer Expertendiskussion zum Thema „Schmerztherapie", veröffentl in MMW 129, 1987, S 16 ff; *Hackenthal/Wörz*, Medikamentöse Schmerztherapie in der Praxis, 1985; *Uhlenbruck*, FS Narr, 159; *Gershagen* MMW 128 (1986), S 20; *Zenz/Tryba/Steffmann/Röhr*, Langzeittherapie mit Morphin-Retard-Tabletten, in: *Doenicke* (Hrsg), Schmerz – Eine interdisziplinäre Herausforderung, 1986, S. 133 ff; s auch *Körner* BtMG § 13 RdNr 9; *Zens/Jurna*, Lehrbuch der Schmerztherapie, 2. Aufl 2001, Vorwort.
[14] In der Bundesrepublik besteht allerdings seit dem 1. 4. 1978 die Deutsche Schmerzhilfe e V, Woldsenweg 3, 20249 Hamburg, die auf Initiative und unter dem Vorsitz des Arztes Dr. med. H. A. *Baar* in Hamburg gegründet wurde. Die Deutsche Schmerzhilfe e.V. hat Geschäftsstellen in Hessen,

8 Die **Schmerztherapie** wurde in Studium und Klinik lange Zeit kaum gelehrt und führte auch in Publikationen und Lehrbüchern jahrzehntelang ein Schattendasein. Inzwischen aber hat sich das allgemeine Problembewusstsein der operativen Fächer und der Informationsstand der Anästhesisten durch Aufnahme der Schmerztherapie in das anästhesiologische Fachgebiet und das medizinische Staatsexamen entscheidend gebessert.[15] Insofern ist festzuhalten, dass die Schmerztherapie in den letzten Jahren in Deutschland „insbesondere durch das Engagement der Anästhesisten enorme Fortschritte gemacht hat", wobei „die ambulante und stationäre Therapie chronischer Schmerzen sowie die Therapie akuter Schmerzen in der Notfallmedizin und auf der Intensivstation einen gewissen Standard erreicht haben", während die „postoperative Schmerztherapie spätestens beim Verlassen des Aufwachraums für die Patienten" bisweilen noch immer „ein echtes Dilemma" darstellt.[16]

9 Während der akute Schmerz oft lebenserhaltende Warnfunktionen als Hinweis auf ein Krankheitsgeschehen erfüllt, hat der chronische Schmerz seinen Sinn als Warnsymptom verloren und wird über die Grundkrankheit hinaus zu einem Dauerleiden. Im Verlauf der Chronifizierung von Schmerzzuständen kommt es teilweise zu somatopsychischen oder psychosomatischen Veränderungen beim Patienten, die zu einem komplexen Krankheitsbild, der sog Schmerzkrankheit führen. Die unangebrachte, teilweise irrationale Angst der Ärzte vor Nebenwirkungen und Abhängigkeiten hat nicht selten zur Folge, „dass ein zu später Einsatz, eine zu niedrige Dosierung, die Wahl der falschen Applikationsform sowie eine zögernde Verabreichung" bei Bedarf „die segensreichen therapeutischen Möglichkeiten der zentralwirkenden Analgetika vergeuden".[17]

10 Die Rechtsprechung hat sich des Schmerzes „als eines eigenständigen Rechtsproblems längst angenommen"[18] und eine **Rechtspflicht** des Arztes zur Vornahme einer angemessenen Schmerzbehandlung bei Tumor-, Phantom- oder Rheumaschmerzen, Arthrosen und starken Nervenschmerzen oder im postoperativen Bereich bejaht. Ein Arzt, der es unterlässt, erhebliche Schmerzen zu lindern, kann sich bei Vorliegen einer Garantenstellung, also nach Übernahme der Verantwortung für den Patienten, wegen vorsätzlicher oder fahrlässiger Körperverletzung, im Übrigen wegen unterlassener Hilfeleistung strafbar machen.[19] Dabei setzt der Tatbestand der Körperverletzung keine Verschlechterung des Gesundheitszustandes voraus, vielmehr genügt es, dass die Schmerzen eines Kranken gesteigert oder aufrechterhalten, dh nicht gelindert bzw beendet werden.[20]

Nordrhein-Westfalen und Baden-Württemberg Um die Erforschung der Schmerzproblematik ist ebenfalls bemüht die Gesellschaft zum Studium des Schmerzes, Prof. Dr. med. M. *Zimmermann*, II. Physiol. Institut der Universität Heidelberg, Im Neuenheimer Feld 326, 69120 Heidelberg An vielen Kliniken in der Bundesrepublik bestehen Schmerzambulanzen. Allerdings verweigern teilweise die Kassenärztlichen Vereinigungen den Abschluss von erweiterten Institutsermächtigungsverträgen für den RVO und Ersatzkassensektor zur Durchführung von Schmerztherapien.

[15] Siehe zum Ausbildungsdefizit der deutschen Ärzte *Zens/Willweber*, Anästhesiologie und Intensivmedizin 1991, 348 ff; vgl auch die Stellungnahme von *Jungck*, Anästhesiologie und Intensivmedizin 1993, 25 u *Troidl ua*, Zur Situation der postoperativen Schmerzbehandlung aus operativer Sicht, Anästhesiologie und Intensivmedizin 1993, 269–272 f; *Ulsenheimer/Erlinger* Forensische Aspekte der Schmerztherapie, in: *Zens/Jurna*, Lehrbuch der Schmerztherapie, 2. Aufl 2001, S 935 ff; *Ulsenheimer*, Informationen des BDC 2006, 299.

[16] *Klaschick/Henn*, Qualität der postoperativen Schmerztherapie, Der Anästhesist 1997, Suppl 3 zu Heft 9, 143; *Ulsenheimer*, Der Anästhesist 1997, Suppl 3, 138.

[17] *Aulbert* MMW 1987, 450, 647; *Uhlenbruck* (Fn 8), S 161.

[18] *Uhlenbruck* MedR 1993, 296 unter Hinweis auf OLG Frankfurt VersR 1984, 289 und BGH VersR 1985, 486 ff; vgl auch *Uhlenbruck*, Die Rechtspflicht des Krankenhausarztes zur Schmerzbekämpfung und Leidensminderung, FS Narr 1988, S 159; *Eberbach*, Juristische Aspekte des Schmerzes, Der Anästhesist 1986, 403; *Schlund*, Der Schmerz – auch ein medizinisch-juristisches Problem, MedWelt 1979, 115.

[19] BGH LM Nr 6 zu § 230; OLG Düsseldorf JR 1992, 730 f = Hebamme 1992, 129 f; OLG Hamm NJW 1975, 605; *Ulsenheimer*, Der Anästhesist 1997, Suppl 3, 140 f.

[20] Siehe dazu auch *Ulsenheimer*, § 139 RdNr 16; *ders*, Die rechtliche Verpflichtung zur postoperativen Schmerztherapie, Der Anästhesist, 1997, Suppl 3, S 138 ff.

Im strafrechtlichen Schrifttum wird sogar die Ansicht vertreten, dass die Vorenthaltung schmerzlindernder Mittel den Tatbestand des Totschlags begründet, wenn die unterlassene Schmerztherapie lebensverkürzend wirkt.[21] Besteht dagegen durch eine effektive Schmerztherapie die Möglichkeit, dass der Patient unbeabsichtigt, aber voraussehbar den Tod erleidet bzw früher als ohne eine schmerzlindernde oder schmerzbeseitigende Maßnahme stirbt, so ist deren Vornahme nicht strafbar. Denn „bei einem unheilbar Erkrankten, qualvoll Leidenden" kann „die Schmerzlinderung als die gebotene ärztliche Hilfe derart im Vordergrund stehen, dass die eventuelle Nebenwirkung einer Beschleunigung des Endes als das im Verhältnis zu den unerträglichen Schmerzen geringere Übel in Kauf genommen werden darf"[22] und der Arzt nach § 34 StGB gerechtfertigt ist (sog indirekte aktive Sterbehilfe).[23]

Die postoperative Schmerztherapie ist eine **interdisziplinäre** Aufgabe, die zum einen den Operateur als Verursacher der Komplikationen oder Befindlichkeitsstörungen, zum anderen den Anästhesisten betrifft, dessen Fachgebiet „die Schmerztherapie in Zusammenarbeit mit den für das Grundleiden zuständigen Ärzten" umfaßt. Entsprechend den bei **horizontaler** Arbeitsteilung geltenden Grundprinzipien der strikten Arbeitsteilung und des Vertrauensgrundsatzes ist für die postoperative Schmerztherapie im Aufwachraum und auf interdisziplinären Intensiveinheiten unter anästhesiologischer Leitung der **Anästhesist,** auf Bettenstationen und fachgebundenen Intensivstationen dagegen der **Operateur** zuständig.[24]

Nach dem Prinzip der Eigenverantwortung hat stets derjenige Arzt, der die Schmerzbehandlung des Patienten übernimmt, für die Einhaltung der gebotenen Sorgfalt – also für den „schmerztherapeutischen Standard" – zu sorgen. Reichen dazu seine Fähigkeiten und Kenntnisse nicht aus, handelt er objektiv pflichtwidrig und subjektiv schuldhaft, wenn er dennoch die Behandlung ohne Zuziehung eines „Schmerz-Spezialisten" fortsetzt, da ihn dann der Vorwurf des **Übernahmeverschuldens** trifft. Diagnosestellung und Entscheidung über die Gabe von Schmerzmitteln nach Art, Dosis und Applikationsform sind ausschließlich dem **Arzt** vorbehalten. Die Durchführung intramuskulärer sowie eingeschränkt-intravenöser Injektionen und von Infusionen ist dagegen grundsätzlich auf nichtärztliche Mitarbeiter delegierbar, sofern diese spezielle Kenntnisse und Erfahrungen bezüglich möglicher Komplikationen bei der Applikation, hinsichtlich der Nebenwirkungen der Medikamente und Hilfsmaßnahmen bei Zwischenfällen haben.

Schmerztherapeutische Maßnahmen, zB auch die orale Gabe von Analgetika, bedürfen – wie alle anderen ärztlichen Eingriffe – der Einwilligung des Patienten. Er muss daher vorher über die für ihn wesentlichen Umstände, insbesondere die spezifischen Risiken der eingesetzten Mittel und ernsthaft in Betracht kommenden Alternativen der Behandlung – etwa statt Regionalanästhesie eine systemische Behandlung oder ein gänzlicher Verzicht auf die Schmerztherapie – aufgeklärt werden. Im übrigen gelten die allgemeinen Grundsätze.[25]

Bei der *ambulanten Schmerztherapie* ist die Auswirkung des verabreichten Medikaments auf die Einsichts- und Steuerungsfähigkeit des Patienten und damit auf seine Straßenverkehrsfähigkeit zu beachten. Aus Behandlungsvertrag und vorausgegangenem Tun hat der Arzt eine Garantenstellung, die ihn verpflichtet, den Patienten zu beaufsichtigen, solange dessen Verkehrstauglichkeit eingeschränkt ist, und nur in Begleitung einer erwachsenen Person nach Hause zu entlassen.[26]

---

[21] § 214 StGB-AE, 1986, S 19.
[22] BGH NStZ 1997, 182; *Hirsch,* FS Lackner, 1987, 607, 608; *Herzberg* NJW 1996, 3043.
[23] Siehen dazu unten § 149 RdNr 12.
[24] Vereinbarung zwischen dem Berufsverband Deutscher Anästhesisten und dem Berufsverband der Ärzte für Orthopädie über die interdisziplinäre Zusammenarbeit in der Schmerztherapie, Anästhesiologie und Intensivmedizin 1991, 32 m Anm v *Weißauer.*
[25] Siehe dazu *Laufs,* 11. Kap §§ 61 ff.
[26] Siehe dazu BGH VersR 2003, 1126; *Ulsenheimer,* Anästhesist 2004, 282 ff; s auch unten § 150 RdNr 12, 13 u *Ulsenheimer,* Informationen des BDC, 06, 299 ff.

§ 135

14 Nach § 2 Abs 1 BtMVV darf der Arzt innerhalb von 30 Tagen bis zu zwei der dort aufgeführten BtM unter Einhaltung der angegebenen Höchstmenge verschreiben. Liegt ein besonders schwerer Krankheitsfall vor und steht der Patient in Dauerbehandlung des Arztes, dürfen diese Betäubungsmittel abweichend von dieser zeitlichen Befristung und zahlenmäßigen Begrenzung verschrieben werden (§ 2 Abs 2 BtMVV). Ein „besonders schwerer Krankheitsfall" liegt vor, wenn mit der an einem Tage an dem betreffenden Patienten anzuwendenden einfachen Höchstmenge die erforderliche Schmerzausschaltung nicht erreicht werden kann. Die **Überschreitung der Höchstmenge** liegt in der Verantwortung des Arztes, der die Notwendigkeit der Verschreibung der höheren Dosis begründen muss. In jedem Fall der Überschreitung der Verschreibungshöchstmenge hat der Arzt auf dem Rezept eigenhändig den Vermerk „A" anzubringen. Zu beachten ist natürlich stets das ultima-ratio-Prinzip des § 13 Abs 1 S 2 BtMG.

15 Für den **Zahnarzt** gilt die Regelung in § 3 BtMVV. Auch hier sind Höchstmengen bestimmter Betäubungsmittel festgelegt. Die Verschreibung eines Substitutionsmittels ist in § 5 BtMVV eingehend geregelt.

16 Insgesamt ist festzustellen, dass die **formalen Anforderungen an die Ausstellung eines Betäubungsmittelrezepts,** vor allem in §§ 8 ff BtMVV, die Ärzte teilweise überfordern, was letztlich zulasten der Patienten geht. Bei allem Verständnis für eine Bekämpfung des Drogenwesens darf eine überstrenge Gesetzgebung nicht dazu führen, dass die bürokratischen Anforderungen an Betäubungsmittelrezepte die ärztliche Versorgung von Schmerzpatienten gefährden. Auch der Verordnungsgeber hat eine **Abwägung** zwischen der Gefahr einer Drogenabhängigkeit im Einzelfall und dem Interesse der Bevölkerung an ärztlicher Versorgung mit Schmerzmitteln vorzunehmen. Die – abstrakte – Gefahr, dass ein im nichtärztlichen Notfall tätiger Krankenpfleger sich an BtM im Krankenwagen vergreifen kann, darf nicht dazu führen, dass in Deutschland die Kranken-, Unfall- und Notfall-Ambulanzen nicht mit schmerzstillenden Mitteln versorgt sind! Für das Verschreiben des Betäubungsmittelbedarfs im Rahmen des Rettungsdienstes enthält § 6 BtMVV jetzt eine Sonderregelung.

§ 135 Arzneimittelrecht

Inhaltsübersicht

	RdNr
I. Gesetzliche Grundlagen	1
II. Der Begriff des Arzneimittels	15
III. Anforderungen an die Arzneimittel	21
IV. Die Zulassung von Arzneimitteln	26
V. Ärztliches Verhalten bei Verordnung von Arznei-, Heil- und Hilfsmitteln	31

Schrifttum: *Anhalt/Dieners,* Hb des Medizinprodukterechts, 2003; *Badura,* Das Arzneimittelrecht im Interessenwiderstreit, in: *Badura/Kitagawa* (Hrsg), Arzneimittelprobleme in Deutschland und Japan, 1980, S 15; *v Bar/Fischer,* Haftung bei der Planung und Förderung medizinischer Forschungsvorhaben, NJW 1980, 2734; *Bender,* Organtransplantation und AMG, VersR 1999, 419 ff; *Blasius/Cranz,* Arzneimittel und Recht in Europa, 1998; *Blasius/Müller-Römer/Fischer,* Arzneimittel und Recht in Deutschland, 1998; *Bock/Hofmann,* Arzneimittelprüfung am Menschen, 1979; *Böhme,* Die wesentlichen Neuerungen des Gesetzes zur Änderung medizinprodukterechtlicher und anderer Vorschriften, Pflege- und Krankenhausrecht, 2007, 69 ff; *Borchert,* Arzneimittelgesetz und Verbraucherschutz, ZRP 1983, 194; *ders,* Veröffentlichung von Arzneimittel-Transparenzlisten, NJW 1985, 2741; *Collatz,* Die neuen Europäischen Zulassungsverfahren für Arzneimittel, 1996; *Dähne,* Klinische Prüfung mit Betäubungsmitteln; ein Beitrag zur Deregulierung im Arzneimittelrecht, MedR 03, 547; *Deutsch,* Das Gesetz über Medizinprodukte von 1994, NJW 1995, 752; *ders,* Arzneimittelkritik durch Ärztekommissionen, VersR 1997, 389; *ders,* Ein Arzneimittel außerhalb der Apotheke NJW 1999,

22. Kapitel. Besondere ärztliche Eingriffe und Sonderprobleme   § 135

3393; *Deutsch/Lippert,* Ethikkommission und klinische Prüfung, 1998; *dies,* (Hrsg) Kommentar zum Arzneimittelgesetz (AMG), 2. Aufl 2007; *Deutsch/Spickhoff,* Medizinrecht, 6. Aufl 2008, RdNr 669 ff; *Eberbach,* Arzneimittel- und epidemiologische Forschung bei AIDS, MedR 1989, 281; *Etmer/Bolck,* Arzneimittelgesetz, Kommentar, 1979, fortgeführt von *Lundt/Schiwy/Feiden,* Arzneimittelrecht – Neuordnung, ArztR 1978, 154; *dies* (Hrsg), Arzneimittelprüfrichtlinien, Stand 17. Erg-Lfg 2001; *Feiden/Pabel,* Arzneimittel- und Apothekenrecht, 1985; *Forch,* Probleme des freien Warenverkehrs von Arzneimitteln in den Europäischen Gemeinschaften, WRP 1981, 71; *Fritz,* Die Therapie mit einem innovativen Medikament vor seiner Zulassung, Pharma Recht 1999, 129; *Hart,* Arzneimittelsicherheit und Länderüberwachung, MedR 1993, 207; *ders,* Arzneimittel- und haftungsrechtliche Aspekte neuer Krebstherapien, MedR 1997, 51; *ders,* in: *Rieger,* Lexikon des Arztrechts, 2. Aufl 2001, Nr 2880: Klinische Arzneimittelprüfung; *Hart/Hilken/Merkel-Woggan,* Recht des Arzneimittelmarktes, 1988; *Hasskarl,* Rechtsfragen der Entwicklung, Herstellung und Zulassung gentechnologischer Arzneimittel, MedR 1986, 269; *Heitz,* Arzneimittelsicherheit zwischen Zulassungsrecht und Haftungsrecht, 2005; *Hill/Schmitt,* Medizinprodukterecht (WiKo), Kommentar, Loseblattausgabe, 6. Lfg 2008; *Höfling/Demel,* Zur Forschung an Nichteinwilligungsfähigen, MedR 1999, 540; *Jansen,* Arzneimittelschäden aus der Sicht eines Rechtsmediziners, ArztR 1978, 67; *Kienle,* Arzneimittelsicherheit und Gesellschaft, 1974; *v Kirchbach,* Wissenschaftsfreiheit und Arzneimittelkontrolle. Ein Beitrag zum Verständnis von Art 5 Abs 3 GG, Jur Diss 1985; *Kleinsorge* (Hrsg), Kontrollierte Arzneimittelstudien und ihre Alternativen, 1986; *Kleinsorge,* Arzneimittelgesetz (AMG) und klinische Prüfung aus medizinischer Sicht, Klinikarzt 1978, 529; *ders,* Spezielle Probleme der Ethikkommissionen im Zusammenhang mit der Arzneimittelprüfung, MedR 1987, 140; *Klingmüller,* Zur Probandenversicherung nach dem neuen Arzneimittelgesetz, FS Hauß 1978, S 169; *Kloesel,* Das neue Arzneimittelrecht, NJW 1976, 1769; *Kloesel/Cyran,* Arzneimittelrecht, 3. Aufl Stand Januar 2008; *Körner,* Betäubungsmittelgesetz, Arzneimittelgesetz, 5. Aufl 2001; *Kriele,* Wer entscheidet über die Wirksamkeit von Arzneimitteln? ZRP 1975, 260; *Küchenhoff,* Staat oder Stand im Arzneimittelrecht?, NJW 1980, 1890; *ders,* Die neuen Arzneimittelrichtlinien in verfassungsrechtlicher Sicht, SGb 1979, 89; *Kuhlen,* Strafhaftung bei unterlassenem Rückruf gesundheitsgefährlicher Produkte, NStZ 1990, 566; *Kügel,* in: *Wenzel,* Hb FA MedizinR, 2. Aufl 2009, § 9; *Kullmann,* Haftung der pharmazeutischen Unternehmer nach dem Gesetz zur Neuordnung des Arzneimittelrechts, BB 1978, 175; *Lilie/Rudolph,* Arzneimittelrecht, in: Lexikon der Bioethik, 1998; *Lippert,* Ethik und Monetik – finanzielle Aspekte bei der Durchführung klinischer Prüfungen von Arzneimitteln und Medizinprodukten, VersR 2000, 1206; *ders,* Die Umsetzung der 12. Novelle zum AMG in das Landesrecht – Wie viele Ethikkommissionen braucht das Land? VersR 05, 1368; *ders,* in: *Wenzel,* Hb FA MedizinR, 2. Aufl 2009, Kap 14; *ders,* in: *Ratzel/Luxenburger,* Hb Medizinrecht, 2008, § 30; *J Meyer,* Zur Konkurrenz von Produkthaftungsgesetz und Arzneimittelgesetz, MedR 1990, 70; *Pestalozza,* Risiken und Nebenwirkungen: Die klinische Prüfung von Arzneimitteln am Menschen nach der 12. AMG-Novelle, NJW 04, 3374 ff; *Pfeiffer,* Fünftes Gesetz zur Änderung des Arzneimittelgesetzes, VersR 1994, 1377; *Plagemann,* Das neue Arzneimittelrecht in der Bewährung, WRP 1978, 779; *D Prütting,* Aktuelle Probleme der Herstellungserlaubnis, Deutsche Apotheker-Zeitung 1987, 2653; *D Prütting/H Prütting,* Zivilrechtliche Haftungsprobleme im neuen Arzneimittelrecht, DAZ 1978, 256; *Rehmann,* Arzneimittelgesetz (AMG), 2. Aufl 2003; *Reinelt,* Neue Haftungsregelung im Arzneimittelgesetz? ZRP 1999, 150 ff; *Rieger,* Die Haftung des Arztes und des Arzneimittelherstellers bei fehlerhafter Anwendung von Arzneimitteln, DMW 1976, 1781; *ders,* „Arzneimittelgesetz", Lexikon des Arztrechts, RdNr 112; *ders,* Leitsätze für die Nachzulassung von Fertigarzneimitteln nach dem künftigen Arzneimittelrecht, DMW 1976, 260; *Rippe,* Individuelle Therapieversuche in der Onkologie – wo liegen die ethischen Probleme? Ethik Med 1998, 91 ff; *Sander/Köbner/Scholl,* Arzneimittelrecht, Kommentar, Loseblatt, Stand 1999; *Sander,* Entscheidungssammlung zum Arzneimittelrecht, 21. Lfg 2007; *Schlund,* Einzelaspekte zum neuen Medizinproduktegesetz im Überblick, ArztR 1995, 235; *Schorn,* Medizinproduktegesetz, 2. Aufl 1998; *Schmidt,* Hinweise zum Betäubungsmittelgesetz, MDR 1980, 969; *Schwarz,* Klinische Prüfungen von Arzneimitteln und Medizinprodukten, 3. Aufl 2005; *Sobata,* Patientenrecht und Forschungsfreiheit. Ein Konflikt, aufgezeigt am Beispiel der klinischen Forschung an nichteinwilligungsfähigen Patienten, in: FS Kriele, 1997, S 367 ff; *Stapel,* Die Arzneimittelgesetze 1961 und 1976, 1988; *Taupitz,* Internationale Regeln zur medizinischen Forschung an Minderjährigen, in: *Fegert/Häßler/Rothärmel,* Atypische Neuroleptika in der Jugendpsychiatrie, 1999, 47 ff; *Vesting,* Möglichkeit und Notwendigkeit einer bundeseinheitlichen Regelung der Herstellung von Arzneimitteln durch Ärzte für eigene Patienten, NJW 2001, 871 ff; *Wagner,* Arzneimittel und Verantwortung, 1993; *S A Wagner,* Europäisches Zulassungssystem für Arzneimittel und Parallelhandel – unter Berücksichtigung des deutschen Arzneimittelrechts, 2000; *Weitnauer,* Die Arzneimittelhaftung, ArztR 1977, 100, 128; *Zvenner/Paintner,* Arzneimittelrechtliche Vorschriften für Tierärzte, 1997.

Siehe auch die Literaturangaben zu § 148, insbesondere zum neueren Schrifttum mit strafrechtlichem Bezug.

I. Gesetzliche Grundlagen

1   Das Gesetz zur Neuordnung des Arzneimittelrechts (AMG) vom 24. August 1976 (BGBl I S 2445) ist seit seinem Inkrafttreten am 1. Januar 1978 bislang vierzehnmal novelliert worden, zuletzt durch das 14. Gesetz zur Änderung des Arzneimittelgesetzes (BGBl 2005 I 2570), erneut geändert durch Gesetz v 14. 6. 07 (BGBl I 1066) sowie Gesetz v 20. 7. 07 (BGBl I 1574). Gem § 1 AMG dient es dem Zweck, im Interesse einer ordnungsgemäßen Arzneimittelversorgung von Mensch und Tier für die Sicherheit im Verkehr mit Arzneimitteln, insbesondere für die Qualität, Wirksamkeit und Unbedenklichkeit der Arzneimittel zu sorgen. Verbraucherschutz und Arzneimittelsicherheit sind also die beiden zentralen Zielsetzungen des Gesetzgebers, die durch das Erfordernis der Zulassung, die Kontrolle des Produktionsprozesses, die Einschränkung der Bewerbung, die Apothekenpflichtigkeit, die Bindung an eine Herstellererlaubnis und eine mehrstufige klinische Prüfung verwirklicht werden. Auf der Grundlage des AMG ist die ärztliche Therapiefreiheit daher eingeschränkt.[1] Nach Ansicht des BVerfG ist das AMG auf die Herstellung von Arzneimitteln durch Ärzte zur unmittelbaren Anwendung am Patienten nicht anwendbar, da für einen präventiven (bundeseinheitlichen) Gesundheitsschutz in diesen Fällen kein sachliches Bedürfnis und keine Gesetzgebungskompetenz nach Art 74 Abs 1 Nr 19 GG bestehe.[2]

Ergänzt wird das AMG durch zahlreiche Verordnungen wie zB die VO über verschreibungspflichtige Arzneimittel (VerschreibungsVO) vom 31. Oktober 1977 (BGBl I S 1933), die Verordnung über radioaktive oder mit ionisierenden Strahlen behandelte Arzneimittel vom 28. Januar 1987 (BGBl I S 502), die Verordnung über apothekenpflichtige und frei verkäufliche Arzneimittel vom 24. November 1988 (BGBl I S 2150; 1989 I S 254), und viele andere Empfehlungen. Richtlinien oder Durchführungsbestimmungen betr die gesamte Regelungsmaterie des AMG. Da das AMG die Probleme der Verseuchung eines Blutprodukts mit dem bis dahin unbekannten HIV-Virus nicht regeln konnte – es ging nicht um Nebenwirkungen eines Arzneimittels – hat sich – anders als im Contergan-Fall[3] – der Gesetzgeber in die Regulierung eingeschaltet. Mit dem HIV-Hilfegesetz v 24. Juli 1995 (BGBl I 972) wurde dem Schutz der durch Blutprodukte Verletzten Rechnung getragen und ihnen – unter Ausschluss von Ansprüchen gegen beteiligte Versicherer – ein Anspruch gegen eine Stiftung zugebilligt, deren Mittel vom Bund, den Ländern, dem Roten Kreuz und den Pharmaherstellern aufgebracht werden. Einzelheiten bei *Deutsch*, Das Gesetz über die humanitäre Hilfe für durch Blutprodukte HIV-Infizierte, NJW 1996, 755; *ders/Spickhoff*, MedizinR RdNr 1174. Vgl auch *Riedel/Karpenstein*, Europarechtliche Grenzen der geplanten Reform des Arzneimittelhaftungsrechts, MedR 1996, 193 ff; *Flatten*, Die Haftung nach dem Arzneimittelgesetz, MedR 1993, 463 f; *Hart*, Arzneimittel- und haftungsrechtliche Aspekte neuer Krebstherapien, MedR 1997, 51 ff; *Deutsch*, Arzneimittelkritik durch Ärztekommissionen, VersR 1997, 389 ff; *Hart*, Arzneimittelsicherheit und Länderüberwachung, MedR 1993, 207 ff.

2   Neben dem Arzneimittelgesetz ist das **Betäubungsmittelrecht** zu beachten.[4] Rechtsgrundlagen sind hier das Gesetz über den Verkehr mit Betäubungsmitteln (Betäubungs-

---

[1] Siehe dazu BVerfG NJW 2000, 857, 858.
[2] BVerfG NJW 2000, 857 f, s dazu *Vesting* NJW 2001, 871 ff.
[3] LG Aachen JZ 1971, 507; *Beyer*, Grenzen der Arzneimittelhaftung: dargestellt am Beispiel des Contergan-Falles, Diss 1988.
[4] Weitere Regelungen sind im Rahmen der Arzneimittelprüfung zu beachten, wie zB das Bundes-Datenschutzgesetz, die Strahlenschutzverordnung, das Bundes-Seuchengesetz sowie die Richtlinien des Bundesministeriums für Forschung und Technologie zum Schutz vor Gefahren durch in-vitro neukombinierte Nukleinsäuren, idF v 28. 5. 1986. Vgl *Helmchen/Eberbach* „Arzneimittelprüfung" in: *Eser/v Lutterotti/Sporken*, Lexikon Medizin – Ethik – Recht, Sp 107; s auch unten bei § 148.

mittelgesetz – BtMG) idF der Bek v 1. 3. 1994 (BGBl I 358, zuletzt geändert durch das Gesetz v 14. 2. 07 (BGBl I 154),[5] die Verordnung über das Verschreiben, die Abgabe und den Nachweis des Verbleibs von Betäubungsmitteln (Betäubungsmittel-Verschreibungs-Verordnung – BtMVV) idF der Bek v 20. 1. 1998 (BGBl I 74), geändert durch VO v 23. 6. 98 (BGBl I 1510) u v 19. 12. 1998 (BGBl I 3853) und internationale Übereinkommen und Vorschriften.[6]

Der Arzt hat im Rahmen der **kassenärztlichen Verordnung** die besonderen **Richtlinien über die Verordnung von Arzneimitteln** in der vertragsärztlichen Versorgung (Arzneimittelrichtlinien) des Bundesausschusses der Ärzte und Krankenkassen gemäß § 92 SGB V in der Fassung v 31. 8. 1993 (BAnz Nr 246 S 11155, zuletzt geändert am 15. 11. 07, BAZ Nr 51, S 1200) zu beachten.[7] Die Arzneimittel-Richtlinien sollen sicherstellen, dass im Rahmen der vertragsärztlichen Versorgung nicht jedes Arzneimittel auf Kosten der Krankenkasse verordnet wird, sondern nur solche Arzneimittel, die neben ihrer Zulassung durch das Bundesinstitut für Arzneimittel und Medizinprodukte (BfArM) als therapeutisch wirksam und wirtschaftlich anerkannt sind.[8]   3

Weiterhin gelten die „Revidierten Grundregeln der Weltgesundheitsorganisation für die Herstellung von Arzneimitteln und die Sicherung ihrer Qualität.[9] Für die biomedizinische Forschung, auf Grund deren die Arzneimittel geprüft werden, gilt die Deklaration von Helsinki aus dem Jahre 2000.[10]   4

Darüber hinaus enthält **§ 34 MBO-Ä 97 eingehende Regelungen über die Verordnungen, Empfehlungen und Begutachtung von Arznei-, Heil- und Hilfsmitteln.** So ist es dem Arzt nicht gestattet, für die Verordnung von Arznei-, Heil- und Hilfsmitteln von dem Hersteller oder Händler eine Vergütung oder sonstige wirtschaftliche Vergünstigungen zu fordern, sich oder Dritten versprechen zu lassen oder anzunehmen (§ 34 Abs 1 MBO-Ä). Der Arzt darf **Ärztemuster** nicht gegen Entgelt weitergeben (§ 34 Abs 2 MBO-Ä). Nach § 34 Abs 3 MBO-Ä ist es dem Arzt nicht gestattet, über Arznei-, Heil- und Hilfsmittel, Körperpflegemittel oder ähnliche Waren, Werbevorträge zu halten oder zur Werbung bestimmte Gutachten zu erstellen. Der Arzt darf einer missbräuchlichen Anwendung seiner Verschreibung keinen Vorschub leisten (§ 34 Abs 4 MBO-Ä). Vgl auch § 33 MBO-Ä zum Verhältnis Ärzteschaft–Industrie.   5

EG-Richtlinien. Um eine Rechtsvereinheitlichung auf dem EG-Binnenmarkt auf dem Gebiet des Arzneimittelwesens zu erreichen, hat der Rat der EG Richtlinien erlassen, die in nationales Recht umzusetzen sind. Es handelt sich im wesentlichen um folgende Richtlinien:[11]   6
1. Richtlinie 2001/83/EG des Europäischen Parlaments und des Rates zur Schaffung eines Gemeinschaftskodex für Humanarzneimittel v 6. 11. 01 (Abl L 311 S 67).[12]
2. Richtlinie 99/44/EG des Europäischen Parlaments und Rats v 6. 7. 1998 über den rechtlichen Schutz biotechnologischer Erfindungen (Abl L 213/13).

---

[5] Vgl hierzu auch *Körner* NJW 1982, 673; *Schneider* DMW 1982, 791; *Rieger* Lexikon RdNr 408, 409 zum Inkrafttreten des neuen BtMG v 28. 7. 81.
[6] Abgedruckt bei *Lundt/Schiwy* Betäubungsmittelrecht, Suchtbekämpfung Nr 4. Vgl auch *Rieger* Lexikon RdNr 409, 410, 411; *Deutsch* MedizinR mit einer umfassenden Darstellung des Arzneimittelrechts, RdNr 669 ff.
[7] Vgl *Narr* ÄrztlBerufsR RdNr 1045; *Rieger* Lexikon RdNr 11.
[8] Vgl *Narr* ÄrztlBerufsR RdNr 1045.
[9] BAnz Nr 11 v 3. 1. 78.
[10] Siehe dazu *Deutsch* NJW 01, 1774; vgl auch *Deutsch/Spickhoff* MedizinR 6. Aufl 2008, RdNr 1176.
[11] Die nachstehenden Richtlinien sind entnommen bei *Deutsch/Spickhoff* MedizinR RdNr 1177. Siehe auch *Lippert*, in *Wenzel*, Hb FA MedizinR, Kap 14 RdNr 4.
[12] Abgedruckt bei *Kloesel/Cyran* AMG-EU 200. Diese Kodifikation stellt eine Zusammenfassung der bisherigen Richtlinien dar, wurde inzwischen aber wiederholt geändert: RL 2002/98/EG, RL 2003/63/EG, RL 2004/24/EG, RL 2004/27/EG.

3. Richtlinie 2001/20/EG des Europäischen Parlaments und des Rates v 4.4.01 zur Angleichung der Rechts- und Verwaltungsvorschriften der Mitgliedstaaten über die Anwendung der guten klinischen Praxis bei der Durchführung von klinischen Prüfungen mit Humanarzneimitteln (Abl L 121/34).
4. Verordnung (EG) 1901/2006 zu Arzneimitteln für Kinder; Zwang zur Testung neuer Arzneimittel an Kindern; Vorwegprüfung durch EMEA.[13]
Zu beachten ist, dass EG-Richtlinien nicht unmittelbar geltendes Recht in der BRD darstellen, sondern in innerdeutsches Recht transformiert werden müssen, da Adressat der Richtlinien die Mitgliedstaaten sind.[14]
5. EG-VO Nr 141/2000 des Europäischen Parlaments und des Rates vom 16.12.1999 über Arzneimittel für seltene Leiden.

7 Von großer Bedeutung ist die durch VO Nr 1662/95 der Kommission v 7.7.95 (ABl EG v 8.7.95, Nr L 158/4) in London geschaffene **Zentralstelle** zur Beurteilung von Arzneimitteln, die bei neuen Arzneimitteln wahlweise eine zentrale Zulassung ermöglicht – anstelle gegenseitiger Anerkennung einzelstaatlicher Zulassungen – und für Produkte aus den Bereichen Biotechnologie und Gentechnik zwingend einzuschalten ist.

8 Durch das **Gesetz über Medizinprodukte (Medizinproduktegesetz – MPG)** vom 2.8.1994 (BGBl I 1963), in der Neufassung v 7.8.02 (BGBl I S 3147), zuletzt geändert durch Art 1 des Gesetzes zur Änderung medizinprodukterechtlicher und anderer Vorschriften v 14.6.07 (BGBl I S 1066) ist – veranlasst durch zahlreiche Richtlinien der EU – die „Brücke zwischen dem Arzneimittelrecht und dem Maschinensicherheitsgesetz bzw der Medizingeräteverordnung geschlagen" worden.[15] Das MPG ist für in erster Linie physikalisch wirkende Medizinprodukte eine Ergänzung des Arzneimittelrechts mit dem Ziel, einen hohen technischen Sicherheitsstandard für Medizinprodukte zu gewährleisten, dadurch zugleich dem Schutz des Patienten, des Anwenders und Dritter sowie des freien Warenverkehrs zu dienen (§ 1 MPG). Von den Regelungen sind neben den Herstellern und dem Krankenhausträger als Betreiber der Medizingeräte insbesondere Chefärzte als Anwender betroffen, die den Umgang mit medizinischen Geräten in ihrer Abteilung weitgehend zu bestimmen haben. Nach § 3 Nr 15 ist Hersteller die natürliche oder juristische Person, die für die Auslegung, Herstellung, Verpackung und Kennzeichnung eines Medizinprodukts im Hinblick auf das erstmalige Inverkehrbringen im eigenen Namen verantwortlich ist.

9 Mit dem MPG sind ua folgende drei besonders wichtige Richtlinien des Rates der EG bzw EU umgesetzt worden:
– die Richtlinie 90/385/EWG des Rates vom 20.6.1990 zur Angleichung der Rechtsvorschriften der Mitgliedstaaten über aktive implantierbare medizinische Geräte (ABl-EG Nr L 189, S. 17);
– die Richtlinie 93/42/EWG des Rates vom 14.6.1993 über Medizinprodukte (ABlEG Nr L 169, S 1);
– sowie die Richtlinie 98/79/EG des Europäischen Parlaments und des Rates v 27.10.98 über In-vitro-Diagnostika (ABl Nr L 331 S 1).

10 Inzwischen sind aus der großen Zahl der Verordnungsermächtigungen des MPG eine Fülle von Verordnungen erlassen worden: die Medizinprodukteverordnung (MPV) v 20.12.01, die VO über das Errichten, Betreiben und die Anwendung von Medizinproduk-

---

[13] DÄBl 2007, A 226; geändert durch VO (EG) 1902/2006.
[14] Vgl BVerwG NJW 1988, 1534.
[15] *Deutsch* NJW 1995, 752. Das Gesetz über Medizinprodukte von 1994 ist abgedr in NJW 1995, 752; ferner *Schlund*, Einzelaspekte zum neuen Medizinproduktegesetz im Überblick, ArztR 1995, 235. Vgl auch *Deutsch/Spickhoff* MedizinR RdNr 1610 ff; *Deutsch*, Das Medizinproduktegesetz NJW 95, 752 ff; *Ratzel/Lippert*, Medizinproduktegesetz, 2000; *Nöthlichs/Weber* Sicherheitsvorschriften für Medzinprodukte, Loseblattkommentar, Stand 4/2002; *Hill/Schmitt*, Wiesbadener Kommentar zum Medizinproduktegesetz, Stand 6. Lfg/2008; *Schorn*, Medizinproduktegesetz, 2. Aufl 1998; *Jescheck*, Umsetzung der EG-Richtlinie über Medizinprodukte in das nationale Recht, PharmaRecht 1999, 102 ff.

22. Kapitel. Besondere ärztliche Eingriffe und Sonderprobleme   **11   § 135**

ten (Medizinprodukte-Betreiberverordnung – MPBetreibV) v 29. 6. 98 (BGBl I 1998, 1762, neu gefasst durch Bekanntmachung v 21. 8. 02 (BGBl I 02, 3396)), die Verordnung über die Verschreibungspflicht von Medizinprodukten (MPVerschrV) v 17. 12. 97 in der Neufassung v 21. 8. 02 (BGBl I S. 3394), und die Verordnung über Vertriebswege für Medizinprodukte (MPVertrV) v 17. 12. 97 (BGBl 1997 I, S 3138, 3146, 3148), zuletzt geändert durch Art 382 der 9. ZuständigkeitsanpassungsVO v 31. 10. 06 (BGBl I S. 2407). Der Betreiber hat vielfältige Pflichten: sicherheitstechnische Kontrollen auszuüben, Bestandsverzeichnisse zu führen und die Patienten bei aktiven implantierbaren Medizinprodukten zu informieren (§ 10 MP-BetreibVO).

Am 30. 6. 07 ist das Gesetz zur Änderung medizinprodukterechtlicher und anderer Vorschriften in Kraft getreten,[16] das den praktischen Vollzug des MPG erleichtern und den Patientenschutz verbessern soll. Auch Produkte, die nicht Medizinprodukte sind, aber als solche eingesetzt werden, müssen künftig Kontrollen durchlaufen (zB das Fahrradergometer, das als Belastungs EKG dient). Medizinprodukte, die keine In-vitro-Diagnostika sind, unterliegen nach § 3 Nr 22 MPG den Regeln der Eigenherstellung, wenn sie in industriellem Maßstab hergestellt werden.

Das MPG – sowohl durch die Gesetzessystematik als auch durch seine Terminologie   **11** leider wenig transparent und nur schwer verständlich – gilt nicht für Arzneimittel[17] (§ 2 Abs 4 MPG nF), wohl aber für Medizinprodukte, „die dazu bestimmt sind, Arzneimittel zu verabreichen (§ 2 Abs 2 MPG). Die Medizinprodukte sind gegenüber den Arzneimitteln negativ abgegrenzt: ihre Wirkungsweise darf weder pharmakologisch noch immunologisch noch metabolisch sein.[18] Demgegenüber wird die bestimmungsgemäße Hauptwirkung bei Medizinprodukten vorrangig auf physikalischem Weg erreicht. Zu den Medizinprodukten zählen alle von § 3 Abs 1 MPG erfaßten medizinisch-technischen Geräte, zB Endoskope, Bohrgeräte, Fräsen, Verbandmittel, Nahtmaterial, Einmalspritzen, sämtliche Röntgengeräte zur Untersuchung bzw Behandlung von Menschen, Blutdruckmess- und Wiederbelebungsgeräte, Laborgerätschaften, die in klinischen Labors zur Erhebung von Befunden bei der Untersuchung oder Behandlung von Menschen Verwendung finden oder die zur Aufbereitung oder Aufbewahrung von Untersuchungsmaterial, Blutkonserven, Impfstoffen und dergleichen dienen. Ferner fallen unter das MPG Produkte, die nicht der – aufgehobenen[19] – Medizingeräteverordnung unterworfen sind, wie Desinfektionsgeräte, Folienschweißgeräte, Sterilisationsgeräte, Röntgenbildbetrachter, Ultraschallreiniger etc.[20] Zu den Produkten iS von § 3 Nr 2 MPG zählen auch beschichtete Katheter, Medikamentenpumpen zur regelmäßigen Zuführung von Insulin mit Hydrocortison oder zB beschichtete Elektroden für Herzschrittmacher. Aktive Medizinprodukte nach § 3 Nr 3 MPG sind Implantate, wie zB Herzschrittmacher, Defibrillatoren, künstliche Herzen, Biostimulatoren, Arzneimittelpumpen, Sensoren für derartige Pumpen, Steuer-, Meß- und Überwachungsgeräte.[21] Erfasst sind auch In-vitro-Diagnostika (§ 3 Nr 4 MPG).[22] Soweit früher Medizinprodukte in verschiedenen Gesetzen wie zB Arzneimittelgesetz, Gerätesicherheitsgesetz, Medizingeräteverordnung, Chemikaliengesetz, Lebensmittel- und Be-

---

[16] BGBl I S. 2066.
[17] Siehe dazu unter RdNr 15 ff.
[18] Siehe dazu v *Cettritz* Abgrenzung Arzneimittel – Medizinprodukt, Pharma Recht 1997, 212; *Dettling,* Zur Abgrenzung von Arzneimitteln und Medizinprodukten, PharmaR 06, 578; *Deutsch/ Spickhoff,* Medizinrecht, RdNr 1618.
[19] 2. MPG-ÄndG, Art 6.
[20] Einzelheiten bei *Schlund* ArztR 1995, 235, 237.
[21] Einzelheiten bei *Nöthlichs/Weber,* Kommentar zum Medizinproduktegesetz und zur Medizingeräteverordnung 1995, Ziff 9037; *Schlund* ArztR 1995, 235, 237; *Deutsch* NJW 1995, 752 ff; *ders/ Spickhoff,* MedizinR RdNr 1618 ff; *Schorn,* Das MPG, Anwendung im ärztlichen Bereich, DÄBl 1995, S A-2890.
[22] *Meyer-Lüerßen/Will,* Das MPG und seine Auswirkungen, 1995, S 8 f; s auch § 3 Nr 22 MPG.

darfsgegenständegesetz oder in der Strahlenschutz- bzw Röntgenverordnung geregelt waren, bestimmt § 2 Abs 3 MPG, dass diese Vorschriften unberührt bleiben.

12 Das Geräte- und Produktsicherheitsgesetz von 2004[23] (GPSG), das dem Schutz des Verbrauchers gegen Täuschung und Verletzung dient, erfasst auch Medizinprodukte. Das MPG ist lex specialis, das GPSG seinerseits Schutzgesetz iS des § 823 Abs 2 BGB, so dass hierauf gestützt Schadenersatz- und Schmerzensgeldansprüche geltend gemacht werden können.

13 Das MPG gilt ausdrücklich auch für das Herstellen, Inverkehrbringen, Inbetriebnehmen, Ausstellen, Errichten, Betreiben und Anwenden von Medizinprodukten und deren Zubehör (§ 2 Abs 1 MPG aF). Die Zubehördefinition findet sich in § 3 Nr 9 MPG. Es kann im Einzelfall sein, dass ein Arzt und ein Geräteteil zusammenwirken. In diesen Fällen ist für die rechtliche Beurteilung maßgeblich, ob die Funktion hauptsächlich durch den Arzneistoff oder den Geräteteil bestimmt wird.[24] Das MPG gilt für das Inverkehrbringen, Aufstellen, Betreiben und Verwenden in der BRD, gleichgültig wo das Produkt hergestellt wurde. Weitere Ausführungen zu den Grundfragen, zum Anwendungsbereich und zu Einzelregelungen des MPG finden sich in § 136 RdNr 12 ff.

14 Als weitere Spezialgesetze in diesem Bereich sind das **Transfusionsgesetz** vom 2. 7. 98 (BGBl I S 1752) und das **Transplantationsgesetz** v 5. 11. 97 (BGBl I S 2631) zu nennen. Während ersteres keine gravierenden Änderungen und Ergänzungen des AMG zur Folge hatte (Blutzubereitungen sind Arzneimittel nach § 4 Abs 2 AMG), waren die Eingriffe des Transplantationsgesetzes teilweise substanzieller Natur.[25]

II. Der Begriff des Arzneimittels

15 Eine funktionale Definition der Arzneimittel gibt § 2 Abs 1 AMG, die zentrale Vorschrift dieses Gesetzes, mit der sein sachlicher Geltungsbereich bestimmt wird. Danach sind Arzneimittel „Stoffe und Zubereitungen aus Stoffen, die dazu bestimmt sind, durch Anwendung am oder im menschlichen oder tierischen Körper
1. Krankheiten, Leiden, Körperschäden oder krankhafte Beschwerden zu heilen, zu lindern, zu verhüten oder zu erkennen,
2. die Beschaffenheit, den Zustand oder die Funktionen des Körpers oder seelische Zustände erkennen zu lassen,
3. vom menschlichen oder tierischen Körper erzeugte Wirkstoffe oder Körperflüssigkeiten zu ersetzen,
4. Krankheitserreger, Parasiten oder körperfremde Stoffe abzuwehren, zu beseitigen oder unschädlich zu machen oder
5. die Beschaffenheit, den Zustand oder die Funktionen des Körpers oder seelische Zustände zu beeinflussen."[26]

Die gesetzliche Arzneimitteldefinition ist erschöpfend und „umfasst begrifflich sowohl Erkennungs- als auch Heil- und Vorbeugemittel."[27] Bei den **Fertigarzneimitteln** wird

---

[23] BGBl I 2004, 2 ff; *Brock/Hannes,* Bedeutung des neuen Geräte- und Produktsicherheitsgesetz für Arzneimittel und Medizinprodukte, PharmaR 2004, 218.

[24] Vgl *Deutsch/Spickhoff* MedizinR RdNr 1612. Vgl auch *Meyer-Lüerßen/Will,* Das MPG und seine Auswirkungen, 1995.

[25] Siehe dazu *Bender,* Organtransplantation und AMG, VersR 1999, 419; *Deutsch,* Sicherheit bei Blut und Blutprodukten: Das Transfusionsgesetz von 1998, NJW 1998, 3377; *Hasskarl,* Arzneimittelrechtliche, medizinprodukterechtliche und transplantationsrechtliche Fragen im Zusammenhang mit der Herstellung von Hauttransplantaten, Pharma Recht 1998, 412; *Wolfslast/Rosenau,* Zur Anwendbarkeit des Arzneimittelgesetzes auf die Entnahme von Organ- und Gewebetransplantaten, NJW 1993, 2348 ff.

[26] *Sander/Köbner,* AMG § 2 Anm 2 ff; *Papier,* Der bestimmungsgemäße Gebrauch der Arzneimittel, 1980, 11 f; *Vogeler,* Die speziellen Haftungsvoraussetzungen des § 84 S 2 AMG – bestimmungsgemäßer Gebrauch, MedR 84, 18. Siehe auch BGH NStZ 08, 530 zum Arzneimittelbegriff.

[27] *Deutsch/Spickhoff,* Medizinrecht, RdNr 1190.

22. Kapitel. Besondere ärztliche Eingriffe und Sonderprobleme   16–19   § 135

zwischen Arzneispezialitäten (mit besonderer Bezeichnung) und **Generika** (nur mit Wirkstoffbezeichnung in Verkehr gebracht) unterschieden.

Das Gesetz zählt in § 2 Abs 2 AMG weitere Gegenstände und Substanzen zu den Arzneimitteln, die eigentlich keine Arzneimittel sind, aber als solche gelten sollen **(fiktive Arzneimittel)**. Allerdings ist hier die Abgrenzung zum MPG (§ 3) zu beachten. Gegenstände mit Arzneimittelzusatz, die bestimmungsgemäß dauernd oder vorübergehend in den menschlichen oder tierischen Körper eingebracht werden, zB Pflaster, die mit einem Arzneimittel beschichtet sind, Hormone und Kupfer tragende Intrauterinpessare, werden als Arzneimittel iS des § 2 Abs 2 Nr 1 AMG behandelt. Gegenstände, bei denen die pharmakologische oder immunologische Wirkung eines Mittels lediglich unterstützende Funktion hat, sind dagegen nach § 3 MPG (s Nr 2 und 8) Medizinprodukte. Verbandsstoffe, desinfizierende Stoffe, chirurgisches Nahtmaterial und Untersuchungshandschuhe sind nach Wegfall des § 2 Abs 2 Nr 3 AMG nicht mehr Arzneimittel, sondern von § 3 MPG erfaßt. Die in § 2 Abs 2 Nr 4 AMG angesprochenen Stoffe wie Testsera, Antigene und Antisera oder sonstige Reagenzien gehören zu den Arzneimitteln, nicht jedoch idR Kontaktlinsenpflegemittel, wohl aber Benetzungslösungen für Kontaktlinsen. Diese selbst unterfallen ebenso wie Herzschrittmacher, Herzklappen, orthopädische Implantate, Prothesen, künstliche Gefäße, ärztliche Instrumente zur einmaligen Verwendung dem MPG.[28] Auf eine kurze Formel gebracht: Arzneimittel sind „die eigentlichen Medikamente und die in ihrem Umfeld angesiedelten Stoffe", dagegen wird „alles andere, was Instrument, Apparat, Vorrichtung oder Zubehör ist, als Medizinprodukt[29] angesehen (§§ 2 AMG, 3 MPG; s § 2 Abs 3 Nr 7 AMG).

Keine Arzneimittel iS des AMG sind nach § 2 Abs 3 AMG Lebensmittel iS von § 1 LMBG, Tabakerzeugnisse oder kosmetische Mittel iS der §§ 3 und 4 LMBG. Im Zweifel ist die allgemeine Verkehrsauffassung, die überwiegende Zweckbestimmung und der aus den objektiven Umständen ableitbare Gesamteindruck für die Beurteilung entscheidend, ob es sich um ein Arzneimittel handelt.[30] Schwierig ist bisweilen auch die Abgrenzung des Begriffs „Arzneimittel" von dem des Heilmittels. Unter „Heilmittel" sind Dienstleistungen zu verstehen, insbesondere die in § 124 SGB V genannten Leistungen der physikalischen Therapie (Krankengymnastik, Bewegungstherapie), sowie die Sprach- und Beschäftigungstherapie.[31] Nach § 32 Abs 1 SGB V besteht für gesetzlich Versicherte Anspruch auf die Versorgung mit Heilmitteln, soweit nicht § 34 SGB V entgegensteht. „Hilfsmittel" sind dagegen Seh- und Hörhilfen, Körperersatzstücke, orthopädische und andere Hilfsmittel, um im Einzelfall eine Behinderung auszugleichen. Gem § 33 SGB V haben die gesetzlich Versicherten hierauf Anspruch, soweit die Hilfsmittel nicht als allgemeine Gebrauchsgegenstände des täglichen Lebens zu qualifizieren oder nach § 34 Abs 4 SGB V ausgeschlossen sind.[32]

§ 4 AMG enthält eine Vielzahl für das Gesetz wesentlicher Begriffsbestimmungen. Fertigarzneimittel sind Arzneimittel, die im Voraus – ohne Anforderung im Einzelfall – hergestellt und in einer zur Abgabe an den Verbraucher bestimmten Packung in den Verkehr gebracht werden (§ 4 Abs 1 AMG).

Gem § 4 Abs 2 AMG sind „**Blutzubereitungen** Arzneimittel, die aus Blut gewonnene Blut-, Plasma- oder Serumkonserven, Blutbestandteile oder Zubereitungen aus Blutbestandteilen sind oder als arzneilich wirksame Bestandteile enthalten". Blut dagegen ist ein vom menschlichen Körper produzierter Stoff, „der nicht in den Kernbereich des Arznei-

---

[28] *Rehmann*, AMG § 2 RdNr 20 ff.
[29] *Deutsch/Spickhoff*, Medizinrecht, RdNr 1195.
[30] Vgl *Rieger/Hart* aaO RdNr 5; Lexikon RdNr 111; *Kloesel/Cyran* § 2 AMG Anm 33–38; *Narr* ÄrztlBerufsR RdNr 1181; *Rabe* NJW 1990, 1390; *Deutsch/Spickhoff* MedizinR RdNr 1212; *Rehmann* aaO § 2 RdNr 26 f.
[31] Siehe dazu *Jörg*, Das neue Kassenarztrecht 1993, RdNr 128.
[32] Im Einzelnen s dazu *Jörg*, aaO, RdNr 128.

mittelbegriffs fällt."³³ Ergänzend hat der Rat der Europäischen Gemeinschaften³⁴ für Arzneimittel aus menschlichem Blut oder Blutplasma eine Richtlinie erlassen, die die Rechts- und Verwaltungsvorschriften der Mitgliedstaaten harmonisieren soll. Zwischen Eigen- und Fremdblut wird nicht differenziert, vielmehr sind beide Arten der Zubereitung Arzneimittel, so dass zu ihrer Herstellung eine Erlaubnis nach § 13 AMG erforderlich ist. Die Eigenblutentnahme mit dem Ziel der Retransfusion innerhalb einer Abteilung eines Krankenhauses bedeutet jedoch keine Herstellung im Sinne der §§ 4 Abs 14, 13 Abs 1 AMG und ist daher **erlaubnisfrei.** Anders ist dagegen die Rechtslage (Notwendigkeit der Erlaubnis nach § 13 Abs 1 Satz 1 AMG), wenn keine Personenidentität zwischen demjenigen besteht, der das Blut abnimmt, und demjenigen, der die Eigenblutspende dann verwendet³⁵ Für die Herstellung von Blut- und Blutprodukten gelten die Vorschriften des AMG, für Blutzubereitungen bezüglich der Herstellungserlaubnis und des Vertriebsweges (Abgabe an Ärzte und Krankenhäuser ohne Einschaltung der Apotheken) besondere Bestimmungen (§§ 13 Abs 2 Satz 2, 15 Abs 3 bzw § 47 Abs 1 Nr 2 a AMG).³⁶

20 **Sera** fallen nur dann unter den Begriff der Arzneimittel des § 2 Abs 1 Nr 4 AMG, wenn sie dazu bestimmt sind, wegen der in ihnen enthaltenen spezifischen Antikörper angewendet zu werden.³⁷ Sera gelten nicht als Blutzubereitungen (§ 4 Abs 3 S 2 AMG). Impfstoffe sind nach § 4 Abs 4 AMG Arzneimittel. Menschliche Organe sind keine Arzneimittel, wie jetzt § 2 Abs 3 Nr 8 AMG ausdrücklich klarstellt bezüglich der Organe iS des § 1a Nr 1 TPG. Gewebezubereitungen sind nach § 4 Nr 30 AMG Arzneimittel, nicht dagegen Gewebe, für deren Gewinnung, Verarbeitung, Konservierung und Inverkehrbringen aber eine Erlaubnis (§§ 20 b ff AMG) erforderlich ist, doch gelten die Vorschriften über die klinische Prüfung und Arzneimittelhaftung nicht. Nach § 80 Satz 1 Nr 3 AMG greift das AMG nicht ein, wenn ein- und derselbe Arzt für die Explantation, Implantation und alle sonstigen Maßnahmen verantwortlich ist.³⁸

III. Anforderungen an die Arzneimittel

21 Im 2. Abschnitt (§§ 5–12 AMG) enthält das AMG Anforderungen an Arzneimittel, die in den Verkehr gebracht werden. Gem § 5 Abs 1 AMG ist es uneingeschränkt jedermann verboten, **bedenkliche Arzneimittel** in den Verkehr zu bringen. Der in § 4 Abs 17 AMG definierte Begriff des Inverkehrbringens ist sehr weit gefasst (er umfasst das Vorrätighalten zum Verkauf, das Feilhalten, Feilbieten und die Abgabe an andere) und untersagt nicht nur die entgeltliche Veräußerung, sondern auch die unentgeltliche Abgabe von Ärztemustern.³⁹ Die klinische Prüfung bedeutet kein Inverkehrbringen,⁴⁰ ebensowenig die Bestellung von Arzneimitteln zu Verkaufszwecken.⁴¹ Kein Inverkehrbringen ist auch die ärztliche Anwendung eines Arzneimittels durch Injektion oder Infusion.

22 Bedenklich sind Arzneimittel, bei denen nach dem jeweiligen Stand der wissenschaftlichen Erkenntnisse der begründete Verdacht besteht, dass sie bei bestimmungsgemäßem Gebrauch schädliche Wirkung haben, die über ein nach den Erkenntnissen der medizinischen Wissenschaft vertretbares Maß hinausgehen (§ 5 Abs 2 AMG). Dabei bedeutet

---

³³ *Deutsch/Spickhoff,* Medizinrecht, RdNr 1187.
³⁴ V 14. 7. 89 RiL 89/381/EWG; wichtig für die BRD ist die Richtlinie für die Überwachung des Verkehrs mit Blutzubereitungen, abgedruckt bei *Kloesel/Cyran* Anhang A.2.9.
³⁵ *Deutsch/Spickhoff,* Medizinrecht RdNr 1187; BayObLG NJW 1998, 3430 ff: Ein Verstoß hiergegen erfüllt den Tatbestand des § 96 Nr 4 AMG.
³⁶ *Deutsch/Lippert,* AMG, § 4 RdNr 5.
³⁷ Vgl *Kullmann,* Arzneimittelhaftung bei Blutpräparaten, PharmaR 1993, 162; *Lippert,* Die Eigenblutspende, VersR 1992, 791.
³⁸ Zum Ganzen ausführlich *Bender* VersR 1999, 419 ff.
³⁹ *Deutsch/Lippert* § 5 RdNr 1; *Horn,* Das „Inverkehrbringen" als Zentralbegriff des Nebenstrafrechts, NJW 1977, 2329; s auch RdNr 32, 36 unten im Text.
⁴⁰ LG München PharmaR 1984, 157.
⁴¹ BGH MedR 1999, 270.

"schädliche Wirkung" jede unmittelbare oder mittelbare Beeinträchtigung der Gesundheit eines Patienten. Maßgebend für die Beurteilung eines Arzneimittels ist der jeweilige Stand der Wissenschaft. Die Bundesärztekammer hat zusammen mit der Arzneimittelkommission der deutschen Ärzteschaft einen **Arzneimittelinformations- und -warndienst** geschaffen. Nach § 6 MBO-Ä hat der Arzt ihm aus seiner Verordnungstätigkeit bekannt werdende Arzneimittelnebenwirkungen der Arzneimittelkommission mitzuteilen. Um ein Arzneimittel als bedenklich iS von „gefährlich" einzustufen, genügt nicht eine bloße Vermutung, der „vage", „aus der Luft gegriffene" Verdacht der Schädlichkeit. Vielmehr muss der Verdacht durch wissenschaftliche Erkenntnisse oder Erfahrungen begründet[42] und außerdem im Rahmen der Abwägung zwischen Diagnose bzw Indikation einerseits und schädlichen Nebenwirkungen andererseits das noch hinnehmbare Maß überschritten sein. Nicht jeder schädliche Effekt macht das Arzneimittel „bedenklich", vielmehr sind Häufigkeit und Schwere der schädlichen Wirkungen in Relation zum therapeutischen Zweck und Nutzen zu setzen, so dass gewichtige Indikationen erheblichere Nebenwirkungen hinnehmen lassen, geringe therapeutische Effekte dagegen solche Nebeneffekte nicht zu rechtfertigen vermögen.[43] Der Verstoß gegen die absolute Verbotsnorm des § 5 AMG führt zur zivilrechtlichen Haftung auf Schadensersatz und Schmerzensgeld sowie zur Strafbarkeit gemäß § 95 Abs 1 Nr 1, Abs 4 AMG. Der Straftatbestand des Inverkehrbringens bedenklicher Arzneimittel genügt nach Ansicht des Bundesverfassungsgerichts und des Bundesgerichtshofs dem Bestimmtheitserfordernis des Art 103 Abs 2 GG.[44] Dies gilt sowohl für das Tatbestandsmerkmal „bedenkliche Arzneimittel" in § 5 Abs 1 AMG als auch für das Merkmal der Vertretbarkeit (im Zusammenhang mit den schädlichen Wirkungen des Arzneimittels) in § 5 Abs 2 AMG. Denn das Merkmal „bedenklich" bedeute eine „aus Tatsachen ableitbare Gefahr" und das Merkmal „vertretbar" werde „übereinstimmend, gleichbleibend und zutreffend dahin ausgelegt, dass darunter solche schädlichen Wirkungen fallen, denen ein überwiegender therapeutischer Nutzen gegenübersteht".[45] Bei sehr seltenen Nebenwirkungen sollten die Voraussetzungen des § 5 Abs 1 und 2 AMG jedoch verneint werden.[46]

Der neueingefügte § 6a Abs 1 AMG verbietet, „Arzneimittel zu Dopingzwecken im Sport in den Verkehr zu bringen, zu verschreiben oder bei anderen anzuwenden" (§ 6a Abs 1 AMG). Die Verbotsnorm richtet sich an jeden, also an den Hersteller, den Arzt, Trainer oder Funktionär. Nicht erfaßt ist dagegen der Sportler selbst, der ein Dopingmittel bei sich zur Leistungssteigerung einsetzt und dazu einen anderen angestiftet oder einem anderen Beihilfe geleistet hat, doch verbietet der 2007 neu gefasste § 6a Abs 2a AMG den Besitz von Arzneimitteln „in nicht geringer Menge" zu Dopingzwecken und stellt ihn in § 95 Abs 1 Nr 2b AMG unter Strafe. Damit ist auch der Sportler strafrechtlich erfasst. Nach § 6a Abs 2 AMG sind die Dopingmittel durch das Gesetz vom 2. 3. 1994 zu dem Übereinkommen vom 16. 11. 1989 gegen Doping (BGBl 1994 II, S 334) genau festgelegt und können durch Rechtsverordnung auf „weitere Stoffe oder Zubereitungen aus Stoffen" ausgedehnt werden, „soweit dies geboten ist, um eine unmittelbare oder mittelbare Gefährdung der Gesundheit des Menschen durch Doping im Sport zu verhüten".

Da § 6a AMG ein Schutzgesetz im Sinne des § 823 Abs 2 BGB darstellt, hat der Verletzte Anspruch auf Schadensersatz und Schmerzensgeld, muss sich allerdings ein Mitver-

---

[42] Vgl LG Frankfurt NJW 1977, 1108; *Günther* NJW 1977, 309; *Kloesel/Cyran* § 5 AMG Anm 7; *Deutsch* MedizinR RdNr 724 f; *Deutsch/Lippert* § 5 RdNr 3; *Rehmann* § 5 RdNr 2; *Fuhrmann*, Sicherheitsentscheidungen im Arzneimittelrecht, 2005, 109: Der Bedenklichkeitsbegriff des § 5 Abs 2 AMG; *Ratajeczak*, Der „begründete Verdacht" in § 5 AMG und § 4 MPG, in: Arzneimittel und Medizinprodukte, 1997, 75.

[43] *Deutsch/Spickhoff*, Medizinrecht, RdNr 1226; s auch *Ratzel/Lippert*, Kommentar zur Musterberufsordnung der Deutschen Ärzte (MBO), 4. Aufl 2006, § 6 RdNr 1 ff.

[44] BVerfG MedR 2000, 481 f; BGH MedR 2000, 482 ff; BGHSt 43, 336, 342 f; BGHStV 1998, 663.

[45] BGH MedR 2000, 482.

[46] *Deutsch/Lippert* § 5 RdNr 5; aA *Kloesel/Cyran* § 5 Anm 11.

24 Nach § 7 Abs 1 AMG ist es verboten, **radioaktive Arzneimittel** oder Arzneimittel, bei deren Herstellung ionisierende Strahlen verwendet worden sind, in den Verkehr zu bringen, es sei denn, dass dies europaweit oder durch Rechtsverordnung nach § 7 Abs 2 AMG zugelassen ist. Die entsprechende Rechtsverordnung ist in Ausfüllung des Erlaubnisvorbehalts am 28. 1. 1987 (BGBl I, 502) ergangen. Zusätzlich greift die StrahlenschutzVO ein. Der Verstoß gegen § 7 AMG ist gemäß § 95 Abs 1 Nr 3, Abs 4 AMG strafbar.

§ 8 AMG enthält Verbote in erster Linie zum **Schutz vor Täuschung** des unkundigen Patienten durch nicht unerhebliche Qualitätsminderungen oder irreführende Angaben zu den Arzneimitteln, schützt insoweit aber auch den lauteren Wettbewerb. Der Patient soll nicht nur vor Gesundheitsschäden bewahrt werden, sondern auch vor Übervorteilungen, vor allem aber vor falschen Erwartungen, zB bezüglich der therapeutischen Wirksamkeit, der Sicherheit des Erfolgseintritts oder der Qualität des Arzneimittels. Die entsprechenden Nachweise sind durch wissenschaftlich gesicherte Erkenntnisse und/oder belegbare praktische Erfahrungen zu führen.[48] Verstöße gegen § 8 Abs 1 Nr 1 und Nr 2 AMG sind strafbewehrt (§ 96 Nr 2 und 3 AMG). Nach § 8 Abs 2 AMG ist es auch verboten, Arzneimittel in den Verkehr zu bringen, deren Verfalldatum abgelaufen ist. Arzneimittel, die in Deutschland in den Verkehr gebracht werden, müssen den Namen oder die Firma und die Anschrift des pharmazeutischen Unternehmens tragen (§ 9 Abs 1 AMG). Sie dürfen im Geltungsbereich des Gesetzes nur durch einen pharmazeutischen Unternehmer in den Verkehr gebracht werden, der seinen Sitz im Geltungsbereich des Gesetzes oder in einem anderen Mitgliedstaat der Europäischen Gemeinschaften hat (§ 9 Abs 2 AMG). Die Verpflichtung für das pharmazeutische Unternehmen, einen Sitz im Geltungsbereich des AMG nachzuweisen, besteht somit nur noch für Einfuhren aus Staaten, die nicht der EG angehören. Bei den beiden Rechtsvorschriften handelt es sich um Schutzbestimmungen zugunsten der Patienten und der Mitbewerber.

25 **Fertigarzneimittel** (§ 2 Abs 1, Abs 2 Nr 1 AMG) müssen nach § 10 AMG hinreichend gekennzeichnet sein und in deutscher Sprache bestimmte Angaben enthalten wie zB Namen der Firma, Inhalt und Gewicht sowie Art der Verwendung, Verschreibungspflicht bzw Apothekenpflichtigkeit und das Verfalldatum.[49] Außerdem ist gemäß § 11 AMG eine Packungsbeilage mit umfangreichen Informationen für den Patienten erforderlich, der über Wirksamkeit und Risiken des Arzneimittels aufgeklärt werden soll. Die Vorschrift hat in Verbindung mit §§ 21ff, 84 AMG unter haftungsrechtlichen Aspekten erhebliche praktische Bedeutung. Der pharmazeutische Unternehmer ist zudem verpflichtet, Ärzten, Zahnärzten, Tierärzten, Apothekern und, soweit es sich nicht um verschreibungspflichtige Arzneimittel handelt, anderen Personen, die die Heilkunde oder Zahnheilkunde berufsmäßig ausüben, für Fertigarzneimittel, die der Zulassungspflicht unterliegen, auf Anforderung eine Gebrauchsinformation für Fachkreise (Fachinformation) zur Verfügung zu stellen (§ 11a Abs 1 AMG), die zB die wichtigen Inkompatibilitäten, Dosierung, Dauer der Anwendung, Notfallmaßnahmen, Symptome und Gegenmittel angeben muss.[50] Die Kennzeichnungspflicht und Notwendigkeit einer Packungsbeilage gilt für das Inverkehrbringen des Arzneimittels, die Fachinformation richtet sich an den Arzt, damit er den Patienten durch mehr Wissen besser aufklären kann; sie wird vom BfArM kontrolliert.

---

[47] Siehe auch *Ulsenheimer*, Arztstrafrecht in der Praxis, 4. Aufl 2008, RdNr 234b ff.
[48] VG Berlin PharmaR 82, 70.
[49] Einzelheiten bei *Kloesel/Cyran* zu § 10 AMG.
[50] *Deutsch/Spickhoff*, Medizinrecht, RdNr 1381.

IV. Die Zulassung von Arzneimitteln[51]

Zur Vermeidung von Risiken für die Patienten unterliegen alle echten (§ 2 Abs 1 AMG) und fiktiven Arzneimittel iS von § 2 Abs 2 Nr 1 AMG der **Zulassungspflicht** nach den §§ 21 ff AMG. Das frühere, auf die formelle Prüfung abgestellte Registrierverfahren wurde 1976 umgestellt auf ein materielles Genehmigungsverfahren.[52] Die Zulassung ist vom pharmazeutischen Unternehmer zu beantragen (§ 21 Abs 3 S 1 AMG). Den Zulassungsbescheid erteilt nach § 77 Abs 1 AMG das BfArM (Bundesinstitut für Arzneimittel und Medizinprodukte) als zuständige Bundesoberbehörde für Humanarzneimittel. Für die Zulassung von Sera, Impfstoffen, Testallergenen, Testsera und Testantigenen sowie Blutzubereitungen ist dagegen gem § 77 Abs 2 AMG das Bundesamt für Sera und Impfstoffe (Paul-Ehrlich-Institut) zuständig. Die gegenwärtige Rechtslage ist somit durch ein absolutes Verbot gekennzeichnet, bedenkliche Arzneimittel (§§ 5 ff AMG) in Verkehr zu bringen, bei homöopathischen Mitteln dagegen ist es bei der Registrierung mit der Möglichkeit der Versagung geblieben (§§ 38 f AMG). Alle übrigen Medikamente bedürfen der Zulassung, auf die allerdings ein Rechtsanspruch besteht, sofern keiner der enumerativ in § 25 Abs 2 aufgeführten Versagungsgründe vorliegt. Diesbezüglich nennt das Gesetz ua außer den formalen Mängeln der Antragsunterlagen die nicht ausreichende Prüfung des Medikaments nach dem gesicherten Stand der wissenschaftlichen Erkenntnis, die mangelnde Qualität, das Fehlen der vom Antragsteller angegebenen therapeutischen Wirksamkeit, die vom Antragsteller zu beweisen ist,[53] der begründete Verdacht schädlicher Wirkungen des Präparats und die fehlende Begründung für die Notwendigkeit der Kombination mehrerer Wirkstoffe. Unter dem „gesicherten Stand der wissenschaftlichen Erkenntnisse" ist der jeweilige pharmazeutische Standard bzw sind die „anerkannten pharmazeutischen Regeln" zu verstehen. Daraus folgt, dass Außenseiteransichten ebenso wenig zu befolgen sind wie etwa uneingeschränkt die Schulmedizin, vielmehr gilt das wissenschaftlich abgesicherte, in der Praxis bewährte und darum anerkannte Verfahren.

Darüber hinaus ist die Zulassung zum Schutz vor Irreführung zu versagen, wenn bereits ein Medikament gleicher Bezeichnung in der Art oder der Menge der wirksamen Bestandteile zugelassen oder in Verkehr gebracht ist und das zuzulassende Arzneimittel Unterschiede aufweist (§ 25 Abs 3 Satz 1 AMG). Der Unterschied in der Menge der wirksamen Bestandteile ist unschädlich, wenn sich die Arzneimittel in der Darreichungsform, also etwa orale Einnahme in Gestalt von Tabletten oder durch Injektionen, unterscheiden (§ 25 Abs 3 Satz 2 AMG).

Man differenziert zwischen **Einzelzulassung** und **Standardzulassung** von Arzneimitteln (§ 36 AMG). Für die Einzelzulassung gelten die §§ 21 ff AMG. Dem Antrag auf Zulassung eines Arzneimittels müssen vom Antragsteller die in § 22 AMG aufgeführten Angaben und entsprechende Unterlagen beigefügt werden. Die Zulassung ist nach Ansicht der Rechtsprechung personenbezogen.[54] Auch in der Literatur wird diese Ansicht vertreten.[55] Hält man sich den Gesetzeszweck vor Augen, die Unbedenklichkeit eines Arzneimittels festzustellen, so sprechen jedoch die besseren Argumente, insbesondere auch das Interesse der Verkehrssicherheit für die Ansicht, dass die Zulassung **produktbezogen** ist.[56]

---

[51] Umfassend zur Arzneimittelsicherheit: Zulassung, Registrierung, Kontrolle und Verbot, *Deutsch/Spickhoff* MedizinR RdNr 1229 ff.

[52] Vgl die amtliche Begründung zu § 20 des Entwurfs eines AMG; *Deutsch/Spickhoff* MedizinR RdNr 1229. Diese Regelung entspricht auch der amerikanischen Handhabung.

[53] BVerwG NJW 94, 2433 differenzierend bzgl der Versagungsgründe des § 25 Abs 2 Nr 4 AMG.

[54] BGH NJW 1990, 2931; OLG Köln, Pharmarecht 1994, 28 ff; OLG Frankfurt, Pharmarecht 1996, 196 ff.

[55] *Kloesel/Cyran*, Arzneimittelrecht, § 20 Anm 5; differenzierend *Sander/Scholl*, § 21 Anm 5, § 25 Anm 1.

[56] So *Rehmann*, Einführung zum AMG, RdNr 14; *Forch* WRP 1981, 71 ff; *Deutsch/Spickhoff*, Medizinrecht, RdNr 1255.

Auch der BGH neigt in zwei jüngeren Entscheidungen[57] zu dieser Auffassung.[58] Die Streitfrage spielt regelmäßig beim Parallelimport oder Reimport von Arzneimitteln eine erhebliche Rolle, wenn ein anderer als der Zulassungsinhaber das Medikament in Verkehr bringen will.

Die Zulassung kann gem § 28 Abs 3 AMG vorzeitig erfolgen, „wenn hinreichende Anhaltspunkte dafür vorliegen, dass das Arzneimittel einen großen therapeutischen Wert haben kann und deshalb ein öffentliches Interesse an seinem unverzüglichen Inverkehrbringen besteht", jedoch für seine umfassende Beurteilung noch weitere wichtige Angaben notwendig sind. Hier dominiert vor dem Hintergrund zB eines gravierenden Krankheitsbildes und bislang fehlender Arzneimittel dagegen deutlich der Gesichtspunkt der wirksamen Krankheitsbekämpfung gegenüber dem der Arzneimittelsicherheit, indem die Zulassungshürde reduziert wird. Gem § 28 AMG kann das BfArM die Zulassung des Medikaments auch unter Auflagen erteilen (§ 25 Abs 3 AMG).[59]

Die Zulassung ist formlos gem §§ 398, 413 BGB durch bloße Einigung übertragbar;[60] erforderlich ist lediglich gem § 22 Abs 1 Nr 1 AMG eine Änderungsanzeige an das BfArM. Die Zulassung selbst ist „ein komplexes Rechtsinstitut", das sowohl eine öffentlich-rechtliche Komponente (subjektiv-öffentliches Recht auf Zulassung) als auch ein zivilrechtliches Element (ähnlich einem gewerblichen Schutzrecht, § 24 b AMG) hat.[61]

28   Die Zulassung, ihre Ablehnung, die Anordnung von Auflagen, Rücknahme, Widerruf und Ruhen der Zulassung sind Verwaltungsakte und deshalb unter den Voraussetzungen des § 42 VwGO anfechtbar bzw im Wege der Verpflichtungs-, Feststellungs- oder auch Untätigkeitsklage je nach Sachverhaltskonstellation angreifbar (§ 43 VwGO). Besteht der begründete Verdacht schädlicher Wirkungen, hat der Widerspruch (und ebenso die Anfechtungsklage), die Rücknahme bzw der Widerruf der Zulassung keine aufschiebende Wirkung (§ 30 Abs 3 AMG). Auch kann befristet das Ruhen der zulassung in diesen Fällen angeordnet werden (§ 30 Abs 1 AMG).

Amtspflichtverletzungen der Beamten des BfArM führen bei Vorsatz oder Fahrlässigkeit zur Staatshaftung gem § 839 BGB, Art 34 GG, so zB wenn ein Medikament mit übermäßigen Nebenwirkungen zu Unrecht zugelassen wird und ein Patient zu Schaden kommt. Im Regelfall verdrängt jedoch die Haftung des pharmazeutischen Unternehmers aufgrund seiner verschuldensunabhängigen Gefährdungshaftung nach § 84 AMG die subsidiäre Staatshaftung gem § 839 Abs 1 Satz 2 BGB. Dieser kann aber bei schuldhafter „unvertretbarer Verzögerung oder fahrlässiger Ablehnung der Zulassung" einen Schadensersatzanspruch gegen das BfArM geltend machen.[62] Gemäß § 25 Abs 10 AMG schließt die Zulassung die zivil- und strafrechtliche Verantwortlichkeit des pharmazeutischen Unternehmers nicht aus. Vertragsarztrechtlich folgt aus der Zulassung die Verkehrs- und damit die Verordnungsfähigkeit des Arzneimittels[63] zu Lasten der gesetzlichen Krankenkasse.

Die Zulassung **erlischt** durch schriftlichen Verzicht oder nach Ablauf von 5 Jahren seit ihrer Erteilung, es sei denn, dass spätestens drei Monate vor Ablauf der Frist ein Verlängerungsantrag gestellt wurde.

---

[57] NJW 1995, 137 ff und NJW-RR 1996, 419 ff.
[58] *Ancker*, in: *Deutsch/Lippert*, Kommentar zum AMG, § 21 RdNr 5 hält die Zulassung sowohl für personen- als auch produktbezogen; vgl zum Meinungsstreit auch *Rehmann*, Pharmarecht 1996, 287 ff.
[59] *v Czettritz/Meier*, Auflagen im arzneimittelrechtlichen Zulassungsbescheid, PharmaR 06, 101 ff.
[60] *Bauer*, Übertragung von Arzneimittelzulassungen, Pharmarecht 1994, 378; *Deutsch/Spickhoff*, Medizinrecht, RdNr 1255; ebenso wohl auch BGH NJW 1990, 2931; aA *Sedelmeier*, Übertragung von Arzneimittelzulassungen, Pharmarecht 1994, 3.
[61] So zutreffend *Deutsch/Spickhoff*, Medizinrecht, RdNr 1255.
[62] *Deutsch/Spickhoff*, Medizinrecht, RdNr 1245; vgl dazu auch *Knothe*, Staatshaftung bei der Zulassung von Arzneimitteln, 1990; *Brüggemeier*, Staatshaftung für HIV-kontaminierte Blutprodukte, 1994.
[63] BSG NJW 93, 3018.

Zunehmende Bedeutung hat das **zentrale Zulassungsverfahren** bei der European 29
Medicines Evaluation Agency, EMEA in London erlangt (siehe oben RdNr 7). Die Zulassung durch diese Zentralstelle bedeutet, dass das Arzneimittel innerhalb der gesamten EG, also EU-weit zugelassen ist. Die EMEA ist auch zuständig für Schutzmaßnahmen gegen gefährliche, aber von ihr zugelassene Arzneimittel. Das dezentrale, nationale Anerkennungsverfahren vor den einzelstaatlichen Zulassungsbehörden kannte dagegen keine „automatische Anerkennung von Zulassungen in einem anderen Mitgliedsstaat",[64] doch hat sich die Rechtslage inzwischen geändert: es gilt die Anerkennung auch im dezentralen Verfahren, dh ist das Arzneimittel bereits in einem anderen EU-Staat zugelassen, ist diese Zulassung auf der Grundlage eines von dem Staat übersandten Berichts anzuerkennen, es sei denn, es liegen Anhaltspunkte für eine schwerwiegende Gefährdung der öffentlichen Gesundheit durch die Zulassung vor (§ 25b Abs 2 AMG). Zur **Arzneimittelprüfung** s § 148 und die dort angeführte Literatur; siehe auch *Biermann*, Arzneimittelprüfung am Menschen, 1985; *Deutsch/Spickhoff* MedizinR RdNr 1293 ff; *Staak/Weiser*, Klinische Prüfung von Arzneimitteln, 1978; *Kleinsorge/Streichele/Sander*, Klinische Arzneimittelprüfung – medizinische und rechtliche Grundlagen, 1987; *Wille/Kleinke*, Klinische Prüfungen von Arzneimitteln an einer deutschen Hochschule, PharmaR 04, 300; *Lippert*, GesR 07, 62 ff.

Für die **Probandenversicherung** und die Pflicht zur **Einschaltung von Ethik-** 30
Kommissionen vgl *Deutsch/Spickhoff* MedizinR RdNr 1339 ff u 1347 ff; *Deutsch* VersR 1995, 121; *ders*, Das Vertragsrecht des Probanden, VersR 05, 1609; *Kloesel/Cyran*, Kommentierung zu § 40 AMG; *Wenckstern*, Die Haftung bei der Arzneimittelprüfung und die Probandenversicherung, 1999. Zum Verfahren vor den Ethik-Kommissionen vgl *Bork*, Das Verfahren vor den Ethikkommissionen, 1984; *Pfeiffer*, Fünftes Gesetz zur Änderung des Arzneimittelgesetzes, VersR 1994, 1377, 1379; *Felder*, Aufgaben und Prüfungsumfang der Ethikkommissionen, PharmaR 07, 226 ff; zum Stufenplanverfahren nach § 63 AMG im Rahmen der Arzneimittelüberwachung sowie zur Gefährdungshaftung nach § 84 AMG s die einschlägigen Kommentare von *Kloesel/Cyran*, *Deutsch/Lippert* und *Rehmann*; außerdem s *Hart*, Arzneimittelsicherheit und Länderüberwachung, MedR 1993, 207 ff; *Thiele* Das nationale Risikoverfahren (Stufenplan), BGesBlatt 1997, 11; *Besch*, Produkthaftung für fehlerhafte Arzneimittel, 1999; *Hoxhay*, Quo vadis Gentechnikhaftung, 2000; *Göben*, Arzneimittelhaftung und AMG, MedR 1984, 18; s auch in der FS-Steffen, 1995, die Beiträge von *Madea/Staak* (S 303 ff) und *Schilling/Mack* (S 413 ff); s ferner *Reinelt*, Neue Haftungsregelung im Arzneimittelgesetz? ZRP 1999, 150 ff; *Bartram*, Bewertungen und Erwartungen aus der Sicht der forschenden Arzneimittelhersteller, MedR 06, 521 ff; *Laufs*, Die neue europäische Richtlinie zur Arzneimittelprüfung und das deutsche Recht, MedR 04, 583.

V. Ärztliches Verhalten bei Verordnung von Arznei-, Heil- und Hilfsmitteln

Die ärztliche Verschreibungspflichtigkeit der meisten Arzneimittel folgt aus § 48 31
AMG, wenn ohne ärztliche Überwachung Gesundheitsgefahren bestehen. Ihr Vertrieb ist gem § 43 AMG an den Verkauf in Apotheken gebunden. Das an Apotheken gerichtete Verbot des § 43 Abs 1 S 1 AMG, apothekenpflichtige Arzneimittel zu versenden, erstreckt sich auch auf den Versand an Ärzte und umfaßt sowohl den Praxis- als auch den Sprechstundenbedarf. Ein Verstoß gegen das Grundrecht der Berufsausübungsfreiheit liegt hierin nicht.[65] Europarecht schränkt das Apothekermonopol nicht ein[66], doch hat der EuGH die Lieferung nicht verschreibungspflichtiger Arzneimittel aus dem Ausland zugelassen.[67] § 47 AMG statuiert den Vertriebsweg: Großhändler und andere pharmazeutische Unternehmer dürfen Medikamente nur an Apotheken, ausnahmsweise auch an Krankenhäuser und

---

[64] *Deutsch,* Medizinrecht, RdNr 573.
[65] BGH GRUR 2001, 178 ff.
[66] Siehe Urteil des EuGH v 19. 5. 2009 in Sachen DocMorris (C-171/07 und C-172/07): Nur Apotheker dürfen Inhaber und Betreiber von Apotheken sein (§ 1 Abs 3, S 2 ApoG).
[67] EuGH ApoR 03, 162 = NJW 04, 131.

Ärzte (in gewissen Grenzen) abgeben. Für Abtreibungsmittel (RU 486/Mifegyne) gilt die Sonderregelung des § 47a AMG: die Mittel sind verschreibungspflichtig, Empfänger dürfen nur die nach § 13 SchwKonflG vorgesehenen Einrichtungen sein, und diese sowie der behandelnde Arzt müssen über den Erhalt Nachweise führen. Im einzelnen s hierzu *Deutsch* NJW 1999, 3393.

32 Ärztemuster dienen der Information des Arztes über das Arzneimittel.[68] Eine Abgabe kann nur noch auf jeweilige schriftliche Anforderung erfolgen. Die Abgabe muss sich auf die kleinste Verpackungsgröße beschränken und es dürfen in einem Jahr von einem Fertigarzneimittel nicht mehr als 2 Muster abgegeben werden.[69] Über die Empfänger von Mustern sowie über Art, Umfang und Zeitpunkt der Abgabe von Mustern sind gesondert für jeden Empfänger **Nachweise** zu führen und auf Verlangen der zuständigen Behörde vorzulegen (§ 47 Abs 4 S 3 AMG).[70] Wer es als Arzt unterlässt, diese Pflichten zu erfüllen, begeht eine Ordnungswidrigkeit nach § 97 Abs 2 Ziff 13 AMG. Die Ordnungswidrigkeit kann mit einer Geldbuße bis zu 25 000,– € geahndet werden (§ 97 Abs 3 AMG).

33 Unbedenklich ist die **Sammlung von Ärztemustern** bei Ärzten zur Weiterleitung ins Ausland zu karitativen Zwecken.[71] Verboten ist es dagegen, Arzneimittel oder Ärztemuster, die schon einmal an Patienten abgegeben und dann an Apotheken oder andere Sammelstellen zurückgegeben wurden, als Arzneimittelspenden zu verwenden (WHO-Leitlinie vom Mai 1996, zitiert nach *Kloesel/Cyran*, Arzneimittelrecht, Stand 1. 9. 1999, § 67 Anm 9). Die Wieder-in-Verkehrgabe von Arzneimitteln, die Patienten an Ärzte zurückgegeben hatten, ist aus Gründen der pharmazeutischen Sicherheit nach §§ 43, 47 AMG unzulässig. Auch das Sammeln schon einmal an Patienten ausgereichter Arzneimittel ist untersagt (§ 69 Abs 2 Satz 1 AMG).[72] Beauftragt der pharmazeutische Hersteller den Pharmaberater (§ 75 AMG) mit der Abgabe von Mustern von Fertigarzneimitteln, so hat der Pharmaberater die Nachweise über die Abgabe an Ärzte zu führen (§ 76 Abs 2 AMG). Pharmaberater, die die ihnen überlassenen Muster bestimmungswidrig verwenden, machen sich uU der Unterschlagung nach § 246 StGB oder Sachbeschädigung nach § 303 StGB schuldig.[73]

34 Im Bereich der Rezepturarzneien treten oftmals Konfliktsituationen zwischen Arzt und Apotheker auf. Erkennt der Apotheker, dass die rezeptierte Arznei bedenklich iS von § 5 AMG ist, so hat er den Arzt darauf hinzuweisen und darf die Arznei zunächst dem Patienten nicht aushändigen. Ein Apotheker, der sich weigert, bedenkliche Arzneimittel an den Patienten abzugeben, greift nicht in die Therapiefreiheit des behandelnden Arztes ein.[74]

35 Unzulässig ist es auch, **in der Arztpraxis Verschreibungen zu sammeln,** um sie einem bestimmten Apotheker zwecks Lieferung von Arzneimitteln an die Patienten zu übergeben.[75] Dies ergibt sich auch aus § 34 Abs 5 MBO-Ä, wonach es dem Arzt nicht gestattet ist, Patienten ohne hinreichenden Grund an bestimmte Apotheken, Geschäfte oder Anbieter von gesundheitlichen Leistungen zu verweisen. Der Arzt verstößt gegen § 43 Abs 1 AMG, wenn er apothekenpflichtige Arzneimittel, die er von einer Apotheke bezogen hat, entgeltlich an seine Patienten weitergibt und sie dabei auffordert, die Zahlung unmittelbar an die Apotheke zu leisten.[76] Darin liegt eine schuldhafte, berufsrechts-

---

[68] Pharmazeutische Unternehmen dürfen Muster eines Fertigarzneimittels an Ärzte nur in angemessenem Umfang abgeben (§ 47 Abs 3 AMG).
[69] Vgl auch *Narr* ÄrztlBerufsR RdNr 1197.
[70] Kritisch hierzu mit Recht *Narr* ÄrztlBerufsR RdNr 1197.
[71] Vgl *Narr* ÄrztlBerufsR RdNr 1197. Eine zentrale Beschaffungsstelle iS des § 47 Abs 1 Nr 5 AMG ist die Arzneimittelsammelstelle des Deutschen Instituts für Ärztliche Mission in Tübingen.
[72] Zum Ganzen *Wesch*, Abgabe zurückgenommener Arzneimittel durch Ärzte, MedR 2001, 191 ff.
[73] Vgl *Kloesel/Cyran* § 47 AMG Anm 31.
[74] Einzelheiten bei *Güdden* MedR 1991, 124, 126.
[75] *Narr* ÄrztlBerufsR RdNr 1198.
[76] OVG Rh-Pf, Landesberufsgericht für Heilberufe Koblenz, Urteil v 12. 5. 1993 – LBGH A 10094/93, Arzt und sein Recht 2001, 53.

widrige Handlung. Auch stellt es einen Verstoß gegen § 34 Abs 4 MBO-Ä dar, wenn der Arzt einer missbräuchlichen Anwendung seiner Verschreibung dadurch Vorschub leistet, dass er zB einem Patienten Penicillin aufschreibt, und weiß, dass anstelle dessen vom Apotheker ein Verbandskasten für das Auto des Patienten geliefert wird.[77]

Rezeptsammelstellen dürfen nur mit Erlaubnis der zuständigen Behörde eingerichtet und unterhalten werden, wenn dies zur ordnungsgemäßen Arzneimittelversorgung in abgelegenen Orten und Ortsteilen erforderlich ist (§ 11 Abs 1 S 1, 2 ABO). Im übrigen stellt das Einsammeln von Rezepten durch Ärzte und/oder Apotheker einen Verstoß gegen § 34 MBO-Ä, § 11 ABO dar. Dieser Verstoß kann Schadensersatzansprüche auslösen.[78] Der Arzt verstößt auch dann gegen die Berufspflicht, Kranke nicht ohne hinreichenden Grund an bestimmte Apotheken zu verweisen, wenn er für Patienten bei einer Apotheke Medikamente einkaufen lässt, die diese in seiner Arztpraxis gegen Bezahlung des Einkaufspreises abholen. Gegen § 28 AMG und gegen § 11 ApoG verstößt der Arzt in solchen Fällen aber nicht.[79] Der Arzt ist auch nicht berechtigt, Rezepte seiner Patienten selbst in einer Apotheke einzulösen, es sei denn in begründeten Ausnahmefällen. Ein solcher Ausnahmefall liegt nach Auffassung des BG f Heilberufe beim VG Köln[80] vor, wenn die Gefahr besteht, dass andernfalls der Patient das von ihm benötigte Medikament nicht erhält. **36**

Es stellt ein **Berufsvergehen** dar, wenn ein Arzt Medikamente in Gestalt **unverkäuflicher Ärztemuster** an Patienten **gegen Entgelt** abgibt.[81] Verwehrt ist es dem Arzt auch, gegen von ihm ausgeschriebene Rezepte Arzneimittel von einer Apotheke zu erwerben. Er darf zu diesem Zweck auch keine Doppelrezepte für dieselbe Verordnung ausfüllen und ist nicht befugt, Rezepte auszustellen, um sich auf diese Weise Ersatz für abgegebene Ärztemuster zu verschaffen.[82] Das Amtsgericht Detmold hat einen niedergelassenen Mediziner zu einer Geldstrafe von DM 5000,– verurteilt, der von seinen Patienten nicht verbrauchte Medikamente wieder eingesammelt und kostenlos an andere Patienten weitergegeben hatte.[83] Die Einfuhr von Anabolikatabletten erfüllt den Tatbestand des § 96 Nr 4 AMG (unerlaubtes Verbringen von Arzneimitteln in den Geltungsbereich dieses Gesetzes), stellt jedoch keinen Verstoß gegen das Apotheken-Monopol des § 43 Abs. 1 AMG gem § 95 Abs. 1 Nr 4 AMG dar. Denn „Einzelhandel im Sinne des Arzneimittelgesetzes ist jede auf die unmittelbare Versorgung des Endverbrauchers gerichtete berufs- oder gewerbsmäßige Tätigkeit", und diese Tätigkeit war dem Angeklagten nicht nachzuweisen. Einzelheiten zum **Arzneimittelstrafrecht** und **Arzneimittelordnungswidrigkeitenrecht** bei *Deutsch/Spickhoff* MedizinR RdNr 1544 ff; *Tiedemann,* Zur strafrechtlichen Bedeutung des sog kontrollierten Versuchs bei der klinischen Arzneimittelprüfung, FS Schmitt 1992, S 139 ff, zur „Strafbarkeit klinischer Arzneimittelprüfung" *Ulsenheimer* Arztstrafrecht in der Praxis, RdNr 393 ff sowie unter § 148 RdNr 17 ff in diesem Handbuch. Das AMG enthält zwar eine Vielzahl straf- bzw bußgeldbewehrter Bestimmungen, aber keine erfaßt das ärztlich unbegründete Verschreiben oder Verabreichen von suchterzeugenden Medikamenten! **37**

---

[77] *Narr* ÄrztlBerufsR RdNr 1198; s dazu auch .§ 151 b.
[78] Vgl BGH DMW 1981, 690; BerufsG f Heilberufe beim VG Köln, Urteil v 30. 3. 1979, RheinÄBl 1979, 488; BG f Heilberufe beim OLG Nürnberg, Urteil v 11. 4. 1962, BerufsGE A 2.14 Nr 1; BG f Heilberufe b OLG Nürnberg, Urteil v 10. 8. 1966, BerufsGE A 2.14 Nr 1.2; BG f Heilberufe in Schleswig, Urteil v 9. 2. 1977, BerufsGE A 2.14 Nr 1.4; *Rieger* Lexikon RdNr 1834; *Narr* Ärztl BerufsR RdNr 1200; *Schmelz* NJW 1984, 633.
[79] Hamburgisches BG f Heilberufe, Beschluss v 10. 6. 1975, BerufsGE A 2.14 Nr 1.3.
[80] Urteil v 10. 11. 1978, BerufsGE A 2.14 Nr 1.5.
[81] BG f Heilberufe beim VG Köln, Beschluss v 31. 5. 1979, BerufsGE A 2.14 Nr 2.5; BG f Heilberufe beim VG der Freien Hansestadt Bremen, Urteil v 1. 2. 1978, BerufsGE A 2.14 Nr 2; s auch § 34 MBO-Ä.
[82] Vgl BG f Heilberufe beim VG Münster, Urteil v 19. 1. 1977, BerufsGE A 2.14 Nr 2.3.
[83] Verstoß gegen § 95 Abs 1 Nr 5 u 5 a AMG, mitgeteilt in Management und Krankenhaus 2001, Heft 4, Seite 47.

§ 136

38 Bei der Verordnung von Heil- und Hilfsmitteln (§ 73 Abs 2 Nr 7 SGB V) hat der Arzt das Wirtschaftlichkeitsgebot (§§ 12 Abs 1, 70 Abs 1 SGB V) sowie die vom Bundesausschuß der Ärzte und Krankenkassen beschlossenen Heil- und Hilfsmittelrichtlinien zu berücksichtigen. Dabei muss er auch die Negativlisten für die nicht zulasten der Krankenkasse verordnungsfähigen Heil- und Hilfsmittel nach § 34 Abs 4 SGB V, die arztgruppenspezifischen Richtgrößen nach § 84 SGB V und die Festbeträge für Hilfsmittel nach § 36 SGB V berücksichtigen.[84] Verstöße gegen das Wirtschaftlichkeitsgebot können zu einem Verordnungsregreß gegen den Arzt führen (§ 106 SGB V).

§ 136 Strahlenschutz-, Röntgenverordnung und ihr Verhältnis zum Medizinproduktegesetz

Inhaltsübersicht

	RdNr
I. Atomgesetz	1
II. Strahlenschutzverordnung	5
III. Röntgenverordnung	9
IV. Auswirkungen und Schutzzweck des MPG	12
1. Sonderregelungen für Strahlenschutz und Röntgen	12
2. Schutzzweck des MPG	13
3. Klinische Prüfung	15
4. Ethik-Kommissionen	16

Schrifttum: *Anhalt/Dieners,* Handbuch des Medizinprodukterechts, 2003; *Bischof/Pelzer,* Das Strahlenschutzrecht in den Mitgliedstaaten der Europäischen Gemeinschaften, Bd II, Bundesrepublik Deutschland 1983 (Schriftenreihe Europäische Wirtschaft 104); *Brock/Hannes,* Bedeutung des neuen Geräte- und Produktsicherheitsgesetzes für Arzneimittel und Medizinprodukte, PharmaR 04, 218; *Brunner/Schmidt,* Tschernobyl und die internationale Haftung, VersR 1986, 833; *Czajka,* Das Strahlenschutzvorsorgegesetz, NVwZ 1987, 556; *Gaidzik,* Die Probandenversicherung bei klinischen Prüfungen mit Medizinprodukten, KliFoRe 06, 8 ff; *Heinrichs/Hintz,* Verbesserter Strahlenschutz an Röntgenuntersuchungsgeräten und -einrichtungen, krankenhaus 1988, 66; *Hill/Schmitt,* Medizinprodukterecht (WiKo), Loseblattkommentar, 2007; *Hinrichs,* Die neue Röntgenverordnung, NJW 1987, 2284; *ders,* Verordnung über den Schutz vor Schäden durch Röntgenstrahlen, 3. Aufl 1992; *ders,* Verordnung über den Schutz vor Schäden durch ionisierende Strahlen, 1992; *Hucko,* Die neue Röntgenverordnung, 1987; *Kaspar,* Handbuch für den Strahlenschutzbeauftragten, 2000; *Koyuncu,* Die Klinische Prüfung von Medizinprodukten, KliFoRe 06, 1; *Kramer/Zerlett,* Röntgenverordnung, 2. Aufl 1988; *Lippert,* Die Durchführung der Funktionsprüfung bei Medizinprodukten durch den Anwender, GesR 06, 249; *Peinsipp/Ross/Weimer,* Röntgenverordnung – RöV, 4. Aufl 1997; *dies,* Strahlenschutzverordnung, 4. Aufl 1997; *Rieger,* Lexikon des Arztrechts, „Strahlenschutzverordnung" RdNr 1742–1748 u „Röntgenverordnung" RdNr 1516–1521; *Schiwy/Harmony,* Strahlenschutzvorsorgegesetz, Loseblatt; *Schmatz/Nöthlichs,* Strahlenschutz, Loseblatt; *Solbach/Solbach,* Erhöhte Anforderungen an die Qualifikation der Ärzte, Zahnärzte sowie des Hilfspersonals bei Anwendung von Röntgenstrahlen auf den Menschen nach der Röntgenverordnung, MedR 1990, 118; *ders,* Nochmals: Zur Auslegung der Röntgen-Verordnung 1987, MedR 1993, 418; *Stieve/Bischof,* Zur Anwendungsberechtigung und Festlegungsbefugnis für die Einwirkung von Röntgenstrahlen auf den Menschen nach der Röntgenverordnung 1987, MedR 1992, 79; *Veith,* Strahlenschutzverordnung 1996, 5. Aufl 1997; *Wigge/Sczuka,* Prüfung des therapeutischen Nutzens eines Medizinprodukts, MPJ 06, 61.

Literatur zum Medizinproduktegesetz s auch § 135.

---

[84] *Jörg,* Das neue Kassenarztrecht 1993, RdNr 129.

I. Atomgesetz

Das Gesetz über die friedliche Verwendung der Kernenergie und den Schutz gegen ihre Gefahren (Atomgesetz – AtomG) in der Fassung der Bekanntmachung vom 15. Juli 1985 (BGBl I S 1565), zuletzt geändert durch Art 4 G zur Änd des BundespolizeiG und and G v 26. 2. 08 (BGBl I S 215), dient nach § 1 AtomG dem Zweck, **1**
1. die Erforschung, die Entwicklung und die Nutzung der Kernenergie zu friedlichen Zwecken zu fördern;
2. Leben, Gesundheit und Sachgüter vor den Gefahren der Kernenergie und der schädlichen Wirkung ionisierender Strahlen zu schützen und durch Kernenergie oder ionisierende Strahlen verursachte Schäden auszugleichen;
3. zu verhindern, dass durch Anwendung oder Freiwerden der Kernenergie die innere oder äußere Sicherheit Deutschlands gefährdet wird;
4. die Erfüllung internationaler Verpflichtungen Deutschlands auf dem Gebiet der Kernenergie und des Strahlenschutzes zu gewährleisten.

Nach § 12 AtomG kann zur Erreichung der in § 1 AtomG bezeichneten Zwecke im **2** Einzelnen bestimmt werden, welche Vorsorge- und Überwachungsmaßnahmen zum Schutze einzelner und der Allgemeinheit beim Umgang und Verkehr mit radiologischen Stoffen, bei der Errichtung, beim Betrieb und beim Besitz von Anlagen zu treffen sind, dass die Beschäftigung von Personen in strahlengefährdeten Bereichen nur nach Vorlage der Bescheinigung besonders ermächtigter Ärzte erfolgen darf und in welchem Umfang Personen, die sich in strahlengefährdeten Bereichen aufhalten oder aufgehalten haben, verpflichtet sind, sich Messungen zur Bestimmung der Strahlendosen an ihrem Körper, ärztlichen Untersuchungen und, soweit zum Schutz anderer Personen oder der Allgemeinheit erforderlich, ärztlicher Behandlung zu unterziehen. Aufgrund der gesetzlichen Ermächtigung in § 12 AtomG hat der Verordnungsgeber die Verordnung über den Schutz vor Schäden durch ionisierende Strahlen (Strahlenschutzverordnung – StrlSchV) vom 20. Juli 2001 (BGBl I S. 1714, ber 2002 I S 1459), zuletzt geändert durch Art 3 § 15 G zur NeuO der Ressortforschung im Geschäftsbereich des BMELV v 13. 12. 07 (BGBl I S. 2930), erlassen sowie die Verordnung über den Schutz vor Schäden durch Röntgenstrahlen (Röntgenverordnung – RöV) in der Fassung der Bekanntmachung v 30. April 2003 (BGBl I S. 605). Neben der Strahlenschutzverordnung und der Röntgenverordnung gelten[1] das Medizinproduktegesetz[2] und das Gesetz zum vorsorgenden Schutz der Bevölkerung gegen Strahlenbelastung (StrVG) vom 19. 12. 1986.[3]

In § 26 Abs 4 Ziff 1 AtomG ist der **Haftungsausschluss im medizinischen Bereich** **3** geregelt. Danach greift die Haftung nach § 26 Abs 1–3 AtomG nicht ein, wenn die radioaktiven Stoffe oder die Beschleuniger gegenüber dem Verletzten von einem Arzt oder Zahnarzt oder unter der Aufsicht eines Arztes oder Zahnarztes bei der Ausübung der Heilkunde angewendet worden sind, die verwendeten Stoffe oder Beschleuniger sowie die notwendigen Meßgeräte dem jeweiligen Stand von Wissenschaft und Technik entsprochen haben und der Schaden nicht darauf zurückzuführen ist, dass die Stoffe, Beschleuniger oder Meßgeräte nicht oder nicht ausreichend gewartet worden sind.

Dieser Haftungsausschluss gilt aber gem § 26 Abs 5 AtomG nicht für die Anwendung **4** radioaktiver Stoffe am Menschen in der **medizinischen Forschung**.[4] Die allgemeinen Haftungsvorschriften werden für den ärztlichen Bereich durch § 26 AtomG weder eingeschränkt noch erweitert.

---

[1] Bis Ende 2001 galt auch noch die Medizingeräteverordnung v 14. 1. 85, s dazu *Weber* MedR 1986, 66.
[2] Siehe § 135 RdNr 8 f.
[3] BGBl I 2610, zuletzt geändert durch G v 8. 4. 08 (BGBl I, 686).
[4] Vgl *Geigel/Schlegelmilch*, Der Haftpflichtprozess, § 23 RdNr 36.

II. Strahlenschutzverordnung

5 Die aufgrund von § 12 AtomG erlassene „Verordnung über den Schutz vor Schäden durch ionisierende Strahlen (Strahlenschutzverordnung – StrlSchV) vom 20. Juli 2001 (BGBl I S. 1714) regelt den Strahlenschutz beim Umgang mit radioaktiven Stoffen. Ergänzend findet die „Richtlinie für den Strahlenschutz bei Verwendung radioaktiver Stoffe und beim Betrieb von Anlagen zur Erzeugung ionisierender Strahlen und Bestrahlungseinrichtungen mit radioaktiven Quellen in der Medizin (Richtlinie Strahlenschutz in der Medizin) vom 13. 10. 1979 (GMBl 1979 S 638) Anwendung.[5]

6 § 9 und 14 StrlSchV regeln die **Genehmigungsvoraussetzungen** für den Umgang mit radioaktiven Stoffen und für den Betrieb von Anlagen zur Erzeugung ionisierender Strahlen im Zusammenhang mit der Anwendung am Menschen. Die Genehmigung nach §§ 7 Abs 1, 11 Abs 1 StrlSchV darf nur erteilt werden, wenn der Antragsteller oder der von ihm schriftlich bestellte **Strahlenschutzbeauftragte** als Arzt oder Zahnarzt approbiert oder ihm die vorübergehende Ausübung des ärztlichen oder zahnärztlichen Berufs erlaubt ist und der Antragsteller oder der von ihm bestellte Strahlenschutzbeauftragte die für den Strahlenschutz notwendige Fachkunde besitzt. Die notwendige Genehmigung ist durch den Krankenhausträger, den Träger einer medizinischen Einrichtung oder den Praxisinhaber bei der nach Landesrecht zuständigen Behörde (Gewerbeaufsichtsamt) zu beantragen.[6]

7 Bei der Anwendung radioaktiver Stoffe oder ionisierender Strahlen in der Heilkunde oder der Zahnheilkunde hat der Arzt in besonderem Maße den Grundsatz des „primum nil nocere" zu beachten. Grundsätzlich ist es der Entscheidung des Arztes oder Zahnarztes überlassen, welcher Strahlenexposition er seinen Patienten aus diagnostischen oder therapeutischen Gründen aussetzt. Jedoch wird durch die Regelung in § 5 StrlSchV klargestellt, dass er dabei die Strahlenschutzgrundsätze des § 6 StrlSchV zu beachten hat, indem er die Strahlenexposition oder die Inkorporation radioaktiver Strahlen insoweit einzuschränken hat, wie dies mit den Erfordernissen der medizinischen Wissenschaft zu vereinbaren ist. Die **Dosisbegrenzung** der § 46ff StrlSchV findet für die Ausübung der Heilkunde oder Zahnheilkunde keine Anwendung. An die Stelle der mit einer Inkorporation radioaktiver Stoffe regelmäßig einhergehenden In-vivo-Teste sind weitgehend In-vitro-Teste getreten.

8 Für die **Haftung** des Krankenhausträgers oder Arztes für Schäden bei der Anwendung von radioaktiven Stoffen und ionisierenden Strahlen gelten die Vorschriften der §§ 14, 18 AtomG. Daneben besteht die allgemeine Haftung nach den Vorschriften des bürgerlichen Rechts bzw Strafrechts.[7] Wegen der zivilprozessualen Beweiserleichterungen zugunsten des Patienten bei Dokumentationsmängeln sind die 30jährigen Aufbewahrungsfristen für Aufzeichnungen über Röntgenbilder nach § 2 Abs 1 S 2 StrlSchV und § 28 Abs 3 RöV in diesem Zusammenhang besonders wichtig. Röntgenbilder selbst sind 10 Jahre lang nach der letzten Untersuchung aufzubewahren.

III. Röntgenverordnung

9 Aufgrund der Ermächtigung in den §§ 11, 12, 54 AtomG ist die Verordnung über den Schutz vor Schäden durch Röntgenstrahlen (Röntgenverordnung (RöV) vom 8. Januar 1987 (BGBl I S 114) erlassen worden, die am 1. 1. 1988 in Kraft getreten ist[8] und nun in der Fassung der Bekanntmachung v 30. 4. 03 gilt. Die Rechtsvorschriften der RöV entsprechen inhaltlich im wesentlichen den Regelungen der StrlSchV. Die RöV wird ergänzt durch die Leitlinien der Bundesärztekammer zur Qualitätssicherung in der Röntgendiagnostik vom 9. Dezember 1988 (DÄBl 1989, C-1259).

---

[5] Abgedr bei *Kramer/Zerlett*, Strahlenschutzverordnung H.
[6] Vgl §§ 7 Abs 1, 11 Abs 1, 13 Abs 1 StrlSchV.
[7] Vgl OLG Stuttgart NJW 1983, 2644 f.
[8] Einzelheiten bei *Hinrichs*, Die neue Röntgenverordnung, NJW 1987, 2284.

22. Kapitel. Besondere ärztliche Eingriffe und Sonderprobleme   10, 11   § 136

Die RöV enthält eingehende Regelungen über die **Voraussetzungen für den Betrieb** 10
von Röntgeneinrichtungen und Störstrahlern, Prüfung, Erprobung, Wartung und
Instandsetzung sowie Bauartzulassung. Geregelt wird im wesentlichen der Betrieb der
Röntgengeräte, die Qualifikation des Personals (zB Fachkunde für Ärzte und Kenntniserwerb für ärztliches Hilfspersonal) sowie die Qualitätssicherung.[9]

Strenge Anforderungen werden an den **Nachweis der Fachkunde im Strahlenschutz** 11
gestellt (§§ 18a RöV). Jeder verantwortlich tätige Arzt im Bereich der Radiologie bedarf
der Bescheinigung der zuständigen Stelle (Landesärztekammer) über seine ausreichende
Fachkunde. Ärzte erwerben die Fachkunde durch die praktische Durchführung und Beurteilung von Röntgenuntersuchungen unter Aufsicht eines Arztes, der die Fachkunde besitzt, und durch Kurse im Strahlenschutz. Medizinisch-technische Radiologie-Assistenten
und medizinisch-technische Assistenten dürfen Röntgenstrahlen anwenden, wenn sie über
Kenntnisse im Strahlenschutz verfügen. Gem § 9 Abs 1 Nr 2 des Gesetzes über Technische
Assistenten in der Medizin (MTAG v 2. 8. 93 (BGBl I, 1402)) sind bestimmte radiologische
Tätigkeiten den ausgebildeten Medizinisch-technischen Radiologieassistenten (MTRA)
vorbehalten. Hierzu gehören ua die „Durchführung der technischen Arbeiten und Beurteilung ihrer Qualität in der radiologischen Diagnostik und anderen bildgebenden Verfahren
einschließlich Qualitätssicherung". Diese an sich den Ärzten vorbehaltenen Tätigkeiten sind
durch das MTAG als Bundesgesetz auf die Medizinisch-technischen Radiologieassistenten
übertragen worden. Diese üben die vorbehaltenen Tätigkeiten selbstständig und eigenverantwortlich aus. Insoweit ist eine ständige Aufsicht des Arztes nicht erforderlich und vom
Gesetz auch nicht eindeutig vorgesehen. Vielmehr besagt die Regelung in § 24 RöV ausdrücklich, dass MTRA Röntgenstrahlen auf Menschen anwenden dürfen.

Etwas anderes gilt für sonstige Mitarbeiter des Arztes. Hilfskräfte bedürfen gem § 24
Abs 2 RöV ständiger Aufsicht und Verantwortung des Arztes, dh der delegierende Arzt
muss seinen Mitarbeitern zwar „nicht ständig über die Schulter schauen", aber doch „jederzeit verfügbar" sein, „um bei während der Behandlung auftretenden Problemen helfen
bzw auf Fragen des Patienten eingehen zu können".[10] Für diese Hilfskräfte ist zudem § 24
Abs 2 Nr 4 MTAG zu beachten. Demzufolge dürfen nur Personen mit einer abgeschlossenen sonstigen medizinischen Ausbildung, die keine MTA-Ausbildung ist, und nur dann
vorbehaltene MTA-Tätigkeiten ausüben, wenn diese „unter Aufsicht und Verantwortung
insbesondere eines Arztes, Zahnarztes oder Heilpraktikers tätig werden". Personen ohne
medizinische Ausbildung dürfen überhaupt keine vorbehaltenen MTA-Tätigkeiten ausüben, also auch nicht als Hilfskräfte des Arztes röntgen, selbst wenn sie unter seiner ständigen Aufsicht stehen.[11] Einzelheiten sind in § 24 RöV geregelt. Die RöV enthält zahlreiche
Schutzvorschriften sowohl für den Patienten als auch **für das anwendende Personal**. Denn sie hat „das Ziel, Leben, Gesundheit und Sachgüter vor den Gefahren ionisierender Strahlen zu schützen", und zwar primär in Richtung auf die Patienten, „daneben
aber auch das Personal und Dritte".[12] Beim Röntgengerät ist eine Gebrauchsanweisung
bereitzuhalten. Das Personal ist von dem Betreiber zu instruieren und einzuweisen (§ 17).
Die Röntgeneinrichtung ist in regelmäßigen Abständen (längstens 5 Jahre) zu prüfen (§ 18
Abs 1 Nr 5 RöV). Eine Röntgeneinrichtung darf nur in dem der Genehmigung oder in
der Bescheinigung des Sachverständigen bezeichneten allseitig umschlossenen Raum
(Röntgenraum) betrieben werden (§ 20 Abs 1 RöV). Vorschriften zur Qualitätssicherung
bei Röntgeneinrichtungen zur Untersuchung und Behandlung von Menschen enthalten
die §§ 16, 17 RöV. Beruflich strahlenexponierte Personen werden überwacht und regelmä-

---

[9] Vgl auch *Schäfer/Paschke,* Röntgenverordnung – Was der Staat von den Ärzten verlangt, Rhein-ÄBl 1989, 257.
[10] OLG Stuttgart NJW 1983, 2644.
[11] Zur Regelung im früheren § 23 Nrn 2–5 vgl auch *Solbach/Solbach* MedR 1990, 118; MedR 1993, 418; *Stieve/Bischof* MedR 1992, 79 ff.
[12] BGHSt 43, 346 (348); *Kamps* DMW 1987, 1955; *Stieve/Bischof* MedR 1992, 79, 81.

ßig untersucht (§ 37 RöV).[13] Gemäß § 25 Abs 1 S 1 RöV dürfen Röntgenstrahlen auf Menschen in Ausübung der Heilkunde nur bei ärztlicher Indikation angewendet werden.[14] Aus §§ 31, 32 RöV folgt, dass jede unnötige Strahlenexposition vermieden werden muss.[15]

IV. Auswirkungen und Schutzzweck des MPG

1. Sonderregelungen für Strahlenschutz und Röntgen. Durch die Änderung der Strahlenschutzverordnung und der Röntgenverordnung aufgrund §§ 49 f MPG aF sind auch die Medizinprodukte, die mit Strahlen arbeiten, besonders geregelt. Während aber die Medizingeräteverordnung zum 1.1.2002 durch das 2. MedP-ÄndG aufgehoben wurde, gilt das Gerätesicherheitsgesetz fort. Im Zweifel ist anzunehmen, dass das MPG gegenüber dem Gerätesicherheitsgesetz als lex specialis gilt.[16] Die Normen des MPG sind durch § 49 MPG aF zum Gegenstand der Strahlenschutzverordnung, durch § 50 MPG aF zum Gegenstand der Röntgenverordnung gemacht worden. Diese Vorschriften über das Inverkehrbringen von Medizinprodukten, dh die Beschaffenheitsanforderungen an die den Verordnungen unterliegenden Medizinprodukte werden damit materiell abschließend im MPG geregelt. Die Verwendungsvorschriften sind Gegenstand des Strahlenschutzrechts. Durch die Vorschrift des § 51 MPG aF, Art 3 des 2. MedP-ÄndG ist nunmehr klargestellt, welche bisher vom AMG erfassten Medizinprodukte dem MPG unterliegen.

2. Schutzzweck des MPG. Das MPG richtet sich an die Hersteller, Vertreiber und Anwender, unter denen die Ärzteschaft sowie die Betreiber von Krankenhäusern und Praxen eine herausragende Stellung einnehmen.[17] Das Gesetz will für sie alle größtmögliche Sicherheit im Umgang mit **Medizinprodukten** gewährleisten, die deshalb in vier Klassen, gestuft nach dem jeweiligen Gefährdungsgrad – geringes, mittleres, erhöhtes und hohes Risiko – eingeteilt werden.

§ 4 Abs 1 MPG stellt – ähnlich dem AMG – zum Schutze des Patienten ein allgemeines Verbot auf, Medizinprodukte in Verkehr zu bringen, zu errichten, in Betrieb zu nehmen, zu betreiben oder anzuwenden, wenn der „begründete Verdacht" besteht, dass sie die Sicherheit und Gesundheit der Patienten, der Anwender oder Dritter über ein nach den Erkenntnissen der medizinischen Wissenschaften vertretbares Maß hinausgehend gefährden oder ihr Verfalldatum abgelaufen ist. Die Grenze der Vertretbarkeit bestimmt die Medizin. Darüber hinaus verbietet § 4 Abs 2 MPG, Medizinprodukte mit irreführender Bezeichnung, Angabe oder Aufmachung in den Verkehr zu bringen, wobei es genügt, dass sich ein Patient möglicherweise täuschen lässt. Eine bestimmte Person muss nicht getäuscht worden sein. Irreführend wäre daher die Verwendung des früheren GS-Zeichens („Geprüfte Sicherheit" nach dem Gerätesicherheitsgesetz) neben der sog CE-Kennzeichnung („Komformité Européenne), die für das jeweilige Medizinprodukt eine Bestätigung seiner Sicherheit und Leistungsqualität darstellt und den Vertrieb, die Herstellung und die Anwendung des Medizinprodukts im gesamten EG-Raum eröffnet (§§ 8 ff, 37, sog Konformitätsbewertungsverfahren). Für Medizinprodukte der Klasse I gilt der Grundsatz der „Selbstzertifizierung", dh der Hersteller führt das Konformitätsbewertungsverfahren in eigener Verantwortung durch. Für Medizinprodukte der Klassen II und III (und gewisse Produkte der Klasse I) gilt dagegen der Grundsatz der „Drittzertifizierung", dh die CE-Kennzeichnung wird von einer „benannten Stelle" (§ 15 MPG), zB der Dekra, dem TÜV oder der Landesgewerbeanstalt Bayern erteilt.[18] Unbedenkliche Medizinprodukte dürfen nur mit einer CE-Kennzeich-

---

[13] Einzelheiten bei *Rieger* Lexikon RdNr 1519.
[14] BGHSt 43, 346, 348.
[15] BGHSt 43, 346, 355; *Hinrichs* NJW 1987, 2284, 2285; *Bischof* NJW 1991, 2323.
[16] *Deutsch/Spickhoff* MedizinR RdNr 1624; *Schlund* ArztR 1995, 235, 240; *Nöthlichs/Weber* § 2 MPG Nr 9033. S auch die Ausführungen in § 135 RdNr 9 u 10.
[17] *Deutsch/Spickhoff*, Medizinrecht, RdNr 1613; s auch oben § 135 RdNr 11.
[18] Vgl dazu *Deutsch*, Medizinrecht, RdNr 994 ff.

22. Kapitel. Besondere ärztliche Eingriffe und Sonderprobleme   15, 16   § 136

nung in Verkehr gebracht werden (§ 6 Abs 1 MPG). Ein Verstoß hiergegen ist strafbar (§ 41 Nr 2 MPG).[19] Für die Einleitung des Konformitätsbewertungsverfahrens ist derjenige zuständig, der das Medizinprodukt erstmals in Verkehr bringt (§ 5 MPG).

3. Klinische Prüfung. Aufgrund des hohen Risikos muss die Sicherheit und Unbedenklichkeit der Medizinprodukte der Klasse III (sowie der Implantate) und auch sonst bei Gefahr für die öffentliche Sicherheit und Ordnung (§ 28 Abs 2 MPG)[20] besonders nachgewiesen werden, was entweder durch entsprechende Literaturbelege oder eine klinische Prüfung erfolgen kann. Diese ist in den §§ 19 ff MPG in Anlehnung an die §§ 40 ff AMG eingehend geregelt. Die medizinische Prüfung eines Medizinprodukts beim Menschen darf nur dann durchgeführt werden, wenn und solange die Risiken für den Probanden, gemessen an der voraussichtlichen Bedeutung des Medizinprodukts für die Heilkunde, ärztlich vertretbar sind und dieser seine Einwilligung hierzu selbst schriftlich nach eingehender ärztlicher Aufklärung über Wesen, Bedeutung und Tragweite der klinischen Prüfung erteilt hat.[21] Offengeblieben ist, welche klinisch kontrollierten Versuche unter die Normen über die klinische Prüfung fallen. Die **Probandenversicherung** ist durch § 20 Abs 1 Nr 9, Abs 3 MPG auch auf die Prüfung von Medizingeräten erstreckt worden. Der Umfang der Versicherung muss in einem angemessenen Verhältnis zu den mit der klinischen Prüfung verbundenen Risiken stehen und für den Fall des Todes oder der dauernden Erwerbsunfähigkeit mindestens 500 000 Euro betragen. Diese Bestimmungen decken sich weitgehend mit der Probandenversicherungsregelung in § 40 Abs 1 S 1 Nr 8, Abs 3 AMG. Die klinische Prüfung bei Minderjährigen ist in § 20 Abs 4 MPG von zusätzlichen Voraussetzungen abhängig gemacht. Gleiches gilt in § 20 Abs 5 MPG für die klinische Prüfung bei Schwangeren oder Stillenden.[22] § 21 MPG regelt die besonderen Kautelen für die klinische Prüfung bei Kranken, Geschäftsunfähigen und beschränkt Geschäftsfähigen.

4. Ethik-Kommissionen. In § 20 Abs 7 MPG wird eine im Geltungsbereich des MPG tätige Ethik-Kommission vorgeschrieben, die unabhängig, interdisziplinär besetzt und bei der zuständigen Bundesoberbehörde registriert sein muss. Bedauerlicherweise ist die Zuständigkeit nicht geregelt. Vielmehr beschränkt sich das Gesetz auf weitgehend formale Regelungen, die die Zusammensetzung von Ethik-Kommissionen und das Verfahren sowie die Vergütung betreffen. Hier sind zahlreiche Fragen offen geblieben,[23] zB auch die Frage der Haftung für Fehler. Deshalb ist die dringende Aufforderung an den Gesetzgeber zu stellen, die divergierenden Regelungen über die Ethik-Kommissionen zu vereinheitlichen und die Widersprüchlichkeiten zu § 40 AMG zu beseitigen.[24] Die Bestimmungen der §§ 20 und 21 MPG gelten nicht für klinische Prüfungen mit Medizinprodukten, die nach den §§ 6 und 10 MPG die CE-Kennzeichnung tragen dürfen.[25]

---

[19] Vgl dazu das Verfahren StA Marburg 1 Js 15233/05, in dem es um den Vorwurf geht, selbst entwickelte oder weiterentwickelte Implantate Patienten ohne genügende Aufklärung und ohne CE-Zertifizierung bzw Anmeldung der klinischen Erprobung bei der zuständigen Ethikkommission eingesetzt zu haben.
[20] Vgl dazu *Deutsch/Spickhoff,* Medizinrecht, RdNr 1639.
[21] Einzelheiten bei *Deutsch/Spickhoff,* MedizinR, RdNr 1639 ff; *ders* NJW 1995, 752, 753 f; *Schlund* ArztR 1995, 235, 241; *Schorn* MPG 2. Aufl 1998, Anm zu § 17 und § 18.
[22] Einzelheiten bei *Deutsch/Spickhoff,* MedizinR RdNr 1641; *Schlund* ArztR 1995, 235, 241.
[23] Vgl hierzu die kritischen Anmerkungen von *Deutsch/Spickhoff* MedizinR RdNr 1644 ff; *Schlund* ArztR 1995, 235, 241. Zur Haftung von Ethikkommissionen *Krüger* VersR 2009, 1048.
[24] *Deutsch/Spickhoff,* MedizinR RdNr 1648.
[25] § 23 MPG, vgl hierzu *Deutsch/Spickhoff,* MedizinR RdNr 1650.

§ 137 Rechtsprobleme der Geriatrie

Inhaltsübersicht

	RdNr
I. Begriff	1
II. Die Aufgaben der Geriatrie	2
III. Rechtliche Probleme der Geriatrie	3

Schrifttum: *Böger/Kanowski,* Gerontologie und Geriatrie für Krankenpflegeberufe, 3. Aufl 1995; *Eibach,* Autonomie, Menschenwürde und Lebensschutz in der Geriatrie und Psychiatrie, 2005; *Füsgen/Summa,* Geriatrie, 3. Aufl 1995; Geriatrie in Bayern, Dokumentation der Fachtagung November 1996 in Bayreuth; *Kruse/Nikolaus,* Geriatrie, 1992; *Grund,* Psychische Pflege alter Menschen, in: *Lade* (Hrsg), Handbuch Gerontagogik, 1986; *Nikolaus* (Hrsg), Klinische Geriatrie, 2000; *Oswald/Herrmann/Kanowski/Lehr/Thomae* (Hrsg), Gerontologie. Medizinische, pschologische und sozialwissenschaftliche Grundbegriffe, 1984; *Quaas,* Das geriatrische Zentrum als Vertragspartner der Krankenversicherung, MedR 1998, 343; *Rustemeyer,* Medizinische Probleme des Alterns, 1971; *Salathé,* Multidimensionales Assessment als Methode der geriatrischen Medizin, Therapeutische Umschau 1989, S 8; *Stähelin,* Geriatrie und Psychogeriatrie, in: *Eser/v Lutterotti/Sporken* (Hrsg), Lexikon Medizin – Ethik – Recht, 1989, Sp 391–398; *Strätling/Scharf/Wedel/Oehmichen/Eisenbart,* Möglichkeiten zur Verminderung rechtlicher und ethischer Probleme bei der Behandlung nicht einwilligungsfähiger oder von Entscheidungsunfähigkeit bedrohter Patienten, MedR 2001, 385.

I. Begriff

1   Geriatrie ist der Zweig der Medizin, der sich mit den Krankheiten des alternden und alten Menschen befasst.[1] Die Geriatrie ist jedoch nicht nur Altersheilkunde, sondern auch Teil der Gerontologie, der Alternsforschung, die sich mit den somatischen, psychischen und sozialen Vorgängen des Alterns befasst.[2] Die Abnahme der körperlichen und geistigen Leistungsfähigkeit und die damit verbundenen psychologischen und sozialen Veränderungen führen zu typischen Alterskrankheiten sowohl psychischer als auch physischer Art. Nach Feststellung des Wissenschaftlichen Beirats der Bundesärztekammer[3] beträgt das erreichbare biologische Alter eines Menschen, also seine natürliche Lebenszeit ohne lebensverkürzende Krankheiten und/oder traumatische Beeinträchtigungen der Vitalität, 100 bis maximal 110 Jahre. Die durchschnittliche Lebenserwartung hat sich in den letzten 100 Jahren nahezu verdoppelt. Unter **Gerontologie** versteht man die Wissenschaft, die sich mit dem Altwerden und Altsein des Menschen befasst. Die **Geriatrie** ist dagegen der medizinische Teil der Gerontologie. Die Geriatrie dient als Querschnittsfach aller klinischen Disziplinen der Umsetzung gerontologischer Erkenntnisse in die ärztliche Praxis einschließlich der Entwicklung altersangemessener präventiver diagnostischer, therapeutischer und rehabilitativer Methoden.

---

[1] Vgl *Pschyrembel,* Klinisches Wörterbuch „Geriatrie" S 583; *Roche,* Lexikon Medizin „Geriatrie" S 597; *Brocklehurst,* Geriatric services and the day hospital, in: *Brocklehurst* (Hrsg), Textbook of Geriatric Medicine and Gerontology, 1973; *Stähelin* bei *Eser/v Lutterotti/Sporken* (Hrsg), Lexikon Medizin – Ethik – Recht Sp 391.

[2] *Pschyrembel* „Gerontologie" S 583; *Stähelin* (Fn 1) Sp 391; *Oswald/Herrmann/Kanowski/Lehr/Thomae,* Gerontologie. Medizinische, psychologische und sozialwissenschaftliche Grundbegriffe.

[3] Der gegenwärtige Stand der Gerontologie und der Geriatrie. Empfehlungen zu ihrer zukünftigen Entwicklung. DÄBl 1992, S. A-4025 ff.

II. Die Aufgaben der Geriatrie

Die Aufgabe der geriatrischen Medizin besteht darin, die mit dem Alter zwangsläufig verbundenen körperlichen Veränderungen beim Patienten zu erkennen, die meist multimorbiden älteren Menschen zu behandeln und eine Rehabilitation des Patienten anzustreben. Die Behandlung erfasst sowohl medizinische, physiotherapeutische, ergotherapeutische als auch soziale Maßnahmen, die bestimmt sind, dem Menschen auch im Alter ein seinen Bedürfnissen entsprechendes selbständiges Dasein zu ermöglichen. Nach Abschnitt IV 15, B 1 der Weiterbildungsordnung 2004 umfasst die Klinische Geriatrie Prävention, Erkennung, Behandlung und Rehabilitation körperlicher und seelischer Erkrankungen im biologisch fortgeschrittenen Alter, die in besonderem Maße zu dauernden Behinderungen und dem Verlust der Selbständigkeit führen, unter Anwendung der spezifischen geriatrischen Methodik in stationären Einrichtungen mit dem Ziel der Wiederherstellung größtmöglicher Selbständigkeit.[4] Die – unabhänderliche – Problematik der Geriatrie besteht in der Tatsache, „dass Altern grundsätzlich irreversibel und nur durch soziale und psychologische Maßnahmen kompensiert werden kann".[5] Der „Erste Altenbericht" der Bundesregierung (1993) prognostiziert eine Verdoppelung des sog Altenquotienten bis zum Jahr 2030, dh auf 100 Personen der Altersgruppe 20–60 Jahre kommen 71 ältere Personen, nach Berechnungen der Rentenversicherer im Jahr 2020 auf einen Erwerbstätigen ein Rentner. Die Möglichkeiten der modernen Medizin lassen in Einzelfällen die Frage aufkommen, wann beim alten Menschen die Grenzen der geriatrischen Medizin erreicht sind. Dies gilt insbesondere für die Frage einer lebenserhaltenden Therapie beim moribunden Patienten. Führt eine Krankheit mit irreversiblen Schädigungen mit Sicherheit zum Tode des alten Menschen, stellt sich immer wieder die ebenso schwierige wie vielschichtige, letztlich natürlich vom erklärten oder mutmaßlichen Willen des Patienten abhängige Problematik, ob das zu Ende gehende Leben trotz gesicherter Diagnose und trotz vollständiger Pflegebedürftigkeit durch Antibiotika, Operationen und sonstige Behandlungen unter allen Umständen erhalten werden soll.[6]

III. Rechtliche Probleme der Geriatrie

Die ärztliche Behandlung und medizinische Versorgung des alten Menschen wirft neben den medizinischen zahlreiche rechtliche Probleme auf.[7] Die Hauptlast der Versorgung alter kranker Menschen trägt heute vorwiegend die Familie. Die Belastbarkeit der Familien nimmt aber ständig ab. Oft besteht Ehe- oder Kinderlosigkeit. Nicht selten müssen wegen der Altersentwicklung inzwischen zwei Generationen gleichzeitig versorgt werden. Angehörige und Nachbarn sollten zur Pflege motiviert und dafür auch angemessen entschädigt, ambulante Dienste müssen ausreichend organisiert und finanziert werden, damit Pflegebedürftige auch dann zuhause bleiben können, wenn die Angehörigen oder Nachbarn die erforderliche Pflege nicht oder nur teilweise übernehmen können. Die demographische Entwicklung erfordert zwingend den Ausbau nicht-stationärer geriatrischer Einrichtungen. Der Gesetzgeber hat entsprechend der staatlichen Aufgabe im Bereich der Geriatrie durch das *Zweite Gesetz zur Neuordnung von Selbstverwaltung und Eigenverantwortung in der gesetzlichen Krankenversicherung (2. GKV – Neuordnungsgesetz – 2. GKV-NOG) vom 23. 6. 1997 (BGBl 1997 I S 1520)* wesentliche Verbesserungen für die Versorgung alter und kranker Menschen geschaffen. Versicherte, die keiner Krankenhausbehandlung bedürfen, haben im Rahmen der Verträge nach § 39a Abs 1 S 4 SGB V gem § 39a Abs 1 S 1 SGB V Anspruch auf einen **Zuschuss zu stationärer oder teilstationärer Versor-**

---

[4] OVG Nds MedR 05, 299, 301.
[5] So *Stähelin* (Fn 1) Sp 393.
[6] Vgl Kap 22 § 132 „Die ärztliche Sterbehilfe" und § 149.
[7] Siehe den Bericht über die 31. Richterwoche des BSG v 26.–28. 10. 99 in Kassel unter dem Thema: „Deutschland wird älter" (NJW 2000, 854).

gung in Hospizen, in denen palliativ-medizinische Behandlung erbracht wird, wenn eine ambulante Versorgung im Haushalt oder der Familie des Versicherten nicht erbracht werden kann. Nach § 132 ist eine neue Vorschrift § 132 a SGB V eingefügt worden, die die Versorgung mit häuslicher Krankenpflege betrifft. Nach § 132 a Abs 1 S 1 SGB V sollen die Spitzenverbände der Krankenkassen und die für die Wahrnehmung der Interessen von Pflegediensten maßgeblichen Spitzenorganisationen auf Bundesebene gemeinsam und einheitlich unter Berücksichtigung der Richtlinien nach § 92 Abs 1 S 2 Nr 6 gemeinsame Rahmenempfehlungen für die einheitliche Versorgung mit häuslicher Krankenpflege abgeben. Über die Einzelheiten der **Versorgung mit häuslicher Krankenpflege** sowie über die Preise und deren Abrechnung schließen die Krankenkassen Verträge mit den Leistungserbringern (§ 132 a Abs 2 S 1 SGB V). Die Leistungen nach dem SGB treten ergänzend neben diejenigen nach der Pflegeversicherung, deren Leistungen durch das Pflege-Weiterentwicklungsgesetz v 14. 3. 08, in Kraft getreten seit 1. 7. 08, wesentlich verbessert wurden.

4 Kann ein **Volljähriger** aufgrund einer psychischen Krankheit oder einer körperlichen, geistigen oder seelischen Behinderung seine **Angelegenheiten ganz oder teilweise nicht besorgen,** so bestellt gem § 1896 Abs 1 S 1 BGB das Betreuungsgericht[8] auf seinen Antrag oder von Amts wegen für ihn einen **Betreuer.** Ist Eile geboten, kann der Vormundschaftsrichter durch einstweilige Anordnung für 6 Monate einen vorläufigen Betreuer bestellen, wobei für dieses Eilverfahren das Betreuungsgericht zuständig ist, in dessen Bezirk sich der Patient befindet (§§ 69 ff FGG). Leider ist die Praxis in der Regel aber sehr schwerfällig, wenn sich nicht vorher Betreuungsrichter und Ärzte auf ein bestimmtes Procedere verständigt haben (zB durch gemeinsames Ausarbeiten eines Antragsformulars, das per Fax hin- und hergeschickt wird). Grundsätzlich berührt die Anordnung einer Betreuung nicht die Geschäftsfähigkeit eines alten Menschen, so dass dieser durchaus imstande ist, wirksam einen ärztlichen Behandlungsvertrag abzuschließen. Der Betreuer darf nur für Aufgabenbereiche bestellt werden, in denen die Betreuung erforderlich ist (§ 1896 Abs 2 S 1 BGB). Ist zB für die Vermögensangelegenheiten Betreuung angeordnet worden, bleibt der Patient rechtlich imstande, sein Selbstbestimmungsrecht in Gesundheitsangelegenheiten auszuüben. Er kann demgemäß in ärztliche Behandlungen oder Eingriffe einwilligen oder diese verweigern. Soweit sich die Betreuung auf Gesundheitsangelegenheiten erstreckt, bedarf der Betreuer zur Einwilligung bzw Nichteinwilligung in eine Untersuchung des Gesundheitszustandes, eine Heilbehandlung oder einen ärztlichen Eingriff der **Genehmigung des Betreuungsgerichts,** wenn die begründete Gefahr besteht, dass der Betreute aufgrund der Maßnahme stirbt oder einen schweren und länger dauernden gesundheitlichen Schaden erleidet (§ 1904 Abs 1 BGB nF). „Begründete" Gefahr bedeutet mehr als bloße Befürchtung, andererseits aber auch keine „dringende" Gefahr, vielmehr soll die Genehmigungspflicht erst zum Tragen kommen, wenn eine ernstliche, konkrete Erwartung der genannten Folgen besteht.[9] Die Genehmigung ist vom **Betreuer** (nicht vom Arzt) einzuholen, doch kann sich in Zweifelsfällen der Arzt unmittelbar an das Betreuungsgericht wenden und sich durch einen ablehnenden Bescheid Rechtsklarheit verschaffen. Sieht der Arzt durch die nicht erteilte Einwilligung des Betreuers seinen Patienten in Gefahr, kann er zur Prüfung des Missbrauchsvorwurfs (§ 1908 b BGB) das Betreuungsgericht anrufen. Zur Anwendung des § 1904 Abs 1 BGB auf den Fall des Behandlungsabbruchs s § 132 RdNr 37, 39. Die Betreuung ist nicht erforderlich, soweit die Angelegenheiten eines volljährigen alten Menschen durch einen **Bevollmächtigten** oder durch andere Hilfen, bei denen kein gesetzlicher Vertreter bestellt wird, ebenso gut wie durch einen Betreuer besorgt werden können (§ 1896 Abs 2

---

[8] Ab 1. 1. 2009 gilt das Gesetz über das Verfahren in Familiensachen u in Angelegenheiten der freiwilligen Gerichtsbarkeit (FamFG) v 17. 12. 2008 (BGBl I, 2586), das die Terminologie in „Betreuungsgericht" änderte.
[9] *Palandt-Diederichsen* § 1904 RdNr 5.

22. Kapitel. Besondere ärztliche Eingriffe und Sonderprobleme 5–8 § 137

S 2 BGB). Das Verhältnis der Betreuungsbedürftigkeit zur Geschäftsunfähigkeit ist leider bislang weitgehend ungeklärt.[10]

Besonders bei alten Menschen, die sich in einem Verwirrtheitszustand befinden, hat der Arzt sorgfältig zu prüfen, ob im Einzelfall nicht nur Geschäftsfähigkeit fehlt, sondern zugleich auch, ob der Patient oder die Patientin in der Lage ist, eine rechtswirksame Einwilligung zu einem Heileingriff zu erteilen. Bei unter Betreuung stehenden Patienten darf eine der in § 1904 Abs 1 S 1 BGB genannten medizinischen Maßnahmen ohne richterliche Genehmigung nur durchgeführt werden, wenn mit dem Aufschub Gefahr verbunden ist (§ 1904 Abs 1 S 2 BGB). Zustimmungsbedürftig sind vor allem auch die Unterbringung, unterbringungsähnliche Maßnahmen wie die Fixierung des Patienten im Bett oder die Anwendung von sedierenden Medikamenten, wenn die Maßnahmen über einen längeren Zeitraum wirken sollen. Nach §§ 1904 Abs 5, 1906 Abs 5 BGB bedarf auch der **Bevollmächtigte** in Gesundheitsangelegenheiten für die Zustimmung oder Nichtzustimmung zu ärztlichen Maßnahmen iS von § 1904 Abs 1 S 1 BGB bei fehlendem Einvernehmen mit dem Arzt und zur Unterbringung des Patienten oder ähnlichen Maßnahmen der Genehmigung des Betreuungsgerichts.[11] 5

Ist der Patient infolge seines Alters nicht mehr einwilligungsfähig, so muss doch alles getan werden, um seinen Wünschen und Vorstellungen soweit wie möglich Rechnung zu tragen. Dies gilt im Rahmen der Feststellung des mutmaßlichen Willens ebenso wie bei der Auslegung eines Patiententestaments, der Betreuungsverfügung, der Bestellung einer bestimmten Person zum Betreuer oder bei der Vertretung des Patienten durch einen Bevollmächtigten. Um diese Garantie des Selbstbestimmungsrechts so weit wie möglich zu gewährleisten und zugleich Ärzte und Pflegekräfte vor forensischen Konsequenzen zu schützen, sollten die Krankenhäuser Dienstanweisungen oder zumindest Empfehlungen für den Umgang mit „alten" Patienten herausgeben. Ziel müßte es sein, Patienten- und Betreuungsverfügungen sowie das Institut der Vorsorgevollmacht durch Auslegen entsprechender „Musterformulare" gezielt zu fördern, möglichst frühzeitig auf die Bestellung eines Betreuers hinzuwirken und mit dem zuständigen Betreuungsrichter durch gemeinsame Absprachen einen möglichst praktikablen, kurzen „Dienstweg" für die Betreuerbestellung zu schaffen. 6

Bei der Frage der **Einwilligungsfähigkeit** kommt es nicht auf die Geschäftsfähigkeit des Patienten, sondern auf seine natürliche Willensfähigkeit an, dh auf die Frage, ob sein Einsichtsvermögen und seine Urteilskraft ausreichen, um das Aufklärungsgespräch zu erfassen, insbesondere die notwendige Nutzen-Risiko-Abwägung nachzuvollziehen und eine eigenverantwortliche Entscheidung zu treffen. 7

Die Prüfung der Einwilligungsfähigkeit ist – ebenso wie die Aufklärung – Aufgabe des **behandelnden Arztes,** die natürlich auf erfahrene und zuverlässige Mitarbeiter **delegiert** werden darf. Zweifeln an der Einwilligungsfähigkeit muss der Arzt, der die Aufklärung bzw den Eingriff durchführen will, nachgehen und, soweit erforderlich, ärztliche Spezialisten, etwa den Psychiater oder Neurologen hinzuziehen. Auf deren Beurteilung darf er sich dann im Rahmen und in den Grenzen des Vertrauensgrundsatzes verlassen, dh wenn und soweit nicht besondere Umstände vorliegen, die zu Bedenken Anlass geben.

Die aus ärztlicher Sicht notwendigen Maßnahmen umfassen ein breites Spektrum, angefangen von der Medikation über das Röntgen bis zu großen Operationen. Da jeder mit einer Einwirkung auf die körperliche Integrität des Patienten verbundene Heileingriff aber nach der Rechtsprechung den objektiven Tatbestand einer Körperverletzung erfüllt, bedürfen auch die Gabe eines Medikaments, die Vornahme einer Injektion, Infusion, 8

---

[10] Vgl *Klüsener/Rausch* NJW 1993, 617; *Palandt/Diederichsen* § 1896 BGB RdNr 2; s zu den Begriffen Patientenverfügung, Vorsorgevollmacht und Betreuungsverfügung auch die Ausführungen unter § 132 RdNr 38 ff.
[11] Kritisch zu dieser „Entmündigung" des Patienten durch den Gesetzgeber *Uhlenbruck* ZRP 1998, 46.

Thromboseprophylaxe und Blutentnahme, das Anlegen eines Katheters oder die Anfertigung einer Röntgenaufnahme zur Rechtfertigung ebenso der Aufklärung und Einwilligung wie operative oder andere invasive Eingriffe.[12]

Es gibt also **keine ärztliche „Therapiehoheit"** über die durchzuführenden Maßnahmen, ohne dass diese vom Willen des Patienten getragen sind, der demnach auch ein Recht auf Unvernunft hat.

9   Wenn der Patient sich im Zeitpunkt des Heileingriffs oder des Abbruchs der Behandlung nicht mehr äußern kann, lässt sich mangels einer aktuellen Befragungsmöglichkeit sein Wille aus einer Patientenverfügung (antizipierte Willensbekundung)[13] entnehmen, hilfsweise aus früheren Äußerungen, Verhaltensweisen, Schriftstücken oder sonstigen Umständen herleiten, dh nur **mutmaßen** (§ 1901a Abs 2 BGB). Dabei besteht natürlich die Gefahr, dass diese Vermutung sich hinterher als falsch erweist, also der vom Arzt vermutete Wille nicht dem wirklichen Willen des Patienten entspricht. Dies gilt umso mehr, als die dabei auftretenden Fallgestaltungen höchst unterschiedlich sind und die ganze Bandbreite zwischen Unaufschiebbarkeit, etwa einer Notoperation, und der Aufschiebbarkeit des Eingriffs mit einer mehr oder weniger langen Entscheidungsfrist einnehmen. Den einen Pol markiert das Opfer eines Verkehrsunfalls – schwer verletzt, ohne Bewusstsein, aber mit guten Aussichten für eine restitutio ad integrum bei sofortigem ärztlichem Eingreifen, den Gegenpol bildet der Apalliker, der im Wachkoma befindliche Patient mit vollständigem Verlust der Bewegungs- und Kommunikationsfähigkeit oder der nicht mehr ansprechbare Patient, bei dem die Notwendigkeit eines Eingriffs ohne Zeitdruck vorgenommen werden muss. Zwischen diesen Extremen liegen die Fälle nicht entscheidungsfähiger Patienten mit allen Schattierungen in Bezug auf ihre Krankheit, die medizinische Indikation und die dem Arzt für seine Entscheidung zur Verfügung stehende Zeitdauer.[14]

10 Eilige, dringend indizierte Eingriffe oder gar notfallmäßige, akut notwendig werdende Maßnahmen entsprechen im Regelfall, wenn der Patient sich nicht vorher ablehnend geäußert hat, dem **mutmaßlichen Willen** oder sind durch den **rechtfertigenden Notstand** des § 34 StGB gedeckt. Es sind daher zwei Fragen zu prüfen:

(1) Liegt ein Veto des Patienten vor, hat er in entscheidungsfähigem Zustand den bevorstehenden Eingriff abgelehnt? Insoweit kommt schriftlichen Äußerungen vor Eintritt der Entscheidungs**un**fähigkeit, zB einer Patientenverfügung, einem Brief, einer vertraulichen Mitteilung oder Ähnlichem entscheidende Bedeutung zu. Denn der Gesetzgeber hat durch die Neuregelung der §§ 1901a, b, 1904 BGB der schriftlich festgelegten Patientenverfügung unabhängig von Art und Stadium der Erkrankung des Patienten bindende Kraft beigelegt.[15]

Dagegen werden mit Recht erhebliche Bedenken vorgebracht Denn es ist allgemein anerkannt, dass ein alter, schwerkranker oder kurz vor dem Sterben stehender Mensch durch die entscheidende Änderung seiner Lebensvoraussetzungen ein „anderer" geworden ist. Was er deshalb als Gesunder vor langer Zeit festgelegt hat, kann im wesentlichen oder gar in allen Punkten für die Situation der Krankheit, vor allem in einer zum Tode führenden Krankheitsphase, überholt sein.

Außerdem war möglicherweise der Inhalt der Patientenverfügung von einer momentanen Stimmung, von Irrtum oder Zwang beeinflusst oder im Zustand fraglicher Einwilligungsfähigkeit abgefasst, so dass statt der rigorosen Entscheidung des Gesetzgebers eine diesen Aspekten Rechnung tragende Lösung sinnvoller gewesen wäre, dh der Patientenverfügung keine absolute Verbindlichkeit, sondern lediglich Indizcharakter bei der Erfor-

---

[12] Siehe dazu § 138.
[13] BGH JZ 2003, 732 ff.
[14] *Ulsenheimer*, Zur Erforschung des mutmaßlichen Willens bei fehlender Einwilligungsfähigkeit des Patienten, Ains 2000, 693 ff.
[15] Siehe dazu oben § 132 RdNr 34 ff, insbesondere RdNr 38 ff.

schung des mutmaßlichen Willens eines Patienten zuzuerkennen. Je zeitnäher das Patiententestament allerdings formuliert ist und je mehr die Umstände darauf hindeuten, dass der Patient selbst es als Ausdruck seines wirklichen Willens betrachtet (zB bei sich führt, notariell beglaubigt oder unter Zeugen abgefasst hat), je genauer er umrissen hat, welche ärztlichen Maßnahmen in welcher Krankheitssituation er wünscht und welche nicht, je weniger konkrete Gegengründe ersichtlich sein, umso größer ist auch nach dieser restriktiven Auffassung die verpflichtende Wirkung solcher Erklärungen.[16] Der BGH geht nur bei irreversiblem tödlichem Krankheitszustand, der sogar „mit letzter Sicherheit" feststehen muss, von der bindenden Wirkung einer Patientenverfügung aus, wenn diese nicht widerrufen wurde und die aktuelle Behandlungssituation erfasst.[17]

(2) Liegt eine schriftliche oder mündliche Äußerung des Patienten *nicht* vor und sind auch keine sonstigen auf einen bestimmten Willen hindeutenden Umstände ersichtlich, greift bei Eilbedürftigkeit die mutmaßliche Einwilligung als Rechtfertigungsgrund ein. Danach kommt es auf den sog. **individuellen „hypothetischen Willen"** an. Es geht um ein Wahrscheinlichkeitsurteil dahin, dass der Betroffene, wenn er volle Kenntnis der Sachlage besessen hätte, von seinem **persönlichen** Standpunkt aus in die Maßnahme eingewilligt hätte.[18] Dabei sind „insbesondere frühere mündliche oder schriftliche Äußerungen, ethische oder religiöse Überzeugungen und sonstige persönliche Wertvorstellungen zu berücksichtigen" (§ 1901a Abs 2 S 2 BGB).

Steht ein **elektiver** Eingriff an und damit also genügend Zeit zur Verfügung, da keine unmittelbaren Gesundheitsgefahren drohen, muss der Arzt zunächst feststellen, ob der nicht mehr einwilligungsfähige, alte Patient einen „Vertreter im Willen" hat. Dann ist dieser aufzuklären und, soweit möglich, zusätzlich auch der Patient selbst zu unterrichten. Die Angehörigen können zwar bei der Ermittlung des Patientenwillens wichtige Auskünfte erteilen, aber ohne Einsetzung als Betreuer oder Bevollmächtigung seitens des Patienten ihn **nicht gesetzlich wirksam** vertreten. Ihr Wille ist also keineswegs für den Arzt verbindlich.

Im medizinischen Alltag wird aber fast überall anders verfahren. Ist der nicht einsichtsfähige volljährige Patient kooperativ und widersetzt er sich dem vorgesehenen Eingriff nicht oder kann er sich nicht äußern, so befragt man in der Praxis, sofern vorhanden, meist nahe Angehörige und begnügt sich auch bei **aufschiebbaren Eingriffen** mit der mutmaßlichen Einwilligung, die jedoch immer nur **subsidiär** eingreifen kann.

Rechtlich ist dies nicht korrekt, doch hat das damit verbundene haftungsrechtliche Risiko in dieser „Grauzone" bislang kaum zu Strafverfahren und Schadensersatzprozessen wegen vorsätzlicher oder fahrlässiger Körperverletzung geführt, was sich allerdings jederzeit ändern kann.

---

[16] Siehe auch OLG Frankfurt aM, JZ 1998, 799, 800.
[17] BGH JZ 2003, 732 ff.
[18] Siehe dazu unter § 139 RdNr 65 ff.

23. Kapitel. Der Arzt im Strafrecht

§ 138 Die strafrechtliche Beurteilung ärztlicher Heilbehandlung (ärztlicher Eigenmacht)

Inhaltsübersicht

	RdNr
I. Die beiden gegensätzlichen Grundthesen in Rechtsprechung und Lehre	1
II. Die Auffassung der Judikatur	2
III. Die Grundposition der herrschenden Lehre im Schrifttum	5
IV. Differenzierungen in der Literatur: „Handlungs-" und „Erfolgstheorie"	8
1. Die „Handlungstheorie"	9
2. Die „Erfolgstheorie"	10
3. „Körperbezogene Selbstbestimmung" als Schutzgut	11
V. Zusammenfassung zum Meinungsstand	12

Schrifttum: *Baumann,* Körperverletzung oder Freiheitsdelikt, NJW 1958, 2092–2094; *Bockelmann,* „Empfiehlt es sich, dass der Gesetzgeber die Fragen der ärztlichen Aufklärungspflicht regelt?", Verhandlungen des 44. Deutschen Juristentages Hannover 1962, hrsg von der ständigen Deputation des Deutschen Juristentages, Bd I, Teil 4; *ders,* Operativer Eingriff und Einwilligung des Verletzten, JZ 1962, 525; *Boiger,* Der ärztliche Heileingriff in strafrechtlicher Sicht unter Berücksichtigung des minderjährigen Patienten, Diss 1984; *Boll,* Strafrechtliche Probleme bei Kompetenzüberschreitungen nichtärztlicher medizinischer Hilfspersonen in Notsituationen, 2001; *Bussmann,* Die strafrechtliche Beurteilung von ärztlichen Heileingriffen 1984, zugl Diss 1984; *Büttner,* Die deliktsrechtliche Einordnung der ärztlichen Eingriffsaufkärung – ein juristischer Behandlungsfehler? FS Geiß 2000, 353; *Cramer,* Ein Sonderstraftatbestand für die eigenmächtige Heilbehandlung, FS Lenckner 1998, S 761; *Deutsch,* Novellierung des Arztstrafrechts? Arztstrafrecht im internationalen Vergleich, ZaeFQ 1998, 574; *Dietmeier,* Marburger Strafrechtsgespräche 1997, ZStW 110 1998, 393; *Duttge,* Zum Unrechtsgehalt des kontraindizierten ärztlichen „Heileingriffs", MedR 2005, 705 ff; *Ebermayer,* Arzt und Patient in der Rechtsprechung 1924; *ders,* Arzt und Recht: Rechtliches Handbuch für Ärzte 1930; *Eisenmenger,* Zwischenfälle bei endoskopischen Eingriffen und ihre Beurteilung aus rechtsmedizinischer Sicht, Beiträge zur gerichtlichen Medizin 1980, 25; *Engisch,* Die rechtliche Bedeutung der ärztlichen Operation, in: R Stich/ K H Bauer (Hrsg), Fehler und Gefahren bei chirurgischen Operationen, Bd II, 3. Aufl 1958, S 1521–1557; *ders,* Heileingriff und ärztliche Aufklärungspflicht, in: *Engisch/Hallermann,* Die ärztliche Aufklärungspflicht aus rechtlicher und ärztlicher Sicht, 1970, S 7–43; *ders,* Der Arzt im Strafrecht – Bemerkungen zu dem gleichnamigen Buche von Eberhard Schmidt, MschrKrimBiol 30 (1939), 414; *ders,* Arzt und Patient in der Sicht des Strafrechts, Universitas 1965, 469; *ders,* Warum ist der ärztliche Heileingriff nicht als Körperverletzung anzusehen?, Berl ÄBl 1967, 590; *Eser,* Medizin und Strafrecht: Eine schutzgutorientierte Problemübersicht, ZStW 97 (1985), S 1–46; *ders,* Recht und Medizin, 1990; *ders,* Zur Regelung der Heilbehandlung in rechtsvergleichender Perspektive, FS Hirsch 1999, 465 ff; *Fehn,* Der medizinische Heileingriff als Körperverletzung und die strafrechtliche Bedeutung von Aufklärungsmängeln im Überblick, GesR 2009, 11 ff; *Flohr,* Arzthaftung in Österreich, Eine rechtsvergleichende Darstellung des deutschen und österreichischen Arzthaftpflichtrechts, Diss 1997; *Freund,* Der Entwurf eines 6. Gesetzes zur Reform des Strafrechts, ZStW 109, 465; *Frühwirt,* Der Behandlungsfehler aus der Sicht des Strafrichters, FS Maresch 1988, S 321; *Geilen,* Der ärztliche Spagat zwischen „salus" und „voluntas aegroti", in: FS Schwind, 2006, S 289 ff; *ders,* in: Wenzel (Hrsg), Hb FA MedizinR, 2. Aufl 2009, Kap 4 B RdNr 409 f; *R Gerhardt,* Die Heilbehandlung soll keine Körperverletzung mehr sein, Recht und Gesellschaft 1972, S 53–55; *F Goller,* Der einverständlich vorgenommene, sachgerechte, aber erfolglos gebliebene ärztliche Heileingriff, 1971; *Graefel/Clauß,* Arzt und Körperverletzung, JR 1962, 254; *Gropp,* Ärztliches Handeln als Körperverletzung aus Sicht der Rechtslehre und Jurisdiktion, ZaeFQ 1998, S 536–542; *Grünwald,* Heilbehandlung und ärztliche Aufklärungs-

§ 138 § 138 Die strafrechtliche Beurteilung ärztlicher Heilbehandlung

pflicht, in: *Göppinger* (Hrsg), Arzt und Recht, Medizinisch-juristische Grenzprobleme unserer Zeit, 1966, S 125 ff; *Hartmann,* Eigenmächtige und fehlerhafte Heilbehandlung, 1999; *Hayler,* Wandlungen in der strafrechtlichen Beurteilung ärztlicher Heilbehandlung (Zugleich ein Vorschlag zur Neufassung von § 161 und § 162 der Entwürfe eines Strafgesetzbuches 1960 und 1962), 1964; *Heilmann,* Der Stand der deliktischen Arzthaftung, NJW 1990, 1513; *Heinemann,* Frau und Fötus in der Prä- und Perinatalmedizin, 2000 (Diss 1997); *Heimberger,* Arzt und Strafrecht, Frank-Festgabe Bd I (1930), S 389; *H-J Hirsch,* Probleme der Körperverletzungsdelikte nach deutschem und japanischem Strafrecht im Vergleich, Recht in Ost und West, FS zum 30jährigen Jubiläum des Instituts für Rechtsvergleichung der Waseda Universität, 1988, S 853; *ders,* Zur Frage eines Straftatbestandes einer eigenmächtigen Heilbehandlung, Zipf-Gedenkschrift 1999, S 353; *ders,* Rechtfertigungsfragen und Judikatur des Bundesgerichtshofs, BGH-FS 2000, Bd IV, S 199; *Jäger,* Die Delikte gegen Leben und körperliche Unversehrtheit nach dem 6. Strafrechtsreformgesetz – Ein Leitfaden für Studium und Praxis, JuS 2000, 31 ff; *Jung/Meiser/Müller* (Hrsg), Aktuelle Probleme und Perspektiven des Arztrechts, 1989; *Kargl,* Körperverletzung durch Heilbehandlung, GA 2001, 538; *Krauß,* Der „Kunstfehler" oder zur Bedeutung juristischer Kategorien für die Bewertung ärztlichen Handelns, Arzt und Patient zwischen Therapie und Recht (Medizin und Recht Bd 11), 1981, 141; *Kuhlen,* Ausschluss der objektiven Zurechnung bei Mängeln der wirklichen und der mutmaßlichen Einwilligung, FS Müller-Dietz, 2001, S 431; *Laufs,* Zum Wandel des ärztlichen Berufsrechts, FS Geiger 1989, S 228; *ders,* Reform der Arzthaftung? NJW 1996, 2413; *Lenckner,* Der ärztliche Eingriff, insbesondere der Heileingriff, in: *B Forster* (Hrsg), Praxis der Rechtsmedizin für Mediziner und Juristen, 5. Aufl 1986, S 592–602; *Lilie,* Forschung am Menschen in Deutschland – Rechtsgrundlagen und Rechtsentwicklung, in: *Lippert/Eisenmenger,* Forschung am Menschen: Der Schutz des Menschen – die Freiheit des Forschers 1999, S 1; *ders,* Zur Entkriminalisierung des Arztrechts, in: *Husfeld/Raschke,* Thrombosen und Embolien-Arzthaftung 1993, S 209; *ders,* in: *G Fischer/H Lilie,* Ärztliche Verantwortung im europäischen Rechtsvergleich, 1999; *R Maurach,* Zum heutigen Stand der Meinungen über die strafrechtliche Beurteilung ärztlicher Heileingriffe, Zeitschrift für das gesamte Arztrecht 1952, S 135–142; *M-K Meyer,* Die Reform der Heilbehandlung ohne Ende – Ein Beitrag zum geltenden Strafrecht und zum Referentenentwurf des Bundesjustizministeriums 1996, GA 1998, S 415–427; *Mitsch,* Strafrechtlicher Schutz gegen medizinische Behandlung, 2000; Münchener Kommentar – *Wagner,* BGB, 4. Aufl 2004, § 823 RdNr 661–665; *P Neuhaus,* Ärztliches Handeln als Körperverletzung aus Sicht des Chirurgen, ZaeFQ 1998, S 542–546; Niederschriften über die Sitzungen der Großen Strafrechtskommission, Bd 7, Besonderer Teil, 67. bis 75. Sitzung, Bonn 1959; *Noll,* Der ärztliche Eingriff in strafrechtlicher Sicht, Zeitschr für die ges ger Medizin 1966, 12; *Riedelmeier,* Ärztlicher Heileingriff und allgemeine Strafrechtsdogmatik, Diss 2004; *Sauer,* Tatbestand und Rechtswidrigkeit, Heilbehandlung und Einwilligung, GerS 113, 1939, 79; *Schaffstein,* Soziale Adäquanz und Tatbestandslehre, ZStW 72 1960, S 369–396; *Schick,* Zur strafrechtlichen Verantwortung des Arztes, in: *Holzer/Posch/Schick,* Arzt und Arzneimittelhaftung in Österreich, 1992, S 74; *Schmid,* Strafrechtliche Schranken gegen Manipulation mit ungeborenem Leben? Eine Problemübersicht und Hinweise auf amerikanische Lösungsansätze, FS Hegnauer 1986, S 433; *Eb Schmidt,* Der Arzt im Strafrecht, 1939, 69 ff; ders in: Ponsold, Lb der gerichtlichen Medizin, 2. Aufl 1957, S 1; *H-L Schreiber,* Handlungsbedarf für den Gesetzgeber, in: *Laufs/Dierks/Wienke/Graf-Baumann/ Hirsch,* Die Entwicklung der Arzthaftung, 1997, S 341; *ders,* Novellierung des Arztstrafrechts – Juristische Gründe, ZaeFQ 1998, 568; *ders,* Zur Reform des Arztstrafrechts, FS Hirsch 1999, S 713; *ders,* Rechtliche Grundlagen der psychiatrischen Begutachtung, in: *Venzlaff/Foerster,* Psychiatrische Begutachtung 2000, S 1; *ders,* Strafrecht der Medizin, BGH-FS 2000, Bd IV, S 503; *F C Schroeder,* Begriff und Rechtsgut der „Körperverletzung", FS Hirsch 1999, 725; *Schroth,* Zwischen Experiment und Heilbehandlung, Moderne Medizin und Strafrecht, Ein Vademecum für Ärzte und Juristen über strafrechtliche Grundfragen ärztlicher Tätigkeitsbereiche, hrsg von *A Kaufmann,* 1989, S 51–52; *ders,* Ärztliches Handeln und strafrechtlicher Maßstab, in *Roxin/Schroth* (Hrsg), Handbuch des Medizinstrafrechts, 3. Aufl 2007, S 23 ff; *G Schulz,* Arzt und Strafrecht, Kriminalistik 1973, S 64–65; *Schwalm,* Die strafrechtliche Bedeutung der ärztlichen Aufklärungspflicht, MDR 1960, S 722–726; *Stächelin,* Das 6. Strafrechtsreformgesetz – vom Streben nach Harmonie, großen Reformen und höheren Strafen, StV 98, 100; *Steffen/Pauge,* Arzthaftungsrecht: neue Entwicklungslinien der BGH-Rechtsprechung, 10. Aufl 2006; *Sternberg-Lieben,* Strafbarkeit eigenmächtiger Genomanalyse, GA 1990, 289; *Stoos,* Operativer Eingriff und Körperverletzung, in: *A. Eser,* (Hrsg.), Recht und Medizin, 1990, S 55–64; *Struensee,* Straftaten gegen die körperliche Unversehrtheit, in: *Dencker/Struensee/ Nelles/Stein,* Einführung in das 6. Strafrechtsreformgesetz 1998, 2. Teil RdNr 59 ff; *Tag,* Der Körperverletzungstatbestand im Spannungsfeld zwischen Patientenautonomie und Lex artis, 2000; *Taupitz,*

23. Kapitel. Der Arzt im Strafrecht 1, 2 § 138

Der deliktsrechtliche Schutz des menschlichen Körpers und seiner Teile, NJW 1995, 745; *Trockel H*, Der ärztliche Heileingriff im System der Strafrechtsordnung, MedKlin. 70 1975, S 1153–1158; *Tröndle*, Verordnung von Kontrazeptiva an Minderjährige – eine Straftat?, FS Schmitt 1992, S 231; *Ulsenheimer*, Arztstrafrecht in der Praxis, 4. April 2008, RdNr 56 ff; *Voll*, Die Einwilligung im Arztrecht, 1996; *Weiß*, Der sorgfaltswidrige Heileingriff: Eine Strafrechtsvergleichung zwischen Deutschland und den USA, 1987; *Woesner*, Die strafrechtliche Verantwortlichkeit des Arztes beim Heileingriff, ArztR 1966, S 239–243; *Wolfslast*, Psychotherapie in den Grenzen des Rechts, Medizin in Recht und Ethik (1985), zugl Diss 1984; *Zielinska*, Das Verhältnis der standesrechtlichen und der strafrechtlichen Verantwortlichkeit des Arztes, MedR 1990, 313.
Siehe auch die Schrifttumshinweise zu §§ 139 und 140.

I. Die beiden gegensätzlichen Grundthesen in Rechtsprechung und Lehre

Die Entscheidung des **Reichsgerichts** vom 31. 5. 1894,[1] die die absolut indizierte, lege artis durchgeführte und im Ergebnis erfolgreiche Amputation des Fußes eines siebenjährigen Kindes gegen den erklärten Willen des Vaters als **„tatbestandsmäßige Körperverletzung"** qualifizierte, löste in der Ärzteschaft einen Sturm der Entrüstung über den juristischen Formalismus, das fehlende Einfühlungsvermögen und die Wirklichkeitsferne der Richter aus, der den Beginn des „kalten Krieges" zwischen Medizinern und Juristen markiert. Unendlich viel ist seitdem von kompetenter und weniger kompetenter Seite zur rechtlichen Problematik des ärztlichen Heileingriffs gesagt und geschrieben, unendlich oft das Pro und Contra der verschiedenen Auffassungen teils in ruhiger Sachlichkeit, teils mit ätzender Polemik dargelegt worden. Es ist daher an dieser Stelle weder möglich noch sinnvoll, den jahrzehntelangen, ausgeuferten Meinungsstreit erneut aufzurollen und die kaum noch übersehbare Literatur in ihrer Entwicklung und mit allen Einzelheiten darzustellen. Festzuhalten ist hier lediglich, dass sich bis heute die beiden gegensätzlichen Grundpositionen unversöhnlich gegenüberstehen, die zu dem tiefen Zerwürfnis zwischen Ärzten und Gerichten, aber auch „zu einer unüberwindbaren Kluft zwischen Rechtsprechung und Lehre"[2] geführt haben: die These der Rechtsprechung, wonach jeder ärztliche Eingriff tatbestandlich eine Körperverletzung gemäß § 223 StGB bedeutet und daher zu ihrer Rechtfertigung der Einwilligung des Patienten bedarf, und auf der anderen Seite die trotz aller Nuancierungen und Unterschiede im Einzelnen früher fast einhellige, auch heute – trotz wachsender Zustimmung zur Rechtsprechung – immer noch herrschende[3] Auffassung des Schrifttums, dass die ärztliche Heilbehandlung schon den Tatbestand der Körperverletzung nicht erfüllt.

II. Die Auffassung der Judikatur

Nach Ansicht des Reichsgerichts kommt es auf den verfolgten Heilungszweck oder gar auf den Erfolg des Eingriffs nicht an, vielmehr ist **die zwischen Arzt und Patient bestehende Willensübereinstimmung** der leitende und entscheidende Gesichtspunkt. Der Kranke räume dem Arzt „nicht eine unbeschränkte Gewaltherrschaft über seine Person" ein, sondern könne den Handlungsauftrag widerrufen, den Arzt wechseln und „der Anwendung jedes einzelnen Heilmittels, seien es innerlich wirkende Medikamente, seien es äußere operative Eingriffe, rechtswirksam Weigerung"[4] entgegensetzen. In dem Augenblick, in dem der Patient seine Zustimmung zu irgendeiner ärztlichen Maßnahme zurückziehe, erlösche „auch die Befugnis des Arztes zur Behandlung und Mißhandlung einer bestimmten Person für Heilzwecke". Daraus zieht das Reichsgericht den Schluss, dass derjenige Arzt, welcher vorsätzlich für Heilzwecke Körperverletzungen verübt, ohne sein Recht hierfür „aus Vertrag oder vermuteter Einwilligung herleiten zu können, rechtswidrig

---

[1] RGSt 25, 375; s zum Ganzen *Tag*, der Körperverletzungstatbestand im Spannungsfeld zwischen Patientenautonomie und Lex artis, 2000, S 6 ff; *Ulsenheimer*, Arztstrafrecht in der Praxis, 4. Aufl 2008, RdNr 56 ff.
[2] *Niese*, FS Eb Schmidt, S 364.
[3] Siehe LK-*Lilie*, 11. Aufl 2001, vor § 223 RdNr 3, Fn 12, 13.
[4] RGSt 25, 375, 382.

handelt" und „der solche Delikte verbietenden Norm des § 223 StGB unterliegt".[5] Ausnahmen von diesem Grundsatz, dass *jeder* mit einer Einwirkung auf die körperliche Integrität des Patienten verbundene Heileingriff den äußeren Tatbestand einer Körperverletzung erfüllt, gibt es nach diesem Ansatz nicht. Weder die Indikation noch die Art und Weise der Durchführung der ärztlichen Maßnahme noch deren Ergebnis, weder die Schwere noch der Bagatellcharakter des Eingriffs, weder die Art noch die Dringlichkeit noch das Ziel der ärztlichen Maßnahmen werden als Differenzierungskriterien anerkannt. Nicht nur die unaufschiebbare, zwingend gebotene, womöglich lebensrettende Operation, sondern jeder noch so kleine Eingriff, wie zB der Einstich einer Injektionsnadel, jede medikamentöse oder somatisch-psychische Behandlung, jede Applikation eines Medikaments, Bestrahlung oder psychotherapeutische Einwirkung stellt eine Körperverletzung dar. Dabei ist es gleichgültig, „ob die Maßnahme des Arztes angezeigt ist oder nicht, ob der Arzt fehlerhaft oder sachgerecht operiert und ob der Eingriff misslingt oder Erfolg hat":[6] ohne Einwilligung des Patienten begeht der Arzt **tatbestandlich** eine Körperverletzung im Sinne des § 223 StGB.

3   Der **Bundesgerichtshof**[7] hat sich dieser rigorosen Auffassung ausdrücklich mit der – ebenso unberechtigten wie etwas arroganten – Bemerkung angeschlossen, er sehe keine Veranlassung, „die hiergegen im Schrifttum geltend gemachten Einwände zu erörtern"[8], obwohl doch zweifellos die helfende und heilende Tätigkeit des Arztes mit der Körperverletzung durch Gewaltverbrecher oder Messerstecher „wesensmäßig nicht das allergeringste zu tun" hat.[9] Dahinter stehen, da natürlich auch die Judikatur die dogmatischen Bedenken und Folgerungen – Anwendbarkeit der qualifizierten Körperverletzungstatbestände (§§ 224, 226, 227 StGB) – sieht, eindeutig **kriminalpolitische Erwägungen.** Wenn nämlich die Eigenmächtigkeit der Heilbehandlung nicht unter die §§ 223 ff StGB subsumiert werden kann, bleiben nach geltendem Recht erhebliche Strafbarkeitslücken, da die Tatbestände der Freiheitsberaubung und Nötigung (§§ 239, 240 StGB) nur einen kleinen Ausschnitt der strafwürdigen und strafbedürftigen Fälle ärztlichen Handelns ohne Einwilligung des Patienten erfassen.[10]

4   Demgegenüber ist jedoch darauf hinzuweisen, dass Gesetzeslücken im Besonderen Teil des Strafrechts durch den **Gesetzgeber** geschlossen werden müssen und straffreies Verhalten nicht unter Verstoß gegen den verfassungsrechtlich verankerten Grundsatz nullum crimen sine lege geahndet werden darf, indem man die Körperverletzungstatbestände in Straftaten zum Schutz des Selbstbestimmungsrechts umfunktioniert. Daraus resultieren zahlreiche „ungelöste Konkurrenzprobleme"[11] und angesichts der inhaltlichen Unbestimmtheit des Umfangs der ärztlichen Aufklärungspflicht erhebliche Bedenken aufgrund des im Strafrecht geltenden Bestimmtheitsgebotes für Tatbestände (Art 103 Abs 2 GG). Hätte das Reichsgericht nicht diesen „die ärztliche Kunst diskreditierenden Systemfehler"[12] begangen und in RGSt 25, 375 den Freispruch des Arztes trotz seiner rigorosen Eigenmächtigkeit, mit der er den erklärten Willen des sorgeberechtigten Vaters einfach beiseite geschoben hat, also trotz eigentlich vorhandener Strafwürdigkeit bestehen lassen, „wäre der so dringend notwendige Tatbestand der eigenmächtigen Heilbehandlung längst in unser Strafgesetzbuch aufgenommen worden".[13]

---

[5] RGSt 25, 375, 382.
[6] *Bockelmann,* Strafrecht des Arztes, S 51.
[7] Grundlegend BGHZ 29, 46, 56 f.
[8] BGHSt 11, 111, 112.
[9] Stellungnahme der Dt. Ges. f. Chirurgie, 1958, zitiert bei *Schreiber* ZaeFQ 1998, 568; *Tag,* aaO S 439
[10] *A Kaufmann* ZStW 73 1961, 374.
[11] LK-*Lilie,* vor § 223 RdNr 6.
[12] *Schroeder,* in: *Maurach/Schroeder/Maiwald,* BT/1, 9. Aufl 2003, § 8 RdNr 23.
[13] *A Kaufmann* ZStW 73 1961, 374.

III. Die Grundposition der herrschenden Lehre im Schrifttum

Da durch die Einbeziehung des Rechts auf freie Entfaltung der Persönlichkeit in den 5
Schutzbereich der §§ 223 ff StGB „das System der gesetzlichen Tatbestände und der ihnen zugeordneten Rechtsgüter in rechtsstaatlich bedenklichster Weise aufgelöst würde",[14] ist die Grundposition der Judikatur trotz ihrer kriminalpolitischen Vorzüge abzulehnen. Die Tätigkeit des Chirurgen lässt sich nun einmal nicht auf eine Ebene mit der eines Messerstechers stellen, und auch im Allgemeinen Rechtsbewusstsein ist ärztliche Heilbehandlung weder wertmäßig noch begrifflich eine „Körperverletzung". Die herrschende Lehre begründet dies dogmatisch unter Rückgriff auf die grundlegenden Ausführungen von *Engisch*[15] damit, dass bei der Beurteilung des ärztlichen Heileingriffs nicht auf das rein objektive Erscheinungsbild, sondern auf die „soziale Sinnhaftigkeit"[16] der Behandlung eines kranken Patienten abzustellen sei. „Körperverletzung" dürfe deshalb nicht „äußerlich" verstanden, sondern müsse als „Körperinteressenverletzung" aufgefasst werden, also als „Verletzung des Interesses am Wohlergehen oder am subjektiven Wohlbefinden oder am Wohlaussehen".[17] So gesehen ist der ärztliche Eingriff zu Heilzwecken bereits tatbestandlich keine Körperverletzung, die evtl vorhandene „Eigenmächtigkeit" des Arztes, also das Handeln gegen oder ohne den – zumindest präsumierten – Willen des Patienten von den §§ 223 ff StGB nicht erfasst. Die Verletzung des Selbstbestimmungsrechts wird vielmehr durch die Freiheitsdelikte bestraft; denn der Unrechtsgehalt der eigenmächtigen Heilbehandlung „liegt nicht in der Zufügung eines schweren Körperschadens",[18] so dass es auch verfehlt wäre, bei derartigen Fallgestaltungen die qualifizierten Körperverletzungstatbestände anzuwenden, zB bei einer medizinisch indizierten Amputation eines Beines § 226 Abs 2 StGB.

Dabei ist klarzustellen, dass der Begriff der „Heilbehandlung" nur solche „Eingriffe 6
und andere Behandlungen" umfaßt, „die nach den Erkenntnissen und Erfahrungen der Heilkunde und den Grundsätzen eines gewissenhaften Arztes zu dem Zwecke erforderlich sind und vorgenommen werden, Krankheiten oder Leiden zu verhüten, zu erkennen, zu heilen oder zu lindern".[19] Rein kosmetische Operationen, die In-vitro-Fertilisation, Sterilisation und Kastration, Blutspenden und Transplantationen, soweit sie nicht den Patienten, sondern „Dritte" betreffen (zB die Organentnahme vom Lebenden nach § 8 TPG), sowie Eingriffe zu Forschungszwecken, das Doping oder der Schwangerschaftsabbruch innerhalb der ersten drei Monate nach Beratung (§ 218a Abs 1 StGB) sind dagegen „unzweifelhaft tatbestandsmäßige Körperverletzungen", die allerdings bei Vorliegen eines Rechtfertigungsgrundes rechtmäßig sein können.[20]

Dasselbe gilt für die gegenwärtig lebhaft diskutierte sog **„Wunschsectio"**, also die Vor- 7
nahme eines Kaiserschnitts ohne jede medizinische Indikation.[21] Wenn der Arzt nach einer besonders eindringlichen, intensiven und umfassenden Aufklärung der Schwangeren auf deren – bloßen – Wunsch die Sectio vornimmt und dabei weiß, dass diese auf einem freiwilligen, verantwortlichen Entschluss der Frau und achtenswerten – allerdings nicht medizinischen – Gründen beruht, verstößt er weder gegen die guten Sitten noch gegen seine allgemeinen Berufspflichten, so dass straf-, zivil- oder berufsrechtliche Sanktionen

---

[14] *Niese*, FF Eb Schmidt, S 366; *Eb Schmidt* JR 1958, 227.
[15] ZStW 58, 1 ff.
[16] *Eb Schmidt*, Arzt im Strafrecht, S 70.
[17] *Engisch* ZStW 58, 5.
[18] LK-*Lilie*, vor § 223 RdNr 3.
[19] So die Definition in § 161 des Entwurfs eines Strafgesetzbuchs von 1960 (E 1960).
[20] Vgl *A Kaufmann* ZStW 73 1961, 370.
[21] Siehe dazu *Ulsenheimer*, Ist ein Eingriff ohne medizinische Indikation eine Körperverletzung? Wunschsectio aus rechtlicher Sicht, in: Geburtshilfe und Frauenheilkunde 2000, Bd 60, S 61 ff; *ders*, Wunschsectio: Forensische Aspekte, Gynäkologe 2000, S 882 ff; *ders*, Arztstrafrecht in der Praxis, RdNr 57 d mwN; *Rumler-Detzel* ZaeFQ 2006, 684 ff.

ausscheiden.²² Die verschiedentlich missverstandene, in Begründung und Ergebnis unrichtige Entscheidung des Bundesgerichtshofs vom 22. 2. 1978²³ sagt nichts anderes, sondern betont ausdrücklich: „Nicht jede ärztliche Maßnahme geschieht zu Heilzwecken. Der Arzt führt vielmehr in grundsätzlich zulässiger Weise auch Behandlungen durch, die wie Sterilisation oder kosmetische Operationen anderen Zielen dienen können." Daher stellte sich im konkreten Fall die Frage der Rechtswirksamkeit der Einwilligung, die mangels Einsichtsfähigkeit der Patientin verneint wurde. Die zitierte höchstrichterliche Entscheidung ist also ein eindeutiger Beleg dafür, dass die Gleichung: fehlende medizinische Indikation = mangelnde Rechtmäßigkeit bzw Unzulässigkeit des Eingriffs **nicht** gilt. Der Arzt kann zwar nicht zu einem Handeln gegen die lex artis gezwungen werden,²⁴ denn „abgesehen von Notfällen ist er in seiner Entscheidung über die Behandlungsaufnahme frei",²⁵ wohl aber darf er unter Beachtung des Selbstbestimmungsrechts des Patienten jede nicht sittenwidrige Maßnahme vornehmen.

IV. Differenzierungen in der Literatur: „Handlungs-" und „Erfolgstheorie"

8 Ausgehend von dieser Grundthese der hL ist der Meinungsstand im Schrifttum allerdings in vielen Einzelfragen kontrovers. Streitig ist insbesondere die Frage, ob der medizinisch indizierte und lege artis durchgeführte Heileingriff unabhängig von seinem Erfolg oder Misserfolg keine tatbestandsmäßige Körperverletzung darstellt. Insoweit stehen sich zwei unterschiedliche theoretische Ansätze gegenüber, die jeweils von gewichtigen Stimmen in der Literatur vertreten werden:

9 **1. Die „Handlungstheorie":** Die „Handlungstheorie" stellt für die Bewertung der ärztlichen Maßnahme auf den Zeitpunkt ihrer Vornahme ab und lässt die „tatsächlichen Auswirkungen selbst" außer Betracht.²⁶ Danach kommt es auf die Zweckrichtung der Handlung, den subjektiven Heilwillen an, so dass bei einwandfreier ärztlicher Indikation und „kunstgerechtem" Verhalten des Arztes der Tatbestand der Körperverletzung bzw Tötung entfällt, selbst wenn der Patient einen Gesundheitsschaden oder sogar den Tod erleidet. „Mit diesem tragischen Risiko muss medizinische Wissenschaft und ärztliche Kunst, muss auch der lebenserfahrene Patient immer wieder rechnen",²⁷ und dieses Risiko darf deshalb nicht einseitig zulasten des Arztes ausschlagen. Auf die Einwilligung des Patienten kommt es beim ordnungsgemäßen, aber misslungenen Heileingriff nicht an.

10 **2. Die „Erfolgstheorie":** Der vorgenannten Auffassung steht die „Erfolgstheorie" gegenüber, die zwischen gelungenem und misslungenem Heileingriff unterscheidet. Die erfolgreiche ärztliche Maßnahme, die die Gesundheit des Patienten wiederherstellt, erhält oder sichert, ist mangels Tatbestandsmäßigkeit nicht als Körperverletzung strafbar, unabhängig von der Frage, ob der Arzt den Patienten aufgeklärt und dieser wirksam eingewilligt hat. Der erfolglose oder missglückte Heileingriff dagegen, der – aufs ganze gesehen – im Endeffekt zu einer Minderung des körperlichen Wohlbefindens, zu einer Verschlechterung des Gesundheitszustandes des Patienten führt, erfüllt den Tatbestand der Körperverletzung, kann jedoch uU durch die Einwilligung des Patienten gerechtfertigt sein.²⁸

---

²² So auch *LK-Hirsch,* 12. Aufl 2001, § 228 RdNr 48; *Rumler-Detzel* GesR 2006, 241 ff; aA OLG Koblenz MedR 2007, 365, 366.
²³ BGH NJW 1978, 1206.; s dazu krit. *Schönke/Schröder/Eser,* § 223 RdNr 50; *Horn* JuS 1979, 29 ff; *Hruschka* JR 1979, 519 ff; *Rogall* NJW 1978, 2344 ff; abl *Amelung* JR 1999, 45 ff; *Duttge* MedR 2005, 706, 707 ff.
²⁴ *Tröndle* MDR 1983, 885.
²⁵ *Eser,* in: Recht und Medizin, 1990, S 350.
²⁶ *Eb Schmidt,* Arzt im Strafrecht, S 73.
²⁷ *Eb Schmidt,* Arzt im Strafrecht, S 70.
²⁸ Vgl dazu *Schönke/Schröder/Eser* StGB, 27. Aufl 2006, RdNr 30 zu § 223; *A Kaufmann* ZStW 73 1961, 371, 372 jeweils mit den einschlägigen Nachweisen aus dem Schrifttum für die verschiedenen

3. „Körperbezogene Selbstbestimmung" als Schutzgut. In jüngerer Zeit gewinnt 11
auch im Schrifttum die Auffassung der Rechtsprechung zum ärztlichen Heileingriff
zunehmend an Boden. Unter besonderer Betonung der Wahrung des Selbstbestimmungsrechts und der Menschenwürde des Patienten haben namhafte Strafrechtler sich
die These zu eigen gemacht, dass dessen personale Rechte hinreichend nur im Wege der
Strafbarkeit des Heileingriffs als Körperverletzung geschützt werden können.[29] Die herrschende Lehre im Schrifttum leide nämlich an dem entscheidenden kriminalpolitischen
Mangel, dass sie „zu einer Schutzlosigkeit des Rechtsguts führe, das mit der verfassungsrechtlichen Wertentscheidung des Art 2 Abs 2 Satz 1 iVm Art 1 Abs 2 GG nicht zu vereinbaren und durch Rückgriff auf §§ 239, 240 StGB auch nicht kompensierbar sei."[30] Auch
gegenüber diesen durchaus beachtenswerten Argumenten ist jedoch darauf hinzuweisen,
„dass sie über den Begriff der körperbezogenen Selbstbestimmung letztlich Freiheitsgesichtspunkte in das Rechtsgut des § 223 StGB hineinschleusen"[31] und damit die „Monokultur" der ärztlichen Aufklärung fördern,[32] die erheblichen strafrechtlichen Bedenken
ausgesetzt ist (siehe oben RdNr 4).

V. Zusammenfassung zum Meinungsstand

Zusammenfassend ist festzustellen: die eigenmächtige Heilbehandlung ist – unbescha- 12
det der dargestellten unterschiedlichen Lehrmeinungen in Rechtsprechung und Literatur
– ein Sonderproblem, zu dessen Lösung der Gesetzgeber aufgerufen ist. Zwischen den
kollidierenden Interessen der Patienten – Selbstbestimmungsrecht und körperliche Integrität – auf der einen und den Interessen der Ärzte auf der anderen Seite, die berechtigterweise vor Diskriminierung und unzumutbarem strafrechtlichem Risiko geschützt werden
wollen, muss ein Kompromiss geschaffen werden. Dieser kann – unter Berücksichtigung
der Gesichtspunkte der Kriminalpolitik und der Dogmatik – nur in einem **eigenständigen Straftatbestand** der „verbotenen ärztlichen Eigenmacht" bestehen. Sämtliche
Entwürfe zur Reform des Strafgesetzbuchs seit 1911 hatten deshalb einen besonderen Tatbestand der „eigenmächtigen Heilbehandlung" vorgesehen, „um die Strafhaftung des Arztes unter Rechtsgutsgesichtspunkten sachgerecht entweder als Verstoß gegen das Selbstbestimmungsrecht des Patienten oder als Verletzung von Leib und Leben erfassen zu
können".[33] Bedauerlicherweise war jedoch keinem dieser zahlreichen Reformvorschläge
Erfolg beschieden.[34] Solange der Gesetzgeber aber hier nicht eingreift und den seit über
100 Jahren bestehenden Mißstand beseitigt, „müssen letztlich alle Bestrebungen der Strafrechtswissenschaft" in diesem Bereich „Stückwerk bleiben",[35] weil eine kriminalpolitische
Alternative fehlt.[36]

Nach jahrelangem Stillstand kam 1996 überraschend Bewegung in die festgefahrene 13
Situation. Im Rahmen des **Referentenentwurfs des BMJ zum 6. Gesetz zur Reform
des Strafrechts** sollte auch das Recht der Heilbehandlung (§§ 229, 230 StGB-E) neu
geregelt werden. Ziel der beabsichtigten Novellierung war es, das Selbstbestimmungsrecht

---

Lehrmeinungen. Eine ausgezeichnete Übersicht über den Sach- und Streitstand bietet *Lilie* in LK
(12. Aufl 2001) vor § 223 RdNr 1 ff.
[29] Vgl *Schreiber*, BGH-FS 2000, Bd IV, S 503, 506; *Krey*, Strafrecht, Besonderer Teil, Studienbuch,
Bd 1, 11. Aufl 1998, RdNr 220; *Roxin*, Strafrecht AT, Bd I, 3. Aufl 1997, § 13 RdNr 24; SK-*Horn*
§ 223 RdNr 33; *Cramer*, FS Lenckner 1998, S 759; *Schwalm*, FS Bockelmann, 1979, S 539.
[30] *Krey*, BT Bd 1, RdNr 219; *Schwalm*, FS Bockelmann 1979, S 539.
[31] LK-*Lilie*, vor § 223 RdNr 4.
[32] Vgl *Schreiber*, BGH-FS 2000, S 507.
[33] *Zipf*, FS Bockelmann 1979, 589.
[34] Anders *Krauß*, FS Bockelmann 1979, S 576, der in der Zurückhaltung des Gesetzgebers gegenüber der Schaffung eines neuen Tatbestandes der eigenmächtigen Heilbehandlung „kein kriminalpolitisches Unglück" sieht.
[35] *Zipf*, FS Bockelmann, 1979, S 589.
[36] *Geilen*, FA MedizinR, hrsg v *Wenzel*, Kap 4, RdNr 410.

und die körperliche Unversehrtheit des Patienten unabhängig von der Indikation und der Kunstgerechtigkeit des Eingriffs zu schützen. Die Heilbehandlung wird ausschließlich durch ihren Zweck bestimmt, auf ihren medizinischen Erfolg kommt es nicht an, da der Arzt unter kein Erfolgsrisiko gestellt werden soll[37], lautet die Kernthese. Vorgesehen war deshalb ein **Tatbestand der eigenmächtigen Heilbehandlung (§ 229 E)**, so dass die Qualifizierung des ärztlichen Heileingriffs als Körperverletzung entfällt, und ein **Tatbestand der fehlerhaften Heilbehandlung (§ 230 E)**. Dabei verlangte § 229 E vorsätzliches Handeln des Arztes, so dass die in der Praxis häufigen Fälle der irrtümlichen Annahme der tatsächlichen Voraussetzungen eines Rechtfertigungsgrundes – Einwilligung, mutmaßliche Einwilligung, Notstand ua – strafrechtlich über § 16 Abs 1 S 2 StGB künftig nicht mehr erfasst werden hätten können.[38] § 230 E enthielt eine Spezialregelung für den fahrlässigen behandlungsfehlerhaften Eingriff, die in ihrem Bereich die Anwendbarkeit der Körperverletzungstatbestände ausschloss und damit den folgenlosen Behandlungsfehler entgegen der geltenden Rechtslage straffrei ließ.[39]
Die Entwurfsvorschriften lauteten:

„**§ 229 Eigenmächtige Heilbehandlung**
(1) Wer ohne wirksame Einwilligung bei einer anderen Person einen körperlichen Eingriff oder eine andere deren körperliche Integrität oder deren Gesundheitszustand nicht nur unwesentlich beeinflussende Behandlung vornimmt, um bei ihr oder ihrer Leibesfrucht vorhandene oder künftige körperliche oder seelische Krankheiten, Schäden, Leiden, Beschwerden oder Störungen zu erkennen, zu heilen, zu lindern oder ihnen vorzubeugen, wird mit Freiheitsstrafe bis zu fünf Jahren oder mit Geldstrafe bestraft. § 226 gilt sinngemäß.
(2) In besonders schweren Fällen ist die Strafe Freiheitsstrafe von sechs Monaten bis zu zehn Jahren. Ein besonders schwerer Fall liegt in der Regel vor, wenn die Behandlung
1. der Erprobung einer neuen Behandlungsmethode dient, ohne dass dies im Interesse der behandelten Person oder ihrer Leibesfrucht geboten ist, oder
2. unter Abwägung des mit ihr verfolgten Zwecks und einer mit ihr für die behandelte Person verbundenen Gefährdung nicht verantwortet werden kann.
(3) Die Tat wird nur auf Antrag verfolgt, es sei denn, dass
1. sie unter den in Absatz 2 Satz 2 genannten Voraussetzungen begangen ist oder
2. die Strafverfolgungsbehörde wegen des besonderen öffentlichen Interesses an der Strafverfolgung ein Einschreiten von Amts wegen für geboten hält.
Stirbt die verletzte Person, so geht das Antragsrecht nach § 77 Abs. 2 auf die Angehörigen über.

§ 230 Fehlerhafte Heilbehandlung
(1) Wer fahrlässig durch einen Behandlungsfehler eine andere Person im Rahmen einer den in § 229 Abs. 1 Satz 1 bezeichneten Zwecken dienenden Behandlung an ihrer Gesundheit schädigt, wird mit Freiheitsstrafe bis zu drei Jahren oder mit Geldstrafe bestraft.
(2) § 229 Abs. 3 Satz 1 Nr. 2, Satz 2 gilt entsprechend."

14 Die Entwurfsregelungen bedeuteten teilweise eine – durchaus wünschenswerte – Besserstellung der Ärzte, in manchen Punkten aber auch eine deutliche Verschlechterung ihrer Position und wiesen insgesamt so zahlreiche Ungereimtheiten, Widersprüche und Unklarheiten auf, dass der vorgelegte Entwurf insgesamt als unausgewogen, nicht zu Ende gedacht und daher unbrauchbar bezeichnet werden musste.[40]

15 Deshalb wurden die vorgeschlagenen Tatbestände in den Regierungsentwurf des 6. StrRG (BT-Drs 13/8587) mit Recht nicht aufgenommen und lediglich die Überschrift des 17. Abschnitts des Strafgesetzbuchs mit „Straftaten gegen die körperliche Unversehrtheit" neu formuliert. Auch wenn dies vielleicht die Subsumtion ärztlicher Heileingriffe

---

[37] S 93 der Begr des RefE.
[38] S 140 der Begr des RefE.
[39] S 142 der Begründung des Referentenentwurfs.
[40] Siehe dazu die im Schrifttumsverzeichnis angeführte Spezialliteratur: *Cramer, Eser, Gropp, Hirsch, Jäger, Katzenmeier, M-K Meyer, E Müller, Schreiber, F-Ch Schroeder, Struensee, Tag.*

23. Kapitel. Der Arzt im Strafrecht § 139

unter den Tatbestand der Körperverletzung „eher erleichtert",[41] ist die angestrebte gesetzgeberische Sonderbehandlung des ärztlichen Heileingriffs wie in den zahlreichen Reformbemühungen zuvor wiederum ausgeblieben. „Ob nach alledem ein erneuter Vorstoß des Gesetzgebers zu erwarten ist, erscheint mehr als fraglich",[42] zumal der Referentenentwurf im Grunde ein „Debakel" war und man „vom Beruf unserer Zeit" für die Gesetzgebung kaum sprechen kann, „der Ruf nach dem Gesetzgeber vielmehr häufig nur den unheilvollen Weg in neue Probleme eröffnet".[43] Wir werden daher weiter mit dem „Arzt als Messerstecher" leben müssen!

§ 139 Die fahrlässige Körperverletzung

Inhaltsübersicht

	RdNr
I. Geschütztes Rechtsgut und Systematik der Körperverletzungsdelikte	1
1. Schutzgut und Tatobjekt	1
2. Zur Problematik pränataler Verletzungen	6
3. Gliederung der Körperverletzungstatbestände	10
II. Die tatbestandlichen Voraussetzungen der fahrlässigen Körperverletzung	18
1. Körperliche Misshandlung und Gesundheitsbeschädigung	19
2. Körperverletzung durch Unterlassen	22
3. Die Verletzung der im Verkehr erforderlichen Sorgfalt	24
a) Begriffsbestimmung der Fahrlässigkeit	24
b) Das Übernahmeverschulden	35
c) Die typischen Fehlerquellen	36
d) Einzelfragen bei besonderen ärztlichen Eingriffen	37
4. Zur Kausalität der Pflichtwidrigkeit	38
5. Objektive Vorhersehbarkeit und Schutzzweckzusammenhang	41
III. Probleme der Rechtswidrigkeit	42
1. Die Voraussetzungen rechtfertigender Einwilligung des Patienten	42
a) Verfügungsbefugnis und Einwilligungsfähigkeit	43
b) Formfreiheit und Freiheit von Willensmängeln	50
c) Die Aufklärung als Wirksamkeitsvoraussetzung der Einwilligung	54
d) Subjektives Rechtfertigungselement und Ausschluss der Rechtfertigung bei Sittenwidrigkeit der Tat	56
e) Keine „Vernunftshoheit" des Arztes	62
2. Die mutmaßliche Einwilligung	65
3. Sonstige Rechtfertigungsgründe	77
IV. Zur Schuldfrage	79
V. Irrtumsprobleme, insbesondere bei Einwilligung und mutmaßlicher Einwilligung	81
1. Tatbestandsirrtum	81
2. Verbotsirrtum	83
VI. Die fahrlässige Körperverletzung als Privatklage- und relatives Antragsdelikt (§§ 230 StGB, 374 Abs 1 Nr 4 StPO)	84
1. Zulässigkeit der Privatklage	84
2. Zur Auslegung des § 230 StGB	85

Schrifttum: *Achenbach,* Fahrlässigkeit, Schuld und Unzumutbarkeit normgemäßen Verhaltens, Jura 1997, 631 ff; *Ahlers,* Doping und strafrechtliche Verantwortlichkeit, 2. Aufl 1998; *Amelung,* Irrtum und Täuschung als Grundlage von Willensmängeln bei der Einwilligung des Verletzten, 1998; *ders,* Die Einwilligung des Verletzten im Strafrecht, JuS 2001, 937 ff; *ders,* Vetorecht beschränkt Einwilligungsfähiger in Grenzbereichen medizinischer Intervention, 1995; *Arzt,* Willensmängel bei der

---

[41] *Tröndle/Fischer,* StGB, 50. Aufl 2001, § 223 RdNr 9 b.
[42] LK-*Lilie* vor § 223 RdNr 6.
[43] LK-*Lilie* vor § 223 RdNr 6.

§ 139 § 139 Die fahrlässige Körperverletzung

Einwilligung, 1970; *Beckmann,* Die Behandlung hirntoter Schwangerer im Lichte des Strafrechts, MedR 1993, 121; *Bernat,* Gedanken zum rechtlichen Schutz des ungeborenen menschlichen Lebens – gezeigt am Beispiel medizinisch assistierter Zeugung, FS Maresch 1998, S 33; *Berz,* Die Bedeutung der Sittenwidrigkeit für die rechtfertigende Einwilligung, GA 1969, 145 ff; *Berg/Ulsenheimer,* Patientensicherheit, Arzthaftung, Praxis- und Klinikorganisation, 2006; *Bichlmeier,* Die Wirksamkeit der Einwilligung in einen medizinisch nicht indizierten Eingriff, JZ 1989, 55; *Blei,* Körperverletzung durch Schädigung der Leibesfrucht?, MMW 1970, 741; *Biermann,* Haftung bei Zusammenarbeit von Ärzten verschiedener Gebiete aus juristischer Sicht, ZaeFQ 1995, 626; *ders.,* in: *Schüttler/Biermann* (Hrsg), Narkosezwischenfall, 2003, 165 ff; *Bockelmann,* Strafrecht des Arztes, 1968, S 50 ff, 85 ff; *Boll,* Strafrechtliche Probleme bei Kompetenzüberschreitungen nicht ärztlicher medizinischer Hilfspersonen in Notsituationen, 2000; *Böcker,* Die „hypothetische Einwilligung" im Zivil- und Strafrecht, JZ 2005, 925 ff; *Böhmer,* Das Recht des Krankenpflegepersonals, 4. Auf 1996; *Böth,* Das wissenschaftlich-medizinische Humanexperiment, NJW 1967, 1493; *Bonvie,* Rechtliche Risiken des ambulanten Operierens, MedR 1993, 43; *Bottke,* Doping als Straftat, in: FS Kohlmann, 2003, 85 ff; *Brandis v/Cordt/Pribilla,* Arzt und Kunstfehlervorwurf, Rechtliche Problematik des sog Kunstfehlerbegriffes, 1973; *Bruns,* Aids, Alltag und Recht, MDR 1987, 353; *ders,* Materiell-rechtliche Fragen des Contergan-Prozesses, FS Heinitz 1972, S 317; *Carstensen/Schreiber,* Arbeitsteilung und Verantwortung, in: Arzt und Patient zwischen Therapie und Recht, 1981, 176 ff; *Cramer,* Genom- und Genanalyse, 1991; *Cremer,* Strafrechtlich relevantes Abgrenzungskriterium zwischen „Leibesfrucht" und Mensch bei der abdominalen Schnittentbindung, MedR 1993, 421; *ders,* Zur Problematik medizinischer Begutachtung bei der Abgrenzung zwischen fahrlässigem (straflosem) Schwangerschaftsabbruch und den Körperverletzungs- und Tötungstatbeständen, MedR 1989, 301 ff; *Derksen,* Handeln auf eigene Gefahr, 1992; *Deutsch/Spickhoff,* Medizinrecht, 6. Aufl 2008; *Deutsch,* Embryonenschutz in Deutschland, NJW 1991, 721; *Duttge,* Zum Unrechtsgehalt des kontraindizierten ärztlichen „Heileingriffs", MedR 05, 706; *Eberbach,* Heimliche Aids-Tests, NJW 1987, 1470; *ders,* Juristische Probleme der HTLV-III-Infektion (AIDS), JR 1986, 230 ff; *Eick-Wildgans,* Die Amniozentese und pränatale Schädigung aus medizinischer und juristischer Sicht, in: *Kaufmann,* Moderne Medizin und Strafrecht, 1989, S 99; *Eisner,* Die Aufklärungspflicht des Arztes, 1992; *Erb,* Rechtmäßiges Alternativverhalten und seine Auswirkungen auf die Erfolgszurechnung im Strafrecht, 1991; *Erlinger,* in MAH, hrsg v Widmaier, 2006, § 49 RdNr 9 ff; *Eser,* Das Humanexperiment, Gedächtnisschrift Schröder, 1978, S 191; *ders,* Humangenetik: rechtliche und sozialpolitische Aspekte, in: *Bierich,* Arzt und Kranker, 1992, S 152; *ders,* Neuartige Bedrohungen ungeborenen Lebens, 1990; *ders,* Rechtsprobleme von Aids, 1988; *Forkel,* Die seelische Unversehrtheit als Schutzanliegen des Zivil- und des Strafrechts, FS Krause 1990, S 297; *Freund/Heubel,* Der menschliche Körper als Rechtsbegriff, MedR 1995, 194; *Frisch,* Zum Unrecht der sittenwidrigen Körperverletzung, § 228 FS Hirsch 1999, 485; *ders,* Tatbestandsmäßiges Verhalten und Zurechnung des Erfolgs, 1988; *Geerds,* Einwilligung und Einverständnis des Verletzten im Strafrecht, GA 1954, 262 ff; *Geilen,* Das Leben des Menschen in den Grenzen des Rechts, FamRZ 1968, 121; *ders,* Strafbarkeit des Heileingriffs, in: Wenzel, Handbuch des Fachanwalts, 2. Aufl 2009, Kap 4 B II, RdNr 409 ff; *ders,* Einwilligung und ärztliche Aufklärungspflicht, 1963; *ders,* Der ärztliche Spagat zwischen „salus" und „voluntas aegroti", FS Schwind, 2006, 289 ff; *Geiß,* Arzthaftpflichtrecht, 5. Aufl 2006; *Geppert,* Anmerkung zu BGH JZ 1988, 1021, JZ 1988, 1024; *ders,* Zur Unterbrechung des strafrechtlichen Zurechnungszusammenhangs bei Eigenschädigung/-gefährdung des Opfers oder Fehlverhalten Dritter, Jura 2001, 490 ff; *Giesen,* Anmerkung zu BGH JZ 1988, 1021, JZ 1988, 1030; *ders,* Arzthaftungsrecht, 1995; *Goetze,* Arzthaftungsrecht und kassenärztliches Wirtschaftlichkeitsgebot, 1989, S 5 ff; *Grahlmann,* Heilbehandlung und Heilversuch, 1977; *Gropp,* Der Embryo als Mensch – Überlegungen zum pränatalen Schutz des Lebens und der körperlichen Unversehrtheit, GA 2000, 1; *ders,* Hypothetische Einwilligung im Strafrecht?, FS F C Schroeder, 2006, 197 ff; *Großfuß-Bürge,* Die Verantwortung des Arztes für Fehlverhalten des Patienten am Beispiel der Mißachtung ärztlicher Hinweise, 1992; *Grönnau,* Anm zu BGH, Urteil v 15.10.2003 – 1 StR 300/03, JZ 2004, 800 ff; *Günter,* Staatsanwaltliche Ermittlungen gegen Ärzte bei Verdacht eines „Kunstfehlers", DRiZ 1982, 333; *Hammen/Ritter,* Behandlungsfehler, 1981; *Hähle,* Die strafrechtliche Relevanz von Sportverletzungen, 2008; *Händel,* Anfängeroperation – Organisationsmangel und Übernahmeverschulden, Arzt und Krankenhaus, 1984, 228 ff; *Hartmann,* Patientenverfügung und psychiatrische Verfügung – Verbindlichkeit für den Arzt, NStZ 2000, 113; *Heidner,* Die Bedeutung der mutmaßlichen Einwilligung als Rechtfertigungsgrund, insbesondere im Rahmen des ärztlichen Heileingriffs, Diss 1987; *Held,* Strafrechtliche Beurteilung von Humanexperimenten und Heilversuchen in der medizinischen Diagnostik, 1990; *Heldrich,* Der Deliktsschutz des Ungeborenen, JZ 1965, 593; *Hennies,* Patientenrechte, ArztR 2000, 116; *Hillenkamp,* Zur Strafbarkeit des Arztes bei verwei-

23. Kapitel. Der Arzt im Strafrecht § 139

gerter Bluttransfusion, FS Küper, 2007, 123 ff; *H J Hirsch,* Hauptprobleme einer Reform der Delikte gegen die körperliche Unversehrtheit, ZStW Bd 83, 140 ff; *ders,* Einwilligung und Selbstbestimmung, FS Welzel, 1974, S 775 ff; *ders,* Einwilligung in sittenwidrige Körperverletzung, FS Amelung 2009, 181; *ders,* Anmerkung zu BGHSt 31, 348 und 32, 194 in JR 1985, 336 ff; *F Hiersche,* Die rechtliche Position der Hebamme bei der Geburt, 2003; *Högermeyer,* Ärztliche Kunstfehler, 1995, zugl Diss 1991; *Horn,* Der medizinisch nicht indizierte, aber vom Patienten verlangte Eingriff – strafbar?, JuS 1979, 29 ff; *G Jakobs,* Einwilligung in sittenwidrige Körperverletzung, FS F C Schroeder, 2006, 521 ff; *Jakobs,* Einwilligung in sittenwidrige Körperverletzung FS F C Schroeder, 2006, 507 ff; *Janker,* Heimliche HIV-Antikörpertests – strafbare Körperverletzung? NJW 1987, 2897; *Jung,* Außenseitermethoden und strafrechtliche Haftung, ZStW 1985, 47 ff; *Jürgens,* Die Beschränkung der strafrechtlichen Haftung für ärztliche Behandlungsfehler, 2005; *Kahlo,* Das Problem des Pflichtwidrigkeitszusammenhangs bei den unechten Unterlassungsdelikten, 1990; *Kaminski,* Der objektive Maßstab im Tatbestand der Fahrlässigkeitsdelikte, 1992; *Kamps,* Ärztliche Arbeitsteilung und strafrechtliches Fahrlässigkeitsdelikt, 1981; *Kapp,* Der Fötus als Patient?, MedR 1986, 275; *Karakaja,* Zum Schutz des redlichen sportlichen Wettkampfs, Doping und Unterlassen als strafbare Körperverletzung, 2004; *Kargl,* Begründungsprobleme des Dopingstrafrechts, NStZ 2007, 489 ff; *Armin Kaufmann,* Tatbestandsmäßigkeit und Verursachung im Contergan-Verfahren, JZ 1971, 569 ff; *Keller,* Das Kindeswohl: Strafschutzwürdiges Rechtsgut bei künstlicher Befruchtung im heterologen System? FS Tröndle 1989, S 705; *Kern/Laufs,* Die ärztliche Aufklärungspflicht, 1983; *Kientzy,* Der Mangel am Straftatbestand infolge Einwilligung des Rechtsgutträgers, 1970; *Kindhäuser,* Erlaubtes Risiko und Ausschluss der Fahrlässigkeitshaftung, GA 1994, 197; *Klinger,* Strafrechtliche Kontrolle medizinischer Außenseiter, 1995; *Knauer,* Aids und HIV – Immer noch eine Herausforderung für die Strafrechtsdogmatik, GA 1998, 428 ff; *U Klug,* Doping als strafbare Verletzung der Rechtsgüter Leben und Gesundheit, 1996; *Koch,* Rechtfertigung und Entschuldigung bei medizinischer Tätigkeit, in: *Eser/Nishihara,* Rechtfertigung und Entschuldigung IV, 1995, S 213; *Koehler,* Selbstbestimmung und ärztliche Therapiefreiheit im Betäubungsmittelstrafrecht, NJW 1993, 762; *Körner,* Kann die Verweigerung einer Substitution eine Körperverletzung darstellen? MedR 1993, 257; *Kohlhaas,* Die rechtfertigende Einwilligung bei Körperverletzungstatbeständen, NJW 1963, 2348; *ders,* Kosmetische Operationen, DMW 1964, 1660, 1718; *Korn,* Körperverletzungsdelikte – §§ 223 ff, 340 StGB, 2003; *Kuhlen,* Ausschluss der objektiven Zurechnung bei Mängeln der wirklichen und der mutmaßlichen Einwilligung, FS Müller-Dietz, 2001, 431 ff; *Kühl,* Zur strafrechtlichen Relevanz sportethischer Beurteilung des Dopings, in: *Vieweg* (Hrsg), Doping, Realität und Recht, 1998, S 77 ff; *ders,* Die sittenwidrige Körperverletzung, FS F C Schroeder, 2006, 521 ff; *Kühne,* Die strafrechtliche Relevanz eines auf Fehlvorstellungen gegründeten Rechtsgutverzichts, JZ 1979, 241 ff; *Lambauer,* Wer beurteilt strafrechtlich den ärztlichen Kunstfehler?, FS Maresch 1988, S 307; *Laufs,* Haftung für Nachkommenschaftsschäden nach § 823 BGB, NJW 1965, 1053; *ders,* Fortpflanzungsmedizin und Arztrecht, 1992; *Laufs/Laufs,* Aids und Arztrecht, NJW 1987, 2257 ff; *Laufs/Narr,* Aids – Antworten auf Rechtsfragen aus der Praxis, MedR 1987, 282; *Lenckner,* Die Einwilligung Minderjähriger und deren gesetzlicher Vertreter, ZStW 72, 446 ff; *ders,* Wertausfüllungsbedürftige Begriffe im Strafrecht und der Satz „nulla poena sine lege", JuS 1968, 304 ff; *Lilie/Orben,* Zur Verfahrenswirklichkeit des Arztstrafrechts, ZRP 2002, 154 ff; *Loschelder,* Gesundheitsrechtliche Aspekte des Aids-Problems, NJW 1987, 1467; *Lüttger,* Geburtsbeginn und pränatale Einwirkungen mit postnatalen Folgen, NStZ 1983, 481; *ders,* Geburtshilfe und Menschwerdung in strafrechtlicher Sicht, FS Heinitz, 1974, S 359; *ders,* Der Beginn der Geburt und das Strafrecht, JR 1971, 133; *Mallach/Schlenker/Weiser,* Ärztliche Kunstfehler, 1993; *Markowetz,* Doping, Haftungs- und strafrechtliche Verantwortlichkeit, 2003; *Maiwald,* Die Unzumutbarkeit – Strafbarkeitsbegrenzendes Prinzip bei den Fahrlässigkeitsdelikten?, FS Schüler-Springforum, 1993, S 475 ff; *A Markwardt,* Vergleichende Untersuchung der Rechtsprechung des BGH und der Berufsgerichte zur Strafbarkeit und Ahndung des ärztlichen Behandlungsfehlers, 1995; *Mesters,* Körperverletzung durch psychische Einwirkungen 1985, zugl Diss 1982; *M K Meyer,* Ausschluss der Autonomie durch Irrtum, 1984; *E Mezger,* Die strafrechtliche Verantwortlichkeit für ärztliche Kunstfehler, Dt Z f ger Medizin, Bd 42, 1953, S 365–376; *Michel,* Aids-Test ohne Einwilligung – Körperverletzung oder Strafbarkeitslücke? JuS 1988, 8 ff; *Mitsch,* Strafrechtlicher Schutz gegen medizinische Behandlung, 2000; *Momsen-Pflanz,* Die sportethische und strafrechtliche Bedeutung des Dopings, 2005; *A Müller,* Doping im Sport als strafbare Gesundheitsschädigung (§§ 223, Abs 1 230 StGB), 1993; *Müller-Dietz,* Mutmaßliche Einwilligung und Operationserweiterung, JuS 1989, 280; *Namias,* Die Zurechnung von Folgeschäden im Strafrecht, 1993; *Nemetschek,* Soll fahrlässiges ärztliches Handeln strafbar sein?, in: Arbeitsgemeinschaft Rechtsanwälte im Medizinrecht (Hrsg), Medizin und Strafrecht, 2000, S 155; *Neyen,* Die Einwilligungsfähigkeit im Strafrecht, 1991; *Niedermaier,* Körperverletzung mit Einwilligung und die Guten Sitten, 1999; *Nixdorf,* Zur ärztlichen Haftung hinsichtlich entnommener Körpersubstanzen: Körper, Persönlichkeit, Totenfürsorge, VersR 1995, 740; *Noll,* Übergesetzliche Rechtfertigungsgründe, im Besonderen die Einwilligung des Verletzten, 1955; *Odenwald,* Die Einwilligungsfähigkeit im Strafrecht unter besonderer Hervorhebung ärztlichen Handelns, 2003; *Oehler,* Die amtliche Verfolgung der leichten vorsätzlichen und fahrlässigen Körperverletzung, JZ 1956, 630; *Opderbecke,* Der Verantwortungsbereich des Anästhesisten, in: *Opderbecke/Weissauer* (Hrsg), Forensische Probleme in der Anästhesiologie, 1981, S 13; *Orben,* Arzthaftung für Behandlungsfehler, Diss 2001; *Otto,* Einwilligung, mutmaßliche, gemutmaßte und hypothetische Einwilligung, Jura 2004, 679 ff; *Paeffgen,* Gefahr-Definition, Gefahr-Verringerung und Einwilligung im medizinischen Bereich, FS Rudolphi 2004, 187 ff; *Peter,* Arbeitsteilung im Krankenhaus aus strafrechtlicher Sicht, 1992; *Peters,* Der strafrechtliche Arzthaftungsprozess, 2000; *Peters A,* Der Einfluß ärztlicher Arbeitsteilung auf die Haftung im Strafverfahren, Der Arzt und sein Recht 1998, Heft 4, S 12; *C Prokopp,* Die Grenzen der Dopingverbote, 2000; *Puppe,* Die strafrechtliche Verantwortlichkeit des Arztes bei mangelnder Aufklärung über eine Behandlungsalternative, GA 2003, 764 ff; *dies,* Probleme der Strafbegründung bei Einwilligung des Geschädigten am Beispiel des Dopings, JZ 2002, 389 ff; *dies,* Anm. zu BGH JR 2004, 469 ff (Urteil v (20. 1. 2004 − 1 StR 319/02); *Rain,* Die Einwilligung des Sportlers beim Doping, 1998; *Rieger,* Mutmaßliche Einwilligung in den Behandlungsabbruch, 1998; *ders,* Lexikon des Arztrechts, 1984, RdNr 802 ff; *Rixen,* Das todkranke Kind zwischen Eltern und Arzt, MedR 1997, 351; *Rogall,* Anmerkung zu BGH-Urteil vom 22. 2. 78 − 2 StR 372/77 − NJW 1978, 2344 f; *Rönnau,* Willensmängel bei der Einwilligung im Strafrecht, 2001; *Rothärmel,* Einwilligung, Veto, Mitbestimmung, 2004; *Roxin,* Über die mutmaßliche Einwilligung, FS Welzel 1974, 447; *ders,* Verwerflichkeit und Sittenwidrigkeit als unrechtsbegründende Merkmale im Strafrecht, JuS 1964, 373 ff; *ders,* Einwilligung, Persönlichkeitsautonomie und tatbestandliches Rechtsgut, FS Amelung 2009, 276; *Rüping,* Körperverletzung, Einwilligung und Heileingriff, kritische Überlegungen zu BGH NJW 1978, 1206, Jura 1979, 90 ff; *Samson,* Hypothetische Kausalverläufe im Strafrecht, 1972; *Saerbeck,* Beginn und Ende des Lebens als Rechtsbegriffe, 1974; *Schattmann,* Betrug des Leistungssportlers im Wettkampf, 2008; *Schild* (Hrsg), Rechtliche Fragen des Dopings, 1986; *Eb Schmidt,* Der Arzt im Strafrecht, 1939; *ders,* Anmerkung zu BGH JZ 1964, 231 f, JZ 1964, 232 f; *Schneider/Grohe,* Doping, 1978; *Schöch,* Die Verantwortlichkeit des Klinikpersonals, in: *Wolfslast/Schmidt,* Suizid und Suizidversuch, 2005, 163 ff; *H L Schreiber,* Salus aut voluntas aegroti suprena lex?, FS Starck, 2007, 111 ff; *F-C Schroeder,* Begriff und Rechtsgut der „Körperverletzung", FS Hirsch 1999, S 752; *Schröder/Taupitz,* Menschliches Blut: verwendbar nach Belieben? 1991, S 26; *Schumann,* Strafrechtliches Handlungsunrecht und das Prinzip der Selbstverantwortung der Anderen, 1986; *Schünemann,* Die Rechtsprobleme von Aids, FS Eser 2005, 1141; *G Schwalm,* Zum Begriff und Beweis des ärztlichen Kunstfehlers, FS Bockelmann, 1979, S 539 ff; *ders,* Über den Beginn des menschlichen Lebens aus der Sicht des Juristen, MDR 1968, 277; *Siebert,* Strafrechtliche Grenzen ärztlicher Therapiefreiheit, 1983; *Sommer/Tsambikakis,* in: Münchener AnwaltsHb (Hrsg *Terbille),* 2009, § 2 RdNr 16 ff; *Spann,* Justitia und die Ärzte, 1979; *Sternberg- Lieben,* Strafbarkeit des Arztes bei Verstoß gegen ein Patiententestament, NJW 1985, 2734; *ders,* Gentherapie und Strafrecht, JuS 1986, 673 ff; *ders,* Die objektiven Schranken der Einwilligung, 1997; *ders,* Die Strafbarkeit eines nicht indizierten ärztlichen Eingriffs, FS Amelung 2009, 325; *ders,* § 228 StGB: Eine nicht nur überflüssige Regelung, Gedächtnisschrift Keller, 2003, 289 ff; *Stratenwerth,* Handlungs- und Erfolgsunwert im Strafrecht, Schweiz ZStr 79, 255; *ders,* Bemerkungen zum Prinzip der Risikoerhöhung, FS Gallas, 1973, 227; *ders,* Arbeitsteilung und ärztliche Sorgfaltspflicht, FS Eb Schmidt, 1961, 393 ff; *ders,* Tötung und Körperverletzung mit Einwilligung des Betroffenen, FS Amelung 2009, 355; *Szwarc,* Aids und Strafrecht, Schriften zum Strafrecht, 1996; *Tag,* Der Körperverletzungstatbestand im Spannungsfeld zwischen Patientenautonomie und Lex artis, 2000; *Taupitz,* Die mutmaßliche Einwilligung bei ärztlicher Heilbehandlung insbesondere vor dem Hintergrund der höchstrichterlichen Rechtsprechung des BGH, Festschr BGH 2000, S 497 ff; *Tepperwien,* Praenatale Einwirkungen als Tötung oder Körperverletzung?, Diss 1973; *Toepel,* Kausalität und Pflichtwidrigkeitszusammenhang beim fahrlässigen Erfolgsdelikt, 1992; *Tolmein,* Die drohende Zunahme von Demenz-Erkrankungen als Rechtfertigungsgrund für Körperverletzungen durch fremdnützige Forschung?, KritV 1998, 52; *Trockel,* Die Einwilligung Minderjähriger in den ärztlichen Heileingriff, NJW 1972, 1493 ff; *Tröndle,* Selbstbestimmungsrecht des Patienten − Wohltat und Plage, MDR 1983, 881 ff; *Turner* Rechtsprobleme beim Doping im Sport MDR 1991, 569; *Ulsenheimer,* Ein gefährlicher Beruf: Strafverfahren gegen Ärzte − Erfahrungen, Schwerpunkte, Tendenzen, MedR 1987, 207; *ders,* Zur Erforschung des mutmaßlichen Willens bei fehlender Einwilligungsfähigkeit des Patienten, Anästhesiologie und Intensivmedizin 2000, 693; *ders,* Die Entwicklung des Arztstrafrechts

23. Kapitel. Der Arzt im Strafrecht   1, 2 § 139

in der Praxis der letzten 20 Jahre, in: *Laufs/Dierks/Wienke/Graf-Baumann/Hirsch*, Die Entwicklung der Arzthaftung 1997, S 27; *ders,* Arztstrafrecht in der Praxis, 4. Aufl 2008, S 12 ff, 201 ff; *ders,* Zur zivil- und strafrechtlichen Verantwortlichkeit des Arztes, MedR 1992, 127; *ders,* Leit- und Richtlinien im Spiegel der haftungsrechtlichen Judikatur, Anästhesist 2003, 360 ff; *ders,* Rechtliche Aspekte der Fremdbluttransfusion, Anästhesiologie & Intensivmedizin 2002, 375 ff; *ders,* Der Arzt im Konflikt zwischen Heilauftrag und Selbstbestimmungsrecht des Patienten – in dubio pro vita?, FS Eser 2005, 1225 ff; *ders,* in: *Dierks/Graf-Baumann/Lenarad* (Hrsg), Therapieverweigerung bei Kindern und Jugendlichen, 1995, 79 ff; *Ulsenheimer/Biermann,* Zur Problematik der Parallelnarkose, Der Anästhesist 2007, 313 ff; *Umbreit,* Die Verantwortlichkeit des Arztes für fahrlässiges Verhalten anderer Medizinalpersonen, 1992; *Voll,* Die Einwilligung im Arztrecht, 1996; *Wachsmuth,* Die chirurgische Indikation, Rechtsnorm und Realität, FS Bockelmann, 1979, S 474 ff; *Wachsmuth/H-L Schreiber,* Der unheilvolle Weg in die defensive Medizin, AuK 1980, 75; *Walther,* Eigenverantwortlichkeit und strafrechtliche Zurechnung, 1991; *Weigand,* Über die Begründung der Straflosigkeit bei Einwilligung des Betroffenen, ZStW 98, 44 ff; *Weitzel,* Anmerkung zu BGH JZ 1988, 1021, JZ 1988, 1022; *G Weiß,* Zur Strafbarkeit der Körperverletzung und Tötung Ungeborener, vor und nach der Nidation, GA 1995, 373; *Wever,* Überlegungen zur Entkriminalisierung ärztlicher Fahrlässigkeitstat, ZMGR 2006, 120; *Wilhelm,* Verantwortung und Vertrauen der Arbeitsteilung in der Medizin, 1984; *Wimmer,* Medizinjuristisches zum gegenwärtigen paramedizinischen Kurpfuschertum, FS Schmitt 1983, S 450; *C Winter,* Robotic in der Medizin. Eine strafrechtliche Untersuchung, 2005; *Wisser,* Pränatale Diagnostik zwischen medizinischen Möglichkeiten und gesellschaftlichen Anforderungen, ZfL 1999, 11; *Wolfslast,* Rechtliche Neuordnung der Tötung auf Verlangen, FS Schreiber 2003; *Zaczyk,* Strafrechtliches Unrecht und Selbstverantwortung des Verletzten, 1993; *Zipf,* Einwilligung und Risikoübernahme im Strafrecht, 1970; *Zwiehoff,* Strafrechtliche Aspekte des Organisationsverschuldens, MedR 2004, 364 ff. Siehe auch die Schrifttumshinweise zu § 138 und § 140.

I. Geschütztes Rechtsgut und Systematik der Körperverletzungsdelikte

1. Schutzgut und Tatobjekt. Die fahrlässige Körperverletzung ist derjenige Tatbestand des Arztstrafrechts, der bei einer Analyse des einschlägigen Fallmaterials weitaus am häufigsten in Erscheinung tritt. Geschütztes Rechtsgut ist die Integrität des menschlichen Körpers, das leiblich-seelische Wohl des Menschen. **Tatobjekt** ist der lebende (geborene) **Mensch,** so dass die Verletzung der **Leibesfrucht** tatbestandlich von den Körperverletzungsdelikten **nicht** erfasst werden kann. Unter Berufung auf § 217 aF StGB legte die hL den **„Beginn der Geburt"** als den Zeitpunkt fest, der die entscheidende Zäsur zwischen dem Schutz des Embryos durch die Strafvorschriften gegen den illegalen Schwangerschaftsabbruch und dem Leibes- und Lebensschutz durch die allgemeinen Tötungs- und Körperverletzungstatbestände markiert[1] Obwohl eine Argumentation mit der außer Kraft getretenen Vorschrift des § 217 StGB natürlich entfällt,[2] hat sich die Rechtslage entgegen Herzberg, der nun auf die Vollendung der Geburt abstellen will,[3] nicht geändert. Denn „aus dem Begriff des Schwangerschaftsabbruchs sowie einem Vergleich der Strafdrohungen und des tatbestandlichen Pönalisierungsumfangs" folgt, dass es sich nach **Beginn** der Geburt um einen **Menschen** handelt, der durch die allgemeinen Körperverletzungs- und Tötungsdelikte geschützt wird.[4] Außerdem liegt dem „Beginn der Geburt" als Anfang des Menschseins ein „tradiertes und durch zahlreiche andere Rechtsordnungen bestätigtes Begriffsverständnis" zugrunde.[5]

Nach neuerer höchstrichterlicher Judikatur[6] und in Übereinstimmung mit der medizinischen Wissenschaft beginnt die Geburt mit dem Einsetzen der **Eröffnungswehen.** Dadurch wird der erstrebenswerte „Gleichklang der strafrechtlichen Begriffsbildung mit

---
[1] BGHSt 31, 348, 350 f; *Hirsch*, FS Eser, 2005, 309.
[2] *Küper*, GA 2001, 517, 529.
[3] *Herzberg*, in: *Bernsmann/Ulsenheimer* (Hrsg), Bochumer Beiträge zu aktuellen Strafrechtsthemen, 2003, S 39 ff, 49 f, 55, 60; so auch schon JZ 2001, 1106, 1112; zust *Merkel* NK 33 ff zu § 218.
[4] *Hirsch*, FS Eser, S 322.
[5] *Hirsch*, aaO, S 322; hL vgl *Lackner/Kühl*, vor § 211 RdNr 3 mwN; *Schönke/Schröder/Eser*, vor § 211 RdNr 13 mwN; *Wenzel*-FA Medizinrecht/*Geilen*, Kap 4, RdNr 617.
[6] BGHSt 32, 194, 196, s dazu auch unter § 140 I 1, RdNr 2 ff.

den medizinischen Anschauungen vom Geburtsbeginn" hergestellt und die nach Ansicht des BGH gebotene Erweiterung des Strafrechtsschutzes in der Geburtseröffnungsphase ermöglicht, wenn „beispielsweise bei Wehenschwäche und bei starken Wehen, aber auch bei Vorliegen von Geburtshindernissen medikamentöse und operative Geburtshilfen erforderlich werden".[7] Abgrenzungsbedenken wegen des mitunter fließenden Übergangs von den Schwangerschafts- und Vorwehen zu den Eröffnungswehen und der dadurch bedingten, auch für einen Mediziner manchmal schwierigen oder gar unmöglichen Unterscheidung weist der BGH als unbegründet zurück. Denn „diese Erkenntnisschwierigkeiten gehen nicht zulasten des Täters", da er sich in einem Tatbestandsirrtum (§ 16 StGB) befindet, wenn er „nicht weiß und auch nicht damit rechnet, dass die Eröffnungswehen bereits eingesetzt haben".[8]

3   Der durch den Geburtsbeginn bestimmte Anwendungsbereich der Strafvorschriften §§ 211 ff, §§ 223 ff gilt unabhängig davon, ob der Arzt den Beginn der Geburt durch wehenhemmende oder -fördernde Maßnahmen **hinauszögert** bzw **beschleunigt**[9] und unabhängig davon, ob das Kind **lebensfähig** ist.[10] Ein Neugeborenes, dessen Leben außerhalb des Mutterleibes infolge schwerster organischer Schäden, zB wegen eines inoperablen Herzfehlers oder schweren Dysraphie-Syndroms nicht auf Dauer erhalten werden kann oder das „infolge einer progredient tödlichen Krankheit nur noch geringe oder überhaupt keine Lebenschancen mehr" hat,[11] ist daher ebenso wie die lebend zur Welt gebrachte unreife Leibesfrucht oder Mißgeburt – im Gegensatz zur sogenannten Mole (dem lediglich krankhaft entarteten Ei) – ein Mensch, der unter dem grundsätzlichen Schutz der Körperverletzungs- und Tötungstatbestände steht.[12] Auch ein Wesen, das nach der Geburt nur „piepsende Laute" von sich gibt und „Bewegungen mehr zuckender Art" iS von Reflexen macht, ist ein Mensch, wenn es „unabhängig vom Leben der Mutter in menschlicher Weise, und sei es auch nur für kurze Zeit, lebt".[13] Der Schutz der körperlichen Integrität – und nicht anders natürlich der Lebensschutz – ist „unabhängig von Lebensdauer, Lebenschance und Lebensqualität".[14] Dies gilt auch für den lebenden Anencephalus, der zwar kein Großhirn hat, aber weder hirntot ist noch einem Hirntoten gleichsteht.[15]

4   Wie das OLG Karlsruhe[16] zutreffend festgestellt hat, ist das **tatsächliche** Einsetzen der Eröffnungswehen als Kriterium maßgebend, ohne Rücksicht darauf, „ob die Wehen spontan eintreten oder künstlich hervorgerufen werden". Wann der Zeitpunkt des Geburtsbeginns anzusetzen ist, „wenn andere Vorgänge als Wehen (zB Blasensprung, Kaiserschnitt) den Auftakt der Geburt bilden", hat die Rechtsprechung bislang ausdrücklich offengelas-

---

[7] BGHSt 32, 194, 196.
[8] BGHSt 32, 194, 197; s Anm *Koch* MedR 1985, 83; *Cremer* MedR 1989, 301; *Hiersche* MedR 1994, 47 betr Fälle einer pathologischen Geburtssituation ohne Eröffnungswehen. Zum Ganzen *Heinemann*, Frau und Fötus in der Prä- und Perinatalmedizin aus strafrechtlicher Sicht, 2000, S 65 ff mwN; s auch *Tag*, Der Körperverletzungstatbestand im Spannungsfeld zwischen Patientenautonomie und Lex artis, S 125 ff.
[9] BGHSt 31, 348, 356.
[10] Allgemeine Meinung, vgl RGSt 26, 179; *Fischer*, StGB, 55. Aufl 2008 § 222 RdNr 1; *Lackner/Kühl*, StGB, 26. Aufl 2007 vor § 211 RdNr 3; *Schönke/Schröder/Eser*, StGB, 27. Aufl 2006, vor § 211 RdNr 12 ff.
[11] *Schönke/Schröder/Eser* vor § 211 RdNr 14.
[12] *Schönke/Schröder/Eser* vor § 211 RdNr 14; *Lackner/Kühl* vor § 211 Anm 3; *Ulsenheimer*, Zeitschrift für ärztliche Fortbildung 1993, 890, 891.
[13] BGHSt 10, 291, 292.
[14] *Wolflast* MedR 1989, 167.
[15] *Ulsenheimer* Zfärztl Fortbildung 1993, 893 f mwN; *Schönke/Schröder/Eser* vor § 211 RdNr 14; *Isemer/Lilie* MedR 1988, 68; *Bottke*, Strafrechtliche Probleme am Lebensbeginn und am Lebensende, in: Dt Sektion der Internationalen-Juristen-Kommission, Lebenverlängerung aus med, ethischer und rechtl Sicht, 1995, S 35, 59 ff.
[16] NStZ 1985, 314, 315 m Anm *Jung*.

sen.[17] Das Schrifttum stellt bei operativer Entbindung (Kaiserschnitt) mit Recht auf die **Öffnung des Uterus,**[18] teils aber auch auf den **Beginn des ärztlichen Eingriffs** (Eröffnung der Bauchdecke)[19] und teils noch früher auf die **Einleitung der Narkose**[20] ab.

Außerhalb des Schutzbereichs der §§ 223 ff liegen Genmanipulationen (s dazu das GenTG[21]), Humanexperimente an einem Foetus nach Schwangerschaftsabbruch, der Embryotransfer oder die Schädigung eines in-vitro-fertilisierten Eies.[22] Insoweit fehlte lange Zeit ein spezieller Straftatbestand zum Schutz des ungeborenen Lebens, bis das am 1. 1. 91 in Kraft getretene Embryonenschutzgesetz – allerdings nur auf einzelnen Gebieten – mit straf- und bußgeldbewehrten Verboten die Vornidationsphase und damit den Embryo vom Zeitpunkt der Keimzellenverschmelzung an erstmals unter strafrechtlichen Schutz stellte,[23] ergänzt durch das Stammzellengesetz vom 1. 7. 2002.[24]

2. Zur Problematik pränataler Verletzungen. Die durch den Beginn der Geburt festgelegte rechtliche Zäsur ist für den Bereich der Schwangerschaftsüberwachung und Geburtshilfe vor allem deshalb von erheblicher praktischer Bedeutung, weil **fahrlässige pränatale** Einwirkungen auf den Embryo mit schädlichen Folgen, also auch die „fahrlässige Verletzung von Berufspflichten der Ärzte und ihres Hilfspersonals", angesichts der auf **Vorsatz** beschränkten Strafbarkeit der Abtreibung von diesem Tatbestand nicht erfasst werden können.[25] Demgegenüber beziehen die das Leben und die Gesundheit des **Menschen** schützenden Strafvorschriften auch fahrlässige ärztliche Versäumnisse in den Strafschutz ein, der dadurch gerade im Hinblick auf die besondere Gefahrensituation des Geburtsvorgangs erheblich ausgedehnt wird.[26] Die Frage, ob pränatal, dh während der Schwangerschaft *vor* Beginn der Geburt und damit dem **Embryo** gegenüber begangene Verletzungshandlungen unter §§ 223 ff StGB subsumierbar sind, wenn deren schädliche Folgen (Mißbildung) erst *nach* der Geburt an dem Kind eintreten oder noch fortwirken, ist zu verneinen. Denn da der Zeitpunkt des Wandels der Rechtsqualität von der Leibesfrucht zum Menschen vom Täter aus gesehen zufällig ist, kommt es für die rechtliche Beurteilung nicht auf die Qualität des Schutzobjekts im Zeitpunkt des Schadenseintritts, sondern auf den **Zeitpunkt der schädigenden Einwirkung** an.[27] Das Rechtsgut der §§ 223 ff StGB ist daher nicht betroffen, wenn das Kind infolge einer pränatalen Einwirkung, zB durch während der Schwangerschaft eingenommene Medikamente oder eine fehlerhafte Diagnose missbildet zur Welt kommt.[28] Die Maßgeblichkeit des Einwir-

---

[17] BGHSt 31, 348, 356 f; 32, 194, 197.
[18] *Schönke/Schröder/Eser* vor § 211 RdNr 13; LK-*Jähnke* vor § 211 RdNr 3; *Lackner/Kühl*, vor § 211 RdNr 2; *Fischer*, vor § 211 RdNr 2; *Heinemann* aaO S 65 ff mit ausführlicher Begründung.
[19] *Lüttger*, FS Heinitz, 1972, S 366.
[20] *Cremer* MedR 1993, 421; kritisch dazu *Opderbecke* MedR 1994, 474.
[21] Gesetz zur Regelung der Gentechnik idF v 16. 12. 1993 (BGBl I, 2006), geändert durch G v 17. 3. 2006 (BGBl I, 534)
[22] *Lackner/Kühl* vor § 211 RdNr 2.
[23] BGBl I 1990, 2746; s dazu im Einzelnen *Laufs* § 129 V u *Ulsenheimer* § 143 RdNr 8, 9 und *ders*, Arztstrafrecht, § 7 RdNr 358 ff.
[24] Zu den strafrechtlichen Problemen dieses Gesetzes s *Ulsenheimer*, Arztstrafrecht, § 7 RdNr 359 ff; *Dahs/Müssig* MedR 03, 617; *Taupitz*, Erfahrungen mit dem Stammzellengesetz, JZ 2007, 113 ff.
[25] BGHSt 31, 348, 353; ebensowenig Dritte, die fahrlässig auf die Leibesfrucht einwirken (ein alkoholisierter Autofahrer rammt den Wagen einer Schwangeren, was zum Tod des ungeborenen Kindes führte), s dazu Erlinger SZ v 4. 7. 01, Nr 151 S 13.
[26] Vgl BGHSt 32, 194, 196.
[27] BGHSt 31, 348, 352; BGH NStZ 2008, 193, 194; OLG Karlsruhe NStZ 1985, 314, 315.
[28] BVerfG NJW 1988, 2945; BGHSt 31, 348, 352; OLG Karlsruhe NStZ 1985, 314 ff; LK-*Lilie* StGB, 11. Aufl 2001, vor § 223 RdNr 7; *Lackner/Kühl* § 223 RdNr 2; *Lüttger* NStZ 1983, 481, 485; *Armin Kaufmann* JZ 1971, 569; *Bruns*, FS Heinitz 1972, 317, 322; *Roxin* JA 1981, 542, 548; NK-*Paeffgen* § 223 RdNr 4; aM LG Aachen JZ 1971, 507 (Contergánfall); *Arzt/Weber* BT-1, 3. Aufl 1988, RdNr 411, alle mwN. Eingehend auch *Tag*, Der Körperverletzungstatbestand im Spannungsfeld zwischen

kungszeitpunktes gilt ohne Rücksicht darauf, ob dem Arzt ein vorsätzliches oder fahrlässiges, aktives Tun oder pflichtwidriges Unterlassen vorgeworfen wird. Im letzteren Falle ist auf den „Zeitpunkt der Versäumung der ärztlichen Eingriffs- und Hilfspflicht im Sinne der Nichtvornahme der gebotenen Erfolgsabwendung" abzustellen.[29]

7   Die vorsätzliche und leichtfertige Embryonenschädigung sollte daher nach dem vom Bundesjustizministerium vorgelegten Diskussionsentwurf eines **Embryonenschutzgesetzes (ESchG)** durch einen Sondertatbestand erfasst werden, doch ist diese Bestimmung (§ 1) in der endgültigen Gesetzesfassung nicht mehr enthalten.[30]

8   Die Frage, ob das Absterben der Leibesfrucht infolge eines ärztlichen Behandlungsfehlers oder eines unterlassenen, medizinisch aber gebotenen Eingriffs zugleich eine Gesundheitsverletzung der **Mutter** darstellt, ist in der Rechtsprechung umstritten.[31]

9   Die in dem Eingriff zum Schwangerschaftsabbruch liegende einfache und gefährliche Körperverletzung (§§ 223, 224 StGB) wird durch § 218 StGB verdrängt.[32]

10 **3. Gliederung der Körperverletzungstatbestände.** Der Grundtatbestand der **vorsätzlichen** Körperverletzung ist in § 223 StGB geregelt. Darauf aufbauend gibt es eine Reihe von **Qualifikationstatbeständen:** die gefährliche Körperverletzung (§ 224), die Mißhandlung von Schutzbefohlenen (§ 225), die schwere Körperverletzung (§ 226), die Körperverletzung mit Todesfolge (§ 227) und die Körperverletzung im Amt (§ 340). Alle diese Qualifikationen können nur bei vorliegendem Körperverletzungs**vorsatz** eingreifen. Demgegenüber enthält die in § 229 StGB normierte **fahrlässige Körperverletzung** keine tatbestandlichen Abwandlungen, so dass bei fahrlässigem Verhaltens des Arztes ausschließlich **§ 229 StGB** einschlägig ist.

11 Regelmäßig kommt bei ärztlichen Behandlungs-, Organisations- und Aufklärungsfehlern nur Fahrlässigkeit in Betracht, so dass die Qualifikationstatbestände für die Ärzteschaft in der Praxis eine nur sehr untergeordnete Rolle spielen. „Die ausdrückliche Erörterung der Frage, ob der Arzt den Patienten vorsätzlich an Leben oder Gesundheit geschädigt hat, ist nur unter besonderen Umständen geboten"[33]; Denn „normalerweise will ein behandelnder Arzt den Patienten nicht an seiner Gesundheit schädigen, sondern ihm helfen, die dennoch erfolgte Zufügung vermeidbarer Schmerzen beruht in aller Regel auf mangelnder Erfahrung, mangelndem Wissen oder mangelhafter Prüfung, nicht aber auf einer wissentlichen und willentlichen Zufügung gesundheitlicher Nachteile".[34] Die Abgrenzung zwischen (bedingtem) Vorsatz und (bewusster) Fahrlässigkeit spielt daher nur in seltenen Ausnahmefällen eine Rolle, muss aber dann in einer „Gesamtschau aller objektiven und subjektiven Tatumstände", dh unter Wertung des äußeren Tatgeschehens, der Interessenlage, der Zielrichtung des Täters, seines Vorlebens, Äußerungen vor, bei oder nach der Tat, der Größe und Nähe der Gefahr vorgenommen werden.[35] Nur so lässt sich beurteilen, ob sich der Arzt um seines Zieles willen mit dem Eintritt des Erfolges abgefunden – dann bedingter Vorsatz – oder aber im Vertrauen auf dessen Ausbleiben gehandelt hat – dann bewusste Fahrlässigkeit.[36] Für die Bejahung bedingten Vorsatzes „reichen formelhafte Begründungen" nicht aus,[37] sowohl das **Wissens-** als auch das **Willenselement** muss in jedem Einzelfall besonders geprüft und durch tatsächliche Feststellungen belegt werden.

Patientenautonomie und Lex artis, 2000, S 125 ff.; *Weiß* GA 1995, 373; *Tepperwien*, Pränale Einwirkungen als Tötung oder Körperverletzung?, 1973.

[29] OLG Karlsruhe NStZ 1985, 315; BGHSt 31, 348, 353.
[30] Vgl *Deutsch* ZRP 86, 242; BGBl I 1990, 2746.
[31] Ablehnend OLG Düsseldorf NJW 1988, 777; bejahend OLG Koblenz NJW 1988, 2959.
[32] BGHSt 28, 11, 16.
[33] BGH NStZ 2004, 35, 36.
[34] BayObLG NStZ-RR 2004, 45; ebenso BGH NStZ 2004, 35 f.
[35] BGH NStZ 2004, 35, 36.
[36] BGH MedR 2003, 577 ff; BGHSt 36, 1, 10; OLG München NJW 2006, 3364, 3365.
[37] LK-*Lilie* § 223 Anm 19.

23. Kapitel. Der Arzt im Strafrecht

Lässt sich nicht zweifelsfrei klären, ob der Arzt vorsätzlich oder fahrlässig gehandelt hat, stehen diese beiden möglichen Verhaltensalternativen „in einem Stufenverhältnis" des „Mehr oder Weniger", so dass der Arzt nach dem milderen Gesetz (fahrlässige Körperverletzung) entsprechend dem Grundsatz „im Zweifel für den Angeklagten" zu bestrafen ist.[38]

Bezüglich der Anwendbarkeit des **§ 224 StGB** ist darauf hinzuweisen, dass nach herrschender Auffassung „das von einem zugelassenen Arzt oder Zahnarzt bei einem ärztlichen Eingriff bestimmungsgemäß verwendete ärztliche Instrument grundsätzlich weder eine Waffe noch ein sonstiges gefährliches Werkzeug" im Sinne dieser Vorschrift ist, „weil der Tathandlung in solchen Fällen der Angriffs- oder Verteidigungscharakter fehlt".[39] Die Bestrafung des Arztes aus § 224 StGB scheidet daher im Rahmen der Heilbehandlung aus. Wer dagegen die Einwilligung des Patienten zu angeblichen Heileingriffen dadurch erschleicht, dass er sich als zugelassener Heilkundiger ausgibt, oder Heilkunde ohne Erlaubnis (Approbation) ausübt, begeht mit der Verabreichung von Spritzen eine gefährliche Körperverletzung, sofern er vorsätzlich handelt.[40]

Der Tatbestand der **schweren Körperverletzung** (§ 226 StGB) ist ein sog erfolgsqualifiziertes Delikt. Er setzt nicht nur die vorsätzliche Begehung einer Körperverletzung voraus, vielmehr muss sich deren spezifische Gefährlichkeit in einer der vom Gesetz genannten schweren Tatfolgen niedergeschlagen haben und diese zumindest in voraussehbarer Weise herbeigeführt worden sein (§ 18 StGB). Da es bei § 226 StGB um besonders nachhaltige Eingriffe in die körperliche Integrität geht, die den Verletzten in seiner Lebensqualität auf Dauer erheblich beeinträchtigen (zB schwere Gehirnverletzung, Verlust des Sehvermögens auf einem (beiden) Augen, der Zeugungs-, Gehör- und Empfängnisfähigkeit, eines „wichtigen Gliedes"), ist in § 226 Abs 1 StGB eine Mindeststrafe von einem Jahr (bis zu zehn Jahren) angedroht. § 226 Abs 1 StGB ist ein konkretes Verletzungsdelikt, so dass „individuelle Körpereigenschaften und dauerhafte körperliche (Vor-)Schädigungen zu berücksichtigen sind".[41] In minder schweren Fällen beträgt der Strafrahmen sechs Monate bis fünf Jahre (§ 226 Abs 3 StGB).

Sind die in § 226 Abs 1 bezeichneten schweren Folgen absichtlich oder wissentlich verursacht, droht eine Freiheitsstrafe von nicht unter 3 Jahren (§ 226 Abs 2 StGB)! Dies wäre zB zu bejahen, wenn der Arzt im Rahmen eines operativen Eingriffs eine Frau entgegen deren ausdrücklich erklärten Willen sterilisiert oder aber einen geistig behinderten jungen Mann auf Wunsch der Leitung des Pflegeheims in Kenntnis des Fehlens der erforderlichen Zustimmungserklärungen kastriert (s o § 126 RdNr 17, § 127 RdNr 8). Zur Erfüllung des Qualifikationstatbestandes des § 226 Abs 2 StGB genügt es, dass der Arzt die schwere Körperverletzung als sichere Folge seines Handelns voraussieht.[42] In minder schweren Fällen ermäßigt sich der Strafrahmen, liegt aber immer noch zwischen einem Jahr bis zu 10 Jahren.

Eine Verurteilung des Arztes wegen Körperverletzung mit Todesfolge gemäß **§ 227 StGB** kommt nur in Betracht, wenn die **vorsätzliche** Gesundheitsschädigung kausal zum Tod des Patienten führt und dieser Ausgang sich zum einen als Folge der tatbestandsspezifischen Gefährlichkeit der Körperverletzung erweist, zum anderen generell und indi-

---

[38] BGHSt 32,44,56; abweichend BGHSt 17, 210, der die fahrlässige Körperverletzung als „Auffangtatbestand" bezeichnet.
[39] BGH MDR 1987, 445; BGH NJW 1978, 1206; LK-*Lilie* § 224 RdNr 24; *Schönke/Schröder/Stree*, § 224 RdNr 9b; *Lackner/Kühl* § 224 RdNr 5; *Janker* NJW 1987, 2899; *Hilgendorf* ZStW 112, 811, 818; *Geppert* Jura 1986, 532, 536; *Solbach/Solbach* JA 1987, 298; kritisch zu dieser Abgrenzung *Fischer*, StGB § 224 RdNr 9a u *Kargl* NStZ 2007, 489, 490.
[40] BGH NStZ 1987, 174; kritisch *Wolski* GA 1987, 527; *Sowada* JR 1988, 123; *Bringewat* JA 1984, 61, 67; *Horn* JuS 1979, 29; *Geppert* Jura 1986, 532, 536.
[41] BGH NJW 2007, 1988 = BGHSt 51, 252, 255 = NStZ 2007, 470 m Anm *Hartung* NStZ 2007, 702 ff. *Jahn* JuS 2007, 866; *Bosch* JA 2007, 818; abl *Jesse* NStZ 2008, 605; s auch *Paeffgen/Grosse-Wilde* HRRS 2007, 363 ff.
[42] BGH NJW 2001, 980; s auch *Ulsenheimer*, Arztstrafrecht, § 1 RdNr 246 h.

viduell vorhersehbar war (§ 18 StGB).⁴³ Die Tat ist als Verbrechen mit einer Freiheitsstrafe von nicht unter 3 Jahren (selbst in minder schweren Fällen nicht unter einem Jahr) bedroht, bedeutet also für jeden Arzt nicht nur ein enormes Strafbarkeits-, sondern auch ein gravierendes Existenzrisiko, das allerdings, wie die Praxis zeigt, den meisten nicht bewusst ist. Fälle dieser Art sind im Arztrecht selten, kommen aber immer wieder vor.⁴⁴

16 Ein als vorsätzliche Körperverletzung zu ahndender Heileingriff durch einen in einem öffentlichen Krankenhaus (zB Universitätsklinik, Kreiskrankenhaus, Städtische Krankenanstalt) angestellten (beamteten) Arzt fällt *nicht* unter § 340 StGB.⁴⁵ Denn „die konkrete Heilbehandlung des einzelnen Patienten ist keine dienstliche Tätigkeit" im Sinne dieser Vorschrift, die den **Missbrauch der Amtsgewalt** unter erhöhte Strafandrohung stellt. Davon aber kann „im Verhältnis zwischen dem sich ohne staatlichen Zwang in ein – von dem öffentlichen Träger unterhaltenes – Krankenhaus begebenden Patienten und dem ihn dort behandelnden Arzt keine Rede sein".⁴⁶

17 Zu beachten ist, dass mit dem 6. StrRG v 30. 1. 98 (BGBl I 1998, 164) die **Versuchs**strafbarkeit der vorsätzlichen Körperverletzung eingeführt wurde (§ 223 Abs 2 StGB). Wenn also zB der Anästhesist erhebliche Bedenken gegen die Operationsplanung des Chirurgen äußert (Bereitstellung von zu wenig Blutkonserven), diese aber im Hinblick auf die grundsätzlich vorrangige Entscheidungskompetenz des Operateurs zurückstellt und an dem – erfolgreichen – Eingriff teilnimmt, so ist zu prüfen, ob hierin eine billigende Inkaufnahme der Gesundheitsbeeinträchtigung des Patienten und damit ein (untauglicher) Versuch liegt. Mit Rücksicht auf die Heiltendenz des ärztlichen Handelns dürfte dies aber regelmäßig zu verneinen sein: Der Anästhesist hat zwar die Möglichkeit des Misserfolgs vor Augen, vertraut aber auf einen guten Ausgang durch die Kunst des Chirurgen, abgesehen davon, dass die Tatherrschaft bei diesem liegt.⁴⁷

II. Die tatbestandlichen Voraussetzungen der fahrlässigen Körperverletzung

18 Wie in § 138 dargestellt, erfüllt auch der lege artis durchgeführte, medizinisch indizierte Heileingriff den Tatbestand der Körperverletzung. Insoweit besteht ein diametraler Gegensatz zwischen der ständigen höchstrichterlichen Judikatur und der einhelligen Meinung im medizinischen Schrifttum sowie der überwiegenden Auffassung der juristischen Literatur. Übereinstimmung herrscht dagegen darin, dass der infolge eines Behandlungs- oder Organisationsfehlers misslungene oder mangels ordnungsgemäßer Aufklärung nicht gerechtfertigte Eingriff eine rechtswidrige Körperverletzung darstellt.

19 **1. Körperliche Misshandlung und Gesundheitsbeschädigung.** Gemäß § 229 StGB wird bestraft, „wer durch Fahrlässigkeit die Körperverletzung einer anderen Person verursacht". Darunter ist, wie sich aus § 223 Abs 1 StGB ergibt, zum einen eine **körperliche Mißhandlung,** zum anderen eine **Gesundheitsschädigung** zu verstehen, wobei die Abgrenzung beider Tatmodalitäten infolge wechselseitiger Überschneidung nicht

---

⁴³ Vgl dazu OLG Düsseldorf, MedR 1984, 28, 29, das die Fahrlässigkeit bezüglich des Todeserfolgs in einem Fall bejaht, in dem die Ärztin den Eltern in Anwendung einer neuartigen (absolut untauglichen Außenseiter-)Behandlungsmethode riet, ihrem zuckerkranken Kind kein Insulin mehr zu spritzen, dieses dadurch komatös wurde und wenig später starb; s dazu *Ulsenheimer,* Arztstrafrecht in der Praxis, RdNr 246 i.

⁴⁴ Siehe *Ulsenheimer,* Arztstrafrecht, § 1 RdNr 246 i mwN; BGH JR 1994, 514, 515 m Anm *Puppe*; BGH NStZ 2004, 35; LG Ellwangen, Urteil v 18. 7. 2007 – 2 KLs 11 Js 21209/02, bestätigt durch BGH-Beschluss v 20.12.07, AZ 1 StR 576/07 = NStZ 08, 278;; BGH NStZ 2008, 150; BGH MedR 08, 158 = GesR 07, 482.

⁴⁵ OLG Karlsruhe NJW 1983, 652 f.

⁴⁶ OLG Karlsruhe NJW 1983, 652, 653; *Fischer* § 340 RdNr 2; *Lackner/Kühl* § 340 RdNr 2; kritisch *Wagner* JZ 1987, 596.

⁴⁷ Vgl StA Düsseldorf 810 Js 940/99, s dazu oben RdNr 11; s auch *Ulsenheimer,* Anästhesiologie und Intensivmedizin 2002, 380; *ders,* Arztstrafrecht, RdNr 246 d.

23. Kapitel. Der Arzt im Strafrecht   **20 § 139**

trennscharf möglich und im Übrigen im Ergebnis gleichgültig ist.[48] Körperliche Mißhandlung wird nahezu einhellig als „üble unangemessene Behandlung" definiert, „durch die das körperliche Wohlbefinden mehr als nur unerheblich beeinträchtigt oder sonst auf die körperliche Unversehrtheit eingewirkt wird".[49] Demgegenüber versteht man unter „Gesundheitsschädigung" jedes „Hervorrufen oder Steigern einer Krankheit im weitesten Sinne".[50] Als Körperverletzung in Form der **„körperlichen Mißhandlung"** wurden vor allem Eingriffe in die körperliche Substanz gewertet, so zB der Verlust eines Zahns, Zehs, Fingers, einer Ohrmuschel, der Funktionsausfall von Organen (Gehör, Geruchs- oder Geschmackssinn, Niere, Leber, Gallenblase ua), die dauernde oder vorübergehende Verminderung körperlicher Funktionen (Gehbehinderung, Sehstörungen, Narkose), ferner die Zufügung von Schwellungen, Blutergüssen, Schnitten, Rissen und dergleichen, Kontusionen, Narben, Wucherungen und sonstige körperliche Verunstaltungen, Schmerzen (s. allerdings RdNr 15) oder Reizungen des Zentralnervensystems.[51] Da der Eingriff in die körperliche Integrität keine Schmerzzufügung voraussetzt, ist die zu hoch dosierte Röntgenbestrahlung eine Körperverletzung,[52] ebenso medizinisch nicht indizierte Röntgenaufnahmen, wobei allerdings nur das stark erhöhte Schadensrisiko, etwa durch exzessives Röntgen, die Beeinträchtigung der körperlichen Integrität als relevant iS der §§ 223, 224 (lebensgefährdende Behandlung) annehmen lässt,[53] nicht jedoch die einmalige, gelegentlich wiederholte, kurzzeitige Röntgenbestrahlung.

Gesundheitsschädigungen sind Erkrankungen innerer oder äußere Organe, Knochenbrüche, Sehnenrisse, Wunden, Infektionen, Vergiftungen, Hämatome, körperlich bedingte geistige Störungen und allgemein jede unmittelbare oder mittelbare Herbeiführung oder Verschlimmerung eines bestehenden Krankheitszustandes,[54] unabhängig davon, wodurch er herbeigeführt wurde, etwa durch eine Infektion,[55] oder ob der Patient Schmerzen empfindet.[56] Das Verschreiben oder Verabreichen suchtfördernder[57] oder „erheblich belastender"[58] Arzneimittel erfüllt daher den objektiven Tatbestand des § 223 StGB. Da die durch die Körperverletzung bedingte Gesundheitsbeeinträchtigung erheblich sein muss,[59] scheiden leichte Kopfschmerzen, kurzfristige Einschlafschwierigkeiten, über einige Stunden fortdauernde Schmerzen oder ein mehrtägiger Bluthochdruck ohne subjektiv belastende Folgen aus,[60] doch kann die Verursachung oder Aufrechterhaltung von Schmerzen im Übrigen durchaus eine Gesundheitsschädigung darstellen.[61] Zu beachten ist jedoch, dass Schmerzen etwas höchst Subjektives und daher nicht immer objektivierbar sind. Dass aber zB ein Blinddarmdurchbruch „schlimme Schmerzen" verursacht, ist nicht zweifelhaft.[62] **Rein seelische** Beeinträchtigungen ohne körperliche Auswirkungen werden von §§ 223, 229 StGB tat-

20

---

[48] *Schönke/Schröder/Eser* § 223 RdNr 2; LK-*Lilie* § 223 RdNr 4; *Tag*, aaO S 95 ff.
[49] BGHSt 14, 269, 271; 25, 277, 278; BGH NStZ 2007, 218; *Schönke/Schröder/Eser* § 223 RdNr 3; LK-*Lilie* § 223 RdNr 6; *Fischer* § 223 RdNr 3 a.
[50] BGH NJW 1960, 2253; RG DR 1939, 365; LK-*Lilie* § 223 RdNr 12.
[51] Vgl LK-*Lilie* § 223 RdNr 12, 13; OLG Düsseldorf MedR 1984, 28.
[52] BGH MedR 1998, 218 = VersR 1998, 319 = BGHSt 43, 306; s dazu *Detter* JA 98, 535 u die kritische Anmerkung von *Wolfslast* NStZ 1999, 133; Bedenken äußert auch *Jerouschek* JuS 1999, 746.
[53] BGHSt 43, 346 (355 f); dazu: *Detter* JA 1998, 535 f; *Götz/Hinrichs/Seibert/Sommer* MedR 1998, 505; *Jung/Wigge* MedR 1998, 329; *Martin* JuS 1998, 563; *Rigizahn* JR 1998, 523; *Wolfslast* NStZ 1999, 133. Zustimmend *Fischer*, § 223 RdNr 5; *Lackner/Kühl*, § 223 RdNr 5.
[54] LK-*Lilie* § 223 RdNr 12; *Lackner/Kühl* § 223 RdNr 5.
[55] BGHSt 36, 1, 6; *Fischer* § 223 RdNr 7.
[56] BGHZ 114, 284; *Lackner/Kühl* § 223 RdNr 5.
[57] Siehe unten § 147 RdNr 27; OLG Ffm NJW 1991, 763 m Bespr *Geppert* JK 1; BayObLG StV 1993, 641 m Anm *Dannecker/Stoffers*; BayObLG NJW 2003, 371 m Anm *Otto* JK 14 vor § 13.
[58] BGH NStZ 08, 150, 151.
[59] *Schönke/Schröder/Eser* § 223 RdNr 4 a; LK-*Lilie* § 223 RdNr 15.
[60] LK-*Lilie* § 223 RdNr 15; *Samson* NJW 1978, 1184.
[61] OLG Düsseldorf NStZ 1989, 269.
[62] OLG Köln NJW 1991, 764 f.

bestandlich nicht erfasst,[63] doch können psychische Beeinträchtigungen „den Körper in einen pathologischen, somatisch objektivierbaren" Krankheitszustand versetzen.[64] Zur Frage, ob die religiöse Beschneidung tatbestandslos oder – unter dem Aspekt des § 224 StGB – gerechtfertigt ist, s *Putzke* NJW 08, 1568 ff und FS Herzberg 2008, 669 ff; *ders*, MedR 08, 268 ff; *Stehr/Putzke/Dietz*, DÄBl 2008, A 1778; *Herzberg* JZ 09, 332; *Kyrill-A. Schwarz* JZ 08, 1125; *Wüstenberg* AZR 08, 65; *Jerouschek* NStZ 08, 313. Die Genitalverstümmelung von Mädchen und Frauen erfüllt den Tatbestand des § 223 StGB, meist auch des § 224 Abs 1 Nr 2, 4, 5 StGB.[65]

21 Strittig ist die Frage, ob abgetrennte Körperteile und Substanzen dem durch §§ 223, 229 StGB geschützten Rechtsgut „körperliche Integrität" nicht mehr unterliegen oder ob im Anschluss an die höchstrichterliche Zivilrechtsjudikatur[66] die getrennte Körpersubstanz weiterhin in den rechtlichen Schutz des Körpers einzubeziehen ist, wenn sie, zB die Eigenblutspende, wieder in den „Ursprungskörper" zurückgelangen soll. Schon im Zivilrecht wurden dagegen im Schrifttum erhebliche Bedenken laut.[67] Diese Bedenken sind aus strafrechtlicher Sicht nur zu unterstreichen; denn Schutzgut der Körperverletzungstatbestände ist die körperliche Integrität, so dass „getrennte Körperteile und -substanzen als Körperexklave am strafrechtlichen Schutz nur teilnehmen, wenn sie kurzfristig im Rahmen einer apparativen oder medikamentösen Behandlung oder zum Zwecke der Durchführung der Operation vom Körper getrennt und während desselben engen raumzeitlichen Gesamtvorgangs wieder in der ursprünglichen oder einer vergleichbaren Funktion implantiert oder sonst fest eingefügt werden".[68] Soweit diese Voraussetzungen nicht gegeben sind, sind die abgetrennten Körperteile, -organe oder -substanzen Sachen und werden somit ausschließlich durch die Tatbestände der §§ 242, 246 und 303 StGB geschützt.[69]

22 **2. Körperverletzung durch Unterlassen.** Die Körperverletzung kann auch durch Unterlassen begangen werden, wenn den Arzt eine **Garantenstellung** trifft, sei es durch gesetzliche Vorschrift, dienstlichen Auftrag, aus vorangegangenem Tun, aus der tatsächlichen Übung, kraft **Übernahme** der Behandlung, aufgrund seiner Funktion als **Bereitschaftsarzt**[70] oder durch organisatorische Einbindung (Einteilung), zB zur pädiatrischen Versorgung Neugeborener.[71] Die Verzögerung der gebotenen Operation, die zur Verursachung oder Fortdauer von Schmerzen und der Zunahme von Krebswucherungen führt, oder die Nichtanwendung erfolgversprechender Therapiemaßnahmen oder schmerzlindernder Mittel erfüllt den Tatbestand der Körperverletzung, wenn der Arzt fahrlässig trotz einer Erfolgsabwendungspflicht untätig bleibt.[72] Die Untätigkeit des Arztes bei behandelbaren Schmerzen, zB unzureichende Tumorschmerztherapie,[73] Nichtüberweisung an einen Schmerzspezialisten, unterlassene Krankenhauseinweisung bei Verbrennungen, die Ablehnung einer schmerzlindernden Medikation erfüllt den objektiven Tatbestand der Körperverletzung.[74] Ob bei pflichtgemäßer Einweisung einer Schwangeren

---

[63] LK-*Lilie* § 223 RdNr 15; *Lackner/Kühl* § 223 RdNr 5.
[64] BGH NStZ 1997, 123; BGHSt 48, 34, 37 mit Anm *Kühl* JZ 03, 637, 640.
[65] BT-Drucks 16/9420, 3; *Wüstenberg* AZR 2009, 115 zur Verjährungsfrage (Änderung des § 78b Abs 1 Nr 1 StGB).
[66] BGH NJW 1994, 127 f.
[67] Vgl *Laufs/Reiling* NJW 1994, 775 f; *Schroeder*, FS Hirsch, 1999, 724, 736 f.
[68] So zutreffend *Tag*, aaO, S 111; s auch *Schroeder*, FS Hirsch, 1999, 724, 736 f.
[69] Vgl *Tag*, aaO, S 112 f.
[70] Siehe dazu näher unter § 140 RdNr 14 f und § 141 RdNr 2 f; dazu auch BGH NJW 2000, 2754 ff mit Anmerkung Altenhain NStZ 2001, 189; LK-*Lilie*, § 223 RdNr 17; *Tag*, aaO 407 ff.
[71] BGH NJW 2000, 2741, 2742.
[72] BGH LM Nr 6 zu § 230; s dazu oben § 134 RdNr 9; *Andreas*, Straf- und haftungsrechtliche Aspekte der unterlassenen Schmerzbehandlung, Arztrecht 1999, 232; *Lackner/Kühl* § 223 RdNr 3.
[73] *v Harder*, Der Schmerz 2007, 462, 463.
[74] *Ulsenheimer*, Rechtliche Probleme der Schmerztherapie, Info des BDC 2006, 299 ff; s § 134 RdNr 9 ff.

23. Kapitel. Der Arzt im Strafrecht   23, 24 § 139

in die Klinik oder rechtzeitiger Mitteilung der Diagnose über die Schwangerschaft der Geburtsverlauf und die damit verbundenen Schmerzen kürzer gewesen wären, ist Tatfrage. „Eine bloß zeitliche Verschiebung des Geburtsvorgangs" ist jedoch „noch keine Körperverletzung", sondern nur dann, wenn die spätere Niederkunft, „insgesamt gesehen, zu heftigeren Schmerzen oder häufigeren Wehen geführt hat", als die Patientin „bei rechtzeitiger gynäkologischer Hilfe erlitten hätte".[75] Abgesehen davon liegt die Verlängerung der Geburtsschmerzen infolge einer verspäteten Einleitung der Schnittentbindung außerhalb des Schutzzwecks des § 229 StGB. Denn die Pflicht zur rechtzeitigen Vornahme der sectio besteht ausschließlich zur Abwendung einer Lebens- oder Gesundheitsgefahr der Schwangeren oder des ungeborenen Kindes, nicht aber zur Abkürzung der natürlichen Geburtsschmerzen.[76]

Zum **tatbestandsmäßigen Aufbau** des fahrlässigen unechten Unterlassungsdelikts 23 und zur Abgrenzung von Tun und Unterlassen in Zweifelsfällen s § 140 RdNr 8 ff.

3. Die Verletzung der im Verkehr erforderlichen Sorgfalt. *a)* **Begriffsbestim-** 24 **mung der Fahrlässigkeit.** Fahrlässig im Sinne des Strafrechts handelt nur derjenige Arzt, der die Sorgfalt außer acht lässt, zu der er nach den Umständen und nach seinen persönlichen Verhältnissen verpflichtet und imstande ist, und dadurch den schädlichen Erfolg herbeiführt, ohne dies vorauszusehen (**unbewusste** Fahrlässigkeit), bzw im vorwerfbaren Vertrauen darauf handelt, „es werde schon gutgehen" (**bewusste** Fahrlässigkeit).[77] Tatbestandsmäßige Voraussetzung der Bestrafung nach § 229 StGB ist daher die Verletzung der im Verkehr erforderlichen Sorgfalt, deren Inhalt im Strafrecht nach einem *doppelten,* objektiven *und* subjektiven Maßstab bestimmt wird. Im Rahmen der objektivtypisierenden Bestimmung der Sorgfaltspflicht[78] – dh „grundsätzlich ohne Rücksicht auf den individuellen Aus- und Fortbildungsstand und die Schwerpunkte der eigenen Tätigkeit"[79] – ist aus der Sicht *ex-ante* zu prüfen, wie sich ein umsichtiger und erfahrener Facharzt derselben Fachrichtung in gleicher Situation, also zurzeit der Behandlung des Patienten verhalten hätte. Später bekanntgewordene Umstände, nachträgliche wissenschaftliche Erkenntnisse und Forschungsergebnisse haben daher außer Betracht zu bleiben,[80] es sei denn, sie könnten zu Gunsten des Arztes dessen „therapeutische Maßnahmen rechtfertigen".[81] Maßgebend ist der „Standard eines erfahrenen Facharztes",[82] wobei dieses Synonym mit dem früher gebräuchlichen „Stand der Wissenschaft" inhaltlich das zum Behandlungszeitpunkt in der Praxis bewährte, nach naturwissenschaftlicher Erkenntnis gesicherte, von einem durchschnittlich befähigten Facharzt verlangte Maß an Kenntnis und Können umschreibt.[83] Der Mediziner spricht von der guten, verantwortungsbewussten ärztlichen Übung. Verlangt wird die Einhaltung der berufsspezifischen Sorgfalt, der Facharztqualität, die auch ein „Noch-nicht-Facharzt" im formellen Sinn bei entsprechendem Können und Erfahrungswissen bieten kann.[84] Die **formelle** Facharztanerkennung wird nur für den Arzt von der Judikatur verlangt, der einen in Weiterbildung befindlichen Arzt anleitet und überwacht.[85] Operiert dieser selbst, kommt es auf seine **materielle** ärztliche Qualifikation an. Aber auch wenn er unter fachärztlicher Aufsicht tätig

---

[75] BGHSt 31, 348, 357.
[76] Bescheid der Generalstaatsanwaltschaft beim OLG München v 20. 3. 1998 – Az XIV Zs 421/98.
[77] BGHSt 49, 1 ff = MedR 2004, 386, 387.
[78] *Deutsch* NJW 1984, 650; BGHZ 113, 297, 303; BGH NJW 2001, 1786; VersR 2003, 1128, 1130.
[79] OLG Naumburg VersR 2004, 1460, 1461.
[80] Vgl dazu im Einzelnen *Kern* § 97; *Ulsenheimer* Arztstrafrecht, RdNr 17 ff, jeweils mwN.
[81] OLG Hamm VersR 03, 858.
[82] BGH JZ 1987, 879 mit Anm *Giesen*; OLG Oldenburg MDR 1993, 955, 956; st Rspr, s *Ulsenheimer,* Arztstrafrecht, RdNr 18 ff mwN.
[83] OLG Hamm MedR 2006, 358, 359; LG Kassel VersR 01, 1031, 1034.
[84] Vgl *Ulsenheimer,* Arztstrafrecht, RdNr 20.
[85] OLG Düsseldorf VersR 1994, 352; Steffen MedR 1995, 360, 361.

wird, muss von ihm die Einhaltung elementarer Regeln seines Fachs verlangt werden, etwa die eindeutige Erkennung der anatomischen Verhältnisse, die Rückfrage beim anwesenden Facharzt oder sogar die „Abgabe der Operationsdurchführung".[86] Im Zivilrecht hat der Arzt für ein dem Standard zuwiderlaufendes Vorgehen auch dann haftungsrechtlich einzustehen, wenn dieses aus seiner persönlichen Lage heraus subjektiv als entschuldbar erscheinen mag,[87] im Strafrecht kann und muss diese subjektive Entlastung auf der Ebene der Schuld zugunsten des Arztes berücksichtigt werden, es sei denn, es liegt ein Übernahmeverschulden vor (s RdNr 35, 79, 80).

25 Ausdrücklich hebt der BGH hervor, „dass an das Maß der ärztlichen Sorgfalt hohe Anforderungen zu stellen sind", da „aus medizinischen Maßnahmen besonders ernste Folgen entstehen können und der Patient regelmäßig die Zweckmäßigkeit oder Fehlerhaftigkeit der Handlung nicht beurteilen kann".[88] „Mit dem Grad der Gefährlichkeit einer Behandlung steigt das Maß der erforderlichen Sorgfalt", die den Arzt verpflichtet, „von vermeidbaren Maßnahmen abzusehen, wenn diese auch nur ein geringes Risiko in sich bergen, dh der Arzt muss bei gravierenden Risiken für den Patienten auch unwahrscheinliche Gefährdungsmomente ausschließen".[89] Deshalb „gibt es für die Beurteilung ärztlichen Handelns kein Ärzteprivileg, wonach die strafrechtliche Haftung sich etwa auf Fälle grober Behandlungsfehler beschränkt", obwohl dies für den Bereich der Körperverletzung angesichts der Risikogeneigtheit ärztlichen Handelns durchaus erwägenswert wäre.[90] In besonders gefahrenträchtigen Bereichen, zB dem der Transfusionsmedizin, gelten „diese schon grundsätzlich hohen Sorgfaltsanforderungen erst recht".[91]

26 *aa)* Andererseits ist der Facharztstandard keine abstrakt-statische Bezugsgröße, sondern ein innerhalb einer Bandbreite schwankender variabler Sorgfaltsmaßstab, der je nach den konkreten räumlichen und zeitlichen Gegebenheiten, den behandelnden Personen und den tatsächlichen Verhältnissen differiert. Er ist **situationsorientiert,**[92] abhängig von den verfügbaren ärztlichen, pflegerischen, apparativen und sonstigen diagnostischen und therapeutischen Mitteln. Daher muss es zwangsläufig „zu Qualitätsunterschieden in der Behandlung von Patienten" kommen, die die Rechtsprechung „in Grenzen je nach den personellen und sachlichen Möglichkeiten" toleriert.[93] Daher muss nicht „jeweils das neueste Therapiekonzept verfolgt werden", um den Stand der Medizin zu gewährleisten, und ebensowenig kann „die jeweils neueste apparative Ausstattung überall und gleichzeitig geboten werden".[94] Die medizinisch mögliche, aber unbezahlbare Maximaldiagnostik und -therapie wird nicht verlangt.[95] Die Sorgfaltsanforderungen sind vielmehr an den für den Patienten in der konkreten Situation faktisch erreichbaren Gegebenheiten auszurichten, „sofern auch mit ihnen ein **zwar nicht optimaler,** aber **noch ausreichender** medizinischer Standard erreicht werden kann".[96]

---

[86] OLG Hamm MedR 2006, 358, 360.
[87] BGH VersR 2001, 646; BGH VersR 2003, 1128, 1130 m Anm *Walter* = GesR 2003, 267 ff; OLG Ffm MedR 1995, 75, 77; OLG Naumburg VersR 04, 1460, 1461; Zum Ganzen s *Kern* § 97 mit weiteren Einzelheiten.
[88] BGH NJW 2000, 2754, 2758; ständige Rechtsprechung, vgl auch BGHSt 6, 282, 288; BGH, bei *Dallinger* MDR 1972, 384 (385); *Ulsenheimer,* Arztstrafrecht in der Praxis, 4. Aufl, RdNr 18, 18 a; LK-*Schroeder,* § 16 RdNr 197; *Schönke/Schröder/Cramer,* § 15 RdNr 219.
[89] OLG Zweibrücken MedR 1999, 80, 82; LG Heidelberg NJW 1998, 2747.
[90] BGH NJW 2000, 2754, 2758; *Ulsenheimer* MedR 1984, 161, 162; *ders* MedR 1992, 127 (129); *ders,* Arztstrafrecht, RdNr 6 mwN.
[91] BGH NJW 2000, 2754, 2758; LG Kassel VersR 01, 1031, 1034; BGH DMW 1969, 92, 93; BGH, Urteil v 27. 2. 1957 – 2 StR 5/57; LK-*Jähnke,* § 22 RdNr 10.
[92] *Spickhoff* MedR 2008, 90.
[93] BGH NJW 1988, 763; VersR 1994, 482.
[94] BGH NJW 1988, 763, 764.
[95] *Franzki* MedR 1994, 178; zur „Arzthaftung in Zeiten knapper Kassen" s *Müller,* FS G. Hirsch, 2008, 413 ff; *Usenheimer* FS Kohlmann, 2003, 331 ff.
[96] BGH NJW 1994, 1597 f.

Bei der Bestimmung des Standards gilt ferner der Aspekt der **„Gruppenfahrlässig-** 27 **keit".** Ein Facharzt schuldet ein anderes Maß an Sorgfalt als der Arzt für Allgemeinmedizin und entsprechende Unterschiede sind auch zwischen dem klinisch tätigen und dem niedergelassenen Arzt,[97] zwischen einer Universitätsklinik, einem Spezialkrankenhaus und einem kleinen Krankenhaus der Regelversorgung zu machen.

Darüber hinaus ist im Hinblick auf den Zeitfaktor in der **jeweiligen Situation** zu dif- 28 ferenzieren: Es leuchtet ein, dass die generell von einem gewissenhaften Arzt zu fordernde Sorgfalt bei plötzlichen Komplikationen, die zu einem **raschen** Entschluss und zu **schnellem** Handeln nötigen, niedriger anzusetzen ist als bei wohlvorbereiteten Eingriffen.

bb) Zu beachten ist allerdings: Ungenügende Behandlungsbedingungen vor Ort und 29 Strukturmängel müssen, soweit möglich, durch geeignete organisatorische Maßnahmen neutralisiert werden, um Risiken für den Patienten auszuschließen. Insoweit übernimmt das Haftungsrecht eine **Schutzfunktion** – auch gegenüber finanziellen Engpässen und einer restriktiven bzw auf Gewinnmaximierung ausgerichteten Haushaltspolitik des Krankenhausträgers. Allerdings wird in Zukunft das medizinisch Machbare und das ökonomisch Mögliche mehr und mehr auseinanderdriften, da der theoretische medizinische Standard infolge der wissenschaftlichen Entwicklung und des technischen Fortschritts steigt, die Ressourcen aber knapper werden, so dass der reale Standard langfristig sinken wird. Allerdings fordert die Rechtsprechung bestimmte Mindeststandards, die nicht unterschritten werden dürfen, ohne dass der Arzt dafür einzustehen hat (zB Verbot genereller Parallelnarkosen oder des fachübergreifenden Bereitschaftsdienstes in der Geburtshilfe und Anästhesie). Diese „unverzichtbare Basisschwelle" liegt dort, wo das erlaubte Risiko überschritten und ein Übernahmeverschulden anzunehmen ist, dh wo die von der Behandlung ausgehende Gefährdung des Patienten die Chancen des Heileingriffs überwiegt.[98]

Zu Recht hat das OLG Hamm darauf hingewiesen, dass „die regelrechte Behandlung 30 jedenfalls nicht allein durch Richtlinien" – und dasselbe gilt für Leitlinien oder Empfehlungen wissenschaftlicher Gremien und Fachgesellschaften – bestimmt wird, sondern die zu beachtende Sorgfalt sich „nach dem Erkenntnisstand der medizinischen Wissenschaft zurzeit der Behandlung beurteilt".[99] Dieser sollte in den Richtlinien, Leitlinien und Empfehlungen enthalten sein, doch ist dies in der Realität nicht immer der Fall.[100] Das OLG Naumburg[101] misst den Leitlinien daher mit Recht für praktizierende Ärzte nur „Informationscharakter", aber keine Verbindlichkeit als solche zu. Wenn allerdings die Richt- oder Leitlinie den aktuellen Standard des jeweiligen Fachs für die in Rede stehende Behandlung widerspiegelt, wird sie verbindlicher Maßstab für die Beurteilung der Haftung des Arztes, es sei denn, es liegen Besonderheiten des Einzelfalles vor, die ein Abweichen von der Standardmethode fordern.[102]

Die Befolgung einer Richtlinie, Leitlinie oder Empfehlung einer wissenschaftlichen Fachgesellschaft vermag daher nicht in jedem Fall zu exkulpieren, umgekehrt bedeutet die

---

[97] *Franzki* MedR 1984, 169; BGH MedR 1998, 26.
[98] Im Einzelnen dazu: *Ulsenheimer,* Grenzen der ärztlichen Behandlungspflicht vor dem Hintergrund begrenzter finanzieller Ressourcen, FS Kohlmann, 2003, 319, 329; Erlinger, Veränderungen des medizinischen Standards und Anpassungsnotwendigkeit der rechtlichen Sorgfaltsmaßstäbe, ZaeFQ 2007, 541 ff; *Wenner,* Rationierung, Priorisierung, Budgetierung: verfassungsrechtliche Vorgaben für die Begrenzung und Steuerung von Leistungen in der Gesundheitsversorgung, GesR 09, 169 ff; *Müller,* FS G. Hirsch, 2008, 413 ff.
[99] NJW 2000, 1890.
[100] Vgl OLG Düsseldorf VersR 1987, 414 f BGH GesR 08, 361; OLG Bamberg GesR 08, 594, 596.
[101] MedR 2002, 471; dazu *Ulsenheimer,* Arztstrafrecht, RdNr 18 b ff.
[102] BGH NJW 1987, 2927.

Nichtbefolgung eines solchen Regelwerkes aber deshalb auch nicht zwangsläufig einen Behandlungsfehler oder gar groben Behandlungsfehler.[103] Denn allein aus der Aufnahme einer Behandlungsregel in eine Richtlinie, Leitlinie oder Empfehlung ergibt sich noch nicht, dass die Maßnahme zu den elementaren medizinischen Standards gehört, deren Verletzung medizinisch schlechterdings unverständlich ist.

Die Nichteinhaltung von Leit- und Richtlinien darf daher auch **nicht zu einer richterlichen Vermutung sorgfaltswidrigen Handelns** führen,[104] vielmehr sind diese wegen ihrer **unterschiedlichen Qualität und der anhaltenden Diskussion um ihre Aktualität** und **Legitimität** jeweils sorgfältig im Hinblick auf die Frage zu überprüfen, ob sie den gegenwärtigen medizinischen Standard für die konkret in Rede stehende Maßnahme enthalten.[105]

Leit- und Richtlinien stellen auch keine vorweggenommenen Gutachten dar, sie können den medizinischen Sachverständigen nicht ersetzen,[106] müssen aber selbstverständlich dem Mediziner, soweit sein Fachgebiet betroffen ist, bekannt sein.

31 Dies folgt zwingend aus der **ärztlichen Fortbildungspflicht.** Angesichts der rasanten wissenschaftlichen und technischen Fortschritte der Medizin ist es nur allzu verständlich, wenn die Fortbildungspflicht bei Ärzten zentrale Bedeutung hat und von den Gerichten,[107] aber auch in der Berufsordnung (§ 4 Abs 1 der MBO) mit besonderem Nachdruck eingefordert wird. Der Arzt ist verpflichtet, sich „bis an die Grenze des Zumutbaren"[108] fortzubilden, wenn dies zur Erhaltung und Entwicklung der zu seiner Berufsausübung erforderlichen Fachkenntnisse notwendig ist.[109] Daher müssen Ärzte die üblichen Fachzeitschriften lesen, Spezialisten darüber hinaus auch die ausländische Fachliteratur,[110] und haben keine „längere Karenzzeit bis zur Aufnahme der wissenschaftlichen Diskussion".[111] Denn der Patient ist schutzwürdig in seinem Vertrauen darauf, dass der Arzt an den neuen Entwicklungen seines Fachgebiets interessiert ist und seine Kenntnisse nicht überholt sind.[112]

32 Bei allen Maßnahmen des Arztes ist stets zu bedenken, dass Schutz und Sicherheit des Patienten **absolute Priorität** vor allen anderen Erwägungen haben. Der Arzt muss „alle bekannten und medizinisch vertretbaren Sicherungsmaßnahmen anwenden, die eine erfolgreiche Behandlung gewährleisten, und um so vorsichtiger vorgehen, je einschneidender ein Fehler sich für den Patienten auswirken kann".[113] Deshalb haben Ärzte „die Pflicht, Patienten, deren Bewußtsein getrübt ist, vor Selbstverletzung oder Selbstgefährdung zu schützen", ein Grundsatz, der nicht nur für die Behandlung psychisch Kranker in Psychiatrischen Krankenhäusern allgemein anerkannt ist,[114] sondern „in gleicher Weise auch für allgemeine Krankenhäuser" gilt, „wenn sie Patienten mit getrübtem Bewußtsein behandeln".[115] Ein anderes Beispiel: Die operierenden Ärzte müssen alle möglichen und zumutbaren Sicherungsvorkehrungen gegen das Zurückbleiben eines Fremdkörpers im

---

[103] OLG Stuttgart, MedR 2002, 650; BGH GesR 08, 361.
[104] So aber *Hart* MedR 1998, 12; *Ziegler* VersR 2003, 545 ff; **aA mit Recht** *Bergmann/Müller* MedR 2005, 650, 657; *Taupitz,* in: Dokumentation und Leitlinienkonkurrenz – die Verschriftlichung der Medizin, hrsg v *Ratajczak/Stegers,* 2007, 101, 116 f; *Stöhr,* Leitlinien, Richtlinien und ärztliche Haftung, FS G. Hirsch, 2008, 431 ff; BGH, Urteil v 8. 1. 2008 – VI ZR 161/07.
[105] Zum Ganzen *Stöhr,* Leitlinien, Richtlinien und ärztliche Haftung, FS G. Hirsch, 2008, 431 ff.
[106] BGH GesR 08, 361.
[107] Vgl BGHSt 43, 306, 311.
[108] BGH NJW 1977, 1102, 1103.
[109] BGHSt 43, 306, 311; NJW 1997, 3076.
[110] OLG München VersR 2000, 890, 891.
[111] OLG Düsseldorf VersR 1987, 414, 415; s oben *Laufs,* § 11, RdNr 1 ff; sehr informativ zur ärztlichen Fortbildungspflicht *Erlinger* Der Gynäkologe 2004, 279 ff.
[112] BGH MedR 1996, 271; *Giesen* JZ 1996, 520.
[113] BGH MedR 08, 87, 88.
[114] Vgl OLG Frankfurt VersR 1993, 751.
[115] LG Heidelberg NJW 1998, 2747; OLG Köln AHRS 3060/14.

Operationsgebiet treffen,[116] wozu bei textilen Hilfsmitteln deren Kennzeichnung, eine Markierung, das Zählen der verwendeten Tupfer und dergleichen gehören. Weitere einschlägige Fallbeispiele sind die gewissenhafte, fachkundige postoperative Überwachung des Patienten im Aufwachraum durch eine qualifizierte Person oder die Beaufsichtigung eines sedierten Patienten nach einem ambulanten Eingriff bis zur Entlassung durch den zuständigen Arzt.[117] Das Außerachtlassen solcher gebotenen Vorsichtsmaßnahmen ist ein Behandlungsfehler.[118]

Die Wahl der Behandlungsmethode ist grundsätzlich Sache des Arztes (ärztliche **Therapiefreiheit,** zu deren Grenzen siehe unten RdNr 60). Sie belässt ihm einen „von ihm zu verantwortenden Risikobereich" im Rahmen der Regeln der ärztlichen Kunst.[119] Deshalb ist „die Anwendung nicht allgemein anerkannter Therapieformen und sogar ausgesprochen paraärztlicher Behandlungsformen rechtlich grundsätzlich erlaubt".[120] Aus dem Umstand, dass der Arzt den Bereich der Schulmedizin verlassen hat, „kann nicht von vornherein auf einen Behandlungsfehler geschlossen werden".[121] Unter mehreren medizinisch anerkannten Heilverfahren muss der Arzt aber dasjenige wählen, das einerseits die besten Heilungschancen eröffnet, andererseits die geringste Gefahr für den Patienten mit sich bringt und ihm die wenigsten Schmerzen bereitet (Verbot der Risikoerhöhung). Der Arzt verstößt damit gegen seine Verpflichtung zur Anwendung der optimalen Heilmethode, wenn er sich für das größere Risiko oder die mit größeren Schmerzen verbundene Behandlungsart entscheidet, obwohl unter Abwägung aller Umstände, insbesondere der spezifischen Vor- und Nachteile der jeweiligen Maßnahme „ein weniger gefährliches Vorgehen den Zweck in etwa gleicher Weise" erfüllt hätte.[122] Das Eingehen eines höheren Risikos muss durch „die besonderen Sachzwänge des konkreten Falles" oder eine „günstigere Heilungsprognose" gerechtfertigt sein.[123] Im Interesse der Kranken und der Weiterentwicklung der medizinischen Wissenschaft darf der Arzt neue Methoden erproben, selbst wenn damit zumindest anfangs gewisse Nebenwirkungen und Risiken verbunden sind. Dabei muss aber der Grundsatz der Verhältnismäßigkeit zwischen Ziel und Gefahren der neuen Technik gewahrt bleiben. Bei Anwendung einer Behandlungsmethode außerhalb des medizinischen Standards hat der Arzt „erhöhte Vorsicht"[124] walten zu lassen, dh den konkreten Behandlungsverlauf kontinuierlich zu überwachen und alle patientenfernen Übungsmöglichkeiten auszuschöpfen. Denn die Komplikationsrate nimmt mit dem Mangel an Erfahrung zu.[125] Auch das Arzneimittelgesetz schränkt die therapeutische Freiheit nicht ein, so dass ein Medikament auch außerhalb seines Zulassungsbereichs auf eigene Verantwortung eingesetzt werden darf (off-label-use).[126]

Hat der beschuldigte Arzt den von einem einsichtigen und verständigen Angehörigen seiner „Berufsgruppe" geforderten „Facharzt-Standard" eingehalten, ist ein eventuell vorhandenes **größeres individuelles** Leistungsvermögen, besondere Behandlungsmöglichkeiten oder ein überdurchschnittliches Spezialwissen nicht außer Betracht zu las-

---

[116] S dazu *Ulsenheimer,* Belassene Fremdkörper aus der Sicht des Juristen, Informationen des BDC 2007, 28 ff.
[117] Vgl BGH VersR 03, 1126 ff.
[118] BGH VersR 1981, 462, 463; OLG Koblenz, Geburtshilfe und Frauenheilkunde 1999, A200.
[119] BGHSt 37, 385, 387.
[120] BGH NJW 1991, 1536; BGHSt 37, 383, 385; RGSt 67, 12, 22; s auch *Jung* ZStW 1985, 47 ff; *Klinger,* Strafrechtliche Kontrolle medizinischer Außenseiter, 1995; *Siebert,* Strafrechtliche Grenzen ärztlicher Therapiefreiheit, 1983.
[121] BGH NJW 1991, 1536; BGHSt 37, 385, 387.
[122] BGH NJW 1968, 1181, 1182; NJW 1987, 2927.
[123] BGH MedR 08, 87, 88 mwN; s auch BGH 06, 650 („Robodoc") = NJW 06, 2477 m Anm *Katzemeier* 2006, 2738 u *Buchner* VersR 06, 1460; BGH NJW 07, 2771 = VersR 07, 999; BGH JZ 07, 1104 m Anm *Katzemeier* = VersR 07, 995.
[124] BGH MedR 08, 87 ff m Anm *Spickhoff* S 89.
[125] *Ulsenheimer,* Dt Ges f Chirurgie, Kongressband 2001, 716 ff.
[126] BSGE 89, 184 ff; 93, 1 ff, 236 ff; BVerfG NJW 2006, 891; BGH JZ 2007, 1104 f.

sen,[127] da es um Schutz und Sicherheit des Patienten geht und dort, wo mehr Kompetenz, Umsicht oder apparative bzw personelle Ausstattung vorhanden ist, dieses Mehr deshalb auch eingesetzt werden muss. Der besonders befähigte Chirurg darf sich daher nicht auf die Erbringung durchschnittlicher Leistungen beschränken, sondern muss an seinen Fertigkeiten und Techniken gemessen werden.[128] Auch er kann aber schuldlos sein, wenn ihm infolge unvorhergesehener Komplikationen und dadurch bedingter Übermüdung ein an sich für ihn vermeidbarer Fehler unterläuft.

35 *b) Das Übernahmeverschulden.* Umgekehrt führt jedoch **unter**durchschnittliche Qualifikation zur Annahme eines Pflichtverstoßes (sog **Übernahmefahrlässigkeit),** wenn der Arzt freiwillig – ohne Not – eine Tätigkeit übernimmt, der er mangels eigener persönlicher Fähigkeiten oder Sachkunde erkennbar nicht gewachsen ist oder die er trotz vorhandenen Könnens und genügender Erfahrung „aus anderen Gründen, etwa Übermüdung, Trunkenheit, Erkrankung, Medikamenteneinwirkung"[129] ua nicht sachgerecht erfüllen kann.[130] Wer ersichtlich an die Grenzen seines Könnens und Wissens stößt, muss selbstkritisch innehalten und andere konsultieren oder den Patienten in andere Hände geben.[131] Der Arzt, der selbst „nicht über die nötigen persönlichen und fachlichen Fähigkeiten verfügt, muss also die Überweisung des Patienten an einen kundigeren Kollegen, einen Facharzt oder gar Spezialisten bzw in ein apparativ und personell besser ausgestattetes Krankenhaus veranlassen oder einen Konsiliarius hinzuziehen, um die optimale Versorgung des Patienten zu gewährleisten.[132] Selbstüberschätzung und Mangel an Selbstkritik des Arztes dürfen nicht zulasten des Patienten gehen und sind bedauerliche Behandlungsfehler.

Beispiele:
Der auf einem Auge fast völlig erblindete Arzt, der deshalb bislang keine operative Tätigkeit ausgeübt hat, verletzt unter dem Aspekt der Übernahmefahrlässigkeit seine ärztliche Sorgfaltspflicht, wenn er die ihm übertragene Gallenblasenoperation durchführt und dabei wegen seiner Sehbehinderung und mangelnden Übung den Darm verletzt.
Erkennt der Berufsanfänger, dass der Patient bei der von ihm eigenverantwortlich erstmals durchgeführten Operation mangels Erfahrung einem höheren Gesundheitsrisiko ausgesetzt ist, muss er sich den Vorwurf eines Übernahmeverschuldens gefallen lassen, wenn er nicht seine Bedenken äußert und „notfalls eine Operation ohne Aufsicht" ablehnt.[133]
Der in Weiterbildung zum Gynäkologen befindliche Assistenzarzt darf die eigenverantwortliche Geburtsleitung nur übernehmen, wenn er entweder dazu nach seinen eigenen Fähigkeiten in der Lage ist oder etwaige Defizite durch die Rufbereitschaft des zuständigen Oberarztes organisatorisch ausgeglichen werden.[134]
Wenn die eigene Abteilung für die pränatale Diagnostik nicht bestmöglich ausgestattet ist, muss der qualifizierte und erfahrene Spezialist in diesem Sachgebiet die Überweisung der Patientin an ein besser ausgestattetes Zentrum anregen.[135]

36 *c) Die typischen Fehlerquellen.* Innerhalb der ärztlichen Sorgfaltspflichtverstöße sind drei typische Fehlerquellen festzustellen. Diese liegen einmal bei der eigentlichen

---

[127] BGH MDR 1998, 26; BGH NJW 1987, 1479, 1480 mit Anm *Deutsch*; ebenso Otto Jura-Kartei § 15 Entscheidung 6 zu BayObLG NJW 1998, 3580; *Schönke/Schröder/Cramer/Sternberg-Lieben,* § 15 RdNr 139; aA *Hirsch* ZStW Bd 95, 663.
[128] *Stratenwerth* SchweizZStR 79, 294; *Schönke/Schröder/Cramer/Sternberg-Lieben,* § 15 RdNr 139.
[129] *Händel* AuK 1984, 231.
[130] *Lackner/Kühl,* § 15 RdNr 39 a; vgl *Tröndle/Fischer,* § 15 RdNr 16 mwN; *Deutsch,* Arztrecht und Arzneimittelrecht, 1983, S 68; *Ulsenheimer* Arztstrafrecht, RdNr 23; *Laufs* MedR 1986, 170; BGHSt 3, 91; BGHSt 10, 135, 43, 306, 311; BGH JR 1986, 248 m Anm *Ulsenheimer*; OLG Düsseldorf NJW 91, 2980.
[131] BGHSt 10, 135.
[132] *Laufs* MedR 1986, 170.
[133] Vgl BGH NJW 1984, 655, 657.
[134] BGH MedR 1994, 490, 491.
[135] LG Köln MedR 1999, 323 (324). Weitere Bsp s bei *Ulsenheimer,* Arztstrafrecht, RdNr 23.

23. Kapitel. Der Arzt im Strafrecht   37–39   § 139

Krankenbehandlung selbst, also bei der Diagnose, Indikation, Wahl und Durchführung der ärztlichen Maßnahme sowie der (postoperativen) Nachsorge, zum anderen bei der Patientenaufklärung und Voruntersuchung und schließlich bei der Krankenhaus- bzw Klinikorganisation (Qualifikation der Mitarbeiter, ausreichende personelle Besetzung, ordnungsgemäße apparative Ausstattung, Zusammenarbeit von Ärzten untereinander oder mit dem Pflegepersonal im Rahmen horizontaler oder vertikaler Arbeitsteilung ua).[136] Die aus diesen Risikobereichen resultierenden Sorgfaltspflichtverstöße lassen sich als Behandlungsfehler, Aufklärungsfehler und Organisationsfehler (zB Kooperations-, Koordinations-, Kommunikationsmängel, Delegations-, Überwachungs-, Instruktions- und Informationsfehler) klassifizieren; zum Kunstfehlerbegriff und zur Arbeitsteilung siehe unten § 140 RdNr 16 ff und § 100.

d) **Einzelfragen bei besonderen ärztlichen Eingriffen.** Sonderprobleme stellen sich beim Schwangerschaftsabbruch (s § 143), bei der freiwilligen Sterilisation und Kastration (s §§ 126, 127), der künstlichen Insemination (s § 129), der Organtransplantation (s §§ 131, 142) und dem wissenschaftlichen Humanexperiment (s § 130 und unten RdNr 59). 37

Hier handelt es sich zwar um ärztliche Behandlungsmaßnahmen, oftmals aber nicht um Heileingriffe, so dass Sonderregelungen eingreifen.

4. Zur Kausalität der Pflichtwidrigkeit. Die Körperverletzung muss **durch** Fahrlässigkeit verursacht sein; die Verletzung der ärztlichen Sorgfaltspflicht und der Erfolgseintritt – Körperverletzung „plus" Fahrlässigkeit – erfüllen für sich allein also noch nicht den Tatbestand des § 229 StGB. Voraussetzung ist vielmehr, dass zwischen dem pflichtwidrigen Tun oder Unterlassen des Arztes und dem Gesundheitsschaden im weitesten Sinne ein **ursächlicher Zusammenhang** dergestalt besteht, dass ohne das sorgfaltswidrige Handeln bzw bei Vornahme der gebotenen ärztlichen Maßnahme die Körperverletzung mit an Sicherheit grenzender Wahrscheinlichkeit vermieden worden wäre.[137] Diese **Kausalitätsbeziehung** besteht also nur dann, wenn sich gerade diejenigen Umstände, die die Pflichtwidrigkeit begründen, in dem negativen Erfolg niedergeschlagen haben. Zur Kausalitätsproblematik im Einzelnen siehe § 140 RdNr 26 ff. 38

Das Kausalitätserfordernis gilt auch für den **Aufklärungsmangel,** die Problematik wird meist unter dem Aspekt der hypothetischen Einwilligung oder des rechtmäßigen Alternativverhaltens behandelt. Ihre dogmatische Einordnung ist strittig. Hätte der Patient bei ordnungsgemäßer Aufklärung in den Eingriff eingewilligt, ist die Verletzung der Aufklärungspflicht ohne Folgen geblieben, und damit entfällt wegen des fehlenden Erfolgsunwerts nach h. L. die Rechtswidrigkeit[138] der fahrlässigen Körperverletzung. Insoweit bestehende Zweifel wirken sich im Strafprozess wegen des Grundsatzes in dubio pro reo zugunsten des Arztes aus.[139] Zu beachten ist jedoch, „dass sich eine Einwilligung in einen 39

---

[136] Siehe dazu *Kern,* Organisationsverschulden – Ausdruck institutioneller Sorgfaltspflichtverletzungen, MedR 2000, 347; *Deutsch,* Das Organisationsverschulden des Krankenhausträgers 2000, 1745; *Ratzel,* Organisationsfehler, Gynäkologe 1999, 944; *Steffen,* Die haftungsrechtliche Bedeutung der Qualitätssicherung, FS Deutsch 1999, S 799, 809 ff; *Berg/Ulsenheimer* (Hrsg), Patientensicherheit, Arzthaftung, Praxis- und Krankenhausorganisation, 2006; *Biermann,* in: *Schüttler/Biermann* (Hrsg), Der Narkosezwischenfall, 2003, 165 ff; *A-M Peter,* Arbeitsteilung im Krankenhaus aus strafrechtlicher Sicht, 1992; *Zwiehoff,* Strafrechtliche Aspekte des Organisationsverschuldens, MedR 04, 364 ff.
[137] BGH NJW 2000, 2754, 2757 mwN
[138] BGH StraFO 2007, 472, 473 = NStZ RR 2007, 340, 341 = GesR 2007, 482, 483; BGH JZ 2004, 800 m Anm *Rönnau; Geilen,* in: *v Wenzel* (Hrsg), Hb des Fachanwalts Medizinrecht, 2. Aufl 2009, Kap 4 B RdNr 452 f; *Kuhlen* JR 2004, 227; *Otto* Jura 2004, 679, 682; *Mitsch* JZ 2005, 279, 283 f, 718; *Paeffgen,* FS Rudolph, 2004, S 208 f; kritisch *Gropp,* FS F C Schroeder, 2006, 197 ff.
[139] BGH JZ 2004, 800 m Anm *Rönnau;* Bespr *Kuhlen* JR 04, 227, 229; *Lackner/Kühl* § 228 RdNr 17 a; abl *Puppe* GA 03, 764 ff u JR 04, 469, 471; kritisch *Schönke/Schröder/Eser* § 223 RdNr 40 e; *Paeffgen,* GS *Heinze,* 2004, 187, 208; BGH NStZ 1996, 34 f; *Ulsenheimer,* Arztstrafrecht RdNr 132 b und in NStZ 1996, 133; s dazu auch *Rigizahn* JR 1996, 72 ff; Einstellungsverfügung der StA Nürnberg-Fürth v 25. 10. 00 – 250 Js 23345/99.

ärztlichen Heileingriff, jedenfalls bei Fehlen einer weitergehenden Aufklärung, nur auf eine lege artis durchgeführte Heilbehandlung bezieht", so dass bei der hypothetischen Einwilligung im Falle eines sorgfaltswidrigen Eingriffs zu fragen ist, ob der Patient in diesen – also auch bei Kenntnis der Fehlerhaftigkeit – eingewilligt hätte.[140]

40 Obwohl der Tatbestand der fahrlässigen Körperverletzung nicht zwischen schweren und leichten Beeinträchtigungen des körperlichen Wohlbefindens differenziert, ist die Ursächlichkeit eines Pflichtverstoßes für den tatbestandsmäßigen Erfolg zu bejahen (zB für den Verlust des Sehvermögens), wenn bei pflichtgemäßem Verhalten des Arztes der Gesundheitsschaden nur in geringerem Umfang (zB nur Hornhautverletzung) eingetreten wäre.[141]

41 **5. Objektive Vorhersehbarkeit und Schutzzweckzusammenhang.** Zur Frage der **objektiven Vorhersehbarkeit** und zum **Schutzzweckzusammenhang** siehe § 140 RdNr 45.

III. Probleme der Rechtswidrigkeit

42 **1. Die Voraussetzungen rechtfertigender Einwilligung des Patienten.** Angesichts der Qualifizierung der ärztlichen Heilbehandlung als tatbestandsmäßige Körperverletzung durch die Judikatur und einen Teil der Rechtslehre haben speziell für diesen Deliktsbereich die **Einwilligung** und **mutmaßliche Einwilligung** des Patienten als Rechtfertigungsgründe eine erhebliche praktische Bedeutung. Umstritten ist allerdings, ob die Einwilligung allein dem Arzt schon die Befugnis zum Eingriff verleiht oder ob als weitere Voraussetzung hinzukommen muss, dass dieser aus ärztlicher Sicht geboten ist, anders formuliert, ob die medizinische Indikation den „Rechtfertigungsgrund" und die Einwilligung lediglich die „Rechtfertigungsschranke" bildet.[142] Die rechtlichen Folgerungen dieser beiden unterschiedlichen Grundpositionen sind praktisch außerordentlich bedeutsam: Nach der erstgenannten Auffassung sind ärztliche Eingriffe als Heileingriffe nur erlaubt, „wenn nicht allein der Patient, sondern auch der eingreifende Arzt mit ihnen Heilungserwartungen verbinden".[143] Jedes therapeutisch nicht gerechtfertigte ärztliche Vorgehen ist deshalb „grundsätzlich verboten".[144] Nach der anderen, mE zutreffenden Ansicht ist dagegen die in Kenntnis mangelnder medizinischer Indikation vom Arzt vorgenommene Behandlung vorsätzliche Körperverletzung, die allerdings durch Einwilligung des Patienten in den von § 228 StGB gezogenen Grenzen gerechtfertigt sein kann.[145] Wenn der Patient daher seine Einwilligung zu einer aus grobem Unverstand von ihm als Heileingriff angesehenen Maßnahme (umfassende Zahnextraktion) erteilt, die, wie der Arzt weiß, medizinisch völ-

---

[140] BGHSt 43, 306, 309; BGHSt StraFo 2007, 472, 473 = GesR 07, 482, 483; BGH NStZ 08, 278.

[141] AA OLG Oldenburg NJW 1971, 631; wie hier *Schönke/Schröder/Stree* § 229 RdNr 2; *Schröder* NJW 1971, 1143; LK-*Hirsch* § 229 RdNr 7.

[142] So *Geilen,* Einwilligung und ärztliche Aufklärungspflicht, 1963, S 29; *ders* in: *Wenzel,* Handbuch des Fachanwalts Medizinrecht, 2007, Kap 4 B RdNr 454; *Kern/Laufs,* Die ärztliche Aufklärungspflicht, 1983, S 9; aA *Rogall* NJW 1978, 2345; LK-*Hirsch* § 229 RdNr 32; *Horn* JuS 1979, 31; *Schönke/Schröder/Eser,* § 223 RdNr 50 ff, der bei mangelnder medizinischer Indikation eine Rechtfertigung durch Einwilligung nicht ausschließt und die Indikation vor allem bei Maßnahmen mit experimentellem Charakter, gestalt- oder funktionsändernden Eingriffen, kosmetischen Operationen, Blutspenden, Transplantatentnahmen, Impfungen, strafprozessualen Eingriffen, Kastration, Sterilisation, Empfängnisverhütungsmaßnahmen, humangenetischen Verfahren diagnostischer Art, Insemination, In-vitro-Fertilisation, Embryotransfer, Geschlechtsumwandlung, Verschreiben von Drogen und Psychopharmaka als problematisch ansieht.

[143] *Horn* (Fn 139) S 31.

[144] *Horn* (Fn 139) S 31.

[145] LK-*Hirsch* RdNr 32; *Rogall* (Fn 139) 2345; *Schönke/Schröder/Eser,* § 223 RdNr 50; *Bichlmeier* JZ 1980, 53; *Hruschka* JR 1978, 519.

lig unsinnig ist, fehlt entgegen der Ansicht des BGH[146] nicht die erforderliche Urteilskraft des Patienten (es sei denn, es liegen besondere Umstände hierfür vor) und – daraus abgeleitet – die wirksame Einwilligung. Die richtige Lösung hätte vielmehr in der Darlegung der Konsequenzen gelegen, die sich aus der im konkreten Fall zweifelsfrei mangelnden medizinischen Indikation unter dem Aspekt der Sittenwidrigkeit (§ 228 StGB) ergeben.[147] Auch die „Wunschsectio" kann daher trotz fehlender Indikation rechtmäßig sein (s o § 138 RdNr 7).

a) **Verfügungsbefugnis und Einwilligungsfähigkeit.** Die Einwilligung in eine Körperverletzung stellt den Verzicht auf ein höchstpersönliches, disponibles Rechtsgut dar, über das der Patient verfügen kann. Da die Einwilligung **keine rechtsgeschäftliche** Willenserklärung im Sinne der §§ 104 ff BGB ist,[148] kommt es auf seine bürgerlich-rechtliche Geschäftsfähigkeit ebensowenig wie auf seine strafrechtliche Schuldfähigkeit an.[149] Entscheidend ist vielmehr, dass der Patient das natürliche Einsichts-, Urteils- und Verständnisvermögen hat,[150] um die geplante ärztliche Maßnahme, ihre Folgen und das insoweit bestehende Risiko zu ermessen, anders formuliert, dass der Kranke in einem Akt der Selbstbestimmung Wesen, Bedeutung, Dringlichkeit und Tragweite des Eingriffs zumindest in groben Umrissen erkennen und das Für und Wider abwägen kann.[151] Bei folgenschweren, mit wesentlichen Substanzverletzungen verbundenen Eingriffen ist deshalb ein strengerer Maßstab an die Einsichts- und Urteilsfähigkeit anzulegen als bei Bagatelleingriffen, bei Behandlungsalternativen oder langer Operationsvorbereitung die Urteilskraft mehr gefordert, als wenn medizinisch nur *eine* Maßnahme in Betracht kommt oder Lebensgefahr mit dem Zwang zum sofortigen Handeln besteht.

Die **Einwilligungsfähigkeit,** die eine **intellektuelle** und eine **voluntative** Komponente hat, zu prüfen, ist Sache des **Arztes,** wobei er die gesamten Umstände – Alter, physische und psychische Konstitution, Einfluß von Medikamenten, Grad der Verständnisfähigkeit, Bildungsgrad, Herkunft, kulturelle Traditionen ua – berücksichtigen muss. Hat der Arzt Zweifel, zB bei psychisch Kranken, oder ist der **volljährige** Patient eindeutig entscheidungsunfähig, muss er die Einwilligung des für ihn gemäß § 1896 BGB von Amts wegen oder auf Antrag zu bestellenden **Betreuers** einholen. Besteht die begründete Gefahr, dass der Patient durch den Heileingriff stirbt, einen schweren oder länger andauernden Schaden davonträgt, ist außer der Einwilligung des Betreuers auch die Genehmigung des Vormundschaftsgerichts erforderlich (§ 1904 Abs. 1 BGB).[152] Voraussetzung ist natürlich, dass für die Bestellung des Betreuers und die Einschaltung des Vormundschaftsgerichts noch Zeit bleibt, die ärztliche Maßnahme also aufschiebbar ist. Bei unaufschiebbaren Eingriffen ist das ärztliche Handeln aus dem Gesichtspunkt der mutmaßlichen Einwilligung oder des Notstands nach § 34 StGB gerechtfertigt (s dazu unter RdNr 65 ff und RdNr 77).

Probleme bietet insbesondere immer wieder die Frage, von welchem Alter ab der **Minderjährige** die nötige Einsichtsfähigkeit hat. Eine starre, generelle Altersgrenze lässt sich insoweit jedoch nicht angeben, vielmehr hängt diese von der individuellen geistigen und

---

[146] NJW 1978, 1206.
[147] Berechtigte Kritik üben auch *Rogall* NJW 78, 2344 u *Hruschka* JR 78, 519.
[148] BGHZ 29, 33, 36.
[149] *Schönke/Schröder/Eser* § 223 RdNr 38 mwN; *Odenwald,* Die Einwilligungsfähigkeit im Strafrecht unter besonderer Hervorhebung ärztlichen Handelns, 2003.
[150] *Spann,* Justitia und die Ärzte, 1979, S 46.
[151] BGH MDR 1981, 810; *Bichlmeier* JZ 1980, 55.
[152] BGHSt 40, 257 (262) für den Behandlungsabbruch; ebenso im Ergebnis BGH (Zivilsenat) NJW 1588, 1592; NJW 2005, 2385 f; OLG Ffm NJW 1998, 2747; m Anm *Müller-Freienfels* JZ 1998, 1123 ff; s dazu *Verrel* NStZ 2003, 449; OLG Düsseldorf NJW 2001, 2807; OLG Karlsruhe 2002, 685; OLG Brandenburg NJW 2000, 2361; s auch § 132 RdNr 38.

sittlichen Reife des Minderjährigen unter Berücksichtigung der konkreten Umstände des jeweiligen Falles ab.[153] Einigkeit besteht allerdings darüber, dass Minderjährige unter 14 Jahren – meist als **Kinder** bezeichnet – ausnahmslos nicht,[154] Minderjährige kurz vor Vollendung des **18. Lebensjahres** dagegen regelmäßig schon einwilligungsfähig sind. Die eigentlich problematischen Fälle bilden daher die Patienten zwischen diesen beiden Eckwerten, wobei in der Judikatur die Art der konkreten Heilbehandlung, insbesondere die Schwere und Dringlichkeit der ärztlichen Maßnahmen, die Größe der mit einer Operation verbundenen Risiken und die Möglichkeit von Dauerfolgen die maßgebenden Bestimmungsfaktoren für die Bejahung oder Verneinung der Einwilligungsfähigkeit des Minderjährigen sind. Bei unaufschiebbaren Eingriffen liegt daher die Altersgrenze für die wirksame Einwilligung im Prinzip niedriger als bei aufschiebbaren, und dasselbe gilt für Routinemaßnahmen und geringfügigere Eingriffe, wie zB eine Blutentnahme zu diagnostischen Zwecken oder eine gynäkologische Untersuchung. Hier hat uU schon die erst 15jährige Patientin die nötige Urteilskraft und damit das alleinige Einwilligungsrecht.[155] Geht es jedoch um nicht ganz ungefährliche Behandlungsmaßnahmen, insbesondere Operationen, liegt die Meßlatte selbst bei „alltäglichen" Eingriffen deutlich höher: So verneinte zB der BGH bei einer Blinddarmoperation die natürliche Einsichts- und Entschlussfähigkeit eines 16jährigen Patienten,[156] wobei jedoch zu beachten ist, dass dieses Urteil ebenso wie alle anderen vor 1974 ergangenen Entscheidungen noch auf der Grundlage des damaligen Volljährigkeitsalters von 21 Jahren beruhen. Insgesamt gesehen ist die Rechtsprechung bei der Bejahung der Einwilligungsfähigkeit von Minderjährigen restriktiv, so dass für den Arzt hier grundsätzlich Vorsicht und eine sorgfältige Dokumentation der konkreten Umstände geboten ist.

46 Das gilt auch bei der Verordnung von **Ovulationshemmern,** die nach den Empfehlungen der Bundesärztekammer[157] an Mädchen unter 16 Jahren nicht, an Minderjährige zwischen 16 und 18 Jahren **im Regelfall auch ohne Zustimmung des oder der Sorgeberechtigten** erfolgen darf. Dem ist zuzustimmen. Denn angesichts der seit Jahren anhaltenden allgemeinen öffentlichen Diskussion um die „Pille" und die mit ihrer (Dauer-)Einnahme verbundenen Gefahren bzw Nebenwirkungen ist mE von einem breiten Wissensstand auf diesem Gebiet auch bei noch relativ jungen Mädchen auszugehen, so dass ab dem 16. Lebensjahr regelmäßig das nötige Einsichts- und Urteilsvermögen vorauszusetzen ist.[158] Dann aber ist **ausschließlich** die Minderjährige aufzuklären.[159] *Möller*[160] lässt sogar die Verordnung von oralen Antikonzeptiva an eine zwar erst 13jährige, aber in ihrer Einsichtsfähigkeit voll entwickelte Patientin ausdrücklich zu. Darin liegt auch keine Beihilfe zum sexuellen Missbrauch von Kindern oder zur Förderung sexueller Handlungen Minderjähriger (§§ 27, 176 Abs 1, § 176 a Abs 1 und 2, 180 StGB), da das ärzt-

---

[153] Siehe dazu im Einzelnen *Uhlenbruck* NMW 1977, 65 ff; *Ulsenheimer*, in: *Dierks/Graf-Baumann/Lenard* (Hrsg), Therapieverweigerung bei Kindern und Jugendlichen, 1995, S 76 f, mwN; *Laufs*, ArztR, 5. Aufl 1993, RdNr 222.
[154] Vgl LG Frankenthal; MedR 05, 243, 245: Einwilligung eines 9jährigen Jungen in seine Beschneidung ist unwirksam.
[155] Vgl LG München I NJW 1980, 646.
[156] BGHSt 12, 379.
[157] DÄBl 1984, 3170.
[158] Vgl dazu *Ulsenheimer,* Arztstrafrecht, RdNr 109 e ff; *v Harder/Erlinger,* Der Gynäkologe 2004, 366, 369; *Halstrick,* Frauenarzt 2005, 660 ff; AG MedR der Dt Ges f Gynäkologie und Geburtshilfe, Frauenarzt 2003, 1113; aA *Tröndle* MedR 1992, 320, 321; *Schier* ZfL 2004, 109; s auch *Laufs*, Fortpflanzungsmedizin und Arztrecht, 1992, S 109 ff.
[159] LK-*Hirsch* vor § 32 RdNr 118 mwN; *Schönke/Schröder/Lenckner,* Vorbem 40, 42 vor § 32; *Ulsenheimer,* Arztstrafrecht RdNr 111 mwN; unzutreffend OLG Hamm JR 1999, 832 mit abl Anm *Schlund*; allerdings verlangt auch der BGH im Falle der Urteilsfähigkeit der Minderjährigen bei größeren Eingriffen die Einwilligung der Sorgeberechtigten (s Fn 162).
[160] *Distler/Palzer* (Hrsg), Praxis der Kinder- und Jugendgynäkologie, 1994, Bd 48, S 104 ff, 106.

23. Kapitel. Der Arzt im Strafrecht 47–49 § 139

liche Rezeptieren von dem überwiegenden Risiko einer Schwangerschaft mit allen ihren schädlichen Folgen für Jugendliche geprägt und nicht auf Förderung sexueller Kontakte ausgerichtet ist.[161]

Ist der Minderjährige **nicht einwilligungsfähig,** ist im Regelfall das Einverständnis der Eltern als seinen gesetzlichen Vertretern (§ 1626 BGB) einzuholen, wobei der Arzt sich allerdings bei älteren Kindern, zumindest aber bei Jugendlichen **auch ihrer Einwilligung** vergewissern sollte,[162] also zweifach aufklären muss. Der Wille des Kindes hat mit zunehmendem Alter zunehmend mehr Gewicht, dem Zeitpunkt voller eigener Entscheidungskompetenz geht eine Phase der „Vetofähigkeit" voraus. Deshalb setzt die „Vetomündigkeit" früher als die „Einwilligungsmündigkeit" ein.[163] Im Falle der Scheidung, des Getrenntlebens, tatsächlicher oder rechtlicher Verhinderung eines Elternteils gelten die Vorschriften der §§ 1671 ff BGB. Ansonsten bedarf es stets der **Zustimmung beider Elternteile,** doch kann der Arzt bei kleineren Eingriffen sowie bei Eil- und Notmaßnahmen vom Einverständnis des nicht erschienenen Elternteils ausgehen. Bei Eingriffen „mittlerer" Schwere ist jedoch der erschienene Elternteil ausdrücklich nach der Zustimmung des Abwesenden zu fragen, wobei der Arzt im Regelfall auf die Wahrheit der ihm erteilten Auskunft vertrauen darf. Handelt es sich dagegen um einen **schwerwiegenden, mit Lebensgefahr verbundenen Eingriff,** zB eine Herzoperation, muss sich der Arzt **Gewißheit** darüber verschaffen, dass beide Elternteile einverstanden sind.[164] 47

Ist der Minderjährige dagegen **einwilligungsfähig,** – dazu gehört auch seine Fähigkeit, entsprechend der gewonnenen Einsicht zu handeln,[165] so bedarf es der Einwilligung des gesetzlichen Vertreters nicht, so dass im Falle seiner Verweigerung des Eingriffs die Entscheidung des Minderjährigen vorgeht.[166] Das elterliche Sorgerecht tritt hinter die Einwilligungsmündigkeit des Minderjährigen zurück, allein auf seine Entscheidung kommt es an, so dass der Arzt weder verpflichtet noch berechtigt ist (Schweigepflicht!), die Eltern in das Behandlungsgeschehen mit einzubinden.[167] In Zweifelsfällen ist der Arzt allerdings gut beraten, bei der Behandlung Jugendlicher dessen Einwilligung **und** die der Eltern bzw gesetzlichen Vertreter einzuholen und auch auf den einsichtsfähigen Jugendlichen einzuwirken, dass er die Hinzuziehung der Eltern in den Entscheidungsprozess akzeptiert. 48

Verweigern die Eltern ihre Zustimmung zu einer dringend gebotenen ärztlichen Heilbehandlung, stellt dies einen Missbrauch des elterlichen Sorgerechts dar (§ 1666 BGB), der die Anrufung des Familiengerichts erforderlich macht, das die notwendigen Maßnahmen trifft. Das Kindeswohl geht dem elterlichen Sorgerecht in solchen Situationen vor. Gleiches gilt, wenn die Eltern in einen medizinisch nicht indizierten Eingriff einwilligen.[168] 49

---

[161] *Laufs,* Fortpflanzungsmedizin und Arztrecht, S 124; enger *Lackner/Kühl,* § 176 RdNr 8.
[162] Vgl *Bockelmann,* Langenbecks Archiv, Bd 332, 1972, S 810.
[163] *Laufs* ArztR 5. Aufl S 115 Fn 128; *Koch,* Lexikon Medizin, Recht, Ethik, 1989, S 604; ebenso BGH NJW 2007, 217, 218 (15½ Jahre alte Patienten); kritisch dazu mit Recht *Spickhoff,* AcP 208 (2008), 345, 389 f.
[164] Vgl BGH NJW 1988, 2946 ff, s dazu *Ulsenheimer* Z f ärztl Fortbildung 1994, 968.
[165] BGHSt 12, 382; 23, 1; BayObLG NJW 1999, 372; Anm *Amelung,* NStZ 1999, 458; *ders,* ZStW 104 (1992), 525 (555); *Geilen,* Einwilligung und ärztliche Aufklärungspflicht, 1963, S 93 ff; *Kern* MedR 1991, 68; *Fischer* StGB, vor § 32 RdNr 3 c.
[166] Vgl zu dieser Problematik BGHZ 29, 33; BGH VersR 1972, 153, 155; OLG Düsseldorf VersR 1980, 949; aA RG JW 1911, 748; einschränkend auch BGH NJW 1959, 811; BayObLG FamRZ 1987, 87; BGH NJW 2007, 217 f.
[167] *Laufs,* Arztrecht, S 114; *Schönke/Schröder/Lenckner* Vorbem 40, 42 vor § 32; LK-*Hirsch* vor § 32 RdNr 118 mwN; *Eser/Koch* in: *Huber/Hiersche* (Hrsg), Praxis der Gynäkologie im Kindes- und Jugendalter, 2. Aufl 1987, S 22; *Lesch* NJW 89, 2310; *Solbach* in: Forensische Gynäkologie, 1991, S 9; s zum Ganzen auch *Dierks/Graf-Baumann/Lenard* (Hrsg), Therapieverweigerung bei Kindern und Jugendlichen, 1995; s auch o RdNr 46; streitig.
[168] Siehe LG Frankenthal MedR 05, 243, 245; dazu (Beschneidung eines neunjährigen Jungen) ausführlich *Putzke,* FS Herzberg, 2008, 669 ff.

In unaufschiebbaren Fällen ist der Eingriff aus dem Gesichtspunkt der Nothilfe (§ 32 StGB) und/oder des Notstands nach § 34 StGB gerechtfertigt (s dazu unter RdNr 77), nach Ansicht der Rechtsprechung wäre der Arzt sogar verpflichtet, „das ihm Mögliche zu tun, um von dem Kinde die Folgen eines solchen Missbrauchs des Sorgerechts abzuwenden".[169] Eine Verletzung dieser Pflicht kann je nach Sachlage zur Strafbarkeit wegen fahrlässiger Körperverletzung, fahrlässiger Tötung oder unterlassenen Hilfeleistung führen.[170]

50 b) **Formfreiheit und Freiheit von Willensmängeln.** Die Einwilligung muss dem „wahren" Willen des Patienten als dem betroffenen Rechtsgutinhaber entsprechen und in einer nach außen erkennbaren Weise bewusst manifestiert werden. Sie ist – von wenigen Ausnahmen abgesehen, zB § 40 Abs 2 AMG – **formfrei**, schriftlich oder mündlich, ausdrücklich oder durch schlüssiges Verhalten stillschweigend zu erteilen und jederzeit widerruflich.

51 **Willensmängel** machen die Einwilligung rechtlich unbeachtlich, dh konkret: Drohung und Zwang, Täuschung und Irrtum bewirken die Unwirksamkeit der Einwilligung[171] und führen meist zur Bejahung **vorsätzlicher** Körperverletzung, so wenn der Arzt wahrheitswidrig erklärt, seine bisherigen Erfahrungen mit der von ihm angewandten Außenseitermethode seien gut, komplikationsfrei verlaufen und die Überwachung durch eine Nachtschwester gesichert.[172] Allerdings schließt nicht jede „die Einwilligungserklärung begleitende oder motivierende irrige Vorstellung den Rechtfertigungsgrund" aus,[173] vielmehr ist der bloße **Motivirrtum,** zB über die Qualifikation oder Person des Arztes, unbeachtlich. Normalerweise ist der Patient im Krankenhaus mit der Behandlung durch den jeweils zuständigen Arzt einverstanden. Ist die Einwilligung dagegen ausdrücklich nur einem ganz **bestimmten Arzt** erteilt, entfaltet sie auch nur ihm gegenüber rechtfertigende Wirkung, so dass der ärztliche Stellvertreter bei Vornahme des Eingriffs rechtswidrig handelt, es sei denn, andere Rechtfertigungsgründe greifen ein.[174] Dasselbe gilt, wenn die Einwilligungserklärung nicht dem wahren Willen des Patienten entspricht, weil er „denjenigen, dem er den Heileingriff gestattet und anvertraut, irrtümlich für einen approbierten Arzt hält",[175] während es in Wirklichkeit ein im Krankenhaus tätiger Student der Medizin ist. In medizinisch ganz einfach gelagerten Fällen, zB bei geringfügigen Schnitt- und Stoßverletzungen, äußerlicher Versorgung einer Wunde oder bei Anlegung eines Verbandes kann jedoch ausnahmsweise der Irrtum des Patienten über die Approbation des ihn Behandelnden bedeutungslos sein.[176]

52 Unter dem Stichwort **„Heimliche Aids-Tests"**[177] haben Irrtumsfragen bei der Einwilligung zur Blutentnahme zu diagnostischen Zwecken eine außerordentliche Bedeutung erlangt. Unstreitig ist der Ausgangspunkt: Die Venenpunktion erfüllt als Eingriff in

---

[169] RGSt 74, 350, 359.
[170] Siehe dazu näher *Ulsenheimer,* Therapieverweigerung bei Kindern, strafrechtliche Aspekte, in: *Dierks ua* (Hrsg), Therapieverweigerung bei Kindern und Jugendlichen, 1995, S 64 ff; s auch unten RdNr 77.
[171] BGHSt 4, 88; 113, 119; 16, 309, 310; 19, 202, 206; BGH DRiZ 1981, 310; BGH MedR 1998, 516, 517; BGH NStZ 2004, 442; 08, 150, 151; BGH JZ 2004, 800; s dazu *Ulsenheimer,* Arztstrafrecht, RdNr 58 und 132 ff; *Kühne* JZ 1979, 241; *Arzt,* Willensmängel bei der Einwilligung, 1970.
[172] BGH NStZ 08, 150, 151.
[173] BGHSt 16, 309, 310.
[174] Siehe dazu *Arzt,* Heileingriffe aufgrund einer Blanko-Einwilligung bezüglich der Person des Arztes, FS *Baumann,* 1992, S 201 ff; Öster OGH RdM 2004, 58 ff, 2006, 21 ff.
[175] BGHSt 16, 309, 310.
[176] BGHSt 16, 309, 311; abweichend bei nicht völlig ungefährlichen Eingriffen BGH NStZ 1987, 174 mit zust Anm *Sowada* JR 1988, 123.
[177] Umfangreiche Literaturhinweise bei *Tröndle/Fischer* § 223 RdNr 6 a zur Gesamtproblematik „Aids und Körperverletzungsdelikte"; ebenfalls umfassende Schrifttumsangaben bei LK-*Lilie* vor § 223 vor RdNr 10.

23. Kapitel. Der Arzt im Strafrecht

die körperliche Integrität den Tatbestand des § 223 StGB und die rechtfertigende Einwilligung „ermächtigt den Arzt nicht zu jeder beliebigen Blutdiagnose". Vielmehr obliegt es im Hinblick auf das grundgesetzlich geschützte allgemeine Persönlichkeits- und Selbstbestimmungsrecht allein dem Patienten, „darüber zu bestimmen, welche Untersuchungen der Arzt mit dem entnommenen Blut durchführen darf".[178] Wird dem Patienten daher im Rahmen einer anderweitigen Krankenbehandlung Blut für einen HIV-Antikörpertest unter Vorspiegelung eines **anderen Verwendungszwecks** entnommen oder nach einer von ihm für bestimmte (andere) Untersuchungen gebilligten Blutentnahme der Aids-Test durchgeführt, so ist dies unzulässig. Infolge Täuschung fehlt in der 1. Alternative die wirksame Einwilligung mit der Folge der Strafbarkeit nach § 223 StGB, uU sogar § 224 StGB; in der 2. Alternative dagegen ist kein Straftatbestand erfüllt, da nur die Entschließungsfreiheit des Patienten (Recht auf informationelle Selbstbestimmung) durch die eigenmächtige ärztliche Befunderhebung verletzt ist.[179]

Anders ist dagegen folgende Fallkonstellation gelagert: im Rahmen der Aufnahmeuntersuchung im Krankenhaus oder bei der präoperativen Befunderhebung wird Blut für die notwendige, medizinisch indizierte Diagnostik in Kenntnis des Patienten abgenommen, zugleich aber ohne sein Wissen das entnommene Blut auch auf Aids untersucht. Wünscht der Patient eine **umfassende gesundheitliche Vorsorgeuntersuchung oder die differentialdiagnostische Abklärung bestimmter Krankheitssymptome,** die mit Aids in ursächlichem Zusammenhang stehen können, so liegt hierin regelmäßig die **konkludente Zustimmung** zur Vornahme des Aids-Tests, auch wenn diese serologische Maßnahme und der Verdacht einer Aids-Infektion nicht vorher eigens angesprochen wurden.[180] Läßt sich jedoch die Zustimmung des Patienten zum medizinisch gebotenen Aids-Test nicht durch schlüssiges Verhalten dartun, beruht sie in solchen Fällen die Einwilligung „auf einer unzulässigen *Teilaufklärung*" und ist daher „insgesamt ungültig".[181] Im Hinblick auf die grundrechtliche Wertung und die personale Würde des Patienten verdient diese Auffassung den Vorzug gegenüber der Ansicht der Staatsanwaltschaft beim Kammergericht in Berlin, die, gestützt auf das ärztliche Fürsorgeprinzip, für die Austestung von HIV-Antikörpern *keine* spezifische Aufklärungspflicht verlangt, also von einer wirksamen Einwilligung in derartigen Fallgestaltungen ausgeht.[182] Eine ausdrückliche Zustimmung des Patienten ist jedoch erforderlich, wenn der Aids-Test allein dem Schutz Dritter (Ärzte, Pflegekräfte) oder Drittinteressen (Statistik, Wissenschaft) dient.[183] Unabhängig von der Einwilligungsproblematik stellt sich darüber hinaus die Frage der Rechtfertigung heimlicher Aids-Tests durch **Notstand nach § 34 StGB** und eines eventuellen **Verbotsirrtums,** der bei Unvermeidbarkeit zum Schuldausschluss führt.[184] Angesichts der Meinungsdivergenzen zum „heimlichen Aids-Test" muss der Arzt allerdings die Einwilligungsvoraussetzungen besonders sorgfältig prüfen.[185]

---

[178] *Laufs/Laufs* NJW 1987, 2263.
[179] So zutreffend *Eberbach* NJW 1987, 1471; vgl dazu auch *Laufs/Narr* MedR 1987, 282; *Michel* JuS 1988, 8 ff; *Uhlenbruck* MedR 1996, 206; *Langkeit* Jura 1990, 452.
[180] Zutreffend *Laufs/Laufs* NJW 1987, 2263; *Rieger* DMW 1987, 737; *Schröder/Taupitz*, Menschliches Blut. Verwendbar nach Belieben des Arztes?, 1991, S 26; *Brandes* VersR 1987, 748; aA *Teicher* DMW 1987, 113 f.
[181] LK-*Hirsch* § 228 RdNr 35; *Solbach* JA 1987, 298 für den Regelfall; anders allerdings, wenn die Venenpunktion *nur* zu wissenschaftlich-statistischen oder gesundheitspolitischen Erkenntnissen vorgenommen wird.
[182] Beschluss v 25. 2. 1987 – JA 1987, 461 ff; ebenso *Janker* NJW 1987, 2897, 2900: Aufklärung über Labordiagnostik nicht erforderlich; zum Meinungsstand im Einzelnen *Michel* JuS 1988, 8 ff.
[183] Zum Ganzen *Ulsenheimer,* Arztstrafrecht, RdNr 59; *Uhlenbruck* MedR 1996, 207.
[184] Vgl StA Mainz, Einstellungsverfügung v 14. 8. 1987, NJW 1987, 2947; *Bottke,* in: Schünemann/Pfeiffer (Hrsg), Die Rechtsprobleme von Aids, 1988, S 171, 226; ablehnend *Solbach/Solbach* JA 1988, 114.
[185] Siehe auch LG Köln MedR 1995, 409 mit zust Anm *Teichner* NJW 1995, 1621.

54 *c)* **Die Aufklärung als Wirksamkeitsvoraussetzung der Einwilligung.** Da der Patient als Träger des disponiblen Rechtsguts „körperliche Integrität" das nötige Wissen über die vorgesehene Heilbehandlung und ihre möglichen Gefahren haben muss, um sich in Ausübung seines Selbstbestimmungsrechts frei entscheiden zu können, ist die Einwilligung nur wirksam, wenn der Patient die Tragweite seines Entschlusses, dh, die für seine Entscheidung relevanten Umstände kennt.[186] Bei einer Heilbehandlung setzt dies voraus, dass der Arzt über Anlass, Dringlichkeit, Umfang, Schwere, Risiken, Art, mögliche Komplikationen und Nebenwirkungen des geplanten Eingriffs, dessen Erfolgschancen, Folgen der Nichtbehandlung, etwaige Behandlungs- und Kostenalternativen, uU auch über den Namen des Operateurs, seinen Ausbildungsstand und die Ausstattung der Klinik aufklärt. In einem Satz: Der Patient muss wissen, worin er einwilligt. Die **sachliche Reichweite der Einwilligung** ist also durch den Umfang der Aufklärung bestimmt. Soweit diese reicht, rechtfertigt die Einwilligung allerdings auch den misslungenen, jedoch kunstgerecht durchgeführten Eingriff.[187] Denn „kunstwidrige Maßnahmen sind von der Behandlungseinwilligung als solcher normalerweise nicht mitgedeckt"[188].

55 Zur Aufklärungspflicht im Einzelnen siehe die Ausführungen von *Laufs* (11. Kapitel). Entgegen einer vielfach vertretenen Ansicht im Schrifttum spielen Verstöße gegen die ärztliche Aufklärungspflicht auch im Strafrecht eine gewichtige Rolle. Insoweit ist auf eine lange Reihe spektakulärer Entscheidungen hinzuweisen: RGSt 25, 375; 66, 181; RG HRR 1937 Nr 1429; BGHSt 11, 111; BGH NJW 1959, 825; NJW 1962, 682; NJW 1964, 231; NJW 1978, 1206; BGH DRiZ 1981, 310; BGH NStZ 1996, 34 m Anm *Ulsenheimer*, NStZ 1996, 132, *Jordan* JR 97, 32 und *Rigizahn*, JR 1996, 72 ff; zu dieser Problematik s auch *Puppe* GA 2003, 764 ff; BGHSt 43, 306; BGH NStZ 2004, 442; BGH JZ 2004, 800; BGH StraFo 2007, 472, 473; BGH NStZ 08, 278; OLG Hamburg NJW 1975, 603. Zum Ganzen s *Ulsenheimer*, in: Medizin und Strafrecht, hrsg von der Arge Rechtsanwälte im Medizinrecht, 1999, S 127 ff.

56 *d)* **Subjektives Rechtfertigungselement und Ausschluss der Rechtfertigung bei Sittenwidrigkeit der Tat.** Der Arzt muss den Eingriff **in Kenntnis der Einwilligung** des Patienten und zu dessen Wohle vornehmen. Fehlt es hieran, insbesondere auch an dem **Heilungswillen,** ist das Handeln des Arztes rechtswidrig. Dasselbe gilt gemäß § 228 StGB, wenn die Tat trotz vorliegender Einwilligung **gegen die guten Sitten verstößt,** wobei es nach der früheren hL im Rahmen des zu fällenden „sozialen Werturteils"[189] auf den **Zweck** der Gesundheitsbeeinträchtigung ankam,[190] nach neuerer Auffassung auf „Art und Gewicht" der Verletzung.[191] Der Arzt ist daher nach §§ 223, 226, 228 StGB strafbar, wenn er einen Eingriff mit bleibendem Gesundheitsschaden auf Wunsch des Patienten und nach dessen ausführlicher Aufklärung über die Neben- bzw Folgewirkungen **ohne medizinische Indikation** vornimmt, zB im Rahmen eines Experiments dessen Finger amputiert, ein Auge herausoperiert oder ihm eine entstellende Narbe zufügt.[192] Andere Beispiele einer nach § 228 StGB unwirksamen Einwilligung sind körperliche Eingriffe, die mit ernsten Gefahren für Leib oder Leben des Patienten verbunden sind oder ihn der Gefahr der Suchtabhängigkeit aussetzen bzw diese verstärken. Ein Arzt, der medizinisch nicht begründete Suchtmittel (Opiate) einer schon lange

---

[186] BVerfG NJW 1979, 1925.
[187] *Schönke/Schröder/Eser* § 223 RdNr 44; *Bockelmann*, Strafrecht des Arztes, S 61.
[188] *Schönke/Schröder/Eser,* § 223 RdNr 51; BGHSt 43, 306, 309; BGH StraFo 2007, 472, 473; BGH NStZ 08, 278.
[189] *Roxin* JuS 1964, 379; *Lenckner* JuS 1968, 308.
[190] *Fischer* § 228 RdNr 9; LK-*Hirsch*, § 228 RdNr 8 mit umfangreichen Nachweisen zum Meinungsstand in Rechtsprechung und Literatur.
[191] *Fischer* § 228 RdNr 9 a; LK-*Hirsch* § 228 RdNr 9; BGHSt 49, 34, 43 f; s dazu *Kühl*, FS Jakobs, 2007, 293, 302 ff; *Jakobs,* FS F C Schroeder, 2006, 521 ff.
[192] Vgl LK-*Hirsch* § 228 RdNr 9 f mwN; enger SK-*Horn* JuS 1979, 30.

23. Kapitel. Der Arzt im Strafrecht   57, 58 § 139

Jahre tablettenabhängigen Patientin verschreibt und dadurch ihre Medikamentensucht stabilisiert, begeht daher eine strafbare Körperverletzung.[193] Strittig sind jedoch die mit der **Substitutionstherapie** aufgeworfenen strafrechtlichen Probleme (s dazu § 147 RdNr 31 ff). Dagegen verstößt die Durchführung einer sog Wunschsectio im Regelfall nicht gegen die guten Sitten (s o § 138 RdNr 7).

Auch **kosmetische** Eingriffe ohne Heilcharakter und Geschlechtsumwandlungen **ohne medizinische Indikation** sind nach § 228 StGB zu beurteilen.[194] Dabei ist die Sittenwidrigkeit bei kosmetischen Eingriffen in der Regel – von Ausnahmefällen, zB unzulässigen Humanexperimenten abgesehen – zu verneinen, während bei **geschlechtsändernden** Operationen die Judikatur eher zur Bejahung neigt.[195] Zu beachten ist hier jedoch zum einen das Transsexuellen-Gesetz v 10. 9. 1980 (BGBl 1980 I, 1654, insbes § 8 Abs 1 Nr 4) und zum anderen die Tatsache, dass der Eingriff dazu dient, die Physis mit der psychologischen Befindlichkeit in Einklang zu bringen.[196]

57

Zunehmende Bedeutung hat § 228 StGB in jüngster Zeit für die strafrechtliche Beurteilung des vor allem im Spitzensport mehr und mehr praktizierten **Dopings** erlangt. Unter „Doping" versteht man „jede Zufuhr von Substanzen, insbesondere von medizinisch nicht indizierten Pharmaka zum Zwecke künstlicher Leistungssteigerung".[197] Dopingberatung, -verschreibung oder -verabreichung durch den Arzt hat somit nichts mit Heilbehandlung zu tun, so dass selbst bei umfassender Aufklärung des Sportlers im Allgemeinen und über sämtliche nur möglichen Risiken und atypischen Folgen[198] von Doping im Besonderen stets zu prüfen ist, ob „die Tat" nicht gegen die guten Sitten verstößt und daher die Einwilligung unwirksam ist.[199] Selbst bei enger Auslegung des Begriffs der „guten Sitten" wird von der herrschenden Lehre „Doping jedenfalls dann als sittenwidrig" qualifiziert, „wenn es schwerwiegende Gesundheitsschädigungen zur Folge hat".[200] Umstritten ist dagegen, ob dies auch bei geringfügigen Gesundheitsbeeinträchtigungen gilt, da sich insoweit die Freiheitsrechte des einzelnen auf der einen und sport-ethische Aspekte auf der anderen Seite gegenüberstehen.[201] Das Eigendoping ist von §§ 223 ff StGB tatbestandlich nicht

58

---

[193] Vgl OLG Frankfurt NStZ 1988, 29; OLG Frankfurt NStZ 1991, 235, 236 = NJW 1991, 763, 764. RGSt 77, 20; BGH JR 1979, 429 mit krit Anm *Hirsch*; s dazu *Amelung* NJW 1996, 2393; *Böllinger* JA 1989, 403 ff; *ders* MedR 1989, 290 ff.

[194] *Schönke/Schröder/Eser* § 223 RdNr 50 b; LK-*Hirsch* § 228 RdNr 44, 45 jeweils mwN; *abweichend* für kosmetische Maßnahmen *Kohlhaas* DMW 1964, 1660, 1718 und SK-*Horn* § 226 a RdNr 20, die für die Gleichstellung des kosmetischen mit dem Heileingriff eintreten und deshalb bei lege artis vorgenommener Behandlung bereits den objektiven Tatbestand der Körperverletzung verneinen.

[195] Vgl BGHZ 57, 63 (71): nur zur Abwehr „schwerster seelischer Beeinträchtigungen" ist der Eingriff als nicht sittenwidrig anzusehen; offener BVerfG NJW 1979, 595; s auch *A Schneider*, Rechtsprobleme der Transsexualität, Diss 1977; *Walter* JZ 1972, 263; *Koch* MedR 1986, 172, s oben § 128 RdNr 5 ff.

[196] *Paeffgen* in Nomos-Kommentar, 2. Aufl 2005, § 228 RdNr 103.

[197] *Linck* NJW 1987, 2545, 2547; *Deutsch* VersR 2008, 145; eine gesetzliche Definition fehlt.

[198] *Schneider/Grohe*, Doping, Diss 1978, S 114.

[199] Das LG Berlin begründet in seiner Entscheidung v 31. 8. 98 – (534) 28 Js 39/97 KLs (17/98) – zu Unrecht die Strafbarkeit wegen vorsätzlicher Körperverletzung mit der fehlenden medizinischen Indikation, ohne auf die Frage der Sittenwidrigkeit einzugehen.

[200] *Jung* JuS 1992, 131 (132); *Fischer* § 228 RdNr 23, 23a; *Linck* (Fn 136) S 2550; *ders* MedR 1993, 55, 69; *Kohlhaas* NJW 1970, 959; *Schneider/Grohe* (Fn 137) S 141; zur Dopingproblematik s die ausführlichen Literaturhinweise bei *Körner* Betäubungsmittelgesetz, 5. Aufl 2001, AMG, Anhang D II und AMG Teil 6, RdNr 20 ff.; *Fischer* § 228 RdNr 23 b; *Schönke/Schröder/Stree* § 228 RdNr 18; aA *Paeffgen*, Nomos-Kommentar, § 228 RdNr 110; SK-*Wolters/Horn* § 228 RdNr 23.

[201] *Linck* (Fn 136) S 2550, 2551; MedR 1993, 69; *Turner* NJW 1991, 2943 ff; *Eser* JZ 1978, 368 (369) bejahend iS genereller Unbeachtlichkeit der Einwilligung; dagegen verneinend iS genereller Wirksamkeit der Einwilligung: *Ahlers*, Doping und strafrechtliche Verantwortlichkeit, 2. Aufl 1998, S 169; *Schneider-Grohe*, Doping, Diss 1978, S 142; *Kohlhaas* NJW 1970, 959; *Schönke/Schröder/Stree* § 228 RdNr 18; *Paeffgen*, NK-Kommentar, § 228 RdNr 110; *Schild* (Hrsg), Rechtliche Fragen des Dopings, 1986, S 32; zur Gesamtproblematik s auch *Jung* JuS 1992, 131 ff; *Otto*, Zur Strafbarkeit des Doping-Sportlers

erfasst. Zu beachten ist jedoch außerhalb des Tatbestandsbereichs der Körperverletzung, dass die Verschreibung und Anwendung von Anabolika trotz fehlender medizinischer Indikation gemäß §§ 6 a, 95 Abs 1 Nr 2 a Abs 3 AMG **strafbar** ist.[202] Durch das Gesetz zur Verbesserung der Bekämpfung des Doping v 5. 7. 2007 ist ab 1. 1. 2008 auch der Bestiz „nicht geringer Mengen" von Dopingmitteln durch §§ 6a Abs. 2 a, 95 Abs 1 Nr 2 b AMG unter Strafe gestellt. Das Eigendoping bleibt straffrei, das Doping von Minderjährigen wird schärfer bestraft.[203]

59 Nicht jeder ärztliche Eingriff **ohne medizinische Indikation** ist also eo ipso sittenwidrig, wie auch die Fälle der vom Patienten gewünschten Kastration aus kriminologischen Gründen, der freiwilligen Sterilisation,[204] der Wunschsectio (s § 138 RdNr 7) oder der Vornahme experimenteller Eingriffe im Interesse der Erforschung von Krankheitsursachen und -verläufen bzw der Erprobung neuer Heilverfahren und damit im Dienste des wissenschaftlichen Fortschritts zeigen. Diese sind in den Grenzen des § 228 StGB durch Einwilligung gerechtfertigt.[205]

60 § 228 StGB bestimmt auch die **Grenzen der Therapiefreiheit** des Arztes. Diese liegen dort, wo bei Anwendung des praktizierten Heilverfahrens ein Heilerfolg nicht eintreten kann. Der Arzt begeht daher trotz Einwilligung des Kranken eine vorsätzlichrechtswidrige Körperverletzung, wenn er eine **medizinische Außenseitermethode** oder Neulandbehandlung nicht abbricht, „obwohl deren Erfolglosigkeit objektiv erkennbar geworden ist".[206] Denn die Therapiefreiheit gewährt „keinen Freibrief für Gewissenlosigkeit", keine schrankenlose Therapiewahl, vielmehr muss der Heilung suchende Patient „vor unverantwortlichem Kurpfuschertum und Dilettantismus" geschützt und die erforderliche Sorgfalt stets beachtet werden.[207] Ansonsten aber folgt aus dem Selbstbestimmungsrecht

---

als Täter und Opfer, Sport und Recht 1994, 10; *Turner*, Rechtsprobleme beim Doping im Sport, MDR 1991, 569; *Linck*, Doping aus juristischer Sicht, MedR 1993, 55; *Markowetz*, Doping- Haftungs- und strafrechtliche Verantwortlichkeit, 2003; *Momsen-Pflanz*, Die sportethische und strafrechtliche Bedeutung des Dopings, 2005; *ders*, Haftungsrechtliche Ansprüche im Zusammenhang mit Doping, JZ 2004, 101 ff; *A Müller*, Doping im Sport als strafbare Gesundheitsbeschädigung (§§ 223 Abs 1, 230 StGB)?, 1993. *Cherkets/Momsen*, Doping als Wettbewerbsverzerrung, NJW 2001, 1745; *Derleder/Deppe*, Die Verantwortung des Sportarztes gegenüber Doping, JZ 1992, 116 ff; *Clasing*, Doping – verbotene Arzneimittel im Sport, 1992; *Franz/Hartl*, „Doping" durch den Arzt als „ärztliche Tätigkeit", NJW 1988, 2277; *Fritzweiler*, Doping, Sanktionen, Beweise, Ansprüche, 2000; *Kohlhaas*, Zur Anwendung aufputschender Mittel im Sport, NJW 1970, 1958; *Heger*, Die Strafbarkeit von Doping nach dem AMG, SpuRt 2001, 92; *Köll*, Zur strafrechtlichen Relevanz sportethischer Beurteilung des Dopings, in: *Vieweg* (Hrsg), Doping, Realität und Recht, 1998, S 77; *Haas/Prokop*, Sind Staatsanwälte verpflichtet, gegen Dopingärzte Ermittlungsverfahren einzuleiten? Sport und Recht 1997, 96; *Jahn*, Ein neuer Straftatbestand gegen eigenverantwortliches Doping? SpuRt 2005, 141; *Körner*, Der Drogenmissbrauch im Sport, ZRP 1989, 418; *Löllgen*, Doping und Medikamentenmissbrauch im Sport, DÄBl 1998, 772; *Rain*, Die Einwilligung des Sportlers beim Doping, 1998; *Kühl*, in: *Rieger*, Lexikon des Arztrechts, 2. Aufl 2001, Doping, Nr 1520 RdNr 67 ff; *Striegel/Vollkommer*, Doping – die Verantwortung des Sportarztes als Ansprechpartner für junge Leistungssportler, MedR 2001, 112; *Striegel*, Die haftungsrechtliche Situation des Mediziners beim Doping, DZSM 2000, 267, 270.

[202] BezirksberufsG für Ärzte in Stuttgart, MedR 2000, 105, 106; s auch § 135 RdNr 23 und BGH A&R 2009, 233 f m Anm *Winkler*.

[203] Zur neuen Rechtslage *Kargl* NStZ 07, 489 ff; *Parzeller/Rüdiger*, DÄBl 2007, A-1631 ff; zu den Reformüberlegungen *Bottke*, FS Kohlmann, 2003, 85 ff; s § 148 RdNr 41 und § 135 RdNr 23.

[204] Vgl dazu *Ulsenheimer*, §§ 126, 127.

[205] LK-*Hirsch* § 228 RdNr 47.

[206] *Siebert* MedR 1983, 216, 219; *Jung*, Außenseitermethoden und strafrechtliche Haftung, ZStW 1985, S 47 ff; *Siebert*, Strafrechtliche Grenzen ärztlicher Therapiefreiheit, 1983; *Klinger*, Strafrechtliche Kontrolle medizinischer Außenseiter, 1995 mwN; s auch oben § 61.

[207] *Eser*, Recht und Medizin, 1990, S 343; *Laufs* NJW 1990, 1506; *Laufs/Reiling* JZ 1992, 105 f; RGSt 67, 12, 22, 74, 60, 62; 263, 271; BGH LM 6 zu §§ 230, 232; BGH NJW 1960, 2253; BSG MedR 2003, 591, 593.

des Patienten, dass er nach entsprechender Aufklärung „jede nicht gegen die guten Sitten verstoßende Behandlungsmethode" wählen darf.[208]

Speziell zur **Arzneimittelerprobung** siehe §§ 21, 40 ff AMG und unten im Text § 148. **61**

e) **Keine „Vernunftshoheit" des Arztes.** Da der Arzt keine „Vernunfthoheit" über den Patienten hat,[209] sind ihm in Fällen eindeutiger **Ablehnung der Behandlung** die Hände gebunden, dh der Arzt darf gegen den ausdrücklich oder konkludent erklärten Willen des einwilligungsfähigen Patienten den Eingriff *nicht* vornehmen,[210] und zwar auch nicht bei bestehender **Lebensgefahr**.[211] Anderenfalls macht er sich nach § 223 ff in Idealkonkurrenz mit §§ 239, 240 StGB, uU auch wegen Versuchs nach §§ 223 Abs 2, 239 Abs 2, 240 Abs 3 StGB strafbar. Denn wie der BGH zutreffend betont hat, „darf sich niemand zum Richter in der Frage aufwerfen, unter welchen Umständen ein anderer vernünftigerweise bereit sein sollte, seine körperliche Unversehrtheit zu opfern, um dadurch wieder gesund zu werden. Selbst ein lebensgefährlich Kranker kann triftige und sowohl menschlich wie sittlich beachtenswerte Gründe haben, eine Operation abzulehnen, auch wenn er durch sie und nur durch sie von seinem Leiden befreit werden könnte".[212] Deshalb darf der Arzt den vor der Operation geäußerten entgegenstehenden Willen eines Zeugen-Jehova-Patienten respektieren und die – präoperativ nicht sicher als notwendig vorauszusehende – Bluttransfusion unterlassen, selbst wenn dadurch dessen Leben unrettbar verloren ist.[213] Umgekehrt ist der Arzt aber auch nicht wegen vorsätzlicher Körperverletzung strafbar, wenn er die Blutübertragung trotz der ihm bekannten Ablehnung seitens der Patienten vornimmt. Denn ebenso wie dem Patienten muss es auch dem Arzt erlaubt sein, nach seinem Gewissen zu handeln und fremdes Leben zu retten. Insoweit greifen als Rechtfertigungsgründe der Notstand und die Pflichtenkollision gem § 34 StGB ein; zumindest aber ist der Arzt durch einen unvermeidbaren Verbotsirrtum entschuldigt (§ 17 S 1 StGB).[214] **62**

Fehlt eine präoperative Einwilligung des Patienten, ihn im Falle seines Durchgangssyndroms zu fixieren, greift bei akuter Selbst- oder Fremdgefährdung der Rechtfertigungsgrund des Notstands (§ 34 StGB) bzw der Nothilfe (§ 32 StGB) ein, so dass die Fixierung durch Ärzte und Pflegepersonal gerechtfertigt ist. Erfolgt die Maßnahme für einen „längeren Zeitraum", ist allerdings die betreuungsgerichtliche Genehmigung (§ 1906 **63**

---

[208] BGH NJW 1991, 1535, 1537.
[209] *Tröndle* MDR 1983, 884.
[210] Es sei denn, gesetzliche Bestimmungen wie zB §§ 81 a ff StPO oder §§ 20, 28 Infektionsschutzgesetz ua verpflichten ihn dazu.
[211] *Schönke/Schröder/Eser* § 223 RdNr 52; LK-*Hirsch* § 228 RdNr 37; *Ulsenheimer* Arztstrafrecht, RdNr 90 ff.
[212] BGHSt 11, 111, 114; BGHSt 45, 221 m Anm *Hoyer* JR 00, 473.
[213] *Ulsenheimer*, FS Eser, 2005, 1235.
[214] Siehe auch Einstellungsbescheid der Generalstaatsanwaltschaft bei dem OLG Stuttgart v 30. 11. 1993 – Az 26 Zs 1056/93; OLG München MedR 03, 174 ff; zum Ganzen s *Ulsenheimer,* Arztstrafrecht in der Praxis, 4. Aufl 2008, RdNr 94 ff; *ders* in: Geburtshilfe und Frauenheilkunde 1994, M 83 – M 87; *ders,* Ärztliches Gewissen und ärztlicher Heilauftrag zwischen Selbstbestimmungsrecht, Glaubensfreiheit und Lebensschutz – dargestellt am Beispiel der Zeugen Jehovas, Anästhesiologie und Intensivmedizin 2001, 157 ff; *ders,* Der Arzt im Konflikt zwischen Heilauftrag und Selbstbestimmungsrecht des Patienten – in dubio pro vita?, FS Eser, 2005, 1225 ff; *Hillenkamp,* Zur Strafbarkeit des Arztes bei verweigerter Bluttransfusion, FS Küper 2007, 123 ff; *Geilen,* Der ärztliche Spagat zwischen „salus" und „voluntas aegroti", FS Schwind, 2006, 289 ff; *Bender,* Zeugen Jehovas und Bluttransfusionen MedR 1999, 260 ff; *Weissauer,* Spezielle Probleme der Eingriffseinwilligung und der Aufklärungspflicht in: Chirurgie und Recht, hrsg v Häring, 1993, S 134, 138 ff. Die vorgenannten vier Autoren vertreten die Auffassung, dass der Arzt die Ablehnung der Bluttransfusion respektieren muss, der Primat liegt bei der Patientenautonomie. Diese Ansicht erfährt durch die gesetzliche Regelung der Patientenverfügung (§ 1901a Abs 1 und 3 BGB) erheblich an Gewicht. Siehe aber auch den Beitrag v *Röttgers/Nedjat,* Kritik am Transfusionsverbot nimmt zu, DÄBl 2002, A 102, wonach sich in den eigenen Reihen der Zeugen Jehovas Widerstand formiert.

Abs 4 BGB) erforderlich, wobei dieser Begriff sich an Art 104 GG orientiert; Beendigung am nächsten Tag (nach Beginn).[215]

64 Lehnt das Opfer eines Verkehrsunfalls die notwendige Operation aus nicht offenkundig unvernünftigen Gründen ab, kommt der Grundsatz der freiwilligen, eigenverantwortlichen Selbstgefährdung bzw Selbstschädigung nicht zum Zuge und damit keine Straflosigkeit wegen fahrlässiger Körperverletzung oder Tötung in Betracht.[216] Denn der Grundsatz der Straffreiheit bei bewusster, eigenverantwortlicher Selbstgefährdung (Selbstschädigung) bedarf in den Fällen einer Einschränkung, in denen der Arzt ohne Mitwirkung und Einverständnis des Patienten für dessen Rechtsgüter „eine erhebliche Gefahr und damit ein einsichtiges Motiv für anschließende gefährliche" Reaktionen des Opfers schafft.[217]

65 **2. Die mutmaßliche Einwilligung.** Die mutmaßliche Einwilligung bildet, wie der BGH ausdrücklich klargestellt hat, „einen eigenständigen Rechtfertigungsgrund und nicht lediglich einen Unterfall des rechtfertigenden Notstands".[218] Maßgebend für die Feststellung des hypothetischen Patientenwillens ist dabei nicht die Sicht des Arztes (was *er* in gleicher Lage getan hätte) und auch nicht der Standpunkt irgendeines „vernünftigen Dritten", vielmehr ist der mutmaßliche Patientenwille „in erster Linie aus den persönlichen Umständen des Betroffenen, aus seinen individuellen Interessen, Wünschen, Bedürfnissen und Wertvorstellungen zu ermitteln".[219] Was „man" gemeinhin als vernünftig ansieht und „üblicherweise" den Interessen eines verständigen Patienten entspricht, darf nur dann für die Entscheidung des Arztes bestimmend sein, wenn er keine konkreten Anhaltspunkte für einen abweichenden Patientenwillen finden kann.[220]

66 Die **Ermittlung** und Feststellung **des individuellen hypothetischen Willens des Kranken** ist, was oft verkannt wird, eine *ärztliche* Aufgabe und Entscheidung, solange kein Betreuer bestellt oder Bevollmächtigter vom Patienten ernannt ist (§ 1901a Abs 2 BGB). Der Wille der Angehörigen, anderer Bezugspersonen oder guter Freunde ist nur insofern von Bedeutung, als sie Aufschluss über den wirklichen oder mutmaßlichen Willen des Patienten geben können. Ihre Angaben mögen hilfreich und im Einzelfall auch wünschenswert sein, jedoch kommt ihnen nur indizielle Wirkung zu. Eine mit strafrechtlichen Sanktionen im Verletzungsfall verbundene Pflicht zur Befragung von Angehörigen gibt es in solchen Fällen daher grundsätzlich nicht.[221] Ihre Meinung ist für den Arzt keineswegs verbindlich, sondern stellt lediglich – ebenso wie die gesamten Lebensumstände des Patienten – einen – durchweg wichtigen – Abwägungsgesichtspunkt im Rahmen der dem *Arzt* abverlangten Beurteilung dar (vgl § 1901b Abs 2 BGB).

67 Diese Aufgabe ist nicht nur schwierig, sondern auch riskant. Deshalb dürfen die Anforderungen an den Arzt nicht überspannt werden, da sonst die Gefahr besteht, dass „Ärzte aus Furcht vor einem für sie nicht mehr überschaubaren Risiko strafrechtlicher Verfolgung bei einem zur Einwilligung nicht fähigen Patienten eine dringend gebotene und in aller Regel dem Willen des Patienten entsprechende Operation oder Operationserweiterung" unterlassen und sich damit das Selbstbestimmungsrecht gegen den Patienten kehrt.[222] Andererseits müssen natürlich die objektiven Grundlagen des mutmaßlichen Patientenwil-

---

[215] *Kuhla* GesR 2007, 441 ff.
[216] OLG Celle StV 2002, 366 m Anm *Walther*.
[217] Vgl OLG Celle StV 2002, 366; BGHSt 39, 322, 325; s auch unten § 147 RdNr 34 ff und *Ulsenheimer* Arztstrafrecht, RdNr 231 a ff.
[218] BGH MedR 1988, 248 f = BGHSt 35, 246 ff m abl Anm v *Weitzel, Geppert* und *Giesen* JZ 1988, 1022 ff; *Müller-Dietz* JuS 89, 280; *Hoyer* StV 89, 245; *Fuchs* StV 88, 524.
[219] BGH (Fn 215) S 248.
[220] BGH (Fn 215) S 248; ebenso BGH MedR 2000, 231; s auch *Ulsenheimer,* Anästhesiologie und Intensivmedizin 2000, 693 ff.
[221] LK-*Hirsch*, § 228 RdNr 36; AG Tiergarten, Beschluss v 24. 2. 95 – 66 Js 625/93 (226/93).
[222] BGH MedR 2000, 231, 233 = BGHSt 45, 219 ff; s dazu auch *Ulsenheimer,* Arztstrafrecht, RdNr 234 d *Hoyer* JR 00, 473; *Wasserburg* StV 04, 373.

lens um so sorgfältiger und umfassender recherchiert werden, je schwerwiegender und weitreichender die vom Arzt zu treffende Entscheidung für den Patienten ist. Da der Arzt immer nur mehr oder weniger aussagekräftige Anhaltspunkte für den Patientenwillen hat, ist er auf Auslegungen und Schlussfolgerungen angewiesen und muss oft mit allgemeinen Wertvorstellungen argumentieren. Das Risiko, falsch zu entscheiden, ist deshalb groß und daher sollte man, soweit möglich, ärztlicherseits den Patienten vor Eintritt der Entscheidungsunfähigkeit nach seinem Willen befragen, auf die Erteilung einer Vorsorgevollmacht hinwirken oder ihm bei der Abfassung einer Patientenverfügung behilflich sein. Ist es dafür zu spät oder der Patient solchen Anregungen gegenüber nicht aufgeschlossen, gilt es, bei Entscheidungsunfähigkeit unverzüglich einen Betreuer gerichtlich bestellen zu lassen, um die Phase, in der praktisch die mutmaßliche Einwilligung das ärztliche Tun und Unterlassen bestimmt, möglichst abzukürzen und andere – Betreuer und gegebenenfalls das Betreuungsgericht – in die Verantwortung mit einzubeziehen. Reicht dafür die Zeit nicht aus, sollte der Arzt dort, wo es um Leben und Tod geht, im Zweifel stets pro vita entscheiden.

Besondere Bedeutung hat der Rechtfertigungsgrund der mutmaßlichen Einwilligung **68** in der Praxis, wenn der Patient infolge Bewußtlosigkeit, Unfallschocks, geistiger Verwirrung, erheblicher Schmerzen[223] oder aus sonstigen Gründen **nicht einwilligungsfähig** und wegen der **Dringlichkeit** des Eingriffs auch keine Zeit vorhanden ist, das Betreuungsgericht anzurufen und gemäß § 1896 BGB einen Betreuer zu bestellen. In solchen Notsituationen, in denen die Zustimmung zur Behandlung gar nicht oder nur mit einer gesundheits- bzw lebensgefährlichen Verzögerung eingeholt werden könnte, darf der Arzt entsprechend dem mutmaßlichen Willen des Patienten, der nach den oben genannten objektiven Gesichtspunkten zu bestimmen ist, den medizinisch indizierten Eingriff vornehmen,[224] allerdings muss „ohne einen – sofort oder später – erfolgenden Eingriff eine **erhebliche** Gefahr für Leben oder Gesundheit des Patienten" bestehen.[225]

Angesichts der Vielgestaltigkeit der Fallkonstellationen muss grundsätzlich der Primat **69** der **Eigenentscheidung** des Patienten gelten und die Reichweite der mutmaßlichen Einwilligung beschränkt werden. Denn dort, wo man den Rechtsgutträger selbst befragen kann, braucht man nicht das Risiko einzugehen, den wirklichen Willen des Patienten zu verfehlen.[226] Die mutmaßliche Einwilligung kann daher **immer nur subsidiär** zum Zuge kommen, wenn die Einholung der Einwilligung des Patienten hic et nunc „unmöglich oder zwecklos ist".[227] Nur in den Fällen, in denen die normalerweise erforderliche Aufklärung aus bestimmten Gründen nicht vorgenommen oder ein gesetzlicher Vertreter (Vorsorgebevollmächtigter) nicht befragt werden kann, greift die Rechtfertigung durch mutmaßliche Einwilligung ein; sie kann also stets „nur dann erfolgen, wenn eine Meinungsäußerung des Verletzten nicht zu erreichen ist", da es anderenfalls „zu unerträglichen Einmischungen in fremde Angelegenheiten" käme.[228] Dies bedeutet praktisch: Ist die geplante ärztliche Maßnahme ohne Nachteil oder Risiko für den Patienten aufschiebbar, seine Meinung rechtzeitig einholbar, muss entweder abgewartet werden, bis der Patient wieder einwilligungsfähig ist, oder aber ein Dritter für ihn entscheiden (zB ein Betreuer, gesetzlicher Vertreter oder Bevollmächtigter).

Dieselben Grundsätze gelten auch für den Fall der medizinisch gebotenen **Operations- 70 erweiterung.** Darunter versteht man operative Eingriffe, die „ohne vorher genau festzulegenden Operationsplan begonnen werden müssen" und bei denen „die spezielle Indika-

---

[223] BGH MedR 1987, 234 ff; OLG Frankfurt VersR 1984, 289.
[224] Vielfach wird auch der Rechtfertigungsgrund des Notstands (§ 34 StGB) eingreifen, vgl *Eb Schmidt,* Der Arzt im Strafrecht, S 113, 115; LK-*Hirsch* § 228 RdNr 35 mwN
[225] BGHSt 45, 219, 223; ebenso OLG Koblenz NJW 2006, 2928 f.
[226] *Roxin,* FS Welzel, 1974, 447, 461.
[227] BGHSt 16, 309 (312); LK-*Hirsch,* 11. Aufl 1994, vor § 32 RdNr 16; *Roxin,* aaO, § 18 RdNr 10; *Rieger,* Mutmaßliche Einwilligung in den Behandlungsabbruch, 1998, S 73, 78.
[228] SK-*Samson,* vor § 32 RdNr 83.

tion über das weitere Vorgehen", den Umfang des Eingriffs, zusätzliche Maßnahmen und damit verbunden die Einschätzung des Risikos **erst intraoperativ** aufgrund des jeweiligen Befundes bestimmbar ist.[229] Die Rechtsprechung hatte hier ursprünglich eine nicht sehr klare, von der Ärzteschaft zum Teil missverstandene restriktive Haltung vertreten, diese aber inzwischen revidiert und klargestellt, dass bei der Operationserweiterung „die Zulässigkeit ärztlichen Handelns auf der Grundlage mutmaßlicher Einwilligung des Patienten nicht auf Fälle vitaler Indikation beschränkt" ist.[230] Der Arzt ist vielmehr durch den mutmaßlichen Willen des Kranken auch dann gerechtfertigt, wenn er „vor der Frage steht, ob er eine mit Zustimmung des Patienten begonnene Operation erweitern oder sie abbrechen und den Patienten dem Risiko einer neuen, uU mit größeren Gefahren verbundenen, jedenfalls aber weitere körperliche und seelische Beeinträchtigungen mit sich bringenden Operation aussetzen soll".[231] Dagegen muss der Arzt den Eingriff abbrechen und für die Erweiterungsoperation die nötige Einwilligung einholen, wenn dies ohne Gefährdung des Patienten möglich und seine Entscheidung ungewiss ist. Andererseits: kein Abbruch der Operation, „wenn dies den Patienten mindestens ebenso gefährden würde" wie die Fortsetzung des Eingriffs[232] oder wenn diese absolut indiziert ist und nur „äußerst geringe zusätzliche Risiken" in sich birgt, die spätere Zweitoperation dagegen „erheblich höhere Risiken und Belastungen" mit sich bringt.[233]

71 Ausdrücklich betont der BGH in diesem Zusammenhang, dass diese Grundsätze auch für die **vorhersehbare Operationserweiterung** gelten, wenn also der Arzt die Möglichkeit, den Patienten vor Operationsbeginn nach seiner Entscheidung zu befragen, schuldhaft nicht genutzt hat. Denn „entscheidend ist allein, ob die Voraussetzungen der mutmaßlichen Einwilligung in dem Augenblick gegeben sind", in dem der Arzt vor der Alternative: Operationsabbruch oder Fortsetzung des „von der ursprünglich erteilten Einwilligung nicht mehr gedeckten weiteren Eingriffs" steht.[234] War allerdings die Notwendigkeit einer Erweiterung der Operation schon **vor** Beginn des Eingriffs absehbar und deren Ablehnung nach entsprechender Information des Patienten dem Arzt auch bekannt, scheidet die Berufung auf mutmaßliche Einwilligung aus.[235]

72 Fraglich ist angesichts der Vielfalt der konkreten Lebensverhältnisse, ob mit diesen höchstrichterlichen Entscheidungen die vom Standpunkt des betroffenen Arztes „beunruhigende Vorstellung" strafrechtlicher Sanktionen „gebannt" ist, wenn er „bei überlegter und abgewogener Indikation den gebotenen Eingriff zu Ende" führt.[236] Die „Gefahr, dass ein überspitztes Selbstbestimmungsrecht sich ins Inhumane verkehrt",[237] weil der Operateur zur Vermeidung jeglichen rechtlichen Risikos die Operation abbricht, ist mE leider noch immer nicht beseitigt.

73 Klar ist dagegen die Rechtslage im Falle einer lediglich **zweckmäßigen,** medizinisch aber nicht zwingend indizierten Erweiterung des Operationsplanes, zB der Herausnahme des Blinddarms anläßlich einer Sterilisation oder Uterusoperation, ohne dass dazu irgendein akuter Anlass bestand. Hier mag die Entscheidung des Arztes im Interesse der Verhinderung künftiger Gefahren vernünftig sein, ein Recht dazu jedoch hat er aus dem Gesichtspunkt der mutmaßlichen Einwilligung nicht.[238]

---

[229] Vgl *Wachsmuth,* FS Bockelmann, 1979, S 476, 477.
[230] BGH (Fn 215) S 248.
[231] BGH (Fn 215) S 248; s dazu auch *Ulsenheimer/Bock* Gebfra 1991, 949 f.
[232] BGH NJW 1977, 337, 338.
[233] OLG Naumburg VersR 08, 224, 225
[234] BGH (Fn 215) S 248; enger BGHSt 11, 111, 114 f.
[235] *Schönke/Schröder/Eser* § 223 RdNr 44; LK-*Hirsch* § 228 RdNr 35; BGH JZ 1964, 231 m Anm *Eb Schmidt,* sogenanntes „2. Myomurteil"; zur Erweiterungsoperation s auch BGH NJW 1977, 337 f; OLG Frankfurt a M NJW 1981, 1322 ff; LG Mannheim VersR 1981, 761.
[236] *Tröndle* (Fn 147) 884.
[237] *Wachsmuth* (Fn 226) S 478.
[238] *Eb Schmidt* (Fn 221) S 114 Anm 149.

23. Kapitel. Der Arzt im Strafrecht   74–77 § 139

Der Rechtfertigungsgrund der mutmaßlichen Einwilligung greift dagegen auch in **74** Fallgestaltungen ein, wo die **Aufklärung** über die beabsichtigte Operation infolge **ernstlicher Gesundheits- oder Lebensgefahr** für den Patienten, zB bei einer Basedow-Psychose, **kontraindiziert** ist.[239]

Ein ärztlicher Eingriff *entgegen* dem mutmaßlichen Willen des Patienten ist rechtswidrig **75** und bei entsprechendem Vorsatz nach §§ 223 ff StGB, uU auch wegen Versuchs der Körperverletzung (§§ 22, 223 Abs 2 StGB), ferner nach §§ 239, 240 bzw §§ 239 Abs 2, 240 Abs 3 StGB strafbar (s dazu oben RdNr 62 für den Parallelfall der Einwilligung).

Hat sich aber der Patient lediglich **früher** einmal, zB in einem sog **Patiententestament**,[240] geäußert, „lieber zu sterben, denn als amputierter Krüppel weiter zu leben", kann **76** man trotz solcher allgemeiner Aussagen nicht schlechthin von einem einer lebenserhaltenden Operation entgegenstehenden Willen ausgehen. Denn die schriftliche oder mündliche[241] **antizipierte** Willensäußerung eines Patienten in Gestalt einer sog. Patientenverfügung setzt Bestimmtheit (gilt also nicht für allgemeine Hinweise) voraus und bedarf der Auslegung und der Prüfung, ob er sich „von seiner Verfügung mit erkennbarem Widerrufswillen distanziert oder die Sachlage sich nachträglich so erheblich geändert hat, dass die frühere Entscheidung" die aktuelle Situation nicht umfasst.[242] Sind diese Fragen zu verneinen und ist die Willensbekundung eindeutig, so bindet die schriftliche Patientenverfügung unabhängig von „Art und Stadium" der Erkrankung allerdings „als Ausdruck des fortwirkenden Selbstbestimmungsrechts" den Arzt und darf nicht „durch einen Rückgriff" auf einen anderen theoretischen „mutmaßlichen Willen" korrigiert werden.[243]

3. Sonstige Rechtfertigungsgründe. Neben der Einwilligung und der mutmaß- **77** lichen Einwilligung spielen im Bereich der Körperverletzung aus der Sicht des Arztes vor allem noch der **rechtfertigende Notstand** des § 34 StGB, die **rechtfertigende Pflichtenkollision**,[244] § 32 StGB in Form der **Nothilfe** und das **erlaubte Risiko**[245] bei der Rechtswidrigkeitsprüfung eine praktisch bedeutsame Rolle. So ist der Arzt beispielsweise aus dem Gesichtspunkt der Nothilfe nach § 32[246] und durch Notstand gemäß § 34 StGB[247] gerechtfertigt, wenn er die zur Lebensrettung dringend notwendige Blutaustauschtransfusion bei einem Kind gegen den Willen der sie aus religiösen Gründen verweigernden Eltern in Eilfällen vornimmt.[248] Lehnt die allein sorgeberechtigte Mutter die medizinisch gebotene Tetanusimpfung bei ihrer 14 Jahre alten Tochter ab, die sich eine tiefblutende Risswunde in der Handinnenfläche zugezogen hatte, ist die Verabreichung des Impfstoffs gemäß § 34 StGB rechtmäßig. Denn „das Interesse an einem Schutz des Kindes vor einer Tetanusinfektion" überwiegt „das Interesse des Kindes und der Kindes-

---

[239] Vgl dazu *Bockelmann* (Fn 184) S 62; *Wilts* MDR 1971, 94 f; LK-*Hirsch* § 228 RdNr 35; *Eberbach* MedR 1986, 181 ff.
[240] Siehe dazu ausführlich *Uhlenbruck*, Berliner Medizinische Schriften, Heft 8, 1996, S 10 ff mwN; s auch *Ulsenheimer*, Anästhesiologie und Intensivmedizin 2001, 696; *ders*, Arztstrafrecht, RdNr 115 ff; *ders*, Der Anästhesist 2004, 362 ff; *Geilen*, in: Wenzel (Hrsg), Handbuch des Fachanwalts Medizinrecht, Kap 4 B RdNr 517 mwN.
[241] Der Gesetzgeber hat die Verbindlichkeit der Patientenverfügung allerdings an die Schriftform geknüpft, dh sie muss unterzeichnet werden (§ 126 BGB).
[242] BGH NJW 2003, 1588, 1590; s jetzt § 1901a BGB nF.
[243] BGH NJW 2003, 1588, 1590; s dazu oben § 132 RdNr 35 ff u § 149 RdNr 17 (*Ulsenheimer*); *Spickhoff* JZ 2003, 739 ff; *Verrel* NStZ 2003, 449.
[244] Siehe RdNr 62 aE.
[245] Vgl dazu *Jescheck/Weigend*, AT § 36 I, II; *Lackner/Kühl* vor § 32 RdNr 29; *Kienpfel*, Das erlaubte Risiko, 1966; BGHSt 36, 1, 16.
[246] *Engisch* ZStW 58, 44 Anm 98.
[247] *Bockelmann*, Strafrecht des Arztes, S 65 f Anm 77, 78; *Kohlhaas* DMW 1965, 47; *Spann*, Ärztliche Rechts- und Standeskunde, 1962, S 131.
[248] Vgl dazu *Ulsenheimer* FamRZ 1968, 568, 569 zu OLG Hamm NJW 1968, 212 ff.; LK-*Hirsch* § 228 RdNr 37.

mutter an einer Unterlassung der Impfung bei weitem", da das „Misstrauen gegenüber der Pharmaindustrie und Schulmedizin" sowie eine „diffuse Angst vor möglicherweise nicht erforschten Impfschäden" rangmäßig untergeordnete Interessen sind.[249] Ein Fall der Rechtfertigung unter dem Aspekt des **erlaubten Risikos** läge zB vor, wenn der Arzt ein gefährliches Präparat in Kenntnis der risikoreichen Folgen oder Nebenwirkungen verschreibt, um die Gefahr größerer Gesundheitsschäden oder gar des Todes von dem Patienten abzuwenden.[250] Zur Problematik des erlaubten Risikos siehe auch § 140 RdNr 49.

78   Spezielle Rechtfertigungsgründe finden sich – ohne Anspruch auf Vollständigkeit – ferner für verschiedene vom Arzt auszuführende Zwangsmaßnahmen in den einschlägigen Gesetzen, zB für die richterlich angeordnete Blutentnahme oder andere körperliche Eingriffe in §§ 81a, 81c, 81d StPO, in § 20 Infektionsschutzgesetz, in §§ 3, 14 GeschlechtskrankheitenG oder §§ 1, 16 ImpfG.

IV. Zur Schuldfrage

79   Der strafrechtliche Schuldvorwurf wegen fahrlässiger Körperverletzung setzt voraus, dass der Arzt **subjektiv,** dh nach seinen **persönlichen** Fähigkeiten und **individuellen** Kenntnissen, im Stande war, die verlangte Sorgfalt aufzubringen.[251] Weitere Voraussetzung der strafrechtlichen Fahrlässigkeitshaftung ist die subjektive Voraussehbarkeit des Erfolges.[252] Diese ist zu bejahen, wenn der Arzt nach dem gewöhnlichen Verlauf der Dinge objektiv und nach seinem persönlichen Erfahrungswissen und seinen persönlichen Fähigkeiten gemäß dem Grad seiner Bildung, seiner Intelligenz und sozialen Stellung auch subjektiv mit dem Eintritt des Gesundheitsschadens rechnen muss. Dabei kommt es bei der Beurteilung dieser Frage ebenso wie bei der Bestimmung der Sorgfaltspflicht auf die **Sicht ex-ante,** also auf die jeweilige Lage und Person des Arztes im Behandlungszeitpunkt an. Führt die Verletzung zum Tod, so greift § 229 StGB auch dann ein, wenn zwar nicht die Todesfolge, wohl aber die Körperverletzung voraussehbar war.[253]

80   Die Haftung wegen fahrlässiger Körperverletzung entfällt, wenn die Einhaltung der gebotenen Sorgfalt im konkreten Fall für den Arzt **unzumutbar** war. Ein Beispiel für diese Ausnahmesituation bietet der Beschluss des OLG München vom 20. 12. 1978.[254] Hier wurde zwar ein Behandlungsfehler des Arztes, der ihm nach 19-stündiger ununterbrochener Diensttätigkeit infolge **physischer Überlastung** unterlaufen war, eindeutig bejaht, die Schuldfrage jedoch verneint. Denn „auch der Arzt muss über sein gesamtes Konzentrationsvermögen, seine gesamten sachbezogenen Fähigkeiten und seine gesamte innere Einsatzbereitschaft voll verfügen können, um Fehler zu vermeiden, die uU außerordentlich schwerwiegende Folgen haben. Deshalb kann ihm bei verantwortungsbewußter Betrachtungsweise nicht zugemutet werden, in übermüdetem Zustand den Bereitschaftsdienst zu versehen." Zu prüfen ist in diesen Fällen aber die Frage des Übernahmeverschuldens.[255]

V. Irrtumsprobleme, insbesondere bei Einwilligung und mutmaßlicher Einwilligung

81   **1. Tatbestandsirrtum.** Glaubt der Arzt zu Unrecht, den Patienten ausreichend informiert zu haben, oder geht er fälschlicherweise davon aus, dass der Patient bereits aufgeklärt sei oder darauf verzichtet habe, nimmt er irrig die **tatsächlichen Voraussetzungen des Rechtfertigungsgrundes** „Einwilligung" an. Dasselbe gilt, wenn der Arzt irrig die

---

[249] AG Nordenham GesR 2007, 546, 547 (rkr.).
[250] Vgl dazu *Schönke/Schröder/Cramer* § 15 RdNr 144, der schon die Sorgfaltspflichtverletzung verneint.
[251] *Herzberg* Jura 1984, 402.
[252] LG Bamberg, Urteil v 24. 1. 1985 – 2 KLs 101 Js 10258/81; StA Leipzig, Einstellungsverfügung v 5. 1. 01 – 301 Js 34486/98; BayObLG NJW 1998, 3580.
[253] *Lackner/Kühl* § 229 RdNr 2; *Jescheck/Weigend,* AT, § 54 I 3.
[254] KH 1980, 64.
[255] Vgl BGH NJW 1984, 657.

medizinische Indikation bejaht[256] oder die für notwendig erachtete Aufklärung des Patienten über den zu erwartenden postoperativen Zustand unterlässt, weil er selbst diese postoperativen Folgen und damit „tatsächliche Umstände" nicht erkannt hat, „welche die von ihm eingeholte Einwilligung in die Operation unwirksam machten".[257] Hierher gehört auch der Fall, dass der Arzt die in Rede stehende Behandlungsalternative irrig für gleichwertig, ohne gewichtige Vor- und Nachteile erachtet, oder ein nicht zugelassenes Arzneimittel als besser geeignet ansieht, dabei aber die Notwendigkeit nicht erkennt, hierüber den Patienten aufzuklären.[258] Derartige Fehlvorstellungen werden nach ständiger Rechtsprechung und herrschender Lehre im Schrifttum als **Tatbestandsirrtum** nach § 16 behandelt.[259] Dies bedeutet: der Arzt darf nicht wegen vorsätzlicher, sondern allenfalls wegen **fahrlässiger** Körperverletzung bestraft werden, wenn der Irrtum **vermeidbar** war (§ 16 Abs 1 Satz 2 StGB), dh wenn der Arzt die Aufklärungsbedürftigkeit des Patienten insgesamt oder über weitere Umstände hätte erkennen müssen. Mit Recht hat deshalb zB der BGH die Verletzung der Aufklärungspflicht und damit fahrlässige Körperverletzung in einem Fall bejaht, in dem der Arzt der ihm vorgelegten Einwilligungserklärung der Patientin und ihres Amtsvormunds zu einer Sterilisation vertraute, ohne sich zu vergewissern, ob die Betroffene sich wirklich über die Folgen des Eingriffs im klaren war.[260]

Dasselbe gilt, wenn der Arzt über das Vorliegen der **tatsächlichen Voraussetzungen** 82 des rechtfertigenden Notstands, der rechtfertigenden Pflichtenkollision, der mutmaßlichen Einwilligung oder anderer Rechtfertigungsgründe irrt. Hält er zB im Rahmen einer Kaiserschnittoperation die Eileiterunterbrechung für medizinisch vital indiziert, weil eine erneute Schwangerschaft für Mutter und Kind angesichts der vollständigen Verwachsung der Gebärmutter mit der Bauchdecke und der Blase lebensbedrohlich wäre, und nimmt er dabei zu Unrecht an, in Übereinstimmung mit dem mutmaßlichen Willen der Patientin zu handeln, so liegt ein **Tatbestandsirrtum** vor, der bei Vermeidbarkeit die Möglichkeit der Bestrafung wegen fahrlässiger Körperverletzung eröffnet.[261] In dem berühmten RG-Fall von 1894, der die Rechtsansicht von der Körperverletzungsqualität des Heileingriffs begründete (RGSt 25, 375), erfolgte in der neuen Hauptverhandlung ein Freispruch, da der Arzt „glaubte, ein Recht auf Vornahme der Resektion zu haben und zwar aus dem vermuteten Willen des nicht anwesenden gesetzlichen Vertreters".[262]

2. Verbotsirrtum. Betrifft der Irrtum lediglich das **Bestehen** oder die **Reichweite** 83 (Grenzen) eines Rechtfertigungsgrundes, so handelt es sich um einen **Verbotsirrtum**, der nach § 17 StGB zu beurteilen ist. Ein solcher liegt zB vor, wenn der Arzt glaubt, er benötige grundsätzlich bei medizinischer Indikation und kunstgerechter Behandlung die Einwilligung des Patienten in die Operation nicht, oder wenn er das fehlende Einverständnis des Patienten erkennt bzw für möglich hält, gleichwohl aber – durchaus wohl-

---

[256] LK-*Hirsch* § 228 RdNr 51.
[257] OLG Hamburg NJW 1975, 603, 604.
[258] BGH NStZ 1996, 34, 35.
[259] Vgl BGHSt 2, 236; 3, 12; 11, 111, 114; 17, 91; 31, 287; 32, 243, 248; 35, 246, 250; 45, 219, 225 = BGH MedR 2000, 231, 232; BGH NStZ 1996, 34 f; BGH DRiZ 1981, 310; BGH JZ 1964, 231; OLG Hamburg NJW 1975, 603, 604; zusammenfassend *Schönke/Schröder/Cramer/Sternberg-Lieben* § 16 RdNr 13 ff; LK-*Hirsch* § 228 RdNr 51; *Jescheck/Weigend* Strafrecht AT, § 41 Abs III. Unrichtig daher LG Marburg, Urteil v 5. 5. 09 – AZ 1 KLs – 1 JS 4939/09, das den Tatbestandsirrtum ablehnte, obwohl der Operateur von dem fehlenden Einverständnis der Patientin (mit der Verwendung bestimmter Implantate) aus Nachlässigkeit „keine Notiz" genommen hatte.
[260] BGH DRiZ 1981, 310.
[261] BGH MedR 1988, 248, 249 = JZ 1988, 2021 m Anm *Weitzel* JZ 1988, 1022; Anm *Geppert* JZ 1988, 1024; Anm *Giesen*, JZ 1988, 1030; *Müller-Dietz* JuS 1989, 280, s dazu auch BGH MedR 2000, 231, 232 = BGHSt 45, 219 ff; AG Tiergarten, Nichteröffnungsbeschluss v 24. 2. 95 – 66 Js 625/93 – 226/93: „Der Irrtum des Arztes, der Patient hätte dem Eingriff bei rechtzeitiger Befragung zugestimmt, ist ein nach § 16 StGB analog zu beurteilender Irrtum."
[262] Siehe *Gramberg-Danielsen*, Rechtsophthalmologie 1985, S 3.

meinend – den Eingriff aus medizinischen Gründen für sinnvoll und deshalb für zulässig ansieht.[263] Dasselbe gilt, wenn er eine infolge Drohung, mangelnder Einsichtsfähigkeit oder fehlender Dispositionsbefugnis[264] unwirksame Einwilligung für rechtswirksam erachtet,[265] die Einwilligung für entbehrlich hält, da die Aufklärung wegen der damit verbundenen psychischen Belastungen dem Patienten schade, oder wenn er „ganz allgemein annimmt, es sei dem Arzt bei jeder Operation gestattet", sie im Falle der Aufdeckung eines neuen Befundes beliebig auszudehnen.[266] Ein Verbotsirrtum liegt ferner vor, wenn der Arzt die Sittenwidrigkeit des geplanten Eingriffs unzutreffend beurteilt[267] oder Medizinstudenten im Rahmen ihres Praktikums Behandlungsmaßnahmen in der Annahme vornehmen, sie seien dazu befugt, „weil ihnen der leitende Arzt Fälle dieser Art allgemein anvertraut habe".[268] In all diesen Fallgestaltungen bleibt der **Vorsatz** der Körperverletzung unberührt, jedoch führt der Irrtum bei Unvermeidbarkeit zum Schuldausschluss, bei Vermeidbarkeit möglicherweise zur Strafmilderung (§§ 17, 49 StGB). Allerdings weist der BGH darauf hin, dass die Frage der Vermeidbarkeit „kaum je zweifelhaft" sein dürfte.[269]

VI. Die fahrlässige Körperverletzung als Privatklage- und relatives Antragsdelikt (§§ 230 StGB, 374 Abs 1 Nr 4 StPO)

84   **1. Zulässigkeit der Privatklage.** Gemäß §§ 374 Abs 1 Nr 4 StPO kann die fahrlässige Körperverletzung (auch die vorsätzliche nach § 223 StGB) im Wege der **Privatklage** ohne vorgängige Anrufung der Staatsanwaltschaft verfolgt werden. Diese darf nur dann tätig werden, „wenn dies im öffentlichen Interesse liegt" (§ 376 StPO). Gemäß Nr 86 Abs 2 der Richtlinien für das Straf- und Bußgeldverfahren liegt ein „öffentliches Interesse in der Regel vor, wenn der Rechtsfrieden über den Lebenskreis des Verletzten hinaus gestört und die Strafverfolgung ein gegenwärtiges Anliegen der Allgemeinheit ist, zB wegen des Ausmaßes der Rechtsverletzung, wegen der Roheit oder Gefährlichkeit der Tat, der niedrigen Beweggründe des Täters oder der Stellung des Verletzten im öffentlichen Leben", unter Umständen aber auch dann, „wenn dem Verletzten wegen seiner persönlichen Beziehung zum Täter nicht zugemutet werden kann, die Privatklage zu erheben".[270]

85   **2. Zur Auslegung des § 230 StGB.** Gemäß § 230 StGB wird die vorsätzliche Körperverletzung nach § 223 StGB und die fahrlässige Körperverletzung nach § 229 StGB nur auf **Antrag** (Frist gem § 77 b StGB: drei Monate) verfolgt, es sei denn, die Strafverfolgungsbehörde hält „wegen des besonderen öffentlichen Interesses an der Strafverfolgung ein Einschreiten von Amts wegen für geboten". Die Körperverletzung soll, wie der Gesetzeswortlaut deutlich zum Ausdruck bringt, im Regelfall also nur auf Antrag hin verfolgt werden, während die Bejahung des besonderen öffentlichen Interesses demgegenüber **Ausnahmecharakter** hat. Nicht unbedenklich erscheint daher die Praxis vieler Staatsanwaltschaften, einerseits diese Verfahrensvoraussetzung zu bejahen, andererseits aber der Einstellung des Verfahrens gem §§ 153, 153 a StPO zuzustimmen.[271]

---

[263] BGH MedR 2000, 231, 232 = BGHSt 45, 219 (224 f).
[264] Zur Problematik der Wirksamkeit der Einwilligung der Eltern in die Zirkumzision ihres Kindes s *Putzke,* Die strafrechtliche Relevanz der Beschneidung von Knaben, FS Herzberg, 2008, 669 ff, 707.
[265] Vgl BGHSt 12, 379; BGH NJW 1978, 1206.
[266] *Eb Schmidt* (Fn 243) S 130.
[267] OLG Hamm, JMBl NRW 64, 128; *Tröndle/Fischer* § 228 RdNr 15; LK-*Hirsch,* § 228 RdNr 51; *Schaffstein,* FS OLG Celle 1961, 194; *Schönke/Schröder/Stree,* § 228 RdNr 12.
[268] BGHSt 16, 309, 314.
[269] BGH MedR 2000, 231, 232 = BGHSt 45, 219 (225).
[270] Siehe auch Nr 233 der RiStBV speziell für die Frage des öffentlichen Interesses an der Verfolgung von Körperverletzungen.
[271] So auch *Lackner/Kühl* § 230 RdNr 4.

Das **„besondere" öffentliche Interesse,** dessen Voraussetzungen nach der Intention 86 des Gesetzgebers streng, dh **restriktiv** zu beurteilen sind,[272] darf die Staatsanwaltschaft nicht nur formelhaft feststellen. Sie muss vielmehr das Vorliegen des „besonderen öffentlichen Interesses" im Einzelfall anhand aller konkreten Sachverhaltsumstände prüfen und begründen. Die Voraussetzungen des § 230 Abs 1 StGB sind enger als in § 376 StPO. Ihre Bejahung „darf, wie der Gesetzeswortlaut eindeutig ergibt, **nicht die Regel** sein".[273] Denn die Entscheidung über die Strafverfolgung ist grundsätzlich dem Verletzten selbst mit dem ihm gegebenen Strafantragsrecht übertragen. Dieser Grundgedanke des Gesetzes würde in sein Gegenteil verkehrt und eine pflichtgemäße Ermessensentscheidung nicht getroffen, wenn die Staatsanwaltschaft in Fällen fahrlässiger Körperverletzung eines Patienten durch den Arzt generell das „besondere öffentliche Interesse" bejahen würde. Denn zu einer ordnungsgemäßen Ermessensausübung bedarf es einer umfassenden Abwägung aller Gründe und Umstände der konkreten Tat, insbesondere der Persönlichkeit des Beschuldigten, einer etwa einschlägigen Vorstrafe, der Folgen der Tat für Patient und Arzt, des Grades seines Verschuldens, der Art seines Fehlers und des Interesses des Verletzten an der Strafverfolgung.[274]

Wenn der Patient **keinen** oder einen **verspäteten Strafantrag** gestellt hat und die Kör- 87 perverletzung nicht auf einem leichtfertigen Verhalten des Arztes beruht, ist ein „besonderes öffentliches Interesse" vielfach nicht zu erkennen, zumal der „Umstand, dass der Verletzte auf Bestrafung keinen Wert legt", Beachtung verdient (§ 234 Abs 1 S 2 RiStBV). Das gilt insbesondere, wenn der Patient unmittelbar nach Behandlungsabschluss Schadensersatzklage einreicht, erst Jahre später aber Strafanzeige erstattet. Die kurze Strafantragsfrist dient der Klarstellung, die nicht fast bis zur Verjährung aufgeschoben werden soll.[275] Der Wunsch des Patienten jedenfalls, unter dem Druck des Ermittlungsverfahrens zu einer schnelleren und vielleicht günstigeren Schadensregulierung zu gelangen, ist „rein privater Natur und weder von öffentlichem Interesse noch von schlichtem öffentlichen Interesse".[276] Da der Staatsanwalt „auch nicht der Anwalt des Verletzten" ist[277] und die Ermächtigung zur Strafverfolgung bei „besonderem öffentlichen Interesse" in keiner Weise dem Eigeninteresse des Verletzten dient,[278] widerspricht es „der Funktion und dem Selbstverständnis der Staatsanwaltschaft", das besondere öffentliche Interesse regelmäßig erst dann zu verneinen, wenn die zivilrechtlichen Ansprüche des Verletzten befriedigt sind.[279] Das besondere öffentliche Interesse an der Strafverfolgung fehlt auch dann, wenn der Antragsteller (Patient) zuvor ein Verfahren vor der Schlichtungsstelle durchgeführt hat und nun ein ihm günstiges Gutachten (Feststellung eines Behandlungsfehlers) zur Grundlage seiner Strafanzeige macht. Denn hierin liegt ein rechtswidersprüchliches Verhalten, eine Verletzung des fair trial, die der Bejahung eines „besonderen" öffentlichen Interesses entgegensteht.[280]

---

[272] So zutreffend *Oehler* JZ 1956, 630; LK-*Hirsch* § 230 RdNr 8 f; *Lackner/Kühl* § 230 RdNr 4; *Kauffmann*, FS Kleinknecht, 1985, 208; *Kohlhaas* NJW 1956, 1188; *Mühlhaus* JZ 1952, 175; *Kalsbach*, Die gerichtliche Nachprüfung von Maßnahmen der Staatsanwaltschaft im Strafverfahren, 1967, S 57. Abzulehnen ist daher die extensive Interpretation von *Günter* DRiZ 92, 96, der in der Regel bei Behandlungsfehlern die besondere öffentliche Interesse bejaht. Allein mit dem möglichen Verstoß gegen Berufs- oder Standespflichten lässt sich das *besondere* öffentliche Interesse nicht begründen.

[273] LK-*Hirsch*, § 230 RdNr 8; *Schönke/Schröder/Stree*, § 230 RdNr 6; *Lackner/Kühl* § 230 RdNr 4; *Rebmann* DAR 1978, 304; *Paeffgen*, NK § 232 aF RdNr 29; zu weitgehend für Strafverfolgung *Günter* DRiZ 92, 96.

[274] Vgl § 234 Abs 1 RiStBV.

[275] Siehe dazu die Beispiele bei *Ulsenheimer*, Arztstrafrecht, RdNr 244.

[276] So zutr *Goetze*, Arzthaftungsrecht und kassenärztliches Wirtschaftlichkeitsgebot, 1989, S 61.

[277] *Steffen* DRiZ 1972, 153.

[278] BGHSt 16, 225, 229.

[279] So mit Recht *Goetze* (Fn 202) S 62 gegen *Günter* DRiZ 1982, 333.

[280] Ebenso StA Düsseldorf im Verfahren 810 Js 83/95, Schreiben v 23. 5. 95.

88 Bedauerlicherweise ist die Entscheidung der Staatsanwaltschaft über das Vorliegen des „besonderen öffentlichen Interesses" **richterlich nach hL** (weil keine Verfahrensvoraussetzung und kein Eingriff in die Rechte des Beschuldigten oder Verletzten) **nicht nachprüfbar,**[281] was in der Praxis einer zu weiten, teilweise rein formelhaft begründeten Ausdehnung der Strafverfolgung wegen fahrlässiger Körperverletzung im Gesundheitsbereich Tür und Tor öffnet. Prozessvoraussetzung soll nur die Erklärung des besonderen, öffentlichen Interesses sein.[282] Gegen die herrschende Meinung spricht entscheidend der Umstand, dass ohne richterliche Überprüfungsmöglichkeit des „besonderen öffentlichen Interesses" das „grundsätzliche Antragserfordernis unterlaufen" wird. „Bei fehlendem Strafantrag soll aber nach der Intention des Gesetzes eine Strafverfolgung nur möglich sein, wenn die Bedeutung der Tat sie nahelegt; die Verfolgung ist willkürlich" und dem Gericht entzogen, wenn die Staatsanwaltschaft nach eigenem Gutdünken es in der Hand hat, „für das Gericht bindend jederzeit, auch noch in der Revisionsinstanz, das besondere öffentliche Interesse zu bejahen oder zu verneinen".[283]

89 Verneint die Staatsanwaltschaft – bei fehlendem wirksamen Strafantrag – das besondere öffentliche Interesse, so ist – je nach Verfahrensstadium – gemäß §§ 170 Abs 2, 206 a, 260 Abs 3 StPO die Einstellung des Verfahrens die zwingende Rechtsfolge. Wenn die Staatsanwaltschaft dagegen das besondere öffentliche Interesse an der Strafverfolgung bejaht hat, bedarf es für die Zulassung des Verletzten als **Nebenkläger** im Verfahren wegen fahrlässiger Körperverletzung gem § 229 StGB keines wirksamen Strafantrags.[284] Erforderlich ist allerdings, dass der Anschluss zur Wahrnehmung der Patienteninteressen „aus besonderen Gründen, namentlich wegen der schweren Folgen der Tat" notwendig erscheint (§ 395 Abs 3 StPO).

90 Die fahrlässig Körperverletzung verjährt ebenso wie die vorsätzliche in 5 Jahren, beginnend mit der Beendigung der Tat bzw dem Eintritt des tatbestandlichen Erfolgs (§§ 78 Abs 1 Nr 4, 78 a S 1 u S 2 StGB). Bei unechten, unbewusst fahrlässig begangenen Unterlassungsdelikten (die Fehldiagnose führt 10 Jahre später zum Eintritt eines Gesundheitsschadens des Patienten) ist der Beginn der Verjährung auf den Zeitpunkt festzulegen, an dem der Arzt etwas, dh das Gebotene aus medizinischer Sicht hätte tun müssen.[285]

§ 140 Die fahrlässige Tötung

Inhaltsübersicht

	RdNr
I. Der Tatbestand der fahrlässigen Tötung	1
1. Tatobjekt und Anwendungsbereich der Norm	2
2. Tathandlung	6
a) Aktives Tun oder Unterlassen	6
b) Die Abgrenzung von Tun und Unterlassen und ihre praktische Bedeutung	9

---

[281] BVerfGE 51, 176; BGHSt 16, 225, 231; BayObLG NJW 1991, 1765; LG München StV 1990, 400;RGSt 77, 20; *Stöckel* KMR, StPO, § 376 RdNr 9 ff; *Meyer-Goßner*, StPO, 49. Aufl 2006, § 376 RdNr 7; *Lackner/Kühl* § 230 RdNr 5; **aA** *Schönke/Schröder/Stree* § 230 RdNr 3; LK-*Hirsch* § 230 RdNr 13 ff; *Keller* GA 1983, 497, 511; SK-*Horn*, § 230 RdNr 4; *Havekost* DAR 1977, 289 f; *Kröpil* DRiZ 1986, 19 f; *ders* NJW 1992, 654; *Rössner*, AK/StPO § 376 RdNr 6; *Vogel* NJW 1961, 761.

[282] BGHSt 16, 225, 231.

[283] So mit Recht LK-*Hirsch*, § 230 RdNr 16.

[284] BGH NStZ 1992, 452; KG NStZ 1991, 148 mit zust Anm *Wendisch*; OLG Nürnberg NJW 1991, 712; *Meyer-Goßner* StPO, § 395 RdNr 5; *Pelchen*, in: Karlsruher Kommentar, 4. Aufl 1999, § 395 RdNr 5; *Riegner* MDR 1989, 602; aA LG Bremen StV 1988, 293.

[285] BGHSt 11, 121; *Bruns* NJW 1958, 1257 ff; LK-*Jähnke* §§ 78 RdNr 11; *Tondorf*, FS Kohlmann, 2003, 71 ff; LG Stade NJW 1958, 1311, 1312; kritisch *Fischer* StGB, 55. Aufl 2008, §§ 78 a RdNr 17 f; LG Düsseldorf StV 02, 53.

23. Kapitel. Der Arzt im Strafrecht **§ 140**

  c) Die Garantenstellung des Arztes 14
  d) Die Verletzung der objektiv erforderlichen Sorgfalt 16
 3. Kausalität zwischen sorgfaltswidrigem Verhalten des Arztes und Tod des
  Patienten 31
  a) Naturwissenschaftlicher und rechtlicher Urachenzusammenhang
   (Pflichtwidrigkeitszusammenhang) 31
  b) Anforderungen an den Kausalitätsnachweis 35
 4. Schutzzweckzusammenhang und objektive Voraussehbarkeit des Erfolges . 45
  a) Der Schutzbereich der Norm 45
  b) Objektive Voraussehbarkeit 46
II. Rechtswidrigkeits- und Schuldfragen 48
 1. Rechtfertigungsgründe 48
 2. Voraussetzungen des Schuldvorwurfs 50
  a) Subjektive Erkennbarkeit und Erfüllbarkeit der Pflicht 50
  b) Subjektive Voraussehbarkeit des Erfolgs 51
  c) Unzumutbarkeit normgemäßen Verhaltens 52
III. Verjährung 54

Schrifttum: *Arzt,* Anmerkung zu BGHSt 31, 348 in: FamRZ 1983, 1019 ff; *Bindokat,* Verursachung durch Fahrlässigkeit, JuS 1985, 32 ff; *Bottke* (Hrsg), Lebensverlängerung aus medizinischer, ethischer und rechtlicher Sicht, 1995; *Brammsen,* Erfolgszurechnung bei unterlassener Gefahrverminderung durch einen Garanten, MDR 1989, 123 ff; *Burgstaller,* Das Fahrlässigkeitsdelikt im Strafrecht, 1974; *Carstensen/Schreiber,* Arbeitsteilung und Verantwortung, in: Arzt und Patient zwischen Therapie und Recht, 1981; *Cremer,* Zur Problematik medizinischer Begutachtung bei der Abgrenzung zwischen fahrlässigem (straflosen) Schwangerschaftsabbruch und den Körperverletzungs- und Tötungstatbeständen, MedR 1989, 301 ff; *Deutsch,* Fahrlässigkeitsdelikt und erforderliche Sorgfalt, 1963; *Donatsch,* Sorgfaltsbemessung und Erfolg beim Fahrlässigkeitsdelikt, 1987; *Ebert,* Kausalität und objektive Zurechnung, Jura 1979, 561; *Engisch,* Wie ist rechtlich die Verantwortlichkeit des Chirurgen im Verhältnis zur Verantwortlichkeit des Anästhesisten bei ärztlichen Operationen zu bestimmen und zu begrenzen? Langenbeck's Archiv für klinische Chirurgie, Bd 297, 236 ff; *ders,* Tun und Unterlassen, FS Gallas, 1973, 163 ff; *Eser,* Neuartige Bedrohungen ungeborenen Lebens, 1990; *Fünfsinn,* Der Aufbau des fahrlässigen Verletzungsdelikts durch Unterlassen im Strafrecht, 1985; *W Frisch,* Tatbestandsmäßiges Verhalten und Zurechnung des Erfolges, 1988, S 50 ff; *ders,* Selbstgefährdung im Strafrecht, NStZ 1992, 1; *Geilen,* Anmerkung zu BayObLG JZ 1973, 319, JZ 1973, 320 ff; *Geppert,* Zur Unterbrechung des strafrechtlichen Zurechnungszusammenhangs bei Eigenschädigung/-gefährdung des Opfers oder Fehlverhalten Dritter, Jura 2001, 490; *Giesen,* Grundzüge der zivilrechtlichen Arzthaftung, Jura 1981, 10 ff; *Goetze,* Arzthaftungsrecht und kassenärztliches Wirtschaftlichkeitsgebot, 1989, S 8 ff; *Gössel,* Zur Lehre vom Unterlassungsdelikt, ZStW 96, 1984, 321 ff; *Hardwig,* Verursachung und Erfolgszurechnung, JZ 1968, 289 ff; *Heinemann,* Frau und Fötus in der Prä- und Perinatalmedizin aus strafrechtlicher Sicht, 2000; *Herzberg,* Die Schuld beim Fahrlässigkeitsdelikt Jura 1984, 402; *Herzberg/Herzberg,* Der Beginn des Menschseins im Strafrecht: Die Vollendung der Geburt, JZ 2001, 1106; *H J Hirsch,,* Anmerkung zu BGH-Urteil v 22. 4. 1983, JR 1985, 336; *Ida,* Inhalt und Funktion der Norm beim fahrlässigen Erfolgsdelikt, FS H J Hirsch, 1999, 225; *Jakobs,* Studien zum fahrlässigen Erfolgsdelikt, 1972; *Jordan,* Rechtmäßiges Alternativverhalten und Fahrlässigkeit GA 1997, 349; *Jung,* Anmerkung zu OLG Karlsruhe NStZ 1985, 314, NStZ 1985, 316 ff; *Kahrs,* Das Vermeidbarkeitsprinzip und die conditio-sine-qua-non-Formel im Strafrecht, 1968; *Kamps,* Ärztliche Arbeitsteilung und Fahrlässigkeitsdelikt, 1981; *A Kaufmann,* Die Bedeutung hypothetischer Erfolgsursachen im Strafrecht, FS Eb Schmidt, 1961, 200 ff; *ders,* Kritisches zur Risikoerhöhungslehre, FS Jescheck, Bd I, 1985, S 273; *Kienapfel,* Die Fahrlässigkeit, ZfVerkehrsrecht 1977, 1 f; *Kiesecker,* Die Schwangerschaft einer Toten, 1996; *Kindhäuser,* Erlaubtes Risiko und Ausschluss der Fahrlässigkeitshaftung, GA 1994, 197; *A Koch,* Die Entkriminalisierung im Bereich der fahrlässigen Körperverletzung und fahrlässigen Tötung, 1998; *Krauß,* Der Kunstfehler oder zur Bedeutung juristischer Kategorien für die Bewertung ärztlichen Handelns, in: Arzt und Patient zwischen Therapie und Recht, 1981, S 141 ff; *Krümpelmann,* Schutzzweck und Schutzreflex der Sorgfaltspflicht, FS Bockelmann, 1979, 443 ff; *ders,* Zur Kritik der Lehre vom Risikovergleich bei den fahrlässigen Erfolgsdelikten, GA 1984, 491 ff; *ders,* Die normative Korrespondenz zwischen Verhalten und Erfolg, FS Jescheck, Bd I, 1985, 313 ff; *ders,* Zurechnungsfragen bei misslungener ärztlicher Fehlerkorrektur – Zum Urteil des BGH vm 12. 11. 1986 – 3 StR 260/86 = JR 1989, 353; *Küper,* Überlegungen zum sog Pflichtwidrigkeitszusammenhang beim Fahrlässigkeitsdelikt, FS Lackner, 1987, 247 ff; *Lampe,* Tat und Unrecht der Fahrlässigkeitsdelikte, ZStW 101 (1989), 3; *Liertz/Paffrath*, Handbuch des Arztrechts, 1938; *Lippert*, Die Rechtsstellung des niedergelassenen Arztes im Rettungs- und Notarztdienst, MedR 1983, 167 ff; *Lissel*, Strafrechtliche Verantwortung in der präklinischen Notfallmedizin, 2001; *Lüttger*, Geburtsbeginn und pränatale Einwirkungen mit pränatalen Folgen, NStZ 1983, 481 ff mwN; *Madea*, Fahrlässige Tötung durch medikamentöse Therapie, RMed 94, 123; *Maiwald*, Die Unzumutbarkeit – Strafbarkeitsbegrenzendes Prinzip bei den Fahrlässigkeitsdelikten? FS Schüler-Springorum, 1993, 475; *Merkel*, Die Abgrenzung von Handlungs- und Unterlassungsdelikt. Altes, Neues, Ungelöstes, FS Herzberg 2008, 193 ff; *Mezger*, Anmerkungen zu RG-Urteil v 8. 8. 1941 – 4 D 138/41, ZAkDR 1942, 28 ff; *ders*, Anmerkung zu BGH JZ 1958, 280 (= BGHSt 11, 1), JZ 1958, 281 ff; *ders*, Strafrecht AT, 3. Aufl 1949; *Otto*, Die objektive Zurechnung eines Erfolgs im Strafrecht, Jura 1992, 90 ff; *Peter*, Arbeitsteilung im Krankenhaus aus strafrechtlicher Sicht, 1992; *Puppe*, Kausalität der Sorgfaltspflichtverletzung, JuS 1982, 600; *dies*, Zurechnung und Wahrscheinlichkeit, ZStW 95, 1983, 287 ff; *dies*, Die Beziehung zwischen Sorgfaltswidrigkeit und Erfolg, ZStW 99, 1987, 595 ff; *dies*, Die Lehre von der objektiven Zurechnung, Jura 97, 519; Jura 98, 21 *dies*, Die adäquate Kausalität und der Schutzzweck der Sorgfaltsnorm, FS Bemmann 1997, 227; *Quentin*, Fahrlässigkeit im Strafrecht, JuS 1994, L 41, 49, 57; *Ranft*, Berücksichtigung hypothetischer Bedingungen beim fahrlässigen Erfolgsdelikt, NJW 1984, 1425 ff; *Rieger*, Lexikon des Arztrechts, 1984, RdNr 892 ff; *Roxin*, Pflichtwidrigkeit und Erfolg bei den Fahrlässigkeitsdelikten, ZStW 74, 1962, 411 ff; *ders*, Literaturbericht, ZStW 78, 1966, 214 ff; *ders*, Gedanken zur Problematik der Zurechnung im Strafrecht, FS Honig, 1970, S 133 ff; *Rudolphi*, Vorhersehbarkeit und Schutzzweck der Norm in der strafrechtlichen Fahrlässigkeitslehre, JuS 1969, 549 ff; *Samson*, Hypothetische Kausalverläufe im Strafrecht, 1972; *Seebald*, Nachweis der modifizierenden Kausalität des pflichtwidrigen Verhaltens, GA 1969, 193; *Schaffstein*, Die Risikoerhöhung als objektives Zurechnungsprinzip, FS Honig, 1970, 169 ff; *Schlüchter*, Zusammenhang zwischen Pflichtwidrigkeit und Erfolg bei Fahrlässigkeitstatbeständen, JA 1984, 673 ff; *Eb Schmidt*, Der Arzt im Strafrecht, 1939; *H L Schreiber*, Abschied vom Begriff des ärztlichen Kunstfehlers? Der medizinische Sachverständige Bd 72, 1976, S 71 ff; *ders*, Strafrechtliche Verantwortlichkeit bei der Arbeitsteilung in der Chirurgie, insbesondere im Verhältnis zwischen Arzt und Krankenhaus, Langenbeck's Archiv für klinische Chirurgie 1981, 581 ff; *Schünemann*, Moderne Tendenzen in der Dogmatik der Fahrlässigkeits- und Gefährdungsdelikte, JA 1975, 435, 511; *Schwalm*, Zum Begriff und Beweis des ärztlichen Kunstfehlers, FS Bockelmann, 1979, S 539 ff; *Spendel*, Zur Unterscheidung von Tun und Unterlassen, FS Eb Schmidt, 1961, 183 ff; *ders*, Conditio-sine-qua-non-Gedanke und Fahrlässigkeitsdelikt, JuS 1964, 14 ff; *Stratenwerth*, Bemerkungen zum Prinzip der Risikoerhöhung, FS Gallas, 1973, 227 ff; *ders*, Arbeitsteilung und ärztliche Sorgfaltspflicht, FS Eb Schmidt, 1961, S 383 ff; *Tamm*, Die Zulässigkeit von Außenseitermethoden und die dabei zu beachtenden Sogfaltspflichten, 2007; *Tröndle*, Abschaffung der Strafbarkeit der fahrlässigen Tötung und fahrlässigen Körperverletzung bei leichtem Verschulden?, DRiZ 76, 129; *Ulsenheimer*, Aus der Praxis des Arztstrafrechts, MedR 1984, 163; *ders*, Ein gefährlicher Beruf: Strafverfahren gegen Ärzte, MedR 1987, 213; *ders*, Anmerkung zu BGH JR 1986, 248; *ders*, Pflichtwidrigkeitszusammenhang und Vertrauensgrundsatz in ihrer praktischen Bedeutung für die strafrechtliche Haftung des Arztes, FS Weissauer, 1986, 164 ff; *ders*, In dubio contra medicum – Ausweitung der strafrechtlichen Arzthaftung? AuK 1982, 66 ff; *ders*, Arzthaftung im Lichte der neuesten Rechtsprechung – strafrechtliche Aspekte, AuK 1980, 31 ff; *ders*, Erfolgsrelevante und erfolgsneutrale Pflichtverletzungen im Rahmen der Fahrlässigkeitsdelikte, JZ 1969, 364 ff; *ders*, Anm zu BGH StV 2007, 76 f; *ders*, Das Verhältnis zwischen Pflichtwidrigkeit und Erfolg bei den Fahrlässigkeitsdelikten, 1965; *ders*, Arztstrafrecht in der Praxis, 4. Aufl 2008; *Umbreit*, Die Verantwortlichkeit des Arztes für fahrlässiges Verhalten anderer Medizinalpersonen, 1992; *Wachsmuth/Schreiber*, Sicherheit und Wahrscheinlichkeit – juristische und ärztliche Aspekte, NJW 1982, 2095; *Walther*, Eigenverantwortlichkeit und strafrechtliche Zurechnung, 1991; *Weissauer*, Zur Vereinbarung zwischen dem Berufsverband Deutscher Anästhesisten und dem Berufsverband der Deutschen Chirurgen über die Zusammenarbeit bei der operativen Patientenversorgung, MedR 1983, 92 ff; *ders*, Die rechtliche Verantwortung des leitenden Anästhesisten, Der Anästhesist 1964, 385; *ders*, Arbeitsteilung und Abgrenzung der Verantwortung zwischen Anästhesist und Operateur, Der Anästhesist 1962, 239 ff; *ders*, Rechtliche Grundlagen der Arbeitsteilung, Anästhesiologische Informationen 1976, 25 ff; *ders*, Die Zusammenarbeit des Anästhesisten mit den Krankenschwestern und -pflegern; rechtliche Grundlagen der Arbeitsteilung, Wissenschaftliche Information der Freseniusstiftung, Heft 4, 1975, S 162 f; *Wessels*, Anmerkung zu BGHSt 21, 59, JZ 1967, 449; *Wieseler*, Der objektive und der individuelle Sorgfaltspflichtmaßstab beim Fahrlässigkeitsdelikt, 1992; *Wilhelm*, Probleme der medizinischen Arbeitsteilung aus strafrechtlicher Sicht, MedR 1983, 45 ff; *dies*, Verantwortung und Vertrauen bei Arbeitsteilung in der Medizin, 1984; *dies*, Strafrechtliche

23. Kapitel. Der Arzt im Strafrecht 1–3 § 140

Fahrlässigkeit bei Arbeitsteilung in der Medizin, Jura 1985, 183; *E A Wolff,* Kausalität von Tun und Unterlassen, 1965; *Wolfslast,* Anmerkung zu BGH-Urteil v 20. 5. 1980, NStZ 1981, 219; *dies,* Zur Haftung für Suizide während klinisch-psychologischer Therapie, NStZ 1984, 105 ff; *Wolter,* Objektive und personale Zurechnung, 1981; *Würtenberger,* Zur Kausalität der Unterlassung, ZAkDR 1942, 167; *Zaczyck,* Strafrechtliches Unrecht und die Selbstverantwortung des Verletzten, 1993.
Siehe auch die ausführlichen Literaturhinweise zu § 138 und § 139.

I. Der Tatbestand der fahrlässigen Tötung

Neben der fahrlässigen Körperverletzung nehmen in der Praxis des Arztstrafrechts die Fälle fahrlässiger Tötung eines Patienten im Hinblick auf die Schwere der Tatfolge und die dem Arzt drohenden strafrechtlichen, berufsrechtlichen, haftungsrechtlichen und arbeitsrechtlichen Konsequenzen eine herausragende Rolle ein. Nach § 222 StGB wird mit Freiheitsstrafe bis zu fünf Jahren oder mit Geldstrafe bestraft, wer durch Fahrlässigkeit den Tod eines Menschen verursacht. **1**

1. Tatobjekt und Anwendungsbereich der Norm. Geschütztes Rechtsgut ist **2** das Leben eines anderen, Angriffsobjekt der **Mensch mit dem Beginn der Geburt.**[1] Dies ergibt sich aus dem Verhältnis des § 218 StGB (Schwangerschaftsabbruch) und des früheren § 217 StGB (Kindestötung) zueinander, dessen Abschaffung zu keiner Änderung der Grenzziehung geführt hat.[2] Nach der Gesetzessystematik, der ein „tradiertes Begriffsverständnis" zu Grunde liegt,[3] wird die Tötung *nach* Beginn der Geburt nicht mehr als Tötung der **Leibesfrucht,** sondern als Tötung eines Menschen (Kindes) qualifiziert, so dass sich folgende Abgrenzung zwischen Tötungs- und Abtreibungsdelikten ergibt: Der **Anwendungsbereich** des § 218 StGB ist auf die Fälle der Tötung der Leibesfrucht *im* Mutterleib sowie der unmittelbaren oder mittelbaren Einwirkung auf den **Embryo** beschränkt, die den Abgang einer zwar lebenden, aber nicht lebensfähigen Frucht und dadurch den Tod des „Kindes" *nach* der Geburt herbeiführen.[4] Demgegenüber wertet das Gesetz die vorsätzliche oder fahrlässige Tötung während des Geburtsvorgangs, genauer: bei regulärem Geburtsverlauf ab dem **Einsetzen der Eröffnungswehen** nicht mehr als Schwangerschaftsabbruch, sondern als Tötung. Bilden nicht Wehen, sondern andere Vorgänge (Blasensprung, Kaiserschnitt) den „Auftakt der Geburt", ist als Geburtsbeginn die Eröffnung des Uterus anzusetzen.[5]

Dabei kommt es im Falle einer **Änderung der Rechtsqualität** des Opfers von der **3** Leibesfrucht zum Menschen *nach* dem Eingriff für die Frage der Abgrenzung zwischen fahrlässigem (oder vorsätzlichem) Tötungsdelikt und Schwangerschaftsabbruch nicht auf den Zeitpunkt des Todeseintritts, sondern auf den „Zeitpunkt der Einwirkung auf das Opfer an".[6] Daraus folgt: Fahrlässige **pränatale** Pflichtverletzungen des Arztes mit **postnatalen** tödlichen Folgen sind straflos, gleichgültig ob das ärztliche Fehlverhalten in einer tätigen Einwirkung auf die Leibesfrucht oder in dem Unterlassen gebotener Hilfe liegt. Denn wenn ein Unterlassen der Verwirklichung des gesetzlichen Tatbestandes durch ein Tun entspricht (§ 13 Abs 1 StGB), darf der Anwendungsbereich des § 222 StGB „bei pflichtwidrigem Untätigbleiben des für eine Lebendgeburt Verantwortlichen"

---

[1] BGHSt 31, 348 ff mit Anm *Lüttger* NStZ 1983, 481 ff mwN und Anm *Arzt* FamRZ 1983, 1019 ff; BGHSt 32, 194 ff; OLG Karlsruhe NStZ 1985, 314 ff mit Anm *Jung* NStZ 1985, 316 f; s auch § 139 RdNr 1 und das dort zitierte Schrifttum.
[2] *Hirsch,* FS Eser, 2005, 309 ff m ausführlichen Literaturhinweisen; aA *Herzberg,* in: *Bernsmann/Ulsenheimer* (Hrsg), Bochumer Beiträge zu aktuellen Strafrechtsthemen, FS Geilen, 2003, 39 f.
[3] *Hirsch,* FS Eser, S 322.
[4] BGHSt 31, 348, 452 mwN; s dazu auch unter § 139 RdNr 1.
[5] *LK-Jähnke,* RdNr 3 vor § 211; *Lackner/Kühl,* RdNr 3 vor § 211; *Schönke/Schröder/Eser,* RdNr 13 vor § 211; s auch § 139 RdNr 2 mwN.
[6] BGHSt 31, 348, 352 mwN; s dazu oben § 139 RdNr 1 mit ausführlichen Hinweisen auf Rechtsprechung und Literatur.

nicht weiter gezogen werden „als bei fahrlässiger Verletzung der Leibesfrucht durch einen aktiven Eingriff".[7] Um es an einem Beispiel zu verdeutlichen: „Ein Arzt, der während seines Notfalldienstes medizinisch angezeigte Maßnahmen vor Beginn der Geburt unterlässt, die er nach Beendigung dieses Dienstes und nach Beginn der Geburt noch hätte nachholen können, und dadurch den Tod des Kindes verursacht, handelt, wenn nicht neue, eine Handlungspflicht auslösende Umstände eintreten, nicht strafwürdiger als ein Arzt, der in gleicher Lage durch einen pränatalen Eingriff den erst nach Beginn der Geburt eintretenden Tod verursacht."[8] In beiden Fällen ist sein Verhalten bei Fahrlässigkeit aufgrund einer bewussten Entscheidung des Gesetzgebers straflos, da fahrlässige ärztliche Versäumnisse vor Geburtsbeginn mit der Folge des späteren Fruchttodes mangels Vorsatzes nicht von § 218 StGB erfasst werden können und die Strafbarkeit nach § 222 StGB wegen des fehlenden Tatobjekts zum Zeitpunkt des Pflichtverstoßes ausscheidet.

4   In gleicher Weise bleibt „das pflichtwidrige Unterlassen einer spezifischen Schwangerschaftsüberwachung und der gebotenen vorzeitigen operativen Entbindung" (Außerachtlassen der EPH-Gestose und der daraus sich auch für die Leibesfrucht ergebenden latenten Gefahren) „selbst bei aller klinischen Erfahrung nach wahrscheinlich vermeidbarem Fruchttod" straflos.[9] Denn „§ 222 StGB ist nicht dazu bestimmt, von § 218 StGB offen gelassene Lücken zu schließen".[10]

5   Die Frage des Beginns des menschlichen Lebens hat somit erhebliche praktische Bedeutung, da lediglich die fahrlässige Tötung, nicht jedoch der fahrlässige Abbruch der Schwangerschaft unter Strafe steht. Dagegen kommt es auf die Frage der **Lebensfähigkeit** des Kindes nicht an.[11]

6   **2. Tathandlung.** *a)* **Aktives Tun oder Unterlassen.** Der Fahrlässigkeitsverstoß des Arztes kann in einem **positiven** Tun oder einem pflichtwidrigen **Unterlassen** bestehen. Beispiele für die erste Alternative sind die Injizierung eines falschen Medikaments, die Fehlintubation des Anästhesisten, die Vornahme einer Maskenbeatmung anstatt Intubationsnarkose beim Kaiserschnitt, die Zuführung von Halothan anstatt Sauerstoff infolge eines Geräte-Bedienungsfehlers, die falsche Anlage des Bauchgurts bei der Fixierung eines Patienten oder die verwechslungsbedingte Entfernung eines 1 m langen Stücks Dünndarm, jeweils mit tödlichem Ausgang für den Patienten. Beispiele einer fahrlässigen Tötung durch Unterlassen stellen die Verursachung des Todes durch die nicht rechtzeitige Krankenhauseinweisung, das zu späte Erkennen einer Peritonitis, die Nichtinformation des Chefarztes trotz lebensbedrohlicher Entwicklung des Geburtsverlaufs für Mutter und Kind oder die Nichtanfertigung einer indizierten Röntgenübersichtsaufnahme des Abdomens dar.

7   Der Arzt haftet jedoch nur dann wegen eines sogenannten „unechten" Unterlassungsdelikts aus dem Tatbestand der fahrlässigen Tötung, wenn er „rechtlich dafür einzustehen" hatte, dass der Tod des Patienten „nicht eintritt, und wenn das Unterlassen der Verwirklichung des gesetzlichen Tatbestandes durch Tun entspricht" (§ 13 Abs 1 StGB). Der Arzt muss also eine **Garantenposition** innehaben, die ihn zur Vornahme der medizinisch gebotenen Maßnahmen verpflichtete, um den in § 222 StGB inkriminierten Erfolg (Tod des Patienten) abzuwenden. Andernfalls kommt nur das echte Unterlassungsdelikt der unterlassenen Hilfeleistung nach § 323 c StGB in Betracht, der allerdings Vorsatz voraussetzt.

---

[7] BGHSt 31, 348, 353.
[8] BGHSt 31, 348, 354.
[9] OLG Karlsruhe NStZ 1985, 314, 315.
[10] OLG Bamberg NJW 1988, 2963, 2964; ebenso BVerfG NJW 1988, 2945; ebenso *Jung* ZStW 1985, 317.
[11] Vgl RGSt 1, 446; 2, 404; RG DR 1939, 365; *Schönke/Schröder/Eser*, StGB, 27. Aufl 2006, RdNr 2 zu § 222; vor § 211 RdNr 13; s auch § 139 RdNr 2.

23. Kapitel. Der Arzt im Strafrecht   8–10   § 140

Daraus ergeben sich folgende **Tatbestandsvoraussetzungen für die Strafbarkeit** des 8 Arztes wegen fahrlässiger Tötung durch Tun bzw Unterlassen:
1. Eintritt des Todes des Patienten;
2. Handlung bzw Nichtvornahme der zur Erfolgsabwendung objektiv erforderlichen Handlung trotz **physisch-realer Handlungsmöglichkeit und Zumutbarkeit;**
3. **ursächlicher Zusammenhang** zwischen Handlung (Untätigbleiben) und Tod des Patienten, wobei eine *an Sicherheit grenzende Wahrscheinlichkeit* für den Nachweis erforderlich ist;
4. Außerachtlassung der im Verkehr erforderlichen Sorgfalt bei objektiver Voraussehbarkeit des Todeserfolgs **(objektive Sorgfaltspflichtverletzung);**

   Beachte: Der Sorgfaltsmangel kann in einem Verhaltensfehler bei Vornahme der unzureichenden Rettungshandlung, aber auch in der fehlenden Kenntnis des bevorstehenden Erfolgseintritts, der gegebenen Rettungsmöglichkeiten oder der konkret bestehenden Garantenstellung liegen.[12]

5. objektive Zurechenbarkeit des Erfolges unter Berücksichtigung des **Pflichtwidrigkeitszusammenhangs** zwischen dem Sorgfaltsmangel und dem Todeseintritt sowie des **Schutzzwecks** der einschlägigen Sorgfaltspflicht;
6. die **Garantenstellung** des Arztes (nur beim unechten Unterlassungsdelikt erforderlich).

b) **Die Abgrenzung von Tun und Unterlassen und ihre praktische Bedeutung.** 9
Ob Anknüpfungspunkt der rechtlichen Prüfung ein „positives Tun" oder ein „Unterlassen" ist, macht für die strafrechtliche Haftung einen erheblichen Unterschied, und zwar nicht nur im Hinblick auf die in § 13 Abs 2 StGB für die Unterlassungsfälle vorgesehene Strafmilderungsmöglichkeit.[13] Denn wie schon *Eb Schmidt*[14] zutreffend hervorgehoben hat, ist die Feststellung der Tatbestandsmäßigkeit „bei einem als positives Tun aufzufassenden Kunstfehler ... keine problematische Sache", da dieser „im Sinne der erprobten Bedingungstheorie" eine conditio sine qua non für den Tod des Patienten ist. Besteht das ärztliche Fehlverhalten dagegen in einem Unterlassen, so ist der Tatbestand der fahrlässigen Tötung nur erfüllt, wenn der Arzt eine **Garantenposition** gegenüber dem Patienten innehatte und dieser bei Vornahme der pflichtgemäßen Handlung, zB bei rechtzeitiger Einweisung in ein Krankenhaus mit **an Sicherheit grenzender Wahrscheinlichkeit** überlebt hätte. Gerade in arztstrafrechtlichen Fällen bleiben insoweit allerdings oftmals „vernünftige Zweifel", da bei dieser hypothetischen Feststellung alle Unsicherheiten und Risiken des Geschehensablaufs, insbesondere die sich aus der weitgehenden Undurchschaubarkeit und Eigengesetzlichkeit des menschlichen Organismus ergebenden Unwägbarkeiten, Berücksichtigung finden müssen. „Die Kausalverläufe bei ärztlichen Eingriffen sind, weil ein jeweils anderer Organismus betroffen ist, dessen Zustand und Reaktion nicht sicher berechenbar ist, weder vorausschauend noch rückwirkend eindeutig feststellbar".[15]

„Die Kausalitätsfrage erscheint also, je nachdem, ob ein reines Begehungsdelikt oder 10 eine Begehungstat durch Unterlassen infrage steht, in ganz verschiedener Bedeutung":[16] **hypothetische Erfolgsursachen** sind für die Kausalitätsfrage unbeachtlich, sofern diese an ein **aktives** Tun anknüpft, wesentlich dagegen, wenn der Prüfung des Ursachenzusammenhangs ein **Unterlassen** zu Grunde zu legen ist.[17]

---

[12] Vgl *Wessels/Beulke,* Strafrecht AT, 37. Aufl 2007 § 20 IV E, RdNr 877.
[13] BGH MDR 1989, 1008; s dazu auch BGH NJW 1995, 204 f u *Tag,* Der Körperverletzungstatbestand im Spannungsfeld zwischen Patientenautonomie und Lex artis, 2000, S 385 ff.
[14] *Eb Schmidt,* Der Arzt im Strafrecht, 1939, S 161.
[15] OLG München VersR 1966, 63, 64; BGH NJW 1984, 661.
[16] *Eb Schmidt* (Fn 11) S 88.
[17] Vgl dazu *Ulsenheimer,* Das Verhältnis zwischen Pflichtwidrigkeit und Erfolg bei den Fahrlässigkeitsdelikten, 1965, S 101 f mwN

11 Zu beachten ist ferner, dass die Nichtvornahme der zur Erfolgsabwendung objektiv erforderlichen Handlung zum einen voraussetzt, dass der Arzt überhaupt die physisch-reale **Möglichkeit** ihrer Durchführung hatte, und zum anderen, dass ihm dies nach den konkreten Umständen **zumutbar** war. Tatsächliches Handelnkönnen und dessen Zumutbarkeit stellen immanente Grenzen der Garantenpflicht des Arztes dar, zum Schutz gefährdeter Rechtsgüter des Patienten tätig zu werden. Auch deshalb ist die strafrechtliche Haftung des Arztes – abgesehen von dem Erfordernis der Garantenstellung und dem oft schwierigen Kausalitätsnachweis – in Unterlassungsfällen eingeschränkt und in der Praxis schwerer zu begründen als bei Annahme eines positiven Tuns. Außerdem bestehen Unterschiede zwischen Begehungs- und Unterlassungsdelikten bei der Verjährungsprüfung.[18]

12 Diese Abweichungen sind um so beachtlicher, als gerade bei der Prüfung fahrlässiger ärztlicher Behandlungsfehler **„Aktivität und Passivität vielfach gemischt** erscheinen"[19] und es deshalb zweifelhaft ist, ob bei der Prüfung der Tatbestandsverwirklichung auf eine fehlerhafte Tätigkeit oder eine pflichtwidrige Unterlassung abzustellen ist. Diese Schwierigkeit ist keineswegs zufällig, sondern hat ihren offensichtlichen Grund darin, dass nach ganz herrschender Lehre im Wesen der Fahrlässigkeit ein Unterlassungsmoment enthalten ist.[20] Die Nichteinhaltung der gebotenen Sorgfalt darf jedoch nicht zur Grundlage für die Annahme eines Unterlassungsdelikts gemacht werden, da theoretisch sonst jede Sorgfaltspflichtverletzung, gleichgültig, ob das Sorgfaltsgebot auf eine sachgerechte Durchführung der Handlung oder, wo dies möglich ist, auf ihre Unterlassung ging, in ein Unterlassen umgedeutet werden könnte und auf diese Weise aus jeder Fahrlässigkeitstat ein Unterlassungsdelikt würde. Zu Recht wird diese – extreme – Schlussfolgerung nicht gezogen; denn zwischen dem Arzt, der fahrlässig handelt, und dem Arzt, der trotz Garantenstellung pflichtwidrig etwas nicht tut, besteht ein beachtlicher Unterschied: Für letzteren gilt das Gebot, überhaupt tätig zu werden, während ersterer nur verpflichtet ist, die begonnene Handlung zum Zwecke der Rechtsgüterhaltung sachgemäß vorzunehmen.

13 Da somit nicht jede Außerachtlassung der gebotenen Sorgfalt ein (unechtes) Unterlassungsdelikt bildet, stellt sich die Frage, wie bei ärztlichen Fehlern und Versäumnissen Tun und Unterlassen zu unterscheiden sind. Nach zutreffender Auffassung ist dieses Abgrenzungsproblem „keine Tatsachen-, sondern eine **Wertungsfrage**",[21] die „nicht immer ganz leicht, aber bei lebensnaher Betrachtung mithilfe des Kriteriums der sozialen Sinnhaftigkeit" des Verhaltens zu lösen ist.[22] Es geht, wie Rechtsprechung und herrschende Lehre im Schrifttum übereinstimmend betonen, um eine **normative Betrachtung** des Geschehens, bei der nicht auf die äußere Gestaltung des einzelnen Falles, sondern auf den „Schwerpunkt der Vorwerfbarkeit" abzustellen und jede „formale Überbetonung einer einzelnen Verhaltensweise" zulasten ihrer „sozialen Sinnbedeutung" abzulehnen ist.[23] Deshalb wird das Abstellen des Respirators – äußerlich eine positives Tun – normativ nach hL als Unterlassen (der weiteren künstlichen Beatmung) behandelt,[24] die Herzoperation durch einen an Hepatitis erkrankten Chirurgen, der dadurch Patienten ansteckte, dem täti-

---

[18] Siehe dazu § 139 RdNr 90.
[19] *Schwalm*, FS Bockelmann, S 549; *Schönke/Schröder/Stree*, vor § 13 RdNr 158.
[20] Vgl *Ulsenheimer* (Fn 17) S 99 mwN; BGH MedR 2003, 457, 458.
[21] *Mezger* JZ 1958, 281.
[22] *Eb Schmidt* (Fn 14) S 79 f, 160.
[23] Vgl BGHSt 6, 46 (59); 40, 257, 265; 46, 59; NJW 1953, 1924; BGH MedR 03, 457, 458 = NStZ 03, 657 = JR 04, 34 m Anm *Duttge* = StraFo 04, 9 m Anm *Nepomuck* = StV 07, 76 m Anm *Ulsenheimer* S 77 ff; BGH NStZ 99, 607; OLG Düsseldorf MedR 84, 29; s zum Ganzen *Merkel*, FS Herzberg 08, 193 ff. *Mezger*, Strafrecht, 3. Aufl 1949, S 76; *Ulsenheimer* (Fn 17) S 82 ff mit Einzelnachweisen zum Meinungsstand; *Schwalm* (Fn 19) S 550 Anm 19; *Engisch*, FS Gallas, 1973 S 184 ff; *Jescheck/Weigend*, Lehrbuch des Strafrechts, Allg Teil, 5. Aufl 1996, § 58 II; *Schönke/Schröder/Stree* vor § 13 RdNr 158; *Volk*, FS Tröndle 1989, 219; *Gössel* ZStW 96, 321, 323; *Roxin* ZStW 74, 414 ff.; *Geilen*, in FA Medizinrecht, hrsg *Wenzel*, Kap 4 B RdNr 428.
[24] *Schönke/Schröder/Stree*, vor § 13 RdNr 160 mwN.

23. Kapitel. Der Arzt im Strafrecht 14, 15 § 140

gen Handeln zugerechnet.[25] Nimmt das Gericht in Fällen, in denen „Elemente einer Begehungstat neben solchen einer Unterlassungstat" stehen (zB das Nichtverabfolgen der gebotenen Insulininjektionen und die ärztliche Anordnung, das Insulin abzusetzen), die erforderliche „reflektierte" Abgrenzung nicht vor, so liegt darin wegen der jeweils unterschiedlichen rechtlichen Voraussetzungen und Folgen einer Tatbestandsverwirklichung durch Handeln oder Unterlassen ein „durchgreifender Rechtsfehler", der zur Aufhebung des Urteils zwingt.[26]

c) **Die Garantenstellung des Arztes.** Während bei fahrlässigem Handeln des Arztes 14 die objektive Zurechnung auf der Verursachung des tatbestandsmäßigen Erfolges beruht, muss im Falle des Unterlassens „immer ein **besonderer Rechtsgrund** nachgewiesen werden",[27] wenn der Arzt für die Nichtabwendung des Todes des Patienten strafrechtlich verantwortlich sein soll. Dieses besondere objektive Merkmal ist die **Garantenstellung**, der der Gedanke zu Grunde liegt, dass der Schutz des Lebens und der Gesundheit des Patienten vom ärztlichen Können und Einsatz abhängt und der Patient sich daher unter bestimmten Voraussetzungen auf dessen Leistungsvermögen und Engagement verlassen muss und darf.[28] Die **faktische Übernahme** dieser Schutzfunktion macht den behandelnden Arzt, gleichgültig ob ein rechtswirksamer Dienstvertrag zustande kommt oder nicht, „zum Garanten dafür, dass in Richtung der Erfolgsabwendung alles nach Lage des Falles Sachgemäße und Erforderliche geschieht".[29] Denn „mit der Fallübernahme erweckt der Arzt bei dem Patienten in der Regel das Vertrauen, dieser werde ihm unter Einsatz seiner ärztlichen Kenntnisse und Fähigkeiten beistehen, ihn weiterbehandeln und notfalls weitere Hilfsmaßnahmen, zu denen er selbst nicht in der Lage ist, in die Wege leiten. Der Kranke verlässt sich auf diese Obhut und wird nicht mehr versuchen, anderweitig Hilfe zu erlangen."[30] Daher muss der Arzt in dieser Situation „im Rahmen des ihm Möglichen und Zumutbaren die gebotenen medizinischen Maßnahmen ergreifen, um die dem Kranken drohenden Schädigungen abzuwenden".[31] Nicht nur der Abteilungsleiter, sondern auch die anderen Ärzte der Abteilung sind Garanten für das Patientenwohl, solange sie im Dienst sind, und zwar vom Zeitpunkt der Aufnahme des Patienten in der jeweiligen Abteilung des Krankenhauses. Allerdings ist nicht jeder Arzt Garant für alle stationären und ambulanten Patienten **aller** Abteilungen, sondern nur für die Patienten der Abteilung, der er zugeteilt ist.[32] Praktisch besondere Bedeutung hat die ärztliche Schutz- und Fürsorgepflicht beim ambulanten Operieren; der sedierte Patient muss bis zur Entlassung unter Aufsicht[33] und seine Rückkehr nach Hause so organisiert sein, dass ihm nichts widerfährt, zB durch Abholung von einer erwachsenen Begleitperson.

Die Garantenposition des Arztes kann außer durch die tatsächliche Übernahme von 15 Schutzpflichten auch durch **pflichtwidriges gefährdendes Vorverhalten (Ingerenz)** begründet sein, „wenn es die nahe Gefahr des Eintritts des konkret untersuchten tatbestandsmäßigen Erfolges verursacht".[34] Wenn zB der Arzt durch eine fehlerhafte Behand-

---

[25] BGH MedR 03, 457, 458.
[26] OLG Düsseldorf MedR 1983, 28 ff = JMBl NRW 1983, 199 ff; s auch BGH NJW 1979, 1258.
[27] *Jescheck/Weigend* (Fn 123) § 59 IV 1; BGH NJW 2000, 2754, 2755.
[28] Siehe dazu *Jescheck/Weigend* (Fn 123) § 59 IV 1; *Schünemann*, ZStW 96, 1984, 287, 306 ff. Zur Garantenstellung des Arztes s auch *Lenckner*, Arzt- und Strafrecht, in: Praxis der Rechtsmedizin, S 572 ff; *Ulsenheimer*, Arztstrafrecht in der Praxis, 4. Aufl 2008, RdNr 34; *Tag*, aaO S 407 ff
[29] *Eb Schmidt* (Fn 11) S 163; BGHSt 47, 224, 229.
[30] BGH NJW 1979, 1249; LG Potsdam ZMGR 2009, 257 für den „Notfallarzt" im Rahmen des kassenärztlichen Bereitschaftsdienstes.
[31] Vgl BGH NJW 1979, 1258; OLG Hamm NJW 1975, 604; RGSt 74, 354; RG DR 1943, 897; s auch § 139 RdNr 18 f.
[32] *Altenhain* NStZ 2001, 189; *Kamps*, Ärztliche Arbeitsteilung und strafr Fahrlässigkeitsdelikt, 1981, S 101 f; zum Bereitschaftsarzt s unten § 141 RdNr 2 und LG Potsdam (Fn 30).
[33] BGH NJW 03, 2309, 2311 m kritischer Anm *Laufs* NJW 03, 228.
[34] BGH NJW 2000, 2754; *Geilen* aaO RdNr 426; *Schünemann* aaO § 308 mwN; BGHSt 25, 218.

lung oder die rechtswidrige Überlassung von Betäubungsmitteln die Gefahr für den Eintritt des Todes des Patienten gesetzt hat, ist er (auch) aus diesem Grunde zur Abwendung des drohenden Erfolges durch entsprechende Rettungsmaßnahmen verpflichtet. Ferner kommen gesetzliche Vorschriften, dienstliche Weisungen und die Einbindung in eine Organisationsstruktur mit zugeteilten Verantwortlichkeiten zur Begründung der besonderen Pflichtenstellung in Betracht.[35] Dagegen löst die **allgemeine Hilfspflicht** nach **§ 323 c** StGB **keine Garantenpflicht** des Arztes aus, dh die Verletzung der für jedermann in § 323 c StGB statuierten allgemeinen Nothilfepflicht begründet keine Haftung des Arztes wegen fahrlässiger Tötung (oder fahrlässiger Körperverletzung) durch Unterlassen.[36] Dasselbe gilt für die Übernahme der ärztlichen **Beratung** nach § 219 StGB: diese „erschöpft sich in der Aufklärung der Schwangeren über alle Gesichtspunkte, die aus ärztlicher Sicht für das Austragen oder Abbrechen der Schwangerschaft von Bedeutung sind",[37] stellt also keine eine Garantenposition bewirkende **Behandlung** dar.

16   d) **Die Verletzung der objektiv erforderlichen Sorgfalt.** Zum Sorgfaltsmaßstab im Sinne des medizinischen „Standards" bzw „Standes der Wissenschaft und Technik" sowie zu den typischen ärztlichen Fehlerquellen und der darauf aufbauenden Fehlerklassifikation ist auf die Ausführungen von *Kern* (§ 98) und dessen Kasuistik sowie meine Darlegungen in § 139 RdNr 24–33 zu verweisen. Im Mittelpunkt der im Rahmen des Tatbestandes der fahrlässigen Tötung relevanten Sorgfaltspflichtverstöße stehen die ärztlichen **Behandlungsfehler** und **Organisationsmängel**, insbesondere infolge der immer differenzierter werdenden **horizontalen und vertikalen Arbeitsteilung** bei der Krankenbehandlung. In der früheren Terminologie hatte sich hier der Begriff des **„Kunstfehlers"**[38] eingebürgert, doch wird dieser Terminus aufgrund seiner unterschiedlichen Definitionen und der daraus bisweilen resultierenden Missverständnisse in Rechtsprechung und Schrifttum trotz seiner langen Tradition mit Recht zunehmend aus dem wissenschaftlichen Sprachgebrauch eliminiert.[39] So sah beispielsweise der berühmte Mediziner *Virchow* einen Kunstfehler nur bei Verstoß gegen die allgemein anerkannten Regeln der medizinischen Wissenschaft als gegeben an.[40] *Mezger*[41] bezeichnete mit diesem Begriff dagegen jedes Verhalten des Arztes, das „rein objektiv gesehen den Regeln ärztlicher Kunst nicht entspricht, unter Einschluss bloßen Versehens oder bloßen Mißgeschicks". Andere verwenden das Wort „Kunstfehler" im Sinne von „grobem Behandlungsfehler" oder gebrauchen es synonym mit „Fahrlässigkeit",[42] verbinden also „das Unwerturteil über den Arzt als handelnde Person wegen seiner subjektiven Sorgfaltspflichtverletzung mit dem objektiven Sachverhalt".[43]

17   Obwohl die herrschende Lehre inzwischen unter Bezugnahme auf *Eb Schmidt*[44] ausdrücklich betont, dass „Kunstfehler" *kein* juristisches Werturteil, sondern lediglich die Bezeichnung für einen **Sachverhalt** ist, also der „Kunstfehler" objektiv zu verstehen und „scharf von seiner Bewertung als rechtswidrig und schuldhaft im Einzelfall zu trennen" ist,[45] sollte die vorhandene Meinungsvielfalt und die in der Praxis des Arzthaftungsrechts

---

[35] BGH NJW 2000, 2754 ff; *Altenhain* NStZ 2001, 189.
[36] RGSt 64, 276; 73, 55; BGHSt 3, 66; BGH JR 1956, 347; BGH JZ 1983, 151; s dazu auch § 141 RdNr 2.
[37] BGH MedR 1983, 28, 30.
[38] Vgl dazu *Krauß,* in: Arzt und Patient zwischen Therapie und Recht, 1981, S 141 ff.
[39] Siehe *Spann/Eisenmenger,* Der Chirurg, Bd 50 (1979), S 199; *Schreiber,* Der medizinische Sachverständige, 1976, 71.
[40] Vgl *Eb Schmidt* (Fn 14) S 138, Anm 4.
[41] *Mezger,* Zeitschrift für gerichtliche Medizin 1953 (Bd 42), 365.
[42] *Liertz/Paffrath,* Handbuch des Arztrechts, S 263.
[43] *Schwalm* FS Bockelmann, 1979, S 543, 544.
[44] *Eb Schmidt* (Fn 14) S 139: Der Begriff „Kunstfehler" stellt „lediglich ein Faktum, aber noch keinerlei Wertung fest".
[45] So mit Recht *Schwalm* (Fn 43) S 543.

nach wie vor anzutreffende Beliebtheit des Kunstfehlerbegriffs jedenfalls stets Anlass zu einer Klarstellung sein. Gemeint ist regelmäßig eine „objektiv nach den Erkenntnissen der medizinischen Wissenschaft unter Berücksichtigung der erkennbaren Umstände des Einzelfalles zur Behandlungszeit" nicht indizierte oder „nicht heilkunstgemäß vorgenommene" Behandlung.[46] In diesem rein objektiven Sinn decken sich die Begriffsbestimmungen des „Kunstfehlers" und des **„Behandlungsfehlers",** der jede nach dem jeweiligen Stand der medizinischen Wissenschaft unsachgemäße ärztliche Maßnahme umfasst, kurzum einen Verstoß gegen den **fachärztlichen Standard** darstellt. Dabei ist es gleichgültig, ob es sich um ein Tun oder Unterlassen, um die Vornahme einer medizinisch nicht sachgerechten oder um die Nichtvornahme einer medizinisch indizierten Maßnahme handelt oder ob der Arzt vor, bei oder nach der Behandlung in diagnostischer oder therapeutischer Hinsicht fehlerhafte Entscheidungen getroffen hat.[47] So gesehen sind die Kunstregeln nichts anderes als ärztliche Sorgfaltsgebote, die „auf der schlichten Überzeugung und praktischen Übung einer breiten Mehrheit der Fachkollegen beruhen" und den jeweiligen medizinischen Standard beschreiben (s § 139 RdNr 24 ff).[48]

Ein Abweichen hiervon stellt angesichts der grundsätzlich anerkannten **Therapiefreiheit** keineswegs immer einen Verstoß gegen die ärztlichen Sorgfaltspflichten dar. Denn „die allgemeinen oder weitaus überwiegend anerkannten Regeln der ärztlichen Kunst genießen grundsätzlich keine Vorzugsstellung vor dem von der Wissenschaft abgelehnten Heilverfahren ärztlicher Außenseiter".[49] In Ausnahmesituationen ist dem Arzt ein Abgehen von der Kunstregel nicht nur erlaubt, sondern unter Umständen sogar geboten, wie es umgekehrt auch Sorgfaltspflichtverletzungen ohne den Charakter als „Kunstfehler" gibt, etwa in Bereichen medizinischen „Neulands", in denen sich noch keine verbindlichen Kunstregeln gebildet haben (s dazu *Kern* § 99 RdNr 22).

Da mit der wachsenden Zahl der im Einzelfall für die Behandlung des Patienten eingeschalteten Personen das Fehlerrisiko zunimmt und es strafrechtlich mit dem Prinzip persönlicher Schuld nicht zu vereinbaren wäre, jeden Beteiligten für Sorgfaltspflichtverstöße des oder der anderen verantwortlich zu machen, muss die Strafbarkeit des einzelnen auf seinen Verantwortungsbereich beschränkt werden. Diese – notwendige – Haftungsbegrenzung, die die Übernahme der Verantwortung im Rahmen arbeitsteiligen Zusammenwirkens für den einzelnen noch zumutbar erscheinen lässt, gleichzeitig aber auch das Sicherheitsbedürfnis des Patienten wahrt, wird zum einen durch das **Prinzip der strikten Zuständigkeitsabgrenzung** und zum anderen durch den **Vertrauensgrundsatz** erreicht.[50] Der Übergang **fachlicher Zuständigkeit** begründet **rechtliche Eigenverantwortlichkeit,** so dass sich im Interesse einer optimalen Krankenbehandlung jeder daran beteiligte Arzt grundsätzlich auf die fehlerfreie Mitwirkung des (der) Kollegen und des Pflegepersonals verlassen darf. Die ärztliche Zusammenarbeit ist, wie *Weissauer* treffend formuliert,[51] ein „Teamwork", sei es gleichberechtigter Fachärzte (*horizontale* Arbeitsteilung) oder in einem **Über-/Unterordnungsverhältnis** stehender Personen (*vertikale* Arbeitsteilung), dessen Grundlage einerseits die medizinisch exakt umrissene Aufgabenabgrenzung und andererseits die entsprechende Aufteilung der strafrechtlichen Verantwortung für den jeweiligen Fachbereich bzw die dem einzelnen aufgrund seiner Ausbildung und Funktion zugewiesene Tätigkeit ist. Dies entspricht dem höchstpersönlichen, individuellen Charak-

---

[46] *Schwalm* (Fn 43) S 549.
[47] Vgl *Giesen* Jura 1981, 14.
[48] *Weissauer,* Anästhesiologie und Intensivmedizin 1979, 4.
[49] BGSt 67, 12, 22; BGHSt 37, 385, 387; BGH NJW 91, 1536; s oben § 139 RdNr 33.
[50] Siehe dazu *Weissauer,* Der Anästhesist 1962, 239 ff; Der Anästhesist 1964, 385 ff; grundlegend auch die Arbeiten von *Engisch* in: Langenbeck's Archiv für klinische Chirurgie, Bd 297, 236, 240, 251 ff; *Stratenwerth,* FS Eb Schmidt, 1961, S 383 ff; *Ulsenheimer,* Arztstrafrecht in der Praxis, RdNr 138 ff; siehe dazu auch oben bei *Kern* § 100.
[51] *Weissauer* (Fn 50) S 241.

ter strafrechtlicher Schuld, die eigenes Verschulden voraussetzt und kein Einstehenmüssen für fremdes Verschulden kennt.

20 „Das Vertrauen darauf, dass der andere seine Pflicht tun werde, ist so lange nicht pflichtwidrig, als weder die für den Vertrauenden maßgebende Erfahrung noch seine besonderen Wissensmöglichkeiten ihm das Vertrauen zu erschüttern brauchen."[52] „Solange keine offensichtlichen Qualifikationsmängel oder Fehlleistungen erkennbar werden", muss sich der Arzt „darauf verlassen dürfen, dass auch der Kollege des anderen Fachgebiets seine Aufgaben mit der gebotenen Sorgfalt erfüllt. Eine gegenseitige Überwachungspflicht besteht insoweit nicht".[53] Liegen jedoch **ausnahmsweise** Anhaltspunkte dafür vor, dass ein an der Krankenbehandlung mitbeteiligter anderer in der konkreten Situation **erkennbar seinen Aufgaben nicht gewachsen** ist (zB infolge Trunkenheit, ernsthafter Zweifel an den erhobenen Befunden, Überforderung, Krankheit oder Erschöpfung), ist der Vertrauensgrundsatz aufgehoben.[54] An die Stelle der grundsätzlichen Eigenverantwortung jedes Beteiligten für seinen Teilbereich tritt in derartigen Ausnahmefällen – unabhängig von der jeweiligen Fachkompetenz – die **Gesamtverantwortung des Arztes** für den Patienten und seine Verpflichtung, den diesem aus einer offenkundigen Fehlleistung seines Kollegen oder des Pflegepersonals drohenden Schaden abzuwenden.[55] Für Vertrauensschutz ist hier keine Basis mehr, die umso mehr schwindet, „je größer das Risiko eines Behandlungsfehlers und die daraus resultierende Gefährdung des Patienten ist".[56]

21 Die Berufung auf den Vertrauensgrundsatz greift selbstverständlich nicht durch, soweit ein Delegationsverbot besteht, zB bestimmte ärztliche Leistungen unter dem Arztvorbehalt stehen. Nach der Rechtsprechung des BGH liegt daher ein Behandlungsfehler vor, „wenn einer nach ihrem Ausbildungs- und Erfahrungsstand zur Vornahme bestimmter Eingriffe in die körperliche Integrität eines Patienten nicht befugten Person solche Eingriffe dennoch übertragen und von ihr ausgeführt werden".[57] Das gilt zB für die Aufklärung und Bluttransfusion durch Schwestern, aber auch für die sog Parallelnarkose.[58]

22 Eine weitere Einschränkung des Vertrauensgrundsatzes ergibt sich aus der Pflicht zur **Koordinierung** beim Zusammenwirken von Ärzten verschiedener Fachrichtungen im Falle einer Unverträglichkeit der von ihnen verwendeten Instrumente oder Methoden. Wenn der Anästhesist bei der Narkose reinen Sauerstoff einsetzt und der Augenarzt zur Blutstillung mit einem Thermokauter arbeitet, ist eine heftige Flammenentwicklung vorprogrammiert, die Schadensfolgen auslöst. Diese spezifische Gefahr der Arbeitsteilung gilt es im Interesse von Schutz und Sicherheit des Patienten unbedingt zu vermeiden, da „das Wohl des Patienten oberstes Gebot und Richtschnur" ist.[59]

Die Pflicht zur Koordination beinhaltet die Pflicht der beteiligten Ärzte zu gegenseitiger Information und Abstimmung untereinander. Dies bedeutet im Einzelnen eine Plausibilitätskontrolle der übermittelten Befunde, das Erkennen sich gleichsam aufdrängender,

---

[52] *Eb Schmidt* (Fn 14) S 193.
[53] BGH Vers 1991, 695; BGH NJW 1980, 649, 651; NJW 1987, 2293; OLG Naumburg MedR 2005, 232, 233.
[54] Vgl BGHSt 3, 91, 96; 43, 406, 410; OLG Oldenburg MedR 1999, 36; OLG Naumburg MedR 2005, 232, 233; VersR 1998, 983.
[55] Vgl auch *Carstensen/Schreiber,* in: Arzt und Patient zwischen Therapie und Recht, 1981, 167 ff; *Wilhelm* MedR 1983, 45 ff; *ders,* Jura 1985, 183 ff; *Kamps,* Ärztliche Arbeitsteilung und strafrechtliches Fahrlässigkeitsdelikt, 1981, jeweils mwN; eingehend *Peter,* Arbeitsteilung im Krankenhaus aus strafrechtlicher Sicht, 1992; *Biermann,* Haftung bei Zusammenarbeit von Ärzten verschiedener Gebiete aus juristischer Sicht, Z f ärztl Fortbildung 1995, 626; *Rumler-Detzel,* Arbeitsteilung und Zusammenarbeit in der Chirurgie, VersR 1994, 254.
[56] BGHSt 43, 306, 311.
[57] BGH NJW 1978, 1681 f; NJW 1984, 655 = BGHZ 88, 248; OLG Köln MedR 1987, 192.
[58] *Ulsenheimer/Biermann,* Der Anästhesist 2007, 313 ff; *Hahn* NJW 1981, 1979; *Peikert* MedR 2000, 355; BGH NJW 1975, 2245, 2246; NJW 1979, 1935, 1936; s auch unten RdNr 28.
[59] BGH NJW 1999, 1779, 1781; OLG Jena GesR 2008, 49, 52.

leicht feststellbarer Unzulänglichkeiten und die Befolgung der medizinisch gebotenen Konsequenzen aus erkannten Fehlern.[60]

Keine Anwendung findet der **Vertrauensgrundsatz** bei der Behandlung eines Patienten durch Ärzte **gleicher** Fachrichtung ohne besondere Spezialkenntnisse, wenn diese also nur zeitlich nacheinander tätig werden. In solchen Fällen „hat der nachfolgende Arzt Diagnose- und Therapiewahl seines Vorgängers eigenverantwortlich zu überprüfen".[61]

Im Rahmen der **horizontalen Arbeitsteilung,** die durch das Prinzip partnerschaftlicher Gleichordnung und damit grundsätzlicher Weisungsfreiheit geprägt ist, lassen sich vier typische Fallkonstellationen unterscheiden:
1. Die **interdisziplinäre** Zusammenarbeit zwischen Ärzten verschiedener Fachgebiete;
2. die Zusammenarbeit zwischen **Facharzt** und dem **Arzt für Allgemeinmedizin;**
3. die Zusammenarbeit zwischen **niedergelassenem** Arzt und **Krankenhausarzt;**
4. das Zusammenwirken von **behandelndem** Arzt und **Konsiliarius.**

Zu beachten ist: der hinzugezogene Arzt ist an den Überweisungsauftrag nicht in dem Sinne gebunden, dass er lediglich „die Funktion eines Werkzeugs ohne eigene Verantwortung" ausübt. Er hat „vielmehr im Rahmen des Überweisungsauftrags in gewissem Umfang eigenständige Pflichten", indem er „nicht nur die Art und Weise der Leistungserbringung, sondern auch prüfen muss, ob die von ihm erbetene Leistung den Regeln der ärztlichen Kunst" und dem Krankheitsbild entspricht, „ob der Auftrag von dem überweisenden Arzt richtig gestellt" und die erbetene Maßnahme „nicht etwa kontraindiziert ist".[62] Verstößt der Konsiliarius gegen diese Pflichten, kann er sich nicht damit „entschuldigen, dass er für zusätzliche, von dem Auftrag nicht gedeckte Leistungen für eine Kassenpatientin keine Gebühren" erhält. „Denn die ärztlichen Pflichten hängen nicht von den jeweiligen Gebührenregelungen ab, sondern ergeben sich aus dem ärztlichen Selbstverständnis und den Schutzinteressen des Patienten".[63] Hat der Konsiliararzt Zweifel an der Richtigkeit der ihm übermittelten Diagnose oder Indikationsstellung, darf er diese nicht auf sich beruhen lassen[64] und den Auftrag erfüllen.

Im Rahmen der **vertikalen Arbeitsteilung,** die **hierarchisch** strukturiert, dh durch ein fachliches Über- und Unterordnungsverhältnis mit Weisungsrechten, Weisungspflichten und Weisungsgebundenheit gekennzeichnet ist, ist zu differenzieren zwischen
1. der Zusammenarbeit im Krankenhaus zwischen **Chefarzt** (leitendem Arzt) und **nachgeordneten** Ärzten **innerhalb** einer Abteilung;
2. der Zusammenarbeit zwischen **Arzt** und **Pflegepersonal.**

Die typischen Risiken vertikaler Arbeitsteilung für Arzt und Patient liegen in Fehlern bei der **Auswahl, Überwachung, Instruktion** und **Information** der Mitarbeiter sowie bei der **Delegation** von Aufgaben an diese. Deshalb muss der Arzt, der sich im Rahmen der Krankenbehandlung der Hilfe weisungsabhängiger anderer Personen bedient, gegen die daraus sich ergebenden besonderen Gefahrenquellen – Qualifikationsmängel, Missverständnisse, Informationslücken, Eigenmächtigkeiten – Vorsorge durch sorgfältige Auswahl und Überwachung treffen. Dies bedeutet jedoch nicht, dass er „stets auf Sorgfaltsmängel gefasst" sein müßte, „die buchstäblich überall und nirgends vorkommen können",[65] vielmehr darf er, wenn nicht besondere Umstände entgegenstehen, der Sorgfalt, Umsicht, fachlichen Qualifikation und Gewissenhaftigkeit seiner Hilfskräfte im Hinblick auf ihre **eigene unmittelbare Primärverantwortlichkeit** vertrauen.[66] Dies gilt insbesondere für

---

[60] OLG Jena, aaO, 49, 52; zur Haftung des Konsiliararztes s *Erlinger/Ulsenheimer* ZaeFQ 2001, 609 ff.
[61] KG GesR 2004, 136, 137; *Steffen/Pauge,* Arzthaftungsrecht, 10. Auf 2006, RdNr 236.
[62] OLG Jena GesR 2008, 49, 52.
[63] OLG Jena, aaO, 49, 53.
[64] OLG Jena, aaO, 52.
[65] *Stratenwerth* (Fn 50) S 397.
[66] BGH GesR 07, 483, 485.

§ 140   28

solche Mitarbeiter, die ihre Kenntnisse und Erfahrungen durch Prüfungszeugnisse nachgewiesen haben oder unter staatlicher Aufsicht stehen, zB Assistenzärzte, medizinisch-technische Assistentinnen, Krankenschwestern oder Hebammen. Hier darf sich der Chefarzt oder leitende Arzt „zunächst auf Zeugnisse und Prüfungen verlassen", muss sich „dann aber selbst ein eigenes Bild von der Sachkunde und Zuverlässigkeit des Mitarbeiters machen".[67] Dies bedeutet jedoch nicht lückenlose Überwachung, da dadurch die Arbeitsteilung ad absurdum geführt würde,[68] vielmehr genügt der weisungsberechtigte Arzt seiner Überwachungspflicht, wenn er bei Assistenzpersonen, die sich in langer Zusammenarbeit als fachlich qualifiziert und zuverlässig erwiesen haben, regelmäßig **stichprobenartige Überprüfungen** vornimmt.[69] Der unter Aufsicht nach Weisung handelnde Arzt ist von strafrechtlicher Verantwortung frei, es sei denn, er verstößt gegen elementare medizinische Grundsätze oder handelt eigenmächtig.[70]

28   Zur Frage der Zulässigkeit der **Delegation** von **Injektionen, Infusionen** und **Blutentnahmen** auf Schwestern und Pfleger sowie der originär ärztlichen Tätigkeiten mit der Folge eines Delegationsausschlusses siehe oben bei *Kern*, § 101 RdNr 11 f.[71] Zur Abgrenzung der Verantwortlichkeiten zwischen Anästhesie und Chirurgie bzw Gynäkologie siehe die Vereinbarungen der Berufsverbände und Fachgesellschaften MedR 1983, 21; Der Frauenarzt 1996, 1172. Bezüglich der Vereinbarungen der Anästhesie mit anderen Fachgebieten s Entschließungen, Empfehlungen, Vereinbarungen, Leitlinien, hrsg v *Opderbecke/Weissauer*, 4. Aufl 2006. Zum **Arztvorbehalt** (Delegationsausschluss) am Beispiel der Parallelnarkose s *Biermann/Ulsenheimer*, Der Anästhesist 2007, 313 ff; *Ulsenheimer*, Arztstrafrecht, RdNr 199; *ders*, Der Anästhesist 09, 453 ff. Siehe auch oben RdNr 21.

Beispiele:
Die höchstrichterliche Judikatur hat die vorstehend dargelegten Grundsätze bei arbeitsteiliger Krankenbehandlung in einer Vielzahl von Entscheidungen anerkannt. Grundlegend für die Abgrenzung der Verantwortlichkeiten bei der **Kooperation von Ärzten verschiedener Fachgebiete** (konkret: Chirurg und Anästhesist) sind BGH NJW 1980, 649 (präoperative Befunderhebung) und 651 (postoperative Überwachung), OLG Saarbrücken, Anästhesiologie und Intensivmedizin 1987, 384 (Eigenverantwortung des Anästhesisten für die Narkose), LG Karlsruhe Arztrecht 98, 67 ff (Verantwortung des Chirurgen für Patienten auf der chirurgischen Station, der nach Periduralanästhesie eine Querschnittslähmung entwickelt) sowie BGH MedR 1991, 198 ff (Anästhesist – HNO-Ärzte). Zur Abgrenzung der Zuständigkeitsbereiche **HNO-Arzt** und **Anästhesist** siehe auch LG Aurich, 11 Ns Js 1157/82 – II 22/89 und LG Gießen, Urt v 6. 6. 1980 – 2 Ns 1432/79; zum Verhältnis **Urologe – Anästhesist** siehe BGH MedR 1984, 143 = NJW 1984, 1400; zur Zusammenarbeit zwischen Neurologie und Neurochirurgie OLG Oldenburg MedR 1999, 36; zur Abgrenzung der Verantwortlichkeit zwischen **Gynäkologen** und **Anästhesisten** siehe BGH NJW 1987, 2293 = MDR 1987, 1096; zur Frage, inwieweit **Unterlagen** einer Vorbehandlung in einer anderen Klinik oder in einer anderen Abteilung desselben Krankenhauses **beigezogen** werden müssen, vgl OLG Düsseldorf ArztR 1987, 281 f. Beauftragt der behandelnde **Gynäkologe** ein **pathologisches** Institut mit der histologischen Untersuchung von Geweboproben, so darf er auf die Richtigkeit der Befunde des Pathologen vertrauen, der nicht sein Erfüllungsgehilfe ist und für Fehler allein haftet,[72] ebenso OLG Hamm MedR 1999, 35: ein Facharzt für Frauenheilkunde darf sich grundsätzlich auf die Fachkunde eines Spezialisten, nämlich eines Pathologen verlassen. Weitere Beispiele: **Chirurg – Radiologie:** OLG Düsseldorf VersR 1989, 191; **Augenarzt – Pädiater:** OLG Nürnberg MedR 2006, 178; **Neurologe – Orthopäde:** OLG Düsseldorf VersR 06, 841; **Neurologe – Neurochirurg**

---

[67] *Carstensen/Schreiber* (Fn 55) S 173.
[68] *Stratenwerth* (Fn 50) S 398.
[69] *Weissauer*, Anästhesiologische Informationen 1976, 25; *Kamps* (Fn 55) S 184; *Wilhelm*, Verantwortung und Vertrauen bei Arbeitsteilung in der Medizin, S 117; *Eb Schmidt* (Fn 14) S 193; *Ulsenheimer* (Fn 28), RdNr 167 ff, 182; OLG Köln 1989, 708; ebenso *Zwiehoff* MedR 04, 370.
[70] OLG Hamm MedR 2006, 358, 360; OLG Zweibrücken VersR 00, 728, 729.
[71] Im einzelnen dazu auch *Ulsenheimer* (Fn 28) RdNr 190 ff mwN; LG Berlin, Pflegerecht 1997, 31 mit Anm *Großkopf*.
[72] BGH NJW 1999, 2731.

MedR 99, 36; zum **ambulanten** Bereich: Chirurg-Anästhesist (OLG Naumburg MedR 05, 232, 233); **Gynäkologe-Anästhesist** (OLG Düsseldorf VersR 02, 1151, 1153) s auch Dudziak, Anästhesist 06, 331 mit instruktiven Fallbeispielen zur postoperativen Überwachung nach **ambulanten** Eingriffen; zum **fachübergreifenden Bereitschaftsdienst** s LG Angsburg Arztrecht 05, 205 ff; Zur Zusammenarbeit zwischen **niedergelassenem Arzt** und **Krankenhausarzt** siehe BGH NJW 1980, 1905 ff; LG Essen Arztrecht 1996, 291 ff; OLG Köln VersR 1993, 1157; BGH NJW 1989, 1538 und bei der Hinzuziehung eines **Konsiliarius** BGH NJW 94, 797, 799; BGH MedR 1988, 145; BGH Arztrecht 1993, 158; OLG Jena GesR 08, 49, 52 f; OLG Stuttgart AHRS 3060, S 80; OLG Düsseldorf NJW 1984, 2636 f; OLG Köln MedR 1983, 112, dazu *Lippert* MedR 1983, 113; OLG Report Köln 2003, 334.

Im Bereich der **vertikalen** Arbeitsteilung ist hinzuweisen auf BGH NJW 1963, 393, 395 und OLG Köln NJW 1987, 2302 f (Anweisungen und Kontrolle bezüglich ärztlicher Dokumentation und Patientenaufklärung); BGH GesR 07, 108, 109 (Organistion der Risikoaufklärung); BGH, Urt v 9. 1. 1986 – 4 StR 650/85 (m Anm von *Bayer*, Arzt und Krankenhaus 1986, 112 ff) zur Verantwortlichkeit für die Vornahme des ABO-Identitätstests bei Bluttransfusionen; BGHZ 95, 63 ff zur Verantwortlichkeit des Leitenden Arztes für sorgfältige Auswahl und Überwachung (BGH GesR 07, 483, 485) und die **ausreichende personelle Besetzung der Abteilung**; für den Nichteinsatz übermüdeter Ärzte (BGH NJW 86, 116); BGH NJW 1982, 699 und BGH VersR 1980, 1030 für die **Sicherstellung der apparativen Ausstattung** (OLG München GesR 07, 115), **der Funktionsfähigkeit und Wartung der Geräte**; BGH NStZ 1983, 263 zum Vertrauensgrundsatz im Verhältnis **Oberarzt/Stationsarzt**; BGH NJW 1986, 776 und OLG München, Das Krankenhaus 1980, 64 zur Verantwortlichkeit des Chefarztes für die Organisation des **nächtlichen Bereitschaftsdienstes**; BGH NJW 1984, 655 zur Übertragung einer Operation durch den **diensthabenden Oberarzt** auf einen **Berufsanfänger** (Assistenzarzt); zur Kontrolle des Assistenzarztes durch den Oberarzt: OLG Hamm 06, 358, 360; Überwachung nachgeordneter Ärzte durch den Chefarzt, BGH Gebfra 1992, 180 f m Anm *Ulsenheimer*; zur Anfängeroperation BGH NJW 1984, 655 ff; zur Zusammenarbeit von **Geburtshelfer** und **Hebamme**, AG Weiden, Urt v 23. 11. 1982 – Ls 2 Js 5243/81; s auch OLG Stuttgart VersR 1994, 1141 und OLG München, Der Frauenarzt 96, 1836; zum Zusammenwirken Assistenzarzt–Hebamme: OLG Düsseldorf VersR 09, 460 f; zur Zusammenarbeit **Anästhesist/Narkoseschwester**, s LG München I, Beschluss v 12. 6. 1986 – 5 KLs 123 Js 3271/84; zur Verantwortungsabgrenzung zwischen **Stationsärztin** und **Krankenschwester**, Urt des AG Stade v 14. 4. 1981 – 31 Ls 5 Js 474/80 – 122/80. Weitere Beispiele s *Ulsenheimer*, Arztstrafrecht, RdNr 181 ff.

29 Nach Auffassung des BGH ist der Arzt nicht verpflichtet, komplizierte **technische Geräte** vor jedem Einsatz persönlich zu überprüfen und ihre Anwendung laufend zu überwachen.[73] Das Errichten, Betreiben und Anwenden von Medizinprodukten ist allerdings gesetzlich sehr detailliert geregelt (Funktionsprüfung vor Inbetriebnahme, Einweisung eines Medizinprodukteverantwortlichen, regelmäßige technische Kontrollen mit Protokollierung, Führung eines Medizinproduktebuchs ua). Wer als Betreiber von Medizinprodukten (Krankenhausträger, Arzt) nicht entsprechend qualifizierte Personen, Betriebe oder Einrichtungen mit der Instandhaltung von Medizinprodukten beauftragt, handelt ebenso ordnungswidrig wie derjenige, der eine Reinigung, Desinfektion oder Sterilisation nicht sachgerecht vornimmt (§§ 4 Abs 1 u 2, 13 Nr 3 MPBetreibV). Bei Verstoß gegen § 4 Abs 1 Nr 1 MPG greift sogar die Strafbestimmung des § 40 Abs 1 Nr 1 MPG ein.[74]

30 Zur **Organisationsverantwortung** des Klinikdirektors (gegenüber einer minderjährigen, suizidgefährdeten Patientin: Sicherstellung, dass sie keine für einen Selbstmord geeigneten Gegenstände in die Klinik mitbringt) s OLG Stuttgart MedR 1999, 374.

31 **3. Kausalität zwischen sorgfaltswidrigem Verhalten des Arztes und Tod des Patienten.** *a)* **Naturwissenschaftlicher und rechtlicher Ursachenzusammenhang (Pflichtwidrigkeitszusammenhang).** Der bloße Verstoß gegen die „Regeln der ärzt-

---

[73] BGH NJW 1975, 2245; s auch die inzwischen aufgehobene MedGV (BGBl I 1985, 93) und das Medizinproduktegesetz (BGBl I 1994, 1963) sowie die Medizinprodukte-Betreiberverordnung v 29. 6. 98 (s § 135 RdNr 10 f).

[74] Vgl *Schneider* MedR 1999, 459 zur Wiederverwendung von Einmalartikeln; *Haindl/Helle*, Die Unzulässigkeit der Wiederverwendung von Einmal-Medizinprodukten, MedR 2001, 411.

lichen Kunst", also lediglich die Verletzung der gebotenen Sorgfalt, erfüllt für sich allein noch nicht den Tatbestand des fahrlässigen Erfolgsdelikts. Weitere Voraussetzung ist vielmehr, dass das pflichtwidrige Tun oder Unterlassen des Arztes den Tod des Patienten **verursacht** hat, wie auch der Wortlaut des § 222 StGB zum Ausdruck bringt. Dabei findet unter diesem Aspekt nach ständiger Rechtsprechung seit BGHSt 11, 1 ff eine **doppelte, zweistufige Kausalitätsprüfung** statt: Zum einen geht es um die rein **naturwissenschaftliche** Verknüpfung zwischen Behandlung und Tod des Patienten, die nach der im Strafrecht geltenden Bedingungstheorie mithilfe der conditio-sine-qua-non-Formel festgestellt wird, dh durch die Frage: wäre bei Hinwegdenken des sorgfaltswidrigen Handelns des Arztes bzw bei Hinzudenken der pflichtwidrig unterlassenen Maßnahme der negative Erfolg vermieden worden? Anders formuliert: „Bei der Prüfung der Ursächlichkeit des Pflichtenverstoßes ist hypothetisch zu fragen, was geschehen wäre, wenn sich der Täter pflichtgemäß verhalten hätte."[75]

32   Bei den Fahrlässigkeitsdelikten genügt es für die objektive Zurechnung jedoch nicht, dass die sorgfaltswidrige Handlung eine Ursache des (Miß-)Erfolges ist. Hinzu kommen muss vielmehr ein **„rechtlicher** Ursachenzusammenhang"[76] dergestalt, dass bei wertender Betrachtungsweise der Erfolg gerade auf diejenigen Umstände zurückzuführen ist, die die Sorgfaltswidrigkeit des Arztes begründen (**Pflichtwidrigkeitszusammenhang**). Die Zurechnung des Erfolges ist nur möglich, „wenn er seine **spezifische Voraussetzung gerade in der Sorgfaltspflichtverletzung gehabt**"[77] oder, wie der BGH wieder hervorgehoben hat: „Bei den Erfolgsdelikten muss zur sachgemäßen Begrenzung der objektiven Zurechenbarkeit der Erfolg seinen Grund gerade in der objektiven Pflichtverletzung haben."[78]

33   Maßgebend ist somit, ob die Bedingung im „mechanisch-naturwissenschaftlichen Sinn" nach rechtlichen Bewertungsmaßstäben für den Erfolg bedeutsam war.[79] Die Antwort hierauf gibt die Frage, „was geschehen wäre, wenn sich der Täter pflichtgemäß verhalten hätte". Dabei ist „gerade auf den Pflichtenverstoß" abzustellen, „der als (unmittelbare) Todesursache in Betracht kommt, während im Übrigen der tatsächliche Geschehensablauf zu Grunde zu legen ist".[80] Konkret: Hinweggedacht und „durch das der Pflichtwidrigkeit korrespondierende sorgfaltsgemäße Verhalten" ersetzt werden darf daher nur dieser dem Arzt vorwerfbare Tatumstand, während im Übrigen die **konkrete Tatsituation vollständig unverändert bleiben** muss.[81] Hat der Arzt zB bei einer Leistenbruchoperation eines Säuglings pflichtwidrig den Eingriff an der falschen Seite vorgenommen und dadurch die von dem Leistenbruch ausgehende lebensbedrohliche Gefahr einer Brucheinklemmung erhöht, so ist ihm der Tod des Kindes bei der dadurch erforderlich gewordenen Zweitoperation strafrechtlich zuzurechnen. Denn die von dem Angeklagten geschaffene zusätzliche Gefahr für das Leben des Säuglings bestand darin, dass dieser „unter wesentlicher Unterschreitung des sonst üblichen Sicherheitsabstands dem Risiko einer zweiten Narkose bei dem neuen Eingriff ausgesetzt war, das sich dann in Gestalt eines Narkosezwischenfalls auch verwirklicht hat."[82]

---

[75] BGH NJW 2000, 2754, 2756.
[76] Vgl *Fischer,* StGB, vor § 13 RdNr 22 ff mwN; BGHSt 33, 61, 64; BGH MedR 1988, 149.
[77] *Jescheck/Weigend* (Fn 23) § 55 II 2 S 527.
[78] BGH NJW 2000, 2754, 2757.
[79] BGHSt 11, 1, 7.
[80] BGHSt 33, 61, 64.
[81] BGHSt 33, 61, 64; 49, 1, 4; BGHR StGB § 222 Kausalität 1; BGH NStZ 08, 150, 151.
[82] BGH MedR 1988, 149, 150 Ein anderes Beispiel für die Notwendigkeit, auf die „konkrete Tatsituation" abzustellen, ist der Fall eines Psychiatriepatienten, der eine fehlerhafte ärztliche Ausgangsbewilligung zu zwei Morden und anderen schweren Straftaten nutzt: die Kausalität der Ärzte für die Deliktserfolge ist zu bejahen, vgl BGHSt 49, 1 = JZ 04, 975 mit Anm *Saliger;* zust *Roxin* StV 04, 429; *Ogarek* JA 04, 356; *Neubacher* Jura 05, 857; kritisch *Pollähne* JR 04, 429; zur Vorentscheidung LG Potsdam s *Schatz* NStZ 08, 581 ff.

23. Kapitel. Der Arzt im Strafrecht   34–36 § 140

Die Vermengung der rein **naturwissenschaftlichen** Kausalitätsfrage, ob ein tatsächlicher ursächlicher Zusammenhang zwischen Handlung (Unterlassung) und Erfolg besteht, mit der **normativen** Problematik, ob der strafrechtlich inkriminierte Erfolg **gerade der Pflichtwidrigkeit** des Arztes zuzurechnen ist („rechtlicher Ursachenzusammenhang" oder „Pflichtwidrigkeitszusammenhang"), hat unter rechtssystematischen Aspekten im Schrifttum berechtigte Kritik gefunden,[83] mit der sich der BGH jedoch nicht näher auseinandergesetzt hat.[84] Sie ist für die konkrete Fallentscheidung allerdings ohne praktische Bedeutung. Denn im Ergebnis ist es rechtlich irrelevant, ob die Strafbarkeit des Arztes „mangels Kausalität" oder aber mangels „Zurechenbarkeit im weiteren Sinne" entfällt.[85] Entscheidend ist vielmehr – und hierüber besteht in Rechtsprechung und Literatur Einigkeit –, dass „fahrlässige Verursachung des Erfolges" nicht dasselbe wie „Verursachung plus Fahrlässigkeit"[86] bedeutet, sondern der Tatbestand der fahrlässigen Erfolgsdelikte darüber hinaus einen spezifischen Zusammenhang zwischen Pflichtwidrigkeit und Erfolg erfordert. Nur die Verletzung solcher ärztlicher Sorgfaltsgebote löst die Strafsanktion des § 222 StGB aus, deren Befolgung gerade den Tod des Patienten verhindert hätte, deren Übertretung also insoweit relevant war. Wäre dessen Leben dagegen auch bei gewissenhafter Einhaltung des medizinischen Standards nicht zu retten gewesen, müßte man im Hinblick auf den eingetretenen Erfolg die Pflichtverletzung als irrelevant bezeichnen und daher den für die Bejahung des objektiven Tatbestandes der fahrlässigen Tötung notwendigen **spezifischen Zurechnungszusammenhang** (Pflichtwidrigkeitszusammenhang) verneinen.[87]

b) **Anforderungen an den Kausalitätsnachweis.** Nach nahezu einhelliger Auffassung[88] ist der pflichtwidrig handelnde Arzt *nicht* wegen fahrlässiger Tötung strafbar, wenn bei pflichtgemäßem Verhalten der Tod **mit an Sicherheit grenzender Wahrscheinlichkeit** ebenfalls eingetreten wäre. Läßt sich diese Feststellung jedoch nicht treffen, sondern muss aufgrund konkreter Tatsachen **offen** bleiben, ob bei heilkunstgemäßer Behandlung der Tod des Patienten vermieden worden wäre, stehen sich **zwei verschiedene Auffassungen** mit entgegengesetzten praktischen Konsequenzen gegenüber:

aa) Die höchstrichterliche Judikatur[89] und die herrschende Lehre im Schrifttum[90] sprechen die Angeklagten unter Heranziehung des Grundsatzes **„in dubio pro reo"** frei, wenn nur eine „hohe Wahrscheinlichkeit" der Erfolgsabwendung oder die aufgrund kon-

---

[83] Vgl *Ulsenheimer* (Fn 17) S 103 ff; JZ 1969, 364 ff.
[84] Vgl BGHSt 30, 228, 230 mwN
[85] Vgl *Wessels/Beulke,* Strafrecht AT, 37. Aufl 2007, § 15 II 4, RdNr 675 ff.
[86] ObLGRat *Baumann* DAR 1955, 211.
[87] Siehe dazu ausführlich mwN *Fischer* v § 13 RnNr 22 ff; *Schönke/Schröder/Lenckner/Eisele* Vorbem § 13 RdNr 99 ff; *Schönke/Schröder/Cramer/Sternberg-Lieben* § 15 RdNr 173 ff; *Lackner/Kühl* § 15 RdNr 41 ff.
[88] Abweichende Ansichten bei *Ulsenheimer* JZ 1969, 365 Anm 10.
[89] BGHSt 11, 1 ff; 24, 31, 34; 30, 228, 230; 33, 61, 63; 37, 106, 127; 49, 1, 4; BGHR StGB § 222 Kausalität 1–4 mwN; BGH NJW 2000, 2754, 2756; BGH NStZ 87, 505; NStZ 04, 151; BGH VRS 54, 436 f; OLG Köln VRS 29, 48; BayOblGSt 1965, 84, 86; OLG Zweibrücken VersR 1998, 590.
[90] Vgl *Schönke/Schröder/Cramer/Sternberg-Lieben,* RdNr 177 f m umfangreichen Nachweisen zu § 15; *Geilen,* Medizinrecht, Kap 4 B RdNr 478; *Jakobs,* Strafrecht AT, 1983, S 195 ff; SK-*Samson,* § 16 Anhang RdNr 27 a; *Bockelmann/Volk,* AT, S 162; *Dencker* JuS 1980, 210, 212; *Krümpelmann* GA 1984, 491 ff; *ders* FS Bockelmann, S 462 f; differenzierend FS Jescheck, Bd I S 331 ff; *Ebert* Jura 1979, 572 f; *Hirsch* ZStW 94, 1982, S 251 ff; *E Schlüchter* JA 1984, 676; LK-*Schroeder* § 16 RdNr 189 f; *Lampe* ZStW 71, 1959, S 603; *Oehler,* FS Eb Schmidt, S 239; *Ulsenheimer* (Fn 17) S 149; *ders* JZ 1969, 366 ff; *ders* FS Weissauer, S 164 ff; trotz der prinzipiell unterschiedlichen Ausgangspunkte von Rechtsprechung und herrschender Lehre einerseits und der Mindermeinung im Schrifttum andererseits müssen die praktischen Ergebnisse aber nicht *stets* differieren, wie *A Kaufmann,* FS Jescheck, 1985, Bd I, S 279 ff verdeutlicht hat.

kreter Sachverhaltsumstände real gegebene **ernsthafte Möglichkeit** des Todeseintritts auch bei pflichtgemäßem Verhalten des Arztes bestehen. Denn

„die zur Verurteilung notwendige Überzeugung des Tatrichters von der Ursächlichkeit des Täterverhaltens für einen Erfolg und demgemäß von seiner Schuld lässt sich ohne Verstoß gegen den Grundsatz ‚im Zweifel für den Angeklagten' nicht dahin einengen, dass er dessen strafrechtliche Verantwortlichkeit nur dann verneinen dürfe, wenn der Eintritt des gleichen Erfolges auch ohne das pflichtwidrige Verhalten nach menschlichem Ermessen sicher sei. Das würde dazu führen, dass der Richter die Ursächlichkeit der Handlungsweise selbst bei beachtlichen, auf bestimmten Tatsachen beruhenden Zweifeln zulasten des Angeklagten bejahen müßte, solange nicht durch sichere Feststellungen der Beweis für den Mangel des ursächlichen Zusammenhangs erbracht ist."[91]

37 Damit ist klargestellt: „Eine pflichtwidrige Unterlassung kann nach feststehender Rechtsprechung" dem Täter „nur angelastet werden, wenn der strafrechtlich relevante Erfolg bei pflichtgemäßem Handeln mit an Sicherheit grenzender Wahrscheinlichkeit verhindert worden wäre".[92] Ein ernstlicher Zweifel an der Ursächlichkeit des vorwerfbaren Verhaltens ist aber nicht schon dann zu bejahen, „wenn die bloß gedankliche Möglichkeit besteht, dass der gleiche Erfolg auch bei pflichtgemäßem Verhalten des Täters eingetreten wäre".[93] Gründen sich die **Zweifel** jedoch auf **konkrete Tatumstände,** so sind sie „für eine vernünftige lebensnahe Betrachtung" beachtlich und müssen deshalb zugunsten des Angeklagten Berücksichtigung finden.[94] Wäre auch bei sorgfaltsgemäßer Behandlung „der gleiche Erfolg eingetreten oder lässt sich das aufgrund von erheblichen Tatsachen nach der Überzeugung des Tatrichters nicht ausschließen, ist die vom Angeklagten gesetzte Bedingung für die Würdigung des Erfolges ohne strafrechtliche Bedeutung. In diesem Falle darf der ursächliche Zusammenhang zwischen Handlung und Erfolg nicht bejaht werden."[95]

38 Anders formuliert: Als **ursächlich** für einen schädlichen Erfolg (Tod des Patienten) **im juristischen Sinn** kann ein sorgfaltswidriges Verhalten des Arztes nur dann angesehen werden, „wenn sicher ist, dass es bei pflichtgemäßem Handeln nicht zu dem Schaden gekommen wäre".[96] Daher ist der „rechtliche Ursachenzusammenhang" zB zu verneinen, wenn der Patient zwar aufgrund der bei der Aufnahmeuntersuchung festgestellten Symptomatik sofort nach seiner Einlieferung ins Krankenhaus hätte operiert werden müssen, aber nach dem Urteil aller Sachverständigen auch bei Vornahme des Eingriffs zum frühestmöglichen Zeitpunkt nur eine „um 40 bis 50 % größere Überlebenschance" hatte.[97]

39 bb) Die gegenteilige, im Schrifttum zunehmend vertretene Auffassung *bejaht* dagegen die objektive Erfolgszurechnung schon bei einer **Erhöhung des Risikos,** selbst wenn auch bei Einhaltung der erforderlichen Sorgfalt der Tod möglicherweise eingetreten wäre.[98]

40 cc) Nachweis einer an Sicherheit grenzenden Wahrscheinlichkeit der **Lebensrettung oder Lebensverlängerung**: Da sich gerade in arztstrafrechtlichen Verfahren vielfach der Nachweis nicht führen lässt, dass bei sachgemäßer ärztlicher Behandlung der Tod des Patienten **mit an Sicherheit grenzender Wahrscheinlichkeit** vermieden worden wäre,

---

[91] BGHSt 11, 1, 6.
[92] BGH NJW 2000, 2765, 2756.
[93] BGHSt 11, 1, 4.
[94] BGHSt 11, 1, 5.
[95] BGHSt 11, 1, 7.
[96] OLG Koblenz OLGSt § 222 StGB, S 63.
[97] OLG Koblenz OLGSt § 222, S 63.
[98] *Lackner/Kühl* § 15 RdNr 44; *Jescheck/Weigend* AT § 55 II 2 b a a; *Roxin* ZStW 74, 1962, S 430 ff; *ders*, FS Honig, S 133 ff; AT I 11/88–105; *Wolter*, Objektive und personale Zurechnung, 1981, S 334 ff; *Kienapfel*, Zeitschrift für Verkehrsrecht 1977, 11; *Burgstaller*, Das Fahrlässigkeitsdelikt, S 139 ff; *I Puppe*, ZStW 95, 1983, S 293 ff; *dies* ZStW 99, 1987, S 602 ff; *Otto* JuS 1974, 708; *Stratenwerth*, FS Gallas, S 239; *Schaffstein*, FS Honig, S 171; *Schünemann* JA 1975, 647 ff; *Rudolphi* JuS 1969, 553.

23. Kapitel. Der Arzt im Strafrecht 41, 42 § 140

beruhen viele Verfahrenseinstellungen oder Freisprüche auf dem fehlenden Tatbestandsmerkmal des „rechtlichen Ursachenzusammenhangs" bzw – in der Nomenklatur des BGH – der „Kausalität der Fahrlässigkeit". In mehreren jüngeren Entscheidungen[99] hat der BGH die Kausalitätsfrage jedoch – anders als in der früheren Judikatur, insbesondere des Reichsgerichts – nicht ausschließlich auf die Lebens*rettung*, sondern hilfsweise bzw zusätzlich auf die Lebens*verlängerung* bezogen. Danach ist es für die Bejahung des Ursachenzusammenhangs unerheblich, „ob die Patientin wegen der sich ausbreitenden Bauchfellentzündung möglicherweise ohnehin gestorben wäre"; vielmehr „genügt es, dass ihr Tod früher eintrat, als er ohne das pflichtwidrige Unterlassen eingetreten wäre".[100] Mit dieser Argumentation bestätigte der BGH in zwei Fällen einer zu spät erkannten Peritonitis die Verurteilung des Arztes, weil die Patientin bei rechtzeitiger Relaparotomie einmal „zumindest *einen Tag länger* gelebt" hätte,[101] im anderen Fall ihr Leben „um einen wesentlichen Zeitraum, *mindestens um zwei Stunden,* verlängert worden wäre".[102]

In der Praxis des Justizalltags wird bei der Kausalitätsprüfung im Anschluss an diese **41** Entscheidungen zunehmend nach der **Lebensverkürzung** infolge des pflichtwidrigen Verhaltens des Arztes gefragt, wobei die rechtserhebliche Zeitspanne bisweilen mit „einigen Stunden", manchmal auch ganz ohne quantitative Bemessung mit „nicht unbedeutende Zeit" angegeben wird. Dies zeigt, vor welche Schwierigkeiten der BGH die Praxis gestellt hat. Allerdings sind derartige Fallkonstellationen insgesamt betrachtet eher selten und die zur Entscheidung dieser schwierigen Beweisfrage berufenen medizinischen Sachverständigen sehen sich meist nicht in der Lage, exakte Angaben zur Dauer des Längerlebens zu machen bzw hierfür eine „an Sicherheit grenzende Wahrscheinlichkeit" zu attestieren.[103]

Abgesehen von diesen praktischen Schwierigkeiten der neuen Judikatur sprechen mE **42** vier Argumente gegen sie:

1. Die Ansicht des BGH führt im Ergebnis zu einer – verfassungswidrigen – Umstrukturierung der fahrlässigen Tötung. Denn aus dem im Gesetz verankerten **Verletzungsdelikt** wird durch eine auf kleinste zeitliche Differenzen abstellende atomistische Erfolgsbetrachtung und die daraus resultierende vollständige Relativierung des Rechtsguts Leben in der praktischen Rechtsanwendung ein **Gefährdungstatbestand.** Letztlich ist es die dem Angeklagten im konkreten Fall vorzuwerfende Risikoerhöhung (zB infolge nicht rechtzeitiger Operation), die als Gefährdung des Lebens des Patienten zur Bestrafung des Arztes wegen fahrlässiger Tötung führt. Dies verstößt gegen den Grundsatz „nulla poena sine lege" und ist damit verfassungsrechtlich verboten (Art 103 Abs 2 GG).
2. Die Gleichstellung der Nichtabwendung des Todes mit der Lebensverkürzung bedeutet im Ergebnis die **Umkehr der Beweislast** zu ungunsten des Angeklagten und verletzt daher den Grundsatz „in dubio pro reo". Denn wo eine hochgradige Wahrscheinlichkeit, aber keine Gewißheit des Überlebens für den Patienten besteht, wird der Ursachenzusammenhang bei nachweisbarer Lebensverkürzung, gleichviel ob um einen Tag oder Stunden, bejaht.
3. Die Lebensverlängerung kann mit empirisch-wissenschaftlichen Methoden nicht exakt bestimmt, sondern höchstens mit Plausibilitätserwägungen begründet werden (dies

---

[99] Urteil v 24. 2. 1977 – 1 StR 877/76 – S 5; BGH NStZ 1981, 218; BGH NStZ 1985, 26; ebenso BayObLG JZ 1973, 319, s dazu auch *Ulsenheimer,* AuK, 1982, 66; krit., aber im Grunds zust *Wolfslast* NStZ 1981, 219; s auch *Brammsen* MDR 1989, 123; *Puppe* JR 94, 515. Gegen die Ausweitungstendenzen der Rspr wie hier *Geilen,* FA Medizinrecht, Kap 4 B RdNr 480.
[100] BGH NStZ 1981, 218.
[101] BGH NStZ 1981, 218; Hervorhebung v Verf; s zu dieser Problematik auch *Tag,* Fn 13, S 391 ff (401 f), die die BGH-Judikatur unterstützt.
[102] BGH NStZ 1985, 26, 27; Hervorhebung v Verf. Ebenso LG Potsdam im Falle eines akuten Koronargeschehens, das bei sorgfältiger Diagnose und Behandlung zu einem Überleben „für mindestens zwei Stunden" geführt hätte (ZMGR 2009, 257, 258).
[103] Vgl *Ulrich* ÄRP 1985, 386; *Ulsenheimer,* Arztstrafrecht, RdNr 227; *Wolfslast* NStZ 81, 219, 220.

räumt auch der BGH ein, meint aber, der Zeitraum könne „von erfahrenen Sachverständigen geschätzt werden", NStZ 1981, 218).
4. Die Zurechnung des Todeserfolges fällt nicht unter den „Schutzzweck der Norm" (siehe dazu im folgenden unter RdNr 39), da das eigentliche Gefahrenmoment (im Fall NStZ 1985, 26: die Vergiftung mit Kolibakterien) nicht mit Sicherheit zu neutralisieren war,[104] sondern geringfügig später zum Eintritt des Schadens geführt hätte.

43 dd) Der Begriff der **„an Sicherheit grenzenden Wahrscheinlichkeit"** wird von Medizinern und Juristen oftmals missverstanden. Er ist weder mit „hundertprozentiger Gewißheit" gleichzusetzen noch mithilfe bestimmter mathematisch-statistischer Prozentzahlen auszudrücken. Die „an Sicherheit grenzende Wahrscheinlichkeit" lässt sich vielmehr immer schon, aber auch nur dann bejahen, wenn nach Ansicht des Gutachters **keine** aus konkreten Anhaltspunkten begründeten **„vernünftigen Zweifel"** an der Kausalität des Fehlers für den Tod des Patienten bestehen. Solange also der Sachverständige und ihm folgend der Richter aufgrund konkreter Sachverhaltsumstände Zweifel am Überleben oder Längerleben des Patienten bei pflichtgemäßem Handeln des Arztes hat, darf der „Pflichtwidrigkeitszusammenhang" nicht bejaht werden. „Dass die pflichtwidrig unterlassenen Maßnahmen mit – einfacher, gewisser, großer oder sehr großer – Wahrscheinlichkeit das Leben der Patientin für eine nicht ganz unwesentliche Zeitspanne erhalten hätten, genügt nicht. Der für die Verurteilung wegen fahrlässiger Tötung erforderte Ursachenzusammenhang zwischen ärztlichem Versäumnis und Todeseintritt ist vielmehr nur dann festgestellt, wenn sich das Tatgericht die Gewißheit verschafft hat, dass die gebotenen Maßnahmen das Leben des Patienten mit an Sicherheit grenzender Wahrscheinlichkeit gerettet oder verlängert hätten."[105] „An Sicherheit grenzende Wahrscheinlichkeit" bedeutet daher einen Grad von Gewißheit, der vernünftige Zweifel ausschließt. Solche Zweifel verbleiben, wenn die indizierte Strahlenbehandlung mit „92–99 %", „94–100 %" oder „90 %" Wahrscheinlichkeit (so die drei Gutachter) zu einer Lebensverlängerung geführt hätte.[106]

44 Ein besonderes Zurechnungsproblem beim fahrlässigen Erfolgsdelikt ergibt sich bei ärztlichen Handlungen, an die ein frei verantwortlicher Patient in voller Kenntnis des Risikos und der Tragweite seiner Entscheidung eine ihn selbst gefährdende Handlung anschließt, die im weiteren Verlauf zu seinem Tod führt, zB die Überlassung von Drogen, Medikamenten ua an einen rauschgift- oder arzneimittelabhängigen Patienten.[107] Nach ständiger Rechtsprechung unterfallen eigenverantwortlich gewollte und verwirklichte Selbstgefährdungen nicht dem Tatbestand eines Körperverletzungs- und Tötungsdelikts, wenn das mit der Gefährdung bewusst eingegangene Risiko sich realisiert und der sich selbst Gefährdende eine freie, eigenverantwortliche Entscheidung getroffen hat.[108] Ob diese straflose Selbstgefährdungsteilnahme auch dann gilt, wenn ein Garant, zB ein Arzt, aufgrund seiner ihn treffenden Sorgfaltspflichten gerade die Selbstgefährdung verhindern sollte, ist strittig, aber bei frei verantwortlicher Selbstgefährdung dort zu bejahen, wo die Gefahrensituation durch die selbstverantwortliche Entscheidung des Patienten vom Arzt nicht pflichtwidrig geschaffen wurde.[109] Wenn dagegen eine minderjährige und kranke

---

[104] *Ranft* JZ 1987, 863.
[105] BGH MDR 1988, 100; im Ergebnis ebenso BGH NJW 1987, 2940.
[106] BGH NJW 1987, 2940.
[107] Siehe § 147 RdNr 34 ff.
[108] BGHSt 32, 262; 36, 17; NJW 1994, 205; NStZ 1984, 452; BGH JZ 2002, 152 m Anm *Sternberg-Lieben*; BayObLG NStZ 1997, 341; OLG Celle StV 02, 366 ff m Anm *Walther*; *Schönke/Schröder/Cramer/Sternberg-Lieben*, § 15 RdNr 165 mwN; *Ulsenheimer*, Arztstrafrecht, RdNr 231 a–e.
[109] BayObLG NStZ 1997, 341; OLG Zweibrücken, NStZ 1995, 89; *Otto* JZ 1997, 521; *Lackner/Kühl*, RdNr 14, 16 vor § 211; *Fischer*, RdNr 36 f vor § 13; *Schönke/Schröder/Cramer/Sternberg-Lieben*, § 15 RdNr 166; aA BGH JR 1979, 429 m Anm *Hirsch* S 432 für Ärzte als Garanten; *Stree* JuS 1985,179; s auch § 147 RdNr 34 ff.

Patientin in einer Klinik, in die sie zur Betreuung und Heilung aufgenommen wurde und deren Sicherheit zu gewährleisten der Klinikdirektor zugesagt hatte, Selbstmord begeht, so macht sich im Falle organisatorischer Versäumnisse der Klinikdirektor der fahrlässigen Tötung schuldig.[110]

4. Schutzzweckzusammenhang und objektive Voraussehbarkeit des Erfolges. 45
a) Der Schutzbereich der Norm. Die Verwirklichung des Tatbestandes der fahrlässigen Tötung setzt nicht nur voraus, dass sich gerade die durch die mangelnde Sorgfalt des Arztes begründete Gefahr im eingetretenen Erfolg verwirklicht hat („Pflichtwidrigkeits"- oder „rechtlicher Ursachenzusammenhang"), sondern dass dieser auch in den Schutzbereich der verletzten Norm (Sorgfaltspflicht) fällt.[111] Dieser sogenannte **„Schutzzweckzusammenhang"** ist nur zu bejahen, wenn der vom Arzt verursachte Tod des Patienten sich gerade als die Realisierung desjenigen Risikos erweist, vor dem die übertretene Gesetzesvorschrift oder Sorgfaltspflicht schützen sollte. Die Prüfung des „Schutzzwecks der Norm" bedeutet somit eine weitere **tatbestandsmäßige Eingrenzung der Zurechenbarkeit,** die im Arztstrafrecht erhebliche praktische Relevanz bei Behandlungs- und Aufklärungsfehlern[112] hat und auch der BGH anerkannt hat.[113] Wenn der Tod des Patienten infolge eines Narkosezwischenfalls erst zu einem späteren Zeitpunkt eingetreten wäre, falls der Arzt vorher dessen Narkosetauglichkeit durch Hinzuziehung eines Konsiliarius hätte untersuchen lassen, so liegt der eingetretene Erfolg („Beschleunigung des Todeseintritts") nicht im Schutzbreich der verletzten Norm. Denn die Pflicht zur Einholung eines fachärztlichen Gutachtens betreffend die Narkosefähigkeit dient nicht dem Zweck, die Vornahme der Operation zeitlich um die Dauer der Untersuchung hinauszuschieben und dadurch das Leben um diese Zeitspanne zu verlängern.[114] Anders wäre dagegen zu entscheiden, „wenn statt der Operation eine andersartige und weniger gefährliche medizinische Maßnahme (konservative Behandlung) mit dem Ziel einer Lebensverlängerung angebracht gewesen wäre".[115] Sind dagegen vor einer Kaiserschnittoperation gewisse Leberuntersuchungen vom Anästhesisten pflichtwidrig nicht durchgeführt worden, die zwar die Leberschädigung der Patientin angezeigt, nicht aber das gewählte Narkoseverfahren verboten hätten, so beruht der Tod infolge Leberversagens wiederum nicht auf dem Sorgfaltspflichtverstoß. Denn dieser hatte keinen Einfluss auf die Narkoseführung, also auf das Ziel, dem die präoperative Bestimmung der Leberwerte dient.[116] Demgegenüber liegt der Tod des Säuglings während einer lege artis durchgeführten Zweitoperation, die durch einen Behandlungsfehler beim Ersteingriff erforderlich wurde, innerhalb des Schutzbereichs der verletzten Sorgfaltsnorm.[117]

b) Objektive Voraussehbarkeit. Weitere Voraussetzung für den Fahrlässigkeitsvorwurf ist die Voraussehbarkeit des tödlichen Ausgangs des Geschehens. Dabei ist zwischen 46 der **individuellen Vorhersehbarkeit,** die auf der Ebene der **Schuld** zu prüfen ist,[118] und der **objektiven (generellen) Voraussehbarkeit** zu unterscheiden, die ein „bereits

---
[110] OLG Stuttgart, MedR 1999, 374, 375; s auch RdNr 30.
[111] Vgl *Schönke/Schröder/Cramer* § 15 RdNr 160, 165 ff; *Wessels/Beulke,* Strafrecht AT, RdNr 674; *Rudolphi* JuS 1965, 549 ff.
[112] S *Ulsenheimer,* Arztstrafrecht, RdNr 131 ff mwN; *ders* NStZ 1996, 133 zu BGH NStZ 1996, 34, 35.
[113] BGH NStZ 1996, 34, 35.
[114] BGHSt 21, 59, 61 m Anm *Wessels* JZ 1967, 449; *Hardwig* JZ 1968, 289 u *Ulsenheimer* JZ 1969, 364.
[115] *Schönke/Schröder/Cramer* § 15 RdNr 158; *Jescheck/Weigend* AT, § 55 II 3.
[116] OLG Köln MedR 1987, 2293.
[117] BGH JR 1989, 382 mit Bespr von *Krümpelmann* JR 1989, 353 ff.
[118] Vgl zum Streitstand *Schönke/Schröder/Cramer* § 15 RdNr 122, 124, 181, 199 mwN; *Otto,* Jura-Kartei Nr 6 zu § 15 (zu BayObLG NJW 1998, 3580).

das Fahrlässigkeitsunrecht beschränkendes Merkmal"[119] darstellt. Maßstab für die objektive Vorhersehbarkeit ist die **Adäquanz**, nicht dagegen „schon die bloße Denkbarkeit der Tatbestandsverwirklichung".[120] Entscheidend ist dabei in der Praxis, ob der Tod im Ergebnis (nach Ansicht des Schrifttums: auch die konkrete Art und Weise seiner Verwirklichung [also des Kausalverlaufs in seinen wesentlichen Merkmalen]) von einem gewissenhaften und besonnenen Arzt des engeren Berufskreises des Täters bei Anspannung seines normalen Erkenntnis- und Urteilsvermögens unter Heranziehung von dessen eventuell vorhandenem Sonderwissen vorausgesehen werden konnte. Dies ist zu verneinen, wenn der Geschehensablauf „so sehr außerhalb aller Lebenserfahrung liegt", dass der Arzt auch bei Anwendung der nach den Umständen des Falles gebotenen Sorgfalt nicht mit ihm zu rechnen brauchte.[121]

Ein Beispiel für mangelnde Vorhersehbarkeit bietet die Fruchtwasserembolie bei einer lege artis durchgeführten Amniozentese.[122]

Die Frage der Vorhersehbarkeit spielt für die strafrechtliche Haftung nach § 222 StGB im Falle eines Suizids während klinisch-psychiatrischer Therapie des Patienten eine zentrale Rolle. Da nach den neuesten Erkenntnissen der Suizid-Forschung der Suizid nicht absolut sicher voraussehbar ist, muss dem Rechnung getragen und darf nicht „der eingetretene Erfolg als Indiz für eine Pflichtwidrigkeit gewertet werden".[123] Allerdings muss „eine Fachklinik den sichersten Weg gehen. Das bedeutet, dass Restzweifel in der Frage, ob die Suizidalität des Patienten fortbesteht, die Klinik dazu zwingen, bestehende Sicherungsmaßnahmen beizubehalten, bis die Zweifel ausgeräumt sind.[124]

War nicht der Tod, sondern nur eine Körperverletzung voraussehbar, scheidet § 222 StGB aus, doch bleibt § 229 StGB anwendbar.[125]

Wird ein Patient bei einer Bluttransfusion infolge unsachgemäßer Kontrolle der Blutkonserve mit Aids infiziert, so ist der Tod „in seinem Endergebnis" voraussehbar, nicht jedoch der Kausalverlauf in seinen wesentlichen Grundzügen, da die Ätiologie von Aids noch unklar ist,[126] doch kommt es darauf nach der Rechtsprechung nicht an.

47 Insgesamt ist die Judikatur zur Grenzziehung zwischen dem nach dem gewöhnlichen Gang der Dinge noch voraussehbaren und dem jenseits aller Lebenserfahrung liegenden Ursachenverlauf uneinheitlich und ohne scharfe Konturen.[127]

II. Rechtswidrigkeits- und Schuldfragen

48 **1. Rechtfertigungsgründe.** Die **Einwilligung** in die eigene Tötung hat keine rechtfertigende Kraft, wie sich aus § 216 StGB ergibt.[128] Unbeachtlich ist auch die Einwilligung in eine das **Leben gefährdende Behandlung**,[129] doch kann sie im Falle vorheriger Auf-

---

[119] *Schönke/Schröder/Cramer* § 15 RdNr 122, 125; *Jescheck/Weigend* AT § 55 II 3; offengelassen von OLG Stuttgart JZ 1980, 618, 620; NJW 1982, 295, 296.

[120] So zutreffend OLG Stuttgart NJW 1982, 295, 296; BGH NJW 04, 237, 239; BGHSt 12, 75, 78; BGG NStZ 92, 335.

[121] OLG Stuttgart JZ 1980, 618, 620 im Anschluss an RGSt 56, 343, 346; 73, 370, 372; BGHSt 3, 62, 64.

[122] OLG Koblenz OLGSt § 222, S 57.

[123] *Wolfslast* NStZ 1984, 105, 108; *Bohle* MedR 1990, 298 ff; BGH Urteil v 17. 2. 1982 – 2 StR 520/81; LG Aachen Urteil v 20. 1. 1983 – 64 (14) KLs/12 Js 1074/79-42/82; OLG Hamm VersR 1983, 43; OLG Düsseldorf AHRS 3060/102; BGH AHRS 3060, 101 S 5; zum Ganzen s *Wolfslast/Schmidt* (Hrsg), Suizid und Suizidversuch, 2005.

[124] OLG Koblenz GesR 08, 255 unter Hinweis auf BGH NJW 94, 794.

[125] RGSt 28, 273; *Roxin*, FS Württemberger, 1977, 121.

[126] Vgl *Jipp* MedR 1987, 257 ff.

[127] Vgl dazu OLG Stuttgart JZ 1980, 618, 620 f mit vielen instruktiven Beispielen auch aus dem ärztlichen Bereich; *Fischer* § 222 RdNr 25.

[128] Vgl BGHSt 4, 93; MDR 1978, 987 m Anm *H J Hirsch* JR 1979, 429; OLG Celle MDR 1980, 74; allgemeine Ansicht.

[129] BGHSt 7, 112, 114.

klärung des Gefährdeten die Pflichtwidrigkeit beseitigen[130] und als **erlaubtes Risiko** rechtfertigende Wirkung entfalten. Ob das **erlaubte Risiko** allerdings bei Fahrlässigkeitstaten als Rechtfertigungsgrund in Betracht kommt, ist strittig,[131] mit der herrschenden Lehre jedoch zu bejahen. So handelt der Arzt, der am Unfallort mit völlig unzureichenden Mitteln den medizinisch dringend gebotenen Eingriff zur Abwendung von Lebensgefahr für das Unfallopfer vornimmt, in den durch das erlaubte Risiko gezogenen Grenzen rechtmäßig. Dasselbe gilt bei Schmerzlinderungsmaßnahmen mit tödlichem Risiko,[132] wobei nach überwiegender Auffassung der Arzt hier aus dem Gesichtspunkt des **Notstands** (§ 34 StGB) gerechtfertigt ist.[133]

Der Gesichtspunkt des **erlaubten Risikos** rechtfertigt das ärztliche Vorgehen stets dann, wenn keine ernsthaften Behandlungsalternativen bestehen, der Arzt aber um der gegebenen Rettungschancen willen das Risiko (des Misserfolgs) eingeht. Zu beachten ist jedoch, dass, „je größer die Wahrscheinlichkeit eines tödlichen Ausgangs oder eines schweren Körperschadens ist, so gewichtiger auch der verfolgte Zweck sein muss, damit dessen Realisierung um den Preis eines derartigen Risikos noch angemessen erscheint".[134] Der Unterschied zum rechtfertigenden Notstand liegt darin, dass die Rettungshandlung beim erlaubten Risiko das gefährdete Rechtsgut selbst in erhebliche Gefahr bringt und nicht zu deren Abwehr in ein anderes Rechtsgut eingreift.

Beispiele:
Der Anästhesist setzt in einer Notsituation ein Eigenbluttransfusionsgerät ein, das laut Bedienungsanleitung ständig von einer eigens dazu abgestellten Person kontrolliert werden muss, die ihm jedoch infolge Personalknappheit nicht zur Verfügung steht: Ist der Einsatz dieses Geräts die einzige Rettungschance, darf sie der Arzt bei Abwägung aller Umstände wahrnehmen, selbst wenn es bei der Bedienung des Geräts dann zu einem Fehler kommt, der eine tödliche Luftembolie auslöst.[135]
Anerkannt ist, dass ein Arzt seine Sorgfaltspflicht bei der Verschreibung von gefährlichen Medikamenten unter dem Gesichtspunkt des „erlaubten Risikos" nicht verletzt, wenn er das Mittel in Kenntnis seiner Gefährlichkeit verordnet, um den Patienten vor schwerwiegenden Gesundheitsschäden zu schützen. Fraglich ist natürlich, welches Maß an Risiko der Arzt um der bestehenden Heilungschancen willen eingehen darf (siehe dazu auch § 147 RdNr 31 ff betr die Substitutionsbehandlung mit Drogen).

2. Voraussetzungen des Schuldvorwurfs. a) Subjektive Erkennbarkeit und Erfüllbarkeit der Pflicht. Der Schuldvorwurf wegen fahrlässiger Tötung setzt voraus, dass der Arzt subjektiv, dh nach seinen **persönlichen** Fähigkeiten und **individuellen** Kenntnissen im Stande war, die verlangte Sorgfalt aufzubringen.[136] Der Schuldprüfung liegt also ein **subjektiver** Maßstab zugrunde. Dabei ist zu beachten, dass niemand „die Idealforderung ständiger gespannter Aufmerksamkeit und raschester, zweckmäßiger Reaktion verwirklichen kann".[137] Daher entfällt die Schuld des Arztes, wenn er überraschend – ohne Vorbereitungsmöglichkeit und ohne Kenntnis der präoperativen Befunde und des bisherigen Operationsverlaufs – wegen Überforderung des Operateurs den außerordentlich schwierigen Eingriff mit unvorhersehbaren Komplikationen übernehmen muss und ihm bei der Fortsetzung ein Fehler unterläuft.[138] Hier fehlt es an der **subjektiven Erfüllbarkeit** der Sorgfaltspflicht.

---

[130] *Schönke/Schröder/Eser* § 222 RdNr 3; *Tröndle/Fischer* § 222 RdNr 5.
[131] Vgl *Jescheck/Weigend* AT § 56 III; *Schönke/Schröder/Lenckner* vor § 32 RdNr 107 b; zum erlaubten Risiko s auch § 139 RdNr 77.
[132] *Schönke/Schröder/Eser* vor § 211 RdNr 26.
[133] *Schönke/Schröder/Eser* vor § 211 RdNr 26 mwN; BGH NJW 1997, 807 = NStZ 1997, 182; s auch § 134 RdNr 9.
[134] *Schönke/Schröder/Lenckner* vor § 32 ff RdNr 104.
[135] S zu diesem Fall *Ulsenheimer*, Arztstrafrecht, § 234 e (3).
[136] *Herzberg* Jura 1984, 402.
[137] *Schönke/Schröder/Cramer* § 15 RdNr 195.
[138] aA AG Nördlingen, Urteil v 20. 3. 1986, Az 1 Ls 201 Js 5822/85.

51 **b) Subjektive Voraussetzbarkeit des Erfolgs.** Der gleiche **subjektive** Maßstab gilt auch hinsichtlich der **Voraussehbarkeit** des Todeserfolgs als solchem. Dies bedeutet: Der Tod des Patienten muss als Ereignis einzustufen sein, mit dem der betroffene Arzt nach dem gewöhnlichen Verlauf der Dinge objektiv und nach seinen persönlichen Erfahrungen, Kenntnissen und Fähigkeiten auch subjektiv rechnen musste.[139] Dabei kommt es bei der Beurteilung dieser Frage ebenso wie bei der Bestimmung der Sorgfaltspflicht auf die Sicht **ex-ante,** dh auf die jeweilige Lage und die persönlichen Verhältnisse des Arztes im Behandlungszeitpunkt, an. Nachträglich bekanntgewordene oder erst danach eingetretene Umstände haben dagegen außer Betracht zu bleiben. An der subjektiven Voraussehbarkeit fehlt es zB, wenn der Patient nach – indizierter – Gabe eines Cortisonpräparats und einer Calciuminjektion zur Bekämpfung einer Lymphangitis infolge eines Insektenstiches kollabiert und trotz sofort durchgeführter Wiederbelebungsmaßnahmen nicht gerettet werden kann. Denn keiner der insgesamt fünf Sachverständigen konnte von einem derartigen Vorfall in der Bundesrepublik berichten, so dass angesichts dieses Erfahrungs- und Erkenntnisstandes der Medizin der Tod des Patienten für den Angeklagten eine außerhalb der allgemeinen Lebenserfahrung liegende Komplikationsfolge darstellt.[140] Gleiches gilt für den Vater eines dreijährigen Kindes, das während eines Krankenhausbesuchs in der Entbindungsstation einen Säugling aus dessen Bettchen nahm und fallen ließ, wodurch dieser erheblich verletzt wurde.[141] Wenn dagegen der Arzt einem Sportler auf dessen Wunsch ein Dopingmittel verabreicht und dieser dadurch oder im Zusammenwirken mit anderen Präparaten infolge allergischer oder pseudoallergischer Reaktionen den Tod erleidet, kann sich der Arzt angesichts des Kenntnisstandes der Medizin bezüglich dieser Wirkungen nicht darauf berufen, „die Gefahr tödlicher oder allergischer Schocks bei der Injektion körper-, insbesondere artfremden Eiweißes" sei „nicht voraussehbar" gewesen.[142]

52 **c) Unzumutbarkeit normgemäßen Verhaltens.** Die Fahrlässigkeitshaftung kann nicht nur aus Gründen, die in der Person des Arztes liegen, sondern auch dann entfallen, wenn objektive Umstände die Einhaltung der gebotenen Sorgfalt **unzumutbar** machen.[143] So kann es beispielsweise einem Assistenzarzt nicht zugemutet werden, nach 19stündiger ununterbrochener Diensttätigkeit trotz des dadurch eingetretenen Übermüdungszustands den Bereitschaftsdienst zu versehen,[144] so dass ihn kein Schuldvorwurf trifft, wenn ihm dabei ein tödlicher Behandlungsfehler unterläuft. Zu beachten ist in diesen Fällen allerdings der Gesichtspunkt des **Übernahmeverschuldens.** So ist es einem Berufsanfänger, der eine bestimmte Operation ohne Aufsicht zum ersten Male auf Weisung seines Oberarztes durchführen soll und das dadurch bedingte höhere Gesundheitsrisiko für den Patienten erkennt, nach Auffassung des BGH zuzumuten, „dagegen seine Bedenken zu äußern", selbst wenn er sich mit einem solchen Schritt „möglicherweise Schwierigkeiten für sein Fortkommen aussetzen sollte".[145]

53 Strittig ist, ob die Unzumutbarkeit normgemäßen Verhaltens **systematisch** auf der Ebene der Schuld oder schon bei der Bestimmung der objektiv gebotenen Sorgfalt als pflichtbegrenzendes Kriterium zu prüfen ist.[146] Im praktischen Ergebnis wirkt sich diese Kontroverse allerdings nur im Falle eines Irrtums aus.[147]

---

[139] BayObLG NJW 1998, 3580.
[140] LG Bamberg Urteil v 24. 1. 1985 – Az 2 KLs 101 Js 10258/81.
[141] AG Forchheim, Urteil v 19. 11. 2002 – 1 Cs 105 J s 3919/02
[142] *Linck* NJW 1987, 2549.
[143] *Jescheck/Weigend* AT § 57 IV.
[144] OLG München KH 1980, 64.
[145] BGH NJW 1984, 655, 657; s auch BGH JR 1986, 248 m Anm *Ulsenheimer.*
[146] Vgl *Schönke/Schröder/Cramer* § 15 RdNr 204.
[147] Siehe dazu § 141 RdNr 54 f.

III. Verjährung

Die **Verjährungsfrist** im Falle fahrlässiger Tötung beträgt 5 Jahre, beginnend mit der **54** Beendigung der Tat (§ 78 a StGB). Soweit es sich um ein **unechtes** Unterlassungsdelikt in der Schuldform der **unbewussten** Fahrlässigkeit handelt (zB Missdeutung eines Befundes führt Jahre später zum Tod des Krebskranken), beginnt jedoch die Verjährung in dem Zeitpunkt, in dem der Arzt seine Handlungspflicht „nicht mehr im Gedächtnis hat".[148]

§ 141 Die ärztliche Hilfeleistungspflicht (§ 323 c StGB)

Inhaltsübersicht

	RdNr
I. Allgemeine Grundlagen	1
1. Hilfspflicht und Garantenpflicht – zur Deliktsnatur des § 323 c StGB	1
a) Hilfspflicht und Garantenpflicht	1
b) Garantenstellung	2
c) Nothilfepflicht	4
2. Historische Entwicklung, Strafgrund und Schutzgegenstand der Vorschrift	5
a) Hilfspflicht für jedermann	5
b) Kein Schutzgesetz iSd § 823 Abs 2 BGB	6
3. Keine Sonder- oder erweiterte Berufspflicht für Ärzte	7
4. Unzulässige Anwendung des § 323 c StGB als „Auffangtatbestand"	9
a) Hilfe zur Verhinderung weiterer Schäden	10
b) Vorsatzerfordernis	11
c) Keine Gesinnungsstrafe	12
II. Der objektive Tatbestand	13
1. „Bei einem Unglücksfall"	14
a) Begriffsdefinition	15
b) Beispiele	17
c) Notwendigkeit sofortiger Hilfe	19
d) Das „Näheverhältnis"	22
2. Die Erforderlichkeit der Hilfeleistung	26
a) Objektive Beurteilung	27
b) Voraussetzung: Rettungschancen	29
c) Einzelfallabhängigkeit	32
d) Ablehnung medizinisch erforderlicher Maßnahmen	41
3. Die Zumutbarkeit der Hilfeleistung	43
III. Der subjektive Tatbestand, Tatbestands- und Verbotsirrtum	55
IV. Subsidiarität des § 323 c StGB	58

Schrifttum: *Andreas,* Straf- und haftungsrechtliche Aspekte der unterlassenen Schmerzbehandlung, ArztR 1999, 232; *Arzt/Weber,* Strafrecht BT, 2000, S 857 ff; *Beulke,* „Pflichtenkollisionen" bei § 323 c StGB, FS Küper 2007, S 1 ff; *Bock,* Die unterlassene Hilfeleistung gemäß § 323 c StGB, Notfall- und Rettungsmedizin 05, 286 ff; *Bockelmann,* Strafrecht des Arztes, 1968, S 19 ff; *Bruns,* Anmerkung zum Beschluss des OLG Karlsruhe v 10. 8. 79 – 3 Ss 90/79 –, JR 1980, 297 ff; *v. Danwitz,* Die justitielle Verarbeitung von Verstößen gegen § 323 c StGB, 2002; *Dölling,* Suizid und unterlassene Hilfeleistung, NJW 1986, 1011 ff; *Eser,* Die Tötungsdelikte in der Rechtsprechung seit BGH-GSSt 1/81 bis 6/83, NStZ 84, 49 ff; *Frellesen,* Die Zumutbarkeit der Hilfeleistung, 1980; *Füllgrube,* Das Problem der unterlassenen Hilfeleistung, Kriminalistik 78, 180; *Gallas,* Zur Revision des § 330 c StGB, JZ 1952, 396 ff; *ders,* Unterlassene Hilfeleistung nach deutschem Strafrecht, Dt Landesreferate zum IV. Internationalen Kongress für Rechtsvergleichung, 1954, S 244 ff; *Geiger,* Anmerkung zum BGH-Urteil v 26. 10. 1982 – 1 StR 413/82 –, JZ 1983, 153 ff; *Geilen,* Probleme des § 323 c StGB,

---

[148] BGHSt 11, 121; LK-*Jähnke,* § 78 a RdNr 9 aE; *Bruns* NJW 1958, 1257 ff; **aA** *Fischer,* § 78 a RdNr 18; s auch die Nachweise oben § 139 RdNr 89.

§ 141 1   § 141 Die ärztliche Hilfeleistungspflicht (§ 323 c StGB)

Jura 1983, 78 ff, 138 ff; *ders,* in: *Wenzel* (Hrsg), Handbuch FA-Medizinrecht, Kap 4 B RdNr 552 ff; *Gieseler,* Unterlassene Hilfeleistung – § 323 c StGB, 1999; *Goetze,* Arzthaftungsrecht und kassenärztliches Wirtschaftlichkeitsgebot, 1989, S 42 ff; *Harzer,* Die tatbestandsmäßige Situation der unterlassenen Hilfeleistung (§ 323 c StGB), 1999 (Bespr *Otto* JZ 1999, 668); *Haubrich,* Die unterlassene Hilfeleistung, 2001; *Heil,* Die Folgen der unterlassenen Hilfeleistung nach § 323 c, 2001; *Hirsch,* Bespr von *Bockelmann* „Strafrecht des Arztes" in: ZStW 81, 1969, 917 ff; *Hollmann,* Ablehnung der Behandlung und unterlassene Hilfeleistung, DMW 1978, 1469; *Kahlo,* Die Handlungsform der Unterlassung als Kriminaldelikt, 2001; *Kargl,* Unterlassene Hilfeleistung, GA 1994, 247; *Kienapfel,* Die Hilfeleistungspflicht des Arztes nach deutschem und österreichischem Strafrecht, FS Bockelmann, 1979, S 591 ff; *Kiesecker/Rieger,* in: *Rieger* (Hrsg), Handbuch des Arztrechts, 2. Aufl 2001, Abschnitt 5270; *Kohlhaas,* Ärztliche Hilfeleistungspflicht und Krankenhausarzt, DMW 1966, 1660 ff; *Kreuzer,* Ärztliche Hilfeleistungspflicht bei Unglücksfällen im Rahmen des § 330 c StGB, 1965; *ders,* Ärztliche Hilfeleistungspflicht in der Sicht des Strafrechts, in: *Mergen* (Hrsg), Die juristische Problematik in der Medizin, 1971, Bd II, S 217 ff; *ders,* Die unterlassene ärztliche Hilfeleistung in der Rechtsprechung, NJW 1967, 278 ff; *ders,* Anmerkung zu BGH-Urteil v 26. 10. 1982 – 1 StR 413/82 –, JR 1984, 294; *Lenckner,* Strafrecht und ärztliche Hilfeleistungspflicht, MedKlin 1966, 247 ff, 313 ff; *Lesting,* Die Abgabe von Einwegspritzen im Strafvollzug zur Aids-Prävention – Strafbar oder notwendig?, StV 90, 225; *Lilie,* Anmerkung zu BGH-Urteil v 26. 10. 1982 – 1 StR 413/82 –, NStZ 1983, 314 f; *Lissel,* Strafrechtliche Verantwortung in der präklinischen Notfallmedizin, 2001; *Momsen,* Die Zumutbarkeit als Begrenzung strafrechtlicher Pflichten, 2006, S 406; *Morgenstern,* Unterlassene Hilfeleistung, Solidarität und Recht, 1997; *B. Mueller,* Unterlassene ärztliche Hilfeleistung als Auffangtatbestand, in: Krim Aktualität Bd X, 1976; *Narr,* Ärztliches Berufsrecht, Bd II, 8. Ergänzungslieferung, Stand Januar 1987, RdNr 734 ff; *Naucke,* Der Aufbau des § 330 c StGB, FS Welzel, 1974, S 761 ff; *Otto,* 56. DJT 1986, Gutachten, Teil D, S 76 ff; *Pajonk,* Der Umgang mit suizidalen Patienten im Notarzt- und Rettungsdienst, Anästhesiologie und Intensivmedizin 2000, 783 ff; *Pawlik,* Unterlassene Hilfeleistung: Zuständigkeitsbegründung und systematische Struktur, GA 1995, 360; *Rudolphi,* Anm zu AG Tiergarten, NStZ 1991, 237 ff; *Rieger,* Hilfeleistungspflicht des Krankenhausarztes außerhalb des Krankenhauses, DMW 1973, 518 ff; *Eb Schmidt,* Die Besuchspflicht des Arztes unter strafrechtlichen Gesichtspunkten, 1949; *ders,* in: *Ponsold* (Hrsg), Lehrbuch der gerichtlichen Medizin, 1950, S 3 ff; *Schmitz,* Die Funktion des Begriffs Unglücksfall bei der unterlassenen Hilfeleistung unter Berücksichtigung spezieller inhaltlicher Problemfelder, 2006; *Schöch,* Unterlassene Hilfeleistung, in: Handbuch des Medizinstrafrechts, hrsg v Roxin/Schroth, 3. Aufl, 07, S 109 ff; *Schöne,* Unterlassene Erfolgsabwendungen und Strafgesetz, 1974; *Schwind,* Zum sog Non-helping-bystander-Effekt bei Unglücksfällen und Straftaten, FS Kaiser 1998, 409 ff; *Seelmann,* „Unterlassene Hilfeleistung" oder: Was darf das Strafrecht?, JuS 1995, 281 ff; *ders,* Zur Berechenbarkeit der strafrechtlichen Hilfspflicht (§ 323 c StGB), FS Kohlmann 2003, 279 ff; *Spann/Liebhardt/Braun,* Ärztliche Hilfeleistungspflicht und Willensfreiheit des Patienten, FS Bockelmann, 1979, S 487 ff; *Spengler,* Aids und unterlassene Hilfeleistung, DRiZ 90, 259; *Stein,* Verhaltensnorm und Sanktionsnorm bei § 323 c StGB, FS Küper 2007, 607 ff; *Stree,* Zumutbarkeitsprobleme bei Unterlassungstaten, FS Lenckner 1998, 393 ff; *Ulrich,* Unterlassene Hilfeleistung des Arztes gegenüber einem behandlungsunwilligen Patienten? – BGH MedR 1983, 29, MedR 1983, 137 ff; *Ulsenheimer,* Arztstrafrecht in der Praxis, 4. Aufl 2008, § 2, RdNr 247 ff; *Ulsenheimer/Erlinger,* Forensische Aspekte der Schmerztherapie, in: *Zenz/Jurna* (Hrsg), Lehrbuch der Schmerztherapie, 2. Aufl 2001, S 935 ff; *dies,* Zur Haftung des Konsiliararztes, Zeitschrift für ärztliche Fortbildung 2001, S 613 f; *Vermander,* Unfallsituation und Hilfspflicht im Rahmen des § 330 c StGB, 1969; *Voit,* Die Haftung des zufällig am Unfallort anwesenden Arztes, AZR 2007, 152 ff; *Weissauer,* Der Arzt zwischen Hilfeleistung und Schweigepflicht, Frauenarzt 1983, 64 ff; *Welzel,* Zur Dogmatik der echten Unterlassungsdelikte, insbesondere des § 330 c, NJW 1953, 327 ff.

I. Allgemeine Grundlagen

1 1. Hilfspflicht und Garantenpflicht – zur Deliktsnatur des § 323 c StGB.
a) Hilfspflicht und Garantenpflicht. Aus der Vielzahl rechtlicher Bezüge – Standesrecht, Zivilrecht, öffentliches Recht – die die Frage der ärztlichen Hilfeleistungspflicht aufweist, ist im folgenden ausschließlich die strafrechtliche Problematik behandelt, unter welchen Voraussetzungen und mit welchen Folgen sich der Arzt bei Unterlassen einer sachlich begründeten Hilfeleistung strafbar machen kann. Dabei sind zwei gänzlich unterschiedlich strukturierte Fallgestaltungen streng zu unterscheiden: zum einen die **besondere Hilfe-**

23. Kapitel. Der Arzt im Strafrecht   2, 3 § 141

leistungspflicht aufgrund **pflichtwidrigen vorangegangenen Tuns** (Ingerenz) oder **„kraft Übernahme der Behandlung"** (Garantenpflicht), zum anderen die **allgemeine**, jedermann bei Unglücksfällen treffende **Pflicht zum Helfen** nach § 323 c StGB.[1] Denn die strafrechtlichen Folgen „je nachdem, ob der Arzt einen Krankheitsfall bereits übernommen hat oder ob er ihn ... erst übernehmen soll",[2] sind grundverschieden.

b) Garantenstellung. Bei der ersten Fallgruppe geht es um die Frage der **Garantenstellung** des Arztes infolge unsachgemäßer vorausgegangener Behandlung oder aufgrund erfolgter rein faktischer Behandlungsübernahme und der dadurch ausgelösten **Erfolgsabwendungspflicht**, dh, er hat nicht nur helfend tätig zu werden, sondern dafür einzustehen, dass „die Gefahr des Todes, des Kränkerwerdens oder des Krankbleibens von dem Leidenden" abgewendet wird.[3] Garant ist beispielsweise der **Bereitschaftsarzt,** der „nicht nur gegenüber der kassenärztlichen Einrichtung, sondern gegenüber der Bevölkerung eine strafrechtlich geschützte Rechtspflicht hat, in dringenden Erkrankungsfällen einzugreifen".[4] Wer daher als Arzt diese Schutzfunktion übernommen hat, „muss schon deshalb für pflichtwidriges Unterlassen ebenso einstehen wie für tätiges Handeln, weil die Pflichten anderer Ärzte gegenüber ihren Patienten für die Dauer des Bereitschaftsdienstes mindestens erheblich eingeschränkt werden".[5] Garanten sind ferner der **Aufnahmearzt** eines Krankenhauses „im Verhältnis zu den mit dem Krankenwagen eingelieferten Patienten" sowie **alle im Krankenhaus tätigen Ärzte** gegenüber ihren jeweiligen stationären oder ambulanten Patienten.[6] Dies ergibt sich aus den (Landes-)Krankenhausgesetzen, wonach die Krankenhäuser im Rahmen ihrer Funktion und Möglichkeiten zur Aufnahme stationär behandlungsbedürftiger Patienten verpflichtet sind. Dagegen besteht im Regelfall keine Garantenstellung „für die Ärzte einer bestimmten Fachabteilung hinsichtlich der Patienten einer anderen Fachabteilung", so dass etwa der vom Gynäkologen **konsiliarisch** zugezogene Chirurg sich bei Verletzung seiner Hilfeleistungspflicht nur nach § 323 c StGB strafbar machen würde.[7] *Keine* Garantenstellung resultiert auch aus der **Übernahme der ärztlichen Beratung nach § 219 StGB,** da sich diese „in der Aufklärung der Schwangeren über alle Gesichtspunkte erschöpft, die aus ärztlicher Sicht für das Austragen oder Abbrechen der Schwangerschaft von Bedeutung sind".[8]

Erfüllt der Arzt seine Garantenpflicht, die ihm kraft tatsächlicher Übernahme der Betreuung und Versorgung des Kranken oder Ingerenz obliegt, vorsätzlich oder fahrlässig nicht bzw ergreift er nicht die nach Lage des Falles notwendigen, sachgemäßen Maßnahmen, kann sein Unterlassen je nach den Folgen zur Strafbarkeit wegen eines Tötungs- oder Körperverletzungsdelikts führen (sog **unechtes Unterlassungsdelikt).** Voraussetzung ist allerdings, dass bei Vornahme der gebotenen Handlung, zB der rechtzeitigen Einweisung des Patienten ins Krankenhaus oder einer engmaschigen postoperativen Kontrolle des Erkrankten, der Tod bzw die Gesundheitsbeeinträchtigung mit an Sicherheit grenzender Wahrscheinlichkeit vermeidbar war und dem Arzt subjektiv ein Schuldvorwurf zu machen ist. Insoweit darf auf die obigen Ausführungen[9] zur fahrlässigen Körperverletzung und fahrlässigen Tötung verwiesen werden.

---

[1] Vgl *Bockelmann,* Strafrecht des Arztes, 10, S 20.
[2] *Eb Schmidt,* Die Besuchspflicht des Arztes unter strafrechtlichen Gesichtspunkten, S 3.
[3] *Bockelmann* (Fn 1) S 19; BGH GA 1980, 253 (254); BGHSt 7, 211, 212; *Wessels/Beulke,* Strafrecht, Allgemeiner Teil, 37. Aufl 2007, § 16 II 5 c; *Schönke/Schröder/Stree,* StGB, 27. Aufl 2006, § 13 RdNr 28; s dazu auch oben § 140 I 2 c.
[4] BGHSt 7, 211, 212; LG Potsdam ZMGR 2009, 257, 259.
[5] BGHSt 7, 211, 212.
[6] *Rieger* Lexikon des Arztrechts, 2. Aufl 2001, Abschnitt 5270, RdNr 18 ff, bearb v *Kieseker/Rieger.*
[7] *Kohlhaas* DMW 1966, 1661 f; s auch oben § 140 RdNr 14.
[8] BGH NJW 1983, 350 betr den früheren § 218 b Abs 1 Nr 2 StGB, s oben § 140 RdNr 15.
[9] § 139 RdNr 22 f., § 140 RdNr 6 ff., 14 f., 31 ff.

4 **c) Nothilfepflicht.** Im Unterschied dazu „entstehen bei der zweiten Fallgruppe ganz andere Fragen".[10] § 323 c StGB bestraft das bloße Untätigbleiben bei Unglücksfällen trotz möglicher, notwendiger und zumutbarer Hilfeleistung, ohne dass es auf dessen Folgen für das Unfallopfer oder den Kranken ankommt. Die **allgemeine Nothilfepflicht** gilt **unabhängig davon, ob der drohende Schaden eintritt** oder durch das rechtzeitige Eingreifen des Arztes das Leben des Verunglückten gerettet bzw die Wiederherstellung seiner Gesundheit erreicht werden kann. Denn es geht im Rahmen des § 323 c StGB um die **Wahrnehmung von Rettungschancen,** so dass es auf „die Erfolgsaussichten der Hilfeleistung grundsätzlich nicht ankommt".[11] § 323 c StGB ist daher ein sogenanntes **echtes Unterlassungsdelikt,** das weder eine Garantenstellung des Arztes gegenüber dem Unfallopfer begründet noch den Nachweis der Kausalität der unterbliebenen Handlung für den Schadenseintritt erfordert, und zugleich ein **konkretes Gefährdungsdelikt.**[12]

5 **2. Historische Entwicklung, Strafgrund und Schutzgegenstand der Vorschrift.**
a) Hilfspflicht für jedermann. „Gegenseitige Hilfe in Notfällen entspricht einem von jeher bestehenden sittlichen Gebot."[13] Strafbar war die Verletzung dieser allgemeinen moralischen Verpflichtung bis 1935 in § 360 Ziffer 10 aF StGB aber selbst bei akuter Gefahrenlage und dringlich gebotener Hilfe nur dann, wenn die als Helfer in Betracht kommende Person einer polizeilichen Hilfsaufforderung nicht Folge geleistet hatte. Durch die Gesetzesnovelle vom 28. 6. 1935[14] verlor diese Vorschrift jedoch ihren Charakter als bloßes „Ordnungs- und Ungehorsamsdelikt"[15] und wurde durch den neu eingeführten § 330 c StGB zu einer „nach gesundem Volksempfinden" bestehenden, spontanen, wechselseitigen **Hilfspflicht für jedermann** aus mitmenschlicher Solidarität umgestaltet. Mit dem Dritten Strafrechtsänderungsgesetz vom 4. 8. 1953[16] erhielt § 330 c StGB sprachlich eine neue und sachlich präzisere Fassung, die nach der Änderung der Paragraphenziffer durch das 18. Strafrechtsänderungsgesetz[17] im jetzigen § 323 c StGB unverändert fortgilt. Danach wird bestraft, wer bei Unglücksfällen, gemeiner Gefahr oder Not nicht die erforderliche und ihm zumutbare Hilfe leistet.

6 **b) Kein Schutzgesetz iSd § 823 Abs 2 BGB. Strafgrund** der unterlassenen Hilfeleistung ist die „Versäumung der Gelegenheit zur erfolgreichen Schadensabwendung",[18] nicht dagegen „die in dem Unterlassen zutage tretende rücksichtslose Gesinnung".[19] Indem § 323 c StGB bei Androhung von Strafe jedem ein Minimum an Hilfsbereitschaft in akuten Notlagen abverlangt, sollen die Rettungschancen für die bedrohten Rechtsgüter des einzelnen, insbesondere Leben, körperliche Unversehrtheit, sexuelle Selbstbestimmung und Eigentum,[20] im **Allgemeininteresse** gewahrt werden. § 323 c StGB ist daher **kein Schutzgesetz nach § 823 Abs 2 BGB.**[21]

---

[10] *Eb Schmidt* (Fn 2) S 3.
[11] BGHSt 17, 166, 170.
[12] *Seelmann* JuS 1995, 285; aA *Arzt/Weber,* Strafrecht BT, S 865.
[13] BGHSt 6, 147, 151.
[14] RGBl I, 839.
[15] *Gallas,* Zur Revision des § 330 c StGB, JZ 1952, 397; zur hist. Entwicklung *Harzer* aaO Kap 2.
[16] BGBl I 1953, 735.
[17] Art 1 Nr 17, BGBl I 1980, 373.
[18] BGHSt 14, 213, 215 unter Rückgriff auf die amtl Begr zu § 330 c, S 41; zur schwankenden Deutung des zu Grunde liegenden Rechtsguts, *Geilen* Jura 1983, 81 Fn 17.
[19] RGSt 75, 68, 72.
[20] BGHSt 6, 147, 152; *Geilen* (Fn 18), 83 f; *Schöne,* Unterlassene Erfolgsabwendungen und Strafgesetz, S 51 mwN; *Wessels/Hettinger,* Strafrecht, Besonderer Teil Bd 1, 31. Aufl 2007, RdNr 1042; LK-*Spendel,* § 323 c RdNr 29; *Seelmann* JuS 95, 281; aA *Arzt/Weber,* Strafrecht BT, 2000, S 855.
[21] *Palandt/Thomas* § 823 RdNr 154; *Dütz* NJW 1970, 1822, streitig.

23. Kapitel. Der Arzt im Strafrecht 7–9 § 141

3. Keine Sonder- oder erweiterte Berufspflicht für Ärzte. Die allgemeine 7
Solidaritätspflicht des § 323 c StGB richtet sich keineswegs gerade an den Arzt, vielmehr „gilt sie für jedermann, aber eben deshalb auch für den Arzt",[22] dh sie entsteht für ihn „im Einzelfall nur unter denselben Voraussetzungen und wie für jedermann",[23] wenn er „nach seinen Fähigkeiten und Möglichkeiten ohne sonstige Pflichtverletzung und ohne erhebliche eigene Gefährdung rascher und wirksamer als ein anderer Hilfe leisten kann".[24] Nach allgemeiner Auffassung **erweitert** daher § 323 c StGB weder die **Berufspflichten** des Arztes **noch begründet** diese Vorschrift **ärztliche Sonderpflichten.**[25] Allerdings hängt die Frage, wer hilfspflichtig ist, und damit die Bestimmung des **Täterkreises** von den jeweiligen Handlungs- und Hilfsmöglichkeiten ab.[26] Oftmals kann nur ein Arzt (mit der nötigen Notfallausrüstung) dem Verletzten Hilfe bringen. Der Tatbestand des § 323 c ist zwar „nicht berufstypisch, aber berufsnah" und deshalb für den Arzt praktisch von größerer Bedeutung als für den quivis ex populo.[27]

Wenn und soweit es auf die ärztliche Sachkunde ankommt, ist die **besondere persön-** 8
liche Eignung folglich nicht erst für die Frage „des Umfangs der Hilfeleistung", sondern „schon für die Frage der Hilfspflicht" von Bedeutung.[28] Kann der um Hilfe angegangene, nicht unmittelbar beteiligte Arzt wirksamere und frühere Hilfe leisten als andere Personen, führen seine spezifischen beruflichen Fähigkeiten und (oder) die ihm zur Verfügung stehenden besonderen Hilfsmittel in Notsituationen, in denen ärztliches Wissen und ärztliche Erfahrung zur effektiven Hilfeleistung notwendig sind, im Ergebnis dazu, dass im konkreten Fall die allgemeine Hilfspflicht des § 323 c StGB ausschließlich den Arzt trifft. Aber: „die – weitergehende – Berufspflicht des Arztes darf nicht zur Begründung der Jedermannspflicht" des § 323 c herangezogen werden.[29] Er ist hilfspflichtig, weil die anderen nicht helfen können, doch verpflichtet ihn seine besondere Sachkunde nicht „zum Beistand auch dort, wo für ‚jedermann' mangels näherer Beziehung zum Unglücksfall eine Verpflichtung entfiele".[30]

4. Unzulässige Anwendung des § 323 c StGB als „Auffangtatbestand": Bedauer- 9
licherweise wird in der Praxis der entscheidende Unterschied zwischen dem unechten Unterlassungsdelikt der §§ 222, 223, 229 StGB auf der einen und dem echten Unterlassungsdelikt des § 323 c StGB auf der anderen Seite im Bereich des Arztstrafrechts häufig verkannt,[31] indem man dort, wo wegen fehlender Garantenstellung oder mangelndem Nachweis der Kausalität des pflichtwidrigen ärztlichen Unterlassens für den Eintritt des Todes oder der Körperverletzung die Bestrafung nach §§ 222 oder 223, 229 StGB scheitert, auf den Tatbestand der unterlassenen Hilfeleistung ausweicht. „Die in dieser Hinsicht verführerische strafrechtliche Nothilfevorschrift" übernimmt eine Art **Lückenbüßer-**
funktion „für sonst nicht strafrechtlich erfaßbare, aber doch irgendwie fehlerhafte und zumeist anstößige ärztliche Verhaltensweisen".[32] Diese **unzulässige tatbestandliche Ausdehnung** der Strafbestimmung des § 323 c StGB in Ärztefällen, in denen schwere Gesundheitsschäden oder sogar der Tod eines Menschen die Folge unrichtiger oder unzureichender Therapiemaßnahmen waren und von daher ein wirkliches oder vermeintliches

---

[22] *Bockelmann* (Fn 1) S 20.
[23] RGSt 75, 68, 73.
[24] BGHSt 2, 296, 298.
[25] BGHSt 2, 296, 299; 21, 50, 52; RGSt 75, 68, 73; *Schönke/Schröder/Cramer/Sternberg-Lieben,* StGB 27. Aufl 2006, § 323 c RdNr 25 a.
[26] LK-*Spendel,* 11. Aufl 1992 ff, § 323 c RdNr 104.
[27] *Narr,* ÄrztlBerufsR, Teil II, RdNr 734.
[28] BGHSt 2, 296, 298; BGH MDR 1982, 145, 147.
[29] *Gallas* (Fn 15) S 399.
[30] *Gallas* (Fn 15) S 399.
[31] Vgl *Ulsenheimer,* Arztstrafrecht in der Praxis, 4. Aufl 2008, RdNr 249; *Kreuzer* NJW 1967, 278 f mwN; *Goetze,* Arzthaftungsrecht und kassenärztliches Wirtschaftlichkeitsgebot, 1989, S 42 ff.
[32] *Kreuzer* (Fn 31) S 279.

Strafbedürfnis besteht, erfolgt vor dem Hintergrund „einer bemerkenswerten Wandlung":[33] Die geringe praktische Bedeutung des § 323 c StGB für die Bestrafung des hilfspflichtigen „Jedermann"[34] wird durch das Bestreben kompensiert, seinen Anwendungsbereich „auf professionelle Retter", insbesondere Ärzte,[35] auszudehnen. Bei diesem bedenklichen Vorgehen wird jedoch dreierlei übersehen:

10 **a) Hilfe zur Verhinderung weiterer Schäden.** § 323 c verpflichtet den Arzt (nur) im Rahmen des Erforderlichen und Zumutbaren, diejenige Hilfe zu leisten, die rascher und wirksamer als sonstige Maßnahmen aus der Unglückssituation herausführt, also den **Eintritt weiterer Schäden** verhindert.[36] Verstößt der Arzt dabei gegen die Regeln der ärztlichen Kunst, indem er die gebotene Therapie nicht anwendet bzw die Behandlung fehlerhaft durchführt, so ist dies unter dem Aspekt des § 323 c StGB unbeachtlich, da die Erbringung „pflichtgemäßer", fehlerfreier Hilfe vom Tatbestand ebensowenig vorausgesetzt wird wie die Abwendung des schädlichen Erfolges.

11 **b) Vorsatzerfordernis.** § 323 c StGB ist ein reines **Vorsatzdelikt**, dh, strafbar ist nur derjenige Arzt, der zumindest mit bedingtem Vorsatz untätig bleibt. Dazu gehört, dass er sich „des Vorliegens eines Unglücksfalles bzw der bestehenden Möglichkeit eines solchen und ebenso der Erforderlichkeit einer durch ihn zu erbringenden Hilfeleistung bewusst ist".[37] Verkennt er dies aufgrund einer durch fachliche oder persönliche Mängel, ungenügende Information oder zu oberflächliche Prüfung bedingten Fehleinschätzung der Lage, so mag seine Untätigkeit zwar pflichtwidrig sein und einen Sorgfaltspflichtverstoß darstellen. Eine Strafbarkeit nach § 323 c StGB scheidet jedoch in Fällen **fahrlässig** versäumter ärztlicher Maßnahmen wegen des fehlenden Unterlassungsvorsatzes aus. Der Notarzt, der nach eingehender Untersuchung der Patientin lediglich die kontinuierliche Überwachung der Schlafenden anordnet, jedoch die für einen Suizidversuch mittels Schlaftabletten sprechende Gesamtsituation verkennt und daher von einer sofortigen Einweisung der Patientin in eine Klinik absieht, hat trotz seines Behandlungsfehlers die allgemeine Hilfspflicht des § 323 c StGB erfüllt.

12 **c) Keine Gesinnungsstrafe.** § 323 c StGB dient der Verhinderung drohender Schäden, nicht aber der Bestrafung einer unärztlichen Einstellung und damit verwerflichen Gesinnung, wie sie in der Nichtgewährung erforderlicher medizinischer Hilfe sichtbar wird. Ein derartiges Verhalten ist unter dem Aspekt der **Berufsunwürdigkeit** vor den ärztlichen **Berufsgerichten** zu überprüfen und gegebenenfalls mit den der Standesgerichtsbarkeit zur Verfügung stehenden Sanktionen zu ahnden, unterliegt aber nicht dem **staatlichen Strafanspruch**.

II. Der objektive Tatbestand

13 Die „**tatbestandsmäßige Situation**"[38] wird durch die drei Alternativen „bei einem Unglücksfall, gemeiner Gefahr oder Not", das **tatbestandsmäßige Verhalten** durch das Unterlassen der „erforderlichen" und „zumutbaren Hilfe" umschrieben. Die Notlage als Eingriffsvoraussetzung und die dadurch ausgelöste Hilfspflicht als Handlungsfolge sind allerdings nicht immer scharf voneinander trennbar, sondern bedingen sich oft wechselseitig, indem die Erforderlichkeit der Hilfe auf das Vorliegen eines „Unglücksfalles" hindeutet.[39]

---

[33] *Arzt/Weber* (Fn 20) S 858.
[34] Vgl *Arzt/Weber* (Fn 20) S 859; *Seebode*, FS Kohlmann, 2003, S 281 f: statistisch ist die Norm fast bedeutungslos (weniger als 200 Aburteilungen pro Jahr).
[35] *Arzt/Weber* (Fn 20) S 857.
[36] OLG Köln NJW 1957, 1609; LG Kreuznach, Urteil v 30. 11. 1983, Js 157/82 Ls Ns.
[37] OLG München, KH 1980, 64.
[38] *Geilen* (Fn 18) S 79.
[39] *Arzt/Weber* (Fn 20) S 859.

1. „Bei einem Unglücksfall": Während die Tatbestandsmerkmale „gemeine 14 Gefahr" als Zustand, der für unbestimmt viele die Möglichkeit eines erheblichen Schadens in sich birgt (zB Brand, Überschwemmung, Erdbeben), und die **„gemeine Not"** als „Notlage der Allgemeinheit"[40] keine spezifischen arztrechtlichen Probleme aufwerfen, ist die Auslegung des Begriffs „Unglücksfall" für den Arzt von praktisch erheblicher Bedeutung.

a) Begriffsdefinition. Nach herrschender Lehre[41] ist unter **„Unglücksfall"** jedes 15 „mit einer gewissen Plötzlichkeit eintretende Ereignis" zu verstehen, „das erheblichen Schaden an Menschen oder Sachen verursacht und weiteren Schaden zu verursachen droht".[42] Dabei darf allerdings, wie der Bundesgerichtshof ausdrücklich betont, der Begriff des „Plötzlichen, Unerwarteten nicht zu eng" interpretiert werden.[43] Deshalb fällt darunter auch „ein überraschendes Ereignis, von dem Schaden noch nicht angerichtet ist, aber unmittelbare ernste Gefahr droht".[44] Woher diese Gefahrenlage rührt, dh ob sie schicksalshaft, ohne menschliches Zutun, durch Menschenhand (zB einen deliktischen Angriff), durch eine sonstige „exogene" Ursache „von außen" herbeigeführt oder aber vom Hilfsbedürftigen selbst **vorsätzlich oder fahrlässig,** allein oder mitverursacht wurde, ist nach dem Grundgedanken des § 323 c StGB belanglos.[45] Deshalb ist der Suizid(versuch) nach ständiger Rechtsprechung ein „Unglücksfall" iS dieser Vorschrift,[46] auch die bewusste Selbstgefährdung (Rauschgiftmissbrauch) kann es sein,[47] und deshalb „steht insoweit der grundsätzlichen Einbeziehung auch von Krankheiten nichts entgegen".[48]

Aber im Hinblick auf die Notwendigkeit einer krisenhaften Zuspitzung der Lage, einer 16 „gewissermaßen sprunghaften Dramatik" des Geschehensablaufs[49] stellen „Krankwerden und Kranksein nicht stets einen Unglücksfall dar".[50] Eine Schwangerschaft ohne besondere Vorkommnisse ist deshalb kein Unglücksfall.[51] Auch ist „nicht jede Körperverletzung, bei der weitere Verletzungen eintreten können, bereits als Unglücksfall zu bewerten".[52] Dies gilt selbst für Krankheiten schwerer Art, da auch diese „normal" oder „schleichend" verlaufen und „ohne Ereignisse von besonderer Plötzlichkeit das Leben zum Erlöschen" bringen können,[53] abgesehen davon, dass sie oft „nur aufgrund mehr oder weniger umfangreicher Feststellungen oder Beobachtungen aller Art" diagnostizierbar sind.[54] Deshalb ist der Arzt, der die Behandlung eines Kranken ablehnt, im Regelfall **nicht** nach § 323 c StGB straf-

---

[40] Vgl *Lackner/Kühl,* StGB, 26. Aufl 2007, § 323 c RdNr 3; *Geilen* (Fn 18) S 139 mwN.
[41] Vgl *Schönke/Schröder/Cramer/Sternberg-Lieben,* § 323 c RdNr 5; *Fischer,* StGB, 55. Aufl 2008, § 323 c RdNr 2 a; *Geilen* (Fn 18) S 79 ff mit ausführlichen Rechtsprechungs- und Literaturbelegen.
[42] BGHSt 6, 147, 152.
[43] BGHSt 6, 147, 152.
[44] BGHSt 6, 147, 152.
[45] BGHSt 6, 147, 152; *Geilen* (Fn 18) S 88.
[46] BGHSt 6, 147 ff; BGHSt 32, 367 ff; OLG München NJW 1987, 2940, was zu Wertungswidersprüchen bei aktiver Beihilfe zum Suizid führt, s § 149 RdNr 23 ff; s auch BGH NJW 1988, 1532, wo der 2. Strafsenat darauf hinweist, „dass er in Anlehnung an die Entscheidung BGHSt 32, 262 ff dazu neigt, einem ernsthaften, freiverantwortlich gefassten Selbsttötungsentschluss eine stärkere rechtliche Bedeutung beizumessen, als dies in dem Urteil des 3. Strafsenats (BGHSt 32, 367 ff) geschehen ist"; s auch RdNr 54 aE.
[47] OLG Stuttgart GA 1981, 273; **aA** *Tröndle/Fischer,* § 323 c RdNr 2 a und 3 a mwN
[48] *Geilen* (Fn 18) S 89; *Kreuzer,* Ärztliche Hilfeleistungspflicht, 1965, S 41 ff.
[49] *Geilen* (Fn 18) S 89.
[50] *Ulrich* MedR 1983, 137; *Bockelmann* (Fn 1) S 20; OLG Hamm NJW 1975, 605; OLG Düsseldorf NStZ 1991, 531; m Anm *Meurer* JR 1992, 38.
[51] OLG Düsseldorf aaO
[52] BGH BGHR § 323 c Nr 1.
[53] *Eb Schmidt* (Fn 2) S 10; vgl auch BayObLG NJW 1953, 556; OLG Hamm NJW 1975, 605.
[54] RGSt 75, 68, 72.

bar.⁵⁵ Wenn jedoch die Krankheit jäh und unerwartet auftritt, unmittelbar lebensbedrohlich ist oder sich der Krankheitsverlauf wider Erwarten dramatisch verschlechtert, zB ein Krampfanfall, eine Blutung oder ein Kollaps eintritt, wird die „Plötzlichkeit" in der Fortentwicklung des Krankheitsgeschehens mit drohender Gefahr für Leib oder Leben und damit ein „Unglücksfall" bejaht.

17 **b) Beispiele. Beispiele** aus der Judikatur für die **Qualifizierung** einer Erkrankung als „Unglücksfall":
- Schieflage des Kindes und vor allem Vorfall eines Ärmchens während des Geburtsverlaufs;⁵⁶
- Bauchhöhlenschwangerschaft mit starken Blutungen;⁵⁷
- Atembeschwerden, starrer Blick, Zuckungen am ganzen Körper, 41°–42° C Fieber bei einem 9 Monate alten Kind;⁵⁸
- sich steigernde und nahezu unerträglich gewordene Schmerzen in der Bauchhöhle als Indiz für die akute Verschlechterung des Gesundheitszustands;⁵⁹
- plötzlich auftretende Symptome eines sich anbahnenden oder bereits entwickelten Myokardinfarktes mit heftigen Schmerzen in der Brustgegend, eine Angina pectoris mit Komplikationen (akuten Rhythmusstörungen während eines pectanginösen Anfalls);⁶⁰
- schweres Cor pulmonale mit Rechtsversagen des Herzens und Asystolie, infolgedessen der Patient kaum Luft bekam, wegen des Schleims nur noch röchelnd atmen konnte, bläulich verfärbte Lippen, völlig farblose Hände und auf der Stirn nassen Schweiß hatte;⁶¹
- „plötzliche Wendung" des bestehenden akuten Krankheitszustands nach operativer Entfernung der Milz und Leberzirrhose infolge Absinkens des Blutdrucks von 100 mmHg auf 50 mmHg;⁶²
- unklares Abdomen mit der ungesicherten Diagnose „peritoneale Reizung, möglicher Verdacht der gedeckten Perforation eines Appendix";⁶³
- „Eileiterschwangerschaft" mit Gefahr der Ruptur des Eileiters und dadurch bedingtem alsbaldigen Verbluten;⁶⁴
- Herzschmerzen, Klagen über allgemeines Unwohlsein;⁶⁵
- schwere, andauernde Atemnot;⁶⁶
- schlimme Atembeschwerden und Schmerzen in der Brust;⁶⁷
- unklarer komatöser Zustand mit Verdacht auf Tablettenintoxikation;⁶⁸
- akute Gastroenterokolitis, drohender Herzinfarkt;⁶⁹
- akut aufgetretene, sehr starke Schmerzen eine Krebskranken,⁷⁰

18 **Beispiele** für die **Ablehnung** eines „Unglücksfalls" bei Erkrankung:
- tödlich verlaufene doppelseitige Lungenentzündung ohne „plötzliches Ereignis" zum Zeitpunkt des Anrufs beim Arzt;⁷¹
- komplizierte Halsentzündung (Angina) mit tödlichem Ausgang, wobei die plötzliche negative Wendung des Krankheitsverlaufs erst zwei Tage nach dem unterlassenen Hausbesuch erfolgte;⁷²
- Angina-pectoris-Beschwerden.⁷³

---

[55] RGSt 75, 68, 72; *Bockelmann* (Fn 1) S 20.
[56] RGSt 75, 160, 162.
[57] RG HRR 1941 Nr 915.
[58] BGHSt 17, 166.
[59] OLG Hamm NJW 1975, 605.
[60] OLG München, KH 1980, 64.
[61] OLG Karlsruhe NJW 1979, 2360.
[62] AG Gerau NJW 1972, 709.
[63] LG Kreuznach, Urteil v 30. 11. 1983, Js 157/82 Ls Ns.
[64] BGH NJW 1983, 350.
[65] BGH NStZ 1985, 409, m Anm *Frelessen* StV 87, 22.
[66] OLG Düsseldorf NJW 1995, 799.
[67] OLG Köln StraFo 1997, 54, 55.
[68] BGH NJW 1988, 1532.
[69] OLG Zweibrücken VersR 2000, 605.
[70] AG Augsburg ZMGR 05, 75.
[71] RGSt 75, 68: eine akute Zuspitzung des Krankheitsverlaufs trat erst sechs Tage später ein.
[72] RGSt 75, 68.
[73] OLG Köln, OLGSt § 330 c, S 19.

c) **Notwendigkeit sofortiger Hilfe.** Die Fallbeispiele machen deutlich, dass der Begriff der **„Plötzlichkeit" kein geeignetes Kriterium** ist, um das Tatbestandsmerkmal des „Unglücksfalles" von normalen, keine Hilfspflicht auslösenden Krankheitsverläufen abzugrenzen.[74] Mit Recht wird im juristischen[75] und medizinischen Schrifttum daher hervorgehoben, dass die „übliche Differenzierung Unglücksfall-Krankheit" nach dem Gesichtspunkt des „plötzlichen Ereignisses" vielfach mit den tatsächlichen medizinischen Gegebenheiten nicht in Einklang gebracht werden kann.[76] Soll der Arzt bei erkannter Blutung mit der Vornahme der Bluttransfusion warten dürfen, bis die sich daraus entwickelnde Symptomatik (Volumenmangelschock) als „dramatische Verschlechterung" nun – bei erheblich verminderten Erfolgsaussichten – die Hilfeleistungspflicht begründet? Soll es wirklich für die Pflicht des Arztes zum Helfen im Rahmen des § 323 c StGB darauf ankommen, ob der an einem chronischen Insulinmangel leidende Zuckerkranke ins Koma fällt, die vorliegende Infektionskrankheit plötzlich zum Ausbruch kommt oder die „schleichende" Peritonitis des Patienten in einen foudroyanten Verlauf übergeht?[77]

Abgesehen davon, dass „eine Abgrenzung, wann in einem Krankheitsverlauf ein plötzliches Ereignis eintritt", in der Regel unmöglich[78] und daher das Merkmal der „Plötzlichkeit" ein praktisch unbrauchbares Abgrenzungskriterium ist, macht es aber auch „für die Notwendigkeit insbesondere ärztlicher Hilfe wenig Sinn, auf die bisherige Verlaufsform einer Krankheit zurückzuschauen, statt sich umgekehrt am Ausmaß der im Augenblick bestehenden Gefahr zu orientieren".[79] Es erscheint, wie schon *Eb Schmidt* zutreffend hervorgehoben hat, wenig plausibel, ja geradezu widersinnig, dass „einer im rapiden Verlauf zum Tode führenden Pneumonie, die „normal" verläuft und ohne Ereignisse von besonderer Plötzlichkeit das Leben zum Erlöschen bringt, alle Ärzte der Welt mit verschränkten Armen zusehen dürfen, während sie bei einer Ohnmacht, einer apoplektischen Arterienruptur oder starken Blutungen gem § 323 c StGB helfend zuspringen müssen".[80] Angesichts der gleichen Not des Erkrankten ist daher die ärztliche Hilfspflicht nicht davon abhängig zu machen, „dass im Ablauf einer an sich schon sehr schweren, lebensgefährlichen Erkrankung ein plötzliches Ereignis eintritt, das die Hilflosigkeit des Erkrankten besonders deutlich macht", vielmehr bedeutet eine Krankheit immer schon dann einen „Unglücksfall", wenn eine **gegenwärtige Gefahr für Leib oder Leben** besteht, die ein möglichst **sofortiges Eingreifen** zur Schadensabwehr erfordert.[81] Die herrschende Lehre, die die ärztliche Hilfeleistungspflicht „nicht von der Schwere der dem Erkrankten drohenden Gefahr, vielmehr von dem Zufall abhängig" macht, „ob die Krankheit eine plötzliche Wendung in dem angegebenen Sinne nimmt",[82] bedarf daher dringend der Korrektur.

Das Vorliegen eines Unglücksfalls ist – anders als das Merkmal der Erforderlichkeit – aus der Sicht ex post zu bestimmen.[83]

---

[74] *Spann/Liebhardt/Braun*, FS Bockelmann, 1979, S 495; ebenso *Geilen*, Handbuch FA Medizinrecht, Kap 4 B RdNr 557 f.
[75] Vgl *Geilen* (Fn 18) S 89.
[76] *Spann/Liebhardt/Braun* (Fn 74) S 494.
[77] Vgl *Geilen* (Fn 18) S 89.
[78] *Spann/Liebhardt/Braun* (Fn 74) S 493.
[79] *Geilen* (Fn 18) S 89.
[80] *Eb Schmidt* (Fn 2) S 10.
[81] *Geilen* (Fn 18) S 90; *Kreuzer* (Fn 48) S 43, 46; *Schöne* (Fn 20) S 78 ff; *Vermander*, Unfallsituation und Hilfspflicht im Rahmen des § 330 c StGB, 1969, S 52 f; *Goetze* (Fn 31) S 45; *Schönke/Schröder/Cramer/Sternberg-Lieben*, § 323 c RdNr 6.
[82] *Gallas* (Fn 15) S 398.
[83] BGHSt 14, 216; 32, 381; *Lackner/Kühl*, § 323 c RdNr 2; *Seelmann* JuS 1995, 284; aA *Rudolphi* NStZ 1991, 238 f; *Schönke/Schröder/Cramer/Sternberg-Lieben* § 323 c RdNr 2 differenzierend zwischen den tatsächlichen Umständen des Gefahrurteils (ex-post-Sicht) und der Prognose (ex-ante-Sicht); *Fischer*, § 323 c RdNr 1: maßgebend ist die ex-ante-Sicht eines verständigen Betrachters, objektivierte ex-ante-Sicht.

22   **d) Das „Näheverhältnis":** Die Formulierung **„bei"** einem Unglücksfall bedeutet so viel wie „anläßlich" oder „bei Gelegenheit" eines Unglücksfalles.[84] Allerdings verlangt die allgemeine Nothilfepflicht keine „Fern"-, sondern „Nächstenhilfe", erfordert somit ein gewisses engeres, näheres Verhältnis „zwischen dem in Not Geratenen und daher Hilfsbedürftigen und dem Nothelfer".[85] Notwendig ist dazu meist „nur eine räumliche und zeitliche Beziehung des Hilfepflichtigen zu dem betreffenden Geschehen";[86] doch sind unter dem Aspekt einer möglichst optimalen strafrechtlich geschützten Hilfspflicht „auch andere sachliche und persönliche Faktoren",[87] zB spezielle Sachkunde oder sofortige Einsatzbereitschaft, für die Bestimmung des **Täterkreises** maßgebend. Dieser ist daher *nicht* auf die am Ort des Unfallgeschehens **Anwesenden** beschränkt, die Zeugen des Vorfalls sind oder anschließend hinzukommen, vielmehr kann „die Hilfspflicht *auch* einen **Abwesenden,** insbesondere einen um Hilfe Angerufenen treffen".[88] Der fernmündlich verständigte Arzt, dem der Unglücksfall und die Dringlichkeit der Hilfe am Telefon geschildert wird, ist daher in gleicher Weise zum Helfen verpflichtet wie der zufällig gerade anwesende oder etwas später vorbeikommende. Dabei versteht es sich „von selbst, dass die Pflicht, sich zu einer Unglücksstelle zu begeben, nicht uferlos weit zu ziehen ist", da im Tatbestand des § 323 c StGB in Gestalt des Zumutbarkeitskriteriums ein geeignetes Regulativ für eine „sinnvolle Beschränkung" liegt.[89]

23   Demgegenüber wird von einer **Mindermeinung** im Schrifttum die Auffassung vertreten, § 323 c StGB setze „für den zur Hilfe Verpflichteten eine **räumlich-nachbarliche bzw genossenschaftliche Beziehung** zum Betroffenen" voraus.[90] Um die Forderungen der Rechtsordnung an den einzelnen nicht zu überspannen, sei hilfspflichtig nur derjenige, „den das Schicksal in den Bannkreis des Unheils hat geraten lassen, der an der Solidarität und schnelles Zupacken heischenden Situation unmittelbar beteiligt ist".[91] Diese **ausschließlich lokale,** auf die situative Nähe zum Ort des Unglücksfalles abstellende Begrenzung der allgemeinen Hilfspflicht nach § 323 c StGB, die sich auf den Gesetzeswortlaut („bei") und die besondere Appellwirkung des Unglücksfalles für den unmittelbar damit Konfrontierten beruft, ist als „absolutes Kriterium zu formal"[92] und vermag nicht zu überzeugen. Denn die Präposition „bei" lässt sich, wie oben bemerkt, sprachlich zwanglos „als tatsächlicher Grund für die erforderliche Nothilfe" auffassen,[93] und die Appellwirkung des Geschehens dürfte trotz räumlicher Distanz bei entsprechender fernmündlicher oder sonstiger Information kaum geringer sein. Vor allem aber widerspricht eine derartig restriktive Interpretation des § 323 c StGB seinem Strafgrund und Schutzzweck, nämlich „in akuten Notfällen zur Schadensabwehr" die gebotene „mitmenschliche Solidarität" zu wahren,[94] und würde zu dem praktisch unbefriedigenden Ergebnis führen, dass „insbesondere die ärztliche Berufspflicht über § 323 c StGB nicht mehr zu erfassen wäre".[95]

---

[84] BGHSt 21, 40, 53 im Ergebnis ständige Rechtsprechung: BGHSt 2, 296 ff; 17, 166 ff und herrschende Lehre im Schrifttum, vgl LK-*Spendel* § 323 c RdNr 34, 106 ff; *Geilen* (Fn 18) S 138; *Schöne* (Fn 20) S 85 ff mwN.
[85] LK-*Spendel* § 323 c RdNr 106.
[86] BGHSt 21, 50, 53.
[87] LK-*Spendel* § 323 c RdNr 108.
[88] BGHSt 21, 50, 52; OLG Köln NJW 1957, 1609, 1610; LK-*Spendel* § 323 c RdNr 108; Schönke/Schröder/Cramer/Sternberg-Lieben, § 323 c RdNr 25; *Geilen* (Fn 18) S 139.
[89] BGHSt 17, 166, 170; ebenso *Hirsch* ZStW 81, 919.
[90] *Eb Schmidt* (Fn 2) S 14.
[91] *Gallas* (Fn 15) S 298; ebenso *Lenckner,* Strafrecht und ärztliche Hilfeleistungspflicht, MedKlin 1966, 315; *Arzt* (Fn 20) S 127; *Bockelmann* (Fn 1) S 21; *A Kaufmann,* Dogmatik der Unterlassungsdelikte, 1959, S 276.
[92] *Hirsch* (Fn 89) S 919.
[93] LK-*Spendel* § 323 c RdNr 107 StGB.
[94] *Wessels* (Fn 21) § 23 II 1, S 223.
[95] *Geilen* (Fn 18) S 138.

Die **herrschende Lehre** verdient daher den Vorzug. Der „nur einige hundert Meter von der Unfallstelle entfernte" Arzt ist deshalb ebenso hilfspflichtig[96] wie der am Unfallort selbst befindliche, der fernmündlich um einen Hausbesuch gebetene[97] ebenso wie der auf dem Land weiter weg wohnende, „wenn er mit seinem Pkw wesentlich früher am Ort des Geschehens sein wird" als der nicht motorisierte, näher wohnende Kollege.[98]

Die Streitfrage gewinnt für die **Telemedizin** eine praktisch erhebliche Bedeutung: Man stelle sich vor, ein auswärtiger Spezialist werde zur Befundung eines Notfall-CT's bei einem epiduralen Hämatom angegangen, weil die Fachkenntnis im Krankenhaus vor Ort nicht vorhanden, eine Online-Verbindung aber technisch leicht herzustellen ist. Ein „Unglücksfall" liegt hier eindeutig vor, ebenso ist die Erforderlichkeit der Hilfeleistung zu bejahen. Fraglich ist jedoch deren Zumutbarkeit sowie das Tatbestandsmerkmal „bei" einem Unglücksfall, da der Experte zu Patient und Krankenhaus, das ihn um Hilfe gebeten hat, in keinerlei Beziehungen steht. Folgt man der herrschenden Ansicht, kann jeder beliebig entfernte Arzt, der zur Hilfe in der Lage und darum angerufen ist, möglicher Täter des § 323 c StGB sein. Das Wesen der Telemedizin besteht ja gerade darin, die räumlichen Entfernungen zu überwinden und zu relativieren. Daraus folgt jedoch nicht zwingend die Strafbarkeit des die Hilfeleistung ablehnenden Arztes. Denn die weite Interpretation des Tatumstands „bei einem Unglücksfall" wird über das Tatbestandsmerkmal der Zumutbarkeit und das Vorsatzerfordernis wieder eingeschränkt. Bezüglich der Irrtumsfälle siehe RdNr 54 f.[99]

2. Die Erforderlichkeit der Hilfeleistung. Trotz der infolge der Satzstellung nicht ganz eindeutigen Gesetzesfassung des § 323 c StGB entfällt nach einhelliger Auffassung die Strafbarkeit nicht schon bei irgendeinem – wenn auch ungenügendem – Hilfsbemühen, vielmehr verlangt sein Schutzzweck, dass möglichst wirksam geholfen, dh im Sinne einer Wortlautberichtigung des Tatbestandes: die **erforderliche Hilfe** geleistet wird.[100]

a) Objektive Beurteilung. Dabei kommt es für die Frage der Erforderlichkeit der Hilfe nicht auf die **subjektive** Sicht des Arztes an, sondern auf die **objektive** Notwendigkeit. § 323 c findet daher keine Anwendung, wenn der Arzt irrig die Erforderlichkeit der Hilfeleistung annimmt;[101] denn diese Strafnorm ist kein sog. „unechtes Unternehmensdelikt".[102] Erforderlich sind objektiv diejenigen Maßnahmen, die unter den gegebenen Umständen die Unglückssituation möglichst rasch und effektiv beenden bzw durch einen in jeder Hinsicht maximalen Hilfseinsatz den Eintritt weiteren Schadens abwenden. Wie der BGH mehrfach hervorgehoben hat, genügt es nicht, dass der Arzt „irgendetwas" tut, er muss vielmehr die ihm zumutbare „bestmögliche Hilfe leisten".[103]

Für deren Bestimmung ist **nicht** eine Beurteilung **ex post** maßgebend, dh erst nachträglich, in der Rückschau bekanntgewordene Tatsachen und Umstände, die die Vornahme bestimmter Maßnahmen verlangen bzw deren Untauglichkeit oder mangelnde Rechtzeitigkeit erwiesen hätten, haben außer Betracht zu bleiben. Dass „durch das Untätigbleiben" des Arztes „keine nachweislichen Nachteile entstanden" sind, ist für die „erforderliche sachgemäße Hilfeleistung" und damit für die Schuldfrage des § 323 c StGB

---

[96] BGHSt 2, 296, 298.
[97] BGHSt 17, 166.
[98] LK-*Spendel* § 323 c RdNr 113; *Kreuzer* (Fn 49) S 93.
[99] Siehe dazu auch *Ulsenheimer/Erlinger*, Zeitschrift für ärztliche Fortbildung 2001, 613 f.; *Ulsenheimer*, Arztstrafrecht, RdNr 254 a.
[100] *Geilen* Jura 1983, 140.
[101] AG Tiergarten NStZ 1991, 236 f.
[102] *Rudolphi* NStZ 1991, 238; LK-*Spendel* § 323 c RdNr 24 gegen *Schönke/Schröder/Cramer/Sternberg-Lieben*, § 323 c RdNr 2.
[103] BGHSt 21, 50, 54.

ohne Bedeutung.[104] Entscheidend ist vielmehr die Sicht **ex ante**. Maßstab ist „die Beurteilung durch einen verständigen Beobachter in dem Augenblick, in dem sich die Notwendigkeit zu helfen" herausstellt.[105] Danach ist die Erforderlichkeit „ausschließlich nach den Umständen zu beurteilen, wie sie in dem Zeitpunkt der möglichen Hilfeleistung zu erkennen sind", also danach, ob die Hilfeleistung nach dem Urteil eines neutralen Dritten „aus der damaligen Sicht geeignet" war, „drohenden Schaden abzuwehren".[106] Bei dieser **objektiv-nachträglichen Prognose** sind alle der Vergleichsfigur bekannten und erkennbaren Tatumstände einschließlich des individuellen Kenntnisstandes des Täters (Arztes) von der im Zeitpunkt des Hilferufs gegebenen Situation zu berücksichtigen.

29   **b) Voraussetzung: Rettungschancen.** „Inhalt und Umfang der Hilfspflicht richten sich wesentlich nach den Fähigkeiten und Möglichkeiten des Hilfspflichtigen",[107] ob er zB Facharzt oder „nur" Allgemeinarzt ist oder das zur Hilfeleistung notwendige Instrument zu Verfügung hat.[108] Niemand ist verpflichtet, „über die Grenzen seines Leistungsvermögens hinaus zu helfen":[109] ultra posse nemo obligatur! Dies bedeutet konkret für die Hilfeleistungspflicht des **Arztes**: Da sich regelmäßig die Gefahr für das Leben oder die Gesundheit des Unglücksopfers (des Erkrankten) mit jeder zeitlichen Verzögerung der Hilfe erhöht und auch „die Vermehrung und Verlängerung von Schmerzen berücksichtigt werden" muss,[110] **verletzt jedes Zögern das Gebot des § 323 c StGB.** Anders formuliert: Der Arzt muss im Rahmen der ihm tatsächlich zur Verfügung stehenden Möglichkeiten stets „die zur Abwendung jener Schäden wirksamste, also möglichst sofortige Hilfe leisten".[111]

30   Allerdings besteht die **Nothilfepflicht** ihrem Sinn und Zweck nach nur dort, wo **wirklich Rettungschancen** gegeben sind.[112] Daher ist der Tatbestand des § 323 c StGB *nicht* erfüllt, wenn der Arzt objektiv auf das Geschehen keinen Einfluß mehr nehmen kann, sei es, dass der Verunglückte oder Kranke im Zeitpunkt der Information oder Kenntnis des Arztes vom Unglücksfall an dessen Folgen bereits verstorben ist oder „wenn aufgrund des vorausschauenden Urteils eines verständigen Beobachters ein Tätigwerden des Hilfspflichtigen sinnlos wäre", zB die dringende Notoperation wegen zu späten Eintreffens des zur Hilfe gerufenen Facharztes infolge seiner räumlichen Entfernung vom Unfallort nicht rechtzeitig vorgenommen werden kann.[113] Da es aber auf die Sicht ex ante ankommt, „muss einem Verunglückten selbst dann Hilfe geleistet werden, wenn sie schließlich vergeblich bleibt und sich aus der Rückschau des Unglücks als von Anfang an unabwendbar erweist. Nur von vornherein offenkundig nutzlose Hilfe braucht nicht geleistet zu werden. Deshalb setzt regelmäßig nur der Tod des Opfers der Hilfspflicht Grenzen".[114] Läßt sich die Möglichkeit des irreversiblen Todeseintritts im Zeitpunkt der Hilfeleistungspflicht nicht ausschließen, so scheitert die Strafbarkeit aus § 323 c StGB am Nachweis der Erforderlichkeit. Denn zugunsten des Hilfspflichtigen ist davon auszugehen, dass der Verunglückte bereits tot war. Nicht erforderlich ist die Hilfe ferner auch dann, wenn sich der Verunglückte oder Kranke ohne weiteres selbst zu helfen vermag oder Hilfe schon von dritter Seite geleistet ist, es sei denn, der Arzt ist zu wirksamerer und nachhaltigerer

---

[104] BGHSt 21, 50, 54; ebenso BGHSt 2, 296, 300.
[105] BGHSt 17, 166, 169; *Fischer*, § 323 c RdNr 4.
[106] BGHSt 17, 166, 172; BGH NStZ 1985, 5011; OLG Karlsruhe NJW 1979, 2360; ständige Rechtsprechung und herrschende Lehre, vgl *Lackner/Kühl*, § 323 c RdNr 5; *Fischer* § 323 c RdNr 4; *Geilen* (Fn 19) S 143 f; aM *Schönke/Schröder/Cramer/Sternberg-Lieben*, § 323 c RdNr 2.
[107] BGHSt 2, 296, 299.
[108] S LG Magdeburg unten RdNr 49.
[109] *Bockelmann* (Fn 1) S 22; *Bruns* JR 1980, 299.
[110] BGHSt 14, 213, 216.
[111] BGHSt 14, 213, 216.
[112] BayObLG NJW 1973, 770.
[113] BGHSt 1, 266, 269; 17, 166, 169; BGH JR 1956, 347; BGH VRS 13, 120, 125; RGSt 71, 200, 203; *Schönke/Schröder/Cramer/Sternberg-Lieben*, § 323 c RdNr 9; *Goetze* (Fn 31) S 48.
[114] BGHSt 32, 367, 381; BGH StV 1986, 201; *Bockelmann* (Fn 1) S 22.

Hilfe in der Lage.[115] „Es hat nur dann Sinn und Zweck, eine Hilfe zu fordern, wenn der Betroffene ihrer tatsächlich bedarf"[116] und der Arzt noch objektiv in der Lage war, „durch seinen Einsatz den Geschehensablauf zu beeinflussen".[117] Voraussetzung für die Bejahung der Erforderlichkeit ist also stets, aber auch nur, dass der Arzt „nach dem Urteil eines verständigen Beobachters in dem Zeitpunkt, zu dem seine Verpflichtung zum Helfen beginnt, noch eine Möglichkeit haben muss, zu helfen".[118]

Da es im Rahmen des § 323 c StGB nicht darauf ankommt, ob der Verletzte oder Erkrankte durch die sofortige Hilfeleistung gerettet worden wäre, schließt die **Unabwendbarkeit des Todes** oder **eines schweren Gesundheitsschadens** die **Pflicht zur Hilfeleistung nicht** aus. Sie besteht daher **auch in (fast) aussichtslosen** Fällen, wenn Leib oder Leben des Patienten mit Sicherheit oder einer hohen Wahrscheinlichkeit nicht mehr zu retten sind.[119] Es genügt, dass die **Gefahr weiterer Schäden** besteht.[120] Deshalb wäre der Tatbestand des § 323 c StGB auch erfüllt, wenn in dem Zeitpunkt, in dem der Arzt hätte handeln sollen, ein Dritter möglicherweise, aber nicht sicher die nötige Hilfe bereits erbracht hat.[121] Dasselbe gilt, wenn der telefonisch um einen Hausbesuch angegangene Arzt nicht zu dem erkrankten – zu diesem Zeitpunkt noch lebenden – Kind kommt, mag ihm auch später – bei Ankunft am Krankenbett – „nicht mehr hätte geholfen werden können, weil es inzwischen verstorben ist".[122] Denn in dem Augenblick, in dem der Arzt „von dem an ihn gerichteten Hilferuf Kenntnis erlangte",[123] war eine Hilfeleistung noch möglich.

c) Einzelfallabhängigkeit. In welcher Weise ärztliche Hilfe zu leisten ist, lässt sich angesichts der Vielgestaltigkeit des Lebens nicht erschöpfend beschreiben, vielmehr hängt dies von den Umständen des jeweiligen Falles ab und ist letztlich eine Sachverständigenfrage.[124] Die umfangreiche Rechtsprechungskasuistik ist insoweit ein eindrucksvoller Beleg, trägt aber gleichzeitig auch zur schärferen Konturierung und Konkretisierung der Hilfeleistungspflicht des Arztes entscheidend bei.

So muss der **Arzt**, auch wenn er kein „Arztgerät" bei sich hat und zu einem Wundeingriff nicht in der Lage ist, den in seiner Nähe bei einem Unfall Verunglückten „behelfsmäßig" **untersuchen** und dann, falls angezeigt, ins Krankenhaus bringen bzw, wenn der Transport in einem Krankenwagen notwendig ist, „die dazu und bis dahin nötigen Anordnungen" treffen, um die Lage des Verletzten nach Möglichkeit zu bessern und weitere Gefahr hintanzuhalten.[125]

Der **Arzt** hat zu **prüfen,** „ob sofort etwas geschehen musste und eventuell alsdann eine erste Hilfe" zu leisten.[126] Er darf „seine Diagnose nicht auf die Angaben gründen, die ihm telefonisch gemacht" werden, wenn er „deren Zuverlässigkeit nicht beurteilen" kann.[127] Der Zweck einer derartigen Prüfungspflicht besteht darin, den Verunglückten auch dann zu unterstützen, „wenn allein aus der Sicht ex ante zum Zeitpunkt des von Rechts wegen gebotenen Eingriffs die Möglichkeit der Rettung oder Schmerzlinderung" gegeben ist.[128]

---

[115] *Narr* ÄrztlBerufsR RdNr 740.
[116] BGHSt 1, 266.
[117] BGHSt 17, 166, 173.
[118] BGHSt 17, 166, 173.
[119] BGH NStZ 1985, 409, 410; s auch RdNr 4.
[120] *Schönke/Schröder/Cramer* § 323 c StGB RdNr 14.
[121] So zutreffend *Geilen* (Fn 18) S 144 im Gegensatz zu BayObLG NJW 1973, 770.
[122] BGHSt 17, 166, 171.
[123] BGHSt 17, 166.
[124] OLG Köln StraFo 1997, 56.
[125] BGHSt 2, 296, 299 f.
[126] OLG Köln NJW 1957, 1610.
[127] OLG Köln OLGSt § 330 c, S 19.
[128] AG Tiergarten NStZ 1991, 236, 237.

35 Der **diensthabende Arzt** im **Krankenhaus** hat auch dann die Pflicht zur sofortigen **persönlichen** Untersuchung des Patienten, wenn dieser dort aufgrund Überbelegung, Übermüdung des Ärzteteams, mangelnder apparativer Ausstattung oder aus sonstigen sachlichen Gründen nicht aufgenommen werden kann.[129]

36 Nach Ansicht des OLG München[130] darf sich der Arzt nicht mit einer einfachen körperlichen Untersuchung oder Überprüfung der Herz-Kreislauf-Verhältnisse begnügen, sondern muss die ihm zur Verfügung stehenden **diagnostischen Möglichkeiten und Methoden, zB das EKG, einsetzen,** um weitere Aufschlüsse über das Befinden des Patienten zu gewinnen. Dem Einwand, „die Untersuchung sei nicht Bestandteil, sondern nur Voraussetzung der zu erbringenden Hilfeleistung", hält das OLG entgegen, „eine solche Betrachtungsweise wäre widersinnig und würde dem Zweck des § 323 c StGB nicht gerecht. Gerade weil in Erkrankungsfällen eine sachgerechte Therapie ohne vorangegangene sachkundige Untersuchung gar nicht möglich ist", erstrecke sich „die Hilfpflicht nach § 323 c StGB beim Arzt in gleicher Weise auf eine in diesem Sinne notwendige Untersuchung des Patienten wie auf die der Erkrankung entgegenwirkenden Maßnahmen".

37 Der zu einem Schenkelhalsbruch gerufene **„praktische Arzt"** erfüllt daher seine Nothilfepflicht, wenn er „die Verunglückte behelfsmäßig untersucht und ihre Einweisung in das Krankenhaus veranlasst".[131] Der dort tätige **chirurgische Chefarzt** bleibt aber zur sofortigen „persönlichen fachärztlichen" Nachuntersuchung verpflichtet und muss deshalb, falls erforderlich, „in das nahe gelegene Krankenhaus kommen und sich durch eine von ihm veranlasste Röntgenaufnahme Gewißheit darüber verschaffen, ob alsbaldige chirurgische Eingriffe oder sonstige gefahrabwendende Maßnahmen geboten" sind.[132]

38 Der behandelnde Arzt, der im Falle einer plötzlichen Verschlechterung des Gesundheitszustands seines Patienten, anstatt einen **Hausbesuch** zu machen, zur sofortigen Krankenhauseinlieferung rät, verletzt die ihm obliegende Hilfeleistungspflicht nur dann, wenn er „entweder wirksame therapeutische Maßnahmen ergreifen oder wenigstens dem Kranken wesentliche Erleichterung hätte verschaffen können".[133]

39 Unter dem Gesichtspunkt der „Erforderlichkeit" der Hilfeleistung muss der um einen **Hausbesuch** gebetene Arzt unter Umständen nicht nur den allgemein gehaltenen Ratschlag erteilen, den Erkrankten mit dem Taxi in die Praxis oder ins Krankenhaus zu bringen. Vielmehr hat der Arzt die Angehörigen eindeutig und eindringlich auf die Notwendigkeit einer unverzüglichen Krankenhauseinweisung – unter Notarztbegleitung – hinzuweisen und sich „zu vergewissern", ob die notwendigen Maßnahmen getroffen werden.[134]

40 Zur Hilfeleistungspflicht kann auch die „Linderung von Schmerzen oder Qualen" gehören, wenn sachkundige ärztliche Hilfe dem Sterbenden seinen **Todeskampf erleichtern** kann,[135] oder zB in der postoperativen Phase. Die Vermehrung bzw Verlängerung von Schmerzen stellt eine Körperverletzung dar, so dass bei Vorliegen einer Garantenstellung der Arzt sogar nach §§ 223, 229 StGB strafbar sein kann.[136]

---

[129] OLG Köln NJW 1967, 1609.
[130] KH 1980, S 64.
[131] BGHSt 21, 50, 53.
[132] BGHSt 21, 50, 54; ablehnend *Kreuzer* (Fn 31) 280; *Narr* ÄrztlBerufsR RdNr 739; *Goetze* (Fn 31) S 52.
[133] OLG Karlsruhe NJW 1979, 2360; mit Anm *Bruns* JR 1980, 297; vgl zur Frage, unter welchen Umständen der behandelnde Arzt einen Hausbesuch zu machen hat, auch BGHSt 7, 211 ff; NJW 1979, 1248; NStZ 1985, 409.
[134] BGH NStZ 1985, 409.
[135] BGHSt 14, 213, 217; BGH OLG Köln Strafo 1997, 54 f; *Bockelmann* (Fn 1) S 22; *Schröder* JR 1958, 186.
[136] Vgl *Ulsenheimer*, § 134 RdNr 9 in diesem Handbuch.

d) Ablehnung medizinisch erforderlicher Maßnahmen. Da die Hilfeleistungs- 41 pflicht auf das „Erforderliche" beschränkt ist, genügt es mE, wenn im Falle einer lebensgefährlichen Erkrankung der Arzt dem erwachsenen, voll einsichtsfähigen Patienten die Situation unmissverständlich und nachdrücklich klarmacht, ihm die nötigen ärztlichen Maßnahmen empfiehlt und ihm die Konsequenzen einer Ablehnung ärztlicher Hilfe notfalls drastisch vor Augen führt. Denn die Pflicht zur Hilfeleistung besteht nach Ansicht der Judikatur nicht nur in der intellektuellen Aufklärung, also der klaren Analyse der Situation, vielmehr wird vom Arzt auch **seelische Unterstützung**[137] bzw der nachdrückliche Versuch verlangt, durch entsprechende **Einwirkung auf den Patienten** ihn von seiner Weigerung, ärztliche Hilfe anzunehmen, abzubringen und ihn zu einer Sinnesänderung zu bewegen.[138] Zu weit geht jedoch der BGH, wenn er die Verurteilung eines Arztes wegen unterlassener Hilfeleistung gemäß § 323 c StGB für rechtlich unangreifbar hält, der nach Untersuchung einer 21 Jahre alten Patientin die Verdachtsdiagnose einer Eileiterschwangerschaft gestellt und ihr zweimal eindringlich eingeschärft hatte, sie befinde sich in akuter Lebensgefahr und müsse sofort ins Krankenhaus, was die Patientin jedoch ablehnte, so dass sie am nächsten Morgen nach einer Eileiterruptur verstarb. Der BGH meint, der Gynäkologe hätte hier – trotz bestehender Schweigepflicht (!) und der Bitte des Mädchens, ihrer Mutter nichts zu sagen – die nächsten Angehörigen und den Hausarzt über ihren bedrohlichen Zustand und ihr „unverständliches Verhalten" informieren müssen, damit diese „mit größerer Aussicht auf Erfolg" auf die Patientin hätten einwirken können. Ihr entgegenstehender Wille sei „unbeachtlich" gewesen, „weil ihr Leben bedroht war und sie hierüber nicht verfügen könnte".[139] Es ist jedoch anerkannt, dass selbst ein lebensgefährlich Erkrankter als Ausfluss seines Selbstbestimmungsrechts rettende Hilfe ablehnen darf[140] und deshalb auch durch seinen wirksamen **Verzicht** auf Hilfe deren „Erforderlichkeit" beseitigt, so dass § 323 c tatbestandlich entfällt.[141]

Weiß der Arzt, dass der Patient als Angehöriger der Glaubensgemeinschaft der **„Zeu-** 42 **gen Jehovas"** Bluttransfusionen aus Glaubens- und Gewissensgründen ablehnt, bleibt er zur Übernahme der Behandlung bei plötzlicher Erkrankung oder Verschlimmerung des Leidens dennoch verpflichtet. § 323 c StGB gebietet in diesem Fall dem Arzt das sofortige Eingreifen, das Ausschöpfen aller Behandlungsmöglichkeiten und den wirksamsten Einsatz aller verfügbaren Mittel – mit Ausnahme der Blutübertragung. Ist diese zur Lebensrettung erforderlich, muss sich der Arzt zwar nachdrücklich um die Zustimmung des Patienten bemühen,[142] letztlich aber den entgegenstehenden Willen des bei vollem Bewusstsein und klarer Einsicht befindlichen Patienten respektieren. Denn das Recht und die Pflicht des Arztes, kranke Menschen zu heilen, findet in ihrem „grundsätzlichen freien Selbstbestimmungsrecht ihre Grenze. Es wäre ein rechtswidriger Eingriff in die Freiheit und Würde der menschlichen Persönlichkeit, wenn ein Arzt – und sei es auch aus medizinisch berechtigten Gründen, eigenmächtig „eine Operation oder sonstige Maßnahme" ohne dessen vorherige Billigung vornähme. Auch ein lebensgefährlich Kranker kann „triftige und sowohl menschlich wie sittlich beachtenswerte Gründe haben", einen Eingriff abzulehnen, auch wenn er nur dadurch „von seinem Leiden befreit werden könnte".[143] Anders ist die Rechtslage, wenn der Patient im Zeitpunkt der Notwendigkeit der Blut-

---

[137] OLG Stuttgart MDR 1964, 1024.
[138] BGH NJW 1983, 350 = MedR 1983, 29; s jetzt auch OLG Düsseldorf GesR 2008, 19.
[139] Zustimmend *Lilie* NStZ 1983, 314 ff; ablehnend *Ulrich* (Fn 50) 137; *Geiger* JZ 1983, 153; *Geilen*, Jura-Kartei 1983, § 323 c Nr 1; *Kreuzer* JZ 1984, 294; kritisch auch *Eser* NStZ 1984, 57 u *Lackner/Kühl*, § 323 c RdNr 6.
[140] BGHSt 11, 111, 114.
[141] *Fischer*, § 323 c RdNr 6 (Wegfall der Rechtswidrigkeit); *Schönke/Schröder/Cramer/Sternberg-Lieben*, § 323 c RdNr 26; *Lackner/Kühl*, § 323 c RdNr 5; *Schöch*, in: Handbuch des Medizinstrafrechts, 3. Aufl 2007, S 122.
[142] Vgl OLG Stuttgart MDR 1964, 1024.
[143] BGHSt 11, 111, 114.

übertragung nicht mehr entscheidungsfähig ist. Nimmt der Arzt die Bluttransfusion trotz der präoperativ verweigerten Zustimmung des Patienten vor, um sein Leben zu retten, ist er im Hinblick auf §§ 223, 240 StGB aus dem Gesichtspunkt der Pflichtenkollision (§ 34 StGB) gerechtfertigt, zumindest aber handelt er insoweit in einem unvermeidbaren und damit schuldausschließenden Verbotsirrtum.[144]

43   **3. Die Zumutbarkeit der Hilfeleistung.** Wegen unterlassener Hilfeleistung kann der Arzt nur dann bestraft werden, wenn ihm die Erfüllung der Hilfspflicht im konkreten Fall zumutbar war. Das Kriterium der Zumutbarkeit, das nach herrschender Lehre hier auf der **Tatbestandsebene** zu prüfen ist,[145] enthält eine **Vielzahl unterschiedlicher Abwägungsfaktoren,** die Art und Umfang der allgemeinen Solidaritätspflicht des § 323 c im Hinblick darauf begrenzen, was billigerweise, nach allgemeinem Sittlichkeitsempfinden an Einsatz gefordert werden kann.[146] Das Gesetz verlangt keinen bis zur Selbstaufopferung gehenden Heroismus, sondern verweist durch das komplexe Tatbestandskorrektiv der Zumutbarkeit auf „außerrechtliche ethische Grundnormen",[147] die die Hilfeleistungspflicht für den Fall einer nicht mehr angemessenen Überforderung, einer nicht mehr vertretbaren Überspannung des Hilfsgebots entfallen lassen. Abgesehen von den im Gesetz selbst für den Zumutbarkeitsausschluss beispielhaft genannten Fällen – „erhebliche eigene Gefahr" und „Verletzung anderer wichtiger Pflichten" – wird der Begriff der Zumutbarkeit durch ein „bei einer abstrakten Darstellung kaum zu entwirrendes Geflecht ineinander verwobener und in dieser Verwobenheit von Fall zu Fall immer wieder wechselnder Faktoren" bestimmt:[148] Die betroffenen Rechtsgüter des Verunglückten (Erkrankten), der Grad der Gefährdung des Patienten, die Schwere seiner Verletzung oder Erkrankung, die Wahrscheinlichkeit des Eintritts einer Verschlechterung seines Gesundheitszustands oder weiterer Schäden, die Größe der Rettungschancen, das physische Können, die seelische Konstitution, die Lebenserfahrung und fachlichen Fähigkeiten des um Hilfe gerufenen Arztes, die ihm zur Verfügung stehenden Hilfsmittel, eigene oder fremde schutzwürdige Interessen, die räumliche Entfernung vom Unfallort ua sind zueinander in Beziehung zu setzen, zu werten und zu wägen. Notwendig ist also eine unter dem Aspekt des „Zumutbaren" vorzunehmende **objektive Gesamtabwägung aller konkreten Umstände des Einzelfalles,** die zu einem deutlichen Überwiegen der Interessen des Hilfsbefürftigen führen muss, um die Frage der Zumutbarkeit bejahen zu können.

44   Ebenso wie die Hilfeleistungspflicht des § 323 c StGB **für** jedermann gilt, ebenso gilt sie **gegenüber** jedermann, dh zB auch gegenüber einem flüchtigenm, verunglückten Schwerverbrecher. Eine Grenze stellt aber das Verbot der **Strafvereitelung** (§ 258 StGB) dar. Die Hilfe darf also nicht geleistet werden, um den Straftäter der Strafverfolgung, etwa durch kosmetische Maßnahmen, zu entziehen.[149]

---

[144] Diese Ansicht ist außerordentlich **strittig.** Vgl *Ulsenheimer* (Fn 31) RdNr 91 ff; *ders,* FS Eser, 2005, 1225 ff mwN; *Bender* MedR 03, 179; *Hillenkamp,* FS Küper 07, 123 ff; OLG München 03, 174, 176; *Ranft,* Hilfspflicht und Glaubensfreiheit in strafrechtlicher Sicht, FS Schwinge, 1973, S 111 ff mwN; OLG Hamm NJW 1968, 212, dazu *Ulsenheimer* FamRZ 1968, 546 f, s § 139 RdNr 62.

[145] BGHSt 17, 166, 170; *Fischer,* § 323 c RdNr 7; *Schönke/Schröder/Cramer/Sternberg-Lieben,* § 323 c RdNr 29; *Lackner/Kühl,* § 323 c 7; *Wessels/Hettinger* (Fn 21) RdNr 1048; s allgemein zum systematischen Standort der Zumutbarkeitsprüfung BGH JR 1994, 510 mit Anm *Loos; Wessels/Beulke* AT RdNr 739 mwN; *Geilen* (Fn 18) 146; *Hirsch* (Fn 89) S 919; *Hruschka* JuS 1979, 385, 390 mwN; *Arzt* (Fn 20) RdNr 397; aA LK-*Spendel* § 323 c RdNr 149, 159 mwN; BGHSt 6, 57: **Schuld**merkmal; *Ulsenheimer* FamRZ 1968, 572 re Sp; zusammenfassend *Naucke,* FS Welzel, 1974, S 761 ff, der mit Recht darauf hinweist, dass sich aus der unterschiedlichen dogmatischen Einordnung praktisch keine Konsequenzen ergeben.

[146] BGHSt 11, 136, 354; OLG Hamm NJW 1968, 212; *Schönke/Schröder/Cramer/Sternberg-Lieben,* § 323 c RdNr 20.

[147] *Schönke/Schröder/Cramer/Sternberg-Lieben,* § 323 c RdNr 20.

[148] *Geilen* (Fn 18) 146.

[149] *Schönke/Schröder/Stree/Sternberg-Lieben,* § 258 RdNr 21.

Eine nähere Umschreibung der zumutbaren ärztlichen Hilfeleistung ist verständlicherweise nicht abstrakt-theoretisch, sondern nur anhand konkreter **Beispielsfälle** möglich. Der **niedergelassene Arzt** darf offensichtlich unbegründete Bitten um einen Hausbesuch ablehnen, doch ist zu beachten, dass „das volle Risiko, die erforderliche Hilfe versagt zu haben, beim Arzt liegt", insbesondere dann, wenn er „auf die Unterrichtung durch einen Angehörigen des Kranken angewiesen ist".[150] Dies gilt aus der „Natur der Sache" erst recht für den **Bereitschaftsarzt,** wenngleich auch hier zu berücksichtigen ist, dass er nicht durch überflüssige Besuche für längere Zeit und in wichtigen Fällen unerreichbar gemacht und über die Grenzen seiner Leistungsfähigkeit beansprucht werden darf.[151] Allerdings tut jeder Arzt gut daran, bei Angaben des Patienten oder seiner Angehörigen „immer die ungünstigsten Möglichkeiten zu unterstellen und lieber zehn überflüssige Besuche zu machen als einen nötigen zu unterlassen".[152] Deshalb wurde mit Recht ein diensthabender Bereitschaftsarzt im Rahmen des kassenärztlichen Notdienstes nach § 323c StGB verurteilt, der trotz der ihm vom Sohn berichteten „akut aufgetretenen, sehr starken Schmerzen" des an „weit fortgeschrittenem Prostatakrebs leidenden" Vaters die Bitte um einen Hausbesuch ablehnte. Um eine sachgerechte Diagnose zu stellen und eine „fundierte Entscheidung zu treffen, war die Untersuchung vor Ort notwendig.[153] „Ob ein behandelnder Arzt einen erbetenen Hausbesuch machen muss, richtet sich nach den Umständen des Einzelfalles. Der Arzt, der den betreffenden Patienten und die Natur seiner Erkrankung kennt, wird einen Besuch häufiger ablehnen können als derjenige, der den Patienten noch niemals untersucht hat".[154] Die **eigene Beurteilung** der Situation, wozu die **Untersuchung** des Patienten gehört, ist meist unverzichtbar, zumal „wenn es sich offensichtlich um eine schwere Krankheit handelt".[155] In solchen Fällen können nur ausnahmsweise besondere Umstände den Arzt zur Ablehnung eines Hausbesuchs berechtigen.[156]

Der **Bereitschaftsarzt** im Krankenhaus hat „auch gegenüber aufnahme*suchenden* Patienten die Rechtspflicht, in dringenden oder akut werdenden Erkrankungsfällen einzugreifen", selbst wenn im Krankenhaus keine freien Betten mehr vorhanden sind.[157]

Die vordringliche Behandlung eines anderen Patienten kann den Einsatz bei einem weiteren Hilfersuchen unzumutbar machen.[158] Auch während des **Notarztdienstes** ist unter Umständen der erbetene Hausbesuch unzumutbar, wenn sonst „über einen längeren Zeitraum hinweg" das Telefon nicht besetzt gewesen wäre.[159]

Je **näher** ein **Arzt am Unfallort** ist, desto **höher** sind die **Zumutbarkeitsanforderungen**.[160] Ob ein um Hilfe gerufener Arzt sich an die Unfallstelle begeben oder den ihm unbekannten Patienten zuhause besuchen muss, hängt davon ab, wie weit er „von der Unglücksstelle entfernt ist, welche Möglichkeiten zu helfen er hat, unter Umständen auch, ob ein anderer ohne größere Verzögerung herbeigerufen werden kann, der sich näher

---

[150] BGHSt 7, 211, 213.
[151] BGHSt 7, 211, 213.
[152] *Eb Schmidt* (Fn 2) S 21.
[153] AG Augsburg ZMGR 05, 70 ff.
[154] BGHSt 7, 211, 212
[155] AG Jever NJW 1991, 760.
[156] BGHSt 7, 211, 213; s auch BGH NJW 1979, 1248 f; OLG Karlsruhe NJW 1979, 2360; OLG Köln NJW 1991, 764 f; Landesberufsgericht für Heilberufe beim OVG Koblenz NJW 1991, 772.
[157] OLG München, KH 1980, 64; OLG Köln NJW 1957, 1609; OLG Hamm NJW 1975, 604, 605; offengelassen von OLG Köln NJW 1991, 764, 765.
[158] *Narr* ÄrztlBerufsR RdNr 741.
[159] Vgl OLG Karlsruhe NJW 1979, 2360.
[160] Vgl BGHSt 11, 135, 137; s auch OLG Koblenz NJW 1947/48, 489: keine Hilfspflicht des 8 km entfernt wohnenden Arztes, der sich mangels fahrbereiten Pkw mit dem Rat begnügt, der Verletzte solle das Krankenhaus aufsuchen, zumal auch Abholung und Rücktransport unsicher gewesen wären.

am Unglücksort befindet und über die gleichen Kenntnisse und Hilfsmittel verfügt".[161] Der weiter entfernt wohnende Arzt darf daher fremde Patienten „auf den näher erreichbaren Kollegen oder außerhalb der üblichen Sprechstundenzeit auf den Bereitschaftsdienstarzt verweisen", falls dessen Kommen gewährleistet ist.[162]

49 Nothilfe nach § 323 c StGB muss ausnahmsweise auch ein **Krankenhausarzt außerhalb** der Klinik leisten, wenn „alle anderen ärztlichen Versorgungsmöglichkeiten ausgefallen sein sollten"[163] und seine Anwesenheit im Krankenhaus nicht aus zwingenden ärztlichen Gründen geboten ist.[164] Die zum Hintergrunddienst im Krankenhaus eingeteilte Anästhesistin handelte daher korrekt, als sie angesichts der voll belegten Intensivstation die Fahrt zu einem schwerverletzten Unfallopfer (3,8 km entfernt) ablehnte und statt dessen bat, den Rettungshubschrauber zu verständigen.[165] Gleiches gilt, wenn eine Ärztin zum Dienst auf der Rettungsstelle eines Krankenhauses eingeteilt ist und dort zwei Patienten zu betreuen hat, die in akuter Lebensgefahr schweben: in dieser Situation muss sie den augenverletzten, aber gehfähigen Patienten nicht zum Augenarzt begleiten.[166] Anders dagegen ist zu entscheiden, wenn der zu einem Verkehrsunfall gerufene Bereitschaftsarzt trotz möglicher Vertretung durch einen Kollegen das Verlassen des Krankenhauses ablehnt.[167]

50 Die **Gefahr eigener schwerer Erkrankung** braucht man nicht auf sich zu nehmen,[168] doch muss ein Bereitschaftsarzt auch einem Aids-Infizierten die erforderliche Hilfe gewähren.[169] Allgemein gilt: Eine im Verhältnis zum drohenden Schaden unbeachtliche körperliche Gefährdung als Folge der Hilfeleistung muss der Arzt ebenso als zumutbar hinnehmen wie durch Zeitverlust bedingte geschäftliche Nachteile oder finanzielle Einbußen.[170] Dagegen können auch **rein persönliche Umstände im Verhältnis zwischen Arzt und Patient,** zB ein hochgradiger Erregungszustand nach wechselseitiger Beleidigung mit groben Schimpfworten und Steinwürfen gegen die Praxistür, die Zumutbarkeit ärztlicher Hilfe ausschließen.[171]

51 **Überbelegung** ist in einem kleineren Krankenhaus eher ein Grund, der die Aufnahme eines Patienten unzumutbar macht, als in einem großen, doch erlaubt die Überbelegung einer Abteilung nicht die Abweisung des Kranken, wenn in einer anderen, und sei es die Intensivstation, noch Betten frei sind.[172] Auch eine vorübergehende „Notaufnahme" kann geboten sein.

52 Im Falle **arbeitsbedingter Übermüdung, physischer** und **psychischer Erschöpfung der Arbeitskraft** nach einer vielstündigen großen Operation ist die Aufnahme eines weiteren akut Erkrankten unzumutbar. Die zumutbare Hilfeleistung beschränkt sich hier auf die Vornahme der gebotenen diagnostischen Untersuchungen und die Feststellung der Transportfähigkeit des Patienten in ein anderes Krankenhaus.[173]

---

[161] BGHSt 17, 166, 170.
[162] *Narr* ÄrztlBerufsR RdNr 741.
[163] *Eb Schmidt* (Fn 2) S 23.
[164] OLG München, KH 1980, 64, OLG Köln, NJW 1957, 1609; AG Calw, Urteil v 28. 9. 93 – 3 Cs 186/93.
[165] AG Calw aaO Anm 164.
[166] LG Magdeburg, Urteil v. 4. 11. 2002, 600 Cs 361 Js 38912/00, zustimmend OLG Naumburg, Urteil v. 5. 3. 2003 – Az 2 Ss 48/03.
[167] AG Aschaffenburg, Urteil v 26. 3. 70 – Cs 992/69, mitgeteilt von *Vogel* ÄBl BW 1971, 151.
[168] Vgl RG DR 1944, 726.
[169] AIFO 1987, 284; s *Spengler*, DRiZ 1990, 259 ff.
[170] *Schönke/Schröder/Cramer/Sternberg-Lieben*, § 323 c RdNr 20.
[171] OLG Hamm NJW 1975, 604, 605.
[172] LG Koblenz, Urteil v 3. 6. 1980, 101 Js 1950/78 – 9 Ns; *Kiesecker/Rieger*, in: *Rieger*, Lexikon des Arztrechts, Abschnitt 5270, RdNr 21.
[173] LG Kreuznach, Urteil v 30. 11. 1983, Js 157/82 Ls Ns; vgl dazu *Ulsenheimer* (Fn 31) RdNr 264.

Die vorstehenden Beispiele machen deutlich, in welcher Weise die Gefahren der **53** Unglückssituation und die eigenen Interessen des Arztes „nach ethischen Maßstäben" und dem Grundsatz der Verhältnismäßigkeit gegeneinander abzuwägen sind, wobei natürlich Unsicherheit bei der Wertung aller Umstnände bleibt.[174] Die Zumutbarkeit der Hilfeleistung kann auch bei **Vorliegen von Rechtfertigungsgründen** (§§ 32, 34 StGB, Pflichtenkollision und Einwilligung) entfallen. Die Hilfspflicht aus § 323 c StGB geht allerdings der Wartepflicht nach einem Verkehrsunfall aus § 142 StGB vor,[175] ebenso nach Ansicht des BGH der ärztlichen Schweigepflicht aus § 203 Abs 1 Nr 1 StGB.[176] Die Gefahr eigener Strafverfolgung wegen möglicher fahrlässiger Herbeiführung des Unglücksfalls (der Komplikation) macht die Hilfeleistung für den Arzt nicht unzumutbar.[177]

Einer besonderen Prüfung bedarf die Zumutbarkeit der ärztlichen Hilfeleistung, wie **54** der BGH mit Recht betont, stets „gerade in äußersten Grenzlagen".[178] Einen derartigen Grenzfall stellt der „**Abwägungs-Suizid**";[179] der in die Tat umgesetzte ernsthafte und endgültige Selbsttötungsentschluss eines Patienten dar, zu dem der Arzt gerufen wird. Wenn er hier die Konfliktslage „zwischen der Verpflichtung zum Lebensschutz und der Achtung des Selbstbestimmungsrechts" nicht durch den „bequemeren Weg der Einweisung" des Patienten „in eine Intensivstation" wählt, „sondern in Respekt vor der Persönlichkeit" des Sterbenden bis zum endgültigen Eintritt des Todes bei ihm ausharrt, „so kann seine ärztliche Gewissensentscheidung nicht von Rechts wegen als unvertretbar angesehen werden".[180] Daher ist ihm die als Hilfe allein in Betracht kommende Überweisung des Suizidenten auf eine Intensivstation unter Inkaufnahme schwerster Dauerschäden im Falle einer Lebensverlängerung nicht zumutbar, so dass eine Bestrafung nach § 323 c StGB entfällt.[181] In einer neueren Entscheidung, die wiederum die Frage der Hilfspflicht des Arztes gegenüber einem bewusstlosen Suizidpatienten betraf, unterstrich der BGH die rechtliche Bedeutung des ernsthaften, frei verantwortlich gefassten Selbsttötungsentschlusses,[182] woraus sich im Rahmen der Zumutbarkeitserwägungen nach § 323 c StGB der Vorrang der Achtung des Selbstbestimmungsrechts des Patienten und damit die Straflosigkeit des Arztes ergibt.[183] Im Ergebnis ähnlich argumentiert das BayObLG, lässt aber den Tatbestand der unterlassenen Hilfeleistung mit der Begründung entfallen, die Verhinderung des Suizids dürfe „bei den gegebenen außergewöhnlichen Umständen nicht mehr als erforderliche Hilfe", sondern müsse als „inhumane Quälerei" gewertet werden.[184]

III. Der subjektive Tatbestand, Tatbestands- und Verbotsirrtum

Wie bereits oben hervorgehoben, kann die Straftat der unterlassenen Hilfeleistung **nur** **55** **vorsätzlich, nicht aber fahrlässig** begangen werden, wobei bedingter Vorsatz genügt. Der Arzt muss deshalb Kenntnis vom „Unglücksfall" haben sowie die ihm zur Verfügung stehenden Hilfsmöglichkeiten, deren Erforderlichkeit und Zumutbarkeit erkennen und zumindest in Kauf nehmen, dass dem Patienten in einer konkreten Gefahrensituation die notwendige Hilfe durch sein Untätigbleiben verweigert wird.[185]

---

[174] *Seelmann,* FS Kohlmann, 2003, S 292.
[175] LK-*Spendel* § 323 c RdNr 138; *Lackner/Kühl,* § 323 RdNr 23.
[176] BGH NJW 1983, 650, 651, str, s oben RdNr 41.
[177] *Fischer,* § 323 c RdNr 8; zum Ganzen *Ulsenheimer* GA 1972, 1 ff, 16.
[178] BGHSt 32, 367, 381 = JZ 1984, 893, 897.
[179] *Dölling* NJW 1986, 1016.
[180] BGHSt 32, 367, 381.
[181] BGHSt 32, 367, 380, 381; LG Hagen, Beschluss v 19. 5. 2004, Az 31 Ks/600 Js 560/02.
[182] BGH NStZ 1988, 127; s auch oben RdNr 15 Anm 46.
[183] Vgl *Rippa* NStZ 1988, 553.
[184] JA 1987, 579, 585.
[185] RGSt 75, 163; 77, 305; RG DR 1942, 1787; BGH MDR 1968, 552; OLG Hamm NJW 1975, 604, 605; OLG Köln NJW 1991, 764, 765; *Schönke/Schröder/Cramer/Sternberg-Lieben,* § 323 c RdNr 28.

56 Hält der Arzt die gebotene Maßnahme (zB die Information der nächsten Angehörigen) aufgrund seiner Schweigepflicht für rechtlich unzulässig, befindet er sich in einem vorsatzausschließenden **Tatbestandsirrtum** (§ 16 Abs 1 StGB) über seine Hilfsmöglichkeit.[186] Dasselbe gilt, wenn der Arzt über das Vorliegen eines Unglücksfalles, die Erforderlichkeit oder Zumutbarkeit der Hilfeleistung irrt, indem er tatsächliche Umstände annimmt, die die Notwendigkeit oder Zumutbarkeit zu helfen ausschließen.[187] Einem **Tatbestandsirrtum** unterliegt daher auch der Hausarzt, der erst zwei Stunden nach der ersten Benachrichtigung zu dem Selbstmörder fährt, weil er die in suizidaler Absicht eingenommenen Schlaftabletten für ungefährlich hält,[188] oder der Notarzt, der infolge der sonst fehlenden Besetzung des Telefons den erforderlichen Hausbesuch ablehnt.[189] Die Fehlvorstellung des Arztes, das Unfallopfer habe Aids und er könne sich bei der Hilfeleistung infizieren, schließt als Irrtum über die Zumutbarkeit den Vorsatz aus.[190] Nicht vorsätzlich handelt ferner auch derjenige Arzt, der aufgrund mangelnder Sorgfalt und fachlicher Qualifikation die Notsituation des Patienten und die dadurch gebotenen ärztlichen Maßnahmen verkennt.[191] Deshalb fehlt der Vorsatz bei dem Arzt, der glaubt, er habe das Notwendige getan, um den Unglücksfall abzuwenden.[192] Im umgekehrten Fall: irrige Annahme der tatbestandlichen Voraussetzungen des § 323 c StGB ist diese Norm nicht anwendbar.[193]

57 Wer die Zumutbarkeit als Element der **Schuld** qualifiziert, gelangt bei irriger Annahme des Arztes, trotz eines Unglücksfalls und trotz der Erforderlichkeit sofortiger Hilfeleistung dazu nicht verpflichtet zu sein, zur Bejahung eines **Verbotsirrtums** (Gebotsirrtums) nach § 17 StGB.[194] Im übrigen liegt ein Verbotsirrtum nach allgemeiner Auffassung vor, wenn der Täter zwar die Umstände, die die Zumutbarkeit begründen, kennt (sonst Tatbestandsirrtum [!]), sie jedoch unrichtig zu seinen Gunsten wertet. Der unvermeidbare Verbotsirrtum führt zum Schuldausschluss (§ 17 S 1 StGB),[195] der vermeidbare Verbotsirrtum kann die Strafe mildern (§ 17 S 2 StGB).

IV. Subsidiarität des § 323 c StGB

58 Verletzt der Arzt seine Hilfspflicht, obwohl er die Behandlung des Patienten übernommen und daher eine Garantenstellung innehatte, so tritt § 323 c als **subsidiäres** Delikt gegenüber §§ 222, 223, 229 StGB zurück.[196] Denn „die Pflicht des § 323 c" ist gegenüber der Garantenpflicht der entsprechenden unechten Unterlassungsdelikte „kein aliud, sondern ein minus".[197]

59 § 323 c bestimmt als Sanktion Geldstrafe oder Freiheitsstrafe bis zu 1 Jahr, so dass die Tat gemäß § 78 Abs 3 Nr 5 StGB nach 3 Jahren verjährt.

---

[186] So zutreffend *Geilen,* Jura-Kartei Nr 1 zu § 323 c StGB.
[187] BGH GA 1971, 336.
[188] OLG Hamm JMBl NRW 1956, 189.
[189] OLG Karlsruhe NJW 1979, 2361.
[190] *Schönke/Schröder/Cramer/Sternberg-Lieben,* § 323 c RdNr 28; *Spengler* DRiZ 1990, 259 ff ; *Zuck* MDR 1987, 460 ff; *Schöch* aaO S 126.
[191] OLG München, KH 1984, 64; AG Rheinsberg, Urteil v 15. 1. 2001, Az 4 Ds 7 Js 727/01-665/01 (Fehlinterpretation eines Röntgenbildes).
[192] BGH MDR 1993, 721, 722.
[193] AG Tiergarten NStZ 91, 236, 237; *Schönke/Schröder/Cramer/Sternberg-Lieben,* § 323 c RdNr 2.
[194] LK-*Spendel* § 323 c RdNr 146, 153.
[195] Beschluss des LG Tübingen v 15. 12. 93 – 2 Ns 272/93: Die zum Hintergrunddienst im Krankenhaus eingeteilte Anästhesistin lehnte es ab, zu einem Unfallverletzten zu fahren.
[196] BGHSt 3, 65, 68; 14, 282, 285; BGH MDR 82, 448; BGH NJW 93, 1871, 1872; *Fischer,* § 323 c RdNr 11; *Arzt/Weber* (Fn 21) S 865; *Wessels/Hettinger* (Fn 21) RdNr 1051; anders *Schönke/Schröder/Cramer/Sternberg-Lieben,* § 323 c RdNr 34: gegenüber dem fahrlässig begangenen unechten Unterlassungsdelikt besteht mit § 323 c Tateinheit (ebenso OLG München, KH 1980, 64).
[197] *Schönke/Schröder/Cramer/Sternberg-Lieben* § 323 c RdNr 1.

§ 142 Strafrechtliche Aspekte der Organtransplantation

Inhaltsübersicht

	RdNr
I. Zur Rechtsentwicklung	1
II. Die verschiedenen Fallkonstellationen	3
III. Die Organentnahme vom Toten	4
1. Die Rechtslage vor Inkrafttreten des TPG	5
a) Keine Strafbarkeit nach §§ 211 ff, 223 ff StGB	6
b) Kein Eigentumsschutz	8
c) Keine Ehrbezogenheit	10
d) Zum Tatbestand des § 168 StGB	11
2. Die gegenwärtige Rechtslage	17
a) Die erweiterte Zustimmungslösung	18
b) Befragung der Angehörigen	21
IV. Die Organentnahme vom lebenden Spender	27
1. Tatbestandsmäßigkeit nach §§ 223, 226 StGB	28
2. Einwilligung als Rechtfertigungsgrund	29
3. Wirksamkeitserfordernisse der Einwilligung	30
4. Unwirksamkeit der Einwilligung Minderjähriger	31
5. Unwirksamkeit der Einwilligung in die Tötung	32
6. Freiwilligkeitserfordernis	33
7. Beachtung der „guten Sitten"	34
8. Keine Pflicht zur Entnahme	35
9. Strafbarkeit der Organentnahme	36
V. Die Implantation fremder Organe	38
VI. Strafbarkeit des Organ- und Gewebehandels	39
VII. Weitere Straf- und Bußgeldvorschriften	42

Schrifttum: *Albrecht,* Die rechtliche Zulässigkeit postmortaler Transplantatentnahmen, 1986; *Bachmann/Bachmann,* Aspekte zu Cross-over-Transplantationen, MedR 07, 94 ff; *Bernat* (Hrsg), Ethik und Recht an der Grenze zwischen Leben und Tod, 1993; *Bieler,* Persönlichkeitsrecht, Organtransplantation und Totenfürsorge, JR 1976, 224; *Bien/Conzelmann* (Hrsg), Hirntodkriterium und Organtransplantation, 1998; *Bock,* Rechtliche Voraussetzungen der Organentnahme von Lebenden und Verstorbenen, Diss 1999; *Bockelmann,* Strafrecht des Arztes, 1968, S 97 ff; *v Bubnoff,* Rechtsfragen zur homologen Organtransplantation aus der Sicht des Strafrechts, GA 1968, 65; *Carstens,* Das Recht der Organtransplantation, 1978; *Conrads,* Rechtliche Aspekte der Organallokation unter besonderer Berücksichtigung der strafrechtlichen Verantwortung des Arztes, in: *Lachmann/Meuter* (Hrsg), Zur Gerechtigkeit der Organverteilung, 1997; *Deutsch,* Das Transplantationsgesetz v 5. 11. 1997, NJW 1998, 777; *Diettrich,* Organentnahme und Rechtfertigung durch Notstand, Diss 2003; *Dufková,* Die Zulässigkeit und Strafbarkeit der Organentnahme zu Transplantationszwecken im Vergleich zu klinischen Sektionen, MedR 1998, 304 ff; *dies,* Zivil- und strafrechtliche Auswirkungen des Transplantationsgesetzes vom 5. 11. 1997 auf Verwaltungs- und klinische Sektionen bei Organentnahmen und hierbei zu Transplantationszwecken entnommenen Geweben, MedR 1999, 454 ff; *Edelmann,* Ausgewählte Probleme bei der Organspende unter Lebenden, VersR 1999, 1065 ff; *Engisch,* Über Rechtsfragen bei homologer Organtransplantation, Der Chirurg 1967, 252; *Engst,* Die Lebensspendekommission – ein bloßes Alibigremium? Erfahrungen und Rechtsfragen im Zusammenhang mit der Tätigkeit der Lebendspendekommission, GesR 02, 79; *Forkel,* Das Persönlichkeitsrecht am Körper, gesehen besonders im Lichte des Transplantationsgesetzes, Jura 2001, 73 ff; *Freund,* Der Entwurf eines 6. Gesetzes zur Reform des Strafrechts, ZStW 109, 486; *Funcke,* Todeszeitpunkt als Rechtsbegriff, MedR 1992, 182; *Geilen,* Anmerkung zum Urteil des OLG Frankfurt v 29. 11. 1974, JZ 1975, 379; *ders,* Medizinischer Fortschritt und juristischer Todesbegriff, FS Heinitz, 1972, S 373; *ders,* Probleme der Organtransplantation, JZ 1971, 41; *ders,* in: Handbuch des FA Medizinrecht, 2. Aufl 2009, Kap 4 B RdNr 521 ff; *Giesen,* Organverpflanzung, Staatslexikon Bd 4, 7. Aufl 1988, Sp 208 ff; *Gragert,* Strafrechtliche Aspekte des Organhandels, Diss 1997; *Grewel,* Zwischen Lebensrettung und Euthanasie –

das tödliche Dilemma der Transplantationsmedizin, ZRP 1995, S 217; *Gutmann,* Probleme einer rechtlichen Regelung der Lebendspende von Organen, MedR 97, 147; *Gutmann/Schroth,* Organlebendspende in Europa, 2002; *Hanack,* Todeszeitbestimmung, Organentnahme und Transplantation, DÄBl 66, 1969, 1320; *Heger,* Erwiderung auf Schroth (s unten), JZ 1998, 506; *Heinitz,* Rechtliche Fragen der Organtransplantation, 1970; *Hiersche/Hirsch/Graf-Baumann,* Rechtliche Fragen der Organtransplantation, 1990, *G Hirsch,* Fortschritte der Medizin – Herausforderung an das Recht, FS Helmrich, 1994, 952; *Höfling,* Um Leben und Tod, JZ 1995, 26; *ders,* Kommentar zum Transplantationsgesetz (TPG), 2003; *Höfling/Rixen,* Verfassungsfragen der Transplantationsmedizin, 1996; *Kallmann,* Rechtsprobleme bei der Organtransplantation, FamRZ 1969, 572; *Kirste* (Hrsg), Nieren-Lebendspende, 2001; *Klinge,* Todesbegriff, Totenschutz und Verfassung, 1996; *Kloth,* Todesbestimmung und postmortale Organentnahme, 1996; *Koch,* Rechtsfragen der Organübertragung vom lebenden Spender, Zentralblatt für Chirurgie 124, 1999, S 718 ff; *König,* Strafbarer Organhandel, 1999, zugl Diss 1998; *ders,* Das strafbewehrte Verbot des Organhandels, in: *Roxin/Schroth* (Hrsg), Handbuch des Medizinstrafrechts, 3. Aufl 2007, S 407 ff; *Kohlhaas,* Rechtsfragen zur Transplantation von Körperorganen, NJW 1967, 1489; *ders,* Neue Rechtsprobleme der Organtransplantation, NJW 1971, 1870; *Kopetzki,* Organgewinnung zum Zwecke der Transplantation, 1988; *Kopp,* Die Strafbarkeit der Entnahme von Leichenteilen, dargestellt am Beispiel von Gehörknöchelchen (Ossicula) und Augenhornhäuten (Corneae), MedR 1997, S 544 ff; *v Kress,* Ärztliche Fragen der Organtransplantation, 1970; *Kramer,* Rechtsfragen der Organtransplantation, 1987; *Kunert,* Die Organtransplantation als legislatorisches Problem, Jura 1979, 350; *Langenberg,* Organtransplantation und § 159 StPO, NJW 1972, 320; *Laufs,* Ein deutsches Transplantationsgesetz – jetzt?, NJW 1995, 2398; *Lilie,* Zur Verbindlichkeit eines Organspendeausweises nach dem Tode des Organspenders, MedR 1983, S 131 ff; *ders,* Wartelistenbetreuung nach dem Transplantationsgesetz, FS Deutsch, 1999, S 643 ff; *ders,* Transplantationsgesetz – Was nun?, in: Rechtsphilosophische Hefte, Medizin/Recht/Ethik, 1998, Bd VIII., S 89 ff; *ders,* Juristische Aspekte der Lebend-Organspende, Praxis der Nierentransplantation (III), 1989, 89, *ders,* Überwachung und Prüfung der Transplantationsmedizin, FS Deutsch 2909, 331; *Madea/Hensgge/Dettmeyer,* Hirntod als allgemeiner Todesbegriff, MedR 1999, S 162 ff; *Maurer,* Die medizinische Organtransplantation aus verfassungsrechtlicher Sicht, DÖV 1980, 7; *Miserok/Sasse/Krüger,* Transplantationsrecht des Bundes und der Länder mit Transfusionsrecht, Kommentar, 2006; *K Müller,* Postmortaler Rechtsschutz – Überlegungen zur Rechtssubjektivität Verstorbener, 1996; *Muñoz-Conde,* Strafrechtliche Probleme der Organtransplantation in Spanien, FS Eser, 2005, 1119 ff; *Odunku/Schroth/Vossenkuhl,* Transplantation, Organgewinnung und -allokation, 2003; *Paeffgen,* Überlegungen zur „Cross-over"Lebendspende von Nieren, FS Schroeder, 2006, S 579 ff; *C Paul,* Zur Auslegung des Begriffes „Handeltreiben" nach dem Transplantationsgesetz, MedR 1999, S 214 ff; *Penning/Liebhardt,* Entnahme von Leichenteilen zu Transplantationszwecken – Straftat, ärztliche Pflicht oder beides?, FS Spann, 1986, S 440; *Pfeiffer,* Die Regelung der Lebendorganspende im Transplantationsgesetz, 2004; *Pichlmayr* (Hrsg), Transplantation. Leben durch fremde Organe, 1996; *Pluisch-Haifer,* Die rechtliche Zulässigkeit von Leichenversuchen, NJW 1994, 2377; *Rieger,* Straflosigkeit klinischer Sektionen ohne Einwilligung des Verstorbenen und Hinterbliebenen, DMW 1978, 683; *Rittner/Besold/Wandel,* Die anonymisierte Lebendspende nach § 9 S 1 TPG geeigneter Organe (§ 8 I 2 TPG lege ferenda) – ein Plädoyer pro vita und gegen ärztlichen und staatlichen Paternalismus, MedR 2001, 118 ff; *Rixen,* Todesbegriff, Lebensgrundrecht und Transplantationsgesetz, ZRP 1995, 461; *Rosenberg,* Die postmortale Organtransplantation, 2008; *Roxin,* Zur Tatbestandsmäßigkeit und Rechtswidrigkeit der Entfernung von Leichenteilen (§ 168 StGB), insbesondere zum rechtfertigenden strafrechtlichen Notstand (§ 34 StGB) – OLG Frankfurt NJW 1975, 271, JuS 1976, 505; *ders,* Der Schutz des Lebens aus der Sicht des Juristen, Schutz des Lebens, Recht auf Tod, hrsg v *Blaha ua,* 1978, 85 ff; *Rüping,* Für ein Transplantationsgesetz, MMW 1982, 77; *ders,* Individual- und Gemeinschaftsinteressen im Recht der Organtransplantation, GA 1978, 129; *ders,* Der Schutz der Pietät, GA 1977, 299; *Sabass,* Die postmortale Organspende, in: *Roxin/Schroth* (Hrsg), Medizinstrafrecht 2000, S 227 ff; *Samson,* Legislatorische Erwägungen zur Rechtfertigung der Explantation von Leichenteilen, NJW 1974, 2031; *Sasse,* Zivil- und strafrechtliche Aspekte der Veräußerung von Organen Verstorbener und Lebender, 1996; *Schmidt-Didczuhn,* Transplantationsmedizin in Ost und West im Spiegel des Grundgesetzes, ZRP 1991, 264; *Schmeissner,* (Straf-)Rechtliche Aspekte der Transplantation fetaler Zellen und Gewebe, 2002; *Schreiber,* Vorüberlegungen für ein künftiges Transplantationsgesetz, FS Klug, 1983 S 341; *ders,* Die gesetzliche Regelung der Lebendorganspende in der BRD, 2004; *ders,* 10 Jahre Transplantationsgesetz – Notwendigkeit einer Weiterentwicklung? FS Amelung 2009, 487; *H L Schreiber/Haverich,* Kommentar zu den Richtlinien für die Warteliste und für die Organvermittlung, DÄBl. 97, 2000, S B-342 f; *Schroth,* Die strafrechtlichen Grenzen der Lebendspende sowie der Knochenmarktransplantation, in: *Roxin/Schroth,* Handbuch des Medizinstrafrechts, 3. Aufl 2007, 374 ff; *ders,* Stellungnahme zu dem Artikel von Seide-

23. Kapitel. Der Arzt im Strafrecht § 142

nath: „Lebendspende von Organen – Zur Auslegung des § 8 I S 2 TPG" (MedR 1998, 253), MedR 1999, S 67 ff; *ders,* Die strafrechtlichen Tatbestände des Transplantationsgesetzes, JZ 1997, 1149 ff; *ders,* Das Organhandelsverbot – Legitimität und Inhalt einer paternalistischen Strafrechtsnorm, FS Roxin, 2001, 869 ff; *ders,* Erwiderung auf *Heger* JZ 1998, 506 f; *Schroth/König/Gutmann* et al (Hrsg), Transplantationsgesetz, Kommentar, 2005; *Schroth,* Zulässigkeit einer Überkreuzlebendorganspende zwischen Ehepaaren – Begriff „in besonderer persönlicher Verbundenheit" – Organhandelsverbot, JZ 04, 469; *Schulte,* Rechtsgüter des strafbewehrten Organhandelsverbots, 2009; *Schwarz/Barelli* (Hrsg), Der Status des Hirntoten, 1995; *Seidennath,* Lebendspende von Organen – Zur Auslegung des § 8 Abs 1 S 2 TPG, MedR 1998, S 253 ff; *Spann,* Rechtliche Probleme der Organtransplantation, MedWelt Bd 47, 1981, 1782; *Stengel-Steicke/Steicke,* Xenotransplantation – medizinische Probleme und Rechtsfragen, AnwBl 2000, 574 ff; *Stentenbach,* Der strafrechtliche Schutz der Leiche, 1992; *Sternberg-Lieben,* Strafrechtlicher Schutz der toten Leibesfrucht (§ 168 StGB nF), NJW 1987, 2062; *Tag,* Menschliches Gewebe, menschliche Zellen und Biobanken, strafrechtliche und strafrechtsethische Herausforderungen, in: *Duttge* (Hrsg), Perspektiven des Medizinrechts im 21. Jahrhundert, 2007, 49 ff; *dies,* Das Bundesgesetz über die Transplantation von Organen, Geweben und Zellen – Die schweizerische Rechtslage zur Transplantationsmedizin, FS Amelung 2009, 507; *Trockel,* Die Rechtswidrigkeit klinischer Sektionen, 1957; *ders,* Das Recht zur Vornahme einer Organtransplantation, MDR 1969, 811; *Ulsenheimer,* Organspende vom nicht überlebensfähigen Neugeborenen, DÄBl 1993, A 3156; *ders,* Zfärztl Fortbildung 1993, 890; *N Weigand/H-R Zerkowski,* Die Entwicklung der Transplantationsmedizin, in: Essener Unikate 1998, Sonderdruck; *Weißauer/Opderbecke,* Tod, Todeszeitbestimmung und Grenzen der Behandlungspflicht, BayÄBl 1973, 98; *Wolfslast,* Rechtsfragen der Organtransplantation; Gesetzliche Regelung wäre wünschenswert, Der Arzt im Krankenhaus 1982, 526; *dies,* Transplantationsrecht im europäischen Vergleich, Zeitschrift für Transplantationsmedizin 1989, 43; *dies,* Grenzen der Organgewinnung – zur Frage einer Änderung der Hirntodkriterien, MedR 1989, 163; *ders,* Rechtliche Aspekte der Neurotransplantation, Zentralbl. Neurochirurgie 1995, S 210 ff; *Wolfslast/Rosenau,* Zur Anwendung des Arzneimittelgesetzes auf die Entnahme von Organ- und Gewebetransplantaten, NJW 1993, 2348 ff; *Zenker,* Ethische und rechtliche Probleme der Organtransplantation, FS Bockelmann 1979, S 481; *Zillgens,* Die strafrechtlichen Grenzen der Lebendorganspende, 2004.

Literaturhinweise zur Kodifizierung des Transplantationsrechts: *Bardenheuer/Kupath/Anselm,* Organtransplantation und Menschenwürde, Anästhesist 1993, 494; *Borchmann,* MedR 1991, 115; *Deutsch,* Zum geplanten strafrechtlichen Verbot des Organhandels, ZRP 1994, 179; *Eigler,* Probleme der Organtransplantation, MedR 1992, 88; *ders,* DÄBl 1995, 92 A-38; *Gubernatis,* Transplantationsgesetz – Quo vadis, Informationen des Berufsverbandes der Deutschen Chirurgen 1997, 69; *Hiersche/Hirsch/ Graf-Baumann,* Rechtliche Fragen der Organtransplantation, 1990; *Hirsch/Schmidt-Didczuhn,* Transplantation und Sektion: Die rechtliche und rechtspolitische Situation nach der Wiedervereinigung, 1992; *Höfling,* Hirntodkonzeption und Transplantationsgesetzgebung, MedR 1996, 6; *ders,* Über die Definitionsmacht medizinischer Praxis und Aufgabe der Verfassungsrechtslehre, JZ 1996, 615; *Kern,* Zum Entwurf eines Transplantationsgesetzes (der Länder?), MedR 1994, 389; *ders,* Fremdbestimmung bei der Einwilligung in ärztliche Eingriffe, NJW 1994, 758; *Kloth,* Todesbestimmung und postmortale Organentnahme, 1996; *ders,* Gehirntod und Organtransplantation, Beiheft 1995 zur Berliner theologischen Zeitschrift, 12. Jg 1995; *Laufs,* Ein deutsches Transplantationsgesetz – jetzt?, NJW 1995, 2398; *Lührs,* Überlegungen zur einheitlichen Kodifizierung des Transplantationsgesetzes, ZRP 1992, 302; *Möx,* Zur Zulässigkeit von Organentnahmen, ArztR 1994, S 39; *Nickel,* Verfassungsrechtliche Probleme der Transplantationsgesetzgebung am Beispiel des Gesetzbeschlusses des rheinland-pfälzischen Landtags, MedR 1995, 139; *Opderbecke,* Stellungnahme zum Beitrag von *Bernd-Rüdiger Kern* „Zum Entwurf eines Transplantationsgesetzes (der Länder?), MedR 1995, 152; *Sandvoß,* Anforderungen an ein Transplantationsgesetz, ArztR 1996, 151; *Schreiber,* Wann darf ein Organ entnommen werden? – Recht und Ethik der Transplantation, FS Steffen 1995, S 451; *Schreiber/Wolfslast,* Ein Entwurf für ein Transplantationsgesetz, MedR 1992, 189; *F C Schroeder,* Gegen die Spendenlösung bei der Organabgabe, ZRP 1997, 265; *Taupitz,* Um Leben und Tod: Die Diskussion um ein Transplantationsgesetz, JuS 1997, 203; *Weber/ Lejeune,* Rechtliche Probleme des rheinland-pfälzischen Transplantationsgesetzes, NJW 1994, 2392. Weitere ausführliche Literaturhinweise finden sich im Schrifttumsverzeichnis zu § 131.

I. Zur Rechtsentwicklung

Die Möglichkeiten, Risiken und Chancen der Transplantationsmedizin sind durch die ungeheuren Fortschritte auf diesem Gebiet in den letzten 25 Jahren wiederholt ins Blickfeld der Öffentlichkeit getreten. Spektakuläre Herz-, Lungen- und Leberverpflanzungen,

Nieren-, Dünndarm-, Bauchspeicheldrüse-, Kniegelenks-, Haut-, Knochenmark- und sonstige Gewebetransplantationen haben zugleich aber auch die Frage ihrer rechtlichen Zulässigkeit und Grenzen aufgeworfen. Eine **spezialgesetzliche Regelung** dieser schwierigen Materie gab es jedoch im Unterschied zur ehem DDR[1] und zahlreichen ausländischen Rechtsordnungen[2] in der BR Deutschland bis zum Inkrafttreten des TPG am 1. 12. 1997 nicht.[3] Dies bedeutete allerdings **keinen rechtsfreien Raum,** vielmehr wurden die mit der Organübertragung verbundenen Rechtsprobleme „nach allgemeinen strafrechtlichen, zivilrechtlichen und öffentlich-rechtlichen Vorschriften gelöst.[4] Dabei ergaben sich aber im Schrifttum zum Teil erhebliche, unüberbrückbare Meinungsunterschiede, „Zweifel und Unklarheiten",[5] die wegen des fast völligen Fehlens einschlägiger höchstrichterlicher Judikatur in der Transplantationspraxis immer wieder zu Rechtsunsicherheiten und deshalb zu dem verständlichen Ruf nach einem Transplantationsgesetz führten.[6] Der erste Anlauf dazu in den 70er Jahren scheiterte jedoch an den kontroversen Diskussionen um die besonders problematischen Fragen des Todesbegriffs und der unterschiedlichen Forderungen nach Einbindung des Verstorbenen bzw seiner Angehörigen – Notwendigkeit einer Zustimmung oder Fehlen eines Widerspruchs als Voraussetzung der Transplantation?[7] Die Wiedervereinigung am 3. 10. 1990 und die Tatsache, dass abgesehen von Island, Irland, den Niederlanden, Malta und Liechtenstein alle übrigen west- und nordeuropäischen Mitgliedsländer des Europarates eine spezialgesetzliche Regelung der Entnahme und Transplantation von menschlichen Substanzen im Laufe der Zeit geschaffen hatten, führte jedoch dazu, dass die gesetzgeberischen Bemühungen erneut einsetzten, um vor allem unterschiedliches Recht in den alten und neuen Bundesländern zu verhindern. Hinzu kam, dass die enorme Zunahme der Lebendspende unter Nichtverwandten und damit das Problem des Organhandels, also die Gefahr einer Kommerzialisierung der Organspende, klare Direktiven des Gesetzgebers verlangten.

2 Diese sind inzwischen in Gestalt eines bundeseinheitlichen Transplantationsgesetzes (TPG)[8] nach kontroversen Diskussionen im deutschen Bundestag, Anhörung diverser Sachverständiger, Einbringung mehrerer unterschiedlicher Gesetzgebungsentwürfe und begleitet von einer kaum noch überschaubaren Flut von Stellungnahmen vor allem im juristischen und medizinischen Fachschrifttum ergangen, nachdem durch eine Grundgesetzänderung (Einfügung einer Nr 26 in Art 74 Abs 1 GG) die (konkurrierende) Gesetzgebungskompetenz des Bundes geschaffen worden war.[9] Zum Inhalt des neuen Transplantationsgesetzes (TPG) aus zivilrechtlicher Sicht verweise ich auf meine Ausführungen in § 131[10] und beschränke mich im folgenden auf die Darstellung derjenigen Regelungen, die strafrechtliche Relevanz haben.

II. Die verschiedenen Fallkonstellationen

3 Ebenso wie für die oben (§ 131) erörterte zivilrechtliche Problematik sind auch bei der Behandlung der spezifisch **strafrechtlichen Aspekte** der Organtransplantation drei Fallgruppen zu unterscheiden:

---

[1] Verordnung über die Durchführung von Organtransplantationen v 4. 7. 1975 – GBl I, 597.
[2] Siehe *Wolfslast*, Transplantationsrecht im europäischen Vergleich, Zeitschrift für Transplantationsmedizin 1989, S 43 ff.
[3] S. oben *Ulsenheimer* § 131 RdNr 2.
[4] *Maurer* DÖV 1980, 7.
[5] *Laufs* ArztR RdNr 175.
[6] Vgl *Kunert* Jura 1979, 350 ff.
[7] BT-Drucks 8/2681.
[8] Transplantationsgesetz (TPG) v 5. 11. 1997 – BGBl 1997 I 2631.
[9] BGBl 1994 I 3146; Zur Gesetzgebungsgeschichte s *Höfling/Rixen*, Verfassungsfragen der Transplantationsmedizin, 1996.
[10] RdNr 4 ff.

23. Kapitel. Der Arzt im Strafrecht   4–7 § 142

(1) die Gewebs- und Organentnahme von toten Spendern (Mensch oder Leibesfrucht),
(2) die Transplantatentnahme von lebenden Personen,
(3) die Implantation körperfremder Organe beim Kranken.

III. Die Organentnahme vom Toten

In der heutigen Transplantationsmedizin steht die Entnahme von Organen oder Gewebeteilen vom toten Spender, um sie zu Heilzwecken Patienten aufgrund medizinischer Indikation einzusetzen, eindeutig im Vordergrund. Dabei stellen sich unter dem Aspekt der Tatbestandsmäßigkeit und gegebenenfalls Rechtfertigung der Organübertragung insbesondere **zwei Probleme**: 4
(1) die Bestimmung des Todeszeitpunkts,
(2) die Achtung des Selbstbestimmungsrechts des Verstorbenen.

1. Die Rechtslage vor Inkrafttreten des TPG. Nach der Rechtslage **vor** Inkrafttreten des TPG war die Explantation von Organen **Toter** strafrechtlich **nicht** erfasst. 5

a) Keine Strafbarkeit nach §§ 211 ff, 223 ff StGB. Die Körperverletzungs- und Tötungsdelikte greifen nicht ein, da ihr **Schutzgut nur der lebende Mensch** ist. Das Kernproblem des gesamten Transplantationsrechts ist daher die Bestimmung des Todeszeitpunkts, anders formuliert, der Todesbegriff. Insoweit ist auf meine Ausführungen in § 131 RdNr 7 ff zu verweisen und festzuhalten: Eine gesetzliche Definition fehlte und ist auch im neuen TPG nicht vorhanden. Die heute ganz herrschende Ansicht in Medizin und Rechtswissenschaft bestimmt den Todeszeitpunkt **normativ.** Danach markiert nicht der Stillstand von Atmungs- und Herztätigkeit, sondern der irreversible und vollständige Verlust der Gesamtfunktion des Großhirns, Kleinhirns und Hirnstamms, dh der **Hirntod,** das Lebensende des Menschen.[11] Darauf hebt auch § 3 Abs 2 Nr 2 TPG ab, der die Entnahme von Organen vor diesem Zeitpunkt in § 19 Abs 1 TPG ausdrücklich unter Strafe stellt. Nach welchen medizinischen Kriterien und Methoden der Hirntod allerdings festzustellen ist, wird im Schrifttum nach wie vor kontrovers diskutiert.[12] Das neue Gesetz schafft insoweit leider keine Klarheit, sondern fordert für die Todesbestimmung nur „Verfahrensregeln, die dem Stand der Erkenntnisse der medizinischen Wissenschaft entsprechen" (§ 3 Abs 2 Nr 2 TPG), worüber die Bundesärztekammer gemäß § 15 TPG in Gestalt von Richtlinien zu befinden hat. 6

Diese Grundsätze gelten auch für **anenzephale Neugeborene,** so dass die Entnahme eines Organs vor Feststellung des Hirntods den Tatbestand des Totschlags und Intensivbehandlungsmaßnahmen zu dem ausschließlichen Zweck der Organerhaltung und anschließender Verwendung mangels Indikation den Tatbestand der Körperverletzung erfüllen.[13] Dasselbe gilt für Eingriffe, die vor der Hirntoddiagnose vorgenommen werden, um den Todeszeitpunkt möglichst früh festzustellen und möglichst frische Organe des Anenzephalus für die Transplantation zu erlangen. Denn auf die Dauer des Weiterlebenkönnens kommt es für die Zuerkennung vollen strafrechtlichen Schutzes gegen Angriffe auf das Leben oder die körperliche Unversehrtheit eines Menschen nach einhelliger Judikatur und Literatur nicht an.[14] Mag der Anenzephalus auch lebens- und empfindungsunfähig sein: er steht als mit funktionsfähigen Organen zur Welt gekommener, atmender Mensch unter dem absoluten Lebensschutz. „Leben, und sei es noch so geschädigt, muss davor geschützt werden, dass es funktionalisiert und damit zu einem Instrument für Zwe- 7

---

[11] *Schönke/Schröder/Eser*, StGB, RdNr 19 vor § 211 mwN; *Geilen*, FS Heinitz 1972, S 388, 392.
[12] Vgl *Schönke/Schröder/Eser*, 27. Aufl 2006, RdNr 19 vor § 211 mwN; *Geilen,* FS Heinitz 1972, S 371 ff u *ders*, in: *Eser/Bringewat,* Suizid und Euthanasie, 1976, S 301 ff.
[13] Siehe *Ulsenheimer* § 131 RdNr 5; *Wolfslast* MedR 1989, 163, 164.
[14] BGHSt 10, 291, 292; RG DR 1939, 365 Nr 13; *v Loewenich,* in: Grenzen der Behandlungspflicht schwerstgeschädigter Neugeborener, 1987, S 132; SK-*Rudolphi* § 218 RdNr 5 mwN; *Isemer/Lilie* MedR 1988, 68; *Ulsenheimer* DÄBl 1993, A 3156; s auch oben § 139 RdNr 3.

cke anderer degradiert wird, auch wenn dieser Zweck ein unbestreitbar guter ist".[15] Auch das nicht überlebensfähige Neugeborene ist deshalb kein „bloßes Ersatzteillager", keine bloße „biologische Ressource", die zugunsten des „wertvolleren" Kranken – und sei es auch aus menschlich oder ethisch, medizinisch oder philosophisch hochstehenden Erwägungen – ausgeschlachtet werden kann.[16]

8   **b) Kein Eigentumsschutz.** Abgesehen von den Tötungs- und Körperverletzungsdelikten wird die Organentnahme von toten Spendern auch von den Eigentumsdelikten nicht erfasst. Fraglich ist schon, ob der menschliche **Leichnam eine „Sache"** im Sinne des § 90 BGB ist. Jedenfalls aber steht die Leiche mangels Verkehrsfähigkeit in niemandes **Eigentum** und ist daher herrenlos, nicht aber „fremd" im Sinne der genannten Tatbestände.[17] Überdies betätigt der Arzt, der ein Organ oder Gewebeteile für einen potenziellen Empfänger entnimmt, keinen Zueignungswillen, da seine Eigenmacht ja „nicht, wie es vorausgesetzt werden müßte, die Eigentumssphäre berührt".[18]

9   Leichen und Leichenteile können jedoch Gegenstand des Rechtsverkehrs und damit eigentumsfähig werden, wenn der Verstorbene oder uU der Totensorgeberechtigte zugunsten eines Dritten (zB eines anatomischen Instituts) ein Aneignungsrecht verfügt haben.[19]

10   **c) Keine Ehrbezogenheit.** Die eigenmächtig vorgenommene Organentnahme vom Toten ist auch nicht unter die Beleidigungsdelikte (§§ 185, 189 StGB) subsumierbar, da sowohl der objektive als auch der subjektive Tatbestand ausscheiden. Zum einen fehlt diesem ärztlichen Eingriff jegliche Ehrbezogenheit, zum anderen liegt sicher kein „Verunglimpfen", dh keine massive Ehrenkränkung vor, der ein besonderer Unwertgehalt eigen ist, und schließlich hat keiner der beteiligten Ärzte bei der Transplantatentnahme den Vorsatz, die Ehre und das Ansehen des Spenders bzw seiner Angehörigen zu verletzen.[20]

11   **d) Zum Tatbestand des § 168 StGB.** Als einzige ernsthaft in Betracht zu ziehende Strafbestimmung für die tatbestandliche Erfassung der Entnahme von Organen toter Spender verblieb nur § 168 aF StGB, und zwar die 1. Alternative, während die 2. Alternative aus subjektiven Gründen von vornherein entfällt, da mangels einer „rohen Gesinnung" der transplantierenden Ärzte der vom Tatbestand vorausgesetzte Handlungsunwert (Verübung „beschimpfenden Unfugs") fehlt.[21] Danach war strafbar, „wer unbefugt aus dem Gewahrsam des Berechtigten eine Leiche, Leichenteile, eine tote Leibesfrucht, Teile einer solchen oder die Asche eines Verstorbenen wegnimmt".[22]

12   aa) Nach ganz überwiegender Auffassung in Rechtsprechung und Lehre ist zwar der **Gewahrsamsbegriff** in § 168 StGB und § 242 StGB nicht identisch, andererseits aber anerkannt, dass das Gewahrsamsmerkmal in § 168 StGB „ein den Anwendungsbereich begrenzendes Faktizitätselement" darstellt.[23] Unter Berücksichtigung dieser sich aus dem Wortlaut ergebenden begriffsnotwendigen faktischen Komponente ist Gewahrsam im

---

[15] *Wolfslast* MedR 1989, 167.
[16] *Ulsenheimer* DÄBl 1993, A 3158; *ders,* Zeitschrift für ärztliche Fortbildung 1993, 894.
[17] RGSt 64, 315; KG NJW 1990, 782, 783; *Palandt/Heinrichs* vor § 90 RdNr 11 (66. Aufl 2007); *Trockel,* Die Rechtswidrigkeit klinischer Sektionen, S 37 ff jeweils mwN; aA *Kramer,* Rechtsfragen der Organtransplantation, S 92 ff.
[18] *Geilen* JZ 1971, 44 Anm 26 Nr 3.
[19] Vgl *Schönke/Schröder/Eser* RdNr 21 zu § 242 mwN
[20] *Geilen* (Fn 18) S 44 Anm 26 Nr 4 und 5; *v Bubnoff* GA 1968, 75; *Rüping* GA 1977, 304; *Kramer* (Fn 17) S 91; aA *Kallmann* FamRZ 1969, 576.
[21] *Geilen* (Fn 18) S 44 Anm 26 Nr 1 unter Berufung auf RGSt 42, 146.
[22] § 168 StGB wurde durch das 6. Strafrechtsreformgesetz neu gefasst: „Wer unbefugt aus dem Gewahrsam des Berechtigten den Körper oder Teile des Körpers eines verstorbenen Menschen ... wegnimmt, ..."
[23] *Geilen* (Fn 18) S 43; *ders* in FA Medizinrecht, Kap 4 B RdNr 523.

Sinne des § 168 StGB ein **tatsächliches** Obhuts-, Aufsichts- oder Bewachungsverhältnis. Daraus folgt, dass der Berechtigte *tatsächlich* die Obhut an der Leiche (Körper) bzw den Leichenteilen (Körperteilen) ausüben und ihm diese *faktische* Sachherrschaft gegen seinen Willen entzogen werden muss. Da aber das Krankenhaus „solange berechtigter Gewahrsamsinhaber ist, als die Leiche eines verstorbenen Patienten in seiner tatsächlichen Gewalt, dh noch im Hause ist",[24] stellt die Organentnahme keine „Wegnahme", keinen „Bruch" dieses Obhutsverhältnisses und damit *kein* Handeln *gegen* den Willen des Gewahrsamsinhabers dar. Die Explantation von Organen in einer Klinik vollzieht sich somit „innerhalb der eigenen Gewahrsamsphäre des Täters (oder des sonst einverstandenen Arztes)"[25] und wird daher vom objektiven Tatbestand des § 168 StGB nach herrschender Meinung **nicht** erfasst.[26]

bb) Eine Minderansicht im Schrifttum will demgegenüber unter Rückgriff auf das „Pietätsgefühl der Angehörigen" als Schutzgut des § 168 StGB den Gewahrsamsbegriff dort **ausschließlich normativ** als „Obhutsrecht" des Totensorgeberechtigten interpretieren und von jedem tatsächlichen Bezug lösen. Dieser auf eine teleologische und historische Interpretation gestützten Auffassung lag das kriminalpolitische Ziel zugrunde, „wenigstens einen Tatbestandsnenner" für die unbefugte Organentnahme zu finden,[27] doch steht ihr zum einen der Wortlaut des Gesetzes und damit das strafrechtliche Analogieverbot entgegen.[28] Zum anderen ist das Pietätsempfinden als viel zu subjektiv begründetes Kriterium nicht tragfähig.[29] Da der Gesetzgeber von einem „Gewahrsam des Berechtigten" spricht, können diese beiden Begriffe nicht identisch sein und das faktische Element des Gewahrsamsbegriffs nicht „auf irgendeine rätselhafte Weise" eliminiert werden.[30]

cc) Diese – herrschende – Ansicht hat jedoch das Kammergericht[31] infrage gestellt und ausdrücklich die „in der Literatur vielfach gegen eine zu sehr an den Eigentumsdelikten orientierte Auslegung des Gewahrsamsbegriffs" vorgebrachten Bedenken für begründet erachtet. Die restriktive Interpretation des § 168 StGB, nach der Gewahrsam und Berechtigung an der Leiche auseinanderfallen und daher im Regelfall (Versterben im Krankenhaus) kein strafrechtlicher Schutz der Leiche gegen die unbefugte Entnahme von Leichenteilen besteht, sei kriminalpolitisch verfehlt. Angesichts der „zunehmenden Möglichkeiten der Transplantation und der sonstigen vielseitigen kommerziellen Verwendung von Leichenteilen" gebiete es vielmehr gerade heute auch aus verfassungsrechtlicher Sicht „der im Wege objektiver Auslegung zu ermittelnde Sinn und Zweck der Bestimmung, die Leiche und damit die den Tod überdauernde Würde des Patienten und das Pietätsgefühl der Allgemeinheit gegen die eigenmächtige Wegnahme von Leichenteilen durch Krankenhausärzte zu schützen."[32]

Im Ergebnis bejahte das Kammergericht **Mitgewahrsam des Ehemanns** an der Leiche seiner im Krankenhaus verstorbenen Ehefrau spätestens von dem Zeitpunkt an, in dem

---

[24] *Bockelmann,* Strafrecht des Arztes, S 107.
[25] *Geilen* (Fn 18) S 44.
[26] *Bockelmann* (Fn 24) S 107; *Geilen* (Fn 18) S 43 f; *ders* JZ 1975, 379; *Roxin* JuS 1976, 506; *Lackner/Kühl,* StGB, 26. Aufl 2007, § 168 RdNr 4; *Schönke/Schröder/Lenckner* § 168 RdNr 4; SK-*Rudolphi* § 168 RdNr 3; *Rüping* GA 1977, 303; GA 1978, 130; *Kohlhaas* NJW 1967, 1491; OLG München NJW 1976, 1805 m Anm *Linck,* S 2310; OLG Stuttgart Die Justiz 1977, 312; OLG Karlsruhe Die Justiz 1977, 313; OLG Frankfurt NJW 1975, 271 (272); OLG Zweibrücken JR 1992, 212 mit Anm *Laubenthal*; offen gelassen von OLG Koblenz NStE Nr 2.
[27] *Geilen* (Fn 18) S 44.
[28] *Bockelmann* (Fn 24) S 106; *Geilen* (Fn 18) S 44; *Roxin* (Fn 26) S 507; *Schreiber* FS Klug, S 346.
[29] AA *Fischer,* StGB, 55. Aufl 2008, RdNr 16; § 168 RdNr 3; LK-*Dippel* § 168 RdNr 24; *v Bubnoff* (Fn 20); *Maurach/Schroeder,* Besonderer Teil, 2. Halbbd, 6. Aufl S 77; *Hanack* DÄBl 1969, 1330; *Kallmann* (Fn 20) S 575; *Sternberg-Lieben* NJW 1987, 2062.
[30] *Roxin* in: *Blaha u andere* (Hrsg), Schutz des Lebens, Recht auf Tod, S 101; *Geilen* (Fn 18) S 43.
[31] NJW 1990, 782 f.
[32] NJW 1990, 782, 783.

der Arzt ihm mitteilte, die Tätigkeit des Krankenhauses sei abgeschlossen und er möge ein Bestattungsunternehmen beauftragen. Die Organentnahme durch die im Einverständnis mit der Leitung des Krankenhauses, aber ohne Zustimmung des Ehemanns handelnden Ärzte erfüllt nach dieser Auffassung also den Tatbestand des § 168 StGB.

16 *dd)* Die damit offensichtliche Rechtsunsicherheit, die nicht nur die Frage der Tatbestandsmäßigkeit, sondern auch der Rechtswidrigkeit der Organentnahme unter dem Blickwinkel des § 168 StGB betraf, war aus der Sicht der Ärzteschaft, der Patienten, der Spender und ihrer Hinterbliebenen nur schwer erträglich, das Eingreifen des Gesetzgebers daher überfällig. Die Forderung des Kammergerichts, endlich Klarheit zu schaffen und „einen angemessenen Ausgleich zwischen den grundsätzlich berechtigten, dem allgemeinen Wohl dienenden Interessen der medizinischen Wissenschaft", den individuellen Interessen des einzelnen Patienten und den „in § 168 StGB geschützten Rechtsgütern" herbeizuführen, ist durch die seit dem 1. 12. 1997 geltenden, durch das Gewebegesetz v 20. 7. 2007 neu gefassten Bestimmungen des Transplantationsgesetzes erfüllt. Danach ist die unbefugte Organentnahme nicht mehr gemäß § 168 StGB, sondern gemäß § 19 Abs 1 TPG strafbar (lex specialis).

17 **2. Die gegenwärtige Rechtslage.** Das TPG vom 5. 11. 1997 gilt in der geänderten Fassung vom 4. 9. 2007 (BGBl I 2206) „für die Spende und die Entnahme von menschlichen Organen, Organteilen oder Geweben (zB Augenhornhaut, Dura) zum Zwecke der Übertragung sowie für die Übertragung der Organe oder der Gewebe einschließlich der Vorbereitung dieser Maßnahmen. Es gilt ferner für das Verbot des Handels mit menschlichen Organen oder Geweben" (§ 1 Abs 1 S 1 und 2 TPG). Das TPG gilt nicht für „Gewebe, die innerhalb ein und desselben chirurgischen Eingriffs einer Person entnommen werden, um auf diese rückübertragen zu werden" und nicht für „Blut und Blutbestandteile" (§ 1 Abs 2 TPG). Dagegen ist das TPG nach seiner Änderung auf embryonale und fetale Organe und Gewebe anwendbar (§ 4 a TPG), allerdings nur unter bestimmten, im Gesetz genau umschriebenen Bedingungen, deren Einhaltung durch § 19 Abs. 2 TPG strafbewehrt ist. Mögen auch einzelne Regelungen unbefriedigend sein oder zu erheblichen Auslegungsproblemen führen, so ist zunächst jedoch in diesem Bereich einmal ein Mehr an Rechtsklarheit gewonnen, so dass ich bezüglich der früheren Rechtfertigungsprobleme auf die 1. Auflage verweise und mich im folgenden auf einen kurzen Überblick über die geltende Rechtslage beschränke.

18 **a) Die erweiterte Zustimmungslösung.** Die Organ- oder Gewebeentnahme bei **toten** Organspendern ist zulässig, wenn dieser in die Entnahme eingewilligt hatte, der Eingriff durch einen Arzt vorgenommen wird und der Tod des Organ- oder Gewebespenders „nach Regeln, die dem Stand der Erkenntnisse der medizinischen Wissenschaft entsprechen, festgestellt" wurde (§ 3 Abs 1 Nr 1–3 TPG). Die Organ- oder Gewebeentnahme ist unzulässig, wenn die Person, um deren Tod es geht, der Organ-oder Gewebeentnahme widersprochen hatte oder vor der Entnahme nicht der Hirntod „nach Verfahrensregeln, die dem Stand der Erkenntnisse der medizinischen Wissenschaft entsprechen, festgestellt ist" (§ 3 Abs 2 Nr 1 und 2 TPG).

19 Ein vorsätzlicher Verstoß gegen diese Bestimmungen (§ 3 Abs 1 und 2 TPG) wird durch die Blankettnorm des § 19 Abs 2 TPG mit Freiheitsstrafe bis zu drei Jahren oder Geldstrafe, ein fahrlässiger Verstoß mit Freiheitsstrafe bis zu einem Jahr oder mit Geldstrafe geahndet (§ 19 Abs 2 und 5 TPG). Auch der Versuch ist strafbar (§ 19 Abs 4 TPG). Im Verhältnis zu den allgemeinen Tötungsdelikten tritt § 19 TPG als Gefährdungstatbestand infolge Gesetzeskonkurrenz zurück, so wenn zB infolge pflichtwidriger Hirntoddiagnostik der Tod eines noch lebenden Patienten verursacht wird.[33]

---

[33] *Geilen,* FA Medizinrecht Kap 4 B RdNr 544.

Die **Einwilligung** kann rechtswirksam vom vollendeten 16., der **Widerspruch** vom 20
vollendeten 14. Lebensjahr an erklärt werden (§ 2 Abs 2 S 2 TPG). Dies gilt sowohl für die
Organ- als auch die Gewebespende. Im folgenden wird – pars pro toto – durchweg die
Organspende angesprochen, die Ausführungen gelten in gleicher Weise für die Gewebespende.

b) Befragung der Angehörigen. Liegt dem Arzt, der die Organentnahme vorneh- 21
men soll oder will, weder eine schriftliche Einwilligung noch ein schriftlicher Widerspruch des potenziellen (toten) Organspenders vor – der in der Praxis häufigte Fall[34] –
ist dessen „nächster Angehöriger" zu befragen, ob ihm irgendeine Äußerung des Verstorbenen zur Organspende bekannt ist. Dabei ist eine bestimmte Reihenfolge einzuhalten
(§ 4 Abs 2 TPG):
1. Ehegatte,
2. volljährige Kinder,
3. Wenn der Verstorbene zur Todeszeit minderjährig war und die Sorge für seine Person zu dieser Zeit nur einem Elternteil, einem Vormund oder einem Pfleger zustand, dieser Sorgeinhaber,
4. volljährige Geschwister,
5. Großeltern.

Ist keinem dieser Personen eine Erklärung des Verstorbenen zur Organspende bekannt,
„so ist die Entnahme unter den Voraussetzungen des § 3 Abs 1 Nr 2 und 3 und Abs 2 TPG
nur zulässig, wenn ein Arzt den Angehörigen über eine infrage kommende Organentnahme unterrichtet und dieser ihr zugestimmt hat" (§ 4 Abs 1 S 2 TPG). Ein Arzt, der
ohne diese Voraussetzungen eine Organentnahme vornimmt, macht sich gemäß § 19 Abs 1
TPG im Falle von Vorsatz, nach § 19 Abs 5 TPG bei Fahrlässigkeit und nach § 19 Abs 4
TPG wegen Versuchs strafbar, wenn die Tat in diesem Stadium steckenbleibt.

Nach ausdrücklicher, aber nicht strafbewehrter Vorschrift (§ 4 Abs 1 S 3 und 4 TPG) 22
hat der Angehörige den „mutmaßlichen Willen des möglichen Organspenders" zu respektieren und der Arzt den Angehörigen hierauf aufmerksam zu machen.[35]

Der Gesetzgeber hat also die sog „erweiterte Zustimmungslösung" oder „Informations- 23
lösung" verwirklicht, wonach bei toten Spendern die Organentnahme auch dann zulässig
ist, wenn der Verstorbene **keine** Erklärung abgegeben hat, die **Angehörigen** aber der
Entnahme **ausdrücklich zustimmen.** Verworfen wurde damit die „enge Zustimmungslösung", die eine Organentnahme nur dann als zulässig ansieht, wenn der Verstorbene
selbst zu Lebzeiten der Entnahme zugestimmt hat. Liegt eine solche Erklärung nicht vor,
so wird nach diesem Modell deren Fehlen als Ablehnung gewertet. Verworfen wurde im
Gesetzgebungsverfahren auch die sog **Widerspruchslösung,** wonach eine Explantation
schon immer dann rechtlich zulässig ist, wenn ihr der Verstorbene selbst nicht widersprochen hatte. Das Fehlen einer Erklärung des Toten zur Organentnahme wird hier also als
Zustimmung interpretiert.

Hat der Organspender zu Lebzeiten der Entnahme weder zugestimmt noch widerspro- 24
chen und haben die entscheidungsberechtigten Angehörigen die Organentnahme abgelehnt, dürfen die Regelungen der §§ 3 Abs 1 Nr 1 und 4 Abs 2 TPG nicht unter Berufung
auf § 34 StGB (rechtfertigender Notstand infolge des höherrangigen Interesses des Organempfängers) außer Kraft gesetzt werden.[36] Das gilt auch dann, wenn für einen bestimmten
Patienten ein akute, ernste, mit Lebensgefahr verbundene Notlage besteht.[37] Das Selbstbestimmungsrecht sollte, wie das Ringen um die gesetzliche Lösung zeigt, so weit wie

---

[34] *Geilen,* FA Medizinrecht, Kap 4 B RdNr 527.
[35] Siehe *Ulsenheimer* § 131 RdNr 11.
[36] So mit Recht *Fischer,* § 168 RdNr 15; *Lackner/Kühl,* § 168 RdNr 4; *Geilen,* FA Medizinrecht, Kap 4 B RdNr 528; s die Nachweise dort; s auch § 131 RdNr 11.
[37] AA LK-*Dippel* § 168 RdNr 17; wie hier *Clement,* Lexikon des Arztrechts, hrsg v. *Rieger,* 2. Aufl, Nr 5150 RdNr 12.

möglich dem Spender erhalten bleiben. Erst recht scheidet die Anwendbarkeit des § 34 StGB aus, wenn es nur um die Gewinnung von Organen für eine Organbank und nicht für einen konkreten Fall geht, da dann schon die Gegenwärtigkeit der Gefahr und das eindeutige Übergewicht des geschützten Interesses (potenzieller künftiger Empfänger) als tatbestandliche Voraussetzungen des § 34 StGB fehlen.[38]

25 Noch nicht geklärt ist auch die Reichweite der **mutmaßlichen Einwilligung** des Organspenders. Hat der Arzt insoweit deutliche Hinweise, ist er mE nicht nach § 19 Abs 1 TPG strafbar, wenn er die Organentnahme vornimmt. Entgegen *Schroth*, der den Tatbestand entfallen lässt,[39] wirkt die mutmaßliche Einwilligung als Rechtfertigungsgrund.[40] Mit Recht verneint *Schroth* aber ein eigenes Recht der Angehörigen, in die Organentnahme einzuwilligen, vielmehr müssen sie im Sinne des Verstorbenen handeln.[41]

26 Hinsichtlich der Einzelheiten der gesetzlichen Regelung über die Entscheidungsbildung, das Nachweisverfahren, Fristen, Auskunftspflichten ua ist auf die Bestimmungen der §§ 4 bis 7 TPG zu verweisen. Siehe dazu auch § 131 RdNr 11 ff.

IV. Die Organentnahme vom lebenden Spender

27 Die Lebendorganspende wirft im Unterschied zur Transplantatentnahme vom toten Spender „juristisch relativ wenig Probleme" auf.[42] Dennoch ist sie im TPG nunmehr in § 8 geregelt. Da die strafrechtliche Beurteilung keine Besonderheiten gegenüber der zivilrechtlichen aufweist, kann hier vollinhaltlich auf die obigen Ausführungen[43] in § 131 verwiesen werden. Zusammenfassend ist festzuhalten:

28 **1. Tatbestandsmäßigkeit nach §§ 223, 226 StGB.** Die Entnahme von Organen oder Gewebe aus dem Körper eines lebenden Menschen stellt einen medizinisch nicht indizierten Eingriff dar, der den objektiven und subjektiven Tatbestand der (uU schweren) Körperverletzung (§§ 223, 226 StGB) erfüllt.

29 **2. Einwilligung als Rechtfertigungsgrund.** Die Lebendspende ist – abgesehen von dem in § 8 Abs 1 Nr 4 TPG festgelegten Eingriffsmonopol des Arztes – unter denselben Voraussetzungen rechtlich zulässig wie andere Eingriffe in die körperliche Integrität, dh nur bei wirksamer Einwilligung des Spenders (§ 8 Abs 1 S 1 Nr 1 b TPG), da eine Rechtfertigung des transplantierenden Arztes durch Notstand sowohl unter dem Aspekt der Güterabwägung – Personenautonomie hat Vorrang (!) – als auch wegen der fehlenden Angemessenheit des Mittels zu dem verfolgten Zweck scheitert.[44] Die vorsätzliche Nichteinhaltung der Zulässigkeitserfordernisse ist strafbar (§ 19 Abs 1 Nr 1 TPG). Diese gelten auch für die **Knochenmarkspende** (§§ 1 Abs 1 und 2, 3, 8, 8a TPG).

30 **3. Wirksamkeitserfordernisse der Einwilligung.** An die ärztliche Aufklärung als Voraussetzung der wirksamen Einwilligung werden *strengste* Anforderungen gestellt,[45] um der Gefahr der Kommerzialisierung vorzubeugen und den Spender instand zu setzen, sein mit dem Eingriff bewusst, aus altruistischen Motiven eingegangenes Risiko abzuschätzen. Hiervon muss sich der transplantierende Arzt durch besonders sorgfältige und gewissenhafte Prüfung der Einwilligung überzeugen; denn der Heilzweck ist auf Dritte, nicht auf den Spender bezogen. Dieser muss deshalb nach § 8 Abs 2 TPG über die Art des

---

[38] *Fischer*, § 168 RdNr 15; *Geilen* aaO RdNr 528; *Schönke/Schröder/Lenckner*, § 168 RdNr 8.
[39] JZ 1997, 1152.
[40] Siehe zur Erforschung des mutmaßlichen Willens *Ulsenheimer*, Anästhesiologie und Intensivmedizin 2000, 693.
[41] *Schroth* JZ 1997, 1152.
[42] *Deutsch*, Arztrecht und Arzneimittelrecht, 1983, S 199.
[43] § 131 RdNr 15 ff. Zur rechtlichen Situation in der BRD und in Europa s die ausführlichen Darlegungen von *Gutmann/Schroth*, Organlebendspende in Europa, 2002.
[44] *Schönke/Schröder/Lenckner* § 34 RdNr 47.
[45] LK-*Hirsch*, StGB, 11. Aufl 2001, § 228 RdNr 46; *Rüping* GA 1978, 132; *Laufs* ArztR RdNr 190.

Eingriffs, den Umfang und mögliche, auch mittelbare Folgen und Spätfolgen für seine Gesundheit sowie über die zu erwartende Erfolgsaussicht der Organ- oder Gewebeübertragung und etwaige sonstige für ihn erkennbar wichtige Umstände durch einen Arzt aufgeklärt werden. Aufzuklären ist auch über die ärztliche Schweigepflicht, die versicherungsrechtlichen Verhältnisse beim Spender (§ 8 Abs. 2 S 6 TPG), und die Erhebung/Verwendung personenbezogener Daten.

4. Unwirksamkeit der Einwilligung Minderjähriger. Weder Minderjährige noch 31 geistig Behinderte können rechtswirksam die Zustimmung zur Organspende erteilen; Stellvertretung durch gesetzliche Vertreter oder das Familiengericht ist ausgeschlossen. Der Spender muss also volljährig und einwilligungsfähig sein (§ 8 Abs 1 S 1 Nr 1 a TPG). Der vorsätzliche Verstoß des Arztes gegen diese Voraussetzungen ist strafbar (§ 19 Abs 1 Nr 1 TPG). Für die **Knochenmarkspende** gilt die Sonderregelung des § 8a TPG nF, wonach unter strengen gesetzlichen Kautelen die Übertragung von Knochemark Minderjähriger auf nahe Verwandte zulässig ist.[46] Die Einhaltung dieser Bedingungen ist in vollem Umfang[47] strafbewehrt (§ 19 Abs 1 S 1 Nr 1 TPG).

5. Unwirksamkeit der Einwilligung in die Tötung. Die Einwilligung ist un- 32 wirksam und der Arzt nach §§ 211 ff, § 216 StGB strafbar, wenn die Transplantatentnahme sicher oder wahrscheinlich zum Tod des Spenders führt und der Arzt dies (billigend) in Kauf nimmt. Insoweit fehlt die Dispositionsbefugnis des Rechtsgutträgers.

6. Freiwilligkeitserfordernis. Die Einwilligung muss frei von Irrtum, Täuschung 33 oder Drohung, dh sie muss freiwillig sein. Außer dem fehlenden Willensmangel setzt **Freiwilligkeit** den „freien unerzwingbaren sittlichen Entschluss zu dem Eingriff" voraus.[48] Mangelt es an der Freiwilligkeit der Einwilligung, besteht für den operierenden Arzt das Risiko, wegen fahrlässiger Körperverletzung strafrechtlich verfolgt zu werden, wenn er irrtümlich die Einwilligungsvoraussetzungen als gegeben annimmt. Um den transplantierenden Arzt vor der Schwierigkeit zu bewahren, die Motivation des Spenders zu erforschen, hat § 8 Abs 3 TPG eine Kommission zur Prüfung der Freiwilligkeit eingeschaltet. Diese muss gutachterlich dazu Stellung genommen haben, „ob begründete tatsächliche Anhaltspunkte" (zB „Druck" der Familie, finanzielle Notlage) für eine unfreiwillige Einwilligung des Spenders vorliegen, ehe die Organentnahme erfolgen darf.

7. Beachtung der „guten Sitten": Liegt die Einwilligung des Patienten vor, kann 34 dennoch ihre an sich rechtfertigende Wirkung versagen, wenn die **Tat gegen die guten Sitten** verstößt. Bezieht man mit der herrschenden Lehre auch den Tatzweck bei der Wertausfüllung des Begriffs „sittenwidrig" mit ein, erscheint die Organspende allerdings infolge der alturistischen Motivation als sittlich **nicht** missbilligenswert, doch „darf der Spender nicht zum Krüppel gemacht werden".[49] Deshalb verlangt § 8 Abs 1 S 1 Nr 1 c TPG, dass der Spender „voraussichtlich nicht über das Operationsrisiko hinaus gefährdet oder über die unmittelbaren Folgen der Entnahme hinaus gesundheitlich schwer beeinträchtigt wird". Erfolgt die Einwilligung aus finanziellen Erwägungen, kann dies die Sittenwidrigkeit angesichts der Strafbarkeit des Organhandels begründen, doch kommt es letztlich auf die konkreten Umstände des Einzelfalls an.[50]

---

[46] Siehe dazu näher *Schroth,* in: *Roxin/Schroth* (Hrsg), Handbuch des Medizinstrafrechts, 3. Aufl 2007, S 402 ff.
[47] Kritisch *Schroth* aaO, S 404.
[48] *Lilie,* Juristische Aspekte der Lebend-Organspende, in: Praxis der Nierentransplantation, 1989, S 92; BGHSt 19, 201, 206; BGH NJW 1987, 2925.
[49] *Schönke/Schröder/Stree* § 228 RdNr 7 ff; *Lilie* (Fn 48) S 94; BGH NJW 1987, 2926.
[50] Siehe dazu *Fischer,* § 228 RdNr 24 a; *Lackner/Kühl,* § 228 RdNr 23; *Schönke/Schröder/Stree,* § 228 RdNr 9.

35 **8. Keine Pflicht zur Entnahme.** Die Einwilligung des Spenders gibt dem Arzt das Recht, ein Organ zum Zwecke der Transplantation zu entnehmen, verpflichtet ihn aber nicht, diesen Eingriff vorzunehmen.[51]

36 **9. Strafbarkeit der Organentnahme.** Ein **vorsätzlicher** Verstoß gegen die in § 8 Abs 1 S 1 Nr 1 a, b, Nr 4 oder S 2 TPG aufgestellten Voraussetzungen für die Organentnahme bei lebenden Organspendern ist nach § 19 Abs 1 Nr 1 und 2 TPG mit Freiheitsstrafe bis zu 5 Jahren oder mit Geldstrafe bedroht. Der **Versuch** ist gemäß § 19 Abs 4 TPG strafbar, nicht dagegen die **fahrlässige** Verletzung der Zulässigkeitserfordernisse des § 8 Abs 1 TPG. Die Frage der Strafbarkeit von Spender und Empfänger ist streitig, aber nach den Regeln der notwendigen Teilnahme wohl zu verneinen.[52] § 19 Abs 1 Nr 1 und 2 TPG sollen sicherstellen, dass die Organentnahme nur von einem approbierten Arzt vorgenommen, der Lebendspender hinreichend aufgeklärt wird und seine Einwilligung rechtmäßig ist. Darüber hinaus soll § 19 Abs 1 Nr 2 TPG die vom Gesetz in § 8 Abs 1 Satz 2 TPG vorgenommene Begrenzung tauglicher „Lebendspender" gewährleisten. Mit Recht haben jedoch *Schroth*[53] diese Strafvorschrift als „zweifelhafte Norm", *Geilen*[54] als „fragwürdige Lösung" und *Hirsch* als „nur unzureichend durchdacht" genannt – wie in der „gegenwärtigen deutschen Strafgesetzgebung leider keine Seltenheit".[55] Denn da das geschützte Rechtsgut in § 19 Abs 2 TPG, soweit Aufklärung, Einwilligung und körperliche Integrität in Rede stehen, identisch mit dem Schutzgut der Körperverletzungstatbestände (§ 223 ff StGB) ist, ergeben sich „komplizierte Konkurrenzfragen" zu dieser Deliktsgruppe.[56] Sie lassen sich, wie *Hirsch* mit Recht hervorhebt, nur dann sachgerecht lösen, wenn man § 19 Abs 1 TPG „als Spezialregelung gegenüber § 223" ansieht, „die jedoch bei Vorliegen der Strafschärfung der §§ 224 ff StGB hinter diese in Gesetzeskonkurrenz zurücktritt".[57] Idealkonkurrenz scheidet infolge der Gleichförmigkeit der Schutzrichtung des § 19 Abs 1 TPG und der §§ 223 ff StGB aus.

37 In der Praxis besonders wichtig ist die strafbewehrte (§ 19 Abs 1 Nr 2 TPG) Vorschrift des § 8 Abs 1 S 2 TPG: „Die Entnahme von Organen, die sich nicht wieder bilden können, ist darüber hinaus nur zulässig zum Zwecke der Übertragung auf Verwandte 1. oder 2. Grades, Ehegatten, Verlobte und andere Personen, die dem Spender in besonderer persönlicher Verbundenheit offenkundig nahestehen". Trotz der zweifellos bestehenden Auslegungsprobleme und der darauf beruhenden unterschiedlichen Ansichten zu den Tatbestandsmerkmalen „in besonderer persönlicher Verbundenheit offenkundig nahestehen" hat das BVerfG diese sog „Öffnungsklausel" als noch bestimmt genug iS des Art 103 Abs 2 GG bezeichnet.[58] Ob ein Nierenaustausch mit Fremden, zB wenn der Ehemann für seine schwerkranke Ehefrau eine Niere sucht und im Gegenzug dafür eine seiner Nieren zum Tausch anbietet,[59] allerdings unzulässig ist, wird im Schrifttum kontrovers diskutiert. Im Gegensatz zu der von mir früher vertretenen Ansicht halte ich die „Überkreuz-Lebendspende" im Hinblick auf die Zielsetzung des Gesetzes und die Notlage der Betroffenen nicht schlechthin für strafbar, wobei zwischen § 19 Abs 1 Nr 2 TPG und § 18 TPG zu differenzieren ist. § 19 Abs 1 Nr 2 ist zwar verfassungsrechtlich in hohem

---

[51] LK-*Hirsch* § 228 RdNr 46; ebenso *Bockelmann* (Fn 24) S 119 ff.
[52] AA *Schroth*, in: Handbuch des Medizinrechts, S 389.
[53] JZ 1997, 1153.
[54] FA Medizinrecht, Kap 4 B RdNr 547.
[55] LK-*Hirsch* § 228 RdNr 46.
[56] *Schroth* JZ 1997, 1153.
[57] LK-*Hirsch* § 228 RdNr 36; *Schroth*, in: Handbuch des Medizinstrafrechts, S 379; *Niedermair*, Körperverletzung mit Einwilligung und die Guten Sitten, S 223 ff, 229 ff; aA *Heger* JZ 1998, 506, der die Konkurrenzprobleme ohne gravierende Wertungswidersprüche für lösbar hält.
[58] NJW 1999, 3399, 3400; s oben § 131 RdNr 17.
[59] Siehe dazu Süddeutsche Zeitung v 27. 8. 1997, S 37.

23. Kapitel. Der Arzt im Strafrecht 38, 39 § 142

Maße bedenklich,⁶⁰ letztlich aber geltendes Recht und deshalb nur durch eine restriktive Interpretation des in § 8 Abs 1 S 2 TPG normierten Verbots, anders formuliert: durch eine weite, interessengerechte Auslegung des Begriffs der „besonderen persönlichen Verbundenheit" in verfassungskonformer Weise anzuwenden.⁶¹ Bezüglich des § 18 TPG (Verbot des „Handeltreibens") s RdNr 38. Zu den Vorzügen einer „anonymisierten Lebendspende" s *Rittner/Besold/Wandel,* MedR 2001, 118 mit Fallbeispielen.

V. Die Implantation fremder Organe

Die Implantation eines körperfremden Organs aufgrund medizinischer Indikation stellt einen ärztlichen Heileingriff dar, der als tatbestandsmäßige Körperverletzung nach der Rechtsprechung einer wirksamen Einwilligung bedarf. Wichtig ist also insbesondere die Aufklärung des Patienten über die spezifischen Transplantationsrisiken, dh die Gefahr der Abstoßung des Transplantats, die voraussichtliche Zeitspanne, während der der Empfänger damit weiterleben kann, die Möglichkeit der Übertragung von Krankheiten vom Spender, die Erfolgschancen, die Rettungsalternativen mit ihren Vor- und Nachteilen ua.⁶² Zu beachten ist allerdings das Verbot, „Organe, die Gegenstand verbotenen Handeltreibens sind, zu entnehmen, auf einen anderen Menschen zu übertragen oder sich übertragen zu lassen".⁶³ **38**

VI. Strafbarkeit des Organ- und Gewebehandels

Im Hinblick auf den offenbar vor allem im Ausland „blühenden" Organhandel aus Gewinnstreben, finanzieller Notlage oder ähnlichen, nicht billigenswerten Motiven hat das Transplantationsgesetz nicht nur den Handel mit menschlichen Organen – von gewissen Ausnahmen abgesehen – strikt verboten (§§ 1 Abs 1 S 1, 17 Abs 1, Abs 2 TPG), sondern in § 18 Abs 1, Abs 3 TPG (Versuch)⁶⁴ auch unter Strafe gestellt. Strafbar ist insbesondere auch derjenige Arzt, der ein Organ, das Gegenstand verbotenen Handeltreibens war, entnimmt und auf einen anderen Menschen überträgt (§ 18 Abs 1, § 17 Abs 2 TPG). Das strafbewehrte Verbot des Organhandels⁶⁵ gilt als zentrale Vorschrift des Transplantationsgesetzes.⁶⁶ Ihr Schutzzweck ist „die Verhinderung der Ausnutzung gesundheitlicher Notlagen von potenziellen Organempfängern sowie die Vermeidung der Ausnutzung wirtschaftlicher Notlagen von potenziellen Spendern, außerdem schützt sie die körperliche Integrität und Menschenwürde der Organspender und schließlich das Pietätsgefühl der Allgemeinheit.⁶⁷ Ob man angesichts der Vielzahl der Schutzgüter besser mehrere und klarere Strafbestimmungen hätte schaffen oder ganz den Vorteilen eines „Marktes für Organe" (den „Marktkräften") vertrauen sollen, ist nach dem Spruch des Gesetzgebers eine müßige Frage. Fragwürdig ist aber für die gegenwärtige Rechtsanwendung sicherlich der Begriff des „Handeltreibens", der die Tathandlung der Blankettnorm des § 18 TPG umschreibt. Versteht man darunter in Anlehnung an denselben Begriff im Betäubungsmittelrecht „jede eigennützige Tätigkeit, die auf Umsatz von Organen gerichtet ist bzw **39**

---

⁶⁰ BVerfG NJW 1999, 3399 ff; *Schroth,* in: Handbuch des Medizinstrafrechts, S 394 ff, 399.
⁶¹ Siehe dazu BSG MedR 2004, 330 ff = JZ 04, 464 m Anm *Schroth; Ulsenheimer,* Arztstrafrecht, RdNr 302 a; *Geilen,* FA Medizinrecht, Kap 4 B RdNr 533; *Bachmann/Bachmann* MedR 07, 94, 96 f; zur Cross-over-Lebendspende von Nieren s auch *Paeffgen,* FS F C Schroeder, 2006, 579 ff; zur Problematik des § 8 Abs 1 S 2 TPG s oben § 131 RdNr 17.
⁶² *Kohlhaas* NJW 1971, 1871; *Lilie* (Fn 48) S 96.
⁶³ Siehe RdNr 35.
⁶⁴ Siehe dazu den von der SZ am 15. 7. 2003, S 10 berichteten Fall.
⁶⁵ Siehe dazu *König,* Strafbarer Organhandel, S 158 f; *ders* in: Handbuch des Medizinstrafrechts, S 417 mwN; *Schroth/König/Gutmann/Odunc,* TPG, §§ 17, 18 RdNr 25 ff.
⁶⁶ *Schroth* JZ 1997, 1149.
⁶⁷ BT-Drucks 13/8017, BT-Drucks 13/4355; vgl dazu die eingehende Kritik v *Schroth,* JZ 1997, 1150; *ders,* in: Handbuch des Medizinrechts, S 384 ff mwN.

den Umsatz von Organen fördert",⁶⁸ bleibt offen, ob darunter auch der „Naturalhandel" bei der Cross-over-Lebendspende zu subsumieren ist. „Wenn mit § 18 TPG generell Austauschverhältnisse beim Organhandel unterbunden werden sollen", müßte man „dies wohl annehmen",⁶⁹ käme aber mE zu einem sachwidrigen Ergebnis, das eine einschränkende, transplantationsspezifische Auslegung des Merkmals „Handeltreiben" notwendig macht. Dies zeigt auch der von *Schroth* gebildete Fall, bei dem „eine Tochter ihrem Vater eine Niere spendet und als Dank zur Alleinerbin eingesetzt wird".⁷⁰ Hier von „Handeltreiben" zu sprechen, wird dem Wortsinn wohl kaum noch gerecht. Vernünftig erscheint mir daher die vom BSG vorgenommene teleologische Reduktion des Begriffs „Handeltreiben" dahingehend, dass ein Verhalten erfasst sein soll, „das die Gefahr der Ausbeutung – im weitesten Sinne - in sich trägt".⁷¹ Deshalb ist die Überkreuz-Spende zwischen zwei Ehepaaren nicht von vorneherein als „Handel" unter Strafe gestellt, sondern im Regelfall straflos.⁷² Nicht unter die Tathandlung des Handeltreibens fällt auch der Vertrieb.

40 Da die Organentnahme kein Heileingriff ist, erfüllt sie nicht nur nach Auffassung der Rechtsprechung, sondern auch nach Ansicht des Schrifttums den Tatbestand einer Körperverletzung, die jedoch gerechtfertigt ist, wenn der Spender wirksam eingewilligt hat und die Tat nicht gegen die guten Sitten verstößt (§ 228 StGB). Ein solcher Sittenverstoß ist jedoch anzunehmen, wenn die Tat strafbar ist. Demnach erfüllt der Arzt, der entgegen § 17 Abs 1 TPG ein Organ entnimmt, für das dem Spender Geld bezahlt wurde, nicht nur den Tatbestand des § 18 Abs 1 TPG, sondern begeht auch eine **vorsätzliche** Körperverletzung (§ 223 StGB). Ob die Niere ein „wichtiges Glied" im Sinne des § 226 Abs 1 Nr 2 StGB⁷³ ist, so dass diese Qualifikationsnorm Anwendung findet, ist streitig. Die Antwort hängt von den „individuellen Körpereigenschaften" und eventuellen „dauerhaften körperlichen (Vor-)Schädigungen" des Spenders ab.⁷⁴ Ein tödlicher operativer Fehler bei der Organentnahme unter den hier geschilderten Umständen würde zur Strafbarkeit nach § 227 StGB (Körperverletzung mit Todesfolge) führen.⁷⁵

41 Durch Änderung des § 5 StGB (Einfügung einer Nr 15) ist klargestellt, dass das deutsche Strafrecht (§ 18 TPG) für den Organhandel unabhängig vom Recht des Tatorts dann gilt, wenn die Tat im Ausland von einem zurzeit der Tat deutschen Staatsangehörigen begangen wird (§ 24 Nr 2 TPG).⁷⁶ Damit sollte in Zeiten zunehmender Mobilität dem „Transplantationstourismus" ein Riegel vorgeschoben werden.

Gemäß § 18 Abs 4 TPG kann von einer Bestrafung nach Abs 1 abgesehen oder von der Milderungsmöglichkeit nach § 49 Abs 2 StGB Gebrauch gemacht werden, zB in einer existentiellen Notlage des Täters.

VII. Weitere Straf- und Bußgeldvorschriften

42 Außer den bereits genannten Strafnormen enthält das Transplantationsgesetz noch eine subsidiäre Strafbestimmung bei **vorsätzlicher** Verletzung der Schweigepflicht bzw des Datenschutzes (§ 19 Abs 3 TPG) – ohne Versuchsstrafbarkeit – sowie in § 20 Bußgeldvorschriften. Diese erfassen vorsätzliche und fahrlässige Verstöße gegen § 5 Abs 2 S 2 TPG (Feststellung des Hirntods), gegen § 9 (Übertragung von Herz, Niere, Leber, Lunge,

---

⁶⁸ *Schroth* aaO, 1151.
⁶⁹ *Schroth* aaO, 1151.
⁷⁰ AaO, 1151.
⁷¹ BSG MedR 04, 330, 331.
⁷² *Bachmann/Bachmann* MedR 07, 97.
⁷³ BGHSt 28, 100 ff mit zust Anm *H J Hirsch*, JZ 1979, 109; LK-*Hirsch*, 11. Aufl § 226 RdNr 14; *Hörnle* Jura 1998,179; *Wolters* JuS 1998,585; aM Neustadt NJW 1961, 2076; *Ebert* JA 1979, 278; *Otto/Ströber*, Jura 1987, 375; *Velten/Martins* ARSB 90, 529.
⁷⁴ BGH NJW 07, 1788 = NStZ 07, 470 m Anm *Hardtung* S 472; LK-*Hirsch*, § 226 RdNr 15.
⁷⁵ Siehe dazu *Schroth* JZ 1997, 1152.
⁷⁶ Kritisch dazu *Deutsch* ZRP 1994, 179.

23. Kapitel. Der Arzt im Strafrecht **§ 143**

Bauchspeicheldrüse und Darm nur in dafür zugelassenen Transplantationszentren zulässig) sowie gegen bestimmte Dokumentations- und Aufbewahrungspflichten (§ 10 Abs 2 Nr 4, Abs 3 und 15 S 1 TPG). Die von § 5 Abs 2 S 1 TPG vorgeschriebene Personenverschiedenheit von „Todesfeststellungsarzt" und Entnahme – bzw transplantierendem Arzt – kann in Notfällen (§ 34 StGB) entfallen, ebenso der Aufenthaltsort des Empfängers ausnahmsweise zurücktreten und dieser „zum Organ" gebracht werden.[77]

Bezüglich § 19 Abs 3 TPG ist infolge eines gesetzgeberischen Versehens fraglich, ob diese Strafvorschrift Anwendung findet, wenn § 203 StGB mangels (wirksamen) Strafantrags nicht eingreift. Stellt man alleine auf den **Wortlaut** des § 19 Abs 3 TPG ab, kommt diese Bestimmung nur zum Zuge, „wenn die Tat nicht in § 203 StGB mit Strafe bedroht ist", dh der Rückgriff auf § 19 Abs 3 TPG ist auch dann verwehrt, wenn der Arzt trotz unbefugter Datenweitergabe lediglich aus formellen Gründen (fehlender oder verspäteter Strafantrag) nicht nach §§ 203, 205 StGB bestraft werden kann. Dies hat die sinnwidrige Konsequenz, dass der Täter sich weder nach § 203 StGB noch nach § 19 Abs 3 TPG in solchen Fällen strafbar machen würde, da die Tat ja „auch ohne Antrag rechtswidrig und strafbar, mithin (zumindest) mit Strafe bedroht ist".[78] Legt man jedoch die Subsidiaritätsklausel nach ihrem **Sinn und Zweck** aus, soll § 19 Abs 3 TPG lediglich dann nicht zur Anwendung kommen, wenn der Täter tatsächlich nach § 203 StGB auch bestraft werden kann.[79]

43

§ 143 Der Schwangerschaftsabbruch

Inhaltsübersicht

	RdNr
I. Zur Entwicklungsgeschichte des heutigen Abtreibungsstrafrechts	1
II. Übersicht über die Regelungsmaterie	7
1. Straflosigkeit nidationshindernder Maßnahmen	7
2. Straflosigkeit fahrlässiger Abtreibung	11
3. Der Grundsatz der Strafbarkeit des Schwangerschaftsabbruchs (§ 218 Abs 1 S 1 StGB) und seine Ausnahmen	12
4. Die Strafbarkeit des Arztes	13
a) Der abbrechende Arzt	13
b) Abbruch trotz fehlender Indikationsstellung	13
c) Der „Indikationsarzt"	13
d) Der „Beratungsarzt"	13
e) Personenidentität zwischen Beratungs-, Indikations- und abbrechendem Arzt	13
III. Einzelfragen	14
1. Abgrenzung der Abtreibung von den Tötungs- bzw Körperverletzungsdelikten	14
2. Tatobjekt und Schutzgut des § 218 StGB	17
3. Die Tathandlung des § 218 StGB	19
4. Täterschaft und Teilnahme	21
a) Täterschaft	21
b) Anstiftung und Beihilfe	24
5. Die subjektive Tatseite	26
6. Der Versuch des Schwangerschaftsabbruchs	27
7. Der Strafrahmen	28
8. Der Tatbestandsauschluss gemäß § 218 a Abs 1 StGB	29

---

[77] *Spickhoff* VersR 06, 1576.
[78] *Heger* JZ 1998, 506.
[79] *Schroth* JZ 1998, 506, 507, der allerdings zu diesem vernünftigen Ergebnis mithilfe einer Wortlautinterpretation gelangen will, die ich nicht für möglich erachte.

	RdNr
9. Der Rechtswidrigkeitsausschluss nach § 218a Abs 2 und 3 StGB	31
a) Einwilligung der Schwangeren	32
b) Arztvorbehalt	35
c) Die Rechtsnatur der Indikationen des § 218a StGB	36
d) Medizinisch-soziale und kriminologische Indikation	37
e) Irrtumsfragen	46
f) Rechtsfolgen für die Beteiligten	48
g) Die Krankenhauspflicht	49
10. Weigerungsrecht des Arztes und des ärztlichen Hilfspersonals	53
11. Schwangerschaftsabbruch ohne ärztliche Feststellung	56
12. Ärztliche Pflichtverletzungen bei einem Schwangerschaftsabbruch	60
13. Beratung der Schwangeren in einer Not- und Konfliktlage	61
14. Verbotene Werbung	62

Schrifttum: *Ahrens*, Med. Indikationen zum therapeutischen Schwangerschaftsabbruch, 1972; *Albrecht*, Schwangerschaftsabbruch – Empirische Untersuchung zur Implementation der strafrechtl Regelung des Schwangerschaftsabbruchs, in: *Eser/Kaiser/Weigend*, II. dt-poln Koll über Strafrecht u Kriminologie, 1986, 195; *Albrecht/Wille/Rahmsdorf,* Die Einwilligungsfähigkeit Minderjähriger in einen Schwangerschaftsabbruch, Beitr z gerichtl Medizin Bd 37, 1979, 240; *Amtenbrink/Heidenreich/ Petersen,* Schwangerschaftsabbruch als Konflikt für den ausführenden Arzt, 1991; *Arndt/Erhard/Funke,* Der § 218 StGB vor dem BVerfG (Dokumentation), 1979; *Arnold/Geissler,* Bericht über das Kolloquium „Die Implementation des reformierten § 218 StGB – Empirische Untersuchungen zu Einstellung und Verhalten von Schwangeren und Ärzten", ZStW 100, 1988, S 855–870; *Augstein/Koch,* Was man über den Schwangerschaftsabbruch wissen sollte, 1985; *Badenhausen,* Die Reduktion von Mehrlingen, Diss 2003; *Barnikel,* Rechtsgut, Rechtswidrigkeit und Aufklärungspflicht bei der medizinischen Indikation (§ 218StGB), NJW 1960, 1382; *Baumann,* Das Abtreibungsverbot des § 218, 1971; *ders,* Gefahren eines Indikationsmodells beim Schwangerschaftsabbruch, FS H Schultz 1977, 134; ders, Tendenzberatung bei § 218b StGB, FS R Schmitt 1992, 161; *Baumann/Günther/Keller/ Lenckner,* § 218 StGB im vereinten Deutschland. Die Gutachten der strafrechtlichen Sachverständigen, 1992; *Beckel,* § 218 – Abtreibung in der Diskussion, 1972; *Becker,* Zur Frage der ethischen Indikation bei der Schwangerschaftsunterbrechung, MDR 1971, 800; *ders,* Die rechtliche Stellung des Arztes beim Schwangerschaftsabbruch, MedKlin 1978, 1292; *R Beckmann,* Der „Wegfall" der embryopathischen Indikation, MedR 1998, 155 ff; *ders,* Verfassungsbeschwerden gegen das Bayerische Schwangerenhilfeergänzungsgesetz, MedR 1999, S 119 ff; *ders,* Rechtsfragen der Präimplantationsdiagnostik, MedR 2001, 169; *Beckmann,* Die Rechtswidrigkeit notlageindizierter Schwangerschaftsabbrüche, MedR 1990, 301; *ders,* Zur Verfassungsmäßigkeit der Regelung des Schwangerschaftsabbruchs im Einigungsvertrag, MDR 1991, 117; *ders,* Embryonenschutz u Grundgesetz, ZRP 87, 80; *ders,* Zur Verfassungswidrigkeit der „neuen" Fristenregelung, MDR 92, 1093; *ders,* Die Behandlung hirntoter Schwangerer im Lichte des Strafrechts, MedR 1993, 121; *Belling,* Ist die Rechtfertigungsthese zu § 218 StGB haltbar?, 1987; *ders,* Der Schwangerschaftsabbruch bei Minderjährigen, GuR 1995, 287; *Bemmann,* Zur Frage der Strafwürdigkeit der Abtreibung, ZStW 83, 81; *Bernaschek,* Frühzeitige Diagnose fetaler Mißbildungen durch Ultraschall, Geburtshilfe und Frauenheilkunde, 1980, S 686; *Bernsmann,* Schwangerschaftsabbruch zwischen „Töten" u „Sterbenlassen", JuS 94, 9; *ders,* Zum Zusammenspiel von strafrechtl Regelung u flankierenden Gesetzen beim Schwangerschaftsabbruch, ArbuR 89, 10; *Beulke,* Zur Reform des Schwangerschaftsabbruchs durch das 15. Strafrechtsänderungsgesetz, FamRZ 1976, 596; *Binschus,* Adoption – keine Waffe gegen die Abtreibung?, ZfJ 91, 451; *Böhm-Mehring,* Nidationshemmende u abortive Maßnahmen nach Notzuchtverbrechen, MedKlin 71, 989; *Böhme-Marr,* Schwangerschaftsunterbrechung aus psychiatrischer Indikation, DMW 75, 865; *Bockelmann,* Das Problem der Zulässigkeit von Schwangerschaftsunterbrechungen, Universitätstage 1964, 211; *Böckle,* Schwangerschaftsabbruch, 1981; *Bräutigam/Kirchhoff,* Die Komplikationen des legalen Schwangerschaftsabbruchs in der Bundesrepublik Deutschland, DÄBl 1982, 29; *M Breckwoldt/H Hepp/G Kindermann,* Auszug aus der Stellungnahme der Ad-hoc-Kommission – Mifegyne und Mifepriston, Frauenarzt 1999, 1000 ff; *Brießmann,* Grundlinien einer verfassungskonformen Regelung des Schwangerschaftsabbruchs, JR 91, 397; *Brugger,* Abtreibung – ein Grundrecht oder ein Verbrechen?, NJW 86, 896; *Brusis,* Klinische Erfahrung mit der Fetoskopie, Geburtshilfe und Frauenheilkunde 1980, 697; *B Büchner,* Abtreibung und Berufsfreiheit, NJW 1999, S 833 ff; *Büchner,* Kein Rechtsschutz für ungeborene Kinder?, ZRP 91, 431; Bundesärztekammer (BÄK),

23. Kapitel. Der Arzt im Strafrecht § 143

Mehrlingsreduktion durch Fetozid, DÄBl 89, 1389; *Cramer*, Embryopathische Indikation u pränatale Diagnostik, ZRP 92, 136; *ders*, Genom- u Genanalyse, 1991; *ders*, Pränatale Diagnostik u Fetaltherapie, MedR 92, 14; *Cremer*, Zur Problematik medizinischer Begutachtung zwischen fahrlässigem (straflosem) Schwangerschaftsabbruch und den Körperverletzungs- und Tötungstatbeständen, MedR 1989, 301; *Däubler-Gmelin ua*, § 218. Der tägliche Kampf, 1987; *Dalheimer*, Die Leistungen der gesetzl Krankenversicherung bei Schwangerschaft u Mutterschaft, 1990; *Damm*, Technolog Entwicklung u rechtl Subjektivierung, KritV 91, 279; *Denninger/Hassemer*, Zum Verfahren zu § 218 ff StGB vor dem BVerfG (1992), KritV 1993, 78; *Deutsch*, Embryonenschutz in Deutschland, NJW 91, 721; *Dt Ges f Gyn u Geburtshilfe*, Schwangerschaftsabbruch nach Pränataldiagnostik, Positionspapier, 2003; *Eberbach*, Pränatale Diagnostik – Fetaltherapie – selektive Abtreibung: Angriffe auf § 218a Abs 2 Nr 1 StGB, embryophathische Indikation, JR 1989, 265; *ders*, Forschungen an menschl Embryonen, ZRP 90, 217; *ders*, Rechtsprobleme der HIV-III-Infektion, 1987; *Engelhardt*, Ethische Indikation und Grundgesetz, FamRZ 1963, 1; *Enigl/Perthold*, Der weibl Körper als Schlachtfeld, 1993; *Eser*, Schwangerschaftsabbruch im Ausland. Ein rechtsvergleichender Überblick, in: *Müller/Olbing* (Hrsg), Ethische Probleme in der Pädiatrie, 1982, S 64–73; *ders*, Ärztliches Handeln gegen den erklärten oder mutmaßlichen Willen der Eltern – Juristische Gesichtspunkte, in: *Müller/Olbing* (Hrsg), Ethische Probleme in der Pädiatrie, 1982, S 178–187; *ders*, Neuartige Bedrohungen ungeborenen Lebens: Embryoforschung und „Fetozid" in rechtsvergleichender Perspektive. Schriftenreihe der Juristischen Studiengesellschaft, Heft 187, 1990; *ders*, Beginn des menschlichen Lebens: Rechtsvergleichende Aspekte zum Status des Embryos, in: *C Fuchs* (Hrsg), Möglichkeiten und Grenzen der Forschung an Embryonen, 1990, S 113–125; *ders*, „Ärztliche Erkenntnis" und richterliche Überprüfung bei Indikation zum Schwangerschaftsabbruch nach § 218 a StGB. Kritische Bemerkungen zum BayObLG-Urteil vom 26. 4. 1990, unter Berücksichtigung des BGH-Urteils vom 3. 12. 1991, FS Baumann 1992, S 155–181. Vorveröffentlichung in: Juristenzeitung 1991, S 1003–1014; *ders*, Das neue Schwangerschaftsabbruchsstrafrecht auf dem Prüfstand, NJW 1992, S 2913–2925; *ders*, Die Rechtswidrigkeit des Aborts, MedR 1983, 57; *ders*, Reform der Schwangerschaftsunterbrechung, Med Welt 71, 721; *ders*, Konzeptionsverhütung u Schwangerschaftsabbruch bei geistig behinderten Adoleszentinnen, in: *Müller/Olbing*, Ethische Probleme in der Pädiatrie, 1981, 105; *ders*, Schwangerschaftsabbruch zw Grundwertorientierung u Strafrecht, ZRP 91, 291; *ders*, G. Radbruchs Vorstellungen zum Schwangerschaftsabbruch, FS *Spendel* 1992, 475; *ders*, Neuregelung des Schwangerschaftsabbruchs vor dem Hintergrund des Embryonenschutzgesetzes, FS Schwartländer 1992, 183; *ders*, Zur Rechtsnatur der „Allg Notlagenindikation" zum Schwangerschaftsabbruch, FS R Schmitt 1992, 171; *ders*, Schwangerschaftsabbruch: Auf dem verfassungsgerichtl Prüfstand, Rechtsgutachten im Normenkontrollverfahren zum SFHG, 1994; *ders*, Schwangerschaftsabbruch: Reformversuche in Umsetzung des BVerfG-Urteils, JZ 94, 503; *Eser/Koch*, Schwangerschaftsabbruch im internationalen Vergleich. Rechtliche Regelungen – Soziale Rahmenbedingungen – Empirische Grunddaten, Teil 1: Europa, 1988; Teil 2: Außereuropa, 1989; Teil 3: Rechtsvergleichender Querschnitt – Rechtspolitische Schlussbetrachtungen – Dokumentation zur neueren Rechtsentwicklung, 1999. Rechtsvergleichende Untersuchungen zur gesamten Strafrechtswissenschaft, 3. Folge, Bände 21.1, 21.2 und 21.3; *dies*, Schwangerschaftsabbruch: Auf dem Weg zu einer Neuregelung. Gesammelte Studien und Vorschläge, 1992; *Eser/Hirsch*, Sterilisation und Schwangerschaftsabbruch, 1980; *Esser*, Die Rechtswidrigkeit des Aborts, MedR 1983, 57; *ders*, Der Arzt im Abtreibungsstrafrecht, 1992; *ders*, Rechtfertigt § 218a die Indikationsfälle? ArztR 81, 260, 295; *Fezer*, Zum gegenwärtigen Stand der Reform des § 218 StGB, GA 1974, 65; *Fischer*, Kardiotokographie, 3. Aufl, 1981; *ders*, Unterschiedliches Strafrecht in Deutschland? MDR 1991, 582; *Fleisch*, Die verfassungsrechtl Stellung des Vaters, 1987; *Franzki*, Neue Dimensionen in der Arzthaftung (usw), VersR 90, 1181; *Fritsche*, Ethische Aspekte der pränatalen Diagnostik, MedR 1990, 237; *Frommel*, Strategien gegen die Demontage der Reform der §§ 218 ff StGB in der Bundesrepublik, ZRP 90, 351; *dies*, Vorschläge für eine Neufassung des § 218 StGB/BRD, NJ 90, 329; *dies*, § 218: Straflos, aber rechtswidrig, KJ 93,324; *dies*, Höchstrichterliche Folgen, NkriM 93, 7; *Fuchs* (Hrsg), Möglichkeiten und Grenzen der Forschung an Embryonen, 1990; *Fuhrmann*, Pränatale Diagnostik genetischer Defekte, DÄBl 1981, 1339; *Gante*, § 218 in der Diskussion, 1991; *Geddert*, Abtreibungsverbot u Grundgesetz, in: *Lüderssen/Sack*, Vom Nutzen u Nachteil der soz Wiss f d Strafrecht II, 1980, 333; *Geiger*, Die Rechtswidrigkeit des Schwangerschaftsabbruchs, FamRZ 86,1; *ders*, Der Schwangerschaftsabbruch, FS Tröndle 1989, 647; *Geiger/v Lampe*, Das 2. Urteil des BVerfG zum Schwangerschaftsabbruch, Jura 94, 20; *Geiger/Stratenwerth*, Ethische Gegenwartsprobleme in theologischer und juristischer Beurteilung, 1968; *Geilen*, Neue medizinisch-juristische Grenzprobleme, JZ 1968, 145; *ders*, Zum Strafschutz an der Anfangsgrenze des Lebens, ZStW 103, 1991, 829; *Gescher*, Rechtsprobleme des Schwangerschaftsabbruchs bei Anenzephalen, 1994; *Glöcker*, Ärztliche Handlungen bei extrem unreifen Frühgeborenen, 2007; *Glöckler/Schad/*

Schily/Debes, Lebensschutz u Gewissensentscheidung, 1992; *Gössel,* Abtreibung als Verwaltungsunrecht?. JR 1976, 1; *Goebel,* Abbruch der ungewollten Schwangerschaft – Ein Konfliktlösungsversuch?, 1984; *Grandke,* Kann Schwangerschaftsabbruch durch das Strafrecht verhindert werden?, NJ 90, 542; *dies,* Anm zum Urteil des BVerfG zu § 218 StGB, NJ 93, 347; *Gropp,* Der straflose Schwangerschaftsabbruch, 1981; *ders,* § 218 a als Rechtfertigungsgrund: Grundfragen zum rechtmäßigen Schwangerschaftsabbruch, GA 1988, 1; *ders,* Das 2. Urteil des BVerfG zur Reform der §§ 218 – ein Schritt zurück? GA 94, 147; *ders,* Der Grundsatz des absoluten Lebensschutzes, FG Brauneck, 1999, 285; *ders,* Der Embryo als Mensch, GA 00, 1 ff; *ders,* Atypische rechtmäßige Schwangerschaftsabbrüche, FS Schreiber 03, 113 ff; *ders,* Strafrechtlicher Schutz des „Lebens vor und nach der Geburt", in: *Schumann* (Hrsg), Verantwortungsbewusste Konfliktlösungen bei embryopathischem Befund, 2008, 19 ff; *Gründel,* Abtreibung – Pro und Contra, 1971; *Günther,* Der Diskussionsentwurf eines Gesetzes zum Schutz von Embryonen, GA 1987, 433; *ders,* Strafrechtliche Verbote und Embryonenforschung, MedR 1990, 161; *ders,* Strafrechtsdogmatik u Kriminalpolitik im vereinten Deutschland, ZStW 103, 1991, 851; *ders,* Die Gesetzentwürfe zur Reform des Abtreibungsstrafrechts, MedR 92, 65; *ders,* Klassifikation der Rechtfertigungsgründe, FS Spendel 1992, 189; *Günther/Keller,* Fortpflanzungsmedizin und Humangenetik – Strafrechtliche Schranken?, 1987; *Hanack,* Der Kaiserschnitt an der Toten und der Sterbenden aus rechtlicher Sicht, Gynäkologe 1982, 96; *ders,* Künstliche Eingriffe in die Fruchtbarkeit, in: *Göppinger* (Hrsg), Arzt und Recht, 1966, S 11 ff, 39 ff; *ders,* Zum Schwangerschaftsabbruch aus sog kindlicher Indikation als Grenzproblem, Noll-GedS 1984, 197; *Hanack/Hiersche,* Der Schwangerschaftsabbruch: Rechtsfragen aus der Praxis, Arch Gyn Bd 228, 1979, 331; *Häußler-Sczepan,* Arzt u Schwangerschaftsabbruch, 1989; *dies,* Der Arzt als Implementationsträger und Normadressat: Sanktionsdrohung und Generalprävention im Rahmen der §§ 218 ff StGB, in: *Kaiser/Jury/Albrecht* (Hrsg), Kriminologische Forschung in den 80er Jahren, 1988, S 43–62; *Häußler/Holzhauer,* Die Implementation der reformierten §§ 218 ff StGB, ZStW 100 (1988), 817; *dies,* Schwangerschaft u Schwangerschaftsabbruch 1989; *Hartmann,* Neuregelung des Schwangerschaftsabbruchrechts, NStZ 93, 483; *Hassemer,* Prozedurale Rechtfertigung, FS Mahrenholz 1994, 371; *Hauner/Reichart,* § 218: Zur aktuellen Diskussion, 1992; *Henke,* Ergänzende Maßnahmen zur Neuregelung des Schwangerschaftsabbruchs, NJW 1976, 1773; *Heinemann,* Frau und Fötus in der Prä- und Perinatalmedizin aus strafrechtlicher Sicht, 2000; *Hennies,* Schwangerschaftsabbruch bei schweren embryonalen Schäden?, ArztR 1998, S 127 ff; *Hepp,* Schwangerschaftsabbruch aus kindlicher Indikation, Geburtsh u Frauenheilk 1983, 131; *ders,* Höhergradige Mehrlinge, Geburtshilfe und Frauenheilkunde 1989, 225; *ders,* Pränatalmedizin und Schwangerschaftsabbruch aus medizinischer Indikation, in: *Schumann* (Hrsg), Verantwortungsbewusste Konfliktlösungen bei embryopathischem Befund, 2008, 65 ff; *Hepp/Schmidt,* Zur Reform des § 218 StGB, 1974; *Hermes/Walther,* Schwangerschaftsabbruch zw Recht u Unrecht, NJW 93, 2337; *Herzog,* Der Verfassungsauftrag zum Schutz des ungeborenen Lebens, JR 1969, 441; *Hess,* Das neue Strafrecht zum Schwangerschaftsabbruch, DÄBl 1976, 1651; *Hesse,* Die verfassungsgerichtl Kontrolle der Wahrnehmung grundrechtl Schutzpflichten des Gesetzgebers, FR Mahrenholz 1994, 541; *Herrmann/v Lüpke,* Lebensrecht u Menschenwürde, 1991; *Herzberg,* Der Anfang der Geburt als Ende der „Schwangerschaft" – das Ungeborene als Mensch und Person, FS Geilen, 2003, S 39; *ders/Herzberg,* Der Beginn des Menschseins im Strafrecht: Die Vollendung der Geburt, JZ 2001, 1106; *Hiersche,* Der Schwangerschaftsabbruch aus rechtlicher Sicht für den Arzt, Gynäkologe 1982, 72; *ders,* Perinatologie und Geburtshilfe unter medizinrechtlichen Gesichtspunkten, MedR 1990, 309; *ders,* Ultraschalldiagnostik in der Pränatal-Medizin aus medizinrechtlicher Sicht, MedR 1989, 304; *ders,* § 218 StGB. Quo vadis justitia? – Quo vadis medicina?, FS Tröndle, 1989, S 668 ff; *ders,* § 218 StGB – Vom Lebensschutz – zum Arztschutzparagraphen? Der Frauenarzt 1991, 83; *Hiersche/Jähnke,* Der todkranke Foetus. Probleme des Schwangerschaftsabbruchs aus sog kindlicher Indikation, MDR 1986, 1; *Hilgendorf,* Ektogenese u Strafrecht, MedR 94, 429; *Hillenkamp,* Zum Notwehrrecht gegen „Abtreibungsgegner", FS Herzberg 08, 483 ff; *ders,* Zum Schwangerschaftsabbruch nach Pränataldiagnostik, FS Amelung 2009, 425; *Hillgruber,* Die Rechtsstellung des Arztes beim Schwangerschaftsabbruch – freie berufliche Betätigung oder Erfüllung einer staatlichen Schutzaufgabe?, ZfL 2000, 46 ff; *ders,* Grundrechtsschutz des Arztes für die Vornahme von Schwangerschaftsabbrüchen?, MedR 1998, 201; *Hinderer,* Gedanken über die künftige Regelung des Schwangerschaftsabbruchs, FS Baumann 1992, 183; *v Hippel,* Besserer Schutz des Embryos vor Abtreibung?, JZ 86, 53; *H-J Hirsch,* Strafrecht und rechtsfreier Raum, FS Bockelmann 1979, S 89; *ders,* Die Grenze zwischen Schwangerschaftsabbruch und allgemeinen Tötungsdelikten nach der Streichung des Privilegierungstatbestandes der Kindstötung (§ 217 StGB aF), FS Eser, 2005, 309 ff; *ders,* Zur Menschwerdung und zur Strafbarkeit bei fahrlässiger Abtötung der Leibesfrucht, Anm z BGHSt 32, 194, JR 1985, 336; *Hirsch G,* Die „Pille danach", MedR 87, 12; *ders,* Reduktion von Mehrlingen, MedR 1988, 292 G *Hirsch/Weissauer,* Die Auswirkungen der Neuregelung des Schwangerschaftsabbruchs auf die Ärzte, das nichtärztliche Hilfspersonal und die Krankenhausträger, BayÄBl 1977, 245, 348, 492, 578; *Hoerster*, Ein Lebensrecht f die menschl Leibesfrucht?, JuS 89, 172; *ders*, Abtreibung im säkularen Staat, 1991; *ders*, Beratung u Lebensrecht im Konflikt, DÄBl 94, C-540; *Hoffacker/Steinschulte/Fietz*, Auf Leben und Tod − Abtreibung in der Diskussion, 1985; *Hofmann*, Schwangerschaftsunterbrechung, 1974; *Hollmann*, Schwangerschaftsabbruch: Den Ärzten ist eine hohe Verantwortung aufgebürdet worden, ArztR 1981, 205; *Holzhauer*, Der Verfahrensweg nach § 218 StGB im Licht der Erfahrungen betroffener Frauen, in: *Kaiser/Kury/Albrecht* (Hrsg), Kriminologische Forschungsberichte", Bd 38, 1989, (2. unveränderte Aufl 1991); *Hülsmann*, „Produktion" und „Reduktion" höhergradiger Mehrlingsschwangerschaften in strafrechtlicher Perspektive, Zeitschrift für Geburtshilfe und Frauenheilkunde 52, 1992, S 570–573; *ders*, Fetozid, Bemerkungen aus strafrechtlicher Sicht, NJW 92, 2331; *ders*, Indikationsfeststellung zum Schwangerschaftsabbruch, StV 92, 78; *Ipsen*, Der „verfassungsrechtliche Status" des Embryos in vitro, JZ 2001, 889 ff; *Isemer/Lilie*, Rechtsprobleme bei Anencephalen, MedR 1988, 66; *Isensee*, Abtreibung als Leistungstatbestand der Sozialversicherung, NJW 86, 1645; *Jähnke*, Rechtsgutvernichtung nach ärztlichem Ermessen? FS Hanack 1991, 187; *G Jakobs*, Lebensschutz durch Pflichtberatung?, Schriftenreihe der Juristen-Vereinigung Lebensrecht eV zu Köln, 2000, Nr 17, S 17 ff; *ders*, Rechtmäßige Abtreibung von Personen?, JR 2000, 404; *Jerouschek*, Lebensschutz u Lebensbeginn. Kulturgeschichte des Abtreibungsverbots, 1988; *ders*, Vom Wert u Unwert der pränatalen Menschenwürde, JZ 89, 279; *Jüdes*, In-vitro-Fertilisation u Embryo-Transfer, 1983; *Jürgens/Pieper*, Demographische u sozialmedizinische Auswirkungen der Reform des § 218, 1975; *Jung/Müller-Dietz*, § 218 StGB − Dimensionen einer Reform, 1983; *Kaiser*, Eugenik und Kriminalwissenschaft heute, NJW 1969, 538; *ders*, Einfluß der Fortschritte der Biologie und der Medizin auf das Strafrecht, Deutsche strafrechtliche Landesreferate zum VIII. Internationalen Kongress für Rechtsvergleichung, 1971, 9; *v Kaler*, Die Rechtsstellung des Vaters zu seinem ungeborenen Kind unter Geltung einer Fristenregelung, 1997; *A Kaufmann*, Strafrechtspraxis und sittliche Normen, JuS 1978, 361; *ders*, Zur ethischen und strafrechtlichen Beurteilung der sogenannten Früheuthanasie, JZ 1982, 481; *ders*, Rechtsfreier Raum u eigenverantwortliche Entscheidung, FS Maurach 1972, 327; *ders*, Rechtswidrig, rechtmäßig oder was?, JZ 92, 981; *Kausch*, Soziale Beratung Schwangerer, 1990; *Kayßer*, Abtreibung und die Grenzen des Strafrechts, 1997; *Keller*, Fortpflanzungstechnologie. Ein Gesamtkonzept staatlichen Regelungsbedarfs, MedR 1988, 59; *ders*, Die Formel „Dies gilt nicht" in strafrechtl Vorschriften, FS Baumann 1992, 227; *Keller/Günther/Kaiser*, Embryonenschutzgesetz, 1992; *Ketting/v Praag*, Schwangerschaftsabbruch. Gesetz u Praxis im intern Vergleich, 1985; *Kiesecker*, Die Schwangerschaft einer Toten, 1996; *G Kindermann*, Zulassung von Mifegyne, Frauenarzt 1999, 999 ff; *Kirchhoff*, Frauenarzt und sog Fristenlösung, FamRZ 1973, 118; *Klug*, eyn noch nit lebendig kindt, 1986; *Kluth*, Indikationsfeststellung und ärztlicher Beurteilungsspielraum, NJW 1986, 2348; *ders*, Zur Rechtsnatur der indizierten Abtreibung, FamRZ 85, 440; *ders*, Der rechtswidrige Schwangerschaftsabbruch als erlaubte Handlung, FamRZ 93, 1381; *ders*, Das Grundrecht auf Leben u die „ratio" des Gesetzgebers, GA 88, 547; *Knöpferl/Voigt/Kolvenbach*, Modellprogramm „Beratungsstellen" − § 218, 1982; *Ch Koch*, Schwangerschaftsabbruch: Reformdiskussion und Gesetzgebung von 1870–1945, 2004; *H G Koch*, Recht und Praxis des Schwangerschaftsabbruchs im internationalen Vergleich, ZStW 97, 1985, 1043; *ders*, Landesbericht BRD, in: *Eser/Koch* (s o), 117; *Koch*, Recht des Schwangerschaftsabbruchs − Ein Blick über die Grenzen, in: *Hauner/Reichardt* (Hrsg), § 218: Zur aktuellen Diskussion 1992, S 39–65; *ders*, Über Schwierigkeiten von Ärzten und Gerichten im Umgang mit § 218 StGB, in: *Eser/Koch* (Hrsg), Schwangerschaftsabbruch: Auf dem Weg zu einer Neuregelung, 1992, S 109–118; *ders*, Recht des Schwangerschaftsabbruchs im europäischen Vergleich, in: *U Körner* (Hrsg), Ethik der menschlichen Fortpflanzung. Ethische, soziale, medizinische und rechtliche Probleme in Familienplanung, Schwangerschaftskonflikt und Reproduktionsmedizin. Reihe „Medizin in Recht und Ethik", Bd 26, 1992, S 207–229; *ders*, Problemstellung zu BGH 1 StR 120/90 (Straf- und strafverfahrensrechtliche Fragen des ärztlichen Schwangerschaftsabbruchs), MedR 1992, 334–340; *ders*, Wann beginnt das menschliche Leben ? − Rechtliche Überlegungen, Zeitschrift für ärztliche Fortbildung 87, 1993, S 797–800; *ders*, Embryonenschutz ohne Grenzen, FS Eser, 2005, 1091 ff; *Körner*, Die Menschenwürde des Embryo, Berliner medizinethische Schriften, Heft 33, 1999; *ders*, Ethik der menschl Fortpflanzung, 1992; *Koffka*, Zur Reform des Abtreibungsrechts, FS Heinitz 1972, S 343; *Koschorke/Sandberger*, Schwangerschaftskonfliktberatung, 1978; *Köhler*, Personensorge u Abtreibungsverbot, GA 88, 435; *ders*, Zum Entwurf eines Schwangerenberatungsgesetzes, GA 88, 904; *Köpcke*, § 218: Ein alter Streit auf neuen Bahnen? ZRP 1985, 161; *Krahl*, Abtreibung u § 218 StGB, Jura 92, 393; *Krauss*, Die rechtlichen Möglichkeiten einer Schwangerschaftsunterbrechung bei eugenischer und kindlicher Indikation, MMW 1971, 1505; *Kriele*, Die neuen Abtreibungsregelungen vor dem GG, DVBl. 92, 1457; *ders*, Die nicht-therapeutische Abtreibung vor dem GG, 1992; KritV Sonderheft 1/1993, Das

Urteil zu § 218 – in Wortlaut u Kommentar; *Krischek,* Psychiatr Aspekte der Schwangerschaftsunterbrechung, in: *Hofmann,* Schwangerschaftsunterbrechung, 1974, S. 251; *Küper,* Mensch oder Embryo?, Der Anfang des „Menschseins" nach neuem Strafrecht, GA 01, 515; *Lackner,* Die Neuregelung des Schwangerschaftsabbruchs, NJW 1976, 1233; *ders,* Verfassungsrechtliche und strafrechtliche Aspekte der §§ 218 ff StGB und ihrer Vorgeschichte, in: Schriftenreihe der Juristenvereinigung Lebensrecht eV 1985, 13; *Lang-Hinrichsen,* Betrachtungen zur sog ethischen Indikation der Schwangerschaftsunterbrechung, JZ 1963, 721; *ders,* Zur Frage der Verfassungsmäßigkeit der „Fristenlösung" beim Schwangerschaftsabbruch, FamRZ 1974, 497; *ders,* Zum strafrechtlichen Rechtsschutz des Lebens vor der Geburt, JR 1970, 365; *Langer,* Verfassungsvorgaben für Rechtfertigungsgründe, JR 93, 1; *ders,* Strafgesetzlicher Tatbestandsausschluss gemäß § 218a Abs 1 StGB, ZfL 1999, 47; *Lau,* Indikationen zum Schwangerschaftsabbruch, 1976; *Lauff/Arnold,* Der Gesetzgeber u das „Retortenbaby", ZRP 84, 279; *Laufhütte/Wilkitzki,* Zur Reform der Strafvorschriften über den Schwangerschaftsabbruch, JZ 1976, 329; *Laufs,* Rechtliche Grenzen der Fortpflanzungsmedizin, 1987; *ders,* Pränatale Diagnostik und Lebensschutz aus arztrechtlicher Sicht, MedR 1990, 231; *Lehmann,* Abtreibung und legaler Schwangerschaftsabbruch in der DDR, FamRZ 1968, 413; *Lenckner,* Einwilligung in Schwangerschaftsabbruch und Sterilisation, in: *Eser/Hirsch* (Hrsg), Sterilisation und Schwangerschaftsabbruch, 1980, 173; *Lennartz,* Die elterl Verantwortung, MedR 93, 179; *Lenz,* Blick in die Zukunft: Schwangerschaftsabbruch, in: *Arnold/Burkhardt/Gropp/Koch* (Hrsg). Grenzüberschreitungen – Beiträge zum 60. Geburtstag von Albin Eser, 1995, S 341–358; *Lenzen,* Staatl Lebensschutzverweigerung, FS Tröndle 1989, 723; *Lesch,* Notwehrrecht und Beratungsschutz, 2000; *ders,* Nothilfe gegen die nach § 218a Abs 1 StGB tatbestandslose Abtötung der Leibesfrucht?, ZfL 2001, 2 ff; *Liebl,* Ermittlungsverfahren, Strafverfolgungs- und Sanktionspraxis beim Schwangerschaftsabbruch, 1990; *Lorenz,* Die verfassungsrechtliche Garantie der Menschenwürde und ihre Bedeutung für den Schutz menschlichen Lebens vor der Geburt, ZfL 01, 38; *Losch/Radau,* Die „Kind als Schaden"-Diskussion – Probleme der rechtlichen Bewältigung medizinischer Technikfolgen, NJW 1999, S 821 ff; *Losch,* Lebensschutz am Lebensbeginn: Verfassungsrechtl Probleme des Embryonenschutzes, NJW 92, 2926; *Lübbe,* Das BVerfG hat gesprochen, KritV 93, 313; *Lüttger,* Der Beginn der Geburt und das Strafrecht, JR 1971, 133; *ders,* Geburtshilfe und Menschwerdung in strafrechtlicher Sicht, FS Heinitz 1972, S 359; *ders,* Genese und Probleme einer Legaldefinition, NJW 1974, 1404; *ders,* Geburtsbeginn und pränatale Einwirkungen mit postnatalen Folgen, NStZ 83, 481; *Maier,* Mitwirkungsverweigerung beim Schwangerschaftsabbruch, NJW 1974, 1404; *ders,* Zur rechtlichen Situation von Ärzten, Krankenhauspersonal und Krankenhausträgern, DÄBl 1974, 353, 383; *Maris,* Ist die Abtreibung nach pränataler Diagnostik ethisch-menschlich vertretbar?, Medizinische Praxis 1999, S 21 ff; *Martin,* Nochmals: Die Revisionsbedürftigkeit des § 218 StGB aus bevölkerungspolitischer Sicht, NJW 1959, 468; *ders,* Soziologische Überlegungen zum § 218 StGB, FamRZ 1973, 337; *Mende,* Schwangerschaftsabbruch und Sterilisation aus nervenärztl Sicht, 1968; *Merkel,* „Früheuthanasie" – Rechtsethische und strafrechtliche Grundlagen ärztlicher Entscheidungen über Leben und Tod in der Perinatalmedizin, 1999; *ders,* in: *Roxin/Schroth* (Hrsg), Hb des Medizinstrafrechts, 3. Aufl. 2007, Der Schwangerschaftsabbruch, S 145 ff; *Murken/Stengel-Rutkowski,* Pränatale Diagnostik, 1978; *Müller-Emmert,* Die Vorschriften des 15. StÄG über den Schwangerschaftsabbruch, DRiZ 1976, 164; *Mund,* Der medikamentöse Schwangerschaftsabbruch mit Mifepriston, Frauenarzt 42, 2001, 952 ff; *Muth,* Die Diskussion über eine Reform des strafrechtlichen Abtreibungsverbots in der BRD bis zum 15. StrÄG, 1994; *Oeter/Nohke,* Der Schwangerschaftsabbruch: Gründe, Legitimationen, Alternativen, 1982; *Ostendorf,* Experimente mit dem „Retortenbaby", JZ 84, 595; *Otto,* Die strafrechtliche Neuregelung des Schwangerschaftsabbruchs, Jura 1996, 135; *ders,* Die soziale Indikation und ihre rechtliche Qualität, JR 1990, 342; *ders,* Vom medizinisch indizierten Schwangerschaftsabbruch zur Kindstötung, ZfL 1999, 55; *Paetow,* Bericht über das Kolloquium „Recht und Praxis des Schwangerschaftsabbruchs im nationalen Vergleich", ZStW 97, 1985, S 1074–1086; *Perron,* Das Grundsatzurteil des spanischen Verfassungsgerichts vom 11.4.1985 zur strafrechtlichen Regelung des Schwangerschaftsabbruchs, ZStW 98, 1986, S 287–305; *Peters,* Der Schutz des neugeborenen, insbes des missgebildeten Kindes, 1988; *Petersen,* Zum § 218 StGB, Frauenarzt 93, 1039; *ders,* Ges Regelung u seelische Folgen des Schwangerschaftsabbruchs, MMW 82, 183; *ders,* Schwangerschaftsabbruch – unser Bewußtsein vom Tod im Leben, 1986; *ders,* Meine Verantwortung als Arzt u Berater angesichts des Schwangerschaftskonflikts, MedR 90, 1; *Pluisch,* Der Schwangerschaftsabbruch aus kindl Indikation im Spannungsfeld der pränatalen Diagnostik, 1992; *Priester,* Rechtsfreier Raum u strafrechtl Schwangerschaftsabbruch, FS Kaufmann 1993, 499; *ders,* Rechtstheoretische Überlegungen zur Reform des Abtreibungsrechts, FS Stree/Wessels 1994, 869; *Pursch,* § 218. Die Entscheidung, 1992; *Raasch,* Frauenträume nach dem 2. Urteil des BVerfG zu § 218 StGB, FS Mahrenholz, 1994, S. 607; *Rahardt-Vahldieck,* Unaufrichtigkeit des Gesetzes?, ZRP 93, 41; *Ramm,* Die Fortpflanzung – ein Freiheitsrecht?, JZ 89, 861; *Ratzel,* RU 486 für deutsche Frauen in Frankreich?, gynäkol prax 1999, 23, 249–250; *Ratzel/Ulsenheimer,* Rechtliche Aspekte der Reproduktionsmedizin, Reproduktionsmedizin, 1999, Bd 15, 428 ff; *Reichenbach P,* Ist die medizinisch-embryopathische Indikation bei dem Schwangerschaftsabbruch nach § 218 a II StGB verfassungswidrig?, Jura 2000, 622 ff; *Reis,* Die Europäische Kommission für Menschenrechte zur rechtlichen Regelung des Schwangerschaftsabbruchs, JZ 1981, 738; *ders,* Das Lebensrecht des ungeborenen Kindes als Verfassungsproblem, 1984; *ders,* Zur Mißbilligung des Schwangerschaftsabbruchs im Recht, 1992; *Reiter/Keller,* Herausforderung Schwangerschaftsabbruch, 1992; *dies,* § 218: Urteil u Urteilsbildung, 1993; *v Renesse,* §§ 218 f StGB – eine unvollkommene Antwort auf ein unlösbares Problem, ZRP 91, 321; *Rock;* Der strafrechtliche Schutz des überzähligen in-vitro-gezeugten Embryos, Diss 1998; *Roellecke,* Lebensschutz, „Schutz von Ehe und Familie" u Abtreibung, JZ 91, 1045; *Roxin,* Entwicklung und gesetzliche Regelung des Schwangerschaftsabbruchs, JA 1981, 226; *ders,* Probleme beim strafrechtlichen Schutz des werdenden Lebens, JA 1981, 542; *Rönnau/Wille,* Psychische Komplikationen nach Schwangerschaftsabbruch, Beitr z gerichtl Medizin Bd 38, 1980, 21; *Rudolphi,* Straftaten gegen das werdende Leben, ZStW 83 (1971), 105; *Rüpke,* Schwangerschaftsabbruch u Grundgesetz, 1975; *Sachs,* Der Fortbestand der Fristenlösung für die DDR und das Abtreibungsurteil des Bundesverfassungsgerichts, DtZ 1990, 193 ff; *Saerbeck,* Beginn und Ende des Lebens als Rechtsbegriffe, 1974; *Sanchez,* Die Unerwünschten als Feinde: die Exklusion von Menschen aus dem status personae, ZStW 118, 2006, 547; *Samson,* 7 Fragen zur Schwangerschaftsunterbrechung in den Teilen Deutschlands, JA 1990, 250; *Sass,* Medizin u Ethik, 1989; *Sax,* Der verbrechenssystematische Standort der Indikationen zum Schwangerschaftsabbruch, JZ 1977, 326; *Satzger,* Der Schutz ungeborenen Lebens durch Rettungshandlungen Dritter, JuS 1997, 800; *Seibl,* Die Zulässigkeit der Präimplantationsdiagnostik de lege lata, GesR 06, 65 ff; *Schlink,* Aktuelle Fragen des pränatalen Lebensschutzes, 20002; *Schlund,* Rechtsfragen der „eugenischen" Indikation, ArztR 90, 105; *ders,* Aufklärungsdefizit über mögl pränatale Schädigung der Leibesfrucht u ärztl Haftung, JR 93, 144; *Schmidt-Matthiesen,* Der Schwangerschaftsabbruch und seine Komplikationen, Lebensversicherungsmedizin 1980, 70; *Eb Schmidt,* Die ärztliche Schwangerschaftsunterbrechung und die Rechtsprechung des BGH, NJW 1960, 361; *Schmitt,* Geburtenregelung und Strafrecht, FamRZ 1970, 530; *ders,* Überlegungen zur Reform des Abtreibungsstrafrechts, JZ 1975, 356; *Schnebele,* Behinderung – keine Indikation für Abtreibung, DÄBl 91, 2142; *H Schneider,* Schwangerschaftsabbruch, pränatale Diagnostik und intrauterine Therapie, Ethik Med 1998, 46; *S Schneider,* Auf dem Weg zur gezielten Selektion – Strafrechtliche Aspekte der Präimplantationsdiagnostik, MedR 2000, 360; *Schneiders,* Die Regelungen über das materielle Strafrecht im Einigungsvertrag, MDR 1990, 1049 ff; *ders,* Schwangerschaftsabbruch u interlokales Strafrecht, MDR 1991, 585; *Schramm,* Alles andere als Eugenik, MMW 94, 61; *H L Schreiber,* Der Spielraum des Gesetzgebers bei der Neuregelung des Schwangerschaftsabbruchs, FamRZ 1975, 669; *F C Schroeder,* Abtreibung: Reform des § 218 StGB, 1972; *ders,* Abtreibung wegen „allgemeiner Notlage"?, ZRP 1972, 105; *ders,* Unaufrichtigkeit des Gesetzes, ZRP 1992, 409; *Schroeder-Kurth,* Ärztliche Indikation u Selbstbestimmung bei der vorgeburtl Chromosomendiagnostik, MedR 91, 12; *Schroth,* Die Präimplantationsdiagnostik im Lichte des Strafrechts, NStZ 2009, 233; *Schumann Eva,* Verantwortung für das ungeborene Leben im Kontext von Pränataldiagnostik und Schwangerschaftsspätabbruch, in: *Schumann* (Hrsg), Verantwortungsbewusste Konfliktlösungen bei embryopathischem Befund, 2008, S 1 ff; *Schumann/Schmidt-Recla,* Die Abschaffung der embryopathischen Indikation – eine ernsthafte Gefahr für den Frauenarzt?, MedR 1998, S 497 ff; *Schünemann,* Quo vadis § 218 StGB? ZRP 1991, 379; *Schuth/Siebers,* Ärztl Schwangerschaftskonflikt-Beratung, DMW 85, 1175; *Schwalm,* Strafrechtlicher Persönlichkeitsschutz und die Schranken der Persönlichkeitsentfaltung (insbes bei Tötung, Körperverletzung und Abtreibung), FS Küchenhoff 1972, 2. Halbbd, S 681; *Seebald,* Relative Rechtswidrigkeit und partiell strafrechtsfreier Raum als Denkmodell zu § 218 StGB, GA 1974, 336; *Sendler,* Menschenwürde, PID und Schwangerschaftsabbruch, NJW 01, 2148; *Siebel,* Soziologie der Abtreibung, 1971; *Simon/Geerds,* Straftaten gegen die Person u Sittlichkeitsdelikte in rechtsvergleichender Sicht, 1969; *Singer,* Praktische Ethik, 1984; *Spaemann,* Haben Ungeborene ein Recht auf Leben? ZRP 1974, 114; *ders,* Am Ende der Debatte um § 218 StGB, ZRP 1974, 49; ZRP 1975, 22; *Spickhoff,* Der Schutz von Embryo und Stammzelle im internat Straf- und Privatrecht, FS Schreiber, 2003, 881 ff; *Spieker,* Schwangerschaftsabbrüche, Jura 1987, 57; *Starck,* Abtreibung aufgrund Gewissensentscheidung?, JZ 93, 31; *ders,* Der verfassungsrechtl Schutz des ungeborenen menschlichen Lebens, JZ 93, 816; *ders,* Der Schutz des Lebens durch das Grundgesetz, 1992; *Strutz,* Intrauterinpessare, orale Ovulationshemmer und Hormontabletten – Abtreibung oder Empfängnisverhütung? MSchrKrim 1969, 83; *Stürner,* Schadensersatz für missglückte Abtreibung, JZ 86, 122; *ders,* Die Unverfügbarkeit ungeborenen menschl Lebens (usw), JZ 90, 709; *ders,* Der straffreie Schwangerschaftsabbruch in der Gesamtrechtsordnung: Rechtsgutachten vor dem BVerfG, 1994;

Szydzik, Handreichung zur Beratung von werdenden Müttern in Konfliktsituationen, 1978; *Tallen,* § 218 – Zwischenbilanz einer Reform, 1980; *Tepperwien,* Pränatale Einwirkungen als Tötung oder Körperverletzung?, 1973; *Thomas/Kluth,* Das zumutbare Kind: Die 2. Bonner Fristenregelung vor dem BVerfG, 1993; *Tröndle,* „Soziale Indikation" – Rechtfertigungsgrund?, Jura 1987, 66; *ders,* Der Schutz des ungeborenen Lebens in unserer Zeit, ZRP 89, 54; *ders,* Das Menschenbild des GG u die Neuregelung des Abtreibungsrechts, FS Spendel 1992, 611; *ders,* Das 2. Fristenlösungsurteil des BVerfG u die Folgen, MedR 1994, 356; *ders,* Schwangerschaftskonfliktberatung im Richtungsstreit, FS Geiger 1989, 190; *ders,* Das SFHÄndG, NJW 95, 3009; *ders,* Unzeitgemäße Betrachtungen zum „Beratungsschutzkonzept", FS Müller-Dietz, 2001, 919; *ders,* Das „Beratungsschutzkonzept" – Die Reglementierung einer Preisgabe des Lebensschutzes Ungeborener, FS Otto, 2007, 821; *Trube-Becker,* Abtreibung mit Todesfolge, MedKlin 1974, 897; *Ullrich,* § 218: Das Urteil des BVerfG aus der Sicht der Beratung u Beratungsstellen, Frauenarzt 93, 1041; *Voss,* Chancen für das ungeborene Leben, 1988; *Vultejus,* Das Urteil von Memmingen, 1990; *Walther/Hermes,* Schwangerschaftsabbruch zwischen Recht und Unrecht. Das zweite Abtreibungsurteil des BVerfG und seine Folgen, NJW 1993, S 2337–2347; *R Weber,* Schadensersatzrechtliche Folgen der Geburt eines unerwünschten Kindes? – Zur Rechtsentwicklung und zur Rechtsprechung des BVerfG –, VersR 1999, S 489 ff; *Weigend/Zielinska,* Das neue polnische Recht des Schwangerschaftsabbruchs, ZStW 106, 1994, 213; *Weinknecht,* Rechtsgrundlage der Strafbarkeit des Schwangerschaftsabbruchs, Der Frauenarzt 1989, 402; *Weiß,* Das Lebensrecht des Embryos – ein Menschenrecht, JZ 92, 182; *ders,* Das Lebensrecht ungeborener Kinder u ihr strafrechtlicher Schutz in der Schwangerschaft, JR 93, 449; *ders,* Das Verfassungsgericht, der Prozess u das Recht, JZ 94, 315; *ders,* Zur Strafbarkeit der Körperverletzung u Tötung Ungeborener, GA 95, 373; *Weissauer,* Kindliche Indikation zum Schwangerschaftsabbruch aus rechtlicher Sicht, Geburtsh und Frauenheilk 1983, 193; *Wetz,* Haben Embryonen Würde? Berliner Medizinethische Schriften, Heft 58, 2007; *Wilkitzki/Lauritzen,* Schwangerschaftsabbruch in der Bundesrepublik Deutschland, 1981; *Wille,* Der Schwangerschaftsabbruch, in: *Forster,* Praxis der Rechtsmedizin, 1986, 220; *Wille/Lutz,* Somatische Komplikationen beim Schwangerschaftsabbruch, Beitr z gerichtl Medizin Bd 38 (1980), 17; *Wolff,* Schwangerschaftsabbruch aus medizinischer Sicht, 1973; *Woopen,* Aus der Forschung – Präimplantationsdiagnostik und selektiver Schwangerschaftsabbruch, Zeitschrift für Medizinische Ethik 1999, S 233 ff; *ders,* Erklärung der Bundesärztekammer zum Schwangerschaftsabbruch nach Pränataldiagnostik, MedR 1999, S 31 ff; *Woopen/Rummer,* Beratung im Kontext von Pränataldiagnostik und Schwangerschaftsabbruch, MedR 09, 130; *Wuermeling,* Leben als Labormaterial, Zur Problematik der Embryonenforschung, 1988; *Zuck,* Die gespaltene Gesellschaft – Abtreibungsdebatte ohne Ende?, MDR 91, 1118.

I. Zur Entwicklungsgeschichte des heutigen Abtreibungsstrafrechts

1   Nach der Grundsatzentscheidung des BVerfG[1] vom 25. 2. 1975 ist das werdende Leben im Mutterleib als selbstständiges, höchstpersönliches Rechtsgut[2] durch Art 1 Abs 1, Art 2, Abs 2 Satz 1 GG verfassungsrechtlich geschützt und der Staat deshalb verpflichtet, das Lebensrecht des Embryos nach der Nidation bis zum Ende der Schwangerschaft effektiv, notfalls auch mithilfe strafrechtlicher Sanktionen, gegenüber jedermann zu schützen. Das Recht der Mutter auf Selbstbestimmung hat demgegenüber zurückzutreten. Deshalb verwarf das BVerfG die durch das 5. Strafrechtsreformgesetz (StrRG) vom 18. 6. 1974[3] eingeführte sogenannte **Fristenlösung** (Straffreiheit der Abtreibung in den ersten 12 Wochen seit der Empfängnis) als grundgesetzwidrig, zeigte aber zugleich den Weg zu einer verfassungskonformen Lösung durch das sogenannte **Indikationenmodell** auf, das der Gesetzgeber dann mit dem 15. StÄG vom 18. 5. 1976[4] verwirklichte.

2   Dennoch ist die Diskussion um das Für und Wider der Strafbarkeit des Schwangerschaftsabbruchs innerhalb bestimmter Zeitgrenzen im strafrechtlichen, medizinischen und theologisch-philosophischen Schrifttum sowie im politischen Bereich nicht verstummt und die öffentliche Meinung ebenso wie die Ärzteschaft in der entscheidenden Frage

---

[1] BVerfGE 39, 1 ff.
[2] BGHSt 28, 11, 15.
[3] BGBl 1974, I 1297.
[4] BGBl 1976, I 1213.

mehr denn je gespalten: **Vorrang des Schutzes des ungeborenen Lebens** und restriktive Interpretation aller Indikationen oder **Primat des freien Entscheidungsrechts der Frau** und damit extensive Auslegung der sozialmedizinischen Indikation zum Schwangerschaftsabbruch, dh, großzügige Annahme einer schwerwiegenden, nicht auf andere zumutbare Weise für die Schwangere zu beseitigenden Notlage im Sinne einer praktisch weitgehenden Freigabe der Abtreibung? Zu welch unerfreulichen, teilweise auch grotesken und skandalösen Entwicklungen (Stichworte: „Abtreibungstourismus", „abtreibungsfreundliche" Bundesländer, „Abtreibungskliniken", „Notwehr gegen Abtreibungsgegner" ua) dies geführt hat, ist hinlänglich bekannt.[5]

Besondere Aktualität hat diese Grundsatzkontroverse im Zuge der Wiedergewinnung der staatlichen Einheit Deutschlands erlangt, da in dem Gebiet der ehemaligen DDR die Fristenlösung galt[6] und sich damit die Frage stellte, wie der Schwangerschaftsabbruch in Zukunft dort bzw im ganzen Bundesgebiet geregelt werden soll. Im Vordergrund der teilweise erregt und unsachlich geführten politischen und rechtlichen Auseinandersetzungen stand dabei das Problem, ob die **Fristenlösung der früheren DDR** im Hinblick auf die oben angeführte Entscheidung des BVerfG auch **nach der Wiedervereinigung** Bestand haben könne und es damit innerhalb des einheitlichen Staatsgebietes zwei unterschiedliche Strafbestimmungen für den Schwangerschaftsabbruch gebe oder aber ob die „DDR-Konzeption" auf die alten bzw das hier geltende Recht auf die neuen Bundesländer ausgedehnt werden solle oder müsse. Angesichts der in kurzer Zeit nicht lösbaren Problematik half sich der Gesetzgeber mit einer **Grundgesetzänderung,** indem er Art 143 GG einfügte, der eine Übergangsfrist bis zum 31. 12. 1992 für fortgeltendes DDR-Recht vorsieht, das von Bestimmungen des Grundgesetzes abweicht, „soweit und solange infolge der unterschiedlichen Verhältnisse die völlige Anpassung an die grundgesetzliche Ordnung noch nicht erreicht werden kann" (Art 4 Nr 5 EinV). Art 31 Abs 4 EinV stellte dementsprechend dem gesamtdeutschen Gesetzgeber die Aufgabe, „spätestens bis zum 31. 12. 1992 eine Regelung zu treffen, die den Schutz vorgeburtlichen Lebens und die verfassungskonforme Bewältigung von Konfliktsituationen vor allem durch rechtlich gesicherte Ansprüche für Frauen, insbesondere auf Beratung und soziale Hilfen besser gewährleistet, als dies in beiden Teilen Deutschlands derzeit der Fall ist".

Der Gesetzgeber erfüllte nach lebhaften Diskussionen im parlamentarischen und außerparlamentarischen Raum diese Aufgabe durch Verabschiedung des Schwangeren- und Familienhilfegesetzes vom 27. 7. 1992 (SFHG),[7] doch konnte das Gesetz durch die einstweiligen Anordnungen des Bundesverfassungsgerichts vom 4. 8. 1992 und 25. 1. 1993 hinsichtlich der strafrechtlichen Vorschriften nicht in Kraft treten und wurde schließlich im sog zweiten Schwangerschaftsabbruchsurteil vom 28. 5. 1993[8] in Teilbereichen für nichtig erklärt. An die Spitze seiner Begründung stellte das Bundesverfassungsgericht 17 Grundprinzipien, „die neben dem Gesetz ihre Gültigkeit besitzen und das Maß geben für alle Zweifelsfragen, die auf den verschiedenen Rechtsgebieten bleiben werden".[9] Dies gilt auch für den Bereich des Strafrechts, so dass die insoweit wichtigsten Leitsätze im folgenden wörtlich angeführt sind:

1. „Das Grundgesetz verpflichtet den Staat, menschliches Leben, auch das Ungeborene, zu schützen. Diese Schutzpflicht hat ihren Grund in Art 1 Abs 1 GG; ihr Gegenstand und − von ihm her − ihr Maß werden durch Art 2 Abs 2 GG näher bestimmt. Men-

---

[5] *v Hippel* JZ 1986, 53 ff mit detaillierten Nachweisen; s den Beitrag von *Hillenkamp,* Zum Notwehrrecht des Arztes gegen „Abtreibungsgegner", FS Herzberg, 08, 483 ff; s auch BGH GesR 2003, 279: Untersagung der öffentlichen Äußerung über „rechtswidrige Abtreibungen".
[6] §§ 153–155 DDR-StGB mit dazu ergangenen Gesetzen und Durchführungsbestimmungen; zum Abtreibungsstrafrecht der ehemaligen DDR s Lammich in *Eser/Koch,* Schwangerschaftsabbruch im internationalen Vergleich, Bd I 325 ff; *Schneiders* MDR 1990, 1053 f.
[7] BGBl I 1992, 1398.
[8] BVerfGE 88, 203 = NJW 1993, 1751.
[9] So zutreffend *Laufs* NJW 1995, 3043.

schenwürde kommt schon dem ungeborenen menschlichen Leben zu. Die Rechtsordnung muss die rechtlichen Voraussetzungen seiner Entfaltung im Sinne eines eigenen Lebensrechts des Ungeborenen gewährleisten. Dieses Lebensrecht wird nicht erst durch die Annahme seitens der Mutter begründet.
2. Rechtlicher Schutz gebührt dem Ungeborenen auch gegenüber seiner Mutter. Ein solcher Schutz ist nur möglich, wenn der Gesetzgeber ihr einen Schwangerschaftsabbruch grundsätzlich verbietet und ihr damit die grundsätzliche Rechtspflicht auferlegt, das Kind auszutragen. Das grundsätzliche Verbot des Schwangerschaftsabbruchs und die grundsätzliche Pflicht zum Austragen des Kindes sind zwei untrennbar verbundene Elemente des verfassungsrechtlich gebotenen Schutzes.
3. Der Schwangerschaftsabbruch muss für die ganze Dauer der Schwangerschaft grundsätzlich als Unrecht angesehen werden und demgemäß rechtlich verboten sein.[10] Das Lebensrecht des Ungeborenen darf nicht, wenn auch nur für eine begrenzte Zeit, der freien, rechtlich nicht gebundenen Entscheidung eines Dritten, und sei es selbst der Mutter, überantwortet werden.
4. Grundrechte der Frau tragen nicht soweit, dass die Rechtspflicht zum Austragen des Kindes – auch nur für eine bestimmte Zeit – generell aufgehoben wäre. Die Grundrechtspositionen der Frau führen allerdings dazu, dass es in Ausnahmelagen zulässig, in manchen dieser Fälle womöglich geboten ist, eine solche Rechtspflicht nicht aufzuerlegen. Es ist Sache des Gesetzgebers, solche Ausnahmetatbestände im Einzelnen nach dem Kriterium der Unzumutbarkeit zu bestimmen. Dafür müssen Belastungen gegeben sein, die ein solches Maß an Aufopferung eigener Lebenswerte verlangen, dass dies von der Frau nicht erwartet werden kann.[11]
5. Das Untermaßverbot lässt es nicht zu, auf den Einsatz auch des Strafrechts und die davon ausgehende Schutzwirkung für das menschliche Leben frei zu verzichten.
6. Dem Gesetzgeber ist es verfassungsrechtlich grundsätzlich nicht verwehrt, zu einem Konzept für den Schutz des ungeborenen Lebens überzugehen, das in der Frühphase der Schwangerschaft in Schwangerschaftskonflikten den Schwerpunkt auf die Beratung der schwangeren Frau legt, um sie für das Austragen des Kindes zu gewinnen, und dabei auf eine indikationsbestimmte Strafdrohung und die Feststellung von Indikationstatbeständen durch einen Dritten verzichtet.
7. Ein solches Beratungskonzept erfordert Rahmenbedingungen, die positive Voraussetzungen für ein Handeln der Frau zugunsten des ungeborenen Lebens schaffen. Der Staat trägt für die Durchführung des Beratungsverfahrens die volle Verantwortung.
8. Die staatliche Schutzpflicht erfordert es, dass die im Interesse der Frau notwendige Beteiligung des Arztes zugleich Schutz für das ungeborene Leben bewirkt.
9. Schwangerschaftsabbrüche, die ohne Feststellung einer Indikation nach der Beratungsregelung vorgenommen werden, dürfen nicht für gerechtfertigt (nicht rechtswidrig) erklärt werden. Es entspricht unverzichtbaren rechtsstaatlichen Grundsätzen, dass einem Ausnahmetatbestand rechtfertigende Wirkung nur dann zukommen kann, wenn das Vorliegen seiner Voraussetzungen unter staatlicher Verantwortung festgestellt werden muss."

5   Die – hier nicht erschöpfend genannten – Grundprinzipien und Vorgaben des Bundesverfassungsgerichts wurden aus unterschiedlichsten Positionen vielfach und heftig kritisiert, da das Urteil in sich nicht konsequent ist und zahlreiche Wertungswidersprüche enthält. Dennoch gelang es schließlich, nach fünf Gesetzesvorlagen in der 12. Wahlperiode und sechs Entwürfen in der 13. Wahlperiode des Bundestages eine mehrheitsfähige Konzeption in Gestalt des Schwangeren-Familienhilfeänderungsgesetzes (Art 8 SFHÄndG) zu finden, das am 21. 8. 1995 im Bundesgesetzblatt verkündet wurde[12] und

---

[10] Bestätigung vom BVerfGE 39, 1, 44.
[11] Bestätigung vom BVerfGE 39, 1, 48.
[12] BGBl I 1050.

seit 1. 10. 1995 geltendes Recht ist. Mit diesem Zeitpunkt wurde die bis dahin vorhandene **Rechtsverschiedenheit** in den alten und neuen Bundesländern endgültig beseitigt und die **volle Rechtseinheit** auf dem Gebiet des Schwangerschaftsabbruchs für die gesamte BRD wiederhergestellt, indem alle bisherigen bundesdeutschen und DDR-Vorschriften durch das SFHÄndG abgelöst wurden und auch § 5 Nr. 9 StGB nunmehr uneingeschränkt Geltung hat (Art 10 SFHÄndG).[13] Für Straftaten, die während der Übergangszeit vom 3. 10. 1990 bis 1. 10 1995 begangen wurden, gelten die allgemeinen Grundsätze des intertemporalen und interlokalen Strafrechts.[14]

Die Abweichungen vom und Übereinstimmungen mit dem Ursprungskonzept, die Ziele der vielfältigen Reformbestrebungen, die Argumentation des BVerfG, seiner Befürworter und Gegner sowie die Vielfalt und Vielzahl der rechtlichen, ethisch-moralischen, medizinischen, theologischen, philosophischen, soziologischen und psychologischen Aspekte kann hier im Einzelnen aus Raumgründen nicht nachgezeichnet werden.[15] Hinzu kommt, dass die einschlägigen Strafvorschriften gegen den illegalen Schwangerschaftsabbruch in der **Justizpraxis** sowohl vor als auch nach ihrer Reform in den Jahren 1974/1976 nur eine sehr untergeordnete Rolle spielen, also offenbar vor allem eine Appell- und Warnfunktion haben. Trotz einer (geschätzten) Zahl von jährlich etwa 150 000 Abtreibungen – die Zahl der legalen Abbrüche wurde für 2008 im gesamten Bundesgebiet vom Statistischen Bundesamt mit 114 484 (knapp 2400 weniger als 2007)[16] angegeben[17] – gibt es nur verschwindend wenige strafgerichtliche Verurteilungen (zB 1972: 154, 1980: 30, 1985: 10, 1990: 8 und 1991: 3; für 2007 findet sich keine Angabe, ebensowenig ist für Österreich eine Verurteilung vermerkt).[18] Die zahlreichen, außerordentlich polarisierenden und oftmals von unterschiedlichen weltanschaulichen Grundhaltungen geprägten Auseinandersetzungen stehen daher – allein unter dem Blicke des Strafrechts betrachtet – im auffälligen Gegensatz zu ihrer praktischen Bedeutung im Justizalltag[19] und könnten bei stärkerer Berücksichtigung dieser Tatsache von manchem Ballast befreit werden. Es scheint, als breche sich diese Einsicht Bahn; denn seit der Jahrtausendwende haben die Diskussionsbeiträge erheblich abgenommen. Entsprechend der Zielsetzung dieses Handbuchs und der Unmöglichkeit, die Fülle der Argumente und kaum noch überschaubaren Stellungnahmen des Schrifttums auf beschränktem Raum auch nur einigermaßen exakt darzustellen, geben die folgenden Ausführungen daher nur einen Überblick über die gegenwärtige Rechtslage unter Einbeziehung der neueren Judikatur.

II. Übersicht über die Regelungsmaterie

1. Straflosigkeit nidationshindernder Maßnahmen. Straffrei, weil von den §§ 218 ff StGB tatbestandlich nicht erfasst, sind alle **nidationshindernden** Maßnahmen (§ 218 Abs 1 S. 2 StGB), also praktisch alle Schwangerschaftseingriffe innerhalb eines Zeitraums von vier Wochen seit der letzten Periode. Darunter fallen alle **ausschließlich** nidationshemmend wirkenden Handlungen wie zB der Gebrauch der morning after-pills, von Intrauterinpessaren, Spiralen, Schleifen ua,[20] oder operative Verfahren, wie zB die

---

[13] *Schönke/Schröder/Eser*, StGB, 27. Aufl 2006, vor § 218 RdNr 47.
[14] Siehe *Schönke/Schröder/Eser* vor § 218 RdNr 48 ff für die einzelnen Fallgestaltungen.
[15] Siehe dazu *Tröndle/Fischer*, StGB, 50. Aufl 2001, vor § 218 RdNr 2 ff.
[16] In Bayern ist die Zahl 2007 weiter auf etwas mehr als 13 000 gesunken, vgl SZ v 6. 3. 2008, S 51; zu den Zahlen für 2008 s SZ v 10. 3. 09 S 9.
[17] Zur Statistik der Schwangerschaftsabbrüche im Jahr 2000 s Frauenarzt 2001, 502 ff (Beitrag von *Link*). Zahl der Abbrüche im Jahr 2000: 134 609, davon 4129 (3,1 %) mit Mifegyne (DÄBl 2001, A 2065). Seit 2002 sinkt die Zahl der Schwangerschaftsabbrüche, insgesamt um fast 15 %.
[18] Zur Statistik siehe SK-*Rudolphi* Kommentar zum StGB, 5. Aufl 1993, vor § 218 RdNr 61.
[19] Ebenso *Fischer*, StGB, 55. Aufl 2008, vor § 218 RdNr 10 b.
[20] *Hirsch* MedR 1987, 13; *Fischer*, § 218 RdNr 8; *Schönke/Schröder/Eser* § 218 RdNr 14 ff.

Ausschabung und Ausspülung mit dem Ziel, die volle Einnistung eines befruchteten Eis in die Gebärmutter zu verhindern.[21] Dagegen fallen Handlungen, deren Wirkung möglicherweise nach der Einnistung des befruchteten Eis in der Gebärmutter eintritt, unter §§ 218 ff StGB. Im Regelfall ist der **Nidationsabschluss** mit dem Ende des 13. Tages nach der Empfängnis erreicht und diese ca 2 Wochen nach der letzten Menstruation anzusetzen.[22] Irrt der Arzt über den Nidationszeitpunkt, indem er ihn zu spät ansetzt, befindet er sich in einem den Vorsatz ausschließenden Tatbestandsirrtum mit der Folge von Straffreiheit. Setzt er ihn irrtümlich zu früh an, handelt er mit bedingtem Abtreibungsvorsatz und ist daher wegen Versuchs nach § 218 Abs 4 S 1 StGB strafbar. Hierin liegt eine ungerechtfertigte Prämierung des „bedenkenlosen" oder jedenfalls „großzügigen" gegenüber dem gewissenhaften Arzt, der ein erhebliches Strafbarkeitsrisiko läuft.[23] Zu den Irrtumsfragen aufgrund von Fehlberechnungen des Nidationszeitpunkts und unrichtiger rechtlicher Subsumtion (Verabreichung reiner Nidationshemmer in der irrigen Annahme, dies sei rechtswidrig, ist strafloses Wahndelikt) siehe im Einzelnen *Gössel*, JR 1976, 2; *Schönke/Schröder/Eser*, § 218 RdNr 11, 46; *Gropp*, Der straflose Schwangerschaftsabbruch, S 35 ff.

8   Die **Pränidationsphase** genießt seit dem 1. 1. 1991 durch das Embryonenschutzgesetz (EschG) strafrechtlichen und bußgeldbewehrten Schutz vor den Missbrauchsmöglichkeiten und Gefahren der Fortpflanzungs- und Gentechnologie. Strafbar ist ua die Mitwirkung an gespaltenen Mutterschaften durch Leih- oder Ersatzmutterschaft (§ 1 Abs 1 Nr 1, Nr 7 EschG), die gezielte Erzeugung menschlicher Embryonen zu Forschungszwecken (§ 1 Abs 1 Nr 2 EschG), die missbräuchliche Verwendung menschlicher Embryonen zu Zwecken, die nicht ihrer Erhaltung dienen (§ 1 Abs 1 Nr 6, § 2 EschG), die intratubare Befruchtung bzw Übertragung von mehr als drei Eizellen bzw Embryonen (§ 1 Abs 1 Nr 3 und 4 EschG), die extrakorporale Befruchtung von mehr Eizellen, als innerhalb eines Zyklus übertragen werden sollen (§ 1 Abs 1 Nr 5 EschG), die verbotene Geschlechtswahl des künftigen Kindes (§ 3 EschG), die eigenmächtige künstliche Befruchtung (§ 4 Abs 1 Nr 1 EschG), die eigenmächtige Embryoübertragung und künstliche postmortale Befruchtung (§ 4 Abs 1 Nr 2 und Nr 3 EschG), der Gentransfer in menschliche Keimzellen (§ 5 EschG), das Klonen (§ 6 EschG), die gezielte Erzeugung von Chimären- und Hybridwesen aus Mensch und Tier (§ 7 EschG). Strafbar ist ferner der Verstoß gegen den Arztvorbehalt des § 9 Nr 1 und Nr 2 EschG, wonach nur der Arzt die künstliche Befruchtung und die Übertragung eines menschlichen Embryos auf eine Frau vornehmen darf (§ 11 Abs 1 Nr 1 und Nr 2 EschG). Hält man sich „den nahezu absoluten, jeder Abwägung entzogenen Schutz" der **vornidativen** Lebensphase des Embryos vor Augen und vergleicht ihn mit seinem häufig durchbrochenen Schutz **nach** der Nidation, so muss man den Kritikern beipflichten, die hierin nur „schwer begreifbare Wertungswidersprüche" sehen.[24] Im einzelnen verweise ich auf das einschlägige Schrifttum.[25]

9   Gemäß § 8 Abs 1 EschG ist die befruchtete, entwicklungsfähige menschliche Eizelle vom Zeitpunkt der Kernverschmelzung an und jede einem Embryo entnommene totipotente Zelle, die sich bei Vorliegen der dafür erforderlichen weiteren Voraussetzungen teilen und zu einem Individuum entwickeln kann, als Embryo im Sinne des Gesetzes definiert.

---

[21] *Schönke/Schröder/Eser* § 218 RdNr 15; nicht aber, wenn dadurch die bereits eingenistete Frucht vernichtet wird, vgl *Roxin* JA 1981, 229.
[22] *Schönke/Schröder/Eser* § 218 RdNr 11, 15 mwN
[23] So zutreffend *Schönke/Schröder/Eser* § 218 RdNr 11.
[24] *Schönke/Schröder/Eser* vor § 218 RdNr 11; *Tröndle/Fischer*, vor § 218 RdNr 18 f; *Fischer* (55. Aufl), vor § 218 RdNr 2 a.
[25] Vor allem *Geilen* ZStW 103, 837; *Hirsch/Schmidt-Didczuhn* MedR 1990, 167; *Kamps*, Das Recht der Reproduktionsmedizin, MedR 1994, 339 ff; *F C Schröder* Die Rechtsgüter des Embryonenschutzgesetzes, FS Miyazawa 1995, 533 ff; *Brohm* JuS 98, 203; *Gropp*, FG Brauneck 1999, 292 ff; *Keller* JR 1991, 441; *Losch* NJW 1992, 2926. Aus der Rechtsprechung s AG Wolfratshausen zu § 1 Abs 1 Nr 3 und 5 EschG in ZfL 2008, 121.

23. Kapitel. Der Arzt im Strafrecht   10   § 143

Ob es aber einen Verstoß gegen §§ 1 Abs 1 Nr 2, 2 Abs 1 und 2 EschG bedeutet, eine totipotente Zelle einem Embryo zu entnehmen, an ihr die Präimplantationsdiagnostik durchzuführen und von deren Ausgang das weitere Schicksal des „Rest-Embryos" abhängig zu machen,[26] ist eine lebhaft umstrittene, überwiegend bejahte Frage. Zur Gesamtproblematik siehe *Laufs* in diesem Handbuch § 129 Ziff V und VI. Zur Frage der Vereinbarkeit der Präimplantationsdiagnostik mit dem Embryonenschutzgesetz insbesondere aus strafrechtlicher Sicht zusammenfassend Duttge GA 02, 241; *Langer-Rock*, Der strafrechtliche Schutz des überzähligen in-vitro gezeugten Embryos, 1996 s auch *Lackner/Kühl*, § 218a RdNr 15 mwN; *Einbecker*, Empfehlungen zu Rechtsfragen der Präimplantationsdiagnostik, MedR 05, 117, 118; *Schreiber*, Deutsches Ärzteblatt 2000, A-1135 f, der mit Recht auf die engen Grenzen des subjektiven Tatbestandes des § 1 Abs 1 Nr 2 EschG und § 2 EschG hinweist. M. E. ist die PID an **nicht mehr totipotenten** Zellen de lege lata straffrei, da sich daraus kein Embryo mehr entwickeln kann (§ 8 EschG) und damit ein taugliches Tatobjekt nach § 2 Abs 1 EschG fehlt.[27] Aus Wortlaut und Zweck des § 1 Abs 1 Nr 2 EschG folgt, dass die PID auch diesen Tatbestand nicht erfüllt. Die systematische Auslegung der Vorschriften des EschG schließlich spricht für die Straflosigkeit der PID auch an **pluripotenten** Zellen.[28]

Zu den medizinischen, ethischen und rechtlichen Aspekten siehe Beckmann, MedR   10
2001, 169 ff; *ders*, Zur Strafbarkeit der Präimplantationsdiagnostik nach dem Embryonenschutzgesetz, ZfL 2001, 12 ff; *Däubler-Gmelin*, Strafbarkeit der Vermittlung von Frauen ins Ausland zur Durchführung der Präimplantationsdiagnostik, NJW 2001, 2778; *Diedrich*, Präimplantationsdiagnostik-„Auftakt der öffentlichen Diskussion", Frauenarzt 2000, 787; *Frommel*, Taugt das Embryonenschutzgesetz als ethisches Minimum gegen Versuche der Menschenzüchtung?, Kritische Justiz 2000, S 341 ff; *Hepp*, Präimplantationsdiagnostik in der Diskussion, Frauenarzt 2000, 831; *Klekamp*, Embryoselektion in Deutschland, ZfL 2009, 11; *Knoepfler/Haniee/Simon*, Präimplantationsdiagnostik und therapeutisches Klonen: Was ist verantwortbar, in: Forum Technik, Theologie Naturwissenschaften Heft 4 (November 2000), S 20 ff; *Kollek*, Präimplantationsdiagnostik, 2. Aufl 2002; *Ludwig/Küpker/Diedrich*, Transfer von zusätzlichen Embryonen und Eizellenspende, Frauenarzt 2000, 938 ff; *Oehmichen*, Stand der Diskussion zur Präimplantationsdiagnostik in Deutschland, Geburtshilfe und Frauenheilkunde 2000, M17–M19; *Reiß*, Rechtliche Aspekte der Präimplantationsdiagnostik, Diss 2005; *Renzikowski*, Die strafrechtliche Beurteilung der Präimplantationsdiagnostik, NJW 2001, 2753 ff; *Riedel*, Plädoyer für eine unvoreingenommene, offene Debatte, Deutsches Ärzteblatt 2000, A-586; *Schroth*, Forschung mit embryonalen Stammzellen und Präimplantationsdiagnostik im Lichte des Rechts, JZ 2002, 170;

---

[26] Vgl differenzierend *Ratzel/Ulsenheimer*, Reproduktionsmedizin 1999, 428, 433 mwN; verneinend bei der Präimplantationsdiagnostik an Zellen nach Verlust der Totipotenz bei drohenden schwersten Erkrankungen, strenger Indikationsstellung und umfassender Information der Eltern in hierfür geeigneten Einrichtungen nach vorheriger Einholung der Zustimmung der zuständigen Ethik-Kommission: *Ratzel/Heinemann* MedR 1997, 540 ff.

[27] Ebenso *Schneider* MedR 2000, 360 ff; *Duttge* GA 02, 245 ff; *Seibl* GesR 06, 65.

[28] Gegen die Strafbarkeit der PID auch *Reiß*, Diss S 31 ff, 39; *Eser/Koch*, FS Keller, 03, 33; *Günther*, in: *Günther/Taupitz/Kaiser* EschG, § 1 Abs 1 Nr 2 Rz 18 ff; *Neidert* 98, 347, 353; *Frommel* KritJ 2000, 341 ff; **aA** *Beckmann* MedR 01, 169 f; *ders* ZfL 01, 12 ff; *Renzikowski* NJW 01, 2753 ff; *Laufs*, Hd d Arztrechts, § 129 Ziff VI. Das KG Berlin hat auf Beschwerde der StA das Hauptverfahren gegen einen Arzt eröffnet und den hinreichenden Tatverdacht eines Verstoßes gegen §§ 1 Abs 1 Nr 2, 2 Abs 1 EschG bejaht, weil der Gynäkologe drei von ihm der Frau mit deren Einverständnis entnommene und extrakorporal befruchtete Eizellen präimplantationsdiagnostisch untersuchte und dabei von Anfang an eventuell genetisch erkrankte Embryonen nicht in die Gebärmutter der Patientin überführen wollte. Dementsprechend wurden 2 Embryonen mit genetischen Auffälligkeiten verworfen (KG GesR 09, 191 ff m umfangreichen Literaturnachweisen = ZfL 2009, 25 m abl Anm *Schroth* NStZ 2009, 233 ff). Das LG Berlin hat in der anschließenden Hauptverhandlung einen Verstoß gegen § 1 Abs 1 Nr 2, § 2 Abs 1 EschG verneint und den Arzt freigesprochen (ZfL 2009, 93).

Woopen, Präimplantationsdiagnostik und selektiver Schwangerschaftsabbruch, Zeitschrift für medizinische Ethik 1999, 233. Speziell zu den verfassungsrechtlichen Problemen s *Hufen,* MedR 2001, 440 ff; *Faßbender,* NJW 2001, 2745 ff; *Herzog,* ZRP 2001, 393 ff; *Lorenz,* ZfL 2001, 38; *Ipsen* JZ 2001, 989 ff; *Giwer,* Rechtsfragen der Präimplantationsdiagnostik, Schriften z öff Recht, Bd 859.

11 **2. Straflosigkeit fahrlässiger Abtreibung.** Straffrei ist die **fahrlässige** pränatale Einwirkung auf die Leibesfrucht durch aktives Tun oder durch pflichtwidrige Unterlassung eines Garanten, die zum Absterben des Embryos im Mutterleib führt, da der Tatbestand des § 218 StGB **nur die vorsätzliche** Abtreibung erfasst.[29] Als Schwangerschaftsabbruch strafbewehrt ist daher nur die Tätigkeit bzw „die Untätigkeit eines behandelnden Arztes mit dem Ziel oder der Billigung des Todes des zu erwartenden Kindes"[30] (s o §§ 139 RdNr 6, 140 RdNr 3).

12 **3. Der Grundsatz der Strafbarkeit des Schwangerschaftsabbruchs (§ 218 Abs 1 S 1 StGB) und seine Ausnahmen.** Abgesehen von den nidationshemmenden und fahrlässigen ärztlichen Behandlungsmaßnahmen ist der Schwangerschaftsabbruch sowohl für die Schwangere als auch für den Arzt grundsätzlich strafbar. Dieser gesetzliche Ausgangspunkt erfährt jedoch erhebliche Einschränkungen und Ausnahmen:
– Der innerhalb von 12 Wochen seit der Empfängnis auf Verlangen der Schwangeren und nach ordnungsgemäßer Beratung von einem Arzt durchgeführte Schwangerschaftsabbruch ist **tatbestandslos** (§ 218 a Abs 1 S 1 StGB);
– der mit Einwilligung der Schwangeren von einem **Arzt** vorgenommene Schwangerschaftsabbruch ist bei Vorliegen einer medizinisch-sozialen oder kriminologischen Indikation **nicht rechtswidrig** (§ 218 a Abs 2, Abs 3 StGB);
– **persönlicher Strafausschluss** für die **Schwangere,** wenn der Abbruch durch einen **Arzt** nach ordnungsgemäßer Beratung innerhalb der ersten 22 Schwangerschaftswochen erfolgte (§ 218 a Abs 4 S 1 StGB);
– **mögliches Absehen von Strafe** für die **Schwangere** im Falle besonderer Bedrängnis zurzeit des Eingriffs (§ 218 a Abs 4 S 2 StGB).

13 **4. Die Strafbarkeit des Arztes,** der im Mittelpunkt der komplizierten und komplexen Regelung des Schwangerschaftsabbruchs steht, ist je nach seiner Funktion und Beteiligung in verschiedenen Tatbeständen geregelt.

a) Der abbrechende Arzt. §§ 218, 218 a StGB erfassen den die Schwangerschaft **abbrechenden Arzt,** der ohne Verlangen der Schwangeren und/oder ohne Nachweis vorheriger Beratung und/oder ohne eine der in § 218 a StGB genannten Indikationen handelt oder eine der vorgesehenen Fristen missachtet.

b) Abbruch trotz fehlender Indikationsstellung. § 218 b StGB und § 218 c StGB erweitern die Strafbarkeit, indem sie den Schwangerschaftsabbruch durch den Arzt trotz Einwilligung und vorliegender Indikationsvoraussetzungen nach § 218 a Abs 2 und 3 StGB wegen **fehlender Indikationsfeststellung durch einen anderen Arzt** (§ 218 b Abs 1 S 1 StGB) bzw wegen Verstoßes gegen Darlegungs-, Beratungs- und Vergewisserungspflichten (§ 218 c Abs 1 Nr 1, 2 und 3 StGB) oder gegen das Verbot der Übernahme der Doppelfunktion von Beratung und Abbruch (§ 218 c Abs 1 Nr 4 StGB) pönalisieren.

c) Der „Indikationsarzt": Nach § 218 b Abs 1 S 2 StGB macht sich der **„Indikationsarzt",** dh, der Arzt strafbar, der wider besseres Wissen die Indikationsvoraussetzungen des § 218 a Abs 2 und 3 StGB unrichtig feststellt. Zugleich kann darin bei ent-

---

[29] BGHSt 31, 348, 353; OLG Karlsruhe, NStZ 1985, 314, 315 mit Anm *Jung* NStZ 1985, 316 f; EGMR NJW 05, 727 ff.
[30] OLG Karlsruhe NStZ 1985, 314, 315 mit Anm *Jung* NStZ 1985, 316 f.

sprechender Kenntnis auf Seiten des Operateurs eine Beihilfe zur Abtreibung nach § 218 Abs 1 S 1 StGB liegen, bei Unkenntnis eine Abtreibung in mittelbarer Täterschaft gegeben sein.

d) Der „Beratungsarzt": Der „Beratungsarzt" im Sinne des § 218a Abs 1, § 219 StGB darf die Schwangerschaftsunterbrechung nicht selbst durchführen; anderenfalls ist er im Falle des § 218a Abs 1 StGB nach § 218c Abs 1 Nr 4 StGB, im Übrigen als Teilnehmer dann strafbar, wenn der Abbruch gesetzwidrig ist und er diesen mit seiner Beratungstätigkeit bewusst veranlasst oder unterstützt hat (zB durch Nennung einer entsprechenden „Adresse").

e) Personenidentität zwischen „Beratungs"-, „Indikations"- und abbrechendem Arzt. Übt der Arzt alle drei Funktionen (Beratung, Indikationsfeststellung, Abbruch) allein aus, richtet sich seine Strafbarkeit nach § 218 Abs 1 S 1 StGB; bei gerechtfertigtem Abbruch greift nur § 218b Abs 1 S 1 StGB ein.

III. Einzelfragen

1. Abgrenzung der Abtreibung von den Tötungs- bzw Körperverletzungsdelikten. Nach der Systematik des StGB ist „eine Tötung nach Beginn der Geburt nicht mehr als Schwangerschaftsabbruch (Tötung der Leibesfrucht), sondern als Tötung eines Kindes, also eines Menschen, anzusehen".[31] Der „Beginn der Geburt" stellt daher den maßgeblichen Zeitpunkt dar, der die Strafvorschriften zum Schutze der Leibesfrucht gegen illegalen Schwangerschaftsabbruch von den allgemeinen Tötungs- und Körperverletzungstatbeständen zum Schutze des Lebens und der Gesundheit abgrenzt. Diese Grenzziehung ist für den Bereich der Schwangerschaftsüberwachung und Geburtshilfe vor allem deshalb von erheblicher praktischer Bedeutung, weil die **fahrlässige Verletzung beruflicher Sorgfaltspflichten** im geburtshilflichen Bereich durch Ärzte oder ihr Hilfspersonal bis zum Geburtsbeginn aufgrund einer bewussten gesetzgeberischen Entscheidung straffrei geblieben ist,[32] während sich nach Beginn der Geburt der Strafschutz durch die Einbeziehung auch fahrlässiger Rechtsgutverletzungen (§§ 222, 229 StGB) im Hinblick auf die besondere Gefahrensituation des Geburtsvorgangs als solchen wesentlich erweitert.

Den „Beginn der Geburt" hat die neuere höchstrichterliche Judikatur in Übereinstimmung mit der medizinischen Wissenschaft „auf den Zeitpunkt des Einsetzens der **Eröffnungswehen**"[33] festgelegt, unabhängig davon, ob der Arzt „den Beginn der Geburt durch Maßnahmen hinauszögert, die die Eröffnungswehen hemmen, oder ihn durch Maßnahmen beschleunigt, die die Eröffnungswehen fördern".[34] Maßgeblich ist also allein das tatsächliche Einsetzen der Eröffnungswehen ohne Rücksicht darauf, ob diese „spontan eintreten oder künstlich hervorgerufen werden".[35] Zur Bestimmung des Geburtsbeginns im Einzelnen, insbesondere bei operativer Entbindung und Abgrenzungsschwierigkeiten siehe oben § 139 I.

Mit dem Beginn der Geburt wandelt sich die Leibesfrucht zum Menschen und genießt damit den Schutz der Tötungs- und Körperverletzungstatbestände. Dabei kommt es für die Abgrenzung zwischen §§ 211 ff, 223 ff StGB und § 218 StGB „entscheidend auf die rechtliche Qualität des Schutzobjekts als Leibesfrucht oder Mensch **zum Zeitpunkt der schädigenden Einwirkung**" bzw „der Versäumung der ärztlichen Eingriffs- und Hilfspflicht im Sinne der Nichtvornahme der gebotenen Erfolgsabwendung an, während die

---

[31] BGHSt 31, 348, 351; s dazu auch oben §§ 139 I 1, 140 I 1.
[32] Siehe oben II. 2.
[33] BGHSt 32, 194, 197 m Anm *Koch*, MedR 85, 83; s auch *Cremer*, MedR 89, 301; *Hiersche*, MedR 94, 472.
[34] BGHSt 31, 348, 356.
[35] OLG Karlsruhe NStZ 1985, 314, 315.

nach diesem Zeitpunkt, aber vor Erfolgseintritt stattfindende Änderung der Rechtsqualität des Opfers für die rechtliche Zuordnung irrelevant ist".[36] § 218 StGB scheidet daher nicht schon deshalb aus, weil die Abtreibungshandlung zur Geburt eines lebenden Kindes führte.[37] Ebenso können das pflichtwidrige Unterlassen einer spezifischen Schwangerschaftsüberwachung und der gebotenen vorzeitigen operativen Entbindung – selbst bei Nachweis einer der klinischen Erfahrung entsprechenden Wahrscheinlichkeit für die Vermeidbarkeit des Fruchttodes – als pränatale Versäumnisse ausschließlich von § 218 StGB – also nur bei zumindest bedingtem Vorsatz – erfasst werden.

17   **2. Tatobjekt und Schutzgut des § 218 StGB.** Gegenstand des Schwangerschaftsabbruchs „ist die noch nicht abgestorbene Frucht im Mutterleibe vor demjenigen Momente, welcher in § 217 StGB mit den Worten ‚in der Geburt' bezeichnet wird".[38] Der Strafrechtsschutz des § 218 StGB setzt somit im Zeitpunkt der Nidation ein (argumentum e § 218 Abs 1 S 2 StGB)[39] und endet mit dem Geburtsbeginn. Der **abgestorbene Foetus,** die sogenannte **Mole** und der hirntote **Anenzephalus** werden daher durch § 218 StGB ebensowenig geschützt wie das nicht in die Gebärmutter eingenistete, befruchtete Ei in der Retorte bei einer **extrauterinen** (Bauchhöhlen- oder Eileiter-) **Schwangerschaft.**[40] Dagegen kommt es auf die Lebensfähigkeit der Leibesfrucht *nach* Beginn der Geburt *nicht* an. Auch ein missgebildeter Embryo oder die Leibesfrucht einer **hirntoten** Frau kann Gegenstand eines Schwangerschaftsabbruchs sein,[41] da der nasciturus ein selbstständiges Schutzgut neben der Menschenwürde der Mutter und ihrem postmortalen Persönlichkeitsrecht darstellt.[42] Deshalb ist es unzulässig, im Falle einer Schädigung des Kindes unter Berufung auf die medizinisch-soziale Indikation die künstliche Aufrechterhaltung der Vitalfunktionen der Mutter zu beenden, denn insoweit kommt es auf die Zumutbarkeit für die Schwangere selbst an, die Indikation ist also nicht entscheidend.[43]

18   Das **keimende menschliche Leben** steht ebenso wie das bereits geborene menschliche Leben unter Verfassungsschutz und bildet ein eigenständiges, dh **vom Willen der Mutter unabhängiges, höchstpersönliches Rechtsgut.**[44] Bei einer Zwillings- oder Mehrlingsschwangerschaft ist jeder Embryo ein eigenständiges Schutzobjekt. Der selektive Fetozid, zB wegen Behinderung des einen Zwillings, erfüllt daher den Tatbestand des § 218 Abs 1 StBG, doch können die Rechtfertigungsgründe des § 218 a Abs 2 und 3 StGB eingreifen.[45]

---

[36] OLG Karlsruhe NStZ 1985, 314, 315; BGH NStZ 2008, 193, 194.
[37] BGHSt 10, 5; 13, 21, 24; BGH MDR 1953, 597.
[38] RGSt 4, 380; BGHSt 31, 348, 352; § 217 StGB ist durch das 6. Strafrechtsreformgesetz mit Wirkung ab 1. 4. 1998 aufgehoben worden.
[39] Siehe oben RdNr 7.
[40] SK-*Rudolphi* § 218 RdNr 7; LK-*Jähnke* § 218 RdNr 4; *Schönke/Schröder/Eser* § 218 RdNr 7; *Hiersche* MedR 1984, 215 f; bezüglich des Anencephalus aAi *Fischer,* § 218 RdNr 4.
[41] *Fischer,* § 218 RdNr 3; *Beckmann* MedR 1993, 123; *Hilgendorf* JuS 1993, 99; SK-*Rudolphi* § 218 RdNr 9; MK-*Gropp* § 218 RdNr 7.
[42] Siehe dazu auch kritisch *Schönke/Schröder/Eser* § 218 RdNr 27; zw *Giesen/Poll* JR 1993, 178; ablehnend *Geilen* („zu extreme Ausweitung" des § 218 Abs 1 StGB), FA Medizinrecht, Kap 4 B RdNr 618.
[43] *Beckmann* MedR 1993, 121; *Schönke/Schröder/Eser,* § 218 RdNr 27, wo zutreffend das Problem des Behandlungs**rechts** gegenüber der Behandlungspflicht als vorrangig herausgestellt wird; s auch die abgewogene Stellungnahme von *Fischer,* § 218 RdNr 7, der das Recht des Kindes auf Leben betont, andererseits aber auch – zu Recht – darauf hinweist, dass es keine Lebenserhaltungspflicht „um jeden Preis" gibt und deshalb die Überlebenschancen der Frucht berücksichtigt werden dürfen, wenn es um die Frage der Abschaltung des Reanimators geht; s dazu auch die ausführlichen Literaturhinweise bei *Fischer,* § 218 RdNr 7 a und die Monographie von *Kiesecker,* Die Schwangerschaft einer Toten, 1996.
[44] BVerfG 39, 1, 37 ff; LK-*Jähnke* vor § 218 RdNr 15; SK-*Rudolphi* vor § 218 RdNr 7, 39, 55.
[45] *Schönke/Schröder/Eser,* § 218 RdNr 8.

Auch ein Gesamtabbruch kann unter Beachtung strenger Güterabwägungskriterien gerechtfertigt sein, wobei an die Bejahung einer unzumutbaren Konfliktlage im Sinne des § 218a Abs 2 StGB „deutlich höhere Anforderungen" zu stellen sind.[46] Während bevölkerungspolitische Interessen nach allgemeiner Auffassung vom Schutzzweck des § 218 StGB nicht erfasst werden,[47] ist das Leben und die Gesundheit der Schwangeren mitgeschützt, sei es im Sinne eines bloßen **Schutzreflexes**[48] oder als eigenes **sekundäres Schutzgut**.[49]

3. Die Tathandlung des § 218 StGB. Unter Abbruch der Schwangerschaft versteht man jeden – vor Einsetzen der Eröffnungswehen vorgenommenen – Eingriff mit der Zielsetzung, das **Absterben der Leibesfrucht** herbeizuführen, gleichgültig ob die Einwirkung auf die Leibesfrucht unmittelbar, zB durch Ausschabung der Gebärmutter (sogenannte Curettage) oder mittelbar über die Schwangere, zB durch deren Tötung oder ihr verabreichte Drogen erfolgt. Tatbestandlich durch § 218 Abs 1 Satz 1 StGB erfasst ist auch die Abtreibungspille „Mifegyne" (Mifepriston, früher: RU 486), die mit Bescheid des Bundesinstituts für Arzneimittel und Medizinprodukte (BfArM) vom 6. 7. 1999 zum medikamentösen Frühabbruch (bis zum 49. Tag post menstruationem) bei sicherem Nachweis einer intakten Schwangerschaft zugelassen wurde. Die Verwendbarkeit des – in Deutschland nicht frei verkäuflichen – Präparats beschränkt sich auf wenige Tage (vom 42. Tag bis 49. Tag pm),[50] so dass auch die Zeit für Beratung und Entscheidung der Schwangeren auf eine Woche verkürzt ist. Dennoch ist die Bedeutung dieses Mittels in der Praxis groß. 9 % aller Abbrüche im Jahre 2006 erfolgten mit dieser Abtreibungspille. Fehlt bei der Verschreibung und dem Gebrauch von Mifegyne die Beratungsbescheinigung nach § 219 Abs 2 Satz 2 StGB, können sowohl die Schwangere als auch der Arzt wegen Verstoßes gegen § 218 Abs 1 Satz 1 StGB strafbar sein.[51] Die Gabe wehenfördernder Mittel zur Einleitung oder Beschleunigung der Geburt und andere geburtshilfliche Maßnahmen fallen daher nicht in den Anwendungsbereich des § 218 StGB,[52] wohl aber die Auslösung einer Frühgeburt in Tötungsabsicht, wenn das Kind noch im Mutterleib oder außerhalb desselben infolge ungenügender Ausreifung stirbt.[53] Bleibt das Kind am Leben, kommt nur ein **versuchter** Schwangerschaftsabbruch in Betracht.[54] Dagegen fehlt es an einer tatbestandsmäßigen Abtreibungshandlung, wenn es nicht gelingt, nach der Geburt „die Atmung des Kindes in Gang zu bringen", oder „sonstige Komplikationen zum Tode führen".[55] Ebensowenig ist die medizinisch indizierte Geburtseinleitung zur Erhaltung des kindlichen Lebens unter § 218 Abs 1 S 1 StGB zu subsumieren. **Vollendet** ist das Delikt mit dem Absterben der Frucht, **beendet** erst mit deren Tod.[56] Die Schwangere muss den Eingriff nicht überleben.[57]

---

[46] BGH MedR 02, 356 = VersR 02, 233, 234 = FamRZ 02, 386 m Anm *Spickhoff*; s auch unten RdNr 39 ff. Eingehend zur „Reduktion von Mehrlingen" Badenhausen, Diss 2003.
[47] *Rudolphi* ZStW 83, 109 f mwN
[48] LK-*Jähnke* vor § 218 RdNr 16; SK-*Rudolphi* vor § 218 RdNr 56.
[49] *Lackner/Kühl* § 218 Anm 1.
[50] Siehe *Breckwoldt, Kindermann, Hepp*, Frauenarzt 1999, 1000.
[51] Siehe zu *Ratzel*, gynäkologische praxis 1999, 249 f Zur Gesamtproblematik s *Otto* Jura 1996,140; *Prokopp-Hippen*, ZfL 1996, 11; *Büchner*, Zeitschrift für Lebensrecht 1999, 9; *Schmid-Tannwald*, ZfL 1999, 55; *Starck*, NJW 2000, 2714; *Winkler/Rath* DÄBl 96, C-1437; *Bansbach* MMW 99,14.
[52] *Lackner* NJW 1976, 1235; LK-*Jähnke* § 218 RdNr 10.
[53] BGHSt 19, 293; 13, 21 (24); *Fischer* § 218 RdNr 6; gegen diese Einschränkung (mangelnder Reifegrad) *Schönke/Schröder/Eser* § 218 RdNr 22.
[54] *Schönke/Schröder/Eser* § 218 RdNr 24; *Fischer*, § 218 RdNr 6.
[55] LK-*Jähnke* § 218 RdNr 10.
[56] *Schönke/Schröder/Eser*, § 218 RdNr 44; *Lackner/Kühl*, § 218 RdNr 4; *Fischer*, § 218 RdNr 5; aA *Tröndle/Fischer*, § 218 RdNr 5, der Vollendung auch bei Ausstoßen der Frucht in nicht lebensfähigem Zustand annimmt.
[57] BGHSt 1, 278, 280

20 Die Unterbrechung der Schwangerschaft kann durch **Handeln oder Unterlassen,** zB vorzeitiger Geburtseinleitung, operativer Entbindung oder von Maßnahmen zur Erhaltung der Schwangerschaft erfolgen. Tatbestandlich erforderlich ist stets die **Kausalität** zwischen dem auf den Schwangerschaftsabbruch final ausgerichteten Verhalten und dem Tod der Leibesfrucht. Der Ursachenzusammenhang scheitert nicht daran, dass eine durch den Eingriff ausgelöste Blutvergiftung oder eine operative Maßnahme zur Rettung der Frau den Abgang der Frucht bewirken.[58] An der Kausalität fehlt es jedoch, wenn infolge der Abtreibungshandlung ein lebendes und lebensfähiges Kind geboren wird,[59] so dass hier nur die Bestrafung wegen Versuchs nach § 218 Abs 4 StGB Platz greift. Dagegen ist die Ursächlichkeit auch dann zu bejahen, wenn das lebend zur Welt gekommene Kind infolge der ihm bei der Abtreibung zugefügten Schädigungen nicht „alsbald" nach der Geburt, sondern erst einige Zeit später stirbt.[60] Ein enger zeitlicher Zusammenhang zwischen Geburt und Tod ist entgegen der Ansicht der Rechtsprechung (BGHSt 10, 5; 291, 293; 13, 21, 24) nicht erforderlich.

21 **4. Täterschaft und Teilnahme. a) Täterschaft. Täter** eines Schwangerschaftsabbruchs kann jeder, dh sowohl irgendein Dritter als auch die Schwangere selbst, in den Formen der Allein-, Mit- und mittelbaren Täterschaft sein. So können Arzt und Schwangere zB bei der Abtötung der Leibesfrucht durch mechanische Manipulationen oder den Gebrauch von Medikamenten aufgrund eines gemeinsamen Tatplans „arbeitsteilig" zusammenwirken (Mittäterschaft) oder die Schwangere dem Arzt die Indikationsvoraussetzungen des § 218a Abs 2 und 3 StGB bzw einen erfolglosen Abtreibungsversuch vorspiegeln, woraufhin dieser als gutgläubiges Werkzeug den zur Abtötung der Leibesfrucht führenden Eingriff vornimmt (mittelbare Täterschaft).[61] Zum Schwangerschaftsabbruch einer Ärztin an sich selbst s *Gössel* JR 1976, 2. Der Arzt, der die Behandlung der Schwangeren übernommen hat oder aufgrund vorangegangenen pflichtwidrigen Tuns Garant zum Schutze des werdenden Lebens ist, hat die (im Falle des Unterlassens **täterschafts**begründende) Pflicht zur Erfolgsabwendung, dh zur Verhinderung des Fruchttodes. Welche Rettungsmaßnahmen er insoweit ergreifen **muss** bzw **darf,** ist allerdings angesichts der neuen Diagnose- und Therapiemöglichkeiten zur Erhaltung bedrohter Schwangerschaften im Einzelnen noch nicht abschließend geklärt.[62] Dies gilt auch für die Frage der Behandlungs**pflicht** bzw des Behandlungs**rechts** gegenüber der noch lebenden Leibesfrucht einer hirntoten Mutter.[63] Zur strafrechtlichen Problematik der pränatalen Diagnostik siehe *Laufs*, MedR 1990, 231; *Eberbach*, JR 1989, 265 ff; *Führmann*, DÄBl 1981, 1339 und *Murken/Stengel-Rutkowski*, Pränatale Diagnostik, 1978; Erklärung der BÄK zum Schwangerschaftsabbruch nach Pränataldiagnostik MedR 1999, 31 f.

22 Feststeht zum einen, dass die Garantenpflicht ihre Grenze am wirklichen oder mutmaßlichen Willen der Schwangeren findet, dh: **mit ihrer Einwilligung muss der Arzt alles tun** (zB Einleitung der Geburt oder Schnittentbindung), um eine drohende Fehlgeburt oder sonstige Schwangerschaftskomplikationen mit der Folge eines intrauterinen Absterbens der Frucht zu verhindern. Dies gilt auch und erst recht dann, „wenn die bedrohte Frucht bereits **lebensfähig** ist und nach menschlicher Voraussicht, etwa im Brutkasten, aufgezogen werden könnte".[64] Zur Problematik des **Kaiserschnitts an der Sterbenden bzw an der Toten,** insbesondere wenn das Kind infolge eines länger als 5 Minuten bestehenden Sauerstoffmangels schwere cerebrale Schädigungen davongetragen hat, siehe *Hanack*, Gynäkologe 1982, 96, 98, 100; *Arthur Kaufmann*, JZ 1982, 481, 486: keine Pflicht

---

[58] LK-*Jähnke* § 218 RdNr 7.
[59] *Roxin* JA 1981, 542, 546.
[60] SK-*Rudolphi* § 218 RdNr 12; *Lackner/Kühl* § 218 RdNr 4.
[61] LK-*Jähnke* § 218 RdNr 27.
[62] So mit Recht LK-*Jähnke* § 218 RdNr 17 ff.
[63] Vgl dazu *Schönke/Schröder/Eser* § 218 RdNr 27, *Fischer* § 218 RdNr 7, s oben RdNr 17.
[64] LK-*Jähnke* § 218 RdNr 22.

zum Einsatz aller apparativen Möglichkeiten, falls das Neugeborene todgeweiht ist; *Hiersche* MedR 1985, 45 ff. Zur Einwilligung näher siehe unten RdNr 32 ff.

Andererseits darf der Arzt **nicht gegen oder ohne** den wirklichen bzw mutmaßlichen **Willen der Schwangeren** Zwangsmaßnahmen zur Rettung des Embryos vornehmen, selbst wenn ihre Weigerung zur Gefährdung des eigenen Lebens und zum Absterben der Frucht führt.[65] Da kein Recht und keine Pflicht des Arztes zur „Zwangsbehandlung" besteht, darf der Arzt ihre selbstverantwortliche Entscheidung, unter Inkaufnahme des eigenen Todes die Schwangerschaft auszutragen, ebenso respektieren wie den drohenden, aber für die Frau lebensrettenden Fruchtabgang ohne Einsatz gezielter Gegenmaßnahmen hinnehmen.[66] Hat der Arzt die Einleitung der Geburt mit Zustimmung der Schwangeren begonnen, so darf (gedeckt durch § 34 StGB) und muss er seine Maßnahmen fortsetzen, wenn diese nicht mehr ohne Gefahr für die Frau oder das Kind abgebrochen werden können.[67] Die Frau hat auch kein Verfügungsrecht über den nasciturus in dem Sinne, dass sie einzelne Verrichtungen des Arztes ablehnen kann, „welche zur Erhaltung der Frucht notwendig sind und ihre Lage nicht zusätzlich beeinträchtigen".[68]

b) Anstiftung und Beihilfe. Wenn der Arzt auf Bitten der Schwangeren dieser die – noch nicht allgemein bekannte – Adresse eines abtreibungswilligen Arztes[69] oder einer dazu bereiten Klinik nennt oder vermittelt, so liegt hierin **Beihilfe** zur Fremd- (§ 218 Abs 1 S 1 StGB) und eine Eigenabtreibung der Schwangeren (§ 218 Abs 3 StGB). Handelt es sich um die Vermittlung einer geeigneten Arztpraxis im **Ausland,** wo nach dem Tatortrecht die konkrete Abtreibungshandlung nicht strafbar ist, bleibt die Strafbarkeit des vermittelnden Arztes dennoch gem § 9 Abs 2 Satz 2 StGB und für die deutsche Schwangere mit Lebensmittelpunkt im Inland gem § 5 Nr 9 StGB bestehen. Erfolgt der Abbruch der Schwangerschaft im Ausland ohne Beratung der (deutschen) Schwangeren, bleibt diese bei Vorliegen einer Notlagenindikation (§ 218 a Abs 2 und Abs 3 StGB) gem § 218 b Abs 1 Satz 3 StGB ebenso straflos wie der ausländische Arzt, während die Tätigkeit des inländischen Arztes als Beihilfe über § 9 Abs 2 Satz 2 StGB nach §§ 218 b Abs 1 S 1, 27 StGB strafbar ist. Fehlen dagegen Indikation und Beratung, sind (deutsche) Schwangere und (deutscher) Arzt über § 5 Nr 9 StGB gemäß § 218 Abs 1 S 1, Abs 3 StGB strafbar.

Andere **typische Beihilfehandlungen** des Arztes sind zB die bewusst falsche Indikationsstellung und die psychische Unterstützung der Schwangeren bei ihrem Abtreibungswunsch trotz fehlender Indikationslage. Da § 218 Abs 3 einen persönlichen Strafmilderungsgrund für die Schwangere darstellt, folgt die Strafbarkeit des Arztes aus §§ 27, 28 Abs 2, 218 Abs 1 S 1 StGB.

5. Die subjektive Tatseite. Wie bereits oben ausgeführt (II. 2.), setzt § 218 StGB zumindest den bedingten **Vorsatz** voraus, die Leibesfrucht abzutöten.[70] Bei der bewussten Herbeiführung einer Frühgeburt kommt § 218 StGB zur Anwendung, wenn der Täter weiß und will bzw für möglich hält und innerlich damit einverstanden ist, dass das Kind noch nicht lebensfähig ist und deshalb durch die Tat sterben wird. Der **Irrtum** über die Schwangerschaft oder die Tauglichkeit des Abtreibungsmittels ist ein **Tatbestands-**

---

[65] SK-*Rudolphi* § 218 RdNr 30; LK-*Jähnke* § 218 RdNr 19, 25; *Hanack* Gynäkologe 1982, 96, 101; *Ulsenheimer* TW Gynäkologie 1995, 37; *Heinemann,* Frau und Fötus in der Prä- und Perinatalmedizin aus strafrechtlicher Sicht, Diss 1997, S 185 ff mwN; kritisch *Hiersche* MedR 1983, 63, 56; MedR 1990, 311 f.
[66] LK-*Jähnke* § 218 RdNr 25.
[67] LK-*Hirsch* § 228 RdNr 37; LK-*Jähnke* § 218 RdNr 26; *Eb Schmidt* Gutachten Verh 44 DJT I S 103 f; *Schönke/Schröder/Eser,* § 223 RdNr 46 mit 44.
[68] LK-*Jähnke* § 218 RdNr 26; *Engisch* ZStW 58, 1, 25.
[69] BayObLG MDR 1978, 951; AG Albstadt MedR 1988, 262.
[70] BGH NW 1951, 412.

irrtum, der mangels eines entsprechenden Fahrlässigkeitstatbestandes gem § 16 Abs 1 StGB zur Straffreiheit führt. Dasselbe gilt, wenn der Arzt den Eingriff bzw den Einsatz eines nidationshemmenden Mittels in der Annahme vornimmt, die Nidation sei noch nicht erfolgt, oder er in dem irrigen Glauben, „die angeblichen Folgen eines Laienaborts auszuräumen, in Wirklichkeit dadurch die Frucht tötet".[71] Die irrige Annahme der tatsächlichen Voraussetzungen der medizinisch-sozialen bzw kriminologischen Indikation ist wie ein Tatbestandsirrtum zu behandeln (s dazu unten RdNr 46). Dagegen läge nur ein – den Vorsatz belassender – Verbotsirrtum (§ 17 StGB) vor, wenn der Arzt irrig von der Vorstellung ausginge, bei der Prüfung der Notlage in § 218 Abs 3 StGB komme es auf die Zumutbarkeit für das Kind an.

27 **6. Der Versuch des Schwangerschaftsabbruchs.** Die **versuchte** Unterbrechung der Schwangerschaft, zB wenn trotz der auf Abtötung der Leibesfrucht gerichteten Manipulation das Kind lebend zur Welt kommt[72] oder die Kausalität zwischen Eingriff und Tod der Leibesfrucht nicht nachgewiesen werden kann, ist für den **Arzt strafbar** (§ 218 Abs 4 Satz 1 StGB), für die **Schwangere** dagegen **straflos** (§ 218 Abs 4 Satz 2 StGB). Teilnahme an ihrem Versuch ist tatbestandlich von §§ 26, 27, 218 Abs 4 S 1 StGB erfasst, da § 218 Abs 4 S 2 StGB ein persönlicher Strafausschließungsgrund ist und deshalb für den Arzt § 28 Abs 2 StGB gilt.[73] Das Stadium des Versuchs beginnt für den Arzt mit der körperlichen Untersuchung der Schwangeren, die dem Eingriff (Einsetzen eines Gebärmutterspiegels, Einführung eines Gegenstandes oder Einspritzung in die Gebärmutter) unmittelbar vorausgeht.[74] Die Erhebung der Anamnese oder die Aufnahme in ein Krankenhaus stellen dagegen bloße (straflose) Vorbereitungshandlungen dar.[75] Die Abgrenzung Vorbereitung – Versuch erfolgt nach allgemeinen Grundsätzen. Die Abtreibung einer objektiv schon toten Frucht durch den Arzt ist ein strafbarer untauglicher Versuch des § 218 StGB.[76] Zum gleichen Ergebnis führen die Untauglichkeit des Mittels oder die tatsächlich fehlende Schwangerschaft,[77] es sei denn, die Fehlvorstellung beruht auf grobem Unverstand, so dass § 23 Abs 3 StGB Anwendung findet. Dasselbe gilt im Falle von Abtreibungshandlungen, falls keine oder nur eine extrauterine Schwangerschaft bestand.[78] Bricht der Arzt den Eingriff ab, liegt darin ein **Rücktritt** gemäß § 24 Abs 1 StGB, der im Falle der Freiwilligkeit (zB wegen des Verletzungsrisikos, anders bei Abbruch wegen Todesgefahr) zur Straffreiheit wegen des Abtreibungsversuchs führt. Die Strafbarkeit nach den Körperverletzungstatbeständen bleibt bestehen.[79]

28 **7. Der Strafrahmen.** Gemäß § 218 Abs 3 StGB steht der Schwangeren ein **persönlicher Strafmilderungsgrund** zur Seite, der die Freiheitsstrafe auf maximal 1 Jahr begrenzt.

§ 218 Abs 2 StGB enthält im Gegensatz zum früheren Recht keinen Qualifikationstatbestand, sondern lediglich zwei Regelbeispiele, in denen ein „besonders schwerer Fall" vorliegt, nämlich wenn – ausschließlich – der Täter (zB der Arzt)

---

[71] *LK-Jähnke* § 218 RdNr 44; *Fischer* § 218 RdNr 11; *Schönke/Schröder/Eser* § 218 RdNr 27; *SK-Rudolphi* § 218 RdNr 23.
[72] BGH ZfL 03, 83 (Vornahme einer nicht indizierten Abtreibung im Spätstadium der Schwangerschaft, die zur Geburt eines lebenden Kindes trotz Abklemmens der Nabelschnur noch vor Entwicklung des Kindes aus dem Uterus führte. Das anschließende Zuhalten von Mund und Nase des Kindes bis zu 2 Minuten erfüllte den Tatbestand der versuchten Tötung, da das Kind erfolgreich reanimiert wurde).
[73] AG Albstadt MedR 88, 261 m Anm *Mitsch* Jura 89, 192.
[74] BayObLGSt 1953, 154; RGSt 57, 278; 77, 252, 253.
[75] RG HRR 1930, Nr 1671; HRR 1937, Nr 1200.
[76] BayObLG 1978, 41; vgl auch AG Albstadt MedR 1988, 261.
[77] AG Meschede ZfL 08, 89: Tritte gegen den Bauch einer vermeintlich Schwangeren.
[78] *LK-Jähnke* § 218 RdNr 46.
[79] *Schönke/Schröder/Eser* § 218 RdNr 68.

a) „gegen den Willen der Schwangeren handelt oder
b) leichtfertig die Gefahr des Todes oder einer schweren Gesundheitsschädigung der Schwangeren verursacht".
In diesen Fällen beginnt der Strafrahmen bei einer Freiheitsstrafe von sechs Monaten und reicht bis zu fünf Jahren.

8. Der Tatbestandsausschluss gemäß § 218a Abs 1 StGB. Gemäß § 218a Abs 1 „ist der Tatbestand des § 218 nicht verwirklicht", wenn **kumulativ** folgende Voraussetzungen erfüllt sind:
a) die Schwangere den Schwangerschaftsabbruch verlangt und dem Arzt durch eine Bescheinigung nach § 219 Abs 2 S 2 StGB eine mindestens drei Tage vor dem Eingriff erfolgte **Beratung** nachweist;
b) der Schwangerschaftsabbruch von einem **Arzt** vorgenommen wird;
c) seit der Empfängnis **nicht mehr als 12 Wochen** vergangen sind.

§ 218a Abs 1 StGB stellt den zentralen Punkt der vom Bundesverfassungsgericht entwickelten Konzeption, der sog „Fristenlösung mit Beratungspflicht" dar, die unter den vorgenannten Voraussetzungen den Schwangerschaftsabbruch zwar als rechtswidrig,[80] nicht aber als eine nach § 218 Abs 1 S 1 StGB tatbestandsmäßige Handlung qualifiziert.[81]

Der Tatbestandsausschluss beschränkt sich allein auf die Strafbestimmung des § 218 StGB, nicht also auf andere Tatbestände (§§ 218b, 218c – 219b StGB).[82]

In den Gesetzesmaterialien zu § 218a Abs 2 StGB[83] findet sich folgende Klarstellung: „Durch den Tatbestandsausschluss als bewusste Herausnahme aus dem strafrechtlich vertypten Unrecht wird ... zum Ausdruck gebracht, dass Schwangerschaftsabbrüche, die unter den angeführten Voraussetzungen vorgenommen werden, im Bereich des Strafrechts nicht als Unrecht zu behandeln sind". Daraus folgt, dass dann, wenn Arzt und Schwangere die gesetzlichen Vorschriften des Beratungskonzepts einhalten, „auch Nothilfe (§ 32 StGB) zugunsten des Ungeborenen mit dem Ziel einer Verhinderung des Schwangerschaftsabbruchs nicht in Betracht kommt" (der Vater also zB nicht zugunsten der Leibesfrucht eingreifen und den Arzt an der Durchführung des Schwangerschaftsabbruchs hindern darf). Im strafrechtlichen Schrifttum ist diese Ansicht streitig, was angesichts der Widersprüchlichkeit der Regelung und der „gespaltenen" Rechtswidrigkeit nicht wundern kann. Namhafte Autoren halten die Nothilfe gegen eine nach § 218a Abs 1 StGB tatbestandslose Abtötung des Nasciturus für zulässig,[84] andere Autoren verneinen mit gewichtigen Gründen ein Nothilferecht.[85]

9. Der Rechtswidrigkeitsausschluss nach § 218a Abs 2 und 3 StGB. Der Abbruch der Schwangerschaft durch einen Arzt ist nicht rechtswidrig, wenn kumulativ sowohl die Einwilligung der Schwangeren als auch eine der in § 218a Abs 2 oder 3 StGB genannten Indikationen vorliegen. Die mit dem Schwangerschaftsabbruch untrennbar verbundene Körperverletzung der Frau ist durch ihre Einwilligung gerechtfertigt. § 228 StGB bleibt insoweit außer Betracht. Dagegen hat die Einwilligung „für sich genommen keine rechtfertigende Kraft"[86] bezüglich des Schutzgutes des § 218 StGB, da die Schwan-

---

[80] Zust BGH GesR 03, 279 ff.
[81] Zur Widersprüchlichkeit dieser Regelung s *Tröndle/Fischer* § 218a RdNr 3, die mit Recht von einem „strafrechtsdogmatisch nicht integrierbarem Novum" sprechen; *Schönke/Schröder/Eser* § 218a RdNr 13; SK-*Rudolphi* § 218a RdNr 2.
[82] *Schönke/Schröder/Eser* § 218a RdNr 19.
[83] BT-Drucks 13/1850, 25.
[84] Vgl *Roxin*, Strafrecht AT/1, 3. Aufl 1997, 15/33; *Tröndle* JR 2000, 394; *ders* NJW 1995, 3011; *Langer* ZfL 1999, 49; *Lesch* ZfL 2001, 2 ff.
[85] *Schönke/Schröder/Eser*, § 218a RdNr 14; *Fischer*, § 218a RdNr 4 (Ausschluss der Nothilfe bei Bejahung einer sozialethischen Schranke); *Satzger* JuS 1997, 803; *Otto* JR 1990, 344; *ders* Jura 1996, 140.
[86] RGSt 70, 107, 108.

gere hierüber nicht verfügen kann, so dass zusätzlich eine der beiden Indikationen des § 218a Abs 2 oder 3 StGB vorliegen müssen. Die Rechtfertigungswirkung des § 218a StGB bezieht sich **ausschließlich auf die Rechtsgutverletzung nach § 218 StGB,** nicht aber auf eventuelle Zuwiderhandlungen gegen die tateinheitlich damit zusammentreffenden Vorschriften der §§ 218b Abs 1 oder 218c StGB bzw bei Nichtbeachtung der ärztlichen Kunstregeln der §§ 222, 229 StGB. Daher kann trotz gegebener Indikation und Einwilligung der Schwangeren die Abtötung der Leibesfrucht durch den Arzt zB wegen fehlender Vorlage des Beratungsnachweises oder Einhaltung bestimmter Darlegungs-, Beratungs- und Vergewisserungspflichten (partiell) rechtswidrig sein, anders formuliert: gerechtfertigt ist der Schwangerschaftsabbruch insgesamt nur dann, wenn sowohl die materiellen Voraussetzungen des § 218a StGB erfüllt als auch die nach §§ 218b, 218c, 219 StGB erforderlichen Verfahrensvorschriften und der fachärztliche Standard eingehalten sind.[87]

32   a) **Einwilligung der Schwangeren.** Die **Einwilligung** der Schwangeren als Rechtfertigungsvoraussetzung in § 218a Abs 2 und 3 StGB dient dem Schutz ihres Selbstbestimmungsrechts. Sie soll selbst – unter Beachtung ihrer Interessen – entscheiden, ob sie dem werdenden Leben Priorität einräumt oder lieber das Risiko des Eingriffs übernimmt. Für die Wirksamkeit der Einwilligung in den Abbruch gelten die oben im Zusammenhang mit dem ärztlichen Heileingriff dargelegten allgemeinen Grundsätze.[88] Bei **Minderjährigen** hängt die Einwilligungsfähigkeit von ihrer individuellen geistigen und sittlichen Reife ab, die Bedeutung und Tragweite des Schwangerschaftsabbruchs zu ermessen. Auf die Zustimmung oder Ablehnung der gesetzlichen Vertreter kommt es daher bei vorhandener natürlicher Einsichts- und Urteilsfähigkeit der Minderjährigen **nicht** an.[89] Bei *unter* 16jährigen Mädchen ist diese regelmäßig zu verneinen, bei *über* 16jährigen dagegen idR zu bejahen.[90] Die Auffassung des AG Celle,[91] „dass auch ein nahezu 17 Jahre altes Mädchen bei durchschnittlicher Intelligenz und Lebenserfahrung jedenfalls im Regelfall mit der Beurteilung der Situation als überfordert anzusehen sein wird", entspricht nicht der Lebenswirklichkeit und ist deshalb abzulehnen.

33   Bei fehlender Einwilligungsfähigkeit der Schwangeren ist, wenn eine Entscheidung bezüglich § 218a Abs 2 StGB in Betracht kommt, ein Betreuer zu bestellen, der die Einwilligung erteilen kann.[92] Im Falle eines Meinungsgegensatzes zwischen Eltern und (minderjähriger) Tochter geht deren Wille, das werdende Kind auszutragen bzw den Eingriff vornehmen zu lassen, angesichts des höchstpersönlichen Charakters dieser Entscheidung unabhängig vom Alter der Schwangeren vor, es sei denn, bei Fortsetzung der Schwangerschaft drohe ihr die Gefahr des Todes oder eine schwere Gesundheitsschädigung.[93]

34   Da die wirksame Einwilligung voraussetzt, dass die Schwangere Bedeutung und Tragweite des Eingriffs kennt, bedarf es ihrer **Aufklärung,** die nach § 218c Abs 1 Nr 2 StGB

---

[87] LK-*Jähnke* § 218a RdNr 3; *Schönke/Schröder/Eser* § 218a RdNr 57 ff.
[88] § 139 III 1, RdNr 45 ff.
[89] LG Köln GesR 09, 43, 44 jedenfalls wenn bei Fortführung der Schwangerschaft kein besonderes Risiko besteht; *Schönke/Schröder/Eser,* § 218a RdNr 61; *Schlund* JR 99, 334; SK-*Rudolphi*, § 218a RdNr 187 f; *Fischer,* § 218a RdNr 16a; **aA** OLG Hamm NJW 1998, 3424: es bedarf zusätzlich der Zustimmung der Eltern. Ebenso OLG Naumburg, Beschluss v 19.11.03, AZ 8 WF 152/03: Verweigerung der Zustimmung zum Schwangerschaftsabbruch der 17jährigen Tochter stellt keine missbräuchliche Ausübung des elterlichen Sorgerechts dar. Auf die maßgebende Frage der Einwilligungsfähigkeit der Minderjährigen geht das Gericht mit keinem Wort ein!
[90] *Schönke/Schröder/Eser* § 218a RdNr 61; LK-*Jähnke* § 218a RdNr 9; *Hirsch/Weissauer,* Rechtliche Probleme des Schwangerschaftsabbruchs, S 47 ff; LG München NJW 1980, 646.
[91] NJW 1987, 2308.
[92] OLG Ffm, GesR 09, 218, 219 = ZfL 08, 117 ff; OLG Celle MDR 1960, 136.
[93] *Hirsch/Weissauer,* (Fn 58) S 58; *Laufhütte-Wilkitzki* JZ 1976, 598; *Fischer* § 218a RdNr 16a.

auch ausdrücklich vorgeschrieben ist. Die Einwilligung des Ehemannes (Lebenspartners, Vaters) ist nicht erforderlich.

b) Arztvorbehalt. Die Rechtmäßigkeit des Schwangerschaftsabbruchs steht unter **35** dem Vorbehalt, dass ihn ein **Arzt** durchführt. Damit wollte der Gesetzgeber sicherstellen, dass das ärztliche Standesrecht und die Regeln der ärztlichen Kunst eingehalten werden, um die der Schwangeren drohenden Gefahren nach Möglichkeit abzuwenden. Ausnahmsweise kann der Arztvorbehalt unter den Voraussetzungen des rechtfertigenden Notstands nach § 34 StGB entfallen, so zB bei akuter Lebensgefahr für die Schwangere und Unerreichbarkeit eines Arztes.[94]

c) Die Rechtsnatur der Indikationen des § 218a StGB. Die in § 218a aF offen- **36** gelassene strafrechtsdogmatische Frage, ob die in dieser Vorschrift enumerativ aufgeführten Indikationen zum Schwangerschaftsabbruch Rechtfertigungs-, Entschuldigungs-, Schuldausschließungs-, persönliche oder sachliche Strafausschließungsgründe oder einen „rechtsfreien Raum" darstellen, hat der Gesetzgeber nunmehr ausdrücklich entschieden. Nach dem Wortlaut des neuen § 218a Abs 2 S 1 StGB ist der Schwangerschaftsabbruch durch einen Arzt bei Vorliegen einer der genannten Indikationslagen „nicht rechtswidrig", dh die Indikationen nach Abs 2 und 3 sind **Rechtfertigungsgründe,** ein Ergebnis, zu dem auch eine systematische, am Sinn und Zweck der gesetzlichen Regelung orientierte, die Einheitlichkeit der Rechtsordnung berücksichtigende Auslegung führt.[95] Dafür spricht auch die kriminalpolitische Überlegung, dass angesichts des Fehlens eines zuverlässigen gesetzlichen Orientierungsrahmens den Arzt, der unter Berufung auf die Indikationslage mit Rettungswillen den Schwangerschaftsabbruch vornimmt, nicht das „volle Irrtumsrisiko" treffen darf.[96] Demgegenüber hatte das Bayerische Oberste Landesgericht in einer Entscheidung zu § 218a Abs 2 Nr 3 aF StGB dessen Rechtfertigungscharakter abgelehnt und die Indikation der allgemeinen Notlage aufgrund der Entstehungsgeschichte des § 218a aF StGB und seiner strafrechtssystematischen Gewichtung (besondere Betonung des Zumutbarkeitsprinzips) als **Schuldausschließungsgrund** bewertet.[97] Für die Strafbarkeit des Arztes wäre diese *Mindermeinung* unter Teilnahme-Gesichtspunkten von weitreichender Bedeutung, doch ist sie angesichts der Klarstellung des Gesetzgebers heute unhaltbar.

d) Medizinisch-soziale und kriminologische Indikation. § 218a StGB unter- **37** scheidet nunmehr nur noch die **medizinisch-soziale Indikation** (Vorliegen einer konkreten, nicht auf andere zumutbare Weise abzuwendenden Lebens- oder Leibesgefahr in Gestalt einer schwerwiegenden Beeinträchtigung des körperlichen oder seelischen Gesundheitszustands der Schwangeren, § 218a Abs 2 StGB) und die **kriminologische** Indikation (dringender Verdacht, dass die Schwangerschaft auf einer rechtswidrigen Tat gemäß §§ 176–179 StGB beruht, § 218a Abs 3 StGB). Nach herrschender Lehre sind die beiden Indikationen zum Schwangerschaftsabbruch in § 218a StGB gegenüber den allgemeinen Rechtfertigungsgründen **speziell und abschließend** geregelt, so dass ein Rückgriff auf den rechtfertigenden Notstand oder den Gesichtspunkt der Nothilfe ausgeschlossen ist.[98] Die frühere „eugenische", „embryopathische" und „soziale" Indikation (§ 218a Abs 2 Nr 1 und 3 aF StGB) sind zwar in der Neuregelung nicht mehr eigens aufgeführt, werden aber bei entsprechender Sachlage heute durch die „medizinische" bzw

---

[94] LK-*Jähnke* § 218 RdNr 38; *Schönke/Schröder/Eser* § 218 RdNr 37; BGHSt 38, 158.
[95] So die herrschende Lehre, vgl *Fischer* § 218 RdNr 14; LK-*Jähnke* vor § 218 RdNr 22; *Lackner/Kühl* § 218 Anm 1; *Schönke/Schröder/Eser* § 218a RdNr 21 f jeweils mwN.
[96] LK-*Jähnke* vor § 218 RdNr 22.
[97] BayObLG NStZ 1990, 389 = JR 1990, 338 ff mit Anm *Otto,* S 342 ff = NJW 1990, 2328 = MedR 1990, 334 mit Anm *Beckmann;* MedR 1990, 301 ff unter ausdrücklicher Aufgabe der früheren Auffassung desselben Gerichts in BayObLGSt 78, 41, 43.
[98] Vgl *Gropp* GA 1988, 11; SK-*Rudolphi* § 218a RdNr 13; *Schönke/Schröder/Eser* § 218 RdNr 37; BVerfGE 88, 272 ff; BGHSt 38, 158.

"medizinisch-soziale" Indikation des § 218a Abs 2 StGB mitabgedeckt,[99] sind also keineswegs materiell obsolet geworden.[100] In den für die allgemeine Notlagenindikation in Betracht kommenden Fällen dürfte darüber hinaus oft § 218a Abs 1 StGB eingreifen. Dennoch bleibt als Tatsache festzuhalten, dass § 218a Abs 2 StGB zwei grundverschiedene Fallkonstellationen enthält: die in einer medizinischen Notstandslage für die Mutter als ultima ratio **hingenommene** Tötung der Leibesfrucht und deren **gezielte** Tötung, um der Mutter die von einem behinderten Kind ausgehenden Belastungen zu ersparen („kindliche", embryopathische Indikation).

38   Zu beachten ist, dass die **medizinisch-soziale** Indikation zeitlich an **keine Frist** gebunden ist, während im Falle der kriminologischen Indikation „seit der Empfängnis nicht mehr als 12 Wochen" vergangen sein dürfen (§ 218a Abs 3 StGB). Die fehlende zeitliche Befristung des Schwangerschaftsabbruchs bei Leibes- oder Lebensgefahr für die Mutter lässt entsprechende Eingriffe bis zum Beginn der Geburt zu, doch ist in der Endphase der Lebensschutz des Kindes besonders nachdrücklich zu bedenken. Da die Fälle der embryopathischen Indikation in der medizinischen Indikation aufgegangen sind, hat der Gesetzgeber die bislang insoweit geltende Befristung von 22 Wochen stillschweigend aufgehoben und damit auch die embryopathische Indikation für zeitlich unbegrenzt zulässig erklärt.[101] Gegen diese „versteckte Fristverlängerung" wurden mit Recht insbesondere aus der Ärzteschaft erhebliche Bedenken vorgebracht,[102] die auch die Bundesärztekammer in ihrer Stellungnahme zum Schwangerschaftsabbruch nach Pränataldiagnostik formulierte. In der Erklärung heißt es wörtlich:[103]

39   „Nachdem die embryopathische Indikation weggefallen ist, könnte heute … fälschlich davon ausgegangen werden, dass auch nach einer pränatal festgestellten Diagnose zu einem späteren Zeitpunkt der Schwangerschaft allein wegen eines auffälligen Befundes beim Kind eine Beendigung der Schwangerschaft medizinisch indiziert sei. Dabei wird verkannt, dass die medizinische Indikation im Zusammenhang mit einer Erkrankung, Entwicklungsstörung oder Anlageträgerschaft des Ungeborenen für eine Erkrankung die Feststellung voraussetzt, dass – nach ärztlicher Erkenntnis – die Fortsetzung der Schwangerschaft die Gefahr einer schwerwiegenden Beeinträchtigung des körperlichen oder seelischen Gesundheitszustands der Schwangeren bedeuten würde, die nicht auf andere für sie zumutbare Weise abgewendet werden kann. Eine solche Gefahr kann sich auf den auffälligen Befund gründen, der Befund allein darf jedoch nicht automatisch zur Indikationsstellung führen.

Die Fortschritte in der medizinischen Versorgung von Frühgeborenen haben in den letzten Jahren dazu geführt, dass bereits Kinder mit etwa 500 g Geburtsgewicht und einem entsprechenden Reifegrad überleben können. Dies entspricht einem Schwangerschaftsalter von etwa 22 bis 24 Wochen post menstruationem (pm). Da sich zumindest in den Fällen extrauteriner Lebensfähigkeit der Schutzanspruch des ungeborenen Kindes aus ärztlicher Sicht nicht von demjenigen des Geborenen unterscheidet, soll der Zeitpunkt, zu dem die extrauterine Lebensfähigkeit des Ungeborenen gegeben ist, in der Regel als zeitliche Begrenzung für einen Schwangerschaftsabbruch angesehen werden. In besonderen Ausnahmefällen schwerster unbehandelbarer Krankheiten oder Entwicklungsstörungen der Ungeborenen, bei denen postnatal in der Regel keine lebenserhaltenden Maßnahmen ergriffen würden, kann nach Diagnosesicherung und interdisziplinärer Konsensfindung von dieser zeitlichen Begrenzung abgewichen werden.

Sollte ausnahmsweise die Indikation für einen so späten Schwangerschaftsabbruch gestellt werden, kann gemeinsam mit der Schwangeren bzw den Eltern des Kindes erwogen werden, ob ein Fetozid vor Einleitung des Schwangerschaftsabbruchs vorgenommen wird. Der Fetozid erfolgt dann nur, um dem Kind das Leiden, das durch das Verfahren des Schwangerschaftsabbruchs verursacht werden kann – nicht etwa das krankheits- oder behinderungsbedingte Leiden – zu ersparen."

---

[99] Ersteres wird allerdings bestritten, s SK-*Rudolphi* § 218a RdNr 8.
[100] *Schönke/Schröder/Eser* § 218a RdNr 20; *Fischer* § 218a RdNr 21.
[101] *Schönke/Schröder/Eser*, § 218a RdNr 43; *Fischer*, § 218a RdNr 21.
[102] Vgl *Beckmann* MedR 1998, 155; *Helmke* ZRP 1995, 441; *Hepp* Gynäkologe 1996, 407 ff; *Hille* Frauenarzt 1999, 74 ff; *Otto* Jura 1996, 142. 2007 kam es zu 229 Abbrüchen nach der 23. SSW.
[103] MedR 1999, 32.

Zutreffend hebt *Tröndle* hervor, dass also nicht die prospektive **Behinderung des Kindes** den unbefristeten Abbruch rechtfertigt, „sondern die (hieraus zu erwartende) Gefahr für die Schwangere".[104]

Nach jahrelangen Diskussionen über die „Spätabtreibung" hat nunmehr der Gesetzgeber das Schwangerschaftskonfliktgesetz geändert und in § 2a SchKG eine dreitätige Frist zwischen Diagnose und Schwangerschaftsabbruch festgelegt, während der der „Diagnosearzt" bei Vorliegen eines embryopathischen Befundes eine Beratung anbieten **muss**; andernfalls droht ihm ein Bußgeld bis zur Höhe von 5000,- € wegen einer Ordnungswidrigkeit. Die Beratungspflicht entfällt nur bei akuter Gefahr für das Leben der Mutter (§§ 2a, 14 Abs 1 Nr 1 SchKG). Die neue Rechtslage gilt ab **1. 1. 2010**.

Die „medizinisch-embryopathische" Indikation verstößt nicht gegen Art 3 Abs 3 S 2 GG,[105] allerdings hat sie möglicherweise zur Folge, dass bei „embryopathisch motivierten Spätabtreibungen lebensfähiger Föten" der verfassungs- und strafrechtliche Lebensschutz aufgeweicht oder verkannt wird. Ein markantes Beispiel[106] hierfür ist das „Oldenburger Baby", das nach einer wegen eines Down Syndroms in der 25. SSW vorgenommenen Spätabtreibung mit einem Geburtsgewicht von 690 g lebte, aber in eine Decke gewickelt nur beobachtet, nicht jedoch versorgt wurde. Das Strafverfahren, das den Vorwurf der Körperverletzung „mittels einer das Leben gefährdenden Behandlung" (§ 224 Abs 1 Nr 5 StGB) zum Gegenstand hatte (auch versuchte/vollendete Tötung wären je nach Sachlage zu prüfen), endete nach fast 7jähriger Dauer mit einem Strafbefehl in Höhe von 90 Tagessätzen[107] – ein wichtiges Urteil und eine glimpfliche Strafe. *Tröndle* betont deshalb zu Recht, „dass ein nicht zum Leben bestimmtes frühgeborenes Kind, das seine Abtreibung überlebt hat, sich in seiner Schutzwürdigkeit von anderen Menschen in keiner Weise unterscheidet".[108]

40

Diesen zutreffenden Standpunkt hat auch die Bundesregierung in ihrer Antwort auf eine kleine Anfrage vom 29. 7. 1996 eingenommen,[109] wo es wörtlich heißt:

41

„Der Arzt ist grundsätzlich verpflichtet, das zur Erhaltung des Lebens Erforderliche zu tun. Dies gilt auch für den Arzt, dessen auf einen Schwangerschaftsabbruch zielende Maßnahme zur Lebendgeburt des Kindes führte. Bei einer Lebensgeburt muss das Kind nach dem geltenden medizinischen Standard versorgt werden. Der Umstand, dass eine medizinische Indikation für den Schwangerschaftsabbruch im Spätstadium der Schwangerschaft gegeben war, vermag es keinesfalls zu rechtfertigen, auf lebenserhaltende Maßnahmen für das Kind zu verzichten. Verletzt der Arzt seine Verpflichtung, so kann er sich damit wegen eines Unterlassungsdelikts, im Einzelfall auch wegen eines vorsätzlichen Tötungsdelikts strafbar machen."[110]

Ob die Indikationsvoraussetzungen im Einzelfall gegeben sind, hat der Arzt **„nach ärztlicher Erkenntnis"** zu entscheiden, dh auf der Grundlage des (objektiven) gegenwärtigen Standes der (schul-)medizinischen oder sonst einschlägigen Wissenschaft.[111] Dabei

42

---

[104] *Tröndle/Fischer,* § 218a RdNr 21; s auch *Schönke/Schröder/Eser,* § 218a RdNr 43 mwN; *Hennies,* ArztR 1998, 127 ff; *Schumann/Schmidt-Recla* MedR 1998, 497 ff.
[105] Siehe *Reichenbach* Jura 2000, 622 ff.
[106] Siehe Einstellungsverfügung der StA Oldenburg NStZ 99, 461.
[107] ZfL 04, 117 m Anm *Wiebe* S 118 ff; *Hanke,* Nachsorgender Schutz menschlichen Lebens, 2002; *Riedel/Vetter,* Abgrenzung von Schwangerschafts(spät)abbrüchen zu Totgeburten, Frauenarzt 2007, 747 ff.
[108] NStZ 1999, 463; ebenso *Gropp* GA 2000, 1 ff; *Foth* JR 04, 367 ff; *Lackner/Kühl,* § 218 RdNr 16; *Merkel*-NK, § 218 RdNr 107 mwN; zu den „späten" Schwangerschaftsabbrüchen s auch BGH MedR 02, 1190 = NJW 02, 2636; aus zivilrechtl Sicht *Heinemann/Ramsauer* JuS 03, 992 ff; aus ärztlicher Sicht *Weise* Frauenarzt 02, 1150; zum Stand der zivilrechtl Judikatur *Müller Gerda* NJW 03, 697 ff; BGH JZ 03, 152 ff mit Anm *Stürner* S 155 ff;. *Deutsch* ZRP 03, 332 ff.
[109] BT-Drucks 13/5364, 14.
[110] *Glöcker,* Ärztliche Handlungen bei extrem unreifen Frühgeborenen, 2007, RdNr 634.
[111] LK-*Jähnke* § 218a RdNr 49; *Schönke/Schröder/Eser* § 218a RdNr 36; SK-*Rudolphi* § 218a RdNr 36.

steht dem Arzt ein gewisser **Beurteilungsspielraum** zu, doch muss seine Entscheidung nach objektiven Grundsätzen „vertretbar" sein.[112] Insoweit unterliegt die Feststellung der jeweiligen Indikation durch den Arzt **richterlicher Überprüfung.** Zu weit geht daher einerseits die Auffassung, die Indikationsbeurteilung sei in den Kompetenzbereich des Arztes und nicht der Gerichte verwiesen, andererseits aber auch die Meinung, die Entscheidung des handelnden Arztes über das Vorliegen der Indikationsvoraussetzungen sei „voll nachprüfbar".[113] Richtig erscheint vielmehr die den Rechtsstaatlichkeitsgrundsatz wahrende vermittelnde Lösung, die das ungeborene Kind weder ausschließlich der ärztlichen noch allein der richterlichen Entscheidungsfreiheit überantwortet.[114] Denn wie sehr die Feststellung der Indikationsvoraussetzungen letztlich von weltanschaulichen, ethisch-moralischen, gesellschaftspolitischen und daher zutiefst subjektiv-individuell geprägten Grundeinstellungen der jeweils entscheidungsbefugten Ärzte und Richter abhängt, zeigt ein Blick in die Judikatur[115] und ärztliche Praxis überdeutlich, so dass nur eine **gerichtliche Kontrolle** der Entscheidung des **Arztes** auf ihre **Vertretbarkeit** sachlich gerechtfertigt ist. Der BGH[116] verdient daher Zustimmung, wenn er ausführt:

„Die Beurteilung der Indikation ‚nach ärztlicher Erkenntnis' hat objektive wie subjektive Bedeutung: Gekennzeichnet werden die Grundsätze, nach denen die Prüfung sich inhaltlich zu richten hat, gekennzeichnet wird aber auch die Person, auf deren Erkenntnisse es maßgeblich ankommt. ...

Wesentlich ist die Frage, wie weit der Beurteilungsspielraum des Arztes reicht. Bejaht der Arzt eine Indikation und bricht er die Schwangerschaft ab, ohne die der Bedeutung des Eingriffs angemessenen, ihm möglichen und nach ärztlichem Standesrecht gebotenen Wege der Aufklärung genutzt zu haben, so handelt er nicht ‚nach ärztlicher Erkenntnis'."

Ausdrücklich betont der BGH, die vom Arzt aufgrund richtiger Sachverhaltsfeststellung getroffene Entscheidung könne „nach – objektiv verstandener – ärztlicher Erkenntnis eine offenbar unzureichende Grundlage haben, also unvertretbar sein", doch sei insoweit „Zurückhaltung geboten", da „Gesetz, Rechtswissenschaft und ärztliche Wissenschaft nur unzulängliches Rüstzeug zur Verfügung" stellten.[117]

43 Zur Erläuterung der einzelnen Indikationen ist auf die umfangreichen Ausführungen der einschlägigen strafrechtlichen Kommentare und Lehrbücher zu verweisen. Die mit Abstand größte Bedeutung in der Praxis hat die medizinisch-soziale Indikation, deren Bejahung der Gesetzgeber an folgende Voraussetzungen geknüpft hat:

– Lebensgefahr (zB Gebärmutterkrebs, aber auch durch die Schwangerschaft hervorgerufene Depressionen mit Suizidgefahr; eine psychotische Störung mit Krankheitswert ist nicht erforderlich),[118]
– Gesundheitsgefahr (körperliche und seelische Leiden, nicht notwendigerweise Krankheiten im engen medizinischen Sinne),[119]

---

[112] BGHZ 95, 199 (206); BGH NJW 1992, 763, 766, 767; *Schönke/Schröder/Eser* § 218a RdNr 36.
[113] Siehe dazu SK-*Rudolphi* § 218a RdNr 25a; *Lackner/Kühl* § 218a RdNr 10; *Kluth* NJW 1986, 2348; BayObLG NStZ 1990, 389 ff mit zusti Anm von *Beckmann* MedR 1990, 301 ff.
[114] Zu weitgehend daher OLG Düsseldorf NJW 1987, 2306, 2307, das der ärztlichen Beurteilung ein „weites Ermessen" einräumt, „in das nicht eingegriffen werden soll, auch nicht durch den Richter".
[115] Vgl OLG Düsseldorf NJW 1987, 2306 f; AG Celle NJW 1987, 2307 ff.
[116] NJW 1992, 763, 767.
[117] BGH NJW 1992, 763, 767; s zum Begriff der „ärztlichen Erkenntnis" auch *Eser*, FS Baumann 1992, 155 mit umfangreichen Nachweisen und einer Kritik des BayObLG v 26. 4. 1990, NJW 1990, 2328 = NStZ 1990, 389 = JR 1990, 338 m Anm *Otto*; s auch *Beckmann* MedR 1990, 301; *Ulsenheimer* Gynäkologe, 1992,352; *Lackner* NStZ 1992, 328; *Kluth* JZ 1992, 533; *Jähnke* in: *Ebert* (Hrsg), Aktuelle Probleme der Strafrechtspflege, 1991, 187 f; *Fischer* § 218a RdNr 19; SK-*Rudolphi* § 218a RdNr 39.
[118] KG Arztrecht 09, 76.
[119] SK-*Rudolphi* § 218a RdNr 27; *Schönke/Schröder/Eser* § 218a RdNr 29.

- die zu befürchende Beeinträchtigung des Gesundheitszustands muss schwerwiegend sein (Einschränkungen im Lebensstandard, psychische Umstellungen oder kurzfristige Behinderungen bleiben daher außer Betracht),
- die Lebens- bzw Gesundheitsgefahr muss konkret, nicht notwendig gegenwärtig sein (kann zB während der Schwangerschaft, bei oder nach der Geburt, etwa im Falle einer Mehrlingsschwangerschaft oder infolge nachgeburtlicher Überforderung der Schwangeren eintreten),
- Berücksichtigung der konkreten gegenwärtigen und zukünftigen wirtschaftlichen, sozialen und familiären Situation der Schwangeren (zB Gefahr der psychischen Dauerüberlastung oder physischen Überforderung),
- die Abtötung der Leibesfrucht muss ultima ratio zur Gefahrenabwehr sein (zu verneinen also bei möglicher medikamentöser Behandlung der Depressionen der Schwangeren),
- Unabwendbarkeit der Lebens- oder Gesundheitsgefahr „auf andere zumutbare Weise" (unzumutbar zB die Einweisung in eine Heilanstalt, strittig dagegen unter dem Aspekt der Zumutbarkeit die Frage der Freigabe des Kindes zur Adoption und der dauernden Heimunterbringung).

Das Kriterium der Unzumutbarkeit ist hier deshalb von besonderer Bedeutung, weil sich „gerade in der Frühphase der Schwangerschaft" vielfach werdende Mütter in solch schweren, unter Umständen auch lebensbedrohlichen Konfliktsituationen befinden, „dass jedenfalls die staatliche Rechtsordnung – ungeachtet etwa weitergehender moralischer oder religiös begründeter Pflichtauffassung – nicht verlangen kann, die Frau müsse hier dem Lebensrecht des Ungeborenen unter allen Umständen den Vorrang geben".[120]

Die **kriminologische** Indikation, die vor allem wegen der Gefahr des Missbrauchs **44** lange Zeit umstritten war, setzt eine „rechtswidrige Tat" im Sinne der §§ 176–179 StGB (sexueller Missbrauch von Kindern, Vergewaltigung, sexuelle Nötigung, sexueller Missbrauch Widerstandsunfähiger) voraus. Eine schuldhafte Tat wird ebensowenig verlangt wie die Verfolgung des Delikts seitens der Staatsanwaltschaft. Außerdem müssen „dringende Gründe für die Annahme sprechen, dass die Schwangerschaft auf der Tat beruht". Dies nachzuprüfen, ist für den Arzt allerdings schwierig, da er kein Einsichtsrecht in etwaige Ermittlungsakten hat und „auch keine sonstige Prüfungsinstanz vorgesehen ist", so dass es letztlich dem „Beurteilungsvermögen des Arztes überlassen bleibt, inwieweit er dem Vorbringen der Schwangeren glaubt".[121] Allerdings muss der Arzt auch hier „nach ärztlicher Erkenntnis" handeln, also zB aus Alter, Tatzeit, Zeugungsfähigkeit, Periode ua Rückschlüsse auf die Schwängerung und die Umstände der Tat ziehen. Die praktische Bedeutung der kriminologischen Indikation ist äußerst gering; für 1998 wurde vom Statistischen Bundesamt, das aufgrund der Meldepflicht gemäß §§ 15 ff SchKG die nach § 218 a Abs 3 StGB durchgeführten Schwangerschaftsabbrüche erfasst, nicht ein einziger Fall angeführt,[122] für 2006 waren es 28.

Im Falle des § 218 a Abs 1 StGB muss der Arzt den Eingriff **subjektiv** in Kenntnis des **45** Verlangens der Schwangeren und ihrer fristgerechten Beratung vornehmen. In den Fällen des § 218 a Abs 2 und 3 StGB handelt es sich um Rechtfertigungsgründe, so dass als notwendiges **subjektives** Rechtfertigungselement der **Rettungswille** bei der Durchführung des Schwangerschaftsabbruchs vorliegen muss. Daran fehlt es in der Regel, wenn der Arzt die Frau nicht einmal körperlich untersucht und damit die Indikationsvoraussetzungen gar nicht prüft.[123]

---

[120] BVerfGE 39, 1, 50; 88, 256 f; s auch LG Köln GesR 09, 43, 45.
[121] *Schönke/Schröder/Eser* § 218 a RdNr 49.
[122] *Schönke/Schröder/Eser,* vor § 218 RdNr 46.
[123] Vgl BGH JZ 1977, 139 mit kriti Anm *Schroeder; Schönke/Schröder/Eser* § 218 a RdNr 63.

46 **e) Irrtumsfragen.** Geht der Arzt irrig davon aus, für die Schwangere bestehe Lebensgefahr bzw die Schwangerschaft beruhe auf einer Vergewaltigung, so ist dieser Irrtum ebenso wie die irrige Annahme anderer tatsächlicher Voraussetzungen des § 218 aStGB wie ein **Tatbestandsirrtum** nach § 16 Abs 1 StGB zu behandeln, dh: der Arzt ist wegen des Schwangerschaftsabbruchs und der Körperverletzung (im Falle vorliegender Einwilligung) straflos.[124] Dies gilt auch dann, wenn der Arzt die bestehende Indikationslage nicht „gewissenhaft" geprüft hat, da die „gewissenhafte Prüfung" keine zusätzliche Rechtfertigungsvoraussetzung ist.[125] Ein Tatbestandsirrtum liegt ferner vor, wenn der Arzt die Schwere der Gesundheitsgefahr, den Stand der ärztlichen Wissenschaft oder die zur Verfügung stehenden Behandlungsmöglichkeiten aus tatsächlichen Gründen verkennt.

47 Demgegenüber ist ein **Verbotsirrtum** nach § 17 StGB anzunehmen, wenn der Arzt irrig glaubt, „ohne Rücksicht auf ärztliche Erkenntnis nach eigenem Ermessen handeln zu dürfen" oder wenn er „über die Reichweite oder Bedeutung der einzelnen in § 218 a StGB aufgeführten Rechtfertigungsvoraussetzungen" irrt.[126] Zur Annahme eines Verbotsirrtums führt auch die Verkennung von Verfahrensvorschriften oder der eigenen Prüfungsberechtigung bei Vorlage einer Bescheinigung nach § 219 Abs 2 StGB, desgleichen die irrige Vorstellung, die „besondere Bedrängnis" der Schwangeren im Sinne des § 218 a Abs 4 S 2 StGB rechtfertige sein Tun.[127] Zur Frage der Vermeidbarkeit des Verbotsirrtums siehe LK-*Jähnke* § 218 a RdNr 34 und BayObLG NStZ 1990, 389, 392.

48 **f) Rechtsfolgen für die Beteiligten.** Unter den in § 218 a Abs 1 genannten Voraussetzungen entfällt für alle Beteiligten der **Tatbestand** des § 218 StGB, unter den in § 218 a Abs 2 und 3 StGB genannten Voraussetzungen für alle Beteiligten die **Rechtswidrigkeit** des Schwangerschaftsabbruchs, so dass für den Arzt lediglich eine Strafbarkeit wegen Verstoßes gegen die ergänzenden Schutz- und Kontrollpflichten der §§ 218 b Abs 1, 218 c Abs 1 Nr 1–3 StGB in Betracht kommt (siehe auch oben RdNr 28). Für die Schwangere – nicht für den Arzt – gilt darüber hinaus in den Fällen, in denen die Indikationsvoraussetzungen nach §§ 218 a Abs 2 und 3 StGB nicht vorliegen, der persönliche Strafausschließungsgrund des § 218 a Abs 4 Satz 1 StGB. Da die Schwangere lediglich „nicht nach § 218 strafbar ist, wenn der Schwangerschaftsabbruch nach Beratung (§ 219) von einem Arzt vorgenommen ist und seit der Empfängnis nicht mehr als 22 Wochen verstrichen sind", bleibt die Vornahme des Abbruchs **rechtswidrig,** so dass andere Tatbeteiligte (zB der Arzt) strafbar sind und die Schwangere selbst sich wegen anderer, mit dem Abbruch in Zusammenhang stehender Delikte (zB Nötigung, Erpressung) strafbar machen kann.

Sind die besonderen Privilegierungsvoraussetzungen des § 218 a Abs 4 S 1 StGB nicht erfüllt, kann das Gericht für die Schwangere von Strafe absehen (§ 218 a Abs 4 S 2 StGB), wenn sie sich zurzeit des Schwangerschaftsabbruchs in „besonderer Bedrängnis" befunden hat. Darunter ist eine die normalen Schwangerschaftsbelastungen deutlich übersteigende psychische Zwangslage oder Notsituation zu verstehen.[128] Eine zeitliche Begrenzung und eine Beratungspflicht gibt es nicht. Die Vorschrift wirkt sich praktisch vor allem bei versäumter Beratung und Eingriffen von Nichtärzten aus.[129]

---

[124] LK-*Jähnke* § 218 a RdNr 30.
[125] *Schönke/Schröder/Eser* § 218 a RdNr 61; LK-*Jähnke* § 218 a RdNr 26; aA BayObLG MDR 1978, 951, das bei nicht sorgfältiger Prüfung ebenso wie die frühere Judikatur einen reinen Verbotsirrtum nach § 17 StGB annimmt.
[126] LK-*Jähnke* § 218 a RdNr 31, 33.
[127] *Roxin* JA 1981, 542, 544.
[128] Vgl *Fischer* § 218 a RdNr 39 mwN
[129] *Geilen,* FA Medizinrecht, Kap 4 B RdNr 627.

g) **Die Krankenhauspflicht.** Wie schon bisher nach Art 3 des 5. StRG, so bestimmt 49 auch § 13 SchKG,[130] dass Schwangerschaftsabbrüche nur in einem Krankenhaus oder in einer dafür zugelassenen Einrichtung vorgenommen werden dürfen, „in der auch die notwendige Nachbehandlung gewährleistet ist". Hintergrund dieser Bestimmung ist die Sorge um die sachgemäße Durchführung des Schwangerschaftsabbruchs. Mit der Bindung an Krankenhäuser und ähnliche Einrichtungen soll die Kompetenz der tätigen Ärzte, die personelle und apparative Ausstattung der Räumlichkeiten und damit insgesamt der fachgynäkologische Standard gewährleistet werden. Der Eingriff selbst kann, wie sich aus § 13 Abs 2 SchKG ergibt, sowohl stationär als auch ambulant – je nach ärztlich zu beurteilender Sachlage – erfolgen. Verstöße gegen § 13 SchKG stellen für den Arzt und sein Hilfspersonal, nicht dagegen für die Schwangere, eine mit Bußgeld bewehrte Ordnungswidrigkeit dar (§ 15 SchKG), die allerdings in Notsituationen (zB Notwendigkeit eines dringenden Eingriffs infolge Lebensgefahr für die Schwangere) durch § 34 StGB, § 16 OWiG gerechtfertigt sein kann.

Gemäß § 13 Abs 2 SchKG sind die Länder verpflichtet, „ein ausreichendes Angebot 50 ambulanter und stationärer Einrichtungen zur Vornahme von Schwangerschaftsabbrüchen" sicherzustellen. In diesem Zusammenhang sind von besonderer Bedeutung das bayerische Gesetz zur Schwangerenkonfliktberatung und zur Hilfe für Frauen bei Schwangerschaftsabbrüchen (Bayerisches Schwangerschaftshilfeergänzungsgesetz).[131] Letzteres macht ambulante Schwangerschaftsabbrucheinrichtungen von einem besonderen Zulassungsverfahren und ferner davon abhängig, dass die dort tätigen Ärzte „nur 25 % ihrer Einnahmen aus Schwangerschaftsabbrüchen erzielen dürfen sowie eine Ausbildung als Gynäkologe nachweisen müssen". Schwangerschaftsabbrüche außerhalb solcher gesondert zugelassener Einrichtungen sollten nach Landesrecht strafbar sein.

Das BVerfG hat in seiner Entscheidung vom 27. 10. 1998[132] zu diesem bayerischen Sonder- 51 weg den Facharztvorbehalt (die abbrechenden Ärzte müssen Fachärzte auf dem Gebiet der Frauenheilkunde und Geburtshilfe sein) und die Bindung des Schwangerschaftsabbruchs an eine staatliche Erlaubnis, die nur bei Vorliegen bestimmter Voraussetzungen erteilt wird, für **verfassungskonform** erklärt, allerdings eine Übergangsregelung zugunsten von Ärzten mit langjähriger einschlägiger Erfahrung gefordert. Die „quotierte Einnahmebeschränkung" (die Einnahmen aus Abbrüchen dürfen ein Viertel der Gesamteinnahmen aus ärztlicher Tätigkeit nicht übersteigen), die Strafbewehrung von Verstößen gegen die Erlaubnispflicht (Art 9) und die Verpflichtung, den Abbruch nicht ohne Darlegung der Gründe seitens der Frau vorzunehmen, wurden dagegen teils mangels Regelungskompetenz, teils wegen Verletzung des Art 12 Abs 1 GG als **verfassungswidrig** angesehen.[133]

Ausdrücklich hebt das BVerfG hervor,[134] die „Gesprächs- und Mitwirkungsbereit- 52 schaft" der Schwangeren dürfte „nicht erzwungen werden". Die für das Beratungskonzept „grundlegende Strafnorm des § 218 c Abs 1 Nr 1 StGB" markiere „zugleich die Grenze, bis zu der durch eine gesetzliche Regelung das Berufsrecht verhaltenssteuernd in das Verhältnis zwischen Arzt und Patientin eingreifen darf"; sie entfalte „insoweit Sperrwirkung für den Landesgesetzgeber".[135]

10. Weigerungsrecht des Arztes und des ärztlichen Hilfspersonals. Gemäß § 12 53 Abs 1 SchKG ist niemand verpflichtet, an einem Schwangerschaftsabbruch mitzuwirken.

---

[130] Gesetz zur Vermeidung und Bewältigung von Schwangerschaftskonflikten (Schwangerschaftskonfliktgesetz – SchKG), BGBl 1995 I, 1050.
[131] BayGVBl 1996, 328.
[132] BVerfGE 98, 265 = NJW 1999, 841 mit Anm *Büchner* NJW 1999, 833 = MedR 1999, 119.
[133] Siehe auch die Beschlüsse des BVerfG v 24. 6. 1997 – NJW 1997, 2443 sowie v 9. 12. 1997 und 5. 6. 1998; dazu die Ausführungen von *Schlund*, ArztR 1997, 235 ff; zu BVerfGE 98, 265 siehe die Anm von *Hillgruber*, ZfL 2000, 46 ff.
[134] NJW 1999, 848 ff.
[135] BVerfG NJW 1999, 848, 849.

Daher besteht **kein Anspruch** auf Abbruch der Schwangerschaft gegenüber einem bestimmten Arzt oder Krankenhaus. § 24 b SGB V gewährt nur einen Anspruch auf Kostenerstattung. Lediglich bei nicht anders abwendbarer, akuter **Lebens- oder schwerer Gesundheitsgefahr** ist nach § 12 Abs 2 SchKG bei Fehlen einer Ersatzmöglichkeit eine **Mitwirkungspflicht** statuiert,[136] deren Verletzung nach §§ 211 ff, 223 ff bzw 323 c StGB strafbar ist. Die Gefahrenlage in § 218 a Abs 2 StGB ist mit der des § 12 Abs 2 SchKG nicht identisch, letztere ist vielmehr enger, die Gefahr muss von besonderer Dringlichkeit sein. Das Weigerungsrecht nach § 12 Abs 1 SchKG begrenzt somit etwaige Hilfspflichten,[137] lässt aber unberührt die Pflicht zur Untersuchung der Frau, um die Lebens- oder schwere Gesundheitsgefahr zu klären, und die Nachbehandlung.[138] In zeitlicher Hinsicht gilt das Weigerungsrecht also nicht für ärztliche Maßnahmen **vor** der Entscheidung der Schwangeren zum Abbruch (Schwangerschaftstest, pränatale Diagnostik) und ebensowenig für **danach** erforderliche Betreuungs- und Pflegetätigkeit. Da das Weigerungsrecht für jeden an einem Schwangerschaftsabbruch kraft seiner Stellung und Funktion Beteiligten gilt, dürfen nicht nur Ärzte, sondern auch das ärztliche Hilfspersonal (zB Anästhesie- und Operationsschwestern) sowie die Krankenhausverwalter bzw -direktoren ihre Mitwirkung ablehnen,[139] nicht dagegen sonstige Krankenhausangestellte, zB der Elektrotechniker oder nur mit der finanziellen Abwicklung betraute Mitarbeiter der Sozial- oder privaten Krankenversicherung. Je später der Schwangerschaftsabbruch vorgenommen wird, umso aufwändiger sind die medizinisch erforderlichen Maßnahmen, umso größer der beteiligte Personenkreis und damit die personell-organisatorischen Probleme. Ob öffentlich-rechtliche Krankenhausträger sich auf Art 2 5. StrRG bei der Gestaltung ihres Leistungsangebots berufen können, ist im Gegensatz zu privaten Krankenanstalten strittig.[140]

54 Die Weigerung muss nicht auf Gewissensgründen beruhen, sondern gilt unabhängig von Motiv und Begründung, die im Übrigen ganz entfallen kann.[141] Sie kann jederzeit und formlos, generell oder einzelfallbezogen ausgeübt werden. Weder aus dem Arztvertrag noch aus der Teilnahme an der vertragsärztlichen Versorgung folgt für freipraktizierende Privat- und Vertragsärzte eine Pflicht, bei rechtmäßigen Schwangerschaftsabbrüchen mitzuwirken. Denn die Ausübung des Weigerungsrechts ist vertraglich **nicht abdingbar**.[142] Während die Einbeziehung nicht medizinisch indizierter Schwangerschaftsabbrüche in die Dienstaufgaben von Krankenhausärzten durch den Krankenhausträger gegen § 12 Abs 1 SchKG verstößt und damit unwirksam ist, darf der Neuabschluss von Arbeitsverträgen **privater** Krankenhausträger (anders bei öffentlich-rechtlicher Trägerschaft) von der Bereitschaft des Arztes zur Mitwirkung an Schwangerschaftsabbrüchen abhängig gemacht werden.[143]

55 Nach den §§ 15–18 SchKG ist jeder Arzt, der unter Berufung auf § 218 a StGB einen Schwangerschaftsabbruch vornimmt, vierteljährlich zum Monatsende verpflichtet, dem Statistischen Bundesamt die im Einzelnen vorgeschriebenen Angaben zu machen. Verletzungen dieser **Meldepflicht** stellen nach § 23 des Gesetzes über die Statistik für Bundeszwecke vom 3. 9. 1953 eine **Ordnungswidrigkeit** dar.

---

[136] Weitergehend BVerfGE 88, 294: bei jeder medizinischen Indikation; die Regelung des § 218 a Abs 2 StGB geht über den materiellen Gehalt des § 12 Abs 2 SchKG bzw der medizinischen Indikation hinaus und stellt eine abschließende Sonderregelung dar, s RdNr 37.
[137] *Hirsch/Weissauer* (Fn 90) S 75, 76.
[138] LK-*Jähnke* § 218 a RdNr 84; *Hirsch/Weissauer* (Fn 90), S 73.
[139] *Laufhütte-Wilkitzki* JZ 1976, 337; *Schönke/Schröder/Eser* § 218 a RdNr 84; SK-*Rudolphi* § 218 a RdNr 49.
[140] LK-*Jähnke* § 218 a RdNr 86.
[141] *Maier* NJW 1974, 1404, 1406; LK-*Jähnke* § 218 a RdNr 85.
[142] BVerfGE 88, 294.
[143] *Rieger* Lexikon RdNr 1605, 1607; s auch BVerfG 88, 294; BVerwG NJW 1992, 773; *Gitter* in *Eser/Hirsch* S 198 ff.

11. Schwangerschaftsabbruch ohne ärztliche Feststellung. § 218b Abs 1 S 1 **56** StGB stellt zur Sicherung und Kontrolle der objektiven Prüfung der Indikationsvoraussetzungen den Schwangerschaftsabbruch für den Arzt unter Strafe, wenn ihm nicht die schriftliche Feststellung eines **anderen Arztes** (nicht notwendigerweise eines Gynäkologen) darüber vorliegt, dass die Voraussetzungen des § 218a Abs 2, 3 StGB gegeben sind. Kenntnisnahme ist nicht zwingend erforderlich,[144] Vorsatz (bedingter genügt) bezüglich des Nichtvorliegens der Bescheinigung dagegen notwendig. Da das Gesetz dem abbrechenden Arzt nur eine **Entscheidungshilfe** zukommen lassen will, ist das Ergebnis der Untersuchungen des Indikationsarztes für ihn weder bei Bejahung noch bei Verneinung der Indikationslage bindend. Die Strafbarkeit des Arztes, der die Schwangerschaft abbricht, scheidet daher nicht erst dann aus, wenn die Indikationslage durch ein schriftliches Dokument bejaht wurde, vielmehr ist die **materielle** Rechtfertigungslage maßgebend:[145] **Täter** des § 218b Abs 1 S 1 kann nur der **abbrechende** Arzt sein. Erkennt er, dass die negative Indikationsfeststellung falsch ist, handelt er nach 218a Abs 2 und 3 StGB nicht rechtswidrig. Auf der anderen Seite ist er nach § 218b StGB strafbar, wenn ihm die Unrichtigkeit einer positiven Indikationsfeststellung bewusst ist.[146]

Aus der Subsidiaritätsklausel des § 218b Abs 1 **S 2** StGB folgt, dass die Indikationsfest- **57** stellung vom Gericht nachgeprüft werden kann: der Arzt, der wider besseres Wissen eine falsche Feststellung nach § 218b StGB trifft, erfüllt den Straftatbestand des § 218b Abs 1 S 2 StGB. Kommt es aufgrund des unrichtigen Attestes zu einem versuchten oder vollendeten Schwangerschaftsabbruch, tritt § 218b Abs 1 S 2 StGB als **subsidiäres** Delikt zurück, da der Arzt wegen Teilnahme nach § 218 Abs 1 bzw §§ 218 Abs 1, Abs 4, 22, 27 StGB strafbar ist.

§ 218b Abs 1 **S 2** StGB ist ein **Sonderdelikt,** das täterschaftlich nur von einem **Arzt** **58** begehbar ist. Sein Handeln „wider besseres Wissen" setzt Kenntnis der inhaltlichen Unrichtigkeit der Feststellung voraus, während bezüglich der Vorlage an den abbrechenden Arzt bedingter Vorsatz genügt.[147] Trifft der Arzt seine Feststellung ohne Prüfung des Falles „einfach ins Blaue hinein" oder ohne medizinische Untersuchung der Schwangeren bzw ohne die ihm verfügbaren Erkenntnismöglichkeiten auszuschöpfen, hat er zwar kein positives Wissen von der Unrichtigkeit der Feststellung, doch ist sein Vorgehen subjektiv als „wider besseres Wissen" zu qualifizieren.[148] Die Tat ist **vollendet,** auch wenn es nicht zur Vorlage der schriftlichen Feststellung an den den Eingriff vornehmenden Arzt kommt, der dahingehende Wille genügt.

§ 218b **Abs 2** StGB enthält eine Reihe von Gründen, die dem Arzt verbieten, die **59** nach § 218b Abs 2 oder 3 StGB erforderlichen Feststellungen zu treffen. Hierüber hat eine nach Landesrecht zuständige Stelle (eventuell die Bezirksregierung oder ein Berufsgericht) zu befinden. Wurde gegen den Arzt ein Berufsverbot nach § 70 StGB verhängt, ein vorläufiges Berufsverbot nach § 132a StPO oder der Approbationsentzug (§§ 5 Abs 2, 3 Abs 1 S 1 Nr 3 BÄO) ausgesprochen, hat § 218b Abs 2 StGB keine praktische Bedeutung.[149] Dessen Wirkung ist somit auf das Verbot beschränkt, Indikationsfeststellungen nach § 218b Abs 1 StGB zu treffen.

12. Ärztliche Pflichtverletzungen bei einem Schwangerschaftsabbruch. § 218c **60** StGB ist ein echtes **Sonderdelikt,** das nur den **abbrechenden** Arzt als Täter betrifft. Tatbestandlich setzt § 218c StGB einen vollendeten Schwangerschaftsabbruch voraus, der entweder unter § 218a Abs 1 StGB fällt, also tatbestandslos oder aber nach § 218a Abs 2, Abs 3 StGB nicht rechtwidrig ist. Die vier Tatbestandsalternativen erfassen den Arzt, der

---
[144] AA *Lackner/Kühl*, § 218b RdNr 3; wie hier *Schönke/Schröder/Eser*, § 218b RdNr 13.
[145] *Schönke/Schröder/Eser* § 218b RdNr 1; *Fischer* § 218b RdNr 4.
[146] *Schönke/Schröder/Eser* § 218b RdNr 15, 16; *Fischer* § 218b RdNr 4.
[147] *Schönke/Schröder/Eser* § 218b RdNr 29; *Fischer* § 219b RdNr 9.
[148] *Fischer* § 218b RdNr 9; *Schönke/Schröder/Eser* § 218b RdNr 29.
[149] *Fischer*, § 218b RdNr 14.

– der Frau keine Gelegenheit gegeben hat, ihm die Gründe für ihr Verlangen nach Abbruch der Schwangerschaft darzulegen.
– die Schwangere über die Bedeutung des Eingriffs, insbesondere über Ablauf, Folgen, Risiken, mögliche physische und psychische Auswirkungen nicht beraten hat,
– in den Fällen des § 218a Abs 1 und 3 StGB sich nicht zuvor aufgrund ärztlicher Untersuchung von der Dauer der Schwangerschaft überzeugt hat,
– die Schwangerschaft abbricht, obwohl er die Frau in einem Fall des § 218a Abs 1 nach § 219 StGB beraten hat (Verbot der Doppelrolle als beratender und abbrechender Arzt).

§ 218c Abs 1 Nr 1 StGB ist „die für das Schutzkonzept grundlegende Strafnorm".[150] Aus ihrem Wortlaut und ihrer Entstehungsgeschichte ergibt sich, „dass die Verpflichtung des Arztes, der Frau im Gespräch Gelegenheit zur Darlegung ihrer Gründe zu geben, inhaltlich dem entsprechen soll, was in § 5 Abs 2 SchwKG ausführlicher normiert ist".[151] Der Gesetzestext fordert allerdings nur die Gesprächsgelegeneit, nicht die Beratung!

Die Übernahme der Doppelfunktion als beratender und abbrechender Arzt wird lediglich nach § 218c Abs 1 Nr 4 StGB bestraft, wenn der Abbruch innerhalb der Frist von 12 Wochen seit der Empfängnis vorgenommen wurde, da insoweit die Voraussetzungen des § 218a Abs 1 StGB erfüllt sind, der Schwangerschaftsabbruch selbst also straflos bleibt. Nach Ablauf dieser Frist macht sich der Arzt, der sowohl berät als auch die Schwangerschaft abbricht, nach § 218 StGB strafbar.

61 **13. Beratung der Schwangeren in einer Not- und Konfliktlage.** § 219 StGB ist die zentrale Vorschrift der vom Gesetzgeber verwirklichten Beratungskonzeption, die der Schwangeren im Interesse des Schutzes des ungeborenen Lebens eine verantwortliche und gewissenhafte Entscheidung einerseits abverlangt, andererseits aber auch ermöglichen soll. § 219 StGB hat im wesentlichen programmatischen Charakter, ist aber im Übrigen inhaltsleer und ohne eigene Strafbewehrung. Worüber in dem Beratungsgespräch zwischen dem Berater und der Schwangeren, die auch minderjährig sein kann, zu sprechen ist, vor allem wenn diese sich völlig passiv verhält,[152] ist unklar und wird auch nicht durch den Verweis auf das Schwangerschaftskonfliktgesetz (§ 219 Abs 1 S 4 StGB) konkretisiert. Denn § 5 Abs 1 SchKG verlangt eine „ergebnisoffene Beratung", die „ermutigen und Verständnis wecken, nicht belehren oder bevormunden soll" – eine Regelung „von etwas zweifelhaftem Gehalt".[153] Aufgrund der verfassungsgerichtlichen Vorgaben muss es allerdings das Ziel dieses Beratungsgesprächs sein, den Lebensschutz des Kindes zu fördern.[154] Insofern überzeugen die Ausführungen von *Jakobs*,[155] Beratung und Bescheinigung derselben seien Beihilfe zum Schwangerschaftsabbruch, aus subjektiven Gründen nicht. Ansonsten aber liegt die Gesprächsführung im pflichtgemäßen Ermessen des Arztes, der die Erteilung der Beratungsbescheinigung nicht verweigern und auch nicht so verzögern darf, dass die 12-Wochen-Frist des § 218a StGB nicht mehr eingehalten werden kann (vgl §§ 6 Abs 1, 7 Abs 2 und 3 SchKG).

---

[150] BVerfG NJW 1999, 841, 849.
[151] BVerfG aaO 848.
[152] Siehe *Eser* JZ 1994, 509; *Lackner/Kühl*, § 219 RdNr 4.
[153] *Fischer*, § 219 RdNr 3.
[154] *Fischer* § 219 RdNr 3; dagegen spricht *Eser* von einem „uU nicht einfachen Balanceakt", zu dem die Einhaltung der beiden Vorgaben: „zielorientiert, aber ergebnisoffen" führt, vgl *Schönke/Schröder/Eser* § 219 RdNr 4; *Lackner/Kühl* (§ 219 RdNr 3) sehen in der Forderung des BVerfG keinen Widerspruch und meinen, wer vom Vorrang des Lebensrechts überzeugt sei, werde „bei der Beratung idR den richtigen Weg finden". Dennoch ist „Skepsis angebracht" (so mit Recht *Geilen* FA Medizinrecht, Kap 4 B RdNr 628) und die Position des Arztes in diesem Dilemma „sehr unbefriedigend" (*Lackner/Kühl*, vor § 218 RdNr 14).
[155] Lebensschutz durch Pflichtberatung? in: Schriftenreihe der Juristen-Vereinigung Lebensrecht eV zu Köln, Nr 17, 2000, S 17 ff; krit auch *Lesch* ZfL 2001, 2 ff.

23. Kapitel. Der Arzt im Strafrecht § 144

14. Verbotene Werbung. Werbung für den Schwangerschaftsabbruch, dh dessen 62
Kommerzialisierung und Propagierung steht gem **§ 219a Abs 1 StGB** unter Strafe. Ausgenommen davon ist lediglich die Mitteilung von Ärzten und Kliniken an andere Ärzte und Beratungsstellen, gegen Entgelt Schwangerschaftsabbrüche durchzuführen (§ 219a Abs 2 StGB), oder wenn im Fall des Abs 1 Nr 2 die Tat gegenüber Ärzten, zum Handel mit den genannten Gegenständen Befugten bzw durch Veröffentlichung in den einschlägigen Fachblättern begangen wird (§ 219a Abs 3 StGB). Bei den verschiedenen in § 219a Abs 1 StGB genannten Tatbestandsalternativen handelt es sich um **abstrakte Gefährdungsdelikte,** die den werbenden Hinweis auf konkrete Möglichkeiten zum Schwangerschaftsabbruch pönalisieren, während Aufklärung und Information über Abbruchmethoden oder die Wirkungsweise bzw das Vorhandensein bestimmter Mittel (zB Hormone in bestimmter Dosis) tatbestandlich nicht erfasst wird. Subjektiv ist Vorsatz und Bereicherungsabsicht in der ersten Alternative oder sonst – bei Handeln „in grob anstößiger Weise" – nur Vorsatz erforderlich. Im Interesse des Schutzes des ungeborenen Lebens wird dies bei Angeboten im Internet, Schwangerschaftsabbrüche gegen das übliche Honorar vorzunehmen, bejaht.[156]

Die Strafvorschrift des **§ 219b StGB** stellt das Inverkehrbringen[157] von Mitteln unter 63
Strafe, die zum Schwangerschaftsabbruch geeignet, dh also nicht unbedingt spezifisch dazu tauglich sind. „Inverkehrbringen" bedeutet danach mehr als nur das bloße „Überlassen" im Sinne der Verschaffung einer Zugriffmöglichkeit für eine bestimmte andere Person, sondern ein Abgeben der Mittel oder Gegenstände an **irgendeinen** anderen und damit für den Publikumsverkehr, wobei empfängnisverhütende und nidationshindernde Mittel vom Tatbestand des § 219b Abs 1 StGB nicht erfasst werden.

Der **subjektive** Tatbestand des § 219b Abs 1 StGB erfordert, dass der Täter vorsätzlich 64
und in der Absicht handelt, rechtswidrige Abtreibungshandlungen zu fördern. Der Vorsatz des Täters muss sich auf die Eignung des Mittels (Gegenstandes) zum Schwangerschaftsabbruch, die Rechtswidrigkeit der Tat und das Inverkehrbringen beziehen, für die Förderungsabsicht genügt dolus directus.[158] Der nach Beratung innerhalb der Frist des § 218a Abs 1 StGB erfolgende Schwangerschaftsabbruch ist keine „rechtswidrige Tat" im Sinne des § 219b Abs 1 StGB.[159]

Auch § 219b Abs 1 StGB ist ein **abstraktes Gefährdungsdelikt,** das den illegalen 65
Schwangerschaftsabbruch verhindern will, aber in § 219b Abs 2 StGB die Teilnahme der Frau, die den Abbruch ihrer Schwangerschaft vorbereitet, für straffrei erklärt.

§ 144 Strafrechtliche Haftung des medizinischen Sachverständigen

Inhaltsübersicht

	RdNr
I. Strafbarkeit wegen Aussagedelikten (§§ 153, 154, 156, 163 StGB)	1
1. Die falsche Aussage als gemeinsames Tatbestandsmerkmal	2
a) Der Falschheitsbegriff	2
b) Der Begriff „Aussage"	3
2. Zuständige Stellen	5
3. Vorsatz und Fahrlässigkeit	6
4. Versuch und Vollendung	7
5. Konkurrenzfragen	8

---

[156] LG Bayreuth ZfL 07, 16 m Anm *Goldbeck* ZfL 07, 14 ff; zust *Fischer* § 219a RdNr 2. S auch *Halstrick* Frauenarzt 08, 886 f und unten § 154 RdNr 30.
[157] Zu diesem Begriff *Horn* NJW 1977, 2329.
[158] *Geilen,* FA Medizinrecht, Kap 4B RdNr 631; *Lackner/Kühl* § 219b RdNr 5.
[159] *Schönke/Schröder/Eser,* § 219b RdNr 7.

§ 144 1   § 144 Strafrechtliche Haftung des medizinischen Sachverständigen

    II. Sonstige in Betracht kommende Straftatbestände 10
       1. Strafvereitelung (§ 258 StGB) 11
       2. Betrug (§ 263 StGB) bzw Beihilfe zum Betrug (§ 27, 263 StGB) 12
       3. Falsche Verdächtigung (§ 164 StGB) 13
       4. Freiheitsberaubung (§ 239 StGB) 14
       5. Ausstellen unrichtiger Gesundheitszeugnisse (§ 278 StGB) 15
       6. Verletzung der Schweigepflicht (§ 203 Abs 1 StGB) 16
       7. Fahrlässige Tötung oder fahrlässige Körperverletzung (§§ 222, 229 StGB) . 17

Schrifttum: siehe bei *Schlund* vor § 116; *Arzt*, Falschaussage mit bedingtem Vorsatz, FS Jescheck, 1985, S 391; *Dedes*, Die Falschheit der Aussage, JR 1977, 441; *Ehlers/Günter/Höffler*, Praxis des medizinischen Gutachtens im Prozess, 2. Aufl 2000; *Gallas*, Zum Begriff der Falschheit der eidlichen und uneidlichen Aussage, GA 1957, 315; *Geppert*, Grundfragen der Aussagedelikte, Jura 2002, 173; *Hilgendorf*, Der Wahrheitsbegriff im Strafrecht am Beispiel der strafrechtlichen Aussagetheorien (§§ 153 ff StGB), GA 1993, 547; *Kargl*, Wahrheit und Wirklichkeit im Begriff der „falschen Aussage" (§§ 153 ff StGB), GA 2003, 791; *Kohlhaas*, Änderung des Sachverständigenbeweises im Strafverfahren, NJW 1962, 1329; *Kühne*, Die begrenzte Aussagepflicht des ärztlichen Sachverständigen vor Gericht nach §§ 53 I Nr 3 StPO, 203 I Nr 1 StGB, JZ 1981, 647 ff; *Jessnitzer/Frieling*, Der gerichtliche Sachverständige: Ein Handbuch für die Praxis, 10. Aufl 1992, S 284 ff; *Leibinger*, Zur Strafbarkeit der falschen Versicherung an Eides Statt, FS Rebmann, 1989, S 259 ff; *Otto*, Die Aussagedelikte, §§ 153–163 StGB, JuS 1984, 161 ff; *Paulus*, Die falsche Aussage als Zentralbegriff der §§ 153–163 StGB, Gedächtnisschrift Küchenhoff 1987, 435; *Schneider*, Über den Begriff der Aussage in §§ 153, 154 StGB, GA 1956, 337; *Stein*, Zum Begriff der Falschaussage, FS Rudolphi 2004, 553; *Steinke*, Probleme des Falscheids durch forensische Sachverständige, MDR 1984, 272; *Ulsenheimer*, Zur zivil- und strafrechtlichen Verantwortlichkeit des Sachverständigen, Chirurg BDC 2000, 299; *Vormbaum*, Eid, Meineid und Falschaussage. Reformdiskussion und Gesetzgebung seit 1870, 1990; *ders*, Reform der Aussagetatbestände (§§ 153–163 StGB), 1992; *Wolf*, Falsche Aussage, Eid und eidesgleiche Beteuerung, JuS 1991, 177.

I. Strafbarkeit wegen Aussagedelikten (§§ 153, 154, 156, 163 StGB)

1   Gemäß §§ 402 ZPO, 72 StPO, 118 SGG finden auf den Sachverständigen die „Zeugenvorschriften" entsprechende Anwendung. Dies bedeutet: der Sachverständige steht unter **Wahrheitspflicht** und kann bzw muss vereidigt werden (§§ 410 ZPO, 79 StPO, 118 SGG). Wenn er daher vor Gericht oder vor einer anderen zur eidlichen Vernehmung von Zeugen oder Sachverständigen zuständigen Stelle in seiner Funktion als Sachverständiger falsche Tatsachen oder Werturteile mitteilt bzw abgibt oder sein Gutachten nicht nach bestem Wissen und Gewissen erstattet, kann er im Falle der Beeidigung wegen Meineids (§ 154 StGB) oder fahrlässigen Falscheids (§ 163 StGB), ansonsten wegen vorsätzlicher uneidlicher Falschaussage (§ 153 StGB) oder bei Abgabe einer falschen eidesstattlichen Erklärung wegen falscher Versicherung an Eides Statt nach §§ 156 (bei Vorsatz), 163 StGB (bei Fahrlässigkeit) bestraft werden. Die Fälle, in denen einem Sachverständigen nachgewiesen werden kann, vorsätzlich ein falsches Gutachten erstattet zu haben, sind allerdings überaus selten,[1] und im Übrigen steht die Vereidigung im Strafprozess, auch wenn das Gutachten, wie meist in sog Kunstfehlerverfahren, von entscheidender Bedeutung ist, im Ermessen des Gerichts, es sei denn, sie wird von der StA, dem Angeklagten oder seinem Verteidiger beantragt (§ 79 Abs 1 StPO). Ohne einen solchen Antrag unterbleibt sie in der Regel.[2] Ob jemand als Zeuge oder als Sachverständiger oder in anderer Funktion am Verfahren beteiligt ist, bestimmt sich nach dem jeweiligen Verfahrensrecht.[3] Nicht selten ist im zivilen oder strafrechtlichen „Kunstfehlerverfahren" der Arzt sog „sachverständiger Zeuge", dh ein **Zeuge,** der auf dem Gebiet seiner Aussage (zB über die Krankheitssymp-

---

[1] OLG München MDR 1968, 938, 940.
[2] BGHSt 21, 227.
[3] OLG Karlsruhe NStZ 1996, 282 f m Anm *Kunert*; *Schönke/Schröder/Lenckner*, StGB, 27. Aufl 2006, § 153 RdNr 4.

tome des Patienten) eine besondere Sachkunde besitzt (zB aus den Symptomen auf die Ursache der Erkrankung rückschließen kann = Sachverständigenfunktion).

1. Die falsche Aussage als gemeinsames Tatbestandsmerkmal. a) Der Falschheitsbegriff. „Falsch" ist nach der von der herrschenden Meinung[4] vertretenen sogenannten „objektiven" Theorie eine Aussage dann, wenn ihr Inhalt nicht mit der Wirklichkeit (Wahrheit) übereinstimmt. Ein solcher Widerspruch liegt vor, wenn der Sachverständige bestimmte von ihm wahrgenommene **Tatsachen,** die zur wesentlichen Grundlage seines Gutachtens gehören, zB den Inhalt von Krankengeschichten, Befunde, Diagnosen, den Blutalkoholgehalt oder Angaben des Kranken über die Art und die Erscheinungen seines Leidens (sog Befundtatsachen[5]), den bestehenden fachärztlichen Standard **objektiv unrichtig** darstellt. Das kann auch durch Verschweigen und Unterdrücken wesentlicher Parameter oder anderer Fakten geschehen. Soweit der Sachverständige jedoch aus Tatsachen abgeleitete **Wertungen** vornimmt, **Schlussfolgerungen** zieht oder Erfahrungen vermittelt, kommt es nicht auf die Übereinstimmung mit dem objektiven Sachverhalt an, vielmehr ist eine Aussage falsch, wenn der Sachverständige seine gutachterliche Beurteilung entgegen seiner inneren Überzeugung abgibt, anders formuliert, wenn ein Gegensatz zwischen Wissen und Aussageinhalt besteht.[6] Falsch ist daher auch ein nach bestem Wissen erstattetes Gutachten, das nicht „unter Anwendung der entsprechenden Methoden dem neuesten Erkenntnisstand der fraglichen Disziplin" gerecht wird.[7] Eine falsche Aussage (uU ein Falscheid) liegt ferner dann vor, wenn der Sachverständige behauptet, das Gutachten in eigener Verantwortung angefertigt zu haben, obwohl es im wesentlichen von Mitarbeitern erstellt wurde.[8]

b) Der Begriff „Aussage": Unter **Aussage** im Sinne der §§ 153 bis 163 StGB ist die *mündliche* Darlegung von Tatsachen oder Werturteilen durch den Sachverständigen zu verstehen, so dass die Erstattung eines *schriftlichen* Gutachtens nicht nur im Strafprozess, sondern auch in anderen Verfahren keine „Aussage" darstellt, selbst wenn die Einreichung prozessual zulässig ist.[9] Eine nach § 256 Abs 1 StPO verlesene Erklärung eines Arztes stellt einen Urkundsbeweis, keinen Zeugen- oder Sachverständigenbeweis dar. Wenn allerdings im Zivilprozess gemäß § 411 ZPO ein schriftliches Gutachten erstattet wird, einzelne Beweisfragen unter eidesstattlicher Versicherung ihrer Richtigkeit gem §§ 377 Abs 3, 402 ZPO schriftlich beantwortet werden oder der Sachverständige die Richtigkeit seines schriftlichen Gutachtens auf Verlangen des Gerichts eidesstattlich versichert, kommt bei falschen Erklärungen, wenn sie für das Verfahren möglicherweise von Bedeutung sind, ein Verstoß gegen §§ 156, 163 StGB in Betracht.

Die „Aussage-" und damit Wahrheitspflicht des Sachverständigen bezieht sich im Übrigen auf das Gutachten und umfaßt auch die Auskunftserteilung über seine persönlichen Verhältnisse,[10] zB die Angaben zu Personal- und Generalfragen nach §§ 68, 72 StPO, 395 Abs 2 ZPO und solche Tatsachenbekundungen, die „unmittelbar und ausschließlich das Ziel und den Gegenstand" des Gutachtens bildeten.[11] Sog Zusatztatsachen fallen nicht

---

[4] BGHSt 7, 147; *Lackner/Kühl,* vor § 153 RdNr 3 mwN; *Schönke/Schröder/Lenckner,* Vorbem § 153 RdNr 6.
[5] RGSt 69, 98; BGHSt 2, 293.
[6] RG GA 55, 223; *Lackner/Kühl,* vor § 153 RdNr 3.
[7] *Schönke/Schröder/Lenckner,* Vorbem § 153 RdNr 8.
[8] *Schönke/Schröder/Lenckner* § 154 RdNr 5, Vorbem § 153 RdNr 8.
[9] OLG München MDR 1968, 939, 340; OLG Düsseldorf NJW 1986, 2891; *Otto* JuS 1984, 166; SK-*Rudolphi* § 153 RdNr 2; LK-*Willms* § 153 RdNr 4; *Fischer* StGB, 55. Aufl 2008, § 153 RdNr 3; aA *Schönke/Schröder/Lenckner,* vor §§ 153 ff RdNr 22; *Maurach/Schröder,* BT 2, 6. Aufl, 1981, S 172; *H Wagner* GA 1976, 272.
[10] Zur Frage über eine etwaige Vorstrafe: RGSt 20, 235; s dazu *Meyer/Goßner,* StPO, 49. Aufl 2006, § 68 RdNr 7; s auch *Schönke/Schröder/Lenckner,* § 153 RdNr 4.
[11] RGSt 44, 11, 14.

unter die Wahrheitspflicht des **Sachverständigen,** sind aber als **Zeugenaussagen** zu werten.[12] Die Wahrheitspflicht kann auch durch Verschweigen verletzt werden. Die unterlassene Berichtigung des Beweisthemas bedeutet allerdings kein Verschweigen,[13] da sich die Wahrheits- und Vollständigkeitspflicht auf den Vernehmungs- bzw Untersuchungsgegenstand bezieht. Vom **Sachverständigeneid** sind jedoch Angaben zur Person nach dem Wortlaut der §§ 79 Abs 2 StPO, 410 Abs 1 S 2 ZPO nicht erfaßt, allerdings kann der Sachverständige insoweit als Zeuge vereidigt werden.[14]

5   **2. Zuständige Stellen.** Wegen eines Aussagedelikts kann der Sachverständige im Falle einer Fehlbegutachtung nur bestraft werden, wenn die Aussage vor **Gericht** oder einer anderen zur eidlichen Vernehmung von Zeugen oder Sachverständigen zuständigen Stelle erfolgte. Dazu gehören *nicht* die Staatsanwaltschaft (vgl § 161 a Abs 1 Satz 3 StPO) oder die Polizei, ebenso nicht die Kassenärztlichen Vereinigungen,[15] Krankenkassen[16] und die Ärztekammern.[17] Die Zuständigkeit ist ein normatives Tatbestandsmerkmal und nicht objektive Bedingung der Strafbarkeit.

6   **3. Vorsatz und Fahrlässigkeit.** Die uneidliche Falschaussage ist nur bei **vorsätzlichem** Handeln unter Strafdrohung gestellt, die eidliche Falschaussage und die falsche Versicherung an Eides Statt sind dagegen sowohl bei Vorsatz als auch bei Fahrlässigkeit strafbar. Vorsatz umfaßt in allen Fällen sowohl den dolus directus als auch den dolus eventualis. Der Sachverständige verletzt seine Gutachterpflichten vorsätzlich, wenn er weiß, dass seine Aussage bzw eidesstattliche Versicherung oder der Eid vor einer zuständigen Stelle erfolgt, falsch ist, dh mit dem wirklichen Geschehen oder seiner subjektiven Überzeugung nicht übereinstimmt, und unter die Wahrheitspflicht fällt. Fahrlässig handelt der Sachverständige nicht nur, wenn er *bei* seiner Vernehmung nicht genügend konzentriert ist und überlegt, sondern auch dann, wenn er zu seinen falschen Schlussfolgerungen infolge ungenügender Vorbereitung, zB wegen nur oberflächlicher Lektüre der Akten oder einschlägigen Fachliteratur gelangt.[18] Denn der Sachverständige muss nicht nur während der Erstattung seines Gutachtens mit der gebotenen Sorgfalt und Aufmerksamkeit vorgehen, sondern hat sich auf seine Aussage entsprechend vorzubereiten, also den aktuellen Stand der Wissenschaft zu überprüfen, die Leitlinien seines Fachs einzusehen, neueste Forschungsergebnisse und Publikationen zu lesen etc. Die die Zuständigkeit begründenden Tatsachen müssen vom Vorsatz umfaßt sein, anderenfalls liegt ein **Tatbestandsirrtum** vor (§ 16 Abs 1 StGB). Die bloß unrichtige Wertung der dem Sachverständigen bekannten Sachverhaltsumstände stellt einen Subsumtionsirrtum dar, der als **Verbotsirrtum** nach § 17 StGB relevant sein kann.

7   **4. Versuch und Vollendung.** Der Versuch des Meineids ist strafbar (§§ 23 Abs 1, 154, Abs 1 StGB), der Versuch der falschen uneidlichen Aussage bzw falschen Versicherung an Eides Statt dagegen nicht. Mit dem Abschluss der Aussage ist die Tat des § 153 StGB vollendet, ebenso die des § 154 StGB beim Voreid (im Zivilprozess); im Falle des Nacheids, der im Strafverfahren gilt, ist der Meineid erst mit dem vollständigen Sprechen der Eidesformel vollendet.

---

[12] BGHSt 18, 108; *Schönke/Schröder/Lenckner,* vor § 153 ff RdNr 13.
[13] *Schönke/Schröder/Lenckner,* vor § 153 ff, RdNr 17.
[14] RGSt 12, 128; *Meyer-Goßner,* StPO, § 79 RdNr 9; **aA** *Schönke/Schröder/Lenckner,* § 154 RdNr 5; RG Recht 1903, Nr 2895.
[15] OLG Kiel SJZ 48, 327.
[16] *Schönke/Schröder/Lenckner,* § 156 RdNr 18.
[17] BGHSt 2, 283.
[18] *Schönke/Schröder/Lenckner* § 163 RdNr 3 ff; *LK-Willms* § 163 RdNr 6; *Lackner/Kühl,* § 163 RdNr 2; *Otto* JuS 1984, 169; RG JW 1933, 1070 = RSSt 62, 126.

5. **Konkurrenzfragen.** § 153 StGB ist das Grunddelikt, § 154 StGB der qualifizierte 8
Tatbestand.[19] Tateinheit zwischen § 153 StGB und § 163 StGB ist möglich.[20] Zwischen
§ 154 StGB und § 163 StGB besteht Gesetzeskonkurrenz mit Vorrang des ersteren (Konsumtion).

Hat der Sachverständige falsch ausgesagt, um von sich oder einem Angehörigen die 9
Gefahr der Bestrafung bzw Verhängung einer freiheitsentziehenden Maßregel abzuwenden, kann das Gericht die Strafe mildern (bei Meineid) oder von Strafe absehen (bei uneidlicher Falschaussage), sog Aussagenotstand (§ 157 StGB).

II. Sonstige in Betracht kommende Straftatbestände

Abgesehen von den Aussagedelikten können bei fehlerhafter Gutachtenerstattung je 10
nach der inneren Willensrichtung des Sachverständigen und den Tatfolgen eine Reihe weiterer Delikte einschlägig sein.

1. **Strafvereitelung (§ 258 StGB):** Erstellung eines unrichtigen Gutachtens in der 11
Absicht oder in dem Bewußtsein, dass der beschuldigte Arzt oder ein anderer Beschuldigter infolge des Gutachtens nicht wegen der ihm vorgeworfenen rechtswidrigen Tat (zB fahrlässige Tötung oder fahrlässige Körperverletzung) bestraft (§ 258 Abs 1 StGB) oder die Vollstreckung einer verhängten Strafe vereitelt (§ 258 Abs 2 StGB) wird. Auch der Versuch der Verfolgungs- oder Vollstreckungsvereitelung ist strafbar (§ 258 Abs 4 StGB), so zB wenn das Gericht das falsche Gutachten nicht verwertet.

2. **Betrug (§ 263 StGB) bzw Beihilfe zum Betrug (§§ 27, 263 StGB):** Täuschung 12
des Gerichts durch ein bewusst falsches Gutachten mit dem Ziel, die von einem Patienten geltend gemachten Schadensersatz- und (oder) Schmerzensgeldansprüche dadurch abzuwehren bzw durchzusetzen.

3. **Falsche Verdächtigung (§ 164 StGB):** Bewußt unwahre Angaben gegenüber 13
Gericht, Staatsanwaltschaft oder Polizei in der Absicht, ein staatsanwaltschaftliches Ermittlungsverfahren gegen einen bestimmten Arzt herbeizuführen oder fortdauern zu lassen.

4. **Freiheitsberaubung (§ 239 StGB):** Erstattung eines falschen Gutachtens zulasten 14
eines Patienten, damit dieser in eine psychiatrische Klinik, Sicherungsverwahrung oder Strafanstalt verbracht wird bzw dort bleibt.

5. **Ausstellen unrichtiger Gesundheitszeugnisse (§ 278 StGB):** Die Erstellung 15
eines falschen Gutachtens betreffend den Gesundheitszustand eines Menschen zur Vorlage bei einer Behörde oder Versicherungsgesellschaft in klarer Kenntnis der inhaltlichen Unrichtigkeit der Bescheinigung.

6. **Verletzung der Schweigepflicht (§ 203 Abs 1 StGB) und Verstoß gegen** 16
§ 353 d StGB (verbotene Mitteilungen über Gerichtsverhandlungen): Nach einer in der früheren Rechtsprechung (RGSt 61, 384; 66, 273 und OGHSt 3, 63) und auch teilweise im Schrifttum vertretenen Ansicht handelt der im gerichtlichen Auftrag als Sachverständiger tätig werdende Arzt **nicht tatbestandsmäßig,** wenn er in Erfüllung des Gutachterauftrags Geheimnisse des Patienten (Probanden) den nach der Verfahrensordnung zur Kenntnisnahme berufenen Personen (zB Gericht, Staatsanwalt, Verteidiger ua) und sachlich beschränkt auf die für das Gutachten unbedingt notwendigen Informationen mitteilt.[21] Die heute herrschende Auffassung sieht in den die richterliche Anordnung

---

[19] BGHSt 8, 309.
[20] BGHSt 4, 214.
[21] *Tröndle/Fischer,* § 203 RdNr 7; *Schönke/Schröder/Lenckner,* § 203 RdNr 16; s auch oben § 66 RdNr 6 und § 67 RdNr 4.

tragenden strafprozessualen Vorschriften (§§ 81, 81 a, 81 c StPO) **Rechtfertigungsgründe,** die eine Befugnis zur Offenbarung geben.[22]

17 **7. Fahrlässige Tötung oder fahrlässige Körperverletzung (§§ 222, 229 StGB):** Erstattung eines infolge mangelhafter Vorbereitung oder nicht genügender Sorgfalt bei der mündlichen Darlegung fehlerhaften Gutachtens, wodurch ein Geisteskranker oder Straftäter aus einer psychiatrischen Klinik, Sicherungsverwahrung oder Strafhaft entlassen wird und nun die wiedergewonnene Freiheit zur Tötung oder Körperverletzung eines Menschen ausnutzt. Fälle dieser Art wurden zwar wiederholt in der Presse berichtet, soweit ersichtlich, jedoch für Sachverständige noch nicht entschieden, wohl aber für die gleichgelagerte Problematik bei Ärzten und Therapeuten nach fehlgeschlagenen Lockerungen.[23]

§ 145 Strafrechtliche Folgen der Verletzung der ärztlichen Schweigepflicht

Inhaltsübersicht

	RdNr
I. Die einschlägigen Straftatbestände	1
II. Praktische Bedeutung, Strafbarkeitsvoraussetzung und Folgen	3
1. Vorsatz und Irrtumsfragen	4
2. Strafantrag als Strafverfolgungsvoraussetzung	9
3. Verletzung der Schweigepflicht durch Amtsträger (§ 203 Abs 2, § 353 b Abs 1 StGB)	12
4. Verjährung	15
5. Berufsverbot und berufsgerichtliches Verfahren	16

Schrifttum: *M Bayer,* Die ärztliche Schweigepflicht, in: *Ulsenheimer* (Hrsg), Rechtliche Probleme in Geburtshilfe und Gynäkologie, 1990, S 118 ff; *J Baumann,* Das Krankenhaus und die Schweigepflicht, Der Zentrallehrgang, 1959; *Bockelmann,* Strafrecht des Arztes, 1968, S 34 ff; *Bohne-Sax,* Der strafrechtliche Schutz des Berufsgeheimnisses, Deutsche Landesreferate zum III. Intern Kongress f Rechtsvergleichung, 1950; *Cramer,* Strafprozessuale Verwertbarkeit ärztlicher Gutachten aus anderen Verfahren, 1995; *Diens,* Schweigepflicht und Datenschutz in Gesundheitswesen und medizinischer Forschung, 1993; *Kamps,* Der Verkauf der Patientenkartei und die ärztliche Schweigepflicht, NJW 92, 2313; *Kohlhaas,* Medizin und Recht, 1969, S 4 ff; *Langkeit,* Umfang und Grenzen der ärztlichen Schweigepflicht gem § 203 I Nr 1 StGB, NStZ 94, 6; *Lenckner,* Ärztliches Berufsgeheimnis, Arzt und Recht, 1966, 159 ff; *R Seiler,* Der strafrechtliche Schutz der Geheimsphäre, 1960; *Rieger,* Praxisverkauf und ärztliche Schweigepflicht, MedR 92, 147 u 207; *Eb Schmidt,* Der Arzt im Strafrecht, 1939, S 3 ff; *Taupitz,* Die ärztliche Schweigepflicht in der aktuellen Rechtsprechung des BGH, MDR 1992, 421; *Ulsenheimer,* Arztstrafrecht in der Praxis, 4. Aufl 2008, S 221 ff.; s auch zu Kap 12, §§ 69 ff, insbesondere die zu §§ 69 und 70 zitierte Literatur.

I. Die einschlägigen Straftatbestände

1 Die Verletzung der ärztlichen Schweigepflicht ist nicht nur eine standeswidrige und moralisch verwerfliche, sondern auch mit folgenschwerer Kriminalstrafe bedrohte Hand-

---

[22] BGHSt 38, 369 f; *Lackner/Kühl,* § 203 RdNr 23; NK-*Kargl,* § 203 RdNr 73; LK-*Schünemann,* § 203 RdNr 125; *Fischer,* § 203 RdNr 40; *Kühne* JZ 1981, 651 mwN

[23] Siehe dazu *Grünebaum,* Zur Strafbarkeit des Therapeuten im Maßregelvollzug bei fehlgeschlagenen Lockerungen, 1996, S 35 ff.; LG Potsdam NStZ 2003, 581 ff m Anm *Schatz;* BGHSt 49, 1 ff = MedR 2004, 386 ff = JZ 2004, 975 m Anm *Saliger;* zust *Roxin* StV 2004, 485; *Ogorek* JA 2004, 356; *Neubacher* Jura 2005, 857; teilweise kritisch *Pollähne* JR 2004, 429. Zur „strafrechtlichen Verantwortlichkeit der behandelnden Ärzte für den Freitod eines Patienten nach Beendigung des Klinikaufenthalts" s *Fromm/Weimer,* Q-med (2008), 72 ff.

lung. Gemäß § 203 StGB werden Ärzte, Zahnärzte, Tierärzte, Apotheker und Angehörige anderer Heilberufe mit staatlich geregeltem Ausbildungsgang sowie ihr Hilfspersonal mit Freiheitsstrafe bis zu einem Jahr oder mit Geldstrafe bestraft, wenn sie „unbefugt ein fremdes Geheimnis offenbaren". Handelt der Täter gegen Entgelt in der Absicht, einen anderen zu schädigen (wobei jede, auch die ideelle Nachteilszufügung genügt), oder kommt es ihm darauf an, für sich oder einen anderen einen Vermögensvorteil zu erlangen, erhöht sich der Strafrahmen für die angedrohte Freiheitsstrafe auf zwei Jahre (§ 203 Abs 5 StGB). Letzteres gilt auch bei der unbefugten **Verwertung** fremder Geheimnisse (§ 204 StGB).

Zum geschützten Rechtsgut der §§ 203, 204 StGB und den Tatbestandsmerkmalen im Einzelnen siehe oben §§ 66–69. 2

II. Praktische Bedeutung, Strafbarkeitsvoraussetzung und Folgen

Im Justizalltag kommt der Verletzung der ärztlichen Schweigepflicht eine praktisch nur geringe Bedeutung zu. Einschlägige Strafverfahren oder gar Urteile sind so gut wie unbekannt.[1] Dies hat vor allem zwei Gründe: zum einen ist die Tat ein sogenanntes **absolutes Antragsdelikt,** dh der Bruch der Verschwiegenheitspflicht in allen ihren Varianten kann nur auf **Antrag** des Verletzten von der Staatsanwaltschaft verfolgt werden (§ 205 Abs 1 StGB), der innerhalb einer Frist von 3 Monaten ab Kenntniserlangung von der Tat und der Person des Täters gestellt werden muss (§§ 77 b Abs 1 und 2 StGB), vom Patienten oder sonstigen Geheimnisträger also Aktivität, teilweise auch Mühe und Kosten verlangt, um die Strafverfolgung in Gang zu bringen. Zum anderen sind die §§ 203, 204 StGB reine **Vorsatztatbestände,** verlangen also einen bewussten und gewollten Geheimnisbruch, der regelmäßig kaum nachweisbar ist. Die Wirkung der Strafnorm beruht daher weniger auf spezialpräventiven Erfahrungen als vielmehr ihrer Appell- und Warnfunktion, ihrem generalpräventiven Hinweis auf die essentielle Bedeutung der ärztlichen Schweigepflicht, dem strafbewehrten Achtungsgebot („Ausrufungszeichen") im Umgang mit Patientengeheimnissen. 3

1. Vorsatz und Irrtumsfragen. Strafbar ist nach §§ 203, 204 StGB allein der **vorsätzliche,** rechtswidrige und schuldhafte Verstoß gegen die ärztliche Schweigepflicht, wobei **bedingter** Vorsatz genügt. „Der Arzt, der etwa seine Karteien verliert" oder fahrlässig nicht gegen Diebstahl sichert, „ist strafrechtlich nicht verantwortlich".[2] Fahrlässige Verstöße gegen die Schweigepflicht können jedoch berufsrechtlich geahndet werden und im Falle eines Vermögensschadens zu Schmerzensgeld- und Schadensersatzansprüchen führen. 4

Die ausschließliche Vorsatzstrafbarkeit wirkt sich besonders bei den Irrtumsfragen aus, da der Tatbestandsirrtum den Vorsatz entfallen (§ 16 Abs 1 S 1 StGB), der Verbotsirrtum jedoch fortbestehen lässt, so dass es im Einzelfall auf die rechtliche Einordnung der Fehlvorstellung ankommt. Das gilt nicht bezüglich des Irrtums über das Gesetzesmerkmal „unbefugt": Wer es als Tatbestandsmerkmal qualifiziert,[3] gelangt folgerichtig zum Tatbestandsirrtum; wer „unbefugt" als allgemeines Rechtswidrigkeitsmerkmal deutet, kommt zu einem Erlaubnistatbestandsirrtum, der aber nach hL gleichfalls wie ein Tatbestandsirrtum nach § 16 Abs 1 S 1 StGB zu behandeln ist. 5

Nimmt der Arzt also irrig die Zustimmung des Verfügungsberechtigten zur Weitergabe des Geheimnisses an, weil er glaubt, der Adressat der Mitteilung gehöre zum Behandlungsteam, oder hält er sich infolge eines **Irrtums** über die tatsächlichen Voraussetzungen 6

---

[1] Der Verf hat in über 30jähriger schwerpunktmäßiger Tätigkeit auf dem Gebiete des Arztstrafrecht keine zehn Verfahren betr § 203 StGB erlebt.
[2] *Kohlhaas,* Medizin und Recht, 1969, S 55.
[3] Siehe dazu § 67 RdNr 1.

eines von der Rechtsordnung anerkannten Rechtfertigungsgrundes (zB Notstand, Pflichtenkollision, mutmaßliche Einwilligung, gesetzliches Meldegebot) zur Geheimnisoffenbarung befugt, so findet nach der Mindermeinung § 16 Abs 1 StGB unmittelbar, nach der herrschenden Lehre entsprechende Anwendung. In jedem Fall aber schließt ein derartiger Irrtum den **Vorsatz** aus (§ 16 Abs 1 Satz 1 StGB) und verhindert auch bei Vermeidbarkeit mangels eines entsprechenden Fahrlässigkeitstatbestandes die Bestrafung.[4]

7 Dasselbe gilt, wenn der Arzt irrig glaubt, das Geheimnis sei nicht (mehr) unbekannt oder der Berechtigte wolle es nicht (mehr) geheimhalten. Insoweit liegt zweifellos ein **Tatbestandsirrtum** (§ 16 StGB) vor. Einen solchen bejahte die Generalstaatsanwaltschaft Köln bei einer Betriebsärztin, die in der Bescheinigung gemäß § 9 Abs 1 Nr 3 a BGV A 4 über das Untersuchungsergebnis auch Befunde und Diagnosen dem Arbeitgeber mitgeteilt hatte, die mit dem Beschäftigungsort nichts zu tun hatten.[5]

8 Irrt der Arzt dagegen über die Grenzen seiner Offenbarungsbefugnis, ist ihm trotz Kenntnis aller Sachverhaltsumstände seine Verpflichtung zur Geheimhaltung nicht bekannt, hält er irrigerweise die Voraussetzungen eines rechtlich nicht anerkannten Rechtfertigungsgrundes für gegeben, zB weil er glaubt, das Verschwiegenheitsgebot gelte nicht gegenüber ebenfalls schweigepflichtigen Personen (Kollegen, Krankenschwestern, Pflegern), so ist dieser Irrtum als **Verbotsirrtum** nach § 17 StGB zu beurteilen.[6] Danach entfällt bei Unvermeidbarkeit des Irrtums, dh wenn der Irrtum auch bei gehöriger Gewissensanspannung und bei Ausschöpfung aller eigenen geistig-sittlichen Erkenntniskräfte und Erkundigungsmöglichkeiten nicht zu verhindern war, die Schuld (§ 17 Satz 1 StGB); bei Vermeidbarkeit kann die Strafe entsprechend § 49 StGB gemildert werden (§ 17 Satz 2 StGB), so dass der rechtsunkundige Arzt ein erhebliches Risiko eingeht, wenn er in Zweifelsfällen nur der eigenen Einsicht vertraut und auf die Einholung einer fundierten Rechtsauskunft verzichtet. Der Arzt, der sich in der Hauptverhandlung über seine Aussage- bzw Schweigepflicht im Unklaren ist, kann – und sollte – das Gericht um Belehrung bitten, das dazu aufgrund seiner Fürsorgepflicht verpflichtet ist.[7]

9 **2. Strafantrag als Strafverfolgungsvoraussetzung.** Die Verletzung der Geheimhaltungspflicht wird ebenso wie die Verwertung fremder Geheimnisse **nur auf Antrag** verfolgt (§ 205 Abs 1 StGB). Das gilt auch im Falle eines besonderen öffentlichen Interesses an der Strafverfolgung, da eine dem § 230 Abs 1 StGB entsprechende Regelung fehlt. Die §§ 203 und 204 StGB sind dagegen – anders als die fahrlässige Körperverletzung – keine Privatklagedelikte (§ 374 StPO), dh, wenn rechtzeitig und wirksam Strafantrag gestellt ist (§§ 77 ff StGB), muss die Staatsanwaltschaft die Strafverfolgung durchführen und kann den Anzeigeerstatter nicht auf den Privatklageweg verweisen (§ 376 StPO). Der Strafantrag muss binnen einer Frist von 3 Monaten gestellt werden (§ 77 b Abs 1 S 1 StGB), beginnend mit dem Ablauf des Tages, an dem der Berechtigte Kenntnis von der Tat und der Person des Täters erlangt hat (§ 77 b Abs 2 S 1 StGB). „Kenntnis" bedeutet mehr als Verdacht oder Vermutung. Der Antragsberechtigte muss deshalb zwar nicht den Namen des Täters und nicht die richtige rechtliche Qualifikation der Tat kennen, aber doch die wesentlichen Tatsachen, die der Tat zu Grunde liegen und den Täter individualisierbar machen.[8] Kenntnis des Antragserfordernisses ist nicht nötig.

---

[4] So OLG Köln NJW 1962, 686 mit Anm *Bindokat; Schönke/Schröder/Lenckner* § 203 RdNr 21, 71; *Dreher* MDR 1962, 592; *Niedermair* aaO S 410 f; *Gropp* JR 1996, 480.
[5] Einstellungsbeschluss v 23. 6. 2008 – Az 52 Zs 304/08.
[6] BayObLG NStZ 1995, 187; *Schönke/Schröder/Lenckner* § 203 RdNr 71; aA BGHSt 4, 355, 356; OLG Koblenz NStE § 203 Nr 5.
[7] *Meyer-Goßner*, StPO, 49. Aufl 2006, § 53 RdNr 44; *Molketin* MDR 1982, 98; *Welp* JR 1997, 37; OLG Dresden NStZ-RR 97, 238; s auch oben § 67 RdNr 4.
[8] *Lackner/Kühl*, § 205 RdNr 4.

23. Kapitel. Der Arzt im Strafrecht   10–12   § 145

Antragsberechtigt ist nach zutreffender Auffassung nur der Träger des Geheimnisses,[9] nicht dagegen auch[10] oder ausschließlich[11] der „Anvertrauende". Denn die Vorschriften der §§ 203, 204 StGB sollen die besondere Vertrauensbeziehung zwischen Arzt und Patienten als Grundvoraussetzung ärztlichen Wirkens schützen. Deshalb verletzt ein Verstoß gegen die ärztliche Schweigepflicht nur denjenigen, in dessen private Sphäre das Geheimnis gehört. Folgerichtig sind daher sowohl der Patient als auch derjenige, den das Geheimnis betrifft, antragsberechtigt, wenn der Patient das Drittgeheimnis dem Arzt anvertraut und dieser es unbefugt weitergibt.[12] Denn der Patient ist in seinem Vertrauensverhältnis zum Arzt, der Dritte in seiner Persönlichkeitssphäre verletzt.

10

Ist der **Antragsberechtigte** (Verletzte) nach der Tat, aber vor Stellung des Strafantrags **gestorben,** so geht die Antragsberechtigung gem § 205 Abs 2 Satz 1 StGB auf die Angehörigen (§ 11 Abs 1 Nr 1 StGB) über. Eine Ausnahme hiervon macht das Gesetz dann, wenn das Geheimnis nicht zum persönlichen Lebensbereich des Verletzten gehört. In diesen Fällen sind gem § 205 Abs 2 Satz 2 die Erben, also möglicher-, aber nicht notwendigerweise die Angehörigen, bei unbefugter Offenbarung oder Verwertung des Geheimnisses antragsberechtigt.

11

3. Verletzung der Schweigepflicht durch Amtsträger (§ 203 Abs 2, § 353 b Abs 1 StGB). Ist der Arzt ein „Amtsträger" im Sinne des § 11 Abs 1 Nr 2 StGB, so kommt bei unbefugter Offenbarung eines Geheimnisses neben § 203 Abs 2 Nr 1 und 2 StGB auch ein Verstoß gegen § 353 b Abs 1 StGB in Betracht, der Freiheitsstrafe bis zu 5 Jahren oder Geldstrafe androht. „Geschütztes Rechtsgut iS dieser Vorschrift ist der persönliche Lebens- und Geheimbereich, der im Individualinteresse des Betroffenen nicht verletzt" werden darf.[13] Objektive Tatbestandsvoraussetzung ist, dass dem Arzt das Geheimnis in seiner Eigenschaft als Amtsperson anvertraut oder bekanntgeworden ist und durch die Verletzung des Dienstgeheimnisses „wichtige öffentliche Interessen" gefährdet werden. Eine solche Fallgestaltung wäre zB zu bejahen, wenn ein Anstaltsarzt, Tropenarzt oder Amtsarzt Patientengeheimnisse an Dritte weitergibt. Denn es besteht ein erhebliches Allgemeininteresse an der Einhaltung der Verschwiegenheitspflicht des Arztes, ohne die die Funktionsfähigkeit unseres Gesundheitswesens nicht gewährleistet werden kann. Fordert man allerdings für § 353 b StGB, dass sich das Geheimnis „nach Inhalt und Gegenstand auf wichtige öffentliche Interessen beziehen" und die Geheimnisverletzung daher deren konkrete Gefährdung nach sich ziehen muss,[14] dürfte die Anwendbarkeit des § 353 b im Arzt-Patienten-Verhältnis im Regelfall ausgeschlossen sein. Der BGH hat jedoch dieser Rechtsauffassung eine Absage erteilt und ausdrücklich hervorgehoben, dass „der Geheimnisbegriff insbesondere durch das Erfordernis der Gefährdung wichtiger öffentlicher Interessen in § 353 b Abs 1 StGB keine inhaltliche Einschränkung erfährt".[15] „Geheinmis" und „Gefährdung wichtiger öffentlicher Interessen" sind zwei Tatbestandsmerkmale, so dass das unbefugte Offenbaren von Geheimnissen auf Fälle beschränkt bleibt, in denen der Gefährdungserfolg eintritt.[16] Im übrigen aber geht die tatbestandliche Reichweite des § 353 b StGB deutlich über die der §§ 203, 204 StGB hinaus,

12

---

[9] *Fischer,* StGB, 55. Aufl 2008, § 205 RdNr 1; *Lackner/Kühl,* StGB, 26. Aufl 2007, § 205 RdNr 2; *Hackel* NJW 1969, 2257, 2259; *Schönke/Schröder/Lenckner* § 205 RdNr 5 differenzierend (der Patient als Geheimnisträger und bei Drittgeheimnissen sowohl der Patient als auch der Dritte sind antragsberechtigt, s RdNr 10).
[10] So *Samson*-SK §§ 205 RdNr 5.
[11] So *Kohlrausch/Lange* § 300 Anm XI.
[12] *Schönke/Schröder/Lenckner* § 205 RdNr 5.
[13] OLG Dresden NJW 07, 3509, 3510.
[14] So *Schönke/Schröder/Lenckner/Perron* § 353 b RdNr 6, 6 a mwN
[15] BGHSt 46, 339, 342, 343 = BGH NJW 2001, 2032, 2033; BayObLG NStZ 1999, 568; *Fischer,* § 353 b RdNr 13 a, 13 b. Zur Auslegung des § 353 b StGB s auch BGHSt 48, 132 f u *Perron* JZ 2002, 50.
[16] BGHSt 46, 339, 343.

§ 146 § 146 Ausstellen unrichtiger Gesundheitszeugnisse (§ 278 StGB)

da § 353 b auch das nur „gelegentlich", also irgendwie im Zusammenhang mit der Amtstätigkeit erlangte Geheimnis schützt (zB heimliche Öffnung eines Briefs des Patienten). Zu beachten ist jedoch, dass Entscheidungen des Arztes, die das Geheimnis erst begründen, ihm weder als Amtsträger „anvertraut noch sonst bekannt geworden" sind.[17]

13   Zwischen einem Verstoß gegen § 353 b StGB und §§ 203, 204 StGB besteht wegen der verschiedenen tatbestandlichen Schutzgüter **Idealkonkurrenz** (§ 52 StGB). Ein Verstoß eines Amtsträgers (zB des Amtsarztes) zugleich gegen § 203 Abs 1 und 2 StGB ist nur **eine** Gesetzesverletzung.[18]

14   Handelt es sich bei dem Arzt um einen Amtsträger, so ist neben dem Straf- auch ein **Disziplinarverfahren** nach den einschlägigen beamtenrechtlichen Bestimmungen möglich.

15   **4. Verjährung.** Die Tat nach § 203 Abs 1 und 2 StGB **verjährt** in 3 Jahren (§ 78 Abs 3 Nr 5 StGB), die unbefugte Verwertung nach § 204 Abs 1 StGB und die qualifizierte Tat nach § 203 Abs 5 StGB verjähren in 5 Jahren (§ 78 Abs 3 Nr 4 StGB).

16   **5. Berufsverbot und berufsgerichtliches Verfahren.** Zu beachten ist, dass wegen der essentiellen Bedeutung der ärztlichen Schweigepflicht die vorsätzliche unbefugte Offenbarung oder Verwertung von Patientengeheimnissen eine grobe Verletzung einer mit dem Beruf des Arztes verbundenen Pflicht darstellt und gegen ihn deshalb ein **Berufsverbot** gem § 70 Abs 1 StGB bzw – vor Verurteilung – gem § 132 StPO angeordnet werden kann. Voraussetzung ist allerdings, dass die Gesamtwürdigung des Täters und der Tat die Gefahr erkennen lässt, dass er bei weiterer Ausübung seines Berufs diesen zu weiteren rechtswidrigen Taten missbrauchen oder solche unter grobem Verstoß gegen spezifische Berufspflichten begehen wird.

17   Da deren Einhaltung auch durch die **Berufsgerichte** überwacht wird, die aufgrund landesgesetzlicher Regelungen (Kammergesetze bzw Heilberufsgesetze) in allen Bundesländern eingerichtet sind, und die Verletzung der Schweigepflicht wegen ihrer negativen Auswirkungen auf das Ansehen des Ärztestandes eine typische „berufsunwürdige Handlung" ist, kommt es regelmäßig in diesen Fällen (auch) zur Einleitung eines berufsgerichtlichen Verfahrens. Das Verbot der Doppelbestrafung (Art 103 Abs 3 GG) steht dem nicht entgegen.[19] Außerdem können natürlich die Verwaltungsbehörden eingreifen und das Ruhen bzw den Entzug der Approbation prüfen und ggf anordnen.

§ 146 Ausstellen unrichtiger Gesundheitszeugnisse (§ 278 StGB)

Inhaltsübersicht

	RdNr
I. Die Tathandlung	1
II. Tatobjekt: Das unrichtige „Gesundheitszeugnis"	6
III. Täterkreis	11
IV. Subjektiver Tatbestand	14
V. Konkurrenzen, Strafmaß, Verjährung	20

Schrifttum: *Erlinger*, in: *Widmaier*, Münchener Anwaltshandbuch, 2006, § 49 RdNr 113; *Fehn*, Die Dokumentationspflicht des ärztlichen und nicht-ärztlichen Personals insbesondere unter strafrechtlichen Aspekten, GesR 07, 504; *Gercke*, Das Ausstellen unrichtiger Gesundheitszeugnisse nach § 278 StGB, MedR 08, 592; *Hafter*, Das unwahre ärztliche Zeugnis, ZStW 32, 271 ff; *Otto*, Anm zu

---

[17] OLG Dresden NJW 07, 3509; OLG Düsseldorf NJW 05, 1791, 1798.
[18] *Lackner/Kühl*, § 203 RdNr 29; *Schönke/Schröder/Lenckner*, § 203 RdNr 43; *Fischer*, § 203 RdNr 52.
[19] Siehe dazu oben *Lauf*, RdNr 23 ff; *Ulsenheimer*, Arztstrafrecht, RdNr 514.

OLG Zweibrücken – Beschluss v 22. 12. 1981 – 1 Ss 62/80, JR 82, 296 ff; *Jung*, Zur Strafbarkeit des Arztes wegen des Ausstellens eines unrichtigen Gesundheitszeugnisses (§ 278 StGB), in: *Jung/Meiser/Müller* (Hrsg), Aktuelle Probleme und Perspektiven des Arztrechts, 1989, S 76 ff; *Schroth*, in: *Roxin/Schroth* (Hrsg), Handbuch des Medizinstrafrechts, 3. Aufl 2007, S 304 ff.

I. Die Tathandlung

§ 278 StGB bestraft das Ausstellen **formell echter,** aber **inhaltlich unrichtiger** Gesundheitszeugnisse, ist also ein Urkundsdelikt, das die bei *Privat*urkunden sonst straflose sogenannte schriftliche Lüge, dh inhaltlich unwahre Angaben in echten Urkunden ahndet. Es geht „nicht um die Indentität des Ausstellers, sondern um die Wahrheit der dokumentierten Erklärung".[1] Es handelt sich somit – ähnlich den §§ 271, 348 StGB – um einen Fall strafbarer **Falschbeurkundung,** allerdings hier im privaten Bereich. Zweck der Vorschrift ist die Sicherung der prozessualen und außerprozessualen Beweiskraft ärztlicher Zeugnisse für Behörden und Versicherungsgesellschaften.[2] Deshalb ist es gleichgültig, ob, und wenn ja, wem das falsche Attest nützt. Der Straftatbestand des § 278 StGB findet allerdings in der Praxis kaum Anwendung, obwohl „Gefälligkeitsatteste" im Arbeitsleben, zB unrichtige Arbeitsunfähigkeitsbescheinigungen, häufig vorkommen.[3]

Die Tathandlung ist einaktig; sie erfasst das bloße – private – Ausstellen des Zeugnisses zum Zwecke des Gebrauchs, so dass das Zeugnis in den Rechtsverkehr gelangt. Ob dieser tatsächlich verwirklicht wird, also das Gesundheitszeugnis einem anderen zur Vorlage bei einer Behörde oder Versicherungsgesellschaft übergeben bzw vom Täter dort vorgelegt wird, ist für den objektiven Tatbestand bedeutungslos.[4] Dieser ist also mit der **Ausstellung** des Gesundheitszeugnisses (= Entäußerung) zu dem im Gesetz genannten Zweck **vollendet,** das Gebrauchmachen selbst oder die Vorlage führen zur **Beendigung** des Delikts. Mit der internen Herstellung zum Zwecke des Gebrauchs beginnt der **Versuch,** der jedoch **nicht** strafbar ist (§§ 23 I, 278 StGB). Unerheblich ist für den Tatbestand auch, ob der Täter weitergehende Zwecke verfolgt, zB sich oder einem anderen rechtswidrige Vermögensvorteile auf Kosten der Behörde bzw Versicherung verschaffen will oder ein berechtigtes Ziel im Auge hat.[5]

Macht der Arzt oder ein Dritter von dem unrichtigen Gesundheitszeugnis zum Zwecke der Täuschung einer Behörde oder einer Versicherungsgesellschaft Gebrauch, so ist der Tatbestand des § 279 StGB erfüllt, und zwar ausschließlich, wenn der Aussteller bei der Zeugnisanfertigung dessen **Unrichtigkeit nicht kannte.**[6] War er dagegen **bösgläubig,** so ist der Verstoß gegen § 279 StGB als straflose Nachtat gegenüber § 278 StGB anzusehen.[7]

Adressaten des beabsichtigten Gebrauchs sind inländische oder ausländische Behörden,[8] also zB Gerichte (§ 11 Abs 1 Nr 7 StGB), Gesundheitsämter,[9] Schulbehörden, Verwaltungs-, Strafvollstreckungsbehörden (Vollzugsanstalten), Ortskrankenkassen[10] und private oder öffentlich-rechtliche Versicherungsgesellschaften (Berufsgenossenschaften).[11] Die ärztliche

---

[1] *Geilen*, FA Medizinrecht, Kap 4 B RdNr 581.
[2] RGSt 74, 229, 231; BGHSt 10, 157, 160; BGH GesR 07, 409 = MedR 07, 248; OLG Zweibrücken NStZ 82, 467, 468; *Hafter* ZStW 32, 271 f.
[3] Siehe dazu *Eisenmenger/Betz* DÄBl 1993, A₁ 126; *Schlund* DÄBl 1994, C 97; *Angel*, Probleme der Arbeitsunfähigkeitsbescheinigung, 2000. Verurteilungen sind bis heute „außerordentlich selten" geblieben (*Hafter* ZStW 32, 1911, 271; *Gercke* MedR 2008, 592).
[4] RG GA 43, 385; 54, 292; *Schönke/Schröder/Cramer/Heine*, StGB, 27. Aufl 2006, § 278 RdNr 5; aM *SK-Samson*, Bes Teil, Loseblatt, Stand 2001, § 278 RdNr 5.
[5] RGSt 31, 296; BGHSt 10, 157, 160.
[6] RGSt 32, 295.
[7] So LK-*Jagusch*, 8. Aufl 1958, § 279 Anm 3; *Fischer*, StGB, 55. Aufl 2008, § 279.
[8] BGHSt 18, 333.
[9] RGSt 74, 231.
[10] BGHSt 6, 90.
[11] RGSt 74, 270 m Anm *Mezger* DR 1940, 2060.

Dokumentation (zB Op-Berichte, Befunde), angefertigt als Gedächtnisstütze, aus therapeutischen Belangen zur Information der mit- und nachbehandelnden Ärzte, zur Beweissicherung im Haftungsprozess oder zur Abrechnung der erbrachten Leistungen unterfällt bei Änderungen, die zur inhaltlichen Unrichtigkeit führen, oder bei von vornherein unrichtiger Erstellung nicht dem Tatbestand des § 278 StGB,[12] sondern § 267 StGB.

5   Keine Behörde iS dieser Bestimmung ist die „Sachverständigenstelle" nach § 16 Abs 3 RöV, da es hier um die Prüfung der Funktionsfähigkeit der Röntgeneinrichtung und der sachgerechten Handhabung durch das Personal geht, während „die Regelung der §§ 277, 278 StGB nur solche Stellen schützen soll, welche die vorgelegten Zeugnisse zur Beurteilung des Gesundheitszustands eines bestimmten Menschen verwenden".[13]

II. Tatobjekt: das unrichtige „Gesundheitszeugnis"

6   **Gesundheitszeugnisse** sind Bescheinigungen über den jetzigen, früheren (zB durchgemachte Krankheiten, Verletzungsfolgen) oder den voraussichtlichen künftigen Gesundheitszustand (zB Immunreaktion, Widerstandskraft, Anfälligkeit) eines Menschen. Das Zeugnis umfaßt Angaben rein tatsächlicher Natur (zB Zeitpunkt der Untersuchung, Meßwert, objektive Befunde) und deren ärztlich-sachverständige Würdigung oder Schlussfolgerungen (zB Krankheitsverlauf, Art der Erkrankung, bleibende Schäden, Verdachtsdiagnose).[14] Gesundheitszeugnisse in diesem Sinne sind zB

7   – Krankenscheine,[15]
– Impfscheine,[16]
– Arbeitsunfähigkeitsbescheinigungen,[17]
– Berichte über Blutalkoholuntersuchungen gerichtsmedizinischer Institute,[18]
– Durchgangsarztberichte,
– gutachtliche Äußerungen,[19]
– ärztliche Bescheinigungen (Atteste) mit Darstellung der Krankengeschichte, Befunden und Empfehlungen,
– Flugtauglichkeitsbescheinigungen[20]
– die Feststellung nach § 218 b Abs 1 StGB,
– verfälschte Röntgenbilder.[21]

8   Die unrichtige Angabe der Todesursache auf dem **Totenschein** (zB „natürlicher" anstatt „nicht natürlicher" Tod) ist **nicht** nach § 278 StGB strafbar,[22] da diese Erklärung nicht die „Gesundheit" betrifft, doch greifen insoweit zum einen die allgemeinen Strafbestimmungen (Strafvereitelung, versuchte Strafvereitelung gemäß § 258 Abs 1, Abs 4, §§ 164, 271 StGB), zum anderen teilweise landesrechtliche Bußgeldvorschriften ein (zB § 32 Nr 3 BW BestattG; Art 18 Abs 1 Nr 7 BayBestG).[23]

9   **Unrichtig ist das Gesundheitszeugnis,** wenn wesentliche Feststellungen, zB einzelne Befunde[24] (durch Vertauschen einer Blutprobe),[25] die Vornahme einer bestimmten Unter-

---

[12] *Tröndle/Fischer*, 53. Aufl, § 278 RdNr 3.
[13] BGHSt 43, 346, 353; s dazu *Detter* JA 98, 535; *Rigizahn* JR 1998, 523.
[14] RGSt 33, 293, 295; RG GA 54, 293.
[15] BGHSt 6, 90.
[16] RGSt 24, 284; RG GA 43, 385.
[17] LG Ansbach, Urteil v 19. 3. 1987 – Js 4073/86.
[18] BGHSt 5, 75.
[19] RGSt 33, 293; BGHSt 10, 159.
[20] Siehe Bericht der SZ v 19. 3. 2008, S 41.
[21] Offengelassen in BGHSt 43, 346, 352.
[22] RGSt 65, 78; *Fischer*, § 277 RdNr 3; *Schönke/Schröder/Cramer/Heine*, § 277 RdNr 2.
[23] Siehe dazu auch § 133 RdNr 16.
[24] BGHSt 10, 157 f.
[25] OLG Oldenburg NJW 1955, 761.

suchung,[26] die tatsächlichen Grundlagen des Gutachtens, nicht im Einklang mit den Tatsachen oder anerkannten Lehren der medizinischen Wissenschaft stehen, mag auch die *Gesamt*beurteilung des Gesundheitszustandes des Patienten im Ergebnis letztlich zutreffend sein. Unterlässt daher ein Arzt zB im Rahmen der Prüfung der Haftfähigkeit eines Gefangenen eine Blutuntersuchung, die ihm eine absolut sichere Diagnosegrundlage verschafft hätte, so ist das Gesundheitszeugnis allein deshalb noch nicht unrichtig, wenn das ärztliche Gesundheitsbild im ganzen stimmt.[27] Dabei spielt es keine Rolle, ob die Falschbeurkundung zum Vor- oder Nachteil des Untersuchten erfolgt.[28] Zweifelhaft ist die Frage, ob ein ärztliches Attest nicht nur dann inhaltlich unrichtig ist, wenn der bezeugte Befund oder die beschriebene Krankheit den Tatsachen widerspricht, sondern auch dann, wenn – trotz zutreffender Diagnose – dem Gesundheitszeugnis **keine körperliche ärztliche Untersuchung** des Patienten zu Grunde liegt. Mit Rücksicht auf den teleologischen Grundgedanken der Vorschrift des § 278 StGB, wonach das Vertrauen in die Richtigkeit ärztlicher Bescheinigungen geschützt werden soll, erscheint es gerechtfertigt, den Tatbestand extensiv zu interpretieren.[29] Danach ist im Regelfall ein Zeugnis auch dann unwahr, „wenn darin ein Befund bescheinigt wird, ohne dass der Arzt überhaupt eine Untersuchung des Patienten vorgenommen hat".[30] Denn „ein Zeugnis, das ein Arzt ohne Untersuchung ausstellt, ist als Beweismittel ebenso wertlos wie das Zeugnis, das nach Untersuchung den hierbei festgestellten Gesundheitszustand unrichtig darstellt",[31] da in beiden Fällen der Arzt seine Überzeugung nicht aus ernsthaften Bemühungen und objektiven Erkenntnissen oder Erfahrungen gewonnen hat.

Der Grundsatz pflichtgemäßer eigener ärztlicher Untersuchung des Patienten gilt jedoch nicht ausnahmslos, vielmehr kann darauf unter besonderen Voraussetzungen verzichtet werden, ohne das ärztliche Zeugnis unrichtig zu machen. Wenn der Arzt nämlich „seinen Patienten für vertrauenswürdig und intellektuell befähigt hält, seine Beschwerden anschaulich zu schildern", und „sich die Symptome widerspruchsfrei in ein bestimmtes Krankheitsbild" einfügen, so darf er auch „allein aufgrund der telefonischen Angaben" des Patienten oder vernünftiger Angehöriger ein Attest für eine Behörde oder Versicherung ausstellen, zumal dies nach der GOÄ liquidationsfähig ist.[32] Dabei sollte der Arzt zur eigenen Sicherheit allerdings das Attest mit dem Zusatz versehen: „nach den **glaubhaften telefonischen Angaben** des ..., bestätigt von seiner Ehefrau ..." oä. Entscheidend für die Frage der Richtigkeit oder Unrichtigkeit des ärztlichen Zeugnisses ist also nicht die körperliche Untersuchung des Patienten, sondern der Umstand, dass der Arzt (oder die sonstige Medizinalperson) „eine tragfähige und – was die Erwartung Dritter in die Zuverlässigkeit ärztlicher Atteste angeht – vertrauenswürdige Beurteilungsgrundlage" für seine Prüfung und die in dem Gesundheitszeugnis niedergelegte Überzeugung hat.[33] Deshalb wird man bei einer Arbeitsunfähigkeits-**Folge**bescheinigung auf eine Untersuchung verzichten dürfen, wenn diese vor der ersten Ausstellung erfolgt ist und der geschilderte Krankheitsverlauf medizinisch nachvollziehbar ist.[34] Die gegenteilige Auffassung würde den Tatbestand überdehnen.

---

[26] RGSt 74, 229.
[27] OLG Zweibrücken (Fn 1) S 468 m krit Anm *Otto* JR 1982, 296.
[28] LK-*Tröndle*, § 278 Anm 1.
[29] AA *Geilen*, FA Medizinrecht, Kap 4 B RdNr 585, hält weite Auslegung für bedenklich.
[30] OLG Zweibrücken (Fn 2) S 467, 468.
[31] RGSt 74, 229, 231; ebenso: BGHSt 6, 90; BGH GesR 07, 409 = MedR 07, 248 f = wistra 07, 143, 144; OLG München NJW 1950, 796; *Schönke/Schröder/Cramer/Heine* § 278 RdNr 2; *Lackner/Kühl*, § 278 RdNr 2; krit *Otto* JR 1982, 296.
[32] OLG Frankfurt NJW 1977, 2128, 2129; OLG Düsseldorf MDR 1957, 372; *Fischer* § 278 RdNr 3; LK-*Tröndle*, StGB, 11. Aufl, 1992 ff, § 278 Anm 1.
[33] OLG Zweibrücken (Fn 1) S 468.
[34] Offen gelassen von BGH GesR 07, 409.

III. Täterkreis

11 Täter des § 278 StGB können nur Ärzte (§ 13 BÄO), Zahnärzte und andere approbierte Medizinalpersonen, zB Hebammen,[35] Heilpraktiker,[36] Krankenpfleger und Krankenschwestern,[37] medizinisch-technische Assistenten,[38] Masseure, medizinische Bademeister und Krankengymnasten sein.[39] Überschreitet die Medizinalperson offensichtlich bei der Ausstellung des Gesundheitszeugnisses ihre beruflichen Kompetenzen, so greift § 278 StGB wegen des fehlenden Beweiswerts der Bescheinigung nicht ein.[40] § 278 StGB ist somit ein **echtes Sonderdelikt,** dh die Täterqualifikation ist ein **strafbegründendes „besonderes persönliches Merkmal"** im Sinne des § 28 Abs 1 StGB mit der Folge, dass Dritte im Fall der Teilnahme als Anstifter und Gehilfen nach § 49 Abs 1 StGB milder zu bestrafen sind. Dagegen bleiben „Außenseiter" (zB Patienten), die den Arzt getäuscht und dadurch ein unrichtiges Gesundheitszeugnis bewirkt haben, nach § 278 StGB straflos, doch kommt insoweit der Tatbestand des § 279 StGB zum Zuge.

12 Ist der Arzt, der das unrichtige Gesundheitszeugnis ausstellt, ein **Amtsträger** (§ 11 Abs 2 Nr 2 StGB), zB ein Amtsarzt, greift § 348 StGB als lex specialis für amtliches Handeln ein. Ist der Täter nicht approbiert, so kommt nur § 277 StGB in Betracht. § 278 StGB findet dagegen auch Anwendung, wenn der Arzt (oder eine andere approbierte Medizinalperson) gerade zu der Behörde in einem festen Dienstverhältnis steht, der das Gesundheitszeugnis vorgelegt werden soll. Denn das Gesetz unterscheidet „nicht, in wessen Auftrag der Arzt das Zeugnis ausstellt und von wem und in welcher Weise er dafür entlohnt wird".[41] Der Wortlaut des § 278 StGB („zum Gebrauch bei einer Behörde") steht also nicht entgegen, und Sinn und Zweck des Gesetzes verlangen gerade in solchen Fallgestaltungen strafrechtlichen Schutz.

13 Voraussetzung für die Anwendbarkeit des § 278 StGB ist allerdings immer, dass der Täter das unrichtige Gesundheitszeugnis gerade **in seiner Eigenschaft als Arzt** (oder andere approbierte Medizinalperson) ausgestellt hat. Eine unwahre Bescheinigung, die „der Arzt nicht als solcher, sondern zB als Vater seines Sohnes ausstellt, um für diesen Dispens in der Schule zu erlangen", fällt nicht unter den Tatbestand des § 278 StGB.[42]

IV. Subjektiver Tatbestand

14 Der subjektive Tatbestand des § 278 StGB setzt ein Handeln „wider besseres Wissen", also bezüglich der inhaltlichen Unrichtigkeit des Gesundheitszeugnisses **dolus directus** voraus. Der Arzt muss demnach wissen, dass sein Attest in irgendeinem Punkte falsch ist, und dies auch wollen. Dagegen genügt hinsichtlich der übrigen Tatbestandsmerkmale, also bezüglich der Eigenschaft, als Arzt oder approbierte Medizinalperson zu handeln, des Vorliegens eines Gesundheitszeugnisses und des Verwendungszwecks dolus eventualis, dh die Vorstellung, dass das Gesundheitszeugnis möglicherweise „zum Gebrauch bei einer Behörde oder Versicherungsgesellschaft", etwa zur Vorlage beim Kreiswehrersatzamt, bei einer Ortskrankenkasse oder Berufsgenossenschaft[43] bestimmt ist.

15 Glaubt der Arzt, das von ihm erstellte Gesundheitszeugnis sei richtig, oder nimmt er an, nur die Ausstellung unrichtiger Gesundheitszeugnisse zum Gebrauch bei Behörden,

---

[35] §§ 4, 6 HebammenG v 4. 6. 1985, BGBl I, 902.
[36] Gesetz über die berufsmäßige Ausübung der Heilkunde ohne Bestallung – Heilpraktikergesetz v 17. 2. 39 – RGBl I 251; ÄndG v 2. 3. 74 – BGBl I 469, 550.
[37] KPflG v 16. 7. 2003, BGBl I S 1442; OLG Bremen GA 1955, 277.
[38] G v 8. 9. 1971, BGBl I 1515.
[39] G v 21. 12. 1958, BGBl I 985.
[40] *Schönke/Schröder/Cramer,* § 278 RdNr 2; *Tröndle/Fischer,* § 278 RdNr 1; OLG Bremen aaO.
[41] BGHSt 10, 157, 160.
[42] *Frank,* StGB, 18. Aufl 1931, § 278 Anm 1.
[43] RGSt 74, 270 m Anm *Mezger* DR 1940, 2060; *Schönke/Cramer/Heine,* § 278 RdNr 6.

nicht aber zur Vorlage bei Versicherungsgesellschaften sei verboten, so liegt ein **Tatbestandsirrtum** vor,[44] der den Vorsatz und damit die Strafbarkeit nach § 278 StGB selbst bei Vermeidbarkeit der Fehlvorstellung entfallen lässt (§ 16 Abs 1 StGB). Hierzu zwei **Beispiele aus der Praxis:**

(1) Zur Vorlage bei der Krankenversicherung bescheinigte der angeklagte Arzt seinem Patienten Arbeitsunfähigkeit, obwohl dieser, ein freiberuflich tätiger Tierarzt, in seiner Praxis gelegentlich Rezepte ausfüllte und die Arzthelferinnen überwachte. Nach den versicherungsvertraglichen Bestimmungen sollte Arbeitsunfähigkeit nur vorliegen, wenn der „Erkrankte seine berufliche Tätigkeit nach medizinischem Befund vorübergehend in keiner Weise ausüben kann, der selbstständig oder freiberuflich Tätige auch nicht mitarbeitend, leitend oder aufsichtsführend". Staatsanwaltschaft und Amtsgericht sahen deshalb das Gesundheitszeugnis als unrichtig an. **16**

Ob diese rechtliche Würdigung objektiv zutreffend ist, mag dahinstehen. Jedenfalls war dem Arzt nicht zu widerlegen, dass er den Begriff der „Arbeitsunfähigkeit" nicht als vollständige „Tätigkeitsabstinenz", sondern als Unfähigkeit zur Ausübung berufstypischer Tätigkeit verstand. Daher fehlte ihm jedenfalls das Bewußtsein, ein unrichtiges Gesundheitszeugnis auszustellen, und damit schied ein Handeln „wider besseres Wissen" aus.[45] **17**

(2) In einem anderen Fall hatten die Ärzte in einem Schreiben an die Polizei einen „Verwahrungsantrag" gestellt und darin die Schädelverletzungen des Patienten nicht erwähnt. Dies wurde vom Sachverständigen als Pflichtverstoß gerügt, worauf die Staatsanwaltschaft gegen die Verantwortlichen Anklage wegen Verstoßes gegen § 278 StGB erhob. Mit Recht hat jedoch das Amtsgericht das Hauptverfahren nicht eröffnet, da keinerlei Anhaltspunkte dafür vorlagen, dass die fehlende Angabe der Schädelverletzung auf einem bewussten und gewollten „Verschweigen" und nicht nur auf einem versehentlichen „Vergessen" beruhte.[46] **18**

Bescheinigt der Täter dagegen einen zutreffenden Befund, den er mangels körperlicher Untersuchung des Patienten überhaupt nicht festgestellt hatte, glaubt aber, die fehlende Untersuchung mache das Attest nicht unrichtig, so liegt ein – vermeidbarer – **Verbotsirrtum** vor.[47] Dasselbe gilt, wenn der Arzt meint, es komme nur auf die richtige Gesamtbeurteilung an, während Einzelbefunde „erdichtet und gefälscht" sein könnten.[48] **19**

V. Konkurrenzen, Strafmaß, Verjährung

Zwischen § 348 StGB und § 278 StGB besteht Gesetzeskonkurrenz mit Vorrang des § 348 StGB. Tateinheit kommt mit §§ 133, 136 Abs 1, 218 b Abs 1 S 2, 258 StGB in Betracht.[49] Gegenüber § 263 StGB stellt § 278 StGB meist nur eine Vorbereitungshandlung dar, so dass Tatmehrheit vorliegt, jedoch ist auch Idealkonkurrenz mit Betrugsbeihilfe denkbar.[50] **20**

Der Strafrahmen sieht Geldstrafe oder Freiheitsstrafe bis zu zwei Jahren vor, wobei § 41 StGB zu beachten ist. Danach kann neben einer Freiheitsstrafe ausnahmsweise zusätzlich eine Geldstrafe verhängt werden, wenn der Täter sich durch die Tat bereichert oder zu bereichern versucht hat und eine solche **kumulative Geldstrafe** unter Berücksichtigung seiner persönlichen und wirtschaftlichen Verhältnisse angebracht ist. **21**

Die Tat des § 278 StGB verjährt in 5 Jahren (§ 78 Abs 3 Nr 4 StGB).

---

[44] Vgl OLG Frankfurt (Fn 29) S 2129.
[45] LG Ansbach, Urteil v 16. 3. 1987 – Js 4073/86.
[46] AG Landshut, Beschluss v 30. 6. 1981, Ls 12 Js 11101/80.
[47] RGSt 74, 229, 231.
[48] BGHSt 10, 157, 161.
[49] OLG Oldenburg NJW 1955, 761 betr § 258 StGB; *Fischer*, § 278 RdNr 8.
[50] *Fischer*, § 278 RdNr 8.

§ 147 Strafbare Verschreibung von Betäubungsmitteln

Inhaltsübersicht

	RdNr
I. Ärztliche Verschreibung, Verabreichung oder Überlassung von Betäubungsmitteln	1
1. Gesetzeszweck	1
2. Das Ärzteprivileg des § 13 BtMG	2
3. Begriffsbestimmungen	4
a) Verschreiben	4
b) Verabreichen	5
c) Überlassen	6
d) Begründetheit der Behandlung	7
II. Rechtsfolgen vorschriftswidriger ärztlicher Verschreibung, Verabreichung oder Überlassung von Betäubungsmitteln	12
1. Strafbarkeit des Arztes nach § 29 Abs 1 S 1 Ziffer 6 a und b, Abs 3, Abs 4 BtMG	12
a) Echtes Sonderdelikt	12
b) Objektiver Tatbestand	13
c) Ambulante Substitutionstherapie	14
d) Subjektiver Tatbestand	18
e) Einwilligung des Patienten	19
f) Irrtumsfälle	20
g) Versuchsstrafbarkeit	21
h) Strafschärfungen und -minderungen	22
2. Strafbarkeit nach § 29 Abs 1 S 1 Ziffer 14 BtMG	24
3. Ordnungswidrigkeiten	26
4. Strafbarkeit des Arztes nach §§ 222, 223 ff, 229 StGB	27
a) Vorsätzliche und fahrlässige Körperverletzung	27
b) Einwilligung in ein Tun oder Unterlassen	31
c) Das Prinzip der Selbstverantwortung und seine Folgen	34

Schrifttum: AIFO 1992, 86: Richtlinien der Ärzte und Krankenkassen zur Methadon-Substitutionsbehandlung, 1993; *Amelung,* Zur Verantwortlichkeit Drogenabhängiger für Selbstschädigungen durch den Gebrauch von Suchtstoffen, NJW 1996, 2393 ff; *Arzt,* Zur Abgrenzung der Einwilligung in eine Fremdgefährdung von der Selbstgefährdung, Anm z BGH v 26. 5. 2004 – 2 StR 505/03, JZ 2005, 100; *Bienik,* Entkriminalisierung von Drogenabhängigen durch Substitutionsbehandlung, 1993; *Böllinger,* Ambulante Substitutionsbehandlung Heroinabhängiger durch den niedergelassenen Arzt: Macht er sich strafbar?, MedR 1989, 290 ff; *ders,* Strafbarkeit des Arztes und §§ 223, 230 StGB wegen ambulanter Substitutionsbehandlung Drogenabhängiger, JA 1989, 403 ff; *v Bülow,* Ansätze und Perspektiven bundesdeutscher Drogentherapie, ZRP 1990, 21 ff; *Dähne,* Klinische Prüfung mit Betäubungsmitteln, MedR 2003, 547; *Dannecker/Stoffers,* Anmerkung zu BayObLG, Strafverteidiger 1993, 642 ff; *Dölling,* Fahrlässige Tötung bei Selbstgefährdung des Opfers, GA 1984, 71 ff; *Ebermayer,* Zivil- und strafrechtliche Haftung des Arztes für Kunstfehler, 1918; *Endriß/Malek,* Betäubungsmittelstrafrecht, 1986; *Forster* (Hrsg), Praxis der Rechtsmedizin, 1986, Stichwort „Betäubungsmittel"; *Franke/Wienroeder,* Betäubungsmittelgesetz. Kommentar anhand der höchstrichterlichen Rechtsprechung, 2. Aufl 2001; *Freund/Klapp,* Kausalität und Abgrenzung zwischen bewusster Fahrlässigkeit und bedingtem Vorsatz bei Herbeiführung einer Sucht infolge einer Substitutionsbehandlung, Anm z BayObLG v 28. 8. 2002, 5 StRR 179/02, JR 2003, 431; *Gerchow,* Rechtsstellung des Arztes und ärztliche Verschreibungspraxis bei Drogenabhängigen, Suchtgefahren 1978, 129 ff; *ders,* Rechtsfragen zur ärztlichen Verschreibungspraxis bei Drogenabhängigen, HessÄBl 1987, Heft 7; *Haffke,* Gesundheitsbegriff und Neokorporatismus, dargestellt am Beispiel der Auseinandersetzung über die rechtliche Zulässigkeit der Substitutionsbehandlung Drogenabhängiger, MedR 1990, 243 ff; *Hellebrand,* Polamidonbehandlung Opiatabhängiger durch niedergelassene Ärzte?, MedR

23. Kapitel. Der Arzt im Strafrecht § 147

1989, 222 ff; *ders,* Einsatz der Staatsanwaltschaft im Glaubenskrieg; § 13 BtMG und das Methadon-Modellvorhaben in NRW, ZRP 1989, 161 ff; *ders,* Wende im Methadon-Glaubenskrieg?, ZRP 1991, 414 ff; *E v Hippel,* Drogen- und Aids-Bekämpfung durch Methadon-Programme, ZRP 1988, 289 ff; mit Erwiderung von *Winkler,* ZRP 1989, 112; *Horn,* Anmerkung zu OLG Zweibrücken, JR 1995, 304 f; *Hügel/Junge/Lander/Winkler,* Deutsches Betäubungsmittelrecht, 7. Aufl 2000; *Joachimski/Haumer,* Betäubungsmittelrecht, 7. Aufl 2002; *Kamps,* Arzt- und kassenarztrechtliche Probleme bei der Behandlung von Suchtkranken, MedR 1984, 167 ff; *Köhler,* Selbstbestimmung und ärztliche Therapiefreiheit im Betäubungsmittelstrafrecht, NJW 1993, 762; *Körner,* Betäubungsmittelgesetz, 6. Aufl 2007; *ders,* Kann die Verweigerung der Substitution eine Körperverletzung darstellen?, MedR 1993, 257 ff; *ders,* Anmerkung zu BayObLG MedR 1995, 329; *ders,* Anmerkung zu OLG Zweibrücken, MedR 1995, 331 f; *A Kreuzer* (Hrsg), Handbuch des Betäubungsmittelstrafrechts, 1997; *ders,* Drogenkontrolle zwischen Repression und Therapie, NStZ 1998, 218; *ders,* Anmerkung zu BGH-Urteil v 8. 5. 1979 – 1 StR 118/79 – NJW 1979, 2357; *ders,* Erschleichen ärztlicher Verschreibungen, MedKlin 1974, 252 ff; *ders,* Drogen und Delinquenz, 1975, S 275 ff; *Kühne,* Methadon: Letzte Hilfe im Drogenelend, ZRP 1989, 1 ff mit Erwiderung von *v Hippel,* ZRP 1989, 311 f und *Bruns,* ZRP 1989, 192; *ders,* Kein Ende der Methadon-Debatte, NJW 1992, 1547 ff; *Laufs/Reiling,* Anmerkung zu BGH, Beschluss v 17. 5. 1991, JZ 1992, 103, 105 f; *Lundt/Schiwy,* Betäubungsmittelrecht-Suchtbekämpfung, Loseblatt, Stand 1989; *Moll,* Strafrechtliche Aspekte der Behandlung Opiatabhängiger mit Methadon und Codein, 1990; *ders,* Anm zu BGH NJW 1991, 2359 in NJW 1991, 2334; *Pelchen,* in: *Erbs/Kohlhaas,* Strafrechtliche Nebengesetze, BtMG; *Pfeil/Hempel/Schiedermair/Slotty,* Betäubungsmittelrecht, 1987; *D Pfeil ua,* Betäubungsmittelrecht, Kommentar mit Textsammlung, 1990; *Püschel/Teichner,* Hamburger Rechtsprechung zur unzulässigen Verschreibung von Betäubungsmitteln, HambÄBl 1984, Heft 5; *Rieger,* Lexikon des Arztrechts, 1984, RdNr 408 ff („Betäubungsmittelrecht"); *Schied,* Rechtsfragen zur ärztlichen Verschreibungspraxis, 1986; *Schmidt,* Fragen des Betäubungsmittelstrafrechts, MDR 1993, 1148; *Schneider/v Karger,* Probleme medikamentengestützter Therapie Drogenabhängiger, 1989; *Scholz,* Ärzte als Angeklagte, Strafverfahren wegen Vergehens gegen das BtMG, in: Die Berliner Ärztekammer, 1975, S 312 ff; *Schumacher,* Methadon als Ersatzdroge? Die Suchtstoffsubstitution aus strafrechtlicher Sicht, 1989; *Soyka/Hippius,* Substitutionsbehandlung Drogenabhängiger mit Methadon, MMW 1990, 689 ff; *Ulsenheimer,* Arztstrafrecht in der Praxis, 4. Aufl 2008; § 10 RdNr 392 ff; *Weber,* Suchtmittelsubstitution, in: *Roxin/Schroth* (Hrsg), Hb des Medizinstrafrechts, 3. Aufl 2007, 232; *ders,* BtMG (Kommentar), 2. Aufl 2003; *Winkler,* Zur Strafbarkeit des Arztes gemäß § 11 Abs 1 Nr 9 BtMG, in: Suchtgefahren Bd 26 (1980), 28 ff mwN; *ders,* Rechtliche Grenzen der Verschreibung von zentral wirksamen Medikamenten an Drogenabhängige und Suchtgefährdete, 1986.
Siehe auch die Literaturangaben bei § 134.

I. Ärztliche Verschreibung, Verabreichung oder Überlassung von Betäubungsmitteln

1. Gesetzeszweck. Ziel des Betäubungsmittelgesetzes ist der Gesundheitsschutz, der 1 durch die strenge Bindung des Betäubungsmittelerwerbs „im Rahmen eines ärztlichen Heilverfahrens" an die absolute medizinische Indikation und an den ausschließlichen „Zweck der Heilung – einschließlich der Schmerzlinderung" gewährleistet wird. „Damit soll der Entstehung einer Sucht entgegengewirkt und ferner verhindert werden, dass eine bereits bestehende Sucht durch Verschreibungen unter Nichtbeachtung oder nicht hinreichender Beachtung des Standes der ärztlichen Wissenschaft oder durch Vorratsverschreibungen gefördert wird."[1] Der Gesetzgeber hat deshalb Regelungen über die Form der Verschreibung, über die darin aufzunehmenden Angaben und über die Tageshöchstmengen getroffen und Verstöße hiergegen strafbewehrt. Es war sein erklärtes Ziel, „Mißbräuchen der Verschreibung mit allen Mitteln entgegenzuwirken" und es insbesondere nicht „der freien Entscheidung des Arztes" anheimzugeben, „ein medizinisch indiziertes Betäubungsmittel auch bei erkennbarer Gefahr der missbräuchlichen Verwendung zu verschreiben".[2]

---

[1] BGHSt 29, 6, 10; BGHSt 37, 383, 384.
[2] BGHSt 29, 6, 11.

2. Das Ärzteprivileg des § 13 BtMG. Gemäß § 3 BtMG bedarf daher jeder, der Betäubungsmittel anbaut, herstellt, mit ihnen Handel treibt, sie einführt, ausführt, abgibt, veräußert, sonst in Verkehr bringt oder erwirbt, einer **Erlaubnis des Bundesinstituts für Arzneimittel und Medizinprodukte** (Verbot mit Erlaubnisvorbehalt). Eine **Ausnahme** von dieser grundsätzlichen Erlaubnispflicht gilt für − **vollapprobierte** − **Ärzte,** da sie von Berufs wegen bei der Krankenbehandlung mit Betäubungsmitteln umgehen müssen und angesichts ihrer Funktion und Qualifikation im Regelfall das besondere Vertrauen rechtfertigen, hierbei die nötige Sorgfalt und Gewissenhaftigkeit walten zu lassen. Ist diese Annahme im konkreten Fall unbegründet, zB weil ein süchtiger Arzt sich selbst zum Eigengebrauch ohne sachliche Berechtigung ein Betäubungsmittel verschreibt, so stellt dies einen Erwerb ohne Erlaubnis und damit einen nach § 29 Abs 1 S 1 Nr 1 BtMG strafbaren Verstoß gegen § 3 Abs 1 Nr 1 BtMG dar.[3] § 4 Abs 1 Nr 3 a BtMG greift hier nicht ein, da nur der äußere Schein, nicht aber eine echte Verschreibung vorliegt (zum Begriff der Verschreibung siehe unten II. 1). Auch ein in der Substitutionsbehandlung tätiger Arzt ist von der Erlaubnispflicht gem § 3 BtMG nicht befreit und daher nach § 29 Abs 1 Nr 1 BtMG strafbar, wenn und soweit er Betäubungsmittel außerhalb des Anwendungsbereichs von § 13 Abs 1 BtMG, § 5 BtMVV an drogenabhängige Patienten zur freien Verfügung abgibt.[4]

Die **ärztliche Rezeptier- und Behandlungsfreiheit** ist jedoch sachlich in doppelter Weise **begrenzt,** nämlich einmal durch einen enumerativen Katalog der verschreibungsfähigen Betäubungsmittel sowie bestimmte Verschreibungsgrundsätze bzw -hindernisse (§ 13 Abs 1 Satz 3, Abs 3 BtMG), zum anderen durch die Voraussetzung, dass die Anwendung der zugelassenen Betäubungsmittel „am oder im menschlichen Körper begründet" sein muss (§ 13 Abs 1 Satz 1 BtMG). Um welche Mittel es sich dabei im Einzelnen handelt, welche Modalitäten bei ihrer Abgabe eingehalten und welche Aufzeichnungen und Maßnahmen zur Sicherheit und Kontrolle des Betäubungsmittelverkehrs vorgenommen werden müssen, ergibt sich aus der auf der gesetzlichen Ermächtigung des § 13 Abs 3 BtMG beruhenden Betäubungsmittel-VerschreibungsVO vom 20. 1. 1998.[5] Danach sind verschreibungsfähig nur die in Anlage III des BtMG und in § 2 Abs 1 BtMVV genannten Betäubungsmittel, während die Verschreibung, Verabreichung oder Überlassung der in den Anlagen I und II des Betäubungsmittelgesetzes genannten Betäubungsmittel schlechthin verboten ist (§ 13 Abs 1 S 3 BtMG).

3. Begriffsbestimmungen. a) Verschreiben. Nach dem Wortlaut des Betäubungsmittelgesetzes ist unter Berücksichtigung der von ihm verfolgten Zwecke und der in den medizinischen Fachkreisen bestehenden Auffassung unter dem Begriff der **ärztlichen Verschreibung** nur eine solche zu verstehen, die der Arzt selbst (§§ 2 Abs 1, 5 Abs 1 BtMVV) entsprechend den Vorschriften der Betäubungsmittel-VerschreibungsVO ausgestellt hat und die sachlich begründet ist.[6] Eine nur äußerlich ordnungsgemäße, in Wirklichkeit aber falsche, gefälschte, erschlichene oder sonst der Umgehung gesetzlicher Bestimmungen dienende Verschreibung genügt nicht.[7] Die Verschreibung muss vielmehr persönlich und schriftlich von einem im Inland approbierten Arzt nach Prüfung des Einzelfalles ausgestellt sein und die Anweisung an den Apotheker enthalten, an einen bestimmten Kranken ein bestimmtes Betäubungsmittel zu bestimmten Bedingungen auszuhändigen.[8] Unzulässig ist daher die Verschreibung eines Betäubungsmittels durch Hilfskräfte des behandelnden Arztes oder einen Heilpraktiker. Auch für den Polizei- und

---

[3] *Körner* BtMG, 5. Aufl 2001, § 29 RdNr 1202; s auch oben § 134.
[4] BGHSt 52, 271 ff = NJW 08, 2596 = GesR 08, 480.
[5] BtMVV BGBl I 1998, 74, wiederholt geändert, letzmals am 26. 7. 2007 durch das GKV-Wettbewerbsstärkungsgesetz – GKV-WSG.
[6] BGHSt 9, 370, 372 f; OLG Braunschweig NJW 1989, 1587, 1588.
[7] BGHSt 9, 370 f, 373; 1, 318; RGSt 62, 369; 64, 145; 73, 392; aA OLG Hamburg MDR 1950, 177.
[8] RGSt 62, 281, 284.

Betriebsarzt gelten die Vorschriften der BtMVV bei der Krankenbehandlung bzw bei der Deckung des Praxisbedarfs.

b) Verabreichen. Unter **Verabreichen** fallen alle Formen des Einführens von Betäubungsmitteln in den Patienten, zB durch Injektionen, Infusionen, Inhalation, Intubation, Eingabe von Tabletten oder Einnahme betäubungsmittelhaltiger Speisen oder Getränke.[9] Wie sich aus dem Wortlaut des § 13 Abs 1 Satz 1 BtMG „im Rahmen einer ärztlichen Behandlung" ergibt, muss die Verabreichung nicht durch den Arzt selbst erfolgen, sondern kann auch auf seine Weisung durch Hilfspersonen oder Pflegekräfte vorgenommen werden. 5

c) Überlassen. Dasselbe gilt für das „**Überlassen zum unmittelbaren Verbrauch**". Die Formulierung „unmittelbar" soll hier klarstellen, dass – ebenso wie beim Verabreichen – der Patient keine eigene Verfügungsgewalt an dem Betäubungsmittel durch Mitnahme zum späteren Gebrauch erlangt, sondern dieses ausschließlich zur sofortigen Einnahme oder Anwendung dient.[10] 6

d) Begründetheit der Behandlung. Das gesetzliche Tatbestandsmerkmal der **Begründetheit** der Behandlung mit einem Betäubungsmittel ist in der Betäubungsmittel-VerschreibungsVO nicht verbindlich definiert, sondern ergibt sich „mit der nach Art 103 Abs 2 GG gebotenen Bestimmtheit aus der Aufgabe des Arztes" sowie „Inhalt und Zweck aller für das Verschreiben eines Betäubungsmittels geltenden Beschränkungen",[11] ist also durch Auslegung zu ermitteln, „die den Arzt als Adressaten der Strafnorm klar erkennen lässt, unter welchen Voraussetzungen er sich durch das Verschreiben" eines Betäubungsmittels strafbar macht.[12] Dabei sind an die Erfüllung des Tatbestandsmerkmals der Begründetheit „strenge Anforderungen" zu stellen.[13] Die erste – **objektive** – Voraussetzung ist danach die **Eignung** und **Erforderlichkeit** des Betäubungsmittels zur Heilung oder Linderung der Krankheit des Patienten. Maßgebend hierfür sind die Regeln der ärztlichen Kunst, die aber nicht mit der sog Schulmedizin gleichzusetzen sind, da dies medizinisch vertretbare abweichende Auffassungen kriminalisieren und „die Entwicklung neuer Therapien verhindern würde."[14] Kann danach der beabsichtigte Heilzweck auf andere Weise erreicht werden, muss der Arzt „gemäß seiner beruflichen Pflicht, bei seinem gesamten Handeln Gefährdungen des Patienten möglichst zu vermeiden, von der Anwendung eines Betäubungsmittels absehen".[15] Der Arzt muss von zwei möglichen Vorgehensweisen stets die wirksamere und weniger gefährliche Methode wählen, es sei denn, es liegen besondere Sachzwänge für das Eingehen eines höheren Risikos vor.[16] 7

Aus der ärztlichen Fürsorgepflicht gegenüber dem Patienten folgt darüber hinaus, dass der Arzt „im Interesse des vom Betäubungsmittelgesetz bezweckten Gesundheitsschutzes" soweit wie möglich das Entstehen oder Erhalten einer Betäubungsmittelabhängigkeit ausschließen muss.[17] Der Gesetzgeber hat es deshalb nicht „der freien Entscheidung des Arztes überlassen, ein medizinisch indiziertes Betäubungsmittel auch bei erkennbarer Gefahr der missbräuchlichen Verwendung zu verschreiben",[18] sondern verlangt nach dem in § 13 Abs 1 S 2 BtMG verankerten Subsidiaritätsprinzip für seinen Einsatz eine „ultima-ratio-Indika- 8

---

[9] *Körner* (Fn 3) § 29 RdNr 1250 ff mit eingehenden Hinweisen.
[10] Amtl Begr, BT-Drucks 8/3551, 32.
[11] BGHSt 29, 6, 8, 9; s dazu auch 37, 383, 384 f = BGH NStZ 1991, 439, 440.
[12] BGHSt 37, 383, 385.
[13] BGHSt 37, 383, 384.
[14] BGH NStZ 1991, 439, 440.
[15] BGHSt 29, 6, 9; jetzt ausdrücklich gesetzlich klargestellt durch § 13 Abs 1 Satz 2 BtMG.
[16] BGH NJW 1987, 2927; *Ulsenheimer*, Arztstrafrecht, RdNr 19 e.
[17] BGHSt 37, 383, 384.
[18] BGHSt 29, 6, 11; VGH München NJW 1985, 2211; OVG Münster MedR 1989, 44, 45.

tion": es ist zu prüfen, ob der verfolgte therapeutische Zweck im konkreten Fall nicht auf andere Weise (als durch Einsatz eines Betäubungsmittels) erreicht werden kann. In diesem Rahmen gilt die ärztliche Therapiefreiheit, die dem Arzt einen Beurteilungsfreiraum bezüglich des noch Vertretbaren lässt. Allein auf die Frage, ob das Leiden des Patienten mithilfe des Betäubungsmittels geheilt oder gelindert werden kann, kommt es daher nicht an. Nach diesen Maßstäben ist auch die in den letzten Jahren vielfach diskutierte Problematik der Zulässigkeit der Verschreibung von Betäubungsmitteln an Suchtkranke zu beurteilen (siehe dazu unter RdNr 14 ff).[19]

9 Da es eine vom Standpunkt des Arztes aus indizierte Verschreibung **ohne ärztliche Untersuchung und ohne ärztliche Diagnosestellung nicht** gibt, darf sich der Arzt bei der Prüfung der Frage, ob eine Verschreibung unumgänglich ist, „nicht auf die Angaben des Patienten verlassen", jedenfalls dann nicht, wenn er ihn überhaupt nicht kennt.[20] „Begründet" ist die Anwendung eines Betäubungsmittels daher nur dann, wenn sich der Arzt durch eine persönliche „Untersuchung von dem Bestehen, von der Art und von der Schwere des behaupteten Krankheitszustands eine eigene Überzeugung" bildet und „sodann aufgrund seiner Diagnose" entscheidet, ob das betreffende Medikament unter Berücksichtigung des Risikos der Selbstschädigung oder Selbstgefährdung des Patienten zur Heilung oder Linderung gerade seines Krankheitszustandes erforderlich ist, wobei den individuellen Gegebenheiten des einzelnen Krankheitsfalles für die Prüfung besondere Bedeutung zukommt.[21] Der Begriff der medizinischen Begründetheit hat also auch eine **subjektive** Komponente. Wenn der Arzt daher einem Patienten, der erstmals in seine Praxis kommt, um in das „Methadon-Programm" aufgenommen zu werden, ohne Feststellung der bei Heroinabusus typischen Entzugserscheinungen oder entsprechenden Anzeichen einer bevorstehenden Entzugssymptomatik allein aufgrund der Behauptung, heroinabhängig zu sein, eine Methadonlösung von 100 mg überlässt, so macht er sich im Falle einer objektiv unzutreffenden Diagnose – bei dem Patienten lag keine Heroinabhängigkeit vor – wegen fahrlässiger Verabreichung von Betäubungsmitteln (§§ 13, 29 Abs 1 Nr 6 b, Abs 4 BtMG i Verb m § 2a BtMVV) strafbar.[22] Außerdem stellen „ärztliche Verschreibungen ohne vorherige Untersuchung, Anamnese, Diagnose, ohne Dokumentation in der Patientenkartei und ohne Verlaufskontrolle der Therapie eine Gesundheitsbeschädigung dar, auch wenn sie vorübergehend beim süchtigen Patienten ein Wohlgefühl hervorrufen".[23]

10 Die medizinische Indikation fehlt somit in allen den Fällen, in denen der Arzt mit der BtM-Verschreibung oder -verabreichung keine Therapieziele, „sondern ausschließlich persönliche Interessen wie übersteigertes Gewinnstreben, sexuelle Gelüste, Abwehr von Erpressungen seiner Patienten oder eigene Suchtinteressen" verfolgt,[24] die gebotene Sorgfalt bei der Behandlung außer acht lässt (mangelnde Überwachung, fehlende Missbrauchskontrolle) oder objektiv keinerlei Indikation vorliegt (zB bei bestehenden Kontraindikationen wie Schwangerschaft, junges Alter, Zuckerkrankheit, Epilepsie ua).[25]

11 Hervorzuheben ist, dass nicht nur die Anwendung des Betäubungsmittels als solches, sondern auch die jeweilige **Menge** im Zeitpunkt der Verschreibung bzw Verabreichung **zwingend indiziert** sein muss.[26] **Vorratsverschreibungen oder Verschreibungen zur Wiederholung** sind daher **unzulässig**, da sie das Entstehen oder den Fortbestand einer

---

[19] Siehe dazu mit grundsätzlichen Überlegungen *Haffke* MedR 1990, 246 f und *Kühne* ZRP 1989, 4 und die übrige in RdNr 14 ff angeführte Rechtsprechung und Literatur.
[20] BayObLG NJW 1970, 529.
[21] BayObLG NJW 1970, 529, 530.
[22] BGH NStZ 1998, 414; s dazu auch *Körner,* aaO, § 13 RdNr 19.
[23] *Körner,* aaO, AMG-Statistiken, S 1817 RdNr 7.
[24] *Körner,* aaO, § 29 RdNr 1196.
[25] *Körner,* aaO, § 29 RdNr 1198; auch bei Medikamenten mit Abhängigkeits- oder sonstigem Gefährdungspotenzial muss der Arzt durch entsprechende Dokumentation einem Missbrauch entgegenwirken (OLG Koblenz VersR 08, 404).
[26] BGH MDR 1979, 773; BGHSt 1, 318; *Körner,* aaO § 13 RdNr 21, § 29 RdNr 1187.

Sucht fördern können.[27] Dadurch und durch die Festlegung von Tageshöchstmengen wird der Gefahr entgegengewirkt, dass der Patient ein für ihn aufgrund eindeutiger Indikation vorgesehenes Betäubungsmittel in gesundheitsschädlichen Überdosen gebraucht.[28]

II. Rechtsfolgen vorschriftswidriger ärztlicher Verschreibung, Verabreichung oder Überlassung von Betäubungsmitteln

1. Strafbarkeit des Arztes nach § 29 Abs 1 S 1 Ziffer 6 a und b, Abs 3, Abs 4 BtMG. a) Echtes Sonderdelikt. Gemäß § 29 Abs 1 Nr 6 BtMG wird mit Freiheitsstrafe bis zu 5 Jahren oder mit Geldstrafe bestraft, wer „entgegen § 13 Abs 1 Betäubungsmittel (a) verschreibt, (b) verabreicht oder zum unmittelbaren Verbrauch überlässt". Aus dem Begriff des Verschreibens folgt, dass Täter des § 29 Abs 1 S 1 Ziffer 6 a nur im Inland approbierte Ärzte, Zahnärzte oder Tierärzte sein können, während für die Tathandlungen nach § 29 Abs 1 S 1 Ziffer 6 b auch jedwede andere Person in Betracht kommt. § 29 Abs 1 S 1 Ziffer 6 a BtMG ist daher ein **echtes Sonderdelikt**, das die begrenzte Freigabe von Betäubungsmitteln für Heilzwecke „vom Bestehen eines anders nicht verfolgbaren Heilungszieles abhängig macht",[29] also den Ultima-ratio-Charakter der ärztlichen Verschreibung eines derartigen Mittels und die Mitverantwortung des Arztes für die Abwehr von Missbrauchsgefahren zur Grundlage hat. Hintergrund ist der Schutzzweck der Vorschriften des Betäubungsmittelrechts, „nicht allein und in erster Linie" Leben und Gesundheit des einzelnen zu bewahren, sondern vor allem Schäden für die Volksgesundheit abzuwenden.[30]

b) Objektiver Tatbestand. Der **objektive** Tatbestand ist erfüllt, wenn die oben (RdNr 7–11) dargelegten objektiven und subjektiven Voraussetzungen für die zwingend gebotene Anwendung eines Betäubungsmittels nicht gegeben sind. Danach ist das Verschreiben, Verabreichen oder Überlassen zum unmittelbaren Verbrauch *unbegründet*, insbesondere wenn

- eine andere, den Patienten weniger gefährdende Heilmaßnahme in Betracht kommt, der Arzt ihn also vermeidbaren Risiken aussetzt (§ 13 Abs 1 Satz 2 BtMG);
- das sich aus den Anlagen I und II des Betäubungsmittelgesetzes ergebende Verschreibungsverbot entgegensteht (§ 13 Abs 1 Satz 3 BtMG);
- nach dem Stand der ärztlichen Wissenschaft das ausgewählte Betäubungsmittel für die Behandlung des Patienten ungeeignet ist (Fehlen der medizinischen Indikation);
- der Arzt kein therapeutisches Ziel (Erhaltung oder Wiederherstellung der Gesundheit) verfolgt;
- keine eingehende ärztliche Untersuchung des Patienten und Diagnosestellung aufgrund exakter Dokumentation der Untersuchungsbefunde vorausgegangen ist und der Arzt dadurch nicht ein „Mindestmaß an Gewißheit vom Vorhandensein, der Art und der Schwere der Krankheit"[31] hat;
- Kontraindikationen (zB Schwangerschaft, Zuckerkrankheit, Leberzirrhose ua) vorliegen;
- dem Arzt die nötige Sachkenntnis zur Anwendung einer Drogentherapie fehlt;
- die Gefahr der missbräuchlichen Verwendung seitens des Patienten erkennbar ist;
- keine ständige und effektive Dosierungs-, Applikations- und Verwendungskontrolle durch den Arzt gegeben und dadurch die Einhaltung der ärztlichen Anweisungen nicht sichergestellt ist.[32]

c) Ambulante Substitutionstherapie. In der Praxis hat angesichts der beängstigenden qualitativen und quantitativen Zunahme der Rauschgiftkriminalität die Frage der Zulässigkeit der **ambulanten Substitutionstherapie** bei suchtkranken Patienten, dh der Verschreibung von Ersatz- oder Ausweichdrogen zur Minderung und Beseitigung der Sucht, in den letzten 20 Jahren erhebliche Bedeutung erlangt. Die Grundsatzentschei-

---
[27] Vgl *Rieger* Lexikon RdNr 409.
[28] BGHSt 29, 6, 10.
[29] BGHSt 29, 6, 10.
[30] BGH MDR 1991, 75, 76.
[31] BayObLG NJW 1970, 529, 530; BGH NStZ 1998, 414 (s RdNr 8).
[32] BGHSt 29, 6, 11.

dung des BGH vom 8. 5. 1979[33] hatte die dem Arzt insoweit zuzubilligende **Risikogrenze** zunächst **restriktiv** gezogen und die ärztliche Begründetheit ambulanter Substitutionstherapien ausdrücklich offengelassen. Danach muss der behandelnde Arzt, „sofern die Heilung eines Opiatsüchtigen durch Anwendung eines substituierenden Suchtmittels überhaupt in Betracht kommt, Vorkehrungen treffen, um die handgreiflich naheliegende Gefahr eines Missbrauchs seiner Verschreibung zu bannen".[34] Ist keine „weniger gefährliche, wissenschaftlich anerkannte ambulante Entziehungstherapie möglich", darf der Gebrauch der Ersatzdroge dennoch nicht unkontrolliert erfolgen, vielmehr muss der Arzt sicherstellen, dass der Patient das Mittel nur unter **seiner Aufsicht** oder unter der **Aufsicht zuverlässiger Hilfspersonen** nimmt.[35]

15   In seiner späteren, ebenfalls grundlegenden Entscheidung[36] vertrat der BGH dann jedoch die Ansicht, der **Wortlaut** des § 13 Abs 1 BtMG lasse die Auslegung zu, „dass eine **sozialmedizinische Indikation** zum Verschreiben ausreicht, zB um den Opiatabhängigen von dem Zwang zur Beschaffungskriminalität zu befreien". Offen blieb allerdings, ob „eine solche Auslegung mit dem Zweck des BtMG, das Entstehen oder Erhalten einer Betäubungsmittelabhängigkeit soweit wie möglich auszuschließen, zu vereinbaren wäre". Jedenfalls aber liege der „Tatbestand des unerlaubten Verschreibens von Betäubungsmitteln nicht schon deshalb vor, weil der Arzt durch die Abgabe der Ersatzdroge gegen die Regeln der Schulmedizin verstoßen" habe,[37] vielmehr beließen die **maßgebenden Regeln der ärztlichen Kunst** ihm im Rahmen seiner Therapiefreiheit gerade auf einem so umstrittenen Gebiet wie hier bei der Verschreibung von Ersatzdrogen an Drogenabhängige „einen von ihm zu verantwortenden Risikobereich".[38] § 29 Abs 1 S 1 Nr 6 a BtMG greift deshalb erst dann ein, wenn diese Risikogrenze „eindeutig überschritten" ist,[39] und zwar unabhängig davon, ob berufs- oder verwaltungsrechtlich ein strengerer Maßstab anzulegen ist. Ausdrücklich hat der BGH insoweit eine Richtlinienkompetenz der Bundesärztekammer sowie die Gleichsetzung des Standes der ärztlichen Wissenschaft mit der Schulmedizin verworfen, da dies die Entwicklung neuer Therapien behindere und die Vertreter abweichender, aber durchaus erwägenswerter Meinungen kriminalisiere. Nicht unerwähnt bleiben soll, dass schon das Reichsgericht das ärztliche Verschreiben von Betäubungsmitteln für zulässig erachtet hat, „wenn es bis zum Beginn eines fest vereinbarten, aber aus äußeren Gründen nicht sofort durchführbaren Heilverfahrens ärztlich angezeigt ist".[40] Zwar spricht nach Ansicht des BGH die „ambulante Betreuung ohne Einbindung des Patienten in ein übergreifendes therapeutisches Behandlungsprogramm im Regelfall gegen die Begründetheit der Anwendung von Ersatzdrogen", doch „sind Ausnahmen denkbar, etwa wenn der Arzt auch bei ambulanter Behandlung die erforderliche strenge Kontrolle gewährleisten kann".[41]

16   Inzwischen hat der Gesetzgeber eingegriffen und die Zulässigkeit der Substitutionstherapie in § 5 BtMVV unter bestimmten, im Einzelnen genau beschriebenen Voraussetzungen anerkannt. § 5 BtMVV enthält zunächst eine umfangreiche Begriffsbestimmung: Substitution bedeutet nicht nur die Anwendung verschreibungsfähiger Betäubungsmittel bei Opiatabhängigkeit mit dem Ziel, diese zu beseitigen und den Gesundheitszustand des Patienten schrittweise zu stabilisieren und zu verbessern, sondern auch die Behandlung einer neben der Opiatabhängigkeit bestehenden schweren Erkrankung und die Veringe-

---

[33] BGHSt 29, 6 ff.
[34] BGHSt 29, 6, 11.
[35] BGHSt 29, 6, 11.
[36] BGHSt 37, 383 ff (384) = BGH NStZ 1991, 439, 440; zur Rechtsprechung und ihrer Entwicklung s *Körner* aaO § 13 RdNr 25 ff mit detaillierten Nachweisen.
[37] BGHSt 37, 383, 385; s oben RdNr 6.
[38] BGHSt 37, 383, 385.
[39] BGHSt 37, 383, 385.
[40] RGSt 62, 369, 386.
[41] BGHSt 37, 383, 386; 29, 6: ausreichende Vorsorge dafür, dass der Patient das Mittel verschreibungsgemäß gebraucht, s RdNr 12.

rung abhängigkeitsbedinger Risiken während der Schwangerschaft oder nach der Geburt (§ 5 Abs 1 Nr 1, 2 und 3 BtMVV). Darüber hinaus enthalten § 5 und § 5 a BtMVV weitere detaillierte Vorschriften im Zusammenhang mit der Verschreibung: das Fehlen von Kontraindikationen, Einbeziehung psychiatrischer und psychotherapeutischer Betreuungsmaßnahmen, Einhaltung von Meldeverpflichtungen, Erfüllung der von den Ärztekammern festgelegten suchttherapeutischen Qualifikation ua.

Die rechtliche Problematik der **Substitutionstherapie** ergibt sich darüber hinaus aus 17 dem Umstand, dass in der Regel die Verschreibung suchtfördernder Arzneimittel an Suchtkranke auch im Falle ihrer Einwilligung eine rechtswidrige Körperverletzung im Sinne der §§ 223 ff StGB darstellt, da dadurch die Sucht vertieft, Therapiemöglichkeiten zerstört oder zumindest erschwert und die Gesundheit des Patienten geschädigt werden können.[42] Im einzelnen siehe hierzu unten RdNr 27 ff.

d) Subjektiver Tatbestand. Der **subjektive Tatbestand** des § 29 Abs 1 S 1 Ziff 6 a 18 und b BtMG verlangt für ärztlich unbegründete **Verschreibungen Vorsatz,** dh der Arzt muss wissen, dass Umstände vorliegen, die die ärztliche Indikation der Verschreibung ausschließen. Für die Annahme eines bewussten und gewollten Verstoßes gegen das Betäubungsmittelgesetz spricht die Inkaufnahme einer missbräuchlichen Verwendung der Verschreibungen durch Verzicht auf effektive Kontrollmaßnahmen.[43] Auch die Verfolgung eines therapeutischen Ziels (Befreiung des Patienten von der Drogenabhängigkeit) ändert nichts daran, dass bei einem bewussten Verstoß gegen die anerkannten Regeln der ärztlichen Kunst zumindest ein bedingt vorsätzlicher Verstoß gegen das Betäubungsmittelgesetz vorliegt. Das **Verabreichen** und **Überlassen** von Betäubungsmitteln zum unmittelbaren Verbrauch ist – anders als das Verschreiben – gem § 29 Abs 4 BtMG auch bei **Fahrlässigkeit** des Arztes strafbar. Ein fahrlässiges ärztliches Verhalten läge zB bei der Verwechslung von Ampullen und Spritzen vor.[44] Der Strafrahmen beträgt Geldstrafe oder Freiheitsstrafe bis zu einem Jahr.

e) Einwilligung des Patienten. Die **Einwilligung** des Patienten kommt als **Recht-** 19 **fertigungsgrund** nicht in Betracht, da das Betäubungsmittelgesetz öffentliche Zwecke (Abwehr von Gefahren, die mit der begrenzten Freigabe von Betäubungsmitteln für Heilzwecke verbunden sind) verfolgt und damit ein überindividuelles Interesse schützt, das der Disposition des einzelnen entzogen ist. Unbeschadet der Frage der Begründetheit im Sinne des § 13 Abs 1 BtMG kann jedoch im Einzelfall, zB bei akuten Entzugserscheinungen mit lebensbedrohlichem Charakter oder bei Selbstmorddrohungen des Patienten, die kurzfristige ambulante Verabreichung einer Ersatzdroge als Übergangstherapie bis zur stationären Aufnahme nach § 34 StGB (Notstand) oder aus dem Gesichtspunkt der **rechtfertigenden Pflichtkollision** zulässig sein.[45]

f) Irrtumsfälle. Zu prüfen bleibt natürlich stets, ob sich der Arzt – gerade in Fällen 20 der Substitutionsbehandlung – über die Rechtswidrigkeit seines Tuns im klaren war und, wenn nein, ob er diesen Verbotsirrtum vermeiden konnte (§ 17 S 2 StGB). Im Fall der ambulanten Entzugsbehandlung mit Methadon (Polamidon) hat der BGH die Möglichkeit eines **unvermeidbaren Verbotsirrtums** für erörterungswürdig erachtet, aber auch einen den Vorsatz ausschließenden **Tatbestandsirrtum,** wenn der Arzt „bei einem Patienten die tatsächlichen Voraussetzungen für ein erlaubtes Verschreiben verkannt hat".[46]

---

[42] RGSt 77, 17, 18; BGH JR 1979, 429 m krit Anm *Hirsch*; OLG Frankfurt NJW 1988, 2965 = MedR 1989, 42; NJW 1991, 763, 764; BayObLG StV 1993, 642; zur Substitutionsbehandlung Drogenabhängiger ausführlich SK/*Horn/Wolters*, § 223 RdNr 42 a, f mwN.
[43] BGH NJW 1979, 1943, 1944; BayObLG NJW 1970, 529, 530.
[44] Vgl *Körner* (Fn 3) § 29 RdNr 1219.
[45] Vgl *Böllinger* JA 1989, 413; *Kamps* MedR 1984, 170.
[46] NJW 1979, 1944 m Anm *Kreuzer* 2357; BGH NStZ 1991, 439, 440 m Anm *Hellebrand*; NJW 1991, 2359 m Anm *Moll*; NJW 1991, 2334 m Anm *Kühne*.

zB von der irrigen Annahme ausging, der Patient sei opiatabhängig. War der Irrtum vermeidbar, entfällt wegen § 29 Abs 4 BtMG (fehlender Fahrlässigkeitstatbestand) die Strafbarkeit (§ 16 Abs 1 StGB). Sollte der Arzt glauben, „er dürfe bei einem schwer nachprüfbaren Leiden auch ohne Untersuchung und ohne Diagnosestellung eine grundsätzlich verbotene Verschreibung vornehmen, so läge ein Irrtum über die Grenzen eines Rechtfertigungsgrundes vor", der als **vermeidbarer Verbotsirrtum** zu werten ist und den Vorsatz unberührt lässt.[47] Irrt der Arzt über die Notwendigkeit einer gesonderten Erlaubnis nach § 3 Abs 1 BtMG oder über deren Grenzen, handelt es sich gleichfalls um einen Verbotsirrtum[48], die irrige Annahme einer Erlaubnis ist dagegen ein Tatbestandsirrtum.[49]

21   **g) Versuchsstrafbarkeit.** Die unzulässige Verschreibung von Betäubungsmitteln ist in § 29 Abs 2 BtMG nicht erwähnt. Daher ist nur die **versuchte Verabreichung** bzw **Verbrauchsüberlassung,** *nicht* dagegen der Versuch einer ärztlich unbegründeten Ausstellung eines BtM-Rezeptes (dieses gelangt zB nicht an den Patienten) unter Strafe gestellt.

22   **h) Strafschärfungen und -milderungen.** Hat der Arzt entgegen § 13 Abs 1 BtMG **gewerbsmäßig** gehandelt (seine Praxis als „Rezeptverkaufsstelle für Süchtige" betrieben),[50] **Jugendlichen unter 18 Jahren** Betäubungsmittel verschrieben bzw verabreicht oder die **Gesundheit mehrerer Menschen gefährdet,** so liegt in der Regel die Freiheitsstrafe nicht unter einem Jahr („besonders schwerer Fall" gemäß § 29 Abs 3 S 1, 2 Nr 1 und 2, bzw § 29 a Nr 1 BtMG). Eine weitere Strafverschärfung greift bei **leichtfertiger Verursachung des Todes** des Patienten durch Verabreichung oder Überlassung eines Betäubungsmittels zum unmittelbaren Verbrauch ein (§ 30 Abs 1 Nr 3 BtMG). Dabei ist die Strafbarkeit nicht schon dadurch ausgeschlossen, dass der Betroffene das Betäubungsmittel aus eigenem Entschluss konsumiert und hierdurch selbst die unmittelbare Ursache für seinen Tod setzt.[51] Dagegen gewährt § 31 BtMG eine besondere Milderungsmöglichkeit der Strafe oder gar ein Absehen von ihr, wenn der Arzt freiwillig wesentlich zur Aufdeckung oder Verhinderung von Straftaten nach dem BtMG beigetragen hat.

23   Da § 29 Abs 1 Nr 6 a und b BtMG echte Sonderdelikte sind, ist die Arzteigenschaft strafbegründender Natur, so dass Anstifter und Gehilfen gemäß §§ 28 Abs 1, 49 Abs 1 StGB zwingend milder bestraft werden.

24   **2. Strafbarkeit nach § 29 Abs 1 S 1 Ziffer 14 BtMG.** Zuwiderhandlungen gegen die auf § 13 Abs 1, 3 BtMG beruhende Betäubungsmittel-Verschreibungsverordnung sind nach § 29 Abs 1 S 1 Ziff 14 BtMG **strafbar,** soweit bestimmte Tatbestände hierauf verweisen, zB bei unbegründeter Überschreitung der Höchstmenge[52] oder bei Nichteinhaltung der vorgegebenen Zweckbestimmung. Verstöße hiergegen sind, wie sich aus § 29 Abs 4 BtMG ergibt, allerdings nur bei **vorsätzlichem** Verhalten des Arztes erfasst.

25   Eine weitere Strafbestimmung für den Arzt enthält § 29 Abs 1 S 1 Nr 1 BtMG, der das „Abgeben", also die Überlassung der tatsächlichen Verfügungsgewalt an andere (den Patienten, Angehörige, Freunde ua) bestraft (mit Geldstrafe oder Freiheitsstrafe bis zu 5 Jahren). Die Tat ist strafbar auch bei Fahrlässigkeit (§ 29 Abs 4) und in „besonders schweren Fällen" nach § 29 Abs 3 BtMG mit Freiheitsstrafe nicht unter 1 Jahr bedroht.

26   **3. Ordnungswidrigkeiten.** Verletzt der Arzt die in der Betäubungsmittel-Verschreibungsverordnung im Einzelnen aufgeführten Vorschriften betreffend Form, Inhalt,

---

[47] BayObLG NJW 1970, 529, 530; *Körner* aaO § 29 RdNr 1222 mwN.
[48] *Körner,* BtMG, § 29 RdNr 1222.
[49] BGH NStZ 96, 338, 339.
[50] *Körner* (Fn 3) § 29 RdNr 1588 ff.
[51] BGH NJW 08, 2596, 2597.
[52] BGH MDR 1979, 773; s § 16 Nr 2 a BtMVV.

23. Kapitel. Der Arzt im Strafrecht 27–29 § 147

Anfertigung und Ausgabe des Rezepts, Aufbewahrung und Rückgabe des zu verwendenden amtlichen Formblatts für die Verschreibung sowie der Aufzeichnungen über den Verbleib und den Bestand (§ 13 Abs 3 Nr 2 BtMG), so können diese Verstöße als **Ordnungswidrigkeiten** mit **Bußgeld** geahndet werden (§§ 11 ff BtMVV iVm §§ 13 Abs 3 S 2 Nr. 2, 3 oder 4, 32 Abs 1 Ziffer 6 BtMG).

4. Strafbarkeit des Arztes nach §§ 222, 223 ff, 229 StGB. a) Vorsätzliche und fahrlässige Körperverletzung. Nach allgemein anerkannter Auffassung kann das nicht ärztlich indizierte Verschreiben und/oder Verabreichen von Betäubungsmitteln den Tatbestand der **Körperverletzung** erfüllen.[53] Denn die Arzneimittelabhängigkeit ist ein pathologischer Zustand. Regelmäßig kommt es zum einen zu einer Gesundheitsschädigung „auf geistigem Gebiet", weil das Betäubungsmittel den Patienten in einen bewusstseinsändernden Rauschzustand versetzt,[54] zum anderen aber auch „auf körperlichem Gebiet, da es nach Abklingen der Wirkung Übelkeit verursacht und zur Suchtbildung führen kann".[55] Sowohl das Hervorrufen als auch das Aufrechterhalten einer Tablettensucht durch einen Arzt „stellt einen vom Normalzustand abweichenden Krankheitszustand dar, weil dadurch eine Perpetuierung der Sucht eintritt und Therapiemöglichkeiten zerstört oder zumindest erschwert werden".[56] Wer daher als Arzt einem nicht drogenabhängigen Patienten als Dauermedikation suchtfördernde Arzneimittel zur Beruhigung oder Schlafförderung verschreibt, erfüllt den objektiven Tatbestand des § 223 StGB, wenn der Patient arzneimittelsüchtig wird.

Je nach den Umständen kann eine Körperverletzung, die auf einem im Sinne des § 13 Abs 1 BtMG ärztlich unbegründeten Verschreiben, Verabreichen oder Überlassen von Betäubungsmitteln beruht, **vorsätzlich** oder **fahrlässig** verursacht sein. Die Abgrenzung zwischen bedingtem Vorsatz und bewusster Fahrlässigkeit ist dabei oft schwierig.[57] Ein anschauliches Beispiel hierfür bietet die Entscheidung des BayObLG MedR 03, 577 ff: Der angeklagte Arzt hatte das hohe Suchtpotential der von ihm verschriebenen Diazepine gekannt und gewusst, dass die Verschreibung von Rohypnol bei der Substitutionsbehandlung mit Dyhydrocodein kontraindiziert ist. Er hatte außerdem die Möglichkeit erkannt, dass der Patient süchtig werden könnte und erhebliche Pflichtverletzungen begangen (mangelnde Untersuchung, mangelnde Aufklärung, exorbitant hohe Verschreibungsdosis). Mit Recht weist das BayObLG darauf hin, dass diese Feststellungen nur das **Wissenselement** des Vorsatzes begründen, nicht aber das **Willenselement.** Es bedürfe einer Gesamtabwägung aller Umstände unter Einbeziehung des Ziels des Täters, um beurteilen zu können, ob er sich mit dem Eintritt des Verletzungserfolges abgefunden hat.[58]

In den Vorsatzfällen kommen auch die Qualifikationstatbestände der §§ 224, 226 und 227 StGB in Betracht. Hat der Arzt „das Opiat zu Heil- oder Linderungszwecken verschrieben, so kann das den **Vorsatz** der Gesundheitsschädigung auch dann **ausschließen,** wenn er sich bewusst ist, von den anerkannten Regeln der ärztlichen Wissenschaft abzuweichen, also eine nicht ärztlich begründete Verschreibung auszustellen".[59] Wusste der Arzt aber, dass als Folge der missbräuchlichen Verwendung des Betäubungsmittels der Patient einen Gesundheitsschaden erleidet, so liegt der Schluss nahe, ist aber nicht zwingend, dass er diese Schädigung „in seinen Willen aufgenommen, sie also vorsätzlich" herbeigeführt

---

[53] RGSt 77, 70, 18; BGH NJW 1970, 519; s oben RdNr 13 a; *Weber,* in: Hb d Medizinstrafrechts, S 263 ff.
[54] RG DR 1942, 333.
[55] BGH NJW 1970, 519; BGHSt 49, 34 = JuS 2004, 350 m Bespr *Sternberg/Lieben* JuS 2004, 954.
[56] OLG Frankfurt NStZ 1988, 25, 26; NStZ 1991, 235 f.; ebenso BGH JR 1979, 429 m Anm *Hirsch;* BGH bei *Dallinger* MDR 1972, 386; BGH bei *Holtz* MDR 1981, 631; BGH NJW 1983, 1745; BayObLG 1993, 642 m Anm *Dannecker/Stoffers.*
[57] Vgl BayObLG StV 1993, 641 ff m Anm *Dannecker.*
[58] BayObLG MedR 03, 577, 578; s dazu Anm *Freund/Klapp* JR 03, 431.
[59] RGSt 77, 17, 18, 19.

hat,⁶⁰ selbst wenn er subjektiv Heilzwecke verfolgte. Verständlich⁶¹ ist daher die Entscheidung des AG Landau,⁶² das den Tatbestand des § 223 StGB verneint, wenn der Arzt „mit dem Willen und in dem Bewußtsein, die krankhafte Drogensucht seines Patienten heilend zu beeinflussen", mit seiner Heilmethode (Verordnung von Drogenausweichmitteln) objektiv von den Grundlagen der medizinischen Heilkunst in Lehre, Wissenschaft und anerkannter Praxis abweicht. In einem solchen Falle kann bei verschuldetem „Irrtum über äußere Tatumstände" das Verhalten aber nicht nur „allenfalls" wegen fahrlässiger Körperverletzung strafbar sein. **Fahrlässige** Körperverletzung liegt nämlich vor, wenn der Arzt bei pflichtgemäßer Überlegung mit gesundheitlichem Nachteil der Substitutionsbehandlung rechnen *musste,* damit aber nicht gerechnet hat⁶³ oder wenn er bei der Verschreibung des Betäubungsmittels die Drogenabhängigkeit seines Patienten übersieht, in beiden Fällen den Erfolgseintritt aber zu vermeiden hoffte. Insoweit bestehen für den Arzt, der Drogenabhängige behandelt, erhöhte Sorgfaltspflichten.⁶⁴

30 Inwieweit die Strafbarkeit wegen fahrlässiger oder vorsätzlicher Körperverletzung unter dem Gesichtspunkt der Teilnahme an einer eigenverantwortlichen Selbstschädigung entfallen kann, s bei RdNr 33 ff.

31 **b) Einwilligung in ein Tun oder Unterlassen.** Der Gesundheitsschaden kann durch **Tun** oder **Unterlassen** ausgelöst werden, zB durch Hervorrufen, Unterhalten oder Vertiefen des pathologischen Zustandes oder Nichtvornahme der gebotenen Maßnahmen, indem der Arzt gar nichts tut, zu wenig unternimmt (das wirksamere Präparat nicht einsetzt) oder die falsche Therapie wählt.⁶⁵ Da nicht jeder Verstoß gegen § 13 Abs 1 BtMG eine Körperverletzung darstellt, stehen § 29 Abs 1 S 1 Ziffer 6 a und b BtMG und §§ 223, 229 StGB im Hinblick auf ihren unterschiedlichen Schutzzweck im Verhältnis der Tateinheit (§ 52 StGB) zueinander.⁶⁶

32 Zu prüfen bleibt aber stets, insbesondere bei der **Substitutionstherapie,** die Frage der Rechtfertigung der Körperverletzung durch **Einwilligung** des Patienten. Problematisch ist diese einmal wegen der bei jedem Opiatsüchtigen bestehenden krankheitsbezogenen Einschränkung seiner Willensfreiheit⁶⁷ und der dadurch möglicherweise fehlenden Einwilligungsfähigkeit. Selbst wenn aber eine suchtbedingte Unfähigkeit des Patienten, Inhalt, Bedeutung und Tragweite seiner Entscheidung zu ermessen, im Einzelfall nicht anzunehmen ist, bleibt doch die Frage, ob die Einwilligung gem § 228 StGB infolge Sittenwidrigkeit der Tat unwirksam ist. Nach der Rechtsprechung trifft dies „bei Gesundheitsschäden, die durch das Verschreiben von Betäubungsmitteln verursacht werden, jedenfalls dann zu, wenn die Anwendung der Betäubungsmittel nach den anerkannten Regeln der ärztlichen Wissenschaft nicht begründet ist und auch der verordnende Arzt selbst sie nicht aus medizinischen Gründen für notwendig hält".⁶⁸ Anders wird dagegen zu entscheiden sein, wenn der Arzt auf Bitte des seinen Rat suchenden Suchtkranken diesem ein Ausweichmittel zur Dämpfung seiner Entzugserscheinungen und Linderung akuter Suchtbeschwerden verschreibt bzw gibt.⁶⁹ Die Grenze zur Sittenwidrigkeit ist aber dann überschritten, wenn der Patient bei objektiver Betrachtung ex ante in Todesgefahr gebracht wird.⁷⁰

---

⁶⁰ RGSt 77, 17, 19.
⁶¹ AA die Vorauflage.
⁶² MedR 1990, 97, 99.
⁶³ RGSt 77, 17, 19.
⁶⁴ OLG Frankfurt NJW 1991, 763 = MDR 1991, 781 = NStZ 91, 235 m Anm *Radloff* S 236.
⁶⁵ OLG Hamm NJW 1975, 604; BGH NJW 1979, 1258; RGSt 74, 350; 64, 263; RG JW 1937, 3087 Nr 14.
⁶⁶ RGSt 77, 17, 20.
⁶⁷ BGHSt 29, 6, 11; RGSt 77, 17, 20; vgl auch OLG Frankfurt NStZ 1991, 236 = NJW 91, 763 f.
⁶⁸ RGSt 77, 17, 21; 74, 91, 94, 95; vgl auch OLG Frankfurt NStZ 1988, 25 = MedR 1989, 42.
⁶⁹ AG Landau MedR 1990, 97, 99; *Böllinger* MedR 1989, 299.
⁷⁰ *Weber,* in: *Roxin/Schroth* (Hrsg), Hb d Medizinstrafrechts, S 266.

Zur Frage der **Rechtfertigung** unter dem Aspekt des rechtfertigenden Notstands 33
(§ 34 StGB) bzw der rechtfertigenden Pflichtenkollision siehe oben RdNr 19.

c) Das Prinzip der Selbstverantwortung und seine Folgen. Dass es bei miss- 34
bräuchlicher Verschreibung, Verabreichung oder Überlassung von Betäubungsmitteln an
Patienten nicht nur zu schweren gesundheitlichen Schäden, sondern sogar zu **tödlichen
Folgen** kommen kann, ist bekannt.[71] Schon geringe Bedenken in dieser Richtung gebieten dem Arzt, „die Verschreibung dieses Mittels ganz zu lassen oder eine geringere Dosis
zu verschreiben".[72] Das gilt auch für die Substitutionsbehandlung, bei der „infolge der
Wechselwirkung der Substitutionsmedikation und einer dem Arzt verborgen gebliebenen anderweitigen Medikation" der Tod eines Patienten „nie ganz auszuschließen" ist.[73]
Deshalb muss der Arzt, der einen Patienten in das Methadon-Programm aufnehmen will,
seine Opiatabhängigkeit, also etwa von Heroin, besonders sorgfältig prüfen, da die
Suchtmittelabhängigkeit (zB Medikamenten- oder Haschischmissbrauch) alleine dafür
nicht ausreicht.[74] Ob eine objektiv unzutreffende ärztliche Diagnose den Vorwurf strafrechtlich erheblicher Fahrlässigkeit rechtfertigt, ist nach Ansicht des BGH eine Frage des
Einzelfalles. Wenn aber der Arzt die Opiatabhängigkeit aufgrund mangelhafter Untersuchung des Patienten zu Unrecht bejaht und ihm deshalb Methadon verabreicht, verletzt
er fahrlässig seine ärztlichen Pflichten und macht sich deshalb nach §§ 13, 29 Abs 1 Nr 6
b, Abs 4 BtMG iVm § 2 a BtMVV strafbar.[75] Ob er darüber hinaus wegen fahrlässiger
Tötung strafbar ist, wird kontrovers diskutiert, obwohl Kausalität, Pflichtwidrigkeit und
Vorhersehbarkeit des Erfolgseintritts nicht zweifelhaft sind. Streitig ist aber Reichweite
und Relevanz des Prinzips der **Selbstverantwortung**, der **eigenverantwortlichen
Selbstgefährdung** und -schädigung.

Der **Bundesgerichtshof** folgert aus dem ärztlichen Behandlungsvertrag die besondere 35
Sorgfaltspflicht des Arztes, Schaden von seinen Patienten abzuwenden, und aus der Garantenstellung kraft Behandlungsübernahme die Pflicht, den Patienten im Rahmen der von
ihm gewählten Therapie keinen vermeidbaren Risiken auszusetzen.[76] Wenn der Arzt bei seiner Behandlung nicht in Rechnung stelle, „dass Drogenabhängige im Zustand des Entzugs
jede Kontrolle über sich verlieren und unberechenbar werden, dass sie insbesondere ein
ihnen überlassenes Suchtmittel entgegen ausdrücklicher Anordnung intravenös injizieren
und dabei eine Überdosis anwenden", liegt nach Ansicht des BGH keine straflose Teilnahme
an fremder Selbstgefährdung, sondern geradezu ein „Anreiz zur Selbstgefährdung" vor, der
„als täterschaftliche Schaffung einer gefahrträchtigen Lage" zu werten sei.[77] Zwar dürfe
„im Bereich der Körperverletzungs- und Tötungsdelikte ein Verletzungserfolg, insbesondere auch der Tod eines Menschen, einem Dritten, der dafür mitursächlich gewesen ist, im
Sinne aktiven Tuns dann nicht zugerechnet werden, wenn er die Folge einer bewussten,
eigenverantwortlich gewollten und verwirklichten Selbstgefährdung ist und sich die Mitwirkung des Dritten in einer bloßen Veranlassung, Ermöglichung oder Förderung des

---

[71] Vgl BGH NStZ 1998, 414; ein spektakulärer Fall wurde vom BGH im Jahr 2007 entschieden
(NStZ 2008, 150 ff): ein niedergelassener Arzt führte unter wahrheitswidrigen Angaben bei einem
Drogenabhängigen einen narkosegestützten Opiat- und Arzneimittelentzug (sog „Turboentzug")
durch, eine Außenseitermethode, von der der Arzt seinerseits abwich. Der Patient verstarb. Der
BGH bezweifelte, ob man überhaupt von einem „lege artis" durchgeführten Heileingriff ausgehen
dürfe und hob die Verurteilung wegen §§ 223, 222 StGB auf, da §§ 223, 227 StGB mit fehlerhafter
Begründung von der Strafkammer abgelehnt worden sei. Diese hat inzwischen den Arzt wegen Körperverletzung mit Todesfolge zu einer Freiheitsstrafe von 1 Jahr und 3 Monaten auf Bewährung verurteilt (Urteil v 10. 2. 2009, AZ 1 Ks 201 Js 34175/99).
[72] BGH MDR 1978, 984, 987; *Kamps* (Fn 45) S 170; BGH JR 1979, 429 m Anm *Hirsch*.
[73] *Böllinger* MedR 1989, 300.
[74] BGH NStZ 1998, 414; BSG MedR 1997, 123, 130.
[75] BGH NStZ 1998, 414; s auch RdNr 8.
[76] BGH MDR 1978, 987.
[77] BGH MDR 1978, 987.

Selbstgefährdungsakts erschöpft hat".[78] Da das Gesetz die Tötung oder Körperverletzung eines „anderen" verlangt, ist die eigenverantwortliche Selbsttötung bzw -verletzung kein teilnahmefähiges Unrecht. Das **„Prinzip der Selbstverantwortung",** das die Grundlage für die einschränkenden rechtlichen Folgerungen aus einer bewussten Selbstgefährdung bilde, müsse im Betäubungsmittelrecht aber eingeschränkt werden.[79] Denn „wegen ihrer abstrakten Gefährlichkeit" für das „komplexe und universelle, nicht der Verfügung des einzelnen unterliegende Rechtsgut" der „Volksgesundheit" stehen „die mannigfachen Formen des unerlaubten Umgangs mit Betäubungsmitteln" unter Strafandrohung, wobei „der Aspekt der Selbstgefährdung denknotwendig eingeschlossen" ist.[80] Der Gesichtspunkt der Selbstgefährdung des Patienten habe daher zurückzutreten gegenüber der Verantwortung des Arztes, gerade das Risiko einer Selbstschädigung oder Selbstgefährdung des Patienten durch verschreibungswidrigen Gebrauch des Betäubungsmittels auszuschließen.[81] Eine Verantwortlichkeit des Arztes unter dem Aspekt „Lebensgarant aus vorangegangenem Tun" setzt aber voraus, dass in dem Zeitpunkt, in dem der Patient die Kontrolle über das Geschehen verlor, noch eine Möglichkeit zur Lebensrettung bestand.[82]

36 Dieser Auffassung sind jedoch in jüngster Zeit sowohl das **Bayerische Oberste Landesgericht**[83] als auch das **OLG Zweibrücken**[84] nicht gefolgt, vielmehr betonen beide Gerichte genau umgekehrt den **Vorrang der Eigenverantwortung.** Das **OLG Zweibrücken** wertet die Verabreichung von Suchtersatzmitteln, die eine Medikamentenabhängigkeit aufrechterhalten, dann nicht als Körperverletzung, wenn der Patient nach ordnungsgemäßer Aufklärung über die gesundheitsschädigende, möglicherweise tödliche Wirkung substituierender Medikamente im Falle der Dosisüberschreitung sich eigenverantwortlich für die frei gewählte Behandlung entscheidet. Die ärztliche „Garantenpflicht" gegenüber erwachsenen, verantwortlichen Personen erstrecke sich „von vornherein nicht auf die Verhinderung vorsätzlicher Selbstbeschädigungen und -selbstgefährdungen", abgesehen davon, dass der „Schutzzweck der §§ 222, 229 StGB die Mitwirkung eines Garanten an vorsätzlicher Selbstgefährdung" nicht erfasse.[85] Angesichts der gerade im Arztrecht von der Rechtsprechung immer wieder betonten Bedeutung der Patientenautonomie eine konsequente Entscheidung: lediglich straflose Beihilfe zur bewussten Selbstgefährdung in diesen Fällen!

37 Zum gleichen Ergebnis gelangte auch das **Bayerische Oberste Landesgericht.** Zum einen könne „die Verschreibung codeinhaltiger Arzneimittel im Rahmen einer Substitutionsbehandlung" – trotz des insoweit bestehenden medizinischen Streits – „mit dem langfristigen Ziel der Beseitigung der Heroinabhängigkeit uU" auch bei zeitweiliger Aufrechterhaltung der Sucht „als Heilmaßnahme" – Entzug, Verbesserung des Allgemeinzustands des Süchtigen – angesehen werden, „es sei denn, das Krankheitsbild hat sich verschlechtert oder hätte sich durch andere Behandlungsmethoden mit an Sicherheit grenzender Wahrscheinlichkeit früher gebessert".[86] Außerdem sei in solchen Fällen „im Bereich der Körperverletzungsdelikte der Verletzungserfolg einem Dritten" nicht zurechenbar, „wenn er als Folge einer eigenverantwortlich herbeigeführten Selbstverletzung oder Selbstgefährdung eintritt".[87] Dieser Aspekt gilt in gleicher Weise, ohne dass das Bayerische

---

[78] BGH MDR 1971, 75, 76; BGHSt 32, 262; s jetzt auch BGH NJW 2001, 1804 (1805) = JZ 2002, m Anm *Sternberg-Lieben*; BGH NJW 2000, 2286; OLG Celle NJW 2001, 2816 f; s dazu *Geppert* Jura 2001, 490 ff. Siehe auch *Fromm/Weimer* Q-med 2008, 72, 76 f.
[79] BGH MDR 1991, 75, 76.
[80] BGH MDR 1991, 75, 76.
[81] BGHSt 29, 6, 9; s dazu auch *Dölling* GA 1984, 11 ff.
[82] BGH NJW 2001, 1804, 1805.
[83] NJW 1995, 797, 798 = NStZ 1995, 188; s auch OLG München NJW 1987, 429 ff; *Roxin* NStZ 1984, 411; *ders*, FS Tröndle, 1989, 186; *Stree* JuS 1985, 179; *Otto* Jura 1984, 536 ff.
[84] MedR 1995, 331 m Anm *Körner* = JR 1995, 304 m zu Recht teilweise krit Anm *Horn*.
[85] OLG Zweibrücken MedR 1995, 331.
[86] BayObLG NJW 1995, 797, 798; s auch BayObLG NStZ 1997, 341 = StV 1997, 307.
[87] BayObLG NJW 1995, 797, 798 = NStZ 1995, 188 = MedR 1995, 329 m Anm *Körner*.

23. Kapitel. Der Arzt im Strafrecht § 148

Oberste Landesgericht dies expressis verbis ausgesprochen hätte, wenn die Substitutionstherapie durch Nichtbefolgung der ärztlichen Anweisungen zum Tod des Patienten führt. Ausdrücklich in diesem Sinne entschied das Landgericht Kiel, das im Falle der Verschreibung substituierender Medikamente und anschließender Dosisüberschreitung seitens des Patienten wegen dessen genauer vorheriger Aufklärung über deren tödliche Wirkung die Strafbarkeit des Arztes nach § 222 StGB mit der Begründung verneinte, der Behandlungsvertrag verpflichte ihn nicht, „den Patienten vor sich selbst zu schützen".[88]

Auch im Schrifttum wird die Problematik lebhaft und kontrovers diskutiert.[89] Unstreitig ist allerdings die Grenze der Selbstverantwortung dort erreicht, wo der Patient nicht mehr eigenverantwortlich entscheiden (das Suchtmittel nicht selbst einnehmen) kann oder nicht bzw nicht ausreichend aufgeklärt wurde, so dass der Arzt kraft seines überlegenen Sachwissens die „Täterrolle" wieder übernimmt und daher nach §§ 223 ff, 222 StGB strafbar ist.[90] Da in dem oben berichteten Fall (RdNr 28) der angeklagte Arzt das Suchtpotential der verschriebenen Midikamente und die Kontraindikation des Rohypnol kannte, der Patient dagegen nicht, hatte er ein „überlegenes Sachwissen", das seine Bestrafung jedenfalls wegen fahrlässiger Körperverletzung rechtfertigte.[91]

§ 148 Klinische Arzneimittelprüfung

Inhaltsübersicht

	RdNr
I. Die Zielsetzungen des AMG	1
II. Präklinische und klinische Prüfung	2
1. Die präklinische Prüfung (§ 40 Abs 1 Nr 5 AMG)	2
2. Die klinische Prüfung (§ 40 AMG)	3
a) Vier Prüfungsphasen	4
b) Experiment und Heilversuch	10
c) Vergleichbarkeit und Zufallsauswahl	11
3. Klinische Prüfverfahren und Placebo-Effekt	12
a) Der „offene" Versuch	13
b) Der „einfache Blindversuch"	14
c) Der „Doppelblindversuch"	15
III. Strafrechtliche Probleme	17
1. Die Strafvorschriften des AMG	17
a) Rechtsnatur und Adressaten des § 96 Nr 10 AMG	18
b) Allgemeine und besondere Tatbestandsvoraussetzungen	20
c) Klinische Prüfung an Gesunden	21

---

[88] LG Kiel, Urteil v 1.11.1989 – 1 KLs 2/87.
[89] Vgl *Amelung*, Zur Verantwortlichkeit Drogenabhängiger für Selbstschädigungen durch den Gebrauch von Suchtstoffen, NJW 1996, 2393 ff; 2394 mwN; *Dannecker/Stoffers*, Anm zu BayObLG Strafverteidiger 1993, 642; *Haffke*, Gesundheitsbegriff und Neokorporatismus, dargestellt am Beispiel der Auseinandersetzung über die rechtliche Zulässigkeit der Substitutionsbehandlung Drogenabhängiger, MedR 1990, 343 ff; *Hirsch*, Anm zu BGH JR 1979, 429; *Köhler*, Selbstbestimmung und ärztliche Therapiefreiheit im Betäubungsmittelstrafrecht, NJW 1993, 762; *Körner*, Kann die Verweigerung der Substitution eine Körperverletzung darstellen?, MedR 1993, 257, 259; *Kühne*, Kein Ende der Methadon-Debatte, NJW 1992, 1547 ff; s auch *Ulsenheimer*, Arztstrafrecht, RdNr 393 f – h.
[90] *Körner* aaO AMG Statistiken, RdNr 14 ff; BGH NStZ 1985, 319 m Anm *Roxin*; BGHSt 37, 179 ff; AG Aichach, Urteil v 7.12.1995 – Az 2 LS 207 Js 14423/93; s auch *Fischer*, StGB, vor § 13 RdNr 36; *Otto*, FS Tröndle, 1989, 174; *Frisch* NStZ 92, 64; *Ulsenheimer*, Arztstrafrecht, RdNr 231 a – e; *Schönke/Schröder/Lenckner*, vor § 13 RdNr 100 ff; *Lackner/Kühl* § 15 RdNr 42 f; *Duttge* NStZ 06, 266, 270.
[91] BayObLG MedR 03, 577, 578 f; NStZ 95, 188; JZ 97, 521; OLG Zweibrücken NStZ 95, 89 = MedR 95, 331 m Anm *Körner*.

d) Klinische Prüfung an Kranken 22
2. Sanktionen nach § 96 Nr 11 und § 97 Abs 2 Nr 9 und 31 23
3. Klinische Prüfung an Geschäftsunfähigen 24
   a) Die frühere Mindermeinung 25
   b) Die iSd hL geänderte Rechtslage 26
4. Zur strafrechtlichen Problematik der Verwendung von Placebo-Präparaten . 30
   a) Gabe eines Placebo 31
   b) Unterlassung der Placebogabe 32
   c) Mutmaßliche Einwilligung 37
5. Off-Label-Use versus Standardpräparat 38
6. Off-Label-Use 39
7. BtMG lex specialis gegenüber AMG 40
8. Strafbarkeit des Doping 41

Schrifttum: *v Bar,* Medizinsche Forschung und Strafrecht, FS Regelsberger, 1901, 230; *Bartram,* Bewertungen und Erwartungen aus der Sicht der forschenden Arzneimittelhersteller, MedR 06, 521; *Biermann,* Die Arzneimittelprüfung am Menschen, 1985; *Claasen,* Die „klinische Prüfung" im Arzneimittelrecht, 1985; *Dähne,* Klinische Prüfung mit Betäubungsmitteln; ein Beitrag zur Deregulierung im Arzneimittelrecht, MedR 03, 547; *Deutsch,* Der Beitrag des Rechts zur klinischen Forschung in der Medizin, NJW 1995, 3019 ff; *ders,* Der Doppelblindversuch – rechtliche und ethische Zulässigkeit der kontrollierten klinischen Forschung am Menschen, JZ 1980, 289 ff; *ders,* Das Recht der klinischen Forschung am Menschen, 1979; *Deutsch/Spickhoff,* Medizinrecht, 6. Aufl 2008, RdNr 1293 ff; *ders,* Klinische Arzneimittelprüfung, in: *Doelle ua* (Hrsg), Grundlagen der Arzneimitteltheltherapie, 1986, 14 ff; *ders,* Die neue Entwicklung der klinischen Forschung am Menschen, insbesondere der Arzneimittelprüfung, Arbeitskreis Ärzte und Juristen am 13./14.11.1998, AWMF-Referate, S 9 ff; *ders,* Heilversuche und klinische Prüfungen, VersR 05, 1009; *ders,* Ein Arzneimittel außerhalb der Apotheke, NJW 1999, 3393; *ders,* Klinische Forschung International: Die Deklaration von Helsinki des Weltärztebundes in neuem Gewand, NJW 2001, 857; *Deutsch/Schreiber/Spickhoff/Taupitz* (Hrsg), Die klinische Prüfung in der Medizin, 2005; *Deutsch/Lippert/Ratzel/Anker,* Kommentar zum AMG, 2. Aufl 2007; *Duttge,* Striktes Verbot der Arzneimittelprüfung an zwangsweise Untergebrachten (§ 40 I S 3 Nr 4 AMG), FS Deutsch 2009, 119; *Eberbach,* Arzneimittel- und epidemiologische Forschung bei Aids, MedR 89, 281; *Eser,* Das Humanexperiment, FS Schröder, 1978, S 198 ff; *ders,* Kontrollierte Arzneimittelprüfung in rechtlicher Sicht, Internist 1982, 218 ff; *Felder,* Aufgaben und Prüfungsumfang der Ethikkommissionen, PharmR 2007, 226; *ders,* Das Erfordernis der zweijährigen Erfahrung in der klinischen Prüfung nach § 40 Abs 1 S 3 Nr 5 AMG, KliFoRe 2008, 103; *Fincke,* Strafbarkeit des „kontrollierten Versuchs" beim Wirksamkeitsnachweis neuer Arzneimittel, NJW 1977, 1094; *G Fischer,* Der Einfluss der Europäischen Richtlinie 2001 zur klinischen Prüfung von Arzneimitteln auf Versuche an Kindern und anderen einwilligungsunfähigen Personen, FS Schreiber, 2003, 685 ff; *v Freier,* Kindes- und Patientenwohl in der Arzneimittelforschung am Menschen, Anmerkungen zur geplanten Novellierung des AMG, MedR 2003, 610; *Fritz,* Die Therapie mit einem innovativen Medikament vor seiner Zulassung, Pharma Recht 1999, S 129 ff; *Fröhlich,* Forschung wider Willen? 1999; *Gamerschlag,* Persönliche Verantwortung und Interessenkonflikt des Leiters der klinischen Prüfung eines Arzneimittels, NJW 1982, 684 ff; *Glocker,* Die strafrechtliche Bedeutung von Doping, 2009; *Gödicke/Purnhagen,* Haftungsgrundlagen für Schmerzensgeld bei der klinischen Prüfung von Arzneimitteln, MedR 2007, 139; *Habermann/Lasch/Gödicke,* Therapeutische Prüfungen an Nicht-Einwilligungsfähigen im Eilfall – ethisch geboten und rechtlich zulässig?, NJW 2000, 3389; *Hart,* Die Nutzen-/Risiko-Abwägung im Arzneimittelrecht, Bundesgesundheitsblatt 2005, 204; *Haegele,* Arzneimittelprüfung am Menschen, 2004; *Held,* Strafrechtliche Beurteilung von Humanexperimenten und Heilversuchen in der medizinischen Diagnostik, 1990; *Hemmer,* Das erlaubte Risiko bei der Arzneimittelprüfung, in: Kaufmann, Moderne Medizin und Strafrecht, 1989, S 63 ff; *Hennis,* Heilversuch, Beobachtungsstudie, klinische Arzneimittelprüfung, ArztR 1996, 95 ff; *Hippius/Überla/Lankmann/Hasford* (Hrsg), Das Placeboproblem, 1986; *Höfling/Demel,* Zur Forschung an Nichteinwilligungsfähigen, MedR 1999, 540 ff; *Holzhauer,* Zur klinischen Prüfung von Medikamenten an Betreuten, NJW 1992, 2325; *Keller,* Das Recht und die medizinische Forschung, MedR 1991, 11 ff; *Kleinsorge/Hirsch/Weissauer* (Hrsg), Forschung am Menschen, 1985 (mit Beiträgen insbesondere von *Deutsch, Hirsch* und *Hasskarl); Kleinsorge/Streichele/Sander,* Klinische Arzneimittelprüfung, medizinische und rechtliche Grundlagen, 1987; *Kloesel/Cyran,* Arzneimittelrecht, Kommentar 3. Aufl 2004; *Koch,* Das Probandenrecht im Rahmen einer Arzneimittelprüfung, in:

23. Kapitel. Der Arzt im Strafrecht § 148

Füllgraff (Hrsg), Klinisch-pharmakologisches Kolloquium, 1986, 24 ff; *ders,* Arzneimittelrecht und Klinische Prüfung, in: *Wagner,* Arzneimittel und Verantwortung, 1992; *Kohlhaas,* Medizin und Recht, 1969, 102 ff; *Kohlhosser/Krefft,* Rechtliche Aspekte sog Pilotstudien in der medizinischen Forschung, MedR 1993, 93 ff; *Kratz,* Rechtliche und ethische Grundlagen klinischer Prüfung von Arzneimittel, klinische Onkologie 2009/2010, 15; *ders,* Die Abgrenzung der Arzneimittelstudie nach dem AMG von der Behandlung, VersR 2007, 1449. *Kuhlen,* Fragen einer strafrechtlichen Produkthaftung, 1989; *Kümmal-Burkhardt,* Die Strafbarkeit kontrollierter Therapieversuche, Der Kassenarzt 1978, 5008 ff; *Laufs,* Arztrecht, 5. Aufl 1993, RdNr 671 mit ausführlichen Literaturangaben; *ders,* Die klinische Forschung am Menschen nach deutschem Recht, Karlsruher Forum 1978, 3 ff; *ders,* Arzneimittelprüfung, NJW 2001, 3381; *ders,* Die neue europäische Richtlinie zur Arzneimittelprüfung und das deutsche Recht, MedR 2004, 583; *Liedtke,* Risikoverteilung beim kontrollierten Arzneimittelversuch, NJW 1977, 2113; *Lilie/Rudolph,* Arzneimittelrecht, Lexikon der Bioethik 1998, Bd 1, S 236 ff; *Lippert,* Ethik und Monetik – finanzielle Aspekte bei der Durchführung klinischer Prüfungen von Arzneimitteln und Medizinprodukten, VersR 2000, 1206 ff; *ders,* Der Monitor im Rahmen klinischer Prüfungen, MedR 1993, 17; *ders,* Die Einwilligung in die Teilnahme an klinischen Prüfungen von Arzneimitteln und Medizinprodukten und ihr Widerruf, VersR 2001, 432 ff; *Lippert,* Die Eignung des Prüfers bei der Durchführung klinischer Prüfungen mit Arzneimitteln, GesR 2008, 120 ff; *ders,* Nochmals: die Eignung ..., GesR 2009, 573; *Lippert/Strobel,* Die Überwachung klinischer Prüfungen nach dem Arzneimittelgesetz, VersR 1995, 637 ff; *M Mayer,* Strafrechtliche Produktverantwortlichkeit bei Arzneimittelschäden, 2008; *Meurer,* Arzneimittelprüfung in strafrechtlicher Sicht, in: Arzneimittel in der modernen Gesellschaft, 1985, 217 ff; *Müller-Römer,* Arzneimittelrecht von A–Z, Handbuch für die pharmazeutische Praxis, Stichworte und Texte, 1978; *Pauly,* Inverkehrbringen bedenklicher Arzneimittel (Schlankheitskapseln), Anm zum Beschluss des BGH v 11. 8. 1999 – 2 StR 33/99, in: MedR 2000, 482 ff; *ders,* Unerlaubte Einfuhr von Anabol-Tabletten, Anm zum BGH-Urteil v 10. 6. 1998 – 5 StR 72/98 (LG Frankfurt aM), MedR 1999, 270 ff; *Plagemann,* Gefahrenvorsorge und strafbare Vorenthaltung von Rettungschancen, JZ 1979, 257 ff; *Pfeiffer,* Die Bedeutung der Ethik-Kommission bei der klinischen Prüfung von Arzneimitteln am Menschen, FS Salger, 1995, 699; *Pramann,* Publikationsklauseln in Forschungsverträgen und Forschungsprotokollen klinischer Studien, 2007; *Rehmann,* AMG, 3. Aufl 2008; *Richardi,* Verabreichung eines Arzneimittels an Einwilligungsunfähige, FS Medicus, 1999, 449; *K Rieger,* Heilversuch, Humanexperiment und Arzneimittelforschung, in: *Roxin/Schroth* (Hrsg), Hb d Medizinstrafrechts, 3. Aufl 2007, 527 ff; *Rieger,* Die klinische Prüfung nach dem AMG von 1976 und die Werteordnung des Grundgesetzes, 1988; *Rippe,* Individuelle Therapieversuche in der Onkologie – Wo liegen die ethischen Probleme?, Ethik Med 1998, 10:91–105; *Rittner,* Ein Modell für die Forschung am einwilligungsunfähigen (bewusstlosen) Notfallpatienten, MedR 2007, 340; *Rosenau,* Strafrechtliche Probleme bei der klinischen Prüfung von Humanarzneimitteln nach der neuen europäischen Richtlinie, RPG 2002, 94; *Rosenbrock/Abholz,* Klinische Pharmaforschung und Verbrechen, in: Jahrbuch für kritische Medizin, Bd 6, 1980, S 153–174; *Sander,* Rechtsprobleme der klinischen Prüfung, Pharm Ind 88, 145; *Sander/Scheil,* Arzneimittelrecht, Stand Dezember 2003; *Scheil,* Wer ist für die Einholung einer juristisch korrekten Einwilligung bei klinischen Studien verantwortlich?, RdM 08, 40 ff; *Schorn,* Klinische Prüfung – Allgemeine Voraussetzungen zur klinischen Prüfung, in: Medizinproduktegesetz 1998, S 61 ff; *H L Schreiber,* Das Strafrecht als Mittel der Forschungskontrolle, in: Grenzen der Forschung, Schriftenreihe der RIAS-Funk-Universität Bd 27, 1980, S 141 ff mwN; *ders,* Juristische Aspekte des therapeutischen Versuchs am Menschen, in: *Martini* (Hrsg), Medizin und Gesellschaft, 1982, S 181 ff; *Schwarz,* Klinische Prüfungen von Arzneimitteln und Medizinprodukten, ein Leitfaden, 2000; *Sickmüller* ua, Durchführung klinischer Prüfungen, PharmInd 2001, 793; *Spickhoff,* Forschung an nicht-einwilligungsfähigen Notfallpatienten, MedR 2006, 707; *Spranger,* Fremdnützige Forschung an Einwilligungsunfähigen, Bioethik und klinische Arzneimittelprüfung, MedR 2001, 238; *Staak/Uhlenbruck,* Problematik neuer Arzneimittel beim Jugendlichen aus rechtsmedizinischer Sicht, MedR 1984, 177 ff; *Staak/Weiser,* Klinische Prüfung von Arzneimitteln. Methodik und Rechtsgrundlagen, in: Medizin und Recht, 1978; *Taupitz,* Internationale Regeln zur medizinischen Forschung an Minderjährigen, in: *Fegert* (Hrsg), Atypische Neuroleptika in der Jugendpsychiatrie, 1999, S 47 ff; *ders,* Forschung mit Kindern, JZ 03, 109; *I Tiedemann,* Voraussetzungen und Grenzen rechtlicher Regelungen für die Tätigkeit von Ethik-Kommissionen bei Forschungsvorhaben am Menschen, ZRP 1991, 54 ff; *Tiedemann/Tiedemann,* Zur strafrechtlichen Bedeutung des sog kontrollierten Versuchs bei der klinischen Arzneimittelprüfung: Festschr Schmitt, 1992, 139 ff; *Wachenhausen,* Medizinische Versuche und klinische Prüfung an Einwilligungsunfähigen, 2001; *Wagner,* Arzneimittel und Verantwortung, 1992; *Walter-Sack,* Regularien der klinischen Prüfung – Innovationshemmer oder ethische Notwendigkeit?, MedR 1997, 504;

Wenckstern, Die Haftung bei der Arzneimittelprüfung und die Probandenversicherung, 1999; *Wille/Kleinke,* Klinische Prüfungen von Arzneimitteln an einer deutschen Hochschule, PharmR 2004, 300; *Wölk,* Risikovorsorge und Autonomieschutz im Recht des medizinischen Erprobungshandelns, 2003.
Siehe auch die Schrifttumshinweise bei § 130 und § 135.

I. Die Zielsetzungen des AMG

1   Ebenso wie es keine ärztliche Heilbehandlung ohne Risiko gibt, ebenso gibt es nach nahezu einhelliger Auffassung „kein Arzneimittel, das nicht irgendwelche unerwünschten schädlichen Nebenwirkungen hat. Der Arzneimittelhersteller, der ein Arzneimittel auf den Markt bringt, schafft daher neben dem Nutzen, den sein Präparat hat, auch eine gewisse Gefahrenquelle".[1] Insbesondere die Contergan-Katastrophe Anfang der 60er Jahre, aber auch die Aids-Infektionen nach Blutübertragungen oder die Zurücknahme von Präparaten wegen gefährlicher Nebenwirkungen haben nicht nur der gesamten pharmazeutischen Industrie und einigen Interessierten, sondern mit einem Schlag auch der breiten Öffentlichkeit schonungslos und überdeutlich bewusst gemacht, in welch tragischer und folgenschwerer Weise sich dieses Risiko verwirklichen kann. Der Gesetzgeber hat hieraus die gebotenen Konsequenzen gezogen und das offensichtlich unzulängliche Arzneimittelrecht[2] durch ein umfassendes neues, am 1. 1. 1978 in Kraft getretenes Arzneimittelgesetz[3] ersetzt. Darin ist die **Arzneimittelsicherheit** zum Schutze des Patienten in Bezug auf **Qualität,** therapeutische **Wirksamkeit** und **Unbedenklichkeit**[4] das zentrale Leitmotiv aller Regelungen und die Forderung erfüllt, dass ein „gewissenhafter und ordentlicher Arzneimittelhersteller jedes Arzneimittel, bei dem nicht schon ausreichende Erfahrungen vorliegen, eingehend pharmakologisch und klinisch" prüfen muss, „bevor er es in den Handel bringt".[5] Anderenfalls haftet er für daraus sich ergebende Gesundheitsschäden **zivilrechtlich** auf Schadensersatz und Schmerzensgeld, seine gesetzlichen Vertreter unter Umständen aber auch **strafrechtlich** wegen fahrlässiger Körperverletzung (bzw Tötung) und Inverkehrbringens bedenklicher Arzneimittel nach §§ 5, 95 Abs 1 Nr 1 AMG, für irreführende Angaben nach §§ 8 Abs 1 Nr 2, 96 Nr 3 AMG. Die zurzeit angewandten Methoden der klinischen Wirksamkeitsprüfung, die in Verbindung mit dem Gutachten über die klinische Erprobung (§§ 22 Abs 2 Nr 3, 24 Abs 1 Nr 3 AMG) Zulassungsvoraussetzung eines neuen Arzneimittels ist (§ 25 Abs 2 Nr 4 AMG), sind jedoch aus strafrechtlicher Sicht gewissen Bedenken ausgesetzt.

II. Präklinische und klinische Prüfung

2   **1. Die präklinische Prüfung (§ 40 Abs 1 Nr 5 AMG).** Jeder klinischen Prüfung eines neuen Präparats am Menschen – oder der Prüfung einer bekannten Substanz für eine neue Indikation – geht eine **pharmakologisch-toxikologische Prüfung** (§ 40 Abs 1 Nr 6 AMG) voraus, der sich im Regelfall der Tierversuch anschließt, aber nicht anschließen muss (§ 22 Abs 2 Nr 2 AMG). Entsprechend ihrer rechtlichen Bedeutung enthalten daher §§ 40, 41 AMG detaillierte, durch § 96 Nr 10, 11 AMG teilweise strafbewehrte Patienten-Schutzbestimmungen für die Durchführung der klinischen Prüfung noch nicht zugelassener Arzneimittel am Menschen. Hierauf kann nach allgemeiner Meinung im Interesse der Arzneimittelsicherheit zum Nachweis der Wirksamkeit und Feststellung eventueller schädlicher Nebenwirkungen und Unverträglichkeiten des Präparats

---

[1] LG Aachen JZ 1971, 507, 515.
[2] G v 16. 5. 1961, BGBl I 533.
[3] AMG v 24. 8. 1976, BGBl I 2445; s dazu auch § 135 RdNr 1; jetzt gültig in der Fassung v 12. 12. 2005 (BGBl I, 3394).
[4] § 1 AMG, vgl *Hasskarl/Kleinsorge* Arzneimittelprüfung, Arzneimittelrecht, 2. Aufl 1979, 11.
[5] LG Aachen (Fn 1) 510.

nicht verzichtet werden, weshalb gem § 21 Abs 2 Nr 2 AMG die Zulassungspflicht nicht für Arzneimittel gilt, die zur klinischen Prüfung bei Menschen bestimmt sind, und damit eine Ausnahme von der grundsätzlichen Genehmigungspflicht für neu in Verkehr gebrachte Medikamente gemacht wird.

2. Die klinische Prüfung (§ 40 AMG). Nach positiven Prüfungsergebnissen in der präklinischen Untersuchungsphase erfolgt die sog klinische Prüfung. Darunter versteht man nach der Legaldefinition des § 4 Abs 23 AMG „jede am Menschen durchgeführte Untersuchung, die dazu bestimmt ist, klinische oder pharmakologische Wirkungen von Arzneimitteln zu erforschen oder nachzuweisen oder Nebenwirkungen festzustellen oder die Resorption, die Verteilung, den Stoffwechsel oder die Ausscheidung zu untersuchen, mit dem Ziel, sich von der Unbedenklichkeit oder Wirksamkeit der Arzneimittel zu überzeugen. Satz 1 gilt nicht für eine Untersuchung, die eine nichtinterventionelle Prüfung ist. Nichtinterventionelle Prüfung ist eine Untersuchung, in deren Rahmen Erkenntnisse aus der Behandlung von Personen mit Arzneimitteln gemäß den in der Zulassung festgelegten Angaben für seine Anwendung anhand epidemiologischer Methoden analysiert werden; dabei folgt die Behandlung einschließlich der Diagnose und Überwachung nicht einem vorab festgelegten Prüfplan, sondern ausschließlich der ärztlichen Praxis". Der Regelungsbereich des AMG erstreckt sich also zum einen nicht auf die nichtinterventionelle Prüfung, zum anderen nicht auf den individuellen Heilversuch und den Off-Label-Use, also den Arzneimitteleinsatz am Patienten außerhalb der zugelassenen Indikation, solange kein Prüfplan besteht.[6] Der Heilversuch beruht auf einer wissenschaftlich-plausiblen Hypothese, um dem Kranken zu helfen.[7] Die klinische Prüfung dient – entsprechend der Zielsetzung des AMG – dem Nachweis der Wirksamkeit und Sicherheit des Arzneimittels, um dessen unmittelbare und mittelbare Gefahren (unvertretbare schädliche Neben- und Wechselwirkungen, Wirkungslosigkeit) auszuschalten.[8] Sie ist im Unterschied zum „klinischen Versuch" an detaillierte, gesetzlich bestimmte Voraussetzungen gebunden (zB Probandenversicherung, Einschaltung der Ethik-Kommission) und verfolgt primär das Ziel, wissenschaftliche Daten für die künftige Behandlung zu gewinnen. Therapiemaximierungs- und Beobachtungsstudien sind daher keine Arzneimittelprüfungen, wohl aber Studien zur Standardisierung von Therapiekonzepten mit Arzneimitteln, die für andere Indikationsbereiche zugelassen sind.[9] Unzulässig ist eine klinische Prüfung, wenn der Prüfzweck nicht erreicht werden kann oder schon erreicht ist.[10]

a) Vier Prüfungsphasen. Bei der klinischen Prüfung werden herkömmlicherweise[11] vier Prüfungsphasen unterschieden:

(1) **Phase I – Erstmalige Prüfung am Menschen:**
die klinische Pharmakologie, dh die einmalige oder kurzzeitige Anwendung des Arzneimittels an meist 10 bis 15 in der Regel **gesunden**[12] Probanden (meist männlichen Geschlechts zur Vermeidung von Risiken für eine noch unbekannte Schwangerschaft), um seine Grundverträglichkeit, „Kinetik (Resorption, Verteilung im Organismus, Blutspiegelverhalten, Elimination), Metabolismus (Aufnahme, Verteilung und Aus-

---

[6] *Spickhoff* MedR 2006, 707, 708.
[7] *Hart* MedR 94, 94, 95.
[8] *Deutsch/Spickhoff,* Medizinrecht, 6. Aufl RdNr 1297.
[9] *Deutsch/Spickhoff,* aaO, RdNr 1299; streitig, vgl *Sander,* AMG, § 40 Nr 1; für Anwendungsbeobachtungen s auch § 67 Abs 6 AMG und BAnz v 4.12.1998, Nr 229, S 16873: „Empfehlungen zur Planung, Durchführung und Auswertung von Anwendungsbeobachtungen" v 12.11.1998; beachte auch die 2005 durch die 14. Novelle zum AMG eingeführten Meldepflichten (Ort, Zeit, Ziel und Höhe d bezahlten Vergütungen), DÄBl 2007, A 528.
[10] *Deutsch/Spickhoff,* RdNr 1303.
[11] So auch BSG MedR 2005, 305, 307 f.
[12] UU aber teilweise auch kranken, str.

scheidung sowie Verstoffwechselung eines Pharmakons im Organismus)"[13] und die Pharmakodynamik (Wirkung) beim Menschen zu prüfen und „die therapeutische Schwellendosis" festzulegen.[14] Dabei müssen die Risiken in Relation zur erwarteten Bedeutung des Arzneimittels ärztlich vertretbar, die Probanden aufgeklärt und einverstanden und der Prüfer ein Arzt/Zahnarzt sein (§ 40 Abs 1 Nr 2, 9, Abs 2, § 4 Abs 25 AMG).

6 (2) **Phase II – Erstanwendung am Patienten:**
die erstmalige Testung der festgestellten positiven pharmakologischen bzw klinisch-pharmakologischen Wirkungen des Medikaments bei festgelegten Krankheitssymptomen mit dem Ziel, seinen therapeutischen Nutzen bzw seine Risiken für den Patienten durch kontrollierte Versuche in Fachkliniken an in der Regel 100 bis 500 **Kranken** zu ermitteln. Bei diesen Patienten ist der Einsatz der Prüfsubstanz nach wissenschaftlicher Erkenntnis indiziert. Es werden Test- und Kontrollgruppen gebildet, wobei der Patient nicht weiß, zu welcher Gruppe er gehört. Hat auch der Arzt keine Kenntnis hierüber, ist die Versuchsdurchführung „doppelblind".[15]

7 (3) **Phase III – Breitenprüfung an Patienten:**
dh Ausweitung der Prüfung in personeller, sachlicher und zeitlicher Hinsicht bei positivem Verlauf der Phase II, Fortsetzung der Untersuchungen an bis zu mehreren 1000 Kranken sowohl in Kliniken als auch in Fach- oder Allgemeinarzt-Praxen über einen längeren Zeitraum. Auf diese Weise will man unter den Normalbedingungen des Alltags eventuelle, bisher durch die kleine Zahl von Probanden verborgen gebliebene Nebenwirkungen erforschen. Danach ist die eigentliche klinische Prüfung beendet (§ 25 Abs 2 Satz 1 Nr 2 AMG) und bei positivem Ergebnis die Voraussetzung für die Zulassung des Präparates geschaffen, die dann beantragt werden kann.

8 (4) **Phase IV – Fortdauernde Kontrolle:**
Sammlung von Informationen und Langzeiterfahrungen durch „gezielte Beobachtung des Arzneimittels" in der Praxis im Hinblick auf den therapeutischen Erfolg und unerwünschte Nebenwirkungen, Kontraindikationen, Wechselwirkungen mit anderen Medikamenten ua. Denn der Arzneimittelhersteller ist zum Schutze des Verbrauchers verpflichtet, bei Auftauchen des Verdachts schädlicher Eigenschaften eines Arzneimittels die zur Abwehr etwaiger Gefahren geeigneten Maßnahmen zu treffen.[16] Durch die Neufassung des § 42 AMG im 4. Gesetz zur Änderung des Arzneimittelgesetzes vom 19. 4. 90 ist nunmehr auch die Anwendbarkeit der §§ 40 und 41 AMG auf Prüfungen der Phase IV klargestellt (BGBl 1990 I, 717 ff).

9 Zu beachten sind auch die auf § 26 AMG beruhenden ministeriellen **Arzneimittelprüfrichtlinien,** die den jeweiligen Stand der Wissenschaft konkretisieren und ua die Zulassungsanforderungen vereinheitlichen, die klinischen Unterlagen regeln und auch die Besonderheiten einzelner Therapierichtungen (Phytotherapie, Homöopathie) berücksichtigen.[17]

10 b) **Experiment und Heilversuch.** Jede klinische Prüfung eines neuen Arzneimittels am Menschen ist notwendigerweise mit Gesundheitsgefahren verbunden. Daher dürfen einerseits die Bedingungen dafür nicht so hoch geschraubt werden, dass eine klinische Prüfung und damit die Neuentwicklung von Medikamenten mit neuen therapeutischen Chancen praktisch ausgeschlossen ist. Andererseits sind Patienten und Probanden soweit wie möglich vor gesundheitlichen Schädigungen zu schützen. Dem Ziel, zwischen diesen widerstreitenden Interessen eine ausgewogene Lösung zu finden, dienen die §§ 40 und 41 AMG. Dabei regelt § 40 AMG die Voraussetzungen der klinischen Prüfung an **gesunden**

---

[13] *Hasskarl/Kleinsorge* (Fn 4) S 23, 29.
[14] *Hasskarl/Kleinsorge* (Fn 4) S 29.
[15] Im Einzelnen s *Hasskarl/Kleinsorge,* S 24 f; *Kloesel/Cyran,* AMG, § 40 Anm 1 d; s auch RdNr 15.
[16] LG Aachen (Fn 1) 515, 516, zB Rückruf oder Warnhinweise.
[17] Siehe dazu *Deutsch/Spickhoff* aaO, RdNr 1309.

Menschen, betrifft also das **klinische Experiment,** vorrangig zur Ermöglichung der Forschung, ohne dass die konkrete Behandlungsmaßnahme medizinisch indiziert ist. § 41 AMG enthält dagegen die für die klinische Prüfung am **Kranken** geltenden Grundsätze, normiert also speziell den **Heilversuch** am **Patienten,** dessen Leiden durch das zu prüfende Arzneimittel nach dem medizinischen Kenntnis- und Erfahrungsstand jedenfalls möglicherweise positiv beeinflußt werden kann und deshalb eine **Indikation** für dessen Anwendung darstellt. Zur experimentellen Komponente kommt also die therapeutische Absicht in einem konkreten Krankheitsfall hinzu[18], der Heilversuch ist ein gezielter Therapieversuch zur Erreichung eines Behandlungserfolges. In quantitativer Hinsicht kennt der Heilversuch keine zahlenmäßige Begrenzung, dh es gibt keine Anzahl von Behandlungsfällen, jenseits derer der Heilversuch in eine „klinische Prüfung" umschlägt. Denn Heilvesuch und klinische Prüfung sind ausschließlich durch ihre unterschiedliche Zwecksetzung bestimmt: Bei letzterer geht es um den Gewinn wissenschaftlicher Erkenntnisse über den Einzelfall hinaus, bei ersterem um den individuell-therapeutischen Nutzen der Behandlung für einen konkreten Kranken. Grundvoraussetzung für die klinische Prüfung in beiden Fällen ist jedoch, dass „die Risiken, die mit ihr für die Person verbunden sind, bei der sie durchgeführt werden soll, gemessen an der voraussichtlichen Bedeutung des Arzneimittels für die Heilkunde ärztlich vertretbar sind" (§ 40 Abs 1 Nr 2 AMG).

c) Vergleichbarkeit und Zufallauswahl. Beweiskräftig sind die Ergebnisse der klinischen Prüfung nur im **Vergleich,** sei es zu einem Placebo, der Standardtherapie oder verschiedenen Dosen des Prüfpräparats. Die **Vergleichbarkeit** des Patientenkollektivs hinsichtlich Alter, Geschlecht, Krankheitssymptomen und -dauer ist daher ebenso unerlässliche Voraussetzung wie die **Zufallsauswahl** der Probandengruppen. **11**

3. Klinische Prüfverfahren und Placebo-Effekt. Innerhalb des kontrollierten klinischen Versuchs kommen mehrere Prüfvarianten zur Anwendung: **12**

a) Der „offene" Versuch, bei dem die Beteiligten – Prüfer, behandelnder Arzt und Patient – über alle Einzelheiten des Versuchsablaufs und die Therapie voll unterrichtet sind; **13**

b) Der „einfache Blindversuch": hier wird das Patientenkollektiv in zwei Gruppen unterteilt, von denen die eine – die Verum-Gruppe – den Prüfwirkstoff erhält, während die andere mit einem Placebo behandelt wird, also mit einem Scheinmedikament ohne jede pharmakologische Wirksubstanz. Die Patienten wissen dabei nicht, ob sie das Testpräparat oder das Placebo erhalten haben; lediglich ihr behandelnder Arzt ist informiert. **14**

c) Der „Doppelblindversuch": Um die aus der Arzt-Patienten-Beziehung möglicherweise resultierenden subjektiven Empfindungen und wechselseitigen Suggestivkräfte auszuschalten, hat sich heute in der klinischen Arzneimittelprüfung vor allem der **Doppelblindversuch** durchgesetzt: im Unterschied zum einfachen Blindversuch wissen hier weder der Patient noch der Arzt, sondern nur ein objektiver Dritter, was verabreicht wurde: die Prüfsubstanz oder das Placebo bzw das Standardpräparat, wenn das neue Arzneimittel gegenüber diesem getestet werden soll. **15**

Der auf dem Placebo-Effekt (Erzielung therapeutischer Erfolge durch pharmakologisch indifferente Substanzen) beruhende „einfache" oder „Doppel-Blindversuch"[19] ist als Wirksamkeitsnachweis für die Zulassung eines Arzneimittels gem § 25 Abs 2 S 1 Nr 4 AMG unerlässlich,[20] im AMG jedoch in keinerlei Weise geregelt. **16**

---

[18] *v Freier* MedR 2003, 610; *Laufs* MedR 2004, 583, 585; *Hart* MedR 1994, 94, 95; *Laufs* oben § 130.
[19] Vgl dazu *Hasskarl/Kleinsorge* (Fn 4) S 39.
[20] *Hemmer,* Das erlaubte Risiko bei der Arzneimittelprüfung, in: *Kaufmann,* Moderne Medizin und Strafrecht, 1989, S 71.

III. Strafrechtliche Probleme

17 **1. Die Strafvorschriften des AMG.** Die Strafvorschriften §§ 95 ff AMG dienen „letztlich allesamt dem Schutz der Individualrechtsgüter Leben, körperliche Unversehrtheit und Gesundheit", wobei im Einzelfall keine Rechtsgutbeeinträchtigung nachgewiesen werden muss, vielmehr genügt die mögliche „Gefährdung einer unbestimmten Vielzahl von Menschen".[21]

18 **a) Rechtsnatur und Adressaten des § 96 Nr 10 AMG.** § 96 Nr. 10 AMG setzt als Straftatbestand mit Freiheitsstrafe bis zu einem Jahr oder Geldstrafe **vorsätzliches** Handeln voraus. **Fahrlässige** Zuwiderhandlungen gegen die einschlägigen Bestimmungen der §§ 40 und 41 AMG werden dagegen nur als Ordnungswidrigkeiten mit Geldbuße gemäß § 97 Abs 1, 3 AMG geahndet. Möglich sind auch berufsrechtliche bzw verwaltungsrechtliche Sanktionen (§§ 5, 6 BÄO), da Verstöße gegen das AMG die Unzuverlässigkeit des „Prüfarztes" begründen können. Wenn allerdings die Ethikkommission zugestimmt hat, dürfte dem Prüfarzt kaum Vorsatz oder Fahrlässigkeit vorzuwerfen sein.

19 Die Strafvorschrift richtet sich an den Sponsor, den Prüfer und „alle weiteren an der klinischen Prüfung beteiligten Personen" (§ 40 Abs 1 S 1 AMG) und damit auch an den **Arzt,** der für die **Durchführung** der klinischen Prüfung die Verantwortung trägt. Zum Täterkreis gehört ferner der Leiter der Arzneimittelprüfung (§ 40 Abs 1 Nr 5 AMG), zB der bei Auftragsprüfungen in der Universitätsklinik Verantwortliche, zum anderen der in dem jeweiligen pharmazeutischen Unternehmen für die klinische Prüfung zuständige Leiter, wobei beide Personen auch identisch sein können.[22] Adressat der Strafnorm ist schließlich auch der für die Behandlung der betroffenen Person zuständige Arzt. Im Einzelfall kommt es bezüglich der Strafbarkeit darauf an, wer für die Erfüllung der verletzten Rechtspflicht verantwortlich war.[23]

§ 96 Nr 10 AMG ist ein *abstraktes Gefährdungsdelikt,* dh der Tatbestand setzt nicht voraus, dass sich die in der Verletzung der Schutzvorschriften der §§ 40 und 41 AMG liegende potenzielle Gefährlichkeit auch tatsächlich verwirklicht. § 96 Nr 10 AMG findet gemäß § 3 StGB sowohl auf ausländische Ärzte, die im Inland klinische Prüfungen durchführen, als auch auf klinische Prüfungen eines deutschen Arztes im Ausland Anwendung, wenn „die Tat am Tatort mit Strafe bedroht ist" (§ 7 Abs 2 Nr 1 StGB). Der Verstoß gegen § 96 Nr 10 AMG verjährt in 3 Jahren (§ 78 Abs 3 Nr 5 StGB).

20 **b) Allgemeine und besondere Tatbestandsvoraussetzungen.** Der **Strafrechtsschutz** nach § 96 Nr 10 AMG differenziert zwischen den **allgemeinen** Anforderungen an jede klinische Prüfung eines Arzneimittels gemäß § 40 AMG und den **besonderen** Voraussetzungen des § 41 für die Prüfung am **Kranken.** Die detaillierten Regelungen für die Durchführung solcher Prüfungen sind notwendig zum Schutz des einzelnen Patienten bei möglichen Interessenkollisionen: dem Interesse des einzelnen an seiner körperlichen Integrität, Selbstbestimmung und bestmöglichen Behandlung im Krankheitsfall sowie auf der anderen Seite dem Interesse der Allgemeinheit an der Gewinnung neuer Erkenntnisse und Erfahrungen über bisher nicht oder nicht genau bekannte Wirkungen neuer Arzneimittel.[24] Dies bedeutet konkret:

21 **c) Klinische Prüfung an Gesunden.** Die Durchführung der klinischen Prüfung eines Arzneimittels am **gesunden** Menschen ist strafbar, wenn
(1) das damit für die Probanden verbundene Risiko aus ärztlicher Sicht unvertretbar ist (§ 40 Abs 1 S 3 Nr 2 AMG)

---

[21] *Mayer,* Strafrechtliche Produktverantwortung bei Arzneimittelschäden, 2008, S 103.
[22] Vgl *Sander/Köbner* § 41 Anm 8.
[23] *Haegele,* Arzneimittelprüfung, S 392 ff; *K Rieger,* in: *Roxin/Schroth* (Hrsg), Hb des Medizinstrafrechts, S 576.
[24] *Kohlhosser/Krefft* MedR 1993, 93.

(2) das zu prüfende Arzneimittel aus gentechnisch veränderten Organismen besteht oder sie enthält und nach dem Stand der Wissenschaft unvertretbare schädliche Auswirkungen auf die Gesundheit Dritter zu erwarten sind (§ 40 Abs 1 S 3 Nr 2 a)
(3) der geschäfts- und einsichtsfähige Proband seine Einwilligung hierzu nach Aufklärung durch einen Arzt über Wesen, Bedeutung und Tragweite der klinischen Prüfung, auch mangels Information gemäß Abs 2 a S 1 und 2, nicht schriftlich erteilt hat (§ 40 Abs 1 S 3 Nr 3 AMG),[25]
(4) der Proband aufgrund gerichtlicher oder behördlicher Anordnung in einer Anstalt verwahrt wird (§ 40 Abs 1 S 3 Nr 4 AMG),
(5) die klinische Prüfung nicht von einem Arzt geleitet wird, der über den Nachweis einer mindestens 2jährigen Erfahrung in der klinischen Prüfung von Arzneimitteln verfügt (§ 40 Abs 1 S 3 Nr 5 AMG),
(6) keine dem jeweiligen Stand der wissenschaftlichen Erkenntnisse entsprechende pharmakologisch-toxikologische Prüfung vorausgegangen ist (§ 40 Abs 1 S 3 Nr 6 AMG),
(7) keine Probandenversicherung gemäß § 40 Abs 3 AMG besteht (§ 40 Abs 1 S 3 Nr 8 AMG) oder
(8) gegen die Vorschriften für die klinische Prüfung bei Minderjährigen gem § 40 Abs 4 AMG verstoßen wird.[26]

d) Klinische Prüfung an Kranken. Die Strafbarkeit der klinischen Prüfung eines Arzneimittels bei **Kranken** ist zum einen in den vorstehend aufgeführten Fällen (1) bis (8), allerdings modifiziert gemäß § 41 Nr 1 und 3 AMG gegeben. Strafbewehrt ist danach der Verstoß gegen § 40 Abs 1 bis 3 AMG, wenn für die Anwendung des zu prüfenden Arzneimittels nach den Erkenntnissen der medizinischen Wissenschaft **keine Indikation** besteht, um das Leben des Patienten zu retten, seine Gesundheit wiederherzustellen oder sein Leiden zu lindern, oder keinen unmittelbaren Nutzen für die Gruppe der Patienten hat, die an der gleichen Krankheit leiden (§ 41 Abs 1 S 1 Nr 1 und 2 AMG). Führt zB die klinische Testung eines noch nicht zugelassenen Medikaments, dessen Gabe bei Asthma kontraindiziert ist, bei einem Probanden zu einem schweren Asthmaanfall, ist der Prüfarzt gemäß § 96 Ziff 10 iVm § 41 Abs 1 Nr 1 AMG in Idealkonkurrenz mit fahrlässiger Körperverletzung nach §§ 229, 230 StGB strafbar.

2. Sanktionen nach § 96 Nr 11 und § 97 Abs 2 Nr 9 und 31. Zuwiderhandlungen gegen § 40 Abs 1 S 3 Nr 1 und Nr 9 AMG sind nicht strafbar, der Verstoß gegen § 40 Abs 1 S 3 Nr 7 AMG ist nur eine Ordnungswidrigkeit gemäß § 97 Abs 2 Nr 9 AMG. Dagegen stellt der **Beginn** einer klinischen Prüfung ohne das zustimmende Votum der Ethikkommission und Billigung seitens der zuständigen Bundesoberbehörde (§ 42 Abs 1 AMG) eine Straftat dar (§ 96 Nr 11 AMG). Eine Ordnungswidrigkeit nach § 97 Abs 2 Nr 31 AMG ist die Nichtbeachtung des § 42 Abs 3 AMG und § 16 GCP-VO.[27]

3. Klinische Prüfung an Geschäftsunfähigen. Eine besondere Problematik warf aus strafrechtlicher Sicht die klinische Arzneimittelprüfung an **geschäftsunfähigen Patienten** auf, wenn diese zwar über Wesen, Bedeutung und Tragweite der vorzunehmenden Prüfungen[28] belehrt und damit einverstanden sind, ihre Pfleger (Betreuer) bzw gesetzlichen Vertreter jedoch *nicht* informiert waren und ihre Zustimmung nicht erteilt hatten.[29] In derartigen Fällen stellte sich die Frage, ob eine Straftat bzw Ordnungswidrig-

---

[25] Siehe dazu *Andreas,* Münchner ärztliche Anzeigen 1995, 15 ff.
[26] Siehe zur Auslegung der §§ 40, 41 AMG die Kommentierungen v *Kloesel-Cyran.*
[27] *Deutsch/Lippert,* AMG, § 40 RdNr 25.
[28] ZB Entnahme von Blutproben, um die Verteilung des noch nicht zugelassenen Medikaments im Körper feststellen zu können, vgl BayObLG NJW 1990, 1552 f.
[29] Siehe auch *Bork,* Klinische Versuche in der Psychiatrie, NJW 1985, 656. Da Personen, die nicht rechtswirksam in eine klinische Prüfung einwilligen können, besonders geschützt werden müssen,

keit nach §§ 96, 97 AMG und (oder) der Tatbestand der vorsätzlichen bzw fahrlässigen Körperverletzung (§§ 223, 229 StGB) vorliegt.

25 **a) Die frühere Mindermeinung.** Gegen die Anwendbarkeit des § 96 Nr 10 AMG spricht, dass dort § 41 Nr 4 AMG aF nicht erwähnt war und bei den strafbewehrten Verstößen gegen § 41 AMG aF auf § 40 AMG aF nicht ausdrücklich Bezug genommen wird. **§ 40 Abs 1 Nr 2 AMG** sei daher – so die eine in Judikatur und Literatur vertretene Meinung – auf die Arzneimittelprüfung bei geschäftsunfähigen oder beschränkt geschäftsfähigen Kranken **nicht anwendbar.**[30]

26 **b) Die iSd hL geänderte Rechtslage.** Nach Ansicht des Bayerischen Obersten Landesgerichts[31] widerspricht diese Argumentation jedoch „Wortlaut und Sinn des § 40 Abs 1 Nr 2 und Abs 2 AMG". Denn „die allgemeinen Grundsätze und Voraussetzungen für die klinische Arzneimittelprüfung" seien in § 40 Abs 1 bis 3 AMG enthalten, während **§ 41 AMG** sie lediglich – einschränkend und erweiternd zugleich – **modifiziere.**[32]

Das aber bedeutet praktisch: ist ein Patient geschäftsunfähig oder in seiner Geschäftsfähigkeit beschränkt, musste gem § 41 Nr 3 AMG aF auch die **Zustimmung des Pflegers (Betreuers) oder gesetzlichen Vertreters** vorliegen, anderenfalls ist nach dieser Ansicht der objektive Tatbestand des § 96 Nr 10 AMG iVm § 40 Abs 1 Nr 2 AMG aF erfüllt.

27 Der Gesetzgeber hat im Rahmen der Neufassung des AMG v 12. 12. 2005 die Streitfrage iS des BayObLG entschieden. § 96 Nr 10 AMG bezieht sich auf die gesamten besonderen Voraussetzungen des § 41 AMG, woraus sich ergibt, dass klinische Prüfungen an geschäftsunfähigen oder beschränkt geschäftsfähigen Patienten ohne Aufklärung und Einwilligung des gesetzlichen Vertreters oder Bevollmächtigten strafbar sind.[33]

28 Soweit die Voraussetzungen der §§ 40, 41 AMG eingehalten sind, kommt eine Strafbarkeit nach §§ 223, 229 StGB nicht in Betracht, da die **Einwilligung** des Probanden bzw Patienten die Körperverletzung **rechtfertigt**[34] und der Nutzen-/Risiko-Abwägung die ärztlichen Maßnahmen als vertretbar erscheinen lässt.[35] Fehlt die Zustimmung, ist sowohl die Strafnorm des § 96 Nr 10 AMG (bzw die Ordnungswidrigkeitsbestimmung des § 97 Abs 1 AMG) als auch der Tatbestand der vorsätzlichen oder fahrlässigen Körperverletzung (§§ 223, 229 StGB) in Tateinheit erfüllt. Das gilt auch bei mangelnder Einwilligung des Betreuers oder gesetzlichen Vertreters bei geschäftsunfähigen oder beschränkt geschäftsfähigen Kranken. Die Nichteinhaltung der Erfordernisse des § 40 AMG begründet nicht zwingend die Sittenwidrigkeit der Tat iS des § 228 StGB, ist aber sicherlich ein Indiz für sorgfaltswidriges Verhalten, doch muss dieses jeweils konkret geprüft werden, da die Voraussetzungen des § 40 Abs 1 AMG sehr heterogen sind.

29 Die Erfüllung der Voraussetzungen der §§ 40 ff AMG bewirkt, dass auch die allgemeinen Tötungstatbestände ausscheiden, es sei denn, der Arzt handle bei seiner Prüfung mit Tötungsvorsatz.

30 **4. Zur strafrechtlichen Problematik der Verwendung von Placebo-Präparaten.** Da die §§ 40, 41 AMG ausschließlich die Prüfung von **Arzneimitteln** regeln, nicht aber die Anwendung von Scheinpräparaten (= Placebo), lassen sich die aus dem Placebo-Einsatz resultierenden Probleme **nicht** nach den besonderen Vorschriften des AMG, sondern

---

haben das Europäische Parlament und der Rat am 4. 4. 2001 eine sehr eingehende Richtlinie zu diesem Problemkreis erlassen (Richtlinie 2001/20/EG, ABl Nr L 121), die inzwischen umgesetzt worden ist. Siehe auch *Spranger* MedR 2001, 238, 244 ff zur Forschung an Einwilligungsunfähigen.

[30] LG Deggendorf, Urteil v 23. 6. 89 – 1 Ns 1 Js 1348/85; ebenso im Ergebnis *Ulsenheimer*, Arztstrafrecht in der Praxis, 2. Aufl 1998, RdNr 397 a, b.
[31] NJW 1990, 1552 f = NStZ 1990, 288 f.
[32] Amtl Begr, abgedruckt bei *Kloesel/Cyran*, Arzneimittelrecht, 1988, § 40 AMG Anm 1.
[33] Siehe dazu *Ulsenheimer*, Arztstrafrecht, RdNr 397 a, b.
[34] Ebenso *Tiedemann/Tiedemann*, FS Schmitt, 1992, 139, 151; aA *Deutsch* MedR 1995, 483, 484.
[35] *K Rieger*, in: *Roxin/Schroth* (Hrsg), Hb des Medizinstrafrechts, S 577.

nur nach den allgemeinen Bestimmungen des **StGB** lösen.[36] Die Problematik ergibt sich daraus, dass gem § 41 Abs 1 Nr 1 AMG die klinische Prüfung am Kranken die medizinische Indikation des zu erprobenden Arzneimittels im konkreten Fall voraussetzt. Dies führt zu der Frage, wie die Verabreichung eines Placebos strafrechtlich zu beurteilen ist, wenn

a) Gabe eines Placebo. Ein auf dem Markt befindliches indiziertes Standardpräparat nicht gegeben, sondern dem Patienten „vorgespiegelt wird, er erhalte ein pharmazeutisch wirksames Präparat, während er in Wirklichkeit ein Scheinpräparat (= Placebo) bekommt, das keinerlei pharmazeutisch wirksame Substanzen aufweist,"[37] oder

b) Unterlassung der Placebogabe. Kein wirksames Standardmedikament vorhanden ist, aber dem Patienten der Placebo-Gruppe das Testpräparat vorenthalten wird.

Zu a): Der Entzug eines wirksamen Mittels in Verbindung mit dem Vortäuschen der Gabe eines indizierten Standard-Präparats ist ein aktives Tun, das im Falle des Todes oder einer Gesundheitsschädigung des Patienten strafrechtlich relevant sein könnte, wenn der Patient in Kenntnis des Placebos das wirksame Mittel gewählt hätte und dadurch der negative Erfolg vermieden worden wäre. Entgegen der Auffassung von *Fincke*,[38] der die Zuweisung eines Patienten zur Placebo-Gruppe im Rahmen eines Doppel-Blindversuchs unter den genannten Voraussetzungen als versuchte (bei Erfolgseintritt: vollendete) strafbare Tötung oder Körperverletzung (durch Unterlassen) qualifiziert, lehnt die ganz überwiegende Ansicht im juristischen Schrifttum eine strafrechtliche Haftung des Arztes aus den allgemeinen Tötungs- oder Körperverletzungstatbeständen mit Recht ab. Zum einen fehlt nämlich regelmäßig die an Sicherheit grenzende Wahrscheinlichkeit dafür, dass das indizierte Standardpräparat den negativen Erfolg verhindert hätte, also die **Kausalität**, zum anderen aber auch ein Tötungs- oder Verletzungs**vorsatz**.[39] Klinische Prüfungen mit absolut unwirksamen Arzneimitteln sind allerdings unzulässig, doch „ist ihr Vorkommen äußerst selten. Sofern jedoch die Testgruppe besser gefahren ist als die Kontrollgruppe, ist eine Zurechnung" negativer Folgen „nur denkbar, wenn man sich auf den im Strafrecht unzulässigen Standpunkt ex-post stellt und den medizinischen Fortschritt durch die Probabilisierung leugnet".[40]

Auch der Gesetzgeber geht offenbar von der Zulässigkeit der Verwendung von Placebo-Präparaten aus, wenn dadurch die Heilungschancen des Patienten nicht verzögert und/oder verringert werden.[41]

Strafbarkeit wegen Körperverletzung – und dasselbe würde für den Fall des Todes eines Patienten wegen eines Tötungsdelikts gelten – kommt nur dann in Betracht, „wenn es lege artis geboten gewesen wäre, dem Patienten sogleich ein wirksames Mittel zu geben, der Arzt dies auch aufgrund seiner Diagnose erkennen musste und infolge der Nichtverabreichung des wirksamen Mittels und der tagelangen Medikation des Placebos eine Verlängerung der Krankheit oder gar eine Schädigung am Körper eingetreten ist".[42]

Zu b): Ist auf dem Arzneimittelmarkt kein Standardpräparat verfügbar, wird das in der Testphase befindliche, noch nicht zugelassene Medikament aber nicht angewendet, bedeutet die Nichtbehandlung mit dem Testpräparat lediglich eine **Risikoerhöhung durch Unterlassen.** Es fehlt in diesem Falle sowohl die objektive Erfolgszurechnung

---

[36] *Hasskarl/Kleinsorge* (Fn 4) S 43.
[37] *Samson* NJW 1978, 1183.
[38] Arzneimittelprüfung. Strafbare Versuchsmethoden, 1977, S 138 ff; NJW 1977, 1094.
[39] *Hemmer* (Fn 16) S 68; *Liedtke* NJW 1977, 2114; *Kohlhaas*, Medizin und Recht, 1969, S 102 ff; *Samson* NJW 1978, 1182 ff mwN; *Eser*, FS Schröder, 1978, 191; LK-*Hirsch*, 11. Aufl 2001, § 228 RdNr 47.
[40] *Deutsch* Medizinrecht (3. Aufl) RdNr 764; *Deutsch/Spickhoff*, RdNr 953: „Die validen Versuche sind wegen Einwilligung und erlaubten Risikos zulässig".
[41] *Elman/Lundt/Schiwy* § 41 S 5 Anm 2.
[42] *Kohlhaas* (Fn 39) S 104 f.

unter dem Gesichtspunkt des Kausalzusammenhangs als auch – entgegen *Fincke* – die Garantenstellung des Arztes, die sich weder aus dem Behandlungsvertrag noch aus der Übernahme von Schutzfunktionen herleiten lässt.[43] Die Nichtbehandlung eines Patienten mit einem zwar getesteten, aber noch nicht zugelassenen Präparat ist demnach straflos. Das OLG Köln hat allerdings die Rechtspflicht zum Einsatz eines wirkungswollen, aber in der BRD nicht zugelassenen Arzneimittels bejaht.[44]

37   c) **Mutmaßliche Einwilligung.** Dasselbe gilt schließlich im Falle einer medizinisch indizierten Placebotherapie. Hier liegt zwar keine ausdrückliche oder konkludente Einwilligung vor (da der Patient ja gerade den Placebo-Effekt nicht kennt), aber je nach den konkreten Umständen des Einzelfalles können die Voraussetzungen der **mutmaßlichen Einwilligung** gegeben sein (nämlich wenn die Wahrscheinlichkeit günstiger Placebo-Effekte gegenüber dem Risiko des Misserfolgs der Placebo-Therapie überwiegt).

38   **5. Off-Label-Use versus Standardpräparat.** Wird ein neu entwickeltes, noch nicht zugelassenes Arzneimittel klinisch gegen ein eingeführtes **Standardpräparat** geprüft, so besteht dem Patienten gegenüber, der das Testpräparat **nicht** erhält, keine Garantenpflicht, kein Verletzungs- oder gar Tötungsvorsatz (da es möglicherweise ja sogar wirksamer ist) und im Übrigen bei entsprechender Information das Einvernehmen des Kranken mit diesem Vorgehen. Auch in Bezug auf die andere Patientengruppe, der das Standardmedikament verabreicht wird, scheidet ein strafbares Verhalten aus, da selbst bei überlegener Wirksamkeit des Testmittels die Einwilligung in die Behandlung mit dem Standardpräparat vorliegt und diese noch die lex artis darstellt.

39   **6. Off-Label-Use.** Im Rahmen seiner therapeutischen Freiheit darf der Arzt Arzneimittel unabhängig von deren Zulassungsstatus einsetzen, wenn dies aus seiner Sicht medizinisch geboten erscheint.[45] Denn das Zulassungsverfahren will beim Hersteller für Sicherheit im Umgang mit Arzneimitteln sorgen, während der Arzt die Sicherheit seiner Anwendung im Einzelfall zu gewährleisten hat. Er darf daher bei seinen Patienten „auf eigene Verantwortung und mit dem Risiko der Haftung für daraus entstehende Gesundheitsschäden ein auf dem Markt verfügbares Arzneimittel für eine Therapie einsetzen, für die es nicht zugelassen ist".[46] Bei diesem sog. **„Off-Label-Use"** ist jedoch aus arzneimittelrechtlicher Sicht zu differenzieren: Wurde das Arzneimittel ohne deutsche oder europäische Zulassung in Verkehr gebracht, so liegt ein Verstoß gegen das Verbot des § 21 Abs 1 AMG vor, der nach § 96 Nr 5 AMG mit Freiheitsstrafe bis zu einem Jahr oder mit Geldstrafe geahndet werden kann. Diese Blankettnorm erfasst auch den Arzt als tauglichen Täter.[47] „Die Anwendung eines gar nicht zugelassenen Arzneimittels zulasten der Krankenversicherung" ist daher nach der Rechtsprechung des Bundessozialgerichts ausgeschlossen, „weil der Einsatz des Präparats auf einem strafbaren Verhalten aufbaut und aus verbotswidrigem Handeln grundsätzlich keine Leistungspflicht der Krankenkasse erwachsen kann".[48] Anders ist die Rechtslage, wenn das Arzneimittel bereits eine Zulassung hat, also unter den Aspekten Qualität, Wirksamkeit und Unbedenklichkeit geprüft worden ist, aber außerhalb des zugelassenen Anwendungsgebietes, zB für andere Indikationen oder in anderer Dosis eingesetzt wird. Unter dieser Prämisse greift § 21 Abs 1 iVm § 96 Nr 5 AMG nicht ein.[49]

---

[43] *Samson* (Fn 37) S 1185.
[44] VersR 1991, 186, 189 m insoweit ablehnender Anm von *Deutsch*.
[45] *Walter*, AZR 2007, 113.
[46] BSG NJW 2003, 460, 462; BGH NJW 2007, 2767, 2768.
[47] *Weber M*, Off-label use, 2009, S 92 ff mwN; zum geschützten Rechtsgut *Vergho* PharmR 2009, 221, 223.
[48] BSG NJW 2003, 460, 462; NJW 2000, 1812.
[49] Zur Arzneimittelverordnung „Off-Label" s *Walter*, AZR 2007, 113 ff; *Deutsch/Spickhoff*, Medizinrecht, RdNr 1392 ff; *Quaas/Zuck*, Medizinrecht, § 60, RdNr 19; *Kuhlen*, Neue Tendenzen zur Rechtsprechung beim Off-Label-Use, A-ZusR 2006, 11 ff.

23. Kapitel. Der Arzt im Strafrecht   § 149

Zu beachten ist, dass natürlich im Einzelfall ein Rechtfertigungsgrund für den Einsatz eines nicht zugelassenen Arzneimittels und damit für die Verletzung des § 96 Nr 5 AMG iVm § 21 Abs 1 AMG gegeben sein kann, zB § 34 StGB. Wenn der Arzt seine Entscheidung zur Abwendung einer gegenwärtigen ernsten Gefahr für das Leben seines Patienten trifft, bei dem der Off-Label-Use die einzige verbliebene Behandlungsmöglichkeit ist und ein angemessenes Mittel zur Wahrung der Gesundheitsinteressen des Patienten darstellt, sind die Voraussetzungen des rechtfertigenden Notstands erfüllt.[50] Gerechtfertigt ist auch das Inverkehrbringen zur klinischen Prüfung bei Menschen (§ 21 Abs 2 Nr 2 AMG).

7. BtMG lex specialis gegenüber AMG. Gemäß § 81 AMG bleiben die Vorschriften des Betäubungsmittelrechts durch das AMG unberührt. Daraus folgt: Zwar sind die Betäubungsmittel der Anlage III zum BtMG allesamt verschreibungspflichtig (§ 13 Abs 1 BtMG), so dass tatbestandlich ein unerlaubtes Handeltreiben mit Arzneimitteln nach § 95 Abs 1 Nr 4 AMG zu bejahen ist, wenn der Arzt das Arzneimittel ohne Verschreibung an einen Patienten abgibt. Liegt jedoch eine zulässige Substitution nach § 5 Abs 1 Nr 1 BtMVV vor, darf diese unter dem Gesichtspunkt der Einheit der Rechtsordnung nicht nach dem AMG strafbar sein. Hinzu kommt, dass das BtMG gegenüber dem AMG lex specialis ist und daher die Bestimmungen des BtMG denen des AMG vorgehen.[51] Greift das BtMG nicht ein, kommt bei Erfüllung des Arzneimittelbegriffs (§ 2 Abs 1 Nr 5 AMG) eine Strafbarkeit nach dem AMG in Betracht.[52] 40

8. Strafbarkeit des Doping. Die lang diskutierte Strafbarkeit des Doping hat im Jahr 2007 eine teilweise[53] Regelung durch § 95 Abs 1 Nr 2a und b AMG erfahren. Danach ist ein Arzt strafbar, der Arzneimittel „zu Dopingzwecken im Sport in den Verkehr bringt, verschreibt oder bei anderen anwendet" (§ 95 Abs 1 Nr 2a AMG), „entgegen § 6a Abs 2a AMG Arzneimittel in nicht geringer Menge zu Dopingzwecken im Sport besitzt" (§ 95 Abs 1 Nr 2b AMG) und – als besonders schwerer Fall – Dopingmittel „an Personen unter 18 Jahren" abgibt. § 95 Abs 1 Nr 2a AMG ist ein eigenhändiges Delikt, so dass Anstiftung und Beihilfe seitens des gedopten Sportlers nicht strafbar sind. Dessen Einwilligung hat keine rechtfertigende Wirkung, da sie gegen das Gesetz verstößt (§ 134 BGB iVm § 6a Abs 2a AMG).[54] Das Tatbestandsmerkmal „im Sport" umfasst auch das „Bodybuilding".[55] 41

§ 149 Ärztliche Sterbehilfe

Inhaltsübersicht

	RdNr
I. Die maßgeblichen Orientierungspunkte und Differenzierungen	2
1. Vorrangigkeit des Lebensschutzes	2
2. Grenzen der Behandlungspflicht	3
3. Rechtswidrigkeit der Selbsttötung	4
4. Teilnahme am Selbstmord ein Berufsvergehen	5
5. Pflicht zur Basisversorgung	6
6. Maßgeblichkeit der medizinischen Indikation	7

---

[50] So auch *Bruns*, Arztrecht 2003, 244 f; *Weber* aaO S 111 ff.
[51] *Körner*, BtMG, 5. Aufl, Vorbem zum AMG, RdNr 12; *Dähne* MedR 2003, 547.
[52] BGH NStZ 2008, 530.
[53] Die Vorschrift des § 6a AMG ist am 1. 9. 1998 zugleich mit § 95 Abs 1 Nr 2a AMG in Kraft getreten, neu ist also nur der § 95 Abs 1 Nr 2 b.
[54] Siehe dazu *Deutsch* VersR 2008, 145, 146; *Heger*, Die Strafbarkeit von Doping nach dem AMG, SpuRt 2001, 92; vgl auch *Jahn*, Ein neuer Straftatbestand gegen eigenverantwortliches Doping?, SpuRt 2005, 141; *Deutsch/Lippert*, AMG, 2. Aufl 2007, § 6 a; zum Ganzen s auch oben § 139 RdNr 58.
[55] BGH A&R 2009, 234 m Anm *Winkler* S 235.

§ 149

7. Aktive-passive, direkte-indirekte Sterbehilfe 10
   a) Direkte aktive Sterbehilfe 11
   b) Indirekte aktive Sterbehilfe 12
   c) Passive Sterbehilfe 13
   d) Unterlassen trotz Handeln 20
   e) Extremsituation 21
8. Verbot des Handelns gegen den Patientenwillen 22
9. Sonderbehandlung des Selbstmörders 23
II. Die ärztliche Hilfeleistungspflicht gegenüber dem Selbstmörder 24
   1. Selbstmord als „Unglücksfall" 24
   2. Haftung wegen eines unechten Unterlassungsdelikts 25
   3. Rettungspflichten gegenüber bewusstseinsklaren Suizidenten 27
III. Grenzen der Behandlungspflicht bei schwerstgeschädigten Neugeborenen ... 30

Literaturhinweise zu Einzelfragen und zur Vertiefung (Auswahl bis 2002): *Admiraal,* 20 Jahre Erfahrung mit der Euthanasie in den Niederlanden, Berliner Medizinethische Schriften, Heft 2, 1996; *Arzt,* Recht auf den eigenen Tod?, JR 86, 309; *Auer/Menzel/Eser,* Zwischen Heilauftrag und Sterbehilfe, 1977; *Bade,* Der Arzt an den Grenzen von Leben und Recht. Über die Erlaubtheit ärztlicher Sterbehilfe unter bes Berücksichtigung des § 216 StGB, 1988; *Benzenhöfer,* Zulässigkeit von „Sterbehilfe" bei noch nicht Sterbenden, NdsÄBl 1998, 2 ff; *Bernat,* Behandlungsabbruch und (mutmaßlicher) Patientenwille, RdM 1995, S 51; *ders,* Rechte des Patienten, Pflichten des Arztes und Entscheidungen an der Grenze zwischen Leben und Tod – ein österreichischer Diskussionsbeitrag, in: *Wienke/Lippert* (Hrsg), Der Wille des Menschen zwischen Leben und Sterben – Patientenverfügung und Vorsorgevollmacht, 2001, 119 ff; *Bernsmann,* Der Umgang mit irreversibel bewusstlosen Personen und das Strafrecht, ZRP 1996, 87; *Blaha* (Hrsg), Schutz des Lebens – Recht auf Tod, 1978; *Bottke,* Suizid und Strafrecht, 1982; *ders,* Das Recht auf Suizid und Suizidverhütung, GA 1982, 546; *Bringewat,* Selbstmord, Suizidpatient und Arztpflichten, NJW 1973, 540; *ders,* Unbeachtlicher Selbsttötungswille usw, in: *Eser,* (Hrsg), Suizid und Euthanasie, 1976, 369; *Conradi,* Der Arzt an den Grenzen seines Behandlungsauftrags, 2002; *Deichmann,* Vormundschaftsgerichtlich genehmigtes Töten durch Unterlassen?, MDR 1995, 983; *Detering,* § 216 StGB und die aktuelle Diskussion um die Sterbehilfe, JuS 1983, 418; *Dölling,* Suizid und unterlassene Hilfeleistung, NJW 1986, 1011; *ders,* Zulässigkeit und Grenzen der Sterbehilfe, MedR 1987, 6 ff; *Dörner,* Hält der BGH die „Freigabe der Vernichtung lebensunwerten Lebens" wieder für diskutabel?, ZRP 1996, 93; *Eibach,* Sterbehilfe und Tötung auf Verlangen, 2. Aufl 1998; *Engisch,* Suizid und Euthanasie nach deutschem Recht, in: *Eser* (Hrsg), Suizid und Euthanasie, 1976, 312 ff; *ders,* Rechtliche Probleme im Grenzbereich zwischen Leben und Tod, in: *Eser* (Hrsg), Suizid und Euthanasie, 1976, S 87 ff; *ders,* Ärztliche Sterbehilfe, FS Dreher 1977, 309; *ders,* Euthanasie und Vernichtung lebensunwerten Lebens in strafrechtlicher Beleuchtung, 1948; *Eser,* Neues Recht des Sterbens? Einige grundsätzliche Betrachtungen, in: *Eser* (Hrsg), Suizid und Euthanasie, 1976, 392 ff; *ders,* Freiheit zum Sterben – kein Recht auf Tötung, JZ 1986, 786 ff; *ders,* Sterbehilfe und ärztliche Verantwortung, MedR 1986, 6 ff; *ders,* Aufgaben des Strafrechts im Grenzbereich von Leben und Sterben, in: *Jens/Küng,* (Hrsg), Menschenwürdig sterben, 1995, 151; *Eser/Koch* (Hrsg), Materialien zur Sterbehilfe. Eine internationale Dokumentation, 1991; *Fink,* Selbstbestimmung und Selbsttötung, 1992; *Geilen,* Rechtsfragen der Euthanasie, FS Bosch 1976, S 277 f; *Gropp,* Suizidbeteiligung und Sterbehilfe in der Rechtsprechung, NStZ 1985, 97; *Halliday/Witteck,* Nichtaufnahme und Abbruch einer medizinischen Behandlung am Lebensende in Deutschland und England, JZ 02, 752; *Hanack,* Grenzen ärztlicher Behandlungspflicht aus juristischer Sicht, MedR 1985, 39; *Herzberg,* Der Fall Hackethal, NJW 1986, 1635; *ders,* Die Quasi-Mittäterschaft bei Eigenverantwortlichkeit des Opfers?, JuS 1988, 771; *ders,* Straffreies Töten bei Eigenverantwortlichkeit des Opfers?, NStZ 1989, 559; *ders,* Straffreie Beteiligung am Suizid und gerechtfertigte Tötung auf Verlangen, JZ 1988, 182 ff; *Helgerth,* Strafrechtl Beurteilung der Sterbehilfe durch den Arzt, JR 76, 45; *Hennies/Sandvoß,* Rechtlich-ethische Probleme des Behandlungsabbruchs – insbesondere bei entscheidungsunfähigen Patienten, ArztR 1977, 39; *Hiersche,* Der „Kemptener Fall": cui bono? Aus der Sicht des Arztes!, FS Hanack, 1999, S 697 ff; *ders,* Recht auf den eigenen Tod? Referat auf dem 56. DJT, Sitzungsberichte Teil M, 1986; *ders,* Das Recht des Menschen auf einen würdigen Tod, FS Weißauer 1986, S 7 ff; *H J Hirsch,* Behandlungsabbruch und Sterbehilfe, FS Lackner 1987, 597 ff; *ders,* Einwilligung und Selbstbestimmung, FS Welzel 1974, 775; *Höfling,* Forum: „Sterbehilfe" zwischen Selbstbestimmung und Integritätsschutz, JuS 2000, 111 ff; *Hoerster,* Rechtsethische Überlegungen zur Freigabe der Sterbehilfe, NJW 86, 1786; *ders,* Warum keine aktive Sterbehilfe?,

23. Kapitel. Der Arzt im Strafrecht § 149

ZRP 88, 1; *Jakobs*, Behandlungsabbruch auf Verlangen usw, FS Schewe 1991, 72; *ders*, Tötung auf Verlangen, Euthanasie und Strafrechtssystem, Bayerische Akademie der Wissenschaften, Sitzungsberichte, Jahrgang 1998, Heft 2; *ders*, Zum Unrecht der Selbsttötung und der Tötung auf Verlangen, FS A Kaufmann 1993, 459; *Joerden* (Hrsg), Der Mensch und seine Behandlung in der Medizin: Bloß ein Mittel zum Zweck? 1999 (darin insbes die Beiträge v *Scheffler* u *Russegger*); *A Kaufmann*, Zur ethischen und rechtlichen Beurteilung der sog Früheuthanasie, JZ 1982, 481; *ders*, Euthanasie – Selbsttötung – Tötung auf Verlangen, MedR 83, 121; *Knorr/Leber*, Abbruch von Behandlungsmaßnahmen bei irreversibel entscheidungsunfähigen Patienten, f&w 96, S 244 ff; *Koch*, Der Suizidpatient als Rechtsfall, MMW 84, 713; *Koch/v Lutterotti*, „Sterbehilfe" gegen den Willen des Patienten, DMW 87, 1597; *Krack*, Teilnahme am Suizid und Tötung auf Verlangen, KritJ 95, 60; *Kutzer*, Strafrechtliche Grenzen der Sterbehilfe, NStZ 1994, 110 ff; *ders*, Sterbehilfeproblematik in Deutschland: Rechtsprechung und Folgen für die klinische Praxis, MedR 2001, S 77 ff; *ders*, Strafrechtl Überlegungen zum Selbstbestimmungsrecht des Patienten und der Zulässigkeit der Sterbehilfe, MDR 85, 710; *ders*, Wir brauchen keine neuen Gesetze zur Sterbehilfe, ZRP 1997, 117; *Laber*, Der Schutz des Lebens im Strafrecht, 1997; *Langer*, Rechtl Aspekte der Sterbehilfe, in: *Kruse/Wagner*, Sterbende brauchen Solidarität, 1986, 101; *ders*, Euthanasie im Krankenhaus, JR 93, 133; *Laufs*, Selbstverantwortetes Sterben?, NJW 1996, 763; *ders*, Zivilrichter über Leben und Tod?, NJW 1998, 3399; *Lawin/Huth*, Grenzen der ärztl Aufklärungs- und Behandlungspflicht, 1982, 77; *Lawin/Opderbecke/Schuster* (Hrsg), Grenzen intensivmedizinischer Behandlungspflicht, Änästhesist 99, 207; *Leist*, Das Dilemma der aktiven Euthanasie – Gefahren und Ambivalenzen des Versuchs, aus Töten eine soziale Praxis zu machen, Berliner Medizinethische Schriften, Heft 5, 1996; *Lilie*, Hilfe zum Sterben, FS Steffen 1995, 273; *v Lutterotti*, Menschenwürdiges Sterben, 1987; *ders*, Sterbehilfe, lex artis und mutmaßl Patientenwille, MedR 1988, 55; *Merkel*, Tödlicher Behandlungsabbruch usw, ZStW 107, 1995, 545; *ders*, Ärztliche Entscheidungen über Leben und Tod in der Neonatalmedizin, JZ 1996, 1145; *Möllering*, Schutz des Lebens – Recht auf Sterben, 1977; *A W Müller*, Tötung auf Verlangen – Wohltat oder Untat, 1997; *Opderbecke*, Grenzen der Intensivmedizin, MedR 85, 23; *Opderbecke/Weißauer*, Grenzen der Behandlungspflicht in der Intensivmedizin, AuK, 1997, 34; *dies*, Grenzen der ärztlichen Behandlungspflicht bei irreversibler Bewußtlosigkeit, Anästhesiologie und Intensivmedizin, 1996, 42; *Otto*, Die strafrechtliche Problematik der Sterbehilfe, Jura 1999, 434 ff; *ders*, „Recht auf den eigenen Tod? Strafrecht im Spannungsverhältnis zwischen Lebenserhaltungspflicht und Selbstbestimmung", Gutachten zum 56. DJT, 1986, D 11 ff; *Rickmann*, Zur Wirksamkeit von Patiententestamenten im Bereich des Strafrechts, 1987; *Rieger*, Verzicht auf lebenserhaltende Therapiemaßnahmen bei moribunden Patienten, DMW 1999, Nr 9, 267 ff; *ders*, Die mutmaßliche Einwilligung in den Behandlungsabbruch, 1998; *Roxin*, Der Schutz des Lebens aus der Sicht des Juristen, in: *Blaha* (Hrsg), Geschichte und Staat, Schutz des Lebens – Recht auf Tod, 1978, Bd 184, 85 ff; *ders*, Zur strafrechtlichen Beurteilung der Sterbehilfe, in: *Roxin/Schroth*, Medizinstrafrecht 2000, 87, 106 ff; *ders*, Die Sterbehilfe im Spannungsfeld von Suizidteilnahme etc, NStZ 87, 345; *ders*, Die Abgrenzung von Sterbehilfe und strafloser Suizidteilnahme, FS GA 1993, 177; *ders*, Die Mitwirkung beim Suizid, FS Dreher 1977, S 331; *Sax*, Zur rechtlichen Problematik der Sterbehilfe durch vorzeitigen Abbruch der Intensivbehandlung, JZ 1985, 137 ff; *Schick*, Fremd- und Selbstbestimmung zum Tode im Lichte strafrechtlicher Wertungen, in ZipfGedS 1999, 393; *Schmidt/Madea*, Grenzen ärztlicher Behandlungspflicht am Ende des Lebens, MedR 1998, 406 ff; *Schmitt*, Ärztliche Entscheidungen zwischen Leben und Tod in strafrechtlicher Sicht, JZ 1985, 365 ff; *ders*, Das Recht auf den eigenen Tod, MDR 1986, 617 ff; *ders*, Euthanasie aus der Sicht des Juristen, JZ 1979, 462; *ders*, Tun und Unterlassen beim Abbruch lebenserhaltender medizinischer Behandlung, 1997; *Schöch*, Menschenwürdiges Sterben und Strafrecht, ZRP 86, 236; *ders*, Beendigung lebenserhaltender Maßnahmen, NStZ 95, 153; *Schreiber*, Sterbehilfe und Therapieabbruch, FS Hanack, 1999; *ders*, Das Recht auf den eigenen Tod, NStZ 86, 337; *ders*, Tötung auf Verlangen – aus juristischer Sicht, Zeitschrift für ärztliche Fortbildung 1993, 31; *Schroeder*, Beihilfe zum Selbstmord und Tötung auf Verlangen, ZStW 1994, Bd 106, 565; *Simson*, Euthanasie als Rechtsproblem, NJW 1964, 1153; *ders*, Ein Ja zur Sterbehilfe aus Barmherzigkeit, FS Schwinge 1979, 89; *ders*, Die Tötung aus Barmherzigkeit in rechtsvergleichender Sicht, in: *Eser* (Hrsg), Suizid und Euthanasie, 1976, 322; *Steffen*, Noch einmal: Selbstverantwortetes Sterben? NJW 1996, 1581; *Sternberg-Lieben*, Tod und Strafrecht, JA 1997, 80; *ders*, Strafbarkeit des Arztes bei Verstoß gegen ein Patienten-Testament, NJW 1985, 2734; *Stoffers*, Sterbehilfe, MDR 92, 621; *Uhlenbruck*, in: *Rieger*, Lexikon des Arztrechts, 2. Aufl 2001, Sterbehilfe, Nr 4980; *ders*, Recht auf den eigenen Tod?, ZRP 1986, 209 ff; *ders*, Rechtliche, medizinische und theologische Probleme im Grenzbereich zwischen Leben und Tod, in: Sterbehilfe und Patiententestament, 1983, S 33 ff; *Ulsenheimer*, Aktive und passive Sterbehilfe aus der Sicht der Rechtsprechung, Der Internist, 2000, S 648 ff; *ders*, Grenzen der Behand-

§ 149

lungspflicht, Behandlungseinschränkung, Behandlungsabbruch, Anästhesiol Intensivmed Notfallmed Schmerzther 1996, S 543 ff; *ders,* Grenzen intensivmedizinischer Behandlungspflicht: nicht alles Machbare muss auch gemacht werden, Der Anästhesist, 1999, S 205 ff; *ders,* Therapieabbruch beim schwerstgeschädigten Neugeborenen, MedR 1994, S 425 ff; *ders,* Zur Erforschung des mutmaßlichen Willens bei fehlender Einwilligungsfähigkeit des Patienten, Anästhesiologie und Intensivmedizin 2000, 693; *Verrel,* Der BGH legt nach: Zulässigkeit der indirekten Sterbehilfe – Anm zur Sterbehilfeentscheidung des BGH v 15. 11. 1996, MedR 1997, 248 ff; *Vogel,* Die versuchte „passive Sterbehilfe" nach BGH MDR 1995, 80, 337; *Weber/Vogt-Weber,* Grenzen der ärztlichen Behandlungspflicht bei Kindern mit dem Geburtsgewicht zwischen 500 und 1000 Gramm?, ArztR 1999, 4 ff; *Weißauer,* Grenzen der Behandlungspflicht nach Suizidversuch, Anästhesiologie und Intensivmedizin, 1984, 427; *ders,* Ärztliche Behandlungspflicht und Sterbehilfe, Anästhesiologie und Intensivmedizin, 1988, 333; *Weißauer/Opderbecke,* Behandlungsabbruch bei unheilbarer Krankheit aus medikolegaler Sicht, MedR 1995, 456 ff; *Wilms/Jäger,* Menschenwürde und Tötung auf Verlangen, ZRP 1988, 41; *Zimmermann,* Der Sterbende und sein Arzt, NJW 77, 2201.

Neue Literatur ab 2002: *Albers,* Zur rechtlichen Ausgestaltung von Patientenverfügungen, MedR 09, 138; *Albrecht,* Strafrechtliche Aspekte der ärztlich vorgenommenen Therapiebegrenzung, FS Schreiber, 2003, S 551 ff; *Anckermann,* Sterben zulassen. Selbstbestimmung und ärztliche Hilfe am Ende des Lebens, 2004 (mit Besprechung von Steffen, MedR 2004, 410); *G Arzt,* Bürokratisierung der Hilfe beim Sterben und beim Suizid – Zürich als Modell, FS Schreiber, 2003, 583; *Aulbert/ Klaschik/Kettler,* Palliativmedizin – Ausdruck gesellschaftlicher Verantwortung, 2002; *Burchardi,* Patientenverfügung und Vorsorgevollmacht bei Krankenhausaufnahme, FS Schreiber 2003, S 615 ff; *Diederichsen,* Bemerkungen zu Tod und rechtlicher Betreuung, FS Schreiber, 2003, S 635 ff; *Duttge,* Einseitige („objektive") Begrenzung ärztlicher Lebenserhaltung?, NStZ 2006, 479 ff; *ders,* (Hrsg), Ärztliche Behandlung am Lebensende, 2008 und Beiträgen von: *Schumann, Verrel, Riba, Schlaudraff, Müller-Busch, Müller/Knöbl/Blaschke, Kopetzki, Hartenbach; E Fischer,* Recht auf Sterben? Ein Beitrag zur Reformdiskussion der Sterbehilfe in Deutschland unter besonderer Berücksichtigung der Frage nach der Übertragbarkeit des holländischen Modells der Sterbehilfe in das deutsche Recht, 2004; *Geilen,* Der ärztliche Spagat zwischen „salus" und „voluntas aegroti", FS Schwind, 2006, S 289 ff; *T Grauer,* Strafrechtliche Grenzen der Palliativmedizin, 2006; *Hillgruber,* Die Würde des Menschen am Ende seines Lebens-Verfassungsrechtliche Anmerkungen, ZfL 2006, 70 ff; *Holzhauer,* Patientenautonomie, Patientenverfügung und Sterbehilfe, FamRZ 2006, 518 ff; *Höfling* (Hrsg), Das sog. Wachkoma, 2005; *Höfling/Schäfer,* Leben und Sterben in Richterhand? Ergebnisse einer bundesweiten Richterbefragung zu Patientenverfügung und Sterbehilfe, 2006; *Ingelfinger,* Grundlagen und Grenzbereiche des Tötungsverbots, 2004; *ders,* Patientenautonomie und Strafrecht bei der Sterbebegleitung, JZ 2006, 821 ff; *Janes/Schick,* Sterbehilfe – Im Spiegel der Rechtstatsachenforschung, NStZ 2006, 484 ff; *Jäger,* Die Patientenverfügung als Rechtsinstitut zwischen Autonomie und Fürsorge, FS Küper 07, 209 ff; *Joppich/Elsner/Radbruch,* Behandlungsfehler und Behandlungspflicht am Ende des Lebens, Anästhesist 2006, 502 ff; *Kämpfer,* Die Selbstbestimmung Sterbewilliger, 2005; *Kettler/Mohr,* Ethische Aspekte der kardiopulmonalen Wiederbelebung, FS Schreiber, 2003, S 719 ff; *Kettler/Simon/Anselm/Lipp/ Duttge* (Hrsg), Selbstbestimmung am Lebensende, Ringvorlesung an der Universität Göttingen im WS 2005/06 mit Beiträgen ua „Zur Selbstbestimmung bei Wachkoma und Demenz", „Zur terminalen Sedierung" und „Zur Palliativmedizin"; *Knopp/Hoffmann,* Rechtssicherheit am Lebensende, MedR 2005, 83 ff; *Köhler,* Selbstbestimmung im Rechtsverhältnis zwischen Patient und Arzt, FS Küper 07, 275; *Kutzer,* Der Gesetzgeber muss die Sterbebegleitung regeln, ZRP 2005, 277; *Lindemann,* Aktive und passive Sterbehilfe: Grenzsituationen der Intensivmedizin, Klin Onkologie 2009/2010, 44 ff; *Lüdersen,* Aktive Sterbehilfe, Rechte und Pflichten, JZ 2006, 689 ff; *Merkel,* Aktive Sterbehilfe, FS F C Schroeder, 2006, 297 ff; *Nagel,* Passive Euthanasie. Probleme bei Behandlungsabbruch bei Patienten mit apallischem Syndrom, 2002 (Besprechung von *Eibach* MedR 2003, 481); *Oduncu,* Ärztliche Sterbehilfe im Spannungsfeld von Medizin, Ethik und Recht, MedR 2005, 437 ff; *Otto,* Patientenautonomie und Strafrecht bei der Sterbebegleitung, NJW 2006, 2217 ff; *ders,* Recht auf den eigenen Tod? Strafrecht im Spannungsverhältnis zwischen Lebenserhaltungspflicht und Selbstbestimmung. Gutachten D für den 56. DJT, 1986, S 71 ff; s auch zu Österreichischen Reformansätzen: Empfehlungen zum Thema Therapiebegrenzung und -beendigung auf Intensivstationen, Interdisziplinärer Österreichischer Konsensus-Arbeitskreis „Therapiebegrenzung auf der Intensivstation", Anästhesiology & Intensive Care, Sonderausgabe, August 2003; *Rothärmel,* Einleitung und Abbruch der künstlichen Ernährung, Internist 2004, S 485 ff; *Roxin,* Fahrlässige Tötung durch Nichtverhinderung einer Tötung auf Verlangen?, FS Schreiber, 2003, S 399; *ders,* Tatbestandslose Tötung auf Verlangen?, FS Jakobs 07, 571 ff; *ders,* Zur strafrechtlichen Beurteilung der Sterbehilfe, in: Roxin/Schroth (Hrsg),

23. Kapitel. Der Arzt im Strafrecht 1 § 149

Handbuch des Medizinstrafrechts, 3. Aufl 2007, 313 ff; *Sahm,* Sterbehilfe in der aktuellen Situation/ ärztliche und medizinisch-ethische Aspekte, ZfL 2005, 45 ff; *ders,* Sterbebegleitung und Patientenverfügung. Ärztliches Handeln an den Grenzen von Ethik und Recht, 2006; *Schmidt-Recla,* Voluntas et vita: Tertium non datur, MedR 08, 181 ff; *Schöch/Verrel,* Alternativ-Entwurf Sterbebegleitung (AE-StGB), GA 2005, 554 ff; *Schork,* Ärztliche Sterbehilfe und die Bedeutung des Patientenwillens, 2008; *H L Schreiber,* Soll die Sterbehilfe nach dem Vorbild der Niederlande und Belgien neu geregelt werden?, FS H-J Rudolphi, 2004, S 543 ff; *ders,* Das ungelöste Problem der Sterbehilfe, NStZ 2006, 473 ff; *ders,* Strafbarkeit des assistierten Suizids?, FS Jakobs 07, 615 ff; *Strätling/Bartmann/Fieber/Sedemund-Adip/Scharf/Schmucker,* Die gesetzliche Regelung der Patientenverfügung in Deutschland, 2005; *Taupitz/Weber-Hassemer,* Zur Verbindlichkeit von Patientenverfügungen, FS Laufs 2006, 1107 ff; *Thias,* Möglichkeiten und Grenzen eines selbstbestimmten Sterbens durch Einschränkung und Abbruch medizinischer Behandlung, 2004; *Verrel,* Patientenautonomie und Strafrecht bei der Sterbebegleitung, Gutachten C für den 66. DJT 2006, Bd 1; *ders,* Sterbebegleitung – eine Regelungsaufgabe des Strafrechts, Beilage zu Heft 22/2006 der NJW, S 14 ff; *ders,* In dubio pro vita – Überlegungen zur Handlungsbegrenzung aus „objektiven" Gründen, FS Jakobs 07, 715 ff; *Weimer,* Der tödliche Behandlungsabbruch beim Patienten im apallischen Syndrom, 2004; *Witteck,* Strafbarkeit aktiver Sterbehilfe in Deutschland – Ein Trugschluss?, Kritische Vierteljahresschrift 2003, S 163 ff; *Wolfslast,* Rechtliche Neuordnung der Tötung auf Verlangen, FS Schreiber, 2003, S 916.

Weitere umfangreiche Literaturhinweise zur Sterbehilfe s § 132.
Wichtig sind auch die zur Sterbehilfe ergangenen **Richtlinien und Resolutionen,** siehe ua:
- Resolution der Deutschen Gesellschaft für Chirurgie zur Behandlung Todkranker und Sterbender. Ärztliche und rechtliche Hinweise, zitiert bei *Mertens,* Münchener Kommentar zum BGB, 3. Aufl 1997, § 823 RdNr 366 a
- Richtlinien der Bundesärztekammer für die Sterbehilfe, MedR 1985, 38
- Grundsätze der Bundesärztekammer zur ärztlichen Sterbebegleitung v 11. 9. 1998, NJW 1998, 3406, neu gefasst v 7. 4. 2004, DÄBl 04, A-1298
- Richtlinien der Schweizerischen Akademie der Medizinischen Wissenschaften, DÄBl 1977, 1933, revidierte Fassung NJW 96, 767 ff
- Medizinisch-ethische Richtlinien für die ärztliche Betreuung sterbender und zerebral schwerstgeschädigter Patienten, Richtlinien der Schweizerischen Akademie der Medizinischen Wissenschaften, MedR 1995, 496, dazu *Laufs* NJW 1996, 763 ff.

Siehe insoweit auch *Ulsenheimer* in diesem Handbuch § 132 RdNr 8 ff.

Angesichts des bisherige Grenzen überschreitenden Fortschritts der Medizin und ihrer **1** immer perfekteren technischen Mittel zur Aufrechterhaltung der Vitalfunktionen des Menschen gehören die Fragen, ob und wenn ja, unter welchen Voraussetzungen ein Behandlungsabbruch gerechtfertigt ist, wo die Behandlungspflicht endet, ob aktive Sterbehilfe erlaubt ist oder zulässig sein sollte, wie sich *straflose* Beihilfe zum Selbstmord und **strafbare** Tötung auf Verlangen bzw unterlassene Hilfeleistung abgrenzen lassen, zu den zweifellos bewegendsten und schwierigsten ärztlichen, juristischen, ethischen und moralischen Problemen unserer Zeit. Immer wieder und immer häufiger steht der vor Ort tätige Arzt im Grenzbereich zwischen Leben und Tod in dem Entscheidungsdilemma, ob er sich dem Todeswunsch eines Lebensmüden beugen darf oder ihn, wenn er nach einem Suizidversuch bewusstlos ins Krankenhaus eingeliefert wurde, behandeln muss; ob es erlaubt ist, einen bewusstlosen Patienten, dessen Zustand irreversibel zum Tode führt, ohne Fortführung künstlicher lebenserhaltender Maßnahmen „in Frieden" sterben zu lassen, oder die Pflicht besteht, bis zuletzt alles Erdenkliche zur Erhaltung eines erlöschenden Lebens zu tun. In solchen Konfliktsituationen benötigt der Arzt klare, eindeutige Antworten, die das Recht jedoch trotz einer kaum noch zu überblickenden Flut von einschlägigen wissenschaftlichen Publikationen und trotz mehrerer höchstrichterlicher Grundsatzentscheidungen nicht gibt, vielleicht auch angesichts der Komplexität und Besonderheit jedes einzelnen Falles in allgemeiner Form gar nicht geben kann. Auch ich kann hier – auf gedrängtem Raum – bei weitem nicht alle Probleme und Lösungsvorschläge ansprechen und dazu Stellung nehmen, zumal möglicherweise der Gesetzgeber demnächst doch eine – auch § 216 StGB umfassende – Gesamtregelung dieses Themenkreises versucht.[1] Bis dahin gilt es, die maßgeblichen Entscheidungskriterien und tragenden Leitsätze, die inzwischen – jedenfalls in der Justizpraxis – anerkannt sind, übersichtlich darzustellen[2] und dabei vorhandene Wertungswidersprüche oder fortbestehende Zweifelsfragen deutlich zu machen. Gleichzeitig wird dadurch aber auch sichtbar, dass trotz aller Kritik, trotz eines fehlenden, „für Juristen, Ärzte, Patienten und Angehörige gleichermaßen transparenten und geschlossenen Regelungssystems"[3] doch in vielen Punkten Klarheit und Einigkeit besteht. Dieses Gemeinsame darzustellen, ist das Ziel meiner Ausführungen.

I. Die maßgeblichen Orientierungspunkte und Differenzierungen

2 **1. Vorrangigkeit des Lebensschutzes.** „Das menschliche Leben ist ein Wert höchsten Ranges innerhalb unserer Rechts- und Sittenordnung. Es steht „in der Werteordnung des Grundgesetzes – ohne eine zulässige Relativierung – an oberster Stelle".[4] Sein Schutz ist staatliche Pflicht (Art 2 Abs 2 GG), seine Erhaltung vorrangige ärztliche Aufgabe. Eine Abstufung des Schutzes des Lebens nach der sozialen Wertigkeit, der Nützlichkeit, dem körperlichen Zustand oder der geistigen Verfassung verstößt gegen Sittengesetz und Grundgesetz.[5] Mit dem Verbot der Tötung auf Verlangen gewährleistet das Strafrecht die „prinzipielle Unantastbarkeit fremden Lebens".[6]

3 **2. Grenzen der Behandlungspflicht.** „Es gibt keine Rechtsverpflichtung zur Erhaltung eines erlöschenden Lebens um jeden Preis. Maßnahmen zur Lebensverlängerung sind nicht schon deswegen unerlässlich, weil sie technisch möglich sind. Angesichts des bisherige Grenzen überschreitenden Fortschritts medizinischer Technologie bestimmt nicht die Effizienz der Apparatur, sondern die an der Achtung des Lebens und der Menschenwürde ausgerichtete Einzelfallentscheidung die Grenze ärztlicher Behandlungspflicht."[7] Der alte hippokratische Grundsatz, Leben mit allen Mitteln der ärztlichen Kunst so lange wie möglich zu erhalten, gilt nicht mehr in dieser Striktheit und Unbedingtheit.

4 **3. Rechtswidrigkeit der Selbsttötung.** Ein „Recht auf Selbsttötung" erkennt das Grundgesetz **nicht** an.[8] Diese ist vielmehr rechtswidrig und lediglich nicht strafbar.[9]

5 **4. Teilnahme am Selbstmord ein Berufsvergehen.** Das deutsche Strafrecht kennt keinen Tatbestand der (versuchten) Selbsttötung. Daher ist Beihilfe und Anstiftung zu fremdem, eigenverantwortlichem Selbstmord **straflos**.[10] Insoweit ist auch Hilfe zum Sterben durch aktives Tun zulässig. Für den Arzt allerdings ist der assistierte Suizid **berufsrechtlich** eine Pflichtverletzung, die mit berufsrechtlichen Sanktionen geahndet werden kann.[11] Im Rahmen der Reformüberlegungen sollen diese allerdings entfallen

---

[1] Nach der Teilregelung der Patientenverfügung ist dieses Vorhaben aber in weite Ferne gerückt.
[2] *Ulsenheimer*, Der Internist 2000, 648 ff; *ders*, Ärztliche Hilfe beim/zum Sterben, ZfaeFQ 2008.
[3] *Verrel*, 66. DJT, Thesen der Gutachter und Referenten, 2006 S 24.
[4] BGH JZ 02, 151, 152.
[5] Empfehlungen der Deutschen Gesellschaft für Medizinrecht – sog „Einbecker Empfehlungen", MedR 1992, 206; 1986, 281.
[6] BGHSt 32, 367, 379.
[7] BGHSt 32, 367, 379 f.
[8] *Schwabe* JZ 98, 69.
[9] BGHSt 46, 279, 285 = BGH JZ 02, 151, 152.
[10] BGHSt 32, 367, 371; vgl OLG München JA 1987, 579 ff m Anm *Herzberg* JZ 1988, 182 ff; *Schönke/Schröder/Eser*, StGB, 27. Aufl 2006, vor § 211 ff RdNr 33 ff.
[11] OLG München, JA 1987, 579, 585; VG Gera ZfL 2009, 29, 32 ff: deshalb Zurückweisung der Klage eines Arztes gegen die Verfügung der Ärztekammer, mit der ihm die Suizidbeihilfe verboten wurde.

bzw aufgelockert werden,[12] zumal auch der BGH vorsichtig zu erkennen gegeben hat, dass sich seine Rechtsprechung bei frei verantwortlichem Suizid ändern könnte.[13]

Die Kriterien, nach denen der Tatbestand des § 216 StGB von der straflosen Beihilfe zur Selbsttötung abzugrenzen ist, sind allerdings umstritten. Überwiegend geht man von den „Grundsätzen der **Teilnahmelehre**" aus,[14] allerdings in der Rechtsprechung mit dem ausdrücklichen Hinweis, „subjektiv bestimmte Kriterien, ob nämlich der Handelnde die Tat als eigene wollte, ob er den Täterwillen, den Willen zur Tatherrschaft oder ein eigenes Interesse an der Tat hatte"; seien „nicht geeignet, sinnvolle Ergebnisse zu gewährleisten".[15] Vielmehr kommt es „allein darauf an, wer das zum Tode führende Geschehen tatsächlich beherrscht hat. Im Einzelfall ist dafür entscheidend die Art und Weise, wie der Tote über sein Schicksal verfügt hat, nicht die Achtung des Selbstbestimmungsrechts. Gab er sich in die Hand des anderen, weil er duldend von ihm den Tod entgegennehmen wollte, dann hatte dieser die Tatherrschaft. Behielt er dagegen bis zuletzt die freie Entscheidung über sein Schicksal, dann tötete er sich selbst, wenn auch mit fremder Hilfe."[16] Zu Problemen, die sich aus dieser Differenzierung ergeben, s RdNr 25 ff.

Unter Anwendung dieser Kriterien gelangte das OLG München zur Annahme strafloser Beihilfe zum Selbstmord in einem Fall, in dem der Arzt das Gift auf Bitten der Patientin bereitstellte und diese den Giftbecher „ohne Hilfe Dritter selbst zum Mund geführt und das Gift getrunken hat".[17] Denn da sie bis zuletzt „die freie Entscheidung darüber hatte, ob sie das Gift einnimmt oder nicht, beherrschte allein sie" und nicht der Arzt „noch sonst wer das zum Tode führende Geschehen. Der Kreis der potenziellen Sterbehelfer wird vom Gesetz weder umgrenzt noch differenziert".[18] Daher bleibt auch ein Arzt straflos, „soweit er sich lediglich als Gehilfe aktiv an einer frei verantwortlich verwirklichten Selbsttötung beteiligt".[19]

5. Pflicht zur Basisversorgung Die sog „Basisversorgung" des Patienten muss ihm als Ausdruck mitmenschlicher Solidarität bis zu seinem Tod uneingeschränkt gewährt werden. Sie umfaßt die Körperpflege, das Freihalten der Atemwege, die Zufuhr von Flüssigkeit und Ernährung.[20] Ob auch die künstliche parenterale Ernährung dazu gehört, ist strittig.[21]

6. Maßgeblichkeit der medizinischen Indikation. „Die medizinische Indikation begrenzt insoweit den Inhalt des ärztlichen Heilauftrags".[22] Daher darf der Arzt lebensrettende oder -verlängernde Maßnahmen verweigern, wenn die medizinische Indikation hierfür fehlt, weil zB die Behandlung „sinnlos geworden oder aus sonstigen Gründen nicht möglich ist". Fordern könnte der Patient unter diesen Umständen ein ärztliches Tätigwerden nicht. Denn sein Selbstbestimmungsrecht ist ein **Abwehrrecht**, begründet aber keinen „Anspruch auf eine bestimmte Behandlung".[23] Dieser Grundsatz bzw. diese Schranke gilt allerdings nach Ansicht der Judikatur nur dann, wenn der tödliche Verlauf der Krankheit des Patienten „mit letzter Sicherheit" irreversibel[24] und die Prognose mit

---

[12] *Verrel*, 66. DJT 2006, Thesen der Gutachter S 28.
[13] BGH NJW 1988, 1532.
[14] BGHSt 19, 135, 136 f mwN
[15] BGHSt 19, 135, 138.
[16] BGHSt 19, 135, 139 f; ebenso OLG München JA 1987, 581 = MedR 1988, 150.
[17] OLG München MedR 1988, 150, 151.
[18] OLG München MedR 1988, 152; *Eser* MedR 1985, 6, 9.
[19] OLG München MedR 1988, 152.
[20] *Schönke/Schröder/Eser* vor §§ 211 ff RdNr 24 mwN
[21] Vgl *Schara* DÄBl 1976, 507 ff; *Menzel* in: *Eser* (Hrsg), Suizid und Euthanasie, 1976, S 147; *Schönke/Schröder/Eser*, StGB, 27. Aufl 2006, vor §§ 211, RdNr 24 mwN.
[22] BGH JZ 2003, 732, 737.
[23] BGH JZ 2003, 732, 737.
[24] BGH NJW 2003, 1588, 1590.

Sicherheit infaust ist. Anderenfalls, also bei Zweifeln in dieser Richtung, muss der Arzt **pro vita** entscheiden.

8   Gleiches gilt, wenn der Wille des bewusstlosen oder sonst nicht mehr entscheidungsfähigen Patienten nicht eindeutig feststellbar ist. Denn dann gilt der verfassungsrechtlich abgesicherte Vorrang des Lebensschutzes, an den alle Entscheidungsträger – Ärzte, Pflegepersonal, Angehörige, Betreuer und Richter – gebunden sind.[25]

9   Das Kriterium der „letzten Sicherheit" erscheint jedoch zu eng, da eine solche in der Medizin kaum je zu erreichen ist. Soll daher der richtige Ansatz des BGH nicht leerlaufen, muss es genügen, wenn die Irreversibilität des Zustands des Patienten „mit an Sicherheit grenzender Wahrscheinlichkeit", dh unter Ausschluss vernünftiger (medizinischer) Zweifel feststeht. § 1901b Abs 1 S 1 sagt zu dieser Problematik leider nichts.

10 **7. Aktive-passive, direkte-indirekte Sterbehilfe.** Zwischen **aktiver** und **passiver, direkter** und **indirekter** Sterbehilfe ist zu differenzieren, was zwar im Schrifttum teilweise als „missverständlich" und „verwirrend" abgelehnt,[26] hier aber als eingeführte Unterscheidung beibehalten wird, da positives Tun und Unterlassen wertungsmäßig scharf zu trennen sind, wie auch § 13 Abs 2 StGB deutlich macht.

11 **a) Direkte aktive Sterbehilfe.** „Sterbehilfe darf auch bei aussichtsloser (infauster) Prognose nicht durch gezieltes Töten geleistet werden";[27] da das Rechtsgut Leben nicht zur Disposition des Patienten steht und daher seine Einwilligung keine rechtfertigende Kraft hat. Die **direkte aktive Sterbehilfe** ist daher eine **Tötungshandlung,** auch wenn sie aus Mitleid zur Beendigung sinnlosen Leidens erfolgt, und erfüllt im Falle ausdrücklichen und ernsthaften Verlangens des Patienten den Tatbestand des § 216 StGB, ansonsten das allgemeine Tötungsdelikt des § 212 StGB bzw bei Vorliegen eines qualifizierenden Merkmals den Tatbestand des § 211 StGB. Die Diskussion um diese – unter Juristen und Ärzten weitestgehend unstreitige – Auffassung ist allerdings in jüngster Zeit durch die Freistellung aktiver Sterbehilfe von Strafe (allerdings nur bei Einhaltung bestimmter, gesetzlich vorgeschriebener Voraussetzungen) in den Niederlanden und Belgien im Jahre 2002[28] auch bei uns wieder in Gang gekommen. Man verweist dabei vor allem auf den Aspekt der in diesen Ländern nun bestehenden Rechtssicherheit für Arzt, Patient und Angehörige, während die in Rechtswissenschaft und Judikatur in der BRD gebräuchlichen Unterscheidungskriterien als „sophistische Haarspaltereien", „Kategoriengeklapper" oder „löchrige Hilfskonstruktionen" mit unsicheren Ergebnissen im Einzelfall kritisiert werden.[29] Demgegenüber ist festzustellen: § 216 StGB darf als die für den Lebensschutz grundlegende Norm nicht aufgeweicht, ihr unverbrüchlicher Schutz nicht eingeschränkt und die Gefahr des Missbrauchs nicht gering geachtet werden.

12 **b) Indirekte aktive Sterbehilfe.** Die **indirekte aktive** Sterbehilfe, dh die Lebensverkürzung als „unbeabsichtigte, aber in Kauf genommene unvermeidbare Nebenfolge" einer ärztlich gebotenen schmerzlindernden Medikation ist **straflos**.[30] Zur Begründung wird darauf verwiesen, dass diese „indirekte Sterbehilfe schon ihrem sozialen Sinngehalt

---

[25] Vgl OLG Frankfurt MDR 1998, 1483; NJW 2002, 689; OLG Karlsruhe NJW 2002, 685 ff; OLG Düsseldorf NJW 2001, 2807; BGH JZ 2003, 732, 734.

[26] *Verrel,* Gutachten 66. DJT, C 56; *Borasio,* 66. DJT, Thesen der Gutachter und Reformen, S 29 Ziff 5; *Kutzer,* ZRP 05, 277; *Habicht,* Sterbehilfe – Wandel in der Terminologie, 2009.

[27] BGHSt 37, 376, 379.

[28] In Holland ist Voraussetzung eine freiwillige, eindeutige und wohlüberlegte Willensäußerung des Patienten, seine umfassende Information, die Einholung einer second opinion und die Meldung des Falles nach Vollzug der Sterbehilfe an eine 3-köpfige Prüfungskommission.

[29] Siehe § 132 RdNr 4 Anm 5 u *Erlinger,* Lizenz zum Töten, SZ v 17. 4. 01, Nr 88 S 17; zur niederländischen Regelung s auch *Ensink/Bautz/Hanekop,* Anästhesiologie und Intensivmedizin 2001, 531.

[30] BGH NJW 1997, 184 = MedR 1997, 271 = BGHSt 42, 301 (305) m Anm *Dölling* JR 1998, 160; *Schöch* NStZ 97, 409; *Verrel* MedR 97, 248; *Otto* JK Nr 3 zu § 212.

23. Kapitel. Der Arzt im Strafrecht　　　　　　　　　13–15　§ 149

nach aus dem Tatbestand der Tötungsdelikte herausfällt";[31] teils wird der Tötungsvorsatz verneint, teils auf das „erlaubte Risiko" oder die rechtfertigende bzw entschuldigende Pflichtenkollision, überwiegend aber auf den Gesichtspunkt des rechtfertigenden Notstands nach § 34 StGB abgestellt.[32] Der BGH verwirft die Tatbestandslösung nicht ausdrücklich, favorisiert aber offensichtlich die Anwendbarkeit der Notstandsregelung des § 34 StGB. „Denn die Ermöglichung eines Todes in Würde und Schmerzfreiheit gemäß dem erklärten oder mutmaßlichen Patientenwillen ist ein höherwertiges Rechtsgut als die Aussicht, unter schwersten, insbesondere sog Vernichtungsschmerzen noch kurze Zeit länger leben zu müssen."[33] Die praktische Bedeutung dieser Fallgruppe hat durch die großen Fortschritte der Schmerztherapie erheblich abgenommen, da die Lebensverkürzung als deren Folge nur noch sehr selten eintritt.[34]

　　c) **Passive Sterbehilfe.** Die **passive** Sterbehilfe ist gekennzeichnet durch ein **Unterlassen** des Arztes, der eine Garantenstellung inne hat, dh die Nichteinleitung oder den Verzicht auf lebensverlängernde Maßnahmen (Reanimation, künstliche Ernährung, Bluttransfusion ua) bei Sterbenden und irreversibel bewusstlosen Patienten, „um dem Sterben – ggf unter wirksamer Schmerzmedikation – seinen natürlichen, der Würde des Menschen gemäßen Verlauf zu lassen". Dabei bezieht sich die Passivität auf die Grunderkrankung, während im Übrigen sich der Arzt aktiv um den Patienten kümmert. Innerhalb dieser Fallgestaltungen, mit denen die Ärzteschaft in der Praxis am häufigsten konfrontiert wird, sind zwei Fälle zu unterscheiden: 13

　　aa) Sterbehilfe im **eigentlichen** Sinne setzt nach Ansicht des BGH voraus, „dass das Grundleiden eines Kranken nach ärztlicher Überzeugung unumkehrbar (irreversibel) ist, einen tödlichen Verlauf angenommen hat und der Tod **in kurzer Zeit** eintreten wird".[35] Unter diesen Prämissen, insbesondere im Falle unmittelbarer Todesnähe „hat der Sterbevorgang bereits eingesetzt. Erst in diesem Stadium ist es deshalb gerechtfertigt, von Hilfe für den **Sterbenden** (Sterbebegleitung) und Hilfe **beim** Sterben, kurz: von Sterbehilfe zu sprechen",[36] die im Ergebnis **straflos** ist. Insoweit besteht Einigkeit. Denn hier fehlt die medizinische Indikation, die Behandlungspflicht entfällt. 14

　　bb) In „Grenzfällen" geht der BGH ausdrücklich über diese restriktive Sterbehilfedefinition hinaus und hält „ausnahmsweise ein Sterbenlassen durch Abbruch einer ärztlichen Behandlung" bei entsprechender Einwilligung des Patienten auch dann für gerechtfertigt, wenn dessen wesentliche Lebensfunktionen wie Atmung, Kreislauf und Herzaktion noch erhalten sind, der Arzt also nicht „Hilfe **beim** Sterben, sondern Hilfe **zum** Sterben", Sterbehilfe im weiteren Sinne leistet.[37] Diese ist nicht von vorneherein mangels medizinischer 15

---

[31] So zB *Tröndle/Fischer*, StGB, 50. Aufl 2001, Vorbem § 211 RdNr 17; LK-*Jähnke*, 10. Aufl, Vorbem § 211 RdNr 15 und 17.
[32] *Schönke/Schröder/Eser* vor §§ 211 RdNr 26 mit detaillierten Nachweisen; *Hirsch*, FS Lackner, 1987, S 609 mwN; *Lackner/Kühl* StGB, 26. Aufl 2007, Vorbem § 211 RdNr 7; *Schreiber* NStZ 1986, 337, 340; *Herzberg* NJW 1996, 3043.
[33] BGH NStZ 1997, 182, 184; vgl *Kutzer* NStZ 1994, 110, 115 u *ders*, FS Salger, 1995, S 663, 672; zustimmend *Roxin* in: Hb d Medizinstrafrechts, 3. Aufl 2007, 323; zur Begründung sehr kritisch *Fischer*, StGB, 55. Aufl 2008, vor § 211 RnNr 18 a; überzeugend für die Anwendung des § 34 StGB *Merkel* FS F C Schroeder, 297, 307 ff.
[34] So mit Recht auch *Geilen*, FA Medizinrecht Kap 4 B RdNr 511.
[35] BGHSt 40, 257 ff = MedR 1995, 72 m Anm *Weißauer/Opderbecke* MedR 1995, 456 = NJW 1995, 204 = ArztR 1995, 185 = MDR 1989, 80 = Anästhesiologie und Intensivmedizin 1996, 42 m Anm von *Opderbecke* und *Weißauer*; s zu dieser Entscheidung auch *Bernat*, RdM 1995, 51; *Bernsmann* ZRP 1996, 87; *Deichmann* MDR 1995, 983; *Dörner* ZRP 1996, 93; *Laufs* NJW 1996, 763; *Merkel* ZStW 1995, 545 ff; *Schöch* NStZ 1995, 153 ff; *Steffen* NJW 1996, 1581; *Vogel* MDR 1995, 337.
[36] BGHSt 40, 257, 260.
[37] BGHSt 40, 257, 260; LG Berlin NJW 06, 3014.

Indikation straflos, sondern nur dann, wenn die ärztliche Entscheidung dem Willen des Patienten entspricht.[38]

16 (1) Zentraler Ausgangspunkt für die Argumentation des BGH ist somit das **Selbstbestimmungsrecht** des Patienten (Art 2 Abs 2 S 1 GG), das der Arzt auch gegenüber demjenigen Patienten respektieren muss, „der es ablehnt, einen lebensrettenden Eingriff zu dulden".[39] „Es wäre ein rechtswidriger Eingriff in die Freiheit und Würde der menschlichen Persönlichkeit, wenn ein Arzt – und sei es auch aus medizinisch berechtigten Gründen – eigenmächtig und selbstherrlich – einen folgenschweren Eingriff bei einem Kranken gegen dessen Willen vornimmt."[40] Das Selbstbestimmungsrecht des Patienten „schließt auch die Selbstbestimmung zum Tode ein".[41] Dies muss auch dann gelten, wenn der Patient bewusstlos oder sonst urteilsunfähig ist, aber sein früher geäußerter, antizipativer[42] oder **mutmaßlicher Wille** der Aufnahme oder Fortführung einer bestimmten medizinischen Behandlung entgegensteht. Dabei sind mit dem BGH allerdings „im Interesse des Schutzes menschlichen Lebens strenge Anforderungen" an die Voraussetzungen für die Annahme eines solchen antizipativen oder mutmaßlichen Einverständnisses zu stellen, um von vornherein der Gefahr vorzubeugen, „dass Arzt, Angehörige oder Betreuer unabhängig vom Willen des entscheidungsunfähigen Kranken nach eigenen Maßstäben und Vorstellungen das von ihnen als sinnlos, lebensunwert oder unnütz angesehene Dasein des Patienten beenden".[43] Wörtlich heißt es in der grundlegenden Entscheidung des BGH, in der keine Patientenverfügung vorlag:

> „Entscheidend ist der mutmaßliche Wille des Patienten im Tatzeitpunkt, wie er sich nach sorgfältiger Abwägung aller Umstände darstellt. Hierbei sind frühere mündliche oder schriftliche Äußerungen des Kranken ebenso zu berücksichtigen wie seine religiöse Überzeugung, seine sonstigen persönlichen Wertvorstellungen, seine altersbedingte Lebenserwartung oder das Erleiden von Schmerzen. Objektive Kriterien, insbesondere die Beurteilung einer Maßnahme als gemeinhin ‚vernünftig' oder ‚normal' sowie den Interessen eines verständigen Patienten üblicherweise entsprechend, haben keine eigenständige Bedeutung; sie können lediglich Anhaltspunkte für die Ermittlung des individuellen hypothetischen Willens sein."[44]

17 (2) Besondere Bedeutung gewinnt vor diesem rechtlichen Hintergrund die sog. **Patientenverfügung,** die von der höchstrichterlichen Indikatur in Zivilsachen bei aus medizinischer Sicht irreversiblem Zustand des Patienten als verbindlich angesehen wird, und zwar ohne Einschränkungen in zeitlicher und sachlicher Hinsicht, wenn sie nicht widerrufen wurde und sich die Sachlage nicht wesentlich gegenüber dem Zeitpunkt der Abfassung geändert hat.[45] Insoweit ist also doch eine „kritische Überprüfung"[46] nötig, um nach Anhaltspunkten für eine Willensänderung zu forschen oder solche auszuschließen. Mit der „spekulativen Erwägung",[47] dass der Patient vielleicht nicht mehr an seiner frühe-

---

[38] BGH 40, 257, 260.
[39] BGHSt 32, 367, 378; sehr instruktiv GenStA Nürnberg NStZ 08, 343; „Das Selbstbestimmungsrecht des Patienten gilt auch dann, wenn es darauf gerichtet ist, eine aus medizinischen Gründen dringend erforderliche Behandlung zu verweigern oder lebensverlängernde Maßnahmen abzubrechen."
[40] BGHSt 11, 111, 114.
[41] OLG München JA 1987, 583; so auch EGMR NJW 02, 2851, 2854.
[42] BGH (Z) JZ 03, 732 ff.
[43] BGHSt 40, 257, 260, 261; s auch OLG Frankfurt aM JZ 1998, 799 f; dazu *Laufs,* Zivilrichter über Leben und Tod?, NJW 1998, 3399.
[44] BGHSt 40, 257, 260, 261.
[45] BGH JZ 03, 732, 735 m Anm *Spickhoff; Kutzer* ZRP 03, 213; *Verrel* NStZ 03, 449; *Ulsenheimer* Anästhesist 04, 362.
[46] OLG München GesR 06, 524, 526; zum Ganzen *Jäger,* Die Patientenverfügung als Rechtsinstrument zwischen Antonomie und Fürsorge, FS Küper, 2007 209 ff.
[47] BGH JZ 03, 732, 735.

23. Kapitel. Der Arzt im Strafrecht

ren Willensäußerung festhält, darf allerdings der Inhalt der Patientenverfügung nicht beiseite geschoben werden.[48] Inzwischen hat der Gesetzgeber in § 1901a BGB die Patientenverfügung näher geregelt, insbesondere die Reichweitenbeschränkung fallen gelassen und die Schriftform verlangt.[49]

(3) Die Schwierigkeiten, die mit der Feststellung eines hypothetischen individuellen Willens oftmals verbunden sind, kennt jeder Arzt und jeder Jurist.[50] Deshalb verdient es besondere Beachtung, dass der BGH in den Fällen, in denen die Erforschung des individuellen mutmaßlichen Willens zu keinem Ergebnis führt, **subsidiär** auf die **„allgemeinen Wertvorstellungen"** abstellt und mit ihrer Hilfe – allerdings unter gebotener „Zurückhaltung" – die Straflosigkeit der – erweiterten – „uneigentlichen" Sterbehilfe begründet.[51] Diese „Wertvorstellungen" werden inhaltlich nicht näher präzisiert, und es bleibt auch offen, ob es überhaupt gibt und wer für die „Allgemeinheit" bildet: die Ärzteschaft, die Patienten, die Juristen, Theologen, Philosophen, die Bevölkerungsmehrheit? Das OLG Karlsruhe[52] hat deshalb den Rückgriff auf „allgemeine Wertvorstellungen" als „unvereinbar mit der hohen Bedeutung des Rechtsguts Leben" und als Verstoß gegen die Patientenautonomie bezeichnet und auch der BGH weist darauf hin, dass es im Bereich der Sterbehilfe gerade an einer „dem jeweiligen Einzelfall gerecht werdenden, rechtlich verlässlichen und vom subjektiven Vorverständnis des Beurteilers unabhängigen Orientierung" fehlt.[53] Zwei wichtige Aspekte werden allerdings in diesem Zusammenhang genannt: die Aussichtslosigkeit der ärztlichen Prognose und die Todesnähe. „Je weniger die Wiederherstellung eines nach allgemeinen Vorstellungen menschenwürdigen Lebens zu erwarten ist und je kürzer der Tod bevorsteht, um so eher wird ein Behandlungsabbruch vertretbar erscheinen."[54] Geht es nur noch um eine sinnlose Verzögerung alsbaldigen Sterbens, entfällt unter den dargelegten Voraussetzungen die Rechtspflicht des Arztes zur Lebensverlängerung. Daraus folgt zB: Der Arzt, der es unterlässt, einen Appalliker künstlich zu beatmen oder den Sterbeprozess eines irreversibel im coma vigile dahinvegetierenden Kranken mit lebensverlängernden Maßnahmen aufzuhalten, macht sich keiner Tötung durch Unterlassen schuldig, wenn dies dem mutmaßlichen Willen des Patienten oder – hilfsweise – den „allgemeinen Wertvorstellungen" der Bevölkerung entspricht.[55]

(4) Können die in Betracht kommenden ärztlichen Maßnahmen dagegen **lebensrettend** wirken, allerdings mit schweren irreparablen Gesundheitsschäden als Folge, kommt es **ausschließlich auf den mutmaßlichen Willen** des Patienten an. Sein hypothetisch zu ermittelnder Behandlungswille begründet die Behandlungspflicht des Arztes, sein entgegenstehender Wille schließt dessen Behandlungsrecht und damit auch die entsprechende Pflicht zur Vornahme der medizinisch gebotenen Maßnahmen aus.[56]

d) Unterlassen trotz Handelns. Die zur **passiven** Sterbehilfe entwickelten Grundsätze gelten auch in den Fällen, in denen der Behandlungsabbruch bei irreversibel bewusstlosen Patienten zwar vordergründig ein **aktives** Tun, zB durch **Abschalten des**

---

[48] Siehe näher dazu oben § 132 unter V.
[49] Siehe dazu näher unter § 132 RdNr 36.
[50] *Ulsenheimer* Ains 2000, 693 ff.
[51] BGHSt 40, 257, 250.
[52] NJW 02, 689.
[53] JZ 03, 732, 735.
[54] BGHSt 40, 257, 260.
[55] LG Kempten, Az 2 Ks 13 Js 13155/93 – Urteil v 17. 5. 1995, in der neuen Hauptverhandlung konnte der mutmaßliche Wille der Patientin ermittelt werden und führte zum Freispruch, s dazu *Ulsenheimer*, Arztstrafrecht in der Praxis, 4. Aufl 2008, RdNr 291c.
[56] *Hirsch* (Fn 31), S 604; BGHSt 32, 367 ff; s dazu auch LG Hagen, 31 Ks/600 Js 560/02 (7/04), mitgeteilt von *Ulsenheimer*, Arztstrafrecht, RdNr 292.

Beatmungsgeräts (des Respirators) oder durch Eintragung einer Anordnung in die Krankenakte, bei **wertender** Betrachtung aber ein Unterlassen darstellt. Das Ausschalten eines technischen Geräts zur Sauerstoffzufuhr oder die Anordnung der Einstellung der künstlichen Ernährung sind phänomenologisch zweifelsfrei Tätigkeiten, sie stehen jedoch **wertungsmäßig**, ihrem **sozialen Sinn nach** einem **Unterlassen** der Beatmung bzw des „Fütterns" gleich: juristisch ist die Apparatur nur der „verlängerte Arm"[57] des Arztes, den er (passiv) untätig lässt, wenn er das Gerät außer Funktion setzt. Insoweit handelt es sich in diesen Fällen also um **keine** Ausnahme von dem grundsätzlichen Verbot der direkten **aktiven** ärztlichen Sterbehilfe. Liegt der „Schwerpunkt der Vorwerfbarkeit" jedoch in einem **Handeln** (Kappen des Schlauchs für die künstliche Ernährung einer Wachkomapatientin, Drücken eines nassen Waschlappens auf den Mund eines Wachkomapatienten), ist bei entsprechendem Willen der Patientin/des Patienten der Tabestand des § 216 StGB, sonst des § 212 StGB erfüllt (s LG Fulda, ZfL 2009, 97 m Anm *Beckmann* (nicht rechtskr); LG Ellwangen, Ärztezeitung online v 20.5.09). Bei fehlendem Erfolgseintritt kommt Versuch nach §§ 23 Abs 1, 212 bzw § 216 Abs 2 StGB in Betracht.

Zur Straflosigkeit gelangt man jedoch mit einem Teil der Lehre auch dann, wenn man die Unterlassungskonstruktion ablehnt. Denn „im Ergebnis jedenfalls kann kein Zweifel bestehen, dass dort, wo ein medikamentös-therapeutischer Behandlungsabbruch zulässig wäre, auch der technisierte Behandlungsabbruch zulässig sein muss".[58] Die Begründungen sind unterschiedlich. Teils wird bereits die Tatbestandsmäßigkeit unter Rückgriff auf den „Schutzzweck der Norm"[59] bzw mangels Rechtspflicht zur Fortsetzung des Einsatzes der künstlichen Mittel,[60] teils auch erst die Rechtswidrigkeit[61] verneint. Der entscheidende Gesichtspunkt ist stets die Aussichtslosigkeit weiterer ärztlicher Maßnahmen, so dass bei entsprechendem Patientenwillen die Therapie fortzuführen ist, solange „noch eine, vielleicht nur entfernte Rettungschance" besteht.[62]

21 **e) Extremsituation.** In extremen Ausnahmesituationen (unerträgliche Schmerzen, unabwendbarer, baldiger Todeseintritt, ausdrücklicher, ernsthafter Todeswunsch der Patientin)[63] ist der Behandlungsabbruch durch Ausschalten des Beatmungsgeräts oder anderer künstlicher lebenserhaltender Maßnahmen auch bei einem **bewusstseinsklaren** Patienten mit dessen Einwilligung zulässig. Zur Begründung wird auch hier auf die Rechtsfigur des „Unterlassens durch Tun"[64] oder die fehlende Rechtspflicht zurückgegriffen, „ein verlöschendes Leben gegen den wirklichen oder mutmaßlichen Willen des Patienten durch künstliche Mittel zu verlängern",[65] um den Tatbestand der Tötung auf Verlangen zu verneinen. Das LG Ravensburg neigte in dem konkreten Fall dieser Auffas-

---

[57] *Geilen* JZ 1968, 150; ausführliche Begründung mwN bei *Roxin*, FS Engisch, 1968, S 380 ff, 395 ff; ebenso BGHSt 40, 247 ff, wo die Eintragung ins Krankenblatt und damit die Anweisung an das Pflegepersonal, der Patientin keine weitere Flaschennahrung zu geben, als Unterlassen gewertet wird. Denn in der Nichtvornahme der gebotenen Handlung liege „das strafrechtlich relevante Geschehen" (S 266), in dem Verstoß gegen die Garantenpflicht der „eigentliche Unwert" des Verhaltens aller Beteiligten. Weitere Nachweise bei *Ulsenheimer*, Arztstrafrecht, RdNr 281; *Fischer* vor § 211 RdNr 20; *Gropp*, FS Schlüchter, 2002, 173, 184; *Schöch/Verrel* GA 05, 553, 560; *Lackner/Kühl* vor § 211 RdNr 8 a; s auch oben § 140 RdNr 12, 13.

[58] *Schönke/Schröder/Eser* § 212, RdNr 32; *Dölling* MedR 1987, 9 f; aA *Bockelmann*, Arztstrafrecht des Arztes, 1968, S 112, 125 Anm 45.

[59] *Sax* JZ 1975, 137 ff, 149; LK-*Jähnke* 10. Aufl, vor § 211 RdNr 16, 17.

[60] *Hirsch*, FS Lackner, 1987, S 605 f.

[61] *Otto*, Jura-Kartei Nr 2 zu § 216.

[62] *Hirsch* (Fn 31), S 606.

[63] Vgl LG Ravensburg NStZ 1987, 229 = MedR 1987, 196 m Anm *Roxin* NStZ 1987, 348 ff; *Otto*, Jura-Kartei Nr 2 zu § 216; *Herzberg* JZ 1988, 182 ff, 185 ff.

[64] Dazu ausführlich *Roxin*, FS Engisch, 1969, S 380 ff, 395 ff; *Engisch* in: *Eser* (Hrsg), Suizid und Euthanasie 1976, S 312, 315 ff; *Tröndle/Fischer* vor § 211 RdNr 13.

[65] *Roxin* NStZ 1987, 349.

sung zu, erwog aber auch einen Rechtfertigungsgrund in Gestalt des ernsthaften Todeswunsches „des im Sterben liegenden Menschen, dessen Tod nur noch mithilfe technischer Geräte künstlich und ohne jegliche Hoffnung auf ein auch nur kurzfristiges Leben aus eigener Kraft hinausgezögert werden kann".[66] Angesichts der klaren gesetzgeberischen Entscheidung in § 216 StGB ist der Rechtswidrigkeitsausschluss mit dieser Begründung mE allerdings nicht haltbar. Dagegen ist der von *Hirsch* ins Spiel gebrachte Rückgriff auf den übergesetzlich entschuldigenden Notstand[67] ein ebenso interessanter wie erwägenswerter Ansatz, um zur Straffreiheit des Täters zu gelangen. Im Ergebnis jedenfalls verdient sowohl die Tatbestands- als auch die Schuldausschlusslösung Zustimmung.[68] Denn da der Patient im Ausgangsstadium die künstliche Beatmung mit zwingender Wirkung für den Arzt verbieten durfte, muss er „naturgemäß auch das Recht" haben, zu „verlangen, dass eine künstliche Beatmung abgestellt werde". Wer „diesem Verlangen nachkommt, gleichgültig, ob durch Unterlassen oder durch aktives Tun, tötet nicht (auf Verlangen), sondern leistet Beistand im Sterben",[69] da der Patient seine Erlaubnis zum Tätigwerden des Arztes zeitlich begrenzt hat. Eine Ausnahme vom Grundprinzip des Verbots direkter aktiver Sterbehilfe liegt somit auch hier nicht vor, jedenfalls wenn man sich auf die schon erwähnten juristischen „Hilfskonstruktionen" stützt (s o RdNr 20).

8. Verbot des Handelns gegen den Patientenwillen. Aus dem Selbstbestimmungsrecht des Patienten folgt, dass **gegen** den Willen des unheilbar kranken, aber **bewusstseinsklaren** Patienten kein Eingriff vorgenommen und keine, ursprünglich **mit** seinem Willen begonnene ärztliche Maßnahme fortgesetzt werden darf.[70] Dies gilt auch dann, wenn der Patient dadurch in Lebensgefahr gerät oder bereits in Todesgefahr schwebt. Denn mit der Verweigerung der Einwilligung seitens des freiverantwortlichen Patienten „entfällt das aus dem Arzt-Patienten-Verhältnis abgeleitete Behandlungsrecht und die auf den Lebensschutz zielende Behandlungspflicht des Arztes, er wird zum Begleiter im Sterben und bleibt nur noch Garant für die Basisversorgung des Patienten".[71]

9. Sonderbehandlung des Selbstmörders. Ob das Selbstbestimmungsrecht des Patienten die Garantenpflicht des Arztes allerdings ausnahmslos begrenzt, ist strittig. Denn der BGH hat **ausdrücklich** die Frage offen gelassen, „ob das Verbot ärztlicher Eingriffe gegen den Willen des Patienten auch dann gilt, wenn es sich um einen zu rettenden **Suizidenten** handelt".[72] In einer nachfolgenden Entscheidung des BGH erfolgte aber eine erste vorsichtige Distanzierung von der Hilfspflicht.[73] Insoweit differenziert die Rechtsprechung bezüglich der Rechte und Pflichten des Arztes zwischen dem **bewusstseinsklaren**, eigenverantwortlich handelnden **Suizidpatienten** und dem **Lebensmüden**, der das **Bewußtsein verloren** hat, wodurch Wertungswidersprüche entstehen und deshalb die **Selbstmordproblematik** im Hinblick auf die ärztliche Hilfeleistungspflicht eine **Sonderbehandlung** unter Ziffer II. erfordert.

II. Die ärztliche Hilfeleistungspflicht gegenüber dem Selbstmörder

1. Selbstmord als „Unglücksfall": Da nach ständiger Rechtsprechung der Selbstmord ein „Unglücksfall" im Sinne des § 323 c StGB ist, muss jeder Arzt wie auch der quivis ex

---

[66] LG Ravensburg MedR 1987, 196, 198.
[67] *Hirsch*, FS Lackner, S 610.
[68] Siehe *Schönke/Schröder/Eser* vor § 211 ff RdNr 32; *Roxin* NStZ 1987, 350; *Tröndle*, FS Göppinger, 1990, S 595, 600; *Stoffers* MDR 1992, 621 ff.
[69] LG Ravensburg MedR 1987, 196, 198.
[70] *Hirsch* (Fn 31), S 601.
[71] OLG München JA 1987, 583 mwN; *Hiersche* MedR 1987, 83, 84.
[72] BGHSt 32, 367, 378.
[73] BGH NJW 1988, 1532, s auch unten RdNr 27 u § 141 RdNr 15 Anm 46.

populo die erforderliche und zumutbare Hilfe zur Schadens- und Gefahrenabwehr leisten.[74]

25   **2. Haftung wegen eines unechten Unterlassungsdelikts.** Darüber hinaus kommt für den Arzt auch die strafrechtliche Haftung wegen eines Tötungsdelikts durch Unterlassen (§§ 211, 212, 216 oder 222 StGB je nach Sachverhaltsumständen und Willensrichtung) in Betracht, wenn er zB die Behandlung des nach dem Suizidversuch **handlungs- und willensunfähig** ins Krankenhaus eingelieferten Patienten übernommen hat und dadurch in eine **Garantenposition** für dessen Leben eingerückt ist. Ausdrücklich betont der BGH, dass an dieser rechtlichen Beurteilung die absichtliche Herbeiführung des die Hilfeleistung erfordernden Zustands durch das Opfer selbst, also der sonst für das ärztliche Eingreifen maßgebende Aspekt der Selbstbestimmung, nichts ändert. Entscheidend ist vielmehr hier, dass der Patient nicht mehr „Herr des Geschehens" ist, während auf der anderen Seite der Arzt die Möglichkeit hat, rettend in den Kausalverlauf einzugreifen. Wenn aber der Suizident das Geschehen nicht mehr beeinflussen kann, die „Täterschaft endgültig verloren hat" und damit „der Eintritt des Todes jetzt allein vom Verhalten des Garanten" abhängt, haben „bei wertender Betrachtung der Untätigkeit des Garanten die auf Täterschaft hinweisenden Elemente das Übergewicht gegenüber den Gesichtspunkten, die lediglich für eine Beihilfe zur straflosen Haupttat des Opfers und damit für Straflosigkeit sprechen könnten".[75] Das Selbstbestimmungrecht des Patienten spielt also „jedenfalls dann" keine Rolle, „wenn der ohne ärztlichen Eingriff dem sicheren Tod preisgegebene Suizident schon bewusstlos ist", vielmehr muss der behandelnde Arzt in einem solchen Fall „in eigener Verantwortung eine Entscheidung über die Vornahme oder Nichtvornahme auch des nur möglicherweise erfolgreichen Eingriffs" treffen[76] und darf sich nicht einfach „dem Todeswunsch des Suizidenten beugen".[77] Mit Recht ist diese Einschränkung des Selbstbestimmungsrechts und die Differenzierung zwischen dem lebensmüden „Normalpatienten" und dem frei verantwortlich handelnden, urteilsfähigen „Suizidpatienten" sowohl in der Judikatur als auch im Schrifttum nachdrücklich kritisiert worden.[78]

26   Im konkreten Fall[79] verneinte der BGH allerdings die Strafbarkeit des Arztes, da dieser sich in einer „Grenzsituation" befunden habe und nicht „den bequemeren Weg" der Einweisung der „bereits schwer und irreversibel geschädigten Patientin ... in eine Intensivstation wählte, sondern in Respekt vor der Persönlichkeit der Sterbenden bis zum endgültigen Eintritt des Todes bei ihr ausharrte".[80] Eine solche „ärztliche Gewissensentscheidung", die den Willen der Patientin achtete, dürfe „nicht von Rechts wegen als unvertretbar angesehen werden".[81] Diese Auffassung gilt mE sowohl für die Hilfeleistungspflicht nach § 323 c StGB als auch für die Garantenpflicht beim unechten Unterlassungsdelikt, das allerdings im vorliegenden Fall schon mangels Kausalität der Unterlassung nicht zur Strafbarkeit aus § 222 StGB führte. Von diesem Ausnahmefall abgesehen aber geht der BGH sonst bei **bewusstlosen** Suizidpatienten von der Unbeachtlichkeit ihres Willens aus. Den subsidiären Tatbestand des § 323 c StGB verneinte der BGH mangels Zumutbarkeit der allein in Betracht kommenden Überweisung in eine Intensivstation gegen den Willen der Patientin.[82]

---

[74] BGHSt 6, 147; aA *Schönke/Schröder/Eser* § 323 c RdNr 7 mwN; s dazu auch *Ulsenheimer* § 141 RdNr 15.
[75] BGHSt 32, 373, 374.
[76] BGHSt 32, 373, 378.
[77] BGHSt 32, 373, 380.
[78] OLG München JA 1987, 584; *Eser* MedR 1985, 15; *Schönke/Schröder/Eser* vor § 211 RdNr 42, 43 mwN; für die Differenzierung tritt *Kutzer* in *Wolfslast/Schmidt* (Hrsg), Suizid und Suizidversuch, 2005, 181, 188 ff ein; s auch unten im Text RdNr 23.
[79] BGHSt 32, 367.
[80] BGHSt 32, 367, 381.
[81] BGHSt 32, 367, 381.
[82] BGHSt 32, 367, 381.

23. Kapitel. Der Arzt im Strafrecht   27–30 § 149

3. Rettungspflichten gegenüber bewusstseinsklaren Suizidenten. Ausdrücklich 27
offen ließ der BGH[83] die Frage, „ob in Konsequenz der Entscheidungen"[84] das Selbstbestimmungsrecht des Patienten „auch bei dem **bewusstseinsklaren,** aber schwerverletzten
Suizidenten aus übergeordneten Gründen einzuschränken" ist oder insoweit die in
RdNr 21 und 22 formulierten Grundsätze gelten. Das OLG München wendet sich mit
Nachdruck gegen eine derartige Einschränkung des Selbstbestimmungsrechts und hält
die Differenzierung zwischen der Willenserklärung (Verweigerung der Einwilligung)
eines lebensmüden „Normalpatienten" und eines frei verantwortlich handelnden, urteilsfähigen Suizidpatienten nicht für tragfähig.[85] In dem bereits oben (RdNr 5) zitierten Fall
hat das OLG München deshalb die Anklage gegen den Arzt nicht zugelassen, da dem von
der Patientin „geäußerten freien Willen die rechtliche Wirksamkeit nicht abgesprochen"
und daher „mangels einer aus dem Arzt-Patienten-Verhältnis resultierenden, auf den
Lebensschutz zielenden Garantenpflicht des Angeschuldigten das Unterlassen einer
Behandlung nach Eintritt der Bewußtlosigkeit nicht als strafbare Tötung nach den
§§ 216, 13 StGB angesehen werden könne".[86] Auch der BGH hat in einer neueren Entscheidung vorsichtig zu erkennen gegeben, dass er künftig „einem ernsthaften, freiverantwortlich gefassten Selbsttötungsentschluss eine stärkere rechtliche Bedeutung" als bislang
einräumen will.[87]

Den subsidiären Tatbestand der unterlassenen Hilfeleistung nach § 323 c StGB sah das 28
OLG München gleichfalls nicht als erfüllt an, „weil die Verhinderung des Suizids bei den
gegebenen außergewöhnlichen Umständen nicht mehr als erforderliche Hilfe" im Sinne
dieser Vorschrift, sondern als „inhumane Quälerei" erscheine und deshalb eine zwangsweise Leidensverlängerung auch nach § 34 StGB aufgrund der vorliegenden „extremen
Ausnahmesituation" nicht gerechtfertigt gewesen sei.[88]

Ausdrücklich betonte das OLG München jedoch, dass mit der Straffreiheit keineswegs 29
auch schon die berufsrechtliche Korrektheit des Verhaltens des Arztes im konkreten Fall
präjudiziert sei. Denn die Bereiche Strafrecht und Arztethik hätten unterschiedliche Zielsetzungen, so dass sich strafrechtliche und berufsrechtliche Pflichten (hier § 1 Abs 2 S 1 der
Berufsordnung für die Ärzte Bayerns) nicht decken.[89]

III. Grenzen der Behandlungspflicht bei schwerstgeschädigten Neugeborenen

Dank der modernen Hochleistungsmedizin im technischen Bereich und dem Zusam- 30
menwirken hochspezialisierter Ärzteteams (mit ihren Hilfskräften) haben sich die Behandlungsmöglichkeiten am Beginn des Lebens immer mehr ausgeweitet und damit die
Frage aufgeworfen, unter welchen Voraussetzungen ausnahmsweise medizinisch Machbares unterlassen werden darf. Konkret stellt sich diese Problematik, wenn das Früh- bzw
Neugeborene schwerstgeschädigt oder wegen hochgradiger Unreife nicht überlebensfähig
ist. Bezüglich der diffizilen, keineswegs abschließend geklärten Einzelfragen muss ich aus
Raumgründen auf die einschlägige Literatur verweisen.[90]

---

[83] BGHSt 32, 367, 378.
[84] BGHSt 6, 147 u 13, 162, 169.
[85] OLG München JA 1987, 584; ebenso *Eser* MedR 1985, 15.
[86] OLG München JA 1987, 584.
[87] BGH NJW 1988, 1532; s auch RdNr 23 u § 141 RdNr 15 Fn 46.
[88] OLG München JA 1987, 585 f.
[89] Vgl *Eser* JZ 1986, 786, 789; s auch § 132 RdNr 9.
[90] Einbecker Empfehlungen MedR 1986, 281; MedR 1992, 206 (revidierte Fassung); *Ulsenheimer,*
Therapieabbruch bei schwerstgeschädigten Neugeborenen, MedR 1994, 425; *ders,* Zeitschrift für ärztliche Fortbildung 1993 (Bd 87), S 875; *ders,* Arztstrafrecht, RdNr 299 a m umfangreichen Literaturnachweisen; *Eser,* Ziel und Grenzen der Intensivpädiatrie aus rechtlicher Sicht, FS Narr, 1988, 47 ff;
Glöcker, Ärztliche Handlungen bei extrem unreifen Frühgeborenen, 2007; *Hanack,* Grenzen ärztlicher Behandlungspflicht bei schwerstgeschädigten Neugeborenen, MedR 1985, 33; *Hiersch/Hiersch/
Graf Baumann* (Hrsg), Grenzen ärztlicher Behandlungspflicht bei schwerstgeschädigten Neugebore-

§ 150 Arzt und Straßenverkehr

Inhaltsübersicht

	RdNr
I. Allgemeine Verkehrsmedizin	2
II. Verkehrsmedizinische Aufklärungs- und Hinweispflichten des Arztes	3
III. Verkehrssicherheit und ärztliche Schweigepflicht	21
IV. Rechtfertigung ärztlicher Verkehrsverstöße	27
V. Ärztliche Hilfspflicht und Wartepflicht nach Verkehrsunfällen	29
VI. Ärztliche Zwangsmaßnahmen	30
VII. Ärztliche Sonderrechte	35

Schrifttum: *Bialas,* Die Rechtsprechung zur Feststellung der Fahruntüchtigkeit infolge des Konsums von Drogen, BA 97, 129; *Birnbacher,* Arzt und Fahreignunssmängel seines Patienten, 43. Dt Verkehrsgerichtstag, 2005, S 201; *Bock,* Arzt und Fahreignungsmängel seines Patienten, 43. Dt Verkehrsgerichtstag, 2005, S 209; *Bockelmann,* Ärztliche Schweigepflicht und Verkehrssicherheit, in: Verkehrsstrafrechtliche Aufsätze und Vorträge, Schriftenreihe der Deutschen Akademie für Verkehrswissenschaft Hamburg, Bd 4, 1967, S 27 ff; *Bödecker,* Strafrechtliche Verantwortlichkeit Dritter bei Verkehrsdelikten betrunkener Kraftfahrer, DAR 1969, 281; *Bouska,* Parkerleichterungen für Schwerbehinderte und Blinde sowie für Ärzte, VD 1976, 233 ff; *Deutsch,* Verkehrstauglichkeit: die Rolle des Arztes aus rechtlicher Sicht, VersR 2001, 793; *Eisenmenger,* Anmerkungen aus rechtsmedizinischer Sicht zu Vorsatz und Fahrlässigkeit bei Trunkenheitsfahrten, FS Salger, 1995, 619; *Gaisbauer,* Die Rechtsprechung zu verkehrsmedizinischen und angrenzenden Fragen bei alkoholbedingten Verkehrsdelikten, Zeitschrift für Verkehrsrecht 65, 88; *Gebert,* Methadon und Fahrtauglichkeit, MedR 1994, 483; *Geppert,* Rechtliche Überlegungen zur Fahreignung bei neurologischen und neuropsychologischen Erkrankungen – Zur ärztlichen Schweigepflicht und Verkehrssicherheit, FS Gössel, 2002, 303 ff; *Gramberg-Danielsen,* Sehvermögen und Kraftverkehr, in: *Gramberg-Danielsen* (Hrsg), Rechtsopthalmologie, Bd 104 der „Bücherei des Augenarztes", 1985; *Halhuber,* Der Herz- und Kreislaufkranke als Kraftfahrer, in: BASt 78/16 S 62; *Händel,* Ärztliche Schweigepflicht und Verkehrssicherheit, DAR 1977, 36 ff; *ders,* Der alte Mensch als Teilnehmer am Straßenverkehr, DAR 1985, 210 ff; *ders,* Beeinträchtigung der Verkehrstauglichkeit durch Arzneimittel und Verantwortlichkeit des Arztes, NJW 1965, 1999 f; *Harbord,* Rauschmitteleinnahme und Fahrsicherheit, 1996; *ders,* Zur Annahme von Vorsatz bei drogenbedingter Fahrunsicherheit, NZV 96, 432; *ders,* Zum Verkehrsgefährdungsprofil der Amphetaminderivate (Ecstasy), NZV 98, 15; *Hebenstreit,* Neurologisch-psychiatrische Erkrankungen und Fahrtauglichkeit unter besonderer Berücksichtigung der Anfallsleiden und des Alkoholismus, BA 86, 179; *Hentschel,* Neuerungen bei Alkohol und Rauschmitteln im Straßenverkehr, NJW 1998, 2385; *Hiendl,* Darf bei Alkoholverkehrsdelikten der die Blutprobe entnehmende Arzt vor Gericht die Aussage über den klinischen Befund verweigern? NJW 1958, 1999; *Himmelreich/Hentschel,* Fahrverbot, Führerscheinentzug, 8. Aufl 2001; *Hippius,* Psychiatrische Krankheiten und Fahrtauglichkeit, in: ADAC 79/24, 59; *Höfling,* Arzt und Fahreignungsmängel seines Patienten, 43. Dt Verkehrsgerichtstag, 2005, S 217; *Jagusch/Hentschel,* Straßenverkehrsrecht, 39. Aufl 2007; *Janizewski,* Verkehrsstrafrecht, 5. Aufl 2004; *Joachim,* Allgemeine Verkehrsmedizin, in: *Forster* (Hrsg), Praxis der Rechtsmedizin, 1986, S 360 ff; *Kannheiser/Maukisch,* Die verkehrsbezogene Gefährlichkeit von Cannabis und Konsequenzen für die Fahreignungsdiagnostik, NVZ 1995, 417; *Kauert,* Zur drogen- oder medi-

---

nen, 1987; Hoerster, Neugeborene und das Recht auf Leben, 1995 mwN; *Hennies,* Schwangerschaftsabbruch bei schweren embryonalen Schäden, Arztrecht 1998, 127 ff; *Holschneider,* Aspekte zur Behandlung Neugeborener mit schwersten angeborenen Fehlbildungen, ArztR 1998, 97 ff; *v Keyserlingk,* Die Strafbarkeit der Nichtbehandlung von Neugeborenen (Kanada, USA), ZStW 97, 1985, 178 ff; *v Loewenich,* Grenzen der ärztlichen Behandlungspflicht bei schwerstgeschädigten Neugeborenen, MedR 1985, 30; *Merkel,* Ärztliche Entscheidung über Leben und Tod in der Neonatalmedizin, JZ 1996, 1145; *Nagel,* Die ärztliche Behandlung Neugeborener –Früheuthanasie, 2006; *Laber,* Die rechtlichen Probleme der Früheuthanasie, MedR 1990, 182. Sehr interessant und gut begründet ist die Einstellungsverfügung der StA Kiel v 19. 6. 2003, Az 500 Js 36108/02

23. Kapitel. Der Arzt im Strafrecht § 150

kamentenbedingten Fahruntüchtigkeit aus medizinisch-toxikologischer Sicht, DAR 2000, 438; *ders,* Toxikologisch-medizinische Aspekte des Medikamenteinflusses auf die Fahrtüchtigkeit, DAR 1996, 447; *Körner,* Betäubungsmittelgesetz, 5. Aufl 2001, § 13 RdNr 86; *Krainik/Thoden,* Risikofaktor Schmerz im Straßenverkehr, MMW 1979, 1311; *Krämer/Bresser,* Epileptische Anfälle und Kraftfahrtauglichkeit, DMW 1984, 922; *Kreuzer,* Drogen und Sicherheit des Straßenverkehrs, NStZ 1993, 209; *Kohlhaas,* Schweigepflicht, in: Kuhns, Das gesamte Recht der Heilberufe, 1958, Teil I, S 778; *ders,* Rechtfertigungsgründe im Straßenverkehr, DAR 1968, 231 ff; *ders,* Ärztliche Schweigepflicht und Meldung fahruntüchtiger Fahrer an die Verkehrsbehörden, DAR 1957, 345 ff; *ders* in: Medizin und Recht, 1969, Schweigepflicht, Recht zu schweigen und Aussagepflichten, S 4, 29; *Küper,* Pflichtverletzung und Tathandlung bei der Unfallflucht, GA 1994, 49; *Lenckner,* Ärztliches Berufsgeheimnis, in: *Göpponger* (Hrsg), Arzt und Recht, 1966, S 159 ff; *K R Maatz,* Arzneimittel und Verkehrssicherung – Straf- und zivilrechtliche Aspekte, BA 1999, S 145 ff; *ders,* Rechtliche Anforderungen an medizinische Befunde zur Beurteilung der Fahrtüchtigkeit bei Fahrten unter Drogeneinfluss, BA 95, 97; *Maatz/Salger,* Zur Fahrtüchtigkeit infolge der Einnahme von Rauschdrogen, NZV 93, 329; *Martin,* Die ärztliche Schweigepflicht und die Verkehrssicherheit, DAR 1970, 302 ff; *Mayer,* Die Entnahme einer Blutprobe nach §§ 81 a, 81 c StPO zum Zwecke der Feststellung einer Aids-Infizierung, JR 1990, 358 ff; *Meinigen,* Zur Fahruntüchtigkeit nach vorausgegangenem Cannabiskonsum, FS Salger, 1995, 535; *Mitsch,* Trunkenheitsfahrt und Notstand – OLG Koblenz NJW 1988, 2316, JuS 1989, 964; *Mittelbach,* Anmerkung zu dem Beschluss des OLG München v 26. 4. 1956, MDR 1956, 565 f; *Molketin,* Blutentnahmeprotokoll, Ärztlicher Befundbericht und Blutalkoholgutachten im Strafverfahren, BA 89, 124; *Mueller,* Die ärztliche Schweigepflicht des Amtsarztes, Der öffentliche Gesundheitsdienst 1958, 306 ff; *ders,* Gibt es Grenzen der ärztlichen Schweigepflicht bei einem ernsthaft erkrankten Verkehrsteilnehmer?, Therapiewoche 1962, 28; *Nehm,* Oder andere berauschende Mittel..., DAR 2000, 444; *Peitz/Hoffmann-Born,* Arzthaftung bei problematischer Fahreignung, 2005; *Piper,* Ophtalmologie und Verkehrsmedizin, in: Handbuch der Verkehrsmedizin, 1968, S 296; *Pluisch,* Medikamente im Straßenverkehr, NZV 1999, 1; *Quensel,* Drogen im Straßenverkehr, MSchKrim 97, 333; *Rehn,* Vorläufige Fahruntüchtigkeit nach unfallchirurgischen Maßnahmen, in: ADAC 79/24, 108; Richtlinien für die Prüfung der körperlichen und geistigen Eignung von Fahrerlaubniserwerbern und -inhabern, VKBl 1989, 786; *Riemenschneider/Paetzold,* Strafrechtliche Verantwortlichkeit des Arztes für Folgen behandlungsbedingter Fahrunsicherheit, NJW 1997, 2420; *Riemenschneider,* Verkehrsrechtliche Aspekte der Medikamentenbehandlung – insbesondere medikamentöser Schmerztherapie, MedR 1998, 17; *C Rittner,* Wissenschaftlich begleitete Dorgenverabreichung an Abhängige – Ausweg aus einem ethischen Dilemma?, MedR 1998, S 197 ff; *Rudolphi,* Strafbarkeit der Beteiligung an den Trunkenheitsdelikten im Straßenverkehr, BA 70, 353; *Rügheimer,* Schmerzausschaltung bei ambulanten Eingriffen – Einfluß auf die Verkehrstauglichkeit, MMW 1979, 1313; *Salger,* Strafrechtlicher Aspekt der Einnahme von Psychopharmaka – ihr Einfluß auf die Fahrtüchtigkeit und Schuldfähigkeit, DAR 86, 383; *Schlund,* Grundsätze ärztlicher Verschwiegenheit im Rahmen der Verkehrssicherheit, DAR 1995, 50 = Chirurg BDC 1995, 212; *Schöch,* Medikamente im Straßenverkehr, DAR 1996, 452; *ders,* Straßenverkehrsgefährdung durch Arzneimittel, FS Miyazawa, 1995, S 227; *ders,* Probleme der Fahrsicherheit und Fahreignung bei Substitutionspatienten, BA 2005, 354; *ders,* Fahruntüchtigkeit und Fahreignung bei Methadon-Substitution, FS Rolinski, 2002, S 147; *Schwerd,* Alkohol und Verkehrssicherheit, in: Schwerd (Hrsg), Rechtsmedizin, 3. Aufl 1979, S 119 ff; *Seeger,* Verkehrsmedizinische Abklärungen nach Auftreten von anfallartigen Bewußtseinsstörungen beim Lenken von Motorfahrzeugen, Diss 1994; *Spann,* Ärztliche Rechts- und Standeskunde, 1962, S 234 ff; *U Stein,* Offensichtliche und versteckte Probleme im neuen § 24a II StVG („Drogen im Straßenverkehr"), NZV 1999, 441 ff; *M Strumpf/A Köhler/M Zenz/A Willweber-Strumpf/R Dertwinkel/B Donner,* Opioide und Fahrtüchtigkeit in: Der Schmerz 1997, S 233 ff; *Strunk,* Fahrunsicherheit nach Haschischkonsum, NZV 91, 259; *Ulbricht,* Rauschmittel im Straßenverkehr: Eine Untersuchung über Medikamente als Rauschmittel im Sinne von §§ 315 c, 316 StGB, 1990; *ders,* Rauschmittel im Straßenverkehr, Kriminalwissenschaftl Studien Bd 9, 1990; *W Vitzthum,* Zur Rechtfertigung einer Geschwindigkeitsüberschreitung als Notstandshandlung bei dem zu einem Schmerzpatienten eilenden Arzt, MedR 2000, 483 ff; *H J Wagner,* Verkehrsmedizin, in: Schwerd (Hrsg), Rechtsmedizin, 3. Aufl 1979; *ders,* Zum arzneimittelbedingten Versagen im Straßenverkehr aus der Sicht des medizinischen Sachverständigen, in: Unfall- und Sicherheitsforschung im Straßenverkehr, Schriftenreihe der Bundesanstalt für Straßenwesen, Heft 26, S 83 ff; *ders,* Arztrecht im Rahmen der Verkehrsmedizin, in: Handbuch der Verkehrsmedizin, 1968, S 108; *ders,* Arznei- und Genußmittelabhängigkeit bzw Missbrauch im Straßenverkehr, Handbuch der Verkehrsmedizin, 1968, S 884; *K Weber,* Suchtmittelsubstitution, in: Roxin/Schroth (Hrsg), Hb d Medizinstrafrechts, 2007, S 232, 266 ff (Substitution und Verkehrsstrafrecht); *Wilts,* Anzeigepflicht des Arztes aus vorangegangenem Tun?, NJW 1966, 1837 ff; *Woerner/Frank/Stumpf,* Lokalanästhesie und Verkehrstüchtigkeit, Dtsch zahnärztl Z 35, 1980, 377; *Woesner,* Fragen ärztlicher Geheimhaltungspflicht, NJW 1957, 692 ff; *Wussow,* Die Rechtsstellung des Diabetikers als Kraftfahrer, DAR 1958, 262.

1   Wie die Verkehrsstatistik der Bundesrepublik Deutschland deutlich belegt, prägt das Kraftfahrzeug seit Jahrzehnten das sozio-ökonomische Gefüge unserer Gesellschaft in entscheidendem Maße mit. Angesichts dieser Entwicklung und der Tatsache, dass bereits Ende der 80er Jahre etwa jeder zweite Patient Führerscheininhaber war,[1] außerdem etwa 100 000 Autofahrer regelmäßig unter Drogeneinfluß ihr Fahrzeug führen,[2] konnte es nicht ausbleiben, dass „dem Arzt im Interesse des Patienten und der Verkehrssicherheit eine Fülle von präventivmedizinischen Aufgaben erwachsen"[3] und unter Bezug auf den Straßenverkehr einige spezielle strafrechtliche Probleme bei der ärztlichen Berufsausübung entstanden sind. Auch die Zunahme des ambulanten Operierens wirft Fragen der Sicherungsaufklärung, dh nach den Erkundigungs-, Hinweis- oder gar Hinderungspflichten des Arztes auf, wenn der Patient nach dem Eingriff ohne fremde Hilfe nach Hause gehen oder fahren will.

I. Allgemeine Verkehrsmedizin

2   Die **Verkehrsmedizin** ist **kein eigenständiges Fachgebiet** innerhalb der medizinischen Disziplinen wie zB die Gynäkologie oder Anästhesie, sondern „eine angewandte Wissenschaft, die Erkenntnisse aus allen medizinischen Fachbereichen verwertet, um die Leistungsfähigkeit und die Leistungsgrenzen des Menschen zu untersuchen, soweit sie für den Verkehr und die Verkehrssicherheit von Bedeutung sind".[4] Der auf diesem Sektor tätige Arzt verfolgt das Ziel, ärztliches Wissen und medizinische Erfahrung zum Schutz der Gesundheit der Verkehrsteilnehmer und damit im Interesse der Verkehrssicherheit präventiv und kurativ einzusetzen. Die Brisanz der verkehrsmedizinischen Fragen zeigt ein Blick in die für die ärztliche Praxis relevanten Themenstellungen: Kraftfahrtauglichkeit im Alter, Beeinträchtigung der Verkehrstüchtigkeit durch Krankheit, Sehmängel, Schmerzen, Lokalanästhesie, Alkohol, Drogen und Arzneimittel, die Beurteilung von Anfallsleiden, endogenen und organischen Psychosen, Kreislauf- und koronaren Herzerkrankungen, Diabetes, Nierenerkrankungen ua im Hinblick auf die Fahrtauglichkeit oder die medizinische Erstversorgung von Unfallpatienten, um nur einige der wichtigsten Problemfelder zu nennen.

II. Verkehrsmedizinische Aufklärungs- und Hinweispflichten des Arztes

3   Da der Arzt aufgrund des mit dem Patienten geschlossenen Dienstvertrages sowie seiner Berufsordnung (§ 1) verpflichtet ist, diesen „nach Möglichkeit vor Unfallgefahren zu schützen",[5] muss jeder Arzt „mögliche Folgen von Erkrankung und Behandlung auf die Verkehrssicherheit seines Patienten in Betracht ziehen".[6] Dazu gehört als erstes die Frage nach dem Führerschein und dem Fahren eines Kraftfahrzeugs.[7] Bei einer positiven Antwort muss der Arzt unter Berücksichtigung des Krankheitszustands des Patienten und der verordneten bzw eingenommenen Medikamente deren nachteiligen oder fördernden Einfluss auf die Fahrtauglichkeit im Einzelnen darlegen, dh ihn darüber **aufklären,** ob sein Leiden bzw eine Medikamentenwirkung vorübergehend oder dauerhaft das Führen eines Kraftfahrzeugs, eventuell auch eines Fahrrads verbietet bzw bestimmte Arzneimittel unbe-

---

[1] *Joachim,* Allgemeine Verkehrmedizin, S 414.
[2] *Schlund* DAR 1995, 53.
[3] *Wagner,* Verkehrsmedizin, S 113.
[4] *Joachim* (Fn 1) S 360.
[5] *Wagner* (Fn 3) S 113.
[6] *Joachim* (Fn 1) S 414.
[7] *Händel* DAR 1985, 213.

dingt vor Fahrtantritt eingenommen werden müssen.[8] Dazu gehören auch Warnhinweise über die besondere Gefährlichkeit der Kombination von Alkohol und Drogen bzw Medikamenten. Der Arzt verletzt daher seine Sorgfalts- und **therapeutische Aufklärungspflicht,** wenn er es unterlässt, seinen Patienten auf mögliche Gefahren der Behandlung, Krankheit, Medikation ua für die Fahrsicherheit und auf das daraus folgende Verbot der Teilnahme am Straßenverkehr unter Medikamenteneinfluss oder trotz der Erkrankung (des Traumas, Eingriffs) aufmerksam zu machen.[9] „Es ist nicht Sache des Patienten, den Arzt darauf hinzuweisen, dass er mit dem Wagen gekommen sei, und zu fragen, ob der Wegfahrt aufgrund der durchgeführten Behandlung Bedenken entgegenstünden. Es ist vielmehr Sache des **Arztes,** dem Patienten die entsprechenden Hinweise zu geben,"[10] Empfehlungen auszusprechen und Verhaltensmaßregeln vorzuschreiben. In Anbetracht dieser **umfassenden Beratungspflicht** ist es unerlässlich, dass sich jeder Arzt Grundkenntnisse über die Beurteilung der Fahrtauglichkeit, insbesondere über die Krankheiten, therapeutischen Maßnahmen und Medikamente verschafft, die die Fahrtauglichkeit allein oder im Zusammenwirken mit Alkohol oder Drogen einschränken bzw aufheben.[11] Durch Arzneimittel kann einerseits die Wirkung schon geringer Alkoholmengen wesentlich verstärkt, andererseits der innere Widerstand gegen übermäßigen Alkoholgenuß beseitigt werden.[12] Der Arzt, der Medikamente verschreibt oder anwendet, ist daher verpflichtet, sich mit der Zusammensetzung, Wirkung und den Nebenwirkungen (auch Nachwirkungen) des zu verabreichenden Mittels zu befassen.[13] Darüber hinaus muss er aber auch über die Auswirkungen von Erkrankungen, zB Herzinfarkt, Schlaganfall oder Diabetes auf das Verkehrsverhalten seines Patienten im Bilde sein und mit ihm darüber sprechen. Insoweit bestehen erhebliche Defizite, die nur durch engagierte Fortbildung auf diesem Gebiet beseitigt werden können. Derzeit befinden sich etwa 1000 Medikamente im Handel, die die Fahrtauglichkeit herabsetzen können.[14] Vergegenwärtigt man sich, dass ca 20 Millionen Autofahrer Medikamente einnehmen, wird das Ausmaß des hier gegebenen Gefahrenpotentials und die Notwendigkeit überdeutlich, diese Risiken abzubauen.

Mit Recht wird im Interesse der Vermeidung schwerwiegender Gefahren bzw Schäden für die anderen Verkehrsteilnehmer, aber natürlich auch aus Gründen des Selbstschutzes des Patienten eine besonders eindringliche, **intensive Aufklärung** verlangt.[15] Zwar hat der Patient seinerseits auch eine Erkundigungspflicht, zu der bei der reinen Medikamenteneinnahme auch die Lektüre des Beipackzettels der Herstellerfirma gehört,[16] aber erfahrungsgemäß neigen viele autofahrende Patienten zu Fehleinschätzungen hinsichtlich der Risiken ihrer Krankheit oder der Medikamenteneinnahme für ihre Verkehrstüchtigkeit. Deshalb kann nicht deutlich genug „auf eine rauschmittelähnliche Wirkung" des Arzneimittels und die Beeinträchtigung bzw den vollständigen Verlust der Fahrtauglichkeit" bei höherer Dosierung oder bei dauerhaftem Gebrauch hingewiesen"[17] und das Problembewusstsein des Laien geschärft werden. Abgesehen davon verlaufen „medikamentös bedingte Einflüsse auf die Fahrtauglichkeit nicht regelhaft", sondern hängen zum Teil von unbekannten individuellen Faktoren",[18] zB der körperlichen Konstitution, der Medikamentenempfindlichkeit und der Art der Erkrankung des einzelnen ab.[19]

---

[8] *Händel* aaO, 212.
[9] Vgl BGH NJW 1995, 795, 796.
[10] LG Konstanz NJW 1972, 2223 f.
[11] *Joachim* (Fn 1) S 415; *Wagner,* (Fn 3) S 114.
[12] *Händel* NJW 1965, 1999.
[13] *Händel* (Fn 12) S 2000.
[14] Der Arzt und sein Recht, 1996, 32.
[15] Siehe dazu ausführlich *Riemenschneider* MedR 1998, 20 ff; *Deutsch* VersR 2001, 793 f.
[16] OLG Braunschweig DAR 1964, 170; OLG Hamm BA 1978, 214.
[17] *Schöch* in FS Miyazawa, 1995, S 240.
[18] *Joachim* (Fn 1) S 414, 415.
[19] *Händel* (Fn 12) S 2000.

5 Eine Aufklärungspflicht besteht mE auch dann, wenn der behandelnde Arzt weiß, dass sein Patient **nicht rezeptpflichtige Arzneimittel** „aus eigenem Entschluss" einnimmt, die sich auf die Verkehrstüchtigkeit negativ auswirken können.[20] Denn die hier dargestellte umfassende und nachdrückliche Informationspflicht des Arztes beruht nicht nur auf der Medikamentenverschreibung, sondern vor allem auf der Übernahme der Behandlung des Kranken und damit einer Garanten-Schutzpostion,[21] ferner auf der berufsrechtlichen Aufgabe des Arztes und seinem überlegenen Fachwissen.

Einige Beispiele:

6 Epileptische Anfälle (vgl BGHSt 40, 341 ff = BGH NJW 1995, 795 ff) oder andere anfallsartig auftretende Bewußtseinsstörungen, Schädelhirnverletzungen in den ersten drei Monaten, endogene Psychosen und psychotische Reaktionen, Schwachsinn, senile oder präsenile Hirnerkrankungen, schwere altersbedingte Persönlichkeitsveränderungen, Hypertonie (diastolisch ständig Werte über 140 mmHg), Herzinfarkt bis zum Ende der Genesungszeit von 3 bis 6 Monaten, Diabetes mellitus mit Neigung zu schweren Stoffwechselentgleisungen mit Hypo- und Hyperglykämie, Niereninsuffizienz ua mit mehr als 15 mg % Serum Kreatinin sowie in den ersten drei Monaten nach einer chronischen Hämodialysebehandlung machen, ohne dass dieser Katalog von Erkrankungen vollständig ist, **zum Führen von Kraftfahrzeugen aller Klassen ungeeignet.**[22] Ob die Erkrankung die Verkehrstüchtigkeit ständig oder nur vorübergehend ausschließt bzw mindert, ist für § 315 c Abs 1 Nr 1 b StGB ohne Bedeutung. Die Verantwortlichkeit des zB an einem Anfallsleiden erkrankten Kraftfahrers für einen Unfall mit tödlichen oder/und Verletzungsfolgen kann allerdings infolge mangelnder Einsicht in die Gefährlichkeit seiner Teilnahme am Straßenverkehr und damit mangels Unrechtseinsicht ausgeschlossen sein.[23]

7 **Arbeitsunfähig geschriebenen Patienten** muss der Arzt dringend abraten, bis zur Wiederaufnahme der Berufstätigkeit ein Fahrzeug zu führen, zumal zu Beginn einer Therapie die individuelle Auswirkung eines Arzneimittels und die möglichen konkreten Belastungssituationen im Straßenverkehr weder für den Arzt noch für den Patienten vorhersehbar sind.

8 Auch das **Alter** des Kraftfahrers kann die Verkehrstüchtigkeit aufheben, wenn die Folgen eines Altersabbaus Leistungsdefizite verursachen. Mindern diese die Fähigkeit zur Selbsteinschätzung und Selbstkritik, muss der Arzt seinen Patienten (Kraftfahrer) entsprechend warnen,[24] doch hängt diese Pflicht von den Umständen des Einzelfalles ab, da keine festen Altersgrenzen für die Fahrtauglichkeit bestehen. Insoweit muss „jeder Fahrzeugführer – insbesondere der ältere oder kranke Mensch – durch sorgfältige und kritische Selbstbeobachtung und Selbstkontrolle seine eigene fahrerische Leistungsfähigkeit überprüfen".[25]

9 Da **Antihistaminika** eine sedierende Wirkung haben, muss der Arzt den Patienten bei ihrer Verschreibung davor besonders warnen. Dasselbe gilt für **Antihypertonika,** bei denen zu starke Blutdrucksenkungen für die Verkehrssicherheit besonders gefährdend sind.

10 Nach **Kurznarkosen** und **Lokalanästhesien** ist regelmäßig von einer Beeinträchtigung der Fahrtauglichkeit auszugehen, so dass der Arzt hierüber aufklären und nach **kleineren ambulanten Eingriffen** zum Schutz anderer Verkehrsteilnehmer und des Patienten dafür sorgen muss, dass dieser von einer erwachsenen Begleitperson abgeholt wird und bis zu 24 Stunden nach dem Eingriff kein Fahrzeug führt (s auch RdNr 14).

11 Da das **ambulante Operieren** angesichts seines gesetzlichen Vorrangs (§ 39 Abs 1 S. 2 SGB V) vor der stationären Durchführung des Eingriffs ständig zunimmt, sind die Sicherungsaufklärung und die daraus resultierenden Maßnahmen von großer praktischer Bedeutung. Dies macht die zu diesem Problemkreis ergangene zivilrechtliche Entscheidung des BGH[26] besonders anschaulich:

Obwohl der Patient von seinem Hausarzt und dem die Gastroskopie durchführenden Chefarzt eindringlich belehrt worden war, nach dem Eingriff kein Kraftfahrzeug führen zu dürfen, fuhr er nach etwa 2-stündiger Wartezeit auf dem Flur vor dem Dienstzimmer des Chefarztes mit seinem

---

[20] *Händel* (Fn 12) S 1999.
[21] Siehe unten RdNr 20.
[22] Siehe dazu im Einzelnen *Wagner* (Fn 3) S 114 ff.
[23] Vgl BGHSt 40, 341; s dazu *Kaatsch* BA 1995, 293; *Foerster/Winckler* NStZ 1995, 344; *Payk* MedR 1985, 143; *Hebenstreit* BA 1986, 179.
[24] Vgl BayObLG NJW 1996, 2045.
[25] *Molketin*, KVR „Gebrechliche", Lieferung 6, 2000, S 12 b ff.
[26] MedR 2003, 629 ff.

23. Kapitel. Der Arzt im Strafrecht   12–14   § 150

Pkw weg, kollidierte aber nach kurzer Zeit mit einem Lastzug und erlitt dabei tödliche Verletzungen. Trotz zweifacher ärztlicher Warnungen vor einer Teilnahme am Straßenverkehr hatte sich der Patient, der mit 20 mg Buscopan und 30 mg Dormicum sediert worden war, nicht an die ihm erteilten Verhaltenshinweise gehalten. Dies ist allerdings keineswegs ungewöhnlich, da nach neueren Untersuchungen die Hälfte aller Patienten derartige Ratschläge ignorieren und ein Drittel sich später nicht erinnern kann, über die eingeschränkte Fahrtauglichkeit in den ersten 24 Stunden informiert worden zu sein.[27]

Weil sie dadurch sich und andere Verkehrsteilnehmer in Gefahr bringen, verlangt der BGH vom Arzt nicht nur die Erfüllung von Hinweis- und Belehrungspflichten, sondern darüber hinausgehend aufgrund seiner **Garantenstellung** die Überwachung des Patienten. Selbstgefährdung und Fremdgefährdung durch den uneinsichtigen Patienten müssen vom Arzt aufgrund seiner Stellung als Beschützer- und Sicherungsgarant für Leben und Gesundheit des Patienten verhindert werden. Selbst wenn der Arzt ihn also sachgerecht aufgeklärt hat und damit im Regelfall das Handeln entgegen ärztlichem Rat in den Selbstverantwortungsbereich des Patienten fällt, können ausnahmsweise weitergehende Schutz-, Obhuts-, Fürsorge- und Sicherungspflichten die Verantwortung des Arztes begründen. Das gilt vor allem dann, wenn, wie hier, der Patient durch die Medikamenteneinnahme in seiner Zurechnungsfähigkeit beeinträchtigt, also nicht bloß **fahruntüchtig** geworden ist, dh überhaupt nicht mehr oder jedenfalls nur eingeschränkt „die Gefährlichkeit der Benutzung seines Fahrzeugs zu erkennen und dieser Erkenntnis gemäß zu handeln"[28] vermag.   **12**

In der Vorinstanz hatte das OLG Frankfurt[29] noch betont, die Pflicht des Arztes zum Schutze seiner Patienten bestehe „nur in den Grenzen des Erforderlichen und des für das Personal und den Patienten selbst Zumutbaren", doch müsse „ein Patient, bei dem Bewusstseinsstörungen auftreten, in besonderem Maße geschützt werden". Der BGH setzt in seiner Entscheidung hier an und weist darauf hin, dass wegen der Folgewirkungen der Sedierung noch zum Zeitpunkt der Entfernung des Patienten aus dem Krankenhaus bei ihm eine Bewusstseinstrübung und Einschränkung der Einsichtsfähigkeit nicht ausgeschlossen werden konnte und er deswegen möglicherweise nicht in der Lage war, abgewogene und eigenverantwortliche Entscheidungen zu treffen. Die Fürsorgepflicht des Chefarztes hätte es deshalb erfordert, „den Patienten in einem Raum unterzubringen, in dem er unter ständiger Überwachung stand und ggf. daran erinnert werden konnte", das Krankenhaus nicht eigenmächtig zu verlassen. „Das Entfernen des Patienten aus dem Krankenhaus hätte nicht unbemerkt bleiben dürfen, um die Gefahr einer „Selbstschädigung" zu verhindern".[30]   **13**

Wie weit diese Pflicht zur Patientensicherung und damit die Verantwortung des Arztes im Einzelnen geht, ist höchstrichterlich noch ungeklärt. Zur Frage der Zumutbarkeit, die angesichts „sich dramatisch verschärfender finanzieller und personeller Engpässe im Gesundheitswesen nicht gänzlich vernachlässigt werden darf",[31] hat der BGH leider nichts gesagt. ME ist wie folgt zu differenzieren: **14**

(1) Widersetzt sich ein Patient, der infolge der Nachwirkungen einer Kurznarkose, der medikamentösen oder sonstigen Behandlung ersichtlich unzurechnungsfähig und/oder mit hoher Wahrscheinlichkeit fahruntauglich ist, dieser Erkenntnis und dem ärztlichen Rat, sich im Zustand der Benommenheit nicht hinter das Steuer zu setzen, darf – und **muss** – der Arzt die gefährliche Fahrt durch geeignete, zumutbare Maßnahmen verhindern. Wo die Zumutbarkeit endet und der Bereich der Unzumutbarkeit beginnt, dürfte oftmals streitig sein. Eine lückenlose Überwachung des Patienten ist regelmäßig unmöglich, der Einsatz von Brachialgewalt sicherlich unzumutbar. Andererseits dürften die Wegnahme des Autoschlüssels, das Versperren eines Tores bzw das Nichtöffnen der Parkschranke, das Blockieren des Fahrzeugs oder die Benachrichtigung der Polizei zumutbar sein.[32] Letztlich geht es um Wertungsfragen, die von den jeweiligen objek-

---

[27] *Schulte-Sasse/Debong* ArztR 2005, 118.
[28] *Wilts* NJW 1966, 1838.
[29] MedR 2003, 222.
[30] BGH MedR 2003, 629, 630; s dazu auch die kritische Anmerkung von *Laufs* NJW 2003, 2288, 2289 u die „nachdenklichen" Ausführungen von *Katzenmeier*, MedR 2003, 631 f.
[31] *Katzenmeier*, aaO, 631.
[32] So auch *Bockelmann*, Verkehrsstrafrechtliche Aufsätze und Vorträge, 1967, S 40: „So muss auch der Arzt die Polizei um Hilfe bitten, wenn es ihm nicht gelingt, seinen Patienten durch Aufklärung und Ermahnung dazu zu bewegen, auf die Führung seines Autos bis zu dem Zeitpunkt zu verzichten, in dem die Wirkung des seine Tauglichkeit mindernden Medikaments wieder abgeklungen ist"; aA *Wilts* NJW 1966, 1838, der eine Handlungspflicht und damit strafrechtliche Verantwortlichkeit des Arztes verneint, wenn der Patient zwar fahruntüchtig, aber noch zurechnungsfähig ist.

tiven Gegebenheiten, der Größe und Nähe der Gefahr für den Patienten und anderen, sich widerstreitenden Interessen von Patient, Arzt, Pflegepersonal und Krankenhausverwaltung abhängig sind und in einer Gesamtschau beurteilt werden müssen. Bei der Unzumutbarkeit handelt es sich um ein „regulatives Rechtsprinzip", anhand dessen der Richter „die Grenzen zweifelhafter Rechts- und Pflichtbereiche selbstständig zu bestimmen hat".[33] Für den Arzt bleibt damit leider eine nicht unerhebliche Rechtsunsicherheit.

(2) Ist der Patient nur möglicherweise unzurechnungsfähig, ist mit dem BGH gleichfalls eine Aufsichts-, Schutz- und Überwachungspflicht des Arztes zu bejahen.

(3) Gegenüber dem uneinsichtigen, aber voll zurechnungsfähigen Patienten hat der Arzt seine Warnungen vor einer Verkehrsteilnahme zu wiederholen und ggf. ein Verbot der Benutzung des Fahrzeugs auszusprechen. Die Mitteilung an die Straßenverkehrsbehörde – sofern überhaupt zeitlich möglich und sinnvoll – muss **ultima ratio** bleiben (siehe dazu RdNr 21 ff).

(4) Ansonsten aber gilt der Grundsatz, dass der über die Risiken seiner Verkehrsteilnahme (infolge Medikamenteneinnahme, der Art der Krankheit, eines Traumas ua) aufgeklärte Patient allein dafür verantwortlich ist, dass er in fahruntüchtigem Zustand einen Kraftwagen fährt. Insoweit gilt also das Prinzip der **Selbstverantwortung** des Patienten, das den Arzt vor weitergehender Haftung befreit.[34]

15 Bei Verordnung von **Mydriatika** sollte der Arzt dem Patienten dringlich empfehlen, sich am Tage der Einnahme nicht ans Steuer zu setzen. Bei der Verschreibung von **Psychopharmaka** (Antidepressiva, Neuroleptika und Tranquilizer) gilt dieser Rat für die Dauer der ersten beiden Behandlungswochen. Zusätzlich ist bei allen Psychopharmaka zu bedenken, dass es in Verbindung mit der Aufnahme alkoholischer Getränke zu besonders verkehrsgefährdenden Kombinationseffekten kommen kann. Der Arzt muss deshalb den Patienten bei der Verordnung dieser Präparate zu strikter Alkoholabstinenz verpflichten. Insgesamt ist festzustellen, dass zu Therapiezwecken verordnete und eingenommene Arznei- oder Betäubungsmittel „regelmäßig einen geringeren Einfluß auf die Fahrtüchtigkeit als missbräuchlich eingenommene Psychopharmaka haben".[35] Exakte Grenzwertbestimmungen wie beim Alkohol gibt es aber weder bei Medikamenten noch bei Drogen.

16 Patienten unter einer Opioidtherapie sind nicht generell fahruntauglich. Der Arzt muss vor Therapiebeginn jedoch „auf mögliche verkehrsrelevante Beeinträchtigungen durch Opioide" hinweisen und dem Patienten in der Einstellungsphase, bei Dosiskorrekturen, bei Wechsel des Opioids und bei schlechtem Allgemeinzustand die Führung eines Fahrzeugs verbieten.[36] Im Rahmen der ambulanten Schmerztherapie[37] begeht der Arzt keine Ordnungswidrigkeit (§ 24 a Abs 2 S 3 StVG), wenn die „bestimmungsgemäße Einnahme eines für einen konkreten Krankheitsfall verschriebenen" Schmerzmittels (dieses kann berauschend sein[38]) zu dessen Nachweis im Blut des Patienten führt (§ 24 a Abs 2 S 3 StVG). Zur Frage der Meldepflicht des Arztes s RdNr 21 ff.

17 Grundsätzlich ungeeignet zum Führen von Kraftfahrzeugen aller Klassen sind **Alkoholiker, Rauschgift-** und **Drogenabhängige** sowie alle Personen, die **Arzneimittelmissbrauch** betreiben.[39] Der Konsum von **Cannabis** kann dazu führen, dass der Betreffende Gefahren nicht wahrnimmt bzw unterschätzt oder verharmlost und dadurch insgesamt das verkehrsbezogene Risiko ansteigt, erst recht, wenn zusätzlich Alkohol getrunken wird.[40] Bei **Methadonpatienten** ist im Regelfall nicht von einer Fahruntauglichkeit auszugehen, es sei denn, es kommt zu einem „erheblichen Beigebrauch anderer psychotroper Stoffe, Betäubungsmittel, Medikamente oder Alkohol".[41] Zum Ganzen im Hinblick auf die strafrechtliche Verantwortlichkeit des Patienten und des Arztes *Riemenschneider* MedR 1998, 17 ff.[42]

---

[33] *Henkel*, FS Mezger, 1954, S 249 ff.

[34] Zum Ganzen s *Ulsenheimer*, Rechtliche Konsequenzen bei Nichtbeachtung der eingeschränkten Fahreignung trotz erfolgter ärztlicher Aufklärung, 50. Sitzung des ADAC-Ärzte-Kollegiums am 30. 3. 2007, S 45 ff, 50 ff.

[35] *Gebert* MedR 1994, 485.

[36] *Strumpf* ua Der Schmerz 1997, 233 ff, 238.

[37] Siehe dazu *Ulsenheimer/Erlinger*, in: *Zens/Jura* (Hrsg), Lehrbuch der Schmerztherapie, 2001, S 942 f.

[38] BGH, Urteil v 21. 3. 1978 – 4 StR 104/78; BayObLG NJW 90, 2334; s auch RdNr 19.

[39] Siehe dazu im Einzelnen *Wagner* (Fn 3) S 115 ff.

[40] *Kannheiser/Maukisch* NZV 1995, 417 ff.

[41] *Gebert* MedR 1994, 484.

[42] Siehe auch *Weber*, in: *Roxin/Schroth* (Hrsg), Hb d Medizinstrafrechts, 2007, 232, 266 ff.

23. Kapitel. Der Arzt im Strafrecht   18–20 § 150

Die Frage der Fahruntüchtigkeit ist zwar abhängig von den „Erkenntnissen der Medi- **18** zin und der Toxikologie, unterfällt aber nicht allein rechts- bzw verkehrsmedizinischer oder auch toxikologischer Beurteilung, sondern ist eine Rechtsfrage, deren normative Bewertung in erster Linie richterliche Aufgabe ist".[43] Danach ist Voraussetzung für die Annahme der Fahruntüchtigkeit, „dass die Gesamtleistungsfähigkeit des Fahrzeugführers, namentlich infolge Enthemmung sowie geistig-seelischer und körperlicher Ausfälle, so weit herabgesetzt ist, dass er nicht mehr fähig ist, sein Fahrzeug im Straßenverkehr eine längere Strecke, und zwar auch bei plötzlichem Eintritt schwieriger Verkehrslagen, sicher zu steuern".[44] Da bislang eine „sozusagen absolute Fahruntüchtigkeit" nach Drogenkonsum nicht begründbar ist, kann der Nachweis der Fahruntüchtigkeit „trotz der erheblichen Gefahren, die von der Teilnahme unter Rauschgifteinfluß stehender Kraftfahrer am Straßenverkehr ausgehen können, bei der gegenwärtigen Gesetzeslage grundsätzlich nur aufgrund des konkreten rauschmittelbedingten Leistungsbildes des Betreffenden im Einzelfall geführt werden".[45] Außer dem positiven Blutwirkstoffbefund bedarf es daher regelmäßig weiterer aussagekräftiger Beweisanzeichen, also Anknüpfungstatsachen wie zB rauschmittelbedingte Ausfallerscheinungen in Gestalt von Fahrfehlern, oder Verhaltenshinweise, die „auf eine schwerwiegende Beeinträchtigung der Wahrnehmungs- und Reaktionsfähigkeit" schließen lassen.[46]

Da es Grenzwerte für die Annahme absoluter Fahruntüchtigkeit bei Drogen bislang **19** nicht gibt, hat der Gesetzgeber durch die am 1. 8. 1998 in Kraft getretene Neufassung des § 24a Abs 2 StVG[47] „zur Bekämpfung der durch Drogen für die Verkehrssicherheit entstehenden Gefahren" einen „abgestuften, abstrakten Gefährdungstatbestand als Vorfeld- oder Auffangtatbestand gegenüber der an engere Voraussetzungen geknüpften Strafvorschrift des § 316 StGB geschaffen".[48] Danach ist das Führen von Kraftfahrzeugen unter der Wirkung bestimmter, in einer Anlage besonders aufgeführter Rauschdrogen (ua Cannabis, Heroin, Morphin, Kokain, Amphetamin) als **Ordnungswidrigkeit** mit Bußgeld (und Fahrverbot) bewehrt, wenn ein positiver Blut-Wirkstoff-Konzentrationsbefund vorliegt. Auswirkungen auf die Fahrsicherheit (Fahruntüchtigkeit) müssen für die Anwendung des §§ 24a Abs 2 OWiG nicht nachgewiesen werden. Durch § 24a Abs 2 Satz 3 StVG sind Arzneimittel vom generellen Drogenverbot ausgenommen, „wenn die Substanz aus der bestimmungsgemäßen Einnahme eines für einen konkreten Krankheitsfall verschriebenen Arzneimittels herrührt". Mit dieser Klausel sind jedoch nicht alle Arzneimittel erfasst, sondern nur diejenigen, die Bestandteile der Anlage zu § 24a StVG sind. „Der Verzicht auf ein bußgeldbewehrtes Arzneimittelverbot im Straßenverkehr bedeutet allerdings nicht, sich mit den Gegebenheiten tatenlos abfinden zu müssen", vielmehr müssen Patienten, Ärzte und pharmazeutische Industrie zusammenwirken, um durch eine „konzertierte Aktion" die Teilnahme am Straßenverkehr trotz Einnahme von Medikamenten einzudämmen.[49]

Ist der Arzt seiner Aufklärungs- und Beratungspflicht nicht nachgekommen, ist er uU **20** strafrechtlich aufgrund seiner Garantenstellung nach §§ 222, 229 StGB verantwortlich, wenn infolge der fehlenden oder ungenügenden Information des Patienten dieser einen Unfall mit tödlichen oder Körperverletzungsfolgen erlitten bzw verursacht hat. Denn mit

---

[43] BGHSt 44, 219, 221.
[44] BGHSt 44, 219, 221.
[45] BGHSt 44, 219, 224, 225.
[46] BGHSt 44, 219, 225 ff; = NJW 1999, 226 = BA 1999, 61; s dazu die Anmerkungen von *Berz* NStZ 1999, 407 (zustimmend) und *Schreiber* NJW 1999, 1770 (ablehnend); BGH NStZ 01; 173; vgl ferner OLG Düsseldorf NZV 99,174; OLG Koblenz NStZ-RR 05, 245; OLG Zweibrücken NStZ 02, 95; NJW 05, 85; zum Ganzen s *Maatz* BA 1999, 145 ff; *Fischer*, StGB, 55. Aufl 2008, § 316 RdNr 39, 40; *Schönke/Schröder/Cramer/Sternberg-Lieben*, StGB, 27. Aufl 2006, § 316 RdNr 6 f
[47] BGBl 1998 I, 810.
[48] BGHSt 44, 219, 223 f; zu diesem Gesetz s *Bönke*, NZV 1998, 393; *Bode* ZAP 1998, 477; *Hentschel* NJW 1998, 2385; *Nehm* DAR 2000, 444; *Stein* NZV 1999, 441; *Maatz* BA 1999, 145 ff mwN.
[49] *Nehm* DAR 2000, 446, 447.

der Behandlungsübernahme oder infolge der Verschreibung des die Fahrsicherheit beeinträchtigenden Medikaments (Ingerenz) hat der Arzt Schutzpflichten zur Gefahrenabwehr übernommen.[50] Erforderlich ist jedoch stets der Nachweis des **Ursachenzusammenhangs** zwischen Nicht- bzw nicht ordnungsgemäßer Aufklärung bzw Überwachung des Patienten und dessen oder eines anderen Tod bzw der Körperverletzung, der in der Praxis wohl nur selten gelingen wird.[51] Dies dürfte der Grund sein, warum bisher kaum ein einschlägiges Strafverfahren oder Gerichtsurteil bekannt wurde. In Betracht kommt ferner bei absoluter bzw relativer Fahruntauglichkeit eine Strafbarkeit wegen **Beihilfe durch Unterlassen** zu § 315 c Abs 1 Ziff 1a bzw § 316 StGB. Hat der Arzt dagegen seine Beratungs-, Hinweis- und Schutzpflicht erfüllt, der Patient sich an die ärztlichen Empfehlungen jedoch nicht gehalten, „wird im Regelfalle eine Verantwortung des Arztes nicht in Betracht zu ziehen sein".[52] Denn der Arzt ist nicht der Hüter oder Vormund des Patienten, vielmehr muss es im Grundsatz bei dessen Eigenverantwortung verbleiben. Etwas anderes gilt natürlich, wenn der Patient in seiner Willensbildung und Willensbestätigung, zB durch die Kurznarkose bei kleineren operativen Eingriffen oder bei schmerzhaften Untersuchungen (bei Zahnärzten, Gynäkologen, Chirurgen oder Urologen), beeinträchtigt war und daher die Warnung bzw die Ratschläge nicht voll verstanden hat. Wenn dies für den Arzt erkennbar ist, muss er „alles ihm Mögliche und Zumutbare zur Abwendung von Gefahren für den Patienten und für Dritte" tun.[53] Dazu gehört sicher nicht die Überwachung des Pkw des Patienten.[54]

III. Verkehrssicherheit und ärztliche Schweigepflicht

21 Wie oben (§ 65, § 145) dargelegt, dient die **Schweigepflicht** des Arztes „nicht nur dem Interesse des einzelnen an seiner Geheimsphäre, sondern auch dem Schutz der Allgemeinheit", da „die Öffentlichkeit ebenfalls ein Interesse daran hat, dass das Vertrauensverhältnis zwischen Arzt und Patient nicht beeinträchtigt wird und sich Kranke nicht aus Zweifel an der Verschwiegenheit des Arztes davon abhalten lassen, ärztliche Hilfe in Anspruch zu nehmen".[55] Vor diesem Hintergrund erhebt sich die Frage, ob sich der Arzt in den Dienst der Verkehrssicherheit stellen und – unter Bruch seiner Geheimhaltungspflicht – den Verkehrsbehörden die krankheits- oder behandlungsbedingte Fahruntauglichkeit seines Patienten mitteilen darf. Die Rechtsprechung und die ganz überwiegende Meinung im strafrechtlichen Schrifttum *bejahen* unter Berufung auf die Grundsätze des rechtfertigenden Notstands (§ 34 StGB) ein Offenbarungs*recht* des Arztes angesichts der großen Gefahren, die dem Leben und der Gesundheit anderer Verkehrsteilnehmer durch die Teilnahme fahruntauglicher Personen am Straßenverkehr drohen. Dem ist im Rahmen der erforderlichen pflichtgemäßen Güterabwägung zuzustimmen, da „bei dem Umfang des heutigen Verkehrs das Interesse daran, fahruntaugliche Personen aus dem Verkehr auszuschalten, gegenüber dem Interesse des Einzelnen und der Allgemeinheit an der Geheimhaltung durch den Arzt überwiegt"[56] und das Vorgehen des Arztes als angemessenes Mittel zur Gefahrenabwehr iSd § 34 S 2 StGB anzusehen ist.

---

[50] Sie oben RdNr 5 und 11.
[51] *Händel* (Fn 7) S 213; zu diesem Beweis und seinen Anforderungen *Deutsch* VersR 2001, 795; s aber BGH MedR 03, 629, 631.
[52] *Händel* (Fn 12) S 2000.
[53] *Händel* (Fn 12) S 2000; s auch oben RdNr 11 ff; *Weber*, in: *Roxin/Schroth* (Hrsg), Hb d Medizinstrafrechts, 3. Aufl 2007, 232, 268; *Schöch* BA 05, 354, 357.
[54] *Gebert* MedR 1994, 486; s auch unten RdNr 14.
[55] BGH NJW 1968, 2288, 2290.
[56] BGH NJW 1968, 2288, 2290; ebenso OLG München MDR 1956, 565; Österr OGH RdM 2003, 120 ff; BayVGH BayVBl 1987, 119; OLG Zweibrücken NJW 1968, 2301; *Fischer* § 203 RdNr 47; *Schönke/Schröder/Lenckner* § 203 RdNr 31; *Lenckner*, in: Arzt und Recht, S 183; *Kohlhaas* DAR 1957, 345 ff; *Händel* DAR 1977, 36 ff; (Fn 12) 213; *Schlund* DAR 1995, 54; *Lackner/Kühl* § 203 RdNr 25; *Wagner* (Fn 3) S 118; *Joachim* (Fn 1), S 416; *Geppert*, FS Gössel, 2002, 303 ff, 310 ff; *Bock*, 43. Verkehrs-

Die demgegenüber in einigen Literaturstellungnahmen geäußerten **Bedenken,** das 22
zum Schutz der Volksgesundheit unbedingt erforderliche Vertrauensverhältnis zwischen
Arzt und Patient könnte „in seinen Grundfesten erschüttert" und der Arzt „zur verkehrspolizeilichen Kontrollinstanz"[57] degradiert werden, wiegen zweifellos schwer. Deshalb
muss der Arzt stets einen Patienten, der aufgrund seines psychischen oder physischen
Zustands nicht nur sich, sondern auch andere Personen durch seine Teilnahme am Straßenverkehr in erheblichem Maße gefährden kann, mit entsprechenden Warnungen und
Hinweisen auf seine Fahruntauglichkeit vom Führen eines Kraftfahrzeugs abzuhalten
versuchen. Erst wenn ärztliches Zureden oder sonstige zumutbare „Abhaltebemühungen"
vergeblich oder wegen der Uneinsichtigkeit des Patienten von vornherein aussichtslos
sind, die Mitteilung an die zuständige Behörde daher als **ultima ratio** anzusehen ist,
darf der Arzt zur Abwehr einer akuten Gefährdung der Allgemeinheit und schwerwiegender gesundheitlicher Schäden für den Patienten seine Schweigepflicht durchbrechen.[58]

Allgemein ist in Rechtsprechung und Literatur aber anerkannt, dass den Arzt **keine** 23
Pflicht trifft, in derartigen Fällen die Verkehrsbehörden zu verständigen, vielmehr gilt
primär seine Schweigepflicht und als Korrelat dazu sein Schweigerecht. Letztlich darf und
muss daher „nur der Arzt ganz allein" darüber entscheiden, ob konkrete Anhaltspunkte für
die absolute Fahruntüchtigkeit seines Patienten vorliegen und eine gegenwärtige Gefährdung der Allgemeinheit oder einzelner Personen gegeben ist,[59] mit anderen Worten, ob
die Notstandsvoraussetzungen zu bejahen sind und dem allgemeinen Sicherheitsinteresse
im Straßenverkehr der Vorrang vor der Einhaltung seiner Schweigepflicht einzuräumen
ist. Dementsprechend trägt im Ergebnis auch der Arzt „das alleinige Risiko" einer Fehleinschätzung, wenn er sich durch eine Benachrichtigung der Polizei oder Verwaltungsbehörde in den Dienst der Verkehrssicherheit stellt.[60] Zu beachten ist allerdings, dass die
irrtümliche Annahme einer Notstandslage nach § 34 StGB den Vorsatz ausschließt
(§ 16 Abs 1 StGB) und die fahrlässige Verletzung der ärztlichen Schweigepflicht nicht strafbar ist.[61]

Das Offenbarungsrecht schlägt auch dann nicht in eine **Offenbarungspflicht** um, 24
wenn der Arzt aus dem Gesichtspunkt der **Ingerenz** zur Gefahrenabwehr verpflichtet
ist.[62] Ein Beispiel hierfür bietet der Fall, dass der Patient durch bestimmte therapeutische
oder diagnostische Maßnahmen des Arztes für eine gewisse Zeit fahruntauglich geworden
ist. Unter dieser Prämisse hat der Arzt keine Meldepflicht, muss aber uU sogar „die Polizei
um Hilfe bitten, wenn es ihm nicht gelingt, seinen Patienten durch Aufklärung und Mahnung dazu zu bewegen, auf die Führung seines Autos" bis zum Zeitpunkt der Wiederherstellung der Fahrtauglichkeit zu verzichten.[63]

Die Begründung, warum aus dem Offenbarungsrecht des Garanten nicht auch eine 25
Offenbarungspflicht (Meldepflicht) erwächst, liegt darin, dass die Frage der Rechtmäßigkeit zweifelhaft ist: Bricht der Arzt seine Schweigepflicht, so verstößt er gegen § 203 StGB
und § 9 Abs 1 Satz 1 der MusterBO. Bleibt er untätig, kann sein Verhalten möglicherweise
zu einer Körperverletzung oder gar dem Tod eines Verkehrsteilnehmers führen. In solchen

---

gerichtstag, 2005, 213; zustimmend auch *Deutsch* VersR 2001, 794 f; **aA** *Bockelmann,* Ärztliche
Schweigepflicht und Verkehrssicherheit, S 27 ff; *Woesner* NJW 1957, 692, 694; kritisch auch *Mittelbach*
in seiner Anm zu OLG München MDR 1956, 565, 566 u *Jagusch/Hentschel,* Straßenverkehrsrecht,
35. Aufl 1999, § 4 RdNr 9.

[57] *Bockelmann* (Fn 56) S 48.
[58] BGH NJW 1968, 2288, 2290; so auch die Empfehlung des Arbeitskreises V des 43. Verkehrsgerichtstags, S 10 f, abgedruckt auch bei *Peitz/Hoffmann-Born* S 13.
[59] *Kohlhaas* (Fn 56) 347, 348.
[60] *Joachim* (Fn 1) S 416.
[61] Siehe oben § 145 RdNr 4.
[62] AA *Bockelmann,* aaO, S 38 f gegen die hM, s dort Anm 40.
[63] *Bockelmann* (Fn 56) S 40; s auch RdNr 20 FN 32 a u RdNr 14.

"Zweifelsfällen" muss die Unsicherheit bzw Ungewissheit, ob die Notstandsvoraussetzungen des § 34 StGB vorliegen, zugunsten des Arztes schon auf der Unrechtsebene berücksichtigt werden, da die Rechtsordnung die Vornahme einer auch nur möglicherweise rechtswidrigen Handlung nicht gebieten darf.[64]

26 Selbstverständlich scheidet ein Verstoß gegen die ärztliche Schweigepflicht aus, wenn der Patient mit der Weitergabe der bei der Untersuchung festgestellten Befunde an die Verkehrsbehörden **einverstanden** ist oder der Arzt im **Auftrag einer Behörde** die Fahrtauglichkeit untersucht und ihr sein Gutachten weiterleitet.[65] Die Entbindung des Arztes von seiner Schweigepflicht, um so Auskünfte über den Gesundheitszustand eines Kraftfahrers zu erhalten, kann im Rahmen des § 15 b Abs 2 StVZO (bei Eignungszweifeln zum Führen von Kfz) nicht gefordert werden.[66]

IV. Rechtfertigung ärztlicher Verkehrsverstöße

27 In dringenden Notfällen und bei akuten, schweren Erkrankungen ist der Arzt nach pflichtgemäßer Interessen- und Güterabwägung – Leben und Gesundheit des Patienten auf der einen, Verkehrssicherheit auf der anderen Seite – unter den Voraussetzungen des **rechtfertigenden Notstands** nach §§ 34 StGB, 16 OWiG innerhalb gewisser Grenzen zur Übertretung formaler Verkehrsvorschriften berechtigt.[67] Abzuwägen sind stets anhand der konkreten Umstände des Einzelfalles das Interesse an der Einhaltung der Verkehrsvorschriften gegenüber der dringenden Behandlungsbedürftigkeit eines akut erkrankten Patienten. Maßgebend ist dabei die Gefahrensituation, wie sie sich dem Arzt aus der Sicht ex ante darstellt, und nicht, „wie die Lage wirklich ex post anzusehen ist".[68] Demgegenüber will die Rechtsprechung[69] die gegenwärtige Gefahr eines Schadenseintritts „nicht nach dem subjektiven Standpunkt des – möglicherweise irrenden – Täters", sondern „vom Standpunkt eines nachträglichen Beobachters" **objektiv** beurteilen, „dem die im kritischen Augenblick wesentlichen Umstände bekannt sind." Damit wird das Strafbarkeitsrisiko aber zu Unrecht den Ärzten zugeschoben, die aus altruistischer Motivation die Verkehrsregeln in diesen Fällen übertreten. Je größer und wichtiger die Rettungschancen und je geringer die abstrakte Gefahr für andere Verkehrsteilnehmer, umso mehr sollte der Arzt, der nach dieser Maxime handelt, vor strafrechtlicher Verfolgung sicher sein. Immer ist der Arzt jedoch auch unter dieser Prämisse verpflichtet, mit der notwendigen Vorsicht zu fahren, um Gefahren für Leben und Gesundheit anderer zu vermeiden und kein Wagnis einzugehen, „dessen Gewinn für den Patienten nach menschlichem Ermessen überhaupt nicht ins Gewicht fallen wird, bei dessen Mißglücken aber die ganze ärztliche Hilfe infrage gestellt ist".[70] Ausgeschlossen ist daher eine Rechtfertigung von Verkehrsverstößen des Arztes unter Notstandsgesichtspunkten und damit der Vorrang des Lebens- und Gesundheitsschutzes vor der Einhaltung von Formalbestimmungen stets dann, wenn dadurch Leib oder Leben **anderer** Personen **konkret** gefährdet werden. „Wer sich durch belebte

---

[64] *Ulsenheimer* JuS 1975, 255, 256; *Lenckner*, in: Arzt und Recht, hrsg v *Göppinger*, 1966, S 184 ff; *Baumann* FamRZ 1963, 225, 227; *v Bar* GS 60, 107, Fn 1; zweifelnd *Engisch* ZAkDR 1941, 129 f; *Eb Schmidt* MonSchrKrim 1942, 99 ff; *Maunz-Dürig*, GG, 1971, Art 2 Abs 2 RdNr 23; aA *Bockelmann*, Strafrecht des Arztes, 1968, 26; *Kreuzer* NJW 1968, 1202; *v Olshausen/Niethammer*, StGB, 12. Aufl, Vorbem vor § 51 Anm 4 i.

[65] *Bockelmann* (Fn 56) S 31 ff; *Joachim* (Fn 1) S 416; *Händel* (Fn 12) 212 ff.

[66] OVG Weimar ThürVBl 1995, 17 = DAR 1995, 80; HansOVG Hbg VRS 89, 151 ff; OVG Koblenz NJW 1986, 2390.

[67] OLG Hamm NJW 1996, 243; KG VRS 53, 60; BayObLG NJW 2000, 888 mwN; OLG Köln StraFo 05, 525.

[68] *Kohlhaas* DAR 1968, 233.

[69] BayObLG MedR 2000, 483, 484; OLG Düsseldorf VRS 81, 467, 470; OLG Köln StraFo 05, 524.

[70] OLG Stuttgart Die Justiz 1963, 37, 38; BayObLG JR 1960, 70, 71.

Einbahnstraßen zwängt und damit Unfälle ermöglicht, wer über lebhaft befahrene Kreuzungen oder über lebhaft begangene Rotampelwege hinwegfährt, handelt nach dem Motto ‚mein Patient geht vor', und ist daher strafbar, da anderenfalls ein Chaos des ‚jeder gegen jeden' droht."[71] Die Notstandsvoraussetzungen sind ferner nicht erfüllt, wenn die Abwendung der Gefahr auf andere Weise, zB durch einen Anruf bei der Polizei oder Anforderung eines Krankenwagens, möglich ist,[72] doch ist der Arzt nicht grundsätzlich auf diese Möglichkeit beschränkt![73] Nimmt der Arzt aufgrund eines vermeidbaren Irrtums tatsächliche Umstände an, deren Vorliegen eine Notstandssituation begründen würden, ist er wegen fahrlässiger Tatbegehung strafbar (§ 16 Abs 1 StGB).[74] Wertet der Arzt den ihm bekannten Sachverhalt jedoch unrichtig, so irrt er über die Grenzen des rechtfertigenden Notstands, so dass ein Verbotsirrtum vorliegt, der den Vorsatz bestehen und nur bei Unvermeidbarkeit die Schuld entfallen lässt (§ 17 StGB).[75] Auch ein vermeidbarer Verbotsirrtum „kann aber die Tat grundsätzlich in einem milderen Licht erscheinen lassen", denn der Arzt, der – zu einem Notfall gerufen – dabei die Straßenverkehrsregeln überschreitet, „handelt nicht aus grobem Leichtsinn, grober Nachlässigkeit oder Gleichgültigkeit", sondern aus fremdnütziger Motivation zum Schutz von Leben und Gesundheit des Patienten.[76]

Fallbeispiele:
Die Überschreitung der höchstzulässigen Geschwindigkeit kann durch Notstand gerechtfertigt sein, wenn der Arzt nur auf diese Weise die erforderliche schnelle Hilfe bei Lebensgefahr oder für einen Schwerkranken leisten kann.[77] Rechtmäßig ist auch in solchen Fällen das Überfahren des Rotlichts einer Ampel,[78] das Befahren einer Einbahnstraße in Gegenrichtung,[79] das Parken im Halte- oder Parkverbot, wenn dadurch kein anderer gefährdet wird, oder das Vorbeifahren im Stau an stehenden Fahrzeugen unter Einschaltung des „Arzt-Notfalleinsatz-Schildes", um bei einem (vermeintlichen) Unfall Erste Hilfe zu leisten. Dasselbe gilt ausnahmsweise auch für den nicht zum Bereitschaftsdienst eingeteilten Arzt, der unvorhergesehener Weise zu einem Notfall gerufen wird, infolge Alkoholgenusses aber fahrbeeinträchtigt ist. Wenn dieser Arzt weder eine Taxe nehmen kann noch eine andere absolut fahrtaugliche Person als Führer seines Fahrzeugs zur Verfügung hat, kommt eine Rechtfertigung der Trunkenheitsfahrt bei dringenden Notfällen als ultima ratio bei besonders vorsichtiger Fahrweise und „im Bereich der Alkoholisierung geringeren Ausmaßes", nicht jedoch bei erheblicher BAK in Betracht.[80]
Keine erfolgreiche Berufung auf Notstand ist dagegen möglich bei der Verletzung von Verkehrsvorschriften im Rahmen der normalen Praxisbesuche,[81] bei Überschreitung der Höchstgeschwindigkeit um 50 km/h auf einer Stadtautobahn, die einen Zeitgewinn von etwa 25 Sekunden bringt,[82] bei schwerwiegenden Verkehrsverstößen (Schneiden einer unübersichtlichen Linkskurve mit einer

---

[71] So mit Recht *Kohlhaas* (Fn 68) 233.
[72] OLG Hamm VRS 36, 27; OLG Koblenz VRS 73, 287.
[73] OLG Köln StraFo 05, 524.
[74] Vgl OLG Hamm NJW 1996, 2437; JMBl NW 1976, 59.
[75] BayObLG MedR 2000, 484.
[76] OLG Köln StraFo 05, 524, 525; OLG Karlsruhe NStZ-RR 01, 278; NJW 05, 450, 451.
[77] KG VRS 53, 60; OLG Düsseldorf VRS 30, 444, 446: keine Berufung auf Notstand allerdings, wenn ohne Missachtung der Geschwindigkeitsbegrenzung der Patient nur für eine kurze Zeit länger Schmerzen hätte erleiden müssen; BayObLGSt 1990, 105: Rechtfertigung der Geschwindigkeitsübertretung, wenn der Arzt in eine Belegklinik gerufen wird, weil bei der Patientin nach der Entbindung unerwartet schwere Blutungen einsetzten, die eine sofortige Notoperation als möglich erscheinen ließen.
[78] OLG Hamm NJW 1977, 1892.
[79] OLG Karlsruhe VRS 46, 275.
[80] *Kohlhaas* (Fn 68) 233; OLG Koblenz MDR 1972, 885; OLG Hamm NJW 1958, 271; *Schönke/Schröder/Lenckner* § 34 RdNr 28.
[81] *Kohlhaas* (Fn 68) 232.
[82] KG VRS 53, 61; OLG Köln StraFo 05, 524; BayObLG NJW 00, 888; OLG Düsseldorf VRS 81, 467, 470; VRS 93, 442, 444; OLG Naumburg DAR 2000, 131; KK-Rengier, OWiG, 2. Aufl, § 16 RdNr 17; Ausnahmefall: OLG Düsseldorf VRS 30, 444, 446; OLG Schleswig VRS 30, 462.

Geschwindigkeit, die ein rechtzeitiges Reagieren bei Gegenverkehr ausschließt)[83] oder bei Fahrten in absolut fahruntüchtigem Zustand,[84] selbst wenn der Patient einen Herzanfall erlitten hatte oder sonst schwer krank war. Überschreitet der Arzt die zulässige Geschwindigkeit innerorts auf einer gut ausgebauten Straße morgens gegen 8.30 Uhr um 36 km/h, um möglichst rasch in seine Praxis zu einem dort wartenden Patienten mit akuten Rückenschmerzen und Kreislaufstörungen zu kommen, so ist der Verkehrsverstoß nach Ansicht des BayObLG nicht gerechtfertigt.[85] Von der Verhängung eines Fahrverbots wurde allerdings abgesehen, da die notstandsähnliche Situation die Tat von den Regelfällen des § 25 Abs 1 S 1 StVG i Verb m § 4 Abs 1 S 1 Nr 1 BKatV wesentlich unterscheidet.[86] Teilweise bleibt der Arzt auch wegen der beruflichen Abhängigkeit von der Fahrerlaubnis vom Fahrverbot verschont, da er sonst seinen Beruf kaum ausüben konnte.[87]

Zu Geschwindigkeitsübertretungen im Zusammenhang mit einer Geburt und möglichem Fahrverbot s OLG Hamm, Beschluss v 19. 8. 08, AZ 5 Ss OWi 493/08 und Beschluss des Bay ObLG v 22. 11. 99, AZ 2 Ob OWi 518/99: kein Fahrverbot bei akuter Situation.

V. Ärztliche Hilfspflicht und Wartepflicht nach Verkehrsunfällen

29 Nach übereinstimmender Rechtsansicht geht die **allgemeine Hilfeleistungspflicht** nach § 323 c StGB der **Wartepflicht** gem § 142 Abs 1 StGB vor.[88] Deshalb ist der Arzt, der auf der Fahrt zu einem dringenden Notfall in einen Verkehrsunfall verwickelt wird, gemäß § 34 StGB gerechtfertigt, wenn er die Unfallstelle im Interesse des Hilfe suchenden Patienten entgegen der Strafvorschrift des § 142 Abs 1 Nr 1 und 2 StGB verlässt.[89] Zu beachten ist aber, dass § 142 Abs 2 StGB auch denjenigen bestraft, der nach berechtigtem oder entschuldigtem Sichentfernen vom Unfallort „nicht unverzüglich die Feststellungen nachträglich ermöglicht". Nach Beendigung seiner Hilfeleistungspflicht muss der Arzt daher ohne vorwerfbares Zögern dem Berechtigten oder einer nahe gelegenen Polizeidienststelle oder auf sonstigem Wege die erforderlichen Mitteilungen machen.[90] Zu beachten ist, dass die „Verkehrsunfallflucht" des Arztes nur bei dringenden Besuchen zur Behandlung schwerkranker Patienten und Hilfeleistung nach § 323 c StGB gerechtfertigt sein kann, nicht aber bei reinen Routinebesuchen, „da es hier auf eine halbe Stunde nicht ankommt".[91]

VI. Ärztliche Zwangsmaßnahmen

30 Widersetzt sich ein Patient, der infolge der Nachwirkungen einer Kurznarkose, der medikamentösen oder sonstigen Behandlung ersichtlich fahruntauglich ist, dieser Erkenntnis und dem ärztlichen Rat, sich im Zustand der Benommenheit nicht hinter das Steuer zu setzen, darf (und muss) der Arzt die **gefährliche Fahrt durch geeignete Maßnahmen verhindern**. Diese können zB in der Wegnahme des Zündschlüssels, im Blockieren des Fahrzeugs oder im Herbeirufen der Polizei bestehen.[92] Das Recht und die Pflicht zur Verhinderung einer gefährlichen Fahrt des Patienten im Straßenverkehr ist dem Arzt aber nicht nur im Falle einer Garantenstellung aus vorangegangenem Tun (nach Vornahme eines operativen Eingriffs, Verabreichung eines Medikaments) überantwortet, son-

---

[83] OLG Stuttgart Die Justiz 1963, 37.
[84] OLG Koblenz MDR 1972, 885; vgl auch OLG Düsseldorf VM 1967, 38.
[85] MedR 2000, 483 ff.
[86] Ebenso OLG Karlsruhe NJW 05, 450, 451; OLG Düsseldorf NStZ 97, 52; OLG Frankfurt aM NStZ-RR 01. Weitere Fälle s DÄBl 2007, A 818 ff, berichtet von *Krumm*.
[87] AG Osnabrück DAR 2001, 138; AG Potsdam DAR 2001, 232.
[88] BGHSt 5, 128; KG VRS 34, 110; *Schönke/Schröder/Cramer/Sternberg-Lieben* § 142 RdNr 52; *Fischer* § 142 RdNr 45; BayObLG DAR 1967, 291; § 34 Abs 1 Nr 4 StVO.
[89] BayObLG DAR 1968, 226; OLG Frankfurt VRS 28, 262; NJW 1967, 2073; *Schönke/Schröder/Cramer/Sternberg-Lieben* § 142 RdNr 52; *Fischer* § 142 RdNr 45.
[90] § 142 Abs 3 StGB, s dazu im Einzelnen *Fischer* § 142 RdNr 55 ff.
[91] *Kohlhaas* (Fn 68) 233, 234.
[92] *Händel* DAR 1977, 37; *Wilts* NJW 1966, 1837 ff; *Bockelmann* (Fn 56) S 40; s oben RdNr 14.

dern besteht nach Behandlungsübernahme auch dann, wenn die Benutzung des Kraftfahrzeugs in dem aktuellen Zustand des Patienten eine „akute Gefahr" für ihn bzw „für Leib und Leben anderer oder für bedeutende Sachwerte" darstellt.[93] Beispiele hierfür sind der sich bereits ankündigende epileptische Anfall des Patienten, der noch nicht abgeklungene Unfallschock, der noch nicht beendete Kollapszustand oder der offensichtliche Ausschluss der Verkehrstauglichkeit unter dem Einfluß von Drogen. „Die akute Verkehrsgefahr, die von dem Patienten ausgeht, kann der Arzt, wenn der Kranke nicht gutwillig ist, allein dadurch ausräumen, dass er polizeiliche Hilfe in Anspruch nimmt" oder selbst die angemessenen Zwangsmittel zur Unterbindung der kritischen Fahrt vornimmt.[94]

Zu den ärztlichen Zwangsmaßnahmen gehören auch die vom Richter oder der Staatsanwaltschaft und ihren Hilfsbeamten angeordneten **Blutprobenentnahmen** bei Verdacht auf Alkohol am Steuer (§ 81a StPO). Der Arzt, der approbiert, bei besonders gefährlichen Maßnahmen sogar Facharzt sein muss, ist zur Durchführung der Entnahme von Blutproben und anderer körperlicher Eingriffe allerdings nicht verflichtet, außer wenn er, wie zB Polizeiärzte oder Sachverständige (§ 75 StPO), solche Leistungen im Rahmen seiner dienstlichen Pflichten zu erbringen hat.[95] Die Weigerung des Arztes, bei einem Trunkenheitsfahrer eine Blutprobe abzunehmen, erfüllt daher nicht den Tatbestand der Strafvereitelung.[96] Zur Feststellung der Alkoholbeeinflussung im Einzelnen, insbesondere zu den verschiedenen Verfahren des Alkoholnachweises im Blut, zur Berechnung der aufgenommenen Alkoholmengen und deren Alkoholwirkung siehe zusammenfassend bei *Schwerd*.[97]

Eine zu anderen Zwecken entnommene Blutprobe (zB zur Vorbereitung einer Operation) kann auch zur Bestimmung der Blutalkoholkonzentration zum Zeitpunkt der Führung eines Kraftfahrzeugs benutzt werden, wenn eine entsprechende Anordnung nach § 81a StPO zulässigerweise hätte getroffen werden können. Im konkreten Fall war der Kraftfahrer infolge seiner Trunkenheit verunglückt und hatte dabei schwerste Verletzungen erlitten. Im Rahmen der Operationsvorbereitung wurde dem Fahrer von einer Krankenschwester Blut entnommen, dessen Rest sich der ermittelnde Polizeibeamte kurz darauf aushändigen ließ. Das den Strafverfolgungsbehörden überlassene Blut wurde zwar nicht beschlagnahmt (§ 94 StPO), aber die Blutentnahme wäre nach § 81a StPO zulässig gewesen, so dass weder die ärztliche Schweigepflicht noch ein Zeugnisverweigerungsrecht dem Vorgehen entgegenstehen. Dies folgt aus dem Verhältnismäßigkeitsgrundsatz; denn „es wäre geradezu schikanös", einem Beschuldigten nach der bereits erfolgten Blutentnahme eine weitere gem § 81a StPO zuzumuten, „wenn für die Blutuntersuchung das entnommene Blut zur Verfügung steht". Deshalb ist auch von der mutmaßlichen Einwilligung des Beschuldigten auszugehen.[98]

Der blutentnehmende Arzt ist bezüglich seiner dabei getroffenen Wahrnehmungen **Zeuge**, hat aber in dieser Funktion – entgegen dem Wortlaut des § 53 Abs 1 Nr 3 StPO – **kein Zeugnisverweigerungsrecht**, da in diesen Fällen kein echtes, vertrauensvolles Arzt-Patientenverhältnis besteht.[99] Soweit es um die Blutentnahme selbst oder die Durch-

---

[93] *Bockelmann* (Fn 56) S 52 Anm 20.
[94] *Bockelmann* (Fn 56) S 47.
[95] *Schwerd*, Alkohol und Verkehrssicherheit, S 122; *Hiendl* NJW 1958, 2100.
[96] *Fischer* § 258 RdNr 15; *Händel* BA 1977, 193 ff; *Blank* BA 1992, 81 ff, 86; *Molketin*, KVR, „Trunkenheit im Verkehr", Lieferung 4/99, S 52 ff, 53; vgl auch BGHSt 43, 82, 84 f.
[97] *Schwerd* (Fn 95) S 119–136.
[98] PfOLG Zweibrücken, BA 1994, 134, 135 f; zu dieser Problematik: OLG Frankfurt aM NStZ-RR 1999, 246; OLG Celle, NStZ 1989, 385 = BA 1989, 420 = OLGSt Nr 3 m abl Anm *Wendisch*; Pf OLG Zweibrücken, NJW 1994, 810 m abl Anm *Weiler*, NStZ 1995, 98; *Molketin*, aaO S 53 f; *Meyer-Goßner*, StPO, 49. Aufl 2006, § 81a RdNr 33; aA *Hauf* NStZ 1993, 64; *Mayer* JZ 1989, 908; *Weiler* MDR 1994, 1163; *Wohlers* NStZ 1990, 245; unterscheidend *Beulke* ZStW 103, 675 ff
[99] *Jagusch/Hentschel* § 316 RdNr 56; *Kohlhaas* DAR 1968, 74; *Hiendl* NJW 1958, 2101, aber einschränkend für den „Landarzt", der dem Kraftfahrer bekannt ist; aA *Göppinger* NJW 1958, 243 li Sp unten.

führung anderer körperlicher Eingriffe (zB einer Untersuchung) geht, wird der von der Polizei hinzugezogene Arzt als **Sachverständiger** tätig.[100]

34 Seit dem 1. 5. 1998 sind Atemalkoholmessungen zum Nachweis einer Ordnungswidrigkeit gem § 24 a StVG als alleiniges Beweismittel zugelassen. Mit Urteil vom 3. 4. 2001 – 4 StR 507/00[101] – hat der BGH nun die gerichtliche Verwertbarkeit der Meßwerte zugelassener und geeichter Atemalkoholtestgeräte ohne Abschlag trotz der nach dem 1. 4. 2001 eingetretenen Verschärfung der Grenzwerte des § 24 a StVG anerkannt. Die Messung der Atemalkoholkonzentration (AAK) bedeutet nach Ansicht des BGH eine erleichterte Feststellung der Blutalkoholkonzentration und dient damit der Verkehrssicherheit.

VII. Ärztliche Sonderrechte

35 Ärzte gehören zu einem nach der Straßenverkehrsordnung und Straßenverkehrszulassungsordnung privilegierten Personenkreis. Dies äußert sich zum einen in einer Befreiung von bestimmten Vorschriften der Straßenverkehrsordnung, zum anderen in gewissen Sonderrechten. So dürfen Ärzte an Kraftfahrzeugen, in denen sie zur Hilfeleistung in Notfällen unterwegs sind, während des Einsatzes ein nach vorn und nach hinten wirkendes Schild mit der in schwarzer Farbe auf gelbem Grund versehenen Aufschrift „Arzt Notfalleinsatz" auf dem Dach anbringen, das gelbes Blinklicht ausstrahlt. Voraussetzung ist allerdings, dass die Zulassungsstelle die Berechtigung zum Führen des Schildes erteilt hat (§ 52 Abs 6 StVZO). Ein Fahrzeug, das ein Arzt für einen Notfalleinsatz zur Rettung von Menschenleben benutzt, fällt allerdings nicht unter § 52 Abs 3 StVZO.[102] Ein Rettungswagen hat das Sonderrecht nach § 35 Abs 5 a StVO (Befreiung von den Vorschriften der StVO), wenn er zu einem Verkehrsunfall fahren muss, bei dem es nicht nur Leichtverletzte gegeben hat, und auch kein Arzt am Unfallort ist.[103] Nach §§ 46, 47 StVO können Ärzte auch Ausnahmegenehmigungen von Park- und Halteverboten, Sonntagsfahrverboten ua erhalten.[104]

§ 151 Abrechnungsbetrug

Inhaltsübersicht

	RdNr
I. Begriff und empirischer Hintergrund	1
II. Die typischen Fallgestaltungen im Vertragsarztbereich	6
III. Untypische Fallgestaltungen im Vertragsarztbereich	16
IV. Rechtliche Würdigung	17
1. Die tatbestandlichen Voraussetzungen	17
2. Beweisprobleme	29
V. Abrechnungsbetrug im GOÄ-Liquidationsbereich	35
VI. Sonstige Tatbestände	42
VII. Prozessuale Fragen	43
1. Der „Anfangsverdacht"	43
2. Durchsuchung und Beschlagnahme	44
3. Probleme der Sachverhaltsermittlung und Schadensfeststellung	47
4. Einzelfälle	50
VIII. Strafrechtliche, berufsrechtliche und vertragsarztrechtliche Folgen des Abrechnungsbetruges	51
1. Freiheitsstrafe und (oder) Geldstrafe	51

---

[100] OLG Saarbrücken BA 1995, 302 f; *Meyer-Goßner,* StPO, vor § 72 StPO RdNr 4.
[101] NZV 2001, 267.
[102] VG Stade DAR 1982, 238.
[103] LG München VersR 1982, 679.
[104] Vgl *Bouska* VD 1976, 233.

23. Kapitel. Der Arzt im Strafrecht § 151

	2. Berufsverbot	52
	3. Berufsgerichtliche Sanktionen	55
	4. Rücknahme, Widerruf und Ruhen der Approbation	59
	5. Die kassenarztrechtlichen Folgen des Abrechnungsbetruges	63
	a) Rückerstattung des Honorars	63
	b) Disziplinarverfahren	64
	c) Verfahren vor dem Zulassungsausschuss	66
IX.	Ausblick	68

Schrifttum: *Bandisch,* Mandant und Patient, Schutzlos bei Durchsuchung von Kanzlei und Praxis?, NJW 1987, 2200 ff; *ders,* Betrügerische Honorarabrechnung aus der Sicht eines Strafverteidigers, in: *Steinhilper* (Hrsg), Arzt und Abrechnungsbetrug, 1988, S 175 ff; *Beckemper/Wegner,* Anm zum BGH-Urteil v 5. 12. 2002, NStZ 2003, 315 ff; *Becker,* Berufsgerichtliche und kassenarztrechtliche Ahndung ärztlicher Pflichtverletzungen unter besonderer Berücksichtigung der Rechtslage in NRW, 1991; *Bender,* Strafbare Falschabrechnungen von kassenärztlichen Leistungen, Westfälisches ÄBl 1987, 72 ff; *ders,* Betrügerische Falschabrechnungen unter der Lupe, Westfälisches ÄBl 1987, 516 ff; *Bernsmann/Schoß,* Vertragsarzt und „kick-back" – zugleich Anmerkung zu OLG Hamm, Urteil v 22. 12. 2004, GesR 2005, 193; *Braun/Gründel,* Approbationsentzug wegen Unwürdigkeit und Anspruch auf Wiedererteilung der Approbation, MedR 2001, 396 ff; *Dahm,* in *Rieger/Dahm/ Steinhilper* (Hrsg), Lexikon des Arztrechts, 2. Aufl 2001, Falschabrechnung, Nr 1780; *ders,* Zur Problematik der Falschabrechnung im privatärztlichen Bereich, MedR 2003, 268 ff; *Dierlamm,* Verteidigungsüberlegungen in Betrugsverfahren gegen Ärzte, AusR 2001, 135; *Duttge,* Strafrechtliche Folgen sog Scheinpartnerschaften, in: *Schnapp* (Hrsg), Rechtsfragen der gemeinschaftlichen Berufsausübung von Vertragsärzten, 2002, 79 ff; *Ehlers,* Ärztliche Abrechnungsmanipulationen gegenüber der gesetzlichen Krankenversicherung, in: FS Schüler-Springorum 1993, S 163 ff; *Eicher,* Die Entziehung der kassenärztlichen Zulassung und die Anordnung des Ruhens im Lichte des Verhältnismäßigkeitsprinzips, MedR 1987, 165 ff; *Ellbogen,* Die Anzeigepflicht der Kassenärztlichen Vereinigung nach § 81 a IV SGB V und die Voraussetzungen der Strafvereitelung gem. § 258 I StGB, MedR 2006, 457 ff; *Ellbogen/Wichmann,* Zu Problemen des ärztlichen Abrechnungsbetrugs, insbesondere der Schadensberechnung, MedR 2007, 345 ff; *Erlinger/Bock,* in: MAH Strafverteidigung, 2006, § 49 II 8; *Gaidzik,* Abrechnung unter Verstoß gegen die Pflicht zur persönlichen Leistungserbringung – Betrug des Arztes gemäß § 263 StGB?, wistra 1998, 329 ff; *Geilen,* in: *Wenzel* (Hrsg), FA MedizinR, 2. Aufl 2009, Kap 4 B, RdNr 679 ff; *M Geis,* Das soziale Wirtschaftlichkeitsgebot – kriminalstrafbewehrtes Treuegesetz des Kassenarztes?, GesR 2006, 345 ff; *Goetze,* Arzthaftungsrecht und kassenärztliches Wirtschaftlichkeitsgebot, 1989, S 169 ff; *Goetze/Theyssen,* Kassenärztliches Wirtschaftlichkeitsgebot und Abrechnungsbetrug, DMW 1987, 1184; *dies,* Zum Umfang staatsanwaltlicher Ermittlungsrechte am Beispiel des kassenärztlichen Abrechnungsbetruges, NStZ 1986, 529 ff; *Grunst, Bettina,* Zum Abrechnungsbetrug bei fehlender ordnungsgemäßer Zulassung zum Vertragsarzt, NStZ 2004, 533 ff; *Halbe,* Berufsrechtliche Konsequenzen von Strafverfahren gegen Ärzte, in: Arbeitsgemeinschaft Rechtsanwälte Medizinrecht (Hrsg), Medizin und Strafrecht, 2000, S 111 ff; *Hancoc,* Abrechnungsbetrug durch Vertragsärzte, 2006; *Hellmann/Herffs,* Der ärztliche Abrechnungsbetrug, 2006; *Hempler,* „Liquidationsbetrug" in: Handbuch des Wirtschafts- und Steuerstrafrechts, 1990; *Hempler/Schäfer,* Abrechnungsmanipulationen bei ärztlichen Honoraren und Arzneimittelabgaben, 1998; *Herffs,* Der Abrechnungsbetrug des Vertragsarztes, 2002; *Hofmann,* Vorsicht: Staatsanwalt blufft, Ermittlungen wegen der Abrechnung von O Ill-Leistungen, AusR 2003, 70 ff; *H Herzog,* Ermittlungsverfahren gegen Ärzte, Rechtslage und Verteidigungsmöglichkeiten, ArztR 1986, 289 ff; *R Hess,* Entgegnung auf Schwabe, ZRP 1987, 274 ff; *M Idler,* Betrug bei der Abrechnung ärztlicher Leistungen ohne Kassenzulassung, JuS 2004, 1037, 1041; *Janowsky,* Straftaten im Gesundheitswesen, in: *Wabnitz/Janowsky* (Hrsg), Handbuch des Wirtschafts- und Steuerstrafrechts, 2. Aufl 2004, 763–800; *Jolitz,* Zur Delegationsfähigkeit vertragsärztlicher Leistungen durch gem. § 116 SGB V ermächtigte Krankenhausärzte – Erwiderung auf *Kuhla;* MedR 2003, 25 ff 340; *Kamps,* Rechtsfragen bei Ermittlungsverfahren gegen Kassenärzte wegen fehlerhafter Honorarabrechnungen, MedR 1988, 127 ff; *Kleine/Frehse,* Strafbarkeit des Arztes bei der Übernahme von Entsorgungskosten durch Pharmaunternehmen, Kriminalistik 2004, 377 ff; *Köhler-Fleischmann,* Der Grundsatz der persönlichen ärztlichen Leistungspflicht, 1991, S 103 f; *Kölbel,* Abrechnungsbetrug im Krankenhaus, NStZ 2009, 312 ff; *ders,* Die Einweisungsvergütung – eine neue Form von Unternehmensdelinquenz im Gesundheitswesen, wistra 2009, 129; *Kondziella,* Abrechnungsbetrug im Gesundheitswesen, Kriminalistik 2004, 377–385; *Krause/Caspary,* in: *Cramer/Cramer* (Hrsg), Anwaltshandbuch Strafrecht, 2002,

§ 151

Arztstrafrecht, RdNr 137 ff; *W Krekeler,* Zufallsfunde bei Berufsgeheimnisträgern und ihre Verwertbarkeit, NStZ 1987, 199 ff; *Krüger/Mohr,* Ärztliche Abrechnungsmanipulationen, JA-Übungsblätter 1988, 129; *Kuhla,* Persönliche Leistungserbringung des Krankenhausarztes bei ambulanten Behandlungen sozialversicherter Patienten, MedR 2003, 25 ff; *Lange,* Verfahren gegen Ärzte, Zum Widerstand entschlossen, Der Kassenarzt 1988, 17; *Lüdders,* Polizeiliche Ermittlungen gegen Kassenärzte – Ein Erfahrungsbericht aus Nordrhein-Westfalen, in: *Steinhilper* (Hrsg), Arzt und Abrechnungsbetrug, 1988, S 165 ff; *Luig,* Vertragsärztlicher Abrechnungsbetrug und Schadensbestimmung, 2009; *Mahnkopf/Funk,* Zur Frage des Anwesenheitsrechts von Sachverständigen bei strafprozessualen Durchsuchungsmaßnahmen im Zusammenhang mit ärztlichen Abrechnungsbetrügereien, NStZ 2001, 519 ff; *Moewes,* Fehlerhafte Honorarabrechnungen aus der Sicht des Prüfarztes, in: *Steinhilper* (Hrsg), Arzt und Abrechnungsbetrug, 1988, S 61 ff; *Egon Müller,* Zur Anzeigepflicht der KV, KBV und der Krankenkassen nach den §§ 81 a, 197 a SGB V, in FS 10 Jahre Arge MedR im DAV, hrsg v *Luxemburger* ua, 2008, 893 ff; *P Müller,* Der Staatsanwalt und die Kassenärzte, Der Kassenarzt 1987, 14 ff; *Müller, Rudolf/Wabnitz,* Kriminalität oder Grauzone im Gesundheitswesen, NJW 1984, 1785; *Nadolny,* Betrügerische Honorarabrechnungen aus der Sicht der Krankenkasse, in: *Steinhilper* (Hrsg), Arzt und Abrechnungsbetrug, 1988, S 129 ff; *Noak,* Betrugstäterschaft bzw -teilnahme beim Bezug von Röntgenkontrastmitteln? Ein Beitrag aus dem Grenzbereich von Strafrecht und Vertragsarztrecht, MedR 2002, 76; *ders,* Betrugstäterschaft bzw -teilnahme beim Bezug von Röntgenkontrastmitteln? Ein Beitrag aus dem Grenzbereich von Strafrecht und Vertragsarztrecht, MedR 2002, 76; *Peikert,* Persönliche Leistungserbringungspflicht, MedR 2000, 352 ff; *T A Peters,* Die Delegation ärztlicher Leistungen in Theorie und Praxis, Der Arzt und sein Recht 1999, S 8 ff; *Reich,* Abrechnungsbetrug und Approbationswiderruf, BayÄBl 1990, 381; *Richter-Reichhelm,* Abrechnungsbetrug unter Ärzten – was unternehmen die KVen dagegen?, AusR 2001, 163; *Rieger,* Abrechnungsbetrug bei Chefärzten, in: *Tondorf/Wostry* (Hrsg), Die Ärzteschaft im Spannungsverhältnis des Strafrechts, 1998, S 61 ff; *ders,* Kassenärztliches Wirtschaftlichkeitsgebot und Abrechnungsbetrug, DMW 1987, 1184; *ders,* in: *Schnappe/Wigge* (Hrsg), Handbuch des Vertragsarztrechts, 2. Aufl 2006, § 17: Die Abrechnung vertragsärztlicher Leistungen durch die KV; *Rigizahn,* Die Verfolgung ärztlicher Abrechnungsmanipulationen durch die Sozialverwaltungen im Krankenversicherungsbereich unter besonderer Berücksichtigung der Praxis im Zuständigkeitsbereich der KV Süd-Württemberg, MedR 1990, 252; *Rönnau,* „kick-backs"-Provisionsvereinbarung als strafbare Untreue, FS Kohlmann 2003, 232 ff; *Rudolf,* Zum Patientendatenschutz bei Betrugsverfahren gegen Ärzte, NJW 1991, 2337 (MedR 1991, 253); *U Seibert,* Zur Zulässigkeit der Beschlagnahme von ärztlichen Abrechnungsunterlagen bei den Krankenkassen, NStZ 1987, 398 ff; *Schnapp/Düring,* Anzeigepflicht der Krankenkassen bei Verdacht auf sog Abrechnungsbetrug?, NJW 1988, S 738 ff, *H Schneider,* Getarnte Kopfprämien, HRRS 2009, 484; *H-L Schreiber,* Rechtliche Grenzen ärztlichen Handelns, in: *Steinhilper* (Hrsg), Arzt und Abrechnungsbetrug, 1988, S 19 ff; *Schroth,* Strafbares Verhalten bei der ärztlichen Abrechnung, in: *Roxin/Schroth,* Medizinstrafrecht, 3. Aufl 2007, S 127 ff; *Schubert,* Abrechnungsbetrug bei Privatpatienten, ZRP 2001, 154; *ders,* Strafbares Verhalten bei der ärztlichen Abrechnung, in: Handbuch des Medizinstrafrechts, 2007, S 127 ff; *Schulte/Eberz,* Die Abrechnung von wahlärztlichen Leistungen in (Universitäts-)Großkliniken, MedR 2003, 388 ff; *J Schwabe,* Zur ärztlichen Privatliquidation, ZRP 1987, 270 ff; *Specht,* Erfahrungen aus der Praxis der Staatsanwaltschaft, in: *Steinhilper* (Hrsg), Arzt und Abrechnungsbetrug, 1988, S 71 ff; *Spickhoff/Seidl,* Die Erstattungsfähigkeit ärztlicher Leistungen bei Delegation an nichtärztliches Personal, NZS 2008, 57 ff; *Spickhoff,* Aktuelle Rechtsfragen des medizinischen Behandlungsverhältnisses, 2004; *Stein,* Betrug durch vertragsärztliche Tätigkeit in unzulässigem Beschäftigungsverhältnis?, MedR 2001, 124 ff; *ders,* Strafrechtliche Konsequenzen unzulässiger Kooperationsbeziehungen zwischen Ärzten, AusR 2000, 167 ff; *Steinhilper,* Arzt und Abrechnungsbetrug, 1988, Einführung, S 5; *ders,* Approbationsverlust nach Honorarbetrug, Westf ÄBl 1988, 381, 508; *ders,* Unkorrekte Honorarabrechnung durch Ärzte und Folgeverfahren – Anmerkungen aus der Sicht der Praxis, in: Brennpunkte des Sozialrechts, 1993, S 1; *ders,* Erwiderung auf Kuhla, MedR 2003, 25 ff, 339 f; *ders/Schiller,* Wie sicher ist der „sicherste" Weg? BGH überzieht Anforderungen an die anwaltliche Beratungspflicht im Vertragsarztrecht, MedR 2007, 354 ff; *Stelzel,* Der Staatsanwalt in der Praxis, Der Chirurg, BDC 2002, M 230 ff; *J Taschke,* Die Strafbarkeit des Vertragsarztes bei der Verordnung von Rezepten, StV 2005, 161 ff; *Tiedemann,* Wirtschaftskriminalität als Problem der Gesetzgebung, in: Die Verbrechen in der Wirtschaft, 2. Aufl 1970, S 15; *Uleer/Miebach/Patt,* Abrechnung von Arzt- und Krankenhausleistungen, 1999, Erläuterungen zu § 4; *Volk,* Zum Schaden beim Abrechnungsbetrug, NJW 2000, 3385 ff; *Wasmuth,* Beschlagnahme von Patientenkarteien und Krankenscheinen im Strafverfahren wegen Abrechnungsbetrugs des Arztes, NJW 1989, 2297 ff; *Weber/Droste,* Kassenarztrechtliche Probleme bei manipulierten Honorarabrechnungen unter besonderer Berücksichtigung der Rechtsprechung, NJW 1990, 2281 ff; *Welke,* Zulässigkeit von Durchsuchungen in Arztpraxen, MedR 2008, 732.

23. Kapitel. Der Arzt im Strafrecht　　　　　　　　　　　　1, 2　§ 151

I. Begriff und empirischer Hintergrund

Der sogenannte Abrechnungsbetrug ist ein **neues,** urplötzlich Anfang der 80er Jahre　1
ins Blickfeld getretenes, rechtliches und soziales **Phänomen** des Arztstrafrechts. Frühere
Gesamtdarstellungen dieser Materie gehen auf die betrügerische Honorarabrechnung von
Ärzten gegenüber Krankenkassen zulasten der Versichertengemeinschaft nicht ein, und
auch Spezialabhandlungen zu dieser Problematik gibt es bis zum Beginn der 80er Jahre
nicht. Dies hat sich inzwischen gründlich geändert. Insbesondere der „kassenärztliche
Abrechnungsbetrug", also Honorarmanipulationen von Kassenärzten (seit 1. 1. 93: Vertragsärzten) bzw (früher beteiligten und/oder) ermächtigten Krankenhausärzten im Ersatzkassen- und RVO-Bereich (seit 1. 1. 93 einheitlich: der gesetzlichen Krankenkassen)
sind nicht nur Gegenstand einer wahren Flut von Publikationen im medizinischen und
juristischen Schrifttum, sondern haben auch Tausende von Ermittlungsverfahren (allein
im Jahre 1989: 6000, 10 Jahre später 13 476, im Jahr 2000: 17 368) ausgelöst und in vielen
Fällen zu strafgerichtlicher Verurteilung mit hohen Freiheits- und (oder) Geldstrafen
geführt.[1] Wer Mitte der 90er Jahre an eine vorübergehende „Episode", an eine „Beruhigung der Szene" dachte, hat sich gründlich geirrt. Denn es werden immer wieder neue
Fallgestaltungen von den Staatsanwaltschaften ins Visier genommen und anläßlich einer
Fachtagung des Bundeskriminalamts zum „Abrechnungsbetrug im Gesundheitswesen" am
6./7. 9. 2000 in Wiesbaden hieß es, besonders die Abrechnung von Leistungen durch Chefärzte trotz nicht erbrachter **persönlicher** Leistung müsse verfolgt werden und „jeder vermutete Missbrauch der Abrechnungsbefugnis" sei „in jedem Falle der Staatsanwaltschaft zu
melden".[2] Eine neue Welle von Ermittlungsverfahren war die Folge, so dass sich der Eindruck verstärkt, dass hier – gestützt auf eine ausschließlich formale Betrachtungsweise –
materielle Erwägungen zu kurz kommen und „die Guillotine verwendet wird, wo das
Skalpell angebracht wäre.[3]

Honorarfehlabrechnungen hat es sicherlich immer gegeben. Denn sie sind dem gelten-　2
den vertragsärztlichen Vergütungsverfahren systemimmanent. Dessen Grundlage stellt
sich, kurz skizziert, wie folgt dar: Die Ansprüche der in den gesetzlichen Krankenkassen
und Ersatzkassen Versicherten auf Gewährung ärztlicher Leistungen richten sich unmittelbar gegen die jeweiligen Kassen. Während die Kassen ihrer Verpflichtung ursprünglich
durch Verträge mit den einzelnen Ärzten nachkamen, galt bis vor kurzem ausschließlich
ein öffentlich-rechtliches Kollektivvertragsrecht, das allerdings durch §§ 73 b, c, 140 a ff
SGV V aufgeweicht bzw durchlöchert wird, indem Ärzte wiederum selbst Verträge mit
den gesetzlichen Krankenkassen schließen dürfen und von dieser Möglichkeit auch
Gebrauch machen. Vertragspartner der gesetzlichen Krankenkassen und Ersatzkassen
waren bislang allein die Kassenärztlichen Vereinigungen, die durch die im jeweiligen
Zuständigkeitsbereich tätigen Ärzte gebildet werden. Deren Aufgabe besteht ua darin, die
ärztliche Versorgung sicherzustellen, die Interessen der Vertragsärzte hinsichtlich einer
angemessenen Vergütung kassenärztlicher Leistungen gegenüber den Krankenkassen zu
vertreten und für die Verteilung der vertragsärztlichen Gesamtvergütung gemäß den ausgehandelten Vergütungsregelungen zu sorgen.[4] Das komplizierte, unübersichtliche, sich
ununterbrochen ändernde, auslegungsbedürftige und auslegungsfähige ärztliche Gebührenrecht mit mehr als 1700 Leistungspositionen (nach dem ab 1. 10. 1987 geltenden, zum
1. 1. 96 stark umgestellten, zum 1. 7. 97 und danach erneut geänderten EBM), die manchmal rückwirkend in Kraft treten oder vor ihrer Gültigkeit schon wieder aufgehoben sind,

---

[1] Siehe zum statistischen Material *Specht,* in: Arzt und Abrechnungsbetrug, 1988, S 71 ff; *Steinhilper,* in: Brennpunkte des Sozialrechts, 1993, S 3 f; *Weber/Droste* NJW 1990, 2281; *Ulsenheimer,* Arztstrafrecht in der Praxis, 4. Aufl 2008, S 530 mwN.
[2] BayÄBl 2000, 509.
[3] *Volk* NJW 2000, 3385.
[4] BGH wistra 1992, 95; § 95 Abs 3 S 1 SGB V.

– Insider sprechen von „chaotischen Rechtszuständen" (Schulin) oder einem „Wespennest ungeklärter juristischer Probleme" (Isensee) – ist ein gleichsam „idealer" Nährboden „für Irrtümer und Nachlässigkeiten, verwaltungsmäßigen Schlendrian und Unachtsamkeit",[5] Verwechslungen und Fehleintragungen, Ungenauigkeit und Unordnung bei der Leistungserfassung, aber auch für die unterschiedliche Bewertung und Zuordnung von Leistungen oder falsche Gebührenansätze infolge von Unkenntnis oder Fehlinterpretation. Diese **„Fahrlässigkeitsfälle"** müssen jedoch aus dem Abrechnungsbetrug ausgesondert, zwischen Versehen einschließlich bewusster Fahrlässigkeit und Betrug in Gestalt eines auf Täuschung und Irreführung angelegten vorsätzlichen Verhaltens muss streng unterschieden werden, damit nicht fälschlicherweise „aus dem Vermögensdelikt Betrug ein Delikt zum Schutz sozialpolitischer Allgemeininteressen und Lenkungsmechanismen" wird.[6] Denn da ein Tatbestand des „Sozialversicherungsbetrugs" nicht existiert, darf er auch nicht quasi durch die Hintertür „dem geltenden Recht durch eine verfehlte Auslegung untergeschoben werden".[7] Die Rechtsprechung ist hier gefordert, klare Grenzen zu ziehen und extensiven strafrechtlichen Verfolgungsbestrebungen Einhalt zu gebieten. Der „fragmentarische Charakter" des Strafrechts darf nicht nur auf dem Papier stehen! Deshalb sind die Kassenärztlichen Vereinigungen auch **nicht verpflichtet,**[8] jede ihnen bekannt gewordene Auffälligkeit, Unplausibilität oder jede unrichtige Abrechnung der zuständigen Staatsanwaltschaft zu melden, vielmehr liegt die Erstattung einer Strafanzeige im pflichtgemäßen Ermessen der KV, wobei nicht nur „Tat und Täterpersönlichkeit" zu würdigen, sondern auch die KV-eigenen Sanktionsmöglichkeiten zu bedenken sind. § 263 StGB erfordert Schädigungsvorsatz und die Absicht, sich oder einem anderen einen rechtswidrigen Vermögensvorteil zu verschaffen. Voraussetzung ist also stets der planmäßige, bewusste Missbrauch des auf Vertrauen gegründeten vertragsärztlichen Abrechnungssystems.

3 Dieses besteht auch gegenwärtig noch ganz darin, dass der Arzt die Erstbewertung seiner Leistungen und **Zuordnung zu einer bestimmten Gebührenziffer in eigener Verantwortung** – zunächst ohne jede fremde Kontrolle – vornimmt[9] und auch nach Einreichung der Abrechnungsunterlagen (Krankenscheine) die Kassenärztlichen Vereinigungen bzw Krankenkassen im Regelfall nur die sachlich-rechnerische Richtigkeit und Wirtschaftlichkeit der ärztlichen Leistungen überprüfen[10] (§§ 106, 106a SGB V). Die Kasse gewährt dem Arzt Sicherheit für das ihm zustehende Honorar, das die KV ausbezahlt, wobei der Vertragsarzt keinen Anspruch auf einen rechnerisch bestimmten Betrag, sondern nur auf eine gerechte Verteilung hat: die Krankenkassen entrichten an die KV's mit befreiender Wirkung sog Gesamtvergütungen (§ 85 Abs 1 SGB V), aus denen diese die Vertragsärzte entsprechend dem jeweiligen Honorarverteilungsmaßstab vergütet (§ 84 Abs 4 SGB V). Andererseits muss die Krankenkasse auf eine korrekte Abrechnung durch den Vertragsarzt vertrauen können. Auch und gerade der so in die Struktur des Vertragsarztrechts eingebundene freipraktizierende Vertragsarzt hat nicht nur um seiner selbst willen, sondern um der Bevölkerung und seinen Patienten eine leistungsfähige Krankenversorgung zu erhalten, zur Dämpfung der Kosten beizutragen und die finanzielle Leistungskraft der Krankenversicherungsträger zu wahren.[11]

4 Die durch das Gesundheitsreformgesetz von 1989 neu eingeführte **„Plausibilitätsprüfung"** (§ 106a Abs 2 SGB V), die in jedem Quartal bei einer Zufallsauswahl von Vertragsärzten nach dem **Stichprobenverfahren** anhand einer Prüfliste stattfindet, ferner die Erstellung sogenannter Tagesprofile im Einzelfall, daneben durch die Einrichtung von

---

[5] *Schreiber,* in: Arzt und Abrechnungsbetrug, 1988, S 23.
[6] *Volk* aaO 3385.
[7] *Volk* aaO 3385.
[8] Zur Kontroverse um die Meldepflicht bei Abrechnungsfehlern s Ärztezeitung v 30. 3. 2001 S 2 u 15; s auch *Rigizahn* MedR 1990, 258 f.
[9] *Schreiber* (Fn 5) S 23; s dazu auch *Ehlers,* in: FS Schüler-Springorum, 1993, S 164 f.
[10] *Hess,* in: Arzt und Abrechnungsbetrug, 1988, S 37.
[11] OVG Münster MedR 1988, 51, 53.

23. Kapitel. Der Arzt im Strafrecht

Meldestellen zur Bekämpfung von Fehlverhalten (§ 81a SGB V) bei den Krankenkassen, deren Spitzenverbänden, den KV und der KBV eine verstärkte Patienteninformation und -beratung, außerdem die freiwillig Versicherten eröffnete Möglichkeit, künftig die Erstattung statt der Sachleistung zu wählen, und der Übergang zu Fallpauschalen und Komplexgebühren haben zwar die Effektivität der Kontrolle verbessert, die strukturell bedingte Lückenhaftigkeit aber letztlich nicht beseitigt.[12] Nach wie vor befindet sich der Kassenarzt (Vertragsarzt) daher in einer besonderen Vertrauensposition,[13] nach wie vor sind die Krankenkassen, die Selbstverwaltungskörperschaften (KV) und die Versichertengemeinschaft angesichts der relativen Unkontrollierbarkeit der Abrechnungen des Vertragsarztes auf Korrektheit und Gewissenhaftigkeit seiner Leistungserfassung, dh auf wahrheitsgemäße Angaben angewiesen. Der Vertragsarzt hat deshalb bei der vierteljährlichen Einreichung seiner Abrechnungsunterlagen eine Vielzahl von Erklärungen zu unterschreiben, mit denen er die „peinlich genaue" Erfassung seiner Leistungen entsprechend den Richtlinien des Bundesausschusses der Ärzte und Krankenkassen bestätigt. Wer diese Vertrauensstellung bewusst ausnutzt, um sich oder andere auf Kosten der Versicherten zu bereichern, untergräbt nicht nur das differenzierte Leistungsvergütungssystem,[14] das unseren hohen medizinischen Versorgungsstandard garantiert, sondern zugleich damit auch die Leistungsfähigkeit der Krankenversicherungsträger und damit das ganze auf Partnerschaft beruhende System der öffentlichen Gesundheitsversorgung.

Der Abrechnungsbetrug ist daher zwar eine **berufsbezogene Straftat,** im Übrigen aber im Kernbereich – also wenn nicht nur vertragsärztliche Nebenpflichten verletzt werden bzw Interpretationsfehler vorliegen – ein „ganz normaler" Fall von *Wirtschaftskriminalität*,[15] die „durch Missbrauch von Formen und Gestaltungsmöglichkeiten des geltenden Rechts bzw des im Wirtschaftsleben erforderlichen Vertrauens" gekennzeichnet ist und „nach ihren Auswirkungen über die Schädigung von Einzelinteressen hinaus das Wirtschaftsleben oder die Wirtschaftsordnung gefährdet".[16] Die betrügerische Falschabrechnung nicht erbrachter, fiktiver Leistungen weist eine durchaus beachtliche kriminelle Energie mit hoher Sozialschädlichkeit auf und hat deshalb für den betroffenen Arzt meist existenzvernichtende, zumindest aber existenzgefährdende Folgen (s. auch unter VI.). Eine Geldstrafe kommt nämlich, wie der BGH ausdrücklich betont, bei einer sich über zahlreiche Quartale erstreckenden Falschabrechnung angesichts des groben Vertrauensmissbrauchs „nur bei Vorliegen außergewöhnlicher Umstände" in Betracht.[17] Das Besondere dieser Verfahren liegt nicht im materiellen oder formellen Recht, sondern im Täterkreis, an dem die Öffentlichkeit stets – wie auch die Kunstfehlerprozesse zeigen – ein lebhaftes Interesse hat.[18] Eine weitere, für den Anwalt als Berater des Arztes wichtige Besonderheit kommt hinzu: eine verantwortungsbewusste Verteidigung setzt fundierte materielle Kenntnisse im Straf- und Strafverfahrensrecht, aber auch im Vertragsarzt- und GOÄ-Gebührenrecht voraus, so dass im Regelfall ein Team aus dem Spezialisten im Strafrecht und dem Sachkenner des Vertragsarztrechts (Gebührenrechts) gebildet werden muss. Dies gilt insbesondere im Hinblick auf die möglichen, wahrscheinlichen oder gar sicheren Folgeverfahren des Abrechnungsbetrugs.[19]

---

[12] Vgl dazu *Hess* (Fn 10) S 38 ff; *Ehlers* aaO S 169 ff: *Gieseke*, DÄBl 2008, A 441.
[13] OVG Münster MedR 1988, 51, 53.
[14] *Hess* (Fn 10) S 35.
[15] *Lüdders,* in: Arzt und Abrechnungsbetrug, 1988, S 165.
[16] *Tiedemann,* in: Die Verbrechen in der Wirtschaft, 2. Aufl 1970, S 15.
[17] BGH wistra 1992, 296.
[18] *Steinhilper,* in: Brennpunkte des Sozialrechts, 1993, S 9.
[19] Siehe *Ulsenheimer,* Arztstrafrecht, § 14/8 f.

II. Die typischen Fallgestaltungen im Vertragsarztbereich

6 Dem „Erfindungsreichtum" des einzelnen sind bei den konkreten Abrechnungsmanipulationen naturgemäß keine Grenzen gesetzt, doch kehren bestimmte „Strickmuster" immer wieder. Im wesentlichen lassen sich abstrakt folgende fünf Fallvarianten unterscheiden:

7 (1) Abrechnung tatsächlich nicht erbrachter, also fingierter Leistungen, sog „Luftleistungen" (zB Hinzusetzen von Gebührenziffern, evtl unter Eintragung entsprechend falscher Diagnosen, oder Abrechnung von Leistungen ohne die dafür vorhandene Praxisausstattung, überhöhte Sachkostenabrechnungen, Abrechnung von Leistungen für bereits verstorbene Patienten);

8 (2) Abrechnung eindeutig nicht persönlich erbrachter und ohne Anordnung im Einzelfall nicht delegierbarer[20] Leistungen (zB Anlegung von Infusionen und Setzen von Spritzen durch das Praxispersonal in Abwesenheit des Arztes und bei Fehlen einer Vertretung);

9 (3) Abrechnung nicht vollständig erbrachter Leistungen (insbesondere von Leistungen, bei denen die Dokumentation Teil der Leistungslegende ist);

10 (4) bewusst falsche gebührenrechtliche Bewertung oder bewusst unrichtige Zuordnung erbrachter Leistungen (gewollte „Subsumtionsfehler");

Unterfälle:

11 a) „Splitting" nicht gesondert berechenbarer Leistungen (Verteilung an sich nur einmal abrechenbarer Leistungen auf mehrere Tage oder Patienten infolge von Höchstbetragsregelungen oder des Ausschlusses kumulativer Berechnung bestimmter Leistungen am gleichen Tag, Vor- und Rückdatierung von Leistungen);

12 b) Wahl der höher bewerteten Gebührenordnungs-Ziffer für die erbrachte geringerwertige Leistung: Sachkostenabrechnung für ambulante Leistung, obwohl diese stationär erfolgte;

13 c) Abrechnung einer anderen Leistung mit gleichem Gebührensatz anstelle der erbrachten zum Zwecke der Verfälschung der Prüfstatistik (zB Angabe von „Röntgen" anstatt Vornahme eines EKG, um die offensichtliche Überschreitung des Falldurchschnitts bei EKG zu vermeiden);

14 (5) Abrechnung tatsächlicher erbrachter, aber nachweisbar objektiv unwirtschaftlicher und als solche auch vom Arzt erkannter Leistungen (zB bewusste Vornahme medizinisch nicht indizierter Behandlungsmaßnahmen[21] bzw Durchführung notwendiger Maßnahmen auf bewusst unwirtschaftliche Art zum Zwecke der Erlangung eines höheren Honorars).

15 (6) Nichtberücksichtigung von Rabatten, Boni und sonstigen seitens der Lieferanten, Labors ua gewährten Vergünstigungen (der einsendende Arzt erhält zB vom Labor hierfür eine Art „Rückerstattung", was berufsrechtlich verboten ist (§ 31 MBO-Ä) oder ein Arzt bekommt für eine „unechte" Anwendungsbeobachtung von der Herstellerfirma des Präparats eine bestimmte Geldzuwendung pro ausgefüllten Bogen) bei der Abrechnung der Kosten gegenüber den Krankenkassen; oder: pauschale statt individueller, kostenabhängiger Abrechnung.[22]

---

[20] Siehe dazu BGH NStZ 1995, 85.
[21] OVG Münster NJW 07, 3300: Abrechnung medizinisch nicht gebotener Dialysebehandlungen.
[22] Vgl BGH NStZ 1994, 585 f; wistra 1992, 95 ff; 1994, 22 ff.

23. Kapitel. Der Arzt im Strafrecht   16, 17 § 151

III. Untypische Fallgestaltungen im Vertragsarztbereich

Während sich in den Fallgruppen unter II (1) bis (6) der Abrechnungsfehler auf die **16** Leistung bezieht, das Honorar dem Arzt also nicht oder nur in geringerem Umfang zusteht und darin der Schaden liegt,[23] sind die „untypischen" Fallgestaltungen dadurch charakterisiert, dass gegen bestimmte vertragsärztliche Pflichten, die der Funktionsfähigkeit des vertragsärztlichen Systems dienen, verstoßen wird.[24]

(1) Zwei Ärzte treten als Gebietsärzte gleicher Fachrichtung im Außenverhältnis als Mitglieder einer Gemeinschaftspraxis auf, während im Innenverhältnis der eine vom anderen angestellt und fachlich (nicht) weisungsgebunden ist (Beschäftigung von Scheingesellschaftern).[25] Die Liquidation erfolgt auf der Grundlage eines Behandlungsvertrages, der mit beiden Ärzten geschlossen ist, obwohl die Behandlung durch den nur angestellten Arzt gegen das Gebot der Tätigkeit „in eigener Praxis" (siehe zB § 29 Abs 3 HeilBerG NRW) verstößt und daher kein Honoraranspruch besteht.[26]

(2) Beschäftigung eines nicht genehmigten Assistenten oder Vertreters in der Praxis bei sonst absolut korrekter, fachlich qualifizierter Behandlung des Patienten.

(3) **Doppelabrechnung** einmal erbrachter Leistungen durch den Belegarzt sowohl im ambulanten als auch stationären Bereich.

(4) **Rezeptabrechnungsbetrug:** Täuschung der Kostenträger durch fingierte Rezepte im Zusammenwirken von Arzt und Apotheker.

(5) Abrechnung durch einen **Nichtarzt** (fehlende Approbation) oder Arzt, dem die zur Abrechnung erforderliche Qualifikation fehlt, ferner durch Strohmanntätigkeit.

IV. Rechtliche Würdigung

1. Die tatbestandlichen Voraussetzungen. In allen vorstehend unter II umschriebe- **17** nen typischen Fallgestaltungen sind die objektiven und subjektiven Tatbestandsvoraussetzungen des Betruges (**§ 263 StGB**) nach hL erfüllt. Der Arzt hat vierteljährlich die Behandlungsausweise der zuständigen Kassenärztlichen Vereinigung mit der Versicherung einzureichen, „dass die abgerechneten Leistungen von ihm persönlich oder auf seine Anordnung und unter seiner Aufsicht und Verantwortung von nicht-ärztlichen Hilfspersonen erbracht worden sind und die Abrechnung sachlich richtig und vollständig ist". Der Arzt, der wissentlich eine nicht oder unstreitig nicht im Sinne seiner kassenärztlichen Verpflichtung „persönlich" bzw nicht vollständig erbrachte Leistung abrechnet (Fallgruppe (1) bis (3)), Skonti und Boni nicht weitergibt (Fallgruppe (6)), seine Tätigkeit gebührenordnungsmäßig falsch subsumiert (Fallgruppe (4)) oder selbst als unwirtschaftlich qualifiziert (Fallgruppe (5)), behauptet wahrheitswidrig, „die Leistung sei nach ihren tatsächlichen Voraussetzungen geschuldet",[27] **spiegelt** daher durch **schlüssiges Verhalten**[28]

---

[23] Vgl *Volk* aaO, 3387.
[24] *Schirmer,* Ärztezeitung v 30. 3. 01, S 15.
[25] Vgl dazu OLG Koblenz MedR 2001, 144 ff.
[26] *Stein* AusR 2000, 169; vgl auch *Peikert* MedR 2000, 352 ff, 354 Fn 30, der den Vertrag als nichtig ansieht und daher die Liquidationsmöglichkeit verneint. Zur Problematik der Scheingemeinschaftspraxen s auch *Dahm,* in: Rieger, Lexikon, Nr 1780 RdNr 23 ff mwN
[27] LK-*Tiedemann,* 11. Aufl 2000, § 263 RdNr 39.
[28] *Schönke/Schröder/Cramer,* StGB, 27. Aufl. 2006, § 263 RdNr 16 c; *Fischer* StGB, 55. Aufl 2008, § 263 RdNr 12. Der BGH stellt auf den Empfängerhorizont und die Erwartungen der Beteiligten ab, die durch den „normativen Gesamtzusammenhang" der Erklärungen geprägt werden. Der Kassenarzt erklärt danach mit seiner Abrechnung, dass die abgerechnete Leistung unter die betr Gebührenziffer fällt, seine Leistung zu den kassenärztlichen Versorgungsleistungen gehört und nach dem allgemeinen Bewertungsmaßstab abgerechnet werden darf (NJW 2009, 2900 unter Hinweis auf BGH BGHR StGB § 263 Abs 1 Täuschung 12).

falsche Tatsachen vor. Diese führen bei der Kassenärztlichen Vereinigung im Rahmen ihrer Wirtschaftlichkeitsprüfung und Honorarabrechnung sowie bei den Krankenkassen im Rahmen ihrer Nachprüfung zu dem entsprechenden **Irrtum,** es sei denn, die Prüfung erfolgt allein durch den Computer (dann § 263 a StGB). Dabei liegt ein Irrtum nicht nur dann vor, „wenn der Getäuschte von der Gewißheit der behaupteten Tatsache ausgeht", sondern auch dann, wenn er die Behauptung „für wahrscheinlich hält"[29] oder annimmt, die ihm vorgelegte Abrechnung sei insgesamt „in Ordnung".[30] „Leichtgläubigkeit und Erkennbarkeit der Täuschung bei hinreichend sorgfältiger Prüfung sind dagegen für den Irrtum ohne Belang".[31]

18 Aufgrund dieses Irrtums stellt die Kassenärztliche Vereinigung den Krankenversicherungsträgern eine zu hohe Gesamtvergütung in Rechnung, womit sie irrtumsbedingt über das Vermögen ihrer ordnungsgemäß abrechnenden Mitglieder **verfügt,** die dadurch **geschädigt** werden. Der Vermögensschaden tritt also weder bei den Kassenärztlichen Vereinigungen noch bei den Krankenkassen, sondern bei den übrigen **Vertragsärzten** ein.[32] Die für die Tatbestandserfüllung maßgebende Vermögensverfügung ist nicht die Auszahlung der pauschalierten Gesamtvergütung, da insoweit kein Irrtum der Kassenmitarbeiter vorliegt. Schon mit der Vorlage der unrichtigen Behandlungsausweise und der darauf beruhenden überhöhten Gesamtforderung der Kassenärztlichen Vereinigung gegenüber den Krankenkassen ist der objektive Tatbestand des Betruges erfüllt, das Delikt **vollendet,** da in diesem Augenblick bereits eine **Vermögensgefährdung** vorliegt. Mit der Auszahlung des Gesamthonorars an die Kassenärztliche Vereinigung wird aus der Vermögensgefährdung der **effektive Schaden** der Vertragsärzte, die ordnungsgemäß abrechnen, aber infolge der Abrechnungsmanipulationen ihres(r) Kollegen weniger erhalten.[33] Die Weiterleitung der sich aus der Quartalsabrechnung ergebenden Einzelvergütung an den jeweiligen Arzt vertieft diesen Schaden – ohne Verletzung eines neuen Rechtsguts – und führt zugleich zur Erlangung des erstrebten rechtswidrigen Vermögensvorteils, so dass in diesem Zeitpunkt das Delikt **beendet** ist. Der Vermögenvorteil muss objektiv **rechtswidrig** (s RdNr 27) und **stoffgleich** sein, dh die Kehrseite des Vermögensschadens bilden. Daran fehlt es zB, wenn die ärztliche Verschreibung eines nicht indizierten Medikaments zu einer Bereicherung des **Patienten** führt, der **Schaden** der **Krankenkasse** aber darin liegt, dass sie keinen Regressanspruch gegen den Arzt geltend macht.[34] Die fünfjährige **Verjährungsfrist** für die Strafverfolgung beginnt daher erst mit der Erlangung des letzten Vermögensvorteils.[35]

19 Der Betrugs**versuch** ist gemäß § 23 Abs 1, 263 Abs 2 strafbar. Die Erschleichung der Zulassung zur Tätigkeit als Vertragsarzt ist jedoch noch eine – straflose – **Vorbereitungshandlung** für den späteren Betrug bei der Abrechnung der erbrachten Leistungen.[36]

20 In den untypischen Fallgestaltungen ist die Annahme eines **Vermögensschadens** problematisch. Denn hier wurden die Leistungen erbracht, jedoch formale Bestimmungen des Vertragsarztrechts nicht eingehalten. Nach § 95 Abs 2 SGB V, 32 b Abs 1 Ärzte-ZV darf ein Vertragsarzt lediglich einen Arzt ganztags oder zwei halbtags beschäftigen. Wer sich nicht an diese Vorschrift hält, sondern nach außen hin eine Gemeinschaftspraxis vortäuscht und die Zulassung des – in Wirklichkeit angestellten Arztes – als Vertragsarzt ermöglicht, erwirbt selbst keinen Honoraranspruch, verschafft aber auch den angestellten Ärzten kei-

---

[29] BGH wistra 1992, 95, 97.
[30] BGH MedR 2006, 721 ff = GesR 07, 77 ff.
[31] BGH wistra 1992, 95, 97.
[32] *Ulsenheimer,* Arztstrafrecht, § 14/22; *Geilen,* Hb d Fachanwalts, Kap 4 B RdNr 680; *Schroth,* in: Hb d Medizinstrafrechts, 3. Aufl, S 135; *Hellmann/Herffs,* Abrechnungsbetrug, RdNr 164 ff; *Stein* MedR 01, 124, 130.
[33] Siehe auch RdNr 24 ff.
[34] BGH NJW 04, 454, 456; *Fischer,* § 263 RdNr 109.
[35] BGH wistra 1992, 296.
[36] *Schönke/Schröder/Cramer/Perron,* StGB, 27. Aufl 2006, § 263 RdNr 141; LK-*Tiedemann,* 11. Aufl § 263 RdNr 135; BGH NJW 1994, 808 f.

23. Kapitel. Der Arzt im Strafrecht   21 § 151

nen Vergütungsanspruch, da sie nicht freiberuflich tätig sind. Damit stellt sich die Frage, ob die KV, wenn sie in Unkenntnis der wahren Verhältnisse die eigentlich nicht honorarfähigen Leistungen des angestellten Arztes bezahlt, geschädigt ist oder aber ein Schaden verneint werden muss, weil der angestellte Arzt ja bei der Behandlung des Patienten eine qualifizierte ärztliche Tätigkeit erbracht hat. Das OLG Koblenz bejaht in einem Beschwerdebeschluss gegen die Fortdauer der Untersuchungshaft (!) die objektiven Tatbestandsvoraussetzungen des Betruges gegenüber der KV: Vorspiegelung der Tatsache, dass der angestellte Arzt als Gesellschafter in die Gemeinschaftspraxis aufgenommen und dort freiberuflich tätig sei; Zulassung als Vertragsarzt und Genehmigung der Gemeinschaftspraxis aufgrund des dadurch bedingten Irrtums; Feststellung der Gesamtvergütung unter Einschluss der in der Gemeinschaftspraxis erbrachten Leistungen; dadurch Gefährdung der verwalteten Gelder und effektiver Vermögensschaden der Vertragsärzte infolge der Erstattung der von den Nicht-Vertragsärzten geforderten Honorare. Ausdrücklich hebt das OLG Koblenz hervor:[37] „Dabei steht der Annahme eines Schadens nicht entgegen, dass die Honorare für tatsächlich erbrachte Leistungen berechnet wurden und auch dann zu zahlen gewesen wären, wenn die Behandlung der Patienten durch ordnungsgemäß zugelassene Vertragsärzte erfolgt wäre. Dies beruht auf einer für den Bereich des Sozialversicherungsrechts geltenden streng formalen Betrachtungsweise, nach der eine Leistung insgesamt nicht erstattungsfähig ist, wenn sie in Teilbereichen nicht den gestellten Anforderungen genügt. Daher findet auch eine Kompensation in der Form, dass die Krankenkassen infolge der tatsächlich erbrachten Leistungen Aufwendungen erspart haben, die ihnen bei Inanspruchnahme eines anderen Arztes durch die behandelten Patienten entstanden wären, im Rahmen der Schadensberechnung nicht statt", vielmehr „muss dieser beachtliche Umstand im Rahmen der Strafzumessung" zugunsten des Angeklagten berücksichtigt werden (vgl BGH NStZ 1995, 85)."[38]

Mit dieser Argumentation ist auch bei der Verordnung eines nicht zugelassenen Arzneimittels ein **Schaden** der Krankenkasse zu bejahen, den diese im Wege des Arzneikostenregresses ersetzt verlangen kann. Denn es werden ersparte Aufwendungen nicht gegengerechnet, da der Schadensbegriff im Rahmen der Vorschriften über die Wirtschaftlichkeitsprüfung ein **normativer** ist. „Es entspricht dem Leistungsrecht der gesetzlichen Krankenversicherung, dass eine „Vorteilsausgleichung" nicht erfolgt, sofern Leistungen in Anspruch genommen bzw erbracht wurden, die – in dieser Form – nicht von der gesetzlichen Krankenversicherung hätten erbracht werden dürfen".[39]

21

Die sog. „kompensatorischen Einsparungen" betreffen die Wirtschaftlichkeit des ärztlichen Handelns im engeren Sinne, dh die Frage, ob der Arzt durch die von ihm gewählte – grundsätzlich zulässige, jedoch quantitativ über das Maß des Notwendigen hinausgehende – Behandlungsweise an anderer Stelle Kosten eingespart hat. Die Behandlung mit einem zulasten der gesetzlichen Krankenversicherung nicht verordnungsfähigen Medikament, bei der es an der Grundvoraussetzung einer Einstandspflicht der gesetzlichen Krankenversicherung fehlt, beinhaltet hingegen nicht lediglich ein – quantitatives – Mehr an einer Stelle, das durch ein – quantitatives -Weniger an anderer Stelle teilweise kompensiert wird. Es handelt sich vielmehr bei der erbrachten Leistung um ein – qualitatives – Anderes."[40] Eine andere Betrachtung würde zu dem als „systemwidrig" erachteten Ergebnis führen, dass die Krankenkasse „gleichsam durch die Hintertür" gleichwohl zur Kostenüber-

---

[37] MedR 2001, 144, 145; zum Schadensbegriff im Rahmen der Wirtschaftlichkeitsprüfung s auch LSG Schleswig-Holstein, Urteil v 9. 5. 2006, Az L 4 KA 14/04: Ausschluss der Gegenrechnung ersparter Aufwendungen.
[38] Siehe unten RdNr 50 Fall (7); zustimmend zur Auffassung des BGH *Hellmann* NStZ 1995, 232 f; *Schroth*, in: Hb d Medizinstrafrechts, 3. Aufl, S 137.
[39] LSG SH, Urteil v 9. 5. 2006, Az L 4 KA 14/04.
[40] LSG SH, Urteil v 9. 5. 2006, Az. L 4 KA 14/04. Das gilt auch für die ambulante Krankenhausbehandlung gegenüber der ambulanten Krankenbehandlung durch niedergelassene Vertragsärzte; s dazu und zur Einweisungsvergütung *Schneider* HRRS 2009, 484, 488.

nahme für ein nicht zugelassenes Arzneimittel verpflichtet wäre, weil dieses preiswerter war als das zugelassene. Dies würde der vom BSG in den zitierten Entscheidungen genannten Steuerungsfunktion widersprechen".[41]

22 Mit Recht weist *Volk* aber darauf hin, dass der Betrugsschaden ein irgendwie geartetes Leistungsdefizit voraussetzt. Wenn jedoch Art, Inhalt und Qualität der ärztlichen Leistung des angestellten Arztes vom fachlichen Standpunkt aus nicht zu beanstanden sind, „kann in der Abhängigkeit" des angestellten Arztes kein Schadenselement gesehen werden, das man „durch eine formale Betrachtungsweise verallgemeinern und auf die gesamte Leistung übertragen könnte." Anderenfalls würde man „praeter und contra legem", also unter Verstoß gegen Art 103 Abs 2 GG, § 2 Abs 1 StGB „den Sozialversicherungsbetrug als Straftatbestand" zum Schutze der „Leistungsfähigkeit" der Sozialversicherung und berufsständiger Interessen etc. **einführen**."[42] Auch *Stein* hebt in seiner Besprechung des zitierten Beschlusses des OLG Koblenz zutreffend mit eingehender Begründung hervor, dass in den Fällen, in denen die ärztliche Leistung fachlich einwandfrei, aber in berufsordnungswidriger Weise erbracht wurde, weder aufseiten der KV noch der Krankenkassen noch der anderen honorarberechtigten Ärzte aus normativer Sicht ein Schaden vorliegt.[43] Der Betrugstatbestand dürfe nicht „auf die Verletzung von nicht vermögensrelevanten Berufsordnungswidrigkeiten ausgedehnt" werden, da insoweit mit den disziplinarrechtlichen und verwaltungsrechtlichen Sanktionen ausreichende Reaktionsmöglichkeiten zur Verfügung stünden. Zuvor hatte schon *Gaidzik* die höchstrichterliche Judikatur in derartigen Fallgestaltungen gerügt, wobei er insbesondere an dem nicht veröffentlichten Urteil des LG Bochum (Urteil vom 11. 9. 1995 – 10 KLs 35 Js 169/93) deutlich macht, dass die Bejahung der „Strafbarkeit wegen bloßen Verstoßes gegen die persönliche Leistungspflicht bei ansonsten aber indizierter und durch qualifiziertes Personal medizinisch sachgerecht vorgenommener Maßnahmen" nicht überzeugen kann.[44] Denn die Annahme eines Vermögensschadens unter dieser Prämisse schaffe faktisch ein Sonderstrafrecht für den niedergelassenen (Vertrags-)Arzt, für das keine Berechtigung, aber auch keine Notwendigkeit angesichts der im Vertragsarztrecht und ärztlichen Berufsrecht vorhandenen Sanktionsmöglichkeiten bestehe.

23 Diese Auffassungen verdienen Zustimmung. Denn der Vermögens- bzw Schadensbegriff ist bei § 263 StGB ein **wirtschaftlicher,** dh die Verfügung muss zu einem objektivierbaren Vermögensminus führen. Hinzu kommt, dass die „formalistische Betrachtungsweise" eine ausschließlich rechtlich orientierte Sicht des Geschehens verlangt, obwohl im Strafrecht sonst stets die materielle, auf das Tatsächliche bezogene Betrachtung dominiert. Ein weiteres Argument gegen die rein formale sozialversicherungsrechtliche Betrachtungsweise des Vermögensschadens ergibt sich aus dem Beschluss des Bundesverfassungsgerichts vom 6. 12. 2005.[45] Danach hat der gesetzlich versicherte Patient einen Anspruch auf die Vornahme einer nicht im Leistungskatalog der gesetzlichen Krankenversicherung enthaltenen Behandlungsmethode bzw auf ein **nicht zugelassenes** und damit nicht der Erstattungspflicht der gesetzlichen Krankenversicherung unterliegendes Medikament, wenn der Patient an einer lebensbedrohlichen Erkrankung leidet, das ärztliche Vorgehen ultima ratio ist und eine nicht ganz entfernte Aussicht auf Heilung oder Besserung des Krankheitszustands besteht. Mit dem Leistungsanspruch des Versicherten in solchen Ausnahmefällen korrespondiert das Recht des Vertragsarztes, diese Behandlung zu erbringen und gegenüber seiner KV abzurechnen,[46] obwohl „rein formal" die Verordnungs- und Erstattungsfähigkeit nicht zu bejahen ist.

---

[41] LSG SH, Urteil v 9. 5. 06, Beck RS 4.
[42] *Volk* NJW 2000, 3388.
[43] MedR 2001, 124 ff, 131.
[44] wistra 1998, 329 ff, 334; s RdNr 50, Fall (8).
[45] NJW 2006, 891 ff = GesR 2006, 72 ff.
[46] *Schimmelpfeng-Schütte* GesR 2006, 529, 536.

Angesichts der massiven Kritik an der Schadensbegründung bei Schein-Gesellschaftern **24** oder auch Strohmann-Tätigkeiten hat der BGH erstmals gewisse **Mängel seiner formalisierenden Schadensbegründung** eingeräumt und die Frage aufgeworfen, ob nicht doch Einschränkungen gemacht werden müssten. In der einschlägigen Entscheidung[47] betont er zwar, es genüge für die Bejahung des Schadens die Tatsache, dass der Angeklagte „ohne kassenärztliche Zulassung nicht berechtigt" war, „an der durch die KZV erfolgten Verteilung der von den Kassen bezahlten Honorare teilzunehmen". Denn eine Kompensation mit den Behandlungskosten, die den Kassen infolge der Behandlung ihrer Patienten durch den Angeklagten möglicherweise in gleicher Höhe angefallen wären, finde bei der Schadensberechnung nicht statt, „zumal ein anderer hypothetischer Sachverhalt zu Grunde gelegt wird und offen bleiben muss, ob ein anderer Arzt die gleiche Behandlungsweise gewählt hätte". Im Anschluss daran geht der Senat aber auf abweichende Stimmen aus dem strafrechtlichen Schrifttum ein und erklärt, in Fällen der Abrechnung durch einen „Schein-Gesellschafter" möge es „tatsächlich zweifelhaft sein, ob der Irrtum der Verantwortlichen bei der KV alleine eine „Statusfrage", nicht aber die Abrechnungsvoraussetzungen betrifft und deswegen die Auszahlung des Honorars keinen Vermögensschaden begründet". Für den zu entscheidenden „Strohmann-Fall" lasse sich daraus jedoch kein Argument ableiten. Denn der Angeklagte habe nicht „zum Kreis der Anspruchsberechtigten" gehört und hätte nicht – anders als angestellte Ärzte bei Scheingesellschaften – nach einer Genehmigung durch die KV als Vertragsarzt tätig werden dürfen. Mit den Abrechnungen, „die er und der Mittäter vorgelegt haben", sei daher „nicht lediglich über berufsständige Statusfragen" getäuscht worden.

Auch das LG Lübeck hat die im Schrifttum geäußerten Bedenken aufgegriffen und **25** Abrechnungsbetrug durch einen „scheinselbstständigen" Vertragsarzt mangels Täuschungshandlung und Vermögensschaden der Krankenkasse oder der KV verneint. Wörtlich heißt es in dem rechtskräftigen Nichteröffnungsbeschluss,[48] dass „ein objektiver Betrugsschaden nicht eintritt, wenn die Krankenkassen durch die Leistung der Laborärzte von Ansprüchen der bei ihnen Versicherten befreit worden sind, weil die Patienten eine von den Krankenkassen geschuldete Leistung erhalten haben. Trotz der in der Anklage dargelegten Scheinselbstständigkeit haben die Laborärzte eine der „in freier Praxis" erbrachten gleichwertige Tätigkeit vergütet erhalten. Abschließend weist das LG Lübeck noch darauf hin, dass das LSG Niedersachsen-Bremen es für rechtlich zulässig ansieht, wenn sich ein Arzt „an einer Gemeinschaftspraxis angestelltenähnlich" beteiligt, also eine sog. „Nullbeteiligung" anstrebt.[49]

Inzwischen haben die Neuregelungen im Vertragsarztrecht die Anstellung von Ärzten erleichtert und damit deutlich gemacht, dass in derartigen Fällen „kein strafrechtllich zu würdigendes Unrecht vorliegt".[50]

In der Fallgruppe II (6) ist streitig, ob Vertragsärzte, die Röntgenkontrastmittel unmit- **26** telbar von einem pharmazeutischen Unternehmen oder über einen Großhändler beziehen, die dabei erhaltenen Vorteile (kostenlose Lieferung von Filmen, Kongressaufenthalte, Vergütungen für sog. Anwendungsbeobachtungen ua) an die Krankenkassen weitergeben müssen, um die Strafbarkeit wegen Betrugs infolge einer überhöhten Sachkostenabrechnung zu vermeiden. Die Justitiare der 8 Spitzenverbände der Krankenkassen haben am 10.11.1999 eine Garantenstellung der Vertragsärzte gegenüber den Krankenkassen bejaht und daraus die Verpflichtung abgeleitet, die Kassen über alle erhaltenen Vorteile voll-

---

[47] BGH GesR 2003, 87 ff; zustimmend Beckemper-Wegner NStZ 2003, 215; ablehnend *Schönke/Schröder/Cramer/Perron*, § 263 RdNr 112; *Grunst* NStZ 2004, 533 ff; *Idler* JuS 2004, 1037 ff; *Ellbogen-Wichmann* MedR 2007,10,14; kritisch auch *Wasserburg* NStZ 2003, 357.
[48] LG Lübeck GesR 2006, 176 ff.
[49] ArztR 2003, 221 f.
[50] *Ellbogen-Wichmann* MedR 2007, 10, 16.

umfänglich zu informieren und diese an die Kassen weiterzuleiten.[51] Eine derartige Garantenpflicht besteht mE jedoch **nicht.** Der Vertragsarzt darf zwar nur die effektiven Preise für die in der Gebührenordnung genannten Materialien in Rechnung stellen und muss daher vom Hersteller bzw Lieferanten gewährte Boni, Skonti, Rabatte, Umsatzbeteiligungen, Rückvergütungen, Bonifikationen uä mit Ausnahme von Barzahlungsrabatten weitergeben. Der Vertragsarzt muss aber beim Bezug von Kontrastmitteln weder auf die Gewährung von Vorteilen drängen noch solche aushandeln noch obliegt ihm hinsichtlich des Vermögens der Kassen eine Vermögensbetreuungspflicht.[52] Betrug durch Unterlassen setzt eine Garantenstellung voraus, für die weder im Gesetz (insbesondere nicht im gesetzlich verankerten Wirtschaftlichkeitsgebot) noch im Vertragsrecht noch im vorangegangenen Tun (Ingerenz) eine Stütze gefunden werden kann.[53] Deshalb scheidet Betrug mangels einer Offenbarungs- oder Aufklärungspflicht des Vertragsarztes gegenüber der KV auch dann aus, wenn er nach (gutgläubiger) Abgabe seiner fehlerhaften Abrechnung deren Unrichtigkeit erkennt, aber untätig bleibt und sich das Honorar auszahlen lässt.

27 Im subjektiven Bereich ist stets **Vorsatz** erforderlich, dh der Arzt muss wissen bzw zumindest für möglich halten, dass ihm der geltend gemachte Honoraranspruch nicht oder nicht in dieser Höhe zusteht, dennoch aber die Erfüllung dieses Anspruchs wollen bzw zumindest billigend in Kauf nehmen und dabei in der Absicht handeln, sich oder einen anderen auf diese Weise unrechtmäßig zu bereichern. Dabei kommt „für die Frage der Nachweisbarkeit der inneren Tatseite" den tatrichterlichen „Feststellungen zu den objektiven Umständen erhebliche Bedeutung" zu.[54] Für die Bejahung des Schädigungsvorsatzes genügt die Kenntnis der schadensbegründenden Umstände, auf deren zutreffende Wertung oder Einstufung als Vermögensschaden kommt es nicht an. Die **Bereicherungsabsicht** liegt auch dann vor, wenn es dem Arzt letztlich vor allem um eine „praktikable Abrechnung" ging.[55] Der mit der Abrechnung erstrebte **Vermögensvorteil** ist dann **rechtswidrig,** wenn die von dem Vertragsarzt erbrachte Leistung nach der vertragsärztlichen Gebührenordnung nicht abrechenbar ist.[56]

28 Zur Problematik des **Fortsetzungszusammenhangs** in derartigen Fällen vgl BGH wistra 1990, 146; wistra 1991, 177, doch ist die durch den Beschluss des Großen Senats in Strafsachen vom 3. 5. 94 (BGHSt 40, 138) eingetretene einschneidende Rechtsprechungsänderung zu beachten: Fortsetzungszusammenhang ist nur noch ausnahmsweise dann anzunehmen, wenn dies „zur sachgerechten Erfassung des verwirklichten Unrechts und der Schuld unumgänglich ist". Das ist bei § 263 StGB nicht der Fall (BGHSt aaO; *Fischer,* StGB, 55. Aufl 2008, vor § 52 RdNr 47 ff), so dass bei ärztlichem Abrechnungsbetrug jede unrichtige Quartalsabrechnung eine **selbstständige Einzeltat** darstellt.[57]

Reicht ein Arzt Verordnungen zur Abrechnung bei der Krankenkasse ein, obwohl er die entsprechenden Behandlungsmaßnahmen nicht vorgenommen hatte, kann ein gewerbsmäßiger Abrechnungsbetrug vorliegen (§ 263 Abs 1 und 3 Nr 1 StGB), wenn er die Absicht hatte, sich in Zukunft durch wiederholte Tatbegehung eine fortlaufende Einnahmequelle zu verschaffen.[58]

---

[51] So auch OLG Hamm MedR 05, 236 ff: Garantenpflicht folgt aus dem Wirtschaftlichkeitsgebot und vorausgegangenem pflichtwidrigem Tun (Ingerenz), da Vertragsärzte keinerlei Vergütungen von Händlern annehmen dürfen. Geschieht dies dennoch, müssen die Fakten offen gelegt werden. Außerdem hat das OLG Hamm in dieser Entscheidung *Untreue* bejaht (s § 153 RdNr 13); zustimmend *Schroth* aaO S 140.

[52] Siehe dazu unten § 153 RdNr 14.

[53] Näher dazu *Ulsenheimer,* Arztstrafrecht, § 14/29 und 30.

[54] BGH NStZ 1994, 585, 586; wistra 1994, 22, 23; wistra 1992, 95.

[55] BGH wistra 1992, 95, 97.

[56] BVerfG NJW 1998, 810 = NStZ 98, 29; BGH NStZ 1993, 388; *Lackner/Kühl,* § 263 RdNr 61.

[57] Wichtig für den Verjährungsbeginn, s auch BGH wistra 1992, 253, 296; BGHSt 36, 320; 37, 45, 47; BGHR StGB vor § 1 f ff Gesamtvorsatz 10 und 17.

[58] LG Münster GesR 2008, 246 betr einen Ergotherapeuten.

23. Kapitel. Der Arzt im Strafrecht

2. Beweisprobleme. In den Fallgruppen II (2) und (3) bei nicht persönlich bzw nicht vollständig erbrachten Leistungen, (4) bei falscher gebührenrechtlicher Subsumtion erbrachter Leistungen und (5) bei Abrechnung unwirtschaftlicher Leistungen sowie III (1) und (2) gibt es eine Fülle von Grenz- und Zweifelsfragen, die zwischen den Beteiligten – Vertragsärzten, Krankenversicherungsträgern und Kassenärztlichen Vereinigungen – oftmals zu erheblichen Auslegungsdifferenzen führen. An den Nachweis des **subjektiven** Tatbestandes (Vorsatz und Bereicherungsabsicht) sind daher in solchen Fällen **strenge** Anforderungen zu stellen. Der Arzt, der zB von der Delegierbarkeit bestimmter Leistungen ausgeht, aufgrund einer irrigen bzw abweichenden Auslegung einer Gebührenziffer die erbrachte Leistung für berechnungsfähig hält oder für eine bestimmte – objektiv unwirtschaftliche – Behandlungsmaßnahme eine plausible Erklärung hat, handelt nicht vorsätzlich. Auch in den Fällen, in denen medizinisch indizierte Leistungen erbracht wurden, aber aus Gründen des Vertragsarztrechts nicht abgerechnet werden dürfen, erscheint bei Bejahung eines Vermögensschadens die Annahme eines – auch nur bedingten – Schädigungsvorsatzes überaus zweifelhaft. Der Vertragsarzt wird zwar den vertragsärztlichen Pflichtverstoß kennen, doch bedeutet dies nicht, dass er den Eintritt eines Vermögensschadens billigend in Kauf nimmt, vielmehr ist die Annahme einer Kompensation durch Ersparnis der Aufwendungen für die erbrachten Leistungen anderenorts und damit die fehlende Vorstellung von einer Schädigung sehr viel näherliegend. Die Rechtsprechung will diesen Aspekt lediglich bei der Strafzumessung zugunsten des Täters werten, doch gehört er schon in die Prüfung des **subjektiven** Tatbestandes des § 263 StGB. Wenn der Arzt dagegen mehr oder weniger „gegriffene" Werte in die Abrechnung seiner Sachkosten einsetzt, wenn er systematisch täuschend vorgeht, entsprechende organisatorische, auf Verdeckung abzielende Anweisungen gibt, sich bestimmte Fehler bei der Abrechnung häufig wiederholen, spricht viel für die Annahme eines dolus eventualis.[59] Umgekehrt bedeutet eine geringe Fehlerquote (1 %) ein Indiz gegen die Annahme von Betrugsvorsatz.

Da im Strafprozessrecht uneingeschränkt der Grundsatz in dubio pro reo gilt, wird mit Ausnahme der Fallgestaltung (1) in den meisten anderen Fallgruppen regelmäßig die Strafbarkeit wegen Abrechnungsbetruges am Nachweis des Vorsatzes auf Schwierigkeiten stoßen. Dies gilt insbesondere auch für die Anwendbarkeit des § 263 StGB bei **unwirtschaftlichem Verhalten** des Arztes. „Unwirtschaftlichkeit ist kein Betrug",[60] sondern führt bei fehlendem Vorsatz zu Honorarkürzung und Regress, bei Uneinsichtigkeit (aber Gutgläubigkeit) allerdings auch zu Disziplinarmaßnahmen bis hin zum Entzug der Kassenzulassung. Wer trotz aller dieser Maßnahmen sein unwirtschaftliches Therapieren nicht einstellt, unterliegt einer permanenten Wirtschaftlichkeitsprüfung, begeht aber keinen Betrug, da er nicht über die Wirtschaftlichkeit seiner Behandlungsweise täuscht.[61] Wer zur forensischen Absicherung mehr Untersuchungen als nötig durchführt oder ein Zuviel an Leistungen erbringt, handelt verständlich im Sinne einer „defensiven Medizin" und macht sich daher nicht strafbar.[62]

Dasselbe gilt bei vertretbaren **Bewertungs- und Auslegungsdifferenzen.** Hält der Arzt seine gebührenrechtliche Zuordnung der erbrachten Leistung oder seine Interpretation der Leistungslegende für richtig, liegt weder Betrugsvorsatz noch Täuschungsabsicht vor, und zwar auch dann nicht, wenn der Arzt weiß, dass es andere Meinungen gibt und die Kassenärztliche Vereinigung oder die Krankenkassen anderer Ansicht sind.[63] Denn die abwei-

---

[59] BGH NStZ 1994, 585 f; LK-*Tiedemann*, § 263 RdNr 269; *Ulsenheimer,* Arztrecht, § 14/24; *Stelzel,* BDC-Informationen 02, M 230 ff.
[60] *Nadolny,* in: Arzt und Abrechnungsbetrug, 1988, S 135.
[61] *Hess,* in: Arzt und Abrechnungsbetrug, 1988, S 46; *Ehlers* aaO S 166; s auch BGH MedR 1992, 36, 39; aA *Zeihe,* in: Arzt und Abrechnungsbetrug, 1988, S 47).
[62] Vgl im Einzelnen *Goetze,* Arzthaftungsrecht und kassenärztliches Wirtschaftlichkeitsgebot, 1989, S 169 ff.
[63] So *Broglie,* in: Arzt und Abrechnungsbetrug, S 124; s auch OLG Hamm NStZ 1997, 130, 131.

chende Rechtsauffassung des Arztes bedeutet ja, dass er weder eine falsche Tatsache behaupten noch einen Schaden herbeiführen will oder sich etwa damit innerlich abfindet. Der betreffende Kassenarzt erklärt, dass er auf Grund seiner Tätigkeit einen bestimmten, sich aus der Gebührenordnung seiner Ansicht nach ergebenden Honoraranspruch hat, und diese Erklärung stimmt mit der Wirklichkeit überein.Die Geltendmachung einer Forderung ist kein Tatsachenvortrag, sondern die Äußerung einer **Rechtsansicht**.[64] Außerdem ist die rechtliche Beurteilung einer ärztlichen Leistung ein **Werturteil** und keine Tatsachenbehauptung, so dass schon der objektive Tatbestand des Betrugs entfällt. Eine sozialrechtliche Verpflichtung, „die Kassenärztliche Vereinigung über die materielle Zweifelhaftigkeit seiner Abrechnungsforderung aufzuklären",[65] ergibt sich weder aus dem Gesetz noch aus einer praktischen Notwendigkeit, da derartige Fälle den Prüfgremien der Kassenärztlichen Vereinigung normalerweise bekannt und gegebenfalls von den Sozialgerichten entschieden werden. Allerdings vermeidet der Arzt mit einem entsprechenden Hinweis oder Vorbehalt schon den Anschein bzw Verdacht einer Täuschung und damit von Anfang an Mißtrauen und Zwangsmaßnahmen.

32 Keine **Täuschungshandlung** des Vertragsarztes gegenüber Krankenkasse und Apotheker liegt in den Fällen vor, in denen der Arzt dem Patienten medizinisch nicht notwendige Leistungen verschreibt und dieser die ärztlichen Verordnungen beim Apotheker einreicht.[66] Der Apotheker gibt die Rezepte zwar an die Krankenkasse guten Glaubens weiter, doch prüfen deren Mitarbeiter nach dem Recht der gesetzlichen Krankenversicherung grundsätzlich nicht die medizinische Indikation der Behandlung, so dass ein Irrtum ausscheidet. Dasselbe gilt auch für den Apotheker, da er keine „Kontrollinstanz" für ärztliche Verordnungen ist.[67] Mit Recht betonte der BGH: „Ob die Leistungen notwendig im Sinne des § 12 Abs 1 SGB V sind, haben die Apotheker grundsätzlich nicht zu prüfen".[68] Ob etwas anderes gilt, wenn der Missbrauch der kassenärztlichen Verordnung durch den Vertragsarzt offensichtlich ist, hat der Senat offen gelassen.[69]

33 Beweisprobleme stellen sich oftmals auch bei der Prüfung des Tatbestandsmerkmals „**Irrtumserregung**" ein. Doch hilft die Judikatur hier der Beweisführung in zweifacher Weise: Der jeweilige Mitarbeiter der KV, die die Vermögensverfügung trifft, muss **keine positive** Vorstellung über die Höhe der ihm vorgelegten ärztlichen Abrechnung haben,[70] da dies „jedenfalls bei dem – hier gegebenen – standardisierten, auf Massenerledigung angelegten Abrechnungsverfahren" die Grenzen des Erforderlichen sprengen würde. Es genügt vielmehr, dass die Bearbeiter der KV aufgrund des den Vertragsärzten entgegengebrachten Vertrauens stillschweigend davon ausgehen (dürfen), „dass Prüfungsgegenstand nur tatsächlich erbrachte Leistungen und angefallene Kosten sind" und deshalb die Abrechnung im ganzen ordnungsgemäß ist.[71]

34 Falls der Sachbearbeiter der KV die Auszahlungen aber trotz eines – vielleicht noch relativ vagen – **Verdachts der Falschabrechnung** vornimmt, beruht seine Vermögensverfügung auf einem Irrtum. Denn auch der **Zweifelnde irrt,** solange er die Wahrheit der behaupteten Tatsachen noch für möglich hält. Ein tatbestandsmäßiger Irrtum scheidet erst dann aus, wenn der Sachbearbeiter die ihm vorgespiegelte Tatsache zwar für möglich hält, jedoch für ihn die Frage des Wahrheitsgehalts keine Rolle spielt und er deshalb die Vermögensverfügung unabhängig von der Wahrheit der Tatsache trifft. Für die Tatbestandsmäßigkeit ist es deshalb unerheblich, ob der oder die Entscheidungsträger der KV (KZV) bei sorgfältiger Prüfung die Täuschung hätten erkennen können; „denn selbst

---

[64] *Dahm,* in: *Rieger* (Hrsg), Lexikon des Arztrechts, Nr 1780: Falschabrechnung, RdNr 25 ff.
[65] So *Theyssen,* in: Arzt und Abrechnungsbetrug, 1988, S 108 f.
[66] BGH NJW 2004, 454 ff = GesR 2004, 129; *Schönke/Schröder/Cramer/Perron,* § 263 RdNr 16 c.
[67] *Schimmelpfeng-Schütte* GesR 2006, 529, 537.
[68] BGH NJW 2004, 454, 456.
[69] NJW 2004, 454, 456.
[70] BGH MedR 2006, 271, 274.
[71] BGH MedR 2006, 721, 724.

leichtfertige Opfer werden durch das Strafrecht geschützt". Solange das Opfer noch „die Wahrheit der behaupteten Tatsachen für möglich hält und deswegen die Vermögensverfügung trifft, also trotz seiner Zweifel, seien sie auch noch so erheblich, der List des Täters zum Opfer fällt",[72] solange ist eine **irrtumsbedingte Vermögensverfügung** zu bejahen.

V. Abrechnungsbetrug im GOÄ-Liquidationsbereich

Vorwürfe wegen Abrechnungsbetrugs werden nicht nur gegen niedergelassene Vertragsärzte, sondern auch gegen **Klinikärzte** (Chefärzte, Ärztliche Direktoren) erhoben, die aufgrund des ihnen eingeräumten **Liquidationsrechts** ihre Leistungen gesondert – neben den allgemeinen Krankenhausleistungen – auf der Grundlage der GOÄ in Rechnung stellen dürfen. In den meisten der hier einschlägigen Fälle geht es weniger um die Abrechnung bestimmter Gebührenziffern der GOÄ und deren Auslegung als vielmehr um das strukturelle Problem, dass nur ein liquidationsberechtigter Arzt (Chefarzt, Leitender Arzt) in einer Klinik vorhanden ist, aber eine so große Zahl von Privatversicherten (Selbstzahlern) dessen persönliche Behandlung wünscht, dass er sie unmöglich „eigenhändig" erbringen kann, sondern auf den Einsatz von „Vertretern" angewiesen ist.

Bezüglich der Wirksamkeit und des Umfangs solcher Stellvertretervereinbarungen herrschen im **Zivilrecht** unterschiedliche Rechtsauffassungen. Strittig ist zB die Frage der Zulässigkeit des Einsatzes **mehrerer** „ständiger ärztlicher Vertreter" im Sinne des § 4 Abs 2 Satz 3 GOÄ. Kontrovers waren bis zur Entscheidung des BGH vom 20.12.2007[73] auch die rechtlichen Voraussetzungen für formularmäßige und individuelle Stellvertretervereinbarungen in den Fällen voraussehbarer bzw nicht voraussehbarer Verhinderung des liquidationsberechtigten Arztes. Diese ausschließlich auf zivilrechtlichem Gebiet liegenden Streitfragen haben je nach Standpunkt dazu geführt, dass bei der **Leistungserbringung durch Stellvertreter** in vielen Fällen die Unwirksamkeit der getroffenen Vereinbarung geltend gemacht und im Falle der Rechnungsstellung ein Betrugsvorwurf mit der Begründung erhoben wurde, hier werde wahrheitswidrig eine Forderung behauptet und im Falle der Begleichung durch den Patienten oder dessen Krankenversicherung ein Schaden herbeigeführt. Im Vergleich mit dem niedergelassenen Bereich waren und sind diese Betrugsverfahren deutlich seltener, aber man kann sie auch nicht als singuläre Einzelfälle abtun.

In der Sache selbst ist aus rechtlicher Sicht zu einzelnen Tatbestandsmerkmalen des § 263 StGB auszuführen: Wie schon die einleitenden Bemerkungen zeigen, hängt die Frage, welche rechtlichen Voraussetzungen für den Honoraranspruch des liquidationsberechtigten Arztes gegenüber seinem Patienten gegeben sein müssen, ausschließlich vom bürgerlichen Recht, den einschlägigen Bestimmungen der Bundespflegesatzverordnung und der GOÄ ab. Es geht somit im wesentlichen um **Rechtsansichten, nicht** aber um **Tatsachenbehauptungen.** Wenn also ein Chefarzt seinem Privatpatienten eine Rechnung schickt oder durch einen Abrechnungsservice zusenden lässt, äußert er mit deren Vorlage seine (Rechts-)Meinung, **nicht** aber deren Richtigkeit als **Tatsache** im Sinne des § 263 StGB. Zutreffend heißt es deshalb in einer Einstellungsverfügung der Staatsanwaltschaft Saarbrücken vom 10.6.2002:[74] „Die Behauptung, es bestehe ein Honoraranspruch, weil eine Leistung die Voraussetzungen einer Bestimmung der GOÄ erfülle, bezieht sich grundsätzlich auf ein Rechtsverhältnis, das keine Tatsache bedeutet". Wenn aber völlig eindeutige, klare Vorschriften der GOÄ übertreten werden, eine Dokumentation bewusst wahrheitswidrig unrichtige tatsächliche Angaben enthält oder nachträglich verfälscht wird, kommt außer einem Urkundsdelikt eine Täuschungshandlung durch unrichtige Tatsachenbehauptung und damit § 263 StGB in Betracht.[75] Solange dagegen die GOÄ

---

[72] BGH GesR 2003, 87, 88 f = NJW 2003, 1198, 1200.
[73] MedR 2008, 155 ff
[74] Az 33 Js 319/97.
[75] BGH GesR 2008, 246.

Auslegungsspielräume – wie oftmals in den hier einschlägigen Fällen – zulässt, die vom liquidationsberechtigten Arzt eingenommene Rechtsansicht also vertretbar ist, solange kann das Beharren auf dem gegenüber der Krankenversicherung oder dem Patienten abweichenden Rechtsstandpunkt des Arztes nicht als Vorspiegelung falscher bzw Unterdrückung wahrer Tatsachen gewertet werden.[76]

38 Darüber hinaus scheidet bei den Privatpatienten, denen formularmäßig oder individuell der mögliche Einsatz eines anderen Facharztes (als des liquidationsberechtigten Chefs) mitgeteilt wurde, ein **Irrtum** aus. Ob diese Vereinbarung wirksam ist oder nicht, kann strafrechtlich dahingestellt bleiben. Denn jedenfalls weiß der Patient auch im Falle einer **unwirksamen Stellvertreterregelung,** dass sein Anspruch auf das Tätigwerden des liquidationsberechtigten Arztes nicht von diesem, sondern an seiner Stelle von einem anderen Arzt erfüllt wird, der allerdings ein „qualitatives Mehr" gegenüber der allgemeinen Krankenhausbehandlung bieten, also **Expertenqualität** haben muss. Stimmt der Patient durch Abschluss einer Vereinbarung dieser Vorgehensweise zu, ist er „voll im Bilde" und ein Irrtum darüber, wer ihn behandelt, ausgeschlossen. Für das Strafrecht ist maßgebend, dass der Patient bei Vertragsabschluss hinreichend deutlich auf die Möglichkeit hingewiesen worden ist, dass sich der Arzt ggf. vertreten lassen will. Worüber der Patient aufgeklärt worden ist, darüber kann er nicht getäuscht werden[77] und irren.

39 In den Fällen, in denen der **ständige ärztliche Vertreter** die Leistung erbracht hat oder ein anderer Facharzt aufgrund einer individuellen Stellvertretervereinbarung mit dem Patienten tätig geworden ist, besteht bei Einhaltung der vom BGH in der Entscheidung vom 20.12.2007 formulierten Bedingungen[78] ein rechtswirksamer Honoraranspruch.[79] Mit Recht hat deshalb die Staatsanwaltschaft München I in ihrer Einstellungsverfügung vom 9.10.2002[80] sowie der BGH in seiner vorgenannten Entscheidung jegliche restriktive Auslegung der Vertretungsmöglichkeiten zurückgewiesen. Im Falle seiner Verhinderung darf der Wahlarzt die Ausführung auch der Kernleistungen auf einen Stellvertreter übertragen, „sofern er mit dem Patienten eine entsprechende Vereinbarung wirksam getroffen hat".

40 Die Gebührenordnung für Ärzte schließt solche Vereinbarungen nicht aus, vielmehr ergibt der Umkehrschluss aus § 2 Abs 3 Satz 2, § 4 Abs 2 Satz 3 und § 5 Abs 5 GOÄ, „dass der Wahlarzt unter Berücksichtigung der darin bestimmten Beschränkungen des Gebührenanspruchs Honorar auch für Leistungen verlangen kann, deren Erbringung er nach Maßgabe des allgemeinen Vertragsrechts wirksam einem Vertreter übertragen hat". Der Verordnungsgeber wollte mit § 4 Abs 2 Satz 3 GOÄ die Vertretungsmöglichkeiten nur für die darin bestimmten einzelnen Leistungen auf den ständigen ärztlichen Vertreter des Wahlarztes beschränken. In allen anderen Fällen sollte „eine weitergehende Vertretung durch jeden beliebigen Arzt in den Grenzen des Vertragsrechts zulässig" sein.[81] Nur diese Auffassung entspricht auch den tatsächlichen Gegebenheiten in großen Kliniken, in denen sich gerade auf operativem Gebiet oder bei der Durchführung ganz spezieller Eingriffe unter den Ärzten besondere Experten herausgebildet haben und deshalb die höchste Kompetenz an Stelle des Wahlarztes dem Patienten bieten können. Mit der Ausübung seines Wahlrechts kann sich der Patient diesen höchsten Standard sichern, so dass die Vertretervereinbarung seinen Interessen voll gerecht wird.[82] „Leistungsstandards im Krankenhaus sind nicht an die Person des Chefarztes, sondern an die Routine und Spezialisierung

---

[76] Ebenso StA Saarbrücken, Einstellungsverfügung v 10.6.2002, Az 33 Js 319/97, 4; *Ulsenheimer,* Arztstrafrecht in der Praxis, 4. Aufl 2008, § 14 RdNr 43 ff mwN.
[77] StA Saarbrücken, aaO, 101, 102.
[78] MedR 2008, 155 ff.
[79] *Biermann/Ulsenheimer/Weissauer* MedR 2000, 107 ff; NJW 2001, 3366 ff; ausführlich zur Rechtmäßigkeit der Vertreterlösung *Schulte/Eberz* MedR 2003, 388 ff.
[80] Az 318 Js 47846/01.
[81] BGH MedR 2008, 155, 156.
[82] So auch StA München I, aaO, 6.

bestimmter Fachärzte/Oberärzte gebunden", wobei dieser „Spezialisten-Standard" über den allgemein vorgeschriebenen „Facharztstandard" hinausgeht.[83] Vor diesem Hintergrund ist **nicht** ersichtlich, warum der Patient in derartigen Fallkonstellationen, in denen er Expertenqualität erhalten hat, **geschädigt** worden sein soll.[84]

Darüber hinaus fehlt in den Fällen der Leistungserbringung durch Vertreter des Wahlarztes der **Vorsatz**, einen Vermögensschaden herbeizuführen, und die Absicht, sich einen **rechtswidrigen** Vermögensvorteil zu verschaffen. Denn wenn der liquidationsberechtigte Arzt seinen Honoraranspruch für begründet erachtet, dieser aber tatsächlich nicht begründet ist, liegt ein **Tatbestandsirrtum** bezüglich des Merkmals „Vermögensschaden" und bezüglich der „Rechtswidrigkeit" des Vermögensvorteils vor, der nach § 16 Abs 1 StGB den Vorsatz und damit die Strafbarkeit wegen Betrugs ausschließt.[85] 41

VI. Sonstige Tatbestände

Ergänzend sei lediglich darauf hingewiesen, dass bei ärztlicher Falschabrechnung auch die Straftatbestände der Untreue (§ 266 StGB) – siehe dazu die Ausführungen unter § 153 – der Urkundenfälschung (§ 267 StGB) sowie der Ausstellung falscher Gesundheitszeugnisse (§§ 278, 279 StGB) in Betracht kommen. 42

VII. Prozessuale Fragen

1. Der „Anfangsverdacht": Die Staatsanwaltschaft darf nur dann ein Ermittlungsverfahren wegen Abrechnungsbetrugs einleiten, wenn hierfür „**zureichende tatsächliche Anhaltspunkte** vorliegen" (§ 152 Abs 2 StPO). Dieser sogenannte „Anfangsverdacht" muss weder dringend (im Sinne der §§ 111a, 112 StPO) noch hinreichend (im Sinne des § 203 StPO) sein,[86] andererseits aber mehr als nur eine bloße Vermutung oder kriminalistische Hypothese. Da das strafrechtliche Ermittlungsverfahren auf Grund angeblicher Abrechnungsmanipulationen nicht der Klärung und Durchsetzung von Honorarrückforderungen der Kassenärztlichen Vereinigung bzw der Krankenkassen gegen den Arzt dient, darf die Staatsanwaltschaft nur einschreiten, wenn sowohl für den objektiven als auch für den subjektiven Tatbestand des Abrechnungsbetrugs konkrete, durch Tatsachen substantiierte und nach kriminalistischer Erfahrung begründete Anhaltspunkte vorliegen.[87] Für die Durchführung eines Ermittlungsverfahrens ist ein „verfahrensträchtiger" Verdacht erforderlich, wozu „auch eine rechtliche Schlüssigkeitsprüfung gehört".[88] Sog Vorfeldermittlungen sind unzulässig. Nicht jede objektiv fehlerhafte Abrechnung begründet also schon den „Anfangsverdacht" iSd § 152 Abs 2 StPO, da jedem Abrechnungs- oder (und) Interpretationsfehler unterlaufen können, ohne dass dies „in böser Absicht" geschieht. Insoweit hat die Staatsanwaltschaft keinen Ermessens-, sondern nur einen gewissen Beurteilungsspielraum,[89] bei dessen Überschreiten die Aufnahme und (oder) Fortsetzung von Ermittlungshandlungen rechtswidrig ist. 43

2. Durchsuchung und Beschlagnahme. Die Durchsuchung von Praxisräumen, Durchsicht von Krankenscheinen und Beschlagnahme von Patientenunterlagen sind die strafprozessualen Zwangsmaßnahmen, die die Staatsanwaltschaft zur Erlangung und Sicherstellung von Beweisen in Fällen der vorliegenden Art regelmäßig vornimmt, 44

---

[83] StA München I, aaO, 6.
[84] So mit Recht *Schulte/Eberz* MedR 2003, 388, 390 ff.
[85] *Schönke/Schröder/Cramer/Perron*, § 263 RdNr 175; BGHSt 3, 99; BGH wistra 1992, 95.
[86] OLG München NStZ 1985, 549; *Meyer-Goßner* StPO, 49. Aufl 2006, § 152 Anm 4.
[87] Vgl *Roxin*, Strafverfahrensrecht, 25. Aufl 1998, § 37 RdNr 13; *Meyer-Goßner*, § 152 RdNr 4; *Theyssen* (Fn 63) S 113, 114; BVerfGE 44, 353, 381.
[88] *Roxin* aaO § 37 RdNr 13.
[89] OLG München NStZ 1985, 549; BGH NJW 1979, 1543.

wenn der beschuldigte Arzt die gewünschten Unterlagen nicht freiwillig herausgibt.[90] Der Einsatz dieser Machtmittel ist – allerdings **nur bei Vorliegen** eines im vorstehend beschriebenen Sinne konkretisierten (Anfangs-)Verdachts, **nicht** zu dessen **Begründung** – gem §§ 94, 95, 97, 98, 102, 103 StPO zulässig.[91]

45 Die ärztliche Schweigepflicht steht der Beschlagnahme der Patientenkartei, Krankenscheine ua nur entgegen, wenn der Arzt **Zeuge** ist, nicht aber, wenn sich das Ermittlungsverfahren gegen ihn selbst als **Beschuldigten** richtet. Auch das Bundesverfassungsgericht hat diese in Judikatur und Lehre herrschende Auffassung anerkannt, allerdings betont, dass die Effektivität der Strafverfolgung nur bei Beachtung des Grundsatzes der Verhältnismäßigkeit den Vorrang vor dem Geheimhaltungsinteresse des Patienten (Anspruch auf Schutz seiner Privatsphäre) habe.[92] Denn „ärztliche Karteikarten (Krankenblätter) betreffen mit ihren Angaben über Anamnese, Diagnose und therapeutische Maßnahmen zwar nicht die unantastbare Intimsphäre, wohl aber den privaten Bereich des Patienten", so dass die Patientenpapiere „dem Zugriff der öffentlichen Gewalt grundsätzlich entzogen" sind.[93] Die strafprozessualen Aufklärungsmöglichkeiten der Staatsanwaltschaft sind also im Interesse des Schutzes des Patienten gegen eine unbegrenzte Weitergabe seiner persönlichen Daten insofern eingeschränkt, als Verletzungen des Geheimnisschutzes **nur soweit zwingend erforderlich** vorgenommen werden dürfen und jeder übermäßige Eingriff in diesen sensiblen Bereich unzulässig ist. „Das Wissen um die grundsätzlich der ärztlichen Schweigepflicht unterfallenden Tatsachen" muss „auf den Kreis der unmittelbar am Verfahren Beteiligten" begrenzt bleiben.[94] Dies bedeutet praktisch: Einsichtsmöglichkeit in die Unterlagen nur für die unmittelbar mit den Ermittlungen befassten Beamten, Sicherung vor Missbrauch, Ausschluss der Öffentlichkeit in der mündlichen Verhandlung vor Gericht gem § 172 Nr 2 GVG bei Erörterung ärztlicher Aufzeichnungen.[95] Unter Abwägung der berechtigten Belange des Betroffenen und dem öffentlichen Interesse an einer wirksamen Strafverfolgung darf die Staatsanwaltschaft **Sachverständige,** auch aus dem Lager der geschädigten Krankenkasse, zu Durchsuchungen hinzuziehen. Mitarbeiter der Kassenärztlichen Vereinigungen und der Krankenkassen haben oft eine große Sachkenntnis und bedeuten daher eine unverzichtbare Erkenntnisquelle für effektive Ermittlungen,[96] die dadurch im Übrigen zeitlich verkürzt werden können.

46 Bei Beachtung dieser Grundsätze ist auch die Beschlagnahme der ärztlichen Abrechnungsunterlagen bei den Krankenkassen und Kassenärztlichen Vereinigungen gem §§ 69 Abs 1 Nr 1, 76 SGB X sowie deren Durchsuchung im Falle des Verdachts des Abrechnungsbetrugs durch Ärzte zulässig.[97] Ob die unverhältnismäßige Beschlagnahme zu einem **Verwertungsverbot** führt, ist davon abhängig, ob der Rechtskreis des Arztes in unangemessener Weise beeinträchtigt wurde. Die Verletzung der Geheimhaltungsinteressen des Patienten begründet kein Verwertungsverbot.[98] Denn „unverhältnismäßig ist der mit einer

---

[90] Vgl hierzu *Feigen* MedR 1988, 284; *Wasmuth,* Beschlagnahme von Krankenunterlagen im Strafverfahren gegen den Arzt, in: *Roxin/Schroth* (Hrsg), Medizinstrafrecht, 2000, S 351 ff.

[91] *Loewe/Rosenberg/Schäfer,* 24. Aufl 1984 ff, § 97 RdNr 14; *Meyer-Goßner* § 97 RdNr 4; *Roxin* aaO § 34 RdNr 12; *Seibert* NStZ 1987, 398; *Theyssen* (Fn 63) S 112; OLG Celle NJW 1965, 362; LG Koblenz NJW 1983, 2100; LG Hildesheim NStZ 1982, 394; LG Bochum NJW 1988, 1533; aA *Bandisch,* Arzt und Abrechnungsbetrug, 1988, S 186; *Schumann,* Westfälisches ÄBl 1987, 127 ff; LG Hamburg NJW 1990, 780.

[92] BVerfG NJW 1972, 1123; NJW 1975, 1691; NJW 1977, 1489; MedR 2008, 288, 289. Das BVerfG verlangt eine genaue Prüfung der Eingriffsvoraussetzungen, ein schonendes Vorgehen und die strikte Beachtung des Grundsatzes der Verhältnismäßigkeit bei der Durchsuchung.

[93] BVerfG NJW 1972, 1123; s auch BGH NJW 1992, 763 ff.

[94] BVerfG NJW 1972, 1123.

[95] *Wasmuth* NJW 1989, 2301; *Mahnkopf/Funk* NStZ 2001, 522.

[96] *Mahnkopf/Funk* NStZ 2001, 519, 523 ff.

[97] *Seibert* NStZ 1987, 399; LG Wuppertal NJW 1992, 770 ff; aA *Theyssen* (Fn 63) S 118.

[98] *Wasmuth* aaO S 361.

Beschlagnahme zu Beweiszwecken verbundene Eingriff in das Persönlichkeitsrecht des Betroffenen nur dann, wenn diesem gegenüber den Bedürfnissen einer nach dem Rechtsstaatsprinzip gebotenen wirksamen Strafverfolgung und Verbrechensbekämpfung das größere Gewicht zukommt".[99]

3. Probleme der Sachverhaltsermittlung und Schadensfeststellung. Bei Abrechnungsmanipulationen der hier erörterten Art gestalten sich die Sachverhaltsermittlungen für Staatsanwaltschaft und Gericht meist **zeitraubend und schwierig**, da die Tatmodalitäten und die Zahl der Falschabrechnungen „oftmals nur schwer und mit außerordentlichem Aufwand feststellbar sind".[100] Die Justizbehörden begnügen sich daher häufig mit „Mindestfeststellungen" und beschränken die Ermittlungen bzw die Beweisaufnahme auf bestimmte Gebührenziffern, Quartale und Zeugen. Der BGH hat dieses Vorgehen ausdrücklich gebilligt, da „für die Erfassung des Schuldgehalts von Betrugstaten eines Arztes nicht allein die Schadenshöhe maßgebend ist, sondern in erster Linie die aufgewandte kriminelle Energie, das Ausmaß des Vertrauensbruchs und die Dauer des Verhaltens".[101]

Zweifelhaft ist die Zulässigkeit der zunehmend angewandten „**Hochrechnungsmethode**" zur Feststellung der Schadenshöhe. Hierbei wird regelmäßig lediglich ein Quartal genau nachgerechnet, dann die durchschnittliche Zuvielforderung pro abgerechnetem Krankenschein ermittelt und dieser Betrag auf die über den Tatzeitraum von mehreren Jahren hin abgerechneten Krankenscheine „hochgerechnet".[102] Im Gegensatz zu manchen Landgerichten[103] hat der Bundesgerichtshof die Anwendung mathematisch-statistischer Methoden, zB eine **Hochrechnung** oder Schätzung anhand der prozentualen Gewinnmarge[104] zum Zwecke der Schadensberechnung in geeigneten Fällen, insbesondere bei typischem Verhaltensmuster für rechtens erachtet, „wenn gesichert ist, dass der Täter sein Verhalten über den untersuchten Zeitraum hinweg gleichmäßig beibehalten hat oder wenn Veränderungen zuverlässigen Eingang in die Rechnung finden".[105] Ausdrücklich betont der BGH jedoch, an den Beweis, „dass der Täter sein Verhalten nicht verändert hat", seien „hohe Anforderungen zu stellen, weil geringe Abweichungen bei einer Hochrechnung erhebliche Auswirkungen haben können". Auffälligkeiten bei einer Stichprobe, „etwa Unterbrechungen der Handlungsreihe oder Häufungen in bestimmten Zeiträumen" machen daher eine Hochrechnung bereits äußerst „problematisch".[106] Denn trotz der besonderen Problematik der Schadensermittlung in „standardisierten, auf Massenerledigung angelegten Abrechnungsverfahren", bei denen die gerichtliche Aufklärungspflicht nicht überspannt werden darf,[107] verlangt der BGH, „in Fällen langjähriger betrügerischer kassenärztlicher Abrechnungen zu jeder der Tathandlungen ausreichende Feststellungen zu treffen".[108] Andererseits räumt der BGH in einem Fall, in dem sich keine Feststellungen zu konkret geschädigten Krankenkassen treffen ließen, ohne weiteres ein, dass dies den Bestand des Urteils nicht gefährdet. Denn die Beweisaufnahme könne sich nur „auf die regelhaften internen Abläufe bei der KV und den Kassen erstrecken, wobei es sich, da einerseits eine Vielzahl von Kassen als Geschädigte in Betracht kommt, andererseits die Geschädigten nicht mehr zu ermitteln sind, nur um exemplarische Beweiserhebungen für die Überzeugungsbildung des Tatgerichts handeln" könne.[109]

---

[99] BGHSt 43, 301 (303) = NStZ 1998, 471.
[100] BGH NStZ 1990, 197 = MDR 1990, 354.
[101] BGH aaO 197.
[102] Vgl *Feigen* MedR 1988, 287 Anm 14.
[103] Siehe *Feigen* aaO 287 Anm 15.
[104] BGH GesR 07, 77, 81.
[105] BGH (Fn 98) S 198.
[106] BGH (Fn 98) S 198.
[107] BGH MedR 06, 721, 724.
[108] BGH wistra 1992, 95.
[109] BGH MedR 06, 721, 724.

49 Nicht unberücksichtigt bleiben darf bei der Feststellung der Schadenshöhe, dass infolge einer Überschreitung ihres Praxisbudgets niedergelassene Ärzte oft erhebliche Kürzungen ihres Honorars hinnehmen müssen. Da „Leistungen, die dem Arzt überhaupt nicht vergütet wurden, nicht zu einem Schaden im strafrechtlichen Sinn führen können",[110] muss im Falle der Streichung einer falsch abgerechneten Leistung zunächst diese auf die Budgetüberschreitung angerechnet werden.[111]

50 **4. Einzelfälle**

(1) Die gesonderte Erstattungsfähigkeit der Kosten verbrauchter Radionuklide und der spezifischen Nebenkosten sollte dem Arzt keine zusätzliche Verdienstquelle verschaffen, sondern ihm lediglich die Möglichkeit geben, seine individuell errechneten tatsächlichen Kosten in Rechnung zu stellen. Wenn der Arzt dennoch „ohne jede Berechnung und ohne jede eigene substantiierte Kalkulation Pauschalbeträge geltend macht, die nach seiner Auffassung die tatsächlich entstandenen Kosten ausmachten", so begeht er eine Täuschungshandlung. Wußte er oder hielt es für möglich, dass die „gegriffenen Werte" überhöht waren, ist der Schädigungsvorsatz zu bejahen, auch wenn er die Abrechnungsvorschriften nicht gelesen hat. „Die Absicht, sich einen rechtswidrigen Vermögensanteil zu verschaffen, wird nicht dadurch ausgeschlossen, dass es dem angeklagten Arzt letztlich auf eine für ihn praktikable Abrechnung ankam."[112]

(2) Wenn der Kassenarzt in seine Kostenkalkulation (Kosten für die Beschaffung und gegebenenfalls Aufbereitung von Radionukliden) andere Rechnungsposten (Kosten des Praxispersonals und der Praxiseinrichtung) mit aufnimmt, die das Gesamtergebnis verfälschen, so ist dies eine Täuschungshandlung gegenüber der Kassenärztlichen Vereinigung, die bei dieser zu einem Irrtum führt, „der dann auch die Vermögensverfügung, nämlich die Auszahlung der unrichtig berechneten Beträge" bewirkt.[113]

(3) Die subjektiven Betrugsmerkmale sind auch dann gegeben, wenn der Arzt erstattungsfähige Leistungen sachgerecht erbringt, in seinem Fall aber die Voraussetzungen des Erstattungsanspruchs zB infolge fehlender persönlicher Leistungserbringung oder mangels kassenärztlicher Ermächtigung nicht vorliegen und ihm dies bekannt ist.[114]

(4) Rechnet ein Kassenarzt im Rahmen des vertraglich vereinbarten, für ihn verbindlichen Abrechnungssystems (BMÄ/E-GO) Leistungen unter einer dort genannten Gebührenordnungsziffer ab, so behauptet er – konkludent – nicht nur, dass diese Leistung unter die Leistungslegende dieser Gebührennummer fällt, sondern auch, dass seine Leistung als kassenärztliche Versorgungsleistung nach dem allgemeinen Bewertungsmaßstab abgerechnet werden kann. Trifft dies in Kenntnis des angeklagten Arztes nicht zu, so wird die kassenärztliche Vereinigung über einen für dieses Abrechnungssystem maßgeblichen Umstand getäuscht; die auf dieser – falschen – Abrechnungsgrundlage ausbezahlte Vergütung erfolgt mithin irrtümlich und führt zu einem dem Umfang der Vergütung entsprechenden Schaden.[115]

(5) In einem Fall von Abrechnungsbetrug über 9 Quartale mit einem Gesamtschaden von DM 485 000 betonte der BGH, die festgesetzte Freiheitsstrafe von 2 Jahren liege „an der untersten Grenze dessen, was als tat- und schuldangemessen angesehen werden" könne. „Eine noch mildere Strafe wäre rechtsfehlerhaft."[116]

(6) Wenn der Kassenarzt „in Kenntnis eines nach § 153a StPO eingestellten Ermittlungsverfahrens wegen in betrügerischer Absicht überhöhter Rechnungsstellung gerade diese Rechnungen zu einem späteren Zeitpunkt" anmahnt, so begründet dies „für sich genommen noch kein strafbares Verhalten, solange nicht dargelegt wird, dass diese Rechnungen, soweit sie angemahnt worden sind, auch tatsächlich überhöht waren". Auch die Entgegennahme von Zahlungen auf die ursprünglichen Hono-

---

[110] *Stelzel,* BDC-Informationen 2002, M 234.
[111] *Ulsenheimer,* Arztstrafrecht, § 14/38.
[112] BGH wistra 1992, 95, 97; NStZ 1994, 585, 586 betreffend die sog Radionuklidverfahren.
[113] BGH wistra 1994, 22 = NStZ 1994, 188.
[114] BGH NStZ 1995, 85; s auch Fall (7) bzgl des objektiven Tatbestandes (gleicher Sachverhalt).
[115] BGH MedR 1993, 436 = NStZ 1993, 388.
[116] BGH wistra 1996, 150, 152.

23. Kapitel. Der Arzt im Strafrecht 50 § 151

rarnoten erfüllt den Tatbestand des Betruges (durch Unterlassen) mangels Garantenstellung nicht. Im übrigen steht der Strafverfolgung das Verfahrenshindernis des § 153a Abs 1 S 4 StPO entgegen.[117]

(7) Der BGH bestätigte die Verurteilung eines angeklagten Radiologen wegen Betrugs zum Nachteil der gesetzlichen Krankenversicherer, weil dieser aufgrund einer generellen Anweisung medizinisch indizierte Maßnahmen – Durchführung von Blutentnahmen, Infusionen und intravenösen Injektionen – durch nichtärztliches Hilfspersonal ohne vorherige Untersuchung der Patienten und die im Einzelfall erforderliche Anordnung vornehmen ließ und dann abrechnete. Nach den damals gültigen „Richtlinien der vertragsarztrechtlichen Bundesvereinigung für Radiologie und Nuklearmedizin" waren die Leistungen aber nur bei Einzelfallanweisung abrechnungsfähig. Die Tatsache, dass die Krankenkassen infolge der erbrachten Leistungen Aufwendungen erspart haben, die ihnen bei Einhaltung der vertragsarztrechtlichen Voraussetzungen in gleicher Höhe entstanden wären, berücksichtigte der BGH bei der Feststellung des objektiven Tatbestandes nicht. Denn für den Bereich des Sozialversicherungsrechts gelte eine „streng formale Betrachtungsweise, nach der eine Leistung insgesamt nicht erstattungsfähig ist, wenn sie in Teilbereichen nicht den gestellten Anforderungen genügt".[118]

(8) Ebenso entschied das LG Bochum in einem Fall, in dem der Angeklagte als niedergelassener Vertragsarzt eine urologische Praxis betrieb und zugleich als Belegarzt an einer Privatklinik tätig war, die sich in derselben Straße, aber in gewisser räumlicher Entfernung von der Praxis befand. Während seiner Anwesenheit in der Klinik setzte der Angeklagte einen Arzt im Praktikum, einen Assistenzarzt und den Oberarzt der Privatklinik in der Praxis ein, um dort die Sprechstunde durchzuführen. Die Kammer sah in der Abrechnung der von diesen Ärzten in Abwesenheit des Praxisinhabers erbrachten Leistungen den Tatbestand des Betruges als erfüllt an, da der Vertragsarzt nicht die für die Beschäftigung anderer Ärzte nach § 32 Abs 2 Ärzte-ZV erforderliche Genehmigung besaß und auch andere Bestimmungen des Vertragsarztrechts nicht eingehalten waren. Zur Bejahung des Schadens verwies das LG Bochum auf die vorstehend zitierte BGH-Entscheidung.[119]

(9) LG Koblenz, Urteil vom 20.6.2001 (rechtskräftig) – Az. 2030 Js 29806/99 -9 KLs: Abrechnung von ärztlichen Leistungen einer Gemeinschaftspraxis gegenüber der Kassenärztlichen Vereinigung, obwohl einige Ärzte nicht selbstständig tätig waren, sondern lediglich einen arbeitnehmerähnlichen Status hatten. Auf diese Weise kam es nach der Feststellung des Landgerichts zu einem Schaden in Höhe von rd. 11,5 Mio. DM. Der angeklagte Arzt wurde zu einer Freiheitsstrafe von vier Jahren und neun Monaten verurteilt, wobei strafmildernd zum einen die lange Dauer der Untersuchungshaft sowie die erhöhte Haftempfindlichkeit des Angeklagten ins Gewicht fielen. Zum anderen hob die Strafkammer hervor, die KV habe es ihm leicht gemacht zu betrügen, da „Kontrollmechanismen, mit denen der Status der tätigen Ärzte hätte überprüft werden können, nicht ansatzweise vorhanden waren". Darüber hinaus wurde „in besonderem Maße strafmildernd berücksichtigt, dass der Abrechnung tatsächlich erbrachte Leistungen zu Grunde lagen", so dass der festgestellte Schaden „nicht vergleichbar" sei mit einem Schaden, der aus nicht erbrachten Leistungen resultiert. Der Schaden sei – „unabhängig von seiner absoluten Höhe – in seiner Wertigkeit als weit niedriger einzustufen". Ein Berufsverbot wurde nicht verhängt und von der Staatsanwaltschaft auch nicht beantragt.

(10) BGH, Urteil vom 12.2.2002 – GesR 2003, 87ff: Da der angeklagte Zahnarzt einen Antrag auf Zulassung als Kassenarzt wegen seiner Vorstrafen nicht als erfolgversprechend ansah, setzte er einen anderen Zahnarzt, der seine eigene Praxis wegen hoher Schulden und fehlender Einnahmen hatte aufgeben müssen, aber noch als Kassenarzt zugelassen war, gegen eine monatliche Zahlung von DM 6.000,00 in seiner Praxis als „Strohmann" ein. In dieser Eigenschaft behandelte dieser etwa 10%

---

[117] OLG Hamm NStZ 1997, 130, 132.
[118] BGH NStZ 1995, 85, 86 m zusti Anm von *Hellmann* NStZ 1995, 232f; s auch Fall (3) bzgl des subjektiven Tatbestandes (gleicher Sachverhalt); ebenso OLG Koblenz MedR 2001, 144f; LK-*Tiedemann*, § 263 RdNr 188, 267 mit der Begründung, die Gegenmeinung beziehe „in unzulässiger Weise hypothetische Reserveursachen" in eine „Gesamtbetrachtung" ein, mit der sie „das Fehlen eines Anspruchs auf die durch Täuschung erlangte Leistung" überspiele; anderer Ansicht mit Recht *Gaidzik, Volk* und *Stein*, s RdNr 22ff.
[119] Urteil des LG Bochum v 11.9.1995 – 10 KLs 35 Js 169/93, mitgeteilt von *Gaidzik*, wistra 1998, 329.

der Patienten, rechnete jedoch entsprechend der von beiden Ärzten getroffenen Absprache gegenüber der Kassenärztlichen Vereinigung auch die vom Angeklagten durchgeführten Behandlungen (die übrigen 90%) als eigene ab. Die KZV zahlte nach Prüfung der Unterlagen Honorare in Höhe von insgesamt rd. 1,26 Mio. DM an ihn aus, die der „Strohmann" mit Ausnahme der monatlichen Zahlung von DM 6.000,00 an den Angeklagten weitergab.

Das LG hat den Angeklagten rechtskräftig zu einer Gesamtfreiheitsstrafe von 2 Jahren verurteilt.

(11) LG Lübeck, GesR 2006, 176 ff: Das gegen über 30 Beschuldigte eingeleitete Ermittlungsverfahren führte gegen den angeschuldigten Labormediziner zur Anklage, die jedoch teilweise vom LG Lübeck rechtskräftig nicht zur Hauptverhandlung zugelassen wurde.

Der Angeschuldigte hatte mit anderen Laborärzten an verschiedenen Standorten Innengesellschaften gegründet, deren Zweck die Errichtung und der Vertrieb von Laborpraxen war. Gesellschaftsrechtlich hatten die vor Ort tätigen Ärzte nur eingeschränkte Entscheidungsbefugnisse, in medizinischen Fragen entschieden sie jedoch ohne jede Einflussnahme Dritter. Die Staatsanwaltschaft ging von einer **Scheinselbstständigkeit** der betroffenen Ärzte aus und verneinte daher die Abrechnungsbefugnis gegenüber der KV. Demgegenüber stellte das LG Lübeck fest:
1. Ein scheinselbstständiger Vertragsarzt täuscht nicht über seine Abrechnungsbefugnis, wenn er seiner Kassenärztlichen Vereinigung eine Quartalssammelerklärung vorlegt.
2. Der Wert der freiberuflichen ärztlichen Leistung besteht in ihrer fachlichen Unabhängigkeit. Sind Ärzte nur in wirtschaftlicher Hinsicht abhängig, nimmt dies ihrer ärztlichen Arbeit nicht den Wert. Bei ärztlichen Leistungen ist nicht der Kapitaleinsatz entscheidend, sondern das persönliche Tätigwerden.
3. Abrechnungen eines nur in seiner wirtschaftlichen Unabhängigkeit beeinträchtigten Laborarztes begründen weder einen Vermögensschaden der Krankenkasse noch der Kassenärztlichen Vereinigung.

VIII. Strafrechtliche, berufsrechtliche und vertragsarztrechtliche Folgen des Abrechnungsbetruges

51   **1. Freiheitsstrafe und (oder) Geldstrafe.** Im Falle der Verurteilung sieht § 263 Abs 1, Abs 3 StGB Freiheitsstrafe bis zu 5 Jahren oder Geldstrafe,[120] in besonders schweren Fällen Freiheitsstrafe von 1 Jahr bis zu 10 Jahren vor. Gemäß § 41 StGB kann sogar kumulativ neben einer Freiheitsstrafe eine Geldstrafe verhängt werden, „wenn dies auch unter Berücksichtigung der persönlichen und wirtschaftlichen Verhältnisse des Täters angebracht ist". Maßstab für die **Höhe der Schuld** bei betrügerischer Kassenarztabrechnung des Arztes sind vor allem die dabei angewandte kriminelle Energie, die Schwere des Vertrauensbruchs, der Tatzeitraum und die Schadenshöhe.[121] Ob ein „besonders schwerer Fall" des Betruges vorliegt, hat das Gericht im Rahmen einer Gesamtabwägung aller Strafzumessungsgründe festzustellen. Maßstab ist dabei die Frage, ob Unrecht und Schuld des konkret zu beurteilenden Abrechnungsbetrugs so weit über dem Durchschnitt der „normalen" Betrugsfälle liegen, dass ausnahmsweise die Anwendung dieses erhöhten Strafrahmens zur Herbeiführung eines gerechten Schuldausgleichs erforderlich erscheint.[122]

52   **2. Berufsverbot.** Neben der Strafe kann das Gericht gegen den Arzt zur Sicherung der Allgemeinheit auch eine sogenannte Maßregel in Gestalt eines zeitlich befristeten (bis zu 5 Jahren) oder lebenslangen Berufsverbots gem § 70 StGB anordnen. Voraussetzung ist zum einen, dass die Beschuldigte die Betrugshandlungen nicht bloß „gelegentlich" seiner ärztlichen Tätigkeit, sondern „in" missbräuchlicher Ausübung seines Berufs oder unter grober Verletzung der mit ihm verbundenen Pflichten begangen hat. Dies ist bei Abrechnungsmanipulationen zwar stets zu bejahen, weil für einen Vertragsarzt die Einhaltung der vertragsarztrechtlichen Vorschriften und die Achtung des ihm von den Krankenkassen entgegengebrachten Vertrauens gem § 1 Abs 3 und 4 BO zu den spezifischen Berufs-

---

[120] Siehe dazu BGH wistra 1992, 296 u oben RdN 5.
[121] BGH (Fn 98) 197.
[122] *Fischer* StGB, § 46 RdNr 88.

23. Kapitel. Der Arzt im Strafrecht   53–55   § 151

pflichten gehört,[123] doch macht die Praxis von dieser Maßregel mit Rücksicht auf § 62 StGB (Grundsatz der Verhältnismäßigkeit) und die übrigen verwaltungsmäßigen Reaktionsmöglichkeiten zu Recht nur „äußerst zurückhaltend" Gebrauch.[124]

Weitere Voraussetzung für die Anwendung des § 70 StGB ist, dass bei einer Gesamtwürdigung des Täters und der Tat die **Gefahr der Begehung erheblicher ähnlicher Straftaten** unter Ausnutzung der mit dem Arztberuf verbundenen Stellung besteht. Die These, dass derjenige, der „in Bereicherungsabsicht jahrelang massive Falschabrechnungen durchführt, die Befürchtung begründet", zwar wegen der verstärkten Abrechnungskontrolle vermutlich nicht mehr „gleichartige" Tatmodalitäten zu praktizieren, „sein Gewinnstreben" aber „auf andere Weise letztlich zum Schaden der Versicherungsträger" zu verwirklichen, „zB durch Ergreifen von honorarmäßig höher bewerteten, aber medizinisch nicht erforderlichen Maßnahmen am Patienten",[125] ist eine Annahme ohne konkrete empirische Belege, eine rein theoretische Vermutung.   53

Gem § 132a StPO **kann** das Gericht bereits *vor* dem Schuldspruch, also zB schon im Rahmen eines staatsanwaltschaftlichen Ermittlungsverfahrens ein **vorläufiges Berufsverbot** verhängen, wenn „dringende" Gründe dafür sprechen, dass dem Beschuldigten „in der demnächst durchzuführenden Hauptverhandlung" oder im Urteil ein Berufsverbot nach § 70 StGB erteilt werden wird.[126] Notwendig ist also ein „dringender Tatverdacht" bezüglich des Abrechnungsbetrugs und eine hohe Wahrscheinlichkeit für die übrigen Tatbestandsmerkmale des § 70 Abs 1 S 1 StGB. Voraussetzung ist allerdings, dass diese einschneidende, die wirtschaftliche Existenz des Arztes akut gefährdende Maßnahme „zur Abwehr konkreter Gefahren für wichtige Gemeinschaftsgüter zwingend erforderlich" ist.[127] Insoweit ist auch zu prüfen, ob das Berufsverbot bei einem Vertragsarzt nicht auf die Ausübung einer selbstständigen Tätigkeit als Vertragsarzt beschränkbar ist, so dass er zB als angestellter Krankenhausarzt tätig werden könnte.   54

3. Berufsgerichtliche Sanktionen. Strafgerichtliche Verurteilung gem § 263 StGB und ein mögliches Berufsverbot gem § 70 StGB hindern die Einleitung eines berufsgerichtlichen Verfahrens zur Wahrung des Ansehens des ärztlichen Berufsstandes in der Öffentlichkeit und des Vertrauens in die Ärzteschaft nicht. Voraussetzung ist allerdings eine schuldhafte Verletzung der dem Arzt obliegenden Berufspflichten und damit eine **berufsunwürdige Handlung,** dh ein Verhalten, das in besonders schwerwiegender Weise das öffentliche Bild des Arztes in Mißkredit gebracht oder zu einem massiven Ansehensverlust für den ärztlichen Berufsstand geführt hat.[128] Diese Feststellung ist nach überwiegender Ansicht in der heilberufsgerichtlichen Judikatur und Lehre in besonders schweren Fällen des Betrugs gerechtfertigt, so etwa, wenn der beschuldigte Arzt „aus Gewinnsucht über mehrere Jahre in großem Stile und mit erheblicher krimineller Energie falsche Abrechnungen durch Angabe nicht erbrachter Leistungen vorgenommen, das auf Vertrauen gegründete Abrechnungssystem planmäßig missbraucht und einen Schaden von fast einer halben Million herbeigeführt hat".[129]   55

---

[123] OVG Münster MedR 1988, 53.
[124] *Steinhilper,* in: Brennpunkte des Sozialrechts, S 11; *ders,* in: *Ehlers* (Hrsg), Disziplinarrecht und Zulassungsentziehung, 2001, RdNr 770; s auch *Ulsenheimer,* Arztstrafrecht, RdNr 510 ff.
[125] OVG Münster MedR 1988, 105.
[126] AG Bochum MedR 1988, 161 f.
[127] *Weber/Droste* NJW 1990, 2291 unter Hinweis auf BVerfG NJW 1978, 1479.
[128] Hess VGH NJW 1986, 2390; Landesberufsgericht für die Heilberufe beim OVG Münster für das Land NW MedR 1988, 272, 273, s dazu insbes *Becker,* Berufsgerichtliche und kassenärztliche Ahndung ärztlicher Pflichtverletzungen, 1991, S 130 ff; s auch *Laufs* § 14 RdNr 15 ff.
[129] Landesberufsgericht für die Heilberufe für das Land NW beim OVG Münster MedR 1988, 272, 273; ebenso Landesberufsgericht für die Heilberufe für das Land NW OVG Münster MedR 1988, 51 ff; LBG für Rh-Pf OVG Koblenz NJW 1990, 1553, 1554; LBG für Hessen Hess VGH MedR 1986, 156; *Narr,* Ärztl BerufsR, 2. Aufl 1983, RdNr 79; aA VGH Mannheim MedR 1983, 36 ff.

56 Wenngleich das Verbot der Doppelbestrafung (Art 103 Abs 3 GG) der berufsgerichtlichen Ahndung derselben Tat (desselben Lebenssachverhalts) nicht entgegensteht, so ist doch entsprechend dem **Grundsatz der Verhältnismäßigkeit**[130] eine zusätzliche Sanktion durch das Berufsgericht nur zulässig, wenn ein sogenannter „berufsrechtlicher Überhang" besteht, also die Kriminalstrafe noch nicht genügt, um das Ansehen der Ärzteschaft zu wahren und den Beschuldigten zur Erfüllung seiner Berufspflichten anzuhalten.[131] Denn es ist nicht die Aufgabe der Berufsgerichte, Straftaten erneut zu ahnden.

57 „Der hohe Unrechts- und Schuldgehalt der Tat genügt" deshalb zur **Begründung** einer berufsgerichtlichen Sanktion „ebensowenig wie der Umstand, dass der Beschuldigte sein pflichtwidriges Verhalten über einige Monate hinweg fortgesetzt hat". Denn „der Gesetzgeber geht davon aus, dass durch die strafrechtliche Ahndung in der Regel zugleich die berufsrechtlichen Belange ausreichend gewahrt werden".[132] Ein zusätzliches Ahndungsbedürfnis besteht nur „ausnahmsweise, so insbesondere dann, wenn der berufsrechtliche Unrechts- und Schuldgehalt der Tat erheblich über den strafrechtlichen hinausgeht" und demzufolge bei der Strafzumessung – „da außerhalb des Strafzwecks liegend" – noch nicht berücksichtigt wurde.[133]

58 In Fällen schwerwiegender Abrechnungsmanipulationen wird ein solcher **„berufsrechtlicher Überhang"** regelmäßig bejaht, „weil die strafgerichtliche Verurteilung nur die Verletzung der allgemeinen Strafrechtsnormen erfasst, nicht aber zugleich eine ausreichende Reaktion auf die Verletzung" der „Pflicht zur ordnungsgemäßen Abrechnung gegenüber den Krankenkassen bei Ausübung des ärztlichen Berufes" darstellt. Nicht abgedeckt seien in derartigen Fällen „insbesondere die den Gesichtspunkt der Generalprävention berücksichtigenden Erwägungen, zB der reinigende Charakter der Feststellung der Berufsunwürdigkeit".[134]

Die möglichen Sanktionen der Berufsgerichte sind: Verwarnung, Verweis, Geldbuße und – in manchen Bundesländern – Feststellung der Berufsunwürdigkeit mit der praktischen Konsequenz, dass gem § 3 Abs 1 Nr 2 BÄO die für die Ausübung des ärztlichen Berufs notwendige Approbation nicht erteilt bzw gem § 5 Abs 1 Satz 2 BÄO zurückgenommen oder nach § 5 Abs 2 Satz 1 BÄO widerrufen werden kann (s dazu nachstehend RdNr 59).

59 **4. Rücknahme, Widerruf und Ruhen der Approbation.** Betrügerisches Verhalten des Arztes gegenüber den Krankenkassen betrifft zwar nicht den Kernbereich seiner Pflichten als Arzt (§ 1 Abs 2 Satz 1 BÄO), bedeutet aber die Verletzung anderer, mit dem Beruf als Arzt typischerweise verbundener Pflichten, die ihn als **unzuverlässig und unwürdig** im Sinne der Bundesärzteordnung erscheinen lassen.[135] Wer zur Durchsetzung seiner Interessen die Strafrechtsordnung notorisch missachtet, verspielt damit auch das für die zuverlässige ärztliche Versorgung der Bevölkerung notwendige Vertrauen in eine nur am Patientenwohl ausgerichtete ärztliche Berufsausübung. Dem Vertrauen von

---

[130] BVerfG NJW 1970, 507, 509; s dazu *Ulsenheimer,* Arztstrafrecht in der Praxis, 4. Aufl 2008, RdNr 514 ff.

[131] Landesberufsgericht für Heilberufe beim OVG Münster, BerufsGE B 1.2 Nr 14; Berufsgericht für die Heilberufe beim VG Neustadt adW, BerufsGE A 1.1 Nr 3.10; Landesberufsgericht für Zahnärzte in Stuttgart, BerufsGE A 1.8 Nr 8; Berufsgericht für die Heilberufe in Schleswig, BerufsGE A 1.1 Nr 1.12.

[132] Bay LandesberufsG für die Heilberufe MDR 1988, 1078; ebenso Bay Landesberufsgericht für Heilberufe, Beschluss v 18. 4. 1996 – LBG-Ä-3/95 u Beschluss v 28 6. 2004 – LBG 1/04 (s dazu *Ulsenheimer,* Arztstrafrecht, RdNr 514 a u b).

[133] Bay LandesberufsG für die Heilberufe MDR 1988, 1078 ebenso LBG-Ä-3/95 (unveröff); LandesberufsG f Heilberufe beim Hess VGH MedR 1995, 250; *Ulsenheimer* aaO RdNr 514 f.

[134] Landesberufsgericht für die Heilberufe beim OVG Münster für das Land NW (Fn 36) S 272, 273.

[135] OVG Münster MedR 1988, 51 ff; NJW 1989, 2343; s dazu *Braun/Gründel* MedR 2001, 399 ff; *Laufs* in diesem Handbuch § 8 RdNr 7; VGH BW NJW 1995, 804; OVG Saarlouis ArztR 2005, 162 ff; VG Leipzig MedR 2000, 336, 339.

Patienten in die persönliche und fachliche Integrität des Arztes kommt nicht zuletzt deshalb so hohe Bedeutung zu, weil seine Tätigkeit praktisch kaum Kontrollen unterliegt. Die zuständige Verwaltungsbehörde (Regierungspräsident) kann unter diesen Voraussetzungen die Approbation gem § 5 Abs 1 Satz 2 BÄO zurücknehmen und *muss* sie sogar gem § 5 Abs 2 Satz 1 BÄO bei Feststellung der Unzuverlässigkeit oder Unwürdigkeit des Arztes widerrufen. Eine strafgerichtliche Verurteilung ist hierfür nicht Voraussetzung.[136]

In einem solchen Fall kann auch zum Schutz „der Funktions- und Leistungsfähigkeit der öffentlichen Gesundheitsversorgung" die **sofortige Vollziehung des Widerrufs** der Approbation gerechtfertigt sein.[137] Trotz der überragenden Bedeutung dieses Schutzgutes sind jedoch jeweils im konkreten Fall im Rahmen des § 80 Abs 5 VwGO das öffentliche Interesse an schnellstmöglicher Durchsetzung des Approbationswiderrufs und das private Interesse, weiterhin freiberuflich als Arzt zu praktizieren, gegeneinander abzuwägen. „Maßgeblich für die Gewichtung des öffentlichen Interesses an einem Sofortvollzug" ist dabei jedoch „nicht allein die Schwere der Verstöße", sondern vor allem die Frage, „ob daraus und gegebenenfalls aus weiteren Umständen mit hinreichender Sicherheit geschlossen werden kann", dass der Betroffene „schon während des Verfahrens wegen Entziehung der Approbation in gleicher oder ähnlicher Weise zum Nachteil der Kassen" manipulieren werde.[138] Dabei kommt es auf die Sach- und Rechtslage bei Abschluss des Verwaltungsverfahrens an, da der Widerruf der Approbation ein rechtsgestaltender Verwaltungsakt ist und seine tatsächlichen Voraussetzungen im Verfahren nach § 8 BÄO geltend zu machen sind.[139] Notwendig ist stets, dass eine weitere Berufsausübung konkrete Gefahren für Dritte befürchten lässt.[140] Die Notwendigkeit des Widerrufs entfällt nicht deshalb, weil der betroffene Arzt seine Kassenarztzulassung zurückgegeben hat. Denn maßgeblich sind die durch die Tat sichtbar gewordenen Charaktermängel.[141] Aber es gilt auch umgekehrt: Verlust der Kassenarztzulassung wegen Abrechnungsbetrugs bedeutet nicht zwingend Unzuverlässigkeit zur weiteren Berufsausübung.[142]

In Betracht kommt ferner als Präventionsmaßnahme zum Schutz der Allgemeinheit bis zur Entscheidung nach § 5 BÄO auch die Anordnung des **Ruhens der Approbation,** „wenn gegen den Arzt wegen des Verdachts einer Straftat, aus der sich seine Unwürdigkeit oder Unzuverlässigkeit zur Ausübung des ärztlichen Berufs ergeben kann, ein Strafverfahren eingeleitet ist" (§ 6 Abs 1 Nr 1 BÄO). Auch die sofortige Vollziehbarkeit der Ruhensanordnung ist bei überwiegendem öffentlichen Interesse zulässig, wenn eine Verurteilung des Arztes mit „erheblicher Wahrscheinlichkeit" zu erwarten und ein Zuwarten bis zur Rechtskraft des Hauptsacheverfahrens nicht hinnehmbar ist.[143] Die Ruhensanordnung erfordert nach Anklageerhebung nicht, dass diese Voraussetzung nochmals geprüft wird.[144]

Allerdings sind insoweit wegen der Grundrechtseinschränkung der ärztlichen Berufsausübung **strenge** Anforderungen zu stellen. Die Straftat, deren der Arzt verdächtig wird, muss hinsichtlich „Deliktscharakter, Begehungsweise und Tatfolgen" als „gravierend" einzustufen, der Verdacht „konkretisiert" und eine „spezifische Unzuverlässigkeit für die Ausübung des ärztlichen Berufs" zu bejahen sein.[145] Ist bei einem deutschen Arzt das

---

[136] OVG Koblenz NJW 1990, 1553, 1554; s auch BVerwG NJW 1999, 3425, 3426.
[137] OVG Münster MedR 1988, 104 ff; NJW 1989, 2343 f.
[138] OVG Münster NJW 1989, 2344; OVG Koblenz NJW 1990, 1553, 1554.
[139] OVG Koblenz NJW 1990, 1553, 1554.
[140] BVerfG NJW 1991, 1530; MedR 1992, 51.
[141] OVG Koblenz NJW 1990, 1553, 1554: im konkreten Fall jahrelange massive Falschabrechnungen, die mit einer Freiheitsstrafe von vier Jahren und neun Monaten geahndet wurden.
[142] VGH Mannheim MedR 1983, 36 ff; aA *Hess* VGH NJW 1986, 2390; OVG Münster MedR 1988, 51 ff.
[143] OVG Münster MedR 1988, 51 ff; OVG Münster NJW 07, 3300 = GesR 07, 515 f.
[144] SH VGH MedR 1990, 216.
[145] OVG Münster MedR 1989, 44, 45; s dazu auch VG Leipzig MedR 2000, 340; OVG Lüneburg, NJW 2004, 1750; OVG Saarlouis MedR 06, 661 ff.

§ 151 63–66　　　　　　　　　　　　　　　　　　　　§ 151 Abrechnungsbetrug

Ruhen der Approbation angeordnet worden, ist er aber als Staatsangehöriger eines anderen Mitgliedstaats der EU zur vorübergehenden Ausübung der ärztlichen Tätigkeit befugt, so macht er sich nicht nach § 5 HeilpraktikerG iVm § 13 BÄO strafbar, wohl aber wegen §§ 223, 229 StGB im Falle mangelnder Aufklärung über das Ruhen seiner Approbation.[146]

63　**5. Die kassenarztrechtlichen Folgen des Abrechnungsbetrugs.**
a) Rückerstattung des Honorars. Rückforderung des infolge der Täuschung zu viel ausbezahlten Honorars gemäß §§ 45 Abs 1, 50 Abs 1 SGB X (Anspruch der Kasse bzw Kassenärztlichen Vereinigung gegen den Arzt) bzw vorläufiger Honorareinbehalt zur Sicherung der Honoraransprüche.[147] Zu den Beweisanforderungen insoweit vgl BSG NJW 1990, 1558.

64　**b) Disziplinarverfahren.** Einleitung eines **Disziplinarverfahrens** wegen der Verletzung der Pflicht zur ordnungsgemäßen Abrechnung gegenüber den Krankenkassen gemäß § 81 Abs 5 SGB V iVm den jeweiligen Disziplinarordnungen der Kassenärztlichen Vereinigungen.

65　Über die Disziplinarmaßnahmen entscheidet die Kassenärztliche Vereinigung durch ihre Organe, also ohne Mitwirkung der Vertreter der Krankenkassen, die meist über ihr Akteneinsichtsrecht nach § 406 e StPO die nötigen Kenntnisse erlangen und die KV informieren. Als Sanktionen kommen in Betracht: Verwarnung, Verweis, Geldbuße bis zu DM 20 000 und die Anordnung des Ruhens der Kassenzulassung oder Ermächtigung für die Dauer bis zu zwei Jahren. Bezüglich Art und Höhe der Disziplinarmaßnahme hat der Disziplinarausschuss ein Auswahlermessen, das das Gericht nur nach Maßgabe des § 54 Abs 2 S 2 SGG überprüfen kann.[148] In analoger Anwendung des § 97 Abs 2 SGG kann das Sozialgericht allerdings auf Antrag des Betroffenen die **aufschiebende Wirkung der Klage** gegen die Anordnung des Ruhens aussprechen, wenn die Entscheidung eine die Existenz des Klägers „zumindest zeitweilig berührende Bedeutung hat", ernsthafte Zweifel an der Rechtmäßigkeit des angefochtenen Bescheids bestehen und bei einer Interessenabwägung die des Klägers überwiegen.[149] Eine **Disziplinarmaßnahme** setzt voraus, dass der Arzt eine **schuldhafte** Pflichtverletzung begangen hat, wobei Fahrlässigkeit genügt. Ein „eigenhändiger" Verstoß gegen die vertragsärztlichen Pflichten ist nicht erforderlich, vielmehr genügt ein pflichtverletzendes Verhalten seiner Praxisangestellten, wenn ihm ein Auswahl-, Anleitungs- oder Überwachungsverschulden vorzuwerfen ist. Eine schematische Zurechnung des schuldhaften Fehlverhaltens seiner Angestellten gibt es dagegen nicht.[150]

66　**c) Verfahren vor dem Zulassungsausschuss,** vor dem die Kassenärztliche Vereinigung und die Landesverbände der Krankenkassen die Entziehung der Kassenzulassung bzw -ermächtigung bei gröblicher Verletzung der vertragsärztlichen Pflichten unter Beachtung des Grundsatzes der Verhältnismäßigkeit als einschneidendstes Mittel beantragen können (§ 95 VI SGB V iVm den jeweiligen Zulassungsordnungen). Von Bedeutung ist insbesondere die Art und Weise des Verstoßes, der Grad der Vorwerfbarkeit und die zugrundeliegende Motivation des Vertragsarztes (fremdnützig oder eigennützig im Interesse der Gewinnerzielung). Allerdings kann auch ein **unverschuldeter** Pflichtverstoß eine „gröbliche Pflichtverletzung darstellen.[151] Die Zulassungsentziehung ist zwangsläu-

---

[146] BGH NJW 06, 3732 = GesR 06, 39 ff = ZMGR 06, 114 ff.
[147] *Weber/Droste* NJW 1990, 2281 ff; *Ulsenheimer,* Arztstrafrecht, § 14/14 f.
[148] LSG BW MedR 1995, 39, 40.
[149] SG Münster MedR 1989, 156 ff; SG Kiel MedR 1989, 263, 265; LSG NRW v 25. 1. 1989 – L II S Ka 26/88.
[150] LSG BW MedR 1995, 39, 40.
[151] LSG BW AusR 1993, Heft 5, S 13; *Steinhilper,* in: *Rieger* (Hrsg), Lexikon des Arztrechts, 2. Aufl 2001, Nr 4060, RdNr 72; BVerfG NJW 1985, 2187; BSG Sgb 1990, 493 ff.

fige Folge der Ungeeignetheitfeststellung.[152] Deshalb ist der anwaltliche Rat, die Kassenzulassung freiwillig zurückzugeben, sehr zweischneidig und kann zu Schadensersatzansprüchen des Arztes gegen den Anwalt führen, wenn die persönlichen und wirtschaftlichen Verhältnisse die Wiederzulassung ausschließen.[153] Der Entzug der Kassenzulassung muss **ultima ratio** zur Wahrung des vertragsärztlichen Versorgungssystems sein und besonders sorgfältig geprüft werden. Diese Voraussetzung ist „in der Regel nur dann zu bejahen, wenn aufgrund früherer Pflichtverletzungen des Vertragsarztes oder auf Grund der Schwere der jetzigen Verstöße den Verantwortlichen für die vertragsärztliche Versorgung, der Kassenärztlichen Vereinigung und den Vertragskassen, die auf einem besonderen Vertrauensverhältnis basierende Zusammenarbeit mit dem Vertragsarzt nicht mehr zugemutet werden kann".[154] Allein diesem Schutzzweck dient die Entziehung; sie setzt kein Verschulden voraus und ist „keine Sanktion für strafwürdiges Verhalten".[155] Anordnungen der sofortigen Vollziehung setzen ein besonderes öffentliches Interesse voraus, das nur „schlaglichtartig" darzulegen ist und schwerer wiegen muss als das gegenläufige Interesse des Arztes am Erhalt der aufschiebenden Wirkung seiner Klage. Außerdem muss ein besonderes öffentliches Interesse gerade daran bestehen, dass der Betroffene nicht noch in der Zeit bis zum Abschluss des Hauptsacheverfahrens von der fraglichen Rechtsposition Gebrauch macht. Allerdings können Anordnungen der sofortigen Vollziehung auch auf generalpräventive Gesichtspunkte, nämlich das Interesse an der Erhaltung und Bewahrung der Funktionfähigkeit des Gesamtsystems gestützt werden, was gerade bei Zulassungsentziehungen im Kassenarztrecht wichtig ist. „Das System der kassenärztlichen Versorgung kann nur auf der Grundlage eines absolut korrekten Verhaltens der Ärzte funktionieren. Denn der Arzt rechnet ohne Kontrolle von seiten der Patienten die – wirklich oder angeblich – erbrachten Leistungen bei der Kassenärztlichen Vereinigung ab. Deren Kontrollmöglichkeiten sind beschränkt, sie hängen maßgeblich von der Gewissenhaftigkeit der Dokumentation auf dem Krankenschein und den Patienten-Karteikarten ab. Einbrüche im Pflichtbewusstsein drohen das System zu einem ‚Selbstbedienungsladen' für auf Einnahmen bedachte Ärzte verkommen zu lassen. Eine Aussicht, dieser Gefahr entgegenzuwirken, kann nur dann bestehen, wenn auch generalpräventive Gesichtspunkte beim Vorgehen gegen Ärzte, die sich pflichtwidrig verhalten, akzeptiert werden."[156] Erhebliche Verstöße gegen die Dokumentationspflicht und/oder Falschabrechnungen reichen daher für die Entziehung der Kassenzulassung aus. Denn insbesondere die Verpflichtung zur peinlich genauen Abrechnung gehört zu den Grundpflichten des Arztes.[157] Bei einer solchen Sachlage besteht im Regelfall auch ein besonderes öffentliches Interesse am Sofortvollzug der Zulassungsentziehung.[158]

Tagesprofile sind unter bestimmten Voraussetzungen ein geeignetes – und bei übermäßiger Praxisausdehnung in der Regel das einzige – Beweismittel, um einem Arzt unkorrekte Abrechnungen im Wege des Indizienbeweises nachweisen zu können.[159]

Eine nicht rechtzeitige Reaktion einer Kassenärztlichen Vereinigung auf Pflichtverletzungen eines Arztes vermag dessen Eignung nicht zu begründen. Anderseits kann das Wohlverhalten des Vertragsarztes nach der Tat dazu führen, dass er die zunächst verlorene Eignung zur Teilnahme an der vertragsärztlichen Versorgung im Laufe der Zeit wiedererlangt, wobei allerdings dem korrekten Verhalten während des Prozesses „weniger

---

[152] BSG MedR 1994, 206, 208.
[153] BGH MedR 2007, 354 f, s unten RdNr 68.
[154] BVerfGE 69, 233 (244) = SozR 2200 § 368 a RVO Nr 12; BSG NJW 1990, 1556; *Eicher* MedR 1987, 165 ff.
[155] BSG NJW 1990, 1556, 1557 = MedR 1990, 217, 218; LSG BW AusR, 1993, Heft 5, S 13.
[156] LSG BW MedR 1994, 418, 419.
[157] BSG MedR 1994, 206, 208.
[158] LSG BW MedR 1994, 418, 420.
[159] BSG MedR 1994, 208, 209 mwN

Gewicht zukommt als seinem vorwerfbaren Verhalten in der Zeit vor der Zulassungsentziehung".[160]

67 Der Entzug der Kassenzulassung und die disziplinarrechtlichen Sanktionen weisen unterschiedliche Zielrichtungen auf: **Disziplinarmaßnahmen** haben eine **Ordnungsfunktion**, sie sollen „die Ordnung und Integrität der vertragsärztlichen Versorgung sichern" und sind daher ausschließlich den Kassenärztlichen Vereinigungen als „interne Reaktion der Standesorganisation" als Aufgabe zugewiesen.[161] Die **Zulassungsentziehung** dagegen geht über den „innerärztlichen Regelungsbereich" hinaus und betrifft auch die Krankenkassen als Teil des vertragsärztlichen Versorgungssystems, die deshalb auch an der Entscheidung über den Entzug der Kassenzulassung beteiligt sind. Weitere Unterschiede beider Verfahren liegen darin, dass die disziplinarrechtliche Ahndung an ein **Verschulden** des Arztes anknüpft, während die Zulassungsentziehung kein schuldhaftes Verhalten voraussetzt. Mit Rücksicht darauf verlangt die **Zulassungsentziehung** eine „gröbliche", dh **schwerwiegende** Pflichtverletzung, während die objektiv **leichteren Pflichtverstöße** im Rahmen des **Disziplinarverfahrens** geahndet werden, dafür aber subjektiv **Verschulden** voraussetzen.

IX. Ausblick

68 Die zahlreichen Strafverfahren gegen Vertragsärzte haben in der Ärzteschaft eine außerordentliche Unruhe ausgelöst und der vertrauensvollen Zusammenarbeit von Ärzten, Patienten, Krankenkassen und Kassenärztlichen Vereinigungen erheblichen Schaden zugefügt. So wenig der ordnungsgemäß abrechnende Vertragsarzt diskriminiert werden darf, so sehr muss andererseits jeder Missbrauch ausgeschlossen werden, um das System der differenzierten Einzelleistungsvergütung nach bestimmten Gebührenziffern, Leistungspauschalen oder Leistungskomplexhonoraren, die freie Arztwahl, die Freiberuflichkeit des Arztes und den ihm von den Abrechnungsstellen entgegengebrachten Vertrauensvorschuss, also die Grundlagen des geltenden Abrechnungssystems zu erhalten.[162] Nötig ist daher ein Mehr an Kontrollen bei Auffälligkeiten durch Stichproben und Plausibilitätsprüfungen, aber auch ein Mehr an Information für Vertragsarzt und Patient und ein noch intensiveres, effektiveres Zusammenwirken von Kassenärztlichen Vereinigungen und Krankenkassen, um eine funktionierende Abrechnungspraxis zu gewährleisten.[163] Diese wird allerdings durch die pausenlosen Gesetzesänderungen, die Vielzahl offener Fragen und eine Fülle von Auslegungsproblemen bei der Interpretation einzelner Leistungslegenden erheblich erschwert, da Unsicherheit, Unübersichtlichkeit und Unklarheiten nach wie vor allen Beteiligten erheblich zu schaffen machen. Das gilt auch für die im Vertragsarztrecht tätigen Rechtsanwälte, an deren Beratungs-, Beurteilungs- und Informationskompetenz der BGH außerordentlich hohe Anforderungen stellt.[164]

---

[160] BSG MedR 1994, 208, 210.
[161] *Steinhilper*, in: Ehlers (Hrsg), Disziplinarrecht und Zulassungsentziehung, 2001, RdNr 732.
[162] *Hess* (Fn 10) S 59.
[163] Siehe auch *Hess* (Fn 10) S 46 f, 59; s auch DÄBl 2008, A 441.
[164] Ausführlich dazu *Steinhilper/Schiller*, MedR 07, 418 ff zu BGH MedR 07, 354 ff.

§ 152 Industriesponsoring und Vorteilsannahme/Bestechlichkeit

Inhaltsübersicht

	RdNr
I. Einleitung	1
II. Einzelfälle betreffend Ärzte (Vorteilsannahme und Bestechlichkeit)	9
III. Einzelfälle betreffend Firmenangehörige (Vorteilsgewährung und Bestechung)	58
IV. Erläuterungen zu den einschlägigen Tatbeständen (§§ 331 und 332 StGB)	63
1. Vorteilsannahme (§ 331 StGB)	64
a) Der Amtsträgerbegriff	65
b) Das Tatbestandsmerkmal „Dienstausübung"	69
c) Der Vorteilsbegriff	72
d) Das Tatbestandsmerkmal der „Unrechtsvereinbarung"	89
e) Vorsatz und Irrtumsfälle	96
2. Vollendung, Beendigung und Verjährung	99
3. Der Rechtfertigungsgrund der Genehmigung nach § 331 Abs 3 StGB	99
4. Der Tatbestand der Bestechlichkeit (§ 332 StGB)	103
V. Bestechlichkeit im geschäftlichen Verkehr (§ 299 Abs 1 StGB)	110
1. Das geschützte Rechtsgut	110
2. Sonderdelikt für Angestellte und Beauftragte	112
3. Geschäftlicher Betrieb	118
4. Der Begriff des Vorteils	119
5. Die „unlautere" Bevorzugung	120
6. Vorsatz und Irrtum	121
7. Strafantrag und „besonderes öffentliches Interesse"	122
8. Privatklagedelikt	123
9. Genehmigung ohne Rechtfertigungswirkung	124
VI. Grundprinzipien der Zusammenarbeit von Arzt und Industrie	125
1. Das Trennungsprinzip	127
2. Das Transparenzprinzip	128
3. Das Dokumentationsprinzip	129
4. Das Prinzip der Bargeldlosigkeit	130
5. Das Prinzip der Kontendistanz	131
6. Das Prinzip der Fremdnützigkeit	132
7. Das Prinzip der Verhältnismäßigkeit	133
VII. Dienst-, berufs- und disziplinarrechtliche Aspekte des Industriesponsoring	134
1. Beamtete Ärzte	135
2. Angestellte Ärzte	137
3. Berufsrechtliche Schranken	138

Schrifttum: *Albus*, Die Zusammenarbeit zwischen Industrie und Ärzten an medizinischen Hochschuleinrichtungen – unter Verdacht der Vorteilsannahme und Bestechlichkeit gem. §§ 331, 332 StGB, 2007 (Bespr *Wegner* MedR 2007, 629 f; Antikorruptionsgesetz, Zusammenarbeit zwischen pharmazeutischer Industrie und Ärzten in medizinischen Einrichtungen, hrsg v Bundesverband der pharmazeutischen Industrie, Dokumentation, 2001; *Backhaus*, Schranken des UWG für eine Zusammenarbeit von Ärzteschaft und pharmazeutischer Industrie, PharmaR 2000, 362 ff; *Banchrowitz*, Der immaterielle Vorteilsbegriff der Bestechungsdelikte des StGB, 1998; *Bannenberg/Schaupensteiner*, Korruption in Deutschland, Porträt einer Wachstumsbranche, 2004; *Benz/Seibel* (Hrsg), Zwischen Kooperation und Korruption 1992; *Bernsmann*, Die Korruptionsdelikte (§§ 331 ff StGB) – Eine Zwischenbilanz, StV 2003, 621; *Bernsman/Gatzweiler*, Verteidigung bei Korruptionsfällen, 2008; *Bock*, Industrie-Sponsoring im Krankenhaus, Der Unfallchirurg 2000, 329 ff; *Böse/Mölders*, Die Durchführung sog. Anwendungsbeobachtungen durch den Kassenarzt als Korruption im Geschäftsverkehr (§ 299 StGB)?, MedR 2008, 585; *Bonvie*, Vergütung für ärztliche Dienstleistungen oder verbotene Provision?, MedR 1999, 64 ff; *Broglie*, Korruptionsfälle bei Ärzten – Ein Bericht aus der Praxis, AusR 1999, 99 ff; *Bruns*, Der sog Herzklappenskandal – eine strafrechtliche Zwischenbilanz, ArztR

§ 152 § 152 Industriesponsoring und Vorteilsannahme/Bestechlichkeit

1998, 237 ff; *ders,* Sponsoring im Krankenhaus, ArztR 2003, 260 ff; *Burger,* Die Annahme von Belohnungen und Geschenken, PKR 2000, 57 ff; *Carstensen,* Sitzungsbericht des Arbeitskreises „Ärzte und Juristen", AuK 1999, 157 ff; *Clade,* Verhaltenskodex sorgt für mehr Rechtssicherheit, DÄBl 1998, 434 ff; *Claussen,* Korruption im öffentlichen Dienst usw, 1995; *Dahm,* Zur Problematik der Gewährung von Preisnachlässen und Zuwendungen im Gesundheitswesen, MedR 1992, 250 ff; *Dahs/Müssig,* Strafbarkeit kommunaler Mandatsträger als Amtsträger? – Eine Zwischenbilanz, NStZ 2006, 191; *Dauster,* Private Spenden zur Förderung von Forschung und Lehre: Teleologische Entschärfung des strafrechtlichen Vorteilsbegriffs nach § 331 StGB und Rechtfertigungsfragen, NStZ 1999, 63 ff; *ders,* (Hrsg), Zusammenarbeit der Pharmaindustrie mit Ärzten. Rechtliches Umfeld, Steuern und Compliance Governance, 2004; *Dieners/Taschke,* Die Kooperation der medizinischen Industrie mit Ärzten und Krankenhäusern – Die aktuelle Rechtsprechung und ihre Konsequenzen, PharmaR 2000, 309 ff; *Dieners/Lembeck/Taschke,* Der „Herzklappenskandal" – Zwischenbilanz und erste Schlussfolgerungen für die weitere Zusammenarbeit der Industrie mit Ärzten und Krankenhäusern, PharmaR 1999, 156 ff; *dies,* Zusammenarbeit der Pharmaindustrtie mit Ärzten. Rechtliches Umfeld, Steuern und Compliance Governance, 2. Aufl 2007; *Dietrich/Jungeblodt,* Drittmittelforschung – staatlich geförderte Korruption, FS – Schreiber 2003, S 1015 ff; *Dölling,* Empfehlen sich Änderungen des Straf- und Strafprozessrechts, um der Gefahr von Korruption in Staat, Wirtschaft und Gesellschaft wirksam zu begegnen?, NJW 1996, 16 ff, s auch Gutachten C zum 61. DJT 1996; *ders,* Die Neuregelung der Strafvorschriften gegen Korruption, ZStW 112, 2000, 334 ff; *Duttge,* Diu rehte maz – auch bei der Bekämpfung der Korruption!, ZRP 97, 72; *Einbecker* Empfehlungen der DGMR zur Einwerbung privatwirtschaftlicher Drittmittel in der Medizin, MedR 2001, 597; *Engler/Räpple/Rieger,* Werben und Zuwenden im Gesundheitswesen, 1996; *Erlinger,* Drittmittelforschung unter Korruptionsverdacht? Der aktuelle Stand der Rechtsprechung. Gibt es schon Rechtsprechung zur „neuen" Rechtslage?, MedR 2002, 60; *ders,* Der Vertragsarzt als Amtsträger?, in: *Wienke/Dierks* (Hrsg), Zwischen Hippokrates und Staatsmedizin, 2008, S 49 ff; *Felder/Lippert,* Der Krankenhausarzt als Berater der pharmazeutischen Industrie, GesR 2008, 225 ff; *Fenger/Göben,* Sponsoring im Gesundheitswesen, 2004; *Fürsen,* Drittmitteleinwerbung und -forschung im Spiegel des Strafrechts, 2005; *Gänßle,* Das Antikorruptionsstrafrecht – Balsam aus der Tube der symbolischen Gesetzgebung, NStZ 1999, 543; *Geis,* Ist jeder Kassenarzt ein Amtsarzt?, wistra 2007, 361 f.; *Gernke,* Sponsoring durch pharmazeutische Unternehmen, PKR, 1999; *Goeben,* Die Auswirkungen des Gesetzes zur Bekämpfung der Korruption auf die Forschungstätigkeit von Hochschulangehörigen, MedR 1999, 345 ff; *ders,* Anm zu BGH MedR 2000, 193, MedR 2000, 194; *Goedel,* Spenden, Sponsoren, Staatsanwalt, PharmaR 2001, S 2 ff; *Greeve,* Korruptionsdelikte in der Praxis, 2005; *Gribl,* Der Vorteilsbegriff bei den Bestechungsdelikten, 1993; *Haeser,* Erfahrungen mit der neuen Rechtslage im Korruptionsstrafrecht und Drittmittelrecht – aus Sicht des Staatsanwalts, MedR 2002, 55; *Hamdan,* Drittmittelforschung in der Medizin, 2009; *Heberer,* Auswirkungen des „Gesetzes zur Bekämpfung der Korruption" auf das Verhältnis der Ärzte zur Gesundheitsindustrie, Der Chirurg 2000, 238 ff; *Hettinger,* Das Strafrecht als Büttel?, NJW 1996, 2263; *Hiersche/Wigge/Broglie* (Hrsg.), Spenden, Sponsoren, Staatsanwalt?, 2. Aufl 2001 mit Beiträgen von *Broglie, Collatz, Czettritz, Dieners, Ehlers, Göben, Rehborn, Runge, Sander, Schmitt, Taschke, Wigge*; *Höltkenmeier,* Sponsoring als Straftat. Die Bestechungsdelikte auf dem Prüfstand, 2005 (Bespr v *Wohlers/Kudlich,* ZStW 119, 2007, 371 ff); *ders,* Sponsoring als Straftat, 2005; *Jungebloht,* Medizin und Industrie, Gynäkologe 2004, 56 ff; *Jutzi,* Genehmigung der Vorteilsannahme bei nicht in einem öffentlich-rechtlichen Amtsverhältnis stehenden Amtsträgern, NStZ 91, 105; *Kargl,* Parteispendenakquisition und Vorteilsannahme, JZ 2005, 503; *Kindermann,* Kooperation Industrie und Kliniken (Wissenschaft) – Vorwurf der Bestechlichkeit oder Vorteilsannahme?, Frauenarzt 2000, 391 ff; *Kindhäuser/Goy,* Zur Strafbarkeit ungenehmigter Drittmitteleinwerbung, NStZ 2003, 291; *Klötzer,* Ist der niedergelassene Vertragsarzt tatsächlich tauglicher Täter der §§ 299, 331 StGB? NStZ 2008, 12 ff; *Knauer/Kaspar,* Restriktives Normverständnis nach dem Korruptionsbekämpfungsgesetz, GA 2005, 385; *Koepsel,* Bestechlichkeit und Bestechung im geschäftlichen Verkehr (§ 299 StGB), 2006; *Kolig,* in: *Berthold/Scholz/Seidler/Tag* (Hrsg), Handbuch Praxis Wissenschaftsfinanzierung, Drittmittel: Die Berücksichtigung landesrechtlicher Besonderheiten, 2008, S 1–56 unter C 2.1; *König,* Empfehlen sich Änderungen des Straf- und Strafprozessrechts? usw, DRiZ 96, 357; *ders,* Neues Strafrecht gegen die Korruption, JR 97, 397; *Korte,* Bekämpfung der Korruption und Schutz des freien Wettbewerbs mit den Mitteln des Strafrechts, NStZ 1997, 513 ff; *ders,* Kampfansage an die Korruption, NJW 1997, S 2556 ff; *ders,* Strafbarkeit wegen Vorteilsannahme bei Drittmitteleinwerbung für Lehre und Forschung, NStZ 2003, 157; *Koyuncu,* Compliance und Vertragsgestaltung bei nichtinterventionellen Studien – unter besonderer Berücksichtigung der Ärztevergütung bei Anwendungsbeobachtungen, PharmaR 2009, 211; *Kuhlen,* Sollten §§ 331 Abs 1, 333 Abs 1 StGB neuerlich geändert werden?, FS Schroeder 2006, 535; *ders,* Untreue, Vorteilsannahme und Bestech-

23. Kapitel. Der Arzt im Strafrecht § 152

lichkeit bei der Einwerbung universitärer Drittmittel, JR 2003, 231; *Kühr,* Zuwendungen Dritter, ArztR 1997, 276 ff; *Lippert,* Die problematische Einwerbung von Drittmitteln, VersR 2000, 158 ff; *ders,* Vorteilsannahme, Bestechlichkeit und die Einwerbung von Drittmitteln bei der Beschaffung von Medizinprodukten, NJW 2000, S 1772 ff; *ders,* Ethik und Monetik – finanzielle Aspekte bei der Durchführung klinischer Prüfungen von Arzneimitteln und Medizinprodukten, VersR 2000, 1206 ff; *Lüderssen,* Antikorruptionsgesetz und Drittmittelforschung, JZ 1997, 112 ff; *ders,* Die Zusammenarbeit von Medizinprodukte-Industrie, Krankenhäusern und Ärzten – Strafbare Kollusion oder sinnvolle Kooperation?, 1997; *ders,* Die Symbiose von Markt und Staat – auseinanderdividiert durch Strafrecht?, StV 1997, 318 ff; *ders,* Drosselung des medizinischen Fortschritts durch Kriminalisierung der Drittmittelförderung – Selbstregulierung der Betroffenen als Ausweg?, PharmR 2001, 82 ff; *Mahlberg,* Rechtliche Grenzen unentgeltlicher Zuwendungen an Ärzte, MedR 1999, 299 ff; *Meurer,* Im Visier der Staatsanwaltschaften, Forschung & Lehre 1997, 572 ff; *Möhrenschlager,* Strafrechtliche Vorhaben zur Bekämpfung der Korruption auf nationaler und internationaler Ebene, JZ 96, 822; *Mölders,* Bestechung und Bestechlichkeit im internationalen geschäftlichen Verkehr, 2009; *Mühlhausen,* Der Herzklappen-Komplex, chefarzt aktuell 2000, 92; *Neupert,* Risiken und Nebenwirkungen: Sind niedergelassene Ärzte Amtsträger im strafrechtlichen Sinne? NJW 2006, 11 ff; *Partsch/Scheffner,* Die Genehmigung der Vorteilsannahme gem. § 331 Abs 3 StGB, GesR 2007, 102 ff; *TA Peters,* Drittmittelforschung und Zuwendungen – zwischen Sozialadäquanz und Notwendigkeit und Korruption, A/ZusR 06, 161 f; *Pfeiffer,* Von der Freiheit der klinischen Forschung zum strafrechtlichen Unrecht?, NJW 1997, 782 ff; *Pragal,* Die Korruption innerhalb des privaten Sektors und ihre strafrechtliche Kontrolle durch § 299 StGB, Erscheinungsformen, Rechtsgut, Tatbestandsauslegung und ein Reformvorschlag, 2006 Bespr *Wohlers/Kudlich,* ZStW 119 (2007), 373 ff; *Räpple,* Rechtliche Aspekte der Unterstützung von Klinik, Forschung und Fortbildung durch die Industrie, Zeitschrift für Gastroenterologie, Juli 1999; *ders,* Sponsoring zwischen Legitimität und Rechtsvorschriften, Medizintechnik 1999, 14 ff; *Ratzel,* Arzt und (Pharma-)Industrie, MedR 1998, 98 ff; *ders,* Drittmittelforschung unter Korruptionsverdacht? Wechselwirkung des Korruptionsstrafrechts mit dem ärztlichen Standesrecht, MedR 2002, 63; *Ratzel/Lippert,* Kommentar zur MBO-Ärzte, 4. Aufl 2006; *dies,* Das Berufsrecht der Ärzte nach den Beschlüssen des 107. Deutschen Ärztetages in Bremen, MedR 2004, 525 ff; *Reese,* Vertragsärzte und Apotheker als Straftäter? – eine strafrechtliche Bewertung des „Pharma-Marketings", PharmaR 2006, 92 ff; *Rönnau,* Untreue und Vorteilsannahme durch Einwerbung von Drittmitteln?, BGH NJW 2002, 2801, JuS 2003, 232; *ders/Golombek,* Die Aufnahme des „Geschäftsherrnmodells" in den Tatbestand des § 299 – ein Systembruch im deutschen StGB, ZRP 2007, 193 ff; *Runge,* Korruptionsvorwürfe: Reaktionen und Konzepte der Industrie, PharmR 2001, S 86 ff; *Satzger,* Bestechungsdelikte und Sponsoring, ZStW 2003, 469; *Schaupensteiner,* Gesamtkonzept zur Eindämmung der Korruption, NStZ 96, 409; *Schnapp,* Der Vertragsarzt – Sachwalter der gesetzlichen Krankenkassen, FS Herzberg 2008, 795 ff; *Schneider,* Verhütung und Bekämpfung von Korruption, DÖV 97, 578; *Schünemann,* Das Strafrecht im Zeichen der Globalisierung, GA 2003, 299, 308 ff; *ders,* Die Unrechtsvereinbarung als Kern der Bestechungsdelikte nach dem KorrBekG, FS Otto, 2007, 777; *Schulte/Görts,* Die Relevanz korrupter Praktiken in der Pharmaindustrie nach dem Foreign Corrupt Practise Act am Beispiel von Anwendungsbeobachtungen, ZMGR 2006, 201 ff; *Stumpf/Voigts,* Gesundheitsmarkt zwischen Kooperation und Korruption, MedR 2009, 205; *Tondorf/Waider,* Strafrechtliche Aspekte der sog. Herzklappenskandals, MedR 1997, 102 ff; *Überhofen,* Korruption und Bestechungsdelikte im staatlichen Bereich, 1999; *Trinkl,* Strafbarkeit von Bestechung nach dem EuBestG und dem IntBestG, wistra 2006, 126; *Ulsenheimer,* Industriesponsoring – ein gefährliches Terrain, Frauenarzt 2001, 816 ff; *ders,* Drittmittelforschung, ains 2002, 164 ff; *ders,* Drittmittelwerbung und Vorteilsannahme/Bestechlichkeit – zum Vorteilsbegriff der Bestechungstatbestände, in: Bochumer Beiträge zu aktuellen Strafrechtsthemen, Vorträge anlässlich des Symposiums zum 70. Geburtstag von Gerd Geilen, 2003, S 185 ff; *ders,* Drittmitteleinwerbung und Strafrecht – Stand der Rechtsprechung, ZaeFQ 2005, 148 ff; *Verrel,* Überkriminalisierung oder Übertreibung? Die neue Furcht vor der Korruptionsstrafbarkeit in der Medizin, MedR 2003, 319 ff; *Vormbaum,* Probleme der Korruption im geschäftlichen Verkehr. Zur Auslegung des § 299 StGB, FS FC Schroeder, 2006, 649 ff; *Wabnitz/Janosch,* Handbuch der Wirtschaft und des Steuerstrafrechts 2000, 11/65 ff; *Walter,* Medizinische Forschung mit Drittmitteln – lebenswichtig oder kriminell?, ZRP 1999, 292 ff; *Wentzell,* Zur Tatbestandsproblematik der §§ 331, 332 StGB unter besonderer Berücksichtigung des Drittvorteils, 2004; *Wessing/Böttger,* Strafbarkeit des Sponsorings im Gesundheitswesen, in: f&w 1999, 444 ff; *Zieschang,* Das EU-Bestechungsgesetz und das Gesetz zur Bekämpfung internationaler Bestechung, NJW 1999, 105; *ders,* Die Auswirkungen des Gesetzes zur Bekämpfung der Korruption auf den Forschungsbereich, WissR 1999, 111 ff; *Zuck,* Der bestochene Krankenhausarzt, f&w 1999, 72 ff.

I. Einleitung

1 Ebenso wie das Phänomen des Abrechnungsbetrugs in den 80er Jahren urplötzlich die Strafverfolgungsbehörden in seinen Bann zog und ein neues, bislang fast unbekanntes, gewichtiges Kapitel des Arztstrafrechts begründete, ebenso unerwartet schlug mit der sog. „Herzklappenaffäre" im Mai 1994 die Geburtsstunde für ein weiteres arztstrafrechtliches Themengebiet, das bislang weder durch Ermittlungsverfahren noch durch Urteile, Disziplinarmaßnahmen oder sonstige Sanktionen besonders in Erscheinung getreten war. Als der „Spiegel" über die angebliche „Preistreiberei" bei Herzklappen, von der „größten Schmiergeldaffäre im deutschen Gesundheitswesen" und „festen Provisionen" für Leitende Ärzte und Verwaltungschefs berichtete, rief dies die Strafverfolger auf den Plan. In den Fällen der Umsatzabhängigkeit gewährter Sponsorleistungen, wenn also zB pro Herzklappe Boni oder Rabatte, Gutschriften oder sonstige Vergünstigungen gewährt und einem Konto gutgeschrieben wurden, über das der Chefarzt (Klinikdirektor) verfügen konnte, stellte sich aus strafrechtlicher Sicht die Frage des **Betrugs** gegenüber den Krankenkassen, der **Untreue** gegenüber dem Klinikträger und der **Vorteilsannahme** bzw **Bestechlichkeit** auf der „Nehmer-" und der **Vorteilsgewährung** bzw **Bestechung** auf der „Geberseite".

2 Die federführende Staatsanwaltschaft Wuppertal leitete deshalb bis Juli 1997 über 1500 Verfahren gegen Ärzte und Techniker aus insgesamt 418 Kliniken ein und ermittelte wegen des Verdachts der Korruptions- und Vermögensdelikte in rund 11 000 Einzelfällen, wobei sämtliche 32 Universitätsklinika „in rechtswidrige Machenschaften" verstrickt sein sollten.[1] Nach gut fünfjährigen Ermittlungen wurden etwa 70 % der Verfahren mangels hinreichenden Tatverdachts eingestellt, in weiteren rd 20 % der Fälle erfolgte die Einstellung gegen Zahlung einer Geldauflage, so dass die Zahl der Verurteilungen relativ gering war (unter 10 %)[2] und Zweifel berechtigt sind, ob Maß und Ziel bei der Aufdeckung und Verfolgung von Korruptionsverdacht im Gesundheitswesen immer verhältnismäßig waren.

3 Im Zuge dieser Ermittlungen gerieten auch die seit vielen Jahrzehnten üblichen Formen der Kooperation zwischen den medizinischen Einrichtungen und Ärzten einerseits und der Pharmazeutischen Industrie sowie Medizinprodukteherstellern andererseits in den Blickpunkt der Staatsanwaltschaft:
– Studienverträge betreffend klinische Prüfungen,
– Anwendungsbeobachtungen,[3]
– Beratungsverträge,
– Leih- und Geräteüberlassungsverträge zur Durchführung von Studien, klinischen Erprobungen oder Verbesserung der Diagnostik,
– Testvereinbarungen und Firmenbesuche,
– Kongresseinladungen und -ausrichtungen,
– Forschungsverträge, Zuwendungen für Forschungsvorhaben
– Spenden an medizinische Einrichtungen und Fördervereine,
– Übernahme von Gehaltszahlungen für Ärzte oder andere Mitarbeiter (MTA) bei Forschungsvorhaben,
– Zahlung von Kongressreisen, -gebühren und -übernachtungen,

---

[1] *Meurer*, Forschung und Lehre 1997, 572.
[2] Ärztezeitung v 28./29. 7. 2000, S 1; Ärztezeitung v 2. 6. 1997 Nr 99; Münchner Ärztliche Anzeigen, Nr 40 vom 5. 10. 1996, S 18; Süddeutsche Zeitung v 27./28. 7. 1996, S 4; SZ v 27. 4. 1996, S 35; SZ vom 12. 9. 1999, S 4.
[3] Anwendungsbeobachtungen wurden vielfach zu Marketingzwecken missbraucht, indem überhöhte Honorare für solche sog „unechten" Anwendungsbeobachtungen bezahlt wurden. Seit der 14. Novelle zum AMG im Jahr 2005 müssen Pharmafirmen nun Anwendungsbeobachtungen der KBV, den Spitzenverbänden der Krankenkassen und dem BfArM melden und seit 1. 4. 2007 auch die Vergütungsbeiträge, die den Ärzten bezahlt werden (DÄBl 2007, A 528).

23. Kapitel. Der Arzt im Strafrecht   4–6 § 152

– Referentenhonorare für Vorträge, Zahlungen für Publikationen, finanzielle Unterstützung von Symposien und Fortbildungsveranstaltungen,
um nur die gebräuchlichsten Kooperationsformen zu nennen.

Während **Betrug** (§ 263 StGB) und **Untreue** (Treubruchstatbestand gem § 266 StGB) schon aus subjektiven Gründen, aber auch wegen fehlender objektiver Tatbestandsvoraussetzungen (keine Täuschungshandlung und kein Schaden bei § 263 StGB, keine spezifische Vermögensbetreuungspflicht der Ärzte, kein Vermögensnachteil infolge Kompensation mit einem Vermögenszuwachs bei § 266 StGB, siehe RdNr 50) in den Verfahren praktisch keine Rolle oder jedenfalls nur eine untergeordnete (s RdNr 26, 33, 37) spielten, sind die Tatbestände der **Vorteilsannahme** (§ 331 StGB) und der **Bestechlichkeit** (§ 332 StGB) aufseiten der Ärzte bzw der **Vorteilsgewährung** (§ 333 StGB) und der **Bestechung** (§ 334 StGB) aufseiten der Industrie in den Brennpunkt der strafrechtlichen Würdigung des Industriesponsoring gerückt. Jeder im Gesundheitswesen Tätige, der auf die Beurteilung, Auswahl oder Bestellung von Medikamenten oder Medizinprodukten irgendwie (vorbereitend, unterstützend, gutachtlich, publizistisch ua) Einfluss nehmen kann und von Herstellern für sich oder Dritte irgendwelche Zuwendungen erhält, läuft inzwischen Gefahr, staatsanwaltschaftlichen Ermittlungen mit ihren belastenden Begleiterscheinungen (Durchsuchungen, Beschlagnahme, Ladung zur Beschuldigtenvernehmung ua) ausgesetzt zu werden. Dieses Risiko ist besonders durch die **Novellierung** der Strafbestimmungen der §§ 331 ff StGB und die Einfügung der **Angestelltenbestechung** bzw **-bestechlichkeit** in das Strafgesetzbuch (§ 299 StGB) durch das Gesetz zur Bekämpfung der Korruption vom 13. 8. 1997[4] erheblich gestiegen. Denn mit dem erklärten – und auch weitgehend erreichten – Ziel, zum einen die potenziell Betroffenen stärker zu sensibilisieren, zum anderen aber auch, um Polizei, Staatsanwaltschaft und Gerichten den Nachweis strafbaren Verhaltens auf diesem Sektor zu erleichtern, wurden die **Bestechungstatbestände** durch die Einbeziehung des Drittvorteils und die Lockerung der Unrechtsvereinbarung **bewusst erweitert** und die **Strafen verschärft**. Außerdem genügen ja „zureichende tatsächliche Anhaltspunkte" (§ 152 Abs 2 StPO), um den sog. Anfangsverdacht und damit das Einschreiten der Staatsanwaltschaft zu begründen.

Von der Ärzteschaft wird diese Entwicklung teils als ungerecht, unverhältnismäßig, zum Teil auch unverständlich empfunden, weil sie in vielen Bereichen, zB bei der **Forschung** in Universitätskliniken, auf **Drittmittel** angewiesen ist. Weder die Krankenhäuser noch die Kassen können angemessene, von der Sache gebotene Möglichkeiten finanzieren, um am Wissensdiskurs der Besten des Fachs weltweit teilzunehmen.[5] Klinikdirektoren werden allseits gedrängt, teilweise sogar gesetzlich verpflichtet, Drittmittel anzuwerben, und werden – so die gegenwärtigen politischen Vorgaben – auch nach der Höhe der eingeworbenen Drittmittel bezahlt. „Erfolge bei der Drittmittelwerbung sind ein wichtiges Berufungskriterium bei der Besetzung von Lehrstühlen".[6] Für ihre Kliniken erhalten die Leiter schon jetzt vielfach umso mehr staatliche Zuwendungen, je mehr sie Drittmittel akquirieren. Diese gelten somit als Leistungsindikator, die Drittmittelwerbung ist **Dienstaufgabe**.[7] Denn „ohne die substanzielle finanzielle Hilfe der Wirtschaft wäre klinische Forschung heute undenkbar", „gute Beziehungen zur Wirtschaft" werden deshalb „belohnt, schlechte hingegen bestraft".[8]

Auch die **Fort- und Weiterbildung** kommt ohne Sponsoring der Industrie nicht aus, da anderenfalls aus Kostengründen viele Symposien und wissenschaftliche Tagungen ausfallen müssen oder deutlich schwächer besucht werden. Nach einem Bericht der Ärztezeitung vom 4. 12. 2000 besuchten den Jahreskongress der Europäischen Gesellschaft für

---

[4] BGBl I 1997, 2038.
[5] *Voscherau*, Die Welt v 22. 12. 00, S 37.
[6] *Fischer*, StGB, 55. Aufl 2008, § 331 RdNr 27 b.
[7] Vgl LG Bonn MedR 2001, 262 mit Nachweisen.
[8] *Lutterotti*, FAZ v 7. 11. 07, S 12.

Kardiologie im Jahr 1999 600 Assistenzärzte mehr als im Jahr 2000, eine eindeutige Folge der rückläufigen finanziellen Unterstützung aus der Privatwirtschaft, die anhält. In gleicher Weise benötigen **Krankenhäuser** angesichts der immer **knapper werdenden** öffentlichen **finanziellen Mittel die Hilfe der Industrie** durch Übernahme der einen oder anderen zusätzlichen Stelle oder durch leihweise Überlassung von Geräten ua. Umgekehrt sind auch die **Medizinprodukteherseller** und **Pharmaunternehmen auf die Ärzte und Krankenhäuser angewiesen.** Denn bei der Entwicklung neuer Medizinprodukte und Arzneimittel ist eine „nach dem letzten Stand der wissenschaftlichen Erkenntnisse durchgeführte klinische Prüfung am Menschen im Interesse der Sicherheit unerlässlich"[9] Diese Prüfungen sind gesetzlich geregelt,[10] „die Zusammenarbeit der medizinischen Industrie mit Krankenhäusern und Ärzten also zwingend geboten",[11] so dass seit jeher zwischen Medizin und Industrie ein gegenseitiges Abhängigkeitsverhältnis besteht.

7 Angesichts dieser Abhängigkeit voneinander stehen die Beteiligten oftmals zwischen Scylla und Charybdis, zwischen Notwendigkeit und Verzicht, zwischen Erfolg und Strafverfolgung. Der Ruf nach dem Gesetzgeber, nach einer Änderung der soeben novellierten Strafvorschriften zugunsten der Ärzte und Krankenhäuser ist von daher zwar verständlich, aber eine Illusion. Andererseits macht man es sich aber aufseiten der Ermittlungsbehörden zu einfach, wenn man lapidar feststellt, „gesponserte Forschung" sei „kein Strafrechtsproblem, wenn die entsprechenden Vorschriften beachtet werden. Ablauf, Finanzierung und Verbuchung" seien „gesetzlich geregelt". Die Beachtung dieser Regeln begründe „gegenseitige Ansprüche, die das Tatbestandsmerkmal ‚Vorteil' entfallen lassen".[12] Aber: nach Ansicht des BGH[13] kann ein „Vorteil" schon im Abschluss eines Vertrages liegen und ein „Anfangsverdacht" ist leicht begründbar, wie die zahlreichen Ermittlungsverfahren zB wegen eines – angemessen bezahlten – Vortrags oder der – von der zuständigen Stelle genehmigten – Kongressreise auf Firmenkosten oder aber die unter II. Nr 11 und 12 berichteten Sachverhalte (korrekte Drittmittelbehandlung, dennoch Anklage) beweisen. „Wenn für eine Zuwendung des Unternehmens keine Gegenleistung des Arztes erbracht wird, besteht der Verdacht, dass die Zuwendung für die Bestellung von Produkten dieses Unternehmens erfolgt", so dass die Staatsanwaltschaft ein Ermittlungsverfahren einleitet, heißt es in einer Stellungnahme aus staatsanwaltlicher Sicht.[14]

8 Auch die Tatsache, dass mehr als zwei Drittel aller Verfahren aus dem Herzklappenkomplex mangels hinreichenden Tatverdachts eingestellt wurden, deutet darauf hin, dass die gerade für die Tatbestände §§ 331 ff StGB „wegen der im Einzelfall nicht immer einfach vorzunehmenden Abgrenzung zwischen unbedenklich honorierter Forschungstätigkeit und Vorteilsannahme" mit Recht geforderte[15] „eingehende rechtliche Bewertung bei der Prüfung des Anfangsverdachts" in der staatsanwaltschaftlichen Praxis leider oftmals unterbleibt. Dass die Strafverfolgungsbehörden die Einwerbung von **Drittmitteln** nicht „grundsätzlich als strafwürdiges Unrecht" ansehen, ist sicherlich richtig,[16] ebenso richtig ist aber auch die Feststellung, dass es im Bereich des „medizinischen Industriesponsoring" durchaus zu Friktionen mit dem Strafrecht kommt. Denn Sponsoring ist die Gewährung materieller Mittel durch Unternehmen, um Personen, Projekte und Organisationen zu fördern, aber auch mit dem Ziel der Werbung und Gewinnsteigerung für das Unternehmen. Im Hinblick auf diese in der Natur der Sache vorgegebene Ausgangslage hält es Mühlhausen aus der Sicht des Staatsanwalts für „bedenklich", zB bei der Professorenbesol-

---

[9] *Pfeiffer* NJW 1997, 783.
[10] §§ 17 ff MPG, §§ 40 AMG.
[11] *Pfeiffer* aaO, S 783.
[12] *Mühlhausen* chefarzt aktuell 2000, 92; auch *Goedel* PharmaR 2001, 2; *Günter* MedR 2001, 458.
[13] BGHSt 31, 264, 280.
[14] *Haeser* MedR 2002, 55.
[15] *Goedel* aaO, 3.
[16] *Goedel* aaO, 3.

23. Kapitel. Der Arzt im Strafrecht   9–12   § 152

dung künftig auf die Höhe der eingeworbenen Drittmittel abzustellen,[17] und macht damit die Konfliktsituation deutlich.

II. Einzelfälle betreffend Ärzte (Vorteilsannahme und Bestechlichkeit)

Welche Unsicherheit und Ängste inzwischen bestehen, aber auch welche Richtpunkte und Vorschriften unbedingt eingehalten werden müssen, wird am anschaulichsten deutlich, wenn man die einschlägigen Gerichtsentscheidungen in den Blick nimmt.   9

(1) Mit der Kostenübernahme für den Besuch eines **Ärztekongresses** (Teilnahmegebühren, Flugkosten, Unterbringung in einem First-Class-Hotel, erhebliche Bewirtungskosten: Gesamtbetrag DM 4494,26) befasste sich das **AG Schwäbisch-Gmünd** in seinem Urteil vom 23. 4. 1998 (mitgeteilt vom Bundesverband der Pharmazeutischen Industrie eV, Antikorruptionsgesetz 2001, S 33). Der angeklagte Arzt wurde wegen **Bestechlichkeit** nach § 332 Abs 1, Abs 3 Nr 2 aF StGB zu einer Geldstrafe verurteilt. Erschwerend wertete das Gericht, dass das Unternehmen auch die Flugkosten für die Ehefrau des Arztes bezahlt hatte. Ihm sei der Zweck der Zuwendungen, nämlich die Förderung der Fortsetzung der Geschäftsbeziehungen, bekannt gewesen, weshalb er unter Bevorzugung der Produkte der Sponsorfirma Konkurrenzprodukte bewusst unberücksichtigt gelassen habe. Damit hätten sachwidrige Gesichtspunkte bei seiner Ermessensentscheidung den Ausschlag gegeben und der Arzt damit pflichtwidrig gehandelt.   10

(2) Der **Ärztliche Direktor** eines Krankenhauses, der für die Auswahl sämtlicher medizinischer und pharmazeutischer Produkte seiner Abteilung zuständig war, veranstaltete jährlich eine **Weihnachtsfeier**, die im Laufe der Jahre von mehreren medizinischen Firmen mit unterschiedlichen Geldzuwendungen in Höhe von DM 1500,00 bis DM 5000,00 unterstützt wurde. Das **AG Stuttgart** verurteilte ihn deshalb am 4. 12. 1998 (Az B 14 Cs 414 Js 99309/97) zu einer Geldstrafe von 70 Tagessätzen. Auch hier bejahte das Gericht den Tatbestand der **Bestechlichkeit** nach § 332 Abs 1, Abs 3 Nr 2 aF StGB, da ihm bewusst gewesen sei, dass man ihn mit den Zahlungen als „Ansprechpartner bei der Werbung für Produkte und als Entscheidungsträger über den Einsatz der medizinischen Produkte beeinflussen" wollte und es für den Tatbestand genüge, dass der Täter „durch sein Verhalten zu verstehen gibt, er werde den Vorteil bei seiner Entscheidung berücksichtigen". Zu dieser Schlussfolgerung berechtige allerdings nicht schon „die Tatsache, dass er überhaupt etwas angenommen" habe, vielmehr setze § 332 Abs 3 Nr 2 StGB voraus, dass der Täter „sich dem anderen gegenüber bereit gezeigt hat, sich bei der Ausübung des Ermessens durch den Vorteil beeinflussen zu lassen". Den Einwand des Ärztlichen Direktors, dass er sich „tatsächlich nicht in seiner zukünftigen Entscheidung beeinflussen ließ", wies das Gericht ebenso als unbeachtlich zurück wie seine glaubwürdige Einlassung, dass er „sich jeweils vornahm, sich gerade nicht durch die Zuwendungen und Vorteile beeinflussen zu lassen", sondern „weiterhin ausschließlich nach sachlichen Gesichtspunkten Medikamente einzusetzen". Denn maßgeblich sei nicht, was er subjektiv wolle, sondern was er nach außen hin objektiv erkläre, „und allein durch sein Verhalten unter den genannten Umständen" (zB die Höhe der Zuwendungsbeträge, die Intensität der Beziehungen zu den Unternehmen, die zeitliche Abfolge zwischen Zuwendung und Bestellung ua) „erklärte sich der Angeklagte zur Verwirklichung der Ziele der Firmen bereit".   11

Die irrige Annahme des Ärztlichen Direktors, „nicht gegen ein gesetzliches Verbot zu verstoßen", weil er „sich bei den späteren Medikamentenbestellungen nicht von sachfremden Erwägungen leiten ließ", wertete das Gericht als **unbeachtlichen Verbotsirrtum,** der für ihn durch Nachfrage bei seinem Dienstherrn oder der Verwaltung, „die nichts von den Zuwendungen für Weihnachtsfeiern wußte", leicht erkennbar war. Im Rahmen der zahlreichen Schuldminderungsgründe hob das Gericht vor allem die „allgemein übliche Praxis, Geld- und Sachwerte entgegenzunehmen", und die „daraus resultierende Gedankenlosigkeit bei der Annahme solcher Werte" hervor, die zu einem „schleichenden Verfall des Unrechtsbewusstseins" geführt hätten.

(3) **AG Tuttlingen, Urteil vom 8. 2. 1999 – 5 Cs 411 Js 91480/96:**   12
Eine **Oberärztin**, die für die Auswahl von Herzschrittmacherprodukten ihrer Abteilung am Kreiskrankenhaus verantwortlich war, wurde zu einer Geldstrafe von 90 Tagessätzen wegen **Bestechlichkeit** verurteilt, weil sie sich die Kosten für ihre **Teilnahme an zwei internationalen Kongressen** in Barcelona und Amsterdam in Höhe von über DM 5000,00 sowie die **Kongressgebühren** und **Hotelunterkunft** in Höhe von mindestens DM 500,00 hatte bezahlen lassen. Der Angeklagten, so das Gericht, sei bewusst gewesen, dass die Einladungen an sie nur ausgesprochen

---

[17] chefarzt aktuell 2000, 92.

waren, um weiterhin Bestellungen im gleichen Umfang wie bisher zu gewährleisten. Durch die Teilnahme an den Kongressen habe sie diese Erwartungen des Unternehmens stillschweigend gebilligt und ihr Einverständnis erklärt, „die erlangten Zuwendungen bei ihren Bestellentscheidungen in die Waagschale zu werfen und weiterhin wie bisher die Schrittmacher der „Fa X" zu bestellen bzw auf Bestellentscheidungen zugunsten dieser Firma hinzuwirken". Das Argument der Angeklagten, sie habe sich „durch die Übernahme der Reisekosten nicht in ihren Entscheidungen beeinflussen lassen", betrachtete das Gericht als „Schutzbehauptung". Denn sie habe „im Laufe der Jahre" zu den Mitarbeitern, die sie auf den verschiedenen Fortbildungsreisen betreut hätten und nach Schulungsmaßnahmen gemeinsam mit ihr zum Essen gegangen wären, ein „gutes Verhältnis aufgebaut", das „die Bestellentscheidungen prägte". Auch die Einlassung der Angeklagten, „alle anderen Herzschrittmacheranbieter bzw Pharmafirmen hätten dieselben Angebote gemacht bzw die Reisekosten übernommen", würdigte das Gericht im Vorsatzbereich nicht: „Es macht keinen Unterschied, von wem man Vorteile annimmt. § 332 StGB sieht vor, dass die Vorteile eben von niemand angenommen werden. Eine möglicherweise in der Ärzteschaft verbreitete Übung kann sich nur im Rahmen der Strafzumessung auswirken".

13 Das **Gericht** bejahte die Amtsträgereigenschaft der Oberärztin, einen wirtschaftlichen und ideellen Vorteil (Mehrung ihres Ansehens und damit Erhöhung der Karrierechancen), die Pflichtwidrigkeit der Ermessensentscheidung, da es genüge, wenn sich der Amtsträger „bei seiner Entscheidung von dem Vorteil beeinflussen lässt", und auch die Unrechtsvereinbarung infolge des „zwischen Geber und Nehmer bestehenden", besonders engen Geflechts im Einzelnen festgelegter Beziehungen.

14 Zugunsten der Angeklagten berücksichtigte das Gericht den Zweck der Reise (berufliche Fortbildung und Verbesserung der medizinischen Versorgung der Patienten) sowie die Tatsache, dass eine „derartige Zuwendungspraxis der medizinischen und pharmazeutischen Firmen weit verbreitet" sei und sich ein „geschärftes Bewußtsein für die Pflichten aus dem öffentlich-rechtlichen Anstellungsverhältnis" im Arztbereich „nicht in dem Maße entwickelt" habe, „wie bei anderen Angehörigen der öffentlichen Verwaltung". Außerdem billige das Gericht der Oberärztin einen – allerdings **vermeidbaren** – **Verbotsirrtum** zu, da sie aus der Kenntnis der Krankenhausverwaltung „über die Finanzierungspraxis ihrer Fortbildungsreisen" den „nicht zutreffenden Schluss zog, dadurch sei die Entgegennahme der Vorteile gerechtfertigt", also die ihr bekannten Tatsachen rechtlich falsch wertete. Durch die Nachfrage „beispielsweise bei einem Rechtsanwalt" hätte sie „ohne Probleme herausfinden können, dass eine Rechtfertigung im Rahmen des § 332 StGB durch die Genehmigung des Dienstvorgesetzten nicht in Betracht kommt".

15 (4) Auf die Berufung der Angeklagten wurde das Urteil des AG Tuttlingen durch das **LG Rottweil** am 27. 1. 2000 (Az 11 Ns 411 Js 91480/96 Ak 82/99) abgeändert und die Geldstrafe auf 50 Tagessätze ermäßigt. Der Grund hierfür lag darin, dass das Landgericht für die erste Kongressteilnahme im Jahre 1992 den objektiven und subjektiven Tatbestand der Bestechlichkeit nicht zu begründen vermochte. Anders sei dagegen die Kostenübernahme für die **Kongressreise** im Jahre 1995 zu beurteilen. Der Finanzierung dieser Fortbildungsmaßnahme habe „eine Unrechtsvereinbarung" des Inhalts zu Grunde gelegen, dass die Bezahlung „als äquivalente Gegenleistung für einen oder mehrere künftige Bestellungen gewährt und angenommen wurde". Die künftige Dienstleistung, „auf die sich die Unrechtsvereinbarung der Beteiligten bezog", sei auch „hinreichend bestimmt" gewesen. Denn es genüge, „dass der Amtsträger innerhalb eines bestimmten Aufgabenbereichs in einer gewissen Richtung hin", nämlich zum Zwecke der „Umsatzerhöhung durch zusätzliche Auftragserteilung" tätig werden solle.

16 Im Rahmen der **Strafzumessung** hob das LG Rottweil ua schuldmindernd das „intensive Fortbildungsstreben" der Oberärztin, ferner den vermeidbaren Verbotsirrtum (wobei allerdings die im Jahre 1994 nachhaltig bekannt gewordene Herzklappenaffäre „Anlass zu entsprechenden Überlegungen und Konsequenzen für eigenes Handeln" hätte sein müssen) sowie den „zweifellos außerordentlichen Druck der Hersteller" hervor. Außerdem sei „Firmensponsoring dieser Art damals gängig und weit verbreitet" gewesen, „ohne dass es deshalb als sozial-adäquat gerechtfertigt werden könnte". Strafmindernd fiel auch der Umstand ins Gewicht, dass das Firmensponsoring zur „sog **Drittmittelforschung** in einer teilweise vergleichbaren Parallele steht", und man in diesem Bereich „auch künftig" nicht „auf Mittelzuwendungen durch die Pharmaindustrie wird verzichten können unter der Voraussetzung, dass sich die Drittmittelforschung im Rahmen der für die Universitäten bestehenden Richtlinien hält (Ratzel, Arzt und Pharma-Industrie, MedR 1998, S 98 f)".

17 (5) Einen eindeutigen Fall der **Bestechlichkeit** hatte das **LG Magedeburg** in seinem Urteil vom 30. 6. 1999 – Az 24 KLs 5/99 624 Js 20385/97 – zu entscheiden. Der angeklagte **Oberarzt** hatte als Leiter eines **Hämophiliezentrums** darüber zu entscheiden, welche Arzneimittel von welchem pharmazeutischen Unternehmer bei den Patienten anzuwenden waren. Unter Absprache einer

Umsatzbeteiligung verschrieb er vor allem die Präparate dieser Firma, wobei die Umsatzbeteiligung nach außen hin durch einen Beratervertrag betreffend wissenschaftliche Fragestellungen verdeckt wurde, da er in Wirklichkeit keine Beratungsleistungen erbrachte und die in Rechnung gestellten Beträge exakt den Umsatzbeteiligungen entsprachen. Das Urteil lautete wegen Bestechlichkeit auf eine Freiheitsstrafe von einem Jahr und 10 Monaten, ausgesetzt zur Bewährung gegen Zahlung einer Auflage von DM 280 000,00.

(6) Urteil des **AG Hamburg-Wandsbek** vom 12. 8. 1999 (Az 727 a Cs 2047 Js 132/96): Der angeklagte **Oberarzt** hatte zwei **Flugreisen zu Kongressen** in die USA unternommen, die ihm ein Medizinprodukteshersteller, mit dem er aufgrund seines besonderen Fachwissens und seiner Erfahrung die Bestellentscheidungen seiner Abteilung vorbereitete, in Höhe von etwa DM 3500,00 bezahlte bzw bezuschusste. Das Gericht sah damit den Tatbestand der **Bestechlichkeit** erfüllt, da er bei seinen Verhandlungen gewusst habe, „dass die Zuwendungen nicht auf einer uneigennützigen Motivation beruhten", sondern zur Stabilisierung und Steigerung des Absatzes gewährt wurden. Der Oberarzt habe „mit der Annahme des Vorteils dem faktischen Geschäftspartner gezeigt, dass er sich bei der Ausübung seines Einkaufs-Ermessens durch den Vorteil beeinflussen lässt. Rechtfertigung durch Sozialadäquanz oder Genehmigung scheidet bei § 332 StGB aus", heißt es weiter. Die Strafe von 90 Tagessätzen wird damit begründet, dass der Angeklagte bislang unbestraft war, die Taten lange zurückliegen, „nicht so gewichtig" seien, „dass sie im Führungszeugnis erscheinen müßten", und „die Zuwendungen in beiden Fällen auch im Hinblick auf die Fortbildung bezahlt wurden".

(7) Im Verfahren 141 a I-74/99 und 141 a I Ds/204 Js 70/96 lehnte das **AG Hamburg** mit Beschluss vom 10. 9. 1999 die Eröffnung des Hauptverfahrens gegen den **Leiter der Abteilung für Thorax-, Herz- und Gefäßchirurgie** ab, der auf die Auswahl und Bestellung von Herzschrittmachern potenziellen Einfluß und um „Unterstützung" für die **Jahrestagung seiner Fachgesellschaft** bei einem entsprechenden Unternehmen gebeten hatte. In den Firmenunterlagen fand sich zwar der handschriftliche Vermerk: „Bitte DM 5000,00 genehmigen, da seit Jahren sehr guter und treuer Kunde", doch ließ sich allein daraus nach Ansicht des Gerichts „kein zwingender Hinweis auf eine Unrechtsvereinbarung entnehmen", da es sich hierbei „um eine hausinterne Rechtfertigung der erbetenen Spende gehandelt haben könnte". Außerdem habe der Angeschuldigte nicht einmal in allgemeiner Form zugesichert, sich für die Firma im Falle einer Spende zu „verwenden", geschweige eine sonstige konkrete Zusage einer Diensthandlung gemacht, so dass eine „ausdrücklich oder stillschweigend getroffene Unrechtsvereinbarung, nämlich eine bestimmte Diensthandlung als Gegenleistung (Äquivalent) für den zugewandten Vorteil zu erbringen", fehle. „Die Zuwendung von Vorteilen zur Erlangung eines allgemeinen Wohlwollens reichte nach der alten Rechtslage nicht aus".

Angeklagt war darüber hinaus auch eine Firmenzahlung auf ein von der Krankenhausverwaltung geführtes **Drittmittelkonto**, von dem der Angeschuldigte nichts „für private Zwecke" verwandte, sondern die Mittel überwiegend einsetzte, „um verschiedenen Mitarbeitern die Teilnahme an Kongressen zu finanzieren". Hier verneinte das Gericht die „Eigennützigkeit" und nahm darüber hinaus einen **unvermeidbaren Verbotsirrtum** im Sinne des § 17 S 1 StGB an, da es sich bei der eingeworbenen Spende zwar „nicht um Drittmittel im klassischen Sinn" handelte, also um „Zuwendungen Dritter für Forschungsvorhaben forschungsberechtigter Mitglieder der Universitäten", doch seien die „Vorschriften bezüglich Drittmittel auf die vorliegende Spende analog anzuwenden". Deutlich heißt es in dem Beschluss weiter: „Wenn aber der Angeschuldigte Drittmittel für die Weiterbildung seiner Mitarbeiter einwirbt und für die Verwaltung der betreffenden Drittmittel ein von seinem Dienstherrn vorgesehenes Verfahren nutzt, das genau für diesen Zweck, nämlich für das Einwerben und Verwalten von Drittmitteln, eingerichtet worden ist, so kann ihm kein Verschuldensvorwurf gemacht werden. Das verwaltungsinterne Verfahren war gerade für solche Fälle geschaffen worden. Indem der Angeschuldigte das allgemeine Verfahren offen nutzte, konnte er darauf vertrauen, dass seine Vorgehensweise rechtens war. Schließlich musste er nicht damit rechnen, dass die Verwaltung durch das Einrichten der Nebenbuchhaltung für die Verwaltung von Drittmitteln der Bestechung oder Vorteilsannahme Vorschub hätte leisten wollen".

Angeklagt war schließlich noch die Teilnahme an mehreren **Essenseinladungen**, wobei die Staatsanwaltschaft einen Wert von DM 132,00, DM 160,00 und DM 462,30 zulasten des Angeschuldigten und seiner Gattin errechnet hatte. Das Gericht **verneinte** den Tatbestand der **Bestechlichkeit**, weil es schon grundsätzliche Zweifel daran hatte, ob man den Wert der Bewirtung dadurch berechnen könne, dass man den Gesamtbetrag durch die Anzahl der Gäste teilt. Es widerspreche „nämlich jeder Lebenserfahrung, dass alle Gäste einer Bewirtung Getränke und Speisen gleichen Preises bestellen". Darüber hinaus fehle bei derartigen Zuwendungen, „die nur allgemein mit Rücksicht auf die Dienststellung der Amtsperson gemacht werden", die erforderliche Unrechtsvereinbarung, da sich „der Vorteilsgeber lediglich das allgemeine Wohlwollen oder die Geneigtheit des Amtsträgers sichern" wolle „und der Amtsträger dies auch so versteht". Essenseinladungen dieser Größenordnungen gingen „für den Chefarzt einer Klinik nicht über den Wert hinaus, was als Ausdruck allgemeinen höflichen Umgangs zur „Klimapflege" in Kreisen des Angeschuldigten üblich ist", so dass „die vorgeworfenen Bewirtungen noch im Rahmen der hinnehmbaren Sozialadäquanz" lägen.

22 (8) Das **LG Hamburg** hat die sofortige Beschwerde gegen den Nichteröffnungsbeschluss des AG Hamburg vom 10. 9. 1999 (RdNr 19) mit Beschluss vom 5. 11. 1999 verworfen. Als Direktor einer medizinischen Abteilung habe er zwar „eine faktische Mitentscheidungsbefugnis jedenfalls über die Bestellung von Herzklappen" gehabt, doch spreche die „tatsächliche Bestellentwicklung indiziell nicht für eine im Hinblick auf zukünftige Bestellungen geschlossene Unrechtsvereinbarung" zwischen ihm und der Herstellerfirma. Bezüglich der **Einwerbung von Drittmitteln** für die Abteilung und „in seiner Eigenschaft als Kongresspräsident der Deutschen Gesellschaft" für deren Jahrestagung in Höhe von jeweils DM 5000,00 fehle es „an der nach dem hier anwendbaren alten Recht erforderlichen Eigennützigkeit des erlangten Vorteils". Auch bezüglich der **Essenseinladungen** folgte das Landgericht der amtsrichterlichen Begründung, betonte die Fragwürdigkeit der Aufteilung der Gesamtrechnung durch die Anzahl der Gäste sowie die „Regeln des sozialen Verkehrs und der Höflichkeit" und meinte abschließend, „angesichts der geringen Zahl der Einladungen und angesichts der Höhe der Zuwendungen im Vergleich zur sozialen Stellung des Angeschuldigten" sei „kein hinreichender Beweis für eine Unrechtsvereinbarung in Bezug auf eine bestimmte Diensthandlung" erbracht. „Allein aufgrund dieser Einladungen musste sich für den Angeschuldigten auch nicht aufdrängen, dass die Firma . . . sich nicht nur sein allgemeines Wohlwollen sichern wollte, sondern zukünftig von ihm eine Pflichtverletzung erwartete".

23 (9) Die erste Entscheidung des **Bundesgerichtshofs** (Urteil vom 19. 10. 1999, MedR 2000, 193 m Anm von *Goeben*, MedR 2000, 194) zur „Sponsoringproblematik" betraf einen **Oberarzt, Leiter der Kardiologie** eines Kreiskrankenhauses, der entgegen früheren Gewohnheiten ausschließlich bei einem bestimmten Unternehmen Herzschrittmacher und andere Medizinprodukte bestellt hatte. Dafür erhielt er über mehrere Jahre Bonuszahlungen und weitere Vergünstigungen durch Bezahlung mehrtägiger **Auslandsreisen** und großzügige **Essenseinladungen**. Das **LG Offenburg** (Urteil vom 15. 12. 1998 – 2 KLs 41 Js 487/96) verurteilte ihn wegen **Bestechlichkeit**, **Vorteilsannahme** und **Untreue** zu einer Gesamtfreiheitsstrafe von einem Jahr und sechs Monaten bei Strafaussetzung zur Bewährung.

24 Die Revision der Staatsanwaltschaft beanstandete die Verurteilung wegen Vorteilsannahme statt Bestechlichkeit in den Fällen, in denen das Unternehmen den Angeklagten zu aufwendigen Essen in Gourmet-Restaurants zusammen mit seiner Ehefrau und zu zwei mehrtägigen Reisen eingeladen hatte. Die Strafkammer sah hierin nach dem Ergebnis der Beweisaufnahme keine Bestechlichkeit im Sinne des § 332 Abs 1, Abs 3 Nr 2 StGB, doch rügte der BGH diese rechtliche Wertung, da sie „nicht auf einer umfassenden Erörterung der wesentlichen vom Landgericht festgestellten Umstände" beruhe. Dessen Feststellung, der Angeklagte habe nicht zu erkennen gegeben, „dass die Einladungen bei der Entscheidung für weitere Bestellungen eine Rolle spielen würden", werde „der gesamten Beziehung zwischen dem Angeklagten und der Lieferfirma nicht gerecht. Für deren Mitarbeiter musste sich aus der Annahme der Einladungen der Schluss aufdrängen, der Angeklagte sei weiter an der bisherigen „Zusammenarbeit" interessiert. Andererseits musste der Angeklagte sich dazu bereit zur Annahme der jeweiligen Vorteile nicht ausdrücklich äußern; es genügte, dass er sich schlüssig bereit zeigte, auch weiterhin bei den von ihm getätigten Bestellungen seine Pflichten zu verletzen. Auch die zeitlichen Zusammenhänge sprechen dafür, dass zwischen der Annahme der Einladungen und Bestellung ein erkennbarer Zusammenhang bestand; so erfolgte die erste Einladung zu einem Essen am 12. 12. 1991 und bereits am nächsten Tag, dem 13. 12. 1991, gab der Angeklagte eine erneute Bestellung im Umfang von DM 59 866,00 auf, und auch in weiteren Fällen folgte der Einladung alsbald eine Bestellung".

25 Die neue Hauptverhandlung führte zum Schuldspruch wegen **Bestechlichkeit** auch in diesen Fällen und zu einer Gesamtstrafe von zwei Jahren mit Bewährung.

26 (10) Besonders intensiv und instruktiv erörterte das **Hanseatische Oberlandesgericht** in seinem Beschluss vom 14. 1. 2000 (MedR 2000, 371 ff), mit dem es die Anklage der Staatsanwaltschaft gegen einen in der **Universitätsklinik** beschäftigten, mit faktischer Entscheidungsbefugnis über die Bestellung von Herzschrittmachern ausgestatteten **Oberarzt** wegen **Vorteilsannahme** zugelassen hat, die Rechtsfragen des Industriesponsoring auf medizinischem Sektor. Im konkreten Fall ging es auf der einen Seite um **Herzkatheterbestellungen** und auf der anderen Seite um Honorare für eine – tatsächlich auch ausgeübte – **Beratertätigkeit**, für **Studienverträge**, sonstige **Forschungsprojekte**, für **Vorträge** sowie um die **Übernahme der Hotel- und Flugkosten** anlässlich der Teilnahme an **Ärztekongressen** bzw **Jahrestagungen** der Fachgesellschaften. Das OLG Hamburg

bejahte die für die Eröffnung des Hauptverfahrens erforderliche hinreichende Verurteilungswahrscheinlichkeit (die das LG Hamburg mit Beschluss vom 8. 10. 1999 verneint hatte), da es durch Urkunden und Zeugenaussagen beweisbar sei, dass die Zuwendungen „umsatzorientiert unter Verknüpfung mit dem Umfang der bisherigen und künftig zu erwartenden Käufe von Medizinprodukten" gewährt wurden und dies dem angeklagten Oberarzt auch bewusst war. Allerdings sei – abweichend von der Auffassung der Staatsanwaltschaft – **nicht der Tatbestand der Bestechlichkeit**, sondern nur der geringer bestrafte Tatbestand der Vorteilsannahme gegeben, da konkrete Umstände fehlten, wonach der Oberarzt sich der Sponsorfirma gegenüber „bereit gezeigt" habe, sich bei der Auswahl der Herzkatheter durch den Vorteil beeinflussen zu lassen. Das bloße Fordern, sich Versprechenlassen und Annehmen eines Vorteils werde „bereits über § 331 Abs 1 StGB erfasst" und bedürfe daher „keiner Bestrafung nach § 332 StGB"; denn „anderenfalls führte in Fällen künftiger Ermessensausübung jede Unrechtsvereinbarung entgegen dem systematischen Verhältnis der §§ 331, 332 StGB automatisch zur Tatbestandserfüllung der Bestechlichkeit". Dieser Qualifikationstatbestand erfordere für das Tatbestandsmerkmal des Sich-bereit-zeigens „zusätzliche Umstände".

Am Ende der Entscheidung, die sich sehr subtil mit den Tatbestandsmerkmalen der Vorteilsannahme und der Bestechlichkeit auseinandersetzt, heißt es ua: Die Taten des Angeklagten „entsprachen mutmaßlich einer verbreiteten kriminellen Übung in seinem beruflichen Umfeld". Die Zuständigkeit des Landgerichts wird mit der „besonderen Bedeutung des Falles", mit dem Interesse der Öffentlichkeit und Medien sowie der „krisenhaften Kostenentwicklung im Krankenhauswesen und der wissenschaftspolitischen Debatte um die Drittfinanzierung staatlicher Forschung" begründet.

Das **LG Hamburg**[18] hat mit Urteil vom 10. 7. 2000, das rechtskräftig geworden ist, den angeklagten Oberarzt **freigesprochen**, da sich das von der Bestechungstatbeständen vorausgesetzte ungeschriebene Tatbestandsmerkmal der **Unrechtsvereinbarung**, dh das übereinstimmende Bewußtsein zwischen Arzt und Unternehmen, er werde für die gewährten Zuwendungen den Absatz der Medizinprodukte im Universitätsklinikum fördern, **nicht nachweisen** ließ. Außerdem sah das Gericht die Zuwendungen für die Teilnahme an Fachkongressen (Hotel-, Flug- und Registrierungskosten), angemessene Honorare für Fortbildungsveranstaltungen sowie für Beratungsleistungen zur Entwicklung, Evaluierung und Verbesserung medizinischer Produkte nicht als „Vorteil im Rahmen einer Unrechtsvereinbarung" an, „wenn sie weder umsatzbezogen noch gewinnorientiert gewährt werden".[19] Darüber hinaus fehlt nach Auffassung der Kammer[20] das objektive Tatbestandsmerkmal der „Diensthandlung" bei Auswahl und Verwendung der Katheter, da der Oberarzt insoweit „im Rahmen der ärztlichen Heilbehandlung" tätig wurde, bei der er nicht „als Amtsträger in Ausübung seines Amtes", sondern als Arzt in **unabhängiger** ärztlicher Funktion in Erscheinung trete. Im übrigen war die Teilnahme an Kongressen allgemein genehmigt, da es sich um „reine Forschungsförderung handelt", jedenfalls aber war der Angeklagte davon ausgegangen, so dass ein **vorsatzausschließender Tatbestandsirrtum** gem § 16 StGB vorlag.

Gegen diese Entscheidung legte die Staatsanwaltschaft Revision ein, die vom BGH jedoch als unbegründet zurückgewiesen wurde.[21] Dabei nimmt der Senat Bezug auf die beiden vorangegangenen Grundsatzentscheidungen[22] und betont, dass in dem zur Entscheidung stehenden Sachverhalt „in keinem der Einzelfälle eine Abhängigkeit der Höhe der Vorteilsgewährung von den durch Diensthandlungen des Empfängers beeinflussten Absatzumfang zugunsten des Zuwendenden festzustellen war".[23] Das Landgericht habe „keine Anhaltspunkte dafür gefunden, dass der Angeklagte sich jemals bei einer Entscheidung über die Auswahl eines einzusetzenden Herzschrittmachers an anderen Kriterien als an den im individuellen Einzelfall allein für maßgeblich erachteten Patientenbedürfnissen orientiert hatte".[24] Die Drittmittelkonten des Angeklagten seien der Universitätsverwaltung bekannt gewesen, sie habe den Einsatz der dort eingezahlten Mittel bewilligt und den Spendern Quittungen erteilt.

Abschließend sah der BGH – auch im Anschluss an die Tendenz der zitierten beiden Grundsatzentscheidungen aus dem Jahre 2002 (s Nr 11 und 13) – folgenden Hinweis angezeigt: „Mit der – durch das Korruptionsbekämpfungsgesetz verschärften -Strafvorschrift des § 331 StGB soll auch dem Hervorrufen des bösen Anscheins möglicher „Käuflichkeit" von Amtsträgern begegnet werden.

---

[18] MedR 2001, 525 ff.
[19] LG Hamburg MedR 2001, 525.
[20] MedR; aaO, 527.
[21] BGH MedR 2003, 688 f.
[22] BGHSt 47, 295 und BGHSt 48, 44.
[23] AaO, 689.
[24] AaO, 689.

Die Sensibilität der Rechtsgemeinschaft bei der Erwägung der Strafwürdigkeit der Entgegennahme von Vorteilen durch Amtsträger ist, auch in Fällen der vorliegenden Art, mittlerweile deutlich geschärft. Mithin wird in derartigen Fällen künftig Trägern vor der Annahme jeglicher Vorteile, die in Zusammenhang mit ihrer Dienstausübung gebracht werden können, die strikte Absicherung von Transparenz im Wege von Anzeigen und Einholungen von Genehmigungen auf hochschulrechtlicher Grundlage abzuverlangen sein. Die Gewährleistung eines derartigen Verhaltens obliegt namentlich auch der besonderen Verantwortung der jeweiligen Vorgesetzten".[25]

31 **(11)** In einem weiteren umfangreichen Verfahren gegen den **Ärztlichen Direktor der Herzchirurgie** eines Universitätsklinikums ging es ua um umsatzabhängige Zuwendungen und deren Auszahlung auf das Konto eines von ihm gegründeten Fördervereins. Das **LG Heidelberg** hat mit Beschluss vom 2. 7. 1999 (1 KLs 42 Js 22565/96) das Hauptverfahren in weitem Umfang mangels hinreichenden Tatverdachts nicht zugelassen. Soweit es dabei um die **kostenlose Überlassung hochwertiger medizinischer und sonstiger Geräte** sowie die **Übernahme der Reparaturkosten** für diese durch die Herstellerfirma ging, hatte die sofortige Beschwerde der Staatsanwaltschaft zum **OLG Karlsruhe** (Beschluss vom 30. 3. 2000, wistra 2000, 275 ff = NJW 2001, 907 ff) jedoch Erfolg.

32 Bezüglich der Amtsträgereigenschaft, der Unrechtsvereinbarung (Bestellungen von Herzklappenprothesen, Herzschrittmachern und Defibrillatoren im Gegenzug für die kostenlose Überlassung bzw Reparatur der hochwertigen Geräte) und der pflichtwidrigen Diensthandlungen als tatbestandliche Voraussetzungen der Bestechlichkeit teilte der Senat bei vorläufiger Tatbewertung auf der Grundlage der Ergebnisse der Ermittlungen die Einschätzung des Landgerichts.

33 Im Gegensatz zur Strafkammer bejahte er darüber hinaus das Vorliegen eines **Vorteils** mit der Begründung, „unabhängig von der Frage, wer Eigentümer der Geräte geworden ist", habe „die Forschungseinrichtung (Klinik bzw Abteilung) durch die geldwerte Stellung der Geräte eine objektive und wirtschaftlich meßbare Vermögensmehrung erfahren, durch die von den Zuwendungen in seine Forschungssphäre betroffene Angeklagte mittelbar ebenfalls bessergestellt ist. Die wissenschaftlichen Arbeits- und Entfaltungsmöglichkeiten der Abteilung und damit auch des Angeklagten wurden zweifellos dadurch erheblich verbessert, dass staatlicherseits nicht finanzierte hochwertige Geräte für seine Abteilung angeschafft werden konnten. Dass diese Verbesserung objektiv meßbar – nicht bezifferbar ist – liegt auf der Hand". Hierdurch sei „gleichzeitig das Ansehen des Angeklagten als Leiter der besser ausgestatteten Abteilung und Lehrstuhlinhaber auch im Sinne einer konkreten Verbesserung seiner Karrierechancen gesteigert" worden.

34 Auf die vom LG aufgeworfene Frage, „ob man die jeweiligen Geräte, wären sie nicht von den Firmen kostenlos zur Verfügung gestellt worden, letztlich anderweitig auf Kosten des Landes beschafft hätte", komme es nicht an. „Weder Wortlaut noch Entstehungsgeschichte des § 332 StGB aF stehen dem entgegen". Denn „vor dem Hintergrund des Schutzgutes der Bestechungstatbestände (die Lauterkeit des öffentlichen Dienstes und das Vertrauen der Allgemeinheit in sie) (vgl BGH NStZ 1985, 497, 499) macht es keinen Unterschied, ob Dritter iSd §§ 331 ff StGB eine privatautonom agierende Personenvereinigung oder aber die Anstellungskörperschaft des Amtsträgers selbst ist (so zutreffend *Dauster*, NStZ 1999, S 66; vgl schon OLG Oldenburg, Nds Rechtspflege 1950, 179)".

35 Das **OLG Karlsruhe** beschließt seine Argumentation mit der Feststellung: „Ebenfalls im Hinblick auf das beschriebene Rechtsgut hält es der Senat schließlich auch unter dem Gesichtspunkt der Wissenschafts- und Forschungsfreiheit des Art 5 Abs 3 Satz 1 GG (vgl hierzu aber *Dauster*, aaO, S 66 ff und *Walter*, ZRP 1999, 292, 295 f) nicht für geboten, eine (ausschließlich) für die medizinische Forschung erfolgte Beschaffung von „Drittmitteln" durch Amtsträger in einschränkender Auslegung des Vorteilsbegriffs nicht als tatbestandsmäßig iSd § 332 StGB anzusehen" (wistra 2000, 277). Naheliegend sei lediglich die Prüfung der §§ 153, 153 a StPO oder des § 59 StGB in derartigen Fällen.

36 Die Große Strafkammer des LG Heidelberg befand den Herzchirurgen der **Vorteilsannahme** und **Untreue** für schuldig, da er Anfang der 90er Jahre Bonuszahlungen eines Medizinprodukteherstellers in Höhe von DM 163 000,00 angenommen und, ohne die Gelder an die Universität abzugeben, für die Forschung seiner Abteilung verausgabt habe. Obwohl der Angeklagte sogar DM 220 000,00 eigenes Geld in seine Forschung steckte, die Universität die Notwendigkeit der Drittmittelfinanzierung mit Nachdruck betonte und nach den Worten des Vorsitzenden Richters der Angeklagte persönlich „über jeden Zweifel erhaben" war (Bericht der Zeitung DIE WELT vom 29. 3. 2001, S 40), wurde er dennoch zu einer Geldstrafe von DM 200 000,00 (!) verurteilt.

37 Die dagegen eingelegte Revision führte zu der lang erwarteten Grundsatzentscheidung des BGH, die eine Fülle der mit dem Verhältnis zwischen Industriesponsoring und Vorteilsannahme

---

[25] BGH MedR 2003, 689.

23. Kapitel. Der Arzt im Strafrecht

bzw Bestechlichkeit aufgeworfenen schwierigen und umstrittenen Fragen klärte.[26] Der BGH hob den Schuldspruch des Landgerichts wegen **Untreue** (Treubruchstatbestand) auf, indem er sowohl den objektiven Tatbestand (mangels Verletzung der Vermögensbetreuungspflicht des Klinikdirektors und mangels Verursachung eines Vermögensnachteils) als auch den subjektiven Tatbestand verneinte.[27, 28]

Die **subjektive** Tatseite der Untreue sah der Senat als nicht erfüllt an, da der Angeklagte sich nicht selbst habe bereichern wollen, sondern „allein darauf bedacht" gewesen sei, für seine Forschungsvorhaben eine zusätzliche Geldquelle zu erschließen". In diesem Zusammenhang sei der „Stand von Diskussion und Erkenntnis über erlaubte und nicht erlaubte Abwicklungswege im Tatzeitraum ebenso zu bedenken gewesen wie der Beweggrund des Angeklagten, die Effizienz der Förderung zu sichern", und die Tatsache, „dass er ein auf seinen Namen eingerichtetes Drittmittelkonto mit Beträgen in namhafter Höhe aus seiner Privatliquidation speiste".[29]

Dagegen bestehen nach Ansicht des BGH gegen die Würdigung des Handelns des Angeklagten als **Vorteilsannahme** (§ 331 Abs 1 StGB aF) im Ergebnis keine durchgreifenden rechtlichen Bedenken. Sowohl das Tatbestandsmerkmal „Vorteil" als auch das ungeschriebene Tatbestandsmerkmal der „Unrechtsvereinbarung" seien zutreffend bejaht worden. Allerdings müsse der Tatbestand des § 331 Abs 1 StGB „im Blick auf die hochschulrechtlich verankerte Dienstaufgabe eines Hochschullehrers zur Einwerbung von Drittmitteln einschränkend ausgelegt werden, um Wertungswidersprüche zu vermeiden".[30] Dies bedeutet: Wenn das gesetzlich oder verwaltungsrechtlich vorgesehene Verfahren für die Einwerbung zweckbestimmter Mittel durch einen Amtsträger eingehalten werde, sei „die Durchschaubarkeit (Transparenz) des Vorgangs hinreichend sichergestellt, den Kontroll- und Aufsichtsorganen eine Überwachung ermöglicht und so der Notwendigkeit des Schutzes vor dem Anschein der „Käuflichkeit" von Entscheidungen des Amtsträgers angemessen Rechnung getragen. Zudem werden Strafrecht und Hochschulrecht auf der Tatbestandsebene in einen systematischen Einklang gebracht und ein Wertungsbruch vermieden".[31]

Den **bedingten Vorsatz** sah der BGH angesichts der „Umsatzabhängigkeit der Zuwendungen" und der „Umgehung der Universitätsverwaltung", also durch „tragfähige Beweisanzeichen" als gegeben an.

Da der BGH die Revision der Staatsanwaltschaft, die den Tatbestand der Bestechlichkeit (§ 332 Abs 1 StGB) bejahte, als unbegründet zurückwies, bedurfte die Rechtsfolgenfrage[32] ebenfalls der erneuten Verhandlung und Entscheidung. Dazu führte der Senat aus, der neue Tatrichter müsse den „mittelbaren Vorteil, der dem Angeklagten selbst zugute kam, genauer bestimmen und ihn auch mit den unmittelbaren Vorteilen anderer – etwa der Universität – abgleichen, die mit dem Mitteleinsatz verbunden waren. Für die Rechtsfolgeentscheidung könnte sich erweisen, dass das verwirklichte Unrecht hier am unteren Rande des überhaupt Strafwürdigen liegt. Im Verbund mit der langen Dauer des Verfahrens und den justitiell zu verantwortenden Verzögerungen wird ein Ahndungsbedürfnis dann möglicherweise nicht mehr bestehen und eine Sachbehandlung nach § 153 StPO in Betracht zu ziehen sein".

(12) LG Bonn, Beschluss vom 8. 2. 2001 (MedR 2001, 260)

Die bei der Lektüre der vorstehend zitierten Entscheidungen sichtbar werdende Rechtsunsicherheit wird durch den Beschluss des LG Bonn vom 8. 2. 2001 (Az 27 B 13/00, MedR 2001, 260) nachdrücklich bestätigt. Denn die Strafkammer hat die Eröffnung des Hauptverfahrens gegen den **Ärztlichen Direktor einer Universitätsklinik** in allen Fällen unmittelbarer Zahlungen auf das bei der Universitätsverwaltung geführte sog. Drittmittelkonto teils aus tatsächlichen, teils aus rechtlichen Gründen abgelehnt. Die **Drittmitteleinwerbung** sei nicht an den Angeschuldigten, sondern an die Medizinische Einrichtung gegangen, wobei deren zuständige Sachbearbeiter die Beschaffungsanträge sowohl bezüglich der Deckung des Kontos als auch bezüglich des Verwendungszwecks geprüft hätten. „Damit steht aber eine Zweckbindung der zivilrechtlich den Medizinischen Einrichtungen zuzuordnenden Gelder für die Erfüllung der Aufgaben der Klinik fest, für deren Einhaltung Kontrollmechanismen eingerichtet waren, die der Angeschuldigte bei Anforderung oder Annahme der Gelder unmittelbar auf das Drittmittelkonto auch nicht umgangen hat".

---

[26] BGHSt 47, 295 ff = BGH MedR 2003, 688 ff.
[27] BGHSt 47, 295, 302.
[28] BGHSt 47, 295, 302, 303.
[29] Siehe oben RdNr 36.
[30] BGHSt 47, 295, 303.
[31] BGHSt 47, 295, 303.
[32] Nicht abgedruckt in; BGHSt 47, 295 ff, wohl aber in MedR 2003, 41 ff, 47.

42 Obwohl die wörtliche Auslegung der §§ 331 ff StGB die Stelle der öffentlichen Verwaltung, für die der Amtsträger tätig ist (Dienststelle), als „Dritte" qualifizieren lasse, ergebe sich aus der Gesetzesgeschichte und dem Schutzgut der Bestechungsdelikte, dass der Begriff des „Dritten" die Dienststelle des Amtsträgers nicht erfasst. „Vorteile, die ausschließlich der Dienststelle selbst für die Erfüllung der zugewiesenen Aufgaben zufließen, also **staatsnützig** in ihrem Aufgabenbereich sind, können nach außen die Makellosigkeit der Amtsführung und das Vertrauen der Bevölkerung in die Lauterkeit der Amtsführung nicht gefährden", stellt das LG Bonn im Anschluss an Dauster (NStZ 1999, 63, 67) fest. Die Auffassung des OLG Karlsruhe (s RdNr 32 ff) trage deshalb „nicht zur Rechtssicherheit bei, auf die die zur Einwerbung von Drittmitteln angehaltenen Klinikleiter einen Anspruch haben". Ausdrücklich betont die Strafkammer, die Unterscheidung zwischen **privat-** und **staatsnützigen** Vorteilen sei auch nach der Gesetzesnovellierung vom August 1997 geboten. „Die teleologische Reduktion der §§ 331, 332 StGB für die Fälle, in denen Gelder seitens der Industrie wie hier auf Drittmittelkonten der Universitätskrankenhäuser gelangt sind, lässt sich in dem Satz zusammenfassen: Dass sich der Dienst selbst verbessert, darf nicht strafbar sein (Walter, ZRP 1999, 292, 295)". Ansonsten sehe sich der Staat dem Vorwurf widersprüchlichen Verhaltens ausgesetzt, das strafrechtlich zu verfolgen, was er selbst – weil ihm nützlich – angeregt hat. „Vorteile" iSd Gesetzes sind deshalb nach Auffassung der Kammer nur diejenigen privatnütziger Art (siehe auch *Dieners/Taschke*, PharmaR 2000, 309, 319; *Dauster*, NStZ 1999, 63, 67; *Lüdersen*, JZ 1997, 112, 120), die hier nicht vorlagen. Denn „allein eine Steigerung des Ansehens" könne nach der Neufassung der §§ 331, 332 StGB „nicht als Vorteil" im „Sinne dieser Bestimmungen begriffen werden" (so auch OLG Karlsruhe, wistra 2000, 275, 277).

43 Darüber hinaus sah die Strafkammer nicht hinreichend aufgeklärt, ob der Angeschuldigte eine Dienstpflicht verletzt habe. In diesem Zusammenhang wird – ebenso wie im Beschluss des OLG Hamburg vom 14.1.2000 (vorstehend Nr 10) – mit Nachdruck darauf hingewiesen, dass das Tatbestandsmerkmal des „Sich-bereit-zeigens" in § 332 Abs 3 Nr 2 StGB eine eigenständige Bedeutung haben müsse, „die über das in der Annahme etc. des Vorteils liegende Unrechtsvereinbarung hinausgeht". Erforderlich seien daher „**zusätzliche** Umstände, aus denen sich ergibt, dass der Amtsträger den Anschein erweckt hat, sich von dem Vorteil bei der Ausübung seines Ermessens beeinflussen zu lassen". Daher kann „allein in der Annahme des Vorteils im Zusammenhang mit einer Diensthandlung" an sich (Unrechtsvereinbarung) nicht bereits ein „Bereitzeigen" iSd § 332 Abs 3 Nr 2 StGB gesehen werden."

44 Somit kam nach Auffassung des LG Bonn lediglich eine Vorteilsannahme gem § 331 StGB in Betracht, die jedoch gem § 331 Abs 3 StGB **gerechtfertigt** war, da „die Verwaltung der Medizinischen Einrichtungen von der Einzahlung auf das und der Verwendung von Industriemitteln aus dem Drittmittelkonto auch außerhalb bestimmter Forschungsprojekte Kenntnis hatte, diese Vorgehensweise sogar angeregt und damit genehmigt hat. Zumindest aber durfte der Angeschuldigte davon ausgehen, dass die – offenbar nicht nur in der Klinik – eingespielte Praxis die Zustimmung der Leitung der Medizinischen Einrichtungen fand".

45 Besondere Beachtung verdienen schließlich wegen ihrer Klarheit die abschließenden Feststellungen des Gerichts: „Die Kammer verschließt ihre Augen nicht davor, dass das zunehmende private Sponsoring öffentlicher Aufgaben weit über die Forschungsförderung hinaus rechtspolitisch bedenklich erscheint. Die strafrechtliche Beurteilung dieser Entwicklungen darf aber im Einzelfall nicht davon abhängig gemacht werden, ob das Anwerben von Sponsorgeldern – je nach Zweckbindung der Mittel – in den Medien einmal positiv und ein anderes Mal negativ dargestellt wird. Bei den Zuwendungen Dritter an die Universitäten darf nicht übersehen werden, dass es eine sachlich begründete Notwendigkeit der Zusammenarbeit und des Erfahrungsaustausches zwischen Wissenschaftlern und der Industrie gibt. Auch deshalb ist es geboten, durch eine klare Rechtsprechung Rechtssicherheit für die zur Drittmitteleinwerbung verpflichteten Personen zu schaffen".

46 Zugelassen wurde vom LG Bonn die Anklage wegen der von der Industrie bezahlten **Weihnachtsfeiern** sowie der **Übernahme von Reisekosten** und eines **Abendessens** mit Gastprofessoren.

47 Die sofortige Beschwerde der Staatsanwaltschaft gegen den Beschluss des LG Bonn hatte Erfolg: das **OLG Köln**[33] ordnete die Durchführung der Hauptverhandlung vor einer anderen Strafkammer an, da die Unterscheidung des Vorteils nach Staats- und Privatnützigkeit nicht durchführbar sei (NStZ 2002, 36 RdNr 3) und auch Drittmittelzuwendungen „nicht bereits durch die Wissenschaftsfreiheit des Art 5 Abs 3 Satz 1 und 2 GG gedeckt würden (aaO S 36 RdNr 4). „Schon die Lebenserfahrung" spreche dafür, „dass sich die Lieferfirmen von derartigen Zuwendungen, Bonusleistungen,

---

[33] NStZ 2002, 36 ff = MedR 2002, 413 m Anm *Erlinger*.

Gutschriften etc einen Vorteil im Zusammenhang mit Aufträgen" versprechen (aaO S 36 RdNr 11) und deshalb alles auf das Vorliegen einer Unrechtsvereinbarung hindeute, zumal es im vorliegenden Fall „an der gebotenen Transparenz und Offenheit" fehle, die „vor der strafrechtlichen Verfolgung bewahren könnten". Die Tatbestände der §§ 331 ff verlangen nach klarer Abgrenzung zwischen privaten und öffentlichen Vorteilen und nach Durchschaubarkeit der Vorgänge" (aaO S 37 RdNr 12). Bis November 1994 wurde dem Angeklagten allerdings ein **unvermeidbarer Verbotsirrtum** attestiert, danach hätten ihm die „öffentlich diskutierten Vorgänge Veranlassung geben müssen, kompetenten Rechtsrat einzuholen, seine bis dahin geübte Praxis der Drittmitteleinwerbung und -verwendung aufzugeben und statt dessen die bestehenden Empfehlungen und Richtlinien umzusetzen" (aaO S 38 RdNr 26).[34]

(13) Eine weitere Grundsatzentscheidung des BGH zur Abgrenzung der Bestechlichkeit von der Vorteilsannahme bei der Einwerbung von Drittmitteln betraf die Revision eines Universitätsprofessors und Leiters der Abteilung für Herzchirurgie eines Universitätsklinikums, den das **Landgericht Ulm** wegen **Bestechlichkeit** gem. § 332 Abs 1, Abs 3 Nr 2 StGB aF verurteilt hatte. Dabei ging es um folgenden Sachverhalt: Der Angeklagte hatte von Firmen, die seine Abteilung mit medizintechnischen Produkten belieferten, Zuwendungen und Leistungen, konkret Kosten für seine Kongressreisen sowie für Betriebs- und Weihnachtsfeiern erhalten. In einem Fall ließ sich der Klinikchef die Dauerleihe einer dualen Antriebskonsole und damit die Verbesserung auch seiner persönlichen Wirkungsmöglichkeiten versprechen und sagte im Gegenzug die Bestellung von wenigstens 300 Optima-Oxygenatoren jährlich für den Zeitraum von drei Jahren und die Veranlassung der dazu erforderlichen Maßnahmen zu. Dieses Koppelungsgeschäft wurde der mit der Beschaffung befassten Abteilung Materialwirtschaft des Klinikums nicht offen gelegt. Der BGH sah hierin eine **pflichtwidrige** Diensthandlung, weil der Klinikdirektor sich bei seiner Entscheidung für den Bezug der Geräte durch den Vorteil (duale Antriebskonsole) auch tatsächlich beeinflussen ließ,[35] und damit den Tatbestand des § 332 Abs 1, Abs 3 Nr 2 StGB als gegeben. In den übrigen Fallkonstellationen bejahte der BGH die objektiven und subjektiven Voraussetzungen einer Vorteilsannahme nach § 331 Abs 1 StGB aF und stellte abschließend fest: „Bestechlichkeit wie Vorteilsannahme ist ein gewisses Maß an Heimlichkeit und Verdeckung der Vorteilsvereinbarung und des Vorteils gegenüber der Anstellungskörperschaft eigen".

(14) Unter einem ganz anderen Blickwinkel als dem der Vorteilsannahme und Bestechlichkeit, nämlich als strafbare **Untreue**, würdigte die **Staatsanwaltschaft Mainz** den **Bezug überteuerter Herzschrittmacher-Implantate,** wobei die beiden Angeschuldigten, der **Chefarzt** und der **Oberarzt** für Kardiologie an einem örtlichen Hospital, dafür monatliche, zur Anschaffung eines in der Klinik eingesetzten EKG-Geräts verwendete Zahlungen der Lieferfirma in Höhe von insgesamt DM 76 500,00 erhalten haben sollen. Das **AG Mainz** lehnte durch Beschluss vom 27. 9. 2000 die Eröffnung des Hauptverfahrens mangels Vorliegens eines hinreichenden Tatverdachts ab, die sofortige Beschwerde der Staatsanwaltschaft zum **LG Mainz** hatte keinen Erfolg (NJW 2001, 906 f). Denn nach Ansicht der Strafkammer haben Ärzte bei ihrer beruflichen Tätigkeit zwar die „selbstverständliche Nebenpflicht", Vermögensinteressen ihres Dienstherrn „nicht mutwillig oder grob fahrlässig zu schädigen", doch ist diese „als solche jedem Arbeitnehmer obliegende Verpflichtung ... nicht der „typische" und „hauptsächliche" Inhalt des Dienstverhältnisses" der beiden Angeschuldigten. „Wesentliche Pflicht ihres Vertragsverhältnisses war die Erbringung ärztlicher Leistungen im Rahmen der Verwirklichung des gemeinsamen Werks christlicher Nächstenliebe". **Mangels** einer **spezifischen Vermögensbetreuungspflicht** hielt das Gericht daher den Treubruchstatbestand für nicht gegeben.

Darüber hinaus äußerte es Zweifel bezüglich des Eintritts eines **Vermögensnachteils** für die Klinik bzw ihren Träger. „Denn jedenfalls fehlt ein Vermögensschaden im Sinne des § 266 StGB, falls der Schaden durch gleichzeitige Vorteile, durch einen den Verlust aufwiegenden Vermögenszuwachs ausgeglichen wird. Davon aber muss hier angesichts des Umstands, dass dem behaupteten Schaden, der nicht notwendigerweise identisch sein muss mit den durch die Angeklagten angeblich erlangten Vorteilen (DM 76 500,00), durch den Einsatz des EKG-Geräts erzielte Einsparungen in Höhe von DM 636 550,00 gegenübergestanden haben, mit einiger Gewißheit ausgegangen werden".

Begründete Zweifel richten sich nach Auffassung der Strafkammer schließlich gegen die **Nachweisbarkeit des erforderlichen Tatvorsatzes,** an den „gerade bei der Untreue – vor allem in Fällen, in denen der Täter nicht eigensüchtig gehandelt hat – strenge Anforderungen zu stellen sind". Angesichts der Tatsache, dass die Angeschuldigten das mit den Firmengeldern beschaffte EKG-Gerät

---

[34] AaO, S 38 RdNr 26.
[35] BGHSt 48, 44, 50.

"anschließend im Interesse und zum wirtschaftlichen Nutzen ihres Dienstherrn" einsetzten, erscheint die „Beweisbarkeit einer gewollten Schädigung der Klinik oder ihres Trägers" mehr als fraglich.

52 (15) In der Presse und im wissenschaftlichen Schrifttum wurde darüber hinaus über viele weitere Fälle mit Sanktionen gegen Ärzte berichtet: Das AG Wolfratshausen verurteilte den **Chefarzt** eines Krankenhauses zu einer Geldstrafe von DM 36 000,00 wegen **Bestechlichkeit,** weil er von einem Medizintechnik-Hersteller pro implantiertem Herzschrittmacher einen Bonus zwischen DM 500,00 und 1000,00 erhalten hatte, den er auf ein Sonderkonto überweisen ließ, aus dem die Fortbildung für Ärzte des Kreiskrankenhauses finanziert wurde (Süddeutsche Zeitung vom 12.12.1998).

53 Wegen **Bestechlichkeit** wurde ein **Oberarzt,** der von einer Lieferfirma für medizinisch-technische Produkte ein Beraterhonorar und ein Notebook erhielt, vom AG Traunstein verurteilt und mit einer Geldstrafe (DM 12 000,00) belegt (mitgeteilt von *Mühlhausen* in chefarzt aktuell 2000, S 92).

54 Der **Oberarzt** eines Universitätsklinikums, der regelmäßig auf sein Privatkonto über vier Jahre lang Monat für Monat DM 2000,00 im Rahmen eines sog „Beratervertrages" von einem Unternehmen überwiesen bekommen hatte, ohne wirkliche Gegenleistungen zu erbringen, akzeptierte einen Strafbefehl des AG München über 300 Tagessätze à DM 500,00 wegen **Vorteilsannahme.** Wegen seiner Verfehlung kündigte ihm obendrein der Krankenhausträger und das Berufsgericht für Heilberufe beim OLG München verhängte zusätzlich noch eine Geldbuße in Höhe von DM 4000,00 (Az. BG-L 18/00, Bericht der Süddeutschen Zeitung vom 30.11.2000, S. L2).

55 Einen Strafbefehl über 11 Monate Freiheitsstrafe auf Bewährung und eine Bewährungsauflage von DM 400 000,00 erließ das AG Mainz gegen einen **Klinikdirektor,** der bei der Abrechnung von Arzneimittelstudien in seiner Klinik die aus der Pharmaindustrie zufließenden Mittel nicht mit seinem Institut verrechnet, sondern privat vereinnahmt hatte (Bericht FAZ vom 13.11.2000, S 7).

56 Ein **Oberarzt** schloß einen Vertrag über die Aufstellung eines Thermografiesystems und die Bezahlung von zwei AiP-Stellen, wofür er sich im Gegenzug zum Kauf der Produkte dieses Unternehmens verpflichtete. Wegen **Vorteilsannahme** verurteilte ihn das AG München zu einer Freiheitsstrafe von 11 Monaten auf Bewährung (mitgeteilt von *Mühlhausen* in chefarzt aktuell 2000, S 92).

57 Der für die Aufarbeitung des sog. „Herzklappenskandals" zuständige Oberstaatsanwalt Mühlhausen berichtete in einem Beitrag vom September 2000, bisher seien „gegen mindestens 200 Ärzte, die für Produktentscheidungen (mit)verantwortlich waren, wegen Bestechlichkeit oder Vorteilsannahme Anklagen, Urteile, Strafbefehle und Auflagen" ergangen, wobei „die Summe der Geldstrafen und Bußen die 2-Millionen-Marke überschritten" hätte. Auch in der Folgezeit waren der Presse immer wieder umfangreiche Ermittlungen gegen große Unternehmen mit mehreren hundert oder tausend Beschuldigten zu entnehmen, gegen die die Verfahren aber in aller Regel gegen eine Geldauflage in Höhe der empfangenen Zuwendung nach § 153a StPO eingestellt wurden.[36] Die finanziellen Beziehungen zwischen der Pharmaindustrie und den Ärzten werden im Ausland ebenfalls scharf überwacht und Verstöße zivil- und strafrechtlich geahndet.[37]

III. Einzelfälle betreffend Firmenangehörige (Vorteilsgewährung und Bestechung)

58 Natürlich wurden nicht nur Ärzte, sondern auch Manager und Mitarbeiter der „Sponsorfirmen" strafrechtlich verfolgt und verurteilt.

59 (1) Das **AG Wuppertal** (Urteil vom 14.12.1998 – Az 27 Ds 24 a Js 153/97) verurteilte den **Verkaufsleiter** Deutschland für den Bereich Herzchirurgie eines großen Unternehmens wegen **Bestechung** in 13 Fällen zu einer Gesamtfreiheitsstrafe von einem Jahr und einer Bewährungsauflage von DM 10 000,00. Die Hauptverhandlung hatte ergeben, dass den kaufentscheidenden Ärzten Rückvergütungen aus dem von der Klinikverwaltung gezahlten Kaufpreis für Medizinprodukte firmenintern als Bonus gutgeschrieben wurden, mit denen man dann „im einvernehmlichen Zusammenwirken zwischen Vertretern der Firma und den Ärzten letzteren zB Geräte, Kongressreisen, Fortbildungsveranstaltungen oder andere Veranstaltungen" finanzierte. Außerdem wurden Personalkosten übernommen, wobei „die Zuwendungen entweder durch Zahlung angefallener Rechnungen oder durch Überweisung der erforderlichen Gelder auf Drittmittelkonten erfolgten". Darüber hinaus gab es „Zahlungen an Fördervereine, die in enger Verbindung zu den kaufentscheidenden Ärzten stan-

---

[36] Jedenfalls was die Empfänger (Ärzte) betrifft.
[37] Für die USA s den Beitrag von *Schulte/Görts,* Die Relevanz korrupter Praktiken in der Pharmaindustie nach dem Foreign Corrupt Practise Act, ZMGR 06, 201 ff.

23. Kapitel. Der Arzt im Strafrecht

den", wobei „auch in diesen Fällen durch die Angabe des genauen Verwendungszwecks sichergestellt wurde, dass der Arzt trotz der Überweisung an den Förderverein über die Verwendung der Gelder bestimmen konnte". Das AG sah hierin den Tatbestand des § 334 StGB (Bestechung) erfüllt, da es sich bei den Ärzten „ausnahmslos um Amtsträger" handelte, denen „umsatzabhängig finanzielle Vorteile gewährt" wurden. Diese sollten sich dadurch bei ihren künftigen Produktauswahlentscheidungen, die „Diensthandlungen" darstellten, beeinflussen lassen (§ 334 Abs 1, Abs 3 StGB).

Bei der Strafzumessung berücksichtigte das Gericht zugunsten des Angeklagten die „branchenübliche Verkaufsstrategie", die das Fehlverhalten zwar nicht rechtfertige, aber erkläre, sein Geständnis und seine Einsicht sowie die Tatsache, „dass die von ihm veranlassten Zuwendungen weitgehend der Forschung, für die oftmals ausreichende Geldmittel fehlten, sowie der Ausstattung der Krankenhäuser dienten". 60

(2) Gleichfalls zu einer Freiheitsstrafe von einem Jahr wurde ein **Außendienstmitarbeiter** eines Medizinprodukteherstellers vom **LG Düsseldorf** (Urteil vom 14. 7. 1999 – Az 24a Js 85/97) wegen **Bestechung** verurteilt, weil er den Arzt als Gegenleistung für Kaufentscheidungen und für die künftige Bevorzugung der Produkte seines Unternehmens häufig in Restaurants der Luxusklasse eingeladen hatte, sog. „Werksbesichtigungen", die weitgehend „Kurzurlauben" gleichkamen, finanzierte und dabei auch die für die Ehefrau anfallenden Kosten übernahm. 61

(3) In einem weiteren Fall vor dem **LG Düsseldorf** (IV 12/99 810 (24a) Js 124/97, Urteil vom 4. 4. 2000) verurteilte die Strafkammer den **Verkaufsleiter** eines Herstellerunternehmens wegen **Bestechung** in sieben Fällen zu einer Gesamtfreiheitsstrafe von 9 Monaten auf Bewährung und einer Bewährungsauflage in Höhe von DM 20 000,00. In diesem Fall ging es um Studienverträge mit Ärzten, die der Angeklagte nach Auffassung des Gerichts zu dem Zweck geschlossen hatte, ihre Kaufentscheidungen zu beeinflussen. 62

IV. Erläuterungen zu den einschlägigen Tatbeständen (§§ 331 und 332 StGB)

Schutzzweck der §§ 331 ff StGB ist die „Lauterkeit des öffentlichen Dienstes" und das „Vertrauen der Allgemeinheit in die Sachlichkeit staatlicher Entscheidungen",[38] das „Vertrauen in die Sachgerechtigkeit und ‚Nicht-Käuflichkeit' dienstlichen Handelns".[39] Es soll vor allem schon der „Anschein der Käuflichkeit von Amtshandlungen" ausgeschaltet und einer Gefährdung der Integrität der Dienstausübung entgegengewirkt werden, wie sie sich aus der Annahme von Zuwendungen für dienstliche Tätigkeiten ergeben kann.[40] 63

1. Vorteilsannahme (§ 331 StGB). Die Vorteilsannahme (§ 331 Abs 1 StGB) setzt voraus, dass ein „Amtsträger für die Dienstausübung einen Vorteil für sich oder einen Dritten fordert, sich versprechen lässt oder annimmt". Die Tat ist gem § 331 Abs 3 StGB nicht strafbar, „wenn die zuständige Behörde im Rahmen ihrer Befugnisse entweder die Annahme" eines – nicht geforderten – Vorteils durch den Empfänger „vorher genehmigt" hat oder sie auf unverzügliche Anzeige des Empfängers hin genehmigt. Demgegenüber ist der Tatbestand der **Bestechlichkeit** nach § 332 StGB im wesentlichen dadurch charakterisiert, dass es um eine **pflichtwidrige** Diensthandlung (Abs 1) oder um eine **Ermessens**entscheidung geht, bei der sich der Empfänger der Zuwendung **bereit zeigt,** sich durch den Vorteil beeinflussen zu lassen (§ 332 Abs 3 Nr 2 StGB). Eine Genehmigung, die den Täter von Strafe freistellt, kommt deshalb hier nicht in Betracht. 64

a) Der Amtsträgerbegriff. Amtsträger sind zum einen diejenigen Ärzte, die den **Beamtenstatus** haben (§ 11 Abs 1 Nr 2 a StGB), zum anderen aber auch alle angestellten Ärzte und Pflegekräfte, die in Universitätskliniken, Kreis-, Bezirks- oder Städtischen Krankenhäusern tätig sind.[41] Sie nehmen „bei einer sonstigen Stelle Aufgaben der öffentlichen Verwaltung" wahr (§ 11 Abs 1 Nr 2 c StGB). „Sonstige Stellen" sind „behördenähnliche Institutionen, die rechtlich befugt sind, bei der Ausführung von Gesetzen und Erfül- 65

---

[38] BGHSt 10, 241; 15, 96; BGH NStZ 1985, 497; OLG Hamm NStZ 02, 38 *Fischer*, StGB, 55. Aufl 2008, § 331 RdNr 2.
[39] BGHSt 47, 295, 303; 49, 275, 294; BGH NJW 07, 3446, 3448.
[40] *Lackner/Kühl*, StGB, 26. Aufl 2007, §§ 331 RdNr 1.
[41] OLG Karlsruhe NJW 1983, 352 und hL im Schrifttum.

lung öffentlicher Aufgaben mitzuwirken".[42] Denn dazu gehört auch die Erhaltung der Gesundheit der Bürger sowie die Heilung von Krankheiten, die sog „**Daseinsvorsorge**". Auf die zur Aufgabenerfüllung gewählte Organisationsform kommt es nicht an (§ 11 Abs 1 Nr 2 c StGB). Unerheblich ist daher, ob das Städtische Krankenhaus zB in der Rechtsform einer selbstständigen GmbH, als unselbstständiger Eigenbetrieb einer Kommune oder aber in Gestalt einer öffentlichen Körperschaft betrieben wird. Denn „ein Handeln in den Formen des Privatrechts schließt die Amtsträgereigenschaft nicht aus, wenn im Auftrag von Behörden öffentliche Aufgaben wahrgenommen werden".[43] Hat die Kommune alle GmbH-Anteile oder doch die Mehrheit daran, so ist von einer Wahrnehmung **öffentlicher** Aufgaben durch die dort tätigen Mitarbeiter auszugehen. „Die Entscheidung für eine (nur) formelle Privatisierung unter Einrichtung von kommunalen Steuerungs- bzw Einflussmöglichkeiten begründet ein schutzwürdiges Vertrauen des Bürgers in eine funktionierende, integre Aufgabenwahrnehmung".[44] Es gilt eine **funktionale,** nicht organisationsrechtliche Betrachtungsweise, der Amtsträgerbegriff ist **funktionell** in der Weise geprägt, dass der Amtsträger als Repräsentant des Staates, quasi als dessen „verlängerter Arm" in Erscheinung tritt.[45] Dies ist insbesondere bei der Erfüllung solcher Aufgaben in Betracht zu ziehen, die ihrer Natur nach typischerweise dem Staat vorbehalten sind.[46]

66 Nicht zu den Amtsträgern gehören die **niedergelassenen (Vertrags-)Ärzte** (denn „die Feststellung einer Erkrankung sowie der medizinisch notwendigen Behandlung" und die Verordnungstätigkeit des Vertragsarztes gehören nicht zu den hoheitlichen Aufgaben der Krankenkasse[47]) und die **Belegärzte,** da sie Freiberufler sind und letztere lediglich auf gleichberechtigter vertraglicher Basis die Infrastruktur des Krankenhauses (OP-Säle, OP-Personal, Betten, Pflegekräfte ua) in Anspruch nehmen.[48] Ihnen gleichgestellt sind beamtete oder angestellte, aber **ermächtigte** Chefärzte, soweit sie im Rahmen ihrer Ermächtigung, die sie zur Teilnahme an der vertragsärztlichen Versorgung berechtigt, tätig sind, da sie diesbezüglich keine Dienstaufgaben erfüllen. Denn die vom Inhaber einer Chefarztambulanz erbrachte ärztliche Tätigkeit gehört nicht zu seinen Dienstpflichten, die ihm als Beamten obliegen. Gleiches gilt für die Behandlung von Privatpatienten in der Krankenhausambulanz, da er insoweit „nicht im Rahmen des öffentlichen Auftrags seines Krankenhauses zur medizinischen Versorgung der Bevölkerung tätig"[49] wird.

67 Problematisch ist dagegen die Beurteilung der von den **Großkirchen** getragenen Krankenhäuser. Obwohl keine „Staatskirche" besteht (Art 140 GG, Art 137 Abs 1 Weimarer Reichsverfassung), sind die Katholische und Evangelische Kirche Körperschaften des öffentlichen Rechts und wegen ihres institutionellen Charakters in die Daseinsvorsorge eingebunden. Wie jedoch schon mehrfach entschieden wurde, sind „die Kirchen nicht Teil der öffentlichen Verwaltung und – ungeachtet ihrer Anerkennung als Körperschaften des öffentlichen Rechts – auch nicht im weitesten Sinne „staatsmittelbare" Organisationen oder Verwaltungseinrichtungen".[50] Die Kirchen unterliegen keiner staatlichen Steuerung. Eigenständigkeit und Selbstbestimmungsrecht der Kirchen erstrecken sich auch auf die Verwaltung ihres Vermögens,[51] sie sind überwiegend privatrechtlich organisiert, so dass die neuere Judikatur auch Kirchenbeamte nicht als Amtsträger im Sinne des § 11 Abs 1 Nr 2

---

[42] BGH NStZ 2004, 380.
[43] BGH NJW 2001, 2103, 2104; BGH NStZ 04, 380.
[44] BGH NStZ 04, 380, 381.
[45] BGHSt 43, 370, 377 = NJW 1998, 1874 = NStZ 1998, 564 L.
[46] BGH NJW 2001, 2104; BGH NJW 1999, 2378; BGH NStZ 04, 380, 381.
[47] *Klötzer* NStZ NStZ 08, 12, 16, hL; aA *Pragal/Apfel* A&R 2007, 10, 16 ff.
[48] *Reese* PharmaR 06, 92; *Erlinger,* in Münchener Anwaltshandbuch, hrsg v *Widmaier,* 2007, § 49 RdNr 141; *Taschke* StV 2005, 406, 409 f mwN für diese hM; *Klötzer* NStZ 08, 12, 16; **aA** Neupert NJW 06, 2811 ff.
[49] BGH, Urteil v 8. 12. 92 – VI 349/91.
[50] OLG Düsseldorf NJW 2001, 85 unter Hinweis auf BVerfGE 55, 207, 230.
[51] BGHSt 37, 191, 196.

StGB qualifiziert.⁵² Daraus folgt, dass die konfessionell gebundenen Kliniken bei einer Gesamtbetrachtung nicht „als verlängerter Arm des Staates" erscheinen und deshalb die dort angestellten Ärzte und Pflegekräfte **keine Amtsträger** im strafrechtlichen Sinne sind.⁵³

Bei **rein privater** Trägerschaft, bei der die Gewinnerzielungsabsicht dominiert, sind **68** die angestellten Ärzte und sonstige Angestellte ebenfalls keine Amtsträger. Denn sie nehmen keine öffentlichen Aufgaben wahr. Zu beachten ist jedoch für diesen Personenkreis die 1997 neu in das StGB eingeführte Vorschrift des § 299 Abs 1 StGB, die der Vorteilsannahme in ihrer Konstruktion in vollem Umfang entspricht und auch auf Ärzte und andere im Krankenhaus tätige Personen Anwendung finden kann (siehe unten V.).

b) Das Tatbestandsmerkmal „Dienstausübung": Das Tatbestandsmerkmal der **69** „**Dienstausübung**", die im Gegensatz zu § 332 StGB **kein** pflichtwidriges Verhalten voraussetzt, wird in der Rechtsprechung **weit** ausgelegt. Nach Ansicht des Bundesgerichtshofs liegt unzweifelhaft dann eine Dienstausübung vor, wenn das, was der Amtsträger tut, zu seinen dienstlichen Obliegenheiten gehört und von ihm in dienstlicher Eigenschaft vorgenommen wird. Auszuscheiden sind also lediglich „dienstferne" **Nebentätigkeiten** und rein private Handlungen des Arztes, die völlig außerhalb seines Aufgabenbereichs liegen.⁵⁴ Der Begriff der „Dienstausübung" und der der „Diensthandlung" in § 332 Abs 1 StGB sind an die Stelle des Tatbestandsmerkmals der in das „Amt einschlagenden Handlung" des § 331 StGB in der bis 1975 geltenden Fassung in den Tatbestand aufgenommen worden. „Für jenes Tatbestandsmerkmal hat es die Rechtsprechung genügen lassen, dass die Handlung ihrer Natur nach mit dem Amt in einer inneren Beziehung stand und nicht völlig außerhalb des Aufgabenbereichs des Beamten (Amtsträgers) lag, vgl RGSt 70, 166, 172; BGHSt 3, 143, 145; BGHSt 31, 264, 280; *Jescheck*, in: LK-StGB, 11. Aufl, § 331 Rdnr 11)".⁵⁵

Ein Arzt nimmt somit dienstliche Handlungen vor, wenn er forscht, Vorträge hält, **70** bestimmte Medizinprodukte selbst bestellt, einen anderen Krankenhausmitarbeiter zu deren Beschaffung veranlasst, bei der Auswahl mitwirkt, Gespräche mit den Herstellerfirmen führt, ein positives Votum zugunsten eines bestimmten Medikaments oder eines bestimmten Geräts abgibt usw. Ob seine Tätigkeit insoweit nur vorbereitenden oder unterstützenden Charakter hat, sozusagen im „Vorfeld" der Entscheidung liegt oder aber selbst die Endentscheidung darstellt, ist ohne Belang.⁵⁶

Da in allen vorgenannten Fällen eine „innere Beziehung" zur beruflichen Stellung des **71** Arztes gegeben ist, wurde von Staatsanwaltschaften und Gerichten dieses Tatbestandsmerkmal insoweit nicht problematisiert. Eine Ausnahme bildet die Entscheidung des LG Hamburg vom 10. 7. 2000 (siehe RdNr 28). Denn während das OLG Hamburg in seinem Beschluss vom 14. 1. 2000 eine **Diensthandlung** in allen Fällen der Anklage bejaht hatte, **differenziert** das Landgericht. Die Unterschriftsleistung des Arztes auf dem von der Oberschwester des Katheterlabors zuvor ausgefüllten Bestellzettel wird wegen ihres funktionellen Zusammenhangs mit der Bestelltätigkeit als „Diensthandlung" im Sinne des § 331 Abs 1 StGB aF angesehen. Dagegen verneint die Kammer ausdrücklich eine Diensthandlung in Gestalt der „indirekten, systembedingten Beeinflussung der Bestellung von Herzkathetern". Denn wenngleich der Verbrauch der Katheter durch die einzelnen Ärzte der entscheidende Faktor für die Bestellungen oder die Nachbestellung von Kathetern war und somit „die Verwendung von Herzkathetern durch den Angeklagten zu Nachbestellungen entsprechender Katheter" des Sponsorunternehmens führte, stelle die „in der Aus-

---

⁵² BGHSt 37, 191; OLG Düsseldorf NJW 2001, 85.
⁵³ *Bruns* ArztR 1998, 240; *Mühlhausen,* chefarzt aktuell 2000, 92 f – streitig.
⁵⁴ Vgl dazu *Schönke/Schröder/Cramer,* 27. Aufl 2006, § 331 RdNr 10; *Lackner/Kühl,* § 331 RdNr 8, jeweils mwN.
⁵⁵ OLG Köln NJW 2000, 3727.
⁵⁶ Hanseatisches OLG Hamburg MedR 2000, 371ff.

wahl und Verwendung eines Katheters liegende Beeinflussung der Bestellung keine Diensthandlung des Angeklagten" dar. Denn „im Rahmen ärztlicher Heilbehandlung handelt auch ein Krankenhausarzt nicht als Amtsträger in Ausübung seines Amtes, sondern in unabhängiger Ausübung seines Heilberufs und ist auf Grund seiner Bestallung verpflichtet, alles in seinen Kräften Stehende zu tun, dem Patienten zu helfen. Hierzu gehört auch die Entscheidung darüber, welchen Herzkatheter er bei welchem Patienten verwendet. Die Entscheidung hierüber erfolgt ausschließlich nach medizinischen Gesichtspunkten im Rahmen der von ihm zu tragenden ärztlichen Verantwortung". Diese Argumentation erscheint schlüssig und wohlbegründet.

72 c) **Der Vorteilsbegriff.** Unter einem „**Vorteil**" für den Amtsträger oder Dritte im Sinne der §§ 331 ff StGB ist nach der ständigen Rechtsprechung des BGH „jede Leistung zu verstehen, auf die der Amtsträger keinen Rechtsanspruch hat und die seine wirtschaftliche, rechtliche oder auch nur persönliche Lage objektiv verbessert".[57] Neben der Zuwendung von Geld, Sachwerten, Einladungen zu Veranstaltungen, (Urlaubs-)Reisen und Ehrungen[58] kommt die Übertragung einer Nebenbeschäftigung, selbst wenn sie nicht überhöht, sondern nur angemessen bezahlt wird, in Betracht.[59] Im Hinblick auf das den Bestechungsdelikten zugrundeliegende Rechtsgut, „nämlich das Vertrauen der Allgemeinheit in die Nichtkäuflichkeit von Diensthandlungen und die Sachlichkeit von Entscheidungen der Amtsträger zu schützen",[60] braucht der Vorteil sicherlich **kein wirtschaftlicher** zu sein. Dennoch wurde und wird der Vorteilsbegriff wegen der früheren tatbestandlichen Beschränkung auf den Eigenvorteil von der Rechtsprechung überstrapaziert, wenn als **immaterielle Vorteile** auch die „Befriedigung des Ehrgeizes", der „Eitelkeit", des „Geltungsbedürfnisses" oder „Karrierechancen" angesehen werden.[61] Da aber auch nach dieser extensiven Auslegung ein „objektiv meßbarer" Wertzuwachs nachweisbar sein muss, haben Staatsanwaltschaften und Gerichte den Vorteil teilweise, nämlich dort, wo es um liquidationsberechtigte Ärzte geht, auch damit begründet, dass sie durch den Einsatz besserer oder sonst nicht angeschaffter Geräte bzw durch die zusätzlichen Assistenten- oder AiP-Stellen ihre Liquidationsmöglichkeiten erweitert hätten. Damit war der Vorteil wieder „materialisiert".[62]

73 Das **Schrifttum** hat **gegen die Einbeziehung auch der entfernt liegenden,** teils nur hypothetisch, jedenfalls nicht wirklich objektiv greifbaren **Vorteile,** wie sie in zahlreichen höchstrichterlichen Entscheidungen zutage tritt, aber immer nur beiläufig oder abstrakt als Leitsatz ohne Auswirkung auf den konkreten Fall, mit **Recht erhebliche Bedenken** vorgetragen. Die Streitfrage hat jedoch nach der Ausdehnung der Bestechungstatbestände im August 1997 auf den „**Drittvorteil**" kaum noch praktische Bedeutung. Denn nach dem nunmehr geänderten Wortlaut ist klargestellt, dass nicht nur eigennützige Handlungsweisen des Amtsträgers, sondern auch Zuwendungen an jedwede Dritte erfasst sind. Deshalb ist jetzt festzuhalten, dass ein Vorteil im Sinne der §§ 331 ff StGB nicht nur dann vorliegt, wenn eine Verbesserung der Lage des Amtsträgers hervorgerufen wird, son-

---

[57] BGH NStZ 2001, 425, 426; BGHSt 31, 264, 279; Hanseatisches OLG MedR 2000, 371, 372; *Jescheck,* in: LK, 11. Aufl, § 331 RdNr 7; *Schönke/Schröder/Cramer,* § 331 RdNr 17; *Tröndle/Fischer,* § 331 RdNr 11.
[58] Vgl *Tröndle/Fischer,* aaO.
[59] Vgl *Jescheck,* aaO, RdNr 8 mwN; Hanseatisches OLG MedR 2000, 372.
[60] BGH NStZ 2001, 425, 426.
[61] Vgl BHGSt 14, 123, 128; BGH NJW 1985, 2652 m Anm *Marchelli* NStZ 1985, 500; OLG Karlsruhe wistra 2000, 275 f; Hanseatisches OLG MedR 2000, 372; *Jescheck,* in: LK 11. Aufl § 331, RdNr 9; *Lackner/Kühl,* § 331 RdNr 5; differenzierend *Fischer,* § 331 RdNr 11 c; *Wagner* JZ 1987, 594, 602; *Griebl,* Der Vorteilsbegriff bei den Bestechungsdelikten 1993, S 27; *Dahm* MedR 1992, 602.
[62] Auch der BGH bejaht in diesen Fällen den „Vorteil" iS des § 331 Abs 1 StGB (BGHSt 47, 295, 307 f). Offen ließ er dagegen die Frage, ob ein mittelbarer Vorteil vorliegt, wenn der Klinikdirektor Einfluss oder die Verfügungsbefugnis über die Verwendung der Gelder hat (aaO S 305), zB über einen Förderverein.

23. Kapitel. Der Arzt im Strafrecht 74–76 § 152

dern auch dann, wenn irgendeinem Dritten – dem Patienten, der Klinik, den Mitarbeitern, dem Unternehmen – ein Vorteil zuteil wird. Regelmäßig profitiert aber irgendein Dritter von den kliniknützlichen Zuwendungen.

Auch in der Rechtsprechung scheint ein Umdenken Platz zu greifen. Das LG Bonn[63] forderte, die weite Auslegung des Vorteilsbegriffs müsse „in der neuen Fassung der §§ 331, 332 StGB auf ein begrifflich klares Maß" zurückgeführt werden, und den Vorteil in Gestalt einer Erweiterung der wissenschaftlichen, diagnostischen und therapeutischen Arbeitsmöglichkeiten ausdrücklich verneint. „Eine insoweit für den Angeschuldigten möglicherweise entstehende immaterielle Steigerung seines Ansehens wäre nur ein Reflex aus einer bestehenden Dienstpflicht, die nach der Ausstattung seiner Klinik bestmögliche Patientenversorgung und Forschung zu betreiben, hervorgerufen durch den Erfolg seiner Bemühungen, die Ressourcen seines Dienstherrn durch Einwerbung von staatsnützigen Mitteln aus der Industrie zu schonen. Allein eine Steigerung des Ansehens kann aber nicht als Vorteil im Sinne der §§ 331 ff StGB begriffen werden (so auch OLG Karlsruhe, wistra 2000, 275, 277)." Auch der **BGH** bezeichnet nunmehr die bisherige extensive Auslegung des Vorteils als „eher fernliegend", da man Ansehensmehrung und Steigerung der wissenschaftlichen Reputation, also die besonders erfolgreiche Erfüllung seiner forschungs- und klinikbezogenen Aufgaben dem Arzt nicht vorwerfen dürfe. „Eine solche Betrachtung würde den Bereich der objektiven Messbarkeit oder Darstellbarkeit eines Vorteils verlassen und ins Unbestimmte abgleiten."[64]

74

Nach der eingangs zitierten Definition scheiden aus dem Vorteilsbegriff solche Leistungen aus, auf die der Amtsträger einen **Rechtsanspruch** hat. Daraus ist zu folgern, dass kein „Vorteil" im Sinne der §§ 331 ff StGB in den Fällen vorliegt, in denen vertragliche Vereinbarungen bestehen, wie zB oft bei Nachbeobachtungsstudien, im Rahmen der Grundlagenforschung, bei der Durchführung klinischer Studien, bei Referaten auf wissenschaftlichen Kongressen und ähnlichen Veranstaltungen: In all diesen Fällen haben die Ärzte Anspruch auf das vereinbarte Entgelt und die Bezahlung für die geleistete Arbeit, und sofern sich Leistung und Gegenleistung in einem angemessenen Verhältnis bewegen, hat der Leistende (Arzt) **keinen Vorteil,** da er dafür einen erheblichen Teil seiner Freizeit oder sonstigen Arbeitszeit auch opfern muss. Mit Recht stellt deshalb *Cramer*[65] fest: „Hat der Täter einen Anspruch auf die Leistung, so kommt § 331 nicht in Betracht".[66]

75

Diese jahrzehntelang als communis opinio geltende Auffassung ist jedoch durch eine – allerdings einen Sonderfall behandelnde – BGH-Entscheidung zu Beginn der 80er Jahre[67] ins Wanken geraten. Dort heißt es, dass ein „Vorteil bereits im Abschluss eines Vertrages liegen kann, der Leistungen an den Amtsträger zur Folge hat, und zwar selbst dann, wenn diese nur das angemessene Entgelt für die von ihm selbst aufgrund des Vertrages geschuldeten Leistungen sind". Denn „anderenfalls könnten die Bestechungstatbestände stets durch die Vereinbarung eines Vertragsverhältnisses zwischen Amtsträger und Leistungsgeber ausgeschlossen werden". ME fehlt jedoch ein am Schutzgut des § 331 StGB orientierter „Vorteil", wenn der Arzt einen Anspruch auf die Leistung hat und diese angemessen ist. Denn unter diesen Voraussetzungen kann der „Eindruck der Käuflich-

76

---

[63] MedR 2001, 260, 262.
[64] BGHSt 47, 295, 304, 305; zust *Lackner/Kühl,* § 331 RdNr 5; *Bernsmann* StV 2003, 521, 525 f.
[65] *Schönke/Schröder/Cramer,* 26. Aufl 2001, § 331 RdNr 18.
[66] Ebenso *Günter* MedR 2001, 458.
[67] BGHSt 31, 264, 280 m krit Anm *Dingeldey* NStZ 1984, 503, 505; ausdrücklich bestätigt von BGH, Urteil v 21. 6. 07 (BeckRS 2007, 12151); BGH MedR 2003, 688; ebenso OLG Hamburg StV 2001, 277, 279 und OLG Celle NJW 2008, 165 ff; **zust** *Ambos/Ziehn* NStZ 2008, 498, 500; NK-*Kuhlen,* RdNr 52 f; *Knauer/Kaspar,* GA 2005, 385, 392 f; *Lackner/Kühl,* § 331 RdNr 4; **abl** *Günter* MedR 2003, 319, 322; *Ulsenheimer,* Geilen-Symposium, 2003, 185, 196 f; kritisch *Zieschank,* WissR 32, 1999, 117; *ders* StV 2001, 290. **Ablehnend** auch die **Zivil**entscheidung des BGH v 20. 10. 05 (NJW 06, 225).

keit" nicht entstehen.[68] Folgt man der herrschenden Auffassung, kommt es nicht darauf an, ob der Arzt Anspruch auf Honorare, Reisen, Hotelleistungen, Kongressteilnahme uä hatte. Denn die Vertragsschlüsse oder die Übernahme von Nebentätigkeiten, die er nicht zu beanspruchen hatte,[69] verbesserten seine materielle oder immaterielle Lage. Dass er selbst Gegenleistungen (Kurz-Vorträge pp. auf den Kongressen, Studien und Dokumentationen, Beratungen usw.) zu erbringen hatte und erbracht hat, bleibt aus den genannten Rechtsgründen ohne Bedeutung.[70] Dies gilt, wie das Hanseatische Oberlandesgericht Hamburg ausdrücklich feststellt[71] – „entgegen einer in der Literatur vereinzelt vertretenen Ansicht (*Dieners/Lembeck/Taschke*, Pharmarecht 1999, 156, 163) auch dann, wenn im Einzelfall Studien der klinischen Prüfung von Medizinprodukten (§§ 5, 8, 17 ff Medizinprodukte) zu dienen bestimmt gewesen sein sollten". Soweit nämlich „Rechtsnormen eine Pflicht des Medizinprodukte-Unternehmens zur Durchführung klinischer Studien als Zulassungsvoraussetzung bestimmen, gewähren sie jedoch nicht allen oder einem bestimmten Arzt den Anspruch darauf, mit der Durchführung solcher Studien beauftragt zu werden".[72]

77 Folgt man der höchstrichterlichen Judikatur und herrschenden Lehre im Schrifttum, ist in allen Fällen des Industriesponsorings das Tatbestandsmerkmal „Vorteil" gegeben, es sei denn, es handelt sich um „unbedeutende Zuwendungen" unterhalb der 30,00-Euro-Grenze[73] oder nur „aus Höflichkeit bzw Gefälligkeit" gewährte Leistungen.[74] Insoweit wird teils die Tatbestandsmäßigkeit (kein Vorteil, kein Äquivalenzverhältnis) verneint, teils bemüht man die „Sozialadäquanz im Rahmen der Verkehrssitte" oder Gewohnheitsrecht als Rechtfertigungsgrund.[75]

78 Dementsprechend war der **Vorteil** durch Sponsoring für die Rechtsprechung in den entschiedenen Fällen **nicht zweifelhaft.** So bringen zB die Nachbeobachtungen und die Grundlagenforschung den Kliniken und Patienten Vorteile in Gestalt bleibender Effekte einer besseren gesundheitlichen Versorgung,[76] die über die bloße Erfüllung der vertraglichen Pflicht gegenüber dem Sponsor-Unternehmen hinausgehen. Auch dieses hat Vorteile, wenn die einzelnen dafür notwendigen Maßnahmen mit der bereits vorhandenen technischen Ausstattung der Kliniken durchgeführt werden. Unstreitig[77] ist der Vorteil ferner in den Fällen, in denen das Geld zur Anschaffung anderer – sonst nicht finanzierbarer – Geräte desselben Unternehmens oder zur Finanzierung von Medizinprodukten anderer Hersteller eingesetzt wird. Hier liegt der Vorteil für den Krankenhausträger und den Chefarzt darin, dass sich die Behandlungs- und Liquidationsmöglichkeiten prospektiv verbessern, und für den Patienten darin, dass er intensiver betreut und mit der neuesten Medizintechnik behandelt werden kann. Dasselbe gilt für den Fall der Einrichtung von Assistenten-, AiP- und sonstigen Stellen, unabhängig davon, ob diese im Privatliquidationsbereich des Chefarztes oder auf anderen Stationen eingesetzt werden. Aufgrund des geänderten Wortlauts der §§ 331 ff StGB liegt in all diesen Fällen jedenfalls stets ein **„Drittvorteil"** vor.

---

[68] Siehe dazu ausführlich *Ulsenheimer*, Geilen-Symposium, 2003, 197 f mwN. Im Ergebnis ebenso *Satzger* ZStW Bd 115 (2003), 469, 482: Bei wirtschaftlich ausgeglichenen klassischen Sponsoringverträgen fehlt es an der Unrechtvereinbarung, da die Koppelung des Vorteils mit der Dienstausübung sachgerecht ist.
[69] BGH MedR 2003, 688.
[70] Hanseatisches Oberlandesgericht MedR 2000, 373.
[71] Ebenso im Ergebnis OLG Karlsruhe wistra 2000, 275 f.
[72] AaO, 373.
[73] Hanseatisches Oberlandesgericht, aaO, 374; nach *Schönke/Schröder/Cramer* liegt der Grenzwert bei 50,00 DM, RdNr 18, 53 zu § 331.
[74] Hanseatisches Oberlandesgericht, aaO, 374.
[75] Siehe Hanseatisches Oberlandesgericht, aaO, 374 mwN.
[76] *Lüdersen* JZ 1997, 115.
[77] Siehe oben RdNr 65 und BGHSt 47, 295, 305 f.

23. Kapitel. Der Arzt im Strafrecht

Werden mit dem Geld des Unternehmens „klinikferne" Vorhaben bezahlt, etwa Reise- und Unterkunftskosten anläßlich des Besuchs von Fachkongressen, Tagungen, Symposien, oder wird die Teilnahme von Familienangehörigen finanziert, so sind dies teils **unmittelbare** persönliche, teils **mittelbare Vorteile** für den Empfänger oder Dritte. Denn da die Fortbildung auf Fachkongressen und Tagungen zu den Berufspflichten jeden Arztes (auch des ärztlichen Personals) gehört, verbessert sich durch die finanzielle Unterstützung der Herstellerfirma, die dieser Personenkreis erhält, seine rechtliche, wirtschaftliche und persönliche Lage. Zusammenfassend ist also festzustellen, dass sämtliche der vielfältigen Formen des Industriesponsoring das gesetzliche Tatbestandsmerkmal „Vorteil für sich oder einen Dritten" erfüllen.

Dies mag für **„Beraterverträge"**, aufgrund derer der Amtsträger regelmäßig von einem Industrieunternehmen Zuwendungen erhält, mit Rücksicht auf das dadurch entstehende „Nähe- und Abhängigkeitsverhältnis" oder für „Anbahnungszuwendungen", die sich auf die Dienstausübung beziehen, verständlich erscheinen,[78] im Bereich der für Staat und Gesellschaft existentiell notwendigen **Drittmittelforschung**[79] ist diese extensive Interpretation des „Vorteils" jedoch nach Sinn und Zweck der §§ 331 ff StGB abzulehnen.[80] Nach zutreffender Ansicht von *Dauster* ist die Überlassung eines Forschungsmittels an eine Forschungseinrichtung kein Eigen- oder Drittvorteil im Sinne dieser Tatbestände. Denn wenn sich die „Zuwendungen Dritter an einen universitären Forschungsträger" objektiv meßbar, dh in geldwerten Daten greifbar, nur im dienstlichen Forschungsbereich des Amtsträgers „niederschlagen und auswirken", muss aus dem Grundrecht der Wissenschaftsfreiheit ein einschränkendes Verständnis des Vorteilsbegriffs nach § 331 Abs 1 StGB folgen. „Wissenschaftsfreiheit bedeutet das Recht auf Sponsoring und das Recht, Empfänger solcher Leistungen zu sein". Deshalb besteht ein „verfassungsrechtlich begründetes Bedürfnis auf Differenzierung zwischen Eigen- und Privatnützlichkeit des Leistungsempfangs einerseits und Staats- und Forschungsnützlichkeit des Leistungstransfers andererseits ... Die Annahme von Leistungen Dritter zum Zwecke wissenschaftlicher Forschung an Universitäten ist kein Vorteil im Sinne des § 331 Abs 1 StGB. Die Flucht in den nicht meßbaren Ehrgeiz oder das ebensowenig zu greifende Renommee übersieht diese Wertungen allerdings".[81]

Auch *Fischer*[82] erkennt trotz aller Kritik am Sponsoring in der Pharmaindustrie[83] an, dass es schon an einem „Vorteil" fehlt, „soweit Drittmittel nur das Entgelt für eine dem dienstlichen Aufgabenbereich unterfallende Erfüllung von Verträgen darstellen". Sofort daran anschließend wird aber wieder einschränkend hervorgehoben, dass „die Abgrenzung zwischen unbedenklicher honorierter Forschungstätigkeit und § 331 unterfallender Vorteilsannahme gerade dann im Einzelfall schwierig sein" könne, „wenn sich über längere Zeiträume ein Geflecht unbedenklicher Drittmittel- oder Spendenfinanzierung, Stimmungspflege und organisatorischer Abhängigkeiten entwickelt". Das gelte „gleichermaßen für andere Bereiche, in denen dienstliche Aufgaben und drittfinanzierte Tätigkeiten teilweise nicht trennbar miteinander verbunden sind (insbesondere Gutachtertätigkeit)". Deshalb – und dies ist nachdrücklich zu unterstreichen – seien „klare Regelungen, etwa

---

[78] *Fischer*, § 331 RdNr 24; *Wolters* JuS 1998, 1105.
[79] Siehe dazu *Lüdersen*, JZ 1997, 112; Strafverteidiger 1997, 318, 322; *Dauster* NStZ 1999, 63; *Walter* ZRP 1999, 292; *Goeben* MedR 1999, 345; *Zieschang* WissR §§ 32, 1999, 111 ff; *Lippert* VersR 2000, 158; *Ratzel* MedR 1998, 98.
[80] **AA** der BGH, der eine „Einschränkung des Anwendungsbereichs der Strafvorschrift" auf Tatbestandsebene für die Drittmittelforschung über die „Unrechtsvereinbarung" vornimmt (BGHSt 47, 295, 306 ff).
[81] *Dauster* NStZ 1999, 63, 67; krit auch *Lackner/Kühl*, § 331 RdNr 6 a; *Pfeiffer* NJW 97, 782; *Diettrich/Jungeblodt*, FS Schreiber, S 1015; *Höltkemeier* aaO S 23, 85.
[82] § 331 RdNr 27 c.
[83] Insbes RdNr 27 d zu § 331 StGB.

zur Anzeigepflicht oder zur Drittmittelverwaltung"[84] (vgl zB Art 10 Abs 3 Satz 1, 12 Abs 1 S 2 BayHSG) erforderlich.

82 Ebenso will *Cramer* mit Recht die „Zuwendungen, die zur Unterstützung der klinischen Forschung oder der Drittmittelforschung an den Universitäten dienen, im Hinblick auf die Forschungsfreiheit nach Art 5 Abs 3 GG vollständig aus dem Tatbestandsbereich der §§ 331 ff StGB herausnehmen".[85] Er hält die „einschränkende Auslegung des Tatbestandes hinsichtlich des Begriffs des Vorteils für einen Dritten" allerdings nicht für die richtige Lösung, sondern meint, die finanzielle Unterstützung von Forschungsvorhaben stehe „unter dem Schutz der Verfassung" und könne „schon von daher nicht bestraft werden".[86] Dabei weist er zutreffend auf eine allgemeine Erscheinung gegenwärtiger gesetzgeberischer Aktivitäten hin, wenn er feststellt: „An der unbeschränkten tatbestandlichen Einbeziehung von Drittvorteilen wird wieder einmal spürbar, dass sich die heutige Gesetzgebung bei Fassung einer Norm vorwiegend, gelegentlich sogar ausschließlich, an einer einzigen Fallkonstellation orientiert und dabei übersieht, dass die auf den Fall konzipierte, aber abstrakt formulierte Regelung auch eindeutig nicht strafwürdige Fälle erfasst".[87]

83 In gleicher Weise sind auch klinische Prüfungen von Medizinprodukten und Arzneimitteln gem §§ 20 ff MPG und §§ 14 ff AMG nicht unter den **Tatbestand des § 331 StGB zu subsumieren,** da diese Gesetze die Hersteller zur klinischen Prüfung **verpflichten** und die Mißachtung dieser Pflicht unter Strafe stellen. Der Abschluss eines entsprechenden Forschungsvertrages darf deshalb im Hinblick auf die Pflichten nach dem MPG oder AMG nicht als „Vorteil" im Sinne der Bestechungstatbestände gewertet werden, wenn die dafür gewährten Mittel bei Beachtung der Ausgewogenheit der beiderseitig erbrachten Leistungen keine unkompensierten Zuwendungen darstellen, also nicht unangemessen sind.[88]

84 Zusammenfassend ist somit festzustellen, dass die angemessene Honorierung der Mitwirkung an klinischen Prüfungen von Medizinprodukten und Arzneimitteln „ohne Zweifel rechtmäßig" ist[89] und Zuwendungen für echte Forschungsprojekte im universitären Bereich (siehe § 25 HRG) nicht zu beanstanden sind.[90] Zum gleichen Ergebnis kommt das LG Bonn bezüglich der Forschungs-Drittmittel, indem es im Hinblick auf die Gesetzesgeschichte und das Schutzgut der Bestechungsdelikte die Dienststelle des Amtsträgers nicht als „Dritten" ansieht. „Vorteile, die ausschließlich der Dienststelle selbst für die Erfüllung der ihr zugewiesenen Aufgaben zufließen, also **staatsnützig** in ihrem Aufgabenbereich sind, können nach außen die Makellosigkeit der Amtsführung und das Vertrauen der Bevölkerung in die Lauterkeit der Amtsführung nicht gefährden".[91] Daraus leitet das Gericht die Folgerung ab: „Dass sich der Dienst selbst verbessert, darf nicht strafbar sein (Walter, ZRP 1999, 292, 295)", so dass mangels eines privatnützigen Vorteils durch die auf das Universitäts-Drittmittelkonto überwiesenen Gelder der Tatbestand der Vorteilsannahme oder Bestechlichkeit bei der Drittmittelforschung nicht erfüllt ist. ME fehlt es infolge der erbrachten Gegenleistung des Forschers schon an einem „Vorteil".

---

[84] *Tröndle/Fischer*, § 331 RdNr 27 c; ebenso *Goeben* MedR 1999, 345, 348 f: „Vollständige Transparenz und Offenheit"; *Dieners* (Hrsg), Zusammenarbeit der Pharmaindustrie mit Ärzten, 2004, 25 ff, 71 ff; *Bernsmann* WissR 02, 1, 17 ff.

[85] *Schönke/Schröder/Cramer*, § 331 RdNr 53; anders *Heine*, 27. Aufl Nr 18; auch *Lackner/Kühl*, § 331 RdNr 6 a plädieren für eine einschränkende Auslegung der §§ 331, 333 StGB.

[86] *Schönke/Schröder/Cramer*, § 331 RdNr 53 c.

[87] *Schönke/Schröder/Cramer*, § 331 RdNr 53 a.

[88] So mit Recht *Pfeiffer* NJW 1997, 783 f; *Tröndle/Fischer*, § 331 RdNr 27; *Zieschang* WissR 32, 117 ff; *Dieners/Lembeck/Taschke* PharmR 1999, 156 ff; *Goeben* MedR 1999, 345.

[89] *Tröndle/Fischer*, § 331 RdNr 27 unter Hinweis auf Nr 5.4.9 der Europäischen Norm 540.

[90] Anderer Ansicht OLG Karlsruhe, wistra 2000, 275, 277; OLG Köln NStZ 2002, 35, 36; dagegen LG Rottweil, s unter II. 4.

[91] LG Bonn MedR 2001, 260, 262.

23. Kapitel. Der Arzt im Strafrecht 85–87 § 152

Der Bundesgerichtshof ist einen anderen Weg gegangen. Auch im Bereich der **Dritt-** 85
mittelforschung sei der **Vorteil** zu bejahen, wenn der Hochschullehrer die Mittel nutzt, „um Auslagen für Kongressreisen von Mitarbeitern der Herzchirurgie zu ersetzen, büro- und medizintechnische Geräte zu beschaffen und warten zu lassen, Probanden in verschiedenen Studien zu bezahlen sowie Aushilfslöhne für geringfügig Beschäftigte zu finanzieren, die in unterschiedlichen Forschungsprojekten tätig waren". Denn insoweit liege eine „dem Grunde nach objektiv messbare Verbesserung seiner persönlichen Wirkungsmöglichkeiten" vor.

Die vom Schrifttum überwiegend geforderte restriktive Interpretation[92] des § 331 StGB 86
für die Drittmittelforschung bejaht allerdings auch der BGH prinzipiell, sieht den Ansatz dazu aber auf der **Tatbestandsebene** in dem „als Unrechtsvereinbarung charakterisierten Beziehungsverhältnis zwischen Vorteil und Diensthandlung" (Dienstausübung).[93] Es gelte, so der Senat, „Wertungsbrüche zu vermeiden, die sonst durch die hochschulrechtlichen Regelungen ausgelöst werden können, welche die Annahme von Drittmitteln zur Forschungsfinanzierung vorsehen (vgl. § 25 HRG, § 59 Abs 2 UG BW idF vom 30. 10. 1987, GVWI S. 545) und deren Einwerbung nach den Urteilsfeststellungen auch als Dienstaufgabe des Angeklagten angesehen wurde". Die aus Gründen der Gesetzessystematik und „im Interesse der Einheit der Rechtsordnung deshalb vorzunehmende Einschränkung des Anwendungsbereichs" der Vorteilsannahme setze „aber nicht nur voraus, dass Fördermittel von Produktlieferanten eingeworben werden, die dem sachlichen Gehalt nach eben Drittmittel sind und der Förderung von Forschung und Lehre dienen". Erforderlich sei weiterhin „im Interesse des Schutzguts der Strafvorschrift (Vertrauen in die Sachgerechtigkeit der Entscheidung) die Offenlegung, die Anzeige der Mitteleinwerbung und ihre Genehmigung in dem hochschulrechtlich dafür vorgesehenen Verfahren".[94] Ausdrücklich stellt der BGH fest, an der Bewertung solcher Fördermittel „als Vorteil und als Gegenleistung im Rahmen des tatbestandlichen Beziehungsverhältnisses" (der sog. Unrechtsvereinbarung) vermöge sich „durch den Einsatz der Mittel für Wissenschaft und Forschung nichts zu ändern". Aber dort, „wo Produktlieferanten Forschung und Lehre durch Zuwendungen fördern, auch die Höhe der Förderung von Umfang und Intensität der geschäftlichen Beziehung zum Zuwendungsempfänger abhängt, bis hin zur Umsatzorientierung oder gar zur Umsatzabhängigkeit", könne sich „für den Hochschullehrer, der dienstlich zur Einwerbung solcher Mittel angehalten ist, ein Spannungsfeld zum strafbewehrten Verbot der Vorteilsannahme ergeben. Straftatbestand und die hochschulrechtlich verankerte Aufgabe der Drittmitteleinwerbung sind deshalb in einen Einklang zu bringen, der den Gedanken der Rechtssicherheit und dem Schutzgut der Strafvorschrift angemessen Rechnung trägt".[95]

Dieser „Wertungsgleichklang zwischen hochschulrechtlicher Aufgabenstellung und der 87
Strafvorschrift über die Vorteilsannahme" ist nach Ansicht des BGH „auf der **Tatbestandsebene**, nicht auf der Rechtfertigungsebene zu suchen".[96] Voraussetzung ist allerdings, dass die Verantwortlichen „ihre Unbefangenheit bei der jeweiligen Entscheidung" schützen und „die abstrakte Gefahr einer unbewussten Beeinflussung der Auswahlentscheidung durch etwaige hohe, gar direkt umsatzabhängige Gewährung von Forschungsmitteln durch bestimmte Produktlieferanten unter Vernachlässigung medizinischer Gesichtspunkte" dadurch minimieren, dass sie „durch ein größtmögliches Maß an Durchschaubarkeit (Transparenz) und durch die Gewährleistung von Kontrollmöglichkeiten" einem Interessenkonflikt von vornherein entgegenwirken. „Dokumentation und institutionalisierte Befassung von Aufsichtsinstanzen, namentlich über Anzeige- und Genehmigungspflicht"

---

[92] *Kuhlen*, FS Schroeder, 2006, 535, 541; *Lackner/Kühl*, § 331 RdNr 6 a; *Knauer/Kaspar*, GA 2005, 385, 393.
[93] BGHSt 47, 295, 306.
[94] BGHSt 47, 295, 307, 308.
[95] BGHSt 47, 295, 308.
[96] BGHSt 47, 295, 309.

sind die Hilfsmittel, die der BGH dem Hochschullehrer und Forscher, der Drittmittel einwirbt, als juristischen Rat gibt, darüber hinaus „im nicht-juristischen Sinne" die Einhaltung der „allgemeinen Regeln der Lauterkeit und Offenheit".[97]

88 Zu Recht weist Fischer aber darauf hin, dass Drittmitteleinwerbung und Sponsoring „weiterhin im verfahrensrechtlich **ungeregelten** Bereich" letztlich ungeklärt sind,[98] doch erscheint „ein weiter klärendes Eingreifen des Gesetzgebers vorerst verzichtbar",[99] da die Rechtsprechung wohl auch hier für eine praktikable, ausgewogene Lösung sorgen wird.

89 d) **Das Tatbestandsmerkmal der „Unrechtsvereinbarung":** Der Vorteil muss nach dem Gesetzeswortlaut „**für**" die Dienstausübung angeboten, versprochen oder gewährt werden. Mit der Formulierung „für" ist ein engerer Zusammenhang, ein „Beziehungsverhältnis" zwischen Vorteil und Dienstausübung gemeint, das als sog **Unrechtsvereinbarung** das zentrale, in Rechtsprechung und Schrifttum anerkannte ungeschriebene Tatbestandsmerkmal der Bestechungsdelikte ist.[100] Dieser Zusammenhang erschließt sich dem Verständnis besser, wenn man bedenkt, dass der Schutzzweck der Bestechungsdelikte darin besteht, den „Eindruck der Käuflichkeit" zu vermeiden. Es geht darum, dass der Vorteil nicht „als Gegenleistung dafür" gewährt werden darf, dass der Amtsträger „etwas Dienstliches für den Sponsor tut". Das Wort „für" soll zum Ausdruck bringen, dass zwischen Nehmer und Zuwender, also Arzt und Industrie, ausdrücklich oder stillschweigend Übereinstimmung dahingehend besteht, dass der Amtsträger innerhalb seines Aufgabenbereichs als „Gegenleistung" für die Zuwendung „irgendeine dienstliche Tätigkeit vorgenommen hat oder vornehmen werde".[101]

90 Dieses „Beziehungsverhältnis" im Sinne eines „do, ut des" kennzeichnete seit alters die Tatbestände der §§ 331 bis 334 StGB[102] und musste vor der Neufassung des § 331 Abs 1 StGB eine **bestimmte Diensthandlung** als Äquivalent für die Vorteilsgewährung erfassen, so dass die „Zuwendung von Vorteilen zur Erlangung allgemeinen Wohlwollens" tatbestandlich nicht ausreichte.[103] Allerdings wurde „an die Bestimmtheit namentlich künftiger Diensthandlungen" kein strenger Maßstab angelegt, da sie „nicht bereits in allen Einzelheiten festgelegt sein mussten". Es reichte vielmehr aus, „dass nach den Vorstellungen der Beteiligten die vorzunehmenden Handlungen einem bestimmten Aufgabenkreis des Amtsträgers zuzuordnen sowie ihrem sachlichen Gehalt nach grob umrissen waren, so dass erkennbar war, in welche Richtung der Amtsträger tätig werden sollte".[104]

91 Ebenso wie im Rahmen der Novellierung der Bestechungstatbestände Einigkeit darüber bestand, dass die Anforderungen an die **Unrechtsvereinbarung** gelockert werden sollten,[105] ebenso ist man sich darin einig, dass die Unrechtsvereinbarung als traditioneller Kernbestandteil des deutschen Bestechungsstrafrechts auch durch die Gesetzesänderung von 1997 nicht obsolet geworden, sondern nach wie vor **Tatbestandsvoraussetzung** ist.[106]

---

[97] BGHSt 47, 295, 310; s dazu Heinrich NStZ 2005, 256 ff; *Bernsmann* StV 2003, 521; *Dittrich/Jungeblodt*, FS Schreiber, 2003, 1015 ff; *Michalke* NJW 2002, 3381; *Ambos* JZ 2003, 345; *Kindhäuser/Goy* NStZ 2003, 291; *Korte* NStZ 2003, 157; *Kuhlen* JR 2003, 231; *Rönnau* JuS 2003, 232; *Tholl* wistra 2003, 181; *Verrel* MedR 2003, 319, 324; *Wasserburg* NStZ 2003, 353, 358; *Fischer* § 331 RdNr 27 c; *Lackner/Kühl*, § 331 RdNr 6 b; krit *Satzger*, ZStW 115, 469, 490.
[98] *Fischer*, § 331 RdNr 27 d.
[99] *Lackner/Kühl*, § 331 RdNr 6 b.
[100] BGH NJW 2008, 3580, 3582.
[101] *Fischer*, § 331 RdNr 21; BGHSt 47, 295, 306: Amtsträger und Vorteilsgeber müssen „sich über die Gewährung eines Vorteils an den Empfänger als Gegenleistung für eine von ihm vorzunehmende oder vorgenommene Diensthandlung einig" sein.
[102] BGHSt 15, 88, 97; 217, 223; 352, 355; BGHSt 39, 45, 46; BGH wistra 1999, 224.
[103] BGH NStZ 1984, 24; wistra 99, 224; BGHSt 47, 295, 307.
[104] BGH wistra 1999, 224; BGHSt 32, 290; BGHSt NStZ 1989, 74; 1996, 278 f; *Fischer*, § 331 RdNr 22 mwN; *Lackner/Kühl*, § 331 RdNr 10.
[105] Siehe dazu *Dölling*, DJT C 63 mwN; *Tröndle/Fischer*, § 331 RdNr 16 f; *Fischer*, § 331 RdNr 23; *Lackner/Kühl*, § 331 RdNR 10 a.
[106] BGH NJW 2008, 3580, 3582; s dazu auch *Hettinger* JZ 2009, 366.

23. Kapitel. Der Arzt im Strafrecht

Deshalb genügt nicht die Annahme eines Vorteils durch den Chefarzt oder sonstigen Zuwendungsempfänger, wenn dies lediglich mit Rücksicht auf seine Dienststellung, aus Anlass oder bei Gelegenheit einer Diensthandlung erfolgt.[107] Der gesetzliche Wortlaut spricht nämlich ausdrücklich von einem Vorteil „für" die Dienstausübung und nicht nur „gelegentlich" oder „im Zusammenhang mit".[108] Ein dahingehender Gesetzesvorschlag im Bundesrat wurde ausdrücklich abgelehnt.[109] Die Übereinstimmung zwischen Täter und Zuwender (Arzt und Herstellerfirma) dergestalt, dass der Amtsträger innerhalb seines Aufgabenbereichs als Gegenleistung für die Zuwendung irgendeine dienstliche Tätigkeit vorgenommen hat oder vornehmen werde, wird also nach wie vor als gemeinsames Ziel gefordert.[110] Der die Strafbarkeit begründende Zusammenhang liegt vor, wenn der Vorteilsgeber sich davon leiten lässt, dass der Empfänger eine bestimmte Stellung inne hat.[111]

Nach der Neufassung des Gesetzes ist jedoch nicht mehr auf eine (hinreichend bestimmte) **Diensthandlung** abzustellen, vielmehr muss der Vorteil für die **Dienstausübung** gefordert, versprochen oder angenommen werden. Dadurch können nach vielfach vertretener Auffassung auch unspezifische Leistungen oder Anbahnungszuwendungen zur sog „Klimapflege" oder um sich das „Wohlwollen", die „Geneigtheit" des Arztes zu verschaffen, von §§ 331 ff StGB erfasst werden.[112] Allerdings kommt es in dieser unscharfen Randzone des Tatbestandes[113] sehr auf den Einzelfall, zB auf die Höhe der Zuwendungen, Intensität und Dauer der Geschäfts- oder sonstigen Beziehungen, Art, Motive und Zielrichtung der Vorteilsgewährung an.[114] Denn da die Unrechtsvereinbarung nach wie vor Tatbestandsmerkmal der §§ 331 ff StGB ist, kann keineswegs jede Zuwendung als „Erkaufen der Sympathie", „Anfüttern" und Aufbau eines Nähe- und Abhängigkeitsverhältnisses im Sinne der Vorteilsannahme bzw Bestechlichkeit gewertet werden.

Wenn die Zuwendung daher nicht für die Dienstausübung eines einzelnen Amtsträgers erfolgt, sondern der öffentlich-rechtlichen Institution als solcher (der Klinik, dem Institut, der Universität) zufließen soll, wie es zB für die eigentliche **Drittmittelforschung**[115] charakteristisch ist, besteht mE kein Zusammenhang mit Umsatzgeschäften und individuellen Interessen einzelner Ärzte,[116] so dass **diese Fallgestaltungen mangels Unrechtsvereinbarung tatbestandslos** sind.[117] Allerdings will jedes Wirtschaftsunternehmen nur dann „etwas" sponsern, wenn sich dies geschäftlich irgendwie positiv auswirkt, im Hintergrund wird also fast immer der getätigte oder erhoffte Absatz stehen und durch dieses legitime, eigentlich selbstverständliche Motiv auf Firmenseite, meist in entsprechenden

---

[107] So unrichtigerweise die Stellungnahme des Bundesministeriums für Bildung, Wissenschaft, Forschung und Technologie vom 5. 10. 1997: „Eine Erweiterung der Bestrafungsmittel bedeutet der neue § 331 StGB für den Amtsträger bei generellem Bezug des angenommenen Vorteils zur Dienstausübung, wenn also die Zuwendung lediglich mit Rücksicht auf die Diensthandlung, aus Anlass oder bei Gelegenheit der Amtshandlung ohne Genehmigung angenommen wird. Bisher wurde der Amtsträger in solchen Fällen nur disziplinarrechtlich verfolgt. Nach dem neuen Recht erfolgt die Bestrafung nun zusätzlich auch nach dem Strafrecht".
[108] *Korte* NStZ 1998, 515.
[109] BGH NJW 2008, 3580, 3582.
[110] *Tröndle/Fischer*, § 331 RdNr 18; *Dölling* DJT C 64.
[111] BGH NJW 2008, 3580, 3582.
[112] *Fischer*, § 331 RdNr 24; *Lackner/Kühl*, § 331 RdNr 10 a; Kuhlen, NK RdNr 74; *Schönke/Schröder/Cramer/Heine*, § 331 RdNr 28 f; *Wolters* JuS 1998, 1105; *Korte* NStZ 97, 513 f; *König* JR 97, 397, 399; *Bottke* ZRP 98, 215, 220; BT-Drucks 13/8079, 15; kritisch mit Recht *Lüderssen* JZ 97, 112, 119; *Schünemann*, FS Otto, 2007, 777, 781 ff; BGH NJW 2008, 3580, 3582.
[113] Dies wird mit Recht von *Tröndle/Fischer* § 331 RdNr 19; *Fischer*, § 331 RdNr 24 und *König* JR 1997, 397, 399 gerügt. Kritisch insoweit auch der BGH NJW 2008, 3580, 3582.
[114] *Tröndle/Fischer*, § 331 RdNr 23.
[115] Siehe dazu auch *Lüderssen*, JZ 1997, 112 ff.
[116] So auch *Möhrenschlager*, Vortrag beim Arbeitskreis „Ärzte und Juristen" am 13. 11. 1998 in Würzburg.
[117] So jetzt auch der BGH im Ergebnis, aber mit anderer Begründung (s RdNr 86 ff).

Aufzeichnungen oder Belegen dokumentiert, kann zumindest ein Anfangsverdacht strafbarer Vorteilsannahme leicht entstehen.

94 Durch die Auflockerung der erforderlichen Unrechtsvereinbarung hat der Gesetzgeber zwar die „Einbeziehung von Fällen hoher Zuwendungen ohne Bezugnahme auf konkrete Diensthandlungen möglich gemacht, aber dieses Ergebnis . . . „mit erheblicher Unschärfe im Randbereich" der Bestechungstatbestände erkauft[118] und „im Hinblick auf die abstrakte Gefährdung der geschützten Rechtsgüter" praktisch die „Vermutung eines unlauteren Zusammenhangs" aufgestellt. Mit dem Bestimmtheitsgebot des § 2 Abs 1 StGB ist die Neufassung der Bestechungstatbestände daher nur schwer vereinbar,[119] und selbst wenn man nicht so kritisch ist, ist jedenfalls „die Abgrenzung strafbarer von straflosen Verhaltensweisen schwieriger geworden", zumal „zuverlässige Kriterien bislang fehlen".[120] In diesem Zusammenhang nennt der Bundesgerichtshof vor allem die **Zielsetzung,** mit dem Vorteil auf die künftige Dienstausübung Einfluss zu nehmen oder die vergangene Dienstausübung zu honorieren, ferner die Plausibilität einer anderen Zweckbestimmung des Vorteils, „die Stellung des Amtsträgers und die Beziehung des Vorteilsgebers zu dessen dienstlichen Aufgaben, die Vorgehensweise bei dem Versprechen oder dem Gewähren von Vorteilen" (etwa Heimlichkeit) „sowie Art, Wert und Zahl solcher Vorteile".[121] Diese Gesichtspunkte und damit die prinzipielle Anwendbarkeit der Korruptionsdelikte gelten auch bei „Durchführung eines für sich gesehen in strafrechtlichwer Hinsicht gänzlich unverdächtigen Sponsoringkonzepts", zB einer von einer Pharmafirma bezahlten Fortbildungsveranstaltung, dh maßgeblich ist, „wie sich das Vorgehen aufgrund der gesamten fallbezogenen Umstände darstellt", so dass „sich pauschale Bewertungen in Anlehnung an Begrifflichkeiten wie „allgemeine Klimapflege" oder „Anfüttern" verbieten".[122]

95 Die Rechtsprechung hat bislang glücklicherweise einen vernünftigen, nach Sinn und Zweck der Vorschriften gebotenen, **restriktiven** Weg eingeschlagen und für Klarheit in der Tendenz der zu weit geratenen Tatbestandsfassung des § 331 Abs 1 StGB gesorgt. Angemessene Vergütungen für genehmigte oder genehmigungsfreie Nebentätigkeiten werden mE von den Tatbeständen der §§ 331ff StGB ebensowenig erfasst[123] wie der Bereich der Drittmittelforschung, Gutachter- und Referententätigkeiten, soweit die einschlägigen Regelungen und Vereinbarungen, wie etwa der Kodex „Medizinprodukte",[124] eingehalten werden, eine ordnungsgemäße Dokumentation erfolgt und nichts verschleiert wird, sondern alles transparent ist.

96 **e) Vorsatz und Irrtumsfälle.** Der **subjektive** Tatbestand der Bestechungsdelikte setzt **Vorsatz** voraus. Dies bedeutet: Der Arzt oder sonstige Amtsträger muss seine rechtliche Stellung kennen und das Bewußtsein haben, dass die Handlung zu seiner Dienstausübung gehört und ihm oder einem Dritten ein rechtlich nicht begründeter Vorteil als Gegenleistung für seine Dienstausübung gewährt wird. Der Arzt (oder sonstige Angestellte) des Krankenhauses muss allerdings die juristische Definition des Amtsträgerbegriffs und der Unrechtsvereinbarung nicht kennen, da es sich dabei um **normative** Tatbestandsmerkmale handelt **(unbeachtlicher Subsumtionsirrtum).** Vielmehr genügt es, dass ihm die Tatsachen, an die die juristische Wertung anknüpft, bekannt sind, dass also der Arzt im Bereich der Daseinsvorsorge zum Wohle der Patienten und der Gesundheit der Bevölkerung tätig ist und entweder er selbst oder ein Dritter irgendeine messbare Besserstellung durch die Zuwendung des Sponsor-Unternehmens erfährt. Wichtig ist also die Kenntnis oder zumindest billigende Inkaufnahme der der Unrechtsvereinbarung zugrundeliegen-

---

[118] Ebenso *König* JR 1997, 397, 399, bgh njw 2008; 3580; 3582:
[119] So mit Recht *Lüdersen* JZ 1997, 112, 119.
[120] *Tröndle/Fischer,* § 331 RdNr 24; ebenso gegen die „uferlose" Ausweitung der Strafverfolgung *Schünemann,* FS Otto, 2007, 777, 781 ff.
[121] BGH NJW 2008, 2580, 2583; BGH NStZ 2008, 216, 218.
[122] BGH NJW 2008, 3580, 3583.
[123] *Tröndle/Fischer,* § 331, RdNr 25.
[124] Siehe im Internet unter www.vdak.de.

23. Kapitel. Der Arzt im Strafrecht

den **Fakten** und ihre rechtliche Bedeutung im Sinne einer „Parallelwertung nach Laienart", dh der Erfassung des „gegenseitigen Beziehungsverhältnisses zwischen den Tathandlungen einerseits und den abhängigen Elementen des Vorteils, der Dienstausübung und der Gegenleistung andererseits".[125] Im „Vorteil" sieht der BGH dagegen **kein normatives,** sondern „ein tatsächliches Merkmal".[126] Ein **vorsatzausschließender Tatbestandsirrtum** gemäß § 16 Abs 1 StGB ist in den Fällen, in denen von Rechtsprechung und Literatur teilweise der „Vorteil" oder die „Unrechtsvereinbarung" verneint wird (zB bei klinischen Prüfungen, Drittmittelzuwendungen im Sinne des Hochschulrahmengesetzes, Forschungsaufträgen ua), oftmals naheliegend.

Dagegen ist der – angesichts jahrzehntelanger, strafrechtlich nicht verfolgter, aber teilweise den Tatbestand der §§ 331 ff StGB erfüllender „Praktiken" auf dem Gebiete des Industriesponsoring verständliche – Glaube, die Annahme der Zuwendungen eines Sponsors für Beraterhonorare, Essenseinladungen, Kongressreisen, Weihnachtsfeiern, Teilnahmegebühren uä sei „nichts Unrechtes", ein **Verbotsirrtum,** der nur bei Unvermeidbarkeit zum Schuldausschluss führt (§ 17 S 1 StGB). Wie die Falldarstellungen unter II. jedoch zeigen, werten die Gerichte das bei den Ärzten vielfach fehlende **Unrechtsbewusstsein** als **vermeidbar,** da sie jederzeit behördliche oder anwaltliche Auskünfte hätten einholen können oder müssen,[127] und damit nur als fakultativen Schuldminderungsgrund (§ 17 S 2 StGB).

2. Vollendung, Beendigung und Verjährung. Mit der Entgegennahme des Vorteils ist die Tat des § 331 StGB **vollendet.**[128] Beim Fordern genügt zur Vollendung, dass das Verlangen des Arztes der anderen Seite bekannt wird,[129] beim Sichversprechenlassen, dass der Arzt nach außen irgendwie zu erkennen gibt, dass er wegen des Vorteils im Sinne des Unternehmens bei der Auswahl von Produkten oder der Bestellung von Medikamenten fördernd tätig wird. **Beendet** ist die Tat erst mit dem Empfang des letzten Vorteils[130] bzw Vornahme der letzten Diensthandlung Mit dem Zeitpunkt der Beendigung beginnt die **Verjährung** des Delikts (§ 78 a StGB), spätestens jedoch mit dem Ausscheiden aus dem Amt.[131]

3. Der Rechtfertigungsgrund der Genehmigung nach § 331 Abs 3 StGB. Angesichts der bisherigen – zu extensiven – Auslegung des Tatbestandes des § 331 Abs 1 StGB durch die Judikatur und Teile des Schrifttums sind die objektiven und subjektiven Voraussetzungen in den meisten Fällen erfüllt. Deshalb kommt der Vorschrift des § 331 Abs 3 StGB, die nach herrschender Lehre einen **Rechtfertigungsgrund** darstellt,[132] erhebliche praktische Bedeutung bei. Danach entfällt die Strafbarkeit für Amtsträger, wenn „die zuständige Behörde im Rahmen ihrer Befugnisse entweder die Annahme des Vorteils durch den Empfänger vorher genehmigt hat oder sie auf unverzügliche Anzeige des Empfängers genehmigt". Nicht genehmigungsfähig ist, wie sich aus dem Wortlaut des § 331 Abs 3 StGB ergibt, die Annahme von Vorteilen, die der Amtsträger **gefordert** hat. Dabei kann der Begriff des „Forderns" im Zusammenhang mit Forschungsvorhaben problematisch werden, wenn die Initiative von der Klinik ausgeht oder der Arzt einem

---

[125] *Lackner/Kühl,* § 331 RdNr 13; *Fischer,* § 331 RdNr 31.
[126] BGHSt 47, 295, 311.
[127] Siehe Hanseatisches OLG Hamburg MedR 2000, 375; AG Tuttlingen, AG Stuttgart (II. Nr 2, 3).
[128] RGSt 39, 199; *Schönke/Schröder/Cramer/Heine,* § 331 RdNr 31.
[129] BGHSt 10, 243; BGH NStZ 06, 628, 629; *Baumann* BB 61, 1060.
[130] BGHSt 10, 243; 16, 209; *Schönke/Schröder/Cramer/Heine,* § 331 RdNr 32.
[131] BGHSt 11, 347; 47, 295, 309; *Schönke/Schröder/Cramer/Heine,* § 331, RdNr 32; *Lackner/Kühl,* § 331 RdNr 21.
[132] BGHSt 31, 264, 286; *Lackner/Kühl,* § 331, RdNr 14; *Schönke/Schröder/Cramer/Heine,* § 331 RdNr 46; *Fischer,* § 331 RdNr 31; aA *Bernomann* StV 03, 521, 522; *Rudolphi/Stein,* SK § 331 RdNr 32 (Tatbestandausschluss); streitig, vgl *Schönke/Schröder/Cramer/Heine,* § 331 RdNr 45; die nachträglich erteilte Genehmigung nach § 331 Abs 3 wird allerdings überwiegend als Strafaufhebungsgrund angesehen, *Lackner/Kühl,* § 331 RdNr 16; *Schönke/Schröder/Cramer/Heine,* § 331 RdNr 50.

Unternehmen die Durchführung einer Studie vorschlägt, für die er um Unterstützung bittet. Wenngleich es in derartigen Fällen stets auf die Umstände des konkreten Einzelfalles ankommt, ist klarzustellen, dass „Fordern" ein Verlangen, ein „Druck-Ausüben", also mehr als eine Bitte, Anfrage oder einen „Anstoß" voraussetzt, mit dem man einen Vorteil für die Dienstausübung begehrt.[133]

100 Die Genehmigung nach § 331 Abs 3 StGB, die ausdrücklich oder konkludent, allgemein oder für einen Einzelfall erteilt werden kann,[134] ist nicht identisch mit der **Nebentätigkeits-, Dienstreise-** oder **Urlaubsgenehmigung.** Denn „die rechtfertigende Wirkung einer Genehmigung nach § 331 Abs 3 StGB findet ihren Grund darin, dass die tatbestandsmäßige Verletzung des durch die Strafvorschrift geschützten Rechtsgutes zu keinem Widerspruch mit der Rechtsordnung und objektiven Unwerturteil führt, wenn der Zusammenhang von Vorteil und Diensthandlung transparent gemacht wird und die die Verantwortung für die Sauberkeit des öffentlichen Dienstes tragende Behörde in Kenntnis des Zusammenhangs die Zuwendung an den Amtsträger billigt".[135] Wegen dieser Zielsetzung unterscheidet sich die Genehmigung nach § 331 Abs 3 StGB „funktionell von Urlaubs- und Dienstreisegenehmigungen"[136] sowie Nebentätigkeitsgenehmigungen.[137] Im Hinblick auf diese Kontrollfunktion der „zuständigen Behörde" ist bei der Beantragung der Genehmigung nach § 331 Abs 3 StGB aber streng darauf zu achten, dass der wahre Sachverhalt in vollem Umfang mitgeteilt wird, also insbesondere der Umstand, dass das zuwendende Unternehmen Medizinprodukte bzw Medikamente herstellt und diese gegebenenfalls in der Klinik eingesetzt werden bzw dort Verwendung finden sollen. Der zuständigen Behörde müssen alle „diejenigen Tatsachen, die für das nach dem in § 331 StGB geschützten Rechtsgut erforderliche Prüfungsprogramm bedeutsam sind, unterbreitet werden".[138] Die erschlichene Genehmigung ist unwirksam; dasselbe gilt, wenn der Vorteil sich auf eine pflichtwidrige Handlung bezieht oder in einem krassen Missverhältnis zur Gegenleistung steht.[139]

101 Hat der Arzt irrig die tatsächlichen Voraussetzungen des Rechtfertigungsgrundes nach § 331 Abs 3 StGB angenommen, so liegt ein die Strafbarkeit ausschließender, nach § 16 Abs 1 StGB zu bewertender **Tatbestandsirrtum** vor,[140] der den Vorsatz und damit die Strafbarkeit ausschließt. Hält der Arzt dagegen eine unwirksame Genehmigung für wirksam oder aber die Nebentätigkeits- bzw Dienstreisegenehmigung für die „Genehmigung" im Sinne des § 331 Abs 3 StGB, so handelt es sich um einen – vermeidbaren – **Verbotsirrtum.**[141]

102 Wer im Einzelfall die „**zuständige Behörde**" ist, lässt sich nicht allgemein bestimmen, sondern ergibt sich aus den beamtenrechtlichen Bestimmungen, uU tarifrechtlichen Regelungen, Drittmittelrichtlinien bzw -erlassen, Satzungen der Hochschulen ua[142] oder aus dem jeweiligen Organisationsstatut der Klinik. Sicherlich ist die für die Erteilung der Genehmigungen „zuständige Behörde" aber nicht der „Ärztliche Direktor" und auch nicht

---

[133] *Ulsenheimer,* Arztstrafrecht in der Praxis, 4. Aufl 2008, RdNr 13/27; *Partsch/Scheffner* GesR 07, 102, 104.

[134] *Lackner/Kühl,* § 331 RdNr 6 c.

[135] Hanseatisches Oberlandesgericht Hamburg MedR 2000, 375; *Dieners/Lembeck/Taschke,* PharmaR 99, 156; *Partsch/Scheffner* GesR 07, 102, 104.

[136] Ebenso *Dieners/Lembeck/Taschke* aaO, 164.

[137] Hanseatisches Oberlandesgericht Hamburg MedR 2000, 375.

[138] Hanseatisches Oberlandesgericht Hamburg MedR 2000, 375.

[139] OLG Hamburg MedR 2000, 375; *Partsch/Scheffner* GesR 07, 102, 104.

[140] BGHSt 31, 264, 286, 287; LG Hamburg, Urteil v 10.7.2000, s o RdNr 28; *Lackner/Kühl,* § 331 RdNr 18.

[141] Hanseatisches Oberlandesgericht Hamburg aaO, 375; *Lackner/Kühl,* § 331, RdNr 18; s dazu auch OLG Köln NStZ 2002, 35, 37 RdNr 21ff.

[142] Siehe dazu auch *Kolig,* Drittmittel: Die Berücksichtigung landesrechtlicher Besonderheiten, in: Handbuch Praxis der Wissenschaftsfinanzierung, 2008, C 2.1 S 9ff.

der „Chefarzt" für seine nachgeordneten Mitarbeiter oder die Beschaffungsabteilung, sondern regelmäßig der Arbeitgeber in Gestalt der Behördenspitze, also der Verwaltungsdirektor oder Geschäftsführer eines Krankenhauses, der Präsident oder Rektor der Universität, die diese Zuständigkeit aber delegieren können.[143] Entsteht kein „Anschein der Käuflichkeit" durch die Entgegennahme des Vorteils, hat der Arzt einen Anspruch auf die Erteilung der Genehmigung nach § 331 Abs 3 StGB, was in der Praxis mitunter aus sachwidrigen Motiven abgelehnt wird, obwohl der BGH auf die Einholung der Genehmigung drängt (RdNr 30).

4. Der Tatbestand der Bestechlichkeit (§ 332 StGB). Der Tatbestand der **Bestechlichkeit** (§ 332 StGB) unterscheidet sich von dem der Vorteilsannahme (§ 331 StGB) dadurch, dass die Bestechlichkeit nach § 332 Abs 1 StGB eine pflichtwidrige Handlung (Dienstpflichtverletzung) voraussetzt. Diese kann „nicht bereits in der Annahme des Vorteils gesehen werden, vielmehr muss sich die Vorteilsnahme auf eine schon an sich und als solche pflichtwidrige Diensthandlung beziehen".[144] Darüber hinaus kann § 332 StGB aber auch dann erfüllt sein, „wenn die – richtige – Entscheidung durch den Vorteil, der in die Waagschale gelegt wird, beeinflußt wird bzw der Amtsträger dieses auch nur vereinbart".[145] Denn wenn der (geldwerte) Vorteil bei der Entscheidung des Amtsträgers eine Rolle spielt, er sich also nicht ausschließlich von sachlichen Gesichtspunkten leiten lässt, gewinnen „sachfremde Erwägungen" Bedeutung, die die Pflichtwidrigkeit des Handelns des Amtsträgers begründen.[146] 103

Da Klinikdirektoren und Chefärzte, vielfach auch Oberärzte und uU sogar nachgeordnete Ärzte und Pflegekräfte bei der Auswahl, Prüfung und Beurteilung von Medikamenten oder Medizinprodukten mitwirken und damit auf die Bestellentscheidung Einfluß haben, kommt, wie die Rechtsprechung zutreffend betont, im Rahmen ihrer **Ermessensentscheidung** auch der Tatbestand des § 332 Abs 3 Nr 2 StGB in Betracht. Denn „ein Ermessensbeamter verstößt schon dadurch gegen seine Amtspflicht, dass er an die von ihm zu treffenden Entscheidungen nicht unbefangen, sondern mit der inneren Belastung" des gewährten oder erwarteten Vorteils herangeht, „dass er sich also seiner freien Entschließung zugunsten der wirklichen oder vermeintlichen Vorteilsgeber begibt. **Voraussetzung** ist dabei (für die Anwendung des § 332 StGB) allerdings, dass die Zuwendung in der von dem Beamten erkannten Absicht gemacht wird, er werde sich in seinem Ermessen zugunsten des anderen Teils von unsachlichen Erwägungen mitbestimmen lassen".[147] 104

Mit besonderem Nachdruck ist jedoch darauf hinzuweisen, dass „das tatbestandliche Handeln nach § 332 StGB in einer **Unrechtsvereinbarung** besteht oder in einem darauf zielenden Angebot" des Amtsträgers in den Fällen des Forderns eines Vorteils. Soweit die Diensthandlung noch in der Zukunft liegt, gehört zum Tatbestand, dass sich der Ermessens-Amtsträger „käuflich, dh ausdrücklich oder stillschweigend bereit zeigt, bei seiner künftigen Entscheidung nicht ausschließlich sachliche Gesichtspunkte walten zu lassen, sondern der Rücksicht auf den Vorteil Raum zu geben".[148] 105

Dabei genügt es, wenn der Arzt durch sein Verhalten irgendwie zum Ausdruck bringt, er werde den Vorteil bei seiner Entscheidung berücksichtigen. Unerheblich ist dagegen, ob diese Bereitschaft tatsächlich umgesetzt wurde, sich der Amtsträger also wirklich beeinflussen ließ[149] oder „die Entscheidung selbst sachlich gerechtfertigt werden kann".[150] Denn 106

---

[143] Siehe dazu *Partsch/Scheffner* GesR 2007, 102, 105.
[144] BGHSt 48, 44, 46; BGH NJW 02, 2801, 2806.
[145] Hanseatisches OLG Hamburg MedR 2000, 374; grundlegend BGHSt 15, 239, 242, 247; 48, 44, 46; *Schönke/Schröder/Cramer/Heine*, § 332, RdNr 10; *Fischer*, § 332 RdNr 5.
[146] BGHR StGB, § 332 Abs 1 S 1 Unrechtsvereinbarung 5.
[147] BGH, Urteil v 25. 2. 1954 – 4 StR 409/53, zitiert v BGHSt 15, 239, 248.
[148] BGHSt 15, 239, 249.
[149] BGHSt 31, 264, 285; 48, 44, 46.
[150] BGHSt 48, 44, 46.

das Gesetz will schon die **Gefährdung** des Vertrauens der Allgemeinheit in die Lauterkeit der öffentlichen Verwaltung, schon den nach außen erweckten **Eindruck** der Käuflichkeit verhindern. Deshalb schützt den Amtsträger auch nicht seine innere Einstellung, der insgeheime Vorbehalt, später sachgerecht zu verfahren,[151] etwa die Bestellungen ausschließlich nach sachlichen Kriterien vorzunehmen, oder der Nachweis, das preiswerteste bzw beste oder wirkungsvollste Gerät bzw Medikament etc angeschafft zu haben.

107 Andererseits besagt es mE nichts, wenn sich die Sponsorfirma um das **„Wohlwollen"** des Arztes oder um seine **„Gunst"** bemüht, eine günstige Ausgangsposition oder eine „Bevorzugung" erhofft oder „ihn günstig stimmen" will. Denn solche formelhafte Wendungen besagen „für sich allein nichts",[152] da es die Pflicht jedes Amtsträgers ist, „ernstliche Anträge, Gesuche und Angebote von Firmen wohlwollend zu prüfen, dh er darf ihnen nicht von vornherein ablehnend gegenüberstehen, muss vielmehr über sie nach eingehender sachlicher Würdigung und Abwägung der dafür und dagegen sprechenden Gesichtspunkte entscheiden".[153] Eine wohlwollende Behandlung oder „Bevorzugung" ist nur dann „pflichtwidrig, wenn sie durch die Rücksicht auf den Vorteil beeinflußt" ist. Trifft dies aber nicht zu und gibt der Arzt „einem Angebot aus rein sachlichen Erwägungen den Vorzug, so handelt er pflichtgemäß",[154] so dass für den Tatbestand des § 332 Abs 3 Nr 2 StGB kein Raum ist.

108 Von besonderer Bedeutung erscheint der Hinweis, dass die Annahme eines Vorteils nicht gleichbedeutend mit dem Tatbestandsmerkmal des **„Sich-bereit-zeigens"** ist, sondern eigenständige Bedeutung[155] hat, wie schon der Wortlaut des § 332 StGB und die systematische Stellung der Vorteilsannahme als **Grundtatbestand** gegenüber der Bestechlichkeit als **Qualifikationstatbestand** deutlich macht. Das Fordern, Sichversprechenlassen und Annehmen eines Vorteils fällt unter den mit höherer Strafe bedrohten Tatbestand der Bestechlichkeit nur dann, wenn **besondere (weitere) Umstände** vorliegen, die die „Bekundung der Beeinflussbarkeit",[156] dh die Bereitschaft des Arztes – ausdrücklich oder schlüssig – objektiv zum Ausdruck bringen, dass er also „bereit" ist, den Vorteil bei der Ausübung des Ermessens irgendwie durchschlagen zu lassen. „Um eine sichere Unterscheidung zwischen den Tatbeständen" des § 331 StGB und § 332 StGB zu gewährleisten, muss deshalb im Einzelfall sehr genau festgestellt werden,[157] ob solche zusätzlichen objektiven Indizien bestehen, aus denen eine solche Bereitschaft abgeleitet werden kann, nicht ausschließlich nach sachlichen Kriterien zu entscheiden.[158] In vielen der unter II. dargestellten Rechtsprechungsbeispiele, in denen die Gerichte zur Bejahung des § 332 Abs 3 Nr 2 StGB gelangten, wird das Tatbestandsmerkmal des „Sich-bereit-Zeigens" fälschlicherweise lediglich mit der Vorteilsvereinbarung oder -annahme begründet.[159] Erfolgt das Fordern, Annehmen oder Vereinbaren eines Vorteils allerdings ausschließlich zu eigennützigen Zwecken, fehlt dem Vorteil „jeglicher dienstliche Verwendungsbezug" (bei „klassischen Schmiergeldern", hohen Geldbeträgen zur privaten Verwendung), liegt darin „ein gewichtiges Beweisanzeichen für ein Sichbereitzeigen iS des § 331 Abs 3 Nr 2 StGB".[160] Bei dienstlichem Bezug des Vorteils bedarf es dagegen „einer ausdrücklichen Würdigung

---

[151] BGHSt 48, 44, 46.
[152] So mit Recht BGHSt 15, 239, 251.
[153] BGHSt 15, 239, 251.
[154] BGHSt 15, 239, 251.
[155] BGHSt 48, 44, 47.
[156] BGHSt 48, 44, 47, OLG Hbg StV 2001, 277, 281; *Schönke/Schröder/Cramer/Heine*, § 332 RdNr 18.
[157] BGHSt 15, 91, 92; 48, 44, 48.
[158] Hanseatisches OLG Hamburg MedR 2000, 371, 374.
[159] Mustergültig insoweit die Subsumtion durch das Hanseatische Oberlandesgericht Hamburg, MedR 2000, 371, 374 (s II. 10) und das LG Bonn MedR 2001, 260, 263 (s II. 12).
[160] BGHSt 48, 44, 48.

23. Kapitel. Der Arzt im Strafrecht   109–112 § 152

aller Umstände, die die Annahme eines Sichbereitzeigens tragen oder ihnen widersprechen", vor allem auch der Feststellung „über den Zweck der Vorteilsgewährung".[161]

Bezüglich der übrigen Tatbestandsmerkmale des § 332 Abs 3 Nr 2 StGB ist auf die Ausführungen unter IV. 1. zu verweisen. Wie bereits betont, kann jedoch anders als für § 331 StGB eine etwaige **Genehmigung** der vorgesetzten Behörde die Rechtswidrigkeit **nicht** ausschließen.[162] 109

V. Bestechlichkeit im geschäftlichen Verkehr (§ 299 Abs 1 StGB)

1. Das geschützte Rechtsgut. Wie in RdNr 68 dargelegt, gelten die §§ 331, 332 StGB **nicht für rein privatrechtlich** organisierte Einrichtungen. Insoweit können jedoch die im August 1997 durch das Gesetz zur Bekämpfung der Korruption neu ins StGB eingeführten §§ 299, 300 StGB in Betracht kommen, die denjenigen bestrafen (Abs 1), der „als Angestellter oder Beauftragter eines geschäftlichen Betriebs im geschäftlichen Verkehr einen Vorteil für sich oder einen Dritten als Gegenleistung dafür fordert, sich versprechen lässt oder annimmt, dass er einen anderen beim Bezug von Waren oder gewerblichen Leistungen im Wettbewerb in unlauterer Weise bevorzuge". Schutzzweck der Vorschrift ist – gänzlich anders als das Schutzgut der §§ 331 ff StGB – der freie und redliche **Wettbewerb**,[163] gemäß § 299 Abs 3 StGB auch auf einem **ausländischen** Markt, ohne dass es darauf ankommt, ob ein Dritter getäuscht wird oder der Vermögensvorteil infolge der Bevorzugung tatsächlich eintritt. Es geht also nicht um den Schutz von Individualinteressen.[164] § 299 StGB stellt in beiden Tatvarianten ein sog **abstraktes Gefährdungsdelikt**[165] dar und will „das Schmiergeldunwesen" in jeder Form beseitigen,[166] da dieses den Wettbewerb als solchen verfälscht, die Mitbewerber wirtschaftlich gefährdet und den Käufer und in den hier einschlägigen Fällen den Patienten möglicherweise schädigt.[167] 110

Die Vorschrift des § 299 StGB hat den früheren § 12 UWG ersetzt. Die Aufnahme unter die Tatbestände des „Kernstrafrechts" sollte das Delikt „aufwerten", dh der sog „Angestelltenbestechung" größere Aufmerksamkeit geben und durch die Verschärfung der Strafandrohung die Präventionswirkung erhöhen. In der Bevölkerung sollte „das Bewußtsein geschärft werden, dass es sich auch bei der Korruption im geschäftlichen Bereich um eine Kriminalitätsform handelt, die nicht nur die Wirtschaft selbst betrifft, sondern Ausdruck eines allgemeinen sozial-ethisch missbilligten Verhaltens ist".[168] 111

2. Sonderdelikt für Angestellte und Beauftragte. § 299 Abs 1 StGB ist ein **Sonderdelikt** und gilt nur für **Angestellte** oder **Beauftragte** eines geschäftlichen Betriebs. Angestellter ist, wer in einem – und sei es auch nur kurzfristigen – Dienst-, Werks- oder Auftragsverhältnis zum Geschäftsinhaber steht und den Weisungen des Geschäftsherrn unterworfen ist, zB der Geschäftsführer einer GmbH.[169] Beauftragter ist derjenige, der auf Grund seiner Stellung befugtermaßen, zB als sog faktischer Geschäftsführer berechtigt und verpflichtet ist, für den Betrieb zu handeln. Voraussetzung ist nach der ratio legis 112

---

[161] BGHSt 48, 44, 49.
[162] BGH NJW 1960, 831; *Schönke/Schröder/Cramer/Heine*, § 332 RdNr 23; *Fischer*, § 332 RdNr 6.
[163] *Höltkemeier* aaO S 161 ff; *Winkelbauer*, FS Weber, 2004, 385 f; *Rönnau/Golombek* ZRP 07, 193, 194; BGH NJW 06, 3290, 3298.
[164] *Ulsenheimer*, Arztstrafrecht in der Praxis, RdNr 13/38; *Fischer*, § 299 RdNr 2; aA *Pragal*, Die Korruption innerhalb des privaten Sektors und ihre strafrechtliche Kontrolle durch § 299 StGB, S 146.
[165] *Tröndle/Fischer*, § 299 RdNr 2 a.
[166] BGHSt 10, 355, 367; 31, 207, 211.
[167] BGHSt 31, 207, 211 zu § 12 UWG; *Erbs/Kohlhaas/Fuhrmann*, Strafrechtliche Nebengesetze, U 43, Anm 1 b zu § 12 UWG.
[168] BT-Drucks 13/5584, 15.
[169] *Lackner-Kühl*, § 299 RdNr 2 mwN.

allerdings, dass er die Möglichkeit hat, auf die betrieblichen Entscheidungen über den Bezug von Waren und gewerblichen Leistungen Einfluss zu nehmen.

113 Nicht erfasst sind dagegen, wie sich aus dem Wortlaut der Vorschrift ergibt, die „Geschäftsinhaber", auf den Bereich der niedergelassenen Ärzte bezogen also die **Praxisinhaber**. Sie scheiden als Täter des § 299 Abs 1 StGB aus. In der Reformdiskussion war ihre generelle Einbeziehung in den Tatbestand des § 299 StGB vielfach gefordert worden, doch setzte sich schließlich die Auffassung durch, dass der Geschäftsinhaber in der Entscheidung über den Bezug von Waren und gewerblichen Leistungen grundsätzlich frei ist und sich hierbei auch von unsachlichen Motiven leiten lassen darf.[170] Zwar gebe es „Konstellationen, in denen der Empfang von Vorteilen durch den Betriebsinhaber als sittenwidrig und strafwürdig erscheinen" könne, doch sei es „gegenwärtig kaum möglich, diese Fälle von nicht strafwürdigen Verhaltensweisen hinreichend sicher abzugrenzen".[171]

114 Unter Rückgriff auf den Beschluss des BGH vom 25. 11. 2003,[172] in dem der Vertragsarzt als Sachwalter der gesetzlichen Krankenkassen qualifiziert wurde, kommt Pragal in seiner Hamburger Dissertation nach umfangreichen Darlegungen zum Schutzgut des § 299 StGB, das er in der „Nichtkäuflichkeit übertragener oder sonst besonders fremdverantwortlicher Entscheidungen" sowie dem diesbezüglichen „Vertrauen der Allgemeinheit" sieht, zu dem Ergebnis, der **Vertragsarzt** in freier Praxis sei **Beauftragter** des geschäftlichen Betriebs der gesetzlichen Krankenkassen und könne sich deshalb nach § 299 Abs 1 StGB strafbar machen.[173] Dem ist Fischer[174] in der Neuauflage seines Kommentars zum StGB, wenn auch zögernd[175], gefolgt, doch steht diese Ansicht der ganz eindeutig herrschenden Lehre entgegen und ist in der Sache unrichtig. Insbesondere Schnapp hat sehr subtil und überzeugend anhand der gesetzlichen Bestimmungen des Sozialrechts dargetan, dass „der Vertragsarzt in keiner Rechtsbeziehung zum Versicherten und – was wichtiger ist – zu den gesetzlichen Krankenkassen" steht.[176] Darüber hinaus wird der Vertragsarzt nicht geschäftlich für die Krankenkassen tätig, sondern ist Freiberufler und arbeitet unabhängig für seine eigene Praxis.[177] Bei der Behandlung von Privatpatienten ist dies unstreitig.

115 Das Verordnen von Medikamenten, die das zuwendende Unternehmen herstellt oder vertreibt, bedeutet auch keine Bevorzugung „im Wettbewerb", da der private Endverbraucher aus dem Wettbewerbsrecht ausgeschlossen ist.[178] Darüber hinaus ist bei der Zuwendung eines Vorteils an den niedergelassenen Arzt auch das Tatbestandsmerkmal „in unlauterer Weise" nicht erfüllt, da dadurch der Wettbewerb, das Schutzgut des § 299 StGB, nicht verletzt wird und deshalb keine Unrechtsvereinbarung vorliegt.[179] Insofern ist der nieder-

---

[170] Dölling, GA C zum 61. DJT, Karlsruhe 1996, C 87.
[171] Dölling, aaO, C 87.
[172] BGHSt 49, 17, 19.
[173] Pragal NStZ 2005, 133; ders, Die Korruption innerhalb des privaten Sektors und ihre strafrechtliche Kontrolle durch § 299 StGB, S 100 ff, zusammenfassend S 146, 165 f; Pragal/Apfel AusR 2007, 10 ff; ebenso Böse/Mölders, Die Durchführung sog. Anwendungsbeobachtungen durch den Kassenarzt als Korruption im Geschäftsverkehr (§ 299 StGB)?, MedR 2008, 585 ff; differenzierend Schneider/Gottschaldt: der einzelne Arzt ist kein tauglicher Täter, wohl aber der von seiner Ärzte-GbR oder einem MVZ beauftragte Arzt, wistra 09, 133, 136.
[174] § 299 RdNr 10 a u 10 b.
[175] Siehe die Vorauflage, Tröndle/Fischer, § 299 RdNr 10b.
[176] Schnapp, Der Vertragsarzt – Sachwalter der gesetzlichen Krankenkassen?, FS Herzberg 795, 801, 805 Anm 53; ebenso Geis wistra 2007, 361, 362; ders wistra 2005, 369 ff; ders wistra 2006, 345, 349; Klötzer NStZ 2008, 12, 15 Ulsenheimer, Arztstrafrecht in der Praxis, 4. Aufl, § 13 RdNr 41; Taschke StV 2005, 406 ff; Reese PharmR 2006, 92 ff, 96 f; Schmidl wistra 2006, 286, 288; Sommer/Tsambikakis, in: Münchener Anwaltshandbuch, Medizinrecht, hrsg v Terbille, 2009, § 2 RdNr 160.
[177] Geis wistra 2005, 369, 370; RGSt 6, 70, 71 f; BGHSt 2, 396, 401.
[178] LK-Tiedemann, § 299 RdNr 21; Geis aaO, 371.
[179] Ulsenheimer, Arztstrafrecht in der Praxis, RdNr 13/41; im Ergebnis wie hier: Geis aaO, 371; Schmidl wistra 2006, 286, 288; Leipold, NJW-Spezial 2007, Heft, 9, 423.

23. Kapitel. Der Arzt im Strafrecht

gelassene Arzt vom Schutzzweck der Norm nicht erfaßt und kann daher den Tatbestand des § 299 Abs 1 StGB nicht erfüllen.

Die gegenteilige Auffassung mag rechtspolitisch, de lege ferenda in bestimmten Fällen **116** wünschenswert sein, die gegenwärtige Gesetzeslage steht jedoch eindeutig entgegen und lässt sich auch durch eine extensive Auslegung des Tatbestandes des § 299 Abs 1 StGB nicht sachgerecht begründen. Es geht nicht an, zunächst die Strafwürdigkeit eines Verhaltens zu behaupten und „erst danach die positiv-rechtliche Dimension des Problems" zu untersuchen.[180] Wohlers/Kudlich verdienen daher Zustimmung, wenn sie am Ende ihrer Besprechung der Monographie Pragals anmerken, „soviel Sanktionierungs- und Verfolgungseifer" wirke „auf den ersten Blick erstaunlich und manchen mögen Pragals Vorschläge als zu weitgehend und zu undifferenziert erscheinen".[181] Dazu gehört offenbar – zu Recht – auch die Praxis, so zB die StA Augsburg im Verfahren 501 Js 14802/08 („die beteiligten Kassenärzte/Vertragsärzte können nicht taugliche Täter iS des § 299 StGB sein") und die **Staatsanwaltschaft Ulm**, die diesen „strafbarkeitsexpandierenden Überlegungen" Pragals nicht gefolgt ist, wie der Einstellungsbeschluss gegen Verantwortliche der Fa. Ratiopharm vom 20. 12. 2005 und der Generalstaatsanwaltschaft Stuttgart vom 13. 4. 2006 zeigt.[182]

Während also der **frei praktizierende Arzt** – und ebenso der **Belegarzt** – weder **117** auf der „Geber-" noch auf der „Nehmerseite" als Täter des § 299 StGB in Betracht kommt, gilt etwas anderes für angestellte oder beauftragte Ärzte einer Praxis. Gleiches gilt, wenn der Beauftragte faktisch einem Betriebsinhaber gleichsteht, zB der Geschäftsführende Alleingesellschafter einer GmbH ist. Denn bei diesen – im niedergelassenen Bereich sicherlich seltenen, von landesrechtlicher Zulässigkeit abhängigen – Konstellationen stellt die Judikatur – ähnlich wie beim Untreuetatbestand des § 266 StGB – auf die rechtliche Selbständigkeit der juristischen Person ab, wertet also das Verhältnis zwischen Gesellschaft und Beauftragten rein formal, so dass auch der Arzt, der Alleingesellschafter einer Betriebs-GmbH ist, in seiner Eigenschaft als Beauftragter oder Geschäftsführer dem § 299 StGB unterfällt.[183] Im übrigen sind Praxisangestellte, zB die MTA, die Sprechstundenhilfe, eine Krankenschwester oder der angestellte Arzt mögliche Täter des § 299 Abs 1 StGB.

3. Geschäftlicher Betrieb. Geschäftlicher Betrieb ist jede auf Dauer bestimmte, **118** regelmäßige Teilnahme am Wirtschaftsleben mittels Leistungsaustausch.[184] Sie umfaßt Geschäftsbetriebe jeder Art, nicht bloß Handels- oder Gewerbebetriebe, so dass unter diesem Begriff „jede im Handel und Verkehr betriebene, dauernde, mit der Erzielung von Einnahmen verbundene Tätigkeit fällt".[185] Ausgenommen von § 299 StGB sind nur die den Gegensatz zum „geschäftlichen Verkehr" bildenden, rein privaten Tätigkeiten.[186] Geschäftliche Betriebe können deshalb auch Unternehmungen sein, die allein gemeinnützige, soziale oder kulturelle Ziele verfolgen, und somit sind auch **Krankenhäuser** „geschäftliche Betriebe",[187] ebenso die Krankenkassen trotz der fehlenden Gewinnerziehungsabsicht.

---

[180] *Schnapp*, FS Herzberg, S 805 Anm 53.
[181] ZStW Bd. 119, 2007, 375.
[182] Veröffentlicht unter http://www.iustiz-bw.de/servle/TP/menu/1192381/index, html sowie http://www.iustiz-bw.de/servle/TP/menu/1199521/indes, html; vgl auch Wasserburg, Rechtsprechungsübersicht zum Arztstrafrecht – Juni 2002 bis Juni 2006, NStZ 2007, 198 ff, der über keine Verurteilungen eines Praxisinhabers wegen § 299 Abs 1 StGB berichtet.
[183] *Fischer*, § 299, RdNr 10c.
[184] BGHSt 2, 396, 403; 10, 359, 366.
[185] *Pfeiffer*, FS v Gamm, 1990, S 129, 134; LK-*Tiedemann*, 11. Aufl 2002, § 299 RdNr 5; BGHSt 2, 396, 403.
[186] BGHSt 10, 359, 366.
[187] *Erbs/Kohlhaas-Fuhrmann*, aaO, Anm 1 d.

119   **4. Der Begriff des Vorteils.** Bezüglich des Begriffs „**Vorteil**" ist auf die Ausführungen unter RdNr 72 ff) zu verweisen. Auch die Tathandlungen sind mit § 331 StGB identisch. In allen Fällen sind ausdrückliche Erklärungen nicht erforderlich, vielmehr genügt schlüssiges Handeln. Hervorzuheben ist allerdings, dass der Tatbestand des § 299 StGB in seinen beiden Alternativen nur die Zuwendung von Vorteilen für eine **zukünftige** Bevorzugung, nicht dagegen für einen bereits verschafften Vorteil erfasst.

120   **5. Die „unlautere" Bevorzugung.** Der Vorteil muss als Gegenleistung für eine künftige „**unlautere**" Bevorzugung gefordert, versprochen oder angenommen werden. „Fordern" bedeutet das auf das Ziel „Unrechtsvereinbarung" gerichtete Bestreben des Täters (Arztes). Erforderlich ist daher eine sog **Unrechtsvereinbarung,** die den freien Wettbewerb beeinträchtigt,[188] da diese Bevorzugung dann auf sachwidrigen Motiven beruht und damit gegen die guten Sitten im Wettbewerb verstößt. Heimlichkeit oder objektive Schädigung des eigenen oder eines dritten Betriebs sind keine Tatbestandsvoraussetzungen,[189] aber „die fehlende Offenlegung einer Vereinbarung" und damit einhergehende Verschleierungsmaßnahmen werden als „wesentliches Indiz für ihren Unrechtscharakter gewertet".[190] Die Unrechtsvereinbarung, in der Leistung (Vorteil) und Gegenleistung (Bevorzugung bei einer konkreten Entscheidung) miteinander verknüpft sind, charakterisiert die unlautere Verhaltensweise des Täters. Nicht ausreichend ist eine Zuwendung zur Herbeiführung allgemeinen „Wohlwollens", also zur sog „Klimapflege" oder um sich die Geneigtheit des Arztes zu verschaffen. Denn die Auflockerung der Unrechtsvereinbarung in §§ 331 ff StGB durch das Gesetz zur Bekämpfung der Korruption hat in § 299 StGB **keine** Entsprechung gefunden, so dass keineswegs jede Zuwendung als „Erkaufen der Sympathie" und den Aufbau einer Abhängigkeit im Sinne eines „do, ut des" gewertet werden darf. Handelt der Angestellte oder Beauftragte nicht für sich, dh zu seinem persönlichen Vorteil, sondern innerhalb der ihm eingeräumten Kompetenzen für den Betrieb, scheidet eine Unrechtsvereinbarung aus, da die Vereinbarung mit dem Betrieb selbst zustande kommt.[191]

121   **6. Vorsatz und Irrtum.** § 299 StGB setzt **Vorsatz** voraus, wobei bedingter Vorsatz genügt. Notwendig ist die Vorstellung des Arztes, den Wettbewerb unlauter zu beeinflussen. Der Arzt muss also seine Stellung als Angestellter oder Beauftragter, das Vorliegen eines geschäftlichen Betriebs, die Konkurrenzsituation und die Bevorzugung bezüglich der zugrundeliegenden Tatsachen kennen und diese in ihrer rechtlichen Bedeutung erfassen, ebenso natürlich die Tatbestandsmerkmale des Vorteils und der Unrechtsvereinbarung bzw Unlauterkeit des Verhaltens. Kennt der Arzt die die Unlautbarkeit des Vorgehens begründenden Umstände nicht, liegt ein Tatbestandsirrtum nach § 16 Abs 1 StGB vor, bei einer unrichtigen Wertung der Tatsachen ein Verbotsirrtum nach § 17 StGB.[192]

122   **7. Strafantrag und „besonders öffentliches Interesse":** Da das Delikt der Angestelltenbestechung bisher an verborgener Stelle im Gesetz gegen den unlauteren Wettbewerb stand (§ 12 UWG) und von einem **Strafantrag** abhängig war, wurde es praktisch nicht verfolgt. Dies wird sich in Zukunft ändern, da zum einen der Tatbestand in das Strafgesetzbuch übernommen und zum anderen als sog **relatives Antragsdelikt** ausgestaltet wurde (§ 301 StGB), dh auch ohne Strafantrag des Konkurrenten kann die Staatsanwaltschaft aus eigenem Antrieb unter schlichter Bejahung des „**besonderen öffentlichen Interesses**" von Amts wegen Ermittlungen aufnehmen. Da der Begriff des „besonderen

---

[188] *Fuhrmann,* aaO, Anm 2 f.
[189] *Fischer,* § 299 RdNr 16.
[190] BGH NStZ-RR 2003, 171, 172; OLG Köln NStZ 02, 37 RdNr 12; *Dieners* JZ 1998, 181, 185; *Göben* MedR 1999, RdNr 348; *Odenthal* wistra 05, 170, 172.
[191] *Odenthal* wistra 05, 170, 172.
[192] *Lackner/Kühl,* § 299 RdNr 8; *Fischer,* § 299 RdNr 22.

öffentlichen Interesses" nicht revisibel ist, genügt die bloße – ohne Begründung erfolgende – Feststellung, dass dieses besondere öffentliche Interesse von der Staatsanwaltschaft bejaht wird. Nach einer Entscheidung des AG Bochum[193] können „Altfälle, die nach § 12 UWG aF zu beurteilen sind, auch ohne Vorliegen eines Strafantrags bei Bejahung des besonderen öffentlichen Interesses verfolgt werden", da ein Wechsel im Verfahrensrecht dem Rückwirkungsverbot nicht entgegensteht.[194]

8. Privatklagedelikt. Verneint die Staatsanwaltschaft das besondere öffentliche Interesse, kann das benachteiligte Konkurrenzunternehmen bei rechtzeitiger Stellung des Strafantrags (also Beachtung der 3-Monatsfrist gem § 77b Abs 2 StGB) die Sache gem § 374 Abs 1 Nr 5a StPO im **Privatklageweg** weiterverfolgen. 123

9. Genehmigung ohne Rechtfertigungswirkung. Da zwischen § 299 Abs 1 StGB und §§ 331, 332 StGB im Hinblick auf die unterschiedlichen Schutzgüter Tateinheit besteht, ist zu beachten, dass die **Genehmigung** nach § 331 Abs 3 StGB die Anwendbarkeit des § 299 StGB nicht ausschließt, so dass die Ärzteschaft unter wettbewerbsrechtlichen Aspekten Vorsicht walten lassen muss und keine „unlauteren" Handlungsweisen „im Wettbewerb" Platz greifen dürfen. Die Genehmigung (Einwilligung) des Geschäftsherrn hat im Rahmen des § 299 StGB keine rechtfertigende Wirkung, da der einzelne über das Schutzgut „freier Wettbewerb" nicht disponieren kann.[195] 124

VI. Grundprinzipien der Zusammenarbeit von Arzt und Industrie

Angesichts der aus der Darstellung der einschlägigen Entscheidungen und der Erläuterung der Tatbestandsmerkmale der §§ 331, 332 und § 299 Abs 1 StGB sichtbar gewordenen **Rechtsunsicherheit** auf Seiten vieler Ärzte und Firmenangehörigen sind in der Vergangenheit eine Vielzahl von Initiativen entwickelt worden, um die zulässigen Kooperationsformen zwischen Arzt und Industrie klarer zu fassen und aus dem Strafrechtsbereich eindeutig fernzuhalten. Zu nennen sind insoweit vor allem der „gemeinsame Standpunkt zur strafrechtlichen Bewertung der Zusammenarbeit zwischen Industrie, medizinischen Einrichtungen und deren Mitarbeitern",[196] der „Kodex Medizinprodukte",[197] der Beschluss der Kultusministerkonferenz vom 17.9.1999 zum Thema „Drittmittelforschung und strafrechtlich relevantes Verhalten"[198] und der Beschluss der Konferenz der Justizministerinnen und -minister vom 15.12.1999 zum Beschluss der Kultusministerkonferenz vom 17.9.1999 mit dem gleichen Thema.[199] Außerdem haben zahlreiche Unternehmen, Universitäten und Krankenhäuser neue Richtlinien bzw Dienstanweisungen für die Zusammenarbeit mit der Industrie erlassen. Zur Überwachung der korrekten Zusammenarbeit zwischen Unternehmen und Ärzten wurde von den Mitgliedern des Verbandes Forschender Arzneimittelhersteller am 16.2.2004 der eV „Freiwillige Selbstkontrolle für die Arzneimittelindustrie" gegründet, der Regelverstöße durch eine Schiedsstelle in der 1. Instanz mit bis zu 50 000,– Euro, in der 2. Instanz mit bis zu 250 000,– Euro sanktionieren kann.[200] Auch die DGMR hat diesbezügliche Empfehlungen verabschiedet.[201] 125

---

[193] wistra 2001, 155.
[194] So auch *Südbeck* wistra 2001, 201; *Greeve*, Korruptionsdelikte, 2005, 223; *Nestoruk*, Strafrechtliche Aspekte des unlauteren Wettbewerbs, 2003, 195.
[195] *Fischer*, § 299 RdNr 23.
[196] Antikorruptionsgesetz, hrsg vom Bundesverband der Pharmazeutischen Industrie eV, 2001, S 46.
[197] Siehe *Hiersche/Wigge/Broglie* (Hrsg), Spenden, Sponsoren – Staatsanwalt?, 2. Aufl 2001, S 115.
[198] Spenden, Sponsoren – Staatsanwalt?, aaO, S 147.
[199] Spenden, Sponsoren – Staatsanwalt?, aaO, S 151.
[200] Siehe dazu und einer Auswahl von Schiedssprüchen *Klein* PharmaR 07, 304 ff (betr Übernahme von Hotel- und Bewirtungskosten für Begleitpersonen), s auch LG Angsburg PharmR 2007, 520 ff; kostenlose Abgabe eines Buches unter Beifügung einer Medikamentübersicht verstößt gegen § 7 Abs 1; s ferner PharmR 2007, 84: Dampferfahrt ohne Kostenbeteiligung der eingeladenen Ärzte

126 Unabhängig von allen Einzelheiten muss derjenige, der sich in dem Labyrinth der Vorschriften und Meinungen nicht verirren will, die nachstehenden grundlegenden Prinzipien unbedingt beachten. Ihre Einhaltung kann zwar staatsanwaltschaftliche Ermittlungen nicht unter allen Umständen ausschließen, aber doch bewirken, dass die Verfahren keinen hinreichenden Tatverdacht ergeben und deshalb rasch und ohne Folgen wieder eingestellt werden. Wegen der geringen „Anfangsverdachts"-Schwelle aber bleibt das Industriesponsoring im Verhältnis Arzt und Industrie trotz allem strafrechtlich ein gefährliches Terrain, auf dem größte Vorsicht, Zurückhaltung, Offenheit und Sorgfalt für alle Beteiligten geboten ist.

127 **1. Das Trennungsprinzip.** Auf jeden Fall muss eine strikte Trennung zwischen der von der Industrie erhaltenen Zuwendung und etwaigen Umsatzgeschäften, also Bestellungen, Empfehlungen und dergleichen eingehalten werden. Dies ist am besten zu erreichen, wenn der Vorteilsempfänger keinen Einfluß auf Einkauf, Bestellung etc hat. Es muss eine **Entkoppelung** von Vorteilsnahme und „Geschäften" mit der Industrie stattfinden, der Vorteil muss **unabhängig von einer Gegenleistung** sein.

128 **2. Das Transparenzprinzip.** Alle Kontakte zwischen Industrie und Krankenhausmitarbeitern müssen nach allen Seiten offen sein, insbesondere muss der Krankenhausträger bzw die Krankenhausverwaltung in die Zuwendung durch Einholung der Genehmigung gemäß § 331 Abs 3 StGB unter Offenlegung **aller für die Beurteilung der Beziehung wesentlichen Fakten** eingebunden sein. Soweit verfahrensmäßige Regelungen bestehen (zB für die Behandlung von Drittmitteln), müssen diese eingehalten werden.

129 **3. Das Dokumentationsprinzip.** Alle Absprachen, die den Zuwendungen zu Grunde liegen, müssen **schriftlich** und **vollständig** dokumentiert sein.

130 **4. Das Prinzip der Bargeldlosigkeit.** Alle Geldzuwendungen dürfen nur in Form von Überweisungen oder Schecks, **nie in bar** angenommen werden.

131 **5. Das Prinzip der Kontendistanz.** Die Ärzte, die in Umsatzgeschäfte mit dem sponsernden Unternehmen eingebunden sind, dürften keine Verfügungsmacht über die Konten haben, auf die Zuwendungen fließen. Dies gilt auch für Fördervereine und ähnliche Institutionen.

132 **6. Das Prinzip der Fremdnützigkeit.** Klinik-, Patienten- oder sonstige allgemeine Interessen müssen bei der Annahme von Zuwendungen dominieren. Reine Privatinteressen müssen vollständig eliminiert sein.

133 **7. Das Prinzip der Verhältnismäßigkeit.** Soweit vertragliche Beziehungen bestehen und Sponsorleistungen gewährt werden, müssen Leistung und Gegenleistung in einem angemessenen Verhältnis zueinander stehen.

VII. Dienst-, berufs- und disziplinarrechtliche Aspekte des Industriesponsoring

134 Ergänzend sei darauf verwiesen, dass das Industriesponsoring außer den strafrechtlichen Bezügen (Vorteilsnahme/Bestechlichkeit, Betrug und Untreue) für Ärzte und Pflegekräfte auch zu dienstrechtlichen, berufsrechtlichen und disziplinarrechtlichen Konsequenzen führen kann.

135 **1. Beamtete Ärzte. Beamtete** Krankenhausärzte dürfen keinerlei Belohnungen oder Geschenke in Bezug auf ihr Amt annehmen. Dies gilt auch nach Beendigung des Beamtenverhältnisses, wie §§ 43 BRRG und 70 BBG sowie die einschlägigen landesrechtlichen Vorschriften in den Beamtengesetzen unmissverständlich bestimmen. Ausnahmen bedürfen der Zustimmung des gegenwärtigen oder letzten Dienstherrn. Außerdem darf der Krankenhausarzt ohne vorherige Anzeige Berater- oder ähnliche Nebentätigkeiten weder aufnehmen noch weiterführen; oftmals muss er sogar die Genehmigung seines

---

verstößt gegen § 21 Abs 2 des FSA-Kodex. Zusammenfassend zur unentgeltlichen Abgabe von Fortbildungsliteratur an Ärzte *Finn* PharmaR 2009, 481.

[201] MedR 2001, 597.

Dienstherrn einholen und im Übrigen Nachweise vorlegen, aus denen sich sowohl Art und Umfang der Nebentätigkeiten als auch die daraus erlangten Entgelte und sonstigen Vorteile ergeben (§ 42 Abs 1 Satz 4–6, Abs 5 BRRG; § 66 Abs 2 BBG). Verstöße gegen die vorgenannten Bestimmungen können disziplinarrechtlich geahndet werden.

Unter „Belohnungen" und „Geschenken" versteht man materielle und immaterielle Vorteile jeder Art, auf die der Beamte keinen Anspruch hat, ohne dass es auf den Wert des Geschenkes ankommt. Sinn und Zweck dieses kategorischen Verbots bestehen darin, schon den Anschein der Beeinflußbarkeit im dienstlichen Bereich durch Zuwendungen auszuschließen. „Die selbstlose, uneigennützige, auf keinen persönlichen Vorteil bedachte Führung der Dienstgeschäfte ist eine der wesentlichen Grundlagen des Berufsbeamtentums. Das Vertrauen der Öffentlichkeit in seine Integrität trägt entscheidend zur Funktionsfähigkeit des Gemeinwesens bei. Ein Beamter, der in Bezug auf sein Amt Geschenke oder sonstige Vorteile von Personen außerhalb der Behörde oder von Kollegen ... annimmt, setzt das Ansehen der Beamtenschaft herab und gefährdet das Vertrauen seiner Behörde und der Allgemeinheit. Denn er erweckt hierdurch zugleich den Verdacht, für Amtshandlungen allgemein käuflich zu sein und sich bei seinen Dienstgeschäften nicht an sachlichen Erwägungen zu orientieren, sondern sich auch von Rücksicht auf den ihm zugesagten und gewährten Vorteil leiten zu lassen. Das kann im Interesse einer geordneten, sachlich orientierten Verwaltung nicht hingenommen werden."[202]

2. Angestellte Ärzte. Für **angestellte** Krankenhausärzte und Pflegekräfte gilt nichts anderes, da nach § 3 Abs 2 TV-Ärzte/VKA Ärzte und Ärztinnen, nach § 3 Abs 2 TVöD-AT sonstige im öffentlichen Dienst Beschäftigte „Belohnungen, Geschenke, Provisionen oder sonstige Vergünstigungen in Bezug auf ihre Tätigkeit nicht annehmen" dürfen, wobei „Ausnahmen nur mit Zustimmung des Arbeitgebers möglich sind". Etwaige Angebote in dieser Richtung müssen sie dem Arbeitgeber „unverzüglich" mitteilen. Sinn und Zweck dieser Regelungen liegen nach Ansicht des BAG darin, „eine saubere und unbestechliche Diensterfüllung zu gewährleisten", was zum einen bedeutet, dass „Bürger nicht veranlasst werden, zusätzliche Leistungen für Dienste aufzubringen, auf die sie einen Rechtsanspruch haben", und zum anderen, dass niemand, der solche Leistungen nicht aufbringen kann, befürchten muss, „benachteiligt zu werden".[203] Die zitierten Bestimmungen, die inhaltlich mit den Arbeitsvertragsrichtlinien (AVR) des Deutschen Caritasverbandes (vgl § 5 Abs 4) sowie des Diakonischen Werkes der Evangelischen Kirche in Deutschland (vgl § 3 Abs 3) übereinstimmen und auch in den Manteltarifverträgen für die Privatkrankenanstalten ihren Niederschlag gefunden haben, sollen ebenso wie die genannten beamtenrechtlichen Vorschriften schon den bösen Anschein der Käuflichkeit vermeiden und eine „unparteiische, von Privatzuwendungen unabhängige Aufgabenerfüllung" sicherstellen.[204] Ein Verstoß gegen das arbeitsvertragliche Verbot der Annahme von Belohnungen und Geschenken (mit einem wirtschaftlichen Wert ab 10,– Euro aufwärts) zieht nach einhelliger Auffassung in Rechtsprechung und Literatur praktisch immer eine Kündigung, in schwereren Fällen auch eine außerordentliche (fristlose) Kündigung ohne vorherige Abmahnung nach sich.[205]

3. Berufsrechtliche Schranken. Ebenso wie die Unternehmen mit ihren Zuwendungen an Ärzte **wettbewerbsrechtlichen** Bestimmungen unterliegen, ebenso gelten für Ärzte bei Annahme dieser Leistungen **berufsrechtliche** Schranken. Zu nennen sind für die Hersteller- und Händlerfirmen das Verbot **sittenwidriger** Handlungen zu Zwecken

---

[202] BVerwG NVwZ 1997, 589.
[203] BAG AP 1986, Bl 537 f.
[204] *Burger*, Die Annahme von Belohnungen und Geschenken, Pflege- und Krankenhausrecht 2000, S 62.
[205] BAG AP Nr 65 zu § 620 m Anm *Birk*; AP Nr 73 zu § 102 BetrVG 1972; LAG SH LAGE Nr 95 zu § 626; LAG Hessen LAGE Nr 114 zu § 626 BGB; LAG Köln LAGE Nr 75 zu § 626; *Burger*, aaO, S 62.

des Wettbewerbs gem § 1 UWG, ferner das in § 47 Abs 1 AMG enthaltene Verbot, **apothekenpflichtige Arzneimittel** an Krankenhäuser und Ärzte über den in § 47 Abs 3 und 4 AMG gezogenen Rahmen hinaus abzugeben, und schließlich das Verbot nach § 7 Abs 1 HWG, zum Zwecke der **Werbung** für ein bestimmtes Arzneimittel oder Medizinprodukte (§ 1 Abs 1 Nr 1 a HWG) Zuwendungen und sonstige Werbegaben den Angehörigen der Heilberufe (Fachkreise) zu machen, es sei denn, es handelt sich um geringwertige Gegenstände mit dauerhafter, deutlich sichtbarer Bezeichnung des Werbenden bzw des beworbenen Produkts oder „geringwertige Kleinigkeiten" oder um zur Verwendung in der ärztlichen Praxis bestimmte Zugaben (§ 7 Abs 1 Satz 2 HWG). Eine weitere Ausnahme von diesem Zuwendungsverbot an Ärzte enthält § 7 Abs 2 HWG, wonach „ausschließlich berufsbezogene wissenschaftliche Veranstaltungen" in angemessenem Umfang gesponsert werden dürfen, wenn die Zuwendungen hinsichtlich des Zwecks der Veranstaltung von untergeordneter Bedeutung sind. Zu beachten ist jedoch, dass § 7 HWG als Verbotsnorm nur dann eingreifen kann, wenn für ein **bestimmtes** Arzneimittel geworben wird,[206] andererseits aber ein Verstoß seit der Gesetzesänderung zum 1. 1. 2004 den Tatbestand einer **Ordnungswidrigkeit** gemäß § 15 Abs 1 Nr 3 a HWG erfüllt, der mit bis zu 25 000,– Euro Geldstrafe geahndet werden kann (§ 15 Abs 3 HWG).

139   Auf Seiten der Ärzte ist aus **berufsrechtlicher** Sicht zunächst die Grundsatzbestimmung für das Verhältnis „Arzt und Industrie" in Gestalt des § 33 MBO-Ä zu nennen, die durch die Beschlüsse des 106. Deutschen Ärztetages bewusst verschärft wurden.[207] Darin heißt es:

„Soweit Ärztinnen und Ärzte Leistungen für die Hersteller von Arznei-, Heil- und Hilfsmitteln oder Medizinprodukten erbringen (zB bei der Entwicklung, Erprobung und Begutachtung), muss die hierfür bestimmte Vergütung der erbrachten Leistung entsprechen. Die Verträge über die Zusammenarbeit sind schriftlich abzuschließen und sollen der Ärztekammer vorgelegt werden. Die Annahme von Werbegaben oder von anderen Vorteilen ist untersagt, sofern der Wert nicht geringfügig ist. Ärztinnen und Ärzten ist es nicht gestattet, für den Bezug der in Absatz 1 genannten Produkte Geschenke oder andere Vorteile für sich oder einen Dritten zu fordern. Diese dürfen sie auch nicht sich oder Dritten versprechen lassen oder annehmen, es sei denn, der Wert ist geringfügig.
Die Annahme von geldwerten Vorteilen in angemessener Höhe für die Teilnahme an wissenschaftlichen Fortbildungsveranstaltungen ist nicht berufswidrig. Der Vorteil ist unangemessen, wenn er die Kosten der Teilnahme (notwendige Reisekosten, Tagungsgebühren) der Ärztin oder des Arztes an der Fortbildungsveranstaltung übersteigt oder der Zweck der Fortbildung nicht im Vordergrund steht. Satz 1 und 2 gelten für berufsbezogene Informationsveranstaltungen von Herstellern entsprechend".[208]

140   Diese Grundsätze präzisiert § 34 MBO-Ä für Verordnungen, Empfehlungen und die Begutachtung von Arznei-, Heil- und Hilfsmitteln dahingehend, dass es dem Arzt nicht gestattet ist, für deren Verordnung „eine Vergütung oder andere Vorteile für sich oder Dritte zu fordern, sich oder Dritten versprechen zu lassen oder anzunehmen" (Abs 1), und in § 34 Abs 3 dahingehend, dass der Arzt „über Arznei-, Heil- und Hilfsmittel, Körperpflegemittel oder ähnliche Waren" keine „Werbevorträge halten oder zur Werbung bestimmte Gutachten erstellen" darf. Außerdem untersagt § 34 Abs 5, „Patientinnen und Patienten ohne hinreichenden Grund an bestimmte Apotheken, Geschäfte oder Anbieter zu verweisen". Verweisung erfordert aber mehr als den bloßen Hinweis auf die Möglichkeit des Arzneimittelbezugs von einer bestimmten Apotheke,[209] andererseits sind auch wirtschaftliche Erwägungen ein „hinreichender Grund".[210] Zu beachten ist in diesem

---

[206] Siehe zum Ganzen *Backhaus*, Schranken des UWG für eine Zusammenarbeit von Ärzteschaft und Pharmazeutischer Industrie, PharmaR 2000, 362 ff.
[207] Siehe dazu *Lippert/Ratzel*, NJW 03, 3301 ff; *Balzer*, NJW 03, 3325.
[208] Siehe dazu auch die Hinweise und Erläuterungen der BÄK v 12. 8. 2003 „Wahrung der ärztlichen Unabhängigkeit bei der Zusammenarbeit mit Dritten".
[209] BGH MedR 2002, 256; s dazu *Stumpf/Voigts* MedR 09, 205, 206 ff.
[210] BGH MedR 2001, 203.

23. Kapitel. Der Arzt im Strafrecht

Zusammenhang auch § 11 ApoG, der ua Absprachen von Ärzten und Apothekern über die Zuführung von Patienten oder ein Zuweisen von Verschreibungen verbietet. Darüber hinaus bestimmt § 35 für „Fortbildungsveranstaltungen und Sponsoring" ausdrücklich, dass „die Annahme von Beiträgen Dritter für Veranstaltungskosten in angemessenem Umfang erlaubt ist", wenn „Art, Inhalt und Präsentation" dieser Fortbildungen „allein von einem ärztlichen Veranstalter bestimmt" wird. Dabei sind „Beziehungen zum Sponsor bei der Ankündigung und Durchführung offen darzulegen" – ein deutlicher Hinweis auf das auch sonst geltende **Transparenzprinzip**.

Gewahrt werden soll – zum Schutze des Patienten – durch alle diese Bestimmungen die **Unabhängigkeit** des Arztes bei der Behandlung eines Patienten oder der Verordnung von Medikamenten. Deshalb müssen die diagnostischen und therapeutischen Möglichkeiten der einzelnen Unternehmen ausgewogen dargestellt werden und die Produktinformation objektiv und wissenschaftlich belegbar sein. Auch der Gesetzgeber hält dies für unverzichtbar und wertet deshalb die Teilnahme an Veranstaltungen, die nicht „frei von wirtschaftlichen Interessen" sind, ohne Fortbildungspunkte, so dass dadurch der Nachweis der Fortbildungsverpflichtung nicht erbracht werden kann (§ 95 d Abs 1 Satz 3 SGB V).

Andererseits sieht der Gesetzgeber aber zunehmend finanzielle Anreize für Ärzte und Ärztinnen vor, um – vorhandene oder vermutete – Rationalisierungsreserven durch mehr Wettbewerb unter den Beteiligten zu realisieren. Ein Beispiel hierfür sind die Bonus- und Malusregelungen oder die Gewährung von Boni und Rabattanteilen für eine wirtschaftliche Verordnung von Arzneimitteln. Insoweit verweise ich auf § 84 Abs 7 a SGB V, wonach die Krankenkassen an die Kassenärztlichen Vereinigungen einen – unter den wirtschaftlich verordnenden Vertragsärzten zu verteilenden – Bonus zu entrichten haben, wenn die Arzneimittelausgaben einer KV einen bestimmten, vorab auf Bundesebene vereinbarten Wert unterschreiten. Hinzuweisen ist ferner auf § 84 Abs 4 a (Bonuszahlungen für das Unterschreiten von Richtgrößenvolumina für Arznei- und Verbandmittelverordnung), § 130 a Abs 8 SGB V (Rabattvereinbarungen zwischen Krankenkassen und pharmazeutischen Unternehmen, an denen sich niedergelassene Ärzte beteiligen können) oder §§ 140 a ff SGB V, wonach Bonuszahlungen an Vertragsärzte auf der Grundlage von Verträgen über die integrierte Versorgung zulässig sind. In allen diesen Fällen geht es nicht um die Verfolgung privater wirtschaftlicher Interessen, sondern um die Aufrechterhaltung eines leistungsfähigen Gesundheitswesens als Ganzes, also um das Interesse **aller** Versicherten und Patienten, so dass die finanziellen Anreize in ihrer jeweiligen Ausgestaltung dem Arzt noch genügend Entscheidungsfreiheit und damit Unabhängigkeit im konkreten Behandlungsfall belassen. Dennoch ist nicht zu verkennen, dass hier vom Gesetzgeber zunehmend ein Spannungsfeld zwischen Sozial- und ärztlichem Berufsrecht aufgebaut wird, das sorgfältig zu beachten und zum Schutz des Vertrauensverhältnisses zwischen Arzt und Patient zu begrenzen ist, soll die ärztliche Therapiefreiheit und damit die Qualität der Patientenversorgung nicht Schaden nehmen.

Auch Ärzte können allerdings gegen § 1 UWG verstoßen, wenn sie zB für erbrachte Leistungen in Gewinnerzielungsabsicht sich überhöhte Entgelte versprechen oder auszahlen lassen oder für die Verordnung eines Arzneimittels ein Entgelt annehmen. Auch die Vereinbarung einer umsatzabhängigen Provision ist den Ärzten nicht nur berufsrechtlich verboten, sondern ein **wettbewerbswidriges** Verhalten im Sinne des § 1 UWG.

Dagegen bestehen unter berufsrechtlichen Aspekten keine Bedenken dagegen, dass Ärzte etwa für die Durchführung einer Anwendungsbeobachtung, einer klinischen Studie, für die Erstellung eines wissenschaftlichen Gutachtens oder für die Erbringung von Beratungsleistungen ein angemessenes Honorar erhalten, wobei sich die Angemessenheit nach dem bei solchen Tätigkeiten für die Industrie „üblichen" Honorar bemisst.[211] Gleiches gilt für berufsrechtlich zulässige Referate bei Informationsveranstaltungen, wissenschaftlichen Symposien oder Workshops.

---

[211] *Räpple*, in: *Engler/Räpple/Rieger*, S 81 f, RdNr 163.

§ 153 (Vertragsarzt-)Untreue

Inhaltsübersicht

	RdNr
I. Zur tatbestandlichen Weite des § 266 StGB	1
1. Die Grundsatzentscheidung zur Drittmitteleinwerbung	2
2. Keine Vermögensbetreuungspflicht des Vertragsarztes (LG Halle)	5
3. Keine spezifische Vermögensbetreuungspflicht des Chefarztes (LG Mainz)	6
4. Keine Untreue durch vertretbaren Vergleich	8
II. Der Vertragsarzt als Vertreter der Krankenkassen	9
1. Untreue durch nicht indizierte Verschreibung	10
2. Untreue durch Verordnung überteuerten Praxisbedarfs	11
3. Untreue durch vollmachtslosen Vertreter	12
4. Untreue durch Nichtangabe von Erstattungen	13
5. Kritik an der BGH-Judikatur	14

Schrifttum: *Bittmann,* Zum Konkurrenzverhältnis von Bestechlichkeit und Untreue, wistra 2002, 405; *Brandts/Seier,* Zur Untreue des Vertragsarztes, FS Herzberg 2008, 811 ff; *Fischer,* Prognosen, Schäden, Schwarze Kassen, NStZ-Sonderheft 2009 (FS Miebach), 9 ff; *Geis,* Das sozialrechtliche Wirtschaftlichkeitsgebot – kriminalstrafbewehrtes Treuegesetz des Kassenarztes?, GesR 2006, 345 ff; *Herffs,* wistra 2006, 63 ff; *Kölbel,* Die Einweisungsvergütung – eine neue Form von Unternehmensdelinquenz im Gesundheitssystem? wistra 2009, 129 ff; *Kubiciel,* Gesellschaftsrechtliche Pflichtwidrigkeit und Untreue, NStZ 2005, 353; *Kuhlen,* Untreue, Vorteilsannahme und Bestechlichkeit bei der Einwerbung universitärer Drittmittel, JR 2003, 231; *Ransiek,* Risiken, Pflichtwidrigkeit und Vermögensnachteil bei der Untreue, ZStW 116, 2004, 634; *Reese,* Vertragsärzte und Apotheker als Straftäter? – eine strafrechtliche Bewertung des „Pharma-marketings", PharmR 2006, 92; *Rönnau,* Untreue und Vorteilsannahme durch Einwerbung von Drittmitteln? – BGH, NJW 2002, 2801, JuS 2003, 232; *Schnapp,* Der Vertragsarzt – Sachwalter der gesetzlichen Krankenkassen? FS Herzberg 2008, 795 ff; *Steinhilper,* Anm zu OLG Hamm, MedR 2005, 236, 238 ff; *Taschke,* Die Strafbarkeit des Vertragsarztes bei der Verordnung von Rezepten, StV 2005, 406; *Tholl,* Anm zu LG Mainz, wistra 2001, 316, 473 ff; *Ulsenheimer,* Der Vertragsarzt als Sachwalter der Vermögensinteressen der gesetzlichen Krankenkassen?, MedR 2005, 622; *ders,* Arztstrafrecht in der Praxis, 4. Aufl 2008, § 15; *Weidhaas,* Der Kassenarzt zwischen Betrug und Untreue, ZMGR 2005, 52.

I. Zur tatbestandlichen Weite des § 266 StGB

1 Es hat lange gedauert, bis die „Allgegenwärtigkeit der Untreue"[1] auch im Arztstrafrecht Einzug gehalten und sich als **Auffangtatbestand** für ärztliches Fehlverhalten mit Vermögensbezug etabliert hat. Ursache für diesen „Erfolg" des „alles überstrahlenden Universaldelikts"[2] § 266 StGB war der Beschluss des Bundesgerichtshofs vom 25. 11. 2003,[3] in dem der BGH die Verurteilung eines Arztes wegen Beihilfe zum Betrug aufhob, das als strafwürdig qualifizierte Verhalten jedoch „irgendwie" pönalisieren wollte und, fast möchte man sagen: natürlich auf den Tatbestand des § 266 StGB zurückgriff, da diese Vorschrift ja angesichts ihrer Konturenlosigkeit und Dehnbarkeit vielfach zu passen scheint.[4]

---

[1] *Seier,* FS Geilen, Bochumer Beiträge zu aktuellen Strafrechtsthemen, 2003, 146.
[2] *Seier,* aaO, 146; gegen eine „Ausweitung des ohnehin schon äußerst weiten Tatbestands der Untreue" auch BGH NJW 07, 1760, 1766.
[3] BGHSt 49, 17 ff = MedR 2004, 268 ff = NStZ 2004, 276 ff.
[4] *Ransiek,* ZStW 116, 2004, 634; auch der BGH spricht von einem „äußerst weiten Tatbestand" (NJW 2007, 1760, 1766); zur „Anwendungshypertrophie" des § 266 StGB, die mit Recht kritisiert wird, s aus jüngster Zeit: *Beulke,* Wirtschaftslenkung im Zeichen des Untreuetatbestandes, FS Eisenberg, 2009, 345 ff; *Bernsmann,* Alles Untreue? Skizzen zu Problemen der Untreue nach § 266 StGB, GA 2007, 219; *ders,* Untreue und Korruption – der BGH auf Abwegen, GA 2009, 296; *Volk,* Untreue

1. Die Grundsatzentscheidung zur Drittmitteleinwerbung. In den Jahren zuvor 2 hatten die Gerichte zwar wiederholt sowohl im Zusammenhang mit dem Abrechnungsbetrug als auch in Verbindung mit der Vorteilsannahme/Bestechlichkeit den Untreuetatbestand geprüft, ihn letztlich aber stets **verneint**. Ein besonders augenfälliges Beispiel hierfür bietet die Grundsatzentscheidung des BGH zur Drittmitteleinwerbung,[5] in der es um einen Klinikdirektor ging, der umsatzabhängige Zuwendungen erhalten und diese Mittel – unter Umgehung der Universitätsverwaltung – für Wissenschaft und Forschung sowie zur Gerätebeschaffung und -wartung an seiner Abteilung eingesetzt hatte.[6] Den Schuldspruch des Landgerichts wegen Untreue (Treubruchtatbestand) hob der BGH in der Revisionsinstanz auf, indem er die dem Klinikdirektor gewährten Zuwendungen als Provision oder personengebundene Spende qualifizierte, die **nicht** seiner – im Grundsatz allerdings zu bejahenden **Vermögensbetreuungspflicht** – unterlägen. Die Pflicht, „persönliche Provisionen oder gar Schmiergelder an den Geschäftsherrn herauszugeben (§ 667 BGB)", sei „keine spezifische Treuepflicht", da sie sich nicht „von sonstigen Herausgabe- und Erstattungspflichten" unterscheide. Der Angeklagte hätte „treuwidrig gehandelt", wenn er mittelbar dazu beigetragen hätte, überhöhte Preise zu akzeptieren, oder wenn er die Materialverwaltung ... nicht in den Stand gesetzt hätte, noch günstigere Preise auszuhandeln, obwohl seines Wissens die Firma zu deren Gewährung bereit gewesen wäre. Das Verhalten des Angeklagten mag insoweit unter dem Gesichtspunkt eines Verstoßes gegen seine dienst- und beamtenrechtlichen Pflichten an anderer Stelle zu würdigen sein; Untreue ist es nicht".[7]

Darüber hinaus verneinte der BGH den Eintritt eines **Vermögensnachteils**, da der 3 Angeklagte die Zuwendungen in seinem dienstlichen Aufgabenfeld verwandt hat und diese möglicherweise auch der Universität – jedenfalls teilweise – zugute gekommen sind. „Eine solche kompensatorische Betrachtung setzt zwar grundsätzlich voraus, dass die ungetreue Verfügung Vermögenseinbuße und Kompensation **zugleich** hervorbringt", doch könne „eine Ausnahme von diesem Gleichzeitigkeitserfordernis dann angebracht sein, wenn – bei wirtschaftlicher Betrachtung – nach einem vernünftigen Gesamtplan mehrere Verfügungen erforderlich sind, um den ausgleichenden Erfolg zu erreichen".[8]

Schließlich sah der Senat auch die **subjektive** Tatseite der Untreue nicht als gegeben 4 an. Denn der Angeklagte habe sich nicht selbst bereichern wollen, sondern sei „allein darauf bedacht" gewesen, für seine Forschungsvorhaben eine zusätzliche Geldquelle zu erschließen". In diesem Zusammenhang sei der „Stand von Diskussion und Erkenntnis über erlaubte und nicht erlaubte Abwicklungswege im Tatzeitraum ebenso zu bedenken gewesen wie der Beweggrund des Angeklagten, die Effizenz der Förderung zu sichern", sowie die Tatsache, „dass er ein auf seinen Namen eingerichtetes Drittmittelkonto mit Beträgen in namhafter Höhe aus seiner Privatliquidation speiste".[9]

2. Keine Vermögensbetreuungspflicht des Vertragsarztes (LG Halle). Ein weite- 5 res Beispiel bietet das Urteil des **LG Halle**,[10] das niedergelassene Vertragsärzte (Kardiologen) betraf, die dem Vorwurf ausgesetzt waren, ambulante Leistungen (Ballondilatationen) zu Unrecht stationär abgerechnet zu haben. Nach Auffassung der Kammer scheidet der Tatbestand der Untreue aus objektiven Gründen aus, da der Kassenarzt im Verhältnis zur Krankenkasse **keine Vermögensbetreuungspflicht** und keine Verfügungsbefugnis habe. Ihm stehe zwar ein relativ weiter Entscheidungsspielraum bei der Auswahl der

---

und Gesellschaftsrecht. Ein Dschungelbuch, FS Hamm 2008, 803; aA *Fischer* NStZ-Sonderheft 2009, 8, 9.
[5] BGHSt 47, 295 ff.
[6] Siehe dazu § 152, RdNr 37.
[7] BGHSt 47, 295, 301.
[8] BGHSt 47, 295, 302.
[9] BGHSt 47, 295, 302, 303.
[10] wistra 2000, 279, 280.

medizinisch notwendigen Leistungen zu, doch könne er auf das Vermögen der Krankenkassen nicht zugreifen, um deren Zahlungspflicht auszulösen. Diese setze „über eine medizinisch indizierte Leistung hinaus" eine ordnungsgemäße Abrechnung nach den differenzierten Regeln des kassenärztlichen Abrechnungssystems voraus. Die Modalitäten der Abrechnung seien aber so genau vorgeschrieben, dass der Kassenarzt über den von § 266 StGB vorausgesetzten, vermögensrechtlichen Entscheidungsspielraum nach Auffassung der Kammer gerade nicht verfügt.[11]

6   **3. Keine spezifische Vermögensbetreuungspflicht des Chefarztes (LG Mainz).** Ähnlich argumentierten das **Amts- und Landgericht Mainz,** als sie die Anklage der Staatsanwaltschaft gegen angestellte Ärzte einer Klinik nicht zuließen, die Herzschrittmacherimplantate zu überhöhten Preisen bezogen und dafür monatliche, zur Anschaffung eines in der Klinik eingesetzten EKG-Geräts verwendete Zahlungen von der Lieferfirma erhalten hatten. Beide Instanzen verneinten schon den objektiven Tatbestand der Untreue. In dem landgerichtlichen Beschluss heißt es ua,[12] der – durch die Rechtsprechung eingeengte – **Treubruchstatbestand** setze nicht lediglich voraus, „dass der Täter innerhalb eines nicht unbedeutenden Pflichtenkreises bei Einräumung von Ermessensspielraum, Selbständigkeit und Bewegungsfreiheit zur fremdnützigen Vermögensfürsorge verpflichtet" sei, vielmehr müsse „die Treuepflicht wesentliche und nicht nur beiläufige Pflicht" des Dienstvertrages sein, die Pflicht zur Wahrnehmung fremder Vermögensinteressen müsse den hauptsächlichen Vertragsinhalt bilden und diesem das Gepräge geben. Die wesentliche Pflicht eines Chef- und Oberarztes im Rahmen ihrer vertraglichen Beziehungen zum Klinikträger sei jedoch die Erbringung ärztlicher Leistungen, ihre Pflicht, den Dienstherrn nicht zu schädigen, könne man „allenfalls als eine selbstverständliche Nebenpflicht", nicht jedoch als die „typische" Verpflichtung aus ihrem Dienstvertrag qualifizieren.

7   Darüber hinaus verneinte das Landgericht den **Vermögensnachteil,** da durch den Einsatz des EKG-Geräts Einsparungen in Höhe von DM 636.550,00 erzielt wurden, die den erlangten Vorteilen in Höhe von DM 76.500,00 gegenüberstanden, so dass ein etwaiger Schaden also mit Sicherheit durch den Vermögenszuwachs kompensiert wurde. Vor diesem Hintergrund äußerte das Landgericht auch erhebliche Zweifel hinsichtlich des Tatvorsatzes, da die Angeschuldigten ja die Vorteile zum Erwerb des EKG-Gerätes verwendet und anschließend „im Interesse und zum wirtschaftlichen Nutzen ihres Dienstherrn eingesetzt" hätten.[13]

8   **4. Keine Untreue durch vertretbaren Vergleich.** Gegen eine Überstrapazierung des Untreuetatbestandes durch die Staatsanwaltschaft haben sich auch das **Land- und Oberlandesgericht Karlsruhe** gewandt, indem sie die Eröffnung des Hauptverfahrens gegen Vorstandsmitglieder einer Kassenärztlichen Vereinigung ablehnten, die mit den Erben eines Vertragsarztes einen Vergleich über die Rückzahlung zu viel ausbezahlter Honorare abgeschlossen hatten. In den Gründen des Beschlusses betont das OLG Karlsruhe zu Recht, dass „nicht jede nachteilige Geschäftsbesorgung pönalisiert" werden dürfe. Der Abschluss eines Vergleichs sei „nur dann pflichtwidrig im Sinne des § 266 Abs 1 StGB, wenn der Handelnde die Grenzen überschreitet, welche durch die für ein ordnungsgemäßes Verwaltungshandeln geltenden Normen und sonstigen Grundsätze gezogen werden. Dies ist der Fall, wenn der Abschluss der Vergleichsvereinbarung in ihrer konkreten Ausgestaltung unter Berücksichtigung dieser Maßstäbe bei der aus exante-Sicht objektiv gegebenen Sachlage nicht mehr vertretbar war". Hierfür fanden sich nach dem Ergebnis der Ermittlungen jedoch keine Anhaltspunkte, vielmehr war die „Aufklärung des konkreten Schadensumfangs mit erheblichen Schwierigkeiten verbun-

---

[11] wistra 2000, 279, 280.
[12] NJW 2001, 906 ff = ArztR 2001, 154.
[13] LG Mainz NJW 2001, 907; s auch § 152 RdNr 49 f.

23. Kapitel. Der Arzt im Strafrecht   9–12 § 153

den", so dass die Entscheidung der Verantwortlichen der KV, die angebotene Vergleichssumme zu akzeptieren, jedenfalls vertretbar war.[14]

II. Der Vertragsarzt als Vertreter der Krankenkassen

Wie schon eingangs erwähnt, hat der BGH im **Vertragsarztrecht** die Judikatur und Schrifttum bislang kennzeichnende restriktive „Untreue-Linie" verlassen und in kurzem zeitlichem Abstand drei Entscheidungen gefällt, die den Vertragsarzt als „Vertreter der Krankenkasse" und damit als ihren Sachwalter im Vermögensbereich qualifizieren. 9

1. Untreue durch nicht indizierte Verschreibung. In der ersten Entscheidung ging es um die Ausstellung und Vorlage vertragsärztlicher Rezepte ohne medizinische Indikation in kollusivem Zusammenspiel zwischen Arzt und Patient, so dass das Landgericht den Patienten wegen Betrugs und den Arzt wegen Beihilfe dazu verurteilte. Der BGH korrigierte das Urteil, indem er statt § 263 StGB strafbare **Untreue** zum Nachteil der Krankenkasse gemäß § 266 StGB annahm, begangen durch den **Arzt** als **Täter** und den Patienten als Teilnehmer (Anstifter bzw Gehilfen). Zur Begründung beruft sich der BGH auf die „Prinzipien des kassenärztlichen Abrechnungssystems", wonach der Vertragsarzt bei Ausstellung einer Verordnung „als **Vertreter** der Krankenkasse" handle, „indem er an ihrer Stelle das Rahmenrecht des einzelnen Versicherten auf medizinische Versorgung konkretisiert". Da er dem Wirtschaftlichkeitsgebot verpflichtet sei (§§ 12 Abs 1 Satz 2, 70 Abs 1 Satz 2 SGB V), missbrauche er bei der Verschreibung eines Medikaments ohne Indikation „diese ihm vom Gesetz eingeräumten Befugnisse" und verletze damit „seine Betreuungspflicht gegenüber dem betroffenen Vermögen der Krankenkasse". „Seine im Außenverhältnis wirksame, aber im Verhältnis zum Geschäftsherrn bestimmungswidrige Ausübung der Befugnis zur Vermögensverfügung oder -verpflichtung erfüllt somit den **Missbrauchstatbestand**".[15] 10

2. Untreue durch Verordnung überteuerten Praxisbedarfs. Wenig später erfolgte der Beschluss eines anderen Senats,[16] der Augenärzte betraf, die Verordnungen über Praxisbedarf ausgestellt und einem gutgläubigen Apotheker mit übersetzten Preisangaben zugeleitet hatten, so dass dieser den von den Krankenkassen an die Apotheker-Verrechnungsstelle überwiesenen überhöhten Betrag ausbezahlt erhielt. Unter ausdrücklicher Bezugnahme auf den vorangegangenen Beschluss des 4. Senats qualifizierte der BGH dieses pflichtwidrige Verhalten der Vertragsärzte gegenüber einer gesetzlichen Krankenkasse als **Untreue** zu deren Nachteil, wobei der entscheidende Begründungsansatz wiederum die **Vertreterstellung** der Vertragsärzte war. Wörtlich heißt es: „Der Tatbestand der Untreue ist danach hier durch Missbrauch der Vertretungsmacht erfüllt", da durch die Verordnungen der Augenärzte die Krankenkassen verpflichtet wurden und mit der Überweisung der überhöhten Beträge „einen Nachteil im Sinne von § 266 Abs 1 StGB in Form der schadensgleichen Vermögensgefährdung" erlitten.[17] Der Verstoß gegen die Vermögensbetreuungspflicht liegt nach Ansicht des BGH darin, dass „die verordneten Medikamente – wie die Ärzte wussten – um die Rabattanteile überteuert waren". 11

3. Untreue durch vollmachtslosen Vertreter. Mit dem vorstehenden Sachverhalt musste sich der BGH nach Aufhebung und Zurückverweisung der Sache an das Landgericht nochmals befassen, ohne dass diese Revisionsentscheidung[18] zur Untreue sachlich neue Gesichtspunkte bringt. Erneut wird die weite Vertretungsmacht des Kassen- bzw Vertragsarztes betont und lediglich ergänzend darauf verwiesen, dass auch dann, „wenn 12

---

[14] OLG Karlsruhe NJW 2006, 1682 = MedR 2006, 350.
[15] BGHSt 49, 17, 24 = BGH MedR 2004, 268, 270 (4. Senat).
[16] MedR 2004, 613 ff = NStZ 2004, 568 ff (1. Senat).
[17] BGH MedR 2004, 613, 615.
[18] MedR 2006, 721, 724.

sich die Vertretungsmacht nicht auf die Verordnung der Produkte als Sprechstundenbedarf" bezogen hätte, § 266 Abs 1 StGB erfüllt wäre. Denn bei dieser Fallkonstellation hätten die Angeklagten „als Vertreter ohne Vertretungsmacht im Sinne von § 177 Abs 1 BGB gehandelt", so dass das jeweilige Geschäft „durch die nachträgliche Zahlung seitens der zuständigen AOK oder der Barmer Ersatzkasse genehmigt" worden wäre. Allerdings läge dann nicht der Missbrauchs-, sondern der **Treubruchstatbestand** vor.[19]

13 **4. Untreue durch Nichtangabe von Erstattungen.** Die neue Spruchpraxis des BGH wird für den gesamten Bereich des Vertragsarztrechts weitreichende Folgen haben, wie die Entscheidung des OLG Hamm[20] deutlich zeigt. Das OLG bejahte die objektiven Voraussetzungen des Untreuetatbestandes, weil der Vertragsarzt (ein Urologe) die Erstattung der Entsorgungskosten für Praxissondermüll durch die Herstellerfirma der Röntgenkontrastmittel gegenüber der Krankenkasse (AOK) verschwiegen hatte. Dadurch habe der Angeklagte seine „aus seiner Stellung im vertragsärztlichen Abrechnungssystem sich ergebende" **Vermögensbetreuungspflicht** verletzt. Die Frage des Untreuevorsatzes müsse in der neuen Hauptverhandlung geklärt werden.[21]

14 **5. Kritik an der BGH-Judikatur.** Die **Literatur** hat die vom BGH zur Begründung des Untreuevorwurfs gewählte Rechtskonstruktion, den Vertragsarzt als „Vertreter der Krankenkassen" und damit ihren Sachwalter im Vermögensbereich zu qualifizieren, **nahezu einhellig abgelehnt**.[22] Aus sozialrechtlicher Sicht hat Schnapp außerordentlich fundiert und überzeugend anhand der einschlägigen Vorschriften des Sozialgesetzbuchs V dargelegt, dass der Vertragsarzt „in keiner Rechtsbeziehung zum Versicherten und – was wichtiger ist – zu den gesetzlichen Krankenkassen, sondern ausschließlich zu seiner Kassenärztlichen Vereinigung" steht.[23] Ausführlich begründet Schnapp, dass sich aus den Vorschriften des Kassenarztrechts keine Vertretungskompetenzen des Vertragsarztes erschließen lassen[24] und sich im Übrigen der Missbrauch einer solchen Vertretungsmacht auf das Zustandekommen des Vertrages, also im Außenverhältnis auswirken, nämlich zu dessen Unwirksamkeit führen muss.[25]

15 Das entscheidende **strafrechtliche** Argument gegen die „Vertretertheorie" des BGH, der sich für diese Konstruktion auf das Bundessozialgericht beruft,[26] ist m.E. das Fehlen einer qualifizierten, dh das Rechtsverhältnis Krankenkasse-Vertragsarzt **prägenden** Vermögensbetreuungspflicht, wie sie der Treubruchstatbestand, aber auch der Missbrauchs-

---

[19] BGH MedR 2006, 721, 724; kritisch zu dieser Entscheidung *Dahm*, in: *Rieger/Dahm/Steinhilper* (Hrsg), Lexikon des Arztrechts, Stichwort Falschabrechnung/Abrechnungsbetrug, RdNr. 49 f.

[20] MedR 2005, 236 ff.

[21] Ablehnend zu dieser Entscheidung *Steinhilper* MedR 2005, 238 ff; *Bernsmann/Schoß* GesR 2005, 193.

[22] Zust *Schroth*, in: *Roxin/Schroth* (Hrsg), Handbuch des Medizinstrafrechts, 2007, S 139 f; *Lackner/Kühl*, § 266 RdNr 12; **abl** *Ulsenheimer* MedR 2005, 622 ff; *Schnapp*, Der Vertragsarzt – Sachwalter der gesetzlichen Krankenkassen, FS Herzberg, 2008, 795 ff; *Steinhilper* MedR 2005, 238 ff; *Weidhaas* ZMGR 2005, 54; *ders* GesR 2005, 349; *Herffs* wistra 2006, 63 ff; *Geis* GesR 2006, 345, 347 ff; *Ellbogen/Wichmann* MedR 2007, 10 ff; *Schimmelpfeng/Schütte* GesR 2006, 537; *Dahm*, in: *Rieger*, Lexikon des Arztrechts, 2. Aufl Stichwort Falschabrechnung (Abrechnungsbetrug), RdNr 47 f, Anm 99, 104, 105; *Taschke* StV 2005, 406; *Klötzer* NStZ 2008, 12, 15; *Kölbel*, wistra 2009, 132 Anm 31–34; *Sommer/Tsambikakis*, in: MAH Medizinrecht, hrsg v *Terbille*, 2009, § 2 RdNr 155; *Neumann*, in: *Schnapp/Wigge*, Handbuch des Vertragsarztrechts, 2. Aufl 2006, § 13 Nr 18 f; im Einzelnen verweise ich zur Kritik an dieser Rechtsauffassung auf meine ausführliche Darstellung in MedR 2005, 622 ff.

[23] Ebenso *Quaas/Zuck*, MedR 2005, § 16 RdNr 25; *Muckel* SozR, 2. Aufl 2007, 170; *Schmidbauer*, in: *Schnapp/Wigge*(Hrsg), Handbuch des Vertragsarztrechts. Das gesamte Kassenarztrecht, 2. Aufl 2006, § 3 RdNr 57 ff.

[24] *Schnapp*, FS Herzberg, 2008, 795, 803.

[25] *Schnapp*, aaO, S 804, 805; ebenso schon *Ulsenheimer* MedR 2005, 622, 626.

[26] BSGE 77, 194, 200.

23. Kapitel. Der Arzt im Strafrecht § 154

tatbestand des § 266 StGB zur Voraussetzung haben. Der Vertragsarzt ist freiberuflich praktizierender, selbstständig tätiger, wirtschaftlich und rechtlich unabhängiger Arzt, wie das LG Halle mit Recht hervorgehoben hat.[27] Die Vertretertätigkeit des Vertragsarztes erschöpft sich darin, die Versicherten mit den notwendigen ärztlichen Leistungen und Medikamenten zu versorgen.[28] In diesem Zusammenhang erscheint es „befremdlich, künftig alle Verstöße gegen das kassenärztliche Wirtschaftlichkeitsgebot (§ 12 Abs 1 Satz 1 SBG V) an § 266 StGB messen zu wollen",[29] obwohl hierfür im SGB V spezielle finanzielle, berufsrechtliche und disziplinarrechtliche Sanktionen vorgesehen sind, die das Eingreifen des Strafrechts überflüssig machen und seinen „fragmentarischen Charakter" unterstreichen.[30]

Darüber hinaus dürfte angesichts der strengen Anforderungen der Rechtsprechung an den bedingten Vorsatz bei § 266 StGB die **subjektive** Tatseite **meist zu verneinen** sein. Denn die dem Vertragsarzt vom BGH auferlegte „Vermögensbetreuungspflicht" dürfte im Regelfall „gänzlich außerhalb des Blickwinkels eines Vertragsarztes" liegen,[31] so dass im Rahmen der notwendigen „Parallelwertung in der Laiensphäre" der Vertragsarzt kaum den sachlichen Gehalt der Begriffe „Missbrauch einer Verfügungsbefugnis" und Verletzung der „Pflicht zur Vermögensfürsorge" ausreichend konkret erfasst. Ohne ein solches Bewusstsein und eine solche Einschätzung dieser objektiven Tatbestandsmerkmale lässt sich der subjektive Tatbestand der Untreue für den Vertragsarzt aber nicht begründen. Der Vertragsarzt begreift sich nach Ausbildung, Tradition und Heilauftrag in unserem Gesundheitssystem als **medizinischer** Sachwalter der **Gesundheitsinteressen** der gesetzlich versicherten **Patienten,** nicht aber als **ökonomischer** Sachwalter der **Vermögensinteressen** der gesetzlichen **Krankenkassen.**[32] Sein Fehlverhalten, für das die BGH-Entscheidungen beredte Beispiele bilden, lässt sich, auch wenn Betrug und Untreue verneint werden, durchaus empfindlich und wirkungsvoll ahnden, nämlich durch Prüfungs- und Korrekturmaßnahmen des SGB V, Disziplinarsanktionen, Entzug der Kassenzulassung, Ruhen oder gar Entzug der Approbation.

16

§ 154 Strafbare Werbung und gewerbliche Betätigung des Arztes

Inhaltsübersicht

	RdNr
I. Werbung und Standesrecht	1
1. Das allgemeine Werbeverbot für Ärzte	1
2. Ausnahmen vom allgemeinen Werbeverbot und Umgehungsversuche	7
II. Strafbare ärztliche Werbung	11
1. Strafbarkeit nach § 16 Abs 1 UWG	11
a) Zum objektiven Tatbestand	12
b) Der subjektive Tatbestand (Vorsatzerfordernis und Irrtumsproblematik)	13
2. §§ 3, 14 Heilmittelwerbegesetz (HWG)	17
3. Ordnungswidrigkeiten nach HWG	25
4. Straftaten und Ordnungswidrigkeiten nach der Gewerbeordnung	29
5. Werbung für den Abbruch der Schwangerschaft	30

---

[27] Siehe oben RdNr 5.
[28] *Seier*, in: Achenbach/Ransiek (Hrsg) Handbuch Wirtschaftsstrafrecht (HWSt), 2. Aufl 2008, Abschnitt 2: Untreue, S 366, 425.
[29] *Seier*, aaO, S 425; ebenso Geis GesR 2006, 345, 347.
[30] *Steinhilper* MedR 2005, 238 ff; *Taschke*, StV 2005, 406, 408 f; *Reese* PharmaR 2006, 92, 98 f.
[31] *Steinhilper* MedR 2005, 239.
[32] *Ulsenheimer*, Arztstrafrecht in der Praxis, § 15 RdNr 18 ff, 20.

§ 154 Strafbare Werbung und gewerbliche Betätigung des Arztes

Schrifttum: *Andreas/Debong/Bruns,* Handbuch Arztrecht in der Praxis, 2001; *Bahner,* Das neue Werberecht für Ärzte, 2. Aufl 2004; *Balzer,* Arzt- und Klinikwerberecht, 2004; *Barth,* Mediziner-Marketing: vom Werbeverbot zur Patienteninformation, Diss 1997; *Baumbach/Hefermehl,* bearbeitet von *Köhler/Bornkamm,* Wettbewerbsrecht, 23. Aufl 2004; *Böhm,* Das Werbeverbot des § 25 MBO der Ärzte, ZRP 1994, 388; *Bonvie,* Die Umgehung des ärztlichen Werbeverbots – von der Rechtsprechung sanktioniert?, MedR 1994, 308; *Broglie,* Verbotene Arztwerbung und zulässige Information, AusR 1990, 8 f; *Bruns,* Werbestrategien im Krankenhaus, ArztR 1999, 204 ff; *Bülow/Ring,* Heilmittelwerbegesetz, Kommentar, 2. Aufl 2001; *Bülow,* Das Tatbestandsmerkmal der zumindest mittelbaren Gesundheitsgefährdung im Heilmittelwerberecht, GRUR 05, 482 ff; *Bundesfachverband der Heilmittelindustrie und der ihr verbundenen Werbewirtschaft eV,* Schriftenreihe zur Heilmittelwerbung, Heft 8: Gesetz über die Werbung auf dem Gebiet des Heilwesens vom 11. 7. 1965, Rechtsprechung, Materialien und Kommentare zum Heilmittelwerberecht, 1966; *Bunte* (Hrsg), Lexikon des Rechts: Wettbewerbsrecht, Gewerblicher Rechtsschutz, 2. Aufl 1997; *Cramer/Henkel,* Standesordnung und Wettbewerb – Plädoyer für Einheit von Norm und Vollzug, MedR 2000, 565; *Deutsch/Spickhoff,* Medizinrecht, 6. Aufl 2008, RdNr 496 ff; *Doepner,* Heilmittelwerbegesetz, Kommentar, 2. Aufl 2000; *Ehlers,* Das Bild des Arztes in der Öffentlichkeit. Arzt und Werbung, FS Deutsch 1999, S 531 ff; *Emmerich,* Das Recht des unlauteren Wettbewerbs, 5. Aufl 1998; *Erbs/Kohlhaas,* Strafrechtliche Nebengesetze, Bd III, 5. Aufl 1997 (Kommentierung des § 14 HWG von *Pelchen* und des § 4 UWG von *Fuhrmann,* U 43); *Engler/Räpple/Rieger,* Werben und Zuwenden im Gesundheitswesen, 1996; *Frehse,* Neue Werbemöglichkeiten des niedergelassenen Arztes mit Medizinprodukten, NZS 2003, 11 ff; *Gaidzik,* Werbung von Ärzten, AusR 2001, 6 ff; *Geilen,* in: FA Medizinrecht, 2007, Kap 4 B RdNr 658 ff (Strafbare Werbung und gewerbliche Betätigung); *von Gettritz,* Werbegrenzen der Pharmaindustrie, WRP 1993, 461 ff; *Gloy* (Hrsg), Handbuch des Wettbewerbsrechts, 2. Aufl 1997; *Grebing,* Strafrecht und unlauterer Wettbewerb – Zur Reform des § 4 UWG, wistra 1982, 83 ff; *Gribkowsky,* Strafbare Werbung (§ 4 UWG), Diss 1989; *Gröning/Weihe-Gröning,* Heilmittelwerberecht, Kommentar, Lose-Blatt-Ausgabe, Stand August 2006; *Hausdorf,* Das Heilmittelwerbegesetz und der niedergelassene Arzt, Der Anästhesist 2002, 42; *ders,* Heilmittelwerbegesetz: Möglichkeiten und Grenzen der ärztlichen Werbung, Ains 06, 590 ff; *Havekost,* Zur Strafbarkeit des Missbrauchs bei der Werbung für Eintragung in Adreßbuch- und Telexverzeichnisse, WRP 1977, 696 ff; *Hüttl/Heberer/v Knoch/Siegert,* Das Werberecht der medizinischen Leistungserbringer, Der Chirurg BDC 2007, 383 ff, 421 ff, 2008, 92 ff; *Jaeger,* Informationsanspruch des Patienten – Grenzen der Werbung im Gesundheitswesen, MedR 03, 263 ff; *Jarass,* Die freien Berufe zwischen Standesrecht und Kommunikationsfreiheit, NJW 1982, 1833 ff; *Kearsley,* Konsequenzen für das Werbeverbot für freie Berufe in der Bundesrepublik Deutschland aus aktuellen Entwicklungen im Ausland, 1990; *Kleine-Cosack,* Vom Werbeverbot zum Werberecht des Arztes. Auf dem Weg zu einem einheitlichen Werberecht aller Freiberufler, NJW 03, 868 ff; *Kleist/Albrecht/Hoffmann,* Heilmittelwerbegesetz, 2. Aufl, Stand September 1998; *Klug,* Zur Strafbarkeit irreführender Werbeangaben, GRUR 1975, 217 ff; *Koch,* Kommunikationsfreiheit und Informationsbeschränkung durch das Standesrecht der Ärzte in der BRD und den Vereinigten Staaten von Amerika, 1991; *Koch,* Öffentlichkeitsarbeit des Krankenhauses – Möglichkeiten und Grenzen, GesR 03, 161 ff; *Lampe,* Strafrechtlicher Schutz gegen irreführende Werbung (§ 4 UWG), FS Lange, 1976, S 455 ff; *Landmann/Rohmer,* Gewerbeordnung, 1987; *Laufs,* Die Entwicklung des Arztrechts 1989/90, NJW 1990, 1505, 1510 f; *Narr,* Ärztliches Berufsrecht, Bd 2, 2. Aufl 1989, S 730.6 ff; *Otto,* Die Reform des strafrechtlichen Schutzes gegen irreführende Werbung, GR 82, 274 ff. *Papier/Petz,* Rechtliche Grenzen des ärztlichen Werbeverbots, NJW 1994, 1554; *ders,* Ärztliches Werbeverbot und neue Kooperationsformen, MedR 1995, 91; *Purnhagen,* Rabattgewährung für apothekenpflichtige Arzneimittel nach dem Gesetz zur Verbesserung der Wirtschaftlichkeit in der Arzneimittelversorgung, MedR 06, 315 ff; *Ratzel/Lippert,* Kommentar zur Musterberufsordnung der Deutschen Ärzte (MBO), 4. Aufl 2006; *Rieger,* Lexikon des Arztrechts, 2. Aufl 2001, Stichwort „Werbeverbot" (Nr 5530) und „Wettbewerbsverbot" (Nr 5550); *Rieger/Hart,* Lexikon des Arztrechts, 2. Aufl 2001, Stichwort „Heilmittelwerbegesetz", Nr 2440 und Stichwort „Wettbewerbsrecht", Nr 5540; *Ring,* Wettbewerbsrecht der freien Berufe, 1989; *ders,* Werberecht der Kliniken und Sanatorien, 1992; *ders,* Aktuelle Entwicklungen im ärztlichen Werberecht unter besonderer Berücksichtigung der Klinikwerbung, FS Laufs 2006, 1025 ff; *ders,* Berufsrechtliches Werbeverbot der Ärzte und EMRK, ZMGR 03, 110; *Rieß,* Publikumswerbung für verschreibungspflichtige Arzneimittel, 2007; *Schulte,* Das standesrechtliche Wettbewerbsverbot für Ärzte unter Berücksichtigung wettbewerbs- und kartellrechtlicher Bestimmungen, 1992; *Steindorff,* Freie Berufe – Stiefkinder der Rechtsordnung? 1980; *Taupitz,* Die Standesordnungen der freien Berufe, 1991, *ders,* Integrative Gesundheitszentren: Neue Formen interprofessioneller ärztlicher Zusammenarbeit, MedR 1993, 367; *ders,* Die Ärzte-

23. Kapitel. Der Arzt im Strafrecht

GmbH und das ärztliche Werbeverbot, FS Geiß, 2000, S 503 ff; *Tiedemann*, Wettbewerb und Strafrecht, 1976; *Weimer*, Klinikwerberecht – Marketing und Strategie, PKR 2005, 73.

I. Werbung und Standesrecht

1. Das allgemeine Werbeverbot für Ärzte. Der zunehmende Konkurrenzdruck der Ärzte und Krankenhäuser untereinander infolge der drastisch gestiegenen Zulassungszahlen, der Finanznot im Gesundheitsbereich, des Bettenabbaus, weitreichenden Schließungsplänen und der ungewissen Auswirkungen der DRG als maßgebliche wirtschaftliche Steuerungselemente im Krankenhauswesen zeigt sich besonders augenfällig in der seit einigen Jahren zu beobachtenden, geradezu sprunghaften Zunahme der Zahl von Gerichtsverfahren wegen Zuwiderhandlungen gegen das bislang geltende **allgemeine Werbeverbot**.[1] Gleichzeitig kommt darin aber auch die schwindende innerärztliche Akzeptanz dieses Verbots zum Ausdruck, das in den einschlägigen Bestimmungen der landesrechtlichen Berufsordnungen (zB § 27 Abs 1 Bayer Ärzteberufsordnung, § 27 MBO) inhaltsgleich geregelt war und im traditionellen Arztbild zu den ärztlichen Grundpflichten schlechthin gehörte, ja als Wesensmerkmal freiberuflicher Tätigkeit galt.[2] Es verletzte „in der gebotenen einschränkenden Auslegung" keine Grundrechte, da es „lediglich die Art und Weise" ärztlicher Berufsausübung betrifft, und bewegte sich damit „auf der untersten Eingriffsstufe des Art 12 Abs 1 GG.[3] Denn nicht jede, sondern nur die berufswidrige Werbung" war und ist verboten,[4] wobei als „berufswidrig" in diesem Sinn ua „das Führen von Zusätzen" gilt, „die im Zusammenhang mit den geregelten Qualifikationsbezeichnungen und Titeln zu Irrtümern führen können und auf diese Weise einen Werbeeffekt hervorrufen".[5]

„Dem verständlichen Interesse der Öffentlichkeit daran, über das Angebot spezieller ärztlicher Dienste ausreichend informiert zu werden, steht das gegenläufige Allgemeininteresse gegenüber, ärztliche Werbung nicht ausufern zu lassen".[6] In dem Bestreben, „eine zu weitgehende Kommerzialisierung des ärztlichen Berufs zu unterbinden",[7] dient das Verbot standeswidriger Werbung nicht nur dem **Schutz des ärztlichen Berufsbildes** vor Verfälschung durch die in der gewerblichen Wirtschaft üblicherweise verwendeten Werbemethoden, sondern zugleich auch dem **Schutz der Patienten vor Verunsicherung, Irreführung** und **Verwirrung,** wie sie durch „unerwünschte Konkurrenzkämpfe der Ärzte untereinander" entstehen können.[8] Deshalb ist der Freiheitsraum bei der Information anderer **Ärzte** größer als gegenüber Patienten, die infolge ihres Wissensdefizits schutzwürdiger sind. Zugleich wird damit das „Vertrauen darauf gestärkt, dass der Arzt nicht aus Gewinnstreben" bestimmte Untersuchungen oder Behandlungen vornimmt bzw Medikamente verordnet.[9] Werbeverbote und Werbeeinschränkungen sollen daher „das berufliche Verantwortungsgefühl ebenso stärken wie das Vertrauen der Öffentlichkeit in den Berufsstand".[10] Sie sollen den Patienten „vor unseriösen, marktschreierischen oder geldgierigen Ärzten" schützen[11] und damit langfristig „negative Rückwirkungen auf die

---

[1] *Laufs* NJW 1990, 1510; s dazu auch oben § 15 (*Laufs*) mit Schrifttumsnachweisen.
[2] *Ratzel* MedR 1995, 91.
[3] BVerfG NJW 1986, 1533, 1534 = BVerfGE 71, 173 ff; Bay Landesberufsgericht für Heilberufe BayVBl 1978, 543; OVG Hbg MedR 1988, 200, 201; *Narr* ÄrztlBerufsR Bd 2 RdNr 1177 ff mit zahlreichen weiteren Hinweisen auf Rechtsprechung und Literatur; im Einzelnen s dazu oben *Laufs* § 15 RdNr 1 ff.
[4] BVerfG MedR 1994, 325.
[5] BVerfG NJW 1993, 2988.
[6] OVG Hbg MedR 1988, 200, 201.
[7] OVG Hbg MedR 1988, 200, 201.
[8] VGH BW MedR 1985, 238, 239.
[9] BVerfG NJW 1986, 1533, 1534; BVerfG MedR 1996, 511, 512 f.
[10] BVerfG MedR 1996, 511, 512 f.
[11] *Bruns* ArztR, 1999, 207.

medizinische Versorgung" abwehren.[12] Sie stellen keineswegs bloße Konkurrenzschutzbestimmungen im Verhältnis der Ärzte untereinander dar, sondern „verbraucherschützende Regelungen" zugunsten des Patienten und der Allgemeinheit.[13] Allerdings ist ihre Wirkung als „Marktzugangsbarriere" für junge bzw neu niedergelassene Ärzte unbestreitbar[14] – und dies bewirkt ihre rechtliche Problematik.

3 Entsprechend diesem Schutzzweck durfte der Arzt jahrzehntelang weder selbst Werbung betreiben noch dulden, „dass Berichte und Bildberichte mit werbendem Charakter über seine ärztliche Tätigkeit unter Verwendung seines Namens oder seiner Anschrift veröffentlicht werden", wenn es sich dabei „um eine kommerzielle Reklame im Interesse des Arztes handelt, die dieser in zumutbarer Weise hätte unterbinden können".[15] Denn der ärztliche Beruf ist kein Gewerbe (§ 1 Abs 2 BÄO). In dieser Strenge gilt das Werbeverbot nicht mehr, nachdem der 105. Deutsche Ärztetag, veranlasst durch eine Entscheidung des EGMR[16] und mehrere „liberalisierende" Urteile des Bundesverfassungsgerichts,[17] eine **Kehrtwendung** vollzogen und dem Arzt Werbung grundsätzlich erlaubt hat. Verboten ist dagegen „insbesondere" – aber nicht nur – „anpreisende, irreführende und vergleichende Werbung" oder unter Verstoß gegen andere gesetzliche Bestimmungen (zB § 4 Nr 11 UWG oder die Vorschriften der §§ 3 ff HWG) zu werben. Nicht zu beanstanden sind daher Bekanntmachungen, wenn trotz des Werbeeffekts die **sachliche Information** und **Meinungsäußerung** „zu Themen von einiger öffentlicher Bedeutung im Vordergrund stehen".[18] Deshalb darf der Arzt rechtmäßig erworbene Titel, Tätigkeitsschwerpunkte und Facharztbezeichnungen führen (vgl. § 27 Abs 4 MBO), „seine Tätigkeit durch ein Praxisschild und durch bestimmte Presseanzeigen, durch Aufnahme in Adreßbücher und sonstige amtliche Verzeichnisse nach außen kundtun", „eine Vortrags- und Lehrtätigkeit ausüben" und „selbstverständlich wissenschaftliche Beiträge in Fachzeitschriften unter seinem Namen veröffentlichen sowie an aufklärenden Veröffentlichungen medizinischen Inhalts in den Medien mitwirken".[19] Allerdings muss er dabei darauf achten, „dass die Sache im Vordergrund steht" und nicht seine Person, Leistung oder sein Werdegang.[20] Deshalb „steht das ärztliche Werbeverbot im ewigen Zwiespalt zwischen dem Bedürfnis nach sachlicher Information der Allgemeinheit und der konkret Ratsuchenden einerseits und der Gefahr andererseits, dass Rat- oder Hilfesuchende verunsichert, ihnen ärztliche Leistungen aufgedrängt und die ohnehin Unsicheren unsachlich beeinflußt werden".[21] Insoweit stellen die Berufsgerichte „im Interesse von Allgemeinheit, Patienten und Ärzteschaft" strenge Anforderungen und verlangen vom Arzt, alles in seiner Macht Stehende zu tun, damit „jegliche standeswidrige Werbung unterbleibt".[22] Deshalb muss sich der Arzt „bei der Gewährung eines Interviews oder sonstiger Informationen ein Prüfungsrecht jedenfalls dann „vorbehalten, wenn nach Art und Inhalt" der Informationen und/oder bei Berücksichtigung der Gegebenheiten auf Seiten des Adressaten die Möglichkeit eines Berichts mit werbendem Charakter nicht ganz fern liegt".[23] Denn auch Sachinfor-

---

[12] OLG Schleswig NJW 2004, 1745, 1746.
[13] *Bonvie* MedR 1994, 313.
[14] Vgl *Ratzel/Lippert*, aaO S 163 RdNr 2.
[15] BVerfG, NJW 1986, 1533, 1534; s dazu ausführlich oben bei *Laufs*, § 15 RdNr 11 ff; BGH NJW 1987, 2297 ff; Landesberufsgericht für Heilberufe bei dem BayObLG MedR 1990, 293 ff; Landesberufsgericht für Heilberufe beim OVG Rh-Pfz, Urteil v 26. 1. 1989 in: AusR 1989, 24.
[16] MedR 2003, 290 = NJW 2003, 497 = JuS 03, 492 m Anm *Hohlbach/Dürr*.
[17] BVerfG MedR 2001, 569 ff; 02, 31 ff; NJW 2003, 879.
[18] BVerfG NJW 1986, 1533, 1534; OLG Stuttgart MedR 1988, 39, 40; OVG Hamburg MedR 1996, 277 m Anm *Brünges* MedR 1996, 524 f.
[19] BVerfG NJW 1986, 1534; OVG Hamburg MedR 1996, 277.
[20] VG Münster ArztR 1995, 253, 255.
[21] *Taupitz*, FS Geiß, S 515.
[22] VG Münster aaO, S 255.
[23] VG Münster aaO, S 255.

mationen können Werbung sein, wenn das Akquisitionsziel damit verbunden ist und dies zu einer unerwünschten Kommerzialisierung des Arztberufs führt.

Trotz **Lockerung** des Werbeverbots, der stärkeren Betonung der Werbefreiheit und einer liberaleren Auffassung der Wettbewerbsposition des Arztes im Gesundheitswesen müssen die Ärzte mehr als gewerbliche Unternehmen „die individuelle Situation der Betroffenen, ihr Informationsbedürfnis und die existenzielle Bedeutung der Gesundheit" berücksichtigen.[24] Denn das Vertrauen der Bevölkerung in das berufliche Verantwortungsgefühl der Ärzte, dh nicht aus Gewinnstreben Untersuchungen vorzunehmen oder Medikamente zu verschreiben, bedarf des Schutzes, weshalb gewisse Werbeverbote und -einschränkungen geblieben sind. Diese sind in jedem Einzelfall zu prüfen, wobei Maßstab Art 12 Abs 1 GG ist.[25] Die neue Rechtslage ist damit letztlich das Ergebnis eines verfassungsrechtlich gebotenen Anpassungsprozesses „der standesrechtlich über Gebühr konservierten Arbeitsbedingungen" der Ärzte „an die aktuellen Verhältnisse einer Kommunikationsgesellschaft".[26] Die in der Vorauflage gemachte Prognose, dass „dem absoluten Werbeverbot mit großer Wahrscheinlichkeit in absehbarer Zeit die Stunde schlägt", ist eingetreten. Gefördert wurde diese Entwicklung zum einen durch die zunehmende Arbeitsteilung, Spezialisierung und Subspezialisierung in der Medizin, die sachdienliche Informationen notwendig macht und die Transparenz der Leistungsangebote, „zumal im Bereich hochspezialisierter und kostenintensiver ärztlicher Behandlungsmethoden", voraussetzt.[27] Auch der Vergleich mit anderen freien Berufen, vor allem der Rechtsanwälte,[28] die mit Rücksicht auf das Informationsinteresse ihrer Klienten nicht nur die berufsrechtlich anerkannten Fachanwaltsbezeichnungen, sondern darüber hinaus auch Tätigkeitsschwerpunkte angeben dürfen,[29] sowie die im Fachschrifttum geäußerte Kritik an der bisherigen Strenge des Werbeverbots hatten in den letzten Jahren dessen Fragwürdigkeit überdeutlich werden lassen.[30]

Verstärkt wurde dieser Trend noch dadurch, dass es dem Arzt ja „grundsätzlich und generell" nicht verwehrt ist, unter seinem Namen mit anderen Instituten gleicher Art zu konkurrieren.[31] Dies führt zwangsläufig zu einer Verquickung zwischen ärztlicher Tätigkeit und gewerblichem Engagement und hat zur Folge, dass im gewerblichen Bereich der Arzt wie jeder andere Unternehmer auch sein Leistungsangebot werbend herausstellen darf.[32] Mit den Argumenten des Verbraucherschutzes und der Qualitätssicherung ließ sich diese Entwicklung nicht aufhalten, denn dagegen stehen Wettbewerb, Kommunikation, und damit auch das Selbstbestimmungsrecht des Patienten. Letztlich ist stets der konkrete Sachverhalt im Lichte der Rechtsprechung des Bundesverfassungsgerichts zu prüfen, ob wirklich „ein Fall berufswidriger Werbung vorliegt",[33] ob „ökonomische Erfolgskriterien" oder „medizinische Notwendigkeiten", also der Werbeeffekt oder die Sachinformation die Akquisition potenzieller Patienten dominieren.[34]

---

[24] v Lewinski MedR 04, 95, 98.
[25] Ratzel/Lippert MedR 02, 607.
[26] Papier/Petz NJW 94, 1562.
[27] Papier/Petz NJW 1994, 1554.
[28] Vgl BGH NJW 1994, 2284; GRUR 1995, 422; BVerfG NJW 1992, 1614.
[29] BGH NJW 1994, 141.
[30] Böhm ZRP 1994, 388, 391 f.
[31] BGH MedR 1990, 39.
[32] So zutreffend LG Hamburg, zitiert bei Bonvie MedR 1994, 311.
[33] BVerfG NJW 1996, 1533; NJW 1997, 2510; NJW 1998, 2759, 2760; NJW 1999, 3414, 3415; Berufsgericht für die Heilberufe beim OLG München, Beschluss v 18. 2. 1997 – BG-Ä 10/96, S 5; zu Fragen der Werbung und Anpreisung aus berufsrechtlicher Sicht s Ratzel/Lippert, Kommentar zur Musterberufsordnung der Deutschen Ärzte (MBO), 4. Aufl, S 322 ff.
[34] Ausführlich hierzu Rieger, Lexikon des Arztrechts, 2. Aufl Nr 5530 RdNr 10 ff; BerufsG f Heilberufe bei dem VG Gießen MedR 08, 761 ff.

6 Einzelfälle:
Ein niedergelassener Kardiologe, der in größerer räumlicher Entfernung von seiner Praxis in standesrechtlich zulässiger Weise einen Herzkatheter-Meßplatz betreibt, ist berechtigt, im Branchentelefonbuch „Gelbe Seiten" neben Anschrift und Telefonnummer seiner Praxis auch den Herzkatheter-Meßplatz mit Anschrift und Telefonnummer anzuzeigen.[35]

Ein Arzt, der Informationsmaterial über eine von ihm entwickelte, angebotene und angewandte Krebstherapie an Kranke versenden lässt, die nicht seine Patienten sind, dies aber möglicherweise werden können, betreibt grundsätzlich eine berufswidrige Werbung für die eigene Praxis und handelt dadurch auch wettbewerbswidrig im Sinne des § 1 UWG.[36]

Steht die Person eines Arztes, seine Praxis mit der Praxisausstattung und sein Personal im Vordergrund eines redaktionellen Berichts einer Tageszeitung, greift das Werbeverbot für Ärzte, weil der kommerzielle Effekt vorrangig ist. Wird hingegen über andere Ereignisse berichtet, die im Zusammenhang mit der Person des Arztes stehen, und dieser in Bezug auf seine konkrete Praxis nur am Rande erwähnt, wird regelmäßig die kommerzielle Werbung von untergeordneter Bedeutung sein.[37] Die Bezeichnung namentlich genannter Ärzte als „die besten Ärzte Deutschlands" in einer redaktionellen Berichterstattung, der keine aussagekräftigen Beurteilungskriterien zu Grunde liegen, ist entsprechend den Grundsätzen zur „getarnten Werbung" als sittenwidrige Förderung fremden Wettbewerbs im Sinne des § 1 UWG zu beanstanden.[38]

Im Gegensatz dazu hat das OLG München die nach der BGH-Entscheidung veränderte Focus-Liste als zulässig qualifiziert und betont: Es besteht ein sachlich begründetes Bedürfnis der Allgemeinheit, von der Presse über spezialisierte, besonders qualifizierte Fachärzte unter namentlicher Nennung informiert zu werden. Soweit damit ein Werbeeffekt für die empfohlenen Spezialisten verbunden ist, hat das Grundrecht auf Meinungs- und Pressefreiheit Vorrang vor dem ärztlichen Werbeverbot.[39]

Ein Arzt verstößt gegen die Verpflichtung, seinen Beruf gewissenhaft auszuüben und dem ihm in Zusammenhang mit dem Beruf entgegengebrachten Vertrauen zu entsprechen, wenn er in seinem Wartezimmer für Dritte und deren Produkte wirbt (Werbespots für in der Nähe der Praxis liegende Gewerbetreibende). Dagegen ist die Darstellung einer Arztpraxis in bewegten Bildern, die einen Arzt in Berufskleidung bei der Patientenbehandlung zeigen, nicht als Verstoß gegen § 11 Abs 1 S 1 Nr 4 HWG zu qualifizieren, sondern zulässig.[40]

Siehe zur Problematik „Informationsfreiheit versus Werbeverbot unter besonderer Berücksichtigung der Klinikwerbung" auch den gleichnamigen instruktiven Aufsatz von *Rieger*.[41]

7 2. Ausnahmen vom allgemeinen Werbeverbot und Umgehungsversuche. Ausgenommen vom früheren allgemeinen Werbeverbot waren und sind „im Interesse des Heilung suchenden Publikums"[42] Krankenhäuser, Sanatorien, Institute und Kliniken, auf deren kommerzielle Interessen durch die standesrechtliche Erlaubnis Rücksicht genommen wird, in Anzeigen und Ankündigungen neben dem ärztlichen Inhaber oder dem leitenden Arzt, jeweils mit Namen und Arztbezeichnung, auch das Hauptindikationsgebiet

---

[35] BVerwG NJW 1998, 2759.
[36] BGH NJW 1998, 3414.
[37] Berufsgericht für Heilberufe beim VG Köln NJW 1999, 884.
[38] BGH MedR 1998, 131.
[39] MedR 1999, 76.
[40] BerufsG f Heilberufe bei dem VG Gießen MedR 2008, 761 ff.
[41] MedR 1999, 513 ff mit vielen Fallbeispielen; ferner *Ring*, Werberecht der Ärzte, RdNr 617 ff; *Rieger*, Lexikon des Arztrechts, 2. Aufl, Ziffer 5530, RdNr 17 ff.
[42] Landesberufsgericht für Heilberufe bei dem BayObLG BayÄBl 1979, 351.

anzugeben. Kliniken und Sanatorien „arbeiten meist mit größerem personellen und sachlichen Aufwand und sind zur Sicherung ihrer Existenz darauf angewiesen, auf ihr Leistungsangebot aufmerksam zu machen".[43] Da Ärzten trotz ihrer Eigenschaft als Freiberufler der Betrieb solcher Einrichtungen nicht verboten ist, „obwohl es sich dabei um gewerbliche, auf Gewinnerzielung ausgerichtete Unternehmen handelt",[44] war ihnen stets in gewissem Umfang **mittelbare** Werbung in zulässiger Form gestattet. Daraus resultierte natürlich zugleich die **Gefahr der Umgehung** des ärztlichen Werbeverbots, indem die Bezeichnung als Krankenhaus, Sanatorium, Institut oder Klinik nach außen hin zu Werbezwecken verwandt wurde, während in Wirklichkeit die sachlichen und personellen Voraussetzungen einer solchen gewerblich-unternehmerischen Tätigkeit nicht gegeben sind, sondern lediglich eine Arzt- oder Facharztpraxis besteht, wenn auch vielleicht mit gewissen Besonderheiten und Elementen eines gewerblichen Unternehmens.[45] Die Rechtsprechung bietet insoweit ein schillerndes Bild: so soll zB der Betrieb einer ambulanten Praxis durch eine GmbH, bei der der Vertragsarzt angestellt ist, eine Umgehung des ärztlichen Werbeverbots darstellen,[46] während andere Gerichte die grundsätzliche Befugnis der Ärzte betonen, als Freiberufler auf dem Gebiet des Heilwesens – etwa im Rahmen eines Sanatoriums oder einer Klinik – gewerblich tätig zu sein – mit der Folge, dass hier das ärztliche Werbeverbot nicht gilt.[47]

Da § 27 Abs 2 S 1 MBO 2000 aufgehoben wurde, ist für die Differenzierung zwischen der Werbung durch Vertragsärzte und der Werbung durch Sanatorien, Kliniken und anderen derartigen Einrichtungen kein Raum mehr. Es wäre auch kaum einsichtig, die Patienten vor der „Arztwerbung" mehr zu schützen als vor der „Klinikwerbung".[48] Diese ist daher aus denselben Gründen unzulässig wie die Werbung der Ärzte und unterliegt den Verbotsvorschriften des UWG und HWG, mit Ausnahme der vergleichenden Werbung, die Kliniken erlaubt ist.[49] Damit ist die frühere Rechtsprechung, „zwischen ambulanter und stationärer Behandlung" bestünden „erhebliche betriebswirtschaftliche Unterschiede, die es rechtfertigen, Kliniken und Sanatorien hinsichtlich der Werbung anders zu behandeln als niedergelassene Ärzte",[50] obsolet geworden. Sie ließ sich auch nicht mit sachlichen Argumenten durchhalten. Denn wenn eine Zahnarzt-GmbH nur ambulante zahnärztliche Behandlungen anbietet, die „in vergleichbarer Weise auch von niedergelassenen Zahnärzten erbracht werden", würde es „eine nicht zu rechtfertigende Ungleichbehandlung darstellen", hier eine „ausschließlich auf die Akquisition von Patienten gerichtete Werbung zu gestatten", die einem niedergelassenen Zahnarzt verboten ist. 8

Auch Kliniken ist **irreführende** Werbung untersagt. Da ein solches Unternehmen Personal und Sachmittel benötigt und auf die Zusammenarbeit mit einer Mehrzahl von Ärzten angewiesen ist, erbringt sie Leistungen, die ein einzelner Arzt nicht erbringen könnte. Läßt sie sich in Telefonbüchern unter dieser Bezeichnung eintragen, so stellt dies deshalb nicht ohne weiteres einen Wettbewerbsverstoß dar. Die Werbung einer GmbH, die einen als „Ärztlicher Hotelservice" bezeichneten Bereitschaftsdienst für Privatpatienten betreibt, kann daher „insbesondere im Falle des Missbrauchs und der Irreführung wettbewerbswidrig sein, etwa wenn der beworbene ärztliche Bereitschaftsdienst nur vor- 9

---

[43] BGH Mitteilungsblatt der Arge MedRecht 2001, 10.
[44] BGH MedR 94, 152 m Anm *Taupitz*; OLG Düsseldorf MedR 1992, 46.
[45] Vgl dazu näher bei *Laufs*, § 15 RdNr 6–10; *Ratzel*, Ärztliches Standesrecht, S 18 f unter Hinweis auf Bay Landesberufsgericht für die Heilberufe bei dem BayObLG, Urteil v 9. 5. 1989, Az LBG-Ä 1/79; *ders*, Kommentar zur MBO, 4 Aufl, S 324 f.
[46] HansOLG MedR 1992, 280.
[47] OLG Düsseldorf MedR 1992, 46; LG Hamburg, Urteil v 14. 10. 1993, zitiert bei *Bonvie* MedR 1994, 311.
[48] *Bahner*, Das Werberecht für Ärzte, 2. Aufl 2004, S 320.
[49] *Rieger* MedR 99, 513; *Bahner* aaO S 321.
[50] BGH GRUR 1996, 905, 907; BGH Mitteilungsblatt der Arbeitsgemeinschaft Medizinrecht, 2001, S 10, 13.

geschoben ist und der Sache nach Werbung für einzelne hinter ihm stehende Ärzte betrieben wird".[51] In diesem Falle „sind der Arzt und die GmbH Mittäter und damit im wettbewerbsrechtlichen Sinne auch beide Störer".[52] Für die Partnerschaft und die BGB-Gesellschaft gilt nichts anderes.[53] Das Gesellschaftsrecht macht es somit dem Arzt nicht möglich, sich seiner berufsrechtlichen „Werbezurückhaltung" zu entledigen. Zugleich kann aber auch die Ärzte- oder Heilkunde-GmbH nicht „Stellvertreter-Funktionen" übernehmen, sondern hat das Verbot berufswidriger ärztlicher Werbung zu achten, es sei denn, sie erbringt tatsächlich „Institutsleistungen", wie sie ein in freier Praxis niedergelassener Arzt nicht anbietet.[54] Damit ist eine Umgehung des standesrechtlichen Werbeverbots ausgeschlossen.[55]

10   Soweit **Umgehungsversuche** und damit unzulässige mittelbare Werbung vorliegen, wird diese ebenso wie die unmittelbare verbotene Eigenwerbung als Verletzung beruflicher und wettbewerbsrechtlicher Pflichten durch die Zivil-, Verwaltungs- und insbesondere Berufsgerichte mit den jeweils zur Verfügung stehenden Sanktionen geahndet.[56] Wenn im Einzelfall die Umgehung des Wettbewerbsverbots durch die Anzeige, Ankündigung oder Angabe des Arztes nicht den Tatsachen entspricht und damit die Gefahr der Irreführung des Publikums besteht, wird jedoch zugleich mit der Umgehung des Wettbewerbsverbots die Grenze von der bloßen Wettbewerbs- und Standeswidrigkeit zur **Strafbarkeit** des Verhaltens überschritten (vgl §§ 16 Abs 1 UWG, 3 S 2 Nr 1 bis 3, 14 Heilmittelwerbegesetz (HWG), § 148 Nr 1 GewO iVm § 144 Abs 1 GewO).

II. Strafbare ärztliche Werbung

11   **1. Strafbarkeit nach § 16 Abs 1 UWG.** § 16 Abs 1 in Verbindung mit § 5 UWG bestraft „wissentlich unwahre und zur Irreführung geeignete Angaben über geschäftliche Verhältnisse in öffentlichen Bekanntmachungen oder in Mitteilungen, die für einen größeren Kreis von Personen bestimmt sind", wenn dahinter die Absicht steht, „den Anschein eines besonders günstigen Angebots hervorzurufen".

Beispiel: Der angeklagte Arzt betrieb eine Facharztpraxis mit Bettenstation, für die er in verschiedenen Zeitungen und Adreßbüchern unter der Überschrift „Biologische Klinik" inserierte. Da die baulichen Voraussetzungen für die Erteilung einer Konzession als Klinik nicht vorlagen, wurde sein entsprechender Antrag von der zuständigen Behörde abgelehnt. Da der Angeklagte somit wußte, nicht im Besitze der erforderlichen Konzession nach § 30 GewO zu sein, gleichwohl aber „seine Praxis als Klinik bezeichnete", war der Tatbestand des früheren § 4 UWG (heute § 16 Abs 1) erfüllt. Denn „ein unbefangener Dritter versteht unter einer Klinik eine Krankenanstalt, die zur Durchführung stationärer Behandlungen geeignet ist". Dies war hier mangels Konzession nicht der Fall, so dass die Bezeichnung als Klinik nicht nur unwahr, sondern auch zur Irreführung geeignet war und den Anschein eines besonders günstigen Angebots (Möglichkeit stationärer Aufnahme im Gegensatz zu anderen gleichartigen Praxen) erweckte.[57]

12   **a) Zum objektiven Tatbestand.** Der objektive Tatbestand des § 16 Abs 1 UWG ist „unübersichtlich"[58] und kommt wohl deshalb in der Justizpraxis nur selten zur Anwendung.[59] Schutzzweck sind die Interessen der Mitbewerber, besonders aber auch der Ver-

---

[51] BGH NJW 1999, 3416, 3418; ähnlich BGH NJW 1998, 3414 ff.
[52] *Taupitz*, FS Geiß, S 506.
[53] *Taupitz*, aaO, S 508.
[54] *Taupitz*, aaO, S 514 f.
[55] Vgl auch BGH NJW-RR 1995, 41, 42; ebenso BayObLG, Bayer ÄBl 1989, 438 f; OLG München, NJW 1993, 800, 801; kritisch *Ratzel/Lippert*, Kommentar zur MBO, § 28 RdNr 12 ff; *Rieger* MedR 1995, 468, 470.
[56] Siehe dazu *Ring*, Werberecht der Ärzte, RdNr 584 ff.
[57] Urteil des AG München v 2. 11. 1981 – Az 71 Cs 336 Js 19065/80.
[58] *Lampe*, FS Lange, 1976, S. 460. Der heutige § 16 Abs 1 entspricht wortgleich dem früheren § 4 Abs 1 UWG.
[59] *Emmerich*, Das Recht des unlauteren Wettbewerbs, 5. Aufl. 1998, S 362.

23. Kapitel. Der Arzt im Strafrecht 13, 14 § 154

braucher, und damit der Allgemeinheit an der Funktionsfähigkeit im marktwirtschaftlichen System.[60] Unwahre Äußerungen im sensiblen Bereich der Gesundheitswerbung sind grundsätzlich geeignet, den Wettbewerb auf dem einschlägigen Markt wesentlich zu beeinträchtigen, auch wenn die Absicht, den eigenen Wettbewerb zu fördern, nicht der eigentliche Beweggrund des Handelnden war.[61] Der Charakter der Angaben als „unwahr" und „zur Irreführung geeignet" ist zwar formal durch zwei kumulativ vorausgesetzte Elemente beschrieben, doch werden diese Worte materiell „sinnidentisch gebraucht".[62] Unwahr ist die unrichtige Angabe, die als Folge den Patienten in die Irre führt. Die Frage, ob die **Unwahrheit** und die **Eignung** zur **Irreführung objektiv** oder **subjektiv** zu beurteilen sind, stellt sich daher eigentlich nicht.[63] Rechtsprechung und herrschende Lehre stellen unter Zugrundelegung der subjektiven Auffassung auf das Verständnis der von den Angaben angesprochenen Kunden ab,[64] dh im ärztlichen Bereich auf die **Durchschnittsauffassung des umworbenen Patientenkreises**. Insofern liegt kein Unterschied zur Ansicht Bornkamms[65] vor, der mit Nachdruck einen **objektiven** Prüfungsmaßstab vertritt. Unvollständige Werbeangaben und Schweigen können zur Bejahung des objektiven Tatbestandes des § 16 Abs 1 UWG durch positives (konkludentes) Tun führen, „wenn sie zugleich irreführend sind und dem Wahrheitsgrundsatz widersprechen".[66] Sind die Angaben einem nicht abgrenzbaren Personenkreis zugegangen, ist die Tat vollendet. Der **Versuch** ist nicht strafbar.

b) Der subjektive Tatbestand (Vorsatzerfordernis und Irrtumsproblematik). 13
Der subjektive Tatbestand des § 16 Abs 1 UWG setzt hinsichtlich der Unwahrheit und Irreführungseignung der Angaben „Wissentlichkeit" sowie die „Absicht" voraus, den Anschein eines besonders günstigen Angebots zu erwecken. Dieses **doppelte subjektive Erfordernis** beeinträchtigt in der Praxis die Effektivität der Strafbestimmung, obwohl der *bedingte* Vorsatz für die Verwirklichung des subjektiven Tatbestandes nach hL – trotz des eigentlich entgegenstehenden Wortlauts – genügt.[67] Zur Bejahung des Vorsatzes reicht es also aus, wenn sich der Arzt bewusst ist, dass seine Angaben unwahr bzw verwechslungsfähig sind und den „durchschnittlichen" Patienten irreführen können, zumindest aber wenn er diese Möglichkeit erkennt und billigend in Kauf nimmt. Die Absicht, den Anschein eines besonders günstigen Angebots hervorzurufen, erfordert aber mehr als nur bedingten Vorsatz, nämlich ein zielgerichtetes Wollen, dh dem Arzt muss es darauf ankommen, dass seine unwahre Mitteilung vom Patienten als besonders günstiges Therapiekonzept gewertet wird.[68] Ob der Patient tatsächlich irregeführt wurde, ist für die Erfüllung des Tatbestandes belanglos.

Verkennt der Arzt jedoch die Unrichtigkeit seiner Angaben infolge eines Irrtums im Tat- 14
sächlichen, so ist infolge **Tatbestandsirrtums** (§ 16 Abs 1 StGB) sein Vorsatz und damit – mangels eines entsprechenden Fahrlässigkeitstatbestandes – die Strafbarkeit nach § 16 Abs 1 UWG ausgeschlossen. Weiß der Arzt dagegen, dass zB die Bezeichnung seiner Praxis als „Klinik" den Tatsachen nicht entspricht, hält er jedoch die Verwendung dieses Begriffs in Unkenntnis der einschlägigen Normen für strafrechtlich erlaubt, so liegt ein **Verbots-**

---

[60] *Geilen,* Handbuch des Fachanwalts Medizinrecht, Kap 4 B RdNr 662; BGHSt 27, 293; OLG Stuttgart NJW 82, 115.
[61] BGH GRUR 1998, 487.
[62] *Lampe,* aaO, S 460; aA *Klug* GR 1975, 217, 223; *Geilen* aaO Kap 4 B RdNr 664; *Tiedemann,* Wettbewerb und Strafrecht, S 35.
[63] *Grebing* wistra 1982, 86 Anm 24.
[64] *Baumbach/Hefermehl,* Wettbewerbsrecht, 22. Aufl, § 4 UWG RdNr 8 a; aA *Fuhrmann,* in: Erbs/Kohlhaas § 4 UWG Anm II b aa, der eine objektive Interpretation vertritt.
[65] In *Baumbach/Hefermehl,* § 16 RdNr 11.
[66] *Baumbach/Hefermehl,* 22. Aufl, §§ 3 bis 10 UWG RdNr 7; ebenso *Lampe* (Fn 57) S 461; vgl dazu auch *Grebing* (Fn 62) 87.
[67] *Baumbach/Hefermehl/Bornkamm,* 23. Aufl, § 16 RdNr 16 ff; *Lampe* (Fn 57) S 473.
[68] *Baumbach-Hefermehl/Bornkamm,* 23. Aufl, § 16 RdNr 17; *Lampe* aaO S 473.

irrtum vor, der im Falle der Unvermeidbarkeit die Schuld entfallen lässt (§ 17 Satz 1 StGB), bei Vermeidbarkeit zur Strafmilderung führen kann (§ 17 Satz 2 StGB).[69] Insoweit werden jedoch strenge Prüfungsanforderungen gestellt.

15 Irrtumsfragen sind gerade im Zusammenhang mit der Verwendung des Begriffs „Klinik" oder „Praxisklinik" nicht selten, da mangels gesetzlicher Bestimmung dieser Terminus als eine „an sich wenig aussagekräftige und verschwommene Bezeichnung nicht immer einheitlich verwendet" wird.[70] Die überwiegende Ansicht, der sich auch die Judikatur angeschlossen hat, versteht unter **„Klinik"** eine zur stationären Behandlung behördlich zugelassene, dh konzessionierte Anstalt, in der Kranke uU für einen längeren Zeitraum untergebracht und verpflegt und deshalb besondere Anforderungen hinsichtlich Hygiene, medizinisch-technischer Einrichtungen und ärztlicher Betreuung gestellt werden.[71] Wenn der Arzt seine Praxis als „Klinik" bezeichnet, ist dies eine unwahre, zur Irreführung iS von § 5 Abs 2 Nr 3 UWG geeignete Behauptung, da mit diesem Begriff „nach der Verkehrsauffassung die Vorstellung von stationärer Unterbringung" mit einer „gewissen personellen und apparativen Mindestausstattung für Heilung und Pflege verbunden"[72] ist. Der Begriff „Zentrum" hat dagegen im Zusammenhang mit der Stätte ärztlicher Berufsausübung einen Bedeutungswandel erfahren, so dass, zB bei einem „Rheumazentrum" genannten MVZ, die Gefahr der Irreführung zu verneinen ist.[73]

16 Die Tat nach § 16 Abs 1 UWG verjährt in 5 Jahren (§ 78 Abs 3 Nr 4 StGB), beginnend mit der Beendigung des Delikts (§ 78 a StGB). Die Strafverfolgung geschieht von Amts wegen. § 16 Abs 1 UWG ist kein Antrags-, wohl aber ein Privatklagedelikt (§ 374 Abs 1 Nr 7 StPO). Die Strafe beträgt im Höchstmaß Freiheitsstrafe bis zu 2 Jahren, alternativ Geldstrafe. Hat der Arzt in Bereicherungsabsicht gehandelt, so kann die Geldstrafe zusätzlich zur Freiheitsstrafe verhängt werden (§ 41 StGB).

17 **2. §§ 3, 14 Heilmittelwerbegesetz (HWG).** Nach der Blankett-Strafbestimmung des § 14 HWG wird mit Freiheitsstrafe bis zu einem Jahr oder mit Geldstrafe bestraft, „wer dem Verbot der irreführenden Werbung (§ 3) zuwiderhandelt". **Geschütztes Rechtsgut** ist die Gesundheit des einzelnen, aber auch der Allgemeinheit, nicht dagegen das Vermögen.[74] Sinn und Zweck des absoluten Werbeverbots für den Vertrieb von Heilmitteln ist es, „den Laien vor nicht überschaubaren Gefahren" eines Arzneimittels oder einer Behandlung zu schützen, der Verleitung Kranker zur Selbstbehandlung und Selbstmedikation entgegenzuwirken und zu verhindern, dass sie „im Vertrauen auf die Wirksamkeit eines harmlosen Präparats oder einer harmlosen Behandlung das bei schweren und komplizierten Krankheiten und Leiden gebotene unverzügliche Aufsuchen eines Arztes" unterlassen.[75] Ärztliche Werbung, die sich im Einklang mit den einschlägigen Regeln des Standesrechts hält, ist daher nach dem HWG nicht verboten.[76] Auch Werbung anderer Personen mit dem Ziel, Patienten zu veranlassen, sich in **ärztliche** Behandlung zu begeben, läuft dem Schutzzweck des HWG nicht zuwider. Dagegen ist die Nennung eines rezeptpflichtigen Arzneimittels in einer Werbeanzeige des Herstellers im Falle der Absatzwerbung unzulässig.[77]

---

[69] Vgl AG München, Urteil v 14. 10. 1983 – Az 71 Ds 335 Js 19995/82.
[70] Landesberufsgericht für Heilberufe bei dem BayObLG, BayÄBl 1979, 351, 352; OLG Frankfurt NJW 1979, 2361.
[71] OLG Frankfurt NJW 1979, 2361; BVerwG NJW 1985, 1414; Landesberufsgericht für die Heilberufe bei dem BayObLG BayÄBl 1979, 351 f mwN.
[72] LG Düsseldorf AZR 07, 84; OLG München GRUR 00, 91 ff.
[73] LG Erfurt MedR 2008, 619.
[74] *Geilen*, Handbuch des FA Medizinrecht, Kap 4 B RdNr 671; OLG München NJW 1990, 1547; *Kleist/Hess/Hoffmann*, HWG § 14 RdNr 2.
[75] BGH NJW 1996, 3077; NJW 1995, 3054; *Hausdorf*, Der Anästhesist 02, 42; *Ulsenheimer*, Arztstrafrecht, RdNr 415.
[76] BGH NJW 1971, 1889, 1890.
[77] BGH NJW 1983, 1634, 1635.

§ 14 HWG richtet sich an den Werbungtreibenden, also meist den pharmazeutischen **18** Unternehmer. Im Unternehmen ist jedoch gemäß § 19 Abs 3 AMG der Vertriebsleiter dafür verantwortlich, dass die Arzneimittel entsprechend den Vorschriften über den Verkehr mit Arzneimitteln in den Verkehr gebracht und die Vorschriften über die Werbung auf dem Gebiete des Heilwesens beachtet werden. Im Regelfall ist also ausschließlich der **Vertriebsleiter** von den Straf- und Bußgeldbestimmungen betroffen, wo dieser fehlt, der für die Werbung Verantwortliche. Der Betriebsinhaber hat den Vertriebsleiter sorgfältig auszuwählen und seine Zuverlässigkeit zu überwachen, anderenfalls greift § 130 OWiG wegen **Verletzung der Aufsichtspflicht** ein. Gemäß § 30 OWiG können gegen die Unternehmen (juristische Personen oder Personenhandelsgesellschaften) bei Verstößen gegen §§ 14, 15 HWG auch Geldbußen verhängt werden. Durchmustert man die einschlägigen Fachzeitschriften, hat man allerdings den Eindruck, dass Zuwiderhandlungen nur selten von den Strafverfolgungsorganen aufgegriffen werden.[78]

Der **objektive** Tatbestand setzt eine irreführende Werbung iS von § 3 HWG voraus, **19** wobei in der Ausfüllungsnorm des § 3 S 2 HWG ein Katalog von **Regelbeispielen,** nicht also eine abschließende enumerative Aufzählung der unter Strafandrohung gestellten Irreführungsfälle enthalten ist. Danach ist unter Beachtung des in § 1 HWG umschriebenen sachlichen Anwendungsbereichs des Gesetzes strafbar, wer „insbesondere"

– Arzneimitteln, Verfahren, Behandlungen, Gegenständen oder anderen Mitteln eine therapeutische Wirksamkeit oder Wirkungen beilegt, die sie nicht haben (§ 3 S 2 Nr 1),
– fälschlich den Eindruck erweckt, dass ein Erfolg mit Sicherheit erwartet werden kann oder bei bestimmungsgemäßem oder längerem Gebrauch keine schädlichen Wirkungen eintreten (§ 3 S 2 Nr 2),
– unwahre oder zur Täuschung geeignete Angaben über die Zusammensetzung oder Beschaffenheit von Arzneimitteln, Gegenständen oder anderen Mitteln oder über die Art und Weise der Verfahren oder Behandlungen oder über die Person, Vorbildung, Befähigung oder Erfolge des Herstellers, Erfinders oder der für sie tätigen oder tätig gewesenen Personen macht (§ 3 S 2 Nr 3).

Irreführung nach § 3 S 2 Nr 1 HWG liegt vor, wenn bei einem nicht unbeachtlichen Teil der angesprochenen Verkehrskreise der Eindruck der wissenschaftlichen Unangefochtenheit erweckt wird, obwohl die behauptete therapeutische Wirksamkeit oder Wirkung des Arzneimittels umstritten ist.[79]

Einbezogen in den Geltungsbereich des Heilmittelwerbegesetzes ist nur die produktbezogene Werbung, nicht aber die allgemeine Firmenwerbung für Ansehen und Leistungsfähigkeit des Unternehmens ohne Bezugnahme auf bestimmte Präparate.[80]

Außer in den vom Gesetz selbst angeführten typischen Täuschungshandlungen liegt **20** eine **Irreführung** stets dann vor, wenn der durchschnittlich begabte Patient ohne höheren Bildungsgrad und ohne geschultes Denkvermögen[81] durch objektiv unrichtige Angaben oder das Verschweigen von Tatsachen **irrige Vorstellungen** über die **Wirkung,** die **Brauchbarkeit** oder den **Wert** der angepriesenen Mittel, Verfahren, Behandlungen ua hat. Dabei ist zu berücksichtigen, dass Werbeaussagen häufig nur flüchtig wahrgenommen werden[82] und „das Publikum aufgrund seiner mangelnden Erfahrung im medizinischen Bereich zu Leichtgläubigkeit neigt".[83] Eine solche Auslegung des § 14 in Verbindung mit § 3 S 2 HWG ist jedoch verfassungsrechtlich höchst bedenklich, da die Einbeziehung weiterer Fallgruppen die Bestimmtheit des Tatbestandes sprengt (§ 1 StGB, Art 103 Abs 2

---

[78] *Rieger/Hart,* Lexikon des Arztrechts, 2. Aufl, Stichwort „Heilmittelwerbegesetz", Nr 2440, RdNr 2.
[79] OLG Celle PharmaR 09, 32 f; OLG Ffm GesR 08, 613.
[80] BGH NJW 1995, 1617; s auch *Hobusch/Ochs* zur Problematik Medizinprodukte und Wettbewerbsrecht MedR 09, 15, 19 f.
[81] *Kleist/Hess/Hoffmann* HWG § 3 RdNr 18.
[82] OLG Köln NJW 1957, 1042.
[83] *Kleist/Hess/Hofmann* HWG RdNr 18.

GG). Daher ist § 3 S 2 HWG als enumerative Nennung der Irreführungsvarianten zu interpretieren.[84]

21 Der äußere Tatbestand des § 14 iVm § 3 HWG verlangt lediglich, dass die unrichtigen Angaben zur Irreführung geeignet sind, nicht dagegen, „dass sie im Einzelfall eine Täuschung oder gar eine Schädigung" bewirken.[85] Das Delikt ist **vollendet,** wenn die irreführende Werbemaßnahme dem angesprochenen Adressatenkreis zugänglich geworden ist; der **Versuch** ist nicht strafbar. Für die Beurteilung der Unrichtigkeit einer Angabe ist die **Verkehrsauffassung** heranzuziehen und nicht das, was der Arzt sagt oder wie er seine Angaben verstanden wissen will. Deshalb kann auch eine wahrheitsgemäße Angabe bei der Werbung für eine medizinische Therapie irreführend sein,[86]

22 § 14 HWG ist ein reines **Vorsatzdelikt,** wobei jedoch **bedingter Vorsatz** genügt. Fahrlässige Verstöße gegen § 3 HWG sind gemäß § 15 Abs 2 HWG Ordnungswidrigkeiten. Der Arzt muss also wissen bzw für möglich halten, dass er bei seinem Tun oder Unterlassen für die in §§ 1, 3 HWG genannten Mittel, Verfahren, Behandlungen oder Gegenstände wirbt und seine Angaben objektiv unrichtig sind bzw von einem nicht unbeachtlichen Teil der angesprochenen Patienten falsch verstanden werden, und dies zumindest billigend in Kauf nehmen.

> **Beispiele:** Eine vorsätzliche Irreführung liegt vor, wenn der Arzt für Allgemeinmedizin sich zu Unrecht als „Facharzt" bezeichnet. Dasselbe gilt, wenn er seinen Namen in Verbindung mit einer ärztlichen Berufsbezeichnung für gewerbliche Zwecke, zB für eine Firma oder zur Bezeichnung eines Mittels hergibt und durch diese Kombination falsche, der Wirklichkeit nicht entsprechende Vorstellungen beim Patienten hervorgerufen werden. Wer mit dem nichtmedizinischen Doktor- oder/und Professorentitel für eine bestimmte ärztliche Behandlungsmethode wirbt, macht eine zur Täuschung geeignete Angabe.[87] Gleiches gilt, wenn ein Dr med seinen Doktortitel für englische Publikationen über Arzneimittel uä mit „M. D." übersetzt und dadurch den Leser in die Irre führt.[88] Wer ohne behördliche Konzession gem § 30 GewO seine Facharztpraxis mit Bettenstation in Zeitschriften und Inseraten als „Klinik" bezeichnet, verstößt gegen das Heilmittelwerbegesetz durch irreführende Angaben „über die Art und Weise der Behandlung innerhalb seiner Praxis". Denn er darf diese „nur dann als Klinik" qualifizieren, „wenn eine stationäre Behandlung erfolgen kann und wenn die Praxis die Voraussetzung einer privaten Krankenanstalt gem § 30 GewO erfüllt".[89] Die Werbung ist irreführend, wenn die Anwendungsgebiete des Originalarzneimittels beim Generikum nur teilweise gegeben sind.[90]

23 Kennt der Täter einen zum gesetzlichen Tatbestand gehörenden Umstand nicht (zB den werbenden Charakter der Maßnahme, ihre Eignung zur Irreführung), so lässt dieser **Tatbestandsirrtum** den Vorsatz entfallen (§ 16 Abs 1 S 1 StGB), doch kommt bei Vermeidbarkeit des Irrtums eine Ordnungswidrigkeit wegen fahrlässigen Verstoßes gegen § 3 HWG in Betracht (§ 16 Abs 1 S 2 StGB, § 15 Abs 2 HWG). Verkennt der Täter das Unerlaubte seiner Werbung, ist ihm zB das Verbot des § 3 HWG oder dessen Anwendungsbereich unbekannt, so liegt ein **Verbotsirrtum** vor, der bei Vermeidbarkeit zu einer Strafmilderung führen **kann,** bei Unvermeidbarkeit dagegen die Schuld ausschließt (§ 17 StGB). Die Anforderungen an die Erkundigungs-, Informations-, Beratungs- und Sorgfaltspflicht des Werbenden sind mit Rücksicht auf das geschützte Rechtsgut allerdings hoch, so dass ein unvermeidbarer Verbotsirrtum eine seltene Ausnahme darstellen wird.[91]

---

[84] *Geilen,* Handbuch des FA Medizinrecht, RdNr 673; *Ulsenheimer,* Arztstrafrecht, RdNr 415 b.
[85] *Doepner* HWG § 14 RdNr 1 unter Hinweis auf BGHSt 25, 1, 3 f; *Kleist/Hess/Hoffmann* HWG, § 14 RdNr 1.
[86] BGH NJW 1995, 3054.
[87] BGH MedR 1998, 419, 421 f.
[88] Siehe dazu sehr informativ *Riemer* DMW 2004, 2790 ff (der Autor bejaht im Ergebnis Strafbarkeit nach § 132 a StGB bei entsprechendem Vorsatz).
[89] AG München, Urteil v 2. 11. 1981 – 71 Cs 336 Js 19065/89; ebenso AG München, Urteil v 14. 10. 1983 – Ds 335 Js 19995/82; s auch RdNr 15.
[90] HansOLG PharmR 07, 207 ff.
[91] *Kleist/Hess/Hoffmann,* HWG, § 14 RdNr 8, 9; ebenso *Doepner,* HWG vor §§ 14, 15 RdNr 37 ff.

23. Kapitel. Der Arzt im Strafrecht　　　　　　　　24–26　§ 154

Zwischen § 16 Abs 1 UWG und § 14 HWG besteht nicht Gesetzeskonkurrenz, sondern **24**
– ebenso wie mit § 263 StGB – **Tateinheit**.[92] Das Strafmaß ist unterschiedlich. Die **Verjährungsfrist** beträgt für § 14 HWG drei Jahre (§ 78 Abs 3 Nr 5 StGB), für Presseinhaltsdelikte 6 Monate.[93] Zwischen § 14 HWG und §§ 8, 96 Nr 2 AMG ist wegen der verschiedenen Schutzzwecke **Tatmehrheit** anzunehmen, da § 8 den Schutz des Verbrauchers vor Täuschung, Übervorteilung und Gesundheitsschädigung betrifft, nicht aber die Werbung. Da eine Verurteilung nach § 14 HWG als Indiz für Unzuverlässigkeit gilt, hat diese Strafvorschrift im Zusammenhang mit der Versagung, Rücknahme, dem Widerruf oder Ruhen der Herstellerlaubnis für Arzneimittel nach §§ 13, 18 AMG erhebliche Bedeutung.[94]

3. Ordnungswidrigkeiten nach HWG. Sonderfälle unwahrer Werbung waren **25**
durch §§ 6 Abs 2, 8, 10 **UWG** als Ordnungswidrigkeiten mit Bußgeld bedroht, doch sind die entsprechenden Bestimmungen durch die große UWG-Novelle außer Kraft getreten. Mit Bußgeld weiterhin bedroht sind **fahrlässige** Zuwiderhandlungen gegen das Verbot der irreführenden Werbung nach § 3 **HWG** (§ 15 Abs 2 HWG) sowie bei vorsätzlichen und fahrlässigen Verstößen gegen die §§ 3a, 6, 7 Abs 1 bis 3, 8, 13 HWG (§ 15 Abs 1 HWG). Die Geldbuße bei vorsätzlicher Tat beträgt im Höchstfall 50 000,– Euro, bei fahrlässiger Tat 20 000,– Euro (§§ 15 Abs 3, 17 Abs 2 OWiG). Vorsätzliches Handeln verjährt in 3, fahrlässiges in 2 Jahren (§ 31 Abs 2 Nr 1, 2 OWiG). Die unzulässige Arzneimittelwerbung für eine nicht zugelassene Indikation (§ 3a S 2 HWG) setzt voraus, dass die Werbung für ein erweitertes Anwendungsgebiet erfolgt und nicht bloß als zusätzliche Wirkung verstanden wird.[95] Zur Auslegung des § 11 HWG, der einen Katalog von 15 Verboten für Werbemethoden enthält, die erfahrungsgemäß eine unsachliche Beeinflussung oder gar Irreführung des Publikums zur Folge haben können, siehe BGH MedR 1989, 328 (§ 11 Nr 6 HWG: Werbung außerhalb der Fachkreise für medizinische Behandlungen mit den – nicht näher erläuterten – Angaben „Chelat-Therapie" und/oder „THX"), KG MedR 1989, 331 (§ 11 Nr 6 HWG: Sanatoriumswerbung durch schlichte Aufzählung von Therapiearten ohne Hinweis auf deren Anwendungsmöglichkeiten), BGH NJW 1998, 3412 (§ 11 Nr 6 HWG: kein Werbeverbot für Packungsbeilagen nicht verschreibungspflichtiger Humanarzneimittel), Urteil des BGH vom 28. 3. 1985, I ZR 42/83, mitgeteilt in KRS Nr 85.039 (§ 11 Nr 4 HWG: Werbung mit Abbildungen von Angehörigen von Heilberufen in ihrer Berufskleidung oder bei der Ausführung beruflicher Tätigkeiten), BGH NJW 1990, 1529 (zur Frage eines Verstoßes gegen § 11 Nr 4, 5 lit b HWG durch einen Zeitschriftenbericht über die Tätigkeit eines bestimmtes Arztes), KG NJW 1990, 1549 (§ 11 Nr 2 HWG: Werbung für Sonnenschutzmittel mit ärztlicher Empfehlung) sowie KG NJW 1990, 1548 (§ 11 Nr 2 HWG: Hinweis auf den Entdecker einer Heilbehandlungsmethode als Qualitätsgarant und damit unter Inanspruchnahme fachlicher Autorität), BGH NJW 1993, 787 (Werbung für Wirkstoff nur untersagt, wenn Verkehr Wirkstoff und Arzneimittel gleichsetzt), BGH NJW 1998, 1796 (§ 11 Nr 2 HWG: Hinweis auf jahrhundertelange Bekanntheit und Bewährtheit eines Mittels ist keine verbotene Werbung), BGH NJW 1998, 1797 (§ 11 Nr 2 HWG: Die Aussage, dass sich die Wissenschaft mit einem Arzneimittel (Lebertran) beschäftigt, ist keine unzulässige Werbeaussage).

Zur Interpretation des § 12 HWG, der den bei bestimmten Krankheiten gesundheitspo- **26**
litisch unerwünschten Anreiz zur Selbstbehandlung verringern will, vgl BGH NJW 1996, 3077 (Werbung außerhalb der Fachkreise mit „HerzAss"), BGH NJW 1995, 3054 (Werbung für „Sauerstoff-Mehrschritt-Therapie"), OLG München NJW 1990, 1547 (Werbung einer Tagesklinik in allgemeiner Öffentlichkeit), BGH MedR 1989, 35 (Werbung eines

---

[92] Vgl AG Hildesheim, Urteil v 28. 6. 1960 – 4 Ms 178/59; *Doepner* HWG § 14 RdNr 6.
[93] Siehe dazu *Doepner,* HWG, vor §§ 14, 15 RdNr 67 ff.
[94] *Doepner,* HWG, vor §§ 14, 15 RdNr 1.
[95] HansOLG ArztR 2007, 165; s auch Schiedssprüche nach dem FSA-Kodex PharmaR 09, 147, 148.

Krankenhauses mit der Indikation „Durchblutungserkrankungen": zur Frage der Irreführung des Verkehrs durch die Bezeichnungen „Fachkrankenhaus" bzw „Fachkrankenhaus für Psychosomatik und Durchblutungserkrankungen"), BGH MedR 1989, 39 (zur Werbung von Kuranstalten und Sanatorien; begriffliche und inhaltliche Abgrenzung zu Krankenanstalten) und OLG Hamburg MedR 1990, 277 (Publikumswerbung für ein nach § 12 HWG iVm Anlage A Nr 3 verbotenes Medikament gegen zu hohen Cholesteringehalt des Blutes). Reiches Material aus der Judikatur findet sich zur Auslegung der §§ 11 und 12 HWG bei *Rieger/Hart,* Lexikon des Arztrechts, 2. Aufl 2001, HWG, Nr 2440 RdNr 15 ff.

27 Zur Notwendigkeit von Pflichtangaben gemäß §§ 4 I und III HWG im Zusammenhang mit der Arzneimittelwerbung siehe BGH NJW 1983, 2637: diese Regelung soll der Gefahr vorbeugen, dass der Patient nur über die Vorzüge eines Präparats, nicht aber über die von diesem ausgehenden Risiken unterrichtet wird.

28 Das **Sponsoring** berufsbezogener wissenschaftlicher Symposien, Tagungen ua ist aus der Sicht des HWG im Rahmen des § 7 Abs 2 HWG, also bei „vertretbaren" Zuwendungen nicht zu beanstanden.[96] Werbeverbote sind nur dann mit Art 12 GG vereinbar, „wenn sie geeignet und erforderlich sind, dem Arzneimittelfehlgebrauch entgegenzuwirken, die ordnungsgemäße Berufsausübung zu stärken und insbesondere das Vertrauen der Bevölkerung in die berufliche Integrität des Berufsstandes zu erhalten und zu fördern".[97] Ärzte dürfen deshalb von Pharmaunternehmen keine hochpreisigen Geschenke entgegennehmen[98] und daher ist § 7 Abs 1 HWG erfüllt, wenn ein Nachschlagewerk kostenlos an Ärzte abgegeben wird unter Beifügung einer Präparateübersicht.[99]

29 **4. Straftaten und Ordnungswidrigkeiten nach der Gewerbeordnung.** Der freiberuflich tätige Arzt wird zum Unternehmer und damit zum Gewerbetreibenden, „wenn und soweit er eine Privatkrankenanstalt als selbstständiges Mittel zur Erzielung einer dauernden Einnahmequelle einrichtet oder unterhält".[100] Liegen die von der Judikatur entwickelten Voraussetzungen einer „Privatkrankenanstalt" im Sinne des § 30 GewO[101] und die Gewinnerzielungsabsicht vor, ist die Tätigkeit des Arztes **konzessionspflichtig.** Führt er ohne die erforderliche Erlaubnis in seiner Praxis Eingriffe durch, die aus medizinischer Sicht die stationäre Aufnahme des Patienten in einer Anstalt als geboten erscheinen lassen, erfüllt der „beharrlich wiederholte" Verstoß gegen § 144 Abs 1 GewO den Tatbestand der Strafbestimmung des § 148 Nr 1 GewO. Die vorsätzliche, nicht unbedingt „beharrliche" Zuwiderhandlung gegen die Konzessionspflicht kann nach § 148 Nr 2 GewO bestraft werden, wenn das Verhalten des Arztes Leib oder Leben anderer gefährdet. Bei **Fahrlässigkeit** kann sein Verhalten nach § 144 Abs 1 Nr 1 b, Abs 4 GewO als Ordnungswidrigkeit geahndet (und natürlich gewerberechtlich untersagt) werden.

30 **5. Werbung für den Abbruch der Schwangerschaft.** Kraft ausdrücklicher gesetzlicher Bestimmung ist die zu Bereicherungszwecken vorgenommene oder „grob anstößige" öffentliche **Werbung für die Unterbrechung der Schwangerschaft** in § 219a Abs 1 StGB unter Strafe gestellt. Dabei bedeutet „grob anstößig" nicht nur einen erheblichen Verstoß gegen Moral oder Ästhetik, sondern ist schon dann anzunehmen, wenn ein Arzt die Vornahme nicht indizierter Schwangerschaftsabbrüche anbietet.[102] Mit diesem **abstrakten Gefährdungsdelikt** sollte der Kommerzialisierung und offenen oder versteckten Propagierung des legalen und illegalen Schwangerschaftsabbruchs entgegen-

---

[96] *Doepner,* HWG, § 7 RdNr 70 ff; s dazu § 152 RdNr 137.
[97] OVG NRW MedR 1999, 144, 145; BVerfG NJW 1996, 3067.
[98] LG München, Urteil v 12. 1. 2008 – 1 HKO 3279/07.
[99] LG Augsburg PharmR 07, 520.
[100] *Landmann/Rohmer* GewO § 30 RdNr 5.
[101] Vgl dazu im Einzelnen, insbesondere hinsichtlich der Abgrenzung zur ärztlichen Praxis *Braun* NJW 1985, 2739 mwN.
[102] Siehe LG Bayreuth ZfL 07, 16 m Anm *Goldbeck* ZfL 07, 14 ff.

gewirkt werden.¹⁰³ Keine „Werbung" stellt die Aufklärung und Information über Abbruchmethoden bzw bestimmte zu diesem Zweck taugliche Mittel dar. Tatbestandliche Alternative ist, dass der Täter „seines Vermögensvorteils wegen" handelt, der nicht „rechtswidrig" zu sein braucht. Erfaßt wird daher auch die mit dem allgemeinen Anstandsgefühl schlechthin unvereinbare öffentliche Werbung eines Arztes in der Absicht, für einen Schwangerschaftsabbruch oder die Nennung zum Abbruch bereiter Ärzte (Übergabe einer Adressenliste) lediglich das übliche Honorar zu erhalten.¹⁰⁴

§ 219a Abs 2 und 3 StGB schließen die Anwendbarkeit des § 218a Abs 1 StGB aus (mangels Tatbestandsmäßigkeit bzw Rechtswidrigkeit), wenn die Werbung gegenüber Ärzten, Apothekern und anerkannten Beratungsstellen erfolgt.

§ 155 Zwangsbehandlung und Strafvollzug

Inhaltsübersicht

	RdNr
I. Begriffsbestimmung und Problemstellung	1
1. Begriffsbestimmung	1
2. Die besondere Problematik der Zwangsbehandlung im Strafvollzug	3
II. Die gesetzliche Regelung	6
1. Die Rechtsentwicklung	6
2. Die geltende Rechtslage	9
3. Kritik der gesetzlichen Regelung	18
a) Offenheit des Zumutbarkeitsbegriffs	19
b) Die Verhältnismäßigkeitsschranke	25
c) Alternative Zwangsmaßnahmen	26
d) Die „freie Willensbestimmung"	27
e) Ärztliche Anordnungskompetenz	31
4. Kein Zwangsernährungsrecht	35
5. Einzelfragen	38
a) Zwangsweise medizinische Untersuchungen	38
b) Die Selbstmordproblematik	44
c) Behandlungsverweigerung	48
d) §§ 63, 64 StGB keine Rechtsgrundlage für ärztliche Eingriffe	55
e) Umfang der Behandlung	51
f) Ärztliche Schweigepflicht	52
g) Gesetzliche Offenbarungsbefugnisse	54
h) Prüfung der Haft-, Vollzugs- und Gewahrsamsfähigkeit	55

Schrifttum: *Almer,* Zwangsweise Unterbringung und medizinische Forschung, 2005; Alternativkommentar zum Strafvollzugsgesetz, 5. Aufl 2006; *Amelung,* Probleme der Einwilligung in strafprozessuale Grundrechtsbeeinträchtigungen, Strafverteidiger 1985, 257 ff; *ders,* Die Einwilligung des Unfreien, ZStW 95 (1983), 1 ff; *Arloth,* Strafvollzugsgesetz, Kommentar, 2. Aufl 2008; *J Baumann,* Zwangsweise Lebenserhaltung im Strafvollzug, ZRP 1978, 35 f; *ders,* Fehlende Rechtsgrundlage bei ärztlicher Zwangsbehandlung Untergebrachter, NJW 1980, 1873; *F Becker,* Medizinische und ethische Aspekte der Zwangsernährung, Anästhesiologie und Intensivmedizin, 1987, 90 ff; *ders,* Hungerstreik und Zwangsmaßnahmen, Bericht vom 1. 7. 1982 für den Arbeitskreis „Medizinische Zwangsmaßnahmen bei Häftlingen" des wissenschaftlichen Beirats der Bundesärztekammer; *Beier/Hinrichs* (Hrsg), Psychotherapie mit Straffälligen, Standpunkte und Thesen zum Verhältnis Patient – Therapeut – Justiz, 1995; *Bisson/Hommelsheim,* in: Evangelische Akademie Bad Boll (Hrsg), Gesundheitsfürsorge im Gefängnis 1997, 116, 175; *Böhm,* Grenzen staatlicher Zwangsbefugnisse gegenüber

---

¹⁰³ *Lackner/Kühl,* StGB, 26. Aufl. 2007, § 219a Anm 1.
¹⁰⁴ *Fischer,* StGB, 55. Aufl 2008, § 219a RdNr 2; LG Bayreuth ZfL 07, 16 m Anm *Goldbeck* S 14 ff; s auch oben § 143 RdNr 62 m weiteren Erläuterungen zum Tatbestand.

Untersuchungshäftlingen, JuS 1975, 187 ff; *ders*, Strafvollzug, 3. Aufl 2003; *Bömmann,* Zur Reform des Strafvollzugsgesetzes, ZfStrVo 1999, 204; *ders,* Freie Arztwahl im Strafvollzug?, StV 2001, 60; *Bühring*, Rechtsprobleme der Urinkontrolle auf Drogenmissbrauch, ZfStrVo 1994, 271; *Busch/Heckmann/Marks* (Hrsg), HIV/Aids und Straffälligkeit, 1991; *Calliess/Müller-Dietz,* Strafvollzugsgesetz, 11. Aufl 2008; *Dargel,* Die rechtliche Behandlung der HIV-infizierten Gefangenen, NStZ 1989, 207; *Dodegge,* Zwangsbehandlung und Betreuungsrecht, NJW 06, 1627 ff; *Donath,* Haft und Strafvollzug, 1997; *Eberbach,* Anm zu LG Bonn, Beschluss vom 15. 5. 1986, NStZ 1987, 142; *Egg* (Hrsg), Behandlung von Sexualtätern im Justizvollzug, 2000; *Feest,* Kommentar zum Strafvollzugsgesetz, 5. Aufl 2006; *Feller,* Die strafrechtliche Verantwortung des Entscheidungsträgers für die Gewährung von Vollzugslockerungen nach dem Strafvollzugsgesetz und im Maßregelvollzug, 1991; *Geißl,* Zwangsmaßnahmen auf dem Gebiet der Gesundheitsfürsorge, Diss Jur 1980; *Geppert,* Freiheit und Zwang im Strafvollzug, in: Recht und Staat, Heft 62/63, S 44; *ders,* Die gegenwärtige gesetzliche Regelung der Zwangsernährung von Gefangenen (§ 101 StVollzG), Jura 1982, 177 ff; *ders,* Die ärztliche Schweigepflicht im Strafvollzug, 1983; *Gommek,* Unmittelbarer Zwang im Strafvollzug, 1982; *Harrendorf,* Die nachträgliche Sicherungsverwahrung und die Schweigepflicht des Therapeuten im Strafvollzug, JR 2007, 18 ff; *v Hartling,* Der Missbrauch von Vollzugslockerungen zu Straftaten, 1997; *Hartmann,* Paradigmenwechsel im Strafvollzug!?, ZfStrVo 2000, 204 ff; *Hefendehl,* Die rechtliche Zulässigkeit der derzeitigen faktischen Behandlung von HIV-Infizierten im Strafvollzug, ZfStrVo 1996, 136 ff; *Heide,* Medizinische Zwangsbehandlung, Rechtsgrundlagen und verfassungsrechtliche Grenzen der Heilbehandlung gegen den Willen des Betroffenen, 2001; *Heim* (Hrsg), Zwangsernährung und Zwangsbehandlung von Gefangenen, Schriftenreihe Hans-Neuffer-Stiftung, 1983; *Herzberg,* Zur Strafbarkeit der Beteiligung am frei gewählten Selbstmord, dargestellt am Beispiel des Gefangenen und der strafrechtlichen Verantwortung der Vollzugsbediensteten, ZStW 91, 1979, 557 ff; *Hildebrandt,* Schweigepflicht im Behandlungsvollzug; Zur Neuregelung des § 182 Abs 2 StVollzG, 2004; *Hillenkamp/Tag,* Intramurale Medizin – Gesundheitsfürsorge zwischen Heilauftrag und Strafvollzug, 2005 mit Beiträgen von *Tag* zum „Arztgeheimnis im Strafvollzug", *Boetticher* zu „Einwilligung und Aufklärung in der Strafvollzugsmedizin" sowie *Laue* und *Arloth* zur Zwangsbehandlung und Hillenkamp zum Thema „Der Arzt im Strafvollzug – rechtliche Stellung und medizinischer Auftrag". Interessant auch der Beitrag von Ingelfinger: „Strafrechtliche Risiken des Anstaltsarztes" (S 247); *Höffler,* Freie Therapiewahl im Strafvollzug?, ZfStrVO 06, 9; *Höflich,* Aids und Vollzug, ZfStrVo 1991, 77 ff; *Husen,* Hungerstreik im Justizvollzug, ZRP 1977, 289 f; *Jacob/Keppler/Stöver* (Hrsg), Drogengebrauch und Infektionsgeschehen, 1997; *Jung,* Neue Wege der Zwangsernährung im Strafvollzug, JuS 1985, 567; *Kaiser/Kerner/Schöch,* Strafvollzug, 5. Aufl 2002; *Kaiser/Rebmann,* Genügen die deutschen Regelungen zur Rolle des Arztes bei der Vorbeugung von Mißhandlungen durch Polizei und Strafvollzugspersonal den europäischen Anforderungen? NStZ 1998, 105 ff; *Kamann,* Datenschutz im Strafvollzug – Verfassungsgebot und Wirklichkeit, ZfStrVo 2000, 84 ff; *Kammeier,* Kommentar zum Maßregelvollzugsrecht, 1995; *Kiesecker,* Arzt und Gewahrsams-/Haftfähigkeit, MedR 1999, 51 ff; *Knapp,* Aids im Strafvollzug, Diss 1996; *Körner,* Betäubungsmittelgesetz, 5. Aufl 2001, § 13 RdNr 84: Die Substitutionsbehandlung im Strafvollzug; *Kohlhaas,* Zweifelsfragen zu § 81 a StPO aus ärztlicher Sicht, NJW 1968, 2276; *H H Kühne,* Strafrechtliche Aspekte der Suizid-Abwendung in Strafanstalten, NJW 1975, 671 ff; *Lesting,* Die Abgabe von Einwegspritzen im Strafvollzug zur Aids-Prävention – Strafbar oder notwendig?, StV 1990, 225; *Linck,* Zwangsernährung von Untersuchungsgefangenen, NJW 1975, 18 ff; *ders,* Rechtsprobleme bei der Zwangsernährung, MDR 1975, 714; *Linke,* Empirische Forschung im Strafvollzug, 1996; *Marschner/Volckhart,* Freiheitsentziehung und Unterbringung, 4. Aufl 2001 (Fortführung des bis zur 3. Aufl als „Saage/Göppinger" bekannten Kommentars); *Marx,* Schweigepflicht und Schweigerecht der Angehörigen des Behandlungsstabs im Straf- und Maßregelvollzug, GA 1983, 160 ff; *Michale,* Recht und Pflicht zur Zwangsernährung bei Nahrungsverweigerung in Justizvollzugsanstalten, 1983; *Molitoris,* Zur strafrechtlichen Verantwortlichkeit Vollzugsbediensteter bei fehlgeschlagenen Vollzugslockerungen, 1989; *Müller-Dietz,* Strafvollzugsrecht, 1977; *ders,* Einsichtsrecht des Verteidigers in Krankenunterlagen, NStZ 1986, 285; *Nöldeke/Weichbrodt,* Hungerstreik und Zwangsernährung – Muss § 101 StVollzG reformiert werden?, NStZ 1981, 281 ff; *Ostendorf,* Das Recht zum Hungerstreik, GA 1984, 308 ff; *v Olshausen,* Grenzen staatlicher Zwangsbefugnisse gegenüber Untersuchungshäftlingen, JuS 1975, 143 ff; *Pollähne,* Anm zu StA Paderborn, NStZ 1999, 51, 53: Ärztliche Verantwortung für rechtswidrige Taten Untergebrachter; *Pont,* Ethische Überlegungen zu Hungerstreik und Zwangsernährung, in: Keppler/Stöver (Hrsg), Gefängnismedizin, 2009, S 252 ff; *Popp,* Zwangsbehandlung von psychisch Kranken im Betreuungsrecht, 2003; *Preusker/Rosemeier,* Umfang und Grenzen der Schweigepflicht vom Psychotherapeuten im Justizvollzug nach dem 4. Gesetz zur Änderung des Strafvollzugsgesetzes, ZfStrVo 1998, 323 ff; *Puchstein/Lawin,* Pathophysiologische Veränderungen und ihre

23. Kapitel. Der Arzt im Strafrecht 1, 2 § 155

Überwachung bei längerem Hungerzustand, MedKlin 1982 (Bd 77), Nr 13; *Rieger/Kiesecker*, Lexikon des Arztrechts, 2. Aufl 2001, Stichwort „Haftfähigkeit"; *Riekenbrauck*, Hungerstreik und Zwangsernährung – Erfahrungen aus der Praxis, in: *Keppler/Stöver*, Gefängnismedizin, 2009, S 259 ff; *Rösler*, Ist die Zwangsernährung medizinisch und juristisch vertretbar?, Berliner Ärztekammer 1982, 96 ff; *Rotthaus*, Zum praktischen Umfang mit dem therapeutischen Geheimnis im Strafvollzug, ZfStrVo 2000, 280 ff; *Rüping*, Therapie und Zwang bei untergebrachten Patienten, JZ 1982, 744; *Rupprecht*, Hungerstreik als Druckmittel inhaftierter Terroristen, Polizeinachrichten, 1979, 166 ff; *Schaffner*, Einstellung und Befinden von Inhaftierten unter besonderer Berücksichtigung der Suizidalität, 1986; *Schaffstein*, Die strafrechtliche Verantwortlichkeit Vollzugsbediensteter für den Missbrauch von Vollzugslockerungen, in FS Lackner, 1987, 795 ff; *Schöch*, Zur Offenbarungspflicht der Therapeuten im Justizvollzug gem § 182 Abs 2 StVollzG, ZfStrVo 1999, 259 ff; *ders*, Schweige- und Offenbarungspflichten für Therapeuten im Maßregelvollzug, FS Schreiber 2003, 437 ff; *ders*, Strafrechtliche Haftung von Ärzten beim Lockerungsmissbrauch in psychiatrischen Krankenhäusern, FS Venzlaff, 2006, 317 ff; *Schulz*, Ärztliche Versorgung im Strafvollzug, Nds ÄRBl 1975, 214; *Schwind/Blau*, Strafvollzug in der Praxis, 1976; *Schwind/Böhm/Jehle*, Großkommentar zum Strafvollzugsgesetz, 4. Aufl 2005; *Siegmund-Schultze*, Die Rechtspflicht des Arztes zur Zwangsbehandlung eines Patienten, ArztR 1976, 37 ff; *Sigel*, Grenzen der ärztlichen Aufklärungspflicht im Strafvollzug, NJW 1984, 1390; *Sönnecken*, Substitution im Strafvollzug, MedR 2004, 246; *Sonnen*, JA 1977, 484 Anm zu OLG Koblenz NJW 1977, 1461; *Tröndle*, Zwangsernährung und Rechtsstaat, Anästhesiologie und Intensivmedizin, 1987, 95 ff; *Ukena*, Aufklärung und Einwilligung beim ärztlichen Heileingriff an untergebrachten Personen, MedR 1992, 202; *Volckart/Grünebaum*, Maßregelvollzug, 6. Aufl 2003; *ders*, Die Krankenunterlagen im öffentlich-rechtlichen psychiatrischen Freiheitsentzug, in: Däubler-Gmelin et al (Hrsg): Gegenrede, Aufklärung, Kritik, Öffentlichkeit, FS Mahrenholz, 1994, 819; *Wagner*, Anmerkungen zu einem Beschluss des OLG Koblenz vom 2. 6. 1977, JR 1977, 473 ff; *Walter*, Strafvollzug, 2. Aufl 1999; *Wassermann* (Hrsg), Strafvollzugsgesetz, 1983; *Weichbrodt*, Die Pflichten beamteter Ärzte bei der Abwendung eines Hungerstreiks, NJW 1983, 312; *Weiss*, Freitod in Unfreiheit. Die Zuschreibung von Verantwortung für Gewalt, Hungerstreik und Selbstmord im Gefängnis, ZRP 1975, 83 ff; *Wolfslast*, Rechtliche Grenzen der Behandlung, ZfStrVo 1987, 313 ff; *Zettel*, Anstaltsarzt und ärztliche Versorgung, in: *Schwind/Blau*, Strafvollzug in der Praxis, 1976, S 181 ff; *Zieger*, Stellungnahme zum Gesetz zur Änderung des § 101 StVollzG (Zwangsernährung), Strafverteidiger 1985, 127; *ders*, Zur Schweigepflicht des Anstaltsarztes, StV 1981, 559; *J Ziegler*, Medizinische Zwangsmaßnahmen bei politisch motiviertem Hungerstreik. Eine moraltheologische Stellungnahme, DÄBl 1983, Heft 24.

I. Begriffsbestimmung und Problemstellung

1. Begriffsbestimmung. Unter „Zwangsbehandlung" versteht man allgemein alle 1
diagnostischen und therapeutischen Maßnahmen des Arztes ohne oder gegen den Willen des betroffenen Patienten unabhängig davon, ob der Eingriff zu Heilzwecken erfolgte.[1] Eine ganz andere Problematik verbirgt sich dagegen unter dem Stichwort „Zwang zur Behandlung", dh in der Frage, ob der Arzt aufgrund zivilrechtlicher, strafrechtlicher oder öffentlich-rechtlicher Vorschriften zur Vornahme bestimmter medizinischer Maßnahmen gezwungen werden kann.[2]

Da Zwangsmaßnahmen in das grundgesetzlich geschützte Recht auf Leben und körper- 2
liche Unversehrtheit (Art 2 Abs 2 Satz 1 GG) eingreifen, bedarf es hierfür stets einer **Rechtsgrundlage**. Spezielle Vorschriften dieser Art finden sich in zahlreichen Gesetzen, insbesondere in §§ 101, 124, 130, 178 StVollzG, §§ 81, 81a, 81c StPO, §§ 372a, 656 ZPO, §§ 17, 20, 26, 29, 30, 32 IfSG (Infektionsschutzgesetz v 20. 7. 2000, BGBl 2000 I 1045 ff), §§ 3 Abs 1, 4 Abs 2, 5 Abs 2 iVm §§ 17 Abs 1, 18 GeschlKrG, § 17 Abs 4, 6 und 7 WPflG, § 17 Abs 4 Satz 3 SoldG, §§ 39 Abs 2, 43 Abs 2 ZDG. Außerdem ist bezüglich der Zwangsbehandlung von Geisteskranken und Süchtigen auf die Unterbringungsgesetze der Länder zu verweisen. Die nachfolgenden Ausführungen beziehen sich jedoch ausschließlich auf die zwangsweisen Eingriffe in die körperliche Integrität beim Straf-, U-Haft- und Maßregelvollzug.

---

[1] *Rieger*, Lexikon des Arztrechts, 1. Aufl, RdNr 2003.
[2] Vgl dazu oben *Kern*, §§ 40, 50.

3 2. Die besondere Problematik der Zwangsbehandlung im Strafvollzug. Das **Strafvollzugsgesetz** unterscheidet drei Formen von Zwangsmaßnahmen, nämlich die medizinische Untersuchung und Behandlung sowie die Zwangsernährung von Gefangenen. Dabei handelt es sich um Sonderfälle des unmittelbaren Zwangs, der durch die Anwendung körperlicher Gewalt, dh unmittelbare körperliche Einwirkung auf Personen oder Sachen und ihre Hilfsmittel charakterisiert ist (vgl § 95 Abs 1, 2 StVollzG). Für alle drei Maßnahmen gilt gem §§ 94 Abs 1, 96 StVollzG der **Grundsatz der Verhältnismäßigkeit,** dh medizinische Eingriffe sind zum einen nur zulässig, wenn der verfolgte Zweck nicht auf andere Weise erreicht werden kann, und zum anderen ist unter mehreren möglichen und geeigneten Maßnahmen diejenige zu wählen, die den einzelnen und die Allgemeinheit voraussichtlich am wenigsten beeinträchtigt.

4 Die besondere Problematik ärztlicher Zwangseingriffe gegenüber Häftlingen liegt zum einen in der **sozialen Ausnahmesituation** der Inhaftierung begründet, die die freie Arztwahl ausschließt und infolge „haftreaktiver Verstimmungen, psychopathologischer Verhaltensstörungen und auch politisch-ideologischer Abgrenzung" gegen den Staat und dessen Repräsentanten oftmals den Aufbau einer vertrauensvollen Arzt-Patienten-Beziehung erschwert oder gar unmöglich macht.[3] „Zum anderen besteht eine komplexe Gemengelage von Interessen und Verpflichtungen zwischen den Beteiligten und Betroffenen, auf die es Rücksicht zu nehmen gilt."[4] Auf der einen Seite steht die Pflicht des Staates, „für die körperliche und geistige Gesundheit des Gefangenen zu sorgen" (§ 56 Abs 1 S 1 StVollzG), und die Forderung nach **absolutem Lebensschutz.** Auf der anderen Seite hat jeder einzelne, sei es als Gefangener oder als Patient, das Recht auf **Achtung der Menschenwürde** (Art 1 GG) und **freie Selbstbestimmung über sein Leben und seine körperliche Integrität.** Dabei wird diese Kollisionslage noch dadurch kompliziert, dass sich der Gefangene in einer Zwangssituation befindet, die durch eine „Machtdifferenz" zugunsten des Staates gekennzeichnet ist und insofern Zweifel an der Wirksamkeit einer erteilten Einwilligung hervorrufen kann.[5] Hinzu kommt als weiterer zu berücksichtigender Aspekt das ärztliche Berufsethos, nicht *gegen* den eindeutigen, auf freier Willensentscheidung beruhenden Entschluss eines Patienten (des Gefangenen) Behandlungsmaßnahmen durchzuführen, also die im sozialethischen Bereich wurzelnde Frage der Zumutbarkeit für den Arzt, entgegen diesem Grundsatz tätig werden zu müssen.

5 Die hier aufgezeigten rechtlichen, medizinischen, berufsethischen, moralischen und standesrechtlichen Abwägungsgesichtspunkte überschneiden sich vielfältig und bringen höchstpersönlich-weltanschauliche Einstellungen zum Tragen. Es ist daher nur allzu verständlich, dass jede Lösung der unterschiedlichen Positionen und Zielsetzungen auf einer **Güter- und Interessenabwägung** beruht, also das Ergebnis von **Kompromiss** und **Wertung** ist.

II. Die gesetzliche Regelung

6 **1. Die Rechtsentwicklung.** Die Frage der Zulässigkeit von Zwangsmaßnahmen, insbesondere der Zwangsernährung gegenüber Gefangenen ist alt, hat aber, soweit ersichtlich, in der Strafvollzugspraxis jahrzehntelang nur eine geringe Bedeutung gehabt. Bekannt geworden sind vor allem die Hungerstreikaktionen inhaftierter Suffragetten in Großbritannien ab 1909 und kommunistischer Gefangener in Deutschland nach 1918.[6] Dies änderte sich jedoch schlagartig im Gefolge der Terroristenprozesse Mitte der 70er bis Anfang der 80er Jahre, als einzelne oder ganze Gruppen gleichgesinnter Gefangener Hungerstreiks begannen, um eine Änderung ihrer Haftbedingungen zu erzwingen. Die

---

[3] *Becker,* Anästhesiologie und Intensivmedizin 1987, 90.
[4] *Callies,* Strafvollzugsrecht, 1978, S 167.
[5] Vgl dazu *Amelung* ZStW 95, 1983, 1 ff; StV 1985, 257 ff, 262.
[6] Vgl *Delius* LZ 1914, Sp 161 f; *Hellstern,* Deutsche Zeitschrift für die gesamte gerichtliche Medizin, 1923, S 130.

damit verbundenen schwierigen Probleme haben eine intensive und **außerordentlich kontroverse Diskussion** um die Frage ausgelöst, ob und in welchem Umfang ärztliche Zwangsmaßnahmen unter Haftbedingungen erlaubt, verboten oder sogar rechtlich geboten sind. Ihren gesetzlichen Niederschlag fand diese Auseinandersetzung in § 101 Abs 1 StVollzG vom 16. 3. 1976, der unter bestimmten Voraussetzungen sowohl ein Recht als auch eine Pflicht zur zwangsweisen Durchführung ärztlicher Maßnahmen im Strafvollzug begründete. Zulässig waren danach unmittelbare körperliche Einwirkungen „nur bei Lebensgefahr, bei schwerwiegender Gefahr für die Gesundheit des Gefangenen oder bei Gefahr für die Gesundheit anderer Personen" unter der – einschränkenden – Bedingung, dass die Zwangsmaßnahmen „für die Beteiligten zumutbar und nicht mit erheblicher Gefahr für Leben oder Gesundheit des Gefangenen verbunden" sind (§ 101 Abs 1 Satz 1 Halbs 1, 2 StVollzG aF). Eine Zwangsbehandlungspflicht bestand dagegen bei „akuter Lebensgefahr" und Ausschluss (Verlust) der Möglichkeit freiverantwortlicher Willensentscheidung (§ 101 Abs 1 Satz 2 StVollzG aF).

Die vorstehend skizzierte **Kompromisslösung** war schon im Gesetzgebungsverfahren auf heftigen Widerstand aus dem juristischen Schrifttum und seitens der Ärzteschaft gestoßen. Die Kritiker rügten insbesondere ihre mangelnde Praktikabilität, das verwirrende Nebeneinander von Regel, Ausnahme und Einschränkung sowie die Vielzahl unbestimmter Rechtsbegriffe, die „selbst für manchen Juristen nur nach mehrmaliger Lektüre"[7] – und vielleicht auch dann nicht – verständlich erschien und deshalb „niemanden so recht zufriedenzustellen vermochte":[8]

Da abgesehen von den vorgenannten theoretischen Einwendungen auch die Erfahrungen der Praxis im Umgang mit dieser „überaus komplizierten"[9] Norm bei Hungerstreiks von Gefangenen negativ waren, hat der Gesetzgeber am 27. 2. 1985[10] eine Modifizierung vorgenommen, um zu mehr **Klarheit** und **Rechtssicherheit** in der praktischen Handhabung zu gelangen.

2. Die geltende Rechtslage. § 101 StVollzG bestimmt nunmehr:

(1) Medizinische Untersuchung und Behandlung sowie Ernährung sind zwangsweise nur bei Lebensgefahr, bei schwerwiegender Gefahr für die Gesundheit des Gefangenen oder bei Gefahr für die Gesundheit anderer Personen zulässig; die Maßnahmen müssen für die Beteiligten zumutbar und dürfen nicht mit erheblicher Gefahr für Leben oder Gesundheit des Gefangenen verbunden sein. Zur Durchführung der Maßnahmen ist die Vollzugsbehörde nicht verpflichtet, solange von einer freien Willensbestimmung des Gefangenen ausgegangen werden kann.
(2) Zum Gesundheitsschutz und zur Hygiene ist die zwangsweise körperliche Untersuchung außer im Falle des Abs 1 zulässig, wenn sie nicht mit einem körperlichen Eingriff verbunden ist.
(3) Die Maßnahmen dürfen nur auf Anordnung und unter Leitung eines Arztes durchgeführt werden, unbeschadet der Leistung erster Hilfe für den Fall, dass ein Arzt nicht rechtzeitig erreichbar und mit dem Aufschub Lebensgefahr verbunden ist.

Auch in der jetzigen Fassung ist der Gesetzestext immer noch verwirrend und auf den ersten Blick schwer verständlich. Am klarsten erschließt sich der Inhalt der Vorschrift, wenn man ihren **Anwendungsbereich** in dreifacher Hinsicht betrachtet:

a) in **personeller** Hinsicht unter der Frage: auf wen findet diese Vorschrift Anwendung?

b) in **materieller** Hinsicht, dh: wann darf bzw wann muss die Zwangsbehandlung (-untersuchung, -ernährung) einsetzen?

c) in **formeller** Hinsicht unter dem Aspekt: wer hat die Entscheidungskompetenz für die Zwangsmaßnahmen?

---

[7] *Geppert* Jura 1982, 178.
[8] *Jung* JuS 1985, 567; im Einzelnen s *Nöldeke-Weichbrodt* NStZ 1981, 281 ff.
[9] *Jung* (Fn 8) 567.
[10] BGBl 1985 I 461.

11 *Zu a): Der personelle Anwendungsbereich.* § 101 StVollzG gilt zum einen für **Strafgefangene,** kraft ausdrücklicher Verweisung (§ 178 StVollzG) jedoch auch beim Vollzug von Untersuchungshaft, Jugendstrafe, Jugendarrest, Strafarrest, Ordnungshaft und beim Vollzug freiheitsentziehender Maßregeln, etwa in einer sozialtherapeutischen Anstalt oder im Rahmen der Sicherungsverwahrung (§§ 124 und 130 StVollzG).

12 *Zu b): Die sachlichen Voraussetzungen.* Hinsichtlich der **sachlichen** Voraussetzungen der Zwangsmaßnahmen ist scharf zwischen dem Eingriffs**recht** und der Eingriffs**pflicht** zu unterscheiden.

13 Das Eingriffs**recht** ist an **drei** Bedingungen geknüpft:
(1) Lebensgefahr oder schwerwiegende Gesundheitsgefährdung des Gefangenen oder Gefahr für die Gesundheit anderer Personen;
(2) Zumutbarkeit der Maßnahmen für die Beteiligten;
(3) Gefahrlosigkeit bzw nur unwesentliche (nicht erhebliche) Gefährdung des Lebens oder der Gesundheit des Gefangenen durch die Zwangsmaßnahmen.

14 Die drei vorstehend beschriebenen Eingriffsvoraussetzungen müssen **kumulativ** vorliegen, also stets gleichzeitig nebeneinander gegeben sein, anderenfalls besteht kein Recht zur zwangsweisen Untersuchung, Behandlung oder Ernährung. Eine entsprechende ärztliche Maßnahme wäre unzulässig.

15 Unter bestimmten – im Vergleich zum früheren Recht engeren – Voraussetzungen kann das **Eingriffsrecht** des Staates in eine **Eingriffspflicht** zur Vornahme ärztlicher Zwangsmaßnahmen, insbesondere zur Zwangsernährung umschlagen. Während bis zur Neuregelung 1985 sowohl bei **akuter Lebensgefahr** des Gefangenen als auch dann, wenn von seiner freien Willensbestimmung nicht bzw nicht mehr ausgegangen werden konnte, die Verpflichtung der Vollzugsbehörde zum Eingreifen bestand, ist diese Pflicht nunmehr eingeengt worden. Der zur zwangsweisen Untersuchung, Behandlung und Ernährung verpflichtende Tatbestand beschränkt sich ausschließlich auf den Fall des nicht mehr freiverantwortlich handelnden Gefangenen. Vollzugsbehörden und Vollzugsärzte sind nach geltendem Recht nicht verpflichtet, „hungerstreikende Gefangene nach Eintritt ‚akuter Lebensgefahr' gegen ihren[11] Willen unter Gewaltanwendung künstlich zu ernähren".[12] Positiv formuliert besteht eine Zwangsbehandlungs- und -ernährungs**pflicht** der Vollzugsbehörden also nur dann, wenn
(1) alle vorstehend umschriebenen Eingriffsbefugnisse im Sinne des § 101 Abs 1 S 1 StVollzG vorliegen
und
(2) die freie Willensbestimmung des Gefangenen fehlt.

16 Einzig und allein dort, wo ein eindeutiger, auf freier Willensbildung beruhender Entschluss des betroffenen Gefangenen nicht mehr anzunehmen ist, erwächst dem Staat – aus dem dann Vorrang gewinnenden Gesichtspunkt der Fürsorgepflicht – das unabdingbare **Muss,** lebensrettende Maßnahmen (in Form der Zwangsernährung) einzuleiten. Der Gesetzgeber will sicherstellen, „dass psychotische und psychoorganische Bewußtseinsstörungen als solche erkannt und gegebenenfalls auch zwangsweise behandelt werden".[13] Bis zu diesem Zeitpunkt, dh konkret: bis zum Ausschluss der freien Willensbestimmung des Gefangenen, besteht – selbst bei akuter Lebensgefahr – nur eine Eingriffsbefugnis unter den oben genannten Voraussetzungen. Diese gelten unabhängig davon, ob die konkrete Gefahrenlage vom Gefangenen selbst (Hungerstreik, Selbstmordversuch, Selbstverletzung) geschaffen wurde oder aber auf andere Ursachen (zB Infektionskrankheiten) zurückzuführen ist. Zu einem ausdrücklichen Verbot von Zwangsmaßnahmen gegenüber aktiv Widerstand leistenden und dabei freiverantwortlich handelnden Gefangenen konnte sich der Gesetzgeber dagegen nicht entschließen.

---

[11] – freien –, Ergänzung vom Verfasser.
[12] *Tröndle* Anästhesiologie und Intensivmedizin 1987, 95.
[13] *Becker* (Fn 3) S 92.

Zu c): Die formellen Voraussetzungen. § 101 Abs 3 StVollzG stellt ausdrücklich klar – 17
trotz mancher im Schrifttum geäußerten Bedenken – dass wie bisher sowohl die Anordnung als auch die Durchführung der **Zwangsmaßnahmen einem Arzt** obliegt. Mit anderen Worten: der Arzt hat die Entscheidungskompetenz über das „Ob" und über das „Wie" der Zwangseingriffe, dh er befindet darüber, ob und, wenn ja, welche Zwangsmaßnahme in welcher Form (zB Zwangsernährung durch Legen einer Nährsonde im Magen oder zwangsweise parenterale Ernährung durch Infusion mittels eines Cava-Katheters über die obere Hohlvene) zur Anwendung kommt (s dazu auch RdNr 31 f).

3. Kritik der gesetzlichen Regelung. Die vorstehend dargestellte Novellierung 18
des § 101 StVollzG hat zwar einige der gegen die alte Fassung erhobenen Kritikpunkte beseitigt, zB „die feinsinnige Unterscheidung zwischen Lebensgefahr und akuter Lebensgefahr".[14] Diese ging schon deshalb an der medizinischen Wirklichkeit vorbei, weil es „keine eindeutigen Laborparameter gibt", die den Zeitpunkt näher bestimmen, „ab wann der Patient durch Verweigerung der Nahrungsaufnahme vital gefährdet ist."[15] Gleichwohl ist die Problematik ärztlicher Zwangsmaßnahmen im Vollzugsbereich damit keineswegs ausgestanden, denn die entscheidenden Schwachstellen sind mE geblieben, so dass man im Hinblick auf die gegenwärtige Gesetzeslage nach wie vor von einer „bedauerlichen Fehlkonstruktion"[16] sprechen muss. Diese zeigt sich insbesondere in folgenden fünf Punkten:

a) Offenheit des Zumutbarkeitsbegriffs. Das Recht zur zwangsweisen medizin- 19
ischen Untersuchung, Behandlung und Ernährung besteht nur dann, wenn die dabei angewandten Maßnahmen „für die Beteiligten zumutbar" und „nicht mit erheblicher Gefahr für Leben oder Gesundheit des Gefangenen verbunden" sind. Das Kriterium der **„Zumutbarkeit"** knüpft an den Einzelfall an und vermag hier bei der Abwägung der verschiedenen Gesichtspunkte durchaus zu einem befriedigenden Ergebnis zu führen. Darin liegt jedoch auch zugleich die Schwäche der gesetzlichen Regelung; denn was für die Beteiligten konkret (noch) „zumutbar" oder (schon) „unzumutbar" ist, bleibt offen und damit unter dem Aspekt der Rechtssicherheit eine stete Quelle von Zweifelsfragen. Die verantwortlichen Vollzugsärzte, die ja eigenverantwortlich über die Vornahme von Zwangsmaßnahmen im gesundheitlichen Bereich entscheiden, müssen daher „jedenfalls dann mit Vorwürfen rechnen, wenn ein Gefangener im Hungerstreik zu Tode gekommen ist".[17]

Immerhin: Durchmustert man das einschlägige Schrifttum – Entscheidungen der Judi- 20
katur liegen nicht vor –, so lässt sich in vielen Punkten doch eine communis opinio feststellen. Unzumutbar ist zB die Zwangsernährung vom Standpunkt des **Gefangenen** aus, wenn er dabei langfristig etwa durch Eingipsen immobilisiert oder der Eingriff selbst nicht lege artis durchgeführt würde. Deshalb dürfen etwa Zwangsernährungsmaßnahmen nur von solchen Ärzten vorgenommen werden, die die nötige medizinische Qualifikation haben, und dh praktisch: spätestens „ab dem kritischen Stadium" nur noch von „spezialisierten Intensivmedizinern", die „die für eine Zwangsernährung und die sie begleitende nötige ärztliche Behandlung bzw Betreuung" erforderliche „theoretische und praktische Erfahrung" besitzen.[18] Für die Gefangenen können auch religiöse Gründe und verfassungsrechtliche Grundsätze eine Zumutbarkeitsschranke bilden.[19]

---

[14] DÄBl 1985, 305.
[15] *Puchstein/Lawin* MedKlin 1982, Bd 77, Nr 13.
[16] *Wagner* ZRP 1976, 3; abl auch *Tröndle* (Fn 12) S 95 ff; *Bemmann* ZfStrVO 1999, 205 spricht von einer „inakzeptablen Regelung", die unbedingt gründlich reformiert werden müsse; aA *Herzberg* ZStW 91, 579.
[17] *Tröndle* (Fn 12) S 95.
[18] *Geppert* unter Berufung auf *Grimmer* Jura 1982, 183 Anm 38.
[19] *Callies/Müller-Dietz* StVollzG § 101 RdNr 10.

21 Für Anstaltsbedienstete gilt § 97 StVollzG; für **beamtete Ärzte** sind erhöhte Zumutbarkeitsanforderungen zu Grunde zu legen.[20]

22 Aus der Sicht des **Arztes** stellt sich unter dem Aspekt der Zumutbarkeit insbesondere die Frage, ob von ihm verlangt werden kann, die **Zwangsernährung gegen den Widerstand des sich mit allen Kräften wehrenden Gefangenen** durchzusetzen. Obwohl eine solche Forderung vielfach erhoben wurde, beließ es der Gesetzgeber bei der rechtlich nur schwer faßbaren Zumutbarkeitsklausel und damit dem „Beurteilungsermessen"[21] der Ärzte. Danach erscheint die Mitwirkung an Zwangsernährungsmaßnahmen als unzumutbar, wenn ein Gefangener anhaltenden erbitterten Widerstand dagegen durch Stoßen, Treten, Kratzen, Würgen und Spucken leistet und der Arzt somit gezwungen wäre, über Tage hinweg, täglich mehrmals mit Brachialgewalt bei diesen „Ringkämpfen" vorzugehen.

23 Dass die **Zumutbarkeit von Zwangsmaßnahmen für den Arzt** auch noch aus anderen Gründen entfallen kann, sollte nicht zweifelhaft sein. Beispiele hierfür sind zwar nicht Entführungs- und Morddrohungen von Sympathisanten des betroffenen Gefangenen,[22] wohl aber erhebliche eigene Gesundheitsgefährdung aufgrund der Mitwirkung bei der Zwangsbehandlung oder -ernährung.[23]

24 Lebhaft umstritten geblieben ist schließlich die Frage, ob der Arzt seine **Hilfe aus standesrechtlichen und berufsethischen Gründen in den Fällen ablehnen darf**, „wo ein eindeutiger, auf freier Willensbildung beruhender Beschluss des einzelnen Menschen vorliegt". Das Präsidium der Bundesärztekammer und die Generalversammlung des Weltärztebundes bejahen diese Frage und damit die Unzumutbarkeit.[24] Dies gilt nicht nur für außerhalb des Strafvollzugs tätige Ärzte, die sich freiwillig zur Verfügung gestellt haben, sondern auch für Anstaltsärzte und solche, die infolge eines „dienstlichen Bedürfnisses" zur Mithilfe bei der Vornahme von medizinischen Zwangsmaßnahmen abgeordnet wurden.[25]

25 **b) Die Verhältnismäßigkeitsschranke.** Neben der Zumutbarkeitsschranke sind die Zwangsmaßnahmen durch den **Grundsatz der Verhältnismäßigkeit** begrenzt, dh konkret: „Sie dürfen nicht mit erheblicher Gefahr für Leben oder Gesundheit des Gefangenen verbunden sein." Wenn aber – und hierüber besteht ärztlicherseits kein Zweifel – im Falle heftiger Gegenwehr die Zwangsmaßnahmen, zB der peripher-venöse Zugang bei der Zwangsernährung, zu örtlichen Gefäßverletzungen, Thrombosen und Thrombophlebitiden, der Schlauch zum Erstickungstod, die Zwangsinfusion per Tropf zum Herzstillstand und die Sondenernährung zur Verletzung des Nasen-Rachenraumes, der Speiseröhre und des Magen-Darm-Traktes mit erhöhter Gefahr der Aspiration von Erbrochenem mit anschließender Pneumonie führen kann, ist die durchgeführte ärztliche Zwangsmaßnahme „allein schon medizinisch kaum vertretbar".[26] Dies bedeutet praktisch: „Die Ärzte können sich jederzeit mit einem Hinweis auf das medizinische Risiko aus der Affäre ziehen",[27] anders formuliert: Wenn der Arzt „nicht will", weil er es fachlich nicht verantworten kann, „läuft § 101 Abs 1 StVollzG in einem Großteil der Fälle schlicht leer"[28] und zwar gerade in den praktisch schwierigsten Fällen bei anhaltend exzessiver Gegenwehr ideologisch fixierter Gefangener. Denn die Berufung des Arztes auf „Unzumutbarkeit" und (oder) erhebliche Gesundheits- bzw Lebensgefahr für den Gefangenen dürfte unter diesen Umständen kaum zu widerlegen sein.

---

[20] *Grommek* § 101 RdNr 6.
[21] *Geppert* (Fn 7), 186.
[22] *Nöldeke/Weichbrodt* (Fn 8), 285; *Geppert* (Fn 7), 186.
[23] *Geppert* (Fn 7), 187.
[24] DÄBl (Fn 14), 306; *Nöldeke/Weichbrodt* (Fn 8), 282.
[25] *Geppert* (Fn 7), 187 f.
[26] *Geppert* (Fn 7), 181, s dort auch Fn 21a.
[27] *Wagner* ZRP 1976, 4.
[28] *Geppert* (Fn 7), 181.

c) **Alternative Zwangsmaßnahmen.** Angesichts der außerordentlichen – rechtlichen und faktischen – Schwierigkeiten bei der Anwendung von ärztlichen Zwangsmaßnahmen in der Vollzugspraxis ist es verständlich, dass die zuständigen Behörden – unter Berufung auf den Verhältnismäßigkeitsgrundsatz – nach **Ausweichmöglichkeiten** suchen. So hat zB die Judikatur anerkannt,[29] dass „zur Vermeidung einer drohenden Zwangsernährung als letztes mögliches Mittel" der Weg des Wasserentzugs mit dem gleichzeitigen Angebot eines nährstoffreichen Getränks gewählt werden darf. ME bestehen jedoch gegen dieses – angeblich – mildere „Mittel" erhebliche Bedenken: zum einen bietet § 101 StVollzG keine Rechtsgrundlage für den Trinkwasserentzug. Zum anderen wird verkannt, „dass der nicht nachgebende Hungerstreikende als Folge des Trinkwasserentzugs den Tod durch Verdursten als einen ‚anderen' (nämlich qualvolleren und möglicherweise früheren) Tod stirbt, als den, den er durch sein freiverantwortliches Verhalten zu verantworten hat".[30] Hinzu kommt, dass „diese Maßnahme bewusster Schmerzzufügung nah an menschenunwürdige Folter" grenzt[31] und dadurch dem ärztlichen Heilauftrag, Schmerzen zu lindern, krass widerspricht, also keine therapeutische medizinische Maßnahme darstellt.

d) **Die „freie Willensbestimmung":** Schwierigkeiten bereitet ferner die Frage, nach welchen **Kriterien die „freie Willensbestimmung"** Hungerstreikender oder anderer sich ärztlichen Maßnahmen widersetzender Gefangener zu beurteilen ist. Die Meinungen im juristischen Fachschrifttum sind schon im Ausgangspunkt diametral entgegengesetzt. Nach *Nöldeke/Weichbrodt*[32] „spricht vieles dafür", dass solche Gefangene „im Regelfall nicht freiverantwortlich" handeln. Demgegenüber betont *Geißl:* „Da es sich bei den im Strafvollzug vorkommenden Fällen von Nahrungsverweigerern in aller Regel um zweckgerichtete Protestaktionen geistig gesunder Gefangener und nur ausnahmsweise um Verhaltensweisen psychisch Kranker, etwa Schizophrener, handelt, kann nur in seltenen Fällen von einem krankheitsbedingten Fehlen freier Willensbestimmung ausgegangen werden. Dies gilt auch und gerade für Hungerstreikaktionen politisch motivierter Gefangener".[33]

Strittig ist insbesondere auch, ob und inwieweit etwa **Haftpsychosen bzw „Gruppenzwang"** oder gar „Gruppenterror" eine „wirklich freie Entscheidung gestatten".[34] Damit hängt die Frage der **Pflicht** zur Vornahme von Zwangsmaßnahmen von einer bisher ungelösten Vorfrage ab, was ein weiteres erhebliches Unsicherheitsmoment in die gesetzliche Regelung des § 101 StVollzG bringt.[35]

Weitere Zweifelsfragen bieten diejenigen Fälle, in denen der Gefangene in klarer Erkenntnis der Reichweite seiner Entscheidung schriftlich und (oder) mündlich festgelegt hat, er wolle auch im Falle der **Bewußtlosigkeit** nicht künstlich ernährt oder sonst behandelt werden. Die gesetzliche Formulierung: „Solange von einer freien Willensbestimmung ausgegangen werden kann", stellt klar, dass die Eingriffs*pflicht* auch dort besteht, wo eine solche Entscheidung „nicht mehr" angenommen werden kann. Der Arzt *muss* die frühere Willensäußerung des bewusstlosen Gefangenen also nicht respektieren, kann vielmehr – aber nur bei entsprechenden konkreten Anhaltspunkten, nicht unter bloß spekulativer Annahme – von einem Sinneswandel sozusagen „in letzter Sekunde" ausgehen, ist unter dieser Prämisse allerdings dann auch **verpflichtet,** Zwangsmaßnahmen zur

---

[29] OLG Hamburg MDR 1973, 779; LG Nürnberg-Fürth, Zeitschrift für Strafvollzug und Straffälligenhilfe, Sonderheft 1978, 36.
[30] So mit Recht *Tröndle* (Fn 12) S 98.
[31] *Geppert* (Fn 7), 182.
[32] *Nöldeke/Weichbrodt* (Fn 8), 285.
[33] *Geißl* Zwangsmaßnahmen auf dem Gebiet der Gesundheitsfürsorge, S 213; vgl auch *Becker* (Fn 3) S 91.
[34] *Geppert* (Fn 7), 188; *Callies/Müller-Dietz* (Fn 19) § 101 RdNr 7; *Baumann* ZRP 1978, 36.
[35] Siehe auch *Becker* (Fn 3) S 92.

Erhaltung des Lebens des Gefangenen durchzuführen. Nachdem der BGH aber die im Regelfall bindende Wirkung eines Patiententestaments herausgestellt und der Gesetzgeber dies in § 1901a BGB bestätigt hat,[36] dürfte regelmäßig auch die antizipative Erklärung des Gefangenen verpflichtend und die „Umkehr" kurz vor Eintritt des Todes die Ausnahme sein.

30 Eine **gesetzliche Regelung dieses Fragenkreises wäre mE um so dringlicher** gewesen, als ja mit durchaus gewichtigen Gründen die Ansicht vertreten wird, der Zwangseingriff sei auch im Zeitpunkt der Bewußtlosigkeit des Gefangenen „weder zumutbar noch verhältnismäßig, wenn damit zu rechnen ist, dass er bei Wiedererlangung des Bewußtseins die Gegenwehr erneut aufnehmen wird".[37] Denn unter dieser Prämisse würde die ärztliche Hilfeleistung zum Scheitern verurteilt sein und „ausschließlich die Verlängerung eines qualvollen Todeskampfes bewirken".[38]

31 **e) Ärztliche Anordnungskompetenz.** Als „schwächster Punkt" der früheren gesetzlichen Regelung der Zwangsernährung galt § 101 Abs 3 StVollzG aF, der die sogenannte **„Anordnungskompetenz"** betreffend die Zwangsmaßnahmen dem **Arzt** überantwortet hatte.[39] Eine große Zahl von Autoren im juristischen Schrifttum empfahl dringend, die Anordnungsbefugnis der Strafvollzugsbehörde – nach entsprechender ärztlicher Beratung – zu übertragen, und schlug vor, dies durch die Streichung der Worte „auf Anordnung eines Arztes" in § 101 Abs 3 StVollzG gesetzlich klar herauszustellen. Der Gesetzgeber ist diesen Vorschlägen jedoch bedauerlicherweise **nicht** gefolgt, sondern hat die **bisherige Formulierung** in § 101 Abs 3 nF StVollzG **beibehalten.** Man kann deshalb mE nicht mehr von einem „Redaktionsversehen" sprechen und mit dieser Begründung die Entscheidungskompetenz der Vollzugsbehörde zuweisen. Der Arzt bereitet daher die Anordnung von Zwangsmaßnahmen nicht nur „durch seinen gutachtlichen Rat vor".[40] Das Gesetz bestimmt vielmehr ausdrücklich, dass Zwangsmaßnahmen „nicht nur unter Leitung eines Arztes durchgeführt werden müssen, sondern auch nur von einem Arzt angeordnet werden dürfen".[41]

32 Dies bedeutet allerdings nicht, dass der „vor Ort" tätige Arzt die in § 101 Abs 1 StVollzG genannten Zwangsmaßnahmen ohne oder gegen den Willen der Vollzugsbehörde durchsetzen kann und diese an deren Vornahme formal-organisatorisch überhaupt nicht beteiligt ist. Das wäre schon deshalb unrichtig, weil es sich ja um Sonderformen unmittelbaren Zwangs handelt (s oben RdNr 3), die in der Entscheidungskompetenz der Vollzugsbehörde liegen, und im Übrigen der Arzt mit einer solchen umfassenden Alleinverantwortung überfordert wäre. § 101 Abs 3 StVollzG soll deshalb nur zum Ausdruck bringen, dass die in Abs 1 genannten **Zwangsmaßnahmen medizinischer Natur** sind und deshalb auch der Anstaltsarzt – trotz seiner Einbindung in die Organisationsgewalt der Strafvollzugsbehörde – im fachlich-medizinischen Bereich keinen Weisungen unterliegt, insoweit also die Endverantwortung trägt und deshalb ohne seine Zustimmung medizinische Zwangsmaßnahmen nicht angeordnet werden dürfen.[42]

33 Bei einem Konflikt zwischen Anstaltsarzt und Vollzugsbehörde müßte der beamtete Arzt daher **Dienstanweisungen der Anstaltsleitung oder Aufsichtsbehörde** nicht nachkommen, soweit es sich um die – der ärztlichen Beurteilung zugänglichen – Kriterien der freien Willensbestimmung, der (akuten) Lebensgefahr für den Gefangenen, der

---

[36] BGH NJW 03, 1588 ff.
[37] *Nöldeke/Weichbrodt* (Fn 8), 284.
[38] *Nöldeke/Weichbrodt* (Fn 8), 284.
[39] *Nöldeke/Weichbrodt* (Fn 8), 284.
[40] *Nöldeke/Weichbrodt* (Fn 8), 285; *Geppert* (Fn 7), 189.
[41] *Jung* (Fn 8), 567.
[42] So zutreffend *Geppert* (Fn 7), 189; *Nöldeke/Weichbrodt* (Fn 8), 284 f; *Meyer-Goßner*, StPO, 49. Aufl 2006, § 119 RdNr 44; aA *Dünnebier*, in: *Löwe/Rosenberg*, StPO-Großkommentar, 25. Aufl 1997, § 119 RdNr 185.

23. Kapitel. Der Arzt im Strafrecht

Gesundheitsgefahr für andere, der Zumutbarkeit ua geht.[43] Wenn der (Anstalts-)Arzt die medizinischen Voraussetzungen für die Vornahme von Zwangsmaßnahmen bejaht, kann (aber nicht: muss!) die Vollzugsbehörde sie anordnen. Über das „Ob" der Zwangsbehandlung entscheidet also nicht der Arzt – positiv – mit bindender Wirkung für die Vollzugsbehörde, vielmehr gibt er den Weg zur Anordnung durch diese frei oder sperrt ihn durch sein Veto aufgrund seiner **Primärkompetenz zur Entscheidung der Fragen im ärztlichen Bereich.**

Obwohl gem § 178 Abs 1 StVollzG auf Untersuchungsgefangene § 101 StVollzG Anwendung findet, sind die Kompetenzfragen hier dem Wortlaut nach anders geregelt. Denn nach § 178 Abs 2 StVollzG bleibt § 119 Abs 6 StPO unberührt, der für alle erforderlichen Vollzugsmaßnahmen in der U-Haft die **richterliche Zuständigkeit** als Grundprinzip herausstellt. Daraus folgt, dass die Anordnungskompetenz für Zwangsbehandlungsmaßnahmen ausschließlich beim Haftrichter liegt, der den (beamteten) Arzt lediglich um eine gutachtliche Äußerung zu den medizinischen Fragen bitten muss (insoweit gilt § 101 Abs 3 StVollzG), aber an diese Stellungnahme nicht gebunden ist.[44] Gleichgültig, ob sie positiv oder negativ ausfällt, der Haftrichter kann anders entscheiden. Anderer Ansicht ist dagegen *Hilger*,[45] der §§ 178 Abs 2 StVollzG, 119 Abs 6 StPO restriktiv dahingehend interpretiert, dass lediglich die Zuständigkeit der Vollzugsbehörde bei Untersuchungsgefangenen dem Haftrichter übertragen sei und daher die „Anordnungskompetenz" des Arztes nach § 101 Abs 3 StVollzG in dem oben dargelegten Sinne (RdNr 32) auch bei Untersuchungsgefangenen gelte. Unstreitig ist dagegen, dass die **Durchführung** der Zwangsmaßnahmen in der Hand der Vollzugsbehörde liegt (§ 101 Abs 1 S 2 StVollzG), wobei der Arzt über das „Wie" im Einzelnen entscheidet und wacht. 34

4. Kein Zwangsernährungsrecht. Vergegenwärtigt man sich die vielen Streitfragen und Unsicherheitsfaktoren, die die gesetzliche Regelung der medizinischen Zwangsmaßnahmen gegenüber Inhaftierten auch nach ihrer Neufassung bietet, kann man kaum umhin, in der sogenannten „englischen Lösung" die einzig überzeugende Antwort des Staates auf den in freier Verantwortung ausgeführten Hungerstreik eines Gefangenen zu sehen. Danach gibt es **kein Recht zur Zwangsernährung,** -untersuchung oder -behandlung gegen den vollverantwortlichen Willen des Gefangenen. Das Selbstbestimmungsrecht des Individuums und das Grundrecht des einzelnen, auch wenn er sich nicht in Freiheit befindet, auf körperliche Unversehrtheit und Menschenwürde haben Vorrang vor der Pflicht des Staates zum Lebensschutz.[46] Die Verpflichtung des Staates erschöpft sich darin, die Urteilsfähigkeit des Gefangenen durch einen Arzt der Anstalt und einen auswärtigen Arzt überprüfen zu lassen, den Gefangenen über die möglichen Folgen der Nahrungsverweigerung aufzuklären und ihn darauf hinzuweisen, dass ärztliche Hilfe erst auf seinen ausdrücklichen Wunsch hin geleistet wird. 35

Dieses Vorgehen mag im konkreten Einzelfall hart erscheinen. Es ist jedoch in sich konsequent und hat den Vorzug, „nicht nur aus berufsethischer Sicht wohlbegründet" zu sein,[47] sondern auch der Judikatur und „einem geläuterten Rechts- und Verfassungsverständnis" zu entsprechen.[48] In der Wertordnung des Grundgesetzes ist die **Menschenwürde** der oberste Wert. Daher „darf sich niemand zum Richter in der Frage aufwerfen, unter welchen Umständen ein anderer vernünftigerweise bereit sein sollte, seine körperliche Unversehrtheit zu opfern, um dadurch wieder gesund zu werden".[49] Das Recht und die Pflicht des Arztes zu heilen, finden „in dem grundsätzlichen freien Selbstbestim- 36

---

[43] *Brühl*, in: *Wassermann* (Hrsg), Strafvollzugsgesetz, 1983, § 101 RdNr 23; *Geppert* (Fn 7), 190.
[44] *Meyer-Goßner* (Fn 42) § 119 RdNr 43.
[45] In *Löwe/Rosenberg* (Fn 42) § 119 RdNr 185; ebenso auch die Vorauflagen.
[46] *Wagner* (Fn 16) S 4.
[47] *Tröndle* (Fn 12) S 96.
[48] *Tröndle* (Fn 12) S 96.
[49] BGHSt 11, 111, 114.

mungsrecht des Menschen über seinen Körper ihre Grenze", so dass niemand gegen seinen (frei-verantwortlichen) Willen „zwangsbehandelt" werden darf, selbst wenn er durch diese Maßnahme „und nur durch sie von seinem Leiden befreit werden könnte".[50] Die **personale Selbstbestimmung** eines Freiverantwortlichen „in den ureigensten Angelegenheiten seiner eigenen Physis" **geht der Fürsorgepflicht des Staates** vor. Diese darf und muss sich darin erschöpfen, die medizinisch indizierte Behandlung anzubieten und alles Erlaubte zu tun, „den Gefangenen vom Hungerstreik und einer selbstzerstörerischen Nahrungsverweigerung abzuhalten".[51] Im Falle der Erfolglosigkeit dieser Bemühungen und eines tödlichen Ausgangs könnten die verantwortlichen Vollzugsbediensteten und Anstaltsärzte daher strafrechtlich weder wegen Totschlags oder fahrlässiger Tötung noch wegen unterlassener Hilfeleistung belangt werden. „Keines Menschen Verantwortung für das Leben eines anderen reicht so weit, dass er diesen von Natur gegebenen Freiheitsspielraum beliebig einengen dürfte, indem er zB einem zurechnungsfähigen Menschen, der die Nahrungsaufnahme verweigert, mit Gewalt lebenserhaltende Stoffe zuführt".[52]

37 Wenn allerdings **Zweifel** an der frei verantwortlichen Willensbildung des Gefangenen bestehen, dh der Zustand der Unzurechnungsfähigkeit nicht sicher ausgeschlossen werden kann, kehrt sich das Verhältnis von Lebensschutz und Selbstbestimmungsrecht um, indem Art 2 Abs 2 S 1 GG (Recht auf Leben) der Vorrang vor Art 2 Abs 1 GG (Recht auf freie Selbstbestimmung) gebührt.[53]

38 5. Einzelfragen. a) **Zwangsweise medizinische Untersuchungen,** die nicht mit einem körperlichen Eingriff im Sinne des § 81a StPO verbunden sind, zB Messung des Blutdrucks, Durchleuchtungen, Röntgenreihenuntersuchungen (str, vgl Fn 51), Suche nach Ungeziefer, dürfen auch bei fehlender Drittgefährdung gem § 101 Abs 2 StVollzG aus Gründen des vorbeugenden Gesundheits- und Hygieneschutzes (insoweit besteht gem § 56 Abs 2 StVollzG eine Mitwirkungspflicht des Gefangenen) jederzeit vorgenommen werden.[54] Dasselbe gilt in Fällen konkreter Gefahr für das Leben oder die Gesundheit Dritter, zB bei ansteckenden Krankheiten und Seuchen nach dem Infektionsschutzgesetz, die ja auch der in Freiheit befindliche Bürger dulden muss. Untersuchung und Behandlung durch einen Arzt ist hier zweifellos geboten und daher auch zwangsweise durchführbar.

39 Die Rechte und Pflichten des Anstaltsarztes im Rahmen der staatlichen Fürsorgepflicht für die körperliche und geistige Gesundheit der Gefangenen regeln bundeseinheitliche Verwaltungsvorschriften. In Nr 2 heißt es: „Der Anstaltsarzt achtet auf Vorgänge und Umstände, von denen Gefahren für die Gesundheit von Personen in der Anstalt ausgehen können. Jeder Bedienstete, der eine Gefahr für die gesundheitlichen Verhältnisse zu erkennen glaubt, ist verpflichtet, dieses unverzüglich zu melden". Gemäß Nr 3 der Verwaltungsvorschriften hat der Anstaltsarzt nach den Vorschriften des Infektionsschutzgesetzes „meldepflichtige übertragbare Krankheiten dem zuständigen Gesundheitsamt anzuzeigen und den Gefangenen, soweit es erforderlich ist, abzusondern. Kranke, bei denen zurzeit der Entlassung noch Ansteckungsgefahr besteht oder deren Behandlung noch nicht abgeschlossen ist, werden dem zuständigen Gesundheitsamt unverzüglich gemeldet. Gegebenenfalls ist zu veranlassen, dass sie in die zuständige öffentliche Krankenanstalt gebracht werden".

40 Zuständig und verantwortlich für die ärztliche Versorgung der Gefangenen ist der Anstaltsarzt, nicht der Anstaltsleiter, so dass ärztliche Anordnungen von den Vollzugsbediensteten trotz Mehrbelastungen oder sonstigen Schwierigkeiten „im Rahmen des

---

[50] BGHSt 11, 111, 114; s jetzt auch § 1901a BGB.
[51] *Tröndle* (Fn 12), 97; *Becker* (Fn 3), 94.
[52] *Geach/Inciarte/Spaemann,* Persönliche Verantwortung, 1982, S 31.
[53] Vgl *Wagner* (Fn 16) S 4; *Nöldeke/Weichbrodt* (Fn 8), 283 Anm 31; vgl auch oben RdNr 27; OLG Celle ZfStrVo 1979, 187.
[54] Vgl OLG Düsseldorf NStZ 1984, 381, 382.

Möglichen" zu befolgen sind.[55] Über die Behandlungsbedürftigkeit entscheidet der Anstaltsarzt[56] im Rahmen seines fachlich-medizinischen und daher weitgehend nicht justitiablen Beurteilungsspielraums[57] Daher ist es unzulässig, Gefangene, die gesundheitliche Beschwerden vorbringen, dem Anstaltsarzt nicht oder erst nach mehrmaligen Anträgen vorzuführen[58] oder eine zur Wiedereingliederung des Gefangenen in das soziale Leben notwendige „vollzugsexterne psychiatrische Langzeittherapie" abzulehnen, selbst wenn damit ein erheblicher Kostenaufwand verbunden ist. Denn „erweist sich eine medizinische Maßnahme zur Wahrung elementarer Grundrechtsinteressen des Gefangenen als unabdingbar, so kann von einer Unverhältnismäßigkeit ihres Kostenaufwands – solange sie nur gewisse Erfolgsaussichten bietet – nicht ausgegangen werden".[59]

Wenngleich zwischen Anstaltsarzt und Gefangenen kein zivilrechtlich unterlegtes Arzt-Patienten-Verhältnis, sondern ein öffentlich-rechtlich geprägtes besonderes Gewaltverhältnis besteht, hat der Gefangene wie jeder andere Patient auch das aus Art 1 Abs 2 und Art 2 Abs 2 GG fließende Recht auf Selbstbestimmung. Er ist daher vor medizinischen Eingriffen oder sonstigen auf seinen Körper einwirkenden therapeutischen Maßnahmen **aufzuklären,**[60] soweit diese Information nicht die Gefahr schwerwiegender körperlicher oder psychischer Schäden heraufbeschwört.[61] Darüber hinaus bedarf jede ärztliche Maßnahme einer gesetzlichen Grundlage. „Psychiatrische Zwangsbehandlung" darf es ausschließlich hinsichtlich der Krankheit geben, deretwegen der Patient untergebracht ist."[62] Außerdem steht dem Gefangenen ein Einsichtsrecht in sämtliche Krankenblattunterlagen mit objektivierten Befunden und Behandlungstatsachen, also ausgenommen persönliche Eindrücke und Wertungen des Arztes – zu.[63] Wegen dieses weitreichenden Einsichtsrechts und der Zuständigkeit des Arztes für die gesundheitliche Betreuung des Gefangenen sind dessen Personal- und Gesundheitsunterlagen getrennt zu führen. Dem **Verteidiger** des Gefangenen wird nach überwiegender Ansicht – auch des BVerfG – ein Einsichtsrecht in die Krankenblattakten zugestanden.[64] Gerichte können diese aber im Rahmen der notwendigen Sachaufklärung beiziehen.[65] Ausnahmsweise kann auch der Anstaltsbeirat Auskunft über die ärztliche Behandlung eines Gefangenen im Wege der Einsicht in die Untersuchungsbefunde verlangen.[66] Ein Anspruch des Gefangenen auf Bestätigung des fehlenden Infektionsrisikos (BSE) beim Genuß von Rindfleisch besteht nicht,[67] wohl aber ein Anspruch auf eine funktionierende Fußdesinfektionsanlage in den Duschräumen[68] und für den Fall des Gemeinschaftsfernsehens auf die Trennung von Rauchern und Nicht-

---

[55] *Calliess/Müller-Dietz,* Strafvollzugsgesetz, § 56 RdNr 3 mwN.
[56] OLG Celle NStZ 1988, 383.
[57] OLG Frankfurt NJW 1978, 2351; OLG Hamm NStZ 1981, 240; *Molketin* MDR 1980, 544, 545.
[58] LG Berlin StV 89, 164.
[59] BVerfG NStZ 1996, 614; dazu *Bauer* ZfStrVo 97, 240.
[60] *Geppert,* FS 125jähriges Bestehen der Juristischen Gesellschaft zu Berlin, 1984, 151 ff, 173; *Callies/Müller-Dietz,* § 56 RdNr 3; *Schöch,* in; *Roxin/Schroth* (Hrsg), Hb d Medizinstrafrechts, 3. Aufl 2007, S 588 ff.
[61] *Geppert,* aaO, S 169 f; *Molketin* MDR 1980, 546.
[62] *Volckart/Pollähne/Woynar,* Verteidigung in Vollstreckung und Vollzug, 4. Aufl 2008, RdNr 637.
[63] § 185 StVollzG; OLG Celle NStZ 1986, 284 m Anm *Müller-Dietz;* OLG Hamm NStZ 1986, 47; OLG Nürnberg ZfStrVo 86, 61; OLG Frankfurt NStZ 1989, 198; für den Maßregelvollzug: BVerfG MedR 2006, 419 ff bejaht ein weitreichendes Einsichtsrecht des Untergebrachten.
[64] *Müller-Dietz* NStZ 1986, 286; OLG München ZfStrVo 80,124, verneinend; aA BVerfG RuP 2006, 94 m Anm *Pollähne* = JZ 07, 91 m Anm *Klatt* = StV 07, 421 m Anm *Peter; Volckart/Pollähne/Woynar,* Verteidigung in Vollstreckung und Vollzug, 4. Aufl 2008, RdNr 502.
[65] *Volckart,* Verteidigung in der Strafvollstreckung und dem Vollzug, 2. Aufl 1998, RdNr 286; *Callies/Müller-Dietz,* § 56 RdNr 3; *Müller-Dietz* JR 1993, 477 ff.; aA OLG Hamm JR 1993, 476 f.
[66] OLG Frankfurt NJW 1978, 2351.
[67] OLG Hamm NStZ 1995, 616.
[68] OLG Hamm NStZ 1994, 378.

rauchern.⁶⁹ Außer Rechten hat der Gefangene aber auch Pflichten, nämlich gem § 56 Abs 2 StVollzG „die notwendigen Maßnahmen zum Gesundheitsschutz und zur Hygiene zu unterstützen". Weigert sich der Gefangene, sollte der Arzt dies dokumentieren und durch Überzeugung auf die Durchsetzung der ärztlichen Anordnungen dringen. Zwangsmaßnahmen wären „sinnwidrig und mit den therapeutischen Aufgaben des Arztes unvereinbar".⁷⁰

42 Das StVollzG enthält keine Sondervorschriften für **HIV-positive Gefangene.** Rechtsgrundlage für Zwangstests könnte daher nur § 101 Abs 1 StVollzG sein. Da jedoch eine Gefahr i. S. von § 101 Abs 1 nach heutigem Erkenntnisstand nicht gegeben ist,⁷¹ fehlt diese tatbestandliche Voraussetzung für Zwangsmaßnahmen. Eine HIV-Untersuchung gegen den Willen bzw ohne Einwilligung des Gefangenen verletzt dessen Selbstbestimmungsrecht und ist daher rechtswidrig. Darüber hinaus ist die Zwangstestung für den Gefangenen unzumutbar.⁷² Die ohne seine Einwilligung vorgenommene nachträgliche Untersuchung von zuvor zur Blutgruppenbestimmung abgenommenem Blut auf Aids ist als Verletzung des Selbstbestimmungsrechts des Gefangenen rechtswidrig.⁷³ Da es „gänzlich unmöglich" ist, jeden Strafgefangenen „vor Ansteckung mit jeder nur denkbaren lebensgefährlichen Erkrankung zu schützen", hat er nur Anspruch auf Vorsorge gegen „erkennbare oder/und erkannte Gefahren", mit einer lebensgefährlichen Krankheit infiziert zu werden. Ein weitergehender Anspruch auf Untersuchung aller Mitgefangenen und Bediensteten der Anstalt ergibt sich auch nicht aus dem Gesichtspunkt der Fürsorgepflicht des Staates⁷⁴ oder im Hinblick auf § 34 StGB. Allerdings ist die Vollzugsanstalt verpflichtet, die Gefangenen umfassend über die Möglichkeiten der Aids-Prävention aufzuklären. Einen Anspruch auf kostenlose Aushändigung von Kondomen hat die Rechtsprechung jedoch verneint.⁷⁵ Zur Aids-Problematik im Strafvollzug s auch *Arloth*, Arztgeheimnis und Auskunftspflicht bei Aids im Strafvollzug, MedR 1986, 295; *Knapp*, Aids im Strafvollzug; *Buschmann/Heckmann/Marks* (Hrsg), HIV/AIDS und Straffälligkeit, 1991; *Jacob/Stöver* ZfStrVo 1999/156; *Hendtlass-Stöver* ZfStrVo 1998, 155; *Kreuzer*, Festschr Geerds, 1995, 317; *Hefermehl*, ZfStrVo 1996, 136. Zur Frage der Offenbarungsbefugnis bzw -pflicht des Anstaltsarztes gegenüber Dritten (zB den Anstaltsleiter) s unten RdNr 53 und § 182 Abs 2 StVollzG.

43 § 101 Abs 1 StVollzG rechtfertigt nur die Anwendung unmittelbaren, nicht auch „mittelbaren Zwangs". Deshalb bietet § 101 Abs 1 StVollzG für die Anordnung einer „freiwilligen" Urinprobe, unter Androhung einer Disziplinarmaßnahme im Weigerungsfall bei Verdacht auf **Drogenmissbrauch,** keine rechtliche Stütze⁷⁶ – trotz der erheblichen Gesundheitsgefährdung bei Btm-Verdacht, doch greift hier § 56 Abs 2 StVollzG als Rechtsgrundlage ein.⁷⁷ Eine Rechtspflicht zur Abgabe von Einwegspritzen besteht nicht.⁷⁸ Inhaftierte Drogenabhängige müssen im Rahmen der ärztlichen Therapiefreiheit nach denselben Standards behandelt werden wie sonstige Drogenabhängige. Bei der Substitu-

---

⁶⁹ OLG Hamm ZfStrVo 82, 183; OLG Nürnberg ZfStrVo 88, 191.
⁷⁰ *Callies/Müller-Dietz*, § 56 RdNr 4; Zur Eigenverantwortung des Gefangenen bei der Gesundheitsfürsorge *Wulf* ZfStrVo 87, 132.
⁷¹ OLG Koblenz ZfStrVo 1989, 183; *Bruns* StV 87, 508; *Dargel* ZfStrVo 88, 150; *Callies/Müller-Dietz* § 56 RdNr 8.
⁷² *Höflich* ZfStrVo 1991, 77; ebenso LG Bonn NStZ 1987, 142 m zust Anm *Eberbach* NStZ 1987, 143.
⁷³ OLG Koblenz aaO, 183.
⁷⁴ LG Bonn NStZ 1987, 142 m Anm *Eberhard*.
⁷⁵ OLG Koblenz NStZ 1997, 360; aA *Bruns* StV 87, 505; zust zur Rspr *Dargel* NStZ 1989, 207; *Sigel* ZfStrVo 89, 159.
⁷⁶ *Bühring* ZfStrVo 1994, 271; *Müller*, in: Schwind/Böhm, Strafvollzugsgesetz, § 101 Anm 11; aA OLG Koblenz ZfStrVo 1990, 52; ZfStrVo 1995, 249; LG Hamburg ZfStrVo 1997, 108 m Anm *Ritter*; LG Augsburg ZfStrVo 1998, 113.
⁷⁷ *Bühring* aaO.
⁷⁸ Streitig, vgl *Callies/Müller-Dietz*, § 56 RdNr 11.

23. Kapitel. Der Arzt im Strafrecht   44–48 § 155

tion gemäß § 5 BtMVV hat der Arzt, nicht der Anstaltsleiter zu entscheiden, ob und wann das Ziel der Betäubungsmittelabstinenz zu erreichen ist.[79]

b) Die Selbstmordproblematik. Eine besondere Rolle spielt die **Selbstmordproblematik in Haftanstalten,** da sie insbesondere bei der U-Haft signifikant häufiger als in Freiheit auftritt.[80] Der Meinungsstand in Rechtsprechung und Schrifttum hierzu ist außerordentlich konvers.[81] Zwei Leitgedanken prägen die herrschende Auffassung: 44

(1) Da jeder **Selbstmordversuch** (zB durch Einnahme von Gift, Öffnen der Pulsadern oder im Anfangsstadium des Erhängens) nach der höchstrichterlichen Judikatur als „Unglücksfall" im Sinne des § 323 c StGB gilt,[82] dürfen schon unter dem Aspekt der allgemeinen Hilfspflicht akute Selbstmordversuche Gefangener „gewaltsam unterbrochen und muss die erforderliche Hilfe sofort geleistet werden".[83] Denn der Selbsttötungswille des Suizidenten ist – von besonderen Grenzfällen abgesehen – infolge Sittenwidrigkeit bzw Rechtswidrigkeit rechtlich unbeachtlich.   45

Dasselbe gilt für **Selbstschädigungen,** die ärztlich zu versorgen sind, insbesondere wenn Weiterungen im Sinne einer Verschlechterung des Gesundheitszustands drohen.   46

(2) Obwohl in Strafvollzugsanstalten die Verantwortlichen auf Grund der besonderen Fürsorgepflicht des Staates eine Garantenstellung innehaben, sind sie bei freiverantwortlichem Suizid zum Eingreifen und damit auch zur Vornahme der gebotenen ärztlichen Maßnahmen erst vom Zeitpunkt der Hilfsbedürftigkeit an verpflichtet, da auch die **aktive Teilnahme am eigenverantwortlichen Selbstmord des Gefangenen** nach herrschender Meinung[84] straflos ist, zB die Aushändigung einer Dienstpistole oder das Öffnen der Zellentür in Kenntnis des Entschlusses des Häftlings, in die Tiefe hinabzuspringen.[85] Ist der Selbsttötungsentschluss nicht freiverantwortlich gefasst oder hat der „Gefangene-Suizident" seine Handlungsfähigkeit verloren, besteht für den Garanten eine Handlungs(= Rettungs-)pflicht, das Geschehenlassen des Suizids wäre als Tötungsdelikt oder gemäß § 323 c StGB strafbar.   47

c) Behandlungsverweigerung. Verweigert der Inhaftierte eine ärztlicherseits für (lebens-)**notwendig erachtete Operation,** zB weil ein Magengeschwür durchzubrechen droht, so ist im Falle der Zurechnungsfähigkeit und ausreichender Aufklärung des Gefangenen, insbesondere über die Erforderlichkeit des Eingriffs und die gesundheitlichen Folgen der Nichtbehandlung, sein Wille ebenso wie bei dem in Freiheit Befindlichen zu achten. Denn auch die Behandlung des inhaftierten Patienten setzt ein Vertrauensverhältnis voraus, das auf dem Selbstbestimmungsrecht gründet. Da eine Erkrankung keine gegen das Leben gerichtete selbstmörderische Handlung, sondern ein schicksalhaftes Ereignis ist, geht das Selbstbestimmungsrecht der Lebens- und Gesundheitsfürsorge des Staates vor. „Krankheits- und Unfallfolgen, die den Gefangenen schicksalhaft treffen, darf er, wie jedermann, auch als Schicksal auf sich nehmen, ohne sich von anderen bevormunden lassen zu müssen."[86] Dies gilt auch dann, wenn die ärztliche Maßnahme (Operation) das einzige Mittel zur Lebensrettung ist.[87]   48

---

[79] *Sönnecken* MedR 2004, 246, 248.
[80] Vgl dazu *Herzberg* (Fn 16) S 555 mit umfangreichen Nachweisen; *Dünkel,* Empirische Forschung im Strafvollzug, 1996, 148; *Pecher/Nöldner/Pospischil* ZfStrVo 95, 347; *Frühwald* ZfStrVo 1996, 218; *Sigel* ZfStrVo 1997, 34.
[81] Vgl *Herzberg* (Fn 16) S 563.
[82] BGHSt 6, 147; 13, 162; s § 149 RdNr 24 ff.
[83] *Böhm* JuS 1975, 287; *Arndt/v Olshausen* JuS 1975, 147.
[84] Siehe dazu *Fischer,* StGB, 55. Aufl 2008, vor § 211 RdNr 10.
[85] Vgl zu dieser strittigen Problematik ausführlich *Herzberg* (Fn 16 S 555 ff), der hier im Gegensatz zur herrschenden Lehre eine Unterlassungstäterschaft annimmt und das Verhalten der Vollzugsbediensteten unter §§ 212 bzw 222 StGB subsumiert (S 568, 579).
[86] *Herzberg* (Fn 16) S 581; LG München NJW 1968, 2303; *Kohlhaas* JR 1974, 389.
[87] *Brühl* (Fn 43) § 101 RdNr 6 StVollzG.

49 Anders liegt dagegen der Fall, wenn der Gefangene an sich **mit der Operation einverstanden** ist, jedoch nur in einem öffentlichen oder privaten Krankenhaus, wobei die Motive hierfür vielfältig sein können. Ohne Zustimmung des Gefangenen kann er unter dieser Prämisse im Vollzugskrankenhaus „nicht sachgemäß behandelt" werden, so dass man ihn infolge des Vorrangs des Lebensschutzes und der Erhaltung der körperlichen Unversehrtheit in ein „freies" Krankenhaus verlegen muss. „Der Unterschied zu der Situation in der Freiheit ist ganz offenkundig"[88] und die Zustimmung zur Operation als solcher ja vorhanden. Deren zwangsweise Durchführung im Vollzugskrankenhaus ist mE durch § 101 Abs 1 S 1 StVollzG nicht gedeckt;[89] ihre Nichtvornahme führt im Falle schwerer gesundheitlicher Folgeschäden oder gar des Todes zur Strafbarkeit der Verantwortlichen wegen vorsätzlicher oder fahrlässiger Tötung bzw Körperverletzung.

50 **d) §§ 63, 64 StGB keine Rechtsgrundlage für ärztliche Eingriffe.** Die Anordnung der Freiheitsentziehung gem §§ 63, 64 StGB stellt keine Rechtsgrundlage für zweckentsprechende körperliche Eingriffe dar.[90] Für die Unterbringung in einer sozialtherapeutischen Anstalt sowie für die Sicherungsverwahrung gelten vielmehr die Vorschriften über den Vollzug der Freiheitsstrafe (§§ 124, 130 StVollzG), dh die Bestimmungen der §§ 56, 95, 101 StVollzG.[91] Die zwangsweise Verabreichung von Neuroleptika an Untergebrachte ist unzulässig.[92]

51 **e) Umfang der Behandlung.** § 58 StVollzG gewährt dem Gefangenen einen Anspruch auf Krankenbehandlung „in dem Umfang, wie ihn § 27 SGB V dem versicherten Arbeitnehmer einräumt".[93] „Allerdings war und ist die Grenze zwischen einer Krankheit im krankenversicherungsrechtlichen Sinn und anderen Persönlichkeitsstörungen, die sich in abweichendem oder gar kriminellem Verhalten manifestieren, im Einzelfall schwer zu ziehen".[94] Seit dem 1. 1. 1999 gilt als Krankenbehandlung im Sinne von § 27 Abs 1 SGB V auch die psychotherapeutische Behandlung, so dass das bislang im Strafvollzug geltende Behandlungsmonopol für approbierte Ärzte aufgehoben ist. Dennoch hat nach allgemeiner Auffassung in Rechtsprechung und Lehre der Gefangene keinen Anspruch auf Behandlung durch einen Arzt oder Psychotherapeuten seiner Wahl, vielmehr ist die Zuziehung externer (Fach-)Ärzte bzw nicht in den Strafvollzug eingegliederter (approbierter) Psychotherapeuten „nur bei Erforderlichkeit und mangelnden Behandlungsmöglichkeiten in der Justizvollzugsanstalt" geboten.[95]

52 **f) Ärztliche Schweigepflicht.** Für den „Arzt im Strafvollzug" sind im Rahmen seiner gesundheitsfürsorgenden Tätigkeit Inhalt und Grenzen der **Schweigepflicht** naturgemäß von besonderer Bedeutung.[96] Denn er steht einerseits dem Gefangenen gegenüber im Wort, nichts von dem, was dieser ihm bei der Behandlung anvertraut hat, an Dritte weiterzugeben. Auf der anderen Seite aber ist der Arzt in die Behördenorganisation eingebunden und hat deshalb gegenüber der Anstaltsleitung die Verpflichtung, sie bei der Abwehr von Gesundheitsgefahren für die Gefangenen zu unterstützen. Geheimnisschutz und Schutz der Intimsphäre des „Vollzugspatienten" stoßen hier mit der Aufgabe der Vollzugsbehörden zusammen, die Sicherheit der Anstalt zu gewährleisten und Störungen der Anstaltsordnung abzuwenden. Das Spannungsverhältnis zwischen Medi-

---

[88] *Böhm* JuS 1975, 287.
[89] Vgl LG München NJW 1968, 2303.
[90] *Rieger* (Fn 1) RdNr 2004.
[91] Vgl dazu *Rüping* JZ 1982, 744 ff.
[92] KG NStZ 1998, 400.
[93] OLG Nürnberg NJW 2000, 889, 890.
[94] OLG Nürnberg aaO, 890; OLG Karlsruhe NStZ 1997, 302, 304.
[95] *Callies/Müller-Dietz*, § 58 RdNr 2 mwN; OLG Nürnberg, NJW 2000, 889, 890; OLG Karlsruhe NStZ 1998, 638; Zur Problematik der freien Arztwahl im Strafvollzug s auch *Bemmann* StV 2001, 60 f.
[96] Siehe dazu auch *Ulsenheimer*, § 67 RdNr 16 f u *Schlund* § 70 RdNr 10 ff.

23. Kapitel. Der Arzt im Strafrecht 53 § 155

zin und Sicherheit, Individual- und Gemeinschaftsinteressen bedarf also eines Ausgleichs, den der Gesetzgeber durch die Einfügung des § 182 StVollzG zum 1. 12. 1998[97] in kontrovers diskutierter Weise zu verwirklichen gesucht hat. Für den Maßregelvollzug fehlt eine entsprechende gesetzliche Regelung,[98] so dass zB die Weisung an den Untergebrachten, die behandelnden Ärzte von der Schweigepflicht zu entbinden, wegen Verstoßes gegen Art 2 Abs 1 iVm Art 1 Abs 1 GG unwirksam ist.[99] Gem. § 182 Abs 2 Satz 1 StVollzG gilt für im Strafvollzug tätige Ärzte, Psychologen, Sozialarbeiter ua grundsätzlich die **ärztliche Schweigepflicht** (§ 182 Abs 2 Satz 1 StVollzG), allerdings mit der Einschränkung, dass dieser Personenkreis eine **Offenbarungspflicht** gegenüber dem Anstaltsleiter hat, „soweit dies für die Aufgabenerfüllung der Vollzugsbehörde oder zur Abwehr von erheblichen Gefahren für Leib oder Leben des Gefangenen oder Dritte erforderlich ist" (§ 182 Abs 2 Satz 2 StVollzG). Diese Mitteilungspflicht gilt, wie sich aus der Bezugnahme auf § 203 Abs 1 Nr 1 StGB ergibt, auch für den **Arzt,** betrifft aber nur solche personenbezogene Daten, die ihm **außerhalb der allgemeinen Gesundheitsfürsorge** bekanntgeworden sind. Die ihm dagegen im Rahmen seiner therapeutischen Tätigkeit anvertrauten Geheimnisse unterliegen keiner Offenbarungs**pflicht,** wohl aber besteht nach § 182 Abs 2 Satz 3 StVollzG unter denselben Voraussetzungen wie in Satz 2 zum Schutz höherrangiger Rechtsgüter eine **Offenbarungsbefugnis.** Diese Sonderstellung der Ärzte, die den Kernbereich ihrer Tätigkeit vor einem zwangsweisen Bruch der Schweigepflicht verschont, beruht auf der Erwägung, „dass der Gefangene sich den Arzt nicht auswählen und für die Erhaltung seiner Gesundheit existentiell auf den Anstaltsarzt angewiesen sein kann".[100] Bei der Prüfung der Voraussetzungen des § 182 Abs 2 S 2 StVollzG hat der Arzt keinen Ermessens- oder Beurteilungspielraum, sondern die „Einschätzungsprärogative",[101] dh er entscheidet, ob eine Offenbarungspflicht besteht oder nicht. Für den Jugendstrafvollzug gelten entsprechend den einzelnen landesrechtlichen Regelungen teilweise abweichende Bestimmungen, zB die schärfer gefasste Voraussetzung der Offenbarungspflicht des Arztes („unerlässlich" zur Aufgabenerfüllung oder Gefahrenabwehr, § 61 Abs 2 S 2 HessJStVollzG).[102]

Der Gesetzgeber hat bei der Lösung des Grundkonflikts zwischen ärztlicher Schweige- 53 pflicht als Grundvoraussetzung effektiver therapeutischer Tätigkeit und Offenbarungsrecht bzw -pflicht eine vermittelnde Haltung eingenommen, indem nicht auf die Schweigepflichtsentbindung des Gefangenen abgestellt, sondern „eine bereichsspezifische Rechtfertigung" für die Weitergabe der Information an den Anstaltsleiter gegeben wird.[103] Diese ist allerdings, soweit sie auf die Aufgabenerfüllung in § 182 Abs 2 Satz 2 StVollzG ohne jede Einschränkung Bezug nimmt, zu weit geraten, so dass es insoweit einer verfassungskonformen Auslegung durch das restriktive Merkmal der Erforderlichkeit oder Erheblichkeit („für die Aufgabenerfüllung") bedarf.[104] Danach setzt die **Offenbarungspflicht** unter Berücksichtigung des Verhältnismäßigkeitsgrundsatzes eine **Güterabwägung** voraus, „die im Einzelfall zu einer Höherbewertung" der Vollzugsinteressen „im Verhältnis zum Persönlichkeitsrecht des Gefangenen führen muss".[105] Das Bundesverfassungsgericht hat in sei-

---

[97] 4. StrafvollzugsänderungsG v 26. 8. 1998, BGBl I, 2461.
[98] Zu den Folgen s *Schöch,* FS Schreiber, 2003, 442 ff.
[99] BVerfG MedR 2006, 586; OLG Nürnberg StV 99, 387.
[100] *Schöch* ZfStrVO 99, 259, 260.
[101] *Harrendorf* JR 07, 18.
[102] *Eisenberg,* Jugendstrafvollzugsgesetze der Länder – eine Übersicht, NStZ 2008, 250, 261.
[103] *Schöch* (Fn 100) 260.
[104] Verfassungsrechtliche Bedenken äußert *Böllinger* MschrKrim 2000, 11 ff.
[105] *Callies/Müller-Dietz,* § 182 RdNr 6, S 789; *Preuger/Rosemeier,* ZfStrVO 98, 325 f; *Schöch,* ZfStrVo 1999, 259 ff; zu den Einzelproblemen, insbesondere auch aus der Sicht der Psychologen und Psychotherapeuten s *Preuger/Rosemeier,* ZfStrVO 98, 323; *Adt,* Schweigepflicht und Entbindung von der Schweigepflicht ZfStrVo 1998, 328 ff; *Hartmann* ZfStrVo 2000, 204 ff; *Rotthaus* ZfStrVo 2000, 280 ff; *Schöch* ZfStrVo 1999, 259 ff; *Kammann* ZfStrVo 2000, 84 ff; *Harrendorf* JR 07, 18 ff.

§ 155   54, 55

nem Beschluss vom 20. 8. 1999[106] zur Verfassungsmäßigkeit des § 182 Abs 2 StVollzG nicht Stellung genommen, sondern die gegen § 182 Abs 2 Satz 2 und Satz 3 StVollzG gerichtete Verfassungsbeschwerde als „derzeit von vornherein unzulässig" bezeichnet.

54 g) **Gesetzliche Offenbarungsbefugnisse.** Soweit **Offenbarungsbefugnisse** aufgrund anderer gesetzlicher Bestimmungen bestehen (zB nach dem Infektionsschutzgesetz, § 138 StGB ua), bleiben diese gem § 182 Abs 2 Satz 4 StVollzG „unberührt". Die Regelung des § 182 Abs 2 StVollzG gilt auch für externe Ärzte und Psychologen außerhalb des Vollzugs, die mit der Untersuchung oder Behandlung eines Gefangenen beauftragt sind.

55 h) **Prüfung der Haft-, Vollzugs- und Gewahrsamsfähigkeit.** Die Überprüfung der **Gewahrsams-, Haft-** oder **Vollzugsfähigkeit** eines Gefangenen liegt in ärztlicher Hand. Die Frage der Gewahrsamsfähigkeit richtet sich nach den Gewahrsamsbestimmungen in den Polizei- und Ordnungsgesetzen der Bundesländer, ist also nicht bundeseinheitlich geregelt. Für die Überprüfung der Haftfähigkeit gelten §§ 112 ff StPO, für die Überprüfung der Vollzugsfähigkeit § 455 StPO vor der Inhaftierung und danach § 65 StVollzG. Eine Verpflichtung des Arztes, die entsprechenden Untersuchungen durchzuführen, besteht nur für den Polizeiarzt; für die niedergelassenen Ärzte oder die im Bereitschaftsdienst eingeteilten Krankenhausärzte nur in Notfällen, wenn ein sofortiges ärztliches Eingreifen erforderlich und zumutbar ist. Unter dieser Voraussetzung kann der sich weigernde Arzt den Tatbestand der unterlassenen Hilfeleistung gem § 323 c StGB erfüllen. Eine fehlerhafte Entscheidung des Arztes zum Nachteil des Betroffenen bedeutet einen Behandlungsfehler, der seine strafrechtliche Verantwortlichkeit wegen fahrlässiger Körperverletzung (§ 229 StGB) oder fahrlässiger Tötung (§ 222 StGB) begründen kann.[107] Wenn ein Arzt allerdings im Maßregelvollzug besondere Sicherungsmaßnahmen anordnet, ist ihm ein Handlungsspielraum eröffnet, „der der strafrechtlichen Beurteilung entzogen ist" und nur dann zu Strafbarkeitssanktionen führen kann, wenn die getroffenen Sicherungsmaßnahmen „aus erkennbar sachwidrigen Erwägungen ergriffen oder in ihrer Intensität objektiv willkürlich waren".[108]

---

[106] ZfStrVo 99, 374 f.
[107] Zum Ganzen s *Kiesecker* MedR 1999, 51 ff; *Kiesecker*, in Lexikon des Arztrechts, *Rieger/Dahm/Steinhilper* (Hrsg), 2. Aufl 2001, Stichwort „Haftfähigkeit", Nr 2300; *Kaiser/Rebmann* NStZ 1998, 1998, 105 ff.
[108] OLG Hamburg NStZ 1999, 432.

Sachverzeichnis

Die Zahlen in Halbfettdruck verweisen auf die Paragraphen, die dahinter stehenden mageren Zahlen auf die Randnummern.

6-Wochen-Frist
- Verwahrungspflicht des Krankenhausträgers **92**, 12

ÄAppO 7, 3
- s. a. Approbationsordnung

Abbrechender Arzt
- Schwangerschaftsabbruch **143**, 13, s. a. da

Abbruch trotz fehlender Indikationsstellung
- Schwangerschafts- **143**, 13, s. a. da

Abgabenpflicht der liquidationsberechtigten leitenden Krankenhausärzte
- Abgabenregelungen für angestellte leitende Krankenhausärzte **87**, 49 f.
- Abgabenregelungen für verbeamtete leitende Krankenhausärzte **87**, 41 ff.
- Anpassungsgrundsätze **87**, 54
- Besondere Abgabenregelungen **87**, 58
- Inhalt der Abgabenregelung **87**, 40 ff.
- Liquidationsrecht **87**, 31 ff.
- Rechtliche Grundlagen **87**, 31 ff.

Abgabenregelung für Belegärzte
- Liquidationsrecht **87**, 51 ff.

Abgabenregelung für angestellte leitende Krankenhausärzte
- Liquidationsrecht **87**, 49 f.

Abgabenregelung für verbeamtete leitende Krankenhausärzte
- Liquidationsrecht **87**, 41 ff.

Abgestorbener Foetus
- Schwangerschaftsabbruch **143**, 17

Abrechnung
- Kostenerstattung **75**, 14
- Wahlleistungen **82**, 142

Abrechnungsbestimmungen
- Krankenhausentgeltgesetz für DRG **82**, 211 ff.

Abrechnungsbetrug
- Anfangsverdacht **151**, 43
- Atypische Fälle im Vertragsarztbereich **151**, 16
- Begriff **151**, 1 ff.
- Berufsgerichtliche Sanktionen **151**, 55 ff.
- Berufsverbot **151**, 52 ff.
- Beschlagnahme **151**, 44
- Beweisprobleme **151**, 29 ff.
- Disziplinarverfahren **151**, 64
- Durchsuchung **151**, 44
- Freiheitsstrafe **151**, 51
- Geldstrafe **151**, 51
- im GOÄ-Liquidationsbereich **151**, 35 ff.
- Honorarrückerstattung **151**, 63
- Kassenarztrechtlichen Folgen **151**, 63 ff.
- Prozess **151**, 43 ff.
- Rücknahme der Approbation **151**, 59 ff.
- Ruhen der Approbation **151**, 59 ff.
- Sachverhaltsermittlung **151**, 47 ff.
- Schadensfeststellung **151**, 47 ff.
- Tatbestand **151**, 17 ff.
- Typische Fälle im Vertragsarztbereich **151**, 6 ff.
- Widerruf der Approbation **151**, 59 ff.
- Zulassungsausschussverfahren **151**, 66 f.

Abrechnungsverfahren
- im ambulanten Bereich **87**, 29
- im stationären Bereich **87**, 27 f.

Abschläge
- Krankenhausentgeltgesetz für DRG **82**, 211 ff.

Abschluss
- Arztvertrag **40**, 1 ff.

Abschlussfreiheit
- Arztvertrag **40**, 3 ff.

Abschlusspflicht
- Arztvertrag **40**, 11
- Krankenhausaufnahmevertrag **89**, 17 f.

Absolutes Antragsdelikt
- Ärztliche Schweigepflichtverletzung **145**, 3

Absterben der Leibesfrucht
- Schwangerschaftsabbruch **143**, 19

Abtreibung, fahrlässige
- Schwangerschaftsabbruch **143**, 11, s. a. da

Abtretung
- des Anspruchs auf Arzthonorar **75**, 20 f.

Abwägungsgebot
- Allgemeiner Rechtsgrundsatz des Planungsrechts **82**, 47

Abwägungs-Suizid
- Hilfeleistungspflicht, ärztliche (§ 323c StGB) **141**, 54

Abweisung von Patienten
- Krankenhaus **80**, 50

Adäquanz
- Fahrlässige Tötung **140**, 46

AGB s. Allgemeine Geschäftsbedingungen

AIDS
- Untersuchung auf **47**, 11

AIDS-Test
- Heimlicher - **139**, 52

Sachverzeichnis

halbfette Zahlen = Paragraphen

Akteneinsicht 56, 1 ff.
- s. Einsichtsrecht in Krankenunterlagen

Aktive Sterbehilfe 132, 5
- s. a. Sterbehilfe, ärztliche

Allgemeine Geschäftsbedingungen
- Haftpflichtausschluss des Arztes/Krankenhauses **90**, 13
- Haftungsausschluss durch Krankenhausaufnahmevertrag **90**, 19
- Haftungsbeschränkung/-freizeichnung **93**, 28
- Haftungssplittende Formularbedingungen **90**, 14
- Rückwirkende Erhöhung des Pflegesatzes **90**, 11
- Sektionsklausel **90**, 17
- Verstöße gegen §§ 305 ff. BGB bei Krankenhausaufnahmevertrag **90**, 8 ff.
- Vertreterklausel **87**, 19; **90**, 16
- Verwahrungsklausel **90**, 18

Allgemeine Notlage als Schuldausschließungsgrund
- Schwangerschaftsabbruch **143**, 36

Alternative Medizin 3, 21

Ambulante ärztliche Leistung
- Abgrenzung zur stationären Versorgung **79**, 59 ff.
- Honorarvereinbarung gem. § 2 GOÄ **75**, 3 ff.

Ambulante Behandlung
- Passivlegitimation **115**, 2 ff.

Ambulante Erbringung hoch spezialisierter Leistungen
- Krankenhausambulante Leistungserbringung **83**, 87

Ambulante Operation
- Krankenhausambulante Leistungserbringung **83**, 83 ff.

Ambulante Privatbehandlung 86, 19

Ambulante Substitutionstherapie
- Verschreibung von Betäubungsmitteln, strafbare **147**, 14 ff.

Ambulante Substitutionstherapie
- Verschreibung von Betäubungsmitteln, strafbare **147**, 14

Ambulanz
- Haftung **94**, 17 ff.

Ambulanzärztliche Leistung
- Kostenerstattung der Ärzte **82**, 155

AMG
- Strafvorschriften **148**, 17 ff.
- Verhältnis zu BtMG **148**, 40
- Zielsetzungen **148**, 1

Amputation auf Wunsch 3, 20

Amputation gegen Willen des Vormunds
- Strafrechtliche Beurteilung **138**, 1

Amtsarzt 12, 16
- s. a. Verbeamteter Arzt
- Schweigepflicht **70**, 1 f.

Amtsermittlung
- Prozessuale Fragen der Arzthaftung **114**, 5 ff.

Amtshaftung 12, 17
- Anstaltsarzt **12**, 25

Amtspflichtverletzung
- Gerichtlicher Sachverständiger **125**, 18

Amtsträger
- Ärztliche Schweigepflichtverletzung **145**, 12 ff.
- Begriff **152**, 65 ff.
- Verletzung der Schweigepflicht **69**, 6

Amtsverschwiegenheit
- Anstaltsarzt **70**, 12

Anamnese
- Arten **46**, 4
- Begriff **46**, 1
- Rechtspflicht zur Erhebung **46**, 3
- Technik **46**, 6

Anatomische Sektion 133, 31

Anenzephalus
- Schwangerschaftsabbruch **143**, 17

Anfängernarkose 100, 26

Anfängeroperation
- Behandlungsfehler **100**, 22
- Behandlungsfehler, grobe **110**, 29

Anfangsverdacht
- Abrechnungsbetrug **151**, 43

Anforderungspyramide
- Organisationsstruktur des Krankenhauses **85**, 6

Angehörige
- Behandlung von –n **39**, 19 ff.

Angehörigenbefragung
- Organtransplantation **142**, 21 ff.

Angehöriger, naher
- Ärztliche Mitteilung **71**, 33 ff.

Angemessenheitsgebot
- Wahlleistungen **82**, 136

Angestellter Arzt
- Industriesponsoring **152**, 137
- Musterberufsordnung **Anh Kap 1**
- Persönliche Leistungserbringungspflicht **26**, 35
- Zulassung **29**, 18 f.

Angestellter Praxisarzt
- Musterberufsordnung **Anh Kap 1**

Anhörung von Sachverständigen
- Prozessuale Fragen der Arzthaftung **114**, 17 ff.

Ankündigung von Berufsausübungsgemeinschaft/sonstiger Kooperation
- Musterberufsordnung **Anh Kap 1**

Anpassungsgrundsätze
- Liquidationsrecht **87**, 54

Anscheinsbeweis
- Ablehnung **108**, 16
- Anforderungen an prima-facie-Beweis **108**, 1 ff.
- Kasuistik **108**, 5 ff.
- Wirkungen **108**, 4

1880

magere Zahlen = Randnummern

Sachverzeichnis

– Zulassung **108**, 5 ff.
Anspruchskonkurrenz zwischen vertraglicher und deliktischer Haftung 93, 17 ff.
Anstaltsarzt 12, 24
– s. a. Verbeamteter Arzt
– Schweigepflicht des –es im Justizvollzugsdienst **70**, 10 ff.
Ansteckende Erkrankung
– Ärztliche Mitteilung **71**, 70 ff.
Anstiftung
– Schwangerschaftsabbruch **143**, 24
Anthropologische Leitlinien 1, 9
Antrag
– Schiedsamt **33**, 20 ff.
Antragsberechtigung
– Ärztliche Schweigepflichtverletzung **145**, 10 f.
Antragsdelikt, relatives
– Fahrlässige Körperverletzung **139**, 84
Antwort-Auswahlverfahren 7, 31
Anwaltspflichten
– Prozessuale Fragen der Arzthaftung **114**, 29 ff.
AOP-Vertrag
– Geltung für Krankenhäuser **83**, 86
Apotheker
– Bundesschiedsstelle **33**, 38
– Heilberuf **3**, 8
– Rahmenvertrag **32**, 24
Apparategemeinschaft
– Vertragsarztrecht **31**, 43 f.
Approbation
– Ausländer **8**, 18
– Begriff **8**, 1 f.
– Behörde **8**, 35
– Berechtigung **8**, 2
– Berufsausübungsverbot **8**, 31
– Berufsrechtlicher Überhang **8**, 38
– Ehemalige DDR **8**, 3
– Erteilung **8**, 4
– EU, EWR **8**, 13 ff.
– Gerichtliches Berufsverbot **8**, 35
– Leistungen in der ehemaligen DDR **8**, 17
– Rücknahme **8**, 23 ff.; **151**, 59 ff.
– Ruhen **8**, 31; **151**, 59 ff.
– Staatliche Erlaubnis **8**, 1
– Strafgericht **8**, 35
– Widerruf **8**, 28 f.; **151**, 59 ff.
– Wiedererteilung **8**, 34
Approbationsentziehungsverfahren
– bei Verstoß gegen persönliche Leistungserbringungspflicht **26**, 71
Approbationsordnung 7, 1 ff.
Äquivalenzprinzip
– Liquidationsrecht **87**, 43
Arbeitgeber 3, 13
– Ärztliche Mitteilung des -s des Patienten **71**, 7 f.
Arbeitnehmer
– Krankenhausärzte als - **86**, 20
Arbeitsamtarzt 12, 19

Arbeitsmedizin 12, 28
Arbeitsrecht
– Folgen des Beschäftigungsförderungsgesetzes **20**, 7
– -liche Stellung ärztlicher Mitarbeiter in Praxis **20**, 2 f.
– -liche Stellung nichtärztlicher Mitarbeiter in Praxis **20**, 4 ff.
Arbeitsteilung
– Fallgruppen horizontaler - **100**, 10 ff.
– Haftung bei Delegationsfehler **100**, 17
– Hebamme **100**, 20
– Horizontale - **100**, 4 ff.
– Integrierte Versorgung **100**, 21
– Klinische Kontrollmechanismen **100**, 18
– Medizinstudenten **100**, 19
– Überblick **100**, 1 ff.
– Vertikale - **100**, 13 ff.
Arbeitsunfähigkeitsbescheinigung 51, 7
Arbeitsvertrag
– Dienstrecht des Krankenhauses **86**, 21, 35 f.
Arbeitszeitregelung
– Dienstrecht des Krankenhauses **86**, 37 ff.
– Publikations- und Aufzeichnungspflichten **86**, 48
Arbeitszeitschutz
– Dienstrecht des Krankenhauses **86**, 40
Arzneimittel
– Anforderungen **135**, 21 ff.
– Begriff **135**, 15 ff.
– Einzelzulassung **135**, 27
– Fertig- **135**, 15, 25
– Fiktive - **135**, 16
– Generika **135**, 16
– -informations- und -warndienst **135**, 22
– -ordnungswidrigkeitenrecht **135**, 37
– Probandenversicherung **135**, 30
– -prüfung **135**, 29
– Radioaktive - **135**, 24
– Rezeptsammelstelle **135**, 36
– Standardzulassung **135**, 27
– -strafrecht **135**, 37
– Verordnung besonderer – und nachstationäre Behandlung **83**, 126
– Werbeverbot **15**, 22
– Zulassung **135**, 26 ff.
Arzneimittelinformations- und –warndienst 135, 22
Arzneimittelprüfung 135, 29
Arzneimittelrecht
– Anforderungen an Arzneimittel **135**, 21 ff.
– Ärztliches Verhalten bei Verordnung von Arznei-, Heil- und Hilfsmitteln **135**, 31
– Begriff des Arzneimittels **135**, 15 ff.
– Rechtsgrundlagen **135**, 1 ff.
– Zulassung von Arzneimittel **135**, 26 ff.
Arzneimittel-Richtlinie 30, 34
Arzneimittelversorgung
– durch Krankenhausapotheke **83**, 123 ff.

1881

Sachverzeichnis

halbfette Zahlen = Paragraphen

Arzt
- im Dienst der Bundeswehr **12**, 27
- im sozialrechtlich bestimmten Dienst **12**, 32
- (Muster-)Berufsordnung für deutsche Ärztinnen und Ärzte **Anh Kap 1**
- Amts- **12**, 16
- Anstalts- **12**, 24
- als Arbeitgeber
- s. Arbeitsrecht
- Aufgabe **1**, 1 ff.
- Ausbildung **7**, 1 ff.
- Beamter **105**, 1 ff., s. Verbeamteter Arzt
- Beleg- **12**, 13
- Berufs- und Standesrecht **10** ff., s. a. da
- Berufsethik **4**, 1 ff., s. a. da
- Berufshaftpflichtversicherung **21**, 1 ff.
- Betriebs- **12**, 28
- Beurteilungsspielraum **3**, 18
- D- **12**, 36
- Fehler
- s. Arztfehler, Haftung
- Freiheit **3**, 1 ff., 8 ff.
- Gast- **12**, 14
- als Gutachter **116** ff.
- H- **12**, 36
- Heilberuf **3**, 8
- Idee **1**, 7
- Kassen-/Vertragsarztrecht **22**, 1 ff.
- Klinik- **12**, 5 ff.
- Knappschafts- **12**, 32
- Krankenhaus- **12**, 5 ff., s. a. da
- Netz- **12**, 32
- Persönliche Leistungspflicht **45**, 1 ff.
- Rechtskontrolle **2**, 10
- als Sachverständiger **116** ff., s. a. Gerichtlicher Sachverständiger
- Strafrecht **138** ff.
- Verbeamteter - **12**, 15 ff.
- Versorgungs- **12**, 37
- Vertrags- **12**, 32
- Zusammenwirken mit Juristen **2**, 12

Arzt als Forscher
- Schweigepflicht **70**, 35 ff.

Arzt als Sachverständiger
- Schweigepflicht **70**, 31 ff.

Arzt als Wissenschaftler
- Schweigepflicht **70**, 49 ff.

Arzt im Praktikum (AiP) 12, 11
- Ausbildung **7**, 22

Arzt in Weiterbildung 12, 11

Ärztegesellschaft
- Musterberufsordnung **Anh Kap 1**

Ärzte-GmbH 18, 17

Ärzteprivileg des § 13 BtMG
- Strafbare Verschreibung von Betäubungsmitteln **147**, 2 f.

Ärztestreik
- Begriff **16**, 2

- Grenzen **16**, 4
- Rechtmäßigkeit **16**, 3

Arztfehler 97, 5 ff.
- Äußere und innere Sorgfalt **97**, 35
- Berufsfachlich gebotene Sorgfalt **97**, 13 f.
- Definition **97**, 5 ff.
- Einbeziehung des medizinischen Sachverständigen **97**, 9 ff.
- Haftung **97**, 5 ff.
- Schuldhafte Standardunterschreitung **97**, 5 ff.
- Schwerer -, s. Behandlungsfehler, grobe
- Sorgfaltsmaßstab **97**, 17 ff., 32 ff.
- Übernahmeverschulden **97**, 21 ff.
- Unterlassen, Einsatz besonderer Kenntnisse **97**, 30 f.

Arzthaftung
- Prozessuales **112** ff., s. a. Arzthaftungsprozess

Arzthaftungsprozess 93, 1 ff.
- Amtsermittlung **114**, 5 ff.
- Aussetzen des Zivilprozesses bei anhängigem Ermittlungsverfahren **112**, 14 ff.
- Berufungsrecht **114**, 24
- Besondere Anwaltspflichten **114**, 29 ff.
- Beweislastumkehr des klagenden Patienten **93**, 3
- Beweismittel **114**, 15 f.
- Beweissicherungsverfahren **114**, 13 f.
- Forensische Bedeutung **112**, 1 ff.
- Obergutachten **114**, 20
- Passivlegitimation **115**, 72
- Passivlegitimation bei ambulanter Behandlung **115**, 2 ff.
- Passivlegitimation bei stationärer Behandlung **115**, 32 ff.
- Passivlegitimation bei Tätigkeit verbeamteter Chefärzte **115**, 61 ff.
- Passivlegitimation bei unentgeltlicher Behandlung **115**, 57 ff.
- Passivlegitimation bei Universitätskliniken **115**, 66 ff.
- Passivlegitimation des beklagten Arztes **115**, 1 ff.
- Prozesskostenhilfe **114**, 21 ff.
- Sachverständigenanhörung **114**, 17 ff.
- Schlichtungsstelle **113**, 1 ff.
- Schweigepflichtentbindung **114**, 32
- Strafanzeige **112**, 17
- Strafverfahren als Vorspann des Zivilprozesses **112**, 7
- Substantiierungspflicht **114**, 5 ff.
- Unabhängigkeit der zivil- und strafrechtlichen Haftung **112**, 8 ff.
- Versagung der Akteneinsicht **56**, 10
- Verzicht auf die Einrede der Verjährung **114**, 28
- Zivilrechtlicher Haftungsprozess **112**, 1 ff.
- Zuständigkeitsfragen **114**, 1 ff.

magere Zahlen = Randnummern

Sachverzeichnis

Arzthonorar
- Abrechnung der Kostenerstattung **75**, 14
- Abtretung des Anspruchs auf - **75**, 20 f.
- Ansprüche aus Geschäftsführung ohne Auftrag (GoA) **75**, 15
- Ansprüche aus ungerechtfertigter Bereicherung **75**, 15
- Begründungspflicht bei Überschreitung der Schwellenwerte bei Honorarvereinbarung **75**, 8
- bei Behandlungsmisserfolgen **75**, 18 f.
- Berechnung der Gebühren **75**, 9 ff.
- Fälligkeit **75**, 13
- nach GOÄ mit Ausnahme für stationäre Leistungen **75**, 7 ff.
- Honorarschuldner **75**, 31
- Honorarvereinbarungen der Krankenhausärzte **75**, 43
- Medizinisch notwendige Leistungen nach den Regeln der ärztlichen Kunst **75**, 7
- Privatliquidation des Zahnarztes **75**, 34 ff.
- Rückzahlungspflicht **75**, 18
- Tierarztgebühren **75**, 41 f.
- Unentgeltliche Behandlung von Arztkollegen und deren Angehörigen **75**, 16
- Verjährung **75**, 13
- Verzug des Patienten bei bestehendem Arztvertrag **75**, 24
- Verzug des Patienten vor Vertragsschluss **75**, 23
- Vor- und nachstationäre Behandlung **75**, 51
- Vorschuss **75**, 17

Ärztliche Aufklärungspflicht
- Organhaftung **104**, 20

Ärztliche Beratungspflicht 126, 11

Ärztliche Berufe
- Ärztliches Berufs- und Standesrecht **12**, 1 ff.

Ärztliche Eigenmacht
- Strafrecht **138**, 1 ff.

Ärztliche Fortbildungspflicht 139, 31

Ärztliche Gutachterstellen
- Prozessuale Fragen der Arzthaftung **113**, 1 ff., s. a. Gutachterstellen, ärztliche

Ärztliche Heilbehandlung
- Strafrecht **138**, 1 ff.

Ärztliche Hilfeleistungspflicht gegenüber Selbstmördern
- Sterbehilfe, ärztliche **149**, 24

Ärztliche Hilfeleistungspflicht, § 323c StGB 141, 1 ff., s. a. Hilfeleistungspflicht, ärztliche

Ärztliche Hilfspflicht nach Verkehrsunfällen
- Verkehrsmedizin **150**, 29

Ärztliche Mitteilung s. Mitteilung, ärztliche

Ärztliche Schiedsstellen
- Prozessuale Fragen der Arzthaftung **113**, 1 ff., s. a. Schiedsstallen, ärztliche

Ärztliche Schweigepflicht s. a. Schweigepflicht
- Verkehrssicherheit **150**, 21 ff.

- Verletzung **145**, 1 ff.
- Wahrung in der Forschung **70**, 38 ff.
- Zwangsbehandlung im Strafvollzug **155**, 51

Ärztliche Sorgfaltspflicht nach lex artis
- Medizinischer Sorgfaltsmaßstab **6**, 32
- Normierungen **6**, 39
- Qualitätssicherung **6**, 38
- Rechtfertigung ärztlichen Handelns **6**, 32 ff.
- Therapeutische Aufklärung **6**, 33
- Therapiefreiheit **6**, 35

Ärztliche Therapiefreiheit 139, 33
- Haftung **97**, 36

Ärztliche Untersuchung 47, 1 ff.
- auf HTLV-III-Infektion (AIDS) **47**, 11

Ärztliche Verschreibung und Verabreichung von Betäubungsmitteln 134, 3

Ärztliche Wartepflicht nach Verkehrsunfällen
- Verkehrsmedizin **150**, 29

Ärztlicher Behandlungsfehler 97, 5 ff., s. a. Arztfehler, Haftung

Ärztlicher Dienst im Krankenhaus
- Ärztliche Entscheidungsprozesse **84**, 9 ff.
- Ärztliche Verantwortungskompetenz **84**, 17
- Aufgabenübertragung **84**, 19 ff.
- Behandlungsaufgaben **84**, 2
- Belegarzt **84**, 23, 28
- Besondere Bedingungen des ärztlichen Handelns **84**, 7 ff.
- Beteiligung am Risikomanagement **84**, 17
- Departementierung **84**, 14
- Folgen der Liberalisierung des Vertragsarztrechts **84**, 26 ff.
- Führungsaufgaben **84**, 5
- Gliederung **84**, 18 ff.
- Grundsätze **84**, 1 ff.
- Konsiliararzt **84**, 23, 27
- Koordinationsaufgaben **84**, 4
- Krankenhausambulante Operation durch Vertragsarzt **84**, 30 ff.
- Medizinische Spezialisierung **84**, 14 f.
- Mittel der Betriebsorganisation **84**, 22
- Ökonomische Mitverantwortung **84**, 6
- Organisation **84**, 1 ff.
- Rechtliche Determinanten ärztlichen Handelns **84**, 7
- Stationäre Operation durch Vertragsarzt **84**, 39 ff.
- Struktur **84**, 1 ff., 23
- Überwachungsaufgaben **84**, 3
- Zielsetzung **84**, 7 f.

Ärztlicher Direktor 12, 6 f.; **85**, 25 ff.
- Bestellungsgrundsätze **85**, 27

Ärztlicher Eingriff
- Fahrlässige Körperverletzung **139**, 37

Ärztlicher Heilauftrag
- Deutscher Ärztetag und Fortpflanzungsmedizin **6**, 15
- Fortpflanzungsmedizin **129**, 17 ff.

1883

Sachverzeichnis

halbfette Zahlen = Paragraphen

- Geltung des Rechts **6**, 9
- Grenzen des Satzungsrechts **6**, 16
- Grenzsituationen **6**, 3f.
- Konflikte am Lebensbeginn **6**, 12
- Lebensschutz **6**, 10f.
- Mittelknappheit **6**, 17
- Professionalisierung **6**, 5ff.
- Rechtfertigung ärztlichen Handelns **6**, 3ff.
- Sterbehilfe **6**, 10f.
- Wunscherfüllende Medizin **6**, 21

Ärztlicher Notfalldienst
- Befreiung **17**, 7ff.
- Begriff **17**, 1ff.
- Belegarzt **17**, 16
- Bestehende Behandlungspflichten **17**, 22
- Dringliche Erstversorgung **17**, 19
- Gemeinsame Notfalldienstordnungen **17**, 6
- Haftung **17**, 23
- Inhalt **17**, 19ff.
- Kassenärztliche Versorgung **17**, 3
- Rechtsgrundlagen **17**, 1ff.
- Standards **17**, 20
- Teilnahmepflicht **17**, 2

Ärztlicher Verkehrsverstoß
- Rechtfertigung **150**, 27f.

Ärztliches Berufs- und Standesrecht
- Ärztliche Berufe **12**, 1ff.
- Berufsgerichtsbarkeit **14**, 15ff.
- Berufspflichten **14**, 1ff.
- Fortbildung **11**, 1ff.
- Heilkunde **10**, 1ff.
- Heilpraktikergesetz **10**, 1ff.
- Notarzt **17a**, 1ff.
- Notfalldienst **17**, 1ff.
- Rettungsdienst **17a**, 1ff.
- Standesorganisationen **13**, 1ff.
- Streik **16**, 1ff.
- Weiterbildung **11**, 10ff.
- Werbeverbot **15**, 1ff.
- Wettbewerbsrecht **15**, 12ff.

Arztpflichtprozess
- Beweislast **107ff.**, s. a. da

Arztpraxis
- Ärzte-GmbH **18**, 17
- Ärztliche Gruppenpraxis **18**, 6
- Ärztliche Zweigpraxis **18**, 18
- Begriff **18**, 1
- Gemeinschaftspraxis **18**, 14
- Praxisgemeinschaft **18**, 11
- Rechtsnatur **18**, 2

Arztrecht
- Berufs- und Weiterbildungsordnung **5**, 5
- Bundesgesetz **5**, 3
- DDR-Rechtsangleichung **5**, 10
- Europäisches Recht **5**, 2
- Grundlagen **1ff.**
- Kammergesetz **5**, 5
- Landesgesetz **5**, 4
- Rechtsfortbildung **5**, 9f.

- Rechtsquellen **5**, 1ff.
- Richterliche Spruchpraxis **5**, 8ff.
- Satzung **5**, 5

Arztregister
- Zulassung **29**, 9f.

Arzttermin
- Überwachung von -en **101**, 41
- Vereinbarung von -en **101**, 41

Arztvertrag
- Abschluss **40**, 1ff.
- Abschluss des Krankenhausaufnahmevertrages **40**, 23ff.
- Abschlussfreiheit **40**, 3ff.
- Abschlusspflicht **40**, 11
- Arten von Krankenhausverträgen **40**, 17ff.
- Ärztliche Behandlungspflicht **42**, 3ff.
- bei ärztlicher Notfallbehandlung **40**, 31
- Aufhebung **44**, 14
- Beendigung **44**, 1ff.
- Beendigung durch Kündigung **44**, 3
- Beendigung durch Tod **44**, 13
- Beendigung durch Vertragserfüllung **44**, 2
- Beendigung durch Zeitablauf **44**, 1
- Fehlerhafter - **43**, 1ff.
- Form **41**, 1ff.
- Inanspruchnahme eines Laborarztes **40**, 32
- Inhalt **42**, 1ff.
- Konsiliararzt **40**, 33
- Kontrahierungszwang **40**, 2ff.
- Nichtigkeit **43**, 1ff.
- Patientenpflichten **74ff.**, s. Pflichten des Patienten
- Therapiefreiheit **42**, 7
- Unentgeltliche ärztliche Behandlung **39**, 36
- über Wahlbehandlung und Zusatzleistungen **40**, 30
- Wirtschaftlichkeitsgebot **42**, 7
- Zustandekommen **40**, 12ff.

Arztvorbehalt
- Fortpflanzungsmedizin **129**, 28f.
- Schwangerschaftsabbruch **143**, 35

Assistenzarzt 12, 11

Assistierte Reproduktion
- Musterrichtlinie zur Durchführung **Anh 129**

Atomgesetz
- Verhältnis zum Medizinproduktegesetz **136**, 1ff.

Attest
- Arbeitsunfähigkeitsbescheinigung **51**, 7
- Begriff **51**, 2
- Erscheinungsformen **51**, 4
- Form **51**, 5
- Inhalt **51**, 4f.
- Rechtsnatur **51**, 2
- Rechtspflicht zur Erstellung **51**, 1
- Verbot von unrichtigen Gesundheitszeugnissen/Gefälligkeitsattesten **51**, 6

magere Zahlen = Randnummern

Sachverzeichnis

Aufbewahrung der Krankenunterlagen
- Einsichtsrecht **56**, 17
- Organisationspflichten **101**, 19

Aufbewahrungsdauer der ärztlichen Dokumentation 111, 6 ff.

Aufbewahrungsfristen
- Dokumentationspflicht **55**, 13

Aufgaben des Arztes
- Musterberufsordnung **Anh Kap 1**

Aufhebung
- Arztvertrag **44**, 14

Aufklärung
- Adressat **62**, 7 ff.
- als Wirksamkeitsvoraussetzung der Einwilligung **139**, 54 f.
- Art **62**, 4
- Beweis **62**, 16
- Delegation **62**, 2
- Erhöhte – **60**, 10
- Formulare **62**, 14 ff.
- Fremdsprachiger Patient **62**, 5
- Mitwirkung des Patienten **62**, 5
- Neulandmethode **60**, 4
- von Pflichtigen **62**, 1
- Rechtsfolgen unzulänglicher – **63**, 1 ff.
- Rechtzeitigkeit **62**, 6
- Verletzung der Pflicht zur Selbstbestimmungsaufklärung **63**, 2 ff.
- Verletzung der therapeutischen -spflicht **63**, 1

Aufklärung, therapeutische 58, 1 ff.
- s. a. Sicherungsaufklärung

Aufklärungsfehler, ärztliche 139

Aufklärungspflicht, ärztliche 57 ff.
- Musterberufsordnung **Anh Kap 1**
- Organhaftung **104**, 20
- Verkehrsmedizin **150**, 3 ff.

Aufklärungspflicht, medizinische
- Vertragsarzt **25**, 16 ff.

Aufklärungspflicht, wirtschaftliche
- Vertragsarzt **25**, 24 ff.

Aufklärungsrüge
- Beweislast im Arztpflichtprozess **107**, 17 ff.

Aufnahmearzt
- Garantenstellung **141**, 2

Aufnahmepflicht
- Krankenhaus **80**, 31 ff.
- Vorsorge- oder Rehabilitationseinrichtung **80**, 35

Aufsicht
- Schiedsamt **33**, 20 ff.

Ausbildung
- ÄAppO **7**, 3
- Akademischer Unterricht **7**, 7
- Arzt **7**, 1 ff.
- Arzt im Praktikum (AiP) **7**, 22
- Famulatur **7**, 9
- Gang der – **7**, 3
- Gerichtskontrolle **7**, 32
- Haftung **7**, 21
- Krankenhaus **7**, 7
- Multiple choice **7**, 31
- Mündliches Examen **7**, 33
- Öffentlich-rechtliches Ausbildungsverhältnis **7**, 16
- am Patienten **7**, 12
- Praktisches Jahr **7**, 12 ff.
- Prüfungsregeln **7**, 29 ff.
- Studienzeit **7**, 4
- TMPP **7**, 30
- Wissenschaftliche und praktische – **7**, 2
- Zeit **7**, 14 f.
- Ziel **7**, 1
- Zulassungsversagung **7**, 34
- Zwei staatliche Prüfungen **7**, 29

Ausfallhonorar 75, 25

Ausgelagerter Praxisraum
- Zulassung **29**, 18 f.

Auskunftspflicht 131, 13

Auslagen
- Ersatz **75**, 9

Ausländer
- Approbation **8**, 18

Aussagedelikt
- Medizinischer Sachverständiger **144**, 1

Ausschuss
- Berufungs- **29**, 5
- Bundes- **30**, 14 ff., s. a. Bundesausschuss
- Geschäftsführung **29**, 8 f.
- Landes- **30**, 2 ff., s. a. Landesausschuss
- -verfahren **29**, 6 f.

Ausschussverfahren
- Zulassung **29**, 6 f.

Außenseitermethode 3, 21
- Körperverletzung **139**, 60
- Sorgfaltsanforderungen bei – **97**, 37

Außerberufliches Fehlverhalten
- Berufsgericht **14**, 27

Äußere Sorgfalt
- Haftung **97**, 35

Aussetzen des Zivilprozesses bei anhängigem Ermittlungsverfahren
- Arzthaftung **112**, 14 ff.

Ausstellen falscher Gesundheitszeugnisse 146, 1 ff.
- Begriff des „unrichtigen Gesundheitszeugnisses" **146**, 6 ff.
- Konkurrenzen **146**, 20
- Medizinischer Sachverständiger **144**, 15
- Strafmaß **146**, 20
- Subjektiver Tatbestand **146**, 14 ff.
- Täterkreis **146**, 11 ff.
- Tathandlung **146**, 1 ff.
- Tatobjekt **146**, 6 ff.
- Verjährung **146**, 20

Ausübung der Praxis
- Musterberufsordnung **Anh Kap 1**

1885

Sachverzeichnis

halbfette Zahlen = Paragraphen

AWMF s. Arbeitsgemeinschaft der wissenschaftlich-medizinischen Fachgesellschaften

Bademeister, medizinischer
- Heilberuf **3**, 8

Bahnarzt 12, 22

BÄK s. Bundesärztekammer

BÄO s. Bundesärzteordnung

Bargeldlosigkeit, Prinzip der
- Industrie-Arzt-Zusammenarbeit **152**, 130

Basisversorgungspflicht
- Sterbehilfe, ärztliche **149**, 6

Beamter
- Arzt **105**, 1 ff., s. a. Verbeamteter Arzt
- Krankenhausarzt als - **86**, 3

Beamteter Arzt 12, 15 ff., s. a. Verbeamteter Arzt

Bedarfsplanung
- Zulassung **29**, 15 ff.

Beendigung
- Vorteilsannahme **152**, 99 ff.

Beendigung durch Kündigung
- Arztvertrag **44**, 3

Beendigung durch Vertragserfüllung
- Arztvertrag **44**, 2

Beendigung durch Zeitablauf
- Arztvertrag **44**, 1

Befangenheitsbesorgnis
- Gerichtlicher Sachverständiger **120**, 3

Befolgungsobliegenheit
- Fallgruppen **78**, 12
- Verletzung **78**, 10 f.

Befreiung vom Notfalldienst
- Ausnahme **17**, 7, s. a. Ärztlicher Notfalldienst
- Belegarzt **17**, 16
- Gleichbehandlung **17**, 18
- Gründe **17**, 8
- Kassenärztliche Vereinigung **17**, 12

Befristeter Arbeitsvertrag
- Dienstrecht des Krankenhauses **86**, 35 f.

Befunderhebungsfehler
- Diagnosefehler **98**, 11

Befunderhebungsirrtum
- Behandlungsfehler, grobe **110**, 17 ff.

Beginn der Geburt 139, 1 ff.
- bei Kaiserschnitt **139**, 4

Begründungspflicht
- bei Überschreitung der Schwellenwerte bei Honorarvereinbarung **75**, 8

Begutachtungspflichten
- Aktuelles Fachwissen **122**, 11
- Beschaffung des Tatsachenstoffes **122**, 12
- Eigenverantwortliche Erstellung **122**, 15
- Erscheinen vor Gericht **122**, 24, 30
- Exakte Beantwortung gerichtlich gestellter Fragen **122**, 4 ff.
- Fristgerechte Gutachtenerstellung **122**, 28
- des gerichtlichen Sachverständigen **122**, 1 ff.

- Höchstpersönliche Erscheinungspflicht vor Gericht **122**, 24
- Keine enge Auslegung eigener Auffassung **122**, 22
- Keine Stellungnahme zu Rechtsfragen **122**, 8 ff.
- Kollegiales Verhalten i. S. v. § 15 BOÄ (aF) **122**, 13
- Kompetenzüberschreitung **122**, 20 f.
- Neutralität **122**, 1 f.
- Objektivität **122**, 1
- Ordnungsgeld bei Fristversäumnis **122**, 29
- Pflicht zur persönlichen Erstattung **122**, 15 ff.
- Rechtliches Gehör im Arzthaftungsprozess **122**, 27
- Schweigepflicht **122**, 23
- Termingerechte Gutachtenerstellung **122**, 28
- Unparteilichkeit **122**, 1 f.
- Verweigerungsrecht **122**, 25
- Wissenschaftlicher Mitarbeiter **122**, 18 f.

Behandlung, ärztliche
- Begriff **50**, 3 f.
- Grenzen ärztlicher Behandlungspflicht **50**, 6
- Grenzen der Behandlungspflicht bei missgebildeten Neugeborenen **50**, 11
- Methodenfreiheit **50**, 1
- Pflicht zur rechtzeitigen Behandlung **50**, 2
- Rechtsgrundlage der Behandlungspflicht **50**, 1
- Selbstbestimmungsrecht des Patienten **50**, 7 ff.
- Verbot der Fernbehandlung **50**, 5

Behandlungsabbruch
- Gründe **54b**, 2
- Kündigung **54b**, 1
- bei schwangerer Frau **54b**, 4
- bei schwerstgeschädigten Neugeborenen **54b**, 3
- bei sterbendem Patienten **54b**, 5

Behandlungsalternativen
- Risikoaufklärung **60**, 4 ff.

Behandlungsbedürftigkeit 79, 23
- Krankenhaus **83**, 17, 19
- Relevanz für Krankheitsbegriff **1**, 21

Behandlungsfehler 61, 14 ff.
- Fahrlässige Körperverletzung **139**, 11
- Fahrlässige Tötung **140**, 16, 18
- Haftung **97**, 1 ff.
- Organisatorisches Fehlverhalten als – **101**, 1 ff

Behandlungsfehler, grobe 110, 9
- Anfängeroperation **110**, 29
- Befunderhebungsirrtum **110**, 17 ff.
- Beweiserleichterungen bei Kontrollpflichtverletzungen **110**, 8
- Beweislastumkehr **110**, 1
- Diagnoseirrtum **110**, 14 ff.
- Feststellung **110**, 10 ff.
- Kasuistik **110**, 14 ff.

magere Zahlen = Randnummern

Sachverzeichnis

- Mitverschulden des Patienten **110**, 30
- Organisationsfehler **110**, 26
- Therapiefehler **110**, 22 ff.
- Umfang der Beweislastumkehr **110**, 32
- Verschieben der Beweislast aus Billigkeitsgründen **110**, 1 ff.

Behandlungsgrundsätze
- Musterberufsordnung **Anh Kap 1**

Behandlungsmethode
- Musterberufsordnung **Anh Kap 1**

Behandlungsmisserfolg
- Arzthonorar bei – **75**, 18 f.

Behandlungspflicht
- Arztvertrag **42**, 3 ff.
- Berufspflichten **14**, 12
- Krankenhausarzt **80**, 36
- Vertragsarzt **25**, 9 ff.

Behandlungspflicht, Grenzen der
- Sterbehilfe, ärztliche **149**, 3

Behandlungspflicht, Grenzen der – bei schwerstgeschädigten Neugeborenen
- Sterbehilfe, ärztliche **149**, 30

Behandlungspflichten, nachwirkende
- Verstoß gegen – **98**, 34

Behandlungsübernahme
- Arztpflichten aus – **45 ff.**
- Deliktische Haftung **103**, 7 f.

Behandlungsvertrag s. Arztvertrag
- Arztpflichten aus – **45 ff.**
- Persönliche Leistungserbringungspflicht **26**, 14

Behandlungsverweigerung
- Zwangsbehandlung im Strafvollzug **155**, 48 ff.

Behandlungsvolumen 2, 6

Behinderung des Kindes
- Schwangerschaftsabbruch **143**, 39

Behörde
- Approbations- **8**, 35
- Ärztliche Mitteilung **71**, 25 ff.

Beibringungsgrundsatz
- Schiedsstellenverfahren **82**, 266

„Bei einem Unglücksfall"
- Hilfeleistungspflicht, ärztliche (§ 323c StGB) **141**, 14

Beihilfe
- Schwangerschaftsabbruch **143**, 24

Beihilfe zur Selbsttötung 132, 7

Beistand für Sterbende
- Musterberufsordnung **Anh Kap 1**

Beitragssatzstabilität 82, 2
- Pflegesätze **82**, 174 ff.
- Wirtschaftlichkeitsgebot **83**, 58

Beklagter Arzt
- Passivlegitimation in Arzthaftungsprozess **115**, 1 ff.

Belegarzt 12, 13, s. a. Krankenhausarzt

Belegarzt
- Abgabenregelung **87**, 51

- Ärztlicher Dienst im Krankenhaus **84**, 23, 28
- Ärztlicher Notfalldienst **17**, 16
- Dienstrecht des Krankenhauses **86**, 57 ff.
- Haftung **94**, 14 ff.
- Kooperatives –system **86**, 63
- Vertragsinhalt **86**, 62
- Zulassung **29**, 51

Belegärztliche Leistung
- Kostenerstattung der Ärzte **82**, 156
- Wahlleistungen **82**, 145 ff.

Belegkrankenhaus 79, 48

Benda-Kommission
- Fortpflanzungsmedizin **129**, 11

Beratung in Not-/Konfliktsituation
- Schwangerschaftsabbruch **143**, 61

Beratungsarzt
- Schwangerschaftsabbruch **143**, 13

Berechnung
- Arzthonorar **75**, 9 ff.

Berechtigte Interessen, Wahrnehmung
- Schweigepflicht **67**, 18

Bereicherung, ungerechtfertigte
- Ansprüche aus – **75**, 15

Bereitschaftsarzt
- Garantenstellung **141**, 2
- Garantenstellung bei Körperverletzung durch Unterlassen **139**, 22
- Begriff **17**, 1, s. a. Ärztlicher Notfalldienst
- Dienstrecht des Krankenhauses **86**, 49 ff.

Berufe, ärztliche 12, 1 ff., s. a. Verbeamteter Arzt

Berufliche Kooperation
- Musterberufsordnung **Anh Kap 1**

Berufliches Verhalten
- Musterberufsordnung **Anh Kap 1**

Berufs- und Standesrecht 10 ff.
- s. a. Ärztliches Berufs- und Standesrecht

Berufs- und Weiterbildungsordnung
- Arztrecht **5**, 5

Berufsausübung
- Musterberufsordnung **Anh Kap 1**

Berufsausübungsgemeinschaft
- Musterberufsordnung **Anh Kap 1**
- Zulassung **29**, 20

Berufsausübungsregeln
- Musterberufsordnung **Anh Kap 1**

Berufsausübungsverbot
- Approbation **8**, 31

Berufsethik 3, 5; **4**, 1 ff.
- Biomedizin **4**, 17
- Deklaration von Helsinki **4**, 19
- Dissense **4**, 28
- Erklärung von Hawaii **4**, 21
- Ethik-Kommissionen **4**, 33
- Genfer Arztgelöbnis **4**, 16
- Gesamtentwurf **4**, 8
- Grundgesetz **4**, 25
- Güterabwägung **4**, 8

1887

Sachverzeichnis

halbfette Zahlen = Paragraphen

- Hippokratische Tradition und ihre Fortbildung **4**, 13
- Hippokratischer Eid **4**, 13
- Interdisziplinäre Prozesse **4**, 30
- Kanadische Regeln **4**, 18
- Kehrseiten des Fortschritts **4**, 11
- Neue Herausforderungen **4**, 1 ff.
- Nürnberger Kodex und Deklaration **4**, 19
- Schutz der Persönlichkeit des Kranken **4**, 1 ff.
- Sittliche Grundregeln **4**, 1 f.
- Technischer Fortschritt **4**, 3
- Würde des Kranken **4**, 23

Berufsfachlich gebotene Sorgfalt
- Haftung **97**, 13 f.

Berufsfreiheit 3, 23

Berufsgenossenschaft
- Ärztliche Mitteilung **71**, 28 ff.

Berufsgericht
- Außerberufliches Fehlverhalten **14**, 27
- Berufsrechtlicher Überhang **14**, 23
- Kassenärztliches Disziplinarverfahren **14**, 28
- Maßnahme **14**, 22
- Strafverfahren **14**, 28
- Verfahren **14**, 16

Berufsgerichtliche Sanktionen
- Abrechnungsbetrug **151**, 55 ff.

Berufsgerichtliches Verfahren
- Ärztliche Schweigepflichtverletzung **145**, 17

Berufsgerichtsbarkeit
- Ärztliches Berufs- und Standesrecht **14**, 15 ff.

Berufshaftpflichtversicherung
- Abschlusspflicht **21**, 2 ff.
- Anzeigepflicht **21**, 7
- Nachgeordneter ärztlicher Dienst im Krankenhaus **21**, 11 f.
- Obliegenheitspflichten des Arztes **21**, 6
- Schadensminderungspflicht **21**, 8

Berufshaftpflichtversicherung
- Verbot der Anerkennung einer Schadensersatzpflicht **21**, 9 f.
- Versicherung von Sonderrisiken **21**, 13

Berufskammer 3, 7

Berufsordnung
- für deutsche Ärztinnen und Ärzte **Anh Kap 1**

Berufspflichten
- aus allgemeinem Recht **14**, 14
- Ärztliches Berufs- und Standesrecht **14**, 1 ff.
- Behandlungspflicht **14**, 12
- Musterberufsordnung **Anh Kap 1**
- Satzung **14**, 11
- Statuierte - **14**, 9 ff.

Berufsrecht
- Persönliche Leistungserbringungspflicht **26**, 12

Berufsrechtliche Schranken
- Industriesponsoring **152**, 138

Berufsrechtlicher Überhang
- Approbation **8**, 38

- Berufsgericht **14**, 23

Berufsverband der praktischen Ärzte und Ärzte für Allgemeinmedizin Deutschlands (BPA) 13, 29

Berufsverbot
- Abrechnungsbetrug **151**, 52 ff.
- Ärztliche Schweigepflichtverletzung **145**, 16

Berufungsausschuss
- Zulassung **29**, 5

Berufungsrecht
- Prozessuale Fragen der Arzthaftung **114**, 24 ff.

Bescheinigung 51, 1 ff., s. a. Attest

Beschlagnahme
- Abrechnungsbetrug **151**, 44
- von Krankenunterlagen **72**, 1 ff.

Besetzung
- Gutachterkommission **113**, 4
- Kommission **113**, 4, s. a. Gutachterkommission
- Schiedsstellen, ärztliche **113**, 4

Besoldung
- Dienstrecht des Krankenhauses **86**, 11 ff.

Besondere Anfälligkeit des Patienten
- Deliktische Haftung **103**, 11 f.

Bestechlichkeit 152, 103 ff.
- Einzelfälle zu Ärzten **152**, 9 ff.
- Einzelfälle zu Firmenangehörigen **152**, 58 ff.
- im geschäftlichen Verkehr **152**, 110 ff., s. a. da

Bestechlichkeit im geschäftlichen Verkehr
- „Unlautere" Bevorzugung (Unrechtsvereinbarung) **152**, 120
- Genehmigung ohne Rechtfertigungswirkung **152**, 124
- Geschäftlicher Betrieb **152**, 118
- Geschütztes Rechtsgut **152**, 110 f.
- Irrtum **152**, 121
- Privatklagedelikt **152**, 123
- Sonderdelikt für Angestellte und Beauftragte **152**, 112 ff.
- Strafantrag und „besonderes öffentliches Interesse" **152**, 122
- Vorsatz **152**, 121
- Vorteilsbegriff **152**, 119

Bestelltermin
- Arztpflicht zur Einhaltung festen −s **54**, 1

Besuche bei Patienten
- Entschädigung **75**, 9

Betäubungsmittel 134, 2
- Ärztliche Verschreibung und Verabreichung **134**, 3
- Strafbare Verschreibung von - **147**, 1 ff.

Betäubungsmittelgesetz (BtMG) 147, 1 ff.

Betäubungsmittelrecht s. Arzneimittelrecht

Beteiligung an sonstiger Partnerschaft
- Musterberufsordnung **Anh Kap 1**

Betreuer
- Bestellung durch Vormundschaftsgericht **137**, 4

1888

magere Zahlen = Randnummern

Sachverzeichnis

- Genehmigung **137**, 4
Betreuungsverfügung
- Ärztliche Sterbehilfe **132**, 43 f.
Betriebliche Organisation für Haftungsfälle
- Organisationspflichten **101**, 27
Betriebsarzt 12, 28, s. a. Verbeamteter Arzt
- Schweigepflicht **70**, 3 ff.
Betrug
- Medizinischer Sachverständiger **144**, 12
Beurteilungsspielraum
- Arzt **3**, 18
Bevollmächtigter
- Entbehrlichkeit eines Betreuers **137**, 4
Beweisantritt 107, 27 f.
Beweisbeschluss
- Gerichtlicher Sachverständiger **119**, 2
Beweiserleichterung
- bei Kontrollpflichtverletzungen **110**, 8
Beweislast
- Anscheinsbeweis **108**, 1 ff., s. a. da
- für anspruchsbegründende Voraussetzungen **107**, 24 ff.
- im Arztpflichtprozess **107** ff., s. a. da
- Dokumentationsmangel **111**, 1 ff., s. a. da
- Dokumentationsmangel **111**, 6 ff.
- Grobe Behandlungsfehler **110**, 1 ff., s. a. Behandlungsfehler, grobe
- Voll beherrschbares Risiko **109**, 1 ff., s. a. Risiko, voll beherrschbares
Beweislast im Arztpflichtprozess
- Aufklärungsrüge **107**, 17 ff.
- Ausgangsregeln **107**, 24 ff.
- Besonderheiten des Arzthaftungsprozesses **107**, 12 ff.
- Beweisantritt **107**, 27 f.
- Beweislast für anspruchsbegründende Voraussetzungen **107**, 24 ff.
- Beweisvereitelung **107**, 29
- Grundsätze der Beweislastverteilung **107**, 1 ff.
- Haftungsverlagerung durch beweisrechtliche Mittel **107**, 1 ff.
Beweislastumkehr 93, 3
- Behandlungsfehler, grobe **110**, 1
- Fahrlässige Tötung **140**, 42
Beweislastverschiebung aus Billigkeitsgründen
- Behandlungsfehler, grobe **110**, 1 ff.
Beweismittel
- Gerichtlicher Sachverständiger **116**, 14
- Prozessuale Fragen der Arzthaftung **114**, 15 f.
Beweissicherungsverfahren
- Prozessuale Fragen der Arzthaftung **114**, 13 f.
Beweisvereitelung 107, 29
Bewilligungsverbot der Krankenkasse 83, 57

Bewirkungsverbot der Leistungserbringer 83, 57
Bewusste Fahrlässigkeit 139, 24
Biomedizinkonvention
- Berufsethik **4**, 17
Blanko-Rezept 53, 1
BPA s. Berufsverband der praktischen Ärzte und Ärzte für Allgemeinmedizin Deutschlands
BtMG 147, 1 ff.
- lex specialis gegenüber AMG **148**, 40
Bundesärztekammer (BÄK)
- Gremien **13**, 15
- Verfassung **13**, 13
Bundesärzteordnung 3, 9
Bundesausschuss
- Arzneimittel-Richtlinie **30**, 34
- Aufsicht **30**, 15 ff.
- Besetzung **30**, 14
- Geschäftsführung **30**, 15 ff.
- Geschäftsordnung **30**, 15 ff.
- Heilmittel (Richtlinie, Rechtsempfehlungen) **30**, 45
- Hilfsmittel (-verzeichnis, Verträge) **30**, 45
- Kartellrecht **30**, 53
- Mitgliederverordnung **30**, 15 ff.
- Psychotherapie-Richtlinie **30**, 48
- Rechtsfähigkeit **30**, 19
- Rechtsmittel gegen Richtlinien **30**, 49
- Richtlinie für stationäre Versorgung **30**, 47
- Richtlinie zur Bewertung von Untersuchungs- und Behandlungsmethoden **30**, 31
- Richtlinien **30**, 22 ff.
- Steuerungsfunktion **30**, 20
- Verfahrensordnung **30**, 15 ff.
Bundesgrenzschutz
- Verbeamteter Arzt im Dienste des - **12**, 27
Bundeskartellamt
- Krankenhausfusionskontrolle **81**, 35
Bundesmantelvertrag 32, 14 ff.
Bundespflegesatzverordnung 82, 166
- 1995 **82**, 182
Bundespflegesatzverordnung für psychiatrische und psychosomatische Einrichtungen
- Bildung und Berechnung tagesgleicher Pflegesätze **82**, 199
- Budgetberichtigung auf Grund der Tariflohnentwicklung **82**, 194
- Entwicklung eines neuen pauschalierenden Vergütungssystems **82**, 201
- Pflegesätze **82**, 189 ff.
- Vereinbarung eines leistungsgerechten Budgets **82**, 190
Bundesregister der KBV/KZBV
- Zulassung **29**, 11
Bundesschiedsamt 33, 31
- Krankenhaus, Zahnarztbereich, Apotheker, häusliche Krankenpflege **33**, 38

1889

Sachverzeichnis

halbfette Zahlen = Paragraphen

Bundeswehr
- Verbeamteter Arzt im Dienste der - **12**, 27

Bundeswehrkrankenhaus
- Behandlung von Zivilpatienten **83**, 8
- GKV-Zulassung **83**, 8

Bußgeldvorschriften
- Organtransplantation **142**, 42

C. i. c.
- Haftung **75**, 23

Chefarzt 12, 7; **85**, 28 ff.

Chefarzt
- Keine spezifische Vermögensbetreuungspflicht des -es **153**, 6 f.
- Kontrollpflicht **101**, 30
- -position in der Hochschulmedizin **86**, 4
- Remonstrationspflicht **101**, 32

Chefarztambulanz
- Haftung **94**, 17 ff.

Chefarzt-Vertrag 3, 22

Chimärenbildung
- Fortpflanzungsmedizin **129**, 23 f.

Compliance
- Mitwirkungspflichten des Patienten **74**, 4 ff.

Crash-Test mit Leichen
- Zulässigkeit **133**, 33

„Crossover-Lebendspende"
- Gewebespende **131**, 17

Dammschnitt-Urteil des BGH
- Beweislast **107**, 12

D-Arzt 12, 36, s. a. Verbeamteter Arzt

Daseinsfürsorge 2, 1, 2

Datenerhebung
- Datenschutz **72**, 34

Datenschutz
- Auswirkungen auf Arzt-Patienten-Verhältnis **72**, 34 ff.
- Datenerhebung **72**, 34
- Datenspeicherung **72**, 35
- Datenübermittlung **72**, 36 f.
- Dialysepatient **72**, 45
- Einsicht in Todesbescheinigung **72**, 47
- Empfehlungen zum - in der Arztpraxis **Anh 72**
- Ethische Grundsätze **72**, 48
- -kontrolle **72**, 40
- Krebsregister **72**, 42 ff.
- in Medizin **72**, 15 ff.
- Organtransplantation **131**, 25 ff.
- Perinatologische Erhebung **72**, 46
- bei Praxisübergabe **19**, 13
- Rechtsfolgen bei Verletzung des BDSG **73**, 1 ff.
- Verhältnis zur Schweigepflicht **72**, 24 ff.
- Wahrung in der Forschung **70**, 38 ff.
- Zweckbindung personenbezogener Daten **72**, 38 f.

Datenschutzkontrolle
- Datenschutz **72**, 40

Datenspeicherung
- Datenschutz **72**, 35

Datenübermittlung
- Datenschutz **72**, 36 f.

Datenverarbeitung
- Empfehlungen zur - in der Arztpraxis **Anh 72**

DDR-Rechtsangleichung
- Arztrecht **5**, 10

Deklaration von Helsinki
- Klinisches Experiment **130**, 14, **Anh 130**

Delegation
- Liquidationsrecht **87**, 17 f.

Delegationsfehler
- Haftung **100**, 17

Delegierbare Leistung
- Persönliche Leistungserbringungspflicht **45**, 5 ff.

Deliktische Haftung 93, 1 ff., s. a. Haftung
- des Beamten **105**, 1 f.
- Behandlungsübernahme **103**, 7 f.
- Besondere Anfälligkeit des Patienten **103**, 11 f.
- Deliktische Ersatzfähigkeit von Schäden Dritter **103**, 22
- Geschützter Personenkreis **103**, 18 ff.
- Grenzen der Einstandspflicht bei späterer Zweitschädigung **103**, 13
- Haftungsgrund **103**, 10
- Hypothetische Kausalität **103**, 15
- Kausalität **103**, 7 ff.
- Kreis der Ersatzberechtigten **103**, 18
- Rechtsgutsverletzung als Grundlage der deliktischen Haftung **103**, 2 ff.
- Schutz der Leibesfrucht **103**, 19 ff.
- Schwerpunktverlagerung des Haftungsrechts **103**, 1
- Sorgfaltspflichten **103**, 7 f.
- Unterbrechung des Haftungs- und Kausalzusammenhangs **103**, 17
- Vorwurf des pflichtwidrigen Unterlassens **103**, 9
- Zurechnungszusammenhang **103**, 7 ff.

DET
- Musterrichtlinie zur Durchführung der assistierten Reproduktion **Anh 129**

DGAI Leitlinien
- Ärztliche Sterbehilfe **132**, 32

DGHS Leitsätze
- Ärztliche Sterbehilfe **132**, 33

Diagnose
- Sicherungsaufklärung **58**, 7 ff.

Diagnoseerstellung
- Arten **48**, 10
- Arztpflicht **48**, 1 ff.
- Begriff der Diagnose **48**, 6 ff.
- Pflicht zur Diagnoserevision **48**, 15 ff.

magere Zahlen = Randnummern

Sachverzeichnis

- Pränatale Diagnostik **48**, 18
- Rechtspflicht zur Mitteilung der Diagnose **48**, 13 f.
- Verbot der Ferndiagnose **48**, 5

Diagnosefehler 98, 6 ff.
- Befunderhebungsfehler **98**, 11
- Einzelfallbetrachtung **98**, 7 ff.
- Gerichtliche Leitsätze **98**, 12
- Überblick **98**, 6

Diagnoseirrtum
- Behandlungsfehler, grobe **110**, 14 ff.

Diagnosis Related Groups (DRG)
- Krankenhausentgeltgesetz für DRG-Krankenhäuser **82**, 205, s. a. da

Diagnostische Eingriffe
- Risikoaufklärung **60**, 8 ff.

Dialysepatient
- Datenschutz **72**, 45

Dienstanweisung
- Organisationspflicht **101**, 33

Dienstanweisung bzgl. der Aufklärungspflicht
- Organisationspflicht **101**, 42

Dienstausübung
- Begriff bei Vorteilsannahme **152**, 69 ff.

Dienstherr 3, 13

Dienstrecht des Krankenhauses
- Arbeitszeitregelung **86**, 37 ff.
- Arbeitszeitschutz **86**, 40
- Assistenzärzte **86**, 32
- Befristung des Arbeitsvertrages **86**, 35 f.
- Bereitschaftsdienst **86**, 49 ff.
- Besoldung **86**, 11 ff.
- Besonderes Dienst- und Treueverhältnis **86**, 5 f.
- Besonderheiten bei leitenden Krankenhausärzten **86**, 23 ff.
- Besonderheiten für nachgeordnete Ärzte **86**, 31 ff.
- Chefarztposition in der Hochschulmedizin **86**, 4
- Grundsätze **86**, 1 f.
- Hauptamt und Nebentätigkeit **86**, 7 ff.
- Inhalt des Arbeitsvertrages **86**, 21
- Krankenhausärzte als Arbeitnehmer **86**, 20
- Krankenhausärzte als Beamte **86**, 3
- Mindestruhepausen/-zeiten **86**, 40 ff.
- Nachtarbeit **86**, 45
- Oberärzte **86**, 31
- Organisationsrechte des Dienstherrn **86**, 10
- Rechtsbeziehung der Belegärzte zum Krankenhaus **86**, 57 ff.
- Rechtsbeziehung der Honorarärzte zum Krankenhaus **86**, 64 ff.
- Rufbereitschaft **86**, 52 ff.
- Tarifvertrag **86**, 22

Direkte aktive Sterbehilfe 149, 11
„Disease Management" 1, 11

Disease-Management-Programm (DMP) 83, 102 f.

Dispositionsmaxime
- Arzthaftungsprozess **112**

Disziplinarverfahren
- Abrechnungsbetrug **151**, 64
- Ärztliche Schweigepflichtverletzung **145**, 14
- bei Verstoß gegen persönliche Leistungserbringungspflicht **26**, 65

Disziplinarverfahren, kassenärztliches
- Berufsgericht **14**, 28

DMP s. Disease-Management-Programm

Doktortitel
- Führung **9**, 3 ff.

Doktorwürde
- Entziehung **9**, 7

Dokumentation
- Fehlende - **111**, 9
- Folgen mangelhafter - **111**, 10 ff.
- Lückenhafte - **111**, 9
- Organisationspflichten **101**, 19
- Organtransplantation **131**, 25 ff.

Dokumentationsmangel
- Beweisrecht **111**, 6 ff.
- Sachliche Dokumentationspflicht **111**, 1 ff.

Dokumentationspflicht 55 f.; 111, 1 ff.

Dokumentationspflicht
- Aufbewahrungsdauer der ärztlichen Dokumentation **111**, 6 ff.
- Aufbewahrungsfristen **55**, 13
- Beweisrecht **111**, 6 ff.
- Dokumentationszweck **55**, 5 ff.
- Form **55**, 11
- Inhalt **55**, 9 f.; **111**, 6 ff.
- Musterberufsordnung **Anh Kap 1**
- Umfang **55**, 9 f.; **111**, 6 ff.
- Vertragsarzt **25**, 28 ff.
- Zeitpunkt **55**, 12

Dokumentationsprinzip
- Industrie-Arzt-Zusammenarbeit **152**, 129

Doping
- Strafrecht **139**, 58

Dopingstrafbarkeit
- Klinische Arzneimittelprüfung **148**, 41

Doppelblindversuch
- Klinische Arzneimittelprüfung **148**, 15

Drei Säulen des Krankenhauses
- Organisationsstruktur des Krankenhauses **85**, 6

Dreiseitiger Vertrag 32, 39 ff.
- Landesschiedsstelle **33**, 33 ff.

DRG
- Krankenhausentgeltgesetz für −Krankenhäuser **82**, 205, s. a. da

Dringliche Erstversorgung
- Ärztlicher Notfalldienst **17**, 19

Dritte Stufe der Gesundheitsreform 1997 80, 18

Sachverzeichnis

halbfette Zahlen = Paragraphen

Drittgeheimnis
– Entbindung von Schweigepflicht **67**, 8
Drittmitteleinwerbung
– Grundsatzentscheidung zu – **153**, 2 ff.
Drogen 134, 1 ff.
Duales Finanzierungssystem
– Krankenhaus **82**, 14 ff.
Duldungsobliegenheit
– Allgemeine Schadensminderungspflicht **76**, 13
– Begriff **76**, 1 ff.
– Folgen bei Verweigerung **76**, 4 ff.
– Gesetzliche Duldungspflichten **76**, 7 ff.
– Nichterzwingbare Duldungspflichten **76**, 12
– Zwangsbehandlung **76**, 8 ff.
Durchgangsarzt 39, 38
Durchsuchung
– Abrechnungsbetrug **151**, 44

Ehegatte
– Behandlung von –n **39**, 19 ff.
Ehegatte des Patienten
– Ärztliche Mitteilung **71**, 33 ff.
– Mitverpflichtung bzgl. Arzthonorar **75**, 31
Eid des Hippokrates
– Schweigepflicht **65**, 1
Eigenhaftung
– Verbeamteter Arzt **105**, 3 ff.
Eigenmächtige Heilbehandlung, § 229 StGB 138, 13
Eigenverantwortliche Selbstgefährdung
– Verschreibung von Betäubungsmitteln, strafbare **147**, 34
Eigenwerbeverbot 15, 1 ff.
„Einbecker-Empfehlungen"
– Vermeidung von Organisationsfehlern **101**, 9
Einbeziehung des medizinischen Sachverständigen
– Haftung **97**, 9 ff.
Einfacher Blindversuch
– Klinische Arzneimittelprüfung **148**, 14
Eingebrachte Sachen
– Verwahrungspflicht des Krankenhausträgers **92**, 10
Einigungsversuch
– Schiedsamt **33**, 20 ff.
Einrede der Verjährung 96, 1 ff., s. a. Verjährung
– Verzicht **114**, 28
Einsichtsrecht in Krankenunterlagen 56, 1 ff.
– Arten **56**, 3, 11
– Aufbewahrungspflicht **56**, 17
– Außerprozessuales – **56**, 4
– Berichtigung unrichtiger Dokumentation **56**, 15
– Dokumentation bei ambulanter Operation **56**, 16
– Einschränkungen **56**, 5
– Prozessuales – **56**, 8

– des Rechnungshofes **56**, 14
– nach Tod des Patienten **56**, 12
– Vorprozessuales – **56**, 6
Einstandspflicht 3, 23
Einwilligung
– Aufklärung als Wirksamkeitsvoraussetzung **139**, 54 f.
– Fahrlässige Körperverletzung **139**, 54 f.
– Fahrlässige Tötung **140**, 48
– Freiheit von Willensmängeln bei – **139**, 50
– in gegen gute Sitten verstoßenden Eingriff **3**, 20
– Irrtum **139**, 81 ff.
– Klinisches Experiment **130**, 28
– Knochenmarkspende **142**, 29 ff.
– von Minderjährigen bei Schwangerschaftsabbruch **143**, 32
– Mutmaßliche – bei fahrlässiger Körperverletzung **139**, 65 ff.
– Rechtfertigende – bei fahrlässiger Körperverletzung **139**, 42 ff., s. a. da
– der Schwangeren zum Schwangerschaftsabbruch **143**, 32 ff.
– Schweigpflicht **67**, 8 f.
– -sfähigkeit **137**, 7
– in Tun/Unterlassen **147**, 31 ff.
– Unwirksamkeit der – Minderjähriger **142**, 31
– Vermutete – **71**, 15 ff.
– Verschreibung von Betäubungsmitteln, strafbare **147**, 19
– Wirksamkeitserfordernis **142**, 30 f.
Einwilligung als Rechtfertigungsgrund
– Organtransplantation **142**, 29
Einwilligung des Patienten nach Aufklärung
– Beweislast **6**, 31
– Dokumentation **6**, 31
– Heileingriff als Körperverletzung **6**, 28
– Karl Binding **6**, 27
– Iatrogene Gefahren **6**, 30
– Persönlichkeitsrecht **6**, 29
– Rechtfertigung ärztlichen Handelns **6**, 22 ff.
– Reichsgericht **6**, 28
– Risikoaufklärung **6**, 23 f.
– Schadensprozess **6**, 25
– Wilhelm Kahls Lehre **6**, 26
Einwilligung, mutmaßliche
– Schweigpflicht **67**, 10 f.
Einwilligung, stillschweigende
– in Weitergabe der Abrechnung an Verrechnungsstellen **75**, 20
Einwilligungsfähigkeit 137, 7
– Fahrlässige Körperverletzung **139**, 43
– Minderjährigkeit **139**, 44
Einzelgutachter 117, 1 ff.
Einzelpraxis
– Passivlegitimation des beklagten Arztes bei Arzthaftungsprozess wegen ambulanter Behandlung **115**, 2

magere Zahlen = Randnummern

Sachverzeichnis

Einzelzulassung
– Arzneimittel **135**, 27
Elektiver Single- (Double-)Embryo-Transfer
– Embryonenschutzgesetz **129**, 13
Embryo, Rechtsstatus
– Abstufungen **129**, 49
– BVerfG **129**, 53 f.
– Fortpflanzungsmedizin **129**, 47 ff.
– Widersprüche **129**, 57
Embryo, Schutz des menschlichen –s
– Musterberufsordnung **Anh Kap 1**
Embryonen, überzählige
– Fortpflanzungsmedizin **129**, 33 f.
Embryonenschutzgesetz (ESchG) 139, 7
– Arztvorbehalt **129**, 28 f.
– Chimärenbildung **129**, 23 f.
– Embryonenverbrauch **129**, 30 ff.
– Fortpflanzungsmedizin **129**, 21
– Hybridbildung **129**, 23 f.
– Klonen **129**, 22
– Kryokonservierung **129**, 26 f.
– Spermienselektion **129**, 25
– Strafrecht **129**, 21
– Überzählige Embryonen **129**, 33 f.
Embryonenverbrauch
– Fortpflanzungsmedizin **129**, 30 ff.
Embyotransfer
– Musterberufsordnung **Anh Kap 1**
Enhancement 3, 20
Entkoppelung, Gebot der einfachen
– Wahlleistungen **82**, 143
Entlassungsmanagement 79, 31
Entmannung 127, s. Kastration
Entnahmepflicht
– Keine – bei Organtransplantation **142**, 35
Entschädigung
– Gerichtlicher Sachverständiger **124**, 1 ff.
– nach GOÄ **75**, 9
– Keine – bei Dienstaufgaben **124**, 4
Erbeinsetzung des behandelnden Arztes 91, 18
Erfolgstheorie
– Strafrecht **138**, 10
Erforderlichkeit
– Hilfeleistungspflicht, ärztliche (§ 323c StGB) **141**, 26
Erfüllungsgehilfe
– Haftung bei Fehler des –n **94**, 5 ff.
Erhaltung ungeborenen Lebens
– Musterberufsordnung **Anh Kap 1**
Erhöhung des Pflegesatzes
– Rückwirkende - **90**, 11
Erklärung von Hawaii
– Berufsethik **4**, 21
Erlaubtes Risiko
– Fahrlässige Körperverletzung **139**, 77
– Fahrlässige Tötung **140**, 48

Ermittlungsverfahren
– bei Verstoß gegen persönliche Leistungserbringungspflicht **26**, 68
Eröffnungswehen
– Beginn der Geburt **139**, 2 ff.
– Schwangerschaftsabbruch **143**, 15
Ersatzberechtigte
– Deliktische Haftung **103**, 18
Erstversorgung, dringliche
– Ärztlicher Notfalldienst **17**, 19
Erteilung der Approbation 8, 4
Ertragswertverfahren
– Kaufpreisermittlung bei Praxisveräußerung **19**, 10
ET
– (Muster)Richtlinie zur Durchführung der assistierten Reproduktion **Anh 129**
Ethik-Kommission im AMG
– Klinisches Experiment **130**, 20
Ethik-Kommissionen
– Berufsethik **4**, 33
– Klinisches Experiment **130**, 51
– Medizinproduktegesetz (MPG) **136**, 16
Europäisches Recht
– Arztrecht **5**, 2
Euthanasie 132, 5, s. a. Sterbehilfe, ärztliche
Experiment, klinisches 130, 1 ff., s. a. Klinisches Experiment
Expertenstatus des Arztes
– Haftung **93**, 29
Extrakorporale Befruchtung
– Musterrichtlinie zur Durchführung der assistierten Reproduktion **Anh 129**
Extrauterine Schwangerschaft
– Schwangerschaftsabbruch **143**, 17

Facharztbeschluss
– Weiterbildung **11**, 13
Fachkrankenhaus 79, 46
Fahrlässige Abtreibung
– Schwangerschaftsabbruch **143**, 11
Fahrlässige Körperverletzung 139, 1 ff.
– Aufklärung als Wirksamkeitsvoraussetzung der Einwilligung **139**, 54 f.
– Besondere ärztliche Eingriffe **139**, 37
– Besonderes öffentliches Interesse **139**, 86
– Einwilligung **139**, 54 f.
– Einwilligungsfähigkeit **139**, 44
– Erlaubtes Risiko **139**, 77
– Fahrlässigkeit **139**, 24 ff.
– Freiheit von Willensmängeln bei Einwilligung **139**, 50
– Gerichtlicher Sachverständiger **125**, 6 f.
– Gesundheitsbeschädigung **139**, 19 ff.
– Gliederung der Körperverletzungstatbestände **139**, 10 ff.
– Irrtum bei (mutmaßlicher) Einwilligung **139**, 81 ff.
– Kausalität der Pflichtwidrigkeit **139**, 38 ff.

1893

Sachverzeichnis

halbfette Zahlen = Paragraphen

- Keine ärztliche „Vernunfthoheit" **139**, 62 ff.
- Körperliche Misshandlung **139**, 19 ff.
- Medizinischer Sachverständiger **144**, 17
- Mutmaßliche Einwilligung **139**, 65 ff.
- Nebenkläger **139**, 88
- Nothilfe **139**, 77
- Objektive Vorhersehbarkeit **139**, 41
- Pränatale Verletzung **139**, 6 ff.
- als Privatklagedelikt **139**, 84
- Rechtfertigende Einwilligung **139**, 42 ff., s. a. da
- Rechtfertigende Pflichtenkollision, § 32 StGB **139**, 77
- Rechtfertigender Notstand, § 34 StGB **139**, 77
- Rechtfertigung bei Sittenwidrigkeit **139**, 56 ff.
- Rechtfertigungsgründe **139**, 77 f.
- Rechtswidrigkeit **139**, 42 ff.
- als relatives Antragsdelikt **139**, 84
- Schuld **139**, 79 f.
- Schuld bei physischer Überlastung **139**, 80
- Schutzgut **139**, 1 ff.
- Schutzzweckzusammenhang **139**, 41
- Tatbestandliche Voraussetzungen **139**, 18 ff.
- Tatbestandsirrtum **139**, 81 f.
- Tatobjekt **139**, 1 ff.
- Typische Fehlerquellen **139**, 36
- Übernahmeverschulden **139**, 35
- durch Unterlassen **139**, 22 f.
- Verbotsirrtum **139**, 83
- Verfügungsbefugnis **139**, 43
- Verletzung der im Verkehr erforderlichen Sorgfalt **139**, 24 ff.

Fahrlässige Tötung 140, 1 ff.
- „Kunstfehler" **140**, 16
- „Mit an Sicherheit grenzender Wahrscheinlichkeit" **140**, 43
- Adäquanz **140**, 46
- Aktives Tun **140**, 6 ff.
- Anforderungen an den Kausalitätsnachweis **140**, 35 ff.
- Anwendungsbereich des § 222 StGB **140**, 2 ff.
- Behandlungsfehler **140**, 16, 18
- Beweislastumkehr **140**, 42
- Einsetzen der Eröffnungswehen **140**, 2
- Einwilligung **140**, 48
- Embryo **140**, 2
- Erlaubtes Risiko **140**, 48
- Garantenstellung des Arztes **140**, 14 f.
- Gefährdungstatbestand **140**, 42
- Gesamtverantwortung des Arztes **140**, 20
- Ingerenz **140**, 15
- Kausalität zwischen ärztlichem Verhalten und Patiententod **140**, 31 ff.
- Leibesfrucht **140**, 2
- Medizinischer Sachverständiger **144**, 17
- Mensch mit Beginn der Geburt **140**, 2

- Notstand, § 34 StGB **140**, 48
- Objektive Voraussehbarkeit des Erfolges **140**, 46 ff.
- Organisationsmängel **140**, 16
- Organisationsverantwortung **140**, 30
- Pflichtwidrigkeitszusammenhang **140**, 31 ff.
- Pränatale Pflichtverletzung **140**, 3
- Prinzip der strengen Zuständigkeitsabgrenzung **140**, 19
- Rechtfertigungsgründe **140**, 48 f.
- Rechtswidrigkeit **140**, 48 f.
- Schuld **140**, 50 ff.
- Schutzbereich des § 222 StGB **140**, 45
- Schutzzweckzusammenhang **140**, 45 ff.
- Subjektive Erkennbarkeit und Erfüllbarkeit der Pflicht **140**, 50
- Subjektive Voraussetzbarkeit des Erfolgs **140**, 51
- Tatbestand **140**, 1 ff.
- Tathandlung **140**, 6 ff.
- Tatobjekt **140**, 2 ff.
- Therapiefreiheit **140**, 18
- Übernahmeverschulden **140**, 52
- Unterlassen **140**, 6 ff.
- Unzumutbarkeit normgemäßen Verhaltens **140**, 52 f.
- Verjährung **140**, 54
- Verletzung der objektiv erforderlichen Sorgfalt **140**, 16 ff.
- Verletzungsdelikt **140**, 42
- Vertrauensgrundsatz **140**, 19 ff.
- Voraussetzungen des Schuldvorwurfs **140**, 50 ff.

Fahrlässigkeit
- Ausgangspunkte **98**, 1 ff.
- bei Aussagedelikten **144**, 6
- Bewusste - **139**, 24
- Diagnosefehler **98**, 6 ff.
- Gruppen- **139**, 27
- Körperverletzung **139**, 24 ff.
- Nachsorge **98**, 33
- Therapiefehler **98**, 19 ff.
- Übernahme- **139**, 35
- Unbewusste - **139**, 24
- Verstoß gegen nachwirkende Behandlungspflichten **98**, 34
- Wirtschaftlichkeitsgebot **102**, 1 ff.

Fälligkeit
- Arzthonorar **75**, 13

Fallpauschalengesetz 79, 4

Fallpauschalen-Katalog
- Krankenhausentgeltgesetz für DRG **82**, 211 ff.

Falschbeurkundung 146, 1

Falsche Aussage
- Medizinischer Sachverständiger **144**, 2

Falsche Verdächtigung
- Medizinischer Sachverständiger **144**, 13

Famulatur 7, 9

magere Zahlen = Randnummern

Sachverzeichnis

Fehlbildung bei Neugeborenem
– Ärztliche Mitteilung **71**, 74
Fehlender Versicherungsschutz
– Krankenhausaufnahme **88**, 10
Fehlerhafte genetische Beratung
– „Kind als Schaden" **99**, 14 f.
Fehlerhafte Heilbehandlung, § 230 StGB 138, 13
Fehlerhafter Arztvertrag 43, 1 ff.
Fehlgeschlagene Empfängnisverhütung
– „Kind als Schaden" **99**, 16
Fehlgeschlagene Sterilisation 126, 9 f.
– „Kind als Schaden" **99**, 16
Fehlverhalten, außerberufliches
– Berufsgericht **14**, 27
Fernbehandlung
– Verbot **50**, 5
Ferndiagnose
– Verbot **48**, 5
Fertigarzneimittel 135, 15, 25
Fiktive Arzneimittel 135, 16
Finanzierung
– Pflegesätze **82**, 160 ff., s. a. da
Finanzierungssystem
– Einheitliche Versicherungsprämie **24**, 23
– Grundfragen der Finanzierung **24**, 3 ff.
– Grundfragen der Honorierung **24**, 7 ff.
– Stellenwert der Therapiefreiheit **24**, 27
– Überregulierung **24**, 24
– Vertragsärztliches Viereckverhältnis **24**, 32
– Zusammenhang zwischen Finanzierung der GKV und Honorierung der Ärzte **24**, 18 ff.
Flughafenarzt 12, 21
Föderalismusreform 87, 41
Forscher, Arzt als
– Schweigepflicht **70**, 35 ff.
Forschung
– Musterberufsordnung **Anh Kap 1**
– Wahrung der ärztlichen Schweigepflicht und des Datenschutzes **70**, 38 ff.
Fortbildung s. a. Weiterbildung
– Ärztliches Berufs- und Standesrecht **11**, 1 ff.
– MBO **11**, 1
– Musterberufsordnung **Anh Kap 1**
– SGB V **11**, 1
Fortbildungspflicht 139, 31
– Vertragsarzt **25**, 14
Fortpflanzungsmedizin 61, 1 ff.; **129**, 1 ff.
– „Recht auf Nichtwissen" **129**, 81 f.
– Ärztekammer **129**, 15
– Arztvorbehalt **129**, 28 f.
– Aufgabe des Gesetzgebers **129**, 12
– Chimärenbildung **129**, 23 f.
– Deutscher Ärztetag **6**, 15
– Embryonenschutzgesetz **129**, 21
– Embryonenverbrauch **129**, 30 ff.
– GenDG **129**, 89
– Genetische Informationen **129**, 85 f.
– Genmedizin **129**, 73 ff.

– Grundgesetz **4**, 25
– Heilauftrag **6**, 15; **129**, 17 ff.
– Hybridbildung **129**, 23 f.
– Instrumentalisierung **129**, 20
– Kinderrechte **129**, 16
– Klonen **129**, 22
– Kontroversen **129**, 6
– Kostenübernahme durch GKV **129**, 59 ff.
– Kostenübernahme durch PKV **129**, 68 ff.
– Kryokonservierung **129**, 26 f.
– Lebensschutz **129**, 5
– Präimplanationsdiagnostik **129**, 35 f.
– Präkonzeptionelle Beratung **129**, 78
– Pränataldiagnostik **129**, 83 f.
– Rechtsquellen **129**, 3 f.
– Rechtsstatus des Embryos **129**, 47 ff.
– Reformvorschläge **129**, 11
– Reproduktionsverfahrensarten **129**, 13 f.
– Somatische Gentherapie **129**, 77
– Spermienselektion **129**, 25
– Stammzellen **129**, 41
– Stammzellengesetz **129**, 41
– Strafrecht **129**, 21
– Therapeutisches Klonen **129**, 45
– Überzählige Embryonen **129**, 33 f.
Freiberufler
– Vertragsarzt **25**, 1 f.
Freier Beruf
– Beschränkung **3**, 1
– Gewerbesteuerfreiheit **3**, 3
– Heilberuf **3**, 8
– Kammer **3**, 7
– Kriterien **3**, 2
– Merkmale **3**, 5
– Normative Bedeutung **3**, 6
Freier gerichtlicher Sachverständiger 117, 7
Freigemeinnützige Krankenhäuser 81, 10 ff.
Freiheitsberaubung
– Medizinischer Sachverständiger **144**, 14
Freiheitsgarantie
– Arzt **3**, 25
Freiheitsstrafe
– Abrechnungsbetrug **151**, 51
Freiwilligkeit
– Gutachterstellen, ärztliche **113**, 6
– Schiedsstellen, ärztliche **113**, 6
Freiwilligkeitserfordernis
– Organtransplantation **142**, 33
Fremdnützigkeit, Prinzip der
– Industrie-Arzt-Zusammenarbeit **152**, 132
Fremdwerbung
– Werbeverbot **15**, 24
Fristenlösung
– Schwangerschaftsabbruch **143**, 1
Fristgerechte Gutachtenerstellung
– Begutachtungspflichten **122**, 28
Früherkennungsuntersuchung 47, 4 ff.

1895

Sachverzeichnis

halbfette Zahlen = Paragraphen

Funktionale Optimierung, Grundsatz
- Organisationsstruktur des Krankenhauses **85**, 4

Garantenpflicht
- Hilfeleistungspflicht, ärztliche (§ 323c StGB) **141**, 2f.

Garantenstellung
- Aufnahmearzt **141**, 2
- Bereitschaftsarzt **141**, 2
- bei Körperverletzung durch Unterlassen **139**, 22

Garantenstellung des Arztes
- Fahrlässige Tötung **140**, 7, 14f.

Gastarzt 12, 14, s. a. Krankenhausarzt

G-BA
- Einschränkung des gesetzlichen Leistungskatalogs durch – **83**, 88f.
- Mindestmengenregelungen **83**, 94ff.

Gebot der einfachen Entkoppelung
- Wahlleistungen **82**, 143

Gebot der Wirtschaftlichkeit 102, 1ff.

Gebührenfreiheit
- Gutachterstellen, ärztliche **113**, 9f.
- Schiedsstellen, ärztliche **113**, 9f.

Gebührenordnung für Ärzte (GOÄ) 75, 1ff., s. a. Arzthonorar

Gebührenrahmen
- GOÄ **75**, 9

Gebührenrechtliche Grundsätze
- Liquidationsrecht **87**, 20ff.

Gebührensatz
- GOÄ **75**, 9

Gefahr des ärztlichen Eingriffs
- Risikoaufklärung **60**, 1

Gefährdungstatbestand
- Fahrlässige Tötung **140**, 42

Gefälligkeitsattest
- Verbot **51**, 6

Gefälligkeitssterilisation 126, 6
- Sterilisation **126**, 17

Geheimnis
- Entbindung von Schweigepflicht bei Drittem **67**, 8

Geheimnis des Patienten
- Schweigepflicht **65ff.**, s. a. da

Geheimnisbegriff
- der §§ 203f. StGB **66**, 1ff.

Geldstrafe
- Abrechnungsbetrug **151**, 51

Gemeinsamer Bundesausschuss (G-BA)
- Institut für Qualität und Wirtschaftlichkeit im Gesundheitswesen (IQWiG) **28**, 53
- Rechtsgrundlage **28**, 52
- Zuständigkeit **28**, 52

Gemeinschaft fachärztlicher Berufsverbände 13, 29

Gemeinschaftspraxis 18, 14
- Begriff **18**, 14

- Passivlegitimation des beklagten Arztes bei Arzthaftungsprozess wegen ambulanter Behandlung **115**, 7
- Rechtsbeziehungen **18**, 16
- Rechtsform **18**, 15
- Vertragsarztrecht **31**, 6ff.

Gendiagnostikgesetz (GenDG)
- Genmedizin **129**, 89

Genehmigung
- Bestechlichkeit im geschäftlichen Verkehr **152**, 124
- des Betreuers **137**, 4
- des Vormundschaftsgerichts **137**, 4

„Genehmigung" gem. § 331 Abs 3 StGB
- Vorteilsannahme **152**, 99ff.

Genehmigungsverfahren
- Pflegesätze **82**, 259ff.

Generika 135, 16

Genetische Informationen
- Genmedizin **129**, 85f.

Genfer Arztgelöbnis
- Berufsethik **4**, 16

Genmedizin
- „Recht auf Nichtwissen" **129**, 81f.
- Fortpflanzungsmedizin **129**, 73ff.
- GenDG **129**, 89
- Genetische Informationen **129**, 85f.
- Präkonzeptionelle Beratung **129**, 78
- Pränataldiagnostik **129**, 83f.
- Somatische Gentherapie **129**, 77

Gentechnologie
- Grundgesetz **4**, 25

Gentherapie, somatische
- Genmedizin **129**, 77

Geriatrie
- Abgrenzung zu Gerontologie **137**, 1
- Aufgaben **137**, 2
- Begriff **137**, 1
- Rechtliche Probleme **137**, 3

Gericht
- Ärztliche Mitteilung **71**, 47ff.

Gerichtlicher Sachverständiger
- § 823 Abs. 2 BGB i. V. m. Schutzgesetzen **125**, 8
- Ablehnung **120**, 1ff.
- Absolute Ablehnungsgründe **120**, 1f.
- Abweichende Entscheidung **118**, 5
- Amtspflichtverletzung **125**, 18
- Aufgabe **116**, 5ff.
- Auswahl **119**, 1
- Beauftragung von Gutachten durch Klinik **117**, 9
- Befangenheitsbesorgnis **120**, 3
- Beweisbeschluss **119**, 2
- Beweismittel im Gerichtsverfahren **116**, 14
- Definition **116**, 1ff.
- Ehegatte einer Verfahrenspartei **120**, 2
- Einzelgutachter **117**, 1ff.

magere Zahlen = Randnummern

Sachverzeichnis

- Entschädigung **124**, 1 ff.
- Fahrlässige Verletzung **125**, 6 f.
- Freier – **117**, 7
- Funktion des Gerichts bei Auswahl **119**, 1
- Gehilfe des Gerichts **118**, 1 ff.
- Gutachten von Behörden/sonstigen öffentlichen Stellen **117**, 8
- Haftung im Interesse der Rechtssicherheit **125**, 13
- Haftungsausschluss **125**, 21
- Hilfsfunktion **118**, 1 ff.
- in Frage kommende Personen **117**, 1 ff.
- Kein Haftungsausschluss bei Verstoß gegen §§ 138, 242 BGB **125**, 22
- Keine Haftung nach § 823 Abs. 2 BGB mangels Beeidigung **125**, 9
- mit hoheitlicher Funktion **117**, 6
- Öffentlich bestelltem – gleichgestellte Person **117**, 5
- Öffentlich bestellter – **117**, 3 f.
- Pflichten bei Begutachtung **122**, 1 ff., s. a. Begutachtungspflichten
- Pflichtverletzung **125**, 1 ff.
- Sachverständiger Zeuge **116**, 15
- Strafrechtliche Verfolgung **125**, 1
- Unerlaubte Handlung **125**, 4 f.
- Unterschied zum (sachverständigen) Zeugen **116**, 13 ff.
- Ursächlichkeitsfrage bei Haftung **125**, 14
- Verfahrensfehler **118**, 3 f.
- Verfahrenspartei **120**, 1
- Verjährung des Schadensersatzanspruchs bei deliktischen Ansprüchen **125**, 23 f.
- Verjährung des Schadensersatzanspruchs bei vertraglichen Ansprüchen **125**, 25
- Verwandtschaft zu einer Verfahrenspartei **120**, 2
- Zivilrechtliche Haftung **125**, 2

Gerichtliches Berufsverbot
- Approbation **8**, 35

Gerontologie
- Abgrenzung zu Geriatrie **137**, 1

Gesamthirntod
- Organspende **131**, 7

Gesamtverantwortung des Arztes
- Fahrlässige Tötung **140**, 20

Gesamtvergütungsvereinbarung 32, 36 ff.

Geschäftlicher Betrieb
- Bestechlichkeit im geschäftlichen Verkehr **152**, 118

Geschäftsführung für Ausschuss
- Zulassung **29**, 8 f.

Geschäftsführung ohne Auftrag (GoA)
- Ansprüche auf Arzthonorar aus – **75**, 15

Geschäftsunfähige
- Klinische Arzneimittelprüfung an -n **148**, 24

Geschenkannahme
- Musterberufsordnung **Anh Kap 1**

Geschlechtsumwandlung ohne medizinische Indikation
- Strafrecht **139**, 57

Gesetz zur Modernisierung der gesetzlichen Krankenversicherung 2003 80, 24

Gesetz zur Stärkung des Wettbewerbs in der gesetzlichen Krankenversicherung 2007 80, 26

Gesetz zur Weiterentwicklung der Organisationsstrukturen in der Gesetzlichen Krankenversicherung (GKV-OrgWG) 23, 90

Gesetzlich Versicherter
- Leistungsanspruch auf Krankenhausbehandlung **83**, 14 ff.
- Leistungsanspruch auf medizinische Rehabilitation **83**, 61

Gesetzliche Krankenversicherung (GKV)
- Ärztliche Mitteilung **71**, 28 ff.
- GKV-Versorgungsverträge zur stationären Behandlung **83**, 70
- Leistungsanspruch des Versicherten auf medizinische Rehabilitation **83**, 61
- Leistungsbegrenzung durch Wirtschaftlichkeitsgebot **83**, 50
- Leistungsrecht **83**, s. da
- Leistungstransparenz **83**, 70
- Therapiefreiheit **3**, 22

Gespaltener Krankenhausaufnahmevertrag
- Passivlegitimation des beklagten Arztes im Arzthaftungsprozess wegen stationärer Behandlung **115**, 42

Gespaltener Krankenhausvertrag 89, 12 f.

Gesundheit
- Definition der World Health Organization **1**, 18

Gesundheitsbeschädigung
- Fahrlässige Körperverletzung **139**, 20

Gesundheitserziehung
- Sicherungsaufklärung **58**, 14 ff.

Gesundheits-Strukturgesetz 82, 182
- 1993 **83**, 81

Gesundheits-Strukturreform 1992 80, 17

Gesundheitsversorgungs-Sicherstellungsklausel 81, 39

Gesundheitszeugnis
- Ausstellen falscher -se **146**, 1 ff., s. a. Ausstellen falscher Gesundheitszeugnisse
- Ausstellen falscher -se duch medizinischen Sachverständigen **144**, 15
- Begriff des „unrichtigen -ses" **146**, 6 ff.
- Verbot von unrichtigem – **51**, 6

Gewährleistungspflicht
- Gemeinsame – von Krankenkassen und Krankenhausträgern **83**, 1 ff.

Gewährleistungsverantwortung der Länder 79, 3

Gewebeentnahme
- aus rechtfertigendem Notstand **131**, 14

1897

Sachverzeichnis

halbfette Zahlen = Paragraphen

- bei lebenden Organspendern **131**, 15
- mit Einwilligung des Organspenders **131**, 7 ff.
- mit Zustimmung anderer Personen **131**, 11 f.

Gewebehandel 131, 29
- Strafbarkeit **142**, 39 ff.

Gewebespende, s. a. Organtransplantation

Gewerbearzt 12, 23

Gewerbesteuerfreiheit
- Freier Beruf **3**, 3

GFB s. Gemeinschaft fachärztlicher Berufsverbände

GIFT
- Musterrichtlinie zur Durchführung der assistierten Reproduktion **Anh 129**

GKV s. Gesetzliche Krankenversicherung

GKV-Gesundheitsreformgesetz 2000 80, 21; **83**, 81, 104

GKV-Modernisierungsgesetz (GMG) 79, 70; **83**, 82, 105

GKV-Versorgungsvertrag
- zur stationären Behandlung **83**, 70

GKV-Wettbewerbsstärkungsgesetz (GKV-WSG) 23, 44 ff.; **83**, 82

GKV-Zulassung von Krankenhäusern 83, 1 ff.
- Bundeswehrkrankenhaus **83**, 8
- Kostenerstattungskrankenhaus **83**, 7
- Krankenhaus als Eigeneinrichtung von Krankenkasse **83**, 9
- Praxisklinik **83**, 10
- Rehabilitationseinrichtung **83**, 11
- Vertragskrankenhäuser **83**, 4 f.
- Vorsorgeeinrichtung **83**, 11
- Zulassung als Transplantationszentrum **83**, 6
- Zulassung ohne Vertrag mit Krankenkassen **83**, 2 f.

GMG s. GKV-Modernisierungsgesetz

GoA
- Ansprüche auf Arzthonorar aus – **75**, 15

GOÄ
- Abrechnung von Wahlleistungen nach – **82**, 133
- Arzthonorar nach – mit Ausnahme für stationäre Leistungen **75**, 7 ff.
- Entschädigung **124**, 1 ff.
- Liquidationsrecht **87**, 20 ff.

„Goodwill"-Berechnung
- Kaufpreisermittlung bei Praxisveräußerung **19**, 9

GOZ 75, 2

Grenzüberschreitende Tätigkeit
- Musterberufsordnung **Anh Kap 1**

GRG Gesetz zur Strukturreform im Gesundheitswesen

Grundgesetz
- Berufsethik **4**, 25

Grundlohnrate 82, 174

Grundsatz ärztlicher Therapiefreiheit
- Haftung **97**, 36

Grundsatz der Beitragssatzstabilität 82, 2
- Pflegesätze **82**, 174 ff.

Grundsatz der funktionalen Optimierung
- Organisationsstruktur des Krankenhauses **85**, 4

Grundsatz des planerischen Ermessens 82, 80

Grundsätze der BÄK zur Sterbebegleitung
- Ärztliche Sterbehilfe **132**, 17 ff.

Gründung einer Praxisgemeinschaft
- Ärztliche Mitteilung **71**, 66 ff.

Gruppenfahrlässigkeit 139, 27
- Haftung **97**, 17

Gruppenpraxis, ärztliche 18, 6

GSG Gesundheitsstrukturgesetz

Gutachten
- Arbeitsüberlastung **121**, 5
- Ärztliche Schweigepflicht **121**, 2
- Aufbau **123**, 1 ff.
- Beauftragung durch Klinik **117**, 9
- Frühere Patientenbehandlung **121**, 4
- Grundzüge **123**, 1 f.
- Inhalt **123**, 1 ff.
- Musterberufsordnung **Anh Kap 1**
- Rechtsgrundlagen zur Erstellung **121**, 1
- Sprache **123**, 3
- Übernahmepflicht **121**, 1 ff.
- Verweigerungsrecht **121**, 2
- von Behörden/sonstigen öffentlichen Stellen **117**, 8

Gutachter s. Gutachten, Gerichtlicher Sachverständiger
- Arzt **116** ff.

Gutachterkommission
- Besetzung **113**, 4
- Prozessuale Fragen der Arzthaftung **113**, 1 ff.

Gutachterstellen, ärztliche
- Freiwilligkeit **113**, 6
- Gebührenfreiheit **113**, 9 f.
- Prozessuale Fragen der Arzthaftung **113**, 1 ff.
- Rechtliche Folgeprobleme des Verfahrens **113**, 11 ff., s. a. Gutachterverfahren
- Sachliche Zuständigkeit **113**, 3
- Unverbindlichkeit **113**, 7 f.
- Verfahrensprinzipien **113**, 5 ff.
- Zielsetzung **113**, 1 ff.

Gutachterverfahren
- Rechtshängigkeit **113**, 13
- Strafantragsfrist **113**, 14
- Verjährung **113**, 11 f.

Güterabwägung
- Berufsethik **4**, 8

„Gute Sitten"
- Organtransplantation **142**, 34

magere Zahlen = Randnummern

Sachverzeichnis

Hafenarzt 12, 20
Haftpflicht
- -ausschluss des Arztes/Krankenhauses 90, 13
- Klinisches Experiment 130, 47 ff.
- Sorgfaltspflichtverletzung 93, 23

Haftpflichtrecht
- Freiheitssicherung 3, 23

Haftpflichtversicherung
- Musterberufsordnung **Anh Kap 1**

Haftung
- Aktivlegitimation 94, 1
- Ambulanz 94, 17 ff.
- Anfängeroperation 100, 22
- Anspruchsgrundlagen 94, 2
- Anspruchskonkurrenz zwischen vertraglicher und deliktischer - 93, 17 ff.
- Anstieg der Anzahl der Arzthaftungsprozesse 93, 1 ff.
- Arztfehler 97, 5 ff.
- Arzthaftungsprozesse 93, 1 ff.
- Ärztlicher Notfalldienst 17, 23
- Ausbildung 7, 21
- Äußere und innere Sorgfalt 97, 35
- Bedeutung des § 831 BGB 104, 1 ff.
- Behandlungsfehler 97, 1 ff.
- Belegarzt 94, 14 ff.
- Berufsfachlich gebotene Sorgfalt 97, 13 f.
- -beschränkungen 93, 25 ff.
- Beweislastumkehr des klagenden Patienten 93, 3
- BGB-Reformen 93, 17 ff.
- Chefarztambulanz 94, 17 ff.
- Delegationsfehler 100, 17
- Deliktische - 103, 1 ff., s. a. da
- des Krankenhauses für Organisationsmängel bei Testamentserrichtung 91, 17
- Eigen- des verbeamteten Arztes 105, 3 ff.
- Einbeziehung des medizinischen Sachverständigen 97, 9 ff.
- Expertenstatus des Arztes 93, 29
- Fahrlässigkeiten 98, 1 ff., s. a. da
- Fehler des Erfüllungs-/Verrichtungsgehilfen 94, 5 ff.
- -freizeichnung 93, 26
- des gerichtlichen Sachverständigen 125, 1 ff.
- Geschäftsherr und Verrichtungsgehilfe 104, 7
- Grundsatz ärztlicher Therapiefreiheit 97, 36
- Gruppenfahrlässigkeit 97, 17
- Hebamme 94, 21
- Hilfspersonen 104, 1 ff.
- Institutsambulanz 94, 17 ff.
- „Kind als Schaden" 99, 1 ff., s. a. da
- Klinisches Experiment 130, 47 ff.
- Krankenhausträger 94, 13
- Materieller Schadensersatz 95, 3 ff.
- Medizinische Standards 97, 1 ff.
- des medizinischen Sachverständigen 144, 1 ff., s. a. Sachverständiger, medizinischer
- Medizinischer Sachverständiger 144, 1 ff.
- Methodenwahl 97, 36
- Mitverschulden 95, 12
- Mögliche -schuldner 94, 4 ff.
- Notarzt 17a, 69 ff.
- Organ- 104, 13 ff., s. a. da
- Organisationspflichtverletzung 101, 1 ff., s. a. Organisationspflichten
- Organisationspflichtverletzung 101, 47
- für psychische Verläufe 106, 9
- Qualitätssicherung 93, 12 ff.
- Rechtsprechung zu vertraglicher und deliktischer - 93, 21 ff.
- Reichweite der Haftung für Verrichtungsgehilfen 104, 4 f.
- Schadensermittlungspflicht des Patienten 95, 12
- Schmerzensgeld 95, 8 ff.
- Schuldhafte Standardunterschreitung 97, 5 ff.
- Selbstbestimmungsrecht des Patienten 93, 29
- Selbstliquidierender Arzt 94, 14 ff.
- Sorgfaltsanforderungen bei Außenseitermethoden 97, 37
- Sorgfaltsanforderungen bei neuen Behandlungsmethoden 97, 37
- Sorgfaltsanforderungen bei Therapiewahl 97, 37
- Sorgfaltsmaßstab 97, 17 ff., 32 ff.
- Übernahmeverschulden 97, 21 ff.
- Übernahmeverschulden des Heilpraktikers 97, 27
- Unabhängigkeit der zivil- und strafrechtlichen - bei Arzthaftung 112, 8 ff.
- Unerlaubte Handlung des Verrichtungsgehilfen 104, 6
- Unterlassen, Einsatz besonderer Kenntnisse 97, 30 f.
- Verbeamteter Arzt 94, 20
- Verfahrensqualität 97, 36
- Verjährung 96, 1 ff.
- bei Verlust der Heilungschance 93, 24
- Verlust von Heilungschancen 93, 24
- für Verrichtungsgehilfen 104, 1 ff.
- Verschulden bei Vertragsschluss (c. i. c.) 75, 23
- Verschuldensprinzip 93, 4 ff.
- Vertragliche - und Verweisungsprivileg 105, 7
- Vertrags- und Delikts- 93, 1 ff.
- Zurechnung 106, 1 ff.

Haftung bei öffentlich-rechtlicher Tätigkeit
- Notarzt 17a, 75 f.

Haftung bei privatrechtlicher Tätigkeit
- Notarzt 17a, 70 ff.

Haftungsausschluss
- Gerichtlicher Sachverständiger 125, 21
- Kein - des gerichtlichen Sachverständigen bei Verstoß gegen §§ 138, 242 BGB 125, 22

1899

Sachverzeichnis

halbfette Zahlen = Paragraphen

- durch Krankenhausaufnahmevertrag **90**, 19
Haftungsfreizeichnung
- des Krankenhauses **89**, 12
- Verwahrungspflicht des Krankenhausträgers **92**, 13
Haftungsgrund
- Deliktische Haftung **103**, 10
Haftungssplittende Formularbedingungen 90, 14
Handlungstheorie
- Strafrecht **138**, 9
H-Arzt 12, 36, s. a. Verbeamteter Arzt
Haushaltsplan
- Organisationspflichten **101**, 13
Häusliche Krankenpflege
- Bundesschiedsstelle **33**, 38
- Rahmenvereinbarung Pflegedienst für - **32**, 24
Hawaii, Erklärung von
- Berufsethik **4**, 21
Hebamme
- Arbeitsteilung **100**, 20
- Haftung **94**, 21
- Heilberuf **3**, 8
Heilauftrag
- Rechtfertigung ärztlichen Handelns **6**, 3 ff., s. a. Ärztlicher Heilauftrag
Heilbehandlung
- Eigenmächtige –, § 229 StGB **138**, 13
- Fehlerhafte –, § 230 StGB **138**, 13
Heilberuf
- Freiheit **3**, 8 ff.
Heilkunde
- Ärztliches Berufs- und Standesrecht **10**, 1 ff.
Heilmittel
- Richtlinie, Rechtsempfehlungen **30**, 45
Heilmittelwerbegesetz 10, 12
Heilpraktiker 3, 21
- Arzt und – **10**, 8
- -gesetz **10**, 1 ff.
- Qualifikation **10**, 7, 15
- Sorgfaltspflichten **10**, 16
- Werbung **10**, 10 ff.
- Zusammenwirken mit Arzt **10**, 14
Heilpraktikergesetz (HeilpraktG)
- Ärztliches Berufs- und Standesrecht **10**, 1 ff.
- Fortgeltung **10**, 4
- Mängel **10**, 6
- Ratio legis und Grundgesetz **10**, 1
Heilversuch 130, 1 ff., s. a. Klinisches Experiment
Heimarzt 12, 37
„Heimlicher AIDS-Test" 139, 52
Helsinki, Deklaration von
- Berufsethik **4**, 19
Herausgabe
- von Krankenunterlagen **72**, 8 ff.
Herz-Kreislauf-Tod
- Organspende **131**, 8

Heterologer Samen
- Musterrichtlinie zur Durchführung der assistierten Reproduktion **Anh 129**
Hilfeleistungspflicht, ärztliche (§ 323c StGB)
- „Näheverhältnis" **141**, 22 ff.
- „Unglücksfall" **141**, 15 ff.
- Abwägungs-Suizid **141**, 54
- Einzelfallabhängigkeit **141**, 32 ff.
- Erforderlichkeit der Hilfeleistung **141**, 26
- Garantenpflicht **141**, 2 f.
- Hilfe zur Verhinderung weiterer Schäden **141**, 10
- Hilfspflicht **141**, 1
- Hilfspflicht für jedermann **141**, 5
- Irrtum **141**, 55 ff.
- Kein Auffangtatbestand **141**, 9 ff.
- Keine erweiterte Berufspflicht für Ärzte **141**, 7 f.
- Keine Gesinnungsstrafe **141**, 12
- Keine Sonderpflicht für Ärzte **141**, 7 f.
- Nothilfepflicht **141**, 4
- Notwendigkeit sofortiger Hilfe **141**, 19 ff.
- Objektiver Tatbestand **141**, 13
- Rettungschancen **141**, 29 ff.
- Subjektiver Tatbestand **141**, 55 ff.
- Subsidiarität **141**, 58
- Tatbestandsirrtum **141**, 55 ff.
- Telemedizin **141**, 25
- Unechtes Unterlassungsdelikt **141**, 3
- Unglücksfall **141**, 14 f.
- Verbotsirrtum **141**, 55 ff.
- Vorsatz **141**, 11
- Zumutbarkeit der Hilfeleistung **141**, 43 ff.
Hilfsarzt 12, 18
Hilfsbedürftigkeit
- Relevanz für Krankheitsbegriff **1**, 19
Hilfsmittel
- -verzeichnis **30**, 45
Hilfspersonen
- Haftung **104**, 1 ff.
Hilfspflicht
- Hilfeleistungspflicht, ärztliche (§ 323c StGB) **141**, 1
Hilfspflicht für jedermann
- Hilfeleistungspflicht, ärztliche (§ 323c StGB) **141**, 5
Hinweispflichten des Arztes
- Verkehrsmedizin **150**, 3 ff.
Hippokratischer Eid 3, 12; **14**, 1
- Berufsethik **4**, 13
- Tradition und Fortbildung **4**, 13
Hirntod
- Organspende **131**, 9
Hirntote Frau
- Schwangerschaftsabbruch **143**, 17
Hochschulambulanz 29, 79 ff.; **79**, 61
HochschullehrernebentätigkeitsVOen der Länder 86, 19
Hoheitliche Arzttätigkeit 39, 39 ff.

magere Zahlen = Randnummern

Sachverzeichnis

Hoheitliche Tätigkeit
– Passivlegitimation des beklagten Arztes bei Arzthaftungsprozess wegen ambulanter Behandlung **115**, 26
– Passivlegitimation des beklagten Arztes bei Arzthaftungsprozess wegen stationärer Behandlung **115**, 55

Homologer Samen
– Musterrichtlinie zur Durchführung der assistierten Reproduktion **Anh 129**

Honorar s. Arzthonorar
– Ausfall- **75**, 25
– Musterberufsordnung **Anh Kap 1**

Honorararzt
– Ärztlicher Dienst im Krankenhaus **84**, 24
– Dienstrecht des Krankenhauses **86**, 64 ff.
– Mustervertrag der DKG **86**, 67

Honorararzt-Modell 84, 45

Honorarrückerstattung
– Abrechnungsbetrug **151**, 63

Honorarrückforderung
– bei Verstoß gegen persönliche Leistungserbringungspflicht **26**, 64

Honorarschuldner 75, 31

Honorarvereinbarung
– für ambulante ärztliche Leistungen nach § 2 GOÄ **75**, 3 ff.
– der Krankenhausärzte **75**, 43

Honorarvertreter 12, 13

Honorierung von Ärzten 24, 7 ff.

Horizontale Arbeitsteilung 100, 4 ff.
– Fallgruppen **100**, 10 ff.

Hospiz
– Stationär **83**, 48
– Versorgungszuschuss **137**, 3

HTLV-III-Infektion (AIDS)
– Untersuchung auf **47**, 11

Humanitätsgrundsatz
– Krankenhausbehandlung **83**, 45 ff.

Hybridbildung
– Fortpflanzungsmedizin **129**, 23 f.

Hypothetische Kausalität
– Fahrlässige Tötung **140**, 10

Hypothetischer Wille 137, 10

ICSI
– Musterrichtlinie zur Durchführung der assistierten Reproduktion **Anh 129**

Implantation fremder Organe
– Organtransplantation **142**, 38

IMPP
– Ausbildung **7**, 30

Indikation
– Rechtfertigung ärztlichen Handelns **6**, 2

Indikationen des § 218a StGB
– Rechtsnatur **143**, 36
– Rechtswirkung der **143**, 48

Indikationsarzt
– Schwangerschaftsabbruch **143**, 13

Indikationsmodell
– Schwangerschaftsabbruch **143**, 1

Indikationsstellung, Pflicht zur
– Begriff **49**, 1
– Eingriffe ohne Indikation **49**, 8
– Grenzen **49**, 2 ff.

Indirekte aktive Sterbehilfe 149, 12

Individualschutzlehre 71, 12

Industrie-Arzt-Zusammenarbeit
– Dokumentationsprinzip **152**, 129
– Prinzip der Bargeldlosigkeit **152**, 130
– Prinzip der Fremdnützigkeit **152**, 132
– Prinzip der Kontendistanz **152**, 131
– Prinzip der Verhältnismäßigkeit **152**, 133
– Transparenzprinzip **152**, 128
– Trennungsprinzip **152**, 127

Industriesponsoring 152, 1 ff.
– Angestellter Arzt **152**, 137
– Berufsrechtliche Schranken **152**, 138
– Verbeamteter Arzt **152**, 135 f.

Informed consent
– Rechtfertigung ärztlichen Handelns **6**, 2, 22 ff.

Ingerenz
– Fahrlässige Tötung **140**, 15

Innere Sorgfalt
– Haftung **97**, 35

Insemination
– Musterrichtlinie zur Durchführung der assistierten Reproduktion **Anh 129**

Institut für das Entgeltsystem im Krankenhaus (InEK) 82, 212

Institut für medizinische und pharmazeutische Prüfungsfragen (IMPP)
– Ausbildung **7**, 30

Institutsambulanz
– Haftung **94**, 17 ff.

Institutswerbung
– Verbot **15**, 7 ff.

Integrierte Versorgung
– Ambulante Integrationsleistungen durch Krankenhäuser **83**, 110
– Arbeitsteilung **100**, 21
– Automatische Zulassung zur ambulanten Erbringung von Katalogleistungen nach § 116 b Abs. 3 SGB V **83**, 112
– Befugnis zur Abweichung von geltendem Recht **83**, 113
– Gemeldete Integrationsverträge **83**, 114
– Grenzen des stationären Versorgungsauftrags **83**, 109
– Kernregeln **83**, 105
– Wesensmerkmale **83**, 106

Interessen, Wahrnehmung berechtigter
– Schweigpflicht **67**, 18

Intersexualität 128, 3

Intraoperative Aufklärung
– Risikoaufklärung **60**, 11 ff.

Intratubarer Embryonentransfer 129, 13

1901

Sachverzeichnis

halbfette Zahlen = Paragraphen

Intratubarer Gamententransfer 129, 13
Intratubarer Zygotentransfer 129, 13
Intrazytoplasmatische Spermatozoeninjektion 129, 13
In-vitro-Fertilisation 129, 13
– Musterberufsordnung **Anh Kap 1**
Irrtum
– bei (mutmaßlicher) Einwilligung **139**, 81 ff.
– Ärztliche Schweigepflichtverletzung **145**, 6 ff.
– Bestechlichkeit im geschäftlichen Verkehr **152**, 121
– Hilfeleistungspflicht, ärztliche (§ 323c StGB) **141**, 55 ff.
– Motiv- **139**, 51
– Schwangerschaftsabbruch **143**, 46 f.
– Tatbestands- **139**, 81 f.
– Verbots- **139**, 53, 83
– Verschreibung von Betäubungsmitteln, strafbare **147**, 20
– Vorteilsannahme **152**, 96 ff.
IVEG
– Behörden im Verwaltungsverfahren **124**, 9
– Durchschnittlicher Stundensatz **124**, 8
– Entschädigung **124**, 1 ff.
– Grad der erforderlichen Fachkenntnis **124**, 7
– Leistungsentschädigung **124**, 5 f.
IVF
– Musterrichtlinie zur Durchführung der assistierten Reproduktion **Anh 129**

Jahreskrankenhausbauprogramm 82, 50
Jugendpsychotherapeut
– Heilberuf **3**, 8
Justizvollzugsdienst
– Anstaltsarzt **12**, 24

Kaiserschnitt
– Zeitpunkt des Beginns der Geburt **139**, 4
Kaiserschnitt an der Sterbenden/Toten
– Schwangerschaftsabbruch **143**, 22
Kammer, berufsständische
– Freier Beruf **3**, 7
Kammergesetz 5, 5
Kanadische Regeln
– Berufsethik **4**, 18
KAR Vertrags-System des Kassenarztrechts
Kassen-/Vertragsarztrecht
– 1. GKV-Neuordnungsgesetz **22**, 36
– 2. GKV-Neuordnungsgesetz **22**, 37
– Arzt **22**, 1 ff.
– Beitragsentlastungsgesetz **22**, 34
– Einheitlicher Bewertungsmaßstab (EBM) **22**, 15
– Entwicklung **22**, 1 ff.
– Entwicklung eines GKV-Weiterentwicklungsgesetzes **22**, 31
– Festzuschuss durch GMG **22**, 60
– Finanzierungssystem **24**, 1 ff., s. a. da

– Gesetz betreffend Krankenversicherung der Arbeiter **22**, 2
– Gesetz zur Ablösung des Budgets, Einführung des Wohnortprinzips **22**, 43
– Gesetz zur Festsetzung von Festbeträgen, Begrenzung der Arzneimittelausgaben **22**, 46
– Gesetz zur Strukturreform im Gesundheitswesen (GRG) **22**, 16
– Gesetz zur Weiterentwicklung der Organisationsstrukturen in der Gesetzlichen Krankenversicherung (GKV-OrgWG) **23**, 90
– Gesetze zur Euro-Einführung, Einmalzahlung, Rechtsangleichung **22**, 42
– Gesundheitsstrukturgesetz (GSG) **22**, 22
– GKV-Gesundheitsreformgesetz 2000 **22**, 41
– GKV-Modernisierungsgesetz (GMG) **22**, 47
– GKV-Wettbewerbsstärkungsgesetz (GKV-WSG) **23**, 44 ff.
– Korrekturgesetze **22**, 40
– Kostendämpfungsgesetze **22**, 12
– Krankenhausgesetz **22**, 33
– Psychotherapeutengesetz **22**, 39
– Vertragsrechtsänderungsgesetz (VÄndG) **23**, 1 ff.
– Vertrags-System des Kassenarztrechts (KAR) **22**, 7
– Zahnarzt **22**, 51 ff.
– Zahnersatz als Sachleistung **22**, 59
Kassenärztliche Bundesvereinigung (KBV/KZBV) 13, 19; **28**, 46
Kassenärztliche Vereinigung (KV) 13, 19 ff.; **83**, 115 ff.
– Aufgaben **28**, 23
– Beziehung zu Krankenkasse **27**, 16 ff.
– Dienstleistungsgesellschaft **28**, 43
– Durchbrochener Kollektivvertrag **13**, 24
– Einstandspflicht **13**, 23
– Gewährleistungsverpflichtung **28**, 37
– Interessenvertretung **28**, 40
– Kollektiver Zulassungsverzicht **28**, 29
– Mitglieder **13**, 20
– Mitgliedschaft **28**, 2
– Organe **28**, 10
– Rechtsaufsicht **28**, 7
– Rechtsstatus **28**, 1
– Sicherstellungsauftrag **13**, 21; **28**, 26
– Vertreterversammlung **28**, 11
– Vorstand **28**, 18
– Zwangsmitgliedschaft des Vertragsarztes **27**, 1
Kassenärztliche Versorgung
– Ärztlicher Notfalldienst **17**, 3
Kassenärztliches Disziplinarverfahren
– Berufsgericht **14**, 28
Kassenarztrecht s. Kassen-/Vertragsarztrecht
Kassenarztrechtliche Folgen
– Abrechnungsbetrug **151**, 63 ff.

1902

magere Zahlen = Randnummern

Sachverzeichnis

Kassenpatient
– Beziehung zum Vertragsarzt **27**, 5
Kastration
– Begriff **127**, 1
– zur Eindämmung des Geschlechtstriebs **127**, 4 ff.
– aus medizinischen Gründen **127**, 3
– Minderjährigkeit **127**, 6, 13
– Rechtliche Zulässigkeit **127**, 2
– Strafbarkeit **127**, 8
– Zwangs- **127**, 10
Kategorischer Imperativ 4, 23
Kausalität
– Anforderungen an -nachweis bei fahrlässiger Tötung **140**, 35 ff.
– zwischen ärztlichem Verhalten und Patiententod bei fahrlässiger Tötung **140**, 31 ff.
– Deliktische Haftung **103**, 7 ff.
– Grundsatz der Erforderlichkeit der Kausalität **106**, 1
– Haftung für psychische Verläufe **106**, 9
– Hypothetische - **140**, 10
– -abbruch **106**, 5 ff.
– -zusammenhang **106**, 2 ff.
– Mitverschulden **106**, 10
– der Pflichtwidrigkeit bei fahrlässiger Körperverletzung **139**, 38 ff.
– Rechtmäßiges Alternativverhalten **106**, 5 ff.
Kausalitätsabbruch 106, 5 ff.
Kausalzusammenhang 106, 2 ff.
Kenntniserlangung
– Berufsspezifische – i. S. d. §§ 203 f. StGB **66**, 5 ff.
KHG s. Krankenhausfinanzierungsgesetz
– 1972 **80**, 14
– Legaldefinition von „Krankenhaus" **79**, 21 ff.
„Kind als Schaden"
– Fehlerhafte genetische Beratung **99**, 14 f.
– Fehlgeschlagene Empfängnisverhütung **99**, 16
– Fehlgeschlagene Sterilisation **99**, 16
– Haftungstatbestände **99**, 7 ff.
– Schadensumfang **99**, 17
– Schwangerschaftsabbruch **99**, 7 ff.
Kinderpsychotherapeut
– Heilberuf **3**, 8
Kinderrechte
– Fortpflanzungsmedizin **129**, 16
– -verbesserungsgesetz **129**, 16
Kindesmisshandlung
– Ärztliche Mitteilung **71**, 64 f.
Kirchliche Krankenhäuser 81, 17 ff.
Klinikarzt 12, 5 ff., s. a. Krankenhausarzt
Klinik-Card-Vertrag 88, 6
Klinische Arzneimittelprüfung
– BtMG lex specialis gegenüber AMG **148**, 40
– Dopingstrafbarkeit **148**, 41
– Doppelblindversuch **148**, 15
– Einfacher Blinversuch **148**, 14

– an Geschäftsunfähigen **148**, 24
– an Gesunden **148**, 21
– Klinische Prüfung, § 40 AMG **148**, 3
– an Kranken **148**, 22
– Offener Versuch **148**, 13
– Off-label use **148**, 39
– Off-label use vs. Standardpräparat **148**, 38
– Placebo-Effekt **148**, 12
– Placebo-Präparat **148**, 30 ff.
– Präklinische Prüfung, § 40 Abs 1 Nr 5 AMG **148**, 2
– Strafvorschriften des AMG **148**, 17 ff.
– Vier Prüfungsphasen **148**, 4 ff.
– Zielsetzungen des AMG **148**, 1
Klinische Kontrollmechanismen
– Arbeitsteilung **100**, 18
Klinische Prüfung
– Klinische Arzneimittelprüfung **148**, 3
– Medizinproduktegesetz (MPG) **136**, 15
– Probandenversicherung **136**, 15
Klinische Sektion
– Zulässigkeit **133**, 21 f.
Klinischer Versuch 130, 1 ff., s. a. Klinisches Experiment
Klinisches Experiment 130, 1 ff.
– nach Arzneimittelgesetz **130**, 8 ff.
– Berufsordnung **130**, 17
– Deklaration von Helsinki **130**, 14, **Anh 130**
– Einwilligung **130**, 28
– Ethik-Kommission im AMG **130**, 20
– GKV **130**, 27
– Haftpflicht **130**, 47
– Humangewebe **130**, 45
– an Kindern und Jugendlichen **130**, 13
– Kontrollierte Arzneimittelprüfungen **130**, 37 ff.
– Kontrollierte Studien **130**, 32 ff.
– an Kranken **130**, 9 ff.
– Legitimation **130**, 25 ff.
– Leichen **130**, 45
– Probandenversicherung **130**, 46
– Randomisation **130**, 32
– Selbstkontrolle **130**, 14 ff.
– Standesregeln **130**, 14 ff.
– USA **130**, 16
– Vermittelnde Verfahren **130**, 33 ff.
Klonen, therapeutisches
– Fortpflanzungsmedizin **129**, 22, 45
Knappschaftsarzt 12, 32, s. a. Verbeamteter Arzt
Knochenmarkspende 131, 5
– Einwilligung **142**, 29 ff.
Kollegialsystem
– Krankenhaus **85**, 30
Kollektivvertrag, durchbrochener
– Kassenärztliche Vereinigung **13**, 24
Kombiniertes Verfahren
– Kaufpreisermittlung bei Praxisveräußerung **19**, 10

1903

Sachverzeichnis

halbfette Zahlen = Paragraphen

Kommunale Krankenhäuser 81, 7 ff.
Kommunikation, berufliche
– Musterberufsordnung **Anh Kap 1**
Kompetenzüberschreitung
– Begutachtungspflichten **122**, 20 f.
Konkurrenzfragen
– bei Aussagedelikten **144**, 8 f.
Konkurrenzverbot
– Werbeverbot **15**, 29
Konsiliararzt
– Ärztlicher Dienst im Krankenhaus **84**, 23, 27
– Arztvertrag **40**, 33
Konsiliarius
– Passivlegitimation des beklagten Arztes im Arzthaftungsprozess wegen ambulanter Behandlung **115**, 14
Kontendistanz, Prinzip der
– Industrie-Arzt-Zusammenarbeit **152**, 131
Kontrahierungszwang
– Arztvertrag **40**, 2 ff.
Kontrolle des Chefarztes
– Organisationspflichten **101**, 30
Kontrollierte Arzneimittelprüfung
– Klinisches Experiment **130**, 37 ff.
Kontrollpflichtverletzung
– Beweiserleichterung **110**, 8
Kontrolluntersuchung 47, 12
Kooperationsform
– Zulassung **29**, 20
Körperbezogene Selbstbestimmung als Schutzgut
– Strafrecht **138**, 11
Körperliche Misshandlung
– Fahrlässige Körperverletzung **139**, 19
Körperverletzung
– Amputation gegen Willen des Vormunds **138**, 1
– Fahrlässige – **139**, 1 ff., s. a. da
– mit Todesfolge, § 227 StGB **139**, 15
– Schwere –, § 226 StGB **139**, 13 f.
– Seelische Beeinträchtigung **139**, 20
Körperverletzung, vorsätzliche/fahrlässige
– Verschreibung von Betäubungsmitteln, strafbare **147**, 27
Körperverletzungsdelikt
– Abgrenzung zu Schwangerschaftsabbruch **143**, 14 ff.
Körperverletzungstatbestände
– Gliederung **139**, 10 ff.
Kosmetischer Eingriff ohne Heilcharakter
– Strafrecht **139**, 57
Kostendeckungsprinzip 87, 42
Kostendruck 2, 8
Kostenerstattung der Ärzte
– Abrechnung **75**, 14
– Ambulanzärztliche Leistungen **82**, 155
– Belegärztliche Leistungen **82**, 156
– Leistungsrecht der GKV **83**, 15 f.
– Wahlärztliche Leistungen **82**, 157

– Wahlleistungen **82**, 152 ff.
Kostenerstattungskrankenhaus
– GKV-Zulassung **83**, 7
Kostenübernahme durch GKV
– Fortpflanzungsmedizin **129**, 59 ff.
Kostenübernahme durch PKV
– Fortpflanzungsmedizin **129**, 68 ff.
Krankenhausfinanzierungsgesetz (KHG)
– Anwendungsbereich **82**, 5 f.
– Duales Finanzierungssystem **82**, 14 ff.
– Geltung des Pflegesatzrechts **82**, 10 ff.
– Nicht förderfähige Einrichtungen **82**, 7 ff.
– Selbstkostendeckung **82**, 17 ff.
– Ziel **82**, 1 ff.
Krankengymnast
– Heilberuf **3**, 8
Krankenhaus
– Abschlusspflicht eines Krankenhausaufnahmevertrages **89**, 17 f.
– Abweisung von Patienten **80**, 50
– Allgemeine Leistungen **82**, 113 ff.
– Ärztlicher Dienst, s. da
– Ärztlicher Direktor **85**, 25 ff.
– Aufgabe im gesundheitlichen Versorgungssystem **80**, 1 ff.
– Aufnahmepflicht **80**, 31 ff.
– Aufnahmepflicht bei Vorsorge- oder Rehabilitationseinrichtungen **80**, 35
– Aufsicht über Einhaltung des Versorgungsauftrages **80**, 50
– Auswahl von Krankenhausärzten **85**, 24 ff.
– Auswirkung der Reformgesetzgebung **85**, 9
– Begriff im GKV-Leistungsrecht **79**, 26
– Behandlungspflicht der –ärzte **80**, 36
– Bestellung von Krankenhausärzten **85**, 24 ff.
– Beziehungssystem **85**, 1 ff.
– Bundesschiedsstelle **33**, 38
– Chefarzt **85**, 28 ff.
– Dienstrecht **86**, 1 ff., s. a. da
– Dritte Stufe der Gesundheitsreform 1997 **80**, 18
– als Eigeneinrichtung der Krankenkasse **83**, 9
– Finanzierung, s. Krankenhausfinanzierung
– Freigemeinnützig **81**, 10 ff.
– Gesetz zur Modernisierung der gesetzlichen Krankenversicherung 2003 **80**, 24
– Gesetz zur Stärkung des Wettbewerbs in der gesetzlichen Krankenversicherung 2007 **80**, 26
– Gesundheits-Strukturreform 1992 **80**, 17
– GKV-Gesundheitsreformgesetz 2000 **80**, 21
– GKV-Zulassung **83**, 1 ff., s. a. da
– Gliederungsstruktur **85**, 6
– –investitionsförderung **82**, 57, s. a. da
– kirchliches **81**, 17 ff.
– Kollegialsystem **85**, 30
– kommunales **81**, 7 ff.

magere Zahlen = Randnummern

Sachverzeichnis

- Krankenhausfinanzierungsreformgesetz 2009 **80**, 28
- Krankenhaus-Neuordnung 1984 **80**, 16
- Landesgesetzliche Vorgaben für Leitungsstruktur **85**, 11
- Landeskrankenhausgesetze **85**, 12 ff.
- Landeskrankenhausrecht **80**, 29
- Landesrecht **80**, 41 ff.
- Legaldefinition im KHG **79**, 21 ff.
- Leitender Arzt der Fachabteilung **85**, 28 ff.
- Leitender Arzt des Instituts **85**, 28 ff.
- Leitender Arzt des Krankenhauses **85**, 25 ff.
- Nachrangigkeit der −behandlung **80**, 37
- Organisationspflichten **101**, 31 ff.
- Organisationsstruktur **85**, 1 ff.
- Passivlegitimation des beklagten Arztes bei Arzthaftungsprozess wegen ambulanter Behandlung **115**, 18
- Privat **81**, 31 ff.
- Rechtsaufsicht **80**, 44 ff.
- Schwachstellen der Organisationsstruktur **85**, 7
- Sicherstellungsauftrag des Grundgesetzes **80**, 1 ff.
- Sozialstaatlicher Gewährleistungsauftrag **80**, 11
- Sozialstaatsprinzip **80**, 4 ff.
- staatliches **81**, 5 f.
- Staatliche −planung **82**, 20 ff., s. a. Krankenhausplanung, staatliche
- Testamentserrichtung **91**, 1 ff., s. a. Testamentserrichtung im Krankenhaus
- Trägerautonomie **85**, 22 f.
- Vertragsmuster **86**, 24 ff.
- Verwahrungspflicht, s. Verwahrungspflicht des Krankenhausträgers
- Ambulante Erbringung hoch spezialisierter Leistungen **83**, 87

Krankenhausambulante Leistungserbringung
- Ambulante Operation **83**, 83 ff.
- Gesetzliche Zulassung im SGB V **83**, 81 ff.
- Teilnahme an strukturierten Behandlungsprogrammen **83**, 101
- Zulassung über GKV-Einzelvertrag **83**, 81 ff.
- Zulassungsentscheidung der Krankenhausplanungsbehörde **83**, 81 ff.

Krankenhausapotheke
- Arzneimittelversorgung **83**, 123 ff.

Krankenhausarzt 12, 5 ff.
- Ambulanter - **12**, 5
- Auswahl **85**, 24 ff.
- Belegarzt **12**, 13
- Bestellung **85**, 24 ff.
- Gastarzt **12**, 14
- Honorarvereinbarung **75**, 43
- Klinischer - **12**, 5
- Leitender Klinikarzt **12**, 5
- Nachgeordneter Klinikarzt **12**, 11

- Persönliche Leistungserbringungspflicht **26**, 33

Krankenhausaufnahme
- Erbringung der Krankenhausleistungen **88**, 2 f.
- Feststellung des fehlenden Versicherungsschutzes **88**, 10
- Rechtliche Gestaltungsmöglichkeiten **88**, 4 ff.
- Rechtsbeziehung des Patienten zum Krankenhausträger **88**, 1

Krankenhausaufnahmevertrag
- Abschluss **40**, 23 ff.
- Abschlusspflicht **89**, 17 f.
- Dienstvertrag **92**, 3
- Privatrechtsvertrag **92**, 1 f.
- Rechtliche Grenzen **90**, 1 ff.
- Rechtliche Mängel bei Wahlleistungsvereinbarung **90**, 4
- Rechtliche Mängel beim Vertragsschluss **90**, 2 f.
- Verstöße gegen §§ 305 ff. BGB (früher AGBG) **90**, 8
- Vorformulierter - **90**, 1

Krankenhausaufsicht
- Ärztliche Mitteilung **71**, 9 ff.

Krankenhaus-Barometer 2008 83, 97

Krankenhausbehandlung
- Abgrenzung zwischen voll-, teilstationärer und ambulanter − gem. Leistungsrecht der GKV **83**, 17 ff.
- Humane - **83**, 45 ff.
- Leistungsanspruch des gesetzlich Versicherten auf − **83**, 14 ff.
- Vertragstypen **89**, 1 ff., s. a. Vertragstypen der Krankenhausbehandlung

Krankenhausbehandlungsbedürftigkeit
- Leistungsrecht der GKV **83**, 17 ff.

Krankenhausbehandlungsvertrag
- Wahlleistungen **82**, 129

Krankenhausbereich 32, 24

Krankenhausbudget
- Pflegesätze **82**, 179

Krankenhausentgelte
- Landesschiedsstelle **33**, 36

Krankenhausentgeltgesetz für DRG
- Abrechnungsbestimmungen **82**, 211 ff.
- Abschläge **82** , 211 ff.
- Beleihung der Deutschen Krankenhausgesellschaft/Landeskrankenhausgesellschaft mit Hoheitsbefugnissen **82**, 227
- Fallpauschalen-Katalog **82**, 211 ff.
- G-DRG-System 2009/Vereinbarungen der Selbstverwaltungspartner auf Bundesebene **82**, 248
- Gesetzliche Vorgaben **82**, 211 ff.
- Innovationsentgelte/Finanzierung neuer Untersuchungs- und Behandlungsmethoden **82**, 234
- Konvergenzphase 2005–2009/2010 **82**, 224

1905

Sachverzeichnis

halbfette Zahlen = Paragraphen

- Kostenerstattung aus wahlärztlicher Leistung im DRG-System **82**, 244
- Krankenhausindividuelle Entgelte **82**, 211 ff.
- Landesbasisfallwert **82**, 214 ff.
- Sicherungszuschlag **82**, 211 ff.
- Zusatzentgelte **82**, 211 ff.
- Zuschläge **82**, 211 ff.

Krankenhausentgeltgesetz für DRG-Krankenhäuser
- Diagnosis Related Groups **82**, 205

Krankenhausfinanzierung
- Krankenhausfinanzierungsgesetz **82**, 1 ff., s. a. da

Krankenhausfinanzierungsgesetz (KHG)
- Bedarfsbegriff **82**, 32
- Nutzungsentgelt **82**, 153

Krankenhausfinanzierungsreformgesetz 2009 80, 28

Krankenhausfusionskontrolle durch Bundeskartellamt 81, 35

Krankenhaushygiene
- Organisationspflichten **101**, 39

Krankenhausindividuelle Entgelte
- Krankenhausentgeltgesetz für DRG **82**, 211 ff.

Krankenhausinvestitionsförderung
- Aufnahme in Investitionsprogramm **82**, 80
- Aufnahme in Krankenhausplan **82**, 79
- Ausgliederung **82**, 88
- Duales Finanzierungssystem **82**, 59
- Einzelförderung **82**, 69
- EU-Beihilfenaufsichtsrecht **82**, 106
- Fremdbewirtschaftung **82**, 88
- Haushaltsvorbehalt **82**, 82
- Neue Bundesländer **82**, 93
- Outsourcing **82**, 88
- Pauschalförderung **82**, 72
- Rechtsanspruch auf – **82**, 76 ff.
- Teilweise Förderung einer Investition **82**, 86
- Universitätsklinika **82**, 102
- Zeitpunkt der Einzelförderung **82**, 82

Krankenhausleistungen, allgemeine 82, 113 ff.

Krankenhaus-Neuordnung 1984 80, 16

Krankenhauspflicht
- Schwangerschaftsabbruch **143**, 49 ff.

Krankenhausplanung, staatliche
- Aufbaustufen **82**, 24
- Funktion **82**, 22
- Inhalt **82**, 23 ff.
- Investitionsprogramm **82**, 49 ff.
- Planung und öffentliche Förderung von Ausbildungsstätten **82**, 53 f.
- Planungsumsetzung **82**, 39
- Rechtliche Bedeutung **82**, 35
- Rechtsnatur **82**, 36
- Rechtsstellung des Krankenhausträgers **82**, 43 ff.

Krankenhausträger
- Ärztliche Mitteilung **71**, 9 ff.
- Gemeinsame Gewährleistungspflicht von – und Krankenkasse **83**, 1 ff.
- Haftung **94**, 13
- Organisationspflichten **101**, 10 ff.

Krankenhausvertrag
- Arten **40**, 17 ff.
- Gespaltener – **89**, 12 f.
- Totaler – **89**, 9 ff.
- Totaler – mit Arztzusatzvertrag **89**, 14 ff.

Krankenkasse
- Bewilligungsverbot **83**, 57
- Beziehung zu Kassenärztlicher Vereinigung **27**, 16 ff.
- Beziehung zum Vertragsarzt **27**, 12 ff.
- Gemeinsame Gewährleistungspflicht von – und Krankenhausträger **83**, 1 ff.
- Kompetenzverlagerung **79**, 1 ff.

Krankenunterlagen, ärztliche
- Beschlagnahme **72**, 1 ff.
- Herausgabe **72**, 8 ff.

Krankenunterlagen, Aufbewahrung der
- Organisationspflichten **101**, 19

Kranker s. a. Patient

Krankheit
- Begriff **1**, 17 ff.
- Sozialversicherungsrechtliche Definition **1**, 21

Krankheitsvolumen 2, 5

Krebsregister
- Datenschutz **72**, 42 ff.

Kriminologische Indikation
- Schwangerschaftsabbruch **143**, 37 ff.

Kryokonservierung
- Fortpflanzungsmedizin **129**, 26 f.

Kündigung
- durch Arzt **44**, 7
- Beendigung des Arztvertrags durch – **44**, 3
- durch Kassenpatient **44**, 5
- durch Privatpatient **44**, 4
- Wirksamwerden **44**, 12

Kündigungsmitteilung
- Schiedsamt **33**, 20 ff.

„Kunstfehler" **97**, 5, s. a. Arztfehler, Haftung
- Fahrlässige Tötung **140**, 16

Kunstfehlerprozess s. Prozessuale Fragen der Arzthaftung

Kurpfuschereiverbot 6, 7

KV s. Kassenärztliche Vereinigung

Laborarzt, Inanspruchnahme
- Arztvertrag **40**, 32

Laborgemeinschaft
- Vertragsarztrecht **31**, 45 f.

Landesarzt 12, 37

Landesärztekammer
- Aufgaben **13**, 2
- Körperschaft des öffentlichen Rechts **13**, 1 ff.

magere Zahlen = Randnummern

Sachverzeichnis

- Pflichtmitgliedschaft **13**, 7
- Rechtsaufsicht **13**, 11

Landesausschuss
- Aufgabenbereiche **30**, 6 ff.
- Aufgehobene Großgeräteplanung **30**, 11
- Beteiligungsfähigkeit **30**, 5
- Kostentragung **30**, 4
- Zunehmende Einschränkung der Bedarfsplanung **30**, 12
- Zusammensetzung **30**, 2 ff.

Landesbasisfallwert
- Krankenhausentgeltgesetz für DRG **82**, 214 ff.

Landeskrankenhausrecht 80, 29

Landesschiedsamt
- Schiedsamt **33**, 30

Landesschiedsstelle
- Krankenhaus Krankenhausentgelte **33**, 36
- Pflegeversicherung **33**, 37
- Versorgungsverträge Krankenhaus und dreiseitige Verträge **33**, 33 ff.

Le consentement libre et éclairé
- Rechtfertigung ärztlichen Handelns **6**, 22 ff.

Lebender Spender
- Organentnahme **142**, 27 ff.

Lebensschutz
- Ärztlicher Heilauftrag **6**, 10 f.
- Fortpflanzungsmedizin **129**, 5

Leibesfrucht
- Schutz der – bei Delikt **103**, 19 ff.

Leichen
- Klinisches Experiment **130**, 45

Leichenöffnung
- Richterliche Anordnung **133**, 7

Leichenschau
- Anatomische Sektion **133**, 31
- Begriff **133**, 1 ff.
- Gesetzliche Regelungen **133**, 4
- Organentnahme nach Transplantationsgesetz **133**, 32
- Verpflichtung zur - **133**, 14 ff.
- Zulässigkeit klinischer Sektionen **133**, 21 f.
- Zulässigkeit von Crash-Tests mit Leichen **133**, 33

Leichenschauarzt
- Schweigepflicht **70**, 53

Leistungsanspruch
- des gesetzlich Versicherten auf Krankenhausbehandlung **83**, 14 ff.

Leistungsbegrenzung
- durch Wirtschaftlichkeitsgebot **83**, 50

Leistungserbringung
- Grundsätze zur – im Leistungsrecht der GKV **83**, 32 ff.

Leistungserbringung, persönliche
- Wahlleistungen **82**, 131

Leistungserbringungspflicht, persönliche 26, 1 ff.
- s. a. Persönliche Leistungserbringungspflicht

Leistungspflicht
- Konkrete – **83**, 31

Leistungsrecht der GKV
- Abgrenzung zwischen voll-, teilstationärer und ambulanter Krankenhausbehandlung **83**, 17 ff.
- GKV-Versorgungsverträge zur stationären Behandlung **83**, 70
- Konkrete Leistungspflicht **83**, 31
- Kostenerstattung **83**, 15 f.
- Krankenhausbehandlungsbedürftigkeit **83**, 17 ff.
- Leistungsanspruch des Versicherten auf Krankenhausbehandlung **83**, 14 ff.
- Leistungsanspruch des Versicherten auf medizinische Rehabilitation **83**, 61
- Leistungsbegrenzung durch Wirtschaftlichkeitsgebot **83**, 50
- Leistungstransparenz **83**, 70
- Sachleistung **83**, 15 f.
- Tragende Grundsätze zur Leistungserbringung **83**, 32 ff.

Leistungstransparenz der GKV 83, 70

Leistungsvergütung im ärztlichen Dienst 87, 1 ff., s. a. Liquidationsrecht

Leitende Krankenhausärzte
- Dienstrecht des Krankenhauses **86**, 23 ff.
- Liquidationsrecht **86**, 12 ff.; **87**, 1 ff.

Leitender Arzt
- der Fachabteilung **85**, 28 ff.
- des Instituts **85**, 28 ff.
- des Krankenhauses **85**, 25 ff.

Lex artis
- Rechtfertigung ärztlichen Handelns **6**, 2

Liquidationskette, interne und externe
- Wahlleistungen **82**, 139

Liquidationsrecht
- Abgabenpflicht der liquidationsberechtigten leitenden Krankenhausärzte **87**, 31 ff.
- Abgabenregelung für Belegärzte **87**, 51 ff.
- Abgabenregelungen für angestellte leitende Krankenhausärzte **87**, 49 f.
- Abgabenregelungen für beamtete leitende Krankenhausärzte **87**, 41 ff.
- Abrechnungsverfahren im ambulanten Bereich **87**, 29
- Abrechnungsverfahren im stationären Bereich **87**, 27 f.
- Anpassungsgrundsätze **87**, 54
- Äquivalenzprinzip **87**, 43
- Ausübung **87**, 7 ff.
- Besondere Abgabenregelungen **87**, 58
- Delegation **87**, 17 f.
- Gebührenrechtliche Grundsätze **87**, 20 ff.
- GOÄ und persönliche Leistungserbringung **87**, 20 ff.
- Kostendeckungsprinzip **87**, 42
- der leitenden Krankenhausärzte **87**, 1 ff.

1907

Sachverzeichnis

halbfette Zahlen = Paragraphen

- Mitarbeiterbeteiligung **87**, 60 ff.
- Persönliche Leistungserbringung **87**, 12 ff.
- Privatambulanz **87**, 46
- Ständiger ärztlicher Vertreter **87**, 23 ff.
- Stellvertretung **87**, 17 f.
- Umfang **87**, 10 f.
- Vertreterklausel **87**, 19
- Vorteilsausgleichsprinzip **87**, 42
- Zustimmung des Krankenhausträgers **87**, 8 f.

„Locum-Arzt" **12**, 13

Mangelhaftigkeit technischer Geräte
- Beweislastumkehr **109**, 7 f.

Masseur
- Heilberuf **3**, 8

Materieller Schadensersatz
- Schadensumfang **95**, 3 ff.

MBO
- 2006, s. Musterberufsordnung für deutsche Ärztinnen und Ärzte
- Fortbildung **11**, 1

MDK s. Medizinischer Dienst der Krankenversicherung

Medikation
- Sicherungsaufklärung **58**, 7 ff.

Medizinisch notwendige Leistungen nach den Regeln der ärztlichen Kunst
- Arzthonorar **75**, 7

Medizinische Indikation
- Sterbehilfe, ärztliche **149**, 7

Medizinische Kooperationsgemeinschaft zwischen Arzt/Ärztin und Angehörigen anderer Fachberufe
- Musterberufsordnung **Anh Kap 1**

Medizinische Standards
- Haftung **97**, 1 ff.

Medizinischer Bademeister
- Heilberuf **3**, 8

Medizinischer Dienst der Krankenversicherung
- Stichprobenprüfung **83**, 25 ff.

Medizinischer Sachverständiger
- Haftung **144**, 1 ff., s. a. Sachverständiger, medizinischer

Medizinischer Sorgfaltsmaßstab
- Ärztliche Sorgfaltspflicht nach lex artis **6**, 32

Medizinisches Versorgungszentrum (MVZ)
- Vertragsarztrecht **31**, 25 ff.

Medizinisch-soziale Indikationen
- Schwangerschaftsabbruch **143**, 37 ff.

Medizinisch-technisches Gerät
- Anwendungspflicht **53**, 1 f.
- Sicherheitsvorschriften zugunsten des Patienten **53**, 3
- Wartung- und Kontrollpflicht **53**, 4

Medizinproduktegesetz (MPG) 135, 8
- Ethik-Kommissionen **136**, 16
- Klinische Prüfung **136**, 15

- Schutzzweck **136**, 13 f.
- Sonderregelungen für Strahlenschutz und Röntgen **136**, 12
- Verhältnis zu Atomgesetz **136**, 1 ff.
- Verhältnis zu Röntgenverordnung **136**, 9 ff.
- Verhältnis zu Strahlenschutzverordnung **136**, 5 ff.

Medizinstudenten
- Arbeitsteilung **100**, 19

Meldepflicht, gesetzliche 67, 2

Meldepflichtverletzung
- Schwangerschaftsabbruch **143**, 55

Meldungen
- Organtransplantation **131**, 25 ff.

Methodenfreiheit 50, 1

Methodenwahl
- Haftung **97**, 36
- Risikoaufklärung **60**, 4 ff.
- Therapiefreiheit **3**, 14

Minderjährigkeit
- Behandlung **39**, 24 f.
- Einwilligungsfähigkeit **139**, 44
- Gewebespende **131**, 18
- Kastration **127**, 6, 13
- Ovulationshemmer **139**, 46
- Sterilisation **126**, 6

Mindestmengenregelung
- Stationär **83**, 42 ff.

Mindestruhepausen/-zeiten
- Dienstrecht des Krankenhauses **86**, 40 ff.

Missbrauch der Amtsgewalt, § 340 StGB 139, 16

Missgebildete Neugeborene
- Grenzen der Behandlungspflicht bei - **50**, 11

Misshandlung, körperliche
- Fahrlässige Körperverletzung **139**, 19

Mitarbeiter
- Ärztliche Mitteilung **71**, 45 f.

Mitarbeiterbeteiligung
- Landesrechtliche Grundlagen **87**, 62
- Liquidationsrecht **87**, 60 ff.
- Standesrecht **87**, 61
- Vertragliche Regelungen **87**, 72

Mitteilung von unerwünschten Arzneimittelwirkungen
- Musterberufsordnung **Anh Kap 1**

Mitteilung, ärztliche 71, 1 ff.
- bei ansteckender Erkrankung **71**, 70 ff.
- an Arbeitgeber des Patienten **71**, 7 f.
- von Arzt zu Arzt **71**, 1 ff.
- an Behörde **71**, 25 ff.
- an Berufsgenossenschaft **71**, 28 ff.
- an Ehepartner des Patienten **71**, 33 ff.
- bei Fehlbildung Neugeborener **71**, 74
- an Gericht **71**, 47 ff.
- an gesetzliche Krankenkasse **71**, 28 ff.
- bei Gründung einer Praxisgemeinschaft **71**, 66 ff.
- bei Kindesmisshandlung **71**, 64 f.

1908

magere Zahlen = Randnummern

Sachverzeichnis

- an Krankenhausaufsicht **71**, 9 ff.
- an Krankenhausträger **71**, 9 ff.
- an Mitarbeiter **71**, 45 f.
- an nahe Angehörige **71**, 33 ff.
- an Polizeivollzugsorgan **71**, 38 ff.
- bei Schwangerschaftsabbruch **71**, 63
- bei Simulation von Erkrankung **71**, 75
- an Sozialversicherungsträger **71**, 28 ff.
- an Verrechnungsstelle, privatärztliche und gewerbliche **71**, 50 ff.
- an Versicherungsgesellschaft **71**, 4 ff.

Mittelknappheit
- Ärztlicher Heilauftrag **6**, 17

Mitverschulden
- Kausalität **106**, 10
- Schadensumfang **95**, 12

Mitverschulden des Patienten
- Behandlungsfehler, grobe **110**, 30

Motivirrtum 139, 51

MPG s. Medizinproduktegesetz

Multiple choice
- Ausbildung **7**, 31

Mündliche Anhörung des Sachverständigen
- Arzthaftungsprozess **114**, 17 f.

Mündliches Examen
- Ausbildung **7**, 33

Musterberufsordnung
- für deutsche Ärztinnen und Ärzte **Anh Kap 1**

Musterrichtlinie zur Durchführung der assistierten Reproduktion Anh 129

Musterungsarzt
- Schweigepflicht **70**, 22 ff.

Mutmaßliche Einwilligung
- Fahrlässige Körperverletzung **139**, 65 ff.
- Irrtum **139**, 81 ff.
- Notarzt **17a**, 54
- Operationserweiterung **139**, 70 ff.
- Risikoaufklärung **60**, 11 ff.
- Schweigpflicht **67**, 10 f.
- Sterilisation **126**, 20
- Willensermittlung **139**, 66

Mutmaßlicher Wille des Patienten 137, 10

MVZ s. Medizinisches Versorgungszentrum
- Zulassung **29**, 20

Nachrangigkeit
- Krankenhausbehandlung **80**, 37

Nachsorge 98, 33
- Begriff **54a**, 1
- -pflicht **54a**, 2
- Rehabilitation als – **54a**, 4

Nachstationäre Behandlung 83, 126

Nachtarbeit
- Dienstrecht des Krankenhauses **86**, 45

Nachtklinik 79, 50

Nachuntersuchung 47, 12

Nachweisverfahren 131, 13
- Organspende **131**, 8

„Näheverhältnis"
- Hilfeleistungspflicht, ärztliche (§ 323c StGB) **141**, 22 ff.

Nebenbeschäftigung, zulässige 29, 54 ff.

Nebenkläger
- Fahrlässige Körperverletzung **139**, 88

Nebentätigkeit
- Dienstrecht des Krankenhauses **86**, 7 ff.

Netzarzt 12, 32, s. a. Verbeamteter Arzt

Neue Behandlungsmethoden
- Sorgfaltsanforderungen bei – **97**, 37

Neulandmedizin 61, 5 ff.

Neutralität
- Begutachtungspflichten **122**, 1 f.

Nichteheliche Lebensgemeinschaft 39, 35

Nidationsabschluss
- Schwangerschaftsabbruch **143**, 7

Nidationshindernde Maßnahmen
- Schwangerschaftsabbruch **143**, 7 ff.

Niederlassung
- Musterberufsordnung **Anh Kap 1**

Non liquet
- Beweislast **107**, 1

Not-/Konfliktsituation
- Schwangerschaftsabbruch **143**, 61

Notarzt s. a. Rettungsdienst, Notfallmedizinische Versorgung

Notarzt
- Ärztliches Berufs- und Standesrecht **17a**, 1 ff.
- Aufgabe **17a**, 8 f.
- Aufklärung **17a**, 50 ff.
- Haftung **17a**, 69 ff.
- Haftung bei öffentlich-rechtlicher Tätigkeit **17a**, 75 f.
- Haftung bei privatrechtlicher Tätigkeit **17a**, 70 ff.
- Leitender – **17a**, 10
- Mutmaßliche Einwilligung **17a**, 54
- Qualifikation **17a**, 4 ff.
- Rechtliche Sonderstellung im Straßenverkehr **17a**, 61 ff.
- Reichweite von Wege- und Sonderrecht **17a**, 66
- Selbstbestimmungsaufklärung **17a**, 56
- Wegerecht **17a**, 62

Notfall
- Einsatz durch anderen Arzt **17a**, 88

Notfallbehandlung, ärztliche
- Arztvertrag **40**, 31

Notfalldienst, ärztlicher s. Ärztlicher Notfalldienst
- Ärztliches Berufs- und Standesrecht **17**, 1 ff.
- Begriff **17**, 1, s. a. Ärztlicher Notfalldienst
- Musterberufsordnung **Anh Kap 1**
- Teilnahmepflicht des Vertragsarztes am organisierten – **25**, 12 f.

1909

Sachverzeichnis

halbfette Zahlen = Paragraphen

Notfallmedizinische Versorgung s. a. Notarzt, Rettungsdienst
- Arbeitsteilung **17a**, 37
- Behandlungspflichten/-fehler **17a**, 23
- Dokumentationspflicht **17a**, 37
- Grundlage notärztlichen Handelns **17a**, 22
- Räumliche Grenzen **17a**, 20
- Strafrechtliche Grenzen **17a**, 21

Nothilfe
- Fahrlässige Körperverletzung **139**, 77

Nothilfepflicht
- Hilfeleistungspflicht, ärztliche (§ 323c StGB) **141**, 4

Notstand, § 34 StGB
- Fahrlässige Körperverletzung **139**, 77
- Fahrlässige Tötung **140**, 48
- Heimlicher AIDS-Test **139**, 53
- Schweigpflicht **67**, 12 ff.

Nottestament 91, 7 ff.

Notwendigkeit sofortiger Hilfe
- Hilfeleistungspflicht, ärztliche (§ 323c StGB) **141**, 19 ff.

Nürnberger Kodex und Deklaration
- Berufsethik **4**, 19

Nutzungsentgelt
- nach KHG **82**, 153

Oberarzt 12, 10

Obergutachten
- Prozessuale Fragen der Arzthaftung **114**, 20

Objektive Vorsehbarkeit
- Fahrlässige Körperverletzung **139**, 41
- Fahrlässige Tötung **140**, 46 ff.

Objektivität
- Begutachtungspflichten **122**, 1

Obliegenheit zur Duldung von Behandlungsmaßnahmen 76, 1 ff., s. a. Duldungsobliegenheit

Offenbarungsobliegenheit
- Folgen der Nichtbeachtung **77**, 4
- Inhalt **77**, 1 ff.
- Nebenpflicht **77**, 5

Offenbarungspflichten, gesetzliche
- Schweigpflicht **67**, 3 ff.

Offenbarungsrechte, gesetzliche
- Schweigpflicht **67**, 7

Offener Versuch
- Klinische Arzneimittelprüfung **148**, 13

Öffentlich bestelltem gerichtlichem Sachverständigen gleichgestellte Person 117, 5

Öffentlich bestellter gerichtlicher Sachverständiger 117, 3 f.

Öffentlicher Dienst 12, 15 ff.

Öffentlich-rechtliches Ausbildungsverhältnis
- Ausbildung **7**, 16

Offizialprinzip
- Arzthaftungsprozess **112**, 7, 13

Off-label use
- Klinische Arzneimittelprüfung **148**, 39

Off-label use vs. Standardpräparat
- Klinische Arzneimittelprüfung **148**, 38

Operationserweiterung
- Mutmaßliche Einwilligung **139**, 70 ff.

Operationsraum, Zugänglichkeit des
- Organisationspflichten **101**, 37 f.

Ordentliche Testamentserrichtung 91, 4 ff.

Ordnungsgeld bei Fristversäumnis
- Begutachtungspflichten **122**, 29

Ordnungswidrigkeit
- Verschreibung von Betäubungsmitteln, strafbare **147**, 26

Ordnungswidrigkeitenrecht
- Arzneimittel- **135**, 37

Organ- und Gewebehandel 131, 29

Organentnahme
- aus rechtfertigendem Notstand **131**, 14
- bei lebenden Organspendern **131**, 15
- mit Einwilligung des Organspenders **131**, 7 ff.
- mit Zustimmung anderer Personen **131**, 11 f.
- Strafbarkeit **142**, 36

Organentnahme nach Transplantationsgesetz
- Leichenschau **133**, 32

Organentnahme vom lebenden Spender
- Organtransplantation **142**, 27 ff.

Organentnahme von Toten
- Organtransplantation **142**, 4

Organentnahme, -vermittlung, -übertragung 131, 20 ff.

Organhaftung
- Dogmatik **104**, 13 ff.
- Einzelfälle **104**, 15 ff.
- bei Verstößen gegen ärztliche Aufklärungspflicht **104**, 20

Organhandel
- Strafbarkeit **142**, 39 ff.

Organimplantation
- Organtransplantation **142**, 38

Organisationsfehler 139
- Behandlungsfehler, grobe **110**, 26

Organisationsmängel
- Fahrlässige Tötung **140**, 16

Organisationspflichten
- „Einbecker-Empfehlungen" **101**, 9
- Aufbewahrung der Krankenunterlagen **101**, 19
- Betriebliche Organisation für Haftungsfälle **101**, 27
- des Krankenhausträgers **101**, 10 ff.
- Dienstanweisung **101**, 33
- Dienstanweisung bzgl. der Aufklärungspflicht **101**, 42
- Dokumentation **101**, 19
- Erstellung eines Haushalts-/Wirtschaftsplans **101**, 13

magere Zahlen = Randnummern

Sachverzeichnis

- Haftung bei Verletzung von – **101**, 47
- Kontrolle des Chefarztes **101**, 30
- Krankenhaus **101**, 31 ff.
- Krankenhaushygiene **101**, 39
- Krankenhausträger **101**, 10 ff.
- Organisatorisches Fehlverhalten als Behandlungsfehler **101**, 1 ff
- Qualitätssicherung **101**, 28
- Remonstrationspflicht des Chefarztes **101**, 32
- Schutz der Patienten vor Selbstschädigung **101**, 21 ff.
- Sicherstellung der sozialrechtlichen Befugnis zu ambulanten Operationen **101**, 12
- Sicherung des Patienteneigentums **101**, 26
- Überwachung des nachgeordneten Personals **101**, 33
- Überwachung von Arztterminen **101**, 41
- Verantwortung für Sacheinsatz **101**, 37 f.
- Vereinbarung von Arztterminen **101**, 41
- Verkehrssicherungspflicht **101**, 20
- Vorhalten eines hinreichenden Personalstandes **101**, 14 f.
- Wahl der zweckmäßigen Rechtsform **101**, 11
- Zugänglichkeit von Operationsräumen **101**, 37 f.

Organisationsverantwortung
- Fahrlässige Tötung **140**, 30

Organisatorisches Fehlverhalten
- Behandlungsfehler **101**, 1 ff

Organspende
- „Crossover-Lebendspende" **131**, 17
- „Überkreuz-Lebendspende" **131**, 17
- Gesamthirntod **131**, 7
- Herz-Kreislauf-Tod **131**, 8
- Hirntod **131**, 9
- Minderjährigkeit **131**, 18
- Nachweisverfahren **131**, 8
- Subsidiarität der Lebendspende **131**, 15

Organspendeausweis 131, 6
Organspendenregister 131, 6

Organtransplantation
- Angehörigenbefragung **142**, 21 ff.
- Anwendungsbereich **131**, 5
- Aufklärung der Bevölkerung **131**, 6
- Auskunftspflicht **131**, 13
- Beachtung der „guten Sitten" **142**, 34
- Begriff **131**, 1
- Bußgeldvorschriften **142**, 42
- „Crossover-Lebendspende" **131**, 17
- Datenschutz **131**, 25 ff.
- Dokumentation **131**, 25 ff.
- Einwilligung als Rechtfertigungsgrund **142**, 29
- Freiwilligkeitserfordernis **142**, 33
- Gesamthirntod **131**, 7
- Herz-Kreislauf-Tod **131**, 8
- Hirntod **131**, 9
- Implantation fremder Organe **142**, 38

- Keine Entnahmepflicht **142**, 35
- Meldungen **131**, 25 ff.
- Minderjährigkeit **131**, 18
- Nachweisverfahren **131**, 8, 13
- Organ- und Gewebeentnahme aus rechtfertigendem Notstand **131**, 14
- Organ- und Gewebeentnahme bei lebenden Organspendern **131**, 15
- Organ- und Gewebeentnahme mit Einwilligung des Organspenders **131**, 7 ff.
- Organ- und Gewebeentnahme mit Zustimmung anderer Personen **131**, 11 f.
- Organentnahme vom lebenden Spender **142**, 27 ff.
- Organentnahme von Toten **142**, 4
- Organentnahme, -vermittlung, -übertragung **131**, 20 ff.
- Organspendeausweis **131**, 6
- Organspendenregister **131**, 6
- Rechtfertigung **142**, 29
- Rechtsgrundlagen **131**, 2
- Richtlinien zum Stand der Erkenntnisse der medizinischen Wissenschaft **131**, 25 ff.
- Rückverfolgung **131**, 25 ff.
- Strafbarkeit der Organentnahme **142**, 36
- Strafbarkeit des Organ-/Gewebehandels **142**, 39 ff.
- Strafrecht **142**, 1 ff.
- Strafvorschriften **142**, 42
- Subsidiarität der Lebendspende **131**, 15
- „Überkreuz-Lebendspende" **131**, 17
- Unwirksamkeit der Einwilligung in die Tötung **142**, 32
- Unwirksamkeit der Einwilligung Minderjähriger **142**, 31
- Verbot des Organ- und Gewebehandels **131**, 29
- Wirksamkeitserfordernis der Einwilligung **142**, 30
- Xenotransplantation **131**, 30
- Zustimmungslösung, erweiterte **142**, 18 ff.

Outsourcing
- Organisationsstruktur des Krankenhauses **85**, 5

Ovulationshemmer
- Minderjährigkeit der Verordnungsempfänger **139**, 46

Partnerschaft
- Passivlegitimation des beklagten Arztes im Arzthaftungsprozess wegen ambulanter Behandlung **115**, 13

Partnerschaftsgesellschaft
- Vertragsarztrecht **31**, 53 ff.

Passive Sterbehilfe 132, 7; **149**, 13 ff., s. a. Sterbehilfe, ärztliche

Passivlegitimation
- bei ambulanter Behandlung **115**, 2 ff.
- des beklagten Arztes **115**, 1 ff.

1911

Sachverzeichnis

halbfette Zahlen = Paragraphen

- Gespaltener Krankenhausaufnahmevertrag **115**, 42
- in Rechtsprechung **115**, 72
- bei Tätigkeit verbeamteter Chefärzte **115**, 61 ff.
- Totaler Krankenhausaufnahmevertrag **115**, 32
- Totaler Krankenhausaufnahmevertrag mit Arztzusatzvertrag **115**, 52
- bei unentgeltlicher Behandlung **115**, 57 ff.
- bei Universitätskliniken **115**, 66 ff.

Patient
- Individualinteresse gegenüber Allgemeininteresse **2**, 7
- Pflicht **1**, 4
- Pflichten aus Arztvertrag **74 ff.**, s. Pflichten des Patienten
- Schutz der Persönlichkeit **4**, 1 ff.
- -Vertragsarzt-Beziehung **27**, 5 ff.
- Würde **4**, 23
- Zahlungsunfähigkeit bei Krankenhausaufnahme **88**, 10

Patientenautonomie
- Grundgesetz **57**, 15 ff.

Patienten-Compliance 58, 9

Patienteneigentum, Sicherung des –s
- Organisationspflichten **101**, 26

Patientenführung
- Sicherungsaufklärung **58**, 4 ff.

Patientengeheimnis
- Schweigepflicht **65 ff.**, s. a. da

Patientenhotel
- Privatpatientenklinik **89**, 28

Patiententestament
- Ärztliche Sterbehilfe **132**, 38 ff.

Patientenverfügung
- Ärztliche Sterbehilfe **132**, 38 ff.
- Beratungsgebühr **75**, 10

Perinatologische Erhebung
- Datenschutz **72**, 46

Persönliche Leistungserbringung
- Wahlleistungen **82**, 131

Persönliche Leistungserbringungspflicht
- Angestellter Arzt **26**, 35
- Approbationsentziehungsverfahren **26**, 71
- Begriff der persönlichen Leistung **45**, 1 ff.
- Behandlungsvertrag **26**, 14
- Berufsrecht **26**, 12
- Delegierbare Leistungen **45**, 5 ff.
- Delegierbarkeit in ambulanter vertragsärztlicher Versorgung **26**, 52
- Disziplinarverfahren bei Verstoß **26**, 65
- Ermächtigter Krankenhausarzt **26**, 33
- Ermittlungs- und Strafverfahren **26**, 68
- Gemeinsame Erklärung von BÄK und KBV **26**, 16
- Honorarrückforderung bei Verstoß **26**, 64
- Liquidationsberechtigter Krankenhausarzt **45**, 9

- Rechtsfolgen bei Verstoß **26**, 64
- Umfang **26**, 20
- Verfahren vor Berufsgericht **26**, 70
- Vertragsarztrecht **26**, 4
- Zulassungsentziehungsverfahren **26**, 67

Pflegedienst für häusliche Krankenpflege
- Rahmenvereinbarung **32**, 24

Pflegesätze 82, 161 ff.
- Bundespflegesatzverordnung für psychiatrische und psychosomatische Einrichtungen **82**, 189 ff.
- Genehmigungsverfahren **82**, 259 ff.
- Grundsatz der Beitragssatzstabilität **82**, 174 ff.
- Krankenhausbudget **82**, 179
- Krankenhausentgeltgesetz für DRG-Krankenhäuser **82**, 203 ff.
- Rückwirkende Erhöhung **90**, 11
- Schiedsstellenverfahren **82**, 259 ff.

Pflegesatzrecht 82, 10 ff.

Pflegeversicherung
- Landesschiedsstelle **33**, 37

Pflege-Weiterentwicklungsgesetz 79, 83

Pflicht zur Basisversorgung
- Sterbehilfe, ärztliche **149**, 6

Pflichten des Arztes gegenüber Patienten/-innen
- Musterberufsordnung **Anh Kap 1**

Pflichten des Patienten
- aus Arztvertrag **74 ff.**
- Befolgungsobliegenheit **78**, 8 ff.
- Duldungsobliegenheit **76**, 1 ff.
- Haupt- **74**, 1 f.
- Mitwirkungs- (Compliance) **74**, 4 ff.
- Neben- **74**, 2 f.
- Offenbarungsobliegenheit **77**, 1 ff.
- Zahlungspflicht **75**, 1 ff.

Pflichtenkollision, rechtfertigende
- Fahrlässige Körperverletzung **139**, 77

Pflichtverletzung
- Gerichtlicher Sachverständiger **125**, 1 ff.
- Schwangerschaftsabbruch **143**, 60
- Vertragsarzt **25**, 31 ff.

Pflichtwidriges Unterlassen
- Deliktische Haftung **103**, 9

Pflichtwidrigkeitszusammenhang
- Fahrlässige Tötung **140**, 31 ff.

Pharmakologisch-toxikologische Prüfung
- Klinische Arzneimittelprüfung **148**, 2

Physische Überlastung
- Schuld bei - **139**, 80

PID 129, 37
- Musterrichtlinie zur Durchführung der assistierten Reproduktion **Anh 129**

PKD
- Musterrichtlinie zur Durchführung der assistierten Reproduktion **Anh 129**

Placebo-Effekt
- Klinische Arzneimittelprüfung **148**, 12

magere Zahlen = Randnummern

Sachverzeichnis

Placebo-Präparat
- Klinische Arzneimittelprüfung **148**, 30 ff.

Planungsermessen 82, 43, 80
Planvollziehungsstufe 82, 45
Pluripotente Zelle
- Schwangerschaftsabbruch **143**, 9

Poliklinik 79, 61
Polizeivollzugsorgan
- Ärztliche Mitteilung **71**, 38 ff.

Postarzt 12, 22
Postmortale Schweigepflicht 66, 10
Präimplantationsdiagnostik
- Fortpflanzungsmedizin **129**, 35 f.

Präklinische Prüfung, § 40 Abs 1 Nr 5 AMG
- Klinische Arzneimittelprüfung **148**, 2

Präkonzeptionelle Beratung
- Genmedizin **129**, 78

Praktisches Jahr 7, 12 ff.
Pränataldiagnostik 48, 18
- Genmedizin **129**, 83 f.

Pränatale Verletzung
- Fahrlässige Körperverletzung **139**, 6 ff.

Pränidationsphase
- Schwangerschaftsabbruch **143**, 8

Praxis
- Veräußerung **19**, 1 ff., s. a. da

Praxisgemeinschaft 18, 11
- Begriff **18**, 11
- Passivlegitimation des beklagten Arztes im Arzthaftungsprozess wegen ambulanter Behandlung **115**, 11
- Rechtsform **18**, 12
- Sonstige Formen **18**, 13
- Vertragsarztrecht **31**, 36 ff.
- Zulassung **29**, 20

Praxisklinik 79, 49
- GKV-Zulassung **83**, 10

Praxisnachfolge
- Zulassung **29**, 47

Praxisniederlassung/-ausübung
- Musterberufsordnung **Anh Kap 1**

Praxistausch 19, 14
Praxisübergabe s. Praxisveräußerung
Praxisveräußerung
- Bestimmung des Kaufpreises **19**, 8 ff.
- Datenschutz bei Praxisübergabe **19**, 13
- Gegenstand **19**, 1 ff.
- Praxistausch **19**, 14
- Tod des Praxisinhabers **19**, 15
- Vertrag **19**, 4 ff.

Praxisverbund
- Musterberufsordnung **Anh Kap 1**

Praxiswert 19, 8 ff.
Prima-facie-Beweis
- Anforderungen **108**, 1 ff., s. a. Anscheinsbeweis

Primat des freien Entscheidungsrechts der Frau
- Schwangerschaftsabbruch **143**, 2

Prinzip der Bargeldlosigkeit
- Industrie-Arzt-Zusammenarbeit **152**, 130

Prinzip der Fremdnützigkeit
- Industrie-Arzt-Zusammenarbeit **152**, 132

Prinzip der Kontendistanz
- Industrie-Arzt-Zusammenarbeit **152**, 131

Prinzip der strengen Zuständigkeitsabgrenzung
- Fahrlässige Tötung **140**, 19

Prinzip der Verhältnismäßigkeit
- Industrie-Arzt-Zusammenarbeit **152**, 133

Prinzip des Kollektivvertrages
- Durchbruch **13**, 24

Privatambulanz
- Liquidationsrecht **87**, 46

Private Krankenhäuser 81, 31 ff.
Privatklagedelikt
- Bestechlichkeit im geschäftlichen Verkehr **152**, 123
- Fahrlässige Körperverletzung **139**, 84

Privatliquidation
- des Zahnarztes **75**, 34 ff.

Privatpatientenklinik
- Krankenhausrecht und Sozialversicherungsrecht **89**, 20 ff.
- Landesrechtliche Regelungen **89**, 23 ff.
- Patientenhotel **89**, 28
- Vertragsarztrecht **89**, 26 f.

Probandenversicherung 135, 30
- Klinische Prüfung **136**, 15
- Klinisches Experiment **130**, 46

Promotion
- (Genehmigung zur) Führung ausländischer akademischer Grade **9**, 16 ff.
- Akademischer Grad **9**, 1
- Ehrenhalber verliehener Doktorgrad („Dr. hc") **9**, 32
- Entziehung der Doktorwürde **9**, 7
- Führung der Doktortitels **9**, 3 ff.
- -sordnung **9**, 2
- Strafbarkeit **9**, 31
- Verleihung **9**, 2

Prophylaxe
- Sicherungsaufklärung **58**, 7 ff.

Prozess
- Abrechnungsbetrug **151**, 43 ff.

Prozesskostenhilfe
- Prozessuale Fragen der Arzthaftung **114**, 21 ff.

Prüfung
- Arzneimittel- **135**, 29

Prüfungsregeln
- Ausbildung **7**, 29 ff.

Psychiatrische Institutsambulanz 79, 61
Psychologe
- Heilberuf **3**, 8

Psychotherapeut
- Behandlungsverfahren **29**, 169
- Entziehung der Zulassung **29**, 168

1913

Sachverzeichnis

halbfette Zahlen = Paragraphen

- Heilberuf **3**, 8
- Sonderbedarfszulassung **29**, 165 f.
- Zulassung **29**, 159 ff.

Psychotherapie-Richtlinie 30, 48

Qualifikation
- Heilpraktiker **10**, 15

Qualitätssicherung 93, 12 ff.
- Ärztliche Sorgfaltspflicht nach lex artis **6**, 38
- Musterberufsordnung **Anh Kap 1**
- Organisationspflichten **101**, 28

Rahmenvereinbarung Pflegedienst für häusliche Krankenpflege 32, 24

Rahmenvertrag Apotheker 32, 24

Randomisation
- Klinisches Experiment **130**, 32

„Recht auf Nichtwissen"
- Genmedizin **129**, 81 f.

Rechtfertigende Einwilligung
- Aufklärung als Wirksamkeitsvoraussetzung der Einwilligung **139**, 54 f.
- Ausschluss bei Sittenwidrigkeit **139**, 62 ff.
- Einwilligungsfähigkeit **139**, 44
- Formfreiheit **139**, 50 ff.
- Keine „Vernunftshoheit" des Arztes **139**, 62 ff.
- Subjektives Rechtfertigungselement **139**, 56 ff.
- Verfügungsbefugnis **139**, 43
- Keine Willensmängel **139**, 50 ff.

Rechtfertigende Pflichtenkollision, § 32 StGB
- Fahrlässige Körperverletzung **139**, 77

Rechtfertigender Notstand, § 34 StGB 137, 10
- Fahrlässige Körperverletzung **139**, 77
- Schweigpflicht **67**, 12 ff.

Rechtfertigung
- ärztlicher Verkehrsverstöße **150**, 27 f.
- Einwilligung zur Organentnahme **142**, 29
- -gründe **139**, 77 f.
- bei Sittenwidrigkeit **139**, 56 ff.
- Subjektives –selement bei Entbindung von Schweigepflicht **67**, 8
- Ärztliche Sorgfaltspflicht nach lex artis **6**, 32 ff., s. a. da

Rechtfertigung ärztlichen Handelns
- Ärztlicher Heilauftrag **6**, 3 ff., s. a. da
- Einwilligung des Patienten nach Aufklärung **6**, 22 ff., s. a. da
- Grunderfordernisse **6**, 1 ff.
- Indikation **6**, 2, s. a. da
- Informed consent **6**, 2, 22 ff., s. a. da
- Le consentement libre et éclairé **6**, 22 ff., s. a. da
- Lex artis **6**, 2, s. a. da

Rechtfertigungsgrund
- Fahrlässige Tötung **140**, 48 f.

- für Offenbarung trotz Schweigpflicht **67**, 8

Rechtliches Gehör im Arzthaftungsprozess
- Begutachtungspflichten **122**, 27

Rechtmäßiges Alternativverhalten 106, 5 ff.

Rechtsaufsicht
- Krankenhaus **80**, 44 ff.

Rechtsfortbildung 5, 9 f.

Rechtsgutsverletzung als Grundlage der deliktischen Haftung
- Deliktische Haftung **103**, 2 ff.

Rechtshängigkeit
- Gutachterverfahren **113**, 13
- Schlichtungsverfahren **113**, 13

Rechtskontrolle
- Arzt **2**, 10

Rechtswidrigkeit
- Fahrlässige Körperverletzung **139**, 42 ff.
- Fahrlässige Tötung **140**, 48 f.
- Sterbehilfe, ärztliche **149**, 4

Regelgebühr
- GOÄ **75**, 9

Regeln der ärztlichen Kunst
- Arzthonorar bei medizinisch notwendigen Leistungen nach den – **75**, 7

Register
- Arzt- **29**, 9 f.
- Bundes- der KBV/KZBV **29**, 11
- Zahnarzt- **29**, 9 f.

Rehabilitation, medizinische
- Leistungsanspruch des Versicherten auf – **83**, 61

Rehabilitationseinrichtung
- Aufnahmepflicht **80**, 35
- GKV-Zulassung **83**, 11
- Legaldefinition **79**, 32

Reiseentschädigung 75, 9

Remonstrationspflicht des Chefarztes
- Organisationspflichten **101**, 32

Reproduktion
- Musterrichtlinie zur Durchführung der assistierten – **Anh 129**

Reproduktionsverfahren
- Arten **129**, 13 f.
- Ärztekammern **129**, 15
- Kinderrechte **129**, 16

Reproduktionsverfahrensarten
- Fortpflanzungsmedizin **129**, 13 f.

Residenzpflicht
- Zulassung **29**, 15 f.

Resolution der Dt. Ges. für Chirurgie
- Ärztliche Sterbehilfe **132**, 31

Rettungsassistent 17a, 11

Rettungschancen
- Hilfeleistungspflicht, ärztliche (§ 323c StGB) **141**, 29 ff.

Rettungsdienst s. a. Notarzt, Notfallmedizinische Versorgung

magere Zahlen = Randnummern

Sachverzeichnis

- Ärztliches Berufs- und Standesrecht **17a**, 1 ff.
Rettungsdienst
- Nichtärztlicher Heilberuf **17a**, 11
- Rettungsassistent **17a**, 11
- Rettungshelfer **17a**, 19
- Rettungssanitäter **17a**, 18
- Strafrecht **17a**, 77 ff.
- Verhalten bei Zwischenfällen **17a**, 84 ff.
Rettungswille
- Schwangerschaftsabbruch **143**, 45
Rezeptsammelstelle 135, 36
Rezeptur 52, 1 ff., s. a. Verschreibung
Richtlinie
- Arzneimittel- **30**, 34
- zur Bewertung von Untersuchungs- und Behandlungsmethoden **30**, 31
- zur Durchführung der assistierten Reproduktion **Anh 129**
- Heilmittel **30**, 45
- Hilfsmittel **30**, 45
- Psychotherapie- **30**, 48
- für stationäre Versorgung **30**, 47
Richtlinien zum Stand der Erkenntnisse der medizinischen Wissenschaft
- Organtransplantation **131**, 25 ff.
Risiko, arzteigenes 109, 1
- Arbeitsteilung, horizontale und vertikale **109**, 2 ff.
Risiko, voll beherrschbares
- Arzteigenes Risiko **109**, 1
- Beweislastumkehr bei Mangelhaftigkeit technischer Geräte **109**, 7 f.
- Richterliche Spruchpraxis **109**, 7 ff.
Risikoaufklärung
- Behandlungsalternativen **60**, 4 ff.
- Diagnostische Eingriffe **60**, 8 ff.
- Intraoperative Aufklärung **60**, 11 ff.
- Methodenwahl **60**, 4 ff.
- Mutmaßliche Einwilligung **60**, 11 ff.
„Robodoc"-Urteil des BGH 60, 5
Röntgenverordnung
- Verhältnis zu Medizinproduktegesetz **136**, 9 ff.
Rücknahme der Approbation 8, 23 ff.
- Abrechnungsbetrug **151**, 59 ff.
Rücktritt vom Versuch
- Schwangerschaftsabbruch **143**, 27
Rückverfolgung
- Organtransplantation **131**, 25 ff.
Rückwirkende Erhöhung des Pflegesatzes 90, 11
Rückzahlungspflicht
- Arzthonorar **75**, 18
Rufbereitschaft
- Dienstrecht des Krankenhauses **86**, 52 ff.
Ruhen der Approbation 8, 31
- Abrechnungsbetrug **151**, 59 ff.
- Halbe Zulassung **29**, 115

- Sonderbedarfszulassung und Ermächtigung **29**, 113 f.
- Zulassung **29**, 101 ff.

Sacheinsatz, Verantwortung für
- Organisationspflichten **101**, 37 f.
Sachleistungsprinzip 79, 81
Sachliche Zuständigkeit
- Gutachterstellen, ärztliche **113**, 3
- Schiedsstellen, ärztliche **113**, 3
Sachverhaltsermittlung
- Abrechnungsbetrug **151**, 47 ff.
Sachverständigenanhörung
- Prozessuale Fragen der Arzthaftung **114**, 17 ff.
Sachverständiger Zeuge 116, 15
- Unterschied zum gerichtlichen Sachverständigen **116**, 13 ff.
Sachverständiger, Arzt als 116 ff., s. a. Gerichtlicher Sachverständiger
- Schweigepflicht **70**, 31 ff.
Sachverständiger, medizinischer
- Aussagebegriff **144**, 3 f.
- Ausstellen unrichtiger Gesundheitszeugnisse **144**, 15
- Betrug **144**, 12
- Fahrlässige Körperverletzung **144**, 17
- Fahrlässige Tötung **144**, 17
- Fahrlässigkeit bei Aussagedelikten **144**, 6
- Falsche Aussage **144**, 2
- Falsche Verdächtigung **144**, 13
- Falschheitsbegriff **144**, 2
- Freiheitsberaubung **144**, 14
- Haftung **144**, 1 ff.
- Konkurrenzfragen bei Aussagedelikten **144**, 8 f.
- Strafbarkeit wegen Aussagedelikten **144**, 1
- Strafvereitelung **144**, 11
- Verletzung der Schweigepflicht **144**, 16
- Versuch bei Aussagedelikten **144**, 7
- Vollendung bei Aussagedelikten **144**, 7
- Vorsatz bei Aussagedelikten **144**, 6
- Wahrheitspflicht **144**, 1
- Zuständige Stelle **144**, 5
Sanatoriumswerbung
- Verbot **15**, 7 ff.
Schadensermittlungspflicht des Patienten
- Schadensumfang **95**, 12
Schadensersatzanspruch
- Klinisches Experiment **130**, 47 ff.
- Umfang des –s bei fehlgeschlagener Sterilisation **126**, 12
Schadensfeststellung
- Abrechnungsbetrug **151**, 47 ff.
Schadensumfang
- „Kind als Schaden" **99**, 17
- Materieller Schadensersatz **95**, 3 ff.
- Mitverschulden **95**, 12
- Schadensermittlungspflicht des Patienten **95**, 12

1915

Sachverzeichnis

halbfette Zahlen = Paragraphen

- Schmerzensgeld **95**, 8 ff.
Schiedsamt
- Antrag **33**, 20 ff.
- Apotheker **33**, 38
- Aufsicht **33**, 20 ff.
- Besetzung des -es **33**, 6
- Bundes- **33**, 31
- Bundesschiedsstellen **33**, 38
- Einigungsversuch **33**, 20 ff.
- Entwicklung **33**, 1
- Funktion **33**, 1
- Häusliche Krankenpflege **33**, 38
- Krankenhaus **33**, 38
- Kündigungsmitteilung **33**, 20 ff.
- Landes- **33**, 30
- auf Landes- und Bundesebene **33**, 3
- Landesschiedsstelle Krankenhaus Krankenhausentgelte **33**, 36
- Landesschiedsstelle Pflegeversicherung **33**, 37
- Landesschiedsstelle Versorgungsverträge, Krankenhaus und dreiseitige Verträge **33**, 33 ff.
- Schiedsspruch **33**, 20 ff.
- Schiedsspruch als Verwaltungsakt **33**, 28
- Schiedsstellen **33**, 3
- -sfähiger Vertrag **33**, 10 ff.
- Vertragsauslegung **33**, 20 ff.
- Vorläufige Weitergeltung des bisherigen Vertrags **33**, 17
- Zahnersatzbereich **33**, 38
Schiedsspruch
- Schiedsamt **33**, 20 ff.
- als Verwaltungsakt **33**, 28
Schiedsstellen, ärztliche 33, 3; **113**, 1 ff.
- Besetzung **113**, 4
- Freiwilligkeit **113**, 6
- Gebührenfreiheit **113**, 9 f.
- Prozessuale Fragen der Arzthaftung **113**, 1 ff.
- Rechtliche Folgeprobleme des Verfahrens **113**, 11 ff., s. a. Schlichtungsverfahren
- Sachliche Zuständigkeit **113**, 3
- Unverbindlichkeit **113**, 7 f.
- Verfahrensprinzipien **113**, 5 ff.
- Zielsetzung **113**, 1 ff.
Schiedsstellenverfahren
- Beibringungsgrundsatz **82**, 266
- Pflegesätze **82**, 259 ff.
Schiffarzt 12, 21
Schlichtungsstelle
- Prozessuale Fragen der Arzthaftung **113**, 1 ff.
Schlichtungsverfahren
- Rechtshängigkeit **113**, 13
- Strafantragsfrist **113**, 14
- Verjährung **113**, 11 f.
Schmerzensgeld
- bei Eintritt einer ungewollten Schwangerschaft durch fehlerhafte Sterilisation **95**, 9

- Schadensumfang **95**, 8 ff.
Schmerztherapie 134, 7 f.
Schriftform
- Arztvertrag **41**, 4
Schularzt 12, 18
Schuld
- Fahrlässige Körperverletzung **139**, 79 f.
- Fahrlässige Tötung **140**, 50 ff.
- bei physischer Überlastung **139**, 80
Schuldausschließungsgrund
- Schwangerschaftsabbruch **143**, 36
Schuldhafte Standardunterschreitung
- Haftung **97**, 5 ff.
Schuldner
- Honorar- **75**, 31
Schuldvorwurf
- Fahrlässige Tötung **140**, 50 ff.
Schutz der Persönlichkeit des Kranken
- Berufsethik **4**, 1 ff.
Schutz des menschlichen Embryos
- Musterberufsordnung **Anh Kap 1**
Schutz des ungeborenen Lebens
- Schwangerschaftsabbruch **143**, 2
Schutzzweckzusammenhang
- Fahrlässige Körperverletzung **139**, 41
- Fahrlässige Tötung **140**, 45 ff.
Schwangere Frau
- Behandlungsabbruch **54b**, 4
Schwangerschaftsabbruch
- „Kind als Schaden" **99**, 7 ff.
- Abbrechender Arzt **143**, 13
- Abbruch trotz fehlender Indikationsstellung **143**, 13
- Abgestorbener Foetus **143**, 17
- Abgrenzung zu Tötungs- und Körperverletzungsdelikten **143**, 14 ff.
- Absterben der Leibesfrucht **143**, 19
- Allgemeine Notlage als Schuldausschließungsgrund **143**, 36
- Anenzephalus **143**, 17
- Anstiftung **143**, 24
- ohne ärztliche Feststellung **143**, 56 ff.
- Ärztliche Mitteilung **71**, 63
- Ärztliche Pflichtverletzung **143**, 60
- Arztvorbehalt **143**, 35
- Behinderung des Kindes **143**, 39
- Beihilfe **143**, 24
- Beratung in Not-/Konfliktsituation **143**, 61
- Beratungsarzt **143**, 13
- Einwilligung der Schwangeren **143**, 32 ff.
- Einwilligung von Minderjährigen **143**, 32
- Eröffnungswehen **143**, 15
- Extrauterine Schwangerschaft **143**, 17
- Fristenlösung **143**, 1
- Grundgesetzänderung **143**, 3
- Hirntote Frau **143**, 17
- Indikationsarzt **143**, 13
- Indikationsmodell **143**, 1
- Irrtum **143**, 46 f.

magere Zahlen = Randnummern

Sachverzeichnis

- Kaiserschnitt an der Sterbenden/Toten **143**, 22
- Krankenhauspflicht **143**, 49 ff.
- Kriminologische Indikation **143**, 37 ff.
- Medizinisch-soziale Indikationen **143**, 37 ff.
- Meldepflichtverletzung **143**, 55
- Mole **143**, 17
- Musterberufsordnung **Anh Kap 1**
- Nidationsabschluss **143**, 7
- Personenidentität zwischen Beratungs-, Indikations- und abbrechendem Arzt **143**, 13
- Pluripotente Zelle **143**, 9
- Pränidationsphase **143**, 8
- Primat des freien Entscheidungsrechts der Frau **143**, 2
- Rechtsnatur der Indikationen des § 218a StGB **143**, 36
- Rechtswidrigkeitsausschluss gem. § 218a StGB **143**, 31
- Rechtswirkung der Indikation **143**, 48
- Rettungswille **143**, 45
- Rücktritt vom Versuch **143**, 27
- Schuldausschließungsgrund **143**, 36
- Schutzgut des § 218 StGB **143**, 17 f.
- Sonderdelikt **143**, 58
- Strafbare ärztliche Werbung **154**, 30
- Strafbarkeit des Arztes **143**, 13
- Strafbarkeitsgrundsatz **143**, 12
- Straflosigkeit fahrlässiger Abtreibung **143**, 11
- Straflosigkeit nidationshindernder Maßnahmen **143**, 7 ff.
- Strafrahmen **143**, 28
- Strafrecht **143**, 1 ff.
- Subjektive Tatseite **143**, 26
- Tatbestandsausschluss gem. § 218a Abs. 1 StGB **143**, 29
- Tatbestandsirrtum **143**, 46
- Täterschaft **143**, 21 f.
- Tathandlung des § 218 StGB **143**, 19 f.
- Tatobjekt des § 218 StGB **143**, 17 f.
- Teilnahme **143**, 24
- Totipotente Zelle **143**, 9
- Verbotene Werbung **143**, 62
- Verbotsirrtum **143**, 47
- Versuch **143**, 27
- Vorrang des Schutzes des ungeborenen Lebens **143**, 2
- Weigerungsrecht des Arztes und des ärztlichen Personals **143**, 53 ff.

Schweigepflicht, ärztliche 65 ff.; 72, 15 ff.
- §§ 203 f. StGB **66**, 1 ff.
- Amtsarzt **70**, 1 f.
- Amtsverschwiegenheit **70**, 12
- Anstaltsarzt im Justizvollzugsdienst **70**, 10 ff.
- Arzt als Forscher **70**, 35 ff.
- Arzt als Sachverständiger **70**, 31 ff.
- Arzt als Wissenschaftler **70**, 49 ff.
- Begutachtungspflichten **122**, 23
- Berufsspezifische Kenntniserlangung **66**, 5 ff.
- Betriebsarzt **70**, 3 ff.
- Eid des Hippokrates **65**, 1
- Einstellungskontrolle **70**, 6
- Einwilligung des Patienten **67**, 8 f.
- Empfehlungen zur – in der Arztpraxis **Anh 72**
- Entbindung von – **67**, 8
- Entbindung von – bei Drittgeheimnis **67**, 8
- Freiwillige Vorsorgeuntersuchung **70**, 7
- Geheimnisbegriff der §§ 203 f. StGB **66**, 1 ff.
- Geschichte **65**, 1 ff.
- Geschütztes Rechtsgut **65**, 15 ff.
- Leichenschauarzt **70**, 53
- Musterberufsordnung **Anh Kap 1**
- Musterungsarzt **70**, 22 ff.
- Mutmaßliche Einwilligung **67**, 10 f.
- Offenbarungspflichten, gesetzliche **67**, 3 ff.
- Offenbarungsrechte, gesetzliche **67**, 7
- Personelle Reichweite der §§ 203 f. StGB **69**, 1 ff.
- Postmortale – **66**, 10
- Rechtfertigender Notstand nach § 34 StGB **67**, 12 ff.
- Rechtfertigungsgründe für Offenbarung **67**, 8
- Rechtspflicht **65**, 4
- Sonderformen ärztlicher Tätigkeit **70**, 1 ff.
- Strafrechtliche Rechtsfolgen bei Verletzung **73**, 1
- Subjektiver Tatbestand der §§ 203 f. StGB **68**, 1 ff.
- Tatbestand der §§ 203 f. StGB **66**, 1 ff.
- Täter gem. §§ 203 f. StGB **69**, 1 ff.
- Tathandlung in §§ 203 f. StGB **66**, 8 f.
- Teilnahme gem. §§ 203 f. StGB **69**, 1 ff.
- Truppenarzt **70**, 22 ff.
- Verhältnis zu Datenschutz **72**, 24 ff.
- Vertrauensarzt **70**, 1 f.
- Wahrnehmung berechtigter Interessen **67**, 18
- Zeugnisverweigerungsrecht **65**, 12
- Zivilrechtliche Rechtsfolgen bei Verletzung **73**, 2

Schweigepflichtentbindung, ärztliche
- Prozessuale Fragen der Arzthaftung **114**, 32

Schweigepflichtverletzung, ärztliche 145, 1 ff., s. a. Ärztliche Schweigepflichtverletzung
- Absolutes Antragsdelikt **145**, 3
- durch Amtsträger **145**, 12 ff.
- Antragsberechtigte **145**, 10 f.
- Berufsgerichtliches Verfahren **145**, 17
- Berufsverbot **145**, 16
- Disziplinarverfahren **145**, 14
- Folgen **145**, 16
- Idealkonkurrenz der verschiedenen Tatbestände **145**, 13
- Irrtum **145**, 6 ff.

1917

Sachverzeichnis

halbfette Zahlen = Paragraphen

- Medizinischer Sachverständiger **144**, 16
- Praktische Bedeutung **145**, 3
- Strafantrag als Strafverfolgungsvoraussetzung **145**, 9 ff.
- Strafbarkeitsvoraussetzung **145**, 3
- Straftatbestände **145**, 1 f.
- Tatbestandsirrtum **145**, 7
- Verbotsirrtum **145**, 8
- Verjährung **145**, 15
- Vorsatz **145**, 4 ff.

Schweizerische Akademie der Medizinischen Wissenschaften
- Ärztliche Sterbehilfe **132**, 11 ff.

Schwere Körperverletzung, § 226 StGB 139, 13 f.

Schwerstgeschädigtes Neugeborenes
- Behandlungsabbruch **54b**, 3

Seelische Beeinträchtigung
- Körperverletzung **139**, 20

Sektion
- Anatomische - **133**, 31
- mit Einwilligung des Patienten **133**, 23 ff.
- zu Forschungszwecken **133**, 30
- mit Zustimmung der Angehörigen **133**, 28
- -sklausel **90**, 17
- Zulässigkeit klinischer - **133**, 21 f.

Selbstbestimmungsaufklärung
- Arten **59**, 11 ff.
- Einschränkung **60**, 15 ff.
- Notarzt **17a**, 56

Selbstbestimmungsrecht 50, 7 ff.; **76**, 2
- Haftung **93**, 29

Selbstgefährdung, eigenverantwortliche
- Verschreibung von Betäubungsmitteln, strafbare **147**, 34

Selbstliquidierender Arzt
- Haftung **94**, 14 ff.

Selbstmord
- Beihilfe **132**, 7
- Sterbehilfe, ärztliche **149**, 5
- Zwangsbehandlung im Strafvollzug **155**, 44 ff.

Selbstmörder
- Sonderbehandlung des - bzgl. Sterbehilfe **149**, 23

Selbstschädigung, Schutz der Patienten vor
- Organisationspflichten **101**, 21 ff.

Selbsttötung, s. Selbstmord

Selbstverantwortungsprinzip
- Verschreibung von Betäubungsmitteln, strafbare **147**, 34 f.

Selbstverstümmelung
- Offenbarungspflicht des Truppenarztes **70**, 30

SET
- Musterrichtlinie zur Durchführung der assistierten Reproduktion **Anh 129**

SGB V
- Fortbildung **11**, 1

Sicherheitsaufklärung
- Versagerrisiko der Sterilisation **61**, 1

Sicherheitsbedürfnis 2, 3
Sicherstellungsauftrag
- des Grundgesetzes **80**, 1 ff.

Sicherstellungsauftrag
- Verzahnung von stationärer und ambulanter Versorgung **83**, 115 ff.

Sicherstellungszuschlag 79, 5; **82**, 212

Sicherung des Patienteneigentums
- Organisationspflichten **101**, 26

Sicherungsaufklärung 58, 1 ff.
- Begriff **58**, 1 ff.
- Diagnose **58**, 7 ff.
- Gesundheitserziehung **58**, 14 ff.
- Medikation **58**, 7 ff.
- Patientenführung **58**, 4 ff.
- Prophylaxe **58**, 7 ff.
- Reichweite **58**, 17
- Straßenverkehr **58**, 14 ff.

Sicherungszuschlag
- Krankenhausentgeltgesetz für DRG **82**, 211 ff.

Simulation von Erkrankung
- Ärztliche Mitteilung **71**, 75

Sittenwidrigkeit
- Einwilligung des Patienten **3**, 20
- Rechtfertigung bei – **139**, 56 ff.

Sittliche Grundregeln
- Berufsethik **4**, 1 f.

Solidarpaktfortführungsgesetz 82, 100

Somatische Gentherapie
- Genmedizin **129**, 77

Sonderbedarfszulassung 29, 45
- bei Psychotherapeuten **29**, 165 f.

Sonderkrankenhaus 79, 47

Sonderrechte, ärztliche
- Verkehrsmedizin **150**, 35

Sorgaltspflichtverletzung, ärztliche
- Kastration **139**, 37
- Künstliche Insemination **139**, 37
- Organtransplantation **139**, 37
- Schwangerschaftsabbruch **139**, 37
- Sterilisation **139**, 37
- Wissenschaftliches Humanexperiment **139**, 37

Sorgfaltsanforderungen bei Außenseitenmethoden
- Haftung **97**, 37

Sorgfaltsanforderungen bei neuen Behandlungsmethoden/Therapiewahl
- Haftung **97**, 37

Sorgfaltsmaßstab
- Haftung **97**, 17 ff., 32 ff.

Sorgfaltspflicht
- Deliktische Haftung **103**, 7 f.
- Heilpraktiker **10**, 16
- Sicherung der Verfahrensqualität **3**, 17

Sorgfaltspflicht nach lex artis, ärztliche, s. a. Ärztliche Sorgfaltspflicht nach lex artis
- Rechtfertigung ärztlichen Handelns **6**, 32 ff.

magere Zahlen = Randnummern

Sachverzeichnis

Sorgfaltsverletzung
- Fahrlässige Tötung **140**, 16 ff.

Soziale Versorgungseinrichtung
- Abgrenzung zur stationären Versorgung **79**, 76

Sozialmündigkeit 39, 24 f.

Sozialnutzen
- Räson des – s **2**, 2

Sozialpädiatrisches Zentrum 79, 62

Sozialrechtliche Befugnis zu ambulanten Operationen, Sicherstellung
- Organisationspflichten **101**, 12

Sozialstaat
- -licher Gewährleistungsauftrag **80**, 11
- Medizin im – **2**, 1 f.

Sozialstaatsprinzip 80, 4 ff.

Sozialversicherungsrecht
- Krankheitsbegriff **1**, 21

Sozialversicherungsträger
- Ärztliche Mitteilung **71**, 28 ff.

Spermienselektion
- Fortpflanzungsmedizin **129**, 25

Spezialisierung
- Weiterbildung **11**, 10

Sponsoring
- Musterberufsordnung **Anh Kap 1**

Staatliche Krankenhäuser 81, 5 f.

Stammzellen
- Fortpflanzungsmedizin **129**, 41
- -gesetz **129**, 41
- Therapeutisches Klonen **129**, 45

Stammzellengesetz
- Fortpflanzungsmedizin **129**, 41

Standardzulassung
- Arzneimittel **135**, 27

Standesorganisationen
- Ärztliches Berufs- und Standesrecht **13**, 1 ff.

Standesrecht 3, 12

Ständiger ärztlicher Vertreter
- Liquidationsrecht **87**, 23 ff.

Stationäre Behandlung
- GKV-Versorgungsverträge zur – **83**, 70
- Passivlegitimation im Arzthaftungsprozess **115**, 32 ff.

Stationäre Mindestmengenregelung 83, 42 ff.

Stationäre Unterbringung
- Verwahrungspflicht des Krankenhausträgers **92**, 8 f.

Stationäre Versorgung 79, 15 ff.
- Abgrenzung zu sozialen Versorgungseinrichtungen **79**, 76
- Abgrenzung zur ambulanten ärztlichen Leistungserbringung **79**, 59 ff.
- Anforderungsstufen **79**, 55 f.
- Aufgaben im Rahmen der GKV **79**, 57
- Aufgabenstellung **79**, 41 ff.
- Betriebliche Funktion **79**, 44 ff.
- Betriebsform **79**, 51 ff.

- Einrichtungen **79**, 21 ff., 39 ff.
- Freigemeinnützige Krankenhäuser **81**, 10 ff.
- Kirchliche Krankenhäuser **81**, 17 ff.
- Kommunale Krankenhäuser **81**, 7 ff.
- Krankenhausfusionskontrolle durch Bundeskartellamt **81**, 35
- Private Krankenhäuser **81**, 31 ff.
- Richtlinie für – **30**, 47
- Staatliche Krankenhäuser **81**, 5 f.
- Strukturen **81**, 1 ff.
- Trägerpluralität **81**, 1 ff.
- Trägerschaft **79**, 51 ff.
- Verfassungsrechtliche Sonderstellung **81**, 4
- Versorgungsstufen **79**, 55 f.
- Zielsetzung **79**, 40

Stellvertretung
- Liquidationsrecht **87**, 17 f.

Sterbehilfe, ärztliche
- Ärztliche Hilfeleistungspflicht gegenüber Selbstmörder **149**, 24
- Ärztlicher Heilauftrag **6**, 10 f.
- Begriff **132**, 5 ff.
- Betreuungsverfügung **132**, 42 f.
- Direkte aktive – **149**, 11
- Extremsituation **149**, 21
- Grenzen der Behandlungspflicht **149**, 3
- Grenzen der Behandlungspflicht bei schwerstgeschädigten Neugeborenen **149**, 30
- Grundsätze der BÄK zur Sterbebegleitung **132**, 17 ff.
- Indirekte aktive – **149**, 12
- Lebenserhaltungspflicht/Selbstbestimmung **132**, 1 ff.
- Leitlinien des DGAI **132**, 32
- Leitsätze des DGHS **132**, 33
- Maßgeblichkeit der medizinischen Indikation **149**, 7
- Passive – **149**, 13 ff.
- Patiententestament/-verfügung **132**, 38 ff.
- Pflicht zur Basisversorgung **149**, 6
- Rechtswidrigkeit **149**, 4
- Resolution der Dt. Ges. für Chirurgie **132**, 31
- Schweizerische Akademie der Medizinischen Wissenschaften **132**, 11 ff.
- Sonderbehandlung des Selbstmörders **149**, 23
- Strafrechtliche Grenzen **132**, 46
- Teilnahme am Selbstmord **149**, 5
- Unterlassen trotz Handelns **149**, 20
- Verbot des Handelns gegen Patientenwillen **149**, 22
- Vorrangigkeit des Lebensschutzes **149**, 2
- Vorsorgevollmacht **132**, 44 f.
- Zivilrechtliche Pflicht des Arztes zur Hilfe im Sterben **132**, 34 ff.

Sterbender Patient
- Behandlungsabbruch **54b**, 5

Stereotaktische Eingriffe 127, 7

1919

Sachverzeichnis

halbfette Zahlen = Paragraphen

Sterilisation
- Ärztliche Beratungspflicht **126**, 11
- Begriff **126**, 1
- Einwilligungsunfähiger Personen **126**, 13 f.
- Fehlgeschlagene - **126**, 9 f.
- Gefälligkeits- **126**, 6, 17
- Minderjährigkeit **126**, 6
- Mutmaßliche Einwilligung **126**, 20
- Strafbarkeit **126**, 15
- Umfang des Schadensersatzanspruchs **126**, 12
- Vakuumtheorie **126**, 15
- Vikariierende - **126**, 8
- Zivilrechtliche Probleme **126**, 4 ff.
- Zwangs- **126**, 14 f.

Stichprobenprüfung
- Verdachtsunabhängige - **83**, 26

Strafantrag
- Ärztliche Schweigepflichtverletzung **145**, 9 ff.
- Bestechlichkeit im geschäftlichen Verkehr **152**, 122
- Verspäteter - **139**, 86

Strafantragsfrist
- Gutachterverfahren **113**, 14
- Schlichtungsverfahren **113**, 14

Strafanzeige 112, 17

Strafbare Verschreibung von Betäubungsmitteln 147, 1 ff.

Strafbarkeit
- Organtransplantation **142**, 36
- Promotion **9**, 31
- Schwangerschaftsabbruch **143**, 13

Strafgefangener
- Zwangsbehandlung **76**, 9

Strafgericht
- Approbation **8**, 35

Strafmaß
- Ausstellen falscher Gesundheitszeugnisse **146**, 20

Strafrahmen
- Schwangerschaftsabbruch **143**, 28

Strafrecht
- Abrechnungsbetrug **151**, 1 ff.
- Arzneimittel- **135**, 37
- Arzt **138 ff.**
- Ärztliche Eigenmacht **138**, 1 ff.
- Ärztliche Heilbehandlung **138**, 1 ff.
- Ärztliche Sterbehilfe **132**, 47
- Ausstellen falscher Gesundheitszeugnisse **146**, 1 ff.
- Bestechlichkeit **152**, 103 ff.
- Erfolgstheorie **138**, 10
- Fortpflanzungsmedizin **129**, 21
- Haftung des medizinischen Sachverständigen **144**, 1 ff., s. a. Sachverständiger, medizinischer
- Handlungstheorie **138**, 9
- Körperbezogene Selbstbestimmung als Schutzgut **138**, 11
- Organtransplantation **142**, 1 ff.
- Rettungsdienst **17a**, 77 ff.
- Schwangerschaftsabbruch **143**, 1 ff.
- Strafbare Werbung und gewerbliche Betätigung des Arztes **154**, 1 ff., s. a. da
- Untreue (Vertragsarzt) **153**, 1 ff.
- Verkehrsmedizin **150**, 1 ff.
- Verletzung der ärztlichen Schweigepflicht **145**, 1 ff.
- Verschreibung von Betäubungsmitteln **147**, 1 ff.
- Vorteilsannahme **152**, 1 ff., s. a. Bestechlichkeit

Strafrechtliche Verfolgung
- Gerichtlicher Sachverständiger **125**, 1

Strafvereitelung
- Medizinischer Sachverständiger **144**, 11

Strafverfahren
- als Vorspann des Zivilprozesses bei Arzthaftung **112**, 7
- Berufsgericht **14**, 28
- bei Verstoß gegen persönliche Leistungserbringungspflicht **26**, 68

Strafvollzug s. Zwangsbehandlung im Strafvollzug

Strahlenschutzverordnung
- Verhältnis zu Medizinproduktegesetz **136**, 5 ff.

Straßenverkehr
- Rechtliche Sonderstellung des Notarztes im - **17a**, 61 ff.
- Sicherungsaufklärung **58**, 14 ff.

Streik s. a. Ärztestreik
- Ärztliches Berufs- und Standesrecht **16**, 1 ff.

Strukturierte Behandlungsprogramme
- Krankenhausambulante Leistungserbringung **83**, 101

Subjektiver Tatbestand
- Hilfeleistungspflicht, ärztliche (§ 323c StGB) **141**, 55 ff.

Subsidiarität der Lebendspende
- Gewebespende **131**, 15

Substantiierungspflicht
- Prozessuale Fragen der Arzthaftung **114**, 5 ff.

Substitutionstherapie
- Gentherapie **129**, 77
- Strafrecht **139**, 56

Substitutionstherapie, ambulante
- Verschreibung von Betäubungsmitteln, strafbare **147**, 14 ff.

Tagesklinik 79, 50
Tarifpluralität 86, 22
Tarifvertrag
- Dienstrecht des Krankenhauses **86**, 22

Tatbestandsirrtum
- Ärztliche Schweigepflichtverletzung **145**, 7
- Fahrlässige Körperverletzung **139**, 81 f.

magere Zahlen = Randnummern

Sachverzeichnis

– Hilfeleistungspflicht, ärztliche (§ 323c StGB) **141**, 55 ff.
– Schwangerschaftsabbruch **143**, 46
Technischer Fortschritt
– Berufsethik **4**, 3
Teilnahme am Selbstmord
– Sterbehilfe, ärztliche **149**, 5
Teilnahme an strukturierten Behandlungsprogrammen
– Krankenhausambulante Leistungserbringung **83**, 101
Telemedizin
– Hilfeleistungspflicht, ärztliche (§ 323c StGB) **141**, 25
Termingerechte Gutachtenerstellung
– Begutachtungspflichten **122**, 28
Testament
– Ärztliche Sterbehilfe **132**, 38 ff.
Testamentserrichtung im Krankenhaus
– Erbeinsetzung des behandelnden Arztes **91**, 18
– Haftung des Krankenhauses für Organisationsmängel **91**, 17
– Nottestament **91**, 7 ff.
– Ordentliche Testamentserrichtung **91**, 4 ff.
– Organisatorische Maßnahmen **91**, 1 ff.
– Testierfähigkeit **91**, 14 ff.
„**Therapeutic Privilege**" **57**, 10
Therapeutische Aufklärung
– Ärztliche Sorgfaltspflicht nach lex artis **6**, 33
Therapeutisches Klonen
– Fortpflanzungsmedizin **129**, 45
Therapiefehler 98, 19 ff.
– Behandlung **98**, 19 ff.
– Behandlungsfehler, grobe **110**, 22 ff.
– Einsatz von Apparaten **98**, 25 ff.
– Medikation **98**, 29 f.
– Methodenwahl **98**, 22 ff.
– Narkose **98**, 31 f.
– Persönliche Untersuchung **98**, 19 ff.
– Rezeptierung **98**, 29 f.
– Therapeutische Aufklärung **98**, 19 ff.
Therapiefreiheit, ärztliche 139, 33
– Ärztliche Sorgfaltspflicht nach lex artis **6**, 35
– Arztvertrag **42**, 7
– Außenseiter **3**, 20
– Drei Elemente **3**, 14
– Einschränkung durch BtMG und BtMVV **134**, 4
– Fahrlässige Tötung **140**, 18
– Gesetzliche Grundlage **3**, 14
– GKV **3**, 22
– Grenze durch § 228 StGB **139**, 60
– Grenzen staatlicher Gewalt **3**, 16
– Haftung **97**, 36
– Kammersatzungsrecht **3**, 14
– Methodenwahl **3**, 14
– Standard **3**, 17

– Umfassende ärztliche Kenntnisse **3**, 18
– Verfahrensqualität **3**, 14
– Wirtschaftlichkeitsgebot im Krankenhaus **3**, 22
„**Therapiehoheit**" **des Arztes 137**, 8
Therapiewahl
– Sorgfaltsanforderungen bei – **97**, 37
Thorotrast-Fall 130, 5 ff.
Tierarzt
– Gebühren **75**, 41 f.
– Heilberuf **3**, 8
Tod
– Arztvertrag **44**, 13
– Beendigung des Arztvertrags durch – **44**, 13
– Praxisinhaber **19**, 15
Todesbescheinigung
– Datenschutz **72**, 47
Totaler Krankenhausaufnahmevertrag mit Arztzusatzvertrag
– Passivlegitimation des beklagten Arztes im Arzthaftungsprozess wegen stationärer Behandlung **115**, 52
Totaler Krankenhausvertrag 89, 9 ff.
– mit Arztzusatzvertrag **89**, 14 ff.
Tote
– Organentnahme von –n **142**, 4
Totenschein
– Unrichtige Angabe der Todesursache **146**, 8
Totipotente Zelle
– Schwangerschaftsabbruch **143**, 9
Tötung, fahrlässige 140, 1 ff., s. Fahrlässige Tötung
Tötungsdelikt
– Abgrenzung zum Schwangerschaftsabbruch **143**, 14 ff.
TPG s. Transplantationsgesetz (TPG)
Trägerpluralität 81, 1 ff.
– Stationäre Versorgung **81**, 1 ff.
Transfusionsgesetz 135, 14
Transparenzprinzip
– Industrie-Arzt-Zusammenarbeit **152**, 128
Transplantationsgesetz (TPG) 131, 2; **135**, 14; **142**, 17 ff.
– Rechtslage vor Inkrafttreten des – **142**, 5 ff.
Transplantationskodex 131, 2
Transplantationszentrum
– GKV-Zulassung **83**, 6
Transsexualität
– Anwendung des TSG auf ausländische Transsexuelle **128**, 7
– Begriff **128**, 1 ff.
– Kostenübernahme der Behandlung **128**, 9
– Rechtliche Problematik **128**, 5 f.
Transsexuellengesetz (TSG) 128, 6
Trennungsprinzip
– Industrie-Arzt-Zusammenarbeit **152**, 127

1921

Sachverzeichnis

halbfette Zahlen = Paragraphen

Truppenarzt 12, 27; **39**, 39 ff.
- Schweigepflicht **70**, 22 ff.

TSG 128, 6, s. a. Transsexuellengesetz

Übergewinnverrentung/-abgeltung
- Kaufpreisermittlung bei Praxisveräußerung **19**, 10

„Überkreuz-Lebendspende"
- Organspende **131**, 17

Überlassen
- Strafbare Verschreibung von Betäubungsmitteln **147**, 6

Überlastung, physische
- Schuld bei - **139**, 80

Übernahmefahrlässigkeit 139, 35

Übernahmeverschulden 134, 11
- Fahrlässige Körperverletzung **139**, 35
- Fahrlässige Tötung **140**, 52
- Haftung **97**, 21 ff.
- Haftung des Heilpraktikers **97**, 27

Überschreitung der Schwellenwerte bei Honorarvereinbarung
- Begründungspflicht bei - **75**, 8

Überversorgung
- Zulassung **29**, 30 ff.

Überwachung des nachgeordneten Personals
- Organisationspflichten **101**, 33

Überwachung von Arztterminen
- Organisationspflichten **101**, 41

Überzählige Embryonen
- Fortpflanzungsmedizin **129**, 33 f.

Umfang der Beweislastumkehr
- Behandlungsfehler, grobe **110**, 32

Umgang mit nichtärztlichen Mitarbeitern
- Musterberufsordnung **Anh Kap 1**

Umgang mit Patienten/Patientinnen
- Musterberufsordnung **Anh Kap 1**

Umsatzmethode
- Kaufpreisermittlung bei Praxisveräußerung **19**, 10

Unabhängigkeit, Wahrung der ärztlichen
- Musterberufsordnung **Anh Kap 1**

Unbewusste Fahrlässigkeit 139, 24

Unentgeltliche ärztliche Behandlung
- Arztvertrag **39**, 36

Unentgeltliche Behandlung
- Passivlegitimation im Arzthaftungsprozess **115**, 57 ff.
- von Arztkollegen und deren Angehörigen **75**, 16

Ungeborenes Leben, Erhaltung
- Musterberufsordnung **Anh Kap 1**

Ungerechtfertigte Bereicherung
- Ansprüche aus - **75**, 15

„Unglücksfall"
- Hilfeleistungspflicht, ärztliche (§ 323c StGB) **141**, 15 ff.

Universitätsklinik
- GKV-Zulassung **83**, 3
- Passivlegitimation im Arzthaftungsprozess **115**, 66 ff.

Unkonventionelle Krebsbehandlung 3, 21

„Unlautere" Bevorzugung (Unrechtsvereinbarung)
- Bestechlichkeit im geschäftlichen Verkehr **152**, 120

Unparteilichkeit
- Begutachtungspflichten **122**, 1 f.

Unrechtsvereinbarung
- Vorteilsannahme **152**, 89 ff.

Unrichtige Gesundheitszeugnisse
- Medizinischer Sachverständiger **144**, 15

Unterlagen, ärztliche
- Beschlagnahme von Patienten- **72**, 1 ff.
- Herausgabe von Patienten- **72**, 8 ff.

Unterlassen
- Fahrlässige Körperverletzung **139**, 22 f.
- Fahrlässige Tötung **140**, 6 ff.

Unterlassen trotz Handelns
- Sterbehilfe, ärztliche **149**, 20

Unterlassen, Einsatz besonderer Kenntnisse
- Haftung **97**, 30 f.

Untersuchungs- und Behandlungsmethoden, Richtlinie zur Bewertung von 30, 31

Untersuchungsarten 47, 4

Untersuchungsduldungspflicht 76, 10

Untersuchungsmethode
- Musterberufsordnung **Anh Kap 1**

Untersuchungspflicht, ärztliche
- Begriff der ärztlichen Untersuchung **47**, 1 ff.
- Besondere Untersuchungsarten **47**, 4
- Früherkennungsuntersuchung **47**, 4 ff.
- Kontrolluntersuchung **47**, 12
- Nachuntersuchung **47**, 12
- Untersuchung auf HTLV-III-Infektion (AIDS) **47**, 11
- Untersuchungsvertrag **47**, 9 f.
- Vertragsarzt **25**, 9 ff.
- Vorsorgeuntersuchung **47**, 4 ff.

Untersuchungsvertrag 47, 9 f.

Unterversorgung
- Zulassung **29**, 27

Untreue (Vertragsarzt)
- Grundsatzentscheidung zu Drittmitteleinwerbung **153**, 2 ff.
- Keine spezifische Vermögensbetreuungspflicht des Chefarztes **153**, 6 f.
- Keine Vermögensbetreuungspflicht des Vertragsarztes **153**, 5
- durch nicht indizierte Verschreibung **153**, 10
- durch Nichtangabe von Erstattungen **153**, 13
- Tatbestand des § 266 StGB **153**, 1 ff.
- durch Verordnung übertreuerten Praxisbedarfs **153**, 11

1922

magere Zahlen = Randnummern

Sachverzeichnis

– Vertragsarzt als Vertreter der Krankenkassen **153**, 9 ff.
– Keine – durch vertretbaren Vergleich **153**, 8
– durch vollmachtlosen Vertreter **153**, 12
Unverbindlichkeit
– Gutachterstellen, ärztliche **113**, 7 f.
– Schiedsstellen, ärztliche **113**, 7 f.
Unvereinbarkeiten
– Musterberufsordnung **Anh Kap 1**
Unwirksamkeit der Einwilligung in die Tötung
– Organtransplantation **142**, 32
Unwirksamkeit der Einwilligung Minderjähriger
– Organtransplantation **142**, 31
Unzumutbarkeit normgemäßen Verhaltens
– Fahrlässige Tötung **140**, 52 f.

Vakuumtheorie
– Sterilisation **126**, 15
VÄndG s. Vertragsrechtsänderungsgesetz
Verabreichen
– Strafbare Verschreibung von Betäubungsmitteln **147**, 5
Verantwortung für Sacheinsatz
– Organisationspflichten **101**, 37 f.
Verbeamteter Arzt 12, 15 ff.
– Amtsarzt **12**, 16
– Andere Dienststelle **12**, 18
– Anstaltsarzt **12**, 24
– Arzt im Dienste der Bundeswehr **12**, 27
– Arzt im Dienste des Bundesgrenzschutzes **12**, 27
– Deliktische Einstandspflicht **105**, 1 ff.
– Deliktische Haftung des Beamten **105**, 1 f.
– Eigenhaftung **105**, 3 ff.
– Eigenhaftung und Verweisungsprivileg **105**, 3 ff.
– Haftung **94**, 20
– Haftung bei hoheitlicher ärztlicher Tätigkeit **105**, 11 f.
– Heilbehandlung als hoheitliche Aufgabe **105**, 11
– Industriesponsoring **152**, 135 f.
– Vertragliche Haftung und Verweisungsprivileg **105**, 7
Verbeamteter Chefarzt
– Passivlegitimation in Arzthaftungsprozess **115**, 61 ff.
Verbot des Organ- und Gewebehandels 131, 29
Verbotene Werbung
– Schwangerschaftsabbruch **143**, 62
Verbotsirrtum
– Ärztliche Schweigepflichtverletzung **145**, 8
– Fahrlässige Körperverletzung **139**, 83
– Heimlicher AIDS-Test **139**, 53
– Hilfeleistungspflicht, ärztliche (§ 323c StGB) **141**, 55 ff.

– Schwangerschaftsabbruch **143**, 47
Verdachtsunabhängige Stichprobenprüfung
– MDK (Medizinischer Dienst der Krankenkassen) **83**, 25 ff.
Vereinbarung von Arztterminen
– Organisationspflichten **101**, 41
Verfahren, besondere medizinische
– Musterberufsordnung **Anh Kap 1**
Verfahrensfehler
– Gerichtlicher Sachverständiger **118**, 3 f.
Verfahrensfragen der Arzthaftung s. Prozessuale Fragen der Arzthaftung
Verfahrensprinzipien
– Gutachterstellen, ärztliche **113**, 5 ff.
– Schiedsstellen, ärztliche **113**, 5 ff.
Verfahrensqualität 3, 17
– Haftung **97**, 36
Verfügungsbefugnis
– Fahrlässige Körperverletzung **139**, 43
Vergütungsabsprache
– Musterberufsordnung **Anh Kap 1**
Vergütungsanspruch des Arztes 75, 1 ff., s. a. Arzthonorar
Verhaltensregeln
– Musterberufsordnung **Anh Kap 1**
Verhältnismäßigkeit, Prinzip der
– Industrie-Arzt-Zusammenarbeit **152**, 133
Verhältnismäßigkeitsschranke
– Zwangsbehandlung im Strafvollzug **155**, 25
Verjährung
– Arzthonorar **75**, 13
– Ärztliche Schweigepflichtverletzung **145**, 15
– Ausstellen falscher Gesundheitszeugnisse **146**, 20
– des Schadensersatzanspruchs bei deliktischen Ansprüchen **125**, 23 f.
– des Schadensersatzanspruchs bei vertraglichen Ansprüchen **125**, 25
– Fahrlässige Tötung **140**, 54
– Gutachterverfahren **113**, 11 f.
– Haftung **96**, 1 ff.
– Hemmung **96**, 13
– Schlichtungsverfahren **113**, 11 f.
– Vorteilsannahme **152**, 99 ff.
Verjährungseinrede
– Verzicht **114**, 28
Verkehrsmedizin 150, 2
– Ärztliche Hilfs-/Wartepflicht nach Verkehrsunfällen **150**, 29
– Ärztliche Sonderrechte **150**, 35
– Ärztliche Zwangsmaßnahmen **150**, 30 ff.
– Aufklärungs- und Hinweispflichten des Arztes **150**, 3 ff.
– Rechtfertigung ärztlicher Verkehrsverstöße **150**, 27 f.
– Verkehrssicherheit und ärztliche Schweigepflicht **150**, 21 ff.
Verkehrssicherheit
– Ärztliche Schweigepflicht **150**, 21 ff.

1923

Sachverzeichnis

halbfette Zahlen = Paragraphen

Verkehrssicherungspflicht
- Organisationspflichten **101**, 20

Verkehrsunfall
- Ärztliche Hilfs-/Wartepflicht nach - **150**, 29

Verkehrsverstoß, ärztlicher
- Rechtfertigung **150**, 27 f.

Verletzung
- der im Verkehr erforderlichen Sorgfalt bei fahrlässiger Körperverletzung **139**, 24 ff.
- der Leibesfrucht **139**, 1
- Pränatale – als Fahrlässige Körperverletzung **139**, 6 ff.

Verletzungsdelikt
- Fahrlässige Tötung **140**, 42

Verrechnungsstelle, privatärztliche und gewerbliche
- Ärztliche Mitteilung **71**, 50 ff.

Verrichtungsgehilfen
- Haftung **94**, 5 ff.; **104**, 1 ff.
- Reichweite der Haftung für - **104**, 4 f.
- Unerlaubte Handlung des - **104**, 6

Verschreibung
- Begriff **52**, 1
- Form **52**, 6
- Grenzen der –spflicht **52**, 7
- Rechtsgrundlagen **52**, 3 ff.
- Rechtsnatur **52**, 2
- Strafbare Verschreibung von Betäubungsmitteln **147**, 4
- und Verabreichung von Betäubungsmitteln **134**, 3

Verschreibung von Betäubungsmitteln, strafbare
- Ambulante Substitutionstherapie **147**, 14
- Ärzteprivileg des § 13 BtMG **147**, 2 f.
- Begründetheit der Behandlung **147**, 7
- Echtes Sonderdelikt **147**, 12
- Eigenverantwortliche Selbstgefährdung **147**, 34
- Einwilligung der Patienten **147**, 19
- Einwilligung in Tun/Unterlassen **147**, 31 ff.
- Gesetzeszweck **147**, 1 ff.
- Irrtum **147**, 20
- Objektiver Tatbestand **147**, 13
- Ordnungswidrigkeiten **147**, 26
- Rechtsfolgen vorschriftswidriger ärztlicher Verschreibung, Verabreichung oder Überlassung von Betäubungsmitteln **147**, 12 ff.
- Selbstverantwortungsprinzip **147**, 34
- Strafbarkeit **147**, 1 ff.
- Strafbarkeit des Arztes gem. § 29 Abs 1 S 1 Ziff. 6a, b, Abs 3, Abs 4 BtMG **147**, 12 ff.
- Strafbarkeit des Arztes gem. §§ 222, 223 ff, 229 StGB **147**, 27 ff.
- Strafbarkeit nach § 29 Abs 1 S 1 Ziff. 14 BtMG **147**, 24 f.
- Strafminderungen/-schärfungen **147**, 22 f.
- Subjektiver Tatbestand **147**, 18
- Überlassensbegriff **147**, 6

- Verabreichensbegriff **147**, 5
- Verschreibensbegriff **147**, 4
- Versuchsstrafbarkeit **147**, 21
- Vorsätzliche/fahrlässige Körperverletzung **147**, 27

Verschulden bei Vertragsschluss
- Haftung **75**, 23

Verschuldensprinzip 3, 24; **93**, 4 ff.

Verschwiegenheitsgebot s. Schweigepflicht

Versicherung
- Probanden- **135**, 30

Versicherungsgesellschaft
- Ärztliche Mitteilung **71**, 4 ff.

Versicherungsschutz, fehlender
- Krankenhausaufnahme **88**, 10

Versorgungsarzt 12, 37, s. a. Verbeamteter Arzt

Versorgungsauftrag
- Krankenhauszulassung zur stationären Behandlung von GKV-Versicherter **83**, 2

Versorgungsvertrag Krankenhaus
- Landesschiedsstelle **33**, 33 ff.

Versuch
- bei Aussagedelikten **144**, 7
- Schwangerschaftsabbruch **143**, 27

Versuchsstrafbarkeit
- Verschreibung von Betäubungsmitteln, strafbare **147**, 21

Vertikale Arbeitsteilung 100, 13 ff.

Vertrag mit Schutzwirkung zugunsten Dritter 39, 37

Vertrag über ärztliche Tätigkeit
- Musterberufsordnung **Anh Kap 1**

Vertrag zugunsten Dritter
- Eltern als Vertragspartner bei minderjährigen Patienten **39**, 26 f.

Vertragliche Haftung s. Haftung

Vertragsarzt 12, 32, s. a. Verbeamteter Arzt

Vertragsarzt
- Aufklärungspflicht, medizinische **25**, 16 ff.
- Aufklärungspflicht, wirtschaftliche **25**, 24 ff.
- Behandlungspflicht **25**, 9 ff.
- Beziehung zu kassenärztlicher Vereinigung **27**, 1
- Beziehung zu Kassenpatient **27**, 5
- Beziehung zu Krankenkasse **27**, 12 ff.
- Dokumentationspflicht **25**, 28 ff.
- Ende der Rechten und Pflichten **25**, 34
- Folgen bei Pflichtverletzung **25**, 31 ff.
- Fortbildungspflicht **25**, 14
- als Freiberufler **25**, 1 f.
- Keine Vermögensbetreuungspflicht des -es **153**, 5
- Krankenhausambulante Operation durch - **84**, 30 ff.
- Notfalldienst, Teilnahmepflicht am organisierten **25**, 12 f.
- -Patienten-Beziehung **27**, 5 ff.

magere Zahlen = Randnummern

Sachverzeichnis

- Pflicht zur persönlichen Leistungserbringung **26**, 1 ff., s. a. Persönliche Leistungserbringungspflicht
- Pflichten **25**, 5 ff.
- Rechte **25**, 3 f.
- Stationäre Operation durch - **84**, 39 ff.
- Status **25**, 1 f.
- Untersuchungspflicht **25**, 9 ff.
- Untreue **153**, 1 ff., s. a. Untreue (Vertragsarzt)
- Vertretungspflicht bei Abwesenheit aus Praxis **25**, 15
- Zwangsmitgliedschaft in kassenärztlicher Vereinigung **27**, 1

Vertragsarztpraxis
- Vor- und nachstationäre Behandlung im Auftrag des Krankenhauses **83**, 120 ff.

Vertragsarztrecht s. Kassen-/Vertragsarztrecht
- Angestellter Arzt für ambulante Versorgung **31**, 56 ff.
- Apparategemeinschaft **31**, 43 f.
- Folgen der Liberalisierung **84**, 26 ff.
- Gemeinschaftspraxis **31**, 6 ff.
- Kooperationsformen **31**, 1 ff.
- Kooperationsformen in ambulanter Versorgung **31**, 4 ff.
- Laborgemeinschaft **31**, 45 f.
- Medizinisches Versorgungszentrum (MVZ) **31**, 25 ff.
- Partnerschaftsgesellschaft **31**, 53 ff.
- Persönliche Leistungserbringungspflicht **26**, 4
- Praxisgemeinschaft **31**, 36 ff.
- Privatpatientenklinik **89**, 26 f.

Vertragsauslegung
- Schiedsamt **33**, 20 ff.

Vertragserfüllung
- Beendigung des Arztvertrags durch - **44**, 2

Vertragshaftung 93, 1 ff., s. a. Haftung

Vertragskrankenhaus
- GKV-Zulassung **83**, 4 f.

Vertragsmuster
- Krankenhaus **86**, 24 ff.

Vertragsrechtsänderungsgesetz (VÄndG) 23, 1 ff.

Vertragssystem 32, 1 ff.
- Bewertungsmaßstab EBM und BEMA **32**, 12 f.
- auf Bundesebene **32**, 11 ff.
- Bundesmantelvertrag **32**, 14 ff.
- Dreiseitiger Vertrag **32**, 39 ff.
- Gesamtvergütungsvereinbarung **32**, 36 ff.
- Krankenhausbereich **32**, 24
- Mehrstufiger Kollektivismus **32**, 7
- Rahmenvereinbarung Pflegedienst für häusliche Krankenpflege **32**, 24
- Rahmenvertrag Apotheker **32**, 24
- Rechtsfolgen bei Nichtzustandekommen von Verträgen **32**, 53

Vertragstypen der Krankenhausbehandlung
- Gespaltener Krankenhausvertrag **89**, 12 f.
- Totaler Krankenhausvertrag **89**, 9 ff.
- Totaler Krankenhausvertrag mit Arztzusatzvertrag **89**, 14 ff.
- Vertragliche Leistungen **89**, 1 ff.

Vertrauensarzt 12, 34
- Schweigepflicht **70**, 1 f.

Vertrauensgrundsatz
- Fahrlässige Tötung **140**, 19 ff.

Vertreterklausel 90, 16
- Liquidationsrecht **87**, 19
- in vorformulierter Wahlvereinbarung **75**, 46

Vertretung
- Musterberufsordnung **Anh Kap 1**

Vertretungspflicht bei Abwesenheit aus Praxis
- Vertragsarzt **25**, 15

Verwahrungsklausel 90, 18

Verwahrungspflicht des Krankenhausträgers
- § 16 der DKG-Bedingungen **92**, 13
- 6-Wochen-Frist **92**, 12
- Einbeziehungsvoraussetzungen **92**, 14 ff.
- Eingebrachte Sachen **92**, 10
- Empfehlungen der Deutschen-Krankenhaus-Gesellschaft (DKG) **92**, 10
- Haftungsfreizeichnung **92**, 13
- Krankenhausaufnahmevertrag **92**, 1 ff.
- Rechtsprechung **92**, 18 ff.
- Stationäre Unterbringung **92**, 8 f.
- Verwahrungspflicht bzgl. Eingebrachter Sachen des Patienten **92**, 5 ff.
- Verwahrungsvertrag **92**, 5 ff.
- Wertsachen **92**, 11

Verwahrungsvertrag
- Verwahrungspflicht des Krankenhausträgers **92**, 5 ff.

Verweisungsprivileg
- Eigenhaftung **105**, 3 ff.
- Vertragliche Haftung **105**, 7

Verwirkungseinwand
- gegen Honorarforderung **75**, 13

Verzicht auf die Einrede der Verjährung
- Prozessuale Fragen der Arzthaftung **114**, 28

Verzug
- des Patienten bei bestehendem Arztvertrag **75**, 24
- des Patienten vor Vertragsschluss **75**, 23

Vikariierende Sterilisation
- Sterilisation **126**, 8

Vollstationäre Leistung
- Nachrangigkeit gegenüber teilstationärer und ambulanter Behandlung **83**, 18

Vorhersehbarkeit, objektive
- Fahrlässige Körperverletzung **139**, 41

Vormundschaftsgericht
- Bestellung eines Betreuers **137**, 4

1925

Sachverzeichnis

halbfette Zahlen = Paragraphen

- Genehmigung **137**, 4
Vorrangigkeit des Lebensschutzes
- Sterbehilfe, ärztliche **149**, 2
Vorsatz
- Ärztliche Schweigepflichtverletzung **145**, 4 ff.
- bei Aussagedelikten **144**, 6
- Bestechlichkeit im geschäftlichen Verkehr **152**, 121
- Vorteilsannahme **152**, 96 ff.
Vorsätzliche Körperverletzung, § 223 Abs. 2 StGB
- Versuchsstrafbarkeit **139**, 17
Vorschuss auf Arzthonorar 75, 17
Vorsorgeeinrichtung
- Aufnahmepflicht **80**, 35
- GKV-Zulassung **83**, 11
- Legaldefinition **79**, 32
Vorsorgeuntersuchung 47, 4 ff.
Vorsorgevollmacht 54b, 13
- Ärztliche Sterbehilfe **132**, 45 f.
Vorteil
- Begriff bei Vorteilsannahme **152**, 72 ff.
- Bestechlichkeit im geschäftlichen Verkehr **152**, 119
Vorteilsannahme 152, 1 ff., s. a. Bestechlichkeit
- „Dienstausübung" **152**, 69 ff.
- Amtsträgerbegriff **152**, 65 ff.
- Beendigung **152**, 99 ff.
- Irrtum **152**, 96 ff.
- Musterberufsordnung **Anh Kap 1**
- Rechtfertigende „Genehmigung" gem. § 331 Abs 3 StGB **152**, 99 ff.
- Unrechtsvereinbarung **152**, 89 ff.
- Verjährung **152**, 99 ff.
- Vollendung **152**, 99 ff.
- Vorsatz **152**, 96 ff.
- Vorteilsbegriff **152**, 72 ff.
Vorteilsausgleichsprinzip 87, 42

Waffengleichheit
- Arzthaftungsprozess **114**, 19
- Gebot der – im Prozess **107**, 8 ff.
Wahl der zweckmäßigen Rechtsform
- Organisationspflichten **101**, 11
Wahlarztkette
- Wahlleistungen **82**, 139
Wahlärztliche Leistungen
- Kostenerstattung der Ärzte **82**, 157
Wahlbehandlung
- Arztvertrag **40**, 30
Wahlleistung
- Abrechnung **82**, 142
- Abrechnung nach GOÄ **82**, 133
- Abschluss einer Vereinbarung **82**, 122 ff.
- Angemessenheit der Entgelte **82**, 136
- Art **82**, 125
- Belegärztliche Leistung **82**, 145 ff.

- Kostenerstattung der Ärzte **82**, 152 ff.
- Krankenhausbehandlungsvertrag **82**, 129
- Persönliche Leistungserbringung **82**, 131
- Vereinbarung **89**, 11, 129
- Wahlarztkette **82**, 139
Wahlvereinbarung
- Vertreterklausel **75**, 46
Wahrheitspflicht
- Medizinischer Sachverständiger **144**, 1
Wahrnehmung berechtigter Interessen
- als Rechtfertigungsgrund **67**, 18 f.
Wegegeld 75, 9
Weigerungsrecht
- des Arztes und des ärztlichen Personals bei Schwangerschaftsabbruch **143**, 53 ff.
Weisungsrecht des Dienstherrn 3, 12
Weisungsrecht des Patienten
- Abgrenzung **78**, 7
- Grenzen **78**, 4 ff.
Weiterbildung s. a. Fortbildung
- Abgrenzung **11**, 42
- Ärztliches Berufs- und Standesrecht **11**, 10 ff.
- Ausland **11**, 22
- Ehemalige DDR **11**, 22
- Ermächtigungsbefugnis **11**, 38
- Facharztbeschluss **11**, 13
- Neue Fachgebiete **11**, 36
- Normierung **11**, 28
- Rechtsstellung des Arztes **11**, 20
- Regelung **11**, 42
- -sordnung **11**, 15
- Spezialisierung **11**, 10
- -sstätte **11**, 38
- Vertiefung **11**, 10
- Ziel **11**, 17
Weltärztebund 13, 34
Werbeverbot
- Arzneimittel **15**, 22
- für Ärzte **154**, 1 ff.
- Ärztliches Berufs- und Standesrecht **15**, 1 ff.
- Ausnahmen **154**, 7 ff.
- Eigenwerbeverbot **15**, 1 ff.
- Fremdwerbung **15**, 24
- Fremdwerbung für gewerbliche Unternehmen **15**, 22 ff.
- Gebotene Strenge **15**, 26
- Institutswerbung **15**, 7 ff.
- Konkurrenzverbote **15**, 29
- Medienauftritt **15**, 16
- Praxisschild **15**, 20
- Sanatoriumswerbung **15**, 7 ff.
- Wettbewerbsdruck **15**, 21
- Wettbewerbsklausel **15**, 28
- Wettbewerbsrecht **15**, 12 ff.
Werbung
- Heilpraktiker **10**, 10 ff.
Werbung, strafbare ärztliche 154, 11 ff.
- Heilmittelgesetz (HWG) **154**, 17 ff.

magere Zahlen = Randnummern

Sachverzeichnis

- Musterberufsordnung **Anh Kap 1**
- Ordnungswidrigkeiten nach HWG **154**, 25 ff.
- Schwangerschaftsabbruch **143**, 62
- für Schwangerschaftsabbruch **154**, 30
- Standesrecht **154**, 1 ff.
- Straftaten/Ordnungswidrigkeiten nach GewO **154**, 29

Wertsachen
- Verwahrungspflicht des Krankenhausträgers **92**, 11

Wettbewerbsklausel
- Werbeverbot **15**, 28

Wettbewerbsrecht
- Ärztliches Berufs- und Standesrecht **15**, 12 ff.
- Werbeverbot **15**, 12 ff.

Widerruf der Approbation
- Abrechnungsbetrug **151**, 59 ff.
- Approbation **8**, 28 f.

Wiedererteilung
- Approbation **8**, 34

Wiederzulassung 29, 148 f.
- nach Kollektivverzicht **29**, 150

Wille
- Hypothetischer - **137**, 10
- Mutmaßlicher – des Patienten **137**, 10

Willensermittlung
- Mutmaßliche Einwilligung **139**, 66

Wirksamkeitserfordernis der Einwilligung
- Organtransplantation **142**, 30

Wirtschaftlichkeitsgebot
- Alleinverwerfungskompetenz des Gemeinsamen Bundesausschusses **83**, 58
- Arztvertrag **42**, 7
- Ausschluss alter und neuer Untersuchungs- und Behandlungsmethoden **83**, 58 ff.
- Fahrlässigkeit **102**, 1 ff.
- Leistungsbegrenzung durch – **83**, 50
- Umfassende Geltung im Recht der GKV **83**, 50 ff.

Wirtschaftsplan
- Organisationspflichten **101**, 13

Wissenschaftler, Arzt als
- Schweigepflicht **70**, 49 ff.

Wissenschaftlicher Mitarbeiter 12, 12
- Begutachtungspflichten **122**, 18 f.

World Health Organization
- Gesundheitsbegriff **1**, 18

World Medical Association 13, 34

Wrongful-life 61, 2

Wunscherfüllende Medizin
- Ärztlicher Heilauftrag **6**, 21

Wunschsectio
- Kein Verstoß gegen die guten Sitten **139**, 56
- Strafrechtliche Beurteilung **138**, 7

Würde des Kranken
- Berufsethik **4**, 23

Xenotransplantation 131, 30

Zahlungspflicht des Patienten 75, 1 ff.
Zahlungsunfähigkeit des Patienten
- Krankenhausaufnahme **88**, 10

Zahnarzt
- Abrechnung nach GOZ **75**, 2
- Heilberuf **3**, 8
- Kassen-/Vertragsarztrecht **22**, 51 ff.
- Privatliquidation **75**, 34 ff.

Zahnarztbereich
- Bundesschiedsstelle **33**, 38

Zahnarztregister
- Zulassung **29**, 9 f.

Zeitablauf
- Beendigung des Arztvertrags durch - **44**, 1

Zeugen Jehovas, Angehöriger der
- Ablehnung von Bluttransfusion **141**, 42

Zeugnis
- Ausstellen falscher Gesundheits-se **146**, 1 ff., s. a. Ausstellen falscher Gesundheitszeugnisse

Zeugnis, ärztliches
- Musterberufsordnung **Anh Kap 1**

Zeugnispflicht 67, 4

Zeugnisverweigerungsrecht
- Schweigepflicht **65**, 12

Zeugung auf Probe (PID) 129, 37

Zielleistungsprinzip 75, 12

Zivilrechtliche Haftung
- Gerichtlicher Sachverständiger **125**, 2

Zivilrechtlicher Haftungsprozess
- Prozessuale Fragen der Arzthaftung **112**, 1 ff.

Zugänglichkeit von Operationsräumen
- Organisationspflichten **101**, 37 f.

Zulassung
- Angestellter Arzt **29**, 18 f.
- Arztregister **29**, 9 f.
- Ausgelagerter Praxisraum **29**, 18 f.
- -ausschuss **29**, 4
- Ausschussverfahren **29**, 6 f.
- Bedarfsplanung **29**, 15 ff.
- Beendigung der Teilnahme an vertragsärztlicher Versorgung **29**, 116 ff.
- Belegarzt **29**, 51
- Berufsausübungsgemeinschaft **29**, 20
- Berufungsausschuss **29**, 5
- Beschluss des –sausschusses **29**, 14
- Bundesregister der KBV/KZBV **29**, 11
- Definition **29**, 2 f.
- Einzel- für Arzneimittel **135**, 27
- Entziehung bei Psychotherapeuten **29**, 168
- Ermächtigung **29**, 69 ff.
- Geschäftsführung für Ausschuss **29**, 8 f.
- Gröbliche Pflichtverletzung **29**, 130 ff.
- Kooperationsform **29**, 20
- MVZ **29**, 20
- Praxisgemeinschaft **29**, 20
- Praxisnachfolge **29**, 47
- Psychotherapeut **29**, 159 ff.

Sachverzeichnis

halbfette Zahlen = Paragraphen

- Psychotherapeutische Behandlungsverfahren **29**, 169
- Residenzpflicht **29**, 15 f.
- Ruhen der - **29**, 101 ff.
- Ruhen der halben - **29**, 115
- Ruhen von Sonderbedarfs- und Ermächtigung **29**, 113 f.
- -santrag **29**, 12 f.
- Sitz des Vertragsarztes **29**, 15 f.
- Sonderbedarfs- **29**, 45
- Sonderbedarfs- bei Psychotherapeut **29**, 165 f.
- Standard- für Arzneimittel **135**, 27
- Überversorgung **29**, 30 ff.
- Unterversorgung **29**, 27
- Verzicht **29**, 118
- Voraussetzungen **29**, 54 ff.
- Wegzug **29**, 118
- Wieder- **29**, 148 f.
- Wieder- nach Kollektivverzicht **29**, 150
- Wohlverhalten **29**, 141
- Zahnarztregister **29**, 9 f.
- Zulässige Nebenbeschäftigung **29**, 54 ff.
- Zweigpraxis **29**, 18 f.

Zulassungsausschussverfahren
- Abrechnungsbetrug **151**, 66 f.

Zulassungsentziehung
- Abrechnungsbetrug **151**, 67

Zulassungsentziehungsverfahren
- bei Verstoß gegen persönliche Leistungserbringungspflicht **26**, 67

Zulassungsversagung
- Ausbildung **7**, 34

Zumutbarkeit der Hilfeleistung
- Hilfeleistungspflicht, ärztliche (§ 323c StGB) **141**, 43 ff.

Zumutbarkeitsbegriff
- Zwangsbehandlung im Strafvollzug **155**, 19 ff.

Zurechnung
- Grundsatz der Erforderlichkeit der Kausalität **106**, 1
- Haftung für psychische Verläufe **106**, 9
- Kausalität und Mitverschulden **106**, 10
- Kausalitätsabbruch **106**, 5 ff.
- Kausalzusammenhang **106**, 2 ff.
- Rechtmäßiges Alternativverhalten **106**, 5 ff.

Zurechnungszusammenhang
- Deliktische Haftung **103**, 7 ff.

Zusammenarbeit mit Dritten
- Musterberufsordnung **Anh Kap 1**

Zusammenarbeit, kollegiale
- Musterberufsordnung **Anh Kap 1**

Zusatzentgelte
- Krankenhausentgeltgesetz für DRG **82**, 211 ff.

Zusatzleistung
- Arztvertrag **40**, 30

Zuschläge
- Krankenhausentgeltgesetz für DRG **82**, 211 ff.

Zustimmungslösung, erweiterte
- Organtransplantation **142**, 18 ff.

Zuweisung von Patienten gegen Entgelt, unerlaubte
- Musterberufsordnung **Anh Kap 1**

Zwangsbehandlung
- Duldungsobliegenheit **76**, 8 ff.

Zwangsbehandlung im Strafvollzug
- „Freie Willensbestimmung" **155**, 27 ff.
- Alternative Zwangsmaßnahmen **155**, 26
- Ärztliche Anordnungskompetenz **155**, 31 ff.
- Ärztliche Schweigepflicht **155**, 51
- Begriff **155**, 1 ff.
- Behandlungsverweigerung **155**, 48 ff.
- Gesetzliche Offenbarungsbefugnisse **155**, 54
- Gesetzliche Regelung **155**, 6 ff.
- Personeller Anwendungsbereich **155**, 11
- Prüfung der Haft-, Vollzugs-, Gewahrsamsfähigkeit **155**, 55
- Selbstmord **155**, 44 ff.
- Verhältnismäßigkeitsschranke **155**, 25
- Voraussetzungen **155**, 12 ff.
- Zumutbarkeitsbegriff **155**, 19 ff.
- Kein Zwangsernährungsrecht **155**, 35 ff.
- Zwangsweise medizinische Untersuchung **155**, 38 ff.

Zwangsernährungsrecht
- im Strafvollzug **155**, 35 ff.

Zwangskastration **127, 10

Zwangsmaßnahmen, ärztliche
- Verkehrsmedizin **150**, 30 ff.

Zwangsmitgliedschaft in kassenärztlicher Vereinigung
- Vertragsarzt **27**, 1

Zwangssterilisation **126, 14 f.

Zwangsweise medizinische Untersuchung
- im Strafvollzug **155**, 38 ff.

Zweigpraxis, ärztliche 18, 18
- Begriff **18**, 18
- Genehmigung zur Ausübung **18**, 20
- Niederlassungsfreiheit im EU-Gebiet **18**, 23
- Voraussetzungen für Genehmigungserteilung **18**, 21
- Widerruf der Genehmigung **18**, 22
- Zulässigkeit **18**, 19
- Zulassung **29**, 18 f.

Zweitschädigung
- Grenzen der Einstandspflicht bei späterer - **103**, 13